Hentschel/König/Dauer

Straßenverkehrsrecht

Beck'sche Kurz-Kommentare

Band 5

Straßenverkehrsrecht

Straßenverkehrsgesetz, Elektromobilitätsgesetz,
Straßenverkehrs-Ordnung,
Fahrerlaubnis-Verordnung, Fahrzeug-Zulassungsverordnung,
Straßenverkehrs-Zulassungs-Ordnung,
EG-Fahrzeuggenehmigungsverordnung (Auszug),
Elektrokleinstfahrzeuge-Verordnung,
Gesetzesmaterialien, Verwaltungsvorschriften und
einschlägige Bestimmungen des StGB und der StPO

Kommentiert von

Dr. Peter König
Richter am Bundesgerichtshof
Honorarprofessor an der Juristischen Fakultät
der Universität München

Dr. Peter Dauer LL. M.
Leitender Regierungsdirektor a. D.
Hamburg

46. Auflage 2021

des von Johannes Floegel begründeten, in 8.–16. Auflage
von Fritz Hartung, in 17.–26. Auflage von Heinrich Jagusch und
in 27.–39. Auflage von Peter Hentschel bearbeiteten Werkes

C.H.BECK

Zitiervorschlag:
Bearbeiter in Hentschel/König/Dauer Gesetz Paragraf Randnummer
König in Hentschel/König/Dauer StVO § 26 Rn. 45

www.beck.de

ISBN 978 3 406 75442 5

© 2021 Verlag C. H. Beck oHG
Wilhelmstraße 9, 80801 München
Satz, Druck und Bindung: Druckerei C. H. Beck, Nördlingen
(Adresse wie Verlag)
Umschlaggestaltung: Fotosatz Amann, Memmingen

CO₂
neutral

chbeck.de/nachhaltig

Gedruckt auf säurefreiem, alterungsbeständigem Papier
(hergestellt aus chlorfrei gebleichtem Zellstoff)

Vorwort zur 46. Auflage

I.

Wie stets im Verkehrsrecht war der seit der Vorauflage verstrichene Zeitraum von einer regen Tätigkeit des Gesetz- und Verordnungsgebers geprägt. Die wesentlichen rechtlichen Änderungen sind im Folgenden aufgeführt. Allerdings kann in diesem Kommentar auf die verschiedenen durch Allgemeinverfügungen angeordneten Fristverlängerungen und behördlich erlassenen Empfehlungen zur Handhabung von gesetzlich vorgeschriebenen Fristen auf Grund der Auswirkungen des Coronavirus SARS-CoV-2/COVID-19 nicht im Einzelnen eingegangen werden. Die für den Vollzug des Straßenverkehrsrechts zuständigen Bundesländer haben jeweils eigene Regelungen getroffen, die lageabhängig angepasst wurden und werden. Sie haben sich z. T. auch bereits durch Zeitablauf erledigt. Eine aktuelle Darstellung ist deswegen nicht möglich. Besonders hinzuweisen ist in diesem Zusammenhang auf die EU-weit verbindlich festgelegten Fristverlängerungen durch die Verordnung (EU) 2020/698 vom 25. Mai 2020 zur Festlegung besonderer und vorübergehender Maßnahmen im Hinblick auf den COVID-19-Ausbruch hinsichtlich der Erneuerung oder Verlängerung bestimmter Bescheinigungen, Lizenzen und Genehmigungen und der Verschiebung bestimmter regelmäßiger Kontrollen und Weiterbildungen in bestimmten Bereichen des Verkehrsrechts (ABl. EU Nr. L 165 vom 27.5.2020 S. 10).

Von den neu eingearbeiteten Rechtsänderungen sind insbesondere zu nennen:

1. Gesetz zur Änderung des Bundesfernstraßenmautgesetzes und zur Änderung weiterer straßenverkehrsrechtlicher Vorschriften vom 4.12.2018 (BGBl. I S. 2251): Änderung der gesetzlichen Ermächtigung zum Erlass einer Entgeltordnung für Begutachtungsstellen für Fahreignung in § 6f StVG.
2. Dreizehnte Verordnung zur Änderung der Fahrerlaubnis-Verordnung und anderer straßenverkehrsrechtlicher Vorschriften vom 11.3.2019 (BGBl. I S. 218): Einführung der vorgezogenen zeitlich gestaffelten Umtauschpflicht für alle vor dem 19.1.2013 ausgestellten Führerscheine, Erweiterung verschiedener Vorschriften mit Auslandsbezug auf alle Staaten, Einführung eines verbindlichen Musters für die Sehtestbescheinigung, Schaffung einer Rechtsgrundlage für den Erlass neuer Prüfungsrichtlinien für die theoretische und die praktische Fahrerlaubnisprüfung.
3. Zweite Verordnung zur Änderung der Straßenverkehrs-Zulassungs-Ordnung vom 13.3.2019 (BGBl. I S. 332): Öffnung der Befugnis zur Erstellung von Gutachten für Betriebserlaubnisse nach § 21 StVZO für Technische Dienste.
4. Vierte Verordnung zur Änderung der Fahrzeug-Zulassungsverordnung und anderer straßenverkehrsrechtlicher Vorschriften vom 22.3.2019 (BGBl. I S. 382): Deutliche Erweiterung der Regelungen zur internetbasierten Zulassung von Kraftfahrzeugen und Kfz-Anhängern, daneben Einzeländerungen im Zulassungsrecht, u.a. Einführung der Möglichkeit der Kennzeichenmitnahme bei Halterwechsel auch bei Wechsel des Zulassungsbezirks.
5. Neuntes Gesetz zur Änderung des Straßenverkehrsgesetzes vom 8.4.2019 (BGBl. I S. 430): Einführung der Möglichkeit zur verdachtslosen automatisierten Kennzeichenerfassung zur Überprüfung der Einhaltung von Verkehrsbeschränkungen und Verkehrsverboten aufgrund immissionsschutzrechtlicher Vorschriften oder aufgrund straßenverkehrsrechtlicher Vorschriften zum Schutz vor Abgasen.
6. Verordnung über die Teilnahme von Elektrokleinstfahrzeugen am Straßenverkehr und zur Änderung weiterer straßenverkehrsrechtlicher Vorschriften vom 6.6.2019 (BGBl. I S. 756): Erlass der Elektrokleinstfahrzeuge-Verordnung zur Ermöglichung der zulassungs- und fahrerlaubnisfreien Teilnahme von bestimmten Elektrostehrollern und Segways am öffentlichen Straßenverkehr mit begleitenden Änderungen der FeV, der FZV und der StVO.
7. Gesetz zur Einführung einer Karte für Unionsbürger und Angehörige des Europäischen Wirtschaftsraums mit Funktion zum elektronischen Identitätsnachweis sowie zur Änderung des Personalausweisgesetzes und weiterer Vorschriften vom 21.6.2019 (BGBl. I S. 846): Ermöglichung des Identitätsnachweises durch eID-Karte bei elektronischer Antragstellung.
8. Vierte Verordnung zur Änderung der Fahrerlaubnis-Verordnung vom 4.7.2019 (BGBl. I S. 1056): u. a. Änderungen des Umfangs der Fahrerlaubnisklasse B hinsichtlich Trikes und al-

V

Vorwort

ternativ angetriebener Kfz zur Güterbeförderung mit höherem Gewicht, Präzisierung der Pflicht zum Führerscheinumtausch.

9. Verordnung zur Änderung fahrlehrerrechtlicher und anderer straßenverkehrsrechtlicher Verordnungen vom 2.10.2019 (BGBl. I S. 1416): Änderungen zum Ausbildungsnachweis für Fahrschüler und zum Nachweis der abgeschlossenen Fahrausbildung vor der Fahrerlaubnisprüfung, einzelne Änderungen der FZV.
10. Zweites Gesetz zur Anpassung des Datenschutzrechts an die Verordnung (EU) 2016/679 und zur Umsetzung der Richtlinie (EU) 2016/680 vom 20.11.2019 (BGBl. I S. 1626): zahlreiche Anpassungen des Straßenverkehrsgesetzes an das aktuelle Datenschutzrecht.
11. Dritte Verordnung zur Änderung der Straßenverkehrs-Zulassungs-Ordnung vom 26.11.2019 (BGBl. I S. 2015): Schaffung einer Rechtsgrundlage für die Beurteilung der Anforderungen an Stickoxid-Minderungssysteme, um bestimmte Diesel-Kraftfahrzeuge von Verkehrsverboten in Bereichen mit Stickstoffdioxid-Grenzwertüberschreitungen von Verkehrsverboten auszunehmen.
12. Gesetz zur Änderung des Straßenverkehrsgesetzes und weiterer straßenverkehrsrechtlicher Vorschriften vom 5.12.2019 (BGBl. I S. 2008): u. a. Schaffung einer Ermächtigungsgrundlage für die Bundesländer und entsprechender Regelungen in der Fahrerlaubnis-Verordnung, um das Mindestalter für Fahrerlaubnisse der Klasse AM auf 15 Jahre herabzusetzen.
13. Vierzehnte Verordnung zur Änderung der Fahrerlaubnis-Verordnung und anderer straßenverkehrsrechtlicher Vorschriften vom 23.12.2019 (BGBl. I S. 2937): u. a. Einführung einer Möglichkeit, Inhabern von Fahrerlaubnissen der Klasse B ohne spezielle Fahrerlaubnisprüfung das Führen von Krafträdern der Klasse A1 zu erlauben.
14. Vierundfünfzigste Verordnung zur Änderung straßenverkehrsrechtlicher Vorschriften vom 20.4.2020 (BGBl. I S. 814): u. a. Vorschriften zur Förderung des Radverkehrs und zur Stärkung der Elektromobilität sowie des Carsharings.
15. Achtes Gesetz zur Änderung des Bundesfernstraßengesetzes und zur Änderung weiterer Vorschriften vom 29.6.2020 (BGBl. I S. 1528): u. a. Ermächtigung der Länder zur Festsetzung der Gebühren für das Ausstellen von Parkausweisen für Bewohner städtischer Quartiere mit erheblichem Parkraummangel.
16. Gesetz zur Haftung bei Unfällen mit Anhängern und Gespannen im Straßenverkehr vom 10.7.2020 (BGBl. I S. 1653) mit Neuschaffung der §§ 19, 19a StVG.
17. Verordnung über Ausnahmen von den Vorschriften der Fahrzeug-Zulassungsverordnung vom 20.8.2020 (BGBl. I S. 1968): Probeweise Zulassung von Versicherungskennzeichen, die sich aus einer Kennzeichenfolie und der dazugehörigen Trägerplatte zusammensetzen.

Die geplante Verordnung über die Ausbildung und Prüfung auf Kraftfahrzeugen mit Automatikgetriebe war bei Abschluss dieser Auflage noch nicht abschließend im Bundesrat beraten worden; sie konnte nicht mehr berücksichtigt werden. Eine Einigung von Bund und Ländern in der Frage der „Reparatur" der von der Bundesregierung wegen eines Formfehlers als nichtig angesehenen Änderungen der BKatV nebst Anlagen durch die 54. Verordnung zur Änderung straßenverkehrsrechtlicher Vorschriften (dazu oben) war bei Redaktionsschluss nicht absehbar.

II.

Neben den Rechtsänderungen wurden wie stets in großem Umfang Rechtsprechung und Literatur zu allen im Kommentar behandelten Rechtsgebieten eingearbeitet. Im Straf- und Ordnungswidrigkeitenrecht hat es sehr viele Entscheidungen und literarische Äußerungen zu den jeweils „neuen" Gesetzen (§ 315d StGB – illegale Kraftfahrzeugrennen, § 23 Abs. 1a StVO – Nutzungsverbot für elektronische Geräte) gegeben. Abermals eine Fülle von Judikaten insbesondere der Oberlandesgerichte, aber auch von Landesverfassungsgerichten, waren in Bezug auf Messverfahren (Geschwindigkeit, Rotlicht, Abstand) zu verzeichnen. Von der dringend erforderlichen Konsolidierung auf diesem Gebiet kann bedauerlicherweise weiterhin keine Rede sein. In der Frage, ob bei gelegentlichem Cannabiskonsum schon eine einzige Fahrt unter relevanter Wirkung von Cannabis ausreicht, um von fehlender Fähigkeit der Trennung von Cannabiskonsum und Fahren und damit von Fahrungeeignetheit auszugehen, oder ob dies lediglich Anlass für eine Überprüfung der Fahreignung sein kann, hat das BVerwG in mehreren Entscheidungen vom 11.4.2019 seine frühere Auffassung aufgegeben und vertritt nun – wie zuvor schon der BayVGH – die Auffassung, dass in diesen Fällen die Fahrerlaubnis nicht unmittelbar zu entziehen ist, sondern durch medizinisch-psychologisches Gutachten zu klären ist, ob Wiederholungsgefahr besteht.

Vorwort

III.

Der Kommentar befindet sich auf dem Stand vom 15. September 2020. Spätere Entwicklungen wurden berücksichtigt, soweit dies der Fortschritt der Drucklegung erlaubt hat.

Wir danken dem Verlag für die tatkräftige Unterstützung, wobei unsere Lektorin, Frau Judith Simon, an erster Stelle zu nennen ist. Zu Dank sind wir auch unserem IT-Spezialisten Herrn Dams verpflichtet, der uns in das neue Autorensystem eingearbeitet hat.

Den Lesern haben wir für Hinweise und Anregungen zu danken. Wir meinen, sämtliche Schreiben persönlich beantwortet und für Zusendungen gedankt zu haben. Wo dies nicht geschehen ist, ist Vergesslichkeit, nicht böser Wille der Grund. Wir bitten ggf. um Nachsicht und hoffen, dass der Gedankenaustausch auch in der Laufzeit der 46. Auflage nicht abreißen möge.

Hamburg,
im November 2020

Peter Dauer

München/Leipzig

Peter König

Inhaltsübersicht

Inhaltsübersicht

Verzeichnis der allgemeinen Abkürzungen

Abkürzungen

BOStrab	Verordnung über den Bau und Betrieb der Straßenbahnen (Straßenbahn-Bau- und Betriebsordnung – BOStrab) vom 11.12.1987 (BGBl. I S. 2648; FNA 9234-5)
BR	Bundesrat
Br	Bremen, OLG Bremen
Bra	Braunschweig, OLG Braunschweig
BR-Drs.	Bundesrats-Drucksache
BReg	Bundesregierung
BRep	Bundesrepublik Deutschland
Brn	Brandenburg, OLG Brandenburg
BSG(E)	Bundessozialgericht (Entscheidungen des)
Bspr	Besprechung
BT	Deutscher Bundestag
BT-Drs.	Bundestags-Drucksache
BtMG	Gesetz über den Verkehr mit Betäubungsmitteln (Betäubungsmittelgesetz – BtMG) in der Fassung der Bekanntmachung vom 1.3.1994 (BGBl. I S. 358; FNA 2121-6-24)
Buchst	Buchstabe
BundesPol	Bundespolizei
BVerfG(E)	Bundesverfassungsgericht (Entscheidungen des)
BVerfGK	Kammerentscheidungen des Bundesverfassungsgerichts
BVerwG(E)	Bundesverwaltungsgericht (Entscheidungen des)
BW	Bundeswehr
BZR	Bundeszentralregister
BZRG	Gesetz über das Zentralregister und das Erziehungsregister (Bundeszentralregistergesetz – BZRG) in der Fassung der Bekanntmachung vom 21.9.1984 (BGBl. I S. 1229, ber. 1985 I S. 195; FNA 312-7)
bzw.	beziehungsweise
Ce	Celle, OLG Celle
CEMT	Europäische Konferenz der Verkehrsminister
CNG	komprimiertes Erdgas (Compressed Natural Gas)
CoC	Certificate of Conformity (Übereinstimmungsbescheinigung)
CsgG	Gesetz zur Bevorrechtigung des Carsharing (Carsharinggesetz – CsgG) vom 5.7.2017 (BGBl. I S. 2230; FNA 9233-4)
DA	Dienstanweisung
DDR	Deutsche Demokratische Republik
DJ	Deutsche Justiz
Dr	Dresden, OLG Dresden
Drs.	Drucksache
DS-GVO	Verordnung (EU) 2016/679 des Europäischen Parlaments und des Rates vom 27.4.2016 zum Schutz natürlicher Personen bei der Verarbeitung personenbezogener Daten, zum freien Datenverkehr und zur Aufhebung der Richtlinie 95/46/EG (Datenschutz-Grundverordnung) (Text von Bedeutung für den EWR) (ABl. L 119 S. 1, ber. ABl. L 314 S. 72 und ABl. 2018 L 127 S. 2; Celex-Nr. 3 2016 R 0679)
Dü	Düsseldorf, OLG Düsseldorf
DV-FahrlG	s. FahrlGDV
E	Einleitung (mit Randziffer)
EBO	Eisenbahn-Bau- und Betriebsordnung (EBO) vom 8.5.1967 (BGBl. II S. 1563; FNA 933-10)
ECE	Wirtschaftskommission für Europa der Vereinten Nationen
EdF	Entziehung der Fahrerlaubnis
EFZG	Gesetz über die Zahlung des Arbeitsentgelts an Feiertagen und im Krankheitsfall (Entgeltfortzahlungsgesetz) vom 26.5.1994 (BGBl. I S. 1014; FNA 800-19-3)
EG	Einführungsgesetz, Europäische Gemeinschaften

Abkürzungen

FahrschAusbO	Fahrschüler-Ausbildungsordnung vom 19.6.2012 (BGBl. I S. 1318; FNA 9231-7-12)
FE	Fahrerlaubnis
FEB	Fahrerlaubnisbehörde
FEKl	Fahrerlaubnisklasse
FeV	Verordnung über die Zulassung von Personen zum Straßenverkehr (Fahrerlaubnis-Verordnung – FeV) vom 13.12.2010 (BGBl. I S. 1980; FNA 9231-1-19)
FeVÄndVO	Verordnung zur Änderung der Fahrerlaubnis-Verordnung und anderer straßenverkehrsrechtlicher Vorschriften
FmH	Fahrrad mit Hilfsmotor (Mofa 25, Kleinkraftrad = Moped, Mokick)
Fn	Fußnote
FPersG	Gesetz über das Fahrpersonal von Kraftfahrzeugen und Straßenbahnen (Fahrpersonalgesetz – FPersG) in der Fassung der Bekanntmachung vom 19.2.1987 (BGBl. I S. 640; FNA 9231-8)
FPersV	Verordnung zur Durchführung des Fahrpersonalgesetzes (Fahrpersonalverordnung - FPersV) vom 27.6.2005 (BGBl. I S. 1882; FNA 9231-8-3)
Fra	Frankfurt am Main, OLG Frankfurt am Main
Fra/O	Frankfurt (Oder)
FreistellungsVO	Verordnung über die Befreiung bestimmter Beförderungsfälle von den Vorschriften des Personenbeförderungsgesetzes (Freistellungs-Verordnung) vom 30.8.1962 (BGBl. I S. 601; FNA 9240-1-1)
FRV	Fahrzeugregisterverordnung
FS(e)	Führerschein(e)
FStrG	Bundesfernstraßengesetz (FStrG) in der Fassung der Bekanntmachung vom 28.6.2007 (BGBl. I S. 1206; FNA 911-1)
FS-VwV	Allgemeine Verwaltungsvorschrift zur Durchführung der Bestimmungen der Fahrerlaubnis-Verordnung (FeV) über den Führerschein und über die Datenübermittlung an das Zentrale Fahrerlaubnisregister (Führerschein-Verwaltungsvorschrift – FSVwV) vom 22.12.1998 (BAnz. S. 17900)
FSzF	Führerschein zur Fahrgastbeförderung
FV	Fahrverbot
Fz(e)	Fahrzeug(e)
FzF	Fahrzeugführer, Fahrerlaubnis zur Fahrgastbeförderung
FzTV	Verordnung über die Prüfung und Genehmigung der Bauart von Fahrzeugteilen sowie deren Kennzeichnung (Fahrzeugteileverordnung – FzTV) vom 12.8.1998 (BGBl. I S. 2142; FNA 9232-11)
FZV	Verordnung über die Zulassung von Fahrzeugen zum Straßenverkehr (Fahrzeug-Zulassungsverordnung – FZV) vom 3.2.2011 (BGBl. I S. 139; FNA 9232-14)
G	Gesetz
GebO	Gebührenordnung
GebOSt	Gebührenordnung für Maßnahmen im Straßenverkehr (GebOSt) vom 25.1.2011 (BGBl. I S. 98; FNA 9290-15)
gem.	gemäß
GG	Grundgesetz für die Bundesrepublik Deutschland vom 23.5.1949 (BGBl. S. 1; FNA 100-1)
GGBefG	Gesetz über die Beförderung gefährlicher Güter (Gefahrgutbeförderungsgesetz – GGBefG) in der Fassung der Bekanntmachung vom 7.7.2009 (BGBl. I S. 1774, ber. S. 3975; FNA 9241-23)
ggf.	gegebenenfalls
GGVSEB	Verordnung über die innerstaatliche und grenzüberschreitende Beförderung gefährlicher Güter auf der Straße, mit Eisenbahnen und auf Binnengewässern (Gefahrgutverordnung Straße, Eisenbahn und Binnenschifffahrt – GGVSEB) in der Fassung der Bekanntmachung vom 11. 3.2019 (BGBl. I S. 258; FNA 9241-23-28)

Abkürzungen

GKG .... Gerichtskostengesetz (GKG) in der Fassung der Bekanntmachung vom
27.2. 2014 (BGBl. I S. 154; FNA 360-7)

GoA .... Geschäftsführung (Geschäftsführer) ohne Auftrag

grds .... grundsätzlich

GrS .... Großer Senat in Strafsachen

GrzS .... Großer Senat für Zivilsachen

GVBl, GVOBl .... Gesetz- und Verordnungsblatt

GVG .... Gerichtsverfassungsgesetz (GVG) in der Fassung der Bekanntmachung
vom 9.5.1975 (BGBl. I S. 1077; FNA 300-2)

GWP .... wiederkehrende Gasanlagenprüfungen

H .... Heft

Ha .... Hamm, OLG Hamm

HAK .... Harnalkoholkonzentration

Hb .... Hamburg, Hanseatisches OLG Hamburg

HGB .... Handelsgesetzbuch vom 10.5.1897 (RGBl. S. 219; FNA 4100-1)

hM .... herrschende Meinung

hrsg .... herausgegeben

HU .... Hauptuntersuchung

idF .... in der Fassung

idR .... in der Regel

iE .... im Ergebnis

InfrAG .... Gesetz über die Erhebung einer zeitbezogenen Infrastrukturabgabe für
die Benutzung von Bundesfernstraßen (Infrastrukturabgabengesetz –
InfrAG) vom 8.6.2015 (BGBl. I S. 904; FNA 9290-18)

insbes .... insbesondere

IntAbk .... Internationales Abkommen über Kraftfahrzeugverkehr (1926)

IntVO .... VO über internationalen Kraftfahrzeugverkehr = VOInt, IntKfzVO

IPR .... Internationales Privatrecht

iS .... im Sinne

JGG .... Jugendgerichtsgesetz (JGG) in der Fassung der Bekanntmachung vom
11.12.1974 (BGBl. I S. 3427; FNA 451-1)

JMBlNRW .... Justizministerblatt für Nordrhein-Westfalen

Jn .... Jena, OLG Jena, Thüringer OLG

JR .... Juristische Rundschau , Fachzeitschrift (zit. nach Jahr und Seite)

JurA .... Juristische Analysen, hgg. Von Cramer u. a. , Fachzeitschrift (zit. nach Jahr
und Seite)

Jura .... Juristische Ausbildung , Fachzeitschrift (zit. nach Jahr und Seite)

JurBüro .... Das Juristische Büro (Jahr und Spalte)

Jurist .... Der Jurist , Fachzeitschrift (zit. nach Jahr und Seite)

JuS .... Juristische Schulung , Fachzeitschrift (zit. nach Jahr und Seite)

Ka .... Kassel

Kap .... Kapitel

Kar .... Karlsruhe, OLG Karlsruhe

KBA .... Kraftfahrt-Bundesamt

KBAGesetz .... Gesetz über die Errichtung eines Kraftfahrt-Bundesamtes

KennzVO .... Fünfunddreißigste Verordnung zur Durchführung des Bundes-
Immissionsschutzgesetzes (Verordnung zur Kennzeichnung der
Kraftfahrzeuge mit geringem Beitrag zur Schadstoffbelastung –
35. BImSchV) vom 10.10.2006 (BGBl. I S. 2218; FNA 2129-8-35)

Kf .... Kraftfahrer

KFG .... Gesetz über Kraftfahrzeuge

KfSachvG .... Gesetz über amtlich anerkannte Sachverständige und amtlich anerkannte
Prüfer für den Kraftfahrzeugverkehr (Kraftfahrsachverständigengesetz –
KfSachvG) vom 22.12.1971 (BGBl. I S. 2086; FNA 9231–10)

KfSachvV .... Verordnung zur Durchführung des Kraftfahrsachverständigengesetzes

Kfz(e) .... Kraftfahrzeug(e)

KfzF .... Kraftfahrzeugführer

KfzPflVV .... Verordnung über den Versicherungsschutz in der Kraftfahrzeug-
Haftpflichtversicherung (Kraftfahrzeug-Pflichtversicherungsverordnung
– KfzPflVV) vom 29.7.1994 (BGBl. I S. 1837; FNA 925-1-5)

KG .... Kammergericht

Kl .... (Fahrerlaubnis-)Klasse

km/h .... Kilometer in der Stunde

Ko .... Koblenz, OLG Koblenz

Kö .... Köln, OLG Köln

Kom .... Kraftomnibus

Krad .... Kraftrad

Krad-EG-TypV .... Verordnung über die EG-Typgenehmigung für zweirädrige oder drei-
rädrige Kraftfahrzeuge (Krad-EG-TypV) vom 7.2.2004 (BGBl. I S. 248;
FNA 9231-1-16) – aufgehoben mWv 29.4.2009

KraftStDV .... Kraftfahrzeugsteuer-Durchführungsverordnung (KraftStDV) vom
12.7.2017 (BGBl. I S. 2374; FNA 611-17-8)

KraftStG .... Kraftfahrzeugsteuergesetz 2002 (KraftStG 2002) in der Fassung der
Bekanntmachung vom 26.9.2002 (BGBl. I S. 3818; FNA 611–17)

KreisG .... Kreisgericht

krit .... kritisch

LAG .... Landesarbeitsgericht

LG .... Landgericht

LichtZ .... Lichtzeichen

Lit .... Literatur

Lkw .... Lastkraftwagen

LKWÜberlStVAusnV Verordnung über Ausnahmen von straßenverkehrsrechtlichen Vorschrif-
ten für Fahrzeuge und Fahrzeugkombinationen mit Überlänge
(LKWÜberlStVAusnV) vom 19.12.2011 (eBAnz Nr. 144 S. 1; FNA
9232-15) (StVRL § 32 StVZO Nr. 6)

LoF-EG-TypV .... Verordnung über die EG-Typgenehmigung für land- oder forstwirt-
schaftliche Zugmaschinen, ihre Anhänger und die von ihnen gezoge-
nen auswechselbaren Maschinen sowie für Systeme, Bauteile und selb-
ständige technische Einheiten dieser Fahrzeuge (LoF-EG-TypV) Vom
12.12.2004 (BGBl. I S. 3363: FNA 9231-1-17) – aufgehoben mWv
29.4.2009

LPartG .... Gesetz über die Eingetragene Lebenspartnerschaft (Lebenspartner-
schaftsgesetz – LPartG) vom 16.2.2001 (BGBl. I S. 266; FNA 400-15)

LPG .... verflüssigtes Gas, Autogas (Liquefied Petroleum Gas)

Ls .... Leitsatz

LSG .... Landessozialgericht

LZA .... Lichtzeichenanlage

Ma .... Mannheim

MaßnG .... Gesetz über Maßnahmen auf dem Gebiete des Verkehrsrechts und Ver-
kehrshaftpflichtrechts

MaßnVO .... Verordnung über Maßnahmen im Straßenverkehr

Mgd .... Magdeburg, OLG Magdeburg

MinBl .... Ministerialblatt

MobHV .... Verordnung über die Teilnahme elektronischer Mobilitätshilfen am Ver-
kehr (Mobilitätshilfenverordnung – MobHV) vom 16.7.2009 (BGBl. I
S. 2097; FNA 9232-13) – aufgehoben mWv 14.6.2019, siehe ab da:
eKFV

Mofa .... s FmH

Moped .... Fahrrad mit Hilfsmotor

MPU .... Medizinisch-psychologische Untersuchung

Mü .... München, OLG München

mWv .... mit Wirkung vom

Abkürzungen

Nau .... Naumburg, OLG Naumburg
Nds, nds .... Niedersachsen, niedersächsisch
Neust .... Neustadt, OLG Neustadt
nF .... neue(r) Fassung
Nr .... Nummer
NRpfl .... Niedersächsische Rechtspflege
NRW .... Nordrhein-Westfalen
NTS-AG .... Gesetz zu dem Abkommen zwischen den Parteien des Nordatlantikver-
trags vom 19.6.1951 über die Rechtsstellung ihrer Truppen und zu den
Zusatzvereinbarungen vom 3.8.1959 zu diesem Abkommen (Gesetz zum
NATO-Truppenstatut und zu den Zusatzvereinbarungen) vom
18.8.1961 (BGBl. II S. 1183; FNA 57-1)
Nü .... Nürnberg, OLG Nürnberg
nv .... nicht veröffentlicht

OBD .... System zur Emissionsüberwachung, On-Board-Diagnosesystem
Ol .... Oldenburg, OLG Oldenburg
OLGSt .... Entscheidungen der Oberlandesgerichte zum Straf- und Strafverfahrens-
recht (Paragraph und Seite)
OVG .... Oberverwaltungsgericht
ow .... ordnungswidrig
OW .... Ordnungswidrigkeit(en)
OWiG .... Gesetz über Ordnungswidrigkeiten (OWiG) in der Fassung der
Bekanntmachung vom 19.2.1987 (BGBl. I S. 602; FNA 454-1)
OZG .... Gesetz zur Verbesserung des Onlinezugangs zu Verwaltungsleistungen
(Onlinezugangsgesetz – OZG) vom 14.8.2017 (BGBl. I S. 3122, 3138;
FNA 206-7)

PassV .... Verordnung zur Durchführung des Passgesetzes (Passverordnung –
PassV) vom 19.10.2007 (BGBl. I S. 2386; FNA 210-5-12)
PAuswG .... Gesetz über Personalausweise und den elektronischen Identitätsnachweis
(Personalausweisgesetz – PAuswG) vom 18.6.2009 (BGBl. I S. 1346;
FNA 210-6)
PBefG .... Personenbeförderungsgesetz (PBefG) in der Fassung der Bekanntma-
chung vom 8.8.1990 (BGBl. I S. 1690; FNA 9240-1)
PflVersAusl .... Verordnung über die Kraftfahrzeug-Haftpflichtversicherung ausländi-
scher Kraftfahrzeuge und Kraftfahrzeuganhänger vom 8.5.1974 (BGBl. I
S. 1062; FNA 925-5)
PflVG .... Gesetz über die Pflichtversicherung für Kraftfahrzeughalter (Pflichtversi-
cherungsgesetz) in der Fassung der Bekanntmachung vom 5.4.1965
(BGBl. I S. 213; FNA 925-1)
PI .... Prüfingenieur
Pkw .... Personenkraftwagen
Pol .... Polizei
PolB .... Polizeibeamter, Polizeibehörde
PostG .... Postgesetz (PostG) vom 22.12.1997 (BGBl. I S. 3294; FNA 900-14)
ProdHaftG .... Gesetz über die Haftung für fehlerhafte Produkte (Produkthaftungsge-
setz – ProdHaftG) vom 15.12.1989 (BGBl. I S. 2198; FNA 400-8)

RG .... Reichsgericht
RGBl .... Reichsgesetzblatt
RGSt .... Entscheidungen des Reichsgerichts in Strafsachen
RGZ .... Entscheidungen des Reichsgerichts in Zivilsachen
RichtZ .... Richtzeichen
Rn. .... Randnummer
Ro .... Rostock, OLG Rostock
Rom II, Rom II-VO   Verordnung (EG) Nr. 864/2007 vom 11.7.2007, ABl EG Nr. L 199
v. 31.7.2007, S. 40
Rspr .... Rechtsprechung

RVO	Rechtsverordnung
S., s.	Seite, siehe, Sekunde
Sa	Saarbrücken, OLG Saarbrücken
Sa-Anh	Sachsen-Anhalt
SächsVBl	Sächsische Verwaltungsblätter, Fachzeitschrift (zit. nach Jahr und Seite)
Schl	Schleswig, OLG Schleswig
SchlHA	Schleswig-Holsteinische Anzeigen
SG	Gesetz über die Rechtsstellung der Soldaten (Soldatengesetz – SG) in der Fassung der Bekanntmachung vom 30.5.2005 (BGBl. I S. 1482; FNA 51-1)
SGB	Sozialgesetzbuch
SkAufG	Gesetz über die Rechtsstellung ausländischer Streitkräfte bei vorüberge-henden Aufenthalten in der Bundesrepublik Deutschland (Streitkräfteaufenthaltsgesetz – SkAufG) vom 20.7.1995 (BGBl. II S. 554; FNA 57-5)
SOG	Gesetz zum Schutz der öffentlichen Sicherheit und Ordnung (SOG) Vom 14.3.1966 (HmbGVBl. S. 77; BS Hbg 2012-1)
sog	sogenannt
SP	Sicherheitsprüfung
StA	Staatsanwalt(schaft)
StÄG	Strafrechtsänderungsgesetz
StGB	Strafgesetzbuch (StGB) in der Fassung der Bekanntmachung vom 13.11.1998 (BGBl. I S. 3322; FNA 450-2)
StPO	Strafprozeßordnung (StPO) in der Fassung der Bekanntmachung vom 7.4.1987 (BGBl. I S. 1074, ber. S. 1319; FNA 312-2)
Str	Straße(n)
str	strittig
Straba	Straßenbahn
StrBauB	Straßenbaubehörde
StrEG	Gesetz über die Entschädigung für Strafverfolgungsmaßnahmen (StrEG) vom 8.3.1971 (BGBl. I S. 157; FNA 313-4)
StrReinG	Straßenreinigungsgesetz (StrReinG) vom 19.12.1978 (GVBl. S. 2501; BRV 2132-3)
StrRG	Gesetz zur Reform des Strafrechts
StrSen	Strafsenat
StrV	Straßenverkehr
StrVB	Straßenverkehrsbehörde
StrVerkSiV	Verordnung zur Sicherstellung des Straßenverkehrs (StrVerkSiV) vom 23.9.1980 (BGBl. I S. 1795; FNA 930-6-6)
StrWG	Straßen- und Wegegesetz
Stu	Stuttgart, OLG Stuttgart
StV	Strafverteidiger, Fachzeitschrift (zit. nach Jahr und Seite)
StVG	Straßenverkehrsgesetz (StVG) in der Fassung der Bekanntmachung vom 5.3.2003 (BGBl. I S. 310, ber. S. 919; FNA 9231-1)
StVO	Straßenverkehrs-Ordnung (StVO) vom 6.3.2013 (BGBl. I S. 367; FNA 9233-2)
StVOAusnV	Verordnung über Ausnahmen von den Vorschriften der Straßen-Verkehrsordnung
StVollstrO	Strafvollstreckungsordnung (StVollstrO) vom 1.8.2011 (BAnz. Nr. 112a S. 1)
StVUnfStatG	Gesetz über die Statistik der Straßenverkehrsunfälle (Straßenverkehrsun-fallstatistikgesetz – StVUnfStatG) vom 15.6.1990 (BGBl. I S. 1078; FNA 9280-3)
StVZAusnV	Verordnung über Ausnahmen von der Straßenverkehrs-Zulassungs-Ordnung
StVZO	Straßenverkehrs-Zulassungs-Ordnung (StVZO) vom 26.4.2012 (BGBl. I S. 679; FNA 9232-16)
Sup	Supplement

Abkürzungen

SVTr .... Sozialversicherungsträger
Sz .... Schlüsselzahl

Tacho .... Fahrgeschwindigkeitsmesser
TD .... Technischer Dienst
TE .... Tateinheit
TechKontrollV .... Verordnung über technische Kontrollen von Nutzfahrzeugen
               auf der Straße (TechKontrollV) vom 21.5.2003 (BGBl. I S. 774;
               FNA 9231-1-15)
Thür/thür .... Thüringen, thüringisch
TKG .... Telekommunikationsgesetz (TKG) vom 22.6.2004 (BGBl. I S. 1190;
               FNA 900-15)
TM .... Tatmehrheit
TP .... Technische Prüfstelle
TÜ .... Technische Überwachung der Fahrzeuge
Tüb .... Tübingen, OLG Tübingen

ua .... und andere, unter anderem
UAbs .... Unterabsatz
ÜbStrV .... Übereinkommen über den Straßenverkehr, Wien 1968 (BGBl II 1977
               S. 809)
UNECE.................. Wirtschaftskommission für Europa der Vereinten Nationen,
Unterabs .... Unterabsatz
Unterbuchst .... Unterbuchstabe
ÜO .... Überwachungsorganisation
Urt .... Urteil
UStG .... Umsatzsteuergesetz
uU .... unter Umständen
UVtr .... Unfallversicherungsträger
UZwGBw .... Gesetz über die Anwendung unmittelbaren Zwanges und die Ausübung
               besonderer Befugnisse durch Soldaten der Bundeswehr und verbündeter
               Streitkräfte sowie zivile Wachpersonen vom 12.8.1965 (BGBl. I S. 796;
               FNA 55-6)

V .... Verkehr(s)
VA .... Verwaltungsakt
VAE .... Verkehrsrechtliche Abhandlungen und Entscheidungen
VB .... Verwaltungsbehörde
VerkSichG .... Gesetz zur Sicherung des Straßenverkehrs
VG .... Verwaltungsgericht
VGH .... Verwaltungsgerichtshof
vgl .... vergleiche
VGS .... Vereinigte Große Senate
VGT .... Verkehrsgerichtstag, Tagungsbericht (zit. nach Jahr und Seite)
VMBl .... Ministerialblatt des Bundesministers der Verteidigung
VN .... Versicherungsnehmer
VNF .... Vorläufiger Nachweis der Fahrerlaubnis
VO .... Verordnung
VOInt .... VO über internationalen Kraftfahrzeugverkehr = IntVO, IntKfzVO
VorschrZ .... Vorschriftzeichen
VOW .... Verkehrsordnungswidrigkeit
VT .... Verkehrsteilnehmer
VU .... Versicherungsunternehmen, Versicherer
VwGO .... Verwaltungsgerichtsordnung (VwGO) in der Fassung der Bekanntma-
               chung vom 19.3.1991 (BGBl. I S. 686; FNA 340-1)
VwKostG .... Verwaltungskostengesetz (VwKostG) vom 23.6.1970 (BGBl. I S. 821;
               FNA 202-4) – aufgehoben mWv 15.8.2013
VwVVZR .... Allgemeine Verwaltungsvorschrift zur Datenübermittlung mit dem Ver-
               kehrszentralregister – VwVVZR – vom 16.8.2000 (BAnz. S. 17269)

VwV	Verwaltungsvorschrift (allgemeine)
VwVfG	Verwaltungsverfahrensgesetz (VwVfG) in der Fassung der Bekanntmachung vom 23.1.2003 (BGBl. I S. 102; FNA 201-6)
VwVG	Verwaltungs-Vollstreckungsgesetz (VwVG) vom 27.4.1953 (BGBl. I S. 157; FNA 201-4)
VZ, Z	Verkehrszeichen
VzKat	Katalog der Verkehrszeichen (VzKat) in der Fassung der Bekanntmachung vom 22.5.2017 (BAnz AT 29.05.2017 B8; (VkBl 2017 S. 565)
VZR	Verkehrszentralregister (seit 1.5.14: Fahreignungsregister – FAER)
ZA	Zusatzabkommen
ZB I	Zulassungsbescheinigung Teil I (Fahrzeugschein)
ZB II	Zulassungsbescheinigung Teil II (Fahrzeugbrief)
zB	zum Beispiel
ZFER	Zentrales Fahrerlaubnisregister
ZFZR	Zentrales Fahrzeugregister
Zgm	Zugmaschine
zGM	zulässige Gesamtmasse
ZPO	Zivilprozessordnung in der Fassung der Bekanntmachung vom 5.12.2005 (BGBl. I S. 3202, ber. 2006 I S. 431 und 2007 I S. 1781; FNA 310-4)
ZS	Zivilsenat
ZulB	Zulassungsbehörde
ZusatzZ	Zusatzzeichen
zusf	zusammenfassend
zust	zustimmend
zutr	zutreffend
zw	zweifelnd, zweifelhaft
Zw	Zweibrücken, OLG Zweibrücken

Verzeichnis der abgekürzt zitierten Literatur

„Atemalkohol" .... Schoknecht und Mitarbeiter, Gutachten zur Prüfung der Beweissicherheit der Atemalkoholanalyse, 1991, hrsg. vom Bundesgesundheitsamt („SozEp-Hefte")

AG-VerkRecht-F ..... Festschrift zum 25-jährigen Bestehen der Arbeitsgemeinschaft Verkehrsrecht des Deutschen Anwaltvereins, 2004

AnwBl .... Anwaltsblatt , Fachzeitschrift (zit. nach Jahr und Seite)

arzt + auto .... arzt + auto, Organ des Kraftfahrzeugverbandes Deutscher Ärzte, Fachzeitschrift (zit. nach Jahrgang, Heft und Seite)

ÄrzteBl .... Deutsches Ärzteblatt, Fachzeitschrift (zit. nach Jahr und Seite)

BHHJ .... Burmann/Heß/Hühnermann/Jahnke, Straßenverkehrsrecht, Kommentar, 26. Auflage 2020

B/M/R .... Bachmeier/Müller/Rebler, Verkehrsrecht, Kommentar, 3. Auflage 2017

BA .... Blutalkohol, Zeitschrift des Bundes gegen Alkohol und Drogen im StrV, Fachzeitschrift (zit. nach Jahr und Seite)

BA-Festschrift .... Festschrift zum 25-jährigen Bestehen des Bundes gegen Alkohol im Straßenverkehr e. . – Landessektion Berlin, 1982

BASt .... Berichte der Bundesanstalt für Straßenwesen (zit. nach Heft und Seite)

Bauer/Heugel .... Bauer/Heugel, Bußgeldkatalog mit Punktesystem, Kommentar, 10. Auflage 2015

BayVBl .... Bayerische Verwaltungsblätter, Fachzeitschrift (zit. nach Jahr und Seite)

BB .... Betriebs-Berater, Fachzeitschrift (zit. nach Jahr und Seite)

Beck/Berr/Schäpe .... Beck/Berr/Schäpe, OWi-Sachen im Straßenverkehrsrecht, Monografie, 7. Auflage 2017

Beck/Löhle .... Fehlerquellen bei polizeilichen Messverfahren, Handbuch, 12. Auflage 2018

BeckOK StVR .... Dötsch/Koehl/Krenberger/Türpe, Beck Onlinekommentar Straßenverkehrsrecht, Kommentar, 8. Auflage 2020

Beitr gerichtl Med .... Beiträge zur gerichtlichen Medizin, Fachzeitschrift (zit. nach Band und Seite)

Berr .... Wohnmobile und Wohnanhänger, 1985

Berr/Hauser/Schäpe   Das Recht des ruhenden Verkehrs, Monografie, 2. Auflage 2005

Berr/Krause/Sachs ... Drogen im Straßenverkehrsrecht, 2007

Berz/Burmann .... Handbuch des Straßenverkehrsrechts (Loseblattsammlung)

Betr .... Der Betrieb, Wochenschrift für Betriebswirtschaft, Steuerrecht, Wirtschaftsrecht, Arbeitsrecht, Fachzeitschrift (zit. nach Jahr und Seite)

BGA-G .... Gutachten des BGA (erstes 1966, zweites 1977) (zit. nach Seiten)

BGH-F .... Festschrift aus Anlass des fünfzigjährigen Bestehens von BGH, Bundesanwaltschaft und Rechtsanwaltschaft beim BGH, Festschrift, 2000

Bode .... Bode, Der neue EU-Führerschein, Monografie, 1. Auflage 1998

Bode/Winkler .... Bode/Winkler, Fahrerlaubnis, Handbuch, 5. Auflage 2006

Booß .... Booß, Straßenverkehrs-Ordnung 1971

Bouska/Laeverenz .... Bouska/Laeverenz, Fahrerlaubnisrecht, Monografie, 3. Auflage 2004

Bouska/Leue .... Bouska/Leue, StVO, 25. Auflage 2018

Buchholz .... Buchholz, Sammel- und Nachschlagewerk der Rechtsprechung des Bundesverwaltungsgerichts, Entscheidungssammlung, 9. Auflage 2012

Burhoff .... Burhoff, Handbuch für das straßenverkehrsrechtliche OWi-Verfahren, Handbuch, 5. Auflage 2018

Cramer .... Cramer, Straßenverkehrsrecht (StVO, StGB), 2. Auflage, 1977

Cramer/Janker.......... Cramer/Janker, Straßenverkehrsrecht, Lehrbuch, 3. Auflage 1995

Literatur

DAR	Deutsches Autorecht, Fachzeitschrift (zit. nach Jahr und Seite, s auch RdK)
Dauer FahrlR	Dauer, Fahrlehrerrecht, Kommentar, 2. Auflage 2020
DB	Der Betrieb , Fachzeitschrift (zit. nach Jahr und Seite)
Denkschrift „Atemalkoholprobe"	Denkschrift der Deutschen Gesellschaft für Rechtsmedizin zur Frage der Einführung einer „Beweissicheren Atemalkoholprobe", BA 1992 S. 108
DMW	Deutsche Medizinische Wochenschrift, Fachzeitschrift
DNP	Die Neue Polizei, Fachzeitschrift (zit. nach Jahr und Seite)
DÖV	Die Öffentliche Verwaltung, Fachzeitschrift (zit. nach Jahr und Seite)
DRiZ	Deutsche Richter-Zeitung, Fachzeitschrift (zit. nach Jahr und Seite)
DtZ	Deutsch-Deutsche Rechts-Zeitschrift, Fachzeitschrift (zit. nach Jahr und Seite)
DVBl	Deutsches Verwaltungsblatt, Fachzeitschrift (zit. nach Jahr und Seite)
DVP	Deutsche Verwaltungspraxis, Fachzeitschrift (zit. nach Jahr und Seite)
DVW	Deutsche Verkehrswacht, Die Landesverkehrswacht, Fachzeitschrift (zit. nach Jahr und Seite)
EBE	Eildienst: Bundesgerichtliche Entscheidungen, Fachzeitschrift (zit. nach Jahr und Seite)
Engelstädter	Engelstädter, Der Begriff des Unfallbeteiligten in § 142 Abs. 4 StGB, Frankfurt am Main, Dissertation 1997
Ethik-Kommission	Bericht der vom BMVI eingesetzten Ethik-Kommission Automatisiertes und vernetztes Fahren, Juni 2017, abrufbar über die Homepage des BMVI
Fahrl	Der Fahrlehrer, Braunschweig (ab 1.1.1971: Der Verkehrslehrer)
FahrlR	Dauer, Kommentar zum Fahrlehrerrecht, Kommentar, 2. Auflage 2020
Finkelnburg/Dombert/ Külpmann	Finkelnburg/Dombert/Külpmann, Vorläufiger Rechtsschutz im Verwaltungsstreitverfahren, 7. Auflage, 2017
Fischer	Fischer, Strafgesetzbuch, Kommentar, 67. Auflage, 2020
Forensia	Interdisziplinäre Zeitschrift für Psychiatrie, Psychologie, Kriminologie und Recht, Fachzeitschrift (zit. nach Jahr und Seite)
Fries/Wilkes/Lössl	Fries/Wilkes/Lössl, Fahreignung, 2. Auflage 2008
FRZ	Zeitschrift für Familienrecht, Fachzeitschrift (zit. nach Jahr und Seite)
GA	Goltdammer's Archiv für Strafrecht, Fachzeitschrift (zit. nach Jahr und Seite)
Gehrmann/ Undeutsch	Gehrmann/Undeutsch, Das Gutachten der MPU und Kraftfahreignung, Monografie, 1. Auflage 1995
Geigel	Geigel, Der Haftpflichtprozess, Handbuch, 28. Auflage, 2020
GewArch	Gewerbearchiv, Fachzeitschrift (zit. nach Jahr und Seite)
Göhler	Göhler, Ordnungswidrigkeitengesetz, Kommentar, 17. Auflage 2017
Greger/Zwickel	Greger/Zwickel, Haftungsrecht des Straßenverkehrs, Kommentar, 5. Auflage 2014
GVR	Haus/Krumm/Quarch (Hrsg), Gesamtes Verkehrsrecht, Kommentar, 2. Auflage 2017
Halm/Kreuter/ Schwab	Halm/Kreuter/Schwab, AKB – Allgemeine Bedingungen für die Kraftfahrtversicherung, Kommentar, 3. Auflage 2018
Haus/Zwerger	Haus/Zwerger, Das verkehrsrechtliche Mandat, Bd. 3 Verkehrsverwaltungsrecht einschl. Verwaltungsprozess, Handbuch, 3. Auflage 2017
Hecker	Hecker, Europäisches Strafrecht, Lehrbuch, 5. Auflage 2015
Heidelberg-F	Doehring, Richterliche Rechtsfortbildung – Erscheinungsformen, Auftrag und Grenzen, Festschrift der Juristischen Fakultät zur 600-Jahr-Feier der Ruprecht-Karls-Universität Heidelberg, Festschrift, 1986

Hentschel, Trunkenheit	Hentschel, Trunkenheit, Fahrerlaubnisentziehung, Fahrverbot, Handbuch, 10. Auflage 2006
Hentschel/Krumm ...	Hentschel/Krumm, Fahrerlaubnis – Alkohol – Drogen, Handbuch, 7. Auflage 2018
Himmelreich/Halm ..	Himmelreich/Halm/Staab, Kfz-Schadensregulierung, Handbuch, 4. Auflage 2018
Himmelreich/Halm ..	Himmelreich/Halm, Handbuch des Fachanwalts Verkehrsrecht, Handbuch, 6. Auflage 2017
Himmelreich/Janker/ Karbach	Fahrverbot, Fahrerlaubnisentzug und MPU-Begutachtung im Verwaltungsrecht, Monografie, 8. Auflage 2007
Himmelreich/Staub/ Krumm/Nissen	Himmelreich/Staub/Krumm/Nissen, Verkehrsunfallflucht, Monografie, 7. Auflage 2019
Himmelreich-F	Karbach, Festschrift für Klaus Himmelreich zum 70. Geburtstag, Festschrift, 2007
Huber	Huber, Das neue Schadensersatzrecht, 1. Auflage 2003
Jagow	Jagow, Fahrerlaubnis- und Zulassungsrecht, Loseblattkommentar
Janiszewski	Verkehrsstrafrecht, 5. Auflage 2004
Janiszewski/ Buddendiek	Verwarnungs- und Bußgeldkatalog, 9. Auflage 2004
Jarass/Pieroth	Kommentar zum Grundgesetz, 16. Auflage, 2020
JbVerkR	Himmelreich (Hrsg.), Jahrbuch Verkehrsrecht , Fachzeitschrift (zit. nach Jahr und Seite)
Jescheck/Weigend	Lehrbuch des Strafrechts, AT, 5. Auflage, 1996
Justiz	Die Justiz, Amtsblatt des Justizministeriums Baden-Württemberg, Fachzeitschrift (zit. nach Jahr und Seite)
JW	Juristische Wochenschrift, Fachzeitschrift (zit. nach Jahr und Seite)
JZ	Juristenzeitung, Fachzeitschrift (zit. nach Jahr und Seite)
k + v	Kraftfahrt und Verkehrsrecht, Zeitschrift der Akademie für Verkehrswissenschaft, Fachzeitschrift (zit. nach Jahr und Seite)
Kodal	Kodal, Handbuch Straßenrecht, Handbuch, 7. Auflage 2010
Kopp/Ramsauer	Verwaltungsverfahrensgesetz, 21. Auflage, 2020
Kopp/Schenke	Verwaltungsgerichtsordnung, 26. Auflage, 2020
Krim	Kriminalistik, Fachzeitschrift (zit. nach Jahr und Seite)
Kulemeier	Kulemeier/Geerds, Fahrverbot (§ 44 StGB) und Entzug der Fahrerlaubnis (§§ 69 ff. StGB), Lehrbuch, 1. Auflage 1991
Küppersbusch	Küppersbusch/Höher, Ersatzansprüche bei Personenschaden, Monografie, 13. Auflage 2020
Lackner/Kühl	Lackner/Kühl, Strafgesetzbuch, Kommentar, 29. Auflage 2018
Leibholz/Rinck/ Hesselberger	Leibholz/Rinck/Hesselberger, Grundgesetz für die Bundesrepublik Deutschland, Loseblattkommentar, 79. Auflage 2019
LK	Cirener/Radtke/Rissing-van Saan/Rönnau/Schluckebier, Leipziger Kommentar Strafgesetzbuch, 11. Auflage 1992 ff., 12. Auflage 2006 ff., 13. Auflage 2019 ff.
LKV	Landes- und Kommunalverwaltung, Fachzeitschrift (zit. nach Jahr und Seite)
LR	Löwe/Rosenberg, Die Strafprozessordnung und das Gerichtsverfassungsgesetz, 25. Auflage, 1997 ff., 26. Auflage, 2006 ff., 27. Auflage 2017 ff.
Magdowski	Die Verkehrunfallflucht in der Strafrechtsreform, 1979
MAH StrVR	Buschbell, Münchener Anwaltshandbuch Straßenverkehrsrecht, Handbuch, 5. Auflage 2020

Literatur

Maunz/Dürig	Herzog/Scholz/Herdegen/Klein, Grundgesetz, Loseblatt-Kommentar, 90. Auflage 2020
MDR	Monatsschrift für deutsches Recht, Fachzeitschrift (zit. nach Jahr und Seite)
Meyer-Gedächtnis-schrift	Geppert/Dehnicke, Gedächtnisschrift für Karlheinz Meyer, Festschrift, 1990
Meyer-Goßner/ Schmitt	Meyer-Goßner/ Schmitt, Strafprozessordnung: StPO, Kommentar, 63. Auflage 2020
MüKoStGB	Erb/Schäfer, Münchener Kommentar zum StGB, Kommentar, Band 5, 3. Auflage 2019
MüKoStVR	Bender/König/Buse/Staudinger, Münchener Kommentar zum Straßen-verkehrsrecht, Kommentar, Band 1, 1. Auflage 2016 ff.
Müller-F	Festschrift für Gerda Müller, Festschrift, 2009
Nehm-F	Griesbaum/Schnarr/Hannich, Strafrecht und Justizgewährung: Fest-schrift für Kay Nehm zum 65. Geburtstag, Festschrift, 2006
NJ	Neue Justiz, Fachzeitschrift (zit. nach Jahr und Seite)
NJOZ	Neue Juristische Online-Zeitschrift, Fachzeitschrift (zit. nach Jahr und Seite)
NJW	Neue Juristische Wochenschrift, Fachzeitschrift (zit. nach Jahr und Seite)
NJWE-VHR	NJW-Entscheidungsdienst, Versicherungs-/Haftungsrecht, Fachzeitschrift (zit. nach Jahr und Seite)
NJW-RR	NJW-Rechtsprechungs-Report Zivilrecht, Fachzeitschrift (zit. nach Jahr und Seite)
NJW-Spezial	NJW-Spezial, Beilage zur NJW, Fachzeitschrift (zit. nach Jahr und Seite)
NordÖR	Zeitschrift für öffentliches Recht in Norddeutschland, Fachzeitschrift (zit. nach Jahr und Seite)
NStZ	Neue Zeitschrift für Strafrecht, Fachzeitschrift (zit. nach Jahr und Seite)
NStZ-RR	NStZ-Rechtsprechungs-Report, Fachzeitschrift (zit. nach Jahr und Seite)
NVersZ	Neue Zeitschrift für Versicherung und Recht, Fachzeitschrift (zit. nach Jahr und Seite)
NVwZ	Neue Zeitschrift für Verwaltungsrecht, Fachzeitschrift (zit. nach Jahr und Seite)
NVwZ-RR	Rechtssprechungsreport Verwaltungsrecht, Fachzeitschrift (zit. nach Jahr und Seite)
NWVBl	Nordrhein-Westfälische Verwaltungsblätter, Fachzeitschrift (zit. nach Jahr und Seite)
NZV	Neue Zeitschrift für Verkehrsrecht, Fachzeitschrift (zit. nach Jahr und Seite)
Palandt	Brudermüller/Ellenberger/Götz/Grüneberg/Herrler/Sprau/Thorn/ Weidlich/Wicke, Bürgerliches Gesetzbuch, Kommentar, 79. Auflage 2020
Polizei	Die Polizei, Fachzeitschrift (zit. nach Jahr und Seite)
Prölss/Martin	Prölss/Martin, Versicherungsvertragsgesetz: VVG, Kommentar, 30. Auflage 2018
PTV	Polizei, Technik, Verkehr, Mainz, Fachzeitschrift (zit. nach Jahr und Seite)
PVT	Polizei, Verkehr + Technik , Fachzeitschrift (zit. nach Jahr und Seite)
r+s	recht und schaden, Fachzeitschrift (zit. nach Jahr und Seite)
RdK	Recht des Kraftfahrers (Jahrg. 1951/52 vereinigt mit DAR, 1953–1955 wieder selbstständig), Fachzeitschrift (zit. nach Jahr und Seite)
Rediger	Rediger Rechtliche Probleme der sogenannten Halterhaftung nach § 25a StVG, Dissertation Bochum 1993
Riemenschneider	Riemenschneider, Fahrunsicherheit oder Blutalkoholgehalt als Merkmal der Trunkenheitsdelikte, Monografie, 1. Auflage 2000

Rpfleger .... Der deutsche Rechtspfleger, Fachzeitschrift (zit. nach Jahr und Seite)

Rüth/Berr/Berz .... Rüth/Berr/Berz, Straßenverkehrsrecht, Monografie, 2. Auflage 1987

Sanden/Völtz .... Sanden/Völtz, Sachschadensrecht des Kraftverkehrs, Monografie,
9. Auflage 2011

Sauthoff .... Sauthoff, Öffentliche Straßen, Monografie, 3. Auflage 2020

Schönke/Schröder .... Schönke/Schröder, Strafgesetzbuch, Kommentar, 30. Auflage 2019

Schäfer/Sander/
van Gemmeren
Strafzumessung .... Schäfer/Sander/van Gemmeren, Praxis der Strafzumessung, Monografie,
6. Auflage 2017

Schlüchter-
Gedächtnisschrift ...... Duttge, Gedächtnisschrift für Ellen Schlüchter, Festschrift, 2002

Schöch-F .... Dölling/Götting/Meier/Verrel, Verbrechen − Strafe − Resozialisierung:
Festschrift für Heinz Schöch zum 70. Geburtstag am 20. August 2010,
Festschrift, 2010

Schurig .... SchurigAnwaltkommentar StVO, Kommentar, 17. Auflage 2020

SSW .... Satzger/Schluckebier/Widmaier, Strafgesetzbuch − Kommentar zum
StGB, Kommentar, 4. Auflage 2019

Staudinger .... Staudinger, BGB − J. von Staudingers Kommentar zum Bürgerlichen
Gesetzbuch mit Einführungsgesetz, Kommentar, 18. Auflage 2018

Stelkens/Bonk/Sachs Verwaltungsverfahrensgesetz, Kommentar, 9. Auflage, 2018

Stiefel/Maier .... Stiefel/Maier, Kraftfahrtversicherung: AKB, Kommentar, 19. Auflage
2017

StVE .... Cramer/Berz/Gontard, Straßenverkehrs-Entscheidungen (Nummern
ohne Paragraphenangabe beziehen sich auf die
erläuterte Vorschrift)

StVRL .... Straßenverkehrsrichtlinien, Textsammlung (Beck)

SVR .... Straßenverkehrsrecht, Fachzeitschrift (zit. nach Jahr und Seite)

ThürVBl .... Thüringer Verwaltungsblätter, Fachzeitschrift (zit. nach Jahr und Seite)

VD .... Verkehrsdienst, Fachzeitschrift (zit. nach Jahr und Seite)

Verkehrsmedizin .... Wagner ua, Verkehrsmedizin, Monografie, 1984

Verkehrsunfall .... Der Verkehrsunfall, ab 1983; Verkehrsunfall und Fahrzeugtechnik,
Fachzeitschrift (zit. nach Jahr und Seite)

VersR .... Versicherungsrecht, Fachzeitschrift (zit. nach Jahr und Seite)

VersW .... Versicherungswirtschaft, Fachzeitschrift (zit. nach Jahr und Seite)

VerwA .... Verwaltungsarchiv, Fachzeitschrift (zit. nach Jahr und Seite)

VkBl .... Verkehrsblatt, Amtsblatt des Bundesministeriums für Verkehr, Fachzeit-
schrift (zit. nach Jahr und Seite)

VM .... Verkehrsrechtliche Mitteilungen, Fachzeitschrift (zit. nach Jahr und
Seite)

VOR .... Zeitschrift für Verkehrs- und Ordnungswidrigkeitenrecht, Fachzeitschrift
(zit. nach Jahr und Seite)

VP .... Versicherungspraxis, Fachzeitschrift (zit. nach Jahr und Seite)

VRS .... Verkehrsrechtssammlung (Band und Seite)

VW .... Versicherungswirtschaft, Fachzeitschrift (zit. nach Jahr und Seite)

VwRspr .... Verwaltungsrechtsprechung in Deutschland (Band und Seite)

WRP .... Wettbewerb in Recht und Praxis, Fachzeitschrift (zit. nach Jahr und
Seite)

ZAP .... Zeitschrift für die Anwaltspraxis, Fachzeitschrift (zit. nach Fach und Seite)

ZblVerkMed .... Zentralblatt für Verkehrs-Medizin, Verkehrs-Psychologie, Luft- und
Raumfahrt-Medizin, Fachzeitschrift (zit. nach Jahr und Seite)

ZBlVM .... Zentralblatt für Verkehrsmedizin, Fachzeitschrift (zit. nach Jahr und
Seite)

ZfS .... Zeitschrift für Schadensrecht, Fachzeitschrift (zit. nach Jahr und Seite)

Literatur

ZfV	Zeitschrift für Versicherungswesen, Fachzeitschrift (zit. nach Jahr und Seite)
ZfVR	Zeitschrift für Verkehrsrecht, Fachzeitschrift (zit. nach Jahr und Seite)
ZRP	Zeitschrift für Rechtspolitik, Fachzeitschrift (zit. nach Jahr und Seite)
ZStW	Zeitschrift für die gesamte Strafrechtswissenschaft, Fachzeitschrift (zit. nach Jahr und Seite)
ZVM	Zentralblatt für Verkehrsmedizin, Fachzeitschrift (zit. nach Jahr und Seite)
ZVS	Zeitschrift für Verkehrssicherheit, Fachzeitschrift (zit. nach Jahr und Seite)

Einleitung (E)

Übersicht

Einleitung

1   **I. Rechtsquellen.** Das **Straßenverkehrsrecht** ist Ordnungsrecht (BVerwG NZV **98** 427, BGH NJW **02** 1280, **05** 2923, *Manssen* DÖV **01** 158). Es will den Gefahren, Behinderungen und Belästigungen von VT und Dritten durch den V entgegenwirken und optimalen Ablauf gewährleisten (BVerfG NJW **76** 559, BVerwG DAR **99** 471, BGH NJW **04** 356, **05** 2923, NZV **02** 193, BGH NJW **02** 1280, MüKoStVR/*Sauthoff* vor § 1 StVG Rn. 2; *Dannecker* DVBl **99** 144). Es hat sich jedoch über die ordnungsrechtliche Funktion hinaus, insbesondere durch die in den letzten Jahren wiederholt erfolgte Erweiterung der Befugnisse der StrVB in § 45 StVO, mehr und mehr auch zu einer Rechtsgrundlage für VPlanung entwickelt (krit *Manssen* DÖV **01** 151). Das ist unbedenklich, soweit ein Kompetenztitel gegeben ist (MüKoStVR/ *Sauthoff* vor § 1 StVG Rn. 14). Das StrVRecht ist Bundesrecht. Nach Art 74 I Nr. 22 GG erstreckt sich die konkurrierende Bundesgesetzgebung auf den StrV (= Benutzung der öffentlichen Str zu VZwecken; BVerfG NJW **76** 559) und das Kraftfahrwesen (= die von der Herstellung bis zur Fz-Benutzung entstehenden Rechts- und Wirtschaftsfragen; *Maunz/Dürig* Art 74 GG Rn. 240), einschließlich der Normen zur Abwehr äußerer Gefahren für den StrV und die VWege (BVerfG NJW **76** 559). Sachlich besteht das StrVR aus Verwaltungs-, Zivil-, Polizei-, Ordnungswidrigkeiten-, Straf- und übernationalem Recht. Das StrVR setzt das **Straßenrecht** voraus; bei beiden handelt es sich um selbstständige Rechtsmaterien mit unterschiedlichen Regelungszwecken (BGH NJW **02** 1280; näher E 49). Zur Einführung eines „Straßenverkehrsplanungsrechts" de lege ferenda neben dem StrVR (als Ordnungsrecht) *Ph. Boos* NZV **01** 497.

2   Die **Grundrechte** (Art 2, 3, 12, 14 GG) und der aus dem Rechtsstaatsprinzip entwickelte, strikt zu wahrende (BVerfG NJW **76** 559), verfassungskräftige **Grundsatz der Verhältnismä-**

ßigkeit (Übermaßverbot) setzen allem Bundesrecht Schranken (BVerfGE **10** 117, OVG Münster VM **75** 11, *Maunz/Dürig* Art 20 Kap.VII Rn. 117), s. zB § 3 StVG. Der Rechtsstaatsgedanke umfasst auch das grundlegende Prinzip der Verhältnismäßigkeit des Mittels (BVerfGE **10** 117, NJW **02** 2378, OVG Münster VRS **75** 384). Das Übermaßverbot greift ein, wenn der Normgeber oder die VB einen anderen, gleich wirksamen, aber weniger einschneidenden Mittel (Regelung) hätte wählen können (BGH NJW **80** 2700), wenn die Sicherheit oder Leichtigkeit des V durch weniger weitgehende Anordnungen erreicht werden kann (BVerwG NZV **93** 284, DAR **99** 184, OVG Lüneburg VRS **55** 311). Im Strafrecht muss die Strafe im angemessenen Verhältnis zur Tat stehen (BVerfGE **6** 439), im Strafverfahren die Maßnahme im angemessenen Verhältnis zum Tatvorwurf (BVerfGE **17** 117). Auch verwaltungsrechtliche Eingriffe und Beschränkungen müssen im rechten Verhältnis zum geschützten öffentlichen Interesse stehen und dürfen nicht übermäßig oder vermeidbar belasten (BVerfGE **18** 361, **15** 234, **13** 104, **11** 42, NJW **02** 2378), zB bei bedingter Fahreignung (OVG Berlin VM **91** 64, OVG Br VRS **58** 296). Das Übermaßverbot untersagt zB, durch FEBeschränkung zu regeln, was durch bloße Auflage geregelt werden kann (BGH NJW **78** 2517; s. § 23 FeV). Je empfindlicher zB die Berufstätigkeit beeinträchtigt wird, desto stärker müssen die Interessen des Gemeinwohls sein, denen die Regelung dient (BVerfGE **26** 264). Das Prinzip bindet auch den Gesetz- bzw. VOGeber bei Ausübung gesetzlicher Ermächtigungen (BVerfGE **8** 310, **7** 407). Ihm unterliegen alle gesetzlichen Inhaltsbestimmungen (BVerfGE **14** 277, **18** 312, NJW **67** 619).

3   Das **Straßenverkehrsgesetz** (StVG, Buchteil 1) vom 19.12.52 (Vorläufer: KfzGesetz idF v. 19.12.52; s.BVerfGE **18** 389) regelt grundgesetzgemäß (BVerfG NJW **69** 1619) namentlich die Zulassung der Personen und Kfz zum öffentlichen StrV, die Verwendung fälschungssicherer Kennzeichen, die Fahrerlaubnis (Arten, Erteilung, Nachweis, Entziehung, FV), die Rechtsfolgen des Fahrens ohne FE, die Gebühren für Maßnahmen im StrV, die Grundlagen der VerkehrsOW und deren Rechtsfolgen, Einrichtung und Funktion des FAER (früher VZR), die Haftpflicht des Halters und Fahrers bei Tötung, Körperverletzung und Sachschäden neben der allgemeinen zivilrechtlichen.

4   Es **ermächtigt** das BMVI, unter hinreichend bestimmten Voraussetzungen (BVerfGE **7** 302, **8** 312, **10** 258, **14** 258, **15** 160, **18** 61, **22** 25) nach Maßgabe des Ermächtigungskatalogs in § 6 StVG mit Zustimmung des Bundesrats RVO und allgemeine Verwaltungsvorschriften (VwV) zu erlassen, vor allem zur Erhaltung der Ordnung und Sicherheit auf den öffentlichen VFlächen, um den V gegen nachteilige äußere Einwirkungen zu schützen (zB Verbot ablenkender Werbung außerorts, § 6 I Nr. 3g StVG) und zum Umweltschutz gegen VEinwirkungen (zB durch § 6 I Nr. 3, 5a StVG). Zum Zitiergebot (Art 80 I S. 3 GG, Angabe der Ermächtigungsnorm): *Schwarz* DÖV **02** 852 sowie, zur 46. StVOÄndV, Vorwort 41. Aufl. Änderungen von RVO durch Gesetz; Rückkehr zum einheitlichen Verordnungsrang: *Külpmann* NJW **02** 3436.

4a   **Allgemeine Verwaltungsvorschriften** (VwV) sind verwaltungsinterne Anweisungen, keine Rechtsnormen (Dü NZV **91** 204, VG Hb NZV **02** 288). Sie ändern oder ergänzen keine Rechtsnorm, sie geben nur Handhabungshinweise (BVerwG MDR **70** 533, Mü VM **77** 38, Bay VM **77** 50, Dü VM **77** 20, *Kreutzer* MDR **70** 564) und binden nicht die Gerichte (Jn DAR **05** 43), sondern das behördliche Ermessen (OVG Lüneburg VkBl. **04** 181 (VwV-StVO), VG Berlin NZV **01** 317 mAnm *Bitter* und *Bouska*, VG Hb NZV **02** 288, 533, VG Hannover NZV **05** 223; s. Begr zur StVO II S. 3 und BGHSt **16** 160, **23** 108). Trotz ihrer grundsätzlich nur internen Bindung können VwV jedoch über Art 3 I GG (Gleichheitsgrundsatz) und Art 20, 28 GG (Rechtsstaatsprinzip, Vertrauensschutz) auch rechtliche Außenwirkung zwischen Verwaltung und Bürger begründen (BVerwGE **104** 220; **126** 33, VG Berlin NZV **03** 53). Da das BVerfG (DAR **99** 498) nicht mehr an seiner früheren Auffassung festhält, statt der BReg als Kollegium könne auch ein Ressortminister iS von Art 84 II, Art 85 II GG zum Erlass von VwV für den Vollzug von Bundesgesetzen ermächtigt werden, wurde § 27 StVG aF (Ermächtigung zum Erlass der VerwarnVwV) durch ÄndG v. 19.3.01 (BGBl. I S. 386) aufgehoben; die bisherige, bis zum 31.12.01 gültig gewesene VerwarnVwV idF v. 28.2.00 (BAnz **00** 3048) wurde daher auf der Grundlage des Art 84 II GG von der BReg neu erlassen (inzwischen aufgehoben durch AV v. 26.11.01, BAnz **01** 24505). Ihr Inhalt ist nunmehr Bestandteil der BKatV (näher § 26a StVG Rn. 5). Da die VwV-StVO ebenso wie die StVO vom BMV mit Zustimmung des BRates erlassen ist, lässt sie deren rechtliche Vorstellungen erkennen (Bay DAR **79** 25, Kö NZV **90** 483) und kann bei der Auslegung von StVO-Bestimmungen hilfreich sein (Jn DAR **05** 43, Stu DAR **02** 366). VwV binden die nachgeordneten Bundes- und LandesB (OVG Lüneburg VkBl. **04** 181 (VwV-StVO), GewArch **78** 69, VG Berlin NZV **01** 317 (VwV-StVO) mAnm *Bitter*), Richtlinien (zB die Führerhausrichtlinien, Bay VRS **46** 313) nur nach Transformation in Landesrecht. Innerbetriebliche Vorschriften, zB Dienstanweisungen: **E** 48.

Einleitung

5 **Verkündung** (BVerfGE **32** 362) der gemäß § 6 StVG ergehenden RVO: Art 82 GG mit G über die Verkündung von RVO vom 30.1.50 (Verkündung im BGBl oder im BAnz mit Hinweis im BGBl). VwV, die das BMV für den StrV gegenüber den VB erlässt, sind zustimmungsbedürftig (Art 85 II GG). Üblicherweise werden sie im VkBl. verkündet. Ausnahmen von der Zustimmungsbedürftigkeit von RVO: § 6 III, IV StVG. In Sonderfällen, besonders bei Katastrophen, ist Verkündung durch beliebige Medien oder in anderer Weise zulässig, sofern keine VZ aufgestellt werden können (§ 45 IV StVO). Zur Bekanntmachung gesetzlicher Neufassungen *Schroeder* NJW **75** 1870, *Nadler* NJW **76** 281. Die Ausübung der gesetzlichen Befugnis, ein Gesetz in Neufassung bekanntzumachen, ist nur Klarstellung und auf das geltende Recht ohne Einfluss (BVerfGE **18** 389; Bay VM **71** 47). Die statische Verweisung (zB in § 35h StVZO) auf nichtnormative private Regelungen (zB DIN-Normen) dürfte gültig sein, sofern a) die verweisende Norm die Regelung nach Gegenstand und Datum genau bezeichnet, b) Fundstelle oder Bezugsquelle genau nennt und c) wenn die inkorporierte Regelung durch amtliche Niederlegungen gegen nachträgliche Inhaltsänderung geschützt ist (näher BVerfGE **22** 346 *Hömig* DÖV **79** 307, *Backherms* ZRP **78** 261, *Baden* NJW **79** 623, *Staats* ZRP **78** 59).

6 Die **Straßenverkehrsordnung** (StVO, Buchteil 2), beruht namentlich auf der Ermächtigung in § 6 I StVG. Sie wurde 2013 neu erlassen, um mögliche Verstöße gegen das Zitiergebot des Art 80 I S. 3 GG zu heilen (Regierungsentwurf BR-Drs. 428/12, Vorblatt und mehrfach). Die StVO gilt unmittelbar nur im öffentlichen VRaum (Kö VRS **50** 236, Dü DAR **83** 90, VRS **64** 300), nicht für das Verhalten auf Privatgrund (Bay VM **76** 51). Auf nichtöffentlichem Betriebsgelände gelten die VRegeln als allgemein gültige Sorgfaltsregeln aber entsprechend (Kar VRS **56** 345, Sa VM **82** 56, Ol VersR **90** 398, Kö VersR **93** 589, Ha VersR **96** 645; näher § 8 StVO Rn. 31a, § 14 StVO Rn. 1). Jedoch kann die allgemeine Sorgfaltspflicht je nach den Umständen Abweichung und Verständigung von Fall zu Fall erfordern (Sa VM **82** 56, Ol VersR **90** 398). Auch kann eine vom Eigentümer getroffene Regelung beachtlich sein (Kö VersR **93** 589). Die StVO enthält die VRegeln als sachlich begrenztes Ordnungsrecht und dient der Abwehr der typischen vom StrV ausgehenden Gefahren (BGH NJW **04** 356, **15** 1174, s. **E** 1). Sie regelt abschließend (= **Ausschließlichkeitsgrundsatz**; BGHSt **26** 348 = NJW **76** 2138; OVG Berlin-Brn DAR **20** 156; § 39 Rn. 31) die VZ und -einrichtungen zur VLenkung und die Zeichen und Weisungen der Polizei. Die ergänzenden Allgemeinen Verwaltungsvorschriften (VwV) richten sich ausschließlich an die VB (**E** 4a). Vor diesem Hintergrund ist das Verbot „unnützen Hin- und Herfahrens" (§ 30) nicht unproblematisch; denn der VOGeber darf die VTeilnahme über § 1 StVO hinaus weder nach Nützlichkeit beurteilen noch einschränken (vgl. § 6 StVG). Obwohl zahlreiche Bestimmungen (zumindest auch) Individualinteressen schützen, ist die **StVO im Ganzen kein Gesetz zum Schutz des Vermögens** (BGH NJW **04** 356, **05** 2923, **15** 1174; s. auch § 16 StVG Rn. 6). Zur Privilegienfeindlichkeit des StVR **E** 52.

7 Die Verbindlichkeit der StVO richtet sich ausschließlich nach deutschem Recht, nicht nach ihrer Übereinstimmung mit ratifizierten internationalen Verträgen, denn das Vertragsvölkerrecht ist nicht Bestandteil des Bundesrechts (Art 25 GG; *Booß* DAR **73** 30). StVO-Änderung gemäß Opportunität ist deshalb an sich auch entgegen zwischenstaatlichen Abkommen ohne Ratifizierungsvorbehalt zulässig, ohne solchen Vorbehalt jedoch vertragsuntreu (*Booß* DAR **73** 29). Solche Vorbehalte sind erwünscht, um notwendige Reformen nicht unnütz zu erschweren (**E** 17).

8 **Literatur:** *Baumann*, Die Versäumnisse der neuen StVO, DAR **71** 152. *Booß*, Motive der neuen StVO, k + v **71** 95. *Derselbe*, Zur Frage der Vereinbarkeit der StVO mit dem Wiener und Genfer Übereinkommen, DAR **73** 29. *Cramer*, Die neue StVO, JurA **71** 243, 353. *Harthun*, Einzelfragen zur neuen StVO, DAR **71** 177, 253. *Jagusch*, Flexibilität und Starrheit in der neuen StVO …, NJW **71** 1. *Derselbe*, Erneuerte StVO, NJW **76** 135. *Kullik*, Mehr Vorschriften – mehr Sicherheit?, PVT **83** 217. *Möhl*, Die neue StVO, DAR **71** 29, JR **71** 45. *Trüstedt*, Zur Vorgeschichte der neuen StVO, ZVS **71** 3.

9 Die **Straßenverkehrs-Zulassungs-Ordnung** (StVZO, Buchteil 5) ist Ausführungsvorschrift zu § 6 StVG und beruht auf ihm. Sie regelt die Zulassung der nicht in den Anwendungsbereich der FZV fallenden Kfz, Anhänger und anderen Fz zum öffentlichen StrV, die nicht in den Anwendungsbereich der EG-FGV fallenden Betriebserlaubnisse, Bauartgenehmigungen, die periodische technische Untersuchung der Kfz und Anhänger und enthält die Bau- und Betriebsvorschriften für die StrFz und Anhänger. Sie wurde als StVZO v. 26.4.12 mit Wirkung ab 5.5.12 neu erlassen (BGBl. I S.678), um mögliche formale Rechtsfehler bei früheren Änderungsverordnungen zu heilen und eine rechtssichere Textfassung zu schaffen (Begr BR-Drs. 861/11 S.447). Dabei wurden der Aufbau und im Wesentlichen der Wortlaut nicht verändert. Die am 1.3.07 in Kraft getretene **Fahrzeug-Zulassungsverordnung** (FZV, Buchteil 4) fasst den zuvor in der StVZO, der IntVO,

der FahrzeugregisterVO (FRV) und der 49.AusnahmeVO zur StVZO normierten Bereich der Zulassung von Kfz mit einer bauartbedingten Höchstgeschwindigkeit von mehr als 6 km/h und die Zulassung von Kfz-Anhängern zum öffentlichen StrV zusammen. Sie wurde als FZV v. 3.2.11 (BGBl. I S.139) ohne inhaltliche Änderungen neu erlassen, um mögliche Verstöße gegen das Zitiergebot des Art 80 I S. 3 GG zu heilen und eine rechtssichere Textfassung zu schaffen (Begr BR-Drs. 724/10 S.129). Die am 29.4.09 in Kraft getretene **EG-Fahrzeuggenehmigungsverordnung** (EG-FGV, Buchteil **6**) enthält Regelungen über die Erteilung von Genehmigungen (Betriebserlaubnissen) nach den Vorgaben der einschlägigen EG-Richtlinien für Kfz, Kfz-Anhänger sowie für Systeme, Bauteile und selbständige technische Einheiten für diese Fz. Sie wurde ohne inhaltliche Änderungen als EG-FGV v. 3.2.11 (BGBl. I S.126) neu erlassen, ebenfalls um eine rechtssichere Textfassung zu schaffen (Begr BR-Drs. 725/10 S.34 = VkBl. **11** 213).

Die StVZO wird ergänzt durch AusnahmeVO, Allgemeine Verwaltungsvorschriften (VwV), **10** Dienstanweisungen und Richtlinien des BMV und durch EG-Recht (**E** 15, 16).

Die **Fahrerlaubnis-Verordnung (FeV)** enthält die bis zum 31.12.1998 im Abschnitt A **11** (Personen) Bestandteil der StVZO gewesene Regelung der Zulassung von Personen zum StrV (Verkehrsschwache, Recht der Fahrerlaubnis) und die bis 30.10.08 in der früheren VO über internationalen KfzV (IntVO) enthalten gewesenen fahrerlaubnisrechtlichen Vorschriften, die mit ÄndVO v. 18.7.08 (BGBl. I S. 1338) in die FeV übertragen worden sind. Die FeV wurde als FeV v. 13.12.10 (BGBl. I S. 1980) neu erlassen, um mögliche Verstöße gegen das Zitiergebot des Art 80 I S. 3 GG zu heilen (Begr BR-Drs. 531/10 S. 173). Bei der Neuverkündung entstandene Fehler wurden durch spätere ÄndVOen korrigiert. **Weitere Verordnungen gemäß § 6 StVG** enthalten Verhaltens- oder zeitlich begrenzte Beschaffenheitsvorschriften, zB die AB-RichtgeschwindigkeitsVO 1978, die Leichtmofa-AusnahmeVO 1993 (Buchteil **10**). Die IntVO wurde durch Art 2 der ÄndVO v. 18.7.08 (BGBl. I S. 1373) aufgehoben.

Das **OWiG** regelt zusammen mit den §§ 23, 24 StVG, § 49 StVO, § 48 FZV, § 69a StVZO die **12** Ahndung der VerkehrsOW. Eine OW liegt vor, wenn jemand vorsätzlich oder fahrlässig einer Vorschrift einer auf Grund des § 6 I StVG erlassenen VO oder einer auf Grund einer solchen VO erlassenen Anordnung zuwiderhandelt, soweit die VO für einen bestimmten Tatbestand auf § 24 StVG verweist. Bei vor dem 1.1.69 erlassenen VO ist Verweisung nicht erforderlich (§ 24 StVG, **E** 68 ff.).

Strafrechtlich kommen vor allem in Betracht die §§ 44, 69–69b, 142, 145, 222, 223, 224, **13** 226–229, 240, 248b, 303, 304, 315b–316a, 323a, 323c StGB, 21–22b StVG.

Weitere Rechtsquellen des StrVR, jedoch nicht Gegenstand des Kommentars, sind zB: das **14** PflichtversicherungsG, die Gebührenordnung für Maßnahmen im StrV (GebOSt), das PersonenbeförderungsG, die BO Kraft bzw. Strab, das KraftfahrsachverständigenG, das FahrlehrerG, das FahrpersonalG, die FahrpersonalVO und das GüterkraftverkG. Zum Verhältnis der StVO zur BOStrab OVG Münster VRS **97** 149; soweit die BOStrab den gleichen Gegenstand regelt, geht sie als lex specialis vor (OVG Münster aaO).

Im Recht der Europäischen Union gehört der Titel „Verkehr" zum Bereich der geteilten **15** Zuständigkeit (Art. 4 IIg AEUV), in dem die Mitgliedstaaten ihre Zuständigkeit wahrnehmen können, sofern und soweit die Union ihre Zuständigkeit nicht wahrgenommen hat (Art. 2 II S. 2 AEUV). **(EU-)Verordnungen** gelten nach Art 288 UA 2 AEUV (zuvor nach ex-Art. 249 II EGV) unmittelbar in jedem Mitgliedstaat, bedürfen also keiner Umsetzung in nationales Recht. Beispiele aus der Vergangenheit sind die VO Nr. 3821/85 über Kontrollgeräte und die (EG-)VO über Lenk- und Ruhezeiten Nr. 561/2006. Unmittelbar gültig, weil in deutsches Recht übernommen (**E** 16), sind ferner Richtlinien, auf die das deutsche Recht ausdrücklich verweist. Das ist beispielsweise in der EG-FGV (**E** 9) umfänglich geschehen, s. auch Vorbemerkung zur EG-FGV (Buchteil **6**). Ansonsten wenden sich **Richtlinien** unmittelbar nur an die Mitgliedstaaten, indem sie diese verbindlich zur fristgemäßen Umsetzung „des zu erreichenden Ziels" in nationales Recht verpflichten (Art 288 UAbs. 3 AEUV). Unmittelbare Wirkung in Bezug auf den Einzelnen *(Durchgriffswirkung)* entfalten jedoch unbedingt und hinreichend bestimmt formulierte, den Bürger begünstigende Richtlinien, soweit nationale Rechtsvorschriften wegen nicht fristgerechter oder nicht vollständiger Umsetzung mit den Bestimmungen der Richtlinie nicht in Einklang stehen (zB EuGH NJW **07** 2029; *Calliess/Ruffert*, EUV/AEUV Art 288 Rn. 47 ff., *Hecker* § 4 Rn. 45). Die Problematik der Interpretation von Richtlinien ist seit einiger Zeit besonders relevant im Zusammenhang mit der 2. und 3. EU-FSRichtlinie im Verhältnis zu § 28 FeV und dem dadurch beförderten „FS-Tourismus" (im Einzelnen § 28 FeV Rn. 19 ff., § 21 StVG Rn. 2a). Die Reichweite von Richtlinien ist im Einzelfall maßgebend nach Zweck und Regelungsbereich zu interpretieren. So verfolgte die Richtlinie 70/156/EWG betreffend die Anglei-

Einleitung

chung der Rechtsvorschriften über die Betriebserlaubnis für Kfz und Kfz-Anhänger (am 29.4.09 abgelöst durch die Richtlinie 2007/46/EG und mit der EG-FGV in deutsches Recht umgesetzt) das Ziel, Hemmnisse für den freien Warenverkehr zu beseitigen; sie widerstreitet deshalb nicht einer nationalen Regelung, nach der ein Fz den nationalen Geschwindigkeitsvorschriften für Lkw unterliegt, obwohl es in Einklang mit der Richtlinie als Pkw zugelassen wurde (EuGH NJW **06** 2539 (Fz der „Sprinter-Klasse", s. § 18 StVO Rn. 19, § 20 StVZO Rn. 5)). Wie Richtlinien nicht an den Einzelnen, sondern an die Mitgliedstaaten richteten sich **Rahmenbeschlüsse** (ex-Art 34 IIb EUV; zum Rahmenbeschluss über die Vollstreckung von Geldstrafen und Geldbußen § 24 StVG Rn. 14), die bis zu ihrer Aufhebung, Nichtigerklärung oder Änderung fortwirken (Art 9 des Prot. Nr. 36 des Vertrags von Lissabon über die Übergangsbestimmungen, ABl v. 30.3.2010 C 83/201, 325). Sowohl Richtlinien als auch Rahmenbeschlüsse entfalten ferner insoweit Wirkung auf den Einzelnen, als sie für die nationalen Gerichte und Behörden die Pflicht **zur unionsrechtskonformen Auslegung** auslösen (näher E 57). Informelle Lösung von Problemen bei fehlerhafter Anwendung von europäischem Recht durch Behörden bietet SOLVIT (www.europa.eu.int/solvit), ein Online-Netzwerk der EU-Mitgliedstaaten sowie Island, Liechtenstein und Norwegen. Einen Ersatz für die normalen Rechtsverfahren bietet es nicht.

16   **Soweit in eigenes Recht übernommen,** gelten zB Bestimmungen des Wiener Übereinkommens (auch „Weltabkommen") über den StrV und über StrVZ vom 8.11.68 samt den Genfer Europäischen Zusatzabkommen vom 1.5.71, ferner laut RatifikationsG (VertragsG) vom 21.9.77 (BGBl. II S. 809) die in dessen Art 1 II bezeichneten Teile des Übereinkommens über den StrV vom 8.11.68, das Genfer Protokoll über StrMarkierungen vom 1.3.73 (BGBl. II **77** 809, 1026), ferner EG-Empfehlungen, ECE-Regelungen (§ 21a StVZO Rn. 2, näher *Sündermann* SVR **06** 48) und unionsrechtliche Richtlinien (**E** 15).

17   Die an sich erwünschte **supranationale Rechtsvereinheitlichung,** besonders der VRegeln, würde angemessene Gleichzeitigkeit zusammengehörender Maßnahmen und deren Überwachung in allen Mitgliedstaaten voraussetzen, um Benachteiligungen zu vermeiden. Dies zeigen zB massenhafte Verstöße und Unfälle von Lastfahrzeugen bestimmter Nachbarländer bei nahezu planmäßiger Nichtbeachtung des § 3 III Nr. 2 StVO, der Bestimmungen über Lenk- und Ruhezeiten sowie dem § 29 StVZO entsprechender heimischer technischer Kontrollen zum Nachteil der VSicherheit und des Transportgewerbes (s. auch *Janitzek* VGT **08** 137). Rechtliche Grundlagen, um dieser Problematik entgegenzuwirken, hält nach dessen vollständiger Umsetzung durch das „EU-GeldsanktionenG" der EU-Rahmenbeschluss zur Vollstreckung von Geldstrafen und Geldbußen bereit (§ 24 StVG Rn. 14). Dessen Regelungen werden ergänzt durch die am 6.11.2011 in Kraft getretene – freilich vom EuGH für nichtig erklärte, jedoch für 12 Monate bis zu neuer Inkraftsetzung auf richtiger Grundlage aufrechterhaltene (EuGH NJW **14** 2173) – Richtlinie über den Halterdatenaustausch (RL 2011/82/EU v. 25.10.2011 ABl L 288 v. 5.11.2011 S. 1), die mit dem 4. StVGÄndG v. 28.8.2013, ua durch § 37b StVG, in deutsches Recht überführt worden ist (hierzu *Albrecht* DAR **13** 617). Die „bereinigte" Richtlinie 2015/413/EU (ABl L 68 v. 13.3.2015 S. 9) ist am 17.3.2015 in Kraft getreten. Zum unionsrechtlichen Einfluss auf das deutsche Delikts- und Schadensrecht *Lüttringhaus* VersR **14** 653.

18/19   Das **Truppenstatut** gilt für die in Deutschland stationierten fremden Truppen (s. § 16 StVG). Zu Natotruppenstatut und Zusatzabkommen **E** 29.

20   **Gewohnheitsrecht,** im StrVR wichtig (*Greger* NZV **90** 196), ist allgemeine, ständig gehandhabte Rechtsübung kraft Rechtsüberzeugung (BVerfGE **22** 121, OGHSt **2** 259), die sich durch Gerichtsbrauch mehr oder weniger (Auslegung: **E** 57 ff.) zur ungeschriebenen, selbst wieder änderbaren Norm verfestigen kann (Richterrecht). Ständige Praxis einzelner Obergerichte schafft idR noch kein Gewohnheitsrecht. Das Gewohnheitsrecht kann keinen Straf- oder OWTatbestand schaffen und Sanktionsdrohungen nicht verschärfen (Art 103 II GG, BVerfG NJW **95** 1141), zB die gesetzliche Vorfahrt nicht ändern. Nachteiliges Gewohnheitsrecht ist straf- und OWrechtlich ausgeschlossen (Schönke/Schröder/*Hecker* § 1 Rn. 9; zu Analogie und Rückwirkungsverbot **E** 37). Über die Rechtskraft hinaus „gilt" Richterrecht nur kraft des Strebens nach Gleichbehandlung gleicher Sachverhalte (*Larenz* Henkel-F 32). Auf bloße behördliche Duldung von Verstößen anderer kann sich der ow Handelnde nicht mit Erfolg berufen (Ce MDR **78** 954, Ha NJW **77** 687), jedoch uU Einstellung nach § 47 OWiG (Ha ZfS **93** 285).

21   Andererseits kann Gewohnheitsrecht überholte Zeitgesetze (**E** 43) einengen oder beseitigen (OGHSt **1** 63, BGHSt **8** 381), strafmildernd oder -befreiend wirken (OGHSt **1** 63, 321, 343, 353, **2** 120, RGSt **56** 168), außerdem neue, allgemein wirkende Rechtsbegriffe bilden (zB Ursächlichkeit, bedingter Vorsatz, Garantenstellung), die alle auch das StrVR beeinflussen.

Zwar nicht an Gewohnheitsrecht, aber an allgemein geübte VBräuche hat auch der VOGeber **22** angeknüpft, zB durch die Vorrangbestätigung des durchgehenden Verkehrs vor Linksabbiegern (§ 9 StVO), die Vorschrift über das „tangentiale" Linksabbiegen (§ 9 StVO) und das Abweichen vom Rechtsfahrgebot bei erlaubtem gestaffelten Fahren (§ 7 StVO). Gelegentlich meint er sogar (StVO-Begr Rn. 13), VRegeln, ausgenommen international vereinbarte, erst nach so beständiger VÜbung festlegen zu dürfen, dass Verstöße bereits als störend empfunden werden.

Literatur: *Krebs,* Gewohnheitsrecht und Neubildung von Recht im StrV, außerhalb der Gesetze, RdK **54** 1.

II. Örtliche Geltung. InlandsV ist der fließende und ruhende V innerhalb der Grenzen **23** Deutschlands auf den öffentlichen Wegen (Fahrbahnen, Seitenstreifen, Parkflächen und -streifen, Geh- und anderen Sonderwegen). Öffentliche Wege sind Einrichtungen für den Landverkehr ohne Rücksicht auf den erforderlichen technischen Aufwand (**E** 49, 50).

Geschützt gegen Belästigung, Gefährdung oder Schädigung durch VT ist jedermann (§ 1 **24** StVO Rn. 32), umgekehrt jedoch auch der V gegen Eingriffe von außen her (§ 33 StVO, § 315b StGB; BVerwG NJW **74** 1781).

Zivilrechtlich gilt für nach dem Tag ihres Inkrafttretens (11.1.09), also nicht nach der Verfah- **25** renseinleitung oder dem Zeitpunkt der Bestimmung des anwendbaren Rechts (EuGH NJW **12** 441), geschehene Verkehrsunfälle in den EU-Mitgliedstaaten die **Rom II-VO,** die das deutsche IPR auch hinsichtlich der Gefährdungshaftung in ihrem Anwendungsbereich europaweit abgelöst hat (dazu *Wurmnest* jurisPK-BGB Art 4 Rom II; *Tomson* EuZW **09** 204; Kurzübersicht bei *Nugel* NJW-Spezial **09** 537; *Colin* ZfS **09** 242; *Beck* SVR **14** 137, s. auch *Staudinger* NJW **11** 650). Mangels Rechtswahl (Art 14 Rom II) kommt das Heimatrecht der Parteien zur Anwendung, sofern sie einen gemeinsamen gewöhnlichen Aufenthalt oder Sitz haben (Art 4 II Rom II). Andernfalls ist das Recht des Erfolgsorts maßgeblich (Art 4 I Rom II). Besteht eine wesentlich engere Verbindung mit dem Recht eines anderen Staats, so kann drittstaatliches Recht zur Anwendung kommen (Art 4 III Rom II). Die Einzelheiten können hier nicht erörtert werden (weiterführend etwa *Greger/Zwickel* § 2). Nach allgemeinem deutschen IPR (fortgeltend für Altfälle) gilt hingegen bei unerlaubten Handlungen in erster Linie **Tatortrecht** (Art 40 I EGBGB), ebenso bei Gefährdungshaftung (BGHZ **23** 65, BGH NJW **83** 1972, *Mansel* VersR **84** 97, *Wandt* VersR **90** 1301). Zu Art 40 IV EGBGB BGH NJW **16** 1648 (mAnm *Luckey*). Zu weiteren Details s. 42. Aufl. Zur internationalen Zuständigkeit der deutschen Gerichte nach Art 11 II, Art 9 I lit. b EuGVVO, wenn der Geschädigte in einer Verkehrsunfallsache, der seinen Wohnsitz im Inland hat, Direktklage gegen den ausländischen Haftpflichtversicherer erhebt, EuGH NZV **08** 133, BGH NJW **07** 19 (Vorlage zum EuGH), NJW **15** 2429 m Bspr *Sendmeyer* NJW **15** 2384; *Kö* DAR **06** 212, *Fra* NZV **15** 238; OLG Wien DAR **07** 215, AG Br NZV **07** 476. Art 6 Nr. 1 EuGVVO ermöglicht jedoch keine Direktklage gegen den im Ausland ansässigen Versicherten (BGH NJW **15** 2429). Zum Luganer Übk im Verhältnis zur Schweiz BGH NZV **13** 177. Für die Haftung bei Beteiligung von Angehörigen der **Stationierungsstreitkräfte** an einem VUnfall im Inland bei nichtdienstlicher VTeilnahme gilt nicht das Nato-Truppenstatut; anzuwenden ist deutsches Recht (Hb VersR **01** 996, zust *Karczewski* VersR **01** 1204). S. iÜ § 16 StVG Rn. 22. Ansprüche Dritter aus Handlungen oder Unterlassungen des Militär- oder Zivilpersonals iS des **EU-Truppenstatuts** v. 17.3.03 (BGBl. II **05** 19), ratifiziert durch G v. 18.1.03 (BGBl. II S. 18): Art 18 EU-Truppenstatut. Zur (weitgehend überholten) Problematik von KfzUnfällen in den neuen Ländern *Bay* NZV **91** 116, *Sabaß* ZfS **90** 334, *Heßler* NZV **91** 96.

Verwaltungsrecht. Unionsrechtliche Verordnungen gelten nach Maßgabe des AEUV als **26** Sekundärrecht unmittelbar für und in den Hoheitsgebieten der Mitgliedstaaten, die ihm vertraglich (s. **E** 15).

Ausländische Fahrerlaubnisse berechtigen zum vorübergehenden Kfz-Führen im Inland **27** nach Maßgabe des § 29 FeV, außerdem zum erleichterten Erwerb einer deutschen FE nach Maßgabe von §§ 30, 31 FeV. FE aus EU- und EWR-Staaten berechtigen nach Begr eines ordentlichen Wohnsitzes im Inland nach Maßgabe des § 28 FeV über den zeitlichen Umfang des § 29 FeV hinaus zum Kfz-Führen im Inland (s. § 28 FeV). FS ausländischer Streitkräfte: § 29 FeV Rn. 8, § 29a FeV. Zur Möglichkeit einer Vollstreckung von im Inland verhängten FV oder einer EdF nach VZuwiderhandlungen durch Verurteilte mit ausländischer FE in deren ausländischem Wohnsitzstaat § 25 StVG Rn. 32, § 69b StGB Rn. 5.

Exterritoriale und bevorrechtigte Personen sind nach Maßgabe der Wiener Übereinkom- **28** men von 1961/63 über diplomatische und konsularische Beziehungen (WÜD, WÜK) von der deutschen Gerichtsbarkeit befreit (§§ 18–20 GVG, 46 I OWiG; hierzu das Rundschreiben des

Einleitung

Auswärtigen Amts zur Behandlung von Diplomaten und anderen bevorrechtigten Personen in der BRep Deutschland v. 15.9.15, VkBl. **16** 302), Konsuln und ihnen gleichgestellte Personen nur, soweit ihre VTeilnahme mit der Wahrnehmung konsularischer Aufgaben eng zusammenhängt (Kar NZV **04** 539), wozu der Weg von und zu den Dienstgeschäften nicht schlechthin gehört (Bay VRS **46** 289, Dü DAR **96** 413, Zw NStZ **13** 601). Die Ahndung von VOW bei der Teilnahme am allgemeinen StrV unterliegt keinen Beschränkungen (Kar NZV **04** 539). Lässt sich die Wahrnehmung konsularischer Amtsgeschäfte bei der Teilnahme am StrV nicht ausschließen, so ist ein Verfahren wegen VVerstoßes einzustellen (Verfahrenshindernis; Schl VRS **62** 277). Bei Konsularbeamten wird Blutprobenentnahme hiernach nur bei Verdacht einer Straftat zulässig sein, nicht schon einer OW (Göhler/Seitz/Bauer Rn. 40 vor § 59 OWiG).

29   **Natotruppen.** Die Mitglieder der in Deutschland stationierten nichtdeutschen Natotruppen unterliegen der deutschen Gerichtsbarkeit nur nach Maßgabe von Art VII des Nato-Truppenstatuts und Art 19 des Zusatzabkommens. Im rechtlichen Ergebnis geht die Gerichtsbefugnis des Entsendestaats vor, bei Strafbarkeit auch in Deutschland und wenn diese wesentliche Belange der deutschen Rechtspflege geltend macht, steht sie jedoch der BRep zu. Das wird in aller Regel nur bei gewichtigeren Straftaten in Betracht kommen (zum Ganzen Göhler/Seitz/Bauer Rn. 41 vor § 59). Polnische Streitkräfte in Deutschland: deutsch-polnisches Abkommen über den vorübergehenden Aufenthalt der Streitkräfte der BRep Deutschland und der Republik Polen ..., BGBl. II **01** 179, **02** 1660 mit ähnlicher Regelung der Strafgerichtsbarkeit in Art 6. Immunität des Militär- und Zivilpersonals iS des **EU-Truppenstatuts:** Art 8 EU-Truppenstatut (BGBl. II **05** 19), Strafverfolgung von Taten, die nach dem Recht des Entsendestaats nicht strafbar sind: Art 17 IV.

30   **Strafrechtlich** gilt der Gebietsgrundsatz (§ 3 StGB), ergänzt durch die §§ 5, 7 StGB, die die deutsche Strafgewalt auf Auslandstaten erstrecken. Das Weltrechtsprinzip (§ 6 StGB) spielt im StrVR keine Rolle. Nach § 3 StGB gilt bei allen Inlandstaten ohne Rücksicht auf die Staatsangehörigkeit des Täters deutsches Recht. Ein konkretes Gefährdungsdelikt (zB § 315c StGB) ist im Inland begangen, wenn die (konkrete) Gefahr im Inland eingetreten ist (§ 9 I StGB, BGH NJW **91** 2498, KG NJW **91** 2501, Kö NJW **68** 954). Vollrausch (§ 323a StGB) ist auch dann Inlandstat, wenn nur die Rauschtat im Inland begangen wurde, der Täter sich aber im Ausland in den Rausch versetzt hatte (BGHSt **42** 235, abw Satzger NStZ **98** 116 f.). Auslandstaten von Deutschen und Ausländern sind nach den §§ 5, 7 StGB zu prüfen. Dabei kommen je nach Sachgestaltung in Betracht: beim Fahren ohne Fahrerlaubnis (§ 21 StVG) § 5 Nr. 12, 13 und § 7 II StGB (Sa NZV **89** 474), bei Unfallflucht (§ 142 StGB) ebenso bei der Verkehrsgefährdung (§ 315c StGB) § 5 Nr. 12–14 und § 7 I, II, bei § 316 StGB § 5 Nr. 12, 13 und § 7 II Nr. 1 StGB (BVerfG DAR **08** 586, Kar VRS **69** 280), bei § 316a StGB § 5 Nr. 12–14 und § 7 I, II StGB, wobei lediglich die Tatortstrafbarkeit entscheidet, ohne Rücksicht auf den dafür maßgebenden rechtlichen Gesichtspunkt und etwaige verfahrensrechtliche Hinderungsgründe, ausgenommen lediglich Sanktionen, die sachlich denjenigen für deutsche OW gleichen, weil man bei ihnen nicht von Strafbarkeit sprechen kann (BGH NJW **76** 2354, BGHSt **28** 95, Oehler JZ **68** 191, Schröder JZ **68** 242, Vogler DAR **82** 74). Soweit es auf VRegeln ankommt, sind stets die des Tatorts zugrunde zu legen (Bay VRS **59** 292, NJW **72** 1722 (fahrlässige Körperverletzung), BGHZ **57** 267). Absehen von der Strafverfolgung wegen ausländischer Tatortbesonderheiten: § 153c StPO.

Literatur: Satzger, Die Anwendung des deutschen Strafrechts auf grenzüberschreitende Gefährdungsdelikte, NStZ **98** 112. Vogler, Die Ahndung im Ausland begangener VDelikte ..., DAR **82** 73.

31   Zum Kollisionsrecht im Verhältnis zu Strafbestimmungen der **früheren DDR** s. 39. Aufl.

32   Für **Verkehrsordnungswidrigkeiten** gilt ausschließlich der Gebietsgrundsatz (§ 5 OWiG). Die Verbotsnormen richten sich nach Zweckmäßigkeit und beanspruchen ihrem Gegenstand nach nur Inlandsgeltung. Ihre Verletzung kann deshalb, anderweitige gesetzliche Regelung ausgenommen (zB RatifikationsG hinsichtlich zwischenstaatlicher Abkommen), ohne Rücksicht auf die Staatsangehörigkeit des Betroffenen nur bei Inlandsbegehung geahndet werden (BGH NJW **76** 2354), bei Auslandsbegehung auch nicht, wenn sie in Deutschland Straftat wäre (BGH NJW **76** 2354, aM insoweit Tröndle JR **77** 1). Anderweitige gesetzliche Bestimmungen fehlen überwiegend noch (Ausnahmen: Jugoslawien, Schweiz, Israel, s. Janker/Albrecht DAR **09** 314, 320). Dieser Rechtszustand fördert die Unzuträglichkeit ausländischer Verfahren gegen Inländer. Zwischenstaatliche Abkommen über die gegenseitige Verfolgbarkeit von Auslands-VOW nach Inlandsrecht unter Berücksichtigung der TatortVRegeln sind deshalb wünschenswert (Grützner NJW **61** 2186, Oehler JZ **68** 193). Zum Rahmenbeschluss über die Vollstreckung von Geldstrafen und Geldbußen und zur Richtlinie betreffend einen europaweiten Halterdatenaustausch **E** 17 sowie § 24 StVG Rn. 14. Einem schweizerischen Vernehmungsersuchen gegen einen Inländer darf auch entsprochen werden, wenn das Verhalten nach Inlandsrecht nur ow ist (BGHSt **24** 297).

Gegen **Ausländer** kann zur Sicherung der Verfolgung und Vollstreckung Sicherheitsleistung **33/34** und Bestellung eines Zustellungsbevollmächtigten angeordnet werden (§§ 132 StPO, 46 I OWiG; Göhler/*Seitz*/*Bauer* Rn. 127 ff. vor § 59; landesrechtliche Richtlinien: Göhler/*Seitz*/ *Bauer* Rn. 138 vor § 59). Zum Rahmenbeschluss über die Vollstreckung von Geldstrafen und Geldbußen § 24 StVG Rn. 14.

III. Zeitliche Geltung. Gesetze (VO) treten zu dem im Gesetz (VO) bezeichneten Zeit- **35** punkt in Kraft, uU gemäß einer Übergangsvorschrift, sonst zwei Wochen nach Verkündung im BGBl (Art 82 II GG).

Rückwirkung zivilrechtlicher Gesetze (echte wie unechte) ist erlaubt, soweit sie die **36** Grundsätze des Vertrauensschutzes beachtet, außerdem aus zwingenden Gründen des allgemeinen Wohls. Das Nähere ergibt sich aus dem Rechtsstaatprinzip (BVerfGE **13** 270), vorab aus dem Bedürfnis nach Rechtssicherheit. Der Vertrauensschutz besagt, dass rechtmäßiges Handeln von der Rechtsordnung mit allen ursprünglich damit verbundenen Rechtsfolgen anerkannt bleibt (BVerfGE **24** 98), so dass disponiert werden kann (BVerfGE **13** 271, **15** 324), es sei denn, das Vertrauen auf eine bestimmte Rechtslage war von vornherein ungerechtfertigt, zB, weil mit der neuen Regelung gerechnet werden musste (BVerfGE **13** 272, **18** 439) oder bei unklarer, verworrener Rechtslage, bei auf nichtiger Norm beruhendem Rechtsschein (BVerfGE **18** 439), endlich aus zwingenden Gründen des Gemeinwohls.

Rückwirkungsverbot (Art 103 II GG, § 1 StGB) besteht **im Straf- und OWRecht** hin- **37/38** sichtlich benachteiligender Sanktionen (§ 2 I StGB, §§ 3, 4 OWiG). Rückwirkung strafbegründender oder -schärfender Gesetze (u VO, BVerfGE **14** 185, 251, 257) ist ausgeschlossen, entsprechend im OWRecht (BVerfGE **25** 285). Vor dem Inkrafttreten der Norm beendete Verhaltensweisen sind straflos, nach Inkrafttreten liegende Teilakte ahndbar (RGSt **62** 3). Ahndung verstößt nicht gegen das Rückwirkungsverbot, wenn die Tat zwischen der Begehung und der Ahndung vorübergehend nicht mit Strafe oder Buße bedroht war (BVerfG NJW **90** 1103). Rückwirkung von Änderungen der Rspr. in Strafsachen: § 316 StGB Rn. 16. Im Verfahrensrecht kann Rückwirkung zulässig sein, wenn das Allgemeininteresse an der Regelung dasjenige des Betroffenen am Fortbestand der bisherigen Regelung übersteigt, wie zB bei der Einschränkung des Verwertungsverbots des § 51 BZRG durch den späteren § 52 II BZRG in FE-Angelegenheiten (BVerwG VRS **52** 396). Zum Ganzen Göhler/*Gürtler* § 4 Rn. 3 ff.

Für die **Tatzeit** maßgebend ist zivil-, straf- und ordnungsrechtlich der Rechtszustand zum **39** Zeitpunkt des Handelns oder pflichtwidrigen Unterlassens (§ 2 I, § 8 StGB, § 4 OWiG) ohne Rücksicht auf den Eintritt des Erfolgs. Bei Dauerdelikten (vormals auch Fortsetzungstaten, dazu **E** 134) ist nur der Tatteil ahndbar, der nach Inkrafttreten des Gesetzes liegt (Göhler/*Gürtler* § 4 Rn. 3). Zum Gesetzeswechsel während der Begehung: **E** 40 ff. Bei Teilnahme entscheidet der Zeitpunkt der Teilnahmehandlung.

Rechtsänderungen während der Tatbegehung oder zwischen beendeter Tat und Aburteilung **40** sind in unterschiedlicher Weise zu berücksichtigen:

Ändert sich die Strafdrohung während der Tatbegehung, so ist das bei Beendigung der Tat **41** geltende Gesetz anzuwenden (§ 2 II StGB, § 4 II OWiG), und zwar auch bei Strafschärfung, ohne Verstoß gegen Art 103 II GG. Bei Dauerdelikten darf dann jedoch den vor der Verschärfung begangenen Teilakten nur das Gewicht beigemessen werden, das ihnen vor der Änderung tatsächlich zukam (Bay NJW **96** 1422; NStZ-RR **00** 115).

Bei Rechtsänderung zwischen Tatbeendigung und Entscheidung (ausgenommen **42** Zeitgesetze, **E** 43) ist das mildeste Gesetz anzuwenden (§ 2 III StGB, § 4 III OWiG), auch noch im Revisionsverfahren (BGHSt **20** 117, 181). Maßgebend hierfür ist der gesamte sanktionsbegründende Rechtszustand, auch bei Blankettgesetzen (BGHSt **20** 177, **21** 279), jedoch nur in Bezug auf *materielles* Recht. Bestand zwischenzeitlich eine Ahndungslücke, so ist das Verhalten nicht ahndbar (je nach Rechtslage) auch bei verspäteter Anpassung des deutschen Rechts an die EG-VO: Ba DAR **08** 99, Dü NZV **08** 161, Ha NZV **07** 372, Ko NJW **07** 2344, Fra NStZ-RR **08** 290 mAnm *König/Seitz* DAR **09** 361, 364). Der Ausschluss des einfachrechtlichen Meistbegünstigungsgebots durch § 8 III FPersG ist jedoch verfassungsrechtlich nicht zu beanstanden (BVerfG NJW **08** 3769; Ba DAR **08** 99, Dü NZV **08** 161, Ko NZV **08** 311). Zur Änderung bezüglich eines Antragserfordernisses oder der Verjährung s. zB *Fischer* § 2 Rn. 7. Zu fragen ist, welcher Rechtszustand die mildere Beurteilung zulässt (BGHSt **20** 75, Ko VRS **50**

183). Bei Übergang zur OW gilt die OWRegelung stets als milder, auch bei vorher niedrigerer Geldstrafe, wegen des prinzipiellen Wegfalls des kriminellen Vorwurfs (BGHSt **12** 148, Bay NJW **69** 2296). Bei Wechsel der Bußgeldandrohung gilt die mildere (Ha VRS **41** 400). Soweit StVO-Änderungen sich milder auswirken, sind sie auch auf vorher begangene Verstöße anzuwenden. Bei Ersetzung eines VorschriftZ durch ein anderes kann die neue Regelung die mildere sein. Wegfall einer Strafvorschrift, Zeitgesetze ausgenommen (**E** 43), führt zu Freispruch (BGHSt **20** 116), auch bei schon rechtskräftigem Schuldspruch (Bay NJW **61** 688).

43   Ein **Zeitgesetz** (nach § 2 IV StGB ein Gesetz, das nur bis zu einem bestimmten Zeitpunkt gelten soll: formale Umschreibung; vorübergehend gedachte Regelung für wechselnde Zeitverhältnisse: materielle Umschreibung) gilt, soweit ein Gesetz nichts anderes bestimmt, auch nach dem Außerkrafttreten für frühere Taten weiter. Die befristete Geltungsdauer muss entweder ausdrücklich kalendermäßig bestimmt sein oder sich *erkennbar* aus seiner Natur und seinem Zweck als nur vorübergehender Regelung ergeben (Kö NJW **88** 657, Stu NZV **89** 121, Dü NJW **91** 710, PVT **92** 123, Nau VM **93** 61), wie zB bei Verstößen gegen § 1 der ZonengeschwindigkeitsVO, weil die VO befristet war, oder bei den nach Einigungsvertrag befristet fortgeltenden Bestimmungen der StVO/DDR (Nau VM **93** 61). Keine Zeitgesetze sind zB die ersichtlich auf Dauer angelegten Bestimmungen der StVO über zulässige Höchstgeschwindigkeit (Stu NZV **89** 121 (zur Änderung durch die 9. StVOÄndVO)), die EWGVO über Lenk- und Ruhezeiten sowie über das Kontrollgerät (Kö NJW **88** 657, Dü VRS **74** 45, 202, Bay VRS **74** 227). Die Abhängigkeit des Norminhalts von sich rasch vollziehenden technischen Entwicklungen allein (StVZO) begründet nicht den Charakter als Zeitgesetz (Kö NJW **88** 657).

44   **Nebenfolgen** einer OW dürfen nur verhängt werden (zB Einziehung), soweit dies schon zur Tatzeit zulässig war (§ 4 V OWiG; eingehend Göhler/*Gürtler* § 4 Rn. 4).

45   Bei **Maßregeln der Besserung und Sicherung,** die nicht Strafen sind, entscheidet kraft Sondervorschrift der Zeitpunkt der Aburteilung (§ 2 VI StGB), soweit gesetzlich nichts anderes bestimmt ist. Insoweit kein Rückwirkungsverbot (BVerfG NJW **04** 739).

46   **IV. Landesrecht** auf dem Gebiet des StrV ist unzulässig (BGHSt **47** 181 = NZV **02** 193; MüKoStVR/*Sauthoff* vor § 1 StVG Rn. 11). Die konkurrierende Gesetzgebungskompetenz des Bundes erstreckt sich ua auf den StrV, das Kraftfahrwesen sowie den Bau und die Unterhaltung von Landstraßen des Fernverkehrs (Art 74 I Nr. 22 GG). Eine abschließende, Landesrecht entgegenstehende Regelung liegt vor, wenn der Sache nach mögliche ergänzende Regelungen des Landesrechts ausgeschlossen sein sollen (Art 31, 72 I GG, BVerfG NJW **72** 859). So liegt es für § 6 StVG und die Gesamtheit der auf ihn gestützten Rechtsvorschriften, darunter die StVO und die StVZO (BVerfG NJW **85** 371, BGHSt **37** 366 = NZV **91** 277, BGHSt **47** 181, Bay VRS **65** 78, **70** 53). Daraus folgt: Örtliche PolVO verkehrspolizeilichen Inhalts sind ungültig, örtliche VVorschriften und VLenkung durch VZ sind nur im Rahmen der StVO zulässig (Bay VRS **17** 71, Dü VRS **77** 303). Der **ruhende Verkehr** (Halten, Parken) ist Teil des bundesrechtlich abschließend geregelten StrV (*Maunz/Dürig* Art 74 Rn. 239). Er ist nur straßenverkehrsrechtlich beschränkbar, nicht durch Landesstraßenrecht (BVerfG NJW **85** 371, BVerwG MDR **78** 1049, Stu VRS **71** 457), auch nicht zwecks Freihaltens von Feuerwehr-Anfahrzonen, weil § 6 StVG und § 45 StVO ausdrücklich VRegelungen auch zur Gewährleistung der öffentlichen Sicherheit über die Sicherheit des V hinaus zulassen (Bay VRS **65** 78, *Vogel* NZV **90** 420). Verkehrsregelungen in Gemeindesatzungen für die Benutzung öffentlicher Parkplätze haben neben den Bestimmungen der StVO keine Geltung (Bay VRS **62** 475), ebenso wenig landesrechtliche Beschränkungen des Parkens als Gemeingebrauch („Laterngarage"; BVerfG NJW **85** 371), anders aber, soweit sie (zum Straßenrecht gehörende) Fragen der Sondernutzung einschließlich der Ahndung unberechtigter Sondernutzung regeln oder soweit sie sich auf Gelände außerhalb öffentlichen VRaums beziehen (Dü NZV **97** 189, Hb VM **88** 94 (dazu § 12 Rn. 58, 58b, 61)). Eine städtische Satzungsbestimmung, die es einem Taxifahrer bei Androhung von Geldbuße untersagt, einen vollständig besetzten Taxistandplatz anzufahren oder im StrRaum auf einen frei werdenden Platz zu warten, dient der Sicherheit des StrV und ist von § 47 III S. 1 PBefG gedeckt (Dü NStZ-RR **06** 351). Das Verbot vermeidbaren VLärms (ausgehend von öffentlichem VRaum, § 1 StVO Rn. 13 ff.) ist ausschließlich in den § 1 II, § 30 StVO geregelt (Bay VRS **66** 295), innerörtliche Nachtfahrverbote sind nur im Rahmen der StVO zulässig (Dü JMBlNRW **63** 96), ebenso Parkverbote (BVerwG NJW **66** 1190), ausgenommen zu Marktzeiten, wo marktpolizeiliche Anordnungen eingreifen können (Hb NJW **71** 397). Feiertägliche VBeschränkungen sind nur an Feiertagen gem. § 30 StVO zulässig. Kommunale Bestimmungen über das Führen von Hunden im StrV sind im Hinblick auf die höherrangige Vorschrift des § 28 StVO nur dann nichtig, wenn sie der Abwehr von Gefahren dienen, die von Hunden *für den StrV* ausgehen können (BGH NZV **91** 277, OVG Sa v. 8.5.06, N 2/05, juris). Dagegen verstoßen kommunale Bestimmungen über die Anleinpflicht auf Str und in Anlagen zum allgemeinen Schutz vor Schäden, Verletzungen und Belästigungen durch Hunde nicht gegen Bundesrecht (BGH NZV **91** 277, BGH NZV **02** 193, Ha NZV **91** 37, Ol VRS **81** 137, Dü VM **87** 94, VRS **82** 59 (Anleinen in Grünanlagen), Zw NStZ **05** 176, abw Dü VM **83** 78 (Anleinen auf Gehwegen)). Landesrechtliche Regelungen über die Zulässigkeit des Reitens im Wald nur auf besonders gekennzeichneten Wegen verstoßen nicht gegen Bundesrecht (BVerfG NJW **89** 2525, BVerwG VRS **69** 471, Ha VRS **66** 69). Zur Frage einer Grundrechtsverletzung durch landesrechtliche Reitverbote im Wald BayVerfGH BayVBl **99** 13. Verhältnis des StrR zum StrVR: E 49.

Soweit dem Bund keine Gesetzgebungskompetenz zusteht oder er sie nicht ausschöpft, ist **47** Landesrecht zulässig, zB über die Benutzung nichtöffentlicher Stellflächen (Stu VM **80** 69, Dü VM **75** 69). Zulässig sind landesrechtliche Vorschriften, die nicht die StrBenutzung zu VZwecken betreffen (BGH NZV **02** 193, Dü NJW **75** 1288, Bay VRS **11** 153), zB Vorschriften über StrReinigung oder Verbote des Reinigens von Fz auf öffentlichen VFlächen (Dü JMBlNRW **62** 86), Vorschriften über Anlagen der Außenwerbung (BVerfG NJW **72** 859, BVerwG NJW **68** 764), über den Gemüsehandel im Umherziehen auf öffentlichen VFlächen (Ha NJW **77** 687), über StrBenutzung aus Gründen, die nicht die Sicherheit und Leichtigkeit des V betreffen (Sondernutzung; BGH NZV **02** 193, Stu VRS **67** 60), so zB auch über Gebühren für Sondernutzung von LandesStr (Schwerlasttransport; BVerwG VRS **74** 398), die Ahndung unberechtigter Sondernutzung (BGH NZV **02** 193), Vorschriften, die Benutzungsbeschränkungen mit anderen als straßenverkehrsrechtlichen Zielen enthalten (Ko NStZ-RR **97** 243 (Betreten und Befahren von Waldwegen nach Landesgesetzen)).

Innerbetrieblichen Vorschriften geht die StVO vor, zB im Strabaverkehr (BGH MDR **75** **48** 833, Kö VM **75** 86). Innerbetriebliche Beleuchtungsanweisungen hinsichtlich abgestellter Kfz schmälern die Fahrerpflichten aus §§ 23, 17 StVO nicht (Dü VM **73** 22). Soweit die VLage stärkeres Bremsen gebietet, tritt die Anweisung zurück, öffentliche Nahverkehrsmittel zum Schutz der Fahrgäste stets nur mäßig und dann entsprechend rechtzeitig abzubremsen (KG VRS **52** 298).

V. Das Straßenrecht (Wegerecht; eingehend Kodal/*Rinke* Kap. 1 Rn. 1 ff.) gehört – mit **49** Ausnahme der BundesfernStr (MüKoStVR/*Sauthoff* Rn. 6 vor § 1 StVG) – zur originären Gesetzgebungskompetenz der Länder (BVerfGE **40** 361; BGHSt **47** 181 = NZV **02** 193). Es befasst sich mit den Rechtsverhältnissen der dem öffentlichen StrV formell gewidmeten oder zu widmenden Grundflächen, mit ihrer Bereitstellung, baulichen Herrichtung, Stufung, Widmung, Umstufung, (Teil-)Entwidmung, dem Gemeingebrauch und der Sondernutzung an ihnen (BVerfGE **40** 377, NJW **76** 559, **85** 371, BGH NZV **02** 193; 376, Bay DÖV **77** 905). Es regelt ua die grundsätzliche Ermächtigung zur Benutzung der VFläche und bildet somit die Voraussetzung des StrVR (Bay VRS **54** 75, *Manssen* DÖV **01** 152). Im Gegensatz dazu ordnet das StrVR als Ordnungsrecht (E 1) die Benutzungsregeln der öffentlichen VFlächen, also das Recht „auf" der Str, auch solcher ohne wegerechtlicher Widmung, wie zB der PrivatStr (OVG Münster VRS **112** 223). Die Schaffung von Parkraum für das Carsharing durch § 3 II CsgG entspringt dem StraßenR (*Brenner* SVR **17** 361, s. auch E 52). Verkehrsregelnde Maßnahmen des StrVRechts müssen sich im Rahmen der wegerechtlichen Widmung halten (BVerwG NJW **82** 840, VGH Ma NJW **84** 819; MüKoStVR/*Sauthoff* vor § 1 StVG Rn. 9). Auf einem Privatgrundstück geduldeten öffentlichen V darf der Berechtigte jederzeit wieder untersagen oder unterbinden (Kar Justiz **80** 156; s. aber § 1 StVO Rn. 14 aE). Eine dem V nicht unwiderruflich überlassene öffentliche oder private Fläche darf wieder abgetrennt und anderweit verwendet werden (provisorischer Parkplatz wird Bauplatz; Ha VRS **39** 396, Bay VRS **41** 42, OVG Münster VRS **42** 397). Bei Deckungsgleichheit gehen straßenverkehrsrechtliche Vorschriften den straßenrechtlichen vor (BVerfG NJW **85** 371; Kar VRS **59** 155 (zu § 56 I S. 1 StrG BW); MüKoStVR/*Sauthoff* vor § 1 StVG Rn. 11). Gleiches gilt für den Kollisionsfall, zB bei der Regelung des ruhenden V (BVerfG NJW **85** 371; BVerwGE **34** 320, *Manssen* DÖV **01** 151). Die mit dem Abstellen betriebsbereiter Fz in öffentlichem VRaum zusammenhängenden Fragen gehören vollständig dem StrVR an (BVerfG NJW **85** 371), können aber, etwa bei unberechtigter Sondernutzung, zugleich straßenrechtliche Bestimmungen betreffen (BGH NZV **02** 193). Zum Verhältnis des StrVR zum Wegerecht *Wagner* NJW **76** 1083, *Meins* BayVBl **83** 641, *Lorz* DÖV **93** 135, *Petersen* ZfS **06** 550. Zur Abgrenzung straßenrechtlicher und straßenverkehrsrechtlicher Kompetenzen: VGH Ma NJW **82** 402, BayVGH VRS **117** 381 mAnm *Geiger* SVR **10** 31; MüKoStVR/*Sauthoff* Rn. 35 ff., *Manssen*

Einleitung

DÖV **01** 153, *Krämer* NVwZ **83** 336, *Cosson* DÖV **83** 532, *Steiner* JuS **84** 1, *Danecker* DVBl **99** 143. Soweit Fußgängerzonen durch Umwidmung (Teilentwidmung) gebildet und Anliegern Befahren und Parken als Sondernutzung auf Grund straßenrechtlicher Satzung erlaubt werden kann, regelt das StraßenR auch VVorgänge, deren Regelung sonst dem StrVR vorbehalten ist (VGH Ma DÖV **80** 730, dazu auch § 45 StVO Rn. 28a).

50 **Gemeingebrauch** ist die nach StrRecht jedermann gestattete StrNutzung zwecks Ortsveränderung und im Rahmen des ruhenden V gemäß formeller Widmung (**E** 49; Bay DÖV **77** 905, VRS **66** 227) und der baulich-technischen Zweckbestimmung (Leistungsfähigkeit) der VFläche (BVerfG NJW **76** 559), die sich, soweit nicht offensichtlich, sinnfällig aus VZ ergeben muss. Gemeingebrauch ist vorwiegend Nutzung zu VZwecken (OVG Münster NJW **05** 3162), uU also auch jeweils ganz kurzfristige Verkaufs- oder Verteilungstätigkeit, wenn das Fz nur hin und wieder kurz anhält (Ha NJW **77** 687). Bei mehreren Zwecken der StrBenutzung entscheidet der überwiegende über Gemeingebrauch oder Sondernutzung (Bay VRS **54** 75, OVG Hb VRS **98** 396). Der auf FußgängerV beschränkte Gemeingebrauch wird nicht allein durch geänderte Verkehrsgewohnheiten auf andere VArten erweitert (Radf; VGH Ma NJW **84** 819).

51 **Sondernutzung** an öffentlichen VFlächen übersteigt den straßenrechtlichen Gemeingebrauch und ist deshalb genehmigungspflichtig (FStrG, LandesStrG), zB bei Fz, die nicht VZwecken dienen (WerbeFz, BVerwG VRS **30** 468), dauernd betriebsunfähigen oder entstempelten Fz, die nicht mehr dem StrVRecht unterliegen (BVerwG MDR **70** 533, Kar VRS **59** 154), nicht auch bei lediglich über Tage hin ruhendem Verkehr (Laterngarage; BVerwG NJW **70** 962; s. auch OVG Greifswald VRS **127** 209). Sondernutzung ist auch der Einsatz von „Party- bzw. Bierbikes" (pedalbetriebene Alkoholtheken) im StrV, weil dem Gefährt bei objektiver Gesamtschau der Charakter als Verkehrsmittel abzusprechen ist (BVerwG DAR **12** 654, OVG Münster NVwZ-RR **12** 422, VG Dü NZV **11** 320; aM *Klenner* NZV **11** 234; *Lund* DVBl **11** 339; *Cornils* ZJS **12** 121, krit *Siegel* NVwZ **13** 479). Zur Aufstellung von Kfz zur Werbung oder mit Verkaufsschild, von Lkw zur Vermietung, Mietfahrrädern, Wohnanhängern/Campingwagen, Wohnmobilen s. im Einzelnen § 12 StVO Rn. 42a. Abstellen eines Anhängers zu dem ausschließlichen Zweck, damit die Grundstückszufahrt von Falschparkern freizuhalten, ist Sondernutzung (VG Bra DAR **06** 351). Die Befestigung von Visitenkarten mit Werbeaufdruck zu gewerblichen Zwecken an parkenden Autos ist nach Dü DAR **10** 589 eine erlaubnispflichtige Sondernutzung. Zum Ganzen auch *Thiele* DVBl **80** 977.

52 **VI. Sonderrechte.** Alle VT sind bei erlaubter VTeilnahme grundsätzlich gleichrangig (BVerwG NZV **98** 427, 429: „Präferenz- und **Privilegienfeindlichkeit**" des StrVRechts; BVerwG NJW **89** 729; *Steiner* DVP **17** 9). Es herrscht Verkehrsfreiheit, mit Einschränkung für VSchwache (§ 2 FeV), bei Ungeeignetheit und soweit einzelne VArten erlaubnispflichtig sind (§ 1 FeV, beruhend auf § 6 I Nr. 3 StVG), mit Ausnahme ferner von Sonderregeln, zB für Bewohner städtischer Quartiere, Schwerbehinderte mit Gehbehinderung und Blinde (Anl 2 zu § 41 lfd. Nr. 61 Spalte 3 Nr. 4, lfd. Nr. 63.2), für Sonderwege (VZ 237–239), Busspuren, Taxis (§ 12 StVO Rn. 37a), Taxistandplätze, Feuerwehrrettungswege und des Bahnvorrangs (§ 19 StVO). Unterschiedlich war beurteilt worden, ob die Bevorrechtigung der **Elektromobilität** beim Halten und Parken mit dem Grundsatz der Privilegienfeindlichkeit des StrVR in Einklang steht (hierzu Entwurf des BR zu einer neuen Ermächtigungsnorm BT-Drs. 18/296 mit abl Stellungnahme der BReg, aaO S. 8; noch anders BReg in BT-Drs. 17/3035 zu Nr. 1; *Leue* SVR **12** 247; s. auch Empfehlung Nr. 3 des AK VI des 49. VGT **11**). Demgemäß wurde das EmoG geschaffen (vgl. hierzu Vorbemerkung zum EmoG, Buchteil 1a, Rn. 4), das mit § 13 V, § 39 X StVO, Anl 2 (zu § 41 I StVO) lfd. Nr. 63.5, 64.1 sowie Anl 3 (zu § 42 II StVO) lfd. Nr. 7, 8 und 10 umgesetzt worden ist (s. § 13 Rn. 12b). Zuvor waren trotz der unsicheren Rechtslage bereits Parkverstöße geahndet worden (§ 12 Rn. 57). Entsprechendes gilt für das am 1.9.2017 in Kraft getretene Gesetz zur Bevorrechtigung des **Carsharing** (CsgG; RegEntw in BT-Drs. 18/11285; dazu auch *Steiner* DVP **17** 9). Es erlaubt als Ausfluss des StrRechts (**E** 49) Bevorrechtigungen beim Parken auf öffentlichen Str und Wegen und bei der Befreiung von Parkgebühren (§ 3 II CsgG). Umgesetzt wurde es ua mit § 13 V, § 39 XI StVO, Anl 2 (zu § 41 I StVO) lfd. Nr. 63.6, 64.2 sowie Anl 3 (zu § 42 II StVO) lfd. Nr. 7, 8 und 10 ist (s. § 13 Rn. 12b). Auch der ruhende V (Gegensatz: Sondernutzung, **E** 51) ist i Ü im Rahmen der Sicherheit oder Ordnung des GesamtV unter sich und im Verhältnis zum fließenden V gleichrangig. Ein Sonderrecht genießen geschlossene Verbände, sie dürfen vom übrigen V nicht unterbrochen werden (§ 27 II StVO), ferner nach § 35 StVO die dort bezeichneten Organe, öffentlichen Einrichtungen und von ihnen verwendeten PrivatFz, soweit zur Erfüllung ihrer „hoheitlichen" Aufgabe dringend geboten

(ArbeitsFz der StrUnterhaltung und -reinigung, Kehrmaschinen, Müllabfuhr, Feuerwehr, Polizei, Post). Je nach VLage, Dringlichkeit und Bedeutung ihrer Aufgabe dürfen sie bei einem bestimmten VVorgang von der einen oder anderen VRegel unter gebührender Berücksichtigung der öffentlichen Sicherheit oder Ordnung abweichen, zB fremde Vorfahrt abwandeln. Wegerechtsfahrzeuge (§ 38 StVO) sind gemäß § 35 StVO und dem Maßgebot von der Beachtung einzelner VRegeln befreit, soweit ihr Recht auf freie Bahn beachtet wird. Ausnahmegenehmigungen und Erlaubnisse allgemein oder für bestimmte Einzelfälle: § 46 StVO.

VII. Sachlich zuständig im Rahmen des StrVR sind die StrVB oder übergeordneten LandesB (§§ 44, 45 StVO, § 68 StVZO, § 73 FeV, § 46 FZV), die StrBauB (§ 45 II, III StVO), die Polizei (§ 44 II StVO), für Bahnübergänge die Bahnunternehmen (§ 45 II StVO), für Beschaffung, Anbringung und den Betrieb der VZ und VEinrichtungen die Baulastträger (§ 45 V StVO), für Erlaubnisse nach den §§ 29, 30 StVO die in § 44 III, IIIa StVO bezeichneten Behörden, für andere Ausnahmegenehmigungen und Erlaubnisse die in § 46 StVO bezeichneten örtlichen, Landes- oder Bundesbehörden. Ministerielle Sonderzuständigkeiten für bestimmte Dienstbereiche im Rahmen der StVO/StVZO/FeV/FZV: § 68 III StVZO, § 73 IV FeV, § 46 III FZV. StrBenutzungsvereinbarungen für den Militärverkehr: § 44 IV, V StVO. **53**

VIII. Die örtliche Zuständigkeit für Erlaubnisse und Einzelgenehmigungen ist in den § 47 StVO, § 68 StVZO, § 73 FeV, § 46 II FZV im Wesentlichen übereinstimmend geregelt. Diese Verwaltungsakte der örtlich zuständigen Behörden gelten, soweit nichts anderes bestimmt ist, für das Bundesgebiet und sie können sich im Rahmen zwischenstaatlicher Abkommen auswirken, wie zB BE und die FE. Wohnsitzwechsel des Begünstigten berührt sie nicht. Mit Zustimmung mindestens gleichgeordneter zuständiger Behörden können auch örtlich unzuständige entscheiden, außerdem dürfen sie, soweit die VSicherheit es verlangt, an deren Stelle notwendige vorläufige Maßnahmen treffen. **54**

Das **Verwaltungshandeln** (Maßgebot, E 2, BVerfGE **20** 371) bezweckt, neben Einzel-VAen, vor allem, den StrV sicher und flüssig zu regeln und zu führen, zB durch VZ (§§ 39 ff. StVO) und VEinrichtungen (§ 43 StVO) wie LichtZ, Leitlinien, Sperrflächen, Sonderfahrstreifen, Sonderwege (Entmischung), Wegweisung, Parkbuchten und -markierungen, Abschrankungen und andere bauliche Maßnahmen, durch Maßnahmen der StrFührung und die bauliche Gestaltung von Kreuzungen und Einmündungen, durch polizeiliche Weisungen und Kontrollen. **55**

Soweit verkehrsregelnde Normen **nicht unmittelbar gelten** (verkehrspolitische Maßnahmen, VRegeln), werden sie durch Verwaltungshandeln wirksam (Licht- und VZ, lenkende Maßnahmen). Insoweit hängen also Qualität und Wirksamkeit der VOrdnung von der örtlichen Handhabung ab, die optimal fördern, aber auch unproduktiv hindern, stören, gefährden (Überreglementierung: *Geiger* DAR **76** 322, *Kullik* PVT **03** 70, *Möhl* DAR **75** 61) und sogar schädigen kann. Als Beispiele fehlerhafter Maßnahmen werden von Kritikern genannt: Förderung übermäßigen, gefährdenden MischV; Einsatz von Gebühren, Parkuhren oder LichtZ, um den FahrV in bestimmten Ortsbereichen zu erschweren (Verstoß gegen § 6 StVG, s. E 50) oder gar aus fiskalischen Gründen (Einnahme von Buß- und Verwarnungsgeldern); Einrichtung roter Wellen oder überlanger Rotphasen zur Unterbrechung des Verkehrsflusses zwecks Verkehrsberuhigung, Förderung verstopfter Innenstadtstraßen durch Beseitigung von Parkmöglichkeiten, um den Individualverkehr zu treffen; Einrichtung gefährlicher Bodenschwellen oder Betonhindernisse auf Fahrbahnen zur Verkehrsberuhigung (*Hentschel* NJW **92** 1080, *Ronellenfitsch* DAR **94** 8); uU unfallfördernde Einrichtungen im Rahmen „Rückbaus" von Str (*Franzheim* NJW **93** 1836); gefährdende Regelung von Knotenpunkten trotz Unfallhäufung; Vorfahrtregelungen entgegen der VwV und dem psychologischen StrEindruck (Vorfahrt bloßer Einmündungen; *Undeutsch* DAR **66** 319); unzweckmäßige Regelung abbiegenden V; falsch geformte VInseln und gefährdende Leitlinien; Gefährdung durch unrichtige VorfahrtZ (zB „vereinsamtes" Z 301 oder Vorfahrt beiderseits); übermäßig viele VZ (*Geiger* DAR **76** 323); Verwirrung durch Zeichenhäufung (*Kullik* PVT **03** 70). Letzterem will die StVO-Neufassung 2013 entgegenwirken (§ 39 StVO Rn. 4c). Unverständliche, unsinnige oder widersprüchliche Verwaltungsakte sind nichtig (Kar VM **76** 16), ebenso tatsächlich Unmögliches anordnende (Bay VM **76** 10; näher § 41 StVO Rn. 247). Nach einer in PVT **98** 181 zitierten Studie entstehen durch Hemmung des VFlusses nicht nur der Volkswirtschaft jährlich Milliardenverluste, sondern auch erheblich erhöhte Umweltbelastungen infolge einer im Verhältnis zum flüssigen V um Millionen Tonnen vermehrte CO_2-Emission (achtfacher Kraftstoffverbrauch im Stopp-and-go-Verkehr). Sämtliche Interessen austarierende Lösungen sind in der Praxis freilich oftmals nicht leicht zu finden. **56**

Einleitung

57   **IX. Die Auslegung** erforscht, ob der Sinn der Norm (Gesetz, VO) auf einen bestimmten Sachverhalt zutrifft. Das Maßprinzip (**E** 2) gilt auch hier (BVerfGE **19** 348, **1** 36). Grundgesetzwidrige Auslegung ist unzulässig (BGHSt **13** 102, 114). Erlaubt eine Norm *verfassungsgemäße* Auslegung, so gilt diese (BVerfGE **19** 5, 9 200, NJW **75** 1355, s. auch **E** 62). In einer Zeit ständig fortschreitender Europäisierung gewinnt die *gemeinschafts- bzw. unionsrechtskonforme* Auslegung zunehmende Bedeutung. Der Grundsatz der richtlinienkonformen Auslegung ist seit langem anerkannt (etwa *Hecker* § 4 Rn. 13 mwN, zu EU-Richtlinien allgemein Rn. 15). Der EuGH hat den Grundsatz auf die in der (ehemaligen) „3. Säule" zustande gekommenen Rahmenbeschlüsse (**E** 15) erstreckt (NJW **05** 2839, hierzu *Wehnert* NJW **05** 3760, *Herrmann* EuZW **05** 436, *Adam* EuZW **05** 558). Die gemeinschaftskonforme Auslegung ist allerdings durch das (auch im Unionsrecht anerkannte) Analogie- und Rückwirkungsverbot immanent begrenzt, weswegen die Begründung der Ahndbarkeit oder Ahndungsverschärfungen ohne hinreichende Grundlage im Gesetzestext nicht möglich sind (zum Ganzen mwN *Göhler/Gürtler* § 3 Rn. 8a, *Hecker* § 4 Rn. 33 ff.).

58   Der in einer Norm oder einem Normenkomplex ausgedrückte **objektivierte gesetzgeberische Wille** bestimmt die Auslegung (BVerfGE **11** 130, BGH NJW **05** 354, BGHSt **17** 23, Bay VM **78** 9, Dr DAR **06** 159, **05** 99, 522, Dü NZV **90** 39), auch soweit er auf einheitliche Anwendung von Rechtsbegriffen abzielt (BGHSt **16** 245 (VVorschrift)), auch soweit er des Sinn der Vorschrift (BGH NJW **76** 2138, Bay DAR **92** 270), auch bei Berücksichtigung des Ausschließlichkeitsgrundsatzes hinsichtlich der StVO-VZ (**E** 6), jedoch nur, soweit im Gesetz hinreichend klar ausgedrückt (BVerfGE **6** 64, **20** 253). Keine Auslegung über den möglichen Wortsinn hinaus (BVerfG NJW **95** 1141, Kö VM **77** 3, Dü NZV **90** 39, Kö NZV **05** 547, str, s. *Rüthers/Höpfner* JZ **05** 21, 25). Eindeutiger, grundgesetzkonformer Wille erlaubt keine einschränkende oder ausdehnende Auslegung (Fristen, Altersgrenzen, gewollte Lücken, Strafrahmen; BVerfGE **9** 118, BGHSt **8** 320). Eine haftungsbegrenzende Vorschrift (Gefährdungshaftung) ist danach auszulegen, welche Abwägung zwischen dem Interesse des Schädigers und des Geschädigten zu einem billigen Ergebnis führt (BGH VRS **54** 17). Ausnahmevorschriften (**E** 60) lassen sich grundsätzlich nicht auf ähnliche Sachverhalte erstrecken (BGHZ **26** 83, Bay DAR **74** 305); sie sind auch im StrVR eng auszulegen (BGHSt **23** 111). Bei Unvereinbarkeit von Sinn und Wortlaut ist eine Vorschrift unanwendbar. Bei eindeutigem gesetzgeberischen Sinn ist berichtigende Auslegung zulässig (BVerfGE **11** 149), dann auch gegen den Wortlaut (BGHZ **18** 49).

59   **Auslegungsmethoden,** einander ergänzend (BVerfGE **11** 130): Wortlaut und Sprachgebrauch (grammatisch; BGHSt **19** 307, Bay DAR **92** 270); Zusammenhang im Normengefüge (systematisch; BGHSt **20** 107); Gesetzeszweck (teleologisch; BGHSt **15** 121, **19** 159, Fra VRS **58** 370, Ha VRS **47** 389, **48** 67, Dü NZV **94** 162) unter Berücksichtigung der Entstehungsgeschichte (historisch). Die Letztere hat im StrVR besondere Bedeutung: Ampelüberweg „an" Kreuzung (Bay VM **72** 21, Ce VRS **32** 63); baulich getrennte Fahrstreifen an Baustellen und Überholbegriff: § 5 StVO Rn. 21. Ausdehnende Auslegung von Bußgeld- und Strafvorschriften zuungunsten ist nur bis zum möglichen Wortsinn zulässig, der die äußerste Grenze zulässiger richterlicher Interpretation bildet (BVerfGE **71** 108; BVerfG wistra **03** 255; Bay DAR **74** 305, *Lackner* Heidelberg-F S. 39). Keine Auslegung nur aus Begriffen heraus, maßgebend sind natürliche Betrachtung und das VBedürfnis (BGH VRS **25** 457, Bay DAR **92** 270, Dü NZV **94** 162). Im Vordergrund steht die Sicherheit (BGHZ **56** 152, NJW **77** 154, Dü VersR **77** 139). Besonderes Gewicht muss im Zweifel dasjenige Auslegungsergebnis haben, das größere Sicherheit bietet, zB, weil es die bauliche StrGestaltung so berücksichtigt, wie sie das VVerhalten psychologisch beeinflusst. Außerdem muss lediglich begriffliche Auslegung hinter der Form zurücktreten, in welcher sich der VVorgang wirklich vollzieht (Bay VM **78** 9): Wer beim Wenden die Fahrbahn auf eine Grundstückseinfahrt ganz verlässt, um sich danach wie gewünscht einzuordnen, „wendet" nicht iS von § 9 StVO, sondern fährt ein (§ 10; § 9 StVO Rn. 5). Das technisch günstigere unmittelbare Rückwärtseinparken gilt auch in EinbahnStr nicht als unerlaubtes Rückwärtsfahren (Kar VM **78** 13). Da das Parkverbot vor fremder Einfahrt nur den Berechtigten schützen will, darf dieser solches Parken gestatten; es wäre sinnwidrig, dies mit der Begr zu verneinen, eine Privatperson dürfe nicht in öffentliche Verbotswirkungen eingreifen (Ha VRS **50** 314, Bay DAR **92** 270). **Gesetzesmaterialien** (Entstehungsgeschichte), zB die amtliche Begr zur StVO, können zur Ermittlung des objektivierten Willens des Gesetzgebers von maßgebender Bedeutung sein; das gilt allerdings nur bei Vereinbarkeit mit dem mögl. Wortsinn und soweit sie dem Zusammenhang der Vorschrift und ihrem Zweck nicht widersprechen (BVerfGE **11** 130, **13** 268, BGHZ **161** 180 = NJW **05** 354, BGHSt **18** 153, 159), ebenso Verwaltungsvorschriften (**E** 4a) und Verlautbarungen des BMV (vgl. BGHSt **16** 160, **23** 113).

Analogie ist Anwendung eines Rechtssatzes auf gesetzlich ungeregelte, ähnliche Fälle (Geset- **60** zesanalogie) oder Ableitung eines übergeordneten Rechtssatzes aus anderen und Anwendung auf den zu entscheidenden, ungeregelten Fall (Rechtsanalogie). Im Zivilrecht ist beides zulässig, bei Wahrung des Vertrauensschutzes (**E** 36); denn es herrscht der Grundsatz der Rechts-Lücken-losigkeit (nicht der Lückenlosigkeit der Gesetze), ausgenommen bei Formen und Fristen, bei solchen Ausnahmeregeln, die Erweiterung nicht dulden, wie zB bei gewollt enger GFassung (BGHZ **26** 83), zB auch bei den Fällen der gesetzlichen Gefährdungshaftung (§ 7 StVG; BGHZ **55** 232, VRS **54** 17; näher *Bauer* Ballerstedt – F 305).

Strafbegründende oder strafschärfende Analogie ist im Straf- und OWRecht unzulässig **61** (Art 103 II GG, BVerfG NJW **95** 1141, BGHSt **20** 81; zum OWRecht zB Ko NZV **94** 83). ZB kann der StVO/StVZO trotz des unverkennbaren Sinnzusammenhangs bei Fehlen einer aus-drücklichen Vorschrift nicht entnommen werden, der Fahrer habe das Kfz vom Fahrersitz aus zu lenken (§ 23 StVO Rn. 12) oder er habe, wie der durch die § 44 II, §§ 58, 32 der Unfallverhü-tungsvorschriften „Fahrzeuge" (BGV D29) betroffene FzF beim Fahren Schuhwerk zu tragen (Ba NStZ-RR **07** 90). Ein Fz-Führen unter der Wirkung des vormals nicht in der Anl. zu § 24a StVG aufgeführte Metamfetamin war nicht ahndbar (§ 24a StVG Rn. 20). Auch kann sich we-gen Art 103 II GG kein strafbegründendes oder -schärfendes Gewohnheitsrecht bilden (**E** 20). Analogie, die sich *zugunsten* des Beschuldigten (Betroffenen) auswirkt (Schuldminderung, Straf-ausschluss), ist hingegen zulässig. Zu Analogieverbot und BKatV § 24 StVG Rn. 64.

Die Grenze zwischen Auslegung (**E** 57 ff.), die durch rechtliche Begriffsbildung benachteili- **62** gen wie begünstigen kann (**E** 21), und der Analogie ist fließend (BGHSt **1** 145, *Rüthers/Höpfner* JZ **05** 22). Auslegung im Rahmen der ausgelegten Norm kann mildern und schärfen, zB bei Verweisung auf außerstrafrechtliche Normen oder bei Bildung allgemeiner Rechtsbegriffe (BGHSt **6** 131 und **E** 21 (Gewohnheitsrecht)). Angesichts der Unmöglichkeit einer umfassen-den, alle denkbaren Fallgestaltungen berücksichtigenden Kasuistik (s. auch BVerfG NJW **87** 3175; **06** 3050) der den StrV regelnden Normen sind Auslegung in den geschilderten Grenzen (**E** 57 ff.) und die daraus nach und nach erwachsenden RsprGrundsätze unvermeidbar und ver-fassungsrechtlich nicht zu beanstanden (BVerfG NJW **05** 349, Zw VRS **85** 212, Kö NZV **06** 608, Göhler/*Gürtler* § 3 Rn. 5, *Benda* DAR **86** 368, s. aber *Westerhoff* NJW **85** 457). Zu den Grenzen richterlicher Rechtsfortbildung bei der Ausfüllung unbestimmter Rechtsbegriffe *Muti-us* BA **90** 375 (absolute Fahrunsicherheit). Die Analogie beginnt jenseits des äußersten mögli-chen Wortsinns oder der äußersten begrifflichen Tatbestandsgrenze (BVerfG NJW **07** 1666 (Gleichsetzung unvorsätzlichem mit berechtigtem oder entschuldigten Entfernen bei § 142; s. dort Rn. 50), BGHSt **10** 375; BGHSt **14** 213, **18** 119 (Rückkehrpflicht bei § 142 StGB), Ko NZV **94** 83,). Zu den Grenzen gemeinschaftskonformer Auslegung **E** 57.

Freie Rechtsfindung als Grundlage der Einzelentscheidung kommt im Zivilrecht in Be- **63** tracht, wenn Auslegung, Analogien oder Umkehrschlüsse nicht weiterführen. Maßstab ist dann der mutmaßliche gesetzgeberische Wille. Der so gefundene Rechtssatz kann zu Gewohnheits-recht erstarken (**E** 20).

Sinnvolle Beachtung der Verkehrsregeln: E 122–124. **64**

X. Die Sanktionen bei Verstößen im StrV sind zivilrechtlicher, verwaltungsrechtlicher, ord- **65** nungs- und strafrechtlicher Art.

Gefährdungshaftung des Halters und Kraftfahrers (Haftung für die Folgen eigener Wagnisse **66** kraft sozialer Verantwortung; BGH JZ **74** 184, Fra ZfS **87** 35) löst der Betrieb von Kfz und An-hängern aus, soweit das Gesetz sie ganz oder begrenzt vorsieht (§§ 7, 8, 8a, 18, 19, 19a StVG) und sofern sie nicht gemäß der Rspr. zurücktritt. Sie ist beschränkt nach Maßgabe der §§ 7 II, 10–12, 14, 15 StVG. Der Kf, nicht der Halter, kann sich durch den Nichtschuldnachweis von ihr befreien (§ 18 I S. 2, auch iVm § 19a I S. 2 StVG). Als Sonderregelung verträgt die Gefährdungs-haftung keine analoge Ausdehnung auf ähnliche oder nicht geregelte Fälle (**E** 60).

Deliktshaftung besteht daneben und soweit die §§ 8, 8a, 16 StVG, 823, 826 BGB zutreffen. **67**

Ordnungswidrig (§ 24 StVG) ist tatbestandsmäßiges, rechtswidriges und vorwerfbares Ver- **68** halten, das durch Gesetz oder VO kraft gesetzlicher Ermächtigung (zB § 6 StVG) mit Geldbuße bedroht ist (§ 1 OWiG). Nach näherer gesetzlicher Regelung kommen auch Verwarnungsgeld (§ 56 OWiG), Gewinnabschöpfung (§ 17 IV, § 29a OWiG) oder ein Fahrverbot (§ 25 StVG) in Betracht. Die entsprechende Behördenkompetenz genügt Art 92 GG, weil diese Sanktionen keine Strafen sind (BVerfG NJW **69** 1623).

Die Abgrenzung der OW zur Straftat erfolgt nach einer gemischt qualitativ-quantitativen **69** Betrachtungsweise. Ein Kernbereich des Strafrechts ist zwar der Regelung im OWRecht entzo-

Einleitung

gen (BVerfGE **22** 81, **27** 28, Göhler/*Gürtler* vor § 1 Rn. 6, 8). Dass die OW gegenüber der Straftat *qualitativ* ein aliud darstellt, lässt sich jedoch zumindest in den Grenzbereichen nicht halten und wird heute nicht mehr vertreten. Denn außer dem Verwaltungsungehorsam oder „Bagatellen" umfassen die OW mit Verletzungs- und konkreten wie abstrakten Gefährdungstatbeständen (zB § 24a StVG) auch gewichtige Zuwiderhandlungen. Unrecht, Gefährdung und Vorwerfbarkeitsgrad können größer als bei manchem Straftatbestand sein (zB vorsätzliches Durchfahren bei Rot trotz QuerV, verglichen mit gering gewichtigem Gelegenheitsdiebstahl). Bei der Einstufung einer Tat als OW oder Straftat hat der Gesetzgeber einen weiten Spielraum.

70 Ungeachtet der vorstehend skizzierten Unsicherheiten macht **die angedrohte Rechtsfolge** die OW jedenfalls *formell* zum aliud gegenüber der Straftat (BVerfGE **27** 30), sie bewirkt nicht das Unwerturteil der Kriminalstrafe (BVerfGE **27** 33). Für den Rechtsanwender maßgebend ist grundsätzlich allein die formale gesetzliche Einordnung als Straftat oder OW (Strafe oder Geldbuße).

71 **Ordnungswidrig handelt** im Bereich des StrVR, wer einer gesetzlichen Vorschrift (zB § 24a StVG) oder vorsätzlich oder fahrlässig einer auf Grund des § 6 I StVG erlassenen RVO oder einer auf Grund einer solchen VO erlassenen Anordnung (Einzelverfügung, Allgemeinverfügung, Anordnung durch VZ oder VEinrichtung) zuwiderhandelt, soweit die VO, wenn seit dem 1.1.69 ergangen, für einen bestimmten Tatbestand auf § 24 StVG verweist, wie zB § 49 StVO, § 48 FZV, § 69a StVZO. In Betracht kommen die Ge- oder Verbote vor allem des StVG (§§ 23, 24a), der StVO einschließlich ihrer Anlagen (VZ), der FZV, der StVZO und der FeV.

72 Der **Opportunitätsgrundsatz** (§§ 47, 53 OWiG) beherrscht das OWRecht. Ist eine Ahndung nach Bedeutung und Vorwerfbarkeit der Tat nicht geboten, können Ermittlungen unterbleiben, bereits eingeleitete nach pflichtgemäßem Ermessen behördlich oder gerichtlich eingestellt werden, zB, weil der Verstoß völlig ungefährlich und von geringer Bedeutung war (Ha NJW **70** 622 (Rotampel)) oder bei bloßem Formalverstoß (Dü NZV **94** 328 (Rechtsfahrgebot)). Das Prinzip erlaubt und legt nahe, unfallträchtige OW zugunsten ungefährlicher Formalverstöße mit geringer Schuld nachdrücklicher zu verfolgen (*Geiger* DAR **76** 323, 8.VGT, k + v **70** 38). Außerdem können unwesentliche Tatteile oder Rechtsverletzungen als nicht opportun von vornherein ausgeschieden werden (§ 24 StVG Rn. 67). Eine zu weitgehende Ahndung selbst geringfügiger Formalverstöße ohne Gefahr auch nur einer Behinderung anderer wäre geeignet, Unverständnis gegenüber der Verfolgung von OW zu fördern (Dü DAR **94** 125, NZV **94** 328).

73 **Verwarnung** (§§ 47, 56 OWiG) ohne oder mit Verwarnungsgeld und ohne Eintragung im FAER kommt in Betracht, soweit dies ausreicht (§ 26a StVG).

74 **Durch Geldbuße** nach Maßgabe der verletzten Vorschrift werden alle nicht relativ geringfügigen OW geahndet, mit FAER-Eintragung bei mindestens 60 € Geldbuße, wenn der Verstoß in Anl 13 FeV benannt ist (§ 28 III Nr. 3 Buchst. a Unterbuchst bb StVG). Neben Geldbuße bei OW nach § 24 StVG ist nach Maßgabe von § 25 StVG Verhängung eines FV mit zwingender Eintragung im FAER (§ 28 III Nr. 3 Buchst. a Unterbuchst aa, Buchst. b StVG) zulässig. Zur Anwendung der Bußgeldkatalog-Verordnung (BKatV) § 24 Rn. 60 ff.

75 **Subsidiarität.** Ist eine ow Handlung zugleich eine Straftat und wird Strafe verhängt, so tritt die OW zurück (§ 21 OWiG). Ein FV bleibt zulässig.

76 **Strafrechtlich** sind vor allem zu beachten aus dem StGB die § 44 (Fahrverbot als Nebenstrafe), §§ 69–69b (gerichtliche Entziehung der FE), § 142 (unerlaubtes Sichentfernen), §§ 222, 229 (fahrlässige Tötung, fahrlässige Körperverletzung), § 240 (Nötigung), § 315b (gefährliche Eingriffe in den StrV), § 315c (StrVGefährdung), § 315d (illegale Kfz-Rennen), § 316 (Trunkenheit im Verkehr), § 316a (Räuberischer Angriff auf Kf) und aus dem StVG die § 21 (Fahren ohne FE), § 22 (Kennzeichenmissbrauch), § 22a (missbräuchliches Herstellen, Vertreiben und Ausgeben von Kennzeichen), § 22b (Missbrauch von Wegstreckenzählern) sowie § 28 (Eintragung in das FAER).

77 **XI. Der Tatbestand** im OW- und Strafrecht schützt persönliche oder allgemeine Rechtsgüter (soziale Werte) durch Beschreibung ow oder strafbaren Verhaltens (typischen Unrechts) und Sanktionsandrohung. Freiheitsstrafen können nur durch formelles Gesetz angedroht werden (BVerfGE **14** 254), sonst genügt jede grundgesetzgemäße Rechtsnorm, auch jede durch gesetzliche Ermächtigung gedeckte VO (BVerfGE **22** 12). Der Tatbestand kennzeichnet die Straftat- oder OWMerkmale nach Angriffsart und Schutzgegenstand so bestimmt (Art 103 II GG) und erschöpfend wie möglich (**E** 62), indem er beschreibt, was objektiv (in der Außenwelt, äußerer Tatbestand) und subjektiv (beim Täter, innerer Tatbestand) zur Sanktion berechtigt. Übereinstimmung eines äußeren und inneren Sachverhalts mit dieser Beschreibung bewirkt Tatbestandsmäßigkeit.

Die **Garantiefunktion** des Tatbestands (Art 103 II GG, § 1 StGB, § 3 OWiG) gewährleistet **78** die möglichst genaue Beschreibung der Tatmerkmale und „Berechenbarkeit" des Unrechtsbereichs insoweit, als die wesentlichen, für Dauer gedachten Vorschriften über Voraussetzungen, Art und Maß der Sanktion gesetzlich festliegen müssen (BVerfGE **14** 251, **25** 285, NJW **95** 1141). Tragweite und Anwendungsbereich eines Straf- oder OW Tatbestands müssen aus der Norm erkennbar und durch Auslegung zu ermitteln und zu konkretisieren sein (BVerfG NJW **07** 1666, **05** 349, **03** 1030). Die Anforderungen an die Gesetzesbestimmtheit (Art 103 GG) nehmen dabei ab, je niedriger der GGeber die Tatbestandserfüllung hinsichtlich ihrer Sanktion bewertet, wie zB bei den einfachen OW (BVerfG DAR **68** 329, BGH VRS **54** 152). Unvermeidbare unbestimmte Begriffe, die der richterlichen Deutung bedürfen, sind zulässig (BVerfG NJW **05** 349, BVerfGE **4** 358, NJW **03** 1030, **95** 1141) und bei der Normierung von VRegeln (StVO) unverzichtbar (Begr zur StVO, vor § 1 Rn. 7), zB unnötiges Lärmen; übermäßig lautes Türenschließen; wenn nötig; bei Nässe; mäßige Geschwindigkeit (Kar NZV **07** 47, s. § 41 StVO Rn. 248d, zu Z 242), triftiger oder zwingender Grund; plötzliches Bremsen; ähnlicher, ebenso gefährlicher Eingriff; Wartepflicht nach Unfall); problematisch jedoch „unnützes Hin- und Herfahren" in § 30 StVO (dort Rn. 14; s. auch *Lenckner* JuS **68** 249, 304). Die Grenzen des Zulässigen waren nach Ol DAR **10** 477 bei der „Winterreifenpflicht" nach § 2 IIIa S. 1, 2 aF gesprengt (§ 2 Rn. 72a). Entsprechendes gilt jedoch nicht für den Begriff der „schmalen" Fahrbahn iSv § 12 III Nr. 3 (dort Rn. 47). Einschränkende Eintragungen im FS müssen klar erkennen lassen, ob eine Auflage (bei Verstoß OW) oder eine beschränkte FE vorliegt (bei Verstoß: § 21 StVG), andernfalls Verstoß gegen Bestimmtheitsgebot (BGHSt **28** 72 = NJW **78** 2517 (auch gegen Ahndung als OW?)).

Blankettgesetze sind zulässig, sofern die Fälle der Strafbarkeit bereits aus dem Gesetz hinreichend deutlich hervorgehen, nicht erst aus einer AusfVO (BVerfGE **14** 187, 245, 252, **22** 25). Ein solches BlankettG ist § 24 StVG zusammen mit § 6 StVG und den ausfüllenden, auf § 24 StVG verweisenden Einzelvorschriften der StVO, FZV, StVZO und FeV (**E** 71). Die Verweisung muss zumindest stichwortartig und ausreichend spezialisiert sein und darf nicht nur allgemein geschehen, sonst liegt keine OW vor.

Im Regelfall zeigt der Tatbestand die **Rechtswidrigkeit** des Verhaltens an (Bay DAR **74** **80** 305), vorbehaltlich der tatbestandlichen Grundlagen von Rechtfertigungsgründen (**E** 112 ff.).

Zur **Sozialadäquanz E** 120. **81**

Tatbestandstypen: Tätigkeitsdelikte umschreiben rechtswidriges Verhalten ohne notwen- **82** dige Wirkung auf die Außenwelt (Trunkenheitsfahrt, Geschwindigkeitsverstoß, grundloses Linksfahren usw). Bei den **Erfolgsdelikten** beeinträchtigt das Verhalten das Schutzobjekt in der Form der Verletzung oder der konkreten Individualgefährdung. Innerhalb der **Gefährdungsdelikte** werden konkrete und abstrakte unterschieden. Die abstrakten Gefährdungen unterscheiden sich von den konkreten dadurch, dass die Wahrscheinlichkeit sofortigen Schadenseintritts bei ihnen, obwohl statistisch bereits größer, noch fehlt (zB § 24a StVG, §§ 316, 323a StGB). Beim **Dauerdelikt** hält der Täter einen von ihm willentlich geschaffenen rechtswidrigen Zustand aufrecht (zB verbotenes Parken, Kfz-Nichtvorführung entgegen § 29 StVZO). Beim Zustandsdelikt besteht der rechtswidrige Zustand nach Tatbeendigung fort (zB Körperverletzung). Das **Unterlassungsdelikt** (näher **E** 87) besteht im Untätigbleiben entgegen einem gesetzlichen Gebot (echtes Unterlassungsdelikt, zB Verstoß gegen Gurt- oder Schutzhelmpflicht, § 323c StGB) oder in der Nichtbefolgung einer Garantenpflicht mit Eintritt der tatbestandsmäßigen Wirkung (unechtes Unterlassungsdelikt).

XII. Handlung im Rechtssinn ist gesteuertes, sozialerhebliches Verhalten (str) nach außen **83** (BGHZ **39** 106), das eine Gebots- oder Verbotsnorm verletzt, entweder gewollt zwecktätiges Tun mit angestrebtem oder billigend in Kauf genommenem Ergebnis (Vorsatz) oder gewolltes Verhalten mit sorgfaltswidrig nicht bedachter oder nicht bezweckter Folge bzw. ungewolltes, sorgfaltswidriges Verhalten hinsichtlich einzelner Tatbestandsmerkmale (Fahrlässigkeit). Handlung ist nur ein Verhalten, das der Bewusstseinskontrolle und Willenslenkung unterliegt; ein unwillkürliches Verhalten scheidet aus (**E** 86, Nau DAR **03** 175). Unterlassen: **E** 87 ff. Gesamtvorsatz: **E** 134. Natürliche Handlungseinheit: § 24 StVG Rn. 58.

Zur Handlung gehört die Nutzung durch Erfahrung eingeübter **Verhaltensautomatismen.** **84** Diese bestehen **a)** in der mehr oder weniger automatischen Aufnahme verkehrswesentlicher Informationen (VLage, VZ, Witterung, fremdes Verhalten) und **b)** deren Umsetzung in eigenes (Fahr-)Verhalten. Jeder Erfahrene, weniger der Ungeübte oder VSchwache, nimmt die zur VTeilnahme nötigen Informationen mehr oder weniger richtig oder vollständig durch „beiläufigen Blick" auf und reagiert auf sie mit Hilfe eingeschliffener Automatismen. Diese verkürzen die Reaktionszeiten und ermöglichen zügiges, optimal angepasstes Reagieren. Längere Unterbrechung der Fahrpraxis baut erworbene Automatismen wieder ab (*Müller-Limmroth* DAR **77** 154). Mit der Fahrerfahrung fehlen dem Anfänger auch noch die auf ihr beruhenden Leistungsreserven.

85 Die Automatismen beschleunigen jedoch nur Information und Reaktion. Zwischen beide tritt die unerlässliche, rechtlich geforderte, mit der VDichte gesteigert beanspruchte „höhere geistige Leistung" (*Lange*, Rätsel Kriminalität, 309, *Hoffmann ua*, ZBlVM **70** 201) bewusst angepasster Verhaltenssteuerung. Vorsicht und Rücksicht (§ 1 StVO), das Rechtsfahrgebot (§ 2 StVO), richtiges Abstandhalten nach vorn und beiden Seiten, verwickelte VLagen, zB die des § 11 StVO, und viele andere erfordern ständige, mitunter höchste Aufmerksamkeit. Dabei hilft die Erfahrung. Information, Entschluss und Ausführung einschließlich der dabei mitwirkenden Automatismen sind jedoch als gleichsam rascheste willentliche Handlungen bewusstseinskontrolliert und deshalb **Handlungen im Rechtssinn** (Fra DAR **84** 157, Kar NZV **15** 443; *Stratenwerth* Welzel-F 289, *Heifer* BA **71** 385, *Müller-Limmroth* DAR **68** 37, *Spiegel* DAR **68** 284, *Schewe,* Reflexbewegung, Handlung, Vorsatz, 1972). Diese Grundsätze gelten auch für langsame VT (Fußgänger). Zum Erwerb, Abbau und Wiedererwerb der Automatismen (Impulsauslösung durch die Großhirnrinde oder ein tieferliegendes Hirngebiet) *Müller-Limmroth* BA **78** 234.

86 **Keine Handlungen** (*Gallas* ZStW **67** 15) sind mangels Willensbeteiligung durch unwiderstehliche Gewalt **erzwungene Bewegungen,** solche in Bewusstlosigkeit (BGH NJW **87** 121 (im Zivilrecht Beweislast beim Schädiger, dazu *Weber* DAR **87** 170), Nau DAR **03** 175, *Baumgärtel* JZ **87** 42), **reine Körperreflexe** (BGHZ **98** 135) wie Torkeln oder Krampf, zB auf Grund epileptischen Anfalls (Schl VRS **64** 429). Hingegen fehlt es an der Vorwerfbarkeit der (gegebenen) Handlung bei „instinktiven" Abwehr- oder Ausweichbewegungen in Bestürzung oder Schreck bei Zwang zu sofortigem Verhalten (Nau DAR **03** 175), zB Fehlreaktionen wie unrichtiges Ausbiegen bei plötzlicher, unvorhersehbarer Gefahr (BGH VersR **76** 587; NJW **76** 1504; NZV **09** 177; Dü NJW **65** 2401, Ha VRS **67** 190 (falsche FzBedienung nach Zusammenstoß mit Schäferhund)), ein Angstgriff des Beifahrers ans Lenkrad, um ein Unglück zu verhindern (Nü VersR **80** 97), reflexhaftes Bremsen bei plötzlicher Reifenpanne (BGH DAR **76** 184, **88** 159), plötzlichem Auftauchen eines teilweise auf der falschen Fahrbahnseite Entgegenkommenden (Kar VersR **87** 692), Beiseitespringen eines Fußgängers bei bellendem und gegen den Zaun springendem Hund (Kar NZV **15** 443), anders aber plötzliches Bremsen wegen eines in die Fahrbahn laufenden Tiers (Fra DAR **84** 157, Sa ZfS **03** 118 (E 84 f. – Automatismen)) oder lediglich ungeschickte Abwehr einer beherrschbaren Störung (Fliege im Auge; Ha NJW **75** 657). Solche **Schreckreaktionen** (unbeleuchtetes Fz kommt im Dunkeln auf dem Fahrstreifen entgegen) sind während der **Schreckzeit** (§ 1 StVO Rn. 29) willentlich nicht beherrschbar, zu der außerdem die individuell unterschiedliche (Bay VRS **58** 445), ebenfalls unbeherrschbare **Reaktionszeit** (§ 1 StVO Rn. 30) tritt, die durch Stör- oder Schreckreize aber verlängert oder verkürzt werden kann (*Moser* ZVS **69** 3). Nichtvorwerfbarkeit: E 131. Verschuldete Verursachung derart reaktionsgestörter Lagen ist vorwerfbar (E 137), etwa schreckbedingte Fehlreaktion wegen tatsächlicher oder vermeintlicher Gefahr auf Grund vorausgegangener Unaufmerksamkeit. Bloße Fehlreaktionen: E 144.

87 **XIII. Unterlassung.** Ob und wann ein Unterlassen dem Tun innerhalb eines geschlossenen Handlungsbegriffs gleichrangig gelten kann, ist trotz § 13 StGB, § 8 OWiG (die dem Bestimmtheitsgebot genügen: BVerfG NJW **03** 1030) im Einzelnen strittig (zB Göhler/*Gürtler* § 8 Rn. 1 ff.). Die Unterlassungsdelikte verletzen gesetzliche Gebote entweder dadurch, dass gebotenes Handeln unterbleibt (echtes Unterlassungsdelikt; BGHSt **14** 281, **17** 166, **21** 54), zB bei unterlassener Hilfe (§ 323c StGB) oder Nichtanlegen des Sicherheitsgurts, Nichttragen des Schutzhelms (§ 21a StVO), oder dadurch, dass der rechtlich handlungspflichtige Garant (BGHSt **7** 271) die tatbestandsmäßige Wirkung („Erfolg") abwenden könnte, aber nicht abwendet (unechtes Unterlassungsdelikt), zB als Kf ein Kleinkind auf dem Lkw-Beifahrersitz ungeschützt mitführt (Kar VRS **50** 413), nach pflichtwidrig bewirktem Unfall dem Verletzten nicht hilft (BGHSt **7** 287), bei gefährdend liegengebliebenem Kfz den V nicht sichert (§ 315c I S. 2g StGB), ein selbst verursachtes Hindernis nicht beseitigt oder nicht ausreichend absichert, als verantwortlicher Fahrer nicht für vorschriftsmäßiges Funktionieren des Fahrtschreibers sorgt (Ha VRS **52** 278) oder als Halter ein verbotswidrig in einer Umweltzone abgestelltes Kfz nicht entfernt (vgl. Dü DAR **20** 468 mAnm *Brand*). Vollendet ist das unechte Unterlassungsdelikt mit dem Erfolgseintritt (BGHSt **11** 356).

88 Die **Rechtspflicht zum Handeln** gründet nach hM auf Gesetz, wie zB beim mitfahrenden Halter (Ha VRS **47** 465), auf tatsächlicher Gewährübernahme, besonders enger Lebensbeziehung

(BGHSt **19** 167) oder auf gefährdendem Tun (BGHSt **11** 353), auch auf unzulänglicher, gefahrbegründender Hilfeleistung (BGH NJW **75** 1175), soweit Handeln möglich und zumutbar ist (BGHSt **11** 355), was zB dann nicht der Fall ist, wenn der LkwF die Fahrbahn entgegen § 32 StVO nicht sofort reinigen kann und dies auch nicht zu vertreten hat. Wer eine Gefahrquelle schafft, muss im Rahmen des Nötigen und Zumutbaren für Schutz dagegen sorgen (BGHZ **60** 54 = NJW **73** 461). Pflichtgemäßes, verkehrsrichtiges Verhalten macht auch bei Gefährdung oder Unfall nicht zum Garanten (BGHSt **25** 218). Jedoch kann bei Fortbestand der Hilfspflicht § 323c StGB erfüllt sein.

Die Rolle als Garant erwächst ua aus der Verpflichtung als allein Verantwortlicher oder Wäch- **89** ter bei Verzicht des Treugebers auf weitere Schutzmaßnahmen (BGHSt **19** 288), so bei Übernahme von Halterpflichten durch den Fahrer; bei verantwortlicher, fachlicher Leitung des FzParks (Ha VRS **34** 149, *König* SVR **08** 121), bei Streupflichtübernahme (Ce NJW **61** 1939, BGH NJW **08** 1440); bei Übernahme der Warnpflicht im Pannenfall (BGH VRS **17** 424); bei Übernahme der Pflicht, einen Gebrechlichen zu begleiten (Ha VRS **12** 45); bei Übungsfahrten des Fahrschülers mit dem Fahrlehrer. Zur Begleitperson beim begleiteten Fahren ab 17 §§ 222, 229 StGB Rn. 3a.

Die Verantwortlichkeit für gefährdendes Verhalten schließt naheliegende Folgegefahr ein, **90** ebenso bei Gefahrquellen im eigenen Einflussbereich (BGHSt **19** 288, Kar VRS **48** 199). So muss der Fahrer nach pflichtwidrig bewirktem Unfall außer nach § 323c StGB auch folgenverhütend helfen (BGHSt **7** 287); diese Garantenpflicht besteht auch dann, wenn das Unfallopfer zwar allein schuldig ist, der FzF aber gegen VRegeln verstoßen hat, die in unmittelbarem Zusammenhang mit dem Unfall stehen (BGH NJW **86** 2516, *Herzberg* JZ **86** 986 („Vermeideverantwortlichkeit" selbst ohne Pflichtwidrigkeit); dagegen *Rudolphi* JR **87** 162). IdR keine Garantenpflicht des FzF für sorgfältiges Verhalten beim Türöffnen durch den Beifahrer (Mü VersR **96** 1036). Zur Garantenpflicht des Gastwirts bzw. Gastgebers §§ 222, 229 StGB Rn. 3a.

XIV. Für **Täterschaft und Teilnahme** gelten strafrechtlich die Grundsätze der §§ 25–31 **91** StGB, die hier nicht darzulegen sind. Der Halter ist mitverantwortlich, wenn er schuldhaft Schwarzfahrten durch Personen ohne FE oder durch Fahruntaugliche mit seinem Kfz ermöglicht; ebenso der Fahrer und der Bus- oder Taxiunternehmer sowie Hilfspersonen mit Beobachtungs- oder Einweisungsfunktion beim KfzBetrieb. Bei Übungs- und Prüfungsfahrten ist der Fahrlehrer verantwortlich, soweit er fehlerhafte Fahrweise veranlasst oder nicht verhindert, anders jedoch bei eigenhändigen Delikten; § 2 XV StVG ist gegenüber § 25 StGB ohne Bedeutung (§ 316 StGB Rn. 5).

Die Vorschriften über das **Handeln für einen anderen** (§ 14 StGB, § 9 OWiG) wollen ge- **92** währleisten, dass natürliche und juristische Personen sowie öffentliche Verwaltungen als Normadressaten im Rahmen besonderer Pflichtenkreise sich der darin begründeten Verantwortung nicht dadurch entziehen können, dass sie sich auf Nichthandeln berufen, weil ein vertretungsberechtigtes Organ oder Organmitglied, Gesellschafter, gesetzlicher Vertreter, Betriebsleiter oder speziell Beauftragter eigenverantwortlich so gehandelt habe, der seinerseits aber nicht Normadressat ist (Göhler/*Gürtler* § 9 Rn. 2; *König* SVR **08** 121). Nach beiden Vorschriften haftet innerhalb dieser gesetzlich umschriebenen Pflichtenkreise anstelle oder neben dem Vertretenen der beteiligte gesetzliche oder rechtsgeschäftliche Vertreter oder (Teil-)Beauftragte für das gebotene Verhalten (Tun, Unterlassen; **E** 83, 87 ff.). Bei der Beauftragung ist ausdrückliche Übertragung der Betriebsleitung oder eines bestimmten Pflichtenkreises in eigener Verantwortung des Beauftragten Voraussetzung (Bay VRS **59** 209, VM **94** 17, Kö VRS **66** 361, *König* SVR **08** 121), zB Beaufsichtigung der Kfz auf ordnungsgemäßen Betriebszustand, Auswahl, Einsatz und Überwachung der Fahrer. Der Auftrag muss so eindeutig sein, dass der Beauftragte Umfang und Inhalt der in eigener Verantwortung übernommenen Aufgabe klar erkennt (Kö VRS **66** 361). Die Befugnis, über den Einsatz von Fz zu entscheiden, schließt nicht stets die Pflicht ein, für die VSicherheit der Fz zu sorgen (Bay VM **94** 17). Bei ordnungsgemäßer Pflichtenübertragung einschließlich der organisatorischen Voraussetzungen für sachgerechte und ausreichende Überwachung des Vertreters oder Beauftragten tritt die Verantwortlichkeit des eigentlichen, nicht selbst handelnden (unterlassenden) Normadressaten zurück; bei Nichteingriff trotz wahrgenommener Pflichtwidrigkeit des Vertreters oder Organisationsfehlern kann § 130 OWiG erfüllt sein. Näher Göhler/*Gürtler* § 130 Rn. 1 ff., *König* SVR **08** 121.

Ein **Einheitstäterbegriff** herrscht im OWRecht (§ 14 OWiG): Beteiligen sich mehrere, **93** gleichviel wie, an einer OW, so handelt jeder von ihnen ow. Dieser Einheitsbegriff beruht auf strafrechtlichen Erkenntnissen, vereinfacht aber zu einer einheitlichen Begehungsform, die zwischen den strafrechtlichen Teilnahmeformen nicht unterscheidet. Er will die Rechtsanwendung erleichtern durch Verzicht auf die Einstufung als Täter, Mittäter, Anstifter oder Gehilfe, so dass kein Tatbeitrag unter diesen Gesichtspunkten zu werten ist, die Entscheidung also im Einzelfall offen lassen kann, welche Form der Beteiligung vorlag (Dü VRS **64** 205, Dü NZV **90** 321). Die Einheitslösung bezweckt keine gegenüber dem Strafrecht ausgedehnte Ahndung (Bay NJW **77** 2323, Göhler/*Gürtler* § 14 Rn. 2), weswegen es auch im OWRecht keine fahrlässige Teilnahme gibt (**E** 94). Die Gefahr einer Überfrachtung der Ahndbarkeit ist bei sachgerechter Beachtung des Opportunitätsprinzips (§ 47 OWiG) gering. Zum Einheitstäterbegriff KG NJW **76** 1465 sowie die Nw bei Göhler/*Gürtler* zu § 14. Zu § 14 OWiG beim begleiteten Fahren ab 17 (§ 6e StVG, § 48a FeV) *Tölksdorf* Nehm-FS 442 f., 446. Täter einer OW können nur natürliche Personen sein (Bay NJW **72** 1772). Allerdings ermöglicht die Verbandsgeldbuße (§ 30 OWiG) auch die Sanktionierung von Personenverbänden und juristischen Personen.

94   **Beteiligung** setzt bewusstes, gewolltes Zusammenwirken mit zumindest einem anderen voraus, gleichviel wie, ohne Rücksicht auf eigenen Täterwillen, auf Tatherrschaft und Maß der eigenen Tatbestandsverwirklichung, also Vorsatz (Bay VRS **59** 209, NJW **77** 2323, DAR **90** 268, Kö VRS **63** 283, KG VRS **66** 154, **70** 294, Ko VRS **76** 395, aM *Kienapfel* NJW **70** 1831). Auch der andere muss vorsätzlich handeln (BGH NJW **83** 2272 (krit *Kienapfel* NJW **83** 2236), Bay VRS **70** 194, DAR **90** 268, Kö NJW **79** 826, VRS **63** 283, Ha NJW **81** 2269, KG VRS **66** 154, Ko VRS **76** 395, Stu DAR **90** 188, Dü NZV **90** 321, *Dreher* NJW **71** 121, *Brammsen* DAR **81** 38, aM Ko VRS **63** 281, *Kienapfel* NJW **70** 1831). Nebentäterschaft ist möglich: Göhler/*Gürtler* § 14 Rn. 4. Nicht genügt fahrlässige Verursachung vorsätzlicher Tat und vorsätzliches Verursachen fremder Fahrlässigkeit (BT-Drs.V/1269 S. 49); in beiden Fällen fehlt gewolltes Zusammenwirken. Der Halter (Weisungsberechtigte) darf nicht Parkverstöße anordnen (Kö VRS **47** 39), der mitfahrende Halter muss bei wahrgenommenen Verstößen abmahnen oder hindernd eingreifen (Ha VRS **47** 465, Dü VRS **61** 64 (Parken), Fra VM **77** 80), der bloße Fahrgast nicht. An OW des Fahrers, deren spätere Begehung der Halter gekannt und mindestens mit bedingtem Vorsatz gebilligt und nicht unterbunden hat, ist dieser beteiligt (Bay NJW **77** 2323, Ha NJW **81** 2269, Ko VRS **69** 388). Überlassung des Fz in der Erwartung, der Fahrer werde eine bestimmte OW begehen, genügt (Ha NJW **81** 2269, Kö VRS **63** 283, **85** 209). Dabei sollte die billigende Vorstellung des Halters ausreichen, der Fahrer werde nach Belieben die am häufigsten verletzten Vorschriften über Höchstgeschwindigkeiten, die Ampelgebote oder Parkverbote verletzen, während die nur allgemeine Vorstellung des Halters, mit dem Kfz werde möglicherweise gegen VVorschriften verstoßen werden, zum Beteiligungsvorsatz nicht ausreicht (Bay NJW **77** 2323, VRS **52** 285, *Bouska* VD **77** 305). Weiß der Halter, dass der Fahrer bereits früher zu schnell gefahren, bei Rot durchgefahren ist oder unerlaubt geparkt hat und überlässt er ihm das Kfz dennoch wieder, so darf mindestens bedingt vorsätzliche Beteiligung angenommen werden (Bay JZ **77** 107, VRS **52** 285, **53** 363, Dü VM **79** 22, VRS **64** 205, Ha NJW **81** 2269, Ko VRS **69** 228 (zweimaliger Parkverstoß)). Der Halter kann auf Grund wahlweiser Tatsachenfeststellung als Beteiligter am Parkverstoß verurteilt werden, ohne dass die Identität des jeweiligen Fahrers festgestellt werden müsste (Ce NRPfl **84** 223, Ko VRS **69** 388). Wurde der Betroffene als Fahrer verfolgt, so setzt Verurteilung als beteiligter Halter vorherigen Hinweis nach § 265 StPO voraus (Dü VRS **61** 64). Wer Rückschau-, Anzeige- oder Einweiserpflichten übernommen hat, ist beteiligt. Untätigbleiben kommt nur bei einer Rechtspflicht zum Handeln, etwa als Halter, als Beteiligung in Betracht (**E** 87 ff.). S. auch § 24 StVG Rn. 20.

95   **Besondere persönliche** (täterbezogene), ahndungsbegründende **Merkmale** (persönliche Eigenschaften oder Verhältnisse, zB Halter- oder Fahrereigenschaft; Gegensatz: tatbezogene Merkmale), auch vorübergehende, brauchen nur bei einem der Beteiligten vorzuliegen (§ 14 I OWiG). Soweit sie bei einem Beteiligten fehlen, kann dies mildernd wirken (§ 17 III OWiG). Das Fehlen der Vorwerfbarkeit bei anderen Beteiligten entlastet nur diese (§ 14 III OWiG). Die Ahndung ausschließende persönliche Merkmale gelten nur für den, bei dem sie vorliegen, ebenso etwaige persönliche Milderungs- oder Erschwerungsgründe.

96   **Erfolglose Beteiligung** bei Ausbleiben der Tatbestandsverwirklichung ist nicht tatbestandsmäßig (§§ 1 I, 14 II OWiG).

96a   **Kennzeichenanzeigen.** Ein (durch § 25a StVG nur teilweise entschärftes) Sonderproblem der VÜberwachung liegt in der Täterermittlung, wenn dieser nicht alsbald gestellt und nur das KfzKennzeichen erkannt werden kann. Bei gewerblich genutzten Kfz und Fuhrparkhaltern, auch bei juristischen Personen als Haltern, besagt die Haltereigenschaft von vornherein nichts über das Führen zur Tatzeit. Jedoch beweist die Haltereigenschaft auch bei den übrigen „PrivatFz" für sich allein nicht schon Täterschaft (BVerfG NJW **94** 847, BGH NJW **74** 2295, VRS **48** 107, Kö VRS **79**

29, DAR **80** 186, Br VRS **48** 435, Ce VRS **45** 445, Ha NJW **74** 249, VRS **43** 364, Dü DAR **03** 40, VRS **65** 381, Kar VRS **49** 47, 117, Ko VRS **64** 281, 311), es sei denn, andere, nicht nur ganz entfernte Möglichkeiten scheiden aus (KG VRS **42** 217, Ha NJW **73** 159). Zwar wäre bei PrivatFz der Schluss vom Halter auf den Fahrer weder denkgesetz- noch erfahrungswidrig (BGH NJW **74** 2295), doch muss der Richter alle nicht ganz fern liegenden Möglichkeiten berücksichtigen. Dies kann er nur anhand weiterer Umstände wie zB Beruf, Fahrzeit zur oder von der Arbeit, Benötigung des Fz zur Berufsausübung bei Verstoß an einem Arbeitstag, Lichtbildvergleichung, Gaststättenaufenthalt, SpezialFz, widersprüchliches früheres Verhalten, weitere FEInhaber im Haushalt, bekannter Alleinfahrer (BGH NJW **74** 2295, VRS **48** 107, Ha NJW **74** 249, VRS **44** 117, KG VRS **45** 287, Dü VRS **61** 64, Ko VRS **64** 311, Stu NZV **89** 203, Kö VRS **79** 29, Göhler/*Gürtler* § 55 Rn. 11 ff., *Knaack* VGT **05** 182), die also ermittelt werden müssen, zB auch lediger Stand (Kar Justiz **74** 343), Nichtbenutzung durch Angehörige und ausnahmsweise Benutzung durch Dritte (Sa VRS **47** 438). Wegfahren eines geparkten Fz durch den Halter kann als Indiz dafür in Betracht kommen, dass das Fz auch vorher von ihm gefahren wurde (KG VRS **66** 154). Auch Abholen eines vorschriftswidrig geparkten und daher abgeschleppten Fz durch den Halter ist ein Indiz für dessen Täterschaft, wenn zwischen dem Abschleppen und dem Abholen nur wenig Zeit verstrichen ist (Fra VRS **64** 221). Für die Identifizierung des Fahrers eines Lkw genügt es, wenn sich auf dem Fahrtenschreiberschaublatt sein Namenseintrag findet, das Fz in seinem Eigentum steht und auf dem Messfoto ein Schild mit seinem Vornamen abgebildet ist (AG Lüdinghausen NZV **16** 594). Zum **Foto als Beweismittel:** § 24 StVG Rn. 76. Hat sich der Halter zur Sache nicht eingelassen, so darf dies allein nicht zu seinem Nachteil ausschlagen (§§ 136, 261 StPO; BGH NJW **74** 2295, Ko VRS **59** 433, **58** 377, Dü VRS **55** 360 („Nein" im Anhörungsbogen), Ha VRS **44** 117, KG VRS **45** 287, Sa VRS **47** 438, Kö VRS **49** 48), ebenso wenig seine Weigerung, den angeblichen Fahrer zu benennen (Kö VRS **67** 462, Stu NZV **89** 203), oder der bloße Hinweis auf den (vermeintlichen) Eintritt der Verjährung (Bay VRS **62** 373). Teilschweigen kann indizielle Bedeutung erlangen (Göhler/*Gürtler* § 55 Rn. 10a, *Meyer-Goßner/Schmitt* § 261 Rn. 17). Enthält der Verteidigervortrag Tatsachen, so sind diese jedenfalls dann nicht dem zur Sache schweigenden Halter zuzurechnen, wenn er diesen Erklärungen nicht ausdrücklich zustimmt (Stu NZV **89** 203). Die bloße Einlassung, Halter des Kfz zu sein, ist keine zum Nachteil verwertbare Teileinlassung (Ko VRS **59** 433, Hb VRS **59** 351, **50** 366, DAR **80** 279). Bleibt offen, ob der Halter den Verstoß selber begangen oder ob ihn ein anderer mit bedingt vorsätzlicher Billigung des Halters begangen hat und scheidet jede andere Möglichkeit mit Gewissheit aus, so haftet der Halter als Täter (Bay NJW **77** 2323, Ce NdsRPfl **84** 223). Voraussetzung ist die Feststellung, dass er, sofern ow Handeln eines anderen in Betracht kommt, dessen *vorsätzliches* Handeln jedenfalls wissentlich gefördert hat (**E** 94, KG VRS **66** 154). Der Möglichkeit, nach der glaubhaften Einlassung des Betroffenen könne ein anderer das Kfz geführt haben, ist auch bei Auslandswohnsitz des Zeugen nachzugehen (Sa VRS **48** 211, s. auch § 25a StVG Rn. 7). Zulässiges Prozessverhalten in der mündlichen Verhandlung darf nicht als Beweisanzeichen dafür gewertet werden, dass der Beschuldigte auch der Fahrer war (Kö VRS **56** 149). Das Urteil muss die Zusatzumstände außer der Haltereigenschaft angeben, welche für die Fahrereigenschaft sprechen (Kö VRS **51** 213, Ko VRS **64** 281). Diese nach der Gesetzeslage wohl unumgängliche Rspr (krit *Mayer* BA **75** 266) erschwert polizeiliche VÜberwachung außerordentlich. Hinzu kommt, dass eine Durchsuchung zur Ermittlung des Fahrers oftmals am Grundsatz der Verhältnismäßigkeit scheitern wird (Göhler/*Seitz/Bauer* vor § 59 Rn. 108 ff., hierzu auch EGMR NJW **06** 1495, BVerfG NJW **06** 3411; DAR **16** 641 m sehr zw Anm *Niehaus* und Bspr *König* DAR **17** 362; hierzu auch § 24 StVG Rn. 76 aE), was jedoch keineswegs immer der Fall sein muss (vgl. BVerfG ZfS **07** 655 (empfindliche Geschwindigkeitsüberschreitung)). Zur Lösung des Problems wurden verschiedene Wege vorgeschlagen, zB eine gesetzliche Ergänzung der Halter-Gefährdungshaftung (§ 7 StVG, *Recktenwald* DAR **81** 76, *Bauer*, Ballerstedt-F 312, *Pfeiffer* DAR **80** 307), ferner technische Lösungen mangels rechtlicher Möglichkeit (*Gontard*, Diss Gießen 1976) und schließlich eine kostenrechtliche Regelung (VGT **81** 9, **85** 14; *Janiszewski* BA-Festschrift S. 73 ff., *Mößinger* DAR **85** 271, 273, *Witthaus* VGT **85** 327, 336, krit *Lamprecht* ZRP **84** 327, zur **Halterhaftung bei OW im fließenden V** *Notthoff* DAR **94** 98, *Rediger* NZV **96** 94, VGT **01** 163; *Müller* SVR **18** 201; zum Vorschlag einer EU-weiten Halterhaftung gem. Vorschlag einer Richtlinie zur Erleichterung der grenzüberschreitenden Verfolgung von VVerstößen (COM (2008) 151) *Schäpe* BA **05** 132, *De Vries* VGT **05** 246; *Nissen/Schäpe* DAR **09** 488; *Milke* NZV **10** 17; *Brenner* DAR **10** 126 sowie die Empfehlungen des AK I des VGT 2010 DAR **10** 171; zu den Regelungen in Europa *Hering* SVR **10** 17). Die EU-Richtlinie über einen Halterdatenaustausch (**E** 17) kann grundsätzlich dazu führen, dass Daten deutscher Halter an Staaten übermittelt werden, die die Halterhaftung kennen und in deren Rahmen sanktionieren wollen; zur Umsetzung § 37b

StVG (s. auch *Funke* NZV **12** 361, *Albrecht* DAR **13** 617). Den Weg der kostenrechtlichen Regelung hat der GGeber in § 25a StVG beschritten, allerdings beschränkt auf den ruhenden V (s. im Einzelnen dort). Die britische Regelung, wonach sich der eines Verkehrsverstoßes verdächtige Halter strafbar macht, wenn er keine Angaben über die Identität des FzF macht und nicht nachweist, dass er auch bei angemessener Sorgfalt nicht wissen konnte, wer gefahren ist, verstößt nicht gegen Art. 6 MRK (EGMR NJW **08** 3549). Anders liegt es, wenn ihm faktisch die „Beweislast" überbürdet wird (EGMR DAR **10** 571m Bspr *Adam* DAR **10** 567). Beteiligung des Halters: **E** 94. Zur **Verjährungsunterbrechung** bei Kennzeichenanzeigen § 26 StVG Rn. 7.

97   **XV. Ursächlichkeit.** Die juristischen Kausalitätslehren bezwecken angemessene Zurechnung. Deshalb fragen sie nicht, ob und wo in der Erscheinungswelt eine Verknüpfung von Ursache und Wirkung (Erfolg) etwa nicht (mehr) bestehe. Eine erfahrungsgemäße Verknüpfung bis ins Unendliche zurück voraussetzend, bezwecken sie, alle diejenigen Glieder der Ursachenketten schon auf frühester Untersuchungsstufe auszuscheiden, die nach Art und Zweck des jeweiligen Rechtsbereichs als Ursachen billigerweise nicht (mehr) in Betracht gezogen werden dürfen. Rechtlich bedeutet Ursächlichkeit also die rechtlich erforderliche und vertretbare Zurechnung einer Ursache für eine Wirkung („Erfolg") zwecks Klärung der Verantwortlichkeit und Haftung. Von vornherein ist sie deshalb nur zu prüfen, wo eine bestimmte Folge bewirkt worden ist oder vermieden werden sollte, nicht bei bloßen Tätigkeitsnormen.

98   **Die im Strafrecht herrschende Bedingungslehre** (Äquivalenzlehre) bejaht Ursächlichkeit, wenn das aktive Tun nicht hinweggedacht werden kann, ohne dass der konkrete Erfolg entfiele (*conditio sine qua non;* BGHSt **1** 332, **7** 114, BGH NJW **67** 212), bei prinzipieller Gleichrangigkeit aller Ursachen, auch ungleichgewichtiger, ungewöhnlicher oder teilweise später hinzutretender (BGH JZ **94** 687), wobei der wirkliche Ablauf entscheidet, nicht ein gedachter (BGHSt **10** 370, VRS **32** 37, s. auch Ko MDR **07** 1256 (Z)). Ursächlichkeit in diesem Sinn ist jedoch nur der Ausgangspunkt. Der Schwerpunkt der Prüfung liegt bei der Frage, ob der Erfolg dem Verursacher auch rechtlich zugerechnet werden kann, die die strafrechtliche Rspr. freilich als Kausalitätsproblem behandelt (§§ 222, 229 StGB Rn. 3, 14 ff., **E** 100 ff.; anders im Zivilrecht: **E** 104). Die sog. Risikoerhöhungstheorie hat sich in der Rspr. nicht durchgesetzt (s. etwa Bay NZV **92** 452). **Haben mehrere Verstöße zusammengewirkt** und lässt sich Ursächlichkeit einzelner nicht feststellen, so ist die Ursächlichkeit ihres Zusammenwirkens zu prüfen (BGH VRS **32** 209, Kö VRS **50** 110). Die Ursächlichkeit wird nicht beseitigt durch Mitschuld des Verletzten (BGHSt **7** 112), nicht durch dessen verborgene Krankheit, die den Unfall verschlimmert; idR auch nicht durch einen ärztlichen Behandlungsfehler (Stu NJW **82** 295); nicht durch nachteilige Behandlungszufälle (Serumhepatitis; Ha VM **74** 37); nicht durch Fahrlässigkeit der VStreife, die ein unbeleuchtetes Kfz anhält (BGHSt **4** 362). Zur Voraussehbarkeit solch atypischer Kausalverläufe §§ 222, 229 StGB Rn. 13.

99   **Ein Unterlassen** ist nach der Bedingungslehre hypothetisch ursächlich, wenn es keine Handlung gibt, die hinzugedacht werden kann, ohne dass mit an Sicherheit grenzender Wahrscheinlichkeit der Erfolg ausgeblieben wäre (BGHSt **7** 214, NJW **54** 1048, §§ 222, 229 StGB Rn. 2, 14 ff.).

100   **Bei Fahrlässigkeit** muss gerade die verletzte Sorgfaltspflicht die Folge bewirkt haben (sog. *Pflichtwidrigkeitszusammenhang;* hierzu §§ 222, 229 StGB Rn. 15 ff.). Die Folge muss ferner im *Schutzbereich der verletzten Norm* liegen, dh die verletzte Sorgfaltspflicht muss der Verhütung gerade der durch den Verstoß eingetretenen Folge dienen (Strafrecht: §§ 222, 229 StGB Rn. 20, 21; Zivilrecht: **E** 107).

101   **Maßgeblicher Zeitpunkt** der Prüfung ist im gesamten StrVR der Eintritt der konkreten **kritischen Verkehrslage** (bzw. -situation), die unmittelbar zum Schaden führt (BGHSt **24** 34, BGH NZV **05** 407, NJW **67** 212, **85** 1350; 1950, **17** 1173; Bay VRS **69** 392, Sa MDR **05** 1287, Fra JR **94** 77 mAnm *Lampe,* Ol NJW-RR **90** 98, Dü VRS **88** 268, Stu VRS **87** 336), also das Verhalten im kritischen Zeitpunkt beim Unfallhergang (Schadensvorgang), beim verkehrsuntauglichen Kfz aber der Zeitpunkt der unterlassenen Prüfung vor Fahrtantritt. Eine kritische VLage *tritt in dem Augenblick ein,* in dem erkennbare konkrete Umstände das unmittelbare Bevorstehen einer Gefahrensituation nahelegen (BGH NJW **03** 1929, NZV **10** 293; NJW **17** 1173; Ko NJW-RR **04** 392). Maßgebend ist, wie der Vorgang von der Erkennbarkeit der Gefahr ab bei richtigem Verhalten verlaufen wäre (BGH NJW **03** 1929, VersR **77** 524, Ce VRS **107** 415). Alle anderen Umstände sind unverändert so wie ermittelt zu berücksichtigen (BGH VRS **54** 436, **E** 102). Ursächlich (zurechenbar) ist hiernach verbotswidrig schnelles Fahren, wenn es den Unfall unmittelbar mitbewirkt hat, *nicht aber,* weil der Fahrer bei Unterbleiben einer *vor Eintritt der kritischen VLage* begangenen Geschwindigkeitsüberschreitung den Unfallort noch nicht erreicht gehabt hätte (BGH NJW **03** 1929, NZV **05** 407, NJW **88** 58, BGHSt **33** 61 = NJW **85** 1350, 1950, Ce VRS **107** 415, Ko NJW-RR **04** 392, Fra JR **94** 77, Ha VersR **89** 97, KG VM **84** 36) oder die an sich zulässige Kollisionsgeschwindigkeit nur durch vorheriges, vor Eintritt der kritischen VSituation erfolgtes Überschreiten einer Geschwindigkeitsbegrenzung möglich war (Dü NZV **92** 238). Dagegen ist die *Ursächlichkeit (Zurechenbarkeit) zu bejahen,* wenn zwar auch bei Einhalten der verkehrsgerechten Geschwindigkeit ein Bremsen im Hinblick auf den Anhalteweg die Kollision nicht hätte vermeiden können, der FzF aber den Kollisionsort nur auf Grund einer *nach Eintritt der kritischen VLage* begangenen Überschreitung der zulässigen Höchstgeschwindigkeit früher erreicht ("zeitliche Vermeidbarkeit", BGH NJW **04** 772, NZV **05** 407, **02** 365, BGHSt **33** 61 = NJW **85** 1350 (krit *Puppe* JZ **85** 295, abl *Streng* NJW **85** 2809, *Ebert* JR **85** 356), KG NJW **06** 1677). S. zum Strafrecht ergänzend §§ 222, 229 StGB Rn. 17 f. Die Grundsätze gelten auch im Rahmen der Gefährdungshaftung nach §§ 7, 17, 18 StVG (§ 17 StVG Rn. 5, 28). Zurechnung bei **Fahren trotz Fahrunsicherheit:** §§ 222, 229 StGB Rn. 16.

Nicht ursächlich (zurechenbar) ist ein Verstoß, wenn dieselbe Folge auch ohne ihn eingetre-   **102** ten wäre (**E** 100; *rechtmäßiges Alternativverhalten*), wobei vom wirklichen Hergang hinsichtlich der VWidrigkeit auszugehen ist, die als unmittelbare Ursache in Betracht kommt (Ha DAR **70** 103, Kar NZV **90** 189), nicht von einem nur gedachten. Nur dieses unmittelbar als Unfallursache in Betracht kommende verkehrswidrige Verhalten ist bei der Ursächlichkeitsprüfung hinwegzudenken und gedanklich durch verkehrsgerechtes Verhalten zu ersetzen (BGHSt **33** 61 = NJW **85** 1350, Bay NZV **94** 283, Stu VRS **87** 336). Dabei reicht es allerdings für die Zurechnung eines Schadens (einer Verletzung) aus, wenn dieser ohne den Verstoß *in geringerem Umfang* eingetreten wäre (BGH NJW **04** 772, NZV **05** 407, KG NJW **06** 1677, Jn NZV **02** 464, Kö VRS **67** 140, Nü VersR **92** 1533, Sa NJW **15** 639). Die Einzelheiten sind unter Rn. 15 ff. zu §§ 222, 229 StGB erörtert.

Unwirksam wird eine Bedingung, wenn ein späteres Ereignis ihre Wirkung ganz beseitigt   **103** und in rechtlicher Sicht eine neue Ursachenreihe begründet (BGHSt **4** 362). Bei Schleudern wegen gefährlicher Fahrweise unterbricht Behinderung durch den erschrockenen Beifahrer die Ursächlichkeit nicht (**E** 110).

Die Adäquanzlehre, korrigiert durch das Erfordernis eines gewerteten Rechtswidrigkeitszu-   **104** sammenhangs und den Schutzzweck der verletzten Norm, wird nach wie vor weitgehend im Zivilrecht vertreten (BGH VersR **02** 773, NJW **13** 1679, Mü VersR **91** 1391, Dü VersR **92** 1233, Bra ZfS **94** 197, Ha VersR **95** 545, Ba NZV **96** 316, KG VM **96** 76, Palandt/ *Grüneberg* § 249 Rn. 27 ff.). Dort herrscht ein objektiver Fahrlässigkeitsmaßstab, bei der Verschuldenshaftung bezieht sich die Schuld nur auf die haftungsbegründende Ursächlichkeit, und teilweise gilt Gefährdungshaftung (**E** 66). Die Bedingungstheorie wäre daher zu weit (Ausnahme für chemische Abläufe: BGHZ **63** 1). Die Adäquanzlehre läuft hinaus auf Bewertungsregeln der nach den beteiligten Normzwecken noch *zumutbaren* Haftung (BGHZ **18** 288, **58** 168, Kö VM **01** 21), unter Ausschluss gänzlich unwahrscheinlicher und deshalb unbeherrschbarer Verläufe (BGH VersR **02** 773, MDR **95** 268). Mit Hilfe des Adäquanzerfordernisses sollen nur ganz außerhalb des zu erwartenden Verlaufs entstehende Schäden „herausgefiltert" werden; das zum Schaden führende Ereignis muss daher im Allgemeinen zur Herbeiführung der Schadensfolge geeignet sein, nicht nur unter ganz ungewöhnlichen, unwahrscheinlichen Umständen, die nach dem gewöhnlichen Verlauf der Dinge außer Betracht gelassen werden können (BGH VersR **02** 773). Dabei wurde in der älteren Rspr. eine nachträgliche objektive, das Erfahrungswissen zur Zeit der Beurteilung berücksichtigende Prognose aus der Sicht eines „optimalen Beobachters" als entscheidend zugrunde gelegt (BGHZ **3** 266, MDR **76** 565, VersR **76** 639, Fra NJW **84** 1409, krit *Medicus* JuS **05** 290). Die neuere Rspr. des für Verkehrshaftungssachen zuständigen VI. ZS des BGH lässt demgegenüber eine solche Prüfung objektiv voraussehbarer (statistischer) Wahrscheinlichkeit in den Hintergrund treten, macht deutlich, dass (vor allem im Bereich der Verschuldenshaftung) statt dessen ein rechtlich wertender Bezug zwischen der eingetretenen Schadensfolge und der konkreten Haftungsnorm herzustellen ist, und zieht damit die Konsequenz aus der schon in BGHZ **3** 267, **18** 288 anerkannten Tatsache, dass das Korrektiv der Adäquanz in Wahrheit kein Kausalitätsproblem, sondern vielmehr die Frage des *rechtlichen Zurechnungszusammenhangs* betrifft (BGH NJW **85** 1390, **86** 777, **96** 1533, **91** 3275, VersR **93** 843, **02** 773, NZV **04** 243, **90** 425 (im Rahmen des § 7 StVG, mzustAnm *Lange*), BGHZ **115** 84 = NZV **91** 387 (zu § 7 StVG), Kö DAR **01** 168, *Weber* Steffen-F S. 508, *Dunz* JR **90** 115, *v Gerlach* DAR **92** 208, *Steffen, Salger*-F S. 562, *Kunschert* NZV **96** 485, *G. Müller* VersR **05** 1465). Deren Beantwortung setzt eine wertende Betrachtung der Umstände des Einzelfalls unter Berücksichtigung der Art des Haftungstatbestands (BGHZ **85** 112) voraus (BGH NZV **04** 243). Zur Prüfung der sog

Einleitung

Adäquanz bei *reiner* Gefährdungshaftung BGH NJW **81** 983 (krit *Schünemann* NJW **81** 2796), *Weber* DAR **82** 169, § 7 StVG Rn. 11, *H. Lange* JZ **76** 198. *Kramer* JZ **76** 338. *Stoll* Karlsruher Forum **83** 184 (Beilage zu VersR **83** H 41).

105 Vorliegen muss **haftungsbegründende Ursächlichkeit** (BGH NJW **03** 1116, BGHZ **57** 25, **58** 162, Ha MDR **90** 447) und **haftungsausfüllende Kausalität** (Ursachenzusammenhang zwischen Verletzung und Schaden, **E** 106, 107).

106 Für beide Formen gilt: der Schädiger muss eine für die Schadensfolge nicht hinwegzudenkende Ursache gesetzt haben (BGHZ **2** 138). Diese muss grundsätzlich (Ausnahme E 107) allgemein geeignet sein, eine solche Schadensfolge zu bewirken, nicht nur unter gänzlich unwahrscheinlichen, eigenartigen, nach dem gewöhnlichen Verlauf der Dinge außer Betracht zu lassenden Bedingungen (BGHZ **57** 141, MDR **95** 268, Kö DAR **01** 168), wobei es auf Wertung, nicht auf statistische Wahrscheinlichkeit ankommt (BGHZ **18** 288), so dass auch ungewöhnliche Schadensverwirklichungen noch in Betracht kommen (zB seltener Impfschaden). Der Nachweis der **haftungsbegründenden Kausalität** unterliegt den strengen Voraussetzungen des **§ 286 ZPO** (BGH NZV **04** 27, NJW **19** 2092; **20** 1072; Kö VersR **05** 422, Ce NZV **05** 313, Brn VRS **107** 85, Schl NJW-RR **04** 171, KG NZV **04** 252). Danach bedarf es keines naturwissenschaftlichen Kausalitätsnachweises und auch keiner an Sicherheit grenzenden Wahrscheinlichkeit, vielmehr genügt ein für das praktische Leben brauchbarer Grad von Gewissheit, der verbleibenden Zweifeln Schweigen gebietet, ohne sie völlig auszuschließen (st. Rspr., etwa BGH NJW **08** 1381; **11** 375; **14** 71; **15** 411; **20** 1072; § 7 StVG Rn. 48). Für die Überzeugungsbildung des Gerichts in Bezug auf die **haftungsausfüllende Kausalität,** also die Feststellung der Ursächlichkeit des Haftungsgrunds für den eingetretenen Schaden, gilt **§ 287 ZPO;** abw von den strengen Anforderungen des § 286 ZPO genügt danach eine höhere oder je nach Lage des Falls deutlich höhere Wahrscheinlichkeit (BGH NJW **03** 1116, NZV **04** 27, NJW **19** 2092; s. auch § 11 StVG Rn. 6). Zwischen dem Unfall und der infolge daraus resultierender Aufregung entstandenen Gesundheitsschädigung besteht ein haftungsrechtlicher Zusammenhang (Dü VersR **92** 1233), anders, wenn erst das Verhalten des Schädigers nach dem Unfall die Aufregung auslöste (BGHZ **107** 359 = NZV **89** 391 mAnm *v Bar* JZ **89** 171, *Dunz* JR **90** 115, *Börgers* NJW **90** 2535). Schäden, die als Folge des die Haftung begründenden Ereignisses derart ungewöhnlich und fernliegend sind, dass sie als Teil des allgemeinen Lebensrisikos angesehen werden müssen und zu diesem in nur zufälliger, äußerer Verbindung stehen, liegen außerhalb des Haftungszusammenhangs (BGH NJW **85** 1390, **86** 778, NJW **07** 2764, KG NZV **02** 41, Nü VersR **99** 1117; s. auch **E** 107).

107 Hinzutreten muss als Korrektiv (BGHZ **27** 139) allzu geringer Selektion durch die Adäquanzformel ein **gewerteter Zurechnungszusammenhang** zwischen haftungsbegründendem Ereignis und Schaden, der sich allgemein verbindlichen Maßstäben verschließt und anhand der Umstände des Einzelfalls beurteilt werden muss (BGHZ **57** 142, NJW **78** 421, **91** 3275, **04** 1375, **11** 292, **13** 1679). Ferner muss der Schaden in den **Schutzbereich** der verletzten Norm fallen, dh aus dem Bereich der Gefahren stammen, zu deren Abwendung die verletzte Norm erlassen oder die verletzte Vertragspflicht übernommen wurde (BGH NJW **82** 573, **88** 1383, **83** 232, **89** 2616, **10** 2873, **12** 2024, **13** 1679, je mwN, Ha MDR **90** 447, Hb NJW **91** 849), zB des § 7 StVG (BGHZ **37** 315, DAR **88** 159, BGH NZV **89** 391, **91** 387, NJW **13** 1679), von StVO-Normen (BGH NJW **13** 1679) oder des 823 I BGB (BGH NJW **68** 2287, **86** 777, NZV **89** 308, NZV **90** 391) oder, bei § 839 BGB, der verletzten Amtspflicht (BGH VersR **90** 422), in den, uU extremen, Gefahrbereich, den die Norm abwehren will (BGH NZV **90** 425, **91** 387, KG VM **01** 50, Ha VersR **84** 1051, Mü NJW **85** 981, NZV **96** 199, Ba VersR **88** 585, dazu *Dunz* VersR **86** 449, *Medicus* JuS **05** 291), zB bei Heilungskosten, Verdienstausfall oder Nachteilen vorzeitiger Pensionierung wegen der Unfallverletzung, nicht aber, wenn der Unfall nur zur Entdeckung eines unfallunabhängigen Grundleidens (Arteriosklerose) und daraufhin zur Pensionierung führt (BGH NJW **68** 2287) oder zum Verlust eines Zuschusses aus einem Investitionshilfeprogramm (Ha VersR **84** 1051). Der erforderliche Zusammenhang zwischen der Verletzung einer dem Schutz anderer VT dienenden Norm und dem Schaden besteht nur, wenn die Erfüllung der verletzten Verhaltenspflicht gerade **dem Schutz des Geschädigten** diente (BGH NZV **91** 23, Fra VM **96** 39, *Birkmann* DAR **91** 213). Ferner ist in der Rspr. des BGH anerkannt eine Haftung für infolge psychischer Schädigung erlittene schwere Gesundheitsstörungen, falls der Geschädigte *direkt am Unfall beteiligt* war; denn dann hat der Schädiger dem Geschädigten die Rolle eines unmittelbaren Unfallbeteiligten aufgezwungen (BGH NJW **86** 777, **91** 2347, **93** 1523, **07** 2764, **18** 3250; *Stöhr* VGT **08** 122). **Keine Haftung** (auch nicht unter dem Aspekt der Herausforderung, s. **E** 109), falls der Geschädigte lediglich *nicht am Unfall beteiligter Zeuge ist* und mit den eigentlichen Unfallbeteiligten nicht in näherer Beziehung steht; denn die aus der bloßen Anwesenheit herrührende Schädigung ist dem allgemeinen Lebensrisiko zuzurechnen, dies auch dann, wenn Geschädigter PolB ist (BGH NJW **07** 2764 mAnm *Elsner, Diehl* ZfS **07** 627; NJW **18** 3250; aM *Greger/Zwickel* § 3 Rn. 186). Zu den berufsspezifischen Risiken eines Rettungsassistenten und damit zum allgemeinen Lebensrisiko gehört es, an Unfallstellen Schwerverletzte (auch bekannte oder befreundete Personen) versorgen zu müssen, nicht jedoch einer Explosion ausgesetzt zu werden (Schl NJW-RR **19** 1118). Der Unfallverursacher haftet für **Schockschäden der Angehörigen** durch Miterleben des Unfalls oder durch die Nachricht des Todes oder der schweren Verletzung, soweit die Beeinträchtigung über eine in solchen Fällen nahe liegende gesundheitliche Beeinträchtigung hinausgeht (BGHZ **56** 163; BGH NJW **15** 1451 mAnm *Thora* und mAnm *Watzlawik* DAR **15** 201, *Burmann* NZV **15** 283 sowie Bspr *Zwickel* NZV **15** 214; BGH NJW **15** 2246; s. auch BGH NJW **19** 2387; Kar NZV **12** 41; Fra ZfS **17** 677 mAnm *Diehl* und mAnm *Jaeger* VersR **17** 564 (posttraumatische Belastungsstörung, dazu § 11 StVG Rn. 7, und Depression nach Miterleben tödlichen Motorradunfalls auf der AB); *Diederichsen* DAR **11** 122 (mit Empfehlungen an den GGeber; hierzu auch die Empfehlungen des 50. VGT und *Diederichsen* NJW **13** 641 sowie *Huber* NZV **12** 5, *Staudinger* DAR **12** 280 und *Fischer* VersR **16** 1155; krit *Burmann/Jahnke* NZV **12** 11 s. auch § 11 StVG Rn. 6), wobei dem Miterleben des Unfalls bei der Bewertung eine maßgebende Bedeutung beizumessen ist (BGH NJW **15** 1451; 2246; DAR **15** 200). Denn der Angehörige empfindet den Integritätsverlust des Opfers als Beeinträchtigung der eigenen Integrität und nicht als allgemeines Lebensrisiko (*Stöhr* VGT **08** 5xx). Der GGeber hat die Einführung eines Angehörigenschmerzensgeldes abgelehnt und 2017 stattdessen für den Fall des Versterbens in § 844 III BGB, § 10 III StVG (§ 10 StVG Rn. 19f.) und anderen HaftpflGesetzen das Hinterbliebenengeld für Personen in besonderem Näheverhältnis geschaffen. Das Hinterbliebenengeld wird idR im Schmerzensgeld aufgehen (§ 10 StVG Rn. 19). Kein Ersatzanspruch aber bei Alleinverschulden des Getöteten (Ce NZV **13** 40). Für einen durch einen nicht gravierenden Motorradunfall der Tochter verursachten Schock und dadurch ausgelösten Schlaganfall bei Überempfindlichkeit aufgrund Anginoms kann der Zurechnungszusammenhang zu verneinen sein (Nü DAR **06** 635). Auf Fälle psychischer Gesundheitsbeeinträchtigungen im Zusammenhang mit der Verletzung oder Tötung von Tieren ist diese Rspr. nicht zu erstrecken (BGH NJW **12** 1730). Nicht im Schutzbereich des § 823 I BGB liegen die Kosten der Strafverfolgung (BGHZ **65** 170), ebenso wenig die Kosten des Geschädigten für eigene Strafverteidigung (BGHZ **27** 138) oder Nebenklagekosten (LG Hannover ZfS **85** 322), wohl aber Anwaltskosten zur Verfolgung der Ersatzansprüche (BGHZ **70** 41, *Leonhard* NJW **76** 2152). § 32 StVO (VHindernis) schützt die VSicherheit, nicht auch gegen Missbrauch des hindernden Gegenstands zu verkehrsfremdem Zweck. **b)** Die Ersatzleistung darf **dem Ersatzzweck nicht zuwiderlaufen,** wie zB bei der *Begehrungsneurose* (§ 11 StVG Rn. 7) oder beim rechtlich missbilligten Gewinn. Wer sich selber schädigt, kann vom etwaigen Veranlasser Ersatz nur fordern, wenn dieser ihn vorwerfbar zu seinem Verhalten „herausgefordert" hat (**E** 109). In der **die herkömmliche Adäquanzlehre differenzierenden Rspr.** des VI. ZS des BGH (**E** 104) wird i Ü mit Recht darauf hingewiesen, dass der Schutzzweck der Haftungsnorm ein Kriterium ist, das sich mit den für die Prüfung eines adäquaten Zusammenhangs zu beachtenden Gesichtspunkten überschneiden kann (BGH NJW **83** 232). Selbst Schäden, die für den „optimalen Beobachter" nicht voraussehbar waren, können vom Schutzzweck der Haftungsnorm erfasst und (obwohl im herkömmlichen Sinn „inadäquat") ersatzpflichtig sein (BGH NJW **82** 573).

108 **Unterlassen** ist adäquate Verursachung, soweit pflichtgemäßes, sachgerechtes Handeln den Schaden bei normalem Verlauf verhindert haben würde (BGHZ **7** 204, Ba VM **75** 6). Unterlassung gebotener FzSicherung (§ 15 StVO) spricht für Unfallursächlichkeit (Dü DAR **77** 186).

109 Wirken **mehrere schädigende Ursachen** hinsichtlich desselben Schadens zusammen, so gilt, ohne Rücksicht auf etwaiges Überwiegen oder (so im Sozialrecht) eine „richtunggebende" Verstärkung, *jede als Ursache* (BGH NJW **02** 504, NZV **05** 461, Dü VersR **92** 1233, Ba NZV **96** 316), zB wenn die Konstitution des Verletzten den Schaden verschlimmert (Bluter), denn der Schädiger kann nicht verlangen, so gestellt zu sein, als habe er einen Gesunden verletzt (§ 11 Rn. 6). Eine anlagebedingte, durch den Unfall ausgelöste Krankheit ist dem Schädiger zuzurechnen (multiple Sklerose; Fra VersR **80** 564, BGHZ **107** 359 = NZV **89** 391 (Schlaganfall eines Hypertonikers) mAnm *Dunz* JR **90** 115, Mü VersR **91** 1391 (Aktivierung einer vorhandenen Zyste)), desgleichen der Ausbruch einer schon vorhandenen (auch seltenen) Krankheit infolge des Unfalls (Fra NJW **84** 1409). Ebenso liegt es beim **Hinzutreten neuer, schadensbeeinflussender Ursachen,** zB eines ärztlichen Kunstfehlers (BGHZ **3** 268, Mü VersR **05** 89, Ce

Einleitung

NZV **05** 313, Ha NZV **95** 446), soweit nicht außergewöhnlicher Art (Ko NJW **08** 3006), beim Aufprallen weiterer Kfz auf ein durch Unfall stillstehendes (BGHZ **43** 178 = NJW **65** 1177, Ha NZV **94** 109) oder bei *eigenverantwortlichem fremdem Eingreifen,* das durch das Erstereignis veranlasst und keine ungewöhnliche Reaktion darstellt (BGHZ **57** 25 = NJW **71** 1980, **82** 572, DAR **88** 159, Kö VM **01** 21, Hb NJW **91** 849), zB bei Rettungsversuchen aus dem brennenden Kfz, bei vorsätzlich schädigendem Verhalten des Schwarzfahrers, dessen Fahrt der Halter (§ 7 III S. 1 StVG) oder Fahrer (§§ 823 II BGB, 14 II S. 2 StVO) pflichtwidrig ermöglicht hat (BGH NJW **71** 459, Jn DAR **04** 144), oder bei selbsttätigem Verhalten eines Tiers (BGH DAR **88** 159). Dem Zerstörer eines Weidezauns ist es zuzurechnen, wenn sich ein Dritter entlaufendes Vieh aneignet (BGH NJW **79** 712, s. auch **E** 110). Der Schädiger haftet auch für einen **Zweitunfall** oder dessen weitere (verstärkende) Schadensfolge, wenn sich der Erstunfall in relevantem Umfang auf den endgültig eingetretenen Schaden ausgewirkt hat (BGH NJW **04** 1945, s. aber **E** 110; zusammenfassend *Filthaut* NZV **17** 265). Der Schädiger haftet deshalb für die Folgen eines Sturzes wegen Glatteises an der Unfallstelle, den der Unfallbeteiligte erlitten hat, weil er wegen eines Auffahrunfalls sein Fz verlassen hat, um sich über die Unfallfolgen zu informieren (BGH NJW **13** 1679) und für den Stromtod des zunächst nur am Kfz Geschädigten, der eine geknickte Laterne wegbiegt (Ha VersR **77** 261). Ein durch Unfall nur leicht verletzter Mitfahrer wartet außerhalb der Fahrbahn und wird schwer verletzt, weil ein anderer FzF wegen der noch ungesicherten Unfallstelle von der Fahrbahn abkommt und ihn erfasst (Sa NZV **99** 510); der Führer eines FzGespanns, der durch verkehrswidriges Verhalten auf der AB Ladung verliert und dadurch ein Hindernis auf beiden Fahrspuren bildet, haftet für dadurch verursachten Auffahrunfall; Zurechnungszusammenhang wird nicht vollständig dadurch unterbrochen, dass der Lkw-Fahrer Absicherungsmaßnahmen trifft (Warnblinkanlage, Warndreieck), und auch nicht dadurch, dass den auf die Ladung auffahrenden Kf Mitverschulden trifft, er ohne FE gefahren ist und auf Warnsignale des Lkw-Fahrers nicht reagiert hat (Ko NZV **06** 198); beim Versuch, den Schädiger festzustellen, wird der Verletzte durch ein anderes Kfz erneut verletzt (BGHZ **58** 162, VersR **77** 430, NJW **79** 544, VRS **56** 260); der Verletzte verunglückt wiederum, weil er den beim Erstunfall verletzten Arm bei Gefahr reflektorisch überbeansprucht (Kar VersR **79** 479); erneuter Bruch einer nach dem ersten Unfall verheilten Fraktur infolge der Vorschädigung (Ha VersR **95** 545); Verstärkung der noch nicht ausgeheilten Verletzungen des Erstunfalls durch den weiteren Unfall (BGH NJW **02** 504). Bei erneuter gleichartiger Verletzung ist entscheidend, ob die erste Verletzung beim Zweitunfall schon ausgeheilt war oder ob noch vorhandene Beschwerden durch den erneuten Unfall verstärkt wurden (BGH NJW **04** 1945, *G. Müller* AG-VerkRecht-F S. 174). Führen mehrere Unfälle unabhängig voneinander zu einem Verletzungsschaden, so gilt bei Zweifeln über den jeweiligen Anteil am Gesamtschaden § 830 I S. 2 BGB (Ce VRS **100** 255 (HWS-Trauma)). Soweit allerdings der Folgeunfall dem Erstschädiger zuzurechnen ist, kommt § 830 I S. 2 BGB nicht in Betracht (BGHZ **72** 355, NJW **79** 544). Sturz nach Radfahren als adäquate Spätfolge des früheren Unfalls (Mü VRS **55** 407). Hat der Schädiger bei dem Geschädigten vorwerfbar eine wenigstens im Ansatz billigenswerte Motivation zu **selbstgefährdendem Verhalten** hervorgerufen, so ist ihm dies zuzurechnen („Herausforderung"; BGHZ **63** 191, BGH VRS **56** 4, NZV **90** 425 mAnm *Lange,* BGH NJW **96** 1533, **12** 1951, VersR **93** 843, **02** 773, Mü DAR **04** 150, Ha VersR **98** 1525, KG NZV **03** 483 (plötzlich auf die Fahrbahn tretender Fußgänger veranlasst Radf zu Notbremsung mit Unfallfolge), Kö VRS **98** 407 (Verlassen des Fz während der Fahrt durch den Beifahrer bei PolFlucht des FzF); AG Kempten DAR **09** 276 (Sturz eines einer Trunkenheitsfahrt verdächtigen Radf auf glatter Str); Ba DAR **07** 82 (Anhalten wegen polizeilich verursachten „künstlichen Staus" bei Verfolgung eines Straftäters), Kö VM **01** 45 (Unfall eines PolB bei Verfolgung eines flüchtenden FzBeif), Sa NJW-RR **92** 47 (Verfolgung eines flüchtigen Kf durch Pol), Dü NZV **95** 280 (Unfall beim Versuch der Rettung eines durch eigenes Verschulden verunglückten Kf), *Strauch* VersR **92** 935, näher *Weber* Steffen-F S. 513 ff., *Medicus* JuS **05** 289, *Gehrlein* VersR **98** 132), Schädigung nach vorheriger Bedrohung und dadurch herausgeforderten Weiterfahrens des bedrohten FzF (LG Kar NZV **16** 579). Anders aber, wenn sich in dem Schadenseintritt nicht eine gesteigerte Gefahrenlage auswirkt hat, für die der das Tätigwerden des Geschädigten Herausfordernde verantwortlich ist (BGH VersR **93** 843, NJW **96** 1533 mAnm *Teichmann* JZ **96** 1181, NJW **12** 1951, Mü DAR **04** 150, Nü NZV **96** 411 mAnm *Kunschert* NZV **96** 485; Sa NJW **12** 324), was wohl der Fall sein soll, wenn der durch einen Linienbus Geschädigte einen Sturz bei dessen Verfolgung erleidet (AG Bre NZV **15** 445; zw.). Zu Schockschäden von nicht unfallbeteiligten Zeugen (PolB) **E** 107. Keine Haftung auch für Schäden, die durch solche Risiken entstanden sind, denen sich der Herausgeforderte (zB der verfolgende PolB) in gänzlich unangemessener Weise ausgesetzt hat (BGH NJW **96** 1533, **12** 1951). Daher keine Haftung für Schäden, die der durch beleidigendes Verhalten eines Überholenden zur Verfolgung herausgeforderte Kf bei einem Dritten verursacht (LG Kö NJW-RR **99** 463). Der Schädiger haftet auch für spätere Straffälligkeit des Geschädigten infolge einer unfallbedingten, durch Anlage mitbedingten Wesensänderung (BGH VRS **57** 170).

Der haftungsrechtliche **Zurechnungszusammenhang entfällt** jedoch, wenn sich das Schadensrisiko des ersten Schadensereignisses in einem weiteren Schadensereignis (zB Zweitunfall)   **110**
nicht mehr verwirklicht, weil es schon vollständig abgeklungen war und daher zwischen beiden Ereignissen **nur ein äußerlicher, zufälliger Zusammenhang** besteht (BGH NJW **03** 1116, **02** 504 mAnm *Müller;* NJW **02** 2842, NZV **04** 243, Mü VersR **05** 89, KG NZV **02** 41), ebenso dann (jedenfalls im Rahmen deliktischer Haftung), wenn der Verursacher des Zweitunfalls ausreichende, auf Grund des Erstunfalls getroffene Sicherungsmaßnahmen nicht beachtet (BGH NIW **04** 1375, VersR **69** 895; NZV **10** 609 (nicht aber bei nach Schleudern auf der Standspur der AB stehendem Fz)), ferner bei außergewöhnlicher, außerhalb der Erfahrung liegender, auf selbstständigem freiem Entschluss beruhender und auch nicht durch den haftungsbegründenden Vorgang herausgeforderter **Einwirkung eines Dritten oder des Verletzten** (RGZ **102** 231, BGHZ **3** 268, BGH NJW **71** 1980, NZV **90** 225, NJW **91** 3275, Kö DAR **01** 168, Sa VersR **88** 853, Dü NZV **95** 20, Fra NJW-RR **91** 919, KG NZV **92** 113), überhaupt immer dann, wenn das schädliche Verhalten bloßer äußerer Anlass für das Verhalten eines Dritten ist (BGH DAR **88** 159, NZV **97** 117, KG NZV **02** 41, Kö DAR **01** 168, Kar NZV **91** 269, Dü NZV **95** 20, *Büchler* MDR **97** 709) oder wenn der Schadenseintritt so stark durch das Verhalten des Geschädigten geprägt ist, dass der mittelbar geleistete Verursachungsbeitrag des Schädigers dahinter vollständig zurücktritt (Ha NZV **04** 403). Der Zurechnungszusammenhang kann aber auch dann entfallen, wenn eigenständiges (selbst unvorsätzliches) Verhalten eines Dritten das durch den Erstunfall entstandene Risiko als für den Zweitunfall gänzlich unbedeutend erscheinen lässt (BGH NZV **04** 243). **Beispiele fehlenden Zurechnungszusammenhangs:** Der nach dem Unfall bestellte Ersatzfahrer verunglückt später seinerseits; verbotenes Linksfahren veranlasst einen andern zu schädigendem Denkzettelfahren (Kö NJW **66** 111); der mit der Rückgabe des reparierten Fz an den Geschädigten vom Schädiger beauftragte Dritte beschädigt das Fz erneut auf unbefugter Spritztour (Dü NZV **95** 20); nach ordnungsmäßiger, ausreichender Sicherung der Unfallstelle fährt ein Kf in ein wegen des Unfalls mit Warnblinklicht wartendes Fz (BGH NZV **04** 243 (er wäre ebenso in einen FzStau gefahren)); eine Beschädigung des nach einem VUnfall an der Unfallstelle landenden Rettungshubschraubers durch andere mit dem Hubschrauber kollidierende VT ist dem Verursacher des Erstunfalls nicht zuzurechnen (Kö NZV **07** 317), gleichfalls nicht die Beschädigung eines auf der Gegenspur fahrenden Kfz durch Gegenstände, die durch den landenden Rettungshubschrauber aufgewirbelt werden (Mü r+s **13** 568); anders kann der Zurechnungszusammenhang bei noch nicht ausreichender Sicherung zu beurteilen sein (Ko NJW-RR **05** 970, Mü r+s **13** 568); auf das infolge Glätte auf den Standstreifen geratene Fz fährt ein ebenfalls wegen der Glätte schleuderndes anderes Fz auf (Bra ZfS **94** 197); wegen eines an der Unfallstelle anhaltenden Fz weicht der Nachfolgende aus und verunglückt dabei (keine Haftung des Verursachers des ersten Unfalls für den Zweitunfall; Kar NZV **91** 269); Hund entläuft nach der Befreiung aus dem UnfallKfz und wird 2 Stunden später orientierungslos herumlaufend angefahren (LG Hb NZV **18** 191 (*Bachmor*)); Mitteilung einer Beschädigung des eigenen Fz mit Unfallflucht führt zu ruckhaftem Umdrehen und Bandscheibenvorfällen (Stu NZV **13** 349); Diebstahl aus dem nach einem Unfall zurückgelassenen Fz, wenn zwischen dem Unfall und dem Diebstahl nur ein rein äußerlicher, zufälliger Zusammenhang besteht, insbesondere, wenn der Zugriff nicht durch Unfallschäden am Fz erleichtert wurde (KG NZV **02** 41, Mü VRS **59** 87); bei der unfallbedingten Anmietung eines MietFz schließt der Geschädigte auf Grund Fehlinformation durch den Vermieter eine zu geringe Unfallversicherung ab, die den Sachschaden aus Zweitunfall nicht abdeckt (Fra NZV **95** 354); der Geschädigte verdient nach unfallbedingtem Berufswechsel zunächst mehr als vor dem Unfall, gibt diese Stelle aber *ohne unfallbedingten Grund* auf eigenes Risiko mit der Folge einer Einkommenseinbuße auf (BGH NJW **91** 3275; NZV **91** 265; DAR **18** 76), anders demnach bei Aufgabe des Arbeitsplatzes wegen unfallbedingter Beschwerden (BGH aaO; Fra ZfS **02** 20; s. auch Mü VRS **87** 85, näher § 11 StVG Rn. 11). Die früher übliche Kennzeichnung solcher Fälle durch den Begriff der „Unterbrechung des Kausalzusammenhangs" ist nicht mehr gebräuchlich, weil es dabei nicht um Ursächlichkeit geht, sondern eben um haftungsrechtliche Zurechnung (BGH NJW **82** 573, Ha NZV **04** 403, Kö VM **01** 21). Mangels Zurechnungszusammenhangs keine deliktische Haftung des Unfallverursachers für Verletzungen eines Hilfe leistenden Dritten, es sei denn, die Hilfeleis-

Einleitung

tung war mit einem erhöhten Risiko verbunden (Kö NJW-RR **90** 669, s. BGH VersR **93** 843). Zu Schockschäden von nicht unfallbeteiligten Zeugen (PolB) **E** 107.

111 Im Einzelnen str. ist, inwieweit es zu berücksichtigen ist, wenn dieselbe Folge später aufgrund anderer Ursachen gewiss eingetreten wäre (**„überholende Kausalität"**, in Wirklichkeit ein Schadensbemessungsproblem, *Frank/Löffler* JuS **85** 689). Bereits vorhanden gewesene Schadensanlage, die mit Gewissheit nicht latent verharrt hätte, kann die Ersatzpflicht einschränken (BGHZ **20** 280, NJW **16** 3785; Ha DAR **00** 263) oder ausschließen (Ha MDR **02** 334). Wird der Schadenseintritt nur beschleunigt, so ist die Ersatzpflicht nach Fra NJW **84** 1409 (um 1 Jahr früherer Ausbruch der Krankheitssymptomatik) auf die sich aus dem früheren Eintritt ergebenden Nachteile beschränkt (mit Recht abl *Greger/Zwickel* § 3 Rn. 213).

112   **XVI. Rechtswidrigkeit und Rechtfertigungsgründe.** Rechtswidrig ist formell der Verstoß gegen rechtliche Handlungs- oder Unterlassungspflichten, der Sache nach sozialschädliches Verhalten durch Beeinträchtigung geschützter Rechtsgüter. Die Rechtswidrigkeit ist allgemeines Verbrechensmerkmal (BGHSt **2** 195): Rechtswidrig ist ein Verhalten, das einen gesetzlichen Tatbestand erfüllt, sofern Rechtfertigungsgründe fehlen. Tatbestandsmäßigkeit indiziert daher idR Rechtswidrigkeit (BGHZ **24** 24). Die Rechtswidrigkeit einer Schädigung eines VT entfällt nicht allein dadurch, dass dieser sich verkehrswidrig verhält (BGH NJW-RR **87** 1430 (verbotene Gehwegbenutzung mit Fahrrad)). Sie entfällt jedoch, wenn die im Tatbestand (**E** 77ff.) beschriebene Unrechtstypisierung aus besonderen Gründen nicht zutrifft. Ein geschlossener Katalog von Rechtfertigungsgründen besteht nicht (BGHZ **24** 25, **27** 290, BGHSt **13** 197, **20** 342).

113   **Notwehr** (§ 32 StGB, § 15 OWiG, § 227 BGB) ist die zur Verteidigung (Abwehrwille) gegen einen gegenwärtigen, unprovozierten (str), rechtswidrigen, auch schuldlosen Angriff individuell erforderliche Abwehr des Angreifers (BGHSt **5** 245). Sie gewährleistet Selbstschutz und Rechtsbewährung. Verhältnismäßigkeit zwischen Angriff und Abwehr muss nur insoweit bestehen, als rechtsmissbräuchliche Verteidigung unterbleiben muss (BGHSt **3** 217, BGH NZV **08** 85). Keine Rechtfertigung durch Notwehr bei Exzess (BGH VRS **56** 190, Bay NJW **95** 2646). Notwehr ist erlaubt, nicht Pflicht, aber rechtmäßig, also nicht ow, gegen sie gibt es, außer bei Verteidigungsexzess, keine Gegennotwehr. Nothilfe ist im Rahmen des Abwehrwillens des Angegriffenen erlaubt (BGHSt **5** 248), nicht jedoch zugunsten der öffentlichen Ordnung (BGH NJW **75** 1161), zB obliegt der Schutz der StVO allein dem Staat (Dü VM **79** 63). Daher kein, uU sogar nötigendes, Belehren anderer wegen angeblicher oder wirklicher Fehler im Verkehr und insoweit auch kein privates Festnahmerecht (§ 127 StPO; hierzu § 24 StVG Rn. 74; Ce VRS **25** 440, Ko OLGR **06** 759 (dazu § 21 StVO Rn. 15)). *Zur Beweislast* bei Körperverletzungen, von denen einige durch Notwehr gerechtfertigt sind, andere nicht: BGH NZV **08** 85.

114   **Bei belästigendem, behinderndem oder gefährdendem VVerhalten** ist zu unterscheiden: Bloß fahrlässige, rasch vorübergehende Belästigungen oder Behinderungen sind als Nichtangriffe nicht notwehrfähig (Dü NJW **61** 1783), weil mehr oder weniger unvermeidbar. Anders bei andauernden Behinderungen, Gefährdungen oder Straftaten: Der vom Überholten andauernd vorsätzlich Geblendete, der nicht durch angepasstes Fahren ausweichen kann, darf den Täter stellen (*Baumann* NJW **61** 1745). Der rechtswidrig nach vorausgegangener Verfolgung durch einen KfzF an der Weiterfahrt gehinderte VT darf gegen das ihn blockierende Fz fahren, auch wenn der Angreifer dadurch verletzt werden kann (Kar NJW **86** 1358). Gegen Blockieren der Weiterfahrt mittels fremden Fz, um zur Rede gestellt zu werden, darf sich der VT zur Wehr setzen (Bay NZV **93** 37; iErg zw, weil der Bedrohung mit Gaspistole nicht einmal die Aufforderung zur Wegfreigabe vorausging, abl daher *Händel* PVT **93** 17, *E. Jung* DAR **93** 280, krit *H. Jung* JuS **93** 427, zust *Dölling* JR **94** 113). Dagegen ist Öffnen der FzTür eines verkehrsbedingt wartenden Kf, um ihn zur Rede zu stellen, kein notwehrfähiger Angriff (Dü NJW **94** 1232). Den FzDieb darf man verfolgen und mit Gewalt stellen. Zur Notwehr in „Parklückenfällen" § 240 StGB Rn. 27–31. Der Berechtigte darf die verweigerte Vorfahrt nicht erzwingen; der Fußgänger darf behinderndes Gehwegparken nicht durch Zerkratzen des Fz „ahnden", sondern muss ausweichen.

115   Die **Sachwehr** (§ 228 BGB) rechtfertigt die Beschädigung oder Zerstörung von Sachen, von denen zumindest mittelbar (str) Gefahr droht, wenn die Gefahr nicht anders abgewehrt werden kann und der Abwehrschaden „nicht außer Verhältnis" zur Gefahr steht (objektiver Wertvergleich), bei Ersatzpflicht im Fall der durch den Handelnden verschuldeten Gefahr. So darf die Polizei bei Wasser- oder Brandkatastrophen die auf Durchfahrts- oder Rettungswegen behindernd geparkten Autos Schaulustiger entfernen, sofern es nicht anders geht, weil sie die Hilfe verzögern und die Gefahr dadurch vergrößern.

Der **Angriffsnotstand** (§ 904 BGB) erlaubt die erforderliche Einwirkung auf fremde Sachen **116** zur Abwehr gegenwärtiger, nicht von der Sache ausgehender Gefahr, falls der Schaden im Verhältnis zum Einwirkungsschaden „unverhältnismäßig groß" wäre. Der Eigentümer oder Besitzdiener muss hierzu notwendige Eingriffe dulden (gegen Ersatzanspruch, außer er hat die Notstandsmaßnahme verschuldet; BGHZ 6 102). Beispiel: bei einem Brand müssen schon vorher dort Parkende unvermeidliche Nebeneinwirkungen von Löschmaßnahmen auf ihre Fz hinnehmen, falls diese nicht entfernt werden können. Eine Sandladung darf im zwingenden Notfall gegen Glätte oder zur Brandlöschung auf der AB verwendet werden. Keine Haftung nach § 904 S. 2 BGB, wenn ein Kf infolge höherer Gewalt (§ 7 II StVG) zur eigenen Rettung oder zur Abwendung der einem anderen drohenden Gefahr in einer Weise reagieren muss, die zu Sachschaden eines Unbeteiligten führt, wenn die Einwirkung auf das fremde Eigentum nicht bewusst erfolgte (s. die zu § 7 II StVG aF („unabwendbares Ereignis") ergangene Rspr: BGH NJW **85** 490 mAnm *Dunz* VersR **85** 335, *Schlund* JR **85** 285, *Kremer* VersR **85** 1024, *Weber* DAR **85** 168, *Konzen* JZ **85** 181, LG Erfurt VersR **02** 554, LG Aachen NJW-RR **90** 1122, aM *Braun* NJW **98** 943).

Im **rechtfertigenden Notstand** handelt, wer Gefahr für Leben, Leib, Freiheit, Ehre, Eigen- **117** tum oder ein anderes Rechtsgut von sich oder einem andern (Nothilfe) durch angemessene Mittel abwendet, sofern das geschützte Interesse wesentlich überwiegt (§ 34 StGB, § 16 OWiG). Voraussetzung ist gegenwärtige, auch nach den Umständen andauernde (BGH NJW **79** 2053), nicht anders abwendbare Rechtsgutgefährdung, Handeln zwecks Gefahrabwehr (Rettungswille) und die Anwendung des nach vernünftiger ad hoc-Beurteilung schonendsten, aber wirksamsten Mittels (Ko VRS **48** 74, Nau DAR **00** 131). § 16 OWiG rechtfertigt regelmäßig ein verkehrswidriges Verhalten nicht, wenn es mit großer Wahrscheinlichkeit zur Gefährdung oder Verletzung von Personen führt (Kö ZfS **88** 189, Bay NZV **91** 81, NJW **00** 888, Dü VRS **88** 454), wobei die Feststellung konkreter Gefahr nicht erforderlich ist (Bay NJW **00** 888). Rechtfertigung von Geschwindigkeitsüberschreitungen: § 3 StVO Rn. 56. Rechtfertigender Notstand eines verkehrsbehindernd parkenden Schulbusf: Kö VRS **64** 298. Irrtum über Notstand: E 155–157. Irrtum über tatsächliche Umstände von Rechtfertigungsgründen schließt Vorsatz, jedoch nicht Fahrlässigkeit aus (Ha VRS **43** 289, DAR **96** 416, Ko VRS **73** 287). **Fahrlässig** herbeigeführter Notstand rechtfertigt zwar, soll aber nach Bay JR **79** 124, Ha VM **70** 86 uU Verurteilung wegen des Verhaltens erlauben, das der Notstandshandlung vorausgegangen ist und sie notwendig gemacht hat (Befahren unbefestigten Wegs mit zu schwerem Lkw, Zuschnellfahren bei Glätte), was vor allem dann problematisch ist, wenn das vorausgegangene Handeln keinen Bußgeldtatbestand erfüllt (Göhler/*Gürtler* § 16 Rn. 10).

Im dringenden Notfall (Unfall, akute schwere Erkrankung) darf ein **Arzt oder Heilkundi- 118 ger** mit aller gebotenen Vorsicht schneller als erlaubt fahren (Schl VRS **30** 462, Dü VRS **30** 445, Ha VRS **44** 306), bei Rot durchfahren, wenn das niemand gefährden kann (Ha NJW **77** 1892), ebenso ein Krankenwagen- oder Taxifahrer (Dü NZV **96** 122, Ha NZV **96** 205) oder auf einer EinbahnStr in Gegenrichtung, jedoch nicht unter Gefährdung oder gar Schädigung anderer (Kar VRS **46** 275). Maßgebend ist das Bild, das sich der Arzt nach erster Information über die Gefahr und dann von den VVerhältnissen macht, nicht nachträgliche Beurteilung (*Kohlhaas* DAR **68** 232, *Schrader* DAR **95** 84). Bloße ärztliche Praxisfahrt rechtfertigt auch bei Überlastung keinen VVerstoß (einschr *Schrader* aaO). Kein gerechtfertigtes Zuschnellfahren, um Hilfe zu leisten, auf Grund nur vager Vorstellungen ohne jede Abwägungsmöglichkeit (Ha VRS **50** 464). Nur ganz geringer Zeitgewinn (1 Min) rechtfertigt nach KG VRS **53** 60 auch bei schwerem Herzanfall überschnelles Fahren auf belebter StadtAB nicht; das Urteil lässt freilich offen, welche Grenze es bei dichtem V ziehen will (*Schrader* DAR **95** 84). Weitere Rspr. zur Frage der Rechtfertigung einer Überschreitung der zulässigen Höchstgeschwindigkeit durch Notstand § 3 StVO Rn. 56. Ein weder zu Gefährdung noch zu Behinderung führender Parkverstoß, um ein Kleinkind austreten zu lassen, kann uU gerechtfertigt sein (Kö VM **88** 55). **Bei Pannen,** die die VSicherheit nicht unmittelbar gefährden, ist ein Notrecht zur Fahrt zur nächsten Werkstatt anerkannt (§ 23 StVO), uU auch ein solches zur Benutzung des ABSeitenstreifens. Wenden und Zurückfahren auf einer KraftfahrStr zwecks Bergung verlorener Brieftasche kann uU durch Notstand gerechtfertigt sein (Dü NZV **92** 82 (iErg verneint), *Booß* VM **91** 85; s. auch E 119 sowie § 18 StVO Rn. 29). Bedenklich aufweichend Fra VM **78** 45, das bei AB-Baustellenfahrt mit vorgeschriebenen „60" bedrängendes Aufrücken des Hintermanns bereits als notstandsbegründend gelten lässt; träfe dies zu, wären die notwendigen Geschwindigkeitsbeschränkungen auf Baustellen illusorisch. Einem stark Angetrunkenen darf der Zündschlüssel weggenommen werden, um ihn am Fahren zu hindern (**E** 90).

Einleitung

119   Die **rechtfertigende Pflichtenkollision** ist dem rechtfertigenden Notstand verwandt, wobei die Abgrenzung schwierig und die Einstufung als Rechtfertigungs- oder Entschuldigungsgrund str ist. Rechtfertigende Pflichtenkollision liegt vor, wenn der Träger widerstreitender Pflichten die vorrangige auf Kosten einer anderen, straf- oder bußgeldbewehrten erfüllt, deren Verletzung er dann nicht vermeiden kann: bei Unfall mit Personenschaden geht Hilfe der Warn- (Sa VM **74** 70) oder Wartepflicht vor; der Hilfspflichtige übersieht über der Versorgung Verletzter die Gefahr weiterer Unfälle (Stu DAR **58** 222); bei Verlust von Ladegut auf der AB kann Wenden unter größter Vorsicht gerechtfertigt sein, auch Zurückstoßen (Kö DAR **56** 131); ebenso Wenden durch einen Falschfahrer („Geisterfahrer"; Kar VRS **65** 470 (das § 16 OWiG anwendet)), wobei die vorausgegangene rechtswidrige Herbeiführung der Notstandslage nicht schädlich ist (*Hruschka* JZ **84** 241); Zurückhinausrollen, wenn das PannenFz so am besten von der ABFahrbahn entfernt werden kann (Bay 2 St 645/71 OWi). Zum Ganzen auch *Ebner* SVR **06** 201.

120   **Sozialadäquates Verhalten** (E 81) im gesetzlichen Rahmen wird teils als rechtfertigend, teils als schon die Tatbestandsmäßigkeit ausschließend behandelt. Die Einzelheiten sind str (*S/S/ Lenckner/Eisele* vor §§ 13 ff. Rn. 69). Sozial übliches, allgemein gebilligtes Verhalten macht strafrechtlich nicht zum Garanten, weder unter Zechgenossen (BGHSt **25** 218) noch im StrV bei Beachtung aller Vorschriften (BGHSt **25** 218 (Hilfspflicht nach § 323c StGB besteht fort)). Der Gastwirt schenkt Alkohol berufsmäßig aus, der private Gastgeber im gesellschaftlichen Rahmen; beide haften deshalb nur bei Hilflosigkeit des Gastes, nicht schon bei bloßer Angetrunkenheit (§§ 222, 229 StGB Rn. 3a). Str, ob vorschriftsmäßiges, aber schädigendes Verhalten rechtswidrig ist (Handlungsunrecht oder Erfolgsunrecht; Palandt/*Sprau* § 823 Rn. 24, 36), ob zB gegen an sich verkehrsrichtiges, objektiv sorgfältiges, aber gefährdendes Verhalten Notwehr zulässig ist (abl Schönke/Schröder/*Perron* § 32 Rn. 21, bejahend *Bockelmann/Volk,* AT S. 90, s. auch Palandt/ *Sprau* § 823 Rn. 24: Versagung der Notwehr unbefriedigend). Wer als Kf eine Person anspricht, um eine Auskunft zu erbitten, handelt sozialadäquat und haftet nicht für Schäden des Angesprochenen, der daraufhin unachtsam auf die Fahrbahn tritt (Dü VersR **90** 1403).

121   Ein **erlaubtes Risiko** geht ein, wer ein gefährdetes Rechtsgut retten will oder muss, aber mit einem möglicherweise weniger geeigneten Mittel, das den Rettungszweck unvorhersehbar verfehlt oder das Rechtsgut sogar weiter schädigt, zB der Helfer nach Unfall (§ 323c StGB) bettet in bester Absicht den Verunglückten unrichtig. VTeilnahme ist bei verkehrsrichtigem Verhalten wegen der dem Kraftverkehr innewohnenden Allgemeingefahr ein solches erlaubtes Risiko (BGHZ **24** 28, Schl 2 Ss 610/83 (Halten mit ordnungsgemäßer Beleuchtung im Nebel), *Küper Lackner*-FS 261, 272 f.; s. aber **E** 120, *Kindhäuser* GA **94** 197 (nicht das Erfolgsunrecht, aber den Fahrlässigkeitsvorwurf ausschließend)). Zum erlaubten Risiko beim automatisierten Fahren § 16 Rn. 15. Ein rechtfertigendes erlaubtes Risiko geht auch ein, wer in objektiver Notwehrlage bei einem Ausweichversuch fahrlässig ein Rechtsgut des Angreifers verletzt (Kar NJW **86** 1358 (Rammen eines die Weiterfahrt sperrenden Fz)).

122   Den Gesichtspunkt des **verkehrsrichtigen Verhaltens** (Ha VRS **47** 390, VersR **00** 507) wird man jedoch auch als selbstständigen Erlaubnistatbestand anerkennen müssen. Das Prinzip folgt schon aus den in § 1 StVO normierten Grundregeln (dort Rn. 9). Es schließt Verschuldenshaftung sowohl des Fahrers als auch des FzHalters aus (Ha VersR **00** 507). Auch formal regelwidriges Verhalten kann in diesem Sinne verkehrsrichtig sein; es muss überall dort erlaubt sein, wo vorrangige Regeln, zB die §§ 11, 36, 37 StVO dies fordern (rechtfertigende Pflichtenkollision, sozialadäquates Verhalten, **E** 119, 120). LichtZ, Zeichen und Weisungen der VPol sind ausnahmslos sinnvoll angepasst so zu befolgen, dass niemand beeinträchtigt wird. Die allgemeine Sorgfaltsregel geht den starren VRegeln, allen automatisierten Zeichen und den Weisungen vor: Durchfahren bei Ampelversagen (bei Grün und trotz Rot) nur mit äußerster Vorsicht und nach Verständigung. Zwar kann vorschriftsmäßiges Verhalten auch in Fällen, in denen unter dem Gesichtspunkt verkehrsrichtigen Verhaltens ein Abweichen gerechtfertigt wäre, regelmäßig nicht als Verstoß geahndet werden (Bay VRS **64** 57). Droht aber bei wörtlicher Regelbefolgung Gefahr, so besteht die Rechtspflicht zu rettender Abweichung, sofern sie sich verständigerweise aufdrängt und zumutbar ist (s. auch § 1 Rn. 9). Nicht „blindes" Rechtsfahren ist geboten, sondern angepasstes Fahren möglichst weit rechts unter Beachtung der Örtlichkeit, Fahrbahnbreite und -beschaffenheit, der FzArt, Ladung, des GegenV, parkender Fz, erlaubter Fahrgeschwindigkeit und der Sicht (Dü VRS **48** 134, Bay NZV **90** 122).

123   **§ 11 StVO über den Vortrittverzicht bei besonderen Verkehrslagen** prägt den allgemeinen Grundsatz des verkehrsrichtigen Verhaltens näher aus: Massenverkehr kann nur fließen, wenn sich jeder flexibel auf ihn einstellt (Begr, § 11 StVO Rn. 1). Bei einer Stockung darf der an sich Berechtigte nicht in die Kreuzung (Einmündung) einfahren, wenn er dort blockierend warten müsste. Auch wer sonst Vortritt hätte, muss bei untypischer Lage darauf verzichten (ständige Vorsicht und gegenseitige Rücksicht, § 1 StVO). Bei Stauung mit einer an einer rechten Einmündung freigelassenen Lücke darf ein Rechtsabbieger uU die Schlange überholen und unter besonderer Sorgfalt durch die Lücke nach rechts abbiegen (Dü VRS **52** 210). Weitere Beispiele: § 11 StVO Rn. 6.

Verkehrsregeln, mit Ausnahme der Grundregel stetiger Vorsicht und gegenseitiger Rücksicht, sind keine sozialethischen Gebote, sondern auswechselbare Typisierungen gebotenen Verhaltens unter typischen Umständen. Normgebot und Sachlage fallen umso häufiger auseinander, je mehr die Umstände wechseln und je mehr starre Automatisierungen sich häufen. VRegeln, VZ und LichtZ sollen den Verkehr lenken und sichern, ohne ihn mehr als sicherheitsbedingt zu behindern. Deshalb kann in seltenen Fällen angepasste, umsichtig-vorsichtige **Regelabweichung** erlaubt sein (str). **Beispiele:** kilometerlang gebotene übermäßige Geschwindigkeitsbeschränkung auf geräumter, leerer Baustelle bei verkehrssicherer Fahrbahn; Stehenlassen lediglich arbeitsbedingter VZ an Feiertagen ohne sachlichen Grund; Notwendigkeit angepasster Selbsthilfe bei unklaren oder unrichtig aufgestellten VZ, bei Ampelstörung, bei unrichtig oder gefährdend gezogenen Leitlinien. Dagegen ist Kurvenschneiden (BGH NJW **70** 2033) und Unterlassen der nach StVO gebotenen Fahrtrichtungsanzeige (Ce VRS **52** 219) auch bei vom FzF angenommener Verkehrsstille abzulehnen. Die Verbindlichkeit von Geboten allgemein von der *Zumutbarkeit* ihrer Beachtung im Einzelfall abhängig zu machen, wäre zu weitgehend und würde die Verkehrssicherheit gefährden (Kö VRS **69** 307). | **124**

Ältere Literatur: *Fritz,* Rechtsnatur der VZ, Dissertation, Kiel 1966 S. 167. *Jagusch,* Flexibilität und Starrheit in der neuen StVO …, NJW **71** 1. *Derselbe,* Bemerkungen zum Kurvenschneiden, DAR **61** 234. *Neuhaus,* Präambel oder Ampel? JZ **69** 209. *Strauß,* VBehinderung durch Ampeln, DAR **72** 175.

Einwilligung, auch mutmaßliche (**E** 126), stellt nach hM einen Rechtfertigungsgrund dar. | **125** Im Strafrecht ist der Frage der Einwilligung bei den (fahrlässigen) Erfolgsdelikten (§§ 222, 229 StGB) nach neuerer Rspr. die Prüfung vorgelagert, ob ein Fall der *eigenverantwortlichen Selbstgefährdung* vorliegt, die schon den Tatbestand ausschließt (§§ 222, 229 Rn. 22 f.). Die Frage der Einwilligung wird hingegen nach der Rspr. relevant in Fällen der *einverständlichen Fremdgefährdung,* bei der sich das Opfer den Wirkungen des gefährlichen Handelns eines anderen aussetzt und dieser die Tatherrschaft innehat (§§ 222, 229 StGB Rn. 24 f.). Zu den Voraussetzungen der *Wirksamkeit der Einwilligung:* §§ 222, 229 StGB Rn. 25. Nach hM keine wirksame Einwilligung beim Universalrechtsgut der Sicherheit des StrV (§ 1 StVO Rn. 32a; § 315c StGB Rn. 52). Zur zivilrechtlichen Beurteilung bei Mitfahrt mit Angetrunkenem § 16 StVG Rn. 11.

Mutmaßliche Einwilligung liegt vor, wenn die Einwilligung nicht einholbar, bei objektiver, | **126** verständiger Beurteilung aber gewiss zu unterstellen war (BGHSt **16** 312), zB bei KfzBenutzung im Rahmen schon früher gegebenen und auch jetzt zweifelsfrei zu vermutenden Einverständnisses des Halters oder bei der Geschäftsführung ohne Auftrag (§§ 677 ff. BGB), also bei Handlungen, die das fremde Interesse in subjektiv fremder Geschäftsführungsabsicht objektiv wahren (BGHZ **40** 30).

Sonderrechte: E 52. | **127**

Ein **Befehl** rechtfertigt verkehrsangepasstes Verhalten, wenn er rechtmäßig ist oder wenn der | **127a** Vorgesetzte die tatsächlichen Voraussetzungen der Rechtmäßigkeit bei pflichtgemäßer Prüfung irrig angenommen und der Ausführende den Irrtum nicht gekannt hat (§ 11 II SG; s. auch Göhler/*Gürtler* vor § 1 Rn. 24).

Die **Erlaubnis** der befugten, zuständigen Behörde rechtfertigt Abweichen von VRegeln nach | **128** Maßgabe der §§ 46, 47 StVO oder von Bauvorschriften (§§ 70, 71 StVZO), im Umfang der Erlaubnis bei Beachtung etwaiger Auflagen (sonst ungerechtfertigt).

XVII. Verantwortlichkeit. Die Haftung aus unerlaubter Handlung (§§ 823, 826 BGB) und | **129** das Strafrecht setzen Schuld voraus (BVerfGE **20** 331, BGHSt **2** 194), das OWRecht Vorwerfbarkeit, wobei durch diesen Begriff zum Ausdruck gebracht werden soll, dass kein sozialethischer Schuldvorwurf (**E** 69) gemacht wird. S. auch *Böcher* NZV **89** 209.

Mehr als die volle individuelle Sinnesleistung kann im V nicht verlangt werden: kein | **130** Vorwurf des Nichteinordnens, wenn erst eine Messung zeigen könnte, ob dafür überhaupt Platz war (Ha DAR **60** 241). Mehr als drei VZ zugleich lassen sich kaum richtig erfassen (*Undeutsch* DAR **66** 324). Ein Lokalexperiment mit bekannten Tatsachen erlaubt kaum den Schluss, ein Kf, der diese Tatsachen nicht kannte, habe den Verlauf seinerzeit erkennen müssen (*Hartmann* DAR **76** 328). Beim Bemühen um richtiges Fahren sind entschuldbare Fahrfehler (ungenaues

Einleitung

Schätzen, Fehlreaktion, **E** 83 ff.) zugunsten zu werten (Bay VM **67** 17). Plötzliche Leistungsabbrüche: **E** 132. Schreckreaktion: § 1 StVO Rn. 29, 30. Reflexbewegungen: **E** 131. Fahrtauglichkeitsmängel: §§ 23 StVO, 2, 11 ff. FeV, 2, 3 StVG, **E** 132, 141, 141a.

131   **Reflexbewegungen,** auch komplexer Art (*Graßberger* Psychologie des Strafverfahrens 92; *Schewe,* Reflexbewegung, Handlung, Vorsatz, 1972), sind mangels willentlicher Steuerung keine Handlungen (**E** 86) und deshalb nicht vorwerfbar (BGH VersR **71** 909, Zw VersR **00** 884, Kar VRS **50** 196, KG VM **76** 51). ZB wird der Kf einem links seitlich plötzlich auftauchenden Hindernis automatisch ohne mögliche willentliche Steuerung nach rechts hin ausweichen (Ha VRS **67** 190, Fra VM **76** 59) und umgekehrt (Zw VersR **00** 884, Nau DAR **03** 175, Ha NZV **95** 357, **96** 410, **99** 469, Br VersR **99** 1035). Vorwerfbarkeit bei vorausgegangener Unaufmerksamkeit: **E** 86. Dagegen sind die eingeübten Automatismen im Auffassungs-, Bedienungs- und Fahrverhalten (erlernte Reaktionen) die raschesten willentlichen, bewusst gesteuerten Handlungen (**E** 84, 85).

132   **Plötzliche Leistungsabbrüche,** soweit weder nach ärztlicher Belehrung noch sonst voraussehbar (Pflicht zur Selbstbeobachtung, BGH VRS **46** 401, NJW **88** 909), sind nicht vorwerfbar. „Hustenschlag" als Entschuldigung (AG Bra DAR **73** 191; s. *Deutsch* JZ **68** 104, *Horvath* ZVS **70** 85, *Harms* ZVS **86** 36).

133   **Vorsatz** ist wissentliches und willentliches Verhalten (BGHSt **19** 80, **10** 74), ohne Rücksicht auf Motiv, Absicht und genauen Verlauf. Die Vorschriften seines Berufskreises muss jeder kennen; vorsätzlich handelt, wer sie trotz Kenntnis verletzt (Ce VM **76** 40). Beim **bedingten Vorsatz** hält der Täter die Tatbestandserfüllung nur für möglich und nimmt sie billigend in Kauf (BGHSt **10** 74, BGHZ **7** 313, Ha NZV **01** 224), zumindest in der Form der Gleichgültigkeit. Dies soll nach Ce NZV **01** 354 schon dann gegeben sein, wenn ein Rotlichtverstoß auf Ablenkung durch Telefonieren ohne Freisprechanlage beruht (zu Recht krit *Wrage* NZV **02** 156).

134   **Gesamtvorsatz** scheidet im bewegten wie ruhenden V meist aus. Er müsste schon vor Beendigung des ersten Teilakts sämtliche weiteren hinsichtlich des Rechtsguts, seines Trägers und nach Ort, Zeit und ungefährer Ausführungsart umfassen (BGH GA **74** 307, Dü VRS **74** 180, **85** 474), was nicht der Lebenserfahrung entspricht (Bay VkBl. **68** 671, Ha NJW **72** 1060). Dieselbe Fahrt vereinigt deshalb idR nicht mehrere aufeinander folgende Verstöße, auch gleichartige nicht (Bay VM **76** 26, Dü VRS **94** 465, zur TE, Ha VRS **46** 338, 370, **47** 193, *Mürbe* AnwBl **89** 641). Dies hat nach der **faktischen Aufgabe der fortgesetzten Handlung** durch BGHSt **40** 138 = NJW **94** 1663 (Göhler / *Gürtler* vor § 19 Rn. 11 ff.) umso mehr zu gelten, wonach bei Serientaten weder Praktikabilitätsgründe noch Prozessökonomie oder das Argument einer „natürlichen", lebensnahen Betrachtung noch die Verbindung mehrerer Tatbestandsverwirklichungen durch den verfolgten Endzweck oder den übereinstimmenden Beweggrund zur Annahme einer fortgesetzten Handlung ausreichen, ebenso wenig ein Zusammenhang durch Ausnutzung gleich bleibender Rahmenbedingungen. Ahndung wegen fortgesetzter Tat setzt vielmehr voraus, dass dies zur sachgerechten Erfassung des durch die mehreren Tatbestandsverwirklichungen begangenen Unrechts und der Schuld *unumgänglich* ist (BGH NJW **94** 2368). Bei den StrVDelikten (einschließlich den VOW, s. aber *Geppert* NStZ **96** 119) wird es daran in aller Regel fehlen (*Tölksdorf* DAR **95** 183). Die Entwicklung nach dem Beschluss des Großen Senats zeigt, dass die Rechtsfigur der fortgesetzten Handlung faktisch nicht mehr existiert (Göhler / *Gürtler* vor § 19 Rn. 12, *Hamm* NJW **94** 1637, AG Sigmaringen DAR **95** 33). Jedoch kommt bei nur kurz unterbrochenen Geschwindigkeitsüberschreitungen uU DauerOW in Betracht (§ 3 StVO Rn. 56a, s. auch § 24 StVG Rn. 58), in Ausnahmefällen natürliche Handlungseinheit (§ 24 StVG Rn. 58).

135   Bei der **Fahrlässigkeit** (Strafrecht: **E** 138, Zivilrecht: **E** 139) kann der Täter die Erfüllung des Tatbestands, namentlich den Erfolg voraussehen und vermeiden (Ba VersR **92** 1531). Er lässt aber die nach den Umständen und eigenen Fähigkeiten mögliche Sorgfalt außer Acht (unbewusste Fahrlässigkeit; BGHSt **10** 369, Dü VM **93** 23) und bewirkt hierdurch eine (im Schutzbereich der Norm liegende, **E** 100) Rechtsgutsgefährdung oder –verletzung, oder er hält die Tatbestandsverwirklichung zwar für möglich, kennt also sein pflichtwidriges Verhalten, ist mit ihr aber nicht einverstanden und vertraut leichtfertig, nicht nur vage auf deren Nichteintritt (bewusste Fahrlässigkeit; BGHSt **7** 369, VRS **55** 126, KG DAR **06** 158, zumindest missverständlich Ha NZV **01** 224, hierzu Göhler / *Gürtler* § 10 Rn. 5). Maßgebend für Tatsachenkenntnis und Haltung des Täters ist der Zeitpunkt des pflichtwidrigen Verhaltens (BGHSt **5** 368), nicht späteres Wissen; auch braucht er nur das mögliche Endergebnis vorauszusehen, nicht den genauen Verlauf (Ce VM **57** 71, Ha VRS **51** 101, Stu VRS **69** 441). Vorsatz und Leichtfertigkeit schließen einander aus (BGH DAR **76** 87). Fahrlässigkeit ist nicht minderer Vorsatz, beide Formen unterscheiden sich psychologisch (BGHSt **4** 341, 343). Unbeweisbarer Vorsatz beweist deshalb nicht Fahrlässigkeit, es sei denn, eine der beiden Formen stehe fest, ungewiss bleibe nur, welche (BGHSt **17** 210). Nur dann ist Fahrlässigkeit „Auffangtatbestand". I Ü geschieht keineswegs jeder VUnfall schuldhaft (BGH Betr **70** 925, *Spiegel* DAR **68** 288). Ein theoretisch vermeidbarer Erfolg rechtfertigt allein nicht den Schluss auf Pflichtverletzung (Bay NZV **93** 121).

Sozialadäquate Gefährdungen, zB als Folge des KfzBetriebs allgemein, scheiden für den **136** Fahrlässigkeitsbegriff aus, denn sozialadäquates, regelgemäßes Verhalten rechtfertigt (str, **E** 120). Nur was hinter sachgemäßem, regelgemäßem oder verkehrsrichtigem (**E** 122–124) Verhalten zurückbleibt, kommt als fahrlässig in Betracht. Kraft des **Vertrauensgrundsatzes** darf jeder, der sich verkehrsrichtig verhält, mangels erkennbarer Gegenanzeichen oder erfahrungsgemäß häufiger typischer Verstöße mit fremdem verkehrsrichtigem Verhalten rechnen und sich darauf einstellen (§ 1 StVO Rn. 20), auch der erlaubt mit hoher Geschwindigkeit Fahrende (Kar VRS **74** 166), nicht aber ohne Einschränkung bei Alten, Gebrechlichen und bei Kindern, bei denen mit Unverständnis für die VGefahren zu rechnen ist (§ 25 StVO Rn. 26 ff.). Auch wer höchste Sorgfalt zu beobachten hat (**E** 150), darf in gewissem Umfang auf verkehrsrichtiges Verhalten anderer VT vertrauen und braucht nicht mit groben, atypischen Verstößen zu rechnen (§ 1 StVO Rn. 24). Vertrauensgrundsatz gegenüber Kindern: § 1 StVO Rn. 24, § 25 StVO Rn. 27. Vertrauensgrundsatz bei §§ 222, 229 StGB: dort Rn. 4, 9.

Die **Vorhersehbarkeit** iS fahrlässiger Verursachung muss sich nicht auf den konkreten Scha- **137** den des tatsächlich Geschädigten erstrecken; vielmehr genügt es, wenn es für den Schädiger voraussehbar war, dass sein Verhalten irgendeinen Schaden der eingetretenen Art verursachen konnte, zB die Verletzung oder Tötung irgendeiner Person (BGH VersR **02** 773, im Einzelnen §§ 222, 229 StGB Rn. 11 ff.). **Nicht voraussehbar** (s. auch **E** 140) sind nur ganz ungewöhnliche Kausalverläufe bzw. Folgen (BGH LM § 276 BGB Cd Nr. 1), solche völlig außerhalb der Erfahrung (BGHSt **17** 226, Ko VRS **55** 423), so dass sie auch bei aller gebotenen Sorgfalt nicht bedacht werden müssen (BGHSt **12** 78, Ha VRS **51** 101, Kar NZV **90** 199), also nicht schon an sich seltene oder nach der Erfahrung des Handelnden mögliche (Hb VM **57** 71). Zu den Einzelheiten §§ 222, 229 StGB Rn. 13.

Der strafrechtliche Fahrlässigkeitsmaßstab fordert die nach den Umständen objektiv ge- **138** botene und nach den persönlichen Kenntnissen und Fähigkeiten zumutbare Sorgfalt (§§ 222, 229 StGB Rn. 5 ff., 27 f.).

Im Zivilrecht ist die im Verkehr erforderliche Sorgfalt maßgebend (§ 276 BGB; BGHZ **8** **139** 141, NJW **88** 909, Kar NJW **05** 2318, KG DAR **77** 70), eine objektiv-typisierte Sorgfalt (BGHZ **24** 27, NJW **88** 909, Ha NZV **98** 328), nicht eine uU missbräuchlich übliche geringere; diejenige Sorgfalt, die gewissenhafte VT in ihrer jeweiligen Rolle anzuwenden pflegen (BGH NJW **72** 151), abgestuft nicht individuell (BGH VersR **76** 168, Ha NZV **98** 328), sondern nur gemäß den unterschiedlichen VAnforderungen an bestimmte Menschen- oder Berufsgruppen (BGHZ **31** 358 (Lehrling), NJW **70** 1038 (Jugendlicher), **88** 909 (ältere Kf)), oder speziell Sachkundiger, sonst aber prinzipiell unabhängig von persönlichen Fähigkeiten des Beteiligten (BGHZ **46** 313 (zu § 708 BGB), **61** 101 (zu § 1359 BGB), **68** 217, NJW **77** 1238). Auch hier zwingen geringere persönliche Fähigkeiten bei freiwillig erreichtem Verhalten zu ausgleichender Vorsicht, wenn Haftung vermieden werden soll (*Deutsch* JZ **68** 104), abgesehen wiederum lediglich von plötzlichem, unvorhersehbarem Leistungsabfall (**E** 132). Bei Prüfung einer Mitschuld pflegen individuellere Maßstäbe angewendet zu werden.

Einzelheiten: An die – bereits vor Fahrtantritt bestehende (**E** 141) – Sorgfaltspflicht eines Kf **140** sind im Hinblick auf die mit dem KfzVerkehr verbundenen Gefahren hohe Anforderungen zu stellen (BGH NJW **88** 909, §§ 222, 229 StGB Rn. 4 ff.). Wer wichtige VRegeln negiert, muss mit schädlichen Folgen rechnen (BGHSt **4** 185, Zw Betr **74** 2248). Wer innerorts zu schnell fährt, muss mit einem Unfall rechnen (Ko VRS **55** 423), desgleichen idR, wer außerorts die durch VZ angeordnete Begrenzung auf 50 km/h missachtet (Kar NZV **90** 199). Anderseits darf das StVRecht nur Forderungen stellen, die der VT in der jeweiligen Rolle, der Kf also am Steuer, verständigerweise erfüllen kann, nicht solche, die die Leistungsfähigkeit der Sinne überschreiten (**E** 130). Das Problem der bei der heutigen VDichte mitunter unvermeidbaren Fehlleistungen wird noch nicht ausreichend beachtet (Bay VM **70** 51 (Überholweg), BGH Betr **70** 925 (Unvermeidbarkeit), *Bockelmann* k + v **67** 80, *Spiegel* DAR **68** 288, *Weigend, Miyazawa*-F 550). Regelundeutlichkeit: **E** 142. Die meisten VRegeln wollen und können nur bestimmten Gefahren begegnen (Schutzbereich). Deshalb zeigt ein Verstoß gegen sie nur Vorhersehbarkeit derjenigen Gefahr an, gegen die sie schützen wollen (BGH VersR **75** 39, Ha VersR **60** 38, VRS **43** 426). Beim Bemühen um richtiges Fahren sind entschuldbare Fahrfehler (ungenaues Schätzen, Fehlreaktionen) zugunsten zu werten (Bay VM **67** 17). Objektiv fehlerhaftes Verhalten eines Kf in einer plötzlichen unverschuldeten Gefahrenlage rechtfertigt nicht ohne Weiteres den Vorwurf fahrlässigen Verhaltens (**E** 144; s. auch **E** 86; §§ 222, 299 StGB Rn. 28). Der Grundsatz besonders rücksichtsvollen („defensiven") Fahrens fordert jenseits gesetzlicher Pflichten äußerste Sorgfalt und kann deshalb kein Fahrlässigkeitsmaßstab sein (§ 1 StVO Rn. 25), wohl aber bei unklarer Lage der Grundsatz des risikoärmsten Verhaltens gemäß der strengsten einschlägigen Vorschrift (Sa VRS **47** 472).

141 **Fahrfähigkeit** und VUmstände ändern sich ständig und auch im Verhältnis zueinander, ständige angepasste Wechselwirkung ist deshalb Rechtspflicht. ZB bedingt die individuelle Sichtweite die Fahrgeschwindigkeit, die retinale Anpassung des Auges bei Dämmerung oder Lichtwechsel die Fahrweise. Bereits vor Fahrtantritt hat der Kf sorgfältig zu prüfen, ob er körperlich, geistig und psychisch den Anforderungen des StrV genügen kann (§ 24a StVG Rn. 25a, §§ 222, 299 StGB Rn. 6, BGH NJW **88** 909, Bay NJW **96** 2045, LG Erfurt ZfS **01** 447). Ein Erfahrungssatz des Inhalts, ein Kf sei stets zu einer die eigene Fahruntüchtigkeit offenbarenden kritischen Selbstprüfung in der Lage, besteht allerdings nicht (§§ 222, 299 StGB Rn. 28). Altersfragen: § 2 StVG Rn. 43, § 3 StVG Rn. 6, §§ 222, 299 StGB Rn. 6. Seine Sehfähigkeit und Sehbehinderungen kennt jeder Kf, wenn auch nicht deren medizinische Ursachen (BGH JZ **68** 103; s. aber **E** 132). Einzelheiten: **E** 130–132, § 3 StVO Rn. 41, 42, § 23 StVO Rn. 12, § 31 StVZO Rn. 10, §§ 222, 229, §§ 315c, 316 StGB.

141a Die **Fahrerlaubnis** (§ 2 StVG) bestätigt nur die prinzipielle Fahreignung im Rahmen der Fahrerpflichten (§ 23 StVO). Bereits während der Ausbildung kommt je nach Umständen und Ausbildungsgrad Mitschuld des Fahrschülers in Betracht (BGH NJW **69** 2197). **Der FE-Neuling** muss stets selbstkritisch angepasst fahren, weil ihm die Erfahrung noch fehlt (BGHZ VRS **5** 133, 609, Kö VersR **66** 530) und damit auch die Leistungsreserve für schwierigere VVorgänge. Er darf sich keine Fahrt zutrauen, die er vermutlich nicht bewältigen kann (Dauerfahrt durch halb Europa unmittelbar nach erteilter FE, Kar VRS **50** 280). Seine Fahrgeschwindigkeit muss der Leistungsfähigkeit und FzBeherrschung entsprechen (BGH VersR **66** 1156), zu schwierige Fahrten muss er unterlassen (Ha VRS **25** 455), denn auch relative, aufgabenbezogene Untüchtigkeit macht trotz FE „ungeeignet" iS von § 31 I StVZO. Nach langer Fahrpause kann ein FE-Inhaber einem Neuling gleichstehen. Nicht vertrautes Kfz und Bedienungsfehler: **E** 143.

142 Die geforderte **Regelkenntnis** entspricht der Rolle als VT. Die wesentlichen Regeln seiner VArt und die des FahrV muss jeder im Grundzug kennen (Dü NZV **92** 40; Literaturkenntnis aber nicht erforderlich), auch Änderungen (BGH VersR **69** 832), ebenso die einschlägigen VZ, auch der Fußgänger, damit er den Fahrverkehr besser abschätzen kann. Fehlende Regelkenntnis ist insoweit vorwerfbar (BGH LM § 276 BGB Cg 3, 7, Bay NJW **03** 2253). Zur Fahrlässigkeit in Bezug auf vorhandene VZ § 41 StVO Rn. 249. Im Zweifel ist Vorsicht und Zurückstehen (Verständigung) geboten. Bei Regeländerung oder -differenzierung, besonders durch die Rspr, wird uU Toleranz (unvermeidbarer Verbotsirrtum) bis zum allgemeinen Bekanntsein in Betracht kommen (**E** 156, 157). Maßgabe ist, ob der oft nötige rasche Entschluss verständigerweise richtig getroffen werden konnte. Erfordert spätere rechtliche Prüfung geraume Zeit, Materialsuche, strittige Abstimmung oder umfangreiche Begründung, so spricht dies für Nichtvorwerfbarkeit. Beispiel: Bay VM **72** 21 (welcher Fußgängerüberweg liegt noch „an" der Kreuzung?). Auf die in einer obergerichtlichen Entscheidung vertretene Rechtsauffassung wird der VT regelmäßig vertrauen dürfen (einschr Dü NZV **92** 40). Werden VRegeln auch von Fachkundigen unterschiedlich beurteilt, so wird Irrtum oft unvermeidbar sein (BGH DAR **66** 24), ebenso bei unterschiedlichen Gerichtsurteilen vor obergerichtlicher Klärung (*Rüping/Kopp* DAR **99** 400; s. auch § 21 StVG Rn. 2a), uU auch bei erstrichterlicher Erkenntnis (s. auch § 24 StVG Rn. 35). Die gerichtliche Neigung zur Vernachlässigung der inneren Tatseite (*Rüping/Kopp* DAR **99** 400) ist im Zivilrecht eher hinnehmbar, weil sie dort die materiellen Unfallfolgen überwiegend auf die Versichertengesamtheit abwälzt, im Straf- und OWR kann sie mit dem Schuldprinzip (**E** 129) kollidieren.

Ältere Literatur: *Mayer-Maly,* Rechtskenntnis als Pflicht des VT?, ZfVR **69** 253. *Rüping/Kopp,* Schuld und Strafe im VRecht, DAR **99** 399. *Wimmer,* Die Pflicht des Kf zu verkehrsrechtlichem Wissen, DAR **64** 206.

143 **Bedienungsfehler** entschuldigen nicht (Ol NRpfl **92** 48), zB nicht Abgleiten des Fußes vom Brems- oder Kupplungspedal, Verwechslung von Gaspedal und Fußbremse (Dü DAR **54** 87), nicht Zurückrollen beim Anfahren am Berg, blockierendes Bremsen, scharfes Einschlagen der Lenkung bei hoher Fahrgeschwindigkeit, Nichtbeachtung des toten Winkels im Rückspiegel, den jeder Kf kennen und durch Beobachten ausgleichen muss (Ha VkBl. **66** 85, VRS **32** 146).

Der Fahranfänger (**E** 141a) darf nur bis zur Grenze der ihm möglichen Beherrschung gehen, ohne Selbstüberschätzung, besonders mit technisch unvertrauten Fz darf er nur angepasst fahren (Hb VM **65** 5), zB, soweit überhaupt erlaubt (§ 17 VI FeV, Verstoß: § 21 StVG), beim Übergang von Fz mit automatischer Kraftübertragung zu solchen mit Schaltgetriebe. Mit der **FzBeschaffenheit** (Ausmaße, technische Beschaffenheit) muss sich der FzF vor Fahrtantritt vertraut machen und ihr während der Fahrt Rechnung tragen (Kar DAR **04** 394, NZV **04** 532 (jeweils FzHöhe)). Sehr lange Fahrpausen können den FEInhaber einem Neuling praktisch gleichsetzen (**E** 141a), weil ihm dann Fz wie VVerhältnisse unvertraut sind. LkwFahren mit FE Kl C nach jahrzehntelanger Pause kann grob fahrlässig sein (BAG VersR **74** 137). Fahrfähigkeit: **E** 130–132, 141, 141a, § 2 FeV Rn. 3 ff.

Fehlreaktion. Rasches und zweckmäßiges Verhalten ist auch bei unvorhergesehenen Vorgängen Rechtspflicht, mit der die individuelle Reaktion regelnden, unterschiedlichen und nur teilweise beeinflussbaren Reaktions- und Schreckzeit (**E** 86, § 1 StVO Rn. 27, 30). Überdurchschnittliche Schreckhaftigkeit ist durch besondere Vorsicht auszugleichen oder bewirkt überhaupt Fahruntüchtigkeit (Ha VRS **17** 440). Fehlreaktionen in Schreck oder Verwirrung in plötzlicher, unvorhersehbarer, unverschuldeter Gefahr sind nicht vorwerfbar (BGH MDR **68** 572, VersR **71** 910, NJW **76** 1504; **87** 2377; **04** 772; NZV **09** 177; Nau DAR **03** 175, Kar VersR **87** 692, KG VersR **78** 744, VM **95** 38, Ko VersR **96** 1427, Fra VersR **81** 737, Stu NJW **66** 745, krit *Bockelmann*, Sa DAR **84** 149 (Ausbiegen zur unrichtigen Seite hin, s. auch **E** 131); BGH VersR **87** 909, Dü NZV **06** 415, Ol ZfS **88** 1 (Ablösung der Reifenlauffläche), Nü VRS **76** 260, Ha NZV **96** 410 (Lenkbewegung nach links bei rechts in die Fahrbahn laufenden Rehen: **E** 131), Mü NZV **13** 542 (Unterlassen gebotener Vollbremsung durch Radf beim Überholen vorausfahrenden Radf, der ohne Handzeichen nach links abbiegt)). Jedoch ist eine abrupte Richtungsänderung wegen eines Kleintiers (Hase) bei hoher Geschwindigkeit idR vorwerfbar (BGH NZV **97** 176). Unvorhersehbares Bremsversagen kann auch erfahrene Kf bestürzen (Fra VRS **41** 37).

Eigene Regelverstöße beim Unfallverlauf, zB Verstoß gegen ein Gefährdungsverbot, beweisen nicht schlechthin eine ursächliche Sorgfaltsverletzung (BGHSt **12** 78), aber bei typischem, in der verletzten Regel vorausgesetztem Verlauf: Linksfahren vor einer Kuppe führt zur Kollision mit einem entgegenkommenden Fz auf der StrMitte. Ein Indiz für Voraussehbarkeit ist es, wenn diejenige Gefährdung, derjenige Unfallverlauf oder Schaden eintritt, den die Regel verhüten will (BGHSt **4** 185), anders bei gänzlich atypischem Verlauf.

Auf **Einweiser** (Helfer) bei FzBewegungen darf sich der Kf mangels eigener Beobachtungsmöglichkeit nur dann verlassen, wenn er deren Zuverlässigkeit kennt (Br VM **65** 7, Kö VRS **12** 298). Zur deliktischen Mithaftung des Beifahrer-Warnpostens Sa VM **78** 52, KG VM **96** 21. Wer **aus Rücksichtnahme zurücksteht,** muss dies mit umsichtiger, andere nicht gefährdender Sorgfalt tun, wird jedoch idR auch auf sorgfältiges Verhalten dessen vertrauen dürfen, dem er den Vortritt lässt. Wer auf Vorrang verzichtet, übernimmt idR keine Verantwortung für gefahrlose Inanspruchnahme des dadurch dem anderen VT eingeräumten Vortritts (AG Dr NZV **04** 576, s. § 8 StVO Rn. 31), anders uU gegenüber Kindern (Dü VersR **86** 471). Rücksichtnahme darf nicht zu Gefährdung oder gewichtigerer Behinderung anderer führen.

Zeitlich begrenzt ist die Verantwortlichkeit für Unfallfolgen nicht. Der Schuldige haftet zB nach einem ABUnfall mangels ausreichender Sicherung auch für Auffahrunfälle (BGH LM § 276 BGB Cg 8), solange der anormale Zustand dauert (Kö VRS **45** 182). Dies ist jedoch ein Kausalitätsproblem (**E** 97 ff., 103).

Fremde Mitschuld, ausgenommen ganz geringe, erhöht die Gefahr oder beeinflusst den Unfall und dessen Folgen und mindert den Schuldvorwurf (§ 24 StVG Rn. 49), uU auch schon deren Möglichkeit (BGH VRS **35** 304, 428, **25** 266), ebenso behördliche Mitschuld (Mitursächlichkeit; BGH VRS **26** 253 (Aufstellung unrichtiger VZ, gefährdende Leitlinie, unüberblickbarer Fußgängerweg), Bay VRS **26** 58, Stu VRS **26** 68, Kö VRS **34** 232, VM **75** 7).

Grobe Fahrlässigkeit ist maßgebend zB im Rahmen der §§ 254, 277, 680 BGB, § 61 VVG alt bzw. § 81 II VVG 08, uU bei der Abwägung nach § 17 StVG. Sie ist nach allen objektiven und subjektiven (BGH NZV **05** 457, insoweit abl *Müller* VersR **85** 1103, 1105 f.) Umständen eine besonders schwere Verletzung der erforderlichen Sorgfalt, Nichtbeachtung allgemein einleuchtender Umstände und ganz naheliegender Überlegungen (BGH NZV **97** 176, VersR **03** 364, BAG NVersZ **00** 136, Hb DAR **05** 86, Kar VersR **04** 776, Ko NZV **04** 255, Kö NZV **03** 138, Dü NJW-RR **06** 319, Zw VersR **00** 884, Ha VersR **02** 603, Brn VRS **105** 187, Nü DAR **00** 572, Mü NZV **02** 562), zumeist verbunden mit dem Bewusstsein der Gefährlichkeit (Brn VRS **105** 187, Kö ZfS **86** 278, Kar ZfS **90** 134). Grobe Fahrlässigkeit liegt nur vor, wenn

144

145

146

147

148

149

Einleitung

das vorwerfbare Fehlverhalten über bloße Fahrlässigkeit weit hinausgeht (KG DAR **01** 211, Kar NZV **88** 185). Unter den subjektiven Faktoren sind auch Alter, Beruf und Lebenserfahrung zu berücksichtigen (Hb DAR **80** 275, Ha NZV **90** 473). Die Einzelheiten sind Tatfrage, daher keine Revisibilität, wenn diese Rechtsgrundsätze und alle mitwirkenden Umstände berücksichtigt sind (BGH VRS **65** 347, NJW **85** 2648). **Im StrV** führt ein schlechthin unentschuldbares, grob verkehrswidriges Verhalten zum Vorwurf grober Fahrlässigkeit (BGH NZV **96** 272, Kö NZV **03** 138, ZfS **03** 132, 553, Ha VersR **90** 43). Gelegentliche Fehler im dichten V sind so häufig und oft unvermeidbar, dass sie für sich allein nicht grob fahrlässig sein müssen (Dü VersR **66** 529 (hierzu § 37 StVO Rn. 62), Ha VersR **88** 1260, **90** 43). Entsprechendes gilt für Schreckreaktionen (Ha VersR **94** 42) oder Fahrfehler, die auf mangelnder Vertrautheit mit dem Fz beruhen (Dü ZfS **04** 414; s. aber **E** 143). Ein sog **Augenblicksversagen** schließt grobe Fahrlässigkeit für sich allein nicht ohne Weiteres aus (BGHZ **119** 147 = NZV **92** 402, VersR **03** 364, Kar VersR **04** 776, Ro ZfS **03** 356, Dü ZfS **04** 414, **02** 438, Kö NZV **03** 138, Ko NZV **04** 255, Ha VersR **02** 603, *Römer* NVersZ **01** 539, aM (jedenfalls im Rahmen des § 61 VVG alt) Fra r+s **01** 313). Jedoch kann bei Hinzutreten weiterer, in der Person des Handelnden liegender Umstände grobe Fahrlässigkeit zu verneinen sein bei Fehlern, die auf einem Augenblicksversagen beruhen, zB Vergessen eines Handgriffs in einem zur Routine gewordenen Handlungsablauf (BGH NJW **89** 1354, MDR **89** 801, Ha NVersZ **00** 334, Mü NJW-RR **92** 538, Fra MDR **98** 43, *Haberstroh* VersR **98** 946). Voraussetzung ist dabei aber das Vorhandensein besonderer individueller Umstände, die das momentane Versagen in einem milderen Licht erscheinen lassen (BGH NZV **92** 402, Ro ZfS **03** 356, Dü ZfS **04** 414, **02** 438, Ko DAR **01** 168, Kö NZV **03** 138 (dort auch zur Beweislast)). **Grobe Fehlleistungen aber:** Wegsehen von der Fahrbahn während der Fahrt, um eine Zigarette, einen Kaugummi usw. aufzuheben (§ 3 StVO Rn. 67); Fahren trotz alkoholbedingter, deutlich bemerkbarer Fahrunsicherheit; Verlassen des Kfz ohne vorgeschriebene Sicherung; Ablehnung des Fuhrunternehmers trotz Gegenvorstellung des Fahrers, statt Reparatur unsicherer Bremsen Anweisung zum Überladen (BGH LM § 61 VVG 4). Wegen des besonderen Subjektivitätsgehalts der groben Fahrlässigkeit **kein Anscheinsbeweis** über bloße Fahrlässigkeit hinaus (**E** 157a). Jedoch können Schlüsse aus dem äußeren Verhalten auf innere Vorgänge und Vorstellungen gerechtfertigt sein (BGH VersR **84** 480, NZV **97** 176, BAG NVersZ **00** 136, Kar NJW-RR **04** 389, Brn VRS **105** 187, Ro ZfS **03** 356, Ko VRS **101** 36, Kö ZfS **04** 523, Nü DAR **00** 572, Kar VersR **04** 776, Ha NZV **95** 452) und besonders schwerwiegende Pflichtverletzungen den Schluss auf subjektiv beträchtliches Verschulden nahelegen (BGH ZfS **89** 15, NZV **92** 402, Dü NJW-RR **06** 319, Kö NVersZ **02** 225, Ha NZV **93** 480, einschr mit beachtlichen Gründen Fra VersR **01** 1276 (abl insoweit *Römer* NVersZ **01** 539); krit in Bezug auf Tendenzen der neueren Rspr. zu extensiver Annahme grober Fahrlässigkeit in der Kaskoversicherung *Haberstroh* VersR **98** 943). **Leichtfertigkeit** (im Strafrecht) entspricht grober Fahrlässigkeit (BGHSt **14** 255, Ko VRS **50** 198). Versuche zur Konkretisierung der Grundformel bei *Röhl* JZ **74** 521.

150 **Äußerste Sorgfalt** fordert die StVO in einigen Fällen, zB § 2 IIIa (gefährliche Güter), § 3 IIa (Schutz Hilfsbedürftiger), § 5 (Überholen), § 7 V (Fahrstreifenwechsel), § 9 (Abbiegen in ein Grundstück, Wenden, Rückwärtsfahren), § 10 (An- und Einfahren), 14 (Ein- und Aussteigen), § 20 I (Vorbeifahren an Ein- und Aussteigenden öffentlicher VMittel). Gefährdung „ausgeschlossen" bedeutet nicht die Pflicht, mit Unvorhersehbarem zu rechnen, sondern nur höchste Sorgfalt (Dü NZV **93** 198). Die Tatsache des Unfalls zum Beweis dafür heranzuziehen, dass diese höchste Sorgfalt nicht beachtet wurde, weil sich eine Gefährdung nicht als ausgeschlossen erwiesen habe, wird dem Begriff, so wie ihn die StVO versteht, nicht gerecht (Schl VRS **60** 306, Ha VRS **80** 261). Gefordert wird, über § 1 StVO hinaus (Begr § 9 StVO Rn. 11), äußerste Sorgfalt (Begr zu § 5 StVO Rn. 3; Bay VM **73** 51, Dü VM **74** 6, KG VRS **68** 284, Kar VRS **71** 62, Zw VRS **71** 220), ein Höchstmaß an Vorsicht, deren „höchste Stufe" (Begr zu § 14). Dieser strengste StVO-Maßstab setzt äußerste subjektiv mögliche Sorgfalt und Umsicht (KG VersR **74** 36) bei dem geschützten Vorgang, unter vollständiger Berücksichtigung des objektiv Erforderlichen voraus (**E** 138), ohne Überspannung (Dü VM **74** 94). Äußerste Sorgfalt erfordert ausnahmslos Umblick, rechtzeitige Rückschau und, soweit vorgesehen, rechtzeitiges Zeichengeben, außerdem zuverlässige Beobachtungsmöglichkeit. Fehleinschätzungen belasten (BGH VM **70** 14; § 5 StVO Rn. 3), außer bei Unvermeidbarkeit trotz ausreichenden Überblicks. Der geringste verbleibende Zweifel verbietet das Verhalten (§ 5 StVO Rn. 3), denn andernfalls ist Behinderung (Gefährdung) nicht ausgeschlossen. Die Verantwortlichkeit für sicheren Ablauf liegt hiernach ganz überwiegend beim Handelnden (BGH Betr **68** 2126, Bay VM **73** 39, Ha VRS **42** 422, Kö VersR **65** 196), jedoch nicht im Sinn reiner Erfolgshaftung (Bay VRS **45** 211, **42** 383 (Mitschuld, Alleinschuld oder Alleinverursachung anderer können mitsprechen), VM **73** 51, VRS **45** 211, Fra VRS **51** 120).

Denn auch die anderen VT bleiben für Regelbeachtung verantwortlich (Bay VRS **45** 211, Ko VRS **48** 350). Das Verständnis des Merkmals „Gefährdung ausgeschlossen" als Gebot einer im geschilderten Sinn erhöhten Sorgfalt entspricht der ganz hM (aM aber zB *Mühlhaus* DAR **75** 233: nur rechtlich bedeutungslose „Schockformel", sowie *Greger* NJW **92** 3268: Nichtigkeit der genannten StVO-Bestimmungen, weil der *VOGeber* nicht zur Modifikation des Merkmals der *Sorgfalt* in § 276 II BGB als im Zivil- wie im Strafrecht geltenden Fahrlässigkeitsmaßstabs ermächtigt sei). Näheres: §§ 2, 3, 5, 7, 9, 10, 14, 20 StVO.

Natürliche Handlungseinheit: § 24 StVG Rn. 58. **150a**

Entschuldigungsgründe schließen die Täter-, uU auch die Teilnehmerschuld aus. Solche **151** sind:

Die **Schuldunfähigkeit** mangels tatbezogener Verantwortlichkeit, zB des Kindes bis zu **151a** 14 Jahren (§ 1 JGG, § 12 OWiG, § 19 StGB); des Jugendlichen beim Fehlen der geistig/sittlichen Reife zur Tatzeit (§ 3 JGG); allgemein in den Einzelfällen der Schuldunfähigkeit (§ 20 StGB, § 12 OWiG, zu (verminderter) Schuldfähigkeit § 316 StGB Rn. 88 ff. Bei den OW fehlt zwar eine ausdrückliche Milderungsvorschrift, weil das OWiG keine Mindestgeldbußen vorsieht; geminderte Verantwortlichkeit mindern aber auch hier den Vorwurf. Vollrausch: § 122 OWiG, § 323a StGB.

Bei **vorverlegter Verantwortlichkeit** (actio libera in causa, alic) hat der zur Tatzeit Schuld- **151b** unfähige die wesentliche Ursache der späteren Tat vorsätzlich oder fahrlässig noch in verantwortlichem oder vermindert verantwortlichem Zustand gesetzt, daher kein Schuldausschluss. Die alic ist nach der Rspr. des BGH auch bei verminderter Schuldfähigkeit zur Tatzeit, aber voller Schuldfähigkeit zuvor anwendbar und führt zum Ausschluss des § 21 StGB (zB BGH NStZ **03** 535, str). Die Vereinbarkeit dieser Rechtsfigur mit den geltenden Normen des Strafrechts entspricht weiterhin Rspr. und hM (zB BGH NStZ **97** 230, **99** 448, **00** 584), war jedoch stets umstritten. Für die Verkehrsstraftatbestände, deren Verwirklichung tatbestandsmäßig das *Führen* eines Fz voraussetzt, erkennt sie der 4. Strafsenat des BGH nicht mehr an (§ 316 Rn. 92), knüpft jedoch hinsichtlich fahrlässig zu verwirklichender Verletzungsdelikte (§§ 222, 229 StGB) den Fahrlässigkeitsvorwurf an weit vor der Tat liegende Handlungsakte an (§§ 222, 229 StGB Rn. 6, 6a, 12).

Zum **entschuldigenden Notstand** § 35 StGB. Notwehr des Betroffenen bleibt zulässig. Das **152** OWiG sieht entschuldigenden Notstand nicht vor (Göhler/*Gürtler* § 16 Rn. 16).

Bei der **schuldausschließenden Pflichtenkollision** ist eine Rangverhältnisprüfung (E 152) **153** entweder nicht zulässig, weil beiderseits Menschenleben betroffen sind (vor dem unvermutet vor das Fz springenden Kind kann der Kf nur auf den belebten Gehweg ausweichen), oder nicht sofort möglich, oder die beteiligten Pflichten sind gleichwertig. Beispiele: unrichtiges Ausweichen vor unverschuldeter, überraschender Gefahr (BGH VRS **34** 434); überschnelles Weiterüberholen, weil das Abbrechen gefährdend wäre (Dü NJW **61** 424); Beschleunigen, um Kollision zu vermeiden, anstatt zu bremsen (BGH DAR **56** 328); objektiv regelwidriges Fahren, um gefährlicher fremder Fahrweise zu entgehen (BGH VersR **71** 910, Kö VM **74** 38).

Ein rechtswidriger **Befehl** (s. auch E 127a) entschuldigt im zivilen Dienstbereich, wenn der **154** Ausführende die Rechtswidrigkeit des Aufgetragenen nicht erkennen konnte (§ 56 II BBG), im militärischen bei OW stets, bei Straftaten nur, wenn der Untergebene dies nicht erkannt hat, oder wenn die Begehung einer Straftat nach den Umständen nicht offensichtlich ist (§ 5 I WehrStrG). ZB muss ein Soldat oder PolB bei erheblicher Angetrunkenheit eine trotzdem befohlene Dienstfahrt verweigern (§ 316 StGB).

Irrtum. Tatbestandsirrtum: § 24 StVG Rn. 33 ff. Verbotsirrtum: § 24 StVG Rn. 34 ff. Weitere **155** Belege bei den einzelnen Vorschriften.

Der **Vorschriftenwechsel** bildet im StVR ein noch wenig beachtetes Problem. Die **156** StVO 1970 hat mehr Zweifel als erwartet gebracht, fast immer sozialethisch neutrale Verhaltensprobleme betreffend. Die Zweifel erwachsen vielfach erst aus dem Gegeneinander unterschiedlicher, uU verstreuter Vorschriften, teilweise auch aus Rechtslücken. Vorwarnung durch sozialethische Missbilligung fehlt vielfach. Die ZivilRspr. neigt deshalb in solchen Fällen zur bloßen Klarstellung unter Schuldverneinung (BGH DAR **66** 24 (Unklarheiten nach Einführung der Regeln über abknickende Vorfahrt)).

An die Annahme **eines unvermeidbaren Verbotsirrtums** stellt die Rspr. im Straf- und **157** OWRecht strenge Anforderungen. Unvermeidbarkeit uU bei Vertrauen auf veröffentlichte Gerichtsentscheidungen, näher: § 24 StVG Rn. 34 ff. Unvermeidbarer Verbotsirrtum, wenn sich der Täter auf eine infolge Gesetzesänderung nicht mehr zutreffende Rechtsauffassung verlässt, die in einem gegen ihn ergangenen Strafurteil vertreten wurde, wenn in dem Urteil auf die zu diesem

Einleitung

Zeitpunkt bereits eingetretene Änderung nicht hingewiesen wurde (Dü VRS **73** 367). Überwiegend aber herrscht hier ein sehr enger Unvermeidbarkeitsbegriff (**E** 142; zB streng Bay NJW **04** 306 (Fz des Typs „Sprinter"), s. aber auch Jn NJW **04** 3579, Kar NZV **05** 383, Ha NJW **06** 241, näher § 18 StVO Rn. 19). Das Vertrauen auf vereinzelte Gerichtsentscheidungen lässt die hM nicht gelten (Stu NJW **67** 122, 744 (abl *Hagedorn*), 745 (abl *Baldauf*), Dü VRS **60** 313, Ko VRS **60** 387). Jedoch unvermeidbarer Verbotsirrtum, wenn gleichrangige Obergerichte eine Unrechtsfrage unterschiedlich entschieden haben und es für den Angekl. nicht zumutbar ist, das möglicherweise verbotene Verhalten bis zur Klärung der Rechtsfrage zu unterlassen (Stu NJW **08** 243 (FS-Tourismus, s. § 21 StVG Rn. 2a)).

157a   **XVIII. Der Anscheinsbeweis** vermittelt dem Richter die Überzeugung, dass ein Geschehnis so verlaufen ist, wie es nach der Erfahrung für gleichartige Geschehnisse typisch ist (BGHZ **39** 107, **31** 357, **18** 319, **6** 169, NZV **96** 277, NZV **07** 354; NJW **17** 1177; Ha NZV **93** 354, Brn VRS **106** 247, Übersicht über neue BGH-Rspr. bei *v Pentz* ZfS **12** 64; 124; s. auch *Staab* DAR **15** 241; *Doukoff* SVR **15** 245). Deshalb kann bei typischen Abläufen nach der Erfahrung regelmäßig von einem bestimmten Ereignis auf eine bestimmte Folge („Erfolg") geschlossen werden und umgekehrt (BGHZ **39** 107, **8** 239, NZV **90** 386, Brn VRS **106** 99, Bra VersR **89** 95, Fra NJW **07** 87, KG VM **89** 37), und zwar in Bezug auf den Ursachenzusammenhangs wie auf die Schuld (BGH NJW **66** 1263, Dü NZV **96** 321). Bei VUnfällen ist dazu ein Geschehensablauf erforderlich, der nach allgemeiner Lebenserfahrung zu dem Schluss einer Sorgfaltspflichtverletzung drängt, weil er für schuldhafte Verursachung typisch ist (BGH JZ **86** 251, NZV **96** 277, Brn DAR **02** 307, Ha VersR **05** 1303, NZV **98** 155), zB Verstoß gegen Schutzgesetze (BGH VersR **94** 324), Erforderlich ist umfassende Betrachtung aller tatsächlichen Elemente des Gesamtgeschehens aus unstr Parteivortrag und den Feststellungen (BGH NJW **12** 608; **16** 1098; **17** 1177). Verletzung von Unfallverhütungsvorschriften (BGH VersR **94** 324, Kö VersR **88** 1078 (Bestimmungen über Höchstlenkzeiten); dazu allgemein *Felz* NZV **17** 117) oder der VSicherungspflicht (BGH VersR **94** 324, Ol ZfS **02** 379, Dr VRS **100** 263). Handelt es sich nicht um eine typische „formelhaften" Geschehensablauf, so greift der Anscheinsbeweis nicht ein (Ha VersR **05** 1303, Nau VM **03** 45, Fra NJW **07** 87 (hierzu § 4 Rn. 18), *Diederichsen* VersR **66** 211). Ein *konkreter* typischer Geschehnisablauf muss unstreitig, zugestanden oder bewiesen sein (BGH NZV **96** 231, NJW **16** 1098; **17** 1177; Brn VRS **106** 99). Bloßes Vorliegen eines abstrakten Unfalltyps (zB Vorfahrtsfall) allein genügt nicht (Mü NZV **89** 277). Kein Anscheinsbeweis, wenn andere typische Schadensursachen in Frage kommen (Fra VM **86** 88), wenn festzustellende andere tatsächliche Umstände einen anderen Ablauf ernstlich nahelegen (BGH NJW **76** 897, Nü VRS **66** 3), bei untypischen Abläufen (BGHZ **39** 108). Kein Anscheinsbeweis von Fahren ohne FE für überhöhte Geschwindigkeit während der Fahrt (BGH NJW **07** 506). Der Anschein spricht für ursächlichen Zusammenhang zwischen SchutzG-Verletzung und Schaden, wenn dieser eine logische Folge der SchutzG-Verletzung ist und das G gerade diese Art von Schäden verhindern soll (Mü NZV **01** 510, Ha DAR **02** 351). **Widerlegt wird der Anscheinsbeweis** durch den Gegenbeweis, **entkräftet** (erschüttert) nicht durch bloße gedankliche Möglichkeiten, sondern *nur durch unstr, zugestandene oder bewiesene Tatsachen*, die einen atypischen Verlauf möglich gemacht haben können (BGH NZV **90** 386, **92** 27, NZV **07** 354; NJW **17** 1177; Dü NJW-RR **06** 319, Nau VRS **104** 415, Sa MDR **03** 506, Brn DAR **02** 307, Mü ZfS **97** 245, Ha NZV **93** 354, Ol ZfS **92** 332, KG VRS **104** 5, *Danert* ZfS **05** 116, *Lepa* NZV **92** 131). Andernfalls (zB unbewiesene Behauptung) bleibt es beim Anscheinsbeweis (BGH NJW **17** 1177). Erschütterung des Anscheinsbeweises etwa durch den Nachweis der Behinderung durch ein anderes Fz (BGH VersR **67** 583, 557). Legt der Beklagte dar, dass eine andere Schadensursache immerhin ernsthaft in Betracht kommt, so ist der Anscheinsbeweis auch widerlegt, wenn die eine Ursache wahrscheinlicher sein mag als die andere (BGHZ **24** 308, VersR **78** 945, MDR **79** 131). Erbrachter Anscheinsbeweis ist voller Beweis; anderseits erfordert er keinen Gegenbeweis, sondern wird schon durch voll bewiesene Umstände entkräftet, aus denen die ernsthafte (insoweit revisibel, BGH NJW **69** 277), nicht nur rein theoretische Möglichkeit eines untypischen, also erfahrungswidrigen Ablaufs hervorgeht (BGH VersR **86** 141); der Beweispflichtige hat dann die Anspruchsvoraussetzungen voll zu beweisen (BGHZ **39** 107, **18** 319, **8** 239, **6** 169, MDR **71** 1001, NJW **69** 277). Anscheinsbeweis bei Abkommen von der Fahrbahn: § 2 StVO Rn. 74, bei Auffahren auf den Vorausfahrenden: § 4 StVO Rn. 17 f. Zum Anscheinsbeweis bei Schutzgesetzverletzung iS von § 823 II BGB: BGH NJW **84** 432, VersR **86** 916 und bei Verletzung der VSicherungspflicht BGH VersR **08** 1551. Kein Anscheinsbeweis über einfache Fahrlässigkeit hinaus für **grobe Fahrlässigkeit** wegen deren großen Subjektivitätsgehalts (hM; BGH VersR **03** 364,

78 541, VRS **65** 347, Dü NJW-RR **06** 319, Kar NJW-RR **04** 389, Nü ZfS **05** 397, Kö VersR **90** 390, Fra DAR **92** 432, KG VersR **83** 494, Mü DAR **84** 18, Ba DAR **84** 22, *Greger/Zwickel* § 38 Rn. 53). Für einen durch ein deutsches Gericht abgeurteilten, in den Niederlanden geschehenen Verkehrsunfall gelten die deutschen Grundsätze zum Anscheinsbeweis nicht; vielmehr ist das niederländische Beweisrecht anwendbar (AG Geldern NJW **11** 686 mit zust Bspr. *Staudinger* NJW **11** 650). Zum Anscheinsbeweis bei VUnfallen s. auch § 7 StVG Rn. 48–51 sowie bei den einschlägigen Bestimmungen der StVO.

XIX. Im Fahrzeug erhobene Daten als Beweismittel. Der rasch fortschreitende Einsatz **157b** von Kommunikationstechnologie in Kfz bringt es mit sich, dass zunehmend mehr Daten auch über das Fahrverhalten gespeichert werden (dazu etwa *Mielchen* SVR **14** 81; ZfS **16** 301; *Kinast/Kühnl* NJW **14** 3057; *v. Schönfeld* DAR **15** 617; *Balzer/Nugel* NJW **16** 193; *Schlanstein* NZV **16** 201). De lege lata ist ein Zugriff der Strafjustiz etwa auch im automatischen Notrufsystem eCall oder auf Unfalldatenschreibern gespeicherte Daten unter Wahrung der Verhältnismäßigkeit grundsätzlich möglich (vgl. allgemein *Meyer-Goßner/Schmitt* § 94 Rn. 16a, 18a, 19a). Auch im Zivilprozess gilt nichts prinzipiell anderes (zu § 142 ZPO *Mielchen* SVR **14** 81; zur Auswertung eines Event-Data-Recorders (EDR) zur Feststellung von Unfallmanipulationen Ha NJW **19** 3085; dazu auch *Fothen/Böhm/Paula* NZV **20** 284). Der AK VII des 52. VGT **14** hat sich für die Schaffung spezialgesetzlicher Grundlagen ausgesprochen. Ein relativ neues Phänomen stellt es ferner dar, dass Kf am Armaturenbrett oder an der Windschutzscheibe ihres Fz Videokameras (sog. **Dash-Cam** oder Car-Cam) anbringen, um die Aufnahmen nach einem Unfall als Beweismittel verwenden zu können. Die damit zusammenhängenden Fragen sind für den Zivilprozess nunmehr durch BGH NJW **18** 2883 (mAnm *Kramer* und mAnm *Greger* DAR **18** 498 sowie Bspr *Ahrens* NJW **18** 2837; krit *Metz* NZV **18** 419; *Giesen* NZV **20** 70) geklärt (Forderungen an den Gesetzgeber durch den 54. VGT 2016). In diesem Urteil hat der BGH unter eingehender Darstellung des Streitstandes und umfassender Abwägung der widerstreitenden Interessen die (bei einigen Nuancen schon zuvor wohl überwiegende; s. etwa Nü NJW **17** 3597 mAnm *Bouwmann* und *Buchner* DAR **17** 641; LG Mü I NJW-Spezial **17** 42, wN 44. Aufl.) Auffassung vertreten, dass jedenfalls die permanente und anlasslose Aufzeichnung des Verkehrsgeschehens gegen das BDSG verstößt (offengelassen ob nach § 6b oder § 28 BDSG; eingehend *Lohse* VersR **16** 953), jedoch **ein Beweisverwertungsverbot nicht bestehe.** Diese Auffassung kann auch unter der Geltung der DSGVO aufrechterhalten werden (*Ahrens* NJW **18** 2837). Das Meinungsspektrum in der Lit. reichte zuvor von (vorsichtiger) Zustimmung zur Verwertbarkeit (*Balzer/Nugel* NJW **14** 1622; *Diehl* ZfS **14** 150, *Greger* NZV **15** 114; *Klann* DAR **13** 188; **14** 451; **16** 8; *Richter* SVR **16** 15; *Nugel* ZfS **16** 428) bis hin zu grundsätzlicher Ablehnung (*Bachmeier* DAR **14** 15, *Brenner* DAR **14** 619, 624 f.; *Wirsching* NZV **14** 13). Letztlich sind jedoch durchgreifende Gründe für ein zivilprozessuales Verwertungsverbot angesichts des grundrechtsgleichen Rechts auf Gewährung des rechtlichen Gehörs, des Rechtsstaatsprinzips und des Interesses an der Wahrheitserforschung auch in Anbetracht dessen nicht ersichtlich, dass der Eingriff lediglich die Sozialsphäre des im öffentlichen Raum befindlichen Gefilmten tangiert und damit geringer wiegt; zudem ist zu beachten, dass der GGeber den Beweisinteressen des Geschädigten auch in § 142 StGB, § 34 StVO besonderes Gewicht eingeräumt hat (BGH aaO Rn. 39 ff.). Die Verletzung des Datenschutzrechts kann ungeachtet dessen geahndet werden (BGH aaO Rn. 53; zur Verurteilung eines Betr wegen OW nach § 43 II Nr. 1 BDSG, der in rund 56 000 Fällen Verkehrsverstöße gefilmt und dann zur Anzeige gebracht hatte, Ce DAR **18** 35). Entsprechendes gilt für das Strafverfahren (Stu NJW **16** 2283; AG Nienburg DAR **15** 280 m Bspr *König* DAR **16** 362), wobei wie im Zivilverfahren die datenschutzrechtliche Lage (§§ 6b, 28 I Nr. 1 BDSG) nicht ausschlaggebend ist, vielmehr maßgebend bleibt, dass die Aufnahme nicht den Kernbereich der Persönlichkeit tangiert und das Gebot der Wahrheitserforschung im Strafverfahren überwiegt (zutr Stu NJW **16** 2283 mzwAnm *Cornelius*; vgl. auch BGHSt **36** 167 zu von Privaten gefertigten Tonbandaufnahmen; s. auch BGH NJW **75** 2075 zu Bildaufnahmen; *König* DAR **16** 362). Zu Art 8 MRK EGMR NJW **15** 1079.

XX. Automatisierte Kennzeichenerfassung. Fragen im Zusammenhang mit der automa- **157c** tisierten Kennzeichenerfassung stellen sich in verschiedenen Bereichen (zusammenfassend *Brenner* DAR **19** 241). Außerhalb des StrVRechts hat das BVerfG polizeirechtliche Befugnisnormen im Zuge der sog. Schleierfahndung für teilweise verfassungswidrig erklärt (BVerfG NZV **19** 182 mAnm *Weichert*). Aufgrund dessen hat das VG Hannover dem Land Niedersachsen die Kennzeichenerfassung für die Verkehrsüberwachung mittels **„Section Control"** (dazu *Märtens/Wynands* NZV **19** 83; *Kupper* NZV **19** 233) untersagt (VG Hannover BeckRS **19** 3285; zu den verfassungsrechtlichen Vorgaben *Brenner* DAR **19** 61). Das einschlägige Landesrecht genügt jedoch nunmehr den Anforderungen (OVG Lüneburg NJW **19** 2951; s. auch *D. Müller* NZV **19** 279). Ferner hat die Entscheidung des BVerfG Auswirkungen auf die Kennzeichenerfassung zur Überwachung von Diesel-FV (§ 45 Rn. 38).

158 **XXI. Unfallbekämpfung.** Verkehrsunfälle bewirken hohe Personen- und volkswirtschaftliche Schäden. Die StVO will sie verhüten helfen, indem sie die erfahrungsgemäß unfallträchtigen Verstöße („abstrakte Gefährdungen") als OW ahndet (StVO-Begr Rn. 11, 12), zB fehlerhaftes Überholen, gefährdendes Linksfahren, besonders vor Kuppen und bei Unübersichtlichkeit (Kurven), zu geringen Abstand. VUnfälle können uU jedoch auch (mit)verursacht werden durch behördlich gesetzte Ursachen (E 148) wie fehlerhafte VZ, Straßenverhältnisse oder Verkehrsführung. Die VwV zu § 44 StVO zeigen auf, wo sich typische Unfälle örtlich häufen, was auf bauliche oder Regelungsmängel hinweisen kann und Abhilfe erfordert. Diesem Zweck dienen Unfallsteckkarten (Karteien, Blattsammlungen), Kollisionsdiagramme und örtliche Untersuchungen (*Hauser* VD **78** 66). Zur Mitursächlichkeit bestimmter örtlicher Knotenpunktstypen und VRegelungen *Mensebach* ZVS **70** 3, *Winkler,* Einfluss der Straße auf das Fahrverhalten, k + v **71** 88 mit Lit. Zur Bedeutung und Häufigkeit technischer FzMängel als Unfallursachen *Hirschberger* PTV **80** 499.

159 Die **Verkehrsunfallstatistik** (StVUnfStatG, BGBl. I 1990, 1078) erfasst bei Unfällen mit Toten, Verletzten sowie bei schwerwiegenden Unfällen mit Sachschaden (Definition: StVUnfStatG 1990 V; FNA 9280-3-1) außer diesen Folgen auch „Hergang und Umstände des Unfalls sowie allgemeine Unfallursachen" (§ 2 StVUnfStatG). Sie erfasst nicht die erhebliche Dunkelziffer der geglückten und versuchten Selbstmorde am Steuer (*Händel* PVT **87** 403, dazu *Müller* NZV **90** 333, *Harbort Krim* **95** 201, VersR **94** 1400), nicht einmal die später als solche aufgeklärten (*Moser/Sanders* VersR **76** 418) und nicht die zahlreichen Todesfälle am Steuer aus natürlicher Ursache (*Händel* DAR **77** 36, PVT **87** 403, *Oehmichen ua* DAR **85** 362, 365), schließlich auch nicht die auf bis zu 20% geschätzte Dunkelziffer derjenigen Unfallopfer, die die 30-Tagesfrist des § 2 III StVUnfStatG zunächst überleben (*Oehmichen ua* DAR **85** 365, *Händel* PVT **87** 403, NZV **91** 62, *Seidenstecher* DAR **92** 291). Auch über alkoholbedingte Verkehrsgefährdung besagt die amtliche Statistik nichts Verlässliches (2. BGA-Gutachen 77 S. 31). Zur Novellierung durch G v. 15.6.90 (BGBl. I S. 1078) *Hagenguth* NZV **90** 301, *Händel* PVT **90** 367, NZV **91** 61.

160 Die **wissenschaftliche Unfallursachenforschung** setzt interdisziplinäre Forschung in allen sacherheblichen Objektbereichen nach wissenschaftlichen, ua statistischen Methoden voraus (gleichbleibende oder umgewertete Voraussetzungen der Vergleichszeiträume; gesamte Verkehrsleistung der Straßen; Bauzustand; unterschiedliche Wetterverhältnisse, zB gehäufte Regenperioden im UrlaubsV, ungewöhnliche Nebel- oder Glatteisperioden; Art und Umfang des Mischverkehrs; Baustellen, Engstellen, Sperrungen und Umleitungen; Wegweisung; Verkehrszeichenzustand; optische Beschaffenheit von Straßenzügen; zeitliche Fahrbeschränkungen; Einfluss von Verkehrsverlagerungen; Kostenerhöhungen von Treibstoffen und Fahrzeughaltung).

161 **Ältere Literatur:** *Lamm/Klöckner,* Richtgeschwindigkeit und Unfälle, ZVS **72** 3. *Marek,* Systemorientierte Strategie in der Unfallforschung, ZVS **77** 88. *Danner,* Der gegenwärtige Stand der Unfallforschung, VGT **76** 22. *Jacobi/Danner,* Der VUnfall aus technischer Sicht, ZVS **76** 131. Zu statistischen Methoden auf der Grundlage der Polizeiberichte *Utzelmann* BA **74** 217.

1. Straßenverkehrsgesetz (StVG)

in der Fassung der Bekanntmachung vom 5.3.2003 (BGBl. I S. 310, ber. S. 919)

FNA 9231-1

zuletzt geändert durch G zur Haftung bei Unfällen mit Anhängern und Gespannen
im Straßenverkehr vom 10.7.2020 (BGBl. I S. 1653)

Inhaltsübersicht

Vorbemerkung

1 **1.** Das Gesetz ist am 3.5.1909 als Gesetz über den Verkehr mit Kfzen erlassen worden. Heutige Fassung: **E** 3–5. Seine Entstehung ist für den Zeitraum seit 1906 in der 16. Aufl dargestellt. Dort sind auch die Materialien für die Zeit von 1909 bis 1964 zusammengestellt und die beiden StrVSicherungsgesetze vom 19.12.52 und 26.11.64 mit ihren Änderungsgesetzen dargestellt. Das Zweite Gesetz zur Ändg schadensersatzrechtlicher Vorschriften vom 19.7.02 (BGBl. I S. 2674) enthält wesentliche Änderungen der haftungsrechtlichen Bestimmungen des StVG, darunter die Einführung einer Gefährdungshaftung des Halters von KfzAnhängern, die Ersetzung des „unabwendbaren Ereignisses" als Haftungsausschlussgrund gem. § 7 II durch das Kriterium der „höheren Gewalt", die Neuregelung des Ausschlusses der Gefährdungshaftung gem. § 8 bei Unfallverursachung durch langsame Fze, bei Schädigung von bei dem Betrieb des Fzs tätigen Personen sowie beförderter Sachen, die Ausdehnung der Haftung für Insassen nach § 8a, die Einführung eines Schmerzensgeldanspruchs auch bei Gefährdungshaftung sowie eine Änderung und Ergänzung der bisherigen Haftungshöchstbeträge in § 12. Zwischenstaatlicher Kraftverkehr: **E** 15, 16, §§ 20–22 FZV. *Booß,* 70 Jahre KfzG, DAR **79** 298.

I. Verkehrsvorschriften

Zulassung

1 (1)[1] Kraftfahrzeuge und ihre Anhänger, die auf öffentlichen Straßen in Betrieb gesetzt werden sollen, müssen von der zuständigen Behörde (Zulassungsbehörde) zum Verkehr zugelassen sein. [2] Die Zulassung erfolgt auf Antrag des Verfügungsberechtigten des Fahrzeugs bei Vorliegen einer Betriebserlaubnis, Einzelgenehmigung oder EG-Typgenehmigung durch Zuteilung eines amtlichen Kennzeichens.

(2) Als Kraftfahrzeuge im Sinne dieses Gesetzes gelten Landfahrzeuge, die durch Maschinenkraft bewegt werden, ohne an Bahngleise gebunden zu sein.

(3)[1] Keine Kraftfahrzeuge im Sinne dieses Gesetzes sind Landfahrzeuge, die durch Muskelkraft fortbewegt werden und mit einem elektromotorischen Hilfsantrieb mit einer Nenndauerleistung von höchstens 0,25 kW ausgestattet sind, dessen Unterstützung sich mit zunehmender Fahrzeuggeschwindigkeit progressiv verringert und

1. beim Erreichen einer Geschwindigkeit von 25 km/h oder früher,

2. wenn der Fahrer im Treten einhält,

unterbrochen wird. [2] Satz 1 gilt auch dann, soweit die in Satz 1 bezeichneten Fahrzeuge zusätzlich über eine elektromotorische Anfahr- oder Schiebehilfe verfügen, die eine Beschleunigung des Fahrzeuges auf eine Geschwindigkeit von bis zu 6 km/h, auch ohne gleichzeitiges Treten des Fahrers, ermöglicht. [3] Für Fahrzeuge im Sinne der Sätze 1 und 2 sind die Vorschriften über Fahrräder anzuwenden.

Begr zum ÄndG v 24.4.1998 **zu Abs 1 S 1** (BTDrs 13/6914 S 63 = VkBl. **98** 787): *§ 1 Abs. 1* **1** *enthält ... den Grundsatz der Zulassungspflicht für Kraftfahrzeuge. Einbezogen werden die Anhänger ... Die für die Zulassung zuständige Behörde wird zur Vereinfachung als „Zulassungsbehörde" bezeichnet.*

Der Begriff „öffentliche Wege oder Plätze" wird in Angleichung an die Vorschriften der Straßenverkehrs- **2** *ordnung und der Straßenverkehrs-Zulassungs-Ordnung durch den Begriff „öffentliche Straßen" ersetzt. Eine inhaltliche Änderung ist damit nicht verbunden.*

Begr zum ÄndG v. 11.9.02 **zu Abs. 1 S. 2** (VkBl. **02** 667): *§ 1, der die Grundsätze der Zulas-* **3** *sung von Fahrzeugen zum Straßenverkehr enthält, wird in Absatz 1 ergänzt. Es wird klargestellt, dass die Zulassung nicht von Amts wegen, sondern nur auf Antrag des Verfügungsberechtigten über das Fahrzeug erfolgt und dass die Zulassung auf den beiden Fundamenten EG-Typgenehmigung bzw. Betriebserlaubnis und Zuteilung des amtlichen Kennzeichens beruht ....*

Begr zum ÄndG v. 17.6.13 **zu Abs. 3** (BT-Drs. 17/12856 S. 11): *Im Zusammenhang mit dem* **4** *Thema Elektromobilität gewinnen sogenannte Elektrofahrräder im öffentlichen Straßenverkehr zunehmend an Bedeutung .... besteht oft Unklarheit über die verkehrsrechtliche Einstufung dieser Fahrzeuge und über die daraus resultierenden fahrerlaubnis-, verhaltens- und zulassungsrechtlichen Konsequenzen. Eine Anpassung des § 1 des Straßenverkehrsgesetzes (StVG) soll Rechtssicherheit bei der verkehrsrechtlichen Einordnung von Elektrofahrrädern schaffen.*

Die Richtlinie 2002/24/EG über die Typgenehmigung von zweirädrigen oder dreirädrigen Kraftfahr- **5** *zeugen nimmt in Artikel 1 Absatz 2 Buchstabe h Fahrräder mit Trethilfe, die mit einem elektromotorischen Hilfsantrieb mit einer maximalen Nenndauerleistung von 0,25 Kilowatt ausgestattet sind, dessen Unterstützung sich mit zunehmender Fahrzeuggeschwindigkeit progressiv verringert und beim Erreichen einer Geschwindigkeit von 25 km/h oder früher, wenn der Fahrer im Treten einhält, unterbrochen wird von deren Geltungsbereich aus. Diese Fahrzeuge werden national verkehrsrechtlich bereits als Fahrräder eingestuft.*

Viele Elektrofahrräder verfügen zusätzlich über eine sogenannte Anfahr- oder Schiebehilfe, die eine Be- **6–12** *schleunigung des Fahrzeuges auf eine Geschwindigkeit von bis zu 6 km/h, auch ohne gleichzeitiges Treten des Fahrers, ermöglicht. Gemäß Artikel 1 Absatz 2 Buchstabe a der Richtlinie 2002/24/EG sind auch alle Fahrzeuge mit einer bauartbedingten Höchstgeschwindigkeit von bis zu 6 km/h von deren Geltungsbereich ausgenommen. Diese Fahrzeuge können national geregelt werden. Gemäß § 1 Absatz 2 des StVG in der gültigen Fassung sind solche Fahrzeuge als Kraftfahrzeuge einzustufen....*

1. Allgemeines. § 1 legt Grundbegriffe für die Teilnahme von Kfz, Kfz-Anhängern und be- **13** stimmten Pedelecs am öff StrV fest und begründet die Zulassungspflicht von Kfz und Kfz-Anhängern. Zulassung eines Fz zum StrV ist die behördliche Erlaubnis, ein zulassungspflichtiges Fz auf öffentlichen Straßen in Betrieb zu setzen. Ausnahmen von der Zulassungspflicht können auf der Grundlage von § 6 I Nr. 2 durch RVO bestimmt werden.

14   **2. Begriff des Kraftfahrzeugs.** Kfz iSd StVG sind alle Landfahrzeuge, die durch Maschi-
nenkraft bewegt werden, ohne an Bahngleise gebunden zu sein (II), mit Ausnahme bestimmter
Elektro-Fahrräder (III). Eine Mindestgeschwindigkeit ist nicht erforderlich, um als Kfz zu gelten
(Ha VRS **51** 300). Es ist ohne Bedeutung, für welchen Zweck das Fz eingesetzt wird (Beförde-
rung von Personen, von Sachen, Leistung von Arbeit). Go-Karts sind Kfz (Stu VersR **74** 123, Ha
NZV **03** 32, Ko VersR **05** 705), auch Elektrorollstühle (AG Löbau NJW **08** 530), Motorschlitten,
Raupenfz, fahrbare Bagger (Ha VRS **51** 300, Dü VM **78** 34, VRS **64** 115), Straßenwalzen, be-
wegbare nicht fest mit dem Boden verbundene Arbeitsmaschinen (KG VM **85** 63 – Elektrokar-
ren). Segways (selbstbalancierende elektronische Stehroller) sind Kfz (Hb DAR **17** 157 = NZV
17 193), ebenso Elektrokleinstfahrzeuge, unabhängig davon, ob sie unter die eKFV fallen oder
nicht. Zu Elektro-Fahrrädern (Pedelecs) Rn. 22 ff.

15   II und III definieren den Begriff des Kraftfahrzeugs **im Sinne dieses Gesetzes,** also des
StVG und aller darauf beruhender Verordnungen. Die Begriffsbestimmung des Kfz in § 2 Nr. 1
FZV deckt sich trotz abweichender Formulierung inhaltlich mit der Definition in II (dazu
Rn. 21 und § 2 FZV Rn. 3). Die Einschränkungen gem. III gelten für das StVG und alle auf
dem StVG beruhenden RVO, auch wenn der Wortlaut in diesen RVO nach Einfügung des
Abs. III durch G v. 17.6.13 nicht angepasst worden ist (wie zB in § 2 Nr. 1 FZV). Spezifizierun-
gen des Begriffs Kfz wie zB Kraftrad, LeichtKfz, Zgm werden im StVG nicht definiert. Soweit
sie in RVO enthalten sind, wird ihr Sinngehalt dort festgelegt.

16   **a) Fahrzeuge** sind zur Fortbewegung geeignete bewegliche Gegenstände, die üblicherweise
dem Transport von Gütern oder Personen dienen, aber auch andere Zwecke (zB Arbeitsleistung)
haben können. Das Gerät darf nicht fest mit dem Erdboden verbunden sein, sondern muss fort-
bewegt werden können (Stu VersR **74** 123, KG VM **85** 63, Gegensatz: Fahrstuhl, Autokarussell).
Es ist unerheblich, ob das Fz auf Rädern oder anders (zB auf Kufen, Ketten, Luftkissen) bewegt
wird.

17   **b) Landfahrzeuge** sind Fahrzeuge, die ausschließlich oder überwiegend auf dem Land be-
wegt werden. Wasser- und Luftfahrzeuge sind keine Landfahrzeuge, auch wenn sie zu einem
geringen Anteil auf Land fahren wie zB Flugzeuge beim Starten und Landen. Nicht erforderlich
ist, dass das Fz zum Betrieb im Verkehr bestimmt und geeignet ist (aA Kö VersR **52** 150 für
elektrische Autoskooter), denn eine derartige Einschränkung des Begriffs LandFz ist II nicht zu
entnehmen.

18   **c)** Fahrzeuge werden **durch Maschinenkraft bewegt,** wenn ihre Bewegung durch eine
Maschine und nicht durch Menschen-, Tier- oder Naturkraft (Wasser, Wind, eigenes Schwerge-
wicht) bewirkt wird (Stu VersR **74** 123, Ol NZV **99** 390). Der Begriff der Maschine wird im
StVG nicht näher definiert. Es kommen deswegen alle maschinellen Antriebsarten in Betracht
(Ol NZV **99** 390) wie zB Verbrennungs- oder Elektromotor, eine Kombination aus beiden
(Hybridantrieb), Dampfmaschine, Turbine. Unerheblich ist die Form der Kraftübertragung und
der Kraftstoffzuführung. Fahrräder mit Hilfsmotor/Mofas (§ 4 I S. 2 Nr. 1 FeV) sind Kfz; dass sie
mittels der Pedale auch mit Muskelkraft fortbewegt werden können, steht nicht entgegen
(Dü VM **75** 20, Zw VRS **71** 229; s. aber III).

19   II ist so zu verstehen, dass ein Fz nur Kfz ist, wenn es durch eine **eigene Maschine** bewegt
wird, die mit dem Fz verbunden ist. Art 1 Buchst. o ÜbStrV (1968) bringt dies noch deutlicher
als II zum Ausdruck: „Kfz ist jedes auf der Straße *mit eigener Kraft* verkehrende Fz mit Antriebs-
motor …". Anhänger von Kfz sind keine Kfz, da sie nicht durch eine eigene Maschine, sondern
nur durch die maschinelle Kraft eines anderen Fz bewegt werden. Die Maschine muss direkt mit
dem Fz in der Weise verbunden sein, dass sich das Fz von ihr angetrieben bewegen kann. *Eigene
Kraft* ist nur dann gegeben, wenn sie sich unmittelbar am Fz selbst entfaltet, nicht wenn sie auf
das Fz gemittelt wird (*Grunewald* NZV **00** 384). Ein Propellermotor auf dem Rücken eines
Radfahrers führt somit zum Entstehen eines Kfz (*Grunewald* NZV **00** 384, aA Ol NZV **99**
390, BHHJ/*Heß* § 1 StVG Rn. 8a, *B/M/R* § 1 StVG Rn. 2, *Jahnke* NZV **19** 601 (603)).

20   **Ausfall der bewegenden Kraft:** Ein eigentlich motorbetriebenes, aber betriebsunfähiges Fz
ist kein Kfz mehr, da es nicht mehr aus eigener Kraft fahren kann (Zw DB **67** 78, *Grunewald*
NZV **00** 384, aA Bay GA **56** 389 (allerdings zur Feuergefahr nach §§ 46–50 ReichsgaragenO),
hier bis 42. Aufl).

21   **d) Nicht an Bahngleise gebunden** darf die FzBewegung sein. Kann das Fz auf Gleisen lau-
fen, oder läuft es auf ihnen, so muss es deshalb technisch noch nicht an sie gebunden sein, es sei
denn, es kann bauartbedingt bei bestimmungsgemäßer Verwendung ausschließlich auf Schienen
laufen. Die Straba ist an Bahngleise gebunden und deswegen kein Kfz (BVerwG NZV **00** 309,

Ha VRS **100** 438). Ein Oberleitungsomnibus ist nicht an Bahngleise gebunden und daher Kfz: Er ist zwar zur Stromzufuhr an die Oberleitung gebunden, nicht aber an Bahngleise, und kann auf der Straße frei bewegt werden, soweit die Verbindung zur Oberleitung dies zulässt (*Filthaut* NZV **95** 52). Eine Magnetschwebebahn („Transrapid") ist als an Bahngleise gebunden anzusehen, auch wenn sie über einem Tragebalken schwebt. Um dies deutlich zu machen, ist die Formulierung in § 2 Nr. 1 FZV *(nicht dauerhaft spurgeführte)* etwas anders gewählt worden (s. § 2 FZV Rn. 3).

3. Fahrräder und Fahrräder mit elektromotorischer Tretunterstützung. Fahrrad ist **22** jedes Fz mit wenigstens zwei Rädern, das ausschließlich durch die Muskelkraft auf ihm befindlicher Personen, insbesondere mit Hilfe von Pedalen oder Handkurbeln, angetrieben wird (§ 63a I StVZO, Art 1 Buchst. l ÜbStrV 1968, BVerwG NZV **01** 493, VGH Ma 17.7.00 VM **01** 13, *Müller* VD **05** 143). Da Fahrräder keinen Motor haben, sind sie keine Kfz. Etwas unübersichtlich ist, inwieweit **Fahrräder mit elektromotorischer Tretunterstützung** als Kfz iSv § 1 StVG anzusehen sind. Fahrräder mit einem Elektromotor, der nur durch das Treten aktiviert wird (Tretunterstützung), werden als Pedelecs (pedal electric cycles) bezeichnet. Daneben gibt es Fahrräder mit elektromotorischer Tretunterstützung, deren Motor das Fz als Anfahr- oder Schiebehilfe tretunabhängig bis zu einer bestimmten Geschwindigkeit antreibt, darüber hinaus aber nur mit Tretunterstützung. Nachdem lange Unsicherheit über die Frage geherrscht hatte, ob Fahrräder mit elektromotorischer Tretunterstützung Kfz sind (s. 42. Aufl Rn. 3 mwN), hat der Gesetzgeber durch Einfügung von Abs. III durch ÄndG v. 17.6.13 (BGBl. I S. 1558, Begr Rn. 4 ff.) mit Wirkung ab 21.6.13 bestimmte Fz dieser Art von dem Begriff des Kfz ausgenommen. Die vorher erfolgte Veröffentlichung des BMV zur verkehrsrechtlichen Einstufung von Elektrofahrrädern v. 23.10.12 (VkBl. **12** 848 = StVRL § 16 StVZO Nr. 1) hatte keine rechtliche Relevanz; hinsichtlich Pedelecs bis 25 km/h war sie rechtlich unzutreffend (42. Aufl Rn. 3); inzwischen ist sie durch III überholt. Zur abweichenden Wertung im **Strafrecht** s. § 316 StGB Rn. 17 f., § 69 StGB Rn. 3a. **E-Bikes** iSv §§ 2 IV S. 6, 39 VII StVO (ein ansonsten im StrVR nicht verwendeter Begriff) sind zweirädrige Kleinkrafträder mit elektrischem Antrieb, die sich mit einer Geschwindigkeit von bis zu 25 km/h fahren lassen, auch ohne dass der Fahrer gleichzeitig in die Pedale tritt (Begr zu §§ 2 IV S. 6, 39 VII StVO BR-Drs. 332/16 S. 8, 9 f.). Sie fallen nicht unter III. Auch wenn die Begr zu §§ 2 IV S. 6, 39 VII StVO nicht ganz klar formuliert ist (*Huppertz* VD **16** 329), wird aus der Zusammenschau mit dem Regelungszweck deutlich, dass nicht Fz iSv III (für die Radwege ohnehin frei sind), sondern Kleinkrafträder mit Elektroantrieb bis 25 km/h gemeint sind, die nicht unter III fallen. – **Elektrokleinstfahrzeuge** iSv § 1 I eKFV unterfallen ebenfalls nicht den Maßgaben des III (zu Segways Hb DAR **17** 157 = NZV **17** 193).

Die folgenden Fahrräder mit elektromotorischer Tretunterstützung sind zu unterscheiden:

a) Fahrräder mit elektromotorischer Tretunterstützung bis 25 km/h. LandFz, die **23** **durch Muskelkraft fortbewegt** werden und mit einem **elektromotorischen Hilfsantrieb** mit einer Nenndauerleistung von höchstens 0,25 Kilowatt ausgestattet sind, dessen Unterstützung sich mit zunehmender Fahrzeuggeschwindigkeit progressiv verringert und beim Erreichen einer Geschwindigkeit von 25 km/h oder früher, wenn der Fahrer im Treten einhält, unterbrochen wird, sind als Ausnahme von II per Legaldefinition **keine Kfz** iSd StVG (III S. 1). Diese Regelung ist in Anlehnung an die Formulierung in Art 1 I UAbs. 2 Buchst. h der damaligen Richtlinie 2002/24/EG über die Typgenehmigung für zweirädrige oder dreirädrige Kfz (StVRL § 20 StVZO Nr. 42, s. auch § 15 II Nr. 8 EG-FGV) gewählt worden (Begr Rn. 5). Dass derartige Fz von der Typgenehmigungsrichtlinie ausgenommen sind, hat zwar keine Aussagekraft für die Frage, ob ein Fz ein Kfz iSv § 1 ist (*Brockmann* 50. VGT **12** 205 (208) = SVR **12** 210 (212)). Der Gesetzgeber war aber nicht gehindert, diese Fz von der Legaldefinition des Kfz in II auszunehmen. Er hat – abweichend vom Wortlaut des Art 1 I UAbs. 2 Buchst. h der damals gültigen Richtlinie 2002/24/EG – auch nicht normiert, dass diese Fz Fahrräder seien. Dies wäre mit Art 1 Buchst. l ÜbStrV (1968) unvereinbar gewesen, wonach ein Fahrrad ein Fz ist, das *ausschließlich* durch die Muskelkraft auf ihm befindlicher Personen angetrieben wird. Fahrräder mit elektromotorischer Tretunterstützung können deswegen rechtlich nicht als Fahrräder eingeordnet werden (*Brockmann* 50. VGT **12** 205 (207) = SVR **12** 210 (211 f.)). Der Gesetzgeber hat lediglich festgelegt, dass auf Fz gem. III die Vorschriften über Fahrräder anzuwenden sind (III S. 3). Die Behauptung des Gesetzgebers, diese Fz seien auch schon vor der Einfügung von III national verkehrsrechtlich als Fahrräder eingestuft gewesen (Rn. 5), ist unzutreffend (42. Aufl Rn. 3).

Fahrräder mit elektromotorischer Tretunterstützung bis 25 km/h sind also weder Kfz iSd **24** StVG noch Fahrräder, sondern **motorgetriebene Fz eigener Art,** auf die die Vorschriften über Fahrräder anzuwenden sind. Fz iSv III S. 1 sind damit weder Betriebserlaubnis- noch Zulassungs- oder Kennzeichenpflichtig, unterliegen nicht den Vorschriften über Pflichtversicherung und Kfz-Steuer. Für sie gelten die Bau- und Betriebsvorschriften der StVZO für Fahrräder. Bei fehlender Vorschriftsmäßigkeit dieser Fz können Maßnahmen nach § 17 StVZO, nicht nach § 5 FZV, ergriffen werden. Sie unterliegen den verhaltensrechtlichen Vorschriften für Fahrradfahrer, ein Schutzhelm muss nicht getragen werden. Für das Führen im öff StrV gilt kein Mindestalter, es gibt keine Ausbildungspflicht und es wird weder FE noch Prüfbescheinigung iSv § 5 IV FeV benötigt. Personen, die zum Führen dieser Fz ungeeignet oder nur eingeschränkt geeignet sind, kann die FEB das Führen im öff StrV untersagen, beschränken oder die erforderlichen Auflagen anordnen (§ 3 FeV). Bei fehlender oder eingeschränkter Befähigung (Kenntnisse der VVorschriften, FzBeherrschung) gibt es diese Möglichkeit nicht.

25   **b) Fahrräder mit elektromotorischer Tretunterstützung bis 25 km/h mit tretunabhängiger Anfahr- oder Schiebehilfe bis zu 6 km/h.** Fz gem. III S. 1 sind auch dann von dem Begriff des Kfz iSd StVG ausgenommen, wenn sie zusätzlich über eine elektromotorische **Anfahr- oder Schiebehilfe** verfügen, die eine Beschleunigung des Fz auf eine Geschwindigkeit von **bis zu 6 km/h auch ohne gleichzeitiges Treten** des Fahrers ermöglicht (III S. 2). Der Gesetzgeber sah sich in der Lage, diese Regelung zu treffen, weil Fz mit einer bbH von bis zu 6 km/h zum damaligen Zeitpunkt gem. Art 1 I UAbs. 2 Buchst. a der Richtlinie 2002/24/EG über die Typgenehmigung für zweirädrige oder dreirädrige Kfz (StVRL § 20 StVZO Nr. 42) von dieser Richtlinie ausgenommen waren und deswegen national geregelt werden konnten (Begr Rn. 6–12). Dies entspricht auch der heutigen Rechtslage (Art 2 II Buchst. a der heute gültigen VO (EU) Nr. 168/2013). Auch auf diese Fz sind die Vorschriften über Fahrräder anzuwenden (III S. 3).

26   **c) Fahrräder mit elektromotorischer Tretunterstützung,** bei denen die Motorunterstützung erst bei einer **höheren Geschwindigkeit als 25 km/h** unterbrochen wird, sind keine Fz iSv III. Für diese Fz gelten die allgemeinen Regeln für Kfz. Problematisch war früher die Ermittlung der bbH, wenn diese Fz nicht über einen tretunabhängigen Zusatzantrieb verfügen (vgl. BT-Drs. 17/6673 S. 4 Antwort zu Frage 10 S. 2), was insofern problematisch war, als fahrerlaubnis-, zulassungs- und verhaltensrechtlich zT entscheidend ist, welche bbH ein Kfz hat (s. 43. Aufl Rn. 26). Durch Art 15 der Delegierten VO (EU) Nr. 134/2014 v. 16.12.13 (ABlEU Nr. L 53 v. 21.2.14 S. 1), die seit 1.1.16 gilt, ist nunmehr geregelt, wie die bbH bei sog S-Pedelecs zu ermitteln ist.

27   **d) Fahrräder mit elektromotorischer Tretunterstützung mit tretunabhängigem Zusatzantrieb schneller als 6 km/h** sind ebenfalls keine Fz iSv III. Für sie gelten die allgemeinen Regeln für Kfz.

28   **4.** Der Begriff **Anhänger** wird im StVG nicht definiert. Anhänger ist jedes Fz, das dazu bestimmt und geeignet ist, an ein anderes Fz zum Mitfahren hinter diesem Fz angehängt zu werden. Abs. I statuiert Zulassungspflicht nur für **Kfz-Anhänger.** § 2 Nr. 2 FZV beschreibt Anhänger als *zum Anhängen an ein Kfz bestimmte und geeignete Fz.* Gemäß Art 1 Buchst. q ÜbStrV (1968) ist Anhänger „jedes Fz, das dazu bestimmt ist, an ein Kfz angehängt zu werden", einschließlich der Sattelanhänger (diese sind gemäß Art 1 Buchst. r „Anhänger, dazu bestimmt, mit einem Kfz so verbunden zu werden, dass sie teilweise auf diesem aufliegen und dass ein wesentlicher Teil ihres Gewichtes und des Gewichtes ihrer Ladung von diesem getragen wird").

29   Ob **Kfz als Anhänger** hinter anderen Kfz mitgeführt werden dürfen, bestimmt sich nicht nach § 1 StVG. Näher zum **Schleppen** und **Abschleppen** § 33 StVZO.

30   **5.** Das StVG enthält keine Legaldefinition des Begriffs **öffentliche Straßen.** Gemeint ist der öffentliche Verkehrsraum. Erfasst werden zum einen alle Verkehrsflächen, die nach dem Wegerecht dem allgemeinen Verkehr gewidmet sind. Ein Verkehrsraum ist darüber hinaus auch dann öffentlich, wenn er ohne Rücksicht auf eine Widmung und ungeachtet der Eigentumsverhältnisse entweder ausdrücklich oder mit stillschweigender Duldung des Verfügungsberechtigten für jedermann oder aber zumindest für eine allgemein bestimmte größere Personengruppe zur Benutzung zugelassen ist und auch tatsächlich so genutzt wird (BGH NJW 04 1965, NZV 13 508, Einzelheiten: § 1 StVO Rn. 13 ff.). Der zT auch heute noch (zB in § 1 PflversG) verwendete Begriff *öffentliche Wege oder Plätze* ist identisch mit dem Begriff *öffentliche Straßen* (Begr Rn. 2).

31   **6. In Betrieb setzen.** „Betrieb" ist die bestimmungsgemäße Verwendung des Kfz oder Kfz-Anhängers: § 7 StVG.

7. Grundsatz des Zulassungszwangs. Zum Verkehr ist an sich jedermann mit jedem Fz **32** zugelassen, soweit nicht für einzelne Straßen oder Teile davon gesetzliche Beschränkungen vorgeschrieben sind. Von dieser Freiheit des Verkehrs macht das StVG für den Verkehr mit Kfz Ausnahmen, und zwar im § 1 für Fz: es darf auf öffentlichen Straßen kein Kfz (Rn. 14) oder Kfz-Anhänger (Rn. 28), auch nicht ausnahmsweise und auf kurzen Strecken, betrieben werden, das oder der nicht behördlich zugelassen ist. Zu den Zulassungsvoraussetzungen Rn. 34 f., § 3 FZV. Ausnahmen vom Zulassungszwang Rn. 38. Bei erfüllten Zulassungsbedingungen hat der Antragsteller einen Rechtsanspruch auf Zulassung (OVG Ko NZV **91** 406). Das Kfz im öffentlichen Verkehr selber betreiben zu wollen, muss der Halter nicht nachweisen. Vielmehr ist die Zulassung nur rechtliche Voraussetzung der Inbetriebnahme im öff StrV. Zur Berechtigung im Ausland zugelassener Kfz zur Teilnahme am öff StrV in Deutschland § 6 I Nr. 2 Buchst. v, §§ 20–22 FZV.

Die **Zulassung** erfolgt auf Antrag bei Vorliegen einer Betriebserlaubnis, Typ- oder Einzelge- **33** nehmigung *durch Zuteilung eines amtlichen Kennzeichens* (I S. 2). Amtliche Kennzeichen sind mit einem Dienstsiegel versehene Kennzeichenschilder (vgl. VkBl. **98** 796). **Zuteilung eines amtlichen Kennzeichens** iSd I S. 2 ist die Entscheidung der Zulassungsbehörde darüber, welches Kennzeichen bestehend aus Unterscheidungszeichen für den Verwaltungsbezirk und Erkennungsnummer das Fz erhalten soll und die amtliche Abstempelung der Kennzeichenschilder mit diesem Kennzeichen.

Voraussetzung für die Zulassung ist das Vorliegen einer **Betriebserlaubnis**, einer **Einzelge- 34** **nehmigung** oder einer **EG-Typgenehmigung** für das Fz (I S. 2, § 3 I S. 2 FZV, zu den Begriffen § 19 StVZO Rn. 2 ff., § 2 FZV Rn. 6–9). Entfällt die Betriebserlaubnis/Genehmigung eines zugelassenen Fz, berührt dies die Zulassung nicht; das Fz darf dann aber nicht mehr im öff StrV in Betrieb gesetzt werden (§ 19 StVZO Rn. 14). **Kfz mit hoch- oder vollautomatisierter Fahrfunktion** iSv § 1a II S. 1 unterliegen hinsichtlich der Zulassung keinen Besonderheiten. Ihre Zulassung hängt insbes nicht davon ab, ob die Bedingungen nach § 1a II S. 1, III Nr. 1 oder 2 erfüllt sind (vgl. BT-Drs. 18/11534 S. 3 (Nr. 4 Buchst. d), 14), denn dies sind lediglich Voraussetzungen für den Betrieb des Kfz mittels hoch- oder vollautomatisierter Fahrfunktion, nicht für die Zulassung.

Notwendige Elemente der Zulassung sind die Zuteilung eines Kennzeichens (§ 8 FZV), **35** die Abstempelung der Kennzeichenschilder mit diesem Kennzeichen (§ 10 III S. 1 FZV) und die Ausfertigung einer Zulassungsbescheinigung, bestehend aus den Teilen I und II (§ 3 I S. 3 FZV). Der Vorgang der Zulassung ist erst mit der amtlichen Abstempelung der Kennzeichenschilder abgeschlossen (BGHSt **11** 165 = NJW **58** 508, OVG Ko NZV **91** 406, Dü NZV **93** 79, **97** 319). Dies ist durch ÄndVO v. 13.1.12 im Wortlaut von § 3 I S. 3 FZV klargestellt worden, der vom 1.3.07 bis 30.6.12 den unzutreffenden Eindruck erweckt hatte, die Abstempelung der Kennzeichenschilder sei für die Zulassung nicht mehr erforderlich (*Dauer* NZV **07** 442, § 3 FZV Rn. 5). Entsprechend verliert ein Fz im herkömmlichen Verfahren der Außerbetriebsetzung (zur internetbasierten Außerbetriebsetzung Rn. 37) mit der Entstempelung seiner Kennzeichenschilder die Eigenschaft, amtlich zum Verkehr zugelassen zu sein (BGHSt **11** 165, 169 = NJW **58** 508, 509).

Der **Begriff des amtlichen Kennzeichens** wird in der FZV nicht mehr verwendet, wohl **36** aber noch an verschiedenen Stellen im StVG und in anderen Normen. Damit war keine inhaltliche Veränderung des Begriffs der Zulassung verbunden (*Dauer* NZV **07** 442). Der **Begriff Zuteilung** wird seit Inkrafttreten der FZV mit zwei verschiedenen Wortbedeutungen im Kfz-Zulassungsrecht verwendet: **Zuteilung eines Kennzeichens iSd § 8 I S. 1 FZV** ist die Entscheidung der Zulassungsbehörde darüber, welches Kennzeichen bestehend aus Unterscheidungszeichen für den Verwaltungsbezirk und Erkennungsnummer das Fz erhalten soll, für das ein Antrag auf Zulassung nach § 6 FZV, bei zulassungsfreien Fahrzeugen ein Antrag auf Zuteilung eines Kennzeichens nach § 4 II und III S. 2 FZV, oder bei Umzug in einen anderen Zulassungsbezirk ein Antrag auf Zuteilung eines neuen Kennzeichens nach § 13 III S. 1 Nr. 1 FZV gestellt worden ist (§ 8 FZV Rn. 16). **Zuteilung eines amtlichen Kennzeichens iSd I S. 2** ist die Zuteilung eines Kennzeichens in dem eben genannten Sinne und die amtliche Abstempelung der Kennzeichenschilder mit diesem Kennzeichen gem. § 10 III S. 1 FZV.

Beendigung der Zulassung. Die Zulassung eines Kfz oder Kfz-Anhängers kann durch **37** Außerbetriebsetzung gem. § 14 oder §§ 15g f. FZV beendet werden. Ein formloser Widerruf der Zulassung, der nicht in einer entsprechenden Eintragung in der ZB bzw. dem Anhängerverzeichnis und am Kennzeichen zum Ausdruck kommt, kommt nach der gesetzlichen Systematik nicht in Betracht (VGH Ma DAR **12** 224). Bei dem **herkömmlichen Verfahren der Außerbetriebsetzung** (§ 14 I FZV) wird die Zulassung formgebunden durch Entstempelung der Kennzeichenschilder, Eintragung des Datums der Außerbetriebsetzung auf der ZB I und ggf.. auf dem Anhängerverzeichnis sowie Aushändigung dieser Unterlagen an den Antragsteller beendet (*Dauer* DAR **12** 660 (662)). Zu der elektronischen **internetbasierten Außerbetriebsetzung** siehe §§ 15gf. FZV.

38   **Ausnahmen vom Zulassungszwang.** § 6 I Nr. 2 StVG ermächtigt das BMV, durch RVO Ausnahmen von der Zulassungspflicht zuzulassen. Dies ist geschehen durch §§ 3 II, 16, 16a, 17, 19, 47 IV FZV.

39   **8. Zulassungsbehörde.** Die für die Zulassung von Kfz und Kfz-Anhängern sachlich zuständige Behörde wird in I S. 1 als Zulassungsbehörde bezeichnet (s. Begr Rn. 1). Dieser Begriff wird durch § 5 I FZV auch in die FZV eingeführt (§ 5 FZV Rn. 1a, 2). Dort wird klargestellt, dass es sich um die Behörde handelt, die *nach Landesrecht* für die Zulassung von Kfz und Kfz-Anhängern sachlich zuständig ist, denn durch Bundesrecht dürfen Gemeinden keine Aufgaben übertragen werden (Art 84 I S. 7 GG). Zu den Zuständigkeiten § 46 FZV; Kfz der Bundeswehr, Polizei und der BundesPol: § 46 III FZV.

Kraftfahrzeuge mit hoch- oder vollautomatisierter Fahrfunktion

1a (1) **Der Betrieb eines Kraftfahrzeugs mittels hoch- oder vollautomatisierter Fahrfunktion ist zulässig, wenn die Funktion bestimmungsgemäß verwendet wird.**

(2) ¹**Kraftfahrzeuge mit hoch- oder vollautomatisierter Fahrfunktion im Sinne dieses Gesetzes sind solche, die über eine technische Ausrüstung verfügen,**

1. **die zur Bewältigung der Fahraufgabe – einschließlich Längs- und Querführung – das jeweilige Kraftfahrzeug nach Aktivierung steuern (Fahrzeugsteuerung) kann,**

2. **die in der Lage ist, während der hoch- oder vollautomatisierten Fahrzeugsteuerung den an die Fahrzeugführung gerichteten Verkehrsvorschriften zu entsprechen,**

3. **die jederzeit durch den Fahrzeugführer manuell übersteuerbar oder deaktivierbar ist,**

4. **die die Erforderlichkeit der eigenhändigen Fahrzeugsteuerung durch den Fahrzeugführer erkennen kann,**

5. **die dem Fahrzeugführer das Erfordernis der eigenhändigen Fahrzeugsteuerung mit ausreichender Zeitreserve vor der Abgabe der Fahrzeugsteuerung an den Fahrzeugführer optisch, akustisch, taktil oder sonst wahrnehmbar anzeigen kann und**

6. **die auf eine der Systembeschreibung zuwiderlaufende Verwendung hinweist.**

²**Der Hersteller eines solchen Kraftfahrzeugs hat in der Systembeschreibung verbindlich zu erklären, dass das Fahrzeug den Voraussetzungen des Satzes 1 entspricht.**

(3) **Die vorstehenden Absätze sind nur auf solche Fahrzeuge anzuwenden, die nach § 1 Absatz 1 zugelassen sind, den in Absatz 2 Satz 1 enthaltenen Vorgaben entsprechen und deren hoch- oder vollautomatisierte Fahrfunktionen**

1. **in internationalen, im Geltungsbereich dieses Gesetzes anzuwendenden Vorschriften beschrieben sind und diesen entsprechen oder**

2. **eine Typgenehmigung gemäß Artikel 20 der Richtlinie 2007/46/EG des Europäischen Parlaments und des Rates vom 5. September 2007 zur Schaffung eines Rahmens für die Genehmigung von Kraftfahrzeugen und Kraftfahrzeuganhängern sowie von Systemen, Bauteilen und selbstständigen technischen Einheiten für diese Fahrzeuge (Rahmenrichtlinie) (ABl. L 263 vom 9.10.2007, S. 1) erteilt bekommen haben.**

(4) **Fahrzeugführer ist auch derjenige, der eine hoch- oder vollautomatisierte Fahrfunktion im Sinne des Absatzes 2 aktiviert und zur Fahrzeugsteuerung verwendet, auch wenn er im Rahmen der bestimmungsgemäßen Verwendung dieser Funktion das Fahrzeug nicht eigenhändig steuert.**

1   **Begr** (RegEntw, BT-Drs. 18/11300) **zu Abs. 1:** ... *Der neu eingefügte § 1a StVG stellt in seinem Abs. 1 klar, dass der Betrieb hoch- oder vollautomatisierter Fahrfunktionen zulässig ist unter der Voraussetzung, dass eine bestimmungsgemäße Verwendung erfolgt. Anders als in § 1 Abs. 1 StVG wird hiermit nicht der Betrieb eines Kfz, das mit hoch- oder vollautomatisierten Fahrfunktionen ausgestattet ist, im öffentlichen StrV an sich, sondern nur der Betrieb mittels dieser technischen Funktionen geregelt. Die bestimmungsgemäße Verwendung der hoch- oder vollautomatisierten Fahrfunktion ist dabei abhängig vom vorgesehenen Einsatz und vom Grad der Automatisierung. So darf zB ein Kfz nicht mittels einer automatisierten Fahrfunktion auf LandStr betrieben werden, wenn das System nur für den Einsatz auf AB vorgesehen ist.*

Die Systembeschreibung des Fz muss über die Art der Ausstattung mit automatisierter Fahrfunktion und über den Grad der Automatisierung unmissverständlich Auskunft geben, um den Fahrer über den Rahmen der bestimmungsgemäßen Verwendung zu informieren.

Zu Abs. 2: *In Abs. 2 werden Kfz mit weiterentwickelter automatisierter (hoch- oder vollautomatisierter)* **2** *Fahrfunktion definiert. Hoch- oder vollautomatisierte Fahrfunktionen zeichnen sich dadurch aus, dass sie zur Bewältigung der Fahraufgabe (einschließlich Längs- und Querführung) nach Aktivierung durch den FzF die Fahraufgabe übernehmen können, aber jederzeit durch den FzF übersteuerbar oder deaktivierbar sind, das Erfordernis der eigenhändigen FzSteuerung durch den FzF erkennen können und ihm das Erfordernis der eigenhändigen Fahrzeugsteuerung optisch, akustisch oder taktil anzeigen können. Die eingesetzte hoch- oder vollautomatisierte Fahrfunktion muss zudem in der Lage sein, während seines Betriebs die straßenverkehrsrechtlichen Vorschriften einzuhalten. Nur wenn normativ, insbesondere durch entsprechende Zulassungsanforderungen, und praktisch gewährleistet ist, dass das System sich im StV regelkonform verhält und damit andere VT nicht gefährdet werden, erscheint es angezeigt, den Sorgfaltsmaßstab für den Fahrer im Sinne des § 1b zu modifizieren.*

Je nach Grad der Ausprägung derartiger Fahrfunktionen kann diese technisch der Hoch- oder Vollautomation zugeordnet werden. Bei der Entwicklung der technischen Ausgestaltung von Kfz handelt es sich um einen Prozess der kontinuierlichen Fahrzeugautomation. Funktionalitäten zur Bewältigung bestimmter Fahrsituationen werden stetig vervollständigt und herstellerabhängig in Kfz verbaut. Eine Unterscheidung zwischen hoch- und vollautomatisierten Fahrfunktionen ist daher für die hier vorzunehmenden Regelungen nicht notwendig und auch nicht zweckmäßig.

Zu Abs. 2 S. 1 Nr. 5 (Beschlussempfehlung, BT-Drs. 18/11776 S. 9): *Mit der Regelung der* **3** *Anzeige eines Übernahmeerfordernisses mit ausreichender Zeitreserve vor der Abgabe der FzSteuerung an den FzF wird das ursprüngliche Tatbestandmerkmal „rechtzeitig" konkreter gefasst. Das System kann nicht in plötzlich eintretenden VSituationen die Fahraufgabe unvermittelt „von einer Sekunde auf die andere" auf den FzF zurück übertragen. In internationalen Vorschriften werden dazu Mindestvorgaben formuliert werden.*

Zu Abs. 2 S. 1 Nr. 6 (Beschlussempfehlung, BT-Drs. 18/11776 S. 10): *Diese Regelung stellt eine besondere Ausprägung der Nr. 4 dar, wonach das automatisierte System die Erforderlichkeit der eigenhändigen FzSteuerung erkennen können muss. Hier reagiert das System gegenüber dem FzF, wenn dieser das automatisierte System außerhalb des vorgegebenen Rahmens verwendet oder verwenden will, etwa wenn er den Sitz während der Fahrt im Automodus in die Liegeposition bringen oder den Fahrersitz verlassen will.*

Zu Abs. 2 S. 2 (Beschlussempfehlung, BT-Drs. 18/11776 S. 10): *Beim Tatbestandsmerkmal „be-* **4** *stimmungsgemäß" kommt der Systembeschreibung durch den Hersteller Bedeutung zu. Mit dieser Regelung wird der Hersteller verpflichtet, dem Nutzer des Fz eindeutig zu erklären, dass es sich hier um ein Fz mit hoch- oder vollautomatisierten Fahrfunktionen gem. der Beschreibung in diesem Gesetz handelt.*

Zu Abs. 3 (RegEntw, BT-Drs. 18/11300 S. 21f.): *... Abs. 4 (nun Abs. 3) ... stellt klar, dass wie* **5** *alle anderen Kfz auch Kfz mit hoch- oder vollautomatisierten Fahrfunktionen die in § 1 Abs. 1 StVG geregelten Voraussetzungen zur Zulassung für den Betrieb auf öffentlichen Str erfüllen müssen. Insbesondere bedürfen sie einer Betriebserlaubnis, Einzelgenehmigung oder Typgenehmigung. Diese wird nur erteilt, wenn die notwendigen technischen Voraussetzungen erfüllt sind. Dementsprechend dürfen auch Kfz mit hoch- oder vollautomatisierter Fahrfunktion unter den Voraussetzungen des § 1 Abs. 1 StVG auf öffentlichen Str betrieben werden, auch dann, wenn die hoch- oder vollautomatisierten Fahrfunktionen noch nicht in internationalen technischen Vorschriften geregelt sind. ... Abs. 4 Nr. 2 (nun Abs. 3 Nr. 2) hinsichtlich der internationalen Vorschriften ist insbesondere in Verbindung mit den in § 1b ... geregelten Pflichten zu sehen. Bei Kfz, deren automatisierte Fahrfunktion internationalen Vorschriften gem. § 1a Abs. 4 Nr. 2 (nun Abs. 3 Nr. 2) entspricht, ist im Rahmen der bestimmungsgemäßen Verwendung gem. § 1a Abs. 1 in Verbindung mit Abs. 3 (nun Abs. 4) StVG die Nutzung der automatisierten Fahrfunktion zur Fahrzeugsteuerung zulässig, solange der FzF dabei die Pflichten nach § 1b ... beachtet. Für Kraftfahrzeuge, deren automatisierte Fahrfunktion nicht internationalen Vorschriften entspricht, die aber gem. § 1 Abs. 1 StVG zum Verkehr auf öffentlichen Str zugelassen sind, gelten nicht die Regelungen in §§ 1a und 1b ..., sondern die allgemeinen straßenverkehrsrechtlichen Vorschriften. Auch bei diesen Kfz können vorhandene automatisierte Fahrfunktionen verwendet werden, solange die Verwendung sich im Rahmen der allgemeinen straßenverkehrsrechtlichen Vorschriften bewegt.*

Zu Abs. 3 Nr. 2 (Beschlussempfehlung, BT-Drs. 18/11776 S. 10): *Die neue Nr. 2 stellt klar, dass die Voraussetzungen hinsichtlich der Anwendbarkeit von § 1a mit der Folge der angepassten Sorgfalts-*

pflicht in § 1b ua auch dann erfüllt sind, wenn für das Kfz eine EG-Typgenehmigung gem. Art 20 der Richtlinie 2007/46/EG vorliegt. Gem dieser Regelung ist die Erteilung die EG-Typgenehmigung möglich, auch wenn noch keine UN-ECE-Regelung zu einer automatisierten Fahrfunktion vorliegt. Voraussetzung dafür ist die vorherige Erlaubnis der Europäischen Kommission nach einem entsprechenden Durchführungsverfahren und notwendigem Prüfverfahren zur Erteilung einer EG-Typgenehmigung.

6   **Zu Abs. 4** (RegEntw, BT-Drs. 18/11300 S. 21): ... Abs. 3 (nun Abs. 4) ... *dient der Klarstellung, dass bei hoch- und vollautomatisierten Fahrfunktionen – im Gegensatz zum autonomen Fahren – auf einen FzF nicht ganz verzichtet werden kann. Jedoch gibt es Fahrphasen, in denen das System das Fz steuert.*

7   **1. Allgemeines.** Mit den durch das 8. StVGÄndG v. 16.6.2017 (BGBl. I S. 1648) eingeführten Regelungen zur Nutzung hoch- und vollautomatisierter Fahrfunktionen hat der GGeber Neuland betreten. Der hohe Zeitdruck, unter den das GGebungsverfahren gestellt wurde (*C. König* NZV **17** 259; *Schirmer* NZV **17** 449), erweist sich ua daran, dass der BRat nur Prüfbitten verabschiedet hat, in deren Rahmen die Konzeption der Vorlage in weiten Teilen grds. in Frage gestellt wurde (BT-Drs. 18/11534). Der GGeber hat den Bedenken überwiegend nicht Rechnung getragen und das Gesetz – bei einigen Korrekturen – auf der Grundlage des RegEntw verabschiedet (zum Verfahren *Lange* NZV **17** 345). Der BRat hat das Gesetz passieren lassen und eine Entschließung verabschiedet (BR-Drs. 299/17 (Beschluss)). Die Rezeption im schon jetzt kaum mehr überschaubaren Schrifttum ist geteilt (zust zB *Hilgendorf* DRiZ **18** 66; *Lange* NZV **17** 345; *C. König* NZV **17** 249; abl *Schirmer* NZV **17** 253; s. auch die Empfehlungen des 56. VGT **2018** AK II). Beim Regelungskomplex handelt es sich zT noch um eine lex imperfecta, weil supranationales Recht erst in Vorbereitung ist (Rn. 13; zur UNECE-Regelung für automatisierte Spurhaltesystem (ALKS) *Will* NZV **20** 163) und die VO-Ermächtigungen nach § 63b noch der Ausschöpfung harren. Zum Rechtsvergleich *Straub/Keber* NZV **20** 113.

8   **2. Zulässiger Betrieb (I).** § 1a regelt nicht den Betrieb von mit hoch- oder vollautomatisierten Fahrfunktionen (Rn. 9 f.) ausgestatteten Kfz (dieser richtet sich weiterhin nach § 1); Regelungsgegenstand ist vielmehr der Betrieb von Kfz im StrV *mithilfe* solcher Funktionen (Begr Rn. 1). Betroffen sind also die Phasen der Fahrt, in denen „das System" die FzSteuerung übernimmt. Solange der FzF das Kfz eigenhändig steuert, die automatisierten Funktionen also nicht nutzt, sind die §§ 1a, 1b demgemäß nicht anwendbar, womit die allgemeinen Regeln gelten (s. auch IV und Rn. 14). Die (zulässige) Übergabe der FzSteuerung auf „das System" setzt dabei voraus, dass die jeweilige Funktion *bestimmungsgemäß* verwendet wird. Die Bestimmung der Fahrfunktion ergibt sich aus der Systembeschreibung des Herstellers nach II S. 2 (Rn. 12). Sie muss den FzF über Art sowie Grad der Automatisierung unmissverständlich informieren und steckt damit den Rahmen der bestimmungsgemäßen Verwendung ab (Begr Rn. 1, 4). Ist „das System" nach der herstellerseitigen Systembeschreibung zB nur für den Einsatz auf AB vorgesehen, so darf es nicht bei Fahrten auf LandStr oder innerorts verwendet werden (Begr Rn. 1). Andernfalls trifft den FzF das volle zivil- und strafrechtliche Haftungsrisiko. Das impliziert, dass der FzF sich mit der Systembeschreibung im Einzelnen vertraut machen muss (zu den Informationspflichten allgemein § 23 StVO Rn. 16; §§ 222, 229 Rn. 7). Unzureichende Information stellt einen eigenständigen Sorgfaltsverstoß dar. Allerdings ist der Hersteller in der Ausgestaltung der Systembeschreibung nicht frei, darf also nicht etwa versuchen, durch (überraschende) Einschränkungen innerhalb des vorgegebenen Anwendungsbereichs Verantwortung auf den FzF zu überwälzen. Vielmehr sind sämtliche Vorgaben des II S. 1 zwingendes Recht, demnach für den Hersteller nicht disponibel (Begr Rn. 4; *v. Bodungen/Hoffmann* NZV **18** 97, 100 f.; *Lange* NZV **17** 345, 349).

9   **3. Hoch- oder vollautomatisierte Fahrfunktion (II).** Um als Kfz mit hoch- oder vollautomatisierter Fahrfunktion gelten zu können, muss dessen Ausrüstung in vollem Umfang dem in II S. 1 enthaltenen Anforderungskatalog genügen. Darüber hinaus müssen die Fahrfunktionen den in III bezeichneten Regularien entsprechen (dazu Rn. 13). Fehlt es nur an einer dieser Voraussetzungen, so sind die §§ 1a, 1b nicht anwendbar und es gelten die allgemeinen straßenverkehrsrechtlichen Vorschriften (vgl. Begr Rn. 5 sowie Rn. 13).

10   **a)** Hoch- oder vollautomatisierte Fahrfunktionen zeichnen sich dadurch aus, dass sie sowohl in Längs- (Beschleunigung, Abbremsen) als auch in Querrichtung (Lenken) die FzSteuerung übernehmen (II S. 1 Nr. 1), aber jederzeit durch den FzF übersteuert oder deaktiviert werden können (II S. 1 Nr. 3), das Erfordernis der eigenhändigen FzSteuerung durch den FzF erkennen

(II S. 1 Nr. 4) und ihm dies optisch, akustisch oder taktil anzeigen (II S. 1 Nr. 5), auf eine systemwidrige Verwendung hinweisen (II S. 1 Nr. 6) und die straßenverkehrsrechtlichen Vorschriften einzuhalten in der Lage sind (II S. 1 Nr. 2). Das Gesetz differenziert nicht nach der international üblichen Klassifizierung (etwa *Lange* NZV **17** 345 mwN) zwischen hoch- (der FzF muss nach einer Warnung die FzSteuerung übernehmen – Level 3) und vollautomatisierter (das System stoppt das Fz selbsttätig in sicherer Weise, sofern der FzF nicht übernimmt – Level 4) FzSteuerung. Der GGeber begründet dies mit den stetigen Veränderungen im Bereich der FzAutomation (Begr Rn. 2; krit Empfehlung Nr. 1 AK II des 56.VGT 2018). Soweit der AK II des 56. VGT wegen der selbsttätigen Stoppfunktion bei Level 4 eine Beschränkung auf hochautomatisierte Fahrfunktionen empfiehlt, steht dem außer dem in den Materialien angesprochenen Aspekt entgegen, dass § 1b II bei Fehlfunktionen auch bei vollautomatisierten Funktionen seinen Sinn behält (*Pataki* DAR **18** 133; *Schrader* DAR **18** 314). **Fahrassistenzsysteme** (zB ABS, ESP, Tempomat, Spurhaltesysteme – Level 1) und **teilautomatisierte Systeme** (zB adaptive Abstands- oder Geschwindigkeitsregelung, Parkassistent – Level 2), die eine ständige Überwachung durch den FzF erfordern, fallen nicht unter II S. 1. Bei Nichterfüllung des III gilt dasselbe für hoch- und vollautomatisierte Funktionen (Rn. 13). Ebenfalls nicht erfasst ist das noch in mehr oder minder ferner Zukunft liegende vollautonome Fahren, bei dem kein Fahrer mehr notwendig ist, vielmehr das System das Fz (und seine Passagiere) vom Start bis zum Ziel selbstständig steuert (Level 5 – „Roboterautos").

b) Von zentraler Bedeutung für die zivil- und strafrechtliche Haftung des FzF ist **II S. 1** 11 **Nr. 5**. Danach muss das System die Notwendigkeit der Übernahme der FzFührung „mit ausreichender Zeitreserve" anzeigen können. Klar ist, dass damit nicht die Abgabe „von einer Sekunde auf die andere" gemeint sein kann (Begr Rn. 3). Der GGeber verweist auf Mindestvorgaben, die in internationalen Vorschriften gem. III Nr. 1 (Rn. 13) noch formuliert werden müssen (aaO). Die im Entwurfsstadium befindliche Überarbeitung der UN/ECE-Regelung 79 sieht einen eher kurzen Übernahmezeitraum von wenigstens 4 Sekunden vor (krit. *v. Bodungen/Hoffmann* NZV **18** 97, 102; s. auch *Maurer* VGT **18** S. 43, 49 ff.: aus psychologischer Sicht, sowie *Sander/Hollering* NStZ **17** 193, 201 mit Fn 121). Einer Aufforderung des Systems muss der FzF „unverzüglich" nachkommen, andernfalls er uU haftet (§ 1b II Nr. 2 und dort Rn. 10 ff.).

c) Die in II S. 2 enthaltene **Verpflichtung des Herstellers**, in der Systembeschreibung verbindlich zu erklären, dass das Kfz den Voraussetzungen des II S. 1 entspricht, ist zwingende Voraussetzung für die Anwendbarkeit der §§ 1a, 1b. Sie soll einer Überwälzung der Verantwortlichkeit des Herstellers auf den FzF entgegenwirken, weswegen der Anforderungskatalog des II S. 1 für den Hersteller nicht disponibel ist (Rn. 8). Sieht er in der Systembeschreibung nicht von II S. 1 gedeckte Beschränkungen vor, gibt aber die Erklärung gleichwohl ab, so zieht dies die Produkthaftung des Herstellers nach sich (*v. Bodungen/Hoffmann* NZV **18** 97, 99 ff.). Andererseits ist die Erklärung für das Merkmal der „bestimmungsgemäßen" Verwendung von herausragender Bedeutung. Verwendet der FzF die Funktion nicht bestimmungsgemäß, so trifft ihn die volle Verantwortlichkeit (Rn. 8).

3. Internationale Vorschriften, EG-Typgenehmigung (III). Weitere zwingende Voraus- 13 setzungen für die Anwendbarkeit der §§ 1a, 1b normiert III. Danach müssen die hoch/vollautomatisierten Fahrfunktionen entweder in internationalen, im Inland anzuwendenden Vorschriften beschrieben sein und diesen entsprechen (III Nr. 1) *oder* es muss eine in III Nr. 2 bezeichnete EG-Typgenehmigung erteilt sein (näher Begr Rn. 5). Fehlt es daran, so darf das gem. § 1 I zugelassene Kfz (natürlich) genutzt werden. Das Gleiche gilt im Prinzip für die Nutzung der automatisierten Funktionen. Dem FzF kommen aber nicht die in § 1b enthaltenen Erleichterungen zugute, sondern es gilt allgemeines StVRecht (Begr Rn. 5). Das bedeutet zunächst, dass sich der FzF insbes. nicht von den Fahraufgaben abwenden darf (§ 1b I). Ferner wäre er an sich ohne die Erleichterungen des § 1b II verantwortlich, weswegen insoweit irrelevant wäre, dass auch § 1a I in Bezug auf die bestimmungsgemäße Verwendung nicht anwendbar ist. Es bleibt ferner aber ohne ausdrückliche Bestimmung dabei, dass die *nicht bestimmungsgemäße* Verwendung (Beispiele Rn. 8) einen Sorgfaltsverstoß darstellt und (auch strafrechtlich) die volle Haftung nach sich zieht. Schwierigkeiten bereitet freilich, dass bei Nichtanwendung der §§ 1a, 1b **auch § 1a IV nicht gelten würde,** womit der Nutzer der Funktionen während der Zeit der Nutzung nicht FzF im Rechtssinne (Rn. 14) und „fahrerloses Fahren" gegeben wäre. Im Stadium der Nutzung würden deshalb sämtliche an den FzF gerichteten Ge- und Verbote nicht gelten. Ob es ein gangbarer Weg ist, § 1a IV (entgegen den Materialien) mit der Begründung doch zur Anwendung zu bringen, dass dort nur II (nicht also III) zitiert wird und III lediglich die „vorstehenden Absätze" (nicht also IV) für unanwendbar erklärt, ist zw. Denn dann würde IV auf den an sich nach den Eingangsworten unanwendbaren II verweisen. Folgt man dem Gedanken nicht, so könnte man sich im Zivilrecht vielleicht auf eine Analogie berufen, um dieses vom GGeber wohl nicht gewollte Ergebnis zu vermeiden. Im Straf- und OWRecht steht der Analogie jedoch das Gesetzlichkeitsprinzip (**E** 61) entgegen. Der GGeber ist zu den erforderlichen Klarstellungen aufgerufen.

14   **4. Fahrzeugführer (IV).** FzF ist nach herkömmlicher Definition sowohl im Zivil- als auch im Straf- und OWRecht, wer das Fz selbst (eigenhändig) unter eigener Allein- oder Mitverantwortung in Bewegung setzt, um es unter Handhabung essentieller technischer Vorrichtungen während der Fahrbewegung ganz oder wenigstens zT durch den Verkehrsraum zu leiten (§ 316 StGB Rn. 2 mwN). Es ist offensichtlich, dass es an diesen Voraussetzungen fehlt, wenn im maßgebenden Zeitpunkt (zB Unfall, Verkehrsverfehlung) nicht die Person, sondern allein das „System" das Fz steuert (zutr zu § 18 *v. Bodungen/Hoffmann* NZV **16** 449, 452 f.; aM *Schrader* NJW **15** 3537; DAR **16** 242, je vor Inkrafttreten des § 1a; *Buck-Heeb/Dieckmann* NZV **19** 113 für das Zivilrecht; wohl auch *Maatz* BA **20** 158). Jedoch bestimmt IV, dass FzF auch derjenige ist (bzw. bleibt), der eine hoch-/vollautomatisierte Fahrfunktion iSv II verwendet, auch wenn er im Rahmen der bestimmungsgemäßen Verwendung (dazu Rn. 15) dieser Funktion das Fz nicht eigenhändig steuert; umfasst sind auch Konstellationen, in denen sich der Fahrer, etwa unter Verlassen des Fahrersitzes, vollständig von den Fahraufgaben abwendet. Der vormalige Meinungsstreit (s. oben) dürfte durch die Regelung weitgehend (s. aber Rn. 13) überholt sein. Entgegen den Materialien (Begr Rn. 6) handelt es sich jedoch nicht um eine klarstellende Regelung, sondern – wie schon die Gesetzesfassung klar erweist („… das Fz *nicht eigenhändig steuert*") – um eine **Fiktion.** Sie beansprucht Gültigkeit für alle Normen, die das Merkmal des FzF verwenden, ist aber strikt auf ihren Anwendungsbereich der Nutzung hoch- oder vollautomatisierter Fahrfunktionen iSv II (zu dem hier nicht zitierten III Rn. 13) beschränkt und lässt deswegen die eingeführte Definition des FzF (außerhalb dieses Anwendungsbereichs) unberührt. Das „Pflichtenprogramm" des nicht steuernden „FzF" richtet sich dabei nicht nach herkömmlichen Grundsätzen, sondern ist § 1b zu entnehmen (s. dort Rn. 6 ff.). Klar sein sollte, dass der Hersteller mangels Erfüllung der obigen Voraussetzungen (und gesetzlicher Erstreckung) keinesfalls als FzF gelten kann (*v. Bodungen/Hoffmann* NZV **16** 503; aM *Schrader* NJW **15** 3537; DAR **16** 242, je vor Inkrafttreten des § 1a).

15   IV setzt nach seinem ausdrücklichen Wortlaut voraus, dass der Nutzer der automatisierten Funktionen diese **bestimmungsgemäß nutzt.** Daraus muss abgeleitet werden, dass bei *nicht* bestimmungsgemäßer Verwendung die Fiktion des IV (Rn. 14) nicht gilt und „fahrerloses Fahren" gegeben ist (zu einem ähnlichen Problem schon Rn. 13). Übergibt der FzF die FzSteuerung bestimmungswidrig an das System (zB AB-Pilot in der Stadt), so sind danach alle an den „FzF" gerichteten Vorschriften des Zivil-, Straf- und OWRechts nicht anwendbar. Angesichts des eindeutigen Gesetzeswortlauts kann man mit den Mitteln der Auslegung wohl nicht helfen. Eine gesetzgeberische Korrektur ist unabdingbar.

Rechte und Pflichten des Fahrzeugführers bei Nutzung hoch- oder vollautomatisierter Fahrfunktionen

1b (1) **Der Fahrzeugführer darf sich während der Fahrzeugführung mittels hoch- oder vollautomatisierter Fahrfunktionen gemäß § 1a vom Verkehrsgeschehen und der Fahrzeugsteuerung abwenden; dabei muss er derart wahrnehmungsbereit bleiben, dass er seiner Pflicht nach Absatz 2 jederzeit nachkommen kann.**

(2) **Der Fahrzeugführer ist verpflichtet, die Fahrzeugsteuerung unverzüglich wieder zu übernehmen,**

1. **wenn das hoch- oder vollautomatisierte System ihn dazu auffordert oder**
2. **wenn er erkennt oder auf Grund offensichtlicher Umstände erkennen muss, dass die Voraussetzungen für eine bestimmungsgemäße Verwendung der hoch- oder vollautomatisierten Fahrfunktionen nicht mehr vorliegen.**

1   **Begr** (BT-Drs. 18/11776 S. 10 f.): **Zu Abs. 1 und 2:** *Klarstellende Regelung, was ein FzF oder eine FzFin während der Verwendung einer hoch- oder vollautomatisierten Fahrfunktion darf, wenn die in § 1a geregelten Voraussetzungen erfüllt sind. Die im 2. Hs. geregelte Wahrnehmungsbereitschaft findet ihre Ausprägung in den im neuen Abs. 2 … geregelten Pflichten. Der FzF oder die FzFin kann sich vom Ver-*

kehrsgeschehen und der Fahrzeugführung abwenden. Er darf daher im Rahmen der Systembeschreibung die Hände vom Lenkrad nehmen, den Blick von der Straße wenden und anderen Tätigkeiten nachgehen, etwa dem Bearbeiten von Mails im Infotainment-System. Er muss aber so wahrnehmungsbereit bleiben, dass er die in Abs. 2 geregelten Situationen erfassen und die Fahrzeugsteuerung dann wieder übernehmen kann (etwa: Hören einer akustischen Übernahmeaufforderung nach Abs. 2 Nr. 1). Die gem. Abs. 2 Nr. 2 zu erkennenden Umstände müssen so offensichtlich sein, dass diese auch beim Abwenden von der Fahrzeugsteuerung und dem Verkehrsgeschehen erkennbar sind. Davon wäre beispielsweise auszugehen, wenn der Fahrer durch das Hupen anderer Fz auf Fahrfehler und damit auf technische Störungen des Systems aufmerksam gemacht wird oder wenn das System ohne äußeren Anlass eine Vollbremsung durchgeführt hat. In diesen Situationen muss der Fahrer auch dann die Fahrzeugsteuerung wieder übernehmen, wenn es keine Übernahmeaufforderung durch das System gegeben hat.

Zu Abs. 2 (BT-Drs. 18/11300 S. 22 f.): *Die Verpflichtung zur unverzüglichen Übernahme der Fahr-* **2** *zeugsteuerung trifft den FzF gem. Nr. 2 …., wenn er erkennt oder auf Grund offensichtlicher Umstände erkennen muss, dass die Voraussetzungen für eine bestimmungsgemäße Verwendung der hoch- oder vollautomatisierten Fahrfunktionen nicht mehr gegeben sind. Der FzF muss insbesondere die in der Systembeschreibung aufgezeigten Grenzen für den Einsatz des hoch- oder vollautomatisierten Fahrsystems beherrschen und beachten, um bei Vorliegen entsprechender offensichtlicher Umstände zu entscheiden, ob er die Fahrzeugsteuerung selbst übernimmt, auch wenn ihn das Fz dazu nicht auffordert. Außerdem wird die Regelung greifen bei technischen Störungen (zB fahrzeugseitige Warnungen jenseits der Aufforderung nach Nr. 1) und sonstigen Störungen im Betrieb des Fz (zB Reifenplatzer), die klar erkennbar sind. Stellt der FzF Unregelmäßigkeiten im Fahrverhalten fest, muss er von sich aus reagieren.*

1. Allgemeines. Die Vorschrift regelt, freilich nach der Wortfassung eher rudimentär, das **3** „Rechte- und Pflichtenprogramm" des „FzF" iSv § 1a IV (dort Rn. 14 f.). Sie umspannt die Rechtsgebiete des Zivil-, Straf- und OWRechts, was auch deswegen Probleme aufwirft, weil das Zivilrecht anderen Beweisregeln folgt als das Straf- und OWRecht. Nach I darf sich der FzF zwar während der Nutzung hoch-/vollautomatisierter Fahrfunktionen vom Verkehrsgeschehen und der FzSteuerung abwenden, muss aber derart wahrnehmungsbereit sein, dass er seinen Pflichten nach II jederzeit nachkommen kann. Gem II muss er die FzSteuerung „unverzüglich" übernehmen, wenn ihn das System dazu auffordert (II Nr. 1) oder er aufgrund offensichtlicher Umstände erkennt bzw. erkennen muss, dass die Voraussetzungen für die bestimmungsgemäße Verwendung der Funktionen nicht mehr vorliegen (II Nr. 2). In der Sache hat der GGeber in II Handlungsgebote bestimmt, deren Verfehlen bei einem (Nicht-)Übernahmeverschulden die zivil-, straf- und bußgeldrechtliche Verantwortlichkeit des FzF auslösen kann. Straf- und bußgeldrechtlich würde man von einem (echten) Unterlassungsdelikt sprechen. Die Vorschrift verwendet eine Reihe unbestimmter Rechtsbegriffe, was auf zT harsche Kritik gestoßen ist (*Schirmer* NZV **17** 253; s. auch *Greger* NZV **18** 1, 3), sich aber aufgrund der Besonderheiten der Rechtsmaterie auch nicht völlig vermeiden lässt. Damit obliegt die konkrete Ausformung der Rspr. Mangels Anschauungsmaterials in Form konkreter Einzelfälle können derzeit nur Grundzüge skizziert werden.

2. Abwendung in Wahrnehmungsbereitschaft (I). I geht auf Einwände des BRats zurück, **4** der beanstandet hatte, dass die Interpretation des II Nr. 2 wesentlich davon abhänge, was der FzF während der Nutzung der hoch- und vollautomatisierten Funktion tun dürfe (BT-Drs. 18/11534 S. 4 unter Nr. 5). Der GGeber hat dem im Grundsatz Rechnung getragen, ist aber Forderungen nach klareren Vorgaben nicht nachgekommen (BT-Drs. 18/11776 S. 8 f.). Er versteht den ersten Hs. betreffend die Abwendung vom Verkehrsgeschehen und von der FzSteuerung als klarstellende Regelung (Begr Rn. 1). Dies ist insofern zutreffend, als die Überlassung der FzFührung an das „System" keinen rechten Sinn machen würde, wenn der FzF in ständiger Überwachung verharren müsste. Jedoch enthält I, wie auch daraus hervorgeht, dass etwa die Nutzung des Infotainment-Systems zur Bearbeitung von E-Mails möglich sein soll (Begr Rn. 1), einen unausgesprochenen Dispens vom Nutzungsverbot für elektronische Geräte nach § 23 I a S. 1 StVO (Rn. 17) und hat schon deswegen konstitutive Wirkung. Hinsichtlich denkbarer Tätigkeiten über das in den Materialien genannte Beispiel hinaus sind der Phantasie wenig Grenzen gesetzt (Telefonieren mit dem Smartphone in der Hand, Zeitunglesen, im Internet surfen, Filme ansehen, Videobrille benützen usw.). Jedoch fordert der GGeber – aus psychologischer Sicht problematisch (*Maurer* VGT **18** S. 43, 49 ff.; *Lüdemann/Sutter/Vogelpohl* NZV **18** 414 f.) – vom „FzF", trotz erlaubter Abwendung so wahrnehmungsbereit zu sein, dass er den in II bezeichneten Pflichten jederzeit genügen kann. Danach rechnet etwa Schlafen (zB *Schirmer* NZV

17 253, 256) oder das Verlassen des Fahrersitzes gewiss nicht mehr zu den erlaubten Tätigkeiten. Erlaubt sein dürften lediglich eher kurzzeitige Kontrollunterbrechungen, nicht aber längerer vollständiger Kontrollverlust (vgl. *Greger* NZV **18** 1, 3 m weiteren Bsp.)

5 Der Grad an (in)tolerabler **Wahrnehmungsbereitschaft** bei erlaubter Abwendung von den Fahraufgaben wird für sich genommen kaum messbar und mit justiziellen Mitteln schon gar nicht beweisbar sein (abw. *Buck-Heeb/Dieckmann* NZV **19** 113). Die Bedenken wegen der Unbestimmtheit des Merkmals werden in den Fällen des II Nr. 1 jedoch dadurch etwas vermindert, dass diese ihre Ausprägung in der dort geregelten Pflichterfüllung findet (Begr Rn. 1). Damit ist gemeint, dass die Frage der Haftung letztlich im Rahmen des II Nr. 1 entschieden wird. Übernimmt der „FzF" beispielsweise nach einem „Nickerchen" auf Aufforderung des Systems unverzüglich die FzFührung, so hat sich der Mangel an Wahrnehmungsbereitschaft nicht ausgewirkt. Gelingt andererseits dem „nur" telefonierenden „FzF" diese Aufgabe nicht, so trifft ihn die Haftung. Es handelt sich daher in diesen Fällen eher um einen Pflichtenappell. Jedoch entfaltet (auch) das Erfordernis der Wahrnehmungsbereitschaft eine schwer bestimmbare Ausstrahlungswirkung auf die Interpretation des Erkennen-Müssens iSv II Nr. 2 (Rn. 9).

6 **3. Übernahmeverpflichtung (II).** Die Übernahmeverpflichtung setzt in den Fällen nach II Nr. 1 (Rn. 7) oder II Nr. 2 (Rn. 8) ein. Sie ist unverzüglich, also nach allgemeinen Regeln ohne schuldhaftes Zögern (§ 121 II S. 1 BGB) zu erfüllen.

7 a) Die **Aufforderung durch das System (II Nr. 1)** normiert den einfacheren Anlassstatbestand. Denn nach § 1a II S. 1 Nr. 5 muss das System in der Lage sein, dem FzF die Notwendigkeit der Übernahme der FzSteuerung „mit ausreichender Zeitreserve" und in der dort bezeichneten Deutlichkeit anzeigen können, andernfalls § 1b gar nicht anwendbar ist. Die gesetzlich noch zu bestimmende (§ 1a Rn. 11, 13) Zeitreserve wird der FzF dabei ausschöpfen können, ohne mit dem Unverzüglichkeitsgebot in Konflikt zu kommen (aM wohl *Greger* NZV **18** 1, 3; s. auch BRat in BT-Drs. 18/11534 S. 4 unter Nr. 6b). Übernimmt er andererseits innerhalb der Zeitreserve nicht, so liefert dies idR zugleich ohne Weiteres Beweis dafür, dass er entweder das in I erlaubte Maß der Abwendung überschritten (zB Verlassen des Fahrersitzes, andere Tätigkeit, die er nicht sofort beenden kann) und/oder es an der in I geforderten Wahrnehmungsbereitschaft (zB Einschlafen) gefehlt hat. Die exakte Ursache der Überschreitung muss dabei nicht festgestellt werden (dazu schon Rn. 5). Vielmehr entscheidet für die Haftung der nach § 63a I S. 1, 2 gespeicherte (dort Rn. 2) Zeitpunkt der Übernahmeaufforderung und der Übernahme durch den FzF, an dem die Wahrung des Unverzüglichkeitsgebots auszurichten ist.

8 b) **Keine Aufforderung durch das System (II Nr. 2).** (Noch) Schwieriger liegt es bei II Nr. 2. In der *ersten Variante* ist die an sich selbstverständliche Verpflichtung zur Übernahme der FzSteuerung geregelt, wenn der FzF *erkennt*, dass die Voraussetzungen für die bestimmungsgemäße Verwendung der automatisierten Fahrfunktionen nicht mehr vorliegen. Das Gesetz knüpft also hier (anders als in Nr. 1) nicht an die in § 1a II S. 1 Nr. 6 bezeichnete Systemwarnung bei nicht (mehr) gewährleisteter bestimmungsgemäßer Verwendung an, sondern an das Erkennen der Fehlverwendung durch den FzF. Eine gespeicherte Systemwarnung (§ 63a I S. 1, 2) kann aber Beweisbedeutung entfalten. Im Rahmen des Unverzüglichkeitserfordernisses ist dem FzF eine nach den Umständen des Einzelfalls zu bemessende Reaktionszeit zuzubilligen. Die von der Rspr. zur Schreck- bzw. Reaktionszeit entwickelten Grundsätze zu deren Bemessung (s. § 1 StVO Rn. 29f.) können dabei nicht unbesehen übertragen werden, weil sich der FzF bei Nutzung der automatisierten Fahrfunktionen anders als im „normalen" Fahrbetrieb (s. dazu § 1 StVO Rn. 7) von den Fahraufgaben abwenden darf. Es werden daher einige (wenige) Sekunden anzusetzen sein (BRat in BT-Drs. 18/11534 S. 4 unter Nr. 6b: „1,5 bis 2 Sekunden zzgl. Sicherheitszuschlag"), wobei sich die Einzelheiten erst bei Anwendung auf konkrete Einzelfälle herauskristallisieren werden. Nicht tolerable Abwendung von den Fahraufgaben verlängert die Reaktionszeit dabei naturgemäß nicht.

9 In seiner 2. *Variante* lässt II Nr. 2 ein **Erkennen-Müssen** genügen. Zivilrechtlich ist damit womöglich (einfache) Fahrlässigkeit gemeint (vgl. *Greger* NZV **18** 1, 3 unter Hinweis auf § 122 II BGB). Strafrechtlich geht das Merkmal eher in Richtung der Leichtfertigkeit. Dass (auch im Zivilrecht) ein grober Sorgfaltsverstoß erforderlich ist, ergibt sich aber aus der Wendung, wonach der FzF die Notwendigkeit der Übernahme trotz „offensichtlicher Umstände" nicht erkannt haben muss. Die Umstände müssen dabei so offensichtlich sein, dass sie auch bei nach I erlaubter Abwendung von der Fahraufgabe hätten auffallen müssen (Begr Rn. 1). Beispiele sind technische Störungen wie unvermitteltes Vollgas, unvermittelte Bremsvorgänge, Reifenplatzer oder Warnhinweise anderer VT wie Hupen (Begr Rn. 1 f.) und wohl auch besondere Verkehrslagen,

StrZustände oder Wetterverhältnisse (*Greger* NZV **18** 1, 3). Besondere Bedeutung kommt fahrzeugseitigen Warnungen etwa nach § 1a II S. 1 Nr. 6 zu. Die Annahme oder Ablehnung des Erkennen-Müssens und der Offenkundigkeit hängt dabei maßgebend davon ab, wie großzügig bei der Abwendungsbefugnis bzw. beim Maß der Wahrnehmungsbereitschaft iSv I verfahren wird (Rn. 4 f.). Demgemäß ist für geraume Zeit ein Zustand der Rechtsunsicherheit nicht zu vermeiden, der erst durch Rspr. bereinigt werden kann.

4. Zivilrecht. Entgegen anderweitigen Forderungen hat der GGeber das zivilrechtliche Haftungsrecht unverändert gelassen. Trotz der vorstehend skizzierten Verwerfungen wird man sagen können, dass sich die Regelungen zum automatisierten Fahren in das bestehende Haftungsrecht einfügen, namentlich eine Beeinträchtigung der Ansprüche von Unfallopfern, aber auch eine Abwälzung der Verantwortlichkeit der Hersteller auf den FzF bzw. dessen übergebührliche Inanspruchnahme nicht zu befürchten sind (zB *Greger* NZV **18** 1; *Lutz* NJW **15** 119; *Schrader* NJW **15** 3537; DAR **16** 242; *v. Bodungen/Hoffmann* NZV **16** 449; 503; 18 97; *Lange* NZV **17** 345; *C. König* NZV **17** 249; *Buck-Heeb/Dieckmann* NZV **19** 113; einschr. für § 18 *Franke* DAR **16** 61; sehr krit *Schirmer* NZV **17** 253). Die §§ 1a, 1b lösen auch im Versicherungsrecht keinen Novellierungsbedarf aus (*Pataki* DAR **18** 133, 135 f.). **10**

a) Hinsichtlich des **Halters** bleibt es ohne wesentliche Besonderheiten bei der Gefährdungshaftung nach § 7 I iVm dem Direktanspruch gegen dessen VU (zu Letzterem *Pataki* DAR **18** 133). Die Nutzung der automatisierten Fahrfunktionen führt (trotz der Erhöhung der Haftungshöchstsumme, s. § 12 Rn. 1a, 1b) nicht zu einer Erhöhung der BG (*Greger* NZV **18** 1, 2). Ein Schwerpunkt der §§ 1a und 1b liegt bei der **Haftung des FzF** nach § 18 und dort beim Entlastungsbeweis nach § 18 I S. 2. Im Grundsatz gilt, dass der FzF bei Versagen technischer Einrichtungen nicht haftet (§ 18 Rn. 4). Jedoch erfährt dieser Grundsatz bei Nichtübernahme der FzSteuerung trotz deren Angezeigtseins die in § 1b bezeichneten Veränderungen (Rn. 6 ff.), wobei – wie im StVRecht auch sonst – stets die Gefahrenlage im Zeitpunkt der (Nicht-)Übernahme entscheidet (*Greger* NZV **18** 1, 2). Eine Haftung des FzF tritt ferner dann ein, wenn er das System womöglich aufgrund mangelhaften Studiums der Systembeschreibung nicht bestimmungsgemäß verwendet (§ 1a Rn. 8), schließlich auch für den Fall, dass die Übernahme der FzSteuerung sachwidrig erfolgt (*Greger* NZV **18** 1, 2; *Buck-Heeb/Dieckmann* NZV **19** 113). Im Rahmen des Entlastungsbeweises werden die nach § 63a I gespeicherten Daten eine herausragende Bedeutung haben. Der Halter hat diese zur Verfügung zu stellen (§ 63a III). Die Nichtnutzung hoch- oder vollautomatisierter Fahrfunktionen löst auch dann keine Haftung des Fahrers aus, wenn der Unfall bei deren Verwendung vermeidbar gewesen wäre. Eine spezialgesetzliche Verwendungspflicht existiert nicht; eine solche lässt sich auch nicht aus der Generalnorm des § 1 StVO herleiten (vgl. *Greger* NZV **18** 1, 4; s. auch Empfehlungen des AK II des 53. VGT **2015** sowie Ethik-Kommission S. 11 unter Nr. 6; s. aber Rn. 14). Zur Bemessung der Betriebsgefahr *Gail* SVR **19** 321. **11**

b) Neben die Gefährdungshaftung tritt diejenige nach **Deliktsrecht,** in deren Rahmen sich über Halter und FzF hinaus eine ganze Reihe von Anspruchsgegnern denken lässt (zB Hersteller ua aus Verkehrssicherungspflicht wegen des Inverkehrbringens und aufgrund Produktbeobachtungspflicht, Einrichter und Betreuer von Verkehrsleiteinrichtungen, der das Kfz überlassende Halter wegen mangelhafter Instruktion des FzF bis hin zu böswilligen Hackern oder sonstigen Saboteuren usw; vgl. *Greger* NZV **18** 1, 3 f. sowie Rn. 15 zum Strafrecht, wo sich die Probleme ähnlich stellen). Den Hersteller trifft darüber hinaus die verschuldensunabhängige **Haftung nach ProdHaftG** (eingehend von *Bodungen/Hoffmann* NZV **18** 97; *Greger* NZV **18** 1, 4 f.; *Schrader* DAR **18** 314), die nicht Thema dieses Kommentars ist. **12**

5. Strafrecht. Die gesetzgeberischen Überlegungen, aber auch die wissenschaftliche Diskussion haben ihren Schwerpunkt bislang im bürgerlichen Recht. Diese eher stiefmütterliche Behandlung der strafrechtlichen Implikationen des hoch- und vollautomatisierten Fahrens verkennt, dass sich eine breite Palette von Strafbarkeiten bis hin zur Verwirklichung von vorsätzlichen Tötungsdelikten konstruieren lässt, die so gut wie alle für Herstellung und Betrieb verantwortlichen Personen erfassen kann; denkbare Eingriffe von außen durch Hacker oder andere Kriminelle kommen hinzu (eingehend *Sander/Hollering* NStZ **17** 193). Die damit verbundenen Probleme sind durch das Regelungsgefüge betreffend die Nutzung hoch- und vollautomatisierter Fahrfunktionen nur zum Teil gelöst. Namentlich in Bezug auf Dilemmasituationen erscheinen sie bereits im Ansatz kaum lösbar (Rn. 16). **13**

14 **a) Strafbarkeit des FzF.** Zu denken ist zunächst an die Strafvorschriften, die an den FzF gerichtet sind. Dieser verliert diese Eigenschaft nach der Fiktion des § 1a IV (dort Rn. 14) während der Nutzung der automatisierten Fahrfunktionen nicht. Hinsichtlich der Trunkenheitsdelikte (§ 315 I Nr. 1a, § 316 StGB) werden sich keine unüberwindlichen Schwierigkeiten ergeben. Zwar existieren keine Forschungen dazu, ab welchem Grad der Alkoholisierung „absolute" Fahrunsicherheit gegeben ist, wenn statt des „FzF" das System steuert (für ein absolutes Alkoholverbot auch unter diesem Aspekt *Maatz* BA **20** 147, 160 f.). Der FzF muss jedoch – ausgenommen bei von den §§ 1a, 1b nicht erfassten „Roboterautos" (§ 1a Rn. 10) – das Fz während der Fahrt irgendwann auch selbst geführt haben. Im Rahmen der Prüfung der „relativen" Fahrunsicherheit kann es ein (weiteres) Beweisanzeichen für deren Vorliegen sein, wenn der (durch Alkohol oder andere Drogen) berauschte FzF den Pflichten gem. § 1b II nicht genügen kann. Entsprechendes gilt bei § 315c I Nr. 1b StGB (sonstige körperliche oder geistige Mängel). Für § 315c I Nr. 2 StGB werden in erster Linie die Buchst. a bis e in Betracht kommen. Eine Strafbarkeit danach wäre etwa denkbar, wenn die Fahrfunktionen nicht bestimmungsgemäß (§ 1a I) verwendet werden und daraus die genannten Fehlleistungen resultieren. Freilich läge bei nicht bestimmungsgemäßer Verwendung nach derzeitiger Rechtslage „führerloses" Fahren vor (§ 1a Rn. 15). In solchen Fällen kann durchaus auch „grob verkehrswidriges und rücksichtsloses" Verhalten vorliegen. Für während der Nutzung auftretende Fehlfunktionen und daraus resultierende Verkehrsverstöße ist der FzF hingegen nur unter den Voraussetzungen des § 1b II verantwortlich. Auch bei einem diesbezüglichen Versagen wird es idR an der groben Verkehrswidrigkeit und Rücksichtslosigkeit fehlen. Bei den Fahrlässigkeitsdelikten nach §§ 222, 229 StGB gilt das zum Zivilrecht Gesagte im Wesentlichen entsprechend. Dabei ist die Nutzung als solche im Hinblick auf die in § 1a getroffene Wertentscheidung unter dem Aspekt des erlaubten Risikos nicht sorgfaltswidrig (*Hilgendorf* DRiZ **18** 66, 69; aM wohl *Sander/Hollering* NStZ **17** 193, 203, die mit der Inbetriebnahme der Fahrfunktionen mindestens Fahrlässigkeit, womöglich sogar bedingten Vorsatz in Bezug auf etwaige Körperverletzungen/Tötungen bei durch das System nicht befriedigend gelösten Dilemma-Situationen annehmen; näher Rn. 16). Auch die Nichtnutzung der automatisierten Funktionen begründet keinen Sorgfaltsverstoß (Rn. 11; aM *Sander/Hollering* NStZ **17** 193, 200). Ansonsten entscheidet § 1b I, II (auch) über die strafrechtliche Verantwortlichkeit (Rn. 6 ff.).

15 **b) Weitere Verantwortliche.** Wie im Deliktsrecht (Rn. 12) kommt eine Reihe von sonstigen Personen in Betracht, die bei einem Unfall ggf.. strafrechtlich einstehen müssen, wobei die Details hier nicht sämtlich abgehandelt werden können (ausführlich *Sander/Hollering* NStZ **17** 193). So kann den **Halter** bei Instruktionsmängeln gegenüber dem FzF oder bei Überlassung eines Fz mit Störungen hinsichtlich der automatisierten Fahrfunktionen eine Strafbarkeit namentlich wegen §§ 222, 229 StGB treffen (allgemein §§ 222, 229 StGB Rn. 8). Die bloße Überlassung begründet allerdings wie beim FzF (Rn. 14) unter dem Aspekt des erlaubten Risikos keinen Sorgfaltsverstoß. Hinsichtlich einer Verletzung des FzF, den überdies eine eigene Informationspflicht trifft (Rn. 11), kann auch eine Entlastung wegen eigenverantwortlicher Selbstgefährdung (dazu §§ 222, 229 StGB Rn. 22 f.) eintreten (*Sander/Hollering* NStZ **17** 193, 197). Der Gedanke des erlaubten Risikos trifft auch auf die **Beteiligten an der Produktion und dem Inverkehrbringen betroffener Kfz** zu. Im Blick auf die im 8. StVGÄndG getroffene Wertentscheidung sind Herstellung und Vertrieb „gefährlicher" Produkte nicht strafbar (fahrlässig), wenn die Beteiligten (insbes. die Verantwortlichen des Herstellers) das ihnen Zumutbare tun, um die von ihren Produkten ausgehenden Gefahren soweit wie möglich zu minimieren; dazu gehört auch die Produktbeobachtungspflicht (*Hilgendorf* DRiZ **18** 66, 69; *Sander/Hollering* NStZ **17** 193, 197 f.; *Schuster* DAR **19** 6). Bei Sorgfaltsverletzungen kommt auch eine Strafbarkeit nach § 315b StGB in Betracht (*Schuster* DAR **19** 7 f.; s. dort Rn. 5). Bei **Sabotageakten durch Hacker** oder sonstige Kriminelle können Straftatbestände bis hin zum Mord erfüllt sein (*Sander/Hollering* NStZ **17** 193, 204 f.). Zu bedenken ist insoweit, dass der Grad der Digitalisierung und Vernetzung in der „modernen" Welt auch außerhalb des Kfz und des StrV bereits weit fortgeschritten und für derartige Angriffe anfällig ist, weswegen es sich um ein allgemeines Problem handelt. Man sollte hier wie insgesamt nicht in eine Perhorreszierung der Gefahren verfallen und dabei den Nutzen der neuen Techniken in den Hintergrund drängen. Denn funktionierende automatisierte Fahrfunktionen sind, wie auch die Erfahrungen mit Assistenzsystemen zeigen (zu einem „Ausreißer" *Hilgendorf* DRiZ **18** 66), geeignet, die Verkehrssicherheit zu verbessern, wobei die Vorteile die Nachteile letztlich überwiegen dürften (dazu auch Ethik-Kommission S. 15 f.).

c) Dilemma-Situationen. Damit sind Situationen gemeint, in der ein automatisiertes Sys- **16** tem vor der „Entscheidung" steht, im Fall nicht mehr möglicher rechtzeitiger Übergabe der Steuerung an den FzF eines von mehreren nicht abwägungsfähigen Übeln notwendig verwirklichen zu müssen (vgl. Ethik-Kommission S. 10), wobei die Diskussion v. a. anhand von Konstellationen geführt wird, in denen Leben gegen Leben steht (zB *Engländer* ZIS **16** 608; *Sander/ Hollering* NStZ **17** 193, 201 ff.; *Weber* NZV **16** 249; *Sandherr* NZV **19** 1; *Lenk* SVR **19** 166), etwa wenn das Leben des FzF nur um den Preis des Lebens von am StrRand spielenden Kindern oder eines auf der anderen StrSeite gehenden alten Manns gerettet werden kann. Während für den selbststeuernden FzF hier im Einzelfall eine Entschuldigung nach § 35 StGB eingreifen kann, können in der Rückschau angestellte und besondere Umstände würdigende Urteile nicht ohne Weiteres in abstrakt-generelle Ex-Ante-Beurteilungen und damit auch nicht in entsprechende Programmierungen umgewandelt werden (Ethik-Kommission S. 11 unter Nr. 8). Dabei kommt jedenfalls den an der Herstellung Beteiligten mangels des erforderlichen Näheverhältnisses § 35 StGB nicht zugute. Im Schrifttum werden daher Strafbarkeitsrisiken für die Verantwortlichen der Hersteller und Programmierer, aber auch für FzF und Halter bis hin zu vorsätzlichen Tötungsdelikten hervorgehoben (*Sander/Hollering* NStZ **17** 193, 201 ff.; *Weber* NZV **16** 249; *Lenk* SVR **19** 166), wobei aber auch vorsichtiger argumentiert wird (*Engländer* ZIS **16** 608). Zu bedenken ist, dass Dilemma-Situationen der skizzierten Art wohl eher selten vorkommen werden. Der seit Erfindung des Kfz veröffentlichten Rspr. ist für den selbst steuernden FzF soweit ersichtlich jedenfalls kein einschlägiger Fall zu entnehmen. In der Sache wird es beim FzF und Halter angesichts der extremen Seltenheit relevanter Falllagen idR schon am Verletzungsvorsatz fehlen (in diese Richtung *Engländer* ZIS **16** 608, 615; aM *Weber* NZV **16** 249, 251 f.; *Sander/Hollering* NStZ **17** 193, 203). In Bezug auf §§ 222, 229 scheidet die Strafbarkeit wegen des Gedankens des erlaubten Risikos aus (Rn. 14); dass der GGeber Dilemma-Situationen nicht im Blick gehabt hat (so *Sander/Hollering* NStZ **17** 193, 203 Fn 152), ist dabei schon angesichts der durch den BMVI im Jahr 2016 erfolgten Einsetzung der Ethik-Kommission und deren Beratungen während des GGebungsverfahrens auszuschließen. Angesichts dessen wird auch in Bezug auf die für die Herstellung und den Vertrieb Verantwortlichen der Aspekt des erlaubten Risikos zu diskutieren sein (so *Hilgendorf* in einer Expertenanhörung des Bay. Landtages am 29.10.2015 S. 50; ähnlich *Schuster* DAR **19** 10 f.; abl *Engländer* ZIS **16** 608, 612). Klar ist, dass die Technik möglichst so ausgelegt sein muss, dass Dilemma-Situationen erst gar nicht entstehen (Ethik-Kommission S. 10 unter Nr. 5, S. 11 unter Nr. 8 und 9).

6. Ordnungswidrigkeiten. Für die Vielzahl der in der StVO an den FzF gerichteten Verhal- **17** tensgebote gilt das zu § 315c StGB Gesagte (Rn. 14) entsprechend. Auch zu § 24a kann auf Rn. 14 verwiesen werden. Der das System *bestimmungsgemäß* verwendende FzF iSv § 1a IV (dort Rn. 8, 14) haftet für Fehlfunktionen des Systems (zB Geschwindigkeitsverstoß, Vorfahrtverletzung usw) nur bzw. erst dann, wenn er den in II normierten Verpflichtungen zur Übernahme der FzSteuerung nicht unverzüglich nachkommt. Ein Sonderproblem stellt sich für das Benutzungsverbote nach § 23 Ia StVO betreffend die dort bezeichneten elektronischen Geräte. Nach § 23 Ia S. 5 StVO bleibt (ua) § 1b StVG „unberührt". Dieser wegen des Vorrangs des StVG gegenüber der „untergesetzlichen" StVO deklaratorische Hinweis (*Bouska/Leue* § 23 StVO Rn. 8g) iVm der Abwendungsbefugnis nach § 1b I drückt den Dispens von den in den vorstehenden Sätzen des § 23 Ia StVO enthaltenen Benutzungsverboten aus (s. auch § 23 StVO Rn. 5d). Jedoch kann § 1b I StVG nicht entnommen werden, was der FzF im Einzelnen tun darf (Rn. 4 f.), wie lange er sich zB mit E-Mails beschäftigen oder mit dem Smartphone in der Hand telefonieren darf, ob er entgegen § 23 Ia S. 2 StVO Videobrillen benützen, Filme betrachten oder ähnlich ablenkende Beschäftigung mit elektronischen Geräten vornehmen darf (bejahend *Bouska/Leue* § 23 StVO Rn. 8g; aM *Eckel* NZV **19** 336). Mangels normenklarer Handlungsanweisungen in I (Art. 103 II GG) laufen die bußgeldbewerten Benutzungsverbote des § 23 Ia StVO im Bereich der Nutzung hoch- und vollautomatisierter Fahrfunktionen nach §§ 1a, 1b faktisch auch dann leer, wenn man die Abwendungsbefugnis in I restriktiv interpretiert (Rn. 4 f.; gesetzgeberische Klarstellungen in diesem Sinne fordert der AK II des VGT 2018 in Nr. 2). Denn eine nicht hinreichende Wahrnehmungsbereitschaft wird man idR (Ausnahme vielleicht Unfall) nicht beweisen können (Rn. 5). Damit werden die Benutzungsverbote des § 23 Ia StVO praktisch erst ab dem Zeitpunkt relevant, zu dem der FzF gem. § 1b II verpflichtet ist, die FzSteuerung wieder selbst zu übernehmen. Beweisprobleme bestehen auch insoweit.

Evaluierung

1c ¹Das Bundesministerium für Verkehr und digitale Infrastruktur wird die Anwendung der Regelungen in Artikel 1 des Gesetzes vom 16. Juni 2017 (BGBl. I S. 1648) nach Ablauf des Jahres 2019 auf wissenschaftlicher Grundlage evaluieren. ²Die Bundesregierung unterrichtet den Deutschen Bundestag über die Ergebnisse der Evaluierung.

1 Der GGeber hat die Evaluierungspflicht über den RegEntw hinaus (§ 1c idF des RegEntw BT-Drs. 18/11300: nur die §§ 1a, 1b) und damit zT einer Prüfbitte des BRates entsprechend (BT-Drs. 18/11534 S. 5 zu Nr. 7) auf das gesamte in § 1c bezeichnete Änderungsgesetz ausgedehnt (BT-Drs. 18/11776 S. 11).

Fahrerlaubnis und Führerschein

2 (1) ¹Wer auf öffentlichen Straßen ein Kraftfahrzeug führt, bedarf der Erlaubnis (Fahrerlaubnis) der zuständigen Behörde (Fahrerlaubnisbehörde). ²Die Fahrerlaubnis wird in bestimmten Klassen erteilt. ³Sie ist durch eine amtliche Bescheinigung (Führerschein) nachzuweisen. ⁴Nach näherer Bestimmung durch Rechtsverordnung auf Grund des § 6 Absatz 1 Nummer 1 Buchstabe b und x kann die Gültigkeitsdauer der Führerscheine festgelegt werden.

(2) ¹Die Fahrerlaubnis ist für die jeweilige Klasse zu erteilen, wenn der Bewerber

1. seinen ordentlichen Wohnsitz im Sinne des Artikels 12 der Richtlinie 2006/126/EG des Europäischen Parlaments und des Rates vom 20. Dezember 2006 über den Führerschein (ABl. L 403 vom 30.12.2006, S. 26) im Inland hat,

2. das erforderliche Mindestalter erreicht hat,

3. zum Führen von Kraftfahrzeugen geeignet ist,

4. zum Führen von Kraftfahrzeugen nach dem Fahrlehrergesetz und den auf ihm beruhenden Rechtsvorschriften ausgebildet worden ist,

5. die Befähigung zum Führen von Kraftfahrzeugen in einer theoretischen und praktischen Prüfung nachgewiesen hat,

6. Erste Hilfe leisten kann und

7. keine in einem Mitgliedstaat der Europäischen Union oder einem anderen Vertragsstaat des Abkommens über den Europäischen Wirtschaftsraum erteilte Fahrerlaubnis dieser Klasse besitzt.

²Nach näherer Bestimmung durch Rechtsverordnung gemäß § 6 Abs. 1 Nr. 1 Buchstabe g können als weitere Voraussetzungen der Vorbesitz anderer Klassen oder Fahrpraxis in einer anderen Klasse festgelegt werden. ³Die Fahrerlaubnis kann für die Klassen C und D sowie ihre Unterklassen und Anhängerklassen befristet erteilt werden. ⁴Sie ist auf Antrag zu verlängern, wenn der Bewerber zum Führen von Kraftfahrzeugen geeignet ist und kein Anlass zur Annahme besteht, dass eine der aus den Sätzen 1 und 2 ersichtlichen sonstigen Voraussetzungen fehlt.

(3) ¹Nach näherer Bestimmung durch Rechtsverordnung gemäß § 6 Abs. 1 Nr. 1 Buchstabe b und g kann für die Personenbeförderung in anderen Fahrzeugen als Kraftomnibussen zusätzlich zur Fahrerlaubnis nach Absatz 1 eine besondere Erlaubnis verlangt werden. ²Die Erlaubnis wird befristet erteilt. ³Für die Erteilung und Verlängerung können dieselben Voraussetzungen bestimmt werden, die für die Fahrerlaubnis zum Führen von Kraftomnibussen gelten. ⁴Außerdem können Ortskenntnisse verlangt werden. ⁵Im Übrigen gelten die Bestimmungen für Fahrerlaubnisse entsprechend, soweit gesetzlich nichts anderes bestimmt ist.

(4) ¹Geeignet zum Führen von Kraftfahrzeugen ist, wer die notwendigen körperlichen und geistigen Anforderungen erfüllt und nicht erheblich oder nicht wiederholt gegen verkehrsrechtliche Vorschriften oder gegen Strafgesetze verstoßen hat. ²Ist der Bewerber auf Grund körperlicher oder geistiger Mängel nur bedingt zum Führen von Kraftfahrzeugen geeignet, so erteilt die Fahrerlaubnisbehörde die Fahrerlaubnis mit Beschränkungen oder unter Auflagen, wenn dadurch das sichere Führen von Kraftfahrzeugen gewährleistet ist.

(5) Befähigt zum Führen von Kraftfahrzeugen ist, wer

1. ausreichende Kenntnisse der für das Führen von Kraftfahrzeugen maßgebenden gesetzlichen Vorschriften hat,

2. mit den Gefahren des Straßenverkehrs und den zu ihrer Abwehr erforderlichen Verhaltensweisen vertraut ist,

3. die zum sicheren Führen eines Kraftfahrzeugs, gegebenenfalls mit Anhänger, erforderlichen technischen Kenntnisse besitzt und zu ihrer praktischen Anwendung in der Lage ist und

4. über ausreichende Kenntnisse einer umweltbewussten und energiesparenden Fahrweise verfügt und zu ihrer praktischen Anwendung in der Lage ist.

(6) [1] Wer die Erteilung, Erweiterung, Verlängerung oder Änderung einer Fahrerlaubnis oder einer besonderen Erlaubnis nach Absatz 3, die Aufhebung einer Beschränkung oder Auflage oder die Ausfertigung oder Änderung eines Führerscheins beantragt, hat der Fahrerlaubnisbehörde nach näherer Bestimmung durch Rechtsverordnung gemäß § 6 Abs. 1 Nr. 1 Buchstabe h mitzuteilen und nachzuweisen

1. Familiennamen, Geburtsnamen, sonstige frühere Namen, Vornamen, Ordens- oder Künstlernamen, Doktorgrad, Geschlecht, Tag und Ort der Geburt, Anschrift, Staatsangehörigkeit, Art des Ausweisdokumentes und

2. das Vorliegen der Voraussetzungen nach Absatz 2 Satz 1 Nr. 1 bis 6 und Satz 2 und Absatz 3

sowie ein Lichtbild abzugeben. [2] Außerdem hat der Antragsteller eine Erklärung darüber abzugeben, ob er bereits eine in- oder ausländische Fahrerlaubnis der beantragten Klasse oder einen entsprechenden Führerschein besitzt.

(7) [1] Die Fahrerlaubnisbehörde hat zu ermitteln, ob der Antragsteller zum Führen von Kraftfahrzeugen, gegebenenfalls mit Anhänger, geeignet und befähigt ist, und ob er bereits eine in- oder ausländische Fahrerlaubnis oder einen entsprechenden Führerschein besitzt. [2] Sie hat dazu Auskünfte aus dem Fahreignungsregister und dem Zentralen Fahrerlaubnisregister nach den Vorschriften dieses Gesetzes einzuholen. [3] Sie kann außerdem insbesondere entsprechende Auskünfte aus ausländischen Registern oder von ausländischen Stellen einholen sowie die Beibringung eines Führungszeugnisses zur Vorlage bei der Verwaltungsbehörde nach den Vorschriften des Bundeszentralregistergesetzes verlangen.

(8) Werden Tatsachen bekannt, die Bedenken gegen die Eignung oder Befähigung des Bewerbers begründen, so kann die Fahrerlaubnisbehörde anordnen, dass der Antragsteller ein Gutachten oder Zeugnis eines Facharztes oder Amtsarztes, ein Gutachten einer amtlich anerkannten Begutachtungsstelle für Fahreignung oder eines amtlich anerkannten Sachverständigen oder Prüfers für den Kraftfahrzeugverkehr innerhalb einer angemessenen Frist beibringt.

(9) [1] Die Registerauskünfte, Führungszeugnisse, Gutachten und Gesundheitszeugnisse dürfen nur zur Feststellung oder Überprüfung der Eignung oder Befähigung verwendet werden. [2] Sie sind nach spätestens zehn Jahren zu vernichten, es sei denn, mit ihnen im Zusammenhang stehende Eintragungen im Fahreignungsregister oder im Zentralen Fahrerlaubnisregister sind nach den Bestimmungen für diese Register zu einem früheren oder späteren Zeitpunkt zu tilgen oder zu löschen. [3] In diesem Fall ist für die Vernichtung oder Löschung der frühere oder spätere Zeitpunkt maßgeblich. [4] Die Zehnjahresfrist nach Satz 2 beginnt mit der rechts- oder bestandskräftigen Entscheidung oder mit der Rücknahme des Antrags durch den Antragsteller. [5] Die Sätze 1 bis 4 gelten auch für entsprechende Unterlagen, die der Antragsteller nach Absatz 6 Satz 1 Nr. 2 beibringt. [6] Anstelle einer Vernichtung der Unterlagen ist die Verarbeitung der darin enthaltenen Daten einzuschränken, wenn die Vernichtung wegen der besonderen Art der Führung der Akten nicht oder nur mit unverhältnismäßigem Aufwand möglich ist.

(10) [1] Bundeswehr, Bundespolizei und Polizei können durch ihre Dienststellen Fahrerlaubnisse für das Führen von Dienstfahrzeugen erteilen (Dienstfahrerlaubnisse). [2] Diese Dienststellen nehmen die Aufgaben der Fahrerlaubnisbehörde wahr. [3] Für Dienstfahrerlaubnisse gelten die Bestimmungen dieses Gesetzes und der auf ihm beruhenden Rechtsvorschriften, soweit gesetzlich nichts anderes bestimmt ist. [4] Mit Dienstfahrerlaubnissen dürfen nur Dienstfahrzeuge geführt werden.

(10a) [1] Die nach Landesrecht zuständige Behörde kann Angehörigen der Freiwilligen Feuerwehren, der nach Landesrecht anerkannten Rettungsdienste, des Technischen Hilfswerks und sonstiger Einheiten des Katastrophenschutzes, die ihre Tätigkeit ehrenamtlich ausüben, Fahrberechtigungen zum Führen von Einsatzfahrzeugen auf öffentlichen Straßen bis zu einer zulässigen Gesamtmasse von 4,75 t – auch mit Anhängern, sofern die zulässige Gesamtmasse der Kombination 4,75 t nicht übersteigt – erteilen. [2] Der Bewerber um die Fahrberechtigung muss

1. mindestens seit zwei Jahren eine Fahrerlaubnis der Klasse B besitzen,

2. in das Führen von Einsatzfahrzeugen bis zu einer zulässigen Gesamtmasse von 4,75 t eingewiesen worden sein und

3. in einer praktischen Prüfung seine Befähigung nachgewiesen haben.

[3]Die Fahrberechtigung gilt im gesamten Hoheitsgebiet der Bundesrepublik Deutschland zur Aufgabenerfüllung der in Satz 1 genannten Organisationen oder Einrichtungen. [4]Die Sätze 1 bis 3 gelten entsprechend für den Erwerb der Fahrberechtigung zum Führen von Einsatzfahrzeugen bis zu einer zulässigen Gesamtmasse von 7,5 t – auch mit Anhängern, sofern die zulässige Gesamtmasse der Kombination 7,5 t nicht übersteigt.

(11) Nach näherer Bestimmung durch Rechtsverordnung gemäß § 6 Abs. 1 Nr. 1 Buchstabe j berechtigen auch ausländische Fahrerlaubnisse zum Führen von Kraftfahrzeugen im Inland.

(12) [1]Die Polizei hat Informationen über Tatsachen, die auf nicht nur vorübergehende Mängel hinsichtlich der Eignung oder auf Mängel hinsichtlich der Befähigung einer Person zum Führen von Kraftfahrzeugen schließen lassen, den Fahrerlaubnisbehörden zu übermitteln, soweit dies für die Überprüfung der Eignung oder Befähigung aus der Sicht der übermittelnden Stelle erforderlich ist. [2]Soweit die mitgeteilten Informationen für die Beurteilung der Eignung oder Befähigung nicht erforderlich sind, sind die Unterlagen unverzüglich zu vernichten.

(13) [1]Stellen oder Personen, die die Eignung oder Befähigung zur Teilnahme am Straßenverkehr oder Ortskenntnisse zwecks Vorbereitung einer verwaltungsbehördlichen Entscheidung beurteilen oder prüfen oder die in Erster Hilfe (§ 2 Abs. 2 Satz 1 Nr. 6) ausbilden, müssen für diese Aufgaben gesetzlich oder amtlich anerkannt oder beauftragt sein. [2]Personen, die die Befähigung zum Führen von Kraftfahrzeugen nach § 2 Abs. 5 prüfen, müssen darüber hinaus einer Technischen Prüfstelle für den Kraftfahrzeugverkehr nach § 10 des Kraftfahrsachverständigengesetzes angehören. [3]Voraussetzungen, Inhalt, Umfang und Verfahren für die Anerkennung oder Beauftragung und die Aufsicht werden – soweit nicht bereits im Kraftfahrsachverständigengesetz oder in auf ihm beruhenden Rechtsvorschriften geregelt – durch Rechtsverordnung gemäß § 6 Abs. 1 Nr. 1 Buchstabe k näher bestimmt. [4]Abweichend von den Sätzen 1 bis 3 sind Personen, die die Voraussetzungen des Absatzes 16 für die Begleitung erfüllen, berechtigt, die Befähigung zum Führen von Einsatzfahrzeugen der in Absatz 10a Satz 1 genannten Organisationen oder Einrichtungen zu prüfen.

(14) [1]Die Fahrerlaubnisbehörden dürfen den in Absatz 13 Satz 1 genannten Stellen und Personen die Daten übermitteln, die diese zur Erfüllung ihrer Aufgaben benötigen. [2]Die betreffenden Stellen und Personen dürfen diese Daten und nach näherer Bestimmung durch Rechtsverordnung gemäß § 6 Abs. 1 Nr. 1 Buchstabe k die bei der Erfüllung ihrer Aufgaben anfallenden Daten verarbeiten.

(15) [1]Wer zur Ausbildung, zur Ablegung der Prüfung oder zur Begutachtung der Eignung oder Befähigung ein Kraftfahrzeug auf öffentlichen Straßen führt, muss dabei von einem Fahrlehrer oder einem Fahrlehreranwärter im Sinne des Fahrlehrergesetzes begleitet werden. [2]Bei den Fahrten nach Satz 1 sowie bei der Hin- und Rückfahrt zu oder von einer Prüfung oder einer Begutachtung gilt im Sinne dieses Gesetzes der Fahrlehrer oder der Fahrlehreranwärter als Führer des Kraftfahrzeugs, wenn der Kraftfahrzeugführer keine entsprechende Fahrerlaubnis besitzt.

(16) [1]Wer zur Einweisung oder zur Ablegung der Prüfung nach Absatz 10a ein entsprechendes Einsatzfahrzeug auf öffentlichen Straßen führt, muss von einem Fahrlehrer im Sinne des Fahrlehrergesetzes oder abweichend von Absatz 15 Satz 1 von einem Angehörigen der in Absatz 10a Satz 1 genannten Organisationen oder Einrichtungen, der

1. das 30. Lebensjahr vollendet hat,

2. mindestens seit fünf Jahren eine gültige Fahrerlaubnis der Klasse C1 besitzt und

3. zum Zeitpunkt der Einweisungs- und Prüfungsfahrten im Fahreignungsregister mit nicht mehr als zwei Punkten belastet ist,

begleitet werden. [2]Absatz 15 Satz 2 gilt entsprechend. [3]Die nach Landesrecht zuständige Behörde kann überprüfen, ob die Voraussetzungen des Satzes 1 erfüllt sind; sie kann die Auskunft nach Satz 1 Nummer 3 beim Fahreignungsregister einholen. [4]Die Fahrerlaubnis nach Satz 1 Nummer 2 ist durch einen gültigen Führerschein nachzuweisen, der während der Einweisungs- und Prüfungsfahrten mitzuführen und zur Überwachung des Straßenverkehrs berechtigten Personen auszuhändigen ist.

Übersicht

Begr zur Neufassung durch ÄndG v. 24.4.1998 (VkBl. **98** 787): **1**

Zu Abs. 1: *Abs. 1 übernimmt den … Grundsatz der Fahrerlaubnis- und Führerscheinpflicht. Zur Vereinfachung erhält die zuständige Behörde die Bezeichnung „Fahrerlaubnisbehörde". Die Fahrerlaubnis wird in Klassen erteilt, deren Einteilung … durch Verordnung geregelt wird. …*

Zu Abs. 2 Satz 1. Zu Nr. 1: *Neu ist das Erfordernis eines ordentlichen Wohnsitzes des Bewerbers im Inland (Absatz 2 Satz 1 Nr. 1), das auf der bindenden Regelung in Artikel 7 Abs. 1 Buchstabe b der Zweiten EU-Führerscheinrichtlinie beruht. …*

2   **Zu Nr. 3:** *Während in Bezug auf das Erfordernis „Eignung" bisher in § 2 Abs. 1 Satz 2 a. F. lediglich verlangt wurde, dass „nicht Tatsachen vorliegen, die die Annahme rechtfertigen, dass er (der Bewerber) zum Führen von Kraftfahrzeugen ungeeignet ist", das Gesetz also von der Eignung des Bewerbers ausging (Eignungsvermutung) und die Behörde grundsätzlich die Beweislast für die Nichteignung trug, wird nun positiv gefordert, dass der Bewerber geeignet ist. Der Begriff der Eignung ist in Absatz 4 definiert. Wie die Fahrerlaubnisbehörde die Eignung zu überprüfen und sie der Bewerber nachzuweisen hat, ist in den Absätzen 6 bis 8 angesprochen und wird im Einzelnen durch Verordnung geregelt. ...*

Die Neuregelung ändert nichts daran, dass der Bewerber einen Rechtsanspruch auf Erteilung der Fahrerlaubnis hat, wenn er die gesetzlichen Voraussetzungen erfüllt.

Ist der Bewerber nur bedingt zum Führen von Kraftfahrzeugen geeignet, kann jedoch durch entsprechende Auflagen und Beschränkungen zur Fahrerlaubnis das sichere Führen der Kraftfahrzeuge gewährleistet werden, so erteilt die Fahrerlaubnisbehörde eine entsprechend modifizierte Fahrerlaubnis. Auch hierauf hat der Bewerber einen Rechtsanspruch. Fälle bedingter Eignung sind nur im Bereich der körperlichen und geistigen Eignung denkbar, etwa wenn es darum geht, bestimmte körperliche Mängel durch Anpassung am Fahrzeug auszugleichen, nicht aber im Bereich der charakterlichen Eignung.

Unter den Begriff der Eignung fällt auch die persönliche Zuverlässigkeit als Ausdruck eines gesteigerten Maßes an charakterlicher Eignung. Über persönliche Zuverlässigkeit müssen ... insbesondere Bewerber um eine Fahrerlaubnis der Klasse D verfügen.

3   **Zu Nr. 5:** *Bislang umfasste der Begriff der „Eignung" zum Führen von Kraftfahrzeugen sowohl die Eignung in körperlicher und geistiger sowie charakterlicher Hinsicht als auch die Befähigung. Da es sich dabei jedoch sachlich um unterschiedliche Elemente mit eigenständiger Bedeutung handelt, sollen Eignung und Befähigung künftig begrifflich getrennt werden (Nummern 3 und 5). Der Begriff der Befähigung wird in Absatz 5 gesetzlich definiert.*

Zu Abs. 7 und 8: *... Mit der Einholung von Auskünften aus den einschlägigen in- und ausländischen Registern sind die wichtigsten Maßnahmen zur Ermittlung der Eignung und Befähigung des Antragstellers genannt. Die Aufzählung ist nicht abschließend. Kommt der Antragsteller der berechtigten Anordnung der Fahrerlaubnisbehörde, ein Gutachten oder Zeugnis beizubringen, nicht nach, so kann die Behörde daraus auf die fehlende Eignung oder Befähigung schließen.*

Zu Abs. 9: *Neu ist die aus Gründen des Datenschutzes in Absatz 9 erfolgende Regelung, wonach die dort genannten Unterlagen nach Ablauf von zehn Jahren, beginnend mit dem Erlass der Entscheidungen, deren Vorbereitung sie dienen, zu vernichten sind. Sind die Unterlagen von Bedeutung für Entscheidungen, die im Verkehrszentralregister oder im Zentralen Fahrerlaubnisregister einzutragen sind, z. B. die Entziehung einer Fahrerlaubnis (VZR) oder eine Beschränkung einer Fahrerlaubnis (ZFER), müssen sie so lange aufbewahrt werden wie die Entscheidungen im Register stehen. Voraussetzung für die Vernichtung ist, dass dies mit angemessenem Aufwand möglich ist. Andernfalls tritt an ihre Stelle die Sperrung der in den Unterlagen befindlichen Daten.*

4   **Zu Abs. 10:** *In Absatz 10 wird ... die Berechtigung von Bundeswehr, Bundesgrenzschutz* und Polizei verankert, in eigener Zuständigkeit Fahrerlaubnisse zu erteilen (Dienstfahrerlaubnisse). Bundesbahn und Bundespost erteilen auf Grund der Privatisierung keine Fahrerlaubnisse mehr. Die Erteilung richtet sich nach den allgemeinen Bestimmungen, wobei entsprechende Regelungen in der Verordnung auch Abweichungen zulassen können, wenn dies auf Grund der Aufgaben der genannten Stellen erforderlich ist. Während bisher Dienstfahrerlaubnisse sowohl zum Führen von Dienstfahrzeugen als auch zum Führen von Privatfahrzeugen berechtigten und daneben zusätzlich auf Grund der Dienstfahrerlaubnis eine allgemeine Fahrerlaubnis für Privatfahrzeuge erteilt wurde, sollen künftig Dienstfahrerlaubnisse auf das Führen von dienstlichen Kraftfahrzeugen beschränkt werden. Dies ist notwendig, weil nach der Zweiten EU-Führerscheinrichtlinie jede Person nur Inhaber einer Fahrerlaubnis und eines Führerscheins zum Führen von privaten Kraftfahrzeugen sein darf. Nach wie vor kann die Probezeit nach den Regelungen für die Fahrerlaubnis auf Probe auch mit einer Dienstfahrerlaubnis absolviert werden. Auch wird auf Grund von Dienstfahrerlaubnissen nach wie vor ohne erneute Ausbildung, Prüfung etc. eine allgemeine Fahrerlaubnis der betreffenden Klasse für das Führen ziviler Fahrzeuge erteilt.* (nur in BR–Drs. 821/96 S. 69 enthalten, nicht in VkBl. **98** 790: Dienstfahrzeuge sind Fahrzeuge, deren Halter der Dienstherr ist.)

5   **Zu Abs. 11:** *Nach Absatz 11 sind auch Inhaber ausländischer Fahrerlaubnisse zum Führen von Kraftfahrzeugen im Inland berechtigt. Das Nähere sollen die Verordnung über internationalen Kraftfahrzeugverkehr und die Fahrerlaubnisverordnung regeln. Inhaber einer Fahrerlaubnis aus einem Mitgliedstaat der Europäischen Union oder einem anderen EWR-Staat, die ihren ordentlichen Wohnsitz in die*

---

* Jetzt: Bundespolizei.

Bundesrepublik Deutschland verlegen, können auf Grund der Zweiten EG-Führerscheinrichtlinie künftig mit ihrer mitgebrachten Fahrerlaubnis hier grundsätzlich unbefristet ein Kraftfahrzeug führen und müssen sie nicht in eine deutsche Fahrerlaubnis „umtauschen". (Ein Umtausch auf freiwilliger Basis ist nach wie vor möglich).

Zu Abs. 12: *Hinzuweisen ist auch auf die Regelung in § 2 Abs. 12, nach der die Polizei Tatsachen, die* **6** *Bedenken gegen die Eignung einer Person zum Führen von Kraftfahrzeugen begründen, den Fahrerlaubnisbehörden mitteilen. Zu solchen Tatsachen zählen insbesondere Anzeichen für Alkoholmissbrauch sowie Anzeichen für die Einnahme und den Besitz von Drogen. Die Vorschrift soll in das Straßenverkehrsgesetz aufgenommen werden, weil die Zulässigkeit solcher Datenübermittlungen nach den polizeilichen Landesgesetzen unterschiedlich beurteilt wird, sie jedoch aus Gründen der Verkehrssicherheit unerlässlich sind. Mitgeteilt werden soll nicht jede Eignungsbedenken begründende Tatsache (z. B. der bei einem Verkehrsunfall gebrochene Arm), sondern nur solche, die den Verdacht auf andauernde Ungeeignetheit nahelegen.*

Zu Abs. 14: *Absatz 14 schafft die Berechtigung zur Übermittlung der jeweils zur Aufgabenerfüllung* **7** *notwendigen Daten zwischen Fahrerlaubnisbehörden einerseits und den Stellen und Personen, die die Eignung oder Befähigung einer Person zu beurteilen haben, andererseits. Die genannten Stellen und Personen dürfen die Daten nur während der Zeit der Begutachtung speichern, nicht jedoch auf Dauer.*

Zu Abs. 15: *Absatz 15 entspricht im Wesentlichen dem bisherigen § 3. Neu ist lediglich, dass auch bei* **8** *Begutachtungen der Befähigung, z. B. von Fahrerlaubnisinhabern an deren Befähigung Zweifel bestehen, die Begleitung durch einen Fahrlehrer vorgeschrieben wird. Dies stand bisher nur in der Straßenverkehrs-Zulassungs-Ordnung.*

Begr zum ÄndG v. 19.3.01 (VkBl. **01** 262): **Zu Abs. 12:** *Das bislang in § 2 Abs. 12 Satz 2 ent-* **9** *haltene Beispiel („insbesondere weil die betreffende Person keine Fahrerlaubnis besitzt oder beantragt hat") wird gestrichen, weil es nicht nur überflüssig ist, sondern auch die inhaltliche Bedeutung dieser Bestimmung ungerechtfertigt und unzulässig verkürzt. Bekannt gewordene und von der Polizei an die Fahrerlaubnisbehörde mitgeteilte Tatsachen, die auf Eignungsmängel schließen, sind nicht nur von Bedeutung für das Führen von fahrerlaubnispflichtigen Kfz, sondern auch für das Führen von fahrerlaubnisfreien Fahrzeugen (insbesondere für Mofas (§ 4 der Fahrerlaubnis-Verordnung – FeV)). Insbesondere bekannt gewordene Eignungsmängel, die auf Alkohol- oder Drogengenuss beruhen, können für die Frage der Eignung beim Führen fahrerlaubnisfreier Fahrzeuge von großer Bedeutung sein. In diesem Zusammenhang sei auch darauf hingewiesen, dass seit langem die Rechtsprechung für das Fahren mit führerscheinfreien Mofas wie auch mit Fahrrädern Grenzwerte für die absolute Fahruntüchtigkeit festgelegt hat.*

Begr zum ÄndG v. 3.5.05 (VkBl. **05** 435): **Zu Abs. 15:** *Es wird klargestellt, dass der Fahrlehrer* **10** *auch bei der Hin- und Rückfahrt von der Fahrerlaubnisprüfung sowie bei der Hin- und Rückfahrt zu Begutachtungen der Eignung oder Befähigung der verantwortliche Fahrzeugführer ist, wenn der Betroffene keine Fahrerlaubnis besitzt. Die Hinfahrt zur Prüfung wurde bisher als Ausbildungsfahrt angesehen .... Hat der Prüfling die Prüfung nicht bestanden, so kann er in Begleitung des Fahrlehrers im Rahmen einer Ausbildungsfahrt das Fahrzeug zurückfahren. Hat der Prüfling die Prüfung bestanden und händigt ihm der amtlich anerkannte Sachverständige oder Prüfer sogleich den Führerschein aus, so kann er die Fahrt als Inhaber der Fahrerlaubnis ebenfalls durchführen. Ist die Prüfung jedoch bestanden, wird aber der Führerschein noch nicht ausgehändigt, weil z. B. das Mindestalter noch nicht erreicht ist oder weil der Bewerber mehrere Fahrerlaubnisklassen in kurzem zeitlichen Abstand erwerben will und aus Kostengründen auf das Ausstellen mehrerer Führerscheine verzichtet, so war bisher unklar, ob die Rückfahrt als Fahrt zum Zwecke der Ausbildung oder zum Zwecke der Prüfung im Sinne des Abs. 15 Satz 1 durchgeführt werden darf, obwohl ja die Prüfung als solche bereits bestanden ist, oder ob in diesem Fall eine entsprechende Rückfahrt rechtlich nicht zulässig ist. ...*

Begr zum ÄndG v. 2.12.10 **zu Abs. 1 S. 4** (BT-Drs. 17/3022 S. 10): *Zur Umsetzung der Richt-* **11** *linie 2006/126/EG (3. EG-Führerscheinrichtlinie) werden im StVG die Rechtsgrundlagen für die notwendige Befristung der Gültigkeit der Führerscheindokumente auf 15 Jahre der ab dem 19. Januar 2013 neu ausgestellten Führerscheine und die vorgeschriebene Befristung aller bisher ausgestellten Führerscheine bis zum 19. Januar 2033 geschaffen. Durch diese Befristung soll nach der Richtlinie sichergestellt werden, dass ab diesem Zeitpunkt nur Führerscheindokumente im Umlauf sind, die allen Anforderungen dieser Richtlinie entsprechen.*

Begr zum 7. StVGÄndG v. 23.6.11 **zu Abs. 10a** (BR-Drs. 858/10 S. 4, 6 = VkBl. **11** 505): *Auf* **12** *Grund der seit 1999 geltenden fahrerlaubnisrechtlichen Vorschriften stehen den Freiwilligen Feuerwehren, den nach Landesrecht anerkannten Rettungsdiensten, dem Technischen Hilfswerk sowie dem Katastrophenschutz* *immer weniger junge Ehrenamtliche zur Verfügung, die über eine zum Führen der Einsatzfahrzeuge notwendige Fahrerlaubnis verfügen. Lediglich ältere Fahrerlaubnisinhaber, die vor dem 1. Januar 1999 ihre Fahrerlaubnis erworben haben, können aufgrund ihres Bestandsschutzes auch diese Fahrzeuge mit über 3,5 t mit dem bisherigen Führerschein der (alten) Klasse 3 fahren. ... Für Kraftfahrzeuge mit einer zulässigen Gesamtmasse zwischen 3,5 t und 7,5 t ist seit 1999 eine Fahrerlaubnis der Klasse C1 und für Kraftfahrzeuge über 7,5 t eine Fahrerlaubnis der Klasse C erforderlich. ... Die vorgenommenen Änderungen beziehen sich auf die Ausnahmemöglichkeit des Artikels 4 Absatz 5 Satz 2 der Richtlinie 2006/126/EG. ... Da auch zunehmend Anhänger im Einsatz benötigt werden, wurden diese von der Neuregelung mit umfasst. ... wird durch den Verweis in § 2 Absatz 10a Satz 4 auf § 2 Absatz 10a Sätze 1 bis 3 das Modell einer organisationsinternen Einweisung und Prüfung auf Einsatzfahrzeuge mit einer zulässigen Gesamtmasse auf 7,5 t erweitert. ... Die Differenzierung der Sonderfahrberechtigung bis zu einer zulässigen Gesamtmasse von 4,75 t einerseits und bis zu einer zulässigen Gesamtmasse von bis zu 7,5 t andererseits ist erforderlich, da die Anforderungen an den Fahrer mit der Höhe des Fahrzeuggewichts zunehmen.*

13   **Begr** zur Einfügung der Wörter „sonstige Einheiten" (des Katastrophenschutzes) (BR-Drs. 858/10 (Beschluss) S. 1 = VkBl. **11** 506): *In der gesamten bisherigen Diskussion wurde – insbesondere auch gegenüber der Europäischen Union – die zutreffende Auffassung vertreten, dass es sich bei den Feuerwehren, den nach Landesrecht anerkannten Rettungsdiensten und dem technischen Hilfswerk um Einsatzpotenziale des Katastrophenschutzes handelt bzw. der Katastrophenschutz zum allergrößten Teil aus diesen Organisationen besteht. Die Formulierung in (dem Entwurf von) § 2 Absatz 10a Satz 1 StVG vermittelt jedoch gerade die Auffassung, dass der Katastrophenschutz neben den oben genannten Organisationen besteht. Dies ist jedoch unzutreffend. Allerdings bestehen neben den oben genannten Organisationen auch sonstige Einheiten des Katastrophenschutzes (z. B. Regieeinheiten), die daher gesondert erfasst werden müssen.*

14   **Zu Abs. 13 S. 4 und Abs. 16:** *Folgeänderungen für die organisationsinterne Ausbildung und Prüfung für das Führen von Einsatzfahrzeugen bis zu einer zulässigen Gesamtmasse von 7,5t. Zudem wird die Möglichkeit eröffnet, in Anlehnung an das in Deutschland bewährte System der professionellen Ausbildung die Ausbildung auch durch Fahrlehrer vornehmen zu lassen.*
Begr zur Einfügung der Begleitung auch durch Fahrlehrer in Abs. 16 S. 1 (BR-Drs. 858/10 (Beschluss) S. 2 = VkBl. **11** 507): *... Klarstellung, dass ... auch die Möglichkeit einer Einweisung und Prüfung durch Fahrlehrer geschaffen wird.*

15   **Begr** zum ÄndG v. 28.8.13 **zu Abs. 16 S. 1 Nr. 3** (BT-Drs. 17/12636 S. 38 = VkBl. **13** 1138): *Während im bisherigen Sieben-Punkte-System eine Grenze von drei Punkten angemessen war, kann diese Grenze bei einem Drei-Punkte-System nicht mehr in Betracht kommen. Alternativ würde eine Reduzierung auf nur einen Punkt den in Betracht kommenden Personenkreis zu stark beschränken, weil dann bereits eine einzige verkehrssicherheitsbeeinträchtigende Zuwiderhandlung, also z. B. eine Geschwindigkeitsüberschreitung um 21 km/h, ausreichen würde, damit die betreffende Person nicht mehr bei der Einweisung tätig werden kann.*

16   **Begr** zum ÄndG v. 2.3.15 **zu Abs. 2 S. 1 Nr. 6 und Abs. 13 S. 1** (BT-Drs. 18/3586 S. 7): *Die Erste-Hilfe-Ausbildung wird sich zukünftig auf die Vermittlung der lebensrettenden Maßnahmen und einfache Erste-Hilfe-Maßnahmen sowie grundsätzliche Handlungsstrategien fokussieren. In der Folge kann für den Bereich des Straßenverkehrs auf die Alternative der Vermittlung von „Grundzügen der Versorgung Unfallverletzter" einerseits und „Erste Hilfe Ausbildung" andererseits verzichtet werden, zumal die zukünftige Ausbildung in Erster Hilfe auch in ausreichendem Maße straßenverkehrliche Belange und Themen berücksichtigen wird.*

17–20 **Begr** zum ÄndG v. 28.11.16 **zu Abs. 6 S. 1 Nr. 1** (BT-Drs. 18/9084 S. 13): *Die Mitteilungs- und Nachweispflicht hinsichtlich der ergänzten Informationen (Staatsangehörigkeit, Art des Ausweisdokumentes) ist erforderlich, um in Fällen des fehlenden Vorliegens eines vorgefertigten Kartenführerscheins den die Fahrerlaubnisprüfung abnehmenden amtlich anerkannten Sachverständigen oder Prüfern der Technischen Prüfstellen eine Identitätsprüfung des Fahrerlaubnisbewerbers zu ermöglichen. Dabei ist es wichtig zu prüfen, ob die zu prüfende Person nicht nur namentlich, sondern auch visuell der antragstellenden Person entspricht.*

21   **1.** Eine **Fahrerlaubnis** braucht, wer auf öff Straßen Kfz führt (I S. 1, § 4 I S. 1 FeV). Kfz s. § 1 StVG Rn. 14ff., öff Straßen s. § 1 StVG Rn. 30, § 1 StVO Rn. 2, 13ff., Führen s. Rn. 28. Zwar ist das Recht, im öffentlichen StrV Kfz zu führen, Bestandteil des in Art 2 I GG garantierten Grundrechts auf Handlungsfreiheit (BVerfG NJW **02** 2378), jedoch darf dieses Recht zum Schutz anderer Rechtsgüter beschränkt werden (BVerfG NJW **02** 2378). I S. 1 ist daher mit dem

GG vereinbar. Dass die FE von Befähigung und Eignung abhängt, beruht auf der Ordnungsvorstellung, dass die VSicherheit Festlegung der prinzipiellen FEPflicht erfordert (BVerfG NJW **79** 1981). Das Recht der Zulassung von Personen zum Straßenverkehr (Fahrerlaubnisrecht) ist in §§ 2–4b, 6e StVG und auf der Grundlage von § 6 I Nr. 1, Nr. 3 Buchst. c, Nr. 7, IIa § 6e I, § 30c I und § 63 StVG in der Fahrerlaubnis-Verordnung (FeV, Buchteil **3**) geregelt. Das deutsche FE-Recht basiert auf der Richtlinie 2006/126/EG des Europäischen Parlaments und des Rates v. 20.12.2006 über den Führerschein (Neufassung), ABlEU Nr. L 403 v. 30.12.06 S. 18, der **3. EU-Führerschein-Richtlinie** (3. EU-FS-RL, StVRL § 6 FeV Nr. 7). Die Richtlinie 91/439/EWG des Rates vom 29.7.1991 über den Führerschein, ABl Nr. L 237 v. 24.8.91 S. 1 (2. EU-FS-RL) wurde mit Wirkung v. 19.1.13 aufgehoben (Art 17 I der 3. EU-FS-RL).

Fahrerlaubnis (FE) ist die von der zuständigen Behörde (Fahrerlaubnisbehörde, FEB) erteilte **22** öff-rechtl Erlaubnis, auf öff Straßen Kfz zu führen. FE ist begünstigender VA (BGH NJW **69** 1213). Zuständige Behörde: I S. 1, Xa S. 1, §§ 21, 73 FeV, für DienstFE X S. 2, § 73 IV FeV. Die FE kann bei eingeschränkter Kraftfahreignung mit Beschränkungen oder unter Auflagen erteilt werden (IV S. 2, § 23 II FeV). Sie kann weder auf Widerruf, noch bedingt erteilt werden, muss hinsichtlich Wirksamkeit und Fortbestand eindeutig sein und kann nicht von einem künftigen Verhalten des Inhabers derart abhängen, dass sie bei vorschriftswidrigem Verhalten vorübergehend erlischt (BGH NJW **78** 2517). Das geltende FERecht kennt **keine vorläufige oder vorübergehende Erteilung einer FE**. Durch einstweilige Anordnung gem. § 123 VwGO kann die FEB gleichwohl verpflichtet werden, vorläufig FE zu erteilen (§ 20 FeV Rn. 6f.). Die FE muss dem Bewerber grds. unter seinem richtigen **Namen** erteilt werden (VI S. 1 Nr. 1, § 21 I S. 3 Nr. 1 FeV, s. aber § 21 FeV Rn. 31). Spätere Namensänderung, zB durch Heirat, ändert nichts am Bestand der FE. Der FS muss wegen Namensänderung nicht neu ausgestellt werden (§ 25 FeV Rn. 17). Umstritten ist, ob **unter falschem Namen erteilte FE** nichtig ist (so VG Arnsberg 25.10.05 6 L 822/05, bestätigt durch OVG Münster 13.12.05 16 B 1940/05, VG Münster 29.8.06 10 L 487/06, aA VG Karlsruhe 9.8.11 8 K 1402/11). Die FE ist, soweit StVG und FeV nicht für bestimmte FEKlassen Abweichendes bestimmen, Dauererlaubnis. **Befristete FE** (§ 23 I FeV) ist nur möglich für FEKl C und D mit ihren Unterklassen und Anhängerklassen (II S. 3). Bei fortbestehender Eignung und Befähigung ist sie auf Antrag zu verlängern; Versagung der Verlängerung darf nur bei Anlass für die Annahme des Fehlens von Voraussetzungen gem. II S. 1 und 2 (II S. 4, § 24 FeV). Die FE wird beschränkt auf bestimmte **Fahrerlaubnisklassen** erteilt (I S. 2). Hinsichtlich der FEKl folgt das deutsche FERecht der durch die 3. EU-FS-RL vorgeschriebenen Einteilung, näher § 6 FeV. Erteilt wird nur *eine* FE, nicht für jede FEKlasse eine gesonderte FE. Erlischt die FE hinsichtlich einzelner FEKlassen, zB durch Ablauf einer Befristung oder durch Verzicht, bleibt sie hinsichtlich der übrigen FEKlassen bestehen (vgl. § 61 I Nr. 1). Beantragung der FE: VI, § 21 FeV.

Der **Führerschein** (FS) ist die amtliche Bescheinigung über die Fahrerlaubnis (I S. 3, § 4 II **23** S. 1 FeV). Er ist beim Führen von Kfz im StrV mitzuführen und zuständigen Personen auf Verlangen zur Prüfung auszuhändigen (§ 4 II S. 2 FeV); Verstoß ist ow (§ 75 Nr. 4 FeV). Die äußere Form des Führerscheins ist gem. § 25 I S. 1 iVm Anl 8 FeV verbindlich festgelegt. Führerscheine nach früher vorgeschriebenen Mustern und DDR-Führerscheine bleiben zunächst gültig (§ 76 Nr. 13 FeV). Näher zum Führerschein §§ 4 II, 25 FeV. I S. 4 iVm § 6 I Nr. 1 Buchst. b und x StVG enthält die gesetzliche Grundlage für die Festlegung der **Gültigkeitsdauer** der Führerscheine. Entsprechend der Vorgabe in Art. 7 II der 3. EU-FS-RL werden Führerscheine seit 19.1.13 – auch für unbefristet erteilte FE-Klassen – nur noch **befristet auf 15 Jahre** ausgestellt (§ 24a I S. 1 FeV). Auf der Grundlage von I S. 4 iVm § 6 I Nr. 1 Buchst. b und x StVG wurde in § 24a II S. 1 iVm Anlage 8e FeV geregelt, wie der von Art 3 III der 3. EU-FS-RL geforderte **obligatorische Umtausch** aller vor dem 19.1.2013 unbefristet ausgestellten Führerscheine in einer Übergangsfrist bis 19.1.2033 erfolgen soll (näher § 24a FeV Rn. 12ff.). Durch diese Maßnahme soll sichergestellt werden, dass dann alle FS dem Muster gem. 3. EU-FS-RL entsprechen und zeitlich befristet sind (Begr Rn. 11, § 6 Rn. 5a).

Erteilung der Fahrerlaubnis ist nach Festlegung des Normgebers nur in zwei Varianten **24** möglich: Sie erfolgt durch **Aushändigung** des **Führerscheins** oder, falls ein solcher nicht vorliegt, durch Aushändigung einer befristeten **Prüfungsbescheinigung**, die nur im Inland zum Nachweis der Fahrerlaubnis dient (§§ 22 IV S. 6, 22a III S. 1, 48a III S. 1 Nr. 1, 2 FeV). Die äußere Form der Prüfungsbescheinigung gem. §§ 22 IV S. 6, 22a III S. 1 FeV ist in Anl 8a FeV (Vorläufiger Nachweis der Fahrerlaubnis) festgelegt. Das vom BMV früher empfohlene nicht rechtsverbindliche Muster der Prüfungsbescheinigung (VkBl. **98** 1313 = StVRL § 22 FeV Nr. 1) wurde nach Normierung des Musters in Anl 8a FeV durch FeVÄndVO v. 2.10.15 (BGBl. I

S. 1674) vom BMV aufgehoben (VkBl. **15** 679). Für das Begleitete Fahren ab 17 ist die äußere Form der Prüfungsbescheinigung mit dem Muster gem. Anl 8b FeV vorgeschrieben (§ 48a III S. 1 Nr. 1 FeV). Durch Aushändigung der Prüfungsbescheinigung wird eine vollwertige Fahrerlaubnis erteilt. Da Art 4 der 3. EU-FS-RL die in allen EU/EWR-Staaten anzuerkennende Fahrberechtigung von dem Besitz eines Führerscheins nach dem EU-Muster gem. Art 1 iVm Anh I der 3. EU-FS-RL (Kartenführerschein) abhängig macht, muss die durch Aushändigung einer Prüfungsbescheinigung erteilte deutsche Fahrerlaubnis in anderen EU/EWR-Staaten nicht anerkannt werden. Erteilung der Fahrerlaubnis ist **formgebundener VA,** der nur und erst wirksam wird, wenn dem vorgeschriebenen Formerfordernis der Aushändigung des Führerscheins oder der Prüfungsbescheinigung genügt ist (BGH NJW **66** 1216, OVG Mgd NZV **16** 597, LG Erfurt NZV **03** 523). Beim Begleiteten Fahren ab 17 wird die Fahrerlaubnis nur durch Aushändigung einer Prüfungsbescheinigung gem. Muster in Anl 8b FeV erteilt (§ 6e I Nr. 5 StVG, § 48 III S. 1 Nr. 1, 2 FeV). Ein Irrtum über die Aushändigung des Führerscheins als notwendiges Formerfordernis für die Erteilung der Fahrerlaubnis kann entschuldbar sein (BGH NJW **66** 1216). Die erteilte Fahrerlaubnis ist in ihrem Fortbestand nicht an den Besitz des Führerscheins oder der Prüfungsbescheinigung gebunden (*Dauer* NZV **16** 598). Die Auffassung, der Besitz des Führerscheins sei Grundvoraussetzung für den (Fort-)Bestand der Fahrerlaubnis (OVG Mgd NZV **16** 597), ist unzutreffend. Nichtmitführen des Führerscheins oder FS-Verlust berührt die Fahrerlaubnis nicht (BGH NJW **66** 1216). Ablauf der Gültigkeit des befristeten Führerscheins oder der befristeten Prüfungsbescheinigung hat keinen Einfluss auf den Bestand der Fahrerlaubnis. **Einstweilige Anordnung** zur Erteilung einer FE § 20 FeV Rn. 6. **Entziehung der FE:** § 3 StVG, § 46 FeV.

25 **Verzicht auf die Fahrerlaubnis** ist nicht speziell geregelt, ist aber nach allgemeinen Grundsätzen möglich. Er wird von Gesetz- und VOGeber als eine Möglichkeit vorausgesetzt, um das Recht zum Führen von Kfz zum Erlöschen zu bringen (§§ 2a I S. 6, IIa S. 2, 4 X S. 2, 28 III Nr. 7, 29 I S. 2 Nr. 3 Buchst. b, V S. 1 StVG, §§ 25 IIIa S. 1, IV S. 1, 59 I Nr. 10 FeV). Dies zeigt, dass durch den Verzicht das die Fahrerlaubnis einräumende Rechtsverhältnis als beendet angesehen wird, wenn gegenüber der zuständigen FEB ein solcher erklärt wird (OVG Saarlouis 13.5.20 – 1 A 57/20 BA **20** 239). Besondere **Form** ist für den Verzicht nicht vorgeschrieben (OVG Mgd NZV **16** 597). Verzicht muss zwar nicht ausdrücklich, aber eindeutig und unmissverständlich erklärt werden. Die **Verzichtserklärung** muss darauf gerichtet sein, das Erlöschen der FE herbeizuführen. Ob dies der Fall ist, ist ggf.. im Wege der Auslegung zu ermitteln. Dabei ist darauf abzustellen, wie die Erklärung aus der Sicht des Empfängers bei objektiver Betrachtungsweise und im Zeitpunkt des Zugangs der Erklärung zu verstehen ist (OVG Mgd NZV **16** 597, 27.11.17 – 3 L 291/17, VGH Mü 25.10.19 – 11 CS 19.1577 BeckRS 2019, 27462, VG Halle 9.4.15 – 7 A 117/14). Ablieferung des FS ist nicht Voraussetzung für Wirksamkeit des Verzichts. Sie kann die Verzichtserklärung aber auch nicht ersetzen. **Ablieferung des FS allein** führt **nicht** zum Erlöschen der FE, wenn nicht eindeutige Verzichtserklärung des FEInhabers vorliegt. Die Auffassung, mit freiwilliger Rückgabe des FS werde grds. auch auf die FE verzichtet, soweit nicht auf Grund der Gesamtumstände ausnahmsweise etwas anderes zu gelten habe (OVG Mgd NZV **16** 597 mablAnm *Dauer* = NJW **16** 892 Ls, BHHJ/*Hühnermann* § 2 StVG Rn. 1c), ist deswegen nicht richtig. Verzichtserklärung kann wirksam nur **gegenüber der örtlich zuständigen FEB** abgegeben werden. Gegenüber anderen Stellen wie Strafgericht oder Staatsanwaltschaft ist sie nicht wirksam, da die FEB dann möglicherweise keine Kenntnis davon erhält und der Gesetzgeber in § 29 V S. 1 StVG nur von einer Verzichtserklärung gegenüber der FEB ausgeht (LG Bad Kreuznach NStZ-RR **06** 151, *Eisele* NZV **99** 232 (234), aA VG Berlin NZV **98** 176, *Haus/Zwerger* § 21 Rn. 4, *Bussfeld* DÖV **76** 765 (767)). Die Verzichtserklärung ist einseitige empfangsbedürftige Willenserklärung, die entspr § 130 I S. 1 BGB (erst) in dem Zeitpunkt wirksam wird, in dem sie der FEB zugeht (vgl. § 59 I Nr. 10 FeV, § 29 V S. 1 StVG). Wird sie gegenüber einer unzuständigen Stelle, zB einem Gericht, abgegeben und von dieser an die FEB weitergeleitet, wird sie erst in dem Zeitpunkt wirksam, in dem sie der zuständigen FEB zugeht. Mit Wirksamwerden der Verzichtserklärung **erlischt die FE** unmittelbar (Kö VRS **71** 54, OVG Münster NJW **87** 1964). Der Verzicht ist von diesem Zeitpunkt an unwiderruflich (*Eisele* NZV **99** 232 (234), s. *Kopp/Ramsauer* § 53 Rn. 50). Ein Verzicht „auf Zeit" mit der Folge, dass die FE nach Ablauf einer bestimmten Zeitspanne von selbst wieder auflebt, ist ausgeschlossen (Kö VRS **71** 54, OVG Münster NJW **87** 1964). Nach Verzicht ist der **FS** der FEB entsprechend § 3 II S. 3 **abzuliefern** (*Eisele* NZV **99** 232 (234 f.)). **Speicherung** im FAER (§ 28 III Nr. 7 StVG, § 59 I Nr. 10 FeV) maximal für 15 Jahre (§ 29 I S. 2 Nr. 3, V S. 1 StVG). **Neuerteilung** der FE nach vorangegangenem Verzicht nur mit Sperrfrist von 6 Monaten und idR nach Eignungs-

überprüfung durch medizinisch-psychologische Untersuchung, wenn zum Zeitpunkt der Wirksamkeit des Verzichts mindestens zwei Entscheidungen nach § 28 III Nr. 1 oder 3 Buchst. a oder c und damit mindestens 2 Punkte im FAER gespeichert waren (§ 4 X S. 2, 4, § 4 Rn. 54, 99).

Geltungsbereich. Die von einer deutschen FEB erteilte FE gilt örtlich nur im Inland, denn **26** deutsche Behörden können VA nur mit Wirkung für das Inland erlassen. Sachlich ist ihr Inhalt maßgeblich. In den **EU-/EWR-Staaten** werden deutsche FE nach Maßgabe der 3. EU-FS-RL anerkannt, auch nach Wohnsitzverlegung in den betreffenden Mitgliedstaat. Im übrigen Ausland werden deutsche FE nach Maßgabe des Internationalen Abkommens über Kraftfahrzeugverkehr von 1926 oder des Wiener Übereinkommens über den StrV von 1968 anerkannt, soweit es sich um Vertragsstaaten handelt. Zur Ausstellung Internationaler FS dafür s. §§ 25a, 25b FeV. In den Staaten, die diesen Abkommen nicht beigetreten sind, besteht keine Verpflichtung zur Anerkennung der deutschen FE (dazu *Gstatter* DAR Extra **16** 752). Ggf. ist mit den jeweiligen Staaten zu klären, unter welchen Voraussetzungen Inhaber deutscher FE dort Kfz führen dürfen.

Ausnahmen von der Fahrerlaubnispflicht: Von der grundsätzlich für alle Kfz bestehenden **27** FEPflicht (I S. 1) kann BMV durch RVO Ausnahmen zulassen (§ 6 I Nr. 1 Buchst a StVG). Die Exekutive ist aber bei der Bestimmung von Ausnahmefällen und der inhaltlichen Ausgestaltung solcher Ausnahmeregelungen an die Ordnungsvorstellungen des Gesetzgebers gebunden, so dass eine Ausnahme nur in Fällen zulässig ist, in welchen die bestimmungsgemäße KfzVerwendung die VSicherheit nicht oder nur unwesentlich beeinträchtigt (BVerfG NJW **79** 1981 zur Vorgängervorschrift von § 6 I Nr. 1 Buchst a StVG). Außerdem sind die Vorgaben der 3. EU-FS-RL zu beachten. In § 4 I S. 2 FeV sind Ausnahmen von der FEPflicht normiert, näher dazu § 4 FeV.

2. Kraftfahrzeugführer. Führer eines Kfz ist, wer es unter bestimmungsgemäßer Anwen- **28** dung seiner Antriebskräfte unter eigener Allein- oder Mitverantwortung in Bewegung setzt oder unter Handhabung seiner technischen Vorrichtungen während der Fahrtbewegung durch den öffentlichen Verkehrsraum ganz oder wenigstens zum Teil lenkt, (BGH NJW **90** 1245, NJW **15** 1124, Brn VRS **106** 426, Dü VersR **93** 302, Stu DAR **15** 410), auch irrtümlich (LG Dortmund NZV **10** 619). S. § 21 Rn. 10, § 23 StVO und § 316 StGB Rn. 3. Vorgänge nach Beendigung der Fahrt, Abstellen des Motors und Verlassen des Kfz gehören nicht mehr dazu (Kar NZV **06** 441). Im Allgemeinen ist Führer der FzLenker, auch der unbefugte, nicht ein bloßer Helfer beim Sichern des Fz (BGH VersR **69** 895). Gibt im Auftrag des Fahrers eine Begleitperson Warnzeichen (§ 16 StVO), so wird sie dadurch nicht Führer. Arbeitsteiliges Führen ist möglich, wenn sich mehrere Personen essentielle Funktionen zum Steuern des Fz teilen (BGH NJW **90** 1245, NJW **15** 1124). Nach XV S. 2 gilt der **Fahrlehrer** oder der **Fahrlehreranwärter als FzF** bei Ausbildungs-, Prüfungs- und Begutachtungsfahrten (Rn. 91). Diese gesetzliche Fiktion hat (nur) die Funktion, bei solchen Fahrten trotz Fehlens einer FE über § 21 hinwegzuhelfen und die Haftung des Fahrschülers als FzF nach § 18 zu vermeiden (Dü NZV **14** 328, *Dauer* FahrlR § 12 FahrlG Anm 4, *Mitsch* NStZ **15** 410, *Schrader* NJW **15** 3537). Der Fahrschüler ist aber nicht jeder zivilrechtlichen Haftung enthoben (Rn. 94). Für die Beurteilung einer Strafbarkeit nach §§ 315c, 316 StGB und einer OW nach § 24a StVG kommt es darauf an, wer das Fz eigenhändig geführt hat, nicht auf die Fiktion des XV S. 2 (BGH NJW **15** 1124, Dr NJW **06** 1013 (zustAnm *König* DAR **06** 161, *Joerden* BA **06** 316), Dü NZV **14** 328, Stu DAR **15** 410, LG Münster ZfS **18** 169 = NZV **18** 243, AG Landstuhl 20.10.16 2 OWi 4286 Js 10115/16, *König* DAR **03** 448, *Joerden* BA **03** 104, *Thiele* DAR **06** 368, aA noch Ba NJW **09** 2393 (ablAnm *Heinrich* DAR **09** 402, zustAnm *Scheidler* DAR **09** 403), AG Cottbus DAR **03** 476 (beides überholt durch BGH NJW **15** 1124), offen Kar DAR **14** 211 (Vorlage an den BGH, dazu *König* DAR **14** 363, 370)). Bei den Erfolgsdelikten (§§ 222, 229 StGB) entscheiden die allgemeinen Regeln. Auch bei den auf das Fahren bezogenen OW (zB Geschwindigkeit, Abstand, Vorfahrt) wird man XV S. 2 keine Freistellung des Fahrschülers von jeglicher Verantwortung entnehmen können.

Das StrVRecht setzt die physische Anwesenheit eines FzFührers im Fz voraus; teleoperierte **28a** und autonome Fz sind nicht zulässig (*Lutz / Tang / Lienkamp* NZV **13** 57). Erlaubt sind bisher nur **Kfz mit hoch- oder vollautomatisierter Fahrfunktion** (§§ 1a, 1b). Dabei ist FzF auch derjenige, der eine hoch- oder vollautomatisierte Fahrfunktion iSv § 1a II S. 1 aktiviert und zur FzSteuerung verwendet, auch wenn er im Rahmen der bestimmungsgemäßen Verwendung dieser Funktion das Fz **nicht eigenhändig steuert** (§ 1a IV, Begr § 1a Rn. 6). Bei der FzSteuerung mittels automatisierter Fahrfunktion wird der FzF also nicht durch das hoch- oder vollautomatisierte System ersetzt (Begr zum ÄndG v. 16.6.17 BT-Drs. 18/11300 S. 14).

3. Anspruch auf Erteilung der Fahrerlaubnis hat der Bewerber, sofern die Voraussetzun- **29** gen nachgewiesen sind (II S. 1). Verbleibende Zweifel hinsichtlich der Eignung oder Befähigung gehen zu Lasten des Bewerbers (Rn. 41). Dem nur bedingt Geeigneten (Rn. 70) steht bei Ausgleichsfähigkeit ein Rechtsanspruch auf eine eingeschränkte FE oder auf eine solche unter Auflage zu (IV S. 2, Begr VkBl. **98** 788 f.). Nach Ablauf oder Abkürzung einer gerichtlichen **Sperrfrist** (§ 69a StGB) ist die Kraftfahreignung nicht automatisch wieder zu bejahen. Die Sperrfrist gibt nur den Mindestzeitraum an, währenddessen der Verurteilte in jedem Fall als ungeeignet anzusehen ist (BVerwG NJW **17** 3318). Im Anschluss daran ist von der FEB eigenständig zu beurteilen, ob die Kraftfahreignung wieder besteht (BVerwG NJW **87** 2246, NJW **17** 3318, VGH Ma VRS **123** 356, SVR **15** 430, DAR **15** 592). Die FEB ist dann an die strafgerichtliche Beurteilung der Kraftfahreignung des die Wiedererteilung der FE beantragenden Verurteilten nicht gebunden, sondern darf die Eignung in vollem Umfang neu prüfen (s. § 69a StGB Rn. 19). Dies ist verfassungsrechtlich unbedenklich (BVerfG NJW **67** 29). Näher zum Verfahren bei Neuerteilung einer FE nach Entziehung: § 3 Rn. 62 ff., § 20 FeV. Erteilt die FEB versehentlich oder in Unkenntnis einer laufenden Sperrfrist eine **neue FE während der Sperrfrist**, so ist dieser VA gültig (Ha VRS **26** 345). Diese FE ist fehlerhaft, aber nicht nichtig (*Dauer* DAR **07** 343); zur Entziehung einer fehlerhaft erteilten FE s. § 3 Rn. 42 f.

30   **4. Die Voraussetzungen für die Erteilung der FE** werden in II S. 1 Nr. 1–7 zusammengefasst. Ausführungsvorschriften dazu finden sich in §§ 7-20 FeV. Zu Eignung und Befähigung s. auch IV und V.

31   Nur wer einen **ordentlichen Wohnsitz** iSd Art 12 der 3. EU-FS-RL im Inland hat, erhält eine deutsche FE (II S. 1 Nr. 1, § 7 I S. 1 FeV). Nach Art 12 der Richtlinie, auf den II S. 1 Nr. 1 ausdrücklich Bezug nimmt, gilt: Der ordentliche Wohnsitz ist dort, wo der *„Führerscheininhaber"*, hier also der FEBewerber, mindestens 185 Tage im Kalenderjahr wegen persönlicher und beruflicher Bindungen wohnt. Bei fehlenden beruflichen Bindungen genügt es, dass persönliche Bindungen enge Beziehungen zum Wohnort erkennen lassen. Hält sich der FEBewerber abwechselnd in verschiedenen EU/EWR-Mitgliedstaaten auf, so ist für den ordentlichen Wohnsitz der Ort seiner persönlichen Bindungen maßgebend, sofern er regelmäßig dorthin zurückkehrt. Kehrt er nicht regelmäßig zurück, so bleibt der Ort der persönlichen Bindungen dennoch ordentlicher Wohnsitz, falls er sich in anderen Mitgliedstaat zur Ausführung eines Auftrags von bestimmter Dauer aufhält (Art 12 II S. 2 der 3. EU-FS-RL). Diesen Kriterien für den Begriff des „ordentlichen Wohnsitzes" entspricht die Regelung in § 7 I FeV. Nach der Fiktion des Art 12 II S. 3 der 3. EU-FS-RL hat der Besuch einer Universität oder Schule keine Verlegung des ordentlichen Wohnsitzes zur Folge. Diese Fiktion kann allerdings trotz der Formulierung von II S. 1 Nr. 1 auf FEBewerber aus Drittstaaten keine Anwendung finden. Anderenfalls könnte zB ein Studierender aus einem Drittland keine deutsche FE erhalten, selbst wenn er sich seit mehr als 6 Monaten (§ 29 I S. 3 FeV) oder mehr als 1 Jahr (§ 29 I S. 4 FeV) hier aufhält und damit seine Berechtigung zur Teilnahme am fahrerlaubnispflichtigen Verkehr mit der ausländischen FE gem § 29 FeV erloschen ist. Davon geht auch die Vorschrift des § 7 II und III FeV aus, indem sie die Wohnsitzfiktion bei Schul- oder Hochschulbesuch ausdrücklich auf EU/EWR-Staaten beschränkt.

32   Die FE wird nur erteilt, wenn das erforderliche **Mindestalter** erreicht ist (II S. 1 Nr. 2). Die Einzelheiten dazu sind auf der Basis von Art 4 der 3. EU-FS-RL in §§ 6a II, 10 FeV geregelt.

33   Die FE-Erteilung setzt die **Eignung zum Führen von Kfz** voraus (II S. 1 Nr. 3, IV). Im Einzelnen dazu Rn. 41 ff.

34   Erteilung der FE setzt eine vorherige **Ausbildung** nach dem FahrlG und den auf ihm beruhenden Vorschriften voraus (II S. 1 Nr. 4). Ist sie nicht nachgewiesen, so hat die FEErteilung zu unterbleiben, gleichviel, ob der Bewerber über die Befähigung zum Führen von Kfz verfügt oder nicht. Nachweis der Ausbildung: § 6 I iVm Anlage 3 FahrlGDV, § 6 II FahrschAusbO, § 16 II S. 6, § 17 V S. 5 FeV. **Ausnahmen von der Pflichtausbildung** in der Fahrschule können, soweit sie nicht durch das StVG selbst bestimmt werden, gem. § 6 I Nr. 1 Buchst. a StVG durch RVO normiert werden. Es gibt die folgenden Ausnahmen: X a 2 Nr. 2, XVI für Fahrberechtigungen von Mitgliedern der Freiwilligen Feuerwehren, der nach Landesrecht anerkannten Rettungsdienste und der technischen Hilfsdienste, §§ 15 III S. 2, 17 VI S. 5, 24 I, II, 26 II S. 4, 27 I S. 1 Nr. 5, 2, 27 II S. 1, 30 I S. 1 Nr. 5, II S. 2, 31 I S. 1 Nr. 5, 4, II FeV. § 7 I FahrschAusbO befreit nach seinem klaren Wortlaut, aber entgegen der ursprünglichen Begr (VkBl. **98** 1224), nicht von der Pflichtausbildung in der Fahrschule, wie der VOGeber in der Begr der Neuverkündung der FahrschAusbO v. 19.6.12 (BGBl. I S. 1318) deutlich gemacht hat (BR-Drs. 232/12 S. 56 = VkBl. **12** 571). Der Regelungsgehalt des § 7 I FahrschAusbO beschränkt sich darauf, dass in den Fällen des § 7 I FahrschAusbO von den in §§ 1–6 FahrschAusbO gemachten Vorgaben für die Ausbildung abgesehen wird (*Dauer* FahrlR § 7 FahrschAusbO Anm 1 ff.). Die Ausgestaltung der

Ausbildung richtet sich in diesen Fällen nach den sonstigen Vorschriften, insbes nach § 12 FahrlG (BR-Drs. 232/12 S. 56 = VkBl. **12** 571, noch bezogen auf § 6 FahrlG aF). Die auf die frühere Auffassung des VOGebers, § 7 I FahrschAusbO befreie von der Pflichtausbildung in der Fahrschule, bezogenen Ausführungen (*Dauer* DAR **09** 729) sind damit überholt.

FE-Erteilung setzt den **Nachweis der Befähigung** zum Führen von Kfz in einer theoreti- **35** schen und praktischen Prüfung voraus (II S. 1 Nr. 5,V). Dazu Rn. 72.

Zur Erteilung der FE muss der Bewerber **Erste Hilfe** leisten können (II S. 1 Nr. 6). Er muss **36** an einer Schulung in Erster Hilfe teilnehmen, die ihm durch theoretischen Unterricht und praktische Übungen gründliches Wissen und praktisches Können in Erster Hilfe vermitteln soll (§ 19 I FeV). Die frühere Differenzierung, für die A- und B-Klassen sowie die Klassen L und T die Beherrschung der Grundzüge der Unfallversorgung iS lebensrettender Sofortmaßnahmen und für die C- und D-Klassen eine höherwertige Ausbildung in Erster Hilfe zu fordern, wurde durch ÄndG v. 2.3.15 (BGBl. I S. 186, Begr Rn. 16) zugunsten der heute für alle FEKlassen erforderlichen einheitlichen Erste-Hilfe-Ausbildung aufgegeben. Zu Einzelheiten §§ 19, 68 FeV. Pflicht zum Mitführen von Erste-Hilfe-Material in Kfz: § 35h StVZO.

FE-Erteilung ist nur möglich, wenn der Bewerber **keine FE eines EU- oder EWR-Staates** **37** der entsprechenden Klasse **besitzt** (II S. 1 Nr. 7, § 8 FeV), denn nach Art 7 V der 3. EU-FS-RL kann jede Person nur Inhaber einer einzigen von einem Mitgliedstaat erteilten FE sein. Näher § 8 FeV. Darüber muss der Antragsteller bei der FEB eine Erklärung abgeben (VI S. 2, § 21 II S. 1 FeV). Ermittlungen der FEB hierzu: VII S. 1, § 22 II FeV.

Wenn dem Bewerber die **FE** in einem anderen EU-/EWR-Staat **entzogen** worden ist, ist **38** FE-Erteilung nach europäischem Recht nur möglich, wenn eine mit der EdF im Ausland verbundene **Sperrfrist** für die Erteilung einer neuen FE **abgelaufen** ist (Art 11 IV Unterabs 1 der 3. FS-RL in der Auslegung durch den EuGH NJW **12** 1935 Rn. 81 – Hofmann). Die sich aus der 3. FS-RL ergebende Pflicht zur Ablehnung der Erteilung einer FE, wenn eine im EU-/ EWR-Ausland angeordnete Sperrfrist noch nicht abgelaufen ist, ist nicht in das StVG umgesetzt worden. S. im Übrigen § 22 II a, II b FeV.

Als zusätzliche Voraussetzungen für die Erteilung der FE bestimmter FEKlassen können auf **39** Grund der Ermächtigung des II S. 2 durch RVO **Vorbesitz** oder **Fahrpraxis** in anderen Klassen festgelegt werden. Von der Ermächtigung ist nur hinsichtlich des Vorbesitzes Gebrauch gemacht worden, s. § 9 FeV.

5. Fahrgastbeförderung. III bildet mit § 6 I Nr. 1 Buchst. b, c und g die Rechtsgrundlage **40** dafür, dass für die Personenbeförderung in anderen Fz als Bussen, insbesondere in Taxen und Mietwagen, zusätzlich zu der für das Führen des jeweiligen Kfz erforderlichen allgemeinen FE eine besondere Erlaubnis **(Fahrerlaubnis zur Fahrgastbeförderung)** mit zusätzlichen Erfordernissen verlangt wird. Dabei handelt es sich nicht um eine FE iSv I S. 1. Näher s. § 48 FeV. Auf Grund der Ermächtigung des III S. 4 können als Erteilungsvoraussetzung Ortskenntnisse verlangt werden (s. § 48 IV Nr. 7 FeV).

6. Eignung zum Führen von Kfz setzt die FEErteilung gem. II S. 1 Nr. 3 voraus. IV defi- **41** niert den Begriff der Eignung, ergänzt und konkretisiert durch §§ 11–14 mit Anl 4, 5 und 6 FeV. Die Eignung umfasst gem. IV die körperliche und geistige sowie die charakterliche Eignung zum Führen von Kfz. Das Vorliegen der Eignung wird vom Gesetz positiv als Voraussetzung für die FEErteilung gefordert (Begr VkBl. **98** 788). Bei Erteilung oder Neuerteilung der FE besteht keine Eignungsvermutung, dh die Erteilung der FE ist zu versagen, wenn die Eignung nicht positiv festgestellt werden kann (OVG Münster 11.4.17 16 E 132/16). Der Bewerber hat ihr Vorliegen ggf.. **nachzuweisen** (VI S. 1 Nr. 2 iVm II S. 1 Nr. 3, VGH Ma NJW **14** 1833, VG Berlin BA **15** 295). Nichtfeststellbarkeit der Eignung geht zu Lasten des Bewerbers (OVG Münster NJW **07** 2938, 11.4.17 16 E 132/16, VGH Ma VRS **123** 356, SVR **15** 430, DAR **15** 592, VBlBW **16** 242, 27.7.16 10 S 77/15, OVG Greifswald ZfS **13** 595, 19.3.19 – 3 M 291/18 NordÖR **19** 250, VGH Mü DAR **16** 41, VG Saarlouis BA **08** 336, *Jagow* DAR **98** 186, *Weibrecht* BA **03** 131), was auch für eine Fahrerlaubnis zur Fahrgastbeförderung gilt (vgl. III S. 5, VGH Mü 23.4.20 – 11 CE 20.870 BeckRS 2020, 9470). Hinsichtlich der körperlichen und geistigen Eignung besteht jedoch bei Bewerbern um eine FE der Klassen A, A1, A2, AM, B, BE, T und L bis auf den Sehtest grds. keine Nachweispflicht (§ 21 III S. 1 Nr. 3 FeV). Bewerber und bei Verlängerung Inhaber von FE der Klassen C, CE, C1, C1E, D, DE, D1 und D1E müssen dagegen entsprechend den Vorgaben der 3. EU-FS-RL ein ärztliches Zeugnis über ihre körperliche und geistige Eignung vorlegen (§§ 21 III S. 1 Nr. 4, 24 I S. 1 Nr. 1 FeV). Klärung der Eignung erfolgt nach VIII und §§ 11–14 FeV.

42   **6a. Körperliche (physische) Mängel.** Geeignet zum Führen von Kfz ist, wer die dafür notwendigen körperlichen Anforderungen erfüllt (IV S. 1, § 11 I S. 1 FeV). Diese Anforderungen sind insbesondere dann nicht erfüllt, wenn eine **Erkrankung** oder ein **Mangel** nach Anl 4 oder 5 FeV vorliegt, wodurch die Eignung oder bedingte Eignung zum Führen von Kfz ausgeschlossen wird (§ 11 I S. 2 FeV, *Dauer* VGT **12** 83 = DAR **12** 181). Weitere Präzisierung in den Begutachtgs-Leitl (Anl 4a Eingangssatz FeV, dazu § 11 FeV Rn. 20). Näher *Fries/Wilkes/Lössl* S. 109 ff. Wenn trotz Diagnose einer Grunderkrankung volle Eignung besteht und die Erkrankung nur theoretisch zu fahreignungsrelevanten Mängeln führen kann, damit aber in den nächsten Jahren nicht zu rechnen ist, gibt es für Untersuchungsauflagen keine Rechtsgrundlage (OVG Schleswig ZfS **17** 537 = NZV **17** 542). Zu **Schwerhörigkeit, Gehörlosigkeit** s. Nr. 2 Anl 4 FeV, zu **Störungen des Gleichgewichts** s. Nr. 11.4 Anl 4 FeV (Begr BR-Drs. 78/14 S. 65 = VkBl. **14** 432), zu **Herz- und Gefäßkrankheiten** s. Nr. 4 Anl 4 FeV, zu **Zuckerkrankheit** s. Nr. 5 Anl 4 FeV, zu **Krankheiten des Nervensystems** s. Nr. 6 Anl 4 FeV, zu **Nierenerkrankungen** s. Nr. 10 Anl 4 FeV, zu **Organtransplantationen** s. Nr. 11.1 Anl 4 FeV. Ungeeignetheit können begründen: Schwächeanfälle ohne aufklärbare Ursache (BVerwG NJW **65** 1098), wiederholte, anfallartig auftretende Bewusstseinsstörungen (OVG Lüneburg ZfS **93** 393), Wiederholter Ohnmachtsanfall bei begründeter Wiederholungsgefahr (OVG Schl DAR **94** 40). Zur Eignung bei **Diabetes mellitus** (Zuckerkrankheit) Nr. 5 Anl 4 FeV. Bei **Epilepsie** kann ausnahmsweise Fahreignung gegeben sein (Nr. 6.6 Anl 4 FeV, VG Saarlouis ZfS **11** 298). Zur Eignung bei **Tagesschläfrigkeit** Nr. 11.2 Anl 4 FeV. Zum Führen von Kfz sind die in Anl 6 FeV genannten Anforderungen an das **Sehvermögen** zu erfüllen (§ 12 FeV). Die Anforderungen sind für die FEKlassen A, A1, A2, AM, B, BE, T und L geringer als für die Klassen C, CE, C1, C1E, D, DE, D1 und D1E. Näher § 12 FeV.

43   **Höheres Alter** allein führt nicht zu einer Einschränkung der Fahreignung. FE der FEKlassen A, A1, A2, AM, B, BE, T und L werden deswegen unbefristet erteilt. Für die Erneuerung der seit 19.1.13 nur noch befristet ausgegebenen FS ist auch im fortgeschrittenen Alter für diese FEKlassen kein Gesundheitszeugnis vorzulegen. Starker **Altersabbau** kann die Eignung allerdings mindern, was aber uU durch besondere Fahrerfahrung und Vorsicht ausgeglichen werden kann (BVerwG VRS **30** 386, 388, *Händel* DAR **85** 211, *Langwieder* VGT **85** 136 ff., *Schütz* VGT **95** 55 f., *Himmelreich* DAR **90** 447, NZV **92** 170, *Eisenmenger/Bouska* NZV **01** 14, *Schlanstein* VD **07** 219, *Koehl* NZV **17** 10, *Wagner/Kästner* BA **18** 181). Eine Untersuchung auf dem Datensatz 2004–2006 ergab kein mit dem Alter bedrohlich steigendes Verkehrsrisiko (BASt-Bericht M 193, 2008). Nach Jahren und Fahrerfahrung haben ältere Kf offenbar weniger Unfälle als zB die Altersgruppe 18–25 Jahre, weil sie größere VErfahrung haben (s. *Eisenmenger* VGT **05** 274, *Eisenmenger/Bouska* NZV **01** 15, *Langwieder* VGT **85** 116, *Fastenmeier* VGT **17** 73). Statistisch erhobene Zahlen weisen die Gruppe der über 65-Jährigen als diejenige mit dem geringsten fahreignungsbezogenen Unfallrisiko von allen Altersgruppen aus, s. *Eisenmenger* VGT **05** 275. Der Seniorenanteil der Pkw-Unfallverursacher ist sowohl in Bezug auf Bevölkerung, Halter als auch Führerscheinbesitz unterproportional (*Kubitzki/Janitzek* ZfS **11** 65). Zur statistischen Unfallbeteiligung älterer VT, s. *Langwieder* VGT **85** 116, *Kammann* VGT **95** 72. Erst bei der Altersgruppe ab 75 Jahren, verbunden mit einer Fahrleistung von unter 3000 km pro Jahr, ist ein stärkerer Anstieg der Unfälle zu verzeichnen (*Koehl* NZV **17** 10). Fahrungeeignetheit im Alter nur bei Leistungsminderung erheblich unterhalb der Norm, der Altersabbau muss sich in deutlichen Ausfallerscheinungen offenbaren (OVG Br VRS **68** 395). Über typische altersbedingte Ausfallerscheinungen, *Wetterling ua* ZfS **95** 161. Hohes Alter allein ist kein Versagungs- (VGH Ma NZV **89** 206) oder Entziehungsgrund (VGH Ma NJW **91** 315). Zur Anordnung eines ärztlichen Gutachtens bei Eignungszweifeln wegen hohen Alters s. § 11 FeV Rn. 27. Zu Beschränkungen der FE (Rn. 70, § 3 Rn. 17, § 23 FeV Rn. 11 ff., § 46 FeV Rn. 12) bei altersbedingten Fahreignungsmängeln *Koehl* NZV **17** 10 (12), *Rebler* SVR **18** 125 (130).

44   **6b. Alkohol.** Bei Alkoholabhängigkeit (Anl 4 Nr. 8.3 FeV) und bei Alkoholmissbrauch (Anl 4 Nr. 8.1 FeV) besteht in der Regel keine Eignung zum Führen von Kfz (§ 11 I S. 2 iVm Nr. 8 Anl 4 FeV).

45   Das FERecht definiert den Begriff der **Alkoholabhängigkeit** nicht selbst, sondern setzt ihn voraus (VGH Mü SVR **11** 275, DAR **16** 41, VGH Ma DAR **16** 101). Sie wird nach den Begutachtgs-Leitl Nr. 3.13.2 unter Bezugnahme auf die Internationale Klassifikation psychischer Störungen ICD-10 angenommen, wenn irgendwann während des letzten Jahres drei oder mehr der folgenden Kriterien gleichzeitig vorhanden waren: a) Ein starker Wunsch oder eine Art Zwang, psychotrope Substanzen zu konsumieren. b) Verminderte Kontrollfähigkeit bezüglich des Be-

ginns, der Beendigung und der Menge des Konsums. c) Ein körperliches Entzugssyndrom bei Beendigung oder Reduktion des Konsums, nachgewiesen durch die substanzspezifischen Entzugssymptome oder durch die Aufnahme der gleichen oder einer nahe verwandten Substanz, um Entzugssymptome zu mildern oder zu vermeiden. d) Nachweis einer Toleranz. Um die ursprünglich durch niedrigere Dosen erreichten Wirkungen der psychotropen Substanz hervorzurufen, sind zunehmend höhere Dosen erforderlich … e) Fortschreitende Vernachlässigung anderer Vergnügen oder Interessen zugunsten des Substanzkonsums, erhöhter Zeitaufwand, um die Substanz zu beschaffen, zu konsumieren oder sich von den Folgen zu erholen. f) Anhaltender Substanzkonsum trotz Nachweises eindeutiger schädlicher Folgen, wie zB Leberschädigung durch exzessives Trinken, depressive Verstimmungen infolge starken Substanzkonsums oder drogenbedingte Verschlechterung kognitiver Funktionen. … (OVG Mgd NJW **09** 1829, VGH Mü SVR **12** 317, VRS **125** 184, DAR **16** 41, 11.9.18 – 11 CS 18.1708 ZfS **18** 655, OVG Lüneburg ZfS **14** 595, OVG Saarlouis BA **18** 166, VG Augsburg ZfS **08** 117). Von Alkoholabhängigkeit ist auszugehen, wenn der Bericht eines auf Suchterkrankungen spezialisierten Krankenhauses diese diagnostiziert, auch wenn nicht präzisiert ist, welche drei Kriterien einschlägig waren (VGH Mü 10.7.17 11 CS 17.1057). Drängt sich anhand der Vorgeschichte, der erhobenen Befunde und anhand der eigenen Angaben des Betr zu seinem Umgang mit Alkohol die Diagnose einer Alkoholabhängigkeit unmittelbar auf, so bedarf es im Rahmen einer diesbezüglichen ärztlichen Begutachtung keiner vertieften Auseinandersetzung mit den Kriterien für eine Alkoholabhängigkeit nach ICD-10 (OVG Saarlouis BA **18** 166). Diagnostische Kriterien der Alkoholabhängigkeit, s. *Lewrenz ua* BA **02** 294. Alkoholabhängigkeit ist eine **Krankheit,** die die **Fahreignung ausschließt,** ohne dass es darauf ankommt, ob der Betr strafrechtlich oder verkehrsrechtlich negativ aufgefallen ist (OVG Saarlouis BA **18** 166). Denn bei alkoholabhängigen Personen besteht krankheitsbedingt jederzeit die Gefahr eines Kontrollverlustes und der Teilnahme am Straßenverkehr unter Alkoholeinfluss (VGH Mü 11.9.18 – 11 CS 18.1708 ZfS **18** 655). Für die Annahme fehlender Fahreignung ist ohne Belang, ob Vorfälle im Zusammenhang mit dem StrV geschehen sind (BVerwG DAR **16** 216). Bei Alkoholabhängigkeit liegt Ungeeignetheit zum Führen von Kfz vor, ohne dass es darauf ankommt, ob ein die Fahrsicherheit beeinträchtigender Alkoholkonsum und das Führen von Fahrzeugen hinreichend sicher getrennt werden kann (VGH Ma DAR **16** 101). Abhängigkeit rechtfertigt deswegen auch dann die Feststellung von Ungeeignetheit, wenn bisher keine VTeilnahme unter Alkoholeinfluss festgestellt wurde (VG Mainz BA **03** 80). Wird bei einem FEInhaber, bei dem Gammaalkoholismus diagnostiziert worden ist und der bereits mehrfach rückfällig geworden ist, erneut Alkoholkonsum nachgewiesen, entfällt idR die Fahreignung (OVG Lüneburg ZfS **14** 595). Liegen mit hoher Evidenz Anknüpfungstatsachen für einen Rückfall des Betr in die in der Vergangenheit diagnostizierte Alkoholabhängigkeit vor, ist die FE gem. § 11 VII FeV ohne vorherige Einholung eines Gutachtens zu entziehen (VGH Ma DAR **16** 101). **Aufklärungsmaßnahmen:** Ist zu klären, ob eine Person alkoholabhängig ist, ordnet die FEB gem. § 13 S. 1 Nr. 1 FeV ein ärztliches Gutachten zur Klärung der Kraftfahreignung an (§ 13 FeV Rn. 16). Ist dagegen über die Frage der Wiedererlangung der Fahreignung nach vorangegangener Alkoholabhängigkeit zu befinden, muss gem. § 13 S. 1 Nr. 2 Buchst. e FeV die Beibringung eines medizinisch-psychologischen Gutachtens angeordnet werden (§ 13 FeV Rn. 28).

Unter **Alkoholmissbrauch** ist hier nicht wie sonst umgangssprachlich der übermäßige Ge- **46** brauch von Alkohol oder die überdurchschnittliche Gewöhnung an Alkohol zu verstehen. Ein die Fahreignung ausschließender Alkoholmissbrauch liegt vielmehr nach Anl 4 Nr. 8.1 FeV nur vor, wenn **das Führen von Fahrzeugen und ein die Fahrsicherheit beeinträchtigender Alkoholkonsum nicht hinreichend sicher getrennt werden kann,** ohne dass der Betroffene bereits alkoholabhängig ist. Da die EdF nicht – repressiv – der Ahndung vorangegangener VVerstöße dient, sondern der Abwehr von Gefahren, die künftig durch die Teilnahme von nicht zum Führen von Kfz geeigneten Kf am StrV entstehen können, ist die in Anl 4 Nr. 8.1 FeV enthaltene Definition des Alkoholmissbrauchs dahingehend zu ergänzen, dass dieser vorliegt, **wenn zu erwarten ist,** dass das Führen von Fz und ein die Fahrsicherheit beeinträchtigender Alkoholkonsum nicht hinreichend sicher getrennt werden kann (BVerwG NJW **08** 2601, OVG Bautzen DAR **17** 650). Demgemäß ist Gegenstand des gem. § 13 FeV zur Klärung einzuholenden medizinisch-psychologischen Gutachtens auch das voraussichtliche künftige Verhalten des Betroffenen, insbesondere ob zu erwarten ist, dass er nicht oder nicht mehr ein Kfz unter Einfluss von Alkohol führen wird (Anl 4a Nr. 1 f. S. 1 FeV). Aus Anl 4 Nr. 8.1 FeV ergibt sich nicht, ob und ggf. unter welchen Voraussetzungen nach einer einmaligen Trunkenheitsfahrt zu erwarten ist, dass der Betr das Führen von Fz und einen die Fahrsicherheit beeinträchtigenden Alkoholkonsum auch künftig nicht hinreichend sicher wird trennen können (BVerwG NJW **17** 3318). Die Tatbestände des § 13 S. 1 Nr. 2 FeV enthalten Wertungen, unter welchen Umständen nach Auffassung des VOGebers insoweit Überprüfungsanlässe bestehen. Alkoholmissbrauch wird nach den **Begutachtgs-Leitl Nr. 3.13.1** *insbesondere* angenommen a) in jedem Fall (ohne Berücksichtigung der Höhe der BAK), wenn wiederholt ein Fz unter unzulässig hoher Alkoholwirkung geführt wurde, b) nach einmaliger Fahrt unter hoher Alkoholkonzentration (ohne weitere Anzeichen einer Alkoholwirkung), c) wenn aktenkundig belegt ist, dass es bei dem Betroffenen in der Vergangenheit im Zusammenhang mit der VTeilnahme zu einem Verlust der Kontrolle des Alkoholkonsums gekommen ist. Der begründete Verdacht auf Alkoholmissbrauch kann jedoch auch aus anderen Tatsachen hergeleitet werden (OVG Münster BA **12** 118, VG Gelsenkirchen BA **08** 158, VG Neustadt SVR **15** 316). – Die Ersetzung des Wortes *Kraftfahrzeugen* durch das Wort *Fahrzeugen* in Anl 4 Nr. 8.1 FeV durch ÄndVO v. 18.7.08 (BGBl. I S. 1338, Begr § 13 FeV Rn. 8–14) hat klargestellt, dass Alkoholmissbrauch auch vorliegt, wenn das Führen von anderen Fahrzeugen als Kfz (zB Fahrrädern) und ein die Fahrsicherheit beeinträchtigender Alkoholkonsum nicht hinreichend sicher getrennt werden kann.

47   Eine negative Prognose setzt nicht voraus, dass es in der Vergangenheit bereits zu einer Trunkenheitsfahrt mit einem Kfz gekommen ist. Der Wortlaut von § 13 S. 1 Nr. 2 Buchst. c FeV macht deutlich, dass nach der Wertung des Verordnungsgebers auch die Trunkenheitsfahrt mit **anderen Fahrzeugen als Kfz (zB Fahrrädern)** mit einer BAK von mindestens 1,6‰ Zweifel an der Kraftfahreignung begründet (BVerwG NJW **08** 2601, OVG Berlin NJ **07** 519, OVG Lüneburg NZV **12** 149, OVG Weimar VRS **123** 183, DAR **12** 721, OVG Mgd BA **13** 255, VG Neustadt NJW **05** 2471, VG Mainz BA **08** 275 VG Mü DAR **10** 656). Dies beruht auf der Erkenntnis, dass eine BAK ab 1,6‰ auf deutlich normabweichende Trinkgewohnheiten und eine ungewöhnliche Giftfestigkeit hindeutet (OVG Weimar VRS **123** 183, DAR **12** 721, VGH Mü BA **12** 338, OVG Greifswald NJW **15** 363, Begr zu § 13 FeV VkBl. **98** 1070, § 13 FeV Rn. 5). Diese Wertung wird auch durch die Ersetzung des Wortes *Kraftfahrzeugen* durch das Wort *Fahrzeugen* in Anl 4 Nr. 8.1 FeV durch ÄndVO v. 18.7.08 (BGBl. I S. 1338, Begr § 13 FeV Rn. 8–14) deutlich. Nach einer Trunkenheitsfahrt mit einem Fahrrad ist zu klären, ob diese Ausdruck eines Kontrollverlustes war, der genauso gut zu einer VTeilnahme mit einem Kfz führen kann (BVerwG NJW **08** 2601, VGH Mü BA **09** 440, OVG Lüneburg NZV **12** 149, OVG Weimar VRS **123** 183, DAR **12** 721). Die Eignung zum Führen von Kfz wegen Alkoholmissbrauchs ist zu verneinen, wenn nach einer zurückliegenden Trunkenheitsfahrt mit einem Fahrrad und ihren Begleitumständen sowie dem bisherigen und zu erwartenden Umgang des Betroffenen mit Alkohol die Gefahr besteht, dass er künftig auch ein Kfz unter unzulässigem Alkoholeinfluss führen wird (BVerwG NJW **08** 2601). Die abweichende, unter Berufung auf den früheren Wortlaut von Anl 4 Nr. 8.1 FeV vertretene Auffassung, der Verordnungsgeber nehme unterhalb der Schwelle der Alkoholabhängigkeit die Risiken für den StrV ausdrücklich hin, die allein auf einer Alkoholproblematik eines bislang nicht mit einem Kfz auffällig gewordenen Kf beruhen (VG Potsdam NJW **06** 2793, VG Ol ZfS **08** 353), ist durch BVerwG NJW **08** 2601 überholt.

48   Hat eine Person mit einer BKA von 1,6‰ oder mehr als Fahrradfahrer am StrV teilgenommen, ergeben sich daraus nicht nur Zweifel an der Eignung zum Führen von Kfz, sondern auch an der **Eignung zum Führen fahrerlaubnisfreier Fz** (§ 3 FeV Rn. 12). Ist eine Person als Kraftfahrer alkoholauffällig geworden, ist die Eignung zum Führen fahrerlaubnisfreier Fz nur zu prüfen, wenn die Gesamtumstände zu der begründeten Annahme Anlass geben, auch im Hinblick auf fahrerlaubnisfreie Fz bestehe die Gefahr des Alkoholmissbrauchs (OVG Ko NJW **11** 3801).

49   **Klärung von Alkoholmissbrauch durch die FEB:** Wenn nach einem gem. § 13 S. 1 Nr. 1 FeV angeordneten ärztlichen Gutachten zwar keine Alkoholabhängigkeit, jedoch Anzeichen für Alkoholmissbrauch vorliegen oder sonst Tatsachen die Annahme von Alkoholmissbrauch begründen, hat die FEB gem. § 13 S. 1 Nr. 2 Buchst. a FeV die Beibringung eines medizinisch-psychologischen Gutachtens anzuordnen (§ 13 FeV Rn. 18 ff.). Das Gleiche gilt, wenn wiederholt Zuwiderhandlungen im StrV unter Alkoholeinfluss begangen wurden (§ 13 S. 1 Nr. 2 Buchst. b FeV, § 13 FeV Rn. 22) oder ein Fz im StrV bei einer BAK von 1,6‰ oder mehr oder einer AAK von 0,8 mg/l oder mehr geführt wurde (§ 13 S. 1 Nr. 2 Buchst. c FeV, § 13 FeV Rn. 23 ff.).

50   **Wiedererlangung der Eignung:** War die Kraftfahreignung wegen **Alkoholabhängikeit** nicht gegeben, kann sie gem. Anl 4 Nr. 8.4 FeV nur wieder als gegeben angesehen werden, wenn nach einer Entwöhnungsbehandlung Abhängigkeit nicht mehr besteht und idR ein Jahr Abstinenz nachgewiesen ist. Allein eine Reduzierung des Alkoholkonsums führt bei Alkoholabhän-

gigkeit nicht zur Wiedererlangung der Fahreignung (VGH Mü 11.9.18 – 11 CS 18.1708 ZfS **18** 655). Die Fahreignung ist erst dann wieder zu bejahen, wenn eine erfolgreiche Entwöhnungsbehandlung mit stabiler Abstinenz erreicht ist und der Erfolg der Therapie in erster Linie an der Alkoholabstinenz orientiert ist (OVG Lüneburg ZfS **14** 595). Zur Klärung ist von der FEB ein medizinisch-psychologisches Gutachten gem. § 13 S. 1 Nr. 2 Buchst. e FeV anzuordnen (§ 13 FeV Rn. 27). Zu den Anforderungen an Stellen, deren Abstinenzbelege für die Feststellung der Eignung anerkannt werden können: Anl 4a Nr. 6 Buchst. b FeV. Zur Überprüfbarkeit behaupteter Alkoholabstinenz *Seidl ua* BA **98** 174, *Uhle/Löhr-Schwaab* ZfS **07** 192, VGH Mü 31.7.08 11 CS 08.1103. – War die Kraftfahreignung wegen **Alkoholmissbrauch** nicht gegeben, kann sie gem. Anl 4 Nr. 8.2 FeV nach Beendigung des Missbrauchs nur wieder als gegeben angesehen werden, wenn die **Änderung des Trinkverhaltens gefestigt** ist (BVerwG NJW **08** 2601, OVG Bautzen DAR **17** 650). Nach Nr. 3.13.1 der Begutachtgs-Leitl gilt die Kraftfahreignung als wiederhergestellt, wenn nicht mehr mit einer erhöhten Wahrscheinlichkeit mit einer Fahrt unter Alkoholeinfluss gerechnet werden muss. Davon ist zum einen auszugehen, wenn Alkohol nur noch kontrolliert getrunken wird, so dass Trinken und Fahren zuverlässig getrennt werden können. Ein Nachweis der Alkoholabstinenz ist nicht erforderlich (OVG Saarlouis 29.8.18 – 1 B 236/18 DAR **18** 644). Sofern aufgrund der Lerngeschichte jedoch anzunehmen ist, dass sich ein konsequenter kontrollierter Umgang mit alkoholischen Getränken nicht erreichen lässt, muss der Betr Alkoholabstinenz einhalten (Nr. 3.13.1 Buchst. a Begutachtgs-Leitl, VGH Mü 28.8.06 11 C 05.2849, VGH Ma SVR **16** 231, Koehl DAR **13** 624). Zum anderen ist erforderlich, dass die vollzogene Änderung im Umgang mit Alkohol stabil und motivational gefestigt ist. Letzteres ist anzunehmen, wenn die Änderung aus einem angemessenen Problembewusstsein heraus erfolgte, die Änderung nach genügend langer Erprobung und der Erfahrensbildung (in der Regel ein Jahr, mindestens jedoch 6 Monate) bereits in das Gesamtverhalten integriert ist, die mit der Verhaltensänderung erzielten Wirkungen positiv erlebt werden, der Änderungsprozess nachvollziehbar aufgezeigt werden kann, eine den Alkoholmissbrauch eventuell bedingende Persönlichkeitsproblematik erkannt und entscheidend korrigiert wurde, und neben den inneren auch die äußeren Bedingungen (Lebensverhältnisse, berufliche Situation, soziales Umfeld) einer Stabilisierung des geänderten Verhaltens nicht entgegen stehen (Nr. 3.13.1 Buchst. b Begutachtgs-Leitl). Erforderlich ist eine grundlegende Einstellungs- und gefestigte Verhaltensänderung, die einen Rückfall unwahrscheinlich erscheinen lässt (Anl 4a FeV Nr. 1 f., VG Ol ZfS **08** 353). Zur Klärung ist von der FEB ein medizinisch-psychologisches Gutachten gem. § 13 S. 1 Nr. 2 Buchst d FeV (wenn die FE wegen Alkoholmissbrauch entzogen war) oder gem. § 13 S. 1 Nr. 2 Buchst e FeV (wenn Alkoholmissbrauch vorlag, aber nicht zur EdF geführt hat) anzuordnen (§ 13 FeV Rn. 26 f.). Ist durch medizinisch-psychologisches Gutachten bestätigt, dass die Änderung des Trinkverhaltens gefestigt ist, liegt uneingeschränkte Fahreignung, nicht nur bedingte Eignung vor (aA VGH Ma NJW **18** 1559, s. auch § 11 FeV Rn. 19). Eine Auflage zur FE „kein Alkohol" darf im Regelfall nicht verfügt werden (VGH Ma NJW **18** 1559).

6c. Bei **Einnahme** von **Betäubungsmitteln** iSd BtMG (ausgenommen Cannabis) liegt Ungeeignetheit vor, ohne dass es auf eine bestimmte Häufigkeit des Konsums oder darauf ankommt, ob der Betroffene Drogenkonsum und Fahren trennen kann (Nr. 9.1 Anl 4 FeV; zu Cannabis s. Rn. 54 ff., zu Methadon s. Rn. 64). Gleiches gilt bei **Abhängigkeit** von **Betäubungsmitteln** (Nr. 9.3 Anl 4 FeV). Die insoweit unterschiedliche rechtliche Behandlung im Verhältnis zum Alkoholkonsum ist grundgesetzkonform (s. BVerfG NJW **05** 349, VGH Ma VRS **108** 123, OVG Lüneburg BA **06** 513, s. auch VG Hb NJW **02** 2730, 2731 f.). Ein Norm- oder Wertungswiderspruch zwischen der durch §§ 24a, 25 StVG vorgesehenen Sanktion bei BtmKonsum und den Vorschriften über EdF wegen mangelnder Eignung bei BtmKonsum besteht nicht (§ 46 FeV Rn. 11). Bei Einnahme von **Medikamenten,** die Stoffe enthalten, die unter das BtMG fallen, kann die fehlende Fahreignung nicht schon aus der ein- oder mehrmaligen Einnahme von Betäubungsmitteln nach Nr. 9.1 Anl 4 FeV hergeleitet werden, da insoweit der in Nr. 9.4 Anl 4 FeV definierte Eignungsmangel (missbräuchliche Einnahme von psychoaktiv wirkenden Arzneimitteln) eine speziellere Anforderung normiert (Rn. 65). Will die FEB die FE wegen drogenbedingter Fahruneignetheit entziehen oder das Gericht die EdF bestä~~~ muss das **Vorliegen der Voraussetzungen nachgewiesen** sein oder die Ungeeign~~~ rechtigterweise nach § 11 VIII FeV unterstellt werden. Einfach von Fahrungeeigneth~~~ hen, wenn sich ein FEInhaber, an dessen Fahreignung im Zusammenhang mit C~~~ Zweifel bestehen, vor Gericht weigert, Angaben zu seinem Konsumverhalt~~~ VGH Mü SVR **13** 150), erscheint deswegen problematisch.

51

52   Die in Anl 4 FeV vorgenommene Wertung gilt gem. deren Vorbemerkung nicht ausnahmslos, aber für den **Regelfall** (VGH Ma NZV **02** 475, NZV **04** 213, VRS **131** 32, OVG Greifswald VRS **107** 229, OVG Ko VRS **99** 238, BA **02** 385 (Anm *Bode*), VG Trier BA **06** 519, *Berr/Krause/Sachs* Rn. 1025 ff.). Die Regelung lässt Raum für eine abw Würdigung im Einzelfall (OVG Saarlouis ZfS **02** 552, OVG Fra/0 BA **06** 60, VG Saarlouis ZfS **10** 535). Kompensationen durch besondere menschliche Veranlagung, durch Gewöhnung, durch besondere Einstellung oder durch besondere Verhaltenssteuerungen und -umstellungen sind möglich (Nr. 3 S. 2 Vorbem Anl 4 FeV). Ausnahme kann etwa in Betracht kommen, wenn besondere Umstände die Annahme begründen, dass die Fähigkeit zu umsichtigem und verkehrsgerechtem Verhalten und zur zuverlässigen Trennung zwischen Drogenkonsum und Verkehrsteilnahme nicht beeinträchtigt ist (VGH Ma NZV **02** 475, NZV **02** 477, NZV **04** 213, NJW **11** 1303, OVG Hb VRS **112** 308, VGH Mü BA **08** 84). Wenn zu klären ist, ob **ausnahmsweise Abweichung vom Regelfall der Ungeeignetheit** zugunsten des Betroffenen in Betracht kommt, medizinisch-psychologisches Gutachten nach Nr. 3 S. 2 Vorbem Anl 4 FeV. Liegen keine Anhaltspunkte für eine Abweichung vom Regelfall vor und macht der Drogenkonsument nicht durch schlüssigen Vortrag einen Sonderfall geltend, bedarf es keiner weiteren Aufklärung, da es seine Sache ist, die Regelvermutung zu entkräften (VGH Ma NZV **02** 475, NZV **02** 477, DAR **03** 236, 237, NZV **04** 213, NJW **11** 1303, VRS **131** 207, OVG Br DAR **04** 284, OVG Fra/0 BA **06** 60, VGH Mü BA **08** 84, VG Augsburg ZfS **07** 597, VG Ansbach BA **08** 156, VG Hb BA **13** 208, VG Br SVR **13** 357, *Zwerger* DAR **05** 431, 432).

53   Schon **einmalige Einnahme von Drogen** nach dem BtMG (außer Cannabis) rechtfertigt unabhängig von der Höhe der Betäubungsmittelkonzentration idR die Annahme von **Ungeeignetheit,** ohne dass KfzFühren unter der Wirkung der Droge nachgewiesen sein müsste (Anl 4 Nr. 9.1 FeV, VGH Mü VRS **109** 141, BA **08** 84, BA **10** 441, DAR **16** 289, VGH Ma NZV **02** 475, **02** 477, VRS **108** 123, NZV **07** 326, NJW **11** 1303, NJW **14** 2517, VRS **131** 32, OVG Br DAR **04** 284, OVG Fra/0 BA **06** 60, OVG Lüneburg DAR **02** 471, DAR **03** 432, BA **04** 475, BA **05** 324, BA **06** 513, ZfS **09** 597, OVG Hb VRS **105** 55, VRS **112** 308, NJW **08** 1465, OVG Ko VRS **99** 238, DAR **01** 183, BA **08** 418, BA **12** 123, VRS **133** 42, OVG Saarlouis SVR **17** 198, 4.12.18 – 1 D 317/18 ZfS **19** 118, OVG Münster VRS **112** 371, BA **12** 341, BA **14** 196, OVG Berlin BA **09** 357, 31.10.18 – 1 S 101.18 ZfS **19** 56, OVG Greifswald NordÖR **09** 265, BA **09** 360, NJW **12** 548, BA **13** 141, OVG Mgd NJW **10** 3465, BA **11** 115, BA **12** 327, BA **13** 41, NJW **13** 3113, VGH Ka NJW **12** 2294, OVG Weimar NZV **15** 410, VRS **128** 96, *Zwerger* DAR **05** 431, 433, *Dietz* BayVBl **05** 225, 231 ff., krit *Geiger* DAR **03** 97, 99, NZV **03** 272, SVR **06** 401, 404, *Berr/Krause/Sachs* Rn. 1015 ff., aM VGH Ka ZfS **02** 599 (aus Gründen der Verhältnismäßigkeit und, weil im Hinblick auf Nr. 2 der Vorbemerkung Anl 4 zur FeV deren Nr. 9.1 nur als Leitlinie für den Gutachter anzusehen sei, s. dazu aber zutreffend OVG Lüneburg DAR **03** 432, VGH Mü BA **04** 561, OVG Fra/0 BA **06** 60, OVG Hb VRS **105** 55, VRS **112** 308, VG Bra NJW **05** 1816), *Bode* DAR **02** 24, BA **06** 81, *Bode/Winkler* § 3 Rn. 203 ff.). Das gilt idR auch, wenn der FEB der Drogenkonsum erst Monate später bekannt wird (OVG Lüneburg BA **05** 324). Die Annahme der Ungeeignetheit und damit die Entziehung der Fahrerlaubnis ist auch dann gerechtfertigt, wenn kein wissenschaftlicher Nachweis für die Einnahme eines Betäubungsmittels vorliegt, sondern der Fahrerlaubnisinhaber dies **lediglich eingeräumt** hat (VGH Mü 7.11.19 – 11 ZB 19.1435 BeckRS 2019, 30470 Rn. 14, 15.7.20 – 11 ZB 20.43 BeckRS 2020, 16896 Rn. 20, OVG Mgd 14.8.20 – 3 L 121/20 BeckRS 2020, 21794). Wenn er seine Angaben später widerruft, wird sich die Behörde oder das Gericht im Wege weiterer Aufklärung eine Überzeugung von der Richtigkeit des – zunächst – zugestandenen Vorbringens bilden müssen (OVG Bremen 16.10.19 – 2 B 195/19 BeckRS 2019, 25687). Widerruft der Betr seine Angaben im gerichtlichen Verfahren, kann die im Rahmen des einstweiligen Rechtsschutzes vorzunehmende Interessenabwägung zu seinen Lasten darauf gestützt werden, dass er die Ursache für den Verdacht der Ungeeignetheit selbst gesetzt hat (OVG Bremen aaO). Erforderlich ist die **Einnahme** von Betäubungsmitteln. Der **Versuch des Konsums** harter Drogen kann nicht als Einnahme von Betäubungsmitteln iSv Nr. 9.1 Anl 4 FeV angesehen oder einer solchen Einnahme gleichgestellt werden, und zwar unabhängig davon, ob der Versuch am Eingreifen Dritter scheiterte oder der Betr freiwillig von ihm zurückgetreten ist (OVG Lüneburg 4.7.17 12 ME 77/17). Bei Konsum von **Kräutermischungen,** die nachgewiesenermaßen einen Wirkstoff beinhalten, der in der Anlage zum BtMG als harte Droge aufgenommen ist, liegt unabhängig von der Menge der im Blut festgestellten Wirkstoffkonzentration Ungeeignetheit vor (VG Trier ZfS **15** 417). Der Konsum von **Khat**, das die unter das BtMG fallenden Wirkstoffe Cathinon und Cathin enthält, führt zur Ungeeignetheit gem. Nr. 9.1 Anl 4 FeV (VGH Ka NJW **12** 2294, VGH Mü

DAR **17** 341, aA OVG Münster VRS **116** 384). Gleiches gilt für die Aufnahme von **synthetischen Cannabinoiden,** die in Anl II des BtMG als Betäubungsmittel aufgeführt sind (VG Neustadt BA **16** 284). Wegen des bei der Einnahme dieser Stoffe gegebenen starken Risikopotentials verbietet sich von vornherein eine Gleichbehandlung derartige synthetischer Drogen mit THC (VG Neustadt BA **16** 284). Geringe Mengen von Codein und Morphium im Blut rechtfertigt Annahme von Ungeeignetheit, wenn eine krankheitsbedingte Einnahme eines in Deutschland verschreibungspflichtigen **codeinhaltigen Hustensafts** nicht substantiiert und plausibel dargelegt worden ist (VG Neustadt BA **18** 325).

Wann ein in der **Vergangenheit** liegender und für sich genommen eignungsrelevanter Drogenkonsum die Annahme der Ungeeignetheit nicht mehr rechtfertigt, sondern nur noch Anlass zu Zweifeln bietet, denen durch Begutachtungsanordnung nachzugehen ist, kann nicht unter Zugrundelegung schematisch fester Zeiten gesagt werden; vielmehr sind alle Umstände des Einzellfalles zu berücksichtigen (OVG Münster BA **14** 196). Bei **jahrelang zurückliegendem Drogenkonsum** keine Annahme der Ungeeignetheit gem. § 11 VII FeV, sondern Klärung nach § 14 II Nr. 2 FeV, wenn keine Anhaltspunkte für weiteren Drogenkonsum vorliegen (VGH Mü 7.1.08 11 CS 07.1812, VG Lüneburg DAR **05** 54). Bei hinreichend substantiiert behaupteter langjähriger Drogenabstinenz ist die FEB spätestens nach Ablauf eines Jahres ab dem behaupteten Beginn der Abstinenz („verfahrensrechtliche Einjahresfrist", vgl. Rn. 63) gehindert, die Annahme fortbestehender Ungeeignetheit ohne weitere Ermittlungen allein auf eine Jahre zurückliegende Drogenfahrt zu stützen (OVG Mgd NJW **13** 3113, 1.10.14 VM **15** 14). **53a**

Die eignungsausschließende Einnahme von Betäubungsmitteln iSv Nr. 9.1 Anl 4 FeV setzt grundsätzlich einen willentlichen Konsum voraus. (OVG Berlin 9.2.15 VM **15** 48, VGH Mü DAR **16** 289) Die **unbewusste Einnahme von Betäubungsmittel** stellt jedoch nach allgemeiner Lebenserfahrung eine seltene Ausnahme dar (VGH Mü DAR **16** 289). Daher muss, wer sich auf eine ausnahmsweise unbewusste Aufnahme eines Betäubungsmittels beruft, einen detaillierten, in sich schlüssigen und auch im Übrigen glaubhaften Sachverhalt vortragen, der einen solchen Geschehensablauf als ernsthaft möglich erscheinen lässt und der damit auch zumindest teilweise der Nachprüfung zugänglich ist (OVG Greifswald NJW **12** 548, BA **13** 141, OVG Mgd BA **13** 41, SVR **13** 76, 14.8.20 – 3 L 121/20 BeckRS 2020, 21794, OVG Münster BA **12** 341, BA **14** 196, OVG Bautzen SächsVBl **13** 90, 10.12.14 3 B 148/14, BA **15** 290, VGH Mü DAR **16** 289, 10.7.20 – 11 ZB 20.52 BeckRS 2020, 16897, OVG Saarlouis SVR **17** 198, OVG Hb 14.5.19 – 4 Bs 92/19 VRS **135** 305, VG Leipzig 25.9.19 – 1 L 890/19 BA **19** 421, *Urbanzyk* DAR **17** 422). Deswegen grds. keine Entlastung allein mit dem pauschalen Vorbringen, die Drogen seien dem Betr **ohne sein Wissen** von Dritten verabreicht worden oder es habe eine Verwechslung von Trinkgläsern stattgefunden (VGH Ma VRS **108** 123, OVG Greifswald NJW **12** 548, OVG Ko BA **12** 123, OVG Mgd BA **12** 327). Auch eine Verunreinigung der Haare durch den Kontakt mit Drogenkonsumenten oder andere exogene Antragungen stellt eine Ausnahme dar. Wer behauptet, in seinen Haaren festgestellte Substanzen seien durch Kontakt mit anderen Personen, die Drogen konsumierten, hervorgerufen, muss einen detaillierten, in sich schlüssigen und auch im Übrigen glaubhaften Sachverhalt vortragen, der einen solchen Geschehensablauf als ernsthaft möglich erscheinen lässt (VGH Mü 16.4.18 11 ZB 18.344 = NJW **18** 2430 Ls). Die Behauptung, das im Blut des Betr nachgewiesene Kokain müsse unwissentlich in Getränke gemischt worden sein, ist offenkundig unglaubhaft, da die Aufnahme von Kokain nicht oral erfolgt (VGH Ka BA **13** 320). Dem bewussten Konsum harter Drogen gleichzustellen ist es nach einer Einzelmeinung in der Rspr, wenn der Betr im gefahrgeneigten Umfeld nicht besondere Vorsorge trifft, um einen unbewussten Drogenkonsum auszuschließen, und so ungewollt Drogen zu sich nimmt (VG Schwerin SVR **16** 238). **53b**

Für § 24a II beschlossene **Grenzwerte** haben **keine Bedeutung** für die zur Beurteilung der Kraftfahreignung allein relevante Frage nach der Einnahme eines Betäubungsmittels (OVG Berlin BA **09** 357, OVG Greifswald BA **09** 360, BA **13** 141, OVG Lüneburg ZfS **09** 597, OVG Mgd BA **11** 115, VG Leipzig BA **10** 156, VG Br SVR **13** 357, VG Schwerin SVR **16** 238). **53c**

Für **Cannabis** trifft Anl 4 FeV eine **differenzierte Regelung** abhängig vom Konsummuster: **Regelmäßige Einnahme** von Cannabis führt im Regelfall zur Ungeeignetheit (Nr. 9.2.1 Anl 4 FeV), **gelegentliche Einnahme** von Cannabis dagegen nicht, wenn Konsum von Cannabis und Fahren getrennt werden und kein zusätzlicher Gebrauch von Alkohol oder anderen psychoaktiv wirkenden Stoffen, keine Störung der Persönlichkeit und kein Kontrollverlust vorliegen (Nr. 9.2.2 Anl 4 FeV). Diese Bewertung gilt nur für den **Regelfall** (Nr. 3 S. 1 Vorbem Anl 4 FeV, s. Rn. 52). Wann *regelmäßige* und *gelegentliche* Einnahme von Cannabis vorliegen, wird weder im StVG noch in der FeV definiert; zu den Begriffen Rn. 55 f., 57 f. Die vom VOGeber getroffene **54**

Unterscheidung zwischen einem nur gelegentlichen und einem ohne Weiteres zur Ungeeignetheit führenden regelmäßigen Konsum ist nicht zu beanstanden (BVerwG NJW **09** 2151, krit zu der Unterscheidung *Gehrmann* NZV **08** 265 = 377). Eine Äußerung des Betroffenen zur Häufigkeit seines Cannabiskonsums im Rahmen einer Verkehrskontrolle ohne vorherige Belehrung über sein Schweigerecht gem. § 136 I S. 2 StPO unterliegt keinem Verwertungsverbot im Verwaltungsverfahren, da § 136 I S. 2 StPO nur für das Strafverfahren gilt (VGH Ma NJW **07** 2571 (mkritAnm *Heß/Burmann* NJW-Spezial **07** 404), VGH Mü 5.3.09 11 CS 08.3046, VG Ol BA **04** 188, s. auch OVG Lüneburg NJW **01** 459).

55   Eine Legaldefinition des Begriffs **regelmäßige Einnahme von Cannabis** iSv Nr. 9.2.1 Anl 4 FeV gibt es nicht (BVerwG NJW **09** 2151). Regelmäßiger Cannabiskonsum schließt die Fahreignung ohne Hinzutreten weiterer fahreignungsrelevanter Umstände, wie etwa fehlendes Trennungsvermögen, aus (Nr. 9.2.1 Anl 4 FeV). Er muss deswegen in einem Umfang erfolgen, der nach wissenschaftlichem Erkenntnisstand als solcher und ohne das Hinzutreten weiterer Umstände im Regelfall zu einer die Fahreignung ausschließenden Wirkung führt (BVerwG NJW **09** 2151, NJW **15** 2439). **Regelmäßiger Konsum** liegt bei **täglicher** oder **nahezu täglicher** Einnahme von Cannabis vor (BVerwG NJW **09** 2151, NJW **15** 2439, VGH Ma NZV **04** 213, VGH **03** 3004, DAR **04** 113, DAR **04** 170, NJW **06** 2135, ZfS **08** 172, VGH Mü BA **04** 97, 7.12.06 11 CS 06.1350, SVR **10** 310, SVR **13** 150, OVG Münster BA **09** 292, DAR **11** 169, 26.3.12 16 B 304/12, OVG Schl BA **14** 294, VG Freiburg BA **15** 431, *Kannheiser* NZV **00** 57 ff., *Zwerger* DAR **05** 431 (433 f.), 44. VGT **06** 96, 100, krit *Dietz* BayVBl **05** 225, 228). Nur bei einer solchen Konsumintensität treten mit hinreichender Wahrscheinlichkeit Veränderungen des Leistungsvermögens und der Persönlichkeit des Konsumenten ein, die sich so negativ auf fahrleistungsrelevante Eigenschaften auswirken, dass dadurch die Fahreignung durch den Konsum selbst ausgeschlossen ist. Steht **regelmäßige Einnahme von Cannabis** und damit Ungeeignetheit fest, **EdF ohne Anordnung eines Gutachtens** nach § 46 I, § 11 VII FeV. Die neuere Rspr. des BVerwG, wonach die FEB bei nur gelegentlicher Cannabiseinnahme und erstmaligem Verstoß gegen das Trennungsgebot idR zunächst über die Einholung eines medizinisch-psychologischen Gutachtens zu entscheiden hat (Rn. 59), ist nicht einschlägig, wenn von regelmäßigem Cannabiskonsum auszugehen ist (VG Neustadt 4.3.20 – 1 L 207/20 DAR **20** 275).

56   Eine Konzentration von deutlich mehr als **75 ng/ml THC-COOH** bei einer Blutentnahme nach Ankündigung in einem Zeitraum von bis zu 8 Tagen lässt auf regelmäßigen Konsum schließen (OVG Münster DAR **03** 187, OVG Saarlouis ZfS **03** 44, OVG Berlin 27.8.18 – 4 S 34/18 NVwZ-RR **19** 115, VGH Mü 24.4.19 – 11 CS 18.2605 BeckRS 2019, 8661, *Daldrup ua* BA **00** 39, 41, 206, *Zwerger* DAR **05** 431 (434)). Der Wert muss bei sofortigen Blutentnahme wegen der fehlenden Abbaumöglichkeit zwischen Ankündigung und Blutentnahme relativiert werden. Bei Blutentnahme zeitnah zur Verkehrsteilnahme ist nach gesicherter, auf rechtsmedizinischen Untersuchungen beruhender Erkenntnis jedenfalls ab einer Konzentration des THC-Metaboliten **THC-COOH-Wert** von **150 ng/ml** im Blutserum von einem **regelmäßigen Cannabiskonsum** auszugehen (OVG Lüneburg 11.7.03 – 12 ME 287/03 DAR **03** 480, OVG Münster 11.2.15 – 16 B 50/15 BeckRS 2015, 42003, VGH Ka 15.9.16 – 2 B 2335/16 BeckRS 2016, 134307, OVG Berlin 27.8.18 – 4 S 34/18 NVwZ-RR **19** 115, VGH Mü 24.4.19 – 11 CS 18.2605 NJW **19** 2339 Ls, OVG Schleswig 14.2.20 – 5 MB 2/20 ZfS **20** 297, VG Neustadt 4.3.20 – 1 L 207/20 DAR **20** 275, VG Mü 17.6.20 – 6 S 20.1192 BeckRS 2020, 14815, *Zwerger* DAR **05** 431, 434, ZfS **07** 551, 552, *Möller* 44. VGT **06** 172, 179). Wird ein Ausnahmefall nach Nr. 3 der Vorbemerkung zur Anlage 4 FeV geltend gemacht, müssen sich die dafür vorgetragenen Gründe auf eine vom Regelfall abweichende Wirkung der regelmäßigen Einnahme von Cannabis auf die Fahreignung des Betr beziehen (VGH Mü 26.8.19 – 11 CS 19.1432 BeckRS 2019, 21168).

56a   Regelmäßiger Cannabiskonsum **vor mehreren Jahren** rechtfertigt nicht die unmittelbare EdF, da in diesem Fall zu klären ist, ob mittlerweile eine Umstellung auf ein die Fahreignung nicht mehr ausschließendes Konsummuster erfolgt ist (VGH Ma DAR **04** 170). Regelmäßiger Cannabiskonsum vor mehreren Jahren kann aber selbst bei zwischenzeitlicher positiver Begutachtung und Neuerteilung der FE Annahme von Ungeeignetheit rechtfertigen, wenn neuer Vorfall die Einschätzung des Gutachters widerlegt (OVG Br NJW **11** 3595). Ein **Strafurteil**, in dem *regelmäßiger* Cannabiskonsum festgestellt wird, entfaltet keine Bindungswirkung gem. § 3 IV S. 1 StVG, wenn nicht hinreichend klar ist, ob damit ein Konsumverhalten beschrieben wird, das nach fahrerlaubnisrechtlichen Maßstäben als regelmäßiger Cannabisgebrauch anzusehen ist (OVG Münster 26.3.12 16 B 304/12). Regelmäßiger Konsum kann auch angenommen werden, wenn er nur über einen **kurzen Zeitraum** erfolgt. Nr. 9.2.1 Anl 4 FeV macht den Verlust der

Fahreignung nicht von einer längeren Dauer der regelmäßigen Einnahme von Cannabis abhängig, weil der tägliche Gebrauch dieses Betäubungsmittels auch dann, wenn noch nicht mit Langzeitschäden körperlicher oder psychischer Art zu rechnen ist, uU Folgen nach sich ziehen kann, die die Fahreignung beseitigen oder einschränken (VGH Mü 7.12.06 11 CS 06.1350, SVR **10** 310, VG Mü DAR **08** 105). Ein Mindestzeitraum von einem halben Jahr (so VGH Ma 31.1.17 VRS **131** 207) ist nicht erforderlich. Das Rauchen von ein bis zwei Joints täglich über einen Zeitraum von etwas mehr als einem halben Jahr ist in jedem Fall ausreichend (VGH Mü SVR **10** 310, SVR **13** 150). Regelmäßiger Konsum kann nach OVG Lüneburg BA **07** 390 auch bei Konsum, der hinter täglichem oder nahezu täglichen zurückbleibt, vorliegen; deswegen seien auch andere konsumprägende Faktoren wie Intensität und Häufung an bestimmten Tagen und Dauer des Konsums über bestimmten Zeitraum hinweg zu prüfen. Allein aus dem **Besitz** von Marihuana lässt sich auf einen regelmäßigen, die Fahreignung ausschließenden Konsum nicht schließen (OVG Lüneburg BA **07** 390).

Eine Legaldefinition des Begriffs gelegentliche Einnahme von Cannabis, der außer in Nr. 9.2.2 **57** Anl 4 FeV auch in § 14 I S. 3 FeV Verwendung findet, gibt es nicht (BVerwG NJW **15** 2439). **Gelegentlicher Konsum von Cannabis** hat keine Fahrungeeignetheit zur Folge, wenn Konsum und Fahren getrennt werden und kein zusätzlicher Gebrauch von Alkohol oder anderen psychoaktiv wirkenden Stoffen, keine Störung der Persönlichkeit und kein Kontrollverlust vorliegt (Nr. 9.2.2 Anl 4 FeV). Der gelegentliche Konsum von Cannabis ist also grundsätzlich fahrgeeignet. Da gem. Nr. 9.2.1 Anl 4 FeV regelmäßiger Konsum von Cannabis ohne Weiteres zur Ungeeignet führt, muss es sich bei der gelegentlichen Einnahme iSv Nr. 9.2.2 Anl 4 FeV um eine geringere Konsumhäufigkeit handeln (BVerwG NJW **15** 2439). **Gelegentlicher Konsum** von Cannabis iSv Nr. 9.2.2 Anl 4 FeV liegt vor, wenn der Betroffene in zumindest zwei selbständigen Konsumvorgängen Cannabis zu sich genommen hat und diese Konsumvorgänge einen gewissen, auch zeitlichen Zusammenhang aufweisen (BVerwG 23.10.14 – 3 C 3/13 NJW **15** 2439, 11.4.19 – 3 C 14/17 NJW **19** 3395). Erforderlich ist **mehr als nur einmaliger Konsum** (s. Rn. 57a) Dahinter steht die Erwägung, dass dann, wenn der Betr nachgewiesenermaßen bereits einmal Cannabis konsumiert hat, sich eine darauf folgende Phase der Abstinenz aber nicht als dauerhaft erweist, die dem „Einmaltäter" zugute kommende Annahme widerlegt wird, es habe sich um einen einmaligen „Probierkonsum" gehandelt, dessen Wiederholung nicht zu erwarten sei (BVerwG NJW **15** 2439). Gelegentlicher Konsum von Cannabis ist bereits bei **zwei selbständigen Konsumvorgängen** anzunehmen (BVerwG NJW **15** 2439, 11.4.19 – 3 C 14/17 NJW **19** 3395, VGH Mü NJW **14** 407, VRS **125** 250, NJW **16** 1974, NJW **16** 2601, OVG Berlin NZV **10** 531, VGH Ma NZV **15** 99, 22.7.16 10 S 738/16, VGH Ka DAR **12** 656, OVG Lüneburg 2.5.13 12 LA 179/12, OVG Hb VRS **132** 140, OVG Bremen 30.4.18 – 2 B 75/18 VRS **134** 31). Dabei ist nicht notwendig, dass die einzelnen Konsumepisoden länger auseinander liegen (so aber VG Augsburg ZfS **07** 597). Der zweite Konsum muss jedoch darauf angelegt sein, sich nach dem ersten Konsum ein neues Rauscherlebnis zu verschaffen, muss also mehr als nur die Fortsetzung oder Intensivierung des ersten Rauschzustandes sein, denn sonst ist von einem einheitlichen, einmaligen Konsumvorgang auszugehen (VGH Mü 16.8.06 11 CS 05.3394, VG Stu 21.7.17 1 K 10462/17). Nicht jeder beliebig weit in der **Vergangenheit** liegende Drogenkonsum kann allerdings als Grundlage für die Annahme gelegentlichen Cannabiskonsums herangezogen werden. Die einzelnen Konsumvorgänge müssen, damit sie als gelegentliche Einnahme von Cannabis iSv Nr. 9.2.2 Anl 4 FeV gewertet werden können, einen gewissen, auch zeitlichen **Zusammenhang** aufweisen (BVerwG NJW **15** 2439, OVG Mgd BA **07** 386, OVG Lüneburg 4.12.08 12 ME 298/08, ZfS **12** 473, VGH Mü NJW **16** 1974, NJW **16** 2601, OVG Hb VRS **132** 140, OVG Weimar 20.12.17 – 2 EO 303/16 VRS **134** 303, VG Gelsenkirchen BA **16** 278, VG Aachen SVR **16** 313, VG Schwerin 14.1.20 – 4 B 1713/19 BeckRS 2020, 158). Ein Zeitablauf von **mehreren Jahren** zwischen zwei Rauschgifteinnahmen kann eine Zäsur bilden, die einen Rückgriff auf den früheren Vorgang verbietet; ob eine solche relevante Zäsur zwischen den einzelnen Konsumakten anzunehmen ist, ist nach den konkreten Umständen des jeweiligen **Einzelfalls** zu beurteilen (BVerwG NJW **15** 2439, VGH Ma VRS **124** 168). Die schematische Festlegung von Zeiträumen verbietet sich (BVerwG NJW **15** 2439, OVG Lüneburg ZfS **12** 473, OVG Weimar 20.12.17 – 2 EO 303/16 VRS **134** 303, Höchstgrenze von 10 Jahren wird vorgeschlagen von VG Weimar ThürVBl **16** 228). Nach dieser Festlegung des BVerwG kann die früher in der Rspr vertretene Ansicht, ein in der Vergangenheit liegender, noch verwertbarer Drogenkonsum könne auch nach längerer Drogenabstinenz noch zur Beurteilung der Frage herangezogen werden, ob eine gelegentliche Einnahme von Cannabis vorliegt, wenn nach der Abstinenz erneut Cannabis konsumiert wurde, die Abstinenz also nicht angedauert hat und sich der erneute Konsum damit nicht als ein einmaliges Ereignis („einmaliges Probierverhalten") darstellt (OVG Br NZV **08** 319, OVG Berlin NZV **10** 531, VGH Ka DAR **12** 656, VG Gelsenkirchen SVR **14** 73) in dieser Allgemeinheit nicht mehr aufrechterhalten werden. Ein Zeitraum von 4 Jahren zwischen zwei Konsumfällen begründet nicht ohne Weiteres eine Zäsur, die die Annahme eines gelegentlichen Konsums ausschließt (VGH KaVRS **132** 79).

57a **Einmaliger Konsum** wird in Anl 4 FeV nicht genannt. Er ist **fahrerlaubnisrechtlich ohne Bedeutung** (OVG Münster BA **09** 292), selbst wenn dabei gegen das Trennungsgebot (Nr. 9.2.2 Anl 4 FeV) verstoßen worden ist (VG Schwerin 14.1.20 – 4 B 1713/19 BeckRS 2020, 158). Einmaliger („Probier-")Konsum bleibt folgenlos, da keine Wiederholungsgefahr besteht und davon keine Gefahr für die Verkehrssicherheit ausgeht (VGH Mü DAR **06** 349, 27.3.06 11 CS 05.1559, 16.8.06 11 CS 05.3394, *Zwerger* ZfS **07** 551). **Einmaliger Konsum ist** nach einhelliger Ansicht noch **kein gelegentlicher Cannabiskonsum** (BVerwG NJW **15** 2439, VGH Ma NZV **04** 215, NJW **07** 2571, 2572, OVG Fra/O BA **06** 161, VGH Mü DAR **06** 349, OVG Mgd BA **07** 386, OVG Greifswald 19.12.06 1 M 142/06, OVG Ko NJW **09** 1522, OVG Lüneburg ZfS **09** 358, OVG Hb NJW **14** 3260, VG Augsburg ZfS **07** 597, *Zwerger* DAR **05** 431 (434), VGT **06** 96 (100)). Wird **erstmaliger Konsum von Cannabis** behauptet, wird es sich vielfach um eine Schutzbehauptung handeln. Gleichwohl hat die Behörde die Gelegentlichkeit der Cannabiseinnahme als Tatbestandsvoraussetzung von Nr. 9.2.2 Anl 4 FeV nachzuweisen (VGH Mü 16.8.06 – 11 CS 05.3394, 22.4.20 – 11 CS 19.2434 BeckRS 2020, 9476, OVG Greifswald 19.12.06 – 1 M 142/06, VGH Ka NJW **09** 1523, OVG Hb NJW **14** 3260, VRS **132** 140, VG Dü 24.3.11 6 K 1156/11, VG Fra/O DAR **12** 484, *Stuttmann* NJOZ **11** 1113 = NJW **11** 1919, *Geiger* DAR **12** 121 (124)). Dafür Anordnung eines ärztlichen Gutachtens nach § 14 I S. 1 Nr. 2 FeV, nicht eines medizinisch-psychologischen Gutachtens nach § 14 I S. 3 FeV, da die gelegentliche Einnahme von Cannabis nicht feststeht (VGH Mü DAR **06** 349, *Berr/ Krause/Sachs* Rn. 942). In der **Rspr.** wird es allerdings **überwiegend** für gerechtfertigt gehalten, im Rahmen der Beweiswürdigung bei Verkehrsteilnahme unter Einfluss von Cannabis grundsätzlich auf mehr als einmalige, experimentelle Cannabisaufnahme zu schließen, wenn der auffällig gewordene Kf Erstkonsum nicht einmal behauptet oder dies zwar geltend macht, die Umstände des behaupteten Erstkonsums aber nicht konkret und glaubhaft darlegt. Die Unwahrscheinlichkeit, dass ein Erstkonsument bereits kurze Zeit nach dem Konsum ein Kfz führt und dann auch noch trotz der geringen Dichte der polizeilichen Verkehrsüberwachung in eine Verkehrskontrolle gerät, rechtfertige es, dem Betr eine gesteigerte Mitwirkungsverantwortung für die Sachverhaltsaufklärung aufzuerlegen (VGH Ma VRS **112** 373, 22.7.16 – 10 S 738/16, OVG Münster DAR **12** 275, 11.3.14 – 16 E 1202/13, BA **17** 328 = NJW **17** 2297 Ls, OVG Ko NJW **11** 1985, 1.3.18 VRS **133** 39 = NZV **18** 293, VGH Mü NJW **14** 407, DAR **18** 101=160, 31.7.19 – 11 CS 19.1101 BeckRS 2019, 17431 Rn. 17, 22.4.20 – 11 CS 19.2434 BeckRS 2020, 9476 Rn. 21, 25.6.20 – 11 CS 20.791 BeckRS 2020, 14562 Rn. 23, OVG Schleswig NZV **17** 294, OVG Mgd 5.7.18 3 – M 257/18 SVR **18** 398, 31.8.18 – 3 M 290/18 BA **18** 449, OVG Bautzen 26.6.20 – 6 B 131/20 BeckRS 2020, 17840, VG Saarlouis ZfS **11** 358, VG Gelsenkirchen DAR **17** 104, VG Berlin BA **18** 322, VG Kar 20.6.18 – 7 K 10581/17, ebenso *Koehl* NZV **18** 14, dagegen *Stuttmann* NJOZ **11** 1113 = NJW **11** 1919, *Geiger* DAR **12** 121 (124)). Dieser Auffassung kann nicht gefolgt werden, da sie der Sache nach zu einer Umkehr der Beweislast führt und auf Spekulationen beruht (OVG Hb NJW **14** 3260). Die Behörde hat die Gelegentlichkeit der Cannabiseinnahme als Tatbestandsvoraussetzung von Nr. 9.2.2 Anl 4 FeV vielmehr zweifelsfrei nachzuweisen. Es spricht allerdings nichts dagegen, das Erklärungsverhalten des Betr bei der Klärung der Frage, ob ein gelegentlicher Cannabiskonsum vorliegt, zu berücksichtigen, wobei späteres unsubstantiiertes Bestreiten früherer Erklärungen unbeachtlich ist (OVG Hb VRS **132** 140). – Das **BVerwG** hat sich in seinen Cannabis-Entscheidungen vom 11.4.19 (ua 3 C 14/17 NJW **19** 3395, 3 C 13/17 DAR **19** 637) nicht zu dieser Thematik geäußert (*Stuttmann* NJW **19** 3402).

58 Aus dem bei einer Blutuntersuchung ermittelten **THC-Carbonsäure-Wert (THC-COOH)** kann auf die **Häufigkeit der Einnahme** von Cannabis geschlossen werden. Nach gegenwärtigen wissenschaftlichen Erkenntnissen ist jedoch eine Abgrenzung zwischen einmaligem und gelegentlichem Konsum von Cannabis bei anlassbezogener Blutentnahme (zeitnah zur Verkehrsteilnahme) im Bereich eines THC-COOH-Wertes bis zu 100 ng/ml nicht möglich (VGH Mü 16.8.06 11 CS 05.3394, OVG Greifswald 19.12.06 – 1 M 142/06, VGH Ka NJW **09** 1523, OVG Weimar 20.12.17 – 2 EO 303/16 VRS **134** 303, VG Stu 31.7.06 10 K 2124/06, VG Schwerin 14.1.20 – 4 B 1713/19 BeckRS 2020, 158, von OVG Ko NJW **11** 1985, 1.3.18 VRS **133** 39 = NZV **18** 293 offen gelassen). **Gelegentlicher Konsum** kann demnach ohne weitere

Aufklärungsmaßnahmen erst bei einem **THC-COOH-Wert** von **mehr als 100 ng/ml** angenommen werden (VGH Mü 27.3.06 11 CS 05.1559, VG Kar 20.6.18 7 K 10581/17, *Geiger* SVR **06** 401, 405, SVR **07** 354, aA *Berr/Krause* Himmelreich-F 91, 103 ff., die auch bei diesem Wert einmaligen Konsum nicht für ausgeschlossen halten). Aus dem Nachweis von 44,5 ng/ml THC-COOH im Rahmen einer Blutuntersuchung nach § 81a I StPO kann nicht geschlossen werden, dass der Betroffene bereits mehrfach Cannabis konsumiert hat (OVG Fra/O BA **06** 161). Bei einem THC-COOH Wert unter 100 ng/ml oder bei Feststellung von THC im Blut, woraus jedenfalls ein einmaliger Konsum folgt, können sich aus weiteren aussagekräftigen Tatsachen, zB Fund eines angerauchten Joints, von Ascheresten einer Cannabiszigarette, von Cannabis oder Konsumutensilien uU Anhaltspunkte für wiederholten Konsum ergeben (*Zwerger* ZfS **07** 551, 554).

Da sich der **Cannabis-Wirkstoff THC** rasch **abbaut** und idR nach 4 bis 6 Stunden im Blut **58a** nicht mehr nachweisbar ist (s. aber *König* DAR **07** 626, 627, NStZ **09** 425, 427, OVG Schl NJW **15** 2202), kann aus dem Nachweis von THC im Blut bei unmittelbar nach Verkehrsteilnahme genommener Blutprobe und zusätzlichen Informationen über vor längerer Zeit als 6 Stunden erfolgtem Konsum geschlossen werden, dass **zumindest zwei Cannabiseinnahmen** erfolgt sind und damit gelegentlicher Konsum gegeben ist (VGH Mü NJW **16** 1974, DAR **18** 50, OVG Berlin NZV **10** 531, OVG Münster BA **12** 62, OVG Br NZV **16** 495, OVG Hb VRS **132** 140, VGH Kassel 11.10.18 – 2 B 1543/18 VRS **134** 329 = NJW **19** 1093 Ls, VG Schwerin 14.1.20 – 4 B 1713/19 BeckRS 2020, 158, *Zwerger* ZfS **07** 551, 553). Es reicht, wenn ein Verhalten eingeräumt wird, das den Schluss auf mindestens einen weiteren Konsum rechtfertigt (OVG Hb VRS **132** 140). Bei Fahrt mit 1,3 ng/ml und behauptetem einmaligem Konsum mehr als 24 Stunden vor der Fahrt kann darauf geschlossen werden, dass der Betr entweder ein weiteres Mal auch wenige Stunden vor der Fahrt Cannabis konsumiert haben muss, oder es, wenn der letzte Konsum tatsächlich mehr als 24 Stunden zurückgelegen hat, zuvor zu einer erheblichen Akkumulation von Cannabinoiden in seinem Körper gekommen sein muss; beides belegt einen mehr als einmaligen und damit gelegentlichen Cannabiskonsum (BVerwG NJW **15** 2439, OVG Hb VRS **132** 140, VG Berlin BA **18** 322).

Nach Nr. 9.2.2 Anl 4 FeV genügt **gelegentlicher Konsum von Cannabis** anders als regel- **59** mäßiger Konsum (Nr. 9.2.1 Anl 4 FeV) für sich genommen noch nicht, um von **fehlender Fahreignung** des Betroffenen auszugehen. Es müssen zusätzliche tatsächliche Umstände hinzutreten. Eine dieser **Zusatztatsachen** ist neben dem Mischkonsum von Cannabis und Alkohol (Rn. 61), dass der Betroffene nicht zwischen dem **Konsum von Cannabis** und dem **Führen eines Kfz trennt** (BVerwG 23.10.14 – 3 C 3/13 NJW **15** 2439, 11.4.19 – 3 C 14/17 NJW **19** 3395). Allerdings rechtfertigt nicht jeder bei einem Kf festgestellte THC-Wert die Annahme fehlender Trennung. Eine ausreichende Trennung, die eine gelegentliche Einnahme von Cannabis im Hinblick auf die Verkehrssicherheit noch als hinnehmbar erscheinen lässt, liegt nur dann vor, wenn der Betr Konsum und Fahren in jedem Fall in einer Weise trennt, dass durch eine vorangegangene Einnahme von Cannabis eine Beeinträchtigung seiner verkehrsrelevanten Eigenschaften unter keinen Umständen eintreten kann (BVerwG NJW **15** 2439, 11.4.19 – 3 C 14/17 NJW **19** 3395, OVG Br NZV **16** 495, OVG Hb VRS **132** 140, OVG Mgd 31.8.18 – 3 M 290/18 BA **18** 449). Das bedeutet, dass auch die **Möglichkeit** einer solchen **cannabisbedingten Beeinträchtigung** der Fahrsicherheit **ausgeschlossen** sein muss (BVerwG NJW **15** 2439, 11.4.19 – 3 C 14/17 NJW **19** 3395, OVG Br NZV **16** 495, 30.4.18 – 2 B 75/18 VRS **124** 31, OVG Münster BA **17** 328).

Bei der Bestimmung des im Rahmen der Nr. 9.2.2 Anl 4 FeV **für ausreichende Trennung 59a** maßgeblichen THC-Grenzwerts** ist darauf abzustellen, ab welchem THC-Wert eine cannabisbedingte Beeinträchtigung der Fahrtüchtigkeit möglich ist oder nicht mehr ausgeschlossen werden kann (BVerwG NJW **15** 2439, 11.4.19 – 3 C 14/17 NJW **19** 3395, OVG Greifswald VRS **130** 90). Insoweit handelt es sich um einen „Risikogrenzwert" (BVerwG 11.4.19 – 3 C 14/17 NJW **19** 3395). Heute wird allgemein davon ausgegangen, dass bei gelegentlichen Konsumenten von Cannabis eine Beeinträchtigung der Fahrsicherheit möglich ist, wenn eine THC-Konzentration von **1,0 ng/ml** Blutserum erreicht oder überschritten wird, da THC im Körper rasch abgebaut wird und im Bereich des Ordnungswidrigkeitenrechts bereits bei einer THC-Konzentration von 1 ng/ml von einem zeitnahen Cannabiskonsum mit einer entsprechenden Beeinträchtigung der Fahrtüchtigkeit des Konsumenten ausgegangen wird (s. § 24a Rn. 21). Da bereits bei einer THC-Konzentration von 1 ng/ml eine Leistungsbeeinträchtigung zumindest möglich und gelegentliche Cannabiseinnahme im Hinblick auf die Verkehrssicherheit nur hinnehmbar ist, wenn der Konsument Fahren und Konsum in jedem Fall in der Weise trennt, dass eine Beeinträchtigung seiner verkehrsrelevanten Eigenschaften durch die Einnahme von Cannabis unter keinen Umständen eintreten kann, ist **ausreichendes Trennungsvermögen** iSv Nr. 9.2.2 Anl 4 FeV bei einer **THC-Konzentration ab 1 ng/ml nicht mehr gegeben** (BVerwG 23.10.14 – 3 C 3/13 NJW **15** 2439, 11.4.19 – 3 C 14/17 NJW **19** 3395, VGH Ma 22.7.16 – 10 S 738/16 DAR **16** 665, OVG Weimar 6.9.12 – 2 EO 37/11 NJW **13** 712, OVG Br 29.7.19 – 2 B 153/19 DAR **19** 646, OVG Berlin 16.6.09 – 1 S 17/09 NZV **10** 531, OVG Schl 27.6.18 – 4 MB 45/18 NZV **18** 439, OVG Hb 15.11.17 – 4 Bs 180/17 VRS **132** 140, OVG Münster 1.8.14 – 16 A 2806/13 NZV **15** 206, VGH Ka VRS **132** 83 = NJW **17** 3800 Ls, OVG Mgd 31.8.18 – 3 M 290/18 BA **18** 449, OVG Bautzen BA **18** 266,VGH Mü 23.5.16 – 11 CS 16.690 NJW **16** 2601).

59b   Der THC-Grenzwert von 1 ng/ml Blutserum beruht auf einem durch Beschluss der **Grenzwertkommission** vom 20.11.02 für die Annahme einer Ordnungswidrigkeit nach § 24a II StVG empfohlenen Wert, den sie durch Beschluss vom 22.5.07 bestätigt hat (BA **07** 311). Es ist geklärt, dass die Übertragung dieses Grenzwerts in das Fahrerlaubnisrecht gerechtfertigt ist, weil § 24a II StVG und Nr. 9.2.2 Anl 4 FeV derselbe Gefährdungsmaßstab zugrunde liegt (BVerwG 11.4.19 – 3 C 14/17 NJW **19** 3395). Trotz der 2015 veröffentlichten Empfehlung der Grenzwertkommission, in der sie für die Konzentration von THC im Blutserum zur Feststellung des Trennungsvermögens von Cannabiskonsum und Fahren die Auffassung vertritt, (erst) bei Feststellung einer THC-Konzentration von 3,0 ng/ml oder mehr im Blutserum sei bei gelegentlich Cannabis konsumierenden Personen eine Trennung von Konsum und Fahren iSv Nr. 9.2.2 Anl 4 FeV zu verneinen (BA **15** 322), wird allgemein an dem **THC-Grenzwert** von **1 ng/ml Blutserum** für die Feststellung eines Verstoßes gegen das Trennungsgebot nach Nr. 9.2.2 Anl 4 FeV **festgehalten** (BVerwG 11.4.19 – 3 C 14/17 NJW **19** 3395, OVG Br NZV **16** 495, VGH Mü NJW **16** 2601, 18.5.18 – 11 ZB 18.766, OVG Berlin BA **16** 393, VGH Ma DAR **16** 665, OVG Lüneburg NJW **17** 1129 Ls, OVG Münster BA **17** 328 = NJW **17** 2297 Ls, OVG Ko DAR **18** 43, VGH Ka BA **17** 390, OVG Mgd 6.9.17 BA **18** 85, OVG Hb VRS **132** 140, OVG Bautzen BA **18** 266, 26.6.20 – 6 B 131/20 BeckRS 2020, 17840, OVG Schl 27.6.18 – 4 MB 45/18 NZV **18** 439, VG Gelsenkirchen 20.1.16 BA **16** 278, VG Schwerin 14.1.20 – 4 B 1713/19 BeckRS 2020, 158, *Borgmann* VGT **18** 167 = DAR **18** 190 = BA **18** 105). Die Grenzwertkommission ist bei ihrer Empfehlung von 2015 von einem anderen als dem für das Fahrerlaubnisrecht zugrunde zu legenden Gefährdungsmaßstab ausgegangen, zumal sie eine Neubewertung des analytischen Grenzwertes von THC (1,0 ng/ml) zur Anlage des § 24a II StVG ausdrücklich nicht für veranlasst gehalten hat (BVerwG 11.4.19 – 3 C 14/17 NJW **19** 3395).

59c   Wird der THC-Gehalt in einer Blutprobe lege artis nach den Richtlinien der Gesellschaft für Toxikologische und Forensische Chemie ermittelt, ist ein **Sicherheitsabschlag** vom gemessenen Wert für unvermeidbare Messungenauigkeiten **nicht erforderlich** (BVerwG NJW **15** 2439, VGH Ma VRS **124** 168 (175), OVG Münster NZV **15** 206, BA **17** 328, OVG Schl NJW **15** 2202, VGH Mü 10.3.15 – 11 CS 14.2200, 22.4.20 – 11 CS 19.2434 BeckRS 2020, 9476, VGH Ka BA **17** 390, s. § 24a Rn. 21a).

59d   **Einmaliger Trennungsverstoß reicht nicht für Annahme der Ungeeignetheit.** Früher ist fast einhellig davon ausgegangen worden, dass bei gelegentlichem Cannabiskonsum schon die erst- oder einmalige Fahrt unter relevanter Wirkung von Cannabis ausreicht, um von fehlender Fähigkeit der Trennung von Cannabiskonsum und Fahren iSv Nr. 9.2.2 Anl 4 FeV und damit von Fahrungeeignetheit auszugehen, so dass die Fahrerlaubnis gem. § 11 VII FeV ohne Anordnung eines Gutachtens zu entziehen war (45. Aufl § 2 StVG Rn. 59 mwN). Diese Auffassung ist mittlerweile vom **BVerwG** mit mehreren Urteilen vom 11.4.2019 (u.a. 3 C 14/17 NJW **19** 3395, 3 C 13/17 DAR **19** 637, 3 C 7/18 SVR **19** 395) verworfen worden. Es vertritt jetzt die Auffassung, dass der **erstmalige Verstoß** eines gelegentlichen Konsumenten von Cannabis gegen das Gebot der Trennung von Konsum und Fahren iSd Nr. 9.2.2 Anl 4 FeV idR **noch nicht** den Schluss rechtfertigt, dass er sich damit als **ungeeignet** zum Führen von Kraftfahrzeugen erweist. Daher darf ihm die FEB in solchen Fällen nicht unmittelbar, also ohne weitere Sachaufklärung, die Fahrerlaubnis entziehen. Diese Auffassung hatte zuvor bereits der VGH München als einziges Obergericht vertreten (VGH Mü 25.4.17 DAR **17** 417, DAR **18** 50, NZV **18** 247, *Borgmann* DAR **18** 190). Das BVerwG hält an seiner im Urteil vom 23.10.14 – 3 C 3/13 (NJW **15** 2439 Rn. 33, 36) geäußerten gegenteiligen Auffassung nicht mehr fest (BVerwG 11.4.19 – 3 C 14/17 NJW **19** 3395 Rn. 34, 3 C 13/17 DAR **19** 637 Rn. 24). Es vertritt nunmehr die Auffassung, dass ein einmaliger Verstoß gegen das Trennungsgebot lediglich eine Tatsache ist, die Bedenken gegen die Fahreignung begründet. Voraussetzung für die Verneinung der Fahreignung ist nach dem erstmaligen Verstoß eines gelegentlichen Cannabiskonsumenten gegen das Trennungsgebot die **Prognose,** dass er auch künftig nicht zwischen einem seine Fahrsicherheit möglicherweise beeinträchtigenden Cannabiskonsum und dem Führen eines Kfz trennen wird. Dafür ist idR die Einholung eines **medizinisch-psychologischen Gutachtens** nach § 14 I S. 3 FeV erforderlich (BVerwG 11.4.19 – 3 C 14/17 NJW **19** 3395 Rn. 34). Da das Fahrerlaubnisrecht Gefahrenabwehrrecht ist, geht es nicht um die Sanktionierung eines zurückliegenden Fehlverhaltens im Straßenverkehr. Vielmehr ist eine Prognose erforderlich, ob künftig mit weiteren für die Beurteilung der Fahreignung relevanten Zuwiderhandlungen zu rechnen ist. Dafür bedarf es besonderen psychologischen Sachverstands und einer entsprechenden fachlichen Beurteilung (BVerwG 11.4.19 – 3 C 14/17 NJW **19** 3395). Auch eine Zusammenschau von § 14 I S. 3 und § 14 II Nr. 3 FeV ergibt, dass es nach einer einmaligen Fahrt unter einem fahrsicherheitsrelevanten Cannabispegel nicht über § 11 VII FeV unmittelbar zur EdF kommen soll, denn § 14 II Nr. 3 FeV sieht bei mehreren Fahrten unter relevanter Wirkung von Cannabis lediglich die Anordnung zur Beibringung eines medizinisch-psychologischen Gutachtens vor (BVerwG 11.4.19 – 3 C 14/17 NJW **19** 3395). Die **geänderten Auffassung des BVerwG** wird mittlerweile **allgemein** der Rspr. zugrunde gelegt (VGH Mü 17.10.19 – 11 CE 19.1480 NJW **20** 256, 25.6.20 – 11 CS 20.791 BeckRS 2020, 14562, OVG Mgd 20.8.19 – 3 M 140/19 DAR **19** 703, OVG Lüneburg 17.9.19 – 12 ME 100/19 ZfS **19** 657, OVG Münster 14.11.19 – 16 B 638/19 NJW **20** 1010, 17.2.20 – 16 B 885/19 NJW **20** 2047, VG Neustadt 27.8.19 – 1 L 858/19 NZV **20** 328, VG Dü 23.12.19 – 14 L 3150/19 BA **20** 194, VG Würzburg 25.2.20 – 6 S 20.277 SVR **20** 156). Ist einem gelegentlichen Cannabiskonsumenten entgegen der neueren Rspr. des BVerwG die FE beim ersten Verstoß gegen das Trennungsgebot entzogen worden, so hat die FEB nunmehr auf Antrag des Betr gem. § 48 I S. 1 VwVfG im Ermessen über die Rücknahme der Fahrerlaubnisentziehung zu entscheiden (VGH Mü 17.10.19 – 11 CE 19.1480 NJW **20** 256).

Ausnahme: Das regelmäßig einzuholende medizinisch-psychologische Gutachten ist nur **59e** dann nach § 11 VII FeV entbehrlich, wenn die Nichteignung des Betr zur Überzeugung der FEB feststeht. Dies erfordert **besondere Umstände des Einzelfalles**, aus denen die FEB die mangelnde Fahreignung ohne Weiteres selbst feststellen kann. Dazu kann etwa ein mit Blick auf die Verkehrssicherheit besonders verantwortungsloser Umgang mit dem Cannabiskonsum zählen, der die Wiederholung eines Verstoßes gegen das Trennungsgebot nahelegt, denn dann liegt eine hinreichend abgesicherte negative Prognose vor (BVerwG 11.4.19 – 3 C 14/17 NJW **19** 3395 Rn. 41, OVG Münster 17.2.20 – 16 B 885/19 NJW **20** 2047 Rn. 13). In einem der am 11.4.19 vom BVerwG entschiedenen Fälle, in dem sich der Betr durch **Mitführung von künstlichem Urin** („Clean Urin") wohl auf mögliche polizeiliche Kontrollen vorbereitet hatte, hat das BVerwG keinen Ausnahmefall gesehen, sondern eine Gutachtenanforderung für erforderlich gehalten (BVerwG 11.4.19 – 3 C 9.18 BeckRS 2019, 19966). Die gegenteilige Auffassung des OVG Bremen (29.7.19 – 2 B 153/19 NZV **20** 213 = DAR **19** 646 = NJW **19** 3402 Ls), die zwar in Kenntnis der Presseerklärung des BVerwG vom 11.4.19 (die zu dieser speziellen Konstellation nichts sagt), aber offenbar in Unkenntnis des Wortlauts des Urteils in der Sache 3 C 9.18 ergangen ist, dürfte damit überholt sein. Auch das **kumulative Vorliegen des fehlenden Trennens** mit einer **weiteren Zusatztatsache** iSd Nr. 9.2.2 Anl 4 FeV, zB kombinierte Rauschwirkung mit Alkohol, stellt keinen Ausnahmefall dar und führt idR nicht aus sich heraus zur Anwendbarkeit von § 11 VII FeV (OVG Münster 14.11.19 – 16 B 638/19 NJW **20** 1010, aA VG Kar 16.12.19 – 2 K 4144/19 BeckRS 2019, 34381). **Zweimaliges** Auffälligwerden eines gelegentlichen Cannabiskonsumenten im StrV unter **Cannabiseinfluss** erlaubt idR nicht, ohne weitere Aufklärung die Nichteignung anzunehmen; dann Anordnung eines medizinisch-psychologischen Gutachtens nach § 14 II Nr. 3 FeV. Ein Ausnahmefall iSd Rspr. des BVerwG liegt aber vor, wenn ein nach der Ersttat eingeholtes medizinisch-psychologisches Gutachten für ein Trennen von Konsum und Fahren **Drogenverzicht** zwingend für **erforderlich** gehalten hat und nach Neuerteilung der FE wieder unter relevantem Cannabiseinfluss gefahren wurde, sofern das Gutachten noch aussagekräftig und verwertbar ist (OVG Münster 17.2.20 – 16 B 885/19 NJW **20** 2047).

Für die Frage des Trennungsvermögens kommt es nicht darauf an, ob bei einer konkreten **60** Fahrt drogenbedingt **Fahruntüchtigkeit** vorlag (OVG Münster NZV **05** 435, VGH Ma VRS **110** 397, OVG Hb NJW **06** 1367, 1370, OVG Saarlouis BA **07** 388, BA **08** 148, VG Freiburg NJW **06** 3370, BA **07** 271, VG Dü BA **16** 494, *Geiger* SVR **06** 401, 406). Der für den Bereich des Strafrechts in Bezug auf den Konsum von Cannabis zum zweifelsfreien Nachweis der „absoluten" Fahruntüchtigkeit entwickelte, ohnehin umstrittene (§ 316 StGB Rn. 63, 65), **„Cannabis-Influence-Factor" (CIF)** ist deswegen für das Element des fehlenden Trennungsvermögens iSv Nr. 9.2.2 Anl 4 FeV nicht von Bedeutung (VGH Ma VRS **110** 397, NJW **06**

934, *Berr/Krause/Sachs* Rn. 931, BHHJ/*Hühnermann* § 3 StVG Rn. 56). Unabhängig von der THC-Konzentration ist fehlendes Trennungsvermögen zu bejahen, wenn in nahem zeitlichen Zusammenhang mit dem Führen eines Kfz **drogenkonsumtypische Auffälligkeiten oder Ausfallerscheinungen** festgestellt werden, die einen Bezug zur aktuellen Fahrtüchtigkeit aufweisen, und somit von einer drogenbedingter Fahruntüchtigkeit auszugehen ist (OVG Münster NJW **07** 3085, SVR **12** 314, VGH Ma VRS **124** 168 (175), krit *Pießkalla* NZV **08** 545). Fehlendes Trennungsvermögen kann auch bei bewusstem, erheblichem „Passiv-Rauchen" von Cannabis angenommen werden (VGH Ma NZV **05** 214; s. dazu *Schimmel* ua BA **10** 269). Bestehen wegen gelegentlichem Cannabiskonsum und der fehlenden Fähigkeit, Konsum und Fahren zu trennen, Bedenken an der Kraftfahreignung, ist die Teilnahme an einem **Aufbauseminar** für drogenauffällige Fahranfänger gem. § 2a II S. 1 Nr. 1, 2b II S. 2 nicht geeignet, die Bedenken auszuräumen, denn die erforderliche Prognose wird durch das anderen Zwecken dienende Aufbauseminar nicht geliefert (vgl. OVG Br 20.4.10 – 1 B 23/10 NJW **10** 3255, aA VGH Mü 9.3.20 – 11 CS 20.72 BeckRS 2020, 4486).

61 **Gelegentlicher Cannabiskonsum** und **zusätzlicher Gebrauch von Alkohol** oder **anderen psychoaktiv wirkenden Stoffen** führt nach Nr. 9.2.2 Anl 4 FeV ebenfalls zur Ungeeignetheit. Grund für die Aufnahme des Parallelkonsums von Cannabis und Alkohol in Nr. 9.2.2 Anl 4 ist die wissenschaftliche Erkenntnis, dass der kombinierte Konsum von Cannabis und Alkohol zu einer Potenzierung der Wirkungen beider Stoffe führt und solche Cannabiskonsumenten für den StrV eine besondere Gefahr darstellen (VGH Ma BA **06** 252, NJW **14** 410, VG Fra/O BA **09** 366, VG Kar 16.12.19 – 2 K 4144/19 BeckRS 2019, 34381). Nach Sinn und Zweck der Nr. 9.2.2 Anl 4 ist nicht zu fordern, dass der Betr Cannabis und Alkohol oder andere psychaktiv wirkende Stoffe zeitgleich zu sich nimmt, denn zu einer **Kumulation der berauschenden Wirkungen** kann es auch dann kommen, wenn beide Substanzen zeitversetzt eingenommen wurden. Erforderlich aber auch ausreichend ist es, **wenn beide Stoffe gleichzeitig im Körper wirken** (BVerwG NJW **14** 1318, OVG Lüneburg ZfS **12** 473, VGH Ma NJW **14** 410, VGH Mü 10.3.15 11 CS 14.2200, VG Fra/O BA **09** 366, VG Regensburg NZV **18** 344, VG Kar 16.12.19 – 2 K 4144/19 BeckRS 2019, 34381). Es kommt nicht darauf an, ob der gelegentliche Cannabiskonsum mit zusätzlichem Gebrauch von Alkohol oder anderen psychoaktiv wirkenden Stoffen und das Führen eines Kfz getrennt worden sind, denn das Unvermögen, zwischen gelegentlichem Cannabiskonsum und Kfz-Führen zu trennen, ist nur eines der Zusatzelemente der Nr. 9.2.2 Anl 4 FeV (VGH Ma BA **06** 252, NJW **14** 410, VG Gelsenkirchen 27.7.17 7 L 1979/17, VG Kar 16.12.19 – 2 K 4144/19 BeckRS 2019, 34381). Die vom VGH Mü vertretene einschränkende Auslegung von Nr. 9.2.2 Anl 4, nach der nicht im Zusammenhang mit dem StrV stehender Mischkonsum allein nicht zum Verlust der Fahreignung führe, sondern zusätzlich die Wahrscheinlichkeit eines Kontrollverlustes vorliegen müsse (VGH Mü SVR **11** 432, SVR **12** 396, *Koehl* DAR **12** 185 (187)), ist vom BVerwG verworfen worden (BVerwG NJW **14** 1318). Notwendig sei allerdings unter dem Blickwinkel der Verhältnismäßigkeit hinreichende Wahrscheinlichkeit einer Teilnahme am StrV unter Wirkung der Rauschmittel und daraus folgender Schäden (BVerwG NJW **14** 1318 Rn. 16). – **Einmalige Einnahme von Cannabis** führt auch dann nicht zur Fahrungeeignetheit, wenn zusätzlich Alkohol konsumiert wurde (OVG Lüneburg ZfS **12** 473).

62 Vom bloßen **Besitz eines Betäubungsmittels** kann noch nicht auf dessen Konsum geschlossen werden (VGH Ma VRS **131** 32). Widerrechtlicher Besitz von Rauschgift (auch Cannabis) kann nur Anlass für die Anordnung eines ärztlichen Gutachtens sein, um zu klären, ob Drogen konsumiert werden (§ 14 I S. 2 FeV, s. § 14 FeV Rn. 17 ff.). Gibt ein FEInhaber anlässlich einer polizeilichen Durchsuchung seiner Wohnung an, die dort vorgefundenen harten Drogen zum Eigenkonsum zu besitzen, so rechtfertigt dies allerdings gemäß § 11 VII FeV die Annahme seiner Nichteignung zum Führen von Kfz, ohne dass es der Beibringung eines Gutachtens bedarf (OVG Saarlouis ZfS **18** 417).

62a **Cannabis als Arzneimittel** ist durch G v. 6.3.17 (BGBl. I S. 403) zugelassen worden (dazu *Laub* SVR **17** 378, *Graw* NZV **18** 18). § 19 IIa BtMG erlaubt Anbau und Vertrieb von Cannabis zu medizinischen Zwecken. Nach § 31 VI SGB V haben Versicherte mit schwerwiegender Erkrankung unter bestimmten Voraussetzungen Anspruch auf Versorgung mit Cannabis in Form von getrockneten Blüten oder Extrakten in standardisierter Qualität und auf Versorgung mit Arzneimitteln mit den Wirkstoffen Dronabinol oder Nabilon. Cannabispatienten werden hinsichtlich der Teilnahme am StrV genauso behandelt wie andere Patienten, die unter einer Dauermedikation stehen bzw. die ein psychoaktives Arzneimittel verordnet bekommen haben (BT-Drs. 18/11701). Die **Beurteilung der Fahreignung** bei Einnahme von Cannabisarzneimitteln richtet sich folglich **nicht nach Nr. 9.2 Anl 4 FeV,** sondern **nach Nr. 9.4 und 9.6 Anl 4 FeV** (Rn. 65 f., OVG Saarlouis 3.9.18 – 1 B 221/18 ZfS **18** 719, OVG Münster 5.7.19 – 16 B 1544/18 NZV **19** 599 = VRS **137** 52, VG Dü 24.10.19 – 6 K 4574/18 BA **20** 61, *Koehl* NZV **18** 14, *Borgmann* VGT **18** 167 (184) = DAR **18** 190 (196) = BA **18** 105 (119 f.)). Bestimmungsgemäßer Konsum von für einen bestimmten Krankheitsfall ärztlich verordnetem Cannabis ist als Dauerbehandlung mit Arzneimitteln (Nr. 9.6 Anl 4 FeV) einzuordnen (OVG Münster 5.7.19 – 16 B 1544/18 NZV **19** 599 = VRS **137** 52, VG Dü 24.10.19 – 6 K 4574/18 BA **20** 61, VG Köln 27.11.19 – 9 L 2250/19 BA **20** 137). Fahreignung ist nicht gegeben bei missbräuchlicher Einnahme (Nr. 9.4 Anl 4 FeV) oder wenn eine Vergiftung (Nr. 9.6.1 Anl 4 FeV) oder eine Beeinträchtigung der Leistungsfähigkeit zum Führen von Kfz unter das erforderliche Maß (Nr. 9.6.2 Anl 4 FeV) besteht. Die in Nr. 9.2.2 und Nr. 9.6 Anl 4 FeV angelegte Ungleichbehandlung des Konsums von illegalem Cannabis und der Einnahme von Medizinal-Cannabis stellt **keinen Verstoß gegen Art 3 I GG** dar, auch wenn der Wirkstoff der gleiche ist und es im Falle der Einnahme von Medizinal-Cannabis keinen Höchstgrenzwert für THC gibt, ab dem von einer fehlenden Fahreignung auszugehen ist (VGH Mü 22.4.20 – 11 CS 19.2434 BeckRS 2020, 9476).

Grds. wird nicht allein durch die Behauptung, einen **nicht ärztlich verordneten** regelmäßi- **62b** gen **Cannabiskonsum durch einen ärztlich verordneten ersetzt** zu haben, die Fahreignung wiedererlangt. Dies setzt vielmehr voraus, dass der Betr Cannabis zuverlässig nur nach der ärztlichen Verordnung einnimmt, keine dauerhaften Auswirkungen auf die Leistungsfähigkeit festzustellen sind und die Grunderkrankung bzw. die vorliegende Symptomatik keine verkehrsmedizinisch relevante Ausprägung aufweist, die eine sichere Verkehrsteilnahme beeinträchtigt. Außerdem darf nicht zu erwarten sein, dass der Betr in Situationen, in denen seine Fahrsicherheit durch Auswirkungen der Erkrankung oder der Medikation beeinträchtigt ist, am StrV teilnehmen wird (OVG Münster 5.7.19 – 16 B 1544/18 NZV **19** 599 = VRS **137** 52, VGH Mü 16.1.20 – 11 CS 19.1535 BA **20** 133, VG Dü 24.10.19 – 6 K 4574/18 BA **20** 61, VG Köln 27.11.19 – 9 L 2250/19 BA **20** 137). Eine zuverlässige Einnahme gem. ärztlicher Verordnung liegt nur vor, wenn das Medizinal-Cannabis auf Grundlage eines ärztlichen Rezepts iSv § 13 BtMG iVm §§ 1, 2, 8 und 9 I BtMVV in einer deutschen Apotheke erworben und entsprechend der verordneten Dosierung eingenommen wird (VG Köln 27.11.19 – 9 L 2250/19 BA **20** 137). Aus der Verordnung muss sich dabei auch die Anzahl der an einem Tag einzunehmenden Einzelgaben ergeben (VGH Mü 29.4.19 – 11 B 18.2482 VRS **135** 329, VG Köln 27.11.19 – 9 L 2250/19 BA **20** 137). Wird neben ärztlich verordneten Cannabisarzneimitteln regelmäßig **auch illegal beschafftes Cannabis** außerhalb der medizinisch-indizierten Medikation eingenommen, ist die Fahreignung nicht nach der für die Dauerbehandlung mit Arzneimitteln vorgesehenen Spezialregelung in Nr. 9.6 und Nr. 9.6.2 Anl 4 FeV zu beurteilen, da eine illegal beschaffte Droge iSd BtMG kein Arzneimittel iS dieser Spezialregelung ist (VGH Ma VRS **131** 207 = NZV **17** 291). Die Fahreignung ist dann nach den allgemeinen Regeln in § 14 iVm Nr. 9.2 und Nr. 9.4 Anl 4 FeV zu beurteilen (*Borgmann* VGT **18** 167 (185) = DAR **18** 190 (196) = BA **18** 105 (120)).

Steht **missbräuchliche Einnahme** fest, Annahme der Ungeeignetheit nach § 11 VII FeV **62c** ohne weitere Aufklärung. Bei Klärungsbedarf, ob missbräuchliche Einnahme vorliegt, Anordnung eines ärztlichen Gutachtens nach § 14 I S. 1 Nr. 3 FeV. Bestehen Bedenken gegen die Fahreignung bei **bestimmungsgemäßem Gebrauch** von Cannabis als Arzneimittel, Klärungsmöglichkeit über ärztliches Gutachten nach § 11 II iVm Nr. 9.6.2 Anl 4 FeV (*Borgmann* VGT **18** 167 (184) = DAR **18** 190 (196) = BA **18** 105 (120)). Wenn nach Würdigung des ärztlichen Gutachtens zusätzlich ein medizinisch-psychologisches Gutachten erforderlich ist, kann dieses nach § 11 III S. 1 Nr. 1 FeV angeordnet werden. Zur Fahreignungsbegutachtung bei Cannabismedikation *Brenner-Hartmann* ua ZVS **17** 257 = BA **18** 24. Erfolgt die ärztliche Verordnung von medizinischem Cannabis erst nach einem Verstoß gegen das Trennungsgebot gem. Nr. 9.2.2 Anl 4 FeV, hat die FEB zu prüfen, ob durch die Verordnung die Fahreignungszweifel ausgeräumt sind; ggf. sind entsprechende Aufklärungsmaßnahmen einzuleiten (VGH Mü 29.4.19 – 11 B 18.2482 NZV **19** 543 = NJW **19** 2419 Ls).

Wiedererlangung der Eignung nach Abhängigkeit oder Konsum von Betäubungs- 63 mitteln. Nach Nr. 3.14.1 der Begutachtgs-Leitl können nach dem Konsum von Drogen die Voraussetzungen zum Führen von Kfz nur dann wieder als gegeben angesehen werden, wenn der Nachweis geführt wird, dass **kein Konsum** mehr besteht. Bei **Abhängigkeit** ist idR eine erfolgreiche **Entwöhnungsbehandlung** zu fordern, die stationär oder im Rahmen anderer Einrichtungen für Suchtkranke erfolgen kann. Nach der Entgiftungs- und Entwöhnungszeit ist

idR eine **einjährige Abstinenz** durch ärztliche Untersuchungen nachzuweisen (auf der Basis von mindestens vier unvorhersehbar anberaumten Laboruntersuchungen innerhalb dieser Jahresfrist in unregelmäßigen Abständen). Nach Nr. 9.5 Anl 4 FeV entfällt Ungeeignetheit idR erst nach Entgiftung und Entwöhnung sowie mindestens einjähriger Abstinenz, sofern keine Abweichung vom Regelfall iSv Nr. 3 S. 2 Vorbemerkung zu Anl 4 FeV in Betracht kommt (VGH Ma NZV **02** 477, NZV **04** 213, DAR **04** 556, OVG Bautzen BA **12** 182, 10.12.14 3 B 148/14 = DÖV **15** 304 Ls, *Berr/Krause/Sachs* Rn. 1281 ff., *Bode* DAR **02** 24, 25, BA **04** 234, 237 ff., *Geiger* VBlBW **04** 1, 6, offen gelassen von OVG Mgd NJW **13** 3113). VGH Mü SVR **16** 189 nimmt Abhängigkeit von Cannabis bei täglichem oder nahezu täglichem Konsum von Cannabis an. Da Nr. 9.5 Anl 4 FeV die **einjährige Abstinenz nur nach „Entgiftung und Entwöhnung"** fordert, ist der Nachweis einer einjährigen Abstinenz nur in den Fällen erforderlich, in denen „Entgiftung und Entwöhnung" überhaupt in Betracht kommen (OVG Br DAR **04** 284, OVG Saarlouis BA **07** 388, VG Saarlouis BA **08** 86: nur bei Drogenabhängigkeit). In diesen Fällen kann ein Abweichen vom Regelfall nach Nr. 3 S. 2 der Vorbemerkung zu Anl 4 FeV geboten sein; dann reicht eine kürzere Abstinenzzeit nur aus, wenn besondere, vom FEBewerber zu beweisende Umstände die Annahme vollständiger Entgiftung und Entwöhnung begründen (VGH Ma NZV **02** 475, NZV **03** 56, DAR **04** 471).

63a Der **VGH Mü** fordert grds. einjährige Abstinenz für die Wiedererlangung der Eignung (VGH Mü VRS **109** 64, SVR **09** 111 (mkritAnm *Geiger*), ebenso VG Meiningen BA **15** 354). Bei Drogengefährdung ohne Anzeichen einer fortgeschrittenen Drogenproblematik, die zu einem ausreichend nachvollziehbaren Einsichtsprozess und zu einem dauerhaften Drogenverzicht geführt hat, kann nach seiner Auffassung die Fahreignung schon auch nach einem Drogenverzicht von 6 Monaten wiederhergestellt sein (VGH Mü DAR **17** 341 = NZV **17** 198). Der VGH Mü vertritt weiter die Auffassung, die FEB könne nur während eines Jahres seit Beginn der vom Betroffenen vorgetragenen oder anders bekannt gewordenen Abstinenz gem. § 11 VII FeV ohne Gutachtenanordnung noch von fehlender Eignung ausgehen (vom VGH Mü **verfahrensrechtliche Einjahresfrist** genannt, VGH Mü VRS **109** 64 (70), ZfS **15** 717, ebenso OVG Mgd NJW **13** 3113, 1.10.14 VM **15** 14, 10.4.18 – 3 M 143/18, 14.8.20 – 3 L 121/20 BeckRS 2020, 21794). Bloße Behauptung der Drogenabstinenz reiche aber nicht; vielmehr müssten Umstände hinzutreten, die diese Behauptung glaubhaft und nachvollziehbar erscheinen lassen (VGH Mü 5.12.18 – 11 CS 18.2351 BeckRS 2018, 32450). Die Bereitschaft, sich künftig regelmäßigen Drogentests zu unterziehen, beschleunigt den Ablauf der sog verfahrensrechtlichen Einjahresfrist nicht (OVG Mgd 10.4.18 3 M 143/18). Nach aA ist im Rahmen eines Fahrerlaubnisentziehungsverfahrens dagegen ohne Beachtung einer „verfahrensrechtlichen" Jahresfrist bzw. sonstiger starrer zeitlicher Vorgaben grundsätzlich vom Fortbestand einer zuvor festgestellten oder feststellbaren Fahrungeeignetheit auszugehen, solange der materielle Nachweis der Wiedererlangung der Fahreignung aussteht (VGH Ma NJW **14** 2517, OVG Weimar VRS **128** 96, OVG Berlin 31.10.18 – 1 S 101.18 ZfS **19** 56, OVG Schleswig 14.2.20 – 5 MB 2/20 ZfS **20** 297, *Scheidler* VD **14** 241 (247), SVR **15** 54 (57)). Nach Auffassung des VGH Mü beginnt die nachzuweisende einjährige Abstinenz, die notwendige, aber nicht hinreichende Voraussetzung für die Wiedererlangung der Eignung ist (vom VGH Mü **materiellrechtliche Einjahresfrist** genannt, VGH Mü VRS **109** 64 (70)), wenige Tage vor dem Datum der ersten Gewinnung der Substanz, anhand derer der Nachweis geführt wird, da Urinanalysen und wegen der insoweit noch wesentlich größeren Abbaugeschwindigkeit erst recht Blutproben eine Aussage über das Konsumverhalten nur für einen begrenzten Zeitraum vor der Gewinnung der Substanz erlauben (VGH Mü VRS **109** 64 (70)). Lediglich bei Betäubungsmitteln wie zB Kokain, deren Konsum sich in den Körperhaaren bereits bei geringer Dosierung niederschlägt, sei der Abstinenznachweis über eine längere Zeitspanne hinweg möglich (VGH Mü VRS **109** 64 (70 f.)).

63b Für die **Fälle, in denen „Entgiftung und Entwöhnung" nicht in Betracht kommen,** hat der Verordnungsgeber keine eindeutigen Anforderungen aufgestellt (VG Saarlouis BA **08** 86, *Zwerger* 44. VGT **06** 96, 104). In diesen Fällen ist nicht pauschal ein Jahr Abstinenz zu fordern, sondern eine **Beurteilung des Einzelfalles** unter Berücksichtigung der konsumierten Substanz, der Häufigkeit des Konsums und des Verhaltens seit der EdF wegen Drogenkonsums vorzunehmen (*Berr/Krause/Sachs* Rn. 1292, *Geiger* SVR **07** 441 (446 f.)). Der Nachweis, dass keine harten Drogen mehr konsumiert werden, kann allerdings sinnvoll erst nach einer gewissen Dauer der Abstinenz geführt werden (OVG Hb BA **04** 95). Bei Einnahme von **Cannabis** kann der Übergang zu einem die Fahreignung nicht ausschließenden Konsumverhalten reichen, um die Ungeeignetheit entfallen zu lassen (OVG Saarlouis BA **03** 166, BA **07** 388, BA **09** 294, VGH Mü 3.2.04 11 CS 04.157, VRS **109** 64, 69, 77 f., VG Meiningen BA **15** 354, *Bode* BA **04** 234, 239, aA *Berr/Krause/Sachs* Rn. 1306). Soweit im Falle einer Änderung der Konsumgewohnheiten bei Cannabiskonsumenten die Einhaltung einer Einjahresfrist gefordert wird (VGH Mü 3.2.04 11 CS 04.157, VRS **109** 64, 69, VG Mü 14.9.07 M 1 S 07.3382, *Koehl* DAR **13** 624 (627)), kann dem nicht gefolgt werden, da es auf die Umstände des Einzelfalles ankommt und für die Forderung nach Einhaltung einer Einjahresfrist in diesen Fällen eine Rechtsgrundlage fehlt (VG Potsdam BA **08** 152 (154 ff.),VG Berlin 5.3.13 4 K 54.13, offen VG Meiningen BA **15** 354).

Die **Änderung der Konsumgewohnheiten,** dh der Übergang zu völliger Abstinenz oder **63c** zu einem – bei Cannabis u. U. genügenden – eingeschränkten Konsum, oder der Erwerb der Fähigkeit zur zuverlässigen Trennung von gelegentlichem Cannabiskonsum und dem Führen von Fz, müssen in jedem Fall **nachhaltig und stabil** sein (OVG Hb BA **04** 95, VGH Mü VRS **109** 64, OVG Saarlouis BA **07** 388, BA **09** 294, OVG Bautzen BA **12** 182, BA **16** 330, OVG Mgd 1.10.14 VM **15** 14, OVG Berlin 31.10.18 – 1 S 101.18 ZfS **19** 56). Vor Erteilung oder Wiedererteilung der FE nach Abhängigkeit oder Konsum von Betäubungsmitteln ist die Beibringung eines **medizinisch-psychologischen Gutachtens** gem. § 14 II FeV erforderlich, um zu klären, ob – soweit erforderlich – mindestens einjährige Abstinenz eingehalten und ob ein stabiler Einstellungswandel erfolgt ist (§ 14 FeV Rn. 21 ff.).

Konsum von **Methadon** (Betäubungsmittel gem. Anl III zu § 1 I BtMG) schließt nach **64** Nr. 9.1 Anl 4 FeV Fahreignung grundsätzlich aus (VG Saarlouis BA **09** 117, VG Osnabrück BA **10** 375, VG Br 11.3.13 5 V 1951/12, VG Ol ZfS **16** 480 Ls). Bei Heroinabhängigkeit besteht die Kraftfahrungeeignetheit idR auch während einer Methadonbehandlung fort (Begutachtgs-Leitl Nr. 3.14.1, OVG Br NJW **94** 3031, *Berr/Krause/Sachs* Rn. 61). Die Bewertungen der Anl 4 FeV gelten nach Nr. 3 S. 1 der Vorbemerkung zur Anl 4 FeV jedoch nur für den Regelfall. Kompensationen sind u. a. durch besondere Verhaltenssteuerung und -umstellung möglich (Vorbem Nr. 3 S. 2 Anl 4 FeV). Die Anforderungen an die Bejahung eines Ausnahmefalls sind hoch (VG Ol 21.8.19 – 7 B 2289/19 BA **19** 424). In Einzelfällen kann **ausnahmsweise** die Fahreignung von Personen bestehen, die sich in einer fachgerecht durchgeführten, idR seit mehr als einem Jahr andauernden **Methadonsubstitution** befinden, sofern eine psychosoziale stabile Integration vorliegt, neben Methadon seit mindestens einem Jahr (nachgewiesen durch geeignete, regelmäßige, zufällige Kontrollen während der Therapie) keine psychoaktiven Substanzen, einschließlich Alkohol, eingenommen werden, keine Störung der Gesamtpersönlichkeit vorliegt, und die Personen über einen so langen Zeitraum substituiert werden, dass sie nach der Adaption an die Dosis eine gesundheitliche Stabilisierung erreichen (OVG Münster BA **14** 297, VGH Mü 14.11.18 – 11 CS 18.963 BeckRS 2018, 30647, VG Osnabrück BA **10** 375, VG Br 11.3.13 5 V 1951/12, VG Ol ZfS **16** 480 Ls, 21.8.19 – 7 B 2289/19 BA **19** 424, Begutachtgs-Leitl Nr. 3.14.1, *Berr/Krause/Sachs* Rn. 61–67, *Berghaus/Friedel* NZV **94** 377, 380, *Schöch* BA **05** 354, 359 f.). Bei Teilnahme an einer Methadonsubstitution liegt allein durch den Betäubungsmittelkonsum **nicht der Regelfall der Ungeeignetheit** zum Führen von Kfz vor, **wenn es Anhaltspunkte für** das Vorliegen eines solchen **Ausnahmefalles** gibt (OVG Hb NJW **97** 3111, VGH Mü 23.5.05 11 C 04.2992, VG Leipzig SächsVBl **07** 169, VG Saarlouis ZfS **10** 177). Die Fahreignung eines ehemals Drogenabhängigen ist aber nicht bereits durch seit mehreren Jahren andauernde Teilnahme an einem kontrollierten Mathadon-Programm und seither nicht festgestelltem illegalem Beikonsum nachgewiesen (OVG Saarlouis NJW **06** 2651). Es bestehen bei Methadonsubstitution vielmehr Zweifel an der Fahreignung, die die FEB mit medizinisch-psychologischem Gutachten aufzuklären hat, wenn es Anhaltspunkte für das Vorliegen eines Ausnahmefalles gibt (VG Leipzig SächsVBl **07** 169, VG Osnabrück BA **10** 375). Rechtsgrundlage für das Gutachten ist Nr. 3 S. 3 Vorbem zu Anl 4 FeV, nicht – wie OVG Saarlouis NJW **06** 2651 meint – § 14 II FeV. Bei der Begutachtung ist besonders zu klären, ob der Betroffene eine so weit reichende psychische Stabilisierung erfahren hat, dass er das Suchtpotential hinreichend verlässlich überwinden kann, denn die Methadonsubstitution allein beseitigt das Suchtpotential noch nicht (OVG Br NordÖR **05** 263, VG Augsburg 18.7.06 Au 3 K 06.189). Es obliegt dem Betroffenen, die Umstände vorzutragen, sofern sie der FEB nicht bekannt sind (VGH Mü 22.3.07 11 CS 06.3306, VG Hb 23.7.08 15 E 1783/08). Liegen **keine Anhaltspunkte für einen Ausnahmefall** vor, steht bei Konsum von Methadon Ungeeignetheit fest und gem. § 11 VII FeV ist eine medizinisch-psychologisches Begutachtung entbehrlich.

65   **6d.** Missbräuchliche Einnahme von psychoaktiv wirkenden **Arzneimitteln** und anderen psychoaktiv wirkenden Stoffen schließt die Eignung aus (§ 11 I S. 2 iVm Nr. 9.4 Anl 4 FeV). Der Normgeber definiert **missbräuchliche Einnahme** als **regelmäßig übermäßigen Gebrauch** (Nr. 9.4 Anl 4 FeV, krit dazu *Ludovisy* VGT **99** 118 f.). Regelmäßig ist hier nicht so zu verstehen wie in Nr. 9.2.1 Anl 4 FeV (tägliche oder nahezu tägliche Einnahme von Cannabis, Rn. 55), sondern es genügt, wenn der Gebrauch **häufiger als nur sporadisch** vorkommt (VGH Mü 29.4.19 – 11 B 18.2482 NZV **19** 543, 16.1.20 – 11 CS 19.1535 BA **20** 133). Der ein- oder mehrmalige Gebrauch genügt dafür nicht (OVG Bautzen BA **09** 296, VGH Ma NZV **13** 261, VG Würzburg 27.7.16 6 S 16.680). **Übermäßiger Gebrauch** iSv Nr. 9.4 Anl 4 FeV liegt nicht nur bei einer **zu hohen Dosierung** des Medikaments vor, sondern auch bei einer **verordnungswidrigen Einnahme** (VGH Mü 29.4.19 – 11 B 18.2482 NZV **19** 543, 16.1.20 – 11 CS 19.1535 BA **20** 133).

65a   Bei **Einnahme von Medikamenten,** die Stoffe enthalten, die unter das **BtMG** fallen, kann die fehlende Fahreignung nicht schon aus der Einnahme von Betäubungsmitteln nach Nr. 9.1 oder 9.2.1 Anl 4 FeV hergeleitet werden, da insoweit die in Nr. 9.4 und Nr. 9.6.2 Anl 4 FeV definierten Eignungsmängel speziellere Anforderungen normieren (OVG Bautzen 6.5.09 – 3 B 1/09 BA **09** 296, VGH Mü SVR **11** 389, 29.4.19 – 11 B 18.2482 NZV **19** 543, VGH Ma NZV **13** 261, VRS **129** 95, VRS **131** 207 = NZV **17** 291, VG Würzburg 27.7.16 – 6 S 16.680, 26.10.16 – 6 K 16.986, VG Dü 24.10.19 – 6 K 4574/18 BA **20** 61, *Jagow* NZV **10** 479, *Koehl* NZV **18** 14, *Müller/Rebler* BA **18** 204 (213) = VD **18** 236 (237)). Zu **Cannabis als Arzneimittel** Rn. 62a. Zu Medikamenten und Fahreignung *Müller/Rebler* BA **18** 204 = VD **18** 171, 236. Rechtsgrundlage für die Anordnung eines ärztlichen **Gutachtens** zur Klärung der Frage, ob aufgrund der **bestimmungsgemäßen Einnahme** betäubungsmittelhaltiger psychoaktiver Arzneimittel Leistungseinschränkungen oder sonstige Fahreignungsmängel vorliegen, ist § 11 II S. 1 FeV; § 14 I S. 1 Nr. 2 und 3 FeV sind lediglich bei dem Verdacht der missbräuchlichen Einnahme von psychoaktiv wirkenden Arzneimitteln einschlägig (VGH Ma VRS **129** 95, *Müller/Rebler* BA **18** 204 (216) = VD **18** 236 (239)). Zur Abklärung der durch die bestimmungsgemäße Einnahme psychoaktiver Arzneimittel hervorgerufenen psycho-physischen Leistungseinbußen und etwaiger Kompensationsmöglichkeiten ist nicht ein ärztliches Gutachten, sondern eine medizinisch-psychologische Begutachtung anzuordnen (VGH Ma VRS **129** 95, VG Würzburg 27.7.16 6 S 16.680). Die **Abhängigkeit** von einem bestimmungsgemäß eingenommenen **betäubungsmittelhaltigen Arzneimittel** fällt nicht unter Nr. 9.3 Anl 4 FeV, sondern wird von Nr. 9.6.2 Anl 4 FeV erfasst. Bei der Frage der Wiedererlangung der Fahreignung nach Beendigung einer Medikamentenabhängigkeit, die durch einen bestimmungsgemäßen Gebrauch hervorgerufen wurde, findet deshalb nicht Nr. 9.5 Anl 4 FeV Anwendung, sondern es muss unter Berücksichtigung der Umstände des Einzelfalls entschieden werden, welche Anforderungen zu stellen sind (VGH Mü 5.7.19 – 11 CS 19.1210 ZfS **19** 598 = BA **19** 343).

66   **6e. Geistige (psychische) Störungen** wie organische Psychosen, chronische hirnorganische Psychosyndrome, schwere Altersdemenz, schwere Intelligenzstörungen/geistige Behinderung, affektive Psychosen, schizophrene Psychosen können ungeeignet zum Führen von Kfz machen (IV S. 1, § 11 I S. 2 iVm Nr. 7 Anl 4 FeV, Nr. 3.12 Begutachtgs-Leitl, *Fries/Wilkes/Lössl* S. 100 ff.). Ist mit Ausbruch einer Geisteskrankheit jederzeit zu rechnen (Reste hypochondrischer Schizophrenie), so besteht Ungeeignetheit, die nicht durch die Auflage regelmäßiger fachärztlicher Untersuchung behebbar ist (BVerwG VRS **28** 469). Im Fall eine akuten Psychose ist Fahreignung regelmäßig erst dann wieder gegeben, wenn keine Störung (zB Wahn) mehr nachweisbar ist, die das Realitätsurteil erheblich beeinträchtigt (VG Br SVR **14** 157). Zu Zweifeln an der geistigen Eignung zum Führen von Kfz wegen Leugnung des Existenz der Bundesrepublik Deutschland § 11 FeV Rn. 27c. **Analphabetismus** allein schließt die Kraftfahreignung nicht aus (OVG Münster DAR **74** 335).

67   **6f. Charakterliche Eignungsmängel.** Geeignet zum Führen von Kfz ist nur, wer nicht erheblich oder nicht wiederholt **gegen verkehrsrechtliche Vorschriften oder gegen Strafgesetze verstoßen** hat (IV S. 1, § 11 I S. 3 FeV). Dies wird als charakterliche Eignung bezeichnet. Die Beurteilung der charakterlichen Eignung zum Führen von Kfz setzt eine umfassende Würdigung der Gesamtpersönlichkeit des FEBewerbers(-Inhabers) voraus (VG Neustadt NJW **05** 2471), allerdings beschränkt auf solche Tatsachen, die für die Kraftfahreignung bedeutsam sind

(OVG Lüneburg NJW **14** 3176). Berücksichtigung des Sachverhalts früherer Bußgeld- oder Strafverfahren: § 29 StVG Rn. 20 ff. **Erhebliche Verstöße:** Der in IV S. 1 und in § 11 I S. 3, III S. 1 Nr. 4–6 FeV gebrauchte Begriff *erheblich* ist nicht ohne weiteres mit schwerwiegend gleichzusetzen; vielmehr ist er bezogen auf die Kraftfahreignung (Begr zu § 11 III S. 1 Nr. 4–7 FeV VkBl. **08** 566, VGH Mü SVR **12** 474, OVG Münster 11.4.17 16 E 132/16, VGH Ma DAR **18** 44, VG Freiburg DAR **16** 412, *MAH StrVR/Dronkovic* § 4 Rn. 158). Zuwiderhandlungen, die in Bezug auf die Eignung zum Führen von Kfz unerheblich sind, rechtfertigen, auch wenn sie schwerwiegend sind, nicht die Versagung der FE wegen Ungeeignetheit. **Wiederholte Verstöße** sind mindestens zwei Verstöße gegen verkehrsrechtliche Vorschriften oder gegen Strafgesetze. Bei FEInhabern ist zu berücksichtigen, dass nach der Wertung des Gesetzgebers mit Punkten zu bewertende Verkehrsverstöße grundsätzlich zunächst noch keine Eignungsüberprüfung auslösen sollen. Begeht ein FEInhaber mehrere Verkehrszuwiderhandlungen, die der Punktebewertung unterliegen, folgt daraus nicht zwangsläufig seine Ungeeignetheit; vielmehr ist idR das Instrumentarium des § 4 StVG anzuwenden, sofern nicht ausnahmsweise gem. § 4 I S. 3 StVG davon abgewichen werden darf (näher dazu § 4 StVG Rn. 33 ff.).

Erhebliche oder wiederholte Verstöße gegen verkehrsrechtliche Vorschriften führen **68** zur Kraftfahrungeeignetheit (IV S. 1, § 11 I S. 3 FeV). Grobe und nachhaltige Verletzung der VSicherheit kann die Ungeeignetheit dartun, besonders, wenn auch nicht stets und ohne Schematismus, Verstöße gegen § 315c I Ziff 2 StGB. Eine Vielzahl geringfügiger Verstöße kann charakterliche Ungeeignetheit aufzeigen (BVerwG NJW **73** 1992, OVG Lüneburg NJW **00** 685 (Anm *Kramer* DAR **00** 135), VG Mü DAR **07** 167), auch bei hoher jährlicher Fahrleistung (BVerwG VM **74** 25, NZV **88** 80), jedoch nicht solche des „äußersten Bagatellbereichs", die nur durch Verwarnung gerügt worden sind (BVerwG NJW **73** 1992, *Geiger* DAR **01** 491). **Verwarnungen** und **nicht eintragungsfähige Geldbußen** haben bei der Eignungsprüfung **außer Betracht** zu bleiben (BVerwG NJW **73** 1992, VRS **52** 461, OVG Hb VRS **93** 388). Von diesem Grundsatz gibt es jedoch **Ausnahmen,** etwa für durch Bußgeldbescheid geahndete Verstöße, die im Verwarnungsgeldverfahren hätten gerügt werden können, in Fällen weiterer hartnäckiger Regelmißachtung trotz späterer eintragungsfähiger Bußgeldbescheide (BVerwG VRS **52** 461). Bedenken gegen das Kraftfahreignung können auch durch die langjährige und hartnäckige Begehung einer Vielzahl Verkehrsordnungswidrigkeiten entstehen, die nicht mit Punkten bewertet sind, wenn sich darin iVm einschlägigen Eintragungen im Fahreignungsregister eine verfestigte gleichgültige Grundeinstellung gegenüber VVorschriften jedweder Art offenbart (VGH Ma NJW **15** 1035). Wer sehr häufig und kurz nacheinander VVorschriften verletzt und dadurch zeigt, dass er sich an die VOrdnung nicht halten will, ist ungeeignet, auch wenn die FEB mit ihrer Maßnahme erhebliche Zeit gewartet hat (OVG Berlin VRS **42** 237). Aus wiederholter erheblicher Überschreitung der zulässigen Höchstgeschwindigkeit darf auf mangelnde Eignung geschlossen werden (VG Mü DAR **07** 167). Fünfmalige erhebliche Geschwindigkeitsüberschreitung innerhalb von 4 Jahren kann EdF rechtfertigen (VG Berlin NZV **02** 338), auch erhebliche oder wiederholte Geschwindigkeitsüberschreitungen, selbst wenn keine Gefährdung anderer Verkehrsteilnehmer eintrat (OVG Lüneburg NJW **07** 313), nicht dagegen einmalige Überschreitung der zulässigen Höchstgeschwindigkeit, selbst um mehr als 100 % (OVG Lüneburg NJW **00** 685). Beharrliche, schwerwiegende Halt- und Parkverstöße können ausreichen (OVG Münster NZV **06** 224, VG Berlin NZV **90** 328). Ungeeignetheit bei ca 95 bußgeldpflichtigen VVerstößen in 1 1/2 Jahren (OVG Berlin 13.3.07 5 S 26.07), bei 138 bußgeldpflichtigen Parkverstößen in 2 Jahren (OVG Berlin 13.3.07 5 S 22.07), bei nahezu wöchentlichen geringfügigen Verstößen im ruhenden Verkehr innerhalb eines Jahres, wobei sich zusätzliche Anhaltspunkte aus der Art und Weise der Begehung ergeben können (OVG Berlin 10.12.07 1 S 145.07). Der **Häufigkeit** von geringfügigen VVerstößen ist aber nicht nur bei einer bestimmten Mindest-Frequenz Aussagekraft zuzubilligen, da in jedem Fall eine **einzelfallbezogene Gesamtbewertung** erforderlich ist (VGH Ma NJW **15** 1035). Aus wiederholten Verstößen gegen Vorschriften über Versicherungsnachweis und Maßnahmen bei Fehlen des Versicherungsschutzes (§§ 23 ff. FZV) kann sich uU ein solches Maß an Gleichgültigkeit gegenüber dem Interesse der VSicherheit ergeben, dass die KfEignung zu verneinen ist (OVG Lüneburg DAR **83** 31, *Wendlinger* NZV **06** 508). Auch Sorgfaltspflichtverletzung als Halter kann für die Frage der Ungeeignetheit bedeutsam sein (BVerwG NZV **88** 80). Rechtskräftige strafgerichtliche Entscheidungen muss der FEInhaber gegen sich gelten lassen, soweit nicht gewichtige Anhaltspunkte für deren Unrichtigkeit sprechen, s. § 3 Rn. 56. Das gilt auch für im Bußgeldverfahren getroffene Feststellungen (BVerwG VRS **53** 317). Verstöße gegen VVorschriften durch Fahranfänger während der ersten 2 Jahre nach Erteilung einer FE, s. §§ 2a bis 2c.

69   **Erhebliche oder wiederholte Verstöße gegen Strafgesetze** schließen die Kraftfahreignung aus (IV S. 1, § 11 I S. 3 FeV). Eignungszweifel sind nach VIII, § 11 III S. 1 Nr. 5–7 FeV zu klären bei einer erheblichen Straftat, die im Zusammenhang mit dem Straßenverkehr steht oder bei mehreren Straftaten, die im Zusammenhang mit dem Straßenverkehr stehen, bei einer erheblichen Straftat, die im Zusammenhang mit der Kraftfahreignung steht, insbesondere wenn Anhaltspunkte für ein hohes Aggressionspotential bestehen oder der erhebliche Straftat unter Nutzung eines Fahrzeugs begangen wurde, und bei mehreren Straftaten, die im Zusammenhang mit der Kraftfahreignung stehen, insbesondere wenn Anhaltspunkte für ein hohes Aggressionspotential bestehen (näher dazu s. § 11 FeV Rn. 35 ff.). Zu dem Begriff *erheblich* s. Rn. 67. Ob jemand auf Grund von Straftaten nicht verkehrsrechtlicher Art die zum KfzFühren nötigen charakterlichen Eigenschaften nicht besitzt, ist nach den Gesamtumständen zu beurteilen (BVerwG VRS **20** 392, VRS **61** 227, OVG Lüneburg NJW **14** 3176, s. *Geiger* DAR **01** 491). IV S. 1 und § 11 I S. 3 FeV erfassen zwar nicht ausschließlich Verkehrsstraftaten, sondern auch allgemeine Straftaten, diese jedoch nur dann, wenn sich aus ihnen Anhaltspunkte dafür ergeben, der Betreffende werde sich im StrV nicht ordnungsgemäß verhalten (OVG Ko NJW **00** 2442); dies ergibt sich auch aus § 11 III S. 1 Nr. 5–7 FeV. Entscheidend für die Beurteilung der Eignung sind die eignungsrelevanten Eigenschaften, Fähigkeiten und Verhaltensweisen des FE-Bewerbers, bezogen auf seine Gefährlichkeit für die Allgemeinheit als Kf, nicht ein in Prozentzahlen zu messender Grenzwert individueller Rückfallwahrscheinlichkeit (BVerwG NJW **87** 2246). Straffreie Führung während 5 Jahren lässt auch bei entzogener FE uU den Schluss auf charakterliche Festigung zu (OVG Münster DAR **76** 221).

70   **6g. Bedingte Eignung.** Ist der Bewerber zum Führen von Kfz zwar nicht völlig ungeeignet, aber auf Grund **körperlicher** und/oder **geistiger Mängel** nur eingeschränkt („bedingt") geeignet, so muss ihm die FEB, wenn die übrigen Voraussetzungen erfüllt sind, eine FE mit **Beschränkungen** oder unter **Auflagen** erteilen, wenn diese geeignet sind, die bestehenden Eignungsmängel vollständig auszugleichen (IV S. 2, § 23 II FeV, näher dazu § 23 FeV Rn. 11 ff.). Bei bedingter Eignung hat der Bewerber einen Rechtsanspruch auf Erteilung einer entsprechend modifizierten FE (Begr VkBl. **98** 788 f.). Bei einem FEInhaber ist vor EdF zu prüfen, ob Beschränkung der FE oder Anordnung von Auflagen ausreichen, um bestehende Eignungsmängel auszugleichen (§ 46 II FeV). Bei Eignungszweifeln muss die FEB daher stets prüfen, ob eine beschränkte FE oder eine solche unter Auflagen dem öffentlichen Sicherheitsinteresse genügen würde. Ein Eignungsgutachten muss die Frage bedingter Eignung ohne weiteres mit umfassen (*Himmelreich* DAR **96** 129). Eine Beschränkung kann sich insbesondere auf eine bestimmte FzArt oder ein bestimmtes Fz mit besonderen Einrichtungen erstrecken (§ 23 II S. 2 FeV). Dies wird vor allem bei körperlichen Beeinträchtigungen zu prüfen sein. Verstoß gegen Beschränkung einer FE ist strafbar (§ 21 StVG), Verstoß gegen Auflage ist ow (§ 75 Nr. 9 FeV).

71   FEErteilung mit Beschränkungen oder unter Auflagen bei bedingter Eignung ist nach IV S. 2 **nur bei Mängeln der körperlichen und geistigen Eignung** möglich, nicht bei Mängeln der charakterlichen Eignung (Begr VkBl. **98** 789, OVG Lüneburg DAR **16** 100 *Bouska/Laeverenz* § 2 StVG Anm 21, *MAH StrVR/Dronkovic* § 4 Rn. 15, *Fries/Wilkes/Lössl* S. 62, aA *Bode/Winkler* § 3 Rn. 50 ff., *Stephan* Himmelreich-F S. 245, *Gehrmann* NZV **09** 12, *Krismann* NZV **11** 417). Diese Einschränkung wurde auf Vorschlag des BR ausdrücklich in den Wortlaut aufgenommen (BT-Drs. 13/6914, S. 100), ergab sich nach dem Gesetzentwurf aber auch schon aus der Begr (BR-Drs. 821/96 S. 67). Bei Eignungsmängeln, die durch Verstöße gegen verkehrsrechtliche Vorschriften oder durch Straftaten offenbar geworden sind, ist somit keine FEErteilung mit Beschränkungen oder unter Auflagen möglich. Dass der Wortlaut von § 23 II S. 1 FeV diese Einschränkung nicht nachvollzieht, ist unerheblich, denn die RVO kann nicht weiter gehen als das zugrunde liegende Gesetz (§ 23 FeV Rn. 12). Wenn § 69a II StGB davon ausgeht, dass nach Straftaten, die charakterliche Mängel offenbart haben, eine beschränkte FE erteilt werden kann, indem diese Bestimmung ausdrücklich die Möglichkeit einer Ausnahme von der FESperre für bestimmte KfzArten vorsieht, wenn dadurch der Zweck der FEEntziehung nicht gefährdet wird, geht dies ins Leere. Denn der FEB ist es durch IV S. 2 verwehrt, dem Verurteilten eine auf die von der Sperre ausgenommene KfzArt beschränkte FE zu erteilen.

72   **7. Befähigung und Prüfung.** II S. 1 unterscheidet zwischen der Eignung (II S. 1 Nr. 3) und der Befähigung (II S. 1 Nr. 5) zum Führen von Kfz. Die **Befähigung** ist grundsätzlich in einer theoretischen und einer praktischen **Fahrerlaubnisprüfung** (Befähigungsprüfung) nachzuweisen (II S. 1 Nr. 5, § 15 FeV). Nur für die Erweiterung einer FE der Kl B auf eine FE der Kl B mit Sz 96 oder Sz 196 muss keine FEPrüfung absolviert werden, dafür genügt erfolgreiche

Teilnahme an einer Fahrerschulung (§§ 6a, 6b FeV). Zulassung zur Fahrerlaubnisprüfung ist nur möglich, wenn der Bewerber die sonstigen Voraussetzungen für die Erteilung der FE erfüllt, also ua zum Führen von Kfz geeignet ist (OVG Berlin 10.11.15 VM **16** 21). Nach Abs. V gehören zur Befähigung ausreichende Kenntnisse der beim KfzFühren zu beachtenden Vorschriften, der Gefahrenabwehr, technische Kenntnisse und Fertigkeiten zur sicheren FzFührung, sowie ausreichende Kenntnisse einer umweltbewussten und energiesparenden Fahrweise (Fahren ohne „Bleifuß", mit angepasst niedrigsten Drehzahlen, Ausnutzung etwa noch vorhandener „grüner Wellen") und die Fähigkeit zur Umsetzung dieser Kenntnisse im Verkehr. Die Prüfung der Kenntnisse energiesparender Fahrweise ist Bestandteil der theoretischen (§ 16 I Nr. 1 FeV) und der praktischen (§ 17 I S. 1 FeV) Prüfung. Abzulegen ist diese Prüfung nach Maßgabe der FeV. Die Einzelheiten der Durchführung der Fahrerlaubnisprüfung ergeben sich aus §§ 15–18 und Anl 7 FeV (§§ 16 II S. 2, 17 II, 69 II FeV). Weitere Einzelheiten der Prüfung werden in den Prüfungsrichtlinien (VkBl. **19** 869) geregelt. Die FEPrüfung wird von einem amtlich anerkannten Sachverständigen oder Prüfer für den KfzV (aaSoP) abgenommen (§§ 15 V, 22 IV S. 2, 69 I FeV), der einer Technischen Prüfstelle nach § 10 KfSachvG angehört (XIII S. 2). **Die Prüfung für die Führer von Mofas** (keine FEPrüfung) beschränkt sich auf Vorschriften- und Gefahrenkenntnis (§ 5 I S. 1 FeV). **Ohne nochmalige Befähigungsprüfung** kann die FE in den Fällen der §§ 20 I S. 2, 27 I Nr. 3, 30 I Nr. 3, 31 I Nr. 3 FeV erteilt werden.

8. VI bildet die gesetzliche Grundlage für die **bei Antragstellung vom FEBewerber zu** **73** **machenden Angaben** und zu erbringenden Nachweise (§ 21 FeV). Die Bestimmung betrifft neben dem Antrag auf Erteilung einer FE auch Anträge auf Erweiterung, Verlängerung (§ 24 FeV) oder Änderung einer FE oder einer besonderen Erlaubnis nach III (FE zur Fahrgastbeförderung, § 48 FeV), ferner solche auf Aufhebung einer Beschränkung oder Auflage (IV S. 2, § 23 II FeV) sowie auf FSAusfertigung oder -änderung. Die Mitteilungs- und Nachweispflicht wird gem. VI S. 1 durch die FeV konkretisiert. Der Bewerber hat gem. § 21 I S. 3 FeV bestimmte Daten nur auf Verlangen der FEB nachzuweisen. Das Vorliegen der körperlichen und geistigen Eignung ist für die einzelnen FEKlassen unterschiedlich nachzuweisen (§ 21 III FeV). Die Erklärung über das Nichtvorhandensein einer bereits erteilten in- oder ausländischen FE der beantragten Klasse (VI S. 2, § 21 II S. 1 FeV, s. II S. 1 Nr. 7, § 8 FeV) dient der Durchsetzung von Art 7 V Buchst. a der 3. EG-FS-RL, wonach jede Person nur Inhaber einer einzigen von einem Mitgliedstaat erteilten FE sein darf.

9. Die **FEBehörde hat zu ermitteln,** ob der FEBewerber zum KfzFühren geeignet und **74** befähigt ist und ob er bereits eine in- oder ausländische FE besitzt (VII). Art und Ausmaß dieser Ermittlungen werden in § 22 I, II FeV konkretisiert. Die FEB hat sorgfältige Feststellungen hinsichtlich etwaiger Eignungsbedenken zu treffen. Die Ermittlungen berechtigen nicht dazu, den Bewerber über der Behörde unbekannte, eignungsmindernde oder -ausschließende Tatsachen, zB über körperliche Gebrechen, zu befragen, s. § 22 FeV Rn. 6. Sind der Behörde solche Tatsachen bekannt, so hat sie dem Bewerber Gelegenheit zur Äußerung zu geben, und dieser wird sich dazu äußern müssen (II S. 1 Nr. 3), s. auch VIII. Zur Ermittlung, ob Eignungsbedenken bestehen und ob der Bewerber bereits Inhaber einer FE ist oder war, muss die FEB Auskünfte aus FAER und ZFER einholen (VII S. 2, § 22 II S. 2 FeV). Auskünfte aus ausländischen Registern oder von ausländischen Stellen können zu diesem Zweck eingeholt werden, die Beibringung eines Führungszeugnisses zur Vorlage bei der Behörde (§ 30 V BZRG) kann angeordnet werden (VII S. 3, § 22 II S. 3 FeV). Der Verhältnismäßigkeitsgrundsatz gebietet, dass Letzteres nur erfolgt, wenn Anlass dazu besteht. Die Aufzählung der im Rahmen der Ermittlungen zur Eignungsfrage zu treffenden Maßnahmen in VII ist nicht abschließend (Begr VkBl. **98** 789 f., VGH Mü VRS **109** 64 (74)). Die FEB ist daher nicht auf die Einholung von Auskünften aus den in VII genannten Registern beschränkt (VGH Ma NJW **05** 234, *Geiger* BayVBl **05** 646). Berücksichtigung früherer Bußgeld- und Strafverfahren: § 29.

10. Klärung bei Bedenken gegen Eignung oder Befähigung (VIII). Es müssen bestimmte **Tatsachen** zur Kenntnis der FEB gelangt sein, aus denen sich Bedenken gegen Eignung oder Befähigung des FEBewerbers ergeben. Auf welche Weise die FEB davon erfahren hat, ist unerheblich. Näher dazu § 11 FeV Rn. 23 ff. Die allgemeine Festlegung der zur Verfügung stehenden **Aufklärungsmaßnahmen** in VIII wird auf der Grundlage von § 6 I Nr. 1 Buchst. c, e, q StVG durch § 11–14 FeV konkretisiert. Ob eine **Maßnahme** gemäß VIII **erforderlich** ist, entscheidet nach pflichtgebundenem Ermessen die FEB. Voraussetzung ist jedoch stets, dass die Maßnahme durch die speziellen Bestimmungen des StVG (zB § 2a IV S. 1, V S. 5, § 4 X S. 3

StVG) oder der FeV (zB §§ 10 II S. 2, 11 III, 13 S. 1 Nr. 2, 14 I S. 3, II FeV) gerechtfertigt ist (s. *Geiger* DAR **03** 494). Die FEB kann Vorlage eines **Gutachtens oder Zeugnisses eines Fach- oder Amtsarztes** verlangen, wenn Bedenken gegen die körperliche oder geistige Eignung zu klären sind (VIII, § 11 II FeV). Bei der Frage, welche Qualifikation der Arzt besitzen muss, sind die speziellen Vorschriften der §§ 11–14 FeV zu beachten (VG Berlin NJW **00** 2440). Zum Facharzt mit verkehrsmedizinischer Qualifikation (§ 11 II S. 3 Nr. 1 FeV) s. § 65 FeV. Die FEB kann ferner die Vorlage des **Gutachtens einer amtlich anerkannten Begutachtungsstelle für Fahreignung** (VIII, §§ 11 III, 66 FeV) fordern. Dieses Gutachten wird als „medizinisch-psychologisches Gutachten" bezeichnet (Legaldefinition in § 11 III S. 1 FeV). Näher: § 11 FeV Rn. 28 ff. Schließlich kann die FEB die Beibringung des **Gutachtens eines amtlich anerkannten Sachverständigen oder Prüfers** für den KfzVerkehr (aaSoP) anordnen (VIII, §§ 11 IV, 46 IV FeV). Dies kommt in Betracht bei Bedenken gegen die Befähigung (VIII, § 46 IV S. 2 FeV) oder bei Bedenken gegen die Eignung (VIII, § 11 IV FeV), zB wenn die Frage etwaiger Ausgleichsfähigkeit körperlicher Mängel durch technische Einrichtungen zu klären ist. Für die Beibringung des Zeugnisses oder Gutachtens setzt die FEB eine **angemessene Frist** (VIII, § 11 VI S. 2 FeV, § 11 FeV Rn. 45). Verweigert der Bewerber die Mitwirkung ohne anzuerkennenden Grund oder hält er die ihm gesetzte Frist nicht ein, so muss die FEB auf Nichteignung schließen (Begr VkBl. **98** 790, § 11 VIII FeV, näher § 11 FeV Rn. 51 ff.). **Widerruft** die Begutachtungsstelle ein von ihr erstelltes positives Gutachten, weil sie vom Vorliegen einer Täuschungshandlung bei der Erstellung des Gutachtens ausgeht, liegt ein positives Eignungsgutachten nicht vor (VG Freiburg 16.8.12 4 K 1363/12).

76   **11. Abs. IX** regelt die Verwendungszwecke und Löschungsfristen für Registerauskünfte und weitere Auskünfte, die sich in Fahrerlaubnisakten befinden. Die gem. VII und VIII eingeholten **Registerauskünfte** und beigebrachten **Zeugnisse und Gutachten** dürfen von der FEB nicht zu anderen Zwecken als zur Feststellung oder Überprüfung der Eignung oder Befähigung des FEBewerbers zum Führen von Kfz verwendet werden (IX S. 1). Nach spätestens 10 Jahren müssen sie **vernichtet** (IX S. 2) oder die Verarbeitung der darin enthaltenen Daten eingeschränkt (IX S. 6), dh gesperrt (Begr BT-Drs. 19/4674 S. 414) werden. Längere oder kürzere Aufbewahrung allerdings, soweit sie im Zusammenhang mit Entscheidungen stehen (etwa EdF, FE-Beschränkung), deren Tilgungsfristen im FAER oder im ZFER diese Zeit über- oder unterschreiten; dann gelten jene Tilgungsfristen. IX S. 2 und 3 steht der Anwendung des sich aus der spezielleren Vorschrift des § 4 V S. 5–7 ergebenden Tattagprinzips und den spezielleren Tilgungs- und Löschungsvorschriften des § 29 nicht entgegen (VGH Mü 8.6.15 11 CS 15.718). Registerauskünfte, Zeugnisse und Gutachten, die sich am 1.1.99 schon bei den Akten befanden, waren (aus Kostengründen, s. Begr zu § 65) erst zu vernichten, wenn sich die FEB aus anderem Anlass mit dem Vorgang befasste; in jedem Fall musste aber eine Überprüfung der Akte bis zum 1.1.14 erfolgen (§ 65 I).

77   **12. Dienstfahrerlaubnis.** Bundeswehr, Bundespolizei und Polizei können durch ihre Dienststellen in eigener Zuständigkeit DienstFE erteilen (X). Die grundsätzliche Entscheidung zur Einrichtung wie auch zur Abschaffung des Instituts der DienstFE steht im Ermessen der jeweiligen Behörde (*Müller* NZV **12** 57). Nähere Einzelheiten sind auf der Grundlage von § 6 I Nr. 1 Buchst. i in §§ 26, 27 FeV geregelt. Die Dienststellen von Bundeswehr, Bundespolizei und Polizei nehmen insoweit die Aufgabe der FEB wahr (X S. 2, § 73 IV FeV). Die DienstFE der BW ist in andere Klassen als die allgemeine FE (§ 6 FeV) eingeteilt (s. Muster 2 Anl 8 FeV), was nach Art 4 V S. 2 der 3. EG-FS-RL zulässig ist. DienstFE **berechtigen** ausschließlich **zum Führen von DienstFz** (X S. 4, § 26 I S. 1 FeV). Da X in Bezug auf den Zweck der FzBenutzung keine Beschränkungen enthält, berechtigt die DienstFE zum Führen des DienstFz auch dann, wenn die Fahrt keinen dienstlichen Zweck verfolgt. DienstFz ist jedes Fz, dessen Halter die BW, die BundesPol oder die Pol als Dienstherr des FEInhabers ist oder das diesen Dienststellen vertraglich zur Verfügung steht. Für DienstFE gelten die allgemeinen Bestimmungen, soweit nicht abweichende Regelungen durch die FeV getroffen wurden (X S. 3). Der Probezeit iS von § 2a I kommt die Dauer des Besitzes einer DienstFE voll zugute wie der Besitz einer allgemeinen FE (§ 33 I FeV). Die allgemeine FE der betreffenden FEKl wird auf Grund einer vorhandenen DienstFE ohne weitere Ausbildung oder Prüfung erteilt (§ 27 FeV).

78   **13. Abs. Xa** erlaubt die Erteilung sog **Fahrberechtigungen** an ehrenamtlich tätige Angehörige der Freiwilligen Feuerwehren, der nach Landesrecht anerkannten Rettungsdienste, des Technischen Hilfswerks und sonstiger Einheiten des Katastrophenschutzes, die zum **Führen von**

Einsatzfahrzeugen bis zu einer zGM von 4,75 t oder 7,5 t, jeweils auch mit Anhängern, sofern die zGM der Kombination 4,75 bzw. 7,5 t nicht übersteigt, berechtigen („Feuerwehrführerschein"). Anlass für die Einführung dieser Fahrberechtigung zunächst durch das 5. StVGÄndG v. 17.7.09 (BGBl. I S. 2021), später modifiziert durch das 7. StVGÄndG v. 23.6.11 (BGBl. I S. 1213), war der Umstand, dass insbes den Freiwilligen Feuerwehren immer weniger Fahrer für schwerere EinsatzFz zur Verfügung stehen, da seit 1999 die Pkw-FE der Kl B anders als die frühere FE der Klasse 3 nur noch zum Führen von Fz bis 3,5 t berechtigt (Begr Rn. 12). Um den Angehörigen der Freiwilligen Feuerwehren und der anderen Hilfsdienste den Erwerb der eigentlich erforderlichen FE der Kl C1 zu ersparen, wurde die Möglichkeit geschaffen, mit geringerem Aufwand Fahrberechtigungen für EinsatzFz bis zu einer zGM von 7,5 t zu erwerben. Dieser Ansatz ist unter Verkehrssicherheitsaspekten als problematisch zu bewerten, denn für Einsatzfahrten, die mit einem besonders hohen Unfallrisiko verbunden sind, müsste die Fahrausbildung eher überdurchschnittlichen Anforderungen genügen. Soweit nicht durch das StVG Bedingungen für die Erteilung der Fahrberechtigung bundeseinheitlich festgelegt sind (Rn. 79), können die Länder Bestimmungen über die Erteilung einschl der Einweisung und Prüfung erlassen (Rn. 80). Mit den Regelungen über Fahrberechtigungen wird eine organisationsinterne Ausbildung und Prüfung ermöglicht, deren nähere Ausgestaltung von Land zu Land unterschiedlich festgelegt werden kann.

Die folgenden Bedingungen sind **bundeseinheitlich** festgelegt: Erteilung der Fahrberechti- **79** gung ist **nur an ehrenamtlich tätige** Angehörige der Freiwilligen Feuerwehren, der nach Landesrecht anerkannten Rettungsdienste, des Technischen Hilfswerks und sonstiger Einheiten des Katastrophenschutzes möglich (Xa S. 1). Haupt- und nebenberuflich tätige sowie inaktive Angehörige dieser Organisationen können demnach keine Fahrberechtigungen erhalten. Absolventen eines freiwilligen sozialen Jahrs oder des Bundesfreiwilligendienstes dürften als Ehrenamtliche anzusehen sein (*Beck* NZV **12** 61 (64)). Der Bewerber um die Fahrberechtigung muss seit mindestens zwei Jahren (ununterbrochen) Inhaber einer FE der Klasse B sein, in das Führen von EinsatzFz der jeweiligen Gewichtsklasse eingewiesen worden sein und in einer praktischen Prüfung seine Befähigung nachgewiesen haben (Xa S. 2, 4). Bei Fahrten mit derartigen EinsatzFz zur **Einweisung** auf öffentlichen Straßen ist Begleitung durch einen Fahrlehrer oder einen Angehörigen der Freiwilligen Feuerwehren, der nach Landesrecht anerkannten Rettungsdienste, des Technischen Hilfswerks oder sonstiger Einheiten des Katastrophenschutzes erforderlich, der die in XVI S. 1 genannten Voraussetzungen erfüllt (Rn. 96). Die Begleitperson muss nicht ehrenamtlich tätig sein, kann also auch ein haupt- oder nebenamtlicher Angehöriger einer der genannten Organisationen sein. Zur Abnahme der **praktischen Prüfung** sind die Personen befugt, die berechtigt sind, nach XVI bei Einweisungs- und Prüfungsfahrten zu begleiten (XIII S. 4). Die Fahrberechtigungen werden **von der nach Landesrecht zuständigen Behörde erteilt** (Xa S. 1). Die Fahrberechtigungen **gelten im gesamten Bundesgebiet** (Xa S. 3). Da es sich nicht um EU-FE handelt, müssen sie von anderen EU-/EWR-Mitgliedstaaten nicht anerkannt werden. Die Fahrberechtigungen gelten **nur zum Führen von EinsatzFz** (Xa S. 1) und **nur zur Aufgabenerfüllung** der Freiwilligen Feuerwehren, der nach Landesrecht anerkannten Rettungsdienste, des Technischen Hilfswerks und sonstiger Einheiten des Katastrophenschutzes (Xa S. 3), nicht beschränkt auf Einsatzfahrten. Dabei handelt es sich um gegenständliche Beschränkungen der Fahrberechtigung, nicht um Auflagen. Da Erteilung der Fahrberechtigungen nur an ehrenamtlich tätige Mitglieder der genannten Organisationen möglich ist (Xa S. 1), berechtigen sie auch nur zur *ehrenamtlichen* Aufgabenerfüllung (*Beck* NZV **12** 61 (63)). **Ausnahmen** von den bundeseinheitlich festgelegten Bedingungen können mangels Rechtsgrundlage **nicht zugelassen** werden (§ 74 FeV lässt Ausnahmen nur von den Bestimmungen der FeV zu, nicht von den Normen des StVG).

Die **Landesregierungen** sind ermächtigt, durch RVO **besondere Bestimmungen** über die **80** Erteilung einschl der Einweisung und Prüfung für die Fahrberechtigungen zu erlassen (§ 6 V S. 1, § 6 Rn. 26). Sie können diese Ermächtigung auch durch RVO auf die zuständige oberste Landesbehörde übertragen (§ 6 V S. 3). Bei der näheren Ausgestaltung der Bestimmungen sind die Besonderheiten der unterschiedlichen Gewichtsklassen (bis zu einer zGM von 4,75 t oder 7,5 t) zu berücksichtigen (§ 6 V S. 2). Landesregelungen können nur insoweit erlassen werden, als nicht bereits vom Bundesgesetzgeber Bedingungen festgelegt sind. Durch die Ermächtigung der Länder soll ermöglicht werden, bei der Ausgestaltung spezifische Besonderheiten berücksichtigen zu können. Von der Ermächtigung des § 6 V haben mehrere Länder Gebrauch gemacht.

Erleichterte Erteilung von allgemeinen FE auf Grund von Fahrberechtigungen (**Um-** **81** **schreibung**) ist **nicht möglich,** da das StVG dies anders als etwa für DienstFE (§ 6 I Nr. 1

Buchst i) nicht vorsieht. Die Möglichkeit der Umschreibung ist bewusst nicht eingeführt worden, weil nach interner Ausbildung und Prüfung nicht hinreichend sichergestellt gewesen wäre, dass die verbindlichen Vorgaben der 3. EG-FS-RL für Ausbildungs- und Prüfungsinhalte für die FEKlasse C1 ausreichend berücksichtigt worden wären (BT-Drs. 17/4940 S. 3 Nr. 9). Ein Vorschlag des BR für eine entsprechende Ergänzung des 5. StVGÄndG (BR-Drs. 330/09 (Beschluss) S. 2, BT-Drs. 16/13108 S. 9) war bereits vom BT nicht aufgegriffen worden. Ein entsprechender Ergänzungsantrag zum 7. StVGÄndG (BR-Drs. 858/2/10) fand im BR keine Mehrheit (BR-Protokoll v. 11.2.11 S. 42). Ein **Wechsel** von einer Organisation zu einer anderen begünstigten Organisation schließt die Weiternutzung der bei der ersten Organisation erteilten Fahrberechtigung nicht aus, sofern der Inhaber auch bei der neuen Organisation ehrenamtlich tätig ist. Möglich ist gleichfalls die Nutzung der Fahrberechtigung bei ehrenamtlicher Tätigkeit in mehreren begünstigte Organisationen (*Beck* NZV **12** 61 (63)).

82   Die **Fahrberechtigung** nach Xa ist eine **Fahrerlaubnis** iSv I S. 1 (so auch *Müller* ZVS **11** 212, *Huppertz* VD **11** 220), denn es handelt sich um eine öffentlich-rechtliche Erlaubnis, auf öffentlichen Straßen ein Kfz zu führen, das ohne diese Erlaubnis nicht geführt werden dürfte. Warum der Terminus Fahrberechtigung gewählt wurde, hat der Gesetzgeber nicht erläutert. Die BReg geht in ihrer Gegenäußerung zu den Vorschlägen des BRates zu dem Entwurf des 5. StVGÄndG (BT-Drs. 16/13108 S. 12) davon aus, dass die EG-FS-RL anzuwenden sind, es sich also um Fahrerlaubnisse handelt.

83   **Unvereinbarkeit mit EU-Recht.** Nach Art 4 V S. 2 der 3. EG-FS-RL können die Mitgliedstaaten Fz, die vom **Katastrophenschutz** eingesetzt werden oder seiner Kontrolle unterstellt sind, von der Anwendung dieser Richtlinie ausschließen. Nach Auffassung der EU-Kommission sind die Fz der Freiwilligen Feuerwehren nicht dem Katastrophenschutz zuzuordnen, da Art 4 V und VI ausdrücklich zwischen Katastrophenschutz und Feuerwehr unterscheiden. Auch aus der Entstehungsgeschichte der 3. EG-FS-RL ergebe sich, dass die Feuerwehr nicht unter den Begriff des Katastrophenschutzes fällt (BR-Drs. zu Drs 602/08 (Beschluss) v. 5.2.09). Fz fallen nur unter die Ausnahmevorschrift des Art 4 V S. 2 der 3. EG-FS-RL, wenn sie integraler Teil des Katastrophenschutzes sind und nicht nur gelegentlich für den Katastrophenschutz eingesetzt werden. Dem deutschen Gesetzgeber ist es demnach zumindest **verwehrt,** die EinsatzFz der Freiwilligen Feuerwehren und der nach Landesrecht anerkannten Rettungsdienste **dem Katastrophenschutz zuzuordnen** und gem. Art 4 V S. 2 der 3. EG-FS-RL von der Anwendung dieser Richtlinie auszuschließen (bemerkenswert undeutlich dazu BT-Protokoll v. 7.4.11 S. 11707, 11709, 11710). Dass der Gesetzgeber durch die Wörter *und sonstiger Einheiten des Katastrophenschutzes* den Eindruck zu erwecken versucht hat, auch die anderen genannten Einheiten seien Teil des Katastrophenschutzes (Begr Rn. 13), kann nichts daran ändern. Eine **Befreiung** der mit einer Fahrberechtigung gefahrenen EinsatzFz der Freiwilligen Feuerwehren, der nach Landesrecht anerkannten Rettungsdienste, des Technischen Hilfswerks und sonstiger Einheiten des Katastrophenschutzes bis zu einer zGM von 7,5 t **von der Fahrerlaubnispflicht** (entweder unmittelbar durch Xa oder durch eine noch zu schaffende Regelung in § 4 FeV) ist ebenfalls nicht geeignet, die Fahrberechtigungen von der Anwendbarkeit des Unionsrechts für FE auszunehmen. Die 3. EG-FS-RL enthält keine Ermächtigung für die Mitgliedstaaten, Fz nach eigenem Ermessen von der Fahrerlaubnispflicht auszunehmen und auf diese Weise dem Regime der EG-FS-RL zu entziehen. Alle in Art 4 der 3. EG-FS-RL beschriebenen Kfz müssen in den Mitgliedstaaten der Fahrerlaubnispflicht unterworfen werden, sofern in der 3. EG-FS-RL nicht ausdrücklich Ausnahmen normiert sind. – Die Fahrberechtigungen müssen sich demnach an den **Vorgaben des Unionsrechts** messen lassen: Die von der 3. EG-FS-RL vorgegebenen **FEKlassen** sind abschließend. Weder die Fahrberechtigung zum Führen von EinsatzFz mit einer zGM bis 4,75 t noch mit einer zGM bis 7,5 t, jeweils auch mit Anhängern, sofern die zGM der Kombination 4,75 t bzw. 7,5 t nicht übersteigt, entspricht den Vorgaben des Unionsrechts, denn solche FEKlassen sind dort nicht vorgesehen. Da es sich bei den EinsatzFz um Kfz der Gruppe 2 gem. Anh III der 3. EG-FS-RL handelt, ist gem. Art 7 I a der 3. EG-FS-RL vor Erteilung der FE die **gesundheitliche Eignung** gem. Anh III der 3. EG-FS-RL nachzuweisen. Gem Anh III Nr. 4 der 3. EG-FS-RL müssen sich Inhaber einer FE der Gruppe 2 in bestimmten Zeitabständen ärztlich untersuchen lassen. Beides wird nicht berücksichtigt. Nach Art 10 iVm Nr. 2.2 Buchst. e Anh IV der 3. EG-FS-RL darf ein **Fahrprüfer** nicht gleichzeitig als Fahrlehrer tätig sein. Die Möglichkeit der Abnahme der Prüfung durch Fahrlehrer gem. XIII S. 4 ist damit nicht vereinbar. – Die Regelungen über die Fahrberechtigungen **verstoßen** somit **gegen EU-Recht** (ebenso *Beck* NZV **12** 61 (65)).

14. Ausländische Fahrerlaubnisse berechtigen nach Maßgabe von XI in Verbindung mit **84** §§ 28, 29 FeV zum Führen von Kfz in Deutschland. Begründet der Inhaber einer ausländischen FE einen ordentlichen Wohnsitz (Rn. 31) im Inland, gilt das Recht zum Führen von Kfz in Deutschland befristet (§ 29 I S. 4 und 5 FeV) oder, wenn es sich um eine von einem EU- oder EWR-Mitgliedstaat ausgestellte FE handelt, nach Maßgabe des § 28 FeV (§ 29 I S. 3 FeV) auch unbefristet. Näher §§ 28, 29 FeV. Eine Registrierungspflicht für Inhaber von ausländischen FE nach Verlegung des ordentlichen Wohnsitzes ins Inland besteht nicht.

15. Polizeiliche Mitteilungspflicht, Datenübermittlung und Datenspeicherung. Wer- **85** den der **Polizei** Tatsachen bekannt, die auf nicht nur vorübergehende Mängel in Bezug auf die Eignung oder auf Mängel der Befähigung schließen lassen, so muss sie diese **der FEBehörde mitteilen** (XII). Das gilt für Tatsachen, die auf andauernde körperliche, geistige oder charakterliche Eignungsmängel schließen lassen, nicht dagegen etwa für körperliche Beeinträchtigungen, die nur zu vorübergehender Beeinträchtigung der Eignung führen können (zB gebrochener Arm). Auch Fakten, die nicht in das FAER eingetragen werden, sind zu übermitteln. Denn Sinn und Zweck des XII ist es, die FEB mit allen eignungs- und befähigungsrelevanten Informationen zu versorgen, die Veranlassung für Maßnahmen nach dem FERecht sein können (VGH Mü 18.4.12 11 ZB 12.296). Dass die FEB auf diese Weise mehr erfährt als sie nach VII selbst ermitteln könnte, ist vom Gesetzgeber gewollt, denn sonst hätte er die Informationspflicht nach XII S. 1 eingeschränkt oder gänzlich auf sie verzichtet. Die Mitteilungspflicht ist jedoch auf Sachverhalte beschränkt, die aus Sicht der Polizei für die Überprüfung der Eignung oder Befähigung erforderlich sind; sie hat insofern nach pflichtgemäßem Ermessen darüber zu entscheiden, ob die Übermittlung erforderlich ist (*Müller* DAR **13** 69). Die Erkenntnisse der Polizei können sich auch aus Vorgängen außerhalb des StrV ergeben (*Müller* SVR **07** 241 (247), DAR **13** 69). Die Mitteilung verletzt nicht das Recht auf informationelle Selbstbestimmung (s. BVerwG NJW **88** 1863 zur Rechtslage vor Schaffung von XII). Es ist auch verfassungsrechtlich nicht zu beanstanden, wenn die Gefahrenprognose der FEB aufgrund von Feststellungen aus Ermittlungsergebnissen der Polizei und der StA getroffen wird, sofern diese Fakten einer eigenständigen, nachvollziehbaren Bewertung unterworfen werden (VGH Ma VRS **131** 32 (37)). XII S. 1 ist spezielle Rechtsgrundlage für die Übermittlung der Daten durch die Polizei, die den entsprechenden Landesgesetzen vorgeht. XII verstößt auch nicht gegen die DS-GVO (OVG Bremen 10.2.20 – 2 B 269/19 NJW **20** 1897).

Nach der Begr zur Streichung des Regelbeispiels „insbesondere weil die betreffende Person **86** keine Fahrerlaubnis besitzt oder beantragt hat" in XII S. 2 durch ÄndG v. 19.3.01 (Rn. 9) betrifft XII auch Daten, die sich auf die **Eignung zum Führen FE-freier Fz** beziehen, um der FEB Maßnahmen gegen ungeeignete Führer solcher Fz zu ermöglichen (*Weibrecht* NZV **01** 145 (147)). FE-freie Fz sind Kfz wie Mofas und motorisierte Krankenfahrstühle (§ 4 FeV), aber auch Nicht-Kfz wie Fahrräder. Nach dem Wortlaut von XII S. 1 hat die Polizei allerdings nur Informationen über Tatsachen zu übermitteln, die auf Mängel hinsichtlich der Eignung und Befähigung zum Führen von *Kfz* schließen lassen. Diese Diskrepanz zwischen der amtl Begr zur Änderung von XII S. 2 und dem Wortlaut von XII S. 1 dürfte jedoch keine praktischen Auswirkungen haben, denn Informationen über Tatsachen, die auf Mängel hinsichtlich der Eignung und Befähigung ausschließlich zum Führen von Nicht-Kfz schließen lassen und die nach XII S. 1 nicht übermittelt werden dürfen, sind nicht vorstellbar. Unzweifelhaft kann die FEB auf der Basis nach XII S. 1 übermittelter Tatsachen auch Eignungszweifel zum Führen von Nicht-Kfz klären und ggf. Maßnahmen nach § 3 FeV in Bezug auf Nicht-Kfz einleiten.

Speicherdauer. Werden der FEB Informationen übermittelt, die zur Beurteilung von Eig- **87** nung oder Befähigung nach Beurteilung der FEB von vornherein nicht erforderlich sind, sind diese Informationen gem. XII S. 2 sofort zu **vernichten.** Im Übrigen sind die Informationen nach XII S. 2 erst dann zu vernichten, wenn sie für diese Beurteilung nicht mehr erforderlich sind; bis dahin **dürfen** die von der Polizei mitgeteilten Informationen durch die FEB **gesammelt werden** (VGH Ma DAR **05** 352 (353)). XII stellt insoweit eine spezielle Rechtsgrundlage zur Speicherung der Daten dar, die den entsprechenden Landesgesetzen vorgeht. **Wie lange** die FEB gem. XII S. 1 übermittelte Informationen aufbewahren darf, hat sie jeweils nach den Umständen des Einzelfalles zu beurteilen. Ob der Betroffene Inhaber einer FE ist oder ob in nächster Zeit mit einem Antrag auf Erteilung einer FE zu rechnen ist, ist dabei unerheblich, da die von der Polizei mitgeteilten Fakten auch der Überprüfung der Eignung zum Führen fahrerlaubnisfreier Fz dienen können (Rn. 86). XII hindert im Rahmen der Eignungsprüfung nicht die

Verwertung von Daten, wenn diese auch an anderer Stelle gespeichert sind, selbst wenn die FEB sie schon nach XII S. 2 gelöscht hat (VGH Ma NJW **05** 234 (236 f.)).

88   **16.** Nur **gesetzlich oder amtlich anerkannte Stellen** und Personen oder solche, die amtlich dazu beauftragt sind, dürfen zur **Prüfung der Eignung oder Befähigung,** zur Prüfung der Ortskenntnisse oder zur Ausbildung in Erster Hilfe herangezogen werden (XIII S. 1–3). Prüfer der Befähigung nach V müssen außerdem einer Technischen Prüfstelle für den KfzV gem. § 10 KfSachvG angehören (XIII S. 2, § 69 I FeV). Träger von Begutachtungsstellen für Fahreignung und Technische Prüfstellen müssen sich hinsichtlich der Erfüllung der jeweils für sie geltenden fachlichen Anforderungen von der BASt begutachten lassen (§ 72 FeV). Für Personen, die die Befähigung zum Führen von EinsatzFz der Freiwilligen Feuerwehren, der nach Landesrecht anerkannten Rettungsdienste, des Technischen Hilfswerks oder sonstiger Einheiten des Katastrophenschutzes zur Erteilung einer sog Fahrberechtigung („Feuerwehrführerschein") prüfen, gelten diese Bedingungen jedoch nicht; sie müssen lediglich die Voraussetzungen des XVI für die Begleitung erfüllen (XIII S. 4). XIII S. 1–3 betrifft **Begutachtungsstellen für Fahreignung** (VIII, § 11 III FeV, zur Anerkennung §§ 66, 72 FeV), **Sachverständige und Prüfer für den KfzV** (VIII, §§ 11 IV, 46 IV S. 2, 69 I, 72 FeV), **Sehteststellen** (§ 12 II FeV, Anerkennung § 67 FeV), **Stellen** für die Ausbildung in **Erster Hilfe** (II S. 1 Nr. 6, § 19 FeV, Anerkennung § 68 FeV), und Stellen, die die **Ortskunde** für den Erwerb einer Fahrerlaubnis zur Fahrgastbeförderung prüfen (III S. 4, § 48 IV Nr. 7 FeV). **Keiner Anerkennung** oder Beauftragung nach XIII S. 1 bedürfen **Ärzte** nach §§ 11 II S. 3, 12 IV FeV (zum Nachweis der verkehrsmedizinischen Qualifikation iSv § 11 II S. 3 Nr. 1 FeV s. § 65 FeV). **Nicht in den Anwendungsbereich** von XIII fallen **Psychologen,** die die verkehrspsychologische Teilmaßnahme des Fahreignungsseminars und verkehrspsychologische Beratung gem. § 2a II S. 1 Nr. 2, VII StVG durchführen, Leiter besonderer Aufbauseminare gem. §§ 36 FeV oder Leiter von Kursen zur Wiederherstellung der Kraftfahreignung gem. §§ 11 X, 70 FeV sind, und **Fahrlehrer** als Leiter von Aufbauseminaren und verkehrspädagogischer Teilmaßnahme des Fahreignungsseminars. Begutachtungsstellen für Fahreignung sind keine beliehenen Unternehmen, ihre Mitarbeiter somit keine Amtsträger (BGH DAR **09** 707).

89   Bis 1998 waren in den „Richtlinien für die Prüfung der körperlichen und geistigen Eignung von Fahrerlaubnisbewerbern und -inhabern (Eignungsrichtlinien)" (VkBl. **82** 496) **Obergutachter** vorgesehen. Das seit 1.1.1999 geltende FERecht sieht dagegen keine Einholung von Obergutachten mehr vor (VG Hb 9.1.03 15 VG 5124/02, *Schubert* NZV **08** 436). Heute ist ein medizinisch-psychologisches Gutachten nach der Legaldefinition in § 11 III S. 1 FeV nur ein Gutachten einer amtlich anerkannten Begutachtungsstelle für Fahreignung. Diese Anerkennung wird nach § 66 FeV von der zuständigen Behörde unter den Voraussetzungen der Anl 14 zur FeV ausgesprochen. Die Behörden der Länder haben mangels Rechtsgrundlage keine Möglichkeit, neben den Begutachtungsstellen für Fahreignung auch noch Obergutachter für die Erstellung medizinisch-psychologischer Gutachten amtlich anzuerkennen oder – wie vor 1999 – zu „benennen" (aA wohl *Bode/Winkler* § 6 Rn. 116, unklar BMV VkBl. **00** 127 f.). Die abweichende Formulierung in Nr. 2.2d aF der Begutachtgs-Leitl, für die es keine Rechtsgrundlage gab, wurde durch Änderung der Begutachtgs-Leitl v. 3.3.16 (VkBl. **16** 185) gestrichen. Dabei wurde die Schaffung einer Rechtsgrundlage für die Einrichtung von Obergutachterstellen vom BMV im Benehmen mit den Ländern ausdrücklich abgelehnt (VkBl. **16** 185). Von gleichwohl als Obergutachter bezeichneten Personen erstellte Gutachten haben nur die Qualität von Parteigutachten, sind aber keine medizinisch-psychologischen Gutachten iSv § 11 III S. 1 FeV (*Schubert* NZV **08** 436 (440)).

90   **17.** Die von den gesetzlich oder amtlich anerkannten oder beauftragten Stellen und Personen zur Eignungs- oder Befähigungsprüfung (XIII S. 1) benötigten **Daten** darf die FEB an diese **übermitteln** (XIV S. 1). Näheres regelt die FeV (zB in §§ 11 VI S. 4, 12 VIII S. 2 FeV). Die Stellen und Personen nach XIII S. 1 dürfen diese Daten und die bei der Erfüllung ihrer Aufgaben anfallenden Daten **verarbeiten** (XIV S. 2). Die Auffassung der Begr (VkBl. **98** 791), die Stellen und Personen nach XIII S. 1 dürften die Daten nur während der Zeit der Begutachtung **speichern,** nicht jedoch auf Dauer, findet im Wortlaut der Vorschrift keine Grundlage. Die Zeitdauer der zulässigen Speicherung der Daten ist in XIV nicht festgelegt; sie richtet sich somit nach allgemeinen datenschutzrechtlichen Grundsätzen.

91   **18.** Bei **Ausbildungs-, Prüfungs- und Begutachtungsfahrten** auf öffentlichen Straßen (s. § 1 StVG Rn. 30, § 1 StVO Rn. 2, 13 ff.) ist **Begleitung durch einen Fahrlehrer** oder Fahr-

lehreranwärter (s. Rn. 92) erforderlich (XV S. 1). Mofa- und KleinKfz-Ausbildungsfahrten: § 5 V FeV. Ausnahme für Einweisungsfahrten zum Erwerb einer Fahrberechtigung iSv § 10 VI StVG („Feuerwehrführerschein"): XVI, s. Rn. 96. **Ausbildungsfahrten:** Die Sicherheit erfordert es, zum Führen von Kfz nur Personen zuzulassen, die in der Handhabung des Fz Übung haben. Zu diesem Zweck erfolgt die praktische Fahrausbildung im Realverkehr. Da der Bewerber noch nicht Inhaber der angestrebten FE ist, darf er Ausbildungsfahrten auf öffentlichen Straßen nur unter Aufsicht eines Fahrlehrers oder Fahrlehreranwärters durchführen. Die Vorschriften gelten entsprechend für Bewerber um eine weitere FE. Da für die Ausbildung mehrere Monate benötigt werden und da die praktische FEPrüfung bereits einen Monat vor Erreichen des Mindestalters abgelegt werden kann (§ 17 I S. 5 FeV), darf mit der praktischen Ausbildung etwa sechs Monate vor Erreichen des Mindestalters (§ 10 FeV) begonnen werden (*Dauer* FahrlR § 1 FahrlG Anm 8). Ausbildungsfahrten von jüngeren Personen, die als FE-Bewerber noch gar nicht in Betracht kommen, sind nicht zulässig (Ha VRS **22** 372 (12 Jahre), Br VRS **28** 445 (7 Jahre)). „Probefahrten" zum Zweck der Abschätzung der Vorkenntnisse von Interessenten an einer Fahrausbildung und zur Erstellung eines Kostenvoranschlags oder Testübungsfahrten sind ebenso Ausbildungsfahrten iSv XV (Ha VD **07** 291 = NStZ-RR **08** 321 Ls, VGH Mü VD **11** 52, VG Augsburg 21.8.02 3 S 02.882, LG Siegen WRP **12** 873, *Dauer* FahrlR § 12 FahrlG Anm 5, § 21 Rn. 13). Ausbildungsfahrzeuge können bei Ausbildungsfahrten als solche gekennzeichnet sein (§ 10 FZV Rn. 21, *Dauer* FahrlR § 5 FahrlGDV Anm 14 ff., *Dauer* NZV **06** 569). Bei **Fahrten zur Ablegung der Prüfung,** also bei Fahrten im Rahmen der praktischen Fahrerlaubnisprüfung (§ 17 FeV), ist Begleitung durch einen Fahrlehrer oder Fahrlehreranwärter vorgeschrieben. Bei Prüfungsfahrten dürfen die Fz nicht als Ausbildungsfahrzeuge gekennzeichnet sein (Anl 7 Nr 2.2.17 S. 1 FeV). Fahrlehrerbegleitung ist gem. XV S. 1 auch bei **Fahrten zur Begutachtung der Eignung oder Befähigung** eines FEInhabers erforderlich. Das gilt zB bei Fahrverhaltensbeobachtungen im Rahmen von medizinisch-psychologischen Begutachtungen gem. § 11 III FeV (aA *Geiger* DAR **11** 623) und bei Prüfungsfahrten gem. § 11 IV FeV, nach dem Wortlaut von XV, der insoweit Zweifel an der Eignung oder Befähigung voraussetzt (s. Begr), aber nicht für die Fahrprobe eines FEInhabers im Rahmen einer **verkehrspsychologischen Beratung** gem. § 2a VII (aA *Bouska / Laeverenz* § 2 StVG Anm 50 zu § 4 IX S. 2 aF). Ist bei **Fahrproben** im Rahmen von **Aufbauseminaren** nach Zuwiderhandlungen innerhalb der **Probezeit** der Teilnehmer nicht FEInhaber, gilt XV entsprechend (§ 2b III StVG). Als **FzFührer** gilt bei Ausbildungs-, Prüfungs- und Begutachtungsfahrten iSv XV S. 1, bei denen der FzLenker die erforderliche FE nicht hat, gem. der Fiktion von XV S. 2 der begleitende Fahrlehrer oder Fahrlehreranwärter. Dies hat nur die Bedeutung, dass §§ 18 und 21 StVG auf den FzLenker nicht anzuwenden sind. Für die straf- und ordnungswidrigkeitenrechtliche Verantwortlichkeit kommt es dagegen darauf an, wer das Fz eigenhändig „führt" (Rn. 28). Der Fahrlehrer oder Fahrlehreranwärter gilt **auch bei der Hin- und Rückfahrt** zu oder von einer Fahrerlaubnisprüfung oder Begutachtung der Eignung oder Befähigung als FzFührer, wenn der Betroffene keine entsprechende FE besitzt (XV S. 2). Praktische Bedeutung hat dies zB vor allem, wenn nach bestandener Prüfung noch kein FS ausgehändigt wird (s. Begr Rn. 10).

Fahrlehrer ist der Inhaber einer Fahrlehrerlaubnis nach dem FahrlG (*Dauer* FahrlR § 1 **92** FahrlG Anm 5). **Fahrlehreranwärter** ist nach der Legaldefinition in § 9 I S. 1 FahrlG der Bewerber um eine Fahrlehrerlaubnis der Klasse BE. Zur praktischen Fahrausbildung und zur Vorstellung zur praktischen Fahrerlaubnisprüfung ist der Fahrlehreranwärter allerdings nicht bereits ab Beginn seiner Ausbildung, sondern erst dann berechtigt, wenn er Inhaber einer Anwärterbefugnis nach § 1 I S. 3, § 9 FahrlG ist (§ 1 II S. 2 FahrlG). Diese erhält er erst nach mindestens achtmonatiger Ausbildung in einer Fahrlehrerausbildungsstätte und wenn er die fahrpraktische Prüfung und die Fachkundeprüfung für Fahrlehrer bestanden hat (§ 9 I S. 1 FahrlG). XV S. 1 muss deswegen einschränkend so verstanden werden, dass nicht Fahrlehreranwärter ab Beginn ihrer Ausbildung, sondern nur Fahrlehreranwärter, die Inhaber einer Anwärterbefugnis gem. § 1 I S. 3, § 9 FahrlG sind, zur Begleitung nach XV S. 1 berechtigt sind. – Da Fahrlehrer und Fahrlehreranwärter gem. XV S. 2 als FzFührer gelten, müssen sie FS und Fahrlehrerschein bzw. Anwärterschein bei Fahrten iSv XV auf öffentlichen Straßen bei sich führen und zuständigen Personen auf Verlangen zur Prüfung aushändigen (§ 4 II FeV, § 10 I S. 2 FahrlG).

Verantwortlichkeit des Fahrlehrers und des Fahrlehreranwärters gegenüber den 93 Verkehrsteilnehmern. Bei Ausbildungs- und Prüfungsfahrten ist der Fahrlehrer verantwortlicher FzFührer, auch gegenüber dem Prüfer (Ha NJW **79** 993), und nach strengem Maßstab zu Sorgfalt verpflichtet (Dü VersR **79** 649, KG NZV **04** 93, Ko NZV **04** 401, näher *Dauer* FahrlR § 12 FahrlG Anm 6 ff.). Er ist für VBeobachtung und Führung verantwortlich (KG VersR **75**

836, VM **82** 66). Er muss den Fahrschüler ständig beobachten und notfalls sofort eingreifen können (strenger Maßstab), s. Rn. 95. Er hat den Fahrschüler und den Verkehr vor Schaden durch Ausbildungsfahrten zu bewahren (Ha MDR **68** 666: Haftung bei erster Roller-Übungsfahrt auf nassem Blaubasalt). Stellt der Fahrlehrer eine zu schwierige Aufgabe, so muss er für Schaden einstehen (Ha NZV **98** 375). Er verletzt seine Aufsichtspflicht unfallursächlich, wenn er in fehlerhafte Fahrweise des Fahrschülers zu spät oder falsch eingreift (Nü NJW **61** 1024, Dü NJW-RR **88** 24). Der Fahrlehrer haftet für Unfallschäden des Fahrschülers, die darauf beruhen, dass er ihn mit einem Krad im öffentlichen VRaum fahren lässt, bevor er das Fz technisch beherrscht (Jn NZV **00** 171). Auch bei fortgeschrittenen Fahrschülern ist mit Regelwidrigkeiten zu rechnen (Ha VRS **36** 133). War das ow Verhalten des Fahrschülers erkenn- und vermeidbar, so besteht Nebentäterschaft des Fahrlehrers (Sa VRS **46** 212). Auch gegenüber Anweisungen des Prüfers **bei Prüfungsfahrten** bleibt nach XV S. 2 der Fahrlehrer für die Fahrweise des Fahrschülers verantwortlich; eine Anweisung, die sich gefährdend oder sonst verkehrswidrig auswirken kann, muss er ablehnen, andernfalls haftet er als FzFührer. Im Zweifel hat der Prüfling nach Anweisung des Fahrlehrers zu fahren, sofern diese nicht regelwidrig ist. – Die Ausführungen gelten entsprechend für **Fahrlehreranwärter** bei Ausbildungs- und Prüfungsfahrten.

94 **Mitverantwortlichkeit des Fahrschülers.** Der Fahrschüler haftet nicht, soweit er die Anweisungen des Fahrlehrers oder Fahrlehreranwärters befolgt und befolgen muss. Soweit er sich wegen mangelnden Könnens oder Wissens falsch verhält, trifft ihn keine Schuld (KG VersR **75** 836, Stu NZV **99** 470). Für nach dem Stand seiner Ausbildung vermeidbare Fahrfehler ist er mitverantwortlich (Dü NJW-RR **88** 24, Stu NZV **99** 470, Ko NZV **04** 401, *Dauer* FahrlR § 12 FahrlG Anm 9). Je fortgeschrittener die Ausbildung, umso eher kann Mitschuld des Fahrschülers in Betracht kommen (BGH NJW **69** 2197, Dü VersR **79** 649), auch für verschuldete OW. Strafrechtliche Verantwortlichkeit des Fahrschülers besteht nur, soweit er von Anweisungen des Fahrlehrers oder Fahrlehreranwärters abweicht oder bei Fahrfehlern, die er nach eigenem Können und Wissen vermeiden konnte (Ha NJW **79** 993).

95 **Sorgfaltspflicht von Fahrlehrer und Fahrlehreranwärter.** Der Fahrlehrer darf nur angepasst schnell fahren lassen, darf nicht Aufgaben stellen, die der Fahrschüler nicht meistern kann (Fra NJW-RR **88** 26, KG NZV **89** 150, NZV **04** 93, VRS **111** 405, Sa NZV **98** 246, Ha NZV **98** 375, NZV **04** 403, NZV **05** 637, Ro DAR **05** 32, *Dauer* FahrlR § 12 FahrlG Anm 7). Allmählich muss er ihn aber auch an schwierigere Aufgaben gewöhnen (Ro DAR **05** 32, KG NZV **89** 150). Führen eines Krades im öffentlichen VRaum darf er erst gestatten, wenn der Fahrschüler das Fz technisch beherrscht (Jn NZV **00** 171, Ro DAR **05** 32). Kann eine Übungs- oder Prüfungsaufgabe gefährden und soll sie dennoch gestellt oder wiederholt werden, dann erst, wenn mögliche Gefährdung ausscheidet (Ha NJW **79** 993). Für Verkehrsverstöße des Fahrschülers hat der Fahrlehrer zivilrechtlich einzustehen, wenn er seiner Pflicht zur sorgfältigen Überwachung des Fahrschülers nicht genügt (Ha VersR **00** 1032). Er hat den Fahrschüler ständig im Auge und sich zum sofortigen Eingreifen bereit zu halten (BGH NJW **69** 2197, VGH Ka VRS **70** 71, Sa NZV **98** 246, Stu NZV **99** 470, Ha VersR **00** 1032, KG NZV **04** 93, Ko NZV **04** 401, Ro DAR **05** 32, *Dauer* FahrlR § 12 FahrlG Anm 7). Bei Ausbildungsfahrten mit Kfz der FEKlassen B, C und D muss der Fahrlehrer auf dem Beifahrersitz sitzen, weil er sonst nicht die vorgeschriebenen Doppelbedienungseinrichtungen (§ 5 II S. 2 FahrlGDV) betätigen kann (*Dauer* FahrlR § 12 FahrlG Anm 6). In diesen Fällen kann die Ausbildung also nicht von außerhalb des AusbildungsFz und auch nicht im AusbildungsFz vom Rücksitz aus erfolgen (OVG Berlin NZV **91** 46). Bei Ausbildungsfahrten mit Kfz der FEKlassen A1, A2, A, AM und T kann der Fahrlehrer den Fahrschüler in einem BegleitFz begleiten, bei der Übung von Grundfahraufgaben muss der Fahrlehrer anwesend sein, nicht notwendig aber mitfahren. Ausbildung vom Begleitfahrzeug aus oder – soweit zulässig – vom Straßenrand aus ist Begleitung iSv XV S. 1 (KG NZV **89** 150). Bei Ausbildungsfahrten mit Kfz der Klassen A1, A2, A, AM und T muss eine geeignete technische Einrichtung zur Verfügung stehen, die es dem Fahrlehrer oder Fahrlehreranwärter ermöglicht, mit seinem Fahrschüler zu kommunizieren (§ 5 II S. 1 FahrlGDV, s. dazu *Dauer* FahrlR § 5 FahrlGDV Anm 6); Benutzungspflicht für die technische Einrichtung: § 5 IX S. 2, 3 FahrschAusbO. Der durch ÄndVO v. 6.10.17 (BGBl. I S. 3549) neu gefasste § 23 Ia StVO war auf Funkgeräte erst ab 1.7.20 anzuwenden (§ 52 IV StVO). Funkgeräte ohne Freisprecheinrichtung konnten somit noch bis 30.6.20 bei der Fahrausbildung und bei Prüfungsfahrten verwendet werden. Verliert der Fahrlehrer das Krad des Fahrschülers vorübergehend aus den Augen, so liegt darin kein Verstoß gegen § 21 I Nr. 2 (LG Itzehoe DAR **84** 94). Er verletzt jedoch seine Pflicht, ein jederzeit notwendiges Eingreifen zu gewährleisten, wenn er den Krad-Fahrschüler aus dem Blick verliert, weil er mehr als 600 m vorausfährt (LG Memmingen

VersR **84** 1158). Die gleichzeitige Erteilung von praktischem Fahrunterricht für mehrere Fahrschüler ist unzulässig, auch dann, wenn er durch mehrere im gleichen Fz sitzende Fahrlehrer erteilt wird (§ 5 VIII FahrschAusbO, *Dauer* FahrlR § 5 FahrschAusbO Anm 21). – Die Ausführungen gelten entsprechend für **Fahrlehreranwärter** bei Ausbildungs- und Prüfungsfahrten.

19. Begleitung bei Übungs- und Prüfungsfahrten zum Erwerb der Fahrberechti- 96 gung („Feuerwehrführerschein"). Bei Fahrten ehrenamtlich tätiger Angehöriger der Freiwilligen Feuerwehren, der nach Landesrecht anerkannten Rettungsdienste, des Technischen Hilfswerks und sonstiger Einheiten des Katastrophenschutzes zur **Einweisung** und zur Ablegung der praktischen **Prüfung** für die Erteilung einer **Fahrberechtigung** zum Führen von **EinsatzFz** (Xa, „Feuerwehrführerschein") auf öffentlichen Straßen muss der FzFührer entweder von einem Fahrlehrer oder von einem Angehörigen der genannten Organisationen **begleitet** werden, der die Voraussetzungen von XVI S. 1 Nr. 1–3 erfüllt (XVI S. 1). Bei Einweisungs- und Prüfungsfahrten auf öffentlichen Straßen sowie bei der Hin- und Rückfahrt zu oder von einer Prüfung **gilt** der Fahrlehrer oder der begleitende Angehörige der Freiwilligen Feuerwehren, der nach Landesrecht anerkannten Rettungsdienste, des Technischen Hilfswerks oder sonstiger Einheiten des Katastrophenschutzes **als Führer des Kfz** iSd StVG (XVI S. 2 iVm XV S. 2). Wenn die Begleitperson kein Fahrlehrer ist, muss sie die nach XVI S. 1 Nr. 2 erforderliche FE der Kl C1 durch einen gültigen FS nachweisen, der während der Einweisungs- und Prüfungsfahrten mitzuführen und zur Überwachung des Straßenverkehrs berechtigten Personen auszuhändigen ist (XVI S. 4);Verstoß gegen diese Pflicht ist nicht sanktionsbewehrt.

20. Zivilrecht. § 2 StVG ist **Schutzgesetz** (§ 823 BGB). Bei Verstoß wird nur für den Scha- 97 den gehaftet, der adäquate Folge dieses Verstoßes ist. Ersatzansprüche wegen fehlender FE des Schädigers setzen Ursächlichkeit des Fehlens voraus (Ha VersR **78** 47). Bei Amtspflichtverletzung Amtshaftung (§ 839 BGB, Art 34 GG); ist die Gesetzesauslegung zweifelhaft und höchstgerichtlich ungeklärt, idR kein Verschulden (BGH VersR **68** 788). Auch XV über **Ausbildungs- und Prüfungsfahrten** ist SchutzG (Fra NJW-RR **88** 26, KG NZV **89** 150, jeweils zu den Vorgängervorschriften § 3 StVG, § 6 StVZO aF; KG NZV **04** 93). Dem durch das von ihm gelenkte FahrschulFz zu Schaden gekommenen Fahrschüler haften Fahrschule und Fahrlehrer bzw. Fahrlehreranwärter nicht aus §§ 7, 18 StVG, s. § 8 Rn. 4, § 8a Rn. 5, sondern nur aus Vertrag und unerlaubter Handlung.

21. Führerscheinklausel in Versicherungsverträgen. Die FSKlausel (D.1.3 AKB, § 5 I 98 Nr. 4 KfzPflVV) begründet eine versicherungsrechtliche Obliegenheit, keine Risikobeschränkung (KöVersR **77** 537). Näher: § 21 Rn. 27.

22. Strafbestimmung: § 21 StVG. Nichtmitführen des FS oder Nichtvorzeigen ist ow (§§ 4 99 II, 75 Nr. 4 FeV, 24 StVG).

Fahrerlaubnis auf Probe

2a (1) [1]Bei erstmaligem Erwerb einer Fahrerlaubnis wird diese auf Probe erteilt; die Probezeit dauert zwei Jahre vom Zeitpunkt der Erteilung an. [2]Bei Erteilung einer Fahrerlaubnis an den Inhaber einer im Ausland erteilten Fahrerlaubnis ist die Zeit seit deren Erwerb auf die Probezeit anzurechnen. [3]Die Regelungen über die Fahrerlaubnis auf Probe finden auch Anwendung auf Inhaber einer gültigen Fahrerlaubnis aus einem Mitgliedstaat der Europäischen Union oder einem anderen Vertragsstaat des Abkommens über den Europäischen Wirtschaftsraum, die ihren ordentlichen Wohnsitz in das Inland verlegt haben. [4]Die Zeit seit dem Erwerb der Fahrerlaubnis ist auf die Probezeit anzurechnen. [5]Die Beschlagnahme, Sicherstellung oder Verwahrung von Führerscheinen nach § 94 der Strafprozessordnung, die vorläufige Entziehung nach § 111a der Strafprozessordnung und die sofort vollziehbare Entziehung durch die Fahrerlaubnisbehörde hemmen den Ablauf der Probezeit. [6]Die Probezeit endet vorzeitig, wenn die Fahrerlaubnis entzogen wird oder der Inhaber auf sie verzichtet. [7]In diesem Fall beginnt mit der Erteilung einer neuen Fahrerlaubnis eine neue Probezeit, jedoch nur im Umfang der Restdauer der vorherigen Probezeit.

(2) [1]Ist gegen den Inhaber einer Fahrerlaubnis wegen einer innerhalb der Probezeit begangenen Straftat oder Ordnungswidrigkeit eine rechtskräftige Entscheidung ergangen, die nach § 28 Absatz 3 Nummer 1 oder 3 Buchstabe a oder c in das Fahreignungsregister einzutragen ist, so hat, auch wenn die Probezeit zwischenzeitlich abgelaufen oder die Fahrerlaubnis nach § 6e Absatz 2 widerrufen worden ist, die Fahrerlaubnisbehörde

1. seine Teilnahme an einem Aufbauseminar anzuordnen und hierfür eine Frist zu setzen, wenn er eine schwerwiegende oder zwei weniger schwerwiegende Zuwiderhandlungen begangen hat,

2. ihn schriftlich zu verwarnen und ihm nahezulegen, innerhalb von zwei Monaten an einer verkehrspsychologischen Beratung nach Absatz 7 teilzunehmen, wenn er nach Teilnahme an einem Aufbauseminar innerhalb der Probezeit eine weitere schwerwiegende oder zwei weitere weniger schwerwiegende Zuwiderhandlungen begangen hat,

3. ihm die Fahrerlaubnis zu entziehen, wenn er nach Ablauf der in Nummer 2 genannten Frist innerhalb der Probezeit eine weitere schwerwiegende oder zwei weitere weniger schwerwiegende Zuwiderhandlungen begangen hat.

[2]Die Fahrerlaubnisbehörde ist bei den Maßnahmen nach den Nummern 1 bis 3 an die rechtskräftige Entscheidung über die Straftat oder Ordnungswidrigkeit gebunden.

(2a) [1]Die Probezeit verlängert sich um zwei Jahre, wenn die Teilnahme an einem Aufbauseminar nach Absatz 2 Satz 1 Nr. 1 angeordnet worden ist. [2]Die Probezeit verlängert sich außerdem um zwei Jahre, wenn die Anordnung nur deshalb nicht erfolgt, weil die Fahrerlaubnis entzogen worden ist oder der Inhaber der Fahrerlaubnis auf sie verzichtet hat.

(3) Ist der Inhaber einer Fahrerlaubnis einer vollziehbaren Anordnung der zuständigen Behörde nach Absatz 2 Satz 1 Nr. 1 in der festgesetzten Frist nicht nachgekommen, so ist die Fahrerlaubnis zu entziehen.

(4) [1]Die Entziehung der Fahrerlaubnis nach § 3 bleibt unberührt; die zuständige Behörde kann insbesondere auch die Beibringung eines Gutachtens einer amtlich anerkannten Begutachtungsstelle für Fahreignung anordnen, wenn der Inhaber einer Fahrerlaubnis innerhalb der Probezeit Zuwiderhandlungen begangen hat, die nach den Umständen des Einzelfalls bereits Anlass zu der Annahme geben, dass er zum Führen von Kraftfahrzeugen ungeeignet ist. [2]Hält die Behörde auf Grund des Gutachtens seine Nichteignung nicht für erwiesen, so hat sie die Teilnahme an einem Aufbauseminar anzuordnen, wenn der Inhaber der Fahrerlaubnis an einem solchen Kurs nicht bereits teilgenommen hatte. [3]Absatz 3 gilt entsprechend.

(5) [1]Ist eine Fahrerlaubnis entzogen worden

1. nach § 3 oder nach § 4 Absatz 5 Satz 1 Nummer 3 dieses Gesetzes, weil innerhalb der Probezeit Zuwiderhandlungen begangen wurden, oder nach § 69 oder § 69b des Strafgesetzbuches,

2. nach Absatz 3, weil einer Anordnung zur Teilnahme an einem Aufbauseminar nicht nachgekommen wurde,

oder wurde die Fahrerlaubnis nach § 6e Absatz 2 widerrufen, so darf eine neue Fahrerlaubnis unbeschadet der übrigen Voraussetzungen nur erteilt werden, wenn der Antragsteller nachweist, dass er an einem Aufbauseminar teilgenommen hat. [2]Das Gleiche gilt, wenn der Antragsteller nur deshalb nicht an einem angeordneten Aufbauseminar teilgenommen hat oder die Anordnung nur deshalb nicht erfolgt ist, weil die Fahrerlaubnis aus anderen Gründen entzogen worden ist oder er zwischenzeitlich auf die Fahrerlaubnis verzichtet hat. [3]Ist die Fahrerlaubnis nach Absatz 2 Satz 1 Nr. 3 entzogen worden, darf eine neue Fahrerlaubnis frühestens drei Monate nach Wirksamkeit der Entziehung erteilt werden; die Frist beginnt mit der Ablieferung des Führerscheins. [4]Auf eine mit der Erteilung einer Fahrerlaubnis nach vorangegangener Entziehung gemäß Absatz 1 Satz 7 beginnende neue Probezeit ist Absatz 2 nicht anzuwenden. [5]Die zuständige Behörde hat in diesem Fall in der Regel die Beibringung eines Gutachtens einer amtlich anerkannten Begutachtungsstelle für Fahreignung anzuordnen, sobald der Inhaber einer Fahrerlaubnis innerhalb der neuen Probezeit erneut eine schwerwiegende oder zwei weniger schwerwiegende Zuwiderhandlungen begangen hat.

(6) Widerspruch und Anfechtungsklage gegen die Anordnung des Aufbauseminars nach Absatz 2 Satz 1 Nr. 1 und Absatz 4 Satz 2 sowie die Entziehung der Fahrerlaubnis nach Absatz 2 Satz 1 Nr. 3 und Absatz 3 haben keine aufschiebende Wirkung.

(7) [1]In der verkehrspsychologischen Beratung soll der Inhaber einer Fahrerlaubnis auf Probe veranlasst werden, Mängel in seiner Einstellung zum Straßenverkehr und im verkehrssicheren Verhalten zu erkennen und die Bereitschaft zu entwickeln, diese Mängel abzubauen. [2]Die Beratung findet in Form eines Einzelgesprächs statt. [3]Sie kann durch eine Fahrprobe ergänzt werden, wenn der Berater dies für erforderlich hält. [4]Der Berater soll die Ursachen der Mängel aufklären und Wege zu ihrer Beseitigung aufzeigen. [5]Erkenntnisse aus der Beratung sind nur für den Inhaber einer Fahrerlaubnis auf Probe bestimmt und nur diesem mitzuteilen. [6]Der Inhaber einer Fahrerlaubnis auf Probe erhält jedoch eine Bescheinigung über die Teilnahme zur Vorlage bei der nach Landesrecht zuständigen Behörde. [7]Die Beratung darf nur von einer Person durchgeführt werden, die

hierfür amtlich anerkannt ist. [8]Die amtliche Anerkennung ist zu erteilen, wenn der Bewerber

1. persönlich zuverlässig ist,

2. über den Abschluss eines Hochschulstudiums als Diplom-Psychologe oder eines gleichwertigen Masterabschlusses in Psychologie verfügt und

3. eine Ausbildung und Erfahrungen in der Verkehrspsychologie nach näherer Bestimmung durch Rechtsverordnung nach § 6 Absatz 1 Nummer 1 Buchstabe u nachweist.

Begr (VkBl. **86** 360 ff.): 34. Aufl. **1**

Begr zur Neufassung durch ÄndG v. 24.4.1998 (VkBl. **98** 772, 791): *…, sind Zuwiderhandlun-* **2** *gen, die Maßnahmen nach den Regelungen der Fahrerlaubnis auf Probe auslösen, bisher in die Kategorien A und B eingeteilt; … Die Liste war bislang in einer Anlage zum Straßenverkehrsgesetz enthalten. Diese Regelung hat sich insoweit nicht bewährt, als spätere Änderungen bei der Einstufung der Zuwiderhandlungen oder notwendige Anpassungen auf Grund von Änderungen der in der Anlage in Bezug genommenen StVO- oder StVZO-Vorschriften stets einer Änderung des StVG bedürfen. Die Liste der Straftaten und Ordnungswidrigkeiten zur Fahrerlaubnis auf Probe soll deshalb – ohne grundlegende Änderung bei der Gewichtung der Verstöße – im Interesse einer größeren Flexibilität künftig durch Verordnung festgelegt und geändert werden.*

Zu Abs. 1 S. 5: *Vorläufige Maßnahmen in Bezug auf die Fahrerlaubnis wie z. B. die vorläufige Ent-* **3** *ziehung nach § 111a StPO hemmen den Ablauf der Probezeit, da sich der Betreffende während dieser Zeit im Verkehr nicht bewähren kann. Münden die Maßnahmen in eine endgültige Entziehung der Fahrerlaubnis und kommt es später zu einer Neuerteilung, wird bei der Berechnung der Restdauer der Probezeit nur die Zeit bis zur vorläufigen Maßnahme berücksichtigt.*

Zu Abs. 1 S. 6, 7: *Inhaber einer Fahrerlaubnis auf Probe haben in der Vergangenheit versucht, die Re-* **4** *gelungen durch den Verzicht auf die Fahrerlaubnis und anschließenden Neuerwerb zu umgehen, da die Regelungen der Fahrerlaubnis auf Probe nach dem Wortlaut von § 2a Abs. 1 nur beim erstmaligen Erwerb der Fahrerlaubnis gelten. Nunmehr wird klargestellt, dass die Regelungen, die für den Fall der Entziehung getroffen worden sind, auch beim Verzicht Anwendung finden. Die Probezeit endet also bei einem Verzicht vorzeitig und läuft mit der Neuerteilung im Umfang der Restdauer weiter.*

Zu Abs. 2: *In Absatz 2 Nr. 2 und 3 wird mit der Ersetzung der Wiederholungsprüfung durch die Ver-* **5** *warnung und den Hinweis auf die Möglichkeit einer verkehrspsychologischen Beratung und der Einführung der Entziehung der Fahrerlaubnis als dritter Eingriffsschwelle eine Anpassung an das allgemeine Punktsystem des § 4 StVG vorgenommen.*

Außerdem wird durch Absatz 2 Satz 2 klargemacht, dass die Fahrerlaubnisbehörde bei der Anordnung einer Maßnahme in vollem Umfang an die rechtskräftige Entscheidung über die Ordnungswidrigkeit oder Straftat gebunden ist und nicht noch einmal prüfen muss, ob der Fahranfänger die Tat tatsächlich begangen hat. … Da die Gerichte nur die Rechtmäßigkeit der Maßnahmen der Fahrerlaubnisbehörde beurteilen, besteht auch für sie die Bindung an die genannten Entscheidungen.

Zu Abs. 2a S 1: *Die 1986 eingeführte Fahrerlaubnis auf Probe zur Bekämpfung des überdurch-* **6** *schnittlich hohen Unfallrisikos von Fahranfängern hat sich bewährt. Die große Mehrheit der Fahranfänger, nämlich 86 %, fallen in der Probezeit nicht auf. Allerdings liegt die Rate der auffälligen Fahranfänger mit 14 % deutlich über der sonstigen Auffälligkeitsrate von 8 %. Untersuchungen haben gezeigt, dass diejenigen, die in der Probezeit auffällig werden, auch nach deren Ablauf überdurchschnittlich häufig mit einem Verkehrsdelikt im Verkehrszentralregister eingetragen werden. Um dem entgegenzuwirken, ist es sinnvoll, für die Fahranfänger, die in der Probezeit derart auffällig werden, dass die Teilnahme an einem Aufbauseminar angeordnet wird, die Probezeit um zwei Jahre zu verlängern.*

Zu Abs. 5: *In Absatz 5 wird ebenfalls der Verzicht auf die Fahrerlaubnis einer Entziehung gleichge-* **7** *stellt. Hat der Betreffende Zuwiderhandlungen begangen, die zur Anordnung eines Aufbauseminars geführt haben oder geführt hätten, dann jedoch auf die Fahrerlaubnis verzichtet, darf die Fahrerlaubnis wie bei einer Entziehung erst neu erteilt werden, wenn er an einem Aufbauseminar teilgenommen hat. …*

Zu Abs. 6: *Es liegt im öffentlichen Interesse, dass bei Fahranfängern, die durch Verkehrsverstöße auffäl-* **8** *lig geworden sind, deren mangelnde Erfahrungsbildung und / oder Risikobereitschaft alsbald nach einem Verkehrsverstoß korrigiert wird. Ein möglichst enger zeitlicher Zusammenhang zwischen Verkehrsverstoß und Nachschulung ist deshalb von erheblicher Bedeutung für die Wirksamkeit der Nachschulung. Diese Überlegungen gelten auch für die übrigen Maßnahmen.*

9   **Begr** zum ÄndG v. 19.3.01 **zu Abs. 2a S 2** (VkBl. **01** 262): *Die bisherige Regelung über die Ver-*
längerung der Probezeit in § 2a Abs. 2a knüpft daran an, dass eine Teilnahme an einem Aufbauseminar
angeordnet worden ist. Diese Regelung hat sich als sachgerecht und praxisnah erwiesen. Sie bedarf jedoch
insoweit einer Ergänzung, als sie unterlaufen werden kann, weil entweder der Betroffene zwischenzeitlich
auf seine Fahrerlaubnis verzichtet hat oder die Fahrerlaubnis aus anderen Gründen (z. B. Alkohol) entzo-
gen wurde. Da in diesen Fällen die Fahrerlaubnis nicht mehr vorhanden ist, kann auch keine Anordnung
zur Teilnahme an einem Aufbauseminar nach § 2a Abs. 2a ergehen, weil diese Teilnahme den Bestand der
Fahrerlaubnis voraussetzt. Es ist jedoch sachlich nicht gerechtfertigt und nicht hinnehmbar, dass in den bei-
den besagten Fällen die Verlängerung der Probezeit unterbleibt (weil die behördliche Anordnung zur Teil-
nahme am Aufbauseminar bei Fehlen der Fahrerlaubnis nicht möglich ist).

10   **Begr** zum ÄndG v. 2.12.10 **zu Abs. 2 S. 1 und Abs. 5 S. 1** (BT-Drs. 17/3022 S. 11): *Durch*
die Ergänzung von § 2a wird die im Rahmen des „Begleiteten Fahrens ab 17" erteilte Fahrerlaubnis den
allgemeinen Regelungen über die Fahrerlaubnis auf Probe unterstellt.

    Zu Abs. 2 S. 1: *Insbesondere führt der Widerruf der Fahrerlaubnis nach dem neuen § 6e Absatz 2 zu*
der Anordnung eines Aufbauseminars nach § 2a Absatz 2 Nummer 1 durch die Fahrerlaubnisbehörde.
Gleichzeitig führt diese Anordnung nach Absatz 2a zu einer Verlängerung der Probezeit.

    Zu Abs. 5 S. 1: *Im Falle des Widerrufs nach § 6e Absatz 2 darf durch die Ergänzung des § 2a Ab-*
satz 5 eine neue Fahrerlaubnis nur erteilt werden, wenn der Antragsteller die Teilnahme an dem angeordne-
ten Aufbauseminar nachweist.

11   **Begr** zum ÄndG v. 28.8.13 (BT-Drs. 17/12636 S. 38 = VkBl. **13** 1138): **Zu Abs. 2 S. 1:** ...
wird in Satz 1 der Verweis auf die relevanten Straftaten und Ordnungswidrigkeiten den Änderungen in
§ 28 angepasst. Damit wird gewährleistet, dass nach wie vor nur diejenigen Zuwiderhandlungen Grundlage
für die Maßnahmen im Rahmen der Fahrerlaubnis auf Probe sind, die auch im Fahreignungs-
Bewertungssystem zu Punkten und Maßnahmen führen.

12–16   **Zu Abs. 7:** *Die Vorschrift übernimmt die bisher sowohl für die Regelungen über die Fahrerlaubnis auf*
Probe als auch für die Regelungen nach dem Punktsystem vorgesehene verkehrspsychologische Beratung aus
dem bisherigen § 4 Absatz 9 in § 2a. Damit wird der Tatsache Rechnung getragen, dass es diese Maßnah-
me zwar noch für Inhaber einer Fahrerlaubnis auf Probe gibt, nicht aber im Fahreignungs-Bewer-
tungssystem. Es werden lediglich sprachliche Klarstellungen ohne materiellen Änderungsgehalt vorgenom-
men.

17   **1. Allgemeines.** Da junge Fahranfänger besonders häufig an Unfällen im StrV beteiligt sind,
wurde durch G v. 13.5.86 (BGBl. I S. 700) mit Wirkung vom 1.11.86 die FE auf Probe einge-
führt, um dem hohen Gefährdungsrisiko dieser Gruppe nachhaltig entgegenzuwirken (Begr
VkBl. **86** 360, *Barthelmess* NZV **91** 12). Die Regelungen wurden indessen nicht auf bestimmte,
besonders gefährdete Gruppen von Fahranfängern (junge, männliche) beschränkt, sondern gelten
für alle Fahranfänger. Ob die Probezeitregelungen im Sinne einer nennenswerten Senkung des
Unfallrisikos von Fahranfängern wirksam sind, ist offen. Nach Einführung der Probezeit wurde
eine partielle Wirksamkeit für männliche 18- bis 19-jährige Fahranfänger innerorts (Rückgang
des Unfallrisikos von 5%) festgestellt (Schriftenreihe der BASt, Reihe Unfall- und Sicherheits-
forschung StrV Heft 87, 1992), eine Untersuchung nach der Verschärfung der Regelungen durch
G v 24.4.98 (BGBl I 747) zeigte keine Effekte (BASt-Bericht M 194, 2008). Die Sicherheitswir-
kungen der FE auf Probe werden maßgeblich auf die generalpräventive Sanktionsandrohung und
weniger auf die spezialpräventive Edukation zurückgeführt (*Willmes-Lenz* VGT **10** 300 (319)).

18   **2. Die Fahrerlaubnis auf Probe** ist keine bedingte FE, auch keine befristete oder eine sol-
che auf Widerruf. Sie muss nach Ablauf der Probezeit nicht erneuert oder verlängert werden. Sie
erlischt wie jede andere FE nur durch Entziehung, Widerruf oder Verzicht. Neben die Entzie-
hung gem. §§ 3 StVG, 46 FeV, 69 StGB tritt jedoch diejenige des § 2a II S. 1 Nr. 3 und III. Die
im StVG und in der FeV getroffene Regelung über die FE auf Probe ist verfassungskonform; sie
verstößt weder gegen den Gleichheitsgrundsatz, noch ist sie willkürlich oder unverhältnismäßig
(OVG Ko NZV **02** 528, VGH Ma VRS **117** 317, OVG Lüneburg NZV **12** 559). Während der
Probezeit gilt ein absolutes Alkoholverbot beim Führen von Kfz (§ 24c).

19   **3. Erstmaliger Erwerb einer Fahrerlaubnis.** Die Probezeit von 2 Jahren gilt grds. für alle,
die erstmals eine FE erwerben (I S. 1). Dies gilt auch, wenn eine FE im Rahmen des Begleiteten
Fahrens ab 17 erteilt wird (§ 6e III, VG Göttingen NJW **13** 2697). Auf der Grundlage von § 6 I
Nr. 1 Buchst. l StVG sind FE der Klassen AM, L und T davon ausgenommen (§ 32 S. 1 FeV). Die

Regelung gilt auch für DienstFE des öffentlichen Dienstes (BW, Pol, BundesPol) (§ 2 X S. 3 StVG). Sie gilt nicht für spätere Erweiterungen der FE auf eine andere Klasse. Allerdings wird bei erstmaliger Erweiterung einer FE der Kl AM, L oder T auf eine der anderen Kl die FE, auf die erweitert wird, nur auf Probe erteilt (§ 32 S. 2 FeV). Bei Umschreibung einer DienstFE in eine allgemeine FE wird die Zeit seit Erwerb der DienstFE auf die Probezeit angerechnet (§ 33 I FeV). Bei Erteilung einer deutschen FE an den Inhaber einer im Ausland erteilten FE wird die Zeit seit dem Erwerb der ausländischen FE auf die Probezeit angerechnet (I S. 2). Dies gilt unabhängig davon, ob die deutsche FE unter erleichterten Bedingungen oder im Wege der Ersterteilung erworben wird (OVG Saarlouis 4.2.20 – 1 B 336/19 ZfS **20** 179). Bei der Berechnung der Probezeit wird dann der Zeitraum nicht berücksichtigt, in dem der Betr im Inland zum Führen von Kfz nicht berechtigt war (§ 33 II FeV). Dies gilt entsprechend auch, wenn der Inhaber einer gültigen FE aus einem Staat außerhalb des EWR die deutsche FE nicht nach § 31 FeV, sondern im Wege der Ersterteilung erwirbt (§ 33 FeV Rn. 2). Nach Verlegung des ordentlichen Wohnsitzes (s. § 2 Rn. 31) ins Inland findet die Regelung über die FE auf Probe auch auf Inhaber von EU- oder EWR-FE Anwendung (I S. 3), weil diese FE, abw von § 29 I S. 4 FeV, unbefristet im Inland gelten, ohne umgeschrieben werden zu müssen (§§ 29 I S. 3, 28 FeV). Auch hier wird die Zeit seit Erwerb der ausländischen FE auf die Probezeit angerechnet (I S. 4).

4. Probezeit. In den ersten **2 Jahren** nach erstmaligem FEErwerb soll sich der Fahranfänger **20** besonders bewähren. Um dies zu erreichen, sehen II und III abgestufte Maßnahmen bei Nichtbewährung vor, die von der Teilnahme an einem Aufbauseminar bis zu EdF reichen. Das Alter des Fahranfängers ist ohne Bedeutung. Die Probezeit verlängert sich kraft Gesetzes um 2 Jahre, also auf **4 Jahre** durch Anordnung der Teilnahme an einem Aufbauseminar gem. II S. 1 Nr. 1 (IIa S. 1, Begr Rn. 6). Das Gleiche gilt, wenn die Anordnung wegen EdF oder Verzichts auf die FE unterblieben ist (IIa S. 2, Begr Rn. 9). Hemmung der Probezeit (I S. 5, Rn. 23), vorzeitige Beendigung der Probezeit (I S. 6, Rn. 22).

4a. Beginn und Ende der Probezeit. Die Probezeit **beginnt** mit der Erteilung der FE (I **21** S. 1 Hs. 2), also mit Aushändigung des FS oder der Prüfungsbescheinigung (§ 22 IV S. 6 FeV), beim Begleiteten Fahren ab 17 mit Aushändigung der Prüfungsbescheinigung gem. Anl 8b FeV (VG Göttingen NJW **13** 2697, § 6e Rn. 18, § 48a FeV Rn. 18). Bei Inhabern von ausländischen EU/EWR-FE, deren FE bei Verlegung des ordentlichen Wohnsitzes in das Inland ohne zeitliche Begrenzung weiter zum Fahren in Deutschland berechtigt (§§ 29 I S. 3, 28 FeV), beginnt die Probezeit mit Verlegung des ordentlichen Wohnsitzes ins Inland, in diesem Fall unter Anrechnung der seit FEErwerb verstrichenen Zeit (I S. 3, 4). Bei Umtausch einer ausländischen EU/EWR-FE in eine deutsche FE (§ 30 FeV) gilt das Gleiche. Bei Erteilung einer deutschen FE an den Inhaber einer gültigen ausländischen FE aus einem Nicht-EU/EWR-Staat beginnt die Probezeit mit Erteilung der deutschen FE, wobei die Zeit seit Erwerb der ausländischen FE angerechnet wird (I S. 2). Dies gilt sowohl bei Erteilung der FE unter erleichterten Bedingungen (§ 31 FeV) als auch bei Erteilung der FE im Wege der Ersterteilung gem. §§ 21 ff. FeV (Rn. 19). In diesem Fall wird bei der Berechnung der Probezeit der Zeitraum nicht berücksichtigt, in dem der Betr gem. § 29 I S. 4 FeV im Inland nicht zum Fahren berechtigt war (§ 33 II FeV). Erwerb der im Ausland erteilten FE iSd S. 2 ist erst der Erwerb einer endgültigen FE, nicht bereits die Erteilung eines lediglich auf der Grundlage einer mündlichen Prüfung über die Verkehrsregeln erteilten Lernführerscheins für das dortige begleitete Fahren (VG Münster DAR **17** 221). Nach Einziehung eines DienstFS gem. § 26 II S. 2 FeV innerhalb der Probezeit beginnt mit Erteilung einer allgemeinen FE für die Restdauer eine neue Probezeit (§ 33 I S. 2 FeV). Die Probezeit **endet** idR nach Ablauf von 2 Jahren (I S. 1 Hs. 2), im Falle der Anordnung der Teilnahme an einem Aufbauseminar nach Ablauf von 4 Jahren (IIa). Zur Unterbrechung der Probezeit s. Rn. 22, 23. Die Dauer der konkret maßgeblichen Probezeit wird gegenüber dem FEInhaber nicht im Einzelfall und nicht mit Außenwirkung geregelt (OVG Saarlouis 4.2.20 – 1 B 336/19 ZfS **20** 179). Die Probezeit **beginnt und endet** vielmehr **kraft Gesetzes**. Das Datum des Ablaufs der Probezeit wird **nicht im FS** oder in der Prüfungsbescheinigung vermerkt. Speicherung der notwendigen Daten zur Probezeit im ZFER und im örtl FE-Register: § 50 I Nr. 2, III StVG, §§ 49 I Nr. 5 und 6, 57 Nr. 4 FeV. **Berechnung:** Die Probezeit endet gem. § 31 I VwVfG iVm §§ 187 I, 188 II BGB mit Ablauf des Tages, der mit seinem Datum dem Tag der Erteilung der FE entspricht, da der „Zeitpunkt der Erteilung" der FE iSd I S. 1 Hs. 2 ein „in den Lauf eines Tages fallender Zeitpunkt" iSd § 187 I BGB ist. Bei der Fristberechnung ist daher der Tag der Erteilung der FE nicht einzurechnen (VG Augsburg 10.10.12 Au 7 S. 12.1189), zB Erteilung der FE am 6.10.03, Ablauf der regulären Probezeit am 6.10.05 24 Uhr. Fällt das Ende der Probezeit auf einen Sonntag, einen gesetzlichen Feiertag oder einen Sonnabend, endet sie nach Sinn und Zweck der Vorschrift abweichend von § 31 III S. 1 VwVfG an diesem Tag und nicht mit Ablauf des nächstfolgenden Werktags. Im Rahmen von Modellversuchen war in einigen Bundesländern von 2003 bis 2010 **Verkürzung der Probezeit** um 1 Jahr bei Inhabern einer FE der Kl B (auch im Rahmen des Begleiteten Fahrens ab 17, s. § 48a FeV Rn. 18) möglich (§ 7 der VO über die freiwillige Fortbildung von Inhabern der FE auf Probe – FreiwFortbV – v. 16.5.03, BGBl. I S. 709, außer Kraft getreten am 31.12.10, s. 40. Aufl Buchteil 3.1). Die Regelung wurde nicht dauerhaft in das FERecht übernommen, da sie sich nicht bewährt hat.

22   **4b. Vorzeitige Beendigung der Probezeit, neue Probezeit mit Neuerteilung der FE.** Wird die FE vor Ablauf der Probezeit durch die FEB oder durch den Strafrichter entzogen, oder verzichtet der Inhaber auf seine FE, so **endet die Probezeit vorzeitig** (I S. 6); denn solange der Fahranfänger auf Grund der EdF oder des Verzichts nicht legal am fahrerlaubnispflichtigen StrV teilnehmen kann, fehlt ihm die Möglichkeit, sich zu bewähren. Maßgebend für das vorzeitige Ende der Probezeit ist bei EdF durch den Strafrichter der Tag der Rechtskraft. Bei behördlicher EdF endet die Probezeit mit Wirksamkeit der EdF (Bekanntgabe, § 43 I S. 1 VwVfG), nicht erst mit Bestandskraft (so *Bouska/Laeverenz* § 2a StVG Anm 9), denn mit Wirksamkeit der EdF entfällt die FE (bei sofortiger Vollziehbarkeit s. aber I S. 5, Rn. 23). Beim Verzicht ist der Tag der Wirksamkeit (Zugang der Verzichtserklärung bei der FEB, s. § 2 Rn. 25) maßgeblich. Im Falle einer späteren **Neuerteilung** der FE beginnt eine **neue Probezeit,** aber nicht mehr für die volle Zeit von 2 oder bei Verlängerung von 4 Jahren, sondern nur für eine Dauer, die der **restlichen** ursprünglichen Probezeit entspricht (I S. 7). Dies gilt ohne jede zeitliche Schranke. Die entsprechenden Daten sind im ZFER gespeichert (§ 50 III). Zur Hemmung der Probezeit bei vorläufigen Maßnahmen s. Rn. 23.

22a   Der **Widerruf** einer im Rahmen des **Begleiteten Fahrens ab 17** erteilten FE der Kl B oder BE nach § 6e II S. 1 ist nicht vom Wortlaut des I S. 6 erfasst. Die Probezeit endet in diesem Fall somit nicht vorzeitig, sondern läuft weiter. Der Gesetzgeber hat keine Begründung gegeben, warum er diesen Fall nicht in I S. 6, 7 einbezogen hat. Das Weiterlaufen der Probezeit ist sinnvoll, wenn der Betr eine früher erworbene FE der Kl A 1 besitzt, denn diese bleibt bei Widerruf der FE Kl B oder BE erhalten (§ 48a FeV Rn. 22); die mit ihr verbundene Probezeit muss weiterlaufen. Für die anderen Fälle könnte gesagt werden, dass die Nichtunterbrechung der Probezeit hinnehmbar ist, da nur kurze Zeit vergeht, bis nach dem Widerruf eine neue FE der Kl B oder BE erteilt werden kann, denn Voraussetzung für die Neuerteilung ist lediglich der Besuch eines Aufbauseminars (V S. 1). Der Betr käme aber – anders als bei EdF und Verzicht – in den Genuss einer weiter laufenden Probezeit, obwohl er nicht fahren kann, wodurch seine Gesamtprobezeit sich effektiv verkürzt, im Umfang abhängig davon, wie lange er bis zur Neubeantragung einer FE wartet. Es erscheint deswegen naheliegender, von einer planwidrigen Regelungslücke für die Fälle auszugehen, in denen der Betr keine vorher erworbene FE der Kl A 1 besitzt. Hier sind I S. 6, 7 bei Widerruf der FE gem. § 6e II S. 1 folglich analog anzuwenden.

23   **4c. Hemmung der Probezeit.** Vorläufige Maßnahmen in Bezug auf die FE wie Beschlagnahme, Sicherstellung oder Verwahrung des FS gem. § 94 StPO, vorläufige EdF gem. § 111a StPO, sowie kraft Gesetzes oder kraft Anordnung (§ 80 II S. 1 Nr. 4 VwGO) sofort vollziehbare EdF durch die FEB hemmen den Ablauf der Probezeit (I S. 5), da sich der Betr auch während dieser Zeit im StrV nicht bewähren kann. Ein FV hemmt nach dem eindeutigen Wortlaut von I S. 5 die Probezeit nicht. Werden die vorläufigen Maßnahmen aufgehoben, so bleibt die Zeit ihrer Dauer bei der Berechnung der Zweijahresfrist unberücksichtigt. Münden die vorläufigen Maßnahmen in eine endgültige EdF und kommt es später zu einer Neuerteilung der FE, wird bei der Berechnung der Rest-Probezeit gem. I S. 7 nur die Zeit bis zur vorläufigen Maßnahme berücksichtigt (Begr Rn. 3). Die entsprechenden Daten sind im ZFER gespeichert (§ 50 III).

24   **5. Nichtbewährung des Fahranfängers** innerhalb der Probezeit führt zu den in II und III genannten Maßnahmen. Sie ist gegeben, wenn nach Maßgabe von II wegen einer oder mehrerer innerhalb der Probezeit begangener Straftaten oder OW eine oder mehrere rechtskräftige Entscheidungen gegen den FEInhaber ergangen sind (Bußgeldbescheid, Urteil, Strafbefehl), die gem. § 28 III Nr. 1 oder 3 Buchst. a oder c StVG in das FAER einzutragen sind. Grundlage für die Maßnahmen im Rahmen der FE auf Probe sind damit **nur die Zuwiderhandlungen, die auch im FEigBewSystem zu Punkten und Maßnahmen führen** (Begr Rn. 11). Die Maßnahmen haben keinen Vergeltungscharakter, sondern verfolgen den Zweck, künftigen Verkehrsverstößen

von Fahranfängern vorzubeugen; es handelt sich somit um präventive Maßnahmen der Gefahrenabwehr (VG Göttingen NJW **13** 2697). Ein Hinweis auf die zu erwartende Maßnahme nach § 2a in der die Zuwiderhandlung ahndenden Entscheidung ist nicht erforderlich (VG Fra NZV **91** 487). Teilnahme an der Zuwiderhandlung genügt; für OW folgt dies ohne weiteres aus dem einheitlichen Täterbegriff des § 14 OWiG. Da eine Besserstellung des Teilnehmers an einer Straftat durch nichts gerechtfertigt wäre, gilt das Gleiche für den Anstifter oder Gehilfen bei Straftaten (VG Stu NZV **90** 48). Ob die Zuwiderhandlungen mit einem fahrerlaubnispflichtigen Kfz begangen wurden oder nicht, ist unbeachtlich (VGH Ma 22.1.08 10 S. 1669/07 = DVBl **08** 736 Ls, VG Kö NZV **88** 39).

Nur rechtskräftige Entscheidungen, die nach § 28 III Nr. 1 oder 3 Buchst. a oder c StVG **in** 25 **das FAER einzutragen** sind, ziehen die Konsequenzen des II nach sich. Es kommt darauf an, ob Entscheidungen einzutragen sind, nicht ob sie in das FAER eingetragen sind. Nicht eintragungspflichtige, aber fehlerhaft dennoch eingetragene Verstöße dürfen nicht berücksichtigt werden (VG Göttingen NVwZ-RR **99** 502, unterlassener Hinweis auf § 28a).

Die **Straftat oder OW** muss **innerhalb der Probezeit begangen** worden sein (II S. 1). 26 Der Zeitpunkt der Tatbegehung ist entscheidend, nicht derjenige der Verurteilung oder der Rechtskraft (Tattagprinzip). Fällt die Zuwiderhandlung in die Probezeit, so hat dies bei Vorliegen der übrigen Voraussetzungen auch dann die Maßnahmen des II zur Folge, wenn sie erst nach Ablauf der Probezeit geahndet wird (II S. 1). Auch wenn seit der Tat schon eine **längere** beanstandungsfreie **Zeit verstrichen** ist, hat die nach II vorgesehene Maßnahme zu erfolgen (BVerwG NZV **95** 291, 370, OVG Lüneburg DAR **93** 308, VG Darmstadt NZV **90** 327, VG Ol DÖV **94** 352, VG Hb NZV **98** 392). Die zeitliche Grenze der Verwertbarkeit einer Zuwiderhandlung für eine Anordnung nach II ist nach hM erst – so wurde früher gesagt – die Tilgungsreife im VZR (VGH Ma NJW **13** 1754, VG Darmstadt NZV **90** 327, VG Neustadt ZfS **01** 569, VG Hb NZV **98** 392, VG Sigmaringen NVwZ-RR **08** 497), dh heute wegen § 29 VI S. 3 Nr. 1 die Löschung im FAER. Eine Mindermeinung will die äußerste zeitliche Grenze aus Gründen der Verhältnismäßigkeit bei einem der Probezeit vergleichbaren beanstandungsfreien Zeitraum von 2 Jahren ziehen, wenn die verzögerte Bearbeitung nicht durch den Betr zu verantworten ist, weil dann von einer Bewährung des Fahranfängers auszugehen sei (VG Schleswig 2.2.06 3 B 1/06, VG Freiburg 30.10.12 BA **13** 111, s. auch VG Sigmaringen NVwZ-RR **08** 497, offen gelassen von VG Aachen 13.3.13 3 L 74/13). Dagegen wird zutreffend eingewandt, dass der FEB bei der Anordnung der Maßnahmen nach II S. 1 kein Ermessen zusteht und § 2a grds. keine zeitliche Grenze für eine solche Anordnung bestimmt (VGH Ma NJW **13** 1754).

Die **Bewertung der Straftaten und OW** erfolgt auf der Grundlage von § 6 I 27 Nr. 1 Buchst. m StVG gem. **§ 34 I iVm Anl 12 FeV** (Anl 12 abgedruckt nach der FeV). Die Ermächtigungsnorm § 6 I Nr. 1 Buchst. m ist hinreichend bestimmt (§ 6 Rn. 4a). Die Maßnahmen setzen Ahndung *einer* schwerwiegenden oder mindestens *zweier* weniger schwerwiegender Zuwiderhandlungen voraus. Hierbei stellen auch zwei in **Tateinheit** begangene Verstöße zwei Zuwiderhandlungen dar (OVG Schleswig ZfS **18** 299). § 2a II enthält keine § 4 II S. 4 vergleichbare Regelung, wonach bei Entscheidungen über Straftaten oder OWi bei denen auf TE entschieden worden ist, nur eine Zuwiderhandlung berücksichtigt wird (VG Minden 24.3.15 9 L 138/15). Der Aufgliederung in „schwerwiegende" und „weniger schwerwiegende" Zuwiderhandlungen lag der Gedanke zugrunde, dass vor allem Verstöße, die auf besondere Defizite in der Einstellung und im Verkehrsverhalten des Fahranfängers schließen lassen, schon bei erstmaliger Begehung dessen Teilnahme an einem Aufbauseminar erforderlich machen (Begr VkBl. **86** 364). Die in § 34 iVm Anl 12 FeV getroffene Regelung zur Einstufung der Zuwiderhandlungen hält sich im Rahmen der gesetzlichen Ermächtigung und begegnet keinen verfassungsrechtlichen Bedenken (OVG Lüneburg NZV **12** 559, § 34 FeV Rn. 8). Die Bewertung als schwerwiegend oder weniger schwerwiegend ist in § 34 I iVm Anl 12 FeV verbindlich und abschließend geregelt; eine abw eigene Bewertung durch die FEB und die Berücksichtigung etwaiger Besonderheiten des Einzelfalls ist ausgeschlossen (VGH Mü 26.2.07 – 11 ZB 06.2630 BeckRS 2007, 29304, VGH Ma VRS **117** 317, DAR **12** 41, VG Augsburg 10.10.12 – 7 S 12.1189, VG Trier 14.3.19 – 1 L 545/19 BeckRS 2019, 5385).

Die **Maßnahmen** nach II und III sind **zwingend,** ein Ermessen der Behörde besteht nicht 28 (VGH Ma NZV **92** 334, OVG Saarlouis ZfS **94** 190, VG Darmstadt NZV **90** 327, VG Fra NZV **91** 487, VG Neustadt ZfS **00** 369). Von der Möglichkeit, eine Befugnis für die FEB einzuführen, Ausnahmen von II S. 1 Nr. 1–3 zuzulassen (§ 6 I Nr. 1 Buchst. w StVG), hat der VOGeber keinen Gebrauch gemacht. § 74 I FeV lässt Ausnahmen nur von der FeV zu, nicht von Regelungen des StVG.

29   Die **Maßnahmen** nach II und III können **nur gegen Inhaber einer FE** ergriffen werden (II S. 1, IIa S. 2, III). Als Ausnahme davon sind die Maßnahmen bei Teilnehmern am Begleiteten Fahren ab 17 auch dann zu ergreifen, wenn die FE gem. § 6e II widerrufen worden ist (II S. 1). Warum der Gesetzgeber dies so geregelt hat, lässt sich der Begr (Rn. 10) nicht entnehmen.

30   Die **FEB** ist bei Anordnung einer Maßnahme nach II S. 1 Nr. 1–3 in vollem Umfang **an die rechtskräftige Entscheidung über die Straftat oder OW gebunden** (II S. 2, VGH Ma NJW **13** 1754). Es erfolgt keine erneute Prüfung durch die FEB, ob der Fahranfänger die Tat tatsächlich begangen hat (Begr Rn. 5, OVG Hb NZV **00** 269, VGH Ma DAR **12** 41). Die frühere, insoweit zumindest einschränkende Rspr. (zB BVerwG NJW **95** 70, 71, NZV **95** 370) ist durch Einfügung des II S. 2 überholt (OVG Hb NZV **00** 269, OVG Saarlouis DAR **01** 427, VG Würzburg 28.4.20 – 6 S 20.510 BeckRS 2020, 7912). Da die Gerichte nur die Rechtmäßigkeit der Maßnahmen der FEB beurteilen, sind auch sie an die rechtskräftige Entscheidung über die Straftat oder OW gebunden (Begr Rn. 5, VGH Ma DAR **12** 41). Von der Rspr. ist bisher offengelassen worden, ob aus verfassungsrechtlichen Gründen eine Abweichung von II S. 2 geboten ist, wenn die zugrunde liegende Entscheidung inhaltlich evident unrichtig ist (OVG Hb NZV **00** 269, OVG Saarlouis DAR **01** 427, VGH Ma DAR **12** 41, NJW **13** 1754). Ein solcher Fall liegt jedenfalls dann nicht vor, wenn der Betr es trotz bestehenden Anlasses unterlassen hat, rechtzeitig Einspruch gegen den Bußgeldbescheid einzulegen (OVG Hb NJW **07** 1225).

31   **6. Anordnung der Teilnahme an einem Aufbauseminar (II S. 1 Nr. 1)** erfolgt durch die FEB als **erste Maßnahmenstufe,** wenn der Betr innerhalb der Probezeit eine schwerwiegende oder zwei weniger schwerwiegende Zuwiderhandlungen iSv § 34 I iVm Anl 12 FeV begangen hat. Die Anordnung der Teilnahme an einem Aufbauseminar nach II S. 1 Nr. 1 bewirkt zugleich die **Verlängerung der Probezeit** um 2 auf 4 Jahre (IIa S. 1). Eine Anordnung gem. II S. 1 Nr. 1 ist nach dem Wortlaut von II S. 1 nur möglich gegenüber FEInhabern (s. aber Rn. 29); ist dem Betr die FE entzogen worden oder hat er auf sie verzichtet, kann kein Aufbauseminar angeordnet werden (Begr Rn. 9). Die Probezeit verlängert sich dann gleichwohl um 2 Jahre (II a 2). Der Betr hat das Aufbauseminar auf seine Kosten zu besuchen. Auf seine wirtschaftlichen Verhältnisse kommt es bei der Pflicht, an einem Aufbauseminar teilzunehmen, nicht an (VG Saarlouis ZfS **98** 487). Die Anordnung zur Teilnahme an einem Aufbauseminar ist **VA.** Widerspruch und Anfechtungsklage haben kraft Gesetzes keine aufschiebende Wirkung (VI), da nach Auffassung des Gesetzgebers ein möglichst enger zeitlicher Zusammenhang zwischen Verkehrsverstoß und Aufbauseminar von erheblicher Bedeutung für die Wirksamkeit des Seminars ist (Begr Rn. 8). Teilnahme an angeordnetem Aufbauseminar kann **nicht zwangsweise durchgesetzt** werden (aA *Rebler* VD **15** 59 (68)); bei Nichtteilnahme innerhalb der gesetzten Frist bleibt nur EdF gem. III. Die Anordnung der Teilnahme an einem Aufbauseminar ist **gebührenpflichtig** (Nr. 210 Anl GebOSt).

32   Die Anordnung der Teilnahme an einem Aufbauseminar erfolgt **schriftlich** unter Angabe der Zuwiderhandlungen, die zu der Anordnung geführt haben (§ 34 II S. 1 FeV). Für die Teilnahme an einem Aufbauseminar ist eine angemessene **Frist** zu setzen (II S. 1 Nr. 1, § 34 II S. 1 Hs. 2 FeV). Bei der Bemessung dieser Frist steht der Behörde ein Ermessen zu. Die FEB kann die Frist auch nachträglich nach pflichtgemäßem Ermessen zur Vermeidung einer unbilligen Härte verlängern (§ 31 VII VwVfG, VG Würzburg 28.4.20 – 6 S 20.510 BeckRS 2020, 7912). II S. 1 Nr. 1 enthält nach dem klaren Wortlaut keine Rechtsgrundlage für die Anordnung, innerhalb der Frist eine **Teilnahmebescheinigung** über die Seminarteilnahme (§ 37 FeV) bei der FEB vorzulegen; diese kann auch nach Fristablauf ausgestellt und bei der FEB vorgelegt werden (Rn. 44). Die FEB ist nicht berechtigt, die Fahrschule vorzuschreiben, in der die Seminarteilnahme stattzufinden hat (VG Minden NZV **89** 368). Über in Frage kommende Anbieter braucht sie nicht zu informieren; enthält die Anordnung dazu jedoch Hinweise, so dürfen Anbieter nicht durch Nichtbenennung benachteiligt werden (VG Br NVwZ-RR **00** 19).

33   Was ein **Aufbauseminar iSv II S. 1 Nr. 1** ist, wird in § 2b StVG, §§ 35–37 FeV definiert (näher dazu dort). Eine Fahrschulausbildung zur Erweiterung der FE ersetzt angesichts des eindeutigen Wortlauts des II und im Hinblick auf die unterschiedlichen Kursinhalte (s. § 2b I S. 1 StVG, § 35 II FeV) nicht die Teilnahme an einem Aufbauseminar (BVerwG NZV **95** 370, VG Stade VM **94** 87, aM OVG Münster NZV **93** 247). Sofern Betr unter dem Einfluss von Alkohol oder anderer berauschender Mittel am StrV teilgenommen haben, müssen sie ein sog **besonderes Aufbauseminar** besuchen, auch wenn sie noch andere Verkehrszuwiderhandlungen begangen haben (§ 2b II S. 2 StVG, § 36 FeV). Verhältnis zum **Fahreignungsseminar für Punktetäter: § 4 I S. 4, s. § 4 Rn. 37.**

Hat nach EdF innerhalb der Probezeit und späterer Neuerteilung der FE gem. I S. 7 eine **34**
neue Probezeit begonnen, erfolgt nach einer schwerwiegenden oder zwei weniger schwerwie-
genden Zuwiderhandlungen in der neuen Probezeit **keine Anordnung** der Teilnahme an ei-
nem Aufbauseminar (V S. 4). In diesem Fall idR direkte Anordnung der Beibringung eines me-
dizinisch-psychologischen Gutachtens (V S. 4, 5, s. Rn. 53).

7. Verlängerung der Probezeit von 2 Jahren (I S. 1 Hs. 2) auf 4 Jahre erfolgt kraft Gesetzes, **35**
wenn die Teilnahme an einem Aufbauseminar gem. II S. 1 Nr. 1 angeordnet worden ist (IIa S. 1,
OVG Lüneburg NZV **12** 559). Eine Verlängerung auf 4 Jahre erfolgt ebenfalls kraft Gesetzes,
wenn die Anordnung gem. II S. 1 Nr. 1 nur deshalb nicht erfolgt ist, weil die FE entzogen wor-
den ist oder der Betr auf die FE verzichtet hat (IIa S. 2). In diesen Fällen kann die Teilnahme an
einem Aufbauseminar nicht angeordnet werden, weil dies nach dem Wortlaut von II S. 1 nur
gegenüber FEInhabern möglich ist (s. Begr Rn. 9).

8. Schriftliche Verwarnung unter gleichzeitiger Nahelegung der Teilnahme an einer **ver-** **36**
kehrspsychologischen Beratung innerhalb von 2 Monaten erfolgt durch die FEB als **zweite**
Maßnahmenstufe bei weiterer Nichtbewährung **(II S. 1 Nr. 2).** Hier liegt Nichtbewährung
bei einer *weiteren* schwerwiegenden oder bei zwei *weiteren* weniger schwerwiegenden Zuwider-
handlungen vor, die innerhalb der (in diesen Fällen vierjährigen) Probezeit *nach* Teilnahme an
einem gem. II S. 1 Nr. 1 angeordneten Aufbauseminar begangen wurden. Auch bei einer Häu-
fung von Verstößen der schwerwiegenden oder weniger schwerwiegenden Kategorie darf die
erste Maßnahmestufe (Anordnung der Teilnahme an Aufbauseminar gem. II S. 1 Nr. 1) nach dem
eindeutigen Wortlaut des II S. 1 Nr. 2 nicht übersprungen werden; die Verwarnung gem. II S. 1
Nr. 2 kann erst erfolgen, wenn nach Teilnahme an einem angeordnetes Aufbauseminar weitere
Zuwiderhandlungen begangen worden sind. Die erfolgte Teilnahme an dem Aufbauseminar ist
also zwingende Voraussetzung, denn dem Fahranfänger soll nicht die Chance genommen wer-
den, die deutlich gewordenen Defizite durch Seminarteilnahme zu beseitigen (*Jagow* VD **88** 193
(196)). Die Verwarnung ist **gebührenpflichtig** (Nr. 209 Anl GebOSt).

Der **Inhalt der Verwarnung** ist nicht festgelegt. Die FEB ist damit frei, wie sie den Betr über **37**
die mit der zweiten Maßnahmestufe erreichte Situation und die möglichen Folgen informiert.
Vorgeschrieben ist lediglich Schriftform.

Die **verkehrspsychologische Beratung** ist in VII und §§ 38, 71 FeV näher geregelt. Seit **38**
1.5.14 gibt es sie nur noch im Rahmen der Regelungen über die FE auf Probe; im FEigBew-
System wurde sie abgeschafft (s. Begr Rn. 12–16). Dem FEInhaber wird zusammen mit der
schriftlichen Verwarnung lediglich *nahegelegt*, innerhalb von 2 Monaten an einer verkehrspsycho-
logischen Beratung teilzunehmen. Damit sie greifen kann, wird sie nicht angeordnet, sondern
kann auf freiwilliger Grundlage durchgeführt werden. Nichtteilnahme hat keine Konsequenzen.
Die verkehrspsychologische Beratung soll dem Betroffenen helfen, die Ursachen seines Fehlver-
haltens herauszufinden und Wege zu ihrer Beseitigung aufzeigen. Sie findet als **Einzelgespräch**
statt und kann durch eine **Fahrprobe** ergänzt werden (VII S. 2, 3, § 38 S. 2 FeV). Die zeitliche
Dauer des Beratungsgesprächs ist nicht geregelt; der VOGeber hat von der Ermächtigung dazu
durch § 6 I Nr. 1 Buchst. u keinen Gebrauch gemacht. Die Begr zu dem weitgehend wortglei-
chen früheren § 4 IX aF (VkBl. **98** 795) sprach von „mindestens vier Zeitstunden". Bei der
Fahrprobe (VII S. 3, § 38 S. 2 Hs. 2 FeV) ist keine Begleitung durch einen Fahrlehrer erforder-
lich (§ 2 Rn. 91). Die Teilnahme oder Nichtteilnahme dürfen dem Inhaber der FE auf Probe
nicht zum Nachteil ausgelegt werden; das Ergebnis der Beratung ist deshalb nur für ihn be-
stimmt (VII S. 5, § 38 S. 4 FeV, Begr zu § 4 IX aF VkBl. **98** 796). Die verkehrspsychologische
Beratung darf nur von hierfür **amtlich anerkannten Psychologen** durchgeführt werden (VII
S. 7). Voraussetzungen für die amtliche Anerkennung: VII S. 8, § 71 FeV, Rücknahme und Wider-
ruf der Anerkennung: § 71 IV-V FeV. Näher zur Anerkennung § 71 FeV.

Der Teilnehmer an einer verkehrspsychologischen Beratung erhält eine **Teilnahmebeschei-** **38a**
nigung zur Vorlage bei der FEB (VII S. 6, § 38 S. 5 FeV), die eine Bezugnahme auf die Bestäti-
gung des Beraters nach § 71 FeV enthalten muss (§ 38 S. 5 FeV). Anders als bei Aufbausemi-
naren (§ 37 II FeV) und Fahreignungsseminaren (§ 44 II FeV) ist für die verkehrspsychologische
Beratung nicht geregelt, wann die Ausstellung einer Teilnahmebescheinigung zu verweigern ist.
Dies wird zB in Betracht kommen, wenn die Beratung vorzeitig abgebrochen wird, wenn nicht
aktiv mitgewirkt wird, oder wenn die vom Berater für erforderlich gehaltene Fahrprobe (VII
S. 3, § 38 S. 2 Hs. 2 FeV) verweigert wird (*Janker* DAR **08** 167 f.). Unklar ist, warum die Ausstel-
lung einer Teilnahmebescheinigung *zur Vorlage bei der Behörde* überhaupt noch vorgesehen ist,
nachdem die Möglichkeit des Punkterabatts (§ 4 IV S. 2 Hs. 2 bis 30.4.14) nicht mehr besteht

und im Rahmen der Regelungen über die FE auf Probe ein Nachweis der Teilnahme an der verkehrspsychologischen Beratung gegenüber der FEB nicht zu erbringen ist. Die Regelung dürfte darauf beruhen, dass bei Übernahme des weitgehend wortgleichen früheren § 4 IX aF in § 2a VII zum 1.5.14 übersehen worden ist, dass insoweit eine Anpassung an die geänderte Rechtslage hätte erfolgen müssen.

39   Die **Frist** von 2 Monaten muss in der schriftlichen Mitteilung der FEB ausdrücklich genannt werden. Sie beginnt mit Zugang des Schreibens der FEB. Verstöße, die der Betr innerhalb der ihm gesetzten Zweimonatsfrist begeht, bleiben unberücksichtigt, führen also nicht zur EdF nach II S. 1 Nr. 3.

40   Die Maßnahme gem. II S. 1 Nr. 2 ist mangels Regelung **kein VA.** Zwar wird der Lauf der Zweimonatsfrist in Gang gesetzt. Diese bleibt aber folgenlos, wenn der Betr nach Ablauf der Frist innerhalb der verbleibenden Probezeit keine relevanten Zuwiderhandlungen mehr begeht. Der Gesetzgeber hat die Maßnahme offenkundig auch nicht als VA angesehen. Sonst hätte er sie in den Katalog des VI aufgenommen, so wie von 1986 bis 1998 die damalige Maßnahme nach II Nr. 2 (Anordnung der erneuten Ablegung der Befähigungsprüfung), die nach Auffassung des Gesetzgebers VA war (Begr VkBl. **86** 365), ausdrücklich in dem damaligen VI genannt war.

41   **9. Entziehung der Fahrerlaubnis** ist geboten, wenn der Inhaber a) einer vollziehbaren Anordnung der FEB nach II S. 1 Nr. 1 innerhalb der ihm gesetzten Frist nicht nachgekommen ist (III), oder b) sich nach einer Maßnahme gem. II S. 1 Nr. 2 und Ablauf der dort genannten Zweimonatsfrist erneut nicht bewährt, oder c) ungeeignet zum Führen von Kfz ist (IV). Mit Entziehung der FE erlischt diese insgesamt; die Entziehung beschränkt sich also nicht auf die FE der Klasse, in der die zugrundeliegende Zuwiderhandlung begangen wurde (BVerwG NJW **95** 69). Soweit EdF auf Kraftfahreignung gestützt wird, gelten die allgemeinen Grundsätze zu § 3 auch während der Probezeit (VGH Ka NZV **89** 86, VG Fra NJW **88** 1685). Widerspruch und Anfechtungsklage gegen die gem. II S. 1 Nr. 3 oder gem. III erfolgte EdF haben **keine aufschiebende Wirkung** (VI). Nachteile, die dem Betr dadurch in beruflicher oder privater Hinsicht entstehen, müssen von ihm in Kauf genommen werden (VG Schl 19.1.17 – 3 B 222/16 BeckRS 2017, 109006, VG Mü 23.9.19 – 26 S 19.3748 BeckRS 2019, 25537). Nach EdF ist der FS unverzüglich der FEB abzuliefern (§§ 3 II StVG, 47 I FeV, VG Saarlouis ZfS **98** 487). Auf III kann nur EdF gestützt werden, nicht zugleich auch die Untersagung, fahrerlaubnisfreie Kfz (Mofa) zu führen; diese Maßnahme könnte nur auf § 3 I FeV gestützt werden, setzt jedoch – anders als III – die Nichteignung zum Führen fahrerlaubnisfreier Kfz voraus (VG Kö NZV **88** 39 zu § 3 StVZO aF).

42   **a)** Bei **Nichtteilnahme am Aufbauseminar** innerhalb der gesetzten Frist ist die FEB zur **EdF** verpflichtet, ohne dass Ungeeignetheit zum Führen von Kfz festgestellt werden muss (III). Die FEB hat weder einen Ermessensspielraum noch eine Ausnahmebefugnis. Auf Verschulden kommt es nicht an (OVG Saarlouis NZV **90** 87, VGH Ka NZV **93** 87, OVG Berlin 25.4.12 – 1 S 53.12 BeckRS 2012, 50052, VG Stade 18.6.19 – 1 B 645/19 BeckRS 2019, 12323); vielmehr geht das Gesetz davon aus, dass bei Nichtbewährung des Fahranfängers die weitere Teilnahme am fahrerlaubnispflichtigen StrV vorherige Korrektur der Fehlverhaltensweisen voraussetzt. Daher ist auch die Frage etwaigen wirtschaftlichen Unvermögens zur Finanzierung des Aufbauseminars ohne Bedeutung (VG Saarlouis ZfS **98** 487). Jedoch wird EdF bei unverschuldeter Nichtteilnahme und trotz nachträglicher Bereitschaft zur Teilnahme an einem Aufbauseminar gegen das Übermaßverbot verstoßen (s. VG Meiningen ZfS **96** 159, *Bouska* DAR **86** 335, *Czermak* NZV **88** 40). In diesem Fall kann die FEB die Frist zur Seminarteilnahme – auch nachträglich – verlängern (§ 31 VII VwVfG). Das Risiko, dass die zunächst gewählte Fahrschule innerhalb der gesetzten Frist kein Aufbauseminar durchführen kann, liegt allerdings ausschließlich beim Teilnahmeverpflichteten (VG Saarlouis 11.6.18 – 5 L 752/18). Schuldhaft erst im Widerspruchs- oder gerichtlichen Verfahren nach EdF vorgebrachte Hinderungsgründe sind unbeachtlich (OVG Saarlouis NZV **90** 87, VG Kö NZV **88** 199). Neuerteilung einer FE nach EdF gem. III führt nicht zur Löschung etwa vorhandener Punkte (§ 4 III S. 4 Nr. 1).

43   Nur **wenn die Anordnung** der Seminarteilnahme **vollziehbar** war, ist bei Nichtteilnahme die FE zu entziehen. Zwar haben Widerspruch und Anfechtungsklage gem. VI keine aufschiebende Wirkung; an der Vollziehbarkeit fehlt es jedoch, wenn das Gericht gem. § 80 V VwGO die aufschiebende Wirkung anordnet. War die Anordnung vollziehbar, so kann der Betroffene nicht damit gehört werden, sie sei nicht rechtmäßig (OVG Mgd NJW **99** 442, VG Saarlouis 11.6.18 – 5 L 752/18, VG Lüneburg 5.11.18 – 1 B 42/18 BeckRS 2018, 28009, 16.10.19 – 1 A 129/18

BeckRS 2019, 25626), oder die ihr zugrunde liegende OW sei nicht begangen (s. aber Rn. 30) oder der Bußgeldbescheid nicht rechtskräftig (OVG Saarlouis NZV **90** 87).

In der festgesetzten Frist wurde am Aufbauseminar nur **teilgenommen,** wenn es voll- **44** ständig absolviert wurde. Wurde das Seminar innerhalb der Frist zwar begonnen, aber nicht ab- geschlossen, ist der Betr der Anordnung nach II S. 1 Nr. 1 nicht nachgekommen. Vorlage der Teilnahmebescheinigung (§ 37 FeV) bei der FEB innerhalb der Frist ist nach dem klaren Wort- laut der Vorschriften nicht erforderlich. Die Teilnahmebescheinigung kann auch später ausgestellt sein und später vorgelegt werden. Ausreichend ist, dass sie den Abschluss der Seminarteilnahme bis Fristablauf nachweist (s. § 37 I S. 2 Nr. 3 FeV). Wenn **keine** ausdrückliche **Frist** für die Teil- nahme an einem Aufbauseminar gesetzt wurde, ist EdF nach III nicht möglich (OVG Münster DAR **08** 104).

Nach EdF wegen Nichtteilnahme am Aufbauseminar kann der Betroffene durch **Nachho- 45 lung der Seminarteilnahme** alsbald die Voraussetzungen für eine Neuerteilung schaffen (V S. 1, s. *Czermak* NZV **88** 40), nicht aber die Rechtmäßigkeit der gem. III erfolgten EdF beseiti- gen (VGH Ka NZV **93** 87, VG Saarlouis 11.6.18 5 L 752/18).

b) Wurde der FEInhaber **nach wiederholter Nichtbewährung schriftlich verwarnt** und **46** ihm eine verkehrspsychologische Beratung nahegelegt (II S. 1 Nr. 2), so wird ihm die FE ohne weitere Eignungsüberprüfung **entzogen,** wenn er daraufhin nach Ablauf der ihm gesetzten Zweimonatsfrist innerhalb der verbleibenden Probezeit **erneut** eine weitere schwerwiegende oder mindestens zwei weitere weniger schwerwiegende **Zuwiderhandlungen begangen** hat **(II S. 1 Nr. 3).** Hierbei stellen auch zwei in Tateinheit begangene Verstöße zwei Zuwiderhand- lungen dar (VG Minden 24.3.15 9 L 138/15). Die Tat oder die Taten müssen nach Ablauf der von der FEB gesetzten Frist für die optionale Teilnahme an einer verkehrspsychologischen Bera- tung (Rn. 39) begangen worden sein, unabhängig davon, ob und ggf. wann der Betr eine solche Beratung in Anspruch genommen hat. Auch wenn bereits am Beginn des Zwei-Monats- Zeitraums an einer verkehrspsychologischen Beratung teilgenommen wurde, sind weitere Zu- widerhandlungen innerhalb dieses Zeitraums für die Frage der EdF nach II S. 1 Nr. 3 unbeacht- lich. Ob der Betr an einer verkehrspsychologischen Beratung teilgenommen hat, ist unerheblich, da die Teilnahme nicht obligatorisch, sondern freiwillig ist (Rn. 38). Auch in diesem Fall unter- bleibt eine Überprüfung der geahndeten Verstöße. Der FEInhaber muss rechtskräftige Entschei- dungen vielmehr gegen sich gelten lassen; die FEB ist an deren Inhalt gebunden (II S. 2).

c) Die Regelung des § 2a lässt die **Entziehung der Fahrerlaubnis gem. §§ 3 StVG, 46 47 FeV unberührt** (IV). Die besonderen Vorschriften über die FE auf Probe verdrängen also nicht die allgemeinen Vorschriften über die EdF (VGH Ka NZV **89** 86, OVG Schl ZfS **18** 299). Klä- rung der Eignung und EdF sind unabhängig vom Durchlaufen des Katalogs des II möglich, wenn dazu Anlass besteht (VGH Mü 14.2.06 11 CS 05.1504, 2.2.09 11 CS 08.2319, OVG Ber- lin ZfS **17** 236, VG Augsburg 18.9.15 7 K 15.637). Notwendig hierfür sind jedoch besonders schwerwiegende Zweifel an der Fahreignung des Fahranfängers (VG Koblenz 27.3.20 – 4 L 234/20 BeckRS 2020, 8856). Führen Zuwiderhandlungen während der Probezeit zu solchen Zweifeln an der Kraftfahreignung des Fahranfängers, kann die FEB zur **Klärung der Eig- nungszweifel** insbesondere die Beibringung eines Gutachtens einer amtlich anerkannten Be- gutachtungsstelle für Fahreignung anordnen, unabhängig davon, ob die Eingriffsschwellen des II bereits erreicht sind oder nicht (IV S. 1 Hs. 2, Begr VkBl. **86** 365). Die FEB muss in diesen Fällen die Beibringungsanordnung ausdrücklich auf diese schwerwiegenden Zweifel stützen und damit dem Betr deutlich machen, aus welchen Gründen auf die Anwendung der milderen Mittel des II S. 1 verzichtet wird (VG Koblenz 27.3.20 – 4 L 234/20 BeckRS 2020, 8856).

Es wird zT vertreten, IV S. 1 Hs. 2 stelle für Inhaber einer FE auf Probe eine gegenüber den **47a** allgemeinen Regelungen **eigenständige und spezielle Rechtsgrundlage** für die Überprü- fung der Fahreignung dar, so dass dabei auch Abweichungen von den Vorgaben der §§ 11–14 FeV zulässig seien (VG Mü 28.5.09 M 1 S 09.1832, 11.8.09 M 1 K 09.1830, VG Freiburg 29.7.13 4 K 1179/13, *Rebler* VD **15** 59 (72)). Diese Auffassung trifft nicht zu. Wenn unabhängig von den Regelungen über die FE auf Probe zur Klärung der Kraftfahreignung die Beibringung eines medizinisch-psychologischen Gutachtens angeordnet werden soll, ist dies nur nach Maß- gabe der dafür einschlägigen Vorschriften (§ 46 III iVm §§ 11–14 FeV) möglich, nicht etwa ab- weichend davon auf der Grundlage von IV S. 1 Hs. 2 nach nicht näher bestimmtem freien Er- messen der FEB.

Die Regelung des IV S. 1 Hs. 2 betrifft **nur das Entziehungsverfahren,** nicht das (Neu-) **47b** Erteilungsverfahren (VGH Ma NJW **14** 1833). Auch innerhalb der Probezeit ist zu beachten, dass bei Zweifeln an der Kraftfahreignung wegen wiederholter Zuwiderhandlungen abgesehen von den Fällen der §§ 13 1 Nr. 2 Buchst b, 14 II Nr. 3 FeV die **Regelungen des FEigBew-Systems** (§ 4) **Vorrang** haben; davon darf gem. § 4 I S. 3 nur abgewichen werden, wenn besondere Gründe dafür vorliegen (§ 4 Rn. 33 ff., VG Augsburg 18.9.15 7 K 15.637).

48   **10. Aufbauseminar nach positivem Eignungsgutachten.** Haben innerhalb der Probezeit begangene Zuwiderhandlungen zu Eignungszweifeln geführt, und hat ein zur Klärung dieser Zweifel angeordnetes medizinisch-psychologisches Gutachten nicht zur Feststellung der Nichteignung geführt, hat die FEB Teilnahme an einem Aufbauseminar anzuordnen, wenn der Betr nicht bereits an einem Aufbauseminar teilgenommen hat (IV S. 2). Die Vorschrift muss so verstanden werden, dass die Anordnung der Seminarteilnahme nach positivem medizinisch-psychologischen Gutachten auch dann zu erfolgen hat, wenn die Voraussetzungen für die Anordnung einer Seminarteilnahme nach II S. 1 Nr. 1 nicht erfüllt sind (so auch *Bouska/Laeverenz* § 2a StVG Anm 30d). Der Gesetzgeber hat in der Begr (VkBl. **86** 364 f.) nicht erläutert, warum dies trotz positiven Eignungsgutachtens für erforderlich gehalten wird. Der Auslegung, dass die Anordnung der Beibringung eines medizinisch-psychologischen Gutachtens *anstelle* der Anordnung einer Seminarteilnahme in Betracht kommt, wenn Zweifel an seiner Fahreignung bestehen, und dass bei Nichtbestätigung dieser Zweifel dann nachträglich die Teilnahme an einem Aufbauseminar anzuordnen ist (*Jagow* VD **87** 1 (6), *Himmelreich* NZV **90** 57 (58)), kann nicht gefolgt werden. II S. 1 Nr. 1 schreibt bei Vorliegen der Voraussetzungen zwingend die Anordnung einer Seminarteilnahme vor, stellt es der FEB also nicht frei, ob sie zunächst auf die Anordnung der Teilnahme an einem Aufbauseminar verzichtet und *stattdessen* ein Eignungsgutachten verlangt. Nach IV S. 1 Hs. 2 kann sie dies vor Erreichen der ersten Eingriffsschwelle (Begr VkBl. **86** 365) oder bei deren Erreichen *zusätzlich* tun. Für die nachträgliche Anordnung einer zunächst zurückgestellten Seminarteilnahme ist deswegen kein Raum.

49   **11. Entziehung der FE wegen Nichtteilnahme am Aufbauseminar nach positivem Eignungsgutachten.** Ist die Anordnung nach IV S. 2 vollziehbar, kommt der FEInhaber ihr jedoch innerhalb der ihm gesetzten Frist nicht nach, so ist die FE ohne Rücksicht auf die Eignungsfrage zu entziehen (IV S. 3 iVm III).

50   **12. Verfahren nach EdF wegen innerhalb der Probezeit begangener Zuwiderhandlungen.** V S. 1 gewährleistet, dass der Fahranfänger auch in den Fällen an einem Aufbauseminar teilnimmt, in denen seine Nichtbewährung zur EdF führte.

51   **a)** War die FE durch den Strafrichter gem. § 69 oder § 69b StGB, oder von der FEB gem. § 3 StVG oder wegen Erreichens von 8 Punkten gem. § 4 V S. 1 Nr. 3 auf Grund innerhalb der Probezeit begangener Zuwiderhandlungen, oder wegen Nichtteilnahme an einem Aufbauseminar gem. III entzogen worden, oder wurde die im Rahmen des Begleiteten Fahrens ab 17 erteilte FE gem. § 6e II widerrufen, so **setzt** die **Neuerteilung einer FE** zusätzlich zu den übrigen Erfordernissen (s. § 20 FeV) den **Nachweis der Teilnahme an einem Aufbauseminar voraus** (V S. 1), bei Entziehung wegen Teilnahme am StrV unter dem Einfluss von Alkohol oder anderer berauschender Mittel den Nachweis der Teilnahme an einem besonderen Aufbauseminar für alkohol- bzw. drogenauffällige Fahranfänger (§ 2b II S. 2 StVG). Unterblieb die Anordnung oder Teilnahme am Aufbauseminar nur deswegen, weil die FE aus anderen als den in V S. 1 Nr. 1 und 2 genannten Gründen entzogen wurde oder der Inhaber auf sie verzichtet hat, so gilt Entsprechendes; auch in solchen Fällen ist vor Neuerteilung einer FE die Seminarteilnahme nachzuweisen (V S. 2).

52   **b) Sperrfrist für die Neuerteilung einer FE.** Wurde die FE gem. II S. 1 Nr. 3 (3. Eingriffsstufe) wegen erneuter Nichtbewährung nach schriftlicher Verwarnung mit Hinweis auf die Möglichkeit einer verkehrspsychologischen Beratung entzogen, so ist die Neuerteilung einer FE frühestens 3 Monate nach Wirksamwerden der EdF möglich, wobei die Frist nicht vor Abgabe des FS beginnt (V S. 3). Eine ausdrückliche Regelung für den Fall des FSVerlustes fehlt. Hier wird für die Fristberechnung Entsprechendes zu gelten haben wie für die FVFrist (s. § 25 Rn. 31) mit der Folge des Fristbeginns mit dem (vom FEBewerber glaubhaft zu machenden) S. 1) Tag des Führerscheinverlustes oder, bei Verlust vor EdF, mit deren Wirksamkeit. Ein Antrag auf Neuerteilung einer FE kann frühestens 6 Monate vor Ablauf der Sperre nach V S. 3 gestellt werden (§ 20 IV Nr. 1 FeV). Nach EdF gem. III gibt es keine Sperrfrist für die Neuerteilung der FE, auch nicht nach Widerruf der im Rahmen des Begleiteten Fahrens ab 17 erteilten FE gem. § 6e II (§ 48a FeV Rn. 23).

c) Nichtbewährung nach Unterbrechung der Probezeit durch EdF. I S. 6 und 7 sehen 53
die vorzeitige Beendigung der Probezeit durch EdF oder FEVerzicht und deren Fortsetzung
nach Neuerteilung der FE vor (Rn. 22). Erneute Nichtbewährung innerhalb der neu beginnen-
den Restprobezeit nach vorangegangener EdF führt nicht zu den abgestuften Maßnahmen des
II, sondern regelmäßig zur Anordnung, ein Eignungsgutachten beizubringen (V S. 4 und 5). Bei
V S. 5 handelt es sich um einen neben den §§ 11 ff. FeV bestehenden, eigenständigen Anord-
nungstatbestand für FEInhaber in einer weiteren Probezeit (§ 11 III S. 2 FeV, VG Trier 14.3.19 –
1 L 545/19 BeckRS 2019, 5385). Für die Frage, ob innerhalb der neuen Probezeit eine Zuwi-
derhandlung begangen wurde, ist der Tattag maßgeblich (vgl. Rn. 26, VG Trier 8.12.16 1 L
8043/16). Wenn die FE schon einmal in der Probezeit entzogen war, **stellt sich** nach erneuten
relevanten Verkehrszuwiderhandlungen in der neuen Probezeit **direkt die Eignungsfrage**
(Begr VkBl. **86** 365); für die Hilfen gem II ist dann kein Raum mehr (VGH Mü 27.10.11 – 11
CS 11.1192, VG Trier 8.12.16 – 1 L 8043/16 = ZfS **17** 180 Ls, 14.3.19 – 1 L 545/19 BeckRS
2019, 5385). Die FEB hat dann in aller Regel die Beibringung eines medizinisch-psycho-
logischen Gutachtens anzuordnen und kann nur in atypischen Fällen davon absehen (VGH Mü
23.10.08 – 11 CS 08.2017, VG Trier 8.12.16 – 1 L 8043/16, 14.3.19 – 1 L 545/19 BeckRS
2019, 5385). Als Umstände, die eine Ausnahme von der Regel des V S. 5 rechtfertigen können,
werden nur solche in der Person des Betroffenen in Betracht kommen, nicht aber die Art und
Bedeutung der begangenen Zuwiderhandlungen (VGH Ma NZV **00** 479, VG Aachen 16.5.12 3
L 164/12, VG Trier 8.12.16 1 L 8043/16). Dass der Betr erst kurz vor der erneuten Zuwider-
handlung positiv begutachtet worden war, begründet keinen atypischen Fall, denn die gesetzge-
berische Konzeption des V S. 5 bedingt, dass in vielen Fällen die Neuerteilung der FE von einer
vorher erfolgten positiven Begutachtung abhängig war (VG Trier 8.12.16 1 L 8043/16 = ZfS **17**
180 Ls). Nichtbeibringung des Gutachtens: s. § 11 FeV Rn. 51 ff. Zur Anwendung von § 11 X
S. 1 FeV s. § 11 FeV Rn. 59. Nach dem klaren Wortlaut und nach Sinn und Zweck der Vor-
schrift gilt die Regelung des V S. 4, 5 nur, wenn die erste Probezeit vorzeitig durch EdF, nicht
wenn sie durch Verzicht beendet worden ist; eine Analogie ist insoweit nicht möglich, eine Re-
gelungslücke liegt nicht vor (VG Dü NJW **11** 2601, VG Koblenz 27.3.20 – 4 L 234/20 BeckRS
2020, 8856, *Rebler* DAR **09** 666 = SVR **10** 41, aA VGH Ka NJW **09** 2231, OVG Berlin ZfS **17**
236, BHHJ/*Hühnermann* § 2a StVG Rn. 8).

13. Zuständige Behörde. Die Anordnungen nach § 2a werden von der für den Betr örtlich 54
zuständigen FEB getroffen (§ 73 FeV). Bei Inhabern von DienstFE gem. § 2 X, § 26 FeV (BW,
Pol, BundesPol), die keine allgemeine FE besitzen, sind die durch den jeweiligen Fachminister
bestimmten Dienststellen zuständig (§ 2 X S. 2 StVG, § 39 S. 1, 2 FeV). Besitzt der Betr neben
der DienstFE auch eine allgemeine FE (außer Klassen AM, L, T), ist ausschließlich die FEB zu-
ständig (§ 39 S. 3 FeV).

Aufbauseminar bei Zuwiderhandlungen innerhalb der Probezeit

2b (1) ¹Die Teilnehmer an Aufbauseminaren sollen durch Mitwirkung an Gruppenge-
sprächen und an einer Fahrprobe veranlasst werden, eine risikobewusstere Einstel-
lung im Straßenverkehr zu entwickeln und sich dort sicher und rücksichtsvoll zu verhal-
ten. ²Auf Antrag kann die anordnende Behörde der betroffenen Person die Teilnahme an
einem Einzelseminar gestatten.

(2) ¹Die Aufbauseminare dürfen nur von Fahrlehrern durchgeführt werden, die Inhaber
einer entsprechenden Erlaubnis nach dem Fahrlehrergesetz sind. ²Besondere Aufbausemi-
nare für Inhaber einer Fahrerlaubnis auf Probe, die unter dem Einfluss von Alkohol oder
anderer berauschender Mittel am Verkehr teilgenommen haben, werden nach näherer Be-
stimmung durch Rechtsverordnung gemäß § 6 Abs. 1 Nr. 1 Buchstabe n von hierfür amt-
lich anerkannten anderen Seminarleitern durchgeführt.

(3) Ist der Teilnehmer an einem Aufbauseminar nicht Inhaber einer Fahrerlaubnis oder
unterliegt er einem rechtskräftig angeordneten Fahrverbot, so gilt hinsichtlich der Fahr-
probe § 2 Abs. 15 entsprechend.

Begr (VkBl. **86** 366): *§ 2b formuliert in Absatz 1 die Zielvorgabe für die Durchführung der Nach-* 1
schulungskurse, die Grundlage für die Kursgestaltung ist. Gleichzeitig werden die wesentlichen Rahmenbe-
dingungen festgelegt: Die Stichworte „Kurs, Fahrprobe, Gruppengespräche, Einstellungs- und Verhaltensbe-
einflussung" verdeutlichen, dass die Nachschulung nicht mit dem herkömmlichen Fahrschulunterricht
gleichzusetzen ist. ...

2   **Begr** zur Neufassung durch ÄndG v. 24.4.1998 (VkBl. **98** 792): *Die besonderen Aufbauseminare, die es bisher nur für alkoholauffällige Fahranfänger gab, werden durch die Neufassung von Absatz 2 auf Fahranfänger ausgedehnt, die unter dem Einfluss von Drogen am Straßenverkehr teilgenommen haben.*

3   *Auf Antrag kann dem Betroffenen die Teilnahme an einem Einzelseminar gestattet werden, etwa wenn ihm auf Grund seiner persönlichen Lebenssituation ein Gruppenseminar nicht zumutbar ist. Dabei ist zu berücksichtigen, dass die Teilnehmer an Gruppengesprächen mitwirken sollen, um hierdurch Mängel in ihrer Einstellung zum Straßenverkehr und ihrem Verhalten zu beseitigen, dass sie aber nicht verpflichtet sind, die Hintergründe der Verstöße, die zur Teilnahme am Seminar geführt haben, zu offenbaren.*

4–10   **Begr** zum ÄndG v. 2.12.10 **zu Abs. 3** (BT-Drs. 17/3022 S. 11): *Durch die Ergänzung wird erreicht, dass auch Personen an einem Aufbauseminar teilnehmen können, die einem rechtskräftig angeordneten Fahrverbot nach § 25 StVG unterliegen.*

11   **1. Form und Zweck der Aufbauseminare** bei Zuwiderhandlungen in der Probezeit gem. § 2a II werden in I S. 1 beschrieben. §§ 35–37 FeV regeln auf der Grundlage von § 6 I Nr. 1 Buchst. n Einzelheiten ihrer Durchführung.

12   Auf Antrag kann die Teilnahme an einem **Einzelseminar** erlaubt werden (I S. 2, Begr Rn. 3). Dies kommt nur in Ausnahmefällen in Betracht, da der vorgesehene gruppendynamische Prozess (s. I, §§ 35 I, II, 36 III, IV FeV) dann nicht erreichbar ist. Für die Durchführung von allgemeinen Aufbauseminaren als Einzelseminar gilt § 35 I, II FeV mit der Maßgabe, dass die Gespräche in 4 Sitzungen mit einer Dauer von jeweils 60 Minuten durchzuführen sind (§ 35 III FeV). Für die Durchführung von besonderen Aufbauseminaren als Einzelseminar gilt § 36 III, IV FeV mit der Maßgabe, dass die Gespräche in 3 Sitzungen mit einer Dauer von jeweils 90 Minuten durchzuführen sind (§ 36 V FeV). Gestattung und Ablehnung der Teilnahme an Einzelseminar sind VA.

13   **2.** Die Durchführung von **allgemeinen Aufbauseminaren** ist **Fahrlehrern** vorbehalten, die Inhaber einer **Seminarerlaubnis Aufbauseminar** gem. § 45 FahrlG sind. Zu den Voraussetzungen für die Erlangung der Seminarerlaubnis s. § 45 FahrlG, *Dauer* FahrlR § 45 FahrlG Anm 1 ff. Die Seminarerlaubnis Aufbauseminar für Fahrlehrer beschränkt sich auf allgemeine Aufbauseminare.

14   **3. Besondere Aufbauseminare** werden für **alkohol- und drogenauffällige Fahranfänger** durchgeführt (II S. 2). § 36 FeV regelt auf der Grundlage von § 6 I Nr. 1 Buchst n, in welchen Fällen ein Fahranfänger bei Nichtbewährung dem Spezialseminar zuzuführen ist, ferner Modalitäten und Inhalt der Seminare sowie die Bedingungen für die amtliche Anerkennung als Seminarleiter. Besondere Aufbauseminare dürfen nur von **Psychologen** durchgeführt werden, die die Anforderungen von § 36 VI FeV erfüllen. Angesichts des Eingriffs in Art 12 GG ist zweifelhaft, ob der einfache Verweis auf die VO in II S. 2 und in § 6 I Nr. 1 Buchst. n ausreichend ist, um wirksam festzulegen, wer derartige Seminare durchführen darf.

15   **4.** Im Rahmen von Aufbauseminaren ist jeweils auch die Durchführung einer **Fahrprobe** vorgesehen, die der Beobachtung des Fahrverhaltens des Seminarteilnehmers dient (I S. 1, § 35 I S. 3–6 FeV). Für Seminarteilnehmer, die **nicht Inhaber einer FE** sind oder einem rechtskräftig angeordneten **FV** unterliegen, gilt gem. III für die Probefahrt im öffentlichen StrV § 2 XV entsprechend: In diesem Fall gilt nicht der Proband als FzF, sondern der begleitende Fahrlehrer (§ 2 XV S. 2). Für Teilnehmer am **Begleiteten Fahren ab 17** gilt III nicht, da sie Inhaber einer FE sind. Sie dürfen die Fahrprobe nur in Begleitung einer benannten Begleitperson durchführen (§ 48a II S. 1 FeV); die Anwesenheit eines Fahrlehrers macht dies nicht entbehrlich.

Unterrichtung der Fahrerlaubnisbehörden durch das Kraftfahrt-Bundesamt

2c   [1]**Das Kraftfahrt-Bundesamt hat die zuständige Behörde zu unterrichten, wenn über den Inhaber einer Fahrerlaubnis Entscheidungen in das Fahreignungsregister eingetragen werden, die zu Anordnungen nach § 2a Abs. 2, 4 und 5 führen können.** [2]**Hierzu übermittelt es die notwendigen Daten aus dem Zentralen Fahrerlaubnisregister sowie den Inhalt der Eintragungen im Fahreignungsregister über die innerhalb der Probezeit begangenen Straftaten und Ordnungswidrigkeiten.** [3]**Hat bereits eine Unterrichtung nach Satz 1 stattgefunden, so hat das Kraftfahrt-Bundesamt bei weiteren Unterrichtungen auch hierauf hinzuweisen.**

1   **Begr** zur Vorgängervorschrift § 2e StVG: VkBl. **86** 367.

Begr zur Neufassung durch ÄndG v. 24.4.1998 (BR-Drs. 821/96): *Die bisher im Fahranfänger-* 2 *register gespeicherten Daten, insbesondere auch der Tag des Ablaufs der Probezeit, werden künftig Teil des Zentralen Fahrerlaubnisregisters. Mitteilungen müssen also aus diesem Register erfolgen. Entsprechend der Regelung für die Datenübermittlung aus dem Register in § 52 iVm § 63 Abs. 1 Nr. 3 sollen die zu über- mittelnden Daten im Einzelnen durch Verordnung auf der Grundlage von § 6 Abs. 1 Nr. 1 Buchstabe o nF (vgl. Artikel 1 Nr. 10) festgelegt werden.*

Nur Eintragungen, die den **Inhaber einer FE** betreffen, teilt das KBA der zuständigen FEB 3 mit, weil nur bei ihm Bewährung oder Nichtbewährung iS von § 2a in Frage kommt. Keine Unterrichtung der VB daher nach EdF (Begr VkBl. **86** 367). Der Hinweis auf bereits erfolgte Unterrichtungen setzt die FEB bei zwischenzeitlich erfolgtem Wohnungswechsel des Fahranfän- gers in die Lage, Nichtbewährung durch zweimalige weniger schwerwiegende Zuwiderhand- lungen (s. § 2a II) oder die Notwendigkeit von Maßnahmen der 2. und 3. Eingriffsstufe (§ 2a II S. 1 Nr. 2, 3) festzustellen. Eintragungen, die für die nach § 2a zu treffenden Entscheidungen nicht unmittelbar bedeutsam sind, dürfen der FEB nicht übermittelt werden.

Entziehung der Fahrerlaubnis

3 (1) ¹Erweist sich jemand als ungeeignet oder nicht befähigt zum Führen von Kraft- fahrzeugen, so hat ihm die Fahrerlaubnisbehörde die Fahrerlaubnis zu entziehen. ²Bei einer ausländischen Fahrerlaubnis hat die Entziehung – auch wenn sie nach anderen Vor- schriften erfolgt – die Wirkung einer Aberkennung des Rechts, von der Fahrerlaubnis im Inland Gebrauch zu machen. ³§ 2 Abs. 7 und 8 gilt entsprechend.

(2) ¹Mit der Entziehung erlischt die Fahrerlaubnis. ²Bei einer ausländischen Fahrerlaub- nis erlischt das Recht zum Führen von Kraftfahrzeugen im Inland. ³Nach der Entziehung ist der Führerschein der Fahrerlaubnisbehörde abzuliefern oder zur Eintragung der Ent- scheidung vorzulegen. ⁴Die Sätze 1 bis 3 gelten auch, wenn die Fahrerlaubnisbehörde die Fahrerlaubnis auf Grund anderer Vorschriften entzieht.

(3) ¹Solange gegen den Inhaber der Fahrerlaubnis ein Strafverfahren anhängig ist, in dem die Entziehung der Fahrerlaubnis nach § 69 des Strafgesetzbuchs in Betracht kommt, darf die Fahrerlaubnisbehörde den Sachverhalt, der Gegenstand des Strafverfahrens ist, in einem Entziehungsverfahren nicht berücksichtigen. ²Dies gilt nicht, wenn die Fahrerlaub- nis von einer Dienststelle der Bundeswehr, der Bundespolizei oder der Polizei für Dienst- fahrzeuge erteilt worden ist.

(4) ¹Will die Fahrerlaubnisbehörde in einem Entziehungsverfahren einen Sachverhalt berücksichtigen, der Gegenstand der Urteilsfindung in einem Strafverfahren gegen den Inhaber der Fahrerlaubnis gewesen ist, so kann sie zu dessen Nachteil vom Inhalt des Ur- teils insoweit nicht abweichen, als es sich auf die Feststellung des Sachverhalts oder die Beurteilung der Schuldfrage oder der Eignung zum Führen von Kraftfahrzeugen bezieht. ²Der Strafbefehl und die gerichtliche Entscheidung, durch welche die Eröffnung des Hauptverfahrens oder der Antrag auf Erlass eines Strafbefehls abgelehnt wird, stehen ei- nem Urteil gleich; dies gilt auch für Bußgeldentscheidungen, soweit sie sich auf die Fest- stellung des Sachverhalts und die Beurteilung der Schuldfrage beziehen.

(5) Die Fahrerlaubnisbehörde darf der Polizei die verwaltungsbehördliche oder gericht- liche Entziehung der Fahrerlaubnis oder das Bestehen eines Fahrverbots übermitteln, so- weit dies im Einzelfall für die polizeiliche Überwachung im Straßenverkehr erforderlich ist.

(6) Für die Erteilung des Rechts, nach vorangegangener Entziehung oder vorangegan- genem Verzicht von einer ausländischen Fahrerlaubnis im Inland wieder Gebrauch zu machen, an Personen mit ordentlichem Wohnsitz im Ausland gelten die Vorschriften über die Neuerteilung einer Fahrerlaubnis nach vorangegangener Entziehung oder vorangegan- genem Verzicht entsprechend.

(7) Durch Rechtsverordnung auf Grund des § 6 Absatz 1 Nummer 1 Buchstabe r kön- nen Fristen und Voraussetzungen

1. für die Erteilung einer neuen Fahrerlaubnis nach vorangegangener Entziehung oder nach vorangegangenem Verzicht oder

2. für die Erteilung des Rechts, nach vorangegangener Entziehung oder vorangegangenem Verzicht von einer ausländischen Fahrerlaubnis im Inland wieder Gebrauch zu machen, an Personen mit ordentlichem Wohnsitz im Ausland

bestimmt werden.

Übersicht

1   **Begr** des G v. 16.7.57 **zu** (heute) **Abs. 3 S. 2:** *Fahrerlaubnisse, die lediglich zu dienstlichen Zwecken erteilt worden sind …, gelten nur für die Dauer des Dienstverhältnisses. Es ist deshalb nicht angängig, den Dienstherrn in seinen Maßnahmen, die er innerhalb eines freiwillig übernommenen Gewaltverhältnisses trifft, einzuengen und ihm aufzuerlegen, dass er dem Behördenbediensteten während der Dauer eines Strafverfahrens, in dem die Entziehung der Fahrerlaubnis nach § 42m StGB in Betracht kommt, die Fahrerlaubnis belässt und den Sachverhalt, der Gegenstand des Strafverfahrens ist, bei seinen dienstlichen Entscheidungen nicht berücksichtigt.*

2   **Begr** zur Neufassung durch ÄndG v. 24.4.1998 (BT-Drs. 13/6914 S. 68 = VkBl. **98** 792):
Der neue § 3 ersetzt den bisherigen § 4 und enthält vor allem die grundlegenden Bestimmungen für die Entziehung einer Fahrerlaubnis.

3   **Zu Abs. 1 S. 2:** *Die Entziehungsregelungen gelten grundsätzlich auch für ausländische Fahrerlaubnisse. Während aber die Entziehung einer inländischen Fahrerlaubnis zum Erlöschen des Rechtes führt, beinhaltet die Entziehung einer ausländischen Fahrerlaubnis die Aberkennung des Rechts, von dieser Erlaubnis im Inland Gebrauch zu machen, da eine Fahrerlaubnis als Hoheitsakt eines fremden Staates durch die Entscheidung einer deutschen Behörde nicht beseitigt werden kann. Wird im Gesetz das Wort „Entziehung" gebraucht, so bezieht sich dies immer auf in- und ausländische Fahrerlaubnisse.*

4   **Zu Abs. 2:** … *Unberührt bleiben die allgemeinen Vorschriften des Verwaltungsverfahrensrechts über die Rücknahme und den Widerruf der Fahrerlaubnis, soweit es um andere Gründe als die Nichteignung oder die Nichtbefähigung geht.*

Zu Abs. 3 und 4: *Die Absätze 3 und 4 ... befassen sich mit dem Verhältnis von Strafverfahren und* 5 *Verwaltungsverfahren beim Entzug der Fahrerlaubnis. Die Regelungen gelten auch bei einer Anwendung von § 69b StGB (Entziehung einer ausländischen Fahrerlaubnis), da § 69b StGB ... lediglich einen Unterfall von § 69 StGB darstellt.*

Zu Abs. 5: *Absatz 5 enthält die Ermächtigung der Fahrerlaubnisbehörden, die Polizei im Einzelfall* 6 *über die Entziehung der Fahrerlaubnis und das Bestehen eines Fahrverbotes zu unterrichten, damit diese die Einhaltung der Entscheidungen überwachen können.*

Begr zum ÄndG v. 28.11.16 **zu Abs. 6 und 7** (BT-Drs. 18/8559 S. 18): *Die Vorschriften über* 7–12 *inländische Fahrerlaubnisse sind auf ausländische Fahrerlaubnisse nicht direkt anwendbar, da ausländische Fahrerlaubnisse nicht originär erteilt oder entzogen werden können. Es besteht lediglich die Befugnis, das Recht, von solchen Fahrerlaubnissen im Inland Gebrauch zu machen, zu regeln. Vor diesem Hintergrund ist eine generelle Klarstellung für die Entziehung der Fahrerlaubnis bereits in § 3 Abs. 1 erfolgt, damit nicht in jeder einzelnen Vorschrift über die Entziehung deren Anwendbarkeit für ausländische Fahrerlaubnisse erneut geregelt werden muss. ... Eine solche entsprechende Anwendbarkeit soll in § 3 Abs. 6 nun auch für die Erteilung des Rechts, von einer ausländischen Fahrerlaubnis nach Entziehung oder Verzicht wieder Gebrauch machen zu dürfen, geregelt werden. Dies ist lediglich eine rechtstechnische Klarstellung und enthält keine materielle Änderung.*

1. Allgemeines. § 3 StVG regelt die **Entziehung der Fahrerlaubnis** (EdF) durch die Ver- 13 waltungsbehörde (Fahrerlaubnisbehörde, FEB), wenn sich der Berechtigte als zum Führen von Kfz ungeeignet oder nicht befähigt erweist (I S. 1). Die Vorschrift dient dem Schutz der Allgemeinheit vor Gefährdungen durch ungeeignete bzw. nicht befähigte Kf (BVerwG NZV **96** 84 (zu § 4 StVG aF), OVG Hb NJW **02** 2123). Ausführungsvorschriften: §§ 46, 47 FeV. Zum **Verhältnis zum FEigBewSystem** (§ 4) s. Rn. 16, § 4 Rn. 33 ff., § 11 FeV Rn. 21a. Zu **Eignung** Rn. 14 ff. und § 2 Rn. 41 ff., zu **Befähigung** Rn. 18 und § 2 Rn. 72. Werden der FEB Tatsachen bekannt, die **Bedenken** gegen Eignung oder Befähigung begründen, so kann sie zur Klärung die Beibringung des Gutachtens eines Arztes, einer Begutachtungsstelle für Fahreignung (medizinisch-psychologisches Gutachten) oder eines amtlich anerkannten Sachverständigen oder Prüfers anordnen (I S. 3 iVm § 2 VIII, näher dazu Rn. 19 ff., § 2 Rn. 75, §§ 11 ff. FeV). Eine in Deutschland erteilte FE **erlischt** mit der Entziehung (II S. 1). **Ausländische FE** können dagegen von deutschen Behörden nicht durch Entziehung zum Erlöschen gebracht werden, weil dies einen unzulässigen Eingriff in die Hoheitsrechte eines anderen Staates bedeuten würde (Begr Rn. 3). „Entziehung" im Ausland erteilter FE ist deswegen zwar möglich, hat aber nur die Wirkung einer **Aberkennung des Rechts, von der ausländischen FE in Deutschland Gebrauch zu machen** (I S. 2, II S. 2, § 46 V, VI S. 2 FeV). Der Begriff Entziehung der FE umfasst bei im Ausland erteilten FE immer den Begriff Aberkennung des Rechts, von der ausländischen FE im Inland Gebrauch zu machen. Bei fehlender oder nur noch eingeschränkter Eignung zum **Führen fahrerlaubnisfreier Fz** (Kfz wie zB Mofas, Nicht-Kfz wie zB Fahrräder) kann das Recht zum Führen dieser Fz unabhängig von der EdF untersagt oder beschränkt werden oder Auflagen verfügt werden (§ 3 FeV). **Entziehung** der sog **FE zur Fahrgastbeförderung** (FzF, § 2 III StVG, § 48 FeV) erfolgt nicht nach § 3 StVG, § 46 FeV, sondern nach § 48 X FeV (dazu § 48 FeV Rn. 33). § 3 StVG ist dabei entsprechend heranzuziehen, soweit gesetzlich nichts anderes bestimmt ist (§ 2 III S. 5 StVG). **Verzicht auf die FE** ist durch Erklärung gegenüber der zuständigen FEB möglich (näher § 2 Rn. 25).

2. Eignung. Die FE ist zu entziehen, wenn sich ein FEInhaber als ungeeignet zum Führen 14 von Kfz erweist (I S. 1, § 46 I S. 1 FeV). Der Begriff der Eignung wird in § 2 definiert. Zum Führen von Kfz ist danach geeignet, wer die notwendigen körperlichen und geistigen Anforderungen erfüllt und nicht erheblich oder nicht wiederholt gegen verkehrsrechtliche Vorschriften oder gegen Strafgesetze verstoßen hat (§ 2 IV, näher dazu § 2 Rn. 41 ff., § 11 FeV Rn. 18 ff.). Fehlt die Eignung, ist die FE zwingend zu entziehen (I S. 1, § 46 I S. 1 FeV). Liegt die Eignung nur noch eingeschränkt vor, hat die FEB die FE soweit nötig inhaltlich zu beschränken oder Auflagen zur FE anzuordnen (§ 46 II FeV); EdF würde in diesem Fall gegen das Übermaßverbot verstoßen. Die Ungeeignetheit ist eine Rechtsfrage und verwaltungsgerichtlich nachprüfbar (Rn. 31).

Zu **körperlichen (physischen) Mängeln** § 2 Rn. 42 f., § 11 FeV Rn. 19 f., zum **Sehver-** 15 **mögen** § 12 FeV. Zur Minderung der Eignung durch starken **Altersabbau** § 2 Rn. 43, § 11 FeV Rn. 27b. Zu Eignungsmängeln wegen **Alkohol** § 2 Rn. 44 ff., § 13 FeV, wegen **Drogen** § 2

Rn. 51 ff., § 14 FeV. Zu **geistigen (psychischen) Mängeln** wie Geisteskrankheiten, Nervenleiden, Schwachsinn, Depressionen § 2 Rn. 66, § 11 FeV Rn. 19 f.

16   Die **charakterliche Eignung** fehlt, wenn erheblich oder wiederholt gegen verkehrsrechtliche Vorschriften oder gegen Strafgesetze verstoßen wurde (§ 2 IV S. 1, § 2 Rn. 67 ff., § 46 I S. 2 FeV). Bei Verstößen, die dem **Fahreignungs-Bewertungssystem** unterliegen, ist jedoch die spezielle Regelung des § 4 zu beachten. Das Fahreignungs-Bewertungssystem (§ 4) genießt grundsätzlich **Vorrang** vor den Regelungen zur EdF in § 3, § 46 FeV. Nur wenn auf Grund der konkreten Umstände ausnahmsweise Anlass besteht, die Eignung bereits vor Erreichen oder Überschreiten von 8 Punkten zu überprüfen oder die FE wegen Kraftfahrungeeignetheit zu entziehen, darf abweichend vom FEigBewSystem nach § 3 vorgegangen werden (§ 4 I S. 3, näher § 4 Rn. 33 ff.). Dies bedarf eingehender Begründung.

17   **Bedingte Eignung.** Nach §§ 2 IV S. 2 StVG, 23 II FeV kann bei bedingter, dh eingeschränkter Eignung eine FE mit Beschränkungen oder unter Auflagen erteilt werden. Entsprechend ist gem. § 46 II FeV eine FE statt einer Entziehung nach § 3 StVG lediglich einzuschränken oder unter Auflage(n) zu belassen, soweit solche bei nachträglicher Eignungsminderung ausreichen (OVG Berlin VM **91** 64). Das ergibt im Übrigen zwingend das Übermaßverbot (**E** 2), s. OVG Br NJW **80** 2371. Danach ist es gemäß § 23 FeV nicht nur „zulässig", sondern geboten, bei beschränkter Eignung eine FE unter Auflagen zu erteilen, sofern geeignete Auflagen sachlich ausreichen (sonst Nichteignung). Daher ist stets zu prüfen, ob eine beschränkte FE oder eine FE mit Auflagen dem öffentlichen Sicherheitsinteresse genügen würde; das Gutachten muss die Frage bedingter Eignung ohne weiteres mit umfassen (*Himmelreich* DAR **96** 129). Allerdings obliegt es dem FEInhaber, im Entziehungsverfahren, vor allem im Rahmen der Begutachtung, auf Umstände hinzuweisen, die die Erteilung einer beschränkten FE (zB für landwirtschaftliche Traktoren) rechtfertigen könnten (VGH Mü VRS **88** 316). Bei bloßer Nachtfahruntauglichkeit ist die FE nicht insgesamt zu entziehen, sondern sachgemäß auf Tagesfahrten einzuschränken (OVG Berlin VM **91** 64, verminderte Dämmerungssehschärfe, erhöhte Blendempfindlichkeit). Zur Abgrenzung Beschränkung/Auflagen § 23 FeV Rn. 18. Nichtbeachtung etwaiger Auflagen: § 23 FeV Rn. 16 f. Bei Charaktermängeln kann die FE nur ganz entzogen werden (s. § 2 IV S. 2, § 2 Rn. 71). Bei unveränderter Sachlage darf die FEB die FE nicht wegen derselben die unbeschränkte Eignung in Frage stellenden Umstände entziehen, die zur Erteilung der FE unter Auflagen geführt haben (VG Neustadt ZfS **03** 479, s. OVG Ko ZfS **93** 143).

18   **3. Befähigung.** Die FE ist auch zu entziehen, wenn sich ein FEInhaber als nicht befähigt zum Führen von Kfz erweist (I S. 1, § 46 IV S. 1 FeV). Der Begriff der Befähigung (theoretische Kenntnisse der VVorschriften, die Fähigkeit, entsprechende Kenntnisse umzusetzen, und praktische Fahrfertigkeiten) ist in § 2 V definiert (näher § 2 Rn. 72). Mangelnde Befähigung kann sich durch Auffälligkeiten im StrV, insbesondere durch Regelverstöße, offenbaren, aber auch durch mangelnde FzBeherrschung (VG Köln DAR **14** 668).

19   **4. Klärung von Zweifeln an Eignung oder Befähigung.** Tatsachen, aus denen sich Zweifel an Eignung oder Befähigung ergeben, können der FEB auf den verschiedensten Wegen bekannt werden. Die **Polizei** hat der FEB derartige Tatsachen zu übermitteln (§ 2 XII, § 2 Rn. 85). Bedenken können sich auch aus Mitteilungen ausländischer Stellen ergeben (*Geiger* DAR **04** 184). Der **Arzt** darf trotz Schweigepflicht bei Kenntnis von krankheitsbedingten Mängeln der Kraftfahreignung seines Patienten nach pflichtgemäßer Abwägung die FEB verständigen, wenn Abmahnung nicht hilft (BGH NJW **68** 2288, VGH Mü BayVBl **87** 119, *Bouska/ Laeverenz* § 46 FeV Anm 4b, *Händel* DAR **77** 36, **85** 213, *Gehrmann* NZV **05** 1 (8) („letztes Mittel"), *Birnbacher* VGT **05** 201, *Bock* VGT **05** 209, *Geppert* Gössel-F S. 309 ff. (als „ultima ratio"), *de Vries* VGT **12** 119 (125)). Zur Frage etwaiger zivilrechtlicher oder strafrechtlicher Verantwortlichkeit des Arztes bei Nichtanzeige schwerwiegender Eignungsmängel des Patienten, s. *Geppert, Gössel-F* S. 313 ff.

20   Werden der FEB Tatsachen bekannt, die Bedenken gegen die **Eignung** begründen, so kann sie zur **Klärung** die Beibringung des Gutachtens eines Arztes oder einer Begutachtungsstelle für Fahreignung (medizinisch-psychologisches Gutachten) anordnen (I S. 3 iVm § 2 VIII, § 46 III iVm §§ 11–14 FeV, § 2 Rn. 75, §§ 11–14 FeV). Die Beibringung eines Gutachtens ist nur anzuordnen, wenn Zweifel bestehen; steht die Nichteignung für die FEB dagegen fest, hat die Anordnung zur Beibringung eines Gutachtens zu unterbleiben und die FE ist unmittelbar zu entziehen (§ 46 III iVm § 11 VII FeV, § 11 FeV Rn. 50, VGH Ma DAR **03** 236, VRS **108** 157).

21   Werden der FEB Tatsachen bekannt, die Bedenken an der **Befähigung** begründen, kann sie zur **Klärung** die Beibringung eines Gutachtens eines amtlich anerkannten Sachverständigen

oder Prüfers für den Kfz-Verkehr bei einer Technischen Prüfstelle anordnen (I S. 3 iVm § 2 VIII, § 46 IV S. 2 FeV, VG Köln DAR **14** 668). § 11 VI–VIII FeV ist dann entsprechend anzuwenden (§ 46 IV S. 3 FeV).

Die FEB kann daneben **Auskünfte** aus dem Fahreignungsregister, dem Zentralen Fahrerlaub- **22** nisregister und anderen Registern **einholen** (I S. 3 iVm § 2 VII, näher dazu § 2 Rn. 74).

5. Entziehung ist zwingend vorgeschrieben, wenn die Voraussetzungen vorliegen (I S. 1, **23** § 46 I S. 1, IV S. 1 FeV – *hat* zu entziehen, *ist* zu entziehen, OVG Hb NJW **02** 2123, VGH Ma DAR **03** 236, VRS **108** 157) und die Regelungen des Fahreignungs-Bewertungssystems nicht vorgehen (dazu § 4 Rn. 33 ff., § 11 FeV Rn. 21a). EdF auf der Grundlage von § 3 I S. 1 StVG, § 46 I S. 1, IV S. 1 FeV ist gebundener VA, bei dessen Erlass der FEB **kein Ermessen** zusteht (OVG Münster NJW **13** 2841, OVG Mgd NJW **13** 3113). Die **persönlichen** und **wirtschaft-lichen Nachteile,** die für den Betr mit der EdF verbunden sind, müssen im Hinblick auf den hohen Rang der durch die VTeilnahme eines ungeeigneten oder nicht befähigten FEInhabers gefährdeten Rechtsgüter anderer VTeilnehmer zurücktreten (OVG Hb NJW **02** 2123, VGH Ma VRS **108** 157, VG Trier 14.3.19 – 1 L 545/19 BeckRS 2019, 5385). Billigkeitserwägungen und der Gesichtspunkt mangelnden Verschuldens können der im Sicherheitsinteresse gebotenen EdF wegen körperlicher Ungeeignetheit nicht entgegengesetzt werden (VGH Mü NZV **91** 247).

EdF ist nur möglich, wenn Ungeeignetheit oder mangelnde Befähigung des FEInhabers auf- **24** grund **erwiesener Tatsachen** positiv festgestellt werden (BVerwG NJW **05** 3081, VGH Ma VRS **105** 314). Die materielle Beweislast dafür trägt die FEB unter Einbeziehung von Mitwir-kungspflichten des Betr (OVG Münster NJW **07** 2938, 19.2.13 16 B 1229/12, VGH Ma VRS **131** 32). Steht, aus welchen Gründen auch immer, nicht fest, ob der Betr geeignet oder ungeeig-net ist, kann die FE nicht entzogen werden (OVG Ko BA **09** 436, VGH Mü 7.8.18 – 11 CS 18.1270 ZfS **18** 594). Bloße Eignungs- oder Befähigungszweifel genügen nicht, die Nicht-eignung oder Nichtbefähigung muss erwiesen sein (s. Abs. I: „*Erweist* sich …“, BVerwG NJW **05** 3081, VGH Ma NZV **92** 88, OVG Schl DAR **94** 40, OVG Hb NJW **94** 2168, VGH Mü NZV **98** 303, 342, VG Ka BA **06** 253). Bei **Nichtvorlage** eines rechtmäßig angeordneten **Gut-achtens** ist unter den Voraussetzungen des § 11 VIII FeV von Ungeeignetheit oder fehlender Befähigung auszugehen (näher § 11 FeV Rn. 51–56). Es reicht nicht, dass sich jemand in der Vergangenheit als ungeeignet oder nicht befähigt erwiesen hat; der FEInhaber muss vielmehr **im Zeitpunkt der** (letzten, s. Rn. 32) **behördlichen Entscheidung ungeeignet oder nicht befähigt** zum Führen von Kfz sein (VGH Mü VRS **109** 64 (68), OVG Greifswald BA **13** 141, VG Berlin BA **13** 259).

Ob der **Eignungsmangel schon vor Erteilung der FE** bestand, ist bei in Deutschland er- **25** teilten FE bedeutungslos (VGH Ka NJW **85** 2909, VGH Ma NZV **92** 254, DAR **03** 135, OVG Hb NJW **02** 2123). Dem steht die Gesetzesformulierung „*Erweist sich jemand als ungeeignet …*“ nicht entgegen, weil mit dieser Wortfassung nur verdeutlicht werden soll, dass die Nichteignung im maßgeblichen Entscheidungszeitpunkt feststehen muss (VGH Ka NJW **85** 2909, OVG Hb NJW **02** 2123). Rechtsfehlerhafte Erteilung der FE trotz Vorliegens der die Ungeeignetheit be-gründenden Tatsachen bereits zum Zeitpunkt der Erteilung schließt EdF daher nicht aus (OVG Hb NJW **02** 2123; einschränkend VG Neustadt ZfS **03** 479 für den Fall der FEErteilung unter Auflagen ohne Bekanntwerden neuer Umstände). Bei **ausländischen EU/EWR-FE** ist die Rspr. des EuGH zu beachten, wonach im EU-/EWR-Ausland erteilte FE vorbehaltlos anzuer-kennen sind, sodass Eignungsmängel, die bereits vor Erteilung vorgelegen haben, grundsätzlich außer Betracht bleiben (näher dazu § 28 FeV Rn. 33 ff.).

6. Zuständigkeit für die Entziehung. Sachlich zuständig für die EdF ist gem. Abs. I die **26** FEB (§ 73 FeV). Örtlich zuständig ist die FEB, in deren Bezirk der Betroffene zur Zeit der Ein-leitung des Entziehungsverfahrens wohnt oder sich aufhält (§ 73 II S. 1 FeV). Hat der Betroffene keinen Wohn- oder Aufenthaltsort im Inland, ist für EdF gem FEB zuständig (§ 73 III FeV, s. aber Rn. 29). § 73 II S. 2 FeV findet auf EdF keine Anwendung, da diese Norm ein von der Stellung eines Antrags abhängiges Verwaltungsverfahren voraussetzt, während EdF von Amts we-gen eingeleitet wird (s. BVerwG NJW **95** 346, VGH Ka VRS **70** 398, jeweils zu § 68 StVZO). EdF durch örtlich unzuständige FEB rechtfertigt allein nicht Aufhebung der Verfügung (§ 46 VwVfG, BVerwG VRS **61** 227, NJW **95** 346). Spezielle Zuständigkeiten für Bundeswehr, Bun-despolizei, Polizei: § 73 IV FeV. Zuständigkeit der Strafgerichte zur EdF: §§ 69 ff. StGB, 111a StPO.

27   **7. Vorläufige EdF** als Vorstufe der verwaltungsbehördlichen EdF gibt es anders als im Strafverfahren (§ 111a StPO) nicht. Eine **Sicherstellung oder Beschlagnahme des FS,** die bewirkt, dass von der FE nicht mehr Gebrauch gemacht werden darf (§ 21 II Nr. 2 und 3), ist nur für Zwecke des Strafverfahrens nach § 94 StPO möglich. Fehlt diese Möglichkeit, weil nur verwaltungsbehördliche EdF in Betracht kommt, ist fraglich, ob Wegnahme des FS in dringenden Fällen nach Polizeirecht zum Schutz der öffentlichen Sicherheit und Ordnung zulässig ist. Da diese polizeiliche Maßnahme keinen Einfluss auf die Berechtigung hat, von der FE Gebrauch zu machen, ist sie objektiv ein ungeeignetes Mittel, wenn erreicht werden soll, dass der Betr nicht mehr fahren darf. Soll in einem akuten Fall zB eine alkoholisierte oder unter der Wirkung von Drogen stehende Person am Weiterfahren gehindert werden, wird nach Polizeirecht der Fz-Schlüssel weggenommen oder das Fz beschlagnahmt werden müssen. Die Befugnis dazu endet mit der Gefahr, die mit der Maßnahme bekämpft werden soll. Eine vorläufige Sicherstellung des FS auf der Grundlage des Polizeirechts zwecks Sicherung des Verwaltungsverfahrens (Abgabe des FS bzw. Einziehung des FS nach verwaltungsbehördlicher EdF) ist problematisch, denn solange der Betr Inhaber einer FE ist, darf er fahren und muss dabei die Möglichkeit haben, seiner Verpflichtung zum Nachweis der FE durch den FS (§ 2 I S. 3 StVG, § 4 II FeV) nachzukommen. Zur rechtspolitischen Diskussion der Thematik *Bönke* VGT **11** 1, *Rieger* VGT **11** 23, *Schäler* DAR **14** 430.

28   **8. Entziehung ausländischer FE.** Ausländische FE können von deutschen Behörden nicht durch Entziehung zum Erlöschen gebracht werden, weil dies einen unzulässigen Eingriff in die Hoheitsrechte des ausländischen Staates bedeuten würde, der die FE erteilt hat (Begr Rn. 3). „Entziehung" im Ausland erteilter FE ist zwar möglich, hat deswegen aber nur die **Wirkung** einer **Aberkennung des Rechts,** von der FE **in Deutschland** Gebrauch zu machen (I S. 2, II S. 2, § 46 V, VI S. 2 FeV). Die ausländische FE selbst bleibt uneingeschränkt bestehen und kann weiter zum Führen von Kfz außerhalb Deutschlands genutzt werden. „Entziehung" in anderen EU-/EWR-Staaten erteilter FE ist wegen der Verpflichtung der Mitgliedstaaten zur vorbehaltlosen gegenseitigen Anerkennung der von anderen Mitgliedstaaten erteilten FE nur eingeschränkt möglich, näher § 28 FeV Rn. 21, 36.

29   Deutsche FEB können im Ausland erteilte EU/EWR-FE – mit den genannten Einschränkungen – „entziehen", wenn der FEInhaber seinen **Wohnsitz in Deutschland** hat, denn Art 11 II der 3. EU-FS-RL gestattet es dem Mitgliedstaat des ordentlichen Wohnsitzes, auf den Inhaber einer von einem anderen Mitgliedstaat erteilten FE seine innerstaatlichen Vorschriften über den Entzug einer FE anzuwenden. Nach dem **Urteil des EuGH v. 23.4.15** C-260/13 **Aykul** (NJW **15** 2945, Anm *Zwerger* DAR **15** 321, Anm *Koehl* SVR **15** 272, Anm *Ternig* NZV **17** 85) sind deutsche Behörden aber auch befugt, im Ausland erteilte EU/EWR-FE zu „entziehen", also das Recht abzuerkennen, von der ausländischen FE in Deutschland Gebrauch zu machen, wenn der FEInhaber sich nach Erteilung der ausländischen FE vorübergehend in Deutschland aufgehalten und dabei seine – nach deutschen Maßstäben bestehende – Fahrungeeignetheit gezeigt hat, aber im Ausland wohnt und **keinen Wohnsitz in Deutschland** hat. Daran hatten vor der Entscheidung des EuGH Zweifel bestanden, weil Art 11 II der 3. EU-FS-RL (ebenso wie schon dessen Vorgängervorschrift Art 8 II der 2. EU-FS-RL) es nur dem Mitgliedstaat des ordentlichen Wohnsitzes gestattet, auf den Inhaber einer von einem anderen Mitgliedstaat erteilten FE seine innerstaatlichen Vorschriften über den Entzug einer FE anzuwenden, nicht aber auch allen anderen Mitgliedstaaten, in denen sich der FEInhaber vorübergehend aufgehalten hat (VG Augsburg 18.7.12 Au 7 S 12.801, VG Sigmaringen 30.4.13 DAR **13** 410 (Vorabentscheidungsersuchen an den EuGH)). Der **EuGH** hat in seinem Urt v. 23.4.15 – Aykul (NJW **15** 2945) klargestellt, dass diese Frage des fehlenden inländischen Wohnsitzes nicht einschlägig sei. In solchen Fällen sei aber Art 11 IV UAbs. 2 der 3. EU-FS-RL anwendbar, der es jedem Mitgliedstaat und nicht nur dem Mitgliedstaat des ordentlichen Wohnsitzes gestatte, die Gültigkeit einer von einem anderen Mitgliedstaat erteilten FE für sein Hoheitsgebiet abzulehnen. (Der EuGH hat gleichzeitig darauf hingewiesen, dass Deutschland sicherstellen muss, dass die „Entziehung" nicht auf unbestimmte Zeit wirkt, sondern dass dem FEInhaber ermöglicht werden muss, seine Fahrberechtigung in Deutschland in angemessener Zeit wiederzuerlangen; dazu § 28 FeV Rn. 52 ff., 55 ff.).

30   **9. Verfahrensrechtliche Fragen.** Soweit nicht III und IV eingreifen, ist die FEB nicht an die strafgerichtliche Beurteilung der Kraftfahreignung gebunden, sondern entscheidet auf Grund **pflichtgemäßer Beurteilung** der sorgfältig und vollständig erhobenen Beweise. Die EdF ist so zu begründen, dass die Rechtsmittelaussichten beurteilt werden können (s. § 39 VwVfG). Berücksichtigung des Sachverhalts früherer Bußgeld- oder Strafverfahren, Verwertbarkeit von Bußgeldakten über nicht eintragbare OWen: § 29 StVG. Akten über eingestellte OWVerfahren (§ 47 OWiG) sind zu Lasten nur insoweit verwertbar, als sie ein ow Verhalten, zB durch Einlassung des Betroffenen, zweifelsfrei nachweisen, nicht, wenn völlige Aufklärung wegen der beabsichtigten Einstellung unterblieben ist.

EdF ist **VA** und kann deswegen mit Widerspruch und Anfechtungsklage **angefochten** wer- **31** den (s. auch § 46 FeV Rn. 20). Das Widerspruchsverfahren im FERecht entfällt in einigen Ländern (*Koehl* VD **16** 213). Anordnung der FEB zur Beibringung eines Gutachtens zur Klärung von Zweifeln an Eignung oder Befähigung ist als bloße Aufklärungsanordnung nicht selbständig anfechtbar (näher § 11 FeV Rn. 25).

Beurteilungszeitpunkt. Die Beurteilung der Rechtmäßigkeit der EdF richtet sich nach der **32** Sach- und Rechtslage bei **Abschluss des Verwaltungsverfahrens,** dh im Zeitpunkt der letzten Behördenentscheidung, im Fall der Durchführung eines Widerspruchsverfahrens bei Zustellung des Widerspruchsbescheids (BVerwG NJW **05** 3081, NJW **10** 3318, NJW **15** 2439, 11.4.19 – 3 C 14/17 NJW **19** 3395 Rn. 11, OVG Hb VRS **105** 55 (58), VGH Mü VRS **109** 64 (68), SVR **13** 150, VGH Ma DAR **04** 170, VRS **108** 127, VRS **124** 168, NJW **15** 189, VRS **131** 32, OVG Greifswald VRS **107** 229, OVG Lüneburg NZV **15** 53, OVG Saarlouis 3.9.18 – 1 B 221/18 ZfS **18** 719). Abzustellen ist auf die **damalige Rechtslage,** dies aber in deren Interpretation nach der aktuellen Rechtserkenntnis (OVG Lüneburg 17.9.19 – 12 ME 100/19 ZfS **19** 657). **Danach** liegende Umstände – etwa späteres Wohlverhalten oder die nachträgliche Vorlage eines für den Betr günstigen Gutachtens – sind nicht für die Rechtmäßigkeit der Entziehungsverfügung maßgebend, sondern können nur im Zusammenhang mit einem Antrag auf Neuerteilung der FE berücksichtigt werden (BVerwG NVwZ **90** 654, NZV **96** 84, OVG Hb VRS **105** 55 (58), OVG Münster 7.10.13 16 A 2820/12, VGH Mü NJW **16** 1974, 16.4.18 11 ZB 18.344, OVG Bremen 10.2.20 – 2 B 269/19 NJW **20** 1897). Auch die Wiederherstellung der Fahreignung durch Teilnahme an einem Kurs nach § 11 X FeV nach Abschluss des Verwaltungsverfahrens kann einer Entziehungsverfügung im gerichtlichen Verfahren nicht mehr entgegengehalten werden (OVG Lüneburg NZV **15** 53). Hat das VG jedoch ohnehin Zweifel an der behördlichen Beurteilung der Kraftfahreignung, so kann ausnahmsweise aus dem Verhalten des Betroffenen nach Abschluss des Entziehungsverfahrens eine Indizwirkung gegen die Richtigkeit jener Beurteilung herzuleiten sein (BVerwG NVwZ **90** 654). Steht **vor** Abschluss des Verwaltungsverfahrens (zB vor Entscheidung der Widerspruchsbehörde) fest, dass der Betr seine Fahreignung wieder erlangt hat, scheiden EdF bzw. Bestätigung der EdF durch die Widerspruchsbehörde aus (VGH Mü VRS **109** 64, OVG Greifswald BA **13** 141, OVG Schl BA **18** 271). – Bei EdF nach dem **Fahreignungs-Bewertungssystem** gem. § 4 V S. 1 Nr. 3 wegen Erreichens oder Überschreitens von 8 Punkten kommt es grds. auf den Zeitpunkt an, in dem die Tat begangen wurde, die zum Erreichen oder Überschreiten von 8 Punkten geführt hat (§ 4 V S. 5, 7); s. aber zum Übergang vom Punktsystem zum FEigBewSystem VGH Ma NJW **15** 189 (Anm *Schäpe* DAR **15** 34).

Widerspruch und Anfechtungsklage gegen EdF haben grundsätzlich **aufschiebende Wir- 33 kung** (§ 80 I S. 1 VwGO). Diese entfällt kraft Gesetzes nur bei Entziehung nach den Vorschriften über die FE auf Probe (§ 2a VI) und bei Entziehung im Rahmen des Fahreignungs-Bewertungssystems (§ 4 IX). In allen anderen Fällen kann die **sofortige Vollziehung** gem. § 80 II S. 1 Nr. 4 VwGO von der FEB ausdrücklich **angeordnet** werden, wenn sie im öff Interesse liegt. Für den Bereich des Verkehrsrechts ist anerkannt, dass die Interessen, die den Erlass des VA rechtfertigen, zugleich die Anordnung des Sofortvollzugs rechtfertigen können (VGH Ma VRS **108** 123, OVG Weimar VRS **123** 183, VGH Mü NJW **15** 3050). Fehlen Eignung oder Befähigung, gebührt dem öff Interesse am Schutz des StrV gegenüber dem Interesse des zum Führen von Kfz ungeeigneten oder nicht befähigten Betr, weiterhin am StrV teilnehmen zu können, regelmäßig der Vorrang. Angesichts der in diesen Fällen notwendigen Abwehr von Gefahren für elementare Rechtsgüter ist es mit Art 19 IV GG vereinbar, wenn bei EdF die sofortige Vollziehung **nicht nur ausnahmsweise,** sondern in der Masse der Fälle angeordnet wird (OVG Hb NJW **06** 1367, VG Ansbach BA **08** 156 (158)). Sie ist idR anzuordnen, wenn Ungeeignetheit feststeht, etwa kraft gesetzlicher Vermutung (zB § 11 VIII FeV, VG Kar BA **03** 82), auf Grund nachgewiesener Einnahme von harten Drogen (OVG Lüneburg BA **05** 324, OVG Mgd 10.4.18 3 M 143/18), oder auf Grund Gutachtens. Bei EdF wegen drogenbedingter Ungeeignetheit schließt längere unbeanstandete VTeilnahme als Kf die Berechtigung zur Anordnung des Sofortvollzugs nicht aus (OVG Lüneburg BA **05** 324). Ein besonderes Interesse an der sofortigen Vollziehung der EdF besteht aber **nicht,** wenn eine medizinisch-psychologische Untersuchung die **aktuelle Fahreignung** des Betr ergibt (BVerwG 5.11.18 – 3 VR 1.18 VRS **134** 332). Keine Unverhältnismäßigkeit der Anordnung sofortiger Vollziehbarkeit wegen **beruflichen Angewiesenseins** auf eine FE (OVG Bautzen NZV **01** 531, 10.12.14 3 B 148/14 = DÖV **15** 304 Ls, OVG Mgd 10.4.18 3 M 143/18, 31.8.18 3 M 290/18), denn die von ungeeigneten Kf ausgehenden Gefahren für das Leben, die Gesundheit und das Eigentum anderer, die es im öff Interesse zu verhindern gilt, sind nicht deshalb geringer, weil der Kf von Berufs wegen am StrV teilnimmt (VGH Mü NZV **95** 167).

34 Die Anordnung der sofortigen Vollziehung ist grundsätzlich mit einer auf den konkreten Fall bezogenen und nicht lediglich formelhaften **schriftlichen Begründung des besonderen öff Interesses an der sofortigen Vollziehbarkeit** der EdF zu versehen (§ 80 III S. 1 VwGO). Auch in den Fällen, in denen für die Anordnung der sofortigen Vollziehung dieselben Interessen maßgeblich sind wie für den VA selbst, bedarf die Vollzugsanordnung einer Begründung iSv § 80 III S. 1 VwGO (*Kopp/Schenke* § 80 Rn. 86, VGH Ma VRS **108** 123, DAR **12** 603). Gesundheit und Leben anderer VTeilnehmer haben aber, verglichen mit dem Wunsch des Kf, weiterhin ein Kfz führen zu dürfen, ein so starkes Übergewicht, dass bei EdF an die Begründung der Anordnung des Sofortvollzugs **keine zu hohen Anforderungen** zu stellen sind (OVG Hb NJW **06** 1367, OVG Weimar VRS **123** 183, VGH Ma DAR **12** 603, VG Ol ZfS **08** 597, VG Trier 14.3.19 – 1 L 545/19 BeckRS 2019, 5385, *Finkelnburg/Dombert/Külpmann* Rn. 1463). Wenn – wie bei der sicherheitsrechtlichen EdF – die zu beurteilende Interessenkonstellation in der großen Mehrzahl der Fälle gleichgelagert ist, kann sich die FEB grds. darauf beschränken, die für die Fallgruppe typische Interessenlage zur Rechtfertigung der Anordnung der sofortigen Vollziehung aufzuzeigen und deutlich zu machen, dass nach ihrer Auffassung diese Interessenlage auch im konkreten Fall vorliegt (OVG Weimar VRS **123** 183, OVG Mgd BA **12** 327, VGH Mü SVR **14** 278, NJW **15** 3050, VG Ol ZfS **08** 597, VG Saarlouis SVR **16** 155, VG Neustadt NZV **15** 614). Ergibt sich die fehlende Eignung nicht unmittelbar aus eignungsausschließenden Tatsachen, wie zB aus festgestelltem Drogenkonsum oder aus einem vorliegenden negativen Eignungsgutachten, sondern wird die **Nichteignung gem. § 11 VIII unterstellt,** bedarf die keinen weiteren Aufschub duldende Dringlichkeit der EdF allerdings einer **besonderen Begründung** im Einzelfall (VG Neustadt BA **13** 264).

35 **10. Wirkung der Entziehung.** Durch die Entziehung **erlischt die FE** (II S. 1, § 46 VI S. 1 FeV). Sie erlischt in vollem Umfang, also in Bezug auf alle FE-Klassen, die der Berechtigte hat. Die Wirkung des Erlöschens tritt ex nunc ein, also nur für die Zukunft, nicht rückwirkend. Bei im Ausland erteilten FE erlischt mit der EdF nicht die FE, sondern (nur) das Recht zum Führen von Kfz in Deutschland (II S. 2, § 46 V, VI S. 2 FeV). Mit EdF erlischt auch das Recht zum Führen von Mofas (§ 5 I S. 2 FeV), wenn es nicht aus einer Prüfbescheinigung gem. § 5 FeV oder aus § 76 Nr. 3 FeV abgeleitet wird.

36 Ist die **Eignung** nicht gänzlich entfallen, sondern noch **eingeschränkt** vorhanden, ist die FE nicht mit der Folge des Erlöschens zu entziehen, sondern so weit notwendig inhaltlich **einzuschränken** oder mit **Auflagen** zu versehen (§ 46 II S. 1 FeV). Bei im Ausland erteilten FE ist in diesem Fall das Recht, von der ausländischen FE in Deutschland Gebrauch zu machen, so weit notwendig einzuschränken oder mit Auflagen zu versehen (§ 46 II S. 2 FeV). Wird eine **FE der D-Klassen,** für die erhöhte Eignungsanforderungen bestehen (§ 11 I S. 4 FeV), **isoliert „entzogen",** wenn die entsprechenden erhöhten Anforderungen nicht mehr erfüllt werden (OVG Bautzen 15.5.08 3 BS 411/07, OVG Lüneburg 7.5.14 VM **14** 76), ist dies **keine EdF** iSv § 3 I S. 1 StVG, § 46 I FeV, sondern eine inhaltliche Einschränkung (§ 46 II FeV) der weiterhin bestehenden FE, denn nach der Systematik des StVG und der FeV hat der FEInhaber nur eine FE, nicht gesonderte FE der einzelnen FE-Klassen (§ 2 Rn. 22).

37 Die Entziehung wird **mit Bekanntgabe wirksam** (§ 43 I S. 1 VwVfG, VG Lüneburg 11.7.18 1 B 34/18 BeckRS 2018, 15949). Zustellung der die FE entziehenden Verfügung an einen Geschäftsunfähigen hindert den Eintritt rechtlicher Wirksamkeit, trägt jedoch bei Unkenntnis der FEB von der Geschäftsunfähigkeit den Rechtsschein der Wirksamkeit (VGH Mü NJW **84** 2845, 10.1.13 11 C 12.2510, VG Mü 21.3.13 M 6a S 13.181); wird der Einwand der Geschäftsunfähigkeit nach Zustellung erhoben, kann der Schutz anderer vor Gefährdung falls notwendig bis zur Klärung zunächst durch polizeiliche Maßnahmen erreicht werden.

38 Widerspruch und Anfechtungsklage haben **aufschiebende Wirkung,** soweit nicht **sofortige Vollziehbarkeit** kraft Gesetzes eintritt oder nach § 80 II S. 1 Nr. 4 VwGO angeordnet worden ist (s. Rn. 33). Das Ende der aufschiebenden Wirkung ergibt sich aus § 80b VwGO. Keine Strafbarkeit nach § 21 bis zur Beendigung der aufschiebenden Wirkung (s. *Kopp/Schenke* § 80 Rn. 32).

11. Ablieferung oder Vorlage des Führerscheins. Nach EdF sind von einer **deutschen** 39
Behörde ausgestellte nationale und internationale FS unverzüglich der entscheidenden FEB **ab-
zuliefern** (II S. 3, § 47 I FeV). Dies gilt nicht nur bei EdF nach § 3, sondern auch bei Entzie-
hung auf Grund anderer Vorschriften (II S. 4). Wurden bei eingeschränkter Eignung Beschrän-
kungen oder Auflagen verfügt, sind von einer deutschen Behörde ausgestellte nationale und
internationale FS der FEB zu deren Eintragung in den FS **vorzulegen** (II S. 3, § 47 I S. 1 FeV).
Nach EdF im Ausland erteilter FE, der Feststellung der fehlenden Fahrberechtigung gem. §§ 28
IV S. 2, 29 III S. 2 FeV oder nach allgemeinen Regeln (s. § 47 FeV Rn. 25), oder im Falle einge-
schränkter Eignung bei Verfügung von Beschränkungen oder Auflagen hinsichtlich des Rechts,
von einer im Ausland erteilten FE in Deutschland Gebrauch zu machen, sind **ausländische** und
im Ausland ausgestellte internationale FS unverzüglich der entscheidenden FEB zur Eintragung
der Entscheidung **vorzulegen** (II S. 3, § 47 II S. 1 FeV). Ausländische FS sind nicht abzuliefern,
sondern nur zur Eintragung der Entscheidung vorzulegen, weil in diesen Fällen die Berechti-
gung nicht in vollem Umfang erloschen ist (VG Kar 6.3.18 3 K 15 699/17). Ob es mit der 3.
EU-FS-RL vereinbar ist, von Personen mit Wohnsitz im EU-/EWR-Ausland nach Aberken-
nung des Rechts, von ihrer im Ausland erteilten EU-/EWR-FE im Inland Gebrauch zu machen
die Vorlage des ausländischen FS zwecks Anbringung eines Vermerks darüber zu verlangen, ist
Gegenstand eines Vorabentscheidungsersuchens an den EuGH (VGH Ma 30.1.20 – 10 S 224/18
DAR **20** 226).

Bei **aufschiebender Wirkung** von Widerspruch und Anfechtungsklage besteht die Verpflich- 40
tung zur Ablieferung oder Vorlage des FS nicht, wohl aber im Falle der Anfechtung der Ent-
scheidung der FEB, wenn die **sofortige Vollziehung** angeordnet wurde (§ 47 I S. 2, II S. 1
Hs. 2 FeV); die Fälle der sofortigen Vollziehbarkeit kraft Gesetzes (§§ 2a VI, 4 IX) müssen gleich-
behandelt werden. Dies setzt allerdings voraus, dass ausdrücklich auch die mit der EdF verbun-
dene Anordnung der Ablieferung des FS für sofort vollziehbar erklärt wurde (§ 47 FeV Rn. 19).
Wird im verwaltungsgerichtlichen Verfahren der Sofortvollzug aufgehoben und damit dem
Rechtsmittel aufschiebende Wirkung beigelegt, so ist der FS zurückzugeben. Behauptet der Ver-
pflichtete, der Ablieferungs- oder Vorlagepflicht wegen **Abhandenkommens des FS** nicht
nachkommen zu können, muss er den Verlust nicht beweisen; er hat aber auf Verlangen der FEB
eine Versicherung an Eides statt über den Verbleib des FS abzugeben (§ 5 1). Die **Sperrfristen**
für die Neuerteilung einer FE nach §§ 2a V S. 3, 4 X S. 1 beginnen (erst) mit der Ablieferung des
FS (§§ 2a V S. 3 Hs. 2, 4 X S. 3).

II S. 3, § 47 I S. 1 FeV berechtigen die FEB bei EdF zur **Aufforderung** an den Betroffenen, 41
den FS abzuliefern (VGH Ma VRS **108** 127 (141)). Sie darf diese Aufforderung mit Zwangs-
geldandrohung verbinden. Bei Nichtablieferung oder Nichtvorlage des FS muss die FEB, im
gerichtlichen Verfahren die VollstreckungsB, die Ablieferung nach fruchtloser angemessener
Fristsetzung **durchsetzen** (dazu *Koehl* DAR **16** 669). Anordnung von Erzwingungshaft
zur Abgabe des FS ist zulässig, wenn Zwangsgeld und unmittelbarer Zwang erfolglos geblie-
ben sind (VG Saarlouis BA **08** 150). Nichtablieferung und Nichtvorlage sind **ow** (§ 75 Nr. 10
FeV).

12. Zu Unrecht erteilte Fahrerlaubnis. Erteilt die FEB **in Unkenntnis einer Sperrfrist** 42
eine FE, so ist dieser Verwaltungsakt fehlerhaft, aber nicht nichtig (Ha VRS **26** 345, § 2 StVG
Rn. 29). Das Gleiche gilt bei **örtlicher Unzuständigkeit** (§ 73 FeV Rn. 6). **Fehlten bei Er-
teilung der FE Eignung oder Befähigung**, ist sie nach I S. 1 zu entziehen und nicht nach
allgemeinen verwaltungsrechtlichen Grundsätzen zurückzunehmen; § 3 I S. 1 als bundesgesetzli-
che Spezialnorm verdrängt in diesen Fällen die § 48 VwVfG entsprechenden Normen des jewei-
ligen Landesrechts (BVerwG JR **58** 357, VGH Ka NJW **85** 2909, VGH Ma NZV **92** 254, VRS
127 325 = NJW **15** 1037 Ls, OVG Hb NJW **02** 2123, VGH Mü 11.6.07 – 11 CS 06.2244,
SVR **11** 275, 19.10.18 – 11 ZB 18.461 BeckRS 2018, 26922 Rn. 21, OVG Schl 30.11.17 4 MB
87/17, VG Bra 17.9.02 6 B 530/02, VG Berlin VD **07** 156, VG Sigmaringen 10.7.07 4 K
1374/06, VG Freiburg 16.8.12 4 K 1363/12). Die FEB hat somit keinen Ermessensspielraum;
Vertrauensschutz spielt keine Rolle. Die Formulierung *erweist sich* in I S. 1 bedeutet nicht, dass
von I S. 1 nur die Fälle erfasst sind, in denen Eignung oder Befähigung erst nach Erteilung der
FE entfallen; sie bringt vielmehr zum Ausdruck, dass die fehlende Eignung oder Befähigung im
maßgeblichen Entscheidungszeitpunkt feststehen muss (s. Rn. 24). Ausgleich des Vermögens-
nachteils gem. § 48 III VwVfG kommt nicht in Betracht, möglicherweise aber Ausgleich des Ver-
trauensschadens nach Amtshaftungsgrundsätzen (OVG Hb NJW **02** 2123 (2125)). EdF, wenn
keine Fahrprüfung abgelegt wurde, gleichwohl aber eine FE erteilt worden ist (VGH Ka

NJW **85** 2909). Wurde die FE-Prüfung nur aufgrund von **Täuschungshandlung** oder Manipulation bestanden, EdF nach I S. 1 wegen Fehlens der Befähigung (VG Berlin VD **07** 156). Die Auffassung des VGH Mü (11.6.07 11 CS 06.2244), in diesem Fall bestünden lediglich Zweifel an der Befähigung, die nach § 46 IV S. 2 FeV zu klären sind, überzeugt nicht, da die vom Bewerber nachzuweisende (§ 2 II S. 1 Nr. 5) Befähigung nie vorgelegen hat.

43   § 3 I S. 1 ist nach seinem Anwendungsbereich nur Spezialnorm, soweit Eignung oder Befähigung fehlen. Bei anderen Gründen für eine Fehlerhaftigkeit der FE kommt **Rücknahme** nach den § 48 VwVfG entsprechenden Normen des jeweiligen Landesrechts in Betracht (Begr Rn. 4, VGH Ma NZV **94** 454, VRS **127** 325 = NJW **15** 1037 Ls, OVG Hb NJW **02** 2123 (2124), VRS **105** 466 (470), NJW **09** 103, VGH Mü VM **10** 78). Wurde die praktische Fahrprüfung entgegen § 17 III S. 1 FeV nicht am Ort der Hauptwohnung durchgeführt, keine EdF, sondern Rücknahme nach § 48 VwVfG (OVG Hb NJW **09** 103, § 17 FeV Rn. 6). Wurde eine ausländische EU/EWR-FE gem. § 30 FeV in eine deutsche FE „umgeschrieben", obwohl die Umschreibungsvoraussetzungen nicht gegeben waren, Rücknahme nach § 48 VwVfG (VGH Ma VRS **127** 325 = NJW **15** 1037 Ls, VG Ansbach SVR **13** 437). Wurde im FS die **Eintragung einer Beschränkung oder Auflage versäumt,** so scheidet Rücknahme der FE aus; es kommt nur Berichtigung des FS in Betracht, wobei die FEB nachweisen muss, dass nur eine beschränkte FE oder eine solche unter Auflagen erteilt wurde (OVG Weimar VRS **109** 314).

44   **13. Vorrang des Strafverfahrens.** III und IV dienen dazu, Doppelprüfungen und sich widersprechende Entscheidungen von Strafgerichten und FEB hinsichtlich der Frage der Fahreignung zu vermeiden (s. BVerwG NZV **88** 37, **92** 501, NJW **12** 3669 Rn. 36, OVG Ko NJW **06** 2714, VGH Ma NZV **07** 326, ZfS **09** 178, DAR **10** 412, NJW **14** 484, 27.7.16 10 S 77/15, OVG Lüneburg ZfS **08** 114, OVG Greifswald NJW **08** 3016, OVG Mgd NJW **10** 3465, BA **12** 327, OVG Münster NZV **14** 543, BA **15** 284, OVG Bautzen DAR **17** 650, *Fromm/Schmidt* NZV **07** 217, *Koehl* DAR **12** 682). Es soll verhindert werden, dass derselbe einer Eignungsbeurteilung zugrundeliegende Sachverhalt unterschiedlich bewertet wird; die Beurteilung durch den Strafrichter soll in diesen Fällen Vorrang haben (BVerwG NJW **12** 3669 Rn. 36, OVG Greifswald NJW **08** 3016, VGH Ma NJW **14** 484, VG Hb ZfS **15** 299). Die Bindungswirkung der III und IV gilt nach ihrem Sinn und Zweck für das gesamte Entziehungsverfahren unter Einschluss der **vorbereitenden Maßnahmen,** so dass in derartigen Fällen die FEB schon die Beibringung eines Gutachtens nicht anordnen darf (BVerwG NJW **89** 116, VGH Ma ZfS **09** 178, DAR **10** 412, NJW **14** 484, OVG Münster ZfS **12** 539, NZV **14** 543, BA **15** 284, VG Freiburg BA **10** 266, VG Hb ZfS **15** 299, VG Ko 18.6.20 – 4 L 487/20 BeckRS 2020, 14239). III, IV gelten auch für Strafverfahren, in denen die **Entziehung einer ausländischen Fahrerlaubnis** in Betracht kommt oder erfolgt ist (Begr Rn. 5, OVG Lüneburg ZfS **00** 559). Die Bindungswirkung entfällt nicht, wenn die FeV (zB in § 13 S. 1 Nr. 2 Buchst b, c) die FEB zur Anordnung der Beibringung eines Gutachtens verpflichtet, denn § 3 IV StVG geht als formelles Gesetz der FeV vor (VGH Ma ZfS **09** 178, DAR **10** 412). Keine Bindung, wenn EdF nach den Regelungen über das **Fahreignungs-Bewertungssystem** erforderlich ist, da § 4 V S. 1 Nr. 3 spezialgesetzlich Ungeeignetheit normiert (§ 4 Rn. 76).

45   III betrifft nur das Verhältnis zu Strafverfahren, nicht zu **OWVerfahren** (VGH Ma DAR **07** 664 (abl Anm *Fromm* SVR **08** 195), VGH Mü 7.9.07 BA **08** 84, 15.9.15 BA **15** 426, OVG Greifswald BA **13** 141, OVG Münster BA **14** 196, aM *Fromm/Schmidt* NZV **07** 217 (219)). Eine analoge Anwendung von III im Verhältnis zu Ordnungswidrigkeiten ist nicht möglich (VGH Ma DAR **07** 664, OVG Mgd 13.4.12 BA **12** 327, 8.11.12 SVR **13** 76, VGH Mü BA **15** 426), da anders als im Strafverfahren im OWVerfahren eine EdF wegen Ungeeignetheit nach § 69 StGB oder nach einer anderen Bestimmung nicht in Betracht kommt (OVG Münster NZV **15** 206, 2.2.16 16 B 1267/15, VG Augsburg ZfS **07** 597 (600), VG Gelsenkirchen DAR **17** 104). Die bloße rechtliche Möglichkeit, vom Ordnungswidrigkeitenverfahren zum Strafverfahren überzugehen (§ 81 OWiG), reicht nicht aus, um anzunehmen, dass EdF nach § 69 StGB in Betracht kommt und folglich eine Bindungswirkung gem. III besteht (OVG Münster 1.4.20 – 16 B 792/19 BA **20** 242). III, IV sind auch auf **im Ausland eingeleitete Strafverfahren** nicht anwendbar, weil Entziehung einer von einer deutschen Behörde erteilten FE durch ein ausländisches Gericht nicht möglich ist, da andernfalls in deutsche Hoheitsrechte eingegriffen würde (OVG Greifswald NJW **08** 3016, VG Cottbus BA **16** 286). III, IV finden **nur in Entziehungsverfahren** Anwendung; in Verfahren auf (Neu-)Erteilung einer FE entfaltet ein laufendes oder abgeschlossenes Strafverfahren keine Sperrwirkung (OVG Münster NJW **07** 2938, SVR **14** 276, VGH Ma 27.7.16 VRS **130** 256, VG Fra DAR **03** 384, LG Erfurt NZV **03** 523, s. auch Rn. 65).

Die Bindung an das Strafverfahren gilt **nicht für die Fahrerlaubnis zur Fahrgastbeförderung** (§ 48 FeV Rn. 33).

14. Bindung bei anhängigem Strafverfahren (III). Während eines anhängigen Strafverfahrens gegen den Inhaber einer FE, in dem EdF nach § 69 StGB in Betracht kommt, darf die FEB den Sachverhalt, der Gegenstand des Strafverfahrens ist, in einem Entziehungsverfahren nicht berücksichtigen (III S. 1). Dies gilt **nicht für Dienstfahrerlaubnisse** (§ 2 X, § 26 FeV) von BW, BundesPol oder Pol (III S. 2, Begr Rn. 1). Das Berücksichtigungsverbot nach III stellt ein vorübergehendes Verfahrenshindernis dar, das nach Abschluss des Strafverfahrens in das Verbot des IV übergeht (BVerwG NJW **12** 3669, VGH Ma NJW **14** 484, VG Hb ZfS **15** 299). **46**

a) Die Bindung besteht nur, wenn **Entziehung der FE** im Strafverfahren **in Betracht kommt** (III S. 1). Dies bestimmt sich danach, ob das Strafverfahren eine Straftat zum Gegenstand hat, an deren Begehung die Fahrerlaubnisentziehung nach § 69 StGB anknüpfen darf (OVG Ko NJW **06** 2714, OVG Mgd NJW **10** 3465, BA **12** 327, VG Meiningen ThürVBl **11** 256, VG Saarlouis 31.5.12 10 L 476/12). Wurde die Straftat nicht mit einem Kfz begangen (zB Trunkenheit im Verkehr bei Fahrt auf Fahrrad, Erwerb und Besitz von Betäubungsmitteln), ist III nicht anwendbar, da § 69 StGB setzt eine rechtswidrige Tat voraus, die bei oder im Zusammenhang mit dem Führen eines Kfz oder unter Verletzung der Pflichen eines KfzFührers begangen wurde (OVG Berlin NJW **16** 3385, OVG Ko VRS **133** 42). Ob eine Entziehung in Betracht kommt, ist im Wege einer auf den Zeitpunkt der Einleitung des Strafverfahrens abstellenden Prognose zu beurteilen (VGH Mü BA **15** 426, OVG Bautzen DAR **17** 650, VG Osnabrück BA **07** 400, VG Mü DAR **08** 666, VG Meiningen ThürVBl **11** 256). Spätere Erkenntnisse, die darauf hindeuten, dass die FE im Strafverfahren mutmaßlich nicht entzogen wird, sind unerheblich (VG Osnabrück BA **07** 400, VG Meiningen ThürVBl **11** 256, VG Neustadt SVR **16** 158). EdF kommt in Betracht, wenn sie nicht auszuschließen ist; überwiegende Wahrscheinlichkeit für EdF im konkreten Fall ist nicht erforderlich (VG Mü DAR **08** 666, VG Meiningen ThürVBl **11** 256, VG Hb ZfS **15** 299, *Ternig* VD **10** 267). Bis zur förmlichen Einstellung des Strafverfahrens ist deswegen unerheblich, wenn die StA die Einstellung des Verfahrens angekündigt und die Beschlagnahme des FS aufgehoben hat (VGH Ma NJW **14** 484). **47**

b) Dauer der Bindung. Die Bindung besteht, „solange gegen den Inhaber der FE ein Strafverfahren anhängig ist" (III S. 1). Das ist der Fall, sobald eine StrafverfolgungsB (Pol, StA, Gericht) gegen ihn wegen des Verdachts einer strafbaren Handlung ein Untersuchung eröffnet hat (VG Saarlouis ZfS **93** 107, VG Osnabrück BA **07** 400), auch nach Übergang vom Bußgeld- zum Strafverfahren (§ 81 OWiG). Strafverfahren ist auch ein Sicherungsverfahren gem. §§ 413 ff. StPO (BGHSt **13** 91 = NJW **59** 1185). Die Bindung besteht, solange das Strafverfahren nicht eingestellt oder rechtskräftig abgeschlossen ist (OVG Ko NJW **06** 2714, OVG Lüneburg ZfS **08** 114, OVG Mgd NJW **10** 3465). Selbst wenn die Einstellung eines Ermittlungsverfahrens nur noch als Formalie erscheint, besteht die Bindung bis zur Einstellungsentscheidung (VG Hb ZfS **15** 299). Nach Beendigung des Strafverfahrens ist IV zu beachten (Rn. 51 ff.). **48**

c) Die Bindung ergreift den **Sachverhalt, der Gegenstand des Strafverfahrens ist** (III S. 1). Das ist wie im Strafverfahrensrecht dahin zu verstehen, dass nicht nur die Tat iS des sachlichen Strafrechts, sondern der gesamte Vorgang von der Bindung erfasst wird, auf den sich die strafrechtliche Untersuchung erstreckt (BVerwG NJW **12** 3669 Rn. 36, VGH Ma NZV **07** 326, NJW **14** 484, OVG Lüneburg ZfS **08** 114, OVG Mgd NJW **10** 3465, OVG Weimar NZV **15** 410, VGH Mü BA **15** 426, VG Meiningen ThürVBl **11** 256). Die FEB darf den im Strafverfahren behandelten Vorgang auch nicht zu dem Zweck heranziehen, die sofortige Vollziehung einer von ihr aus anderen Gründen angeordneten Entziehung zu begründen (OVG Ko NJW **62** 2318). III S. 1 hindert die FEB aber nicht daran, dem Inhaber während eines Strafverfahrens die FE wegen eines **anderen Sachverhalts** zu entziehen, für den die Sperre des III S. 1 nicht gilt, zB wenn eines von mehreren Strafverfahren durch Einstellung beendet ist (VGH Ma NZV **07** 326), oder wenn unabhängig von einem anhängigen Strafverfahren wegen Verkehrsteilnahme unter Drogeneinfluss die EdF auf fehlende Fahreignung aufgrund eines festgestellten regelmäßigen Cannabiskonsums iSv Nr. 9.2.1 Anl 4 FeV gestützt werden kann (VG Neustadt SVR **16** 158). **49**

d) III S. 1 ist eine der Durchsetzung des materiellen Rechts dienende **Verfahrensvorschrift** (VGH Mü 14.2.06 11 CS 05.1210, OVG Lüneburg ZfS **08** 114, OVG Mgd NJW **10** 3465, BA **12** 327, VG Mü DAR **08** 666, VG Meiningen ThürVBl **11** 256). Verstöße gegen verfahrensrechtliche Bestimmungen sind gem. § 46 VwVfG unbeachtlich, wenn sie ohne Einfluss auf die Entscheidung in der Sache gewesen sind. Entscheidet die FEB während der Bindungswirkung unter **50**

Verstoß gegen III S. 1, ist dieser Verstoß deswegen nach hM unbeachtlich, wenn die EdF von der FEB nach ihrer Aufhebung sofort in fehlerfreier Weise erneut erlassen werden könnte (VGH Mü 14.2.06 11 CS 05.1210, OVG Lüneburg ZfS **08** 114, OVG Mgd NJW **10** 3465, VG Meiningen ThürVBl **11** 256, *Geiger* DAR **10** 374, aA mit beachtlichen Argumenten OVG Ko NJW **06** 2714, *Haus/Zwerger* § 16 Rn. 4f.).

Wurde die FE unter Verstoß gegen III S. 1 von der FEB entzogen, kann dies durch die Entscheidung der Widerspruchsbehörde unbeachtlich (geheilt) werden, etwa wenn das Strafverfahren mittlerweile eingestellt worden ist (OVG Weimar NZV **15** 410).

51   **15. Bindung an die strafgerichtliche Entscheidung (IV).** Während III die Zeit bis zum Abschluss des Strafverfahrens betrifft und ein umfassendes sich auf den gesamten relevanten Sachverhalt beziehendes Berücksichtigungsverbot enthält, schließt IV daran zeitlich an und modifiziert das Verwertungsverbot für das Entziehungsverfahren: es reduziert sich nunmehr auf das Verbot einer Entscheidung der FEB, die im Widerspruch zu den im Strafverfahren getroffenen Feststellungen steht. Die Bindung nach IV S. 1 setzt voraus, dass im Strafverfahren **EdF gem. § 69 StGB in Betracht gekommen** ist (OVG Münster VRS **129** 161, OVG Lüneburg DAR **17** 159, VG Freiburg BA **10** 266). Eine ausdrückliche Festlegung gibt es insoweit zwar nur für III (Rn. 47). Aus der Gesetzessystematik und teleologischen Erwägungen ergibt sich aber, dass dies auch Voraussetzung für die Bindung nach IV ist (OVG Münster VRS **129** 161). IV S. 1 ist nicht anwendbar, wenn die Straftat nicht mit einem Kfz begangen wurde (OVG Berlin NJW **16** 3385, VG Mü NZV **18** 343). Die Bindung der FEB besteht nur im Hinblick auf den gerichtlich festgestellten **Sachverhalt,** die gerichtliche Beurteilung der **Schuld** und die Entscheidung des Strafgerichts über die **Eignung** (IV S. 1). Keine Bindung an Beurteilung des Strafgerichts, ob eine ausländische EU/EWR-FE gem. § 28 FeV zum Führen von Kfz in Deutschland berechtigt (VG Augsburg SVR **14** 74).

52   Die Bindung reicht nicht über die festgesetzte oder nachträglich abgekürzte Sperrfrist hinaus. Keine Bindung, wenn EdF nach den Regelungen über das **Fahreignungs-Bewertungssystem** erforderlich ist (§ 4 Rn. 76). IV **verbietet nur Abweichung** von der gerichtlichen Entscheidung **zum Nachteil** des FEInhabers. Soweit die Bindung reicht, darf die FEB also nicht abweichend die FE entziehen, wenn das Gericht die Entziehung für denselben Sachverhalt abgelehnt hat. Im Übrigen darf die FEB, soweit sie entscheiden darf, zugunsten des Inhabers der FE von der gerichtlichen Entscheidung abweichen (VGH Mü VD **11** 78, VG Schwerin NZV **98** 344, *Eisele* NZV **99** 234). Dem Betr ist es deswegen unbenommen, im fahrerlaubnisrechtlichen Verwaltungs- und Gerichtsverfahren geltend zu machen, der Sachverhalt stelle sich für ihn vorteilhafter dar, als dies das Strafgericht oder die Bußgeldbehörde angenommen habe (OVG Lüneburg DAR **17** 159, s. Rn. 56).

53   **a)** Die Bindungswirkung nach IV besteht **nur** in Bezug auf **inländische Entscheidungen** (OVG Münster NJW **17** 903). Ausländische Strafurteile entfalten keine Bindungswirkung für deutsche FEB, können aber berücksichtigt werden, wenn die Auslandstat nach deutschen Maßstäben hinreichend sicher nachgewiesen ist (vgl. § 13 FeV Rn. 22, 23c). Dieselbe die FEB bindende Wirkung wie ein **Urteil** hat auch der **Strafbefehl** (IV S. 2 Hs. 1, s. BVerwG VRS **49** 303). Mit bis zu zweijähriger Sperrfrist darf durch Strafbefehl auf EdF erkannt werden (§ 407 StPO). Eine gerichtliche Entscheidung, durch die die **Eröffnung des Hauptverfahrens oder der Erlass eines Strafbefehls abgelehnt** wird, steht einem Urteil gleich (IV S. 2 Hs. 1). Gemeint sind dabei die Beschlüsse nach § 204 I bzw. § 408 II StPO. Auch hier haben nur rechtskräftige Entscheidungen Sperrwirkung. Strafgerichtliche Sperrfristverkürzungsbeschlüsse fallen nicht unter IV und haben deswegen keine Bindungswirkung (*Scheufen/Müller-Rath* NZV **06** 353). **Keine Bindung** bewirkt es, wenn die StA das Verfahren **einstellt** (VGH Mü 7.1.20 – 11 CS 19.2237 DAR **20** 229, VG Augsburg SVR **14** 74), oder wenn das Verfahren, auch durch Gerichtsbeschluss, nach den §§ 153, 153a–d, 154 StPO eingestellt wird (*Bonk* BA **94** 246, *Eisele* NZV **99** 234, s. VG Ol ZfS **97** 478), oder wenn durch gerichtliche Entscheidung festgestellt wird, dass ein StraffreiheitsG eingreift, es sei denn, das Verfahren auf Entziehung bliebe anhängig (VGH Ka DAR **51** 195). Ein sonstiger gerichtlicher Beschluss, der das Vorhandensein eines Verfahrenshindernisses oder das Fehlen einer Verfahrensvoraussetzung feststellt (§ 206a StPO), bindet die FEB nicht, auch nicht eine gerichtliche Entscheidung, die das Verfahren aus einem solchen Grund einstellt. Bindende Wirkung hat nur eine Entscheidung, die rechtskräftig über Schuld oder Unschuld oder im selbstständigen Verfahren über die Maßnahme entscheidet, wobei das Gericht auch dann auf Entziehung erkennen kann, wenn es wegen Schuldunfähigkeit freispricht (§ 69 I S. 1 StGB).

Bußgeldentscheidung iS von IV S. 2 Hs. 2 sind neben dem Bußgeldbescheid der Verwal- **54** tungsbehörde auch die sonstigen gerichtlichen Sachentscheidungen im Bußgeldverfahren wie z. B. das Urteil (Begr: BT-Drs. V/1319 S. 88 f.). Durch **Bußgeldbescheid** kann die FE nicht entzogen werden (§§ 24, 25 StVG). Nur ein FV nach Maßgabe von § 25 StVG ist zulässig. Daher können hier nur Sachverhaltsfeststellungen und Beurteilung der Schuldfrage in Betracht kommen (BVerwG NJW **94** 1672, OVG Hb NJW **08** 1465, VG Ansbach BA **08** 156). Insoweit ist die FEB an den Inhalt gerichtlicher Bußgeldentscheidungen gebunden. Die Ahndung mit Geldbuße und FV hindert nicht die spätere EdF durch die FEB aus demselben Anlass, denn im Bußgeld- verfahren wird nicht über die Fahreignung des Betroffenen entschieden (BVerwG NJW **94** 1672, VGH Ma VRS **108** 123, VRS **109** 450, OVG Hb NJW **08** 1465, OVG Mgd BA **12** 327, SVR **13** 76). Zu den (bindenden) Sachverhaltsfeststellungen einer Bußgeldentscheidung iSv IV S. 2 Hs. 2 gehören nicht die im Rechtsfolgenausspruch des in der Bußgeldsache entscheidenden Gerichts zum Ausdruck kommenden (ordnungswidrigkeits-)rechtlichen Bewertungen (OVG Mgd NJW **16** 3320).

b) Für den **Umfang der Bindung** ist die schriftliche Begründung des Urteils, des Strafbe- **55** fehls, oder des die Eröffnung des Hauptverfahrens bzw. des den Antrag auf Erlass eines Strafbe- fehls ablehnenden Beschlusses maßgebend (BVerwG NJW **61** 284, NJW **79** 2163). Dies gilt auch für ein nach § 267 IV StPO abgekürztes Urteil (OVG BrVRS **65** 238,VG Mü NZV **00** 271).

c) Die **Bindung** bezieht sich auf den **gerichtlich festgestellten Sachverhalt** (IV S. 1). Die **56** Bindung gilt nur für den Sachverhalt, der Gegenstand des gerichtlichen Verfahrens gewesen ist. Die Bindung setzt voraus, dass der Entscheidung zweifelsfrei entnommen werden kann, wovon der Strafrichter hinsichtlich bestimmter, für das Entziehungsverfahren relevanter tatsächlicher Umstände ausgegangen ist (OVG Münster 26.3.12 16 B 304/12). Ist die uneingeschränkte Beru- fung des angeklagten Kf gegen ein Strafurteil rechtskräftig durch Sachurteil als unbegründet verworfen worden, so sind die tatsächlichen Feststellungen des Berufungsurteils maßgeblich (OVG Lüneburg DAR **17** 159).

Verboten ist nur die Abweichung vom strafgerichtlich festgestellten Sachverhalt zum Nachteil des FEInhabers (Rn. 52), **Abweichung zu** seinen **Gunsten** ist zulässig. Das bedeutet aber nicht, dass die FEB stets eine erneute Überprüfung des Sachverhalts vornehmen muss (VGH Mü 22.3.07 11 CS 06.1634, VG Hb BA **08** 217). Im verwaltungsbehördlichen Entziehungsverfahren muss der FEInhaber durch rechtskräftige strafgerichtliche Entscheidungen festgestellte Sachver- halte vielmehr **gegen sich gelten lassen,** es sei denn, es bestehen gewichtige Anhaltspunkte für die Unrichtigkeit der tatsächlichen Feststellungen in der Entscheidung (BVerwG NJW **85** 2490, NZV **92** 501, OVG Münster NZV **97** 495, 26.3.12 16 B 304/12, VGH Mü 22.3.07 11 CS 06.1634, 19.8.19 – 11 ZB 19.1256 BA **19** 418, VGH Ma SVR **16** 231, VG Hb BA **08** 217). Dies kann der Fall sein, wenn Wiederaufnahmegründe dargetan werden, die die Unrichtigkeit der gerichtlichen Sachverhaltsfeststellung nahelegen (OVG Saarlouis ZfS **95** 399, OVG Lüneburg DAR **17** 159). Bloßes Bestreiten reicht nicht aus. Der grundsätzliche Vorrang der strafrichterli- chen vor den verwaltungsbehördlichen Feststellungen begründet vielmehr eine Mitwirkungsob- liegenheit des Betr, substantiiert gewichtige Hinweise für eine Unrichtigkeit der strafgerichtli- chen Feststellungen vorzubringen, wenn er Letztere im Verwaltungsverfahren nicht gegen sich gelten lassen will (OVG Lüneburg DAR **17** 159, 4.7.17 12 ME 77/17).

Beseitigung der rechtlichen Folgen eines Strafurteils bzw. eines Strafbefehls im Rahmen eines Wiederaufnahmeverfahrens hat aber nicht zwingend zur Folge, dass vor Wiederaufnahme des strafgerichtlichen Verfahrens getroffene Maßnahmen der FEB rückwirkend danach zu beurteilen wären, als habe die frühere – zunächst – rechtskräftige strafgerichtliche Entscheidung nicht be- standen (OVG Lüneburg NJW **09** 1160).

d) Bindung an die gerichtliche Beurteilung der Schuld. Die Entscheidung des Strafge- **57** richts über die Schuldfrage bindet die FEB (IV S. 1). Die FEB kann den Schuldbeweis nicht als geführt ansehen, wenn das Gericht die Eröffnung des Hauptverfahrens wegen fehlenden Schuld- nachweises abgelehnt, den Angeschuldigten deshalb außer Verfolgung gesetzt oder freigesprochen hat. Sie kann auch nicht abweichend von der gerichtlichen Entscheidung den Beschuldigten einer anderen Verfehlung schuldig erkennen. Die FEB ist im Hinblick auf die Beurteilung der Schuldfrage aber nur dann an die Entscheidung des Strafgerichts gebunden, wenn der für die gerichtliche Entscheidung maßgebliche Umstand für die von der Behörde zu beurteilende Frage tatsächlich und rechtlich von Bedeutung ist; Freispruch wegen Schuldunfähigkeit iSv § 20 StGB ist nicht relevant, weil die der Gefahrenabwehr dienenden Maßnahmen der FEB zur Überprü- fung der Fahreignung verschuldensunabhängig sind (VGH Ma NJW **09** 3257).

58 **e) Bindung an die Entscheidung des Gerichts über die Eignung.** Die gerichtliche Entscheidung bindet die FEB, soweit sie die Eignung zum Führen von Kfz beurteilt (IV S. 1). Das Strafgericht kann hierüber nur entscheiden, wenn den Gegenstand des Strafverfahrens eine rechtswidrige Tat bildet, die der Beschuldigte „bei oder im Zusammenhang mit der Führung eines Kfz oder unter Verletzung der Pflichten eines Kfzf begangen hat" (§ 69 I S. 1 StGB, näher dazu § 69 StGB Rn. 4 ff.). Auch im Rahmen des § 69 StGB entfällt die bindende Wirkung, wenn die Entscheidung, warum auch immer, unterblieben ist (BVerwG NZV **96** 84, BGH VRS **20** 117, Sa VRS **21** 65, VG Hb VD **97** 170), wenn zB lediglich ein Regelfall nach § 69 II StGB verneint wurde (OVG Hb VRS **89** 151).

59 Voraussetzung der Bindung gem. IV ist das Vorhandensein einer **ausdrücklichen Beurteilung der Eignung** zum Führen von Kfz **in der Entscheidung des Gerichts.** Die Tatsache einer Beurteilung der Eignungsfrage muss sich zweifelsfrei aus dem Inhalt des Urteils selbst und nicht aus ergänzenden Ermittlungen zu diesem ergeben (OVG Saarlouis ZfS **15** 479, OVG Bautzen DAR **17** 650). Keine Bindungswirkung, wenn das Strafurteil keine Ausführungen zur Kraftfahreignung enthält oder wenn jedenfalls in den schriftlichen Urteilsgründen unklar bleibt, ob das Strafgericht die Fahreignung eigenständig beurteilt hat (BVerwG NJW **89** 116, NJW **89** 1622, NJW **96** 2318, VGH Ma DAR **10** 412, SVR **16** 231, OVG Münster ZfS **12** 539, NZV **14** 543, BA **15** 284). Wegen der Regelung in IV hat das Gericht ausdrücklich zu begründen, dass und weshalb nicht auf Entziehung erkannt worden ist, obwohl diese Prüfung nach § 69 StGB in Betracht kam (§ 267 VI S. 2 StPO, BVerwG NJW **89** 116, OVG Ko NJW **06** 2714, OVG Lüneburg ZfS **08** 114, OVG Mgd NJW **10** 3465, OVG Münster NZV **14** 543, OVG Bautzen DAR **17** 650). Davon ist das Strafgericht auch dann nicht befreit, wenn es ein nach § 267 IV S. 1 Hs. 2 StPO in den Gründen abgekürztes Urteil erlässt (VGH Mü SVR **15** 232). Eine Begründung einer derartigen Entscheidung, die nicht ausdrücklich die Ungeeignetheit verneint, bindet nicht (VGH Mü BayVBl **09** 111 (115), OVG Mgd BA **10** 43, VGH Ma DAR **10** 412, VG Fra VRS **74** 394). Keine Bindung, wenn in den Gründen des Strafurteils ausgeführt ist, das Gericht habe nicht positiv feststellen können, dass der Angeklagte zum Führen von Kfz noch ungeeignet ist (BVerwG NJW **89** 116, OVG Lüneburg DAR **16** 602). Hat das Gericht auf FV (§ 44 StGB) erkannt, ohne ausdrücklich die Ungeeignetheit zu verneinen, so liegt keine die FEB bindende Beurteilung der Eignungsfrage vor (OVG Br VRS **65** 238, OVG Hb VRS **89** 151, VGH Mü BA **04** 561, BayVBl **09** 111 (115), OVG Münster DAR **04** 721, NZV **14** 543, OVG Bautzen DAR **17** 650, VG Fra NJW **02** 80). Keine Bindung, wenn die gerichtliche Entscheidung in sich widersprüchlich ist, weil der Angeklagte als ungeeignet bezeichnet wird, von einer Entziehung der FE gem. § 69 StGB aber ohne Begründung abgesehen wird (OVG Lüneburg ZfS **95** 438, DAR **16** 100). Wenn das Gericht von der Entziehung der FE gem. § 69 StGB mit der Begründung absieht, sie sei im Hinblick auf die seit der Tat verstrichene Zeit nicht mehr erforderlich, hängt es von den Ausführungen in der Entscheidung ab, ob darin eine Beurteilung der Kraftfahreignung zu sehen ist oder nicht (s. BVerwG NJW **89** 116, NJW **89** 1622, NJW **96** 2318, OVG Münster ZfS **12** 539, VG Neustadt ZfS **98** 359, VG Dü NZV **01** 141, *Hentschel* NZV **89** 100, *Himmelreich* DAR **89** 285, NZV **05** 337 (340)). Keine Bindung, wenn das Gericht die Entziehung der FE nicht abgelehnt hat, weil es Ungeeignetheit verneint, sondern aus anderen Gründen tatsächlicher oder rechtlicher Art, denn dann liegt eine Beurteilung der Eignung durch das Gericht nicht vor.

60 Die FEB ist an eine strafgerichtliche Entscheidung, die die Eignung bejaht, nicht gebunden, wenn sie einen **umfassenderen Sachverhalt** zu beurteilen hat als der Strafrichter (BVerwG NZV **88** 37 (Mitberücksichtigung vom Gericht nicht gewürdigter Vorstrafen), NJW **89** 1622 (Mitberücksichtigung eines vom Gericht bei der Eignungsfrage nicht gewürdigten psychiatrischen Gutachtens), NJW **96** 2318, VGH Ma NZV **93** 495, 27.7.16 10 S 77/15, VGH Mü ZfS **10** 597 (599 f.), OVG Münster ZfS **12** 539). Das kann zB der Fall sein, wenn sich aus dem Strafurteil ergibt, dass EdF gem. § 69 StGB deswegen unterblieb, weil wegen fehlender Beeinträchtigung verkehrsspezifischer Sicherheitsinteressen durch die Straftat das Merkmal „sich aus der Tat ergebender" Ungeeignetheit iS von § 69 StGB nicht festgestellt werden konnte (BGH NJW **05** 1957 (1959), *Hentschel* DAR **05** 455 (457)). Keine Bindung, wenn der Strafbefehl nicht erkennen lässt, ob der Strafrichter denselben weiteren Sachverhalt berücksichtigt hat, wie die FEB ihn zu beurteilen hat (BVerwG NJW **79** 2163).

61 **16. Benachrichtigung der Polizei (V).** Über die verwaltungsbehördliche EdF, also die nach §§ 2a, 3, 4 erfolgte EdF, darf die FEB der Polizei im Einzelfall Mitteilung machen (V). Das Gleiche gilt für eine gerichtliche EdF oder ein FV. Dies soll die Möglichkeiten einer Überwa-

chung der Einhaltung dieser Maßnahmen verbessern. Mit der Formulierung *„im Einzelfall"* ist zum Ausdruck gebracht, dass es sich dabei nicht um Regelmitteilungen handelt; vielmehr soll die Mitteilung die Ausnahme bilden. Eine Benachrichtigung erfolgt daher nur in den Fällen, in denen ein Anlass zur Information der Pol gegeben ist (BT-Drs. 13/6914 S. 117). Dies kommt etwa in Betracht, wenn der Betr behauptet, seiner Pflicht zur Ablieferung oder Vorlage des FS gem. II S. 3 nicht nachkommen zu können, weil er den FS verloren habe.

17. Neuerteilung der Fahrerlaubnis nach Entziehung oder Verzicht. Mit der verwal- **62** tungsbehördlichen Entziehung erlischt die FE (II S. 1, 4), zum Zeitpunkt Rn. 35, 37 f. Bei strafgerichtlicher Entziehung erlischt die FE mit Rechtskraft der Entscheidung, die die Entziehung ausspricht (§ 69 III S. 1 StGB). Mit Wirksamwerden eines Verzichts auf die FE erlischt diese unmittelbar, zum Zeitpunkt § 2 StVG Rn. 25. Will der Betr wieder eine FE haben, muss er bei der FEB **Erteilung einer neuen FE** beantragen. Ob die EdF durch die FEB oder das Strafgericht erfolgte, ist dabei unerheblich. *Wieder*erteilung der entzogenen FE ist nicht möglich, da diese erloschen und damit untergegangen ist. Für die Neuerteilung des Rechts, von einer im Ausland erteilten FE nach vorheriger EdF oder vorherigem Verzicht wieder Gebrauch zu machen, gelten die Vorschriften über Neuerteilung einer FE entsprechend (VI).

Das BMV kann durch RVO **Fristen und Voraussetzungen für die Neuerteilung** einer **63** FE nach Entziehung oder nach Verzicht auf die FE und für die Neuerteilung des Rechts, von einer ausländischen FE im Inland Gebrauch zu machen, bestimmen (VII, § 6 I Nr. 1 Buchst. r). Fristen für die Neuerteilung (Sperrfristen) sind bisher nur im StVG festgelegt worden, nicht in einer VO; insoweit ist von der Ermächtigung kein Gebrauch gemacht worden. Voraussetzungen für die Neuerteilung sind zB in §§ 20, 29 IV FeV geregelt. VII ermächtigt entgegen der insoweit unzutreffenden Begr zu dem ursprünglichen VI (BT-Drs. 13/6914 S. 68 = VkBl. **98** 793) nur den VOGeber, nicht die Behörden; der bis 1998 gültige § 4 IV S. 1 StVG aF ist nicht in § 3 übernommen worden. Die FEB kann somit nicht auf der Basis von VII Fristen und Voraussetzungen für die Neuerteilung einer FE festlegen.

Sperrfristen für die Neuerteilung. Bei EdF durch die FEB gem. § 3 besteht grundsätzlich **64** keine Sperrfrist für die Neuerteilung einer FE. Anders als im Strafverfahren (§ 69a StGB) gibt es auch keine Rechtsgrundlage für die FEB, eine Sperrfrist anzuordnen. Gesetzliche Sperrfristen sind ausnahmsweise normiert bei EdF wegen Zuwiderhandlungen in der Probezeit (§ 2a V S. 3, drei Monate, s. § 2a Rn. 52) und bei EdF im Rahmen des Fahreignungs-Bewertungssystems (§ 4 X S. 1, sechs Monate, s. § 4 Rn. 98). Nach EdF gem. § 3 kann unmittelbar **Neuerteilung** einer FE **beantragt** werden. Bei gesetzlicher oder strafgerichtlich angeordneter Sperre oder isolierter Sperrfrist gem. § 69a I S. 3 StGB ist ein Antrag auf Neuerteilung oder Erteilung einer FE frühestens 6 Monate vor Ablauf der Sperre zulässig (§ 20 IV FeV).

Nach EdF und Ablauf einer ggf. bestehenden Sperrfrist hat jeder, der das Vorliegen der Voraus- **65** setzungen dafür nachweist, **grundsätzlich Anspruch auf Erteilung** einer neuen FE. Nach „Entziehung" einer ausländischen FE (I S. 2, II S. 2, § 69b StGB) tritt an die Stelle der Neuerteilung einer FE die Erteilung des Rechts, von der ausländischen FE im Inland wieder Gebrauch zu machen (§§ 28 V, 29 IV FeV). Die Vorschriften über die Neuerteilung einer FE gelten dann entsprechend (VI). Für die Neuerteilung gelten grundsätzlich die Vorschriften für die Ersterteilung einer FE (§ 20 I S. 1 FeV). War die FE wegen fehlender **Eignung** entzogen worden, ist Voraussetzung der Neuerteilung, dass keine Tatsachen vorliegen, die die Annahme rechtfertigen, dass der Bewerber zum Führen von Kfz noch ungeeignet ist; die Gründe, die dazu geführt haben, die FE zu entziehen, müssen beseitigt oder so abgeschwächt sein, dass sie keinen Anlass zu Eignungsbedenken mehr geben. Wurde die **FE in einem Strafverfahren entzogen,** muss die FEB den **Sachverhalt** nicht jeweils neu ermitteln; sie kann bei Neuerteilung vielmehr grds. von den für die Fahreignung relevanten strafrichterlichen Feststellungen ausgehen, sofern nicht ausnahmsweise gewichtige Anhaltspunkte für deren Unrichtigkeit bestehen, auch wenn die Bindungswirkung des IV im Neuerteilungsverfahren nicht gilt (VGH Mü NJW **15** 2988, DAR **16** 41, VGH Ma 27.7.16 VRS **130** 256). Die in einem Strafurteil enthaltene **Eignungsbeurteilung** entfaltet allerdings in einem späteren **Neuerteilungsverfahren keine Bindungswirkung** analog IV S. 1 zu Gunsten des FEBewerbers (BVerwG NJW **64** 608, OVG Münster 2.8.11 16 A 1472/10, VGH Ma 27.7.16 VRS **130** 256, aA VGH Mü SVR **15** 109). Nach EdF im Rahmen des Fahreignungs-Bewertungssystems ist die regelhafte Anordnung der Beibringung eines **medizinisch-psychologischen Gutachtens** zum Nachweis der Wiederherstellung der Eignung vorgeschrieben (§ 4 X S. 3). In allen anderen Fällen sind ggf. vorliegende Zweifel nach allgemeinen Regeln zu klären (§ 2 VIII, §§ 11–14 FeV). Eine **Sperrfrist** für die Erteilung einer FE bedeutet nicht, dass die Eignung nach Fristablauf ohne weiteres wieder besteht und die FEB die FE erneut erteilen muss (VGH Mü DAR **16** 41). Die Sperrfrist gibt nur den Mindestzeitraum an, währenddessen der Verurteilte infolge seiner aus der begangenen Straftat abgeleiteten Gefährlichkeit für den StrV in jedem Fall als ungeeignet anzusehen ist (BVerwG NJW **17** 3318, VGH Ma SVR **15** 430, DAR **15** 592). Die FEB hat in eigener Verantwortung zu prüfen, ob die Eignung nach Ablauf der Sperrfrist wieder besteht (§ 2 Rn. 29, § 69a StGB Rn. 19). Eine **erneute Fahrerlaubnisprüfung** (§§ 15 ff. FeV) ist grundsätzlich nicht erforderlich (§ 20 I S. 2 FeV), ist aber anzuordnen, wenn Tatsachen die Annahme rechtfertigen, dass der Bewerber die **Befähigung** zum Führen von Kfz nicht mehr besitzt (§ 20 II FeV). Nach EdF gem. § 3 oder gem. § 4 V S. 1 Nr. 3 StVG wegen solcher Zuwiderhandlungen, die innerhalb der Probezeit eines Fahranfängers (§ 2a) begangen wurden, nach § 69 oder § 69b StGB, nach EdF gem. § 2a III wegen Nichtteilnahme an einem angeordneten Aufbauseminar, sowie nach Widerruf der FE im Rahmen des Begleiteten Fahrens ab 17 gem. § 6e II hängt die Neuerteilung vom **Nachweis der Teilnahme an einem Aufbauseminar** ab (§ 2a V S. 1).

66   **18. Strafbestimmung:** § 21 StVG.

Fahreignungs-Bewertungssystem

4 (1) ¹Zum Schutz vor Gefahren, die von Inhabern einer Fahrerlaubnis ausgehen, die wiederholt gegen die Sicherheit des Straßenverkehrs betreffenden straßenverkehrsrechtlichen oder gefahrgutbeförderungsrechtlichen Vorschriften verstoßen, hat die nach Landesrecht zuständige Behörde die in Absatz 5 genannten Maßnahmen (Fahreignungs-Bewertungssystem) zu ergreifen. ²Den in Satz 1 genannten Vorschriften stehen jeweils Vorschriften gleich, die dem Schutz

1. von Maßnahmen zur Rettung aus Gefahren für Leib und Leben von Menschen oder
2. zivilrechtlicher Ansprüche Unfallbeteiligter

dienen. ³Das Fahreignungs-Bewertungssystem ist nicht anzuwenden, wenn sich die Notwendigkeit früherer oder anderer die Fahreignung betreffender Maßnahmen nach den Vorschriften über die Entziehung der Fahrerlaubnis nach § 3 Absatz 1 oder einer auf Grund § 6 Absatz 1 Nummer 1 erlassenen Rechtsverordnung ergibt. ⁴Das Fahreignungs-Bewertungssystem und die Regelungen über die Fahrerlaubnis auf Probe sind nebeneinander anzuwenden.

(2) ¹Für die Anwendung des Fahreignungs-Bewertungssystems sind die in einer Rechtsverordnung nach § 6 Absatz 1 Nummer 1 Buchstabe s. bezeichneten Straftaten und Ordnungswidrigkeiten maßgeblich. ²Sie werden nach Maßgabe der in Satz 1 genannten Rechtsverordnung wie folgt bewertet:

1. Straftaten mit Bezug auf die Verkehrssicherheit oder gleichgestellte Straftaten, sofern in der Entscheidung über die Straftat die Entziehung der Fahrerlaubnis nach den §§ 69 und 69b des Strafgesetzbuches oder eine Sperre nach § 69a Absatz 1 Satz 3 des Strafgesetzbuches angeordnet worden ist, mit drei Punkten,
2. Straftaten mit Bezug auf die Verkehrssicherheit oder gleichgestellte Straftaten, sofern sie nicht von Nummer 1 erfasst sind, und besonders verkehrssicherheitsbeeinträchtigende oder gleichgestellte Ordnungswidrigkeiten jeweils mit zwei Punkten und
3. verkehrssicherheitsbeeinträchtigende oder gleichgestellte Ordnungswidrigkeiten mit einem Punkt.

³Punkte ergeben sich mit der Begehung der Straftat oder Ordnungswidrigkeit, sofern sie rechtskräftig geahndet wird. ⁴Soweit in Entscheidungen über Straftaten oder Ordnungswidrigkeiten auf Tateinheit entschieden worden ist, wird nur die Zuwiderhandlung mit der höchsten Punktzahl berücksichtigt.

(3) ¹Wird eine Fahrerlaubnis erteilt, dürfen Punkte für vor der Erteilung rechtskräftig gewordene Entscheidungen über Zuwiderhandlungen nicht mehr berücksichtigt werden. ²Diese Punkte werden gelöscht. ³Die Sätze 1 und 2 gelten auch, wenn

1. die Fahrerlaubnis entzogen,
2. eine Sperre nach § 69a Absatz 1 Satz 3 des Strafgesetzbuches angeordnet oder
3. auf die Fahrerlaubnis verzichtet

worden ist und die Fahrerlaubnis danach neu erteilt wird. ⁴Die Sätze 1 und 2 gelten nicht bei

1. Entziehung der Fahrerlaubnis nach § 2a Absatz 3,
2. Verlängerung einer Fahrerlaubnis,

3. Erteilung nach Erlöschen einer befristet erteilten Fahrerlaubnis,

4. Erweiterung einer Fahrerlaubnis oder

5. vereinfachter Erteilung einer Fahrerlaubnis an Inhaber einer Dienstfahrerlaubnis oder Inhaber einer ausländischen Fahrerlaubnis.

(4) Inhaber einer Fahrerlaubnis mit einem Punktestand von einem Punkt bis zu drei Punkten sind mit der Speicherung der zugrunde liegenden Entscheidungen nach § 28 Absatz 3 Nummer 1 oder 3 Buchstabe a oder c für die Zwecke des Fahreignungs-Bewertungssystems vorgemerkt.

(5) [1] Die nach Landesrecht zuständige Behörde hat gegenüber den Inhabern einer Fahrerlaubnis folgende Maßnahmen stufenweise zu ergreifen, sobald sich in der Summe folgende Punktestände ergeben:

1. Ergeben sich vier oder fünf Punkte, ist der Inhaber einer Fahrerlaubnis beim Erreichen eines dieser Punktestände schriftlich zu ermahnen;

2. ergeben sich sechs oder sieben Punkte, ist der Inhaber einer Fahrerlaubnis beim Erreichen eines dieser Punktestände schriftlich zu verwarnen;

3. ergeben sich acht oder mehr Punkte, gilt der Inhaber einer Fahrerlaubnis als ungeeignet zum Führen von Kraftfahrzeugen und die Fahrerlaubnis ist zu entziehen.

[2] Die Ermahnung nach Satz 1 Nummer 1 und die Verwarnung nach Satz 1 Nummer 2 enthalten daneben den Hinweis, dass ein Fahreignungsseminar nach § 4a freiwillig besucht werden kann, um das Verkehrsverhalten zu verbessern; im Fall der Verwarnung erfolgt zusätzlich der Hinweis, dass hierfür kein Punktabzug gewährt wird. [3] In der Verwarnung nach Satz 1 Nummer 2 ist darüber zu unterrichten, dass bei Erreichen von acht Punkten die Fahrerlaubnis entzogen wird. [4] Die nach Landesrecht zuständige Behörde ist bei den Maßnahmen nach Satz 1 an die rechtskräftige Entscheidung über die Straftat oder die Ordnungswidrigkeit gebunden. [5] Sie hat für das Ergreifen der Maßnahmen nach Satz 1 auf den Punktestand abzustellen, der sich zum Zeitpunkt der Begehung der letzten zur Ergreifung der Maßnahme führenden Straftat oder Ordnungswidrigkeit ergeben hat. [6] Bei der Berechnung des Punktestandes werden Zuwiderhandlungen

1. unabhängig davon berücksichtigt, ob nach deren Begehung bereits Maßnahmen ergriffen worden sind,

2. nur dann berücksichtigt, wenn deren Tilgungsfrist zu dem in Satz 5 genannten Zeitpunkt noch nicht abgelaufen war.

[7] Spätere Verringerungen des Punktestandes auf Grund von Tilgungen bleiben unberücksichtigt.

(6) [1] Die nach Landesrecht zuständige Behörde darf eine Maßnahme nach Absatz 5 Satz 1 Nummer 2 oder 3 erst ergreifen, wenn die Maßnahme der jeweils davor liegenden Stufe nach Absatz 5 Satz 1 Nummer 1 oder 2 bereits ergriffen worden ist. [2] Sofern die Maßnahme der davor liegenden Stufe noch nicht ergriffen worden ist, ist diese zu ergreifen. [3] Im Fall des Satzes 2 verringert sich der Punktestand mit Wirkung vom Tag des Ausstellens der ergriffenen

1. Ermahnung auf fünf Punkte,

2. Verwarnung auf sieben Punkte,

wenn der Punktestand zu diesem Zeitpunkt nicht bereits durch Tilgungen oder Punktabzüge niedriger ist. [4] Punkte für Zuwiderhandlungen, die vor der Verringerung nach Satz 3 begangen worden sind und von denen die nach Landesrecht zuständige Behörde erst nach der Verringerung Kenntnis erhält, erhöhen den sich nach Satz 3 ergebenden Punktestand. [5] Späteren Tilgungen oder Punktabzügen wird der sich nach Anwendung der Sätze 3 und 4 ergebende Punktestand zugrunde gelegt.

(7) [1] Nehmen Inhaber einer Fahrerlaubnis freiwillig an einem Fahreignungsseminar teil und legen sie hierüber der nach Landesrecht zuständigen Behörde innerhalb von zwei Wochen nach Beendigung des Seminars eine Teilnahmebescheinigung vor, wird ihnen bei einem Punktestand von ein bis fünf Punkten ein Punkt abgezogen; maßgeblich ist der Punktestand zum Zeitpunkt der Ausstellung der Teilnahmebescheinigung. [2] Der Besuch eines Fahreignungsseminars führt jeweils nur einmal innerhalb von fünf Jahren zu einem Punktabzug. [3] Für den zu verringernden Punktestand und die Berechnung der Fünfjahresfrist ist jeweils das Ausstellungsdatum der Teilnahmebescheinigung maßgeblich.

(8) [1] Zur Vorbereitung der Maßnahmen nach Absatz 5 hat das Kraftfahrt-Bundesamt bei Erreichen der jeweiligen Punktestände nach Absatz 5, auch in Verbindung mit den Absätzen 6 und 7, der nach Landesrecht zuständigen Behörde die vorhandenen Eintragungen aus dem Fahreignungsregister zu übermitteln. [2] Unabhängig von Satz 1 hat das Kraftfahrt-Bundesamt bei jeder Entscheidung, die wegen einer Zuwiderhandlung nach

1. § 315c Absatz 1 Nummer 1 Buchstabe a des Strafgesetzbuches,

2. den §§ 316 oder 323a des Strafgesetzbuches oder
3. den §§ 24a oder 24c
ergangen ist, der nach Landesrecht zuständigen Behörde die vorhandenen Eintragungen aus dem Fahreignungsregister zu übermitteln.

(9) Widerspruch und Anfechtungsklage gegen die Entziehung nach Absatz 5 Satz 1 Nummer 3 haben keine aufschiebende Wirkung.

(10) [1] Ist die Fahrerlaubnis nach Absatz 5 Satz 1 Nummer 3 entzogen worden, darf eine neue Fahrerlaubnis frühestens sechs Monate nach Wirksamkeit der Entziehung erteilt werden. [2] Das gilt auch bei einem Verzicht auf die Fahrerlaubnis, wenn zum Zeitpunkt der Wirksamkeit des Verzichtes mindestens zwei Entscheidungen nach § 28 Absatz 3 Nummer 1 oder 3 Buchstabe a oder c gespeichert waren. [3] Die Frist nach Satz 1, auch in Verbindung mit Satz 2, beginnt mit der Ablieferung des Führerscheins nach § 3 Absatz 2 Satz 3 in Verbindung mit dessen Satz 4. [4] In den Fällen des Satzes 1, auch in Verbindung mit Satz 2, hat die nach Landesrecht zuständige Behörde unbeschadet der Erfüllung der sonstigen Voraussetzungen für die Erteilung der Fahrerlaubnis zum Nachweis, dass die Eignung zum Führen von Kraftfahrzeugen wiederhergestellt ist, in der Regel die Beibringung eines Gutachtens einer amtlich anerkannten Begutachtungsstelle für Fahreignung anzuordnen.

Übersicht

Begr zum ÄndG v. 28.8.13 (BT-Drs. 17/12636 S. 38 = VkBl. **13** 1139): **Zu Abs. 1:** *Satz 1* **1** *überträgt die schon bisher bezüglich des Punktsystems enthaltene Zweckbestimmung auf das Fahreignungs-Bewertungssystem. Insoweit hatte bereits der Gesetzgeber der 13. Legislaturperiode die Rolle des Systems für die Verkehrssicherheit betont und das System als Instrument der Verkehrssicherheit bezeichnet (BT-Drs. 13/6914, S. 49). Besonders zu erwähnen ist die in diesem Zusammenhang festgestellte general- und spezialpräventive Wirkung mit dem Ziel der Verbesserung der Verkehrssicherheit. Dieser Gesichtspunkt soll mit der vorliegenden Novelle noch verstärkt werden ....*

Satz 3 stellt wie bisher klar, dass das Fahreignungs-Bewertungssystem ein zusätzliches Instrument ist, **2** *um die Fahreignung von Fahrerlaubnisinhabern feststellen zu können. Verfügt die Behörde über andere Erkenntnisse, die die Fahreignung in Frage stellen, können entsprechende Maßnahmen bereits auf Grund dieser Erkenntnisse und somit unabhängig vom Fahreignungs-Bewertungssystem – auf Grund anderer Vorschriften – ergriffen werden. Soweit es allerdings um die Frage geht, ob ein Fahrerlaubnisinhaber wegen der wiederholten Begehung von Verkehrsverstößen als ungeeignet zum Führen eines Kraftfahrzeugs anzusehen ist, gelten indessen die Vorschriften über das Fahreignungs-Bewertungssystem.*

Satz 4 stellt klar, dass das Fahreignungs-Bewertungssystem und die Regelungen über die Fahrerlaubnis **3** *auf Probe unabhängig voneinander und nebeneinander Anwendung finden. Das bedeutet, dass der Inhaber einer Fahrerlaubnis auf Probe sowohl im System nach § 2a StVG als auch im System nach § 4 StVG gespeichert wird und ihm gegenüber die jeweils vorgesehenen Maßnahmen zu ergreifen sind.*

Zu Abs. 2: *Satz 1 bestimmt, welche Zuwiderhandlungen für das Fahreignungs-Bewertungssystem her-* **4** *angezogen werden sollen. Das Gesetz bestimmt diese Verstöße jedoch nicht selbst, da absehbar ist, dass die entsprechende Liste im Zuge der Fortschreibung des Straßenverkehrsrechts späterer Überarbeitung bedarf, weil neue Verkehrsverstöße hinzutreten können ... und bei anderen Vorschriften Änderungen vorgenommen werden, die sich als Anpassungsbedarf auf die Liste auswirken. Das Gesetz verweist deshalb bezüglich der zu berücksichtigenden Zuwiderhandlungen auf die zu seiner Umsetzung zu erlassende Rechtsverordnung.*

Satz 2 betrifft den Aspekt, in welchem Maße die zu berücksichtigenden Zuwiderhandlungen in die Fahr- **5** *eignungsbewertung eingehen sollen. Zu diesem Zweck wird ein Drei-Punkt-System eingeführt .... Dadurch wird das bislang geltende Sieben-Punkt-System ersetzt .... Die Bestimmung, welche Zuwiderhandlungen in die jeweilige Gruppe fallen, soll – wie die Bestimmung der für das Fahreignungs-Bewertungssystem zu berücksichtigenden Taten – durch Rechtsverordnung vorgenommen werden.*

Satz 3 bestimmt, dass sich die Punkte mit der Begehung der Straftat oder Ordnungswidrigkeit ergeben. **6** *Mit dieser Vorschrift übernimmt es nunmehr das Gesetz selbst, den Zeitpunkt des Entstehens von Punkten und damit die rechnerische Grundlage für die Berechnung des Punktestandes zu definieren. Mit der Anknüpfung an das Tattagsprinzip für die Entstehung der Punkte übernimmt das Gesetz den vom Bundesverwaltungsgericht gewählten Anknüpfungspunkt (Urteil vom 25.9.2008, Az. 3 C 3/07). Das Bundesverwaltungsgericht hatte diese Entscheidung für die Frage der Berechnung der Höhe des Punktabzugs nach dem Punktsystem (§ 4 Absatz 4, 5 StVG in der bisherigen Fassung) getroffen und zur Begründung maßgeblich auf die Erziehungswirkung des Systems abgestellt. Auch wenn das neue Fahreignungs-Bewertungssystem einen Punktabzug nicht mehr vorsieht, ist das Tattagsprinzip bezogen auf die Punkteentstehung zur Vermeidung taktischer Rechtsmittel angezeigt. Im Interesse der Vermeidung der Belastung der Justiz muss auf der anderen Seite die bekannte Folge des Tattagsprinzips hingenommen werden, dass sich die Punkte und der Punktestand zunächst außerhalb des Registers ergeben und erst zu einem wesentlich späteren Zeitpunkt (mit der Rechtskraft der Entscheidung) im Register abgebildet und retrospektiv berechnet werden können.*

Satz 4 enthält die Bestimmung, wonach bei Tateinheit nur die Zuwiderhandlung mit der höchsten Punk- **7** *tezahl im Fahreignungs-Bewertungssystem berücksichtigt wird. Die Vorschrift entspricht inhaltlich der bisherigen Bestimmung des § 4 Absatz 2 Satz 2 a. F. Sie knüpft aber nicht mehr an die Erfüllung der abstrakten Tatbestandsvoraussetzung der Verwirklichung mehrerer Zuwiderhandlungen durch eine Handlung an, son-*

dern nur an den Umstand, dass die Entscheidung über die Tat selbst auf Tateinheit erkennt. Damit wird klargestellt, dass die Frage, ob Tateinheit vorliegt, in der Entscheidung über die Ordnungswidrigkeit oder die Straftat getroffen und dann im Register bezüglich der Punktebewertung nur noch übernommen wird.

8   **Zu Abs. 3:** *Die Punkte sollen künftig nicht mehr mit der Entziehung der Fahrerlaubnis (vgl. § 4 Absatz 2 Satz 3 a. F.), sondern erst dann gelöscht werden, wenn sie nach vorheriger Entziehung neu erteilt wird. Gleiches gilt für das Ansammeln von Punkten vor der Ersterteilung der Fahrerlaubnis. Damit wird besser als bisher dem Umstand Rechnung getragen, dass die Geeignetheit des Betroffenen erst mit der Erst-(oder Neu-)Erteilung der Fahrerlaubnis (wieder) als gegeben anzusehen ist ....*

9   *Neu geregelt ist zudem die Gleichstellung von Entziehung der Fahrerlaubnis und Verzicht auf eine solche. Auch bei einem Verzicht auf die Fahrerlaubnis werden die Punkte dann gelöscht, wenn die Fahrerlaubnis neu erteilt wird. Dies trägt ebenfalls dem Umstand Rechnung, dass die Behörde den Betroffenen mit der Neuerteilung wieder als geeignet zum Führen von Kraftfahrzeugen einstuft .... Um zu vermeiden, dass Fahrerlaubnisinhaber Punktelöschungen durch einen Verzicht und einen kurz danach gestellten Neuantrag erreichen können, erfolgt die Gleichstellung von Entziehung und Verzicht auch im Hinblick auf die Frist zur Neuerteilung. Auch nach einem Verzicht muss die Behörde vor Neuerteilung der Fahrerlaubnis die Eignung feststellen und es gilt eine sechsmonatige Sperrfrist, sofern gegen den Betroffenen zum Zeitpunkt des Verzichts mindestens zwei Entscheidungen über Zuwiderhandlungen, also mindestens zwei Punkte, im Fahreignungsregister eingetragen waren ....*

10   **Zu Abs. 4:** *Die Regelung führt die Kategorie der Vormerkung ein .... Mit der Formalisierung dieser dem Fahreignungs-Bewertungssystem vorgelagerten Registrierung im Fahreignungsregister soll deutlich gemacht werden, dass Eintragungen bis zu insgesamt drei Punkten keine Nachteile im Bewertungssystem für den Fahrerlaubnisinhaber nach sich ziehen. Damit soll zugleich dem falschen Eindruck entgegengewirkt werden, die Punktebewertung sei ein zusätzlicher sanktionsähnlicher Eingriff. Der Punkteeintrag und die Punktebewertung dienen allein dem Zweck, die Gleichbehandlung aller Betroffenen bei der Fahreignungsbewertung zu erreichen. Die Vormerkung spiegelt also nicht mehr als die Tatsache wider, im Register für die Zwecke des Fahreignungs-Bewertungssystems vorgemerkt zu sein. Gleichzeitig soll die Vormerkung jedem Inhaber einer Fahrerlaubnis aber auch frühzeitig zu erkennen geben, dass er bei wiederholt auffälligem Verhalten die Vormerkung verlässt und der ersten Stufe des Systems zugeordnet wird. Der lediglich vorgemerkte Fahrerlaubnisinhaber ist aber weiterhin ohne jede Einschränkung geeignet für das Führen von Kraftfahrzeugen.*

11   **Zu Abs. 5:** *Das Fahreignungs-Bewertungssystem gilt – wie das bisherige Punktsystem – nur für Inhaber einer Fahrerlaubnis. Insoweit unterscheidet sich der Anwendungsbereich des § 28 Absatz 3, der die Speicherung betrifft und auf Grund dessen auch Zuwiderhandlungen von Personen gespeichert und mit Punkten bewertet werden, die nicht Inhaber einer Fahrerlaubnis sind, und der Anwendungsbereich des § 4 Absatz 5, der festlegt, dass die Maßnahmen des Fahreignungs-Bewertungssystems nur gegen Inhaber einer Fahrerlaubnis ergriffen werden. Bei der Beurteilung der Fahreignung werden für den Inhaber der Fahrerlaubnis aber auch solche Zuwiderhandlungen berücksichtigt, die er nicht als Kraftfahrzeugführer, sondern als anderer Verkehrsteilnehmer begangen hat.*

12   *... Es sind folgende drei Maßnahmenstufen vorgesehen, die die nach Landesrecht zuständige Behörde bei Erreichen des jeweiligen Punktestandes stufenweise zu ergreifen hat, ohne dass ihr ein Ermessensspielraum zusteht. Durch die Aufnahme des Begriffs „stufenweise" im Gesetz soll klargestellt werden, dass der Inhaber einer Fahrerlaubnis alle Stufen jeweils durchlaufen muss.*

13   *... schriftlich zu ermahnen ... Sie hat die Maßnahme dieser Stufe nur beim erstmaligen Erreichen eines Punktestandes dieser Stufe zu ergreifen. Das bedeutet, dass die Maßnahme bei wechselnden Punkteständen innerhalb der Maßnahmenstufe nicht erneut zu ergreifen ist. Die Ermahnung ist ein Hinweis an den Inhaber einer Fahrerlaubnis über den erreichten Punktestand und die Mahnung, sein Verhalten zu ändern und Verkehrsverstöße zu vermeiden. Eingriffe in die Rechtssphäre des Inhabers einer Fahrerlaubnis sind mit der Ermahnung nicht verbunden ....*

14   *Satz 5 führt das Tattagsprinzip aus. Für das Ergreifen von Maßnahmen hat die Behörde retrospektiv auf den Tag der letzten Zuwiderhandlung abzustellen, die mit ihrer Punktebewertung das Erreichen einer Stufe und damit eine Maßnahme auslöst. Die Behörde hat also bei Hinzutreten einer neuen Tat zu prüfen, ob diese in Kumulation mit anderen, am Tattag der neuen Tat noch nicht getilgten Verstößen zum erstmaligen Erreichen einer Stufe führt ....*

15   *Satz 7 stellt klar, dass es ausreicht, wenn der Inhaber einer Fahrerlaubnis einmal eine Stufe erreicht hat. Sollte sich danach der Punktestand auf Grund von Tilgungen wieder reduzieren, wird dennoch die Maßnahme der erreichten Stufe ergriffen. Dies gilt für alle drei Maßnahmenstufen und ist die konsequente Folge des Tattagsprinzips bei der Punkteentstehung: Maßnahmen werden bezogen auf den Tattag ergriffen und*

nicht bezogen auf den aktuellen Punktestand am Tag des Ergreifens der Maßnahme durch die Behörde. Geht also der Behörde eine Mitteilung des KBA über den jeweiligen Punktestand zu und tritt bis zum Tätigwerden der Behörde eine Punktereduktion auf Grund einer Tilgung ein, die den Inhaber einer Fahrerlaubnis wieder in die vorherige Stufe oder in die Vormerkung versetzt, hat die Behörde die Maßnahme dennoch zu ergreifen ....

Zu Abs. 6: *Ist eine Stufe nicht durchlaufen worden, so wird der Inhaber einer Fahrerlaubnis auf den* **16** *höchsten Punktestand dieser nicht durchlaufenen Stufe zurückgestuft. Ohne diese Anweisung der Punktereduzierung wäre das Verfahren weniger übersichtlich, weil dann Punktestand und Maßnahmenstufe auseinander fallen würden. Satz 4 betrifft die Frage, von welchem Punktestand aus in solchen Fällen weitere Reduzierungen auf Grund von Tilgungen berechnet werden sollen. Vorgesehen ist, dafür den reduzierten Punktestand zugrunde zu legen und nicht etwa die reduzierten Punkte gegenzurechnen, weil der reduzierte Punktestand die Stufe im Fahreignungs-Bewertungssystem wiedergibt und dieser damit für alle weiteren Entscheidungen, die sich daran anschließen, zugrunde gelegt werden soll. Die Punktereduzierungen nach Absatz 6 sind nur für Inhaber einer Fahrerlaubnis vorgesehen, da auch nur gegen sie die Maßnahmen ergriffen werden können. Für andere im Fahreignungsregister registrierte Personen gelten sie nicht.*

Zu Abs. 7: *... wird im Interesse der Förderung des Fahreignungsseminars der Punkterabatt fortgeführt,* **17** *wie ihn das bisherige Punktsystem grundsätzlich vorgesehen hatte. (BT-Drs. 17/13452 S. 7 = VkBl.* **13** *1145)*

Zu Abs. 8: *Neu geregelt ist, dass das KBA die zuständige Behörde bei den in Satz 2 aufgeführten* **18** *Ordnungswidrigkeiten und Straftaten, die Tatbestände des Fahrens unter Alkoholeinfluss oder unter dem Einfluss anderer berauschender Mittel betreffen, nicht erst unterrichtet, wenn eine Maßnahmenstufe erreicht ist, sondern bei jeder diesbezüglichen Entscheidung. Das ist erforderlich, weil die wiederholte Zuwiderhandlung im Straßenverkehr unter Einfluss von Alkohol oder anderen berauschenden Mitteln nach § 46 Absatz 3 in Verbindung mit § 13 Satz 1 Nr. 2b FeV die Anordnung zur Beibringung eines medizinisch-psychologischen Gutachtens oder iVm § 14 FeV die Anordnung zur Beibringung eines ärztlichen oder medizinisch-psychologischen Gutachtens zur Überprüfung der Eignung zur Folge hat. Die Punktebewertungen durch das KBA sind für die Feststellung des Punktestandes wie bisher vorläufig. Eine endgültige Bewertung erfolgt durch die nach Landesrecht zuständige Behörde.*

Zu Abs. 10: *Wie bisher (Absatz 10 a. F.) darf die Fahrerlaubnis nach erfolgter Entziehung wegen Er-* **19** *reichens der Acht-Punkte-Schwelle erst nach Ablauf von sechs Monaten nach Wirksamwerden der Entziehung der Fahrerlaubnis wieder erteilt werden (Satz 1). Neu ist, dass diese Frist auch bei Neuerteilung nach erfolgtem Verzicht gilt, wie Satz 2 klarstellt. Diese Regelung ist erforderlich, weil auch im Hinblick auf die Punktelöschung eine Gleichstellung vorgenommen wird (vgl. Absatz 3). Würde keine Sperrfrist vorgesehen werden, so wäre ein Anreiz gegeben, durch Verzicht den Punktestand zu bereinigen. Die Einschränkung in Satz 2 Hs. 2, wonach die Sperrfrist bei einem Verzicht nur gilt, wenn zum Zeitpunkt des Wirksamwerdens des Verzichts mindestens zwei Entscheidungen, also mindestens zwei Punkte, im Fahreignungsregister gespeichert waren, stellt sicher, dass die Sperrfrist tatsächlich nur Personen betrifft, die auf die Fahrerlaubnis mit Blick auf ihren Punktestand verzichten....*

Zu § 65 III Nr. 4: *Die Punktestände nach bisherigem Recht werden mittels der Überführungstabelle* **20** *in Punktestände nach dem Fahreignungs-Bewertungssystem überführt. Der auf Grund der Überführung ermittelte neue Punktestand bildet dann nach Satz 2 die Grundlage für die Einstufung in eine der Maßnahmenstufen des Fahreignungs-Bewertungssystems oder in die Vormerkung. Mit der Regelung wird sichergestellt, dass jeder, der sich im bisherigen dreistufigen Punktsystem in einer Maßnahmenstufe befunden hat, in die entsprechende Maßnahmenstufe des neuen ebenfalls dreistufigen Fahreignungs-Bewertungssystems überführt wird. Das Ergreifen der vorgesehenen Maßnahmen nach § 4 Absatz 5 Satz 1 durch die nach Landesrecht zuständigen Behörden wird ... auf der Grundlage des überführten Punktestandes erfolgen. Satz 3 stellt allerdings klar, dass die Umstellung des Systems und die dadurch erstmalige Einordnung in die neuen Maßnahmenstufen nicht zur Maßnahmenergreifung führen. Vielmehr führen nur eine Zuwiderhandlung und das hierauf folgende erstmalige Erreichen einer Maßnahmenstufe ... zu einer Maßnahme ....*

Zu § 65 III Nr. 6: *Nummer 6 regelt Änderungen des Punktestandes auf Grund von Tilgungen nach* **21** *Inkrafttreten des Gesetzes oder auf Grund von noch zu gewährenden Punkterabatten. Dabei handelt es sich um Punktereduzierungen, die nachträglich vorgenommen werden müssen. Das heißt: Auch wenn für den Betroffenen die Umstellung nach der Überführungstabelle bereits vorgenommen worden ist, muss nach Vorliegen der die Punktereduzierung rückwirkend auslösenden Umstände (Tilgung, Punkterabatt) die Umrechnung erneut vorgenommen werden. Für den Betroffenen wird also die Punktereduzierung in dem vor dem Inkrafttreten des Gesetzes bestehenden Rechensystem vollzogen und erst dann erneut die Überführung nach* *der in Nummer 4 geregelten Überführungstabelle vorgenommen. Dies führt zur Aktualisierung der Einstufung auf der Grundlage des nach der Überführungstabelle erreichten Punktestandes.*

22   **Begr** zum ÄndG v. 28.11.14 (BT-Drs. 18/2775 S. 9): **Zu Abs. 3 S. 4 Nr. 4 und 5:** *Grundsätzlich erlöschen eingetragene Punkte bei einer Neuerteilung der Fahrerlaubnis nach § 4 Absatz 3 Satz 1 bis 3 StVG, weil der Neuerteilung eine Eignungsüberprüfung vorausgeht und zu dem Ergebnis der vorhandenen Eignung geführt hat. In § 4 Absatz 3 Satz 4 StVG werden hiervon Ausnahmen gemacht. Nach der Gesetzesbegründung in BT-Drucksache 17/13452, S. 7 dient § 4 Absatz 3 Satz 4 der Weiterführung des Punktestandes, wenn im Verfahren zur Fahrerlaubniserteilung keine vollständige Eignungsprüfung stattgefunden hat. Mit Anfügung der neuen Nummern 4 und 5 werden weitere Ausnahmen ausdrücklich formuliert. Es handelt sich hier ebenfalls um Fälle, in denen die Fahrerlaubnis ohne vorherige umfassende Eignungsüberprüfung erteilt wird, da bereits eine Fahrerlaubnis vorhanden ist, die als solche nicht in Frage steht.*

23   **Zu § 65 III Nr. 7:** *Fälle, in denen die Fahrerlaubnis nach § 4 Absatz 7 StVG in der bis zum 30. April 2014 anwendbaren Fassung entzogen worden ist, weil der Betroffene nicht an einem angeordneten Aufbauseminar teilgenommen hatte, … führten bereits nach § 4 Absatz 2 Satz 4 StVG in der bis zum 30. April 2014 anwendbaren Fassung nicht zur Löschung des Punktekontos bei Entziehung. Diese Wertung soll auch unter Geltung des neuen Fahreignungs-Bewertungssystems beibehalten werden, nach dem die Punktelöschung nun erst bei Neuerteilung der Fahrerlaubnis vorgesehen ist. Dies entspricht zudem den hinter § 4 Absatz 3 Satz 4 StVG stehenden Gedanken.*

24   **Zu Abs. 5 S. 6 und Abs. 6:** *Das Bundesverwaltungsgericht hat in seinem Urteil vom 25.9.08 (Az. 3 C 3/07) … dem (damaligen) Stufensystem eine „Warnfunktion" beigemessen und konstatiert, dass die Maßnahmen den Fahrerlaubnisinhaber „möglichst frühzeitig und insbesondere noch vor dem Eintritt in die nächste Stufe erreichen" sollten, damit ihm die „Möglichkeit der Verhaltensänderung" effektiv zuteilwird. Anderenfalls hätte er „die weiteren Verkehrsverstöße, vor deren Begehung er eigentlich erst gewarnt werden soll, bereits begangen." Von diesen Erwägungen des Bundesverwaltungsgerichts zum ursprünglichen System wollte sich der Gesetzgeber für das ab 1.5.14 geltende neue System mit den Erwägungen zur Punkteentstehung und zum Tattagsprinzip bewusst absetzen (BR-Drs 799/12, S. 72) (= BT-Drs. 17/12636 S. 39). Um den Systemwechsel deutlicher zu fassen und deutlicher zu machen, dass die bisherige zum Punktsystem ergangene Rechtsprechung des Bundesverwaltungsgerichts nicht auf die Punkteberechnung im neuen System in diesem Detail erstreckt werden soll, wird nunmehr die vorliegende Klarstellung vorgenommen. Es kommt nach dem Fahreignungs-Bewertungssystem demnach nicht darauf an, dass eine Maßnahme den Betroffenen vor der Begehung weiterer Verstöße erreicht und ihm die Möglichkeit zur Verhaltensänderung einräumt, bevor es zu weiteren Maßnahmen kommen darf. Denn das neue System kennt keine verpflichtende Seminarteilnahme und versteht den Erziehungsgedanken damit auch nicht so, dass jede einzelne Maßnahme den Fahrerlaubnis-Inhaber individuell ansprechen können muss in dem Sinne, dass nur sie die Verhaltensbeeinflussung bewirken kann. Die Erziehungswirkung liegt vielmehr dem Gesamtsystem als solchem zu Grunde, während die Stufen in erster Linie der Information des Betroffenen dienen. Die Maßnahmen stellen somit lediglich eine Information über den Stand im System dar. Unter Verkehrssicherheitsgesichtspunkten und für das Ziel, die Allgemeinheit vor ungeeigneten Fahrern zu schützen, kommt es vielmehr auf die Effektivität des Fahreignungs-Bewertungssystems an. Hat der Betroffene sich durch eine entsprechende Anhäufung von Verkehrsverstößen als ungeeignet erwiesen, ist er vom Verkehr auszuschließen. Der Hinweis auf eine in bestimmten Konstellationen ausbleibende Chance, sein Verhalten so zu bessern, dass es zu keinen weiteren Maßnahmen kommt, kann in Abwägung mit dem Sicherheitsinteresse der Allgemeinheit kein Argument dafür sein, über bestimmte Verkehrsverstöße hinwegzusehen und sie dadurch bei der Beurteilung der Fahreignung auszublenden.…*

25–27   *Absatz 6 Satz 4 regelt den Fall, dass vor einer Maßnahme nach Absatz 6 Satz 2 nebst Reduzierung nach Absatz 6 Satz 3 bereits eine weitere Tat begangen worden, zum Zeitpunkt der Reduzierung aber der Behörde noch nicht bekannt war. Die Formulierung „Kenntnis erhält" ist dabei § 48 Absatz 4 VwVfG entlehnt. Absatz 6 Satz 4 macht die weitere Verwertbarkeit solcher Taten trotz zwischenzeitlicher Reduzierung deutlich. Eine solche Tat erhöht rückblickend, wenn sie bekannt geworden ist, den Punktestand nach dem Tattagsprinzip ab ihrem Tattag (vgl. Absatz 5 Satz 6 Nummer 1). Absatz 6 Satz 4 legt nun fest, dass die Punkte für diese Tat mangels Bekanntheit nicht von der Reduzierung erfasst werden, sondern vielmehr das Ergebnis der Reduzierung nach Absatz 6 Satz 3 erhöhen.*

28   **1.** Das **Fahreignungs-Bewertungssystem** dient dem Schutz vor Gefahren, die von Mehrfachtätern im StrV ausgehen (I S. 1, BVerwG NJW **17** 2933, VGH Ma NJW **16** 1259). Das ebenfalls zu diesem Zweck geschaffene **frühere Punktsystem** wurde durch ÄndG v. 28.8.13 (BGBl. I S. 3313) mit Wirkung ab 1.5.14 einer grundlegenden **Reform** unterzogen und in

Fahreignungs-Bewertungssystem (FEigBewSystem) umbenannt. Durch die neue Bezeichnung soll die Zweckbestimmung des Systems, die Erkennung ungeeigneter FEInhaber zu ermöglichen, klarer zum Ausdruck gebracht werden (Begr BT-Drs. 17/12636 S. 18 = VkBl. **13** 1117). Ziele der Reform waren Verbesserung der VSicherheit, mehr Transparenz und Vereinfachung (näher Begr BT-Drs. 17/12636 S. 17 ff. = VkBl. **13** 1115 ff., *Albrecht* DAR **11** 677, SVR **12** 81, VGT **13** 227, *Albrecht/Kehr* DAR **13** 437, *Dauer* VD **12** 103). Das System wurde mit der Reform im Wesentlichen auf FEInhaber beschränkt, die unmittelbar die Straßenverkehrssicherheit beeinträchtigende Verstöße begangen haben. Gleichzeitig wurde es um Personen erweitert, die gefahrgutbeförderungsrechtliche Vorschriften verletzt haben. Um dem Wunsch der Länder entsprechen zu können, auch einige Verstöße in das neue System einzubeziehen, die nach Auffassung der damaligen BReg nicht als unmittelbar verkehrssicherheitsrelevant einzustufen waren, wie zB Fahrerflucht in Bagatellfällen und das Zuparken einer Feuerwehrzufahrt mit Behinderung eines EinsatzFz, wurde auf Vorschlag des Vermittlungsausschusses die aus der Sicht des Bundes erforderliche Ergänzung in I S. 2 (gleichgestellte Vorschriften) eingefügt (BT-Drs. 17/14125 S. 2 = VkBl. **13** 1139).

Das beim KBA geführte Verkehrszentralregister (VZR) wurde in **Fahreignungsregister** 29 (FAER) umbenannt; zu den Registervorschriften §§ 28, 28a und 29. Die Bewertung von Zuwiderhandlungen mit 1 bis 7 Punkten wurde durch ein System der Bewertung mit 1 bis 3 Punkten ersetzt. Aufbauseminar und verkehrspsychologische Beratung wurden zugunsten des neu entwickelten Fahreignungsseminars (§ 4a StVG, § 42 FeV), aufgegeben, das zunächst für 5 Jahre erprobt wurde. Das Seminar wird nicht angeordnet; es steht nur als freiwillig zu besuchendes Seminar zur Verfügung, womit bei einem Punktestand von 1 bis 5 Punkten einmal in 5 Jahren ein Punkt abgebaut werden kann. Bei den Regelungen über die FE auf Probe wurden Aufbauseminar und verkehrspsychologische Beratung beibehalten.

Die **Gesetz- und Verordnungsentwürfe zur Reform** haben im Laufe der Beratungen im 30 Jahr 2013 erhebliche **Veränderungen** erfahren. Aus den Begründungen der Entwürfe werden in diesem Kommentar nur die Teile – auszugsweise – abgedruckt, die für die geltende Rechtslage relevant sind. Die im VkBl. abgedruckten Begründungen beziehen sich zT auf Entwurfsfassungen, die letztlich nicht Gesetz geworden sind; sie sind also nur mit Vorbehalt zu verwenden.

Das **Fahreignungs-Bewertungssystem** beinhaltet ebenso wie das frühere Punktsystem die 31 Bewertung von Verkehrszuwiderhandlungen (Straftaten und Ordnungswidrigkeiten) mit einer festgelegten Anzahl von Punkten und das Ergreifen bestimmter Maßnahmen durch die FEB bei Erreichen oder Überschreiten bestimmter Punkteschwellen. Die Festlegung der für das FEigBewSystem heranzuziehenden Entscheidungen und die Bewertung der einzelnen Verstöße mit einer bestimmten Punktzahl nach den Vorgaben des II S. 2 (1 bis 3 Punkte) sowie die nähere Ausgestaltung des Fahreignungsseminars sind gem. § 6 I Nr. 1 Buchst n, s. und u durch RVO (§§ 40–44 FeV, Anl 13, 16 zur FeV) geregelt.

a) Die Regelungen des FEigBewSystem sind **verfassungsrechtlich nicht zu beanstanden.** 32 Ein Verstoß gegen den **Gleichbehandlungsgrundsatz** (Art 3 I GG) liegt nicht darin begründet, dass die automatische EdF bei Erreichen von 8 Punkten Berufs- und Vielfahrer ebenso trifft wie Wenig- oder Sonntagsfahrer. Eine Unterscheidung nach dem Ausmaß der Teilnahme eines Kf am StrV wäre nicht nur praktisch undurchführbar, sie ist auch sachlich nicht erforderlich, weil bei Vielfahrern das erhöhte Risiko, Dritte im StrV zu schädigen, nicht stets durch einen Zuwachs an Erfahrung ausgeglichen wird (VGH Mü VRS **108** 302 zu § 4 aF). Dass VII S. 2 eine Verringerung der Punktzahl nur einmal innerhalb von 5 Jahren zulässt, verstößt ebenfalls nicht gegen den Gleichbehandlungsgrundsatz, denn diese Regelung ist dadurch gerechtfertigt, dass Fahrer, die nach dem Besuch eines Fahreignungsseminars mit Punktrabatt erneut mit Punkten im relevanten Umfang zu bewertende Zuwiderhandlungen begehen, selbst deutlich machen, dass das Seminar bei ihnen ohne Erfolg geblieben ist, so dass keine Veranlassung besteht, derart unbeeinflussbaren FEInhabern bereits innerhalb weniger Jahre erneut die Möglichkeit zur Punktereduzierung zu eröffnen (s. VGH Mü VRS **108** 303 zu § 4 IV S. 3 aF). Die zwingende EdF bei 8 Punkten ohne Einzelfallprüfung stellt keinen Verstoß gegen den **Verhältnismäßigkeitsgrundsatz** dar. Das abgestufte und transparente System mit Ermahnung und Verwarnung, ggf. mit der Unterrichtung über den Punktestand, dem Fahreignungsseminar und ohne Punkterabatt, mit der Ankündigung der EdF bei Erreichen von 8 Punkten, mit der Regelung des VI, die sicherstellt, dass alle Maßnahmestufen durchlaufen werden, bevor nach Erreichen von 8 Punkten unwiderlegbar von der Ungeeignetheit auszugehen ist, und mit den Tilgungsregelungen rechtfertigt die Annahme, dass Personen als ungeeignet zum Führen von Kfz anzusehen sind, die

8 Punkte oder mehr erreicht haben (s. zum früheren Punktsystem VGH Mü VRS **108** 303 f., OVG Greifswald 21.6.06 1 M 10/06). Um atypischen Fallgestaltungen Rechnung tragen zu können, sind im Übrigen **Ausnahme- und Korrekturmöglichkeiten** vorgesehen (Rn. 100 f.).

33   **b)** Das **Verhältnis zu anderen Vorschriften** regeln I S. 3 und 4. Das FEigBewSystem findet gem. **I S. 3,** der dem früheren I S. 2 entspricht, keine Anwendung, wenn **frühere oder andere die Fahreignung betreffende Maßnahmen** erforderlich sind. Vom FBewSystem kann auf der Grundlage von I S. 3 aber nur abgewichen werden, wenn **besondere Gründe** dafür vorliegen, denn dem Schutz vor Gefahren, die sich aus einer Häufung von Verkehrsverstößen ergeben, trägt das Gesetz grundsätzlich durch das FBewSystem des § 4 Rechnung (OVG Ko DAR **09** 478, OVG Münster NJW **11** 1242 mAnm *Dauer,* VGH Ma DAR **14** 478 = NJW **14** 2520 Ls, VGH Mü SVR **15** 232 (jeweils zum früheren Punktsystem), VGH Ma NJW **15** 1035, NJW **16** 1259, OVG Berlin 31.8.18 1 S 54.18, VG Neustadt VRS **129** 50, VG Augsburg 18.9.15 7 K 15.637). Durch Schaffung des FBewSystems hat der Gesetzgeber in Kauf genommen, dass auch Kf mit nicht unerheblichem „Sünden-Register" zunächst noch im Besitz der FE sind. Er bietet diesen Kf mit den Instrumenten des § 4 bewusst – allerdings unter der Geltung des FBewSystems stark reduzierte (VG Koblenz 18.6.20 – 4 L 487/20 BeckRS 2020, 14239) – Hilfestellungen an, um ihnen Gelegenheit zu geben, ihr Fehlverhalten möglichst frühzeitig selbst zu überprüfen und von sich aus ihr Verhalten im Verkehr zu ändern und damit einen Punkteanstieg zu vermeiden, so dass es gar nicht erst zur Entziehung der FE kommt (Begr BT-Drs. 17/12636 S. 19 = VkBl. **13** 1117). Indem der Gesetzgeber dieses System schuf, hat er deutlich gemacht, dass mit Punkten zu bewertende Verkehrsverstöße grundsätzlich zunächst noch keine Eignungsüberprüfung auslösen sollen. Begeht ein FEInhaber Verkehrszuwiderhandlungen, die der Punktebewertung unterliegen, ist also idR das Instrumentarium des § 4 anzuwenden. Ein **Abweichen** davon **nach I S. 3** stellt die **Ausnahme** dar (OVG Münster NJW **11** 1242 mAnm *Dauer,* VGH Ma DAR **14** 478 = NJW **14** 2520 Ls, VGH Mü NJW **14** 3802 (jeweils zum früheren Punktsystem), VGH Ma NJW **15** 1035, VG Neustadt VRS **129** 50, VG Koblenz 18.6.20 – 4 L 487/20 BeckRS 2020, 14239). Es darf dabei nicht zu einer Umgehung oder Aushöhlung des FBewSystems mit seinem abgestuften Angebot an Hilfestellungen und Warnungen vor EdF kommen (VG Cottbus 21.10.19 – 1 L 496/19 BeckRS 2019, 25394). Ein Vorgehen der FEB nach I S. 3 darf auch kein Ersatz für von ihr verpasste Maßnahmen nach V sein (VG Mü NJW **06** 1687 zum früheren Punktsystem). Die Tatsache wiederholter Verstöße gegen verkehrsrechtliche Vorschriften allein rechtfertigt eine Eignungsüberprüfung abweichend vom FBewSystem nicht (Ausnahmen: wiederholte Verkehrsverstöße unter Alkoholeinfluss, § 13 S. 1 Nr. 2b FeV, und wiederholte Zuwiderhandlungen im StrV nach § 24a, § 14 II Nr. 3 FeV). Ob es angebracht ist, bei den FEKlassen D, DE, bei denen besonders hohe Anforderungen auch hinsichtlich der Verantwortung der FEInhaber gestellt werden, die Schwelle für eine Maßnahme außerhalb des FEigBewSystems niedriger anzusetzen (VG Neustadt VRS **129** 50), erscheint fraglich (*Koehl* SVR **16** 196). **Vom FEigBewSystem** kann **nur abgewichen** werden, wenn **besondere Gründe** dafür vorliegen, dass der Betr auch schon bevor er 8 Punkte erreicht und ohne die Möglichkeit, von den nach dem System vorgesehenen Angeboten und Hilfestellungen Gebrauch zu machen, sowie ohne vorangegangene Warnung als fahrungeeignet angesehen werden kann (VGH Ma NJW **15** 1035, OVG Berlin 31.8.18 1 S. 54.18). Diese besonderen Gründe müssen sich aus der Art, der Häufigkeit und dem Tathergang der VVerstöße ergeben und in spezifischer Weise Bedeutung für die Eignung zur Teilnahme am motorisierten StrV haben (VGH Ma NJW **15** 1035). Abweichen vom FEigBewSystem kommt in Betracht, wenn Umstände vorliegen, die den Schluss darauf zulassen, dass der Kf auch dann nicht zu verkehrsordnungsmäßigem Verhalten zurückfindet, wenn er die präventiven Maßnahmen nach dem FBewSystem durchlaufen hat (OVG Münster NJW **11** 1242 mAnm *Dauer* (zum früheren Punktsystem), VG Koblenz 18.6.20 – 4 L 487/20 BeckRS 2020, 14239). Dies kann insbes dann der Fall sein, wenn der Betr bereits alle Stufen des Systems durchlaufen und nach Neuerteilung der FE innerhalb kurzer Zeit erneut Zuwiderhandlungen begangen hat (OVG Münster NJW **11** 2985, 7.10.13 16 A 2820/12, VGH Ma DAR **14** 478 = NJW **14** 2520 Ls, VG Würzburg 23.1.14 W 6 S 13.1279 (jeweils zum früheren Punktsystem), VG Cottbus 21.10.19 – 1 L 496/19 BeckRS 2019, 25394), oder auch, wenn nach vorheriger dreimaliger EdF außerhalb des Punktsystems erneut in kurzer Zeit mehrere verkehrssicherheitsrelevante Zuwiderhandlungen begangen wurden (VG Berlin 4.8.17 4 K 499.16 = LKV **17** 427 Ls). Wurde nach Neuerteilung der FE allerdings nur eine, iSv § 11 III S. 1 Nr. 4 Alt 1 FeV nicht erhebliche Zuwiderhandlung begangen, kommt Vorgehen außerhalb des FEigBewSystems nicht in Betracht (VGH Mü NJW **14** 3802 zum früheren Punktsystem). Die Begehung mehrerer Verkehrsordnungswidrigkeiten – auch nach bereits erfolgter Ermahnung nach V S. 1 Nr. 1 – stellt ebenfalls für sich genommen keinen besonders gelagerten Ausnahmefall dar, der Abweichen vom FEigBewSystem rechtfertigt (VG Koblenz 18.6.20 – 4 L 487/20 BeckRS 2020, 14239).

Bei der **Anordnung** der Beibringung eines **Eignungsgutachtens** muss sich aus der Begrün- 34
dung der Anordnung ergeben, warum die FEB vom FBewSystem abweicht; sonst ist die Anordnung wegen Verstoß gegen § 11 VI S. 2 FeV fehlerhaft und bei Nichtvorlage des Gutachtens kann nicht gem. § 11 VIII FeV auf Nichteignung geschlossen werden (OVG Münster NJW **11** 1242 mAnm *Dauer*, VGH Ma DAR **14** 478 = NJW **14** 2520 Ls, VGH Mü NJW **14** 3802, SVR **15** 232, VG Neustadt DAR **13** 343 (jeweils zum früheren Punktsystem), VG Koblenz 18.6.20 – 4 L 487/20 BeckRS 2020, 14239).

Im Falle **wiederholter Zuwiderhandlungen im StrV unter Alkoholeinfluss** ordnet § 13 35
S. 1 Nr. 2b FeV, im Falle **wiederholter Zuwiderhandlungen im StrV nach § 24a** ordnet § 14 II Nr. 3 FeV die Klärung der Eignung durch Anordnung der Beibringung eines medizinisch-psychologischen Gutachtens ohne Rücksicht auf den Punktestand als Spezialregelungen zu § 4 StVG zwingend an; Begründung für das Abweichen vom FEigBewSystem ist dann nicht erforderlich (*Dauer* NJW **11** 1244 zum früheren Punktsystem). In allen anderen Fällen hat die FEB die **Umstände des Einzelfalles sorgfältig zu würdigen**, wenn sie nicht nach dem Maßnahmenkatalog des § 4, sondern gem. I S. 3 nach § 3 I vorgeht (OVG Lüneburg NJW **00** 685, NJW **07** 313, OVG Münster NJW **07** 3084, OVG Ko DAR **09** 478 (jeweils zum früheren Punktsystem), OVG Berlin 31.8.18 1 S 54.18).

Eine **Abweichung vom FEigBewSystem** ist zulässig, wenn eine **beharrliche Missach-** 36
tung der Rechtsordnung (Verkehrsvorschriften) auf charakterliche Mängel schließen lässt. Eine solche Ausnahmekonstellation ist auch denkbar, wenn ein FEInhaber durch die beharrliche und häufige Begehung von – isoliert betrachtet nicht gewichtigen – VVerstößen verkehrsauffällig geworden ist und sich aus einem derartigen Verhalten Eignungsbedenken in charakterlicher Hinsicht ableiten lassen (OVG Lüneburg NJW **00** 685, OVG Greifswald 7.11.03 1 M 205/03, OVG Ko DAR **09** 478, VG Mü DAR **07** 167, NZV **08** 476 (jeweils zum früheren Punktsystem), VGH Ma NJW **15** 1035). Einmalige Überschreitung der Höchstgeschwindigkeit innerorts um 51 km/h reichte dafür noch nicht (OVG Lüneburg NJW **00** 685, aA *Wendlinger* NZV **06** 511), auch nicht zweimalige erhebliche Geschwindigkeitsüberschreitung und ein weiterer mit 1 (alten) Punkt bewerteter Geschwindigkeitsverstoß (OVG Ko DAR **09** 478). 4 tateinheitlich begangene erhebliche Geschwindigkeitsüberschreitungen innerhalb kurzer Zeit und Verstoß gegen Überholverbot (OVG Lüneburg VD **08** 309) oder fünfmalige erhebliche Geschwindigkeitsüberschreitung innerhalb von 4 Jahren (VG Berlin NZV **02** 338) konnten dagegen EdF außerhalb des Punktsystems rechtfertigen, auch erhebliche oder wiederholte Geschwindigkeitsüberschreitungen (VG Mü DAR **07** 167, VG Freiburg 8.1.19 – 5 K 6324/18 BeckRS 2019, 957), selbst wenn keine Gefährdung anderer Verkehrsteilnehmer eintrat (OVG Lüneburg NJW **07** 313). Abweichung vom Punktsystem kam in Betracht, wenn wiederholte VVerstöße in einem relativ **kurzen Zeitraum** begangen wurden (VG Mü NZV **08** 476), oder wenn sich aus dem Verhalten des Kf eine **besondere Rücksichtslosigkeit** oder **Aggressivität** (OVG Ko DAR **09** 478) und eine **gesteigerte Gefährlichkeit** für die Sicherheit des StrV sowie für Leib und Leben von Verkehrsteilnehmern ergab (OVG Greifswald 7.11.03 1 M 205/03, VG Mü NZV **08** 476, *Wendlinger* NZV **06** 511, *Jung* Himmelreich-F 198 f.).

Für die Einschätzung, ob **häufige, nicht mit Punkten bewertete VVerstöße** Bedenken 36a
gegen die Kraftfahreignung begründen, kommt es auf eine einzelfallbezogene Gesamtbewertung aller eignungsrelevanten Umstände an (VGH Ma NJW **15** 1035). Eine größere Anzahl von Verstößen gegen Vorschriften des **ruhenden Verkehrs** kann ein Abweichen von § 4 rechtfertigen, wenn sich die Verstöße über einen längeren Zeitraum derart häufen, dass sich dadurch – ggf. iVm Eintragungen im Fahreignungsregister – nicht nur eine laxe Einstellung gegenüber das Abstellen von Kfz regelnden VVorschriften, sondern eine verfestigte gleichgültige Grundeinstellung gegenüber VVorschriften jedweder Art offenbart (OVG Berlin 10.12.07 1 S 145.07, VGH Ma NJW **15** 1035, VG Saarlouis 16.12.11 10 K 487/11, VG Berlin ZfS **13** 59, VG Cottbus 21.10.19 – 1 L 496/19 BeckRS 2019, 25394; zur Frage der Zulässigkeit der Speicherung dieser Daten *Mehlhorn/Lehmann* DAR **12** 434). Der Auffassung, dies sei nur dann anzunehmen, wenn auf ein Jahr gesehen nahezu wöchentlich ein geringfügiger VVerstoß angezeigt worden ist (OVG Berlin 16.10.08 1 M 10.08), wird mit dem Argument entgegengetreten, wegen der Notwendigkeit einer einzelfallbezogenen Gesamtbewertung sei es ausgeschlossen, der **Häufigkeit von geringfügigen VVerstößen** nur bei einer solchen Frequenz Aussagekraft zuzubilligen (VGH Ma NJW

15 1035). **Zeitlich weit zurückliegende Verstöße** können für ein Abweichen vom FEigBewSystem nur berücksichtigt werden, soweit sie im Hinblick auf die verstrichene Zeit noch geeignet sind, einen Beitrag zur Beurteilung anderer Verstöße zu leisten (verneint bei 10 Jahre zurückliegendem unerlaubten Entfernen vom Unfallort im Zusammenhang mit 3 Geschwindigkeitsüberschreitungen, VG Mü NZV **08** 476 (zum früheren Punktsystem)).

37   Die Maßnahmen nach § 2a bei Nichtbewährung während der **Probezeit** und diejenigen nach dem FBewSystem finden gem. **I S. 4** unabhängig voneinander und nebeneinander Anwendung (Begr Rn. 3). Während der Probezeit begangene Zuwiderhandlungen belasten auch das „Punktekonto" nach § 4. Auch in der Probezeit ist ein Punktabbau durch Teilnahme an einem Fahreignungsseminar (VII) möglich. Gegenüber dem Inhaber einer FE auf Probe sind sowohl die nach den Regelungen über die FE auf Probe als auch unabhängig davon die Maßnahmen nach dem FBewSystem System zu ergreifen, soweit jeweils Anlass dazu besteht.

38   Die Anordnung von **Verkehrsunterricht** gem. § 48 StVO nach Verkehrsverstößen ist unabhängig von den Regelungen des FEigBewSystems möglich (§ 41 II FeV), ist zB nicht an die Eingriffsstufen des FEigBewSystems gebunden (§ 41 FeV Rn. 1). Die Teilnahme an Verkehrsunterricht gem. § 48 StVO hat keine Konsequenzen für den Punktstand.

39   **c)** Die genaue **Festlegung der** für die Anwendung des FEigBewSystems **heranzuziehenden Zuwiderhandlungen** (Straftaten und Ordnungswidrigkeiten) erfolgt nicht durch das StVG, sondern gem. II S. 1 und § 6 I Nr. 1 Buchst. s durch RVO. Damit soll bei auftretendem Änderungsbedarf die Anpassung der Liste erleichtert werden (Begr Rn. 4). Das StVG bestimmt in § 6 I Nr. 1 Buchst. s lediglich den Rahmen, in dem Straftaten und OWi vom VOGeber als für das FEigBewSystem relevante Zuwiderhandlungen bestimmt werden dürfen. Die Grenzen der Festlegung werden in der Weise konkretisiert, dass bei Straftaten deren Bedeutung für die Sicherheit im StrV und bei OWi deren Bedeutung für die Sicherheit im StrV und die Höhe des angedrohten Regelsatzes der Geldbuße zugrunde zu legen ist (§ 6 I Nr. 1 Buchst. s).

40   Die Norm ist infolge der auf Vorschlag des Vermittlungsausschusses (BT-Drs. 17/14125) vorgenommenen Änderungen nicht ganz konsistent: Einerseits wird der Rahmen der durch RVO zu bezeichnenden Zuwiderhandlungen in der Weise bestimmt, dass bei der Festlegung der für die Anwendung des FEigBewSystems heranzuziehenden Zuwiderhandlungen deren Bedeutung für die Sicherheit im StrV zugrunde zu legen ist. Andererseits dürfen auch iSd § 4 I S. 2 gleichgestellte Straftaten und OWi als für die Anwendung des FEigBewSystem relevante Zuwiderhandlungen festgelegt werden, die von der damaligen BReg gerade als nicht unmittelbar straßenverkehrssicherheitsrelevant angesehen worden waren und deswegen ursprünglich nicht in den Kreis der für die Anwendung maßgeblichen Zuwiderhandlungen aufgenommen werden sollten. Der Rahmen der in der RVO näher zu bestimmenden gem. § 4 I S. 2 gleichgestellten Zuwiderhandlungen wird in § 6 I Nr. 1 Buchst. s nicht konkretisiert. Ob § 6 I Nr. 1 Buchst. s unter diesen Umständen noch Art 80 I S. 2 GG genügt, erscheint fraglich.

41   Welche Zuwiderhandlungen der Anwendung des FEigBewSystems zugrunde zu legen sind, wird gem. § 40 FeV im Einzelnen in **Anlage 13 zur FeV** (abgedruckt nach der FeV, Buchteil 3) festgelegt. Nur die dort ausdrücklich aufgezählten Straftaten und OWi dürfen für das FEigBewSystem herangezogen werden. OWi gehören nur dann dazu, wenn sie von den jeweils in der rechten Spalte der Anl 13 FeV genannten Nummern der Anlage zur BKatV umfasst sind.

42   **d) Punktebewertung.** Die für die Anwendung des FEigBewSystems relevanten Zuwiderhandlungen (Rn. 39–41) werden nicht gleichgewichtig, sondern **mit unterschiedlicher Gewichtung** berücksichtigt. Dies steht zwar im Widerspruch zu der vom Gesetzgeber selbst angeführten Erkenntnis, dass nicht die Anzahl der im Register eingetragenen Punkte für das Unfallrisiko und die Rückfallwahrscheinlichkeit entscheidend ist, sondern allein die Anzahl der Eintragungen, über die ein FEInhaber im Register verfügt, und zwar unabhängig davon, mit wie vielen Punkten diese Entscheidungen jeweils bewertet sind (Begr BT-Drs. 17/12636 S. 18, 39 = VkBl. **13** 1117, 1140, *Bronnmann* VGT **09** 325 (339), *Albrecht* DAR **11** 677 (683), SVR **12** 81 (84 f.), *Dauer* VGT **13** 243 (245) = NZV **13** 209 (210)). Der Gesetzgeber hat sich aber für eine aus seiner Sicht „gleichwohl gebotene Differenzierung in Abhängigkeit von der Vorwerfbarkeit und der Schwere der Tat" entschieden (Begr BT-Drs. 17/12636 S. 39 = VkBl. **13** 1140). Zu diesem Zweck wurde ab 1.5.14 ein **Drei-Punkte-System** eingeführt, das das vorher geltende Sieben-Punkte-System abgelöst hat. Zur Begründung für diese Änderung wird – wenig überzeugend – angeführt, das frühere Sieben-Punkte-System habe sich nicht bewährt, weil die Berechnung des Punktestandes damit unnötig kompliziert gewesen sei und weil die sieben Kategorien keine Prognoseaussagen im Hinblick auf die Fahreignung ermöglicht hätten (Begr BT-Drs. 17/12636 S. 39 = VkBl. **13** 1139 f.). Warum dies bei einem Drei-Punkte-System anders sein soll, wird nicht näher erläutert.

Die Punktebewertung der für die Anwendung des FEigBewSystem heranzuziehenden Zuwi- **43** derhandlungen erfolgt gem. II S. 2 Nr. 1–3 in den folgenden **drei Stufen:**
- Straftaten mit Verkehrssicherheitsbezug oder gleichgestellte Straftaten, jeweils mit EdF oder isolierter Sperre: **drei Punkte,**
- Straftaten mit Verkehrssicherheitsbezug oder gleichgestellte Straftaten, jeweils ohne EdF oder isolierter Sperre, „besonders verkehrssicherheitsbeeinträchtigende", dh grobe OWi, und gleichgestellte OWi: **zwei Punkte,**
- „verkehrssicherheitsbeeinträchtigende", dh mit leichteren Nachteilen für die VSicherheit verbundene Owi und gleichgestellte OWi: **ein Punkt.**

Die Schaffung einer **Kategorie von mit 3 Punkten zu bewertenden Verstößen** ist trotz der daran geübten Kritik erfolgt, die Differenzierung zwischen den mit 2 und den mit 3 Punkten bewerteten Verstößen sei ohne praktische Auswirkung und deswegen überflüssig, da die mit 3 Punkten bewerteten Straftaten ohnehin zum Entzug der FE führen und dann bei Neuerteilung alle Punkte gelöscht werden (BR-Drs. 387/13 (Beschluss) Nr. 2 und S. 3 zu Nr. 2, *Dauer* VGT **13** 243 (246) = NZV **13** 209 (210)).

Mit **gleichgestellten Straftaten und OWi** sind die gem. I S. 2 den unmittelbar verkehrssi- **44** cherheitsrelevanten Zuwiderhandlungen gleichgestellten Verstöße gemeint. Dabei handelt es sich um die Verstöße, die auf Wunsch der Länder (BR-Drs. 387/13 (Beschluss) Nr. 1 und S. 2 zu Nr. 1) im Vermittlungsverfahren noch zusätzlich in den Katalog der für die Anwendung des FEigBewSystems heranzuziehenden und damit in die Bepunktung aufgenommen worden sind, von denen die damalige BReg aber meinte, sie seien nicht unmittelbar verkehrssicherheitsrelevant. – Warum die gefahrgutbeförderungsrechtlichen Verstöße in II S. 2 anders als in I S. 1 und in § 6 I Nr. 1 Buchst. s nicht genannt sind, ist offen. Möglicherweise wurden sie hier unter die Verstöße mit Verkehrssicherheitsbezug subsumiert. Ihr Fehlen in II S. 2 ist aber unschädlich, da sie in § 6 I Nr. 1 Buchst. s erwähnt werden, so dass ihre Bewertung mit Punkten über eine gesetzliche Ermächtigung verfügt.

Die Festlegung, welche Straftaten und OWi in die jeweilige Gruppe fallen, also die genaue **45** **Punktebewertung** der einzelnen für das FEigBewSystem relevanten Verstöße, erfolgt nicht durch das StVG, sondern nach den Vorgaben in II S. 2 und § 6 I Nr. 1 Buchst. s durch RVO (II S. 2, § 6 I Nr. 1 Buchst. s). Auf dieser Grundlage wird die Punktebewertung der einzelnen Zuwiderhandlungen gem. § 40 FeV in **Anlage 13 zur FeV** (abgedruckt nach der FeV, Buchteil **3**) festgelegt. Zur Umstellung der Punktestände aus dem früheren Punktsystem in das heutige FEigBewSystem Rn. 63 ff. Maßnahmen nach dem FEigBewSystem werden zwar ebenso wie schon nach dem früheren Punktsystem (§ 4 III S. 1 aF) nur gegen Inhaber einer FE ergriffen (V S. 1), Zuwiderhandlungen werden aber ohne Rücksicht darauf, ob der Täter eine FE hat, in das FAER eingetragen und bepunktet.

Stehen **mehrere Zuwiderhandlungen** im Verhältnis der **TM** zueinander, so führt jeder der **46** Tatbestände zu einer Punktbelastung, während **bei TE** nur die Zuwiderhandlung mit der höchsten Punktzahl berücksichtigt wird (II S. 4). Gegenüber der Rechtslage vor dem 1.5.14 (§ 4 II S. 2 aF) wird jetzt nicht mehr an die Verwirklichung mehrerer Zuwiderhandlungen durch eine Handlung angeknüpft, sondern an den Umstand, dass die Entscheidung über die Tat auf TE erkennt (Begr Rn. 7). Ob TE vorliegt, wird also in der Entscheidung über die Zuwiderhandlung entschieden und dann für die Punkteberechnung übernommen. Wenn in kurzer Zeit hohe Punktzahlen erreicht werden, weil wiederholte Verstöße im Verhältnis der TM zueinander stehen, wird eine Korrektur durch VI erreicht, durch den gewährleistet ist, dass keine der Eingriffsstufen des V S. 1 Nr. 1 und 2 übersprungen wird (Rn. 84, 85 ff.).

Zur **verbindlichen Punktebewertung** von Entscheidungen über Zuwiderhandlungen sowie **47** zur **verbindlichen Berechnung von Punktereduzierungen** nach VI und **Punkterabatt** nach VII ist ebenso wie im früheren Punktsystem **allein die FEB** befugt, die Maßnahmen nach dem FEigBewSystem ergreifen will (Begr Rn. 18; BVerwG NJW **88** 87, NJW **07** 1299 (zust Anm *Dauer* DAR **07** 474), Beschl. v. 16.10.07 3 B 25/07, NJW **09** 612 Rn. 21, OVG Weimar NJW **03** 2771, VGH Ma DAR **07** 412, VRS **112** 385, NJW **07** 1706 (jeweils zum früheren Punktsystem), OVG Berlin 31.8.18 1 S 54.18). Sie nimmt diese Bewertung und Berechnung inzident bei den Maßnahmen nach V S. 1 Nr. 1–3 vor (OVG Mgd NJW **02** 2264 zu § 4 aF). Über die Bepunktung der im FAER eingetragenen Entscheidungen und Punktereduzierungen nach VI und VII wird nicht durch gesonderte VA entschieden (VGH Ma NJW **07** 1706 zu § 4 aF). Solange es nicht zu Maßnahmen nach V S. 1 Nr. 1–3 kommt, erfolgt zu keinem Zeitpunkt eine verbindliche Feststellung des Punktestandes. Das KBA bepunktet weder bei der Eintragung in das FAER (§ 59 I Nr. 7 und 13 FeV) noch bei der Entscheidung, dass eine Schwelle erreicht oder überschritten wurde, die eine Mitteilung an die FEB nach VIII S. 1 auslöst, in rechtsverbindlicher Weise (§ 28 Rn. 35). Beim **KBA** wird **kein verbindliches Punktekonto** geführt (VGH Ma VRS **112** 385 (zum früheren Punktsystem), *Albrecht/Kehr* DAR **15** 12 (17), *Albrecht/Kehr/Ledwig* SVR **15** 161 (170)). Die FEB ist bei der Punktebewertung weder an die – rechtlich unverbindliche – Bepunktung durch das KBA noch an frühere Punktebewertungen zB einer früher zuständige gewesenen anderen FEB gebunden, solange deren Bepunktung nicht in Bestandskraft erwachsen ist.

48   **e) Entstehen von Punkten.** Punkte ergeben sich gem. II S. 3 mit der **Begehung** der Straftat oder OWi, sofern die Tat **rechtskräftig geahndet** wird. Die Rechtskraft ist somit Voraussetzung dafür, dass die geahndete Zuwiderhandlung für die Berechnung des Punktestands herangezogen werden kann (*Koehl* NJW **18** 1281 (1283)). Ob die rechtskräftige Entscheidung über die Ahndung der Tat in das FAER eingetragen wird, ist für das Entstehen der Punkte nach dem klaren Wortlaut von II S. 3 unerheblich. Punkte ergeben sich auch dann, wenn – aus welchen Gründen auch immer – eine Eintragung der Entscheidung in das FAER unterbleibt. Da es für das Entstehen von Punkten nicht auf die Speicherung im FAER ankommt, ist auch unerheblich, zu welchem Zeitpunkt die Speicherung erfolgt.

49   **Tattagprinzip.** Mit II S. 3 ist seit 1.5.14 der **Zeitpunkt des Entstehens von Punkten** und damit die rechnerische Grundlage für die Berechnung des Punktestandes eindeutig definiert (OVG Münster NJW **15** 1772, DAR **15** 417, OVG Bautzen SächsVBl **15** 255). Vorher war diese Frage im Gesetz nicht geregelt, war aber nach jahrelanger kontroverser Diskussion, ob für das Entstehen von Punkten das Rechtskraft- oder das Tattagprinzip gelten sollte (*Dauer* NZV **07** 593), schließlich vom BVerwG zugunsten des Tattagprinzips entschieden worden (BVerwG NJW **09** 612). Der GGeber hat diesen Anknüpfungspunkt übernommen (Begr Rn. 6). Soweit VII S. 1 Hs. 2 und S. 3 festlegen, dass für den Punktestand und die Berechnung der Fünfjahresfrist jeweils das Ausstellungsdatum der Teilnahmebescheinigung maßgeblich ist, wird nicht geregelt, wann sich Punkte ergeben. Geregelt wird vielmehr, dass der für den Punkteabzug gem. VII S. 1 Hs. 1 maßgebliche Zeitpunkt weder der Beginn des Fahreignungsseminars noch der Zeitpunkt der Vorlage der Teilnahmebescheinigung, sondern das Ausstellungsdatum der Teilnahmebescheinigung ist (OVG Weimar NJW **03** 2770 zu § 4 IV S. 4 aF).

50   Für die **Berechnung des Punktestandes** ist der Zeitraum maßgeblich, der mit der Begehung der Tat beginnt (II S. 3) und mit dem Eintritt der Tilgungsreife (Ablauf der Tilgungsfrist) im FAER endet (V S. 6). Begeht der FEInhaber während dieser Zeit eine weitere Zuwiderhandlung, zu der später eine Entscheidung rechtskräftig wird, löst die Begehung dieser weiteren Zuwiderhandlung einen neuen Punktestand aus. Der tatsächliche Punktestand ist somit immer retrospektiv zum Zeitpunkt der Begehung der letzten zum Entstehen von Punkten führenden Straftat oder OWi festzustellen (s. Begr BT-Drs. 17/12636 S. 19 = VkBl. **13** 1118).

51   **f) Löschung der Punkte mit Erteilung einer Fahrerlaubnis.** Während die Punkte bis 30.4.14 grds. mit EdF oder Anordnung einer isolierten Sperre gelöscht wurden (§ 4 II S. 3 aF), erfolgt Löschung der Punkte seit 1.5.14 mit Erteilung der FE (III). Dahinter steht der Gedanke, dass eine FE nur erteilt oder neu erteilt werden kann, wenn der Betr uneingeschränkt zum Führen von Kfz geeignet ist, so dass es angebracht ist, die Punkte in dem Zeitpunkt zu löschen, in dem die FEB die Eignung durch Erteilung der FE bejaht (Begr Rn. 8, 22, VGH Ma NJW **16** 1259). Für die geäußerten Zweifel, ob diese Regelung nur bei ab 1.5.14 erteilten FE oder auch bereits für Fälle gelten soll, in denen eine FE vor dem 1.5.14 erteilt worden ist (VGH Ma NJW **15** 2134), gibt es keine Grundlage. Eine Übergangsvorschrift dazu gibt es nicht. Nach der eindeutigen Entscheidung des GGebers gilt die heutige Regelung seit 1.5.14, findet also in Fällen der Erteilung einer FE vor dem 1.5.14 keine Anwendung (VGH Mü NJW **16** 3737, 28.6.18 11 CS 18.1173). **Löschung der Punkte** bedeutet, dass sie wegfallen, demzufolge nicht mehr existieren und nicht mehr berücksichtigt werden dürfen (III S. 1, 2). Ob sie tatsächlich im FAER beim KBA gelöscht sind, ist unerheblich, denn III S. 1 macht deutlich, dass sie jedenfalls nicht mehr berücksichtigt werden dürfen.

52   Nach III S. 1, 2 werden nicht alle entstandenen Punkte, sondern nur **Punkte für vor der Erteilung der FE rechtskräftig geworderne Entscheidungen über Zuwiderhandlungen** gelöscht, denn Punkte entstehen zwar bereits mit der Tat, können aber erst verwertet werden, wenn die Tat rechtskräftig geahndet worden ist (II S. 3). Zum Zeitpunkt der Erteilung einer FE bereits entstandene Punkte, bei denen die Tat aber noch nicht rechtskräftig geahndet wurde, bleiben trotz FEErteilung erhalten, wenn rechtskräftige Ahndung der Tat später erfolgt. Die Lö-

schung erfolgt unabhängig davon, ob die Entscheidungen bereits in das FAER eingetragen waren oder nicht. Gelöscht werden **nur die Punkte,** nicht aber die ihnen zugrunde liegenden Entscheidungen über rechtskräftig geahndete Straftaten oder OWi (Begr BT-Drs. 17/12636 S. 40 = VkBl. **13** 1141, *Albrecht* SVR **13** 441 (448), s. auch BVerwG NJW **11** 1690, 27.9.12 NJW **13** 552 zu § 4 aF). Diese Eintragungen bleiben so lange im FAER, bis sie nach § 29 zu löschen sind, können also auch in einem späteren, erneuten Entziehungsverfahren (zB nach § 3 I) zum Nachteil des FEInhabers berücsichtigt werden (OVG Münster NJW **11** 2985 (zu § 4 aF), 17.2.20 – 16 B 885/19 NJW **20** 2047, VGH Mü NJW **14** 3802).

Die Löschung der Punkte erfolgt **mit jeder Erteilung einer FE** (III S. 1, 2), soweit nicht **53** ausdrücklich Ausnahmen von diesem Grundsatz normiert sind (III S. 4). Bei **Ersterteilung** einer FE fallen die Punkte für vor der Ersterteilung rechtskräftig gewordene Entscheidungen über Straftaten oder OWi weg, die der Betr bereits als Nichtinhaber einer FE, zB als Rad- oder Mofafahrer oder durch Fahren eines fahrerlaubnispflichtigen Kfz ohne FE, gesammelt hat. Bei **Neuerteilung** einer FE fallen alle Punkte für vor dieser Neuerteilung rechtskräftig gewordene Entscheidungen über Straftaten oder OWi weg. III S. 3 stellt ausdrücklich klar, dass dies auch bei Neuerteilung einer FE gilt, wenn die FE zuvor entzogen (III S. 3 Nr. 1) oder wenn zuvor eine isolierte Sperre für die Erteilung einer FE nach § 69a I S. 3 StGB angeordnet worden ist (III S. 3 Nr. 2). Mit Entziehung ist jede EdF gemeint, auch unabhängig vom FEigBewSystem (BVerwG NJW **11** 1690, VGH Ma DAR **04** 356, VRS **122** 166 jeweils zu § 4 aF), durch die FEB oder den Strafrichter, zB gem. § 3 wegen Ungeeignetheit oder mangelnder Befähigung oder gem. § 2a II S. 1 Nr. 3 wegen wiederholter Nichtbewährung in der Probezeit, aber auch nach § 4 V S. 1 Nr. 3 wegen Erreichens von 8 Punkten oder nach § 69 StGB.

Während der **Verzicht auf die FE** bis 30.4.14 nicht zur Löschung der Punkte führte (Begr **54** zu § 4 II S. 3 aF BT-Drs. 13/6914 S. 69 = VkBl. **98** 794, BVerwG NJW **11** 1690), werden die Punkte nach der seit 1.5.14 gültigen Regelung mit Neuerteilung der FE auch dann gelöscht, wenn der Betr auf seine FE verzichtet hatte (III S. 3 Nr. 3). Dies wird damit begründet, dass die FEB den Betr auch in diesem Fall wieder als geeignet zum Führen von Kfz einstuft (Begr Rn. 9). Um die dadurch geschaffene Möglichkeit abzumildern, sich durch Verzicht auf die FE und kurz danach gestellten Neuantrag von allen Punkten zu befreien, ist eine Sperrfrist von sechs Monaten und idR die Anordnung der Beibringung eines medizinisch-psychologischen Gutachtens vorgeschrieben, wenn zum Zeitpunkt der Wirksamkeit des Verzichts (§ 2 Rn. 25) mindestens zwei Entscheidungen über Zuwiderhandlungen, also mindestens zwei Punkte, im FAER eingetragen waren (X S. 2 und 4, Begr Rn. 9, 19). Löschung der Punkte gem. III S. 3 Nr. 3 erfolgt nur, wenn der FEInhaber vollständig auf seine FE verzichtet hatte, nicht bei Teilverzicht.

Zuvor erfolgte **Versagung einer FE** hindert Löschung der Punkte mit Erteilung der FE **55** nicht, denn mit der Erteilung wird das nunmehrige Vorliegen aller Erteilungsvoraussetzungen von der FEB bejaht. Die Versagung selbst führt nicht zur Punktelöschung (vgl. BVerwG 27.9.12 NJW **13** 552, VGH Ma VRS **122** 166 zur überholten früheren Rechtslage).

Abw von III S. 1–3 erfolgt **keine Löschung der Punkte** in den in III S. 4 ausdrücklich ge- **56** regelten **Ausnahmefällen,** weil hier vor Neuerteilung der FE **keine vollständige Eignungsprüfung** durch die FEB durchgeführt wird. In diesen Fällen wird der Punktestand zur Erkennung wiederholt auffälliger FEInhaber weitergeführt (Begr BT-Drs. 17/13452 S. 7 = VkBl. **13** 1141 und Begr Rn. 22, VGH Ma NJW **16** 1259). In der Zeit 1.5. – 4.12.14 war normiert, dass Punktelöschung ausnahmsweise nicht stattfindet bei Neuerteilung der FE nach EdF gem. § 2a III wegen Nichtteilnahme an einem im Rahmen der Regelungen über die FE auf Probe angeordneten Aufbauseminar (III S. 4 Nr. 1), bei Verlängerung einer befristeten FE (III S. 4 Nr. 2) und bei Neuerteilung einer FE nach Erlöschen einer befristeten FE (III S. 4 Nr. 3).

In der Zeit 1.5.–4.12.14 war im Hinblick auf den klaren Wortlaut fraglich, ob analoge An- **57** wendung von III S. 4 auf andere damals in III S. 4 nicht genannte Fälle möglich war, in denen vor FEErteilung ebenfalls keine regelgerechte Prüfung der Eignung zum Führen von Kfz erfolgt, da bereits eine FE vorhanden ist, die als solche nicht in Frage steht. Dies konnte in Betracht gezogen werden, weil es sich bei der Nichterwährung weiterer vergleichbarer Fallkonstellationen offenkundig um ein versehentliches, dem Normzweck zuwiderlaufendes Regelungsversäumnis des GGebers handelte. Durch ÄndG v. 28.11.14 (BGBl. I S. 1802, Begr Rn. 22) wurde diese Gesetzeslücke mWv 5.12.14 geschlossen und III S. 4 ausdrücklich in der Weise erweitert, dass als III S. 4 Nr. 4 und 5 die Erweiterung einer FE auf weitere Klassen und die vereinfachte Erteilung einer FE an Inhaber einer DienstFE oder Inhaber einer ausländischen FE aufgenommen wurden. Seit 5.12.14 kommt es somit nun abweichend von III S. 1–3 eindeutig nicht zur Löschung der

Punkte auch bei Erweiterung einer FE oder bei vereinfachter Erteilung einer FE nach §§ 27, 30, 31 FeV.

58   Weiter ist durch Einfügung von § 65 III Nr. 7 durch ÄndG v. 28.11.14 (BGBl. I S. 1802, Begr Rn. 23) mWv 5.12.14 festgelegt worden, dass im Falle einer **EdF vor dem 1.5.14** nach § 4 VII aF **wegen Nichtteilnahme an einem angeordneten Aufbauseminar** die Erteilung einer neuen FE ebenfalls **nicht** zur **Punktelöschung** führt, so wie bis 30.4.14 in § 4 II S. 4 aF geregelt war, dass EdF in diesen Fällen keine Punkteslöschung zur Folge hatte. In der Zeit 1.5.– 4.12.14 ergab sich dies aus einer entsprechenden Anwendung der in III S. 4 enthaltenen Ausnahmeregelung, da auch insoweit eine planwidrige Regelungslücke vorlag (VGH Ma NJW **16** 1259). Eine Ausnahme von der Regelung des § 65 III Nr. 7 kann in Betracht kommen, wenn der Punktestand nach EdF gem. § 4 VII S. 1 aF wegen weiterer nach der EdF begangener oder bekanntgewordener Zuwiderhandlungen auf 18 bzw. heute 8 oder mehr angestiegen war, die FEB deshalb die Neuerteilung der FE von der Beibringung eines positiven medizinisch-psychologischen Gutachtens abhängig gemacht und der Betr ein solches Gutachten beigebracht hat. In diesem Fall können die Punkte abweichend von § 65 III Nr. 7 in entsprechender Anwendung von III S. 1–3 gelöscht werden, weil der Neuerteilung dann anders als in den Fällen des III S. 4 und § 65 III Nr. 7 eine Eignungsüberprüfung vorausgegangen ist (s. OVG Münster 5.3.14 VRS **126** 124 zur früheren Rechtslage).

59   **g) Rolle des KBA.** Das KBA führt das FAER (§ 2 I Nr. 2 Buchst. a KBAGesetz, § 28 Rn. 16). Die Punkte werden vom KBA auf Grund der bei ihm eingehenden Mitteilungen über rechtskräftige Entscheidungen der Gerichte und VB und von Mitteilungen über Umstände, die zu Punktereduzierungen führen, registriert. Dabei nimmt das KBA **keine verbindliche Punktebewertung** und -berechnung vor (Begr Rn. 18, § 28 Rn. 35; zum Rechtscharakter der Eintragung in das FAER s. § 28 Rn. 17).

60   Damit die zuständige FEB die nach dem jeweiligen Punktestand vorgesehenen Maßnahmen nach Abs. V treffen kann, **übermittelt** ihr **das KBA** jeweils bei Erreichen dieser – unverbindlich durch das KBA errechneten – Punktzahlen die vorhandenen **Eintragungen** (VIII S. 1). Mitteilungen nach VIII S. 1 haben nur zu erfolgen, wenn eine der in V vorgesehenen Maßnahmen ausgelöst wird, also bei Erreichen eines Punktestandes von 4, 6 und 8 Punkten, nicht bei Erhöhung zB von 4 auf 5 Punkte. Die **FEB** ist **nicht verpflichtet,** vor dem Ergreifen von Maßnahmen beim KBA **nachzufragen,** ob nach dessen Mitteilung nach VIII S. 1 weitere Eintragungen im FAER erfolgt sind (BVerwG 26.1.17 – 3 C 21/15 NJW **17** 2933 Rn. 27, OVG Lüneburg SVR **14** 351 (zu § 4 VI aF), VGH Mü VRS **129** 27, VG Bra 18.10.18 – 6 A 270/17 BeckRS 2018, 30267). Aus einem Unterbleiben der KBA-Mittteilung an die FEB entgegen VIII kann der Betr keinen Vertrauensschutz ableiten, es würden keine Maßnahmen ergriffen (VGH Mü DAR **14** 281 zu § 4 VI aF).

61   Das KBA unterrichtet die FEB zusätzlich unabhängig vom Erreichen der Maßnahmenstufen immer dann, wenn rechtskräftige Entscheidungen wegen Straftaten oder OWi nach §§ 315c I Nr. 1 Buchst. a, 316, 323a StGB oder §§ 24a, 24c StVG in das FAER eingetragen werden (VIII S. 2), weil die FEB bei wiederholten Zuwiderhandlungen unter Einfluss von Alkohol oder anderen berauschenden Mitteln gem. §§ 13 S. 1 Nr. 2 Buchst. b, 14 II Nr. 3 FeV unabhängig vom FEigBewSystem die Fahreignung überprüfen muss und somit in diesen Fällen nicht das Erreichen der nächsten Maßnahmenschwelle nach dem FEigBewSystem abgewartet werden kann (Begr Rn. 18, *Dauer* NZV **13** 209 (211)).

62   **h) Anspruch auf Auskunft über Punktestand.** Jeder hat gem. § 30 VIII einen Anspruch auf Auskunft durch das **KBA** über den ihn betreffenden Inhalt des FAER und den Punktestand. Die Auskunft wird gegen Vorlage eines Identitätsnachweises kostenlos gewährt (§ 30 Rn. 6). Da das KBA keine verbindliche Bewertung mit Punkten vornimmt (§ 28 Rn. 35), erfährt der Betroffene auf diese Weise nur die rechtlich unverbindliche Punktebewertung des KBA. Ein Anspruch gegen die **FEB** auf verbindliche Auskunft über Punktestand und etwaige Punktereduzierung vor einer von der FEB nach dem FEigBewSystem zu treffenden Maßnahme besteht nicht (VGH Ma NJW **07** 1706 (Aufhebung von VG Stu DAR **06** 469), VG Fra NJW **01** 3500 jeweils zum früheren Punktsystem).

63   **i) Umstellung der Punktestände am 1.5.14.** Die Übergangsbestimmung des § 65 III Nr. 4 hat die Umstellung der Punktestände nach dem früheren Punktsystem in die Punktesystematik nach dem FEigBewSystem zum 1.5.14 wie folgt geregelt:

Punktestand bis 30.4.2014	Punktestand ab 1.5.14
1–3	1
4–5	2
6–7	3
8–10	4
11–13	5
14–15	6
16–17	7
> = 18	8

Vor der Umstellung waren alle Punkte für Zuwiderhandlungen, die seit 1.5.14 nicht mehr zu **64** Punkten führen und gem. § 65 III Nr. 1 am 1.5.14 gelöscht worden sind, herauszurechnen, denn sie wurden gleichzeitig mit der Umstellung der Punkte gelöscht. Die Bewertung am 30.4.14 im damaligen VZR eingetragener Entscheidungen mit Punkten ist – soweit keine Löschung nach § 65 III Nr. 1 erfolgt ist – **am 1.5.14** gem. § 65 III Nr. 4 S. 1 nach der vorstehend abgedruckten Systematik **kraft Gesetzes** auf die seit 1.5.14 gültigen Punkte nach dem FEigBewSystem **umgestellt** worden. Ob das KBA tatsächlich am 1.5.14 die Anzahl der Punkte im Register geändert hat, ist dabei unerheblich, denn die Umstellung erfolgte kraft Gesetzes. Die Berechnung durch das KBA ist auch rechtlich unverbindlich, da allein die zuständige FEB zur verbindlichen Berechnung des Punktestandes befugt ist. – Die vom GGeber gewählte Umrechnungsmethode ist rechtlich nicht zu beanstanden, auch wenn eine Einzelumrechnung der vor dem 1.5.14 eingetragenen alten Punkte zu einem für den Betr besseren Ergebnis geführt hätte (VG Göttingen DAR **15** 38).

Aus der Anzahl der Punkte, die sich auf diese Weise am 1.5.14 ergeben hat, folgt automatisch, **65** in welche **Stufe des FEigBewSystems** die mit Punkten belasteten Personen **am 1.5.14** eingeordnet waren (Begr Rn. 20). Für Maßnahmen nach V S. 1 war ab 1.5.14 die an diesem Tag erreichte Stufe zugrunde zu legen (§ 65 III Nr. 4 S. 2), wobei die durch die Umstellung der Punkte nach § 65 III Nr. 4 S. 1 am 1.5.14 erfolgte Einordnung allein nicht zu einer Maßnahme nach dem FEigBewSystem führte (§ 65 III Nr. 4 S. 3, BVerwG NJW **17** 2933, VGH Ka VRS **130** 324). Maßnahmen nach V S. 1 konnten somit in der Folgezeit nur dann ergriffen werden, wenn sich eine Änderung der bei der Umstellung am 1.5.14 erreichten Anzahl an Punkten ergab oder ergibt, die Anlass zu einer Maßnahme war oder ist (OVG Bautzen SächsVBl **16** 84, OVG Hb ZfS **16** 116, OVG Mgd 4.9.18 3 M 307/18). Mit Blick auf VI S. 1 wird dadurch umgekehrt auch zum Ausdruck gebracht, dass **nach altem Recht vorgenommene Maßnahmen** insoweit „angerechnet" werden, als sie einer der nunmehr zu ergreifenden Maßnahme vorgelagerten Maßnahmestufe entsprechen (OVG Hb ZfS **16** 116, OVG Mgd 4.9.18 3 M 307/18, *Koehl* NJW **18** 1281 (1282)), auch wenn es insoweit an einer ausdrücklichen Übergangsbestimmung fehlt (*Plate* DAR **14** 565). Eine Änderung des Punktestandes innerhalb der nach Umrechnung gem. § 65 III Nr. 4 erreichten Maßnahmenstufe durch neu hinzukommende Punkte, also von 4 auf 5 oder von 6 auf 7 Punkte, gab und gibt keine Veranlassung für eine Maßnahme nach V S. 1, denn Maßnahmen sind nur bei erstmaligem Erreichen einer Stufe und nicht bei Anstieg des Punktestandes innerhalb einer Stufe zu ergreifen (Rn. 70, 84, VGH Mü NJW **16** 1836). Nur eine für die Anwendung des FEigBewSystems relevante Zuwiderhandlung und das dadurch bewirkte erstmalige Erreichen einer Maßnahmenstufe führte oder führt nach der Umstellung der Punkte am 1.5.14 zu einer Maßnahme (Begr Rn. 20).

Für Entscheidungen, die **bis 30.4.14 begangene Taten** ahnden und erst **ab 1.5.14 im** **65a** **FAER gespeichert** wurden, gelten in **Abweichung vom Tattagprinzip** die seit 1.5.14 geltenden Regelungen (§ 65 III Nr. 3, dazu § 28 Rn. 31). Diese Entscheidungen waren nie im ehemaligen VZR, sondern nur im FAER gespeichert; die Punkte konnten demnach nicht gem. § 65 III Nr. 4 umgerechnet werden (OVG Hb ZfS **16** 116). Diese Zuwiderhandlungen sind auch nicht nachträglich in die Umrechnung der Punkte nach § 65 III Nr. 4 einzubeziehen. Sie werden vielmehr nach den seit 1.5.14 geltenden Bestimmungen bewertet (BVerwG NJW **17** 2933) und können somit einen Anstieg des nach Umrechnung erreichten Punktestandes bewirken (OVG Münster NJW **15** 2138).

Eine Spezialregelung gibt es für **Punktereduzierungen, die nachträglich** nach dem 1.5.14 **66** nach der Übergangsvorschrift § 65 III Nr. 2 erfolgen, weil vor dem 1.5.14 im früheren VZR gespeicherte Entscheidungen noch für eine Übergangszeit von 5 Jahren nach § 29 aF getilgt und gelöscht werden (§ 65 III Nr. 6). Punktereduzierungen werden in diesem Fall in dem vor dem

1.5.14 bestehenden früheren Rechensystem vollzogen; dann erfolgt erneut eine – dann korrigierte – Überführung in die seit 1.5.14 gültige Punktesystematik nach der oben (Rn. 63) abgedruckten Überführungstabelle (Begr Rn. 21). Da in § 65 III Nr. 6 von einer *Aktualisierung* der nach der Tabelle zu Nr. 4 erreichten Stufe im FEigBewSystem die Rede ist, ist davon auszugehen, dass entsprechend § 65 III Nr. 4 S. 3 eine solche Aktualisierung allein nicht zu einer Maßnahme nach dem FEigBewSystem führt.

67 Die Übergangsvorschrift § 65 III Nr. 6 bezieht sich auch auf *nachträgliche Veränderungen des Punktestandes* nach § 65 III Nr. 5. Die Regelung geht insoweit ins Leere, weil es nach § 65 III Nr. 5 nachträgliche Änderungen des Punktestandes nicht geben kann. Die Punktabzüge gem. § 65 III Nr. 5 Buchst. a S. 1 wurden spätestens am 30.4.14 wirksam, also vor Inkrafttreten der Neuregelungen am 1.5.14. Andere Punkteabzüge nach § 65 III Nr. 5 kann es nicht geben.

68 **2. Abs. IV** hat die im früheren Punktsystem nicht bekannte Kategorie der **Vormerkung** eingeführt. Sie ist **keine Maßnahmenstufe** des FEigBewSystems (Begr BT-Drs. 17/12636 S. 21, 42 = VkBl. **13** 1120, 1144, *Albrecht* SVR **13** 441 (449)). Gegenüber der Rechtslage vor dem 1.5.14 hat sich in der Sache nichts geändert: Im früheren Punktsystem wurden keine Maßnahmen gegen FEInhaber ergriffen, die noch nicht die erste Maßnahmenstufe (damals ab 8 Punkten) erreicht hatten; nichts anderes gilt auch für das FEigBewSystem (jetzt ab 4 Punkten). Die Aussage des IV – von einer Regelung kann nicht gesprochen werden – ist allein plakativer Natur. Es soll deutlich gemacht werden, dass Eintragungen im FAER bis zu drei Punkten noch keine Maßnahmen auslösen (Begr Rn. 10), was allerdings ohne Weiteres bereits aus V S. 1 deutlich wird. Gleichzeitig soll den mit ein bis drei Punkten im FAER gespeicherten FEInhabern frühzeitig vor Augen geführt werden, dass sie bei wiederholt auffälligem Verhalten im StrV irgendwann die sog Vormerkung verlassen und die erste Maßnahmenstufe erreichen (Begr Rn. 10); auch dafür hätte es des IV nicht bedurft. Eine Mitteilung an den FEInhaber erfolgt auch nicht, solange er ein bis drei Punkte hat. Die Auffassung, im Zusammenhang mit der Vormerkung erfolge eine Mitteilung des KBA an die zuständige FEB, damit der FEInhaber bei der FEB schon einmal für evtl später zu ergreifende Maßnahmen aktenkundig werde (GVR/*Dronkovic* § 4 StVG Rn. 12), ist unzutreffend; VIII sieht eine derartige Mitteilung nicht vor.

69 **3. Maßnahmen nach dem FEigBewSystem.** Während es für das Entstehen von Punkten und deren Speicherung im FAER unerheblich ist, ob der Betr über eine FE verfügt, werden Maßnahmen nach dem FEigBewSystem **nur gegenüber Inhabern einer FE** ergriffen (V S. 1). Dabei werden auch Zuwiderhandlungen und die damit verbundenen Punkte berücksichtigt, die der Inhaber einer FE nicht als Führer eines Kfz, sondern als anderer Verkehrsteilnehmer begangen hat (Begr Rn. 11). **Sachlich zuständig** für Maßnahmen nach dem FEigBewSystem ist die nach Landesrecht zuständige Behörde, die **FEB** (§ 73 I FeV). Die **örtliche Zuständigkeit** richtet sich nach § 73 II und III FeV (s. § 3 Rn. 26). Werden Ermahnung oder Verwarnung durch eine örtlich unzuständige Behörde ausgesprochen, hat dies in entsprechender Anwendung von § 46 VwVfG keine Auswirkungen auf das spätere Verfahren betreffend die Entziehung der FE (VG Lüneburg 21.2.20 – 1 B 46/19 BeckRS 2020, 2534).

70 Die **FEB hat** die in V S. 1 Nr. 1–3 vorgeschriebenen **Maßnahmen zu ergreifen,** wenn die entsprechende Zahl von Punkten einer Maßnahmenstufe (4 oder 5, 6 oder 7, 8 oder mehr als 8) erstmals erreicht ist. Sie hat dabei weder einen Ermessensspielraum (Begr Rn. 12, VG Augsburg 2.12.19 – 7 K 19.1424 DAR **20** 161 (163)) noch die Möglichkeit, Ausnahmen zuzulassen (dazu Rn. 77, 100). Die FEB hat die Maßnahmen **stufenweise** zu ergreifen. Damit ist gemeint, dass alle Maßnahmenstufen durchlaufen werden müssen (Begr Rn. 12). Dieses Stufensystem wird im Hinblick auf seine Rechtsfolgen in VI näher präzisiert (VG Lüneburg 21.2.20 – 1 B 46/19 BeckRS 2020, 2534). Keine Maßnahmenstufe darf übersprungen werden (VI S. 1). Die Behörde trägt die Beweislast dafür, dass vor EdF nach V S. 1 Nr. 3 die Maßnahmen der ersten und der zweiten Stufe ergriffen worden sind (OVG Mgd 14.8.20 – 3 M 49/20 BeckRS 2020, 21811).

71 **a) Erste Eingriffsstufe (V S. 1 Nr. 1).** Bei Erreichen von **4 oder 5 Punkten** ist der FEInhaber von der FEB zu **ermahnen.** Der Inhalt der Ermahnung ist nicht vorgeschrieben; nach der Begr (Rn. 13) ist sie die Mahnung, sein Verhalten zu ändern und Verkehrsverstöße zu vermeiden. Zusammen mit der Ermahnung wird der FEInhaber auf die **Möglichkeit der freiwilligen Teilnahme an einem Fahreignungsseminar** hingewiesen (V S. 2 Hs. 1). Die Ermahnung und der gleichzeitige Hinweis auf die Möglichkeit der freiwilligen Teilnahme an einem Fahreignungsseminar erfolgen schriftlich (V S. 1 Nr. 1, § 41 I FeV). Die von der FEB zugrunde gelegten Verkehrszuwiderhandlungen sind dabei anzugeben (§ 41 I FeV). Diesem Erfordernis wird auch dann genügt, wenn die angegebenen Zuwiderhandlungen nicht dem Stand des FAER zum Zeitpunkt des Ergreifens der Maßnahme entsprechen, weil seit der Mitteilung des KBA gem. VIII S. 1 noch weitere rechtskräftig gewordene und in das Register eingetragene Zuwiderhandlungen hinzugekommen sind (OVG Lüneburg 23.1.14 SVR **14** 351 zu § 4 aF). Nach der Begr (Rn. 13) soll die Ermahnung auch einen **Hinweis über den erreichten Punktestand** enthalten. Anders als nach § 4 III S. 1 Nr. 1 aF ist jedoch seit 1.5.14 nicht mehr vorgeschrieben, dass die FEB den Betr über den erreichten Punktestand zu unterrichten hat. Sie ist aber frei, dies zu tun. Wenn die FEB den Betr über den erreichten Punktestand informiert, muss sie über den für das Ergreifen der Maßnahme relevanten Punktestand (V S. 5) unterrichten, der sich vom Punktestand zum Zeitpunkt des Ergreifens der Maßnahme unterscheiden kann (V S. 7).

Bei der Ermahnung handelt es sich mangels Regelung **nicht** um einen **VA** (Begr Rn. 13). **72** Die mit der Maßnahme nach V S. 1 Nr. 1 ggf. verbundene Mitteilung des Punktestandes erwächst nicht in Bestandskraft und hat deswegen keine Bindungswirkung für nachfolgende Maßnahmen derselben oder einer anderen FEB (s. BVerwG NJW **07** 1299 (zust Anm *Dauer* DAR **07** 474) zu § 4 III S. 1 Nr. 1 aF). Sie begründet beim Adressaten kein schutzwürdiges Vertrauen hinsichtlich des angegebenen Punktestandes (OVG Hb NJW **18** 1335, VG Stu SVR **16** 197). Die Ermahnung nach V S. 1 Nr. 1 ist **gebührenpflichtig** (§ 6a I Nr. 1 StVG, Nr. 209 Anl GebOSt).

Die **Teilnahme** an einem **Fahreignungsseminar** ist **freiwillig.** Die Bereitschaft zur Teil- **73** nahme wird jedoch durch die damit verbundene Möglichkeit des **Punktabzugs** (VII S. 1) gefördert, auf den die FEB in ihrem Schreiben hinweisen sollte. Ein besonderes Seminar für FEInhaber, die unter Einfluss von Alkohol oder anderen berauschenden Mitteln am Verkehr teilgenommen haben, gibt es im FEigBewSystem nicht. Näher zum Fahreignungsseminar § 4a StVG, § 42 FeV. **Verkehrsunterricht** nach § 48 StVO ist kein Ersatz für ein Fahreignungsseminar.

b) Zweite Eingriffsstufe (V S. 1 Nr. 2). Sind **6 oder 7 Punkte** erreicht, ist der FEInha- **74** ber von der FEB zu **verwarnen** (V S. 1 Nr. 2), sofern die Maßnahme nach V S. 1 Nr. 1 zuvor ergriffen worden war (VI S. 1). Der Inhalt der Verwarnung ist nicht vorgeschrieben. Sie wird wie die Ermahnung den Ratschlag enthalten, das Verhalten zu ändern und Verkehrsverstöße zu vermeiden. Zusammen mit der Verwarnung wird der FEInhaber erneut auf die **Möglichkeit der freiwilligen Teilnahme an einem Fahreignungsseminar** hingewiesen (V S. 2 Hs. 1), nun aber verbunden mit dem Hinweis, dass hierfür kein Punktabzug gewährt wird (V S. 2 Hs. 2), denn dieser ist nur bei einem Punktestand von ein bis fünf Punkten möglich (VII S. 1). Der Hinweis auf die Möglichkeit des freiwilligen Seminarbesuchs erfolgt in dieser Maßnahmenstufe trotz der fehlenden Möglichkeit des Punktabbaus, um den FEInhaber erneut darauf aufmerksam zu machen, dass er durch einen Seminarbesuch sein Verkehrsverhalten verbessern und damit einen weiteren Punktanstieg vermeiden kann. In der Verwarnung muss der FEInhaber darüber unterrichtet werden, **dass bei Erreichen von 8 oder mehr Punkten die FE entzogen wird** (V S. 3). Die Verwarnung und der gleichzeitige Hinweis auf die Möglichkeit der freiwilligen Teilnahme an einem Fahreignungsseminar erfolgen schriftlich (V S. 1 Nr. 2, § 41 I FeV). Die von der FEB zugrunde gelegten Verkehrszuwiderhandlungen sind dabei anzugeben (§ 41 I FeV). Diesem Erfordernis wird auch dann genügt, wenn die angegebenen Zuwiderhandlungen nicht dem Stand des FAER zum Zeitpunkt des Ergreifens der Maßnahme entsprechen, weil seit der Mitteilung des KBA gem. VIII S. 1 noch weitere rechtskräftig gewordene und in das Register eingetragene Zuwiderhandlungen hinzugekommen sind (OVG Lüneburg 23.1.14 SVR **14** 351 zu § 4 aF). Es ist nicht vorgeschrieben, dass die FEB den Betr **über den erreichten Punktestand zu unterrichten** hat. Sie ist aber frei, dies zu tun. Wenn die FEB den Betr über den erreichten Punktestand informiert, muss sie über den für das Ergreifen der Maßnahme relevanten Punktestand (V S. 5) unterrichten, der sich vom Punktestand zum Zeitpunkt des Ergreifens der Maßnahme unterscheiden kann (V S. 7). Die FEB ist bei Ergreifen der Maßnahme nach V S. 1 Nr. 2 **nicht an Punktestände gebunden,** die sie oder eine vorher zuständig gewesene andere FEB dem Betroffenen im Rahmen einer Maßnahme nach V S. 1 Nr. 1 mitgeteilt hatte, da diese nicht in Bestandskraft erwachsen sind (Rn. 72).

Bei der Verwarnung handelt es sich mangels Regelung **nicht** um einen **VA** (VGH Mü **75** 10.7.19 – 11 CS 19.1018 BeckRS 2019, 15158) Die mit der Maßnahme nach V S. 1 Nr. 2 ggf. verbundene Mitteilung des Punktestandes erwächst nicht in Bestandskraft und hat deswegen keine Bindungswirkung für nachfolgende Maßnahmen derselben oder einer anderen FEB (Rn. 72). Die Verwarnung nach V S. 1 Nr. 2 ist **gebührenpflichtig** (§ 6a I Nr. 1 StVG, Nr. 209 Anl GebOSt).

76   **c) Dritte Eingriffsstufe (V S. 1 Nr. 3):** Als letzte Eingriffsstufe erfolgt **bei Erreichen von 8 oder mehr Punkten zwingend die EdF** (V S. 1 Nr. 3), sofern die Maßnahme nach V S. 1 Nr. 2 zuvor ergriffen worden war (VI S. 1). Wenn der Betr trotz vorheriger Ermahnung und Verwarnung, trotz Hilfestellungen durch Fahreignungsseminare, trotz Möglichkeit des Punktabzugs und trotz der Möglichkeit von zwischenzeitlichen Tilgungen im FAER wegen Ablaufs der Tilgungsfristen 8 oder mehr Punkte erreicht, ist davon auszugehen, dass die weitere Teilnahme derartiger Kf am StV für die übrigen VTeilnehmer eine Gefahr darstellen würde. Der FEInhaber gilt dann, ohne Rücksicht auf Zufälligkeiten und möglicherweise vorliegende besondere, entlastende Umstände bei einer oder mehrerer der den Entscheidungen zugrunde liegenden Verstößen als unwiderlegbar ungeeignet (bindende **Fiktion der Ungeeignetheit**) mit der Folge **zwingend vorgeschriebener EdF** (VGH Ma NJW **14** 2600, NJW **15** 186, NJW **15** 2134). Die FEB hat insoweit keinen Ermessensspielraum, weshalb auch für Verhältnismäßigkeitserwägungen grds. kein Raum ist (VGH Mü 10.7.19 – 11 CS 19.1018 BeckRS 2019, 15158, OVG Saarlouis 23.7.20 – 1 B 196/20 BeckRS 2020, 17227). Dies stellt keinen Verstoß gegen das verfassungsmäßige Übermaßverbot dar (Rn. 32). Keine Bindung an strafgerichtliche Entscheidungen gem. § 3 IV S. 1 hinsichtlich der Kraftfahreignung, da V S. 1 Nr. 3 spezialgesetzlich Ungeeignetheit normiert (*Geiger* VM **10** 88, offen gelassen von VGH Mü ZfS **10** 597 (jeweils zu § 4 III S. 1 Nr. 3 aF)).

77   EdF wegen Erreichens von 8 Punkten setzt voraus, dass **zuvor die abgestuften Maßnahmen nach V S. 1 Nr. 1 und 2 ergriffen wurden** (V S. 1 *stufenweise*, VI S. 1). Wurden 8 Punkte erreicht oder überschritten, ohne dass die Maßnahme nach V S. 1 Nr. 2 ergriffen wurde, kann die FE nicht nach V S. 1 Nr. 3 entzogen werden. Die Behörde trägt die Beweislast dafür, dass Ermahnung und Verwarnung erfolgt sind (OVG Mgd 14.8.20 – 3 M 49/20 BeckRS 2020, 21811). Von der nach § 6 I Nr. 1 Buchst w möglichen Zulassung von **Ausnahmen** von V S. 1 Nr. 3 **für atypische Fälle,** in denen die Ungeeignetheitsvermutung nicht gerechtfertigt ist (Begr zu § 6 I Nr. 1 Buchst. w aF BT-Drs. 13/6914 S. 50 = VkBl. **98** 774), hat der VOGgeber nicht Gebrauch gemacht (Rn. 100).

78   **Keine aufschiebende Wirkung** haben Widerspruch und Anfechtungsklage gegen EdF nach V S. 1 Nr. 3 (IX). Verfassungsrechtliche Bedenken gegen diesen normativen Ausschluss der aufschiebenden Wirkung bestehen nicht, da überwiegende öffentliche Interessen, hier die vorbeugende Gefahrenabwehr gegen ungeeignete und unbefähigte Kf es gebieten, den Rechtsschutzanspruch zurückzustellen (*Gehrmann* NJW **98** 3539 zu § 4 VII S. 2 aF). Nach EdF ist der **Führerschein** bei der FEB **abzuliefern** (§ 3 II S. 3, 4, näher dazu § 3 Rn. 39 ff.).

79   **d) Bindung der FEB an rechtskräftige Entscheidungen (V S. 4).** Eine Überprüfung der mit Punkten bewerteten rechtskräftigen Entscheidungen durch die FEB bei Erreichen der jeweiligen Punktzahl für die verschiedenen Eingriffsstufen des V S. 1 Nr. 1–3 findet nicht statt (OVG Münster NZV **06** 224 zu § 4 III S. 2 aF). Rechtskräftige Bußgeldbescheide entfalten Bindungswirkung in gleicher Weise wie gerichtliche Entscheidungen auch dann, wenn sie selbst keiner gerichtlichen Überprüfung unterzogen wurden (VGH Ma NJW **14** 487 (zu § 4 III S. 2 aF)). Der FEInhaber muss sich die rechtskräftigen Entscheidungen, abgesehen von möglichen Ausnahmen bei evidenter Unrichtigkeit, unabhängig von der inhaltlichen Richtigkeit gegen sich gelten lassen (VG Würzburg 15.12.14 6 S 14.1245). Die FEB ist bei den Maßnahmen nach V S. 1 Nr. 1–3 an deren Inhalt gebunden (V S. 4). Diese Bindung der FEB gilt auch für die Gerichte, wenn sie über die Rechtmäßigkeit der Maßnahmen der FEB entscheiden (VGH Mü 6.3.07 11 CS 06.3024, OVG Lüneburg NJW **10** 1621 (jeweils zu § 4 III S. 2 aF)).

79a   Ein anhängig gemachtes **Wiederaufnahmeverfahren** ist allenfalls dann zu berücksichtigen, wenn sich bereits zum Zeitpunkt der Entscheidung feststellen lässt, dass es mit derart hoher Wahrscheinlichkeit zu einem Freispruch führen muss, dass es im Hinblick darauf grob unbillig wäre, trotz der Bindung des V S. 4 an der rechtskräftigen Entscheidung festzuhalten (VG Br 20.11.12 5 V S. 1034/12 zu § 4 III S. 2 aF). Wenn auf einen entsprechenden Antrag hin **Wiedereinsetzung in den vorigen Stand gewährt** wurde und das Einspruchsverfahren deshalb noch nicht rechtskräftig abgeschlossen ist, ist die Rechtskraft eines Bußgeldbescheids beseitigt und der Betr muss diesen nicht mehr gegen sich gelten lassen; dies führt zu einer rückwirkenden Korrektur des Punktestandes (OVG Schleswig 27.1.17 – 4 MB 3/17 ZfS **17** 238 = NZV **17** 293, OVG Münster 25.7.17 – 16 B 432/17 NWVBl **18** 77 = VM **18** 14, OVG Lüneburg 10.8.20 – 12 LB 64/20 BeckRS 2020, 19863). Daran ändert sich nichts, wenn die Tat später wiederum rechtskräftig geahndet wurde, denn der Eintritt einer bislang fehlenden Rechtskraft wirkt nicht auf einen früheren Zeitpunkt zurück (OVG Lüneburg 10.8.20 – 12 LB 64/20 BeckRS 2020,

19863). Die bloße **Stellung eines Wiedereinsetzungsantrags** führt noch nicht zur Durchbrechung der Rechtskraft eines bereits bestandskräftig gewordenen Bußgeldbescheids, sondern erst die Gewährung der Wiedereinsetzung (VGH Mü 8.7.19 – 11 CS 19.1102 BeckRS 2019, 15166). Ist bestandskräftig über eine Maßnahme nach V S. 1 entschieden worden und wird die Bußgeld- oder Strafentscheidung in Wiederaufnahmeverfahren oder nach Wiedereinsetzung in den vorigen Stand hinsichtlich versäumter Rechtsmittelfristen aufgehoben, kommt Rücknahme (§ 48 VwVfG) des auf den entsprechenden Punkten aufbauenden Bescheids in Betracht (*Zwerger* ZfS **09** 129 zu § 4 III S. 2 aF).

e) Relevanter Punktestand für das Ergreifen von Maßnahmen. Der für das Ergreifen **80** der jeweiligen Maßnahme nach V S. 1 Nr. 1–3 entscheidende Punktestand ist der Punktestand, der sich im Zeitpunkt der Begehung der letzten zum Ergreifen der Maßnahme führenden Straftat oder OWi ergeben hat (V S. 5). Darunter ist die zeitlich zuletzt begangene Tat zu verstehen (OVG Lüneburg 21.11.16 12 ME 156/16 = NZV **17** 104). Mit II S. 3 und V S. 5 hat der GGeber das **Tattagprinzip** normiert (VGH Ma NZV **16** 198, NJW **16** 1259, VRS **131** 156, VGH Mü VRS **129** 27). Die FEB hat somit retrospektiv auf den Tag der Begehung der letzten Zuwiderhandlung abzustellen, die mit ihrer Punktebewertung das Erreichen einer Maßnahmenstufe und damit eine Maßnahme nach V S. 1 Nr. 1–3 auslöst (Begr Rn. 14). Die Feststellung dieses Punktestandes kann idR erst mit erheblichem Zeitverzug erfolgen, da Punkte zwar im Zeitpunkt der Tat entstehen, dies aber nur, wenn die Tat später rechtskräftig geahndet wird (II S. 3). Die FEB kann also erst tätig werden, wenn sie nach Rechtskraft der Entscheidung über die Tat von dieser Kenntnis erhält und dann rückblickend feststellt, dass mit der Tat erstmals eine Punkteschwelle überschritten worden ist, die eine Maßnahme nach V S. 1 Nr. 1–3 auslöst. Wird die FEB über die rechtskräftige Ahndung einer neuen Tat unterrichtet, muss sie prüfen, ob die mit dieser Zuwiderhandlung verbundenen Punkte zusammen mit anderen, am Tattag der neuen Tat im FAER noch nicht getilgten oder tilgungsreifen Punkten aus anderen Straftaten oder OWi zum erstmaligen Erreichen einer Maßnahmenstufe führen (Begr Rn. 14).

Durch ÄndG v. 28.11.14 (BGBl. I S. 1802) wurde mit **V S. 6 Nr. 1** klargestellt, dass bei der **81** Berechnung des Punktestandes Zuwiderhandlungen **unabhängig** davon zu berücksichtigen sind, ob nach deren Begehung **bereits Maßnahmen ergriffen** worden sind. Dadurch soll verdeutlicht werden, dass Verkehrsverstöße auch dann mit Punkten zu bewerten sind, wenn sie vor der Einleitung einer Maßnahme des FEigBewSystems begangen worden sind, bei dieser Maßnahme aber noch nicht verwertet werden konnten, etwa weil deren Ahndung erst später Rechtskraft erlangt hat oder sie erst später im FAER eingetragen worden oder der FEB zur Kenntnis gelangt ist (Begr BT-Drs 18/2775 S. 10, BVerwG NJW **17** 2933, VGH Mü VRS **129** 27, NJW **16** 3193, OVG Hb NJW **18** 1335). Maßgebend für die Rechtmäßigkeit einer Maßnahme der FEB nach V S. 1 Nr. 1–3 ist der **Kenntnisstand,** den die **FEB** bei Ergreifen der jeweiligen Maßnahme hat (BVerwG NJW **17** 2933, OVG Hb NJW **18** 1335).

Bei der Berechnung des Punktestandes für den relevanten Zeitpunkt der letzten Tat, die zum **82** erstmaligen Erreichen einer Maßnahmenstufe führt, dürfen bei der Zusammenrechnung der Punkte nur diejenigen Punkte aus Zuwiderhandlungen berücksichtigt werden, deren **Tilgungsfrist** gem. § 29 in diesem Zeitpunkt **noch nicht abgelaufen** war (V S. 6 Nr. 2). War die Tilgungsfrist bereits abgelaufen, die Überliegefrist (§ 29 VI S. 2) aber noch nicht, werden die Zuwiderhandlung und die mit ihr verbundenen Punkte bei der Berechnung des Punktestandes nicht berücksichtigt (OVG Berlin 31.8.18 – 1 S 54.18 NJW **19** 103 Ls, MüKoStVR/*Buchardt* § 4 StVG Rn. 28, *Koehl* NJW **18** 1281 (1283)).

Um eine Maßnahme nach V S. 1 Nr. 1–3 auszulösen reicht es aus, dass der FEInhaber den für **83** das Erreichen einer Maßnahmestufe notwendigen **Punktestand einmal erreicht hat.** Reduziert sich der Punktestand danach aufgrund von Tilgungen wieder, bleibt dies für das Ergreifen der Maßnahme außer Betracht (V S. 7, VGH Ma NJW **14** 2600, OVG Münster DAR **15** 37, NJW **15** 1772, OVG Bautzen 9.7.18 3 B 131/18 VRS **134** 21, OVG Mgd 4.9.18 3 M 307/18). Dies ist Konsequenz des Tattagprinzips: Maßnahmen werden bezogen auf den Tattag ergriffen und nicht bezogen auf den aktuellen Punktestand am Tag des Ergreifens der Maßnahme durch die FEB (Begr Rn. 15). War ein bestimmter, eine Maßnahme auslösender Punktestand einmal erreicht, hat die FEB die Maßnahme somit auch dann zu ergreifen, wenn bis zum Tätigwerden der Behörde durch Tilgung bereits wieder eine Reduzierung des Punktestandes erfolgt ist, durch die der FEInhaber in den Punktestand einer früheren Stufe oder in das Stadium der sog Vormerkung oder auf den Punktestand Null zurückgefallen ist. Dies gilt für alle drei Maßnahmenstufen (Begr Rn. 15). Der **Ablauf einer längern Zeit** nach Erreichen der jeweiligen Punkteschwelle oder nach tilgungsbedingter Unterschreitung der erreichten Schwelle führt nicht dazu, dass die in V S. 1 Nr. 1–3 zwingend vorgeschriebenen Maßnahmen nicht mehr verfügt werden dürften (s. VGH Mü DAR **14** 281 zu § 4 aF). Auch **Änderung des Punktestandes im Widerspruchsverfahren** ist irrelevant und ist bei der Beurteilung der Rechtmäßigkeit der Maßnahmen nicht zu berücksichtigen.

83a   Die **Löschung einer Eintragung** nach **Ablauf der Überliegefrist** zieht für das Ergreifen von Maßnahmen nach V S. 1 Nr. 1–3 ein Verwertungsverbot gem. § 29 VII S. 1 nach sich, denn das absolute Verwertungsverbot des § 29 VII S. 1 überlagert und begrenzt das in V S. 5-7 geregelte Tattagsprinzip des Fahreignungs-Bewertungssystems (BVerwG 18.6.20 – 3 C 14.19 NJW **20** 2974, VGH Mü 6.10.17 – 11 CS 17.953 NZV **18** 47, 6.10.17 – 11 CS 17.1144 NJW **18** 883, *Hillebrand* VGT **19** 9 (14 f.) = ZfS **19** 550 (552 f.)). V S. 7 ist keine das Verwertungsverbot des § 29 VII S. 1 StVG durchbrechende Spezialvorschrift und auch nicht analog auf Verringerungen des Punktestandes aufgrund von Löschungen anzuwenden (OVG Lüneburg 22.2.17 – 12 ME 240/16 NJW **17** 1769 Ls, VGH Mü NZV **18** 47, NJW **18** 883, 18.6.19 – 11 ZB 18.778 BeckRS 2019, 43002). Hätte der GGeber gewollt, dass entgegen dem Verwertungsverbot des § 29 VII S. 1 nicht nur die spätere Tilgung, sondern auch die spätere Löschung einer Eintragung für das Ergreifen der im Fahreignungs-Bewertungssystem vorgesehenen Maßnahme irrelevant sein sollen, hätte es das rechtsstaatliche Gebot der Normenklarheit verlangt, dass er dies in V S. 5-7 eindeutig zum Ausdruck bringt (BVerwG 18.6.20 – 3 C 14.19 NJW **20** 2974). Ist eine Eintragung im FAER wegen Ablaufs der Überliegefrist gelöscht, steht das der Verwertung zum Zweck der EdF nach § 4 V auch dann entgegen, wenn die Löschung nur zum Zeitpunkt der Entziehungsentscheidung der FEB gegeben war, nicht aber bereits zu dem in V S. 5 bezeichneten Zeitpunkt (OVG Lüneburg 22.2.17 – 12 ME 240/16 NJW **17** 1769 Ls). Die früher vertretene Gegenansicht, wonach das in § 29 VII S. 1 angeordnete Verwertungsverbot durch V S. 5 kraft Spezialität verdrängt wird (OVG Bautzen 29.11.17 – 3 B 274/17 NJW **18** 1337, 9.7.18 – 3 B 131/18 VRS **134** 21, VG Mü 4.9.17 26 S 17.3378 NZV **18** 95), ist durch BVerwG 18.6.20 – 3 C 14.19 NJW **20** 2974 überholt.

84   **f) Erreicht der Betroffene wiederholt den in V S. 1 Nr. 1 oder 2 genannten Punktestand** infolge zwischenzeitlicher Reduzierung auf Grund Tilgung oder Punktabzug und erneuten Anstiegs, ist die jeweils vorgesehene Maßnahme erneut zu ergreifen, da der relevante Punktestand sich jeweils durch Anstieg erneut ergibt. Dies soll durch den Begriff *Summierung* in V S. 1 ausdrücklich verdeutlicht werden (Begr BT-Drs. 17/12636 S. 42 = VkBl. **13** 1143). Die einzelnen Maßnahmenstufen können dadurch auch mehrmals durchlaufen werden. Dagegen ist die Maßnahme nicht nochmals zu ergreifen, wenn die Grenze nicht erneut durch *Anstieg* erreicht oder überschritten wird, sondern der Punktestand (durch Tilgung oder Punktabzug) auf den betreffenden Bereich *fällt*, da sich der Punktestand dann nicht durch Summierung ergeben hat (Begr BT-Drs. 17/12636 S. 42 = VkBl. **13** 1143). Die Maßnahme ist auch dann nicht nochmals zu ergreifen, wenn sich der Punktestand nur innerhalb des Rahmens der betreffenden Eingriffsstufe erhöht (von 4 auf 5 oder von 6 auf 7 Punkte), weil Maßnahmen nach V S. 1 Nr. 1–3 nur bei erstmaligem Erreichen einer Maßnahmenstufe zu ergreifen sind (Begr Rn. 13).

85   **4. Kein Überspringen der Maßnahmenstufen, Rückstufung der Punktezahl.** Abs. **VI** stellt sicher, dass keine der Maßnahmenstufen übersprungen wird und dass bei Nachholung einer nicht erfolgten Maßnahme der Punktestand grds. an die jeweilige Maßnahmestufe angepasst wird. Mit der Neufassung der V und VI in der ab 5.12.14 geltenden Fassung wollte der GGeber eine **Abkehr von der Warn- und Erziehungsfunktion** des Systems erreichen (BVerwG NJW **17** 2933, OVG Bautzen SächsVBl **15** 255, 18.5.20 – 6 B 330/19 BeckRS 2020, 11759, VGH Mü VRS **129** 27, NJW **16** 2283, NJW **16** 3193, 8.3.18 11 BV 17.2414 = NJW **18** 1771 Ls, OVG Münster VRS **129** 164). Der Aspekt aus dem früheren Punktsystem, dass der Betr alle vorgesehenen Warnungen und Hinweise auf Hilfsmöglichkeiten erreichen sollten, bevor es zu einer EdF bei Erreichen von 8 Punkten kommt, spielt heute im FEigBewSystem keine Rolle mehr. Nach der Begr zur Neufassung des VI durch ÄndG v. 28.11.14 (BGBl. I S. 1802) kommt es im FEigBewSystem nicht mehr darauf an, dass eine Maßnahme den Betr vor der Begehung weiterer Verstöße erreicht und ihm die Möglichkeit zur Verhaltensänderung einräumt, bevor es zu weiteren Verstößen kommt (Begr Rn. 24, VGH Mü NJW **16** 890). Die **Maßnahmenstufen** dienen nach dem Willen des GGebers nunmehr in erster Linie der **Information** des Betroffenen, stellen also lediglich eine Information über den Stand im System dar (Begr Rn. 24, BVerwG NJW **17** 2933, OVG Bautzen SächsVBl **16** 84, krit dazu *Pießkalla* NZV **17** 261). Der Wechsel von der Warn- und Erziehungsfunktion der Maßnahmenstufen sowie der Bonusrege-

lungen hin zu einer bloßen Hinweisfunktion ist vom GGeber nicht schon am 1.5.14, sondern erst mit Inkrafttreten des ÄndG v. 28.11.14 (BGBl. I S. 1802) am 5.12.14 vollzogen worden (OVG Münster DAR **15** 417, NJW **18** 643, OVG Bautzen SächsVBl **15** 255, VGH Mü 8.3.18 11 BV 17.2414 = NJW **18** 1771 Ls, offen gelassen von BVerwG NJW **17** 2933).

Erreicht oder überschreitet der FEInhaber **6 oder 8 Punkte,** ohne dass die FEB die Maß- **86** nahme der ersten Eingriffsstufe nach V S. 1 Nr. 1 getroffen hat, so werden nicht sogleich die Maßnahmen der zweiten (V S. 1 Nr. 2) oder dritten (V S. 1 Nr. 3) Eingriffsstufe getroffen (VI S. 1). Die erste Eingriffsstufe wird also niemals übersprungen. Erreicht oder überschreitet er **8 Punkte,** ohne dass zuvor die Maßnahme der zweiten Eingriffsstufe nach V S. 1 Nr. 2 ergriffen worden ist, so werden nicht sogleich die Maßnahmen der dritten Eingriffsstufe (V S. 1 Nr. 3) getroffen (VI S. 1). Auch die zweite Eingriffsstufe wird also niemals übersprungen. VI S. 2 enthält die ausdrückliche Anweisung an die FEB, in diesen Fällen zunächst die Maßnahme der davor liegenden Maßnahmenstufe zu ergreifen. Die Behörde trägt die Beweislast dafür, dass vor EdF nach V S. 1 Nr. 3 die vorherigen Stufen durchlaufen worden sind (OVG Mgd 14.8.20 – 3 M 49/20 BeckRS 2020, 21811). Vor dem 1.5.14 **nach altem Recht vorgenommene Maßnahmen** nach dem früheren Punktsystem werden insoweit „angerechnet", als sie einer der seit dem 1.5.14 zu ergreifenden Maßnahme vorgelagerten Maßnahmestufe entsprechen (Rn. 65, OVG Hb ZfS **16** 116).

In der Zeit **1.5.–4.12.14** war geregelt, dass der FEInhaber auf den höchsten **Punktestand** der **87** nicht durchlaufenen Stufe **zurückgestuft** wurde, wenn eine der in V S. 1 Nr. 1 und 2 vorgesehenen Maßnahmenstufen nicht durchlaufen worden war (VI S. 2, 3 aF, Begr Rn. 16). Die Verringerung des Punktestandes gem. VI S. 2, 3 aF trat kraft Gesetzes ein, wenn die jeweiligen Maßnahmen beim Überschreiten der jeweils nächsten Schwelle durch Begehung einer neuen Tat (II S. 3) noch nicht ergriffen worden waren (OVG Münster NJW **15** 1772, NJW **18** 643, DAR **15** 417, NJW **15** 2136, VGH Mü 8.3.18 11 BV 17.2414 = NJW **18** 1771 Ls, VG Dü SVR **15** 234, VG Berlin 2.12.14 11 L 463.14, VG Gelsenkirchen 9.12.14 9 K 4520/14). Da in der Begr zum ÄndG v. 28.11.14 (BGBl. I S. 1802), mit dem VI neu gefasst wurde (Rn. 88 f.), der Eindruck zu erwecken versucht wurde, bereits mit der in der Zeit 1.5.–4.12.14 gültigen Regelung habe das Tattagprinzip in diesem Zusammenhang keine Bedeutung mehr gehabt (Rn. 24–27), ist darauf hinzuweisen, dass sich VI in der in dieser Zeit anwendbaren Gesetzesfassung nicht entnehmen lässt, dass der Rechtsgedanke des Tattagprinzips nicht zum Tragen kommen sollte (OVG Münster NJW **15** 1772, DAR **15** 417, NJW **18** 643, VGH Mü 8.3.18 11 BV 17.2414 = NJW **18** 1771 Ls, *Kalus* VD **15** 199, DAR **16** 2, offen gelassen von VGH Ma NZV **16** 198). Die Bonusregelungen des § 4 VI S. 2, 3 in der zwischen dem 1.5. und 4.12.14 geltenden Fassung finden in den Fällen Anwendung, in denen Punkte unter der in diesem Zeitraum geltenden Rechtslage entstanden sind, und zwar auch dann, wenn die EdF erst unter Geltung des StVG in der ab dem 5.12.14 anwendbaren Fassung erfolgt ist (OVG Münster NJW **18** 643), und unabhängig davon, wann die FEB von der Zuwiderhandlung erfahren hat (VGH Mü 8.3.18 11 BV 17.2414 = NJW **18** 1771 Ls).

Durch **Neufassung des Abs. VI** mit ÄndG v. 28.11.14 (BGBl. I S. 1802) wurde die Rege- **88** lung **mWv. 5.12.14** so geändert, dass nunmehr die **Verringerung des Punktestandes** nicht mehr „automatisch" kraft Gesetzes erfolgt, wenn die Punktzahl der nächst höheren Stufe erreicht wird, ohne dass die Maßnahme der davor liegenden Stufe ergriffen worden ist, sondern nur und erst dann, **wenn die versäumte Maßnahme nachgeholt wird.** Der GGeber hat damit zum Ausdruck gebracht, dass das **Tattagprinzip** im Rahmen der Bonusregelung **keine Geltung** beanspruchen soll (VGH Ma NZV **16** 198). Werden Maßnahmen nicht nachgeholt, erfolgt auch keine Verringerung des Punktestandes. Die nachgeholte Ermahnung (erste Maßnahmenstufe, V S. 1 Nr. 1) führt zu einer Reduzierung des Punktestandes auf 5 Punkte (VI S. 3 Nr. 1), die nachgeholte Verwarnung (zweite Maßnahmenstufe, V S. 1 Nr. 2) verringert den Punktestand auf 7 Punkte (VI S. 3 Nr. 2). Der Sinn dieser Regelung soll darin bestehen, aus Gründen der Übersichtlichkeit ein Auseinanderfallen von Punktestand und Maßnahme zu verhindern (Begr BT-Drs. 18/2775 S. 10, VGH Mü NJW **16** 2283). Die Punktereduzierungen werden **wirksam** jeweils am Tag des Ausstellens der nachgeholten Ermahnung oder Verwarnung (VI S. 3), also an dem Tag der endgültigen Fertigstellung des entsprechenden Schriftstücks in der Behörde. Die Zeitpunkte der Absendung oder des Zugangs beim Adressaten sind unerheblich. Beide **Punktereduzierungen** treten **nur** ein, wenn der Punktestand zum maßgeblichen Zeitpunkt (Ausstellungstag) nicht bereits durch Tilgungen oder Punkteabzüge **niedriger** ist (VI S. 3). Das Wort *niedriger* ist so gemeint, dass keine weitere Reduzierung stattfindet, wenn sich der Punktestand mittlerweile bereits auf die in VI S. 3 genannten Punktestände oder darunter reduziert hat (Begr BT-Drs. 18/2775 S. 10, *Albrecht/Kehr* DAR **15** 12 (15)). Dann stimmen Punktestand und ergriffene Maßnahme schon wieder überein, ohne dass eine Punktereduzierung erforderlich ist. War **keine Maßnahme versäumt** worden, wird aber aufgrund einer fehlerhaften Mitteilung des KBA eine Maßnahme ergriffen, ist VI nicht einschlägig; eine Punktereduzierung nach VI S. 3 tritt nicht ein (VG Stu SVR **16** 197).

88a   Punkte für Zuwiderhandlungen, die vor der nach VI S. 3 eintretenden Rückstufung begangen worden sind und von denen die **FEB** erst **nach der Verringerung** des Punktestandes **Kenntnis** erhält, **erhöhen** den verringerten Punktestand (VI S. 4). Dies soll die weitere Verwertbarkeit solcher Taten trotz zwischenzeitlicher Reduzierung deutlich machen (Begr Rn. 25–27). Damit hat der GGeber die Berücksichtigung des Tattagprinzips in diesem Zusammenhang ausgeschlossen (VGH Ma NZV **16** 198). Diese Regelung wurde offenbar für nötig gehalten, weil in der Praxis einiger FEB Punkte für Zuwiderhandlungen, die vor Ergreifen einer Maßnahme entstanden waren, die der Behörde aber zum Zeitpunkt des Ergreifens der Maßnahme nicht bekannt waren, im weiteren Verlauf nicht mehr berücksichtigt worden sind (vgl. Begr Rn. 24 aE, s. im Übrigen *Albrecht/Kehr* DAR **15** 12, *Albrecht/Kehr/Ledwig* SVR **15** 161 (164 ff.)). Eine Verringerung des Punktestands nach VI S. 3 tritt nur ein, wenn der FEB bei Ergreifen der Maßnahme weitere VVerstöße bekannt sind, die zu einer Einstufung in eine höhere Stufe nach V S. 1 führen (BVerwG NJW **17** 2933, VGH Mü VRS **129** 27, OVG Hb NJW **18** 1335, VG Kar 15.3.17 3 K 217/17).

88b   Den erforderlichen **Kenntnisstand** kann die **FEB** nach einhelliger Auffassung der Rspr. nur durch **Mitteilungen des KBA** erhalten, nicht durch Mitteilungen des FEInhabers oder anderer Privatpersonen (BVerwG 26.1.17 – 3 C 21/15 NJW **17** 2933 Rn. 25, OVG Münster 20.7.16 – 16 B 382/16 DAR **17** 99, OVG Mgd 13.6.19 – 3 M 85/19 NJW **20** 488, OVG Lüneburg 3.3.20 – 12 ME 6/20 DAR **20** 224, VG Minden 16.3.16 – 9 L 200/16 BeckRS 2016, 50028, VG Kö 20.5.16 – 9 L 398/16 BeckRS 2016, 53999, VG Kar 15.3.17 – 3 K 217/17 BeckRS 2017, 107932, VG Schl 12.4.17 – 3 B 36/17 BeckRS 2017, 107898, VG Bra 18.10.18 – 6 A 270/17 BeckRS 2018, 30267, *Koehl* NJW **18** 1281 (1284), aA *Pießkalla* NZV **17** 261, krit *Hillebrand* VGT **19** 9 (12) = ZfS **19** 550 (551)). Es ist zwar nicht ausdrücklich geregelt, welche Informationsquellen die FEB bei der Anwendung des VI S. 3 und 2 zu berücksichtigen hat. Für die Beschränkung auf Mitteilungen des KBA sprechen aber nach Auffassung der Rspr. der Zweck des Fahreignungsbewertungssystems und die Systematik des § 4, insbs. die Regelung in VIII. Nur das KBA könne zuverlässig über die Eintragungen im FAER unterrichten, das bei ihm geführt wird. Würden auch private Mitteilungen als Informationsquellen zugelassen, wäre dies mit der Gefahr von fehlerhaften Meldungen und demzufolge mit einem hohen Prüfaufwand der FEB verbunden. Die FEB entscheide auf der Grundlage der ihr gem. VIII vom KBA übermittelten Eintragungen im FAER (BVerwG 26.1.17 – 3 C 21/15 NJW **17** 2933 Rn. 25). Die mit der Zulassung von privaten Mitteilungen verbundene Möglichkeit, begangene Zuwiderhandlungen mit dem Ziel zu sammeln, diese der FEB „auf einen Schlag" zur Kenntnis zu geben und dadurch eine Punktereduzierung zu erreichen (OVG Münster 20.7.16 – 16 B 382/16 DAR **17** 99), wäre mit dem Zweck des Fahreignungsbewertungssystems, die von Mehrfachtätern ausgehenden Gefahren im StrV zu minimieren, nicht zu vereinbaren (VG Bra 18.10.18 – 6 A 270/17 BeckRS 2018, 30267).

88c   Die FEB muss sich weder das **Wissen**, über das eine der im Maßnahmensystem „vorgelagerten" Stellen (Gericht, StA, KBA) hinsichtlich weiterer Verkehrsverstöße des Betr verfügt, noch ein **Verschulden** dieser Stellen bei der Datenübermittlung **zurechnen lassen** (BVerwG 26.1.17 – 3 C 21/15 NJW **17** 2933 Rn. 26, OVG Bautzen 8.8.17 – 3 B 103/17 BeckRS 2017, 126734). Ob die FEB sich die **Kenntnis einer anderen Behörde** über eine rechtskräftig geahndete Zuwiderhandlung, die im FAER einzutragen ist, dann zurechnen lassen muss, wenn ein Berufen auf die Unkenntnis als **rechtsmissbräuchlich** einzustufen wäre, zB weil die Mitteilung des KBA willkürlich verzögert worden ist (so VGH Mü 28.4.16 – 11 CS 16.537 NJW **16** 2283 Rn. 13, VG Kar 15.3.17 – 3 K 217/17 BeckRS 2017, 107932 , VG Schl 12.4.17 – 3 B 36/17 BeckRS 2017, 107898, VG Bra 18.10.18 – 6 A 270/17 BeckRS 2018, 30267), hat das BVerwG offen gelassen (BVerwG 26.1.17 – 3 C 21/15 NJW **17** 2933 Rn. 26).

88d   Die Regelung des VI S. 4 bedeutet, dass Punkte für Taten, die der FEB beim nachgeholten Ergreifen von Maßnahmen nicht bekannt waren, nicht von der Reduzierung nach VI S. 3 erfasst werden, sondern vielmehr das Ergebnis der Reduzierung nach VI S. 3 erhöhen (Begr Rn. 25–27). Die Verringerung des Punktestandes nach VI S. 3 bezieht sich somit nicht auf den nach dem Tattagprinzip objektiv vorhandenen Punktestand, sondern nur auf den der FEB zum Zeitpunkt des Nachholens der Maßnahme bekannten Punktestand. Da dieser Punktestand von der Kenntnis der FEB abhängt, führt diese in VI statuierte **Ausnahme vom Tattagprinzip** (BVerwG NJW **17** 2933, OVG Münster NJW **15** 2136, OVG Bautzen SächsVBl **15** 255, VGH Ma NZV **16** 198) dazu, dass neben dem nach dem Tattagprinzip objektiv bestehenden Punktestand ein zweiter, davon abweichender, von der Kenntnis der FEB abhängiger Punktestand besteht, der von nun an maßgeblich ist. In den Fällen des VI ist somit abweichend von II S. 3 nicht der objektive Punktestand, sondern **der von der Kenntnis der FEB abhängige Punktestand für weitere Berechnungen maßgeblich.** Das KBA kann ihn bei seinen Berechnungen und Auskünften an den Betroffenen nur berücksichtigen, wenn es von der FEB entsprechend informiert worden ist. Die Regelung ist **verfassungsrechtlich nicht zu beanstanden** (BVerwG 26.1.17 – 3 C 21/15 NJW **17** 2933 Rn. 29 ff., OVG Münster NJW **15** 2136, VRS **129** 164, VGH Mü 8.6.15 11 CS 15.718, VRS **129** 27, NJW **16** 3193), nach einschränkender Auffassung jedenfalls dann nicht, wenn die FEB die Maßnahme unmittelbar nach Kenntniserlangung von der maßgeblichen Zuwiderhandlung ergreift (VGH Ma 6.8.15 – 10 S 1176/15 NZV **16** 198, OVG Lüneburg 1.9.15 12 ME 91/15).

Es ist unerheblich, ob die Punktestände von 6 und 8 auf atypische Weise auf einmal, zB durch **89** in *einem* Urteil geahndete tatmehrheitlich begangene Zuwiderhandlungen, erreicht werden, oder ob andere Gründe dafür vorliegen, dass diese Punkteschwellen erreicht oder überschritten werden, ohne dass die FEB die vorgesehenen Maßnahmen der ersten und zweiten Eingriffsstufe getroffen hat (OVG Münster NZV **00** 221 zu § 4 V aF). Die Punktereduzierung nach VI kommt nur FEInhabern zugute, da nur gegen sie Maßnahmen ergriffen werden können, nicht dagegen Personen ohne FE (Begr Rn. 16).

Es handelt sich um eine **tatsächliche Punktereduzierung,** die dem FEInhaber auf Dauer **90** zugute kommt. Spätere Verringerungen durch Tilgungen oder Punktabzüge werden von dem sich nach VI S. 3, 4 ergebenden Punktestand abgezogen (VI S. 5). Die Punktereduzierung wird also nicht in der Weise mit nachfolgenden Tilgungen von Eintragungen im FAER oder Punktreduzierungen verrechnet, dass sich die Tilgungen erst dann wieder auf den Punktestand auswirken, wenn sie den zuvor nach VI S. 3 vorgenommenen Punktabzug gleichsam aufgezehrt haben (vgl. Begr Rn. 16 zu VI aF).

VI ist immer wieder neu anzuwenden, wenn Punktestände von 6 oder 8 Punkten erreicht **91** oder überschritten werden, ohne dass die FEB die Maßnahme der jeweils davor liegenden Maßnahmestufe ergriffen hat. Es kann somit zu wiederholten Punktereduzierungen nach VI S. 3 kommen, wenn die Fallkonstellationen des VI S. 1 mehrmals auftreten. Abzulehnen ist auch für das FEigBewSystem die früher zum Punktsystem vertretene Auffassung, mit einmaliger Reduzierung des Punktestandes sei das Versäumnis der FEB ausgeglichen; andernfalls könne der Zweck der dritten Maßnahmestufe, Gefahren durch ungeeignete Personen abzuwenden, nicht erreicht werden (OVG Ko DAR **03** 576, NJW **08** 3158). Diese Ansicht findet auch in der heute geltenden Fassung von VI keine Stütze (s. OVG Lüneburg 20.3.08 12 ME 414/07, *Dauer* NZV **07** 593, 597 Fn 52 (jeweils zu § 4 V aF)).

5. Abs. VII ermöglicht **Punktabzug** durch **freiwillige Teilnahme an einem Fahreig- 92 nungsseminar.** Die Möglichkeit des Punkterabatts ist vom BT „im Interesse der Förderung des Fahreignungsseminars" (Begr Rn. 17) in den Gesetzentwurf eingefügt worden (BT-Drs. 17/13452 S. 2), der ursprünglich keinen Punktebonus mehr vorgesehen hatte, um dem „Freikaufen durch Punkterabatte" einen Riegel vorzuschieben (BT-Drs. 17/12636 S. 17 = VkBl. **13** 1115), und wurde trotz massiver Kritik der Länder (BR-Drs. 387/13 (Beschluss) Nr. 3 und S. 3 zu Nr. 3) beibehalten. Er wurde auf Vorschlag des Vermittlungsausschusses aber auf einen Punkt reduziert (BT-Drs. 17/14125 S. 3 = VkBl. **13** 1145). Entsprechend einer Forderung der Länder (BR-Drs. 387/13 (Beschluss) Nr. 5 und S. 4 zu Nr. 5) wurde auf Vorschlag des Vermittlungsausschusses auch geregelt, dass das am 1.5.14 neu eingeführte Fahreignungsseminar zunächst für 5 Jahre als Modellversuch eingeführt wurde und von der BASt zu evaluieren war (§ 4b). Die **Möglichkeit des Punktabzugs** gem. VII bestand deswegen zunächst nur bis 30.4.2020 (§ 65 IV aF, s. § 4b Rn. 3). Die Regelung wurde nach Vorliegen des Evaluationsberichts der BASt (BT-Drs. 19/11425 v. 1.7.2019) durch Aufhebung von § 65 IV aF mit ÄndG v. 5.12.2019 (BGBl. I S. 2008) **entfristet.** Die Evaluation der Fahreignungsseminare habe zwar eine verhaltensverbessernde Wirkung durch die Teilnahme nicht nachweisen können. Die Reduzierung um einen Punkt erscheine aber nach dem Bericht der BASt für die Verkehrssicherheit unschädlich, könne einen guten Anreiz zur Teilnahme an dem Fahreignungsseminar bieten und das Potential für Begleitpersonen beim Begleiteten Fahren ab 17 erhalten (Begr BT-Drs. 19/14419 S. 10). Die Möglichkeit des Punktabzugs für den Besuch eines Fahreignungsseminars unter den Voraussetzungen des Abs.VII besteht damit unbefristet fort. – Übergangsregelung für Punkteabzüge nach dem früheren Punktsystem: § 65 III Nr. 5 Buchst. a.

93   Nur **Teilnahme an einem Fahreignungsseminar** (§ 4a) führt zum Punktabzug, nicht freiwillige Teilnahme an einem Aufbauseminar nach den Regelungen über die FE auf Probe, auch nicht Teilnahme an einer verkehrspsychologischen Beratung nach § 2a II S. 1 Nr. 2, VII. Die Vergünstigung kommt **nur Inhabern einer FE** zugute (VII S. 1 Hs. 1), nicht Personen ohne FE. Der Punktabzug gem. VII S. 1 erfolgt bei Vorliegen der Voraussetzungen **kraft Gesetzes,** also ohne dass es des Handelns einer Behörde bedarf. Für den rechtlich wirksamen Punktabzug ist unerheblich, ob die nach § 28 III Nr. 13, IV vorgeschriebene Mitteilung der FEB an das KBA erfolgt ist.

94   Bei einem Punktestand von 1 bis 5 Punkten, solange also noch nicht die Schwelle zur zweiten Maßnahmenstufe (V S. 1 Nr. 2) erreicht ist, kann durch Besuch eines Fahreignungsseminars „Rabatt" in Höhe **eines Punktes** erreicht werden. Der Punktabzug hängt nicht davon ab, dass die erste Eingriffsstufe, bei der ein Hinweis auf die Möglichkeit des Besuchs eines freiwilligen Fahreignungsseminars erfolgt, schon erreicht ist. Auch wenn die Teilnahme am Seminar schon vor Erreichen von 4 Punkten erfolgt, wird der Abzug gewährt. Der Punktestand kann durch freiwilligen Seminarbesuch stets nur **auf allenfalls Null** reduziert werden, da ein Punktestand von mindestens einem Punkt Voraussetzung für den Punktrabatt ist (VII S. 1 Hs. 1). Der FEInhaber kann also nicht etwa „Pluspunkte" ansammeln, um zB zu erreichen, dass mit Punkten bewertete Verstöße zunächst punktfrei bleiben. Für den **zu verringernden Punktestand,** von dem der „Bonus"-Punkt abgezogen wird, ist der Punktestand zum Zeitpunkt der Ausstellung der Teilnahmebescheinigung maßgeblich (VII S. 3).

95   Freiwillige Teilnahme an einem Fahreignungsseminar ist beliebig oft möglich. Die Seminarteilnahme führt aber **innerhalb von 5 Jahren nur einmal** zum Punktabzug (VII S. 2). Nach Ablauf der 5 Jahre kann dann erneut ein Abzug erfolgen. Die **Fünfjahresfrist** des VII S. 2, während der kein weiterer Punktabzug möglich ist, wird ab dem Tag der Ausstellung der Teilnahmebescheinigung berechnet (VII S. 3). Bei der Berechnung dieser Fünfjahresfrist sind auch Punkteabzüge zu berücksichtigen, die nach § 4 IV S. 1 und 2 in der bis 30.4.14 gültigen Fassung, also nach dem früheren Punktsystem, vorgenommen worden sind (§ 65 III Nr. 5 Buchst. b).

96   Der Punktabzug erfolgt, wenn der FEB **innerhalb von 2 Wochen** nach Beendigung des Fahreignungsseminars eine **Teilnahmebescheinigung** (§ 44 iVm Anl 18 FeV) **vorgelegt** wird (VII S. 1 Hs. 1). Maßgeblich dafür, dass der FEInhaber nur maximal 5 Punkte hat und damit in den Genuss des Punktabzugs kommen kann, ist der **Punktestand zum Zeitpunkt der Ausstellung der Teilnahmebescheinigung** (VII S. 1 Hs. 2). Keinen Punktabzug auf Grund der Teilnahme an einem Fahreignungsseminar erhält der FEInhaber, wenn er zum maßgeblichen Zeitpunkt (Ausstellungsdatum der Teilnahmebescheinigung) schon 6 oder mehr Punkte erreicht hatte, auch wenn dies etwa bei Beginn des Seminars noch nicht der Fall war. Bei der Ermittlung des für einen Punktabzug maßgeblichen Punktestands sind die Verkehrsverstöße zu berücksichtigen, die im Zeitpunkt der Ausstellung der Teilnahmebescheinigung für das Seminar begangen waren, auch wenn sie erst später rechtskräftig geahndet wurden (II S. 3). Im Falle der Unterzeichnung der Teilnahmebescheinigung durch die Leiter beider Teilmaßnahmen des Fahreignungsseminars mit unterschiedlichen Daten ist allein dasjenige Datum als **Ausstellungsdatum** iSd VII S. 1 Hs. 1, § 44 I S. 2 FeV anzusehen und damit maßgeblich, zu dem der Leiter der abschließenden Teilmaßnahme nach Abschluss des gesamten Fahreignungsseminars unterzeichnet hat, da die Teilnahmebescheinigung nach § 44 I S. 1 FeV vom Seminarleiter der abschließenden Teilmaßnahme des Fahreignungsseminars nach Abschluss des gesamten Seminars auszustellen ist.

97   Die FEB teilt dem **KBA** die für den Punktabzug relevanten Daten mit (§ 28 III Nr. 13, IV), ohne dabei allerdings eine rechtsverbindliche Punktereduzierung vorzunehmen (BVerwG 16.10.07 3 B 25/07, VGH Ma VRS **112** 390 f. (jeweils zum früheren Punktsystem)).

98   **6. Neuerteilung der FE nach EdF und Verzicht.** Wurde die FE gem. V S. 1 Nr. 3 wegen Erreichens von 8 oder mehr Punkten **entzogen,** darf eine neue FE frühestens 6 Monate nach Wirksamwerden der Entziehung erteilt werden (X S. 1). Diese **Sperrfrist** besteht kraft Gesetzes und muss nicht im Entziehungsbescheid ausdrücklich verfügt werden. Zulassung von Ausnahmen durch die nach Landesrecht zuständigen VB nach § 6 I Nr. 1 Buchst. w ist nicht möglich (Rn. 100). Die Frist beginnt erst mit Ablieferung des FS (X S. 3) bei der zuständigen FEB. **Antrag** auf **Neuerteilung einer FE** ist frühestens 6 Monate vor Ablauf der Sperre zulässig (§ 20 IV Nr. 1 FeV). Vor Neuerteilung einer FE muss die FEB idR zur Klärung, ob die Eignung wieder hergestellt ist, die **Beibringung eines medizinisch-psychologischen Gutachtens** an-

ordnen (X S. 4). Absehen von der Gutachtenanforderung nur bei Vorliegen besonderer Umstände (*Gehrmann* NJW **98** 3540 zu § 4 X S. 3 aF). Fällt das Gutachten negativ aus, unterbleibt die FEErteilung (§ 2 II S. 1 Nr. 3). Kommt der FEBewerber der Aufforderung zur Beibringung des Gutachtens nicht nach, ist sein Antrag abzulehnen (§ 11 VIII FeV).

Die Regelungen des X über Sperrfrist und Eignungsüberprüfung durch Anordnung eines **99** medizinisch-psychologischen Gutachtens gelten auch, wenn Neuerteilung der FE nach vorangegangenem **Verzicht auf die FE** beantragt wird, sofern zum Zeitpunkt der Wirksamkeit des Verzichts (§ 2 Rn. 25) mindestens 2 Entscheidungen nach § 28 III Nr. 1 oder 3 Buchst. a oder c und damit mindestens 2 Punkte im FAER gespeichert waren (X S. 2, 4). Mit dieser Regelung soll die seit 1.5.14 durch III bestehende Möglichkeit abgemildert werden, sich durch Verzicht und kurz danach erfolgende Neubeantragung einer FE aller Punkte zu entledigen. Nach der Vorstellung des GGebers gibt es aufgrund der Regelungen in X S. 2, 4 keinen Anreiz, den Punktestand durch Verzicht zu bereinigen (Begr Rn. 9, 19). Es kommt nicht darauf an, wann die Punkte entstanden oder wann die Entscheidungen rechtskräftig geworden sind, sondern allein darauf, ob die Entscheidungen zum maßgeblichen Zeitpunkt (Wirksamkeit des Verzichts, § 2 Rn. 25) im FAER eingetragen und noch verwertbar waren.

7. Ausnahmen. § 6 I Nr. 1 Buchst. w ermächtigt das BMV, für atypische Fälle den zuständi- **100** gen Landesbehörden durch RVO die Befugnis zur **Zulassung von Ausnahmen** von § 4 V S. 1 Nr. 3 und X einzuräumen. Da von der Ermächtigung bisher **nicht Gebrauch gemacht** wurde, führt das Erreichen von 8 Punkten ausnahmslos zur EdF (OVG Lüneburg NJW **03** 1473 zu § 4 aF). Unzutreffend ist die Auffassung, § 6 I Nr. 1 Buchst. w erlaube es der FEB, Ausnahmegenehmigungen zu erteilen (*Brenner/Klima,* Führerschein, 10. Aufl 2018, Teil B, 21.5.4), denn § 6 I Nr. 1 Buchst. w enthält keine Rechtsgrundlage für Ausnahmegenehmigungen durch die FEB, sondern lediglich eine Ermächtigung für den VOGeber. § 74 I FeV lässt Ausnahmen nur von den „Vorschriften dieser Verordnung", also nur der FeV, zu, nicht von den Regelungen des StVG. § 46 I S. 1 FeV kann auch nicht als Wiederholung der in § 4 V S. 1 Nr. 3 getroffenen Regelung ansehen werden, denn unabhängig von § 46 I S. 1 FeV weist § 4 V S. 1 Nr. 3 die FEB an, Personen die FE zu entziehen, die 8 oder mehr Punkte erreicht haben, so dass es sich hier um einen eigenständigen Tatbestand handelt, der sich nur im StVG, nicht auch in der FeV findet (VGH Mü VRS **108** 304, eingehend dazu *Bouska/Laeverenz* § 4 StVG Anm 19d und § 6 StVG Anm 3 (jeweils zu § 4 aF)).

Korrekturmöglichkeiten. Neben der richterlichen Möglichkeit zur inzidenten Prüfung un- **101** tergesetzlicher Normen, hier der Punktewertigkeiten in Anl 13 FeV (*Gehrmann* NJW **98** 3539, VGH Mü VRS **108** 305), ist auf die **Befugnis der FEB** hinzuweisen, zur Vermeidung ungerechtfertigter Härten die **vorzeitige Tilgung von Eintragungen** im FAER mit entsprechenden Folgen für den Punktestand **anzuordnen** (§ 29 III Nr. 2). Siehe auch § 29 III Nr. 1 iVm §§ 48 f. BZRG.

8. Anwendung des FEigBewSystems auf Personen mit Wohnsitz im Ausland und **102** **Inhaber ausländischer FE.** Das FEigBewSystem findet ohne Rücksicht auf Nationalität, Wohnort oder Herkunft der FE Anwendung auf alle Personen, die in Deutschland gegen Verkehrsvorschriften verstoßen. Es gilt also auch für Personen mit Wohnsitz im Ausland und für in Deutschland wohnhafte Inhaber einer ausländischen FE. Haben die Betroffen in Deutschland keinen Wohn- oder Aufenthaltsort, ist für Maßnahmen jede inländische FEB zuständig (§ 73 III FeV); diese Regelung ist rechtlich unbedenklich (VG Saarlouis 28.9.12 10 K 336/12). Die Umwandlung einer deutschen FE in eine ausländische EU-FE führt nicht zum Erlöschen des Punktestandes in Deutschland (OVG Bautzen SächsVBl **07** 157). Im Ausland begangene Verkehrsverstöße werden nicht in das FAER eingetragen und haben keine Punkte in Deutschland zur Folge. Zu **ausländischen Punktsystemen** und ihrer Bedeutung für in Deutschland wohnhafte Personen *Nissen* DAR **07** 564.

9. Rechtsmittel.

a) Gegen die **Übermittlung von Entscheidungen an das KBA durch die Justizbehör-** **103** **den** zwecks Eintragung in das FAER ist grundsätzlich der Rechtsweg vor den ordentlichen Gerichten eröffnet (§ 22 I S. 1 iVm §§ 23 ff. EGGVG), näher dazu § 28 Rn. 33. Die **Mitteilungen der Verwaltungsbehörden an das KBA** sind gerichtlich nicht überprüfbar, s. § 28 Rn. 34.

b) Die **Eintragung** der rechtskräftigen Entscheidungen **in das FAER** und die damit ver- **104** bundene rechtlich unverbindliche Bewertung dieser Entscheidungen mit Punkten durch das

KBA ist kein VA und damit nicht mit Widerspruch und Anfechtungsklage überprüfbar (§ 28 Rn. 17). Aufgrund des rein verwaltungsinternen Charakters der Eintragung handelt es sich auch nicht um ein isoliert feststellungsfähiges Rechtsverhältnis iSd § 43 I VwGO. Es gibt keinen Anspruch auf verbindliche Feststellung des Punktestandes (VGH Ma NJW **07** 1706, VG Fra NJW **01** 3500). VG Schl NJW **06** 2201 (Anm *Haus* ZfS **06** 537, krit *Ziegert* ZfS **07** 605 f.) hielt Leistungsklage auf Tilgung von Eintragungen im früheren VZR für zulässig.

105   **c) Punktereduzierungen nach VI und VII** können nicht durch Verpflichtungsklage erreicht werden, da sie nicht durch gesonderte VA erfolgen (OVG Mgd NJW **02** 2264 zu § 4 aF). Für eine Feststellungsklage fehlt es an einem feststellungsfähigen Rechtsverhältnis iSd § 43 I VwGO (*Ziegert* ZfS **07** 604 zu § 4 aF). Für Feststellungsklage und Leistungsklage fehlt es zudem am Rechtsschutzbedürfnis, weil offen ist, ob jemals von der gegenwärtig örtlich zuständigen FEB rechtliche Konsequenzen aus dem – reduzierten – Punktestand gezogen werden (OVG Mgd NJW **02** 2264, VGH Ma VRS **112** 392 f., NJW **07** 1708 (jeweils zu § 4 aF)). Für die vorsorgliche Klärung des Punktestandes allgemein und nach einer Punktereduzierung gibt es kein Rechtsschutzbedürfnis, weil dies gleichsam die Klärung einer Rechtsfrage um ihrer selbst willen wäre und weil der Wunsch des FEInhabers zu erfahren, wie viele mit Punkten zu bewertende Verkehrsverstöße er sich „noch erlauben" kann, rechtlich nicht schutzwürdig ist (BVerwG 6.10.07 3 B 25/07 juris, VGH Ma NJW **07** 1708, *Dauer* DAR **07** 474, *Ziegert* ZfS **07** 604 (jeweils zu § 4 aF)). Ob Punktereduzierungen nach VI und VII korrekt vorgenommen worden sind, kann nur inzident bei der Überprüfung von Maßnahmen nach V S. 1 Nr. 3 geprüft werden.

106   **d)** Die **Maßnahme der ersten Eingriffstufe** nach Erreichen von 4 oder 5 Punkten (V S. 1 Nr. 1) kann nicht selbstständig angefochten werden. Widerspruch und Anfechtungsklage scheiden aus, da es sich mangels Regelung nicht um einen VA handelt. Die in der Maßnahme nach V S. 1 Nr. 1 ggf.. enthaltene Unterrichtung über den Punktestand erwächst nicht in Bestandskraft, entfaltet deswegen keine Bindungswirkung für nachfolgende Maßnahmen derselben oder einer anderen FEB, und ist deswegen nicht unmittelbar rechtlich überprüfbar (BVerwG NJW **07** 1299 (zust Anm *Dauer* DAR **07** 474), OVG Lüneburg ZfS **13** 239 (jeweils zu § 4 aF), *Kopp/Ramsauer* § 35 Rn. 104). Für Feststellungs- oder Leistungsklage fehlt es an einem Rechtsschutzbedürfnis (s. Rn. 105).

107   **e)** Die **Maßnahme der zweiten Eingriffsstufe** nach Erreichen von 6 oder 7 Punkten (V S. 1 Nr. 2) kann ebenfalls nicht selbstständig angefochten werden. Widerspruch und Anfechtungsklage scheiden aus, da es sich mangels Regelung nicht um einen VA handelt. Die in der Maßnahme nach V S. 1 Nr. 2 ggf. enthaltene Unterrichtung über den Punktestand erwächst nicht in Bestandskraft, entfaltet deswegen keine Bindungswirkung für nachfolgende Maßnahmen derselben oder einer anderen FEB, und ist deswegen nicht unmittelbar rechtlich überprüfbar (Rn. 106).

108   **f)** Die **Maßnahme der dritten Eingriffsstufe**, also EdF nach Erreichen von 8 oder mehr Punkten, ist ein VA und kann mit Widerspruch und Anfechtungsklage überprüft werden; keine aufschiebende Wirkung (IX). Bei der **Beurteilung** einer Maßnahme nach V S. 1 Nr. 3 kommt es auf den **Zeitpunkt** an, zu dem der Betr die 8-Punkte-Grenze erreicht oder überschritten hat (Rn. 80 ff.). Zum abweichenden Beurteilungszeitpunkt bei Löschung von Eintragungen gem. § 65 III Nr. 1 beim Übergang vom Punktsystem zum FEigBewSystem VGH Ma NJW **15** 189 (Anm *Schäpe* DAR **15** 34), OVG Bautzen 25.2.15 3 B 225/14, VG Dü SVR **15** 234.

109   **g)** Die Eintragung im FAER und die Punktbewertung sind **keine Nebenfolgen nichtvermögensrechtlicher Art** iS von § 79 I S. 1 Nr. 2 OWiG, also keine Rechtsbeschwerde ohne Zulassung (*Göhler/Seitz/Bauer* § 79 Rn. 8, Ha VM **97** 30, DAR **97** 410 (jeweils zum früheren VZR), *Bauer/Heugel* Rn. 214, *Fromm* NZV **15** 64, *Krumm* NZV **17** 338).

110   **10. Punkteübernahme durch Dritte („Punktehandel"):** Wenn der Täter einer Ordnungswidrigkeit der Behörde mitteilt, ein anderer (der bereit ist, die Punkte zu übernehmen) habe die Tat begangen, Strafbarkeit nach § 164 II StGB, Anstiftung durch den Übernehmer. Keine Strafbarkeit nach § 164 StGB, wenn zu dem Zeitpunkt der Benennung der anderen Person dieser gegenüber bereits die Verfolgungsverjährung abgelaufen war, da die Benennung dann nicht geeignet ist, ein behördliches Verfahren gegen diese Person herbeizuführen (Ce DAR **07** 713). Keine Strafbarkeit nach § 164 StGB, wenn eine fiktive, nicht existierende Person gegenüber der Behörde als angeblicher Täter angegeben wird (Stu 20.2.18 NJW **18** 1110, LG Dr 11.7.19 DAR **20** 155, *Greiner* NZV **17** 314). Führen der Täter einer OWi und eine mit ihm zusammenwirkende, an der Tat unbeteiligte Person die Bußgeldbehörde bewusst in die Irre, indem sich die weitere Person selbst zu Unrecht der Täterschaft bezichtigt, ist umstritten, ob dies für den Täter zu einer Strafbarkeit wegen falscher Verdächtigung in mittelbarer Täterschaft und für die weitere Person wegen Beihilfe hierzu führen kann (dafür Stu DAR **15** 708 (abl *Niehaus* DAR **15** 720, *Mitsch* NZV **16** 564), dagegen Stu NJW **17** 1971 mAnm *Hecker* = DAR **17** 396 mAnm *Niehaus,* Stu NJW **18** 1110 = DAR **18** 392 mAnm *Niehaus).* Strafbarkeit nach § 271 StGB scheidet aus, da falsche Eintragungen nicht in „öffentlichen Urkunden, Büchern, Dateien oder Registern" iSd § 271 StGB bewirkt werden (Stu NJW **18** 1110, *Mayer* DAR **15** 612, aA *Brock/Wiechers* DAR **03** 484 zum früheren VZR). Das FAER ist kein öffentliches Register in diesem Sinne, da es rein verwaltungsinterne Funktion hat (Stu NJW **18** 1110, § 28 Rn. 17).

Fahreignungsseminar

4a (1) ¹Mit dem Fahreignungsseminar soll erreicht werden, dass die Teilnehmer sicherheitsrelevante Mängel in ihrem Verkehrsverhalten und insbesondere in ihrem Fahrverhalten erkennen und abbauen. ²Hierzu sollen die Teilnehmer durch die Vermittlung von Kenntnissen zum Straßenverkehrsrecht, zu Gefahrenpotenzialen und zu verkehrssicherem Verhalten im Straßenverkehr, durch Analyse und Korrektur verkehrssicherheitsgefährdender Verhaltensweisen sowie durch Aufzeigen der Bedingungen und Zusammenhänge des regelwidrigen Verkehrsverhaltens veranlasst werden.

(2) ¹Das Fahreignungsseminar besteht aus einer verkehrspädagogischen und aus einer verkehrspsychologischen Teilmaßnahme, die aufeinander abzustimmen sind. ²Zur Durchführung sind berechtigt

1. für die verkehrspädagogische Teilmaßnahme Fahrlehrer, die über eine Seminarerlaubnis Verkehrspädagogik nach § 46 des Fahrlehrergesetzes und

2. für die verkehrspsychologische Teilmaßnahme Personen, die über eine Seminarerlaubnis Verkehrspsychologie nach Absatz 3

verfügen.

(3) ¹Wer die verkehrspsychologische Teilmaßnahme des Fahreignungsseminars im Sinne des Absatzes 2 Satz 2 Nummer 2 durchführt, bedarf der Erlaubnis (Seminarerlaubnis Verkehrspsychologie). ²Die Seminarerlaubnis Verkehrspsychologie wird durch die nach Landesrecht zuständige Behörde erteilt. ³Die nach Landesrecht zuständige Behörde kann nachträglich Auflagen anordnen, soweit dies erforderlich ist, um die Einhaltung der Anforderungen an Fahreignungsseminare und deren ordnungsgemäße Durchführung sicherzustellen. ⁴§ 13 des Fahrlehrergesetzes gilt entsprechend.

(4) ¹Die Seminarerlaubnis Verkehrspsychologie wird auf Antrag erteilt, wenn der Bewerber

1. über einen Abschluss eines Hochschulstudiums als Diplom-Psychologe oder einen gleichwertigen Master-Abschluss in Psychologie verfügt,

2. eine verkehrspsychologische Ausbildung an einer Universität oder gleichgestellten Hochschule oder Stelle, die sich mit der Begutachtung oder Wiederherstellung der Kraftfahreignung befasst, oder eine fachpsychologische Qualifikation nach dem Stand der Wissenschaft durchlaufen hat,

3. über Erfahrungen in der Verkehrspsychologie
   a) durch eine mindestens dreijährige Begutachtung von Kraftfahrern an einer Begutachtungsstelle für Fahreignung oder eine mindestens dreijährige Durchführung von besonderen Aufbauseminaren oder von Kursen zur Wiederherstellung der Kraftfahreignung,
   b) durch eine mindestens fünfjährige freiberufliche verkehrspsychologische Tätigkeit, deren Nachweis durch Bestätigungen von Behörden oder Begutachtungsstellen für Fahreignung oder durch die Dokumentation von zehn Therapiemaßnahmen für verkehrsauffällige Kraftfahrer, die mit einer positiven Begutachtung abgeschlossen wurden, erbracht werden kann, oder
   c) durch eine mindestens dreijährige freiberufliche verkehrspsychologische Tätigkeit nach vorherigem Erwerb einer Qualifikation als klinischer Psychologe oder Psychotherapeut nach dem Stand der Wissenschaft
   verfügt,

4. im Fahreignungsregister mit nicht mehr als zwei Punkten belastet ist und

5. eine zur Durchführung der verkehrspsychologischen Teilmaßnahme geeignete räumliche und sachliche Ausstattung nachweist.

²Die Erlaubnis ist zu versagen, wenn Tatsachen vorliegen, die Bedenken gegen die Zuverlässigkeit des Antragstellers begründen.

(5) [1] Die Seminarerlaubnis Verkehrspsychologie ist zurückzunehmen, wenn bei ihrer Erteilung eine der Voraussetzungen des Absatzes 4 nicht vorgelegen hat. [2] Die nach Landesrecht zuständige Behörde kann von der Rücknahme absehen, wenn der Mangel nicht mehr besteht. [3] Die Seminarerlaubnis Verkehrspsychologie ist zu widerrufen, wenn nachträglich eine der in Absatz 4 genannten Voraussetzungen weggefallen ist. [4] Bedenken gegen die Zuverlässigkeit bestehen insbesondere dann, wenn der Seminarleiter wiederholt die Pflichten grob verletzt hat, die ihm nach diesem Gesetz oder den auf ihm beruhenden Rechtsverordnungen obliegen.

(6) [1] Der Inhaber einer Seminarerlaubnis Verkehrspsychologie hat die personenbezogenen Daten, die ihm als Seminarleiter der verkehrspsychologischen Teilmaßnahme bekannt geworden sind, zu speichern und fünf Jahre nach der Ausstellung einer vorgeschriebenen Teilnahmebescheinigung unverzüglich zu löschen. [2] Die Daten nach Satz 1 dürfen

1. vom Inhaber der Seminarerlaubnis Verkehrspsychologie längstens neun Monate nach der Ausstellung der Teilnahmebescheinigung für die Durchführung des jeweiligen Fahreignungsseminars verwendet werden,

2. vom Inhaber der Seminarerlaubnis Verkehrspsychologie der Bundesanstalt für Straßenwesen übermittelt und von dieser zur Evaluierung nach § 4b verwendet werden,

3. von der Bundesanstalt für Straßenwesen oder in ihrem Auftrag an Dritte, die die Evaluierung nach § 4b im Auftrag der Bundesanstalt für Straßenwesen durchführen oder an ihr beteiligt sind, übermittelt und von den Dritten für die Evaluierung verwendet werden,

4. vom Inhaber der Seminarerlaubnis Verkehrspsychologie ausschließlich in Gestalt von Name, Vorname, Geburtsdatum und Anschrift des Seminarteilnehmers sowie dessen Unterschrift zur Teilnahmebestätigung

   a) der nach Landesrecht zuständigen Behörde übermittelt und von dieser zur Überwachung nach Absatz 8 verwendet werden,

   b) an Dritte, die ein von der zuständigen Behörde genehmigtes Qualitätssicherungssystem nach Absatz 8 Satz 6 betreiben und an dem der Inhaber der Seminarerlaubnis Verkehrspsychologie teilnimmt, übermittelt und im Rahmen dieses Qualitätssicherungssystems verwendet werden.

[3] Die Empfänger nach Satz 2 haben die Daten unverzüglich zu löschen, wenn sie nicht mehr für die in Satz 2 jeweils genannten Zwecke benötigt werden, spätestens jedoch fünf Jahre nach der Ausstellung der Teilnahmebescheinigung nach Satz 1.

(7) Jeder Inhaber einer Seminarerlaubnis Verkehrspsychologie hat alle zwei Jahre an einer insbesondere die Fahreignung betreffenden verkehrspsychologischen Fortbildung von mindestens sechs Stunden teilzunehmen.

(8) [1] Die Durchführung der verkehrspsychologischen Teilmaßnahme des Fahreignungsseminars unterliegt der Überwachung der nach Landesrecht zuständigen Behörde. [2] Die nach Landesrecht zuständige Behörde kann sich bei der Überwachung geeigneter Personen oder Stellen nach Landesrecht bedienen. [3] Die nach Landesrecht zuständige Behörde hat mindestens alle zwei Jahre an Ort und Stelle zu prüfen, ob die gesetzlichen Anforderungen an die Durchführung der verkehrspsychologischen Teilmaßnahme eingehalten werden. [4] Der Inhaber der Seminarerlaubnis Verkehrspsychologie hat die Prüfung zu ermöglichen. [5] Die in Satz 3 genannte Frist kann von der nach Landesrecht zuständigen Behörde auf vier Jahre verlängert werden, wenn in zwei aufeinanderfolgenden Überprüfungen keine oder nur geringfügige Mängel festgestellt worden sind. [6] Die nach Landesrecht zuständige Behörde kann von der wiederkehrenden Überwachung nach den Sätzen 1 bis 5 absehen, wenn der Inhaber einer Seminarerlaubnis Verkehrspsychologie sich einem von der nach Landesrecht zuständigen Behörde anerkannten Qualitätssicherungssystem angeschlossen hat. [7] Im Fall des Satzes 6 bleibt die Befugnis der nach Landesrecht zuständigen Behörde zur Überwachung im Sinne der Sätze 1 bis 5 unberührt. [8] Das Bundesministerium für Verkehr und digitale Infrastruktur soll durch Rechtsverordnung mit Zustimmung des Bundesrates Anforderung an Qualitätssicherungssysteme und Regeln für die Durchführung der Qualitätssicherung bestimmen.

1   **Begr** zum G v. 28.8.13 (BT-Drs. 17/12636 S. 44 = VkBl. **13** 1146): *§ 4a bestimmt den rechtlichen Rahmen für die Durchführung und Ausgestaltung des nach dem Gesetz vorgesehenen Fahreignungsseminars, mit dem die bisherigen Interventionsmaßnahmen – das Aufbauseminar und die verkehrspsychologische Beratung – ersetzt werden. Das neu gestaltete Fahreignungsseminar soll einen deutlichen Gewinn für eine Veränderung des Verkehrs- und insbesondere Fahrverhaltens sowie damit letztlich für die Straßenverkehrssicherheit insgesamt erzielen. Die Konzeption der bisherigen Interventionsmaßnahmen ist dafür grundlegend überarbeitet worden, nachdem für die derzeitigen Aufbauseminare für verkehrsauffällige Kraftfahrer kein eindeutiger Wirksamkeitsnachweis erbracht werden konnte.*

Zu Abs. 1: *Absatz 1 definiert das Ziel des Fahreignungsseminars und macht auf Grund der wissen-* 2
schaftlichen Erkenntnisse deutlich, dass sich das Fahreignungsseminar sowohl auf die Vermittlung von
Kenntnissen zum Straßenverkehrsrecht und zu verkehrssicherem Verhalten (verkehrspädagogisches Element)
als auch auf die Analyse und Korrektur des Verkehrs- und insbesondere Fahrverhaltens (verkehrspsycholo-
gisches Element) beziehen muss.

Zu Abs. 2: *Absatz 2 betrifft die Durchführung des Fahreignungsseminars. Demnach besteht ein Fahr-* 3
eignungsseminar aus einer verkehrspädagogischen Teilmaßnahme, die von besonders geschulten Fahrlehrern
durchgeführt wird, und aus einer verkehrspsychologischen Teilmaßnahme, die von besonders qualifizierten
Verkehrspsychologen verantwortet wird ....

Zu Abs. 3: *Absatz 3 enthält den Grundsatz der Erlaubnispflicht für die Durchführung der verkehrs-* 4
psychologischen Teilmaßnahme des Fahreignungsseminars und die allgemeinen Grundsätze der Möglichkeit
zur Anordnung nachträglicher Auflagen, des Ruhens und des Erlöschens. Damit kann die Behörde auch ihr
nach der Erteilung der Erlaubnis bekannt gewordenen Umständen Rechnung tragen.

Zu Abs. 4: *Absatz 4 entspricht hinsichtlich der Anforderungen an die berufliche Qualifikation den An-* 5–11
forderungen, die für die Durchführung der im bisherigen Punktsystem vorgesehenen verkehrspsychologischen
Beratung gestellt worden sind (§ 4 Absatz 9 in der bisherigen Fassung). In formeller Hinsicht wird aller-
dings nicht mehr auf die Richtlinien des Berufsverbandes Deutscher Psychologinnen und Psychologen e.V.
verwiesen, sondern allgemein auf den Stand der Wissenschaft, der sich allerdings in diesen Richtlinien nie-
derschlägt ....

1. Fahreignungsseminar. Bei Einführung des Fahreignungs-Bewertungssystems mit Wir- 12
kung vom 1.5.14 wurden die Interventionsmaßnahmen des früheren Punktsystems, das Aufbau-
seminar und die verkehrspsychologische Beratung, zugunsten des von der BASt neu entwickel-
ten Fahreignungsseminars aufgegeben. Für die früheren Aufbauseminare für mehrfach auffällige
Kraftfahrer konnte kein eindeutiger Wirksamkeitsnachweis erbracht werden (Begr Rn. 1, *Albe-
recht/Bartelt-Lehrfeld* DAR **13** 13, *Albrecht/Kehr* DAR **13** 437 (444)). Neben der Vermittlung von
Kenntnissen sollte ein größeres Gewicht auf Analyse und Korrektur des Fahrverhaltens gelegt
werden (Begr Rn. 2). Das Fahreignungsseminar besteht deswegen aus **zwei Teilmaßnahmen,**
die unabhängig voneinander durchgeführt werden, aber aufeinander abzustimmen sind: einer
verkehrspädagogischen und einer verkehrspsychologischen Teilmaßnahme (II S. 1, § 42 I FeV).
Durch Teilnahme an dem Fahreignungsseminar soll der Betr sicherheitsrelevante Mängel seines
Verkehrs- und insbes seines Fahrverhaltens erkennen und abbauen (I S. 1, *Müller* SVR **15** 241).
Zu den Konzeptgrundlagen des Fahreignungsseminars BASt-Heft M 241 (2013), *Sturzbecher/
Bredow/Büttner* ZVS **14** 142.

Die **verkehrspädagogische Teilmaßnahme** des Fahreignungsseminars zielt auf Vermittlung 13
von Kenntnissen zum Risikoverhalten, Verbesserung der Gefahrenkognition, Anregung zur
Selbstreflexion und Entwicklung von Verhaltensvarianten (§ 42 II S. 1 FeV). Sie kann als Einzel-
maßnahme oder in Gruppen mit bis zu 6 Teilnehmern durchgeführt werden (§ 42 II S. 5 FeV).
Sie umfasst 2 Module zu je 90 Minuten, zwischen deren Durchführung mindestens eine Woche
liegen muss (§ 42 II S. 2, V S. 2 FeV). Die Gestaltung der Module mit ihren 11 Bausteinen wird
durch Anl 16 FeV vorgegeben (§ 42 II S. 2 FeV). Neben den in Anl 16 FeV genannten Lehr-
und Lernmethoden und Medien dürfen auch alternative Methoden und Medien eingesetzt wer-
den, wenn sie den gleichen Lernerfolg gewährleisten und von der zuständigen Behörde aner-
kannt sind (§ 42 II S. 3, 4 FeV).

Die **verkehrspsychologische Teilmaßnahme** des Fahreignungsseminars zielt darauf ab, dem 14
Teilnehmer Zusammenhänge zwischen auslösenden und aufrechterhaltenden Bedingungen des
regelwidrigen Verhaltens aufzuzeigen, Reflexionsbereitschaft zu erzeugen und Veränderungsbe-
reitschaft zu schaffen (§ 42 VI S. 1, 2 FeV). Sie ist als Einzelmaßnahme durchzuführen und umfasst
2 Sitzungen zu je 75 Minuten, zwischen denen mindestens 3 Wochen liegen müssen (§ 42 VI S. 3,
IX FeV). Die Gestaltung der beiden Sitzungen wird durch § 42 VII, VIII FeV vorgegeben.

Nach Abschluss des Fahreignungsseminars ist vom Seminarleiter der abschließenden Teilmaß- 15
nahme eine **Teilnahmebescheinigung** auszustellen (§ 44 I iVm Anl 18 FeV). Eine Abschluss-
prüfung findet nicht statt, aber die Ausstellung der Teilnahmebescheinigung ist bei lückenhafter
Teilnahme am Seminar, bei offener Ablehnung gegenüber den Zielen der Maßnahme oder bei
fehlender Mitgestaltung von Lehr- und Lernstoff zu verweigern (§ 44 II FeV).

Teilnahme am Fahreignungsseminar wird **nicht** von der FEB **angeordnet,** sein Besuch ist 16
freiwillig. Mit der Ermahnung nach § 4 V S. 1 Nr. 1 und mit der Verwarnung nach § 4 V S. 1

Nr. 2 wird jeweils darauf hingewiesen, dass ein Fahreignungsseminar freiwillig besucht werden kann, um das Verkehrsverhalten zu verbessern (§ 4 V S. 2). Bei einem Punktestand von 1–5 Punkten kann durch Teilnahme an einem Fahreignungsseminar einmal in 5 Jahren **ein Punkt abgebaut** werden (§ 4 VII, näher dazu § 4 Rn. 92 ff.). **Verkehrsunterricht** nach § 48 StVO ist kein Ersatz für ein Fahreignungsseminar.

17   **2. Seminarleiter.** Zur Durchführung der verkehrspädagogischen Teilmaßnahme des Fahreignungsseminars sind **Fahrlehrer** berechtigt, die über eine **Seminarerlaubnis Verkehrspädagogik** nach § 46 FahrlG verfügen (II S. 2 Nr. 1). Fahrlehrer ist der Inhaber einer Fahrlehrerlaubnis nach dem FahrlG (*Dauer* FahrlR § 1 FahrlG Anm 5). Die Voraussetzungen für die Erteilung der Seminarerlaubnis Verkehrspädagogik und die näheren Einzelheiten sind in § 46 FahrlG geregelt. Zur Durchführung der verkehrspsychologischen Teilmaßnahme des Fahreignungsseminars sind **Psychologen** berechtigt, die über eine **Seminarerlaubnis Verkehrspsychologie** nach III verfügen (II S. 2 Nr. 2, III S. 1). Die Einzelheiten sind in III–V geregelt. Die früher jährlich zu erfüllende Fortbildungspflicht (VII) wurde durch ÄndG v. 30.6.17 (BGBl. I S. 2162) mWv. 1.1.18 entsprechend der Fortbildungspflicht für Fahrlehrer als Seminarleiter so verringert, dass sie nur noch alle 2 Jahre besteht (Begr BT-Drs. 18/10937 S. 145).

18   **3.** Wer die verkehrspsychologische Teilmaßnahme des Fahreignungsseminars durchführt, bedarf der **Seminarerlaubnis Verkehrspsychologie** (III S. 1). **Zuständig** für die Erteilung ist die nach Landesrecht zuständige Behörde (III S. 2). Die örtliche Zuständigkeit richtet sich nach dem Ort der Praxisräumlichkeiten des Antragstellers (§ 3 I Nr. 2 VwVfG, BT-Drs. 18/2775 S. 11). Die Behörde kann auch **nachträglich Auflagen** zur Seminarerlaubnis anordnen (III S. 3), um damit Umständen Rechnung zu tragen, die ihr erst nach Erteilung bekannt geworden sind (Begr Rn. 4). Für die Erteilung der Seminarerlaubnis Verkehrspsychologie ist keine bestimmte Form vorgeschrieben.

19   Eine vorhandene **Anerkennung** für die Durchführung der **verkehrspsychologischen Beratung** nach § 2a VII S. 7 StVG, § 71 FeV kann die Seminarerlaubnis Verkehrspsychologie **nicht ersetzen.** Die Seminarerlaubnis Verkehrspsychologie muss ausdrücklich erteilt werden; für die Erteilung sind die nach Landesrecht zuständigen Behörden berufen. Außerdem weichen die Erteilungsvoraussetzungen zT ab von den Voraussetzungen für die Fiktion der amtlichen Anerkennung von Psychologen für die Durchführung der verkehrspsychologischen Beratung gem. § 71 FeV.

20   Die **Voraussetzungen für die Erteilung** der Seminarerlaubnis Verkehrspsychologie sind in IV geregelt. Für die Erteilung der Seminarerlaubnis Verkehrspsychologie darf der Antragsteller zum Zeitpunkt der Erteilung mit **nicht mehr als 2 Punkten** im FAER belastet sein (IV S. 1 Nr. 4). Es kommt nicht darauf an, ob die Punkte im maßgeblichen Zeitpunkt entstanden sind (§ 4 II S. 3), sondern darauf, ob zu diesem Zeitpunkt rechtskräftige Entscheidungen über Zuwiderhandlungen **im FAER gespeichert** sind, die mit nicht mehr als 2 Punkten bewertet werden. Da die Behörde nicht prüfen kann, welche Belastung mit Punkten *im Zeitpunkt der Erteilung* der Seminarerlaubnis besteht, sondern dies vorher prüfen muss, sollte die Regelung in Parallele zu § 48a S. 1 Nr. 3 FeV so verstanden werden, dass der Betr *bei Beantragung* der Seminarerlaubnis mit nicht mehr als 2 Punkten im FAER belastet sein darf (§ 48a V S. 1 Nr. 3 FeV wurde deswegen durch ÄndVO v. 17.12.10, BGBl. I S. 2279 geändert).

21   Anforderungen an die **sachliche und räumliche Ausstattung** für die Erteilung der Seminarerlaubnis Verkehrspsychologie waren ursprünglich in § 4a nicht festgelegt. § 43 I S. 1 Nr. 3 FeV forderte allerdings schon seit 1.5.14 insoweit Überwachung. Durch ÄndG v. 28.11.14 (BGBl. I S. 1802) wurde dieses Versäumnis behoben und der Katalog des IV S. 1 um Nr. 5 ergänzt, nach der als weitere Voraussetzung für die Erteilung der Seminarerlaubnis Verkehrspsychologie der Nachweis einer zur Durchführung der verkehrspsychologischen Teilmaßnahme geeigneten räumlichen und sachlichen Ausstattung erforderlich ist. Nähere Anforderungen wurden dafür nicht festgelegt. Die Begr verweist lediglich darauf, dass sich Anhaltspunkte allgemeiner Art hinsichtlich der Sicherheit und des Gesundheitsschutzes aus der ArbeitsstättenVO ergeben können (BT-Drs. 18/2775 S. 10).

22   Wenn Tatsachen vorliegen, die Bedenken gegen die **Zuverlässigkeit** des Antragstellers begründen, ist die Erteilung der Seminarerlaubnis Verkehrspsychologie zu versagen (IV S. 2). Unzuverlässig ist ein Bewerber, wenn aufgrund der vorliegenden Tatsachen zu erwarten ist, dass er den spezifischen Anforderungen an die Funktion des Leiters von verkehrspsychologischen Teilmaßnahmen des Fahreignungsseminars charakterlich nicht gewachsen sein wird, und dass er nach dem Gesamtbild seines Verhaltens nicht die Gewähr dafür bietet, dass er diese Funktion ordnungsgemäß aus-

üben wird. Da die Zuverlässigkeit nicht absolut, sondern mit Blick auf die Funktion des Leiters von verkehrspsychologischen Teilmaßnahmen des Fahreignungsseminars zu beurteilen ist, müssen die Tatsachen einen Bezug zu dieser Funktion aufweisen. Die Zuverlässigkeit muss **nicht nachgewiesen** werden. Nur wenn Tatsachen vorliegen, aus denen sich Bedenken gegen die Zuverlässigkeit ergeben, ist die Erteilung der Seminarerlaubnis Verkehrspsychologie zu versagen.

Die Seminarerlaubnis Verkehrspsychologie **ruht,** solange ein FV nach § 25 StVG oder § 44 **23** StGB besteht, der FS nach § 94 StPO in Verwahrung genommen, sichergestellt oder beschlagnahmt, die FE nach § 111a StPO vorläufig entzogen oder bei einer EdF durch die FEB die sofortige Vollziehung angeordnet worden und die aufschiebende Wirkung eines eingelegten Rechtsbehelfs nicht wiederhergestellt ist (III S. 4 iVm § 13 I FahrlG). Man wird annehmen müssen, dass die Seminarerlaubnis Verkehrspsychologie auch dann ruht, wenn die sofortige Vollziehung der EdF nicht angeordnet wurde, sondern kraft Gesetzes eintritt (§§ 2a VI, 4 IX) und die aufschiebende Wirkung eines eingelegten Rechtsbehelfs nicht angeordnet worden ist. Die Seminarerlaubnis Verkehrspsychologie **erlischt,** wenn dem Inhaber die FE rechtskräftig oder unanfechtbar entzogen wird oder die FE auf andere Weise, auch durch Verzicht, erlischt (III S. 4 iVm § 13 III, IV FahrlG). Ruhen und Erlöschen sowie die Beendigung des Ruhens treten kraft Gesetzes ein, ohne dass es eines Tätigwerdens der Behörde bedarf.

Die Regelung über **Rücknahme** und **Widerruf** der Seminarerlaubnis Verkehrspsychologie **24** (V) entspricht § 46 VII FahrlG zu Rücknahme und Widerruf der Seminarerlaubnis Verkehrspädagogik. Für **Bedenken gegen die Zuverlässigkeit** hat der Gesetzgeber das Regelbeispiel normiert, dass der Inhaber der Seminarerlaubnis Verkehrspsychologie wiederholt die Pflichten grob verletzt hat, die ihm nach dem StVG oder den auf dem StVG beruhenden RVO obliegen (V S. 4). Aus dem Wort *insbesondere* wird deutlich, dass dies nur ein Beispiel ist und dass auch einmalige grobe Pflichtverletzungen oder andere Gründe Bedenken gegen die Zuverlässigkeit auslösen können.

4. Abs. VI regelt **Speicherung und Löschung der** personenbezogenen **Daten,** die dem **25** Inhaber einer Seminarerlaubnis Verkehrspsychologie als Seminarleiter bekanntwerden. Die entsprechende Regelung für Seminarleiter der verkehrspädagogischen Teilmaßnahme des Fahreignungsseminars findet sich in § 46 V FahrlG. Die Regelungen wurden auf Vorschlag des Vermittlungsausschusses (BT-Drs. 17/14125 S. 3, 5 = VkBl. **13** 1147, 1158) gegenüber dem ursprünglichen Gesetzentwurf gravierend verändert, da die Länder Probleme bei der Seminarüberwachung wegen zu kurzer Speicherfristen befürchteten (BR-Drs. 387/13 (Beschluss) Nr. 4 und S. 4 zu Nr. 4).

VI S. 1 schreibt **Speicherung der** personenbezogenen **Daten** vor, die dem Inhaber einer **26** Seminarerlaubnis Verkehrspsychologie als Leiter der verkehrspsychologischen Teilmaßnahme des Fahreignungsseminars bekannt geworden sind. Sie sind für einen Zeitraum von **5 Jahren** nach Ausstellung der Teilnahmebescheinigung (§ 44 FeV) zu speichern und nach Ablauf dieses Zeitraums unverzüglich zu **löschen.** Zum Datum der Ausstellung der Teilnahmebescheinigung § 4 Rn. 96.

Die differenzierten Bestimmungen in VI S. 2 Nr. 1–4 zu **Verwendung und Übermittlung 27** der personenbezogenen Daten berücksichtigen die unterschiedlichen Zwecke, für die die Daten benötigt werden. Der Inhaber der Seminarerlaubnis Verkehrspsychologie hat die Daten zwar für 5 Jahre zu speichern, darf sie aber nur für maximal 9 Monate nach Ausstellung der Teilnahmebescheinigung für die Durchführung des jeweiligen Fahreignungsseminars verwenden (VI S. 2 Nr. 1). Da das Fahreignungsseminar in den ersten 5 Jahren nach Einführung von der BASt wissenschaftlich begleitet und evaluiert wurde (§ 4b), wurden die dafür notwendigen Datenübermittlungen und -verwendungen für zulässig erklärt (VI S. 2 Nr. 2 und 3). VI S. 2 Nr. 4 Buchst. a ist die Rechtsgrundlage für Datenübermittlungen und -verwendungen im Rahmen der Seminarüberwachung (VIII S. 1), VI S. 2 Nr. 4 Buchst. b für Datenübermittlungen und -verwendungen im Rahmen der Inanspruchnahme zugelassener Qualitätssicherungssysteme (VIII S. 6). Für Seminarüberwachung und Nutzung von Qualitätssicherungssystemen dürfen nur die wenigen, in VI S. 2 Nr. 4 enumerativ genannten Daten (Name, Vorname, Geburtsdatum und Anschrift des Seminarteilnehmers sowie dessen Unterschrift zur Teilnahmebestätigung) übermittelt und verwendet werden, während für die Verwendung und Übermittlung nach VI S. 2 Nr. 1–3 keine Einschränkungen normiert sind. Die Stellen, denen die Daten nach VI S. 2 Nr. 1–4 übermittelt werden dürfen, haben diese unverzüglich zu löschen, wenn sie nicht mehr für die jeweiligen Zwecke nach VI S. 2 benötigt werden, spätestens aber 5 Jahre nach Ausstellung der Teilnahmebescheinigung (VI S. 3). Daraus ergibt sich, dass den Empfängern der Daten das Datum der

Ausstellung der Teilnahmebescheinigung mitgeteilt werden muss, soweit sie es nicht kennen, da sie den 5-Jahres-Zeitraum sonst nicht berechnen können. Die Daten nach VI S. 2 Nr. 2–4 dürfen somit für Evaluierung, Seminarüberwachung und im Rahmen der Nutzung zugelassener Qualitätssicherungssysteme nur **maximal 5 Jahre gespeichert und verwendet** werden. Dies berücksichtigt, dass die Evaluation durch die BASt fünf Jahre umfassen sollte (§ 4b) und dass die regelmäßige Seminarüberwachung nicht nur alle 2 Jahre (VIII S. 3), sondern auch alle 4 Jahre durchgeführt werden kann (VIII S. 5).

28 **5. Seminarüberwachung.** Beide Teilmaßnahmen des Fahreignungsseminars unterliegen der behördlichen Überwachung (VIII S. 1, § 51 FahrlG). Die Regelungen dazu wurden auf Vorschlag des Vermittlungsausschusses (BT-Drs. 17/14125 S. 3, 5 = VkBl. **13** 1148, 1159) gegenüber dem ursprünglichen Gesetzentwurf erheblich verändert, nachdem die Länder klare Regelungen zu Qualitätssicherung und Überwachung der Fahreignungsseminare gefordert hatten (BR-Drs. 387/13 (Beschluss) Nr. 6 und S. 4 zu Nr. 5 und 6).

29 **Zuständig** für die Überwachung der verkehrspsychologischen Teilmaßnahme des Fahreignungsseminars ist die nach Landesrecht zuständige Behörde (VIII S. 1). Die örtliche Zuständigkeit richtet sich nach dem Ort der Durchführung der verkehrspsychologischen Teilmaßnahme, nicht nach dem Wohnort des Psychologen, denn bei der Überwachung geht es um die Seminardurchführung. Führt ein Psychologe verkehrspsychologische Teilmaßnahmen an mehreren Orten im örtlichen Zuständigkeitsbereich verschiedener Behörden durch, ist für die Überwachung jeweils die Behörde örtlich zuständig, in deren Bereich der jeweilige Durchführungsort liegt. In diesem Fall gibt es eine mehrfache Zuständigkeit für einen Psychologen.

30 Die Behörden können die Überwachung durch **eigene Bedienstete** vornehmen; Anforderungen an die Qualifikation dieser Mitarbeiter sind nicht geregelt. Die Behörden können sich aber auch **geeigneter** externer **Personen oder Stellen** nach Landesrecht bedienen (VIII S. 2). Die im ursprünglichen Gesetzentwurf nicht enthaltene, vom BT ohne nachvollziehbare Begr (BT-Drs. 17/13452 S. 7 = VkBl. **13** 1148) eingefügte Formel *nach Landesrecht* bedeutet, dass landesrechtlich geregelt werden muss, welche Externen dafür geeignet sind. Ist eine solche landesrechtliche Regelung nicht erfolgt, ist die für die Überwachung zuständige Behörde gehindert, von VIII S. 2 Gebrauch zu machen und sich bei der Überwachung externer Personen oder Stellen zu bedienen. Wenn sich die Behörde nach VIII S. 2 geeigneter externer Personen oder Stellen bedient, handelt es sich **nicht** um **Beleihung,** weil die Externen nicht zu abschließenden hoheitlichen Maßnahmen befugt sind; sie wirken lediglich als Sachverständige in einem Verfahren der Behörde mit (*Müller* SVR **15** 241 (243), s.VGH Ma GewArch **86** 101 zu § 33 I FahrlG aF). Bedient sich die Behörde externer Personen oder Stellen bei der Überwachung, ist sie nicht gehindert, jederzeit auch Überwachungsmaßnahmen mit eigenen Bediensteten durchzuführen.

31 Die Überwachung hat **an Ort und Stelle** stattzufinden (VIII S. 3), also dort, wo die verkehrspsychologische Teilmaßnahme des Fahreignungsseminars durchgeführt wird. Die Überwachungspersonen müssen sich dazu in die Geschäftsräume des Psychologen begeben; dieser hat die Überwachung zu ermöglichen (VIII S. 4). Die Überwachung muss **mindestens alle 2 Jahre** stattfinden (VIII S. 3), kann aber auch häufiger durchgeführt werden, unabhängig davon, ob besonderer Anlass dafür besteht oder nicht. Die Frist von mindestens 2 Jahren kann von der Behörde auf **4 Jahre** verlängert werden, wenn in 2 aufeinanderfolgenden Überprüfungen keine oder nur geringfügige Mängel festgestellt worden sind (VIII S. 5). Geringfügige Mängel sind solche, die zwar auf einer Nichteinhaltung der Vorgaben des StVG und der FeV beruhen, die sich aber nicht oder nur am Rande auf die Qualität der verkehrspsychologischen Teilmaßnahme auswirken.

32 Die Behörde kann von der Überwachung nach VIII S. 1–5 absehen, wenn der Psychologe sich einem von dem nach Landesrecht zuständigen Behörde anerkannten **Qualitätssicherungssystem** angeschlossen hat (VIII S. 6). Welche Behörde für die Anerkennung derartiger Qualitätssicherungssysteme zuständig ist, ist landesrechtlich zu regeln; es muss nicht die für die Überwachung zuständige Behörde sein. VIII S. 8 bestimmt, dass das BMV Anforderungen an Qualitätssicherungssysteme und Regeln für die Durchführung der Qualitätssicherung durch RVO bestimmen soll. Dies ist durch § 43a und Anl 17 FeV geschehen (näher § 43a FeV). Hat sich ein Psychologe einem anerkannten Qualitätssicherungssystem angeschlossen, bleibt die Befugnis der für die Überwachung zuständigen Behörde unberührt, gleichwohl Überwachungsmaßnahmen durchzuführen (VIII S. 7). Durch Anschluss an ein Qualitätssicherungssystem können sich Psychologen somit der staatlichen Überwachung nicht entziehen.

Evaluierung

4b [1] Das Fahreignungsseminar, die Vorschriften hierzu und der Vollzug werden von der Bundesanstalt für Straßenwesen wissenschaftlich begleitet und evaluiert. [2] Die Evaluierung hat insbesondere zu untersuchen, ob das Fahreignungsseminar eine verhaltensverbessernde Wirkung im Hinblick auf die Verkehrssicherheit hat. [3] Die Bundesanstalt für Straßenwesen legt das Ergebnis der Evaluierung bis zum 1. Mai 2019 dem Bundesministerium für Verkehr und digitale Infrastruktur in einem Bericht zur Weiterleitung an den Deutschen Bundestag vor.

1. Die **Evaluierung des** mit dem FEigBewSystem ab 1.5.14 neu eingeführten **Fahreignungsseminars** (§ 4a StVG, § 42 FeV) wurde auf Vorschlag des Vermittlungsausschusses **in § 4b** und § 31d FahrlG aF (heute § 49 FahrlG) **gesetzlich geregelt** (BT-Drs. 17/14125 S. 4, 5 = VkBl. **13** 1148, 1159), nachdem die Länder gefordert hatten (BR-Drs. 387/13 (Beschluss) Nr. 5 und S. 4 zu Nr. 5), das neue Seminar zunächst im Rahmen eines Modellversuchs zu erproben und die ursprünglich nur in der Begr zum Gesetzentwurf unverbindlich angekündigte (BT-Drs. 17/12636 S. 22) wissenschaftliche Evaluation wie bei dem Modellversuch zum Begleiteten Fahren ab 17 gesetzlich zu fixieren. § 4b und § 49 FahrlG wurden zunächst durch § 65 IV aF (Möglichkeit des Abzugs eines Punktes für Teilnahme an einem Fahreignungsseminar nur bis 30.4.2020) ergänzt, der nach Abschluss der Evaluation durch ÄndG v. 5.12.2019 (BGBl. I S. 2008) aufgehoben worden ist. **1**

2. S. 1 und § 49 S. 1 FahrlG schreiben vor, dass das ab 1.5.14 neu eingeführte Fahreignungsseminar von der **BASt** wissenschaftlich zu begleiten und **zu evaluieren** war. Dabei hatte die BASt insbes zu untersuchen, ob das Fahreignungsseminar das Verkehrsverhalten der Teilnehmer in der Weise verbessert, dass eine positive Wirkung auf die Verkehrssicherheit eintritt (S. 2 und § 49 S. 2 FahrlG), nachdem ein Nachweis für die Sicherheitswirksamkeit des im Rahmen des früheren Punktsystems eingesetzten Maßnahmenkonzepts nicht hatte erbracht werden können (Begr BT-Drs. 17/12636 S. 21, 44 = VkBl. **13** 1121, 1146). **2**

Die BASt hatte das **Ergebnis** der von ihr durchgeführten Evaluierung dem BMV in einem **Bericht** zur Weiterleitung an den BT **bis 1.5.19** vorzulegen (S. 3 und § 49 S. 3 FahrlG). Mit S. 1–3 und § 49 S. 1–3 FahrlG war festgelegt, dass das ab 1.5.14 neu eingeführte Fahreignungsseminar zunächst in einem auf **5 Jahre** angelegten **Modellversuch** erprobt und auf Wirksamkeit untersucht wurde. Um den Modellversuchscharakter zusätzlich gesetzlich zu verankern, wurde auf Vorschlag des Vermittlungsausschusses (BT-Drs. 17/14125 S. 4 = VkBl. **13** 1156) festgelegt, dass die Möglichkeit, bei einem Punktestand von 1 bis 5 Punkten einmal in 5 Jahren durch Besuch eines Fahreignungsseminars einen Punkt abzubauen (§ 4 VII), „automatisch" kraft Gesetzes am 30.4.2020 endet (§ 65 IV aF), also ein Jahr nach dem für die Vorlage des Berichts vorgegebenen Termin. Dem BT wurde damit ein Jahr Zeit gegeben, um über die Frage der Beibehaltung dieser Interventionsmaßnahme zu entscheiden. Durch ÄndG v. 5.12.2019 (BGBl. I S. 2008) wurde § 65 IV aufgehoben und die Möglichkeit des Punktabzugs für den Besuch eines Fahreignungsseminars unter den Voraussetzungen des § 4 VII damit entfristet. Nach dem Bericht der BASt über die Evaluation der Fahreignungsseminare (BT-Drs. 19/11425 v. 1.7.2019) habe zwar eine verhaltensverbessernde Wirkung durch die Teilnahme nicht nachgewiesen werden können. Die Reduzierung um einen Punkt erscheine danach aber für die Verkehrssicherheit unschädlich, könne einen guten Anreiz zur Teilnahme an dem Fahreignungsseminar bieten und das Potential für Begleitpersonen beim Begleiteten Fahren ab 17 erhalten (Begr BT-Drs. 19/14419 S. 10). **3**

Verlust von Dokumenten und Kennzeichen

5 [1] Besteht eine Verpflichtung zur Ablieferung oder Vorlage eines Führerscheins, Fahrzeugscheins, Anhängerverzeichnisses, Fahrzeugbriefs, Nachweises über die Zuteilung des amtlichen Kennzeichens oder der Betriebserlaubnis oder der EG-Typgenehmigung, eines ausländischen Führerscheins oder Zulassungsscheins oder eines internationalen Führerscheins oder Zulassungsscheins oder amtlicher Kennzeichen oder Versicherungskennzeichen und behauptet der Verpflichtete, der Ablieferungs- oder Vorlagepflicht deshalb nicht nachkommen zu können, weil ihm der Schein, das Verzeichnis, der Brief, der Nachweis oder die Kennzeichen verloren gegangen oder sonst abhanden gekommen sind, so hat er auf Verlangen der Verwaltungsbehörde eine Versicherung an Eides statt über den Verbleib des Scheins, Verzeichnisses, Briefs, Nachweises oder der Kennzeichen abzugeben. [2] Dies gilt auch, wenn jemand für einen verloren gegangenen oder sonst abhanden gekommenen Schein, Brief oder Nachweis oder ein verloren gegangenes oder sonst abhanden gekommenes Anhängerverzeichnis oder Kennzeichen eine neue Ausfertigung oder ein neues Kennzeichen beantragt.

1   **Begr** zum ÄndG v. 6.4.80 (VkBl. **80** 243) **zu S. 1:** *Nach den Erfahrungen der Praxis weigern sich die von der Entziehung der Fahrerlaubnis Betroffenen nicht selten, ihren Führerschein abzuliefern; in anderen Fällen geben sie vor, zur Ablieferung nicht in der Lage zu sein, weil der Führerschein abhanden gekommen sei. Zwar ist die Nichtablieferung des Führerscheins eine Ordnungswidrigkeit. Die Bußgeldandrohung reicht allein aber nicht aus, zumal entsprechende Verfahren manchmal eingestellt werden müssen, weil der Nachweis des Vorhandenseins des Führerscheins nicht geführt werden kann. Gleiches gilt für die Entziehung der Zulassung eines Kraftfahrzeugs. § 5 soll die Sicherstellung „entzogener" Führerscheine und die Ablieferung der Fahrzeugpapiere bei der Entziehung der Zulassung verbessern helfen. Das Verfahren hierfür richtet sich im einzelnen nach den Verwaltungsverfahrensgesetzen der Länder. Die Einführung der Regelung des § 5 verspricht den angestrebten Erfolg, weil die Erfahrungen zeigen, dass die Abgabe einer falschen eidesstattlichen Versicherung gescheut und stattdessen lieber der Führerschein bzw. das Fahrzeugpapier abgeliefert wird.*

2   **Zu S. 2:** *Bei Anträgen auf Ersatzausstellung von Führerscheinen und Fahrzeugpapieren besteht keine Ablieferungspflicht. Jedoch sollte auch hier der Antragsteller den Verlust des Scheins oder Papiers durch eine eidesstattliche Versicherung erhärten. Dadurch würde der Missbrauch von Führerscheinen oder Fahrzeugpapieren erschwert werden.*

3–9   **Begr** zum ÄndG v. 24.4.98 (BT-Drs. 13/6914 S. 71 = VkBl. **98** 796): *Amtliche Kennzeichen, dh mit einem Dienstsiegel versehene Kennzeichenschilder, Versicherungskennzeichen sowie Nachweise über die Betriebserlaubnis oder EG-Typgenehmigung sind ebenso Urkunden wie die Fahrzeugpapiere. Da mit amtlichen Kennzeichen wie mit Fahrzeugpapieren gleichermaßen Missbrauch möglich ist, soll bei Verlust im Rahmen des entsprechenden Verwaltungsverfahrens künftig ebenso eine Versicherung an Eides statt über deren Verbleib verlangt werden können, wie bisher schon bei Fahrzeugpapieren. Außerdem werden die Anhängerverzeichnisse aufgenommen, weil sie hinsichtlich ihres Aussagewertes über die Fahrzeugzulassung den Fahrzeugscheinen gleichzustellen sind.*

10   **1.** Der **Zweck der Regelung** des S. 1 besteht darin, bei Ablieferungs- und Vorlagepflichten Druck auf die Betroffenen auszuüben, die jeweiligen Papiere oder Kennzeichenschilder abzuliefern oder vorzulegen, statt sich der Pflicht zu verweigern oder mit der einfachen Behauptung zu entziehen, die Unterlagen seien abhandengekommen (Begr Rn. 1). Der GGeber erwartet, dass eher der Ablieferungs- und Vorlagepflicht nachgekommen als eine falsche eidesstattliche Versicherung abgegeben wird (Begr Rn. 1). Bei Anträgen auf Ersatzpapiere und Ersatzkennzeichen (S. 2) soll Missbrauch erschwert werden (Begr Rn. 2).

11   **2.** § 5 ist nur auf die **ausdrücklich** im Wortlaut **genannten Objekte** anwendbar, denn die Abnahme einer eidesstattlichen Versicherung ist nur in Bezug auf diese Gegenstände iSv § 27 I S. 1 VwVfG gesetzlich zugelassen worden. Dass die Aufzählung abschließend ist, wird auch daraus deutlich, dass der GGeber eigens durch ÄndG v. 24.4.98 (BGBl. I S. 747) Ergänzungen vorgenommen hat, als er den Kreis der betroffenen Unterlagen erweitern wollte. Eine analoge Anwendung des § 5 auf ähnliche Dokumente und Gegenstände ist damit ausgeschlossen. Da der Wortlaut seit 1999 nicht mehr verändert worden ist, hat es sich allerdings ergeben, dass im Zuge der seither eingetretenen Entwicklung heute zT andere Begriffe für die Regelungsobjekte verwendet werden. Auch wenn diese bisher nicht in den Wortlaut eingearbeitet worden sind, ist davon auszugehen, dass die **geänderten Bezeichnungen** einer Anwendung der Norm nicht entgegenstehen, wenn eindeutig ist, dass die neuen Begriffe sich auf die ursprünglich vom Gesetzgeber gemeinten Objekte beziehen (wie zB der Begriff Zulassungsbescheinigung Teil II auf das früher als Fahrzeugbrief bezeichnete Dokument). Die **in S. 2 allgemeiner gehaltenen Bezeichnungen** beziehen sich ausschließlich auf die in S. 1 ausdrücklich genannten Objekte, denn es gibt keinen Hinweis darauf, dass der GGeber den Anwendungsbereich von S. 2 weiter fassen wollte als den von S. 1.

12   **Führerschein** (FS) ist die amtliche Bescheinigung über die Erteilung einer Fahrerlaubnis (§ 2 I S. 3 StVG, § 4 II S. 1 FeV). Gemeint sind nur von deutschen Behörden ausgestellte nationale FS, denn ausländische und internationale FS werden gesondert genannt. Nicht umfasst sind andere Bescheinigungen, die zum Nachweis des Bestehens einer Fahrerlaubnis ausgestellt worden sind wie zB Prüfungsbescheinigungen gem. Anl 8a, 8b FeV, denn diese sind gerade keine FS (vgl. § 4 III S. 1 FeV). Es ist davon auszugehen, dass der FS zur Fahrgastbeförderung gem. § 48 III S. 1

FeV von dem Begriff des FS in S. 1 umfasst ist, auch wenn er nicht das Bestehen einer Fahrerlaubnis iSv § 2 I S. 1 StVG dokumentiert, sondern nur das Vorhandensein einer „Fahrerlaubnis zur Fahrgastbeförderung" genannten besonderen Erlaubnis zur Personenbeförderung iSv § 2 III StVG, § 48 FeV, denn der VOGeber verwendet auch in diesem Zusammenhang den Begriff Führerschein. **Fahrzeugschein** ist das heute Zulassungsbescheinigung Teil I (§ 11 I FZV) genannte Dokument, das den früheren Fahrzeugschein (§ 24 StVZO aF) ersetzt hat (§ 11 FZV Rn. 2). **Anhängerverzeichnis** ist das von der Zulassungsbehörde ausgestellte Verzeichnis der auf einen Halter zugelassenen Anhänger (§ 11 II FZV). **Fahrzeugbrief** ist das heute Zulassungsbescheinigung Teil II (§ 12 FZV) genannte Dokument, das den früheren Fahrzeugbrief (§ 25 StVZO aF) ersetzt hat (§ 12 FZV Rn. 3). Unklar ist, was mit dem **Nachweis über die Zuteilung des amtlichen Kennzeichens** gemeint ist. Die Zulassung eines Kfz zum öff StrV erfolgt gem. § 1 I S. 2 StVG durch „Zuteilung eines amtlichen Kennzeichens". Gemeint ist also offenbar ein Nachweis der Zulassung eines Kfz, der heute üblicherweise durch die Zulassungsbescheinigung Teil I geführt wird. Ein spezielles Dokument, mit dem daneben der Nachweis der Zulassung eines Kfz geführt werden könnte, ist nicht ersichtlich. Ein **Nachweis über die Betriebserlaubnis** ist das Dokument, mit dem die Erteilung der Betriebserlaubnis amtlich dokumentiert wird. Ein **Nachweis über die EG-Typgenehmigung** kann nur das Dokument sein, das die zuständige Typgenehmigungsbehörde zur Dokumentation der erteilten Typgenehmigung amtlich ausgestellt hat. Da dieses Dokument lediglich dem Hersteller vorliegt, könnte es sein, dass tatsächlich nicht dieser Nachweis, sondern etwas anderes wie zB die Übereinstimmungsbescheinigung (§ 2 Nr. 7 FZV) gemeint ist. Diese ist allerdings kein Nachweis über die EG-Typgenehmigung. Sie dokumentiert lediglich die Behauptung des Herstellers, dass das Fahrzeug, Bauteil etc zum Zeitpunkt seiner Herstellung dem genehmigten Typ entsprach. Der Wortlaut kann deswegen nur so verstanden werden, dass lediglich der dem Hersteller erteilte Nachweis der erteilten EG-Typgenehmigung gemeint ist. **Ausländischer Führerschein** ist der von einer ausländischen Behörde ausgestellte nationale FS, nicht aber eine andere ausländische Bescheinigung über das Bestehen einer Fahrerlaubnis. Ein **ausländischer Zulassungsschein** ist eine von einer ausländischen Behörde ausgestellte Zulassungsbescheinigung. Ein **internationaler Führerschein** ist ein von einer deutschen oder ausländischen Behörde nach dem Internationalen Abkommen über KfzVerkehr v. 24.4.1926 (IntAbk) oder nach dem Wiener Übereinkommen über den StrV v. 8.11.1968 (ÜbStrV) ausgestellter internationaler FS. Ein **internationaler Zulassungsschein** ist ein von einer deutschen oder ausländischen Behörde nach einem dieser Abkommen für den internationalen Verkehr ausgestellter Zulassungsschein. Ein **amtliches Kennzeichen** (§ 1 I S. 2 StVG) ist ein mit einem Dienstsiegel versehenes Kennzeichenschild (Begr Rn. 3–9, zu dem Begriff § 1 StVG Rn. 36). **Versicherungskennzeichen** ist ein von einem Versicherungsunternehmen ausgegebenes Kennzeichen iSv §§ 26, 28 FZV, auch nach der FZVAusnV v. 20.8.20 (BGBl. I S. 1968), oder eine Versicherungsplakette iSv § 29a FZV.

3. Wenn eine **Verpflichtung** zur **Ablieferung** oder **Vorlage** eines der genannten Dokumente oder Gegenstände besteht und der Verpflichtete behauptet, dieser Pflicht nicht nachkommen zu können, weil ihm das Dokument oder der Gegenstand verloren gegangen oder auf andere Weise abhanden gekommen ist, hat er auf Verlangen der Behörde eine eidesstattliche Versicherung über den Verbleib abzugeben (S. 1). Bei **Ablieferungspflicht** ist das Dokument oder Kennzeichen der Behörde zu übergeben oder zuzusenden, damit diese es in Verwahrung nehmen, einziehen oder an eine ausländische Behörde übersenden kann. Gelegentlich wird eine Ablieferungspflicht – sprachlich unpräzise – als Vorlagepflicht bezeichnet (zB § 47 II S. 6 FeV). Im Fall des Versicherungskennzeichens besteht eine Ablieferungspflicht bei vorzeitiger Beendigung des Versicherungsverhältnisses nicht gegenüber der Behörde, sondern gegenüber dem Versicherer, wenn dieser den Halter gem. § 29 S. 1 FZV zur Rückgabe aufgefordert hat. Dass diese Ablieferungspflicht gegenüber einem Privaten vom Regelungsbereich des § 5 umfasst ist, ergibt sich aus der ausdrücklichen Aufnahme des Versicherungskennzeichens in § 5 durch ÄndG v. 24.4.98 (BGBl. I S. 747). Besteht eine **Vorlagepflicht,** ist das Dokument der Behörde vorzulegen, zB damit ein Sachverhalt geprüft werden kann oder Eintragungen oder Änderungen vorgenommen werden können. Es wird dann dem Vorlegenden zurückgegeben. Die einzelnen Ablieferungs- und Vorlagepflichten sind nicht in § 5, sondern spezialgesetzlich in anderen Normen geregelt. **Beispiele für Ablieferungspflichten:** § 3 II S. 3 StVG, §§ 25 V S. 6, 30 III S. 1, 2, 30a II S. 1, 31 IV S. 2, 5, 47 I, II S. 6, 48 X S. 3 iVm § 47 I FeV, §§ 11 VII, 12 V S. 5, 29 S. 1 FZV. **Beispiele für Vorlagepflichten:** § 3 II S. 3 StVG, § 47 I, II S. 1, III S. 2 FeV, §§ 6 II, 13 I S. 1, II S. 3, III S. 1 Nr. 2, 14 I S. 1, 3 FZV. Besteht zwar eine Ablieferungs- oder Vorlagepflicht, behauptet der Verpflichtete aber nicht das Abhandenkommen, besteht keine Grundlage für die Anwendung von § 5 (*Koehl* DAR **16** 670 f.).

14   S. 1 findet nur dann Anwendung, wenn eine **Pflicht zur Ablieferung** oder **Vorlage ausdrücklich geregelt** ist (vgl. § 27 I S. 1 VwVfG). Wenn die Behörde Dokumente oder Kennzeichen einzuziehen hat, eine Ablieferungspflicht aber nicht statuiert worden ist, gibt es keinen Raum für die Anwendung von S. 1. Beispiele: Bei der **Außerbetriebsetzung von Amts wegen (Amtsabmeldung) von Kfz** wegen nicht entrichteter Kfz-Steuer gem § 14 KraftStG oder wegen nicht entrichteter Infrastrukturabgabe gem. § 9 VI InfrAG besteht hinsichtlich des FzScheins bzw. der ZB I **keine Ablieferungspflicht** des Halters, der FzSchein oder die ZB I ist vielmehr behördlich einzuziehen. S. 1 greift hier mangels Ablieferungspflicht nicht ein.

15   **4. Verstöße** gegen Ablieferungs- und Vorlagepflichten sind **OW** iSv § 24 StVG, sofern es entsprechende OW-Tatbestände gibt. Beispiele: § 75 Nr. 10 iVm §§ 25 V S. 6, 30 III S. 2, 47 I, II S. 1, III S. 2, 48 X S. 3 iVm § 47 I FeV, § 48 Nr. 10 iVm §§ 11 VII, 12 V S. 5 FZV. Ablieferungs- und Vorlagepflichten können **zwangsweise** nach den Verwaltungsvollstreckungsgesetzen der Länder **durchgesetzt** werden, wenn ihnen nicht nachgekommen wird.

16   **5.** Bei Anträgen auf **Ersatzausstellung** abhanden gekommener Papiere oder Kennzeichen ist auf Verlangen der Behörde eine eidesstattliche Versicherung über den Verbleib abzugeben (S. 2 iVm S. 1). In diesen Fällen besteht naturgemäß keine Ablieferungs- oder Vorlagepflicht. Durch die Regelung soll Missbrauch erschwert werden (Begr Rn. 2). Die Regelung bezieht sich trotz der allgemeiner gehaltenen Formulierung nur auf die in S. 1 ausdrücklich genannten Objekte (Rn. 11).

17   **6.** Eine **Versicherung an Eides statt** (sog eidesstattliche Versicherung) ist eine besonders formalisierte Versicherung der Richtigkeit und Vollständigkeit einer bestimmten Aussage, auf die sie sich bezieht (*Kopp/Ramsauer* § 27 Rn. 15). Sie besteht darin, dass der Versichernde die Richtigkeit seiner Erklärung bestätigt und erklärt „Ich versichere an Eides statt, dass ich nach bestem Wissen die reine Wahrheit gesagt und nichts verschwiegen habe" (§ 27 III S. 1 VwVfG). Einer Erklärung, deren Richtigkeit an Eides statt versichert worden ist, kommt im Hinblick auf die Strafbarkeit falscher eidesstattlicher Versicherungen ein gegenüber der bloßen Behauptung **erhöhter Beweiswert** zu (*Kopp/Ramsauer* § 27 Rn. 16). Wird eine eidesstattliche Versicherung nicht abgegeben, entfällt der erhöhte Beweiswert. Auch eine eidesstattliche Versicherung unterliegt aber der **freien Beweiswürdigung** durch die Behörde; eine gesetzliche Vermutung für die inhaltliche Richtigkeit gibt es nicht (*Stelkens/Bonk/Sachs* § 27 Rn. 21).

18   **Zuständig** für das Verlangen nach Abgabe einer eidesstattlichen Versicherung ist die nach der jeweiligen Spezialnorm (zB § 73 FeV, § 46 FZV, § 68 StVZO) zuständige Behörde. Diese Behörde ist auch zuständig für die Abnahme, dh Entgegennahme der eidesstattlichen Versicherung (BGH 18.1.11 4 StR 611/10, Stu NZV **96** 415, *Neumann* SchlHA **86** 145). Das **Verfahren** richtet sich nach dem VwVfG des jeweiligen Landes (Begr Rn. 1), denn das StVG enthält dazu keine speziellen Vorschriften. Die eidesstattliche Versicherung darf nur von eidesfähigen Personen verlangt werden (§ 27 I S. 3 VwVfG). Die eidesstattliche Versicherung wird von der Behörde zur Niederschrift aufgenommen (§ 27 II VwVfG). Vor der Aufnahme ist der Versichernde über die Bedeutung der eidesstattlichen Versicherung und die strafrechtlichen Folgen einer unrichtigen oder unvollständigen eidesstattlichen Versicherung zu belehren (§ 27 IV S. 1 VwVfG). Vorsätzliche oder fahrlässige falsche Abgabe einer eidesstattlichen Versicherung gegenüber der zuständigen Behörde ist **strafbar** (§§ 156, 161 StGB); rechtzeitige Berichtigung kann zur Straflosigkeit führen (§§ 158 I, 161 II StGB). Dabei bezieht sich die Korrektheit der Erklärung nur auf den Verbleib des Dokuments oder Kennzeichens, nicht auf dessen Gültigkeit. Wer wahrheitsgemäß versichert, seinen FS verloren zu haben, macht sich nicht deshalb strafbar, weil er verschweigt, dass ihm die FE entzogen worden ist (Fra NStZ-RR **98** 72). Die Abnahme einer eidesstattlichen Versicherung durch Niederschrift bei der Behörde ist **gebührenpflichtig** (Nr. 256 Anl GebOSt).

19   Die durch § 5 zugelassene eidesstattliche Versicherung kann nur gem. § 27 II VwVfG von einer **Behörde zur Niederschrift aufgenommen** werden. **Andere Formen**, also Abgabe der eidesstattlichen Versicherung durch Zugang einer Erklärung in schriftlicher oder elektronischer Form bei der Behörde, sind **ausgeschlossen**. Durch Einführung der früheren Gebühren-Nr. 257 („Entgegennahme einer eidesstattlichen Versicherung (§ 5 StVG), die nicht den Anforderungen des VwVfG entspricht") durch die 16. ÄndVO zur GebOSt v. 16.11.01 (BGBl. I S. 3110, 3113) war ab 1.1.02 ohne Rechtsgrundlage (Bedenken des BMV VkBl. **01** 602) eine sog **kleine Versicherung an Eides Statt** eingeführt worden. Neben der Aufnahme einer Versicherung an

Eides Statt sollte danach die Möglichkeit bestehen, mit der gleichen Rechtswirkung, aber zu einer deutlich geringeren Gebühr einen entsprechenden Text durch Nutzung eines Formblattes oder selbst verfasst bei der Behörde einzureichen (Begr VkBl. **01** 602). Die frühere Gebühren-Nr. 257 und damit die sog kleine Versicherung an Eides Statt wurde durch die 17. ÄndVO zur GebOSt v. 22.1.08 (BGBl. I S. 36, 37) ab 13.2.08 wieder **abgeschafft** (Begr VkBl. **08** 105). Damit ist deutlich, dass seitdem nur eine den Anforderungen des § 27 II–V VwVfG genügende Erklärung eine formwirksame eidesstattliche Versicherung iSv § 5 darstellt, die Abgabe der eidesstattlichen Versicherung also nicht durch Übermittlung einer vorformulierten Erklärung an die zuständige Behörde erfolgen kann (OVG Münster 23.10.14 16 E 180/14 NWVBl **15** 187, *B/M/R* § 5 StVG Rn. 7, aA BHHJ/*Hühnermann* § 5 StVG Rn. 2, *GVR/Kreusch* § 5 StVG Rn. 6). Andere Formen als nach § 27 II–V VwVfG scheiden damit aus (*Kutsch* NZV **06** 237 ist insoweit überholt). Für die Aufnahme von eidesstattlichen Versicherungen durch Notare nach § 22 II BNotO ist in diesem Zusammenhang demnach kein Raum.

7. Wird das Abhandenkommen der in § 5 genannten Dokumente oder Gegenstände behaup- **20** tet, so hat bei bestehender Ablieferungs- oder Vorlagepflicht und bei Beantragung einer Ersatzausstellung der Verpflichtete oder Antragsteller auf **Verlangen der Behörde** eine eidesstattliche Versicherung abzugeben. Die Behörde entscheidet nach pflichtgemäßem **Ermessen**, ob sie dies verlangt. Die Aufforderung, eine eidesstattliche Versicherung abzugeben, ist mangels Regelung **kein VA**, sondern wie die Abnahme ein Realakt (*Stelkens/Bonk/Sachs* § 27 Rn. 10).

Grundsatz der Subsidiarität. Eine eidesstattliche Versicherung soll nur gefordert werden, **21** wenn andere Mittel zur Erforschung der Wahrheit nicht vorhanden sind, zu keinem Ergebnis geführt haben oder einen unverhältnismäßigen Aufwand erfordern (§ 27 I S. 2 VwVfG). Die eidesstattliche Versicherung wird als **ultima ratio** der Wahrheitsfindung angesehen, von der, um sie nicht zu entwerten, kein unnötiger Gebrauch gemacht werden soll (*Fra* NStZ-RR **98** 72, *Stelkens/Bonk/Sachs* § 27 Rn. 12). Da es eine **Soll-Vorschrift** ist, kann die Behörde davon abweichen, wenn besondere Umstände des Einzelfalles dies rechtfertigen (*Kopp/Ramsauer* § 27 Rn. 8, *Stelkens/Bonk/Sachs* § 27 Rn. 12). Dem Grundsatz der Subsidiarität kommt bei Anträgen auf Ersatzausstellung (S. 2) erhöhte Bedeutung zu (*Stu* NZV **96** 415). Bei Beantragung einer Ersatz-ZB II ist nur ausnahmsweise das Verlangen nach Abgabe einer eidesstattlichen Versicherung gerechtfertigt, da die ZB II zwar auch öffentlichen Interessen, im Wesentlichen aber der Sicherung privater Rechte dient (*Stu* NZV **96** 415). Eine Verletzung des Grundsatzes der Subsidiarität gem. § 27 I S. 2 VwVfG berührt die Wirksamkeit einer abgegebenen Versicherung nicht und steht der Strafbarkeit bei Abgabe einer falschen oder unvollständigen eidesstattlichen Versicherung nicht entgegen (*Kopp/Ramsauer* § 27 Rn. 8), kann aber Bedeutung für die Strafzumessung haben (*Stu* NZV **96** 415).

5a (weggefallen)

Unterhaltung der Verkehrszeichen

5b (1) ¹**Die Kosten der Beschaffung, Anbringung, Entfernung, Unterhaltung und des Betriebs des amtlichen Verkehrszeichen und -einrichtungen sowie der sonstigen vom Bundesministerium für Verkehr und digitale Infrastruktur zugelassenen Verkehrszeichen und -einrichtungen trägt der Träger der Straßenbaulast für diejenige Straße, in deren Verlauf sie angebracht werden oder angebracht worden sind, bei geteilter Straßenbaulast der für die durchgehende Fahrbahn zuständige Träger der Straßenbaulast. ²Ist ein Träger der Straßenbaulast nicht vorhanden, so trägt der Eigentümer der Straße die Kosten.**

(2) **Diese Kosten tragen abweichend vom Absatz 1**

a) **die Unternehmer der Schienenbahnen für Andreaskreuze, Schranken, Blinklichter mit oder ohne Halbschranken;**

b) **die Unternehmer im Sinne des Personenbeförderungsgesetzes für Haltestellenzeichen;**

c) **die Gemeinden in der Ortsdurchfahrt für Parkuhren und andere Vorrichtungen oder Einrichtungen zur Überwachung der Parkzeit, Straßenschilder, Geländer, Wegweiser zu innerörtlichen Zielen und Verkehrszeichen für Laternen, die nicht die ganze Nacht brennen;**

d) **die Bauunternehmer und die sonstigen Unternehmer von Arbeiten auf und neben der Straße für Verkehrszeichen und -einrichtungen, die durch diese Arbeiten erforderlich werden;**

e) die Unternehmer von Werkstätten, Tankstellen sowie sonstigen Anlagen und Veranstaltungen für die entsprechenden amtlichen oder zugelassenen Hinweiszeichen;
   f) die Träger der Straßenbaulast der Straßen, von denen der Verkehr umgeleitet werden soll, für Wegweiser für Bedarfsumleitungen.

(3) Das Bundesministerium für Verkehr und digitale Infrastruktur wird ermächtigt, durch Rechtsverordnung mit Zustimmung des Bundesrates bei der Einführung neuer amtlicher Verkehrszeichen und -einrichtungen zu bestimmen, dass abweichend von Absatz 1 die Kosten entsprechend den Regelungen des Absatzes 2 ein anderer zu tragen hat.

(4) Kostenregelungen auf Grund kreuzungsrechtlicher Vorschriften nach Bundes- und Landesrecht bleiben unberührt.

(5) Diese Kostenregelung umfasst auch die Kosten für Verkehrszählungen, Lärmmessungen, Lärmberechnungen und Abgasmessungen.

(6) [1] Können Verkehrszeichen oder Verkehrseinrichtungen aus technischen Gründen oder wegen der Sicherheit und Leichtigkeit des Straßenverkehrs nicht auf der Straße angebracht werden, haben die Eigentümer der Anliegergrundstücke das Anbringen zu dulden. [2] Schäden, die durch das Anbringen oder Entfernen der Verkehrszeichen oder Verkehrseinrichtungen entstehen, sind zu beseitigen. [3] Wird die Benutzung eines Grundstücks oder sein Wert durch die Verkehrszeichen oder Verkehreinrichtungen nicht unerheblich beeinträchtigt oder können Schäden, die durch das Anbringen oder Entfernen der Verkehrszeichen oder Verkehrseinrichtungen entstanden sind, nicht beseitigt werden, so ist eine angemessene Entschädigung in Geld zu leisten. [4] Zur Schadensbeseitigung und zur Entschädigungsleistung ist derjenige verpflichtet, der die Kosten für die Verkehrszeichen und Verkehrseinrichtungen zu tragen hat. [5] Kommt eine Einigung nicht zustande, so entscheidet die höhere Verwaltungsbehörde. [6] Vor der Entscheidung sind die Beteiligten zu hören. [7] Die Landesregierungen werden ermächtigt, durch Rechtsverordnung die zuständige Behörde abweichend von Satz 5 zu bestimmen. [8] Sie können diese Ermächtigung auf oberste Landesbehörden übertragen.

1   1. Begr (VkBl. 80 243):

Zu Absatz 1: *Die Einfügung des Wortes „Entfernung" in Absatz 1 Satz 1 soll klarstellen, dass der Kostenpflichtige auch die Kosten für die gegebenenfalls erforderliche Entfernung des Verkehrszeichens oder der Verkehreinrichtung zu tragen hat. Die zweite Einfügung dient der sprachlichen Klarstellung.*

Zu Absatz 2: *Die Erwähnung „anderer Vorrichtungen und Einrichtungen" zur Überwachung der Parkzeit trägt der Neufassung des § 6a Abs. 6 Satz 1 Rechnung und stellt diese den Parkuhren auch hinsichtlich der Kostentragung gleich. Hierbei handelt es sich natürlich nur um ortsgebundene Anlagen, nicht aber um Instrumente im Fahrzeug.*

Geländer im Sinne des § 25 Abs. 4 StVO sollen an Fußgängerüberwegen oder an Kreuzungen oder an Einmündungen mit abknickender Vorfahrt die Fußgänger vom unbedachten Betreten der Fahrbahn abhalten und zu der Stelle hinführen, wo sie gefahrlos die Fahrbahn überschreiten können. Die Kosten der Beschaffung, Anbringung und Unterhaltung für derartige Geländer muss nach § 5b Abs. 1 StVO auch bei geteilter Baulast der für die durchgehende Fahrbahn zuständige Träger der Straßenbaulast tragen, soweit nicht kreuzungsrechtliche Vorschriften in Betracht kommen. Da die Geländer zur Sicherheit des Fußgängerverkehrs bestimmt und die Gemeinden Baulastträger der Gehwege in Ortsdurchfahrten sind, außerdem die technische Ausgestaltung der Geländer bisher je nach den gestalterischen Absichten der Gemeinde erfolgt ist, erscheint es sachgerecht, dass die Kosten für Geländer in der Ortsdurchfahrt den Gemeinden zur Last gelegt werden.

Auf Vorschlag des Bundesrates wurde Buchstabe d um „Verkehreinrichtungen" ergänzt mit folgender Begründung: Nach der geltenden Fassung des § 5b Abs. 2 Buchstabe d ist die Kostentragungspflicht nur für Verkehrszeichen vorgesehen. Die Sicherung von Arbeitsstellen erfordert jedoch auch die Aufstellung von Verkehreinrichtungen, für die der Bauunternehmer gleichermaßen die Kosten zu tragen hat.

Zu Absatz 5: *Darüber hinaus wurden ebenfalls auf Vorschlag des Bundesrates die Worte „Lärmmessungen, Lärmberechnungen und Abgasmessungen" mit folgender Begründung eingefügt: Die Verpflichtung des Rechtsträgers der Straßenverkehrsbehörde zur Tragung der Kosten von Lärmmessungen und -berechnungen, die der Vorbereitung einer straßenverkehrsbehördlichen Entscheidung über Maßnahmen zum Schutz der Nachtruhe dienen, ist wenig befriedigend. Diese Kosten entstehen ebenso häufig wie die Kosten für Verkehrszählungen zwangsläufig bei der Vorbereitung gewisser Entscheidungen der Straßenverkehrsbehörde nach § 45 Abs. 1 StVO – wie demnächst auf der Grundlage des neugefassten § 6 Abs. 1 Nr. 3 Buchstabe d StVG. Während jedoch für die Kosten von Verkehrszählungen in § 5b Abs. 5 StVG eine besondere und sachgerechte Regelung der Kostentragungspflicht getroffen ist, fehlt bislang eine entsprechende Regelung für die Kosten von Lärmmessungen und -berechnungen.*

Die Vorschrift des § 5b Abs. 5 StVG ist seinerzeit auf Grund einer Empfehlung des Ausschusses für Verkehr, Post- und Fernmeldewesen des Deutschen Bundestages eingefügt worden. In dem Bericht des Ausschusses (Drucksache IV/2792) heißt es, dass die Verkehrsregelung durch Verkehrszeichen und -einrichtungen häufig besondere vorbereitende Maßnahmen erfordere; deshalb sei die Einfügung eines Absatzes 5 notwendig, mit dem angeordnet werde, dass die Kostentragung sich auch auf die Kosten einer Verkehrszählung erstrecke. Diese Argumentation trifft gleichermaßen für die Kosten zu, die für Lärmmessungen und -berechnungen anfallen. Zur Vorbereitung verkehrsbehördlicher Entscheidungen sind aber nicht nur Verkehrszählungen sowie Lärmmessungen und -berechnungen erforderlich, sondern im Hinblick auf Artikel 1 Nr. 4 Buchstaben a, bb, aaa (§ 6 Abs. 1 Nr. 3 Buchstabe d) künftig auch Abgasmessungen, insbesondere in Wohngebieten. Für die Kostentragungspflicht muss insofern das Gleiche gelten.

2. Unterhaltung der Verkehrszeichen. Die Kostenvorschrift entstammt dem G v. 14.5.65 **2** (BGBl. I S. 388), VI dem ÄndG v. 19.3.69 (BGBl. I S. 217, Begr: VkBl. **65** 611, **69** 183). Das ÄndG v. 6.4.80 (BGBl. I S. 413) hat die Absätze I, II und V geändert (Begr oben). Der frühere Meinungsstreit, ob § 5b die Erhebung von Parkgebühren nach § 6a ausschließt, VGH Ma NJW **78** 1278, aM BVerwG NJW **80** 850, Bay NJW **78** 1274, ist durch § 6a VI nF überholt (Begr VkBl. **80** 249). Zum Parkuhrproblem: § 13 StVO. Der Kostenträger nach § 5b kann uU Dritte, zB einen Sondernutzungsberechtigten (Ampelanlage), nach anderen Vorschriften zur Kostenerstattung heranziehen, BVerwG VRS **58** 301, 308. Mit der grundsätzlichen Regelung der Kostentragungspflicht wird vermieden, dass die Anbringung von VZ und VEinrichtungen wegen Zweifeln über die Kostentragung verzögert wird; die Bestimmung schließt abweichende Regelungen der endgültigen Kostentragung durch Überwälzung auf Dritte nicht aus, BVerwG VkBl. **80** 389, Bay NJW **78** 1274, aM VGH Ma NJW **78** 1278. Daraus wird zugleich deutlich, dass die Kostentragungspflicht nicht Ausfluss der Straßenbaulast ist; nach einem Wechsel der Straßenbaulast hat der alte Träger der Straßenbaulast dem neuen Träger dementsprechend nicht für die trotz straßenverkehrsrechtlicher Anordnung unterlassene Errichtung einer Lichtzeichenanlage einzustehen, BVerwG NVwZ-RR **04** 84. „Sonstiger Unternehmer" iS von Abs. II d kann auch ein im Rahmen der Gefahrenabwehr tätig werdender Träger öffentlicher Verwaltung sein, VGH Ka VM **93** 55. Von der Ermächtigung des Abs. III wurde in § 51 hinsichtlich des VZ (Touristischer Hinweis) zu Lasten des Antragstellers Gebrauch gemacht.

Ausführungsvorschriften

6 (1) **Das Bundesministerium für Verkehr und digitale Infrastruktur wird ermächtigt, Rechtsverordnungen mit Zustimmung des Bundesrates zu erlassen über**

1. die Zulassung von Personen zum Straßenverkehr, insbesondere über

a) Ausnahmen von der Fahrerlaubnispflicht nach § 2 Abs. 1 Satz 1, Anforderungen für das Führen fahrerlaubnisfreier Kraftfahrzeuge, Ausnahmen von einzelnen Erteilungsvoraussetzungen nach § 2 Abs. 2 Satz 1 und vom Erfordernis der Begleitung und Beaufsichtigung durch einen Fahrlehrer nach § 2 Abs. 15 Satz 1,

b) den Inhalt der Fahrerlaubnisklassen nach § 2 Abs. 1 Satz 2 und der besonderen Erlaubnis nach § 2 Abs. 3, die Gültigkeitsdauer der Fahrerlaubnis der Klassen C und D, ihrer Unterklassen und Anhängerklassen, die Gültigkeitsdauer der Führerscheine und der besonderen Erlaubnis nach § 2 Abs. 3 sowie Auflagen und Beschränkungen zur Fahrerlaubnis und der besonderen Erlaubnis nach § 2 Abs. 3,

c) die Anforderungen an die Eignung zum Führen von Kraftfahrzeugen, die Beurteilung der Eignung durch Gutachten sowie die Feststellung und Überprüfung der Eignung durch die Fahrerlaubnisbehörde nach § 2 Abs. 2 Satz 1 Nr. 3 in Verbindung mit Abs. 4, 7 und 8,

d) die Maßnahmen zur Beseitigung von Eignungsmängeln, insbesondere Inhalt und Dauer entsprechender Kurse, die Teilnahme an solchen Kursen, die Anforderungen an die Kursleiter sowie die Zertifizierung der Qualitätssicherung, deren Inhalt einschließlich der hierfür erforderlichen Verarbeitung personenbezogener Daten und die Begutachtung, einschließlich der verfahrensmäßigen und fachwissenschaftlichen Anforderungen, der für die Qualitätssicherung Verantwortlichen durch die Bundesanstalt für Straßenwesen, um die ordnungsgemäße Durchführung der Kurse zu gewährleisten, wobei ein Erfahrungsaustausch unter Leitung der Bundesanstalt für Straßenwesen vorgeschrieben werden kann,

e) die Prüfung der Befähigung zum Führen von Kraftfahrzeugen, insbesondere über die Zulassung zur Prüfung sowie über Inhalt, Gliederung, Verfahren, Bewertung, Entscheidung und Wiederholung der Prüfung nach § 2 Abs. 2 Satz 1 Nr. 5 in Verbindung mit Abs. 5, 7 und 8 sowie die Erprobung neuer Prüfungsverfahren,

f) die Prüfung der umweltbewussten und energiesparenden Fahrweise nach § 2 Abs. 2 Satz 1 Nr. 5 in Verbindung mit Abs. 5 Nr. 4,

g) die nähere Bestimmung der sonstigen Voraussetzungen nach § 2 Abs. 2 Satz 1 und 2 für die Erteilung der Fahrerlaubnis und die Voraussetzungen der Erteilung der besonderen Erlaubnis nach § 2 Abs. 3,

h) den Nachweis der Personendaten, die E-Mail-Adresse, soweit vom Antragsteller angegeben, das Lichtbild sowie die Mitteilung und die Nachweise über das Vorliegen der Voraussetzungen im Antragsverfahren nach § 2 Abs. 6,

i) die Sonderbestimmungen bei Dienstfahrerlaubnissen nach § 2 Abs. 10 und die Erteilung von allgemeinen Fahrerlaubnissen auf Grund von Dienstfahrerlaubnissen,

j) die Zulassung und Registrierung von Inhabern ausländischer Fahrerlaubnisse und die Behandlung abgelieferter ausländischer Führerscheine nach § 2 Abs. 11 und § 3 Abs. 2,

k) die Anerkennung oder Beauftragung von Stellen oder Personen nach § 2 Abs. 13, die Aufsicht über sie, die Übertragung dieser Aufsicht auf andere Einrichtungen, die Zertifizierung der Qualitätssicherung, deren Inhalt einschließlich der hierfür erforderlichen Verarbeitung personenbezogener Daten und die Begutachtung, einschließlich der verfahrensmäßigen und fachwissenschaftlichen Anforderungen, der für die Qualitätssicherung verantwortlichen Stellen oder Personen durch die Bundesanstalt für Straßenwesen, um die ordnungsgemäße und gleichmäßige Durchführung der Beurteilung, Prüfung oder Ausbildung nach § 2 Abs. 13 zu gewährleisten, wobei ein Erfahrungsaustausch unter Leitung der Bundesanstalt für Straßenwesen vorgeschrieben werden kann, sowie die Verarbeitung personenbezogener Daten für die mit der Anerkennung oder Beauftragung bezweckte Aufgabenerfüllung nach § 2 Abs. 14,

l) Ausnahmen von der Probezeit, die Anrechnung von Probezeiten bei der Erteilung einer allgemeinen Fahrerlaubnis an Inhaber von Dienstfahrerlaubnissen nach § 2a Abs. 1, den Vermerk über die Probezeit im Führerschein,

m) die Einstufung der im Fahreignungsregister gespeicherten Entscheidungen über Straftaten und Ordnungswidrigkeiten als schwerwiegend oder weniger schwerwiegend für die Maßnahmen nach den Regelungen der Fahrerlaubnis auf Probe gemäß § 2a Abs. 2,

n) die Anforderungen an die Aufbauseminare, besonderen Aufbauseminare und Fahreignungsseminare, insbesondere an Inhalt, Methoden und Dauer, einschließlich der Befugnis der nach Landesrecht zuständigen Behörde zur Feststellung der Gleichwertigkeit anderer Inhalte und Methoden, die Teilnahme an den Seminaren nach § 2b Absatz 1 und 2, die Anforderungen an die Seminarleiter und deren Anerkennung nach § 2b Absatz 2 Satz 2 oder deren Seminarerlaubnis nach § 4a Absatz 2, die Anforderungen an die Qualitätssicherung, deren Inhalt und Methoden einschließlich der hierfür erforderlichen Verarbeitung personenbezogener Daten, die Anforderungen an die Begutachtung und die Überwachung der Einhaltung der Anforderungen sowie Ausnahmen von der Überwachung einschließlich der Befugnis der nach Landesrecht zuständigen Behörde zur Genehmigung eines Qualitätssicherungssystems, wobei eine Bewertung des Qualitätssicherungssystems durch die Bundesanstalt für Straßenwesen und ein Erfahrungsaustausch unter Leitung der Bundesanstalt für Straßenwesen vorgeschrieben werden können,

o) die Übermittlung der Daten nach § 2c, insbesondere über den Umfang der zu übermittelnden Daten und die Art der Übermittlung,

p) Maßnahmen zur Erzielung einer verantwortungsbewussteren Einstellung im Straßenverkehr und damit zur Senkung der besonderen Unfallrisiken von Fahranfängern

– durch eine Ausbildung, die schulische Verkehrserziehung mit der Ausbildung nach den Vorschriften des Fahrlehrergesetzes verknüpft, als Voraussetzung für die Erteilung der Fahrerlaubnis im Sinne des § 2 Abs. 2 Satz 1 Nr. 4 und

– durch die freiwillige Fortbildung in geeigneten Seminaren nach Erwerb der Fahrerlaubnis mit der Möglichkeit der Abkürzung der Probezeit insbesondere über Inhalt und Dauer der Seminare, die Anforderungen an die Seminarleiter und die Personen, die im Rahmen der Seminare praktische Fahrübungen auf hierfür geeigneten Flächen durchführen, die Anerkennung und die Aufsicht über sie, die Qualitätssicherung, deren Inhalt und die wissenschaftliche Begleitung einschließlich der hierfür erforderlichen Verarbeitung personenbezogener Daten sowie über die, auch zunächst nur zur modellhaften Erprobung befristete, Einführung in den Ländern durch die obersten Landesbehörden, die von ihr bestimmten oder nach Landesrecht zuständigen Stellen,

q) die Maßnahmen bei bedingt geeigneten oder ungeeigneten oder bei nicht befähigten Fahrerlaubnisinhabern oder bei Zweifeln an der Eignung oder Befähigung nach

§ 3 Abs. 1 sowie die Ablieferung, die Vorlage und die weitere Behandlung der Führerscheine nach § 3 Abs. 2,

r) die Neuerteilung der Fahrerlaubnis nach vorangegangener Entziehung oder vorangegangenem Verzicht und die Erteilung des Rechts, nach vorangegangener Entziehung oder vorangegangenem Verzicht von einer ausländischen Fahrerlaubnis wieder Gebrauch zu machen nach § 3 Absatz 7,

s) die Bezeichnung der Straftaten und Ordnungswidrigkeiten, auch soweit sie gefahrgutrechtliche Vorschriften oder im Sinne des § 4 Absatz 1 Satz 2 gleichgestellte Vorschriften betreffen, die als Entscheidungen im Rahmen des Fahreignungs-Bewertungssystems zugrunde zu legen sind und die Bewertung dieser

aa) Straftaten mit Bezug auf die Verkehrssicherheit,

    aaa) sofern in der Entscheidung über die Straftat die Entziehung der Fahrerlaubnis nach den §§ 69 und 69b des Strafgesetzbuches oder eine Sperre nach § 69a Absatz 1 Satz 3 des Strafgesetzbuches angeordnet worden ist, mit drei Punkten oder

    bbb) in den übrigen Fällen mit zwei Punkten,

bb) Ordnungswidrigkeiten als

    aaa) besonders verkehrssicherheitsbeeinträchtigende Ordnungswidrigkeit mit zwei Punkten oder

    bbb) verkehrssicherheitsbeeinträchtigende Ordnungswidrigkeit mit einem Punkt; der Bezeichnung der Straftaten ist deren Bedeutung für die Sicherheit im Straßenverkehr zugrunde zu legen, der Bezeichnung und der Bewertung der Ordnungswidrigkeiten sind deren jeweilige Bedeutung für die Sicherheit des Straßenverkehrs und die Höhe des angedrohten Regelsatzes der Geldbuße zugrunde zu legen,

t) (weggefallen)

u) die Anforderungen an die verkehrspsychologische Beratung, insbesondere über Inhalt und Dauer der Beratung, die Teilnahme an der Beratung sowie die Anforderungen an die Berater und ihre Anerkennung nach § 2a Absatz 7,

v) die Herstellung, Lieferung und Gestaltung des Musters des Führerscheins und dessen Ausfertigung sowie die Bestimmung, wer die Herstellung und Lieferung durchführt, nach § 2 Abs. 1 Satz 3,

w) die Zuständigkeit und das Verfahren bei Verwaltungsmaßnahmen nach diesem Gesetz und den auf diesem Gesetz beruhenden Rechtsvorschriften sowie die Befugnis der nach Landesrecht zuständigen Stellen, Ausnahmen von § 2 Abs. 1 Satz 3, Abs. 2 Satz 1 und 2, Abs. 15, § 2a Absatz 2 Satz 1 Nummer 1 bis 3 und Absatz 7 Satz 7 Nummer 3, § 2b Abs. 1, § 4 Absatz 5 Satz 1 Nummer 3, Absatz 10 sowie Ausnahmen von den auf diesem Gesetz beruhenden Rechtsvorschriften zuzulassen,

x) den Inhalt und die Gültigkeit bisher erteilter Fahrerlaubnisse, den Umtausch von Führerscheinen, deren Muster nicht mehr ausgefertigt werden, sowie die Neuausstellung von Führerscheinen, deren Gültigkeitsdauer abgelaufen ist, und die Regelungen des Besitzstandes im Falle des Umtausches oder der Neuausstellung,

y) Maßnahmen, um die sichere Teilnahme sonstiger Personen am Straßenverkehr zu gewährleisten, sowie die Maßnahmen, wenn sie bedingt geeignet oder ungeeignet oder nicht befähigt zur Teilnahme am Straßenverkehr sind;

1a. (weggefallen)

2. die Zulassung von Fahrzeugen zum Straßenverkehr einschließlich Ausnahmen von der Zulassung, die Beschaffenheit, Ausrüstung und Prüfung der Fahrzeuge, insbesondere über

a) Voraussetzungen für die Zulassung von Kraftfahrzeugen und deren Anhänger, vor allem über Bau, Beschaffenheit, Abnahme, Ausrüstung und Betrieb, Begutachtung und Prüfung, Betriebserlaubnis und Genehmigung sowie Kennzeichnung der Fahrzeuge und Fahrzeugteile, um deren Verkehrssicherheit zu gewährleisten und um die Insassen und andere Verkehrsteilnehmer bei einem Verkehrsunfall vor Verletzungen zu schützen oder deren Ausmaß oder Folgen zu mildern (Schutz von Verkehrsteilnehmern),

b) Anforderungen an zulassungsfreie Kraftfahrzeuge und Anhänger, um deren Verkehrssicherheit und den Schutz der Verkehrsteilnehmer zu gewährleisten, Ausnahmen von der Zulassungspflicht für Kraftfahrzeuge und Anhänger nach § 1 Abs. 1 sowie die Kennzeichnung zulassungsfreier Fahrzeuge und Fahrzeugteile zum Nachweis des Zeitpunktes ihrer Abgabe an den Endverbraucher,

c) Art und Inhalt von Zulassung, Bau, Beschaffenheit, Ausrüstung und Betrieb der Fahrzeuge und Fahrzeugteile, deren Begutachtung und Prüfung, Betriebserlaubnis und Genehmigung sowie Kennzeichnung,

d) den Nachweis der Zulassung durch Fahrzeugdokumente, die Gestaltung der Muster der Fahrzeugdokumente und deren Herstellung, Lieferung und Ausfertigung sowie die Bestimmung, wer die Herstellung und Lieferung durchführen darf,

e) das Herstellen, Feilbieten, Veräußern, Erwerben und Verwenden von Fahrzeugteilen, die in einer amtlich genehmigten Bauart ausgeführt sein müssen,

f) die Allgemeine Betriebserlaubnis oder Bauartgenehmigung, Typgenehmigung oder vergleichbare Gutachten von Fahrzeugen und Fahrzeugteilen einschließlich Art, Inhalt, Nachweis und Kennzeichnung sowie Typbegutachtung und Typprüfung,

g) die Konformität der Produkte mit dem genehmigten, begutachteten oder geprüften Typ einschließlich der Anforderungen z. B. an Produktionsverfahren, Prüfungen und Zertifizierungen sowie Nachweise hierfür,

h) das Erfordernis von Qualitätssicherungssystemen einschließlich der Anforderungen, Prüfungen, Zertifizierungen und Nachweise hierfür sowie sonstige Pflichten des Inhabers der Erlaubnis oder Genehmigung,

i) die Anerkennung von
aa) Stellen zur Prüfung und Begutachtung von Fahrzeugen und Fahrzeugteilen und
bb) Stellen zur Prüfung und Zertifizierung von Qualitätssicherungssystemen einschließlich der Voraussetzungen hierfür sowie
die Änderung und Beendigung von Anerkennung und Zertifizierung einschließlich der hierfür erforderlichen Voraussetzungen für die Änderung und Beendigung und das Verfahren; die Stellen zur Prüfung und Begutachtung von Fahrzeugen und Fahrzeugteilen müssen zur Anerkennung die Gewähr dafür bieten, dass für die beantragte Zuständigkeit die ordnungsgemäße Wahrnehmung der Prüfaufgaben nach den allgemeinen Kriterien zum Betreiben von Prüflaboratorien und nach den erforderlichen kraftfahrzeugspezifischen Kriterien an Personal- und Sachausstattung erfolgen wird,

j) die Anerkennung ausländischer Erlaubnisse und Genehmigungen sowie ausländischer Begutachtungen, Prüfungen und Kennzeichnungen für Fahrzeuge und Fahrzeugteile,

k) die Änderung und Beendigung von Zulassung und Betrieb, Erlaubnis und Genehmigung sowie Kennzeichnung der Fahrzeuge und Fahrzeugteile,

l) Art, Umfang, Inhalt, Ort und Zeitabstände der regelmäßigen Untersuchungen und Prüfungen, um die Verkehrssicherheit der Fahrzeuge und den Schutz der Verkehrsteilnehmer zu gewährleisten, sowie Anforderungen an Untersuchungsstellen und Fachpersonal zur Durchführung von Untersuchungen und Prüfungen, einschließlich den Anforderungen an eine zentrale Stelle, die von Trägern der Technischen Prüfstellen und von amtlich anerkannten Überwachungsorganisationen gebildet und getragen wird, zur Überprüfung der Praxistauglichkeit von Prüfvorgaben oder deren Erarbeitung, sowie Abnahmen von Fahrzeugen und Fahrzeugteilen einschließlich der hierfür notwendigen Räume und Geräte, Schulungen, Schulungsstätten und -institutionen,

m) den Nachweis der regelmäßigen Untersuchungen und Prüfungen sowie Abnahmen von Fahrzeugen und Fahrzeugteilen einschließlich der Bewertung der bei den Untersuchungen und Prüfungen festgestellten Mängel und die Weitergabe der festgestellten Mängel an die jeweiligen Hersteller von Fahrzeugen und Fahrzeugteilen sowie das Kraftfahrt-Bundesamt; dabei ist die Weitergabe personenbezogener Daten nicht zulässig,

n) die Bestätigung der amtlichen Anerkennung von Überwachungsorganisationen, soweit sie vor dem 18. Dezember 2007 anerkannt waren, sowie die Anerkennung von Überwachungsorganisationen zur Vornahme von regelmäßigen Untersuchungen und Prüfungen sowie von Abnahmen, die organisatorischen, personellen und technischen Voraussetzungen für die Anerkennungen einschließlich der Qualifikation und der Anforderungen an das Fachpersonal und die Geräte sowie die mit den Anerkennungen verbundenen Bedingungen und Auflagen, um ordnungsgemäße und gleichmäßige Untersuchungen, Prüfungen und Abnahmen durch leistungsfähige Organisationen sicherzustellen,

o) die notwendige Haftpflichtversicherung anerkannter Überwachungsorganisationen zur Deckung aller im Zusammenhang mit Untersuchungen, Prüfungen und Abnahmen entstehenden Ansprüche sowie die Freistellung des für die Anerkennung und Aufsicht verantwortlichen Landes von Ansprüchen Dritter wegen Schäden, die die Organisation verursacht,

p) die amtliche Anerkennung von Herstellern von Fahrzeugen oder Fahrzeugteilen zur Vornahme der Prüfungen von Geschwindigkeitsbegrenzern, Fahrtschreibern und Kontrollgeräten, die amtliche Anerkennung von Kraftfahrzeugwerkstätten zur Vornahme von regelmäßigen Prüfungen an diesen Einrichtungen, zur Durchführung von Abgasuntersuchungen und Gasanlagenprüfungen an Kraftfahrzeugen und zur Durchführung von Sicherheitsprüfungen an Nutzfahrzeugen sowie die mit den Anerkennungen verbundenen Bedingungen und Auflagen, um ordnungsgemäße und gleichmäßige technische Prüfungen sicherzustellen, die organisatorischen, personellen und technischen Voraussetzungen für die Anerkennung einschließlich der Qualifikation und Anforderungen an das Fachpersonal und die Geräte sowie die Verarbeitung personenbezogener Daten des Inhabers der Anerkennungen, dessen Vertreters und der mit der Vornahme der Prüfungen betrauten Personen durch die für die Anerkennung und Aufsicht zuständigen Behörden, um ordnungsgemäße und gleichmäßige technische Prüfungen sicherzustellen,

q) die notwendige Haftpflichtversicherung amtlich anerkannter Hersteller von Fahrzeugen oder Fahrzeugteilen und von Kraftfahrzeugwerkstätten zur Deckung aller im Zusammenhang mit den Prüfungen nach Buchstabe p entstehenden Ansprüche sowie die Freistellung des für die Anerkennung und Aufsicht verantwortlichen Landes von Ansprüchen Dritter wegen Schäden, die die Werkstatt oder der Hersteller verursacht,

r) Maßnahmen der mit der Durchführung der regelmäßigen Untersuchungen und Prüfungen sowie Abnahmen und Begutachtungen von Fahrzeugen und Fahrzeugteilen befassten Stellen und Personen zur Qualitätssicherung, deren Inhalt einschließlich der hierfür erforderlichen Verarbeitung personenbezogener Daten, um ordnungsgemäße, nach gleichen Maßstäben durchgeführte Untersuchungen, Prüfungen, Abnahmen und Begutachtungen an Fahrzeugen und Fahrzeugteilen zu gewährleisten,

s) die Verantwortung und die Pflichten und Rechte des Halters im Rahmen der Zulassung und des Betriebs der auf ihn zugelassenen Fahrzeuge sowie des Halters nicht zulassungspflichtiger Fahrzeuge,

t) die Zuständigkeit und das Verfahren bei Verwaltungsmaßnahmen nach diesem Gesetz und den auf diesem Gesetz beruhenden Rechtsvorschriften für Zulassung, Begutachtung, Prüfung, Abnahme, regelmäßige Untersuchungen und Prüfungen, Betriebserlaubnis, Genehmigung und Kennzeichnung,

u) Ausnahmen von § 1 Abs. 1 Satz 2 und 3 sowie Ausnahmen von auf Grund dieses Gesetzes erlassenen Rechtsvorschriften und die Zuständigkeiten hierfür,

v) die Zulassung von ausländischen Kraftfahrzeugen und Anhängern, die Voraussetzungen hierfür, die Anerkennung ausländischer Zulassungspapiere und Kennzeichen, Maßnahmen bei Verstößen gegen die auf Grund des Straßenverkehrsgesetzes erlassenen Vorschriften,

w) Maßnahmen und Anforderungen, um eine sichere Teilnahme von nicht motorisierten Fahrzeugen am Straßenverkehr zu gewährleisten,

x) abweichende Voraussetzungen für die Erteilung einer Betriebserlaubnis für Einzelfahrzeuge und Fahrzeugkombinationen des Großraum- und Schwerverkehrs sowie für Arbeitsmaschinen, soweit diese Voraussetzungen durch den Einsatzzweck gerechtfertigt sind und ohne Beeinträchtigung der Fahrzeugsicherheit standardisiert werden können, die Begutachtung der Fahrzeuge und die Bestätigung der Einhaltung der Voraussetzungen durch einen amtlich anerkannten Sachverständigen;

3. die sonstigen zur Erhaltung der Sicherheit und Ordnung auf den öffentlichen Straßen, für Zwecke der Verteidigung, zur Verhütung einer über das verkehrsübliche Maß hinausgehenden Abnutzung der Straßen oder zur Verhütung von Belästigungen erforderlichen Maßnahmen über den Straßenverkehr, und zwar hierzu unter anderem

a) (weggefallen)
b) (weggefallen)
c) über das Mindestalter der Führer von Fahrzeugen und ihr Verhalten,
d) über den Schutz der Wohnbevölkerung und Erholungssuchenden gegen Lärm und Abgas durch den Kraftfahrzeugverkehr und über Beschränkungen des Verkehrs an Sonn- und Feiertagen,
e) über das innerhalb geschlossener Ortschaften, mit Ausnahme von entsprechend ausgewiesenen Parkplätzen sowie von Industrie- und Gewerbegebieten, anzuordnende Verbot, Kraftfahrzeuganhänger und Kraftfahrzeuge mit einem zulässigen Gesamtgewicht über 7,5 Tonnen in der Zeit von 22 Uhr bis 6 Uhr und an Sonn- und Feiertagen, regelmäßig zu parken,
f) über Ortstafeln und Wegweiser,
g) über das Verbot von Werbung und Propaganda durch Bildwerk, Schrift, Beleuchtung oder Ton, soweit sie geeignet sind, außerhalb geschlossener Ortschaften die Aufmerksamkeit der Verkehrsteilnehmer in einer die Sicherheit des Verkehrs gefährdenden Weise abzulenken oder die Leichtigkeit des Verkehrs zu beeinträchtigen,
h) über die Beschränkung des Straßenverkehrs zum Schutz von kulturellen Veranstaltungen, die außerhalb des Straßenraums stattfinden, wenn dies im öffentlichen Interesse liegt,
i) über das Verbot zur Verwendung technischer Einrichtungen am oder im Kraftfahrzeug, die dafür bestimmt sind, die Verkehrsüberwachung zu beeinträchtigen;

4. (weggefallen)

4a. das Verhalten der Beteiligten nach einem Verkehrsunfall, das geboten ist, um
   a) den Verkehr zu sichern und Verletzten zu helfen,
   b) zur Klärung und Sicherung zivilrechtlicher Ansprüche die Art der Beteiligung fest-
   zustellen und
   c) Haftpflichtansprüche geltend machen zu können;

5. (weggefallen)

5a. Bau, Beschaffenheit, Ausrüstung und Betrieb, Begutachtung, Prüfung, Abnahme, Be-
   triebserlaubnis, Genehmigung und Kennzeichnung der Fahrzeuge und Fahrzeugteile
   sowie über das Verhalten im Straßenverkehr zum Schutz vor den von Fahrzeugen aus-
   gehenden schädlichen Umwelteinwirkungen im Sinne des Bundes-Immissions-
   schutzgesetzes; dabei können Emissionsgrenzwerte unter Berücksichtigung der techni-
   schen Entwicklung auch für einen Zeitpunkt nach Inkrafttreten der Rechtsverordnung
   festgesetzt werden;

5b. das Verbot des Kraftfahrzeugverkehrs in den nach § 40 des Bundes-Immissions-
   schutzgesetzes festgelegten Gebieten nach Bekanntgabe austauscharmer Wetterlagen;

5c. den Nachweis über die Entsorgung oder den sonstigen Verbleib der Fahrzeuge nach
   ihrer Außerbetriebsetzung, um die umweltverträgliche Entsorgung von Fahrzeugen
   und Fahrzeugteilen sicherzustellen;

6. Art, Umfang, Inhalt, Zeitabstände und Ort einschließlich der Anforderungen an die
   hierfür notwendigen Räume und Geräte, Schulungen, Schulungsstätten und -insti-
   tutionen sowie den Nachweis der regelmäßigen Prüfungen von Fahrzeugen und Fahr-
   zeugteilen einschließlich der Bewertung der bei den Prüfungen festgestellten Mängel
   sowie die amtliche Anerkennung von Überwachungsorganisationen und Kraft-
   fahrzeugwerkstätten nach Nummer 2 Buchstabe n und p und Maßnahmen zur Quali-
   tätssicherung nach Nummer 2 Buchstabe r zum Schutz vor von Fahrzeugen ausge-
   henden schädlichen Umwelteinwirkungen im Sinne des Bundes-Immissionsschutzge-
   setzes;

7. die in den Nummern 1 bis 6 vorgesehenen Maßnahmen, soweit sie zur Erfüllung von
   Verpflichtungen aus zwischenstaatlichen Vereinbarungen oder von bindenden Be-
   schlüssen der Europäischen Gemeinschaften notwendig sind;

8. die Beschaffenheit, Anbringung und Prüfung sowie die Herstellung, den Vertrieb, die
   Ausgabe, die Verwahrung und die Einziehung von Kennzeichen (einschließlich solcher
   Vorprodukte, bei denen nur noch die Beschriftung fehlt) für Fahrzeuge, um die unzu-
   lässige Verwendung von Kennzeichen oder die Begehung von Straftaten mit Hilfe von
   Fahrzeugen oder Kennzeichen zu bekämpfen;

9. die Beschaffenheit, Herstellung, Vertrieb, Verwendung und Verwahrung von Führer-
   scheinen und Fahrzeugpapieren einschließlich ihrer Vordrucke sowie von auf Grund
   dieses Gesetzes oder der auf ihm beruhenden Rechtsvorschriften zu verwendenden
   Plaketten, Prüffolien und Stempel, um deren Diebstahl oder deren Missbrauch bei der
   Begehung von Straftaten zu bekämpfen;

10. Bau, Beschaffenheit, Ausrüstung und Betrieb, Begutachtung, Prüfung, Abnahme und
   regelmäßige Untersuchungen, Betriebserlaubnis und Genehmigung sowie Kennzeich-
   nung von Fahrzeugen und Fahrzeugteilen, um den Diebstahl der Fahrzeuge zu be-
   kämpfen;

11. die Ermittlung, Auffindung und Sicherstellung von gestohlenen, verloren gegangenen
   oder sonst abhanden gekommenen Fahrzeugen, Fahrzeugkennzeichen sowie Führer-
   scheinen und Fahrzeugpapieren einschließlich ihrer Vordrucke, soweit nicht die Straf-
   verfolgungsbehörden hierfür zuständig sind;

12. die Überwachung der gewerbsmäßigen Vermietung von Kraftfahrzeugen und Anhän-
   gern an Selbstfahrer
   a) zur Bekämpfung der Begehung von Straftaten mit gemieteten Fahrzeugen oder
   b) zur Erhaltung der Ordnung und Sicherheit im Straßenverkehr;

13. die Einrichtung gebührenpflichtiger Parkplätze bei Großveranstaltungen im Interesse
   der Ordnung und Sicherheit des Verkehrs;

14. die Beschränkung des Haltens und Parkens zugunsten der Bewohner städtischer Quar-
   tiere mit erheblichem Parkraummangel sowie die Schaffung von Parkmöglichkeiten
   für schwerbehinderte Menschen mit außergewöhnlicher Gehbehinderung, mit beidsei-
   tiger Amelie oder Phokomelie oder vergleichbaren Funktionseinschränkungen sowie
   für blinde Menschen, insbesondere in unmittelbarer Nähe ihrer Wohnung oder Ar-
   beitsstätte;

14a. die Einrichtung und die mit Zustimmung des Verfügungsberechtigten Nutzung von
   fahrerlosen Parksystemen im niedrigen Geschwindigkeitsbereich auf Parkflächen, die
   durch bauliche oder sonstige Einrichtungen vom übrigen öffentlichen Straßenraum

getrennt sind und nur über besondere Zu- und Abfahrten erreicht und verlassen werden können,

15. die Kennzeichnung von Fußgängerbereichen und verkehrsberuhigten Bereichen und die Beschränkungen oder Verbote des Fahrzeugverkehrs zur Erhaltung der Ordnung und Sicherheit in diesen Bereichen, zum Schutz der Bevölkerung vor Lärm und Abgasen und zur Unterstützung einer geordneten städtebaulichen Entwicklung;

16. die Beschränkung des Straßenverkehrs zur Erforschung des Unfallgeschehens, des Verkehrsverhaltens, der Verkehrsabläufe sowie zur Erprobung geplanter verkehrssichernder oder verkehrsregelnder Regelungen und Maßnahmen;

17. die zur Erhaltung der öffentlichen Sicherheit erforderlichen Maßnahmen über den Straßenverkehr;

18. die Einrichtung von Sonderfahrspuren für Linienomnibusse und Taxen;

19. Maßnahmen, die zur Umsetzung der Richtlinie 92/59/EWG des Rates vom 29. Juni 1992 über die allgemeine Produktsicherheit (ABl. EG Nr. L 228 S. 24) erforderlich sind;

20. Maßnahmen über die technische Unterwegskontrolle von Nutzfahrzeugen, die am Straßenverkehr teilnehmen, und daran die Mitwirkung amtlich anerkannter Sachverständiger oder Prüfer für den Kraftfahrzeugverkehr einer technischen Prüfstelle, von amtlich anerkannten Überwachungsorganisationen betraute Prüfingenieure sowie die für die Durchführung von Sicherheitsprüfungen anerkannten Kraftfahrzeugwerkstätten.

(2) Rechtsverordnungen nach Absatz 1 Nr. 8, 9, 10, 11 und 12 Buchstabe a werden vom Bundesministerium für Verkehr und digitale Infrastruktur und vom Bundesministerium des Innern, für Bau und Heimat erlassen.

(2a) Rechtsverordnungen nach Absatz 1 Nr. 1 Buchstabe f, Nr. 3 Buchstabe d, e, Nr. 5a, 5b, 5c, 6 und 15 sowie solche nach Nr. 7, soweit sie sich auf Maßnahmen nach Nr. 1 Buchstabe f, Nr. 5a, 5b, 5c und 6 beziehen, werden vom Bundesministerium für Verkehr und digitale Infrastruktur und vom Bundesministerium für Umwelt, Naturschutz und nukleare Sicherheit erlassen.

(3) Abweichend von den Absätzen 1 bis 2a bedürfen Rechtsverordnungen zur Durchführung der Vorschriften über die Beschaffenheit, den Bau, die Ausrüstung und die Prüfung von Fahrzeugen und Fahrzeugteilen sowie Rechtsverordnungen über allgemeine Ausnahmen von den auf diesem Gesetz beruhenden Rechtsvorschriften nicht der Zustimmung des Bundesrates; vor ihrem Erlass sind die zuständigen obersten Landesbehörden zu hören.

(3a) Das Bundesministerium für Verkehr und digitale Infrastruktur wird ermächtigt, durch Rechtsverordnung mit Zustimmung des Bundesrates Vorschriften über das gewerbsmäßige Feilbieten, gewerbsmäßige Veräußern und das gewerbsmäßige Inverkehrbringen von Fahrzeugen, Fahrzeugteilen und Ausrüstungen zu erlassen.

(4) Das Bundesministerium für Verkehr und digitale Infrastruktur wird ermächtigt, durch Rechtsverordnung, die nicht der Zustimmung des Bundesrates bedarf, im Einvernehmen mit den beteiligten Bundesministerien, soweit Verordnungen nach diesem Gesetz geändert oder abgelöst werden, Verweisungen in Gesetzen und Rechtsverordnungen auf die geänderten oder abgelösten Vorschriften durch Verweisungen auf die jeweils inhaltsgleichen neuen Vorschriften zu ersetzen.

(4a) Rechtsverordnungen auf Grund des Absatzes 1 Nummer 1, 2 oder 3 können auch erlassen werden, soweit dies erforderlich ist, um den besonderen Anforderungen der Teilnahme von Kraftfahrzeugen mit hoch- oder vollautomatisierter Fahrfunktion am Straßenverkehr Rechnung zu tragen.

(5) [1]Die Landesregierungen werden ermächtigt, durch Rechtsverordnung besondere Bestimmungen über das Erteilen einschließlich der Einweisung und die Prüfung für Fahrberechtigungen zum Führen von Einsatzfahrzeugen der Freiwilligen Feuerwehren, der nach Landesrecht anerkannten Rettungsdienste, des Technischen Hilfswerks und des Katastrophenschutzes auf öffentlichen Straßen nach § 2 Absatz 10a zu erlassen. [2]Bei der näheren Ausgestaltung sind die Besonderheiten der unterschiedlichen Gewichtsklassen der Fahrberechtigung nach § 2 Absatz 10a Satz 1 und 4 zu berücksichtigen. [3]Die Landesregierungen können die Ermächtigung nach Satz 1 durch Rechtsverordnung auf die zuständige oberste Landesbehörde übertragen.

(5a) [1]Die Landesregierungen werden ermächtigt, durch Rechtsverordnung das Mindestalter für die Klasse AM auf 15 Jahre herabzusetzen. [2]Die Landesregierungen können die Ermächtigung nach Satz 1 durch Rechtsverordnung auf die zuständige oberste Landesbehörde übertragen. [3]Die Fahrerlaubnis ist bis zur Vollendung des 16. Lebensjahres auf das Gebiet der Länder beschränkt, die von der Ermächtigung nach Satz 1 Gebrauch gemacht haben. [4]Die zuständigen obersten Landesbehörden geben im Bundesanzeiger den

Erlass einer Rechtsverordnung nach Satz 1 auch in Verbindung mit Satz 2 ihres Landes bekannt.

(6) Das Bundesministerium für Verkehr und digitale Infrastruktur wird ermächtigt, durch Rechtsverordnung mit Zustimmung des Bundesrates die Landesregierungen zu ermächtigen, Ausnahmen von den auf Grundlage des § 6 Absatz 1 Nummer 2 Buchstabe c, d, k, m, r, s, t und v erlassenen Rechtsverordnungen für die Dauer von drei Jahren zur Erprobung eines Zulassungsverfahrens unter Einsatz von Informations- und Kommunikationstechnik durch Rechtsverordnung zu regeln.

(7) ¹Das Bundesministerium für Verkehr und digitale Infrastruktur wird ermächtigt, durch Rechtsverordnung mit Zustimmung des Bundesrates die erforderlichen Vorschriften zu erlassen, um den nach Landesrecht zuständigen Behörden zur Durchführung von Großraum- und Schwertransporten zu ermöglichen,

1. natürlichen oder juristischen Personen des Privatrechts bestimmte Aufgaben zu übertragen (Beleihung) oder

2. natürliche oder juristische Personen des Privatrechts zu beauftragen, bei der Erfüllung bestimmter Aufgaben zu helfen (Verwaltungshilfe).

²Personen im Sinne des Satzes 1 müssen fachlich geeignet, zuverlässig, auch hinsichtlich ihrer Finanzen, und im Falle der Beleihung unabhängig von den Interessen der sonstigen Beteiligten sein. ³In Rechtsverordnungen nach Satz 1 können ferner

1. die Aufgaben und deren Erledigung bestimmt werden,
   a) mit denen Personen beliehen oder
   b) zu deren hilfsweisen Erfüllung Personen beauftragt

   werden können,

2. die näheren Anforderungen an Personen im Sinne des Satzes 1 festgelegt werden, einschließlich deren Überwachung, des Verfahrens und des Zusammenwirkens der zuständigen Behörden bei der Überwachung,

3. die notwendige Haftpflichtversicherung der beliehenen oder beauftragten Person zur Deckung aller im Zusammenhang mit der Wahrnehmung der übertragenen Aufgabe oder der Hilfe zur Erfüllung der Aufgabe entstandenen Schäden sowie die Freistellung der für Übertragung oder Beauftragung und Aufsicht zuständigen Landesbehörde von Ansprüchen Dritter wegen etwaiger Schäden, die die beliehene oder beauftragte Person verursacht, geregelt werden.

⁴Das Bundesministerium für Verkehr und digitale Infrastruktur wird ermächtigt, durch Rechtsverordnung mit Zustimmung des Bundesrates die Ermächtigung nach Satz 1 in Verbindung mit Satz 3 ganz oder teilweise auf die Landesregierungen zu übertragen. ⁵Die Landesregierungen können die Ermächtigung auf Grund einer Rechtsverordnung nach Satz 4 durch Rechtsverordnung auf die zuständige oberste Landesbehörde übertragen.

1   **1. Ausführungsverordnungen.** § 6 beruht auf dem VSichG v. 19.12.52. Der Katalog in Nr. 1 wurde durch das G zur Ändg des StVG und anderer Gesetze v. 24.4.1998 (BGBl. I S. 747), der Katalog in Nr. 2 durch das StVRÄndG v. 11.9.2002 (BGBl. I S. 3574), eingefügt.

2   **Umfang der Ermächtigung:** Der VOGeber muss sich im Rahmen der gesetzlichen Ermächtigung durch das StVG halten, die VO kann nichts rechtlich darüber Hinausgehendes anordnen, BVerfG NJW **72** 859. Wegfall der Ermächtigungsnorm durch Gesetzesänderung berührt den Bestand einer darauf beruhenden VO nicht, BVerwG NJW **90** 849. Eine mangels Ermächtigung unwirksame RVO wird durch nachträgliche Erweiterung der Ermächtigung nicht wirksam, sie muss neu erlassen (verkündet) werden, BGH MDR **79** 825. Das im Rechtsstaatsprinzip wurzelnde Übermaßverbot (**E** 2) bindet auch den VOGeber.

3   **2. Ziffer 1** enthält die Ermächtigungsgrundlagen zur Ausführung der Regelungen des StVG auf dem Gebiet des Fahrerlaubnisrechts, bildet insbesondere die Grundlage für die Fahrerlaubnis-VO (FeV).

4   **a) Fahrerlaubnisprüfung, Prüfung der Eignung und Befähigung zum Führen von Kfz, Aufbauseminare, Verkehrserziehung** (zB Ziffer 1 lit c, d, e, k, p).

Begr zum ÄndG v. 24.4.1998 (BR-Drs. 13/6914, S. 102): *Mit der Änderung soll eine Ermächtigungsgrundlage für die Festlegung geeigneter Maßnahmen zur Herstellung, Wiederherstellung oder Stabilisierung der Kraftfahreignung geschaffen werden. Damit werden die bereits seit Jahren erfolgreich durchgeführten Nachschulungskurse insbesondere für alkoholauffällige Kraftfahrer auf eine rechtliche Grundlage gestellt. Gleichzeitig wird die Möglichkeit eröffnet, weitere Anbieter solcher Kurse zuzulassen.*

Da sichergestellt werden muss, dass diese Kurse auf Dauer den Anforderungen entsprechen, wird außerdem eine Ermächtigungsgrundlage geschaffen, um eine entsprechende Qualitätssicherung vorzusehen.

(BR-Drs. 821/96, S. 74): **Buchstabe e** ermöglicht die Erprobung neuer Prüfungsverfahren bei der theoretischen und praktischen Fahrerlaubnisprüfung, z. B. den Einsatz von audio-visuellen Prüfungssystemen. Damit können vor einer generellen Einführung praktische Erfahrungen bei Prüfungen gesammelt werden. Der Inhalt und die Bewertung der Prüfung dürfen aus Gründen der Gleichbehandlung mit herkömmlich geprüften Bewerbern bei der Anwendung neuer Verfahren nicht abweichen.

In **Buchstabe k** wird die Rechtsgrundlage für die Einführung von Qualitätssicherungssystemen im Bereich der Prüfung der Befähigung und Eignung zum Führen von Kraftfahrzeugen geschaffen, also insbesondere bei der Durchführung der Fahrerlaubnisprüfung durch die Technischen Prüfstellen für den Kraftfahrzeugverkehr und bei der Begutachtung der Fahreignung in den hierfür zuständigen Begutachtungsstellen. Dies dient der Sicherung einer gleichmäßig hohen Qualität der Prüfungen und Begutachtungen. Da sich die Aufsicht nur durchführen lässt, wenn die Aufsichtsbehörde genaue Kenntnis über die Tätigkeit der beaufsichtigten Stellen hat, ist auch die Übermittlung entsprechender Daten an die Aufsichtsbehörde gedeckt.

Zu **Buchstabe p:** Trotz der Erfolge bei der Bekämpfung des Unfallrisikos von Fahranfängern, namentlich durch die Fahrerlaubnis auf Probe, den Stufenführerschein für Motorräder und die Verbesserung von Ausbildung und Prüfung in den vergangenen Jahren, sind Fahranfänger nach wie vor überproportional am Unfallgeschehen beteiligt. Es besteht deshalb die Notwendigkeit weiterer Maßnahmen, um dieses Unfallrisiko zu senken.

Eine Möglichkeit besteht darin, das Verhalten im Verkehr als Führer eines Kraftfahrzeugs bereits in den Schulunterricht zu integrieren. Schule und Fahrschule würden sich gemeinsam bemühen, junge Menschen auf die Teilnahme am Straßenverkehr, auch als Autofahrer, vorzubereiten. Teile der nach § 2 Abs. 1 Satz 1 Nr. 4 für den Erwerb einer Fahrerlaubnis erforderlichen Ausbildung in der Fahrschule könnten in die Schulverkehrserziehung einbezogen werden. Für eine entsprechende Einzelregelung durch Verordnung ist eine Ermächtigungsgrundlage in Buchstabe p eingestellt.

Zum anderen gibt es den Vorschlag für die Einführung einer zweiten Ausbildungsphase, die nach Erteilung der Fahrerlaubnis stattfinden soll. Diese zweite Phase setzt erste Erfahrungen im Straßenverkehr voraus. Die Fahranfänger sollen in geeigneten Kursen ihre Erfahrungen verarbeiten. Einige wesentliche Punkte bei diesem Lösungsansatz sind jedoch noch nicht geklärt, z. B. ob diese Phase obligatorisch und für alle Fahranfänger gelten soll oder ob sie als Bedingung für eine Verlängerung einer zunächst befristeten Fahrerlaubnis ausgestaltet sein soll.

Es ist noch nicht abzusehen, wann diese Klärung abgeschlossen sein wird.

Es bietet sich deshalb an, angesichts der Dringlichkeit des Problems einfachere und schneller umsetzbare Lösungen zur Reduzierung der Unfälle anzustreben. Hierzu gehört die Möglichkeit, dass dem Fahranfänger im zweiten Jahr der Probezeit der Besuch und die Mitarbeit in geeigneten Fortbildungskursen dadurch „honoriert" wird, dass ihm der Rest der Probezeit, z. B. von einem halben Jahr, erlassen wird. Dafür soll ein Anreiz geschaffen werden. Hingegen würden Restriktionen und Eingriffe in die Rechte des Betroffenen vermieden. Auch ist sorgfältig abzuwägen, ob es erforderlich und angemessen ist, sämtlichen Fahranfängern (gleichgültig, ob sie auffällig sind oder sich vorschriftsmäßig verhalten) nicht unerhebliche Kosten für die Teilnahme an obligatorischen Veranstaltungen durch gesetzliche Vorschrift aufzubürden. Die freiwillige Teilnahme an einer Fortbildung kann auch besser motivieren als obligatorische Veranstaltungen oder die Aussicht, dass möglicherweise die Fahrerlaubnis nicht verlängert wird.

Auch kann eine freiwillige Fortbildung mit Erlass des Restes der Probezeit schneller umgesetzt werden und rascher wirken. Deshalb ist die vorgesehene entsprechende Ermächtigung in Buchstabe p erforderlich.

Damit wird keineswegs ausgeschlossen, weitere längerfristige Modelle daneben zu entwickeln und später einzuführen.

Begr zum ÄndG v. 2.12.10 **zu Abs. 1 Nr. 1 Buchst. b** (BT-Drs. 17/3022 S. 11): Die Ergänzung in § 6 Absatz 1 Nummer 1 Buchstabe b erweitert in Verbindung mit dem neuen § 2 Absatz 1 Satz 4 die Ermächtigungsgrundlage zur Befristung von Führerscheindokumenten.

Begr zum ÄndG v. 2.12.10 **zu Abs. 1 Nr. 1 Buchst. d, k und n** (BT-Drs. 17/3022 S. 10, 11): Gemäß der Verordnung (EG) Nr. 765/2008 des Europäischen Parlaments und des Rates vom 9. Juli 2008 über die Vorschriften für die Akkreditierung und Marktüberwachung im Zusammenhang mit der Vermarktung von Produkten ... muss jeder Mitgliedstaat „eine einzige nationale Akkreditierungsstelle" benennen (vgl. Artikel 4 Nummer 1). In Deutschland ist die Errichtung der nationalen Akkreditierungsstelle durch das Akkreditierungsstellengesetz (AkkStelleG) geregelt, das am 7. August 2009 in Kraft getreten ist. Die Verordnung über die Beleihung der Akkreditierungsstelle nach dem AkkStelleG tritt zum 1. Januar 2010 in Kraft. Die bisher tätigen Akkreditierungsstellen dürfen dann keine Akkreditierungen mehr durchführen. Die Bundesanstalt für Straßenwesen (BASt) war bisher tätig als Akkreditierungsstelle für die Träger von Begutachtungsstellen für Fahreignung, technische Prüfstellen sowie Stellen, die Kurse zur Wiederherstel-

lung der Kraftfahreignung durchführen (vgl. § 72 FeV). Es ist sinnvoll, die Qualitätssicherung im Fahrer-laubniswesen, die bisher durch das Fachwissen der BASt und deren Qualitätsstandards gewährleistet wur-den, aufrecht zu erhalten und die BASt auch weiterhin mit diesem Aufgabengebiet zu betrauen. Eine Qua-litätssicherung im Bereich des Fahrerlaubniswesens, die nicht in den Geltungsbereich der Verordnung (EG) Nr. 765/2008 und des AkkStelleG fällt, ist möglich, wenn der Bezug zur Akkreditierung und zu den entsprechenden internationalen Normen aufgehoben wird. Da im Fahrerlaubniswesen keine Notifizierungen vorgenommen werden, kann auf diese Bezüge verzichtet werden. Es empfiehlt sich deshalb, zukünftig die Kompetenz der Trägerorganisationen durch eine Begutachtung der BASt im Rahmen des Anerkennungsver-fahrens der Bundesländer zu überprüfen und zu gewährleisten. … Wegen Aufhebung dieser Vorschriften ist es erforderlich geworden, die Anforderungen an die Begutachtung festzulegen. Das ist im § 6 Absatz 1 Nummer 1 StVG durch eine Erweiterung der Verordnungsermächtigung in Bezug auf die Festlegung der verfahrensmäßigen und fachwissenschaftlichen Anforderungen an die Begutachtung erfolgt.

4a **Anm:** Durch ÄndG v. 2.12.10 (BGBl. I S. 1748) wurde in Abs. 1 Nr. 1 **Buchst. d, k und n** jeweils das Wort „Akkreditierung" durch die Wörter „Begutachtung, einschließlich der verfah-rensmäßigen und fachwissenschaftlichen Anforderungen" ersetzt, s. Begr Rn. 4. Damit war die Rechtsgrundlage für die noch bis 30.4.14 bestehende Fassung von § 72 FeV entfallen. Die BASt konnte keine Akkreditierungen mehr durchführen. Der VOGeber hat es in der Folgezeit nicht vermocht, die FeV an die geänderte gesetzliche Grundlage anzupassen. Er behalf sich damit, den entsprechenden Stellen Ausnahmegenehmigungen gem. § 74 I Nr. 2 FeV aF zu erteilen, mit denen sie von der Verpflichtung zur Akkreditierung befreit werden und diese durch eine Begut-achtung der BASt ersetzt wird. Die Kompetenz der entsprechenden Stellen wird somit jetzt durch eine Begutachtung der BASt überprüft. Erst durch ÄndVO v. 16.4.14 (BGBl. I S. 348) wurde § 72 FeV mWv 1.5.14 so geändert, dass statt der früheren Akkreditierung nunmehr Be-gutachtung durch die BASt vorgeschrieben ist (näher § 72 FeV).

Inhalt, Zweck und Ausmaß der in Abs. 1 Nr. 1 **Buchst. m** enthaltenen Ermächtigung des VOGebers, für die Maßnahmen nach den Regelungen der **FE auf Probe** gem. § 2a II die im FAER gespeicherten Entscheidungen über Straftaten und OWi als schwerwiegend oder weniger schwerwiegend einzustufen (§ 34 I iVm Anl 12 FeV), sind trotz fehlender Kriterien für die Ein-stufung hinreichend bestimmt, da diese nach der Begr der vor 1999 durch den Gesetzgeber vor-genommenen Einstufung folgen soll (VGH Mü 24.8.07 11 CS 07.1588).

Abs. 1 Nr. 1 **Buchst. n, s, u und w** wurden durch ÄndG v. 28.8.13 (BGBl. I S. 3313) im Zuge der Umwandlung des Punktsystems in das Fahreignungs-Bewertungssystem und des VZR in das FAER geändert (Begr BT-Drs. 17/12636 S. 45 = VkBl. **13** 1148). Änderungen gegenüber dem ursprünglichen Gesetzentwurf auf Vorschlag des Vermittlungsausschusses: BT-Drs. 17/ 14125 S. 4 = VkBl. **13** 1148.

5 **b) Inhalt und Gültigkeit von Fahrerlaubnissen alten Rechts, Besitzstandsregelun-gen, Umtausch der Führerscheine (Abs. 1 Nr. 1 Buchst. x).**

Begr zum ÄndG v. 24.4.1998 (BR-Drs. 821/96 S. 75): *Nach* **Buchstabe x** *kann der Verordnungs-geber Bestimmungen für einen freiwilligen oder obligatorischen Umtausch von Führerscheinen, deren Muster nicht mehr ausgefertigt werden und Regelungen des Besitzstandes im Falle eines solchen Umtausches treffen. Für einen Umtausch sprechen folgende Gründe:*

– In der Bundesrepublik Deutschland sind derzeit bereits sieben verschiedene Führerscheinmuster im Um-lauf (ein Muster aus der Zeit vor der Entstehung der Bundesrepublik Deutschland, zwei bundesdeutsche, ein saarländisches, drei Muster aus der Deutschen Demokratischen Republik). Ein weiteres Muster wird auf Grund der Zweiten EU-Führerscheinrichtlinie hinzukommen.

– Auch inhaltlich hat sich die Einteilung der Fahrerlaubnisklassen im Laufe der letzten Jahrzehnte sowohl in der Bundesrepublik Deutschland als auch in der Deutschen Demokratischen Republik verschiedentlich geändert. Der Umfang der Berechtigungen geht häufig nicht mehr unmittelbar aus dem Führerschein her-vor, sondern lässt sich nur unter Hinzuziehung der gesetzlichen Vorschriften und komplizierter Besitz-standstabellen bestimmen. Das Problem hat sich durch die Überleitung der DDR-Fahrerlaubnisse ver-schärft und wird sich durch die Umstellung des bisherigen Klassensystems mit den Klassen 1 bis 5 auf das neue Klassensystem der Richtlinie mit den Klassen A bis E und dem damit teilweise verbundenen neuen Klassenzuschnitt weiter verschärfen. Ein Umtausch mit einer Umstellung der Fahrerlaubnisse auf das neue Klassensystem würde eine Bereinigung erlauben.

– Die grauen bundesdeutschen Führerscheinmuster, die bis zur Einführung des Führerscheins nach dem EG-Modell 1986 ausgefertigt worden sind, waren nicht fälschungssicher, so dass von einer hohen Zahl von gefälschten Führerscheinen ausgegangen werden muss.

– Es befindet sich eine große Anzahl von Mehrausfertigungen von Führerscheinen im Umlauf, die sich die Fahrerlaubnisinhaber „vorsorglich" haben ausstellen lassen, um im Falle der Entziehung der Fahrerlaubnis oder des Verlustes des Führerscheins darauf zurückgreifen zu können.

Im Übrigen würden im Zuge eines Umtausches in den neuen Ländern die nach dem Einigungsvertrag unbefristet weiter gültigen alten DDR-Führerscheine beseitigt werden können. Auf die Dauer ist es nicht vertretbar, amtliche deutsche Dokumente wie die Führerscheine mit den alten Wappen und Symbolen der ehemaligen DDR national wie international weiterzuverwenden.

Zunächst soll jedoch der Umtausch auf freiwilliger Grundlage erfolgen. Die Fahrerlaubnisbehörden werden den Umtausch im Rahmen ihrer Möglichkeiten vornehmen. Angesichts nicht auszuschließender Kapazitätsengpässe ist darauf hinzuweisen, dass kein Anspruch auf Umtausch besteht.

Begr zum ÄndG v. 2.12.10 **zu Abs. 1 Nr. 1 Buchst. x** (BT-Drs. 17/3022 S. 11): Die Ergän- **5a** zung in § 6 Absatz 1 Nummer 1 Buchstabe x schafft die Ermächtigungsgrundlage zur Regelung der Umtauschpflicht aller bis zum 18. Januar 2013 unbefristet ausgestellten Führerscheindokumente bis zum 19. Januar 2033 in befristete Führerscheindokumente zur Umsetzung von Artikel 3 Absatz 3 der Richtlinie 2006/126/EG. Zusätzlich wird die Ermächtigungsgrundlage zur Regelung von Inhalt und Verfahren bei der Neuausstellung von Führerscheinen nach Ablauf der Gültigkeit sowie des Besitzstandes geschaffen.

Anm: Abs. 1 Nr. 1 Buchst. **x** idF bis 8.12.10 genügte den Bestimmtheitsanforderungen aus Art 80 I S. 2 GG; Inhalt, Zweck und Ausmaß der Ermächtigung waren hinreichend bestimmt (OVG Hb DAR **07** 106). Gleiches gilt für Abs. 1 Nr. 1 Buchst. **y** (OVG Lüneburg NJW **08** 2059).

3. Ziffer 2 wurde durch ÄndG v. 11.9.2002 (BGBl. I S. 3574) neu gefasst. **Begr** (BT-Drs. 14/ **6** 8766 S. 57): Im Straßenverkehrsgesetz sind die Ermächtigungsgrundlagen für den Verordnungsgeber auf dem Gebiet der Zulassung von Fahrzeugen einschließlich ihrer technischen Überwachung hinsichtlich Zweck, Inhalt und Ausmaß hinreichend bestimmt zu schaffen. Dies geschieht vor allem durch die Neufassung der Nummer 2 des § 6 Abs. 1 StVG.

Für die Ermächtigung im Bereich der Fahrzeugzulassung ist dies die zentrale Bestimmung. Die neue Nummer 2 ersetzt die bisherigen Nummern 2, 4 und 6 sowie die bisherigen Buchstaben a und b in Nummer 3. Buchstabe a befasst sich mit den einzelnen Voraussetzungen der Zulassung und knüpft bezüglich der Begriffe und ihrer Inhalte (z. B. Bau, Ausrüstung, Betriebserlaubnis) an die nationalen und internationalen Regelungen (insbesondere StVZO, EG-Richtlinien, ECE-Regelungen) an. Außerdem enthält Buchstabe a die Zwecke der Zulassung, nämlich die Gewährleistung der Verkehrssicherheit der Fahrzeuge sowie den Schutz der Fahrzeuginsassen und anderer Verkehrsteilnehmer bei Verkehrsunfällen vor Verletzungen. Der sog. Insassenschutz, der in der Vergangenheit in § 6 Abs. 1 Nr. 4 besonders angesprochen war, wird nunmehr in die zentrale Zulassungsbestimmung der Nummer 2 einbezogen sowie auf die „anderen" Verkehrsteilnehmer, also auf die Nichtinsassen außerhalb des Fahrzeugs, erweitert. Zwar ist der Schutz der Verkehrsteilnehmer an sich bereits auch im Begriff „Verkehrssicherheit der Fahrzeuge" enthalten, er wird jedoch besonders hervorgehoben mit Blick auf die hier relevanten besonderen Schutzelemente „Schutz vor Verletzungen" und „Milderung von deren Ausmaß oder Folgen". Die in Buchstabe a definierten Zwecke gelten für die gesamte Nummer 2. Weitere (Schutz-)Zwecke für die Zulassung von Fahrzeugen sind Umweltschutz (Nr. 5a) und Innere Sicherheit (Nr. 10). Mit der Wiederholung der Schutzzwecke in **Buchstabe b** wird klargestellt, dass diese auch für zulassungsfreie Kraftfahrzeuge und Anhänger gelten. Für **Buchstabe c,** der sich mit Art und Inhalt der Zulassung befasst, gelten die Ausführungen unter Buchstabe a entsprechend.

Derzeit wird die Zulassung nachgewiesen durch Fahrzeugschein und Fahrzeugbrief. Nach Übernahme **6a** der Richtlinie 1999/37/EG des Rates vom 29. April 1999 über Zulassungsdokumente für Fahrzeuge (ABl. EG Nr. L 138 S. 57) in deutsches Recht wird der Nachweis durch die Zulassungsbescheinigung Teil I und Teil II geführt. **Buchstabe d** dient der Klarstellung. Der Inhalt von **Buchstabe e** war bislang in Nummer 3 Buchstabe b verankert. Mit den **Buchstaben f, g, h, i, j** werden die Ermächtigungsgrundlagen für eine Umsetzung der europäischen Richtlinien über die EWG-Betriebserlaubnis bzw. EG-Typgenehmigung in deutsches Recht klar gefasst. Die „vergleichbaren Gutachten" sind Grundlage für die Regelungen in Anlage XIX StVZO (Verwendung sog. Teilgutachten). Bei **Buchstabe k** wird auf die diesbezüglichen Erläuterungen in den vorangegangenen Buchstaben verwiesen. Gegenstand der **Buchstaben l, m, n, o, p und q** und r ist die regelmäßige technische Überwachung von Kraftfahrzeugen und ihren Anhängen. Während sich die Ermächtigungsgrundlagen für die amtliche Anerkennung von Überwachungsorganisationen und Kfz-Werkstätten zur Vornahme der regelmäßigen Untersuchungen und Prüfungen im Straßenverkehrsgesetz (§ 6 Abs. 1 StVG) befinden, richten sich Befugnisse und Tätigkeiten der amtlich anerkannten Sachverständigen und Prüfer für den Kraftfahrzeugverkehr (zusammengefasst in den Technischen Prüfstellen für den

*Kraftfahrzeugverkehr) nach dem Kraftfahrsachverständigengesetz. **Buchstabe l** enthält Ermächtigungen zur Regelung von Ort, Art, Umfang, Inhalt und Zeitabständen regelmäßiger Untersuchungen und Prüfungen von Fahrzeugen sowie Abnahmen von Fahrzeugen und Fahrzeugteilen als auch zur Regelung der Schulungen des Fachpersonals und der dafür notwendigen Schulungsstätten, **Buchstabe m** Ermächtigungen zur Regelung von Nachweisen der Untersuchungen, Prüfungen und Abnahmen der Fahrzeuge. Adressaten der Regelungen sind einerseits die Fahrzeughalter mit ihren Verpflichtungen, ihre Fahrzeuge untersuchen, prüfen und abnehmen zu lassen, sowie andererseits die Stellen und Organisationen, denen die Befugnisse zur Durchführung der Untersuchungen, Prüfungen und Abnahmen verliehen werden.*

6b   *Buchstabe n enthält die Ermächtigung, die Anerkennung von Überwachungsorganisationen durch Rechtsverordnung zu regeln. Die mit der „Prüfung der Fahrzeuge" Betrauten bedürfen einer staatlichen Zulassung. Bei der Kraftfahrzeughauptuntersuchung nach § 29 StVZO wie auch bei der Abgasuntersuchung nach § 47a StVZO handelt es sich um eine originär staatliche Aufgabe der Gefahrenabwehr. Wie der Staat öffentliche Aufgaben erledigen will, ist im Allgemeinen Sache seines freien Ermessens (OVG Münster, Urt. v. 22.9.2000 – 8 A 2429/99). Mit dem Erfordernis der amtlichen Anerkennung soll ausgeschlossen werden, dass nicht hinreichend sachverständige Personen Haupt- und Abgasuntersuchungen durchführen und mit der damit verbundenen Zuteilung der Prüfplakette möglicherweise nicht verkehrssicheren oder die Abgaswerte nicht erfüllenden Fahrzeugen die Teilnahme am Verkehr erlauben. Die Prüfung von Kraftfahrzeugen auf ihren verkehrssicherheitstechnischen und immissionsschutzrechtlichen Richtwerten genügenden Zustand dient unmittelbar der Erhaltung der Sicherheit und Ordnung auf den öffentlichen Straßen. Die Ermächtigung zur Schaffung von Rechtsverordnungen über die amtliche Anerkennung von Sachverständigen oder Überwachungsorganisationen berührt das Grundrecht auf Berufsfreiheit (Artikel 12 GG) derjenigen, die die Prüfungen durchführen wollen. Die Gewährleistung der Verkehrssicherheit durch die Kraftfahrzeugüberwachung, die in Wahrnehmung staatlicher Aufgaben erfolgt, rechtfertigt jedoch Einschränkungen der Berufsfreiheit. **Buchstabe o** betrifft die ausreichende Haftpflichtversicherung der Überwachungsorganisationen nach Buchstabe n zur Deckung aller im Zusammenhang mit den Untersuchungen, Prüfungen und Abnahmen entstehenden Ansprüche Dritter sowie die Freistellung des verantwortlichen Landes.*

6c   *Buchstabe p ermächtigt dazu, die amtliche Anerkennung von Herstellern von Fahrzeugen oder von Fahrzeugteilen durch Rechtsverordnung zu regeln. Außerdem ist eine Ermächtigung eingestellt, damit die Anerkennungs- und Aufsichtsbehörden personenbezogene Daten der Kfz-Werkstätten und Fahrzeughersteller verarbeiten und nutzen können, soweit die Daten für die Aufgabenerfüllung der vorgenannten Behörden erforderlich sind. Vergleichbare Regelungen für die Verarbeitung und Nutzung der entsprechenden Daten der Technischen Prüfstellen und der amtlich anerkannten Überwachungsorganisationen sind im Kraftfahrsachverständigengesetz (§§ 22 ff.) enthalten. **Buchstabe q** betrifft die ausreichende Haftpflichtversicherung von Herstellern und Kraftfahrzeugwerkstätten und entsprechend Buchstabe o. Der Inhalt von **Buchstabe r** über Maßnahmen zur Qualitätssicherung entspricht der bisherigen Nummer 6 in § 6 Abs. 1 StVG. Prüfungen im Sinne der **Buchstaben l bis r** sind z. B. Sicherheitsprüfungen nach § 29 StVZO sowie Prüfungen von Fahrtenschreibern und Kontrollgeräten (§ 57b StVZO) und von Geschwindigkeitsbegrenzern (§ 57d StVZO). **Buchstabe s** bildet die notwendige Ermächtigungsgrundlage für § 31 StVZO über Verantwortlichkeit, Rechte und Pflichten des Halters zulassungspflichtiger und zulassungsfreier Fahrzeuge. Die **Buchstaben t** und **u** enthalten die Ermächtigungsgrundlage für Verordnungen über die Zuständigkeiten und das Verfahren bei den Länderbehörden sowie über deren Befugnis zur Erteilung von Ausnahmegenehmigungen. Sie sind den entsprechenden Regelungen beim Fahrerlaubnisrecht (§ 6 Abs. 1 Nr. 1 Buchstabe w StVG) nachgebildet. Zuständigkeiten von Bundesbehörden werden dadurch nicht begründet. **Buchstabe v** ist die notwendige Ermächtigungsgrundlage für die Verordnung über internationalen Kraftfahrzeugverkehr. **Buchstabe w** ermächtigt dazu, Maßnahmen im Verordnungswege und Anforderungen bei nicht motorisierten Straßenfahrzeugen zu regeln.*

Begr zum ÄndG v. 20.6.11 (BT-Drs. 17/4144 S. 11): **Zu Abs. 1 Nr. 2 Buchst. i:** *Die Akkreditierung von Stellen zur Begutachtung von Fahrzeugen und Fahrzeugteilen wird zukünftig von der Deutschen Akkreditierungsstelle wahrgenommen. Die Regelung des § 6 Absatz 1 Nummer 2 Buchstabe i StVG ist insoweit hinfällig geworden.*

Zu Abs. 1 Nr. 2 Buchst. l: *... wird eine Präzisierung im Sinne der Rechtsklarheit aufgenommen, damit einheitliche Vorgaben zu Art, Umfang und Inhalt der regelmäßigen Untersuchungen und Prüfungen durch eine zentrale Stelle erarbeitet und bereitgestellt werden können. Einzelheiten sind bereits mit der 41. Verordnung zur Änderung straßenverkehrsrechtlicher Vorschriften vom 3. März 2006 (BGBl. I S. 470) geregelt. Die Träger der zentralen Stelle wurden mit der 32. Verordnung zur Änderung der Straßenverkehrs-Zulassungs-Ordnung vom 25. September 2008 (BGBl. I S. 1878) bereits geregelt.*

Zu Abs. 1 Nr. 2 Buchst. m: *Durch die Erweiterung der Ermächtigungsgrundlage wird die Aufgabenzuweisung der zentralen Stelle ebenso wie die zusätzliche Nutzung der Daten für statistische Zwecke gesetzlich geregelt. Die detaillierte Regelung soll durch Rechtsverordnung erfolgen.*

Begr zum ÄndG v. 10.12.07, BGBl. I S. 2833, 2835, **zu Abs. 1 Nr. 2 lit n** (BT-Drs. 16/6627 **6d** S. 16): *Die Ermächtigung des § 6 Abs. 1 Nr. 2 Buchstabe n StVG wird dahingehend geändert, dass Überwachungsorganisationen zur technischen Überwachung von Kraftfahrzeugen in Deutschland künftig auch dann anerkannt werden können, wenn sie nicht ausschließlich von selbständigen und hauptberuflich tätigen Kraftfahrzeugsachverständigen gebildet und getragen werden. Dies dient der gütlichen Beilegung des Vertragsverletzungsverfahrens der Europäischen Kommission gegen die Bundesrepublik Deutschland gemäß Artikel 226 EG-Vertrag (Verfahren Nr. 2004/2068). Die Europäische Kommission hat im Rahmen dieses Verfahrens die Auffassung vertreten, dass die deutsche Regelung über die Anerkennung von Organisationen zur technischen Überwachung von Kraftfahrzeugen die Niederlassungsfreiheit (Art. 43, 48 EGV) von Unternehmen aus anderen Mitgliedstaaten unzulässig beschränke. Zur gütlichen Beilegung des Vertragsverletzungsverfahrens hat sich die Bundesrepublik Deutschland bereit erklärt, das Erfordernis, nach dem die Anerkennung von Überwachungsorganisationen nach derzeitiger Rechtslage (Anlage VIII b StVZO) nur erteilt werden kann, „wenn die Organisation ausschließlich von mindestens 60 selbständigen und hauptberuflich tätigen Kraftfahrzeugsachverständigen gebildet und getragen wird, wobei mindestens so viele Prüfingenieure dieser Organisation im Anerkennungsgebiet ihren Sitz haben müssen, dass auf 100 000 dort zugelassene Kraftfahrzeuge und Anhänger (nach der Statistik des Kraftfahrt-Bundesamtes am 1. Juli eines jeden Jahres) jeweils ein Prüfingenieur entfällt, jedoch nicht mehr als 30 Prüfingenieure", ersatzlos aufzuheben. Damit Anlage VIII b StVZO entsprechend geändert werden kann, ist es notwendig, die Ermächtigung des § 6 Abs. 1 Nr. 2 Buchstabe n anzupassen.*

Die durch VO v. 25.4.06 (BGBl. I S. 988) geschaffene und am 1.3.07 in Kraft getretene **Fahrzeug-Zulassungsverordnung (FZV)** basiert u. a. auf Ziffer 2 Buchstaben a bis d, f, j bis l und s. bis v.

Der durch ÄndG v. 3.5.2005 (BGBl. I S. 1221) eingefügte **Buchstabe x** soll Ausnahmege- **6e** nehmigungen nach § 70 I Nr. 1 StVZO für EinzelFze, die nicht den Vorschriften über Abmessung und Gewichte entsprechen, im Interesse der Verwaltungsvereinfachung entbehrlich machen, soweit bestimmte Bedingungen erfüllt sind und schafft daher die Ermächtigung für die Vereinfachung des Verfahrens der BEErteilung (s. Begr, VkBl. **05** 436).

4. Ziffer 3 schafft die rechtlichen Voraussetzungen für Regelungen, die den Gegenstand von **7** StVO, FeV und StVZO bilden, und für einige weitere Ausführungsbestimmungen, s. BVerwG NZV **94** 374 (zur früheren Fassung), VG Lüneburg NJW **06** 1609. Begr zur Neufassung durch ÄndG v. 24.4.1998 (BR-Drs. 821/96 S. 75): *Die teilweise Neufassung von* **Nummer 3** *stellt klar, dass es auch Fälle gibt, für deren Regelung eine Verordnung nur auf die allgemeine Ermächtigung der bisherigen Nummer 3 Hs. 1 gestützt zu werden braucht und erleichtert hierfür die Zitierweise.* Die Ermächtigungsnorm der Ziffer 3 ist ausreichend konkret, BVerfGE **26** 262, BVerwG NZV **94** 374, Bay VM **71** 47, OVG Lüneburg DVBl **96** 1441. Die Regelung des StrV umfasst alles, was mit ihm in unmittelbarer Beziehung steht, auch die Abwehr von außen einwirkender Gefahren (zB Werbung), BVerwG NJW **74** 1781. Die Begriffe Sicherheit und Ordnung gelten alternativ, *Booß* VM **72** 7. Die unter c–h beschriebenen Sachverhalte sind Beispiele, schließen demnach die Berücksichtigung anderer Schutzgüter nicht aus, BVerwG NZV **94** 374, OVG Lüneburg DVBl **96** 1441, LG Berlin NZV **02** 55, begrenzen jedoch die Ermächtigung auf vergleichbare Sachverhalte, BVerfG NJW **76** 559. Ziff 3 beschränkt sich nicht auf den FzV. Das MaßnG hat die Befugnis auf Maßnahmen „zur Verhütung einer über das verkehrsübliche Maß hinausgehenden Abnutzung der Straßen" erstreckt. Begr: 30. Aufl.

Nach der Fassung des VerkSichG bezog sich die Ermächtigung nur auf Maßnahmen zur Ver- **8–10** hütung vermeidbarer Belästigungen. Das MaßnG hat die Ermächtigung durch Streichung des Wortes „vermeidbarer" erweitert, BVerwG NZV **94** 374.

4a. Mindestalter und Verhalten der Führer von Fahrzeugen (I S. 3c). Die Nr. 3c bildet **11** die Grundlage für die StVO-Vorschriften über das Verhalten der FzFührer im StrV, das Mindestalter von KfzFührern (§§ 6a II, 10 FeV) und die Festsetzung von Höchstgeschwindigkeiten (§ 3 StVO).

4b. Schutz gegen Verkehrslärm und Abgas und der Erholungsuchenden (I S. 3d). **12/13** Die Formulierung „Schutz der Wohnbevölkerung" erweitert die Ermächtigung gegenüber der früheren Fassung „in Wohngebieten". S. § 45 StVO. Das MaßnG hat die Ermächtigung auf den

Erlass von Bestimmungen über VBeschränkungen an Sonn- und Feiertagen erstreckt. Auf dieser Ermächtigung beruht § 30 III, IV StVO. Allgemeine Geschwindigkeitsbeschränkungen zwecks Lärmschutzes der Wohnbevölkerung sind in Gebieten mit überwiegender Wohnbevölkerung zulässig, uU abgestuft auch in Mischgebieten. Kritik an I S. 3d bei Steiner DVBl **80** 418.

14   Die **FerienreiseVO** verletzt das GG nicht, BVerfGE **26** 259, VRS **37** 81.

15   **4c. Parkbeschränkungen für schwere Gewerbefahrzeuge (I S. 3e). Begr** (VkBl. **80** 244): ... *Um vor allem diejenigen Fälle zu treffen, in denen sich das regelmäßige Parken als besonders störend für die Bevölkerung auswirkt, ist die Ermächtigung sachgerecht eingeschränkt. So kann das regelmäßige Parken schwerer Fahrzeuge über Nacht an Wochenenden und Feiertagen hingenommen werden, soweit es sich um Industrie- und Gewerbegebiete (im Sinne der Baunutzungsverordnung i. d. F. vom 15. September 1977 (BGBl. I S. 1763)) handelt. Eine solche Regelung ist auch hinreichend klar: Derjenige, der dauernd die Straße als Betriebshof missbraucht, ist in aller Regel ortskundig. Er weiß, ob es sich um ein Industrie- oder Gewerbegebiet handelt oder nicht. Sollte er es ausnahmsweise nicht wissen, kann er sich bei der Kommunalverwaltung erkundigen. Das gleiche gilt für Parkflächen, die von der Gemeinde zur Aufnahme der von dieser Bestimmung betroffenen Fahrzeuge bestimmt sind. Im Rahmen dieser Einschränkung soll das Verbot in die StVO aufgenommen werden. Dabei wird auch klarzustellen sein, dass bestimmte regelmäßige Parkvorgänge, z. B. das Parken von Kraftomnibussen an Endhaltestellen, vom Verbot nicht betroffen sind ... .*

16   **4d. Ortstafeln und Wegweiser (I S. 3f).** Die Nr. 3 f bildet die Grundlage für einen Teil der Bestimmungen des § 42 StVO.

17   **4e. Verkehrsstörende Reklame (I S. 3g).** Die Nr. 3g erweitert die Befugnis der Polizei und gibt insoweit auch § 33 StVO die Grundlage. Außerörtliche Werbung und Reklame ist schon verbietbar, wenn sie die VSicherheit gefährden kann, nicht erst bei wirklicher Gefährdung, s. BVerfG NJW **72** 859. Landesrecht über Außenwerbung innerorts ist zulässig, BVerfG NJW **72** 859.

18   **4f. Beeinträchtigung der Verkehrsüberwachung (I S. 3i).** Der durch ÄndG v. 19.3.01 eingefügte Buchstabe i in Nr. 3 ermächtigt den VOGeber zB zum Verbot von Radarwarnanlagen. Dadurch soll einem Unterlaufen der präventiven Wirkung von Geschwindigkeits- und Abstandsüberwachungen entgegengewirkt werden (s. Begr, BT-Drs. 14/4304, S. 10). Die Ermächtigung erstreckt sich auf das Verbot jeglicher Verwendung, also auch auf das Mitführen betriebsbereiter Anlagen, nicht aber auf die bloße Beförderung.

19   **4g.** Auf **Nr. 4a** beruht § 34 StVO.

20   **5. Zu Nr. 5a.** Hinsichtlich des Begriffes „schädliche Umwelteinwirkungen" nimmt die Vorschrift Bezug auf die in § 3 BImSchG enthaltene Legaldefinition. Danach handelt es sich um „Immissionen, die nach Art, Ausmaß oder Dauer geeignet sind, Gefahren, erhebliche Nachteile oder erhebliche Belästigungen für die Allgemeinheit oder die Nachbarschaft herbeizuführen". *Jarass*, Schädliche Umwelteinwirkungen, DVBl **83** 725. *Rank*, Entschädigungsansprüche wegen Lärmimmissionen durch StrV, BayVBl **85** 481.

20a   **5a. Zu Nr. 5c. Entsorgung von Altfahrzeugen.** Die Bestimmung dient der Sicherung einer umweltverträglichen Entsorgung und ermächtigt den VOGeber, den Nachweis darüber zu fordern.

21   **6. Nr. 6** bildet die Grundlage für Abgas- und Geräuschprüfungen.

22   **6a. Zu Nr. 7.** Sie soll bestehende Ermächtigungszweifel hinsichtlich der Nr.n 1–6 ausräumen, um eine zügige Umsetzung internationaler Verpflichtungen zu gewährleisten (vgl. Begr zu Art 1 Nr. 4 der 3. ÄndVStVR, VkBl. **82** 490). In Verbindung mit Nr. 1 war sie zB Ermächtigungsgrundlage für die auf Grund der EG-Führerscheinrichtlinie v. 4.12.1980 zur Einführung eines EG-Führerscheins in die StVZO eingefügten Bestimmungen der §§ 9a bis c (alt) über den Sehtest.

22a   **6b. Zu Nr. 8–12.**

Begr (BT-Drs. 8/971)

I. Allgemeines. Der Gesetzentwurf soll den Diebstahl von Fahrzeugkennzeichen, Fahrzeugpapieren und Fahrzeugen sowie deren Missbrauch für die Begehung von Straftaten bekämpfen.

...

II. Im Einzelnen. In § 6 Abs. 1 werden vier neue Ermächtigungsgrundlagen aufgenommen.
Die Ermächtigungsgrundlage zu Nummer 8 bezieht sich auf das Kennzeichen. Auf dieser Grundlage soll durch entsprechende StVZO-Änderung insbesondere das neue fälschungssichere Kennzeichen eingeführt werden. Notwendig werden jedoch nicht nur Bestimmungen über fälschungssichere Beschaffenheit, sondern auch Regelungen über die diebstahlsichere Anbringung der Kennzeichen sein ... .
Die Ermächtigungsgrundlage zu Nummer 9 erstreckt sich auf die Fahrzeugpapiere. Hierzu zählen der Fahrzeugbrief, der Fahrzeugschein (Zulassungsschein) sowie der Führerschein. Fahrzeugbrief sowie der sog. Fahrzeug-Erst-Schein werden schon seit einigen Jahren fälschungssicher hergestellt, jedoch noch nicht der sog. Fahrzeug-Zweit-Schein (anlässlich von Standort-, Halterwechsel, etc.) sowie der Führerschein. Es soll jedoch nicht nur eine Grundlage für Regelungen über die Beschaffenheit der Papiere geschaffen werden, sondern auch über die diebstahlsichere Verwahrung (auch der Vordrucke) bei den Zulassungsbehörden.
Die Ermächtigungsgrundlage zu Nummer 10 enthält die Möglichkeit, vor allem neue Diebstahlsicherungen für Fahrzeuge einzuführen, um deren Diebstahl zu erschweren.
Mit der Ermächtigungsgrundlage zu Nummer 11 wird eine gesetzliche Grundlage geschaffen für Maßnahmen, die sich insbesondere auf die Zusammenarbeit zwischen Zulassungsbehörden, Kraftfahrt-Bundesamt und Polizei beziehen ... .
Durch Änderung von § 6 Abs. 2 wird festgelegt, dass Rechtsverordnungen und Allgemeine Verwaltungsvorschriften nach den neuen Ermächtigungsgrundlagen durch den Bundesminister für Verkehr nur im Einvernehmen mit dem Bundesminister des Innern erlassen werden. Es handelt sich hier um Maßnahmen, die nach ihrem Zweck der „inneren Sicherheit" dienen sollen und daher vom Bundesminister des Innern auch mit verantwortet werden müssen.

7. Gebührenpflichtige Parkplätze (I S. 13). Begr (VkBl. 80 244): ... *Derartige Parkplätze* **22b**
sind ... bei öffentlichen Großveranstaltungen und sonstigen besonderen Anlässen aus Gründen der Sicherheit und Leichtigkeit des Verkehrs sowie zur Verkehrslenkung erforderlich. Sie haben sich nicht nur als hervorragendes Mittel zur „Rationierung" des knappen Verkehrsraums bewährt. Die Bewachung der dort parkenden Fahrzeuge hat darüber hinaus noch verkehrsregelnde und verkehrslenkende Vorteile: Das Personal, das mit der Bewachung des Parkplatzes betraut ist, übt zugleich bestimmte Ordnungsfunktionen aus (z. B. Einweisen der Fahrzeuge, Überwachung der Parkzeit, Verhinderung von Fahrzeugdiebstählen) und erspart damit den Einsatz der Polizei ... .

8. Parkvorrechte (I S. 14). Begr (VkBl. 80 244): ... *Die Parkraumsituation der Anwohner in-* **22c**
nerstädtischer Wohnstraßen muss verbessert werden, um die innerstädtischen Wohngebiete wieder attraktiver zu gestalten. Die Parkraumnot erschwert die Lebensumstände der dortigen Wohnbevölkerung in besonderem Maße und bildet ein entscheidendes Hindernis für eine Verbesserung des Wohnumfeldes und damit für die Erhaltung und Modernisierung dieser Wohngebiete. Betroffen sind in erster Linie dichtbebaute Gebiete am Rand der Innenstädte, die in Zeiten gebaut wurden, in denen Art und Umfang der heutigen Motorisierung noch nicht abzusehen war und in denen daher – am heutigen Bedarf gemessen – kaum privater Parkraum vorhanden ist ... . Die ... Ermächtigung ist daher ein geeigneter Beitrag, den städtebaulich nicht zu verantwortenden Folgen der Stadtumlandwanderung entgegenzuwirken. Sie stellt eine notwendige Maßnahme im Zusammenhang mit den Bemühungen von Bund und Ländern um eine attraktivere Gestaltung innerstädtischer Wohngebiete dar.
Schwerbehinderte mit außergewöhnlicher Gehbehinderung finden keine Parkmöglichkeiten vor ihrer Wohnung oder Arbeitsstätte und müssen unzumutbare weite Wege gehen oder gar getragen werden, weil oft am Fahrbahnrand über viele hundert Meter ein parkendes Fahrzeug hinter dem anderen steht. Dieser entwürdigende Zustand kann nicht hingenommen werden. Appelle an die Mitbürger, Parkraum in solchen Fällen freizuhalten, haben sich in vielen Fällen als erfolglos erwiesen. Das Gleiche gilt für Blinde, die auf die Benutzung eines Kraftfahrzeuges angewiesen sind und sich nur mit fremder Hilfe bewegen können.
...

Begr zum ÄndG v 19.3.01 (BT-Drs. 14/4304): *Durch die neue Fassung der Ermächtigung in § 6 Abs. 1 Nr. 14 wird die Voraussetzung dafür geschaffen, in § 45 Abs. 1b Satz 1 Nr. 2 StVO und der dazu zu erlassenden Verwaltungsvorschrift neben den Parkmöglichkeiten für Anwohner nach Maßgabe der Entscheidung des Bundesverwaltungsgerichts vom 28. Mai 1998 (Az. 3 C 11/97) zukünftig auch die Voraussetzungen für die Anordnung großflächiger Bewohnerparkbereiche im Einvernehmen mit der Gemeinde und unter Berücksichtigung des verfassungsrechtlichen Gemeingebrauchs der Straßen regeln zu können.*
Begr des Bundesrates, BR-Drs. 321/00 (Beschluss) S. 5: *Der Bundesrat fordert die Bundesregierung auf, in der Straßenverkehrs-Ordnung und den zugehörigen Verwaltungsvorschriften das zulässige Ausmaß von Bewohnerparkzonen festzulegen und festzuschreiben, dass in den betroffenen städtischen Quartieren maximal für 50 Prozent des Parkraumes Privilegierungen erfolgen dürfen.*

Das Straßenverkehrsrecht ist grundsätzlich privilegienfeindlich, was eine Folge des grundgesetzlich garantierten Gemeingebrauchs ist. Durch die vorgesehene Änderung in § 6 Abs. 1 Nr. 14 StVG wird eine Privilegierung eingeführt, die jedoch auf das unbedingt notwendige Maß eingeschränkt werden muss.

Die Größe dieser Bewohnerparkzonen ist nach der Einwohnerzahl der jeweiligen Stadt zu staffeln. Dabei sind die Kriterien zu berücksichtigen, die die Rechtsprechung in diesem Zusammenhang festgelegt hat (Vergleiche hierzu etwa das OVG Münster im Urteil vom 6.12.1996; NZV 1997, 248).

Begr zum ÄndG v. 3.2.09 (VkBl. **09** 171): *Der Bundesverband Contergangeschädigter e. V. hat im Oktober 2007 einen Forderungskatalog aufgestellt, in dem u. a. die Benutzung von Behindertenparkplätzen auch für contergangeschädigte Menschen gefordert wird. Bislang konnte diese Personengruppe Behindertenparkplätze nicht nutzen, da aus medizinischer Sicht keine Behinderung vorliegt, die als eine außergewöhnliche Gehbehinderung angesehen werden kann. Contergangeschädigte Menschen ohne Arme müssen aber das Fehlen der Hände durch die Füße ausgleichen, was zu einer verstärkten Beanspruchung der Gelenke führt. Der Ausgleich der Handfunktion durch die Füße verlangt eine besondere Schonung derselben, z. B. durch das Vermeiden längerer Wegstrecken. Die Bedürfnisse sind nachvollziehbar und auch auf Grund der relativ geringen Anzahl der Betroffenen (weniger als 3000) aus verkehrlicher Sicht vertretbar.*

Aus Gründen der Gleichbehandlung sollen auch andere schwerbehinderte Menschen ohne Arme oder mit vergleichbaren Funktionseinschränkungen, die nicht zu den contergangeschädigten Menschen gehören, diesen Nachteilsausgleich in Anspruch nehmen können. Deshalb wird die Gruppe der Berechtigten, die Behindertenparkplätze nutzen dürfen, um schwerbehinderte Menschen mit beidseitiger Amelie oder Phokomelie oder mit vergleichbaren Funktionseinschränkungen erweitert. Personen mit beidseitiger Amelie fehlen beide Arme. Bei Personen mit beidseitiger Phokomelie setzen die Hände oder Füße unmittelbar am Rumpf an. Diese Formulierung stellt nicht ursachenbezogen auf eine Conterganschädigung ab, sondern vielmehr auf die körperliche Einschränkung.

Die Vorschrift dient der Verbesserung der Lebensbedingungen für Schwerbehinderte und Blinde und der Eindämmung der Stadtflucht durch Parkraumreservierung für die Bewohner städtischer Bereiche zu Lasten des allgemeinen Individualverkehrs (Abweichung vom Grundsatz der Gleichberechtigung aller VT). Die Vorschrift steht jedoch mit dem GG, insbesondere Art 3, in Einklang und ist als ErmächtigungsG für § 45 Ib Nr. 2 StVO hinreichend bestimmt (Art 80 I S. 2 GG), Dü VRS **63** 377, **69** 45, *Fugmann-Heesing* NVwZ **83** 531. Zum Umfang der Ermächtigung *(„Beschränkung")* s.Wilde MDR **83** 540 mit Entgegnung von *Cosson* MDR **84** 105; s. § 45 StVO Rn. 35. Einen Anspruch von Bewohnern städtischer Quartiere auf Parkraum begründet die Vorschrift nicht, BVerwG ZfS **92** 249. Zur zukünftigen Reform der Bestimmung, s. *Gehrmann* ZRP **99** 60. Durch ÄndG v. 3.2.09 (BGBl. I S. 150) wurde der Berechtigtenkreis für „Behindertenparkplätze" um schwerbehinderte Menschen mit beidseitiger Amelie oder Phokomelie oder mit vergleichbaren Funktionseinschränkungen erweitert, Umsetzung durch Änderung von § 45 Ib S. 1 Nr. 2 StVO durch ÄndVO v. 26.3.09 (BGBl. I S. 734, BegrVkBl. **09** 315).

8a. Einrichtung und Nutzung fahrerloser Parksysteme (I S. 14a). I Nr. 14a wurde durch ÄndG v. 16.6.17 (BGBl. I S. 1648) eingefügt, weil die BReg davon ausging, dass der Einsatz von vollautomatisierten Fahrfunktionen im niedrigen Geschwindigkeitsbereich in komplexen Verkehrsumgebungen wie Parkflächen in näherer Zukunft ein realistisches Szenario darstellt (Begr BT-Drs. 18/11300 S. 23). Zusammen mit der Schaffung einer Ermächtigungsgrundlage für eine nähere rechtliche Ausgestaltung zur Einrichtung und Nutzung von derartigen fahrerlosen Parksystemen wurde geregelt, dass die Nutzung solcher Parksysteme nur mit Zustimmung des Verfügungsberechtigten der Parkflächen erfolgen darf (Begr BT-Drs. 18/11300 S. 23).

22d   **9. Fußgängerbereiche und „verkehrsberuhigte" Bereiche (I S. 15). Begr** (VkBl. **80** 244): *... Der Begriff „Kennzeichnung" macht deutlich, dass den Straßenverkehrsbehörden nicht die Befugnis eingeräumt werden soll zu entscheiden, ob ein Fußgängerbereich oder eine verkehrsberuhigte Wohnzone eingerichtet werden soll. In der Praxis ist dies jeweils eine bedeutende lokale städteplanerische Entscheidung der Gemeinde, für die als Rechtsgrundlage auch das Straßenrecht in Betracht kommen kann. Hieran soll nichts geändert werden. Die Frage aber, wie der verbleibende Verkehr in diesen Bereichen in Vollzug dieser grundsätzlich städteplanerischen Entscheidung zu regeln ist, ist von der jeweiligen Straßenverkehrsbehörde zu entscheiden ... .*

Entsprechend dem übrigen Wortlaut des § 6 widerspricht die kumulativ erscheinende Aufzählung nicht einer alternativen Auslegung und Anwendung dieser Ermächtigung. Es muss daher nur eine der aufgezählten Zielsetzungen vorliegen ... .

Die Einrichtung von verkehrsberuhigten Bereichen kommt nicht nur in den ausschließlich oder überwiegend dem Wohnen dienenden Gebieten, sondern auch in Gebieten mit gemischter baulicher Nutzung und in zentralen Einkaufsbereichen in Betracht ... .

10. Verkehrsbeschränkungen zu Erprobungs- und Forschungszwecken (I S. 16). 22e
Begr (VkBl. 80 244): *Diese Ermächtigung dient allein der Klarstellung … . Solche Regelungen und Anordnungen werden zwar in der Absicht, mehr Sicherheit im Straßenverkehr zu gewinnen, erlassen und dienen daher von der Zielrichtung her der Verkehrssicherheit. Ob sie aber wirklich mehr Sicherheit bringen, steht im Zeitpunkt des Erlasses der Regelung bzw. der Anordnung noch nicht fest … . Die möglichen Zweifel, ob diese mittelbare Beziehung zur Verkehrssicherheit das Merkmal „Sicherheit auf den öffentlichen Wegen und Plätzen" im Sinne des § 6 Abs. 1 Nr. 3 StVG erfüllt, sollen nunmehr durch diese neue Ermächtigung gegenstandslos werden … .*

11. Verkehrsmaßnahmen zwecks außerverkehrlicher Sicherheit (I S. 17). Begr 22f
(VkBl. 80 244): *Die Sicherheitslage in der Bundesrepublik Deutschland macht weiterhin zum Teil umfangreiche Sicherungsmaßnahmen bei sicherheitsempfindlichen Dienstgebäuden und sonstigen Anlagen, bei denen die Gefahr von Anschlägen besteht, erforderlich. Soweit derartige Dienstgebäude oder Anlagen an öffentliche Straßen und Plätze angrenzen, besteht vielfach ein Bedürfnis für verkehrsbeschränkende Maßnahmen aus Sicherheitsgründen (z. B. Haltverbote zur Verhinderung von Bombenanschlägen mittels abgestellter Kraftfahrzeuge). Nach § 45 StVO können die Straßenverkehrsbehörden verkehrsbeschränkende Anordnungen u. a. nur aus Gründen der Sicherheit oder Ordnung des Verkehrs erlassen. Diese Voraussetzungen liegen in den geschilderten Fällen vielfach nicht vor, so dass ein wirksamer Schutz dieser sicherheitsempfindlichen Bereiche und die Wirksamkeit der oftmals mit hohem finanziellen Aufwand getroffenen sonstigen Sicherheitsmaßnahmen infrage gestellt wird. Eine weitere Notwendigkeit für die vorgesehene Neuregelung hat sich auch während dieses besonders strengen Winters in Norddeutschland ergeben. Die **Anordnung flächendeckender Fahrverbote** war notwendig, aber rechtlich nicht eindeutig abgesichert … .*

12. Sonderfahrspuren für Linienomnibusse und Taxen (I S. 18). Die Vorschrift erlaubt 22g
die erweiterte Begünstigung des öffentlichen Nahverkehrs durch die Einrichtung gesonderter Busspuren für Linienbusse und Taxen. S. zB § 41 II Nr. 5 StVO VZ 245 sowie § 9 III S. 2 StVO (Vorrang berechtigter Sonderfahrstreifenbenutzer beim Abbiegen).

13. Technische Unterwegskontrolle von Nutzfahrzeugen (I Nr. 20). Begr (BT-Drs. 22h
14/8766 S. 59): *Mit der Richtlinie 2000/30/EG des Europäischen Parlaments und des Rates vom 6. Juni 2000 über die technische Unterwegskontrolle von Nutzfahrzeugen, die in der Gemeinschaft am Straßenverkehr teilnehmen (ABl. EG Nr. L 203 S. 1), werden die Mitgliedstaaten verpflichtet, die Vorschriften bis zum 10. August 2002 in nationales Recht umzusetzen, dh bestimmte Bedingungen für die Durchführung von technischen Unterwegskontrollen festzulegen. Unter „technische Unterwegskontrolle" versteht die Richtlinie die von den Behörden nicht angekündigte und somit unerwartete, auf öffentlichen Straßen durchgeführte technische Kontrolle eines Nutzfahrzeuges, das im Gebiet eines Mitgliedstaates am Straßenverkehr teilnimmt (Artikel 2b). Die gemäß der Richtlinie 96/96/EG des Rates vom 20. Dezember 1996 zur Angleichung der Rechtsvorschriften der Mitgliedstaaten über die technische Überwachung der Kraftfahrzeuge und Kraftfahrzeuganhänger (ABl. EG Nr. L 46 S. 1), vorgeschriebene regelmäßige jährliche technische Überwachung der Nutzfahrzeuge durch eine zugelassene Stelle wird als nicht ausreichend angesehen. Es bedarf einer gesonderten Ermächtigung zur Regelung der Zusammenarbeit zwischen den zur Kontrolle des Verhaltens im Straßenverkehr, den zur Prüfung der Fahrzeuge, ihrer Beschaffenheit und Ausrüstung befugten Stellen und zur Regelung des Datenaustauschs. Mit der Ergänzung des § 6 Abs. 1 StVG wird eine entsprechende Ermächtigungsgrundlage geschaffen. Die Einzelheiten, insbesondere auch über die Zusammenarbeit zwischen Mitgliedstaaten der EG, der Europäischen Kommission, Bund und Ländern bleiben der zu erlassenden Rechtsverordnung vorbehalten.*

Begr zum ÄndG v. 16.5.17 (BT-Drs. 18/10882 S. 34): *Durch das Inkrafttreten der Richtlinie 2014/47/EU des Europäischen Parlaments und des Rates vom 3. April 2014 über die technische Unterwegskontrolle der Verkehrs- und Betriebssicherheit von Nutzfahrzeugen, die in der Union am Straßenverkehr teilnehmen, und zur Aufhebung der Richtlinie 2000/30/EG (ABl. EU Nr. L 127 S. 134) sind Änderungen in der geltenden TechKontrollV erforderlich. Die Änderung der Ermächtigungsgrundlage im § 6 Abs. 1 Nr. 20 StVG soll die Umsetzung der Richtlinie 2014/47/EU unter gleichzeitiger Sicherstellung der Geltung der bestehenden TechKontrollV bis zu dem Zeitpunkt des Inkrafttretens der an die Richtlinie 2014/47/EU angepassten TechKontrollV ermöglichen.*

I Nr. 20 bildet die Ermächtigungsgrundlage für die am 1.9.03 in Kraft getretene VO über technische Kontrollen von NutzFzen auf der Str (**TechKontrollV**) v. 21.5.03 (BGBl. I S. 774). Die ihr ursprünglich zugrunde liegende Richtlinie 2000/30/EG wurde mWv 20.5.18 aufgehoben, seitdem ist die Richtlinie 2014/47/EU (ABlEU Nr. L 127 v. 29.4.14 S. 134) maßgeblich. Zur Umsetzung dieser RL in das deutsche Recht wurde I Nr. 20 durch ÄndG v. 16.5.17

(BGBl. I S. 1214) neu gefasst und die TechKontrollV durch ÄndVO v. 8.5.18 (BGBl. I S. 544, Begr BR-Drs. 88/18) angepasst.

23   **14. Erlass von Rechtsverordnungen auf Grund des § 6.** Bindung durch den Verhältnismäßigkeitsgrundsatz: Rn. 2. RVOen des BMV auf Grund des § 6 bedürfen der Zustimmung des BR „vorbehaltlich anderweitiger bundesgesetzlicher Regelung" (Art 80 GG) (**E** 4). Solche anderweitige gesetzliche Regelung gibt III; es bedarf nicht der Zustimmung des BR zum Erlass von Vorschriften über die Beschaffenheit, Ausrüstung und Prüfung von Fzen und FzTeilen. Die Bestimmung trägt dem Gedanken Rechnung, dass es unangemessen und unpraktisch wäre, den Bundesrat mit rein technischen Durchführungsverordnungen zu befassen, s. Begr zum VerkSichG. Das BMV ist weiter durch das Gesetz zur Revision 3 des Übereinkommens vom 20.3.1958 über die Annahme einheitlicher technischer Vorschriften für Radfahrzeuge, Ausrüstungsgegenstände und Teile, die in Radfahrzeuge(n) eingebaut und/oder verwendet werden können, ... v. 31.3.19 (BGBl II S. 220, Begr BT-Drs. 19/6548 S. 9 ff.) ermächtigt, bestimmte technische Regelungen durch RVO ohne Zustimmung des Bundesrates in Kraft zu setzen.

24   Das MaßnG hat durch Zusatz zu **III** bestimmt, dass auch RVOen, durch die das BMV „allgemeine Ausnahmen von den auf diesem Gesetz beruhenden Rechtsvorschriften zulässt, nicht der Zustimmung des BR bedürfen", auch soweit sie nicht Beschaffenheit, Ausrüstung und Prüfung von Fzen und FzTeilen betreffen. Insoweit sind vorher die zuständigen obersten Landesbehörden zu hören. Die Regelung des III Alt 2, wonach RVO über allgemeine Ausnahmen von den auf dem StVG beruhenden RVO nicht der Zustimmung des Bundesrates bedürfen, begegnet keinen verfassungsrechtlichen Bedenken (BVerfG 1.4.14 NVwZ **14** 1219).

Verkündung der auf Grund des § 6 zu erlassenden RVOen: Art 82 GG und G über die Verkündung von RVOen vom 30.1.50 (Verkündung im BGBl oder Bundesanzeiger mit Hinweis im BGBl). Auch zu den vom BMV für den StrV zu erlassenden allgemeinen Verwaltungsvorschriften (VwV) ist die Zustimmung des BR erforderlich (Art 85 II GG). Sie werden üblicherweise im VkBl. verkündet.

24a   Der durch ÄndG v. 22.12.08 (BGBl. I S. 2965) eingefügte **Abs. 3a** ermächtigt den VOGeber zum Erlass von Bestimmungen über gewerbsmäßiges Feilbieten, Veräußern und Inverkehrbringen von Fz, FzTeilen und Ausrüstungen. **Begr** (VkBl. **09** 108): *Durch diese Ergänzung wird der Tatsache Rechnung getragen, dass insbesondere Fahrzeugteile nicht nur der Genehmigung aufgrund nationaler Vorschriften bedürfen, sondern dass die Genehmigung auch aufgrund europäischer Rechtsvorschriften erforderlich sein kann. Um welche Fahrzeugteile und Ausrüstungen es sich handelt und welche Bedingungen im Einzelnen erfüllt sein müssen, wird unter Bezugnahme auf die jeweiligen europäischen Rechtsvorschriften in der Verordnung geregelt werden. Es handelt sich dabei um die nach den Typgenehmigungsrichtlinien genehmigungs- und kennzeichnungspflichtigen Bauteile oder selbständigen technischen Einheiten, die Bestandteil eines Fahrzeugs werden sollen sowie Teile oder Ausrüstungen im Sinne von Artikel 31 Abs. 1 und 2 der Richtlinie 2007/46/EG vom 5. September 2007 (ABl EU Nr. L 263 S. 1), für die eine Autorisierung erforderlich ist.* Mit der VO ist die EG-FGV (Buchtei **6**) gemeint. Bußgeldvorschrift: § 23 II StVG iVm § 37 II EG-FGV.

25   Der durch ÄndG v 3.5.2005 (BGBl I S. 1221) angefügte **Abs 4** erleichtert das Verfahren in Fällen der **Verweisung auf verkehrsrechtliche Vorschriften** in Gesetzen und RVOen, wenn solche Vorschriften durch inhaltsgleiche Bestimmungen ersetzt werden. Die Änderungen der Verweise können, soweit sie keine inhaltlichen Änderungen sind, im Einvernehmen mit den beteiligten Bundesministerien ohne Zustimmung des Bundesrates erfolgen (s. Begr VkBl. **05** 436).

25a   Durch den mit ÄndG v. 16.6.17 (BGBl. I S. 1648) eingefügten **Abs. 4a** wurde eine Ermächtigungsgrundlage geschaffen, um besondere Anforderungen des hoch- oder vollautomatisierten Fahrens, insbes auch zur IT-Sicherheit, auf den Gebieten des Fahrerlaubnisrechts (I Nr. 1), der Zulassung von Fz einschl ihrer technischen Überwachung (I Nr. 2), sowie der StVO und einiger anderer Ausführungsbestimmungen (I Nr. 3) berücksichtigen zu können (Begr BT-Drs. 18/11300 S. 23). Kfz mit hoch- oder vollautomatisierter Fahrfunktion werden in § 1a II S. 1 definiert. Ergänzend siehe § 63b.

26   Der ursprünglich durch das 5. StVGÄndG v. 17.7.09 (BGBl. I S. 2021) eingefügte, aber durch das 7. StVGÄndG v. 23.6.11 (BGBl. I S. 1213) neu gefasste **Abs. 5** ermächtigt die Landesregierungen unmittelbar, durch RVO besondere Bestimmungen über die Erteilung (einschl der Einweisung und Prüfung) für **Fahrberechtigungen** zum Führen von EinsatzFz der Freiwilligen Feuerwehren, der nach Landesrecht anerkannten Rettungsdienste, des Technischen Hilfswerks und sonstiger Einheiten des Katastrophenschutzes bis zu einer zGM von 7,5 t (§ 2 Xa) zu erlassen. Die Landesregierungen können demnach Sonderbestimmungen über diese Fahrberechtigungen durch LandesVO treffen, soweit der Bundesgesetzgeber nicht bereits Festlegungen getroffen hat. Dadurch soll die Möglichkeit eröffnet werden, den jeweiligen Gegebenheiten Rechnung zu tragen (Begr BT-Drs. 17/4981 S. 7 = VkBl. **11** 507). Das BMV ist nicht ermächtigt, ergänzende bundeseinheitliche Bestimmungen für die Fahrberechtigungen durch RVO zu schaffen. Regelungen in der FeV sind ausgeschlossen, nachdem eine entsprechende Passage in I Nr. 1 Buchst. i durch das 7. StVGÄndG v. 23.6.11 (BGBl. I S. 1213) gestrichen worden ist. Die Landesregierungen können die Ermächtigung nach V S. 1 auch durch RVO auf die zuständige oberste Landesbehörde, also das Fachministerium des Landes, übertragen (V S. 3). Ob mit der *zuständigen* obersten Landesbehörde die für das Fahrerlaubnisrecht oder die für die Freiwillige Feuerwehr, die Rettungsdienste, das Technische Hilfswerk und sonstige Einheiten des Katastrophenschutzes zuständigen obersten Landesbehörden gemeint sind, ist offen. Bei der Ausgestaltung der Bestimmungen sind die Besonderheiten der unterschiedlichen Gewichtsklassen der Fahrberechtigungen (bis 4,75 t oder bis 7,5 t) zu berücksichtigen (V S. 2).

Der durch ÄndG v. 5.12.19 (BGBl. I S. 2008) eingefügte **Abs. 5a** ermächtigt die Landesregie-   **26a**
rungen dazu, das Mindestalter für die Erteilung einer **Fahrerlaubnis der Klasse AM** in dem jeweiligen Bundesland abweichend von § 10 I S. 1 Nr. 1 Buchst a FeV **auf 15 Jahre herabzusetzen**. Dies war in einem Modellversuch auf der Grundlage der früheren 3. FeVAusnVO v. 22.4.13 (BGBl. I S. 940) zunächst in Sachsen, Sachsen-Anhalt und Thüringen, später auch in Brandenburg und Mecklenburg-Vorpommern erprobt worden. Obwohl die Evaluierung des Modellversuchs (BASt-Bericht M 286) kein eindeutiges Ergebnis erbracht hatte, wurde allen Bundesländern durch Einfügung des Abs. 5a ab 12.12.19 ermöglicht, die Fahrerlaubnis der Klasse AM bereits ab Vollendung des 15. Lebensjahres zu erteilen. Die Herabsetzung wurde nicht einheitlich für das gesamte Bundesgebiet geregelt, sondern der Entscheidung der Länder für ihr jeweiliges Gebiet überlassen, da der Modellversuch „sehr heterogene Ergebnisse geliefert" habe und da der Nutzen der Herabsetzung des Mindestalters ua von den regionalen Gegebenheiten, zB Verfügbarkeit von ÖPNV, Entfernung zu Schulstandorten und Freizeiteinrichtungen, abhängig sei (Begr BT-Drs. 19/12915 S. 10). Wird von der Ermächtigung Gebrauch gemacht, berechtigt die so erteilte Fahrerlaubnis bis zur Vollendung des 16. Lebensjahres zum Führen von Kfz der Klasse AM in allen Bundesländern, die von der Ermächtigung Gebrauch gemacht haben (Va S. 3), nicht aber im übrigen Bundesgebiet. Näher dazu § 10 FeV Rn. 16 ff., *Dauer* NZV **20** 348.

Der durch das 6. StVGÄndG v. 17.7.09 (BGBl. I S. 2023) eingefügte **Abs. 6** stellt eine Expe-   **27**
rimentierklausel zur **Erprobung neuer Verfahrensweisen in der Fahrzeugzulassung** unter Einsatz von Informations- und Kommunikationstechnik dar („Online-Zulassung", vgl. *Heller/ Richter* DVBl **10** 345). Mit ihr wird das BMV ermächtigt, den Landesregierungen durch RVO die Möglichkeit zu eröffnen, durch LandesVO flexibel Rechtsgrundlagen schaffen zu dürfen, um in Pilotprojekten Neuerungen im Verfahren der Fahrzeugzulassung zu erproben. **Begr** (VkBl. **09** 450): *… Ziel ist es, die Registrierungsprozesse von Fahrzeugen unter Nutzung der Möglichkeiten von E-Government neu auszurichten. … Für Individualkunden und Gewerbe soll damit die Option eröffnet werden, die Fahrzeugregistrierungsprozesse (An-, Ab- und Ummeldung) möglichst durchgängig online ausführen zu können. … Um die vorgesehenen Pilotprojekte durchzuführen, sind Abweichungen von den Vorschriften zur Fahrzeugzulassung, insbesondere den Bestimmungen der Fahrzeug-Zulassungsverordnung erforderlich. Die Abweichungen sollen bis zu ihrer Bewährung nicht generell eingeführt werden, da sonst das Risiko besteht, dass sie nicht mehr reversibel sind. Mit der neu eingefügten Experimentierklausel wird dem Bundesministerium für Verkehr, Bau und Stadtentwicklung das Recht eingeräumt, seine Ermächtigung zur Regelung der Zulassung von Fahrzeugen soweit sie deren Art betreffen den zuständigen Landesregierungen, in deren Bereich Pilotvorhaben zur Änderung des Verfahrens der Fahrzeugzulassung (Registrierung) durchgeführt werden sollen, zu übertragen. … Die Übertragung gibt den sie nutzenden Ländern die notwendige Flexibilität für die Durchführung der Pilotprojekte. Insbesondere werden „Nachjustierungen" der Prozesse innerhalb des Pilotprojektes möglich, ohne erneute Bundesregelungen zu treffen. Die Flexibilität der übertragenen Rechte setzt voraus, dass die pilotierenden Länder Prozessänderungen stets in Bezug zum Gesamtsystem der Zulassung in Deutschland setzen, sie also insbesondere prüfen, dass länderübergreifende Registrierungsprozesse gewährleistet bleiben und welche Auswirkungen eine „Rückabwicklung" hat, wenn sich eine Änderung als nicht optimaler Weg herausstellt. Schließlich ist die Gültigkeit der auf Grund der Ermächtigung zu erlassenden Rechtsverordnung auf drei Jahre befristet, um spätestens dann ein einheitliches Verfahren zu sichern.*

Die in Abs. 6 enthaltene **Subdelegation** auf die Landesregierungen ist verfassungsrechtlich   **28**
zulässig (Art 80 I S. 4 GG). Auch die Vorgabe der Landesregierungen als Subdelegare ist verfassungskonform, denn der Adressatenkreis des Art 80 I S. 1 GG wird eingehalten. Verfassungsrechtlich unbedenklich ist die Begrenzung der Ermächtigung, die Verordnungsbefugnis nur für den

Erlass von RVO mit einer Geltungsdauer von 3 Jahren weiter zu übertragen, denn eine solche Befristungsmöglichkeit stünde dem Gesetzgeber auch gegenüber dem Erstdelegar zu.

29   Die Experimentierklausel des Abs. 6 lässt **Abweichungen vom geltenden Kfz-Zulas-sungsrecht** nur auf untergesetzlicher Ebene zu, nicht von den gesetzlich geregelten Bestimmungen über die Zulassung von Kfz (§§ 1, 5, 31 ff. StVG). So ist insbesondere keine Abweichung von der Vorgabe in § 1 I S. 2 StVG zulässig, dass die Zulassung „durch Zuteilung eines amtlichen Kennzeichens" erfolgt (dazu § 1 StVG Rn. 32 ff.). Damit kann die auf der Basis von Abs. 6 ergehende RVO keinen Verzicht auf die amtliche Abstempelung der Kennzeichenschilder zulassen. Abs. 6 erlaubt auch nicht generell Abweichungen von den auf der Grundlage von Abs. 1 Nr. 2 erlassenen RVO, sondern nur von den auf der Grundlage von Abs. 1 Nr. 2 Buchst. c, d, k, m, r, s, t und v erlassenen RVO.

30   Auf der Grundlage von Abs. 6 wurde die bis 31.12.13 befristete **VO zur landesrechtlichen Regelung von Ausnahmen von der FZV** v. 24.11.10 (BAnz 10 4043, § 6 FZV Rn. 2c 42. und 43. Aufl, Begr VkBl. **11** 12 = StVRL § 6 FZV Nr. 1) erlassen, die den Ländern befristet erlaubt hat, zur Erprobung von Zulassungsverfahren unter Einsatz von Informations- und Kommunikationstechnik durch RVO zu regeln, dass abweichend von § 6 VIII FZV die Identifizierung des Fz auch nach Erstellung der ZB II erfolgen darf (§ 6 FZV Rn. 10a). Von dieser Ermächtigung hat Hamburg als einziges Bundesland mit der VO zur Erprobung von Zulassungsverfahren für Kfz über das Internet v. 2.8.11 (HmbGVBl **11** 382) Gebrauch gemacht.

31   Mit **Abs. 7** wurde auf Anregung des Bundesrates (BR-Drs. 126/16 (Beschluss)) durch ÄndG v. 28.11.16 (BGBl. I S. 2722) eine gesetzl Ermächtigungsgrundlage für den Bund eingeführt, zur Entlastung der Polizei den Einsatz von **Beliehenen** und **Verwaltungshelfern** zur **Begleitung von Großraum- und Schwertransporten** zu ermöglichen (dazu *Hornof* VD **18** 41). Damit kann BMV bundesweit gleichartige Rahmenbedingungen schaffen, nach denen besonders verpflichtete Personen für diesen Zweck eingesetzt werden können (Begr BT-Drs. 18/9084 S. 14). VII enthält eine Befugnis zur Subdelegation der Regelungsbefugnis auf die Landesregierungen, wodurch bei Bedarf länderspezifische Besonderheiten berücksichtigt werden können (Begr BT-Drs. 18/9084 S. 14). Beleihung und Beauftragung sollen durch die jeweils zuständige Landesbehörde erfolgen.

Gebühren

6a (1) Kosten (Gebühren und Auslagen) werden erhoben

1. **für Amtshandlungen, einschließlich Prüfungen und Überprüfungen im Rahmen der Qualitätssicherung, Abnahmen, Begutachtungen, Untersuchungen, Verwarnungen – ausgenommen Verwarnungen im Sinne des Gesetzes über Ordnungwidrigkeiten – und Registerauskünften**

    a) **nach diesem Gesetz und nach den auf diesem Gesetz beruhenden Rechtsvorschriften,**

    b) **nach dem Gesetz zu dem Übereinkommen vom 20. März 1958 über die Annahme einheitlicher Bedingungen für die Genehmigung der Ausrüstungsgegenstände und Teile von Kraftfahrzeugen und über die gegenseitige Anerkennung der Genehmigung vom 12. Juni 1965 (BGBl. 1965 II S. 857) in der Fassung des Gesetzes vom 20. Dezember 1968 (BGBl. 1968 II S. 1224) und nach den auf diesem Gesetz beruhenden Rechtsvorschriften,**

    c) **nach dem Gesetz zu dem Europäischen Übereinkommen vom 30. September 1957 über die internationale Beförderung gefährlicher Güter auf der Straße (ADR) vom 18. August 1969 (BGBl. 1969 II S. 1489) und nach den auf diesem Gesetz beruhenden Rechtsvorschriften,**

    d) **nach dem Fahrpersonalgesetz und den darauf beruhenden Rechtsverordnungen, soweit die Amtshandlungen vom Kraftfahrt-Bundesamt vorgenommen werden,**

    e) **nach dem Berufskraftfahrer-Qualifikations-Gesetz und den darauf beruhenden Rechtsverordnungen,**

2. **für Untersuchungen von Fahrzeugen nach dem Personenbeförderungsgesetz in der im Bundesgesetzblatt Teil III, Gliederungsnummer 9240–1, veröffentlichten bereinigten Fassung, zuletzt geändert durch Artikel 7 des Gesetzes über die unentgeltliche Beförderung Schwerbehinderter im öffentlichen Personenverkehr vom 9. Juli 1979 (BGBl. I S. 989), und nach den auf diesem Gesetz beruhenden Rechtsvorschriften,**

3. **für Maßnahmen im Zusammenhang mit der Außerbetriebsetzung von Kraftfahrzeugen und Kraftfahrzeuganhängern.**

(2) [1] Das Bundesministerium für Verkehr und digitale Infrastruktur wird ermächtigt, die gebührenpflichtigen Amtshandlungen sowie die Gebührensätze für die einzelnen Amtshandlungen, einschließlich Prüfungen und Überprüfungen im Rahmen der Qualitätssicherung, Abnahmen, Begutachtungen, Untersuchungen, Verwarnungen – ausgenommen Verwarnungen im Sinne des Gesetzes über Ordnungswidrigkeiten – und Registerauskünften im Sinne des Absatzes 1 durch Rechtsverordnung zu bestimmen und dabei feste Sätze, auch in Form von Zeitgebühren, oder Rahmensätze vorzusehen. [2] Die Gebührensätze sind so zu bemessen, dass der mit den Amtshandlungen, einschließlich Prüfungen, Abnahmen, Begutachtungen, Untersuchungen, Verwarnungen – ausgenommen Verwarnungen im Sinne des Gesetzes über Ordnungswidrigkeiten – und Registerauskünften verbundene Personal- und Sachaufwand gedeckt wird; der Sachaufwand kann den Aufwand für eine externe Begutachtung umfassen; bei begünstigenden Amtshandlungen kann daneben die Bedeutung, der wirtschaftliche Wert oder der sonstige Nutzen für den Gebührenschuldner angemessen berücksichtigt werden. [3] Im Bereich der Gebühren der Landesbehörden übt das Bundesministerium für Verkehr und digitale Infrastruktur die Ermächtigung auf der Grundlage eines Antrags oder einer Stellungnahme von mindestens fünf Ländern beim Bundesministerium für Verkehr und digitale Infrastruktur aus. [4] Der Antrag oder die Stellungnahme sind mit einer Schätzung des Personal- und Sachaufwands zu begründen. [5] Das Bundesministerium für Verkehr und digitale Infrastruktur kann die übrigen Länder ebenfalls zur Beibringung einer Schätzung des Personal- und Sachaufwands auffordern.

(3) [1] Im Übrigen findet das Verwaltungskostengesetz in der bis zum 14. August 2013 geltenden Fassung Anwendung. [2] In den Rechtsverordnungen nach Absatz 2 können jedoch die Kostenbefreiung, die Kostengläubigerschaft, die Kostenschuldnerschaft, der Umfang der zu erstattenden Auslagen und die Kostenerhebung abweichend von den Vorschriften des Verwaltungskostengesetzes geregelt werden.

(4) In den Rechtsverordnungen nach Absatz 2 kann bestimmt werden, dass die für die einzelnen Amtshandlungen, einschließlich Prüfungen, Abnahmen, Begutachtungen und Untersuchungen, zulässigen Gebühren auch erhoben werden dürfen, wenn die Amtshandlungen aus Gründen, die nicht von der Stelle, die die Amtshandlungen hätte durchführen sollen, zu vertreten sind, und ohne ausreichende Entschuldigung des Bewerbers oder Antragstellers am festgesetzten Termin nicht stattfinden konnten oder abgebrochen werden mussten.

(5) Rechtsverordnungen über Kosten, deren Gläubiger der Bund ist, bedürfen nicht der Zustimmung des Bundesrates.

(5a) [1] Für das Ausstellen von Parkausweisen für Bewohner städtischer Quartiere mit erheblichem Parkraummangel können die nach Landesrecht zuständigen Behörden Gebühren erheben. [2] Für die Festsetzung der Gebühren werden die Landesregierungen ermächtigt, Gebührenordnungen zu erlassen. [3] In den Gebührenordnungen können auch die Bedeutung der Parkmöglichkeiten, deren wirtschaftlicher Wert oder der sonstige Nutzen der Parkmöglichkeiten für die Bewohner angemessen berücksichtigt werden. [4] In den Gebührenordnungen kann auch ein Höchstsatz festgelegt werden. [5] Die Ermächtigung kann durch Rechtsverordnung weiter übertragen werden.

(6) [1] Für das Parken auf öffentlichen Wegen und Plätzen können in Ortsdurchfahrten die Gemeinden, im Übrigen die Träger der Straßenbaulast, Gebühren erheben. [2] Für die Festsetzung der Gebühren werden die Landesregierungen ermächtigt, Gebührenordnungen zu erlassen. [3] In diesen kann auch ein Höchstsatz festgelegt werden. [4] Die Ermächtigung kann durch Rechtsverordnung weiter übertragen werden.

(7) Die Regelung des Absatzes 6 Satz 2 bis 4 ist auf die Erhebung von Gebühren für die Benutzung gebührenpflichtiger Parkplätze im Sinne des § 6 Abs. 1 Nr. 13 entsprechend anzuwenden.

(8) [1] Die Zulassung eines Fahrzeugs oder die Zuteilung eines Kennzeichens für ein zulassungsfreies Fahrzeug kann durch Rechtsvorschriften davon abhängig gemacht werden, dass die nach Absatz 1 in Verbindung mit einer Rechtsverordnung nach Absatz 2 für die Zulassung des Fahrzeugs oder Zuteilung des Kennzeichens vorgesehenen Gebühren und Auslagen, einschließlich rückständiger Gebühren und Auslagen aus vorausgegangenen Zulassungsvorgängen, entrichtet sind. [2] Eine solche Regelung darf

1. für den Fall eines in bundesrechtlichen Vorschriften geregelten internetbasierten Zulassungsverfahrens vom Bundesministerium für Verkehr und digitale Infrastruktur durch Rechtsverordnung mit Zustimmung des Bundesrates,

2. von den Ländern in den übrigen Fällen sowie im Fall der Nummer 1, solange und soweit das Bundesministerium für Verkehr und digitale Infrastruktur von seiner Ermächtigung nach Nummer 1 nicht Gebrauch gemacht hat,

getroffen werden.

1   **Begr** zur Neufassung durch ÄndG v. 6.4.80:VkBl. **80** 248.

2   **Begr** zum ÄndG v. 24.4.98 (BT-Drs. 13/6914 S. 73 = VkBl. **98** 798): **Zu Abs. 1 und 2:** *Klarstellung, dass es sich bei Prüfungen, Abnahmen, Begutachtung, Untersuchungen, Verwarnungen und Registerauskünften um gebührenpflichtige Amtshandlungen handelt. Die Gebührenpflicht gilt auch für Registerauskünfte unabhängig davon, ob es sich um einfache Auskünfte im Sinne von § 7 Nr. 1 Verwaltungskostengesetz handelt oder nicht. Ausgenommen von der Gebührenpflicht sind im Hinblick auf § 19 Abs. 7 Bundesdatenschutzgesetz aber Auskünfte an den Betroffenen über die über ihn im Verkehrszentralregister und im Zentralen Fahrerlaubnisregister eingetragenen Daten (vgl. § 30 Abs. 8 und § 58 StVG). Gebührenpflichtige Verwarnungen sind vor allem solche nach dem Punktsystem (vgl. Gebühren-Nr. 210 der Gebührenordnung für Maßnahmen im Straßenverkehr). Verwarnungen nach dem Ordnungswidrigkeitengesetz erfolgen gebührenfrei (vgl. § 56 Abs. 3 Satz 2 OWiG).*

3   **Begr** zum ÄndG v. 14.1.04 **zu Abs. 6** (BT-Drs. 15/1496 S. 6): *Die Neufassung des § 6a Abs. 6 StVG erfolgt mit dem Ziel, die Parkgebührenerhebung künftig vollständig der freien Disposition der Kommunen zu überlassen …. In Anbetracht der teilweise dramatischen Verkehrssituation in den Innenstädten sind den konkreten Verhältnissen angepasste, flexible und effektive Regelungen erforderlich …. Durch die Formulierung wird klargestellt, dass den Gemeinden bzw. den Straßenbaulastträgern die Entscheidungsbefugnis zusteht, ob gebührenpflichtiges, gebührenfreies oder gebührenfreies Parken mit einer Beschränkung der Höchstparkdauer eingeführt wird. Die Festsetzung und Erhebung von Parkgebühren soll künftig völlig eigenverantwortlich nach den örtlichen Verhältnissen je nach Parkdruck erfolgen, wobei auch eine räumliche und zeitliche Staffelung vorgesehen oder von einer Gebührenerhebung zum Beispiel in der ersten halben Stunde abgesehen werden kann ….*

4   **Begr** zum ÄndG v. 3.5.05 **zu Abs. 1 Nr. 1 Buchst. d:** VkBl. **05** 437

      Begr zum ÄndG v. 14.8.06 **zu Abs. 1 Nr. 1 Buchst. e und Abs. 2:** BR-Drs. 259/06, S. 25

5   **Begr** zum ÄndG v. 7.8.13 **zu Abs. 2 S. 3–5 und Abs. 3 S. 1** (BT-Drs. 17/12722 S. 150): *Der Vollzug des Straßenverkehrsrechts liegt ausschließlich bei den Ländern. Nur die Länder können also einschätzen, welche Kosten für die durchzuführenden Amtshandlungen anfallen und durch verwaltungsorganisatorische Maßnahmen Einfluss darauf nehmen, inwiefern die Effizienz optimiert und Kosten damit reduziert werden können. Das Bundesministerium für Verkehr, Bau und Stadtentwicklung ist somit bei der Bewertung der Frage, ob Gebühren kostendeckend sind – wie § 6a Absatz 2 dies fordert – maßgeblich auf die Bewertung durch die Länder angewiesen. Eigene Einschätzungen zum konkreten Verwaltungsablauf sind dem Bundesministerium für Verkehr, Bau und Stadtentwicklung nicht möglich, zumal dies mit einer direkten Einwirkung auf das Verwaltungshandeln der zuständigen Behörden in den Ländern verbunden wäre. Damit das Bundesministerium für Verkehr, Bau und Stadtentwicklung eine sachgerechte Gebührenfestsetzung vornehmen kann, bedarf es also entscheidend der Mitwirkung der Länder bei der Ermittlung und Beurteilung des Verwaltungsaufwandes. Insoweit gibt es zwei Möglichkeiten: Es ist – wie bei den Gebühren der Technischen Prüfstellen, die von den Ländern mit der Durchführung bestimmter Amtshandlungen beliehen worden sind – möglich, dass die Träger einen Gebührenanpassungsantrag beim Bundesministerium für Verkehr, Bau und Stadtentwicklung stellen. Dann bedarf es einer Stellungnahme der Länder dazu. Die zweite Möglichkeit besteht darin, dass die Länder selbst Anpassungen für erforderlich halten. Dann bedarf es einer entsprechenden Initiative. Die neue Vorschrift formalisiert dies und stellt auf die Bedingung ab, dass mindestens fünf Länder den Antrag stellen bzw. die Stellungnahme abgeben und eine Schätzung des Personal- und Sachaufwandes zur Verfügung stellen. Damit wird der unterschiedlichen Behördenstruktur (ländlicher Raum, Stadt, Mischverwaltung) Rechnung getragen. Die Mitwirkungspflicht der anderen Länder besteht darin, dem Bundesministerium für Verkehr, Bau und Stadtentwicklung auf Aufforderung Schätzungen des Personal- und Sachaufwandes zur Verfügung zu stellen. Somit wird zum einen vermieden, dass regionale Besonderheiten auf die bundesweite Gebührenhöhe durchschlagen. Zum anderen wird so sichergestellt, dass eine entsprechende Initiative auf eine repräsentative Schätzung des Personal- und Sachaufwandes gestützt werden kann. Satz 3 stellt im Übrigen klar, dass der Fünf-Länder-Antrag allein das Bundesministerium für Verkehr, Bau und Stadtentwicklung noch nicht zur Gebührenanpassung verpflichtet, wenn es dazu die Stellungnahme der anderen Länder für erforderlich hält ….*

6–11   **Begr** zum ÄndG v. 28.8.13 **zu Abs. 1 Nr. 1 und Abs. 2 S. 1 und 2** (BT-Drs. 17/12636 S. 45 = VkBl. **13** 1149): *Mit der Änderung wird die Ermächtigung zur Erhebung von Gebühren an die neu eingeführten Regelungen über die Durchführung des Fahreignungsseminars und die damit einhergehenden Anforderungen an die Qualitätssicherung ausgedehnt. Es wird klargestellt, dass auch für die Überwachung der verkehrspsychologischen Teilmaßnahme des Fahreignungsseminars Gebühren erhoben werden können. Zur Vermeidung von Verwechslungen mit anderen Formen der Überwachung wird insoweit der*

Terminus „Überprüfungen im Rahmen der Qualitätssicherung" verwendet. Außerdem wird klargestellt, dass auch zeitabhängige Gebühren festgesetzt werden können und dass bei der Festsetzung von Gebühren der Aufwand für die externe Begutachtung einbezogen werden kann.

1. $\S$ 6a regelt, dass für **Amtshandlungen** nach dem StVG, nach den auf dem StVG beruhen- **12** den RVO und nach weiteren Gesetzen, für Untersuchungen von Fz nach dem PBefG und den darauf beruhenden RVO, sowie für Maßnahmen im Zusammenhang mit der Außerbetriebsetzung von Kfz und Kfz-Anhängern **Kosten (Gebühren und Auslagen)** erhoben werden. II ermächtigt das BMV zum Erlass von RVO, in denen die gebührenpflichtigen Amtshandlungen und die Gebührensätze festgelegt werden. Auf dieser Basis ist die GebOSt erlassen worden. **Amtshandlungen** (der Begriff ist im BGebG durch den Begriff *öffentliche Leistungen* abgelöst worden) sind in Ausübung hoheitlicher Befugnisse oder sonst im Rahmen einer öffentlich-rechtlichen Verwaltungstätigkeit erbrachte Handlungen (vgl. $\S$ 3 I BGebG). Dazu gehört auch der Sachaufwand, der durch Externe entsteht, derer sich die Behörden gem. $\S$ 4a VIII S. 2 bei der Überwachung der verkehrspsychologischen Teilmaßnahme des Fahreignungsseminars bedienen können, was durch ÄndG v. 28.8.13 (BGBl. I S. 3313) ausdrücklich in II S. 2 klargestellt worden ist (Begr Rn. 6–11). Soweit auf der Grundlage von $\S$ 6a in der GebOSt **Gebührensätze** für **Leistungen** bestimmt worden waren, die **auf rein privatrechtlicher Basis** erbracht werden wie früher Nr. 451 ff. (medizinisch-psychologische Untersuchungen der Begutachtungsstellen für Fahreignung) und Nr. 403 (Sehtest), waren diese Festlegungen mangels gesetzlicher Ermächtigungsgrundlage **unwirksam**. Vor diesem Hintergrund war zunächst geregelt worden, dass die betroffenen Gebührennummern nicht mehr anzuwenden sind ($\S$ 65 V S. 2 StVG); inzwischen sind sie durch ÄndVO v. 11.3.19 (BGBl. I S. 218) aufgehoben worden (Begr BR-Drs. 600/18 S. 29, BR-Drs. 600/18 (Beschluss) S. 14). In $\S$ 6f StVG ist nunmehr geregelt, dass die **Entgelte für medizinisch-psychologische Untersuchungen**, die aus Anlass von Verwaltungsverfahren nach straßenverkehrsrechtlichen Vorschriften durchgeführt werden, vom BMV durch RVO in einer Entgeltordnung festgelegt werden können. Von dieser Ermächtigung ist bisher nicht Gebrauch gemacht worden. In der Konsequenz können die Entgelte für medizinisch-psychologische Untersuchungen der Begutachtungsstellen für Fahreignung nach Ablauf einer Übergangsregelung ($\S$ 65 V S. 1) seit 1.8.18 frei vereinbart werden (näher $\S$ 6f). Eine Rechtsgrundlage zum Erlass einer Entgeltordnung für Sehteststellen ist nicht geschaffen worden. Auch das **Entgelt für den Sehtest** kann frei vereinbart werden.

2. Bei der **Neuordnung des Gebührenrechts** durch das Gesetz zur Strukturreform des Ge- **13** bührenrechts des Bundes v. 7.8.13 (BGBl. I S. 3154, dazu *Schlabach* NVwZ **13** 1443) ist es entsprechend einer Forderung des Bundesrates (BR-Drs. 305/12 (Beschluss), BT-Drs. 17/10422 S. 221) dabei geblieben, dass die **Festlegung der Gebühren** für Amtshandlungen der Landes- und Kommunalbehörden im Bereich des Straßenverkehrsrechts **im Bundesrecht** erfolgt, weil ein Bedürfnis nach bundeseinheitlichen Gebührenregelungen gesehen wurde. $\S$ 6a als Ermächtigungsgrundlage für den Erlass und die Vornahme von Änderungen der GebOSt durch das BMV ist somit uneingeschränkt erhalten geblieben. Auch die Gebühren für Amtshandlungen der Bundesbehörden im Bereich des Straßenverkehrsrechts werden weiter auf der Grundlage von $\S$ 6a in der GebOSt geregelt. Die Ermächtigung zum Erlass einer Besonderen GebührenVO nach $\S$ 22 IV des Bundesgebührengesetz (BGebG) findet im Bereich des Straßenverkehrsrechts keine Anwendung (Begr BT-Drs. 17/12722 S. 150). Die Länder sind allerdings gem. Art 84 I S. 2 GG berechtigt, **von der GebOSt abweichende Regelungen** über Gebühren zu schaffen, soweit sie Bundesgesetze als eigene Angelegenheit ausführen, denn die Befugnis zur Regelung des Verwaltungsverfahrens aus Art 84 I GG schließt das Recht ein, die Erhebung von Verwaltungsgebühren zu regeln (BVerwG NVwZ **14** 1516). Niedersachsen war deswegen berechtigt, von Nr. 263, 264 Anl GebOSt abweichende Gebühren für Entscheidungen über Erlaubnisse für übermäßige Straßenbenutzung nach $\S$ 29 III StVO und über Ausnahmegenehmigungen von den Vorschriften über Höhe, Länge oder Breite von Fz oder Ladung ($\S$ 46 I S. 1 Nr. 5 StVO) festzusetzen (BVerwG NVwZ **14** 1516).

Das **Verfahren der Festlegung der Gebühren** ist mit Wirkung ab 15.8.13 grundlegend verän- **14** dert worden: Änderungen der GebOSt im Bereich der **Gebühren der Landesbehörden** können vom BMV nur noch erlassen werden, wenn mindestens 5 Länder einen Antrag oder – bei Beantragung durch Träger beliehener Organisationen – eine Stellungnahme vorgelegt haben (II S. 3), die mit einer Schätzung des Personal- und Sachaufwandes begründet sind (II S. 4). Dem liegt die Erwägung zugrunde, dass die Länder allein einschätzen können, welche Kosten für die einzelnen Amtshandlungen anfallen, soweit der Vollzug des Straßenverkehrsrechts bei ihnen liegt (Begr Rn. 5, *Alb-*

recht SVR **13** 441 (453)). Wenn dem BMV der Antrag oder die Stellungnahme der 5 Länder für die beantragte Gebührenänderung nicht ausreicht, kann es darüber hinaus alle übrigen Länder ebenfalls zur Vorlage einer Schätzung des Personal- und Sachaufwandes auffordern (II S. 5). Änderungen der GebOSt im Bereich der **Gebühren der Bundesbehörden** werden vom BMV eigenständig ohne Mitwirkung der Länder vorgenommen (V); II S. 3–5 sind insoweit nicht anwendbar.

15 Das **Verwaltungskostengesetz** (VwKostG) v. 23.6.70, das durch das BGebG v. 7.8.13 abgelöst worden ist, findet für die Gebühren im Bereich des Straßenverkehrs im Übrigen in seiner zuletzt gültigen Fassung weiterhin Anwendung (III S. 1), und zwar sowohl für die Gebühren der Landesbehörden als auch für die Gebühren der Bundesbehörden.

16 **3.** Soweit Bundeskostenrecht (§ 6a StVG, GebOSt, VwKostG) das Landeskostenrecht nicht ausdrücklich ausschließt, gilt auch dieses (BVerwG VRS **57** 70 – kostenpflichtige Anfrage nach dem Halter). Ermahnungen und Verwarnungen nach § 4 V S. 1 Nr. 1 und 2 (Fahreignungs-Bewertungssystem) sind gem. I Nr. 1 gebührenpflichtig. Soweit I Nr. 1 und II S. 1 Ermächtigungen enthalten, Gebühren und Auslagen für *Überprüfungen im Rahmen der Qualitätssicherung* zu erheben, ist damit die behördliche Überwachung der verkehrspsychologischen Teilmaßnahme des Fahreignungsseminars gem. § 4a VIII S. 1–5 gemeint (Begr Rn. 6–11). Diese Terminologie geht auf die ursprüngliche Entwurfsfassung des § 4a VIII S. 1 (BT-Drs. 17/12636 S. 8) zurück, die sowohl die behördliche Überwachung als auch staatlich genehmigte Qualitätssicherungssysteme durch den Oberbegriff *Qualitätssicherung* zusammenfassten. Die in § 6a verwendete Terminologie wurde nicht mehr verändert, als dann in der endgültigen Fassung von § 4a VIII auf Vorschlag des Vermittlungsausschusses (BT-Drs. 17/14125 S. 3´= VkBl. **13** 1148) sprachlich zwischen Überwachung und Qualitätssicherung unterschieden wurde. Bei begünstigenden Amtshandlungen (zB Sonderparkberechtigung) gelten für die einzelnen Gebührenhöhe bestimmende VOGeber als Bemessungskriterien gem. II S. 2 das Kostendeckungs- und das Äquivalenzprinzip (Kosten des Verwaltungsaufwands, Wert/Nutzen für den Begünstigten) (OVG Saarlouis ZfS **99** 313). Die Gebühr für eine Sonderparkberechtigung zugunsten von Bewohnern (§ 45 Ib S. 1 Nr. 2a StVO) muss sich nachprüfbar an einer konkreten Kosten-Wert-Ermittlung orientieren (VG Münster NJW **85** 3092), bei der die voraufgegangene Einrichtung der Sonderparkzone außer Betracht zu bleiben hat (OVG Münster NJW **87** 2890, OVG Saarlouis ZfS **99** 313).

17 **4.** Gegen die Schaffung von Gebührentatbeständen in der GebOSt für bloße **Androhung** von Maßnahmen iS von Abs. I sind in der Judikatur Bedenken erhoben worden, sofern eine solche Androhung in den in Abs. I genannten Rechtsgrundlagen nicht ausdrücklich vorgesehen oder kraft Sinnzusammenhangs nicht zwingend vorausgesetzt ist (OVG Saarlouis VM **81** 31). So ist zB die *Androhung* einer Fahrtenbuchanordnung weder im StVG noch in einer auf diesem Gesetz beruhenden Rechtsnorm als „Amtshandlung" (s. Abs. I) vorgesehen (§ 31a StVZO Rn. 86 ff.). Nachdem BVerwG NJW **83** 1811 (wie zuvor auch schon VGH Mü DAR **78** 334, OVG Saarlouis VM **81** 31) entschieden hatte, dass die Erhebung einer Gebühr für die Androhung einer Fahrtenbuchanordnung durch die GebOSt nicht gedeckt war und der Auffangtatbestand der Gebühren-Nr. 399 dafür nicht herangezogen werden konnte, wurde durch ÄndVO v. 24.3.88 (BGBl. I S. 427) die Gebührennummer 398 („Androhung der Anordnung der im 2. Abschnitt genannten Maßnahmen, soweit bei den einzelnen Gebühren-Nummern die Androhung nicht bereits selbst genannt ist") in die Anl zu § 1 GebOSt eingefügt. Die Androhung einer Maßnahme kann aber nach dem Grundsatz der Bestimmtheit der gebührenpflichtigen Amtshandlungen vom BMV nur dann gebührenpflichtig gemacht werden, wenn sie entweder im Straßenverkehrsrecht ausdrücklich vorgesehen oder kraft Sinnzusammenhangs zwingend vorausgesetzt ist (BVerwG NJW **83** 1811, OVG Saarlouis VM **81** 31). Beide Voraussetzungen sind bei der Androhung einer Fahrtenbuchanordnung nicht gegeben, so dass die Erhebung einer Gebühr auf der Grundlage der Gebühren-Nr. 398 nicht von § 6a I, II gedeckt ist (VG Weimar Urt v. 16.3.06 2 K 1185/05 We, nv). Das Gleiche gilt für die Androhung von Maßnahmen nach § 46 III, §§ 11–14 FeV, anders als für deren Anordnung (VG Hb DAR **93** 404 zu § 15b II StVZO alt). Soweit das BVerwG in seinem Urteil vom 17.12.82 7 C 107/79 juris ausführt, dem VOGeber bleibe es gem. § 6a I, II rechtlich unbenommen, Amtshandlungen, die das StVR nicht besonders nennt oder voraussetzt, die jedoch – wie die Androhung der Fahrtenbuchanordnung – in Vollzug einer straßenverkehrsrechtlichen Vorschrift ergehen oder sich daraus ableiten, in den Katalog der kostenpflichtigen Maßnahmen aufzunehmen (insoweit in NJW **83** 1811 nicht abgedruckt), setzt es sich in Widerspruch zu seinen eigenen Maßstäben hinsichtlich der notwendigen Orientierung am Grundsatz der Bestimmtheit der gebührenpflichtigen Amtshandlungen. Dieser weitgehenden Auslegung kann deswegen nicht gefolgt werden.

5. Mit Einfügung des **Abs. Va** durch ÄndG v. 29.6.20 (BGBl. I S. 1528) haben die Bundeslän- **17a**
der eine Ermächtigungsgrundlage erhalten, um die **Gebührensätze** für das **Ausstellen von**
Parkausweisen für **Bewohner** städtischer Quartiere mit erheblichem Parkraummangel eigen-
ständig zu regeln. Die Länder können diese Ermächtigung durch RVO weiter übertragen, zB an
die Kommunen, die dann ihrerseits eigene Gebührenordnungen erlassen können (Begr BT-Drs.
19/19132 S. 12). Es steht den Ländern und Kommunen frei, ob sie von dieser Ermächtigungs-
grundlage Gebrauch machen wollen oder nicht. Tun sie dies nicht, ist weiter Nr. 265 Anl Ge-
bOSt anzuwenden (§ 6 III GebOSt). Abs. Va ist zusätzlich eingefügt worden, um Länder und
Kommunen in die Lage zu versetzen, auch den wirtschaftlichen Wert des Parkraums für die Be-
wohner durch Gebühr abzugelten (näher Begr BT-Drs. 19/19132 S. 12 f.).

6. Zulassung von Fz nur bei Entrichtung ausstehender Gebühren. VIII (ursprüngliche **18**
Fassung eingefügt in das ÄndG v. 3.5.05 (BGBl. I S. 1221) durch den Vermittlungsausschuss (BR-
Drs. 187/05, VkBl. **05** 437), neu gefasst durch ÄndG v. 28.11.16 (BGBl. I S. 2722)) erlaubt die
Schaffung von Rechtsvorschriften, nach denen die Zulassung von Fz und die Zuteilung eines
Kennzeichens für zulassungsfreie Fz von der Entrichtung der dafür bestimmten Gebühren und
Auslagen, vor allem aber von der Entrichtung rückständiger Gebühren und Auslagen aus voraus-
gegangenen Zulassungsvorgängen abhängig gemacht wird. Soweit das internetbasierte Zulas-
sungsverfahren in bundesrechtlichen Vorschriften geregelt wird, kann BMV durch RVO eine
bundeseinheitliche Regelung schaffen (VIII S. 2 Nr. 1). Für das bundeseinheitlich geregelte in-
ternetbasierte Zulassungsverfahren sei auch eine bundeseinheitliche Regelung der Kostenabhän-
gigkeit erforderlich, um die Transparenz und Handhabbarkeit der internetbasierten Verfahren zu
gewährleisten (Begr BT-Drs. 18/8559 S. 19). Die Länder können für ihr jeweiliges Landesgebiet
die FzZulassung von der vorherigen Entrichtung zulassungsbedingter Kosten abhängig machen,
soweit das herkömmliche Zulassungsverfahren betroffen ist, sowie für das internetbasierte Zulas-
sungsverfahren, „solange und soweit" der Bund nicht von seiner Kompetenz nach VIII S. 2 Nr. 1
Gebrauch gemacht hat (VIII S. 2 Nr. 2).

Für den Bund handelt es sich um eine Verordnungsermächtigung. Hinsichtlich der Län- **19**
derkompetenz enthält VIII dagegen **keine Verordnungsermächtigung** für die Landesregie-
rungen. Der Wortlaut der Norm und der Vergleich mit anderen, diesbezüglich eindeutig formu-
lierten Verordnungsermächtigungen im StVG sprechen dagegen. Vielmehr ist von einer
deklaratorischen Konkretisierung der Restkompetenz der Länder im Rahmen der konkurrie-
renden Gesetzgebung des Bundes auszugehen. Zur Umsetzung von VIII S. 2 Nr. 2 ist ein for-
melles Gesetz im Übrigen unverzichtbar, weil die Vorenthaltung der FzZulassung bis zur vorhe-
rigen Bezahlung der Gebühren und sämtlicher sonstiger rückständiger Gebühren einen Eingriff
in die subjektiven Rechte des Antragstellers darstellt und in den Schutzbereich des Art 2 I GG
(allgemeine Handlungsfreiheit) eingreift.

Rückständige Gebühren aus Zulassungsvorgängen entstehen idR, wenn die Zulassungsbe- **20**
hörde von Amts wegen auf Grund eines Fehlverhaltens des FzHalters gebührenpflichtig aktiv
werden muss (zB Maßnahmen bei Fehlen des Versicherungsschutzes, bei von der Polizei festge-
stellten FzMängeln, bei Nichtbefolgung von Mitteilungspflichten), den Haltern gegenüber Ge-
bührenbescheide erlässt und diese nicht zahlen (VG Dü 22.7.14 6 K 5691/13 zu VIII aF). Diese
Gebührenforderungen knüpfen an die Voraussetzungen der FzZulassung an und sind deswegen
als Gebühren aus Zulassungsvorgängen anzusehen. Diese weite Auslegung ist angezeigt, weil
ansonsten wegen der Anwendung des Zug-um-Zug-Prinzips bei der Zulassung in der Praxis
(Zulassung nur nach vorheriger Zahlung der Gebühren für die aktuelle Zulassung) Rückstände
nicht entstehen könnten und die Regelung des VIII inhaltsleer wäre. Die Versagung der Zulas-
sung wegen ausstehender Gebühren ist grds. auch zulässig, wenn es sich dabei um eine Insol-
venzforderung handelt (VG Dü 22.7.14 6 K 5691/13 zu VIII aF).

Herstellung, Vertrieb und Ausgabe von Kennzeichen

6b (1) **Wer Kennzeichen für Fahrzeuge herstellen, vertreiben oder ausgeben will, hat**
dies der Zulassungsbehörde vorher anzuzeigen.

(2) **(weggefallen)**

(3) **Über die Herstellung, den Vertrieb und die Ausgabe von Kennzeichen sind nach nä-**
herer Bestimmung (§ 6 Abs. 1 Nr. 8) Einzelnachweise zu führen, aufzubewahren und zu-
ständigen Personen auf Verlangen zur Prüfung auszuhändigen.

(4) Die Herstellung, der Vertrieb oder die Ausgabe von Kennzeichen ist zu untersagen, wenn diese ohne die vorherige Anzeige hergestellt, vertrieben oder ausgegeben werden.

(5) Die Herstellung, der Vertrieb oder die Ausgabe von Kennzeichen kann untersagt werden, wenn

1. Tatsachen vorliegen, aus denen sich die Unzuverlässigkeit des Verantwortlichen oder der von ihm mit Herstellung, Vertrieb oder Ausgabe von Kennzeichen beauftragten Personen ergibt, oder

2. gegen die Vorschriften über die Führung, Aufbewahrung oder Aushändigung von Nachweisen über die Herstellung, den Vertrieb oder die Ausgabe von Kennzeichen verstoßen wird.

1   **Begr** zum ÄndG v. 11.9.02 (BT-Drs. 14/8766 S. 59): *Die Vorschriften über ein amtliches Berechtigungsscheinverfahren sind aufzuheben, um der Gefahr zu begegnen, dass in der Bundesrepublik Deutschland unterschiedliches Recht mit strafrechtlichen Konsequenzen angewendet wird, je nach dem, ob die Kfz-Zulassungsbehörde ein von ihr vorgegebenes Berechtigungsscheinverfahren vorschreibt oder nicht. Die 1978 beabsichtigte Einführung eines amtlichen Berechtigungsscheinverfahrens wurde wegen des hohen verwaltungsmäßigen und finanziellen Aufwandes sowie der fehlenden Erkenntnis über den kriminologischen Stellenwert des Kennzeichenmissbrauchs beim Diebstahl von Kraftfahrzeugen 1984 verworfen. Das amtliche Berechtigungsscheinverfahren war als flankierende Maßnahme für die 1978 beabsichtigte Einführung eines fälschungssicheren Kennzeichens vorgesehen. Die seinerzeit entwickelten Vorstellungen zur zwingenden Vorlage des Berechtigungsscheins bei den Zulassungsbehörden für den Erwerb von Kfz-Kennzeichen wurden nicht verbindlich eingeführt. Eine wirksame Bekämpfung von Straftaten mit Fahrzeugen, insbesondere die illegale Verwendung von Kfz-Kennzeichen von stillgelegten oder abgemeldeten Fahrzeugen, wird durch ein Berechtigungsscheinverfahren nicht gewährleistet. Eine bundeseinheitliche Regelung des Verfahrens sowie der Art und Weise der Vergabe von amtlichen Berechtigungsscheinen wird deshalb nicht mehr als erforderlich angesehen. In nahezu allen Ländern gibt es Zulassungsbehörden, die Bescheinigungen für den Gang zur Prägestelle ausgeben, hierbei handelt es sich jedoch nicht um ein Berechtigungsscheinverfahren im Sinne der Vorschriften. Auf Grund des Urteils des Bayerischen Obersten Landesgerichts vom 30.10.1998 –1 St RR 170/98 – (NStZ-RR 1999, S. 153) ist die vertretene Auffassung, dass vor Verkündung der Rechtsverordnung die vorgenannte Regelung nicht greife und die Vorlage eines amtlichen Berechtigungsscheins nicht erforderlich sei, nicht aufrecht zu halten.*

2   Strafnorm: § 22a. *Steinke*, Diebstahls- und fälschungssichere Kennzeichen, vollautomatische Fahndung, PTV **80** 341. *Jagow*, Fälschungssichere Kfz-Kennzeichen, VD **82** 66.

Herstellung, Vertrieb und Ausgabe von Kennzeichenvorprodukten

6c § 6b Abs. 1, 3, 4 Nr. 1 sowie Abs. 5 gilt entsprechend für die Herstellung, den Vertrieb oder die Ausgabe von bestimmten – nach näherer Bestimmung durch das Bundesministerium für Verkehr und digitale Infrastruktur festzulegenden (§ 6 Abs. 1 Nr. 8, Abs. 2) – Kennzeichenvorprodukten, bei denen nur noch die Beschriftung fehlt.

Auskunft und Prüfung

6d (1) Die mit der Herstellung, dem Vertrieb oder der Ausgabe von Kennzeichen befassten Personen haben den zuständigen Behörden oder den von ihnen beauftragten Personen über die Beachtung der in § 6b Abs. 1 bis 3 bezeichneten Pflichten die erforderlichen Auskünfte unverzüglich zu erteilen.

(2) Die mit der Herstellung, dem Vertrieb oder der Ausgabe von Kennzeichenvorprodukten im Sinne des § 6c befassten Personen haben den zuständigen Behörden oder den von ihnen beauftragten Personen über die Beachtung der in § 6b Abs. 1 und 3 bezeichneten Pflichten die erforderlichen Auskünfte unverzüglich zu erteilen.

(3) Die von der zuständigen Behörde beauftragten Personen dürfen im Rahmen der Absätze 1 und 2 Grundstücke, Geschäftsräume, Betriebsräume und Transportmittel der Auskunftspflichtigen während der Betriebs- oder Geschäftszeit zum Zwecke der Prüfung und Besichtigung betreten.

Führen von Kraftfahrzeugen in Begleitung

6e (1) Das Bundesministerium für Verkehr und digitale Infrastruktur wird ermächtigt, durch Rechtsverordnung mit Zustimmung des Bundesrates zur Senkung des Unfallrisikos junger Fahranfänger die erforderlichen Vorschriften zu erlassen, insbesondere über

1. das Herabsetzen des allgemein vorgeschriebenen Mindestalters zum Führen von Kraftfahrzeugen mit einer Fahrerlaubnis der Klassen B und BE,

2. die zur Erhaltung der Sicherheit und Ordnung auf den öffentlichen Straßen notwendigen Auflagen, insbesondere dass der Fahrerlaubnisinhaber während des Führens eines Kraftfahrzeuges von mindestens einer namentlich benannten Person begleitet sein muss,

3. die Aufgaben und Befugnisse der begleitenden Person nach Nummer 2, insbesondere über die Möglichkeit, dem Fahrerlaubnisinhaber als Ansprechpartner beratend zur Verfügung zu stehen,

4. die Anforderungen an die begleitende Person nach Nummer 2, insbesondere über
   a) das Lebensalter,
   b) den Besitz einer Fahrerlaubnis sowie über deren Mitführen und Aushändigung an zur Überwachung zuständige Personen,
   c) ihre Belastung mit Eintragungen im Fahreignungsregister sowie
   d) über Beschränkungen oder das Verbot des Genusses alkoholischer Getränke und berauschender Mittel,

5. die Ausstellung einer Prüfungsbescheinigung, die abweichend von § 2 Abs. 1 Satz 3 ausschließlich im Inland längstens bis drei Monate nach Erreichen des allgemein vorgeschriebenen Mindestalters zum Nachweis der Fahrberechtigung dient, sowie über deren Mitführen und Aushändigung an zur Überwachung des Straßenverkehrs berechtigte Personen,

6. die Kosten in entsprechender Anwendung des § 6a Abs. 2 in Verbindung mit Abs. 4 und

7. das Verfahren.

(2) ¹Eine auf der Grundlage der Rechtsverordnung nach Absatz 1 erteilte Fahrerlaubnis der Klassen B und BE ist zu widerrufen, wenn der Fahrerlaubnisinhaber entgegen einer vollziehbaren Auflage nach Absatz 1 Nummer 2 ein Kraftfahrzeug ohne Begleitung durch eine namentlich benannte Person führt. ²Die Erteilung einer neuen Fahrerlaubnis erfolgt unbeschadet der übrigen Voraussetzungen nach den Vorschriften des § 2a.

(3) ¹Im Übrigen gelten die allgemeinen Vorschriften über die Fahrerlaubnispflicht, die Erteilung, die Entziehung oder die Neuerteilung der Fahrerlaubnis, die Regelungen für die Fahrerlaubnis auf Probe, das Fahrerlaubnisregister und die Zulassung von Personen zum Straßenverkehr. ²Für die Prüfungsbescheinigung nach Absatz 1 Nr. 5 gelten im Übrigen die Vorschriften über den Führerschein entsprechend.

Begr (VkBl. **05** 689): *An mehr als einem Fünftel (22%) aller Unfälle mit Personenschäden waren* **1** *2003 18- bis 24-Jährige als Fahrzeugführer beteiligt. Dabei trug gerade die Gruppe der 18- bis 20-Jährigen – dh der Fahranfänger – überdurchschnittlich häufig die Hauptschuld am Unfall; 69% der an einem Unfall beteiligten Pkw-Fahrer dieser Altersgruppe waren auch die Hauptverursacher des Unfalls. Diese Zahl ist seit einigen Jahren annähernd unverändert. Die Einführung des „Begleiteten Fahrens ab 17" kann einen Beitrag zur Senkung dieses hohen Unfallrisikos leisten, und zwar insbesondere auf Grund des „mäßigenden Einflusses" einer Begleitung. Studien (Gregersen et al. 2002, Mei-Li Lin, 2003, Ellinghaus & Schlag, 2001) wie auch Erfahrungen im Ausland (Österreich) lassen erwarten, dass es bei Fahrten in Begleitung zu weniger Unfällen kommt als bei Fahrten ohne Begleitung, jedenfalls sofern es sich bei den Begleitern nicht um Personen gleichen Alters handelt. Gleichzeitig führt die Fahrpraxis in Begleitung zu mehr Fahrkompetenz, die weiterwirkt, wenn der Fahranfänger ab dem 18. Lebensjahr nach Erwerb des Führerscheins ohne Begleitung fahren darf. Bei entsprechender Fahrpraxis kann daher davon ausgegangen werden, dass Fahranfänger nach der Begleitphase mit einem deutlich herabgesenkten Risikoniveau in die Phase des selbstständigen Fahrens eintreten. ...*

Auch beim Modell des „Begleiteten Fahrens ab 17" sind die Fahranfänger verantwortliche Führer der Fahrzeuge und die Begleiter haben lediglich den „Status" von Beifahrern. Die Begleiter haben keine besonderen Aufgaben, insbesondere keine Ausbildungsfunktion. Die Ausbildung obliegt auch beim Modell des „Begleiteten Fahrens ab 17" ausschließlich dem Berufsstand der Fahrlehrer.

Zu Abs. 1: *Die **Nummer 4** ermächtigt und verpflichtet dazu, Mindestanforderungen („Auswahlkri-* **2** *terien") an die potenziellen Begleiter zu bestimmen, namentlich im Hinblick auf sein Mindestalter (zur Vermeidung des „Peer"-Effektes), den Besitz einer Fahrerlaubnis (Verkehrserfahrenheit) und hinsichtlich der Anzahl von Punkten im Verkehrszentralregister, mit denen der Begleiter höchstens belastet sein darf (Zuver-*

lässigkeit). Darüber hinaus soll eine Regelung über eine „Promillegrenze" für den Begleiter getroffen werden können. Mit diesen Anforderungen an die begleitende Person sind keine Verpflichtungen oder Aufgabenzuweisungen insbesondere i. S. einer besonderen Ausbilderfunktion verbunden. Der von der Anwesenheit eines Begleiters ausgehende „mäßigende" Einfluss auf das Fahrverhalten des Fahranfängers wird durch diese Vorgaben gefördert und unterstützt, so dass es gerechtfertigt ist, an den Begleiter diese Anforderungen zu stellen. Da er seine Begleitfunktion stets freiwillig wahrnimmt, ist damit auch kein unzulässiger Eingriff in seine Rechtsposition verbunden.

3   *Die **Nummer 5** enthält die Ermächtigung, Regelungen über die Ausstellung von Prüfungsbescheinigungen zu erlassen. Mit Übergabe der Prüfungsbescheinigung beginnt die Probezeit (§ 2a Abs. 1 Satz 1 StVG). Ab Vollendung des 18. Lebensjahres kann ein Führerschein im Kartenformat nach Muster 1 der Anlage 8 zur FeV dem Fahranfänger ausgehändigt werden. Dabei kann die Behörde die Auskünfte einholen, die auch bei Ausstellung eines Ersatzführerscheins möglich sind. Spätestens drei Monate nach Vollendung des 18. Lebensjahres verliert die Prüfungsbescheinigung ihre Gültigkeit als Fahrerlaubnis. Damit wird den Fahrerlaubnisinhabern ausreichend Zeit gewährt, um „nahtlos" die Prüfungsbescheinigung in einen unbefristeten Führerschein im Kartenformat umzutauschen. Auch nach Ablauf der Frist ist die Ausstellung eines Führerscheins im Kartenformat möglich, da die Fahrerlaubnis mit Aushändigung der Prüfungsbescheinigung unbefristet erteilt wurde.*

4   **Zu Abs. 3 (jetzt Abs. 2):** *Die Vorschrift schreibt den zwingenden Widerruf der Fahrerlaubnis gemäß § 49 Abs. 2 Nr. 2 VwVfG vor, wenn der Fahrerlaubnisinhaber gegen eine vollziehbare Auflage nach Absatz 1 Nr. 2 über die Begleitung durch mindestens eine namentlich benannte Person während des Führens von Kraftfahrzeugen verstößt (Fahrt ohne Begleitperson; eine solche liegt auch vor, wenn die Begleitperson nicht die Anforderungen nach Absatz 1 Nr. 4 bzw. nach der dies näher bestimmenden Rechtsverordnung erfüllt (vgl. § 48a Abs. 5 und 6 FeV – neu –)). Entsprechend den Vorgaben des § 2a Abs. 2 Nr. 1 StVG über die Probezeit muss der Fahranfänger nach dem Widerruf der Fahrerlaubnis der Klassen B oder BE an einem Aufbauseminar teilnehmen, bevor die Fahrerlaubnis neu erteilt werden kann.*

5   **Zu Abs. 4 (jetzt Abs. 3):** *Klarstellung, dass im Übrigen die allgemeinen fahrerlaubnisrechtlichen Regelungen Anwendung finden. Die Zuständigkeit der Fahrerlaubnisbehörde bestimmt sich nach den allgemeinen Regeln, die für jede Fahrerlaubnis gelten. Wird der Hauptwohnsitz verlegt, ist die für den neuen Wohnsitz zuständige Fahrerlaubnisbehörde bei einem Auflagenverstoß zum Widerruf befugt (vgl. § 73 Abs. 2 Satz 1 FeV).*

6   **Begr** *zum ÄndG v. 2.12.10 (BT-Drs. 17/3022 S. 10): Die vorliegenden Ergebnisse der Bundesanstalt für Straßenwesen zur Wirksamkeit des bis zum 31. Dezember 2010 befristeten Modellvorhabens „Begleitetes Fahren ab 17" belegen, dass das Modell „Begleitetes Fahren ab 17" einen deutlichen Gewinn für die Verkehrssicherheit der jungen Fahranfänger bringt. In der Anfangsphase des selbständigen Fahrens ergibt sich eine Verringerung des Unfall- und Deliktsrisikos in einem zweistelligen Prozentbereich (22 Prozent weniger Unfälle und 20 Prozent weniger Verkehrsverstöße), und die Teilnahme am „Begleiteten Fahren ab 17" führt zu einer erheblichen Verbesserung der Fahrkompetenz. ...*

7–13   *Durch die Änderungen im StVG wird das „Begleitete Fahren ab 17" in seiner einfachen und bürgerfreundlichen Form in das Dauerrecht überführt. Über die hierfür notwendigen Regelungen, die insbesondere die modellspezifischen Vorschriften aufheben, sind keine Änderungen bei den Anforderungen an den oder die namentlich benannten Begleiter vorgesehen. Es soll nur deutlicher herausgestellt werden, dass das Fahren ohne Begleiter einen schwerwiegenden Verstoß darstellt, der wie bisher mit dem Widerruf der Fahrerlaubnis geahndet wird. Dazu kommt ein Bußgeld, eine Verlängerung der Probezeit, und vor Neuerteilung der Fahrerlaubnis ist wie bisher die Teilnahme an einem Aufbauseminar nachzuweisen.*

14   **1. Begleitetes Fahren ab 17 Jahren.** Mit ÄndG v. 14.8.05 (BGBl. I S. 2412) wurde die bis 31.12.10 befristete (§ 65 XII S. 1 in der damaligen Fassung) Rechtsgrundlage für Modellversuche der Länder zum Begleiteten Fahren ab 17 eingeführt. Die Idee des Begleiteten Fahrens zielt darauf ab, den mit einem überdurchschnittlichen Unfallrisiko belasteten jungen Fahranfängern während der besonders riskanten ersten Phase ihrer Fahrpraxis durch Anwesenheit einer verkehrserfahrenen Begleitperson eine erweiterte fahrpraktische Kompetenzgrundlage zur Verfügung zu stellen (BASt-Bericht „Begleitetes Fahren ab 17", Heft M 154, S. 9). Man erhoffte sich eine signifikante Senkung des Unfallrisikos junger Fahranfänger (Begr VkBl. 05 689 f., *Dauer* VD 06 3). Nachdem die Modellversuche diese Erwartung bestätigt hatten (Begr Rn. 6, § 48a FeV Rn. 9, *Sturzbecher* VGT 10 292 ff.), wurden die Regelungen zum Begleiteten Fahren ab 17 durch ÄndG v. 2.12.10 (BGBl. I S. 1748) und durch ÄndVO v. 17.12.10 (BGBl. I S. 2279) leicht modifiziert zum 1.1.11 dauerhaft in das Straßenverkehrsrecht übernommen. Die im Rahmen

der bis 31.12.10 durchgeführten Modellversuche erteilten FE bleiben unbefristet gültig (vgl. § 65 XII idF bis 30.4.14).

2. Die **Ermächtigung** des Abs. 1 ist die Grundlage für den Unterabschnitt II. 10. der FeV **15** (§§ 48a, 48b, Anl 8b FeV), der das **Begleitete Fahren** mit einer FE der Kl B und BE schon ab Vollendung des 17. Lebensjahres ermöglicht. Die Teilnahme von Fahranfängern am Begleiteten Fahren ab 17 ist freiwillig.

3. Mindestens eine namentlich benannte **Begleitperson** muss den jugendlichen FEInhaber **16** während des Führens eines Kfz im öffentlichen StrV begleiten (Abs. 1 Nr. 2). Die Begleitperson gilt, anders als der Fahrlehrer oder der Fahrlehreranwärter (§ 2 XV S. 2), nicht als FzF; Führer ist vielmehr der jugendliche FzLenker (Begr VkBl. **05** 690). Dem Begleiter obliegen auch **keine Ausbildungsaufgaben.** Seine Aufgaben und Befugnisse sind gem. Abs. 1 Nr. 3 im Einzelnen in § 48a IV FeV geregelt. Abs. 1 Nr. 4 ermächtigt den VOGeber nicht nur zur Bestimmung der **Auswahlkriterien,** die eine Begleitperson erfüllen muss; vielmehr verpflichtet diese Vorschrift den VOGeber zu konkreten Vorschriften über dessen Lebensalter, FEBesitz, bisheriges Verhalten im StrV (Eintragungen im FAER) und die Frage nach der Zulässigkeit der Beeinflussung durch Alkohol oder andere berauschende Mittel während der Begleitung. Diese Kriterien sind im Einzelnen in § 48a V, VI FeV festgelegt. **Fahren ohne benannte Begleitperson** ist OW (§ 75 Nr. 15 FeV, Nr. 251a BKatV), die nach § 28 III Nr. 3 Buchst. a Unterbuchst bb iVm Nr. 3.3.2 Anl 13 FeV in das FAER einzutragen ist, und schwerwiegende Zuwiderhandlung im Rahmen der Probezeitregelungen (Nr. 2.5 Anl 12 FeV), führt somit zur Anordnung eines Aufbauseminars (§ 2a II S. 1 Nr. 1) und damit zur Verlängerung der Probezeit (§ 2a II a), und hat Widerruf der FE zu Folge (Abs. 2 S. 1, Rn. 19, § 48a FeV Rn. 22).

4. Haftungsrechtlich steht die Begleitperson mangels Ausbilderfunktion grundsätzlich je- **17** dem beliebigen anderen Begleiter eines Fahranfängers gleich, der Rat oder Hinweise erteilt (*Dauer* VD **06** 10, *Sapp* NJW **06** 409, *Lang/Stahl/Huber* NZV **06** 451). Handelt es sich bei der Begleitperson um einen Erziehungsberechtigten, so kann allerdings uU eine Haftung gem. § 832 BGB (Verletzung der Aufsichtspflicht) gegeben sein (*Feltz,* 41. VGT **03** 41 ff., 48 f., *Feltz/Kögel* DAR **04** 123, 126, *Brock* DAR **06** 64). Abs. 1 Nr. 4d iVm § 48a VI FeV ist Schutzgesetz iSv § 823 II BGB (*Fischinger/Seibl* NJW **05** 2889, *Lang/Stahl/Huber* NZV **06** 452); ein Verstoß der Begleitperson gegen die Alkohol- und Drogenregelung kann also zur Haftung nach § 832 II BGB führen. Hinsichtlich der **Haftung des jugendlichen FEInhabers** aus § 823 BGB wird die gem. § 828 III BGB erforderliche Einsichtsfähigkeit wohl nur selten zu verneinen sein (*Fischinger/Seibl* NJW **05** 2887, *Brock,* DAR **06** 63, *Sapp* NJW **06** 408, *Lang/Stahl/Huber* NZV **06** 451, s. aber *Feltz/Kögel* DAR **05** 121). Der Nachweis fehlenden Verschuldens gem. § 18 I S. 2 wird idR nicht mit dem Hinweis auf einen falschen Rat der Begleitperson geführt werden kön- nen, s. *Fischinger/Seibl* NJW **05** 2888. Kein Mitverschulden des jugendlichen FEInhabers bei Auflagenverstoß (*Lang/Stahl/Huber* NZV **06** 451 f.).

5. Eine **Prüfungsbescheinigung** (Muster Anl 8b FeV) wird dem jugendlichen FEBewerber **18** (statt eines FS) erteilt (Abs. 1 Nr. 5). Die Aushändigung ist die Erteilung einer FE der Kl B oder BE (§ 48a III S. 1 Nr. 1, 2 iVm § 22 IV S. 6 FeV). Die Einzelheiten sind in § 48a FeV geregelt (s. dort Rn. 18). Gem Abs. 3 S. 2 gelten für die Prüfungsbescheinigung die Vorschriften über den FS entsprechend. Die **Probezeit** beginnt mit Aushändigung der Prüfungsbescheinigung (VG Göt-tingen NJW **13** 2697). Die Auflage, nur in Begleitung zu fahren, entfällt mit Vollendung des 18. Lebensjahres kraft Gesetzes (§ 48a II S. 2 FeV), nicht erst, wenn der Inhaber der Prüfungsbe-scheinigung einen Kartenführerschein erhält.

6. Widerruf der FE der Kl B oder BE (auch der gem. § 6 III S. 1 Nr. 4 FeV eingeschlosse- **19** nen Klassen AM und L, s. § 48a FeV Rn. 22) ist gem. Abs. 2 zwingend für den Fall vorgeschrie-ben, dass der Fahranfänger ohne benannte Begleitperson ein fahrerlaubnispflichtiges Kfz im öf-fentlichen StrV führt. Die Regelung aus der Modellversuchsphase, wonach der Widerruf auch dann zu erfolgen hatte, wenn der FEInhaber zwar von einer benannten Person begleitet wurde, diese aber nicht die Voraussetzungen des Abs. 1 Nr. 4 bzw. des § 48a V, VI FeV erfüllte (früherer Abs. 3 S. 1, Begr Rn. 4), wurde nicht übernommen. Widerruf setzt nicht voraus, dass das Fahren ohne benannte Begleitperson als OWi geahndet wird oder dass es zu einer Eintragung im FAER führt (VGH Ma DAR **17** 163 = NJW **17** 104 Ls). Näher zum Widerruf § 48a FeV Rn. 22. Es handelt sich dabei nicht um eine Entziehung der FE nach § 46 FeV wegen fehlender Kraftfahr-eignung. Für **Neuerteilung der FE nach Widerruf** besteht keine Sperrfrist, medizinisch-psychologische Untersuchung ist nicht anzuordnen (§ 48a FeV Rn. 23). Neuerteilung der FE der Kl B oder BE nach Widerruf setzt lediglich Teilnahme an einem Aufbauseminar gem. § 2a II S. 1 Nr. 1 voraus (Abs. 2 S. 2 iVm § 2a V S. 1).

20   **7. Die allgemeinen fahrerlaubnisrechtlichen Regelungen** finden im Übrigen gem. Abs. 3 S. 1 auch auf das Begleitete Fahren Anwendung. Das gilt zB auch für die Zuständigkeit der FEB. Bei Wohnsitzverlegung ist im Falle des Abs. 2 (Auflagenverstoß) die für den neuen Wohnsitz zuständige FEB zum Widerruf befugt, § 73 II S. 1 FeV (s. Begr, VkBl. **05** 691).

Entgelte für Begutachtungsstellen für Fahreignung

6f [1]Das Bundesministerium für Verkehr und digitale Infrastruktur kann durch Rechtsverordnung mit Zustimmung des Bundesrates die Entgelte der Begutachtungsstellen für Fahreignung festsetzen, soweit

1. die Begutachtungsstellen aus Anlass von Verwaltungsverfahren nach straßenverkehrsrechtlichen Vorschriften medizinisch-psychologische Untersuchungen durchführen und

2. die Festsetzung erforderlich ist, um die Qualität der Begutachtung zu fördern.

[2]Bei der Festsetzung der Entgelte ist den berechtigten Interessen der Leistungsbringer und der zur Zahlung der Entgelte Verpflichteten Rechnung zu tragen. [3]Soweit der Leistungsumfang nicht einheitlich geregelt ist, sind dabei Mindest- und Höchstsätze festzusetzen.

1   **1. Hintergrund.** Lange Zeit waren für **medizinisch-psychologische Untersuchungen** und Gutachten der amtlich anerkannten Begutachtungsstellen für Fahreignung **Gebührensätze** in Nr. 451 ff. GebOSt festgelegt. Die GebOSt ist auf der Grundlage von §§ 6a StVG, 34a FahrlG aF (= heute § 55 FahrlG) erlassen worden. Nach diesen Vorschriften kann die Erhebung von Gebühren und Auslagen nur für Amtshandlungen bestimmt werden. Die Leistungen der Begutachtungsstellen für Fahreignung werden jedoch auf rein privatrechtlicher Basis (Werkvertrag) erbracht (§ 11 FeV Rn. 49), sind also keine Amtshandlungen. Die auf der Grundlage von §§ 6a StVG, 34a FahrlG aF in der GebOSt dafür festgelegten Gebührensätze waren somit mangels gesetzlicher Ermächtigungsgrundlage **unwirksam** (§ 6a StVG Rn. 12) und sind inzwischen durch ÄndVO v. 11.3.19 (BGBl. I S. 218) aufgehoben worden.

2   Da der GGeber ein Bedürfnis für bundesweit einheitliche Entgelte für medizinisch-psychologische Untersuchungen sah (BT-Drs. 18/8559 S. 19), wurde mit ÄndG v. 28.11.16 (BGBl. I S. 2722) § 6f eingefügt, um eine rechtssichere **bundeseinheitliche Entgeltregelung** für Leistungen der Begutachtungsstellen für Fahreignung schaffen zu können. Der mit der Entgeltfestlegung verbundene Eingriff in die Berufsausübungsfreiheit der betroffenen Leistungsbringer sei gerechtfertigt (Begr BT-Drs. 18/8559 S. 19). Dabei wurde in Abs. 1 aF geregelt, dass Begutachtungsstellen für Fahreignung bei Durchführung medizinisch-psychologischer Untersuchungen aus Anlass von Verwaltungsverfahren nach straßenverkehrsrechtlichen Vorschriften für ihre damit in Zusammenhang stehenden Leistungen von dem jeweiligen Auftraggeber ein Entgelt nach Maßgabe einer RVO nach Abs. 2 aF zu erheben haben. Abs. 2 aF enthielt die Ermächtigungsgrundlage für den Erlass einer Entgeltordnung.

3   **Übergangsregelung.** In der Zeit vom Inkrafttreten des ÄndG v. 28.11.16 (BGBl. I S. 2722), mit dem § 6f eingeführt wurde, am 7.12.16 bis zum Erlass (gemeint wohl: Inkrafttreten) einer Entgeltordnung nach § 6f II aF, längstens aber bis zum 31.7.18, galten die Gebühren nach den früheren Nr. 451–455 Anl GebOSt als Entgelte iSv § 6f I aF (§ 65 V S. 1 StVG). Die (unwirksamen, s. Rn. 1) Gebühren-Nummern 451–455 Anl GebOSt waren nicht mehr für die Festlegung von Gebühren anzuwenden (§ 65 V S. 2 StVG). Eine Entgeltordnung nach Abs. 2 aF ist in der Folgezeit nicht erlassen worden. Die Begutachtungsstellen hatten für ihre Leistungen Entgelte nach dieser Regelung somit nur bis zum 31.7.18 zu erheben. Seit dem 1.8.18 können die Entgelte frei vereinbart werden.

4   **2.** § 6f ist durch ÄndG v. 4.12.18 (BGBl. I S. 2251) mWv 1.1.19 **neu gefasst** worden. Die Regelung ist dabei auf die gesetzliche Ermächtigung zum Erlass einer Entgeltordnung reduziert worden. Die früher in Abs. 1 aF enthaltene Verpflichtung der Begutachtungsstellen, für ihre Leistungen ein Entgelt nach Maßgabe einer Entgeltordnung zu erheben, ist entfallen. Die Änderung wurde damit begründet, dass derzeit keine Notwendigkeit zur Schaffung einer Entgeltordnung gesehen werde. Unmittelbare Qualitätsverluste bei der Durchführung der medizinisch-psychologischen Untersuchung würden nicht befürchtet. Die FeV sehe verschiedene Regelungen vor, um die Qualität dieser Untersuchung zu gewährleisten. Zudem solle die neue Wettbewerbssituation der Freigabe der Entgelte wissenschaftlich begleitet werden. Bei ggf. entstehenden Wettbewerbsverwerfungen, die Nachteile zulasten der Verbraucher und der Verkehrssicherheit befürchten lassen, könne aufgrund der angepassten Ermächtigungsgrundlage mit einer Entgeltordnung nachgesteuert werden (BT-Drs. 19/5102 (neu) S. 16).

3. BMV ist **ermächtigt**, die **Entgelte** der Begutachtungsstellen für Fahreignung **durch 5 RVO** mit Zustimmung des BR **festzusetzen**, soweit diese aus Anlass von Verwaltungsverfahren nach straßenverkehrsrechtlichen Vorschriften medizinisch-psychologische Untersuchungen durchführen und die Entgeltfestsetzung erforderlich ist, um die Qualität der Begutachtung zu fördern (S. 1). Zweifelhaft ist, ob davon auch MPU umfasst sind, die aus Anlass von Verwaltungsverfahren nach dem FahrlG erfolgen, denn beim Fahrlehrerrecht handelt es sich nicht um Straßenverkehrsrecht, sondern um spezielles Gewerberecht. Nicht betroffen sind Entgelte für rein ärztliche Untersuchungen und Gutachten, die von Begutachtungsstellen für Fahreignung durchgeführt werden (vgl. Begr zu § 6f aF, BT-Drs. 18/8559 S. 19).

Bei der Ausgestaltung der Entgelte muss der VOGeber das Interesse an einer Kostendeckung **6** auf Seiten der Begutachtungsstellen mit dem Interesse der Bezahlbarkeit von Gutachten für alle Einkommensgruppen in ein ausgewogenes Verhältnis bringen (S. 2, vgl. Begr zur inhaltsgleichen Vorgängerregelung § 6f II S. 2, BT-Drs. 18/8559 S. 19).

4. Eine Verpflichtung der Begutachtungsstellen für Fahreignung, im Falle des Erlasses einer **7** Entgeltordnung Entgelte für medizinisch-psychologische Untersuchungen, die aus Anlass von Verwaltungsverfahren nach straßenverkehrsrechtlichen Vorschriften durchgeführt werden, nach den Vorgaben dieser Entgeltordnung zu erheben, ist nicht normiert worden. Der GGeber hat nicht begründet, warum er bei der Neufassung von § 6f davon abgesehen hat.

Internetbasierte Zulassungsverfahren bei Kraftfahrzeugen

6g (1) [1]In Ergänzung der allgemeinen Vorschriften über die Zulassung von Fahrzeugen zum Straßenverkehr, die Zuteilung von Kennzeichen für zulassungsfreie Fahrzeuge und die Außerbetriebsetzung von Fahrzeugen können diese Verwaltungsverfahren nach Maßgabe der nachstehenden Vorschriften internetbasiert durchgeführt werden (internetbasierte Zulassung). [2]Für dieses Verwaltungsverfahren ist das Verwaltungsverfahrensgesetz anzuwenden.

(2) [1]Ein Verwaltungsakt kann nach näherer Bestimmung einer Rechtsverordnung nach Absatz 4 Satz 1 Nummer 1 vollständig durch automatische Einrichtungen erlassen werden, wenn

1. die maschinelle Prüfung der Entscheidungsvoraussetzungen auf der Grundlage eines automatisierten Prüfprogrammes erfolgt, das bei der zuständigen Behörde eingerichtet ist und ausschließlich von ihr betrieben wird, und

2. sichergestellt ist, dass das Ergebnis der Prüfung nur die antragsgemäße Bescheidung oder die Ablehnung des Antrages sein kann.

[2]Ein nach Satz 1 erlassener Verwaltungsakt steht einen Monat, beginnend mit dem Tag, an dem der Verwaltungsakt wirksam wird, unter dem Vorbehalt der Nachprüfung. [3]Solange der Vorbehalt wirksam ist, kann der Verwaltungsakt jederzeit aufgehoben oder geändert werden.

(3) [1]Nach näherer Bestimmung einer Rechtsverordnung nach Absatz 4 Satz 1 Nummer 3 bis 5 können

1. natürlichen oder juristischen Personen des Privatrechts bestimmte Aufgaben eines internetbasierten Zulassungsverfahrens, ausgenommen die Entscheidung über den Antrag, oder bei der Inbetriebnahme derart zugelassener Fahrzeuge übertragen werden (Beleihung) oder

2. natürliche oder juristische Personen des Privatrechts beauftragt werden, an der Durchführung von Aufgaben im Sinne der Nummer 1 mitzuwirken (Verwaltungshilfe).

[2]Personen im Sinne des Satzes 1 müssen fachlich geeignet, zuverlässig, auch hinsichtlich ihrer Finanzen, und unabhängig von den Interessen der sonstigen Beteiligten sein.

(4) [1]Das Bundesministerium für Verkehr und digitale Infrastruktur wird ermächtigt, durch Rechtsverordnung mit Zustimmung des Bundesrates

1. die Einzelheiten des Erlasses und der Aufhebung eines Verwaltungsaktes im Sinne des Absatzes 2 zu regeln, insbesondere

a) die Anforderungen an das Prüfprogramm,

b) besondere Bestimmungen zur Bekanntgabe, zur Wirksamkeit sowie zur Rücknahme und zum Widerruf des Verwaltungsaktes,

2. das für die Identifizierung von Antragstellern zu wahrende Vertrauensniveau zu regeln,

3. die Aufgaben im Sinne des Absatzes 3 zu bestimmen,

a) mit denen Personen beliehen oder

b) an deren Durchführung Verwaltungshelfer beteiligt

werden können, sowie die Art und Weise der Aufgabenerledigung,

4. die näheren Anforderungen an Personen im Sinne des Absatzes 3 zu bestimmen, einschließlich deren Überwachung, des Verfahrens und des Zusammenwirkens der zuständigen Behörden bei der Überwachung,

5. die notwendige Haftpflichtversicherung der beliehenen oder beauftragten Person zur Deckung aller im Zusammenhang mit der Wahrnehmung der übertragenen Aufgabe oder der Hilfe zur Erfüllung der Aufgabe entstandenen Schäden sowie die Freistellung der für Übertragung oder Beauftragung und Aufsicht zuständigen Bundesbehörde oder Landesbehörde von Ansprüchen Dritter wegen etwaiger Schäden, die die beliehene oder beauftragte Person verursacht, zu regeln,

6. bestimmte Aufgaben eines internetbasierten Zulassungsverfahrens dem Kraftfahrt-Bundesamt zu übertragen, soweit die Aufgaben eine bundeseinheitliche Durchführung erfordern, und das Zusammenwirken mit den für die Zulassung zuständigen Behörden zu regeln,

7. besondere Anforderungen an die Inbetriebnahme von Fahrzeugen, die internetbasiert zugelassen sind, zu regeln, insbesondere hinsichtlich

a) des Verwendens befristet gültiger Kennzeichenschilder einschließlich deren Herstellung, Ausstellung, Anbringung und Gültigkeitsdauer,

b) des Versandes von Zulassungsunterlagen und der endgültigen Kennzeichenschilder

8. die Ausstellung befristet gültiger elektronischer Fahrzeugdokumente, insbesondere zum Nachweis der Zulassung, und deren Umwandlung in körperliche Dokumente zu regeln, insbesondere

a) die Art und Weise der Erstellung, der Verwendung und der Speicherung solcher Dokumente,

b) die Speicherung der Dokumente in einem Dateisystem, das beim Kraftfahrt-Bundesamt errichtet und von diesem betrieben wird,

9. die Errichtung und den Betrieb eines zentralen Dateisystems beim Kraftfahrt-Bundesamt

a) mit fahrzeugbezogenen Daten, die für die Prüfung der Zulassungsfähigkeit der Fahrzeuge erforderlich sind, insbesondere mit den Daten der unionsrechtlich vorgeschriebenen Übereinstimmungsbescheinigungen einschließlich der Fahrzeug-Identifizierungsnummer,

b) mit den Daten der Fahrzeuge, die Auskunft über nach oder auf Grund von Unionsrecht einzuhaltende Fahrzeugeigenschaften geben,

sowie die Pflicht zur Übermittlung dieser Daten durch die Hersteller oder Einführer der Fahrzeuge zu regeln,

10. die Durchführung anderer als straßenverkehrsrechtlicher Rechtsvorschriften bei einer internetbasierten Zulassung zu regeln.

²Das in Satz 1 Nummer 9 vorgesehene Dateisystem darf weder mit dem Zentralen Fahrzeugregister des Kraftfahrt-Bundesamtes noch mit den örtlichen Fahrzeugregistern der Zulassungsbehörden verknüpft werden.

(5) ¹Für Vorschriften des Verwaltungsverfahrens in den Absätzen 1 bis 3 und in Rechtsverordnungen auf Grund des Absatzes 4 kann durch Rechtsverordnung des Bundesministeriums für Verkehr und digitale Infrastruktur mit Zustimmung des Bundesrates vorgeschrieben werden, dass von diesen Vorschriften durch Landesrecht nicht abgewichen werden kann. ²Die Vorschriften, von denen durch Landesrecht nicht abgewichen werden kann, sind dabei zu nennen.

1–7   **Begr** (BT-Drs. 18/9084 S. 14): *Mit § 6g StVG soll ein einheitlicher Standort für die Regelungen der internetbasierten Fahrzeugzulassung geschaffen werden. Lediglich die Regelungen über die Gebühren verbleiben unverändert in § 6a Absatz 8 StVG aus Gründen des speziellen Sachzusammenhangs. Mit der internetbasierten Fahrzeugzulassung (i-Kfz) sollen wesentliche Vorgänge (Standardfälle) der Zulassung von Fahrzeugen elektronisch abgebildet werden. Für die Umsetzung der internetbasierten Fahrzeugzulassung* *sind daher organisatorische, technische und rechtliche Voraussetzungen zu schaffen, damit dieses Verfahren dann in den jeweiligen Portalen der Kommunen angeboten werden kann.*

1. Allgemeines. Mit dem durch ÄndG v. 28.11.16 (BGBl. I S. 2722) eingefügten § 6g wurde **8** in Ergänzung zu den bereits vorhandenen gesetzlichen Regelungen über das Fahrzeug-Zulassungsverfahren eine Norm geschaffen, in der alle Bestimmungen über die **internetbasierte Fahrzeug-Zulassung** zusammengefasst sind. Lediglich die Gebührenregelungen für diesen Bereich sind gesondert in § 6a VIII StVG normiert. Mit dem Verfahren der internetbasierten FzZulassung wird natürlichen und juristischen Personen die elektronische Durchführung ihrer FzZulassung ohne Gang zur Zulassungsbehörde ermöglicht, soweit es sich um Standardvorgänge handelt. Abschn 2a (§§ 15a–15l) FZV enthält Ausführungsbestimmungen zur internetbasierten FzZulassung. Auf der Grundlage von § 6g IV S. 1 Nr. 9 wurde beim KBA die Zentrale Datenbank der Übereinstimmungsbescheinigungen errichtet (näher § 45a FZV).

2. Die Zulassung von Fz zum StrV, die **Zuteilung von Kennzeichen für zulassungs- 9 freie Fz** und die **Außerbetriebsetzung** von Fz können vollständig internetbasiert abgewickelt werden (I S. 1). Dabei handelt es sich um eine abschließende Aufzählung der Verfahren, die internetbasiert durchgeführt werden dürfen (Begr BT-Drs. 18/9084 S. 15). Die internetbasierte Durchführung dieser drei Verfahren nach Maßgabe des § 6g wird **internetbasierte Zulassung** genannt (I S. 1).

Die **allgemeinen Vorschriften** über die Zulassung von Fz zum StrV werden durch die Be- **10** stimmungen des § 6g und die auf seiner Grundlage erlassenen Ausführungsbestimmungen nicht ersetzt, sondern lediglich **ergänzt** (I S. 1). Die allgemeinen Anforderungen an die FzZulassung und die erforderlichen Verfahrensschritte bestimmen sich nach den allgemeinen Normen der auf der Grundlage von § 6 I StVG erlassenen FZV. Die Regelungen über die internetbasierte Zulassung in § 6g und in den auf seiner Grundlage erlassenen Ausführungsbestimmungen sind speziell, aber nicht abschließend (Begr BT-Drs. 18/9084 S. 15). Die **nähere Ausgestaltung** des internetbasierten Zulassungsverfahrens kann das BMV durch RVO auf der Grundlage und nach Maßgabe des IV festlegen.

Für die Durchführung des Verfahrens der internetbasierten Zulassung durch Länder und **11** Kommunen **gilt das VwVfG des Bundes** iSv § 1 II S. 2 VwVfG (I S. 2), um den erforderlichen einheitlichen Rechtsrahmen für das bundesweit einheitlich zu gestaltende Verfahren und die einheitlich anzuwendenden IT-Komponenten sicherzustellen (Begr BT-Drs. 18/9084 S. 15). Diese Regelung läuft wegen des Vorrangs der Verwaltungsverfahrensgesetze der Länder nach § 1 III VwVfG praktisch leer, da alle Länder eigene Verwaltungsverfahrensgesetze erlassen haben.

3. Im Rahmen der internetbasierten Zulassung ist der vollständig **automatisierte Erlass 12 von Verwaltungsakten** möglich (II). Dadurch soll eine sofortige Teilnahme am StrV im Anschluss an die internetbasierte Zualssung ermöglicht werden (Begr BT-Drs. 18/9084 S. 15). Die maschinelle Prüfung der Entscheidungsvoraussetzungen muss auf der Grundlage eines **automatisierten Prüfprogramms** erfolgen (II S. 1 Nr. 1). Dadurch soll erreicht werden, dass die Entscheidungsfindung des Programms auf der Basis vordefinierter Prüfschritte erfolgt, mit der die Willensbetätigung im jeweiligen Einzelfall bei der Programmierung des Prüfprogramms gleichsam vorweggenommen wird (Begr BT-Drs. 18/9084 S. 15). Weiter muss sichergestellt sein, dass das Ergebnis der vollautomatisierten Prüfung **nur die antragsgemäße Bescheidung oder** die **Ablehnung** des Antrags sein kann (II S. 1 Nr. 2). Dies ist nur möglich, wenn sämtliche Voraussetzungen und Nachweise für die Zulassung elektronisch nachprüfbar sind und wenn keine Besonderheiten des Einzelfalles zu berücksichtigen sind (Begr BT-Drs. 18/9084 S. 15).

Der vollständig automatisiert erlassene VA steht in jedem Fall unter dem **Vorbehalt der 13 Nachprüfung** (II S. 2), um ggf. eine Nachsteuerung des Verfahrens durch menschliche Entscheidungen zu ermöglichen (Begr BT-Drs. 18/9084 S. 15). Den ZulB steht es frei, Nachprüfungen stichprobenhaft oder nach anderen vorgegebenen Prüfroutinen vorzunehmen (Begr BT-Drs. 18/9084 S. 15). Einzelheiten sind in § 15f III FZV geregelt. Die Vorbehaltsfrist wurde „im Hinblick auf die erforderliche Rechtsicherheit für Fahrzeughändler und Käufer und die Schnelllebigkeit des Handels mit Kfz" auf **einen Monat** ab Bekanntgabe des VA festgelegt (Begr BT-Drs. 18/9084 S. 15). Der Vorbehalt der Nachprüfung nach II S. 2, 3 ist eine gegenüber §§ 48, 49 VwVfG spezielle Regelung zur Aufhebung von Zulassungsentscheidungen, für die Vertrauensschutzgesichtspunkte keine Rolle spielen (Begr BT-Drs. 18/9084 S. 15).

14   Die näheren Einzelheiten zu Erlass und Aufhebung vollständig automatisierter VA und die Anforderungen, die an den Nachweis der Identifizierung von Antragstellern gestellt werden, kann das BMV durch RVO regeln (IV S. 1 Nr. 1 und 2).

15   **4.** Natürliche und juristische Personen des Privatrechts können als **Beliehene** oder **Verwaltungshelfer** in die Abläufe der internetbasierten Zulassung einbezogen werden (III). Außerdem können sie eingesetzt werden, um eine Inbetriebnahme der Fz umgehend nach internetbasierter Zulassung zu ermöglichen, etwa im Rahmen der Kennzeichnung der Fz zum Nachweis der Zulassung (Begr BT-Drs. 18/9084 S. 16). Die Grundsätze dazu werden in III festgelegt, die Ausführungsbestimmungen in einer RVO nach IV S. 1 Nr. 3–5. Privaten dürfen nur **bestimmte Aufgaben** des internetbasierten Zulassungsverfahrens übertragen werden, nicht das gesamte Verfahren. Die Schlussentscheidung und der Erlass des automatisierten VA müssen in der Verantwortung und Zuständigkeit der ZulB bleiben (III S. 1 Nr. 1, Begr BT-Drs. 18/9084 S. 16). Die Beliehenen und Verwaltungshelfer müssen den **Anforderungen** von III S. 2 entsprechen, um die Rechtmäßigkeit und gleichmäßige Qualität ihrer Tätigkeiten sowie eine ordnungsgemäße und leistungsfähige Organisation zu gewährleisten (Begr BT-Drs. 18/9084 S. 16).

16   **5.** Die Vorschriften für das Verwaltungsverfahren der internetbasierten Zulassung gem. § 6g I–IV können in RVO **ohne Abweichungsmöglichkeit für die Länder** geregelt werden (V). Eine solche Bestimmung ist nach Art 84 I S. 5 GG in Ausnahmefällen bei besonderem Bedürfnis nach bundeseinheitlicher Regelung zulässig. Es wurde eine gesetzliche Ermächtigung vorgesehen, in einer RVO jeweils die Abweichungsfestigkeit konkreter Verfahrensregelungen zu bestimmen, da die einzelnen Verfahrensvorschriften noch nicht hinreichend konkretisiert seien; dadurch könne die Abweichungsfestigkeit auf die erforderlichen Einzelregelungen beschränkt werden und müsse nicht im Gesetz generell angeordnet werden (Begr BT-Drs. 18/9084 S. 17).

II. Haftpflicht

Haftung des Halters, Schwarzfahrt*

7 (1) **Wird bei dem Betrieb eines Kraftfahrzeugs ein Mensch getötet, der Körper oder die Gesundheit eines Menschen verletzt oder eine Sache beschädigt, so ist der Halter verpflichtet, dem Verletzten den daraus entstehenden Schaden zu ersetzen.**

(2) **Die Ersatzpflicht ist ausgeschlossen, wenn der Unfall durch höhere Gewalt verursacht wird.**

(3) [1]**Benutzt jemand das Kraftfahrzeug ohne Wissen und Willen des Fahrzeughalters, so ist er anstelle des Halters zum Ersatz des Schadens verpflichtet; daneben bleibt der Halter zum Ersatz des Schadens verpflichtet, wenn die Benutzung des Kraftfahrzeugs durch sein Verschulden ermöglicht worden ist.** [2]**Satz 1 findet keine Anwendung, wenn der Benutzer vom Fahrzeughalter für den Betrieb des Kraftfahrzeugs angestellt ist oder wenn ihm das Kraftfahrzeug vom Halter überlassen worden ist.**

Begr zum ÄndG v. 19.7.02 (BT-Drs. 14/7752 S. 29): *Zu Abs. 1: Die schweren Unfälle, an de-* **1** *nen LKW- oder Wohnwagengespanne beteiligt sind, machen deutlich, dass mit der Verwendung von Anhängern häufig eine Erhöhung der von einem Kraftfahrzeug ausgehenden Betriebsgefahr verbunden ist.*

In zunehmendem Maße sind zudem Kraftfahrzeugunfälle von Zugfahrzeugen mit Anhängern zu beobachten, bei denen den Geschädigten zur Identifizierung des Schädigers nur das Kennzeichen des Anhängers bekannt ist, das sich vom Kennzeichen des Zugfahrzeugs jedoch unterscheidet. Halter und Versicherer des Anhängers berufen sich in der Regel darauf, dass sie nach § 7 StVG weder zur Mitteilung noch zur Identifizierung des Zugfahrzeugs verpflichtet seien, verweisen aber in den hier bekannt gewordenen Fällen auf die Haftung des Fahrers und Halters des dem Geschädigten unbekannten Zugfahrzeugs … .

Auch wenn der Schaden in solchen Fällen nicht oder nicht ausschließlich durch den Anhänger verursacht wird, ist eine Gefährdungshaftung des Anhängerhalters sachgerecht, da der Anhänger zusammen mit dem Zugfahrzeug eine Einheit bildet, die eine gegenüber dem Zugfahrzeug erhöhte Betriebsgefahr aufweist. Die Regelung belastet den Halter des Anhängers auch nicht unverhältnismäßig. Er hat im Regelfall Einfluss auf die Auswahl des Zugfahrzeugs und dessen Führer, steht regelmäßig in vertraglichen Beziehungen zu dessen Halter und trägt zu der erhöhten Betriebsgefahr des Gespanns bei. Ist der Schaden ausschließlich durch das Zugfahrzeug oder dessen Führer verursacht worden, sichern ihm die insoweit ergänzten §§ 17 Abs. 2 und 18 Abs. 3 StVG (vgl. dazu unten Begründung zu Artikel 4 Nr. 8 und 9) ein Rückgriffsrecht im Innenverhältnis. Letztendlich soll in solchen Fällen der Halter des Anhängers nicht den Schaden tragen, der durch das Zugfahrzeug oder dessen Führer verursacht wurde und in denen sich die Betriebsgefahr des Anhängers nicht realisiert hat. Damit ist auch gewährleistet, dass der Geschädigte, dem nur eine Identifizierung des Anhängers, nicht aber des Zugfahrzeugs möglich ist, die Gefährdungshaftungsansprüche vollumfänglich durchsetzen kann: Er kann auf den Anhängerhalter zugreifen, der unter dem Druck der eigenen vollen Haftung im Außenverhältnis öfter als bisher dazu bereit sein dürfte, den Halter des Zugfahrzeugs preiszugeben.

…

(BT-Drs. 14/7752 S. 50 – Begr des Bundesrates –) Auch im ruhenden Verkehr besteht kein Anlass, Kraftfahrzeug und Anhänger unterschiedlich zu behandeln. Zwar wird von einem Anhänger eine Gefahr ohne Verbindung mit einem Kraftfahrzeug selten ausgehen. Nicht anders verhält es sich jedoch bei abgestellten Kraftfahrzeugen. Bei diesen wird aber in bestimmten Fällen eine Haftung nach dem Straßenverkehrsgesetz auch dann angenommen, wenn sie geparkt sind (vgl. Hentschel, StVG, 36. Aufl. 2001, § 7 StVG, Rdnr. 8 m. w. N.). Ein Anhänger kann aber in gleich gefährdender Weise abgestellt werden wie ein Zugfahrzeug. Es erscheint deshalb angemessen, für Anhänger in gleicher Weise eine Gefährdungshaftung vorzusehen wie für Kraftfahrzeuge.

(BT-Drs. 14/8780 S. 21) Die Änderung greift einen Vorschlag des Bundesrates (Stellungnahme Nummer 14, S. 50) auf. Mit diesem Vorschlag sollte die vom Regierungsentwurf vorgeschlagene Haftung des Anhängerhalters neu formuliert werden, um auch Unfälle durch sich vom Kraftfahrzeug lösende und abgestellte Anhänger in die Haftung einzubeziehen. In Ergänzung dieses Vorschlags war es allerdings erforderlich, die Halterhaftung ausdrücklich auf solche Anhänger zu beschränken, die dazu bestimmt sind, von einem Kraftfahrzeug mitgeführt zu werden. Andernfalls hätte es zu Unklarheiten darüber kommen können, ob auch Anhänger in eine Halterhaftung einbezogen werden, die nicht von Kraftfahrzeugen, sondern etwa von Fahrrädern gezogen werden. Von Letzteren geht aber keine solche Betriebsgefahr aus, dass ihre Einbeziehung in die Gefährdungshaftung gerechtfertigt wäre.

---

* § 7 idF des G v. 10.7.2020 (BGBl. I S. 1653). Für vor dem 17.7.2020 eingetretene Schadensereignisse gilt § 7 aF in Bezug auf die Haftung für Kfz-Anhänger fort. Für spätere Ereignisse s. §§ 19, 19a.

...

(BT-Drs. 14/7752 S. 30 f.): **Zu Abs. 2:** *Mit Art 4 Nr. 1b wird der Unabwendbarkeitsnachweis gestrichen, mit dem sich der Kraftfahrzeughalter bisher gegenüber der Gefährdungshaftung nach § 7 StVG entlasten konnte. Zugelassen wird statt dessen – entsprechend der Regelung bei der Gefährdungshaftung des Bahnbetriebsunternehmers (§ 1 II S. 1 HPflG) – die Berufung auf „höhere Gewalt".*

Für das Haftpflichtgesetz hat die Rechtsprechung angenommen, dass höhere Gewalt ein betriebsfremdes, von außen durch elementare Naturkräfte oder durch Handlungen dritter Personen herbeigeführtes Ereignis sei, das nach menschlicher Einsicht und Erfahrung unvorhersehbar ist, mit wirtschaftlich erträglichen Mitteln auch durch die äußerste nach der Sachlage vernünftigerweise zu erwartende Sorgfalt nicht verhütet oder unschädlich gemacht werden kann und auch nicht wegen seiner Häufigkeit in Kauf zu nehmen ist ....

Mit dieser Änderung des Befreiungsgrundes ist eine Erweiterung der Halterhaftung verbunden, dessen praktische Relevanz allerdings nicht überschätzt werden darf. Einerseits ist bereits nach geltender Rechtslage die Entlastungsmöglichkeit sehr begrenzt: wird der Unfall durch einen Fehler in der Beschaffenheit des Fahrzeugs oder durch ein „technisches" Versagen am Fahrzeug verursacht, greift die Entlastungsmöglichkeit nicht. In den übrigen Fällen obliegt dem Halter die Darlegungs- und Beweislast für das Vorliegen eines unabwendbaren Ereignisses. Dafür hat die Rechtsprechung äußerst strenge Anforderungen gestellt: ... Diese strengen Voraussetzungen nachzuweisen, gelingt dem Halter in der Praxis nur in Ausnahmefällen. Andererseits wird die Änderung des Befreiungsgrundes keinesfalls dazu führen, dass in allen Fällen, in denen bisher eine Entlastung durch den Unabwendbarkeitsnachweis möglich war, künftig in vollem Umfang gehaftet wird. Auch unter einem insoweit geänderten § 7 II StVG kommt eine Enthaftung über den Mitverschuldenseinwand der §§ 9 StVG, 254 BGB in Betracht, der im Einzelfall eine Haftung sogar auf Null reduzieren kann. Bei mehreren Haftungssubjekten ist zudem über die §§ 17, 18 StVG, § 426 BGB ein Ausgleich im Innenverhältnis gemäß dem jeweiligen Verursachungsbeitrag vorzunehmen. Dies wird von der Rechtspraxis verstärkt in den Blick zu nehmen sein.

Für eine Ersetzung der Entlastungsmöglichkeit des „unabwendbaren Ereignisses" durch die der „höheren Gewalt" waren rechtsdogmatische und praktische Gründe maßgeblich:

Rechtsdogmatisch ist festzustellen, dass der Entlastungsgrund des unabwendbaren Ereignisses im System der Gefährdungshaftung einen Fremdkörper bildet. Der Grund für die Gefährdungshaftung ist die Verwirklichung der Betriebsgefahr. Die Gefährdungshaftung dient dabei dem Ausgleich von Schäden, nicht der Schadensprävention. Es erscheint daher dogmatisch nicht sachgerecht, die Haftung von Sorgfalts- und damit von Verschuldensgesichtspunkten abhängig zu machen ... .

Unter praktischen Gesichtspunkten wird die Ersetzung des unabwendbaren Ereignisses vor allem den nicht motorisierten Verkehrsteilnehmern zugute kommen. Gestärkt wird damit insbesondere die Position der Kinder, der Hilfsbedürftigen und der älteren Menschen im Schadensfall. Ihrer besonderen Situation im Straßenverkehr, die bereits in § 3 Abs. 2a Straßenverkehrsordnung (StVO) Eingang gefunden hat, wird damit besser Rechnung getragen. Gerade in diesem Bereich führt die bestehende Rechtslage zuweilen zu unbefriedigenden Ergebnissen, wenn zum Beispiel Kinder, die sich im Verkehr – objektiv – unsachgemäß verhalten und deren Verhalten ein für den Fahrer unabwendbares Ereignis darstellen kann, ohne Ersatz bleiben.

Zu Abs. 3: *Durch die Anfügung soll klargestellt werden, dass auch in den Fällen der unbefugten Nutzung eines Anhängers, die nicht zu einem Halterwechsel führt, lediglich der Nutzer nach § 7 StVG haftet. Dies soll allerdings dann nicht gelten, dh die Haftung des Halters soll erhalten bleiben, wenn er die Benutzung des Anhängers durch sein schuldhaftes Verhalten ermöglicht. Ebenso soll es auch in den von S. 2 erfassten Fällen bei der ausschließlichen Gefährdungshaftung des Halters des Anhängers bleiben.*

Übersicht

1. Die Gefährdungshaftung beruht auf dem Gedanken sozialer Verantwortung für eigene **1a** Wagnisse (BGH VersR **05** 992, Fra ZfS **87** 35). Sie bezweckt nicht den Ausgleich für Verhaltensunrecht, sondern für Schäden aus den durch zulässigen Betrieb eines Kfz oder KfzAnhängers entstehenden Gefahren (BGH NZV **92** 229, NJW **14** 1182; Kö NZV **94** 230). Gleichwohl ist § 830 I S. 2 BGB anwendbar, wobei aber „Beteiligter" nur der ist, dessen Tatbeitrag zu einer rechtswidrigen Gefährdung der Schutzsphäre des Betroffenen geführt hat und zur Herbeiführung der eingetretenen Verletzung geeignet war, was bei der Gefährdungshaftung eine konkreten Gefährdung des Betroffenen voraussetzt, die geeignet ist, den eingetretenen Schaden herbeizuführen (BGH NJW **69** 2136; **18** 3439). Die Haftung des Halters auch für Schäden beim **Betrieb eines Anhängers** wurde durch das 2. G zur Änderung schadensersatzrechtlicher Vorschriften v. 19.7.02 (BGBl. I S. 2674) eingeführt. Mit G zur Haftung bei Unfällen mit Anhängern und Gespannen im StrV v. 10.7.2020 (BGBl. I S. 1653), anzuwenden auf **Schadensereignisse ab dem 17.7.2020** (s. § 65 VI), wurde die Haftung **des Anhängerhalters** aus § 7 ausgegliedert und eigenständig in § 19 geregelt (s. im Einzelnen dort). Für frühere Schadensereignisse gilt § 7 aF fort. Wer im eigenen Interesse eine besondere Gefahrenquelle schafft, hat – gewissermaßen als Preis für die ihm erlaubte Schaffung solcher Gefahrenquellen – für daraus notwendigerweise hervorgehende, auch bei aller Sorgfalt unvermeidbare Schädigungen einzustehen (BGH VersR **05** 992, NJW **14** 1182, **88** 2802, NZV **89** 18, **90** 425, **91** 387). § 7 schützt gegen alle Betriebsgefahren ohne Rücksicht darauf, wie sich die Gefahr schädigend verwirklicht (BGHZ **37** 316, KG DAR **76** 268). Vorsätzliche Schädigung durch den FzF genügt (BGH NJW **62** 1676, Mü NZV **01** 220, Ha NZV **93** 68, *Filthaut* NZV **98** 90). Teils werden **gestellte „Unfälle"** nicht als „Unfall" angesehen (so zB Kö VersR **75** 959, *Greger/Zwickel* § 3 Rn. 30, aM BGHZ **37** 311, offengelassen von BGH NJW **78** 2154, Mü NZV **91** 427; abw. Fra VersR **78** 260, wonach Anspruch wegen Treuwidrigkeit (§ 242 BGB) zu versagen ist; abl *Weber* VersR **81** 163). Jedenfalls scheitert der Anspruch aber an der fehlenden Rechtswidrigkeit der Schädigung (BGH NJW **78** 2154, DAR **90** 224, Ko NJW-RR **06** 95, KG VRS **104** 92, 258, Ce VRS **102** 258, Ha VRS **100** 426, VersR **91** 113, NZV **93** 68, Fra VersR **92** 717). Zur Beweislast: Rn. 48. § 7 I gewährt auch Anspruch auf Ersatz eines Gebäudeschadens infolge Erschütterung durch schwere Fz, wenn die Schäden bei neueren Gebäuden auf Grund verbesserter Bautechnik nicht aufgetreten wären (Fra ZfS **87** 35). Das Gleiche gilt für Beschädigung oder Verschmutzung von **Straßen durch Kfz** (Rn. 26–29; *H. Schneider* MDR **89** 193). Die Möglichkeit öffentlich-rechtlichen Kostenersatzes (dort § 41 II S. 1 Nr. 3 FSHG NW bzw. § 7 III FStrG bzw. Art 16 BayStrWG) schließt die Haftung nach § 7 nicht aus (BGH NZV **11** 595 m teils zw. Bspr *Schwab* DAR **11** 610; BGH DAR **14** 81; ZfS **14** 73). Die Haftpflicht nach §§ 7 ff. trifft den Halter des Kfz oder Anhängers wie den Führer. Die Haftpflicht des Halters ist Gefährdungshaftung, seit Abschaffung des Unabwendbarkeitsbeweises durch G v. 19.7.02 insoweit ohne die früheren Elemente einer Verschuldenshaftung (*Böhmer* JR **62** 98). Ausnahmen §§ 8, 9; Haftungsbeschränkungen §§ 10–15. Der KfzF kann sich durch den Nachweis mangelnden Verschuldens von der Ersatzpflicht befreien (§ 18), bei ihm ist die Haftung also nach der Seite der Verschuldenshaftung hin abgeschwächt; anders als beim Halter hat bei ihm auch die subjektive Seite Bedeutung. Der selbstfahrende Halter haftet als solcher (Stu DAR **52** 57). Ist der **mit dem Halter nicht identische FzF der Geschädigte,** so folgt aus dem Rechtsgedanken des § 18 III, dass er sich die BG des von ihm geführten Fz entgegenhalten lassen muss mit der Folge, dass ihm ein Anspruch aus § 7 gegen den Halter nicht zusteht (Mü VersR **80** 52, *Kunschert* NZV **99** 517), vorausgesetzt, er kann sich nicht gem. § 18 I S. 2 entlasten (iErg ebenso AG Darmstadt NZV **02** 568); vermag er den Nachweis mangelnden Verschuldens zu führen, so wird er dagegen den Halter hinsichtlich seines Eigenschadens (soweit nicht § 8 eingreift) in Anspruch nehmen können (Beispiel: Beschädigung einer dem FzF gehörigen, außerhalb des FzBetriebs befindlichen Sache; *Greger* NZV **88** 108, zw, aM *Kunschert* NZV **89** 61 im Hinblick auf § 8 StVG). **Umfang der Ersatzpflicht:** Rn. 26–29. Die allgemeine Haftung für deliktisches Verschulden nach den §§ 823 ff. BGB, die auch solche Schäden umfasst und die durch die Höchstbeträge des § 12 nicht beschränkt wird, bleibt unberührt (§ 16). **Amtshaftung:** § 16. Bei der (hoheitlichen) Einsatzfahrt kann Staatshaftung neben die Gefährdungshaftung treten (Ha NZV **95** 320, KG VRS **56** 241). Anders als die Haftung des KfzF (§ 18) wird die Halterhaftung nicht durch § 839 BGB verdrängt (BGH NJW **93** 1258, Sa NJW-RR **07** 681). **Gefährdungshaftung** besteht *nur im Rahmen des Gesetzes;* keine ausdehnende Anwendung auf Fälle, die der insoweit zurückhaltende Gesetzgeber den allgemeinen Haftungsgrundsätzen vorbehält (**E** 60; BGH NJW **71** 32, VersR **71** 131, 504). Die §§ 7, 17 gelten auch, wenn der Halter des einen kollidierenden Kfz das andere Kfz fährt (Mü VersR **80** 52, *Klimke* VersR **78** 988, KG VRS **57** 6, aM LG Freiburg NJW **77** 588). Keine Haftung nach § 7 jedoch bei Beschädigung des vom Kfz gezogenen (fremden) Anhängers, weil dieser eine Einheit mit dem Kfz bildet (Rn. 8; Ha NZV **99** 243). Die Anwendbarkeit der §§ 7 ff. ist nicht auf den StrV beschränkt, sondern gilt für jedes Schadensereignis, das ursächlich (Rn. 9–13) mit dem KfzBetrieb zusammenhängt, **auch auf nichtöffentlichen Wegen** (BGH NZV **95** 19, VersR **60** 635, NJW **81** 623, **15** 1681 (erg. Rn. 10); NJW **20** 2116; Kö VRS **102** 432, Sa NZV **98** 327, Ro DAR **98** 474, OVG Münster NZV **95** 88; aM *Schwab* DAR **11** 11, 15), zB auf Rennstrecken (RGZ **150** 73, Kar VRS **77** 420; NJW-RR **14** 692 (Fahrsicherheitstraining)), Werks- (BGH NJW **73** 44, Ko VersR **05** 705, Sa VRS **99** 104, KG VM **86** 86, aM Mü VersR **62** 650) und Baustellengeländen (Ha *Felz* NZV **20** 204), einer landwirtschaftlichen Zwecken dienenden Wiese (BGH NJW **15** 1681) oder in einer privaten Tiefgarage (BGH NJW **14** 1182; Mü DAR **10** 93). Zum **Haftungsausschluss** § 16 Rn. 9.

2 **2. Kraftfahrzeug:** § 1 Rn. 14 ff. Auch FmH, ausgenommen langsam fahrende iS von § 8 Nr. 1 (was sich zB bei ElektrokleinstFz auswirkt, s. § 8 Rn. 2), unterliegen der Gefährdungshaftung (BGH NJW **71** 1983), nicht aber elektromotorunterstützte Fahrräder (Pedelecs), soweit sie unter § 1 III fallen (s. dort Rn. 22 ff. sowie LG Sa r+s **14** 148; LG Detmold NJW-RR **16** 39 (L); mit Recht krit zur fehlenden Versicherungspflicht *Koch* NJW **20** 183). Erfasst sind die Kfz der Feuerwehr und Pol, ferner Omnibusse (Kar VRS **10** 81, *Filthaut* NZV **95** 53) sowie nach Ergänzung von I durch ÄndG v. 19.7.02 und für Schadensereignisse bis zum 16.7.2020 weiterhin gültig (dazu Rn. 1) **KfzAnhänger** (dazu Begr S. 21 zu diesem G, § 19 Rn. 1; s. auch BGH NJW **20** 2116). Begriff des Anhängers: § 1 Rn. 28 sowie nunmehr „legaldefiniert": § 19 I S. 1. *Nicht* in die Gefährdungshaftung (nach § 7 wie auch nach § 19) einbezogen sind etwa Fahrradanhänger. Bei Unfällen bei deren Betrieb oder von Fahrrädern Haftung nur nach Deliktsrecht (s. auch Fra NJW-Spezial **18** 75) Die Haftung nach § 7 (wie auch nach § 19) betrifft Unfälle durch Kfz und ihre Anhänger schlechthin (Zurückreißen des SchleppFz durch das Gewicht des geschleppten Fz; BGH VersR **66** 934).

2a Verursacht ein **ausländisches Kfz** im Inland einen Unfall, so richtete sich die Haftung des Halters und Führers auch aus § 7 nach Maßgabe der Tatortregel des Art 40 I EGBGB nach deutschem Recht (BGH DAR **57** 100). Zur Rom II-VO: **E** 25.

3 Fahrzeuge der **stationierten Truppen** oder Angehörigen dieser Truppen in Deutschland: § 16 StVG, Rn. 18 vor § 23 FZV. Fz des Militär- und Zivilpersonals nach dem **EU-Truppenstatut** (BGBl II S. **05** 19).

4 **2a. Betrieb eines Kfz oder KfzAnhängers** *(da § 7 idF bis zum 16.7.2020 auf bis zu diesem Zeitpunkt erfolgte Schadensereignisse Anwendung findet und die Fragen zum Betrieb weitgehend auch für*

das neue Recht Gültigkeit behalten, wird der KfzAnhänger im Folgenden weiterhin mitberücksichtigt). Für den Begriff des Betriebs ist vom einzelnen Betriebsvorgang als Haftungsgrundlage auszugehen. Wegen der heute hohen VGefahr ist der Betriebsbegriff **weit zu fassen** (BGH DAR **05** 263, VersR **05** 992, NZV **91** 387, **10** 609; NJW **12** 1951, 1953; **14** 1182; **19** 2227; **20** 2116; krit *Piroth/Schmitz-Justen* NZV **20** 293). Nach dem hierbei entscheidend zu berücksichtigenden **Schutzzweck** des § 7 (BGH NZV **08** 285, **10** 609; DAR **05** 263, VersR **05** 992, NJW **14** 1182; Kar NJW **05** 2318, Mü NZV **96** 199, *Grüneberg* NZV **01** 110; RsprÜbersicht *Galke* Zfs **11** 2, 65; s. auch *Staab* DAR **11** 181; zusf. *Ernst* SVR **11** 241) ist der Schaden beim Betrieb entstanden, wenn er durch die dem Kfz- oder Anhängerbetrieb typisch innewohnende Gefährlichkeit adäquat verursacht ist (Brn VRS **106** 426, Mü NZV **01** 510, KG VM **83** 31 mAnm *Booß*, Nü VersR **75** 336), sich die von dem Fz ausgehenden Gefahren bei seiner Entstehung ausgewirkt haben (BGH NZV **08** 285, DAR **05** 263, VersR **05** 992, NZV **89** 391, **90** 425, **91** 387, **95** 19, Kar NJW **05** 2318, KG NZV **02** 229, Dü NZV **06** 415, Schl VersR **98** 473). Die Schadensfolge muss in den Schutzbereich des § 7 I fallen (BGHZ **37** 311, **57** 137, VersR **05** 992, NJW **75** 1886, NZV **91** 387, Ol ZfS **01** 303, Mü NZV **96** 199, s. E **107**). Dies ist auch bei provozierten Auffahrunfällen nicht zw (BGH NJW **12** 1951, 1953 (Polizeiflucht), dazu auch Rn. 13; s. ferner LG Potsdam NJW-RR **20** 981 (Privatfehde); aM nunmehr aber Ce r+s **20** 175 (Familienfehde) m abl Anm *Rogler*). Indiziell bedeutsam ist naher zeitlicher und örtlicher ursächlicher Zusammenhang mit einem bestimmten Betriebsvorgang oder einer bestimmten Betriebsrichtung des Kfz (BGH VersR **05** 992, **69** 668, NJW **73** 44, NJW **14** 1182; **19** 227 (dazu *Offenloch* DAR **20** 301) Ol ZfS **01** 303, Ha NZV **97** 78, Ko r+s **19** 726), freilich nicht bloße räumliche Nähe zweier oder mehrerer Kfz oder Anhänger, sondern Beeinflussung im V, wenn auch ohne Berührung (Rn. 10b). Der vom Fz ausgehende Lärm als schadensauslösende Ursache kann genügen (BGH NZV **91** 387 (im entschiedenen Fall abgelehnt), LG Kö VersR **99** 633 mAnm *Siller* MDR **97** 936; Rn. 11). Zum Begriff des Betriebs bei Omnibussen *Filthaut* NZV **95** 53.

Die **verkehrstechnische Auffassung** gilt nach hM im öffentlichen VBereich für alle Kfz **5** und KfzAnhänger, die sich darin bewegen oder in verkehrsbeeinflussender Weise ruhen (BGHZ **29** 163, Betr **75** 1696, KG VersR **78** 140, Kö NJW-RR **87** 478, Dü VersR **87** 568, Stu NZV **93** 436, *Grüneberg* NZV **01** 109). Danach beginnt der Betrieb mit dem Ingangsetzen des Motors und endet mit dem Motorstillstand außerhalb des öffentlichen VBereichs (Brn VRS **106** 426). Subjektive Merkmale wie Fahrzweck und Fahrerabsicht sind zur Begriffsbestimmung ungeeignet (BGH NZV **89** 18, Kö VersR **88** 62). Nach heutigem VErfordernis und gegenwärtiger Erfahrung können ein den VRaum als Hindernis einengendes, ruhendes Kfz und ein abgestellter Anhänger (Stellungnahme des BR zum ÄndG; vor Rn. 1) zumindest ebenso gefährdend sein wie ein bewegtes, so dass es an der vorausgesetzten BG frühestens, aber nicht etwa automatisch dann fehlt, wenn es „an einem Ort außerhalb des öffentlichen Verkehrs" aufgestellt wird (BGHZ **29** 163, BGH NZV **95** 19, NJW **14** 1182; **20** 2116; *Greger/Zwickel* § 3 Rn. 54 f.; *Grüneberg* NZV **01** 109; aM Hb VersR **94** 1441, *Schneider* MDR **84** 907, *Tschernitschek* NJW **84** 42, hier bis 42. Aufl). Ordnungswidrig aufgestellte Kfz oder Anhänger sind erst recht in Betrieb (vgl. BGH NJW **20** 2116; KG VM **80** 85 (Halten in 2. Reihe), Kar VersR **86** 155, Kö NJW-RR **87** 478, VersR **93** 122, Kar NZV **90** 189 (Halten auf falscher StrSeite), *Schneider* MDR **84** 907 (Hineinragen in die Fahrbahn bei Parken in Parkbucht)). Eine Verwirklichung der BG scheidet hingegen aus, wenn das Kfz oder der Anhänger ordnungsgemäß außerhalb jeglichen Verkehrsraums abgestellt worden ist (BGH NJW **20** 2116).

Die (engere) **maschinentechnische Auffassung** sieht ein Kfz in Betrieb, solange der Motor **5a** das Kfz oder eine seiner Betriebseinrichtungen bewegt (BGH NJW **75** 1886, OVG Münster NZV **95** 88). Der BGH vertritt sie nur noch für Zwecke der Zurechnung von KfzUnfällen außerhalb des öffentl. VRaums (zB auf Fabrikgelände; BGH NJW **75** 1886, Mü NZV **96** 199, *Tschernitschek* VersR **78** 1001). Das soll dort zur Folge haben, dass nur das mit Motorkraft bewegte oder ungesichert abrollende Kfz Gefährdungshaftung auslöst, während sonst Deliktshaftung gelte. Das erscheint zumindest als zu eng (*Grüneberg* NZV **01** 110). Auch auf nichtöffentl. Betriebsgelände herrscht oft dichter Fahr- und WarteV mit Fz verschiedener Halter. Es erscheint ungerechtfertigt, den nur mit unbewegtem und gegen Abrollen gesicherten, aber zB fehlerhaft und behindernd aufgestellten Kfz beteiligten Halter haftungsrechtlich zu privilegieren.

Zum Betrieb rechnen: Der Sturz eines Koffers aus dem Bus-Gepäcknetz (Ol DAR **54** 206), **6** die Explosion des Tanks nach einem Unfall (Schl NJW-RR **19** 1118), das Hinauswerfen von Gegenständen aus fahrendem Kfz (LG Bayreuth NJW **88** 1152, *Weimar* MDR **58** 746). Die Art des Anfahrens bei Hochziehen einer Schranke (BGH NJW **73** 44). Das Mitziehen eines Radfahrers durch ein Krad bis auf eine Geschwindigkeit von 30 km/h (Ko r+s **19** 726). Ein Schaden beim Entladen durch herabstürzendes Ladegut (BGH VRS **11** 27) oder durch unterwegs verlorene Ladung (Kö VRS **88** 171). Das **Ladegeschäft,** soweit es im eng zu verstehenden Schutzbereich des § 7 I liegt (Rn. 4), gehört zum Betrieb eines Kfz oder Anhängers (BGH NZV **89** 18, Ha VRS **99** 335, Ce NZV **01** 79) idR bei manueller Handhabung wie bei Motorbenutzung (BGH NJW **55** 1836, Dü VersR **01** 1302 (Aufladen eines liegengebliebenen Fz mittels Seilwinde), Kö VersR **71** 427, Nü VersR **71** 915 (Betanken?)), auch bei Nutzung von sog. E-Ameisen, wobei offenbleiben kann, ob diese selbst Kfz sind (Kö NZV **19** 208 (*Kleine-König*)), nach Fra NZV **10** 77 aber nicht das Anlegen eines Spanngurts zur Sicherung der Ladung eines mit einem Mofa verbundenen Anhängers. Zum Betrieb eines Lkw gehört das Entladen Dampf oder Rauch entwickelnder Stoffe auf einer Baustelle (Dü VRS **63** 248). Zum Betrieb gehört es, wenn sich Ladeeinrichtungen des Kfz schädigend auf den öffentlichen V auswirken, zB Stolpern über eine hydraulisch bewegte Ladeklappe (KG VM **83** 14), Kollision mit waagerecht in den VRaum ragender Ladeklappe (Ha NZV **92** 115, LG Bonn VersR **03** 79 (undichter Ölschlauch verschmutzt öffentlichen VRaum, Stolpern über ihn auf dem Gehweg)). Auf die Str auslaufende Betriebsstoffe rechnen zum Betrieb (BGH NZV **11** 595; NJW **16** 1162; s. auch Rn. 8, 10). *Nicht dem Schutzbereich des § 7 zuzurechnen sind* dagegen Schäden durch Ladeeinrichtungen am Grundstück oder an Anlagen des Kunden (Silo beschädigt, Öltank überfüllt, Abpumpen in falschen Tank; BGH NJW **78** 1582, Kö NZV **89** 276, Ce ZfS **91** 184, Fra SVR **06** 340). Soweit § 7 auch KfzUnfälle außerhalb des öffentlichen *Verkehrsraums* abdeckt, ist der Schutzbereich der Vorschrift auf das unmittelbare Beladen, Befördern und Entladen (= Entfernen der Ladung von der Ladefläche oder aus dem Laderaum) zu beschränken, jede weitere maschinelle Behandlung des Ladeguts durch FzEinrichtungen (Pumpen, Bearbeiten, Transportieren) also nicht mehr dem KfzBetrieb zuzuordnen (*Tschernitschek* (NJW **80** 205). Zum Betrieb gehört auch ein **Unfall ohne FzBerührung,** wenn das Verhalten des einen Fz das des anderen beeinflusst hat (Vorfahrtverletzung, Notbremsung, Veranlassung zum Ausweichen; näher Rn. 10b), zB ein Kfz verunglückt bei Begegnung mit einem andern auf enger Str durch Schleudern (Ha DAR **01** 34, Fra VersR **79** 846); ein Fußgänger stürzt bei der Flucht vor schleuderndem Kfz (Ha NZV **97** 78). Haftung nach § 7 daher zB auch, wenn der Schaden durch einen von einem SchneeräumFz in die Fahrbahn geschobenen Schneewall verursacht wird (Dü VersR **93** 1417). Beim StreuFz haftet die Gemeinde für Schäden durch **umherfliegendes Streumaterial** (BGH NZV **89** 18 mAnm *Kuckuk,* LG Hb NJW **61** 1630, Nü ZfS **87** 34, Kö VersR **88** 62, KG ZfS **88** 3, Ha NJW-RR **88** 863, Bra VersR **89** 95), jedenfalls bei unmittelbar gegen Fz geschleudertem Streugut (BGH NZV **89** 18 (dann nicht iS von II unabwendbar iS von § 17 III)). S. iÜ Rn. 8.

7 **2b. Fortdauer des Betriebs.** Der Betrieb dauert an, solange das Kfz im Verkehr verbleibt und die dadurch geschaffene BG also fortbesteht (BGHZ **29** 163, 169; BGH NJW **96** 2023, **20** 2116; Mü NZV **04** 205). Als Betriebsfortdauer ist beurteilt worden:

8 Bloß **vorübergehendes Anhalten,** zB vor einem Hindernis (Kö VRS **15** 325). Anhalten, um eine Betriebsstörung zu beheben (BGH VRS **69** 41, Kö VersR **78** 771, Zw VersR **76** 74), Öffnen der Wagentür und Aussteigen (Ha NZV **00** 126, Mü VersR **96** 1036, KG VM **72** 43, 57), Verharren an der geöffneten Tür (KG VersR **75** 263), auch Türöffnen, um dem Wagen etwas zu entnehmen (KG VM **85** 76), das Verlassen des Fz und **Betreten der AB,** um eine durch das Fz verursachte Gefahrenquelle zu beseitigen (Kö 2 U 95/86 (Gegenfahrbahn)) oder verlorene Ladepapiere aufzusammeln (Ha NZV **09** 187), desgleichen nach Liegenbleiben des Fz auf der Standspur, um ein Fz anzuhalten (Fra NZV **04** 262) oder Aussteigen nach Reifenpanne auf der mittleren Fahrspur auf der AB, um das Warndreieck zu holen (Ko SVR **16** 219), aber nicht mehr das Weggehen (Mü VersR **66** 987, KG VM **86** 20, Ko NJW-RR **91** 543, Fra ZfS **95** 85). Abbremsen und Anhalten eines PolFz zur Herbeiführung eines „**künstlichen Staus**" zum Zweck der Verfolgung eines Straftäters (Ba DAR **07** 82 mAnm *Müller-Rath*), desgleichen ein PolKfz, das mit Blau- und Springlicht zur Unfallsicherung auf der ABÜberholspur steht; dass das Kfz Teil der polizeilichen Sicherung ist, steht nicht entgegen, weil die BG auf *tatsächlichen* Umständen beruht, deren Gefährlichkeit für andere nicht durch anderweitige rechtliche Qualifikation beeinflusst werden kann (**aM** Ce DAR **73** 187). Das mit Seil/Stange **abgeschleppte Kfz,** das noch gelenkt werden muss, bildet noch eine dem Halter zuzurechnende Gefahrenquelle im Verhältnis zum Verkehr wie zum AbschleppFz und ist in Betrieb (Kö DAR **86** 321, Ko VersR **87** 707, Ha NZV **09** 456; Ce NZV **13** 292, *Jung* DAR **83** 154; **aM** zB BGH NJW **63** 251, **71** 940, Ce NJW **62** 253, LG Hannover NJW **78** 430; zumindest im Verhältnis zum ziehenden Fz, abl *Kuntz* VersR **81** 419), anders das ganz oder mit einer Achse auf der Ladefläche des AbschleppFz trans-

portierte, dieses gehört zur Betriebseinheit des AbschleppFz (BGHZ **55** 401, NJW **78** 2502, **14** 2577; Kar NZV **15** 76 (hierzu auch Rn. 10); Schl VersR **76** 163, *Tschernitschek* VersR **78** 1001, *Klimke* VersR **82** 523). Betriebsunfähige, abgeschleppte Kfz sind keine Anhänger iS des StVG (§ 1 Rn. 28). **Parkende Kfz** sind in Betrieb, solange sie den V irgendwie beeinflussen können (aber keine Schadensadäquanz bei ganz außergewöhnlichen Umständen; BGH NZV **95** 19, Kar VersR **78** 647, Bra VersR **76** 81, KG VersR **78** 140, Fra VersR **74** 440, Mü NZV **96** 199, Kö VersR **88** 725, LG Nü-Fürth NZV **90** 396 (Umkippen eines KRads), LG Tübingen NJW **10** 2290 (Umkippen eines KRads nach Windstoß), durch vorbeilaufenden Passanten; *Schopp* MDR **90** 884), ohne Rücksicht auf Parkdauer (Kö VersR **67** 165, s. aber Rn. 5). **Noch in „Betrieb"**: Ein *unfallbeteiligtes Kfz* an der Unfallstelle (BGH Betr **72** 866), auch falls außerhalb öffentlichen VRaums (aM Ha NZV **99** 469, s. auch LG Schweinfurt NJW-RR **93** 220 (Straßengraben)). Ein wegen Panne im V liegengebliebenes Kfz (BGHZ **29** 163, NJW **59** 627, VersR **61** 322, **63** 383, Ha DAR **00** 162, Zw VersR **76** 74). Ein Kfz (Pkw oder Krad), das *betriebsunfähig* auf der Fahrbahn geschoben wird (BGH NJW **96** 2023, VRS **19** 83, Ol DAR **64** 341). Das Kfz, das wegen Treibstoffmangels liegen bleibt und deshalb beiseite oder von der Fahrbahn geschoben wird (BGH VM **77** 74), gleichfalls ein am StRand haltendes MüllFz (KG DAR **76** 268, Mü VersR **60** 569). Das Betanken des Kfz gehört zum Betrieb (Kö VersR **83** 287), auch das (länger währende) Laden eines ElektroFz (*Otting* SVR **12** 250). Ein geschleppter Lkw, der wegen Reifenschadens auf der AB hält, ist in Betrieb. Motorbenutzung zum Antrieb einer **Arbeitsmaschine** beim Laden oder bei der Durchführung von Arbeiten ist jedoch nur Betrieb, soweit hierbei die Funktion als Verkehrs- oder Transportmittel, manövrierend oder geparkt, beim Unfall noch mitspricht und gegenüber der Verwendung als Arbeitsmaschine nicht deutlich zurücktritt (BGH NJW **75** 1886 (Silofall), DAR **05** 263, NZV **89** 18, NJW **16** 1162; Ce NVwZ-RR **04** 553, Ha NZV **96** 234, KG VM **90** 5, Ro DAR **98** 474, s. erg Rn. 10). Kein „Betrieb" daher, wenn der Motor nur eine Pumpe zum Ölentladen betreibt (BGH NZV **95** 185, Kö NZV **89** 276, ZfS **93** 232). Anders hingegen, wenn der Tankwagen im öffentlichen VRaum abgestellt ist und sich das Öl beim Entladevorgang wegen einer Undichtigkeit direkt am Fz fontänenartig auf die öffentliche Str ergießt (BGH NJW **16** 1162), ebenso bei Betätigung eines Entladekrans von einem im öffentlichen Verkehrsraum abgestellten Lkw aus (Kö NJW-RR **19** 541). Zum Be- und Entladen s. i Ü Rn. 6. In Betrieb ist ein Kfz, das in der **Waschanlage** (Waschstraße) wegen versehentlich eingeschalteter Zündung anspringt (Ce DAR **76** 72, *Grüneberg* NZV **01** 110, s. auch Rn. 10) oder das aus fahrzeugseitigen Gründen blockiert wird (Ce DAR **20** 26), nicht jedoch ein von der Transportkette einer Waschanlage befördertes Kfz mit stillstehendem Motor (KG VersR **77** 626, Ko SVR **20** 28 (*Balke*); AG Kö NZV **13** 193; LG Dortmund NZV **19** 367 (*Exter*)); nach LG Kleve NZV **17** 235 (*Lempp*) aber anders, nach Beendigung des Waschvorgangs (gegen AG Kö NZV **13** 193). Der *Betrieb eines* **Anhängers** ist regelmäßig Teil des Betriebs des ziehenden Kfz (vgl. BGH NJW **20** 2116; Bra VersR **03** 1569; zum Ganzen zusfassend *Stahl/Jahnke* NZV **10** 57; zum neuen Recht s. § 19 mit Erläuterungen). Der durch einen Anhänger verursachte Schaden ist nach Trennung vom ziehenden Fz auch bei dessen Betrieb entstanden, wenn eine von diesem geschaffene Gefahrenlage fortwirkt, selbst wenn das ziehende Fz nicht mehr in Betrieb ist (BGH NJW **20** 2116; Ol ZfS **01** 303, Ko VRS **87** 326, Mü NZV **99** 124, einschr. *Huber* § 4 Rn. 106; s. zu dem ab 17.7.2020 anzuwendenden **neuen § 19 VI** die Erläuterungen dort unter Rn. 10). **Betrieb** beim Abstellen eines Sattelaufliegers auf einem öffentlich zugänglichen Parkplatz, der dann durch starken Seitenwind auf einen Pkw geschoben wird (BGH NJW **20** 2116); Abstellen eines LkwAnhängers zwecks Entladens sowie nach Abladen bis Wegfahrt gehört zum Betrieb des Lastzugs (BGH VM **71** 44, Mü NZV **99** 124), ebenso zum Traktorbetrieb das Abstellen eines Anhängers mit brennender Ladung (Kö NZV **91** 391). Jeder Teil eines Lastzugs ist dessen Betrieb zuzurechnen, solange Betriebseinheit besteht, auch wenn er vorübergehend nicht mit den übrigen Teilen verbunden ist (BGH VRS **40** 405, NJW **61** 1163 (abgerissener, stehen bleibender Anhänger), VRS **72** 38, Bra VersR **03** 1569, Mü NZV **99** 124 (je vorübergehend abgekoppelter Anhänger)). Der durch Zusammenstoß mit einem tags zuvor abgestellten Anhänger oder Auflieger verursachte Schaden ist durch den Betrieb des ziehenden Fz verursacht, wenn ein Teil dieses Anhängers in den VRaum ragt (Br VersR **84** 1084). **Kein Betrieb** (bzw. Zurechnungszusammenhang) bei einem als Getränkeausschank konstruierten Anhänger, der im Zeitpunkt des Anstoßes nicht in den öffentlichen VRaum hineinragt (Sa NJW **10** 945), jedoch bei Hineinragen Betrieb (LG Kö NZV **14** 217 (und Alleinhaftung des Halters des Sonderanhängers)). Kein Betrieb beim Sturz des Besuchers eines Festplatzes über die Deichsel eines dort abgestellten Imbisswagens (Ha DAR **14** 460) bzw. bei einer herabfallenden Deichsel (eingehend unter Erörterung von BGH NJW **14** 1182 (Rn. 10) Nü NJW **14** 2963). Aus dem transportierten Kfz **ausfließendes Öl** gehört zur BG des Tiefladers (Dü MDR **68** 669). S. auch Rn. 6.

8a   Der Begriff des **KfzGebrauchs** (§ 2 KfzPflVV, § 10 AKB aF (jetzt Nr. A. 1 AKB 08)) schließt den Betrieb iS von § 7 StVG ein (BGH VRS **58** 401, NZV **95** 19, Ro ZfS **05** 605, Fra NZV **90** 395), geht aber weiter (BGHZ **75** 45, DAR **88** 159, NJW **90** 257, NZV **94** 19, Ha NZV **09** 187, Kö NZV **89** 276, ZfS **93** 232, Fra NZV **90** 395, Dü VersR **93** 302). Die Einzelheiten der damit zusammenhängenden versicherungsrechtlichen Fragen sind hier nicht zu erläutern (eingehend *Halm/Kreuter/Schwab* AKB Rn. 64ff.).

9   **2c. Keine Fortdauer des Betriebs.** *Nicht in Betrieb sind:* Ein Kfz, dessen Insassen auf einem Parkplatz ein ausfahrtversperrendes Kfz wegrücken (LG Stu VersR **69** 866), ein auf einem Fabrikhof abgestellter Anhänger (LG Heilbronn VersR **66** 96), ein Kfz, das nur als Lichtquelle dient (Mü VersR **66** 987), völlige Entfernung des Kfz aus dem VBereich (BGHZ **29** 169, NJW **61** 1163, Kar NJW **05** 2318 (Privatparkplatz), Mü NZV **04** 205, **01** 510, Nü NZV **97** 482, Kö VM **99** 77; s. auch Rn. 5). Nicht dem KfzBetrieb zuzurechnen ist Beschädigen eines anderen Fz durch unachtsames Öffnen der Parkraumtür (des Garagentors) durch den ausgestiegenen Fahrer, der danach dort parken will (s. aber Kar Justiz **78** 326); denn dieses Verhalten erwächst so wenig aus der vom Betrieb typischerweise ausgehenden Gefahr, als wenn der Fahrer einen Beifahrer mit dem Türöffnen beauftragen würde (was nach LG Hannover VRS **68** 374 noch zum KfzBetrieb gehören soll) oder als Fußgänger in die Garage käme, um wegzufahren. Unfall eines angetrunkenen Fahrgasts **nach dem Aussteigen** beim Überqueren der Str ist nicht mehr beim Betrieb des Taxis erfolgt (Ha VRS **65** 403, abw Ol NZV **91** 468 bei Unfall eines Kinds beim Überqueren der Str nach Verlassen eines Busses; s. aber Kö VersR **93** 122). Betreten der AB durch FzF oder Beifahrer: Rn. 8. Stürzt ein Fahrgast nach dem Aussteigen, so ist der Schaden nicht deswegen beim Betrieb des Busses eingetreten, weil dieser inzwischen angefahren ist und der Stürzende sich dadurch nicht an ihm festhalten konnte (Kö NZV **89** 237). Ein Schaden, der einem Kf dadurch entsteht, dass sich eine Person unter Schockeinwirkung auf Grund zuvor erlittenen KfzUnfalls vor dessen Fz wirft, ist nicht beim Betrieb des zuvor von dieser Person gelenkten Kfz entstanden (Fra NZV **90** 395).

10   **2d. Bei dem Betrieb** (Ursächlichkeit, Zurechnungszusammenhang). Zwischen dem Kfz- oder Anhängerbetrieb (nicht bei Verwendung als Arbeitsmaschine, Rn. 8 und u.) und dem Schaden muss adäquater Ursachenzusammenhang, ein *rechtlicher Zurechnungszusammenhang* (**E** 104) bestehen (BGHZ **45** 168, VersR **05** 992, NJW **75** 1886, NZV **91** 387, Sa ZfS **03** 118, Mü VersR **83** 468, Dü VersR **87** 568, OVG Münster NZV **95** 125, *v. Gerlach* DAR **92** 208, *G. Müller* VersR **05** 1465). § 7 gilt für jeden ursächlich mit dem FzBetrieb zusammenhängenden Unfall auch außerhalb des öffentlichen VRaums (Rn. 1), auch bei Vorsatz (BGHZ **37** 311). Die Haftung aus Kfz- oder Anhängerbetrieb setzt voraus, dass die FzEigenschaft *als VMittel* beim Unfall nicht gegenüber der Verwendung *als Arbeitsmaschine* deutlich zurückgetreten ist (BGH NJW **15** 1681, DAR **05** 263, VRS **58** 401, NZV **91** 185, Sa NZV **06** 418, Kö VRS **102** 432, LG Waldshut-Tiengen VersR **85** 1170 (KfzBetrieb abgelehnt bei Abwalzen einer Skipiste durch Pistenraupe), Ro DAR **98** 474, Stu DAR **03** 462). KfzBetrieb bejaht bei Einsatz eines Traktors bzw. Unimogs mit Mähvorrichtung (BGH DAR **05** 263, Ce NVwZ-RR **04** 553, Sa NZV **06** 418, Ko VersR **03** 262 (Motorkran), LG Kaiserslautern NJW **08** 2786), jedoch verneint von Brn NZV **11** 193 für Mähdrescher im Ernteeinsatz auf Getreidefeld, der uU einen Brand auf dem Getreideschlag verursacht hat, verneint von Ko NZV **15** 196 für Traktor mit angehängtem Kreiselschwader, der bei der Grasverarbeitung auf landwirtschaftlicher Fläche einen Grashäcksler beschädigt (bestätigt durch BGH NJW **15** 1681) und von Dü MDR **20** 985 für Traktor mit angehängtem Kreiselmäher bei Mäharbeiten auf einer als Weide genutzten Wiese. Einsatz eines Abschleppwagens als Arbeitsmaschine, falls Verladung eines Unfallwagens auf Abschleppwagen in Frage steht, also keine Haftung nach § 7 gegenüber dem Eigentümer des Unfallwagens (Sa NJW-RR **07** 681) Anders aber, falls unbeteiligter Dritter mit einem über die Str gespannten Abschleppseil kollidiert (BGH NJW **93** 1258). Bestimmungsgemäßer Einsatz einer fahrbaren Arbeitsmaschine während der Fahrt ist KfzBetrieb (BGH DAR **05** 263). Bei dem Betrieb entsteht ein Unfall, wenn sich das Kfz oder der Anhänger im VRaum in Bewegung oder, nachdem es dorthin bewegt worden war, aus beliebigem Grund (Parken, Abstellen, Panne, Abgeschlepptwerden) außer Bewegung befindet (Rn. 4–5a). Wird ein im Verkehrsraum abgestelltes Kfz oder ein Anhänger durch starken Seitenwind (Orkan) auf ein anderes „geschoben", so hat sich die BG verwirklicht (BGH NJW **20** 2116 mkritAnm *Herbers*). Der Ein- und Aussteigevorgang bei öffentlichen VMitteln rechnet zum Betrieb (Kar NZV **11** 141; näher zu Haftungsfragen § 16

Rn. 5). Maßgebend ist naher zeitlicher und örtlicher Zusammenhang mit Betriebsvorgängen oder Betriebseinrichtungen des Kfz (Rn. 4). Kein Betrieb eines Kfz bei Radwechsel in einer Werkstatt (KG VM **83** 54). Beim Betrieb ist der durch ein führerlos mit Motorkraft rollendes Fz verursachte Schaden entstanden, auch wenn das Fz durch einen Dritten *unbeabsichtigt in Gang gebracht* wurde (Dü NZV **96** 113, Sa NZV **98** 327). Dagegen ist das Wegrollen eines im öffentlichen VRaum abgestellten und ordnungsgemäß gesicherten Fz nicht dem Betrieb des ziehenden Kfz zuzurechnen, wenn es auf vorsätzlicher Einwirkung durch einen Dritten beruht (KG NZV **92** 113 (Anhänger), LG Nü-Fürth NZV **95** 284 (Traktor), aM *Grüneberg* NZV **01** 111). Nicht dem Betrieb eines Autotransporters ist es zuzurechnen, wenn ein nicht für den StrV zugelassenes ExportFz zu dem 150 m entfernt haltenden Autotransporter gefahren wird und es dabei zu einer Kollision mit einem Dritten kommt (aM LG Bre NZV **14** 130). „Bei dem Betrieb" ist nicht zw beim Hochschleudern von Steinen durch Lkw oder Verlust von Ladegut (Dü NJW-RR **20** 1166; s. auch Rn. 35 und § 17 Rn. 25).

Kein Zurechnungszusammenhang, wenn der Schaden durch ein **vorsätzlich in Brand ge-** **10a** **setztes Fz** entstanden ist (BGH NZV **08** 285, OVG Münster NZV **95** 125, Kar VRS **83** 34, *Grüneberg* NZV **01** 112), sofern sich das Fz nicht dadurch mit Motorkraft in Bewegung setzt (Sa NZV **98** 327); allein der Umstand, dass Kfz wegen der mitgeführten Betriebsstoffe leicht brennen, begründet dann die Haftung nach § 7 I nicht (BGH NZV **08** 285, s. auch BGH NJW **07** 1683, *Diederichsen* DAR **08** 303). Ansonsten kommt es darauf an, ob ein Zusammenhang mit einem bestimmten Betriebsvorgang *oder* einer bestimmten Betriebseinrichtung des Kfz besteht (Rn. 4; BGH NJW **14** 1182 m krit Anm *Lemcke* r+s **14** 195, *Herberts* NZV **14** 208; *Schwab* DAR **14** 197; s. aber auch *Grüneberg* NZV **01** 111; Kar NZV **15** 440). Demgemäß Haftung aus Betriebsgefahr bei In-Brand-Geraten durch Betätigen von FzEinrichtungen (Sa VRS **99** 104; Mü DAR **10** 93), bei Explosion bei Start des Fz in Tiefgarage (Mü NZV **10** 619), bei Selbstentzündung infolge vorausgegangener Fahrt (OVG Ko NVwZ-RR **01** 382 (Bagger)) oder bei Brandentstehung in privater Garage aufgrund erhitzten Auspuffs (Dü NZV **11** 195) Jedoch ist ein Zusammenhang mit dem Fahrbetrieb nicht unabdingbar; maßgebend ist, ob der Schaden eine Auswirkung derjenigen Gefahren darstellt, hinsichtlich derer der Verkehr nach dem Sinn der Haftungsvorschrift schadlos gehalten werden soll (BGH NJW **16** 1162). Deswegen besteht nach weitgehender Auffassung in BGH NJW **14** 1182 auch unabhängig von der Nähe zu einem Betriebsvorgang Zurechnungszusammenhang bei Brand durch Selbstzündung (BGH aaO; AG Ulm NZV **05** 475; aM Ha NZV **13** 596, Sa NZV **13** 444; LG Kö DAR **18** 31 mAnm *Schwab*; s. auch EuGH DAR **19** 445), ohne dass es darauf ankommt, ob das Fz ordnungsgemäß am StrRand (**aM** Kar VRS **83** 34, AG Ma ZfS **02** 472 zust *Diehl*) oder außerhalb des öffentlichen VRaums abgestellt ist (**aM** Mü NZV **04** 205, **96** 199, Bra VRS **106** 426, Dü VRS **91** 339, LG Regensburg ZfS **03** 11) oder ob Ersturasche etwa ein Marderbiss gewesen ist (Kar NZV **15** 440). § 7 I ferner bejaht bei Brandentstehung nach unfallbedingtem Kurzschluss in dem in eine Kfz-Werkstatt aufgenommenen Unfall-Kfz; dass der nach dem Unfall mit der Schadensbeseitigung beauftragte Werkunternehmer diesen verschuldet hat (Batterie nicht abgeklemmt), steht ebenso wenig entgegen (s. auch Rn. 10b) wie ein zeitlicher Abstand zum („Erst-")Unfall von 1 ½ Tagen (BGH NJW **19** 2227 m. Anm *Herbers;* krit *Schwab* DAR **19** 449). Das Gleiche dürfte für Brandentstehung während Inspektionsarbeiten aufgrund Schäden der elektrischen Anlage des Fz gelten (**aM** Dü NZV **11** 190; LG Sa ZfS **07** 18). Betrieb auch bei in Brand geratenem Quad 4 Tage nach dessen Abstellen und Ausschluss von Fremdverschulden (Nau r+s **16** 150 mAnm *Lemcke*), jedoch nicht bei Brand eines Wohnanhängers, der vom StrV abgemeldet wurde und dauerhaft nur noch als Unterkunft genutzt wird (Kar BeckRS **19** 35238). Nach Dr ZfS **20** 317 (Anm. *Diehl*) keine Haftung nach § 7 bei Brandschaden aufgrund Kurzschlusses eines Lkw, sofern dabei nicht eine durch einen vorherigen Betriebsvorgang entstandene Gefahrenlage fort- bzw. nachwirkt (Werkstattaufenthalt wegen verlorenen Rads; zw). Kein Betrieb des vollständig auf einen Abschleppwagen aufgeladenen und dort in Brand geladenen Pkw (Kar NZV **15** 76; s. auch Rn. 8) sowie bei Brand der Ladung eines Anhängers aus unbekannter Ursache, der, vom ziehenden Fz abgekoppelt, im öffentlichen VRaum zurückgelassen wurde (Ol ZfS **01** 303; zw).

Bei durch den Betrieb geschaffener **fortbestehender Gefahrenlage** ist ein darauf beruhen- **10b** der Unfall auch dann „beim Betrieb" verursacht, wenn naher zeitlicher Zusammenhang nicht gegeben ist (BGH NJW **82** 2669 (Verschmutzung der Fahrbahn)). Der Unfall muss auf der Gefahr beruhen, die vom Betrieb eines anderen Kfz oder KfzAnhängers typischerweise ausgeht (Kar NJW **05** 3218, VRS **83** 34, Stu VersR **76** 646, Ha NZV **90** 231 (Risikozusammenhang)). Dass dies auch für die Anhängerhaftung gilt, kann nach dem Wortlaut von I aF sowie des neu eingefügten § 19 nicht mehr zw sein (anders noch RegEntw, BT-Drs. 14/7752 S. 6, *Karczewski*

VersR **01** 1080). Die Gefahr, bei Unfallhilfe bestohlen zu werden, rechnet dazu nicht (Fra VersR **81** 786). Der Betrieb (die Fahrweise oder eine Besonderheit des Ruhevorgangs) muss zum Unfall beigetragen haben (KG DAR **76** 78, VM **88** 50, **91** 2). Bloße Anwesenheit des Kfz am Unfallort genügt nicht; es muss durch sein Fahren oder Halten zum Unfall beigetragen haben (BGH VersR **05** 992, DAR **76** 246, KG NZV **00** 43, **07** 358, Ba VersR **78** 351, Dü VersR **82** 1200, **87** 568, Kar DAR **88** 274). Nur *möglicher* Ursachenzusammenhang reicht nicht aus (Kö VRS **72** 13). Ursachenzusammenhang mit dem Betrieb setzt **nicht unbedingt FzBerührung voraus** (BGH NJW **72** 1808, **88** 2802, VersR **05** 992, **86** 1231, **87** 53, NJW **10** 3713; **17** 1173; Ha DAR **01** 34, NZV **97** 78, Schl NZV **17** 486 (*Bachmor*), KG NZV **02** 229,). Trägt die Fahrweise eines Kfz dazu bei, dass ein begegnendes Fz von der Fahrbahn abkommt, ist der Schaden bei dem Betrieb entstanden (BGH VersR **68** 176, **83** 985, NJW **10** 3713; **17** 1173 mAnm *Schneider* DAR **17** 268; Schl VersR **98** 473, Ha DAR **00** 63, **01** 34), ebenso bei Abkommen des Überholenden von der Fahrbahn (Ce ZfS **99** 56) oder bei durch Wenden (KG VM **91** 2, s. Rn. 11) oder unvorsichtiges Einfahren in die AB (Nau NZV **08** 25) veranlasster Ausweichbewegung des Geschädigten. Entsprechendes gilt für einen auf der Standspur abgestellten Lkw und dadurch verursachte Ausweichmanöver (Ha NZV **09** 187). Diese Grundsätze gelten (im Rahmen des § 823 BGB) auch für Unfälle zwischen Radfahrern und Fußgängern (Ce NZV **20** 360 mAnm *Schultess*). **Die bloße Anwesenheit an der Unfallstelle,** etwa bei einem – auch selbst ausgeführten (BGH NJW **17** 1173) – Überholvorgang, genügt hingegen nicht (BGH NJW **10** 3713; **17** 1173; Brn NJW **09** 2962; Ko DAR **15** 460 mAnm *Schneider*). Von einem ordnungsgemäß auf der rechten Fahrbahn fahrenden Pkw bei ausreichender StrBreite (5,10 m) geht nicht typischerweise die Gefahr eines Zusammenstoßes mit dem GegenV aus (Nü VersR **75** 336). Folgeunfälle nach Auffahrunfall: **E** 109. Die Ursächlichkeit eines ersten, den Haftungsgrund bildenden Umstands wird nicht dadurch ausgeschlossen, dass er für das **Verhalten eines Dritten** bedingend gewesen ist oder dieses Verhalten sogar veranlasst hat (BGH NZV **97** 117); der Haftungszusammenhang entfällt nur (**E** 110), wenn der frühere Umstand für das Verhalten des Dritten und sein Dazwischentreten bedeutungslos gewesen ist (BGH VersR **65** 388, **88** 641, NJW **19** 2227, hierzu auch Rn. 10a), wenn er nach dem Schutzzweck des § 7 für dessen Eingreifen völlig unerheblich war (BGH DAR **88** 159; von BGH NZV **04** 243 offen gelassen, ob das auch dann gilt, wenn die BG des nach einem Unfall auf der AB stehenden Fz hinsichtlich eines **Zweitunfalls** in den Hintergrund tritt, weil der Verursacher des Zweitunfalls die inzwischen ausreichend getroffenen Sicherungsmaßnahmen nicht beachtet; aber Zurücktreten der BG nach § 17). Eingehende Ausführungen zur Abwägung bei Zweitunfall bei Ce NJW **20** 533 (s. auch Ha NJW **20** 1006 und hierzu § 9 StVG Rn. 19). Die Zurechnung der BG entfällt auch nicht dadurch, dass sie die Ursache für das Verhalten eines Tiers ist (BGH DAR **88** 159). Der Zurechnungszusammenhang wurde von BGH NZV **97** 117 für den Fall bejaht, dass infolge der Beschädigung eines Fz und der Verletzung der Insassen ein Diebstahl aus deren Fz durch Dritte ermöglicht wurde. Verunglückt der Geschädigte, verursacht durch den ersten Unfall, alsbald aufs Neue, so haftet der Schädiger auch hierfür (**E** 109; BGH NJW **71** 506 (verunglückender Rettungswagen)).

11 Mittelbare Verursachung genügt, sofern ein rechtlicher **Zurechnungszusammenhang** besteht (BGH DAR **88** 159; NJW **10** 3713; **17** 1173; Rn. 10, 13). Nach der im Kern nach wie vor weitgehend angewendeten Adäquanzlehre (Palandt/*Grüneberg* vor § 249 Rn. 25 ff., BeckOK/*Schubert* § 249 Rn. 52; s. aber **E** 104) setzt dies voraus, dass die Verursachung „adäquat" ist, nicht bloß zufällig durch ein vom Kfz-Betrieb unabhängiges, nach der Erfahrung sonst unschädliches Ereignis ausgelöst wird (BGH NJW **52** 1010, *Kirchberger* NJW **52** 1000, *Gelhaar* DAR **53** 21, 22). Solange eine durch den Betrieb des Kfz oder KfzAnhängers verursachte Gefahrenlage fortbesteht, ist sie diesem zuzurechnen (BGH NJW **82** 2669, **05** 2081, **13** 1679; **20** 2116). Verwirklicht sich in einem durch FzLärm oder Unfallgeräusche ausgelösten Schaden in erster Linie ein vom Geschädigten selbst gesetztes Risiko, so liegt dieser außerhalb des Schutzzwecks des § 7, fehlt es also am rechtlichen Zurechnungszusammenhang (BGH NZV **91** 387 mAnm *Deutsch* JZ **92** 97, *Kötz* NZV **92** 218; Ha MDR **97** 350 (jeweils Panikreaktion von Tieren)). Adäquat ist ein Umstand, der im Allgemeinen, nicht nur unter besonders eigenartigen, unwahrscheinlichen Umständen Schaden stiftet (BGH VersR **66** 291), nicht ein solcher, der vorher vernünftigerweise nicht in Betracht gezogen werden konnte (Nü VersR **78** 1174, Kö VRS **30** 164 (Denkzettelfahren), BGH VersR **66** 164 (Vorfahrtverletzung)). **Verhaltensbezogene Zurechnungsmerkmale** bleiben in Fällen *reiner* Gefährdungshaftung, zu denen nach Abschaffung des Unabwendbarkeitsbeweises (Begr zu II, vor Rn. 1, Rn. 1) auch die Haftung nach § 7 gehört, regelmäßig ganz außer Betracht (BGH NJW **81** 983, krit *Schünemann* NJW **81** 2796, *Stoll* Karlsruher Forum **83**

184 (Beilage zu VersR **83** H 41), Entgegnung *v. Dunz* VersR **84** 600). Keine adäquate Ursächlichkeit eines verkehrsgerecht parkenden Fz für Verletzungen eines VT, der infolge einer 20 m entfernt erfolgenden Kollision gegen dieses Fz geschleudert wird (BGH NJW **84** 41 mAnm *Tschernitschek*). Kein Unfall beim Betrieb, wenn der Unfall auch sonst ohne beachtlichen zeitlichen Unterschied in etwa gleicher Art und Weise eingetreten wäre (BGH DAR **76** 246). Es genügt, dass der Unfall mit dem Betrieb in innerem Zusammenhang gestanden hat, dass der Geschädigte auf dem anderen Fz auf Grund der besonderen Situation eine Gefahr sehen durfte, die eine **Abwehr- oder Ausweichreaktion rechtfertigte** (BGH NJW **05** 2081, **13** 1679, KG NZV **00** 43, **02** 229), dies selbst dann, wenn diese Reaktion objektiv so nicht erforderlich war (BGH VersR **88** 641, NJW **10** 3713; KG NZV **00** 43, VRS **112** 187, Kar NZV **11** 196). Nicht erforderlich ist auch, dass die Ausweichreaktion des Geschädigten subjektiv erforderlich war oder sich für ihn als die einzige Möglichkeit darstellte, um eine Kollision zu vermeiden; anders liegt es nur, wenn das Verhalten des anderen den Geschädigten in keiner Weise beeinflusst hat (BGH NJW **10** 3713; **17** 1173; Ha NJW **19** 3082). Dieser Zusammenhang besteht jedenfalls, wenn der Geschädigte, der auf der AB zum Überholen ansetzt, wegen plötzlichen Ausbiegens des Vorausfahrenden scharf bremsen muss (BGH VersR **71** 1060), wenn er ausweicht, weil ein Einbiegender auf die Gegenfahrbahn zu geraten droht (Ha DAR **00** 63). Stürzt ein Mopedf beim dichten Überholtwerden durch einen Sattelschlepper, so ist der Sturz auch ohne schuldhaftes Verhalten des SchlepperF und ohne erwiesene Berührung beim Schlepperbetrieb entstanden (BGH NJW **72** 1808; s. auch Hb NZV **13** 541). Beabsichtigen ein Pkw und der nachfolgende KRadfahrer ein Überholmanöver und kommt der KRadfahrer von der Fahrbahn ab und prallt gegen einen Baum, ohne dass eine Fzberührung stattgefunden hat, muss nachgewiesen sein, dass sich der KRadfahrer durch den Pkw zu einem Ausweichmanöver veranlasst sehen musste, um eine Kollision mit dem seinerseits zum Überholen ansetzenden Pkw zu vermeiden (Brn NJW **09** 2962). Zu zurechenbaren Ausweichmanövern von Radfahrern Ha NJW **19** 3082; Fra NJW-RR **19** 601. Kein Unfall beim Betrieb eines verbotswidrig auf dem Gehweg abgestellten Kfz, wenn der verbotswidrig den Gehweg befahrende Radfahrer infolge Platzens eines Reifens ins Schlingern gerät und, weil er dem abgestellten Kfz ausweichen will, gegen ein Hindernis prallt (LG Nü-Fürth DAR **07** 709 mAnm *Köck*). Nach AG Ludwigshafen NJW **18** 411 (Anm *Filthaut*) rechnet es zum Betrieb des Kfz, wenn der FzF nötigend auf Fußgänger zufährt, um ihn zum Beiseitegehen zu veranlassen, wonach Fußgänger durch Faustschlag auf Motorhaube das Kfz beschädigt (Schadensteilung).

Ein Unfall kann im Zusammenhang mit dem Betrieb mehrerer unfallbeteiligter Fz stehen **12** (BGH MDR **63** 398). Verschlimmert ein zweites Schadensereignis den Schaden, so hat der für den zweiten Unfall Verantwortliche den Gesamtschaden zu ersetzen (E 109; BGH MDR **64** 134, Stu NJW **59** 2308). Wer nach Unfall die Fahrbahn versperrend wartet, haftet nicht für vorsätzliche Beschädigung des Geh- und Radfahrwegs durch Kf, die die Unfallstelle umfahren (BGH NJW **72** 904, *Deutsch* JZ **72** 551). Es handelt sich nicht um ein Kausalitätsproblem, sondern um ein normatives mit der Notwendigkeit vernünftiger Begrenzung der Ersatzpflicht (*Böhmer* DAR **73** 235, dazu E 110). Adäquat verursacht kann eine durch fremdes verkehrswidriges Fahren veranlasste Fehlreaktion eines StrabaF mit Unfallfolgen sein (Kö NJW **72** 1760). Der Ursachenzusammenhang wird nicht durch die Erwägung ausgeschlossen, dass der Unfall bei anderer Gelegenheit ohnehin eingetreten wäre (BGH VersR **61** 998). Ist durch Panzer ein Weidezaun zerstört worden, ein Pferd auf die BundesStr gelangt und dort ein Pkw mit ihm zusammengestoßen, so ist der Unfall beim Betrieb des PanzerFz entstanden (Ce NJW **65** 1719).

Die Ursächlichkeit verkehrswidrigen Verhaltens ist für den Gefahrzeitpunkt (E 101) zu prüfen **13** (BGH NJW **67** 212; NJW **17** 1173). Maßgebend ist nicht Rückschau, sondern die Sachlage vor dem Unfall iS *einer objektiven nachträglichen Prognose* (BGH NJW **73** 44; Ha NZV **09** 31). **Fehlt jede Auswirkung der BG**, so ist der Unfall nicht beim Betrieb geschehen (BGH VersR **61** 262 (Moped nur Lichtquelle); abl *Böhmer* VersR **61** 369; Kar NJW **05** 2318, VRS **83** 34 (Inbrandgeraten eines parkenden Pkw; s. aber Rn. 10); Mü VersR **66** 987; VG Leipzig NZV **09** 255 (Brandstiftung)). Jedoch entfällt die Haftung des Anhängerhalters nicht dadurch, dass sich die allein auf den Anhänger bezogene BG nicht ausgewirkt hat, weil diese nämlich mit der BG des ziehenden Fz eine Einheit bildet (Rn. 8 und Begr vor Rn. 1; Ce DAR **08** 648; *Karczewski* VersR **01** 1080, *Huber* § 4 Rn. 100; ebenso der neu eingefügte § 19, s. dort). BG ist stets nur eine vom Kfz selbst ausgehende, sich verwirklichende Gefahr (keine Anrechnung einer BG bei Beschädigung des ordnungsgemäß geparkten Kfz durch eine Dachlawine; BGH NJW **80** 1579). Zwischen der BG und einem Gesundheitsschaden, der durch Aufregung auf Grund des Verhaltens des FzHalters nach dem Unfall ausgelöst wurde, besteht kein haftungsrechtlicher Zusammenhang (BGH NZV **89** 391, zust *v. Bar* JZ **89** 1071). Beruht ein späterer Unfall auf Verschmutzung durch Panzer, so ist ein durch Fortbestehen der von der Verschmutzung ausgehenden Gefahrenlage entstandener Schaden „beim Betrieb" der Panzer verursacht, ohne dass es auf nahen zeitlichen oder örtlichen Zusammenhang ankäme (BGH NJW **82** 2669, aM Stu NJW **59** 2065, *Fritze* NJW **60** 298). Zurechnungszusammenhang ist gegeben, wenn ein Luftverwirbelungen verursachender Lkw unter schadhaftem Baum durchfährt und abbrechender Ast kurz darauf eine Radf verletzt (Ha NZV **09** 31). Kein Zurechnungszusammenhang mit Betrieb mehr, wenn nach Beschädigung eines VZ eine Unfallaufnahme durch die Pol stattgefunden hat (LG Dortmund NZV **07** 571). Durch den Betrieb eines Kfz veranlasstes **eigenes Verhalten des Geschädigten** ist uU der BG jenes Kfz zuzurechnen (Rn. 11; BGH NJW **88** 2802, **13** 1679, Ha NZV **00** 369, DAR **01** 34, KG VM **97** 3 (objektiv nicht erforderliche Abwehrreaktion), *Greger/Zwickel* § 3 Rn. 83 ff.). So liegt es, wenn der Unfallbeteiligte nach einem Auffahrunfall aussteigt, um sich über den Schaden zu informieren und wegen Glatteises stürzt (BGH NJW **13** 1679). Die bloße Anwesenheit des in Betrieb befindlichen Kfz genügt aber nicht; vielmehr muss eine typische KfzGefahr bei objektiver Betrachtung geeignet gewesen sein, das Verhalten des Geschädigten zu veranlassen (BGH VersR **88** 641, KG VersR **98** 778). Wer etwa auf der AB rechts geradeaus fährt, setzt durch bloßes sachgemäßes Bremsen keine adäquate Gefahr dafür, dass ein überholender Kf scharf bremst und sich überschlägt (Mü DAR **65** 328). Auch ist längeres Linksfahren nicht adäquat ursächlich dafür, dass ein rechts überholender Fahrer unnötig wieder nach links einbiegt und dann kurz vor dem Überholten bremst, lediglich um diesen am Weiterfahren zu hindern, und dadurch dessen Auffahren verursacht (Kö VRS **30** 164). Allein die Tatsache, dass der KfzBetrieb durch einen anderen einen äußeren Umstand für den Entschluss zu selbstgefährdendem Verhalten des Geschädigten bildete, schafft noch keinen Zurechnungszusammenhang zwischen der BG und dem Schaden (BGH NZV **90** 425 (Verfolgung durch die Pol)); anders liegt es jedoch bei rechtswidrig provozierter Verfolgung (BGH NJW **12** 1951 (Polizeiflucht); KG VM **92** 69; abw nunmehr Ce r+s **20** 175 (Familienfehde) m abl Anm *Rogler*). Unfall beim Betrieb, falls Motorradfahrer Radf zunächst „mitzieht" (ca. 30 km/h) und es unmittelbar, nachdem sich beide voneinander gelöst haben, zum Sturz des Radf kommt (Ko r+s **19** 726). Kommt ein Dritter, der nach KfzUnfall **Hilfe leistet,** dabei zu Schaden, so kann rechtlicher Zusammenhang mit dem KfzBetrieb bestehen (Kar VersR **91** 353, Dü NZV **95** 280, s. auch **E** 110).

13a **Literatur:** *Böhmer,* Zur Frage der Haftung des Halters eines abgeschleppten Kfz, JR **71** 501. *Filthaut,* Die Gefährdungshaftung für Schäden durch Oberleitungsbusse …, NZV **95** 53. *Grüneberg,* Schadensverursachung durch ein außerhalb der Fahrbahn abgestelltes Kfz – ein Fall des § 7 I StVG?, NZV **01** 109. *Klimke,* … Unterliegt das abgeschleppte Fz der BG im Rahmen der … Gefährdungshaftung?, VersR **82** 523. *Schopp,* Betriebsgefahr (§ 7 StVG) im ruhenden V, MDR **90** 884. *Tschernitschek,* Zur Auslegung des Begriffs „Betrieb eines Kfz" (§ 7 Abs. 1 StVG), VersR **78** 996. *Derselbe,* Schutzzwecklehre und Betriebsbegriff beim Entladen von Kfz, NJW **80** 205.

14 **3. Halter.** Ersatzpflichtig ist der Halter. Das gilt auch bei der Nutzung hoch- oder vollautomatisierter Fahrfunktionen (§ 1b Rn. 10, 11; s. auch *Lutz* NJW **15** 119; *Jänich/Schrader/Reck* NZV **15** 313; *Schrader* NJW **15** 3537; DAR **16** 242; *v. Bodungen/Hoffmann* NZV **16** 449; *Franke* DAR **16** 61). Der Halterbegriff entstammt § 833 BGB. Er gilt einheitlich für das ganze StrVRecht (VGH Ma NZV **92** 167; OVG Lüneburg NJW **14** 1690). Halter ist, wer das Kfz für eigene Rechnung gebraucht, nämlich die Kosten bestreitet und die Verwendungsnutzungen zieht (BGH NJW **83** 1492, Bay DAR **85** 227, Kö VRS **86** 202, Ko VRS **71** 230, Dü NZV **91** 39, Kar DAR **96** 417, Ha NZV **90** 363, BVerwG VRS **73** 235, VGH Ma NZV **92** 167; OVG Lüneburg NJW **16** 3047), wer tatsächlich, vornehmlich wirtschaftlich, über die FzBenutzung (als Gefahrenquelle) so verfügen kann, wie es dem Wesen der Veranlasserhaftung entspricht (BGH NZV **92** 145, **97** 116, Ko VersR **05** 705, Kar DAR **96** 417, Bay NJW **86** 201, Ha NZV **90** 363). Die Verfügungsgewalt besteht darin, dass der FzBenutzer Anlass, Ziel und Zeit seiner Fahrten selbst bestimmt (Bay VRS **58** 462, BVerwG VRS **66** 309, Ko VRS **71** 230, Dü NZV **91** 39, Kar NZV **88** 191, Kö VRS **86** 202). Wer in diesem Sinne verfügungsberechtigt ist, ist auch dann Halter, wenn die „fixen" Kosten der FzHaltung von einem Dritten getragen werden, auf dessen Namen das Fz zugelassen ist (Ha NZV **90** 363, s. auch Rn. 16). Eigentum am Fz ist nicht entscheidend (RGZ **91** 269, Ko VRS **71** 230, Kar DAR **96** 417, VGH Ma NZV **92** 167, Kö VRS **90** 341), auch nicht zwingend die Eintragung im FzBrief (KG VRS **113** 209); diese ist aber ein wesentlicher Anhaltspunkt (Ha VRS **53** 313, Kö VersR **68** 154; OVG Lüneburg NJW **14** 1690; OVG Münster NJW **14** 2811; s. auch unten Rn. 16a und § 31 StVZO Rn. 9). Fremdes Miteigentum schränkt die Halterpflichten an sich nicht ein (Kö VRS **52** 221). Bei wechselseitiger KfzÜberlas-

sung derart, dass jeder Eigentümer seines Fz bleibt und dessen fixe Kosten trägt, aber sein Kfz weder nutzt noch dessen Betriebskosten trägt, ist Halter, wer das Kfz nutzt und die Betriebskosten übernimmt (Ha VRS **55** 150). Der Nießbraucher ist Halter, wenn er das Fz für eigene Rechnung gebraucht und umfassende Verfügungsgewalt besitzt (RGZ **78** 179, 182). Der Eigentümer eines KfzAnhängers wird nicht dadurch zum KfzHalter, dass sein Anhänger an das Kfz eines anderen Halters angehängt und mit diesem in Betrieb genommen wird (BGHZ **20** 385, NJW **56** 1236, Mü NZV **99** 124). Nur *ganz vorübergehende Verfügung* begründet nicht Haltereigenschaft: Bei KfzSicherstellung wird die Polizei nicht Halterin (BGH VersR **56** 219). Halter ist nicht ein Werkstättenbesitzer, der Kfz repariert und danach Probe fährt (RGZ **150** 134, Sa VRS **99** 104). Nicht der Inhaber einer Sammelgarage an den abgestellten Kfz (Hb VersR **60** 330). Der Halter bleibt Halter, wenn der, dem er das Fz zur Benutzung überlassen hat, auferlegte Beschränkungen nicht einhält, zB das Fz verbotswidrig einem anderen zur Benutzung überlässt (BGH NJW **57** 1878, KG VRS **13** 327), nicht aber, wenn ihm die Verfügungsmöglichkeit auf längere Zeit ganz entzogen wird (BGH NZV **97** 116). Die Grundsätze, nach denen sich der Halter bestimmt, gelten auch bei fahrbereiten, nicht zugelassenen Kfz (Fra VRS **70** 324). Allein durch den Empfang von Kurzzeitkennzeichen (§ 16a I FZV) wird man dabei nicht zum Halter (Ha NJW **13** 1248). Zur Frage, inwieweit hohes Alter und Unfähigkeit zur Ausübung der rechtlich vorausgesetzten Verfügungsgewalt die Eigenschaft als Halter oder Mithalter beeinflussen, Kö VRS **57** 444, VM **80** 8. Schluss aus der Haltereigenschaft auf Führen des Kfz zur Tatzeit: E 96a.

3a. Bei **Beförderungsverträgen** ist der Betriebsunternehmer Halter. Abschleppen: Rn. 8. **15**

3b. Miet- oder Leihverträge. Nicht jedes Überlassen des Fz an einen Dritten beendet die **16** Haltereigenschaft, insbesondere dann nicht, wenn der Überlassende hieraus wirtschaftliche Vorteile zieht oder bei Überlassen für einen eng begrenzten Zeitraum (BGH NZV **92** 145, Ha DAR **78** 111). Kein Verlust der Haltereigenschaft bei Überlassen des Kfz an einen Dritten, wenn der Eigentümer jederzeit über das Fz selbst verfügen kann (Ko VRS **65** 475). Aber auch längeres Vermieten und Überlassen des Kfz an den Mieter beseitigt Haltereigenschaft des Vermieters grundsätzlich nicht (BVerwG VRS **66** 313; Kö VersR **69** 357, Ha VRS **43** 100, Fra VRS **52** 220). Der Mieter, Pächter oder Entleiher ist **Halter neben dem Vermieter** (Verpächter, Verleiher), wenn er das Fz zur allgemeinen Verwendung für eigene Rechnung benutzt und die Verfügungsgewalt besitzt (BGH NZV **92** 145, BVerwG VRS **66** 309, Dü MDR **56** 677, Ol VkBl. **56** 74, Ha DAR **56** 111, ZfS **90** 165 (Urlaubsreise ins Ausland), Kar NZV **88** 191). Wer das Kfz ausleiht oder mietet und die Betriebskosten bestreitet, ist Halter (Ha DAR **76** 25, Bay DAR **76** 219, Fra VRS **52** 220), wenn ihm Verfügungsgewalt eingeräumt wurde (Rn. 14). Ob dies der Fall ist, hängt wesentlich auch von der Dauer des Mietverhältnisses ab und ist bei Anmietung für nur wenige Stunden oder einen Tag regelmäßig zu verneinen (BGH NZV **92** 145). Entsprechendes gilt bei Überlassen des Fz für eine bestimmte Fahrt (BGH NJW **62** 1676, **60** 1572, NZV **92** 145), auch wenn der Entleiher einen Teil der Betriebskosten übernimmt (BGH VersR **60** 635). In den Fällen, in denen der Vermieter (Verleiher) alleiniger Halter bleibt, ist seine Inanspruchnahme aus § 7 durch den Mieter unzulässige Rechtsausübung (§ 242 BGB), wenn dieser durch den Betrieb des Fz unter Verletzung von Vertragspflichten gegenüber dem Vermieter einen Schaden erleidet (BGH NZV **92** 145). Der Vermieter (Verleiher) **verliert seine Haltereigenschaft an den Mieter** (Entleiher), wenn das Fz völlig seinem Einflussbereich entzogen ist (Zw VRS **57** 375). Dies ist der Fall, wenn sich das Fz bei längerer Mietdauer, während der der Mieter alle mit der KfzHaltung anfallenden Kosten trägt, an einem entfernten Ort befindet (Zw VRS **57** 375, VGH Mü VRS **61** 374). Wird das Kfz auf längere Zeit (3 Monate) zur ausschließlichen Nutzung des Entleihers verliehen, so wird dieser allein Halter, auch wenn der Verleiher die fixen Kosten weiter trägt (Ha DAR **78** 111). Wer Steuer und Versicherung bezahlt und das Kfz als GeschäftsFz angemeldet hat, es aber unentgeltlich dem Neffen zur ständigen Benutzung überlässt, der auch die Betriebs- und Reparaturkosten trägt, ist nach Zw VRS **45** 400 nicht mehr Halter (wohl eher ebenfalls Halter). Nicht Halter ist der im mütterlichen Betrieb angestellte Sohn, der Firmenwagen kostenlos privat benutzt (Bay NJW **68** 2073).

Bei **Leasingverträgen** ist der Leasingnehmer alleiniger Halter, wenn der Leasingvertrag auf **16a** längere Dauer geschlossen ist und der Leasingnehmer die Betriebskosten trägt, mögen auch Steuer und Versicherung vom Leasinggeber bestritten werden (BGH NJW **83** 1492, **86** 1044, Bay DAR **85** 227, Ha NZV **95** 233, LG Hb VersR **88** 1302) oder Wartungs- und Reparaturkosten von ihm zu tragen sein (Bay DAR **85** 227). Das kann auch dann gelten, wenn das Fz während der Laufzeit auf den Leasinggeber zugelassen bleibt (OVG Münster NJW **14** 2811). Der Leasingnehmer haftet aber nicht dem Leasinggeber aus § 7 für Schäden am geleasten Fz, weil die

Haftung nach § 7 I voraussetzt, dass durch den Betrieb des HalterFz eine andere Sache beschädigt wird (eingehend BGH NJW **11** 996 mAnm *Reinking; Hohloch* NZV **92** 5; abw. wohl BGH NJW **83** 1492). Macht der Leasinggeber als Eigentümer bei Unfall durch Drittverursachung gegen den Dritten Ansprüche geltend, so besteht mangels Haltereigenschaft keine Ausgleichspflicht gem. § 17 StVG (BGH NJW **83** 1492, **86** 1044, **07** 3120, Ha NZV **95** 233, LG Hb VersR **88** 1302, *Kunschert* VersR **88** 13, *Geyer* NZV **05** 566, Überblick *Riedmeyer* NJW-Spezial **14** 393). Für die (zT auf § 17 III S. 3 gestützte) abw Ansicht (LG Nü-Fürth DAR **02** 517, LG Halle VersR **02** 1525, LG Hb VersR **86** 583, *Greger/Zwickel* § 22 Rn. 89, *W. Schmitz* NJW **94** 301, **02** 3070) mögen Gründe der Praktikabilität sprechen; sie steht aber nicht in Einklang mit dem insoweit eindeutigen Wortlaut des § 9 und des § 17 II (zur Anrechnung des *Verschuldens* des Leasingnehmers nach § 9 s. dort Rn. 17); nach Einführung des § 17 III S. 2 ist sie nicht mehr haltbar (BGH NJW **07** 3120 mzustAnm *Weber* NJW **07** 3122; BGH NJW **17** 2352 mAnm *Herbers*; *Armbrüster* JZ **08** 154; *Krahe* DAR **07** 637; zum Ganzen *Nugel* NZV **09** 313; *Reinking* Müller-F S. 453; s. aber *Tomson* NZV **09** 577: Anrechnung der BG bei Ansprüchen nur nach § 7 über § 9). Ob abweichend hiervon im Einzelfall auch der Leasinggeber Halter bleibt, hängt davon ab, inwieweit er Verfügungsgewalt am Fz behält und sich an den Betriebskosten beteiligt (Hb VRS **60** 55). Mithaltereigenschaft zB, wenn der Leasinggeber Weisungsbefugnis bezüglich des FzEinsatzes behält (Bay DAR **85** 227). Forderungen an den GGeber bei *Schiemann* NZV **19** 5 und AK II des 57. VGT NZV **19** 87.

17   **3c. Diebstahl, Unterschlagung, unbefugter Gebrauch.** Wer sich als Dieb oder Unterschlagender in Betätigung der Zueignungsabsicht mit dem Fz entfernt, wird nicht schon in diesem Zeitpunkt Halter, sondern erst nach Begründung eigener dauerhafter und ungestörter Verfügungsmacht (zB nach Beendigung polizeilicher Nachforschungen; KG NZV **89** 273). Wer nur Gebrauchsanmaßung begeht, ist nicht ohne Weiteres Halter, aber nach § 7 III haftbar (*Weimar* JR **63** 378). Zum (nicht bestehenden) Direktanspruch des verletzten Kfz-Diebs gegen den Kfz-Haftpflichtversicherer BGH NJW **18** 1756.

18   **3d.** Bei **Probefahrten** (§ 16 FZV (§ 28 StVZO aF)) ist der Veranstalter Halter (*Weimar* MDR **63** 366). Bei **Überführung** eines gekauften Wagens an den Käufer wird dieser mit dem Übergang der Verfügungsgewalt auf ihn Halter (RG HRR **39** Nr. 834, KG DAR **39** 235).

19   **3e.** Auch bei **Ehegatten** entscheidet die wirtschaftliche Zuordnung: Maßgebend ist die Ausübung tatsächlicher längerer Verfügungsgewalt und zugleich Gebrauch für eigene Rechnung. Neben diesen Maßstäben sind Rechtsstellung als Eheleute, Güterstand, KfzEigentum und Zulassung für sich allein ohne Bedeutung. Deshalb kann jeder Ehegatte Halter sein, uU auch in wechselnder Folge, aber auch beide nebeneinander (dazu Rn. 21). Wird ein Kfz im Betrieb der Ehefrau und für deren Rechnung betrieben, so ist die Ehefrau Halter, auch wenn nur der Mann das Kfz fährt (KG VRS **45** 220), wenn es ihm gehört (Kar JW **32** 809) oder wenn er als im Betrieb der Ehefrau Mithelfender über den Einsatz des Fz mitbestimmt und es auch zu privaten Fahrten benutzt (Ha VersR **81** 1021). Die Ehefrau, die den Betrieb ihres Mannes vorübergehend leitet, wird dadurch nicht Halterin der BetriebsFz (Mü VRS **53** 323).

20   **3f. KfzBenutzung auf Grund elterlicher Sorge.** Wer als Sorgeberechtigter ein dem Kind gehöriges Kfz nach eigener Disposition nutzt, ist Halter. Minderjährige als Halter: Rn. 22.

21   **3g. Mehrere Halter.** Mehrere Personen können zugleich Halter desselben Fz und damit gesamtschuldnerisch verantwortlich sein (BGHZ **13** 351, NJW **54** 1198, KG VRS **45** 220, BVerwG VRS **73** 235, VGH Ma NZV **92** 167), zB Eigentümer und Entleiher (Rn. 16; BGH VersR **58** 646), Vater und Sohn (Ha VRS **53** 313), die Mitglieder einer Gemeinschaft nach § 741 BGB (*Bouska* VD **71** 333), einer Gesellschaft des bürgerlichen Rechts (Rn. 22; BVerwG VRS **73** 235). Dann treffen die Halterpflichten jede dieser Personen nebeneinander (Fra VRS **52** 220). Voraussetzungen sind bei jedem Beteiligten sämtliche für die Haltereigenschaft wesentlichen Merkmale (Bay NJW **74** 1341, Dü VRS **55** 383; s. aber VGH Ma NZV **92** 167). Wer ein Kfz erwirbt, auf eigenen Namen zulassen lässt und versichert, es jedoch einem anderen zur Verwendung nach Gutdünken und unter Kostenerstattung überlässt, ist neben diesem Benutzer nicht Mithalter (Bay VRS **58** 462). Scheinen die für die Haltereigenschaft wesentlichen Merkmale bei keiner der beteiligten Personen voll vorzuliegen, so muss geprüft werden, auf welche sie im größten Umfang zutreffen; niemals darf die Prüfung dahin führen, dass das Kfz überhaupt keinen Halter hat. Bei unbegrenzter Zuständigkeit mehrerer Mitinhaber eines Unternehmens sind sie sämtlich Halter der BetriebsKfz (Rn. 22; Ha VRS **30** 202). Testamentsvollstrecker als Mithalter: BGH Betr **74** 2197.

3h. Geschäftsunfähige, beschränkt Geschäftsfähige, juristische Personen, Gesell- 22
schaften als Halter. Geschäftsunfähige und beschränkt Geschäftsfähige können Halter sein (*Feltz/Kögel* DAR **05** 124), desgleichen juristische Personen und Gesellschaften, während ihre gesetzlichen Vertreter als solche nicht Halter sind. Der Haftungsausschluss des § 828 II BGB für **Minderjährige** unter 10 Jahren lässt die Gefährdungshaftung des Kinds als Halter unberührt, weil diese verschuldensunabhängig ist. Wer einem Minderjährigen ein Mofa zur Mitbenutzung schenkt, aber die Verfügung darüber behält und die Kosten trägt, ist Halter (Ha VRS **53** 313; *Hofmann* NJW **64** 228, *Bouska* VD **73** 162). Die **Mitglieder einer BGB-Gesellschaft** zwecks Gesellschaftsfahrt im gemieteten Kfz sind auch dann nicht Mithalter, wenn sie die Unkosten gemeinsam tragen (Hb VersR **72** 631). Halter von „FirmenFz" wird regelmäßig die Personengesellschaft oder Körperschaft sein (Bay DAR **85** 227, Kö VRS **66** 157, Dü VM **87** 10). Der betriebsverantwortliche Gesellschafter einer Personengesellschaft, die alle Betriebsunkosten der VertreterFz trägt, diese jedoch den Vertretern zur freien Verwendung überlässt, ist Halter (Bay DAR **76** 219). Der stille Gesellschafter ist (Mit-)Halter eines GeschäftsFz, wenn er es beliebig benutzt und die Betriebskosten mit trägt (BGH DAR **62** 207). Ein im Unternehmen mittätiger Kommanditist, der auch über die FzVerwendung mitbestimmt, ist (Mit-) Halter (Dü NJW **71** 66, VM **87** 10). OHG-Gesellschafter können auch Halter der GesellschaftsFz sein (Ce DAR **76** 72), wenn sie den Fuhrpark nicht beaufsichtigen, uU ist ihre Halterverantwortlichkeit aber gemindert (Ha DAR **71** 107). Zur Haltereigenschaft bei Personengesellschaften *Weimar* DAR **76** 65, Bay DAR **76** 219.

3i. Sicherungsübereignung, Eigentumsvorbehalt. Ist das verkaufte, vom Käufer schon für 23
eigene Rechnung benutzte Kfz noch auf den Verkäufer zugelassen, so hindert das die Haltereigenschaft des Käufers nicht (BGH VM **69** 83). Bei Sicherungsübereignung ohne Übertragung unmittelbaren Besitzes wird der neue Eigentümer idR nicht Halter (RGZ **141** 400, Ba DAR **53** 35). Hat aber der Erwerber ein wirtschaftliches Interesse daran, dass der Sicherungsübereigner das Fz für den Erwerber leihweise benutzt und geschieht dies, so ist der neue Eigentümer Halter (Kar HRR **35** Nr. 1151). Ein Eigentumsvorbehalt ist für die Haltereigenschaft regelmäßig ohne Bedeutung. Halter wird der Erwerber (RG HRR **32** Nr. 1022, *Haberkorn* DAR **60** 4, *Weimar* JR **66** 174).

3k. Öffentlicher Dienst. Der Bürgermeister ist nicht Halter der städtischen Kfz. Eine Stadt- 24
gemeinde ist Halterin, wenn einer ihrer Beamten einen eigenen Wagen als Dienstwagen benutzt (Schl VkBl. **51** 171). Überlässt der Fiskus einem Beamten einen staatseigenen Pkw zu dienstlicher und privater Benutzung, so sind beide Halter (Ce VersR **60** 764). Haftung für Kfz fremder Streitkräfte und Amtshaftung: § 16 StVG. Stellt der Bund ein in seinem Eigentum stehendes Krankentransport- und Rettungsfahrzeug im Rahmen des Zivilschutzgesetzes einem Bundesland zur Verfügung, das das Fz seinerseits nach § 12 II S. 3, § 20 I ZSG an eine Hilfsorganisation weitergibt, so bleibt das Bundesland zumindest neben der Hilfsorganisation Halter, auch außerhalb von Katastrophenfällen (KG NZV **10** 463).

3l. Private Dienstverträge. Der Arbeitgeber bleibt Halter, auch wenn der Arbeitnehmer das 25
betrieblich überlassene Kfz gegen Kostenbeteiligung auch privat benutzen darf (Dü VersR **76** 1049, Ha VRS **17** 382). Benutzt der Beschäftigte den Firmenwagen auch privat gemäß Überlassung, so ist er insoweit Halter, bei Geschäftsfahrten und Fahrten zum Arbeitsplatz aber der Unternehmer (Zw NJW **66** 2024).

Literatur: *Eberz,* Der Übergang der Halterhaftung bei Abschluß eines KfzMietvertrages, DAR **01** 393. 25a
Geyer, Ersatzanspruch des geschädigten, wenn der Halter und/oder Fahrer nicht identischen Kfz-
Eigentümers, NZV **05** 565. *Haberkorn,* Zum Halterbegriff des § 7 StVG, MDR **67** 453. *Hohloch,* Schadensersatzprobleme bei Unfällen mit LeasingFzen, NZV **92** 1.

4. Umfang der Ersatzpflicht des Halters bei Gefährdungshaftung. Der Halter hat nach 26
I den Schaden zu ersetzen, wenn bei dem KfzBetrieb ein Mensch getötet, verletzt, sonstwie an der Gesundheit beschädigt oder wenn eine Sache beschädigt wird. Die Begriffe entsprechen denen des § 823 BGB (BGH NZV **08** 83). Verletzter ist der unmittelbar Unfallbetroffene (Ausnahmen nach § 10). Die Gefährdungshaftung (§ 7) umfasst **Sachschäden,** wobei in erster Linie das Eigentum betroffen, jedoch auch der **Besitz** geschützt ist (Mieter, Leasingnehmer; BGH NJW **81** 750, KG VRS **111** 402, Mü DAR **00** 121, Ha NZV **98** 158, LG Itzehoe NZV **04** 366;

zu Problemen hinsichtlich der Aktivlegitimation *Moser* NZV **20** 223), sowie **Körperschäden** (Tötung § 10, Körperverletzung § 11), einschließlich Schmerzensgeld (§ 11 S. 2), erstreckt sich aber **nicht auf bloßen Vermögensschaden** (*G. Müller* VersR **95** 490), was etwa dann der Fall ist, wenn nach Beschädigung einer AB-Brücke und dadurch veranlasster AB-Sperrung, Einnahmeausfälle an einer AB-Rastanlage entstehen (BGH NJW **15** 1174 m nur i Erg. zust Bspr *Picker* NJW **15** 2304; anders aber, wenn mit einem Kfz Straba-Geleise „zugeparkt" werden, AG Fra DAR **18** 449 mAnm *Engel*) und ist auf Höchstbeträge (§§ 12, 12a) einschließlich Verzinsung (Ce VersR **77** 1104) beschränkt. Ausnahme: § 12b. Sie umfasst nicht Ansprüche wegen Erschwerung des Fortkommens (§ 842 BGB; s. aber § 11 Rn. 12) oder entgangener Dienste (§ 845 BGB; s. aber § 10 Rn. 14 zum Ersatzanspruch wegen entgangenen Unterhalts). **Einzelheiten zum Umfang der Ersatzpflicht:** für Sachschäden bei § 12, für Körperschäden bei § 10 (Tötung) und § 11 (Körperverletzung).

27   Da zum **Schutzbereich des § 7** nicht nur das Eigentum, sondern auch der Besitz an einer Sache gehört (Rn. 26), dient die Vorschrift zB auch dem Schutz des Mieters einer beim Kfz-Betrieb beschädigten Sache (BGH NJW **81** 750). Schaden: §§ 249, 252 BGB. S. die §§ 10–12 StVG. Unerheblich ist, ob der Verunglückte sich verkehrswidrig verhalten hat (BGH NJW **73** 44, VersR **73** 83), anders bei Zurücktreten der BG (§ 17). Schuldunfähigen Kindern haftet der Halter aus BG idR auch, wenn sie durch eigenes Verhalten den Unfall mit herbeigeführt haben (BGH NJW **73** 1795). **Bespritzen mit Straßenschmutz** durch Vorbeifahren kann Sachbeschädigung sein (§§ 1, 25 StVG), ebenso das Verschmutzen der Fahrbahn mit Öl oder Chemikalien (BGH NZV **11** 595; Kö VersR **83** 287, 288, krit *H. Schneider* MDR **89** 195) oder mit herabgefallenem Ladegut, wobei auch die Entsorgung (dort Verbrennung von Orangen) als Folgekosten der Eigentumsverletzung an der Str ersatzfähig ist (BGH NZV **08** 83 m zu Letzterem abl Anm *Schwab* DAR **08** 83). Das Gleiche gilt für das Wirtschaftlichkeitsgebot wahrende und nach subjektbezogener Schadensbetrachtung berechnete **Straßenreinigungskosten zur Beseitigung einer Ölspur;** der Geschädigte genügt dabei idR durch Vorlage der Rechnung seiner Darlegungs- und Beweislast, die durch einfaches Bestreiten nicht erschüttert wird (BGH NZV **11** 595; VersR **13** 1544; NZV **15** 177; 587; s. auch BayVGH ZfS **14** 359; zu den Kosten der Ölspurbeseitigung *Borchardt/Schwab* DAR **14** 75) oder von Dieselkraftstoff und Kühlflüssigkeit (BGH DAR **14** 81), ohne dass die Möglichkeit öffentlich-rechtlichen Schadensersatzes nach § 7 III FStrG entgegensteht (BGH VersR **13** 1544; NZV **15** 177). Die Ausschreibung von Ölspurbeseitigungsarbeiten durch die Fachbehörde ist unter dem Aspekt des § 249 II S. 1 BGB unbedenklich und nur eingeschränkt überprüfbar; Bezugspunkt für die Beurteilung der Erforderlichkeit ist der jeweilige Angebotsendpreis für das Gesamtpaket der ausgeschriebenen Leistungen (BGH DAR **17** 574). Besteht zwischen der Behörde und dem Unternehmen eine Sondervereinbarung zu einem Preisnachlass um 50% bei unbekanntem Schädiger, so kann dies die Indizwirkung der Rechnung beeinträchtigen (BGH NZV **15** 587). Mangels einer Preisvereinbarung und Taxe bestimmt sich die Höhe des Schadensersatzes nach § 632 II BGB, wobei sich aber eine mit Fachleuten besetzte Behörde die Preisgestaltung von Reinigungsunternehmen nicht diktieren lassen darf; Maßstab ist die ortsübliche Vergütung, die nicht der branchenüblichen entsprechen muss (BGH VersR **13** 1544; NZV **15** 177; hierzu auch LG Kar NZV **14** 468). Zur Abtretbarkeit solcher Ansprüche Dr NJW-RR **14** 1176. Schäden beim Umfahren der Unfallstelle: Rn. 12.

28   **Schadensersatz:** Wiederherstellung des Zustands, der ohne den Unfall bestehen würde. Bei Verletzung von Personen oder Sachbeschädigung kann der Verletzte auch den zur Herstellung erforderlichen Geldbetrag verlangen, ebenso bei unmöglicher oder ungenügender Herstellung (§ 251 BGB). Hier gelten aber die Beschränkungen der §§ 10–13 StVG (*Ful* VOR **74** 1). Nach StVG geschuldeter Ersatz ist gemäß § 849 BGB zu verzinsen (BGH NJW **83** 1614, Ce VersR **77** 1104). Die Kosten eines Vor- oder Parallelprozesses können eine adäquate Unfallfolge darstellen, für die der Schädigende haftet (Fra NJW **56** 1033). Kosten der Verteidigung: E 107.

29   Bei zwei **zusammenwirkenden** wesentlichen **Unfallursachen** haftet jeder Verursacher für den gesamten Schaden (BGH VersR **70** 814 (Verschlimmerung eines Körperschadens)). Deliktshaftung einschließlich Amtshaftung: § 16.

30   **5. Haftungsausschluss: Höhere Gewalt.** Wurde der Unfall durch höhere Gewalt verursacht, so ist die Ersatzpflicht gem. II ausgeschlossen. Das Ausschlusskriterium der höheren Gewalt wurde 2002 eingeführt und ersetzt den früheren Haftungsausschluss bei Unfallverursachung durch ein unabwendbares Ereignis (Begr; vor Rn. 1, Rn. 1), der nur noch im Rahmen des Innenausgleichs gem. § 17 III gilt. Die Neufassung des II gilt gem. Art 229 § 8 I EGBGB nur für

schädigende Ereignisse, die nach dem 31.7.02 eingetreten sind. Für Unfälle vor diesem Zeitpunkt ist die frühere Fassung des Abs. II (Haftungsausschluss durch unabwendbares Ereignis) anzuwenden.

Die Ersetzung des Entlastungskriteriums des unabwendbaren Ereignisses durch das Merkmal **31** der höheren Gewalt hat zu einer Ausdehnung der Gefährdungshaftung geführt, die vor allem dem Interesse unfallgeschädigter Kinder entgegenkommt (BT-Drs. 14/7752 S. 30 (vor Rn. 1), *Steffen* DAR **91** 122). Sie schränkt andererseits die haftungsrechtliche Bedeutung des Vertrauensgrundsatzes (§ 1 StVO Rn. 20 ff.) ein (*Häußer* Der Tatbestand der höheren Gewalt S. 99 ff., 216 ff.) und hat ein größeres Gewicht der Abwägungsfragen nach §§ 9, 17 StVG und § 254 BGB zur Folge (Begr BT-Drs. 14/7752 S. 30, BGH NZV **08** 79 (zu § 1 HaftPflG), *Häußer* aaO S. 127 ff., 224 ff.; *Stöcker* VGT **83** 71, *Steffen* DAR **98** 137).

5a. Höhere Gewalt ist ein wertender Begriff; er will solche Risiken ausschließen, die mit **32** dem Kfz- oder Anhängerbetrieb nichts zu tun haben und daher bei rechtlicher Bewertung nicht diesem zuzurechnen sind, sondern ausschließlich einem Drittereignis (BGH NZV **04** 395, VersR **88** 910 (je zu § 1 HaftPflG)). Höhere Gewalt ist ein außergewöhnliches, betriebsfremdes, von außen durch elementare Naturkräfte oder durch Handlungen dritter (betriebsfremder) Personen herbeigeführtes und nach menschlicher Einsicht und Erfahrung unvorhersehbares Ereignis, das mit wirtschaftlich erträglichen Mitteln auch durch nach den Umständen äußerste, vernünftigerweise zu erwartende Sorgfalt nicht verhütet werden kann und das auch nicht im Hinblick auf seine Häufigkeit in Kauf genommen zu werden braucht (Sa NZV **06** 418, Ol DAR **05** 343, Ce DAR **05** 677, LG Itzehoe NZV **04** 364, *Grüneberg* SVR **04** 409; zum HaftpflG: BGH NZV **08** 79, **04** 395, NJW **53** 184, NJW **74** 1770, **86** 2312, VersR **67** 138, **76** 964, **88** 910, Ha NZV **05** 41). Die zu § 1 II S. 1 HaftPflG ergangene Rspr. kann insoweit herangezogen werden (LG Itzehoe NZV **04** 364 mAnm *Grüneberg* SVR **04** 409, eingehend *Häußer* Der Tatbestand der höheren Gewalt S. 47 ff.; *Filthaut* NZV **15** 161; s. aber *Huber* § 4 Rn. 27). Der Haftungsausschließungsgrund kommt in der Praxis kaum je zur Anwendung (*Häußer* aaO S. 239; *Filthaut* aaO).

Wer sich nach II entlasten will, muss die Verursachung des Unfalls durch höhere Gewalt **be- 33 weisen**. Unaufklärbarkeit tatsächlicher Umstände geht zulasten des Beweispflichtigen (*Huber* § Rn. 21). Schon bloße Zweifel hinsichtlich möglicher Unfallursächlichkeit des Fahrverhaltens schließen die Feststellung der Ursächlichkeit höherer Gewalt aus (BGH VersR **69** 827 (zu II aF).

Nur **von außen wirkende betriebsfremde Ereignisse** auf Grund elementarer Naturkräfte **34** oder verursacht durch Handlungen dritter Personen kommen als höhere Gewalt in Betracht. Zu dem Erfordernis, dass das Ereignis von außen kommt, muss das Merkmal der **Außergewöhnlichkeit** hinzutreten (BGH NJW **53** 184). Es muss derart ungewöhnlich sein, dass es einem elementaren Ereignis gleich zu erachten ist (*Greger/Zwickel* § 3 Rn. 357). Ferner muss das Ereignis so beschaffen sein, dass ihm auch **mit äußerster Sorgfalt** nicht begegnet werden konnte (BGH NJW **74** 1770, VersR **76** 963). In erster Linie kommen unvorhersehbare **Naturereignisse** in Betracht wie etwa plötzliche Überflutung, Blitz, Erdbeben, Erdrutsch (*Grüneberg* SVR **04** 409, s. zum Grundsatz auch BGH NVwZ **04** 1018, **05** 358, **06** 1086), Lawine, ungewöhnliche, nicht zu erwartende Sturmbö, nicht aber (selbst extreme) Witterungseinflüsse, die im Hinblick auf die Wetterlage keinen Ausnahmecharakter haben (Schneesturm, Gewitterregen), mit denen also gerechnet werden muss (*Geigel/Kaufmann* **25** 96, *Huber* § 4 Rn. 31). Höhere Gewalt wird uU auch zu bejahen sein bei Unfallverursachung durch „feindliches" Grün (dazu insbes § 37 StVO Rn. 59), wenn der Unfall selbst mit äußerster zu erwartender Sorgfalt nicht vermieden werden konnte.

Keine höhere Gewalt sind dagegen wegen ihrer Häufigkeit regelmäßig selbst grobe Regel- **35** verstöße (BGH VersR **67** 138 (Vorfahrtverletzung)). Schon daran wird der Haftungsausschluss insbesondere bei schadensauslösendem Verhalten nicht deliktsfähiger Kinder scheitern (Ol DAR **05** 343, zust *Friedrich* VersR **05** 1661, s. aber *Karczewski* VersR **01** 1080 (schon begrifflich ausgeschlossen)). So ist das plötzliche Hervortreten eines Kindes zwischen parkenden Fz oder nach Übersteigen eines Zaunes nicht so außergewöhnlich, dass höhere Gewalt anzunehmen wäre (*Steffen* DAR **98** 137), ebenso wenig das plötzliche, unachtsame Überqueren der Fahrbahn durch ein Rad fahrendes Kind (Ol DAR **05** 343) oder der Umstand, dass der Beifahrer einen Schwächeanfall erleidet, infolgedessen er dem Fahrer so ins Steuer fällt, dass er die Kontrolle über das Fz verliert und in den Gegenverkehr gerät (Ko NJW **19** 3084). Auch scheidet höhere Gewalt beim plötzlichen Springen eines Tiers (Wild, Hund) in die Fahrbahn regelmäßig aus (s. auch BGH NZV **08** 79 (zu § 1 HaftPflG) mAnm *Greger;* diff. *Huber* § 4 Rn. 26). Keine höhere

Gewalt (weil nicht „von außen" kommend und mangels Außergewöhnlichkeit) ist der durch den unbeabsichtigten Stoß einer auf den Bus wartenden Person herbeigeführte Sturz eines Radf vom Radweg auf die Fahrbahn vor ein Kfz (Ce DAR **05** 677). Das Hochschleudern von Gegenständen, auch wenn für deren Vorhandensein auf der Fahrbahn keine Anhaltspunkte vorliegen, ist keine höhere Gewalt, auch nicht auf Str, auf denen hohe Geschwindigkeiten gefahren werden dürfen (AB). Das gilt auch für einen bei Mäharbeiten auf dem Bankett gegen ein Fz geschleuderten Stein (Sa NZV **06** 418, Ha NZV **16** 125; LG Kaiserslautern NJW **08** 2786) sowie das Übergreifen eines Brandes von einem auf einem Parkplatz abgestellten Fz (BGH NZV **08** 285). Auch ein Unfall, der auf nicht rechtzeitigem Wahrnehmen ungewöhnlich schwer erkennbarer Hindernisse auf der Fahrbahn einer AB beruht, ist nicht durch höhere Gewalt verursacht. Plötzliches körperlich/geistiges Versagen ist (weil keine Einwirkung von außen) keine höhere Gewalt (BGH NJW **57** 675), es sei denn, dass es durch Umstände von außen verursacht wurde. Das Gleiche gilt für unvorhersehbare technische Fehler am Fz des Halters.

35a   **Literatur:** *Chr. Häußer* Der Tatbestand der höheren Gewalt im StVG (2007 = Diss. Würzburg 2006). *Steffen,* „Höhere Gewalt" statt „unabwendbares Ereignis" in § 7 II StVG?, DAR **98** 135.

36   **5b. Unabwendbares Ereignis.** Der Haftungsausschluss des unabwendbaren Ereignisses gilt (abgesehen vom Schadensausgleich zwischen den Haltern mehrerer unfallbeteiligter Kfz, s. § 17 III) gem. Art 229 § 8 I EGBGB nur noch für **Schadensereignisse bis zum 31.7.02.** Insoweit ist II in der bis zum 31.7.02 geltenden Fassung anzuwenden. Unabwendbar ist ein Ereignis, das durch äußerste mögliche Sorgfalt (**E** 150) nicht abgewendet werden kann (§ 17 Rn. 22 ff.). Der Halter muss die **Unabwendbarkeit** des Unfalls **beweisen** (§ 17 Rn. 23).

37   **Fehler in der Beschaffenheit des Fahrzeugs, Versagen seiner Vorrichtungen** schließen gem. II (alt), der bei Schadensereignissen bis zum 31.7.02 weiterhin Anwendung findet, den Haftungsausschluss wegen Unabwendbarkeit aus. II (alt) beruhte auf der Erwägung, dass dem Halter, der den gefährlichen Betrieb unternimmt, die damit zusammenhängenden Gefahren zugerechnet werden müssen. Einzelheiten: § 17 Rn. 30.

38   **5c. Haftungsausschluss** besteht schließlich in den Fällen **unbefugter Benutzung** des Kfz oder des KfzAnhängers (III S. 1, 3, zum Letzteren III S. 1 und 3 aF; neues Recht: § 19 I, s. dort und Rn. 1), dazu Rn. 52, wenn das Kfz **nicht schneller als 20 km/h** fahren kann (§ 8 Nr. 1) oder der Anhänger mit einem solchen Fz verbunden ist (§ 8 Nr. 1), wenn der Verletzte **beim Betrieb des Kfz tätig** war (§ 8 Nr. 2), und bei Beschädigung einer durch das Kfz oder den mit diesem verbundenen Anhänger **beförderten Sache,** sofern nicht eine beförderte Person die Sache an sich trug oder mit sich führte (§ 8 Nr. 3). Ein Haftungsausschluss in AGB ist idR nach §§ 307, 309 Nr. 7 BGB unwirksam (Stu NZV **09** 233 mwN).

39–45   **6. Sorgfaltspflicht des Halters. Fahrerüberwachung:** § 16.

46   **7. Haftung des Halters für das Verhalten eines beim Betrieb des Kraftfahrzeugs Beschäftigten.** Der Halter haftet auch für das Verhalten eines beim KfzBetrieb beschäftigten Dritten. Dessen Verhalten war schon gem. II alt für den Halter kein unabwendbares Ereignis (Umkehrschluss aus II alt). Beim Betrieb beschäftigt ist, wer eine damit zusammenhängende Aufgabe im Auftrag oder mit Einverständnis des Halters oder FzFührers wahrnimmt (BGH VRS **10** 2, 4, Schl VersR **81** 887). Ist bei einem mit Kfz betriebenen VUnternehmen ein Unfall auf das Verhalten eines zur Überwachung des Fahrbetriebs Bestellten zurückzuführen, so kann der Unternehmer seine Haftung nicht mit der Begründung ablehnen, der Beauftragte sei ein nicht beim Betrieb beschäftigter Dritter (BGH DAR **52** 117). Der bei dem KfzBetrieb Tätige hat keinen Anspruch aus § 7 I oder § 18, wenn ihm bei dem Betrieb Schaden erwächst (§ 8 Nr. 2), s. aber Rn. 1 sowie § 8 Rn. 4. Der Begriff des bei dem Betrieb Tätigen in § 8 ist derselbe wie hier der des bei dem Betrieb Beschäftigten.

47   **8. Mitwirkendes Verschulden des Verletzten:** §§ 8, 9 StVG. Auch bei der Gefährdungshaftung gilt der Grundsatz, dass demjenigen, der in die Schädigung durch einen anderen ausdrücklich einwilligt, kein ersatzfähiges Unrecht geschieht, auch dann nicht, wenn er dadurch ein weiteres Ziel bezweckt, etwa einen Versicherungsbetrug (verabredeter Unfall; BGH NJW **78** 2154, Ko NJW-RR **06** 95, s. Rn. 1, 48).

48   **9. Beweislastfragen, Anscheinsbeweis.** Die Beweislast für einen Unfall beim Betrieb obliegt dem Verletzten (BGH NJW **19** 3788; KG NZV **02** 229, Ol ZfS **01** 303, Mü VersR **83** 468, Dü VersR **87** 568, Kö VRS **88** 184). Die den Haftungsausschluss wegen höherer Gewalt begründenden Tatsachen muss der Halter beweisen (Rn. 33). Zur Beweislast, wenn ein Unfallbeteiligter durch ein schriftliches Schuldgeständnis am Unfallort die Beweissicherung verhindert: BGH NJW **84** 799, Ha MDR **74** 1019 (näher Rn. 50). Zur Beweislast und zum Anscheinsbeweis bei Verdacht eines **„gestellten Unfalls"** gilt Folgendes: Dem Schadensersatz Fordernden obliegt die Beweislast für die Tatsachen, aus denen sich die Rechtsgutsverletzung (Beschädigung, Körperverletzung) ergibt, der Halter (Versicherer) muss darlegen und beweisen, dass der „Geschädigte" damit einverstanden war, also eine Unfallmanipulation vorliegt (Rechtfertigungsgrund der Einwilligung; BGH NJW **78** 2154, **20** 1072; KG VRS **104** 92, 263, Ce VRS **102** 258, Ha NJW-RR **95** 224, Fra VersR **92** 717, Sa DAR **89** 64, Ko NJW-RR **06** 95, Kö NZV **17** 33; *Knoche* MDR **92** 919, aM Kö VersR **75** 959, *Greger/Zwickel* § 3 Rn. 32). Auch insoweit gilt das strenge Beweismaß des § 286 ZPO, ist also die volle richterliche Überzeugung notwendig, womit eine auch erhebliche Wahrscheinlichkeit nicht genügt (E 106; BGH NJW **20** 1072; Ha NZV **08** 91; NJW-RR **17** 1368; Fra NJW-RR **18** 538; aM die bislang überwiegende, womöglich aber nur missverständlich formulierte obergerichtliche Rspr, zB Ce NZV **16** 275; Sa NZV **18** 218 mAnm *Schneider;* KG NZV **91** 73; wNw 45. Aufl.). In *Ausnahmefällen* kann für eine behauptete Einwilligung in die Schädigung der Anscheinsbeweis herangezogen werden (BGH NJW **78** 2154 (besonders typische Gestaltung; Beteiligten sind die Praktiken des Unfallbetrugs nicht fremd), VRS **57** 179, **20** 1072). Ansonsten rechtfertigt allein die Häufung von Beweisanzeichen nicht die Anwendung des Anscheinsbeweises, kann aber (natürlich) *nach der erforderlichen Gesamtschau* der Indizien die volle richterliche Überzeugung von der Manipulation begründen (BGH NJW **20** 1072; Ha NZV **08** 91; NJW-RR **17** 1368; Fra NJW-RR **18** 538). Zu den relevanten Indizien zB Nü NZV **12** 489, KG VRS **111** 4, NZV **10** 351; Ha NZV **08** 91; Kö NZV **17** 33; Sa NZV **13** 288, **15** 235; Stu SVR **20** 224 (*Siegel*); Überblick bei *Franzke/Nugel* NJW **15** 2071 sowie ausführlich *Röttger* ZfS **18** 184). Starkes Indiz für Unfallmanipulation, wenn die Kontrahenten auf einem vor dem Unfall im Facebook-Profil des Anspruchstellers eingestellten Foto vor dem geschädigten Porsche abgebildet sind (Dü NJW-RR **18** 605). Zum **Anscheinsbeweis** allgemein: E 157a sowie bei den einschlägigen Bestimmungen der StVO. Zum Anscheinsbeweis bei Trunkenheit im V: § 316 StGB Rn. 117, 119. Anscheinsbeweis bei Zusammenstoß auf einer Kreuzung: § 8 StVO. Es entspricht der Lebenserfahrung, dass eine Notbremsung aus hoher Geschwindigkeit geeignet ist, eine Körperverletzung des Fahrers herbeizuführen (BGH VersR **83** 985). Zum Anscheinsbeweis bei Auffahren auf das Fz des Vorausfahrenden: § 4 StVO Rn. 18. Bei charakteristischen Schäden an parkenden Fz kann der Anscheinsbeweis für die Verursachung durch Streumaterial herangezogen werden (Bra VersR **89** 95).

Zum Anscheinsbeweis bei **Abkommen von der Fahrbahn** und **Begegnungszusammen-** 49 **stoß:** § 2 StVO Rn. 74, § 3 StVO Rn. 66. Anscheinsbeweis gegen den **Linksabbieger:** § 9 StVO Rn. 55. Kein Anschein für Ursächlichkeit des zu **Überholenden** bei Vollbremsung des Überholers an unübersichtlicher Stelle (Mü VersR **83** 468). Auch beim Fahrstreifenwechsel im Reißverschlussverfahren spricht der Anschein gegen den Spurwechsler, wenn es beim Einfädeln zu einer Kollision kommt (Mü r+s **17** 657; Dü BeckRS **14** 21934; Sa AG Dortmund NJW **10** 2523; Sa NJW-RR **19** 1436; aM *Haarmann* DAR **87** 142; AG Kö VRS **70** 181; hier bis 44. Aufl).

Das **Bekenntnis der Alleinschuld,** in Kenntnis der Tragweite einer solchen Erklärung am 50 Unfallort abgegeben, kehrt die Beweislast dahin um, dass die Richtigkeit der gegnerischen Unfalldarstellung vermutet wird (BGH NJW **84** 799; Ce VersR **80** 1122, KG NZV **06** 376, Ba VersR **87** 1246, Dü DAR **08** 523; Dr NZV **10** 256 zust *Schlund* JR **84** 327, *Weber* DAR **85** 162; einschr. Sa NJW **11** 1820: idR nur als Indiz im Rahmen des § 286 ZPO zu würdigen). Eine volle Umkehr der Beweislast kommt nach Sa NJW **11** 1820 jedoch jedenfalls dann nicht in Betracht, wenn sich der Unfallgegner noch an Ort und Stelle weigert, seine mündliche Unfallschilderung schriftlich zu bestätigen.

Fahren ohne FE: Rn. 53 und § 21 Rn. 27. 51

10. Ausschluss der Halterhaftung bei Schwarzfahrten. Die Halterhaftung für Unfälle 52 beim Betrieb scheidet aus, wenn jemand das Fz ohne Wissen und Wollen des Halters benutzt. Dann haftet an Stelle des Halters der unbefugte Benutzer und neben diesem der Halter, wenn er die Benutzung schuldhaft ermöglicht hat (III). Der Halter bleibt haftbar, wenn er den Benutzer für den FzBetrieb angestellt oder wenn er ihm das Fz überlassen hat (III S. 2, BGH NJW **62** 1676, s. Rn. 56 ff.). Unternehmen mehrere Fahrunkundige gemeinsam eine Schwarzfahrt und schädigt sich hierbei einer von ihnen, so haften die übrigen hierfür nur unter besonderen Umständen (Aufsichts- oder Fürsorgepflicht, FzÜberlassung; BGH NJW **78** 421). Dem Dieb oder Schwarzfahrer haftet der Halter auch bei Fahrlässigkeit nicht für Unfallsicherheit des zweckentfremdeten Kfz (Ce VersR **72** 52). Benutzung **ohne Wissen und Wollen** des Halters bedeutet gegen sein Wissen und seinen Willen (RGZ **79** 312). Ob eine Schwarzfahrt vorliegt, ist nach dem Gesamtcharakter der Fahrt zu beurteilen (Nü NZV **11** 538). Geringfügige Abweichung von der Weisung begründet keine Schwarzfahrt (§ 6 VVG aF = § 28 VVG 08), wenn die Genehmigung verständigerweise unterstellt werden kann (Ce VersR **69** 175). Übergibt der Halter sein Kfz einem Händler zum Verkauf, so entfällt seine Halterhaftung, wenn der Händler das Kfz unbefugt einem Dritten zur Benutzung für eigene Zwecke überlässt (Neust NJW **63** 1013). Benutzung ohne Wissen und Willen des Halters iS von III liegt auch vor, wenn das Fz nach Beschlagnahme ohne Einholung des Einverständnisses des Halters zu hoheitlichen Zwecken eingesetzt wird (LG Mühlhausen NVwZ **01** 1325). Dass der Halter dem Benutzer das Fz früher einmal überlassen hat, schließt entgegenstehenden Willen nicht aus (Nü NZV **11** 538). **Benutzer eines Kfz** ist, wer sich das Fz unter Verwendung der motorischen Kraft dienstbar macht und dadurch die Verfügungsgewalt wie ein Halter ausübt (BGH NJW **57** 500). Es kann also Benutzer sein, wer das Fz nicht selbst fährt (RGZ **136** 4), zB das Fz einem anderen zu einer Fahrt überlässt, die in seinem Auftrag und Interesse durchzuführen ist (BGH DAR **61** 118). Beim Mitfahrenden muss eine Beziehung zu dem Fz hinzukommen, die der des Halters verwandt ist; er muss zum Zustandekommen der Schwarzfahrt maßgeblich beigetragen haben, mithin deren Miturheber sein. Benutzer iS von III ist auch der KfzFührer. In diesem Sinne benutzt ein Kfz, wer es, auch kürzeste Strecken, unter Verwendung der Motorkraft fortbewegt (BGH NJW **54** 392). „**Anstelle des Halters**" in gleichem Umfang wie dieser haftet der unbefugte Benutzer; damit stehen ihm zugleich auch alle Einwendungen zur Verfügung, die der aus Gefährdungshaftung in Anspruch genommene Halter selbst hätte geltend machen können. Auch der an Stelle des Halters Haftende darf sich daher nach § 7 II, § 17 III entlasten (BGH DAR **54** 298, Dü VRS **10** 100). Der Entlastungsbeweis nach § 18 I reicht nicht aus. Zur Frage, ob und inwieweit der KfzHaftpflichtversicherer, der den durch einen Fahrzeugdieb verursachten Schaden reguliert, gegen einen Gehilfen des Diebes Rückgriff nehmen kann, BGH NJW **07** 1208. Ein Bundesland kann sich als Eigenversicherer gegenüber dem Geschädigten nicht auf Leistungsfreiheit wegen Schwarzfahrt berufen (KG NZV **10** 463).

53   **11. Halterhaftung neben der des Schwarzfahrers.** Die Haftung des Halters besteht fort, wenn dieser die FzBenutzung schuldhaft ermöglicht hat (BGH NJW **62** 1676, Jn DAR **04** 144), wozu erhebliche Erleichterung unbefugter Benutzung ausreicht (BGH VRS **60** 85, Kö NJW-RR **96** 601). Erschöpft sich das Verschulden des Halters im Ermöglichen der Schwarzfahrt, so haftet er nur nach StVG; erstreckt es sich auch auf die FzBenutzung in *verkehrsgefährlicher,* den Schaden begründender Weise, kommt **auch Haftung nach §§ 823 ff. BGB** (§ 16 StVG) in Frage (BGH VersR **62** 333, **66** 166, **78** 575, **79** 766, KG VersR **76** 971, Kö NJW **57** 346, Kar VersR **60** 618), so zB in aller Regel, wenn er die ihm gem. § 14 II S. 2 StVO obliegenden Pflichten schuldhaft verletzt (BGH VRS **60** 85, KG VM **92** 82), besonders bei dadurch ermöglichter Benutzung durch einen Fahrer ohne FE (BGH VersR **62** 333). Haftung nach § 823 I BGB, wenn der Halter die unbefugte FzBenutzung durch FzF ohne FE nicht mit aller Sorgfalt verhindert (Ol VRS **56** 98). Aufgrund des § 823 BGB kann der Halter für Schwarzfahrtfolgen haften, wenn ihm außer schuldhaftem Ermöglichen der Schwarzfahrt vorzuwerfen ist, dass er durch Verletzung seiner VSicherungspflicht eine adäquate Ursache für durch die Schwarzfahrt hervorgerufene Schäden gesetzt hat (BGH VersR **66** 79). Die sich aus § 823 ergebende Pflicht, Schwarzfahrten zu verhindern, gebietet dem Halter, dafür zu sorgen, dass keine ungeeigneten Fahrer eingestellt werden (BGH VersR **60** 736; § 16 Rn. 12).

54   Der Halter **ermöglicht die Benutzung schuldhaft,** wenn er das Fz mit Schlüsseln und Papieren einem anderen überlässt, ohne Vorkehrungen gegen Missbrauch zu treffen (Kar VersR **60** 565). Ebenso, wenn er einer fahrerlaubnislosen Person, deren Auto-Begeisterung er kennt, Fz und Schlüssel zur Durchführung einer Reparatur aushändigt und sich auf eine bloße Ermahnung beschränkt (KG VM **84** 22). Dem Halter ist gem. § 7 III S. 1 nur eigenes Verschulden anzurechnen, das es einem Dritten ermöglicht, das Kfz zu verwenden, nicht das einer Hilfsperson als Fahrer, etwa eines Angestellten (BGH NJW **54** 392, Jn DAR **04** 144, KG VRS **61** 244, Dü VRS **71** 259).

55   An die erforderliche **Haltersorgfalt gem. Abs. 3 S. 1** sind strenge Anforderungen zu stellen (Kar NZV **92** 485, Kö NJW-RR **96** 601, Ol NZV **99** 294), wobei zu Gunsten des beweisbelasteten Geschädigten der Anscheinsbeweis einer Sorgfaltspflichtverletzung spricht, wenn es gleichwohl zu der unberechtigten Benutzung kommt (Ha NZV **06** 253). Der Halter hat alles ihm Zumutbare zu tun, um die unbefugte FzBenutzung zu verhindern (Ha NJW-RR **90** 289,

Ol NZV **99** 294). Hierbei kann die Regelung als Anhalt dienen, die die § 14 StVO, § 38a StVZO für den Fall des Verlassens des Kfz treffen (Fra VersR **83** 464, Nü VRS **66** 188). Hat der Halter das Fz diesen Vorschriften entsprechend gesichert, entfällt seine Haftung regelmäßig (Fra VersR **83** 464). Er hat den Verkehr gegen Unfälle und das Fz gegen unbefugte Benutzung zu sichern. Das Kfz ist so zu verwahren und aufzustellen, dass es Unbefugten nicht zugänglich ist (Kö DAR **59** 297 (§ 14 StVO)). Haftung nach III S. 1 Hs. 2, wenn der Halter die FzSchlüssel im FzInnern in einer von außen sichtbaren Schlüsselbox aufbewahrt hat (Fra VRS **104** 273). Verstecken der FzSchlüssel hinter der Sonnenblende des in einer nicht durch Sicherheitsschloss gesicherten Halle abgestellten Fz genügt nicht (Nü VRS **66** 188 (Haftung auch nach § 823 BGB)). Beim Abstellen eines KRads in einem unverschlossenen, Dritten zugänglichen Raum genügt Abziehen des Zündschlüssels nicht (Absperren der Lenkung, Kette mit Schloss; Dü NJW **55** 1757 mAnm *Hartung*). Bei Lkw, Baumaschinen und ähnlichen Fz können geringere Sicherungsanforderungen gestellt werden, da sie weniger Anreiz zu Schwarzfahrten bieten (Kö VRS **5** 11 (Haftung gem. § 7 III S. 1 jedoch bejaht!), Fra VersR **83** 464, s. aber KG VM **92** 82 (zu § 823 BGB)). Zur Sorgfalt, mit der der Unternehmer die Schwarzfahrt mit einer langsamen Baumaschine verhindern muss, KG VersR **76** 971 (zu § 823 BGB), Fra VersR **83** 464. Hat das Fz kein abschließbares Führerhaus, genügt Verhindern des Ingangsetzens durch ein nicht mit allgemein verwendbaren Schlüsseln zu öffnendes Schloss (Fra VersR **83** 464). Dass der unbefugte Benutzer eines ordnungsgemäß verschlossenen Lkw einen neuen Trick angewandt hat, ist dem Halter nicht zuzurechnen (BGH NJW **64** 404). Bei Abstellen des Fz auf privatem Gelände bedarf es nicht stets aller sonst notwendigen Sicherungsmaßnahmen (§ 14 StVO), vorausgesetzt, dass ausreichende andere Maßnahmen gegen unbefugte Benutzung getroffen wurden (Kar NZV **92** 485). Die Benutzung eines auf für Dritte unzugänglichem **Betriebsgelände** mit steckendem Zündschlüssel abgestellten Vorführwagens durch einen Betriebsangehörigen während der Betriebszeit ist nicht schuldhaft ermöglicht (Fra VersR **83** 497), anders außerhalb der Betriebszeit (LG Leipzig VersR **02** 1528 (abgeschlossene Lagerhalle)). Der Halter braucht nicht damit zu rechnen, dass ein nicht abgeschlossenes MüllpressFz von einem umfriedeten, mit geschlossenem Tor gesicherten Betriebshof durch Niederwalzen des Zaunes entwendet wird (KG VRS **61** 244). Er handelt auch nicht pflichtwidrig iS von § 823 BGB, wenn er einen Traktor, dessen Zündschloss nicht gesondert sicherbar ist, zusammen mit Geräten und Maschinen auf einer abgelegenen Baustelle 300 m fern von der nächsten befestigten Str abstellt (Ol VersR **83** 931). Gibt der Halter **die Schlüssel** einer zuverlässigen Person mit dem Auftrag, sie an eine bestimmte Person weiterzugeben, so hat er die Benutzung zur Schwarzfahrt nicht schuldhaft ermöglicht, die ein Bote ausführt, den der Beauftragte ohne sein Wissen eingeschaltet hat (Ce VersR **61** 739). Schuldhafte Ermöglichung der Schwarzfahrt bei Überlassen der Garagenschlüssel an jugendliche Hausgehilfin (BGH VRS **20** 251 (Tatfrage, § 823 BGB bejaht)). Die Schlüssel zum Fz, zur Zündung und Lenkung, nötigenfalls zur Garage, sind sicher zu verwahren (Dü VersR **84** 895, Ol NZV **99** 294). Zurücklassen der Schlüssel in einem an der Garderobe einer Schankwirtschaft abgelegten Kleidungsstück ist Sorgfaltsverletzung (Dü VersR **89** 638, Sa ZfS **93** 294). **Gegenüber Familienangehörigen** und sonstigen Mitgliedern der Wohngemeinschaft müssen solche Schlüssel nur bei Vorliegen besonderer Umstände, aus denen sich die Gefahr unbefugter Benutzung ergibt, unzugänglich aufbewahrt werden (Dü VersR **84** 895, Ol NZV **99** 294). Ohne besondere Anhaltspunkte muss der Halter nicht mit FzBenutzung ohne seine Zustimmung durch solche Personen rechnen (Fra VRS **70** 324), braucht zB ein Vater die Garagen- oder FzSchlüssel vor dem jugendlichen oder heranwachsenden Sohn nicht zu verstecken (BGH VersR **84** 327, Dü VersR **84** 895). Aufbewahren der Schlüssel in der Jacken- oder Manteltasche im verschlossenen Kleiderschrank genügt aber nicht, wenn nach den Umständen Missbrauch durch den jugendlichen Sohn nahe liegt (KG VM **78** 77). Hat ein Angehöriger das Kfz bereits früher unbefugt benutzt, so sind weitergehende Maßnahmen nötig, vor allem besonders sorgfältige Schlüsselverwahrung (BGH VersR **68** 575 (zu § 823 BGB), VRS **8** 251 (§ 823 BGB bejaht); Nü VM **80** 45, Kö DAR **59** 297). Bei Schlüsselablage an vereinbartem Ort in der elterlichen Wohnung muss der Halter nicht mit Wegnahme durch einen angetrunkenen, vorher nie auffällig gewordenen Bekannten rechnen (Ha VersR **78** 949). Entfernt sich der Halter und Fahrer eines Krads für kurze Zeit, so darf er den **Zündschlüssel stecken lassen,** wenn er eine geeignete Person mit der Aufsicht betraut (Stu VkBl. **59** 275). Muss der Halter nach Abhandenkommen eines FzSchlüssels damit rechnen, dass sich ein Unbefugter in den Besitz des Schlüssels gesetzt hat, so kann Austausch des Zündschlosses notwendig sein (Ha NJW-RR **90** 289). Im Rahmen des § 7 III S. 1 kommt es nicht auf den **ursächlichen Zusammenhang** zwischen Schuld und Unfall, sondern auf den zwischen Schuld und Ermöglichen der Schwarzfahrt an (RGZ **136** 4,

138 320). Hat der PkwHalter eine Tür nicht verschlossen, so trifft ihn an der Benutzung durch Unbefugte keine Schuld, wenn der Täter eine verschlossene Tür aufgebrochen hat (Kö VersR **59** 652). Amtshaftung: § 16. Haftung bei Bundeswehr – Schwarzfahrt: Rn. 52.

56 **12. Kein Ausschluss der Halterhaftung bei Schwarzfahrt des angestellten Fahrers oder dessen, dem der Halter das Fahrzeug überlassen hat.** III S. 2 schützt die Verkehrsopfer. Er versagt dem Halter den Einwand, derjenige, dem er die Benutzung eingeräumt hat, habe das Kfz entgegen dem Halterwillen benutzt (BGH VersR **67** 659, NZV **97** 116). Angestellte Fahrer machen ihren Arbeitgeber also auch bei Schwarzfahrt haftbar, ohne dass es auf schuldhaftes Ermöglichen ankommt. **Für den KfzBetrieb angestellt** ist jeder Arbeitnehmer, der es in dem vom Halter zugewiesenen Aufgabenbereich mit Willen des Halters steuern und benutzen soll (BGH DAR **61** 253). Ein Beifahrer ist regelmäßig nicht für den KfzBetrieb angestellt (BGH VRS **10** 2, 4). Hat ein Spediteur einen Fahrer angestellt, so erstreckt sich die Halterhaftung für Schwarzfahrten dieses Fahrers auf alle Kfz des Betriebs, also nicht nur auf das Fz, das der Fahrer für einen bestimmten Zeitabschnitt führen soll (Kö NJW **57** 1843, DAR **58** 14).

57 **Der angestellte Fahrer fährt „schwarz",** wenn er das Fz für einen Teil der Fahrt führt, für den ihm der Halter das Führen verboten hatte (RGZ **154** 340). Geringe Umwege bei auftragsgemäßen Fahrten sind keine Schwarzfahrten (BGH VersR **55** 345). Anders bei ausdrücklichem Verbot des Halters (BAG VRS **21** 398). Die Benutzungserlaubnis kann stillschweigend erteilt sein. Überlässt der vom Halter mit einer bestimmten Fahrt beauftragte angestellte Fahrer die Führung einem Betriebsangehörigen ohne FE, so liegt keine Schwarzfahrt vor (Ba VRS **7** 334).

58 Halterhaftung besteht auch, wenn der Halter sein **Kfz anderen überlässt.** Er haftet für Schwarzfahrten solcher Personen, denen er die KfzFührung ermöglicht, da er für ihre Auswahl verantwortlich ist. Missbrauchen sie sein Vertrauen, so hat er und nicht der Geschädigte den Schaden zu tragen, zumal der Halter für solche Unfälle Versicherungsschutz genießt. Das gilt jedoch nur, solange er durch den Entzug der Verfügungsmöglichkeit nicht seine Haltereigenschaft verliert (BGH NZV **97** 116). Überlassen bedeutet Einräumen der Benutzungsmöglichkeit (BGHZ **5** 269, NJW **52** 581). Dem Mieter überlässt der Halter den Wagen auch, wenn er zu erkennen gibt, dass er die Führung nur durch einen vom Mieter gestellten Dritten gutheißt (BGHZ **5** 269, NJW **52** 581). Die Überlassung ist erst mit der Benutzungsmöglichkeit beendet (BGH DAR **52** 40, Dü VRS **3** 96). Lässt der, dem der Halter das Fz überlassen hat, einen anderen damit fahren, so bleibt die Halterhaftung bestehen, wenn die Benutzereigenschaft desjenigen fortdauert, dem der Halter das Fz überlassen hat (BGH NJW **57** 1878). Nach dem Schutzzweck des III S. 2 gilt dies auch, wenn zwar die Benutzereigenschaft der Person, der es überlassen war, endet, die Weitergabe zur Benutzung an einen Dritten jedoch unbefugt erfolgte (BGH NJW **62** 1678), selbst dann, wenn der Dritte später die Benutzung des Fzs durch eine weitere Person ermöglicht (Ha VersR **84** 1051). Die Probefahrt eines Fachmanns, dem der Wagen zum Ausbessern oder zur Wartung übergeben wird, entspricht dem mutmaßlichen Willen des Halters (BGH VersR **67** 659, **62** 58). Verbotswidrige Fahrt des Werkstattlehrlings ist Schwarzfahrt; der Halter haftet nicht; überlassen hat er den Wagen nur dem Besitzer der Werkstatt (OLG Königsberg HRR **42** Nr. 306).

59 **Der Begriff des berechtigten Fahrers** nach § 2 KfzPflVV, § 10 AKB 2007 (= Nr. A. 1 AKB 08) (dazu BGH VersR **62** 58, Ha VersR **65** 370, KG VersR **62** 270; *Halm/Kreuter/Schwab* AKB Rn. 64 ff.) ist derselbe wie in III S. 2.

60 **13. Beweislast in den Fällen des III; Verfahren.** Die Beweislast für die Schwarzfahrt hat der Halter (Ol VRS **56** 98, Fra VRS **70** 324). Für einen Sachverhalt, der auf Schuld des Halters schließen lässt, ist der Verletzte beweispflichtig; der Entlastungsbeweis für genügende Sorgfalt obliegt dem Halter (RGZ **119** 58, **135** 149, Jn DAR **04** 144, Fra VRS **70** 324, Kar NZV **92** 485). Ein etwaiges Auswahlverschulden des Halters ist als Verschulden nach III S. 1 vom Geschädigten zu beweisen; insoweit gilt nicht § 831 BGB (Jn DAR **04** 144). Wurde die Schwarzfahrt durch im verschlossenen Wagen verbliebene Schlüssel ermöglicht, so spricht der erste Anschein für Zurücklassen der Schlüssel durch den Halter (BGH NJW **81** 113).

61 **14. Haftungsausschluss bei Arbeits- und Dienstunfällen.** Bei Arbeitsunfällen sind die – verfassungsrechtlich unbedenklichen (BGH NJW **09** 2956, VersR **12** 714) – Haftungsbeschränkungen der §§ 104–106 SGBVII (§§ 636, 637 RVO aF), zugunsten des Unternehmers und anderer im Betrieb tätiger Personen zu beachten. Sie überlagern das Haftungsrecht nach dem StVG (hierzu BAG ZfS **04** 555) ebenso wie das deliktische Haftungsrecht einschließlich Amtshaftung (BGH NZV **08** 289; zusammenfassend *Wellner* NJW-Spezial **09** 402; *Lemcke* Müller-F S. 95, *Marburger* NZV **13** 475, s. auch *Marburger* zur Berücksichtigung des Mitverschuldens in NZV **14** 342).

a) Nach § 636 RVO, der für **Schadensereignisse bis zum 31.12.96** weiterhin Anwendung **62** fand, haftete der Unternehmer den in seinem Betrieb tätigen Versicherten und deren Angehörigen und Hinterbliebenen für Personenschaden durch Arbeitsunfall nur bei Vorsatz (§ 276 BGB) oder bei Arbeitsunfällen bei der *Teilnahme am allgemeinen Verkehr,* bei der der Geschädigte jedem anderen VT gleichsteht (BGH VersR **88** 391; NZV **92** 112). Nach der hierzu ergangenen Rspr, die für bis zum 31.12.96 erlittene Schäden bedeutsam blieb (und deren Kriterien auch für die neue Rechtslage herangezogen werden können, s. u.), entschied darüber nicht eine rein räumliche Beurteilung, sondern der Zusammenhang des Unfalls mit Betrieb und Berufstätigkeit (BGH VRS **45** 258, VersR **88** 391; NZV **92** 112, NJW **04** 949, DAR **04** 342, Ko NZV **06** 578; Einzelheiten: 36. Aufl).

b) Für Unfälle ab dem 1.1.97 ist der Haftungsausschluss nach §§ 104, 105 SGB VII gegen- **63** über dem Unternehmer und anderen im Betrieb tätigen Personen für Personenschäden bei Arbeitsunfällen *(Betriebswegeunfällen)* iS von § 8 I S. 1 SGB VII an die Stelle der §§ 636, 637 RVO getreten. Wie nach alter Rechtslage entfällt er bei (zumindest bedingtem) *Vorsatz,* der sich auf den Schaden erstrecken muss (BGH VersR **12** 714, NZV **03** 276, BAG VersR **03** 740). Er entfällt ferner, wenn es sich bei dem Versicherungsfall um einen *Wegeunfall* iS von § 8 II Nr. 1–4 SGB VII handelt (dazu Rn. 64). Das überkommene Kriterium der Teilnahme am allgemeinen V (Rn. 62) ist durch dieses Erfordernis ersetzt. Zu Arbeits- und Wegeunfällen aus sozialversicherungsrechtlicher Sicht *Marburger* NZV **12** 159; *Dahm* NZV **16** 113.

aa) Wegeunfall – Betriebswegeunfall. Kein Haftungsausschluss nach §§ 104, 105 SGB VII **64** bei **Wegeunfall** nach § 8 II Nr. 1–4 SGB VII. In diesem Fall erfolgt nach § 104 I S. 2 SGB VII, auch iVm § 105 I S. 3 und § 106 SGB VII, auch kein Anspruchsübergang nach § 116 SGB X. Die Ausnahme von der Haftungsbeschränkung für Wegeunfälle beruht auf dem Umstand, dass betriebliche Risiken insoweit keine Rolle spielen (BGH NZV **01** 74, NJW **04** 949, BAG NJW **05** 1439, ZfS **04** 555, Brn VRS **106** 6; Übersicht bei *Engelbrecht* DAR **17** 617). Etwaige weitergehende Ansprüche des Versicherten, namentlich Schmerzensgeld, sollen ihm nicht abgeschnitten werden (BGH NZV **01** 74). Zu unterscheiden ist also zwischen den nach § 8 II Nr. 1–4 SGB VII versicherten Wegen (kein Haftungsprivileg und auch kein Anspruchsübergang) und den Betriebswegen, die Teil der gem. § 8 I S. 1 SGB VII versicherten Tätigkeit sind (Haftungsprivileg und Anspruchsübergang; BGH NZV **01** 74, krit *Ricke* VersR **03** 542, NJW **04** 949, DAR **06** 201). Zur Abgrenzung können die Grundsätze der Rspr. zur Teilnahme am allgemeinen V nach §§ 636, 637 RVO (aF) herangezogen werden (Rn. 62; 36. Aufl). Um einen in die Haftungsbeschränkung einbezogenen **Betriebsweg** handelt es sich danach, wenn die Fahrt als integrierter Bestandteil der Organisation des Betriebs in diesen eingegliedert war wie zB der sog WerkV (BGH NZV **01** 74, BAG ZfS **04** 555; Dr NZV **09** 87 m Bspr *Dahm* NZV **09** 70). Dass mit der Fahrt die Förderung betrieblicher Interessen verbunden ist, soll allein nicht ausreichen, um sie als Betriebsweg zu qualifizieren; erforderlich soll vielmehr sein, dass sie als Bestandteil des innerbetrieblichen Organisations- und Funktionsbereichs erscheint und dass sie Ausdruck der betrieblichen Verbindung zwischen dem Geschädigten und dem Unternehmen ist, derentwegen das Haftungsprivileg nach § 105 SGB VII besteht (BGH NJW **04** 949, DAR **04** 342; hiergegen mit guten Gründen *Ricke* NZV **14** 200; **19** 506; s. auch BSG NZV **12** 274 (nicht beim Abholen des Motorrads und Fahrt nach Hause, um von dort zur Arbeit zu fahren); Dr NZV **14** 125 (gegeben bei „Sammeltransport" in betriebseigenem Kfz unter Kostenübernahme durch den Arb-Geber, auch wenn die allein fahrenden beiden Arbeitnehmer das Kfz abwechselnd selbst steuern); ähnlich Nau VRS **129** 193; Brn r+s **17** 555 (auch bei Benutzung eines Mietwagens); s. auch Ha NJW **18** 167 m Ausführungen zur gestörten Gesamtschuld). Hingegen ist für die Einordnung als Betriebsweg letztlich nicht entscheidend, ob die Örtlichkeit der Organisation des Arbeitgebers unterliegt (BGH DAR **06** 201 mAnm *Lemcke* r+s **06** 129, *Diehl* ZfS **06** 205). Zur Abgrenzung s. auch BGH NZV **01** 74, BAG ZfS **04** 555, Brn VRS **106** 6, 9, Ce VRS **110** 105, Dü SVR **06** 266 mAnm *Lang;* Kö VersR **02** 1109, Stu ZfS **02** 431. Verlässt ein Versicherter aus unerweislichem Grund den direkten Weg zur Arbeitsstätte (zB durch Falschabbiegen nach Abfahrt von der AB), liegt trotz fortbestehender Handlungstendenz, den Weg von und zu der Arbeitsstätte zurückzulegen, kein Wegeunfall vor (BSG NJW **17** 1424). Zu Wegeunfällen von Kindern *Marburger* NZV **18** 353). **Entscheidungen des UnfallVersTr** und der Sozialgerichte über die Frage, ob ein Versicherungsfall vorliegt, über die zu erbringenden Leistungen und über die Zuständigkeit des UVTr sind nach § 108 I SGB VII *für die Zivilgerichte bindend* (BGH MDR **07**

1192, NJW **08** 2916, **09** 3235; *Dahm* NZV **11** 118). Werden diese Fragen im Zivilrechtsstreit relevant, besteht Aussetzungspflicht nach § 108 II SGB VII (dazu *Ricke* NZV **17** 559). Jedoch keine Aussetzungspflicht, wenn nicht ansatzweise erkennbar ist, dass das Haftungsprivileg besteht (Dü NZV **12** 581; NZS **15** 464; Nau NJOZ **05** 2238; *Ricke* NZV **17** 559). Der Unfall darf nach BGH NZV **08** 396 (ebenso BGH NJW **09** 3235) neben einer bindenden Zuordnung keinem anderen Unternehmer zugerechnet werden (aM *Lemcke* r+s **08** 308, *Ricke* NZV **14** 200 mwN; s. auch *Heß/Burmann* NJW-Spezial **14** 521). Zur Beteiligung eines SozVersTr nach § 12 II SGB X in den Fällen des § 118 SGB X BGH DAR **12** 142.

65 **bb) Das Haftungsprivileg für Betriebswegeunfälle** (Rn. 61; zur Abgrenzung von den Wegeunfällen Rn. 64) löst die gesetzliche Unternehmerhaftpflicht in erheblichem Umfang ab und ersetzt sie durch die Leistung des UVTr, die auf den Beitragsleistungen der Unternehmergemeinschaft beruht, auch im Verhältnis zu einem Zweitschädiger, den daher der Verunglückte insoweit nicht in Anspruch nehmen kann, als der mitverantwortliche Unternehmer ohne das Haftungsprivileg im Verhältnis zum Zweitschädiger (§§ 426, 254 BGB) haften würde (BGH NJW **73** 1648; sog. gestörte Gesamtschuld, hierzu eingehend *Lemcke* r+s **06** 52; s. auch Dü NZV **12** 581). Die Regelung betrifft nur Personenschäden und deren Vermögensfolgen (BGH NZV **01** 74, BAG ZfS **04** 555, Kö VersR **69** 153) einschließlich Schmerzensgeld iS von § 253 II BGB, § 11 S. 2 StVG (BGHZ **33** 339, BVerfG NJW **73** 502). Bei Sachschäden bleibt es bei den allgemeinen Vorschriften. Vom Haftungsausschluss nach §§ 104, 105 I SGB VII ausgenommen sind allerdings Schmerzensgeldansprüche *des Angehörigen oder Hinterbliebenen* wegen Schocks aufgrund des Unfalls bzw. der Nachricht davon; dies folgt schon daraus, dass sie nicht Versicherte iS von § 2 SGB VII sind und selbst keinen Arbeitsunfall erleiden (BGH NZV **07** 453). Anders liegt es für das Hinterbliebenengeld nach § 844 III BGB, § 10 III StVG (dort Rn. 19).

66 **Die Haftungsbeschränkung gilt** für alle Betriebswegeunfälle, also auch dann, wenn der Unternehmer das Kfz lenkt. Sie gilt außer für Ansprüche von für das Unternehmen Tätigen auch für Ansprüche von Personen, die zu den Unternehmern „in einer sonstigen die Versicherung begründenden Beziehung stehen". Dazu gehört auch der Schüler einer städtischen Förderschule, der von einem Fahrer der Stadt zur Schule transportiert wird (BGH NJW **01** 442). Zur Haftungsfreistellung von Mitschülern bei Exkursionsfahrt LG Ka NZV **06** 375, s. auch Ha NZV **04** 200. Zu den haftungsrechtlichen Konsequenzen einer „Schubserei" unter Schülern bei der Fahrt mit dem Linienbus zur Schule nach den Regeln der gestörten Gesamtschuld (s. o, Betriebswegeunfall bejaht) s. Ko NZV **06** 578 (zw; s. *Nehls* DAR **06** 690); s. auch BGH NJW **92** 2032 sowie BGH NJW **09** 681 (Schneeballschlacht an Bushaltestelle) und Ko NZV **13** 246 (Bushaltestelle). Prüfungsschema bei *Nehls* SVR **10** 125.

67 **Bei Zusammenwirken von Unternehmen** bei Unglücksfällen gelten nach § 106 III Alt 3 SGB VII für die Ersatzpflicht der für die beteiligten Unternehmen Tätigen untereinander die §§ 104 und 105 SGB VII. Die Tätigkeit der Mitwirkenden muss im faktischen Miteinander der Beteiligten aufeinander bezogen, miteinander verknüpft oder auf gegenseitige Ergänzung oder Unterstützung ausgerichtet sein (BGH NJW **01** 443; **03** 2984, **04** 947; NJW **11** 3298; NZV **13** 280, **15** 179; *Wellner* NJW-Spezial **09** 402; Übersicht bei *Möhlenkamp* VersR **16** 224). Die gleichzeitige Ausführung der Arbeiten kann ausreichen, wenn wegen räumlicher Nähe eine Verständigung über den Arbeitsablauf und konkrete Absprachen erforderlich sind (BGH NJW **02** 3334; **08** 116; *Wellner* NJW-Spezial **09** 402 mwN). Das Haftungsprivileg nach § 106 III Alt 3 SGB VII gilt auch gegenüber dem geschädigten freiwillig oder kraft Satzung versicherten Unternehmer einer gemeinsamer Betriebsstätte (BGH NJW **08** 2916; hierzu *Kampen* NJW **12** 2234), nicht aber gegenüber dem nicht versicherten Unternehmer (*Wellner* NJW-Spezial **09** 402 mwN). Keine gemeinsame Betriebsstätte zwischen Geschädigtem und Mitarbeitern des Automobilherstellers oder des von ihm beauftragten Winterdienstes, wenn ein bei einem Drittunternehmen angestellter Testfahrer vor Beginn seiner Tätigkeit auf dem Versuchsgelände des Automobilherstellers einen Glatteisunfall erleidet (BGH NZV **11** 181), falls sich die Beteiligten nicht ablaufbedingt „in die Quere kommen", auch nicht beim Mitarbeiter eines Baumarkts, der gekaufte Ware zur Verladung mit dem Käufer bereitstellt, mit dem Mitarbeiter des Käufers, der die Ware abholt (BGH NJW **11** 3298, s. auch BGH NJW **13** 2031; ähnlich Ce DAR **16** 327 mAnm *Engelbrecht*). Diente die Tätigkeit des Schädigers sowohl dem Interesse des Unfallbetriebs als auch dem seines eigenen bzw seines Stammunternehmens, kann sie dem § 105 I S. 1 SGB VII zugeordnet werden, wenn sie der Sache nach für diesen und nicht für das eigene Unternehmen geleistet wurde (BGH NJW **13** 2031). Für die Annahme einer gemeinsamen Betriebsstätte ist erforderlich, dass *in der konkreten Unfallsituation* eine Verbindung zwischen den Tätigkeiten gegeben ist (BGH NZV **12** 223, **13** 280, **15** 179). Nach Ha VersR **11** 1448 ist es allerdings nicht erforderlich, dass der

Schädiger das Zusammenwirken (schon) bemerkt hat. Haftungsfreistellung dann, wenn zwei freiwillige Feuerwehren nach gemeinsamem Einsatzplan ausrücken, um eine Unglücksstelle gemeinsam (wenn auch an verschiedenen Stellen) abzusperren; die Fahrt zum Einsatzort rechnet dabei auch dann zur betrieblichen Tätigkeit, wenn sie im Privatwagen erfolgt (BGH NZV **08** 289; s auch § 16 Rn. 17). Gemeinsame Betriebsstätte, wenn ein Anlieferungsfahrer und ein Estrichleger bei der Anlieferung des für die Estrichverlegung notwendigen Sandes zusammenwirken (Dü VRS **127** 284), gleichfalls, wenn Lkw-Fahrer und Gabelstaplerfahrer bei der Beladung des Lkw mit Papierrollen zusammenarbeiten (Schl NZV **17** 487 *(Felz)*). Zur Frage, ob eine gemeinsame Betriebsstätte besteht, gilt die Bindungswirkung nach § 108 I SGB VII nicht (BGH NZV **13** 280).

cc) Der Versicherungsschutz für eine **Hilfeleistung für die Allgemeinheit** gem. § 2 I **68** Nr. 13a SGB VII führt grds. nicht zu einem Haftungsausschluss nach § 104 SGB VII. Denn der Versicherungsschutz für Nothelfer passt mangels zu befürchtender Störung des Betriebsfriedens und mangels Finanzierung durch den Unternehmer (Rn. 64, 65) nicht zur Struktur der Unfallversicherung (BGH NJW **06** 1592, **81** 760). Hierzu rechnet etwa das Betreten der Autobahn in der Absicht, einen den StrV objektiv gefährdenden Gegenstand zu beseitigen (BSG SP **12** 195). Anders liegt es bei **Hilfeleistungen für konkrete Dritte** (zB Pannenhilfe). Hier kommt das Haftungsprivileg des § 105 SGB VII dem Dritten zugute (Dü NZV **12** 581 mAnm *Küppersbusch; Wellner* NJW-Spezial **09** 402; *Jahnke* NJW-Spezial **13** 201; krit. zur Begr *Ricke* NZV **14** 200), dies aber nicht, wenn der „Hilfeleistende" vorrangig im Eigeninteresse tätig wird (Dü NZV **15** 383; s. auch *Matz/Baumann* NJW **16** 673) oder unter Angehörigen übliche Hilfe in Frage steht (*Ricke* NZV **17** 562; **aM** OI DAR **16** 28 mkritAnm *Lemcke* r+s **15** 375 (gemeinsames Anschieben des Fz durch Ehefrau des Halters und ADAC-Pannenhelfer)).

dd) Der Rückgriff des SozVersTr gem. § 110 I SGB VII auf grob fahrlässig oder vorsätz- **69** lich handelnde haftungsprivilegierte Personen nach §§ 104 ff. SGB VII umfasst auch den fiktiven Schmerzensgeldanspruch des Geschädigten (BGH NJW **06** 3563, Kar NZV **07** 299). Ein Urteil im Prozess zwischen Schädiger und Geschädigtem entfaltet gegenüber dem SozVersTr nach Anspruchsübergang gem. § 116 SGB X keine Bindungswirkung (BGH NZV **15** 179). Für die Frage, auf wen ein Schadensersatzanspruch gemäß § 116 I SGB X übergegangen ist, kommt es darauf an, wer im Außenverhältnis zur Erbringung der jeweiligen Sozial- oder Beitragsleistung gesetzlich verpflichtet ist, nicht aber darauf, ob Ausgleichs- oder Erstattungsansprüche im Innenverhältnis bestehen (BGH VersR **20** 59). Zum Zeitpunkt des Anspruchsübergangs nach § 179 Ia S. 1 SGB IV BGH VersR **14** 1025. Für die **Verjährung** gelten nach § 113 SGB VII die allgemeinen Verjährungsregeln (§§ 195 ff. BGB) mit der Maßgabe, dass die Fristen taggenau ab der bindenden Feststellung der Leistungspflicht Anwendung finden (BGH NJW **17** 3510). Instruktiv zur Aktiv- und Passivlegitimation bei Anspruchsübergang *Luckey* DAR **15** 563. Die *Bundesagentur für Arbeit* ist kein SozVersTr iSv § 110 SGB VII und damit nicht anspruchsberechtigt (BGH NJW **18** 618).

c) Ausschlussregelungen im gleichen Sinn bestehen für **Dienstunfälle im öffentlichen** **70** **Dienst** (BGHZ **64** 201, MDR **77** 830, Ce VersR **77** 1105, Mü VersR **77** 1014). § 46 II BeamtVG steht dem Anspruchsübergang allerdings nicht entgegen (BGH NJW **13** 2351). VUnfall eines BW-Soldaten auf Truppenübungsplatz durch Schuld eines Angehörigen der territorialen Verteidigung als nicht durch „Teilnahme am allgemeinen Verkehr" eingetreten (BGH VRS **56** 171). Zum Haftungsprivileg bei Beteiligung von Arbeitnehmern aus anderen EU-Mitgliedstaaten BGH NJW **07** 1754, **09** 916.

15. Eine im (strafrechtlichen) **Adhäsionsverfahren** auf Antrag des Geschädigten gegen den **71** Beschuldigten (Schädiger) ergehende Entscheidung entfaltet keine Rechtskraft gegenüber dem Haftpflichtversicherer des Schädigers; sie bindet auch nicht das in einem Folgeprozess zur Entscheidung berufene Gericht (BGH NJW **13** 1163 mBspr *Höher/Mergner* NZV **13** 373). Eine rechtskräftige Zuerkennung von Schmerzensgeld nach unbeziffertem Klageantrag im Adhäsionsverfahren kann einer zivilrechtlichen Klage auf weiteres Schmerzensgeld entgegenstehen (BGH NZV **15** 228). Zu den begrenzten Möglichkeiten des Adhäsionsverfahrens im Verkehrsrecht *Keil/Best* DAR **13** 628.

Ausnahmen*

8 Die Vorschriften des § 7 gelten nicht,

1. wenn der Unfall durch ein Kraftfahrzeug verursacht wurde, das auf ebener Bahn mit keiner höheren Geschwindigkeit als zwanzig Kilometer in der Stunde fahren kann,

2. wenn der Verletzte bei dem Betrieb des Kraftfahrzeugs tätig war oder

3. wenn eine Sache beschädigt worden ist, die durch das Kraftfahrzeug befördert worden ist, es sei denn, dass eine beförderte Person die Sache an sich trägt oder mit sich führt.

1 **Begr** zur Neufassung durch ÄndG v. 19.7.02 (BT-Drs. 14/7752 S. 31): *§ 8 Nr. 1 StVG greift den 1. Hs. des § 8 StVG alter Fassung auf und erweitert ihn nach Einführung der Gefährdungshaftung des Anhängerhalters (§ 7 Abs. 1 Satz 2 StVG) auch auf diesen: Die Halterhaftung des § 7 StVG soll nicht nur – wie bisher – für den Halter eines Kraftfahrzeugs ausgeschlossen sein, das nicht mehr als 20 Stundenkilometer fahren kann, sondern auch für Anhänger, die von einer solchen Zugmaschine gezogen werden. Der dem Haftungsausschluss des bisherigen § 8, 1. Hs. StVG zugrunde liegende Gedanke einer geringeren Betriebsgefahr bei langsam fahrenden Kraftfahrzeugen trägt auch insoweit, als diese Kraftfahrzeuge mit einem Anhänger verbunden sind und die Haftung des Anhängerhalters in Rede steht.*
§ 8 Nr. 2 StVG greift den 2. Hs. des § 8 StVG alter Fassung auf und fasst ihn aus redaktionellen Gründen als eigenständige Ziffer.
§ 8 Nr. 3 StVG greift § 8a Abs. 1 Satz 2 StVG alter Fassung auf und modifiziert ihn vor dem Hintergrund der erweiterten Insassenhaftung des neuen § 8a StVG: Nach wie vor soll für beförderte Sachen bei deren Beschädigung grundsätzlich nicht im Rahmen der Gefährdungshaftung nach dem StVG gehaftet werden. Liegt ein Beförderungsvertrag vor, ist dieser im Falle einer Beschädigung Grundlage der Haftung. Liegt kein Beförderungsvertrag vor, kann eine Haftung aus allgemeinem Deliktsrecht in Betracht kommen (§ 16 StVG).
(BT-Drs. 14/8780 S. 22): Die Änderung des § 8 Nr. 2 StVG folgt dem Vorschlag des Bundesrates (Stellungnahme Nummer 14b, bb, S. 50), auch die bei dem Betrieb eines Anhängers Tätigen in diesen Haftungsausschluss einzubeziehen. Zur Vermeidung von Fehlinterpretationen wurde allerdings die ausdrückliche Einbeziehung der Anhänger dem unpräzisen Begriff „Fahrzeug" vorgezogen.
Die Änderung des § 8 Nr. 3 StVG folgt ebenfalls einem Vorschlag des Bundesrates (Stellungnahme Nummer 14b, cc, S. 50) … . Zur Vermeidung von Fehlinterpretationen wurde allerdings auch hier die ausdrückliche Einbeziehung der Anhänger dem unpräzisen Begriff „Fahrzeug" vorgezogen.

1a **1. Ausschluss der Gefährdungshaftung** besteht unter den Voraussetzungen des § 8, doch kann Haftung nach den §§ 823 ff. BGB oder aus Vertrag gegeben sein (§ 16 StVG). Die Haltergefährdungshaftung entfällt bei technisch besonders langsamen Kfz (Rn. 2), wenn sich der Geschädigte freiwillig in Gefahr begeben hat und deshalb keine Gefährdungshaftung am Platz ist (Rn. 3; Ko VersR **75** 1127), sowie bei Beschädigung beförderter Sachen nach Maßgabe von Nr. 3. „Verletzter" iS von § 8 Nr. 2 ist auch der Eigentümer oder Besitzer einer beschädigten Sache (BGHZ **116** 200 = NZV **92** 145). Die Voraussetzungen des § 8 hat der Halter zu beweisen (RGZ **128** 149, BGHZ **136** 69 = NZV **97** 390, KG VM **87** 56, Kö VersR **88** 194; Ba VRS **129** 281). Mit G zur Haftung bei Unfällen mit Anhängern und Gespannen im Straßenverkehr v. 10.7.2020 (BGBl. I S. 1653) sind die bisher in § 8 enthaltenen Regelungen zur Haftung beim Betrieb von **Anhängern und Gespannen** aus § 8 ausgegliedert und in den neuen § 19 (I S. 2 und 3) eingestellt worden (s. im Einzelnen dort). Die Vorschrift ist für Schadensereignisse ab dem 17.7.2020 anzuwenden (§ 65 VI).

2 **2. Langsam bewegliche Kraftfahrzeuge** sind solche, deren Bauart schnelleres Fahren als mit 20 km/h ausschließt oder bei denen Vorrichtungen das Fahren mit über 20 km/h verhindern (BGH DAR **05** 263 (zu § 8 aF); Ha NZV **14** 213). Damit unterfallen ElektrokleinstFz wie E-Scooter oder Segways (vgl. § 1 I eKFV) nicht der Haftung nach § 7 (LG Münster DAR **20** 334; für Streichung der Nr. 2 *Koch* NJW **20** 183). Beruht die geringe Geschwindigkeit nicht auf der Bauart, sondern auf technischen Vorkehrungen, so sollte nach der früheren Rspr. des BGH der Haftungsausschluss des § 8 zusätzlich von der technischen Schwierigkeit einer Beseitigung der Geschwindigkeitssperre abhängen; nur wenn es sich um eine solche Vorrichtung handelt, die auch ein geübter Monteur nicht ohne längere und schwierige Arbeit beseitigen kann, sollte § 8

* § 8 idF des G v. 10.7.2020 (BGBl. I S. 1653). Für vor dem 17.7.2020 eingetretene Schadensereignisse gilt § 8 aF in Bezug auf die Haftung für Kfz-Anhänger fort. Für spätere Ereignisse s. §§ 19, 19a.

zur Anwendung kommen (BGHZ **9** 123 = NJW **53** 899, VersR **77** 228, **85** 245; KG VM **87** 56). Diese Rspr. hat BGHZ **136** 69 = NZV **97** 390 mAnm *Brötel* NZV **97** 381 ausdrücklich aufgegeben (ebenso BGH NZV **97** 511 mAnm *Lorenz* VersR **97** 1526; Sa NZV **06** 418). Danach gilt der Haftungsausschluss des § 8 bei allen Fz, die auf Grund ihrer konstruktionsbedingten Beschaffenheit nicht schneller als 20 km/h fahren können, gleichgültig, ob dies auf ihrer Bauart beruht oder auf vom Hersteller angebrachten Vorrichtungen und Sperren. Nur diese Auslegung entspreche nämlich dem Wortlaut und Zweck der Vorschrift. Auf die Schwierigkeit einer Beseitigung solcher Sperren könne es nicht ankommen, weil solchen Fz ohne Manipulation jedenfalls nicht die typischen Risiken anhafteten, die nach der Vorstellung des GGebers das Eingreifen der Gefährdungshaftung gebieten. Die Vorschrift stellt lediglich auf die im Unfallzeitpunkt erreichbare Höchstgeschwindigkeit ab, nicht allein auf die bauartbedingte (Bay VRS **59** 390, Ko DAR **05** 683, VersR **88** 61; s. auch Ba VRS **129** 281). Die Möglichkeit einer Überschreitung um nicht mehr als 10% unter günstigsten Bedingungen ist unschädlich (LG Aachen MDR **83** 583; abl *Brötel* NZV **97** 383). Müssten erst größere Reifen mit erheblichen Kosten beschafft werden, um die mögliche Höchstgeschwindigkeit über 20 km/h hinaus zu erhöhen, so begründet dies keine Gefährdungshaftung (BGH VersR **77** 228). Entsprechendes hat nach geänderter Rspr. des BGH (s. o) bei leicht zu beseitigender Drosselung der Motordrehzahl zu gelten (anders noch BGH VersR **85** 245). Kann das Kfz ohne besondere Vorkehrung auf kürzeren Strecken 24 km/h erreichen, so ist § 8 Nr. 1 unanwendbar (Tüb DAR **52** 6 Nr. 6). Erlaubte die konkrete Beschaffenheit des Fz im Unfallzeitpunkt eine Geschwindigkeit von mehr als 20 km/h, so gilt der Haftungsausschluss des § 8 Nr. 1 nicht (Sa NZV **06** 418), gleichgültig, ob dies auf Manipulation beruht und ob der FzHalter davon Kenntnis hatte (BGH NZV **97** 390). Soweit auch parkende Fz iS von § 7 I noch in „Betrieb" sind (§ 7 Rn. 8), ist die Haftung des **Anhängerhalters** gem. Nr. 1 auch dann ausgeschlossen, wenn der Anhänger zuvor mit einem langsamen Kfz iS von Nr. 1 verbunden war, die Verbindung aber im Unfallzeitpunkt bereits gelöst war (*Huber* § 4 Rn. 121). Krit zur derzeitigen Regelung in § 8 Nr. 1 *Medicus* DAR **00** 442, *G. Müller* DAR **02** 549, *Schwab* DAR **11** 129.

3. Nr. 2 schließt Gefährdungshaftung des Halters aus, wenn der Verletzte **bei dem Betrieb 3 des Kraftfahrzeugs oder** (*bei Schadensfällen vor dem 17.7.2020, s. Rn. 1*) **Anhängers tätig** ist. Wer sich durch seine Tätigkeit freiwillig den besonderen Gefahren des Betriebs eines solchen Fz aussetzt, dem soll der erhöhte Schutz nicht zuteil werden (BGH NJW **54** 393; NZV **10** 609; Ce NZV **01** 79, Mü NZV **90** 393, Ko VersR **75** 1127). Die Vorschrift ist als Ausnahmeregelung eng auszulegen (BGH NZV **10** 609). Tätigkeit beim Betrieb eines Kfz setzt im Allgemeinen eine gewisse Dauer voraus; fehlt es daran, so muss sie in einer so nahen und unmittelbaren Beziehung zu den Triebkräften des Kfz stehen, dass der Tätige nach Art der Tätigkeit den besonderen Gefahren des Kfz-Betriebs mehr ausgesetzt ist als die Allgemeinheit (BGH NJW **54** 393; NZV **10** 609).

Der Grund der Tätigkeit ist gleichgültig (entgeltlich, unentgeltlich, vertraglich, außervertrag- **4** lich: Mü NZV **90** 393, Ko VersR **75** 188; Gefälligkeit: BGH NJW **54** 393; NZV **10** 609; Tätigkeit gegen den Willen des Halters: Dü RdK **28** 110). Nur tatsächliches Verhalten erfüllt den Begriff des Tätigwerdens, nicht schon das Veranlassen fremder Tätigkeit (BGHZ **116** 200 = NZV **92** 145, Sa VRS **99** 104). Beim Betrieb tätig sind Personen, die durch unmittelbare Beziehung ihrer Tätigkeit zu den KfzTriebkräften der typischen BG mehr als andere ausgesetzt sind (BGH NJW **54** 393, VRS **11** 248, Ko VersR **75** 188). Das gilt zB für denjenigen, der ein fahrendes Kfz unter Einsatz eigener Körperkraft anzuhalten versucht (Jn NZV **99** 331; Kö NJW-RR **20** 156). Beim Betrieb tätig ist auch der beim Ladegeschäft Tätige (Ce NZV **01** 79), soweit dieses dem Betrieb zuzurechnen ist (§ 7 Rn. 6). Beim Betrieb des Kfz wird insbesondere auch tätig, wer den KfzBetrieb unmittelbar im Bereich der typischen BG durch Anweisung und Handreichungen leitet (BGH VRS **11** 248), etwa als Einweiser in enger Werkstatt (Tatfrage; BGH NJW **54** 393; Ko VersR **75** 188). Diese Voraussetzung ist nicht erfüllt, wenn eine Sache zwar dem nicht mit dem Halter identischen FzF gehört, aber beim Betrieb keine Rolle spielte, sondern zufällig in den Gefahrenbereich des Fz geriet und dabei beschädigt wurde (*Greger* NZV **88** 108, aM *Kunschert* NZV **89** 61, **99** 517). Auch wenn der Arbeitnehmer eines fremden Betriebs nicht in den des Halters eingegliedert ist, kann er bei dem Betrieb des Kfz tätig geworden sein. Denn dazu gehört nicht Abhängigkeit von den Weisungen des Halters oder Fahrers (BGH VRS **22** 21, Stu VersR **61** 575). Nur gelegentliche Hilfeleistung wie Einwinken (Ko VersR **75** 188, 1127) oder Unfallhilfe durch FzSicherung (BGH NZV **10** 609) genügt uU nicht (Rn. 3 aE). Hingegen dürfte Anschieben hierher zu rechnen sein (Dü NZV **15** 383; Ol DAR **16** 28; *Greger/Zwickel* § 19 Rn. 11; aM Mü

NZV **90** 393) Rennbahnangestellte sind nicht beim Betrieb der RennFz tätig; § 8 Nr. 2 ist nicht ausdehnend anzuwenden (RG DJZ **33** 625), **sondern als Ausnahmevorschrift eng auszulegen** (BGHZ **116** 200 = NZV **92** 145). Nicht beim Betrieb des Kfz tätig ist, wer lediglich befördert wird (s Nr. 3, *G. Müller* VersR **95** 492), inbegriffen ist demnach grundsätzlich der Beifahrer. Jedoch soll der Beifahrer dann unter Nr. 2 fallen, wenn er dem FzF das Fz zur Verfügung stellt und Einfluss auf die Fahrstrecke nimmt (Sa OLGR Sa **09** 511; krit *Walter* SVR **16** 209). Nr. 2 ist nicht erfüllt, wenn sich ein Radf von einem Motorradfahrer freiwillig auf 30 km/h beschleunigen lässt, ohne dass er in irgendeiner Weise in den eigentlichen Betriebsvorgang des Kfz eingreift bzw. auf diesen spürbaren Einfluss nimmt (Ko r+s **19** 726; Grenzfall). Türöffnen durch einen Fahrgast auch bei Einverständnis des Fahrers rechnet nach Mü VersR **66** 987 zum Betrieb und schließt die Haftung nach den §§ 7, 18 StVG aus (zw.). Vor allem der Fahrer ist iS von § 8 Nr. 2 beim Betrieb des von ihm geführten Fz tätig (BGH VersR **89** 56, Ha NJW-RR **03** 28, NZV **97** 42, KG VRS **113** 201). Auch der Fahrschüler ist beim Betrieb des von ihm gelenkten Fz tätig (KG VM **04** 4, NZV **89** 150, HaVRS **80** 405, Sa NZV **88** 246).

5   **4. Schäden an beförderten Sachen.** Die Haftung des Halters bei Beschädigung beförderter Sachen ist gem. Nr. 3 auf die Beschädigung oder Zerstörung vom Beförderten getragener oder mitgeführter Sachen beschränkt. Der Haftungsausschluss gilt (naturgemäß) nicht für Kosten, die anlässlich eines Verkehrsunfalls entstehen, weil die beförderte Sache von der Straße beseitigt werden muss (BGH NZV **08** 83). Die Frage der Entgeltlichkeit der Beförderung spielt, abw von § 8a (alt), nach der für *Schadensereignisse nach dem 31.7.02* geltenden Vorschrift des § 8 Nr. 3 keine Rolle mehr. Für Schadensereignisse bis zum 31.7.02 ist gem. Art 229 § 8 I EGBGB § 8a (alt) anzuwenden (Schadensersatz nur bei Entgeltlichkeit und Geschäftsmäßigkeit der Personenbeförderung; dazu 36. Aufl.). Neben der Halter- und Fahrerhaftung nach §§ 7, 18 können sich Ersatzansprüche des Beförderten auch auf Vertrags- und Deliktshaftung gründen (KG VM **86** 35, VRS **113** 201), bei Beförderungsverträgen unter Beweislastverteilung gemäß § 282 BGB. Auf solche Ansprüche des Beförderten, vor allem bei Gefälligkeitsfahrt (§ 16), erstreckt sich die Regelung des § 8 Nr. 3 nicht (BGH NZV **91** 185, Dü VersR **02** 1168). Keinen Einfluss hat die Vorschrift auch auf Ansprüche eines FzInsassen gem. § 7 gegen den Halter eines anderen am Unfall beteiligten Fz, wenn die BG des Fz, in dem er befördert wurde, mitgewirkt hat (Ce NZV **96** 114; Nau NZV **09** 227; s. auch § 17 Rn. 3).

6   **4a. Beförderung** ist kein nur tatsächlicher Vorgang ohne subjektiven Anteil, sondern Aufnahme einer körperlichen Verbindung mit dem Kfz (BGH NJW **62** 1676 (Sichanvertrauen zwecks Beförderung), Ha MDR **95** 154), gerichtet auf eine Ortsveränderung mit dessen Hilfe (Ko NZV **93** 193 (Beförderung auf dem FzDach)). Der Beförderungszweck muss äußerlich erkennbar sein, und mindestens einer der Beteiligten (Halter, KfzEigentümer, Fahrer, Beförderter) muss ihn wollen (BGH NJW **62** 1676, Kar VersR **77** 1012). Dass Mitfahren im KfzAnhänger genügt, folgt nach der ab 1.8.02 geltenden Neufassung schon aus dem Wortlaut. Zum neuen Recht s. § 19. Auf Vertrag und Unfallort im oder außerhalb des öffentlichen Verkehrs kommt es nicht an. Befördert wird hiernach: der Fahrgast, der transportierte Kranke und Häftling, der unbemerkt aus eigenem Willen Mitfahrende (Ha VRS **2** 294), der beim Anfahren noch Aufspringende, sofern er sich noch am Griff festhalten kann, der unterwegs Abspringende (OGH VRS **3** 15), jeder im anfahrenden Wagen Befindliche, den der Fahrer für einen Fahrgast hält (aM Ol RdK **54** 74), der bei Fahrtantritt auf dem Beifahrersitz Schlafende, in dessen Interesse die Fahrt durchgeführt wird (Ko VRS **68** 167).

7   **Nicht befördert** wird der Führer des Fz (*Greger/Zwickel* § 19 Rn. 16, s. aber Ha MDR **95** 154 (Starten eines Krades)), der nur vorübergehend Ausgestiegene mangels körperlicher Verbindung zum Fz, der aufs Lkw-Trittbrett gesprungene PolB, den der angehaltene Fahrer beim Weiterfahren abstreifen will (BGHZ **37** 311 = NJW **62** 1676), nicht das FzPersonal, bei welchem es nicht auf zielgerichtete Ortsveränderung ankommt, sondern auf Verkehrsbedienung. Wer in einem ruhenden, gegenwärtig nicht zur Fahrt bestimmten Kfz verunglückt, weil er sich dort aufhält, wird nicht befördert.

8   **Zur Beförderung gehören** das Ein- und Aussteigen bis zu dessen vollständiger Beendigung (BGH VersR **70** 179, Ce NZV **99** 332, Fra VersR **75** 381, Kar NZV **11** 141), die Ladevorgänge vor und nach der Fahrt, der Aufenthalt im haltenden Kfz oder Anhänger, verbotenes Auf- und Abspringen beim fahrenden Fz, das Erstere, wenn es zu körperlicher Verbindung zum Fz kommt. Beim Aussteigenlassen können erschwerende Umstände, zB Anhalten bei Glatteis entfernt vom Bordstein (BGH VersR **69** 518, Fra VersR **75** 381), unfallbedingter Halt auf AB (Ce NZV **99** 332), dem Aussteigen (und damit der Beförderung) zuzurechnen sein. I Ü aber ist auch das Ver-

bleiben in unmittelbarer Nähe des Fz nach dem Aussteigen nicht mehr der Beförderung zuzurechnen (Ce NZV **99** 332). Aufenthalt von Fahrgästen unmittelbar am Fz kann bei besonderer körperlicher Nähe zur Beförderung gehören.

4b. Bei **Sachschäden,** die nicht mit Körperschaden verbunden sein müssen, beschränkt sich **9** die Haftung auf Unfallschäden an Sachen, die der Beförderte „an sich trägt", und die er vertragsgemäß „mit sich führt". An sich getragene Sachen müssen nicht unbedingt zum persönlichen Gebrauch bestimmt sein, zu ihnen gehört auch das Geschenk in der Rocktasche (str). Mitgeführt sind alle Sachen, auch Waren, welche vertragsgemäß im Fz als Gepäck oder im Gepäckanhänger oder in einem anderen Kfz befördert werden. Nach LG Erfurt NZV **13** 400 (mAnm *Huber*) deckt der Haftpflichtversicherungsschutz für „üblicherweise" mit sich geführte Sachen (AKB Nr. 1.5.5) nicht ein mitgeführtes Notebook, wohl aber ein „Handy" (zw); ebenso Sa DAR **14** 328 mablAnm *Kreuter-Lange*; anders LG Dessau-Roßlau DAR **15** 463: sämtliche persönlichen Gegenstände, die ein Lkw-Fahrer mit sich führt). Haftung nur bei Unfallschaden (plötzliches, schadensstiftendes Ereignis), nicht, wenn sie dem üblichen Transport nur nicht standhalten.

Entgeltliche Personenbeförderung, Verbot des Haftungsausschlusses

8a [1]**Im Fall einer entgeltlichen, geschäftsmäßigen Personenbeförderung darf die Verpflichtung des Halters, wegen Tötung oder Verletzung beförderter Personen Schadensersatz nach § 7 zu leisten, weder ausgeschlossen noch beschränkt werden.** [2]**Die Geschäftsmäßigkeit einer Personenbeförderung wird nicht dadurch ausgeschlossen, dass die Beförderung von einer Körperschaft oder Anstalt des öffentlichen Rechts betrieben wird.**

Begr zur Neufassung durch ÄndG v. 19.7.02 (BT-Drs. 14/7752 S. 31 f.): *Die internationale* **1** *Rechtsentwicklung geht dahin, grundsätzlich allen Fahrzeuginsassen einen Ersatz für die von ihnen erlittenen Körperschäden zu gewähren (vgl. v. Bar, Gemeineuropäisches Deliktsrecht, Band II, Rdnr. 385). Auch auf nationaler Ebene wird seit längerem gefordert, die Unterscheidung zwischen entgeltlich und unentgeltlich beförderten Insassen aufzugeben (vgl. Müller, VersR 1995, 489, 492 m.w. N.). Der Verkehrsgerichtstag 1995 hat eine entsprechende Empfehlung ausgesprochen. Ihr folgt der Entwurf und beseitigt die bestehende Haftungslücke für unentgeltlich und nicht geschäftsmäßig beförderte Mitfahrer.*

Der Neuregelung kann nicht entgegengehalten werden, dass der unentgeltlich beförderte Mitfahrer freiwillig eine Gefahr auf sich nehme und deshalb keinen Schutz verdiene. Denn den Unterschied gegenüber dem entgeltlich und geschäftsmäßig Beförderten, der gleichfalls freiwillig mitfährt, kann dieses Argument nicht erklären ... . Entscheidend ist, dass auch bei der Verletzung eines unentgeltlich und nicht geschäftsmäßig beförderten Insassen die typische Betriebsgefahr eines Kraftfahrzeugs verwirklicht, für die der diese Gefahr setzende Kraftfahrzeughalter auch haften sollte ... .

... Da entgegenstehende Vereinbarungen bereits nach § 134 BGB nichtig sind, kann § 8a Abs. 2 Satz 2 StVG in der bisher geltenden Fassung entfallen ... . An der schon jetzt bestehenden Möglichkeit, die Haftung für Sachschäden zu beschränken oder auszuschließen, ändert sich nichts.

1. Personenbeförderung. Nach der Neufassung des § 8a durch das 2. G zur Änderung **1a** schadensrechtlicher Vorschriften v. 19.7.02 (BGBl. I S. 2674) haftet der FzHalter uneingeschränkt auch für Schäden beförderter Personen, ohne dass es auf Entgeltlichkeit oder Geschäftsmäßigkeit der Beförderung ankäme (Begr). Die Gefährdungshaftung des § 7 gilt damit seither umfassend, und zwar unabhängig davon, ob sich der Geschädigte außerhalb oder innerhalb des Kfz aufgehalten hat. Für Schadensereignisse bis zum 31.7.02 ist die frühere Regelung anzuwenden (Art 229 § 8 I EGBGB). Zum Begriff der **Beförderung:** § 8 Rn. 6 ff. S. in diesem Zusammenhang auch die EU-VO über Fahrgastrechte im KOM-Verkehr v. 16.2.11 ABl EU L 242 S. 8.

2. Nicht abdingbar ist in allen Fällen entgeltlicher, geschäftsmäßiger Personenbeförderung **2** gem. § 8a die Haftung für Personenschaden und daraus folgenden Vermögensschaden. Ein diese Haftung ablehnendes Schild im Kfz hat deshalb keine rechtliche Bedeutung. Die Vorschrift verhindert, dass den Beförderten der erhöhte Schutz gemäß § 7 durch Vereinbarung oder Benutzungsordnung entzogen wird (Begr DJ **39** 1771). Entgegenstehende Vereinbarungen sind gem. § 134 BGB nichtig. Die Haftung für Sachschaden und dessen Vermögensfolgen ist auch bei entgeltlicher, geschäftsmäßiger Personenbeförderung abdingbar oder beschränkbar. Ist die Beförderung nicht entgeltlich oder nicht geschäftsmäßig, so ist die Vereinbarung eines Haftungsausschlusses auch in Bezug auf Personenschäden zulässig.

3   **3. Entgeltlich** ist die Beförderung, wenn sie der Person, die die Beförderung übernommen hat (das kann der Halter, KfzEigentümer, Fahrer, aber auch ein Dritter sein; BGHZ **114** 348 = NZV **91** 348), durch irgendeine in deren wirtschaftlichem Interesse liegende Leistung (§ 1 PBefG) abgegolten wird (Brn VRS **106** 106, 253), durch den Beförderten oder anderweit. Das Merkmal der Entgeltlichkeit ist weit auszulegen, es genügen auch mittelbare, wirtschaftlich messbare Vorteile (BGH NJW **81** 1842, NZV **91** 348), uU auch die Erwartung künftigen wirtschaftlichen Ertrags. Zugleich muss Geschäftsmäßigkeit (nicht Gewerbsmäßigkeit) vorliegen (Rn. 5). Folge: Mitnahme gegen Kostenerstattung oder Betriebskostenbeteiligung ist nicht entgeltlich, gelegentliche Mitnahme ohne Wiederholungsabsicht (Rn. 5), auch gegen Entgelt, nicht geschäftsmäßig (BGH VersR **69** 161). Wirtschaftliche Interessen müssen den eigentlichen Grund für die Beförderung bilden (BGH NJW **81** 1842). Das ist nicht der Fall bei wechselseitigen Fahrgemeinschaften (BGH NJW **81** 1842; *Köhler* NZV **11** 105; aM Kö NJW **78** 2556), ebenso wenig bei nicht kostendeckendem „Entgelt" (aM Fra VersR **78** 745, *Greger/Zwickel* § 19 Rn. 40). Jedoch genügt es für die Bejahung des Merkmals der Entgeltlichkeit, wenn der Beförderer etwa aus den durch die Beförderten erzielten Einnahmen eine Provision erhält (BGH NZV **91** 348). Die Nichtabdingbarkeit unbeschränkter Insassenhaftung setzt nicht voraus, dass das Entgelt unmittelbar dem Halter zufließt, vielmehr genügt es, dass derjenige, der die Beförderung in eigener Regie und Verantwortung übernimmt (zB mit fremdem Fz), entgeltlich und geschäftsmäßig handelt (BGH NZV **91** 348). **Beispiele für Entgeltlichkeit:** Beförderung von Handelsvertretern bei Werbefahrten in firmeneigenen Kfz (Dü NJW **61** 837), Beförderung von Kranken, zu Hotels und Flugplätzen, im Mietwagen mit Fahrer, bei Werktransport von Beschäftigten von und zur Arbeitsstelle, bei bezahlten Ausflugsfahrten auch in geschlossener Gesellschaft, gewerbsmäßige Personenbeförderung (zur Haftung im Linienbusverkehr: § 16 Rn. 5), wohl auch bei Beförderung nach vorher zugesagtem „Trinkgeld" (aM OGH VRS **3** 24).

4   **Keine Entgeltlichkeit** liegt vor bei Kostenteilung, wenn der Fahrer auch sonst gefahren wäre (BGHZ **80** 303; aM *Greger/Zwickel* § 19 Rn. 38), bei versehentlicher, unfreiwilliger Beförderung, idR auch nicht bei einem Ausflug im BetriebsFz. Der Vermieter haftet nicht, wenn der Mieter jemand aus Gefälligkeit mitnimmt (Kö VersR **69** 357). Fahrgemeinschaften: Rn. 5; *Mädrich* NJW **82** 859.

5   **4. Geschäftsmäßig** handelt, wer die entgeltliche Personenbeförderung mindestens gelegentlich wiederholen und dadurch zum wiederkehrenden Bestandteil seiner Beschäftigung machen will (BGH NJW **81** 1842, NZV **91** 348, Kö NJW **78** 2556, Ce DAR **92** 391). Wer das nicht vorhat, handelt auch bei gelegentlichen entgeltlichen Fahrten nicht geschäftsmäßig; andererseits ist schon die erste entgeltliche Fahrt bei Wiederholungsabsicht auch geschäftsmäßig (BT-Drs. II/2700; BGH VersR **69** 161). Wer als Schüler andere Schüler regelmäßig zur Schule im Kfz mitnimmt, wenn auch gegen anteilige Benzinkosten, verhält sich nicht geschäftsmäßig, weil er vor allem aus Eigeninteresse zur Schule fährt (Fra VersR **78** 745 (iÜ nicht entgeltlich, Rn. 3)). Der Fahrschulausbildungsvertrag hat keine entgeltliche, geschäftsmäßige Personenbeförderung zum Gegenstand (KG NZV **89** 150 mAnm *Kunschert;* Sa NZV **98** 246). Gewerbsmäßigkeit ist nicht Voraussetzung (BGH NJW **81** 1842), das Befördern muss deshalb nicht auf Gewinn abzielen (BT-Drs. II/2700). Geschäftsmäßig ist der Taxi-, Ausflugs- und idR der Werkverkehr mit Beschäftigten von und zur Arbeit, auch die Ausflugsfahrt der geschlossenen Gesellschaft im MietFz, die öffentlichen VMittel, Taxis, Krankenwagen.

Mitverschulden

9 **Hat bei der Entstehung des Schadens ein Verschulden des Verletzten mitgewirkt, so finden die Vorschriften des § 254 des Bürgerlichen Gesetzbuchs mit der Maßgabe Anwendung, dass im Fall der Beschädigung einer Sache das Verschulden desjenigen, welcher die tatsächliche Gewalt über die Sache ausübt, dem Verschulden des Verletzten gleichsteht.**

Übersicht

1. Mitschuld des Geschädigten. § 9 regelt gegenüber Ansprüchen aus Gefährdungshaftung **1** den Ausgleich für den Fall, dass an der Entstehung des Schadens, für den nach den §§ 7 oder 18 zu haften ist, Schuld des Verletzten mitwirkt. §§ 9, 17 StVG, § 254 BGB liegt der Gedanke der Mithaftung des Geschädigten für jeden Schaden zugrunde, bei dessen Entstehung er zurechenbar mitwirkt (BGHZ **52** 168, KG VRS **57** 6). Gleichgültig ist, ob der Schädiger aus § 7 I oder § 18 I haftet, ob er lediglich den Beweis gesteigerter Sorgfalt bzw. fehlenden Verschuldens nicht erbringt, oder ob er nach § 7 III haftet. Der Ausgleich regelt sich nach § 254 BGB, soweit nicht § 17 StVG eingreift. Soweit Halter oder (und) Führer nach den §§ 823 ff. BGB einzustehen haben, regelt sich bei Mitschuld des Verletzten der Schadensausgleich unmittelbar nach § 254 BGB, ohne die Erweiterung nach § 9, weil dies die vom Gesetzgeber gewollten Unterschiede beider Haftungssysteme verwischen würde (BGH NJW **65** 1273; **07** 3120; **13** 3235; Rn. 24). Bei Mitschuld des Verletzten am Schadenshergang (Unfall) entsteht eine Ersatzpflicht von vornherein nur in Höhe des fremden Verursachungs- und Schuldanteils, bei Verletzung der Schadensminderungspflicht wird nur dessen weitere Ausweitung schuldhaft nicht verhindert.

Literatur: *Böhmer,* Anrechnung des Mitverschuldens … als Ausfluß des Verbots widersprüchlichen Verhaltens, VersR **61** 771. *Derselbe,* Der Einfluß der üblichen Geringschätzung der Gefahr … auf die Gefährdungshaftung, MDR **63** 371. *Derselbe,* Zur Frage der Anwendung des § 278 BGB zum Nachteil eines Dritten, VersR **65** 121. *Greger,* Haftungsfragen beim Fußgängerunfall, NZV **90** 409. *Klauser,* Abwägungsgrundsätze zur Schadensverteilung bei Mitschuld und Mitverursachung, NJW **62** 369. *Derselbe,* Zum Begriff der „Umstände" iS des § 254, MDR **63** 185. *Klimke,* Muß der Leasinggeber … seine Mitverursachung des Leasingnehmers anrechnen lassen?, VersR **88** 329. *Kunschert,* Muß sich der Leasinggeber die BG seines Kfz bei einem Unfallschaden zurechnen lassen?, VersR **88** 13. *Medicus,* Zur Verantwortlichkeit des Geschädigten für seine Hilfspersonen, NJW **62** 2081. *Steffani,* Die Schadenminderungspflicht des Unfallgeschädigten bei Blechschäden, VersR **67** 922. *Theda,* Mitverschulden – Mitverursachung, DAR **86** 273.

2. Voraussetzung des § 9 ist stets, dass der Schädiger nach §§ 7 oder 18 StVG haftet. Gegen- **2** über dem Halter scheidet also die Anwendbarkeit des § 9 aus, wenn er den Entlastungsbeweis (§ 7 II) führt, ebenso bei Schwarzfahrten, für die er nach § 7 III nicht einzustehen hat (BGH VRS **4** 503, *Böhmer* MDR **65** 91, 450). Gegenüber dem Führer entfällt die Anwendbarkeit des § 9 bei Entlastung nach § 18 I (BGH VRS **7** 38). Verabredete „Unfälle" bewirken keine Gefährdungshaftung: § 7 Rn. 48.

3. Verletzter ist bei Personenschäden der körperlich und der nur mittelbar Verletzte, ein Er- **3** satzberechtigter, zB Hinterbliebene, schockgeschädigte Angehörige, bei Sachschäden der dinglich Berechtigte (Eigentümer, Nießbraucher), der Besitzer und Besitzdiener (§ 855 BGB). Verletzter ist auch, wer durch Beschädigung von Sachen unmittelbar Schaden erleidet, auch wenn er nicht Eigentümer der Sachen ist.

4. Bei Entstehung des Schadens muss Schuld des Verletzten mitgewirkt haben. Der Ver- **4** letzte muss nicht schuldhaft gerade bei dem schädigenden Ereignis (Unfall) gehandelt, er muss den Schaden aber schuldhaft mitverursacht haben (RGZ **131** 119). Regelverletzungen sind dem Geschädigten hierbei nur insoweit zuzurechnen, als der eingetretene Schaden vom **Schutzzweck** der verletzten Norm erfasst wird (Hb NZV **92** 281). Schadensersatz steht nach dem Grundgedanken des § 254 BGB nicht zu, soweit eine zusätzliche, wesentliche Schadensursache aus dem Gefahrbereich des Geschädigten stammt (*Bode* DAR **75** 86). Schuld des Verletzten kann in seinem nachfolgenden Verhalten liegen (ungenügende Behandlung, Vernachlässigung der Verletzung) oder darin, dass er eine Operation unterlässt, obwohl sie ohne besondere Gefahr und Schmerzen mit „sicherem" Erfolg durchgeführt werden könnte, oder dass er den Schaden nicht nach Kräften mindert. Die Minderungspflicht legt dem Geschädigten alle Maßnahmen auf, die nach allgemeiner Erfahrung angewandt werden, um Schaden abzuwenden oder zu verringern (BGH VersR **65** 1173). Weiteres: §§ 10, 11 StVG. Es genügt auch, wenn das schuldhafte Verhalten des Geschädigten dem schädigenden Ereignis vorausgegangen ist, sofern es die Handlungsweise des Schädigers adäquat verursachend beeinflusst hat (BGHZ **3** 46, VRS **3** 434). Sachschadensminderung: § 12 StVG.

5   **5. Verschulden des Verletzten.** Der Verletzte ist ausgleichspflichtig, wenn er unstreitig, zugestanden oder erwiesen (näher Rn. 25) zur Entstehung des Schadens schuldhaft beigetragen hat. Mitschuld besteht bei Außerachtlassung derjenigen Sorgfalt, die ein verständiger Mensch zur Vermeidung eigenen Schadens anzuwenden pflegt (BGHZ **9** 316, VersR **79** 369, Stu VRS **66** 92). Er muss die Vorschriften sinnvoll beachten und sich den gegebenen Umständen möglichst schadensverhütend anpassen (BGH VersR **79** 370). Die Teilnahme am StrV als Risiken bergendes Verhalten kann dem Geschädigten nicht als Verschulden angelastet werden, weil derartiges Verhalten sozialadäquat ist (BGH VersR **97** 122). Das gilt auch dann, wenn der Verletzte auf Grund besonderer Konstitution schadensanfällig ist (BGH VersR **97** 122, Ko VersR **87** 1225).

6   Nach hM muss sich der geschädigte Halter in erweiternder Auslegung von § 9 StVG, § 254 BGB als Insasse oder Führer eines Kfz seine **Gefährdungshaftung entgegenhalten lassen,** einerlei, ob der Schädiger für Verschulden oder nur für Gefährdung haftet (BGHZ **12** 128, **20** 259, NJW **72** 1415, VersR **81** 354, KG NZV **02** 34, Mü VersR **86** 925, Dü NZV **96** 197, VersR **83** 544, Ha VersR **95** 546; aM vor allem *Böhmer* JR **72** 57, MDR **60** 366, VersR **76** 715, **71** 504, DAR **74** 66 (keine Anrechnung der BG des geschädigten Halters auf den Schadensersatzanspruch gegen Fußgänger oder Radf)). IdR gilt hier aber nicht § 9, sondern entweder § 254 BGB oder die Sonderbestimmung des § 17. Der **schuldlose (vom Halter verschiedene) Fahrer** muss sich von dem allein aus Verschulden haftenden Schädiger die BG des von ihm gefahrenen Fz nach § 7 II aF allerdings nicht entgegenhalten lassen; eine Zurechnung kommt nur in Betracht, wenn der Fahrer seinerseits für Verschulden nach § 823 BGB oder für vermutetes Verschulden gemäß § 18 StVG haftet, weil die Anwendung des § 254 BGB stets einen haftungsbegründenden Tatbestand auf der Seite des Geschädigten voraussetzt (BGH VersR **63** 380; NJW **10** 927; 930; s. auch Rn. 17). Schuldet der Kf dem Halter des von ihm geführten Kfz wegen dessen schuldhafter Beschädigung Ersatz, so kann er ihm dessen BG nicht anrechnen (BGH NJW **72** 1415, Kar VersR **71** 1049).

7   In erster Linie ist das **ursächliche Verhalten der Beteiligten gegeneinander abzuwägen** und dabei die BG zu berücksichtigen, erst mangels vorwiegender Verursachung sind Schuldgrade zu vergleichen (BGH NJW **69** 790, NZV **98** 148; **15** 432). Vorwiegend ist der Schaden von einem der Beteiligten nur verursacht, wenn er ihn nicht nur ermöglicht, sondern durch seine Handlungsweise in wesentlich höherem Maß bewirkt hat als der andere, wobei es auf zeitliche Reihenfolge der Bedingungssetzung nicht ankommt (BGH NJW **69** 790; NZV **15** 432; Mü NZV **97** 231). Zum Zusammenwirken des mit dem KfzEigentümer nicht identischen FzF mit dem Schädiger an einem „gestellten" Unfall § 17 Rn. 4. *Nur erwiesene Verursachungsfaktoren* dürfen in die Abwägung einbezogen werden (Rn. 25; § 17 Rn. 5; BGH VersR **75** 1121); Verschuldensvermutungen bleiben außer Betracht (BGH NJW **12** 2425; Sa NZV **12** 483). Haftungseinheit: Rn. 18, 19. Schuld ist als die BG erhöhender Umstand zu berücksichtigen (ohne Entlastung nach § 831 BGB; BGH MDR **65** 878; § 17 Rn. 4, 11), ist aber nur ein Faktor der Abwägung (BGH NJW **98** 1137; NZV **09** 177). Ein vollständige Überbürdung wegen Mitschuld kommt nur ausnahmsweise in Betracht (BGH NZV **15** 432 mwN). Bei der Abwägung zwischen Schuld des Beklagten und des Verletzten darf Folgenschwere und fehlender Versicherungsschutz des Beklagten keine Rolle spielen (BGH NJW **78** 421). § 9 und § 254 BGB sind auch bei Konkurrenz von Halterhaftung (§ 7) und Haftung nach Staatshaftungsgesetzen anwendbar (RGZ **164** 341, Ol VRS **3** 337, *Böhmer* MDR **57** 657). Gegenüber vorsätzlicher Schädigung fällt leichte Fahrlässigkeit des Geschädigten idR nicht ins Gewicht. Nach BGH NZV **08** 79 (zu § 1 HaftPflG) soll *Unabwendbarkeit des Schadensereignisses* maßgebender Abwägungsfaktor sein (ebenso Kar NZV **11** 196); dem steht jedoch entgegen, dass die Frage der Unabwendbarkeit seit der Reform (s. zu § 7) nur noch im Rahmen des § 17 III beachtlich sein soll (*Greger* NZV **08** 81; s. auch Sa NZV **12** 483). Die **Abwägung obliegt dem Tatrichter;** das Revisionsgericht kann nur prüfen, ob er alle Umstände ordnungsgemäß festgestellt und verwertet und die Denkgesetze und Erfahrungssätze beachtet hat (BGH VRS **5** 81; NZV **15** 432). Lassen die feststehenden tatsächlichen Grundlagen Rechtsirrtum erkennen, so kann das Revisionsgericht die Abwägung selbst vornehmen (BGH VRS **20** 172).

8   Wer im StrV eingreift, **um Gefahr von anderen abzuwenden** und dabei zu Schaden kommt, unterliegt dem Einwand mitwirkenden Verschuldens nur mit den Beschränkungen gemäß § 680 BGB (BGH NJW **65** 1271 (Anhalten auf dunkler Str um einen anderen FzF auf fehlende rückwärtige Beleuchtung aufmerksam zu machen); Bra NZV **01** 517 (Wegschieben eines liegen gebliebenen Pkw von der AB auf der Standspur)).

Kein Ersatzanspruch, wenn das Verschulden des Geschädigten derart überwiegt, dass die **9** von dem Schädiger ausgehende Ursache völlig zurücktritt (BGH VersR **63** 438, Br VersR **81** 735, Dr NZV **97** 309, Sa DAR **13** 644). **Beispiele erhöhter und zurücktretender BG: §** 17 Rn. 16 ff. Eine durch verkehrswidrige Fahrweise **erhöhte BG** darf bei Abwägung nur so weit berücksichtigt werden, wie sie ursächlich war (BGH VRS **21** 241, VersR **61** 854).

Sachwidriges Verhalten des Verletzten aus Bestürzung ist kein Verschulden, ebenso we- **10** nig fahrlässiges Handeln aus Furcht vor Gefahr oder übergroßer Vorsicht (BGH VersR **60** 850, VRS **3** 420, Mü NZV **13** 542; s. **E** 144).

5a. Verschulden des gesetzlichen Vertreters. Mitverursachung durch Schuldunfähige **11** **und beschränkt Schuldfähige.** Mangels schuldrechtlicher Beziehungen muss ein Minderjähriger für ein Mitverschulden, zB auch eine Aufsichtspflichtverletzung seines gesetzlichen Vertreters nicht einstehen (BGHZ **1** 251, NJW **88** 2668, **82** 1149, VersR **62** 783, VRS **56** 330, Sa NJW **07** 1888, Dü VersR **77** 160, Kö VersR **82** 154, KG NZV **95** 109, *Greger/Zwickel* § 22 Rn. 35), es sei denn, das Verschulden des gesetzlichen Vertreters als Nebentäter bilde mit dem des Geschädigten eine Zurechnungseinheit (BGH NJW **78** 2392, Stu NZV **92** 185, *Greger/Zwickel* § 22 Rn. 36, *Steffen* DAR **90** 44). Das gilt auch im Rahmen des § 9 StVG. § 278 BGB ist nur anwendbar bei schuldrechtlichen Verbindlichkeiten, etwa Beförderungsvertrag, die schon vor der schädigenden Handlung bestanden haben, auch wenn der Anspruch ausschließlich auf gesetzliche Haftung (§ 7 StVG) gestützt wird (BGHZ **9** 316, **24** 327, VRS **5** 323, JZ **57** 474). Doch kann einem Kind aus Vernachlässigung der Obhutspflicht der Einwand mitwirkenden Verschuldens nur entgegengesetzt werden, wenn die Eltern in Ausübung der gesetzlichen Vertretung gehandelt haben (BGH VRS **8** 406, *Böhmer* MDR **56** 401). § 278 BGB lässt sich über das Schuldrecht hinaus nicht ausdehnen, und die Pflicht zu gegenseitiger Rücksichtnahme im Verkehr begründet keine schuldrechtlichen Verbindlichkeiten (Schl SchlHA **55** 200, *Böhmer* NJW **61** 62). Elterliche Aufsichtspflicht: § 25 StVO Rn. 32a.

Welche **Sorgfalt von einem Jugendlichen** zu fordern war, richtet sich nicht nach den für **12** Erwachsene geltenden Maßstäben, sondern danach, was ein normal entwickelter Jugendlicher gleichen Alters hätte voraussehen können (BGH NJW **70** 1038, KG VM **99** 11); maßgebend ist seine Fähigkeit, die Gefährlichkeit seines Verhaltens zu erkennen und entsprechend zu handeln (BGHZ **34** 366, Bra DAR **94** 277, Schl NZV **93** 471, *Haberstroh* VersR **00** 807 f.). Hat ein nach §§ 827, 828 BGB nicht Verantwortlicher einen Schaden mitverursacht, so ist § **829 BGB** im Rahmen des § 9 StVG entsprechend anzuwenden, doch widerspricht es dem Sinn des § 829, den nach den §§ 827, 828 BGB nicht Verantwortlichen in weiterem Umfang haften zu lassen, als unter den gleichen Umständen ein voll Verantwortlicher haften würde (BGH NJW **62** 2201, VersR **63** 873). Schadensteilung mit einem verletzten Kind analog §§ 829, 254 BGB nur, wenn die Billigkeit dies erfordert (BGH DAR **69** 241, Fra VRS **76** 97, LG Heilbronn NJW **04** 2391), was idR zu verneinen ist, wenn der Schädiger haftpflichtversichert ist (BGH NJW **73** 1795, Kar DAR **89** 25, VRS **78** 166, KG NZV **95** 109). Gegen entsprechende Anwendung des § 829 BGB zum Nachteil des geschädigten, nicht verantwortlichen Kindes *Böhmer* JR **70** 339. Zur Bedeutung des § 829 BGB nach Heraufsetzung der Deliktsfähigkeit von Kindern durch G v. 19.7.02 LG Heilbronn NJW **04** 2391, *Karczewski* VersR **01** 1074, *Diehl* DAR **07** 452, s. auch AG Wetzlar VersR **06** 1271. Die in dem **jugendlichen Alter des Verletzten** liegenden Schuldminderungsgründe können das mitursächliche Verschulden geringer erscheinen lassen (BGH NJW **04** 772, NZV **90** 227, Nü VersR **99** 1035, Hb VRS **75** 274, Dü VRS **82** 94, Bra DAR **94** 277, Kö VRS **89** 93). Die durch das 2. G zur Änderung schadensersatzrechtlicher Vorschriften vom 19.7.02 (BGBl. I S. 2674) erfolgte Neufassung des § 828 II BGB trägt der Erkenntnis Rechnung, dass Kinder frühestens **ab Vollendung des 10. Lebensjahres** physisch und psychisch in der Lage sind, den Gefahren des motorisierten StrV durch entsprechendes Verhalten zu begegnen (Begr BT-Drs. 14/7752 S. 16; zusammenfassend *Kaessmann* Müller-F S. 415, *Lang* r+s Beilage **11** 63, Zwischenbilanz und Reformforderungen bei *Huber* NZV **13** 6; s. auch *Pardey* DAR **13** 2). Nach § 828 II nF (gem. Art 229 § 8 I EGBGB anzuwenden auf Schadensereignisse nach dem 31.7.02) sind Kinder vor Vollendung des 10. Lebensjahrs für Schäden auf Grund eines Unfalls mit einem Kfz (nicht auch bei Unfällen im nicht motorisierten V; erweiternde Auslegung des § 828 II BGB für Unfälle mit Radf, Skatern usw. befürwortet von *Pardey* DAR **04** 499) nur bei vorsätzlicher Herbeiführung verantwortlich. Sie müssen sich daher auch in Bezug auf eigene Ansprüche aus Gefährdungshaftung oder deliktischer Haftung ein Mitverschulden aus fahrlässigem Verhalten nicht entgegenhalten lassen (BGH NJW **05** 354; 356, DAR **05** 150, BGHZ **24** 327, KG NZV **95** 109, *Karczewski* VersR **01** 1073, *Pardey* DAR **04** 504; zu den Auswirkungen auf § 116 SGB X *Dahm* NZV **09** 378). Im Hinblick auf § 7 I wird dies auch bei Ansprüchen aus Schäden durch Kfz-*Anhänger* zu gelten haben (*Huber* § 3 Rn. 45, aM *Lemcke* ZfS **02** 324). Nach Sinn und Zweck des durch § 828 II BGB heraufgesetzten Deliktsfähigkeitsalters gilt das Haftungsprivileg des § 828 II S. 1 BGB nur in den Fällen, in denen die spezifischen Gefahren des motorisierten V (Schnelligkeit, Komplexität, Unübersichtlichkeit der Abläufe im motorisierten StrV) zu der *typischen* Überforderung des Kinds geführt haben, was im **ruhenden V** eher (aber nicht stets, BGH NJW **05** 354; 356, DAR **05** 150; NJW **09** 3231) zu verneinen sein wird. Daher findet diese Bestimmung zumeist keine Anwendung, wenn der Schaden durch ein (in „Betrieb" befindliches; § 7 Rn. 8) ordnungsgemäß parkendes Kfz mitverursacht wurde, von dem jedenfalls idR geringere Gefahren für Kinder ausgehen als von einem Radf (BGH NJW **05** 354; 356, DAR **05** 150, LG Ko NJW **04** 858, LG Heilbronn NZV **04** 639, *Heß/Buller* ZfS **03** 220, *Lemcke* ZfS **02** 324, *Pardey* ZfS **02** 264 (s. aber u.), *Grüneberg* SVR **04** 408, *Huber* § 3 Rn. 49, aM AG Unna ZfS **04** 352 (zust *Otto*, abl *Diehl*), *Jaklin/Middendorf* VersR **04** 1104, *Pardey* DAR **04** 502, *Buschbell* SVR **06** 242, s. auch *Huber* DAR **05** 171). Anders, wenn bei am Fahrbahnrand haltendem Pkw die Türen offenstehen (BGH NZV **09** 77) oder wenn das Fz verkehrswidrig links geparkt ist (LG Sa NJW **10** 944). Dem ruhenden V nicht zuzurechnen ist ein *verkehrsbedingt* haltendes Kfz, sodass die Privilegierung hier greift (BGH NJW **07** 2113). Im Rahmen der teleologischen Reduktion ist *ein typisierender Maßstab* anzulegen. Es kommt deshalb nicht darauf an, ob sich die Überforderungssituation konkret ausgewirkt hat oder ob das Kind aus anderen Gründen nicht in der Lage war, sich verkehrsgerecht zu verhalten (BGH NJW **07** 2113 m Bspr *Diehl* DAR **07** 451, BGH NJW **08** 147 mAnm *Bernau* DAR **08** 78 („führerloses" Rollenlassen eines Fahrrads mit anschließender Kollision mit vorbeifahrendem Kfz)). Der sich darauf berufende Geschädigte hat darzulegen und zu beweisen, dass sich die typische Überforderungssituation des Kinds durch die spezifischen Gefahren des motorisierten V bei einem Unfall nicht realisiert hat (BGH NJW **09** 3231 m krit Bspr *Oechsler* NJW **09** 3185). § 828 II BGB nF ist nach der Übergangsbestimmung (Art 229 § 8 EGBGB) nur auf schädigende Ereignisse nach dem 31.7.02 anzuwenden, für „Altfälle" bleibt es demnach bei den vormals geltenden Grundsätzen (BGH NJW-RR **05** 1263, Ce r+s **04** 475 mAnm *Lemcke, Diederichsen* DAR **06** 303, abw. Schl NZV **03** 188, *Pardey* DAR **04** 505), auch hinsichtlich der Darlegungs- und Beweislast (BGH NJW-RR **05** 1263). Aus dem der Neuregelung zugrunde liegenden Gedanken ist nicht herzuleiten, dass bei **Kindern und Jugendlichen über 10 Jahren** stets die BG des Kfz zurückzutreten hätte (Kar NJW **12** 3042; LG Bielefeld NJW **04** 2245, *Grüneberg* NJW **13** 2705). Nach zutr Auffassung von Kar NJW **12** 3042 darf ein vollständiges Zurücktreten der BG vielmehr nur ausnahmsweise dann angenommen werden, wenn ein „auch altersspezifisch subjektiv besonders vorwerfbarer" Sorgfaltsverstoß des Kindes vorliegt. Auf derselben Linie nehmen Sa NZV **12** 483 Haftungsteilung bei (einfacher) Fahrlässigkeit eines 12-jährigen und Stu DAR **17** 709 ein Mitverschulden eines 12-jährigen Kindes von $^2/_3$ bei grobem Verkehrsverstoß (Überqueren der Fahrbahn hinter einem Bus zur Nachtzeit) an.

12a   **Einzelfälle (Rspr):** 11-jährige sind idR in der Lage, ihr Verhalten auf die Gefahren des StrV einzustellen (Ha ZfS **06** 17, Ol VRS **71** 174, VersR **98** 1004), erst recht 12-jährige (Bra NZV **98** 27). Erhebliches Mitverschulden eines 12-jährigen Gymnasiasten, der plötzlich verkehrswidrig **auf die Fahrbahn tritt** (Mü VersR **84** 395). Mithaftung eines achtlos auf die Fahrbahn laufenden 12-jährigen zu $^1/_2$ (Hb NZV **90** 71) und eines 11-jährigen zu $^1/_3$ gegenüber dem § 3 II a StVO (dort Rn. 29b) verletzenden Kf (Ha NZV **08** 409). Ein 11-jähriger weiß, dass er sich gefährdet, wenn er achtlos eine verkehrsreiche Straße überquert (BGH VersR **66** 831, Ha ZfS **06** 17 (60 % Mithaftung)), ebenso ein 10-jähriger (KG VRS **104** 47, VM **99** 11, Ce NZV **05** 261). Mitverursachungsanteil von $^1/_5$ bei unachtsamem Fahrbahnüberqueren durch 11-jährigen mit Rollschuhen gegenüber $^4/_5$ des mit überhöhter Geschwindigkeit fahrenden Kf (Fra VersR **84** 1093). Das Verbot, **bei Rot** die Fahrbahn zu überqueren, ist idR auch 10-jährigen geläufig (Ha VRS **68** 321 (Schadensverteilung 4 : 6 zum Nachteil des Kindes); Dü NJW-RR **18** 1039 ($^1/_3$ zulasten des Kindes)). Eine 14-jährige Gymnasiastin hat idR die erforderliche Einsicht in die Gefahren und die Verhaltenspflichten beim **Radfahren** (Mü ZfS **92** 42). $^2/_3$-Mithaftung eines 11$^1/_2$-jährigen, der mit dem Fahrrad vom Gehweg unachtsam auf die Fahrbahn fährt (Ol VersR **98** 1004), ebenso bei 12-jährigem (Ha VersR **90** 986), uU auch Alleinhaftung (Bra NZV **98** 27, Brn NZV **00** 122 (Überqueren der Fahrbahn als Radf)). Mithaftung eines 10-jährigen, der als Radf die Vorfahrt nicht beachtet (BGH NZV **97** 391). Überwiegende Schuld trifft den 12-jährigen Radf, der trotz GegenV vor diesem regelwidrig links abbiegt (Ol VRS **66**

258 (Mithaftung zu 70% gegenüber bloßer Gefährdungshaftung des entgegenkommenden Kf)). Mitwirkendes Verschulden begründet das gemeinsam mit altersgleichen Kindern erfolgende Losdrängen eines 12-jährigen Schülers gegen einen die Haltestelle anfahrenden **Bus** (BGH VersR **82** 272). Mithaftung eines $10^{1}/_{2}$-jährigen zu $^{2}/_{3}$, der an Bushaltestelle vom Gehweg auf die Fahrbahn rennt (Ba NZV **93** 268). Demgegenüber nimmt Ol DAR **04** 706 Alleinhaftung des entgegen § 3 II a StVO nicht verlangsamenden Kf an bei Kollision mit $10^{1}/_{2}$-jährigen, der von einer VInsel mit dem Rad plötzlich auf die Fahrbahn fährt. Kein Mitverschulden eines 11-jährigen bei sozialüblichen Bewegungen auf dem Gelände einer Waschanlage gegenüber mit 30 km/h fahrenden Pkw (AG Kassel NZV **16** 225).

Zurücktreten der BG gegenüber grob verkehrswidrigem Verhalten eines Kindes oder Ju- **12b** gendlichen nur, wenn dieses unter Berücksichtigung von dessen Alter auch subjektiv in besonderem Maße vorwerfbar ist (s. Rn. 12 aE; BGH NJW **04** 772; Nü VersR **06** 1513; Ha NZV **10** 464). In den nachfolgend referierten Judikaten wird dem nicht immer vollends Rechnung getragen (vgl. auch *Grüneberg* NJW **13** 2705 mwN). Zurücktreten der BG eines Pkw, der mit einem in schneller Fahrt blindlings aus einem verkehrsberuhigten Bereich kommenden 10-jährigen Radf kollidiert (Kö NZV **92** 320; s. aber Nü VersR **99** 1035), bei extremem Kurvenschneiden mit überhöhter Geschwindigkeit durch einen 12-jährigen Radfahrer (Nü VersR **06** 1513; krit *Grüneberg* NJW **13** 2705), bei Kollision mit einem wartepflichtigen 12-jährigen Radf, der unter Benutzung des Gehwegs „blind" auf die vorfahrtberechtigte Fahrbahn fährt (Bra NZV **98** 27), ebenso bei Kollision mit einem 13-jährigen Radf, der trotz Wartepflicht plötzlich losfährt (AG Nordhorn NZV **04** 465), bei Missachtung der Vorfahrt eines weniger als 50 km/h fahrenden Busses an unübersichtlicher Einmündung durch 14-jährigen Radf (LG Mü II VersR **05** 809). Kein Schadensersatzanspruch eines gerade erst 10 Jahre alt gewordenen Kindes, das unter Verstoß gegen § 25 II StVO durch eine Kolonne hindurch die Str überquert (Ha NZV **10** 464; s. auch Ce NJW-Spezial **11** 459 ($11^{1}/_{2}$-jähriger überquert Landstraße)), desgleichen hinsichtlich eines 12-jährigen Mädchens, das bei Rot eine belebte Ausfallstraße überquert, gegen den das Kind bei 50 km/h erfassenden Kf (Br VersR **81** 735; ähnlich Ce NZV **19** 311 (*Riemer*); anders Ha VRS **68** 321 bei 10-jährigem). Vollständiges Zurücktreten der BG bei unvermitteltem Betreten der Fahrbahn (§ 25 III StVO) durch eine 15-jährige aufgrund Beschäftigung mit dem Smartphone (Ko SVR **19** 220 (bei *Balke*). Kein Anspruch eines 12-jährigen, der plötzlich als Radf auf die Gegenfahrbahn fährt (Brn NZV **00** 122), oder eines 14-jährigen Radf, der trotz Stoppschilds die Vorfahrt nicht achtet (Ce VRS **107** 415, LG Ko DAR **05** 94). Andererseits reicht uU selbst grobe Vorfahrtverletzung eines 14-jährigen Rennradfahrers nicht aus, um die BG des vorfahrtberechtigten Pkw zurücktreten zu lassen (BGH NJW **04** 772). **Kinder** auf der Straße: § 25 StVO (s. auch Rn. 13 aE; elterliche Aufsichtspflicht: § 25 StVO Rn. 32a). Haftung für Hilfspersonen und Vertreter: Rn. 11, 24.

Literatur: *Buschbell,* Der Kinderunfall im StrV, SVR **06** 241. *Haberstroh,* Haftungsrisiko Kind ..., VersR **00** **12c** 806. *Heß/Buller,* Der Kinderunfall und das Schmerzensgeld nach der Änderung des Schadensrechts, ZfS **03** 218. *Jaklin/Middendorf,* Haftungsprivileg nach § 828 Abs. 2 BGB auch im ruhenden V?, VersR **04** 1104. *H-F Müller,* Privilegierung von Kindern nach der Schadensersatzrechtsreform 2002, ZfS **03** 433. *Pardey,* Aufsichts- und Schutzpflichten zur Teilnahme von Kindern am StrV, DAR **01** 1. *Ders.,* VUnfall mit Beteiligung von Kindern, ZfS **02** 264. *Ders.,* Reichweite des Haftungsprivilegs von Kindern im StrV, DAR **04** 499. *Scheffen,* Schadensersatzansprüche bei Beteiligung von Kindern und Jugendlichen an VUnfällen, VersR **87** 116. *Dies.,* Der Kinderunfall ..., DAR **91** 121.

5b. Mitschuld von verletzten Fußgängern (Inline-Skatern). Der Fußgänger darf keinen **13** anderen VT gefährden (§ 25 StVO). Vor Betreten der Fahrbahn muss er sich vergewissern, dass er keinem Fz in den Weg läuft (§ 25 StVO Rn. 33). $^{1}/_{3}$ **Mithaftung des Fußgängers,** dem FzF durch Halten das Überqueren der Fahrbahn ermöglichen wollen, der aber unachtsam aus dem Schutz der haltenden Fz heraustritt und dort von einem die haltenden Fz überholenden Kfz erfasst wird (KG VRS **62** 326, s. auch KG VM **85** 25 (50%)). Achtloses Überqueren bei Dunkelheit, ohne nach links zu sehen (BGH VersR **66** 686 ($^{3}/_{5}$ Mithaftung), **69** 750 ($^{3}/_{4}$ Mitschuld)) oder nach rechts (Dü NZV **94** 70 ($^{3}/_{4}$ Mithaftung)). $^{4}/_{5}$ Mithaftung eines Fußgängers, der nachts in dunkler Kleidung zwischen parkenden Fz auf die unbeleuchtete Fahrbahn tritt (Ha VersR **83** 643; hierzu auch BGH NJW **14** 3300). Mithaftung zu $^{1}/_{2}$ bei unachtsamem Betreten der Fahrbahn, Stehenbleiben im mittleren von 3 Fahrstreifen einer Richtungsfahrbahn und anschließendem Umkehren, nachdem sich auf dem linken Fahrstreifen ein Kfz nähert, das ein auf dem mittleren fahrendes Fz überholt hat (KG VM **82** 36), ebenso bei Fußgänger, der bei Dunkelheit mit einem Bein auf der Fahrbahn stehend auf den Pkw des Schädigers wartet und den Blick von der Fahrbahn abwendet (Brn VRS **114** 248) und bei einem Fußgänger, der sich einem einen Feld-

weg befahrenden Motorradfahrer zu Zwecken der Disziplinierung in den Weg stellt (Ko SVR
13 344 (*Balke*); zw., eher Alleinschuld des Fußgängers). Schadensteilung bei unachtsamem Über-
queren der Fahrbahn bei Dunkelheit und Verstoß des Kf gegen das Sichtfahrgebot (Ha NZV **04**
356). Mithaftung eines Kradf mit extrem hoher Beschleunigung zu ¹/₃ bei Kollision mit Rotlicht
missachtendem Fußgänger (KG VM **86** 34). Hinter grober Fahrlässigkeit des Fußgängers kann
die **KfzBG zurücktreten** (BGH VersR **63** 874, **64** 88, 1069, Ce MDR **04** 994, Dr NZV **01**
378, Kö VRS **91** 264, Mü NZV **93** 26, DAR **01** 407, Ha NZV **00** 371, **02** 325 (Rotlichtver-
stoß), KG DAR **04** 30, VRS **104** 1, **83** 98, Kar VersR **89** 302, Ba VersR **92** 1531). Alleinhaftung
bei achtlosem Hervortreten zwischen parkenden Kfz (BGH VersR **66** 877, Ba VersR **92** 1531),
zwischen im Stau wartenden Fz (Ha NZV **00** 371) oder bei unachtsamem Überqueren der
Fahrbahn, wenn dem mit zulässiger Geschwindigkeit fahrenden Kradfahrer ab Wahrnehmung
des Fußgängers nur noch 40 m bleiben (KG NZV **07** 80). Anders uU, wenn der Kf schneller als
zulässig (Ol DAR **63** 381), in einseitig gesperrter Str in verbotener Richtung (BGH VersR **64**
1066) oder unaufmerksam gefahren ist (BGH VRS **29** 241, KG VRS **69** 417). Überschreitet ein
Fußgänger in unmittelbarer Nähe einer Kreuzung mit Grün für den FahrV die Fahrbahn, so
können Halter und Fahrer von jeder Haftung frei sein (BGH VersR **61** 357, KG VRS **104** 1, Mü
VersR **60** 1003). Zurücktreten der BG: § 17 Rn. 16 ff. Zum Zurücktreten der BG bei Schädi-
gung jüngerer Kinder Rn. 12. Wird ein Fußgänger auf der Fahrbahnmitte einer breiten Straße
von links her überfahren, so kann das Verschulden des Kf so überwiegen, dass etwaige **Mit-
schuld des Fußgängers außer Betracht** bleibt (BGH VRS **19** 401, DAR **61** 13). Das Ver-
schulden des bei Grün auf einer Fußgängerfurt die Str überquerenden Fußgängers, das sich darin
erschöpft, auf einen einbiegenden Bus zu spät reagiert zu haben, fällt gegenüber dessen BG nicht
ins Gewicht (KG VM **81** 75). Keine Mithaftung des Fußgängers, der schuldhaft entgegen § 25
III S. 1 StVO die Fahrbahn 16 m neben dem Fußgängerüberweg überquert und dabei von ei-
nem alkoholbedingt fahruntüchtigen Kf unter Verletzung eines Überholverbots mit überhöhter
Geschwindigkeit angefahren wird (Ha NZV **95** 234). Kein Mitverschulden einer Mutter, die
ihrem 2-jährigen, auf eine Str rennenden Kind nachläuft, ohne auf den V zu achten, dies auch
nicht deswegen, weil sie das Kind nicht ständig an der Hand gehalten hat (Sa NJW **07** 1888, krit
Bernau DAR **07** 651, s. auch LG Kö NJW **07** 2563; zur elterlichen Aufsichtspflicht § 25 StVO
Rn. 32a). Keine Mitschuld eines Fußgängers, der sein verbotswidrig auf Gehweg geparktes Auto be-
steigen will (Kar NZV **12** 593). Zum Mitverschulden von Fußgängern s. auch § 25 StVO Rn. 53.

14 **Weitere Fallbeispiele** der Mithaftung von Fußgängern (s. auch zu neuerer Rspr. *Grüneberg*
SVR **14** 256): Fußgängerüberweg: § 26 StVO. Wer eine verkehrsreiche StadtStr nur 30 m vom
Überweg entfernt überschreitet (§ 25 StVO), ist mitschuldig (BGH NJW **58** 1630, VRS **26**
327), anders 100 m vom nächsten Überweg (BGH DAR **61** 13). Mitverschulden bei Fahrbahn-
überschreitung 20 m neben dem Überweg (Kar VersR **82** 657, Stu VRS **66** 92 (Mithaftung
zu ²/₃)). Abwägung, wenn ein Fußgänger, der **bei Dunkelheit** mit einem Fahrrad die Fahrbahn
überschreitet, von hinten angefahren wird (BGH VersR **62** 982, **63** 462). Mitschuld eines Fuß-
gängers, der bei Dunkelheit auf verengter Fahrbahn nicht genügend auf den Verkehr achtet
(BGH VersR **62** 89, Ha VRS **78** 5), eines Fußgängers, der bei Dunkelheit unmittelbar vor einem
mit Scheinwerferlicht herannahenden Kfz die Fahrbahn betritt (KG VersR **81** 263), der bei
Dunkelheit und schlechten Sichtverhältnissen (Regen) vor einem langsam (20 km/h) fahrenden
beleuchteten Fz die Fahrbahn überquert (Ko VRS **64** 250 (²/₃ Mithaftung)). Nichtreagieren
eines bei Dunkelheit vorschriftsmäßig am linken Fahrbahnrand Gehenden, obwohl Gefährdung
durch von hinten nahendes Fz erkennbar ist, kann Verschulden gegen sich selbst sein (Ha
DAR **01** 166: 30% Mithaftung; Ce DAR **84** 124: Mithaftung aber wegen hohen Verschuldens
des Kf abgelehnt), desgleichen Nichtausweichen des vorschriftsmäßig Linksgehenden vor er-
kennbar entgegenkommendem Fz bei Dunkelheit und witterungsbedingt schlechter Sicht (Ha
VersR **85** 357: Mithaftung zu ¹/₃; § 25 StVO Rn. 15). Mithaftung zu 75% einer außerorts in der
Mitte der Fahrbahn fahrenden Inline-Skaterin (Ha NJW-RR **14** 411; s. auch BGH NJW **02**
1955). Mithaftung zu 70% eines bei Dunkelheit unbeleuchtet in einer Gruppe am linken Fahr-
bahnrand gehenden Soldaten in Tarnkleidung (Ko DAR **03** 377). Ein Fußgänger, der bis an die
äußerste Bordsteinkante tritt, ist mitschuldig, wenn er nicht auf den FahrV achtet (BGH
NJW **65** 1708, VRS **29** 171, VersR **65** 816, Dü VRS **67** 1). Bei **Unfallwarnung durch Blau-
licht** oder Warndreieck kann geringe Unachtsamkeit des aufnehmenden PolB oder helfender
Personen gegenüber einem achtlosen Kf außer Betracht bleiben (BGH VersR **69** 570, Fra
NZV **89** 149).

15 Stößt einem **alkoholisierten Fußgänger** mit 2,33‰ BAK auf der Fahrbahn unter Umstän-
den, die ein Nüchterner hätte meistern können, ein Unfall zu, so spricht der **Anschein** für Mit-

ursächlichkeit der Trunkenheit (BGH DAR **56** 128), erst recht bei 3,47‰ (Ol VRS **106** 438), nach Jn NJW **18** 77 schon ab 2 ‰ unter zw. Annahme „absoluter" Verkehrsuntüchtigkeit unter vollständigem Zurücktreten der BG (dazu § 316 StGB Rn. 116). Der Anschein spricht gegen den erheblich angetrunken auf der Fahrbahn Liegenden, der schon vorher durch Torkeln aufgefallen ist, wenn nicht andere festzustellende Umstände einen anderen Ablauf ernstlich nahelegen (BGH NJW **76** 897). Liegen auf der Fahrbahn zur Nachtzeit mit über 3‰ BAK beweist **Mitschuld** des überfahrenen Fußgängers (Ol VRS **106** 438 (3,47‰)), anders nach Sa VM **71** 91 bei 25-jährigem Fußgänger mit 2,17‰. Erhebliche Mitschuld des angetrunkenen, achtlos die Fahrbahn überschreitenden Fußgängers auch bei leichter Fahrlässigkeit des Kf (Bra VersR **80** 333) oder des betrunkenen Fußgängers (BAK 2,56‰), der 1 m auf der Fahrbahn statt auf dem Gehweg geht (BGH NJW **07** 506). Mithaftung eines betrunkenen Fußgängers, der trotz vorhandenen Gehwegs in dunkler Kleidung nachts auf der Fahrbahn geht (Nü VRS **104** 200). Eine im Krankenhaus aus medizinischen Gründen vorgenommene Blutalkoholuntersuchung ist im Zivilprozess verwertbar (Nau NJW-RR **14** 918). **Zurücktreten der BG** beim Überfahren eines stark betrunkenen Fußgängers, der die Fahrbahn im Dunkeln an unerlaubter Stelle in Überwegnähe überquert und von links her ins Fz läuft (Ha VersR **71** 1177), der bei Dunkelheit in der Mitte der rechten Fahrbahnhälfte geht (Kar VersR **89** 302) oder der (BAK 2,49 ‰) beim Versuch, sich an einem langsam fahrenden Lkw abzustützen, zwischen die Räder gerät (Ha NZV **15** 537), nicht aber, falls Einhaltung der zulässigen Geschwindigkeit durch den (insoweit beweispflichtigen) Kf nicht feststeht (Nau NJW-RR **14** 918). Zurücktreten der BG des zwecks Hilfestellung für einen auf der Fahrbahn liegenden Betrunkenen auf der linken Fahrbahn Haltenden, wenn entgegenkommender Kf dem Fz ausweicht und den Betrunkenen überfährt (Jn NZV **09** 455). Hat der verunglückte Fußgänger bei etwa 2‰ BAK den Unfall grobfahrlässig verursacht, so kann die KfzBG entfallen (BGH VersR **61** 592, Ha NZV **99** 374 (1,98‰), VersR **99** 1433 (1,94‰); Jn SVR **17** 350 (*Balke*)). Nach LG Kö VersR **84** 796 (zust *Mollenkott* VersR **85** 723, abl *Greger* NZV **90** 413) soll Kf bei Kollision mit hilflos betrunkenem (§ 3 IIa StVO) Fußgänger (2,06‰) allein haften müssen (abzulehnen, weil das Gericht von Mitursächlichkeit der – verschuldeten! – Hilfsbedürftigkeit ausgeht und der Fußgänger schon durch seine bloße Verkehrsteilnahme ow handelt (§ 2 FeV, *Bursch/Jordan* VersR **85** 518); s. dagegen § 25 StVO Rn. 24, 54).

5c. Mitschuld des verletzten Radfahrers. Den Radf, der verbotswidrig den linken Rad-　**16** weg befährt, trifft bei Kollision mit Kfz ein Mitverschulden (LG Hannover DAR **88** 166), ebenso den vom Radweg (auch vom endenden) unachtsam auf die Fahrbahn fahrenden Radf (KG ZfS **02** 513, Kö VRS **96** 345). Mithaftung bei Verstoß gegen Pflicht zur Radwegbenutzung (§ 2 StVO Rn. 67). Zurücktreten der KfzBG bei Kollision eines verbotswidrig den Gehweg befahrenden Radf mit einem aus einer Ausfahrt kommenden Kf (§ 2 StVO Rn. 29), desgleichen bei einem die Busspur entgegen der Fahrtrichtung benutzenden Radf (Fra NJW **12** 3249). Trifft auch den Kf ein Verschulden, so haftet der Radf in solchen Fällen jedenfalls mit (Hb NZV **92** 281 (30%) m krit Anm *Grüneberg*). Den Radf, der unmittelbar vor einem Kraftradf vom Gehweg auf die Fahrbahn fährt, trifft so grobes Verschulden, dass die KradBG zurücktritt (BGH VersR **63** 438), ebenso bei grob verkehrswidrigem Schneiden einer Kurve (LG Meiningen ZfS **08** 496 mAnm *Diehl*). Zurücktreten der BusBG bei Überqueren der Fahrbahn durch Radf auf Fußgängerfurt bei Rot (KG VM **87** 22), gleichfalls bei grobem Vorfahrtverstoß des Radf (Ha NJW-RR **18** 410). Den Radf, der nach links abbiegt oder auf die linke Fahrbahnhälfte lenkt, ohne sich umzusehen und Zeichen zu geben, trifft der Vorwurf so groben Verschuldens, dass die BG des ihn überholenden Kfz zurücktritt (Ha NZV **91** 466 (Krad), LG Mühlhausen NZV **04** 359). Zu dichtes Vorbeifahren des Radf an haltendem Fz kann bei Unfall durch Türöffnen uU Mitschuldvorwurf begründen (§ 14 StVO Rn. 8). Mitschuld des Radf, der zwischen parkenden Fz und einem links davon haltenden Pkw durchfährt und mit der sich öffnenden rechten Tür kollidiert (Mü VersR **96** 1036). Mithaftung des Radf, der auf unbeleuchtet parkenden Lkw bei Dunkelheit auffährt (Ha NZV **90** 312 (^{1}/$_2$), Ha NZV **92** 445 (^{1}/$_3$)). ^{3}/$_4$ Mitschuld eines dunkel gekleideten Radf mit schwarzem unbeleuchtetem Rad auf unbeleuchteter LandStr, auf den ein gegen das Sichtfahrgebot verstoßender Kf von hinten auffährt (Nau VersR **13** 776). Haftungsverteilung von 70:30 zulasten des Kfz bei nächtlicher Kollision mit dem Fahrer eines unbeleuchtetem Fahrrads, wenn nicht feststeht, welcher von beiden einen Rotlichtverstoß begangen hat (Hb SVR **19** 210 (*Bachmor*)). Zur Mitschuld bei **Nichttragen eines Schutzhelms** § 21a StVO Rn. 24. Zu den Abwägungskriterien *Blumberg* NZV **94** 249 mit Übersicht über typische Haftungsquoten (s. auch *Pardey* ZfS **06** 488). Wer als **Radf betrunken** auf der Straße liegt, hat die Hauptschuld, auch wenn das Kfz nicht verlangsamt hat; 50% Mithaftung des alkoholisierten Radf, der nachts am Fahrbahnrand neben seinem unbeleuchteten Rad hockend, von einem PkwF unter Verletzung des Sichtfahrgebots angefahren wird (Ha NZV **98** 202). Das grobfahrlässige Verhalten eines stark angetrunkenen Radf, der unmittelbar vor einem Lastzug vom Fahrbahnrand aus sein Fahrrad besteigt und unter den Lastzug gerät, lässt dessen BG zurücktreten (BGH VI ZR 300/56 VersR **66** 39). Das Gleiche gilt bei Kollision eines absolut fahrunsicheren, ohne Licht fahrenden Radf, der überraschend vom Radweg auf die Fahrbahn fährt (AG Kiel VersR **92** 760) sowie in anderen Fällen grob verkehrswidrigen Wechsels vom Radweg auf die Fahrbahn (KG ZfS **02** 513). Zur Mithaftung Rad fahrender **Kinder** Rn. 12, zum Ganzen *Blumberg* NZV **94** 249.

17   **5d. Mitschuld des unfallbeteiligten Kraftfahrers.** Sind Schädiger und Verletzter Fahrer oder Halter der am Unfall beteiligten Kfz, so gilt § 17 (§ 18). § 9 kann von Bedeutung sein, wenn der Eigentümer eines beim Unfall beschädigten Kfz nicht dessen Halter ist. So muss sich der **Leasinggeber,** der idR nicht Halter ist (§ 7 Rn. 16a), ein (vom Ersatzpflichtigen zu beweisendes, *Geyer* NZV **05** 567, aM *Kunschert* VersR **88** 13) Verschulden des FzF (als die Sachherrschaft Ausübenden) anrechnen lassen (Ha NZV **95** 233, LG Nü-Fürth DAR **02** 517, LG Halle VersR **02** 1525, LG Hb VersR **88** 1302, *Kunschert* VersR **88** 13, *Geyer* NZV **05** 566, *Klimke* VersR **88** 329), nicht auch die BG (§ 7 Rn. 16a), jedoch nur gegenüber Ansprüchen aus §§ 7, 18 StVG, nicht auch gegenüber deliktischen Ansprüchen (eingehend BGH NJW **07** 3120 mzustAnm *Weber* und *Armbrüster* JZ **08** 154; BGH NJW **10** 927; 930; **17** 2352; Ha NZV **95** 233, Mü NJW-RR **20** 489). Entsprechendes gilt für die Haftung eines schuldlos handelnden Beamten beim Fahren eines DienstFz (Rn. 6; BGH NJW **10** 927; 930) und für das Verschulden eines Schwarzfahrers, ohne dass es auf schuldhaftes Ermöglichen durch den Eigentümer ankäme (Ha NZV **95** 320). I Ü gilt § 254 BGB. Alkohol, der für den Schaden nicht ursächlich war, begründet kein Mitverschulden (KG VM **85** 63, § 17 Rn. 5), genauso wenig Fahren ohne FE, wenn sich dieser Umstand nicht ausgewirkt hat (BGH NJW **07** 506). Mitverschulden bei Nichtanlegen des vorgeschriebenen **Sicherheitsgurts:** § 21a StVO Rn. 20ff., bei Nichttragen von Kradschutzhelmen sowie von Motorradschutzkleidung: § 21a StVO Rn. 23. Rspr. zum mitwirkenden Verschulden des Kf: zu § 17.

18   **6. Haftungseinheit.** Bei mehreren nebeneinander verantwortlichen Schädigern (fahrlässige Nebentäterschaft) besteht zum Geschädigten **grds. volle Haftung,** ohne dass einer der Schädiger auf den Tatbeitrag des anderen verweisen kann; Aufteilung nach § 426 I BGB lediglich im Innenverhältnis (BGH NJW **06** 896, NZV **10** 609). Anders liegt es **bei Mitschuld des Geschädigten** und gemeinsamer Inanspruchnahme; hier ist dessen Mitverantwortung zunächst gegenüber jedem der Schädiger gesondert abzuwägen (§ 254 BGB, § 17 StVG). Zusammen haben diese jedoch nicht mehr als den Betrag aufzubringen, der bei einer Gesamtschau des Unfallgeschehens dem Anteil der Verantwortung entspricht, die sie im Verhältnis zur Mitverantwortung des Geschädigten insgesamt tragen (Gesamtabwägung, BGHZ **30** 203, BGH VersR **76** 989, **64** 1053, NJW **73** 2022, **78** 2392, NJW-RR **89** 920, NJW **06** 896, Ha VersR **00** 1036, Ce NZV **90** 390, Mü VersR **96** 1036, *Greger/Zwickel* § 36 Rn. 27, *Kirchhoff* MDR **98** 377, NZV **01** 361). Die aus der Gesamtschau zu gewinnende Schadensquote ist stets zu ermitteln, wenn der Geschädigte gegen mehrere Schädiger gleichzeitig vorgeht oder wenn sich nach der Inanspruchnahme eines Schädigers die Frage stellt, was die übrigen Schädiger noch aufzubringen haben (st. Rspr.; BGH NJW **06** 896, NZV **10** 609; s. auch *Figgener* NJW-Spezial **06** 543). Fehlt es an einem Mitverschulden des Geschädigten, so besteht hingegen volle Haftung der Schädiger im Außenverhältnis (BGH NZV **10** 609).

19   Dagegen sind mehrere Ersatzpflichtige als Haftungseinheit bei der Gesamtschau mit nur *einer* Quote zu berücksichtigen, wenn das Verhalten der mehreren Schädiger sich in **ein und demselben Ursachenbeitrag** ausgewirkt hat (zB Stehenlassen unbeleuchteten Anhängers), bevor der dem Geschädigten zuzurechnende Ursachenverlauf hinzutritt und zum Schaden führt (Aufprall anderen Kfz, BGH NJW **71** 33, **96** 2023, Ha NZV **93** 28 (gleicher Mitverursachungsbeitrag von Bahn und StrBaulastträger für Schädigung durch verdeckte Blinkanlage, zust *Filthaut*), Ha NZV **94** 109 (abgelehnt bei Kettenauffahrunfall); NJW **20** 1006 mAnm *Gail* (Unaufklärbarkeit der Verursachungsbeiträge beim Erstunfall)). Die Rechtsfigur der Haftungseinheit verhindert eine ungerechtfertigte Begünstigung des Geschädigten durch doppelte Berücksichtigung im Wesentlichen identischer Verursachungsfaktoren zum Nachteil des Schädigers (BGH NZV **95** 185, **96** 2023). Das gilt vor allem bei Haftungseinheit der mehreren Schädiger aus Rechtsgründen (Haftung von Halter und FzF, BGH NJW **96** 1262, Ha NZV **99** 128, *Steffen* DAR **90** 43), ferner aber auch bei weitgehender Identität der Verursachungsbeiträge, die gewissermaßen zu *einem* Verursachungsbeitrag verschmelzen (Ha NZV **99** 128). Entsprechend können auch Geschädigter und einer von mehreren Schädigern im Verhältnis zu einem anderen Schädiger eine *Zurechnungseinheit* bilden (BGH NJW **73** 2022, **96** 2023, Ha NZV **99** 128, Kar NZV **14** 404). Krit Überblick: *Hartung* VersR **80** 797. Vorschlag für ein neues Berechnungsmodell: *Steffen* DAR **90** 41.

Literatur: *Hartung,* Anmerkungen zur Gesamtabwägung aus der Gesamtschau, VersR **80** 797. *Derselbe,* **19a** Haftungseinheit und Verantwortungsabwägung …, VersR **79** 97. *Kirchhoff,* Haftungseinheit und Gesamtschau, MDR **98** 377. *Derselbe,* Haftungsfragen bei Beteiligung Dritter am Unfall, NZV **01** 361. *Messer,* Haftungseinheit und Mitverschulden, JZ **79** 385. *Otzen,* Die Bedeutung der „Haftungs- und Zurechnungseinheiten" bei Beteiligung mehrerer Schädiger am VUnfall …, DAR **97** 348. *Steffen,* Die Verteilung des Schadens bei Beteiligung mehrerer Schädiger am VUnfall, DAR **90** 41.

Haben Schädiger und Geschädigter **dasselbe SchutzG verletzt,** so sind auch hier die bei- **20** derseitig gesetzten Schadensursachen nach § 254 BGB oder § 17 StVG abzuwägen (BGH VRS **12** 86).

7. Personenbeförderung mit Kfz. Mitschuld des Fahrgasts im öffentlichen PersonenV: § 16 **21** Rn. 5. Nach § 9 ist zu beurteilen, wer sich erkannter Gefahr bewusst aussetzt. Mitschuld des bei dem KfzBetrieb Verletzten besteht auch, wenn der Beförderte die Gefahr nach Sachlage hätte erkennen können und müssen (BGH NJW **53** 377, VersR **64** 1047, **67** 974, Ol DAR **63** 300, Kö VersR **66** 94, Ha VM **86** 21). Das gilt insbesondere auch in Bezug auf alkoholbedingte **Fahr-unsicherheit** des Fahrers (§ 16 Rn. 10 f.) sowie hinsichtlich der **Verkehrssicherheit** des Fz. Jedoch keine Mitschuld des Fahrgasts, der nicht sofortiges Anhalten verlangt, sobald er erfährt, dass die Lenkung schwer geht (Kö VersR **66** 95, näher § 16 Rn. 11). Das gilt auch für den mitfahrenden Halter (BGH VersR **67** 379, Ba VersR **85** 786).

Keine Mitschuld des verunglückten Beifahrers allein wegen üblicher **Winterglätte** (Hb **22** VersR **70** 188). Zur etwaigen Mitschuld, wenn jemand unter winterlichen Verhältnissen mit einem Fahrer mit geringer Fahrpraxis fährt, BGH NJW **65** 1075. Fahren mit einem Kf **ohne FE** macht bei Kenntnis mitschuldig (Ol VRS **4** 488, Ha VersR **93** 588, s. auch § 16 Rn. 11). Wer bemerkt, dass der Fahrer ständig VVorschriften verletzt, muss rechtzeitig abmahnen (BGH NJW **60** 1197). Keine Mitschuld jedoch bei Nichtbeanstanden hoher AB-Geschwindigkeit (Ha ZfS **99** 413 (200 km/h)). Keine Mitschuld des Soziusfahrers, der als Bluter auf Mokick mitgefahren ist (Ko VersR **87** 1225). Mitfahren mit einem einäugigen Fahrer begründet keinen Mitschuldvorwurf (BGH VersR **65** 138, zum Ganzen *Böhmer* MDR **62** 442).

Muss der Fahrgast mit **Übermüdung** (§ 2 FeV) des Fahrers rechnen, so kann er mitschuldig **23** sein (BGH VRS **7** 4). Wer mit einem sichtlich übermüdeten Fahrer fährt, wird bei schlechter Sicht mit beobachten und zu angepasster Geschwindigkeit raten müssen ($^1/_4$ Mitschuld; Dü VersR **68** 852). Keine Mitschuld, wenn konkrete Anhaltspunkte für die Übermüdung fehlten (Ko ZfS **81** 358, Dü VRS **89** 256). Pkw-Insassen müssen den Fahrer nicht auf Ermüdung hin beobachten. Besteht kein erkennbarer Anhalt für Fahrbeeinträchtigung, so muss sich ein Mitfahrer auch nach Mitternacht nicht wach halten, um den Fahrer etwa wegen Müdigkeit oder Alkohols am Einschlafen zu hindern (BGH VRS **57** 161). Wer sich fahrlässig gefährdet, weil er sich einem auf langer Fahrt erkennbar ermüdeten Fahrer anvertraut, setzt sich idR dem Vorwurf der Mitschuld aus (BGH VRS **20** 401). Mitschuld des Fahrgasts, wenn ihm bekannt war, dass der jugendliche Fahrer nach der Tagesarbeit und nur 1 Stunde Schlaf eine mehrstündige Nachtfahrt angetreten hatte (Ce VersR **62** 1110), wenn er weiß, dass der Fahrer schon 15 Stunden ununterbrochen gefahren ist (Mü ZfS **86** 1).

8. Verschulden von Hilfspersonen des Verletzten. Nach § 278, der gemäß § 254 II BGB **24** entsprechend anzuwenden ist, hat der Verletzte Verschulden seiner Hilfspersonen in gleichem Umfang zu vertreten wie eigenes, soweit die Hilfsperson bei Erfüllung einer Schuldverbindlichkeit oder eines ähnlichen Rechtsverhältnisses mitwirkt, VTeilnahme und die allgemeine VSicherungspflicht begründen kein derartiges Verhältnis zwischen Schädiger und Verletztem. Daher ist § 278 idR unanwendbar (RGZ **77** 211, **79** 312, *Böhmer* MDR **61** 1). Gesetzlicher Vertreter: Rn. 11. Die über § 254 BGB hinausgehende Bestimmung des § 9, nach der sich der Verletzte auch ein Verschulden desjenigen zurechnen lassen muss, der die **Gewalt über die beschädigte Sache** ausübt, gilt nur bei der Haftung nach StVG (Rn. 1: BGH VRS **59** 241, Ha NZV **95** 233). Soweit der Schädiger (auch) nach allgemeinen Vorschriften haftet, ist § 254 BGB unmittelbar ohne die Erweiterung im § 9 anzuwenden (BGH NJW **80** 1580). Im Rahmen der BG, die sich der Halter eines Kfz entgegenhalten lassen muss, wenn er Ersatz seines Unfallschadens nach

§ 823 I BGB verlangt, ist allerdings als ein die allgemeine BG erhöhender Umstand auch das für den Unfall mitursächliche haftungsrelevante Verhalten des Fahrers zu berücksichtigen (BGH NJW **13** 3235). **Leasing-Fz:** Rn. 17.

25   **9. Verfahrensfragen.** Im Rahmen der Abwägung ist der dem Geschädigten anzulastende Verursachungsbeitrag (§ 254 BGB) nach Grund und Gewicht vom Schädiger zu beweisen (BGHZ **54** 164, BGH VersR **65** 784, **66** 730 (Fahrerflucht), NJW **78** 421, VersR **83** 1162, Nü DAR **05** 160, NJW **14** 217; s. auch *Wellner* NJW **16** 1681). Zu berücksichtigen sind nur unstreitige, zugestandene oder bewiesene und für die Schadensentstehung ursächliche Tatsachen (BGH NJW **00** 3069, **12** 2425, **14** 217; 3300; NZV **15** 432). Nur vermutete Tatbeiträge oder die bloße Möglichkeit einer Schadensverursachung aufgrund geschaffener Gefährdungslage bleiben hingegen außer Betracht (BGH NJW **12** 2425, **14** 217; NZV **15** 432) und vermögen der beweisbelasteten Partei nicht zum Erfolg zu verhelfen (BGH NJW **14** 217 m Bspr *Mäsch* JuS **14** 268 (Mitverschulden einer alkoholisierten Fußgängerin)). Unfallursächliches Verschulden schließt fremde Mitschuld auf Grund eines Anscheinsbeweises nicht aus (BGH VRS **13** 174). Zugestandene, wenn auch zweifelhaft gebliebene Mitschuld ist bei der Ursachenabwägung zu berücksichtigen (Ce VersR **80** 482). Das Revisionsgericht prüft, ob die Mitschuldabwägung alles tatsächlich Wesentliche berücksichtigt und auf richtigen Rechtserwägungen beruht; bei verlässlicher Sachverhaltsklärung kann es selber entscheiden (BGH NJW **66** 1211; NZV **15** 432).

Umfang der Ersatzpflicht bei Tötung

10   (1) ¹Im Fall der Tötung ist der Schadensersatz durch Ersatz der Kosten einer versuchten Heilung sowie des Vermögensnachteils zu leisten, den der Getötete dadurch erlitten hat, dass während der Krankheit seine Erwerbsfähigkeit aufgehoben oder gemindert oder eine Vermehrung seiner Bedürfnisse eingetreten war. ²Der Ersatzpflichtige hat außerdem die Kosten der Beerdigung demjenigen zu ersetzen, dem die Verpflichtung obliegt, diese Kosten zu tragen.

(2) ¹Stand der Getötete zur Zeit der Verletzung zu einem Dritten in einem Verhältnis, vermöge dessen er diesem gegenüber kraft Gesetzes unterhaltspflichtig war oder unterhaltspflichtig werden konnte, und ist dem Dritten infolge der Tötung das Recht auf Unterhalt entzogen, so hat der Ersatzpflichtige dem Dritten insoweit Schadensersatz zu leisten, als der Getötete während der mutmaßlichen Dauer seines Lebens zur Gewährung des Unterhalts verpflichtet gewesen sein würde. ²Die Ersatzpflicht tritt auch dann ein, wenn der Dritte zur Zeit der Verletzung gezeugt, aber noch nicht geboren war.

(3) ¹Der Ersatzpflichtige hat dem Hinterbliebenen, der zur Zeit der Verletzung zu dem Getöteten in einem besonderen persönlichen Näheverhältnis stand, für das dem Hinterbliebenen zugefügte seelische Leid eine angemessene Entschädigung in Geld zu leisten. ²Ein besonderes persönliches Näheverhältnis wird vermutet, wenn der Hinterbliebene der Ehegatte, der Lebenspartner, ein Elternteil oder ein Kind des Getöteten war.

Übersicht

1   **1. Umfang der Gefährdungshaftung:** § 7 Rn. 1, 26–29.

2   **2. Pflicht zum Kostenersatz bei Tod.** Wird bei dem KfzBetrieb ein Mensch getötet, auch vorsätzlich (BGHZ **37** 311), so hat der nach den §§ 7, 8a, 18 StVG Haftpflichtige die in § 10 bezeichneten Schäden zu ersetzen. Ursächlichkeit: E 97 ff., § 7 Rn. 10–13.

2a. Kosten versuchter Heilung sind zu ersetzen, soweit sie angemessen, notwendig oder 3 zweckentsprechend erschienen (BGH NJW **69** 2281). Bei Sozialversicherten dürfen teurere Mittel aufgewendet werden, als Kassen sie zugestehen, vor allem wenn sie die Heilung beschleunigen können, ferner Kosten zusätzl. Lebens- und Genussmittel (Stu MDR **55** 355). Der Sozialversicherte darf sich uU privat behandeln lassen (Schl NJW **55** 1234, Stu MDR **57** 480; s. aber § 11 Rn. 4). Krankenhauskosten sind zu ersetzen, soweit zur Wiederherstellung der Gesundheit sachgerecht (BGH VersR **70** 130, **64** 237, KG MDR **73** 495, Stu MDR **57** 480, Ce VersR **62** 623). Zu den Kosten versuchter Heilung gehören ferner Reisekosten und Kosten für Ferngespräche Angehöriger, die den Verletzten aufgesucht haben (BGH VersR **61** 272, **64** 532, Ce VersR **73** 449, Dü NJW **73** 2112 (Ausland), Dü MDR **59** 37, Nü VersR **64** 176; s. auch § 11 Rn. 5).

2b. Durch Krankheit verursachte Vermögensnachteile sind zu ersetzen. Solche sind 4 nach I: Ausfälle von Einnahmen als Folge der Ausschaltung oder Verminderung der Erwerbsfähigkeit und Mehrausgaben als Folge vermehrter Bedürfnisse (s. § 11 StVG).

2c. Zu den **Beerdigungskosten** gehören alle Kosten, die durch die Beisetzung entstehen oder 5 mit ihr verbunden sind, welche Kosten außerdem, hängt von den Umständen ab. Die Beerdigungskosten sind in der den wirtschaftlichen und gesellschaftlichen Verhältnissen des Getöteten entsprechenden Höhe (§ 1968 BGB) zu erstatten (BGHZ **32** 72, Mü VersR **79** 1066, Dü VersR **62** 73, Ha NJW-RR **94** 155). Es gehören dazu Aufwendungen für Kränze, Blumen, Grabstätte, Grabstein (RGZ **139** 393, Stu VRS **7** 246, Dü VersR **95** 1195, KG VM **99** 11), erste Bepflanzung (BGH Betr **73** 2186), ortsübliche Trauermahlzeit (LG Stu ZfS **85** 166), für Traueranzeigen, Exequien, Totenzettel, Danksagungen, Telekommunikationsgebühren, Bewirtung (*Gaisbauer* VP **69** 40), Unterkunft der Trauergäste (Kö JW **38** 811), Verdienstausfall anlässlich der Beerdigung für einen Vorbereitungstag und den Tag der Beerdigung (Ha DAR **56** 217), Aufwendungen für Trauerkleidung (Tüb DAR **52** 59 Nr. 49, *Böhmer* DAR **51** 106), unter Anrechnung eines etwaigen Vorteils (Ha DAR **56** 217). IdR besteht aber keine messbare Ersparnis (Ha VersR **77** 1110, Ko ZfS **82** 7, Stu ZfS **83** 325, aM Ce ZfS **87** 229 (20%)). Keine Vorteilsausgleichung gegenüber dem Anspruch auf Ersatz der Beerdigungskosten (BGH MDR **53** 30). Zu den Beerdigungskosten gehören normalerweise nicht Reisekosten eines Angehörigen zur Beerdigung (BGHZ **32** 72, NJW **60** 910, abw KG VM **99** 11 (bei Angehörigen des türkischen Kulturkreises)). Nicht zu den Beerdigungskosten gehören unabhängig vom Todesfall gemachte Aufwendungen für Leistungen, die infolge der Teilnahme an der Beerdigung nicht in Anspruch genommen werden können (BGH NZV **89** 308; *Dunz* JR **90** 112, *Deutsch/Schramm* VersR **90** 715). Keine Beerdigungskosten sind auch die Kosten zur Erlangung des Erbscheins (Ko ZfS **82** 7). Kosten der Überführung zum Begräbnisort sind zu ersetzen (Kar NJW **54** 720), nicht aber Grabunterhaltung bis zum Tod des Erben, da die Beerdigungskosten nur die Bestattung betreffen (BGH Betr **73** 2186). Mehrkosten eines Doppel- anstelle des geschuldeten Einzelgrabs sind nicht zu ersetzen (BGHZ **61** 238 = NJW **73** 2103; Dü MDR **73** 671). Ein Doppelgrabstein steht bei getöteten Ehegatten zu (Kö VersR **76** 373). Keine Erstattung der über standesgemäße Bestattung hinausgehenden Kosten für aufwendiges Grabdenkmal (Dü VersR **95** 1195). § 10 gilt auch für Feuerbestattungskosten. **Ersatzberechtigt** ist der zur Beisetzung kraft Gesetzes oder vertraglich Verpflichtete, uU auch der Geschäftsführer ohne Auftrag (§ 683 BGB; KG VRS **57** 1, Sa VersR **64** 1257), etwa als naher Angehöriger, ohne Erbe oder Unterhaltsverpflichteter zu sein (LG Ma NZV **07** 367).

Literatur: *Theda* DAR **85** 10. *Wenker* VersR **98** 557.

3. Unterhalt des gegenüber dem Getöteten Unterhaltsberechtigten. Nach II stehen 6 Ersatzansprüche gegen den Schädiger allen Personen zu, denen der Getötete kraft Gesetzes unterhaltspflichtig war oder werden konnte. Die 2. Alternative setzt voraus, dass der gesetzliche Grund für die Unterhaltspflicht schon im Zeitpunkt der Tötung bestand; kein Anspruch daher bei Tötung des Verlobten bei unmittelbar bevorstehender Eheschließung (Rn. 18). Der stillschweigende Haftungsverzicht der Geschädigten (§ 16 StVG) gilt auch für die Ansprüche der mittelbar Geschädigten (BGH VersR **61** 846).

3a. Allgemeines. Voraussetzung für die Ansprüche mittelbar Geschädigter ist nach II, dass die 7 Haftpflichtgrundlagen nach den §§ 7–9 StVG, bei mehreren Haftpflichtigen die des § 17 vorliegen (RG JW **34** 3127). Zu vertretende Mitverursachung oder Mitschuld des Getöteten müssen sich die Hinterbliebenen anrechnen lassen (§ 846 BGB; BGH VersR **76** 343). **Unterhaltsschaden** ist der Betrag, den der Getötete nach Familienrecht hätte aufwenden müssen (BGH VersR **64** 597, **66** 588, **76** 291, **87** 1243, NJW **12** 2887, Brn VRS **101** 251, *Scheffen* VersR **90** 927). Obwohl somit eigentlich festzustellen ist, was dem Berechtigten auf eine Unterhaltsklage hätte zugesprochen werden müssen, darf der Tatrichter die Schadensrente im Wege der Schätzung prozentual (bezogen auf das für Unterhaltszwecke verfügbare Einkommen) bemessen, sofern dabei die tatsächliche Bedarfslage berücksichtigt wird (BGH VersR **87** 1243, NJW **88** 2365, Brn VRS **101** 259). Der Anspruch besteht nur für die Zeit, in der der Getötete unterhaltspflichtig gewesen wäre (BGH NZV **04** 291). Im Urteil ist der Zeitpunkt der mutmaßlichen Lebenserwartung kalendermäßig anzugeben (BGH NZV **04** 291). Ist es möglich, aber nicht überwiegend wahrscheinlich, dass der Getötete aus anderen Gründen vorzeitig gestorben oder erwerbsunfähig geworden wäre, so hat der Schädiger hierfür die Beweislast (BGH MDR **72** 769). Zu ersetzen ist, was der Getötete **gesetzlich geschuldet hat, nicht, was er gewährt hätte** (BGH NJW **12** 2887, **06** 2327, VersR **76** 291, NJW-RR **88** 1238, NZV **93** 21, Kö VRS **99** 101, Fra DAR **90** 464, Dü NZV **93** 473, *Macke* NZV **89** 249). Neben der Haushaltsführung und den dazu notwendigen Aufwendungen können dazu auch Pflege- und Betreuungsleistungen gegenüber dem kranken oder behinderten Ehegatten gehören (BGH NZV **93** 21). Ein gesetzlich geschuldeter Unterhalt gegenüber einem pflegebedürftigen Volljährigen nach § 844 II BGB kann auch bei Gewährung des Unterhalts als Naturalunterhalt nach § 1612 I S. 2, II BGB vorliegen; bei Ersatz solcher Naturalleistungen ist die Geldrente auf die Zeit zu begrenzen, in der der Getötete während der mutmaßlichen Dauer seines Lebens leistungsfähig gewesen wäre (BGH NJW **06** 2327). Auf Unterhaltsschaden der Hinterbliebenen sind deren **Erbertra̋ge** nach dem Getöteten anzurechnen, soweit sie darüber verfügen können (BGHZ **62** 126 = NJW **74** 745, VersR **61** 855, Fra DAR **90** 468), desgleichen Erträge eines Pflichtteilsanspruchs (BGH VRS **20** 1), grds. nicht dagegen der Stammwert der Erbschaft (Fra DAR **90** 467; s. auch Rn. 16). Einkünfte aus ererbtem Vermögen sind auch insoweit anrechenbar, als das Vermögen dem Unterhaltsberechtigten nicht unmittelbar, sondern über ein bei demselben Unfall verletztes, aber erst nach dem Unterhaltspflichtigen verstorbenes Kind zugefallen ist (BGH VersR **57** 256). Erhöhten Erbanfall nach dem Tod des Bruders bei demselben Unfall muss sich der Geschädigte nicht anrechnen lassen (BGH NJW **76** 747). Nur solche ererbten Vermögenswerte sind anzurechnen, die auch vor dem Tod des Unterhaltspflichtigen bereits zur Bestreitung des Unterhalts gedient haben (BGH VRS **47** 162). Für die Bemessung des Ersatzanspruchs spielt es keine Rolle, ob der vorzeitige Tod des Erblassers die erbrechtlichen Verhältnisse des mittelbar Geschädigten günstig oder ungünstig beeinflusst hat; deshalb entfällt die Anrechnung des Einkommens aus der Erbschaft auf den Anspruch nicht deshalb, weil bei längerer Lebensdauer des Erblassers der Erb- oder Pflichtteil des Betroffenen größer gewesen sein würde (BGH VRS **20** 1). Auf den Ersatzanspruch mittelbar Geschädigter nach § 844 II BGB **anrechenbar sind nur Vorteile,** die mit dem Anspruch wegen Verlusts des Rechts auf Unterhalt zusammenhängen, zB nicht Erträgnisse einer dem Unterhaltsberechtigten ausgezahlten Summe einer Lebensversicherung auf den Erlebens- oder Todesfall (Sparversicherung; BGHZ **73** 109 = NJW **79** 760). Wegfall geschuldeter Steuern als anzurechnender Vorteil: BGH NJW **70** 461. Zum Vorteilsausgleich wegen Wegfalls eigener Unterhaltspflichten des Ersatzberechtigten bei Mitverschulden des Getöteten Rn. 12, 14. Bei der Berechnung des Arbeitseinkommens, nach dessen Höhe sich die Unterhaltspflicht des Getöteten bemessen haben würde, sind die **sozialen Abgaben** vom Einkommen abzuziehen, da sie den Unterhalt vermindert haben würden. Der Haftpflichtige hat den Unterhaltsberechtigten für den Ausfall der Leistungen der Sozialversicherung zu entschädigen, die der Getötete ihnen durch versicherungspflichtige Tätigkeit verschafft haben würde (RGZ **159** 21). Ist die Ersatzrente für entgangenen Unterhalt steuerpflichtig, so ist auch die Steuer zu ersetzen (BGH NZV **98** 149), nicht aber der Wegfall des bisherigen Splittingvorteils (BGH NJW **79** 1501, VRS **57** 94). Es besteht kein allgemeiner Grundsatz, dass jede Erwerbstätigkeit mit bestimmtem Lebensalter aufhört (RGZ VkrR **35** Nr. 142, Ce RdK **53** 79, Tüb RdK **53** 46 Nr. 35). **Dauer und Höhe der Rente** sind nach dem Alter, das der Getötete voraussichtlich erreicht hätte, bzw. der Dauer seiner Erwerbsfähigkeit zu bestimmen (BGH NZV **04** 291 (Zugrundelegung des fiktiven Nettoeinkommens bei Nichtselbstständigen bis Vollendung des 65. Lebensjahres); Zw VersR **78** 356 (75 Jahre), Ce RdK **53** 79 (betr 47 Jahre alten Kraftverkehrsunternehmer)). Zu gewähren ist Witwenrente für die mutmaßliche Lebensdauer des getöteten Ehemanns (BGH VRS **14** 7, 420, VersR **57** 783, *Böhmer* DAR **51** 181). Zugrunde zu legen sind die letzten Einkommensverhältnisse des Getöteten und deren voraussichtliche Entwicklung (Stu VersR **82** 351). Dabei ist auch ein bis zum Tod aus unselbstständiger Arbeit überobligatorisch erwirtschaftetes zusätzliches Einkommen des Unterhaltsverpflichteten zu berücksichtigen, wenn angenommen werden kann, dass er dieses Einkommen ohne den Unfall weiter erzielt hätte (Ko NJW **19** 3006 mAnm *Luckey*).

8   **Der Unterhalt, zu dessen Gewährung der Getötete verpflichtet gewesen wäre,** ist für jeden Unterhaltsberechtigten unter Würdigung der gesamten Umstände zu ermitteln (RGZ **159**

21). Er wird idR die Sätze der familiengerichtlichen Rspr. (Tabellen) übersteigen (BGH VersR **87** 1243). Ob ein Unterhaltsanspruch entgangen ist, hat das Gericht nach § 287 ZPO zu entscheiden (BGH NJW **12** 2887, **06** 2327, DAR **60** 73, VRS **23** 401). Keine Ersatzpflicht bei Leistungsunfähigkeit des Getöteten (BGH DAR **60** 73). Der verlorene Unterhaltsanspruch muss beitreibbar gewesen sein (BGH NJW **74** 1373).

Beim **Unterhaltsschaden der Hinterbliebenen** kann von dem ausgegangen werden, was **9** der Erblasser für die Lebenshaltung seiner Familie tatsächlich ausgegeben hat, wenn keine Abweichung von der Höhe der Unterhaltsverpflichtung dargelegt ist (BGH VersR **62** 322). Grundsätzlich ist für die Berechnung des Unterhaltsschadens der hinterbliebenen Ehegatten und der Kinder vom *Netto*-Einkommen des Getöteten auszugehen (Brn ZfS **99** 330, VRS **101** 251, Fra DAR **90** 464), anders aber zB, soweit vom Finanzamt zurückzuerstattende Steuern für den Familienunterhalt zur Verfügung gestanden hätten (BGH DAR **90** 228). Ein Teil des Einkommens ist bei Berechnung des Unterhaltsschadens Kindergeld, das der Getötete bezogen hätte (BGH NJW **61** 1573). Hat die Ehefrau des Getöteten mitverdient, so ist bei der Berechnung der Unterhaltsansprüche der Hinterbliebenen vom Gesamteinkommen der Ehegatten auszugehen und zu berücksichtigen, dass auch die Frau mit ihrem Einkommen den Kindern unterhaltspflichtig war (Ce VersR **64** 345). Der Anspruch auf Ersatz des Unterhaltsschadens nach Tötung umfasst nicht Unterhaltsrückstände (BGH NJW **73** 1076, KG NJW **70** 476, Mü NJW **72** 586). Scheidungsabsicht ohne Klageerhebung bleibt außer Ansatz (BGH VersR **74** 700). Im Rahmen entgangenen Unterhalts sind **feste Kosten** der Haushaltsführung vom Einkommen des Getöteten zunächst abzuziehen (BGH NJW **12** 2887, Zw VersR **94** 613, Brn ZfS **99** 330, VRS **101** 254), um den für den Unterhalt zur Verfügung stehenden Teil festzustellen, und nach Abzug des für den Eigenverbrauch zu berücksichtigenden Betrags den auf die Hinterbliebenen entfallenden Unterhaltsquoten anteilig wieder hinzuzurechnen (Brn ZfS **99** 330, VRS **101** 254, *Küppersbusch* Rn. 335, *Macke* NZV **89** 250, *Scheffen* VersR **90** 931). Begriff der festen Kosten: BGH VersR **84** 79, NJW **88** 2365 mAnm *Nehls* NZV **88** 138, BGHZ **137** 237 = NZV **98** 149, BGH NJW **07** 506, **12** 2887, *Lemcke* JbVerkR **99** 143, *Schmitz-Herscheidt* VersR **03** 34). Waren Ehefrau und Kinder unterhaltsberechtigt, so sind sie teils dem Anspruch der Witwe, teils dem der Kinder zuzurechnen (BGH NJW **72** 251, **07** 506 (2:1 Elternteil – Kind)). Zu den „fixen Kosten" der Haushaltsführung gehören auch solche Kosten, deren Höhe von der Zahl der Familienmitglieder abhängig ist, wie zB Kosten für Wasserverbrauch und der Müllabfuhr sowie Ausgaben für Kranken- und Unfallversicherungen (BGH NJW-RR **87** 1235 (Berücksichtigung nach Maßgabe des fortbestehenden Bedarfs), BGHZ **137** 237 = NZV **98** 149, *Ege* DAR **88** 299) sowie Beträge zur Altersvorsorge (BGH NJW **12** 2887). Der Unterhaltsschaden des nichtehelichen Kindes erhöht sich dabei nicht dadurch, dass ihm der Anteil des überlebenden, das Kind betreuenden Elternteils an den fixen Haushaltskosten hinzugerechnet wird (BGH NJW **07** 506). Rspr. zum Unterhaltsausfallschaden der Hinterbliebenen unter Berücksichtigung des **Berufs des Getöteten:** eines Baustoffgroßhändlers: BGH VersR **63** 1055, eines TaxiF: Kö VersR **76** 373, **75** 816, eines Landwirts: BGH VRS **69** 406. Unterhaltsschaden der Hinterbliebenen eines **landwirtschaftlichen Hofeigentümers:** Reinertrag, den der Betrieb unter Leitung des Verstorbenen in den Jahren abgeworfen hätte, für die die Renten beansprucht werden (BGH VersR **61** 855). Bei Ermittlung des Unterhaltsanspruchs der **Hinterbliebenen eines Beamten** für den Fall seines Fortlebens ist von den Nettobezügen auszugehen, also das abzuziehen, was dem Verstorbenen an Lohn- und Kirchensteuer einbehalten worden wäre, andererseits hat der Schädiger die Steuern zu erstatten, die die Hinterbliebenen auf ihre Unterhaltsrente zu zahlen haben (BGH VersR **61** 213).

3b. Leibesfrucht. Nach II ist auch einem Nachkommen, der zurzeit des Todes des Erzeugers **10** noch nicht geboren war, der durch den Tod entgangene Unterhalt zu gewähren, und zwar gemäß § 13 durch Geldrente.

4. Ansprüche der Witwe des Getöteten. Der nach II Ersatzpflichtige muss der Witwe des **11** Unfallgetöteten ermöglichen, so zu leben, wie sie es zu dessen Lebzeiten beanspruchen konnte (BGH VersR **70** 183, **59** 713). Hätte dem Ehemann eine Treueprämie zugestanden, so ist sie der Witwe zu ersetzen (BGH NJW **71** 137). Einnahmen der Witwe aus dem Vermögen ihres Mannes sind anzurechnen, soweit sie auch vor dessen Tod schon zum Unterhalt gedient haben (Ha VersR **76** 999). Bei Bemessung der Ersatzrente ist vom Gesamteinkommen des Ehemanns auszugehen und zu prüfen, welche Ausgaben durch seinen Tod entfallen: Aufwendungen für persönliche Bedürfnisse des Getöteten und Steuern sind abzuziehen. Zum angemessenen Familienunterhalt gehören idR nicht Aufwendungen zur Errichtung eines Eigenheims (BGH VersR **66**

1141, **67** 259). Dazu gehört die für ein Eigenheim erbrachte Darlehenstilgung (BGH VersR **90** 317; Ha r+s **92** 413). Zinsbelastungen dienen hingegen wirtschaftlich (auch) der Finanzierung des Wohnbedarfs und sind insofern der Miete vergleichbar; sie sind daher in Höhe des Mietzinses für eine angemessene Mietwohnung als fixe Kosten zu behandeln. (BGH VersR **90** 317). Den bisherigen Wohnungsstandard muss die Geschädigte aber nicht aufgeben (Ha NZV **08** 570 (L)). Die Witwe eines Freiberuflers kann Ersatz der Rücklagen zur Unterhaltssicherung verlangen, die anzusammeln der Ehemann während seiner mutmaßlichen Lebensdauer verpflichtet gewesen wäre (BGH VRS **7** 28). Unterhaltsschaden der hinterbliebenen Land- und Gastwirtsfrau (Wegfall der Arbeitskraft des Ehemanns, Modernisierung; Stu VersR **66** 1169). Zur Berechnung des Unterhaltsschadens der Witwe BGH VersR **87** 507, Ha VersR **76** 999, NZV **08** 570 (L), Stu VersR **82** 351. **Modellrechnung** mit fiktiven Zahlen zur Ermittlung des Unterhaltsschadens der Witwe: BGH NJW **84** 979.

12   Zum Unterhalt gehören die Beträge zur Vorsorge für den Unterhalt der Witwe für die Zeit nach dem mutmaßlichen natürlichen Tod des Ehemanns, zB durch Beiträge zur Invalidenversicherung (Dü VRS **3** 329). Aufwendungen des Ehemanns für Altersversorgung als Teil des der Witwe entgangenen Unterhalts: BGH VersR **71** 717, Stu VersR **02** 1520. Zum Ersatz entgangener Dienste des Ehemannes im Haushalt: Ba VersR **77** 724. Die Witwe eines verunglückten Arbeitnehmers kann für die Zeit nach seinem mutmaßlichen Tod Ersatz dafür verlangen, dass sie infolge seines vorzeitigen Ablebens keine Witwenrente aus der Rentenversicherung erhält (BGH NJW **60** 1200). Die Witwe eines Handwerkermeisters braucht sich die Einkünfte aus der Fortführung des Betriebs nur insoweit anrechnen zu lassen, wie sie den Schadensanteil übersteigen, den sie selbst zu tragen hat (BGH VersR **62** 1063). Bei Unterhaltsrente der Witwe ist zu prüfen, ob sie auch, wenn ihr Mann am Leben geblieben wäre, von einem bestimmten Zeitpunkt ab noch erwerbstätig geblieben wäre (BGH VersR **62** 1176, Ce VersR **64** 345). **Die große Witwenrente nach § 46 SGB IV** ist sachlich kongruent mit dem Barunterhaltsschaden der Witwe und kann nach § 116 SGB X auf den SozVersTr übergegangen sein; bei quotenmäßiger Haftung gilt § 116 III SGB X (BGH NZV **10** 293; dort auch zur Beachtlichkeit einer Zusatzversorgung; hierzu auch Ha NZV **08** 570 (L)). **Hatte die Witwe aus eigenen Einkünften (zB Rente) zum gemeinsamen Unterhalt beizutragen,** so mindert sich ihr Unterhaltsschaden um den von ihr beizusteuernden Anteil, weil sie durch den Tod des Ehemannes insoweit von ihrer Pflicht zur anteiligen Bestreitung des gemeinsamen Unterhalts frei geworden ist (BGH NZV **94** 475). Die Witwe ist jedoch, wenn der Schädiger nur auf eine Quote haftet, berechtigt, aus der freiwerdenden Summe zunächst den ihr verbleibenden Schadensanteil abzudecken (BGH NJW **83** 2315, NZV **92** 313). Soweit die Witwe freiwillig, ohne dem getöteten Ehemann gegenüber dazu verpflichtet gewesen zu sein, neben ihrer Rente noch Arbeitseinkünfte erzielt, braucht sie sich diese nicht auf ihren Unterhaltsschaden anrechnen zu lassen (KG VersR **71** 966). Zur Berechnung des Unterhaltsschadens einer Witwe, deren getöteter Ehemann in ihrem Betrieb mitarbeitete: BGH NJW **84** 979. Auf die einer Witwe nach § 10 II zustehende Schadensrente darf eine ihr mit dem Tod ihres Mannes zugefallene **Unfallversicherungssumme** nicht und die **Erbschaft** nur mit den Erträgen angerechnet werden (Rn. 7); Unfallversicherungssumme und Scheidungsabsicht bleiben außer Ansatz (BGH VersR **74** 700, **69** 350). Die Versorgung durch eine später eingegangene **eheähnliche Gemeinschaft** kommt dem Schädiger nicht in gleicher Weise zugute wie im Fall der Wiederheirat (BGH NJW **84** 2520; abl *Lange* JZ **85** 90). Bei Eingehung einer eheähnlichen Lebensgemeinschaft keine Anrechnung des Wertes der nunmehr dem Partner erbrachten Haushaltsführung (BGH NJW **84** 2520; zust *Lange* JZ **85** 90, *Weber* DAR **85** 177, abl *Dunz* VersR **85** 509).

13   Ob eine **Witwe arbeiten** muss, um den Schaden zu mindern, hängt davon ab, ob ihr das nach Treu und Glauben zugemutet werden kann (BGH NJW **76** 1501, VersR **84** 938, Dü VRS **72** 81). Dabei sind Alter, Berufsausbildung, frühere Erwerbstätigkeit, Leistungsfähigkeit, Dauer der Ehe und die wirtschaftlichen und sozialen Verhältnisse zu berücksichtigen (BGH NJW **76** 1501, VersR **84** 938, Dü NZV **93** 473). Sie muss ihre soziale Stellung nicht aufgeben, um den Schädiger von Ersatzpflicht freizustellen (BGH VersR **60** 320, 159, Mü VersR **62** 649). Eine erwerbstätige junge Witwe mit Kleinkind, die während der Ehe nicht erwerbspflichtig war, braucht sich ihr Arbeitseinkommen auf den Unterhaltsanspruch wegen Tötung des Ehemanns nicht anrechnen zu lassen (BGH VersR **69** 469). Keine Minderungspflicht der 50-jährigen Bauunternehmerswitwe durch eigene Tätigkeit (BGH VersR **66** 1047) der haushaltsführenden Handwerkerwitwe mit schulpflichtigem Kind (BGH VersR **66** 977) oder während der Ausbildungszeit des Sohnes (Ha VersR **67** 87), jedoch bei möglicher Halbtagstätigkeit im erlernten Beruf nach Erreichen der 10. Klasse durch das einzige Kind (Dü VRS **72** 81). Einer jungen, ge-

sunden, kinderlosen Witwe ist idR Erwerbstätigkeit zuzumuten (BGH NJW **07** 64, Dü NZV **93** 473). Einer Witwe ist es zuzumuten, eine Tätigkeit im zuvor ausgeübten Rahmen wieder aufzunehmen, sobald die Notwendigkeit der Kinderbetreuung entfällt (Ha NZV **08** 570 (L)). Einer gesunden Frau kann im Allgemeinen zugemutet werden, Halbtagsarbeit als Buchhalterin über das 45. Lebensjahr hinaus fortzusetzen (BGH VersR **62** 1086). Einer 52-jährigen Frau ist idR Berufsarbeit zur Schadensminderung nicht mehr zuzumuten (BGH VRS **23** 401, KG VersR **71** 966; zw). Von der Witwe kann nicht verlangt werden, dass sie arbeitet und ein Geschäft aufgibt, das sie bis zur Selbstständigkeit ihres Sohnes aufrechtzuerhalten wünscht (BGH VersR **62** 1063). Die Witwe muss sich auf die Ersatzrente Einkünfte aus eigenem Erwerb insoweit anrechnen lassen, als es gegen Treu und Glauben verstieße, wenn sie es ablehnen würde, zumutbare Erwerbstätigkeit anzunehmen (BGH NJW **07** 64, VersR **76** 877); um eine Mitverschuldensquote geht es dabei nicht (BGH NJW **07** 64). Einkünfte aus der Aufnahme voller Berufstätigkeit kommen dem Schädiger nicht zugute, soweit die Tätigkeit über die Entlastung bei der Haushaltsführung infolge des Todes des Ehemannes hinausgeht (Nü NZV **97** 439).

5. Ansprüche des Witwers. Können wegen Todes der Ehefrau Ehemann und Kinder Ersatz **14** verlangen, so steht sowohl dem Ehemann als auch den Kindern Anspruch auf Ersatz entgangenen Unterhalts zu (§ 844 II BGB; BGHZ **77** 157, NJW **65** 1710, Brn VRS **101** 248). Der Ersatzanspruch wegen des Todes der Ehefrau und Mutter erwächst jedem Berechtigten gesondert, keine Gesamtgläubigerschaft (BGH VersR **73** 84, *Scheffen* VersR **90** 931, *Lemcke* JbVerkR **99** 134). Zur Berechnung der Ersatzansprüche von Witwer und Kind bei Betreuung durch eine Verwandte BGH NJW **82** 2864 (abl *Grunsky* JZ **83** 376, NJW **83** 2470, *Eckelmann ua* DAR **84** 297). Zur Schadensänderung bei Wiederheirat des geschädigten Ehemanns BGH NJW **70** 1127. Der Ersatzpflichtige muss dem Witwer die Lebensweise ermöglichen, die er zu Lebzeiten der getöteten Ehefrau beanspruchen durfte (Brn VRS **101** 251). Der Ersatzanspruch des Ehemanns wegen **entgangener Haushaltstätigkeit** stützt sich nicht auf entgangene Dienste (§ 845 BGB), sondern auf Unterhaltsbeeinträchtigung (§ 844 II BGB; BGHZ **51** 109 = NJW **69** 321, BGHZ **77** 157 = NJW **80** 2196, BGHZ **50** 304, DAR **69** 44, VersR **84** 79, BGHZ **104** 113 = NJW **88** 1783 mAnm *Schlund* JR **89** 68, Kar VersR **91** 1190, s. *Moritz* VersR **81** 1101). Der Unterhaltsschaden des Witwers entspricht dem auf ihn entfallenden Anteil an der Haushaltsführung durch die Ehefrau (BGH NJW **72** 1130). Ihm kann Schadensersatz wegen entgangener Haushaltsführung auch dann zustehen, wenn der Haushalt von beiden Ehegatten zu gleichen Teilen besorgt wurde (BGHZ **104** 113 = NJW **88** 1783 (insoweit unter Aufgabe von BGH NJW **85** 49) mAnm *Schlund* NZV **88** 62, JR **89** 68, *Macke* NZV **89** 254). Zu ersetzen sind die Kosten für selbstständige Haushaltsführung, nicht nur für ein Hausmädchen (Kar VersR **74** 393), auch wenn die Ehefrau erwerbstätig war, abgestuft nach ihrer vermutlichen Altersleistungsfähigkeit (Ha MDR **68** 839). Die Annahme einer Verpflichtung der getöteten Ehefrau zur Haushaltsführung über das 78. Lebensjahr hinaus bedarf nach KG VRS **94** 173 nachvollziehbarer näherer Darlegung. Auch freiwillige Erwerbstätigkeit der Ehefrau verpflichtet sie, zum Unterhalt beizutragen, Wegfall dieses Beitrags gehört daher zum Schaden (BGH VersR **74** 885, **84** 79). Bemessung des Unterhaltsschadens bei teilweise erwerbstätig gewesener Ehefrau: BGH NJW **72** 1716. Die **Bewertung der entgangenen Haushaltsführung** erfolgt konkret nach dem tatsächlich erforderlichen Aufwand des hinterbliebenen Ehegatten; dessen Anspruch auf Schadensersatz ist jedoch dann nicht durch die Höhe seiner tatsächlichen Aufwendungen begrenzt, wenn die damit bezahlte Ersatzkraft nur einen Teil der entgangenen Haushaltsführung erledigt (BGH VersR **86** 790). Soweit konkrete Berechnung nicht möglich ist, richtet sich der Wert der Arbeitsleistung einer Hausfrau nach allen entscheidungserheblichen Tatsachen des Einzelfalls (vergleichbare Haushaltstarifverträge; Ol NJW **77** 961). Für die Bewertung der entgangenen Unterhaltsleistung dient die Vergütung für eine Ersatzkraft als Anhaltspunkt (BGH VersR **84** 876, Kar VersR **91** 1190). Bei der Berechnung der fiktiven Kosten für eine Ersatzkraft bleiben die Arbeitgeberanteile zur Sozialversicherung außer Ansatz (BGH NJW **82** 2866; abl mit beachtlichen Gründen *Grunsky* NJW **83** 2470; *Weber* VersR **88** 993). Die in dieser Entscheidung des BGH erkennbare Tendenz zur Einschränkung fiktiver Kostenberechnung durch den BGH hat sich fortgesetzt: Wird keine Ersatzkraft eingestellt, so ist danach der Wert der Haushaltsführung idR nur noch unter Zugrundelegung der *Netto*vergütung einer vergleichbaren Ersatzkraft zu schätzen (evt auch 30% Abschlag vom Bruttolohn; BGHZ **86** 372 = NJW **83** 1425; zust *Schlund* JR **83** 415, *Weber* DAR **84** 179, abl *Grunsky* NJW **83** 2470, *Ludwig* DAR **86** 380 (unter Hinweis auf die abweichende Haltung des BGH bezüglich fiktiver Schadensberechnung bei *Sachschäden*), BGH VersR **84** 875, **87** 70, BGHZ **104** 113 = NJW **88** 1783 mAnm *Eckelmann* DAR **89** 94; Kar VersR **91** 1190). Bei der

Berechnung des Arbeitszeitbedarfs der Getöteten zur Erfüllung der gesetzlichen Unterhaltspflicht bleibt der auf deren Eigenversorgung entfallende Teil ihrer Arbeitsleistung außer Ansatz (BGH NJW **82** 2866, *Hofmann* VersR **81** 338). **Wegfall eigener Unterhaltsverpflichtungen** infolge des Todes der Ehefrau muss sich der Witwer anrechnen lassen; er ist jedoch, wenn der Schädiger wegen Mitverschuldens der Getöteten nur auf eine Quote haftet, berechtigt, aus der freiwerdenden Summe zunächst den ihm verbleibenden Schadensanteil abzudecken (BGH VersR **87** 70). **Modellrechnung** mit fiktiven Zahlen zur Ermittlung des Unterhaltsschadens des Witwers, wenn beide Ehegatten Bareinkommen hatten, a) bei alleiniger Haushaltsführung durch die getötete Ehefrau: BGH VersR **84** 79 (krit *Eckelmann ua* DAR **84** 302 f.), b) bei Haushaltsführung durch beide Ehegatten zu gleichen Teilen: BGH NJW **85** 49 (teilweise abw BGHZ **104** 113 = NJW **88** 1783 mAnm *Schlund* NZV **88** 62, JR **89** 68, *Eckelmann* DAR **89** 94). S. auch die Berechnungsmodelle bei *Scheffen* VersR **90** 933. Aufbau einer Schadensberechnung bei Tötung der Hausfrau *Eckelmann ua* DAR **82** 377. Zum Schadensersatz bei Ausfall der Hausfrau s. VGT **77** 218 ff. *(Eckelmann, Hofmann), Hofmann* VersR **77** 296, *Scheffen* VersR **90** 930, *Lemcke* JbVerkR **99** 129 ff.

15   **6. Ansprüche der Kinder bei Tötung der Eltern.** Den Kindern des Getöteten steht **idR Rente bis zur Vollendung des 18. Lebensjahres** zu (BGH VRS **14** 7, Stu VersR **93** 1536, Ol NZV **10** 156), bei Berufsausbildung über das 18. Lebensjahr hinaus bei entsprechenden Verhältnissen des Getöteten bis zur Beendigung der Ausbildung, längstens jedoch idR bis zur Vollendung des 25. Lebensjahrs (Kar VRS **2** 106). Soweit die **getötete Mutter** dem volljährigen Kind Naturalunterhalt geleistet hätte, steht ihm über das 18. Lebensjahr hinaus ein Schadensersatzanspruch zu, auf den Vorteile des Vaters infolge Wegfalls eigener Unterhaltsleistungen nicht anzurechnen sind (Ha NJW-RR **87** 539). Hat die Mutter den Haushalt geführt, während der Vater den Barunterhalt leistet, steht dem Kind kein Barunterhalt, sondern nur Naturalunterhalt zu (Ol NZV **10** 156). Die Höhe der Schadensersatzrente orientiert sich bei Tötung der nicht erwerbstätigen Mutter an den Kosten einer Ersatzkraft für die Leistungen der Mutter bei Erziehung, Betreuung und Haushaltsführung zum Nutzen des hinterbliebenen Kindes (BGH NZV **90** 307, Stu VersR **93** 1536; Ol NZV **10** 156). Der Unterhaltsschaden des Kindes bei Tod der erwerbstätig gewesenen Mutter ist unter Berücksichtigung von Bareinkommen und Haushaltsführung zu errechnen (BGH VersR **76** 291). Die **Schadensrenten älterer Kinder** sind idR höher zu bemessen als die jüngerer Kinder, weil der Unterhaltsbedarf mit zunehmendem Alter wächst (BGH VersR **87** 1243, NJW **88** 2365, *Nehls* NZV **88** 138, *Macke* NZV **89** 251, krit *Küppersbusch* Rn. 350 (einheitliche Durchschnittsquote)). Andererseits sind geringerer Betreuungsbedarf des Kindes mit zunehmendem Alter und eigene Dienstleistungspflicht im Haushalt (etwa ab 14. Lebensjahr) bei einer bis zum 18. Lebensjahr festzusetzenden Rente zu berücksichtigen (BGH NZV **90** 307, Stu VersR **93** 1536). Hatte eine volljährige Tochter aus Berufswahl Anspruch auf Zuschuss, so gehört dieser zum Schaden (Hotelfachschule, Auslandsaufenthalt; BGH VersR **69** 351). Ein minderjähriges unverheiratetes Kind muss sich bei Bemessung der Unterhaltsbedürftigkeit eine Lehrlingsbeihilfe anrechnen lassen (BGH NJW **72** 1719), nicht aber einen auf Grund des Unfalltodes eines Elternteils gezahlten **staatlichen Ausbildungsunterhalt** (Brn VRS **101** 261). Zur Bemessung der Unterhaltsrente eines nichtehelichen Kindes nach Tötung der berufstätigen Mutter Mü VersR **82** 376. Der Zahlungsanspruch des **außerehelichen Kindes** gegen einen für den Tod des Vaters Verantwortlichen ist ein Ersatzanspruch, bei dem die Realisierbarkeit des Anspruchs gegen den Vater und seine Mitschuld zu berücksichtigen sind (Stu FRZ **63** 307). Erhöhung einer dem außerehelichen Kind zuerkannten Unterhaltsrente nach Unfalltod des Vaters (Stu NJW **62** 495). Unterhaltspflicht und Betreuungspflicht der berufstätigen, nichtehelichen Mutter: Ce VersR **73** 694. Werden Unfallwaisen **an Kindes statt angenommen,** mindert das ihren Ersatzanspruch wegen Unterhaltsentzugs nicht (BGHZ **54** 269 = NJW **70** 2061). Bei unentgeltlicher **Versorgung des Kindes durch Verwandte** bleibt der Anspruch wegen des entgangenen personalen *(Natural-)*Unterhalts unberührt und bemisst sich gem. der neuen Rspr. nach dem Arbeitszeitbedarf (BGH NJW **85** 1460, **86** 715 mAnm *Eckelmann/Nehls* DAR **86** 284), also nicht mehr nach den Familien-Pflegestellenkosten (dazu Hb VRS **87** 255, Dü NJW-RR **99** 1478). Für den Umfang des zu leistenden Barunterhalts nach Tötung beider in intakter Ehe lebender Eltern ist grds. deren Gesamteinkommen maßgebend, auch bei Aufnahme in einer anderen Familie (BGH NJW **85** 1460 mAnm *Schlund* JR **85** 420).

16   Bei Berechnung des Unterhaltsschadens von Hinterbliebenen sind vom Betrag des entzogenen Unterhalts die **Einkünfte aus ererbtem Vermögen** abzusetzen; vom verbleibenden Betrag ist die etwaige Mithaftungsquote (Mitschuld, Betriebsgefahr) abzusetzen; Erträge, die der Hinterbliebene aus dem ihm als Pflichtteil zustehenden Vermögen bezieht oder beziehen könnte, sind auf seinen Ersatzanspruch in gleicher Weise anzurechnen wie Einkünfte aus ererbtem Vermögen (BGH VersR **65** 376). Bei Unfalltod des Vaters braucht sich das Kind auf den Ersatzanspruch wegen des Wegfalls des gesetzlichen Unterhaltsanspruchs nicht den Stammwert der Erbschaft anrechnen zu lassen, wenn ihm die Erbschaft auch bei natürlichem Tod des Vaters zugefallen sein würde (BGH NJW **53** 618; Rn. 7).

7. Unterhaltsansprüche der Eltern bei Tötung von Kindern. Bei Klage auf Feststellung **17** späterer Ersatzpflicht sind mutmaßliche künftige Bedürftigkeit der Eltern und Leistungsfähigkeit des Kindes sachlichrechtliche Voraussetzungen (BGH VRS **4** 185, **5** 582). Zum Beweis genügt einige Wahrscheinlichkeit (BGH VRS **5** 582; Sa NZV **11** 446). Im Grundsatz ist ein Feststellungsinteresse gegeben, dies jedoch nicht, sofern der Versicherer anerkennt; kein Feststellungsinteresse hinsichtlich der Höhe des fiktiven Einkommens des Getöteten (Sa NZV **11** 446 mAnm *Küppersbusch*). Konnte der getötete Sohn später das väterliche Geschäft übernehmen, so ist es wahrscheinlich, dass er seinen Eltern unterhaltspflichtig geworden wäre; in diesem Fall haben die Eltern ein rechtliches Interesse an der Feststellung der Ersatzpflicht (Ha DAR **56** 217). Bei Haftung nur nach StVG kein Anspruch wegen entgangener Dienste des getöteten Kindes, weil § 10 eine dem § 845 BGB entsprechende Vorschrift nicht enthält (BGH VRS **70** 91).

8. Keine Ersatzpflicht über den Personenkreis des § 10 hinaus. Über den abschließend **18** im § 10 StVG aufgeführten Personenkreis der mittelbar Geschädigten hinaus besteht kein Ersatzanspruch aus § 7 StVG oder unerlaubter Handlung. Kein Ersatzanspruch des Verlobten wegen nach geplant gewesener Eheschließung entgehender Unterhaltsleistungen (Fra VersR **84** 449, KG NJW **67** 1089).

9. Hinterbliebenengeld (III). III ist (wie § 844 III BGB und Regelungen in anderen **19** HaftpflGesetzen) durch G v. 17.7.2017 (BGBl. I S. 2421) eingeführt worden. **Materialien:** KoalitionsEntw (mit Begr) BT-Drs. 18/11397; inhaltsgleicher RegEntw (ohne Begründung, aber mit Stellungnahme des BRates und Gegenäußerung der BReg) BT-Drs. 18/11615; Beschlussempfehlung des federführenden Rechtsausschusses BT-Drs. 18/12421. Für Schadensfälle, in denen der beim Betrieb eines Kfz oder Anhängers verursachte Tod (nicht die auch schwere Verletzung) eines Geschädigten *nach dem 17.7.2017* eintritt (Art. 229 § 43 EGBGB; Ol BeckRS **18** 39818; *Nugel* ZfS **18** 72), kann Hinterbliebenengeld zu zahlen sein. Es handelt sich um einen Anspruch eigener Art (vgl. *Müller* VersR **17** 321; *Staudinger* DAR **19** 601; aM *Burmann/Jahnke* NZV **17** 401; *Balke* SVR **18** 207: Schadensersatz). Ist bei gleichzeitiger Erfüllung des III (weitergehendes) Schmerzensgeld wegen „Schockschadens" zu zahlen (dazu E 107), geht der Anspruch gem. III nach den Materialien grds. darin auf (BT-Drs. 18/11397 S. 12; LG Tübingen NZV **19** 626; *Lang/Bucka* DAR **20** 450 mwN; s. aber *Jaeger* VersR **17** 1041, 1055; *Balke* SVR **18** 207; aM *Staudinger* DAR **19** 601: Anspruchskonkurrenz). Voraussetzung für einen Anspruch nach III S. 1 ist zunächst, dass die Haftpflichtgrundlagen nach den §§ 7–9, bei mehreren Haftpflichtigen die des § 17 vorliegen (zu Zurechnungsproblemen bei späterem Todeseintritt *Balke* SVR **18** 207). Mitschuld des Getöteten sowie eine von diesem zu verantwortende BG müssen sich die Hinterbliebenen anrechnen lassen (§ 846 BGB analog; BT-Drs. 18/11397 S. 17). Gleiches gilt bei Mitverantwortung des Hinterbliebenen (*Burmann/Jahnke* NZV **17** 408 mwN). Ist der Hinterbliebene selbst Unfallverursacher, so steht ihm kein Anspruch zu (*Burmann/Jahnke* NZV **17** 403). Anspruchsberechtigt sind Hinterbliebene, die zum Getöteten **in einem besonderen persönlichen Näheverhältnis** stehen, wobei maßgebend dessen Bestand *zum Zeitpunkt der Verletzung* ist (III S. 1), weswegen etwa während der nachfolgenden Behandlung entstandene Näheverhältnisse nicht hinreichen. Der Begriff des besonderen Näheverhältnisses ist wenig konturiert. Eine abschließende Bestimmung des Kreises der anspruchsberechtigten Hinterbliebenen hat die BReg und ihr folgend der GGeber ausdrücklich abgelehnt (BT-Drs. 18/11615 S. 13). Die Rechtsanwendung wird aber dadurch erleichtert, dass III S. 2 eine Vermutung des Bestehens des Näheverhältnisses bei den dort genannten nächsten Familienangehörigen normiert (krit im Blick auf nichteheliche Gemeinschaften *Staudinger* DAR **19** 601). Eine freundschaftliche Beziehung seit längerem getrennter Eheleute genügt nicht (LG Traunstein DAR **20** 465, zust *Spindler/Kaufmann* NZFam **20** 596). Allein Trauer über den Tod des Angehörigen begründet kein Näheverhältnis (BGH DAR **20** 465 (Adhäsion)). Fällt der Hinterbliebene unter die Regelung, so ist auch das seelische Leid aufgrund der Tötung indiziert (BT-Drs. 18/11397 S. 14). Es handelt sich um eine widerlegliche Vermutung (§ 292 ZPO). Der Anspruch entfällt, wenn der Anspruchsgegner darlegt und beweist, dass zwischen dem Getöteten und dem Hinterbliebenen im maßgebenden Zeitpunkt nur noch ein formales familienrechtliches Band bestanden hat (BT-Drs. 18/11397

S. 14 f.; krit. *Bischoff* MDR **17** 739). Hingegen trifft die Darlegungs- und Beweislast bei nicht in III S. 2 aufgeführten Hinterbliebenen diese selbst. Der Gesetzgeber verweist auf tatsächlich gelebte soziale Beziehungen, die in ihrer Intensität den in S. 2 aufgeführten entsprechen; Beispiele sind Beziehungen innerhalb von „Patchwork-Familien" oder bei Partnern einer ehe- oder lebenspartnerschaftsähnlichen Gemeinschaft, Verlobte (auch im Sinne des Lebenspartnerschaftsgesetzes), Stief- und Pflegekindern sowie Geschwistern des Getöteten (BT-Drs. 18/11397 S. 13, 15; näher *Burmann/Jahnke* NZV **17** 406 f.). Ein besonderes Näheverhältnis ist bejaht worden bei besonders engen brüderlichen Beziehungen zum Getöteten („Lieblingsbruder"; LG Tübingen NZV **19** 626). Weitere Nw aus der Rspr. der Instanzgerichte bei *Lang/Bucka* DAR **20** 446) und bei der Schwiegertochter, die mangels Deutschkenntnissen auf ihre Schwiegermutter zur Kommunikation angewiesen war (LG Mü II BeckRS **19** 24127). Der Nasciturus ist anders als im Rahmen des II (Rn. 10) nicht anspruchsberechtigt (*Burmann/Jahnke* NZV **17** 406). Abweichend zum Schmerzensgeld wegen „Schockschadens" (§ 7 Rn. 65) greifen die Privilegierungen nach §§ 104 ff. SGB VII (*Burmann/Jahnke* NZV **17** 408). Zu versicherungsrechtlichen Problemen *Schwab* DAR **18** 284.

20   Bei Vorliegen der Voraussetzungen schuldet der Ersatzpflichtige – in den Grenzen der §§ 12 – 12b – **„angemessene Entschädigung"** für das (eigentlich immensurable) seelische Leid. Zu der nach § 287 ZPO erfolgenden Bemessung und den dafür geltenden rechtlichen Maßstäben enthalten die Materialien eher vage Aussagen. Forderungen nach Benennung von Regelbeträgen im Zuge des Gesetzgebungsverfahrens hat der GGeber nicht aufgegriffen (*Müller* VersR **17** 321). Die Entschädigung ist jedenfalls kein Schmerzensgeld, sie soll vielmehr „Anerkennung" des seelischen Leids des Hinterbliebenen sein (BT-Drs. 18/12421 S. 2; BT-Drs. 18/11397 S. 1). Da der Anspruch nach III S. 1 anders als das Schmerzensgeld wegen Schockschadens keine außergewöhnliche gesundheitliche Beeinträchtigung voraussetzt, wird er hinter diesem zurückzubleiben haben, wobei aber eine gewisse Orientierung möglich sein soll (BT-Drs. 18/11397 S. 14). Dass im Entw unter „Weitere Kosten" bei Schmerzensgeldzahlungen wegen „Schockschäden" durchschnittlich ausgeurteilte Beträge von 10 000 € genannt werden (BT-Drs. 18/11397 S. 12), muss dem angesichts des Fehlens anderer Richtgrößen sowie des Schätzungscharakters dieser Ausführungen nicht entgegenstehen (s. auch *Müller* VersR **17** 323 f.; *Quaisser* DAR **17** 688; *Nugel* ZfS **18** 72). Allerdings trifft die in den Materialien genannte Durchschnittsgröße nicht zu; in der Praxis werden bei weitem geringere Beträge gezahlt (*Jaeger* VersR **17** 1041, 1056 f.; *Balke* SVR **18** 207, 210 mwN), wobei aber auch beträchtlich höhere Summen zugesprochen werden (*Staudinger* DAR **19** 601). Es ist der Rspr. anheimgegeben, die Regelung anhand von Fallgruppen zu konturieren. LG Tübingen NZV **19** 626 spricht unter Einbeziehung rechtsvergleichender Erkenntnisse der Witwe 12 000 € zu, jedem (volljährigen) Kind 7500 € und dem den Unfall miterlebenden Bruder (s. auch Rn. 19) 5000 € (ebenso LG Mü II DAR **20** 464; überwiegend zust. *Huber* NZV **19** 630; zust *Janeczek* DAR **19** 472; krit *Staudinger* DAR **19** 601; s. auch LG Osnabrück SVR **20** 139; LG Wiesbaden SVR **20** 142 (je bei *Balke*)). Höhere Sätze bei LG Leipzig v. 8.11.2019, 05 O 758/19 (krit. *Lang/Bucka* DAR **20** 448 f. mwN). Zu einer Höchstgrenze von 10 000 € BGH NStZ-RR **19** 353 (im Adhäsionsverfahren). In die Bemessung einzustellen sind ua Art und Grad des Näheverhältnisses, Aufgabenverteilung zwischen den Ehepartnern, Schwere des Leidens des Verstorbenen und des Hinterbliebenen, Alter der Kinder, Schuld des Verursachers, BG, Verjährung, wohl auch wirtschaftliche Verhältnisse des Hinterbliebenen (*Jaeger* VersR **17** 1041, 1054; *Balke* SVR **18** 207, 209 f.; str). Demgegenüber dürfte Genugtuung keine Rolle zu spielen haben, da es sich um keinen Schmerzensgeldanspruch im eigentlichen Sinn handelt (Rn. 19; *Huber* NZV **19** 630; diff. LG Tübingen NZV **19** 626).

Umfang der Ersatzpflicht bei Körperverletzung

11 [1]**Im Fall der Verletzung des Körpers oder der Gesundheit ist der Schadensersatz durch Ersatz der Kosten der Heilung sowie des Vermögensnachteils zu leisten, den der Verletzte dadurch erleidet, dass infolge der Verletzung zeitweise oder dauernd seine Erwerbsfähigkeit aufgehoben oder gemindert oder eine Vermehrung seiner Bedürfnisse eingetreten ist.** [2]**Wegen des Schadens, der nicht Vermögensschaden ist, kann auch eine billige Entschädigung in Geld gefordert werden.**

1   **Begr** zum ÄndG v. 19.7.02 (BT-Drs. 14/7752 S. 32): **Zu Satz 2:** *Die Einführung eines allgemeinen Anspruchs auf Ersatz immateriellen Schadens bei Verletzung des Körpers oder der Gesundheit in § 253 Abs. 2 BGB (Artikel 2 Nr. 2) ergänzend, stellt die Änderung klar, dass die aus der Gefährdungshaf-*

tung des StVG folgenden Schadensersatzansprüche bei Verletzung dieser Rechtsgüter auch Ansprüche auf Schmerzensgeld umfassen.

1. Körperverletzung. § 11 regelt die Ansprüche des Verletzten nach Körperverletzung mit **1a** adäquat verursachten (Rn. 6, **E** 104–111) Folgen, wobei es unerheblich ist, welche von mehreren adäquaten Ursachen überwiegt (BGH NJW **68** 2287). Der Unfall muss zu einer Körperverletzung geführt haben; ist eine Primärverletzung nicht bewiesen (§ 286 ZPO), fehlt es an einer Rechtsgutverletzung iS der § 823 BGB, § 11 StVG. Bloßer Verletzungsverdacht reicht nicht aus (im Einzelnen Rn. 6). Mitursächlichkeit der Verletzungshandlung für den eingetretenen Schaden genügt (BGH NZV **91** 23, s. **E** 109). Der Schädiger haftet für alle aus dem schädigenden Ereignis davongetragenen gesundheitlichen Schäden (BGH NZV **98** 110, KG VRS **106** 260, 414, Nü VRS **103** 346). Seine Haftung umfasst grundsätzlich auch adäquat verursachte Folgeschäden (BGH JR **97** 154, VersR **97** 752, Brn VRS **107** 85, Kö VersR **98** 1247). Wird durch die Unfallfolgen Heimbetreuung notwendig, so kann auch bei über 80-jährigen nicht ohne Weiteres unterstellt werden, dass ihre Unterbringung auch ohne den Unfall erforderlich geworden wäre (Ha NZV **98** 372). **Adäquate Unfallfolge** ist auch objektiv übertriebene Schonung nach unrichtiger Diagnose (BGH VersR **63** 872) oder Zahlungsunfähigkeit und Zwangsvollstreckung infolge geminderter Erwerbsfähigkeit (RGZ **141** 169). Der Schädiger haftet auch für entgangene Beitragsrückerstattung durch die Krankenversicherung (BGH NJW **89** 2115, Kö VersR **90** 908). Ursächlichkeit des Unfallschrecks für spätere Gesundheitsfolgen (BGH VersR **75** 765, KG VersR **73** 525). Bei 3-jährigem Kind liegen unfallbedingte Schock- und Unruhezustände so sehr auf der Hand, dass es ärztlicher Feststellung nicht bedarf (Kö VersR **06** 416 (Schmerzensgeld von 500 € nicht zu beanstanden)). Zerspringen der Windschutzscheibe (Stein) kann einen Schock, uU auch Schocktod des Fahrers bewirken (BGH NJW **74** 1510). **Zu ersetzen** ist der wirkliche Schaden ohne Pauschalierung (Mü DAR **68** 275), nach pflichtgemäßer möglicher Minderung durch den Geschädigten (BGH NJW **67** 2053). Schadensminderungspflicht: Rn. 16, 17.

1a. Nicht erstattungsfähig ist gesetzeswidrig erzielbarer Verdienst (KG DAR **72** 329, **2** BGHZ VRS **7** 253 (sittenwidriges Geschäft, Verstoß gegen PBefG)) oder bloße Freizeiteinbuße im freien Beruf (Ce VersR **64** 756, Dü NJW **74** 150 (Urlaub)), idR auch entgangener Urlaubsgenuss, weil kein Vermögensschaden (§ 16 Rn. 5), oder zeitweilige Behinderung im Jagdrecht infolge Körperverletzung (BGHZ **55** 146 = NJW **71** 796). Im Hinblick auf §§ 1, 2 ProstG dürfte einer Prostituierten Schadensersatz in Höhe der tatsächlichen Erwerbsaussicht zu leisten sein (*Greger/Zwickel* § 29 Rn. 137; abw. die vormals hM; vgl. BGHZ **67** 119, wN 39. Aufl). Zu entgangenem rechtswidrigen oder sittenwidrigen Gewinn *Greger/Zwickel* § 29 Rn. 122 ff. Schmerzensgeld: Rn. 8.

1b. Vorteilsausgleichung findet statt, wenn das Schadensereignis den Vorteil allgemein mit **3** sich bringen konnte und der Ausgleich dem Sinn der Ersatzpflicht entspricht (BGH VersR **65** 521, Mü VRS **100** 420), etwa wenn der Verletzte jetzt zwar vermindertes Altersruhegeld, dafür aber höhere Unfallrente bezieht (BGH VersR **68** 945, NZV **90** 225); das gilt zB auch für auf Grund des Unfalls bezogenes **Vorruhestandsgeld** nach dem Vorruhestandsabkommen für die Versicherungswirtschaft (BGH NJW **01** 1274, abl *Koppenfels-Spies* VersR **05** 1511). **Sozialversicherungsleistungen** wegen des Unfalls kommen dem Schädiger nicht zugute, auch nicht, wenn sie den Verletzten besser stellen als vorher (BGHZ **9** 179, 186, 189, **54** 382, BGH NJW **77** 246, VersR **77** 130). Insoweit findet jedoch häufig ein gesetzlicher Forderungsübergang nach § 116 I SBG X idR im Zeitpunkt des schadensstiftenden Ereignisses auf den SVTr statt (BGH NJW **12** 3639 m Bspr *Giese* NJW **12** 3609 und *Dahm* NZV **12** 575; *Greger/Zwickel* § 29 Rn. 90). Jedoch ist das **Angehörigen- bzw. Familienprivileg** in § 116 VI SGB X zu beachten, das den Anspruchsübergang bei nicht vorsätzlichen Schädigungen durch Familienangehörige ausschließt, die zur Zeit des Schadensereignisses mit dem Geschädigten oder seinen Hinterbliebenen in häuslicher Gemeinschaft leben. Nach BGH NZV **18** 133 führt dies dazu, dass der Geschädigte einem angehörigen Schädiger bzw. dessen HaftpflichtVU gegenüber grds. auch insoweit aktivlegitimiert bleibt, als er Schadensersatzleistungen verlangt, die mit den ihm vom SVTr zu erbringenden Sozialleistungen kongruent sind; der in § 86 III VVG niedergelegte Rechtsgedanke ist nicht übertragbar (ebenso Kö NZV **20** 427; sehr krit zur Entscheidung des BGH *Jahnke* jurisPRVerkR 5/18 Anm. 1; *Lemcke* r+s **18** 50; *Hager* JA **18** 226). Haftet allerdings für denselben kongruenten Schaden auch ein Fremdschädiger, so ist der Anspruch gegen den angehörigen Schädiger bzw. dessen VU nach § 242 BGB auf das beschränkt, was er bei einem Erhalt der Leistungen von Seiten des angehörigen Schädigers analog § 430 BGB im Verhältnis zum SVTr behalten dürfte (BGH NZV **18** 133). Nach der am 1.1.2021 in Kraft tretenden Neufassung des § 116 VI (S. 3, 4) SGB X (G v. 12.6.2020, BGBl. I S. 1248, 1271) gehen Ersatzansprüche nach § 116 I SGB X bei Schäden durch den Betrieb eines haftpflichtversicherten Fz auf den jeweiligen Träger über (dazu *Feltz* NZV **20** 427). Ansonsten kann der SVTr bei sachlicher Kongruenz der Ersatzpflicht des Schädigers und der Leistungspflicht des SVTr, dh, wenn dies dem Ausgleich derselben schadensbedingten Einbuße des Geschädigten dient (BGH VersR **10** 1103, NJW **10** 927; s. auch BGH NZV **15** 589), Aufwendungserstattung beanspruchen. Das ist zB bei der schwerbehinderten Menschen nach § 37 SGB VI zu zahlenden Altersrente jedenfalls bis zu dem Zeitpunkt der Fall, in dem der Versicherte die Regelaltersgrenze (§ 35 SGB VI) erreicht hat (BGH VersR **10** 1103). Das Privileg gilt entgegen früherer Rspr. des BGH (BGHZ **102** 257) nunmehr analog auch für die *Partner nichtehelicher Lebensgemeinschaften* (BGH NZV **13** 334). Entsprechendes gilt für solche **Leistungen Dritter** (Vertrag, Tarifvertrag) aus Anlass des Unfalls, bei denen eine Anrechnung unter Berücksichtigung der Gesamtinteressenlage und nach Sinn und Zweck der heranzuziehenden Rechtsnormen der Schadensentwicklung nicht gerecht würde (BGH NJW **01** 1274, NZV **98** 150, NJW **72** 1705). Eine vom Arbeitgeber wegen Kündigung des Arbeitsverhältnisses infolge unfallbedingter Arbeitsunfähigkeit gezahlte **Abfindung** braucht sich der Geschädigte nicht auf seinen Verdienstausfallschaden anrechnen zu lassen (BGH NZV **90** 225, Fra ZfS **02** 20). Dass der Geschädigte infolge durch den Unfall erforderlich gewordener Umschulung mehr verdient als vor dem Unfall, braucht er sich nicht anrechnen zu lassen (BGH VRS **65** 89, VersR **91** 1294, Nü ZfS **91** 118), ebenso bei Mehrverdienst auf Grund höherwertiger Arbeit ohne Umschulung (Kar NZV **94** 396). Kann der angestrebte höher dotierte Beruf infolge des Unfalls nicht erlernt werden (dazu Rn. 12), so ist das während der Zeit der geplanten, aber nicht durchführbaren Ausbildung erzielte Einkommen in einem anderen Beruf kein anrechenbarer Vorteil (Fra VersR **83** 1083, krit *Stürner* JZ **84** 462). Vom Verdienstausfall ist Krankenhausverpflegung abzusetzen (Ol VersR **67** 237), von Krankenhauskosten ersparte Eigenverpflegung (Ce VersR **77** 1131, Dü VRS **56** 2, KG VRS **35** 321). Das gilt grundsätzlich auch, wenn der Versicherungsträger das Krankenhaus bezahlt, auf den dann nur der um die Ersparnis gekürzte Anspruch übergegangen ist (BGH MDR **67** 35). Anders jedoch bei Übergang eines Anspruchs auch wegen Verdienstausfalls; dann sind die Aufwendungen des SVTr für Krankenhauspflege ohne Abzug ersparter Aufwendungen zu erstatten, weil der Geschädigte die ersparten Verpflegungskosten aus seinem Arbeitseinkommen bestritten hätte (BGH NJW **71** 240, Ce VersR **77** 1027). Häusliche Ersparnis bei unfallbedingtem Krankenhausaufenthalt: *Stamm* VersR **75** 690, *Plaumann* VersR **76** 124, *Schmalzl* VersR **95** 516. Zur Anrechnung von Fahrtkostenersparnis zur Arbeitsstelle auf Verdienstausfall BGH VRS **58** 327, Schl VersR **80** 276, Ce DAR **11** 136 mAnm *Luckey*. **Aufwandsentschädigungen** ohne Einkommenscharakter (Spesen, Kleidergeld usw) sind nicht ersatzfähig, weil dem Ausbleiben der Entschädigung die Ersparnis der Aufwendungen gegenübersteht; anders liegt es aber bei pauschaliertem Aufwendungsersatz, der nicht notwendig für tatsächlichen Aufwand bestimmt ist (BGH NJW **79** 1403; **16** 1386 (Auslandsverwendungszuschlag eines Soldaten)). Schadensbedingte **Steuerersparnisse** muss sich der Verletzte grundsätzlich anrechnen lassen (BGH NZV **89** 345, **92** 313, Kar VRS **106** 98, Kö VersR **98** 1247), anders aber, wenn dies gerade dem Zweck der Steuervergünstigung widerspricht (keine Anrechnung zB des Pauschbetrages für Körperbehinderte: BGH VRS **69** 401 mAnm *Hartung* VersR **86** 264; s. auch BGH VersR **86** 914, VRS **72** 401, NZV **89** 345, **92** 313, **94** 270, **99** 508, dazu auch Rn. 11 sowie *Hartung* VersR **86** 308, *Weber* DAR **88** 197 ff., *Scheffen* VersR **90** 932, *Kullmann* VersR **93** 388). **Ersparte Beiträge** zur gesetzlichen Rentenversicherung infolge unfallbedingten Verlusts vericherungspflichtiger Beschäftigung bleiben unberücksichtigt (BGH VersR **86** 914, s. auch Rn. 11). Zur Anrechnung ersparter Beiträge zur Arbeitslosenversicherung und zur gesetzlichen Krankenversicherung BGH VersR **86** 914.

4   **2. Die notwendigen Heilungskosten** sind zu ersetzen, auch wenn der Verletzte noch anderweitige Ersatzansprüche hat, etwa familienrechtliche, und wenn er die Kosten nicht selber trägt (Ce NJW **62** 51, VersR **72** 468). Kein Ersatz trotz § 249 II BGB nach hM jedoch (im Hinblick auf die frühere Regelung in §§ 253, 847 alt BGB), wenn ein objektiv nötiger Eingriff unterbleibt, weil es sich in Wahrheit um Kompensation für fortdauernde Gesundheitsbeeinträchtigung handelt (BGH NJW **86** 1538 m zust Bspr *Zeuner* JZ **86** 640, *Hohloch* JR **86** 367, *Weber* DAR **87** 175, abl *Rinke* DAR **87** 14, Palandt/*Grüneberg* § 249 Rn. 6, *Greger*/*Zwickel* § 29 Rn. 22, *Grunsky* NJW **83** 2469, *Hofmann* VGT **82** 262, *Schiemann* DAR **82** 311, *Medicus* DAR **82** 356, *Honsell*/*Harrer* JuS **91** 446, aM Ce VersR **72** 468, *Fleischmann* VGT **82** 276). Anders als beim nicht reparierten Sachschaden liegt mithin kein Vermögensschaden vor (*Steffen* NJW **95** 2060).

Ersatzfähige **Heilungskosten** sind alle Aufwendungen, die durch notwendige oder der Heilung dienliche Maßnahmen verursacht wurden, nicht nur eigentliche Arzt-, Krankenhaus-, Medikamenten- oder Hilfsmittelkosten (Nü DAR **01** 366). Zu ersetzen sind ferner die damit verbundenen Aufwendungen, zu denen auch etwaige Attestkosten zählen, vorausgesetzt aber, dass die Unfallbedingtheit (Rn. 1: bloßer Verdacht genügt nicht) erwiesen ist (BGH NJW **13** 3634 m krit Anm *Huber* NZV **14** 24; zT aM KG NZV **03** 281). Ersatz von Behandlungskosten auch, wenn die Behandlung, obgleich nicht grob fahrlässig, nutzlos war (BGH VersR **65** 439). Der Geschädigte darf die zur Heilung am besten geeignete, insbesondere ärztlich empfohlene Behandlung wählen (Kö VRS **98** 414). Unfallnarben sind, ausgenommen bei Unzumutbarkeit, auf Kosten des Schädigers kosmetisch zu beseitigen (BGH NJW **75** 640). Aufwendungen für eine nötige Narbenkorrektur sind auch zu ersetzen, wenn nicht sofort operiert werden soll (Stu VersR **78** 188), und auch, wenn sie verhältnismäßig hoch sind (KG VRS **59** 162, VM **78** 16). Bei Schönheitsoperationen sind nur ärztlich angezeigt erscheinende Kosten zu ersetzen (KG DAR **80** 341). Ausnahmsweise können auch Heilmaßnahmen eines auswärtigen Experten (Hautverpflanzung in den USA) zu ersetzen sein (BGH VersR **69** 1040). Krankenhausmehrkosten können uU über die Kassenleistung hinaus zu ersetzen sein (KG MDR **73** 49). Der **sozialversicherte Geschädigte** darf privatärztliche Behandlung (nur) dann fordern, wenn das Leistungssystem der gesetzlichen Krankenversicherung unzureichende Möglichkeiten zur Schadensbeseitigung bietet oder die Inanspruchnahme der vertragsärztlichen Leistung aufgrund besonderer Umstände ausnahmsweise nicht zumutbar ist (BGH NJW **04** 3324; Ko ZfS **14** 79; s. Rn. 3; s. auch *Schmid* VersR **74** 1145). Zu ersetzen sind notwendige **Pflegekosten,** auch wenn ein Angehöriger unentgeltlich gepflegt hat (Ha NJW **72** 1521). Ist häusliche Pflege in den vertrauten Lebensumständen möglich, braucht sich ein Schwerstgeschädigter nicht auf kostengünstigere Heimunterbringung verweisen zu lassen, es sei denn, der Mehraufwand stünde in keinem vertretbaren Verhältnis zur Qualität häuslicher Pflege, wobei die Grenze bei den doppelten Heimunterbringungskosten liegen dürfte (Ko VRS **100** 423; zu den Kosten häuslicher Pflege für einen Minderjährigen Br VersR **99** 1030; zu beidem *Hoffmann* ZfS **07** 428). Soweit der Förderung des Heilungsprozesses dienlich, sind auch Aufwendungen für Fernsehen im Krankenhaus als Heilungskosten ersatzfähig (Kö NJW **88** 2957). Erstattung nötiger Kurkosten abzüglich der ersparten Aufwendungen für sonst durchgeführte Erholungsreise (Ce VersR **75** 1103).

Kosten der **Besuche nächster Angehöriger,** soweit erforderlich, sind dem Geschädigten **5** (nicht den Angehörigen, *Schiemann* NZV **96** 4) als Heilungskosten zu ersetzen (*Seidel* VersR **91** 1319, *Greger/Zwickel* § 29 Rn. 9; Übersicht bei *Balke* SVR **15** 338), uU auch dem Ehemann der Geschädigten, der sie als GoA vorgelegt hat (BGH VRS **56** 258; abl *Seidel* VersR **91** 1323 mangels Fremdgeschäftsführungswillens und fehlenden Interesses des Schädigers). Zu den Heilungskosten gehören Eltern- und Angehörigenbesuche in angemessenem Umfang (BGH NJW **82** 1149, NZV **90** 111, Kö DAR **01** 510, Ha NJW-RR **93** 409, Mü VersR **96** 1506 (Lebensgefährtin; dazu auch *Schirmer* DAR **07** 10)), bei schwerer Verletzung eines Jugendlichen auch zwei wöchentliche Elternbesuche (Mü VersR **81** 560, Ko VersR **81** 887, Kö NJW **88** 2957), bei sehr schweren Unfallfolgen uU auch hohe Reisekosten zwecks Dauerpflege (Dü NJW **73** 2112 (Australien)). Zu ersetzen sind Fahrtkosten, uU auch Übernachtungskosten und Verpflegungsmehraufwand (BGH NZV **91** 225, *Neumann-Duesberg* NZV **91** 456) sowie Verdienstausfall des Besuchers (BGH VersR **57** 790, NZV **91** 225), auch eines selbstständigen Handwerkers (BGH NJW **85** 2757), uU auch Babysitter-Kosten für die Zeit des Besuchs (BGH NZV **90** 111). Die Ersatzfähigkeit von Krankenhausbesuchen nächster Angehöriger ist jedoch stets auf Besuche während der *stationären* Behandlung des Verletzten und ferner auf solche Besuche beschränkt, die *medizinisch* zur Unterstützung der Genesung notwendig sind (BGH NZV **91** 225, Kar VRS **96** 1), unter der letztgenannten Prämisse uU auch außerhalb stationärer Behandlung (Nau NZV **11** 342). Der reine Zeitaufwand für die Betreuung des verletzten Kindes, soweit er das Vermögen nicht belastet, ist als solcher nicht ersatzfähig (BGHZ **106** 28, VersR **99** 1156, Ko VersR **81** 887, *Grunsky* JZ **89** 345, *Birkmann* DAR **89** 212, *Seidel* VersR **91** 1320), auch nicht der Zeitverlust der Mutter bei der Haushaltsführung (BGH NZV **91** 225, *Neumann-Duesberg* NZV **91** 456). Dass tägliche Krankenhausbesuche durch die Eltern zur Heilung erforderlich sind, ist im Einzelnen darzulegen (Hb ZfS **84** 323 (2 Besuche pro Woche)). Tägliche Besuche beim unfallverletzten 6-jährigen Kind können erstattungspflichtig sein (Kö VersR **79** 166, näher *Seidel* VersR **91** 1319, *Neumann-Duesberg* NZV **91** 455). IÜ sind von den Eltern in der Freizeit ihrem Kind erbrachte **Betreuungsleistungen** nur ersatzfähig, wenn sie den von den Eltern als Bezugspersonen des Kindes unvertretbaren Bereich so weit übersteigen, dass der Einsatz fremder Hilfskräfte ernsthaft in Betracht kommt und damit als die Vermögenssphäre betreffende Leistungen anzusehen sind (BGH VersR **99** 156). Aufwendungen für **Spielzeug** für das verletzte Kind sind als notwendige Heilungskosten zu erstatten (BGH VersR **57** 790). Zur Erstattungsfähigkeit von Nebenkosten bei stationärer Behandlung *Schleich* DAR **88** 145.

6   **3. Adäquat verursachter Körperschaden** löst Ersatzpflicht aus. Stets ist zu unterscheiden zwischen haftungsbegründender und haftungsausfüllender Kausalität, wobei hinsichtlich der erstgenannten das strenge Beweismaß des § 286 ZPO gilt, wohingegen für die zweitgenannte § 287 ZPO anzuwenden ist (**E** 105 ff.). Ein Forderungsübergang (z. B. nach § 6 EFZG) bleibt dabei auf die Darlegungs- und Beweiserfordernisse ohne Auswirkungen (vgl. BGH DAR **20** 501). Die Beweiserleichterung des § 287 ZPO kommt dem Geschädigten deshalb zugute, wenn eine haftungsbegründende Primärverletzung weitere Gesundheitsschäden zur Folge hat; handelt es sich hingegen um eine weitere (Primär-)Verletzung, so gilt für sie § 286 ZPO (BGH NJW **19** 2092 mAnm *Ullenboom* (Knieverletzung neben HWS-Distorsion m weiterer Bsp. aus der Rspr); missverständlich BGH NJW-RR **09** 409). Die Anforderungen an die Substantiierung dürfen nicht überspannt werden; der Kläger ist nicht verpflichtet, sich zur ordnungsgemäßen Prozessführung medizinisches Fachwissen anzueignen (BGH NJW **19** 3236). Eine Arbeitsunfähigkeitsbescheinigung genügt für den Beweis der Primärverletzung nicht (BGH DAR **20** 501). Der Begriff der Körperverletzung **ist weit auszulegen** und umfasst jeden unbefugten, weil von der Einwilligung des Rechtsträgers nicht gedeckten nicht ganz geringfügigen (BGH NJW **96** 2425; Rn. 7) Eingriff in die Integrität der körperlichen Befindlichkeit, wobei der bloße Verletzungsverdacht haftungsrechtlich nicht gleichsteht (BGH NJW **94** 127, **13** 3635; DAR **20** 501 mAnm *Burmann/Jahnke*). Stehen durch den Unfall hervorgerufene, Beschwerden fest, so ist nicht maßgebend, ob sich eine bestimmte Diagnose (dort HWS-Distorsion) hat verifizieren lassen (BGH DAR **20** 501). Der Begriff der Körperverletzung kann auch erfüllt sein, *soweit eine Krankheitsanlage beim Verletzten bestand,* die sich nun auswirkt (BGHZ **107** 359 mAnm *Dunz* JR **90** 115, *Börgers* NJW **90** 2535; BGH NZV **05** 461, **99** 201, BGHZ **132** 341 = NJW **96** 2425, JR **97** 154, Brn VRS **107** 85, Ha NZV **02** 171, KG NZV **03** 328, VRS **106** 260, 414, Nü VersR **99** 1117, Bra DAR **98** 316, Kö VersR **98** 1247), oder bei früherem Ausbruch der Symptomatik vorhandener (auch seltener) Krankheit (Fra NJW **84** 1409); denn der Schädiger kann nicht verlangen, so gestellt zu werden, als habe er einen Gesunden verletzt (**E** 111), es sei denn, das Leiden hätte schadensunabhängig gewirkt (Rn. 7; BGH VersR **93** 843, **96** 990, BGHZ **107** 359 = NZV **89** 391, JR **97** 154, Mü NZV **03** 474, KG NZV **02** 172, Dü DAR **15** 330 mAnm *Staub,* Ba NZV **96** 316, Nü VersR **99** 1117, s. **E** 109). Haftung daher auch für die Folgen seelischer Fehlreaktionen auf den Unfall (BGH NJW **96** 2425, VersR **05** 945, Kar VRS **106** 91, Mü VRS **80** 2, Bra DAR **98** 316, Ha NZV **02** 171, Kö VersR **98** 1247), für Verschlimmerung unmittelbar durch den Unfall (Kö VersR **98** 1249) oder durch unfallindizierte ärztliche Behandlung (BGH VersR **68** 648 (Tbc)). Jede unfallbedingte Steigerung bereits vorhanden gewesener Beschwerden führt zur Entschädigungspflicht, eine „richtunggebende" Verstärkung (wie im Sozialrecht) ist nicht erforderlich (BGH NZV **05** 461 (Querschnittslähmung), Ha DAR **00** 263). Keine Ursächlichkeit (§ 287 ZPO) aber bei schicksalhafter Entwicklung (KG VRS **118** 321 (Bandscheibenvorfall in lediglich zeitlicher Nähe zum Unfall; s. aber *Mergner* NZV **11** 326), Stu NZV **13** 349 (Bandscheibenvorfall nach ruckhaftem Umdrehen, um den Schaden zu betrachten) sowie Brn SVR **11** 179 (*Balke*); *Mazzotti/Castro* SVR **11** 329). Zum Auftreten einer Epilepsie 24 Jahre nach dem Unfall Ha NJW **13** 1458. Zwar spricht geringe Auffahrgeschwindigkeit gegen die Verletzungsfolge eines **HWS-Schleudertraumas** (Ko NJW-RR **04** 1318, Kö VersR **05** 422, *Staab* VersR **03** 121, *v. Hadeln/Zuleger* NZV **04** 273, *Burmann* NZV **03** 170). Jedoch können auch Auffahrunfälle mit geringer Geschwindigkeit, etwa bei Vorschädigung, im Einzelfall zu HWS-Schleudertraumata führen; insoweit ist keine die Ursächlichkeit prinzipiell ausschließende **„Harmlosigkeitsgrenze"** von 4 bis 10 km/h anzuerkennen, weil die Verursachung des Schadens nicht nur von der Geschwindigkeitsänderung, sondern auch von einer Reihe weiterer Faktoren (ua Sitzposition) abhängt (BGH NJW **03** 1116 (Anm *Jaeger* VersR **03** 476, *Burmann* NZV **03** 169, *Lemcke* r+s **03** 177), BGH VersR **08** 1133; Stu NZV **04** 582, Ce NZV **05** 313, KG NZV **05** 470, Ko NJW-RR **04** 1318, Kö DAR **06** 325, Fra NZV **02** 120, Schl NJW-RR **07** 171, *Castro/Becke* ZfS **02** 366, *Mazzotti/Castro* NZV **02** 500, *Wedig* NZV **03** 393, abw Ha r+s **02** 111, KG VersR **01** 597, einschr *Notthoff* VersR **03** 1499, 1502 ff.; s. auch KG VRS **111** 408 (keine Ursächlichkeit bei Auffahrgeschwindigkeit von 3 bis 4,5 km/h) und LG Würzburg NZV **08** 35 (keine Ursächlichkeit bei Abbremsen ohne Kollision)). Gleichfalls keine Harmlosigkeitsgrenze *bei Frontalkollisionen* (BGH NJW **08** 2845 m Bspr *Burmann/Heß* NZV **08** 481). Bei kollisionsbedingter Geschwindigkeitsänderung bis zu 15 km/h aber kein Anscheinsbeweis für

Ursächlichkeit (KG NZV **11** 442). Zum Stellenwert der Plausibilität und Glaubhaftigkeit des Klägervortrags Sa NZV **13** 548 sowie Dü DAR **15** 330 mAnm *Staub*. Bei geringen biomechanischen Belastungen muss der Verletzte weitere Indizien, wie zB Konstitution, Alter, Vorhersehbarkeit der Kollision sowie Sitzposition zur Zeit des Unfalls darlegen (Dü NJW **11** 3043). Auf entsprechenden Antrag ist ein fachmedizinisches Gutachten einzuholen; Äußerungen von Biomechanikern genügen nicht, genauso wenig die Beurteilung des behandelnden Arztes (BGH NZV **08** 502 mBspr *Burmann/Heß* NZV **08** 481; *Mazzotti/Castro* NZV **08** 2; 113), was jedoch nicht bedeutet, dass auf biomechanische Gutachten generell verzichtet werden kann (hierzu auch *Hein ua* NZV **16** 263 gegen *Hepp* NZV **16** 159); sie bildet nach Mü NJW **11** 3729 vielmehr die Brücke zwischen den vom Unfallanalytiker berechneten Fahrzeugwerten und der medizinischen Begutachtung, die die ärztlich dokumentierten subjektiven Beschwerden und objektiven Befunde zum Gegenstand hat. Bei Angaben „ins Blaue hinein" keine Verpflichtung des Geschädigten, der Einsicht in eine „Vorerkrankungsgeschichte" zuzustimmen (Dü NZV **14** 34; LG Wiesbaden NJW **18** 1980 mAnm *Almeroth*). Weiterführend zum HWS-Schaden *Mazzotti ua* NZV **04** 561; *Mazzotti/Castro* NZV **08** 2; 113, *Castro ua* NZV **13** 525; *Castro ua* NZV **16** 110 (zu Seitkollisionen); NZV **19** 131 (zur schief-frontalen Kollision); *Löhle* DAR **17** 455 (aus technischer Sicht); *Born/Rudolf/Becke* NZV **08** 1; *Burmann/Heß* NZV **08** 481; *Auer/Krumbholz* NZV **07** 273, *G. Müller* VersR **03** 137, *Lemcke* r+s **03** 177, *Wedig* NZV **03** 393, *Staab* VersR **03** 1216, *Bachmeier* DAR **04** 421; speziell zur Kausalitätsprüfung im Teilungsabkommen *Lang/Küppersbusch* NZV **06** 628, krit zur Rspr. der Instanzgerichte seit BGH NJW **03** 1116 *Jaeger* VersR **06** 1611. Zur Bedeutung unfallanalytischer Gutachten Ha SVR **20** 271 (bei *Balke*). Zur richterlichen Überzeugungsbildung: Mü NJW **11** 396; Sa NZV **11** 340. Richterliche Sachkunde wird in aller Regel nicht hinreichen (BSG NZS **11** 910). Ersatzpflichtige Gesundheitsbeschädigung ist nicht schon die durch Benachrichtigung vom schweren Unfall eines nahen Angehörigen ausgelöste gewöhnliche Ängstigung und der dadurch verursachte seelische Schmerz, sondern nur eine erheblich darüber hinausgehende **Schockfolge** iS gewichtiger nicht nur ganz vorübergehender psychopathologischer Ausfälle (BGH NJW **71** 1883, VersR **75** 765, NZV **89** 308 (zust *Dunz* JR **90** 112, Anm *Deutsch/Schramm* VersR **90** 715), NJW **15** 1451; 2246); zum Schockschaden bei Angehörigen E 107. Zwischen der Schädigung der Leibesfrucht durch psychische Belastung der Schwangeren infolge Schocks bei Benachrichtigung vom schweren Unfall eines nahen Angehörigen und dem Unfall kann Haftungszusammenhang bestehen (BGH NJW **85** 1390 mAnm *Deubner*, *Weber* DAR **86** 161). Keine Haftung für Verschlimmerung einer Alkoholkrankheit, weil der stabilisierende Einfluss des durch den Unfall getöteten Ehemanns fehle (BGH NJW **84** 1405). Nach Kö NZV **08** 37 keine Vorhersehbarkeit bei Eintritt der Dienstunfähigkeit nach (geringfügigem) tätlichem Angriff mit Beleidigungen.

Psychische Beeinträchtigungen, die über eine bloße Aktualisierung des allgemeinen Lebensrisikos hinausgehen, sind ersatzfähig, auch wenn sie nicht unmittelbar organisch bedingt sind (BGH NJW **15** 1451, **07** 2764, **04** 1945, NJW **96** 2425, VersR **97** 752, NZV **93** 224, **00** 121, **98** 65 mAnm *Schiemann* JZ **98** 683, JR **97** 154, Ce NZV **05** 313, Ha NZV **02** 37, 171; *Schneider/Nugel* NJW **14** 2977; *Burmann/Heß* NJW **16** 200). Zu Schockschäden von Angehörigen, Unfallbeteiligten und nicht unfallbeteiligten Zeugen E 107. Keine Haftung für psychische Fehlverarbeitung des Unfallgeschehens durch den Geschädigten bei grobem Missverhältnis zwischen dem Schadensereignis und der neurotischen Fehlhaltung (BGH NJW **15** 2246; **12** 2964, **04** 1945, **79** 1935), insbes. bei nur ganz geringfügiger Primärverletzung (BGH NJW **15** 2246; **96** 2425, NZV **98** 65 (Definition des Bagatellbegriffs), Brn VRS **107** 85, Ce NZV **05** 313, Ha NZV **03** 328, KG VRS **106** 264, 414, Kar VRS **106** 96, Nü VRS **103** 346, Ol DAR **01** 313, krit *Brandt* VersR **05** 618; *Halm/Staab* DAR **09** 677), es sei denn, das schädigende Ereignis hätte gerade eine spezielle Schadensanlage des Verletzten getroffen (Rn. 6, BGH NJW **96** 2425, NZV **98** 65, 110, Ha VRS **100** 414, Bra DAR **98** 316, Kö VersR **98** 1247, näher *G. Müller* AG-VerkRecht-F S. 183 ff.). Ist ein Schreckereignis ohne unmittelbare Verletzungsfolgen nur zufälliger Anlass für krankhafte seelische Reaktionen aufgrund ungewöhnlicher Überempfindlichkeit, so gehört die psychische Schockfolge zum allgemeinen Lebensrisiko und ist nicht ersatzfähig (Ha VersR **02** 78, Kö NJW-RR **00** 760). Ist psychische Beeinträchtigung nicht als ersatzfähiger Primärschaden anzuerkennen, so auch keine Haftung für Sekundärschäden aufgrund fehlerhafter ärztlicher Behandlung dieser Beeinträchtigung (Ha DAR **07** 705). Soweit unfallbedingte **Neurose** („traumatische Neurose", „Tendenzneurose") noch nicht das Gepräge von Begehrensvorstellungen und eines auf Lebenssicherung gerichteten Bestrebens hat, gehört sie zum Schaden (BGH VersR **97** 752, DAR **86** 84 mAnm *Dunz* VersR **86** 448, NZV **91** 23, KG NZV **02** 172, Kö VersR **98** 1247, Ha VersR **02** 491, NZV **01** 303, **02** 171, Fra VersR **93** 853, VRS **89** 168), gleichfalls posttrauma-

7

sche Belastungsstörung (Ha NZV **17** 284; dazu *Burmann/Quaisser* NJW-Spezial **17** 329; Fra ZfS **17** 677). Der Schädiger muss zur Überzeugung des Gerichts nachweisen, dass die Zurechnung ausschließende Ausnahmekonstellationen (insbes. „Rentenneurose", Bagatelle, „überholende" Kausalität) vorliegen (BGH NJW **16** 3522; 3785; Schl SVR **20** 24 *(Schröder);* zu § 116 SGB X in diesem Kontext *Marburger* NZV **20** 126). Zum Umfang der **Darlegungspflicht** des Verletzten bei psychischer Fehlverarbeitung G. *Müller* AG-VerkRecht-F S 180. Zu den Vortragspflichten des Rechtsanwalts BGH NZV **13** 536. Keine Haftung dagegen mangels Zurechnungszusammenhangs (E 106 ff.; aM zB *Schiemann* JR **98** 684 f., *Brandt* VersR **05** 618: wegen Mitverschuldens) für fortdauernde unfallbedingte Krankheit, die entscheidend durch eine neurotische Begehrenshaltung geprägt ist (**Renten- und Begehrensneurose;** BGH NJW **15** 1451; 2246; **12** 2964, **04** 1945, **79** 1935, NZV **93** 224, **00** 121, VersR **97** 752, Brn VRS **107** 85, KG VRS **106** 264, Nü VRS **103** 346, Ha NZV **14** 462; Mü NJW-RR **19** 660) und die nunmehr nur noch durch neurotisch-querulatorische Fehlhaltung (BGH VersR **68** 377) und durch, auch unbewusstes, Versorgungsbegehren gekennzeichnet ist (BGH NZV **98** 110, VersR **68** 396, KG VRS **106** 414, Ha NZV **02** 37, Fra JZ **82** 201, *Dunz* VersR **86** 448). Diese Haftungsbeschränkung hängt nicht davon ab, dass festgestellt werden kann, der seelisch Geschädigte werde dieses Versagen nach Aberkennung des Rentenanspruchs überwinden (BGH NJW **65** 2293). Unfallbedingte organische Wesensveränderung ist keine Tendenzneurose (Nü VersR **76** 64). Zur Ersatzpflicht von Schäden infolge einer „traumatischen" (zweckfreien) Neurose auf Grund des Unfallerlebnisses, die zwar auf inadäquatem Verhalten des Geschädigten beruht, wenn solches Verhalten aber durch frühkindliche neurotische Fehlentwicklung bedingt ist, Fra JZ **82** 201 (abl *Stoll*).

8   Der Schadensersatzanspruch aus § 7 umfasst auch **Ansprüche auf Schmerzensgeld.** S. 2 hat insoweit nur klarstellende Bedeutung, indem er auf § 253 II BGB in der durch das 2. G zur Änderung schadensersatzrechtlicher Vorschriften v. 19.7.02 (BGBl. I S. 2674) geltenden Fassung Bezug nimmt. Die Neuregelung gilt gem. Art 229 § 8 EGBGB für nach dem 31.7.02 eingetretene Schadensereignisse. Die in § 253 II BGB getroffene Neuregelung gewährt einen einheitlichen, übergreifenden Anspruch auf Schmerzensgeld bei Verletzung der dort genannten Rechtsgüter (ua Verletzung des Körpers und der Gesundheit) ohne Rücksicht auf den Rechtsgrund der Haftung. Wegen der neben der Genugtuungsfunktion im Vordergrund stehenden Ausgleichsfunktion (BGHZ (GrS) **18** 149; BGH (VGS) NZV **17** 179 mAnm *Almeroth, Luckey* DAR **17** 263, *Jaeger* VersR **17** 449; KG VRS **104** 48, *Müller* DAR **02** 543) wird das Schmerzensgeld, das nur auf Gefährdungshaftung gestützt werden kann, nicht niedriger zu bemessen sein als bei Haftung aus fahrlässigem Verhalten (Ce NJW **04** 1185, *Wagner* NJW **02** 2054, *Lemcke* ZfS **02** 325, *Pauker* VersR **04** 1394, *Morgenroth* VGT **04** 188, krit *Katzenmeier* JZ **02** 1029, 1031). Hinsichtlich der Einzelheiten, die hier nicht zu erläutern sind, wird auf die Rspr. und Lit zu § 253 BGB verwiesen. Zur Abänderbarkeit einer Schmerzensgeldrente BGH NJW **07** 2745.

9   **4.** Höhe und Dauer des Ersatzes bei **Verminderung oder Aufhebung der Erwerbsfähigkeit** richten sich nach den Umständen (§ 287 ZPO). Verdienstausfall und sonstige Erwerbsminderung sind als konkreter Verdienstausfall nachzuweisen, nicht abstrakt nach dem ärztlich ermittelten Grad der Minderung zu bemessen (Rn. 11). Dabei kann der Tatrichter den Beweis krankheitsbedingter Arbeitsunfähigkeit idR als erbracht ansehen, wenn eine ärztliche Arbeitsunfähigkeitsbescheinigung vorliegt, und in der Folge, dass dem Arbeitnehmer, der berechtigterweise auf die ihm bescheinigte Arbeitsunfähigkeit vertraut und deshalb nicht arbeitet, hierdurch ein ersatzfähiger normativer Schaden entsteht (BGH DAR **20** 501 m. insoweit ablAnm *Burmann/Jahnke*). Bei unfallbedingter *vorzeitiger Versetzung in den Ruhestand* ist der Ausfall an Dienstbezügen bis zum fiktiven altersbedingten Ruhestand zu ersetzen (KG NZV **02** 172). Bei der Prognose darüber, welche Einkünfte der Geschädigte in der Zukunft ohne die Beeinträchtigung seiner Erwerbsfähigkeit erzielt hätte, sind nicht allein die Verhältnisse im Unfallzeitpunkt zugrunde zu legen, vielmehr ist auch die *wahrscheinliche künftige Entwicklung* auf der Grundlage seiner Ausbildung und seiner beruflichen Situation vor dem Schadensereignis zu berücksichtigen (BGH VersR **97** 366, **98** 770, DAR **99** 401; NJW **11** 1148), wobei dem Geschädigten die *Darlegungs- und Beweiserleichterungen* der § 252 BGB, § 287 ZPO zugute kommen (BGH NZV **02** 268, **98** 279, **95** 189, DAR **99** 401, NJW **95** 1023, **11** 1146; KG NZV **03** 191, VRS **106** 270, Kö VersR **00** 237, VRS **102** 408). Es wird idR von einem voraussichtlich durchschnittlichen Erfolg des Geschädigten in seiner Tätigkeit auszugehen und auf dieser Grundlage die weitere Prognose der entgangenen Einnahmen anzustellen sein, wobei verbleibenden Risiken durch Abschläge Rechnung getragen werden kann (BGH NJW **11** 1146). Dabei ist auch eine schon vor dem Unfall bestehende Schadensanlage zu berücksichtigen, die auch ohne das Schadensereignis zu einer massiven Beeinträchtigung der Leistungs- und Erwerbsfähigkeit und deren Folgen für das berufliche Fortkommen geführt hätte; insoweit ist eine Prognose des gewöhnlichen Laufs der Dinge ohne das Schadensereignis notwendig (BGH NJW **16** 3785). An die Pflicht des Geschädigten zur Darlegung konkreter Anhaltspunkte für eine Prognose sind keine zu hohen Anforderungen zu stellen (BGH DAR **99** 401). Erwerbsschaden kann nach § 485 II S. 1 Nr. 3 ZPO festgestellt werden; jedoch muss der Geschädigte ausreichende Tatsachen für die begehrte Feststellung durch den Sachverständigen vortragen (BGH NZV **10** 22). Zur Dauer der Rentenzahlung s. auch Rn. 19. Zu den Risiken der Einschaltung von durch die VU finanzierten „Reha-Diensten" *Lachner* NJW **15** 679.

4a. Bei selbstständiger unternehmerischer Betätigung sind im Wege der Differenzme- **10** thode (*Greger/Zwickel* § 29 Rn. 112 mwN) alle wesentlichen Wirkungen der Beeinträchtigung zu berücksichtigen, nicht schematisch nur die Zeit der Arbeitsunfähigkeit (BGH VersR **65** 979, **68** 970). Nicht Beeinträchtigung oder Verlust der Arbeitskraft begründet den Schaden, sondern erst der daraus erwachsene messbare Vermögensnachteil (st. Rspr., s. etwa BGHZ **54** 45 = NJW **70** 1411, VersR **92** 973; DAR **94** 113; NJW **18** 864; zusammenfassend *Horak* DAR **13** 762). Die Geltendmachung unfallbedingten Verdienstausfalls eines Selbstständigen setzt die Darlegung konkreter Anhaltspunkte für die hypothetische Geschäftsentwicklung voraus (BGH NJW **04** 1945; VersR **16** 415; NJW **18** 864; Sa VersR **00** 985); jedoch dürfen die Anforderungen insoweit wegen der damit verbundenen Schwierigkeiten nicht überspannt werden (BGH NJW **18** 864; **10** 1532; **04** 1945, NZV **93** 428, VersR **92** 973, KG NZV **03** 191, VRS **88** 115). Es gelten die Darlegungs- und Beweiserleichterungen der § 252 BGB, § 287 ZPO (Rn. 9). IdR ist zunächst an die Ergebnisse der dem Unfall unmittelbar vorausgehenden Jahre anzuknüpfen (BGH NJW **04** 1945, NZV **01** 210). Für die gerichtliche Beurteilung der voraussichtlichen Entwicklung der Erwerbstätigkeit sind neben den Verhältnissen im Unfallzeitpunkt auch Erkenntnisse aus unfallunabhängigen Entwicklungen *bis zur letzten mündlichen Verhandlung* zu berücksichtigen (BGH NJW **18** 864; **04** 1945, **99** 136 (Verlust der Betriebsräume)). Unfallunabhängige Faktoren wie Konjunkturentwicklung oder betriebliche Dispositionen mit negativen Auswirkungen sind von den Unfallfolgen abzugrenzen (KG NZV **05** 148 (Sachverständigengutachten)). Ein Mindererlös bei unfallbedingtem Verkauf des Unternehmens ist zu ersetzen (*Greger/Zwickel* § 29 Rn. 118). Wird hingegen bei vorzeitigem Verkauf wegen der zu dieser Zeit herrschenden Bedingungen ein höherer Preis erzielt als er bei Verkauf zum geplanten Zeitpunkt zu erzielen gewesen wäre, so kann dies im Wege des Vorteilsausgleichs anzurechnen sein (Sa NZV **07** 469). Geschäftsgewinn, der der **Gesellschaft** wegen Arbeitsunfähigkeit des geschäftsführenden Alleingesellschafters entgeht, kann dieser als eigenen Schaden ersetzt verlangen (BGHZ **61** 380 = NJW **74** 134, **77** 1283, Dü DAR **11** 580). Entgangene Tätigkeitsvergütung des GmbH-Alleingesellschafters: BGH NJW **71** 1136, des mitarbeitenden Gesellschafters mit Gewinnquote, wenn der Unfall die Quote schmälert: BGH VersR **67** 83, DAR **94** 116. Kein Verdienstausfallschaden des GmbH-Gesellschafters, der zugleich Alleingesellschafter ist, soweit die GmbH durch ersparte Gehaltszahlung entlastet ist (KG VRS **107** 263). Bezüge, die der GmbH-Gesellschafter/Geschäftsführer unfallbedingt verliert, sind zu ersetzen, auch wenn ein anderer Gesellschafter einspringt (BGH Betr **69** 2175), ebenso die des Geschäftsführers/Komplementärs, dem vertraglich ein vom Ertrag unabhängiges Gehalt zukommt (BGH VersR **67** 83, **65** 592, DAR **63** 191). Zum Ersatzanspruch des GmbH-Geschäftsführers, dessen Vergütung während seiner Arbeitsunfähigkeit weitergezahlt worden ist (BGH NJW **78** 40 (Tantieme)). Aus vorübergehender Arbeitsunfähigkeit des Komplementärs infolge des Unfalls erwächst der Gesellschaft kein Ersatzanspruch wegen Gewinnausfalls (BGH Betr **77** 395). Unfallbedingte Arbeitsunfähigkeit eines Mitgesellschafters bei gekürztem Gewinnanteil (BGH VersR **64** 1243, **65** 320 mAnm *Schmidt*, DAR **94** 116). Anders als bei einer Personengesellschaft erstreckt sich der Verdienstausfallanspruch eines ein Erwerbsgeschäft im Rahmen ehelicher Gütergemeinschaft betreibenden Verletzten nicht nur auf einen quotenmäßig bestimmten Anteil, sondern auf Kompensation des Gesamtschadens (BGH DAR **94** 113). Rspr. zum **Verdienstausfall bei freiberuflicher Tätigkeit:** Zur Berechnung des unfallbedingten Verdienstausfalls eines Architekten Fra VersR **79** 86, eines selbstständigen Apothekers Sa NZV **07** 469, eines selbstständigen Zahnarztes BGH NJW **18** 864 mAnm *C. Huber* NZV **18** 175, eines Tischlers BGH VersR **16** 415; eines Mitgesellschafters einer ärztlichen Gemeinschaftspraxis Ko NJW-RR **12** 598. Unfallbedingte Einbuße durch entgangenen Auftrag: KG NZV **03** 191. Zur abstrakten Berechnung des Verdienstausfalls eines freiberuflich tätigen Arztes Mü NJW **87** 1484. Kann ein Fahrlehrer unfallbedingt ausgefallene Fahrstunden nicht nachholen, ist der Ausfall zu ersetzen (Kleinbetrieb;

LG Nürnberg-Fürth VersR **72** 796). Erwerbsausfall bei einem Handwerksmeister: BGH VersR **61** 1140, NZV **97** 174, bei erst seit kurzer Zeit vor dem Unfall selbstständig tätigem verletztem Handwerker: Ce ZfS **06** 84, bei einem Taxiunternehmer: BGH VersR **66** 595, *Spengler* VersR **72** 1008, bei Verletzung des Fahrers und Beschädigung der Taxe BGH VRS **57** 325, bei Fuhrunternehmer BGH VersR **71** 82, des Werkstattinhabers bei weiterlaufenden Allgemeinkosten BGH VersR **69** 466, bei selbstständigem Gemüsegärtner BGH DAR **94** 113, bei Autohändler BGH VersR **66** 851, Handelsvertreter bei Wegfall der Aufstiegsmöglichkeit BGH VersR **63** 682, bei selbstständigem Kaufmann, dessen Geschäft sich trotz des Unfalls vergrößert BGH VRS **22** 1, bei erst seit wenigen Monaten selbstständiger Gastwirtin Hb VersR **97** 248, bei Alleingeschäftsführer einer diesem gehörenden Ein-Mann-GmbH BGH VersR **92** 1410, selbstständigem Landwirt BGH VersR **66** 1158, Ce VersR **69** 760 (Kredit für Hilfskräfte), bei Bildhauer nach Armverlust BGH VersR **69** 376, bei früherem Chefarztvertreter, jetzigem Landarzt Dü VersR **73** 929, bei Zahnarzt, Nü VersR **77** 63, **68** 481, Ha NZV **95** 316, bei selbstständigem Zahntechnikermeister BGH VersR **66** 445, bei freiberuflich beratender Betriebswirtin BGH VersR **72** 1068, bei erst seit kurzem selbstständiger Unternehmensberaterin KG VRS **88** 115, überhaupt bei Freiberuflern BGH NZV **93** 428, KG VM **96** 44, Ce NdsRpfl **63** 133. Weitere Rspr. bei *Scheffen* VersR **90** 928; Berechnungsbeispiele bei *Kendel* ZfS **07** 372. Macht ein UnfallVTräger wegen der Zahlung eines Verletztengelds nach § 45 I Nr. 1 SGB X einen **nach § 116 I SGB X übergegangenen Schadensersatzanspruch** geltend, ist der kongruente Erwerbsschaden des Selbstständigen nach den vorgenannten Grundsätzen für die Ermittlung des entgangenen Gewinns zu schätzen; ersatzfähig ist also nicht etwa das fiktiv berechnete Verletztengeld (BGH NJW **10** 1532).

11 **4b. Verdienstausfall und Fortkommensschaden.** Verdienstausfall, soweit durch den Unfall adäquat verursacht (BGH VersR **62** 281; BGH DAR **20** 501), ist **brutto und idR einschließlich der Steuern und Arbeitgeberanteile** zur Sozialversicherung zu ersetzen (BGHZ **43** 378, NJW **66** 199, **83** 1669, VRS **69** 401, NZV **92** 313, Ha VersR **85** 1194, Kö VersR **70** 426, Ce VersR **80** 582, KG Betr **78** 1541, VersR **75** 862, *Hartung* VersR **81** 1008, **86** 308), einschließlich der Arbeitgeberanteile zu privaten Pensionskassen (KG VersR **72** 352, VM **72** 52), jedoch ohne Arbeitgeberaufwendungen zur Unfallversicherung (BGH NJW **76** 326). Hinsichtlich der Arbeitgeberanteile ist aber der gesetzliche Forderungsübergang gem. § 119 I SGB X zu berücksichtigen, soweit die Beiträge vom Geschädigten selbst geltend gemacht werden (BGH NZV **99** 508). S. dazu, dass dem Unternehmer mangels Rechtsgutverletzung wegen des Ausfalls seines Arbeitnehmers kein eigener Anspruch auf Verdienstausfallschaden zusteht, BGH NJW **09** 355; NZV **17** 318. Ein Rechtsanspruch auf Lohn- oder Gehaltsfortzahlung bei Krankheit steht nicht entgegen (BGHZ **43** 378 = NJW **65** 1430, **66** 199, Kö VersR **64** 689, s. § 6 EFZG (Übergang des Ersatzanspruchs auf den Arbeitgeber; hierzu eingehend *Marburger* NZV **15** 578, *Diehl* ZfS **07** 543 sowie – entgegen BGH NJW **02** 128 – *Burmann/Jahnke* NZV **13** 313)). Gleiches gilt für eine vom Arbeitgeber auf der Grundlage einer Betriebsvereinbarung zu zahlende Ergebnisbeteiligung (BGH NZV **17** 318 (dort auch zur Berechnung) m teils kritAnm *C. Huber*). Zur Ermittlung des Bruttoverdienstausfalls ist dem Bruttoverdienst vor dem Unfall der *Brutto*verdienst aus anderweitiger, nach dem Unfall aufgenommener Tätigkeit gegenüberzustellen (BGH NZV **01** 210). Soweit der Erwerbsschaden durch **Leistungen der Sozialversicherung** abgedeckt wird, bedarf die Schadensberechnung nach dem hypothetischen Bruttoverdienst allerdings insoweit der Korrektur, als Steuervorteile (Einkommensteuerfreiheit von Versicherungsleistungen) und ersparte Sozialabgaben (Besserstellung des Rentenempfängers hinsichtlich der Krankenversicherungs- und Arbeitslosenversicherungsbeiträge) anzurechnen sind (BGH VRS **64** 86, **69** 401, DAR **88** 52). Zur Vermeidung ungerechtfertigter Besserstellung durch den Unfall wird teilweise – insbesondere auch vom 6. ZS des BGH – zur Berechnung des Verdienstausfalls auch eine sog **„modifizierte Nettomethode"** angewandt (fiktives Nettoeinkommen plus verbleibende Steuern und Sozialabgaben; BGHZ **127** 391 = NZV **95** 63 mAnm *Hofmann* VersR **95** 94, *Lange* JZ **95** 406, Mü VersR **05** 1150, Dü DAR **88** 23, Stu NZV **99** 631, *Stürner* JZ **84** 462, *Hofmann* NZV **93** 140, eingehend *Langenick* NZV **09** 257; 318; *Freymann* DAR **16** 246; *Dabitz* ZfS **16** 364; *Greger/Zwickel* § 29 Rn. 74). Die Berechnung nach der sog Bruttolohnmethode wird jedoch inzwischen auch vom BGH nicht mehr beanstandet (BGH DAR **88** 52, NZV **95** 63, **99** 508, **01** 210, *Scheffen* VersR **90** 927, *v. Gerlach* DAR **95** 221). Zu dem zu ersetzenden Erwerbsschaden gehört auch der Verlust des Anspruchs auf **Arbeitslosengeld** infolge Eintritts der Arbeitsunfähigkeit (BGH VersR **84** 862, NJW **84** 1811); die Leistungsfortzahlung nach § 126 SGB III vermag daran nichts zu ändern (BGH NJW **08** 2185). Das gilt wegen des Erfordernisses der Erwerbsfähigkeit (§ 7 IVa S. 1, § 31 I Nr. 2, 3 SGB II) auch für das Arbeitslosengeld II (BGH NJW **14** 303 mwN auch zur Gegenansicht). Zur Berücksichtigung **steuerlicher Auswirkungen** auf den Ersatzanspruch bei Verdienstausfall (Steuervorteile, Verlust von Steuervergünstigungen) BGH NJW **80** 1788, NZV **99** 508, VRS **59** 84, *Hofmann* VersR **80** 807, *Hartung* VersR **86** 308, *Kullmann* VersR **93** 385, s. auch Rn. 3. Soweit bei Haftung auf eine Quote zwischen Bruttolohn- und modifizierter Nettolohnmethode eine steuerliche Progressionsdifferenz besteht, ist dies dem Schädiger im Wege der Vorteilsausgleichung gutzubringen (BGHZ **127** 391 = NZV **95** 63 mAnm *Lange* JZ **95** 406, zust *Hofmann* VersR **95** 94). Unfallbedingte Vertreterkosten gehören zum Erwerbsschaden (BGH VersR **77** 916). Beweispflichtig für die Höhe des Ausfalls ist der Verletzte (BGH VRS **18** 241, Kö VersR **00** 237); ihm kommt jedoch die **Beweiserleichterung** des § 252 BGB und die Schadensschätzung nach § 287 ZPO zugute (Rn. 9). Zu ersetzen ist der **konkrete Verdienstausfall,** nicht eine gutachtlich abstrakte Erwerbsfähigkeitsminderung (BGH NJW **04** 1945, **95** 1023, VersR **91** 703, NJW-RR **91** 470, NZV **93** 428, **95** 189, KG VRS **88** 115, Fra VersR **82** 909, *Scheffen* VersR **90** 226). Im Wege der Vorteilsausgleichung sind **ersparte berufsbedingte Aufwendungen** (zB Fahrtkosten, Arbeitskleidung einschließlich Reinigung Fachliteratur, Verpflegungsmehraufwand anzurechnen, wobei die Rspr. überwiegend eine Pauschalierung (10% des Nettoeinkommens) zulässt (vgl. BGH NJW **11** 1145; Mü SVR **19** 222 *(Balke)*; Dr NJW-RR **20** 730; aM Dü DAR **15** 333). Der Ersatzanspruch wegen Verdienstausfalls endet nicht stets mit der Wiedererlangung der vollen Erwerbsfähigkeit (BGH VersR **91** 703). Kein Anspruch einer nicht erwerbstätigen Hausfrau auf Ersatz eines Verdienstausfallschadens ohne konkrete Tatsachen, die die Wahrscheinlichkeit einer Tätigkeitsaufnahme ohne den Unfall belegen (Fra MDR **95** 1012). Der Ersatzanspruch besteht bis zur Erlangung einer gleichwertigen Stelle (RG RdK **42** 7), sofern die fortbestehende Erwerbslosigkeit auch nach gesundheitlicher Wiederherstellung unfallbedingt ist (BGH VersR **91** 703), und nach der Lebenserfahrung vom Fortbestand des früheren Arbeitsverhältnisses ohne Unfall auszugehen ist (Ha ZfS **98** 459). An einem haftungsrechtlichen Zusammenhang kann es jedoch fehlen, wenn der Geschädigte die Schadensentwicklung dadurch beeinträchtigt, dass er **ohne unfallbedingten Grund** seine Arbeitsstelle aufgibt und sich einem anderen Beruf mit geringerem Einkommen zuwendet (BGH NJW **91** 3275; NZV **91** 265; NJW **18** 866; s. E 110). Für eine Unterbrechung des Zurechnungszusammenhangs ist allerdings eine klare Zäsur erforderlich, für deren Vorliegen der Schädiger die Beweislast trägt (BGH NJW **18** 866). Findet sich bei Teilarbeitsfähigkeit keine zumutbare Stelle, so ist der gesamte vorherige Durchschnittsverdienst zu ersetzen (BGH VersR **68** 396), auch Auslösung für auswärtige Arbeit, die auch ohne besondere Aufwendungen hierfür gewährt worden wäre (Fra MDR **64** 842, Mü VRS **66** 321). Ist die Weiterverwendung als qualifizierte Fachkraft nicht möglich, ist darauf abzustellen, wie sich die betrieblichen Verhältnisse bei Weiterbeschäftigung des Verletzten entwickelt hätten (BGH VersR **62** 824, **64** 76 (Modellschneiderin)). Bei einem ungelernten Arbeiter ist bei der Schätzung des Erwerbsausfalls dem besonderen Beschäftigungsrisiko Rechnung zu tragen (BGH NZV **02** 268).

Der arbeitsunfähige Verletzte hat idR Anspruch auf Ersatz der **Beiträge zur gesetzlichen** **11a** **sowie zu freiwilligen weiteren Rentenversicherungen** (BGHZ **46** 332 = NJW **67** 625, BGHZ **69** 347 = NJW **78** 155 mAnm *Buchmüller,* **78** 157, BGHZ **87** 181 = NJW **83** 1669, BGHZ **97** 330 = VersR **86** 592, 914, **87** 1048, NZV **91** 145, **94** 63; NJW **08** 1961; NZV **16** 29). Kein Anspruch des Pflichtversicherten dagegen auf die Beitragsdifferenz, wenn infolge unfallbedingter Minderung des Arbeitsverdienstes geringere Beiträge zur Sozial- und Arbeitslosenversicherung abzuführen sind (BGHZ **87** 181 = NJW **83** 1669). Führt ein Verkehrsunfall zu Behinderung und zu Tätigkeit des Geschädigten in Behindertenwerkstätte, so kann ein Schadensersatzanspruch gegen den Schädiger wegen der vom Bund gem. § 179 I S. 1 SGB VI an den Träger der Werkstätte erstatteten Rentenversicherungsbeiträge nur insoweit übergehen, als der Geschädigte hinsichtlich seiner rentenversicherungsrechtlichen Stellung einen konkreten Schaden erlitten hat; dies ist der Fall, wenn die vom Bund erstatteten Rentenversicherungsbeiträge nötig waren, um dem Geschädigten die Stellung in der Rentenversicherung zu erhalten, die er im Zeitpunkt des Unfalls inne hatte, oder wenn der Geschädigte während des in Frage stehenden Zeitraums ohne den Unfall aus sonstigen Gründen rentenversicherungspflichtig geworden wäre und deshalb Beiträge hätte abführen müssen (BGH VersR **07** 1536, s. auch LG Augsburg NZV **06** 214). Soweit keine gesetzliche Möglichkeit besteht, einer Verkürzung späterer Versicherungsleistungen durch Fortentrichtung von Beiträgen entgegenzuwirken, bleibt dem Verletzten nur konkrete Schadensberechnung nach Eintritt des Versicherungsfalls (BGHZ **97** 330 = VersR **86** 592, **87** 1048). Geht der unfallbedingt Erwerbsunfähige einer Beschäftigung nach, ohne im Rahmen der Schadensminderungspflicht dazu gehalten zu sein, so hat er Anspruch auf Ersatz der von ihm zu entrichtenden Rentenversicherungsbeiträge (BGH NZV **94** 63). Eine

Beschäftigung in einer Werkstatt für behinderte Menschen löst die Rentenversicherungspflicht aus (§ 1 S. 1 Hs. 1 SGB X), ohne dass nachträglich zu hinterfragen wäre, ob die der Aufnahme zugrunde liegende Prognose zutrifft (BGH NZV **16** 29). Durch unfallbedingten Berufswechsel (dazu auch Rn. 11) entstehende Mehraufwendungen für eine (freiwillige) **Krankenversicherung** sind erstattungspflichtig (Kar NZV **94** 396), jedoch nur tatsächlich erbrachte (BGH NZV **91** 145, 147). Für Schadensfälle nach dem 1.7.83 gehen Ansprüche auf Ersatz von Beiträgen zur Sozialversicherung **nach Maßgabe von § 119** S. 1 SGB X auf den SVTr über (BGHZ **97** 330 = VersR **86** 592, **87** 1048 mAnm *Hartung* VersR **87** 1050, BGH NZV **15** 284; **16** 29). Das gilt auch dann, wenn der Geschädigte seinen zuvor ausgeübten Beruf nicht mehr ausüben kann und eine Tätigkeit als Beamter aufnimmt (BGH NJW **08** 1961). Bei geringfügig Beschäftigten ohne versicherungspflichtige Hauptbeschäftigung ist die Vorschrift hingegen nicht anwendbar (Brn NZV **19** 258 (*Liborius*)). Zu den Folgeschäden der Körperverletzung kann auch die im Hinblick auf die Unfallverletzung **erhöhte Versicherungsprämie** einer bestehenden oder nach dem Unfall abgeschlossenen Krankentagegeldversicherung gehören (BGH DAR **84** 286). **Umschulungskosten** zur Erlangung der Qualifikation für einen wirtschaftlich und sozial gleichwertigen Beruf sind zu ersetzen, wenn die Umschulung im Zeitpunkt des Entschlusses zu dieser Maßnahme zur Vermeidung andernfalls zu erwartenden Erwerbsschadens sinnvoll erscheint (BGH VRS **63** 163, NZV **91** 265, Jn NJW-RR **99** 1408 (Prognoserisiko beim Schädiger), Schl VRS **80** 10, Fra VRS **82** 417, Ko VersR **95** 549). Bei Umschulung zu höherwertigem Beruf jedoch nur Ersatz der Kosten, die auch bei Ausbildung zu einem gleichwertigen Beruf entstanden wären, es sei denn, dass auf andere Weise eine berufliche Wiedereingliederung nicht möglich wäre (BGH NJW **87** 2741, Kar VRS **106** 91); iÜ keine Vorteilsausgleichung im Hinblick auf den Mehrverdienst (BGH NJW **87** 2741, s. auch Rn. 3). Ersatzfähig sind auch Kosten für die Beschäftigung in einer Werkstatt für behinderte Menschen und für Hilfen zum selbstbestimmten Leben in betreuten Wohnmöglichkeiten (BGH NZV **15** 284 (dort auch zum Anspruchsübergang auf an sich unzuständigen Rehabilitationsträger)).

12   **Verzögerte Berufsausbildung** (Prüfung) ist nach ihrem vermutlichen Einfluss unter Zugrundelegung eines gewöhnlichen Laufs der Dinge zu berücksichtigen (BGH NZV **01** 34, Ha VersR **00** 234, Fra NZV **98** 249, Nü VersR **68** 976, Ba VersR **67** 911 und Mü ZfS **84** 294 (je einjährige Verzögerung)). Maßgebend für die Prognose sind nicht statistische Wahrscheinlichkeiten, sondern Fähigkeit, Anlage, bisherige Ausbildung und soziale Bedingungen zur Unfallzeit (BGH NZV **01** 34, Kö NJW **72** 59). Bei kleinen Kindern können Bildung und Beruf der Eltern sowie die Entwicklung von Geschwistern als Anhaltspunkte für den hypothetischen Verlauf der Ausbildung und des Berufslebens mit herangezogen werden (BGH NJW **11** 1148; Kar DAR **89** 104, zum Ganzen *Freymann* DAR **13** 752). Generell sind zu hohe Anforderungen an die Konkretisierung nicht zu stellen (Rn. 9; Kö NJW-Spezial **14** 75). Jedoch muss hinreichende Wahrscheinlichkeit bestehen, woran es bei einer von einem Schüler beabsichtigten Ausbildung zum Piloten als Offizier der Luftwaffe angesichts einer generell verschwindend geringen Erfolgsquote der Absolventen fehlen kann (Ce ZfS **08** 16). Das Gleiche gilt für die angestrebte Beamtenlaufbahn nach Forstwirtschaftsstudium, wenn die Einstellung nur bei überdurchschnittlichen Studienleistungen erfolgt, der Geschädigte aber solche nicht erbracht hat (Kö NJW-Spezial **14** 75). Abbruch des Studiums und Aufnahme einer Erwerbstätigkeit: Fra NZV **98** 249 (näher *Eckelmann ua* DAR **83** 337, *Scheffen* VersR **90** 928). Verzögerung des Studiums infolge eines Vorlesungsstreiks, dem der Verletzte ohne den Unfall nicht ausgesetzt gewesen wäre (BGH NJW **85** 791), verzögerter Studienabschluss und um 1 Jahr verzögerte Aufnahme einer Erwerbstätigkeit KG NZV **06** 207. Wird durch den Unfall die beabsichtigte Ausbildung für einen **höher dotierten Beruf** (Studium) unmöglich gemacht und ergreift der Verletzte eine schlechter bezahlte Erwerbstätigkeit, so ist auch im Rahmen des § 11 StVG Ersatz zu leisten (Ha VersR **00** 234, *Steffen* DAR **84** 2). Zugrundezulegen ist die Differenz zwischen dem tatsächlichen und dem hypothetischen Einkommen im beabsichtigt gewesenen Beruf (§ 252 S. 2 BGB; Fra VersR **83** 1083, *Funk* VGT **84** 226, 238 ff., *Eckelmann ua* DAR **83** 346 ff., *Medicus* DAR **94** 442). Speziell zu jungen Geschädigten *Herkenhoff* NZV **13** 11.

13   Entgangenes Weihnachts- und **Urlaubsentgelt** ist zu ersetzen (BGH DAR **73** 17, NJW **96** 2296 m zust Bspr *Grunsky* JZ **97** 828, *Notthoff* ZfS **98** 163; BGH NZV **13** 585). Der Anspr. geht gem. § 6 I EFZG auf den Arbeitgeber über, soweit dieser dem Geschädigten für die Zeit seiner unfallbedingter Arbeitsunfähigkeit bezahlten Urlaub gewährt hat; bei der Berechnung des anteiligen Urlaubsentgelts ist der Gesamtjahresverdienst auf die Jahresarbeitstage unter Abzug der Urlaubstage umzulegen (BGH NZV **13** 585). Zur Frage des Ersatzes für entgangenen Urlaub § 16 Rn. 5.

Beamte haben bei Dienstunfall einen nach § 76 S. 1 BBG auf den Dienstherrn übergehen- **14** den Anspruch auf Ersatz des Bruttogehalts (BGH VRS **29** 84, **42** 76, NJW **64** 2007, Stu VersR **64** 691, KG VRS **24** 82, VersR **62** 841), jedoch nicht bei stundenweise ausfallender Arbeitszeit wegen ambulanter Behandlung (Bay MDR **69** 761). Weihnachtsvergütung ist anteilig zu erstatten (BGH Betr **72** 2301). Fällt das Übergangsgehalt wegen unfallbedingter Zurruhesetzung weg, so ist das Ruhegeld auf diesen Schaden nicht anzurechnen (BGH VRS **19** 415). Unfallausgleich neben Ruhegeld ersetzt einen Teil des Erwerbsverlusts (BGH VRS **15** 243, VersR **63** 137) und ist auf den zivilrechtlich zu ersetzenden Erwerbsschaden anzurechnen (KG NZV **02** 172). Werden Versorgungsbezüge gezahlt, so geht der Ersatzanspruch insoweit kraft Gesetzes auf den Dienstherrn über, doch kann dieser auf den unfallschuldigen Angehörigen nicht zurückgreifen (BGH NJW **65** 907). § 46 II BeamtVG steht dem Anspruchsübergang nicht entgegen (BGH NJW **13** 2351). Verbliebene Arbeitskraft: Rn. 17.

4c. Der verletzte **haushaltführende Ehegatte (zB Ehefrau)** hat eigene Ersatzansprüche **15** gem. §§ 842, 843 BGB zum Ausgleich seiner Tätigkeitsbehinderung (BGH NJW **68** 1823, **74** 1651, Ol NJW-RR **89** 1429). Zum Haushaltsführungsschaden teils mit Berechnungsbeispielen *Pardey* SVR **18** 81; 121; 161; *Balke* SVR **06** 321, 376; *Schröder* SVR **10** 98; *Burmann* DAR **12** 127; *Gräfenstein/Strunk* NZV **20** 176; *Wessel* DAR **20** 429; aus der Sicht des SozVerstr *Lang* DAR **20** 437; krit zur Bemessung in Deutschland im Vergleich zu Österreich und der Schweiz *Huber* DAR **10** 677; *Schah Sedi* DAR **16** 726). S. auch die Empfehlungen des AK IV des VGT 2010 DAR **10** 173. In Erfüllung einer gesetzlichen Unterhaltspflicht geleistete **Hausarbeit ist anderer Erwerbstätigkeit gleichwertig** (BGH NJW **72** 2217, **74** 41, Nü DAR **05** 629, Ko VRS **81** 337, Dü VersR **92** 1418, Ol VersR **93** 1491), jedoch nicht, soweit der berufstätige Ehegatte dem haushaltsführenden gewisse Hilfeleistungen erbringt („Hausmannsentschädigung"; Ol VersR **83** 890). Der zu ersetzende Ausfall bemisst sich nach der konkreten durch die Verletzung bedingten Behinderung (BGH NZV **90** 21, KG VRS **108** 9, Ha DAR **02** 450, Kö VRS **98** 403, *Ludwig* DAR **91** 402, *Pardey* DAR **94** 266). Auch bei einer Erwerbsminderung von nur 20 % und weniger kann im Einzelfall ein ersatzfähiger Haushaltsführungsschaden gegeben sein (Ce ZfS **05** 434, SVR **07** 147), wobei aber ein allgemeiner Verweis auf eine bestimmte prozentuale MdE oder der Fähigkeit zur Haushaltsführung nicht genügt, vielmehr im Einzelnen dargelegt werden muss, welche Tätigkeiten, die vor dem Unfall im Haushalt verrichtet wurden, unfallbedingt nicht mehr oder nicht mehr vollständig ausgeübt werden können (Ce SVR **07** 147, Dü NJW **11** 1152). Die Höhe des zu ersetzenden Schadens ergibt sich aus einem Vergleich zwischen der Arbeitsleistung, die ohne den Unfall erbracht worden wäre, und der verbliebenen Arbeitskraft (Fra VRS **70** 328, Ol VRS **71** 161, VersR **93** 1491). Hat der andere Ehegatte im Haushalt nicht mitgearbeitet, kann der verletzte haushaltsführende Ehegatte nicht auf diese Möglichkeit verwiesen werden (Ce ZfS **83** 291). Führen beide den Haushalt, so muss der in der Haushaltsführung beeinträchtigte Geschädigte, dessen haushaltsspezifische Erwerbsminderung sich je nach Art der jeweiligen Haushaltstätigkeit unterschiedlich auswirkt, im Rahmen der Schadensminderungspflicht die Arbeitsaufteilung entsprechend neu organisieren (KG VersR **05** 237). Soweit die Haushaltsführung nicht in Erfüllung der der Familie geschuldeten Unterhaltspflicht erfolgt, sondern **eigenen Bedürfnissen** dient, ist sie nicht einer Erwerbstätigkeit gleichzusetzen; insoweit gehört ihr Ausfall daher nicht zum Erwerbsschaden (auf den eine Verletztenrente nach §§ 570 ff., 580 RVO (alt) anzurechnen ist), sondern zur Schadensgruppe der vermehrten Bedürfnisse (BGH NZV **89** 387, NJW **85** 735, **74** 41, Ko VRS **81** 337, Ol VersR **93** 1491, Dü VersR **92** 1418). Der auf den Eigenbedarf entfallende Anteil bestimmt sich im Regelfall nach der Zahl der Personen (BGH NJW **85** 735). **Zu ersetzen** sind die Aufwendungen für Pflege und Haushaltshilfe (*Küppersbusch* Rn. 205), auch bei Unfall vor der Ehe (BGH NJW **62** 2248, Stu VersR **62** 73), auch wenn Verwandte oder Freunde unentgeltlich helfen (BGH VersR **63** 463, NZV **90** 21, Ro ZfS **03** 233, Stu FRZ **64** 267) oder einspringen könnten (BGH VRS **20** 81). Maßgebend ist nicht die pflichtgemäß zu erbringende Hausarbeitsleistung, sondern diejenige, die, wenn auch unter Anstrengungen, ohne den Unfall erbracht worden wäre, uU auch bis ins hohe Alter (BGH NJW **74** 1651, KG VRS **108** 9, Fra VRS **70** 328, Ol VRS **71** 161, Ol VersR **93** 1491), wobei keine Höchstaltersgrenze von 75 Jahren gilt (Ko DAR **17** 198; Fra BeckRS **20** 6204 m Nw zu früherer abw Rspr). Dazu muss der Geschädigte vortragen und darf sich nicht einfach auf die einschlägigen Tabellenwerke (dazu unten) berufen (KG DAR **16** 456). Verlust von Geschmacks- und Geruchssinn allein führt idR nicht zu einer Ersatzansprüche auslösenden Behinderung der Hausfrauenarbeit (Dü VersR **82** 881). Zur Berechnung des Umfangs der Behinderung einer verletzten Hausfrau Fra VersR **82** 981 mAnm *Hofmann, Vogel* VersR **81** 810, *Ludwig ua* DAR **91**

401 („Münchner Modell"), *Ludolph* VersR **92** 293, *Warlimont* ZfS **07** 431. Zur Berechnung bei einem Alleinstehenden Kö SVR **17** 345 m krit Bewertung *Pardey*.

15a Bei der **Berechnung des in behinderter Haushaltsführung bestehenden Schadens** ist die Höhe der zum Ausgleich erforderlichen Aufwendungen für eine Ersatzkraft heranzuziehen (BGHZ **38** 55 = NJW **62** 2248, KG VRS **108** 9, Ha DAR **02** 450, Kö VRS **98** 403, Fra VersR **82** 981, Dü VersR **92** 1418, Ol VersR **93** 1491), und zwar unabhängig davon, ob tatsächlich solche Aufwendungen gemacht werden (BGH NJW **68** 1823, NZV **90** 21, VersR **92** 618, KG VRS **108** 9, Ro ZfS **03** 233, Fra VersR **82** 981 mAnm *Hofmann*, VRS **70** 328, Ol VRS **71** 161, NJW-RR **89** 1429, Hb VersR **85** 646, *Grunsky* NJW **83** 2470). Zur Ersatzhöhe bei verminderter Hausarbeitsleistung einer berufstätigen Frau Fra VersR **80** 1122, abl *Schmalzl* VersR **81** 388, *Klimke* VersR **81** 1083. Im Rahmen des § 287 ZPO können die Tabellen von *Schulz-Borck/Hofmann* (6. Aufl), SE bei Ausfällen von Hausfrauen und Müttern im Haushalt, herangezogen werden, freilich nur in Ermangelung abweichender konkreter Gesichtspunkte (BGH NJW **09** 2060; KG VRS **115** 3; Dü NJW **11** 1152; Nü NJW-RR **16** 593; krit zu *Schulz/Borck/Pardey* (7. Aufl.) *Heß/Burmann* NZV **10** 8; s. auch *Pardey* DAR **10** 18). Fra NJW **19** 442 zieht unter Verwerfung des Tabellenwerks von *Pardey* das von *Schah Sedi* heran (Anm *Wambach* DAR **19** 43, *Engelbrecht* DAR **19** 44; *Slizyk* NZV **19** 357). Ce NJW-RR **19** 1306 hält sie – zu weitgehend – für gänzlich untauglich und zieht sie für die Schadensschätzung gar nicht mehr heran (dazu *Wessel* DAR **20** 429, 432 ff.). Hinsichtlich der Bemessung des **Stundensatzes einer Haushaltshilfe** sind die einschlägigen Tarifverträge heranzuziehen (vgl. BGH NJW **01** 149. **09** 2060 (grds. BAT); Auflistung der Stundensätze für 2015 bei *Nickel/Schwab* SVR **16** 169; für 2016 *Nickel* SVR **17** 132, für 2017 *Nickel/Schwab* SVR **18** 41; für 2018 *Nickel/Schwab* SVR **18** 454). Die Schätzgrundlagen sind mitzuteilen, weswegen eine pauschale Angabe nicht genügt (BGH NJW **12** 2024; aM vielfach die OLG, s. etwa Ce DAR **11** 136 (8 € pauschal) mAnm *Luckey* mwN; Mü VersR **11** 1012 (8,50 €), Ha SVR **13** 386 (9 €); Fra NJW **19** 442 (8,50 € entsprechend Mindestlohn); Ko DAR **15** 462; für die Beachtlichkeit der Leistungsgrenzen der gesetzlichen Unfallversicherung *Burmann/Jahnke* NZV **11** 473, *Balke* SVR **12** 422; *Bock* SVR **20** 171). Der Ersatzanspruch der Ehefrau wegen verminderter Hausarbeitsfähigkeit geht nur insoweit **nach § 116 I SGB X auf den SVTr über,** als die Hausarbeit als Beitrag zum Familienunterhalt der Erwerbstätigkeit gleichsteht; in diesem Rahmen besteht aber Kongruenz mit einer Verletztenrente aus der Unfallversicherung und dem Krankengeld, weswegen sich der Geschädigte diese Leistungen anrechnen lassen muss (BGH NJW **74** 41 (zu § 1542 alt RVO), **85** 735; KG VRS **115** 3; allgemein *Marburger* NZV **11** 477). Bei **Mitarbeit eines Ehegatten im Erwerbsgeschäft des anderen** stehen nur dem verletzten Teil Ersatzansprüche wegen Körperverletzung zu (BGH NJW **72** 2217). Die obigen Grundsätze gelten auch für eingetragene Lebenspartnerschaften, vgl. § 5 LPartG (Palandt/*Grüneberg* § 249 Rn. 66). Nach wohl überwiegender Rspr. jedoch kein Haushaltsführungsschaden in **nichtehelicher Lebensgemeinschaft,** soweit Haushaltsführung nicht auf rechtsverbindlicher Grundlage erfolgt (Dü VersR **92** 1418, NZV **07** 40, Kö ZfS **84** 132, Nü NZV **06** 209; Ce NZV **09** 400 (L), KG SVR **11** 102 *(Balke);* krit *Diederichsen* NJW **12** 641), uU aber auch, wenn die Haushaltsführung in der nichtehelichen Lebensgemeinschaft eine sinnvolle Verwertung der Arbeitskraft darstellt (Dü NZV **07** 40, abw LG Zweibrücken FamRZ **94** 955, Kar DAR **93** 391, aM *Huber* NZV **07** 1 mwN; s. auch *Huffmann* VGT **85** 91 ff., *Pardey* ZfS **07** 243, 303, *Lemcke* JbVerkR **99** 175 f., *Schirmer* DAR **07** 2, sowie Empfehlung des VGT **85** 9 und des VGT **07** (AK I), *Born* NZV **07** 121, *Jahnke* NZV **07** 329). Zur fehlenden Ersatzfähigkeit eines Haushaltsführungsschaden im Verhältnis zur hochbetagten Mutter Schl NJW **18** 1889).

15b **4d.** Verletzungsbedingte Beeinträchtigung der **häuslichen Mitarbeit des Kindes.** Kein eigener Anspruch des im Haushalt der Eltern unentgeltlich mitarbeitenden Kindes für unfallbedingte Unmöglichkeit einer Fortsetzung dieser Arbeit (Fra VersR **82** 909). Zum Ersatzanspruch der Eltern wegen entgangener Dienste des verletzten Hauskindes BGHZ **69** 380, VRS **54** 321, Ce NZV **06** 95. Den Eltern des Verletzten steht Ersatz wegen entgangener Dienste nur zu, soweit der Verletzte selber Ersatz fordern könnte, aber nicht fordert (BGHZ **69** 380 = NJW **78** 159).

16 **5. Die Schadensminderungspflicht** (*H. W. Schmidt* DAR **70** 293) des Verletzten, auch des vorsätzlich Verletzten (BGH VersR **64** 94), begrenzt den Schaden auf dasjenige, was nach pflichtgemäßer möglicher Minderung verbleibt (BGH NJW **67** 2053). Zumutbare, **ärztlich angeratene Behandlung,** wenn gefahrlos und Erfolg versprechend, muss wahrgenommen werden, wenn der Schädiger die Kosten übernimmt (BGH VersR **67** 953, **61** 1125, Ol VersR **65** 909), uU auch eine Operation (BGH NZV **94** 271, NJW **15** 1451; Kö VRS **4** 248), gleichfalls eine erfolgversprechende Psychotherapie nach posttraumatischer Belastungsstörung (Fra r+s **16** 314). Unvorhersehbare Gefahrumstände, die sich auch bei sorgfältiger Operation nicht ausschließen lassen, machen diese unzumutbar (BGH NZV **94** 271, Dü VersR **75** 1031), ebenso erhebliche Schmerzhaftigkeit des Eingriffs (BGH NZV **94** 271). Ablehnung einer Hüftgelenkoperation verletzt § 254 BGB nicht (Ol NJW **78** 1200).

Verbliebene Arbeitskraft muss der Verletzte in zumutbarer Weise schadensmindernd ver- **17** wenden (BGH NJW **67** 2053, VersR **83** 488, NZV **91** 145, **92** 313, **96** 105, **97** 435, Kö VersR **91** 111, Fra NZV **93** 471, Schl NZV **15** 42; *Scheffen* VersR **90** 933). Kein Verstoß gegen die insoweit bestehende Schadensminderungspflicht, wenn er zur Verwertung verbliebener Arbeitskraft nicht in der Lage ist (BGH NZV **96** 105, **97** 435) oder wenn nicht angenommene oder aufgegebene Arbeit nicht zumutbar ist (KG NZV **02** 95 (mit Beispielen für die entscheidenden Kriterien), Fra ZfS **02** 20 (Verstärkung der unfallbedingten Beschwerden durch die betreffende Tätigkeit)). Sein Verdienstausfall entspricht dann der Differenz zwischen den vor und nach dem Unfall erzielten Einkünften; nach dieser Differenz ist auch eine etwaige Haftungsquote des Schädigers zu berechnen (BGH NZV **92** 313). Der Geschädigte ist nicht unter Verzicht auf ihm zustehende soziale Altersversorgung allein im Interesse der Geringhaltung des Schadens zur Weiterbeschäftigung mit der verbliebenen Arbeitskraft verpflichtet (Inanspruchnahme des Altersruhegeldes infolge des Unfalls mit 63 statt mit 65 Jahren; BGH NJW **82** 984). Im Rahmen des Zumutbaren muss der Geschädigte an Umschulungsmaßnahmen teilnehmen (BGH NZV **91** 145, **97** 435, Kö VersR **91** 111). Setzt die Annahme einer zumutbaren Arbeit die Anschaffung eines Pkw voraus, so verletzt er seine Schadensminderungspflicht, wenn er das Fz nicht anschafft und die Stelle nicht antritt, obwohl Anschaffung und Nutzung eines Fz zumutbar wären (BGH NZV **99** 40). Dass der Geschädigte eine zumutbare Tätigkeit nicht aufgenommen hat, hat der Schädiger zu beweisen (BGH NJW **79** 2142, Kö VersR **00** 237). An die **Beweislast** des Schädigers insoweit sind aber keine zu hohen Anforderungen zu stellen; der Geschädigte muss dartun, welche Arbeitsmöglichkeiten ihm zumutbar und durchführbar erscheinen und was er in dieser Richtung unternommen hat (BGH NJW **79** 2142, **07** 64, Kö VersR **00** 239) und warum er ein konkret nachgewiesene zumutbare Arbeitsmöglichkeit nicht genutzt hat (BGH NJW **79** 2142). Soweit ein infolge des Unfalls in den Ruhestand versetzter **Beamter** trotz verbliebener Arbeitskraft keiner zumutbaren anderweitigen Tätigkeit nachgeht, obwohl ihm dies möglich wäre, setzt er sich dem Einwand unterlassener Schadensminderung aus; die entsprechende Anspruchsminderung wirkt sich jedoch zunächst zu Lasten seines Dienstherrn als Legalzessionar aus, dh, der Beamte darf, soweit ihm ein Quotenvorrecht zusteht (zB § 87a BBG), aus seinem Anspruch gegen den Schädiger den ihm trotz Pension verbleibenden Schaden ausgleichen (BGH VRS **65** 91, Fra NZV **93** 471, Kar VRS **93** 250). Während eines sog. Sabbatjahrs erleidet ein Beamter keinen Verdienstausfall (Stu NZV **18** 529 (*Liborius*)). Zur Schadensminderungspflicht des vorzeitig Pensionierten s. auch BGH VersR **69** 75, **83** 488. Der Einwand verletzter Minderungspflicht besteht auch gegenüber dem Rückgriff des Dienstherrn des verletzten Beamten (BGH NJW **67** 2053). Auch in diesen Fällen kommt dem geschädigten Beamten im Verhältnis zum Dienstherrn als Legalzessionar das Quotenvorrecht des § 87a S. 2 BBG zugute (BGH VersR **83** 488). **Überstunden** auf Kosten der Freizeit muss sich der Verletzte nicht anrechnen lassen (Dü DAR **69** 157). Wirtschaftliche Risiken zwecks Verwertung der Restarbeitskraft muss der Verletzte nicht eingehen (BGH Betr **74** 235 (Eröffnung neuer Arztpraxis)). Nach § 254 II BGB nicht zumutbare Erwerbstätigkeit verkürzt den Ersatzanspruch nicht (BGH Betr **74** 235). Hätte ein selbstständiger **Kaufmann** den unfallbedingt aufgegebenen Betrieb bei Einstellung einer Hilfskraft fortführen können, so sind ihm nur die Kosten zu ersetzen, die durch Beschäftigung einer solchen Kraft entstanden wären (Ko VersR **91** 194).

6. Ein Vermögensnachteil durch Vermehrung der Bedürfnisse des Verletzten ist ein- **18** getreten, wenn die Bedürfnisse vermehrt, nicht erst, wenn sie bereits befriedigt worden sind (RGZ **151** 298, BGH NJW **58** 627, VRS **39** 163; zum Ganzen *Zoll* NJW **14** 967). Vermehrung der Bedürfnisse (abzugrenzen von Heilungskosten, BGH NJW **19** 362): Ständig wiederkehrende Aufwendungen, die nicht der Wiederherstellung der Gesundheit oder Erwerbsfähigkeit dienen, sondern dem Ausgleich aller Nachteile im Vergleich zu einem Gesunden infolge unfallbedingter dauernder Störung des körperlichen Wohlbefindens wie laufende Mehrausgaben zur Besserung und Linderung verbliebener Beschwerden oder Abwendung einer Verschlimmerung, unfallbedingte Mehraufwendungen für Prothesen, Kleidung, Diät, Kuren, Haushaltshilfen, Benutzung von VMitteln, ggf. Kfz (BGH NZV **04** 195, VersR **92** 618, NJW-RR **92** 791, NJW **82** 757, Ha

DAR **03** 118, VRS **100** 321, Nü DAR **01** 366, KG DAR **71** 296, *Drees* VersR **88** 784). Dazu gehören sowohl die Kosten für die Beschäftigung einer Pflegeperson als auch der Betreuungsaufwand naher Angehöriger, der über die üblicherweise im Krankheitsfall zu erwartende persönliche Zuwendung innerhalb der Familie hinausgeht, wobei sich die Höhe grds. nach dem Nettoverdienst einer vergleichbaren entgeltlichen Pflegekraft bemisst, nicht nach dem Verdienstausfall des Angehörigen (BGH NJW **82** 757; **99** 421; 2819; **11** 2357; **19** 362; 2607). Auch durch Familienangehörige unentgeltlich erbrachte **Pflegetätigkeit** ist vom Schädiger abzugelten (BGH NJW **89** 766, NZV **99** 76; NJW **19** 362; 2607) einschließlich die im Rahmen von § 44 SGB XI für die Pflegeperson zu entrichtenden Rentenversicherungsbeiträge (BGH NZV **99** 76). Der ersatzfähige Aufwand zur Befriedigung vermehrter Bedürfnisse bestimmt sich nach den Dispositionen, die ein verständiger Geschädigter in seiner Lage treffen würde; eine für alle Fallgestaltungen geltende Obergrenze, wonach der Ersatz der für die häusliche Pflege anfallenden Kosten generell auf den doppelten Betrag (oder ein anderes Vielfaches) der jeweiligen Heimunterbringungskosten beschränkt wäre, existiert nicht (BGH NJW **19** 362 mAnm *Filthaut*). Auch die Kosten für die Unterbringung eines über 70 Jahre alten Geschädigten in einem Tagespflegeheim (Kö MDR **89** 160), oder die Kosten, die für die Beschäftigung des Geschädigten in einer Behindertenwerkstatt aufgewendet werden müssen, rechnen hierher (BGH NJW **96** 726, Ha VRS **81** 322, **100** 321). Pflegeleistungen der Mutter des verletzten Kinds kommen dem Schädiger auch dann nicht zugute, wenn eine Verletzung der Obhutspflicht der Mutter für die Schädigung mitursächlich war (BGH NJW **04** 2892). Ist es dem Geschädigten nicht zuzumuten, täglich zur Arbeit in einen anderen Ort zu fahren, so ist ihm der erhöhte Aufwand für eine Wohnung am künftigen Arbeitsort zu ersetzen (Ce VersR **62** 292). Soweit **einmalige Aufwendung,** zB Anschaffung eines Hilfsmittels, den ständigen Mehrbedarf deckt, kann abw von § 13 (Rente) Ersatz der einmaligen Kosten verlangt werden (BGH NZV **05** 629 mAnm *Huber* NZV **05** 620, NZV **04** 195, NJW **82** 757, Mü VersR **03** 518, Rollstuhl, elektronische Schreibhilfe, behindertengerechter Ausbau des Hauses). Die Ersatzpflicht setzt verletzungsbedingten Bedarf voraus (BGH NZV **04** 195). Bei Gehbehinderung infolge Unfalls kann **Kostenzuschuss zum notwendigen Kfz** in Betracht kommen (BGH NZV **04** 195, VersR **70** 899, Ce VersR **75** 1103) oder zur Sonderausstattung des Fz (BGH NZV **04** 195). Ist der Verletzte infolge seiner durch den Unfall erlittenen Verletzungen auf einen Pkw angewiesen, steht ihm wegen der dafür erforderlichen Aufwendungen ein Ersatzanspruch nur insoweit zu, als er diese nicht auch ohne den Unfall machen würde (BGH VersR **92** 618 (Mehrkosten für Automatikgetriebe), Mü DAR **84** 58, Stu ZfS **87** 165). Kein Anspruch auf Erstattung der Kosten für behindertengerechten Umbau eines Krades, wenn die Mobilität des Verletzten durch einen entsprechend ausgestatteten Pkw hergestellt wird (BGH NZV **04** 195 (Ausgleich durch Schmerzensgeld, krit *Huber* NZV **05** 621)), desgleichen nicht Anspruch eines begeisterten Radf auf Anschaffungskosten für ein E-Bike, wenn Kfz zur Verfügung steht (Nü NJW-RR **16** 593). Nicht ersatzfähig ist die nur gelegentlich unfallbedingter Krankheit erfolgte Anschaffung von Gegenständen des allgemeinen oder gehobenen Lebensstandards wie Bücher, Unterhaltungsmittel, Fernsehen usw. (Nü ZfS **83** 132). Kosten für unfallbedingt **verlängerte Schulausbildung** können nicht als vermehrte Bedürfnisse geltend gemacht werden (BGH NJW-RR **92** 791). Zu ersetzen sind auch unfallbedingte Erhöhungen der Prämie für **Lebensversicherung** (Mü NJW **74** 1203, Zw NZV **95** 315). Auch Aufwendungen die dadurch entstehen, dass der Verletzte **handwerkliche Arbeiten** in seinem Haushalt oder Bauvorhaben nicht mehr selbst ausführen kann, sind als vermehrte Bedürfnisse ersatzpflichtig (BGH NZV **89** 387 mAnm *Grunsky,* **90** 111, Mü NZV **90** 117, Kö VersR **91** 111 (je Bauvorhaben), Ha NZV **89** 72, Zw NZV **95** 315). Der Geschädigte muss Umstände darlegen und beweisen, aus denen sich die Wahrscheinlichkeit für die konkrete Beabsichtigung solcher Arbeiten ergibt (Ha NZV **95** 480).

19   **7. Art des Schadensersatzes.** Geldrente: § 13 StVG. Künftige Entwicklungen, soweit schon beurteilbar, sind zu berücksichtigen, bei späterer wesentlicher Veränderung Abänderungsklage (BGHZ **34** 118). Der Geschädigte darf Geldersatz beliebig ohne Zweckbindung verwenden (BGH VersR **69** 907). Er kann bei Ansprüchen aus dem StVG Unterhalt und Heilungskosten auch für die Vergangenheit als Rente verlangen (BGH VersR **64** 777). Die Rente wegen Verdienstausfalls ist im Urteil **auf die voraussichtliche Dauer der Erwerbstätigkeit zu begrenzen** (BGH DAR **88** 52, NZV **95** 441, 480, *Weber* DAR **88** 194). Da vom derzeit normalen Ruhestandsalter auszugehen ist, ist die Rente für Verdienstausfall bei Nicht-Selbstständigen grundsätzlich auf die Vollendung des 65. bzw. 67. Lebensjahrs zu begrenzen (vgl. BGH NZV **04** 291, **94** 63, **95** 441, 480 (auch bei Frauen) mAnm *Frahm* VersR **95** 1448, DAR **88** 52, Nü

VersR **86** 173, Stu VersR **99** 631, *Weber* DAR **88** 194, *G. Müller* VersR **05** 1470). Etwaiges früheres Ausscheiden des Geschädigten aus dem Erwerbsleben auch ohne den Unfall hat der Schädiger zu beweisen (Zw VRS **78** 16). Der Verletzte braucht sich nicht geldliche Leistungen aus Privatversicherungen anrechnen zu lassen.

Höchstbeträge

12 (1) [1] Der Ersatzpflichtige haftet

1. im Fall der Tötung oder Verletzung eines oder mehrerer Menschen durch dasselbe Ereignis nur bis zu einem Betrag von insgesamt fünf Millionen Euro, bei Verursachung des Schadens auf Grund der Verwendung einer hoch- oder vollautomatisierten Fahrfunktion gemäß § 1a nur bis zu einem Betrag von insgesamt zehn Millionen Euro; im Fall einer entgeltlichen, geschäftsmäßigen Personenbeförderung erhöht sich für den ersatzpflichtigen Halter des befördernden Kraftfahrzeugs bei der Tötung oder Verletzung von mehr als acht beförderten Personen dieser Betrag um 600 000 Euro für jede weitere getötete oder verletzte beförderte Person;

2. im Fall der Sachbeschädigung, auch wenn durch dasselbe Ereignis mehrere Sachen beschädigt werden, nur bis zu einem Betrag von insgesamt einer Million Euro, bei Verursachung des Schadens auf Grund der Verwendung einer hoch- oder vollautomatisierten Fahrfunktion gemäß § 1a, nur bis zu einem Betrag von insgesamt zwei Millionen Euro.

[2] Die Höchstbeträge nach Satz 1 Nr. 1 gelten auch für den Kapitalwert einer als Schadensersatz zu leistenden Rente.

(2) Übersteigen die Entschädigungen, die mehreren auf Grund desselben Ereignisses zu leisten sind, insgesamt die in Absatz 1 bezeichneten Höchstbeträge, so verringern sich die einzelnen Entschädigungen in dem Verhältnis, in welchem ihr Gesamtbetrag zu dem Höchstbetrag steht.

Begr zum ÄndG v. 10.12.07 (BT-Drs. 16/5551 S. 18): *Die … Neufassung des Abs. 1 … ist durch* **1** *Art 2 der 5. KH-RL bedingt, der die Mindestversicherungssummen in Art 1 II der 2. KH-RL erhöht. Denn nach der Rspr. des EuGH (Urteil vom 14.9.00, pC 348/98) ist es nicht zulässig, wenn die Haftungshöchstbeträge des nationalen Rechts unter den in der 2. KH-RL festgesetzten Mindestversicherungssummen liegen. …*

In … Nr. 1 Hs. 1 wird … der Haftungshöchstbetrag für Personenschäden … auf die nunmehr in Art 1 IIa der 2. KH-RL vorgesehene Mindestversicherungssumme von 5 Mio € je Schadensfall festgesetzt. Der … individuelle Haftungshöchstbetrag von 600 000 € (§ 12 I Nr. 1), verbunden mit einem globalen Haftungshöchstbetrag von 3 Mio € je Schadensfall (§ 12 I Nr. 2 Hs. 1), wird damit durch einen globalen Haftungshöchstbetrag von 5 Mio € ersetzt. Der individuelle Haftungshöchstbetrag fällt ersatzlos weg, da der neue Art 1 IIa der 2. KH-RL nur erlaubt, die Mindestversicherungssumme entweder je Unfallopfer oder je Schadensfall festzusetzen. Die … Kombination eines individuellen und eines globalen Haftungshöchstbetrags mit der Folge, dass bis zur Erreichung des globalen Haftungshöchstbetrags immer die geringere individuelle Haftungshöchstsumme gilt, ist damit nicht mehr zulässig. …Für die ganz überwiegende Zahl der Unfälle, in denen nur eine oder wenige Personen schwerste Verletzungen erleiden, steht eine erheblich höhere Summe … pro Person zur Verfügung, da … die volle Summe von 5 Mio € ausgeschöpft werden kann. …

Da das Gemeinschaftsrecht allein einen Kapitalbetrag als Haftungshöchstbetrag vorgibt, muss der bisher in § 12 I Nr. 2 neben dem Kapitalbetrag vorgesehene jährliche Rentenbetrag als Haftungshöchstgrenze entfallen. Andernfalls würde ein Kapitalisierungsfaktor vorausgesetzt, der europarechtlich nicht vorgegeben ist und der daher nicht gewährleistet, dass der vorgegebene Kapitalbetrag auch im Einzelfall tatsächlich zur Verfügung steht. Künftig soll daher allein der als Kapitalbetrag festgelegte Haftungshöchstbetrag … maßgeblich sein, was freilich für den Rechtsanwender bedeutet, dass er den Kapitalwert der Rente im Einzelfall ermitteln muss. Dies stellt der neue S. 2 nochmals ausdrücklich klar.

Nr. 1 Hs. 2 sieht eine Erhöhung der Haftungshöchstsumme … vor, wenn mehr als 8 beförderte Personen verletzt oder getötet werden. Bisher galt nach § 12 I Nr. 2 Hs. 2 zugunsten verletzter oder getöteter beförderter Personen die globale Haftungshöchstgrenze von 3 Mio € nicht, so dass alleine die individuelle Haftungshöchstgrenze des § 12 I Nr. 1 zur Anwendung kam. Folglich stand auch bei der Verletzung von mehr als 5 beförderten Personen für jede Person jedenfalls eine Haftungssumme von 600 000 € zur Verfügung. Da die 5. KH-RL nicht erlaubt, eine Kombination aus individueller und globaler Haftungshöchstgrenze vorzusehen, scheidet eine Beibehaltung dieser Regelung allerdings aus. Die gewünschte Privilegierung der beförderten Personen im Fall der entgeltlichen, geschäftsmäßigen Personenbeförderung kann jedoch … er-

reicht werden, indem der globale Haftungshöchstbetrag in der Weise erhöht wird, dass idR weiterhin für jede beförderte Person mindestens eine Haftungssumme von 600 000 € zur Verfügung steht. ...

Die ... Änderungen des Abs. 2 sind Folgeänderungen .... Durch die Verweisung auf den gesamten Abs. 1 gilt die anteilige Verringerung der einzelnen Entschädigungen für alle in Abs. 1 genannten Haftungshöchstbeträge.

1a   **Begr** zum ÄndG v. 16.6.2017 (BT-Drs. 18/11300). **Zu Abs. 1 Nr. 1 und 2:** *Die Ergänzung von § 12 StVG dient dem Schutz des Opfers eines Unfalls im Zusammenhang mit dem Betrieb eines Fz mit hoch- oder vollautomatisierten Fahrfunktionen gemäß § 1a StVG (neu). Bei Unfällen, die mit derartigen Fz aufgrund eines Systemversagens verursacht werden, wird die Haftungshöchstgrenze in § 12 StVG erhöht. Mangels vorhandener Erfahrungen mit hoch- oder vollautomatisierter Fahrfunktionen sind diese Höchstbeträge pauschal um 100 % angehoben worden. Da den FzF im Falle eines unvermeidbaren Unfalls aufgrund technischen Versagens kein Verschulden trifft und dieser somit weder gemäß § 823 BGB noch gemäß § 18 StVG für den Ersatz des Schadens eintritt, verbleibt es bei einer Pflicht zum Schadensersatz durch den Halter des Kfz gemäß § 7 StVG (Gefährdungshaftung). Die Erhöhung des Haftungshöchstbetrags erscheint in diesen Fällen angezeigt, weil die der Höhe nach unbeschränkte verschuldensabhängige Haftung des Fahrers entfällt.*

Übersicht

1. Haftungshöchstbeträge bestimmt § 12 als Ausgleich dafür, dass die Ersatzpflicht kein Ver- **1b** schulden voraussetzt. Der Gedanke der Ermöglichung erträglicher Haftpflichtversicherungsbedingungen (RGZ **147** 355, *Greger/Zwickel* § 20 Rn. 1) hat wegen der durch die Versicherung mit abgedeckten deliktischen Haftung nur mehr untergeordnete Bedeutung. § 12 beinhaltet eine echte Begrenzung der Leistungspflicht (BGH NZV **97** 36), wobei der für den Unfallzeitpunkt maßgebende Höchstbetrag zugrunde zu legen ist (Ce OLGR **07** 505). Bei Altfällen („alten" Feststellungsurteilen) können allerdings spätere Haftungshöchstgrenzen anzuwenden sein (eingehend *Höffmann* DAR **11** 447). Durch ÄndG v. 10.12.07 wurden die Haftungshöchstbeträge deutlich erhöht und die vormals geltende Kombination von individuellen und globalen Höchstgrenzen durch globale Haftungshöchstgrenzen ersetzt. Damit trug der Gesetzgeber EuGH NZV **01** 122 Rechnung, wonach es auch im Rahmen der (vom Gemeinschaftsrecht an sich nicht vorgeschriebenen) Gefährdungshaftung nicht zulässig ist, wenn die Haftungshöchstbeträge des nationalen Rechts unter den in Art 1 IIa der 2. KH-Richtlinie idF von Art 2 der 5. KH-Richtlinie festgesetzten Mindestversicherungssummen liegen (Begr Rn. 1). Mit dem 8. StVG-ÄndG v. 16.6.2017 (s. bei § 1a) sind die Höchstgrenzen bei Schadensverursachung aufgrund der Verwendung einer hoch- oder vollautomatisierten Fahrfunktion nach § 1a verdoppelt worden; damit soll mangelnder Erfahrung in diesem Bereich und Opferschutzinteressen sowie dem Umstand Rechnung getragen werden, dass der FzF idR nicht deliktisch haftet (Begr Rn. 1a). Ein gesetzgeberisches Versehen dürfte es darstellen, dass nicht zugleich die Mindestdeckungssummen in der HaftpflVers gem. § 4 II PflVG iVm Anlage Nr. 1a, b angepasst wurden (*C. Huber* NZV **17** 545; dazu auch Empfehlung Nr. 4 des 56.VGT 2018 AK II sowie BRat in BT-Drs. 18/11534 S. 6 zu Nr. 9). I S. 1 Nr. 1 Hs. 1 legt die Haftungshöchstgrenze im Fall der *Verletzung oder Tötung eines oder mehrerer Menschen* einheitlich auf 5 Mio € bzw. auf 10 Mio € (§ 1a) fest. Die Höchstgrenze kann auch dann voll ausgeschöpft werden, wenn nur ein Mensch verletzt oder getötet wird (zu Mehrfachschäden Rn. 3a). Für den Fall der entgeltlichen geschäftsmäßigen Personenbeförderung (s. zu § 8a) stellt I S. 1 Nr. 1 Hs. 2 sicher, dass mindestens 600 000 € pro Person zur Verfügung stehen. Die Höchstbeträge nach I S. 1 gelten nach S. 2 auch für den Fall einer *Rentenzahlungsverpflichtung;* abw vom früheren Recht (jährlicher Rentenbetrag) muss deshalb der Kapitalwert der Rente im Einzelfall ermittelt werden (Begr). Auf 1 Mio € bzw. 2 Mio € (§ 1a) angehoben wurde der Haftungshöchstbetrag für *Sachschäden* (I S. 1 Nr. 2). Bei Zusammentreffen von Personen- und Sachschäden können die jeweiligen Haftungshöchstbeträge ausgeschöpft werden (*Greger/Zwickel* § 20 Rn. 9). Höhere Höchstbeträge gelten nach § 12a (anwendbar für Schadensereignisse nach dem 31.7.02; Art 229 § 8 I EGBGB) bei Beförderung gefährlicher Güter. Unbegrenzte Haftung besteht gem. § 12b (gleichfalls anwendbar für Schadensereignisse ab 1.8.02; Art 229 § 8 I EGBGB) bei Schadensverursachung beim Betrieb eines gepanzerten GleiskettenFz.

Die Höchstbeträge gelten für die Haftung des Halters oder Führers eines Kfz bzw. Anhän- **2** gers nach §§ 7, 18 bzw. 19, 19a StVG. Sie sind unabhängig vom Mitverschulden des Verletzten, können also voll zugebilligt werden, auch wenn die Ersatzpflicht nur für einen Bruchteil anerkannt ist (RGZ **87** 402, **123** 40, RG JW **30** 2943 Nr. 13, Mü ZfS **03** 176). Der nur nach StVG haftende Halter hat nie mehr als die Höchstbeträge zu ersetzen (BGH DAR **57** 129; Ce OLGR **07** 505). Jedoch beschränkt § 12 im Rahmen des § 17 nur die Beträge, deren Zahlung dem Halter auferlegt werden soll, hindert aber nicht, dem geschädigten Halter, dem nach § 17 I und IV die Schadensverursachung mit zur Last fällt, einen Teil seines Schadens auch aufzuerlegen, wenn er über die Höchstgrenzen des § 12 hinausgeht (RGZ **149** 213, BGH VRS **11** 107; krit *Greger/Zwickel* § 22 Rn. 94). Die Ansprüche umfassen alle aus demselben Ereignis herrührenden Schäden (Heilungskosten, Unterhalt, Beerdigung, Sachschäden usw; s. zu §§ 10, 11). Rechtsverfolgungskosten sind jedoch nicht einzurechnen (BGH MDR **70** 124).

Zahlungen anderer auf die Schuld des nach § 12 beschränkt Haftenden mindern den Be- **3** trag des dem Verletzten geschuldeten Schadensersatzes (BGH VersR **57** 427). Die auf den Höchstbetrag begrenzte Leistungspflicht kann nicht nur durch Zahlung, sondern auch auf andere Weise (zB Erlass) zum Erlöschen gebracht werden (BGH NZV **97** 36). Bei Wegfall eines Gesamtgläubigers darf der andere den Haftungshöchstbetrag ausschöpfen (BGH NJW **79** 2039). Erreicht der für die Vergangenheit geltend gemachte Schaden den Höchstbetrag nicht, so hindert es die Zuerkennung nicht, wenn zugleich die Feststellung begehrt wird, dass der Schädiger auch für künftige Schadensfolgen hafte (BGH VRS **22** 180). Bei der Prüfung, ob die Höchstbeträge erreicht sind, sind die Beträge zu berücksichtigen, die auf den SVTr übergegangen sind (BGH VersR **62** 374). Im Tenor eines **Feststellungsurteils** über Ansprüche nach §§ 7 I, 18 sollte die Beschränkung auf die Höchstbeträge ausdrücklich ausgesprochen werden. Hat das LG den zuerkannten Anspruch nicht gemäß § 12 begrenzt, so hat das Berufungsgericht die Formel auch ohne Antrag zu berichtigen (BGH VRS **23** 348, Ce OLGR **07** 505, Brn r+s **12** 619). Keine Beschwer für ein Rechtsmittel jedoch, wenn der Schaden die Höchstbeträge offensichtlich nicht übersteigt oder die Entscheidungsgründe erkennen lassen, dass sich die Ersatzansprüche allein auf §§ 7 I, 18 gründen (BGH VersR **81** 1180, VRS **76** 99, KG VRS **106** 272). Stützt der Geschädigte seine Klage ausdrücklich (nur) auf Gefährdungshaftung, so kann die Auslegung eines **Vergleichs** Haftungsbegrenzung nach § 12 ergeben, auch wenn eine schriftliche Begrenzung im Vergleich unterblieb (Mü VersR **03** 1591). Verwaltungsverfahrenskosten gem. Nato-Truppenstatut (s. § 16 Rn. 22) und ergänzendem Bundesrecht fallen nicht unter die Höchstgrenzen des § 12 (BGH VRS **38** 26, VersR **69** 1043).

3a   **Mehrfachschäden.** Die anteilige Verringerung der einzelnen Entschädigungen bei Mehrfachschäden gilt für alle in I genannten Haftungshöchstbeträge. II ist auch anzuwenden, wenn eine Person getötet ist, aber mehrere Unterhaltsberechtigte aus § 10 II vorhanden sind (BGH VersR **67** 902). II ist bei Tötung oder Verletzung *eines* Menschen entsprechend anzuwenden, wenn Ansprüche deswegen verschiedenen Gläubigern zustehen, weil solche des Legalzessionars (zB des SVTr nach Forderungsübergang) mit solchen konkurrieren, die dem Verletzten/Hinterbliebenen verblieben sind, oder weil die Entschädigungsansprüche auf mehrere Gläubiger übergegangen sind (BGHZ **51** 226 = NJW **69** 656, BGH NZV **01** 165). II gilt auch bei Beschädigung versicherter und nichtversicherter Sachen desselben Eigentümers und gegenüber mehreren Anspruchsberechtigten (Rechtsübergang; BGH VersR **68** 786). Das aus § 116 II SGB X folgende **Quotenvorrecht** zugunsten des Geschädigten bei teilweisem Forderungsübergang auf den SVTr gilt nur bei Anspruchskürzung ausschließlich auf Grund gesetzlicher Haftungsbeschränkung auf Höchstbeträge, nicht dagegen in Fällen, in denen der Anspruch daneben auch auf Grund Mitverschuldens begrenzt ist, also nicht bei Kumulation beider Gründe für eine Haftungsbegrenzung (BGHZ **146** 99 = NZV **01** 165; zust *Gitter* JZ **01** 716, *v. Olshausen* VersR **01** 936). Das Quotenvorrecht des Geschädigten ist nicht auf kongruente Schäden beschränkt, sodass der Geschädigte seinen gesamten Schaden bis zur Höchstgrenze ausgleichen kann; lediglich ein nicht ausgeschöpfter Rest geht auf den SVTr über (BGH NJW **97** 1785, krit *Greger/Zwickel* § 32 Rn. 63). Haftet der Schädiger als Halter und nach Amtshaftung, so richtet sich die Höhe des Rückgriffs des Kaskoversicherers des Geschädigten aus dessen Halterhaftung danach, wie die Haftungssumme (§ 12) lediglich bei Halterhaftung zu verteilen wäre (BGH NJW **67** 1273, **68** 1962, näher *Wussow* NJW **59** 563).

4   **2. Die Haftung für Sachschäden,** nach StVG auf Höchstbeträge begrenzt (Rn. 1 ff.), tritt ein bei regelwidriger Substanzveränderung oder -entziehung und begründet an sich einen Anspruch auf Sachersatz (§ 249 BGB). Anstelle des Herstellungsanspruchs tritt jedoch in aller Regel, beim Versicherer im Rahmen des Versicherungsvertrags stets (§ 115 I S. 3 VVG 08 = § 3 Nr. 1 S. 2 PflVG aF), Geldersatz (§§ 249 II, 251 II BGB; BGH NJW **89** 3009). Dieser ist so zu bemessen, dass der Geschädigte bei wirtschaftlich vernünftigem Verhalten weder reicher noch ärmer wird als bei Schadensbeseitigung durch den Schädiger (BGH NJW **05** 1108, **03** 2085, st. Rspr.). Zu ersetzen ist, was ein verständiger, wirtschaftlich denkender Eigentümer in der besonderen Lage des Geschädigten als Ersatz aufwenden müsste (BGHZ **54** 85, NJW **89** 3009, **92** 302, **05** 1041, NZV **05** 34, NJW **05** 1108, VersR **06** 133; st. Rspr.). Der Anspruch aus § 249 II BGB auf Zahlung des zur *Naturalrestitution in Form einer Reparatur* erforderlichen Geldbetrags setzt Reparaturfähigkeit der Sache voraus, der Anspruch des Geschädigten auf *Wertausgleich (Kompensation)* nach § 251 I BGB und die Begrenzung der Ersatzpflicht auf Wertausgleich nach § 251 II BGB dagegen Unmöglichkeit bzw. *Unverhältnismäßigkeit* der Wiederherstellung (st. Rspr. BGH NJW **05** 1108, **04** 1943 mAnm *Timme/Hülk* MDR **04** 935; BGH NJW **92** 302). IdR (Ausnahmen Rn. 11) kein Anspruch auf Erstattung der Kosten für Ersatzbeschaffung, wenn diese die Reparaturkosten wesentlich übersteigen würden (Ha NZV **95** 27 (100 % Zoll)). Naturalrestitution gem. § 249 (II) BGB hat gegenüber der Kompensation (Wertausgleich) nach § 251 I, II BGB Vorrang (zB BGH NJW **05** 1108, **92** 302), wobei die st. Rspr. neben der FzReparatur auch die *Beschaffung eines ErsatzFz als eine Form der Naturalrestitution* ansieht (BGH NJW **05** 1108, 2541, **04** 1943 (zust *Steffen* DAR **04** 381, krit *Untermeier* NZV **04** 331), NJW **92** 305 (zust *Lipp* NZV **92** 70, krit *Lange* JZ **92** 480), NZV **00** 162, NJW **03** 2085, *Huber* NZV **04** 107; krit *Schiemann*, *Scheffen*-F S. 402, einschr LG Aurich MDR **03** 1415 (für sehr alte Fz mit hoher Fahrleistung); aM zB *Reiff* NZV **96** 426, *Haug* NZV **03** 552 dazu *v. Gerlach* DAR **92** 201). Der Leasingnehmer, der die Pflicht zur Instandsetzung des LeasingFz gegenüber dem Leasinggeber und Eigentümer für jeden Schadensfall übernommen und im Schadensfall nicht erfüllt hat, kann nicht ohne Zustimmung (§ 182 BGB) des Eigentümers gem. § 249 II S. 1 BGB vom Schädiger statt der Herstellung die fiktiven Herstellungskosten verlangen (BGH NJW **19** 1669 mzustAnm *Koch*).

　　Zumindest wirtschaftlich hat der Schädiger den Zustand wie vor dem Unfall herzustellen **5** (BGH NJW **76** 1202, st. Rspr.). Ist Wiederherstellung nicht möglich, so entspricht der Geldersatz, auch bei Anschaffung eines neuen Fz (= Wiederbeschaffungswert, BGH NJW **66** 1454), dem Preis für ein gleichwertiges Fz ohne Risikozuschlag also einschließlich der Händlerspanne und Mehrwertsteuer (Ce VersR **73** 669 (bei Kompensation gem. § 251 BGB trotz § 249 II S. 2 nF auch ohne Verwendung der Ersatzleistung zur Wiederbeschaffung), Rn. 48). **Wiederbeschaffungswert** (s. auch Rn. 14) eines GebrauchtFz ist der bei einem seriösen Händler für ein gleichwertiges ErsatzFz mit gründlicher technischer Prüfung zu zahlende Preis (BGH NJW **66** 1454, **78** 1373, Dü NZV **97** 483; *Becker* SVR **10** 130). Der Schädiger hat diejenigen Mittel bereitzustellen, die ein verständiger FzEigentümer in der besonderen Lage des Geschädigten aufzuwenden hat (BGH NJW **70** 1454, **74** 34, 35, Ol VersR **67** 566), um diesen *wirtschaftlich so zu stellen wie vor dem schädigenden Ereignis,* ohne Rücksicht darauf, wie er die Ersatzleistung verwendet (*Dispositionsfreiheit;* BGH NJW **05** 1108; **03** 2085, **03** 2086, **86** 1538, **76** 1396, st. Rspr.; *Weber* VersR **92** 528, *Steffen* NJW **95** 2059, *Grunsky* JZ **92** 807, *Pamer* NZV **00** 491, aM zB *Honsell/Harrer* JuS **91** 446). Die Dispositionsfreiheit des Geschädigten ist nur durch das Wirtschaftlichkeitsgebot und das Verbot der Bereicherung begrenzt (BGH NJW **05** 1108, **07** 67, stRspr). Maßgebend für die Errechnung von Schaden und wirtschaftlicher Gleichwertigkeit des Ersatzes ist der Zeitpunkt, in dem dem Geschädigten das volle wirtschaftliche Äquivalent für das beschädigte Recht zufließt (BGH NJW **07** 67), im Prozess entscheidet der **Zeitpunkt der letzten mündlichen Verhandlung**, weswegen Preissteigerungen seit dem Unfall zulasten des Schädigers gehen (BGH NJW **20** 1795; Ha NZV **90** 269), wohingegen ihm Preisverfall zugute kommt (*Greger/Zwickel* § 23 Rn. 20, aM Dü NZV **97** 483). Das gilt auch bei fiktiver Schadensberechnung (BGH NJW **20** 1795 mAnm *Heßeler; Zwickel* NZV **19** 616; s. auch Rn. 24; aM LG Sa BeckRS **19** 3866). Die Bemessung des Wiederbeschaffungswerts ist keine Frage des Zeugenbeweises (KG NZV **11** 391). Zum Schadensersatzanspruch, wenn der Geschädigte trotz Ersatzleistung das Fz unrepariert weiterbenutzt und das beschädigte FzTeil erneut beschädigt wird, *Schopp* VersR **90** 835 mit Erwiderung *Klimke* VersR **90** 1333. Finanzierung: Rn. 32. Übersichtsbeiträge zur Abrechnung des FzSchadens nach der Rspr. des BGH von *Wellner* NJW **12** 7; *Lemcke/Buller/Figgener* NJW-Spezial **19** 467; *Kappus* DAR **17** 129, *Tomson* DAR **11** 246, *Halm/Fitz* DAR **11** 437, *Buller/Figgener* NJW **15** 2913; sowie das Buch von *Wellner* BGH-Rspr. zum Kfz-Sachschaden, 5. Aufl. 2020. S. zum Schadensersatz im Lichte der Rspr. des BGH auch *G. Müller* ZfS **09** 62; 124.

　　2a. Die **Schadensermittlung** kann nach st. Rspr. aufgrund **Schätzgutachtens** eines aner- **6** kannten KfzSachverständigen (fiktiv) erfolgen (§ 287 ZPO), mag auch die Reparaturrechnung eine genauere Bemessung des nach § 249 II BGB geschuldeten Ersatzbetrags erlauben (BGH NJW **03** 2086, **89** 3009 m. Anm *Hofmann* NZV **89** 466; krit zum Ganzen *Greger/Zwickel* § 3 Rn. 228 ff., § 24 Rn. 35; zur konkreten Schadensberechnung *Offenloch* ZfS **16** 244). Unter Bezugnahme auf die Grundsatzentscheidung des VII. Zivilsenats des BGH zum Werkvertragsrecht (BGH NJW **18** 1463; krit im Blick auf die nicht erfolgte Vorlegung an den GrS *Wessel* DAR **19** 182 sowie *Greger* NZV **20** 4) hat das LG Darmstadt die fiktive Schadensberechnung trotz der in die gegenteilige Richtung weisenden Wortfassung des § 249 BGB auch für das Kfz-Schadensrecht abgelehnt (NZV **19** 91 mzustAnm *Greger* DAR **19** 50; s. aber *Engel* DAR **19** 176 sowie *Seibel* MDR **19** 263; ebenso LG Ol DAR **20** 37). Fra NJW **20** 482 (Anm *Syrbe*) tritt dem in der Berufungsinstanz mit eingehender Begründung entgegen (abl. auch − nahezu einstimmig − der AK II des 58. VGT). Der VI. Zivilsenat führt seine bisherige Rspr. unbeirrt fort (s. zB BGH NJW **19** 852 mAnm *Almeroth* NZV **19** 305, hierzu Rn. 24; NJW **19** 1969 hierzu Rn. 4; **20** 144; s. auch *Offenloch* DAR **20** 306). Der erforderliche Herstellungsaufwand ist insoweit subjektbezogen, als er auch von den Erkenntnis- und Einflussmöglichkeiten des Geschädigten und von dessen Abhängigkeit von Fachleuten mitbestimmt wird (BGH NJW **75** 160, **92** 302, **12** 50; **19** 3139; **20** 144). Muss sich der Geschädigte erst über den Schaden vergewissern, *so darf er einen Sachverständigen hinzuziehen* (Rn. 50) und sich mangels besonderer Gegengründe auf das Gutachten verlassen (Kar VersR **75** 335, Ha NZV **91** 351), auch noch nach Werkstattschätzung (Stu

NJW **74** 951, VersR **75** 164, *Trost* VersR **97** 537, *Wortmann* VersR **98** 1204). Zur Erstattungsfähigkeit der Gutachterkosten bei Bagatellschäden Rn. 50. Lässt der Geschädigte nach bestem Wissen reparieren, obwohl sich der Schaden dadurch nicht beheben lässt, so hat der Schädiger für die Auswirkungen dieser unvermeidlichen Fehlbeurteilung einzustehen (BGH VersR **76** 389). Hat der Geschädigte das Fz reparieren lassen, so ist er nicht stets verpflichtet, die **Reparaturrechnungen** vorzulegen, sondern kann auf das eingeholte Sachverständigengutachten verweisen, das auch für die Schadensschätzung durch den Tatrichter gem. § 287 ZPO ausreicht, soweit nicht Anhaltspunkte für Mängel des Gutachtens vorliegen (BGH NJW **89** 3009 (Anm *Hofmann* NZV **89** 466), **92** 1618 (Anm *Schopp* MDR **93** 313, krit *Freundorfer* VersR **92** 1332), Sa VRS **106** 172, Nü VRS **103** 321, Schl MDR **01** 270, Ha ZfS **91** 85, Dü ZfS **85** 265, *Faber* DAR **87** 279, *Birkmann* DAR **90** 3, *Gebhardt* ZfS **90** 145, *Steffen* NZV **91** 3, v. *Gerlach* DAR **93** 202, aM Kö NZV **88** 222 (abl *Koch,* zust *Seiwerth* NZV **89** 137), Nü ZfS **89** 123, LG Berlin NZV **90** 119, *Hofmann* DAR **83** 376, *Seiwerth* DAR **87** 374, *Honsell/Harrer* JuS **91** 445, s. auch *Schlegelmilch* VersR **87** 1171, *Weber* VersR **90** 937, VersR **92** 531). Kann der Geschädigte jedoch substantiierte Einwände gegen die Angemessenheit der im Gutachten ermittelten notwendigen Reparaturkosten nicht ausräumen, so muss er uU Ersatz in geringerer Höhe hinnehmen (BGH NJW **89** 3009, *Steffen* NZV **91** 3) und bei Reparatur durch eine Fachwerkstatt die Rechnung vorlegen (BGH NJW **89** 3009, *Hofmann* NZV **89** 466). Übersteigen die erforderlichen Reparaturkosten die Schätzung, so geht dies zulasten des Schädigers (BGH NJW **75** 160, Ol NZV **89** 148, *Steffen* NZV **91** 2, 5, *Wortmann* ZfS **99** 2); bei auffälligem Missverhältnis kann den Geschädigten jedoch insoweit eine besondere Darlegungslast treffen (Ol NZV **89** 148). Die erforderlichen Reparaturkosten umfassen auch allgemeine Kostenfaktoren wie Sozialabgaben und Lohnnebenkosten (BGH NJW **13** 1732 sowie Urt. v. 19.2.2013 – VI ZR 401/12). Einen **Werksangehörigenrabatt,** den er auf Grund einer Betriebsvereinbarung auf die Werkstattrechnung erhält, muss sich der Geschädigte anrechnen lassen (BGH NJW **12** 50). Das Gleiche gilt, auch bei fiktiver Schadensberechnung (Rn. 24), für einen **Großkundenrabatt** zB eines großen, international tätigen Autovermietungsunternehmens, wobei der Schädiger hinsichtlich der Bedingungen für die Gewährung des Großkundenrabatts nicht darlegungs- und beweispflichtig ist (BGH NJW **20** 144 m teils kritAnm *Schulz* und weiterführender Bspr *Scholten* DAR **20** 352). Der Geschädigte kann nicht Abrechnung nach Sachverständigengutachten und Ersatz tatsächlicher Reparaturkosten *in der Weise vermischen,* dass er zusätzlich zu dem vom Sachverständigen errechneten Gesamtbetrag bestimmte, von diesem nicht berücksichtigte Einzelpositionen geltend macht (Kö VRS **101** 1). Ob Kombination von fiktiver und konkreter Schadensabrechnung grundsätzlich ausgeschlossen ist, lässt BGH NJW **03** 3480 zwar unentschieden, verneint jedoch Anspruch auf Erstattung konkret angefallener, den im Schätzgutachten errechneten Betrag übersteigender Mietwagenkosten, wenn der Geschädigte (fiktiv) auf Grund des Gutachtens abrechnet (s. auch Rn. 43). BGH NJW **06** 2320 bekräftigt, dass eine Kombination von fiktiver und konkreter Schadensabrechnung jedenfalls dann unzulässig ist, wenn die konkreten Kosten der Ersatzbeschaffung unter Einbeziehung der geltend gemachten Nebenkosten den im Wege der fiktiven Schadensabrechnung erhaltenen Betrag nicht übersteigen; Telefon-, Internet- und Überführungskosten, eine neuerwerb tatsächlich angefallene USt (dazu Rn. 49) oder die Kosten für eine Reparaturbescheinigung (Rn. 50) können daher nicht zusätzlich in Ansatz gebracht werden (Anm. *Staab* VersR **07** 925; fortgeführt in BGH NJW **17** 1310; 1664). Davon zu unterscheiden ist die Frage, ob der Geschädigte an eine zunächst geforderte Abrechnung auf Gutachtenbasis auch für den Fall **gebunden ist,** dass das Fz später repariert wird; sie wird von BGH NJW **07** 67 (mAnm *Huber* JZ **07** 639) verneint, sofern sich nicht auf Grund der konkreten Umstände des Regulierungsgeschehens etwas Abweichendes ergibt (zB Abfindungsvergleich; ebenso BGH NJW **12** 50). Zur Erstattungsfähigkeit von Mehrwertsteuer Rn. 48 f. Zum Anspruch auf Erstattung fiktiver Reparaturkosten trotz Veräußerung oder auch Verschrottung des beschädigten Fz Rn. 24.

6a   In Fällen eines (uU zunächst verschwiegenen) mit dem geltend gemachten Schaden ganz oder zT deckungsgleichen **Vorschadens** ist im Rahmen der haftungsausfüllenden Kausalität (§ 287 ZPO) idR nicht ausschließbar, dass auch kompatible Schäden nicht durch den Unfall verursacht sind, mit der Folge, dass ein Ersatzanspruch nicht besteht (Kö NZV **99** 378, KG DAR **06** 323, ZfS **07** 564 mAnm *Diehl,* NZV **08** 356, DAR **16** 461 mAnm *Müller;* Fra ZfS **08** 90, Dü r+s **13** 46, Ha NZV **14** 225; **15** 549; Sa NJW-RR **19** 1508; s. auch LG Münster NZV **15** 340 (wahrheitswidrige Behauptung vollständiger Reparatur)) – „So-nicht-Unfall", Überblick; *Hagedorn* NJW-Spezial **12** 521). Jedoch liegt es anders, falls der Zweitschaden technisch und rechnerisch eindeutig von dem Vorschaden abgrenzbar ist (Mü NZV **06** 261, Dü NZV **08** 295;

r+s **16** 96; Ha NZV **15** 37; Fra NZV **16** 436 (auch dazu, dass Kurzzeitkennzeichen kein Indiz für Unfallprovokation ist); aM Kö NZV **99** 378), wozu jedoch Vortrag des Geschädigten erforderlich ist (KG DAR **16** 461 mAnm *Müller;* Kö NZV **19** 312 (*Exter*)). Der Geschädigte ist grds. nicht gehindert, eine von ihm nur vermutete fachgerechte Reparatur des Vorschadens bei einem von ihm gebraucht erworbenen Fz zu behaupten und unter Zeugenbeweis zu stellen; darin liegt weder eine Verletzung der prozessualen Wahrheitspflicht noch ein unzulässiger Ausforschungsbeweis (BGH NJW **20** 393 mAnm *Schulz;* abw. Ko SVR **20** 308 bei *Weingran*). Führt die Reparatur des Zweitschadens zur Behebung eines unreparierten abgrenzbaren Erstschadens, so kann eine Kürzung über die Grundsätze „neu für alt" (Rn. 27) gerechtfertigt sein (LG Sa NJW **14** 2662 mAnm *Figgener; Greger/Zwickel* § 24 Rn. 82). Ist das Fz bereits so schwer beschädigt, dass durch den Unfall keine Vermögenseinbuße entstanden ist, entfällt die Ersatzpflicht völlig; bei unstreitigen Vorschäden und bestrittener unfallbedingter Kausalität muss der Geschädigte zu deren Art und deren Reparatur vortragen (zum erforderlichen Vortrag Kö NZV **18** 273 mAnm *Franzke*); kann er dies nicht, etwa weil er ein Fz mit behobenem Vorschaden erworben, hierüber aber keine Nachweise hat, so geht dies im Streitfall zu seinen Lasten (KG NZV **09** 345; DAR **16** 461 mAnm *Müller;* Sa NZV **15** 235). Zur Lage, wenn der Kaskoversicherer des Geschädigten aufgrund seiner Einstandspflicht für den Zweitschaden den zu beurteilenden Erstschaden quasi mit erledigt, Rn. 27.

Unverzüglich ist zu prüfen, idR gutachtlich (Ce VersR **63** 567, Dü VersR **63** 1085), ob **7** sich Reparatur lohnt, ob sie zumutbar ist (BGH NJW **97** 2945) oder ob ein Ersatzkauf (Gebrauchtwagen, Neufz) zulässig und vorteilhafter (schadensmindernd) ist (Stu NJW **60** 1463), wobei anfängliche Beweiszweifel zulasten der jeweiligen Partei gehen (Kö VersR **73** 323). **Teilleistungen des Versicherers** sind idR anzunehmen, überhaupt stets, wenn die Annahme bei Gesamtabwägung zumutbar ist (*Schmidt* DAR **68** 143). Finanzierung: Rn. 32. Die Kosten üblicher, nicht übermäßiger **eigener Bemühungen um Schadensersatz,** auch durch besonderes Personal, sind nicht zu erstatten (ABVerwaltung, BGH NJW **76** 1257, **77** 35, Kö VersR **75** 1106, VRS **51** 321, KG VersR **73** 749). Der Zeitaufwand für die Werkstattverbringung des Unfallfz ist schadensabwickelnde, nicht erstattungsfähige Tätigkeit (Kö VersR **79** 166).

3. Die Schadensminderungspflicht verpflichtet den Geschädigten, den Schaden nach **8** Kräften so gering wie möglich zu halten (§ 254 II BGB). Ihre Verletzung mindert den Ersatzanspruch in gleichem Maß. Unter mehreren Mitteln zur Schadenbeseitigung ist dasjenige zu wählen, das den deutlich **geringsten Aufwand** erfordert (BGH NJW **05** 51; 357; 1041; 1108; 2541, 3134, VersR **06** 133, NZV **05** 34, Kar MDR **04** 149 (lackschadenfreie Ausbeultechnik), KG NZV **02** 89, Ha VersR **01** 257, Dü NZV **04** 584, ZfS **01** 111, stRspr), weil nur ein solcher Aufwand regelmäßig als der iS von § 249 II BGB „dazu erforderliche Geldbetrag" angesehen werden kann (BGH NJW **05** 1108). Das bedeutet aber nicht, dass sich der Geschädigte im Interesse des Schädigers stets so verhalten müsste, als hätte er den Schaden selbst zu tragen (BGH NJW **05** 1108, **92** 302, NZV **96** 357, NJW **75** 640). Bei anerkennenswertem **Integrationsinteresse** (Rn. 10, 19 f.) kann Anspruch auf Ersatz in Höhe der Reparaturkosten bestehen, auch wenn diese den Wiederbeschaffungs*aufwand* übersteigen (Rn. 10, 19 f.). Zumutbar sind alle Maßnahmen zur Schadensminderung, die ein ordentlicher Mensch ergriffen hätte (KG DAR **77** 185). Dabei ist dem berechtigten Interesse des Geschädigten an einer raschen Schadensbehebung Rechnung zu tragen (BGH NZV **00** 162). Die Beweislast hat, wer Verletzung der Schadensminderungspflicht behauptet (Kö Betr **73** 177). Verletzungsfälle: Verzögern der Reparatur (Stu VersR **77** 65), zB trotz ungewissen Liefertermins hinsichtlich des bestellten ErsatzFz (KG VersR **76** 1159) oder mangels rechtzeitiger Einholung einer Auskunft beim Sachverständigen (BGH NJW **86** 2945). Verlängerung der Nutzungsausfallzeit durch Nichtinanspruchnahme zumutbaren Kredits nur ganz ausnahmsweise; grds. ist es Aufgabe des Schädigers, die Schadensbeseitigung zu finanzieren (Dü NZV **12** 83). Nichtverkauf des Unfallfz binnen angemessener Frist, wenn es nicht repariert werden soll (Dü VersR **65** 770). Übereilter Verkauf des Kfz, das der Versicherer zum Neuwert übernehmen will (Kö VersR **68** 782). Bei Anspruch auf den Wiederbeschaffungswert (Totalschaden, Abrechnung auf „Neuwagenbasis", Rn. 10, 11) muss sich der Geschädigte den **Restwert des beschädigten Fz** anrechnen lassen (BGH NJW **00** 800, **05** 357, 3134, **07** 1674 (m Bspr. *Huber* NJW **07** 1625), 2918, NZV **92** 147, VersR **93** 769). Die Höhe des Restwerts entspricht dem Betrag, den der Geschädigte durch Verkauf tatsächlich erzielt hat (st. Rspr.; BGH NJW **05** 357, **09** 1265; **10** 605) bzw. bei Inzahlunggabe des beschädigten Fz gegen ein gebrauchtes auf dem allgemeinen regionalen Markt bei einem seriösen Händler erzielen kann (BGH NJW **00** 800, **05** 3134, **07** 1674, NZV **92** 147, *Steffen* ZfS **02** 162, *Gebhardt*

DAR **91** 376). Der Geschädigte kann den durch Sachverständigengutachten ermittelten Restwert seiner Schadensberechnung in aller Regel zugrunde legen (st. Rspr.; BGH NJW **05** 3134, **07** 1674; 2918; **10** 605; **11** 667; NJW **17** 953; Ha r+s **16** 264 mAnm *Lemcke* (9000 € Differenz!)) und ist nicht verpflichtet, das Gutachten zwecks Überprüfung dem VU zur Kenntnis zu bringen (BGH VersR **93** 769; NJW **17** 953; Kö VersR **99** 332, Mü DAR **99** 407, *Lepa* DRiZ **94** 164; abw aufgrund aktueller Praxis der VU LG Sa NJW-RR **16** 475). Allerdings trägt er dann das Risiko, dass das Gutachten keine korrekte Wertermittlung vornimmt und deshalb als Grundlage nicht hinreicht (BGH NJW **92** 903; **93** 1849; **05** 3134; **10** 605). Der Geschädigte muss dem VU auch keine Gelegenheit zur Abgabe eines Restwertangebots geben (BGH NJW **05** 3134, **11** 667; NJW **17** 953; hiergegen mit guten Gründen *Scholten* SVR **17** 451; Ha NZV **93** 432, Dü VersR **06** 1657, abw Kö Verkehrsrecht aktuell **05** 135, Ha NZV **92** 363, LG Kö ZfS **05** 240 (krit *Diehl, Trost* VersR **02** 796)). Auch bei einer iÜ fiktiven Schadensberechnung auf Gutachtenbasis braucht er sich nicht auf einen vom Gutachter geschätzten höheren als den tatsächlich erzielten niedrigeren Restwert verweisen zu lassen; eine unzulässige Kombination von fiktiver und konkreter Schadensberechnung (Rn. 6) stellt dies nicht dar (BGH NJW **06** 2320). Er braucht sich auch nicht auf einen (uU erst durch den Schädiger bzw. VU eröffneten oder durch den Sachverständigen recherchierten) **Restwerte-Sondermarkt** verweisen zu lassen (BGH NJW **92** 903, **93** 1849, **00** 800 mAnm *Weigel* DAR **00** 161, **05** 357; 3134, **07** 1674, 2918, **09** 1265; NJW **10** 605; **17** 953; *Gebhardt* DAR **02** 401, *Wortmann* ZfS **99** 3), muss aber *im Ausnahmefall* im Rahmen seiner Schadensminderungspflicht (§ 254 II S. 1 BGB) eine rechtzeitig nachgewiesene günstigere Verwertungsmöglichkeit nutzen (BGH NJW **00** 800, **05** 3134, **07** 1674 (Beweislast beim Schädiger/VU), **10** 2722; *Speer* VersR **02** 22, *Marcelli* NZV **92** 432, *Küppersbusch* VGT **94** 174; krit zur Unterscheidung zwischen einem allgemeinen und einem „Sondermarkt" *Speer* VersR **02** 20, *Trost* VersR **02** 1388). Demgegenüber sind einem Unternehmen, das sich jedenfalls auch mit dem An- und Verkauf von gebrauchten Kfz befasst, die Inanspruchnahme des Restwertmarkts im Internet und die Berücksichtigung dort abgegebener Kaufangebote zuzumuten (BGH NJW **19** 3139 mAnm *Almeroth*; ähnlich für mit dem Automarkt vertrautes Leasing-Unternehmen als Geschädigtem Dü NJW **18** 2964). Nutzt der Geschädigte sein Fz (ggf. nach Teilreparatur) bei wirtschaftlichem Totalschaden (gleich ob innerhalb oder außerhalb der 130%-Grenze) weiter, so würde die gegenteilige Auffassung auf einen unzulässigen Zwang zum Verkauf hinauslaufen (BGH NJW **07** 1764, 2918; Rn. 12, 19 f.). Zugrunde zu legen ist bei fiktiver Abrechnung der vom Sachverständigen ermittelte *höchste* Wert, nicht der Durchschnitt aus mehreren Werten (BGH NJW **07** 1674 m krit Anm *Poppe* DAR **07** 327). Gegenüber dem VU besteht keine Pflicht des Sachverständigen zur Berücksichtigung des Restwert-Sondermarkts (zB Internet-Restwertbörsen), er muss sich bei der Ermittlung des Restwerts auf den regionalen, dem Geschädigten allgemein zugänglichen Markt beschränken (BGH NJW **05** 3134, **09** 1265, DAR **10** 575 (dort auch dazu, dass der VU keine Lichtbilder des Gutachtens ins Internet stellen darf, um den ermittelten Restwert zu überprüfen); Kö NZV **05** 44, AG Rüdesheim NZV **04** 589 mAnm *Sermond,* AG Oldenburg ZfS **04** 512 mAnm *Diehl,* s. auch LG Mü I DAR **06** 460 mAnm *Walser,* aM LG Ko VersR **03** 1050 mzustAnm *Trost*), wobei bei LeasingFz der Markt am Ort/Wohnsitz des Leasingnehmers entscheidend ist (Dü NJW **18** 2964). Dabei hat der Sachverständige als ausreichende Schätzgrundlage entsprechend der Empfehlung des 40. VGT idR *drei Angebote* einzuholen (BGH NJW **09** 1265; **10** 605). Einem bloßen Hinweis auf günstigere Verwertungsmöglichkeit statt eines bindenden Angebots braucht der Geschädigte nicht nachzugehen (BGH NJW **00** 800, Ha VersR **00** 1122, *Steffen* ZfS **02** 162, *G. Müller* VersR **05** 1472), anders bei bindendem und annahmefähigem Angebot (LG Erfurt NZV **07** 361, AG Fra NZV **07** 361), auch einer IT-Restwertbörse (Dü NZV **08** 353; Ha NZV **09** 183). Die Schadensminderungspflicht gebietet dem Verletzten grds. nicht, den Versicherer in die Verwertung einzuschalten (BGH NJW **05** 3134, **17** 953 m krit Bspr *C. Huber* NZV **17** 153; DAR **17** 379; *Greger/Zwickel* § 24 Rn. 69), erst recht nicht dann, wenn der vom Sachverständigen ermittelte Restwert unter Hinweis auf Bedingungen eines Sondermarkts den auf dem allgemeinen regionalen Markt zu erzielenden Preis übersteigt (BGH NJW **05** 3134 mAnm *Diehl* ZfS **05** 602). Eine Wartepflicht des Geschädigten besteht nicht (BGH NJW **10** 605; **17** 953; AG Bruchsal ZfS **07** 569 mAnm *Diehl;* aM Kö DAR **13** 32 m abl Anm *Bergmann;* und gegen Kö aaO auch BGH NJW **17** 953; s. aber nunmehr Kö DAR **15** 697 mAnm *Becker*). Allenfalls in engen Grenzen Abstimmungspflicht mit dem Versicherer (BGH NJW **05** 3134). Nach Fra DAR **85** 58 Pflicht zum Angebot des FzWracks, wenn Geschädigter den geschätzten Restwert bei der Verwertung nicht erzielen kann. Verstoß gegen die Schadensminderungspflicht, wenn der Verletzte infolge Verzögerung der Verwertung einen Wertverlust herbeiführt (Hb VersR **74** 392, Dü VersR **65** 770) oder das beschädigte Fz ohne zwingenden Grund unter Wert verkauft (Zw ZfS **91** 263). Nach überwiegender Rspr. ist der Geschädigte jedenfalls bei voller Haftung des Schädigers (nach Kö NZV **93** 188 nur dann) berechtigt (nicht verpflichtet), dem Schädiger (Haftpflichtversicherer) das beschädigte Fz zur Verfügung zu stellen und den vollen für die Ersatzbeschaffung erforderlichen Betrag zu fordern (BGH VersR **76** 732, NJW **65** 1756, **83** 2694 (abl *Klimke* VersR **84** 1123), **85** 2471, KG NJW **72** 496, DAR **72** 327, Hb VersR **64** 1175, Kar DAR **94** 26, *Grunsky* VGT **90** 194 (Verwertungspflicht des Geschädigten nur ausnahmsweise gem. § 254 II BGB, wenn diesem eine besonders günstige Gelegenheit hierzu offensteht), aM Ce VersR **77** 1104, hier bis 39. Aufl., *Sanden/Völtz* Rn. 111 ff., *Jordan* VersR **78** 696, *Giesen* NJW **79** 2070, *Klimke* VersR **84** 1124, *Fleischmann* ZfS **89** 4). Tatsächlich realisierter **wesentlich günstigerer Restwert** als geschätzt ist auszugleichen (BGH NJW **00** 800, **05** 357, **07** 1674, NZV **92** 147, *Klimke* VersR **84** 1124; *Schmidt* SVR **10** 96), es sei denn der Übererlös beruht auf überobligationsmäßigen Anstrengungen des Geschädigten, die dem Schädiger nicht zugute kommen (BGH NJW **05** 357, **10** 2724; NZV **92** 147, Ko VRS **68** 164, Dü ZfS **93** 338, *Jung* VersR **84** 1121; *Witt* NJW **10** 3329; krit *Thole* NZV **10** 425). Tatsächlich realisierter Verkauf auf Sondermarkt für Restwerteaufkäufer im Internet ist *nicht* überobligationsmäßig (BGH NJW **05** 357, 3134, *Greger/Zwickel* § 24 Rn. 67, krit. *Staab* NZV **06** 456), genauso wenig eine günstige Verwertungsmöglichkeit, auf die der Versicherer hingewiesen hatte (BGH NJW **10** 2724). Die Kenntnis seines Prozessbevollmächtigten vom günstigeren Angebot muss sich der Geschädigte zurechnen lassen (LG Erfurt NZV **11** 552). Beweislast beim Schädiger, dass der höhere Erlös *nicht* auf überobligationsmäßigen Anstrengungen beruht (BGH NJW **05** 357). Kein Anspruch des VU auf Herausgabe des beschädigten Fz, wenn dieser den Schätzwert für zu niedrig hält (KG NJW-RR **87** 16, *Fleischmann* ZfS **89** 4). Zur Bestimmung des Restwerts in der Vollkaskoversicherung BGH NJW **15** 160.

Weitere Einzelheiten zur Schadensminderungspflicht: Bei länger dauernder Ersatzteil- **8a** beschaffung kann in zumutbaren Grenzen Weiterbenutzung des ausreichend instandgesetzten Kfz angemessen sein (Fra VersR **05** 1742, Kö NZV **90** 429, Kar VersR **74** 1005, Mü ZfS **85** 330), aber nicht eines „notreparierten" (Kö VersR **77** 747), ebenso, wenn wirtschaftlicher Totalschaden nahe liegt (Ol ZfS **90** 227). Schuldhaftes Zögern des Geschädigten bei Schadensbehebung: Rn. 21. Nicht rechtzeitige Beschaffung eines ErsatzFz (Ce VersR **62** 642 (Totalschaden)). Nichtbeschaffung eines ErsatzFz, wenn der Fortgang des Transportbetriebs davon abhängt (BGH VersR **63** 1161). Persönlicher Rabatt bei Ersatzbeschaffung mindert den Schaden (BGH NJW **75** 307 (Werkrabatt), s. auch BGH NJW **12** 50 zu Werkstattkosten; KG DAR **73** 156, Mü NJW **75** 170, VersR **75** 916). Inanspruchnahme der Kaskoversicherung: Rn. 32. Auf die Gefahr ungewöhnlich hoher Schadensaufwendungen ist der Schädiger konkret und rechtzeitig hinzuweisen (Stu VersR **77** 44). Wer zur Unfallzeit bereits einen Neuwagen bestellt hat, muss keinen **Zwischenwagen** erwerben (Ce NJW **08** 446), besonders hohe Mietwagenkosten aber durch Bemühungen um beschleunigte Lieferung mindern (Hb VersR **77** 1033, KG VRS **54** 241). Im Fall mehrmonatiger Lieferzeit bei Anspruch auf Kosten eines NeuFz kann der Geschädigte dagegen gehalten sein, einen Gebrauchtwagen als ZwischenFz zu erwerben, andernfalls keine Nutzungsausfallentschädigung für den gesamten Zeitraum (Schl NZV **90** 150, Ha ZfS **91** 234). Auch bei langer Reparaturzeit muss der Geschädigte aber nur ausnahmsweise ein ZwischenFz zwecks Einsparung von Mietwagenkosten erwerben (Fra VersR **78** 452), so vor allem, wenn er während dieser Zeit zahlreiche größere Fahrten unternimmt (BGH NJW **82** 1518; krit *Koller* NJW **83** 16, Fra VersR **80** 432), aber auch sonst bei unverhältnismäßig hohen Mietkosten (Ol VersR **82** 1154 (ca 90 Tage Reparaturzeit, Mietkosten 12 000 DM bei nur knapp 6000 km Fahrbedarf)). Urlaubsreise mit Mietwagen: Rn. 33. Die Beurteilung der Frage, ob ein „Interims-Fz" anzuschaffen ist, setzt jedoch Kenntnis der voraussichtlichen Reparaturdauer voraus (Kö DAR **87** 82, näher *Eggert* NZV **88** 121). S. ergänzend Rn. 33, 37.

Keine Verletzung der Minderungspflicht (die auch dem Schädiger obliegt: Bra DAR **77** **9** 322), solange die zumutbaren Maßnahmen keine Schadensminderung versprechen (BGH NJW **64** 717), oder bei Veräußerung des einwandfrei reparierten Kfz, weil die Reparatur betriebswichtige Teile betroffen hatte (Kar VersR **60** 527, Kö NJW **62** 2107, VersR **63** 345, Hb MDR **64** 321). Keine Pflicht des Geschädigten zur Zerlegung des beschädigten Fz zwecks Erzielung eines höheren Erlöses durch Verkauf der Einzelteile (BGH NJW **85** 2471). Leistungen an den Geschädigten, die ihrer Natur nach dem Schädiger nicht zugute kommen sollen, entlasten diesen nicht (BGHZ **22** 72, NJW **75** 255), zB nicht kostenlose Ersatzgestellung an den geschädigten Geschäftsführer durch sein Unternehmen (BGH NJW **70** 1120). Die Schadensminderungspflicht gebietet idR nicht, die Fahrt anders als in dem gewählten Beförderungsmittel fortzusetzen oder dabei Einschränkungen oder Risiken einzugehen, die der Geschädigte ohne einen ersatzpflichtigen Schädiger vielleicht in Kauf nähme (BGH NJW **85** 2639, KG DAR **77** 185).

10   **4.** Bei allen Formen des **Totalschadens** (technischer, wirtschaftlicher Totalschaden) besteht grundsätzlich (nur) Anspruch auf ein gleichartiges, gleichwertiges ErsatzFz, den dazu erforderlichen Geldbetrag (§ 249 II BGB; BGH NJW **05** 3134, LG Rottweil DAR **03** 423, LG Hildesheim NJW **03** 3355, *Schirmer/Marlow* DAR **03** 441, 443), auf den **Wiederbeschaffungswert** (Rn. 5, 14; BGH NJW **92** 305, BGH NZV **00** 162, Ha NZV **96** 113), ohne Risikozuschlag (unten sowie Rn. 5, 24), unter Abzug des Restwerts des Unfallfz (= **Wiederbeschaffungsaufwand;** Rn. 8; BGH NJW **05** 2541, Kö VRS **107** 247) oder (wenn Ersatzbeschaffung nicht oder nur mit unverhältnismäßigem Aufwand möglich ist) auf entsprechenden Wertausgleich (251 II BGB; LG Mgd NZV **03** 536, aM AG Hameln NZV **03** 538 (bei wirtschaftlichem Totalschaden stets § 251 II BGB)). Erwirbt der Geschädigte ein **ErsatzFz** zu einem dem Wiederbeschaffungswert nach dem Sachverständigengutachten entsprechenden oder *höheren Preis*, so hat er im Wege konkreter Schadensabrechnung Anspruch auf Ersatz der dadurch entstandenen Kosten bis zur Höhe des (Brutto-)Wiederbeschaffungswerts des beschädigten Fz abzüglich des Restwerts (BGH DAR **06** 85). **Wirtschaftlicher Totalschaden** ist grds. eingetreten, wenn der Reparaturaufwand den Wiederbeschaffungsaufwand übersteigt (Ha NZV **99** 297, VersR **00** 1122, str, *Wirsching* DAR **99** 331, s. aber Rn. 18). Bei Ersatz eines zerstörten GebrauchtFz durch ein gleichwertiges kann ein **Risikozuschlag** wegen der Möglichkeit verborgener Mängel nicht gefordert werden (BGH NJW **66** 1455, zust *Schmidt* NJW **66** 2159, abl *Allwang* NJW **66** 1807, Dü VersR **65** 962, Hb VersR **65** 963, Nü VersR **64** 1274 (jedenfalls nicht nach Anschaffung eines Neuwagens), Stu NJW **67** 252, *Halbgewachs* NZV **93** 380, aM KG NJW **66** 735, Mü VersR **64** 1138). Eine Ausnahme will Stu NJW **67** 252 für den Fall zulassen, dass ein gleichwertiges und gleichartiges Fz nicht zu erlangen ist (abl *Hohenester*). Der Ersatzanspruch des **Leasingnehmers** bei Zerstörung des LeasingFz durch einen Dritten richtet sich nur auf die vereitelte Nutzungsmöglichkeit; hingegen ist hinsichtlich des Reparaturschadens (Totalschadens) nur der Leasinggeber aktiv legitimiert (BGH VRS **51** 409, NZV **91** 107, BGH NZV **92** 227 mAnm *Hohloch,* KG DAR **75** 212, Ha ZfS **03** 236, Mü NZV **15** 305, *Reinking* ZfS **00** 281, *Hohloch* NZV **92** 6). **Abrechnung als Totalschaden** ist zulässig, sofern der Geschädigte der Begutachtung vertrauen durfte, auch wenn sie nicht zutraf (Kar VersR **75** 335). Kein Totalschaden bei einwandfreier Reparaturmöglichkeit (Dü VersR **74** 787, Nü NJW **75** 313), wenn kein technischer Minderwert verbleibt (Dü VersR **76** 69).

11   **4a. Unechter Totalschaden** liegt vor, wenn der für Reparatur und Ersatz des merkantilen Minderwerts aufzuwendende Betrag zwar den Wiederbeschaffungswert abzüglich Restwert nicht erreicht, dem Geschädigten aber gleichwohl eine Reparatur nicht zuzumuten ist (BGH NJW **76** 1202; BGH NJW **09** 3022). Hierbei sind Prestigegesichtspunkte oder persönliche Vorurteile des Geschädigten unbeachtlich (BGH VRS **30** 253, MDR **66** 491). **Abrechnung auf Neuwagenbasis** kann verlangt werden, wenn das beschädigte Fz neu oder neuwertig war (Rn. 11a) und die Schäden *ein erhebliches Ausmaß erreichen* (BGH NJW **76** 1203, **09** 3022; KG VRS **108** 164, Ce NJW-RR **03** 1381, Ha NZV **01** 478, Kö NZV **90** 311, Ol MDR **97** 349, Mü DAR **83** 79; Überblick: *Lemcke* NJW-Spezial **13** 457). Da die Zubilligung der Neupreisentschädigung nur durch das besondere Interesse des Geschädigten an Eigentum und an Nutzung eines NeuFz gerechtfertigt werden kann, setzt der Anspruch auf Neupreis voraus, dass der Geschädigte **zuvor ein NeuFz angeschafft hat** (BGH NJW **09** 3022 mAnm *Ernst* DAR **09** 455; Nü ZfS **91** 45, Hb DAR **10** 704; LG Waldshut-Tiengen NJW-RR **02** 1243, LG Hagen ZfS **07** 388 mAnm *Diehl;* Palandt/*Grüneberg* § 249 Rn. 18; *Eggert* DAR **97** 136; aM KG NJW-RR **87** 16, Mü NJW **82** 52). Die Details sind umstritten (Streitstrand bei Hb NZV **08** 555 mAnm *Huber* und Nü NZV **08** 559). Erhebliches Ausmaß ist idR dann anzunehmen, wenn beim Unfall tragende oder sicherheitsrelevante Teile, insbes. das Fahrzeugchassis, beschädigt wurden und die fachgerechte Instandsetzung nicht völlig unerhebliche Richt- oder Schweißarbeiten am Fz erfordert (BGH NJW **09** 3022; Mü VersR **75** 163, Zw NZV **89** 355 (Einschweißen tragender Teile selbst bei relativ niedrigen Kosten, LG Mönchengladbach NJW-RR **06** 244 (Einschweißen eines Heckabschlussblechs)), so bei einem neuwertigen Fz, wenn der Schaden nahezu 40% der Anschaffungskosten ausmacht (Nü NJW **72** 2042, Br VersR **70** 1159, Dü VersR **62** 1111, Kar MDR **86** 233). *Nicht maßgebend ist* nach der Rspr. des BGH, ob die Unfallschäden bei späterem Verkauf ungefragt offenbart werden müssen oder einen Sachmangel iS des § 434 I S. 2 Nr. 2 BGB begründen; denn der Offenbarungspflicht unterfallen nur Bagatellschäden nicht (BGH NJW **09** 3022; VersR **84** 46; s. aber Hb NZV **08** 555, Nü NZV **08** 559, Kar DAR **94** 26, Ol

VRS **94** 171 (Reparaturkosten 7,5 % des Neupreises)). Auch andere Schäden können den Anspruch auf NeuFz rechtfertigen, wenn Schadensbehebung durch spurenlose Teileauswechslung nicht möglich ist (Ha ZfS **89** 122). Andererseits keine Abrechnung auf Neuwagenbasis bei bloßen Bagatellschäden an einem neuwertigen Kfz (Ce NRpfl **80** 150) oder Lack- und Blechschäden, die vollständig beseitigt werden können, ohne dass Ansehnlichkeit, Lebensdauer oder Funktionstüchtigkeit des Fz beeinträchtigt sind (BGH NJW **09** 3022; Ha NZV **01** 478, Kö NZV **90** 311, Ce VRS **82** 263). Entscheidend ist nicht allein die Höhe der Reparaturkosten, sondern vor allem die Art der Schäden (Mü ZfS **85** 167, Kö VersR **89** 60, Ce NJW-RR **03** 1381, VRS **82** 263, Ol VRS **94** 171). Nach Ce NJW-RR **03** 1381 auch dann, wenn durch spurenlose Auswechslung der beschädigten Teile und Richtarbeiten volle Wiederherstellung des früheren Zustands erreicht werden kann, ebenso Ha NZV **01** 586 für dreistündige Richtarbeiten und Austausch der Fz-Türen sowie geringfügige Karosseriearbeiten. Kein erheblicher Schaden bei Behebung durch Austausch der FzTüren und geringfügige Karosseriearbeiten (Ha NZV **01** 478). Die Frage, ob Anspruch auf Neupreis besteht, ist nicht nach starren Richtlinien zu beantworten; maßgebend sind vielmehr die Umstände des Einzelfalls, namentlich Alter des Fz, Fahrleistung, Art und Ausmaß der Schäden, Instandsetzungsmöglichkeit und Kosten verglichen mit dem früheren FzWert (KG DAR **76** 45, 245, **75** 450, Fra ZfS **90** 263). Von Bedeutung kann auch sein, ob der Wagen zum Gebrauch des Geschädigten oder als Verkaufsobjekt dienen sollte (BGH NJW **65** 1756). Ob die Abrechnung auf „Neuwagenbasis" den Schädiger teurer kommt als Reparatur, ist idR nicht entscheidend (Kar DAR **94** 26). Der Anspruch steht auch einem Leasinggeber zu (Kö ZfS **85** 357). Bei nicht geringfügiger Beschädigung eines fabrikneuen Kfz steht dem Geschädigten ein neues Fz zu (KG VersR **77** 155), es sei denn, er muss billigerweise darauf verzichten, weil besondere Umstände aus verständiger Sicht die „Wertschätzung eines Neuwagens" zurücktreten lassen (BGH NJW **76** 1202, KG DAR **76** 241). Bei NutzFz kommt Abrechnung auf Neuwagenbasis nicht in Betracht (Nau VRS **100** 244, Stu VersR **83** 92), anders jedoch beim Fz eines Geschäftsführers für Aquisearbeiten (BGH NJW **09** 3022; Hb NZV **08** 555 mkritAnm *Huber*).

Als neuwertig ist ein Fz nur anzusehen bei kurzer Zulassungsdauer, einwandfreiem Zustand **11a** und geringer Fahrleistung (Br DAR **78** 163, Ol MDR **97** 349, Kö NZV **90** 311 (weniger als 1 Monat, s. unten)), **bis idR höchstens 1000 km** (BGH NJW **82** 433, VRS **65** 89, VersR **84** 46, NJW **09** 3022; KG VRS **108** 164, Nü NZV **08** 559, Ha NZV **00** 170, Ba ZfS **83** 200, *Eggert* DAR **97** 131). Eine Überschreitung der 1000 km-Grenze um nur wenige km kann jedoch uU unschädlich sein (Ha VM **86** 6 (1077 km)). Nur in *Ausnahmefällen* und dann mit Abschlag (s. Rn. 27) kann der Geschädigte auch bei einer Laufleistung **zwischen 1000 und 3000 km** Abrechnung auf Neuwagenbasis beanspruchen, wenn Zeitwert plus Ersatz des merkantilen Minderwerts nicht zum vollen Schadensausgleich führen, dh, wenn der frühere Zustand bei objektiver Beurteilung durch Reparatur auch nicht annähernd hergestellt werden kann (BGH VersR **84** 46, KG VM **94** 93, Kar ZfS **92** 12, Ce NZV **13** 85 (keinesfalls bei mehr als 3000 km); Ha NJW **18** 2654 (kein „Schmelz der Neuwertigkeit" bei seit 6 Wochen zugelassenem und 3300 km gelaufenem Porsche)). Nach BGH NJW **82** 433 kann dies namentlich der Fall sein bei Zurückbleiben eines Unsicherheitsfaktors auch nach Reparatur von FzTeilen, die dessen Sicherheit gewährleisten, oder von erheblichen Schönheitsfehlern oder bei Gefährdung der Garantieansprüche des Eigentümers (ebenso Ba ZfS **83** 200, 262, Ha ZfS **88** 39, Kar ZfS **92** 12), nicht dagegen schon bei umfangreichen, aber durch Reparatur vollständig und technisch einwandfrei behebbaren Blechschäden (BGH VersR **84** 46 (1300 km Fahrleistung, 3 Wochen alt, 2300 DM Reparaturkosten), Ce ZfS **89** 340 (171 km, 3 Tage, 2525 DM), aM Ol MDR **97** 349 bei Karosserie- und Lackierungsarbeiten für 2500 DM). Demgegenüber hält Mü NJW **82** 52 *allgemein* bei geringer Gebrauchsdauer Abrechnung auf Neuwagenbasis bis zu einer Fahrleistung von 3000 km für gerechtfertigt, wenn die Reparaturkosten mindestens 30 % der Anschaffungskosten betragen. Bei mehr als 3000 km Fahrleistung scheidet Abrechnung auf Neuwagenbasis stets aus (KG VRS **71** 241, Sa DAR **89** 345). Da nicht nur die Fahrleistung, sondern auch die Gebrauchsdauer für den Begriff der Neuwertigkeit von entscheidender Bedeutung ist, wird Abrechnung „auf Neuwagenbasis" idR nur möglich sein, wenn das Fz **vor nicht mehr als 1 Monat** zugelassen worden war (Ha NZV **00** 170, KG VRS **108** 164, NZV **91** 389, Kö NZV **90** 311, Kar ZfS **92** 12, Nü NZV **94** 430, Nau ZfS **96** 134, Ol MDR **97** 349, *Eggert* DAR **97** 131, abw Mü DAR **83** 79 (Anspruch auf Ersatz der Kosten für Neufz bei Erstzulassung vor 2 Monaten und ca 2500 km Fahrleistung, Reparaturkosten ca 43 % des Neupreises, Rahmen- und Achsschäden), Kar MDR **86** 233 (3 Monate Laufzeit und weniger als 1000 km), KG VM **94** 93 (1 Monat und 10 Tage bei 972 km). Nach knapp 2 ¹/₂ Monaten ist ein Kfz **nicht**

mehr neuwertig (Nü DAR **85** 386 (2300 km Fahrleistung), Ha DAR **94** 400 (unter 100 km)), auch nicht nach 8 Wochen und knapp 3000 km (Nau ZfS **96** 134), nach 2 Monaten und knapp 1300 km (KG NZV **91** 389), auch nicht bei einer Gebrauchsdauer von 6 Wochen und 1150 km Fahrleistung (Ha ZfS **88** 39) oder nach knapp 8 Wochen und 813 km (Nü NZV **94** 430). Bei einem **Wohnanhänger** ist für die Beurteilung der Neuwertigkeit statt der Laufleistung die Gebrauchsdauer entscheidend (Kö DAR **89** 228, Ha NJW-RR **89** 1433, Br VersR **90** 1403 (abgelehnt bei Unfall 1 Monat nach Zulassung)). Zum Schadensersatz auf Neuwertbasis bei erheblicher Beschädigung eines neuen **Fahrrads** LG Frankenthal NJW-RR **91** 352. AG Nordhorn SVR **17** 430 *(Siegel)* verneint Neupreisentschädigung bei einem E-Bike (zw).

12   **4b. Ausgeschlossen** ist der Anspruch auf Ersatz der Reparaturkosten wegen Unverhältnismäßigkeit (§ 251 II BGB), wenn Instandsetzung und Nebenkosten Aufwendungen erfordern, die den Preis für ein gleichwertiges ErsatzFz **um mehr als 30 % übersteigen** (zur 130 %-Grenze näher Rn. 19 f.); die (idR Brutto-; s. Rn. 19) Reparaturkosten können also nicht in einen vom Schädiger auszugleichenden wirtschaftlich vernünftigen Teil und einen vom Geschädigten selbst zu tragenden wirtschaftlich unvernünftigen Teil aufgespalten werden, weswegen nur Ersatz der Wiederbeschaffungskosten verlangt werden kann (BGH NJW **72** 1800, **92** 305 (zust *Lipp* NZV **92** 71, *Lange* JZ **92** 482), NJW **07** 2917, **11** 1435, *Grunsky* JZ **92** 806, aM Mü NZV **90** 69, *Roth* JZ **94** 1094, krit. *Greger/Zwickel* § 24 Rn. 28, s. auch *Eggert* DAR **01** 24). Dabei kommt es nicht darauf an, ob die verbliebenen Defizite den Geschädigten selbst nicht stören und von diesem nicht beanstandet werden; vielmehr ist allein auf den nach objektiven Kriterien zu beurteilenden und deshalb auch unschwer nachzuprüfenden Reparaturaufwand abzustellen (BGH NJW **92** 305; **07** 2917; **11** 669; **12** 52; **15** 2958). Ob die Reparatur der wirtschaftlichen Vernunft entspricht, unterliegt der richterlichen Beurteilung nach § 287 ZPO (BGH NJW **11** 1435; NZV **12** 219). Gelingt dem Geschädigten aber (auch unter Verwendung von Gebrauchtteilen; s. auch LG Konstanz NJW **12** 2203) eine fachgerechte und den Vorgaben des Gutachtens entsprechende Reparatur, deren Kosten den Wiederbeschaffungswert *nicht* übersteigen, kann ihm die Abrechnung der konkret angefallenen Reparaturkosten nicht verwehrt werden (BGH NJW **11** 669 mAnm *Kuhn* DAR **11** 134); hingegen ist weiterhin offen, ob unter dieser Prämisse Ersatz von *über* dem Wiederbeschaffungswert liegenden Reparaturkosten verlangt werden kann (BGH NJW **07** 2917; **11** 1435 **12** 52; **15** 2958). Entsprechendes dürfte gelten, wenn sich der Geschädigte niedrigere Werkstattpreise im benachbarten Ausland zunutze macht (*Wellner* NJW **12** 7). Trägt der Geschädigte vor, die 130 %-Grenze könne unterschritten werden, weil die Werkstatt Rabatt gewähre, muss er zu den näheren Umständen der Rabattgewährung vortragen, andernfalls keine Ersatzpflicht besteht, weil das Gutachten des Sachverständigen im Grundsatz bestätigt worden ist (BGH NJW **11** 1435 mAnm *Scholten* DAR **11** 319). Ersatzfähigkeit auch, wenn der Sachverständige zu hohe Kosten kalkuliert hat (LG Dü NZV **08** 562 mAnm *Bruns*). Benutzt der Geschädigte das (nicht mehr reparaturwürdige Fz) weiter, so kann er den im Sachverständigengutachten für den regionalen Markt ermittelten Restwert (Rn. 8) geltend machen (BGH NJW **07** 1674 mkritBspr *Huber* NJW **07** 1625). S. auch Rn. 19 f.

13   Besondere Umstände (Fz mit besonderen Einrichtungen für Beinamputierten) können jedoch Reparaturkosten rechtfertigen, die nach dem FzWert sonst nicht gerechtfertigt wären (Kar VersR **79** 964). Das gilt etwa für ein als GeschwindigkeitsmessFz ausgebautes Dienst-Fz der Pol (VG Sa ZfS **08** 178).

14   **4c. Der Wiederbeschaffungswert** (Rn. 5, 10) ist bei Totalschaden zu ersetzen, einschließlich der Kosten für eine gründliche technische Prüfung (BGH NJW **78** 1373, VersR **82** 757, Ol ZfS **83** 361, Fra ZfS **85** 10, **86** 39, NZV **90** 265, *Rädel* DAR **84** 35, *Jahnke* VersR **87** 645, aM Ko ZfS **90** 83, Sa NZV **90** 186 (nur, soweit tatsächlich angefallen), *Halbgewachs* NZV **93** 381), jedoch ohne Risikozuschlag (Rn. 10) und unter Abzug des Restwerts des beschädigten Fz (Rn. 8). Zum maßgebenden Zeitpunkt Rn. 5 aE. Bei mehreren Vorbesitzern mindert sich der Wiederbeschaffungswert des beschädigten Fz (KG VM **74** 27 (10 %)). Auch bei Totalschaden eines ErsthandFz steht bei Erwerb eines gebrauchten ErsatzFz **kein Zweithandzuschlag** zu, ein solcher Schaden kann sich allenfalls bei späterem Verkauf des ErsatzFz realisieren (BGH NJW **78** 1373, Dü NJW **77** 719, aM Kö NJW **74** 2128 mAnm *Klimke, Klimke* VersR **79** 1078). Einen dem Geschädigten gewährten Rabatt muss sich dieser bei der Bemessung des Wiederbeschaffungswerts anrechnen lassen, er kommt also dem Schädiger zugute (vgl. BGH NJW **12** 50 zum Werkskundenrabatt auf Werkstattkosten (s. auch Rn. 6, 8a); ebenso Mü NJW **75** 170; Kar SP **09** 437; LG Kar NJW **17** 2924 mAnm *Heßeler* (je Großkundenrabatt); Nü NZV **16** 388 zu einer Subvention für die Anschaffung eines Feuerlösch-Fz; aM Fra NZV **94** 478 (Großkundenrabatt),

Ce VersR **94** 624 (Werksangehörigenrabatt), hier bis 41. Aufl.). Bei Beschädigung eines neuwertigen Vorführwagens darf der Händler nur Ersatz des Händlerpreises verlangen (Schl VersR **76** 1183). Wird ein unfallbeschädigtes Kfz durch Auffahren vollends zerstört, so ist die Wertminderung durch den ersten Unfall abzuziehen (Nü VersR **76** 643). Fiktive Umrüstkosten (zB Umlackierungskosten eines Taxis; Firmenaufschrift) sind ersatzfähig, wenn ein Markt für die Ersatzbeschaffung eines iÜ gleichwertigen Gebrauchtwagens mit solcher Ausrüstung nicht existiert, die Umrüstung jedoch verhältnismäßig ist (BGH NJW **17** 2401 mAnm *Poppe* und Anm *Almeroth* NZV **17** 482; Kar NZV **94** 394; VRS **75** 403; aM Fra MDR **86** 494, *Greger/Zwickel* § 23 Rn. 27). Nach Jn NJW **17** 3008 (mablAnm *Almeroth;* zust hingegen *Lempp* SVR **17** 464) keine Ersatzfähigkeit der Kosten einer „Airbrushlackierung". Zur Ersatzpflicht durch das Schadensereignis **nutzlos gewordener Aufwendungen** BGHZ **71** 237, *R. Weber* DAR **79** 113. **Entgangener Gewinn** ist zu ersetzen (§ 252 BGB), auch wenn er den Verkehrswert (Zeitwert) übersteigt (besonders günstiger Verkauf; BGH VersR **82** 597 (zust *Weber* DAR **83** 181, abl *Giesen* JR **82** 458), KG ZfS **84** 228, Stu VersR **73** 773, Br VersR **69** 333, aM *Giesen* VersR **79** 389; zum Gebot von Überpreisen bei Inzahlungnahme bei Neukauf s. aber Stu VersR **73** 773, *Sanden/Völtz* Rn. 63 ff.).

Ein **individueller Gebrauchswert,** also ein den Wiederbeschaffungswert übersteigender, ist **15** nur ausnahmsweise zu ersetzen, nämlich bei Spezial- oder solchen Fz, die nur schwer zu beschaffen sind oder keinen Markt haben (Kar VersR **79** 776, DAR **12** 519, Stu NJW **67** 252, Dü VersR **65** 770). Für die Zerstörung eines als Unikat anzusehenden Fz kann nicht Wiederherstellung, sondern nur Wertersatz in Geld verlangt werden (vgl. BGH NJW **84** 2282). Zur Ermittlung des Wiederbeschaffungswerts eines ausländischen Wagens mit geringem Marktanteil Schl VersR **74** 297. In solchen Fällen ist nach billigem Ermessen der Wert eines ähnlichen ErsatzFz festzusetzen (vgl. BGH NJW **84** 2282; s. auch Ol DAR **12** 524 (MilitärFz)).

Ein **Affektions- oder Liebhaberwert** geht über den Ersatz wirtschaftlichen Schadens hin- **16** aus und bleibt deshalb unersetzt (BGH NJW **66** 1454, KG NJW **66** 735, Schl VersR **67** 610, Ce VersR **64** 519). **Verletzung von Tieren:** Rn. 51.

Ist die **Reparatur billiger als die Ersatzbeschaffung,** so stehen nur die Reparaturkosten **17** zu (Stu VersR **70** 631, Ol VersR **69** 837, Dü VersR **70** 42), es sei denn, verborgene Mängel könnten fortbestehen (Schl VersR **67** 610). Diese sind dann jedenfalls nicht unverhältnismäßig (Ha ZfS **91** 85). Sind erhebliche Richtarbeiten nötig, so darf der Geschädigte idR ein ErsatzFz beschaffen (Hb VersR **74** 392, Nü NJW **75** 313).

4d. Bei **wirtschaftlichem Totalschaden** (Reparaturkosten übersteigen Wiederbeschaffungs- **18** aufwand; Rn. 10) hat der Geschädigte grundsätzlich nur Anspruch auf Ersatz des Wiederbeschaffungsaufwands (Rn. 11). Das gilt jedenfalls hinsichtlich des Verlangens auf Ersatz **fiktiver Reparaturkosten** (Fz wird nicht repariert; BGH NJW **85** 2469, **03** 2087, **10** 2121 (Oldtimer); Ha VersR **00** 1122, *Huber* NZV **04** 106). Da aber im Fall tatsächlicher Reparatur Abweichendes gilt, hat der **Begriff des Totalschadens** keinen einheitlichen Inhalt: Ist er bei Geltendmachung fiktiver Reparaturkosten durch den Wiederbeschaffungs*aufwand* definiert, so ist er im Fall der Reparatur erst bei Überschreiten des Wiederbeschaffungs*werts* (ohne Berücksichtigung des Restwerts) eingetreten: Wird das Fz **tatsächlich repariert,** so hat der Geschädigte nämlich im Hinblick auf ein anzuerkennendes Integritätsinteresse Anspruch auf Ersatz der erforderlichen Reparaturkosten (Sachverständigengutachten) **bis zur Höhe des Wiederbeschaffungswerts** (und uU darüber hinaus, Rn. 19), auch wenn diese (unter Berücksichtigung des Restwerts) den Wiederbeschaffungs*aufwand* übersteigen (BGH NJW **05** 2541), dies selbst dann, wenn die tatsächlichen Reparaturkosten (Eigenreparatur) niedriger waren (BGH NJW **03** 2085 (abl *Schiemann* JR **04** 24, Anm *Reitenspiess* DAR **03** 375), Dü ZfS **01** 111). Das gilt, solange die erforderlichen (geschätzten) Reparaturkosten den Wiederbeschaffungswert *nicht* übersteigen, ohne Rücksicht auf die technische Qualität der tatsächlich durchgeführten Reparatur (BGH NJW **03** 2085, zust *Huber* MDR **03** 1337, 1340). Der Geschädigte kann die vom Sachverständigen angesetzten (fiktiven) Reparaturkosten *ohne Abzug des Restwerts* nur dann abrechnen, wenn er tatsächlich repariert lässt und das (funktionsfähige und verkehrssichere) Fz weiternutzt (BGH NJW **03** 2085), und zwar *mindestens sechs Monate* nach dem Unfall (BGH NJW **06** 2179, **08** 1941; **11** 667; *Staab* NZV **07** 279; s. auch Rn. 29). Ungeachtet eines Integritätsinteresses und einer Weiternutzungsabsicht für sechs Monate (insbes. Verkauf innerhalb der Frist) sind nur die konkret angefallenen Reparaturkosten ersatzfähig, soweit sie den Wiederbeschaffungswert nicht übersteigen; eine fiktive Schadensberechnung ist dann also nicht möglich (BGH NJW **07** 588; **11** 667; *Wellner* NZV **07** 401). Im Fall fachgerechter Reparatur liegt die Grenze des wirtschaftlichen Totalschadens sogar erst bei **130 % des Wiederbeschaffungswerts** (Rn. 19, zur Überschreitung der Grenze Rn. 12). Maßgebend ist, ob die Reparatur oder Ersatzbeschaffung verständigerweise wirtschaftlich angemessen ist (BGH NJW **72** 1800, *Wirsching* DAR **99** 33). Im Zweifel über die Kostenhöhe darf sich der Geschädigte auf die Ansicht des Sachverständigen verlassen (BGH NJW **72** 1800, s. Rn. 6). **Erhöhen sich die Reparaturkosten** während der Herstellung unvorhersehbar erheblich (Prognosefehler), so trägt der Schädiger dieses Risiko, wenn der Geschädigte nach Einholen von Informationen (Voranschlag, Sachverständigengutachten) annehmen durfte, den kostengünstigeren Weg gewählt zu haben (BGH NJW **92** 302 (zust *Lange* JZ **92** 480), Mü NZV **91** 267, Ha NJW **98** 3500), so zB auch bei Überschreiten von 130 % des Wiederbeschaffungswerts (Rn. 19; KG NZV **05** 46, Fra NZV **01** 348, LG Mü I NZV **05** 587, aM *Huber* SVR **05** 246). Umgekehrt verhält es sich, wenn schon nach dem Kostenvoranschlag die Reparaturkosten diejenigen einer Ersatzbeschaffung unverhältnismäßig (Rn. 19) übersteigen (BGH NJW **72** 1800, Ha ZfS **84** 198); das Risiko trägt dann der Geschädigte mit der Folge einer Abrechnung nur auf Totalschadenbasis (abw Dü VersR **77** 840 bei nur geringfügiger Überschreitung). Eine unvorhersehbare, auch vom Sachverständigen nicht vorhergesehene Kostensteigerung über den ursprünglichen FzWert hinaus geht zu Lasten des Schädigers (Dü VersR **77** 840). Anders liegt es, wenn schon der Sachverständige auf die Unwirtschaftlichkeit der Reparatur hingewiesen hat und nach vorläufiger Bewertung die 130 %-Grenze nur knapp eingehalten ist (Ce NZV **18** 143 (*Bachmor*)).

19   **Übersteigen die Reparaturkosten diejenigen der Wiederbeschaffung,** so darf der Geschädigte dennoch wegen seines anzuerkennenden Integritätsinteresses Instandsetzung wählen, wenn die Reparaturkosten unter Berücksichtigung aller Umstände des Falls, insbesondere von Art und Ausmaß des Schadens sowie Alter und Zustand des Fz nicht unverhältnismäßig sind (§ 251 II BGB). Das gilt grds. auch für gewerblich genutzte Fz (BGH NZV **99** 159 (Taxi), Dr DAR **01** 303 (Lkw), Ha NJW **98** 3500, VersR **01** 257, Ol DAR **00** 359, Ce NZV **10** 249 (Sattellauflieger eines Lkw); *Roß* NZV **00** 363) und wird auch bei LeasingFz zu gelten haben (Mü DAR **00** 121, *Reinking* DAR **97** 425). Mü ZfS **19** 440 (Anm *Diehl*) erstreckt die nachfolgend referierten Grundsätze auf **Fahrräder** (konkret ein Rennrad). Die Rspr. zieht die Grenze, bis zu der Ersatz der Reparaturkosten verlangt werden kann, für den Regelfall bei **130 % des Wiederbeschaffungswerts** (BGH NJW **08** 437, 439, **07** 97, **05** 1108, **92** 302, **92** 1618 mAnm *Grunsky* JZ **92** 806, *Schopp* MDR **93** 313, BGH NZV **99** 159 mAnm *Völtz,* KG NZV **05** 46, Stu DAR **03** 176, Kar MDR **00** 697, Ha DAR **02** 215, ebenso *Grunsky* NJW **83** 2468, *Steffen* NZV **91** 4; interessante empirische Untersuchung bei *Korch/Ott* VersR **16** 1027), die aber als bloßer Richtwert im Einzelfall uU auch überschritten werden darf oder (zB bei extrem hohen Mietwagenkosten) niedriger zu bemessen ist (BGH NJW **92** 302, Dr DAR **01** 303, Dü NZV **01** 475, eingehend *Dannert* VersR **88** 890, *Reiff* NZV **96** 425, krit *Schiemann* NZV **96** 5, *Grunsky* JZ **97** 827, *Völtz* NZV **99** 160, s. auch Rn. 12). Dabei ist idR von den Bruttoreparaturkosten (einschl. USt) auszugehen (BGH NJW **09** 1340 m Bspr *Huber* NZV **09** 322), nach Ba DAR **18** 24 (mAnm *Kuhnert*) ohne Abzug neu für alt. Bei Ermittlung dieser Toleranzgrenze hat nach hM der **Restwert** des beschädigten Fz (anders bei bloß fiktiver Reparatur: Rn. 24) außer Ansatz zu bleiben (BGH NJW **92** 302 (zust *Lipp* NZV **92** 70, *Lange* JZ **92** 480, *Roth* JZ **94** 1096), Fra DAR **03** 68, Ha NZV **97** 441, Dü NZV **01** 475, Mü DAR **95** 254, KG NZV **02** 89, s. auch *Grunsky* JZ **92** 806; krit. *Korch/Ott* VersR **16** 1027). Dies wird damit begründet, dass der Restwert nur schwer zu ermitteln, mit vielen Unsicherheiten behaftet, iÜ von den Reparaturkosten abhängig sei und daher durch diese bereits mit repräsentiert sei (aM (Restwert ist abzuziehen): Mü DAR **89** 419, NZV **91** 627, Stu NZV **91** 309 mAnm *Efrem,* Fra ZfS **91** 46, Ha NZV **91** 229, *Helmkamp* NZV **91** 462, *Sanden/Völtz* 77 f.). Berechnungsbeispiele bei *Ernst* DAR **10** 231.

20   **Reparaturkosten bis zur Höhe von 130 % des Wiederbeschaffungswerts** sind nur ersatzfähig, wenn sie konkret angefallen sind oder wenn der Geschädigte nachweisbar wertmäßig in einem Umfang repariert hat, der den Wiederbeschaffungsaufwand übersteigt, sofern die Reparatur fachgerecht und in einem Umfang durchgeführt wird, wie ihn der Sachverständige zur Grundlage seiner Kostenschätzung gemacht hat; andernfalls kein schützenswertes Integritätsinteresse (Rn. 12; BGH NJW **85** 2469, **92** 1618, **03** 2085, **05** 1108, **07** 2917, **08** 439; NZV **10** 195; *Wellner* NZV **07** 401). Auch bei *Eigenreparatur* ist der Anspruch nicht ohne Weiteres ausgeschlossen (BGH NJW **05** 1108, *Freyberger* NZV **05** 233; s. auch Rn. 23). Unter diesen Voraussetzungen schadet es nicht, wenn die 130 %-Grenze nach Gutachten überschritten war (Mü NJW **10** 1462). Bei *technisch unzulänglicher Teilreparatur* scheidet der Anspruch hingegen aus (Rn. 12; BGH NJW **05** 1108, 1110, **07** 2917, **08** 1941, 2183, NZV **12** 219, *Huber* MDR **03** 1338), nach Kar NJW-RR **10** 96 allerdings nicht, wenn das Fz mehr als 6 Monate (s. u) genutzt worden ist. Vorlage einer Rechnung ist zum Nachweis durchgeführter Reparatur nicht erforderlich (KG NZV **05** 46). Eine vorangegangene Abrechnung des Wiederbeschaffungsaufwands hindert eine Nachforderung bei späterer Reparatur grds. nicht (Rn. 6). Zur Dokumentation des Integritätsinteresses ist bei fiktiver Abrechnung eine **Weiternutzung von mindestens sechs Monaten erforderlich** (s. auch Rn. 18; BGH NJW **08** 437; 439, 1941, 2183). Das gilt sowohl für Abrechnung auf Gutachtenbasis (BGH NJW **08** 437; 439) als auch dann, wenn der Geschädigte tatsächlich reparieren lässt (BGH NJW **08** 2183 mAnm *Kappus;* Dü NZV **08** 560; aM Ce NJW **08** 928, Nü DAR **08** 27, *Pamer* DAR **07** 721, s. auch LG Hb DAR **07** 707). Die Beweislast für Weiterbenutzungsabsicht bei Reparatur liegt beim Geschädigten (BGH NJW **08** 437). Die Sechs-Monatsfrist ist kein Tatbestandsmerkmal, hat vielmehr nur beweisrechtliche Bedeutung und bewirkt keine Verschiebung des Fälligkeitstermins; bei tatsächlicher Weiternutzung vor Ablauf von 6 Monaten streitet eine Vermutung für Weiternutzungsabsicht (BGH NJW **09** 910 m Bspr *Huber* DAR **09** 252 und *Schneider* ZfS **09** 69; BGH r+s **10** 434; *Wittschier* NJW **08** 898; aM zB LG Hagen VersR **07** 1265, *Kallweit* VersR **08** 895), die nicht dadurch entkräftet wird, dass das Kfz vor „Fristablauf" gepfändet und versteigert wird (Dü NZV **20** 315 *(Fahl)*). Verkauft der Geschädigte das Fz vor Ablauf der Frist wegen des **„Dieselskandals",** so ist (wie auch sonst) keine fiktive Abrechnung möglich und es besteht nur der Anspruch auf Ersatz des Wiederbeschaffungswerts (Ha NJW-Spezial **18** 426). *Kein Anspruch* auf den Wiederbeschaffungswert übersteigende Reparaturkosten mangels Integritätsinteresses bei **Reparatur in Verkaufsabsicht** (BGH NJW **08** 437; 439, Dü NZV **04** 470, Ha VersR **01** 257, *Greger/Zwickel* § 24 Rn. 26), auch nicht bei mehrjähriger Stilllegung des Fz vor Durchführung der Reparatur (Sa MDR **98** 1346). Der Anspruch scheitert nicht, wenn die beabsichtigte Reparatur bisher nur wegen fehlender Mittel infolge noch nicht erfolgter Regulierung unterblieb (Ol DAR **04** 226, Mü NJW-RR **99** 909) oder nur teilweise möglich war (Ha NZV **97** 441; abl *Lemcke* r+s **02** 269). Es kann deshalb genügen, dass der Geschädigte den Reparaturauftrag (mangels eigener Mittel) bedingt erteilt oder die Werkstatt die Durchführung zugesichert hat (Fra NZV **16** 315 kritAnm *Lemcke* r+s **16** 157). Liegen die tatsächlichen Kosten einer technisch einwandfrei durchgeführten Reparatur innerhalb der 130%-Grenze, so scheitert der Anspruch nicht daran, dass die vom Sachverständigen geschätzten Reparaturkosten (bei Inanspruchnahme einer Vertragswerkstatt unter Verwendung von Neuteilen) darüber liegen (Fra DAR **03** 68, Dü NZV **01** 475, Dr DAR **01** 303, aM zB LG Br NZV **99** 253 (bei Unterschreitung der 130%-Grenze durch Sonderkonditionen), *Lemcke* r+s **02** 269, *Rischar* SP **97** 288). Lässt der Geschädigte trotz Überschreitens der 130%-Grenze reparieren, so kann er andererseits nicht statt des Wiederbeschaffungsaufwands den Teil der Reparaturkosten verlangen, der 130% des Wiederbeschaffungswerts nicht übersteigt (Rn. 12). Stellt sich erst nach der Reparatur heraus, dass die Kosten die 130%-Grenze überschreiten, so geht das **Prognoserisiko** zu Lasten des Schädigers (Rn. 18).

5. Die Wiederherstellungskosten muss der Geschädigte so niedrig wie nach dem technischen Befund möglich halten (Schadensminderungspflicht; Ko VersR **64** 101), um einen Zustand herzustellen, der dem vor dem Unfall technisch und wirtschaftlich gleichkommt (Dü VersR **74** 604). Steht der Schaden gutachtlich verlässlich in etwa fest, so muss sich der Geschädigte **ohne schuldhaftes Zögern** um Instandsetzung oder um ein ErsatzFz bemühen (Ha DAR **02** 312, Nau DAR **05** 158, KG VM **95** 35, Kö NJW **62** 2107, Ha NJW **64** 406). Er darf, mangels Anhalt für ungewöhnliche Arbeitsverzögerung, seine Vertrauens- oder Fachwerkstatt beauftragen (Kar VersR **76** 1162, Mü VersR **66** 786), es sei denn, sie fordert ein unangemessen hohes Entgelt oder übermäßig lange Reparaturzeit (AG Göppingen VersR **64** 544). Geringe Preisunterschiede bleiben außer Betracht, zumal Fachwerkstätten nach Teilepreis- und Arbeitszeitlisten der Hersteller abzurechnen pflegen. Arbeitsgänge, die wiederholt werden müssen, weil der Geschädigte zunächst nur teilreparieren lässt, sind nur so zu erstatten wie bei zügiger Gesamtreparatur. Zur **Ermittlung der erforderlichen Reparaturkosten** Rn. 6. Zur fiktiven Schadensabrechnung Rn. 24.

Für **Schlechtarbeit der Werkstatt** haftet der Geschädigte nur bei unsorgfältiger Auswahl oder wenn und soweit er sie bei zumutbarer eigener Sorgfalt hätte verhindern können (BGH NJW **75** 160, Ha NZV **95** 442). Soweit zumutbar und erreichbar, wird er eine Fachwerkstatt beauftragen müssen. Schlechtarbeit oder Verzögerung, die auch durch zumutbare sorgfältige Auftragserteilung und Überwachung (Probefahrt, Beanstandung) nicht zu verhindern war, ist erstattungsfähige Schadensfolge (Kar VersR **76** 1162, Hb MDR **68** 239, KG NJW **71** 142, einschr Dü ZfS **84** 298 hinsichtlich längeren Nutzungsausfalls durch zögerliche Reparatur), ebenso Verzögerung wegen schwieriger Ersatzteilbeschaffung im Ausland (AG Gifthorn NZV **07** 149). Die

Werkstatt ist **nicht Erfüllungsgehilfe des Geschädigten** (BGH NJW **75** 160, Kar VersR **76** 1162, MDR **73** 580, Ha NZV **91** 353), doch darf er Ansprüche wegen Schlechtausführung nicht verjähren lassen (*H. W. Schmidt* DAR **68** 143). Mehraufwand durch Schlechtarbeit geht bei sorgfältiger Werkstattauswahl durch den Geschädigten als Folgeschaden zulasten des Schädigers (BGH NJW **75** 160; aM *Böhmer* JR **71** 239, wonach Verschulden der Werkstatt dem Schädiger nicht anzulasten sei (§ 254 II, § 278 BGB) und sich nur der Geschädigte an die Werkstatt halten könne). Die Gefahr überlanger und überteuerter Reparatur trägt, gegen Abtretung etwaiger Ersatzansprüche gegen die Werkstatt, der Schädiger (BGH NJW **92** 302, Ha NZV **95** 442, Kar MDR **73** 580, Ol NZV **89** 148). Hat der Geschädigte an sich ungerechtfertigte, aber vom Schädiger zu tragende Mehrforderungen der Werkstatt noch nicht bezahlt, so geht sein Anspruch auf Freistellung (BGH DAR **76** 124).

23   **Wer selber repariert,** darf den üblichen Werkstattpreis (Rn. 24) fordern (BGH NJW **92** 1618 mAnm *Grunsky* JZ **92** 806, *Schopp* MDR **93** 313, krit *Imbach* VersR **96** 425; BGH NJW **03** 2085, **08** 439, Nü VRS **103** 321, Dr DAR **01** 455, KG DAR **95** 482, Mü DAR **88** 419, Kar ZfS **97** 53, Ha NZV **97** 441, Schl VersR **99** 202, *Grunsky* DAR **84** 268, **92** 532, *Steffen* NZV **91** 2, *Wortmann* VersR **98** 1207), einschließl. des übl. Unternehmergewinns, ebenso als Kaufmann bei Selbstreparatur (Mü VersR **66** 836, **76** 483, bei teilweiser Werkstatt- und teilweiser Selbstreparatur, KG VRS **68** 85, *Greger* NZV **94** 12, enger Nü VersR **70** 1164, aM zB *Köhler* Larenz-F (1983) S. 353f., *Hofmann* DAR **84** 374, *Honsell/Harrer* JuS **91** 446). Daher genügt zum Nachweis der erforderl. Reparaturkosten ein Sachverständigengutachten, der Vorlage einer Reparaturrechnung bedarf es nicht (Rn. 6). Die Kosten für die Instandsetzung in einer Fachwerkstatt können uU auch dann verlangt werden, wenn diese den Wiederbeschaffungswert um nicht mehr als 30% übersteigen (Rn. 19f.), die Kosten der Selbstreparatur aber niedriger waren (Rn. 20). Bei Wiederherstellung **in eigener Werkstatt** des Verkehrsbetriebs, der nicht als Reparaturbetrieb gegenüber Dritten gewerblich tätig ist, sind nur die Selbstkosten zu ersetzen (BGH NJW **70** 1454 = VersR **70** 832, 902 mAnm *Klimke;* BGH NZV **14** 162). Dagegen kommt eine Kürzung um den Unternehmergewinnanteil bei Selbstreparatur in eigener gewerbsmäßiger KfzWerkstatt nur in Frage, wenn durch die Reparatur gewinnbringende Werkstattkapazitäten nicht verloren gegangen sind, weil der Betrieb nicht ausgelastet ist, wobei für Letzteres – bei sekundärer Darlegungslast des Geschädigten – der Schädiger die Darlegungs- und Beweislast trägt; geschuldet ist die übliche Vergütung nach § 632 II BGB (BGH NZV **14** 162; VersR **97** 1287, BGHZ **61** 56, Fra NJW **12** 2977, Ha VersR **91** 349). Ermittlung erstattungsfähiger Aufwendungen bei Reparatur von Bundesbahnwaggons durch eigenes Personal: Mü VersR **87** 361.

24   **5a. Wird das Fz unrepariert veräußert** (zB Inzahlunggabe) oder auch verschrottet, so behält der Geschädigte idR seinen Anspruch auf Zahlung der Instandsetzungskosten nach § 249 BGB (BGH NJW **03** 2086, **76** 1396, **85** 2469, VersR **85** 865, *Grunsky* NJW **83** 2468, *Weber* VersR **90** 941, *Steffen* NZV **91** 3, abl *Greger/Zwickel* § 24 Rn. 5, *Köhler,* Larenz-F (1983) S. 360, zu älterer Rspr, wonach der Anspruch nur so lange besteht, wie der Geschädigte zur Reparatur des noch in seinem Besitz befindlichen Fz in der Lage ist, s. 39. Aufl). Der Geschädigte darf auch im Rahmen fiktiver Abrechnung (dazu schon Rn. 6 sowie weiterführend *Engel/Ehlscheid* DAR **20** 321) grds. den Stundenverrechnungssatz einer markengebundenen Fachwerkstatt zugrunde legen, auch wenn der durchschnittliche Satz niedriger ist (BGH NJW **03** 2086 („Porsche-Urteil") mAnm *Reitenspiess* DAR **03** 375, *Wenker* VersR **05** 917, krit *Huber* MDR **03** 1210f., zum Ganzen *Nugel* ZfS **07** 248, *Allendorf* NZV **14** 340). Er muss sich aber auf eine mühelos zugängliche günstigere und gleichwertige Reparaturmöglichkeit auch dann verweisen lassen, wenn der Reparaturkostenkalkulation des Sachverständigen bereits mittlere ortsübliche Sätze nicht markengebundener Fachwerkstätten zugrunde liegen (BGH NJW **19** 852 mAnm *Almeroth* NZV **19** 305 und *Siegel* SVR **19** 183. dort auch zu abw. Rspr. von Mü r+s **14** 369; aM auch Dü DAR **17** 200). Für die Bemessung des Schadensersatzanspruchs entscheidet dann der Zeitpunkt der letzten mündlichen Verhandlung, womit bis dahin eingetretene Preissteigerungen in der Verweisungswerkstatt idR zulasten des Schädigers gehen (BGH NJW **20** 1795 mAnm *Heßeler;* s. auch Rn. 5). Dies dürfte für die Zumutbarkeit des Werkstattverweises bei fiktiver Schadensberechnung generell gelten (*Zwickel* NZV **20** 228). Nach BGH NJW **10** 606 (fortgeführt in BGH NJW **10** 2118 mAnm *Figgener, Engel* DAR **10** 459; NJW **10** 2725; 2727; 2941 (7 Jahre altes Fz, Reparatur in „Eurogarant-Fachbetrieben"); zust Bspr *Schneider* ZfS **10** 8; NZV **13** 433; NJW **14** 535; **15** 2110; **17** 2182 mAnm *Heßeler* und *Almeroth* NZV **17** 376) gilt dies uneingeschränkt aber **nur für Fz mit einem Alter von bis zu drei Jahren** (nach LG Sa NJW **11** 2594 dann aber auch bei Taxi mit 200 000 km Laufleistung); bei älteren Fz kann er den Geschädigten unter dem As-

pekt der Schadensminderungspflicht gem. § 254 II BGB auf eine Reparatur in der markenunge-
bundenen Werkstatt verweisen, sofern er darlegt und beweist, dass sie vom Qualitätsstandard her
der Reparatur in einer markengebundenen Fachwerkstatt entspricht (hierzu Dü NJW **12** 2044),
wobei die Inanspruchnahme der markenungebundenen Werkstatt etwa dann gleichwohl unzu-
mutbar sein kann, wenn der Geschädigte sein Fz bislang stets in einer markengebundenen Werk-
statt hat warten und reparieren lassen, was er dann aber im Rahmen der sekundären Darlegungs-
und Beweislast darzutun hat (krit. Bspr. *Kappus* NJW **10** 582; Anm *Engel* DAR **10** 78; zust *Metz*
NZV **10** 119; krit *Thole* NZV **10** 425; teils auch *Witt* NJW **10** 3329 und *Ullmann* NZV **10** 489;
zum Meinungsstand vor der Entscheidung des BGH s. 41. Aufl.; zur Lage in der Kaskoversiche-
rung BGH NJW **16** 314 m Bspr *Schreier* NJW **16** 289); keine Unzumutbarkeit, wenn der Ge-
schädigte in den letzten Jahren nicht mehr in einer Markenwerkstatt hat *warten* (sondern nur
noch hat *reparieren*) lassen (BGH NJW **17** 2182 mAnm *Almeroth* NZV **17** 376). Maßstab für die
Unzumutbarkeit ist nicht die subjektive Sicht des Geschädigten, sondern die Sicht eines ordent-
lichen und verständigen Menschen (BGH NJW **17** 2182 mwN). Unzumutbarkeit ferner, wenn
die freie Fachwerkstatt für den Geschädigten nicht mühelos und ohne Weiteres zugänglich ist,
was bei größerer Entfernung zum Wohnort des Geschädigten der Fall sein kann (BGH NJW **10**
2727; 2941; **13** 2817; **14** 3236; **15** 2110 (130 km); Dü DAR **20** 507 (38 km); nach AG Solingen
NZV **15** 498 sind schon 17,5 km Entfernung unzumutbar, zw.). Bei fiktiver Schadensberech-
nung kann der Verweis auf eine günstigere Werkstatt noch im Rechtsstreit erfolgen, sofern dem
nicht prozessuale Gründe (Verspätungsvorschriften) entgegenstehen (BGH NJW **13** 2817
mzustAnm *Witt* und mwN auch zur Gegenansicht; NJW **14** 535; 3236; **15** 2110; Stu NJW **14**
3317 (Reparatur im Ausland) mzwAnm *Druckenbrodt*), muss aber dann damit rechnen, dass der
verlangte Geldbetrag nach Bestreiten des Gegners letztlich geringer ausfällt (BGH NJW **14**
3236). Für die tatrichterliche Beurteilung der Gleichwertigkeit der Reparaturmöglichkeit gilt
auch im Rahmen des § 254 II S. 1 BGB das erleichterte Beweismaß des § 287 ZPO (BGH
NJW **10** 2118; 2941). Trägt der Geschädigte selbst vor, dass das Fz sach- und fachgerecht ent-
sprechend dem Gutachten, jedoch zu einem günstigeren als dem errechneten Preis repariert
worden ist, so kann er nicht den vom Sachverständigen angesetzten überschüssigen Betrag ver-
langen (BGH NJW **14** 353). Unzumutbar kann eine Reparatur in einer freien Fachwerkstatt
etwa dann sein, wenn sie nur deshalb kostengünstiger ist, weil ihr nicht die marktüblichen Preise
dieser Werkstatt, sondern auf vertraglichen Vereinbarungen mit dem Haftpflichtversicherer des
Schädigers beruhende Sonderkonditionen zu Grunde liegen (BGH NJW **10** 2725; **15** 2110).
Legt sie allerdings marktübliche Konditionen zugrunde, macht allein die Vereinbarung von Son-
derkonditionen für Versicherungsnehmer des Haftpflichtversicherers die Verweisung nicht unzu-
mutbar (BGH NJW **15** 2110). Bei fiktiver Abrechnung kann der Geschädigte der Verweisung auf
freie Werkstatt nicht mit der Begründung widersprechen, er habe sein Fz stets in einer (anderen)
nicht markengebundenen Werkstatt warten und reparieren lassen (LG Sa NJW **18** 876). Zur
Gleichwertigkeit bei geschädigtem Maserati AG Trier NZV **10** 403. Als anderweitige billigere
Instandsetzung kann die „Smart-Repair-Methode" (bei leichten Dellen) zumutbar sein, sofern
mit klassischer Reparatur gleichwertig (Kar NJW **03** 2308; LG Sa NZV **11** 350; Dü DAR **17**
200; eingehend *Nugel* NZV **15** 12; *Chr. Huber* ZfS **15** 424; zu alternativen Reparaturmethoden
auch AK VI des 53. VGT, NZV **15** 121; *Wern* ZfS **15** 304; s. auch LG Wuppertal NZV **15** 505
zur Zumutbarkeit der „Spot-Repair-Methode" in nicht markengebundener Werkstatt bei Baga-
tellschäden). Einen **Großkundenrabatt** muss sich der Geschädigte auch im Rahmen fiktiver
Schadensberechnung anrechnen lassen (BGH NJW **20** 144 sowie Rn. 6). Der Geschädigte kann
fiktiv berechnete Ersatzteilaufschläge bzw. **UPE-Aufschläge** verlangen, wenn sie von marken-
gebundenen Fachwerkstätten üblicherweise berechnet werden (BGH NJW **19** 852; Dü DAR **08**
523, Ha NZV **13** 247; Fra NZV **17** 27 mwN auch zur Gegenansicht); dies gilt jedoch nicht,
wenn die Referenzwerkstatt, auf die zumutbar verwiesen worden ist (dazu oben), solche Auf-
schläge nicht verlangt (BGH NJW **19** 852 mAnm *Almeroth* NZV **19** 305). Entsprechendes gilt
für **Reinigungskosten** (AG Überlingen SVR **20** 192 (bei *Balke* mwN zu AG-Urteilen)). Die in
der Rspr. überwiegend anerkannte Grenze einer Überschreitung des Wiederbeschaffungswerts
um 30% (Rn. 12, 19 ff.) gilt hier jedenfalls nicht (Rn. 20). Ein im Inland lebender Ausländer
muss sich bei Abrechnung auf Gutachtenbasis nicht auf die günstigeren Stundenverrechnungssät-
ze in seinem Heimatland verweisen lassen (Dü NJW **08** 530 (L), Stu NJW **14** 3317). **Keine Ab-
rechnung auf Reparaturkostenbasis** in Fällen der Veräußerung, wenn die Reparaturkosten
den Wiederbeschaffungsaufwand (Wiederbeschaffungswert abzüglich Restwert, Rn. 10, 14; BGH
NJW **92** 302, insoweit zw *Grunsky* JZ **92** 807, Fra VersR **03** 84, Kö NZV **94** 24, ZfS **94** 123, Mü
DAR **95** 254, *Huber* NZV **04** 106, *Eggert* DAR **01** 25) übersteigen (BGH NJW **05** 2541, **03**

2086, **92** 302, **85** 2469 (abl *Grunsky* VGT **90** 187, *Pamer* NZV **00** 492), VersR **85** 865, VRS **69** 162, Dü NZV **04** 584, Stu VersR **82** 885, Ol VersR **84** 1054, Mü VersR **90** 864, Kar NZV **94** 275, Kö ZfS **94** 123). Dabei ist jedoch zu *differenzieren:* Legt der Geschädigte kein Interesse an der Reparatur dar, so ist sein Schadensersatzanspruch durch die Kosten der Ersatzbeschaffung begrenzt, wenn die Differenz darauf beruht, dass ein *wirtschaftlicher Totalschaden* (Rn. 18) vorliegt, nicht aber, wenn die fiktiven Reparaturkosten diese nur deswegen überschreiten, weil er den Unfallwagen für einen Neuwagen besonders günstig (über den wirklichen Restwert hinaus) in Zahlung gegeben hat; denn andernfalls würde die Dispositionsfreiheit des Geschädigten unzulässig beschnitten (BGH NJW **85** 2469, VRS **69** 162, Kö NZV **94** 24, ZfS **94** 123, dazu auch *Medicus* DAR **82** 359, *Grunsky* NJW **83** 2468, VGT **90** 187). Kein Abzug des Restwerts, wenn Geschädigter mindestens sechs Monate weiter nutzt (Rn. 18). Wegen der Schwierigkeiten der Restwertermittlung (Rn. 19) wird zT vorgeschlagen, die fiktiven Reparaturkosten stets dann zuzubilligen, wenn diese (ohne Berücksichtigung des Restwerts) jedenfalls **70 % des Wiederbeschaffungswerts nicht übersteigen** (VGT **90** 12, **02** 10, *Pamer* NZV **00** 490, *Lemcke* r+s **02** 270, *Huber* § 1 Rn. 18, AG Nordhorn DAR **00** 143). Jedoch lehnt BGH NJW **05** 2541 dies jedenfalls für den Fall ab, dass das beschädigte Fz unrepariert veräußert wird (Anm *Sermond* NZV **05** 454; aM *Huber* JR **06** 426). Fiktive **Verbringungskosten** (s. auch BGH NZV **15** 291) für den notwendigen Transport des Fz zwischen Werkstatt und Lackiererei sind wie UPE-Aufschläge (dazu oben) nur ersatzfähig, wenn sie von markengebundenen Fachwerkstätten üblicherweise berechnet werden, dies jedoch auch ggf. nicht, wenn die Referenzwerkstatt, auf die zumutbar verwiesen worden ist (dazu oben) solche Aufschläge nicht verlangt (vgl. BGH NJW **19** 852; s. auch KG SVR **18** 380 *(Balke);* LG Ro DAR **11** 641; abw Dü NZV **02** 87, Dr DAR **01** 455). Ein Anspruch auf sog Risikozuschlag zu den fiktiven Reparaturkosten wegen der Möglichkeit bei Zerlegung des beschädigten Fz sich offenbarender weiterer Schäden besteht nicht (Hb DAR **81** 388). Kosten einer **Beilackierung** sind im Rahmen der fiktiven Schadensberechnung ersatzfähig, sofern deren Erforderlichkeit überwiegend wahrscheinlich (§ 287 ZPO) ist (BGH NJW **20** 236 mkritAnm *Vuia;* hierzu auch *Offenloch* DAR **20** 306; Bspr *Aukle* SVR **20** 217; aM Ha SVR **17** 349 *(Balke);* AG Ratingen SVR **16** 172; AG Bbg SVR **16** 173 *(Balke)).* Eine **Unkostenpauschale** wird im StrVRecht im Hinblick auf den Massencharakter auch ohne Darlegung von Anknüpfungstatsachen zuerkannt (vgl. BGH NJW **12** 2267, Mü NZV **06** 261, NJW **10** 1462 m zahlreichen Nw; Ha SVR **17** 349 (je 25 €), KG NZV **06** 307 (20 €), AG Fra DAR **09** 468 (30 €); Sa SVR **14** 226 *(Balke):* im Saarland 25 €; RsprÜbersicht *Balke* SVR **13** 372; 413).

25 **5b.** Die Entschädigung für **merkantilen Minderwert** soll die Minderung des Verkaufswerts ausgleichen, die auf der Sorge vor etwa verbliebenen, verborgenen Unfallschäden beruht und zu Preisabschlägen bei UnfallFz auf dem Gebrauchtwagenmarkt führt (BGH NJW **05** 277, Jn NZV **04** 476, KG VM **85** 63, **91** 28, VersR **88** 361, VRS **71** 241, Stu VersR **86** 773, *v Gerlach* DAR **03** 52). Sie erwächst deshalb nur bei erheblicher technischer Beschädigung (BGH NJW **61** 2253, 1571, VRS **61** 707, Kö DAR **73** 71, Fra VersR **78** 378, Stu VRS **54** 97), die ihrer Natur nach fortwirken kann, also nicht nach beseitigtem bloßem Blechschaden (Mü VersR **66** 1166), nicht stets schon dann, wenn der Schaden einem Käufer offenbart werden müsste (*Eggert* VersR **04** 286), nicht nach Totalschaden und Ersatzbeschaffung (KG VersR **74** 576, Nü VersR **65** 247, Schl VersR **68** 977, Fra VersR **67** 411), nicht, wenn das Fz ohnehin nicht als unfallfrei hätte verkauft werden können (Ce VersR **73** 717). Auch **bei älteren Kfz** kann bei noch beträchtlichem Zeitwert ein merkantiler Minderwert zu berücksichtigen sein (Dü MDR **87** 1023 (5½ Jahre alter Mercedes mit 136000 km), KG VM **81** 72 (3 Jahre alter Fahrschulwagen mit 90000 km Fahrleistung), **79** 23, Ol DAR **07** 522 (3 ½ Jahre, 195648 km), AG Hb-St. Georg DAR **04** 33 (5 Jahre, 75000 km), zust *Hillebrand,* AG Rendsburg ZfS **06** 90 (5 Jahre, 122000 km), zust *Diehl, Hörl* ZfS **91** 148; LG Berlin NZV **10** 36 (11 Jahre, 183502 km; überdurchschnittlicher Zustand); *Halbgewachs* NZV **08** 125; aM zB KG NZV **05** 46 (bei mehr als 5 Jahre altem Fz), Kar NZV **90** 387, Fra DAR **84** 318 (bei Fz unterhalb 40% des Neuwerts), abl *Hörl* ZfS **91** 149, **99** 47, *Splitter* DAR **00** 50). BGH NJW **05** 277 hat die Frage offengelassen, bis zu welchem Alter merkantiler Minderwert anzuerkennen ist (Nichtzubilligung bei 16 Jahre altem Mercedes mit 164000 km Laufleistung nicht beanstandet). Soweit hiernach merkantiler Minderwert zu ersetzen ist, ist der Anspruch unabhängig davon, ob der Geschädigte das Unfallfz weiter benutzt (BGH NJW **05** 277, **61** 2253, Stu VersR **61** 912, Ha VersR **98** 1525, *v Gerlach* DAR **03** 54) oder verkauft (BGH NJW **61** 1571, Mü DAR **65** 78, aM KG VM **74** 5). Kein merkantiler Minderwert uU bei seltenem, knapp ½ Million € teurem Luxus-Sportwagen (Jn NZV **04** 476). Zum merkantilen

Minderwert bei einem zuvor „sehr originalen" Oldtimer Dü NJW-RR **11** 898, zum Minderwert eines gasbetriebenen Kfz nach Gasverpuffung LG Bonn NZV **12** 289. Merkantiler Minderwert ist je nach Gebrauchsdauer **auch bei NutzFz** wie Lkw, Bus zu gewähren, sofern für sie ein Gebrauchtwagenmarkt existiert, andernfalls sich ein Makel nicht preismindernd auswirken kann (BGH NJW **80** 281, krit *Schlund* VersR **80** 415, KG VersR **74** 786, Stu VRS **54** 97, *Hufnagel* NZV **10** 235, *Lange* NZV **92** 317). Merkantiler Minderwert eines Taxis ist zu gewähren (KG VRS **71** 241; Kö r+s **82** 213; aM Fra ZfS **90** 264). Ersatz merkantilen Minderwerts der Polfz, soweit mangels spezieller Bauweise und Ausstattung ein Gebrauchtwagenmarkt-Interesse besteht (Bbg BeckRS **09** 45556; LG Nü-Fürth NJW **82** 2079; AG Dortmund SVR **17** 431 (*Balke*)). Kein merkantiler Minderwert hingegen, wenn ein Fuhrpark, meist von SpezialFz (Krankenwagen, Straba), nach Art des Unternehmens bis zur praktischen Gebrauchsunfähigkeit ausgenutzt zu werden pflegt (KG VersR **79** 260, aM *Frank* MDR **85** 722, *v. Gerlach* DAR **03** 54), idR auch nicht bei einwandfrei ausgebessertem StrabaTriebwagen (Kö VersR **74** 761). Zum merkantilen Minderwert beschädigter BW-Fz Schl VersR **79** 1037, *Riecker* VersR **81** 517. Bei unfallbedingtem Scheitern beabsichtigt gewesenen Verkaufs können Ansprüche auf entgangenen Gewinn und merkantilen Minderwert nebeneinander bestehen (Sa NZV **92** 317, zust *Lange*).

Ermittlung des merkantilen Minderwerts. Maßgebend ist der Zeitpunkt der Inge- **26** brauchnahme nach Reparatur (BGH NJW **67** 552, Stu VRS **54** 97, *Hörl* ZfS **99** 47, aM *Greger/Zwickel* § 24 Rn. 75 (Zeitpunkt des Unfalls)). Mit fortschreitender Gebrauchsdauer kann die Möglichkeit merkantilen Minderwerts abnehmen (BGH VRS **58** 1, Dü MDR **87** 1023; s. aber Rn. 25). Er richtet sich nicht nach Bruchteilen der Reparaturkosten (Kö ZfS **84** 101), sondern nach dem Unterschied der Veräußerungswerte (Zeitwerte) vor und nach dem Unfall (Dü DAR **76** 184), vor und nach der Reparatur (Fra VRS **39** 321, Dü DAR **76** 184, KG VersR **88** 361, VM **91** 28; Fra VersR **68** 179 (20% vom Zeitwert), Dü VersR **72** 984 (20% der Reparaturkosten je nach FzAlter), Ba ZfS **83** 263 (15% der Reparaturkosten bei neuem Fz), Dü MDR **87** 1023 (idR 10–15% der Reparaturkosten), Ce VRS **30** 149 (5% des Zeitwerts + Reparaturkosten)). Bei Veräußerung des unreparierten Fz ist der Minderwert nicht aus der Differenz zwischen Zeitwert einerseits und Verkaufswert plus fiktiven Reparaturkosten andererseits zu ermitteln, sondern nach dem Wertverlust, der bei einem derartigen Fz (Alter, Kilometerleistung, Art der Beschädigungen) auch nach Reparatur eintritt, so dass es auf den konkret erzielten Erlös also nicht ankommt (Kar VersR **81** 886). Die Brauchbarkeit der im Schrifttum vorgeschlagenen **Berechnungsmethoden** zur Ermittlung des merkantilen Minderwerts (Zusammenstellung bei *Himmelreich/Halm/Richter* **4** Rn. 425 ff.) hängt davon ab, inwieweit die durch sie erzielten Ergebnisse den tatsächlichen Gegebenheiten auf dem Gebrauchtwagenmarkt entsprechen (Hb DAR **81** 388, *Hörl* ZfS **91** 145). Berechnung nach der Tabelle von *Ruhkopf/Sahm* (krit *Hörl* NZV **01** 175: „völlig überholt", *Eggert* VersR **04** 286): Kar VersR **83** 1065, Kö ZfS **84** 101, Dü ZfS **88** 41, Ce ZfS **89** 230, Ha ZfS **86** 324, **83** 5 (jedenfalls bei normaler jährlicher km-Leistung); zur „Fortschreibung" für ältere Fz AG Aachen NZV **10** 302; nach der Methode von *Halbgewachs:* Stu VersR **86** 773. Gegen die „Marktrelevanz- und Faktorenmethode" *Jaeger* NZV **17** 297. Gegen die Anwendbarkeit solcher Tabellen KG VM **85** 63, **91** 28, NZV **95** 314. Auch bei Zugrundelegung von Tabellen ist auf Besonderheiten des konkreten Unfallschadens Rücksicht zu nehmen (KG VRS **87** 411, 416). Art des Schadens, etwaige Vorschäden, Alter und Kilometerleistung, aber auch Anzahl der Vorbesitzer und die Konjunktur des Gebrauchtwagenmarkts spielen eine Rolle (KG VersR **88** 361, VRS **87** 411, 417; LG Berlin NZV **10** 36). Konkreter Ermittlung durch Sachverständigen gebührt der Vorzug vor Tabellenanwendung (Ce ZfS **84** 5, Sa DAR **89** 345, Kö VersR **92** 973, KG VRS **87** 411, *Hörl* NZV **01** 175). Dies gilt in jedem Fall bei NutzFz (BGH NJW **80** 281, *Eggert* VersR **04** 286).

5c. Vorteilsausgleichung. Abzug neu für alt ist bei Verbesserung einer mehr oder **27** weniger abgenutzten Sache durch Reparatur geboten, soweit sie dadurch wertvoller wird (BGHZ **30** 29, MDR **59** 567, Dü NZV **02** 87, Fra NZV **01** 348, *Greger/Zwickel* § 24 Rn. 79 f.). Voraussetzung der Vorteilsausgleichung ist Entstehung in adäquater Weise durch das Schadensereignis (BGHZ **8** 326, **49** 56) und dass die Anrechnung dem Sinn der Ersatzpflicht entspricht (BGHZ **30** 29). Der Geschädigte soll durch Ersatz keinen ungerechtfertigten Vorteil erlangen. Abzug daher nur, wenn er Aufwendungen spart, die er später hätte machen müssen, also dann nicht, wenn Teile ersetzt werden, die idR die Gesamtgebrauchsdauer des Fz erreichen (KG NJW **71** 142, VRS **68** 85, Ce VersR **74** 1032). **Kein Abzug neu für alt** (Rspr-Übersicht bei *Siegel* SVR **11** 289) bei 3 Jahre alter KfzBatterie (Kar VRS **77** 45), gleichfalls nicht bei aus Sicherheitsgründen ausgetauschtem Motorradhelm (Dü NZV **06** 415), bei Motorradkleidung

(Mü v. 23.1.09.10 U 4104/08, juris; LG Darmstadt DAR **08** 89 mAnm *Szymanski;* AG Essen DAR **06** 218; **aM** Kar VersR **10** 491, Kö VersR **17** 774; Nau NZV **14** 576; wN bei *Siegel* SVR **11** 289), wohl aber einer Brille (Ha NZV **01** 518; Ro NZV **11** 503; wN bei *Siegel* SVR **11** 289; Nü NJW-RR **16** 593; aM LG Münster NZV **09** 513 mkritAnm *Tischendorf/Wulfert* NZV **11** 303), eines werksseitig eingebauten Navigationsgeräts (AG Dü NZV **10** 258 (zu § 13 AKB)) sowie bei Beschädigung eines Kunstwerks durch Kfz (AG Mü NJW **08** 767). Der Austausch eines 35 Jahre alten Pflasterbelags (Hoffläche) nach Verschmutzung mit Öl kann einen Abzug von 50 % rechtfertigen (Ba VRS **129** 281). Zur sog „zeitwertgerechten" Instandsetzung durch Verwendung von Gebrauchtteilen *Anselm, Jacobi, Reinking* VGT **99** 277, 293, 304, *Pamer* DAR **00** 150. Bei relativ neuem Kfz erhöht Neulackierung den Wert nicht (Dü DAR **74** 215). Ohne messbare Wertsteigerung kein Abzug, sonst Kürzung des Ersatzanspruchs um die Wertsteigerung (Mü VersR **66** 1192). Kein Wegfall der Ersatzpflicht im Wege der Vorteilsausgleichung, wenn das Fz bei einem späteren Unfall am gleichen Karosserieteil zusätzlich beschädigt worden ist, die Reparatur des Zweitschadens zwangsläufig zur Beseitigung des Erstschadens geführt hat und der Kaskoversicherer des Geschädigten aufgrund seiner Einstandspflicht für den Zweitschaden die Reparaturkosten vollständig erstattet hat (BGH NZV **09** 336). S. aber auch Rn. 6 aE. Hatte das beschädigte Fz **bei Abrechnung „auf Neuwagenbasis"** (Rn. 11) eine Laufleistung von weniger als 1000 km, so liegt in der Nutzung bis zum Unfall kein messbarer Vorteil (BGH NJW **83** 2694, abl *Klimke* VersR **84** 1126, Schl NJW **71** 141, KG VM **97** 36; aM Schl VersR **85** 373). Kommt bei längerer Nutzung ausnahmsweise Abrechnung auf Neuwagenbasis in Frage (Rn. 11a), so ist der Ersatzanspruch entsprechend zu kürzen (BGH NJW **83** 2694). Ist kein Marktwert festzustellen, so bemisst die Rspr. die Gebrauchsvorteile für je 1000 km uneinheitlich auf 0,67 % (zB Bra MDR **98** 1410, Fra DAR **88** 242, Mü DAR **87** 225, Ha NJW-RR **88** 1140, Ko VRS **83** 95, Kö DAR **93** 349) bis 1 % des Neuwerts (zB Mü DAR **83** 79), teilweise auch auf 0,16 DM je km (Ol VRS **94** 171, *Sanden/Völtz* 80). Zur Berücksichtigung der Umweltprämie im Wege der Vorteilsausgleichung *Buck* NZV **10** 122.

28   **5d. Abschleppkosten** sind bei fahrunfähigen Kfz als adäquate Unfallfolge in angemessenem, zur sachgemäßen Reparatur notwendigem Umfang zu erstatten (zu Details *Nugel* ZfS **14** 370; *Balke* SVR **15** 344). Ist das Fz zweifelsfrei Schrott, genügt Abschleppen zur nächsten Werkstatt oder zum Abstellplatz, andernfalls darf es in die üblicherweise benutzte Werkstatt gebracht werden, dies jedoch nur, falls sie nicht unverhältnismäßig weit entfernt ist (Ce VersR **68** 1196, Ha VersR **70** 43; aM AG Mühlheim SVR **16** 176 *(Balke)),* uU sinnvollerweise auch in Teilstrecken (Ha VersR **70** 43). Zur Bedeutung einer vom Verband der Bergungs- und Abschleppunternehmer durchgeführten Preisumfrage für die Schadensberechnung *Häcker* ZfS **13** 603.

29   **6. Entgangene Prämienvorteile** (Bonusverlust, Malus) sind in der **Kaskoversicherung** (FzVersicherung) zu ersetzen, soweit der Geschädigte ohne eigene Schuld wegen verzögerter Ersatzleistung durch den Schädiger auf die eigene Kaskoversicherung zurückgreifen muss (BGH NJW **66** 244, NZV **92** 107, Nau DAR **05** 158, Kö VersR **90** 908, KG VM **94** 5, Fra NJW **85** 2955, Kar NZV **90** 431, VRS **81** 99, Ha NZV **93** 65, *Schmalzl* VersR **92** 678). Das gilt, weil Folge des unfallbedingten Sachschadens und nicht lediglich allgemeiner Vermögensnachteil in Form des Sachfolgeschadens, auch bei einer nur anteiligen Schadensverursachung; der Rückstufungsschaden ist nach der Haftungsquote zu teilen (BGH NJW **06** 2397, **07** 66; **18** 1598; Mü NZV **18** 332 *(Almeroth)).* Dabei ist irrelevant, ob der Geschädigte seine Kaskoversicherung von Anfang an oder erst nach der Schadensregulierung durch den Schädiger in Anspruch nimmt (BGH NJW **18** 1598). Jedenfalls in Fällen der anteiligen Haftung kein Verstoß gegen die Schadensminderungspflicht, wenn der Geschädigte nicht die Mitteilung über die Regulierungsbereitschaft des Haftpflichtversicherers seines Unfallgegners abwartet und sofort seine Kaskoversicherung in Anspruch nimmt (BGH NJW **06** 2397, **07** 66 mzustAnm *v. Bühren, Staab* DAR **07** 349, diff. *Tomson* VersR **07** 923). Kein Anspruch auf Ersatz verlorenen Schadensfreiheitsrabatts aber wohl bei *alleiniger* Haftung des Unfallgegners, wenn die Haftung anerkannt und Schädiger Schadensregulierung unverzüglich anbietet (vgl. Ko ZfS **84** 73, Stu VersR **87** 65, Kar NZV **90** 431, Ha VersR **93** 1544, *Schmalzl* VersR **92** 677, **93** 855). Für die Zukunft kann der Prämiennachteil idR nur mit der Feststellungsklage (nicht Leistungsklage) geltend gemacht werden, weil das Entstehen eines solchen Nachteils und ggf. dessen Höhe ungewiss sind (BGH NZV **92** 107, NJW **06** 2397).

30   In der **Haftpflichtversicherung** beruht der Verlust von Schadenfreiheitsrabatt idR auf dem eigenen schädigenden Verhalten, das Haftpflichtansprüche des Geschädigten auslöst, nicht darauf, dass das eigene Kfz beschädigt wird (BGH NJW **76** 1846, VersR **78** 235, **77** 767,

NJW **06** 2397, Kö VersR **90** 908 (BGHZ **44** 382 ist aufgegeben); Mü NZV **18** 332 *(Almeroth)*), Ausnahme zB Schwarzfahrt (BGHZ **66** 400, dazu *Klimke* VersR **77** 134, *Sanden/Völtz* 177 f., *v. Olshausen* VersR **72** 233). Erstattungsfähig ist Beitragsmehrbelastung auch, wenn sie auf der infolge der FzBeschädigung notwendig gewordenen Neuanschaffung eines gleichen Fz beruht (AG Würzburg DAR **04** 655 mAnm *Köhler*).

7. Verdienstausfall infolge der Schadenszufügung ist zu ersetzen, ausgenommen ganz kurz- **31** fristiger Ausfall des geschädigten Fz (Nü VersR **65** 627). Inbegriffen ist die einer Soldatin entgangene Auslandsverwendungszulage (Ha DAR **06** 274). Wer höheren Verdienstausfall dadurch verursacht, dass er anstelle der zumutbaren Reparatur die längere Lieferfrist eines NeuFz abwartet, hat insoweit keinen Ersatzanspruch (KG DAR **76** 154). Überpflichtmäßige Nachholung ausgefallener Fahrstunden mindern den Ersatzanspruch des Fahrlehrers nicht (BGH NJW **71** 836). Zur Berechnung des Verdienstausfalls bei **Beschädigung der Taxe** und Verletzung des Fahrers BGH VRS **57** 325. Berechnung des Verdienstausfalls bei Totalschaden eines sehr alten Taxis: Kö VersR **73** 577 *(Klimke)*. Dem Einmann-Taxiunternehmer steht außer Verdienstausfall auch eine halbe private Nutzungsausfallentschädigung zu (KG DAR **76** 296). Bei Reparaturdauer von 4 Wochen muss ein selbstständiger Taxiunternehmer keine schadensmindernde Tätigkeit annehmen (KG VersR **73** 768, Nü VersR **73** 721). Ersparte Einkommensteuer muss er sich nicht anrechnen lassen, wohl aber Gewerbesteuerfreiheit der Verdienstausfallentschädigung (KG VersR **72** 960, s. auch KG DAR **76** 103, VersR **73** 768). Bei langer Lieferzeit eines typgleichen Taxis kann der Geschädigte im Rahmen der Schadensminderungspflicht gehalten sein, ein Fz gleichen Typs als Taxi umrüsten zu lassen (Ha NZV **96** 113, *Klimke* VersR **72** 903). Entgeht einem Händler ein KfzVerkauf, so steht ihm der **entgangene Gewinn** zu (KG VRS **42** 82). Bei Taxiausfall ist entgangener Gewinn zu erstatten, keine Mietwagenkosten (Mü VersR **76** 373, MDR **75** 755). Zur Erstattungsfähigkeit entgangenen Gewinns, falls der Geschädigte dafür noch einer behördlichen Genehmigung bedurft hätte, BGH NJW **74** 1374. Entgangener Gewinn, der nur entgegen zwingendem Recht erzielbar gewesen wäre, ist nicht zu erstatten (BGH Betr **74** 1477). Scheitert eine besonders günstige Veräußerung auf Grund unfallbedingter Reparaturbedürftigkeit, so ist der Mindererlös zu ersetzen (Fra NJW-RR **91** 919). **Zeitverlust** durch Reparaturüberwachung oder Erledigung von Unfallangelegenheiten kann nicht als fiktiver Stundenlohn berechnet werden (Kö DAR **65** 270). Er fällt in den eigenen Pflichtenkreis des Geschädigten (BGH NJW **69** 1109), ebenso auch bei Unternehmen (Verwaltungen), soweit nur die Schadensbearbeitung in Betracht kommt (BGH NJW **69** 1109, VersR **61** 358, 788, s. Rn. 7).

8. Finanzierungskosten sind auch ohne Verzug des Schädigers zu erstatten, wenn der Ge- **32** schädigte verfügbare eigene Mittel zumutbar nicht einsetzen kann (BGH NJW **74** 34, Nau DAR **05** 158, Nü VersR **65** 246, KG VersR **75** 909, *Sanden/Völz* Rn. 187, abw Kö VRS **101** 3 (nur bei Verzug)), aber nicht über den Betrag hinaus, der zur Schadenbeseitigung erforderlich ist (Anschaffung eines Neuwagens statt eines gleichwertigen GebrauchtFz; Ba ZfS **81** 332). Kreditkostenerstattung nur bei Darlegung der Notwendigkeit der Kreditaufnahme (Kar VersR **80** 636, Zw VersR **81** 343). Kein Anspruch auf Erstattung von Kreditzinsen bei unnötiger Kreditaufnahme (Mü VersR **75** 163). Wer nach seiner Vermögenslage keinen Kredit braucht, erhöht den Schaden durch Kreditkosten unnötig (Ce VersR **73** 353, Zw VersR **81** 343, Kar NZV **89** 23). Stets ist die wirtschaftlichste Finanzierungsart zu wählen (BGH NJW **74** 34, Zw VersR **81** 343), uU also Inanspruchnahme laufenden Kredits (Nü VersR **65** 247), eines Arbeitgeberdarlehens, Gehaltsvorschusses oder Kurzkredits, oder Kostenvorschuss der Versicherung des Schädigers nach Benachrichtigung (AG Freiburg VRS **77** 20), uU der eigenen Kaskoversicherung, wobei Nachteile der Rückstufung in der Kaskoversicherung gegenüberzustellen sind (Nau DAR **05** 158, Mü ZfS **84** 136 (Aufgabe von Mü VersR **66** 668), KG VM **94** 5; ablehnend Dü NZV **12** 83; offengelassen von BGH NJW **07** 66). Fremdfinanzierung ist nicht Regelfall, kommt also nicht schon bei jedem beliebigen Schaden in Betracht, sondern nur mangels eigener bereiter Mittel, wenn ein verständiger, wirtschaftlich denkender Halter in der besonderen Lage des Geschädigten sie für erforderlich halten durfte (BGH NJW **74** 34, Kö Betr **73** 177). Kann er die vermutlichen Reparaturkosten nicht aus eigenen Mitteln aufbringen, ohne sich über Gebühr einzuengen, so muss er den **Schädiger oder dessen VU rechtzeitig verständigen,** damit dieser die Kostengefahr verringern kann (Nau DAR **05** 158, Stu VersR **77** 44, KG VRS **105** 107, Ce VersR **80** 633, Dü DAR **12** 253). Verzögerungen gehen dann zu dessen Lasten (Nau DAR **05** 158, Dü DAR **73** 295, Mü VersR **66** 548, Fra DAR **84** 318). Hat der verständige Ersatzpflichtige den nötigen Vorschuss für ein ErsatzFz nicht geleistet, so darf der Geschädigte bis zur Ersatzbeschaffung auf dessen Kosten ein MietFz nehmen (Ol DAR **80** 18, Fra DAR **84** 318). Braucht der

Geschädigte keine Seriositätsbedenken zu haben, so darf er einen **Unfallhelfer** beauftragen, denn dessen Dienste sind idR den Schädiger treffender Herstellungsaufwand (Kar MDR **75** 930, s. aber Kar VersR **76** 790). Darf der Geschädigte Kredit nehmen, dann uU auch mittels eines „Unfallhelferrings" (BGH NJW **74** 34), selbst bei Verstoß gegen das RechtsberG (s. aber BGH NJW **77** 431, VersR **77** 250, 280 (Bankkreditvertrag zwecks „Unfallhilfe") und Mü VersR **77** 234 (Darlehensvertrag zwischen Unfallhelfer und Bank)).

33   **9. Mietaufwendungen** für ein ErsatzFz bis zur Schadensbehebung sind für angemessene Zeit zu ersetzen (BGH NJW **05** 51, **05** 1041, **85** 793, 2639, NZV **05** 34, DAR **85** 347, NJW **92** 302, Kö VersR **93** 767), auch wenn das Fz ausschließlich zur Benutzung durch andere (zB Angehörige) angeschafft wurde (BGH NJW **74** 33, Fra DAR **95** 23, aM AG Kar NZV **07** 418), oder bei FzHaltung nur zum Vergnügen (Ha NJW **62** 2205, Ce NRpfl **62** 85; aM, mangels wirtschaftlicher Einbuße, *Greger* NZV **94** 338, einschr auch *Etzel/Wagner* DAR **95** 18, *Schiemann* JZ **96** 1077), ebenso wie bei gewerblich genutzten Fz (BGH NJW **85** 793, NZV **94** 21, Ko NZV **88** 224, Nü NJW-RR **90** 984, Ha NZV **93** 392), etwa auch Rettungswagen (Ce NJW-RR **13** 353), aber nur im Rahmen eigenen Bedürfnisses (Nü NJW **76** 1096), abzüglich Eigenersparnis (Rn. 38), und nicht neben Ersatz entgangenen Gewinns (Mü MDR **75** 755), auch nicht, wenn der Geschädigte das unfallbeschädigte Fz mangels Haftpflichtversicherungsschutzes nicht benutzen durfte (Fra NZV **95** 68). Anspruch auf Ersatz von Mietwagenkosten besteht allerdings nur, soweit diese sich **im Rahmen des Erforderlichen** halten, dh soweit es Aufwendungen sind, die eine verständige, wirtschaftlich denkende Person in der Lage des Geschädigten machen würde (BGH NJW **75** 255, **05** 51, NZV **96** 357 mAnm *Schiemann* JZ **96** 1077, NZV **05** 34, DAR **85** 347, Schl NZV **90** 150, Kar NZV **90** 387, Stu VersR **92** 1485, Ha NZV **95** 356, Kö VersR **96** 121, Nü NZV **94** 24, Fra VRS **89** 4) unter Beachtung der Schadensminderungspflicht (Rn. 8; Dü NZV **95** 190, Fra NJW-RR **96** 984, zum Ganzen *Alexander* VersR **06** 1168). Das ist bei Mietwagenbenutzung auf längerer Urlaubsreise (dazu unten) nicht schon deswegen zu verneinen, weil die Mietwagenkosten diejenigen der Wiederbeschaffung um mehr als das Doppelte übersteigen (BGH DAR **85** 347, aM Kö VersR **79** 965). Ein MietFz darf der Geschädigte im gleichen räumlichen Umfang wie vorher das eigene Kfz nutzen (Ol DAR **80** 18). Anspruch auf MietFz auch, wenn der Geschädigte das Fz wegen des Unfalls nicht wie bisher zur Arbeit benutzt, sondern sich von einem Angehörigen zu Arztbesuchen, Einkäufen usw. fahren lässt (Ha NJW-RR **93** 1053). Nur bei voraussehbarer geringfügiger FzBenutzung darf der Geschädigte auf Taxis oder öffentliche VMittel verwiesen werden (KG VersR **77** 82, Ha DAR **01** 458, Fra ZfS **92** 10, *R. Born* VersR **78** 736, *Greger* NZV **94** 338), nicht allein deswegen, weil dies billiger wäre (BGH DAR **85** 347). Obwohl auch an der ständigen Verfügbarkeit des Fz für häufige, wenngleich kurze Strecken ein schutzwürdiges Interesse bestehen kann (BGH NJW **13** 1149; LG Stendal NJW **05** 3787, *Notthoff* VersR **96** 1202), kommt bei Inanspruchnahme eines MietFz für eine längere Zeit trotz eines Tagesbedarfs *von weniger als 20 km* uU Verstoß gegen § 254 II BGB in Frage (Mü NZV **92** 362, Ha NZV **95** 356 (ca 22 km), DAR **01** 458 (12 km), NZV **18** 381 *(Gutt)*; AG Aachen DAR **00** 410 (bei 21 km Anspruch bejaht), AG Br NZV **13** 451 (bei 44 km in 5 Tagen durch Rentner Anspruch bejaht); *Notthoff* VersR **96** 1202, für 40 km/h als Untergrenze *Küppersbusch* VGT **94** 170). Nach aA (*Greger* NZV **94** 338) fehlt es in solchen Fällen schon am Schaden. Mietwagenkosten müssen in vertretbarem Verhältnis zum normalen Fahrbedarf des Geschädigten stehen (keine 11 000 km-Reise, Nü NJW **76** 1096, VersR **74** 677). Statt auf eine starre Grenze hinsichtlich des täglichen Mindestfahrbedarfs stellt LG Stendal NJW **05** 3787 auf die konkreten Lebensumstände des Geschädigten ab. Steht dem Geschädigten nach diesen Grundsätzen kein Ersatzanspruch auf Mietwagenkosten zu, kann ein Anspruch auf Nutzungsausfallentschädigung bestehen (BGH NJW **13** 1149). Keine Mietwagenkosten während Krankheit und für kurze Restzeit, wenn dann Taxis oder öffentliche VMittel zumutbar wären (Kar VersR **75** 1012). Mangels MietFz keine Mietkosten (BGHZ **45** 212, BGH NJW **71** 1692; aM *Müller* JuS **85** 282). Inwieweit bei Antritt oder Fortsetzung einer langen **Reise mit Mietwagen** besteht oder es sich um unstatthafte Mehraufwendungen handelt, hängt von den Umständen des Einzelfalles ab (BGH DAR **85** 347, NJW **85** 2639, Stu VersR **92** 1485, KG VM **77** 76, Fra VersR **82** 859, Mü VersR **83** 1064, Ha NJW-RR **89** 730 (Ersatzpflicht bejaht), Stu VersR **77** 44, Mü ZfS **85** 330 (Ersatzpflicht verneint)). Ersatz der Mietwagenkosten für eine vollständig vorbereitete unaufschiebbare Urlaubsreise (mehr als 7000 km) mit umfangreichem Gepäck bei Beschädigung des für die Durchführung der Reise vorgesehenen Pkw bei Beginn der Reise oder am Tage vor Reiseantritt kann gerechtfertigt sein (BGH DAR **85** 347, Stu VersR **82** 559), ebenso bei Unfall an einem Wochenende während 14 tägiger Campingreise (Fra

VersR **82** 859). Pflicht zur Inanspruchnahme von Sondertarifen in solchen Fällen (Rn. 35). Mietwagenkosten sind auch zu ersetzen, wenn das MietFz vom Gesellschafter der geschädigten OHG stammt (KG VRS **56** 265). Der Anspruch auf Erstattung von Mietwagenkosten wird auch bei ausschließlich **gewerblich genutzten Fz** nicht grundsätzlich durch die Höhe des mit dem beschädigten Fz erzielbaren Gewinns begrenzt (BGH NJW **85** 793, NZV **94** 21, zust *Grüneberg* NZV **94** 135, *Reiff* NZV **96** 428, Ko NZV **88** 224, Kar NZV **89** 71, Nü NJW-RR **90** 984, Ha NZV **93** 392, *Born* NZV **93** 3, aM Nü VersR **78** 1148), sondern nur dann, wenn wegen wirtschaftlicher Unvertretbarkeit der Anmietung eines ErsatzFz die Unverhältnismäßigkeitsgrenze des § 251 II BGB überschritten ist (BGH NZV **05** 34, **94** 21, Kar NZV **89** 71, Nü NJW-RR **90** 984, Kö NZV **93** 150, Ha NZV **97** 310, Ce NZV **99** 209 (Anspruch verneint bei Überschreitung des Gewinnentgangs um das 3,5-fache), KG VM **04** 92 (Überschreiten um 410%), Ce NJW-RR **13** 353). Der Träger eines Rettungsdienstes kann bei unfallbedingtem Ausfall eines seiner Rettungsfz nicht darauf verwiesen werden, zur Überbrückung des Ausfalls auf andere Rettungsleitstellen auszuweichen (Ce NJW-RR **13** 353). Zur Beweislast in solchen Fällen Kö NZV **97** 181.

Ein ErsatzFz **desselben Typs** oder eines ähnlichen (gleichwertigen) wie das beschädigte steht **34** zu (BGH NJW **82** 1518, Fra DAR **90** 144, Kar NZV **90** 265, Nü ZfS **94** 208, Mü DAR **95** 254, Dü VersR **96** 988). Wird ein kleineres benutzt, ist nur in seltenen Ausnahmefällen der erwiesenem wirtschaftlichem Nachteil der mindere Nutzwert auszugleichen (BGH NJW **67** 552, NJW **70** 1120 (Nutzungsentschädigung für den großen Wagen), BGH NJW **83** 2694, Kö NJW **67** 570, Dü VersR **60** 429, Sa VersR **75** 1132, Ce DAR **76** 130, Dü DAR **76** 184, KG DAR **76** 241, Kar NZV **89** 231, Ha NZV **93** 189). Ist ein vergleichbares MietFz zu angemessener Miete nicht greifbar, wird ein schwächeres, preisgünstigeres zu wählen sein (BGH NJW **67** 552), unter mehreren das wirtschaftlich günstigste (Dü VersR **70** 42). Ist ein typengleiches Fz nur zu einem außergewöhnlich hohen Mietzins zu erlangen, wird sich der Geschädigte für kurze Zeit auch mit einem weniger komfortablen Fz begnügen müssen (BGH NJW **82** 1518, Kö NZV **90** 429, LG Mü II NJW **12** 1970 (Porsche Cayenne)). Grundsätzlich jedoch keine Verletzung der Schadensminderungspflicht, wenn nicht ein kleineres Fz genommen wird (Fra DAR **90** 144, Ce VM **93** 51). Wird der beschädigte Luxuswagen vornehmlich zu immateriellen Zwecken wie Prestige, Bequemlichkeit (?) gehalten, soll nach Ce VersR **81** 934 nur Anmietung eines weniger aufwendigen Fz zu ersetzen sein (Mercedes 280 statt 450 SEL; hiergegen mit Recht *Koller* NJW **83** 16). Dagegen erkennt BGH NJW **82** 1518 auch bei Beschädigung eines besonders repräsentativen Sportwagens für den Regelfall Ersatzpflicht für Anmietung eines ähnlichen Fz an (ebenso Dü VersR **96** 988, zust *Notthoff* VersR **98** 145, s. aber Kö NJW **67** 570; abw LG Wuppertal NJW **12** 1971 (Taxi statt Porsche Carrera)). Anstatt auf Typengleichheit sollte bei relativ neuen und meist sorgfältig gepflegten, deshalb höherwertigen Mietwagen eher auf Wertgleichheit geachtet werden, zumal bei AltFz größeren Hubraums (Ha ZfS **89** 49). Bei sehr alten, technisch nicht mehr in vollem Umfang zuverlässigen Fz von nur noch geringem Wert steht nur ein MietFz einer niedrigeren Klasse zu (Ha ZfS **89** 49, Stu ZfS **89** 49, *Notthoff* VersR **96** 1202, aM *Halbgewachs* NZV **97** 468, abw auch Ha NZV **01** 217 bei 12 Jahre altem Pkw). Mietkostenersatz bei **Anmietung eines größeren Fz** idR nur, wenn dadurch keine höheren Kosten entstehen oder bei Ausgleich der Differenz durch den Geschädigten (Dü NZV **95** 190). Nach Hb VersR **75** 910 darf uU auch ein größeres MietFz als das beschädigte eigene berechnet werden. Zum Abzug von den Mietwagenkosten bei Miete eines Kfz mit wesentlich höherer Leistung (20%) Kö VersR **75** 453. Zusatzausrüstung des Unfallfz berechtigt nicht dazu, ein Kfz höherer Preisklasse zu mieten (Nü DAR **81** 14). Anmietung eines Wohnmobils: *Berr* 652.

9a. Mietfahrzeug-Aufwand ist der Betrag, den ein verständiger, wirtschaftlich denkender **35** Halter in der Lage des Geschädigten dafür aufwenden würde (Rn. 33), bei privatem MietFz ohne Berücksichtigung gewerblicher Unkosten (LG Mainz NJW **75** 1421). Eine Marktanalyse zur Ermittlung des günstigsten Angebots braucht der Geschädigte regelmäßig nicht durchzuführen (BGH NZV **96** 357 mAnm *Schiemann* JZ **96** 1077, *Notthoff* ZfS **98** 1, Dü NZV **00** 366, Fra ZfS **95** 174, Ha NZV **94** 358, Kar NZV **90** 387, Stu NZV **94** 313, Fra NZV **93** 189). Jedoch kann von ihm, soweit möglich und zumutbar die Einholung von etwa **zwei Konkurrenzangeboten** zu verlangen sein (BGH NZV **05** 357, NJW **06** 2693, seither st. Rspr.; Kar NZV **90** 387, Ha NZV **94** 358, Ba ZfS **90** 227, Kö VersR **93** 767, Dü NZV **91** 465, Nü NZV **94** 24, Mü NZV **94** 359, KG NZV **95** 313, abl *Notthoff* VersR **98** 145, *Halbgewachs* NZV **97** 470), vor allem bei hohen Mietkosten (Dr NZV **00** 123 (SpezialFz), einschr Sa ZfS **94** 289 (nur ausnahmsweise bei längerer Mietdauer oder hoher Fahrleistung), *Greger* NZV **94** 339, aM (bei Miete bis zu

2 Wochen und marktgerechtem Preis) Dü NZV **00** 366, offengelassen für Mietzeiten bis maxi-
mal 2 Wochen von BGH NZV **96** 357, dazu krit *Freyberger* MDR **96** 1091, Anm *Bültmann*
ZfS **97** 161, aM LG Nü ZfS **06** 325 (bei Mietdauer bis zu 7 Tagen)). Unerheblich ist dabei, ob
der Vermieter zwischen „Normaltarif" und „Unfallersatztarif" (dazu Rn. 35a) unterscheidet
oder einen einheitlichen Tarif anbietet, der weit über dem Durchschnitt der auf dem örtlichen
Markt erhältlichen Normaltarife liegt; zur tatrichterlichen Ermittlung des Normaltarifs Rn. 35a;
die Anforderungen an die Erkundigungspflicht sind umso höher, je bedeutender die voraussicht-
lichen Mietwagenkosten sind (BGH NJW **06** 1506, Nü ZfS **90** 191, Fra VRS **89** 4, KG NZV **95**
313, Ha DAR **91** 336 (Pauschaltarif bei 7 bis 8 Tagen Reparaturzeit), VersR **94** 1441 (8–9 Tage),
96 773, Mü NZV **94** 359, Dü NZV **95** 190 (jeweils Pauschaltarif bei 2 Wochen), VersR **96** 288
(Porscheanmietung für 24 000 DM)). Insbesondere bei mehrwöchiger Reparaturdauer muss der
Geschädigte nach **Wochen-Pauschaltarifen** fragen (Kar NZV **90** 387, Kö NZV **90** 429, Ce
ZfS **90** 190, Ha NZV **93** 189, Nü NZV **94** 24, Fra NJW-RR **96** 984, einschr KG VM **95** 37,
Dü NZV **00** 366, aM Nü NZV **95** 479, *Notthoff* VersR **98** 146, ZfS **98** 2, *Halbgewachs* NZV **97**
470). Auch für längere Reisen mit dem MietFz (Rn. 33) muss der Geschädigte angebotene
Sondertarife in Anspruch nehmen, andernfalls – auch bei Unterlassen der Erkundigung danach
– Verletzung der Schadensminderungspflicht (BGH NJW **85** 2639, DAR **85** 347, Ha MDR **82**
847, Mü VersR **83** 1064, Ba ZfS **90** 190, Kö NZV **90** 429, Dü NZV **91** 465, Stu VersR **92** 1485,
Kar ZfS **92** 197 (Beweislast beim Geschädigten)). Soweit die Mietwagenkosten nicht aus dem
Rahmen des Üblichen fallen, sind sie zu ersetzen, ohne dass es auf die Erfüllung einer Erkun-
digungspflicht ankäme (BGH NZV **96** 357 mAnm *Bültmann* ZfS **97** 161, zust *Notthoff* ZfS **98** 1,
Fra NZV **95** 108, 174, zust *Notthoff* ZfS **96** 121). Bei einem geschädigtem Luxus-Fz (konkret
Rolls Royce Ghost) ist der Mietaufwand für ein wirtschaftlich gleichwertiges Fz (konkret Ferra-
ri California T) nach allgemeinen Regeln ersatzfähig (KG NJW **19** 3390).

35a   Die Inanspruchnahme eines (gegenüber dem Normal- bzw. Selbstzahlertarif sehr viel höhe-
ren, Palandt/*Grüneberg* § 249 Rn. 35) **Unfallersatztarifs** ist zwar nicht schlechthin vorwerfbar
(BGH NJW **05** 51, **05** 1041, **07** 3782), nach mittlerweile gefestigter neuer Rspr. des BGH (auch
wenn der Vermieter keinen gesonderten „Normaltarif" anbietet, Rn. 35; aM LG Nü ZfS **06** 325,
abl *Diehl*) jedoch nur ausnahmsweise. Ein Vertrauensschutz für Geschädigte in Bezug auf Fälle
vor dem Rsprwandel (Ende 2004) ist dabei nicht anzuerkennen (LG Dü VersR **07** 125, aM LG
Kar NZV **06** 481). Der Rsprwandel ist im Schrifttum (zumindest im Grundsatz) auf Zustim-
mung gestoßen (s. etwa *Wagner* NJW **06** 2289, *Buller* NZV **05** 36, *Schiemann* JZ **05** 1058, *Herrler*
VersR **07** 582, *Riedmeyer* ZfS **10** 70), aber auch auf Kritik (zB *Greger/Zwickel* § 25 Rn. 12, 39,
Oswald/Tietz NJW **06** 1483, *Reitenspiess* DAR **05** 76, **07** 345, *Griebenow* NZV **05** 118 f., *Freyber-
ger* MDR **05** 302, *Bücken* DAR **06** 475, *Haertlein* JZ **07** 68). Danach besteht der Anspruch nur
(Prüfungsschema bei *Wenning* NZV **09** 58), wenn **a)** der Unfallersatztarif unter Berücksichti-
gung der Unfallsituation durch erhöhte Risiken für den Vermieter (zB Vorfinanzierung, Ausfallri-
siko wegen falscher Bewertung der Haftungsquote usw.) betriebswirtschaftlich gerechtfertigt
(BGH NJW **13** 1870 mwN (Vorfinanzierung als Faktor nicht wegen Abtretung der Schadenser-
satzansprüche gegen den VU ausgeschlossen)) und **b)** dem Geschädigten unter zumutbaren Be-
dingungen kein günstigerer Normaltarif zugänglich war (BGH NJW **05** 51, seither stRspr).
Normaltarif meint dabei nicht einen bestimmten (allgemeinen) Tarif auf dem örtlich relevanten
Markt, sondern den Tarif, der nicht für Unfallersatzwagen, sondern im Rahmen einer „norma-
len" Vermietung von Kfz verlangt wird (BGH VersR **07** 80). Es ist nicht erforderlich, dass der
Tatrichter für die Prüfung der betriebswirtschaftlichen Rechtfertigung eines Unfallersatztarifs
die Kalkulation des konkreten Unternehmens, ggf. nach Beratung durch einen Sachverständigen,
in jedem Fall nachvollzieht; vielmehr kann sich die Prüfung darauf beschränken, ob nach objek-
tiven Kriterien (BGH NZV **10** 239 mAnm *Kuhn* DAR **10** 461) spezifische Leistungen bei der
Vermietung an Unfallgeschädigte *allgemein* einen Aufschlag rechtfertigen, wobei *in diesem Fall*
(bei unfallbedingten Mehrkosten, BGH NJW **08** 1519) auch ein pauschaler Aufschlag auf den
„Normaltarif" in Betracht kommt und, ggf. mit sachverständiger Beratung (kein geeigneter Ge-
genstand des Zeugenbeweises; BGH NJW **07** 2122), der **„Schwacke-Mietpreisspiegel"** im
fraglichen Postleitzahlengebiet (des Wohnorts, wenn das Fz dort angemietet wird, LG Sa NZV
14 320) herangezogen werden kann (BGH NJW **06** 360; 1506; 2693, **07** 1122, 2916, **08** 1519;
09 58; DAR **10** 464; 467; NJW **12** 2026 (dort auch zu Zuschlägen wegen Sonderausstattungen
und der Nutzung durch einen Zweitfahrer, s. näher a. E.); s. auch *Neidhardt/Kremer* NZV **05** 171,
Wenning NZV **05** 169, krit *Herrler* NZV **07** 337, abl *Richter* VersR **07** 620; Rspr-Übersicht *Bock*
DAR **11** 659); jedoch ist auch der **Fraunhofer-Mietpreisspiegel** (s. u.) geeignete Schätzungs-
grundlage, uU auch das arithmetische Mittel beider Listen (zusfassend BGH NJW **11** 1947,

NZV **11** 333; eingehend Kö NZV **14** 314; Ba NZV **16** 380; *Diederichsen* DAR **12** 301, 310; krit *Wittschier* NJW **12** 13). Ein Aufschlag von 20% auf das gewichtete Mittel des Normaltarifs kann angemessen sein (Kö NZV **07** 199, **11** 450; Kar VersR **08** 92). Ob er überhaupt gerechtfertigt ist, ist im Rahmen des § 287 ZPO zu prüfen (BGH NJW **08** 2910; NZV **10** 239; DAR **10** 464; NJW **11** 1947, **13** 1539). *Allgemeinen* Einwendungen gegen die Aussagekraft speziell des *Schwacke-Mietpreisspiegels 06* (oder anderer Markterhebungen) muss der Tatrichter nicht nachgehen (BGH NJW **08** 1519), gleichfalls nicht solchen gegen den *Schwacke-Spiegel 08* (Kar NZV **10** 472), wohl aber substantiierten, den regionalen Mietwagenmarkt betreffenden (BGH DAR **10** 464; 467; NZV **11** 333; 431, NJW **13** 1539), bejaht von Ko NJW **15** 1615 bei Vorlage von 4 niedrigeren Alternativvorschlägen durch das VU. Falls der Tatrichter begründet von dessen Unrichtigkeit ausgeht, kann er den *Schwacke-Mietpreisspiegel 03* mit Inflationsaufschlägen zugrunde legen (BGH NJW **09** 45) oder statt des an sich für den Unfall gültigen früheren Spiegels einen späteren heranziehen, wenn dieser den Verhältnissen eher entspricht (BGH NJW **10** 1445). Allgemein für die Heranziehung des vom GDV in Auftrag gegebenen Marktpreisspiegel des Fraunhofer-Instituts etwa Mü DAR **09** 36, Kö DAR **09** 33 mAnm *Reitenspiess,* aufgegeben in NZV **14** 314, Jn NZV **09** 183, Dü DAR **15** 334 (aufgegeben in DAR **19** 328); *Quaisser* NZV **09** 121; s. andererseits Stu NZV **09** 563; Kö NZV **09** 447; **10** 144; sowie Kar NZV **11** 553, Ha NZV **16** 336, Dü DAR **19** 328 (jearithmetisches Mittel) mwN; zusammenfassend *Wenning* NZV **09** 473, *Reitenspiess* DAR **11** 571; Forderungen an den GGeber bei *Franzen* NZV **15** 57. Mit der Rspr. des BGH ist es nicht vereinbar, die erforderlichen Mietwagenkosten anhand des dreifachen Satzes der Nutzungsausfallentschädigung einer bestimmten Fz-Gruppe nach *Sanden/Danner/Küppersbusch* zu schätzen (BGH NJW **07** 2916). Krit. zur Rspr. des BGH unter dem Aspekt der Rechtssicherheit *Scholten* DAR **14** 72. Zu einem Fall fehlender betriebswirtschaftlicher Rechtfertigung LG Dr NZV **07** 419; mit der Rspr. des BGH zur betriebswirtschaftlichen Rechtfertigung nicht vereinbar LG Arnsberg ZfS **07** 506 mablAnm *Diehl.* Nach LG Kar NJW-RR **06** 1396, LG Kö NJW-RR **06** 1400 ggf. 30% Aufschlag; nach LG Bonn NZV **07** 362 25%, wobei die sich bei mehrtägiger Vermietung ergebenden Reduzierungen nach Wochen-, 3-Tages- und Tagespreisen zu berücksichtigen sind. Erforderlichkeit nicht schon bei „ländlichem Einzugsgebiet" (aM AG Brilon ZfS **07** 86 mablAnm *Diehl).* Die Frage der **Erforderlichkeit kann offenbleiben,** wenn a) dem Geschädigten ein günstigerer Tarif *nach den konkreten Umständen* (was im Einzelfall festzustellen ist, BGH NJW **07** 2758; zur Darlegungs- und Beweislast s. u.) ohne Weiteres zugänglich war (dann schon wegen Verstoßes gegen die Schadensminderungspflicht keine Ersatzfähigkeit des über dem Normaltarif liegenden Mietpreises; hierzu BGH NJW **16** 2402; **19** 2538 (Angebot einer günstigeren Anmietmöglichkeit durch VU auch dann beachtlich, wenn es auf Sonderkonditionen beruht) mablAnm *Wenning* NZV **19** 526 und *Reitenspiess* DAR **19** 260) oder b) keine Zugänglichkeit bestand (dann Ersatzfähigkeit auch, wenn der Tarif in obigem Sinn nicht erforderlich war; BGH NJW **05** 1043; **05** 1933, **06** 2693, **07** 1123, **07** 1676 (hierzu *Wagner* NJW **07** 2149), **07** 2758, **10** 1445; und unabhängig davon, ob der Vertrag zwischen Geschädigtem und Vermieter wirksam vereinbart ist; BGH NJW **05** 1043; **07** 3782). Unkenntnis über die üblichen Tarife oder etwa das allgemeine Vertrauen darauf, der ihm vom Vermieter und der Reparaturwerkstätte angebotene Tarif sei „auf seine speziellen Bedürfnisse zugeschnitten" (BGH NJW **06** 2693, **07** 1122; 1125), entlastet den Geschädigten nicht, ebenso wenig Unerfahrenheit (BGH NJW **08** 1519), wenn sich Bedenken gegen die Angemessenheit des ihm angebotenen Unfallersatztarifs aufdrängen müssen; vielmehr ist er zur Nachfrage nach einem günstigeren Tarif, ggf. zur Einholung von 2 Konkurrenzangeboten in dem *ihm örtlich zugänglichen* (BGH NJW **07** 3782, **08** 1519) Markt verpflichtet (Rn. 35, BGH NJW **06** 2693, NZV **05** 357, VersR **06** 133, NJW **07** 1125, **07** 1449, Mü NZV **06** 381 (zumal bei Akademiker)), uU auch unter Einholung einer Deckungszusage des Haftpflichtversicherers (BGH NJW **06** 2106), zu der er allerdings nicht verpflichtet ist (BGH NZV **10** 239). Einsichtnahme in die Unfallersatztarife von Konkurrenzunternehmen und in die Schwacke-Liste genügt nicht (BGH NZV **09** 23). Anders kann es in (vom Geschädigten darzulegenden und zu beweisenden) **Eil- oder Notsituationen** liegen (BGH NJW **06** 2106; 2693; **07** 1122, 2122, **08** 1519, **13** 1870), wie etwa dann, wenn der nicht über eine Kreditkarte verfügende bzw. im Hinblick auf geringen Verdienst und Minus auf dem Konto nicht zur Stellung einer Sicherheitsleistung oder Barkaution fähige (vgl. BGH NJW **11** 1947, **13** 1870) Geschädigte nach einem Verkehrsunfall am 2. Weihnachtstag (Kö NJW-RR **06** 1396), einem Samstag Mittag (vgl. BGH NJW **07** 2122) oder zur Nachtzeit (AG Hof NZV **07** 149), als Notarzt und wegen hilfsbedürftigem Angehörigen (Fra NZV **13** 503) einen Mietwagen anmieten muss, nicht aber (ohne Notsituation) bei einem „ländlichen" Geschädigten (aM AG Kö NZV **06** 382). Eine Notsituation kann bei alsbaldigem und nur mit dem Kfz zu erfüllenden

Arbeitsbeginn und Schocksituation gegeben sein; jedoch muss ein nicht unter Schock stehender Beifahrer mehr als 2 Anrufe bei Mietwagenunternehmen vollführen (BGH NJW **10** 2569). Keine Eilsituation bei Anmietung erst am Folgetag (BGH NJW **06** 2106, **08** 1519, **13** 1870), auch nicht schon per se bei Anmietung am Unfalltag (BGH NJW **07** 2122, **13** 1870). Keinen Anlass zu Nachfragen hat nach Dr VersR **08** 1128 ein Geschädigter, der anlässlich eines nicht allzu lange zurückliegenden anderen Unfalls einen Mietwagen zu ähnlichen Konditionen angemietet und das damals zuständige VU die Kosten ohne Beanstandung ausgeglichen hat. Ist dem Geschädigten kein günstigerer Tarif zugänglich, so besteht Abtretungspflicht des Geschädigten hinsichtlich etwaigen Schadensersatzanspruchs wegen mangelnder Aufklärung durch Vermieter (Rn. 35b). Mietet ein Geschädigter ein ErsatzFz zu einem überhöhten Preis an, ohne sich anderweit hinreichend nach der Höhe der Mietwagenkosten erkundigt zu haben, so trägt er die **Darlegungs- und Beweislast** für seine Behauptung, ein günstigerer Tarif sei ihm nicht zugänglich gewesen (BGH NJW **05** 1041, NZV **05** 357 (krit *Greger* NZV **06** 5, *Haertlein* JZ **07** 68), BGH VersR **06** 133, NJW **06** 1506, 1508, **08** 1519, **09** 58, NZV **09** 23; **10** 239; zur Beweislast des Schädigers für die Zugänglichkeit „ohne Weiteres" s. o.; zusammenfassend zur Beweislast *Stalinski* NZV **14** 337). Das gilt auch dann, wenn am Ort des Geschädigten nur das in Anspruch genommene Mietwagenunternehmen sitzt; dass es den Geschädigten in die Preislisten von Konkurrenten blicken lässt, genügt den Anforderungen nicht (BGH NZV **09** 23). Anders liegt es in Fällen, in denen die Inanspruchnahme eines Unfallersatztarifs grds. gerechtfertigt erscheint und durch einen Aufschlag zum Normaltarif geschätzt werden kann; hier trägt der Schädiger die Darlegungs- und Beweislast, wenn er geltend macht, dass dem Geschädigten ein günstigerer Tarif nach den konkreten Umständen „ohne Weiteres" zugänglich gewesen sei (BGH NJW **08** 2910 (Beweiserbringung nicht bei einem nur Stammkunden angebotenen Werkstatttarif); NJW **09** 58; **10** 1445; s. auch *Schüszler* NZV **07** 39). Den Geschädigten trifft zudem eine sekundäre Darlegungslast (BGH NJW **07** 1676 mAnm *v. Bühren;* DAR **10** 464; s. auch BGH NJW **05** 1933) zu den Umständen, aus denen sich die Unzumutbarkeit schadensmindernder Maßnahmen (Einsatz der Kreditkarte, Vorfinanzierung, Kaution) ergibt (hierzu auch *Wagner* NJW **07** 2149, aM *Schüszler* NZV **07** 391). Ist unstr, dass der Geschädigte auf die sofortige Weiterfahrt mit einem Miet-Fz angewiesen war, darf der Tatrichter die auf Ersatz der Mietwagenkosten nach einem Unfallersatztarif gerichtete Klage nicht mit der Begründung abweisen, der Vortrag sei unsubstantiiert, weil auch die vorübergehende Inanspruchnahme eines Taxis sowie eine Rücksprache mit dem HaftpflichtVU des Schädigers in Betracht gekommen seien (BGH NJW-RR **08** 689). Kein Anspruch auf Erstattung des Unfallersatztarifs, wenn der Vermieter auf die Möglichkeit der Anmietung zu einem günstigeren Tarif hingewiesen hatte (LG Wuppertal NJW **05** 1437). IÜ ist der Geschädigte nicht gehalten, den FzVermieter zu wechseln, wenn er nach Anmietung Kenntnis von einem günstigeren Angebot erhält (BGH NJW **99** 279, 282; AG Hof NZV **07** 149); dies gilt jedenfalls bei kurzer Reparaturdauer (BGH DAR **09** 324). Ein Zuschlag für Winterreifen ist bei Erforderlichkeit gerechtfertigt (BGH NJW **13** 1870, Kö NZV **14** 314; Stu NZV **11** 557; aM AG Br NZV **14** 43; abw. auch LG Trier NZV **14** 231, weil eine Ausrüstung mit Ganzjahresreifen zulässig sei), Aufschläge für Navigationsgerät oder Anhängerkupplung dann, wenn das UnfallFz darüber verfügt (Kö NZV **14** 314, Ko NZV **15** 1615) und Sonderausstattungen nicht schon in die Schätzung eingeflossen sind (BGH NJW **14** 2026). Kosten für eine Vollkaskoversicherung ohne Selbstbeteiligung sind – soweit nicht schon in der Schadensschätzung aufgrund der Tabellenwerke berücksichtigt – idR unabhängig davon erstattungsfähig, ob für das geschädigte Fz solcher Schutz besteht (BGH NJW **06** 360; **05** 1041, Kö NZV **14** 314). Können die Mietaufwendungen nicht in der tatsächlich entstandenen Höhe anerkannt werden, so entfällt die Ersatzpflicht des Schädigers nicht völlig; deren Umfang ist im Rahmen des § 287 ZPO festzusetzen (Mü DAR **06** 692 mAnm *Geiger*). Zur wettbewerbsrechtlichen Beurteilung von Empfehlungen durch Versicherer, bestimmte Vermieter in Anspruch zu nehmen LG Bielefeld NZV **07** 416, abw *Staehlin* NZV **07** 396.

35b   Abgesichert wird die unter Rn. 35a referierte, für den regelmäßig „marktunkundigen" Geschädigten harte Rspr. des BGH durch **Statuierung von Aufklärungspflichten des Vermieters,** deren Verletzung Schadensersatzansprüche aus cic begründet. Bei deutlich über dem Normaltarif auf dem örtlich relevanten Markt und damit über der Erstattungsfähigkeit liegendem Tarif (der nicht per se sittenwidrig ist, BGH NJW **07** 2181; 3782) ist der Vermieter danach dem Geschädigten **im Fall unterlassener Aufklärung** in Höhe des Differenzbetrags schadensersatzpflichtig (BGH NJW **06** 2618 (Bspr *Emmerich* JuS **06** 1019, zust *Tomson* VersR **06** 1277; *Herrler* JuS **07** 103, VersR **07** 582, krit *Haertlein* JZ **07** 68, abl *Rehm* JZ **07** 786), NJW **06** 2621, **07** 1447; 2181; 2759; NZV **08** 143, **09** 438; zusfassend *Haufe* Jura **07** 927), wobei es auch nicht darauf ankommt, ob der Vermieter mehrere Tarife (Normal- und Unfallersatztarif) oder einen einheitlichen Tarif anbietet, und Zweifel zulasten des Vermieters gehen (BGH NJW **06** 2618, **07** 2759). Vor Geltendmachung des Anspruchs müssen dabei nicht etwa die Ansprüche des Geschädigten gegen den Schädiger geklärt werden (BGH NZV **08** 142). Die Aufklärungspflicht dürfte bei einem Preisunterschied von 30% über dem durchschnittlichen Normaltarif im örtlich zugänglichen Bereich (Rn. 35a) entstehen (weitergehend (50%) *Herrler* VersR **07** 582, *Haufe* Jura **07** 927), nach AG Siegburg NZV **08** 355 auch bei deutlichem Preisunterschied (konkret 200%) gegenüber Internetangebot. Wie viel Zeit der Geschädigte vor Anmietung hatte, ist nicht relevant (BGH NZV **08** 143). **Zur Aufklärung erforderlich, aber auch ausreichend ist es,** wenn der Vermieter den Mieter (Geschädigten) unmissverständlich darauf hinweist, dass die gegnerische Haftpflichtversicherung den angebotenen Tarif evt. nicht in vollem Umfang erstattet (BGH NJW **07** 1447; 2759, NZV **08** 143). Eindeutiger Verstoß gegen die Aufklärungspflicht, falls Vermieter erklärt, die Versicherung werde „problemlos" bezahlen (BGH NJW **07** 1447). Die Aufklärungspflicht besteht seit 2002 (*Diederichsen* DAR **08** 309); Judikate, nach denen keine Aufklärungspflicht besteht, wenn der Unfallersatztarif nach der Rspr. der AG und LG des Bezirks ersatzfähig war (Kar VersR **04** 1469; Nw zur Lit. 39. Aufl.), sind wegen der neuen Rspr. zum Unfallersatztarif überholt. Gleiches gilt für den Einwand, dass seinerzeit noch mehrere VU bezahlt hätten (*Diederichsen* DAR **08** 309). Zur Erforderlichkeit einer Erlaubnis nach Art. 1 § 1 I RBerG aF bei geschäftsmäßiger Übernahme der Schadensregulierung durch den Inhaber von Mietwagenunternehmen für seine Kunden BGH NJW **05** 135, 3570 (je mwN), anders, falls es dem Mietwagenunternehmen im Wesentlichen darum geht, die durch die Abtretung eingeräumte Sicherheit zu verwirklichen (BGH aaO). Die Einziehung einer an ein Mietwagenunternehmen abgetretenen Schadensersatzforderung auf Erstattung von Mietwagenkosten ist nach § 5 I S. 1 RDG grds. erlaubt, wenn nur die Höhe der Mietwagenkosten str ist, also dann nicht, wenn die Haftung dem Grunde nach oder die Haftungsquote str ist oder Schäden geltend gemacht werden, die in keinem Zusammenhang mit der Haupttätigkeit stehen (BGH NJW **12** 1005; **13** 62 (dort auch zur Lage nach dem RBerG), **13** 65 (L); grds. bejahend Stu NZV **11** 556; aM noch LG Stu NZV **11** 131, *Römermann* NJW **11** 306), dies auch dann nicht, wenn noch nicht feststeht, wie sich der Unfallgegner bzw. dessen VU einlässt, und nicht ohne Weiteres ersichtlich ist, dass die Haftung dem Grunde nach bestritten wird (BGH NJW **13** 1870). Der VU ist nicht durch Wettbewerbsrecht gehindert, einen Unfallgegner, auf das preisgünstigere Angebot eines mit ihm zusammenarbeitenden überörtlich tätigen Autovermieters hinzuweisen (BGH NJW **12** 3241).

Die **Mindestbenutzungspflicht** (Fahrstreckenpauschale) muss im Rahmen des eigenen bis- **36** herigen Fahrbedarfs bleiben (Dü NJW **69** 2051, 525, Nü NJW **76** 1096), fordert der Vermieter zu hohe Mindestfahrleistung, muss der Geschädigte ein angepasstes Angebot suchen (Dü DAR **69** 69).

Nur für zügige Reparaturdauer stehen die angemessenen Mietwagenkosten zu (BGH **37** NJW **75** 160, **86** 2945, Nü NJW **76** 1096, Dü VersR **69** 429, Nau VRS **87** 1) bzw. für die Zeit der Schadenbegutachtung und der Anhörung des Versicherers des Schädigers (Ce VersR **63** 567, Dü VersR **63** 1085). Der Geschädigte darf mit dem Reparaturauftrag nicht bis zur Übernahmebestätigung durch den HaftpflichtVU warten (KG VRS **105** 107, Ha MDR **84** 490), uU auch nicht bis zum Eingang des schriftlichen Sachverständigengutachtens (BGH NJW **86** 2945: Einholung telefonischer Auskunft; abw. LG Sa NJW **11** 2444 (Einholung von Rechtsrat und dadurch bedingte Verzögerung des Gutachtens)). Er muss sich um zügige Reparatur bemühen, besonders bei hohen Mietwagenkosten (Stu VersR **77** 65). Mit der Ankündigung einer ungewöhnlich langen Reparaturzeit durch die Werkstatt (konkret: 4 bis 8 Wochen) darf er sich nicht zufriedengeben (Sa NZV **11** 85). **Verzögerung durch Werkstattverschulden** geht zulasten des Schädigers (Rn. 22, Stu NZV **04** 96). Muss ein **ErsatzFz** angeschafft werden, so besteht Anspruch auf Ersatz der Mietwagenkosten nur für die Zeit der Beschaffung eines gleichwertigen GebrauchtFz (Ha NJW **64** 406), für etwa 3 Wochen (Nü VersR **76** 373), nicht auch für die längere Lieferfrist eines (gar mit dem UnfallFz nahezu identischen, Nü SVR **19** 455 (*Balke*)) Neuwagens (KG VersR **71** 256, Ha VersR **62** 1017, ZfS **93** 50, Nü VersR **63** 489). Bei älteren Gebrauchtwagen werden nur kurze Wiederbeschaffungszeiten anzusetzen sein, nach Marktlage 2 bis 3 Wochen (Stu VersR **72** 448), kaum jemals mehr als 4 Wochen (Ol VRS **33** 81, 83). Bei wirtschaftlichem Totalschaden einen Monat vor Lieferung eines bestellten NeuFz sind Mietwagenkosten für diese Zeit zu erstatten (Ha VersR **76** 174, Mü DAR **76** 156). Grundsätzlich darf der Geschädigte ein ErsatzFz **sofort anmieten;** er braucht auch längere Fahrten idR nicht im Interesse der Schadensminderung mit beschädigtem Fz durchzuführen (Dü ZfS **91** 375). Im Interesse der Geringhaltung des Schadens kann er jedoch verpflichtet sein, eine geplante Reise mit provisorisch lackiertem Fz anzutreten und die Nachbesserung anschließend durchzuführen (Ha ZfS **85** 231, s. auch Stu VersR **92** 1485 sowie Rn. 8, **Notreparatur**). Auch bei vorübergehend bestehender erheblich längerer Reparaturzeit (Ferienzeit) muss er uU zunächst provisorische Reparatur hinnehmen (Stu VersR **81** 1061). Bei nur noch geringem Zeitwert muss der Geschädigte die Mietwagenkosten durch zumutbare Notreparatur verringern (Kö VersR **78** 65). Das gilt etwa dann, wenn die Anmietung eines SpezialFz (Rettungswagen) bis zu einer Neubeschaffung Kosten von über 100 000 € verursachen würde bei einem Wiederbeschaffungswerte von rund 10 000 € und Kosten der Notreparatur von rund 3000 €; der ersatzfähige Schaden besteht dann im Wiederbeschaffungswert und den Kosten der „Notreparatur" (Kar NJW **14** 2733). Zur Beurteilung der Möglichkeiten provisorischer Reparatur im Rahmen der Schadensminderungspflicht aus technischer Sicht *Rädel* Verkehrsunfall **86** 349, s. auch Rn. 8. Einem Autovertreter ist nicht zuzumuten, die Mietwagenzeit durch Benutzung eines provisorisch reparierten Fz abzukürzen (Mü VersR **60** 671). Zur Schadensminderungspflicht durch **Erwerb eines „InterimsFz"** bei ungewöhnlich hohen Mietwagenkosten Rn. 8a, 43.

38   **9b. Ersparte Eigenkosten** (Verschleiß), soweit nach Ausfalldauer des eigenen Fz messbar, sind im Wege der Vorteilsausgleichung von den Mietwagenkosten abzuziehen (BGH NJW **63** 1399, DAR **10** 464; Ha NZV **99** 379, Ce VM **93** 51), auch bei gewerblich genutzten Fz (Nü NJW-RR **90** 984), jedoch nicht bei nur kurzer Benutzung eines MietFz und unterdurchschnittlicher Fahrstrecke (Mü VersR **63** 714). Die bloßen Betriebskosten (Benzin, Öl) werden idR gleich und deshalb außer Ansatz bleiben (Fra VersR **73** 719). Hinsichtlich der Höhe der **Abzugsquote** nimmt die **neuere Rspr.** zT auf eine Berechnung von *Meinig* DAR **93** 281 Bezug, wonach sich der Mittelwert der Eigenersparnisanteile bei 55 km täglicher Fahrleistung auf nur 3% beläuft (Nü DAR **00** 527, LG Nü NZV **16** 340 (Miettaxi)), Kar DAR **96** 56, LG Aachen DAR **04** 655, LG Bayreuth DAR **04** 94, *Notthoff* VersR **96** 1206, **98** 144). Stu NZV **94** 313, LG Siegen DAR **96** 365 halten einen Abzug von 3,5%, Kö NZV **14** 314 einen solchen von 4%, Dü DAR **98** 103 von 5% für angemessen. Teilweise wird die Grenze **bei 10% gezogen** (Ha NZV **99** 379, VersR **01** 206, Ce NZV **01** 217, Dü VersR **96** 987, Dr NZV **08** 455; **09** 604 (L); *Greger* NZV **96** 432, *Halbgewachs* NZV **97** 469), was sich bei einer Ermessensausübung durch den Tatrichter im revisionsrechtlich nicht zu beanstandenden Spielraum hält (BGH NJW **10** 1445). Dagegen schwankte nach der **älteren Rspr.** der Abzug um 15% der Mietwagenkosten (Fra NZV **90** 265, Sa ZfS **94** 289, KG VRS **78** 92, 96; Kö NZV **90** 429, Ko ZfS **89** 48, Kar NZV **90** 387, Ha NZV **93** 189, Dü ZfS **91** 375, ebenso noch KG NZV **05** 46, LG Berlin NZV **04** 635). UU wurden auch 20% (Nü NJW-RR **90** 984, Ha NZV **01** 218 (jeweils Taxi)) und bis zu 25% (Ko NZV **88** 224: bei gewerblicher Nutzung in außergewöhnlichem Umfang, LG Sa NJW **12** 2978) zuerkannt. Statt prozentualer Bemessung (krit *Müller* JuS **85** 287) anhand der Mietwagenkosten wird in der (vor allem älteren) Rspr. teilweise auch eine Berechnung der Eigenersparnis unter **Zugrundelegung der Betriebskosten** vorgezogen (Betriebskostentabellen; BGH NJW **69** 1478, Ce NJW **63** 1204, Br VersR **64** 688, Stu Justiz **63** 142, Mü VersR **70** 67, Kar NZV **90** 116, krit Dü DAR **98** 103). Kein erhöhter Abzug (mehr als 15%) bei ungewöhnlich hoher Fahrleistung mit dem MietFz, wenn sich dies auf die Mietaufwendungen auswirkt (Nü NZV **94** 106). Ein Abzug unterhalb der genannten prozentualen Annäherungswerte ist vorzunehmen, wenn die Betriebskosten nachgewiesenermaßen geringer sind (Mü DAR **82** 69). Vereinzelt wurde auch der durch Nichtbenutzung des eigenen Fz **unterbliebene Wertverlust** zugrunde gelegt (Fra ZfS **96** 214 (0,67 DM je 1000 km), abl *Notthoff* VersR **98** 144). Kein Abzug ersparter Eigenkosten nach nunmehr wohl hM (zur Gegenmeinung 41. Aufl.) bei **Miete eines kleineren Fz**, weil dies zu einer nicht gerechtfertigten doppelten Entlastung des Schädigers führen würde (BGH NJW **13** 1870, Ce NJW-RR **12** 802, Ha VersR **99** 769; Stu VersR **09** 1680, aM *Greger/Zwickel* § 25 Rn. 47 mwN).

39   **9c.** Gegen die Folgen von **Mietwagenunfällen** pflegen entgeltliche Freistellungen vereinbart zu werden. Soweit Vollkaskoversicherung für das geschädigte Fz bestand, sind die Kosten für eine entsprechende Versicherung für das MietFz jedenfalls erstattungsfähig (BGH NJW **74** 91 (93), VersR **74** 657, Ol VersR **83** 470, KG VRS **78** 92 (96), *R. Born* VersR **78** 781). Derartige Entgelte sind nicht zu erstatten, soweit versicherungswirtschaftlich überhöht (BGH NJW **74** 95). IÜ sind Aufwendungen zur Haftungsfreistellung zu ersetzen, soweit das dadurch abgewendete Haftpflichtrisiko das Eigenrisiko übersteigt, dh, ein gerade durch die unfallbedingte Benutzung des MietFz entstehendes Sonderrisiko darstellt (BGH NJW **74** 91, KG DAR **75** 324, *Müller* JuS **85** 285). War das geschädigte Fz nicht vollkaskoversichert, wird die Meinung vertreten, Mietwagen-

unfälle und ihre Haftungsfolgen gehörten zum Lebensrisiko des Geschädigten und seien deshalb keine Unfallfolgen (*v. Caemmerer* VersR **71** 973). Jedoch besteht bei MietFz mit hohem Zeitwert und vorzüglichem Pflegezustand im Verhältnis zum eigenen Fz idR ein **erhöhtes wirtschaftliches Risiko,** gegen das sich zu decken wirtschaftlich sinnvoll ist, so dass die dadurch entstehenden Kosten auch insoweit erstattungsfähig sind (BGH VersR **06** 133, NJW **05** 1041, NJW **74** 91, VersR **74** 657, Schl VersR **75** 268, Fra ZfS **95** 174). Teilweise wird daher generelle Erstattungsfähigkeit der dadurch entstehenden Kosten angenommen (Fra NZV **95** 108, Nü VersR **74** 679, Schl VersR **74** 297, Br VersR **74** 371, *Himmelreich* NJW **73** 675, *Müller* JuS **85** 285, *Notthoff* VersR **96** 1202, **98** 145, *Halbgewachs* NZV **97** 471, aM Kar VersR **72** 567, **73** 66, Ol VersR **83** 470, KG VRS **78** 92 (96), *Klimke* VersR **70** 792, *v. Caemmerer* VersR **71** 973). Die Kosten für die **Vollkaskoversicherung** des MietFz gehören jedenfalls dann zum ersatzfähigen Schaden, wenn es sich gegenüber dem beschädigten Fz um ein wesentlich höherwertiges handelt (BGH NJW **05** 1041; s. auch Rn. 35a aE). Was den **Mietausfall** angeht, so setzt der BGH die Gefahr, dem Vermieter Ausfallersatz schuldig zu werden, mit Rücksicht auf das ersparte Eigenrisiko des Mieters mit höchstens der Hälfte der unfallbedingten Gefahrerhöhung an (BGH NJW **74** 91, 94). Bei gewerblich intensiv genutzten Fz (Taxis, Lieferwagen usw) wird ein erhöhtes unfallbedingtes Risiko für Ausfallhaftung nur ausnahmsweise vorliegen und dann besonders nachzuweisen sein (BGH NJW **74** 91, 94 f.). Anzurechnen ist in allen Fällen, was der Mieter durch MietFzBenutzung an eigenem Schadenrisiko erspart (BGH NJW **74** 91, 95). **Insassenunfallversicherung** ist nur erstattungsfähig, wenn diese auch für das beschädigte Fz bestand (Nü VersR **77** 1016, *Klimke* VersR **70** 796, *R. Born* VersR **78** 780, aM Fra ZfS **81** 270), weil das Führen eines fremden Fz immer ein erhöhtes Risiko darstelle (s. auch *Klimke* NJW **74** 725).

10. Nutzungsausfallentschädigung wegen entgangenen Gebrauchsvorteils steht dem Ge- **40** schädigten während angemessener Reparatur- oder Wiederbeschaffungszeit zu (die bei Eigenreparatur durch die gewöhnliche Reparaturzeit in einer Werkstätte begrenzt wird, Mü r+s **14** 369), wenn er kein MietFz in Anspruch nimmt, vorausgesetzt, er wäre dazu berechtigt (BGH NJW **05** 277, **68** 1778, **66** 1260, Br DAR **01** 302), sofern er sein Fz während dieser Zeit benutzt hätte, dazu Rn. 45. Für Kfz ist dies in der Rspr. seit Jahrzehnten anerkannt (BGH NJW **64** 542, **66** 1260, **84** 724, Ha DAR **02** 312, Dü VersR **01** 208, Kö VRS **96** 325). Geldentschädigung (§ 251 BGB) für vorübergehenden Gebrauchsverlust setzt allerdings stets **Fühlbarkeit des Nutzungsausfalls** voraus (BGH NJW **64** 542, **66** 1260, **08** 913, Ko NZV **04** 258, Ha VersR **03** 1054, Kö VRS **96** 325). Fühlbaren Ausfall erleidet der Geschädigte nicht, wenn er über ein zweites, ungenutztes Fz verfügt, dessen Benutzung ihm zuzumuten ist (BGH NJW **76** 286 (Möbelwagen), Ko NZV **04** 258, Fra VersR **05** 1742, **90** 10 (Urlaubsreise mit Zweitwagen), Kö VRS **96** 325 (75 Tage bei amerikanischem Van)), oder wenn die Fahrten zur *gemeinsamen* Arbeitsstätte mit dem Fz des Ehegatten durchgeführt werden können (KG VM **85** 63). Die Wertschätzung für ein bestimmtes Fz ist dabei kein Kriterium für eine Nutzungsausfallentschädigung (Ko SVR **18** 382 (*Balke*)). Bei Totalschaden ist Entschädigung für die entgangenen Gebrauchsvorteile während der für die Wiederbeschaffung eines ErsatzFz erforderlichen Zeit zu leisten (Nü VersR **68** 1049, Kar VersR **67** 609). Der Anspruch entfällt nicht dadurch, dass die Ehefrau ihren Wagen zur Verfügung stellt, weil dies dem Schädiger nicht zugute kommen kann (Ce VersR **73** 281, DAR **16** 465; Ko r+s **14** 46, aM Schl VersR **68** 977). Überhaupt hat die unentgeltliche Überlassung eines ErsatzFz durch einen Dritten nach dem Rechtsgedanken des § 843 IV BGB keinen Einfluss auf die Nutzungsausfall-Entschädigung (BGH NJW **70** 1120, **13** 1151; Sa DAR **18** 209 mAnm *Watzlawik*). Anders liegt es nach Jn NZV **09** 388, wenn der Hersteller wegen Engpässen bei der Ersatzteilbeschaffung einen Ersatzwagen zur Verfügung stellt. Im Schrifttum ist die Rspr. zur Nutzungsausfall-Entschädigung auf Kritik gestoßen (*Böhmer* JZ **69** 141, *Larenz* VersR **63** 307, *Löwe* NJW **64** 701, *Stoll* JZ **76** 281, *Schütz* VersR **68** 124, *Hagen* JZ **83** 833, *Honsell/Harrer* JuS **91** 447). Die Bedenken beruhen vor allem auf der Überlegung, dass aus der Eigentumsbeeinträchtigung ohne Sprengung der das Schadensersatzrecht beherrschenden Grundsätze nicht ein im Eigentum ohnehin enthaltenes, gesondert zu entschädigendes Nutzungsrecht hergeleitet werden könne (*Böhmer* JZ **69** 141, *Schiemann* VGT **82** 237, 247, *Dunz* JZ **84** 1010 (der allerdings frustrierte Vorhaltekosten als ersatzfähigen Folgeschaden anerkennt); gegen ihn *Weber* VersR **85** 110, *R. Schulze* NJW **97** 3337 (der Qualifikation des Nutzungsausfalls als *immateriellen* Schaden vorschlägt, dessen Ersatzfähigkeit er bei „teleologischer Reduktion" des § 253 BGB für möglich hält); *Fielenbach* NZV **15** 272). Zur Kritik im Schrifttum s. ferner BGH NJW **87** 50.

Die **Ersatzfähigkeit von Gebrauchswerten** wurde auch in der Rspr. des BGH nicht ein- **41** heitlich beurteilt. Ursprünglich wurde der Kommerzialisierungsgedanke als entscheidend angesehen (zB BGHZ **40** 345 (III. ZS) = NJW **64** 542, Mü NJW **62** 2205, abl *H. W. Schmidt; Dunz* JZ **84** 1014). In der jüngeren BGH-Rspr. steht statt dessen der Gedanke im Vordergrund, dass die Verfügbarkeit des eigenen Kfz *nach der Verkehrsanschauung* ein geldwerter Vorteil sei, dessen vorübergehender Entzug einen Vermögensschaden darstelle (BGH NJW **66** 1260 (VI. ZS), NJW **71** 1962, **74** 33, **84** 724 (nicht bei Motorboot), NZV **08** 453). Nach dem Vorlagebeschluss des V. ZS des BGH (VersR **86** 189, 194) sind alle für die Ersatzfähigkeit des Nutzungsausfalls von Kfz bisher gegebenen Begründungen dogmatisch nicht tragfähig; insbes. sei unter Anwendung der Differenztheorie ein Vermögensschaden zu verneinen, die Verkehrsanschauung keine geeignete Rechtsquelle. Der Meinungsstreit ist für die Praxis erledigt durch BGHZ **98** 212 (GrZS) = NJW **87** 50 (i Erg zust *Flessner* JZ **87** 271, *Hohloch* JR **87** 108, krit *Rauscher* NJW **87** 53, *Honsell/Harrer* JuS **91** 447). Danach ist zwar der Gebrauchswert kein vom Substanzwert „abspaltbarer" Wert; die Entwertung der Sache für den Gebrauch werde aber durch den Ersatz des Substanzwerts nur im Fall *sofortiger* Restituierung vollständig entschädigt. Da eine dem § 252 S. 1 BGB (entgangener Gewinn) entspr. Vorschrift für nicht erwerbswirtschaftlichen (produktiven) Einsatz, sondern *eigenwirtschaftliche* Nutzung einer Sache fehle, könne die Differenztheorie ohne ergänzenden Wertansatz den Gebrauchsverlust während der Reparaturzeit nicht erfassen. Die Gefahr der Ausdehnung des Schadensersatzes auf Nichtvermögensschäden unter Verletzung des § 253 BGB wird dadurch vermieden, dass die gebotene Ergänzung der reinen Differenzrechnung durch den Wert des Gebrauchsvorteils beschränkt wird auf **Wirtschaftsgüter von allgemeiner, zentraler Bedeutung** für die Lebenshaltung, dh solche Sachen, auf deren ständige Verfügbarkeit die eigenwirtschaftliche Lebenshaltung typischerweise angewiesen ist (zB Wohnhaus). Dazu kann ein OldtimerFz nur dann gehören, wenn es dem Geschädigten im AlltagsV als VMittel dient (Dü VersR **98** 911, Ce DAR **16** 465; LG Bln ZfS **07** 388 mAnm *Diehl, La Chevalerie* ZfS **07** 423), andernfalls aber nicht (Rn. 42), was etwa in Zulassung gem. § 9 FZV mit Oldtimerkennzeichen zum Ausdruck kommen kann. Bei anderen Fz als Pkw, zB einem Motorrad, ist dies vom Geschädigten besonders darzulegen (Sa NZV **90** 312; näher Rn. 42).

42   Auch für entgangene Gebrauchsvorteile eines **Motorrads** kann Entschädigung zu leisten sein, allerdings nur, wenn es als einziges Kfz zur Verfügung steht und nicht reinen Freizeitzwecken dient (BGH NJW **18** 1393; Ha MDR **83** 932, LG Mü I DAR **04** 155), dies aber nicht dann, wenn Pkw zur Verfügung steht (BGH NZV **12** 223; KG VRS **115** 3; LG Wuppertal NZV **08** 206, aM Dü NJW **08** 1966 (aber 33% Abschlag für witterungsbedingte Ausfallzeiten)); nutzt der Geschädigte das Motorrad nur bei günstigen Witterungsbedingungen, spielt dies erst im Rahmen der konkreten Schadensbetrachtung bei der Frage eine Rolle, ob der Geschädigte auch im Hinblick auf die Wetterlage zur Nutzung willens und in der Lage war (BGH NJW **18** 1393 mAnm *Filthaut*). Kein Nutzungsersatz bei Einsatz des Fz nur zu Hobby- oder Sportzwecken (BGH NZV **12** 223 (Motorrad); Sa NZV **90** 312, LG Mü I DAR **04** 155). Dieselben Grundsätze gelten für das **Fahrrad,** dh Nutzungsausfall nur, falls es als tägliches Beförderungsmittel eingesetzt wird (KG NZV **94** 393, LG Lübeck SVR **12** 142 (*Balke*); AG Fra NZV **90** 237, AG Lörrach DAR **94** 501, AG Mülheim DAR **91** 462; aM LG Hb NZV **93** 33), nicht aber, falls zu Sport- und Freizeitzwecken (LG Heilbronn SVR **14** 186 (*Balke*)). Ggf. wird der Tagessatz zwischen 5 und 10 € liegen (s. die vorstehenden Zitate). *Keine Nutzungsausfallentschädigung* für einen nur zu Freizeitzwecken und selten benutzten Luxus-Sportwagen (Jn NZV **04** 476; (Ferrari, 2000 km jährliche Fahrleistung)) oder einen **Oldtimer** (Rn. 41; Kar NZV **12** 234 (Mercedes Flügeltürer; Beweislast für eine Nutzung zu Alltagszwecken beim Geschädigten); Dü NJW-RR **11** 898, NZV **12** 376 („Morgan Plus 8")), einen **Wohnwagen** (BGHZ **86** 128 = VersR **83** 298, krit *Berr* 867, abl *Landsberg* JR **83** 452), ein **Wohnmobil** (BGH NZV **08** 453, Ce NZV **04** 471, LG Bochum MDR **01** 388, LG Kar ZfS **83** 202, LG Essen VersR **87** 270, aM Dü VersR **01** 208, *Berr* 651), anders nur, soweit es wie ein Pkw als tägliches Transportmittel dient, zB zur Erreichung der Arbeitsstelle (Ce NZV **04** 471, Ha NZV **89** 230; Hb SVR **20** 21 (*Bachmor*)); offen gelassen von BGH NZV **08** 453). Nutzungsausfallentschädigung steht auch dem FzEigentümer **ohne eigene FE** zu, der das Fz zur Benutzung durch Familienangehörige ohne Rechtspflicht hält (BGH VRS **46** 10, Ko NZV **04** 258, Ha DAR **96** 400) oder zur Vermietung bzw. zur unentgeltlichen Überlassung an Dritte (BGHZ **40** 345, NJW **75** 922 (Verlobte), NJW **74** 33 (Sohn), KG VM **73** 65 (Braut)) und auch einer OHG als Mithalterin (KG DAR **70** 17). *Keine Nutzungsausfallentschädigung* für die Dauer nur gedachter Reparatur oder mangels entgangener Nutzung, etwa, weil der Geschädigte das Fz unrepariert weiterbenutzt oder veräußert (BGH NJW **76** 1396, Kö ZfS **84** 297, LG Wiesbaden VersR **83** 991, *Weber* VersR **84** 598, aM AG Kö ZfS **80** 101, VRS **63** 324 (aufgegeben in VersR **84** 492, gleichwohl Anspruch gegen VU aus „Auslobung" bejaht; abl *Weber* VersR **84** 597), AG Paderborn ZfS **85** 199, LG Paderborn ZfS **83**

201). Kein Nutzungsausfall bei Beschädigung sporadisch genutzten Navigationsgeräts (AG Wiesbaden NZV **14** 364) sowie für ein Smartphone (LG Hagen NJW-RR **17** 798).

Entschädigung für Nutzungsausfall **steht für den Zeitraum zu,** der zur Wiederherstellung   **43** des vor dem Unfall bestehenden Zustands erforderlich ist (BGH NJW **66** 1557; Ha VersR **93** 766; *Greger/Zwickel* § 25 Rn. 11 ff.), im Allgemeinen für die Dauer der Reparatur bzw. bis zur Beschaffung eines ErsatzFz (BGH NJW **08** 915), wobei uU auch die Dauer eines Beweissicherungsverfahrens einzurechnen ist (Mü NZV **15** 34). Der Geschädigte muss **den Reparaturauftrag** im Interesse der Geringhaltung des Schadens unverzüglich erteilen (Rn. 21, 37), den Schädiger auf voraussichtlich ungewöhnlich lange Reparaturdauer hinweisen und uU im Rahmen seiner Schadensminderungspflicht eine „Interimsreparatur" durchführen lassen (Fra VersR **05** 1742, s. Rn. 8a). Dem Schädiger fällt der Zeitraum nicht zur Last, in dem die Werkstatt das Fz nach abgeschlossener Reparatur wegen Nichtzahlung nicht herausgibt, worauf Geschädigter nicht hingewiesen hat (LG Sa NZV **14** 365). Neben der Reparaturdauer kann noch ein Schadensermittlungszeitraum zu berücksichtigen sein; verlangt der Schädiger eine Nachbesichtigung des unveränderten beschädigten Fz, erstreckt sich der Schadensermittlungszeitraum bis zum Zeitpunkt der Inaugenscheinnahme (Dü DAR **06** 269). Bei eindeutiger Haftungslage ist Geschädigter nicht verpflichtet, parallel zur Inanspruchnahme des HaftpflichtVU an seine eigene Kaskoversicherung heranzutreten (Brn NJW-RR **20** 668 mwN). *Bei einer fiktiven Schadensabrechnung* kann Entschädigung für Nutzungsausfall grds. nur für die durch den Sachverständigen angesetzte hypothetische Reparaturdauer in einer markengebundenen Fachwerkstatt verlangt werden, auch wenn der Geschädigte die Reparatur in einer freien Werkstatt durchführen ließ, die dann tatsächlich länger gedauert hat (Ha NZV **06** 584, s. auch Rn. 6). Kann der Geschädigte mangels finanzieller Leistungsfähigkeit die Restitution nicht betreiben, so hat er auch bei fiktiver Schadensberechnung für die Zeit bis zur Auszahlung der geschuldeten Ersatzleistung grds. Anspruch auf Ausgleich eines tatsächlich erlittenen Nutzungsausfalls; darin liegt keine unzulässige Vermischung von fiktiver und abstrakter Schadensberechnung (Dü DAR **20** 142 mzustAnm *Engel*; dazu auch *Pletter* NZV **20** 51; s. auch LG Ol NZV **20** 53 (*Almeroth*)). Verzögerung der Reparatur durch Werkstattverschulden Rn. 22. **Bei einer Ersatzbeschaffung** kann Unfallentschädigung nur für die übliche (vom Sachverständigen veranschlagte) Lieferzeit beansprucht werden; eine längere Lieferzeit beruht auf der Disposition des Geschädigten und darf den Schädiger nicht belasten (BGH NJW **08** 915; s. auch Rn. 8a). Rund 2 Monate halten sich im Bereich des Üblichen (Ko r+s **14** 46, Sa MDR **07** 1190). Hat der Geschädigte das Fz bereits vor dem Unfall bestellt, so kann längere Ausfallzeit zu entschädigen sein, wenn die Entschädigung die durch An- und Wiederverkauf eines ZwischenFz entstehenden wirtschaftlichen Nachteile nicht wesentlich übersteigen (BGH NJW **08** 915; s. auch Rn. 8a). Ein Ersatzanspruch für hypothetische Kosten der Anschaffung eines InterimsFz besteht nicht (BGH NJW **09** 1663). Bei Erwerb eines GebrauchtFz gängigen Typs muss der Geschädigte eine Wiederbeschaffungsdauer von mehr als 14 Tagen idR besonders darlegen (KG VRS **70** 432). Die Erlangung eines dem UnfallFz völlig vergleichbaren (konkret 9 Jahre altes Fz mit 133 000 km ohne Vorbesitzer) darf er nicht abwarten, muss sich vielmehr mit einem am ehesten vergleichbaren Fz begnügen (LG Fra NJW **10** 3455). Verstoß gegen die Schadensminderungspflicht, wenn der Geschädigte, obwohl hierzu in der Lage, keinen Kredit zur Ersatzbeschaffung aufnimmt (Dü NJW-RR **10** 687 mwN). Längere Nutzungsentschädigung aber, wenn der Geschädigte (auch bei fiktiver Schadensberechnung) die Ersatzleistung nicht erhält (Dü DAR **20** 142) bzw. einen Vorschuss fordern darf, aber trotz rechtzeitiger Anforderung nicht erhält (Nü DAR **81** 14, Fra DAR **84** 318, Kar MDR **98** 1285 (585 Tage), NZV **11** 546; LG Hb NJW **12** 3191 (472 Tage); LG Aachen NJW **13** 2294) oder wenn es ihm nicht möglich oder nicht zuzumuten ist, sich zur Ersatzbeschaffung zu verschulden (Nau DAR **05** 158, Sa NZV **90** 388 (523 Tage)). Er muss den Schädiger dann aber deutlich auf diese Umstände hinweisen (KG NZV **10** 209 (523 Tage)). Bei extrem langen Ausfallzeiten jedoch keine Entschädigung in Höhe der Sätze der sonst in der Regulierungspraxis vielfach zugrunde gelegten Entschädigungstabellen (Rn. 42, 44).

10a. Die Höhe der Entschädigung für Nutzungsausfall unterliegt in erster Linie tatrichterli-   **44** cher Würdigung nach § 287 ZPO (BGH NJW **05** 277, **71** 1692); sie darf den Geschädigten weder bereichern noch einem Ausgleich immateriellen Schadens gleichkommen (BGH NJW **71** 1692). Im Hinblick auf die Marktentwicklung hat der BGH die Rspr, wonach die Höhe etwa den Vorhaltekosten mit einem maßvollen Zuschlag entsprechen müsse (BGH NJW **71** 1692, **87** 50 (GrZS), Kar MDR **98** 1285, Mü NZV **90** 348, *Weber* VersR **84** 599), modifiziert. Nutzungsausfallentschädigung in Höhe von **35–40 % der üblichen Miete** bzw. von **200–400 % der**

Vorhaltekosten sind danach nicht unangemessen (BGH NJW **05** 277, Palandt/*Grüneberg* § 249 Rn. 43 f., *Born* NZV **93** 5). Als geeignete Grundlage für die Berechnung der Höhe des Nutzungsausfalls sind die Tabellen von *Sanden/Danner/Küppersbusch* von der Rspr. anerkannt (BGH NJW **05** 1044, **83** 2139, **71** 1692, Fra VersR **05** 1742, Dü VersR **01** 208, Mü NZV **90** 348), wobei jeweils die zurzeit des Schadenseintritts gültige Tabelle Anwendung findet. Da derartige Tabellen jedoch Zeiträume betreffen, für die *üblicherweise* Fz gemietet zu werden pflegen, führen sie bei mehrmonatigem Nutzungsausfall zu unvertretbar hohen Beträgen (Sa NZV **90** 387, Kar MDR **98** 1285 (dann Orientierung an den Vorhaltekosten), Ce VRS **107** 166 (zu § 7 StrEG); s. aber Dü DAR **20** 142 mAnm *Engel*). Nach Ko SVR **12** 228 *(Balke)* ist die Entschädigung aber nicht durch die Höhe der Kosten begrenzt, die durch die Anmietung eines Mietwagens zu einem Langzeit- oder Sondertarif entstanden wären. Die **Entschädigungstabellen** von *Sanden/Danner/Küppersbusch* für Pkw, Geländewagen und Transporter werden regelmäßig aktualisiert (nunmehr online, etwa über beck-online). Falls wesentliche Unterschiede hinsichtlich Bauart und Antriebsart bestehen, muss sich der Geschädigte uU nicht auf Fz derselben FzKlasse verweisen lassen (AG Wesel NJW **08** 1966). Das **Alter des beschädigten Fz** als solches hat regelm. keinen Einfluss auf die Höhe der Entschädigung für Nutzungsausfall (Ha DAR **00** 265, KG VRS **104** 21, Kar DAR **89** 67, Mü NZV **90** 348, Schl NZV **92** 488, Nau VM **95** 23, LG Kiel NJW-RR **01** 1606 (12 Jahre), *Hillmann* ZfS **01** 341, str., *Danner/Küppersbusch* NZV **89** 11, *Wenker* VersR **00** 1083), anders allerdings, wenn es so alt ist, dass sein Nutzungswert mit dem eines neueren Fz überhaupt nicht vergleichbar ist (BGH NJW **05** 277), dann Entschädigung nur etwa in Höhe der Vorhaltekosten (BGH NJW **88** 484 (10 Jahre alter mit erheblichen Mängeln behafteter Kleinwagen), zust *Danner/Küppersbusch* NZV **89** 11, KG VRS **104** 21 (9 Jahre mit erheblichen Mängeln), Ko NZV **04** 258, Ce VRS **107** 418 (14 Jahre)) oder jedenfalls Herabstufung in den Entschädigungstabellen (BGH NJW **05** 277 (um 2 Gruppen bei 16 Jahre altem Fz), NJW **05** 1044 (um 1 Gruppe bei fast 10 Jahre altem Fz), Dü NJW **12** 2044 (um eine Gruppe bei 8 Jahre altem Fz)). Nach zT vertretener Ansicht (Fra DAR **85** 58, Kar VersR **89** 58, ZfS **93** 304, Ha DAR **96** 400, LG Mainz VersR **00** 111) ist bei Fz, die älter als 5 Jahre sind, für die Höhe des Nutzungsausfalls der Entschädigungssatz der nächst niedrigeren Gruppe zugrunde zu legen, wenn die Bemessung nach der von *Sanden/Danner* entwickelten Tabelle erfolgt (abl *Brand* ZfS **90** 217). Entscheidend dürfte weniger das Alter als solches als vielmehr die Frage voller oder infolge von Mängeln nur eingeschränkter Nutzbarkeit des beschädigten Fz sein (Schl NZV **92** 488, *Danner/Küppersbusch* NZV **89** 12, *W. Born* NZV **93** 5). Nach Dü VersR **98** 911 **bei Oldtimern** (s. aber Rn. 41) niedrigster Tabellenwert des vergleichbaren aktuellen Modells und Abschlag (ähnl. LG Bln ZfS **07** 388 (Herabstufung um 2 Gruppen) mAnm *Diehl,* zum Ganzen *La Chevallerie* ZfS **07** 423). **Verzinsung** gem. § 849 BGB kann verlangt werden, soweit die Zinsen nicht den gleichen Zeitraum betreffen, für den Nutzungsausfallentschädigung geltend gemacht wird (BGH NJW **83** 1614, s. auch § 7 Rn. 26–29).

45   **10b. Nutzungsmöglichkeit und Nutzungswille** sind Voraussetzung für die Entschädigung vorübergehenden Gebrauchsverlusts (BGH NJW **76** 1396, **66** 1260, **68** 1778, **85** 2471, **08** 915, Ha VersR **03** 1054, Br DAR **01** 302, KG VRS **88** 119, Kö VersR **04** 1332). Keine Nutzungsausfallentschädigung steht daher zu, wenn der Geschädigte das Fz aus unfallbedingten (KG VRS **107** 263, Br DAR **01** 302) oder unfallunabhängigen Gründen, zB wegen Krankheit, (BGHZ **45** 219, VersR **75** 37, Mü VRS **78** 401, KG VRS **107** 263, Kö VRS **90** 321, aM *Boetzinger* ZfS **00** 45) oder wegen einer Reise (Zw VersR **74** 274) nicht hätte nutzen können oder wollen oder nicht wie vorgesehen nutzen lassen können (Subjektbezogenheit, BGH NJW **74** 33, **68** 1778, **85** 2471, Ce NJW **65** 1534, Ha VersR **70** 43) oder wenn er es nicht ohne vorherige Prüfung und Zulassung durch den TÜV hätte benutzen dürfen (Kö ZfS **81** 364 (noch nicht zugelassener Eigenbau), *Gruber* NZV **91** 303 (erloschene BE)). Die Erfahrung spricht für Benutzungswillen, wäre der Unfall nicht eingetreten (Ce VersR **73** 717, Fra DAR **84** 318, Kö VRS **96** 325), jedoch nicht über den vorherigen Umfang hinaus. Es genügt jedoch für den Anspruch, dass die FzBenutzung einem Dritten zugesagt war (BGH NJW **74** 33, **75** 922, Ol ZfS **88** 73, Dü DAR **11** 580; s. auch Rn. 42). Nach KG DAR **04** 352, Dü VRS **104** 122 belegt Nichtanschaffung eines ErsatzFz oder unterlassene Reparatur allein nicht mangelnde Nutzungsmöglichkeit oder fehlenden Nutzungswillen hinsichtlich des beschädigten Fz, weil dies auf den unterschiedlichsten Gründen beruhen kann (aM Kö VersR **04** 1332, s. auch BGH NJW **76** 1398), jedoch kein Nutzungsausfall, wenn Geschädigter sein fahrbereites Fz (Beule im Kotflügel) bis zur Reparaturfreigabe durch den VU für 80 Tage in der Werkstatt unterstellt (AG Brühl DAR **12** 586 mAnm *Halm/Fitz;* s. auch AG Kö DAR **12** 588).

10c. Auch bei gewerblich genutzten Kfz, Behördenfz und Fz gemeinnütziger Einrich- **46** tungen ist Nutzungsausfallentschädigung jedenfalls dann zu gewähren, wenn sich der Ausfall unmittelbar in einer Minderung des Gewerbeertrags (entgangene Einnahmen, mit der Ersatzbeschaffung verbundene Unkosten) niederschlägt (vgl. BGH DAR **14** 144, NJW **08** 913, **78** 812; **85** 2471; Mü DAR **09** 703). Wo das Fahrzeug unmittelbar zur Erbringung gewerblicher Leistungen dient, wie etwa bei einem Taxi, einem Reisebus oder Lkw, ist der Ertragsausfall konkret zu berechnen (BGH NJW **78** 812, DAR **14** 144; NJW **19** 1064 (Kipplader); KG VRS **111** 401; Dü NZV **16** 429). Ob eine abstrakte Nutzungsausfallentschädigung in Betracht kommt, wenn kein konkret bezifferbarer Verdienstausfall vorliegt, ist im Hinblick auf BGHZ **98** 212 sehr str. Nach einem Teil der Rspr. und Lit bemisst sich der Schaden in diesen Fällen *nur nach dem entgangenen Gewinn,* den Vorhaltekosten eines Reservefz oder den Mietkosten für ein Ersatzfahrzeug, die jeweils konkret darzulegen und nachzuweisen seien (eingehend BGH NJW **19** 1064; Kö NZV **97** 311; Dü NZV **99** 472; NJW **02** 971; Ha NJW-RR **04** 1094; *Greger/Zwickel* § 25 Rn. 52). Demgegenüber ist es dem Geschädigten **nach der Gegenansicht** nicht verwehrt, anstelle des Verdienstausfalls unter den dafür bestehenden Voraussetzungen (Rn. 40 ff.; insbes. fühlbarer wirtschaftlicher Nachteil für den Geschädigten) eine Nutzungsentschädigung zu verlangen (Stu NJW **07** 1696 (Fz eines Dentallabors; zust *Diehl*), Nau NJW **08** 2512 mablAnm *Berg;* Nau NJW-RR **09** 1187, Dü NJW-RR **10** 687 (vom Geschäftsführer zur Repräsentation genutzter Ferrari); Nau DAR **14** 32; Zw ZfS **15** 141 (SUV einer Dachdeckerfirma)); LG Dessau-Roßlau NJW **12** 1011 mablAnm *Balke* SVR **12** 309 (je Rettungswagen); *Fielenbach* NZV **13** 265; Nau NZV **14** 128; Mü NZV **90** 348 (jeweils PolFz), zustAnm *Zeuner, Wenker* VersR **00** 1083; Schl MDR **06** 202, dieser Auffassung zuneigend nunmehr BGH NJW **08** 913, 914; vgl. auch BGH NJW **76** 1396; **78** 812 (städtischer Linienbus), **85** 2471 (BW-Fz), DAR **14** 144). Nutzungsausfallentschädigung *setzt stets fühlbare Einbuße* voraus, wozu substantiiert vorgetragen werden muss (BGH DAR **14** 144; Stu SVR **16** 300 zu einem Geländewagen im Baustelleneinsatz *(Balke)).* **Keine Nutzungsausfallentschädigung** deshalb, falls Fz während der Reparaturzeit ohnehin nicht genutzt worden wäre (BGH NJW **85** 2471 (BWFz)), bei Vorhandensein eines ErsatzFz (BGH NJW **76** 286, VRS **69** 162, Nü VersR **69** 765, Stu VersR **81** 361, Kar DAR **89** 106, LG Bremen VersR **64** 760, AG Ulm VersR **82** 587, s. auch Ko VersR **82** 808, ZfS **84** 6) oder wenn gleichwertiger Mietwagen zur Verfügung steht, für dessen Kosten der Schädiger aufkommt, ohne dass es darauf ankommt, ob dafür ein „Freundschaftspreis" gezahlt worden ist (BGH NJW **08** 913, krit. *Huber* NJW **08** 1785). Dass die Überlassung eines Ersatzwagens der Ehefrau des Inhabers möglich ist, steht Nutzungsausfallentschädigung (s. o) nicht entgegen (Zw ZfS **15** 141). Der Nutzungsverlust bei Ausfall eines Lastzugs wird andererseits nicht durch die Möglichkeit anderweitiger Betriebstätigkeit des Fahrers ausgeglichen (Ce VersR **74** 1132). Soweit abstrakte Berechnung in Betracht kommt, sind nach Nü VersR **79** 360 für entgangene Nutzung die allgemeinen Unkosten zuzüglich etwa 25 % zu ersetzen, nach anderer Berechnungsweise beträgt der Ausfall idR 60 % der Miete entsprechender Kfz (Ba VersR **76** 972, Ce VersR **75** 188 (Lkw), Nü MDR **73** 760). Für **Vorhaltekosten** einer Betriebsreserve haftet der Schädiger anteilig, wenn die Reservehaltung dem Risiko fremdverschuldeter *und anderer Ausfälle* begegnen soll und den FzBestand gegenüber demjenigen messbar erhöht, der ohne unvorhersehbare Ausfälle erforderlich gewesen wäre (BGH NJW **78** 812 (Linienbus), VRS **69** 162, Ha NZV **94** 227). Am Erfordernis der Reservehaltung eigens für fremdverschuldete Ausfälle (so noch BGH NJW **60** 1339, zw schon BGH NJW **76** 286) hat der BGH nicht festgehalten. Nutzungsausfallentschädigung ist daneben allerdings nicht zu leisten (BGH NJW **78** 812, Ha NZV **94** 227). Geltendmachung von Vorhaltekosten nur, wenn tatsächlich ReserveFz vorgehalten wird (Ha NZV **93** 65, *Ruhwedel* JuS **82** 27), wobei nicht erforderlich ist, dass *nur* für den Fall fremdverschuldeter Unfälle vorgehalten wird (Ko NZV **15** 552). Zur Ermittlung der Vorhaltekosten für Kfz im Güter- und Personenverkehr *Danner/Echtler* VersR **84** 820, **86** 717, *Klimke* ZfV **82** 90, 125, VersR **85** 720. Zur Höhe der Vorhaltekosten für Strabawagen Br VersR **81** 860. 3795.

KfzSteuer und KfzVersicherung sind neben Nutzungsausfall-Entschädigung nicht zu er- **47** setzen, sondern in den zu erstattenden Vorhaltekosten enthalten.

11. Sonstige Kosten und Schäden. Angefallene **Mehrwertsteuer** für Instandsetzung oder **48** Ersatzbeschaffung ist zu erstatten (BGH VersR **75** 127 (Werkpreis), Kö VersR **77** 939, Ba NJW **79** 2316, Dü VersR **70** 187 (purchase tax), *Schirmer/Marlow* DAR **03** 441), wenn der Geschädigte keine Vorsteuer abziehen darf (BGH NJW **72** 1460, Ha ZfS **03** 236, Br VersR **72** 1170, *Schmalzl* VersR **02** 817, *Giesberts* NJW **73** 181, *Medicus* DAR **82** 353, *Kullmann* VersR **93** 390), zur Beweislast insoweit Nü VRS **103** 321, zur Beurteilung einer Klausel im Kasko-Versicherungsvertrag, wonach nur tatsächlich bezahlte MWSt erstattet wird, BGH NJW **06** 2545). Das gilt grundsätzlich auch für LeasingFz, und zwar, wenn der Schaden beim nicht vorsteuerabzugsberechtigten Leasingnehmer eingetreten ist, unabhängig von etwaiger Vorsteuerabzugsberechtigung des Leasinggebers (Fra NZV **98** 31, Ha VersR **02** 858, Brn NJW **19** 3795; LG Mü I DAR **12** 710 (L) mAnm *Medek;* aM Stu NZV **05** 309). Auch die BRep kann angefallene USt ersetzt verlangen, ohne dass dem entgegenstehen würde, dass ihr ein Teil des USt-Aufkommens wieder zufließt; aus der 2. AVVFStr kann der Schädiger keine Rechte herleiten (BGH NJW **04** 3557, **14** 2874 m abl Bspr *Schwab* VersR **14** 934; s. auch *Borchardt/Schwab* DAR **14** 75). **Fiktive Mehrwertsteuer** ist gem. § 249 II S. 2 BGB in der durch das 2. G zur Änderung schadensersatzrechtlicher Vorschriften v. 19.7.02 (BGBl. I S. 2674) erfolgten Neufassung (anzuwenden gem. Art 229 § 8 I EGBGB für Schadensereignisse nach dem 31.7.02) nicht erstattungsfähig (krit *Macke* DAR **00** 509ff., *Elsner* ZfS **00** 234f.). Danach schließt der nach § 249 II erforderliche Geldbetrag die Umsatzsteuer nur mit ein, wenn und soweit sie *tatsächlich angefallen* ist. Der Umfang des Schadensersatzes bei fiktiver Abrechnung gem. § 249 II BGB mindert sich also um den Schadensposten der Mehrwertsteuer, wenn diese durch Reparatur oder Ersatzbeschaffung nicht tatsächlich angefallen ist. Die Bestimmung **betrifft nur Restitution** gem. § 249 BGB, nicht auch die Kompensation nach § 251 BGB (Begr BT-Drs. 14/7752 S. 13), gilt also nur, wenn Reparatur oder Ersatzbeschaffung möglich ist, grundsätzlich also **auch bei Totalschaden** (Rn. 4, 10, BGH NJW **04** 1943, zust *Steffen* DAR **04** 381, *Timme/Hülk* MDR **04** 935, Anm *Diehl* ZfS **04** 409, BGH NJW **05** 2220, NZV **04** 395, LG Hildesheim NJW **03** 3355, LG Essen NZV **04** 300, LG Rottweil DAR **03** 422, LG Mgd NZV **03** 536, *Heß* NZV **04** 5, *Schirmer/Marlow* DAR **03** 441, 443, *Schirmer* DAR **04** 22, *Lang ua* NZV **03** 446, *J. Schneider* NZV **03** 556, aM *Zemlin* NJW **03** 1226, *Meyer a. d. Heyde* DAR **04** 18). **In Fällen des § 251 I und II BGB** dagegen wird Ersatz für die Wertminderung des Vermögens des Geschädigten geleistet, der der Einschränkung des § 249 II S. 2 BGB nicht unterliegt (*Zemlin* NJW **03** 1226, *Wagner* NJW **02** 2058, *Heß* ZfS **02** 371).

49   **Angefallen** ist die Mehrwertsteuer, wenn sie vom Geschädigten aufgewendet werden musste (BGH NJW **05** 2220, **06** 2181, **09** 3713; **13** 1151; 3719 m Bspr *Tomson* NJW **13** 3690; *Heß* ZfS **02** 367) oder der Geschädigte sich dazu verpflichtet hat (BGH NJW **05** 2220, *Schirmer/Marlow* DAR **03** 444). Das kann zB auch bei Eigenreparatur der Fall sein, etwa in Bezug auf die hierzu gekauften Teile und Materialien (Begr BT-Drs. 14/7752 S. 23, *Schirmer/Marlow* DAR **03** 442, *Lemcke* r+s **02** 273, *Heß* ZfS **02** 368). Der nicht vorsteuerabzugsberechtigte Geschädigte ist auch dann nicht gehalten (§ 254 II S. 1 BGB), Reparaturaufträge im Namen des vorsteuerabzugsberechtigten Schädigers zu erteilen, wenn dieser ihm die Abtretung sämtlicher Gewährleistungsansprüche anbietet (BGH NJW **14** 2874). Nicht erstattungsfähig ist sie dagegen, wenn sie dem Geschädigten unberechtigt in Rechnung gestellt wurde (BR in BT-Drs. 14/7752 S. 48f.); denn dass *„Umsatzsteuer angefallen"* ist, setzt begrifflich voraus, dass der Betrag steuerrechtlich als Umsatzsteuer geschuldet ist (*Hentschel* NZV **02** 443, *Schirmer/Marlow* DAR **03** 444, aM *Lemcke* r+s **02** 272, *Huber* § 1 Rn. 57). Ist die Mehrwertsteuer angefallen, so ist sie (im erforderlichen Umfang) auch zu ersetzen, wenn der Geschädigte zum Schadensausgleich statt der wirtschaftlich gebotenen Ersatzbeschaffung reparieren ließ oder umgekehrt (Begr BT-Drs. 14/7752 S. 24). Wählt der Geschädigte etwa den Weg der Ersatzbeschaffung, obwohl nach dem Wirtschaftlichkeitsgebot nur ein Anspruch auf Ersatz der Reparaturkosten besteht, und rechnet er den Schaden konkret auf der Grundlage der Beschaffung eines ErsatzFz ab, steht ihm ein Anspruch auf Ersatz von – angefallener – Umsatzsteuer zu, jedoch begrenzt auf den Betrag, der bei Durchführung der notwendigen Reparatur angefallen wäre (BGH NJW **13** 1151 mAnm *Seibel;* s. auch *Kröger* NZV **13** 328). Liegen die Reparaturkosten nach dem Sachverständigengutachten zwar über dem Wiederbeschaffungswert, aber innerhalb der 130%-Grenze (Rn. 19f.), so ist nach BGH NJW **05** 1110 die bei einer nicht dem Umfang des Sachverständigengutachtens entsprechenden Reparatur (Rn. 20) angefallene Mehrwertsteuer nicht erstattungsfähig, weil dies eine unzulässige Kombination zwischen konkreter und fiktiver Schadensabrechnung darstellt (s. auch Rn. 6, aM *Schiemann/Haug* VersR **06** 165). **Bei Abrechnung auf Gutachtenbasis** (ohne Ersatzbeschaffung oder Beschaffung einer höherwertigen Ersatzsache; s. BGH NJW **09** 3713) ist von einem im Gutachten angegebenen Brutto-Wiederbeschaffungswert stets eine darin enthaltene USt abzuziehen; hierfür hat der Tatrichter zu klären, ob solche Fz auf dem Gebrauchtwagenmarkt üblicherweise nach § 10 UStG regelbesteuert oder nach § 25a UStG differenzbesteuert oder von Privat und damit umsatzsteuerfrei angeboten werden (BGH NJW **05** 2220, **06** 2181; **17** 1310 mAnm *Buller*). Bei fiktiver Abrechnung darf der Geschädigte die für den tatsächli-

chen Neuerwerb angefallene USt nicht berechnen; eine Kombination von fiktiver und konkreter Schadensberechnung ist unzulässig (Rn. 6; BGH NJW **17** 1310 (im konkreten Fall hatte zudem die Vorsteuerabzugsberechtigung entgegengestanden); krit. Bspr *Freymann* DAR **17** 607 und Anm *Lemcke* r+s **17** 46; BGH DAR **19** 81 mAnm *Almeroth* NZV **19** 482; zum Ganzen *Freymann* DAR **19** 429). Der jeweilige Wert hängt im Rahmen der Schadensschätzung (§ 287 ZPO) im konkreten Fall **von der überwiegenden Wahrscheinlichkeit ab,** mit der das Fz diesbezüglich auf dem Gebrauchtwagenmarkt gehandelt wird, ob dies also überwiegend regelbesteuert (dann 19% Abzug) oder differenzbesteuert (ca. 2%) erfolgt (BGH NJW **17** 1310 mAnm *Buller;* **06** 2181 (krit *Huber* NZV **06** 576), **06** 285, **05** 2220, **04** 2086; DAR **17** 21; abw Kö NZV **04** 297, Anm *Unterreitmeier* NZV **04** 278, Ro DAR **05** 632, *Schirmer* DAR **04** 22, *Elsner* DAR **04** 130, *Heinrich* NJW **04** 1917 f., *Gebhardt,* ZfS **03** 158, *Zemlin* NJW **03** 1226, s. auch *J. Schneider* NZV **03** 558 f.). Erwirbt der Geschädigte allerdings zum Schadensausgleich ein gleichartiges Fz zu einem Gesamtpreis, der dem im Sachverständigengutachten ausgewiesenen Brutto-Wiederbeschaffungswert entspricht, so kann er Ersatz des aufgewendeten Betrags verlangen, ohne dass es auf die darin enthaltene Umsatzsteuer (Regelumsatzsteuer, Differenzsteuer, keine Umsatzsteuer) ankäme (BGH NJW **05** 2220, **13** 3719; zust *Riedmeyer* DAR **05** 502, Anm *Heinrich* NJW **05** 2749, *Huber* § 1 Rn. 297, aM *Heß* ZfS **02** 369). Entsprechendes gilt bis zur Höhe des Brutto-Wiederbeschaffungswerts bei Anschaffung eines regelbesteuerten (teureren) Neuwagens (BGH NJW **06** 285). Bei Erwerb eines gegenüber der Ersatzbeschaffung **teureren Fz,** für das eine höhere Mehrwertsteuer angefallen ist, kann der Geschädigte also die vom Sachverständigen ermittelten Ersatzbeschaffungskosten einschließlich der darin enthaltenen Mehrwertsteuer verlangen (BGH NJW **05** 2220, **06** 285). Erwirbt der geschädigte Leasingnehmer nach Eintritt eines Totalschadens des Leasingfz einen Ersatzwagen, kann er vom Schädiger die auf die Leasingraten gezahlte Mehrwertsteuer bis zur Höhe des Betrags verlangen, der als Mehrwertsteuer beim Kauf einer Ersatzsache angefallen wäre (Mü **13** 3728). Bei **Ersatzbeschaffung von einer Privatperson** fällt keine Mehrwertsteuer an (BGH NJW **04** 1943, **13** 3719; Kö NZV **04** 297, LG Marburg ZfS **05** 18, LG Bochum ZfS **04** 117, *Schirmer/Marlow* DAR **03** 442, *Schirmer* DAR **04** 22, *J. Schneider* NZV **03** 556, abw AG Aachen DAR **04** 228, AG Münsingen DAR **03** 466), zB bei **alten Fz,** die auf dem Gebrauchtwagenmarkt nicht angeboten werden (Ro DAR **05** 632, Kö NZV **04** 297, krit *Heinrich* NJW **04** 1916, KG NZV **07** 409 (8 Jahre alter Audi A 4 mit Laufleistung von 197 000 km), LG Essen NZV **04** 300, *Dobring* VGT **04** 168, *Luckey* VersR **04** 1527). Es ist überwiegend wahrscheinlich (§ 287 ZPO), dass etwa 8 Jahre alte Fahrzeuge des Typs Audi A 4 mit einer Laufleistung von 197 000 km üblicherweise von Privat und damit umsatzsteuerfrei angeboten und gesucht werden. Der Wiederbeschaffungswert ist deshalb nicht um einen Umsatzsteueranteil zu vermindern. Zur Ersatzfähigkeit der USt bei einem nach § 24 I–III UStG besteuerten Landwirt, dessen Produkte (Fische) bei einem Verkehrsunfall auf dem Weg zum Abnehmer zerstört werden: Ha NZV **07** 360. Zum Ganzen mit Fallbeispielen *Sterzinger* NJW **11** 2181.

Gutachterkosten gehören zum Herstellungsaufwand (BGH NJW **05** 356, **07** 1450, NZV **14** **50** 255, NJW **14** 1916; NJW-Spezial **14** 553; Ro NJW **11** 1973, *Meinel* VersR **05** 201, *Wortmann* ZfS **99** 2), wenn aus der Sicht des (verständig und wirtschaftlich denkenden, Rn. 4) Geschädigten (BGH NJW **05** 356, **07** 1450, **12** 1369 (zu § 91 ZPO), **14** 1947, 3151) ein Bedürfnis für die Einholung eines Gutachtens zur Erreichung des Wiederherstellungszwecks anzuerkennen ist (zusammenfassend *Vuia* NJW **13** 1197). Das gilt auch dann, wenn der Gegner bereits ein Gutachten vorgelegt hat, es sei denn, ein eigenes Gutachten erscheint bei verständiger Beurteilung unnötig (KG NJW **77** 109, *Meinel* VersR **05** 202, Ha VersR **77** 232). Überhöhte Gutachterkosten gehen, woran die neuere Rspr. zum Unfallersatztarif (Rn. 35 ff.) nichts geändert hat (BGH NJW **07** 1450, LG Sa DAR **07** 270), grds. nicht zulasten des Geschädigten; ihn trifft auch keine Erkundigungspflicht (BGH NZV **14** 255; NJW **14** 3151; Kö NZV **99** 88, Ha DAR **97** 275; aM AG Hagen NZV **03** 144, abl *Born* NZV **03** 147, 306), anders nur, wenn der Geschädigte die Unangemessenheit erkennen und die Bezahlung ablehnen konnte (BGH NJW **07** 1450, NZV **14** 255; NJW **14** 3151; **16** 3092; *Meinel* VersR **05** 203), womit eine Plausibilitätskontrolle ratsam ist und ein gewisses Risiko verbleibt (BGH NJW **07** 1450; NZV **16** 420; DAR **20** 193). Wird im Auftrag lediglich auf nicht mit abgedruckte Berechnungen einer BVSK-Befragung verwiesen, so wird die Plausibilitätskontrolle negativ ausfallen müssen (BGH NJW **20** 1148). Jedoch trifft den Gutachter in Übertragung der Grundsätze zum Unfallersatztarif (Rn. 35b) bei einem deutlich über dem Üblichen liegenden Honorar eine **Aufklärungspflicht,** dass die Versicherung das Honorar nicht in vollem Umfang erstatten wird; Unsicherheiten, ob der Geschädigte ein Gutachten zu einem günstigeren Honorar eingeholt hätte, gehen zu Lasten des Sachverständigen

(BGH NJW **17** 2403 mAnm *Vuia* und *Almeroth* NZV **17** 431). Der Geschädigte genügt im Haftpflichtprozess der Darlegungslast regelmäßig durch Vorlage der Rechnung, wobei aber nicht die Rechnung als solche, sondern der der Preisvereinbarung zugrunde liegende *tatsächlich erbrachte* Aufwand (also Zahlung erforderlich) bei der Schätzung nach § 287 ZPO aufgrund dessen regelmäßig eingeschränkter Erkenntnismöglichkeiten ein Indiz für die Bestimmung des zur Herstellung „erforderlichen" Betrags iSv § 249 II S. 1 BGB bildet (BGH NJW **16** 3092 mAnm *Heßeler;* NJW **16** 3363 mAnm *Wittschier;* NJW **17** 1875 mAnm *Almeroth* NZV **17** 479; NJW **18** 693; **19** 430; **20** 1001). Einfaches Bestreiten und allein der Umstand, dass die abgerechneten Kosten die Sätze einer Honorarumfrage (BVSK-Honorarbefragung) übersteigen, rechtfertigen dann nicht die Annahme eines Überschreitens des Erforderlichen bzw. eines Verstoßes gegen die Schadensminderungspflicht (BGH NJW **14** 1947 mBspr *Heßeler* NJW **14** 1916; BGH NJW **14** 3151 mAnm *Rostowski* DAR **14** 581; BGH NJW **16** 3092; **17** 1875; zusammenfassend *Sieger* DAR **17** 181; s auch *Bellardita* DAR **15** 127; zur Berechnung KG NZV **15** 507). Das gilt auch dann, wenn die auf einer durch den Geschädigten selbst *ohne anwaltliche Beratung* geschlossenen Honorarvereinbarung beruhende Rechnung nicht von dessen, sondern von dessen anwaltlichem Bevollmächtigten beglichen wird (BGH NJW **20** 1001 mAnm *Schäfer*). Anders liegt es, wenn der Rechtsanwalt Positionen begleicht, die sich nicht unmittelbar aus der Vereinbarung ergeben (*Offenloch* DAR **20** 311) sowie bei einer Zahlung durch den (Zweit-)Zessionar (BGH NJW **20** 1148). Legt nach einer Abtretung der Zessionar nur die *unbeglichene* Rechnung vor, genügt einfaches Bestreiten der Schadenshöhe, wenn nicht der Zessionar andere konkrete Anhaltspunkte für den erforderlichen Herstellungsaufwand unter Berücksichtigung der speziellen Situation des Geschädigten beibringen kann (BGH NJW **16** 3092 mAnm *Wittschier* und *Schulz* NZV **16** 575; BGH NJW **18** 693; DAR **18** 674 mAnm *Sieger;* weiterführend *Ullenboom* NJW **17** 849). Zu nach § 307 I S. 2 BGB unwirksamer Abtretung von Ansprüchen des Geschädigten an den Sachverständigen in AGB BGH NJW **19** 51; **20** 1888 mAnm *Ullenboom.* Es ist nicht zu beanstanden, wenn der Tatrichter seiner Schätzung die gem. § 632 II BGB übliche Vergütung zugrunde legt (BGH NJW **17** 1875 mkritAnm *Wittschier*). Tritt der Tatrichter in eine Überprüfung nach § 287 ZPO ein, so muss er dies auf tragfähiger tatsächlicher Grundlage tun; die Bemessung von 100 € Nebenkosten in Routinefällen genügt dem nicht, wenn der Sachverständige nach tatsächlichem Aufwand abgerechnet hat (BGH NJW **14** 3151), wobei ansonsten (keine Abrechnung nach tatsächlichem Anfall) gegen Pauschale in dieser Höhe nichts einzuwenden sein dürfte (LG Sa NZV **16** 287). Als Orientierungshilfe für die Nebenkosten (nicht aber für das Honorar selbst, s. u.) können *die Sätze des JVEG* dienen (BGH NZV **16** 420; NJW **18** 693; *Offenloch* DAR **18** 302, 309 f.). Hingegen ist die BVSK-Honorarbefragung hierfür nicht geeignet (BGH NJW **18** 693). Pauschalierte Berechnung der Gutachterkosten nach Schadenshöhe ist grundsätzlich nicht zu beanstanden; denn die richtige Ermittlung des Schadensbetrags wird als Erfolg geschuldet, wofür der Sachverständige haftet (BGH NJW **06** 2472, **07** 1450 mAnm *Göbel* NZV **07** 457, NZV **07** 182, s. auch Nau NZV **06** 546 mAnm *Leinenfeld;* aM zB LG Lübeck NZV **06** 268), eine Übertragung der Grundsätze nach JVEG für das Sachverständigenhonorar (zu den Nebenkosten s. aber oben) ist fehl am Platze (BGH NJW **07** 1450). Außer bei Totalschaden (vgl. LG Darmstadt NZV **15** 41) wird die Beauftragung eines Sachverständigen zur Ermittlung der Reparaturkosten **bei Beträgen unter 500 €** idR ein Verstoß gegen die Schadensminderungspflicht sein (Nau NZV **06** 546: zwischen 500 und 750 €; AG Mainz ZfS **02** 74, AG Dinslaken NJWE-VHR **98** 110: 750 € (1500 DM), AG Leonberg DAR **00** 277, AG Bad Homburg NZV **07** 426: 700 € (1400 DM), AG Sömmerda ZfS **02** 432 (abl *Diehl*): 2500 DM, LG Arnsberg NZV **17** 389 *(Exter)* 1000 €). Jedoch verbietet sich eine starre, schematische Handhabung einer bestimmten Grenze (BGH NJW **05** 356 (Zubilligung der Gutachterkosten bei 1400 DM Sachschaden nicht beanstandet), AG Kö VersR **97** 1245 mzustAnm *Gärtner, Roß* NZV **01** 321). Zu berücksichtigen ist hierbei insbesondere stets, dass der Geschädigte dies zumeist nur sehr schwer abschätzen kann (BGH NJW **05** 356, AG Ma MDR **04** 1294, AG Kiel NZV **12** 190). Statt allein auf eine starre Grenze abzustellen, sind daher die konkreten Umstände des Falls in Betracht zu ziehen (AG Ma MDR **04** 1294, *Meinel* VersR **05** 204). Der Erstattungsanspruch besteht grundsätzlich auch bei unrichtigem Gutachten (KG VRS **108** 164, DAR **04** 352, **03** 318, Ha NZV **01** 433, Sa MDR **03** 685, *Meinel* VersR **05** 201, *Kääb/Jandel* NZV **92** 16, *Roß* NZV **01** 322). Ein (vom Geschädigten eingeholtes) 2. Gutachten ist jedenfalls bei Fehlerhaftigkeit des 1. (vom VU in Auftrag gegebenen) Gutachtens ersatzfähig (LG Sa NZV **14** 44). Hat der Geschädigte die Unbrauchbarkeit des Gutachtens zu vertreten, etwa weil sie auf falschen Angaben seinerseits oder einem kollusiven Zusammenwirken mit dem Gutachter beruht, so steht ihm kein Anspruch auf Ersatz der Gutachterkosten zu (KG VRS **108** 164, DAR **04** 352, Sa MDR **03** 685, Ha NZV **94** 393, **01** 433 (zB Auswahlverschulden), Mü NZV **06** 261, Kö DAR **12** 638 (je Verschweigen bekannter Vorschäden gegenüber dem Gutachter), Dü NZV **08** 295 (im konkreten Fall verneint)). Verweigert der Geschädigte trotz begründeter Zweifel des VU am Gutachten eine Nachbesichtigung, so kann ihn nach Einholung eines gerichtlichen Gutachtens die Kostenlast treffen (Sa NZV **20** 88 mAnm *Schneider*). Gutachterkosten sind als Bestandteil der Hauptforderung bei anteiliger Mithaftung des Geschädigten wie andere Schadensposten auch **zu quotieren** (BGH NZV **12** 217 m zust Bspr *Ruzik* NZV **12** 263 und *Figgener* NJW **12** 1953; Dü DAR **11** 326; *Wortmann* NJW **11** 3483; aM – Rechtsverfolgungskosten – Ro NJW **11** 1973; AG Siegburg DAR **10** 389 mAnm *Poppe; Poppe* DAR **05** 669; *Stöber* DAR **11** 625). Die vorgenannten Grundsätze gelten auch nach Abtretung (LG Stu NZV **15** 553; AG Mü NZV **15** 555). Die Abtretung der Forderung an den Sachverständigen verstößt nicht gegen RDG; hingegen ist bei einer Weiterabtretung an eine Verrechnungsstelle unter dem Aspekt des § 305c BGB Vorsicht geboten (BGH NJW **18** 455 mAnm *Wittschier;* MDR **18** 202). Die Abtretung einer Forderung auf Erstattung von Sachverständigenkosten durch einen Sachverständigen an ein Factoring-Unternehmen, das nicht über eine Registrierung nach § 10 I S. 1 Nr. 1 RDG verfügt, ist wegen Verstoßes gegen § 2 II S. 1 Fall 2 RDG iVm § 3 RDG gemäß § 134 BGB nichtig, wenn das Factoring-Unternehmen nicht das volle wirtschaftliche Risiko für die Beitreibung der Forderung übernimmt (BGH NJW **15** 397). Keine Ersatzfähigkeit von Kosten für **Kostenvoranschläge,** die bei Durchführung der Reparatur angerechnet werden (AG Kiel DAR **92** 159, AG Euskirchen ZfS **83** 293, *Klimke* DAR **84** 41, 44, aM AG Aachen DAR **95** 295, AG Mü ZfS **99** 328, LG Hildesheim NZV **10** 34; *Kannowski* DAR **01** 382, *Notthoff* DAR **94** 417). Die Kosten eines unmittelbar prozessbezogenen Privatgutachtens sind **im Rahmen des § 91 ZPO** dann zu erstatten, wenn die Partei dessen Einholung aus der Sicht ex ante als sachdienlich ansehen konnte, namentlich dann, wenn sie mangels hinreichender Sachkenntnis ohne sachverständige Beratung nicht zu einem sachgerechten Vortrag in der Lage ist; dass das Gutachten die Entscheidung beeinflusst hat, ist nicht erforderlich (BGH NJW **03** 1398, **06** 2415, **12** 1370), ebenso Kö NZV **16** 576 für ein durch das VU eingeholtes Gutachten und Br NJW **16** 509 (mAnm *Hansens* ZfS **16** 227) für Detektivkosten je bei Verdacht der Unfallmanipulation. Kostenerstattung für Privatgutachten während des Rechtsstreits kann auch noch nach einem Vergleich in Betracht kommen (Fra VersR **81** 69). Gutachterkosten sind idR keine für die Berechnung des Streitwerts unbeachtlichen Nebenforderungen (BGH NJW **07** 1752). Kosten für vorprozessual erstattetes Privatgutachten, das lediglich der allgemeinen und eher routinemäßigen Prüfung der Frage diente, ob es sich um ein vorgetäuschtes Unfallgeschehen handelt, sind grds. nicht als Kosten des Rechtsstreits ersatzfähig (BGH NJW **08** 1597), anders jedoch bei konkretem Verdacht (Sicht ex ante) des Versicherungsbetruges und drohendem Beweismittelverlust (BGH NZV **09** 27, MDR **09** 231, NJW **13** 1823 mAnm *Vuia;* Ce NZV **11** 503). Die Auskünfte des HaftpflichtVU an Geschädigten betreffend Honorarzahlung an Sachverständigen sind keine unzulässige Rechtsberatung (BGH NJW **07** 3570). Eine Abtretung von Ansprüchen aus dem Verkehrsunfall in Höhe der Gutachterkosten ist mangels hinreichender Bestimmtheit unwirksam (BGH NJW **11** 2713 mAnm *Wittschier* und *Engel* DAR **11** 634). Nicht ersatzfähig sind, da idR faktisch ohne Wert, die Kosten für eine **Reparaturbestätigung** (Nachbesichtigung) eines Sachverständigen nach Eigenreparatur (Fra NZV **10** 525; Mü DAR **14** 30; AG Nü ZfS **16** 443 mablAnm *Diehl; Heßeler* NJW **15** 2744; Übersicht bei *Balke* SVR **15** 375; aM AG Fulda NJW **15** 2743). Bei fiktiver Schadensberechnung scheidet die Ersatzfähigkeit wegen der Unzulässigkeit der Kombination von fiktiver und konkreter Schadensberechnung aus (Rn. 6; BGH NJW **17** 1664 mkritAnm *C. Huber* NZV **17** 224). Anders kann es liegen, wenn die Bescheinigung als Nachweis der tatsächlichen Gebrauchsentziehung oder für den Nachweis der verkehrssicheren (Teil-)Reparatur des UnfallFz und damit des tatsächlich bestehenden Integritätsinteresses des Geschädigten erforderlich ist (BGH NJW **17** 1664 mkritAnm *Almeroth*). Ersatz von **Standgeldkosten** ist von vornherein auf den (Rest-) Wert des Fz beschränkt (Ko DAR **17** 268).

Erforderliche Anwaltskosten für die außergerichtliche Geltendmachung von Ersatzansprü- **50a** chen sind bei Erforderlichkeit zu ersetzen (BGH NJW **95** 446; **05** 1112; **06** 1065; **14** 3097; **15** 3447; **17** 3588; **20** 144). Voraussetzung für einen Erstattungsanspruch ist, dass der Geschädigte im Innenverhältnis zur Zahlung der in Rechnung gestellten Kosten verpflichtet ist und die konkrete anwaltliche Tätigkeit im Außenverhältnis aus der maßgeblichen Sicht des Geschädigten mit Rücksicht auf seine spezielle Situation zur Wahrnehmung seiner Rechte erforderlich und zweckmäßig war (BGH NJW **95** 446; **11** 784, 3657; **12** 919, 2194; **20** 144). Besteht aus Sicht des Geschädigten angesichts der nach Grund und Höhe klaren Ersatzansprüche bei einfach gelagertem Sachverhalt kein vernünftiger Zweifel, dass der Schaden nach erster Anmeldung reguliert wird, so ist die Hinzuziehung eines Rechtsanwalts – ausgenommen zB Geschäftsungewandtheit, Krankheit o.Ä. – grds. nicht erforderlich (BGH NZV **95** 103, NJW **11** 1222; 2194, **20** 144; Kar DAR **12** 83). Wird daraufhin aber nicht reguliert, darf sogleich anwaltliche Hilfe in Anspruch genommen werden (BGH NJW **95** 446). Jedenfalls hinsichtlich der Schadenshöhe gibt es freilich kaum einfach gelagerte Verkehrsunfälle, weswegen Anwaltskosten grds. zu ersetzen sind, wobei es auf die Sach- und Rechtskunde des Geschädigten nicht ankommt (BGH NJW **20** 144; *Nixdorf* VersR **95** 259, *Hunecke* NJW **15** 3747; *Wagner* NJW **06** 3245 f., 3248); abw zB AG Fra NZV **07** 426; *Böhm/Lennartz* MDR **13** 313), weswegen auch ein großes Autovermietungsunternehmen (BGH NJW **20** 144) oder eine Kfz-Leasinggesellschaft Anwaltskosten geltend machen darf (AG Mü NZV **13** 453). Jedenfalls in einfachen Fällen aber kein Ersatz von Rechtsanwaltskosten für die Verhandlungen mit der eigenen Kaskoversicherung (BGH NJW **12** 2194, **17** 3527; s. aber Stu DAR **89** 27, Kar NZV **90** 431); wird die Vertretung im weiteren Verlauf notwendig, führt die verfrühte Einschaltung des Rechtsanwalts nicht notwendig zum vollständigen Ausschluss des Anspruchs; Kosten, die dem Geschädigten wegen des ihm verbleibenden Schadensanteils entstehen, sind dem Schädiger nicht zuzurechnen (BGH NJW **17** 3527 mAnm *Franzke*), desgleichen grds. nicht Einschaltung des Rechtsanwalts, um von seinem privaten Unfallversicherer Leistungen zu erhalten, die dem vom Schädiger zu erbringenden Ersatzleistungen weder ganz noch teilweise entsprechen (BGH NJW **06** 1065), oder für die Einholung der Deckungszusage der Rechtsschutzversicherung (BGH NJW **12** 919 mit Darstellung des Meinungsstandes; Kar NZV **12** 139). Bei der Beurteilung der Erforderlichkeit der Beauftragung eines Rechtsanwalts mit der Geltendmachung der Ansprüche eines unfallbedingt im Koma liegenden Geschädigten gegen den eigenen privaten Unfallversicherer, ist auf den Betreuer des Geschädigten abzustellen (BGH VersR **20** 987). Es ist der Gegenstandswert zugrunde zu legen, der der berechtigten (letztlich festgestellten oder unstreitig gewordenen) Schadenshöhe entspricht; denn Kosten, die dadurch entstehen, dass der Geschädigte einen Anwalt zur Durchsetzung eines unbegründeten Anspruchs beauftragt, können dem Schädiger nicht mehr als Folge seines Verhaltens zugerechnet werden (BGH NJW **05** 1112; **08** 1888; **17** 3588; **18** 935; 937; 938 mAnm *Schneider* DAR **18** 117; Übersicht bei *Balke* SVR **17** 255), bei Verlangen des Wiederbeschaffungsaufwands zählt also dieser und nicht der ungekürzte Wiederbeschaffungswert (BGH NJW **17** 3588; **18** 938, dort auch zur Beauftragung des Rechtsanwalts auch mit der Restwertverwertung). Nimmt der Geschädigte eine Kürzung wegen Verweises auf freie Werkstätte (Rn. 25) hin, so ist der gekürzte Wert entscheidend ohne Rücksicht darauf, ob die Kürzung berechtigt war (BGH NJW **18** 935 mAnm *Schneider* DAR **18** 177; 937; s. auch Bspr *Almeroth* NZV **18** 297). Nach AG Hb-St. Georg NZV **14** 470 sind die Kosten für die Anforderung der Bußgeldakte (12 €) ersatzfähig. Keine Erstattung des Zeitaufwands und der Kosten **außergerichtlicher Verfolgung eigener Schadensersatzansprüche,** da eigene Mühewaltung des Geschädigten zur Durchsetzung seines Anspruchs ohne messbaren Vermögenswert (Fra r+s **14** 204; Brn SVR **19** 257 (*Balke*); s. auch BGH NJW **76** 1256).

50b   **Fahrtmehrkosten** können namentlich unter Heranziehung anerkannter Tabellenwerke geschätzt werden (BGH DAR **10** 80). Tatsächlich angefallene Kosten im Rahmen der Ersatzbeschaffung (Telefon, Internet, Überführung) können bei fiktiver Schadensberechnung nicht zusätzlich angesetzt werden, wenn der im Gutachten ausgewiesene Betrag insgesamt nicht überschritten wird (Rn. 6, BGH NJW **06** 2320). Zur Erstattungsfähigkeit von Vorprozesskosten *Klimke* VersR **81** 17. **Abmeldekosten** für das alte Fz sind als „Sowieso-Kosten" nicht ersatzfähig, wohl aber nachgewiesen angefallene Gebühren der Neuanmeldung (Dü DAR **11** 580). Ein Anspruch auf pauschalen Ersatz von Ab- und Anmeldekosten besteht nicht (Mü SVR **17** 427 *(Balke),* Übersicht bei *Balke* SVR **15** 133; str) Die Ersatzfähigkeit von Treibstoff im Tank (**Restbenzin**) bei Totalschaden verneint Dü VersR **17** 704 (Anm *Balke* SVR **17** 107) wegen Mitverschuldens, weil der Geschädigte Abpumpen oder Forderung höheren Entgelts bei Verkauf unterlassen (i. Erg. ebenso, aber weil bereits im Wiederbeschaffungswert berücksichtigt, AG Bernkastel-Kues SVR **17** 226 *(Balke);* AG Ingolstadt SVR **19** 387 *(Balke));* aM etwa AG Solingen ZfS **15** 563; AG Lünen DAR **17** 153 mAnm *Urbanzyk; Vater* SVR **16** 165). Zu **Straßenreinigungskosten** s. § 7 Rn. 26.

51   Ersatz für wenig getragene, beim Unfall **beschädigte Kleidung:** BGH VersR **64** 257. „Beifärbung" erneuerter Putzstellen an erneuerungsbedürftiger Fassade: Dü VersR **66** 1055. Bei **Verletzung von Tieren** (Hunden) billigte die Rspr. teilw. schon vor Einfügung von Satz 2 in § 251 II BGB Ersatz von Behandlungskosten zu, selbst wenn sie den Wiederbeschaffungswert um ein Vielfaches übersteigen (LG Mü I NJW **78** 1862, LG Lüneburg NJW **84** 1243 (jeweils 3 facher Wiederbeschaffungswert), LG Traunstein NJW **84** 1244 (10 facher Wiederbeschaffungswert)).

Nach § 251 II S. 2 BGB schuldet der Schädiger dem Geschädigten Ersatz der noch als verhältnismäßig zu erachtenden Tierbehandlungskosten; zur Ermittlung der noch verhältnismäßigen Heilbehandlungskosten bedarf es einer Gesamtbetrachtung aller Umstände, wobei auch das individuelle Verhältnis zwischen dem Geschädigten und dem verletzten Tier von Bedeutung sein kann (BGH NJW **16** 1589 (Maßstab dreifacher Betrag der jährlichen Haltungskosten für einen Jack-Russel Mischling nicht zu beanstanden)). Zur Bemessung bei einem Pferd, das nach dem Unfall eine „Westernausbildung" vollführt hat (Vorteilsausgleichung), Brn NZV **11** 609. Die Wertminderung eines infolge des Unfalls nicht mehr als Reitpferd einsetzbaren Pferdes ist zu ersetzen, nicht hingegen die (stets anfallenden) Unterhalts- und Pflegekosten (Stu NZV **12** 328). Bei **Baumzerstörung** oder -beschädigung besteht grds. kein Anspruch auf Naturalrestitution (*Greger/Zwickel* § 23 Rn. 10, § 24 Rn. 89). Bei Verursachung irreparabler Schäden, die zu Qualitätseinbuße und verkürzter Lebensdauer des Baums führen, ist (nur) die Wertminderung (des Grundstücks) auszugleichen (BGH DAR **13** 263 (L): Berechnung der Wertminderung nach „Methode Koch"); die Folgen seines vorzeitigen Absterbens stellen hingegen einen Zukunftsschaden dar, der erst nach seinem Eintritt ersatzfähig ist (BGH NJW **06** 1424, **00** 512). Art 20a GG und § 16 I UmwHG haben hieran nichts geändert (BGH NJW **06** 1424). Bei Zerstörung von Pflanzen, die zum Verkauf aufgezogen werden (Baumschulen, Weihnachtsbäume usw) ist der Sachwert der zerstörten Pflanzen zu ersetzen (Ha MDR **92** 1034). Zur Haftung für eine 200jährige, erkennbar schadhafte Linde Ba VersR **78** 1171. Zur Haftung für StrBaumschaden, falls dieser allenfalls für später zu erwarten oder durch Baumchirurgie abzuwenden ist, KG VersR **78** 524, **79** 139. Zum Schaden bei Zerstörung von StrBäumen *Koch* VersR **77** 898, **79** 378, **90** 573. **Gebäudeschäden** sind Schäden am Grundstück, da Gebäude gem. § 94 I BGB als wesentl. Bestandteile des Grundstücks anzusehen sind; selbst wenn ein Gebäude vollständig zerstört wird, ist für die Frage nach der Wiederherstellung nicht auf die Zerstörung der Sache „Haus", sondern auf die Beschädigung der Sache „Hausgrundstück" mit der Folge abzustellen, dass idR die Möglichkeit einer Ausbesserung der verursachten Schäden bestehen wird (BGH NJW **88** 1835; Ba ZfS **11** 445).

Höchstbeträge bei Beförderung gefährlicher Güter

12a (1) ¹**Werden gefährliche Güter befördert, haftet der Ersatzpflichtige**

1. im Fall der Tötung oder Verletzung eines oder mehrerer Menschen durch dasselbe Ereignis nur bis zu einem Betrag von insgesamt zehn Millionen Euro,

2. im Fall der Sachbeschädigung an unbeweglichen Sachen, auch wenn durch dasselbe Ereignis mehrere Sachen beschädigt werden, nur bis zu einem Betrag von insgesamt zehn Millionen Euro,

sofern der Schaden durch die die Gefährlichkeit der beförderten Güter begründenden Eigenschaften verursacht wird. ²Im Übrigen bleibt § 12 Abs. 1 unberührt.

(2) **Gefährliche Güter im Sinne dieses Gesetzes sind Stoffe und Gegenstände, deren Beförderung auf der Straße nach den Anlagen A und B zu dem Europäischen Übereinkommen vom 30. September 1957 über die internationale Beförderung gefährlicher Güter auf der Straße (ADR) (BGBl. 1969 II S. 1489) in der jeweils geltenden Fassung verboten oder nur unter bestimmten Bedingungen gestattet ist.**

(3) **Absatz 1 ist nicht anzuwenden, wenn es sich um freigestellte Beförderungen gefährlicher Güter oder um Beförderungen in begrenzten Mengen unterhalb der im Unterabschnitt 1.1.3.6. zu dem in Absatz 2 genannten Übereinkommen festgelegten Grenzen handelt.**

(4) **Absatz 1 ist nicht anzuwenden, wenn der Schaden bei der Beförderung innerhalb eines Betriebs entstanden ist, in dem gefährliche Güter hergestellt, bearbeitet, verarbeitet, gelagert, verwendet oder vernichtet werden, soweit die Beförderung auf einem abgeschlossenen Gelände stattfindet.**

(5) **§ 12 Abs. 2 gilt entsprechend.**

Begr (BT-Drs. 14/7752 S. 33 f.): *Der Transport von Gefahrgut im Straßenverkehr ist – wie jede Teil-* **1** *nahme am allgemeinen Straßenverkehr – mit der Betriebsgefahr des befördernden Kraftfahrzeugs behaftet. Bei Gefahrgutunfällen im Straßenverkehr kann sich allerdings neben der „normalen" Betriebsgefahr des Kraftfahrzeugs im Einzelfall auch das zusätzliche Risiko des beförderten gefährlichen Guts realisieren. Das für diesen Fall geltende Haftungsrecht muss deshalb unter Berücksichtigung des zusätzlichen Gefahrgutrisikos den Ausgleich eines bei dem Transport gefährlicher Güter erlittenen Schadens gewährleisten.*

Dieses zusätzliche Gefahrgutrisiko schlägt sich vor allem darin nieder, dass es umfänglichere Schäden zur Folge haben kann als dies bei der Verwirklichung nur der „normalen" Betriebsgefahr der Fall wäre: Kommt es zu einem Unfall eines Transporters explosiver Stoffe so ist eine – gefahrgutbedingte – Explosion eher und regelmäßig mit größeren Personen- und Sachschäden zu erwarten als bei einem Unfall eines Transporters nicht explosiver Stoffe. Die Haftungshöchstgrenzen des § 12 können daher bei einem Unfall mit Gefahrgut schnell überschritten werden. Da keine besonderen Haftungshöchstgrenzen für Gefahrguttransporte bestehen, kann der Geschädigte dann allenfalls im Rahmen der – unbegrenzten – Verschuldenshaftung nach den §§ 823 ff. BGB, nicht aber unter den erleichterten Voraussetzungen der Gefährdungshaftung seine Ansprüche in vollem Umfang realisieren, obwohl sich hier nicht nur die allgemeine Gefährdung durch das Kraftfahrzeug, sondern auch noch die besondere Gefährdung durch das Gefahrgut verwirklicht hat.

Diese Rechtslage bietet aber nicht nur für den Geschädigten wegen der schnellen Überschreitung der Haftungshöchstgrenzen, der deshalb möglicherweise nicht ausreichenden Versicherungsdeckung und der unsicheren Realisierung seines Schadens im Rahmen der Verschuldungshaftung Risiken. Auch der Schädiger ist mit einem vielfach unkalkulierbaren Haftungsrisiko belastet, wenn hier verstärkt auf die Verschuldenshaftung zurückgegriffen wird und ein Verstoß gegen Verkehrssicherungspflichten oder Sicherheitsanforderungen zu einer unbegrenzten Haftung führt. ...

Die individuelle Haftungshöchstgrenze für Personenschäden nach § 12 Abs. 1 Nr. 1 gilt auch für Unfälle mit Gefahrguttransporten. Dies stellt § 12a Abs. 1 Nr. 1 durch die Formulierung „unbeschadet der in § 12 Abs. 1 Nr. 1 bestimmten Grenzen" klar. Insoweit ist eine gefahrgutbedingte Erhöhung der allgemeinen Haftungshöchstgrenze auch nicht erforderlich. Denn die individuelle Haftungshöchstgrenze für Personenschäden orientiert sich an einem durchschnittlich schweren Personenschaden im Falle der Tötung oder Verletzung nur eines Menschen. Der insoweit anzusetzende Betrag ist aber davon unabhängig, ob der schwere Personenschaden gefahrgutbedingt ist oder nicht. ...

Die (globale) Haftungshöchstgrenze für Sachschäden (§ 12 Abs. 1 Nr. 3) wird für gefahrgutbedingte Unfälle durch § 12a Abs. 1 Nr. 2 modifiziert: Bei der Beschädigung unbeweglicher Sachen wird bis zu einem Betrag von 6 Mio. Euro gehaftet. Werden trotz gefahrgutbedingter Schädigung keine unbeweglichen Sachen beschädigt, bleibt es bei der allgemeinen Haftungshöchstgrenze für Sachschäden nach § 12 Abs. 1 Nr. 3. Dies stellt § 12a Abs. 1 Satz 2 klar. Diese Anhebung der (globalen) Haftungshöchstgrenze für gefahrgutbedingte Sachschäden trägt – wie die Anhebung der Haftungshöchstgrenze für Personenschäden – der Tatsache Rechnung, dass das zusätzliche Gefahrgutrisiko zu umfänglicheren Sachschäden führen kann ... .

*§ 12a **Abs. 2** definiert den Begriff der gefährlichen Güter. Dabei wird auf die Definition zurückgegriffen, wie sie bereits in den straßenverkehrsspezifischen Sicherheitsvorschriften für Gefahrguttransporte verwandt wird: Die weite Legaldefinition des § 2 Abs. 1 GBefGG wird in den verkehrsträgerspezifischen Gefahrgutverordnungen konkretisiert. Die für den Straßenverkehr maßgebliche GGVS enthält eine solche Konkretisierung in § 2 Abs. 1 Nr. 2, die die Anlagen A und B zu dem Europäischen Übereinkommen vom 30. September 1957 über die internationale Beförderung gefährlicher Güter auf der Straße (ADR) in Bezug nimmt. Diese Definition des § 2 Abs. 2 Nr. 1 GGVS übernimmt Absatz 2 für die Gefahrguthaftung im Straßenverkehr.*

***Absatz 3** erklärt die besonderen Haftungshöchstgrenzen des § 12a Abs. 1 dann nicht für anwendbar, wenn es sich um Beförderungen gefährlicher Güter handelt, deren Transport die öffentlich-rechtlichen Gefahrguttransportvorschriften von ihren besonderen Sicherheitsanforderungen freistellen. Damit wird eine Kongruenz von Sicherheits- und Haftungsvorschriften hergestellt: Wer auf Grund des geringeren Gefahrgutrisikos nicht die besonderen Sicherheitsanforderungen des öffentlichen Gefahrgutrechts erfüllen muss, soll auch keiner besonderen zivilrechtlichen Haftung unterliegen.*

***Absatz 4** nimmt von den besonderen Haftungshöchstbeträgen für Gefahrguttransporte Schäden aus, die bei der Beförderung innerhalb eines Betriebes entstanden sind, in dem gefährliche Güter hergestellt, bearbeitet, verarbeitet, gelagert, verwendet oder vernichtet werden, soweit die Beförderung auf einem abgeschlossenen Gelände stattfindet.*

Der Grund für diesen Ausschluss liegt in den allgemeinen Bestimmungen des öffentlichen Gefahrgutrechts, die solche betriebsinternen Beförderungsvorgänge von den besonderen Sicherheitsanforderungen des Gefahrguttransportrechts befreien (§ 1 Abs. 1 Nr. 1 GBefGG). Absatz 4 überträgt diese Wertung auf den Bereich der Straßenverkehrshaftung ... .

***Absatz 5** stellt klar, dass die Anordnung der verhältnismäßigen Kürzung der Ansprüche bei Erschöpfung der globalen Haftungshöchstbeträge nach § 12 Abs. 2 bei Erschöpfung der globalen Haftungshöchstbeträge für Gefahrguttransporte nach § 12a Abs. 1 entsprechend gilt.*

1a   **Begr** zum ÄndG v. 10.12.07 (BT-Drs. 16/5551 S. 18 f.): *Die in Buchst. b vorgeschlagenen Änderungen stehen im Zusammenhang mit der Erhöhung der Haftungshöchstbeträge in § 12 I: Um ein Missverhältnis zwischen den Haftungshöchstbeträgen für Personenschäden im allgemeinen StrV und denjenigen,* *die bei Gefahrguttransporten gelten, zu vermeiden, sind die Haftungshöchstbeträge für Personenschäden bei Gefahrguttransporten auf 10 Mio € anzuheben. Für diese Erhöhung spricht, dass Gefahrguttransporten eine erheblich gesteigerte Gefährlichkeit immanent ist. Damit wäre ein relativ kleiner Unterschied der Haftungshöchstbeträge, wie er bei einer Beibehaltung der bisherigen Regelung bestünde, nicht vereinbar. Zur Vermeidung von Wertungswidersprüchen soll es daher bei einer Erhöhung auf das Doppelte der Haftungshöchstbeträge des § 12 I bleiben. Die Verweisung auf § 12 I Nr. 1 wurde gestrichen, da hiermit auf die dort festgelegte individuelle Haftungshöchstgrenze für Personenschäden Bezug genommen wurde, die durch die vorgeschlagene neue Fassung des § 12 I Nr. 1 entfällt. Die neue globale Haftungshöchstgrenze des § 12a I Nr. 1 gilt damit auch, wenn nur eine einzelne Person geschädigt wurde, was zu einer erheblichen Besserstellung der Geschädigten führt.*

Konsequenz der Anhebung der Haftungshöchstbeträge nach § 12 I und § 12a I Nr. 1 ist die Anpassung des Haftungshöchstbetrages für Schäden an unbeweglichen Sachen, die durch die Beförderung gefährlicher Güter entstehen, in § 12a I Nr. 2. Da sich das besondere Schadensrisiko von Gefahrguttransporten vor allem in Boden- und Gewässerverunreinigungen manifestiert, ist es wie schon nach bisherigem Recht gerechtfertigt, insoweit einen wesentlich höheren Höchstbetrag als für Sachschäden im übrigen StrV festzusetzen. War nach bisher geltendem Recht noch eine 20-fache Erhöhung des Höchstbetrages zur Abdeckung dieses erhöhten Risikos erforderlich, erscheint nach der wesentlichen Erhöhung der Haftungshöchstsumme für Sachschäden nach § 12 I Nr. 2 eine Verzehnfachung ausreichend. Damit ist zudem weiterhin die gleich hohe Bemessung des Schadensrisikos für Personenschäden und Schäden an unbeweglichen Sachen, wie sie dem bisherigen Recht entspricht, auch im künftigen Recht sichergestellt.

1. Zweck der Bestimmung ist die Berücksichtigung des neben der normalen KfzBetriebsgefahr bei Unfällen mit Gefahrguttransporten zusätzlich von dem gefährlichen Gut ausgehenden Risikos, das sich vielfach in Schäden realisieren kann, die erheblich über die Höchstgrenzen des § 12 hinausgehen (Begr Rn. 1). **1b**

2. Der **Begriff der „gefährlichen Güter"** ist in II definiert. Nur die Stoffe und Gegenstände fallen darunter, deren internationale Beförderung nach Anl A und B zum Europäischen Übereinkommen über die internationale Beförderung gefährlicher Güter auf der Str (ADR, Anl A und B, Bekanntmachung der Neufassung: BGBl II **05** S. 1128) einem Verbot unterliegt oder nur unter Bedingungen erlaubt ist. Die Definition entspricht derjenigen in Art 1b ADR (ratifiziert durch G v. 18.8.69, BGBl II S. 1489). **2**

3. Keine Geltung haben die erhöhten Haftungssummen des I nach III, wenn gefährliche Güter befördert werden, deren Transport nach den öffentlich-rechtlichen Gefahrgut-Transportvorschriften **von den besonderen Sicherheitsanforderungen** freigestellt ist oder wenn nur **begrenzte Mengen** befördert werden, die unterhalb der in Abschnitt 1.1.3.6 des ADR bestimmten Grenzen liegen, weil die erhöhte Haftung nur gerechtfertigt erscheint, soweit besondere Sicherheitsanforderungen erfüllt sein müssen (Begr Rn. 1). **3**

Von den besonderen Haftungshöchstsummen ausgenommen sind nach IV ferner Schäden, die bei der Beförderung gefährlicher Güter **innerhalb von Betrieben** entstanden sind, die gefährliche Güter herstellen, bearbeiten, lagern, verwenden oder vernichten, vorausgesetzt, dass die Beförderung auf abgeschlossenem Gelände durchgeführt wurde. Dies beruht darauf, dass das GefahrgutbeförderungsG (GGBefG) gem. § 1 I S. 2 Nr. 1 GGBefG auf derartige betriebsinterne Beförderungen keine Anwendung findet (Begr Rn. 1). **4**

4. Haftung bis zu den höheren Haftungshöchstbeträgen des § 12a setzt stets voraus, dass die haftungsbegründenden Erfordernisse des § 7 erfüllt sind; der Schaden muss also iS von § 7 **beim Betrieb** des Fz entstanden sein. Voraussetzung ist ferner, dass kein Haftungsausschluss nach § 8 besteht. Schließlich gelten die erhöhten Haftungshöchstgrenzen nur bei **Ursächlichkeit** der gefährlichen Güter für den eingetretenen Schaden. Das zusätzliche Schadensrisiko des beförderten Gutes muss sich in dem Schaden realisiert haben. Hat sich die besondere Gefährlichkeit des beförderten Guts auf den Schaden nicht ausgewirkt, sondern nur die gewöhnliche Betriebsgefahr, beschränkt sich die Haftung des Halters auf die Höchstsummen des § 12. **5**

5. Die Haftungshöchstgrenzen wurden durch ÄndG v. 10.12.07 (BGBl. I S. 1460) beträchtlich angehoben (Rn. 1a sowie § 12 vor Rn. 1, Rn. 1). Für Personenschäden gilt der neue Haftungshöchstbetrag des I S. 1 Nr. 1 auch dann, wenn nur eine Person verletzt oder getötet worden ist; die Begrenzung des früheren Rechts auf eine individuelle Haftungshöchstgrenze ist weggefallen (Rn. 1a). I S. 1 Nr. 2 gilt nur bei Schädigung *unbeweglicher* Sachen. Dagegen löst die gefahrgutbedingte Schädigung *beweglicher* Sachen keine erhöhte Haftung nach § 12a aus. Hier **6**

bleibt es vielmehr bei den Höchstbeträgen des § 12 I S. 1 Nr. 2 (§ 12a I S. 1, 2). Bei Mehrfachschäden gilt nach V auch im Rahmen der erhöhten Haftungshöchstsummen des § 12a die verhältnismäßige Herabsetzung der Entschädigungen nach § 12 II (§ 12 Rn. 3a).

Nichtanwendbarkeit der Höchstbeträge

12b Die §§ 12 und 12a sind nicht anzuwenden, wenn ein Schaden bei dem Betrieb eines gepanzerten Gleiskettenfahrzeugs verursacht wird.

1 **Begr** (BT-Drs. 14/7752 S. 34 f.): *Im Anschluss an Diskussionen anlässlich der Flugzeugunglücke in Ramstein und Remscheid wurde die Frage aufgeworfen, ob die haftungsrechtliche Situation militärischer Landfahrzeuge nicht an diejenige von militärischen Luftfahrzeugen angepasst werden sollte. Nach § 53 LuftVG sind Schäden, die durch militärische Luftfahrzeuge verursacht werden, unabhängig von einem Verschulden und der Höhe nach unbegrenzt zu ersetzen. Darüber hinaus besteht in diesen Fällen bereits nach geltendem Recht ein Schmerzensgeldanspruch des Geschädigten.*

Die vorgesehene Neuregelung greift diesen Gedanken auf und erklärt die in den §§ 12, 12a StVG enthaltenen Haftungshöchstgrenzen bei Unfällen, die sich beim Betrieb eines gepanzerten Gleiskettenfahrzeugs ereignen, für unanwendbar. Dies führt dazu, dass für diese Fahrzeuge die bereits nach geltender Rechtslage bestehende Haftung für diese Militärfahrzeuge nach dem StVG der Höhe nach keiner Beschränkung mehr unterliegt.

Der Begriff des gepanzerten Gleiskettenfahrzeugs entspricht dem in § 34b Abs. 1 StVZO verwendeten Begriff. Hierunter sind zur Teilnahme am öffentlichen Straßenverkehr zugelassene Fahrzeuge auf Gleisketten mit integriertem Schutz für den Fahrer und die Besatzung gegen ballistische Geschosse zu verstehen. Er umfasst auch Fahrzeuge ohne solchen Schutz, wenn sie Trägerfahrzeuge eines Waffensystems (u. a. Mehrfachraketenwerfer, Minenwerfer) sind.

Die Regelung trägt der Tatsache Rechnung, dass von solchen Spezialfahrzeugen eine gegenüber den sonst am Straßenverkehr teilnehmenden Fahrzeugen erhöhte Betriebsgefahr ausgeht, die sich in umfänglicheren Personen- und Sachschäden niederschlagen kann … .

2 Keiner Begrenzung der Höhe nach unterliegt die Haftung aus § 7 bei Schadensverursachung durch gepanzerte GleiskettenFz. Begriff des GleiskettenFz: § 34b StVZO. Gepanzerte GleiskettenFz sind solche, die mit integriertem Schutz gegen ballistische Geschosse ausgestattet und für den öffentlichen StrV zugelassen sind, nach der Begr (BT-Drs. 14/7752 S. 35, Rn. 1) darüber hinaus auch solche ohne diesen Schutz, wenn sie TrägerFz eines Waffensystems sind, wie zB Mehrfachraketenwerfer oder Minenwerfer. Für andere militärische Fz gilt die Bestimmung nicht, weil von ihnen im Vergleich zu zivilen Fz keine höhere Betriebsgefahr ausgeht.

Geldrente

13 (1) Der Schadensersatz wegen Aufhebung oder Minderung der Erwerbsfähigkeit und wegen Vermehrung der Bedürfnisse des Verletzten sowie der nach § 10 Abs. 2 einem Dritten zu gewährende Schadensersatz ist für die Zukunft durch Entrichtung einer Geldrente zu leisten.

(2) Die Vorschriften des § 843 Abs. 2 bis 4 des Bürgerlichen Gesetzbuchs finden entsprechende Anwendung.

(3) Ist bei der Verurteilung des Verpflichteten zur Entrichtung einer Geldrente nicht auf Sicherheitsleistung erkannt worden, so kann der Berechtigte gleichwohl Sicherheitsleistung verlangen, wenn die Vermögensverhältnisse des Verpflichteten sich erheblich verschlechtert haben; unter der gleichen Voraussetzung kann er eine Erhöhung der in dem Urteil bestimmten Sicherheit verlangen.

1 **Ersatz für künftigen Schaden nur durch Rente.** Nach I ist laufender Schaden für die Zukunft als Rente innerhalb der Höchstgrenzen des § 12 StVG zuzusprechen, mit der Ausnahme des Abs. 2. Stichtag für die Frage, ob ein Schaden für die Vergangenheit oder für die Zukunft geltend gemacht wird, ist der Tag der letzten mündlichen Tatsachenverhandlung (BGH VersR **64** 638, NJW **72** 1711). Für die vorhergehende Zeit ist Kapitalforderung die Regel. Aus wichtigem Grunde (§ 843 III BGB) steht dem Geschädigten auch Abfindung in Kapital zu (BGH NJW **82** 757, LG Stu DAR **07** 467; krit. zu Praxis und Gesetzeslage *Nehls* DAR **07** 444; gegen ihn *Schwab* DAR **07** 669; zum Ganzen mit gesetzgeberischen Forderungen auch *C. Huber* NZV **19**

321), Gesamtgläubigern nach Forderungsübergang auf den SVTr jedoch nur gemeinsam (BGH NJW **72** 1711). Bei schwersten Unfallverletzungen idR kein wichtiger Grund für Kapitalabfindung (Ce NZV **12** 547). Wird statt Rente Kapitalabfindung zugesprochen (II, § 843 III BGB), so scheidet spätere Abänderung analog § 323 ZPO aus (BGHZ **79** 187, str). Für die Ermittlung des Kapitalisierungsfaktors für Schadensersatzrenten wegen entgangenen Unterhalts sind die Tabellen für lebenslängliche Verbindungsrenten mit einem Zinsfuß von 5% heranzuziehen, wobei ein pauschaler Dynamisierungszuschlag wegen möglicher zukünftiger Rentenerhöhungen nicht zu berücksichtigen ist (Nü NZV **08** 349 mAnm *Küppersbusch*). Bei Schadensberechnung aus mehreren Posten (Heilungskosten, entgangene Aufträge) kann ein Posten als Kapital, der andere als Rente gefordert werden, aber nicht bei demselben Posten (BGH VersR **68** 664, NJW **72** 1711). Für die Zeit bis zum Urteil ist zu prüfen, ob und inwieweit eine Kapitalforderung geltend gemacht ist. Dieser Betrag und nicht die Rente ist Ausgangspunkt der Berechnung nach § 12. Übersteigt der Kapitalbetrag die Grenzen des § 12, so gibt es weiteren Ersatz nur kraft Vertrags oder nach Deliktsrecht (BGH VersR **64** 638; s. § 16). Steht fest, dass weitere Schäden nicht eintreten, so ist § 13 unanwendbar (RGZ **133** 179). Feststellungsklage hinsichtlich Ersatz künftiger Schäden ist zulässig, wenn die Möglichkeit eines Schadenseintritts besteht; Feststellungsinteresse ist nur zu verneinen, wenn aus der Sicht des Geschädigten bei verständiger Würdigung kein Grund besteht, mit dem Eintritt eines Schadens wenigstens zu rechnen (BGH NJW **01** 1431, 3414, NJW-RR **07** 601) oder wenn feststeht, dass die Haftungshöchstsumme bereits erschöpft ist (*Greger/Zwickel* § 20 Rn. 29). Feststellungsklage begründet, falls namentlich haftungsrechtlich relevanter Eingriff gegeben ist, der zu den künftigen Schäden führen kann; ob eine gewisse Wahrscheinlichkeit des Schadenseintritts zu verlangen ist, lässt der BGH offen (BGH NJW **01** 1431, NJW-RR **07** 601). Schadensersatzrenten für Kinder, die das Grundschulalter noch nicht überschritten haben, sind idR auf das 18. Lebensjahr zu begrenzen und weitere Ansprüche im Wege der Feststellungsklage abzusichern (BGH VRS **65** 182, NJW **86** 715). Haushaltsführungsschaden steht auch Alleinstehendem zu, ohne dass es dem Schädiger zugute kommt, wenn keine Ersatzkraft angestellt wird (BGH NJW-RR **92** 792, KG **111** 16). Die Rente wegen behinderter Haushaltsführung im Urteil zeitlich zu begrenzen: § 11 Rn. 19 (75. Lebensjahr), Ha MDR **76** 45, Schl VersR **06** 938 (jeweils 70. Lebensjahr), aM Hb VersR **85** 646 (keine Begrenzung auf das 70. Lebensjahr), Ko DAR **17** 198 (keine Begrenzung auf 75. Lebensjahr); krit zur Begrenzung (75. Lebensjahr) auch *Lemcke* JbVerkR **99** 169). Eine Rente zum Ausgleich des Unfallschadens infolge Tötung des haushaltführenden Ehegatten kann uU für eine Zeitdauer zuerkannt werden, die die durchschnittliche Lebenserwartung des Getöteten übersteigt (BGH VRS **26** 327). Begrenzung der Rente wegen Verdienstausfalls § 11 Rn. 19. Der Verletzte kann Unterhalt und Heilungskosten auch für die Vergangenheit als Rente verlangen (BGH VersR **64** 777). Festsetzung dynamischer Indexrente ist unzulässig (Kar VersR **69** 1123). Zur Wahl zwischen Ersatz in Kapital- und Rentenform bei Stationierungsschäden BGH VersR **74** 549.

Die Rente ist **nach Sachlage zu bemessen,** nicht abstrakt zu berechnen. Zugrundezulegen **2** sind die augenblicklichen Umstände unter Berücksichtigung voraussichtlicher Entwicklungen (BGH VersR **84** 875). Unvorhersehbare spätere Ereignisse: § 323 ZPO. Es besteht kein Grundsatz, dass mit bestimmtem Lebensalter jede Erwerbstätigkeit aufhört (§ 10). Zeitliche Begrenzung der Rente für Verdienstausfall: § 11 Rn. 19. Ist wegen Minderung der Erwerbsfähigkeit Rente zu zahlen, so sind bei deren Berechnung Beiträge für Sozialversicherung nicht vom Bruttoeinkommen abzuziehen, wenn dem Verletzten die Anwartschaft auf die Rente, die ihm nach seinem früheren Lohn zufließen würde, nur durch Nachzahlen der Beiträge gewahrt wird; Kirchensteuer ist vom Bruttoeinkommen abzuziehen (BGH NJW **54** 1034). Rentenerrechnung bei getötetem TaxiF Kö VersR **76** 373. Zur Auslegung einer Vereinbarung über Anpassung der Ersatzrente BGH VersR **76** 388. Zur Berechnung des Kapitalwerts einer Schadensersatzrente BGH NJW **80** 2524, VRS **60** 14. Die Abänderung eines Abfindungsvergleichs ist nur in sehr engen Grenzen möglich (BGH DAR **08** 333).

Literatur: *Böhmer,* Zur Frage der Dauer der Rente gem. §§ 11, 13 StVG ..., RdK **54** 36. *Derselbe,* Zur Frage der Bemessung der Geldrente nach § 844 II BGB, MDR **61** 744. *Nehls,* Kapitalisierung von Schadensersatzrenten, VersR **81** 407. *Ders,* Kapital statt Rente ..., DAR **07** 444. *Schlund,* Juristische Grundlagen der Kapitalisierung von Schadenersatzrenten, VersR **81** 401 = VGT **81** 217. *Schlund/Schneider,* Rentenkapitalisierung ..., VersR **76** 210. *Schmid,* Zur Berechnung der Kapitalabfindung nach § 843 Abs. 3 BGB, DAR **81** 130. *Schneider,* Kapitalisierung von Schadensersatzrenten, VersR **81** 493, **81** 1110.

Verjährung

14 Auf die Verjährung finden die für unerlaubte Handlungen geltenden Verjährungsvorschriften des Bürgerlichen Gesetzbuchs entsprechende Anwendung.

1   **1. Regelmäßige Verjährungsfrist.** Die Bestimmung des § 14 ist nach der völligen Novellierung des Verjährungsrechts durch das G zur Modernisierung des Schuldrechts v. 26.11.01 (BGBl. I S. 3138) insoweit irreführend, als es nach Streichung der bis 31.12.01 geltenden Fassung der Absätze I und II des § 852 BGB besondere Vorschriften über die Verjährung von Ansprüchen auf Ersatz des aus unerlaubter Handlung entstandenen Schadens im BGB nicht mehr gibt. Die Vorschrift ist nunmehr als Verweisung auf die Bestimmungen des BGB über die Verjährung (§§ 194 ff. BGB) zu verstehen. Das neue Verjährungsrecht gilt nach Maßgabe der *Übergangsvorschrift des Art 229 § 6 EGBGB* für alle am 1.1.02 bestehenden, noch nicht verjährten Ansprüche (zu denen nicht nur solche aus dem BGB, sondern auch in anderen Gesetzen geregelte Ansprüche gehören, BT-Drs. 14/6040 S. 273, *Staudinger/Peters* § 194 Rn. 22). Jedoch bestimmen sich Beginn, Hemmung, Ablaufhemmung und Neubeginn der Verjährung für die Zeit vor dem 1.1.02 nach dem BGB in der bis dahin geltenden Fassung (Art 229 § 6 I S. 2 EGBGB, *Jahnke* ZfS **02** 111, näher: *Gsell* NJW **02** 1297). Die Gefährdungshaftung (§§ 7–13 StVG) unterliegt der dreijährigen Verjährung (§ 195 BGB). **Die Frist beginnt** mit dem Ablauf des Jahres, in dem der Ersatzberechtigte Kenntnis von den anspruchsbegründenden Umständen und dem Ersatzpflichtigen erlangt oder ohne grobe Fahrlässigkeit (E 149) erlangen müsste (§ 199 I Nr. 2 BGB). Bei von vornherein übersehbaren Unfallfolgen gilt für alle Ersatzansprüche einheitliche Verjährung, auch wenn sie nur teilweise geltend gemacht werden. Den nicht innerhalb der Verjährungsfrist erhobenen Teilansprüchen steht die Einrede der Verjährung entgegen (BGH VersR **57** 429, NJW **60** 380). Der Anspruch gegen den Kfz-Haftpflichtversicherer verjährt (§ 115 II S. 1 VVG 08 = § 3 Nr. 3 PflVG) in gleicher Weise wie derjenige gegen den Halter (Nü MDR **77** 232). Auf einen Anspruch gegen den Schädiger hat es keinen Einfluss, wenn der Direktanspruch des Geschädigten oder dessen Rechtsnachfolgers gegen den Haftpflichtversicherer des Schädigers nach § 3 Nr. 3 S. 2 Hs. 2 PflVG aF (vgl. § 115 VVG 08) verjährt ist; eine „Rechtskrafterstreckung" analog § 3 Nr. 8 PflVG aF (vgl. § 124 VVG 08) findet nicht statt (BGH NZV **07** 187). Die Verjährung des „Stammrechts" gilt auch für rückständige Rentenleistungen (BGH VersR **73** 1066). Ansprüche auf wiederkehrende Leistungen unterliegen hingegen der vierjährigen Verjährungsfrist nach § 197 BGB aF (BGH NVwZ-RR **12** 338, *Quaisser* NJW-Spezial **12** 649). Verjährung von Unfallrente bei zwischenzeitlicher Erhöhung des Haftungsrahmens: BGH VersR **66** 1047.

1a   **Literatur:** *Gsell,* Schuldrechtsreform: Die Übergangsregelungen für die Verjährungsfristen, NJW **02** 1297. *Heß,* Neuregelung des Verjährungsrechtes – die Auswirkungen auf das VZivilrecht, NZV **02** 65. *Lepa,* Die Verjährung im Deliktsrecht, VersR **86** 301. *Lepa,* Neues und Altbekanntes im neuen Verjährungsrecht, AG-VerkRecht-F S. 229. *Marburger,* Die Verjährungsvorschrift bei Anwendung des § 1542 RVO, VersR **72** 11.

2   **2. Kenntnis von den anspruchsbegründenden Umständen und von der Person des Schuldners** ist Kenntnis der klagebegründenden Tatsachen bei einigermaßen sicherer Erfolgsaussicht (BGH NJW **00** 953, NZV **90** 114, NJW-RR **90** 343, Ko VRS **87** 90), und zwar Kenntnis vom Schaden und Ersatzpflichtigen (KG VRS **104** 193, Dü VersR **72** 1031). Den Kenntnisstand des von ihm beauftragten Rechtsanwalts muss der Geschädigte gegen sich gelten lassen (Wissensvertreter; BGH VersR **92** 207, Dü VersR **99** 893). Bei Behörden und Körperschaften ist die Kenntnis des mit der Verfolgung von Schadensersatzansprüchen betrauten Bediensteten entscheidend (BGHZ **134** 343 = VersR **97** 635, NZV **07** 131), bei Geltendmachung von Regressansprüchen durch den UVTr auf Grund Legalzession (§ 116 I SGB X) die Kenntnis des Bediensteten der Regressabteilung (Rn. 3). **Mindestens der Sachverhalt der Haftungsgrundlage** muss bekannt sein (Dü MDR **75** 758). Befürchtung des Todesfalls nach Unfall des Unterhaltspflichtigen ersetzt Kenntnis vom Tode nicht (Ko NJW **67** 256). Kenntnis aller Einzelumstände des Schadensverlaufs und ein genaues Schadensbild sind für den Beginn der Verjährungsfrist nicht erforderlich (BGH VersR **91** 179, KG VRS **104** 193, Fra VersR **01** 1572, Kö NJW-RR **93** 601, NZV **97** 395). **Verständige Zweifel** am ursächlichen Zusammenhang schließen die Kenntnis aus (BGH VersR **60** 848). Zweifel über den Umfang der Ersatzpflicht, die in fast jedem Schadensersatzprozess bestehen, stehen dem Beginn der Verjährungsfrist nicht entgegen (BGH VersR **62** 86, 518 mAnm *Böhmer;* **63** 631). Auch insoweit genügt, dass der Geschädigte mit so viel Erfolgsaussicht wenigstens Feststellungsklage erheben kann, dass diese ihm zu-

zumuten ist (BGH VersR **85** 367, NZV **90** 114, **91** 143, Kö NJW-RR **93** 601). Unkenntnis eines **weiteren rechtlichen Gesichtspunkts,** der einen Ersatzanspruch begründen könnte, schiebt den Beginn der Verjährung nicht hinaus (BGH NJW **60** 380, VersR **62** 636). Beim Zusammentreffen von Ansprüchen aus StVG und unerlaubter Handlung beginnt auch die StVG-Verjährung erst mit einigermaßen sicherer Kenntnis, ob den Schädiger möglicherweise Schuld trifft (Nü VersR **68** 679). **Kenntnis vom Schuldner** hat der Geschädigte erst, wenn er von den Schuldtatsachen eine einigermaßen sichere Vorstellung hat und mit ausreichender Aussicht auf Erfolg gegen eine bestimmte Person Klage auf Feststellung oder Ersatz erheben kann (BGH VersR **71** 154, NJW-RR **87** 916, NZV **90** 114, KG VRS **104** 193, Dü VersR **99** 68, *Mansel* NJW **02** 92), zB bei Kenntnis der wesentlichen Unfalltatsachen auf Grund von Zeugenaussagen (BGH NJW **70** 326, Nü VersR **86** 1109), nicht, wenn er nur eine ausländische Geschäftsanschrift des in Deutschland lebenden Ersatzpflichtigen kennt (BGH VersR **98** 378). Dass der Geschädigte das Prozessrisiko noch nicht genau abschätzen konnte, steht der Kenntnis nicht entgegen (Fra VRS **67** 183). Die Kenntnis wird nicht dadurch beseitigt, dass der Schädiger seine Verantwortlichkeit nachdrücklich bestreitet (Dü NJW-RR **98** 1244). Soweit sich die Ansprüche gem. § 831 BGB gegen den Arbeitgeber des Schädigers richten, ist entscheidend, wann der Geschädigte darüber Kenntnis erlangt hat, wer als Arbeitgeber ersatzpflichtig ist (BGH VersR **99** 585). Solange die Person des Ersatzpflichtigen zweifelhaft ist, läuft die Verjährungsfrist nach § 199 I Nr. 2 BGB nicht (BGH VersR **70** 89, Hb VersR **73** 626). Dringender Verdacht der Urheberschaft einer bestimmten Person kommt der Kenntnis nicht gleich (BGH VersR **60** 365, Mü VersR **61** 1048), auch nicht dem Geschädigten bekannte polizeiliche Vermutungen (BGH NJW **70** 326), anders aber uU die Zustellung einer gegen den Schädiger wegen der schädigenden Straftat gerichteten Anklageschrift an den Prozessbevollmächtigten des Verletzten (BGH VersR **83** 273). Denn idR steht die Person des Ersatzpflichtigen bereits mit Anklageerhebung fest (Mü VersR **00** 505). Bei Schadensverursachung durch **mehrere Unfallbeteiligte** beginnt die Verjährung auch dann mit der Kenntnis der haftungsbegründenden Umstände, wenn der Geschädigte zunächst statt des nunmehr in Anspruch Genommenen den anderen Beteiligten als in erster Linie verantwortlich angesehen hat (BGH NZV **90** 114). Zeigen sich jedoch bei einer Vielzahl von Unfallbeteiligten ausreichende Anhaltspunkte für Mitverursachung durch einen von ihnen erst später, so läuft die Verjährungsfrist gegen diesen erst von diesem Zeitpunkt ab (BGH VersR **78** 564). Kennt der Berechtigte den Schädiger, so sind rechtliche Zweifel über etwaige anderweitige Ersatzpflicht (Amtshaftung) für den Verjährungslauf bedeutungslos (BGH VersR **72** 394). Für einzelne **weitere Folgezustände** der ursprünglichen Schädigung läuft keine gesonderte Verjährung (BGH NJW **60** 380, NZV **91** 143, NJW **00** 861, Kö NJW-RR **93** 601, Ha NJW-RR **99** 252, aM *Peters* JZ **83** 121). Nachträgliche Schadensfolgen gelten als bekannt, wenn sie im Zeitpunkt der Kenntnis vom Gesamtschaden als möglich voraussehbar waren (BGHZ **33** 116, NZV **97** 395, NJW **00** 861, Brn NZV **08** 155 mAnm *Diehl* ZfS **07** 623, Ha NJW-RR **99** 252), anders aber bei unerwarteten Spätfolgen, mit denen nicht zu rechnen war (BGH VersR **79** 1106, NZV **91** 143, **97** 395, NJW **00** 861, Ha NJW-RR **99** 252). Bei außergewöhnlich schweren und existenzbedrohenden Spätfolgen, auch wenn diese nicht unvorhersehbar waren, kann die Berufung des Schädigers auf Verjährung uU gegen Treu und Glauben verstoßen, wenn alle Beteiligten einschließlich der behandelnden Ärzte vom Ausbleiben solcher Folgen ausgegangen waren (BGH NZV **91** 143, Ha NZV **94** 72). Klage auf Rente wegen geminderter Erwerbsfähigkeit hemmt die Verjährung (§ 204 I Nr. 1 BGB) zwar hinsichtlich künftig möglichen Erwerbsminderungsschadens, aber nicht hinsichtlich allen weiteren Unfallschadens (BGH VersR **79** 373). Für mögliche Spätfolgen einer schweren Kopfverletzung (Epilepsie) wird idR keine gesonderte Verjährungsfrist laufen, weil insoweit Erkundigungspflicht des Verletzten besteht (Fra MDR **78** 140). Anders als nach § 852 I BGB aF beginnt die Verjährungsfrist gem. § 199 I Nr. 2 BGB auch ab dem Zeitpunkt, in dem der Geschädigte **ohne grobe Fahrlässigkeit Kenntnis erlangen müsste.** Grobe Fahrlässigkeit: E 149. Zur Beweislast *Lepa* AG-VerkRecht-F S. 235. Das gilt jedenfalls (aber abw von der früheren Rechtslage nicht nur) wenn der Verletzte ohne besondere Mühe und Aufwendungen den Ersatzpflichtigen erfahren kann, aber unübersehbar sich anbietende Erkenntnismöglichkeiten nicht wahrnimmt (*Mansel* NJW **02** 91; so schon zu § 852 BGB aF BGH NJW **00** 953, VersR **99** 585, Fra VersR **01** 1572, Dü VersR **99** 893, Mü VersR **00** 505). Unterlässt er es als Zeuge in der gegen den Ersatzpflichtigen stattfindenden Hauptverhandlung, nach dessen Personalien zu fragen, so handelt er grob fahrlässig (Ko VRS **84** 263, Ha MDR **92** 1031 (zu § 852 BGB aF)). Allein die Möglichkeit der Kenntniserlangung vom Namen durch ein Auskunftsersuchen an die Polizei vor der Einsichtnahme in die Strafakten wird in aller Regel nicht hinreichen (Ko OLGR **06** 861).

3   Für den Verjährungsbeginn kann es von Bedeutung sein, ob der Verletzte (Schädelbruch mit schwerer Gehirnerschütterung) den **Hergang erfassen und überdenken kann** (BGH VersR **64** 302). Bei Minderjährigkeit des Geschädigten beginnt die Verjährungsfrist mit Kenntnis des gesetzlichen Vertreters vom Schaden und Schädiger (BGH VersR **63** 161). Bei **Anspruchsübergang** (§ 116 I SGB X, § 1542 RVO alt) beginnt die Kenntnis des SVTr, sobald sein zuständiger Bediensteter über den Schaden und den Ersatzpflichtigen ausreichend unterrichtet ist (BGH NZV **97** 396, Brn NZV **98** 506, Ha VersR **77** 132). Sind innerhalb des SVTr mehrere Stellen für die Bearbeitung zuständig (Leistungsabteilung hinsichtlich Einstandspflicht gegenüber Mitglied und Regressabteilung bezüglich der Geltendmachung von Schadensersatz- oder Regressansprüchen gegenüber Dritten), so kommt es für den Beginn der Verjährung von Regressansprüchen grds. auf den Kenntnisstand der Bediensteten der Regressabteilung an (BGH NJW **00** 1411, **07** 834, NZV **07** 187; NJW **12** 447; 2644 mAnm *Diehl* ZfS **12** 443; krit *Eichenhofer* SGb **01** 41), ebenso BGH NJW **11** 1799 für den für die Abwicklung des Schadensfalls zuständigen Bediensteten einer Pflegekasse. Grob fahrlässige Unkenntnis wird durch unzureichende Ausbildung oder Überlastung der Mitarbeiter nicht ausgeräumt (Schl NZV **12** 388). Es ist allerdings Sache der Regressabteilung, behördenintern in geeigneter Weise zu sichern, dass sie frühzeitig von Schadensfällen Kenntnis erlangt, die einen Regress begründen könnten (BGH NJW **12** 2644 (sekundäre Darlegungslast beim VU); Anm *Küppersbusch* NZV **13** 27). Im Zusammenhang mit einer Prüfung iS von § 28p SGB IV ist der zuständige Rentenversicherungträger auch verfügungsberechtigt für die Geltendmachung zivilrechtlicher Schadensersatzansprüche gegen den Geschäftsführer einer GmbH wegen der Vorenthaltung von Gesamtsozialversicherungsbeiträgen (BGH NZV **09** 447 (L)). Soweit der Ersatzanspruch auf den SVTr übergeht, was im Zeitpunkt des schadensstiftenden Ereignisses geschieht, kommt es allein auf dessen Kenntnis an (BGHZ **48** 181, VersR **85** 367, NZV **97** 396, Brn NZV **98** 506, Ha VersR **75** 864), wodurch allerdings die Rechtslage des Schädigers dann verschlechtert wird, wenn der Geschädigte früher Kenntnis erlangt als der SVTr. Beginnt das Versicherungsverhältnis allerdings erst, nachdem der Geschädigte Kenntnis iS von § 199 I Nr. 2 BGB erlangt hat, so muss sich der SVTr den mit dieser Kenntniserlangung beginnenden Ablauf der Verjährungsfrist entgegenhalten lassen (BGH VersR **84** 136, NJW **12** 3639 m Bspr *Giese* NJW **12** 3609 und *Dahm* NZV **12** 575). Bei einem Wechsel des SVTr erwirbt der nachfolgende SVTr die Ersatzforderung, auch was einen beim zuerst verpflichteten SVTr eingetretenen Verjährungsbeginn anbelangt, so, wie sie sich bei dem Rechtsübergang befindet; Verjährungsverzichtserklärungen, die der Schuldner nur im Verhältnis zum Rechtsvorgänger abgegeben hat, wirken grds. nicht zugunsten des Rechtsnachfolgers (BGH VersR **14** 1226 m Bspr *Marburger* NZV **15** 218).

4   **Fehlt die Kenntnis des Verletzten** und ist ihm insoweit auch nicht grobe Fahrlässigkeit vorzuwerfen, so wird in § 199 II und III BGB hinsichtlich der „absoluten" Verjährungsfrist eine differenzierte Regelung je nach Art des Schadens getroffen: 30 Jahre bei Schadensersatzansprüchen auf Grund Verletzung des Lebens, des Körpers oder der Gesundheit; bei sonstigen Ansprüchen 10 Jahre ab Entstehung, also der Rechtsgutsverletzung, dh des Unfalls (§ 199 III Nr. 1) bzw. – ohne Rücksicht auf ihre Entstehung – 30 Jahre ab Schadensverursachung (§ 199 III Nr. 2 BGB). Krit zu dieser Neuregelung wegen ihrer Kompliziertheit *Lepa* AG-VerkRecht-F S. 230.

5   **3. Bei gehemmter Verjährung** (§ 209 BGB) wird der Hemmungszeitraum in die Verjährungsfrist nicht eingerechnet (Neubeginn der Verjährung: Rn. 8). In der **Haftpflichtversicherung** hemmt die Anmeldung eines Direktanspruchs des Geschädigten beim Versicherer des Schädigers auch ohne Konkretisierung (BGHZ **74** 393 = NJW **79** 2155, Ha NZV **02** 39, Kö VersR **83** 959, Mü DAR **92** 59; Fra NZV **11** 548) gem. § 115 II S. 3, 4 VVG 08 (= § 3 Nr. 3 Satz 3, 4 PflVG aF) die Verjährung aller Ersatzansprüche aus StVG/BGB gegen den Versicherer und den ersatzpflichtigen VN (BGH DAR **82** 290, Ha DAR **02** 69, Sa NZV **99** 510, Mü VRS **92** 187), gegen diesen auch hinsichtlich des Teils des Anspruchs, der die Deckungsverpflichtung des VU übersteigt (BGHZ **83** 162 = NJW **82** 1761, VersR **84** 441, Ha NVersZ **02** 36). Anmeldung des Schadensereignisses genügt und umfasst alle in Betracht kommenden Ansprüche; ihrer näheren Bezeichnung oder gar deren Bezifferung bedarf es nicht (BGH VRS **63** 101, NJW-RR **87** 916, Ce VRS **102** 328, Mü VersR **01** 230, DAR **92** 59, Fra VersR **92** 60). Wer dem Versicherer mitteilt, er begehre Ersatz für das unfallbeschädigte Fz und für Krankenhauskosten, wahrt seine Ansprüche (Ce VersR **77** 1032). „Anmeldung" ist nur die erstmalige Geltendmachung von Ansprüchen, nicht ein erneutes Ersatzbegehren im Rahmen der Wiederaufnahme von Regulierungsverhandlungen (BGH NZV **03** 80). Nach Anmeldung des Direktanspruchs kann nur der Versicherer durch *schriftlichen, eindeutigen und endgültigen* (insoweit abw Mü NZV **92**

322) *Bescheid* die Verjährung wieder in Lauf setzen (BGHZ **114** 299 = NZV **91** 307, **97** 227, Ce VRS **102** 328, Fra DAR **02** 267, Mü VRS **92** 182). Bloßes Schweigen des Geschädigten auf Zwischenanfragen genügt für § 3 Nr. 3 S. 3 PflVG aF (= § 115 II S. 3 VVG 08) nicht (BGH NJW **77** 674, VRS **62** 254, VersR **78** 93, Nü VersR **77** 940, Mü VersR **76** 153), zB wenn der Geschädigte den „Fragebogen für Anspruchsteller" nicht zurückschickt (Nü VersR **77** 382). Auch ein positiver Bescheid kann *Entscheidung* iS von § 3 Nr. 3 S. 3 PflVG aF (= § 115 II S. 3 VVG 08) sein, sofern er so eindeutig ist, dass über seine Tragweite keine Zweifel in wesentlichen Punkten offen bleiben (BGHZ **114** 299 = NZV **91** 307 (zust *Helm* ZfS **93** 254), NZV **96** 141, Ha NZV **02** 39, Fra DAR **02** 267, Ro ZfS **01** 548, KG VM **99** 92). Es muss sich um eine erschöpfende, umfassende und endgültige *schriftliche* Erklärung handeln (BGH NZV **92** 231, **97** 227; DAR **17** 702). Anerkenntnis einzelner Schadenspositionen reicht dazu nicht; vielmehr muss das Anerkenntnis endgültige Klarheit über die Einstandsbereitschaft hinsichtlich aller in Betracht kommender Schadenspositionen geben (BGH NZV **96** 141; DAR **17** 702). Ungenügend ist auch ein Hinweis des Versicherers auf eine bestimmte Mithaftungsquote des Geschädigten (Ce NJW-RR **20** 733). Durch positiven Bescheid des VU wird die Verjährungshemmung nur dann beendet, wenn daraus hergeleitet werden kann, dass auch künftige Ansprüche aus dem Unfall nicht in Frage gestellt werden (Ha NZV **02** 39), dies auch dann, wenn sie nicht ausdrücklich Gegenstand der Abrechnung waren (KG VersR **07** 1507 (Erklärung betraf nur Sachschäden, nicht aber offenkundige Körper- und künftige Schäden)). Jedoch beendet ein (nicht titelersetzender, dann Verjährungsfrist 30 Jahre) Abfindungsvergleich die Hemmung der Verjährung auch für in ihm ausdrücklich vorbehaltene Ansprüche auf Grund möglicher (aber mitangemeldeter) zukünftiger Folgeschäden (BGH NZV **02** 312, s. auch BGH NJW **03** 1524; Ko NZV **12** 233; einschr Fra DAR **02** 267 (nicht, soweit sich solche schon konkret abzeichnen)). Schriftliche Bestätigung einer mündlichen Entscheidung des VU durch den Geschädigten genügt nicht (BGH NZV **97** 227). Eine negative Entscheidung des VU muss den Charakter einer endgültigen Ablehnung haben (BGH VersR **91** 179, Kö VersR **83** 959). Ein Vergleichsangebot ist mangels Endgültigkeit keine *Entscheidung* iS von § 115 II S. 3 VVG 08 (Mü NZV **89** 193 (zu § 3 Nr. 3 S. 3 PflVG aF), abl *Greger/Zwickel* § 21 Rn. 46). Auch Untätigkeit des Geschädigten während eines längeren Zeitraums (zB 3 Jahre) berechtigt nicht ohne Weiteres zur Annahme, ein schriftlicher Bescheid des Versicherers sei sinnlos (BGH VersR **78** 93; DAR **17** 702), anders jedoch nach Ablauf von mehr als 10 Jahren (Ce SP **06** 278, Nau MDR **08** 450 (§ 242 BGB)). Zur Verjährungshemmung nach § 3 Nr. 3, 4 PflVG aF nach KfzUnfall mit Ausländer *Voigt* DAR **76** 206. Nach schriftlicher Ablehnung des Versicherers hemmen neue Einwendungen die Verjährung nach § 3 Nr. 3 PflVG (= § 115 II S. 3 VVG 08) nur, wenn der Versicherer erkennen lässt, er wolle an der Ablehnung nicht festhalten (Ce VersR **77** 1045). Meldet der Geschädigte den Anspruch nur beim Schädiger an und schaltet sich daraufhin dessen Versicherer zwecks Verhandlung über die Regulierung ein, so wird es darauf ankommen, ob die Frist nach § 119 I VVG 08 gewahrt ist; andernfalls gilt § 14 StVG mit § 203 BGB.

Soweit die Sondervorschrift des § 3 Nr. 3 PflVG (= § 115 II S. 3 VVG 08) nicht eingreift **6** (BGH NZV **03** 80), gelten **§ 14 StVG, § 203 BGB**, und zwar – wie § 14 StVG ausdrücklich bestimmt – auch für solche gemäß dem StVG, zB auch bei Versicherungsfreiheit des schädigenden Kfz (§ 2 PflVG). Die Verjährung ist gehemmt, solange zwischen dem Berechtigten und dem Verpflichteten **Verhandlungen** über die Ersatzforderung schweben. „Verhandeln" ist nach st Rspr. des BGH weit zu verstehen; es genügt jeder Meinungsaustausch zwischen Berechtigtem und Verpflichtetem über den Schadensfall, sofern nicht sofort und eindeutig jeder Ersatz abgelehnt wird (BGH NJW **07** 64), wobei Verhandlungen schon dann schweben, wenn der in Anspruch Genommene Erklärungen abgibt, die dem Geschädigten die Annahme gestatten, der Verpflichtete lasse sich auf Erörterungen über die Berechtigung von Schadensersatzansprüchen ein, ohne dass Vergleichsbereitschaft oder eine Bereitschaft zum Entgegenkommen erforderlich wäre (BGH NJW **07** 64, VersR **88** 718; NJW **01** 885, 1723; VersR **01** 125 VersR **04** 656). Es genügt, dass der Ersatzpflichtige dem Geschädigten gegenüber erklärt, er sei bereit, die Berechtigung des Anspruchs zu prüfen (BGH VersR **88** 718), ihm seinen Standpunkt, er halte die Ansprüche für verjährt, zu erläutern (BGH NZV **97** 396), oder er werde ihm nach Gesprächen mit seinem Mandanten mitteilen, wie die weitere Vertretung erfolge (BGH NJW **07** 64). Die Hemmungsregelung verhindert ein Hinhalten des Geschädigten durch „Verhandlungen" bis nach Fristablauf; ohne vertragsmäßiges Anerkenntnis des Verpflichteten schließen Verhandlungen jedoch keinen Verzicht auf die Verjährungseinrede ein (BGH VersR **72** 1078). Befristete Vergleichsvorschläge des VU mit Ersuchen um Äußerung unterbrechen die Hemmung nicht (KG VersR **80** 156). Verhandlungen schweben zB, wenn erst das Ergebnis eines Strafverfahrens abgewartet werden soll

(BGH VersR **75** 440) oder ein anderer Rechtsstreit (KG VersR **72** 352), aber nicht, wenn eine unspezifizierte Regressanzeige nur formularmäßig bestätigt wird (BGH VersR **88** 718). Die Verhandlungen beziehen sich grundsätzlich auf alle Einzelansprüche, sofern nicht erkennbar ist, dass nur ein Teil davon umfasst sein soll (KG VersR **07** 1507). Verhandlungen wegen Regulierung mit dem Halter beziehen sich im Zweifel auch auf Ansprüche gegen den berechtigten Fahrer (BGH VersR **65** 142). Keine Hemmung bei eindeutig erkennbarer Verweigerung von Ersatz oder von Verhandlungen darüber (BGH DAR **98** 387, VersR **70** 327, VRS **24** 93, Kö VersR **78** 1074, Kar VersR **67** 667, Nü VersR **66** 1144, Stu VersR **71** 1178). Die Verjährung kann aber durch erneute Verhandlungen nach früherer Ablehnung uU erneut gehemmt werden (BGH NZV **97** 396). Mit dem **Ende von Verhandlungen** läuft die Verjährungsfrist weiter, jedoch tritt Verjährung frühestens 3 Monate nach dem Ende der Hemmung ein (§ 203 S 2 BGB). Verneinen der Ersatzpflicht beendet Verhandlungen allein nicht, der Abbruch muss darüber hinaus klar zum Ausdruck gebracht werden (BGH VersR **04** 656, DAR **98** 387). Jedoch genügt hier ein Abbrechen der Verhandlungen durch „Einschlafenlassen", etwa wenn der Ersatzberechtigte auf eine Anfrage des Ersatzpflichtigen nicht reagiert und die Zeit verstrichen ist, innerhalb derer eine Antwort zu erwarten war (BGH NZV **03** 80, Fra ZfS **04** 461). Wird eine Verhandlungspause vereinbart, so bleibt die Verjährung gehemmt; es ist Sache des Ersatzpflichtigen, die Verhandlungen wieder aufzunehmen (BGH NJW **86** 1337). **Schweigen des VU** reicht nicht, um Verhandlungen zu beenden (Ha NZV **98** 24). Schweigt der Berechtigte, so endet die Hemmung zu dem Zeitpunkt, in dem seine Antwort auf die letzte Äußerung des Pflichtigen spätestens zu erwarten war (BGH NJW **63** 492, VersR **85** 643, Dü VersR **99** 68, Mü VersR **75** 510, *Lepa* AG-VerkRecht-F S 241), ohne dass dieser die Beendigung noch förmlich erklären müsste (str., s. BGH NJW **77** 674, **86** 1337). Auch hier tritt die Verjährung dann frühestens 3 Monate nach diesem Zeitpunkt ein (§ 203 S 2 BGB). Schweigen des Berechtigten auf das Anerbieten, die Verhandlungen abzuschließen, beendet die Hemmung (BGH VersR **67** 502). Bei einem Wechsel des SVTr wirkt nur die bei seinem Rechtsvorgänger durch Verhandlungen gemäß § 203 BGB bis zum Rechtsübergang bewirkte Verjährungshemmung; ob eine Hemmung der Verjährung beim Rechtsnachfolger eintritt, hängt hingegen davon ab, ob Hemmungsgründe in seiner Person vorliegen (BGH VersR **14** 1226 m Bspr *Marburger* NZV **15** 218).

7 **Unzulässige Rechtsausübung** ist die Verjährungseinrede, wenn der Schuldner durch sein Gesamtverhalten, sei es auch unabsichtlich, den Gläubiger von der Fristwahrung abgehalten hat (RGZ **153** 101, BGH NJW **59** 241), zB, wenn er diesem nach verständigem Ermessen Anlass zur Annahme gegeben hat, die Ansprüche würden ohne Klage befriedigt oder jedenfalls nur mit materiellen Einwendungen bekämpft werden (BGH NJW **72** 158, VersR **82** 365), so dass der Gläubiger darauf vertrauen durfte, der Schuldner werde sich auf Verjährung nicht berufen (BGH NJW **72** 158, VersR **82** 444). Hat der Schädiger den Geschädigten auf sein VU verwiesen, so kann der spätere Verjährungseinwand rechtsmissbräuchlich sein, wenn das VU seine Deckungspflicht später verneint (BGH VRS **26** 321). Einem HaftpflichtVU, das nach Übergang des Schadensersatzanspruchs auf einen Träger der Pflegeversicherung (§ 116 SGB X) durch Zahlung eines Pflegegeldbetrags an den Geschädigten bewirkt, dass der Geschädigte keine Leistung aus der Pflegeversicherung beantragt, und der damit die Kenntnis des SVTr von dem Ersatzanspruch gegen den Schädiger und dessen HaftpflichtVU verhindert, kann die Berufung auf die Einrede der Verjährung nach Treu und Glauben verwehrt sein (BGH NJW **08** 2776). Entfallen die den Arglisteinwand begründenden Tatsachen, so muss der Berechtigte den Anspruch nun binnen angemessen kurzer Frist geltend machen (BGH NJW **55** 1834, **59** 96). Zu treuwidrigem Verhalten des Geschädigten Rn. 5 aE.

8 **4. Weitere Vorschriften des BGB über Verjährung.** §§ 203–213 (Hemmung, Ablaufhemmung und Neubeginn der Verjährung), 214–224 (Wirkung der Verjährung), 225 (rechtsgeschäftliche Abweichungen). § 207 S. 1 BGB (Verjährungshemmung unter Ehegatten) gilt auch für Ansprüche aus StrVUnfällen und ergreift auch den Direktanspruch gegen den Haftpflichtversicherer (BGH NJW-RR **87** 40, zust *Weber* DAR **87** 167, aM *Salje* VersR **82** 922). Die Verjährung kann, wie sich schon aus dem Wortlaut des § 209 BGB ergibt, nicht vor ihrem Beginn gehemmt werden; deswegen kommt es für die Berechnung des Zeitraums, währenddessen die Verjährung gehemmt ist, nur auf den Zeitraum nach Verjährungsbeginn an (BGH NJW **17** 3144). Neubeginn der Verjährung durch Anerkenntnis (§ 212 BGB) bei mehreren Schadensarten (Heilungskosten, Erwerbsschaden, Mehrbedarf) bezüglich des gesamten Schadens auch dann, wenn nur einzelne Schadensteile geltend gemacht und durch vorbehaltlose Abschlagszahlungen anerkannt wurden (BGH VersR **86** 96). Die Auslegung, ob die Zahlung als Anerkenntnis zu

werten ist, erfordert eine Gesamtwürdigung, die etwa auch die Vorkorrspondenz der Parteien einzubeziehen hat (BGH NJW **15** 1589). Zur Wirkung eines Anerkenntnisses des Versicherers nach § 208 BGB aF auch gegenüber dem Schädiger BGH NJW **07** 69 (zu § 5 Nr. 7 AHB). Einigen sich VU und Geschädigter im Rahmen eines Abfindungsvergleichs darauf, dass die Eintrittspflicht des VU ausschließlich von der Erreichung der Altersgrenze abhängig sein soll, so ist von einem stillschweigend vereinbarten Verzicht auf die Verjährungseinrede auszugehen (Ba DAR **17** 34 mAnm *Köck*).

Verwirkung

15 ¹Der Ersatzberechtigte verliert die ihm auf Grund der Vorschriften dieses Gesetzes zustehenden Rechte, wenn er nicht spätestens innerhalb zweier Monate, nachdem er von dem Schaden und der Person des Ersatzpflichtigen Kenntnis erhalten hat, dem Ersatzpflichtigen den Unfall anzeigt. ²Der Rechtsverlust tritt nicht ein, wenn die Anzeige infolge eines von dem Ersatzberechtigten nicht zu vertretenden Umstands unterblieben ist oder der Ersatzpflichtige innerhalb der bezeichneten Frist auf andere Weise von dem Unfall Kenntnis erhalten hat.

1. Verwirkung der Ansprüche aus Gefährdungshaftung. Der Unfall ist dem Ersatzpflich- **1** tigen binnen einer Ausschlussfrist anzuzeigen. Die Verwirkung bewirkt Rechtsverlust, so dass Geleistetes auf Grund ungerechtfertigter Bereicherung zurückgefordert werden kann (RGZ **48** 157, 163). Die Ausschlussfrist ist von Amts wegen zu berücksichtigen. § 15 will dem Haftpflichtigen die Beweissicherung ermöglichen (RG JW **20** 147). Fristberechnung: §§ 187, 188 BGB. Die Frist läuft von dem Zeitpunkt an, zu dem der Berechtigte vom Schaden und vom Ersatzpflichtigen Kenntnis erhält, insoweit also von demselben Zeitpunkt an wie die Verjährungsfrist (§ 14; dort Rn. 2). Grobfahrlässige Unkenntnis des Geschädigten vom Schaden und vom Schädiger reicht aber (insoweit abw von der Verjährung) für Verwirkung nicht aus (BGH VRS **24** 269). Die Ausschlussfrist des § 15 kennt keine Hemmung und keine Unterbrechung. Innerhalb der Ausschlussfrist wird der Anspruch durch Anzeige des Berechtigten an den Haftpflichtversicherer des Schädigers gewahrt (*Greger/Zwickel* § 21 Rn. 40). Anzeige an den Versicherungsagenten, der nur mit der Vermittlung von Versicherungsgeschäften betraut ist, genügt nicht (BGH VersR **63** 523 (zu § 7 I (2) AKB)). Fehlende oder verzögerte Substantiierung schadet nicht (BGHZ **74** 393, VRS **57** 261, 333, NJW **79** 2155 (zu § 3 Nr. 3 S. 3 PflVG aF = § 115 II S. 3 VVG 08), Mü VersR **76** 153). Nur der Ersatzanspruch wegen des Unfalls, nicht der Schaden im Einzelnen ist Gegenstand der Anzeige.

2. Ausnahmen von der Rechtsverwirkung. Versäumt der Berechtigte die Frist, so bleiben **2** seine Ansprüche gewahrt, wenn er die Versäumung nicht zu vertreten hat, weil ihm weder Vorsatz noch Fahrlässigkeit zur Last fällt (zB bei schwerer Erkrankung). Sie bleiben auch gewahrt, wenn der Verpflichtete anders als durch Anzeige vom Unfall erfährt, weil sein Interesse am etwaigen Entlastungsbeweis dann gewahrt ist. Es genügt, dass er über den Unfall unterrichtet wird; die Person des Berechtigten muss ihm nicht bekannt sein.

3. Beweislast. Der Ersatzpflichtige muss beweisen, dass und wann der Berechtigte Kenntnis **3** vom Schaden erlangt hat, worauf der Berechtigte dartun muss, dass er die Ausschlussfrist beachtet hat oder dass die Voraussetzungen des Satzes 2 vorliegen (RG Recht **23** 793).

Sonstige Gesetze

16 Unberührt bleiben die bundesrechtlichen Vorschriften, nach welchen der Fahrzeughalter für den durch das Fahrzeug verursachten Schaden in weiterem Umfang als nach den Vorschriften dieses Gesetzes haftet oder nach welchen ein anderer für den Schaden verantwortlich ist.

Übersicht

1　**1. Haftung auf Grund sonstigen Bundesrechts** besteht neben der Gefährdungshaftung (§§ 7, 18) für Halter, Fahrer und unbefugte FzBenutzer, zB nach den §§ 823 ff. BGB, vor allem aus SchutzGVerletzung (§ 823 II BGB mit StVO, StVZO und FeV), kraft Vertrags (§§ 276–278 BGB), kraft Amtshaftung nach § 839 BGB, Art 34 GG (BGHZ **29** 38, BGHZ **105** 65 = NZV **89** 1, BGHZ **113** 164 = NZV **91** 185, KG VRS **42** 92, **88** 321), wahlweise oder neben dieser und über sie hinaus (BGHZ **29** 44, VersR **84** 441). Stützt sich der Anspruch auf mehrere Haftungsgründe, so genügt es, den jeweils ausreichenden zu prüfen (BGH LM § 304 ZPO Nr. 5). Nach Maßgabe von § 8 Nr. 1, 2 StVG haftet der Halter bei „langsam beweglichen Kfz" und gegenüber dem bei dem KfzBetrieb Verletzten nach Deliktsrecht unter Ausschluss der Gefährdungshaftung. Sozialadäquates Verhalten BGHZ **24** 21; E **120**, 136. Haftungsprivileg des Arbeitgebers: bei **Arbeitsunfällen:** § 7 Rn. 61–70. Sachwehr (§ 228 BGB): E **115**, Notwehr (§ 227 BGB): E **113**, Angriffsnotstand (§ 904 BGB): E **116**. Zusammenwirken mehrerer Schadensursachen: E **109**.

2　**2. Die Vertragshaftung** (§§ 276–278 BGB) erlaubt Abdingung eigener Fahrlässigkeit, beim Erfüllungsgehilfen auch des Vorsatzes. Unentgeltlichkeit der Beförderung schließt einen Beförderungsvertrag nicht stets aus (BGH VersR **61** 417). Durch Mitnahme aus Gefälligkeit (Rn. 9) wird aber idR kein Vertragsverhältnis begründet (KG VRS **68** 29). Rechtsgeschäftlichen Charakter hat eine Gefälligkeit, wenn der Leistende Rechtsbindung wünscht und der Leistungsempfänger sie in diesem Sinne entgegennimmt (BGH VRS **20** 251). Zur vertraglichen Haftung bei Fahrgemeinschaften *Mädrich* NJW **82** 859. Zur Haftung innerhalb einer Reisegesellschaft bürgerlichen Rechts Rn. 7. Mitschuld des Verletzten Rn. 10, 11 und § 9. Haftungsverzicht: Rn. 9. Die vertragliche Haftung des infolge Trunkenheit mit dem Fz des Arbeitgebers einen Unfall verursachenden Arbeitnehmers umfasst auch den im Verlust von Prämienvorteilen bei der Haftpflichtversicherung liegenden Vermögensschaden des Arbeitgebers (BAG NJW **82** 846).

3　**3. Geschäftsbesorgung ohne Auftrag** (§ 677 BGB). Wer mit seinem Kfz verunglückt, weil er verhindern wollte, dass ein anderer verunglückt, kann von diesem angemessenen Ersatz fordern, wenn seine eigene Haftung gem. § 7 II ausgeschlossen wäre und er daher ein fremdes Geschäft führt (BGHZ **38** 270 = NJW **63** 390, Ha DAR **01** 127, KG DAR **71** 242, Kö VRS **86** 23 (alle noch zu § 7 II aF: wenn der Unfall für ihn selbst unabwendbar war)), nach geltender Fassung des § 7 II nur noch in den seltenen Fällen des Ausschlusses eigener Haftung wegen höherer Gewalt (Ol DAR **05** 343, *Geigel/Kaufmann* **25** 97, *Friedrich* NZV **04** 229, VersR **05** 1661, aM *Huber* § 3 Rn. 85). Ansprüche aus GoA können auch demjenigen zustehen, der nach einem Unfall Hilfe leistet und dabei einen Schaden erleidet (*Dornwald* DAR **92** 55, VGT **93** 290), sofern sich in dem Schaden eine tätigkeitsspezifische, gesteigerte Gefahr verwirklicht hat (BGH VersR **93** 843), aber nicht bei selbstgefährdendem, auch die Unfallfolgen verschlimmerndem Verhalten, weil dieses nicht dem mutmaßlichen Willen des Geschäftsherrn entspricht (Stu VersR **03** 341). In solchen Fällen kann ein Arbeitsunfall iS der §§ 2 I Nr. 13a SGB VII, 539 I Nr. 9a RVO aF vorliegen und Versicherungsschutz für den rettenden Kf bestehen (dazu § 7 Rn. 68; BSG VersR **83** 368; *Dornwald* DAR **92** 54). Wer ein Kfz auf dunkler Str anhält, um den Fahrer auf Mängel der Beleuchtung hinzuweisen, führt dessen Geschäft und dasjenige unfallbedrohter anderer VT (BGHZ **43** 188 = NJW **65** 1271). Eine Gemeinde haftet für Schäden, die ihre Feuerwehr grobfahrlässig einem Dritten zufügt, dessen Geschäfte sie beim Einsatz mitbesorgt, nach den §§ 677, 680 BGB ohne Rücksicht auf anderweitige Ersatzmöglichkeiten des Geschädigten (BGHZ **63** 167 = NJW **75** 207 (Ölunfall)). Kein Ersatzanspruch nach § 677 BGB bei nur vermuteter Gefahr (Fra MDR **76** 1021). Beim Ölabfüllunfall aus einem TankFz hat der GoA keinen Direktanspruch gegen den KfzVersicherer (BGHZ **72** 151 = NJW **78** 2030). Mutmaßliche Einwilligung: E **126**.

Literatur: *Böhmer,* Zur Frage der Anwendung des § 683 BGB im VUnfallrecht, JR **67** 178. *Deutsch,* Die Selbstaufopferung im StrV, AcP **65** 193. *Dornwald,* Ersatzansprüche des Helfers bei VUnfällen und Pannen, DAR **92** 54. *Frank,* Die Selbstaufopferung des Kf im StrV, JZ **82** 737. *Friedrich,* Die Selbstaufopferung für Minderjährige im StrV …, NZV **04** 227. *Helm,* Haftung und Versicherung bei der Selbstaufopferung des Kf im StrV, VersR **68** 209, 318. *Pfleiderer,* Ansprüche des Kf bei Selbstaufopferung?, VersR **61** 675. *Weimar,* Für wen erfolgt die Geschäftsführung ohne Auftrag bei Hilfeleistung an VOpfern?, MDR **64** 821.

4. Deliktshaftung. Die Verschuldenshaftung nach § 823 I BGB und bei Schutzgesetzverlet- 4
zung (§ 823 II BGB mit den Geboten und Verboten der StVO, FZV, StVZO und FeV) ist Haftung für billigerweise zurechenbares Unrecht. Soweit ein schuldhafter Verstoß einen anderen unmittelbar schädigt, liegt Verletzung der objektiv erforderlich gewesenen Sorgfalt vor, die der Schädiger auch zu vertreten hat, wenn sie seine persönlichen Fähigkeiten übersteigt (**E** 139), also nach stark objektiviertem Zurechnungsmaßstab. Andererseits schließt die Adäquanzlehre (näher **E** 104, 108) die Haftung des Schädigers im Allgemeinen nur bei ganz unwahrscheinlichen Verläufen aus, so dass in Grenzfällen (Kettenreaktionen, Zusammentreffen verschiedenartiger Gefahren und Ursachenreihen) Zurechnungsgrundsätze gesucht werden müssen, die eine billige Risikoverteilung erlauben. Dazu dient die Schutzzwecklehre auch im Bereich der § 823 I, II, § 839 BGB (BGHZ **32** 205, **39** 365, **46** 23). Verlangt wird, neben der haftungsbegründenden und der haftungsausfüllenden Ursächlichkeit (**E** 105, 106), ein gewerteter Rechtswidrigkeitszusammenhang zwischen haftungsbegründendem Ereignis und Schaden (**E** 107). Zum Haftungszusammenhang bei Unfallneurose § 11 Rn. 7.

Einzelfälle (§ 823 I BGB): Vom Schwarzfahrer bei der Flucht vor der Pol verursachte Schä- 5
den fallen unter den **Schutzzweck** der § 14 II StVO, § 38a StVZO, auf sie erstreckt sich daher die Haftung nach § 823 I, II BGB (BGH NJW **81** 113). Wer bei der Unfallhilfe verletzt wird, kann von dem Ersatz fordern, der den Unfall verschuldet hat (Stu NJW **65** 112). Wer eine Gefahrquelle schafft, muss soweit nötig und zumutbar für Schutz sorgen (BGHZ **60** 54). Wer ein Kfz nach Zerstörung der Sicherungseinrichtungen stiehlt und ungesichert stehen lässt, haftet nach § 823 BGB für Schäden durch das daraufhin nochmals entwendete Fz (KG NZV **89** 273). Wer ein Kfz, aus dessen Motorraum Qualm dringt, so abstellt, dass nach Entwicklung eines Feuers ein Brand am benachbarten Gebäude entsteht, haftet für den Schaden gem. § 823 I BGB (Ha NZV **97** 309). Schaffung eines gesteigerten Gefahrzustands durch *herausgeforderte Verfolgung* mit voraussehbarer Schädigung des Verfolgers (BGH NJW **71** 1980, **96** 1533 mAnm *Teichmann* JZ **96** 1181, Sa NJW-RR **92** 472, Ha VersR **98** 1525, *Strauch* VersR **92** 932, *Weber, Steffen*-F S. 507, *Gehrlein* VersR **98** 1331, s. auch **E** 109). Am Zurechnungszusammenhang zwischen dem Unfall des verfolgenden PolFz und dem Verhalten des Verfolgten fehlt es, wenn dieser nicht erkennen konnte, dass sein Verhalten zu einer Gefährdung des Verfolgenden geeignet war (BGH NZV **90** 425 (fehlende Kenntnis vom Verfolgtwerden); zust *Lange,* krit *Strauch* VersR **92** 936). Haftung des **VSicherungspflichtigen:** § 37 StVO Rn. 63, § 45 StVO Rn. 51 ff. Zur Haftung des **Rennveranstalters** und Rennleiters beim Autorennen § 29 StVO Rn. 7. Der **Linienbusf** darf auch im Zweimannbetrieb erst anfahren, wenn alle Türen geschlossen sind (Ce VRS **24** 129), doch muss er sich vorher nicht überzeugen, dass alle Zugestiegenen sitzen oder sich festhalten (Dü VersR **86** 64, **00** 70, Ko VRS **99** 247, Ol VersR **01** 118, Kö VRS **97** 81, NJW-RR **90** 1361, KG VRS **90** 92, Ha NZV **98** 463, **17** 377 mAnm *Filthaut;* einschr Ha NZV **93** 26), hat also keine generelle Beobachtungspflicht (Fra NZV **13** 77). Anders dann, wenn er, zB bei einem erkennbar (LG Lübeck NZV **07** 523) Gebrechlichen oder sonst Behinderten, besonderen Grund zu besonderer Vorsicht hat (BGH VersR **72** 152, NZV **93** 106, KG VM **96** 45), wie zB bei einem gehbehinderten Fahrgast mit Stock (Ha VersR **75** 58, Kö NJW-RR **90** 1361, Ha NZV **93** 26 (bei älteren Fahrgästen)), wobei ein hilfsbedürftiger Fahrgast beim Fahrer einsteigen muss, andernfalls er allein haftet (AG Halle NZV **10** 521). Unterrichtungspflicht des Busf, wenn ein Rollstuhlfahrer, dem er beim Einstieg geholfen hat, den Rollstuhl quer zur Fahrtrichtung positioniert mit der Folge des Kippens (Sa NJW-RR **14** 845). Alleiniges Vorzeigen eines Schwerbehindertenausweises begründet keine erhöhten Sorgfaltspflichten des Busf, wenn sich Fahrgast ohne erkennbare Probleme bewegt (Ha NZV **18** 373 mAnm *Filthaut*). Kein die Haftung auslösendes Verschulden des Busfahrers, der bei erhöhtem Andrang sämtliche Eingangstüren öffnet; Haftung aus BG kann durch Mitverschulden (§ 9) dessen ausgeschlossen sein, der sich trotz gefahrerhöhender Umstände in die „1. Reihe" stellt (Kar NZV **11** 141). Mitschuld des Fahrgasts (idR Zurücktreten der BG von Bus und Straba), der sich vor Anfahren des Busses keinen festen Halt verschafft (Dr VersR **96** 1168 (Straba), LG Duisburg VRS **69** 420, LG Dü VersR **92** 844, LG Ka VersR **95** 111; LG Berlin NZV **12** 184 (Rollstuhlfahrer); zum Anschein s. u.), nach Dr NZV **18** 76 völliges Zurücktreten der BG (insoweit krit *Filthaut* NZV **18** 79) wegen grober Fahrlässigkeit eines mit 15 cm Abstand zur Sitzlehne quer zur Fahrtrichtung *sitzenden* Fahrgasts. Alleinhaftung des Fahrgasts, der während der Fahrt in einem Doppeldeckerbus die Treppe herabsteigt (LG Berlin NZV **10** 519). Vorzeitiges Türöffnen kann zur Schuld gereichen (Ol VRS **5** 406), wie überhaupt Fahren mit offener Tür. Für die Folgen überscharfen Bremsens nur dann keine Haftung, wenn es schuldlos unvermeidbar nötig war (Sa VersR **77** 1163 (Bahn-Vertragshaftung), KG VRS **40** 264, DAR **77** 160, Nü VersR **77** 674, Dü VersR **72** 1171). Ansonsten müssen die Fahr-

gäste mit auch scharfem Bremsen rechnen und sich festhalten bzw. sich sonst festen Stand verschaffen (Ha DAR **00** 64, NZV **98** 463, Dü VersR **72** 1171; KG NZV **11** 197; **12** 182, **13** 78). Denn sie müssen sich auch ihrerseits sorgfältig verhalten (Fra NZV **02** 367, Ha NZV **98** 463, AG Sa NZV **06** 479). Jedoch kein Mitverschulden des Fahrgasts, wenn an seinem Sitzplatz keine zumutbare Gelegenheit zum Festhalten besteht; Fahrgast muss sich auch nicht einen Sitzplatz aussuchen, an dem eine Querstange zum Festhalten angebracht ist (Mü NZV **06** 477). Die Beweislast für die verkehrsbedingte Notwendigkeit liegt beim Busf (KG DAR **77** 160). Beim *Anfahren einer Straba* trifft FzF grundsätzlich eine Rückschaupflicht hinsichtlich im Gefahrenbereich befindlicher Fahrgäste (Kar VRS **113** 46). Das neue Eisenbahnhaftungsrecht (CIV) gilt für die Bahnen des öffentlichen Nahverkehrs (Straba, U-Bahn, Bus) nicht (*Filthaut* NZV **09** 417). Zum allseitigen Ausgleich bei der Verletzung eines Fahrgasts bei einem Rettungsversuch zugunsten anderen, unvorsichtigen Fahrgasts Dü NZV **11** 393 mAnm *Filthaut*. **Kein Anscheinsbeweis** für Verschulden des Busf, wenn ein Fahrgast bei normaler Anfahrt (LG Lübeck NZV **07** 523) zu Fall kommt oder in einer Kurve vom Sitz stürzt (Kö NZV **92** 279). Umgekehrt Anscheinsbeweis für nicht ausreichende Selbstsicherung des Fahrgasts bei Unfall beim Einsteigen (Fra NZV **13** 77, Nau NZV **14** 357), nach Anfahren oder Bremsvorgängen (Fra NZV **11** 199, Br NZV **11** 540; **17** 377 mAnm *Filthaut*; LG Wiesbaden NZV **11** 201, LG Dr NZV **11** 202, nach Mü NZV **06** 477 nicht stets dann, wenn nach Vollbremsung eines 45 km/h fahrenden Linienbusses nur einer von mehreren Fahrgästen stürzt). Zurücktreten der BG nicht erst bei grober Fahrlässigkeit, sondern bereits bei erheblichem Verschulden des Fahrgasts (Ha **17** 377 mAnm *Filthaut*; KG NZV **10** 570; Fra NZV **11** 199). Kein Anschein bei Sturz nach Vollbremsung im Anfahren (Nau NZV **12** 76); anders nach LG Mü I NZV **06** 478 bei Betriebsbremsung (nicht Gefahrenbremsung) der Straba, derentwegen Geschädigter vom Sitz rutscht; danach überdurchschnittliches Verschulden des Geschädigten, das BG vollständig zurücktreten lässt. Kein Anschein, wenn bei Bremsmanöver alle Fahrgäste vom Sitz „fliegen" oder rutschen (Fra NZV **16** 272). RsprÜbersichten bei *Filthaut* NZV **06** 634, **08** 226, **11** 110, 217; **13** 68, 319; NZV **15** 265; **16** 297, 300; **17** 513, **18** 542. Zu den Darlegungslasten des Verkehrsunternehmens Fra NJW **15** 2195. Zum Anwendungsbereich des § **830 I S. 2 BGB** BGHZ 72 355, **67** 14 = NJW **76** 1934, KG NZV **89** 232, *G. Müller* VersR **98** 1182. Kann der Verletzte selbst den Schaden verursacht haben, so kann kein anderer Beteiligter nach § **830 I BGB** haften (BGHZ **60** 177 = NJW **73** 993, 1283 (Kettenunfall), Nü VersR **72** 447). Überlässt der Verkäufer ein nicht zugelassenes, *nicht haftpflichtversichertes Kfz* dem Käufer in Kenntnis alsbaldiger unerlaubter VBenutzung, so haftet er neben dem Käufer wie ein Haftpflichtversicherer (Beihilfe zu § 6 PflVG; Mü VRS **57** 328). **Entgangener Urlaub** als Folge einer anderen Rechtsgutsverletzung (Körperverletzung, Kfz-Beschädigung) ist nicht ersatzfähig (§ 253 BGB; BGHZ **60** 214 = NJW **73** 747, BGHZ **86** 212 = NJW **83** 1107 (krit *Grunsky* JZ **83** 373, zust *Gitter* JR **83** 496), Mü VersR **75** 62, aM KG DAR **78** 87 *(Darkow),* offen gelassen von Ce VersR **77** 1104; anders nach BGHZ **60** 214 = NJW **73** 747, soweit – durch den Schadenseintritt nutzlos gewordene – Aufwendungen gemacht wurden, oder wenn die infolge des Schadensereignisses geänderte Urlaubsgestaltung geringer wertig ist als die geplante und bezahlte). Soweit vom BGH abweichend davon weitergehende Ersatzfähigkeit des entgangenen Urlaubs anerkannt wurde, handelt es sich um Schadenersatzansprüche aus Verträgen, in denen der Urlaub Gegenstand der Leistungspflicht war (BGHZ **63** 101 = NJW **75** 41, BGH NJW **80** 1947, **81** 1833).

6   **Schutzgesetz** (§ 823 II BGB) ist eine Norm, die den Anspruch als einen individuellen, im haftpflichtrechtlichen Gesamtsystem sinnvollen und tragbaren Anspruch gewährt und dabei § 823 I nicht unterläuft (BGHZ **66** 388 = NJW **76** 1740). Maßgebend dafür ist der gesetzlich gewollte Schutzzweck, auch ein Nebenzweck (BGHZ **22** 297). Es genügt also, wenn die Norm zumindest auch dem Schutz gegen die Verletzung eines bestimmten Rechtsguts dienen soll, selbst wenn sie in erster Linie Interessen der Allgemeinheit betrifft (BGH NJW **06** 2110, ZfS **05** 279, NZV **05** 457). Auch hier muss der Schaden dem Rechtsgut zugefügt sein, das durch die verletzte Norm geschützt werden soll (BGH NZV **05** 457, NJW **04** 356, BGHZ **30** 156, **43** 182, **27** 137, **37** 315), wobei sich die Pflichtverletzung nur auf die Gesetzesverletzung beziehen muss, nicht auch auf deren Folge. Nicht ausreichend ist, dass der Schutz eines Individualguts, ohne dass er auch nur als Nebenzweck vom Aufgabenbereich der Norm umfasst wäre, nur Reflex der Normbefolgung ist (BGH ZfS **05** 279, NZV **05** 457, NJW **04** 356). Für die Beurteilung, ob einer Vorschrift Schutzgesetzcharakter zukommt, ist in umfassender Würdigung des gesamten Regelungszusammenhangs auch zu prüfen, ob es in der Tendenz des Gesetzgebers liegen konnte, an die Verletzung des geschützten Interesses die Haftung gem. § 823 II BGB mit allen damit zu Gunsten des Geschädigten gegebenen Haftungs- und Beweiserleichterungen zu knüpfen (BGHZ **84** 312 = NJW **82** 2780; NJW **05** 2923; **06** 2110). Zum Anscheinsbeweis bei SchutzG-Verletzung, **E** 157a. SchutzG können vor allem einzelne **StVO-Verkehrsregeln** sein (BGH NJW **06** 2110, NZV **05** 457, Sa VM **77** 96 (Befahren nichtöffentlichen Betriebsgeländes)), zB umfassen die §§ 1, 3 StVO als SchutzG auch Schäden, die durch Umfahren der Unfallstelle entstehen oder dadurch, dass jemand in sie hineinfährt (BGH NJW **72** 1804). Jedoch dient die StVO *als Ganzes* nicht dem Vermögensschutz (**E** 6 mwN). § 1 StVO ist kein SchutzG für Vermögensinteressen des Halters im Verhältnis zum Fahrer (Stu NJW **71** 660 (kein Ersatz bei Verlust des Schadensfreiheitsrabatts)). Einzelheiten bei den einzelnen Bestimmungen. § 248b StGB schützt den Halter, nicht die VT gegen unbefugte FzBenutzung (BGHZ **22** 296).

Schuldmaßstab. Zu erbringen ist nicht die individuell mögliche, sondern die im Verkehr erforderliche, also eine objektivierte, typisierte Sorgfalt (**E** 139), solange die gefährliche Lage andauert (näher: **E** 137, 139 ff., 147). Dieser Maßstab bleibt unterhalb des in § 17 III verlangten, er schließt aber Berufung auf geringere Erfahrung und auf Nichtvorhersehbarkeit des Unfallverlaufs idR aus. Die **Haftungsmilderungen nach §§ 708, 1359, 1664 BGB** gelten im StrV nicht (BGHZ **53** 352, BGH NJW **88** 1208, NZV **92** 148, NJW **09** 1875 mAnm *Figgener;* NZV **09** 282; einschr. hinsichtlich mitfahrendem Ehegatten, Kind *Kunschert* NJW **03** 950, dazu auch *Bern* NZV **91** 451; abw nach überwiegender Rspr. bei elterlicher Aufsichtspflichtverletzung: Kar NZV **09** 511 mwN, Stu NZV **11** 396 (zur Haftung im Innenverhältnis zwischen Eltern und Erfüllungsgehilfen bei Forderungsübergang nach § 116 SGB X)). Nach der Rspr. eignet sich der Maßstab des § 708 BGB für das StrVR allgemein nicht, weil kein hinreichender Grund zur Haftungsbeschränkung auf individuell geringere Leistungsfähigkeit bestehe; bei einer Fahrt als Reisegesellschaft bürgerlichen Rechts haftet der Fahrer deshalb für die verkehrserforderliche Sorgfalt, uU unter Berücksichtigung fremder Mitschuld nach § 254 BGB (BGH NJW **67** 558, krit *Medicus* JZ **67** 401 Fußn 30). Auch dem **Ehegatten,** der im Verkehr, etwa als Fahrer, Gesundheit oder Eigentum des anderen Gatten verletzt, kommt § 1359 BGB nicht zugute (BGH NJW **70** 1271, **09** 1875; Ce NZV **93** 187), jedenfalls dann nicht, wenn er durch Haftpflichtversicherung geschützt ist (BGHZ **63** 51 = NJW **74** 2124, NZV **92** 148) oder Staatshaftung eintritt (Art 34 GG, BGH NZV **92** 148), er kann nicht Regel-Sorglosigkeit einwenden (BGHZ **53** 352). Ersatzansprüche des Ehegatten wegen Pflichtverletzung sind allein durch die familienrechtliche Beziehung (§ 1353 BGB) nicht ausgeschlossen, sondern allenfalls deren *Geltendmachung* auf Grund besonderer Umstände, die das Ersatzverlangen aus besonderen Gründen unangemessen machen (BGHZ NJW **73** 1654, **79** 2043, **83** 624, **88** 1208). Kommt es später zur Trennung der Eheleute, so ist der Geschädigte an der Geltendmachung seines Schadensersatzanspruchs jedenfalls dann nicht mehr gehindert, wenn der Schädiger seine ursprünglichen Bemühungen um einen anderweitigen Schadensausgleich nunmehr wieder rückgängig macht (*Bern* NZV **91** 453). Zum **Regress des SozVersTr** nach § 116 SGB X bei Verletzung durch Familienangehörige *Marburger* NZV **17** 467). Für Verletzungen unter Arbeitskollegen auf Betriebsfahrt gelten die § 105 SGB VII (§§ 636, 637 RVO aF; hierzu § 7 Rn. 61 ff.). Es erwächst bei Unfall kein **Ersatzanspruch eines Arbeitnehmers** (im Einzelnen § 7 Rn. 61) gegen den anderen (Dü VersR **77** 1027). Unfälle bei Fahrten zwischen Wohnung und Arbeitsplatz, auch in Fahrgemeinschaft (s. auch § 8a Rn. 5), sind Arbeitsunfälle, ohne Rücksicht auf Fahrerschuld tritt die gesetzliche Unfallversicherung ein (§ 8 SGB VII, § 550 RVO aF). Bei **Deliktsunfähigkeit** des Schädigers kann für die Frage, ob gem. § 829 BGB aus Billigkeitsgründen Ersatz zu leisten ist, das Bestehen einer KfzPflichtversicherung aufseiten des Schädigers zu berücksichtigen sein (BGHZ **127** 186 = NZV **95** 65; DAR **17** 137). Anders liegt es wegen des Trennungsprinzips bei einer (freiwilligen) Privathaftpflichtversicherung (BGH DAR **17** 137; s. auch AG Ahaus NZV **04** 145, zust *Pardey* DAR **04** 508 Fn 81).

Literatur: *Bern,* Ersatzansprüche im Falle der Schädigung Angehöriger, NZV **91** 449. *Kunschert,* Die Haftung des KfzHalters gegenüber seinem Partner und seinem Kind als Insassen, NJW **03** 950. *Mädrich,* Haftungs- und versicherungsrechtliche Probleme bei Kfz-Fahrgemeinschaften, NJW **82** 859. *Mersson,* Zur Haftung bei Gefälligkeitsfahrten, DAR **93** 87.

Haftungsausschluss (wegen Verbots treuwidriger Geltendmachung von Schadensersatzansprüchen bzw. stillschweigenden Verzichts) ist an sich auch bei Gefälligkeitsfahrten möglich, aber nur unter strengen Anforderungen und bei besonderen auf entsprechenden Vertragswillen hindeutenden Umständen anzunehmen (BGH VersR **67** 379, NZV **93** 430, Ba VersR **85** 786, Mü DAR **98** 17, Ha NZV **06** 85; Kar NJW **12** 3447). Er setzt voraus, dass der Verletzte sich der Möglichkeit einer Gefährdung durch den dann unfallursächlichen Umstand bewusst gewesen ist (BGH NJW **51** 916, Ha NJW-RR **07** 1517). Unentgeltlichkeit genügt nicht (BGH NJW **66** 41,

Nü VRS **77** 23, Mü VRS **77** 161), auch nicht bloßes Stillschweigen, nicht enge persönl. oder verwandtschaftl. Beziehungen (BGHZ **30** 40, VersR **73** 941, NJW **66** 41, Zw VersR **01** 256, Dü VersR **75** 57, 90, Sa VersR **61** 928), auch nicht das Bewusstsein einer gewissen, an sich nicht ungewöhnlichen Gefahrerhöhung (s. aber Ce MDR **69** 69 (Mitfahren im Einsatzwagen)). Stillschweigender Haftungsverzicht für fahrlässig verursachte, nicht haftpflichtversicherte Sachschäden bei Gefälligkeitsfahrt im alleinigen Interesse des FzEigentümers (Fra NJW **98** 1232, KG VRS **104** 5). Annahme einer Haftungsbegrenzung auf Vorsatz und grobe Fahrlässigkeit **im Wege ergänzender Vertragsauslegung** bei Gefälligkeitsfahrt ausnahmsweise dann, wenn kein Versicherungsschutz für den Fahrer besteht und besondere Umstände für einen solchen Verzicht sprechen (BGH VRS **65** 178, NZV **93** 430, NJW **09** 1482 (Vorinstanz Stu NZV **08** 406) m Bspr *Diebold* ZfS **11** 363; Ce NZV **93** 187 (Lebensgefährtin als Fahranfängerin), Ko NZV **05** 635; Stu NZV **08** 406 (je gemeinsame Urlaubsfahrt in einem Land mit Linksverkehr), Nü DAR **63** 297 (Haftungsausschluss bei Tod des Vaters durch leichte Fahrlässigkeit des das Kfz steuernden 19^{1}/$_{2}$-jährigen Sohns), Ha VersR **08** 1219 (Junggesellenabschied), s. aber Kö MDR **02** 150 (Gefälligkeitsfahrt im Ausland trotz ausländischer Haftpflichtversicherung); *Messon* DAR **93** 91). Zur Rechtslage bei regelmäßiger Mitnahme von Mitschülern im Kfz zur Schule bei anteiliger Erstattung der Benzinkosten Fra VersR **78** 745. Die Haftung für fahrlässige Körperverletzung ist zwischen Pilot und Copilot bei Club-Zuverlässigkeitsfahrt nicht ohne Weiteres eingeschränkt (BGH NJW **63** 1099, JZ **64** 60 mAnm *Stoll*). Die Vereinbarung: „Passiert etwas, komme ich für nichts auf" lässt die Haftung für grobe Fahrlässigkeit bestehen (Ce VersR **62** 384). Kein Ersatzanspruch gegen den Verein bei Transport minderjähriger Vereinsmitglieder zu Sportveranstaltungen und dabei erlittenem Verkehrsunfall (BGH NJW **15** 2880). Haftungsausschluss ggü. dem Veranstalter und unter den Teilnehmern auf grobe Fahrlässigkeit und Vorsatz ist bei einem Fahrsicherheitstraining auf abgesperrter Rennstrecke **auch in AGB** möglich (Kar NJW-RR **14** 692; Mü NZV **18** 431 *(Vyvers)*; aM Stu NZV **09** 233; 237, Ko NJW-Spezial **11** 298). **Versicherungsschutz des an sich Haftenden** wird idR gegen Verzicht des Fahrgasts sprechen (BGH NJW **66** 41, MDR **64** 223, NZV **93** 430, NJW **08** 1591, Sa VersR **61** 528, 928, Stu VersR **61** 384, s. auch Kar NJW **12** 3447). Mangels Versicherungsschutzes nimmt Stu NJW **64** 727 Verzicht bei leichter Fahrlässigkeit bei Mitfahrt der Stieftochter im Kfz des Stiefvaters an, in dessen Haushalt sie unterhalten wird. Veranlasst der Halter einen ihm unterstellten Arbeitskollegen, ihn im Kfz des Halters zu fahren, obwohl der Fahrer keinen Versicherungsschutz im Verhältnis zum Halter genießt, so kann darin stillschweigender Verzicht auf Haftung für leichte Fahrlässigkeit liegen (BGH VersR **78** 625), ebenso, wenn der Halter den keinen Versicherungsschutz genießenden Fahrer zur Fahrt überredet, obwohl dieser unter Hinweis auf vorangegangenen Alkoholgenuss zunächst ablehnt (BGH VRS **65** 178). Hingegen kein Haftungsausschluss bei Überlassung eines fremden Pkw zu häufiger Eigenbenutzung, selbst wenn die Unfallfahrt allein dem Interesse des Kfz-Halters und seiner Tochter diente und der FzF keinen Versicherungsschutz hat (Ce DAR **16** 370 mAnm *Spallino;* zw). Stillschweigender Haftungsverzicht des Halters für leichte Fahrlässigkeit des Fahrers kann auch anzunehmen sein bei *in gesellschaftsähnlicher Weise verabredeter Urlaubsfahrt* ohne Versicherungsschutz des Fahrers (BGH NJW **79** 414, **09** 1482, Ko NZV **05** 635, Stu NZV **08** 406; abw Bay NZV **88** 141 (nur wenn FzFühren durch den Schädiger im ganz überwiegenden Interesse des Halters lag)). Das gilt namentl. bei den Beteiligten bekannter gesteigerter Unfallgefahr (BGH NJW **09** 1482). Ist der bei einer Verkaufsprobefahrt als Insasse mitfahrende Halter nicht unfallversichert, so ist sein stillschweigender Haftungsverzicht für leichte Fahrlässigkeit des Kaufinteressenten anzunehmen (BGH VRS **58** 241). Die Verzichtserklärung eines verletzten Insassen ggü. dem Fahrer und Halter wirkt auch zugunsten des Haftpflichtversicherers (Ko ZfS **87** 130). Rennzuschauer verzichten nicht stillschweigend auf jeden Rechtsschutz (Kar VRS **7** 405 (§ 29)). Aus der Benutzung eines Verkehrsübungsplatzes lässt sich weder unter dem Gesichtspunkt des stillschweigenden Haftungsverzichts noch dem der Mitschuld ein Haftungsausschluss herleiten (LG Fulda MDR **88** 966), gleichfalls nicht bei Teilnahme an einer Fahrverstaltung zur Verbesserung der Fahrsicherheit (Stu NZV **09** 233; s. auch Stu NZV **09** 237; Ko NJW-Spezial **11** 298; zum Haftungsaussschluss durch AGB s. o.). Bei **einer organisierten Radtouristikfahrt** gelten grds. die von der Rspr. für die Teilnahme an sportlichen Wettbewerben entwickelten Haftungsbeschränkungen (hierzu BGHZ **154** 316, BGH NJW **08** 1591, **10** 537; § 29 StVO Rn. 7); soweit eine Verletzung der jeweiligen (auch ungeschriebenen) sportlichen Regeln nicht feststeht (Beweislast beim Verletzten, vgl. BGH NJW **10** 537; *Diederichsen* DAR **10** 301, 304 mwN), scheidet eine Haftung des Unfallverursachers aus, wobei ein Verstoß gegen die StVO (zB Nichteinhaltung der vorgeschriebenen Abstände) nicht ausreicht (Stu NJW-RR **07** 1251), ebenso bei einer Motorradausfahrt im Pulk, bei der Regelverletzungen, namentlich hinsichtlich der Sicherheitsabstände, einkalkuliert sind (Brn VRS **113** 407; Fra NJW **15** 3522 mAnm *Born*; s. auch BGH DAR **09** 326 (Motocross-Training)), was aber nicht zutrifft, wenn sich das spezifische Risiko der Veranstaltung (Radtrainingsfahrt im Pulk) nicht ausgewirkt hat (Fra NJW **20** 2277 mAnm *Born*), bei einer Demonstrationsfahrt mit Motorrädern (Nau MDR **13** 587) oder bei einer gemeinsamen Rennrad-Trainingsfahrt (AG Nordhorn NJW **15** 3524). Kein stillschweigender Haftungsausschluss, wenn der Schädiger Versicherungsschutz hat (BGH NJW **08** 1591, Fra NJW **20** 2277 mAnm *Born*; s. o.), wobei aber ein bestehender Versicherungsschutz ein fehlendes Verschulden des Schädigers nicht zu überwinden vermag (*Diederichsen* DAR **10** 301, 304 mwN). Kein Haftungsverzicht beim Abschleppen eines Lkw (Ce NZV **13** 292). Zu den Pflichten der Organisatoren hinsichtlich „Nachzüglern" Ha NZV **14** 359.

10 Wer sich bewusst der besonderen Gefahr aussetzt, die mit der **Teilnahme an der Fahrt eines fahrunsicheren Kf** oder mit einem **nicht verkehrssicheren Kfz** verbunden ist, kann keinen vollen Schadensersatz fordern. Die Annahme stillschweigenden Haftungsverzichts bei Mitfahrt mit alkoholisiertem Fahrer scheidet aber von vornherein aus, wenn der Mitfahrende dessen Fahruntüchtigkeit nicht erkennen konnte (Kar DAR **91** 175, Ko ZfS **91** 294). Dieses früher sog **„Handeln auf eigene Gefahr"** wird heute nicht mehr als rechtfertigende Einwilligung in die möglicherweise auf der Fahrt eintretenden Schädigungen angesehen (so zB noch RGZ **141** 262, BGHZ **2** 159), weil dies lebensfremd wäre, i Ü bei minderjährigen Geschädigten zu keiner befriedigenden Lösung führen und schließlich immer nur zur völligen Haftungsfreistellung führen könnte. Vielmehr wird seit BGHZ **34** 355 = NJW **61** 655 die Teilnahme an der Fahrt durch den Geschädigten bei erkennbarer Fahrunsicherheit des Fahrers als **Mitverschulden** gewürdigt (Ha NZV **06** 85, Kar NJW **09** 2608, Ol ZfS **89** 292, VRS **95** 5, Nü VersR **63** 761, Ko NZV **93** 193, Kö ZfS **90** 3, Mü VRS **77** 161, Fra ZfS **91** 150). Voraussetzung ist entweder **Kenntnis der möglichen Gefahr** (Ha DAR **73** 219) und freie Abwägungsmöglichkeit ohne Zwangslage (Ha DAR **72** 77, BGH VRS **16** 81) **oder fahrlässige Unkenntnis** (BGH VersR **67** 288, Kö VRS **96** 327, Ha VersR **93** 588, LG Sa ZfS **04** 549 mAnm *Diehl*). So genügt es, wenn der Geschädigte bei zuzumutender Aufmerksamkeit ernstliche Zweifel an der Fahrsicherheit des Fahrers hätte haben müssen (BGH VM **71** 45, DAR **63** 300, Ha ZfS **87** 290, Fra ZfS **91** 150), wobei an seine Sorgfalt keine überhöhten Anforderungen zu stellen sind (BGH VersR **67** 82, **70** 624, Sa VersR **68** 905, KG ZfS **88** 378). Je nach den Umständen kann solches Verhalten Ersatz ausschließen oder nach dem Maßstab der § 254 BGB, § 9 StVG mindern, wobei das Revisionsgericht nur Berücksichtigung aller wesentlichen Umstände und der Denkregeln prüft (BGH VersR **67** 288). Haben sich Minderjährige bewusst einer Gefahr ausgesetzt, so ist § 828 BGB entsprechend anzuwenden; die Eigenart jugendlichen Verhaltens ist zu berücksichtigen (BGHZ **34** 355 = NJW **61** 655, Ko NZV **93** 193). Kein Ersatzanspruch eines Jugendlichen, der auf dem FzDach mitfährt und auf die Str fällt (Ko NZV **93** 193). Näher zur Mitschuld des Verletzten: § 9. Die Beweislast für Mitverschulden liegt beim Ersatzpflichtigen (BGH NJW **88** 2366, Sa VersR **02** 392, KG DAR **77** 160).

11 **Beispiele:** Mitfahrt mit **alkoholbeeinträchtigtem Fahrer** begründet Mitschuld, uU erhebliche (Hb VersR **71** 258, Ce NZV **05** 421; zusfsd *Kraft* NZV **14** 245), wenn nicht sogar Alleinschuld (BGH VersR **63** 165, Kö VersR **90** 3, VRS **98** 407, Zw VersR **78** 1030, Mü VersR **63** 51, LG Aachen NJW-RR **87** 670 (gemeinsames Zechen)), wenn das Gesamtbild des Fahrers und seiner Fahrweise Anlass zu Zweifeln an seiner Fahrsicherheit geboten hat (BGH VersR **67** 974, Kar VersR **90** 319, Mü VRS **77** 161, Ko VRS **76** 90, Fra VersR **70** 473, Nü VersR **69** 836), auch bei erst 15-jährigem Mitfahrer (Schl NZV **95** 357 (Mithaftung zu $^1/_4$)), oder wenn der Mitfahrer weiß, dass der Fahrer vorher erheblich getrunken hat (KG VRS **111** 10, Ol VRS **95** 5, ZfS **89** 292 (gemeinsames Zechen), Ha ZfS **96** 4, Hb VersR **77** 380, Ko VersR **80** 238, Fra VersR **80** 287), wenn es ihm hätte auffallen müssen (Kö VM **00** 36) oder bei späterem derartigen Zweifeln, ohne dass der Fahrgast aussteigt (Ol VRS **95** 5, KG VM **73** 58), wobei ihm eigene alkoholbedingte Beobachtungstrübung nach dem Rechtsgedanken des § 827 S. 2 BGB nicht zugute kommt (BGH VersR **68** 197, Ha ZfS **87** 290, **96** 4, KG VM **90** 92, AG Langen SVR **16** 225 (*Balke*)); abw Brn VersR **02** 863; Kar NJW **09** 2608 (nur $^1/_3$ Haftungsanteil des zudem nicht angeschnallten Beifahrers)). Dies lässt unberührt, dass die gebotene Selbstprüfung in erster Linie den Fahrer trifft (Fra NZV **07** 525). Ob der Mitfahrer hätte zweifeln müssen, hängt von allen Umständen ab (BGH VRS **57** 242, Ce VersR **81** 736, Sa MDR **02** 392, KG VM **89** 51). Gegen den gefälligkeitshalber mitgenommenen Fahrgast kann aber nicht schon deshalb ein Mitschuldvorwurf erhoben werden, weil ihm bekannt gewesen ist, dass der Fahrer überhaupt Alkohol getrunken hatte (BGH VRS **57** 242, VersR **60** 1146, **62** 252, Ha NZV **06** 85, Fra VM **86** 88, Mü VRS **77** 161, KG VM **89** 51, Ko ZfS **91** 294, Zw VRS **84** 177). Auch Alkoholgeruch allein genügt nicht (Fra NZV **89** 111). Es besteht kein Erfahrungssatz, dass der Mitfahrer Trunkenheit des Fahrers ab einer bestimmten höheren BAK stets erkennen konnte (Mü ZfS **85** 161 (1,8‰), Sa MDR **02** 392 (jedenfalls nicht unter 2‰)). Mitschuld, wenn der Halter einen ersichtlich Angetrunkenen fahren lässt (BGH VersR **67** 379, Mü VersR **86** 925, Kö VersR **84** 545 (angetrunkenen Minderjährigen ohne FE)). Besondere Umstände können für stillschweigenden Haftungsverzicht sprechen (angetrunkener Halter lässt sich von späterer Ehefrau mit geringer Fahrerfahrung befördern; BGH VRS **58** 333). Mitverschulden setzt außerdem voraus, dass der Beifahrer überhaupt noch die Möglichkeit hatte, das Fz zu verlassen (Nau NZV **11** 448). Mitverschulden ist gegeben bei Mitfahrt trotz Kenntnis **fehlender FE** und damit des Risikos mangelnder Fahrfähigkeit (Ol VRS **4** 488, Ba VersR **85** 786), auch ohne Kenntnis bei Vorliegen entsprechender Verdachtsmomente (Ha VM **86** 21). Der Haftungsanteil des ohne FE den Unfall durch fehlerhafte Fahrweise verursachenden Fahrers überwiegt idR den des Mitfahrenden (BGH VersR **85** 965). Dagegen begründet die Kenntnis von der wegen einer Alkoholfahrt erfolgten EdF nicht ohne weiteres Bedenken hinsichtlich der Fahrsicherheit bei der zum Schaden führenden späteren Fahrt (Kö VRS **96** 327). **Kenntnis von gefahrerhöhenden Umständen** begründet nicht stets Mitschuld (Schl DAR **71** 101), zB nicht bloßes Mitfahren in Kenntnis, dass das Moped gestohlen ist (Sa VM **73** 20). Keine Mitschuld beim Mitfahren mit einem Anfänger außer bei gefahrerhöhenden Umständen (BGH VRS **21** 164, Ce MDR **61** 413, NZV **88** 141).

12   **Für Verrichtungsgehilfen** haftet neben deren eigener Haftung (§ 823 BGB) mangels Entlastung auch der Halter (§ 831 BGB), und zwar für sorgfältige Auswahl, Fahreignung und Zuverlässigkeit. Entlastungsvoraussetzung ist sorgfältige Auswahl und Überwachung unter Berücksichtigung aller Umstände nach strengem Maßstab (BGH NZV **97** 391, VersR **84** 67, **73** 713, Dü NZV **03** 383, KG VRS **104** 45, Ha NZV **98** 409, Kö VRS **108** 86, NZV **92** 279; näher Rn. 15 und § 31 StVZO). Zur Entlastung gehört der Nachweis, dass kein vernünftiger Zweifel an der Eignung des Fahrers bestanden habe (BGH VersR **63** 955). Der bei einem VUnfall Verletzte genügt seiner Beweislast, wenn er die Beschädigung eines der durch § 823 I BGB geschützten Rechtsgüter durch den Verrichtungsgehilfen des Halters nachweist; die Beweislast für verkehrsrichtiges Verhalten des Verrichtungsgehilfen trifft den Halter als Geschäftsherrn (BGH NZV **91** 114, NJW-RR **87** 1048, Brn VRS **106** 105, 252 f., KG NZV **02** 34, Kö VRS **108** 86, NZV **92** 279). Überlässt der Halter dem mitfahrenden Angehörigen die FzFührung, so ist dieser Verrichtungsgehilfe (BGH VRS **26** 182). War der Fahrfehler nicht unfallsächlich, so braucht sich der Halter hinsichtlich der Auswahl und Überwachung nicht zu entlasten (BGH VRS **19** 405). Der Halter muss sich Gewissheit verschaffen, dass der Fahrer die erforderliche FE hat (§ 21 StVG, § 31 StVZO). Keine Entlastung des Bushalters zB, wenn die FE zur Fahrgastbeförderung fehlt (BGH VRS **18** 322), es sei denn, deren Fehlen war nicht schadensursächlich (BGH VRS **56** 103). Zur Strafbarkeit des Halters: § 21 StVG. LkwF, besonders wenn sie vorher nicht als Kf tätig waren, sind besonders sorgfältig zu prüfen (Ce VersR **77** 84), Busf sind nach besonders strengem Maßstab auszuwählen und zu überwachen (BGH DAR **57** 234). Hat sich ein sorgfältig ausgesuchter Fahrer bewährt, so müssen ihm bestimmte VRegeln nicht besonders vorgehalten werden (BGH VersR **60** 328, Nü MDR **60** 923, Mü VersR **60** 189), dann ist auch keine unvermutete Kontrolle nötig (BGH VRS **20** 254). Eigene grobe Fahrlässigkeit bei Nichthinderung des Missbrauchs eingestellter Kfz durch das Personal kann der Garagenunternehmer nicht abdingen (BGH NJW **74** 900).

13   Auch die **charakterliche Eignung** muss der Halter beachten (BGH VersR **66** 929 (LkwF mit erheblichen Vorstrafen); minder streng wohl Ha VersR **66** 561 (zur Gefahrerhöhung)). Haftung bei Überlassung des Kfz an den 19-jährigen Sohn, der kurz zuvor einen Unbefugten hatte fahren lassen, wenn dies erneut schadensstiftend geschieht, auch bei an sich begreiflichem pädagogischem Grund (Dü NJW **72** 637). Stellt der Halter einen unzuverlässigen LkwF ohne jegliche Eignungsprüfung ein und ermöglicht dieser infolge mangelhafter Aufbewahrung des FzSchlüssels eine Schwarzfahrt, so kann der Halter für einen dabei verursachten Unfall aus § 823 BGB haften (BGH VersR **60** 736). **Halterhaftung neben derjenigen des Schwarzfahrers:** § 7 Rn. 52–60.

14   **Haftung des Halters für Überladung:** § 31 StVZO Rn. 13.

15   **Die Fahrerüberwachung,** zumal in Großbetrieben, bei öffentlichen VUnternehmen und besonders verantwortungsvollen Fahraufgaben, wie zB LkwF (Ce VersR **77** 84, KG VM **99** 11) und bei BusF (BGH DAR **57** 234), muss streng sein (BGH NZV **97** 391, VersR **84** 67, KG VRS **101** 96 f., **104** 45, Kar VersR **00** 863, Dü NZV **02** 89, **03** 383, Sa VersR **00** 1427) und regelmäßige unauffällige Kontrollen umfassen (BGH NZV **97** 391, Kar VersR **00** 863, Ha NZV **98** 409, KG VM **99** 11, VRS **104** 45; einschr Dü NZV **02** 91 bei Führen von Arbeitsgerä-

ten auf Betriebsgelände), es sei denn, die Zuverlässigkeit steht fest (BGH VersR **66** 364, 490, KG VM **95** 51). Dasselbe gilt gegenüber angestellten Fahrlehrern (KG NJW **66** 2365). Entlastung nur beim Nachweis, dass die Überwachung keinen Anlass zu Zweifeln geboten hat (BGH VersR **63** 955). Andererseits dürfen die Anforderungen aber nicht überspannt werden (Sa VersR **00** 1427); so können etwa bei langjährigen bewährten Kf uU zusätzliche gezielte Kontrollen entfallen und Überprüfung bei gelegentlichen Mitfahrten ausreichen (BGH VRS **65** 112, **69** 403, VersR **84** 67, KG VRS **104** 46). Kein Anlass zu gesundheitlicher Überprüfung eines 62-jährigen, insoweit bisher unauffälligen Fahrers nach 7 Monate zurückliegender Untersuchung (Sa VersR **00** 1427). Anforderungen an den Halternachweis der Überwachung durch zuverlässige Angestellte (BGH VersR **64** 297). Ein noch junger Fahrer mit neuer FE ist bis zur Bewährung besonders sorgfältig zu überwachen (Ol DAR **60** 230). Keine Haftung nach § 831 BGB, wenn der Fahrer zur Fahrt verbotswidrig einen Lastzug benutzt (BGH NJW **71** 31). Zur Haftung, wenn der Fahrer verbotswidrig einen Bekannten mitnimmt und fahrlässig schädigt, BGH NJW **65** 391. Zum Entlastungsbeweis *Rohde* VersR **61** 297, zum Ganzen auch *König* SVR **08** 121.

Haftungsumfang. § 823 I BGB schützt gegen Körperverletzung, Sachbeschädigung, Ver- **16** dienstausfall und KfzNutzungsausfall wegen Gesundheits- oder KfzBeschädigung ohne Beschränkung auf Höchstbeträge. Nachteile im persönlichen Fortkommen: § 842 BGB, Ersatz für entgangene Dienste des Verletzten: § 845 BGB, Schmerzensgeld bei anders nicht ausgleichbaren immateriellen Nachteilen: § 253 II BGB. § 823 I schützt das Vermögen als solches nicht, so dass Verteidigerkosten aus Anlass einer Strafverfolgung wegen des Unfalls nicht zu ersetzen sind, BGH **27** 141. § 823 II BGB schützt gegen jeden Schaden nach Maßgabe der §§ 249 ff. BGB. Nach rechtskräftig zugesprochenem Schmerzensgeld kann weiteres Schmerzensgeld nur bei Verletzungsfolgen verlangt werden, die bei der ursprünglichen Bemessung des immateriellen Schadens noch nicht bestanden und mit deren Eintritt auch nicht ernstlich zu rechnen war (BGH VRS **59** 328).

5. Amtshaftung der öffentlichen Körperschaften besteht nach Art 34 GG, § 839 BGB. So- **17** weit sie reicht, ersetzt sie die Deliktshaftung nach § 823 BGB. Sie schließt die persönliche Deliktshaftung des Bediensteten als KfzF aus, auch die Verschuldenshaftung nach § 18 StVG (BGH NJW **92** 2882, Nü NZV **01** 430, VRS **103** 321, Schl NZV **98** 25 mAnm *Schmalzl* VersR **98** 981), jedoch nicht dessen Halterhaftung nach § 7 StVG (BGH DAR **05** 263, NJW **92** 2882, BGHZ **29** 43, **105** 65 = NZV **89** 18, **93** 223, BGHZ **113** 164 = NZV **91** 185, Sa VD **06** 20, Nü NZV **01** 430, Dü DAR **00** 477 mAnm *Seutter;* KG VM **01** 27). Der Beamte auf Dienstfahrt im eigenen Kfz haftet als Halter auch, wenn die weitergehende Haftung aus Amtspflichtverletzung seine Körperschaft trifft (BGHZ **29** 38, NJW **59** 481, NZV **08** 289). Amtshaftung besteht nur, wenn die Fahrt der Ausübung **öffentlicher Gewalt** dient, ohne Rücksicht auf die Anstellungsform und Dienststellung des Bediensteten (Nü VRS **103** 321). Ob öffentliche Gewalt ausgeübt wird, richtet sich nicht nach der Zielsetzung der jeweiligen öffentlichen Betätigung, die ggf. auch auf fiskalischem Wege erfüllt werden kann (BGHZ **20** 104), sondern nach der rechtlichen Organisation der Körperschaft und deren erkennbarem Willen, die Aufgabe als öffentliche durchzuführen (BGHZ **20** 104). Bei Einsatz von Hilfspersonen kommt es darauf an, ob deren Tätigkeit unmittelbar in den hoheitlichen Aufgabenbereich der die Hilfskraft beschäftigenden Körperschaft fällt (BGH NZV **91** 347, Nü NZV **01** 430). Die Fahrt muss in engem innerem Zusammenhang mit der hoheitlichen Betätigung stehen, nicht nur in mehr äußerer zeitlicher und gelegenheitsmäßiger zu ihr (BGHZ **29** 41, NZV **91** 347, **08** 289). Trifft das zu, so ist es unerheblich, ob es sich um ein DienstFz, um ein „amtliches" oder ein privates Kfz handelt (BGHZ **29** 38, BGH NZV **08** 289). Bei hoheitlichem Zweck ist eine Dienstfahrt im privateigenen Kfz Amtsausübung (BGH VRS **56** 161 (Flugsicherung), VersR **81** 753 (mit Marschbefehl angeordnete Fahrt zum neuen Truppenstandort), NZV **08** 289 (Fahrt eines Angehörigen der freiwilligen Feuerwehr zum Einsatzort). Bei Schädigung eines Dritten im Rahmen der Dienstausübung durch Zivildienstleistende richtet sich die Ersatzpflicht auch dann nach Amtshaftungsgrundsätzen (haftende Körperschaft: BRep), wenn die Beschäftigungsstelle privatrechtlich organisiert ist und privatrechtliche Aufgaben erfüllt (BGH NJW **92** 2882, NZV **97** 301, **00** 503, **01** 212 mAnm *Mann* JR **02** 66; Kö VRS **95** 321, Sa MDR **99** 865). Bei Dienstfahrt im fiskalischen Bereich haftet die Körperschaft nur für eigene Schuld (§§ 31, 89, 831 BGB). **Als öffentliche Gewaltausübung sind zB anerkannt:** amtsärztliche Dienstaufgabe (BGHZ **29** 38), Übungsfahrten der freiwilligen Feuerwehr in NRW (BGHZ **20** 290 = NJW **56** 1633) und Bayern (BGH NZV **08** 289), auch die Fahrt eines Feuerwehrwagens zur TÜV-Untersuchung (Ol

NJW **73** 1199 mAnm *Weber* JuS **73** 779; abl *Butz* NJW **73** 1803), Fahrten eines öffentlichen Krankenbeförderungsdienstes (BGH VersR **62** 834), in NRW der Rettungsdienst, und zwar auch bei Einsatz von Fahrern freiwilliger Hilfsorganisationen durch den Rettungsdienst (BGH NZV **91** 347), ebenso in Bayern (Nü NZV **01** 430). Die Rechtsbeziehungen zwischen dem Postkunden und der Post sind bis auf die im PostG genannten Ausnahmefälle (§ 33 PostG 1997) privatrechtlicher Natur. Soweit nach Inkrafttreten des Postneuordnungsgesetzes (BGBl. I S. **94** 2325) Fahrten im Zusammenhang mit Brief- und Paketzustellung als Ausübung hoheitlicher Tätigkeit angesehen worden sind (zB BGH NJW **97** 1985, Nü NJW **94** 2032, Mü NJW-RR **94** 1442, OVG Münster NZV **94** 86), kann dies seit der 1995 erfolgten Umwandlung der Nachfolgeunternehmen der Bundespost wie Postdienst, Telekom und Postbank in Aktiengesellschaften nicht mehr gelten (*Greger/Zwickel* § 12 Rn. 57). Vielmehr gilt jetzt ausschließlich privatrechtliche Haftung (Palandt/*Sprau* § 839 Rn. 132), soweit nicht auf Grund Beleihung (§ 33 I PostG) nach wie vor hoheitliche Tätigkeit vorliegt wie bei förmlicher Zustellung. Fahrten der Bundeswehr, der Pol und der BundesPol sind Wahrnehmung öffentlicher Gewalt, jedoch nicht Fahrten öffentlicher Bediensteter zur Arbeit. Die StrReinigung nach § 4 StadtreinigungsG Berlin ist nicht öffentlichrechtliche Amtsausübung, sondern fiskalische Betätigung (KG VRS **58** 323, **62** 161), anders der Einsatz von MüllFz unabhängig von der privatrechtlichen Gestaltung der Müllabfuhr zu den Benutzern (BGH VersR **83** 461, aM KG VM **83** 54, DAR **76** 268). Ein frei praktizierender Arzt, der als Notarzt bei einem Rettungsdienst tätig wird und nach einem vom Fahrer des Rettungsdienstes verschuldeten Unfall einen Amtshaftungsanspruch geltend macht, ist nicht „Beschäftigter" iS der § 2 I Nr. 1 SGB VII, § 539 I Nr. 1 RVO aF (BGH NZV **91** 347 (Anwendung von §§ 636, 637 RVO aF abgelehnt)).

18   **Amtspflicht** ist die **Beachtung der VVorschriften** gegenüber allen VT bei der VTeilnahme im Bereich öffentlicher Gewalt (BGHZ **29** 42, **16** 113, VersR **75** 37, Kar NZV **91** 154, Fra ZfS **95** 85), soweit diese durch die jeweilige VBestimmung geschützt werden sollen (BGH NZV **92** 148). Bei Dienstfahrt hat der Fahrer Insassenunfälle kraft Amtspflicht zu vermeiden (Ol VersR **78** 951). Weitere Amtspflichten, denen die VRegeln jedoch vorgehen (E 4a, 48), können sich aus Dienstanweisungen ergeben (BGH VRS **20** 211), jedoch werden sie keine gesteigerten VPflichten begründen können. Einen möglicherweise **unzuverlässigen Abschleppunternehmer** darf die Pol nicht heranziehen (BGH NJW **77** 628). Fahrt des von der Pol beauftragten Abschleppunternehmers als hoheitliche Tätigkeit: § 12 StVO Rn. 66.

19   **Schuld.** Sie bezieht sich nur darauf, ob die Amtspflicht verletzt ist, nicht auch auf die Verletzungsfolgen. Unterläuft dem Bediensteten auf Dienstfahrt in Ausübung öffentlicher Gewalt ein Unfall, ohne dass er sich nach § 18 StVG entlasten kann, haftet nur die öffentliche Körperschaft (BGH NJW **59** 985). Bei der Schulbusabfahrt vom Schulhof aus sind Busf und aufsichtsführende Lehrer gemeinsam für den Schutz der Kinder verantwortlich (Ol VRS **56** 442).

20   **Subsidiarität. Haftungsumfang.** Bei Teilnahme eines Amtsträgers auf **dienstlicher Fahrt am allgemeinen StrV** (ohne Inanspruchnahme von Sonderrechten gem. § 35 StVO) findet die Verweisungsklausel des § 839 I S. 2 BGB keine Anwendung, wenn er dabei durch pflichtwidriges Verhalten fremde Sach- oder Körperschäden verursacht (BGHZ **68** 217 = NJW **77** 1238, **79** 1602, **81** 681, BGHZ **91** 48 = NJW **84** 2097, BGHZ **123** 102 = NZV **93** 386, **01** 212, **08** 289, Dü NZV **89** 236, KG VM **89** 77, Kö VRS **95** 321 (auch bei Schädigung eines Mitfahrenden)). Die frühere gegenteilige Rspr. (zB BGHZ **61** 101 = NJW **73** 1654) ist überholt. Grund für den Wandel der Rspr. war die Überlegung, dass die Amtspflichten eines Amtsträgers im allgemeinen StrV mit den Sorgfaltspflichten der anderen VT übereinstimmen und die daraus folgende Notwendigkeit haftungsrechtlicher Gleichbehandlung im StrV Vorrang vor dem Verweisungsprivileg des § 839 I S. 2 BGB haben muss (BGH NJW **77** 1238, **79** 1602, NZV **93** 386). Das gilt nicht, wenn der Amtsträger im StrV gem. § 35 StVO von den allgemeinen Pflichten, die die StVO den VT auferlegt, befreit ist, weil der Gedanke gleicher Rechte und Pflichten aller VT im StrV dann gerade nicht zutrifft (BGHZ **85** 225 = NJW **83** 1667 mzustAnm *Backhaus* VersR **84** 17; BGHZ **91** 48 = NJW **84** 2097, NZV **08** 289, KG VM **89** 77, VRS **82** 407, *Lörler* JuS **90** 547), auch nicht bei Inanspruchnahme von Sonderrechten (Fz des Rettungsdienstes = NZV **97** 301), oder VI (Fz der StrUnterhaltung; BGHZ **113** 164 = NZV **91** 185 mzustAnm *Kunschert*). Unter den genannten Voraussetzungen entfällt das Verweisungsprivileg auch bei Teilnahme eines Angehörigen der Stationierungsstreitkräfte am allgemeinen StrV (Rn. 22). Diese Grundsätze gelten unabhängig davon, ob an dem Unfall ein Zweitschädiger beteiligt war (BGH NJW **79** 1602). Keine Anwendung findet die Subsidiaritätsklausel auch bei Verletzung einer als hoheitliche Aufgabe ausgestalteten **VSicherungspflicht** wegen der inhaltlichen Übereinstimmung einer öffentlich-rechtlichen und der privatrechtlichen VSicherungspflicht und des engen Zusammenhangs zwischen der VSicherungspflicht und den Pflichten im Allgemeinen StrV (BGH NJW **80** 2195, BGHZ **91** 48 = NJW **84** 2097, NZV **92** 357, BGHZ **123** 102 = NZV **93** 386 (auch bei Schädigung eines Anliegers), **94** 148, Mü VersR **02** 455, Dü NZV **89** 236, Ha DAR **02** 351, NZV **93** 192). Das gilt in Fällen der Abwälzung der Räum- und Streupflicht auf die Anlieger auch bei Verletzung der Überwachungspflicht durch die betreffende Körperschaft (BGH NZV **92** 357). § 839 I S. 2 BGB bleibt jedoch anwendbar, wenn ein PolB im Rahmen der ihm obliegenden **polizeilichen Gefahrenabwehr im StrV** seine Pflichten verletzt, mag sich seine Aufgabe im Einzelfall auch derjenigen des VSicherungspflichtigen annähern (BGHZ **91** 48 = NJW **84** 2097 (Versäumnisse bei defekter LZA), Ko DAR **01** 362 (Säuberung einer Unfallstelle), Ha NZV **93** 192 (anders bei VSicherung anstelle des Sicherungspflichtigen gem. § 44 II S. 2 StVO)). Bei Verletzung der Verkehrs*regelungs*pflicht bleibt es beim Verweisungsprivileg (Ha NZV **95** 275). Soweit nach diesen Grundsätzen die Verweisungsklausel anwendbar bleibt, wird sie in der jüngeren Rspr. des BGH gleichwohl einschr ausgelegt: Danach sind **keine andere Ersatzmöglichkeit** iS dieser Vorschrift die vom Geschädigten unter Aufwendung eigener Leistungen (Geldmittel oder Arbeitsleistung) erlangten Ansprüche aus gesetzlicher Krankenversicherung (BGHZ **79** 26 = NJW **81** 623), aus privater Krankenversicherung (BGHZ **79** 35 = NJW **81** 626), aus der gesetzlichen Unfall- und Rentenversicherung (BGH NJW **83** 2191) sowie aus Kaskoversicherung (BGHZ **85** 230 = NJW **83** 1668, VersR **01** 356). Die Haftpflichtversicherung des an einem VUnfall neben dem Amtsträger als Schädiger beteiligten Zweitschädigers allerdings ist eine andere Ersatzmöglichkeit iS von § 839 I S. 2 BGB (BGHZ **91** 48 = NJW **84** 2097), ebenso bei polizeilicher Amtspflichtverletzung im Zusammenhang mit unzulänglicher Säuberung einer Unfallstelle die Halterhaftung der beteiligten Kfz (Ko DAR **01** 362). § 839 I S. 2 BGB gilt auch, wenn der Geschädigte eine anderweitige Ersatzmöglichkeit schuldhaft versäumt hat (BGH BB **92** 951, Kar VersR **03** 1406). Zur restriktiven Auslegung der Subsidiaritätsklausel bei VUnfällen s. auch *Weber* DAR **85** 171.

Die Amtshaftung auf Grund von Verletzungen der allen VT obliegenden Sorgfaltspflichten **21** geht nicht weiter als die Haftung nach § 823 I, II BGB, umfasst also in diesem Bereich nicht über den **Haftungsumfang** jener Vorschriften hinaus eine Haftung für alle Vermögensschäden (BGHZ **68** 217 = NJW **77** 1238, BGHZ **79** 26 = NJW **81** 623). Bei Amtshaftung und zugleich Haftung nach § 7 StVG kann die Erstere **nicht damit abgewehrt werden,** der Geschädigte habe die Halterhaftung verjähren lassen (BGH VersR **61** 1016) und auch nicht damit, auch eine andere Stelle hafte gemäß § 839 BGB, wenn dieser andere Anspruch nicht mehr durchsetzbar ist (BGH VRS **22** 254). Der Staat kann seine Amtshaftung nicht damit abwehren, er hafte auch als Halter (Nü DAR **60** 71).

6. Haftpflicht der Stationierungsstreitkräfte. Die Ersatzpflicht bei Unfällen durch Statio- **22** nierungsstreitkräfte der Nato richtet sich nach deutschem Recht wie bei BW-Unfällen auf Dienstfahrt (§ 839 BGB, Art 34 GG; BGH NZV **94** 475, VersR **76** 757, **68** 664, 695). Bei allgemeiner VTeilnahme eines Kfz der Stationierungstruppen scheidet das Verweisungsprivileg des § 839 I S. 2 BGB aus (BGH VRS **59** 90, NJW **81** 681, Zw VersR **87** 656). Die Stationierungsstreitkräfte haften für schuldhafte Dienstfahrtunfälle kraft Amtshaftung über § 12 hinaus (BGH VersR **68** 401). Bei dienstlichen Schadensfällen besteht keine haftungsrechtliche Verantwortung des Mitglieds der Streitkräfte, verantwortlich ist vielmehr die Streitkraft des Entsendestaates. Ansprüche richten sich nach Art VIII Abs. 5 des Nato-Truppenstatuts und Art 41 des Zusatzabkommens. Sie sind **fristgebunden** (Art 6 NTS-AG: 3 Monate ab Kenntniserlangung, 2 Jahre seit dem schädigenden Ereignis) und bei der Verteidigungslastenverwaltung geltend zu machen (zum Fristbeginn sowie zur Klagefrist bei Ablehnung schon dem Grunde nach BGH NJW **85** 1081; zur Klagefrist s. auch BGH NZV **90** 346). Bei Forderungsübergang kommt die Fristwahrung durch den Geschädigten dem Zessionar zugute (Ol NJW-RR **05** 617). Die Anmeldefrist ist gewahrt, wenn das Amt alles, was mitzuteilen gewesen wäre, auch ohne formellen Antrag bereits kennt (BGH VM **76** 49). Keine Wiedereinsetzung in den vorigen Stand wegen Unkenntnis der Anmeldefrist (KG VM **90** 24, Kar VersR **90** 533). Unter Art VIII Abs. 5 Nato-Truppenstatut fallen auch die erst bei Abwicklung von unter das Abkommen fallenden Schäden entstandenen Bereicherungsansprüche gegen Entsendestaaten (BGH DAR **81** 91). Ist ein Nato-Hauptquartier rechtlich verantwortlich, gilt die entsprechende Regelung aufgrund des Protokolls über die Nato-Hauptquartiere mit Ergänzungsvereinbarungen und G v. 17.10.69 (BGBl II S. 1997). Zur Verjährung, wenn die ZulB einer Stationierungsstreitkraft ihre Amtspflicht zur Kennzeicheneinziehung verletzt, Fra VersR **79** 1111. Fahrer fremder Streitkräfte haben die **deutschen VRegeln** zu beachten; auch von Ausrüstungsvorschriften befreite Kfz sind haftungsrechtlich wie deutsche zu behandeln (BGH VersR **66** 493). Dass ein StationierungsFz auf Dienstfahrt rechtmäßig von VVorschriften (Beleuchtung) abgewichen ist, ist haftungsrechtlich ohne Bedeutung (BGH VRS **59** 90). Zur Haftung für ein Kfz fremder Streitkraft, das von den Beleuchtungsvorschriften befreit ist, Ce VersR **66** 982, NJW **66** 2409. Zur Haftung bei Kollision durch nicht ausreichend gesicherten V mit überbreitem Panzer bei Dunkelheit BGH NZV **90** 112, mit im Dunkeln wendendem Panzer Fra VRS **90** 168. Bescheinigt die fremde Truppeneinheit eine Dienstfahrt, obwohl eine Schwarzfahrt vorliegt, so hat das Gericht Dienstfahrt anzunehmen; zur Haftung der BRep in solchem Fall BGH VersR **70** 439. Die Kosten des durch Nato-Truppenstatut und ergänzendes Bundesrecht vorgeschriebenen Verwaltungsverfahrens sind dem Geschädigten ohne Rücksicht auf die Höchstgrenzen des § 12 zu ersetzen (BGH DAR **70** 17). Schadensverursachung durch nichtversicherte Kfz von Stationierungtruppen: Ansprüche wegen Amtspflichtverletzung richten sich gegen die deutsche Verteidigungslastenverwaltung (*Born* NZV **05** 452 (zu den Zuständigkeiten)), sonst gegen den Verein Verkehrsopferhilfe eV (Hamburg, BMV v. 21.3.72 (A 9/83.7.03–18/4071 72)), wobei der Geschädigte natürlich nachweisen muss, dass es überhaupt einen Unfall gegeben hat (Dr DAR **12** 460). Zum Zusammentreffen zwischen Ansprüchen auf Ersatz von Stationierungsschäden und solchen gegen einen weiteren beteiligten Halter Kar VersR **78** 968. Schadensabwicklung bei Unfällen mit Beteiligung polnischer Streitkräfte in Deutschland (Art 11 des deutsch–polnischen Abkommens über den vorübergehenden Aufenthalt von Mitgliedern der Streitkräfte Deutschland und der Streitkräfte der Republik Polen ..., BGBl II S. **01** 179, **02** 1660). Haftung **sonstiger ausländischer Streitkräfte:** Art 2 § 16 SkAufG (vor § 23 FZV Rn. 17), Art 18 EU-Truppenstatut (BGBl II S. **05** 19).

23   **Literatur:** *Geißler,* Die Geltendmachung ... von Ansprüchen ... nach dem NATO-Truppenstatut, NJW **80** 2615. *Gruber,* Unfälle mit Angehörigen der (ehemals) sowjetischen Streitkräfte, DAR **92** 353. *Heitmann,* Abgeltung von Schäden, verursacht durch ausländische Truppen, VersR **92** 160. *Reus,* Die Geltendmachung von Haftungsansprüchen gegen Mitglieder der GUS-Truppen ..., VersR **93** 414. *Schwenk,* Haftung der Stationierungsstreitkräfte für Unrechtsschäden, BB **72** Beilage 4 zu Heft 13. *Theda,* Der Problembereich NATO-Truppenstatut im Schadenrecht, ZfS **88** 301.

Schadensverursachung durch mehrere Kraftfahrzeuge*

17 (1) **Wird ein Schaden durch mehrere Kraftfahrzeuge verursacht und sind die beteiligten Fahrzeughalter einem Dritten kraft Gesetzes zum Ersatz des Schadens verpflichtet, so hängt im Verhältnis der Fahrzeughalter zueinander die Verpflichtung zum Ersatz sowie der Umfang des zu leistenden Ersatzes von den Umständen, insbesondere davon ab, inwieweit der Schaden vorwiegend von dem einen oder dem anderen Teil verursacht worden ist.**

(2) **Wenn der Schaden einem der beteiligten Fahrzeughalter entstanden ist, gilt Absatz 1 auch für die Haftung der Fahrzeughalter untereinander.**

(3) ¹**Die Verpflichtung zum Ersatz nach den Absätzen 1 und 2 ist ausgeschlossen, wenn der Unfall durch ein unabwendbares Ereignis verursacht wird, das weder auf einem Fehler in der Beschaffenheit des Kraftfahrzeugs noch auf einem Versagen seiner Vorrichtungen beruht. ²Als unabwendbar gilt ein Ereignis nur dann, wenn sowohl der Halter als auch der Führer des Kraftfahrzeugs jede nach den Umständen des Falles gebotene Sorgfalt beobachtet hat. ³Der Ausschluss gilt auch für die Ersatzpflicht gegenüber dem Eigentümer eines Kraftfahrzeugs, der nicht Halter ist.**

(4) **Die Vorschriften der Absätze 1 bis 3 sind entsprechend anzuwenden, wenn der Schaden durch ein Kraftfahrzeug und ein Tier oder durch ein Kraftfahrzeug und eine Eisenbahn verursacht wird.**

1   **Begr** zum ÄndG v. 19.7.02 (BT-Drs. 14/8780 S. 22 f.): *Mit der Änderung wird § 17 StVG neu strukturiert und der in ihm geregelte Ausgleich mehrerer haftpflichtiger Kfzhalter um den Ausschlussgrund des „unabwendbaren Ereignisses" ergänzt.*

Absatz 1 entspricht dem bisherigen § 17 Abs. 1 Satz 1 StVG, der den Ausgleich zwischen mehreren beteiligten Kfz-Haltern bei Verursachung eines Drittschadens regelt.

Der neue Absatz 2 enthält die bisher in § 17 Abs. 1 Satz 2 StVG geregelte Ausgleichpflicht zwischen mehreren unfallbeteiligten Kraftfahrzeughaltern für selbst erlittene Schäden. Die Aufnahme dieser Ausgleichpflicht in einen eigenen Absatz und ihre Neuformulierung dient dem besseren Verständnis der Norm. Eine inhaltliche Änderung ist damit nicht verbunden.

---

* § 17 idF des G vom 10.7.2020 (BGBl. I S. 1653). Für vor dem 17.7.2020 eingetretene Schadensereignisse gilt § 17 aF in Bezug auf die Haftung für Kfz-Anhänger fort. Für spätere Ereignisse s. §§ 19, 19a.

*Der neue **Absatz 3** regelt, dass Ausgleichspflichten nach den Absätzen 1 und 2 ausgeschlossen sind, wenn der Unfall durch ein „unabwendbares Ereignis" verursacht wurde: Anders als der Regierungsentwurf es vorsah, soll der bisher in § 7 Abs. 2 StVG geregelte Haftungsausschlussgrund des „unabwendbaren Ereignisses" nicht vollständig entfallen, sondern weiterhin für den Schadensausgleich zwischen den Haltern mehrerer unfallbeteiligter Kraftfahrzeuge gelten. Damit folgt der Rechtsausschuss einer Anregung aus der öffentlichen Anhörung zu dem Gesetzentwurf. Dort war die Besorgnis geäußert worden, dass die vollständige Ersetzung des „unabwendbaren Ereignisses" durch „höhere Gewalt" dazu führen könnte, zukünftig auch dem „Idealfahrer" bei Unfällen zwischen Kraftfahrzeugen eine Betriebsgefahr zuzurechnen, so dass es vermehrt zu Quotenfällen kommen könnte. Die Begründung des Regierungsentwurfs (S. 30) weist zwar zu Recht darauf hin, dass bei einer richtigen Anwendung der §§ 9 StVG, 254 BGB für den „Idealfahrer" keine Nachteile aus dem Wegfall des „unabwendbaren Ereignisses" erwachsen dürften. Der Ausschuss hat sich jedoch im Interesse größtmöglicher Rechtssicherheit dafür entschieden, den Ausschlussgrund des „unabwendbaren Ereignisses" für den Schadensausgleich zwischen den nach § 7 Abs. 1 StVG haftpflichtigen Haltern von Kraftfahrzeugen beizubehalten, um unmissverständlich klarzustellen, dass für die genannte Fallgruppe im Ergebnis keine Rechtsänderung beabsichtigt ist. Für die Praxis ergibt sich überdies der Vorteil, dass insoweit weiterhin auf die bekannte Rechtsfigur des „unabwendbaren Ereignisses" und die dazu ergangene Rechtsprechung zurückgegriffen werden kann.*

...

***Absatz 4** enthält den im bisherigen § 17 Abs. 2 StVG geregelten Ausgleich zwischen haftpflichtigen Kraftfahrzeughaltern und anderen Haftpflichtigen und erweitert ihn um den Anhängerhalter. Soweit auch hier auf eine Verbindung des unfallbeteiligten Anhängers zu dem Kraftfahrzeug verzichtet wird, handelt es sich um eine Folgeänderung des geänderten § 7 Abs. 1 StVG (Artikel 4 Nr. 1a).*

(BT Drs. 14/7752 S. 35): Die Einführung einer Gefährdungshaftung für den Halter eines Anhängers (§ 7 Abs. 1 Satz 2 StVG) verlangt nach einer Regelung des Ausgleichs im Innenverhältnis zwischen Kraftfahrzeughalter und Anhängererhalter. Deshalb wurde diese Ausgleichspflicht in § 17 Abs. 2 StVG aufgenommen, der bereits für den Ausgleich zwischen Kraftfahrzeughalter und Tierhalter und zwischen Kraftfahrzeughalter und Eisenbahnunternehmer auf die in § 17 Abs. 1 StVG normierten Ausgleichspflichten zwischen den Haltern mehrerer schadensursächlicher Kraftfahrzeuge verweist ... .

Übersicht

1. Interne Ausgleichspflicht mehrerer gesetzlich Haftpflichtiger. § 17 I und II regeln **1a** zwei Fälle inneren Ausgleichs: **a)** zwei oder mehrere in Betrieb befindliche Kfz (oder Anhänger; zu diesen unten) sind ursächlich unfallbeteiligt und schädigen eine Person ohne Kfz (I), **b)** zwei oder mehrere in Betrieb (§ 7) befindliche Kfz oder KfzAnhänger sind, uU unterschiedlich, unfallbeteiligt und verursachen einem oder einigen der Halter Personen- oder Sachschaden (II). In beiden Fällen kann bei oder nach Ersatzleistung innerer Ausgleich stattfinden. An sich gleichen sich Gesamtschuldner unter sich nach Kopfteilen aus (§ 426 I S. 1 BGB). § 17 I ändert dies für seinen Bereich dahin, dass sich der Ausgleich zwischen ihnen stattdessen nach dem Maß ihrer Verursachung des Schadens richtet, das gebildet wird durch die Summe der Gefahren, die in der konkreten Unfallsituation von den beteiligten Fz (Anhängern) ausgegangen sind und sich bei dem Unfall ausgewirkt haben (BG; Ce NZV **14** 82 *Ady* VersR **03** 1102). § 426 I S. 2, II BGB gilt auch hier. Da § 1359 BGB auf die Haftung im StrV nach hM keine Anwendung findet (§ 16 Rn. 7), wird der Ausgleichsanspruch des Zweitschädigers gegen den am Unfall mitschuldigen

Ehegatten des Geschädigten hierdurch nicht berührt (BGHZ **35** 317 = NJW **61** 1966): Haftet die Bahn der im Kfz beförderten Ehefrau des Fahrers gemäß HaftpflG, so hat sie Ausgleichsansprüche gegen den schuldigen Fahrer auch, wenn dieser seiner Frau nicht gemäß § 1359 BGB haftete (s. auch BGHZ **53** 352 = NJW **70** 1271). Ein zwischen Halter und Insassen ausdrücklich oder stillschweigend vereinbarter Haftungsausschluss lässt auf Verschulden begründete Ausgleichsansprüche eines anderen unfallbeteiligten Halters aus § 17 unberührt (BGHZ **12** 213 = NJW **54** 875, aM *Böhmer* NJW **56** 1018). Derselbe Maßstab gilt für den Ausgleich unter mehreren beteiligten Haltern, wenn einer von ihnen geschädigt ist (II) und sodann für den Ausgleich bei Verursachung durch ein Kfz oder einen KfzAnhänger (s. dazu unten) einerseits und ein Tier oder eine Bahn anderseits (IV). Soweit hier die Haftung für Tiergefahr einbezogen ist, setzt § 17 als Sondervorschrift auch das in § 840 III BGB vorgesehene Tierhalter- und Hüterprivileg außer Kraft. § 17 geht als Sonderbestimmung den § 9 StVG, § 254 BGB vor (BGH NZV **94** 146, KG VRS **57** 6). Soweit Kfz schadensursächlich beteiligt sind, fällt deshalb ihre BG, **ausgenommen bei Entlastung** (III, §§ 7 II, 18 I), grundsätzlich zu Lasten des Halters und/oder Fahrers ins Gewicht. Die Regelung entspricht dem Grundgedanken des § 254 BGB in gegenwärtiger ausdehnender Auslegung, wonach, entgegen dessen Wortlaut („Verschulden"), vor allem nach konkreten Verursachungsanteilen auszugleichen ist, wobei auch Schuldgesichtspunkte auch wesentlich mitsprechen. Mit G zur Haftung bei Unfällen mit **Anhängern und Gespannen** im StrV v. 10.7.2020 (BGBl. I S. 1653), anzuwenden auf Schadensereignisse ab dem 17.7.2020 (s. § 65 VI), wurde der Ausgleich bei Beteiligung von Gespannen und KfzAnhängern aus § 17 ausgegliedert und eigenständig in §§ 19, 19a geregelt, dies jedoch unter weitgehender Rückverweisung auf § 17 (s. im Einzelnen dort).

2   **2. Ein Ersatzanspruch** aus dem Unfall muss dem Geschädigten zustehen, den die mehreren Schädiger, gleich aus welchem, uU unterschiedlichen Rechtsgrund, gesamtschuldnerisch zu erfüllen haben (§§ 421–426, 840 I BGB), denn § 17 begründet keinen Ersatzanspruch, sondern setzt einen solchen im Außenverhältnis zum Geschädigten voraus, der selbstständig neben den Ausgleichsansprüchen der Gesamtschuldner untereinander steht (BGH NJW **54** 195). Der Ersatzanspruch des Geschädigten muss zur Unfallzeit kraft Gesetzes entstehen, auf Grund Gefährdungshaftung (StVG), Deliktshaftung (BGHZ **20** 259; **6** 319, VRS **19** 405, **20** 405, Kö DAR **75** 214, KG VersR **75** 955), Amtshaftung (RGZ **82** 121, 436, **84** 415, BGH VersR **56** 518, KG VersR **75** 955, Kö VRS **15** 325), wobei es für den Ausgleich unerheblich ist, ob mehrere gesetzliche Haftungsgründe zusammentreffen (BGH NJW **62** 1394). Ausgleichspflicht nach § 17 auch, wenn ein Kf mit fremdem Kfz sein von einem anderen Fahrer gesteuertes eigenes Kfz beschädigt (KG VRS **57** 5). Bloße Vertragshaftung begründet keine Ausgleichspflicht (RGZ **84** 415, *Böhmer* JR **62** 297). Schadensausgleich nur bei ursächlichem Zusammenhang (Rn. 5) zwischen Unfall und Schaden, weil es sonst an der mitwirkenden Verursachung des anderen fehlt (BGH VersR **63** 285). Der nur aus dem StVG Ausgleichspflichtige haftet beim Ausgleich nur **im Rahmen der Höchstbeträge nach §§ 12, 12a** (BGH NJW **64** 1898, DAR **57** 129). Dagegen kann der Geschädigte die Mithaftung für eigenen Schaden nicht auf die Höchstbeträge des § 12 einschränken, weil es dabei nicht um Haftung für Fremdschaden geht (BGHZ **20** 259, **26** 69). Bei Haftung aus BG neben Verschulden muss der Schaden nicht nach Bruchteilen entsprechend diesen Haftungsgründen aufgeteilt werden (BGH VersR **64** 1173).

3   **3. Nicht anwendbar** ist § 17 als Sondervorschrift in den in ihm nicht bezeichneten Fällen mit der Folge, dass dann nach dem inhaltlich nicht wesentlich abweichenden § 254 BGB auszugleichen ist. Auf den Insassen, der nicht Halter oder FzF ist, erstreckt sich § 17 nicht; dieser muss sich die BG des Kfz auch nicht über § 254 BGB anrechnen lassen (Nau NZV **09** 227; Ce NZV **96** 114; *Greger/Zwickel* § 22 Rn. 88; s. auch § 8 Rn. 5). Das gilt auch für die Fahrgäste eines Linienbusses, denen die Halter der unfallbeteiligten Fz aus § 7 gesamtschuldnerisch haften (Nü DAR **12** 462). Einzelfälle: Halterschädigung durch Fußgänger oder Radf (Kö VRS **96** 345, *Böhmer* DAR **75** 16). Der schuldige Fahrer des Unfallkfz kann dessen Halter die BG nicht entgegenhalten, weil der Halter, hätte er den Fahrer als solchen geschädigt, für seine BG nicht einzustehen hätte (§ 8 Nr. 2; BGH NJW **72** 1415, VRS **51** 259, Fra VersR **94** 1000). Die §§ 17, 18 finden also auf den Haftungsausgleich zwischen Führer und Halter desselben Fz keine Anwendung. Jedoch kann sich der Fahrer eines betriebsunsicheren Kfz gegenüber dessen Halter auf § 254 BGB berufen (BGH NJW **72** 1415). Haftete der Staat bei Tod eines Beamten mit Dienstwagen diesem nicht für die BG, so kann ihm auch der Schädiger diese BG nicht entgegenhalten (BGH NJW **62** 1394). Der Fahrer haftet Insassen nur bei Verschulden (§ 18 I). Zur Ausgleichspflicht bei langsamen Kfz (§ 8 Nr. 1), soweit nur für Schuld gehaftet wird, BGH

VRS **12** 172, LG Bonn NZV **07** 407. Keine Ausgleichspflicht des Eigentümers gem. II, der nicht Halter ist (BGH NJW **65** 1273, Ha NZV **95** 320 (jeweils bei Anspruch aus § 7), Ha NZV **95** 233, LG Berlin VM **01** 56 (jeweils bei deliktischer Haftung), abw BGH VersR **00** 356 (bei Gefährdungshaftung nach LuftVG, kritAnm *Mühlbauer,* zust *Prölss* VersR **01** 166), *W. Schmitz* NJW **02** 3070, s. auch § 7 Rn. 16a). Keine Anwendbarkeit, soweit beim Innenausgleich (I) Personen beteiligt sind, die weder als Halter noch als KfzF unfallbeteiligt waren (BGHZ **20** 259; Nau NJW-RR **09** 744). Keine Ausgleichspflicht hat das Vorstandsmitglied einer rechtsfähigen Gesellschaft, das als Insasse eines gesellschaftseigenen Kfz geschädigt wird (BGH VRS **22** 419).

4. Bei der Abwägung entscheidet in erster Linie das **Maß der Verursachung,** das Gewicht 4 der von den Beteiligten gesetzten Schadensursachen so, wie sie sich beim konkreten Unfall ausgewirkt haben (BGH NJW **06** 896, **03** 1929, NZV **95** 145, VersR **69** 832, Kö VRS **73** 176, Ha VersR **04** 1425; Ce NZV **14** 82; zur europarechtlichen Zulässigkeit einer Schadensteilung bei nicht schuldhaftem Zusammenstoß EuGH NJW **11** 2633). Eine abstrakte BG wäre nicht messbar (*Böhmer* MDR **62** 87). Es ist zu fragen, wer in welchem Maß den Schaden mitverursacht hat. Deshalb kommen insoweit aber **auch Schuldgesichtspunkte** mit zum Tragen (BGH NZV **05** 249, **96** 272, Nü VersR **99** 247, Ha NZV **95** 194, KG VM **90** 52, Ko VRS **78** 414, Fra NZV **90** 472, Mü NZV **90** 394, *Ady* VersR **03** 1103), dergestalt, dass uU schwere Schuld die BG oder geringe Schuld der Gegenseite ganz zurücktreten lassen kann (BGH VersR **65** 1075, KG NZV **90** 155, Schl VersR **86** 977, Ha VersR **81** 194). Auch unterschiedliche Verschuldensgrade sind zu berücksichtigen (Rn. 11; KG VRS **58** 326). Bei der Abwägung kann es einem sich **grob verkehrswidrig** verhaltenden Unfallbeteiligten nicht zugute kommen, dass der andere sich nicht auf seinen groben Verstoß eingestellt hat (BGH NJW **82** 1756, Ha NZV **01** 428). Nur *bewiesene* Umstände sind zu berücksichtigen (Rn. 22). Fahrer und Halter desselben Kfz, die dem Mitschädiger ausgleichspflichtig sind, bilden eine Haftungseinheit; auf sie entfällt im Ausgleich nur eine gemeinsame Quote, auch bei eigener Schädigung des Halters (BGH NJW **66** 1262, 1810, Ha NZV **93** 68). § 17, nicht § 9, ist auch anzuwenden, wenn der Führer des Fz eines Halters ohne dessen Wissen mit dem Führer des anderen an einem „gestellten" Unfall zusammenwirkt; der Halter verliert dann nicht von vornherein seinen Anspruch aus § 7 vollständig wegen weit überwiegenden Verursachungsbeitrags gem. § 9 (Ha NZV **93** 68, Schl NZV **95** 114 (jeweils Ersatzanspruch zu ¹/₂ bejaht); aM Stu NZV **90** 314; krit *Dannert* NZV **93** 14). **Nimmt der Geschädigte mehrere in Anspruch,** so ist seine Mitverantwortung gegenüber jedem Schädiger gesondert abzuwägen; zusammen haben die Schädiger nur den Betrag aufzubringen, der bei Gesamtbeurteilung dem Anteil an der Verantwortung entspricht, die sie im Verhältnis zur Mitverantwortung des Geschädigten insgesamt tragen (§ 9 Rn. 6, 18).

5. Ursächlich für den Schaden muss der jeweilige Umstand **erwiesenermaßen** (Rn. 22) 5 geworden sein, sonst bleibt er außer Ansatz (BGH NJW **07** 506, NZV **05** 407, **95** 145, NJW **00** 3069, Dü DAR **05** 217, KG NZV **07** 358, Ha VRS **100** 439 (erhöhte BG), Sa NZV **95** 23, BA **04** 553). Das gilt für BG wie für Schuld. So fällt die Überlassung des Kfz an einen Fahrer ohne FE nicht ins Gewicht, wenn das Kfz beim Unfall korrekt geparkt war (BGH VersR **62** 374; zu einem Fall ordnungsgemäßen Parkens ohne irgendwelches Verschulden KG NZV **07** 358); das Gleiche gilt für Verstöße des Halters gegen die Zulassungs- und Versicherungspflicht (Kö VM **90** 45), fehlende FE eines beteiligten Fahrers ohne Auswirkung auf den Unfall (BGH NJW **07** 506, KG VM **01** 50, Sa BA **04** 553, NZV **95** 23) oder Fahruntüchtigkeit alkoholbedingt oder aus anderem Grund (BGH NZV **95** 145, KG DAR **03** 317, Ba VersR **87** 909, Ha NZV **94** 319, Sa NZV **95** 23, Ko BA **15** 357, AG Hildesheim BA **01** 300 mzustAnm *Littbarski*), sofern sie sich nicht schädigend ausgewirkt hat (aM Ce VersR **88** 608 mablAnm *Berger* VersR **92** 169, Ha NZV **90** 393, DAR **95** 24, LG Paderborn ZfS **94** 6 (je: Berücksichtigung erhöhter BG durch Trunkenheit auch ohne nachgewiesene Einwirkung auf den Schaden)). Trifft den Verrichtungsgehilfen keine Schuld, so wird idR ein bewiesenes Auswahl- oder Überwachungsverschulden nicht schadensursächlich gewesen sein (Dü VRS **8** 187). I Ü bleiben bei der Abwägung selbst Regelverstöße durch einen der Beteiligten außer Betracht, wenn es am **Rechtswidrigkeitszusammenhang** (E 107) fehlt, etwa weil sich keine der Gefahren ausgewirkt hat, deren Vermeidung die Regel bezweckte (Kö VM **01** 91).

5a. Die mitursächliche BG des Geschädigten fällt auch ins Gewicht, wenn der Schädiger 6 nur für Verschulden haftet (BGHZ **6** 319 = NJW **52** 1015). Im Rahmen von § 8 Nr. 1 hat der Geschädigte nur Mitschuld zu vertreten (BGH VersR **60** 946). Als Insasse des eigenen Kfz hat der Halter mangels Entlastung (§ 7 II) auch die eigene ursächlich gewordene BG zu vertreten

(BGHZ **6** 319, **26** 76, *Schirmer* AnwBl **87** 459). Für seine BG kann der Geschädigte auch bei Schuldanerkenntnis des Schädigers einzustehen haben (Mü VRS **26** 416). Bei mehreren Nebentätern ist im Verhältnis zum Geschädigten Einzelabwägung geboten (Dü DAR **77** 186; LG Freiburg NZV **09** 229). **Die BG** eines Kfz besteht in der Gesamtheit der Umstände, die, durch die Eigenart als Kfz begründet, Gefahr in den Verkehr tragen (BGH DAR **56** 328, Kar VRS **77** 76). Sie wird durch die Schäden bestimmt, die dadurch Dritten drohen (BGH NJW **71** 1983, Jn DAR **00** 570, Kar VRS **77** 96). Allgemein maßgebend dafür können sein FzGröße, FzArt, Gewicht, FzBeschaffenheit, typische Eigenschaften im Verkehr (Bahn), Beleuchtung, Fahrgeschwindigkeit, Ruhen im Verkehr, verkehrsgerechte oder in welchem Maß verkehrswidrige Verwendung (Kar VRS **77** 96, Sa MDR **05** 1287, Dü DAR **90** 462), stets bezogen auf den konkreten Fall (Sa MDR **05** 1287) und den beim Unfall konkret verursachten Fremdschaden. Umstände, die sich nicht ausgewirkt haben, bleiben beiseite (Rn. 5; BGH NJW **14** 3097 (BG eines Busses)). Zu höherer BG von Elektro- und HybridFz ua wegen schwererer akustischer Wahrnehmbarkeit *Hammel* VersR **14** 428. Obwohl das Gewicht der einzelnen Faktoren je nach Lage des Falls wechselt (BGHZ **29** 167) und damit die als ursächlich verbliebenen Umstände in ihrer quotenmäßigen Wirkung meist schwer vergleichbar sind, mit der Folge des Eindrucks der Uneinheitlichkeit, haben sich doch **einzelne Grundsätze zum Gewicht der BG** als allgemeine Regeln herausgebildet: Die allgemeine BG der fahrenden Bahn übertrifft die eines fahrenden Kfz (große, bewegte, schienengebundene Masse, langer Bremsweg; Rn. 43). Soweit nur die bewegte Masse mitspricht, ist die BG der größeren Masse idR größer (BGH VersR **64** 633, **66** 521, NJW **14** 3097). Grobes Verschulden wird bloße BG ohne Schuldmitwirkung idR übertreffen, wenn nicht sogar ganz zurücktreten lassen, umgekehrt uU hohe BG nur geringe Schuld. Die BG des korrekt beleuchteten, haltenden Kfz kann geringer sein als die des aufprallenden (Kö VRS **4** 566), aber auch die eines stehenden diejenige eines fahrenden übertreffen (BGHZ **29** 167, Kar VRS **77** 96, Rn. 9). Bei nicht näher aufklärbarer Kollision mehrerer Kfz gleichen oder ähnlichen Typs sind die Anteilsquoten gleich (BGH VersR **69** 800).

7   **Motorräder** weisen, weil sie unstabil sind, eine beträchtliche BG auf (BGH NZV **10** 293; Dü DAR **05** 217, KG NZV **02** 34, Kö VRS **66** 255), was im Rahmen des § 17 beachtlich ist, wenn sich diese Umstände als Unfallursache ausgewirkt haben (BGH NZV **10** 293). Das Gleiche gilt für **Quads** (Mü ZfS **13** 679 mzustAnm *Diehl* (Zurücktreten gegnerischer BG infolge zusätzlicher hoher Geschwindigkeit des Quads)). Die Krad-BG bleibt auch bestehen, wenn das Krad (als Hindernis) auf der Fahrbahn geschoben wird (BGH VRS **19** 83), ist aber bei am Fahrbahnrand haltendem Krad geringer als die eines fahrenden Pkw (Fra VRS **72** 416). Sie ist auch nicht derjenigen eines Pkw deshalb gleichzusetzen, weil der Kradf weniger geschützt ist (BGH VersR **60** 1140, **61** 165, 447). Erhöhte eigene Verletzungsgefahr des Kradf hat im Rahmen des § 17 stets außer Betracht zu bleiben (BGH NZV **10** 293; *Jordan* VGT **83** 211 ff.). Ein Motorroller stellt wegen größerer Geschwindigkeit und stärkerer Motorleistung eine größere BG dar als ein Moped (Tatfrage; Kö VersR **63** 864). Die Krad-BG ist höher als die eines Mopeds, wenn das größere Gewicht des Krads durch höhere Geschwindigkeit zur Wirkung gelangt (BGH VersR **64** 633). BG eines Pkw ist idR größer als die eines Mofas (Kö VRS **73** 176). Jedoch kann die BG eines zur Fahrbahnmitte hin fahrenden Mopeds wegen Labilität derjenigen eines dort fahrenden Pkw gleichkommen (Sa VM **76** 23). Der Sturz des ungeschützten Mopedf bei Kollision ist keine Auswirkung der Moped-BG (BGH NJW **71** 1984, VRS **41** 340).

8   **Rspr. zur Abwägung** (soweit nicht bei den einzelnen Bestimmungen der StVO: Die BG eines **Lastzugs** ist bei etwa gleicher Geschwindigkeit beider Fz idR höher als die eines Pkw (Kö VRS **108** 86, NZV **95** 74; RsprÜbersicht bei *Wenzel* DAR **10** 604), aber gleich hoch mit der des wartepflichtigen Pkw, der in eine VorfahrtStr hineinragt (BGH VersR **66** 338), gleich hoch bei Vorfahrtverletzung durch Pkw (Hb VersR **66** 195), die des schnell fahrenden Lastzugs größer als die eines leeren, langsam fahrenden Lkw (Dü RdK **54** 182), die eines schweren idR höher als die eines Krads (BGH VersR **66** 521, Mü NZV **90** 394). Die BG eines mit 80 km/h an der Mittellinie einer mehrspurigen Fahrbahn fahrenden Lkw ist höher als die eines mit 100 km/h ebenfalls auf dem linken Fahrstreifen entgegenkommenden Pkw (Stu NZV **91** 393). Erhebliche BG eines die AB mit nur 25 km/h befahrenden Lkw (Fra VersR **99** 771). Die BG eines langen, schwerfälligen, seitlich unbeleuchteten bei Dunkelheit in eine bevorrechtigte Str einbiegenden Lastzugs kann doppelt so groß sein wie die eines sich dort mit 100 km/h nähernden Pkw (BGH VersR **84** 1147). Bei grob leichtfertigem Verstoß des „Unfallgegners" gegen das Rechtsfahrgebot kann die Lkw-BG jedoch auch ganz zurücktreten (Jn DAR **18** 628). Die BG eines **Gespanns** (Kfz mit Anhänger) ist größer als die eines entsprechenden Fz ohne Anhänger (Ol VersR **82** 1154, Kö VRS **90** 339), zumal bei überbreitem Anhänger (Ce NJW-RR **17** 990).

Anteil von 20% bei einem Auffahrunfall wegen eines Reifenplatzers am Anhänger (Ce NZV **14** 82). Abwägung von Verschulden und BG bei Begegnungszusammenstoß zwischen Tiefladeranhänger, der die Gegenfahrbahn teilweise mit befährt, und Motorroller, der in unübersichtlicher Kurve äußerst rechts fährt: BGH VRS **29** 414. Bei Kollision zwischen ordnungsgemäß rechts fahrendem landwirtschaftlichem Gespann mit Überbreite und zu schnell fahrendem, die Fahrbahnmitte überschreitenden Pkw fließt Gespann-BG mit 30% in die Abwägung ein (Ce NJW-RR **20** 602). Hingegen nach Mü BeckRS **20** 17835 vollständiges Zurücktreten der BG eines 25 Tonnen schweren Traktorengespanns bei gravierender Geschwindigkeitsüberschreitung durch schwer beladenen Sattelschlepper auf 6 m breiter kurvenreicher Straße, Die BG eines **Busses** ist idR erheblich größer als die eines Pkw (BGH NJW **14** 3097, Neust VRS **23** 406, Dü VRS **64** 409), kann aber vollständig zurücktreten, wenn sich die BG der größeren Masse im konkreten Fall nicht ausgewirkt hat (BGH NJW **14** 3097). Haftung zu gleichen Teilen bei Anfahren eines Linienbusses an Haltestelle ohne Rücksicht auf dicht aufgerücktes Taxi und schuldhaftem Verstoß des TaxiF gegen § 20 V StVO (Dü VRS **65** 336). Die BG des **Überholenden** kann größer sein als die des Überholten (BGH VersR **58** 268, Ol VersR **58** 594, Ha VersR **87** 692, Nau DAR **01** 223). Abwägung zwischen grob fahrlässigem „Schneiden" und BG des dadurch zum Bremsen gezwungenen Lkw: Dü VRS **64** 7 (²/₃ zu Lasten des Überholers). Höhere BG dessen, der mit einem Pkw schnell überholt, gegenüber dem, der langsam nach links abbiegt (Dü VersR **70** 1161). Gleich hohe BG bei Unfall zwischen **abgeschlepptem** und schleppendem Fz (Ha NZV **09** 456, Ce NZV **13** 292).

Ein **Krad**, das auf der linken StrSeite eine Kolonne überholt, bildet eine erhebliche BG (Stu **9** VRS **5** 18). Die BG eines Motorrads, dessen Fahrer eine Kolonne und ein vor einer Ausfahrt anhaltendes Fz dieser Kolonne trotz Überholverbots überholt, ist wesentlich höher als diejenige eines Kfz, dessen Fahrer aus der Ausfahrt durch die Lücke nach links einbiegt und dabei mit dem MotorradF kollidiert (Ko VersR **81** 1136 (¹/₃ zu ²/₃ zu Lasten des Überholenden)). Die BG eines **haltenden Kfz** oder eines verkehrsbedingt oder ungewollt zum Stehen gekommenen kann der eines fahrenden gleichkommen oder sie übersteigen (BGH VersR **60** 520), besonders, wenn ein Lastzug ohne Sicherung auf der AB hält (BGH VersR **60** 710) oder bei Dunkelheit querstehend die Fahrbahn blockiert (Kar VRS **77** 96, Ha MDR **94** 781), ebenso bei auf der Überholspur der AB querstehendem Pkw (Fra VRS **80** 263) oder unbeleuchtet entgegen der Fahrtrichtung am Mittelstreifen zum Stehen gekommenem Kfz mit Anhänger (Schl VersR **95** 476). Zur Abwägung bei Unfall durch Kollision mit **verbotswidrig parkendem Fz** KG VM **91** 52, *Werner* NJW-Spezial **20** 329. Haftungsverteilung bei Auffahren auf an unübersichtlicher Stelle abgestellten Kfz mit überhöhter Geschwindigkeit 60:40 zulasten des Auffahrenden (Ko MDR **07** 1256), bei einen rechts verbotswidrig und bei Dunkelheit gefährdend parkenden Pkw 75 zu 25 zulasten des Auffahrenden, der das Hindernis im Grds problemlos hätte umfahren können (Fra NJW-RR **18** 863), andernfalls höherer Verusachungsanteil des verbotswidrig Parkenden (*Werner* NJW-Spezial **20** 329 mwN). Haftungsverteilung bei **Auffahren** auf den Vorausfahrenden, § 4 StVO Rn. 17. Abwägung bei Reihenauffahren auf der AB, Hb VersR **67** 478, beim Auffahren eines Lastzugs auf der AB auf einen langsam fahrenden anderen, BGH VersR **65** 1053, **66** 148, Ol VRS **79** 351, Fra VersR **99** 771 (¹/₄-Mithaftung des die AB mit nur 25 km/h befahrenden LkwF/Halters), auf ein wegen zu geringer bauartbestimmter Höchstgeschwindigkeit nachts verbotswidrig die AB befahrendes landwirtschaftliches Gespann, Stu VRS **103** 329 (50 : 50), beim Auffahren auf einen nachts ohne Beleuchtung mit 60 km/h die AB befahrenden Pkw, LG Gießen NZV **93** 115 (¹/₅ zu Lasten des Auffahrenden), bei Auffahren auf der AB auf einen wegen Unfalls haltenden Lkw, Nau NZV **95** 73, auf einen auf der Überholspur liegengebliebenen Pkw, BGH VersR **67** 456, auf ein nachts unbeleuchtet auf der Fahrbahn der AB liegen gebliebenes Fz, Fra ZfS **02** 425 (¹/₃ zu Lasten des Auffahrenden), Ha VersR **04** 1425 (Überholspur, ¹/₄ zu Lasten des Auffahrenden), auf einen nachts unbeleuchtet auf der AB-Standspur stehenden Lkw, Kar VRS **81** 99 (²/₃ zu Lasten des Auffahrenden), auf einen unbeleuchtet außerhalb der markierten Parktaschen auf AB-Parkplatzgelände stehenden Lkw, Stu NZV **93** 436 ²/₃ zu Lasten des Auffahrenden), beim Auffahren auf einen beleuchtet abgestellten Lastzug auf einer BundesStr, BGH VersR **66** 364, bei Auffahren eines Kf mit 1,61‰ auf unbeleuchtet abgestellten Anhänger, Kar VersR **83** 90 (⁴/₅ zu Lasten des fahrunsicheren Kf). Abwägung bei Auffahren auf einen auf der LandStr wendenden, unbeleuchtet querstehenden Lastzug, Ha VersR **04** 1618, MDR **94** 781 (jeweils ³/₄ zu Lasten des LkwHalters), auf einen bei Dunkelheit auf der AB querstehenden mittels Leuchten gesicherten Panzer durch 40 km/h zu schnellen Lkw, Nü VRS **87** 87 (³/₄ zu Lasten des Auffahrenden). Auffahren eines KRadF nach Abstandsverstoß auf einen Lkw, der wegen eines entgegenkommenden Überholers (Verstoß gegen § 5 II S. 1 StVO) stark abbremsen muss: 60% zulasten des Überholers (Nau NZV

16 318). Haftungsanteil von 60% zu Lasten dessen, der unter Überschreiten der zulässigen Höchstgeschwindigkeit und infolge Verstoßes gegen das Gebot des Fahrens auf Sicht auf der AB gegen einen auf Grund leichter Fahrlässigkeit quer stehenden Pkw fährt (Kö NZV **93** 271).

10   Beim **Begegnungszusammenstoß** zweier Kfz gleichen Typs und annähernd gleicher Geschwindigkeit ist die BG gleich groß (Mü VersR **60** 862). Dagegen kann die BG eines Motorrads gegenüber derjenigen des begegnenden Pkw und dem Verschulden von dessen Führer ganz zurückzutreten, wenn die Kollision auf der Fahrbahnhälfte des Kradf erfolgte (Dü VersR **83** 348). Abwägung der haftungsbegründenden Umstände bei Begegnungszusammenstoß zwischen Kradf und Pkw auf der Fahrbahnhälfte des Kradf (Dü VersR **83** 348). Begegnung in Engstelle (Tankwagen mit Anhänger und Möbelwagen): Fra MDR **66** 587. Gleiche BG und gleiches Verschulden bei Unfall zwischen **Linksabbieger** und Auffahrendem (Sa r+s **81** 100). Abwägung bei Zusammenstoß zwischen Linksabbieger und Nachfolgendem, wenn der Vorausfahrende vor dem Abbiegen beim Einordnen wegen starken Bremsens nach rechts gerutscht ist (Ol VersR **63** 864). Gleiche Schuld und BG bei Nichtbeachten der Fahrtrichtungsanzeigers eines links Abbiegenden (Grundstück) durch Überholenden und Nichtbeachten des vom Überholenden gegebenen Hupsignals durch den Abbiegenden (KG VRS **62** 95). Zur Abwägung bei Zusammenstoß zwischen Linksabbieger und Linksüberholer s. iÜ § 9 StVO Rn. 55. Erhöhte BG des Linksabbiegers: Rn. 14. Alleinhaftung des **Einfahrenden** gegenüber dem fließenden V: Rn. 18. Mithaftung des im fließenden V befindlichen FzF gegenüber dem Einfahrenden, wenn dieser die zulässige Höchstgeschwindigkeit überschritten hat (Ha DAR **97** 275 (zu ²/₃ bei Überschreitung um 100%), KG VRS **68** 190 (zu ¹/₂ bei Überschreitung um 50%), Sa ZfS **92** 333 (zu ²/₅ bei 60 km/h statt 50), Sa NJW **15** 639 (¹/₃ zulasten des Auffahrenden); s. aber Fra NZV **94** 280), uU bei unachtsamem Rückwärtsfahren (Kö NZV **94** 321) oder bei Kollision mit Linksabbieger in ein Grundstück (KG VRS **114** 409 (Schadensteilung)). Mithaftung zu ¹/₃ bei Verstoß gegen das Sichtfahrgebot bei Dunkelheit und Nebel (Mü NZV **94** 106). Haftungsverteilung zu je ¹/₂ bei **unvorsichtigem Türöffnen** zur Fahrbahn hin und zu geringem Seitenabstand des anderen Beteiligten (KG VRS **69** 98), hingegen allenfalls 30% wegen Lkw-BG, falls Seitenabstand nicht zu beanstanden ist (Kar NZV **07** 81). Hingegen bei lediglich allgemeiner BG idR Alleinhaftung des unter Verletzung des § 14 StVO Ein- oder Aussteigenden (Dü DAR **15** 85). **Weitere Rspr. zur Haftungsverteilung:** bei den einzelnen Bestimmungen der StVO.

11   **5b. Erhöhte Betriebsgefahr. Zurücktreten der Betriebsgefahr.** Erhöht ist die BG, wenn die Gefahren, die regelmäßig und notwendigerweise mit dem KfzBetrieb verbunden sind, durch das Hinzutreten besonderer unfallursächlicher Umstände vergrößert werden (BGH NZV **05** 249, 407, NJW **00** 3069, Kö VM **01** 76 (Straba)), zB schwierige Örtlichkeit (BGH NZV **05** 249), besondere StrVerhältnisse, VDichte, (zurechenbare) FzMängel (BGHZ **12** 128), Ölspur (Ba VRS **72** 88, Ko r+s **13** 516), hohe Geschwindigkeit (s. auch Rn. 16, Dü DAR **90** 462 (bei nasser Fahrbahn), KG VM **90** 91 (150 km/h auf AB), abw Mü DAR **07** 465, Ha NZV **92** 33 (170 km/h auf AB), DAR **00** 218, NZV **92** 320 (jeweils 160 km/h auf AB), NZV **95** 194 (190 km/h auf AB), Kö VersR **91** 1188 (200 km/h bei Dunkelheit auf AB), Schl NZV **93** 152 (210 km/h auf AB)), Ko DAR **07** 463 (L), 200 km/h durch KRadf; NZV **14** 84 (200 km/h; Kar NZV **14** 404; s. auch § 3 StVO Rn. 55c), Linksabbiegen bei schwer einsehbarer Gegenfahrbahn (BGH NZV **05** 249), Inanspruchnahme von Sonder- und Wegerecht nach §§ 35, 38 StVO (Dr DAR **01** 214), Verursachung „künstlichen Staus" auf der AB zur Verfolgung eines Straftäters im Verhältnis zum anhaltenden VT, auf den das FluchtFz auffährt (Ba DAR **07** 82), verkehrswidriges Verhalten (BGH NZV **05** 407, NJW **00** 3069, VRS **12** 17, Kö VersR **88** 194), alkoholbedingte Fahrunsicherheit des Fahrers (Fra BA **04** 92, Ha DAR **00** 568, Ce VersR **88** 608, Zw VRS **88** 109; s. aber Rn. 5). Kolonnenfahren erhöht nicht die BG (Mü DAR **65** 329). **Erhöhte BG** des Mopeds mit 40 km/h auf schlüpfrigem Blaubasalt, erhöhte BG auch bei Nichteinhalten der rechten Fahrbahnseite (Kö VRS **66** 255, NZV **89** 437), uU auch bei erlaubtem Linksfahren (*Booß* VM **86** 34, aM KG VM **86** 34), zB beim Überholen unter Inanspruchnahme der Gegenfahrbahn (Ha VRS **101** 81); erhöhte BG eines Krads mit besonders hoher Beschleunigung (KG VM **86** 34, **89** 23), eines Gabelstaplers mit geringen Fahrgeräuschen und tiefer Gabel wegen schlechterer Wahrnehmbarkeit (Kö VersR **88** 194), eines überlangen Sondertransports mit geringer Manövrierfähigkeit (Kar VersR **92** 332). **Verschulden** des Fahrers erhöht die von dem geführten Kfz ausgehende BG (BGH NJW **04** 772, KG NZV **05** 416, Dü DAR **05** 217, Ko NZV **92** 406, Ha VersR **01** 1169, Kar VersR **92** 332, Sa NZV **93** 31), jedoch nur, soweit ein **Zurechnungszusammenhang** besteht, sich das Fehlverhalten also im Unfallgeschehen gefahrerhöhend ausgewirkt hat (BGH NJW **88** 58, NZV **07** 354; Ha NZV **90** 473; s. auch **E** 101).

Dabei kann auch nicht verkehrsgerechtes Verhalten in Betracht kommen, soweit es außerhalb des Schutzzwecks der nicht beachteten Norm liegt; denn ihre Nichteinhaltung rückt die Gefahr eines Unfalls ungeachtet des Schutzzwecks in den Bereich des Möglichen (BGH NZV **07** 354; KG NZV **07** 406; Ha NJW **10** 3790; Fra NJW-Spezial **11** 681; Mü SVR **19** 439 (*Siegel*); aM hier bis 45. Aufl). In dem oben geschilderten Sinn sind erhöhende Umstände insbesondere auch verschuldetes oder unverschuldetes sachwidriges Verhalten von Angestellten des Halters, besonders des angestellten Fahrers (Dü DAR **77** 188), zu vertretendes Verschulden des Ersatzpflichtigen bei Verursachung des Unfalls (BGH VersR **59** 729, Kö DAR **57** 293, Stu VersR **59** 724). Der Halter muss sich Fahrerschuld als Erhöhung der BG auch anrechnen lassen, wenn dieser nicht Verrichtungsgehilfe ist oder wenn er sich nach § 831 BGB entlastet (BGHZ **12** 124, VersR **76** 1131, **81** 354, Stu DAR **53** 213, Ko VkBl. **52** 78). Gefährliche ursächliche Fahrweise erhöht die BG (BGH VersR **60** 328, Stu VkBl. **56** 207, Ba VersR **82** 583).

Ein fehlender **Rückspiegel** im Führerhaus und demgemäß beschränkte Sicht erhöht die BG **12** (Hb VersR **61** 1145), gleichfalls das **Nichttragen einer Sehhilfe** bei Brillenauflage (Ce VersR **17** 722, AG Dortmund SVR **18** 260 (*Balke*)). Erhöhte BG bei ungewöhnlichem **Langsamfahren auf der AB** (Mü VersR **67** 691, Ha VersR **67** 761 (Schleppkolonne), Ol VRS **79** 351) oder bei Verursachung eines **Hindernisses auf der AB** durch Unfall (BGH NZV **04** 243, Stu VRS **113** 86, LG Sa NZV **14** 85).

Die BG ist erhöht, wenn das Kfz **überlastet** ist, die Sitzbänke nicht befestigt sind und der **13** Fahrer überschnell eine unübersichtliche Kurve durchfährt (Tüb DAR **51** 99). Beförderung einer erwachsenen Person auf dem Rücksitz eines Leichtkraftrads erhöht die BG wegen erschwerter Beherrschbarkeit des Fz (Kö MDR **83** 940). Beim **Überholen** ist die BG des Überholenden wegen der höheren Geschwindigkeit und der Linkswendung gesteigert (doch wohl Tatfrage; BGH VersR **58** 268, Brn DAR **95** 328), jedenfalls bei zu geringem Seitenabstand (Ha VersR **87** 692 (Haftung zu ²/₃ bei Ausscheren des Überholten 1 m nach links)). Erhöhte BG des zwei stehende Fz-Kolonnen links überholenden Kradf bei Kollision mit aus der rechten Kolonne ausscherendem, wendendem Fz (Mithaftung zu ¹/₅; Mü DAR **81** 356). Gesteigerte BG beim Vorbeifahren an einem Hindernis unter Benutzung der Gegenfahrbahn vor unübersichtlicher Kurve (Ba VersR **82** 583). Beiderseits erhöhte BG bei Überholen eines Lkw durch einen Pkw im Baustellenbereich bei verengter Überholspur führt zu Schadensteilung (Ol NZV **13** 344). Übersehen des **Richtungszeichens** des Linksabbiegers erhöht die BG des Linksüberholenden (BGH VRS **20** 161, VersR **61** 233). Nichtanzeige des Abbiegens: § 9 StVO.

Erhöhte BG des **Vorfahrtberechtigten** durch zu hohe Geschwindigkeit: § 8 StVO Rn. 69a. **14** Erhöhte BG des **Linksabbiegers** bei Kollision mit GegenV hierzu § 9 StVO Rn. 55; BGH NZV **05** 249, **07** 294, KG VM **87** 37). Erhöhung der BG des links abbiegenden Fz durch Unterlassen der zweiten Rückschau: Ha VersR **81** 340. Abwägung bei Verletzung des Vorrechts des zu schnell fahrenden Entgegenkommenden § 9 StVO Rn. 39, 55.

Versagen Einrichtungen eines Kfz, so erhöht das die BG ohne Rücksicht auf Verschulden **15** (BGH VRS **5** 35, Ha VRS **84** 182). Haftungsverteilung 2 : 1 zu Lasten des Halters, von dessen Kfz sich Teile lösen, gegenüber demjenigen, der diese infolge zu hoher Geschwindigkeit zu spät wahrnimmt (Ko VRS **68** 32). Alleinhaftung bei Hinterlassen einer Ölspur infolge Motorschadens, die von dem gestürzten ZweiradF unverschuldet nicht bemerkt wurde (Ba VRS **72** 88). Frostempfindlicher Dieselkraftstoff erhöht die BG (BGH VersR **68** 646). Fehlen oder Mängel der vorgeschriebenen **Beleuchtung** (§ 17 StVO) erhöhen die BG (Dü DAR **52** 5). Unzureichende Beleuchtung eines Fz nachts auf der Straße oder der AB wiegt besonders schwer (BGH VersR **58** 607, KG DAR **83** 82). Halter und Fahrer sind nach Maßgabe der § 23 StVO, § 31 StVZO für **FzZustand**, Zubehör und Besetzung verantwortlich. Alleinhaftung bei Auffahrunfall nach Verlust des Reservereifens unterwegs (Dü VersR **62** 484, Ha VRS **84** 182), bei Bremsversagen (Bra VRS **3** 377), auch bei Moped (BGH VersR **66** 146), bei defekter Bremse der Straba im Verhältnis zu einem verkehrswidrig abgestellten Lastzug (BGH VersR **60** 609), bei Ausscheren eines LkwAnhängers wegen eines falsch eingestellten Bremskraftreglers (BGH VersR **61** 249, **70** 423).

5c. Keinen Ausgleich seines Schadens erhält, wessen Verursachungsanteil und/oder Schuld **16** so stark überwiegt, dass der des anderen Beteiligten demgegenüber zurücktritt (BGH NZV **96** 272, Ko VersR **96** 1427, KG DAR **83** 82, Ha VersR **81** 194, Schl VersR **86** 977, Ba VRS **72** 88, Stu VRS **78** 420, Kar VersR **91** 1071, KG VRS **88** 115). Daran hat sich durch den Wegfall des Unabwendbarkeitsbeweises in § 7 II seit G v. 19.7.02 nichts geändert (Ce MDR **04** 994). Unter Berücksichtigung des Grundgedankens der Gefährdungshaftung gem. §§ 7, 17 StVG ist eine ausdehnende Anwendung dieser Rspr. problematisch (Sa VM **82** 69, Kö VRS **73** 176, *Bursch/ Jordan* VersR **85** 517). Sie setzt idR neben einer nicht erheblich ins Gewicht fallenden mitursächlichen (uU selbst erhöhten, Ha NZV **92** 320) BG des einen, bezogen auf den Unfallverlauf, **grobes Verschulden** des anderen voraus (BGH NZV **90** 229, Sa VM **82** 69, Mü r+s **86** 6, Ha DAR **16** 265; *Reiff* VersR **92** 1367). **Beispiele** (nicht zu verallgemeinern), soweit nicht bei den einzelnen Bestimmungen der StVO behandelt: Anzeigeloses, plötzliches **Wechseln des Fahrstreifens** als Vorausfahrender (Bra VersR **03** 1567, Kö VersR **91** 195, Ce VersR **72** 1145), überhaupt Fahrstreifenwechsel unter Missachten der gesteigerten Sorgfaltspflicht des § 7 V S. 1 StVO (KG VRS **109** 10, MDR **03** 1228, Ha DAR **05** 285, Nau VRS **129** 124; *Reiff* VersR **92** 1367), selbst bei sehr hoher Geschwindigkeit des anderen Beteiligten (§ 3 StVO Rn. 55c; KG VM **85** 63, VM **90** 91, Kar VRS **74** 166, Nü ZfS **91** 78, Ha DAR **02** 312, NZV **90** 269 (200 km/h); Jn NZV **10** 29; abl *Greger, Gebhardt* DAR **92** 297; **abw** (zum Überschreiten der *AB-Richtgeschwindigkeit* von 130 km/h, s. § 3 StVO Rn. 55c) Kö VersR **91** 1188 (200 km/h bei Dunkelheit auf AB, zust *Reiff* VersR **92** 293), VersR **92** 1366 (150 km/h auf AB, abl *Reiff*), Ha NZV **95** 194, **00** 42, DAR **00** 218; dazu *Reiff* VersR **92** 717, s. auch Jn DAR **07** 29). Aber Mithaftung des die zulässige Höchstgeschwindigkeit überschreitenden Überholers (KG VM **93** 85; zur Mithaftung des Überholenden s. auch § 5 StVO Rn. 73). Schleudern auf die Gegenfahrbahn beim **Durchfahren einer Kurve** (Kar VersR **81** 886), nicht äußerst rechts Fahren in schmaler Kurve (BGH VersR **67** 286), Schneiden einer Kurve mit Begegnungszusammenstoß (BGH VersR **66** 776, Nü VersR **61** 982), Mitbefahren der linken StrSeite in glatter Kurve (Nü VersR **60** 574), Überfahren der StrMittellinie in einer Kurve (BGH NZV **90** 229, **94** 391), durch alkoholbedingte Fahrunsicherheit verursachtes **Geraten auf die Gegenfahrbahn** (Stu VersR **82** 861), Abrutschen auf die andere StrSeite wegen überschnellen Fahrens (Ko VRS **84** 14, Kar VersR **77** 937), grob fahrlässig verursachtes Abkommen von der Fahrbahn und anschließendes Querstellen des Fz bei Auffahren des mit ausreichendem Sicherheitsabstand Nachfolgenden (Ha VersR **81** 788), Schleudern auf die Gegenfahrbahn (Jn DAR **02** 269), zB bei Nässe (BGH VersR **61** 292) oder bei winterlicher Glätte (Ha NZV **94** 277, **98** 115), Überfahren der ununterbrochenen Linie mit Tanklastzug bei Überschreiten der zulässigen Höchstgeschwindigkeit um 20 km/h auf schmaler Str bei 40 m Sicht, um der vermeintlichen Gefahr durch einen auf dem Gehweg verkehrswidrig parkenden Pkw zu begegnen (Ha VersR **81** 194), nicht mehr kontrollierbares Hineinschleudern in eine entgegenkommende Kolonne (Ce VersR **80** 722), gefährdendes Befahren der unrichtigen StrSeite (Linksfahrt; BGH VersR **62** 989), zB beim Einbiegen in die Fortsetzung abknickender VorfahrtStr (BGH VersR **66** 264). **Linksabbiegen in ein Grundstück** ohne ausreichende Rückschau: § 9 StVO Rn. 52. Völlig **achtloses Auffahren** auf ein haltendes Kfz ohne Warnleuchten (BGH VersR **64** 952), erst recht auf ein beleuchtetes (BGH DAR **56** 215, Fra VRS **72** 416), auf den Vordermann, der verkehrsgerecht (§ 11 StVO) wartet, um bei einer Stauung das Linksabbiegen zu ermöglichen (Mü DAR **64** 218), auf ein wegen Panne auf der AB äußerst rechts haltendes Fz (BGH VersR **65** 383), auf ein den linken AB-Fahrstreifen mit 15 km/h befahrendes SchneeräumFz mit Rundumleuchte (Bra NZV **02** 176), auf einen entgegen § 12 StVO abgestellten Lastzug (BGH VersR **65** 362, **67** 398, Nü VersR **63** 715), Auffahren auf der AB bei Tag auf einen langsam vorausfahrenden oder wegen Panne haltenden Lastzug (Ce VersR **67** 1054), auf ein ordnungsgemäß gesichertes (Warndreieck, Warnblinkanlage, Rückfahrscheinwerfer) auf der AB vor einer Unfallstelle wartendes Fz (BGH NZV **04** 243), auf einen weithin sichtbaren, rechts haltenden Lastzug (BGH VersR **69** 713), auf einen Lastzug, der auf der AB wegen Spurverengung nach links ausbiegt und dies rechtzeitig anzeigt (Mü VRS **35** 333), auf einen nachts eine AB-Steigung mit 50 km/h befahrenden (schwach beleuchteten) Lkw (Fra NZV **01** 169), auf einen Lkw, der in einer Engstelle plötzlich anhalten muss, bei zu geringem Abstand (Kar VersR **61** 566), Auffahren auf den Vorausfahrenden, ohne dass dieser seine Fahrlinie geändert oder unzulässig gebremst hätte (BGH VersR **66** 146, **62** 1101, KG VM **88** 50, Hb VersR **67** 478, Dü VRS **74** 105), Kollision mit einem rückwärts aus der Parktasche eines Parkhauses ausgefahrenen Fz infolge auf dem „Fahrstreifen" zwischen den Parktaschen eingehaltener wesentlich zu hoher Geschwindigkeit (ca 30; KG VRS **64** 104). **Inanspruchnahme des Wegerechts** nach § 38 StVO bei Rotlicht ohne die gebotene Vorsicht (§ 38 StVO Rn. 10; KG VM **81** 95). Wer beim **Wenden** in die Fahrbahn eines anderen Kf gerät und mit diesem kollidiert, haftet mangels Verschuldens des anderen idR allein (§ 9 StVO Rn. 52). Zurücktreten der Straba-BG: Rn. 43.

17   Auch grob fehlerhafte **Überholmanöver** können den Ausgleich ausschließen: Überholen auf nasser oder glatter Überholfahrbahn ohne Übersicht über GegenV (BGH VersR **62** 643, Ko VersR **96** 1427), Überholen einer Kolonne trotz GegenV (Mü VersR **65** 907), waghalsiges rücksichtsloses Überholen einer FzKolonne bei leichtem Ausscheren eines in der Kolonne Fahrenden (Kö VRS **72** 13, Ha VRS **92** 182), Anschlussüberholen trotz GegenV (BGH VersR **65** 566, Sa VM **81** 37), grobfahrlässiges Schneiden nach Überholen (Mü VersR **66** 1015), Einscheren unmittelbar vor dem Überholten und sofortiges Bremsen (Kar VersR **91** 1071), Rechtsüberholen eines Dauerlinksfahrers und Aufhalten des Überholten durch scharfes Bremsen (Kö VRS **30** 164), verspätetes Linksüberholen des nach links in ein Grundstück Abbiegenden (obwohl dieser äußerst sorgfältig sein muss; BGH VersR **64** 681, Mü VersR **65** 524). Völliges Zurücktreten der BG eines überholenden Motorrads gegenüber grob schuldhaftem Ausscheren des überholten, alkoholbedingt absolut fahrunsicheren Pkwfahrers (Schl VersR **86** 977) oder des überholten Lkw aus einer ordnungsgemäß überholten FzKolonne (Kar VersR **02** 1434), eines mit 170 km/h den linken Fahrstreifen der AB befahrenden Pkw gegenüber dem nach links ausscherenden zu überholenden Pkw (Nü ZfS **91** 78), des in einer Rechtskurve von einem Radf grob verkehrswidrig rechts überholten Lkw (Stu VRS **80** 165). Alleinhaftung des Krad, der mit einem anderen Kradf infolge zu geringen Seitenabstands beim Überholen kollidiert (Kö VersR **88** 277), der infolge groben Fehlverhaltens auf AB auf einen vor ihm ordnungsgemäß überholenden Pkw auffährt (Fra VersR **93** 1499) oder der eine Kolonne hinter einem Linksabbieger in einem Zug überholt (Stu VRS **121** 16). Ermäßigt ein Vorfahrtberechtigter seine Geschwindigkeit, um einen Wartepflichtigen einbiegen zu lassen, so kann das Überholen beider Fz einen so schweren Verstoß darstellen, dass die BG des Einbiegenden bei Kollision des Überholenden mit diesem außer Betracht bleibt (Ha VersR **82** 250). Wer als Kf durch erhebliches Verschulden, etwa beim Überholen, die Fehlreaktion eines anderen Kf auslöst, erhält keinen Ausgleich seines Schadens (Fra VersR **81** 737, VRS **88** 112). Bei grober **Vorfahrtverletzung** tritt die BG des vom Vorfahrtberechtigten geführten Fz idR zurück (§ 8 StVO Rn. 69). Die Umstände können es aber in Ausnahmefällen auch rechtfertigen, den Berechtigten seinen Schaden allein tragen zu lassen (BGH VRS **14** 346, KG DAR **83** 82 (Fahren ohne Beleuchtung)). Wer **in ein Grundstück abbiegt,** muss sich so verhalten, dass Gefährdung anderer ausgeschlossen ist (§ 9 V StVO). Bei besonderer Unachtsamkeit kann er seinen Schaden im Verhältnis zum LängsV allein tragen müssen (FernverkehrsStr; BGH VersR **69** 614, Ha VersR **69** 618), zB auch bei Linksabbiegen trotz rasch herankommenden GegenV (BGH VersR **64** 514, **65** 899, **66** 188) oder beim Abbiegen in eine Tankstelle (BGH VersR **60** 225), nicht aber bei Kollision mit dem aus demselben Grundstück Ausfahrenden (Dü NZV **91** 392 (je ½), s. auch § 9 StVO Rn. 55).

Der **in den Verkehr Einfahrende** muss sich so verhalten, dass Gefährdung anderer ausgeschlossen ist (§ 10 StVO). Verletzung dieser Pflicht lässt die BG des im fließenden V befindlichen Fz zurücktreten (Ce NJW-RR **03** 1536, KG NZV **06** 369, Ha DAR **95** 24, Kö VRS **86** 322, Fra NZV **94** 280, Sa NJW **11** 1820), zumal bei zusätzlichem Verstoß gegen die Rückschaupflicht (LG Bonn NZV **07** 407 (unerheblich, ob von Einfahrendem nach § 8 Nr. 1 keine gefährdungshaftungsrelevante BG ausgeht)), was gleichermaßen auf den achtlos vom Radweg einfahrenden Radfahrer zutrifft (Ha DAR **16** 265), auch bei Fahrstreifenwechsel des fließenden V auf den zunächst freien rechten Fahrstreifen (KG DAR **04** 387). Alleinhaftung des rückwärts in eine Str Einfahrenden trotz nicht vollständiger Motorradschutzkleidung des Geschädigten (Kö NZV **12** 540). Ein Rotlichtverstoß des Auffahrenden kann wegen eines durch das Rotlicht begründeten Vertrauens des Einfahrenden zur Mithaftung (konkret 25 %) führen; dass die LZA nicht auch den Schutz des aus angrenzenden Grundstücken auf die Str einfahrenden FahrzeugV bezweckt, steht dem nicht entgegen (Ha NJW **10** 3790). Neben ihm haftet der Halter des die Sicht versperrenden in 2. Reihe haltenden Fz (KG VM **80** 85 (zu ⅕)). Zur Mithaftung des im fließenden V befindlichen FzF Rn. 10. Alleinhaftung dessen, der die EinbahnStr in falscher Richtung befährt und mit Ausfahrendem kollidiert (Ol NZV **92** 487). Allein für seinen Schaden verantwortlich kann auch derjenige sein, der in die AB ein- und sofort auf den Überholstreifen fährt (§ 18 StVO Rn. 16). Alleinhaftung eines Traktorfahrers, der mit 2 Anhängern bei Dunkelheit vom Acker über eine durchgehende Linie einer BundesStr in diese nach links einbiegt und mit einem dort mit 100 km/h und Abblendlicht von rechts kommenden Pkw kollidiert (Dü VRS **89** 244) oder in eine LandStr trotz in 270 m Entfernung herannahendem Pkw (Ha NZV **97** 267; s. auch LG Lübeck NZV **14** 219 (abbiegender Traktorfahrer)). Fährt ein Kf in eine für ein Radrennen gesperrte Str verbotswidrig ein und kollidiert mit einem dort – zulässig – in entgegengesetzter Richtung fahrenden Rettungswagen, so ist erhöhte BG des Rettungswagens anzunehmen (Ha SVR **11** 378 (⅓ zulasten des Rettungswagens)).

Gänzliches Zurücktreten der Kfz-BG bei sorgfältiger Fahrweise im Verhältnis zu **unvorsichtigen Fußgängern** (§ 9 Rn. 13), bei grob fahrlässigem Verhalten eines Rodlers (Mü DAR **84** 89).

18

19

20 **6. Verteilung des Schadens.** Der Schaden ist quotenmäßig zu verteilen. Dabei muss die Addition der Quoten 100% ergeben (BHHJ/*Heß* Rn. 13, unzutr LG Wiesbaden DAR **04** 156; abl *Sauer* DAR **04** 398). Nicht zulässig wäre es, jedem Beteiligten den eigenen Schaden aufzuerlegen (BGH DAR **57** 129, LG Itzehoe NZV **04** 366, LG Dü VersR **63** 761). Das Bemühen um Gleichmäßigkeit und Überschaubarkeit der Rspr. zur Schadensverteilung hat zur Entwicklung von **Quotentabellen** (zB VGT **85** 253) geführt, die jedoch angesichts der weitgehenden Ungleichbarkeit der Unfallabläufe und örtlichen Gegebenheiten allenfalls eine gewisse Orientierungshilfe bieten können (*Bursch/Jordan* VersR **85** 512, *Brüseken ua* NZV **00** 441, krit. *Steffen* ZfS **12** 184, sowie Empfehlung des VGT **85** 12). Umfangreiche, systematisch gegliederte RsprÜbersicht bei *Grüneberg*, Haftungsquoten, sowie bei *Nugel* DAR **08** 548, **09** 105; 346; 721.

21 **7. Ausgleichspflicht des verletzten Halters gegenüber dem haftpflichtigen anderen Halter** besteht auch, wenn er als Insasse seines Kfz nur für seine BG einzustehen hat, während der Schädigende nach § 7 StVG und für Verschulden haftet (BGHZ **6** 319 = NJW **52** 1015). Auch seinen Ansprüchen aus § 823 BGB gegenüber muss sich der als Mitfahrer verletzte Halter seine Gefährdungshaftung entgegenhalten lassen (BGHZ **20** 259 = NJW **56** 1067, 1665 abl *Böhmer* MDR **57** 546, KarVersR **61** 287).

22 **8. Ausschluss der Ausgleichspflicht: Unabwendbares Ereignis.** Abs. 3 schließt die Ausgleichspflicht des Halters nach Abs. 1 und 2 aus, wenn der Unfall durch ein unabwendbares Ereignis herbeigeführt wird. Es handelt sich um einen neben § 7 II tretenden Ausschlusstatbestand, weswegen die Fragen der Unabwendbarkeit und der Haftungsverteilung zu trennen sind (Mü DAR **07** 465, Ha DAR **00** 218 (zu § 7 II aF)). War der Unfall für beide beteiligten Halter unabwendbar, so entfallen gem. III gegenseitige Ansprüche (wie auch schon nach früherem Recht, *Wagner* NJW **02** 2061, einschr (zur Vermeidung unbilliger Alleinhaftung nur *eines* Halters) *Huber* § 4 Rn. 80ff., *Ady* VersR **03** 1105 für den Fall der Schädigung eines Dritten durch zwei Halter, für die der Unfall gleichermaßen unabwendbar war). Der Haftungsausschluss gilt gem. III S. 3 **auch gegenüber dem Eigentümer eines Kfz,** der nicht Halter ist, zB bei Leasing des Fz (BT-Drs. 14/8780 S. 22; s. auch § 7 Rn. 16a, § 9 Rn. 17). Unabwendbarkeit bedeutet nicht absolute Unvermeidbarkeit (BGH DAR **05** 263, NZV **92** 229, NJW **86** 183, Ce VRS **108** 354, Br DAR **01** 273, KG ZfS **02** 513, Sa NZV **92** 75, Schl VersR **99** 334), sondern besonders sorgfältige Reaktion (Ha NZV **99** 128, 374, Ol VersR **80** 340). Unabwendbar ist ein Ereignis, das durch **äußerste mögliche Sorgfalt** (E 150) nicht abgewendet werden kann (BGH DAR **05** 263, BGHZ **117** 337 = NZV **92** 229, Fra ZfS **05** 180, Ce VRS **108** 354, Brn VRS **106** 106, Sa ZfS **03** 118, Ha NZV **00** 376, KG VRS **106** 23). Dazu gehört sachgemäßes, geistesgegenwärtiges Handeln über den gewöhnlichen und persönlichen Maßstab hinaus (BGH DAR **05** 263, NZV **91** 185, **92** 229, Brn VRS **106** 18, Sa ZfS **03** 118, KG VRS **107** 18, Dr DAR **01** 213, Br DAR **01** 273), jedoch nicht das Verhalten eines gedachten „Superfahrers", sondern, gemessen an durchschnittl VAnforderungen, das **Verhalten eines „Idealfahrers"** (BGH NZV **91** 185, **92** 229, VersR **92** 890, Sa ZfS **03** 118, Brn VRS **106** 18; 107, Dr DAR **01** 213, Br DAR **01** 273, Ha NZV **00** 376; Nau NZV **08** 618). Zur äußersten Sorgfalt gehört Berücksichtigung aller möglichen Gefahrenmomente (KG VRS **106** 23, 260, Fra VersR **99** 771, Stu VersR **83** 252). Der Fahrer muss auch erhebliche fremde Fehler berücksichtigen (Brn VRS **106** 18, KG Betr **74** 1569) und darf nicht strikt auf eigenem Vorrecht beharren (BGH NJW **08** 1305, KG VRS **112** 187). Andererseits darf er auch im Rahmen des III als besonders sorgfältiger Kf grundsätzlich **auf das Unterlassen grober Verstöße durch andere VT vertrauen** (BGH VersR **85** 86, NJW **86** 183, Ha NZV **99** 374, KG ZfS **02** 513, Kar VRS **74** 86, Ol NZV **90** 154, Kö NZV **92** 364, Fra VRS **84** 274), in gewissem Umfang auch auf sachgerechtes Verhalten von Kindern (BGH NJW **87** 2375, KG VM **97** 52). Maßgebend ist die Sachlage vor dem Unfall (BGH VersR **65** 81, Mü VersR **76** 1141, Kö DAR **60** 136), uU schon die Situation vor Eintritt der Gefahrenlage, wenn ein „Idealfahrer" auch deren Eintreten vermieden hätte (BGH NZV **92** 229, NJW **06** 896, Ko NJW-RR **06** 94, Brn VRS **106** 107, 254). Denn ein sich zu spät „ideal" verhaltender Fahrer ist kein Idealfahrer (BGH NJW **06** 896; Sa NJW-RR **19** 1435). **Umstände, die den Schaden nicht beeinflusst haben,** bleiben unberücksichtigt, auch wenn sie ein Fehlverhalten des Kf begründen (BGH NJW **82** 1149, Fra VRS **84** 274). Unabwendbarkeit, wenn ein Idealfahrer zwar nicht in der ursächlich gewordenen Weise gefahren wäre, dies aber wegen einer anderen als der verwirklichten Gefahr getan hätte (BGH DAR **76** 246, NJW **85** 1950, **86** 183). Insbesondere kommt es dem Geschädigten nach dem Schutzzweck des III nicht zugute, wenn der Kf eine ihm gegenüber einem *anderen* VT (nicht dem Geschädigten) obliegende

Pflicht verletzt hat (BGH DAR 76 246, KG NJW-RR 87 284). **Zuwiderhandlung gegen VVorschriften** schließt die Annahme äußerster Sorgfalt aus (Stu VRS 103 329). Ursächliche Geschwindigkeitsüberschreitung steht der Feststellung von Unabwendbarkeit entgegen (Br DAR 01 273, Nau NZV 08 25); jedoch schließt überhöhte Geschwindigkeit III nicht aus, falls sie weder für den Unfall noch für schwerere Folgen ursächlich war (zB Kradf fährt einem Pkw auf dessen Fahrbahnseite unmittelbar in den Weg, Stu VersR 80 341, Fra VRS 84 274). (Mitursächliches) **Überschreiten der AB-Richtgeschwindigkeit** schließt nach hM Unabwendbarkeit aus (dazu näher § 3 StVO Rn. 55c). Auch im Rahmen des § 17 III steht dem Fahrer, der durch unvorhersehbare Gefahr überrascht wird, **Schreckzeit** zu (BGH VersR 64 753, Sa VM 71 84). Jedes **Verschulden** schließt ein unabwendbares Ereignis aus (BGH VersR 59 789, Ce VersR 78 1144, KG VersR 71 869, DAR 76 240, Kö NJW-RR 87 478). Die Unabwendbarkeit kann nicht mit dem Hinweis darauf verneint werden, dass ein besonders sorgfältiger Kf die Fahrt zu dieser Zeit und an diesem Ort überhaupt unterlassen hätte; denn §§ 7, 17 III setzen den *Betrieb* des Kfz voraus (*Booß* VM 84 48, aM Mü VM 84 46). Zur Entlastung nach III gehört der Nachweis, dass der Halter bei der **Auswahl und Beaufsichtigung des Kf** sorgfältig war (BGH VersR 64 1241). Ein Verkehrsunfall in Bezug auf die unfallbeteiligten Polizeifahrzeuge kann aus Rechtsgründen unabwendbar sein, wenn Polizeibeamte zur Erfüllung ihrer hoheitlichen Aufgaben ein fliehendes Fz verfolgen und es bei der Verfolgungsfahrt zu einer Kollision zwischen den beteiligten Fz kommt; das gilt auch dann, wenn der PolB zum Zweck der Gefahrenabwehr vorsätzlich eine Kollision mit dem fliehenden Fz herbeiführt, um es zum Anhalten zu zwingen (BGH NJW 12 1951; Ko NZV 97 180, Ha VersR 98 1525), wie überhaupt die Anforderungen an den „Idealfahrer" bei Inanspruchnahme von Sonderrechten iS der § 35, 38 nicht uneingeschränkt gelten können (AG Ludwigslust NZV 13 127). Hat sich der Sonderrechtsfahrer besonders sorgfältig verhalten, ist III nicht schlechthin ausgeschlossen (Ce VersR 75 1052).

Wer sich nach III entlasten will, muss die **Unabwendbarkeit des Unfalls beweisen** (BGH **23** DAR 76 246, KG VRS 107 23, Brn VRS 106 107, Kö NZV 94 230, *Reiff* VersR 92 1367). Zum Beweis der Unabwendbarkeit gehört nicht Widerlegung aller nur denkmöglicher Unfallverläufe, für die keinerlei tatsächlicher Anhalt besteht (BGH VersR 70 423, Brn VRS 106 107, Kar VersR 81 886, Dü VersR 77 160). Da der Zivilrichter an das Parteivorbringen gebunden ist, kann er den Entlastungsbeweis nur auf dieser Grundlage beurteilen (BGH VRS 17 102). Unaufklärbarkeit tatsächlicher Umstände geht zu Lasten des Beweispflichtigen (Mü VersR 76 1141, Kö VersR 03 77 (kein Anscheinsbeweis)). Schon bloße Zweifel am unfallursächlichen Fahrverhalten schließen die Feststellung der Unabwendbarkeit aus (BGH VersR 69 827). Die Beurteilung, ob ein unabwendbares Ereignis vorliegt, ist **Sache des Tatrichters** (BGH DAR 05 263). Beispiele unabwendbarer Ereignisse: Rn. 26–27.

8a. Unabwendbarkeit. Selbst ein besonders vorsichtiger Kf braucht nicht damit zu rechnen, **24** dass ein Entgegenkommender infolge winterlicher StrVerhältnisse von der Gegenfahrbahn herüberschleudern werde (BGH VersR 59 455, Fra VersR 87 469) oder dass ihm auf seiner Fahrbahnseite in einer Kurve plötzlich ein Krad vor den Kühler fährt (BGH VersR 66 1076). Dass sich ein Entgegenkommender durch das Vorbeifahren an einem UnfallFz behindert fühlen und ins Schleudern geraten werde (BGH VRS 29 448). *Unabwendbar ist:* Zusammenstoß auf eigener Fahrbahn oder eigenem Fahrstreifen mit einem Entgegenkommenden (BGH NZV 94 391, Ce VersR 79 264, Schl VersR 74 679 (Blendung), Fra VRS 72 32 (Glatteis)). Grob verkehrswidriges Ansetzen zum Überholen für den Entgegenkommenden, der verkehrsgerecht fährt (BGH VersR 68 577), anders aber, wenn dieser im Hinblick auf die erkennbare Gefahr solchen Überholens zu schnell fährt (Fra VersR 81 238). Unfall infolge der **Ausweichbewegung** wegen unvorhersehbaren Querfahrens eines Wartepflichtigen kann unabwendbar sein (Ha VersR 69 956). Auch der besonders sorgfältige Kf kann uU das Steuer im letzten Augenblick herumreißen müssen (BGH VersR 76 343).

Für den innerorts erlaubt **Parkenden** kann ein Unfall unter Beteiligung seines Kfz mangels **25** erkennbarer Gefahrumstände ein unabwendbares Ereignis sein (Bra VersR 89 95, Kar VersR 78 647). Dass dem **Vorfahrtberechtigten** im letzten Augenblick ein Wartepflichtiger mit großer Geschwindigkeit unmittelbar vor den Wagen fährt, kann die Haftung nach III ausschließen (Neust VRS 10 189). Für den vorfahrtberechtigten Busf, der sich vor der Einmündung wegen parkender Fz mehr nach links halten musste, kann es unabwendbar sein, wenn ein Wartepflichtiger trotz beschränkten Überblicks zügig einbiegt und vor den Bus gerät (Fra VersR 79 265). Auch sonst kann eine Vorfahrtverletzung für den Berechtigten unabwendbar sein (BGH NJW 61 266, Kö DAR 60 136, Mü VersR 59 863), etwa unklares Fahren des Wartepflichtigen

(BGH VersR **67** 779 (Bremsen, dann Abbiegen)). Unabwendbarkeit für den ordnungsgemäß in eine Str links Abbiegenden, falls Nachfahrender trotz unklarer VLage überholt; Betätigung Fahrtrichtungsanzeiger muss allerdings bewiesen werden (sonst BG zu 25%; Ce SVR **07** 300). Das **Hochschleudern von Gegenständen,** für deren Vorhandensein auf der Fahrbahn keine Anhaltspunkte vorliegen, kann unabwendbar sein, insbesondere, wo hohe Geschwindigkeiten gefahren werden dürfen (Kar NZV **10** 352 (hochgeschleuderter Gullydeckel); LG Hof NZV **02** 133 (Kantholz auf AB)), AG Fra NJWE–VHR **97** 132 (flaches Brett)), selbst bei zu geringem Abstand zum Geschädigten (LG Berlin ZfS **81** 325). **Unabwendbar ist es:** Dass ein Stein von einem auf normaler Fahrbahn fahrenden Kfz in die Windschutzscheibe eines anderen geschleudert wird (Kö ZfS **83** 353, LG Lüneburg MDR **61** 1014, AG Regensburg NZV **09** 289; str, s. AG Kö VRS **69** 13; zur Beweislast *Rebler* NZV **11** 118), anders zB im Bereich von Baustellen (BGH VRS **47** 241), falls unzureichende Ladungssicherung (§ 22 I StVO) erwiesen ist (LG Heidelberg NZV **12** 299) oder bei größeren Gegenständen (LG Aachen VersR **83** 591 (schon bei mittelgroßen Steinen von 6 × 6 × 6 cm)). Steht nicht fest, ob der Schaden durch aufgewirbelte Steine oder durch Ladungsgut des Vorausfahrenden verursacht ist, so trifft den Vorausfahrenden die Beweislast für unabwendbares Ereignis (Dü NJW-RR **19** 1166; Rn. 23). Ob der beim Einsatz eines fahrbaren Mähgeräts durch hochgeschleuderten Stein verursachte Schaden unabwendbar ist, hängt von den Umständen und den möglichen und zumutbaren Sicherheitsvorkehrungen ab (BGH DAR **05** 263 (Aufhebung von Ce NVwZ-RR **04** 553); ist allen Sicherheitsanforderungen genügt, so ist die Frage zu bejahen (Ha NZV **16** 125; s. aber zum Abplanen von Streckenabschnitten auch BGH NZV **13** 588). Ein besonders sorgfältiger Kf soll nach Baugelände auf in den Reifen eingeklemmte Steine achten müssen (Fra VM **58** 34, AG Kö VersR **86** 1130). Ein durch auf der Gegenfahrbahn fahrendes RäumFz hochgeschleuderte Eisbrocken verursachter Unfall ist nicht unabwendbar, wenn Räumung der Fahrbahn auch ohne Beeinträchtigung der Gegenfahrbahn möglich gewesen wäre (Ko NJW **13** 3731). Unabwendbar kann ein Unfall sein, der auf nicht rechtzeitigem Wahrnehmen ungewöhnlich schwer erkennbarer **Hindernisse auf der Fahrbahn** einer AB beruht (LG Kö MDR **91** 1042 (Eisenstange); § 3 StVO Rn. 25). Rutschen auf nicht erkennbarer (dazu Ba VRS **72** 88) Ölspur (LG Köln DAR **65** 328), anders bei rechtzeitiger Wahrnehmbarkeit oder angepasster Geschwindigkeit (LG Bonn VM **00** 40). Unabwendbar ist, dass der Fahrer eines auf die AB einfahrenden Lastzugs unversehens die Überholspur versperrt (BGH VRS **10** 327); je nach Übersicht das Auffahren auf einen Lkw, der verbotswidrig auf dem AB-Notübergang wendet (BGH VersR **57** 787). Verbotswidriger GegenV auf der AB (LG Darmstadt VersR **66** 1144). Auffahren eines Pkw auf einen langsam bergauf fahrenden, auf der AB rechtzeitig sichtbaren Lastzug für dessen Halter (Zw VersR **73** 166), nicht aber für den Halter eines die AB mit nur 25 km/h befahrenden Lkw, wenn der Fahrer Anlass hatte, wegen seiner geringen Geschwindigkeit auf den nachfolgenden V besonders zu achten (Fra VersR **99** 771). Dass jemand auf einen Lastzug auffährt, der wegen eines Staus auf der AB hält, ist für den Lastzugf unabwendbar (Dü VersR **62** 455). Dass ein auf der AB Vorausfahrender ohne erkennbaren Grund auf den Grünstreifen gerät, scharf nach rechts einschlägt und dem Nachfolger in die Flanke fährt (BGH VRS **22** 90). Demgegenüber nach Fra NZV **16** 222 Mithaftung zu 25% bei Auffahren auf ein nach Schleudern auf der AB-Überholspur liegen gebliebenes Fz, falls Auffahrender die Geschwindigkeit nicht hinreichend an die Dunkelheit angepasst hat (im konkreten Fall zw.).

26   Auch ein besonders sorgfältiger „Idealfahrer" muss sich beim **Überholen** mehrerer Vorausfahrender in FzSchlange nur dann auf ein nicht angekündigtes Überholen auch des vor ihm Fahrenden einstellen, wenn besondere Umstände (zB Ende eines längeren Überholverbots) dies verlangen (BGH NJW **87** 322; s. auch § 5 StVO Rn. 34), nach Mü NJW-RR **17** 1059 aber anders bei „Kolonnenspringen". Dass der zu Überholende plötzlich ohne Ankündigung links einschwenkt, ist für den Überholenden unabwendbar (BGH VersR **62** 566, Fra NZV **00** 211, VRS **84** 274). Für den Kf, der in einer Kolonne vor einem Hindernis anhalten muss, wenn ein Nachfolgender auf ihn **auffährt** (Kö VRS **15** 325, *Lehr* VGT **86** 147). Für den Kf, der beim Umspringen auf Gelb bremst, ist es unabwendbar, wenn ein Nachfolger auf ihn auffährt (Hb MDR **64** 595, Kar VRS **72** 168). Auch der Idealfahrer muss nicht einen so großen Abstand zum Vordermann einhalten, dass ihm ein beliebig schweres Fz mit beliebig hoher Geschwindigkeit auffährt und ihn nicht auf den Vordermann aufschiebt (Ce DAR **12** 457). Auffahren auf ein Fz auf AB: Rn. 25. Plötzliches **Ampelversagen** (AG Pinneberg VersR **65** 1063), idR auch „feindliches" Grün (Kö NZV **92** 364).

27   Das **Verhalten nicht motorisierter VT** kann im Rahmen des III von Bedeutung sein, wenn es zu einer Reaktion eines der beiden unfallbeteiligten FzF führt. Insoweit bleibt daher

auch die zu § 7 II (aF) ergangene Rspr. beachtlich. Danach kann es unabwendbar sein, dass ein **Radfahrer,** der überholt wird, trotz Warnsignals plötzlich nach links abbiegt (BGH MDR **66** 313), bei Grünlicht für den GeradeausV die Fahrbahn auf einer Fußgängerfurt trotz Rot zeigender FußgängerLZA überquert (KG VM **87** 22). Dass ein am linken Straßenrand stehender Mann unmittelbar vor der Begegnung zweier einander entgegenkommender Kfz die **Fahrbahn überschreitet** (BGH DAR **60** 32), dass Fußgänger die Fahrbahn im Laufschritt unmittelbar vor der Begegnung zweier mit Scheinwerferlicht fahrender Kfz überqueren (BGH VersR **60** 183), ein unauffällig am linken Fahrbahnrand Gehender unvermittelt auf die Fahrbahn läuft (Ha NZV **99** 374) oder eine Person auf der AB plötzlich vor ein Fz läuft (Ha VRS **85** 13), dass ein zunächst ausgewichener Fußgänger plötzlich wieder in die Fahrbahn tritt (Dü DAR **54** 108). Sechsjähriges **Kind** übersteigt einen niedrigen Zaun und läuft sofort auf die Fahrbahn (Kö VersR **80** 338), rennt 7,5 m hinter Bus, bis dahin nicht sichtbar, auf die Fahrbahn (Kar DAR **84** 18). Für einen nur ca 30 km/h fahrenden Kf kann das plötzliche Hervortreten eines für ihn vorher nicht sichtbaren Kinds zwischen parkenden Fz unabwendbar sein (KG VersR **81** 885). Mit dem plötzlichen Hervortreten eines Kinds zwischen parkenden Fz muss auch ein besonders sorgfältiger Kf ohne konkrete Anhaltspunkte im Allgemeinen nicht rechnen (BGH NJW **85** 1950, Dü VRS **72** 29, KG NZV **88** 104, VM **97** 52, Ha NZV **91** 194, Kar DAR **89** 25, Mü VRS **93** 256, Schl VersR **99** 334, *Maatz* VGT **94** 225, *Greger* NZV **90** 413, s. aber Ce VersR **87** 360, Ha NZV **90** 473). Es kommt auf die konkreten Umstände an (§ 25 StVO Rn. 31). Auf plötzliches Losrennen eines ordnungsgemäß und unauffällig am Fahrbahnrand wartenden 10-jährigen braucht sich grundsätzlich auch ein Idealfahrer nicht einzustellen (Ce NZV **05** 261). Trotz Z 136 („Kinder") kann ein Unfall für den Kf unabwendbar sein, wenn ein Kind zwischen parkenden Fz plötzlich in die Fahrbahn läuft (Fra VersR **82** 152 (Dunkelheit), KG VM **97** 52). Unabwendbar kann das plötzliche **Springen eines Tiers** in die Fahrbahn sein, zB eines Hunds vor ein Krad (BGH VersR **66** 143) oder vor einen Pkw (Sa VM **71** 84, aM Nü VersR **63** 759 (Wachhund)), oder das plötzliche, auch bei aufmerksamer Beobachtung und angepasster Geschwindigkeit nicht rechtzeitig erkennbare Betreten der AB durch Wild auf kurze Entfernung (KG NZV **93** 313; s. aber § 3 StVO Rn. 28). Auch nach III ist es einem Kf nicht vorzuwerfen, dass er vor einem unvorhersehbar auftauchenden Schäferhund plötzlich bremst und sein Kfz dabei etwas nach links zieht (automatische Abwehrreaktion: **E** 86; Sa VM **71** 84).

8b. Kein unabwendbares Ereignis: Falls ein besonders umsichtiger Fahrer die Gefahr noch **28** abgewendet (BGH VersR **66** 829, Ce VRS **108** 354) oder jedenfalls nur einen weniger folgenschweren Unfall verursacht hätte (BGH NJW **82** 1149); Herabfallen mangelhaft befestigter Ladung durch heftigen Wind; besonders schwierige enge Durchfahrt; dem Fahrer bekannte Glatteisgefahr. Fehlerhaftes Fahrverhalten schließt allerdings für sich allein Unabwendbarkeit nur bei bestehendem **Zurechnungszusammenhang** aus, dh, es bleibt unbeachtlich, wenn die dadurch geschaffene Gefahr den Unfall nicht beeinflusst hat (Rn. 24, **E** 101; BGH NJW **88** 58). Bei **FzBegegnung** muss ein besonders sorgfältiger Kf idR solchen Abstand zur StrMitte halten, dass er mit einem um 1 m herüberkommenden GegenFz nicht kollidiert (Dü VersR **72** 649), wird aber bei vorsehbarem Unfallgeschehen diesen Abstand zur Mitte durch Ausweichen auf den äußersten Fahrbahnrand vergrößern (Fra VersR **99** 770). Steht auf einer BundesStr in Gegenrichtung ein Lastzug, den zwei Entgegenkommende bereits umfahren, so muss ein besonders sorgfältiger Fahrer mit weiteren Fz rechnen (BGH VRS **26** 95). Kann der Lastzugf die Fahrbahn im Rückspiegel nur auf 22 m übersehen, so darf er sich auf der AB mit einem Blick in den Rückspiegel nicht begnügen, ehe er zum **Überholen** ansetzt (BGH VersR **59** 633). Wer trotz schlechten Überblicks auf der linken StrSeite überholt, handelt auch als Vorfahrtberechtigter nicht mit aller nötiger Sorgfalt (KG VersR **72** 1143). Nicht unabwendbar ist Schleudern des auf der AB Überholenden infolge plötzlichen Ausscherens eines Vordermanns oder des Überholenden, wenn es sich objektiv bei aufmerksamer Beobachtung der Vorausfahrenden und ihres Verhaltens (nicht nur aus nachträglicher Sicht) hätte vermeiden lassen (BGH VersR **71** 440), ebenso bei Schleudern infolge Ausweichens wegen überraschenden **Spurwechsels** eines anderen (Ce VRS **108** 354). Beim Überholen kann es zur äußersten Sorgfalt gehören, dass der Überholer auf der AB einen voraus hinter einem langsameren Fz herfahrenden Pkw auf etwaiges Ausscheren hin beobachtet (BGH VM **71** 89, Kö VersR **91** 1188, Nü VersR **77** 1112; s. aber Rn. 26). Die hM nimmt an, dass ein Unfall nicht unabwendbar ist, der bei Einhaltung der **AB-Richtgeschwindigkeit** vermieden worden wäre (näher: § 3 StVO Rn. 55c). Nicht unabwendbar ist **Gleiten und Schleudern** auf erkennbar glatter Straße (BGH DAR **60** 136) oder bei beginnendem Regen trotz WarnZ 101, 114 (BGH VersR **74** 265). Rutschen oder Schleudern auf nasser Str spricht für Unachtsamkeit (BGH VersR **68** 671), gleichfalls, dass ein Pkw in leicht ansteigender, überhöhter Kurve bei Schneematsch rutscht (BGH VersR **58** 646). Langsames Abrutschen eines Anhängers bei länger dauerndem Glatteis, AB-Quergefälle und langsamem Fahren kann gegen Sorgfalt des Fahrers sprechen (BGH VersR **71** 842). Rutschen und Querstellen des Anhängers ohne Schneeketten auf vereistem Gefälle (Mü VersR **61** 119). Abstellen des noch fahrfähigen Kfz nach Glatteisunfall an der Unfallstelle am Fahrbahnrand (Stu VersR **77** 1016). Dass ein Kf bei Dunkelheit auf ein **unbeleuchtetes Hindernis** auffährt (BGH DAR **60** 16). **Hochschleudern von Steinen:** Rn. 25.

29   Ein äußerst sorgfältiger Kf muss eine auf dem Gehweg spielende Gruppe größerer **Kinder** wenigstens rechtzeitig wahrnehmen und im Auge behalten (BGH NJW **82** 1149). Kein unabwendbares Ereignis, dass ein 7-jähriges Kind, das mit einem gleichaltrigen am StrRand steht und erkennbar die Str überqueren will, plötzlich losläuft, auch wenn es den V beobachtet hat (Kar VersR **83** 252), dass ein außerhalb geschlossener Ortschaft seitlich der Str spielendes 9-jähriges Kind plötzlich die Fahrbahn überquert, um zu seinem auf der anderen StrSeite abgestellten Fahrrad zu gelangen (Fra VersR **81** 240). Weitere Beispiele: § 25 StVO Rn. 31. Nicht unabwendbar ist ein Unfall, der dadurch verursacht wird, dass ein in der Fahrbahnmitte wartender **Fußgänger** plötzlich losläuft, um die Fahrbahn vollends zu überqueren (Kar VersR **82** 450). Kollidieren zwei jeweils **rückwärts ausparkende Pkw** auf unübersichtlichem Parkplatz, berechtigt allein der Umstand, dass einer von beiden in einem nicht näher einzugrenzenden Zeitpunkt vor dem Zusammenstoß zum Stehen gekommen war, nicht die Annahme eines unabwendbaren Ereignisses (Sa NJW-RR **19** 1435 (Haftung des im Zeitpunkt der Kollision Fahrenden zu 80 %)). Ein besonders sorgfältiger Kf muss uU auch ohne WarnZ „Wildwechsel" das Gelände neben der Fahrbahn aufmerksam beobachten, um **Wild** frühzeitig wahrzunehmen (BGH DAR **87** 19) und kann sich bei Kollision mit Wild nicht auf Unabwendbarkeit berufen, wenn er mit Abblendlicht auf Sicht fährt (§ 3 I S. 4 StVO; Ce DAR **04** 525). Plötzliches **körperlich/geistiges Versagen** bildet nur unabwendbares Ereignis iS von II, auch nicht bei Unvorhersehbarkeit (Stu VersR **77** 383). Für einen Hirnverletzten mit gelegentlichen Bewusstseinsstörungen ist eine weitere Störung kein unabwendbares Ereignis (Ha VkBl. **50** 280). Haftungsausschluss nach III scheitert regelmäßig bei Fahren trotz bekannter **Fahrunsicherheit** oder verminderter Fahrsicherheit wegen Müdigkeit, Alkohol, illegaler Drogen oder Medikamenteneinfluss (Fra BA **04** 92). Die widerlegte Schuldvermutung des § 18 I allein belegt noch kein unabwendbares Ereignis (BGH Betr **73** 1450).

30   **8c. Fehler in der Beschaffenheit des Fahrzeugs,** Versagen seiner Vorrichtungen. III beruht auf der Erwägung, dass dem Halter, der den gefährlichen Betrieb unternimmt, die damit zusammenhängenden Gefahren zugerechnet werden müssen. Nur solche Ereignisse entlasten ihn, die betriebsfremd eingreifen oder den normalen Betrieb stören. Deshalb sind schädigende Ereignisse bei dem FzBetrieb nicht unabwendbar, wenn sie ihre Ursache in Fehlern der Beschaffenheit des Fz, im Versagen seiner Vorrichtungen oder im Versagen der dabei tätigen Menschen haben. Unerheblich ist, worauf der Fehler oder das Versagen beruht. In Betracht kommen für den Entlastungsausschluss nur Fehler in der FzBeschaffenheit, die irgendwie die VSicherheit einschließlich der Sicherheit der Insassen beeinflussen, namentlich Nichterfüllung der Anforderungen der §§ 16, 30–62 StVZO und andere Mängel. Fehler in der FzBeschaffenheit ist zB eine defekte Reserveradhalterung (Ha VRS **84** 182). Versagen der Steuerung oder der Bremsen ist Versagen von Vorrichtungen (BGH VRS **5** 85). Den Fahrer entlastet nicht unzuverlässiges Arbeiten des Blinkers. Gerät ein Lastzuganhänger aus der Spur, so liegt darin ein Versagen der Vorrichtungen (Bra VRS **5** 256). **Weitere Beispiele** für Versagen der Vorrichtungen: Störung der Lenkung; Reißen der Anhängerkupplung wegen eines verborgenen Materialfehlers, desgleichen bei ungleichmäßiger Bremseinstellung, beim Versagen der Brennstoffzufuhr (Ba DAR **51** 80), bei Motorschaden (BGH VersR **72** 1071, Ha DAR **00** 356, KG VM **74** 96), Reißen einer Panzerkette (Nü VRS **87** 87), Hinterlassen einer Ölspur (Ba VRS **72** 88, Ko NJW-RR **94** 1369), Reifenplatzer am Anhänger (Ce NZV **14** 82), Ablösung einer Reifenkarkasse (LG Sa NZV **14** 85). Fehler der Innenausstattung, die die VSicherheit beeinflussen, sind Fehler in der Beschaffenheit. Von BGH VRS **47** 241 offengelassen, ob das Hochschleudern eines Steins (Rn. 25) als Versagen der Vorrichtungen angesehen werden muss. **Kein Versagen der Vorrichtungen** ist Gleiten oder Schleudern auf schlüpfriger Fahrbahn (BGH DAR **60** 136, *Schweizer* VersR **69** 18. *Weitnauer*VersR **69** 680).

31   **9. Beweislast. Verfahren.** Die Beweislast für entlastende Umstände trägt, wer sie geltend macht (RGZ **79** 312, **114** 73, Ha DAR **04** 90). Beweis der Unabwendbarkeit nach III: Rn. 23.

Zur Abwendung der Haftung nach I und II muss sich der Halter entlasten. Wo aber die Haftung als solche und Ausgleichspflicht in Betracht kommen, hat im Rahmen des § 17 der andere Teil dem Halter einen als Verschulden anzurechnenden Umstand oder andere dessen BG erhöhende Tatsachen zu beweisen (BGH NZV **96** 231, VersR **67** 132, Ha DAR **04** 90, Fra VersR **81** 841, Ol VRS **79** 351, Kö NZV **95** 400, Mü DAR **07** 465). Gelingt ihm das nicht, so belastet dieser Umstand den Halter bei der Abwägung nicht (Fra VersR **88** 295, *Böhmer* MDR **62** 712 (gegen Stu MDR **62** 651)). Lässt sich zum Verschulden nichts feststellen, darf jedem Halter nur seine BG zugerechnet werden (Ce VersR **82** 960, Nü DAR **82** 329); deshalb zB Haftungsverteilung 50 : 50, wenn sich nicht feststellen lässt, wer von beiden Unfallbeteiligten bei Rot in eine Kreuzung eingefahren ist (Ce MDR **06** 1167). **Nur unstreitige, zugestandene oder erwiesene Tatsachen** zählen, keine nur vermuteten (BGH NZV **05** 407, **96** 231, NJW **00** 3069, **12** 2425; DAR **15** 455; Nau DAR **01** 223, KG VRS **107** 23, Ha NZV **05** 411, Kö NZV **95** 400, Dü DAR **05** 217, Sa VRS **106** 171). Schuldvermutungen (§ 18 I) bleiben außer Ansatz (BGH NZV **95** 145, NJW **12** 2425, Fra VersR **88** 295, Ko VRS **68** 32, Dü VersR **76** 152). Bleibt der Unfallhergang ungeklärt, so ist die von beiden Parteien jeweils zugestandene Fahrweise zugrunde zu legen (KG NZV **06** 374, Nau DAR **01** 223, Schl VersR **82** 709 mAnm *Woesner*). Die Abwägung ist **Sache des Tatrichters** (BGH NJW **08** 1305, NZV **05** 407, NJW **03** 1929, NJW-RR **88** 406, VersR **62** 361). Das Revisionsgericht prüft nur die Beachtung der Rechtsgrundsätze (BGH NJW-RR **88** 406). Es kann selber ausgleichen, wenn alles Tatsächliche feststeht (BGH VersR **66** 521).

10. Schadenverursachung durch Kraftfahrzeug und Anhänger, Tier und Eisenbahn 32 (IV). Für den Ausgleich im Innenverhältnis zwischen KfzHalter und Anhängerhalter gilt *für Schadensfälle vor dem 17.7.2020 IV aF* (dazu Rn. 1), wonach in diesen Fällen I bis III entsprechend anwendbar sind. Insoweit hat wohl auch BGH NJW **11** 447 (ebenso Ha NZV **16** 219 zu einem komplizierten Fall) weiterhin Gültigkeit. Danach führt die Haftungseinheit von Zugmaschine und Anhänger dazu, dass (auch versicherungsrechtlich) der Halter der Zugmaschine und der Halter des Anhängers (bzw. die jeweiligen VU) im Innenverhältnis (§ 426 BGB) hälftig haften (krit. und mit Differenzierungen BHHJ/*Heß* Rn. 25a, 25b, § 18 Rn. 15; *Lemcke* r+s **11** 373, *Langenick* NZV **11** 577; *Wilms* DAR **12** 68). Eine idR alleinige Haftung des Kfz-Halters entsprechend der Auffassung des historischen Gesetzgebers findet nach BGH aaO im Gesetz keine Stütze (s. auch Ce DAR **08** 648; Hb DAR **08** 649, beide mit Bspr *Wilms* DAR **08** 671). Die Entscheidung des BGH hat dem GGeber Anlass für die Einfügung der allerdings erst für Schadensfälle ab dem 17.7.2020 geltenden §§ 19, 19a gegeben (dazu Rn. 1 sowie die Erläuterungen zu den genannten Vorschriften). III gilt auch für den Fall, dass mehrere Kfz mit Anhängern, Kfz, Anhänger und Tier oder Kfz, Anhänger und Eisenbahn am Unfall beteiligt sind (Begr; BT-Drs. 14/7752 S. 35). Ausgleich im Innenverhältnis auch zwischen Tierhalter oder Eisenbahnunternehmer. Voraussetzung der Ausgleichspflicht ist stets die gesetzliche Ersatzpflicht (Rn. 2) des Fz wie des Tierhalters (RGZ **129** 55). Der Tierhalter haftet nach § 833 BGB.

10a. Tierbeteiligung. Bei Abwägung der maßgebenden Umstände sind die BG des Kfz 33 (Anhängers) und etwaiges Verschulden seines Halters oder Führers, auf der anderen Seite die natürliche Tiergefahr und etwaiges Verschulden des Tierhalters oder Tierhüters zu berücksichtigen (RGZ **129** 55, BGH NZV **90** 305; Übersicht *Siegel* SVR **17** 81; s. auch *Marburger* NZV **16** 509 zum Regress des SozVersTr nach § 116 SGB X). Der Tierhalter darf dem FzHalter dessen BG anrechnen (BGH VersR **76** 1086, Kö VM **01** 91). Zur Erforderlichkeit eines Sachverständigengutachtens BGH NZV **15** 330, zur typischen Tiergefahr eingehend BGH NZV **15** 379. **Keine typische Tiergefahr,** wenn ein angefahrener Hund gegen ein anderes Kfz geschleudert wird und dort Schaden verursacht (LG Kiel VersR **69** 456). Scheuen und Durchgehen der Pferde ist eine der Natur der Tiere entsprechende Verursachung (BGH VRS **20** 255, Ce MDR **03** 685; Brn NZV **11** 609). Verweigern der Parade durch ein Reitpferd verwirklicht eine typische Tiergefahr (BGH VersR **86** 1077). Auch der Halter eines mit dem unmittelbar unfallverursachenden Hund im „Jagdspiel" befindlichen Hundes kann aufgrund spezifischer Tiergefahr haften (Mü NJW **17** 3664). Zum Entlastungsbeweis des Tierhalters bei Vermietung eines Reitpferds zum Ausritt: BGH VersR **86** 1077. Haftungsverteilung 80 : 20 zu Lasten des Kf, der mit zu hoher Geschwindigkeit Reiter überholen will und durch laute Notbremsung Ausbrechen eines Pferds verursacht (Kö NZV **92** 487), 80:20 zu Lasten des Tierhalters, dessen aus der Weide ausgebrochenes Pferd bei Dunkelheit auf der Fahrbahn mit einem Klein-Krad kollidiert (Kö VM **01** 91), $^2/_3$ zu Lasten des mit überhöhter Geschwindigkeit auf Pferd auffahrenden Kf (Ha r+s **06** 374). Alleinhaftung des Tierhalters bei auf die Str gelangten Tieren: Rn. 35. Die Tiergefahr eines

scheuenden Reitpferds im StrV übersteigt die BG eines Lkw (70 : 30; Ce MDR **03** 685). Abwä-
gen der Anforderungen bei Scheuen eines Zugpferds an den Entlastungsbeweis (§ 833 S. 2 BGB)
des Tierhalters und Tierhüters und an den Halter (übermäßiger Lärm; BGH VersR **63** 1141, Kar
VersR **65** 1183). Das Privileg setzt voraus, dass das Haustier dem Beruf, der Erwerbstätigkeit
oder einem anderen wirtschaftlichen Zweck dient, wobei eine Gewinnerzielungsabsicht, die in
den objektiven Umständen keinen Niederschlag findet, nicht genügt (BGH DAR **17** 318). Ver-
letzung des Rechtsfahrgebots ist auch mitursächlich, wenn der Unfall durch ein Tier herbeige-
führt wird (Kö NJW **57** 425). Zum Ganzen s. auch *Göbel* DAR **10** 191.

34   Für den Entlastungsbeweis des Halters hinsichtlich der **Weidesicherung** (ebenso Hof, Stall)
gelten strenge Anforderungen (BGH NJW **09** 3233; NZV **90** 305, VersR **66** 186 (Pferde), Ce
DAR **05** 623, Ha NJW-RR **06** 36, Jn NZV **02** 464 (Rind), Fra VersR **82** 908, ZfS **86** 162
(Kuhherde), Kö VersR **00** 860 (Schafherde)), wobei die Aufsichtspflicht nicht mit dem Kontroll-
verlust über die Tiere endet, sondern alle Maßnahmen umfasst, die im Zeitpunkt eines Unfalls
zu dessen Vermeidung erforderlich waren (BGH NJW **09** 3233; Brn SP **07** 421). Gelangen Pfer-
de aus eingefriedeter Weide infolge Öffnung des Koppeltors auf die Str, so ist der Tierhalter haft-
und ausgleichspflichtig, gleichgültig wie das Koppeltor geöffnet worden ist (BGH VersR **59** 759).
Blockieren Pferde verschiedener Tierhalter die Fahrbahn, so haften die Tierhalter als Gesamt-
schuldner; auf welches Pferd ein herannahendes Fz auffährt, ist, da einheitliches Hindernis, irre-
levant (Sa NZV **06** 424). Der Entlastungsbeweis ist nicht geführt, wenn das Weidetor gegen Ent-
laufen nur unzureichend gesichert ist (BGH VersR **64** 595). Das Straßentor einer Weide ist so zu
sichern, dass es weder von den Tieren noch von außen geöffnet werden kann (BGH VersR **66**
186, 1031, Ce VM **76** 35), auch nicht durch Unbefugte, soweit damit nach Örtlichkeit und Um-
ständen zu rechnen ist (Nü MDR **04** 996 (Halle), Ce VersR **71** 942 (Bahnhaftung)), anders,
wenn nach den Umständen Öffnen durch Unbefugte unwahrscheinlich ist (Schl ZfS **88** 67).
Besondere Sorgfalt ist erforderlich bei Nähe der AB oder anderer belebter Str (BGH VersR **66**
1031, Ce DAR **05** 623, Jn NZV **02** 464, Kö MDR **93** 518, Ba ZfS **82** 353). Das gilt auch für
einen Stall (BGH NZV **90** 305). Weidetore an BundesStr sind bei Belegung mindestens nachts
mit Schloss zu sichern (BGH VersR **67** 906). Sonst müssen sie nach dem Öffnen von selbst (zB
Gewicht, Seilrolle) wieder zufallen (Ce DAR **67** 189). Sicherung mit Schloss ist aber auch
nachts nicht geboten, wenn zwar die Weide, nicht aber das Tor unmittelbar an einer BundesStr
liegt und auch Parkplätze und Spazierwege nicht nahe sind (Schl ZfS **88** 67). Dagegen verlangt
BGH NZV **90** 305 sichere Aufbewahrung des Schlüssels bei durch Schloss gesichertem Pferde-
stall innerhalb einer Koppel in AB-Nähe. Bei Rinderweiden muss ein Stacheldrahtzaun mindes-
tens 1 m hoch sein (Dü VersR **01** 1038, Ha VersR **97** 1542, LG Duisburg DAR **87** 153, s. auch
Dü VRS **74** 410 (95 cm zu niedrig); Kö MDR **93** 518 (mindestens 110 cm, bei Pferdeweiden
wenigstens 120 cm); Kö VM **01** 91). Ordnungsmäßige **Elektroweidezäune** genügen idR zur
Weidesicherung (Jn NZV **02** 464, Fra VersR **82** 908, ZfS **86** 162, Ce VersR **77** 453), jedenfalls
an wenig befahrenen Str (Kar VersR **76** 346) oder bei kilometerweiter Weideentfernung von der
Str (Ha VersR **80** 197). In der Nähe viel befahrener BundesStr kann je nach Geländebeschaffen-
heit zusätzliche mechanische Sicherung notwendig sein (Jn NZV **02** 464; s. auch Schl NZV **14**
32 (Schafherde an KreisStr)). I Ü reichen Elektrozäune nur aus, wenn ihre Schlagstärke dem Wi-
derstand eines fest verankerten Zaunes gleichkommt (Fra NJW **76** 573), nur wenn sie die Tiere
verlässlich zurückhalten (Kö VersR **73** 772). Grenzt die Weide unmittelbar an eine LandStr, ist
tägliche Kontrolle des Elektrozauns erforderlich (Ha NZV **89** 234). Autobatterie als Stromquelle
reicht uU wegen Diebstahlsgefahr nicht (Jn NZV **02** 464). Vorsorgemaßnahmen gegen Unter-
brechung der Stromzufuhr durch Entfernen von Klemmen werden aber regelmäßig nicht zu
verlangen sein, weil derartigen Eingriffen Unbeteiligter mit zumutbaren und geeigneten Mitteln
kaum zu begegnen ist (Fra ZfS **86** 162, Schl ZfS **88** 67, aM Ba ZfS **82** 353). Zur Frage, inwie-
weit ein Elektrozaun auch aufgeschrecktes Vieh noch ausreichend einfriedet: BGH VersR **76**
1086. Nach Kar NZV **10** 80 kein Mitverschulden wegen (uU) mangelnder Sicherung, weil ein
Weidezaun einer in Panik geratenen Kuh nicht standzuhalten vermag. Haftung bei Ausbrechen
von Vieh aus mangelhaft gesicherter Weide und zu schnellem Fahren (Ha NZV **89** 234, Nü
VersR **66** 42).

35   Die **von aus der Weide ausbrechendem Vieh ausgehende Tiergefahr überwiegt** re-
gelmäßig die KfzBG (Ha NZV **03** 423, Kö VM **01** 91), selbst dann, wenn diese durch unauf-
merksame Fahrweise gesteigert ist (Dü VersR **95** 232, Ko NZV **91** 471, Fra VersR **82** 908, Ha
r+s **06** 374 (je Haftung des Tierhalters zu 2/3), Ha NZV **89** 234; Kar NZV **10** 80 (je zu 3/4)). Bei
auf der Straße frei herumlaufenden Pferden kann geringfügige Mitschuld des Kf außer Betracht
bleiben (BGH VRS **22** 10, Ce DAR **05** 623, Ol DAR **63** 217, s. auch Sa NZV **06** 424). Springt

ein galoppierendes Pferd panikartig auf die Fahrbahn, so bleibt die BG des Pkw außer Betracht (BGH VersR **64** 595, 1197, **66** 186). Den Kf, der auf einen Wink des Hirten von 11 Kühen nicht verlangsamt, trifft Mitschuld (Ce VRS **9** 412). Ein durch **Kuhdung** verursachter Unfall begründet keine Haftung des Tierhalters; in landwirtschaftlichen Gegenden müssen die Straßenbenutzer mit Tierkot rechnen (LG Kö MDR **60** 924; näher zu §§ 28, 32 StVO). Ausgleichspflicht des Kradf bei Hineinspringen eines **Hundes** in sein Rad auch, wenn nur seine BG mitursächlich gewesen ist (BGH VersR **66** 143, Mü VersR **60** 572, Nü VersR **63** 759). Schadenshalbierung zwischen KfzHalter und Tierhalter bei Unfall infolge Ausweichens vor einem auf die Fahrbahn laufenden Hund (Dü VersR **72** 403, Nü VersR **75** 164). Keine Mithaftung des Kradf, dem innerorts unvorhersehbar ein Hund vors Fz läuft (BGH VersR **66** 143), ebenso bei einem infolge mangelnder Aufsicht auf die AB laufenden Hütehund mangels Mitverschuldens des Kf (Ha VM **85** 96). Hineinlaufen eines Jagdhunds in die Fahrbahn des abgeblendet fahrenden Kfz: BGH VersR **59** 804. Der Jagdhundhalter ist ausgleichspflichtig, wenn ein vom Hund aufgescheuchtes Reh vor ein Kfz in die Fahrbahn gerät (Nü VersR **59** 573).

An den Nachweis gehöriger Beaufsichtigung auch eines im Allgemeinen friedlichen **Wach-** **36** **hundes** sind strenge Anforderungen zu stellen (BGH VersR **62** 807, Nü VersR **64** 1178). Kennt der Halter das aggressive Verhalten seines Hundes gegenüber dem Post-ZustellFz, so muss er sich seine Tierhalterhaftung anrechnen lassen (Ha VersR **79** 580). Einem Blinden, der beim Überqueren einer Str angefahren wird, kann Versagen seines Blindenhunds nicht aus dem Gesichtspunkt der Tierhalterhaftung entgegengehalten werden (Hb VersR **63** 1273). Ein Land- oder Gastwirt kann für einen durch seine herumlaufende **Katze** verursachten Unfall nicht in Anspruch genommen werden (Ol VersR **57** 742, **60** 840, LG Traunstein VersR **66** 198). Bei **Hühnern** genügt Einzäunung mit (1,15 m hohen) Maschendraht (LG Rheinbach VersR **66** 75).

10b. Eisenbahnbeteiligung. § 17 geht dem § 13 HaftpflG vor (BGH NZV **94** 146, Jn **37** DAR **00** 65, Ha NJW **16** 332; Stu VRS **80** 410, Dü NZV **92** 190, KG VRS **101** 97, Kö VRS **93** 40, *Weber* DAR **84** 65). I gilt entsprechend, auch wenn das Kfz ein langsam fahrendes Fz (§ 8 Nr. 1 StVG) ist (BGH VRS **12** 172, *Weber* DAR **84** 67). Die beiderseitige BG ist abzuwägen, daneben das Verschulden der beteiligten Bediensteten (BGH VRS **5** 35). **Eisenbahnen** (Haftung nach HaftpflG) sind auch Klein-, Schmalspur- und Straba (Mü VRS **31** 344). § 17 regelt die Haftung von Eisenbahn und Kfz abschließend für den Fall, dass sie zusammen Schaden verursachen, gleichgültig, ob die Haftung auf Gefährdung oder Verschulden beruht (BGH VersR **60** 632). Zum Ganzen *Rebler* SVR **10** 441.

Die **BG** eines Eisenbahnzugs ist größer als die eines Pkw (Tüb DAR **51** 193 Nr. 96; zur Stra- **38** ba Rn. 43). Rückwärtsfahren einer Lokomotive, Fehlen von Bremsen an Packwagen und an einem Teil der Räder der Lokomotive gehören zur normalen Bahn-BG (Ol NJW **53** 1515).

Die Abwägung hängt davon ab, wie sich die BG der Bahn im Einzelfall auswirkt (KG **39** NZV **05** 416, Bra NJW **54** 1203, Rspr. bei *Filthaut* NZV **13** 319). Beeinträchtigung der Warnbaken durch Schneeanwehung gehört zur Bahn-BG (BGH VersR **66** 65). Geschlossene Schranke gehört zum Bahnbetrieb (BGH NJW **63** 1107, VersR **67** 132, krit *Böhmer* MDR **64** 812). Nichthören und Nichtbeachten der Bahnsignale wegen Eigengeräuschs gehört zur KfzBG (Ha VRS **12** 401). Bei Verletzung der dem Kf gem. § 19 StVO obliegenden Sorgfaltspflichten übersteigt der Haftungsanteil des Kf idR den der Bahn (Ha NZV **93** 28 mAnm *Filthaut;* Ol NZV **99** 419, Mü SVR **06** 267).

Abwägung der BG des Treckers, der auf unbeschranktem **Bahnübergang** stecken bleibt, mit **40** einem Personenzug (BGH DAR **59** 104) oder der auf Feldweg-Überweg mit Zug kollidiert (Sa NZV **93** 31). Abwägung bei unachtsamem Los- und Auffahren eines MopedF bei vorzeitiger Schrankenöffnung auf den letzten Zugwagen: BGH VersR **61** 950, 1016. Abwägung bei Zusammenstoß zwischen Bus und Bahn auf unbeschranktem Übergang mit Warnlicht: BGH VRS **16** 253. Erhöhte BG des Kfz, das wegen Fz- oder Bedienungsmangels auf dem Gleis stecken bleibt (BGH VRS **4** 503, Ha ZfS **95** 325 (²/₃ Mithaftung)), oder dessen Führer zwecks Abbiegens in ein Grundstück dort anhält (Dü NZV **92** 190) oder wegen von seinem Fz ausgehenden Lärms (Radio) ein WarnZ nicht hört (BGH NZV **94** 146). Haftungsverteilung 1 : 4 zu Lasten eines SchwerlastFzF, der auf unbeschranktem Bahnübergang ohne Blinklichtanlage schuldhaft die Gleise nicht rechtzeitig räumen kann (Fra VersR **88** 295), 1 : 2 zu Lasten eines PkwF, der bei Nebel auf dem Bahnübergang von der nicht markierten Fahrbahn abkommt (Mü NZV **00** 207). Mithaftung der Bahn zu ²/₃, wenn ein FzF schuldhaft auf den Gleisen stehen bleibt, von der Bahn aber trotz besonderer Gefährlichkeit des beschrankten Bahnübergangs keine ausreichenden zusätzlichen Sicherheitsmaßnahmen getroffen wurden (Kö NZV **90** 152), wenn ein LkwF einen unbeschrankten Bahnübergang schuldhaft nicht bemerkt, auf diesen aber im Hinblick auf die VBedeutung der Str nicht ausreichend durch VZ hingewiesen wird (Mü NZV **00** 207). $^2/_3$-Haftung der Bahn, wenn deren Führer nach den Umständen damit rechnen muss, dass ein auf den Gleisen zum Stehen gekommener Kf ihm den Vorrang nicht mehr ermöglichen wird (Kar VersR **92** 370). Abwägung bei Vorfahrtverletzung durch einen Lastzug an unbeschranktem Übergang und Langsamfahrstelle der Bahn: BGH VersR **67** 1197 (Schadensteilung), bei Übersehen des roten LichtZ durch Kf infolge tiefstehender Sonne: Ha VersR **83** 465, oder infolge die Sicht auf die Warnanlage beschränkender Zweige: BGH NZV **94** 146 ($^2/_3$ zu Lasten der Bahn), Ha NZV **93** 28 mAnm *Filthaut,* bei Zusammenstoß eines Kf mit einer bei Dunkelheit im Bereich eines ungesicherten Bahnübergangs stehenden Rangierabteilung der Bahn: Schl VersR **83** 65, bei Kollision eines PanzerFz auf unbeschranktem Übergang: Ce VersR **70** 329. Abwägung der BG eines verkehrsarmen, unbeschrankten Übergangs mit einem Kf, der nicht beim Warnkreuz hält, nur auskuppelt und vom Pedal abrutscht: BGH VersR **66** 291 (40:60 zulasten Kf bei Vorfahrtmissachtung an unbeschranktem Bahnübergang durch ihn); grobe Fahrlässigkeit (Rn. 42) wegen schwieriger VLage, Schnee, Dunkelheit ausgeschlossen trotz ungeeigneter Sommerreifen im Winter (Mü SVR **06** 267). Zusammenstoß Lkw/Eisenbahn unter ursächlicher Mitwirkung einer fahrlässigen Amtspflichtverletzung der VB (StrUmleitung): BGH NJW **74** 360 mAnm *Deutsch* JZ **74** 712.

41   **Erhöhte Bahnbetriebsgefahr** bei versehentlich offener Schranke (BGH VRS **5** 35), uU Alleinhaftung der Bahn (Ha NJW **16** 332 (Haftungseinheit zwischen Schrankenwärter, Privatbahn und dem für die Bahnstrecke verantwortlichen Unternehmen der DB); KG RdK **40** 153 (schlafender Wärter)). Doch kann auch hier je nach den Umständen beiderseits gleiche Verursachung in Betracht kommen (Neust VkBl. **54** 476 (nicht gesicherter Güterwagen rollt bei offener Schranke ab); s. § 19 StVO. Erhöhte BG, wenn an einem unübersichtlichen Übergang Schranken fehlen und Läutesignale nicht gehört werden können (BGH VRS **12** 172), bei fehlenden Warnbaken trotz nur spät und schlecht wahrnehmbaren Blinklichts (Ha NZV **94** 437), bei fehlenden Schranken selbst an verkehrsarmem Übergang einer Nebenbahn (BGH VersR **66** 291), bei Sicherung nur durch Warnschilder (Schl NZV **08** 89), bei nur schwer einsehbarem Gleisbereich und schlecht erkennbarem Blinklicht (Ol NZV **99** 419). Erhöhte Bahn-BG bei fehlendem Warnkreuz (Ha MDR **61** 938, *Böhmer* VersR **61** 1071), bei nur rechts angebrachtem Andreaskreuz trotz (vorübergehend) großer VBedeutung der Str (Mü NZV **00** 206). Jedoch können etwaige Mängel durch Baken, übersichtliche Strecke, akustische Signale graduell ausgeglichen werden (Ha VRS **12** 401). Erhöhte BG bei fehlender Blinklichtanlage (Fra VersR **88** 295), bei zugeschneiter Blinkanlage (Mü NZV **02** 43), bei Unterlassen des vorgeschriebenem Pfeifsignals vor unbeschranktem Übergang (BGH VersR **57** 800), bei fehlenden Schranken trotz Unübersichtlichkeit und Zuschnellfahren des Pkw (Mü VersR **70** 235). Erhöhte BG der Bahn tritt bei Kollision mit einem stehen gebliebenen Kfz nicht stets völlig zurück (Nü VersR **64** 1181).

42   **Außer Ansatz** kann die Bahn-BG bleiben, wenn ein Lkw auf Grund vorhersehbar schwierigen Fahrmanövers den Bahnübergang nicht rechtzeitig räumen kann (Ce NZV **88** 22), infolge unangepasster Geschwindigkeit der Bahn keinen Vorrang einräumen kann (Stu VRS **80** 410), uU ausnahmsweise selbst erhöhte Bahn-BG gegenüber grober Fahrlässigkeit des Kf (BGH VersR **86** 708, Fra VersR **86** 707, Ce VersR **78** 329, Nü VersR **85** 891), so bei Weiterfahrt trotz roten Blinklichts (BGH NZV **94** 146, Ko NZV **02** 184, Fra VersR **86** 707, Hb VersR **79** 549, Ce VersR **66** 833), grober Vorfahrtsverletzung (Dü VRS **72** 414) oder wenn ein Kf zu schnell heranfährt und erst 20 m vor dem Übergang auf den nahen Zug achtet (Ce VersR **77** 361), bei grobfahrlässiger Nichtbeachtung der Warnzeichen und Geschwindigkeitsbeschränkung vor einem verkehrsarmen Übergang (Schl MDR **61** 232, Nü VersR **85** 891), bei achtlosem Weiterfahren des Kf trotz hörbarer Signale des Zugs (Ce VersR **84** 790). Alleinhaftung des Kf bei grob verkehrswidrigem Einordnen und Halten auf den Schienen: Rn. 44.

43   Die BG der **Straßenbahn** ist wegen ihres langen Bremswegs und ihrer infolge Schienengebundenheit geringeren Beweglichkeit meist hoch (Rn. 6; Ha VRS **108** 198, KG VRS **106** 356, Jn DAR **00** 65, Dü NZV **94** 28, VRS **71** 261), in unechter EinbahnStr (§ 41 Rn. 248b Z 220) noch höher (BGH VersR **66** 1142). Die Straba-BG oder die BG anderer schienengebundener Fz ist idR höher als die eines Pkw (KG NZV **05** 416, VRS **106** 356, Dü NZV **92** 190, Ha VRS **108** 198, VersR **92** 108) oder eines Lkw (Ha MDR **03** 627). Jedoch kann die des Pkw durch überhöhte Geschwindigkeit und verkehrswidrige Fahrweise so stark erhöht sein, dass die der Straba vollständig zurücktritt (Ha VRS **3** 120), ebenso bei verkehrswidrigem Rechtsüberholen einer Straba vor einer Engstelle (Dü VersR **70** 91), bei Verletzung des Vorrangs einer die Kreuzung als Nachzügler räumenden Straba (Dü VersR **87** 468), bei grobfahrlässigem Nichtbe-

achten des roten Blinklichts an Bahnübergängen (Ha NZV **93** 70), bei erheblichem Verstoß gegen die gesteigerte Sorgfaltspflicht des § 10 StVO bei Ausfahren aus einem Grundstück (Ce VersR **82** 1200). Zurücktreten der BG auch gegenüber Radf, der den Vorrang der Straba nach § 2 III, § 9 III StVO grob verkehrswidrig verletzt (Ce NJW **08** 2353), einem Fußgänger, der einen Fußweg zur Haltestelle entlangläuft und dabei stürzt (Dr NZV **10** 518) oder einer 11-Jährigen, die eine Fußgängerfurt vor einer durch Warnsignale angekündigten U-Bahn überquert (Dü BeckRS **13** 18736, bei *Filthaut* NZV **16** 297, 301). Auch wirkt sich erhöhte BG der Straba nicht immer unfallursächlich aus (Dü VRS **60** 401). Gleich hohe Haftung bei Zusammenstoß eines Lastzugs mit der vorfahrtberechtigten Straba (Br VersR **67** 1161). Grobe Verkehrswidrigkeit, wenn der StrabaF nicht berücksichtigt, dass sein Wagen in Kurven mit dem Heck übersteht; hält ein Kfz im Gleisbereich, muss er verlangsamen, notfalls anhalten, die KfzBG tritt dann zurück (Mü VRS **31** 344, KG VRS **88** 115). Abwägung der Haftungsanteile bei StrabaKollision mit einem stehenden Bus: BGH VersR **70** 1049. Schadensverteilung zwischen Straba und parkendem Lkw, dessen Ladeklappen den Profilbereich der Straba beeinträchtigen: Dü VersR **74** 390, zwischen Straba und in deren Profilbereich parkendem Taxi (Dü VRS **66** 333: 2 : 1 zugunsten des Taxihalters). Verteilung 40 : 60 zulasten der Straba wegen erhöhter BG bei Kollision zwischen Straba und Pkw auf Kreuzung, sofern nicht geklärt werden kann, wer freie Fahrt hatte (Ce MDR **06** 1166).

Durchfahren an der Haltestelle erhöht die Bahn-BG, auch wenn es den Dienstvorschriften **44** entspricht (BGH VersR **57** 296, Ha DAR **00** 34). Abwägung bei Frontalzusammenstoß zwischen rechts fahrendem Lastzug und der Straba, die auf derselben StrSeite entgegenkommt: BGH VersR **61** 234, beim Zusammenstoß eines ungenügend gesicherten Schwertransports mit einem StrabaAnhänger: BGH VersR **61** 438, beim Überqueren eines Bahnübergangs mit einem langen Kran: BGH VRS **19** 405. Die BG von Straba und **links abbiegendem Pkw,** der sich auf den Schienen eingeordnet hat, kann gleich hoch sein (KG NZV **05** 416, Hb VersR **66** 741, Dü VersR **66** 765). Für die Haftungsverteilung ist in solchen Fällen von Bedeutung, in welchem Abstand die auffahrende Straba folgte. Schadensteilung 1 : 1 bei Auffahren trotz sofort eingeleiteter Bremsung (BGH VRS **28** 11); überwiegende Haftung des StrabaHalters dagegen, wenn der StrabaF das auf den Schienen stehende Kfz schuldhaft zu spät emerkt (Hb VersR **66** 196 ($^5/_6$ zu Lasten der Straba), Ha VersR **92** 108 ($^2/_3$ zu Lasten der Straba)). Bei rechtzeitigem Einordnen des Kf auf den zu diesem Zeitpunkt freien Schienen ist die später dennoch auffahrende Bahn allein verantwortlich (Mü VRS **31** 344). Einordnen und Halten auf den Schienen trotz in kurzem Abstand folgender Straba kann aber auch zur Alleinhaftung des KfzHalters führen (BGH VRS **28** 11, Ha VRS **108** 193, Dü NZV **94** 28, VRS **71** 264, **85** 274). Gegenüber schuldhaftem Warten im Schienenbereich tritt die bloße BG der Straba idR zurück (Dü VersR **76** 499, Ha VRS **73** 338). 30 % Mithaftung der Bahn, wenn Kf nicht grob verkehrswidrig zum Wenden in den Bahnbereich einfährt (Brn NZV **09** 497). Überwiegende Haftung der Straba ($^2/_3$) bei Auffahren auf einen Pkw, der zwecks Einfahrens in ein Grundstück auf den Schienen anhält (Dü NZV **92** 190). Schadensteilung, wenn ein Kfz wegen Verengung auf die Schienen ausweichen muss, aber zu nahe vor der schnellfahrenden Straba (Dü VersR **69** 1026, s. auch § 9 StVO Rn. 36). RsprÜbersicht bei *Filthaut* NZV **16** 297).

Literatur: *Böhmer,* Benachteiligung der Eisenbahnen gegenüber den Kf?, MDR **60** 895. *Derselbe,* Zur Frage **45** der Kausalität der BG, VersR **61** 1071. *Derselbe,* Erhöht das Fehlen von Bahnschranken stets die EisenbahnBG?, MDR **64** 633. *Derselbe,* Unzulässige Ausweitung des Begriffs der EisenbahnBG, MDR **65** 267. *Filthaut,* Die neuere Rechtsprechung zur Bahnhaftung, NZV **06** 634. *Himer,* Zur Bewertung der BG, MDR **60** 557. *Weber,* ... Abwägung nach § 17 StVG oder nach § 13 HaftpflG?, DAR **84** 65. *Weimar,* Unzulässige Ausweitung des Begriffs der EisenbahnBG, MDR **65** 540.

11. Für die **Verjährung des Ausgleichsanspruchs** nach I, der ein selbstständiger, von dem **46** Ersatzanspruch des Verletzten verschiedener Anspruch ist, gilt die regelmäßige Verjährungsfrist (BGH NJW **54** 195 (zu § 195 BGB aF)). Beim Ausgleichsanspruch nach II verfolgt der geschädigte Halter den ihm erwachsenen Ersatzanspruch. Für dessen Verjährung gilt ebenfalls die 3-jährige Verjährungsfrist gem. § 195 BGB, bei Haftung aus unerlaubter Handlung ebenso wie bei Haftung nach § 7 StVG (§ 14 StVG).

Ersatzpflicht des Fahrzeugführers*

18 (1) ¹In den Fällen des § 7 Abs. 1 ist auch der Führer des Kraftfahrzeugs zum Ersatz des Schadens nach den Vorschriften der §§ 8 bis 15 verpflichtet. ²Die Ersatzpflicht ist ausgeschlossen, wenn der Schaden nicht durch ein Verschulden des Führers verursacht ist.

(2) Die Vorschrift des § 16 findet entsprechende Anwendung.

(3) Ist in den Fällen des § 17 auch der Führer eines Kraftfahrzeugs zum Ersatz des Schadens verpflichtet, so sind auf diese Verpflichtung in seinem Verhältnis zu den Haltern und Führern der anderen beteiligten Kraftfahrzeuge, zu dem Tierhalter oder Eisenbahnunternehmer die Vorschriften des § 17 entsprechend anzuwenden.

1   **Begr** zum ÄndG v. 19.7.02 (BT-Drs. 14/8780 S. 23): *Nachdem die Haftung des Anhängerhalters – entsprechend dem Vorschlag des Bundesrates – nicht nur mit dem Kraftfahrzeug verbundene Anhänger umfasst, sondern auch sich von dem Kraftfahrzeug lösende und abgestellte Anhänger einbezieht (Artikel 4 Nr. 1a), muss auch die Haftung des Fahrzeugführers in § 18 Abs. 1 StVG entsprechend angepasst werden, um weiterhin eine Parallelität beider Haftungstatbestände zu gewährleisten. Nur wenn der Anhänger mit dem Kraftfahrzeug verbunden ist, ist der Führer des Kraftfahrzeugs stets zugleich der Führer des Anhängers, was eine Anpassung des § 18 StVG entbehrlich machte. Löst sich hingegen der Anhänger von dem Kraftfahrzeug, das ihn mitgeführt hat, oder wird er abgestellt, wird im Hinblick auf den Anhänger kein Kraftfahrzeug geführt, wie dies aber Voraussetzung der Haftung nach § 18 Abs. 1 StVG geltender Fassung für von diesem Anhänger (mit)verursachte Unfallschäden wäre. Auch wird man annehmen müssen, dass ein Anhänger, der sich von einem Kraftfahrzeug löst oder der abgestellt wird, i. S. d. § 18 Abs. 1 StVG geführt werden kann. Denn es ist etwa nach geltendem Recht anerkannt, dass auch ein abgestelltes Kraftfahrzeug solange geführt wird, wie es sich im straßenverkehrsrechtlichen Sinn im Betrieb befindet und dass dies selbst dann der Fall sein kann, wenn das Kraftfahrzeug abgestellt ist (OLG Hamm VersR 1975, 751, 752; Hentschel, Straßenverkehrsrecht, § 18 StVG, Rn. 2). Für einen abgestellten Anhänger, der dazu bestimmt ist, von einem Kraftfahrzeug mitgeführt zu werden, kann dann nichts anderes gelten. Sein Führer muss daher ebenfalls der straßenverkehrsrechtlichen Haftung unterworfen werden.*

...

1a   **1. Haftung des Kraftfahrzeug- oder Anhängerführers.** Der vom Halter des Kfz oder Anhängers verschiedene Fahrer haftet nur mangels Nachweises fehlenden Verschuldens (vermutete Verschuldenshaftung, Mü VersR **03** 159, Ha NZV **00** 376). Es handelt sich um Verschuldenshaftung mit umgekehrter Beweislast (BGH NJW **83** 1326, VersR **63** 380, Mü VersR **03** 159, *Böhmer* VersR **70** 309). Was die Haftung des **Führers von Gespannen und Anhängern** anbelangt, ist zu beachten, dass diese *für Schadensereignisse ab dem 17.7.2020* (§ 65 VI) mit G v. 10.7.2020 (BGBl. I S. 1653) aus § 18 ausgegliedert und eigenständig in § 19a geregelt wurde (s. im Einzelnen dort). Der **Entlastungsbeweis** (Rn. 4) betrifft sämtliche Tatsachen, die als Schuld in Betracht kommen, Ungeklärtes geht zu Lasten des Fahrers (BGH NJW **74** 1510, Ha VRS **84** 189, Ba VersR **74** 60). Der Fahrer muss sich von Schuld völlig entlasten (Nau VRS **101** 23, Stu VersR **79** 1039). Dabei kann ihm aber ein gegen den Geschädigten sprechender Anscheinsbeweis zugute kommen (Nau VRS **101** 23). Vorschriftswidriges Verhalten des Führers hindert den Entlastungsbeweis nur bei Ursächlichkeit. Trifft den Fahrer keine Mitschuld, entfällt seine Haftung nach I (BGH VersR **57** 519). Gegenüber dem schuldlosen Führer ist Abwägung mit fremder BG ausgeschlossen (§ 9 Rn. 6). Eine dem § 18 vergleichbare Haftung des StrabaF existiert nicht (Ha VRS **100** 438).

2   **2. Fahrzeugführer.** § 2 StVG 40 ff., § 21 StVG Rn. 10 f., § 23 StVO Rn. 10, § 316 StGB Rn. 4. Haftungsrechtlich bleibt der „Fahrer" auch bei Vorhandensein von Assistenzsystemen (Level 1 und 2) FzF, jedoch wird er sich mangels gegenteiliger Anhaltspunkte idR darauf verlassen dürfen, dass die Systeme funktionieren (AG Mü NJW-RR **08** 40; AG Hb BeckRS **16** 12638; abw AG Gelsenkirchen BeckRS **16** 18517; *Buck-Heeb/Dieckmann* NZV **19** 113) Zum FzF beim **hoch- und automatisierten Fahren** § 1a Rn. 14f, § 1b Rn. 11). Der FzFührer bleibt beim Abstellen des Fz (iS der Haftung nach § 18) so lange Führer, bis ein anderer die Führung übernimmt (Ha VersR **75** 751). Der Führer eines **Gespanns** ist auch Führer des Anhängers. Das gilt auch für den vom Kfz sich lösenden abgekoppelten und abgestellten Anhänger (Begr vor Rn. 1; Sa NJW **10** 945; s. auch zu § 19a). Wer ohne Fahrabsicht nur versucht, den Motor in Gang zu setzen, ist nicht Führer (Ba VersR **85** 344). Bei einer Schwarzfahrt (§ 7 III) ist

---

* § 18 idF des G vom 10.7.2020 (BGBl. I S. 1653). Für vor dem 17.7.2020 eingetretene Schadensereignisse gilt § 18 aF in Bezug auf die Haftung für Kfz-Anhänger fort. Für spätere Ereignisse s. § 19a.

Führer, wer das Fz während der Schwarzfahrt führt, nicht der sonst Befugte (RGZ **138** 320). Fahrer, die sich abwechseln, sind beide Führer, jeder für seinen Fahrabschnitt. Bei Übungsfahrten ist der Fahrlehrer nach § 2 XV S. 2 FzF (§ 2 Rn. 2, 40 ff.), auch der mit Krad vorausfahrende Fahrlehrer (KG NZV **89** 150) oder Fahrlehreranwärter, mit der Folge, dass den Fahrschüler die Haftung aus § 18 idR nicht trifft (Ko NZV **04** 401). Bloßes Lenken nach Anweisung beim Schieben eines nicht betriebsbereiten Kfz ist kein Führen (BGH NJW **77** 1056).

3. Der **Umfang der Ersatzpflicht** entspricht derjenigen des Halters, richtet sich nicht nach **3** den Regeln der deliktischen Haftung (Dü VRS **97** 97), sondern entspricht den Regeln der Haftung aus BG nach § 7 (Mü VersR **03** 1591). Die Führerhaftung gilt für die Fälle des § 7 I, dh für Körper- und Gesundheitsschäden, Tötung und Sachbeschädigung beim KfzBetrieb. Aus der Bezugnahme von I S. 1 folgt auch, dass der FzF nicht gem. § 18 für Schäden des Halters haftet (BGH NJW **18** 1756; Ha NZV **16** 219; *Greger/Zwickel* § 4 Rn. 34, abw Fra VersR **94** 1000). Entsprechendes kann bei einer Schwarzfahrt gelten, wenn es sich beim Geschädigten um den dem Halter durch § 7 III S. 1 Hs. 1 gleichgestellten unberechtigten Benutzer handelt (offengelassen von BGH NJW **18** 1756). Es kommen vertragliche oder deliktische Ansprüche des Halters in Frage. Ha NZV **16** 219 bejaht in einem besonders gelagerten Fall (FzF einer Zugmaschine bewegt Anhänger des Halters und beschädigt dabei weiteres Fz des Halters) stillschweigende Haftungsbegrenzung auf Vorsatz und grobe Fahrlässigkeit des FzF. II, III des § 7 sind unanwendbar, weil die Führerhaftung anders als die Halterhaftung geartet ist (Rn. 1). Die Führerhaftung regelt sich wie die Halterhaftung **nach Maßgabe der §§ 8–16 StVG**. Sie ist also unter den Voraussetzungen des § 8 ausgeschlossen (BGH VersR **77** 228, Ko VRS **68** 167). § 254 BGB ist entsprechend § 9 anzuwenden; Umfang und Beschränkung des Schadensersatzes nach §§ 10–13, Verjährung nach § 14, Anzeigepflicht nach § 15.

4. Nachweis fehlenden Verschuldens. Pflichten des Führers vor und bei der Fahrt: § 23 **4** StVO. Verschulden ist hier, wie in den §§ 276, 823 BGB, Vorsatz und Fahrlässigkeit. Maßgebend ist die Sorgfalt eines ordentlichen KfzF (BGH VersR **57** 519, Kö VRS **89** 95). Der Fahrer ist entlastet, wenn er nachweist, dass er die gewöhnliche verkehrserforderliche Sorgfalt angewandt hat (Ha NZV **00** 376, Kar VersR **82** 450, Kö VersR **66** 596), mit der er gewöhnliche VLagen hätte meistern können (Nü VRS **15** 327). Verkehrsrichtiges Verhalten schließt mithin Haftung nach § 18 aus (Ba VersR **82** 583, Ha NZV **98** 463). Keine Entlastung des Kf, der bei beginnendem Regen trotz der WarnZ 101, 114, des Überholverbots Z 276 und eines schleudernden Anhängers des Vorausfahrenden nicht angemessen verlangsamt (BGH VersR **74** 265). Keine Entlastung dessen, der das Kfz ohne die erforderliche FE geführt hat (Jn NZV **99** 331). Nur durch den Beweis fehlenden Verschuldens kann der FzFührer seine Ersatzpflicht nach I S. 1 ausschließen, nicht etwa mit dem Hinweis, aus dieser Vorschrift ergebe sich die Vermutung für ein Verschulden des anderen unfallbeteiligten Kf (BGH VersR **62** 796). Ist Verschulden des Fahrers nicht auszuschließen, so ist er nicht entlastet (BGH VersR **67** 659, Sa ZfS **03** 118, Ko VRS **68** 32). Der Anscheinsbeweis erspart Halter und Fahrer den Entlastungsbeweis nach I S. 2 nicht (Hb VersR **67** 886). Der FzF haftet nicht, wenn er nachweist, dass der Unfall auf einem technischen Fehler beruht (Sa NJW **18** 315; BHHJ/*Heß* Rn. 8). Zur Entlastung bei Nutzung **hoch- oder vollautomatisierter Fahrfunktionen** s. die Erläuterungen zu § 1b.

5. Anwendbarkeit des § 16. Weitergehende Fahrerhaftung nach anderen Gesetzen ist nicht **5** ausgeschlossen (II).

6. Die **Ausgleichspflicht Mithaftenden gegenüber** regelt sich wie beim Halter nach § 17. **6** Der ganze § 17, auch II (Verletzung des Führers; § 17 Rn. 21), ist anzuwenden (BGH NJW **53** 1262). Ein etwaiger Anscheinsbeweis für ein Verschulden eines deliktsrechtlich haftenden Kf wird nicht dadurch entkräftet, dass nach I S. 2 im Rahmen der Gefährdungshaftung ein Verschulden des anderen Fahrers bis zum Beweis des Gegenteils vermutet wird (BGH NJW **62** 796). Bei Gespannbeteiligung bilden Fahrer und Halter von Zugmaschine und Anhänger jeweils eine Haftungs- bzw. Zurechnungseinheit (BHHJ/*Heß* Rn. 12). Demgegenüber erfolgt der Ausgleich zwischen dem nach § 18 haftenden FzF und dem Halter sowie dem Führer eines Gespanns im Innenverhältnis mit dem/den Haltern von Zugfahrzeug und Anhänger nach § 426 BGB (*Greger/Zwickel* § 36 Rn. 3). In diesen Fällen kann für *Schadensfälle vor dem 17.7.2020* (dazu Rn. 1) auch BGH NJW **11** 447 relevant werden (dazu § 17 Rn. 32; näher BHHJ/*Heß* Rn. 15). Für danach eingetretene Schadensfälle gilt § 19a (s. im Einzelnen dort). Der für Fahrlässigkeit haftende Fahrer kann dem Halter des gefahrenen Kfz nicht dessen BG anrechnen (§ 17 Rn. 3). Bei **Amtshaftung** (Art 34 GG) ist die Haftung des beamteten KfzF gegenüber dem

Geschädigten auch im Rahmen des § 18 StVG ausgeschlossen (BGH VersR **83** 461, DAR **58** 160, KG MDR **76** 47, VersR **76** 193), ebenso bei Haftung der BRep nach § 839 BGB, Art 34 GG infolge Eingreifens des Nato-Truppenstatuts (Kar VersR **76** 1140). Wird der beamtete Führer beim Zusammenstoß verletzt, so muss er sich mitwirkendes Verschulden entgegenhalten lassen, obwohl für Schaden, den er anderen zufügt, nach Art 34 GG, § 839 BGB der Staat einzutreten hat (BGH NJW **59** 985, Kö VersR **57** 417, *Böhmer* MDR **57** 657).

Haftung des Halters bei Unfällen mit Anhängern und Gespannen

19 (1) [1]Wird bei dem Betrieb eines Anhängers, der dazu bestimmt ist, von einem Kraftfahrzeug (Zugfahrzeug) gezogen zu werden, ein Mensch getötet, der Körper oder die Gesundheit eines Menschen verletzt oder eine Sache beschädigt, ist der Halter des Anhängers verpflichtet, dem Verletzten den daraus entstehenden Schaden zu ersetzen. [2]Die Regelungen zur Haftung des Halters eines Kraftfahrzeugs nach § 7 Absatz 2 und 3, § 8 Nummer 2 und 3 sowie den §§ 8a bis 16 gelten entsprechend. [3]Die Sätze 1 und 2 gelten nicht, wenn der Unfall durch einen Anhänger verursacht wurde, der im Unfallzeitpunkt mit einem Kraftfahrzeug verbunden war, das auf ebener Bahn mit keiner höheren Geschwindigkeit als 20 Kilometer in der Stunde fahren kann.

(2) [1]Wird der Schaden eines anderen durch ein Zugfahrzeug mit Anhänger (Gespann) verursacht, haftet der Halter jedes dieser Fahrzeuge dem anderen für die Betriebsgefahr des gesamten Gespanns als Gesamtschuldner. [2]Die Ersatzpflicht des gesamtschuldnerisch haftenden Halters ist auf die Höchstbeträge der §§ 12 und 12a beschränkt.

(3) Wird ein Schaden durch ein Gespann und ein weiteres Kraftfahrzeug verursacht und sind die beteiligten Fahrzeughalter einem Dritten kraft Gesetzes zum Ersatz des Schadens verpflichtet oder ist der Schaden einem der beteiligten Fahrzeughalter entstanden, gilt für die Ersatzpflichten im Verhältnis der Halter von Zugfahrzeug und Anhänger zu dem Halter des weiteren beteiligten Kraftfahrzeugs § 17 Absatz 1 bis 3 entsprechend.

(4) [1]Ist in den Fällen der Absätze 2 und 3 der Halter des Zugfahrzeugs oder des Anhängers zum Ersatz des Schadens verpflichtet, kann er nach § 426 des Bürgerlichen Gesetzbuchs von dem Halter des zu dem Gespann verbundenen anderen Fahrzeugs Ausgleich verlangen. [2]Im Verhältnis dieser Halter zueinander ist nur der Halter des Zugfahrzeugs verpflichtet. [3]Satz 2 gilt nicht, soweit sich durch den Anhänger eine höhere Gefahr verwirklicht hat als durch das Zugfahrzeug allein; in diesem Fall hängt die Verpflichtung zum Ausgleich davon ab, inwieweit der Schaden vorwiegend von dem Zugfahrzeug oder dem Anhänger verursacht worden ist. [4]Das Ziehen des Anhängers allein verwirklicht im Regelfall keine höhere Gefahr. [5]Der Ersatz für Schäden der Halter des Zugfahrzeugs und des Anhängers richtet sich im Verhältnis zueinander nach den allgemeinen Vorschriften.

(5) Die Absätze 3 und 4 sind entsprechend anzuwenden, wenn der Schaden durch ein Gespann und ein Tier oder durch ein Gespann und eine Eisenbahn verursacht wird.

(6) Wird ein Schaden eines Dritten oder eines beteiligten Kraftfahrzeughalters durch einen Anhänger verursacht, der im Unfallzeitpunkt nicht mit einem Zugfahrzeug verbunden war, oder ist der Schaden an einem solchen Anhänger entstanden, ist § 17 entsprechend anzuwenden.

1   **Gesetzesmaterialien:** Gesetzentwurf der BReg: BT-Drs. 19/17964; Beschlussempfehlung und Bericht des Ausschusses für Recht und Verbraucherschutz: BT-Drs. 19/19593.

1a   **1. Allgemeines:** Die in §§ 19, 19a enthaltenen Sonderregelungen zur Haftung bei Unfällen mit Anhängern und Gespannen im StrV sind mit dem gleichnamigen G v. 10.7.2020 (BGBl. I S. 1653) eingeführt worden. Anzuwenden sind sie nach § 65 V auf einschlägige Schadensereignisse *ab dem 17.7.2020.* Für die Zeit davor gilt das „alte" Recht fort. Anlass des gesetzgeberischen Tätigwerdens, war das Urteil des für Rechtsstreitigkeiten über Versicherungsverhältnisse zuständigen 4. Zivilsenats des BGH vom 27.10.2010 (NJW **11** 447). Darin ist entschieden worden, dass nach einem durch ein Gespann verursachten Schaden der Haftpflichtversicherer des Kfz (Zugfahrzeugs) und der des Anhängers den Schaden im Innenverhältnis idR je zur Hälfte zu tragen haben, was ungeachtet der Versicherungsbelange auch haftungsrechtlich gelten muss (BHHJ/*Heß* § 18 Rn. 15); eine idR alleinige Haftung des Kfz-Halters entsprechend der Auffassung des GGebers des 2. G zur Änderung schadensersatzrechtlicher Vorschriften vom 19.7.2002 (BGBl. I S. 2674; s. auch § 7 Rn. 1; § 17 Rn. 32) finde im Gesetz keine Stütze (BGH aaO; krit. ua *Lemcke* r+s **11** 373, *Langenick* NZV **11** 577; *Wilms* DAR **12** 68). Dies führt nach den von der BReg erhobenen Befunden zu einer Steigerung der Versicherungsprämien für die Anhängerhaftpflichtversicherung und wirft Probleme bei der Abrechnung mit Anhängerhaltern und ihren

Versicherern aus Staaten auf, deren Rechtsordnungen eine Pflichtversicherung für Anhängerhalter nicht vorsehen. Zudem werde die Rspr. den von den Gespannfahrzeugen jeweils gesetzten Betriebsgefahren zumeist nicht gerecht. Das Gesetz will das vom historischen GGeber des G zur Änderung schadensersatzrechtlicher Vorschriften vom 19.7.2002 (BGBl. I S. 2674) schon seinerzeit Gewollte nunmehr normenklar regeln. Die nicht unkompliziert ausgestaltete Vorschrift des § 19 fasst hierfür die vormals in §§ 7 bis 17 enthaltenen (und dort nun ausgegliederten) Regelungen zur Haftung des Halters für den Betrieb von Anhängern und Gespannen zusammen, verweist dann aber wieder weitgehend auf die §§ 7 bis 17. Ob es dieses weiten gesetzgeberischen Umgriffs zur Erreichung der verfolgten Anliegen bedurft hätte, erscheint zweifelhaft; überdies sind Probleme der Rechtsanwendung zu besorgen (Kritik am Referentenentwurf bei *Bauer-Gerland* VersR **20** 146; zust hingegen *Pischel* NJW-Spezial **20** 585). Vor dem angesprochenen Hintergrund Kernstück des Gesetzeswerks dürfte § 19 IV sein, der die Haftungsverteilung im Innenverhältnis zwischen den Haltern der Gespannfahrzeuge (Zugfahrzeug und Anhänger) regelt. Eine Beschränkung auf diesen Regelungsgegenstand wäre vorzugswürdig gewesen (*Bauer-Gerland* VersR **20** 146, 148 mit Alternativvorschlag). Die Haftung des Führers von Gespann und/oder Anhänger ist gesondert in § 19a geregelt (s. dort).

2. Haftungsnorm (I). I normiert – nunmehr eigenständig, aber erklärtermaßen ohne inhaltliche Änderung gegenüber dem vormaligen Recht – die Haftung des Halters des Anhängers für die bei dessen Betrieb verursachten Schäden in beabsichtigt vollständiger Parallelität zu § 7 I und den weiteren einschlägigen Regelungen nach § 7 II und III, § 8 Nr. 2 und 3 sowie §§ 8a bis 16; die genannten Normen werden dann in I S. 2 für entsprechend anwendbar erklärt (im Einzelnen Begr, BT-Drs. 19/17964 S. 13 f.). Die zu den in Bezug genommenen Vorschriften entwickelten Grundsätze (vgl. näher dort) können damit für die Haftung des Anhängerhalters herangezogen werden. Der nicht mit einem Zugfahrzeug verbundene (abgekoppelte) Anhänger erfährt in VI eine Sonderregelung (Rn. 10). Hinsichtlich der Höchstbeträge nach §§ 12, 12a bei Unfallverursachung durch ein Gespann ist II S. 2 zu beachten (Rn. 3). I S. 3 bestimmt, dass die Haftung des Anhängerhalters auch dann entfällt, wenn der Anhänger von einem nach § 8 Nr. 1 enthafteten, langsam fahrenden Kfz gezogen wird. I S. 1 enthält ferner eine Legaldefinition des „Zugfahrzeugs". Die Ersetzung der Wörter „mitgeführt zu werden" durch „gezogen zu werden" soll dabei nur der präziseren Formulierung dienen (Begr, BT-Drs. 19/17964 S. 13; krit. *Bauer-Gerland* VersR **20** 146).

3. Gespann als Betriebseinheit – Gesamtschuld (II). Nach II S. 1 haftet der Halter jedes Gespannfahrzeugs („Gespann" als Zugfahrzeug mit einem oder mehreren Anhängern) dem „anderen" für die BG des gesamten Gespanns als Gesamtschuldner. Damit wird dem Charakter von Gespannen als Betriebseinheit mit regelmäßig erhöhter BG Rechnung getragen; zugleich wird der Geschädigte von der Pflicht entlastet, dem Halter jedes Gespannfahrzeugs die dessen Fahrzeug im Einzelfall zukommende BG nachweisen zu müssen (Begr, BT-Drs. 19/17964 S. 14; s. auch *Greger/Zwickel* § 3 Rn. 116). „Anderer" ist nach den Materialen bewusst allgemein gehalten; erfasst werden sollen sowohl die in § 17 I als „Dritte" bezeichneten und nicht nach § 7 haftenden Unfallbeteiligten ohne Kfz (III Fall 1 iVm § 17 I), als auch andere der Haftung nach § 7 unterliegende Kfz-Halter (III Fall 2 iVm § 17 II; Begr, BT-Drs. 19/17964 S. 14; s. auch § 17 Rn. 1 und nachfolgend Rn. 4). Der Ausgleich im *Innenverhältnis der Halter der Gespannfahrzeuge* erfolgt nach IV (Rn. 7). II S. 2 bestimmt, dass die Ersatzpflicht des jeweils gesamtschuldnerisch haftenden Halters auf die Höchstbeträge der §§ 12 und 12a beschränkt ist, sich also nicht etwa ausgehend von jedem Gespannfahrzeug vervielfacht.

4. Zusammentreffen von Gespannen und anderen Kfz (III). III betrifft die Schadensregulierung in Fällen, in denen außer dem Gespann mindestens ein weiteres der Gefährdungshaftung nach § 7 I unterliegende Kfz beteiligt ist. Unterschieden werden zwei Konstellationen (im Einzelnen Begr, BT-Drs. 19/17964 S. 15 f.): **a)** Bei III Fall 1 sind die Halter der Gespannfahrzeuge und die des (der) anderen unfallbeteiligten Kfz einem nicht aus Gefährdungshaftung haftenden Dritten zum Schadensersatz verpflichtet. Hinsichtlich des Ausgleichs der Halter der Gespannfahrzeuge und des (der) anderen Kfz verweist III auf § 17 I. Für den „Innenausgleich" der genannten Fahrzeughalter sind danach die dem jeweils eigenen Fahrzeug anhaftenden Betriebsgefahren wechselseitig anzurechnen, wobei das Gespann als Betriebseinheit gilt (II S. 1; oben Rn. 3). **b)** III Fall 2 meint Konstellationen, in denen nur Gespann und Kfz (also kein „Dritter") beteiligt sind. Für die Haftungsansprüche der Halter der Gespannfahrzeuge einerseits und die Haftungsansprüche von Haltern des (der) weiteren unfallbeteiligten Kfz andererseits verweist III auf § 17 II. Auch hier kommt es für die BG der Gespannfahrzeuge auf das *Gespann als Ganzes* (Betriebseinheit) an (II S. 1; oben Rn. 3). In allen Fällen gilt für das Verhältnis der Halter weiterer (also außerhalb der Gespannfahrzeuge) unfallbeteiligter Kfz *untereinander* § 17 unmittelbar. Zur BG von Anhängern s. § 17 Rn. 8, 9.

5   Für die Ansprüche der Gespannfahrzeughalter gegen Halter anderer unfallbeteiligter Kfz gelten III Fall 1 iVm § 17 I oder §§ 7, 19 III Fall 2 iVm § 17 II (Begr, BT-Drs. 19/17964 S. 16). Auch hier haben sich die Gespannfahrzeughalter die BG des Gespanns als Ganzes anrechnen zu lassen (II S. 1; oben Rn. 3).

6   Durch III einbezogen ist auch § 7 III. Bei unabwendbaren Ereignissen kann es deshalb zu einer Enthaftung der Gespannfahrzeughalter bzw. der Halter anderer unfallbeteiligter Kfz kommen (näher Begr, BT-Drs. 19/17964 S. 16).

7   **5. Innenverhältnis der Gespannfahrzeughalter (IV).** Ausgehend vom Gesetzeszweck (dazu Rn. 1) stellt IV das Kernstück der Novelle dar. Die Vorschrift regelt den Ausgleich der Gespannfahrzeughalter untereinander. IV S. 1 verweist hierfür (lediglich klarstellend) auf § 426 BGB. Essenziell für den Ausgleich sind dann (vorbehaltlich abweichender vertraglicher Regelungen) IV S. 2 bis 4. **IV S. 2** weist die Haftung im Innenverhältnis grds. **dem Halter des Zugfahrzeugs** zu. Dies trägt dem Umstand Rechnung, dass idR nur dieses ein Kfz ist und (aufgrund des Verhaltens des Kfz-Führers) die schadensursächliche Gefahr gesetzt hat. Demgegenüber wirkt sich die BG des dem Zugfahrzeug zugeordneten (und diesem untergeordneten) Anhängers normalerweise nicht aus, was in besonderem Maße (aber nicht ausschließlich) auf Anhänger zutrifft, die in Maß und Gewicht (weit) hinter dem Zugfahrzeug zurückbleiben (zB Pkw-Anhänger; zum Ganzen Begr, BT-Drs. 19/17964 S. 17). Für Ausnahmefälle, in denen sich eine spezifisch höhere Anhänger-BG (zB technischer Defekt, Überlänge, Überbreite; weitere Bsp. § 17 Rn. 30) über ihr bloßes Dasein hinaus *verwirklicht* (Beweislast beim Zugfahrzeughalter), bestimmt **IV S. 3** nach dem Vorbild des § 17 I die Haftungsverteilung gemäß den jeweils gesetzten Betriebsgefahren (Begr, BT-Drs. 19/17964 S. 17). Dabei bewirkt allein das Ziehen des Anhängers ausweislich **IV S. 4** „im Regelfall" (ausgenommen zB Überlänge usw., s. oben) keine höhere (Betriebs-)Gefahr. Andernfalls würde die Haftungszuweisung des IV S. 2 „konterkariert" (so Begr, BT-Drs. 19/17964 aaO).

8   **IV S. 5** verweist für den Fall, dass die *Gespannfahrzeughalter einander* selbst erlittene Schäden zu ersetzen haben, auf die „allgemeinen Vorschriften", also das allgemeine vertragliche und deliktische Haftungsrecht. Die Materialien (Begr, BT-Drs. 19/17964 S. 17) benennen drei Fälle: **a)** Am Unfall sind keine weiteren Kfz beteiligt. **b)** Bei Beteiligung anderer Kfz ist ein Gespannfahrzeughalter dem anderen zum Schadensersatz verpflichtet. **c)** Ein Gespannfahrzeughalter muss sich beim Ausgleich von anderen Kfz-Haltern die BG des gesamten Gespanns anrechnen lassen.

9   **6. Zusammentreffen mit „anderer" Gefährdungshaftung (V).** Die § 17 IV nachgebildete Vorschrift ordnet die entsprechende Anwendung von III und IV für den Fall an, dass schadensverursachend neben dem Gespann ein Tier oder eine Eisenbahn beteiligt ist, für die jeweils Gefährdungshaftung gilt. Die Frage, ob die Norm bei weiteren der Gefährdungshaftung unterliegenden Gegenständen entsprechend anzuwenden ist, gibt der GGeber der Rspr. anheim (Begr, BT-Drs. 19/17964 S. 18).

10   **7. „Abgekoppelter" Anhänger (VI).** VI regelt den Haftungsausgleich bei Beteiligung eines Anhängers, der im Unfallzeitpunkt nicht mit dem Zugfahrzeug zu einem Gespann verbunden ist (vgl. zur Frage der BG § 7 Rn. 5). Die (Gefährdungs-)Haftung des Anhängerhalters bei durch den Anhänger verursachtem Schaden (VI Fall 1) ergibt sich dabei aus I (Rn. 2). Demgegenüber sind die ausdrücklich auf die Schadensverursachung durch ein Gespann abstellenden II bis V nicht anwendbar. Vielmehr verweist die Vorschrift für den genannten Fall sowie für den Fall der Schadensverursachung am Anhänger auf die in § 17 niedergelegten Regeln. Vorfrage ist allerdings, ob der Unfall mit dem abgekoppelten Anhänger dem Betrieb des (letzten) Zugfahrzeugs zuzurechnen ist. In diesem Fall wären die II–V anzuwenden (Begr, BT-Drs. 19/17964 S. 14). Nach den Materialien soll jedoch eine Zurechnung an den Betrieb des Zugfahrzeugs nur in engen Grenzen anzunehmen sein, nämlich *„wohl nur dann ..., wenn sich der Anhänger im Unfallzeitpunkt oder kurz zuvor unbeabsichtigt vom Zugfahrzeug gelöst hat"* (Begr aaO). Ob diese Auffassung zutrifft, unterliegt jedoch Zweifeln, Grund dafür ist nicht das Bestreben, *„den durch einen abgestellten Anhänger Geschädigten nicht schlechter zu stellen"* (Begr aaO), sondern der nach ständiger Rspr. weit auszulegende (und in § 19 I übernommene) Betriebsbegriff des § 7 I (s. § 7 Rn. 4), der eine Zurechnung zur BG des Zugfahrzeugs unschwer ermöglicht. Danach ist der durch ei-

nen Anhänger verursachte Schaden nach Trennung vom ziehenden Fz auch bei dessen Betrieb entstanden, wenn eine von diesem geschaffene Gefahrenlage fortwirkt, selbst wenn das ziehende Fz nicht mehr in Betrieb ist (BGH NJW **20** 2116; Ol ZfS **01** 303, Ko VRS **87** 326, Mü NZV **99** 124; *Greger/Zwickel* § 3 Rn. 118; *Hentschel* NZV **02** 433). Ein Fortwirken der BG des Zugfahrzeugs in vielen Fällen des Abstellens abgekoppelter Anhänger entspricht damit dem Stand höchstrichterlicher Rspr. (vgl. insbes. BGH NJW **20** 2116). Folgt man dem, so hat VI keinen großen Anwendungsbereich. Es bleibt abzuwarten, ob die Rspr. der in der Begr des Regierungs-entwurfs der Sache nach vorgenommenen teleologischen Reduktion (im Ergebnis auch *C. Huber*, § 4 Rn. 106) folgen wird. Das Gleiche gilt für die Frage, ob die Haftung für den abge-koppelten Anhänger – ebenfalls in teleologischer Reduktion (vgl. *Greger/Zwickel* § 3 Rn. 119) – auf Fälle fortwirkender BG des Zugfahrzeugs zu beschränken ist (offengelassen von BGH NJW **20** 2116).

Kasuistik betreffend den Betrieb des Anhängers (zum alten Recht): § 7 Rn. 8; § 17 Rn. 8. **11**

Ersatzpflicht des Führers von Anhängern und Gespannen

19a (1) ¹Der Führer eines Gespanns haftet wie der Führer eines Kraftfahrzeugs. ²§ 18 Absatz 1 und 2 ist entsprechend anzuwenden.

(2) ¹Ist in den Fällen des § 19 Absatz 3 und 5 auch der Führer des Gespanns zum Ersatz des Schadens verpflichtet, ist im Verhältnis zu den Haltern und Führern der weiteren be-teiligten Kraftfahrzeuge, zu dem Tierhalter oder zu dem Eisenbahnunternehmer § 17 ent-sprechend anzuwenden. ²Ist der Führer des Gespanns in den Fällen des § 19 Absatz 2, 3 und 5 zum Ersatz des Schadens verpflichtet, kann er von den Haltern des Zugfahrzeugs und des Anhängers nach § 426 des Bürgerlichen Gesetzbuchs Ausgleich verlangen. ³Der Ersatz für Schäden des Führers des Gespanns richtet sich im Verhältnis zu den Haltern des Zugfahrzeugs und des Anhängers nach den allgemeinen Vorschriften.

(3) Im Fall des § 19 Absatz 6 haftet der Führer eines Anhängers wie der Führer eines Kraftfahrzeugs.

Gesetzesmaterialien: Gesetzentwurf der BReg: BT-Drs. 19/17964; Beschlussempfehlung **1** und Bericht des Ausschusses für Recht und Verbraucherschutz: BT-Drs. 19/19593.

1. Allgemeines. Zu Anlass und Zweck des gesetzgeberischen Tätigwerdens s. § 19 Rn. 1. **1a** § 19a ist wie § 19 gemäß § 65 V auf einschlägige Schadensereignisse *ab dem 17.7.2020* anzu-wenden. Für davor liegende Haftungsfälle betreffend den Führer von Anhängern und Gespannen gilt § 18 aF fort. Wie bei § 19 (dort Rn. 1) hat der GGeber die „alten" Regelungen zur Führer-haftung für Anhänger aus § 18 und den damit zusammenhängenden Regelungen „ausgeglie-dert" und in § 19a übernommen, verweist aber dort weitgehend wieder auf die genannten Vor-schriften.

2. Gespannführerhaftung (I). Die Vorschrift bringt in Einklang mit dem hergebrachten **2** Recht (etwa *Greger/Zwickel* § 4 Rn. 32) zum Ausdruck, dass der Gespannführer, sofern er die Verschuldensvermutung (I S. 2 iVm § 18 I S. 2) nicht widerlegen kann, für alle vom Gespann verursachten Unfallschäden nach den §§ 8 bis 16 haftet, wobei mit den Gespannfahrzeughaltern Gesamtschuld besteht (BT-Drs. 19/17964 S. 19). Gespannführer und Halter der Gespannfahr-zeuge bilden im Außenverhältnis zu den anderen Unfallbeteiligten damit eine Zurechnungs-und Haftungseinheit (hierzu dann II S. 1, Rn. 3), wobei im Verhältnis des Gespannführers zu den Gespannfahrzeughaltern II S. 2 und 3 (Rn. 4) gilt (Begr aaO).

3. Haftungseinheit (II). II S. 1 ordnet für die Ersatzpflicht von Gespannführern und -hal- **3** tern sowie etwaigen weiter beteiligten Kfz-Haltern gegenüber Dritten die Geltung des § 17 I und betreffend Schäden der Halter und Führer weiterer unfallbeteiligter Kfz grds. die des § 17 II an. Dabei muss sich der Gespannführer – auch in Bezug auf selbst erlittene Schäden – neben seinem Verschulden die BG des gesamten Gespanns zurechnen lassen (im Einzelnen Begr, BT-Drs. 19/17964 S. 19 unter Bezugnahme auf BGH NJW **10** 927). Die Ersatzpflicht des Führers des Gespanns gegenüber den Haltern der Gespannfahrzeuge für diesen entstandene Schäden richtet sich demgegenüber nach allgemeinem Vertrags- und Deliktsrecht (Begr, BT-Drs. 19/ 17964 S. 19f.).

II S. 2 ordnet (lediglich klarstellend) an, dass der Gespannführer im Verhältnis zu den Haltern **4** der Gespannfahrzeuge Ausgleichsansprüche nach § 426 BGB geltend machen kann, wenn er in den Fällen des § 19 II, III und V zum Schadensersatz verpflichtet ist. Für den „umgekehrten" Fall (Halter eines Gespannfahrzeugs erfüllt im Außenverhältnis Schadensersatzansprüche) gilt (ohne ausdrückliche Regelung) dasselbe (Begr, BT-Drs. 19/17964 S. 20). Demgegenüber verweist **II S. 3** für die Geltendmachung von Ansprüchen des Gespannführers für selbst erlittene Schäden (und uU wegen der Anrechnung der BG des gesamten Gespanns auf eigene Ansprüche) gegenüber den Gespannfahrzeughaltern (auf die wegen § 8 Nr. 2 die §§ 7 ff. nicht anwendbar sind) auf die allgemeinen Vorschriften des Vertrags- und Deliktsrechts, was abermals auch (ohne Regelung) für den „umgekehrten" Fall gilt (Begr, BT-Drs. 19/17964 aaO).

5 **4. Abgekoppelter Anhänger (III).** Die Vorschrift ordnet die Haftung des Gespannführers für Schäden eines abgekoppelten (abgestellten) Anhängers an und trägt damit dem Umstand Rechnung, dass auch ein solcher einen Führer haben kann (Begr, BT-Drs. 19/17964 S. 20 f.). Soweit die Materialien insoweit auf den nach ihrem Standpunkt eher weiten Anwendungsbereich des § 19 VI verweisen (Fortwirkung der BG des Gespanns nur bei gerade erfolgter Lösung vom Zugfahrzeug, vgl. Begr, BT-Drs. 19/17964 S. 21), gelten die zu § 19 VI angeführten Bedenken (dort Rn. 10) auch hier.

Örtliche Zuständigkeit

20 Für Klagen, die auf Grund dieses Gesetzes erhoben werden, ist auch das Gericht zuständig, in dessen Bezirk das schädigende Ereignis stattgefunden hat.

1 **Erweiterung des Gerichtsstandes.** Für Klagen auf Schadensersatz oder Ausgleich auf Grund des StVG bestehen drei wahlweise Hauptgerichtsstände, nämlich des Wohnsitzes (§ 13 ZPO), der begangenen Handlung (§ 32 ZPO) und des schädigenden Ereignisses (§ 20). Gemeint ist das schädigende Betriebsereignis = Unfall. Daher ist das Gericht eines jeden Bezirks zuständig, in dem eine oder einige der Handlungen vorgenommen worden sind, die das schädigende Ereignis bewirkt haben, oder in dem der Schaden eingetreten ist.

III. Straf- und Bußgeldvorschriften

Vorbemerkung

1. System der Ahndungsmittel und Strafen im StrVR (näher **E** 68 ff.): 1

a) Einfachste OW ohne Bedeutung und bei geringstem persönlichem Vorwurf dürfen ungerügt und ungeahndet bleiben (Opportunitätsprinzip, §§ 1, 47, 53 OWiG).

b) Im Übrigen steht die Verwarnung im Vordergrund, bei geringfügigen OW die ohne Ver- 2 warnungsgeld, falls dies ausreicht (§§ 47, 56 OWiG). Keine Eintragung im FAER.

c) Andernfalls kommt bei relativ geringfügigen OW Verwarnung mit Verwarnungsgeld in Be- 3 tracht (§ 26a StVG, § 56 OWiG). Keine Eintragung im FAER (§ 28 III Nr. 3 StVG).

d) Nicht relativ geringfügige OW können durch Geldbuße nach Maßgabe der verletzten Vor- 4 schrift geahndet werden (§§ 23, 24 StVG). Zur Bedeutung der BKatV § 24 Rn. 60 ff. Bei § 24 StVG beträgt die Geldbuße bei Vorsatz 5 bis 2000 € (§ 17 I OWiG), bei Fahrlässigkeit 5 bis 1000 € (§ 17 II OWiG). Bei einer Bußgeldhöhe ab 60 € erfolgt Eintragung im FAER, soweit der Verstoß in Anl 13 FeV enthalten ist und sich aus § 28a StVG nichts anderes ergibt (§ 28 III Nr. 3a) bb) StVG).

e) Neben Geldbuße ist Fahrverbot zulässig, sofern eine OW nach § 24 StVG unter grober 5 oder beharrlicher Verletzung der Pflichten eines KfzFührers begangen ist (§ 25 StVG), und idR bei Verstoß gegen § 24a StVG. In bestimmten, in der BKatV bezeichneten Fällen ist ein FV indiziert (§ 25 Rn. 19 ff.). Eintragung im FAER erfolgt, wenn der Verstoß in Anl 13 FeV enthalten ist (§ 28 III Nr. 3a) aa) StVG).

f) Kriminalstrafe in den Fällen des § 21 StVG (Fahren ohne FE, trotz FV oder trotz amtlicher 6 Verwahrung des FS; entsprechendes Vergehen des Halters) und bei Kennzeichenmissbrauch (§ 22 StVG), missbräuchlichem Herstellen usw. von Kennzeichen (§ 22a StVG) und Missbrauch von Wegstreckenzählern usw. (§ 22b StVG). Daneben ist die Denkzettelstrafe des FV (§ 44 StGB) oder bei Ungeeignetheit zum Führen von Kfz Entziehung der FE (§ 69 StGB) zulässig. Eintragung im FAER ist zwingend (§ 28 III Nr. 1 StVG) außer bei §§ 22a, 22b StVG, die in Anl 13 FeV nicht aufgeführt sind.

g) Kriminalstrafe bei unbefugtem FzGebrauch (§ 248b StGB), gefährlichem Eingriff in den 7 StrV (§ 315b StGB), StrVGefährdung (§ 315c StGB), illegalen Kfz-Rennen (§ 315d StGB), Trunkenheitsfahrt (§ 316 StGB), Sichentfernen vom Unfallort (§ 142 StGB). Verbrechensstrafe bei räuberischem Angriff auf Kf (§ 316a StGB). Daneben EdF bei Ungeeignetheit zum Führen von Kfz (§ 69 StGB). Ist Ungeeignetheit nicht bewiesen, kann FV (§ 44 StGB) verhängt werden. Eintragung im FAER zwingend (§ 28 III Nr. 1 StVG) außer bei §§ 248b, 316a StGB, die in Anl 13 FeV nicht aufgeführt sind.

Fahren ohne Fahrerlaubnis

21 (1) Mit Freiheitsstrafe bis zu einem Jahr oder mit Geldstrafe wird bestraft, wer

1. **ein Kraftfahrzeug führt, obwohl er die dazu erforderliche Fahrerlaubnis nicht hat oder ihm das Führen des Fahrzeugs nach § 44 des Strafgesetzbuchs oder nach § 25 dieses Gesetzes verboten ist, oder**

2. **als Halter eines Kraftfahrzeugs anordnet oder zulässt, dass jemand das Fahrzeug führt, der die dazu erforderliche Fahrerlaubnis nicht hat oder dem das Führen des Fahrzeugs nach § 44 des Strafgesetzbuchs oder nach § 25 dieses Gesetzes verboten ist.**

(2) Mit Freiheitsstrafe bis zu sechs Monaten oder mit Geldstrafe bis zu 180 Tagessätzen wird bestraft, wer

1. **eine Tat nach Absatz 1 fahrlässig begeht,**

2. **vorsätzlich oder fahrlässig ein Kraftfahrzeug führt, obwohl der vorgeschriebene Führerschein nach § 94 der Strafprozessordnung in Verwahrung genommen, sichergestellt oder beschlagnahmt ist, oder**

3. **vorsätzlich oder fahrlässig als Halter eines Kraftfahrzeugs anordnet oder zulässt, dass jemand das Fahrzeug führt, obwohl der vorgeschriebene Führerschein nach § 94 der Strafprozessordnung in Verwahrung genommen, sichergestellt oder beschlagnahmt ist.**

(3) In den Fällen des Absatzes 1 kann das Kraftfahrzeug, auf das sich die Tat bezieht, eingezogen werden, wenn der Täter

1. das Fahrzeug geführt hat, obwohl ihm die Fahrerlaubnis entzogen oder das Führen des Fahrzeugs nach § 44 des Strafgesetzbuchs oder nach § 25 dieses Gesetzes verboten war oder obwohl eine Sperre nach § 69a Abs. 1 Satz 3 des Strafgesetzbuchs gegen ihn angeordnet war,

2. als Halter des Fahrzeugs angeordnet oder zugelassen hat, dass jemand das Fahrzeug führte, dem die Fahrerlaubnis entzogen oder das Führen des Fahrzeugs nach § 44 des Strafgesetzbuchs oder nach § 25 dieses Gesetzes verboten war oder gegen den eine Sperre nach § 69a Abs. 1 Satz 3 des Strafgesetzbuchs angeordnet war, oder

3. in den letzten drei Jahren vor der Tat schon einmal wegen einer Tat nach Absatz 1 verurteilt worden ist.

Übersicht

1   **1. Begr** zur Neufassung durch das 2.VerkSichG: BT-Drs. IV/651 S. 38. Zur Frage der Entkriminalisierung *Seiler,* Fahren ohne FE, 1982 (Diss. Regensburg); verfehlt *Denzlinger* ZRP **88** 369, wonach Fahren ohne FE nur während gerichtlicher Sperrfrist strafbar sein soll, sonst ow. Hierdurch würde die VSicherheit durch FzF ohne ausreichende Befähigung oder Eignung gefährdet. S. auch Rn. 9. Zum Ganzen auch *Wember* Fahren ohne FE (§ 21 StVG) 2010.

2   **2. Fahren ohne Fahrerlaubnis. Beschränkte Fahrerlaubnis. Auflage. I** Nr. 1, 1.Alt., II Nr. 1 ist mit dem GG vereinbar (BVerfG NJW **79** 1981). Inwieweit zum Führen eines Kfz (§ 1 StVG Rn. 14 ff.) im öffentlichen V (§ 1 StVO Rn. 13 ff.; Ha VRS **48** 44) eine FE erforderlich ist, ergibt sich aus § 2 StVG und den ihn ausführenden §§ 4 ff. FeV. Wer das Fz einer Klasse führt, für die seine FE nicht gilt, führt es ohne FE (Sa NZV **89** 474, Br NJW **63** 726). So fährt der Fahrer eines Fz, das ein Kfz schleppt (§ 33 StVZO), nicht bloß abschleppt, ohne FE, wenn er nicht die FE hat, die zum Mitführen eines Anhängers mit der Gesamtmasse des geschleppten Fz berechtigt (§ 33 StVZO Rn. 17). Gilt die FEKl eines Kf nur bis zu einer **bauartbestimmten Höchstgeschwindigkeit,** so fährt er ohne FE, wenn das Fz durch technische Veränderungen eine höhere Geschwindigkeit erreicht, ohne einen solchen Eingriff (zB verschleißbedingt) jedoch nur, wenn es sich um eine dauerhafte und wesentliche Geschwindigkeitserhöhung handelt (Kar DAR **03** 132 (20%)). Zu den beim Fahren mit einem „frisierten" Mofa erforderlichen Urteilsfeststellungen Dü NJW **06** 855. Zum Führen eines zwei- statt einsitzigen Mofas *Greiner* NZV **14** 72. Ist ein schwerer Lkw über 7,5 t umgerüstet, so darf er schon bei der Fahrt vom TÜV mit Kurzzeitkennzeichen oder rotem Kennzeichen mit FE Kl C1 gefahren werden (Ha VRS **48** 292 (zur früheren Kl 3)). Soweit die Klasseneinteilung der FE geändert worden ist, haben früher erteilte Erlaubnisse nach § 6 IV FeV ihre Bedeutung für die entsprechende Klasse der neuen Einteilung behalten. Ein Fahrschüler braucht unter Aufsicht eines Fahrlehrers oder Fahrlehreranwärters keine FE (§ 2 XV StVG, s. auch § 2 Rn. 28, 91). Wer als Fahrschüler beim Fahren vom Fahrlehrer oder Fahrlehreranwärter durch das KfzFenster angeleitet wird (Wenden), fährt nicht ohne FE (BGH DAR **72** 187). Erst **mit Aushändigung des FS** (oder einer befristeten Prüfungsbescheinigung) ist die FE erteilt (§ 22 IV S. 7 FeV). Dies gilt auch nach Bestehen einer FEPrüfung vor Erreichen des Mindestalters (§ 10, § 16 III S. 2 FeV) bis zur FSAushändigung hinsichtl. der von ihr mitumfassten FE-Klassen, soweit sie ein geringeres Mindestalter voraussetzen (*Jagow* VD **85** 146).

Wer nach Bestehen der Prüfung, aber vor Aushändigung des FS ein Kfz führt, verletzt deshalb § 21 *(Jagow* VD **85** 146). Jedoch wird die Schuld nicht schwer wiegen. Wer sich **durch Täuschung der VB** eine FE erschwindelt (etwa durch Vorlage gefälschter Dokumente bei der „Umschreibung" gem. §§ 30, 31 FeV), hat eine grundsätzlich zunächst gültige FE, solange der Verwaltungsakt der Erteilung nicht widerrufen ist *(Rüth/Berr/Berz* Rn. 7), und fährt daher nicht ohne FE. Denn auch eine pflichtwidrig (zB auf Grund Bestechung) erteilte FE ist eine gültige FE (BGHSt **37** 207 = NJW **91** 576). Anders bei Erwerb eines FS durch Bestechung des Beamten, der pflichtwidrig (aber ohne dadurch eine FE zu erteilen) einen FS aushändigt (Bay VRS **15** 278). Wer mit einem so erlangten FS ein fahrerlaubnispflichtiges Kfz führt, fährt ohne FE, zB auch, wer seinen FS durch Bestechung in einen neuen FS umtauscht, in dem unzutreffend weitere FEKlassen eingetragen wurden, für die eine FE nicht erteilt ist (BGHSt **37** 207 = NJW **91** 576). Wer FSVerlust vortäuscht und dadurch eine Ersatzbescheinigung erlangt, erlangt dadurch nicht auch eine FE (Kö VRS **43** 271).

Wer mit einem **ausländischen FS** im Inland fährt, der hier nicht oder nicht mehr zur Teil- **2a** nahme am fahrerlaubnispflichtigen KfzV berechtigt (zB nach Ablauf der Sechs- oder Zwölf-Monatsfrist des § 29 I FeV), fährt ohne FE (Bay NZV **96** 502, Kö NZV **96** 289, Ce NZV **96** 327, Stu NZV **89** 402; zu abw Auffassungen 40. Aufl). Gegenteiliges lässt sich nicht aus der Überlegung herleiten, die § 31 FeV, § 4 IntVO aF (= § 29 FeV nF) hätten nur ordnungsrechtlichen Charakter (so zB *Wasmuth* NZV **88** 131, **89** 402 in Bezug auf die frühere Rechtslage bei EG/EWR-FE). Das folgt aus dem Wortlaut des § 21 und aus der Tatsache, dass die genannten Bestimmungen, wie die Anwendbarkeit der § 11 II, § 22 II FeV (Eignungsbedenken) und die Ausnahmeregelung des § 29 III FeV zeigen, durchaus Interessen der VSicherheit verfolgen (Bay NZV **96** 502). Soweit §§ 28, 29 FeV die **Berechtigung zum Führen von Kfz mit einer EU/EWR-FE** ausschließen, ist zu beachten, dass bestimmte darin enthaltene Versagungstatbestände in Bezug auf die Anerkennung einer ausländischen FE nach Auffassung des EuGH (NJW **04** 1725 *(Kapper);* NJW **06** 2173 *(Halbritter);* NJW **07** 1863 *(Kremer);* NJW **08** 2403 *(Wiedemann)* m Bspr *Dauer* NJW **08** 2381; DAR **08** 459 *(Zerche)* mAnm *Geiger* und *König;* EuGH NJW **10** 217 *(Wierer))* **gegen die 2. EU-FS-RL** (zur unmittelbaren Geltung von EG-Richtlinien E 15; zur *3. EU-FS-RL* aE) verstoßen (im Einzelnen § 28 FeV Rn. 20, 26 ff.). Die deutsche Strafjustiz ist nach EuGH europarechtlich vor allem an der Prüfung gehindert, ob der Täter das Wohnsitzerfordernis im Staat der Ausstellung der FE erfüllt hat; dies zu prüfen ist allein Aufgabe des ausstellenden Mitgliedstaats (§ 28 FeV Rn. 20, 26 ff.). Dementsprechend darf Inlandsungültigkeit nicht kurzerhand unter Verweis auf die Regelungen der FeV unterstellt werden (BGH NStZ-RR **18** 24). **Keine Bestrafung** nach § 21 (trotz § 28 IV S. 1 Nr. 3 FeV) bei Kfz-Führen mit nach EdF im Inland und *nach* Ablauf der Sperre erworbener EU/EWR-FE (Kar DAR **04** 714, Kö NZV **05** 110, Sa NStZ-RR **05** 50, Dü NJW **07** 2133), ebenso, wenn der Täter die ausländische FE nach verwaltungsbehördlicher Entziehung (§ 28 FeV Rn. 33, Mü NZV **12** 553, Ha DAR **12** 712) oder nach Verzicht auf eine im Inland erteilte FE (Ba v. 7.11.06 2 Ss 155/05) erworben hat. **Inlandsungültigkeit** (und Strafbarkeit) besteht hingegen, wenn die FEB des Ausstellerstaates *den deutschen Wohnort* in den FS einträgt (§ 28 IV S. 1 Nr. 2 FeV; Beispielsfall in Ol NZV **10** 305), dies auch dann, wenn es sich um einen Fall erstmaligen FE-Erwerbs handelt (EuGH NJW **11** 3635 = DAR **11** 385 mAnm *Geiger)* oder wenn der betroffene FS später (ohne Eignungsprüfung) durch einen anderen FS ersetzt wird (Ba DAR **13** 277; LG Ol DAR **13** 713 (jedoch Verbotsirrtum)). Keine Anerkennungspflicht ferner, wenn das fehlende Wohnsitzerfordernis aus *„anderen vom Ausstellermitgliedstaat herrührenden unbestreitbaren Informationen"* hervorgeht (§ 28 IV S. 1 Nr. 2 FeV; EuGH NJW **08** 2403 Rn. 72 f. *(Wiedemann),* Rn. 69 f.; DAR **08** 459 *(Zerche)),* zu denen auch eine Auskunft des Gemeinsamen Zentrums der deutsch-tschechischen Polizei- und Zollzusammenarbeit rechnet, sofern sie ihrerseits auf Informationen rekurriert, die vom Ausstellerstaat herrühren (BVerwG DAR **13** 594), wobei das Strafgericht ohne Anhaltspunkte in dieser Richtung nicht gehalten ist, den Ausnahmetatbeständen stets nachzugehen (Ha BA **13** 34; abw. Mü NZV **12** 553). Vom Ausstellungsmitgliedstaat herrührende Information ist auch eine von einem Gericht des Ausstellungsmitgliedstaates im Rechtshilfeweg protokollierte Zeugenaussage zum Wohnsitz des Angeklagten; ob sie „unbestreitbar" ist, hat das Strafgericht unter umfassender Würdigung der weiteren Umstände zu würdigen (Stu DAR **14** 335 mAnm *Gesser* und Bspr *König* DAR **15** 365; ähnlich Jn VRS **125** 45). Gleiches gilt für eine Gewerbeanmeldung im Ausstellermitgliedstaat, in der ein deutscher Wohnsitz eingetragen ist (Zw NZV **18** 147 *(Koehl)* m Bspr *König* DAR **18** 361). Teilt der Ausstellermitgliedstaat mit, es sei unbekannt, wo der Betr. gelebt habe, stellt dies ein verwertbares Indiz für einen Wohnsitzverstoß dar (Zw ZfS **17** 712). Weiterhin *eindeutig* gegen die o. g. Maßgaben der Rspr. des

EuGH verstößt es aber, den „unbestreitbaren Informationen" das Geständnis des Angekl. kurzerhand gleichzustellen, nie im Ausstellermitgliedstaat gewohnt zu haben (so aber Mü DAR **12** 341 und 342, wohl auch NZV **12** 553); denn diese können auch durch die liquidesten allgemeinen Beweismittel nicht ersetzt werden (§ 28 FeV Rn. 28; hierzu auch Jn ZfS **12** 289, Ol NZV **13** 353, *König* DAR **13** 361). Zum Zeitraum von 185 Tagen Aufenthalt im Ausstellermitgliedstaat Ol BA **19** 142. In den durch den EuGH anerkannten Fällen ist auch **Strafbarkeit gegeben;** einer vorherigen (ohnehin nur deklaratorisch wirkenden) EdF bedarf es nicht, weil dann § 28 IV S. 1 Nr. 2, 3 FeV zur Anwendung kommt (*König* DAR **08** 464; ebenso VGH Mü DAR **08** 662, Kar NStZ-RR **09** 240; *Schäfer* DAR **10** 486; diff für die isolierte Sperrfrist *Dauer* NJW **10** 2758). **Ebenfalls Strafbarkeit,** wenn die FE *während* des Laufs einer (auch isolierten; hierzu EuGH DAR **15** 382; KG BA **15** 280) Sperrfrist oder während vorläufig nach § 111a StPO entzogener FE (Kar BA **18** 368 (§ 28 IV S. 3 FeV dort nicht erörtert)) erteilt worden ist, und zwar auch dann, wenn *die Tat* nach Ablauf der Sperrfrist begangen ist (Stu DAR **07** 159; Ce NZV **09** 92; Kar NZV **09** 466; Ha NZV **10** 162 (L); Kö NJW **10** 2817; aM noch Mü NJW **07** 1152 m abl Anm. *Dauer* DAR **07** 342; Nü DAR **07** 527, Jn DAR **07** 404, Zw v. 14.3.06, 1 Ss 146/05, juris, AG Straubing DAR **07** 102, *Weber* NZV **06** 500, *Schünemann/Schünemann* DAR **07** 382); jedoch muss die Sperre im Zeitpunkt der Tat im FAER gem. § 28 IV S. 3 FeV eingetragen sein, andernfalls Straflosigkeit eintritt (Ol NJW **11** 870 (zu dieser Entscheidung noch unten); Bra BA **15** 345 m Bspr *König* DAR **15** 363; KG NZV **16** 104). Strafbarkeit unter derselben Einschränkung (§ 28 IV S. 3 FeV), wenn dem Inhaber die Wiedererteilung der FE durch die Verwaltungsbehörde bestandskräftig versagt worden ist (Ce NZV **12** 495; NZV **18** 387). Wird ein EU-FS unter Anordnung einer Sperre entzogen, so berechtigt ein aufgrund einer Verlust- oder Diebstahlsanzeige dafür ausgestellter Ersatzführerschein nicht zur Teilnahme am öffentlichen Verkehr in Deutschland (Ce BA **20** 183). Eine britische „driving licence" berechtigt nach Ol NJW **11** 3315 nicht zum Fahren, wenn sie lediglich im Wege des **Umtauschs** eines deutschen FS (nach zuvor entzogener FE) erlangt ist (**aM** zutr Zw v. 18.1.2016, 1 OLG 1 Ss 106/15, juris), ebenso nach Ha BA **12** 36 bei Umtausch eines polnischen in einen schweizerischen FS nach Verzicht auf Gebrauchmachen von der polnischen und nach Mü NZV **13** 96 eines polnischen FS nach Umtausch eines total gefälschten belgischen FS. Ist ein EU-FS durch Umtausch eines gefälschten *Drittstaaten*FS erlangt, führen weitere Umtauschvorgänge ohne Fahreignungsprüfung nicht zur Berechtigung, im Inland Kfz zu führen (Kar BA **19** 261 nach Vorabentscheidung des EuGH DAR **19** 319 mAnm *Koehl*); jedoch soll Verbotsirrtum zu prüfen sein (Rn. 16). Zur denkbaren Ausstellung eines bloßen Ersatzdokuments für eine durch ein deutsches Gericht wegen Angabe deutschen Wohnsitzes im FS entzogene FE Mü BA **14** 347. Grds. Anerkennungspflicht, wenn ein in Tschechien erworbener FS, der den deutschen Wohnsitz ausweist, später in einen ungarischen FS umgetauscht wird, der den Mangel nicht aufweist (Jn NZV **13** 509 m Bspr *König* DAR **14** 361). Nach Stu DAR **15** 277 (mAnm *Koehl*) gelten bei Umtausch mit Gültigkeitsverlängerung die Voraussetzungen der Neuerteilung (s. auch Bspr *König* DAR **16** 362), ebenso Zw NStZ-RR **16** 153 (missverständlicher Leitsatz) für den Fall, dass beim Umtausch eine zeitlich unbeschränkte FE erstmals mit einer Gültigkeitsdauer versehen wird. Zu den – schwierigen – Fällen des Umtauschs s. näher § 28 FeV Rn. 24, 48 ff. Auf Vorlage des AG Landau (DAR **07** 409 (L)) hat der EuGH (nochmals) klargestellt, dass in Fällen des Erwerbs der FE während Sperrfrist usw. keine Anerkennungspflicht besteht, weil sonst Art 8 IV UAbs. 1 der 2. EU-FS-RL jeder Inhalt genommen würde (EuGH DAR **08** 582 *(Möginger)* mAnm *König* DAR **08** 640). Gleiches ergab sich aber bereits aus EuGH NJW **04** 1725 *(Kapper)* Rn. 76 und EuGH NJW **07** 1863 *(Kremer)* Rn. 29 im Umkehrschluss *eindeutig* (eingehend § 28 FeV Rn. 34) und wurde in EuGH NJW **08** 2403 Rn. 72 f. *(Wiedemann),* DAR **08** 459 Rn. 69 f. *(Zerche)* mAnm *König)* nochmals ausdrücklich und ohne Einschränkungen bekräftigt. Die entgegenstehende obergerichtliche Rspr. (s. oben) dürfte spätestens seit EuGH DAR **08** 582 endgültig überholt sein (ebenso Ce NZV **09** 92). Da es nicht um die Wirksamkeit, sondern um fehlende Anerkennungspflicht geht, steht Ha VRS **26** 345 (Rn. 4) der hier vertretenen Ansicht nicht entgegen. Dies verkennt Mü NJW **07** 1152, das maßgebend auf die formell-rechtl. Gültigkeit der FE abstellt; selbst auf dieser Basis bleibt jedoch der Umstand offen, dass der Betroffene die laufende Sperrfrist entweder verschwieg (s. den Rechtsgedanken des § 330d Nr. 5 StGB) oder die Behörde des Ausstellungsstaates die FE in Kenntnis der Sperrfrist erteilt (Kollusion, s. auch hierzu § 330d Nr. 5 StGB) haben muss. Nach Stu NJW **08** 243 ist in solchen Fällen jedenfalls unvermeidbarer **Verbotsirrtum** gegeben (Rn. 16). Jedoch dürfte es damit spätestens seit Bekanntwerden der neueren EuGH-Rspr. ein Ende haben (s. auch Ce NZV **09** 92; Ha NZV **10** 162). **Strafbarkeit auch,** wenn gegen den Inhaber einer (dort: litauischen) FE nach Aushändigung eines (litauischen) FSPapiers durch ein deutsches Gericht erneut eine (isolierte) Sperrfrist iS von § 69a I S. 3 StGB verhängt wird und der Inhaber während des Laufs der Sperrfrist im Inland ein Kfz im StrV führt (Dü NZV **06** 489; Kö NJW **10** 2817), sowie dann, wenn dem Täter nach der Erteilung der „EU-FE" die FE im Inland entzogen worden ist (Stu NJW **07** 528, Jn VRS **114** 440; DAR **09** 406), wobei es nicht darauf ankommt, ob der die FE entziehende Verwaltungsakt rechtmäßig (europarechtskonform) ist; anders nur bei Nichtigkeit (Nü NJW **07** 2935, s. auch Rn. 16). Keine Anerkennungspflicht (und fortbestehende) Strafbarkeit ist schließlich gegeben, wenn die FE in einem Beitrittsstaat erworben und die Tat vor dem EU-Beitritt begangen worden ist; denn der Beitritt stellt keine Rechtsänderung iS von § 2 III StGB dar (vgl. BGH NJW **05** 2095, 2099; NStZ **05** 408, aM AG Bayreuth, AG Br, jeweils StV **05** 217, *Schönke/Schröder/Eser/Hecker* § 2 Rn. 27 aE (alle zu ausländerrechtlichen Straftaten)). Vielmehr hat er nur zur Folge, dass auf die bestehende FE der Grundsatz der formalen Anerkennung anzuwenden ist (Stu NJW **07** 528), und zwar nicht rückwirkend, sondern ex nunc. Keine Anerkennungspflicht (und damit Strafbarkeit), falls vor Unionsbeitritt eine FE in (jetzigem) Mitgliedstaat (Österreich) erworben und aufgrund dessen erlangte deutsche Zweit-FE entzogen worden ist (EuGH DAR **09** 191). Die früher überwiegende verwaltungsrechtl. Rspr, wonach die ausländische FE auch dann nicht anerkannt werden muss, wenn die Berufung auf sie einen **Missbrauch des Freizügigkeitsrechts** bedeutet (vgl. *Dauer* NJW **08** 2381; zur vergleichbaren Problematik der Anerkennung von Sozialversicherungsbescheinigungen E 101 BGH NJW **07** 233; abl unter Hinweis auf Art 103 II GG und auf BVerfG NJW **02** 1779 (zur Vermögensstrafe!) Mü NJW **07** 1152), ist durch BVerwG NJW **10** 1828 (mAnm *Dauer*) für die Praxis überholt (§ 28 FeV Rn. 39). Auch wenn man dem Missbrauchsgedanken folgen würde (so Ol BA **11** 180, LG Potsdam DAR **08** 219), werden beim ersten polizeil. Zugriff kaum je hinreichende objektive Anhaltspunkte für Missbrauch vorliegen. Kein gemeinschaftsrechtlicher Schadensersatzanspruch wegen eines vor und entgegen den Grundsätzen der Rspr. des EuGH (s. o.) ergangenen Strafurteils eines Amtsgerichts (Kar DAR **06** 392), erst recht nicht, falls in Einklang mit diesen (BGH NJW **08** 3559). Kein Verfassungsverstoß bei möglicher Verletzung der durch den EuGH aufgestellten Grundsätze (s. o), wenn sich das Gericht eingehend mit der Gesetzeslage auseinandersetzt und seine Auffassung auf jeden sachlichen Grundes entbehrt (BVerfG DAR **08** 386). Nach Stu NJW **10** 2818 keine einschränkende Auslegung des § 28 IV S. 1 Nr. 3 FeV mehr erforderlich, wenn die Tat **nach Inkrafttreten der 3. EU-FS-RL** begangen (und der FS wie im betreffenden Fall nach dem 19.1.09 ausgestellt) ist (ebenso Hb DAR **11** 647 und Ce DAR **12** 396 (also schon nach dem Urteil des EuGH); *Mosbacher/Gräfe* NJW **09** 801; aM *Krismann* BA **11** 257; zum diesbezügl. Meinungsstreit ausführlich und m zahlreichen Nw aus Rspr. und Schrifttum § 28 FeV Rn. 40. Die genannten Entscheidungen sind freilich durch EuGH NJW **12** 1935 (mAnm *Dauer*) **überholt;** danach ist mit der 3. EU-FS-RL keine Verschärfung in Bezug auf den FS-Tourismus eingetreten (näher § 28 FeV Rn. 40). Nach Ol NJW **11** 870 = DAR **11** 154 mAnm *Dauer* ist § 28 IV S. 3 FeV, wonach die Sperre im VZR (nunmehr FAER) eingetragen sein muss und noch nicht getilgt sein darf, auch für vor ihrem Inkrafttreten begangene Taten anzuwenden (Meistbegünstigungsgebot iS von § 2 III StGB); ferner vertritt Ol, in der Sache bestätigt durch EuGH NJW **12** 371 und NZV **12** 501 (je mAnm *Dauer*, der allerdings eine Umsetzung in der FeV für erforderlich hält), die Auffassung, dass eine nach Ablauf der Sperrfrist in Polen erworbene, die FE der Klasse B (Pkw) voraussetzende FE der Klasse C (Lkw) nicht zum Führen von Lkw im Inland berechtige, wenn die gleichfalls in Polen erworbene FE der Klasse B während der Sperrfrist erlangt worden ist und daher in Bezug auf sie im Inland keine Anerkennungspflicht besteht (krit. *Dauer*). Nach BVerfG DAR **12** 14 ist es schlechterdings unvertretbar, eine nach Ablauf einer isolierten Sperre, die aber noch im VZR (nunmehr FAER) eingetragen ist, erteilte FE unter Berufung auf § 28 IV S. 1 Nr. 3 iVm S. 3 FeV nicht anzuerkennen; es besteht die Pflicht, ein Vorabentscheidungsersuchen nach Art 267 AEUV zu stellen.

Ohne FE gem. § 21 fährt der Inhaber einer EU/EWR-FE für Kom, dessen Berechtigung **2b** zum Führen von Kom im Inland sowohl gem. § 28 III FeV als auch nach § 29 FeV erloschen ist, soweit er nicht über eine andere zum Führen der betreffenden FzArt genügende FE (zB Kl C) verfügt. Dem steht EuGH NZV **96** 242 (Anm *Ludovisy*) nicht entgegen (*Bouska* DAR **96** 278). Die Entscheidung betrifft eine Strafandrohung bei Verstoß gegen eine bloße Umtauschpflicht, ist also auf den genannten Fall nicht übertragbar. Ebenso macht sich nach § 21 strafbar, wer im Inland mit einem EU/EWR-FS entgegen § 28 II FeV vor Vollendung des 18. Lebensjahrs ein Leichtkraftrad mit mehr als 80 km/h bauartbedingter Höchstgeschwindigkeit führt (VkBl. **96** 343), soweit ihm dies nicht nach § 29 I FeV gestattet ist. Das Gleiche gilt für das Fahren mit einem französischen FS-Zertifikat (Kar BeckRS **19** 25382; *Dauer/König* DAR **18** 458; zust. LG

Offenburg DAR **19** 588; i. Erg. wohl auch *Lenk* NZV **19** 590; aM AG Kehl DAR **18** 457; weiterhin fehlsam AG Kehl NZV **19** 362 m Bspr *König* DAR **20** 367 (Freispruch trotz LG Offenburg aaO)). Mit Unionsrecht ist dies vereinbar (vgl. EuGH DAR **18** 435; Kar BeckRS **19** 25382; *Dauer/König* aaO sowie ausführlich *Lenk* NZV **19** 590). Dagegen fährt nicht ohne FE, wer den ausländischen FS (BGH NJW **01** 3347, Bay NZV **91** 481) oder die nach § 29 II S. 2 FeV vorgeschriebene deutsche Übersetzung nicht mitführt (OW nach § 75 Nr. 4 FeV). Das gilt auch dann, wenn der FzF auch später den behaupteten Bestand einer ausländischen FE nicht nachweisen kann (BGH NJW **01** 3347, Bay NZV **91** 481). Die Verurteilung setzt die *Überzeugung* des Gerichts vom Fehlen der behaupteten FE voraus; dass der Angekl. den Nachweis der FE nicht erbracht hat, genügt nicht (BGH NJW **01** 3347). Ein türkischer MilitärFS berechtigt nicht zum Führen von ZivilFz in Deutschland, die innere Tatseite ist aber besonders zu prüfen (Bay 1 St 202/72). Ausländische FS von **Nato-Truppenangehörigen:** Art 9 Zusatzabkommen zum Nato-Truppenstatut, § 29a FeV nach dem Ausscheiden aus der Truppe gilt § 29 FeV (= § 4 IntVO aF; Kar VRS **101** 223, *Pudenz,* DAR **84** 79). Von den Militärbehörden des Entsendestaats ausgestellte FS des nach dem **EU-Truppenstatut** entsandten Personals werden anerkannt (Art 4 Nr. 1 EU-Truppenstatut; BGBl II S. **05** 19). **Fahren ohne FE im Ausland** (E 30) ist im Inland nicht strafbar, wenn der ausländische Staat die Tat nur als OW ahndet (BGHSt **27** 5, NJW **67** 2354, *Schröder* JZ **68** 242; zum Fahren entgegen FV Rn. 9).

3   Nichtbeachtung einer **persönlichen Auflage** (zB Brillentragen) beseitigt die FE nicht, daher kein Verstoß gegen § 21, sondern nur OW nach §§ 23, 75 Nr. 9 FeV (BGH NJW **69** 1213, Bay NZV **90** 322). Auch Fahren außerhalb des nur erlaubten Ortsflurbereichs (Auflage) ist nur ow (Bay DAR **70** 78). Der Verwaltungsakt der Erteilung ist nicht dadurch auflösend bedingt (und kann es nicht sein), dass der Berechtigte eine Auflage unbeachtet lässt. Zur Frage, wann eine eingeschränkte FE oder nur eine Auflage vorliegt, § 23 FeV. Wer als Fahranfänger vor Vollendung des 18. Lebensjahrs mit einer Prüfungsbescheinigung gem. § 6e I Nr. 5 StVG, § 48a III FeV **(begleitetes Fahren ab 17)** ohne geeignete Begleitperson ein Kfz führt (zu dessen Führung ihn die ihm erteilte FE der Kl B oder BE berechtigt), fährt nicht ohne FE (*Tölksdorf* Nehm-F S. 437, *Fischinger/Seibl* NJW **05** 2889). Ebenfalls kein Fahren ohne FE, wenn der FEInhaber nach Ablauf der Prüfungsbescheinigung (3 Monate nach dem 18. Geburtstag) sich noch keinen Karten-FS besorgt hat; denn die FE ist dadurch nicht entfallen. In solchen Fällen nur OW nach § 48a II S. 1, § 75 Nr. 9 FeV. Auflagenverstoß führt zwingend zum Widerruf der FE, § 6e III StVG. Zum Ganzen die Erläuterungen zu § 6e StVG und § 48a FeV.

4   Wer eine **beschränkte Fahrerlaubnis** überschreitet, die nicht unter Auflage, sondern nur (§ 6 FeV) für eine bestimmte FzArt oder -klasse, für ein bestimmtes Fz oder für Fz mit bestimmten technischen Einrichtungen erteilt ist, fährt ohne FE (§ 23 FeV Rn. 14). ZB berechtigt eine auf Kfz mit automatischer Kraftübertragung beschränkte FE nicht zum Führen von Kfz mit Schaltgetriebe (keine bloße Auflage; s. § 17 VI FeV; *Bouska* VD **72** 296). Die irrige Annahme, die Beschränkung der FE bei Körperbehinderten sei technisch überholt, kann einen entschuldbaren Verbotsirrtum darstellen (Ce VRS **10** 377). Eine **in Unkenntnis einer Sperrfrist erteilte FE** ist gültig (Ha VRS **26** 345), auch eine versehentlich erteilte FE (unterbliebene Fahrprüfung). Der Inhaber fährt also mit FE (AG Münchberg VM **69** 56), die aber mangels Prüfung wieder entzogen werden kann.

5   Wer Fahrgäste ohne die **FE zur Fahrgastbeförderung** (§ 48 FeV) befördert oder, nachdem ihm diese Erlaubnis gemäß § 3 entzogen oder nach Ablauf nicht verlängert worden ist, verstößt nicht gegen § 21, sondern handelt nach §§ 48 I, 75 Nr. 12 FeV ow. Wer bei einer Fahrt im V *nur den FS nicht vorweisen kann,* verstößt gegen § 4 FeV (OW; BGH NJW **01** 3347, Kö NJW **66** 512, Schl DAR **67** 52).

6   **3. Fahren trotz Entziehung der Fahrerlaubnis.** Mit der Rechtskraft einer entziehenden Entscheidung (§ 69 III S. 1 StGB) oder mit der Bekanntgabe (§ 3 Rn. 37) erlischt die FE. Entzogen ist sie bis zur Neuerteilung, also auch noch nach Ablauf einer Sperrfrist oder selbstständigen Sperrfrist (Ha NJW **73** 1141, § 69a StGB Rn. 19), gleichgültig, ob das Strafgericht (§§ 69–69b StGB) oder die VB (§ 3 StVG) entzogen hat. Vorläufige Entziehung (§ 111a StPO) bewirkt Verlust von dem Zeitpunkt an, zu dem der Beschluss verkündet, zugestellt oder gerichtlich formlos mitgeteilt wird (§ 35 II StPO; § 111a StPO Rn. 7). Durch strafgerichtliches Urteil entzogene FE lebt mit Anordnung der Wiederaufnahme gem. § 370 II StPO (zunächst ex nunc) wieder auf, nach Aufhebung des früheren Urteils rückwirkend (Bay NZV **92** 42, *Asper* NStZ **94** 171, aM *Groß* NStZ **93** 211; *Mitsch* NZV **12** 512). **Erwerb einer ausländischen FE** nach EdF im Inland: Rn. 2a, § 28 FeV Rn. 33 ff., FeV Rn. 17, § 69b StGB Rn. 4. Im Ausland (größtenteils

rechtswidrige) Einbehaltung des FS lässt die FE unberührt, weswegen § 21 nicht eingreift; allenfalls OW nach § 4 II S. 2, § 75 Nr. 4 FeV (*Janker/Albrecht* DAR **09** 314, 316).

Hat eine VB die FE entzogen, so hat das Gericht nur zu prüfen, ob die Entscheidung **7** formell wirksam ist, nicht auch ihre sachliche Richtigkeit (Sa VRS **21** 65, Ce NStZ-RR **08** 353; Jn DAR **09** 406). Bei sachlicher Unrichtigkeit aber nur geringe Schuld. Zur formellen Wirksamkeit gehört dabei auch die wirksame Bekanntgabe des Verwaltungsakts, wobei sich die VB an der einmal gewählten formellen Zustellung auch dann festhalten lassen muss, wenn sie hätte formlos bekanntgeben können (Ce NStZ-RR **08** 353). Hat der Betroffene Anfechtungsklage erhoben, so ist § 21 StVG bis zur Entscheidung unanwendbar, wenn nicht sofortige Vollziehung (§ 80 II Nr. 4 VwGO) angeordnet ist. Verschafft sich der Kf nach der EdF durch wahrheitswidrige Behauptung des Verlusts des FS einen vorläufigen FS (Zwischenausweis), so fährt er ohne FE (Kö NJW **72** 1335). Benutzung ausländischer FE nach **EdF im Inland:** § 31 FeV Rn. 17. **Zu Irrtumsfragen** Rn. 16.

Nichtablieferung des FS nach EdF (§ 3 II S. 3, § 47 I FeV) fällt nicht unter § 21, sondern **8** ist ow nach § 47 I, § 75 Nr. 10 FeV.

4. Fahren trotz Fahrverbots (§ 25 StVG, § 44 StGB). § 21 erfüllt auch, wer ein Kfz führt, **9** obwohl ihm das nach § 25 StVG oder § 44 StGB verboten ist, vor Rechtskraft der das FV anordnenden Entscheidung jedoch auch dann nicht, wenn er den FS in amtliche Verwahrung gegeben hat (Kö VRS **71** 54), soweit nicht der Fall der § 111a V S. 2 StPO, § 25 VII StVG vorliegt (Rn. 22). Anders als die rechtskräftige Entziehung bewirkt das FV nicht den Verlust der FE. Sie ruht lediglich, solange das FV wirksam ist (s. zu § 25 StVG, § 44 StGB). Wenig überzeugende Gesetzeskritik bei *Mitsch* NZV **07** 66; ein von ihm propagiertes umfassendes „Selbstbegünstigungsprivileg", das der Strafbarkeit der Verletzung des FV zwingend entgegenstehen würde, existiert in der deutschen Rechtsordnung nicht – und mit der Verletzung des Verbots hat der Täter (ein weiteres Mal) gezeigt, dass er trotz nachdrücklichen Denkzettels nicht bereit ist, sich an die Regeln zu halten. Dies rechtfertigt die Strafdrohung. Nach OVG Hb VRS **112** 68, 79 Strafbarkeit auch noch bei einem seit 3 Jahren bestehenden FV, dessen Verbotsfrist mangels Abgabe bzw. Beschlagnahme des FS nicht zu laufen begonnen hat (§ 25 Rn. 31); keine analoge Anwendung der Vorschriften über die Vollstreckungsverjährung (§ 79 StGB, § 34 OWiG). Für die Strafbarkeit eines Kfz-Führens im Ausland kommt es darauf an, ob im Ausland ein entsprechender Straftatbestand existiert (vgl. Rn. 2 aE), was in manchen Ländern durchaus zutrifft (*Nissen/Schäpe* DAR **10** 3; DAR **17** 757 mit instruktiver Übersicht zur Lage in anderen Ländern).

5. Führen eines Kraftfahrzeugs. Ein Kfz (Begriff: § 1 StVG Rn. 14 ff., § 69 StGB Rn. 3a) **10** führt, wer es selbst unter bestimmungsgemäßer Anwendung seiner Antriebskraft unter eigener Allein- oder Mitverantwortung in Bewegung setzt, um es unter Handhabung seiner technischen Vorrichtungen während der Fahrbewegung durch den Verkehrsraum ganz oder wenigstens zT zu leiten (§ 316 StGB Rn. 3). Erforderlich ist ein **In-Bewegung-Setzen** des Fz; vorbereitende Handlungen und Handlungen nach Abschluss der Bewegung genügen nicht (§ 316 StGB Rn. 3). Zum Führen des Kfz **ohne aktuell wirkende Motorkraft** § 316 StGB Rn. 4, zum **arbeitsteiligen Führen** § 316 StGB Rn. 5. Der Begleiter beim begleiteten Fahren ab 17 führt das Fz nicht (Rn. 3, § 6e Rn. 8). Ein Kfz führt nicht, wer es ungewollt in Bewegung setzt (§ 316 Rn. 3). Betätigung eines Baggerschwenkarms ist kein Führen (Bay VRS **32** 127).

Beim **Schleppen von Fz** benötigt der Führer des schleppenden Fz eine FE, die ihn zum **11** Mitführen eines Anhängers mit der Gesamtmasse des geschleppten Fz berechtigt (§ 33 StVZO Rn. 17). Beim Abschleppen von Fz (aus Gründen der Nothilfe) benötigt der Führer des ziehenden Kfz nach § 6 I S. 4 FeV hingegen nur die FE der Klasse des abschleppenden Kfz (§ 33 StVZO Rn. 27). Zur Notwendigkeit einer FE für den Führer eines geschleppten Fz enthält § 33 StVZO seit seiner Neufassung 2013 keine Aussage mehr (zum alten Recht 42. Aufl). Soweit der „Lenker" wegen Betätigung essentieller Steuerungsvorrichtungen überhaupt als FzF angesehen werden kann, bleibt es aber dabei, dass er das gezogene Fz nicht *als Kfz* führt, weswegen er sich nicht nach § 21 strafbar machen kann (vgl. § 33 StVZO Rn. 17; zum alten Rechtszustand BGHSt **36** 341 = NJW **90** 1245, Bay NJW **84** 878, VRS **62** 42, Fra NJW **85** 2961, Ha DAR **99** 178, Fra VRS **58** 145, Bay DAR **83** 395). Anders soll es nach bislang hM beim **„Anschleppen"** (um dadurch den Motor in Gang zu bringen) liegen (Fra VRS **58** 145). Hiergegen spricht schon. dass die Sonderbehandlung des „Anschleppens" zulassungsrechtlich nicht (mehr) gerechtfertigt werden kann (dazu § 33 StVZO Rn. 29). Hinzu kommt, dass Maßstab der hM i. Erg. innere Absichten sind, die ein dem Führen vorgelagertes Verhalten zum Führen qualifizieren sollen.

Letztlich wird damit die durch BGHSt **36** 341 (§ 316 Rn. 4) aufgegebene Rspr. fortgeführt (näher LK-*König* § 315c Rn. 17). Eine FE benötigt der Lenker des gezogenen Kfz jedoch dann, wenn der Motor anspringt (s. auch § 33 StVZO Rn. 29).

12   **6. Vergehen des Halters (I Nr. 2, II).** Nach I Nr. 2 ist der Halter strafbar, der vorsätzlich anordnet oder zulässt, dass jemand das Fz führt, der keine FE hat oder gegen den FV (§ 44 StGB, § 25 StVG) besteht. Halter: § 7 StVG Rn. 14 ff. Zur Strafbarkeit von Personen, die neben oder anstelle des Halters verantwortlich sind: Rn. 14. Fahrlässigkeit: II Nr. 1. Fahren ohne die erforderliche FE oder trotz FV: Rn. 2–11, Führen: Rn. 10, 11. Der Tatbestand ist auch erfüllt, wenn der FzF zwar die erforderliche FE für das ihm überlassene Kfz besitzt, nicht aber für die durch Ankoppelung eines Anhängers von mehr als 750 kg Gesamtmasse entstehenden FzKombination (§ 6 I FeV, FEKl E; Ce VM **83** 76). Es genügt, dass der Halter die Führung angeordnet oder zugelassen hat, auch durch schlüssige Handlung. Er muss sich **überzeugen, dass der FzF die zutreffende FE hat** (Fra NJW **65** 2312, Kö VersR **69** 741). IdR muss er den FS einsehen (BGH VRS **34** 354, Dü VM **76** 54, KG VRS **40** 284, NJ **06** 324, Ha VRS **49** 209, VM **84** 68, Zw VRS **63** 55, *König* SVR **08** 121; zum Versicherungsrecht Rn. 27), und zwar nicht nur in Form einer Kopie, sondern im Original (*Mielchen/Meyer* DAR **08** 5). Bei größeren Fz, zu deren Führen die „normalen" FEKlassen B, BE, C1 und C1, E nicht berechtigen, sowie bei bestimmten fahrerlaubnisrechtlichen Beschränkungen ist auch auf diese Umstände zu achten (*Mielchen/Meyer* DAR **08** 5). Die Einsichtnahme ist nur unter besonderen Umständen unzumutbar, nämlich dann, wenn der Halter bei objektiv ausreichender Sorgfalt einen Sachverhalt annehmen darf, der das Vorhandensein der erforderlichen FE stützt. Fragen nach der FE dienen der Erfüllung einer Pflicht und sind weder anstandswidrig noch gar beleidigend (aM Stu VersR **74** 690 (zu § 2b Nr. 1c AKB aF)). Mit einer unverständlichen fremdsprachlichen „Bescheinigung" darf sich der Halter nicht begnügen (KG VRS **45** 60). Jedoch wird in Zeiten des europarechtlich anerkannten Führerscheintourismus (Rn. 2a) auch bei einem fest vor Ort verankerten Fahrer ein durch einen anderen EU-Staat ausgestellter FS idR genügen müssen; anders evt., falls im EU-FS der deutsche Wohnsitz eingetragen ist (Rn. 2a; *König* SVR **08** 121). Auch andere Umstände können zur sicheren Überzeugung genügen (guter Bekannter, der diese FzArt seit langem fährt; Dü VM **76** 54, Schl VM **71** 55 (triftige Gründe)). Kennt der Halter die FE des Fahrers, so muss er sie **nur bei begründetem Zweifel nochmals prüfen** (Bay DAR **78** 168, **88** 387, KG NJ **06** 324, Ko VRS **60** 56), dies nach der nicht kleinlichen Rspr der Strafgerichte (zu den Anforderungen im Versicherungsrecht Rn. 27) auch dann, wenn zwischen der Kenntnisnahme von der FE ein Zeitraum von mehreren Jahren liegt (Jn VRS **111** 272; zu elektronischen Kontrollsystemen *König* SVR **08** 121). Gesteigerte Pflichten können sich allerdings ergeben, wenn das Unternehmen Personen aus Staaten außerhalb der EU für einen längeren Zeitraum Fahrzeuge anvertraut; insoweit wird der Ablauf der Fahrberechtigung nach sechs Monaten Aufenthalt im Auge zu behalten sein (*König* SVR **08** 121; s auch Rn. 27). Gewerbsmäßige Vermieter müssen sich in aller Regel bei jeder FzÜbergabe den FS vorzeigen lassen (Schl VM **71** 55). Wer als Halter irrig meint, der Kf habe die FE, handelt nicht vorsätzlich (Tatbestandsirrtum, Dü VM **76** 26).

13   Strafbar wird der Halter, wenn die Anordnung befolgt oder von dem Zulassen Gebrauch gemacht und im öffentlichen V gefahren wird, nicht schon durch das Unterlassen der Überprüfung des Vorhandenseins einer FE; dieses führt nur dann zur Strafbarkeit nach Abs. 1 Nr. 2, wenn feststeht, dass die Fahrt andernfalls unterblieben wäre, also der Pflichtwidrigkeitszusammenhang (hierzu §§ 222, 229 StGB Rn. 15 ff.) gegeben ist (Kö NZV **89** 319). Verbotene Ermächtigung zum Führen liegt schon vor, wenn der Halter dem anderen eine Verrichtung überlässt, die für den Bewegungsvorgang von mitentscheidender Bedeutung ist, zB Handhabung des Lenkrads (Rn. 10; BGH NJW **59** 1883, Br VRS **28** 445). **Der Fahrlehrer oder Fahrlehreranwärter,** der die Lenkung des Fahrschulwagens seinem noch kindlichen Sohn überlässt, verletzt § 21 I (vgl. Ha VM **62** 5, Br VM **65** 30). „Probefahrten" zum Zweck der Abschätzung der Vorkenntnisse von Interessenten an einer Fahrausbildung und zur Erzielung eines Kostenvoranschlags sind keine Ausbildungsfahrten iS von § 2 XV (Ha VD **07** 291; § 2 StVG Rn. 91). Gleichwohl verneint Ha VD **07** 291 die Strafbarkeit; § 21 sei teleologisch zu reduzieren, (wenn und) weil von einer solchen Fahrt wegen der Ausrüstung des Fahrschulwagens und der Eingriffsbereitschaft des Fahrlehrers keine höheren Gefahren für die VSicherheit ausgehe als von einer Ausbildungsfahrt. Ein Freibrief für den Fahrlehrer, unter diesen Prämissen *jeden* Nichtinhaber einer FE fahren zu lassen, ist jedoch mit dem Gesetz nicht vereinbar. Den geringeren Gefahren einer solchen Fahrt ist im Rahmen der Sanktionsentscheidung (§§ 153 ff. StPO) sowie der Strafzumessung Rechnung zu tragen. Erteilt der Fahrlehrer entgegen § 5 VIII FahrschAusbO mehreren Schülern gleichzeitig praktischen Unterricht, so handelt er lediglich ow gem. § 8 II Nr. 3 FahrschAusbO.

Kein Verstoß gegen I Nr. 2, wenn der Fahrlehrer den auf dem Krad folgenden Fahrschüler vorübergehend aus den Augen verliert (LG Itzehoe DAR **84** 94). Laienausbildung ist rechtlich nicht zulässig; deshalb ggf. Verstoß gegen § 21 (zum alten Recht KG VRS **8** 140). Nach Bay VRS **65** 216 ist I Nr. 2 auch anzuwenden, wenn *einer von zwei Mithaltern* ohne FE fährt (zw, weil dieser von einem *eigenen* Verfügungsrecht Gebrauch macht).

Zur Strafbarkeit wegen §§ 222, 229 StGB bei Überlassen an Person ohne FE: zu §§ 222, **14** 229 StGB, insbesondere Rn. 8, 23. **Anstelle des Halters** können von ihm zur Leitung bestimmte Personen verantwortlich sein (§ 14 II StGB; Hb DAR **65** 137, Fra NJW **65** 2312, *König* SVR **08** 121). **Eigentums- oder Besitzübertragung** am Kfz verstößt nicht gegen § 21 (Ha VM **60** 6). Hat der Eigentümer oder Halter das veräußerte Kfz dem nunmehr Berechtigten übergeben, liegt darin kein Zulassen iSv I Nr. 2, jedoch kann seine Haftung wegen verletzter VSicherungspflicht in Betracht kommen (§ 823 II BGB; BGH NJW **79** 2309).

7. Subjektiver Tatbestand, Unrechtseinsicht. I erfordert zumindest bedingten Vorsatz, dass **15** der Führer nicht die erforderliche FE hat oder ihm das Fahren nach § 44 StGB oder § 25 StVG verboten ist, und den Willen, gleichwohl zu fahren bzw. jemanden ohne FE das Fz führen zu lassen. II stellt im dort umschriebenen Umfang fahrlässiges Verhalten unter Strafe (s. auch Rn. 17, 18). Zu den erforderlichen Feststellungen beim Fahren mit einem „frisierten" Kleinkraftrad Dü NJW **06** 855. **Irrtum** über das Bestehen eines FV ist Tatbestandsirrtum (§ 16 StGB; Bay DAR **81** 242, Brn VRS **101** 293), wobei aber Fahrlässigkeit zu prüfen ist. Das Gleiche gilt bei Irrtum über die Rechtskraft eines FV, jedenfalls, soweit er auf der Unkenntnis von Tatsachen beruht, die für die Rechtskraft entscheidend sind (Bay DAR **00** 77 (i Ü offengelassen)). Wer über den Beginn des Wirksamwerdens eines FV nicht belehrt wurde, handelt fahrlässig, wenn er in der irrigen Annahme ein Kfz führt, das FV werde erst nach Aufforderung zur FS-Ablieferung wirksam (Bay VRS **62** 460; s. auch Ko NZV **10** 368). Keine Fahrlässigkeit, wenn der Täter von einer per Einlegung in den Briefkasten bekannt gegebenen verwaltungsbehördlichen Entziehung der FE (noch) keine Kenntnis hat; eine Erkundigungspflicht besteht auch bei verkehrsrechtlichen Vorbelastungen nicht (KG 12.7.2010, (3) 1 Ss 180/10, juris). Nach EuGH NJW **20** 1873 verletzt die Verurteilung eines in einem anderen Mitgliedstaat Wohnenden wegen fahrlässiger Tat Art. 6 der RL 2012/13/EU, wenn dieser vom Strafbefehl mit Anordnung des FV keine Kenntnis erlangt hat; es soll dabei auch eine Fahrlässigkeitsverurteilung nicht rechtfertigen, wenn sich der Betroffene bei dem von ihm bestellten Zustellungsbevollmächtigtem nicht nach dem Stand des Verfahrens erkundigt (zw). Die Einlassung, von einer Vereinigung, die das Deutsche Reich als fortbestehend ansehe, für 50 € einen FS erworben zu haben, gibt keinen Anlass, am Vorsatz zu zweifeln (Kar NZV **07** 157). Zu (kaum je praktisch werdenden) Tatbestandsirrtümern im Rahmen des FS-Tourismus *Schäfer* DAR **10** 486. **Fortgesetzte Tat** scheidet nach der fakt. Aufgabe dieses Instituts durch den BGH aus (**E** 134).

Verbotsirrtum führt, wenn unvermeidbar, zum Freispruch, wenn vorwerfbar, zu uU gemil- **16** derter Vorsatzstrafe (s. auch Rn. 7). Wer als Ausländer schon länger im Inland lebt, muss sich in FSAngelegenheiten nach strengem Maßstab sorgfältig erkundigen (Kö VM **78** 62). Kein unvermeidbarer Verbotsirrtum des jahrelang im Inland lebenden Ausländers über die Fortgeltung seiner ausländischen FE, selbst nicht bei entsprechender Belehrung durch eine ausländische Behörde (Dü VM **75** 81). Wer unter Zugrundelegung einer in einem gegen ihn ergangenen Strafurteil vertretenen Rechtsansicht irrtümlich annimmt, mit ausländischer FE fahren zu dürfen, handelt nicht vorwerfbar, wenn diese Ansicht auf Grund bei Urteilserlass eingetretener Vorschriftenänderung überholt war, ohne dass auf die Änderung hingewiesen wurde (Dü VRS **73** 367). Die Vorstellung, mit einer in Tschechien vor dem Beitritt erworbenen FE im Inland fahren zu dürfen, wenn die deutsche FE vor dem Beitritt entzogen wurde, ist vermeidbarer Verbotsirrtum (Stu NJW **07** 528, s. auch Rn. 2a). Ein Irrtum über die mangelnde Berechtigung, während einer Fahrerlaubnissperre mit einem ausländischen FS im Inland fahren zu dürfen, ist auch insoweit vermeidbar, als die Rechtslage vor 1983 anders war (Bay DAR **86** 243 *(Rüth)*). Nach Jn VRS **114** 440 sollen zum Verbotsirrtum und dessen Vermeidbarkeit detaillierte Feststellungen zu treffen sein, wenn FzF meint, mit einer entzogenen (französischen) FE nach Ablauf der Sperrfrist ohne Weiteres wieder fahren zu dürfen (zw.), ähnlich Ol NZV **10** 305 für den Fall, dass im EU-FS der deutsche Wohnsitz des FzF eingetragen ist (hierzu Rn. 2a). Desgleichen soll nach Kar BA **19** 261 Verbotsirrtum zu erörtern sein, wenn der Angekl. mit einem EU-FS gefahren ist, den er ohne Fahreignungsprüfung im Umtausch gegen einen totalgefälschten russischen FS erlangt hat, wobei er an der Fälschung beteiligt war, zumindest aber von ihr gewusst hat (abl Bspr *König* DAR **20** 367). Hingegen soll bei (europarechtswidriger) Entziehung einer „EU-FE" (Rn. 2a) durch eine deutsche VB nach Nü NJW **07** 2935 schon gar kein Irrtum vorliegen, wenn der FzF wegen eines negativen Fahreignungsgutachtens erkennen kann, dass er eine Gefahr für die Sicherheit des StrV darstellt (zw). Jn DAR **09** 406 geht in einem ähnlichen Fall von vermeidbarem Verbotsirrtum aus, nachdem eine Anfechtungsklage gegen die EdFE erfolglos geblieben war, ebenso Ha BA **12** 36 in einem Fall, in dem der Angekl. mit einer schweizerischen FE gefahren war, die er gegen eine polnische umgetauscht hatte, nachdem er freiwillig darauf verzichtet hatte, von der polnischen im Inland Gebrauch zu machen. Hingegen nimmt Hb DAR **12** 647 (dazu Rn. 2a) einen Tatbestandsirrtum und damit fahrlässige Tat an, weil der Angekl. aufgrund einer Auskunft der Organisation, die ihm die FE vermittelt habe, an sein Recht geglaubt habe (zw.). Zum Verbotsirrtum des FzF, der während einer Sperrfrist einen „EU-FS" erwirbt, aber erst nach Ablauf der Sperrfrist von ihr Gebrauch macht, Rn. 2a. Vermeidbarer Verbotsirrtum bei Annahme, bei sofort vollziehbarer, aber noch nicht rechtskräftiger EdF bestehe die FE noch fort (Dü VM **76** 26). Die irrige Annahme des Täters, trotz Entziehung noch so lange ein Kfz führen zu dürfen, wie er den FS besitze, ist (vermeidbarer) Verbotsirrtum, ebenso wenn derjenige, der vorschriftswidrig zwei FS hat, nach EdF und Wegnahme des einen glaubt, noch auf Grund des anderen fahren zu dürfen (Kö VRS **15** 115). **Irrtum über die Tragweite einer Beschränkung der FE** (zB Kl C, C1 ohne Anhänger) ist Verbotsirrtum (Bay DAR **77** 201). Irrtum über den rechtlichen Geltungsbereich einer FEKl ist Verbotsirrtum (Brn VRS **101** 296, Kar DAR **03** 132 (zu hohe *bauartbestimmte Höchstgeschwindigkeit*)). Fährt ein im Fachhandel erworbenes Mofa schneller als 25 km/h, so kommt unvermeidbarer Verbotsirrtum in Frage (AG Geilenkirchen NZV **93** 125). Zur Schuldfrage bei Benutzung eines FmH ohne Tachometer, das bauartbedingt 25 km/h nicht überschreiten sollte, ohne technische Veränderung jedoch bis zu 40 km/h fährt: AG Kleve NJW **78** 2405.

17   **Fahrlässiges Anordnen** ist nur in der Form möglich, dass der Anordnende den Mangel der FE vorwerfbar nicht kennt, während sein als Anordnung zu verstehendes Handeln bewusst (zumindest bedingt vorsätzlich) geschehen muss. Insoweit hat das Gleiche zu gelten wie für den Begriff des „Gestattens" des Gebrauchmachens in § 6 PflVG, für den die Rspr. ebenfalls bloßes Ermöglichen nicht ausreichen lässt (s. vor § 23 FZV Rn. 16).

18   **Fahrlässiges Zulassen** ist nach hM iS von „fahrlässigem Ermöglichen" zu verstehen (BGH NJW **72** 1677, Bay NZV **96** 462, Kö VRS **72** 137, Dü VM **79** 85, JZ **87** 316, Ol NJW **72** 504, Ce VRS **64** 47, Ha NJW **83** 2456, Ko VRS **71** 144). Jedoch enthält „Zulassen" ein Wissenselement; demgemäß dürfte fahrlässiges Nichtkennen der Nichtberechtigung nur dann die Strafbarkeit begründen, wenn der Täter zumindest bedingten Vorsatz hinsichtlich des Zulassens aufweist (Bay NJW **67** 262, Jn VRS **107** 221, *Koch* DAR **65** 208). Die weitergehende hM verlangt allerdings nicht, dass der Halter allgemein den Zugang von Personen ohne FE zu den FzSchlüsseln verhindern muss; Fahrlässigkeit auch nach dieser Auffassung also nur dann, wenn konkrete Umstände die Benutzung des Fz befürchten lassen (Bay NZV **96** 462, **83** 637, Dü JZ **87** 316, zu strenge Anforderungen an die Sorgfaltspflicht aber in Ko VRS **71** 144).

19   Der **Versuch** ist nicht strafbar. Deshalb ist nicht nach § 21 zu bestrafen, wer an einem nicht betriebsfähigen Kfz den Anlasser betätigt (Rn. 10 mwN).

20   **Teilnahme** ist bei vorsätzlicher Begehung der Haupttat möglich. Das Mitfahren des Beifahrers auf einer ausschließlich in seinem Interesse durchgeführten Fahrt ist Beihilfe (Bay NJW **82** 1891). Der angestellte Fahrer leistet objektiv Beihilfe zu § 21 I Nr. 1, wenn er es trotz Kenntnis nicht verhindert, dass jemand das ihm anvertraute Fz führt, der keine FE hat oder dem das Fahren verboten ist; zum inneren Tatbestand gehört, dass er seine Einschreitenspflicht kennt (Ha VRS **15** 288). Der Führer eines geschleppten Kfz kann Beihilfe zum Vergehen des Führers des schleppenden Fz begehen, der nicht die FE Klasse E hat (KG VRS **26** 155).

21   **8. Rechtfertigung** durch Notstand (**E** 117–119), wenn das FzFühren das einzige Mittel war, ihn zu beheben (Dü VRS **5** 39). Allein die Gefahr des Liegenbleibens wegen einer Panne wird idR ein Wegfahren aus dem Verkehrsbereich durch einen Fahrer ohne FE nicht rechtfertigen (Dü VM **80** 15).

22   **9. Fahren oder Fahrenlassen trotz amtlicher Verwahrung des Führerscheins gemäß § 94 StPO.** II Nr. 2, 3 regelt den Fall, dass jemand ein Kfz führt oder führen lässt, obwohl der FS des Fahrers gemäß § 94 StPO amtlich verwahrt, sichergestellt oder beschlagnahmt ist. Wegen der Anknüpfung an § 94 StPO stehen Inverwahrnahmen usw. nach ausländischen Rechtsordnungen nicht gleich. Beschlagnahme iS von II Nr. 2, 3 setzt körperliche Wegnahme des FS voraus, Anordnung oder bloße Mitteilung der Beschlagnahme genügt nicht (Stu VRS **79** 303, Schl DAR **68** 135, aM *Trupp* NZV **04** 392). II Nr. 2, 3 greift auch ein, wenn der sichergestellte oder beschlagnahmte FS gem. § 111a V S. 2 StPO nicht zurückgegeben wird. Für § 21 genügt Sicher-

stellung des FS mit Einverständnis des Inhabers; ferner genügt Beschlagnahme durch Ermittlungspersonen der StA wegen Gefahr (§ 94 StPO). Aus dem engen Zusammenhang des § 21 II Nr. 2, 3 StVG mit den Vorschriften über die EdF und der Wechselwirkung mit ihnen (§ 69a IV–VI StGB) folgt, dass es sich um **eine den Zielen der (vorläufigen) EdF dienende Sicherstellung** handeln muss (vgl. BGH NJW **82** 182; OVG Schl DAR **68** 135; dazu § 111a Rn. 13). Polizeiliche FSWegnahme wegen lediglich allgemeiner Wiederholungsgefahr oder zur Abschreckung genügt nicht; dann allenfalls OW wegen Fahrens ohne Mitführen des FS (Kö NJW **68** 666, 1486 mAnm *Schweichel*). Wer im Besitz mehrerer gültiger FS ist, macht sich nach II Nr. 2 strafbar, wenn er nach Sicherstellung *eines* der FS mit dem verbliebenen FS weiter fährt (Kö NZV **91** 360, Dü VM **72** 56). II Nr. 2 erfasst nämlich, wie sich aus dem Zusammenhang mit § 111a III StPO ergibt, die Sicherstellung aller gültigen, von einer deutschen Behörde erteilten FS (*Hentschel* NZV **92** 500), auch zB eines deutschen Internationalen FS (aM insoweit AG Ka NZV **92** 499, abl auch LK-*Geppert,* 12. Aufl., § 69 Rn. 187). Wer nach polizeilicher Beschlagnahme seines FS, aber vor Zustellung des Beschlusses nach § 111a StPO ein Kfz führt, verletzt nur II Nr. 2 (KG VRS **42** 210). Ist es zur Sicherstellung oder Beschlagnahme wegen Unauffindbarkeit des FS nicht gekommen, so greift II Nr. 2 nicht ein (krit zur Rechtslage *Hohendorf* NZV **95** 57). Dieser Umstand rechtfertigt keine verfassungsrechtlichen Bedenken gegen II Nr. 2 (BVerfGVM **97** 41).

10. Urteilsfeststellungen, Sanktionen. Es genügt, wenn das Urteil auf der äußeren Tatseite 23 feststellt, dass der Angekl. zu einer bestimmten Zeit an einem bestimmten Ort im öffentlichen V ein näher bezeichnetes Kfz geführt hat, ohne die erforderliche FE zu besitzen (dazu KG VRS **115** 137); demgegenüber müssen die Gesamtumstände der Fahrt (privater oder beruflicher Anlass, Länge, Ort der Fahrt usw) nicht mitgeteilt werden, ohne dass deswegen eine Beschränkung der Berufung auf den Rechtsfolgenausspruch unzulässig würde (BGH NJW **17** 2482 mAnm *Zopfs* und *Sandherr* NZV **17** 435; Ko NZV **13** 411 mzustAnm *Sandherr* und zust Bspr *König* DAR **14** 361; Nü VRS **129** 147; ebenso schon Dr Urt. vom 13.10.03 – 2 Ss 228/03, BeckRS **09** 18421; **aM,** jedoch nunmehr durch BGH aaO überholt, Mü DAR **08** 533 sowie eingehend Ba DAR **13** 585; s. auch § 316 StGB Rn. 101) oder gar der Schuldspruch gefährdet wäre (BGH v. 31.1.17, 4 StR 531/16; Dr NJW **14** 484 (L) = BeckRS **13** 16018; aM Kö NZV **14** 283 (L); zum Ganzen *König* Heintschel-Heinegg-F (2015) S. 257). Die abstrakte Gefährlichkeit, die mehr oder minder mit Vergehen gegen § 21 verbunden sein kann, darf nicht strafschärfend berücksichtigt werden (§ 46 III StGB). Höchststrafe nur in gewichtigen Fällen ohne jeden brauchbaren Milderungsgrund (Bay VRS **59** 187). Der Wiederholungstäter darf nicht deshalb nur mit hoher Geldstrafe belegt werden, weil das auf ihn mehr Eindruck mache als an sich verwirkte Strafverbüßung (Ha NJW **69** 1222). Für geringfügige Taten (zB kurze Fahrt, bereits bestandene Fahrprüfung) wird sich eine Verfahrenserledigung nach §§ 153, 153a StPO, §§ 45, 47 JGG anbieten. Nach mehrfachen einschlägigen Vorverurteilungen in rascher Folge **Strafaussetzung zur Bewährung** bei erneutem Vergehen gegen § 21 innerhalb laufender Bewährung nur nach eingehender Auseinandersetzung mit den Vortaten (Ko VRS **60** 36, **69** 298). Besondere Prüfung aber erforderlich, wenn der Täter die Tat vor Antritt einer erstmaligen Freiheitsstrafe verübt hat; denn ein Erstvollzug ist idR geeignet, besondere Warnwirkung zu entfalten (Kar NStZ-RR **05** 200). Zur Aussetzung unter der Auflage, eine FE zu erwerben, *Seiler* DAR **74** 260 sowie „Fahren ohne FE", Diss. Regensburg 1982, S. 164 ff. Zur Problematik immer neuer Sperren (§ 69a StGB) bei Wiederholungstätern *Hentschel,* Trunkenheit, Rn. 740. Bei Jugendlichen und Heranwachsenden kann anstelle einer Sperrfrist die Bewährungsauflage (§ 23 JGG) förderlich sein, sich um eine FE zu bemühen. Sie bindet die VB nicht, den Verurteilten nur, soweit Antragstellung und Mitwirkung bei etwaiger Begutachtung in Betracht kommen (krit *Händel* DAR **77** 309). Bei Alkohol- oder Drogensucht des Angekl. fehlt es für **64 StGB** am symptomatischen Zusammenhang zwischen Hang und der Anlasstat, falls die Fahrten durch eine Beziehung zu einem Partner veranlasst sind (BGH NStZ-RR **14** 75); zudem wird die Verhältnismäßigkeit (§ 62 StGB) zw sein.

Einziehung des Kfz als (verfassungsrechtlich unbedenkliche, BVerfG NJW **96** 246) Neben- 24 strafe (Mü NJW **82** 2330), lässt III zu (Kannvorschrift), in den Fällen der Nr. 1, 2 schon beim ersten Verstoß, der Nr. 3 im befristeten Wiederholungsfall. III will nur erschwerte Fälle treffen (BT-Drs. IV/2161, Ha VRS **45** 419). III geht als „besondere Vorschrift" der allgemeinen des § 74 I StGB vor, ist jedoch nur anwendbar, wenn zusätzlich die Voraussetzungen des § 74 II, III StGB erfüllt sind (Bay VM **74** 20, 21, Kö VRS **85** 219, Ko VRS **49** 134). Das Kfz muss also entweder bei Erlass der Einziehungsentscheidung noch *dem Täter gehören* oder zustehen (§ 74 III StGB; Dü

VM **72** 45) oder es muss die *Gefahr weiterer Straftaten* unter Benutzung des Fz bestehen (74b StGB). Dann braucht das Erfordernis nach § 74 III StGB nicht erfüllt zu sein (Ol VRS **90** 285, LG Siegen NStZ **90** 338, Ko VRS **49** 134). Grds. also keine Einziehung des sicherungsübereigneten Kfz nach § 74 III StGB (Ha VRS **50** 420), es sei denn, es bestehe Gefahr weiterer Straftaten gem. § 21 (LG Siegen NStZ **90** 338). Nach BGH Betr **72** 2208 kann auch die Eigentumsanwartschaft des Täters auf eine sicherungsübereignete Sache einzogen werden (zu § 40 II Nr. 1 StGB aF). Wird der Täter wegen Schuldunfähigkeit nicht nach § 21, sondern nach § 323a StGB bestraft, so kann das benutzte Kfz nach III iVm § 74 III StGB eingezogen werden (KG VRS **57** 20, Hb MDR **82** 515, str). Es liegt im *Ermessen des Gerichts,* ob es die Maßnahme anwenden will. In diesem Rahmen ist zu prüfen und im Urteil zu erörtern, ob die Einziehung außer Verhältnis zur Schwere der Tat steht (Kö VRS **85** 219, Mü NJW **82** 2330, Dü VM **72** 45), den Täter oder Teilnehmer also im Verhältnis zur Schuld zu hart treffen würde (§ 74b StGB aF = § 74f. StGB nF, BVerfG NJW **96** 246, Bay VM **74** 20, NZV **90** 240, Ha VRS **48** 239, Bra MDR **74** 594). Die Einziehung ist nicht unverhältnismäßig, wenn für 2 begangene Taten Freiheitsstrafen zu verhängen sind und festgestellt wird, dass die Einziehung sich nicht existenzbedrohend für den Täter auswirken wird (Nü NJW **06** 3448). Einer Verkaufsauflage nach § 74b II S. 2 Nr. 3 StGB aF (= § 74f. I S. 2 Nr. 3 StGB nF) wird zunächst der Vorrang gebühren; nach Nü NJW **06** 3448 führt Nichterwähnung aber nicht ohne Weiteres zur Urteilsaufhebung. Im Hinblick auf die Wechselwirkung zwischen Haupt- und Nebenstrafe hat der Tatrichter grds. zu erörtern, ob und ggf. in welchem Umfang die Einziehung strafmildernd zu berücksichtigen ist (BGH NStZ **85** 362, Nü NJW **06** 3448; s. auch § 315f. StGB Rn. 4), es sei denn, der Wert des Fz ist so gering, dass ein Einfluss auf die Strafzumessung auszuschließen ist. Bei einem Wert von 14 000 € ist dies nicht der Fall (Nü NJW **06** 3448). Die vorstehenden Grundsätze gelten für die Sicherungseinziehung nach § 74 II Nr. 2 StGB aF (= § 74b StGB nF) gegenüber einem Dritteigentümer entsprechend (KG NZV **09** 407). Ist eine Gesamtstrafe zu bilden, so genügt Erörterung im Rahmen der Festsetzung der Gesamtstrafe (Nü aaO). Hat der FzEigentümer wiederholt leichtfertig die Straftaten ermöglicht, ist die Einziehung nach § 21 III Nr. 3 StVG, § 74 III StGB nicht unverhältnismäßig (Ol VRS **90** 285). Sie ist nur in den Vorsatzfällen von I zulässig (Ol VRS **40** 260), Fahrlässigkeit reicht zur Einziehung nach I Nr. 2 nicht aus (Ha VRS **45** 419). Nach dem eindeutigen Wortlaut von III Nr. 1 und 2 („angeordnet *war*") besteht die Einziehungsbefugnis auch in den Fällen, in denen zur Tatzeit die Sperre abgelaufen war (Bay NZV **90** 240, Ha VM **74** 31, aM AG Homburg VRS **69** 455). Zur Sicherung der Einziehung ist Beschlagnahme nach § 94 StPO zulässig (Ko VRS **70** 7), auch zur Gefahrenabwehr (Rn. 26). Einziehungsbefugnis auch bei vorläufiger EdF (Maßgebot!; Ha NJW **66** 2373). Bei Nr. 3 muss die frühere Strafe nicht bereits verbüßt sein. Kein *gutgläubig lastenfreier Eigentumserwerb,* solange das noch nicht rechtskräftig eingezogene Fz in behördlichem Gewahrsam ist (Mü NJW **82** 2330). Bei Vorsatz darf ein zwecks Täuschung über das Nichtbestehen einer FE mitgeführter **ScheinFS** nach § 74 StGB eingezogen werden (Bay VM **76** 68).

25   **11. Konkurrenzen.** Mehrere Zuwiderhandlungen gegen § 21 stehen in TM (§ 53 StGB; zur fortgesetzten Tat Rn. 15; zur natürlichen Handlungseinheit: § 24 StVG Rn. 58; zum Verhältnis zu § 24 StVG: § 24 Rn. 68). Die **Dauerstraftat** des Fahrens ohne FE wird durch kurze Unterbrechungen der Fahrt nicht in zwei Taten aufgespalten (BGH DAR **04** 229; NZV **19** 37; BA **20** 181 Rn. 22), etwa durch Betanken und einem dabei begangenen (versuchten) Betrug (BGHR StVG § 21 Konkurrenzen 2) auch nicht am Fahrtziel bis zur anschließenden Rückfahrt (Bay NZV **95** 456), nicht durch einen (versuchten) Computerbetrug (BGH DAR **20** 41) oder durch einen Unfall, wenn der Täter seinen Feststellungspflichten genügt, es sei denn, es ist ein neuer Tatentschluss festgestellt (BGH NZV **19** 37 m krit Anm *Sandherr*), ferner nicht durch eine sexuelle Nötigung der Beifahrerin, sofern die Fahrt danach fortgesetzt werden soll (BGH NStZ-RR **19** 287 (L)). Fahrtrichtungsänderung, um einer PolKontrolle zu entgehen, lässt keine neue Tat beginnen (BGH VRS **48** 354), auch nicht unbedingt Weiterfahrt nach Polizeikontrolle, sofern sich der Täter für Weiterfahrt durch falsches Ausweispapier von vornherein gewappnet hat (Ha v. 27.6.17, 4 RVS 75/17, BeckRS **17** 117470; AG Dortmund NZV **17** 444 *(Kerkmann);* s. aber AG Lüdinghausen NZV **10** 365 (TM jedenfalls bei Fahrtunterbrechung von 15 Minuten) sowie LG Potsdam DAR **09** 285). Jedoch Tatmehrheit, wenn der Täter infolge der Verkehrskontrolle nicht seine ursprüngliche Fahrt fortsetzt, sondern eine (neue) Fluchtfahrt beginnt, um Polizeikräften zu entkommen (Ha ZfS **17** 710). **Tateinheit** zwischen dem Vergehen des Halters nach I Nr. 2 und der fahrlässigen Tötung dessen, dem er die Führung des Fz überlassen hat (Kö VRS **29** 30). TE mit Diebstahl durch Wegfahren mit dem Kfz (BGH VRS **46** 105, **30** 283, BGHR StGB § 52

Abs. 1 Handlung, dieselbe 20, SVR **12** 271 *(Ebner)*), TE auch mit der Anbringung falscher Kennzeichen an dem weiter benutzten Fz (BGH NJW **63** 212). TE mit §§ 248b, 229 und 315c StGB ist möglich (BGH DAR **55** 228), gleichfalls mit § 248b StGB und Hinterziehung der KfzSteuer (BGH VRS **18** 191), mit gewerbsmäßiger Geldfälschung (BGH v. 27.11.14, 2 StR 82/13) und bei innerem Zusammenhang mit (bewaffnetem) Handeltreiben mit Betäubungsmitteln (BGH v. 27.1.16, 5 StR 497/15, v. 8.11.16, 5 StR 482/16) oder mit BtM-Besitz (BGH v. 12.9.2018, 5 StR 278/18). TE mit, ggf. auch nur versuchtem (Tank-)Betrug (BGHR StVG § 21 Konkurrenzen 2). Als minderschwere Straftat vermag die Dauerstraftat des § 21 Abs. 1 Nr. 1 StVG schwerere Delikte nicht zu einer rechtlichen Einheit zu **verklammern** (vgl. BGHSt **18** 66, 69; BGHR StGB § 52 I Klammerwirkung 8), zB nicht Tankbetrug mit vorausgegangener Nötigung (BGHR StVG § 21 Konkurrenzen 2) oder mehrere Nötigungen während einer Fahrt (Ko v. 28.10.09, 2 Ss 128/09). **Urkundenfälschung** durch Fahren mit „falschen" Kennzeichen fasst Taten nach § 21 StVG, § 142 StGB (und § 6 PflVG) auch dann zu einer Handlungseinheit zusammen, wenn der Täter „zwischen den Fahrten" einen Unfall verursacht und § 142 StGB verwirklicht hat (BGH NZV **19** 37 m krit Anm *Sandherr;* s. auch BGH v. 20.7.2020, 4 StR 72/20). **Tatmehrheit** zwischen § 21 I S. 1 StVG und § 142 StGB, wenn der Fahrer ohne FE den Unfallort zu Fuß verlässt (BGH DAR **18** 90; Ha VRS **18** 113; ZfS **17** 710). Wer ohne FE fährt, einen Unfall verursacht und dann davonfährt (§ 142), verwirklicht § 21 StVG in TM mit § 142 StGB in TE mit weiterem § 21 (Ha VRS **42** 99). *Anders jedoch* in Fällen der **Polizeiflucht** (§ 142 Rn. 72). Versucht der trotz EdF fahrende und § 315c StGB verwirklichende Täter vorzutäuschen, ein anderer habe den Wagen geführt, so steht § 145d zu § 21 StVG, § 315c III StGB in TM (KG VRS **22** 346, Ce VRS **26** 438). TM zwischen Fahren ohne FE und Gebrauch eines gefälschten FS gegenüber der kontrollierenden Pol (BGH VRS **30** 185, Kö VRS **61** 348, s. auch *Koch* DAR **62** 357).

12. Verfahrensrecht, Verwaltungsrecht. Zu den notwendigen Urteilsfeststellungen Rn. 23. **26** Ist der Täter wegen fortgesetzten Fahrens ohne FE rechtskräftig verurteilt, so ist die Strafklage wegen anderer tateinheitlich dazu begangener Straftatbestände (tateinheitliche Raubtaten und Sexualdelikte) verbraucht (BGH NStZ **84** 135 (durch die Aufgabe des Instituts der fortgesetzten Handlung, Rn. 15, nur zT überholt)). Ein Strafbefehl wegen Fahrens ohne FE hindert spätere Verurteilung wegen Vorzeigens eines verfälschten FS bei dieser Fahrt (§ 267 StGB) nicht (Kö VRS **49** 360) und auch nicht Verurteilung wegen OW nach § 1 II, § 49 StVO, wenn es auf der Fahrt zu einem Unfall gekommen ist; dass der Unfall im Strafbefehlsantrag nicht bezeichnet ist, hindert die Verurteilung nicht (Mü NZV **06** 107). Sind in der Anklage Tatzeit und als Tatort Gemeinde und Ortsteil richtig wiedergegeben, so ist die prozessuale Tat trotz falscher Straßenbezeichnung ausreichend konkretisiert (Bay VRS **99** 467). Anklage und Eröffnungsbeschluss betreffend den Vorwurf nach I Nr. 2 sind keine geeignete Verfahrensgrundlage für Verurteilung nach Nr. 1 (keine Tatidentität, § 264 StPO, Kö VRS **63** 128). § 21 I Nr. 2 ist überall begangen, wo der zum Fahren Ermächtigte ohne FE gefahren ist (Hb VRS **28** 281). Eine telefonische Behördenauskunft über das Bestehen einer FE kann in der Hauptverhandlung nicht verwertet werden (Kar MDR **76** 247). Der FzF ist auch an der fahrlässigen Tat des Halters gem. II Nr. 1 oder 3 iS des Vereidigungsverbots nach § 60 Nr. 2 StPO beteiligt (Dü VRS **70** 141). Aus Gründen der Gefahrenabwehr kann zur Verhinderung weiteren Fahrens ohne FE die *polizeiliche Beschlagnahme des Kfz* geboten sein (VGH Ma NZV **92** 383, OVG Ko ZfS **04** 385).

13. Zivilrecht. § 21 ist Schutzgesetz (§ 823 II BGB; BGH NJW **91** 418, VersR **79** 767), auch **27** im Verhältnis zu Beifahrern (Dü VersR **75** 645). Zwar besteht die *allgemeine Rechtspflicht* des Halters oder unbefugten FzBenutzers, das Kfz niemandem ohne FE zur Benutzung zu überlassen (VSicherungspflicht), grundsätzlich auch gegenüber demjenigen, dem es pflichtwidrig überlassen wird (BGH NJW **78** 421, dazu BGH NJW **91** 418, Kö NZV **92** 405); jedoch ist § 21 I Nr. 2 nicht SchutzG auch zugunsten dessen, dem das Fz ohne FE überlassen wird (BGH NJW **91** 418, s. auch BGH NJW **78** 421, *Birkmann* DAR **91** 212). Der Halter, der jemanden ohne FE ein fahrerlaubnispflichtiges Kfz führen lässt, haftet für ursächlich hieraus erwachsene Schäden, abzüglich der Mitschuld (§ 254 BGB) des Schwarzfahrers (Mü VersR **74** 1132). Die **FSKlausel** (§ 2b Nr. 1c AKB aF, § 5 I Nr. 4 KfzPflVV) soll den Versicherer gegen das erhöhte Risiko beim Fahren eines Kf schützen, dessen Fahrkenntnisse nicht amtlich geprüft sind. Zur Rechtslage nach Inkrafttreten der KfzPflVV *Knappmann* VersR **96** 404. Obliegenheitsverletzung iS von § 2b Nr. 1c AKB aF auch bei Sicherstellung des FS gem. § 94 StPO (§ 21 II Nr. 2; BGH JZ **82** 70, NJW **87** 1827), nicht dagegen bei Fahren trotz FV, weil die FE durch die Nebenstrafe bzw. Nebenfolge des FV nicht berührt wird und Ungeeignetheit *nicht* festgestellt ist (BGH NJW **87** 1827, Kö

ZfS **85** 369, aM LG Göttingen VersR **81** 27, LG Nü-Fürth ZfS **84** 372). Überlässt der VN das Kfz (fahrlässig) einer Person ohne FE, so ist der **Versicherer idR unbeschränkt leistungsfrei** (Mü ZfS **91** 57), in der Haftpflichtversicherung gem. § 5 III KfzPflVV beschränkt auf 5000 €. In der Kfz-**Haftpflichtversicherung** behalten VN/Halter den Deckungsschutz auch bei einer Schwarzfahrt des nicht berechtigten Fahrers (BGH NJW **61** 1403), auch wenn der Schwarzfahrer, wie der VN weiß, keine FE hat (Ha VersR **78** 1107, **84** 835). KfzÜberlassung in völliger Trunkenheit (Geschäftsunfähigkeit) an jemand ohne FE berührt den Haftpflichtversicherungsschutz nicht (§ 2b Nr. Ic AKB aF, Nü NJW **77** 1496). Grundsätzlich kein **Unfallversicherungsschutz** für einen VUnfall bei vorsätzlichem Fahren ohne FE (§ 2 I Nr. 2 AUB; BGH NJW **83** 47), und zwar auch dann nicht, wenn der Betroffene in vermeidbarem Verbotsirrtum gehandelt hat (Ha MDR **05** 1404). An die Erfüllung der Obliegenheit gem. § 2b Nr. 1c AKB aF (Führerscheinklausel), insbesondere die **Pflicht zur Prüfung der FE,** sind strenge Anforderungen zu stellen (Fra NZV **88** 227, VersR **74** 560, Kö VersR **75** 608). Ihr ist idR nur genügt, wenn sich der VN den FS des FzF hat zeigen lassen (BGH VersR **74** 690, **88** 1017, Ha VersR **77** 757, Stu VersR **74** 690, Fra ZfS **90** 235, Ce ZfS **86** 148, Kar NJW-RR **87** 1053, **88** 347, Kö NZV **91** 473), jedoch ist eingehende Untersuchung der Unverfälschtheit nicht geboten (Kar NJW-RR **88** 27). Über die fortbestehende Gültigkeit ausländischer FE und die Berechtigung des KfzFührens im Inland muss sich der VN vergewissern (BGH NJW **74** 2179, Fra VersR **74** 560). Dass die abgelaufene ausländische FE verlängerbar war, genügt nicht (BGH VersR **70** 613). Personalienprüfung ist idR erforderlich; in VersR **70** 26 hat der BGH insoweit jedoch nur recht geringe Anforderungen gestellt (Verwechslung mit sehr ähnlichem Bruder). Bei begründetem Zweifel über den Fortbestand der FE ist bei künftigen Fahrten nochmalige Prüfung erforderlich (BGH VersR **68** 443 (Anm *Gaisbauer* VersR **68** 788), **88** 1017). Die **Pflicht zur FS-Prüfung entfällt nur** bei Vorliegen von Umständen, die die sichere Überzeugung vom Besitz der FE rechtfertigen (Kö NZV **91** 373, Kar NJW-RR **88** 27, Stu ZfS **85** 54, VersR **74** 690, Ko ZfS **82** 117, Ce ZfS **86** 148), wobei an diese anderweitigen Erkenntnisquellen hohe Anforderungen zu stellen sind (Ko ZfS **82** 117, Fra NZV **88** 227). Dies kann zB bei besonderem Vertrauensverhältnis der Fall sein (Kar NJW-RR **88** 347 (Lebensgefährte fährt seit 20 Jahren unbeanstandet mit falschem FS trotz mehrfacher PolKontrollen), Ce VersR **70** 147 (FzF fährt seit ½ Jahr täglich mit Pkw)). Allein die Tatsache, dass es sich um einen Bekannten handelt, den der VN schon mehrfach hat fahren sehen, reicht idR nicht (Fra ZfS **84** 336, Ha NZV **96** 369), anders uU bei seit Jahren bestehendem vertrauten Umgang mit dem in geordneten Verhältnissen lebenden FzF (Stu ZfS **85** 54). Der VN kann auch entschuldigt sein, wenn er das Fz einem guten Bekannten überlässt, der schon seit längerer Zeit ein eigenes Fz derselben FEKl führt, sofern kein Anlass zum Misstrauen gegeben ist (BGH NJW **66** 1359 mAnm *Gaisbauer* NJW **66** 1753). Dass der Fahrer gelegentlich verschiedene Kfz geführt hat, genügt nicht (Ce ZfS **86** 148, Fra NZV **88** 222 (Fz des Arbeitgebers)). Betriebsgespräche, der Beschäftigte benutze regelmäßig ein Auto, reichen zur Prüfung der FE durch den Arbeitgeber/Halter nicht aus (Kö VersR **75** 608). Hätte auch ein Fahrer mit FE den Unfall nicht abwenden können, ist der **Kausalitätsgegenbeweis** geführt (Kö MDR **68** 929, Ha VersR **78** 47 (je zu §§ 6 II, 15a VVG; § 6 II VVG entspricht im Wesentlichen § 28 III VVG 08)). Der Fahrer ohne FE kann den Kausalitätsgegenbeweis nicht durch den Nachweis genügender Fahrkenntnis führen, auch nicht bei Mitwirkung von Trunkenheit, sondern nur durch den Nachweis, dass der Unfall auch für jeden berechtigten Fahrer unabwendbar (§ 17 III StVG) gewesen wäre (Ce VersR **80** 178). Keine Ursächlichkeit bei so geschickter FSFälschung, dass der Halter sie nicht erkannt haben würde (KG VRS **50** 384). Nicht die vorgeschriebene FE iS von § 2b Nr. 1c AKB aF (= A. 1.5 AKB 08) bzw. § 5 I Nr. 4 KfzPflVV) hat auch der **Inhaber einer ausländischen FE,** der ohne Umschreibung in eine deutsche FE (§ 31 FeV) auch nach Ablauf der Frist des § 29 I S. 3 oder § 4 FeV (dazu § 31 FeV Rn. 18) mit seinem ausländischen FS weiterhin am inländischen FEpflichtigen KfzV teilnimmt (Nau VersR **05** 1279, *Slapnicar* NJW **85** 2863, aM AG Stu VersR **67** 1143). Er muss gegenüber dem VU den Kausalitätsgegenbeweis führen (Kar VersR **76** 181). Da sich aber die Gefahr nach Ablauf der genannten Frist gegenüber der bis dahin berechtigten VTeilnahme mit Kfz nicht ohne Weiteres erhöht, verletzt er nicht unbedingt in rechtserheblichem Maß die FSKlausel (BGH NJW **70** 995). In solchen Fällen gilt daher ein erleichterter Kausalitätsgegenbeweis. Der Beweis ist in solchen Fällen idR schon dann geführt, wenn feststeht, dass Eintritt und Umfang des Versicherungsfalls nicht auf Unkenntnis der deutschen VVorschriften oder mangelnder Eignung beruhen (BGH NJW **69** 371, **70** 995, Kar VersR **71** 706, Nau VersR **05** 1279 (für den vom VU zu führenden Kausalitätsbeweis bei Rückforderung erbrachter Versicherungsleistung)). Zur Rechtslage nach VVG 08 *Nugel* NZV **08** 11.

Literatur: *S. Cramer,* Fahren trotz FV – Verfassungswidrigkeit von § 21 I Nr. 1 StVG im Falle des § 44 **28** StGB?, DAR **98** 464. *Koch,* Die Strafbarkeit des KfzHalters, DAR **65** 208. *Seiler,* Fahren ohne FE, 1982 (Diss. Regensburg). *Seiler,* Tatbestandsstruktur und Rechtsgut des § 21 StVG, DAR **83** 379.

Kennzeichenmissbrauch

22 (1) **Wer in rechtswidriger Absicht**

1. **ein Kraftfahrzeug oder einen Kraftfahrzeuganhänger, für die ein amtliches Kennzeichen nicht ausgegeben oder zugelassen worden ist, mit einem Zeichen versieht, das geeignet ist, den Anschein amtlicher Kennzeichnung hervorzurufen,**

2. **ein Kraftfahrzeug oder einen Kraftfahrzeuganhänger mit einer anderen als der amtlich für das Fahrzeug ausgegebenen oder zugelassenen Kennzeichnung versieht,**

3. **das an einem Kraftfahrzeug oder einem Kraftfahrzeuganhänger angebrachte amtliche Kennzeichen verändert, beseitigt, verdeckt oder sonst in seiner Erkennbarkeit beeinträchtigt,**

wird, wenn die Tat nicht in anderen Vorschriften mit schwererer Strafe bedroht ist, mit Freiheitsstrafe bis zu einem Jahr oder mit Geldstrafe bestraft.

(2) **Die gleiche Strafe trifft Personen, welche auf öffentlichen Wegen oder Plätzen von einem Kraftfahrzeug oder einem Kraftfahrzeuganhänger Gebrauch machen, von denen sie wissen, dass die Kennzeichnung in der in Absatz 1 Nr. 1 bis 3 bezeichneten Art gefälscht, verfälscht oder unterdrückt worden ist.**

1. § 22 richtet sich gegen Versuche, die Halter- und Fahrerfeststellung durch Manipulationen **1** im Zusammenhang mit amtlichen Kennzeichen zu verhindern (Kö NZV **99** 341). Zur Entstehungsgeschichte *Zopfs* NZV **08** 387. Geschützt sind von der ZulB zugeteilte amtliche Kennzeichen. § 22 ist demnach nur bei Fz anwendbar, für die die amtliche Kennzeichnung vorgeschrieben ist. Etwa die nichtamtlichen Versicherungskennzeichen (§§ 26, 27 FZV) sind nicht gemeint (§ 26 FZV Rn. 9; § 28 FZV Rn. 5). Kennzeichenzwang für deutsche Kfz: §§ 3, 4, 9, 10, 16, 17, 19 FZV, für außerdeutsche Fz: § 21 FZV. **Amtliche Kennzeichen** iS des § 22 sind: **a)** die nach den §§ 8–10 FZV zugeteilten Kennzeichen; **b)** die nach §§ 16, 16a, 17 FZV zugeteilten roten Kennzeichen und Kurzzeitkennzeichen; **c)** das Nationalitätszeichen „D" (§ 10 X FZV); **d)** die Ausfuhrkennzeichen nach § 19 FZV; **e)** die heimatlichen Kennzeichen und Nationalitätszeichen (Unterscheidungszeichen) der ausländischen Kfz (§ 21 FZV; Bay DAR **83** 393).

2. Strafbestimmungen nach Abs. 1

a) Nr. 1 bedroht den mit Strafe, der ein Kfz (§ 1 Rn. 14 ff.) oder einen Anhänger (§ 1 StVG **2** Rn. 28; § 1 FZV Rn. 5), wofür kein amtliches Kennzeichen ausgegeben oder zugelassen worden ist, mit einem Zeichen versieht, das den Anschein amtlicher Kennzeichnung hervorrufen kann. Gegenstand der Tat können also nur Kfz oder Anhänger sein, die nach der FZV ein amtliches Kennzeichen führen müssen. Das sind alle nach den § 3 FZV zulassungspflichtigen Kfz und Anhänger sowie diejenigen, die nach § 4 II FZV ohne Zulassungszwang ein amtliches Kennzeichen erhalten. Die Kfz bzw. Anhänger dürfen kein Kennzeichen erhalten haben. Gleich steht es, wenn ein Kennzeichen nicht wieder erteilt wird, nachdem die ZulB die Verwendung im Verkehr untersagt hatte (§§ 5, 14 FZV). Jede Form ordnungsgemäßer Zuteilung schließt die Strafbarkeit nach Nr. 1 aus (aber evt Nr. 2; Rn. 4).

Das Fz muss mit einem **verwechslungsfähigen, nicht amtlich zugeteilten Zeichen versehen werden.** Die Tat ist kein Sonderdelikt. Täter kann jedermann sein, nicht nur der Halter **3** oder Führer des Fz. Versehen bedeutet Anbringen, dh Herstellen einer Verbindung zwischen Zeichen und Fz, so dass zum Ausdruck kommt, das Zeichen beziehe sich auf dieses Fz; einer *festen* Verbindung wird es nicht bedürfen, weswegen zB das Aufstellen hinter der Windschutzscheibe genügt (Bay DAR **03** 81, Hb NZV **94** 369). Wer ein entstempeltes Kennzeichen am Kfz belässt, versieht dieses nicht mit einem falschen Kennzeichen, auch nicht bei Anbringen einer falschen Stempelplakette (Stu NStZ-RR **01** 370). Wenn er das Fz im Verkehr benutzt, verletzt er nur § 10 XII, § 48 I Nr. 1a FZV, § 24 StVG (vgl. Hb VM **61** 68, Kö DAR **61** 150, 152, aM Bay NJW **63** 1559). Das Zeichen muss geeignet sein, den Anschein amtlicher Kennzeichnung hervorzurufen. Dafür ist ein gewisses Maß an Ähnlichkeit erforderlich, weswegen zB reine Phantasiekennzeichen ausscheiden (Bay DAR **83** 393 (zu § 22a); *Rüth/Berr/Berz* Rn. 4), und zwar auch „ausländische" (Nau NZV **12** 558 (L)). Das Kennzeichen braucht nicht fälschlich angefertigt zu sein; vielmehr genügt Anbringung eines für ein anderes Fz oder für andere Zwecke zugeteilten Kennzeichens, zB eines für die Fahrt nicht zugeteilten Kurzzeitkennzeichens oder roten Kennzeichens (§§ 16, 16a FZV; Stu VRS **47** 25). Zur Verwendung von Kurzzeitkennzeichen oder roten Kennzeichen zu anderen als den in §§ 16, 16a FZV genannten Zwecken im Einzelnen § 16 FZV Rn. 21 ff. Ein Irrtum muss nicht hervorgerufen werden. Vollendet ist die Tat mit dem Versehen mit dem falschen Kennzeichen. Ein Fahren im Verkehr verlangt der Tatbestand genauso wenig (Ce HRR **25** 357) wie eine diesbezügliche Absicht. Zu den sog. **Fernzulassungen** § 20 FZV Rn. 19 ff.

4   **b) Gegenstand der Tat nach Nr. 2** ist ein Kfz oder -anhänger, für den die ZulB ein Kennzeichen zugeteilt hat (sonst evt Nr. 1; Rn. 2). Das Fz muss mit einem anderen als dem amtlich zugeteilten Kennzeichen versehen werden, wie es zB beim Austausch von Kennzeichen zur Verdeckung eines Diebstahls oder einer Hehlerei geschieht (BHHJ/*Hühnermann* Rn. 4). Ob das andere Kennzeichen echt oder falsch ist, spielt keine Rolle (*Rüth/Berr/Berz* Rn. 5). Wird eine abhanden gekommene echte Kennzeichnung eigenmächtig durch eine gleichlautende ersetzt, so ist die Vorschrift erfüllt (Hb NJW **66** 1827). Hat die VB irrtümlich ein vom FzSchein abweichendes Kennzeichen abgestempelt, so unterfällt der FzGebrauch mit diesem Kennzeichen hingegen nicht I Nr. 2 iVm II (Dü NZV **93** 79). Das Anbringen eines weiteren Kennzeichens neben dem zugeteilten kann außer Nr. 2 auch Nr. 3 (Beeinträchtigung der Erkennbarkeit) verwirklichen (*Rüth/Berr/Berz* Rn. 6).

5   **c) Nr. 3 erfasst** Konstellationen, in denen ein echtes Kennzeichen durch Aufheben der Verbindung zwischen Fz und Kennzeichen (Hb NJW **66** 1827) beseitigt, in seinem Sinngehalt verändert (BHHJ/*Hühnermann* Rn. 5), verdeckt oder in seiner Erkennbarkeit beeinträchtigt wird. „Verdecken" ist Unterfall des (sonstigen) Beeinträchtigens der Erkennbarkeit, anders hingegen „Beseitigen" und auch „Verändern", weswegen Beeinträchtigung der Erkennbarkeit nicht Oberbegriff von I Nr. 3 ist (*Rüth/Berr/Berz* Rn. 10; aM AG Bielefeld NZV **02** 242, *Zopfs* NZV **08** 387). Das folgt auch aus II, der die Tathandlungen des I Nr. 3 mit dem Wort „Unterdrücken" zusammenfasst (Rn. 7). Den Tathandlungen des I Nr. 3 lässt sich kein gemeinsames Strukturelement einer „unmittelbaren" Manipulation des Kennzeichens bzw. Einwirkung auf jenes entnehmen (aM AG Bielefeld NZV **02** 242, *Zopfs* NZV **08** 387). Dagegen steht, dass „Beseitigung" *gar keine* Einwirkung auf das Kennzeichen (in seiner Substanz?) verlangt, sondern lediglich auf die Verbindung von Kennzeichen und Fz, und dass auch Verdecken ohne „unmittelbare" Einwirkungen denkbar ist (Bsp bei *Rüth/Berr/Berz* Rn. 9). Die Beeinträchtigung der Erkennbarkeit durch Abschalten der Beleuchtung ist daher tatbestandsgemäß (Stu VRS **34** 69, DAR **11** 542, Bay DAR **81** 242 *(Rüth)*, *Rüth/Berr/Berz* Rn. 10, aM AG Bielefeld NZV **02** 242, BHHJ/*Hühnermann* Rn. 5, *Zopfs* NZV **08** 387). Aus der Überschrift (Kennzeichen*missbrauch*) lässt sich nichts Gegenteiliges herleiten (aM *Zopfs* NZV **08** 387); denn auch ein beseitigtes Kennzeichen wird nicht im Wortsinn *missbraucht*, löst aber gleichwohl (unstr) die Strafbarkeit aus. Überkleben mit „Antiblitzfolie" verwirklicht Nr. 3 (Bay NZV **99** 213, *Kudlich* JZ **00** 426, zw *Krack* NStZ **00** 424). Veränderungen am Kennzeichen *vor* Anbringung am Fz erfüllen den Tatbestand hingegen nicht („… *angebrachtes* …"); insoweit kommt aber Urkundenfälschung in Betracht (§ 267 StGB, § 10 FZV Rn. 16). Ebenso dürfte das Fahren mit unterschiedlichen Kennzeichen nicht tatbestandsgemäß sein (aM LG Verden DAR **12** 405). Vollendung tritt mit dem Verändern, Beseitigen usw. ein (Hb NJW **66** 1827). Dass das Fz mit dem veränderten Kennzeichen im Verkehr verwendet wird oder dass dies beabsichtigt ist, ist nicht erforderlich.

6   **d) Der subjektive Tatbestand des Absatzes 1** erfordert bei allen drei Tatbeständen Vorsatz, wobei bedingter Vorsatz genügt. Beim Fälschen, Verfälschen und Unterdrücken muss der Täter die wahre Sachlage in sein Vorstellungsbild aufgenommen haben. Er muss ferner in der rechtswidrigen Absicht handeln („überschießende Innentendenz"), mittels der iS von Nr. 1 bis 3 verbotswidrigen Kennzeichnung im Verkehr falschen Beweis zu erbringen (RGSt **53** 141). Tatbestandsrelevant sind also nur Handlungen, die die Feststellung und Erkennbarkeit des Kfz erschweren sollen (Bra NRpfl **51** 209). Für rechtswidrige Absicht spricht es, wenn Ausschalten der Beleuchtung das Ablesen des Kennzeichens verhindern soll (Stu VRS **34** 69, DAR **11** 542). Nicht in rechtswidriger Absicht handelt, wer nur zum Scherz tätig wird und nicht durch die Beweiskraft des Kennzeichens das Rechtsleben beeinflussen will. Die Rechtswidrigkeit der Absicht ist Merkmal des (subjektiven) Tatbestands. Der Irrtum hierüber ist demnach Tatbestandsirrtum iS von § 16 StGB (eingehend *Rüth/Berr/Berz* Rn. 13).

3. Gebrauch missbräuchlich gekennzeichneter Kfz und Anhänger (Abs. 2)

7   **a) Objektiver Tatbestand.** II stellt den unter Strafe, der im öffentlichen StrV (§ 1 StVO Rn. 13 ff.) ein Kfz oder einen KfzAnhänger gebraucht, obwohl er weiß, dass die Kennzeichnung

in der in I Nr. 1 bis 3 bezeichneten Art manipuliert ist. II bezieht die Tathandlungen nach I insgesamt ein, wobei „gefälscht" die Nr. 1, „verfälscht" die Nr. 2 und „unterdrückt" die Nr. 3 zusammenfasst. Die Merkmale sind ersichtlich untechnisch gebraucht, weswegen „Unterdrücken" nicht mit demselben Begriff in § 274 StGB deckungsgleich ist (aM *Zopfs* NZV **08** 387). Die Handlungen nach I müssen nicht mit der in I bezeichneten Absicht und auch nicht vorsätzlich begangen worden sein. „Gebrauch machen" bezieht sich nicht auf die Kennzeichnung des Fz, sondern auf das Fz selbst. Tatbestandsmäßig handelt, wer das Fz selbst führt oder die Fahrt, bei der er sich des Fz bedient, veranlasst oder dazu beiträgt (Bay NJW **63** 1559, Kö NZV **99** 341; BHHJ/*Hühnermann* Rn. 7). Auch das Schieben des Fz ist umfasst (Kö NZV **99** 341). Auch II ist kein Sonderdelikt. Täter kann jedermann sein, nicht etwa nur der Halter oder Führer des Fz. Der Mitfahrer, der die Fahrt weder veranlasst noch auf den Willen des Fahrers fördernd eingewirkt hat, fällt hingegen nicht unter § 22 (Bay NJW **63** 1559).

b) Der innere Tatbestand erfordert Vorsatz, wobei bedingter Vorsatz grundsätzlich (Kfz, Ge- **8** brauchmachen, öffentlicher StrV) genügt. Darüber hinaus muss der Täter nach dem Gesetzeswortlaut *wissen,* dass das Fz mit falschem, verdecktem oder sonst in der Erkennbarkeit verändertem Kennzeichen versehen ist. Entgegen der wohl hM (RGSt **72** 26; hier bis 39. Aufl.) dürfte insoweit direkter Vorsatz zu verlangen sein, bedingter Vorsatz demgemäß nicht genügen. Hingegen setzt II nach der insoweit eindeutigen Gesetzesfassung keine rechtswidrige Absicht iS von I (Rn. 6) voraus (*Rüth/Berr/Berz* Rn. 17; aM Stu VRS **36** 306, hier bis 39. Aufl, BHHJ/*Hühnermann* Rn. 7). Nicht erforderlich ist ferner, dass die Tathandlungen nach I in rechtswidriger Absicht vollführt worden sind (Rn. 7). Gegen II kann noch verstoßen werden, nachdem die Verfolgbarkeit einer Tat nach I verjährt ist (Bra NRPfl **60** 90).

4. Der Versuch ist nicht strafbar (§ 23 I StGB). Mittäterschaft, Anstiftung und Beihilfe sind **9** nach allgemeinen Regeln zu beurteilen. Verjährungsfrist: drei Jahre (§ 78 StGB). Das Kennzeichen, nicht aber das Fz kann eingezogen werden.

5. Konkurrenzen

Der Tatbestand des II ist gegenüber I an sich selbstständig. Jedoch begeht nicht zwei selbst- **10** ständige Straftaten, wer in rechtswidriger Absicht ein Kfz mit täuschendem Kennzeichen usw. versieht, um mit diesem das Kfz im Verkehr zu gebrauchen, und sodann entsprechend verfährt. Wie bei der Parallelproblematik im Rahmen des § 267 StGB (BGHSt **17** 97) liegt dann **nur eine Tat des Kennzeichenmissbrauchs** vor (*Rüth/Berr/Berz* Rn. 18; wohl auch BGH NJW **63** 212; abw zB hier bis 39. Aufl: Zurücktreten des I hinter II). TM ist anzunehmen, wenn sich der Verfälscher erst später zum Gebrauchmachen entschließt.

§ 22 ist nur anwendbar, sofern die Tat nicht anderweitig mit schwererer Strafe bedroht ist **11** **(formelle Subsidiarität).** Gleiches gilt trotz Fehlens einer ausdrückl. Anordnung für II (Bay JR **57** 70 mAnm *Hartung*). Vorrangig sind jedoch nur wesensgleiche Tatbestände, die gerade durch die in § 22 genannten Verhaltensweisen verwirklicht werden (Stu VRS **34** 69, Bay VRS **62** 136; aM MK-StVR/*Weidig* Rn. 29 unter Hinweis auf die Lage bei § 246 StGB; hierzu BGHSt **47** 243; s. auch BGHSt **43** 237 (zu § 125 StGB); hiergegen jedoch zu Recht etwa LK-*Rissing-van Saan* Rn. 128 f. vor § 52 mwN), besonders Urkundenfälschung (§ 267 StGB, s. § 16 FZV Rn. 10; Bay NZV **98** 333, Bay VRS **53** 351). Ansonsten kann TE bestehen (Rn. 12).

Bei Wegfahren mit entwendetem Fz, nachdem es mit falschen Kennzeichen versehen worden **12** ist, TE von Kennzeichenmissbrauch, Diebstahl und Fahren ohne FE (BGH NJW **63** 212). TE ist auch mit §§ 222, 229 StGB sowie Steuerhinterziehung denkbar (Bay VRS **62** 136), desgleichen mit § 316 StGB (Stu VRS **34** 69). Zum Anbringenlassen unechter Kennzeichen am gestohlenen Kfz als Hehlereihandlung BGH NJW **78** 2042.

Missbräuchliches Herstellen, Vertreiben oder Ausgeben von Kennzeichen

22a (1) Mit Freiheitsstrafe bis zu einem Jahr oder mit Geldstrafe wird bestraft, wer

1. Kennzeichen ohne vorherige Anzeige bei der zuständigen Behörde herstellt, vertreibt oder ausgibt oder
2. (weggefallen)
3. Kennzeichen in der Absicht nachmacht, dass sie als amtlich zugelassene Kennzeichen verwendet oder in Verkehr gebracht werden oder dass ein solches Verwenden oder In-

verkehrbringen ermöglicht werde, oder Kennzeichen in dieser Absicht so verfälscht, dass der Anschein der Echtheit hervorgerufen wird, oder

4. nachgemachte oder verfälschte Kennzeichen feilhält oder in den Verkehr bringt.

(2) ¹Nachgemachte oder verfälschte Kennzeichen, auf die sich eine Straftat nach Absatz 1 bezieht, können eingezogen werden. ²§ 74a des Strafgesetzbuchs ist anzuwenden.

1   **Begr** (BT-Drs. 8/971): ... *§ 22a Abs. 1 Nr. 1 stellt den Verstoß gegen die in § 6b Abs. 1 normierte Anzeigepflicht ... unter Strafe, während nach Nummer 3 die Herstellung unechter Kennzeichen (Schilder mit kennzeichenähnlicher Beschriftung) und die Verfälschung echter Kennzeichen sowie nach Nummer 4 der Vertrieb falscher Kennzeichen bestraft wird. Unter Kennzeichen ist auch eine Folie (Folienschild) zu verstehen, die beschriftet ist und anstelle des herkömmlichen Aluminiumschildes durch Aufkleben am Fahrzeug befestigt werden soll ... .*

2   **1. I Nr. 1** bedroht Verstöße gegen die Anzeigepflicht nach § 6b I mit Strafe. Betroffen sind daher nur *deutsche* Kennzeichen (Bay DAR **83** 393). Kurzzeitkennzeichen unterfallen der Vorschrift nur *vor* der Zuteilung § 16a II S. 1 FZV (*Dauer* NZV **11** 264), weswegen die Weitergabe bereits zugeteilter Kennzeichen an Dritte ohne vorherige Anzeige nach § 6b I keine Strafbarkeit nach I Nr. 1 auslöst (**aM** Mü NZV **11** 263 m abl Anm *Dauer*). **Herstellen:** Zustandebringen des körperlichen Ergebnisses (vgl. RGSt **41** 205). Die Tat ist damit vollendet. Der Absicht des Vertreibens bzw. Ausgebens bedarf es nicht (*Rüth/Berr/Berz* Rn. 3). **Vertreiben:** Jede Tätigkeit, durch die ein Kennzeichen entgeltlich („Vertreiben", nicht „Verbreiten" oder „In-Verkehr-Bringen"; aM *Rüth/Berr/Berz* Rn. 3) in den Besitz eines anderen gebracht werden soll (vgl. *Weber* BtMG vor § 29 Rn. 113). Ankauf und Vorrätighalten zum Verkauf sind umfasst (*Rüth/Berr/Berz* Rn. 3). Dass der Täter selbst Verfügungsgewalt hat, ist nicht erforderlich. **Ausgabe:** Jede Weitergabe an einen Dritten, namentlich an den „Endverbraucher" (enger wohl *Rüth/Berr/Berz* Rn. 3). Die Merkmale überschneiden sich zT (aM wohl *Rüth/Berr/Berz* Rn. 3, 4). Erfolgt die Herstellung mit dem Vorsatz des Vertreibens bzw. Ausgebens und wird dieser Vorsatz anschließend in die Tat umgesetzt, so liegt eine Tat nach I vor (vgl. § 22 Rn. 10).

3   **2. I Nr. 3, 4** verpönt Handlungen im Vorfeld eines Kennzeichenmissbrauchs. Anders als I Nr. 1 erfassen I Nr. 3 und 4 alle Kennzeichen, deren missbräuchliche Verwendung unter § 22 fiele, also auch ausländische (§ 22 Rn. 1; Bay DAR **83** 393). Die Vorschriften sind § 146 StGB nachgebildet. Dazu ergangene Rspr. kann deshalb herangezogen werden.

4   **Nachmachen** iS von I Nr. 3: erstmalige Herstellung eines falschen Kennzeichens, das mit einem echten Kennzeichen verwechselt werden kann (vgl. *Fischer* StGB § 146 Rn. 6). Phantasiezeichen, die sich so wesentlich von jeglichen echten, auch im Ausland vorkommenden Kennzeichen unterscheiden, dass eine ernsthafte Verwechslung mit ihnen ausscheidet, fallen nicht unter Nr. 3 (vgl. Bay DAR **83** 393; s. auch Nau NZV **12** 558 (L)). Hinzutreten muss die Absicht, das Kennzeichen als amtliches selbst zu verwenden bzw. in den Verkehr zu bringen (Rn. 5) oder das Verwenden oder In-Verkehr-Bringen durch andere zu ermöglichen. Fehlt es daran, so ist Nr. 3 nicht erfüllt (evt aber Nr. 1). **Verfälschen:** das Verändern eines echten Kennzeichens in der Weise, dass ihm ein anderer Aussagegehalt verliehen wird. Erforderlich ist *objektiv,* dass der Anschein der Echtheit hervorgerufen wird. Insoweit genügt bedingter Vorsatz (aM *Rüth/Berr/Berz* Rn. 6 (Absicht)). Die Absicht der Verwendung usw. (s. o) muss auch in der Tatalternative des Verfälschens hinzukommen.

5   **Feilhalten** iS von I Nr. 4: das äußerlich als solches erkennbare Bereithalten zum Zwecke des Verkaufs (BGHSt **23** 286; s. auch § 23 Rn. 3). Hingegen dürfte der Zweck der unentgeltlichen Weitergabe nicht genügen (aM *Rüth/Berr/Berz* § 23 Rn. 4). Wer unentgeltlich weitergibt, bringt aber in Verkehr. **In-Verkehr-Bringen:** jede Handlung, durch die das Kennzeichen aus der Verfügungsgewalt des Täters entlassen wird, dass ein anderer tatsächlich in die Lage versetzt wird, mit ihm nach Belieben zu verfahren (*Fischer* StGB § 146 Rn. 17).

6   **Der Vorsatz** muss sich auf sämtliche Tatumstände beziehen, wobei bedingter Vorsatz genügt. Bei I Nr. 3 muss die dort bezeichnete Absicht hinzukommen. Verkennt der Täter, dass Herstellung, Vertreiben und Ausgeben eine vorherige Anzeige voraussetzen (= Tatbestandsmerkmal), so dürfte Tatbestandsirrtum iS von § 16 StGB anzunehmen sein (vgl. Bay NJW **97** 1319, Göhler/*Gürtler* § 11 Rn. 21; aM *Rüth/Berr/Berz* Rn. 8).

7   **Konkurrenzen.** Anders als § 22 (dort Rn. 11) ordnet § 22a keine formelle Subsidiarität an. Jedoch tritt I Nr. 3 hinter § 267 StGB zurück, wenn die Tat mit dem Vorsatz begangen wird, sodann eine Urkundenfälschung zu begehen (*Rüth/Berr/Berz* Rn. 11).

Missbrauch von Wegstreckenzählern und Geschwindigkeitsbegrenzern

22b (1) Mit Freiheitsstrafe bis zu einem Jahr oder mit Geldstrafe wird bestraft, wer

1. die Messung eines Wegstreckenzählers, mit dem ein Kraftfahrzeug ausgerüstet ist, dadurch verfälscht, dass er durch Einwirkung auf das Gerät oder den Messvorgang das Ergebnis der Messung beeinflusst,

2. die bestimmungsgemäße Funktion eines Geschwindigkeitsbegrenzers, mit dem ein Kraftfahrzeug ausgerüstet ist, durch Einwirkung auf diese Einrichtung aufhebt oder beeinträchtigt oder

3. eine Straftat nach Nummer 1 oder 2 vorbereitet, indem er Computerprogramme, deren Zweck die Begehung einer solchen Tat ist, herstellt, sich oder einem anderen verschafft, feilhält oder einem anderen überlässt.

(2) In den Fällen des Absatzes 1 Nr. 3 gilt § 149 Abs. 2 und 3 des Strafgesetzbuches entsprechend.

(3) ¹Gegenstände, auf die sich die Straftat nach Absatz 1 bezieht, können eingezogen werden. ²§ 74a des Strafgesetzbuches ist anzuwenden.

Begr (BT-Drs. 15/5315 S. 8, 10): *Das Manipulieren eines Wegstreckenzählers (§ 57 Abs. 3* **1** *StVZO), der den tatsächlich gefahrenen Kilometerstand anzeigt, ist – abgesehen von Fällen der vorsätzlichen Hilfeleistung zu einer strafbaren Betrugshandlung – gegenwärtig straflos. Das betrifft insbesondere Fälle, bei denen Spezialisten das „Nachjustieren" von Wegstreckenzählern als Dienstleistung anbieten und ausführen. Seit geraumer Zeit ist festzustellen, dass derartige Dienstleistungen in Internet- und Zeitungsannoncen vermehrt und offen unter Hinweis auf die Straflosigkeit der Verfälschung angeboten werden. Das Zurückstellen von Kilometerständen macht letztlich nur Sinn, wenn Dritte (Käufer, Versicherungen etc.) über den tatsächlich gefahrenen Kilometerstand zu einem späteren Zeitpunkt und damit über den Wert des Fahrzeuges getäuscht werden sollen. Hieraus ergibt sich die Notwendigkeit, entsprechende Verhaltensweisen unter Strafe zu stellen.*

Geschwindigkeitsbegrenzer, mit denen bestimmte Lastkraftwagen und Kraftomnibusse nach § 57c StVZO ausgerüstet sein müssen, stellen die Einhaltung der für diese Kraftfahrzeuge geltenden zulässigen Höchstgeschwindigkeiten auf Autobahnen und bestimmten Kraftfahrstraßen von 80 km/h (Lkw) bzw. 100 km/h (Busse) auf technischem Wege sicher. Die Geschwindigkeitsbegrenzer leisten damit einen wichtigen Beitrag zur Verstetigung des Verkehrsflusses und vor allem zur Steigerung der Straßenverkehrssicherheit. Eingriffe in Geschwindigkeitsbegrenzer oder Veränderungen an ihnen, durch die die bestimmungsgemäße Funktion dieser Geräte beeinträchtigt oder sogar unterbunden wird, werden regelmäßig vorgenommen, um vorgeschriebene Höchstgeschwindigkeiten wiederholt oder sogar dauerhaft überschreiten zu können. Nicht angepasste, überhöhte Geschwindigkeiten zählen zu den Hauptursachen von Verkehrsunfällen nicht nur mit Sachschäden, sondern auch mit Personenschäden. Wenngleich exakte Daten über die Zahl festgestellter Manipulationen an Geschwindigkeitsbegrenzern bei den Kontrollbehörden und den Technischen Prüfstellen nicht vorliegen, so verfügen die Polizeibehörden der Länder, der Bundesgrenzschutz und das Bundesamt für Güterverkehr dennoch über hinreichend konkrete Anhaltspunkte dafür, dass solche technischen Veränderungen in erheblichem Umfang vorgenommen werden. Wer Geschwindigkeitsbegrenzer in Kenntnis der Zusammenhänge manipuliert, bekundet nicht nur seine vorwerfbare Einstellung, als Folge seines Tuns hinzunehmen, dass die zum Schutze aller Verkehrsteilnehmer geltenden Vorschriften missachtet werden, sondern nimmt auch die damit einhergehende erhebliche Gefährdung des Straßenverkehrs in Kauf. Angesichts dessen ist es geboten, die derzeit bestehende Ahndungslücke zu schließen. ...

Nach Nummer 1 ist strafbar, wer auf einen in ein Kraftfahrzeug eingebauten Wegstreckenzähler (§ 57 Abs. 3 StVZO) oder auf den Messvorgang einwirkt und dadurch das Ergebnis der Messung beeinflusst. Das Einwirken muss der Verfälschung von Messdaten dienen. Die Einwirkung kann unmittelbar am Gerät vorgenommen werden. Erfasst ist auch die Einwirkung auf den Messvorgang bei den heute üblichen elektronischen Wegstreckenzählern über Computerprogramme.

Die Nummer 2 stellt das Manipulieren an Geschwindigkeitsbegrenzern nach § 57c StVZO unter Strafe. Die neue Strafnorm erfasst nur denjenigen, der ein bereits eingebautes Gerät nachträglich – durch mechanischen Eingriff oder mittels eines Computerprogramms – verändert und dadurch dessen bestimmungsgemäße Funktion aufhebt oder beeinträchtigt.

Nach Nummer 3 ist es strafbar, in Vorbereitung auf Manipulationen an Wegstreckenzählern oder Geschwindigkeitsbegrenzern Computerprogramme herzustellen, sich oder einem anderen zu verschaffen, feilzuhalten oder einem anderen zu überlassen. Diese Handlungen sind ebenso vorwerfbar wie das Manipulieren selbst und sollen deshalb ebenfalls unter Strafe gestellt werden. ...

2   **1. I Nr. 1** stellt die Verfälschung der Messung des **Wegstreckenzählers** iS von § 57 III
StVZO (dort Rn. 4) eines Kfz (§ 1 Rn. 14 ff.) unter Strafe. Die Begr (Rn. 1) verweist mit Recht
auf die fehlende Strafbarkeit derartiger Taten nach allgemeinem Strafrecht (zu § 268 StGB:
BGHSt **29** 204; hinsichtlich § 263 StGB bei vollführtem Gebrauchtwagenverkauf unter Vorspie-
gelung eines zu niedrigen Kilometerstands kommt eine Verurteilung idR nur in Betracht, wenn
der objektive Wert des Kfz hinter dem Kaufpreis wesentlich zurückbleibt, was nicht ohne sach-
verständige Hilfe festgestellt werden kann, wobei auch Vorsatz in dieser Hinsicht nachgewiesen
werden muss). Die Strafvorschrift zielt ab auf Handlungen im Vorfeld des Betrugs (§ 263 StGB)
namentlich zum Nachteil von Gebrauchtwagenkäufern oder auch Leasingfirmen. Es entspringt
einem legitimem Interesse, einschlägigen Praktiken mit strafrechtlichen Mitteln effektiver entge-
genzuwirken. In der Tatbestandsfassung hat sich der Gesetzgeber wohl an § 268 (I, III) StGB
angelehnt.

3   **Einwirkung** auf Gerät oder Messvorgang ist denkbar weit und umfasst sämtliche Handlun-
gen (und Unterlassungen), die das Messergebnis kausal beeinflussen. Die Tat kann durch mecha-
nische Einwirkung (zB „Zurückdrehen" mechanischer Kilometerzähler mittels Bohrmaschine)
sowie bei den heutigen digitalen Geräten durch Einwirkung auf das Computerprogramm be-
gangen werden. Ob das Gerät im Zeitpunkt der Manipulation im Fz eingebaut ist oder zum
Zweck des Eingriffs ausgebaut wurde, ist ohne Bedeutung; die Entwurfsfassung („… *eingebaut*
ist …") wurde zur Klarstellung dieses Umstands nicht übernommen (BT-Drs. 15/5706 S. 5 f.,
Albrecht SVR **05** 284).

4   **Verfälscht** ist das Messergebnis nach BVerfG NJW **06** 2318 dann, wenn die durch das Gerät
geleistete Aufzeichnung so verändert wird, dass sie nicht über die tatsächliche Laufleistung des
Kfz Auskunft gibt, weswegen der Tatbestand nicht erfüllt sei, wenn auf den Wegstreckenzähler zu
Zwecken der Reparatur, Justierung, Konvertierung oder Datenrestauration eingewirkt werde;
diese Handlungen zielten gerade auf die Gewährleistung oder Wiederherstellung der ordnungs-
gemäßen Funktionsfähigkeit des Wegstreckenzählers ab, also auf die Anzeige der tatsächlichen
Laufleistung des Kfz. In dieser Auslegung weicht die Begriffsbestimmung des Verfälschens
freilich von der im Rahmen des tatbestandlich verwandten § 268 I Nr. 1 StGB ab. Denn nach
hierzu ganz hM sind im Hinblick auf den dort intendierten Schutz der Authentizität des
Herstellungsvorgangs auch Eingriffe tatbestandsmäßig, die der Richtigstellung der Ergebnis-
se dienen, sofern das (richtige) Ergebnis also nicht aus einem in seiner Selbstständigkeit von
Störungshandlungen unbeeinflussten Aufzeichnungsvorgang herrührt (Schönke/Schröder/
Heine/Schuster StGB § 268 Rn. 44). Gleichwohl verwendet § 22b I (anders als § 268 III StGB,
der auch Reparaturen erlaubt, MüKo-StGB/*Erb* § 268 Rn. 35) explizit das Merkmal des Verfäl-
schens, wobei den Gesetzesmaterialien nicht ganz eindeutig zu entnehmen ist (s. aber Begr
Rn. 1: „*muss der Verfälschung von Messdaten dienen*"), dass der Gesetzgeber ihm eine andere Bedeu-
tung beimessen wollte als im Rahmen des § 268 I StGB. Auch fehlt in I Nr. 1 das Merkmal der
„störenden" Einwirkung (vgl. § 268 III StGB und hierzu MüKoStGB/*Erb* § 268 Rn. 35). Un-
zweifelhaft ist die Interpretation des BVerfG demnach nicht. Man kann sie mit Blick auf die
Schutzrichtung (Verhinderung von Taten im Vorfeld des Betruges, Rn. 2) aber wohl rechtferti-
gen. Nachweisprobleme (tatsächliche km-Leistung?, Schutzeinwände) sind indessen nicht zu
verkennen.

5   **2. Abs. I Nr. 2** erfasst Eingriffe an im Kfz eingebauten **Geschwindigkeitsbegrenzern,** die
die bestimmungsgemäße Funktion des Geräts aufheben oder beeinträchtigen. Mit dem Begriff
„Geschwindigkeitsbegrenzer" sind nur solche im technischen Sinn gemeint, nämlich Einrich-
tungen iS von §§ 57c, 57d StVZO (ebenso wohl *Blum* NZV **07** 70). Für diese Interpretation
spricht der Umstand, dass § 22b die dort verwendete Terminologie übernimmt (und nicht etwa
formuliert „Einrichtungen zur Begrenzung der Geschwindigkeit" oÄ). Aus der Entwurfsbe-
gründung (Rn. 1), die sich ausdrücklich auf § 57c StVZO bezieht, ergibt sich mit hinreichender
Deutlichkeit, dass lediglich Eingriffe in diese, im Interesse der VSicherheit besonders wichtigen
Einrichtungen mit Strafe bewehrt werden sollen (s. auch BT-Drs. 15/5706 S. 6). Dementspre-
chend fallen andere mechanische oder elektronische Einrichtungen zur Drosselung der Ge-
schwindigkeit zB an Mofas, Rollern oder Kleinkrafträdern usw. nicht unter die Strafvorschrift.
Gleiches gilt für „Tempomaten" in Pkw.

6   Die Vorschrift erfasst nur nachträglich vorgenommene Manipulationen („… ausgerüstet *ist* …",
Begr). Hinsichtlich der Beschreibung der Tathandlungen bedient sich der Gesetzgeber nicht her-
kömmlicher Terminologie in ähnlichen Tatbeständen (zB zerstört, beschädigt, unbrauchbar macht,
stört, …), sondern der für solche Merkmale üblicherweise gebrauchten Begriffserläuterungen. Die

bestimmungsgemäße Funktion ist aufgehoben bzw. beeinträchtigt, wenn die Einrichtung die Begrenzung der Geschwindigkeit gar nicht mehr oder nicht mehr vollständig zu gewährleisten vermag. Dies muss durch eine Einwirkung auf das Gerät erfolgen. Wie für Nr. 1 kommen mechanische Manipulationen ebenso in Betracht wie solche mittels Computerprogramm. Das Fahren mit einem defekten Geschwindigkeitsbegrenzer stellt nach dem eindeutigen Wortlaut keine Tat nach I Nr. 2 (durch Unterlassen) dar (s. auch MüKoStVR/Weidig Rn. 6).

3. Nr. 1 und 2 sind Vorsatzdelikte (§ 15 StGB). Der Täter muss die jeweiligen Tatumstände **7** daher zumindest als möglich in sein Vorstellungsbild aufgenommen und billigend in Kauf genommen haben. Fahrlässige Einwirkungen, die die tatbestandlich geforderten Folgen auslösen (etwa im Rahmen eines Unfalls oder einer Reparatur), genügen nicht.

4. Vollendet sind Taten nach Nr. 1 bzw. 2 mit Herbeiführung einer falschen Messung (Nr. 1) **8** bzw. der Aufhebung/Beeinträchtigung der Funktion des Geschwindigkeitsbegrenzers (Nr. 2). Eine Täuschungsabsicht (Nr. 1) fordert die Vorschrift ebenso wenig wie sie verlangt, dass der Täter oder ein anderer das Kfz (unter Überschreitung der zulässigen Geschwindigkeit) fährt (Nr. 2). Tätige Reue kann nicht im Rahmen des II (Rn. 11), sondern nur im Rahmen der Sanktionsentscheidung (Absehen von weiterer Verfolgung, §§ 153, 153a StPO, §§ 45, 47 JGG, Strafzumessung) honoriert werden.

5. Nach I Nr. 3 ist auch die Vorbereitung einer Tat nach Nr. 1 oder 2 durch die Herstel- **9** lung von **Computerprogrammen** strafbar. Die Vorschrift wurde § 263a III StGB nachgebildet, ist in der Sache Computerstrafrecht und birgt alle in diesem Bereich bestehenden Interpretationsschwierigkeiten in sich (s. auch *Popp* GA **08** 375). Voraussetzung ist, dass das Computerprogramm *mit dem Ziel* hergestellt wurde, eine Straftat nach Nr. 1 oder 2 zu begehen. Es muss sich demnach um Programme handeln, die speziell für das „Justieren" von Wegstreckenzählern geschrieben worden sind. Programme, die lediglich Funktionen enthalten, die auch für solche Zwecke eingesetzt werden können, also lediglich hierfür *geeignet* sind, scheiden aus (s. etwa MüKoStGB/*Erb* § 149 Rn. 3 sowie BVerfG NJW **06** 2318). Weist das Programm allerdings diesen Zweck auf, so wird man idR legal eingesetzte Programme nicht aus dem objektiven Tatbestand des I Nr. 3 ausgrenzen können (unklar BVerfG aaO). Vielmehr muss dann beim subjektiven Tatbestand angesetzt werden: Die Tat dient dann nach dem Vorstellungsbild des Handelnden nicht der Vorbereitung von Straften iS von I Nr. 1 und 2.

Herstellen: tatsächliche Fertigstellung, nicht schon der Herstellungsprozess vor seiner Vollen- **10** dung, wobei es aber nicht schadet, wenn noch unbedeutende Nebenarbeiten ausstehen; **Sichverschaffen:** Erlangung der tatsächlichen Herrschaftsgewalt über den Gegenstand durch den Täter, gleichgültig, ob dies rechtmäßig geschieht oder zB durch eine Straftat; **einem anderen Verschaffen:** Einräumen der tatsächlichen Herrschaftsgewalt für einen anderen durch eine Vermittlungstätigkeit zur Herstellung der Herrschaftsgewalt für den anderen (sonst liegt Überlassen vor); **Feilhalten:** das äußerlich als solches erkennbare Bereitstellen der Möglichkeit des Kaufs durch das Publikum (BGHSt **23** 286); **Überlassen an einen anderen:** die (auch nur vorübergehende) Aufgabe der eigenen Herrschaftsgewalt zugunsten eines anderen, so dass neben der Übertragung der tatsächlichen Verfügungsgewalt sogar das Zulassen der Wegnahme durch einen Dritten ausreicht (RGSt **59** 214).

6. Tätige Reue in Bezug auf Taten nach I Nr. 3 (nicht Nr. 1, 2, Rn. 8) führt nach Maßgabe **11** von § 149 II, III StGB zur Straffreiheit.

7. Der **Einziehung** unterliegen nach III die Gegenstände, auf die sich die Straftat nach I be- **12** ziehen. Als solche Gegenstände kommen in Betracht Wegstreckenzähler (I Nr. 1), Geschwindigkeitsbegrenzer (I Nr. 2) und Verfälschungssoftware, Datenträger sowie Computer (I Nr. 3), hingegen aus Verhältnismäßigkeitsgründen nicht das Fz (MüKoStVR/*Weidig* Rn. 11).

8. Konkurrenzen: Gegenüber vollendetem Betrug tritt § 22b als mitbestrafte Nachtat im **13** Wege der Gesetzeskonkurrenz zurück (BGH DAR **18** 90; MüKoStVR/*Weidig* Rn. 9).

Feilbieten nicht genehmigter Fahrzeuge, Fahrzeugteile und Ausrüstungen

23 (1) **Ordnungswidrig handelt, wer vorsätzlich oder fahrlässig Fahrzeugteile, die in einer vom Kraftfahrt-Bundesamt genehmigten Bauart ausgeführt sein müssen, gewerbsmäßig feilbietet, obwohl sie nicht mit einem amtlich vorgeschriebenen und zugeteilten Prüfzeichen gekennzeichnet sind.**

(2) **Ordnungswidrig handelt, wer vorsätzlich oder fahrlässig einer Vorschrift einer auf Grund des § 6 Abs.** 3a **erlassenen Rechtsverordnung oder einer auf Grund einer solchen Rechtsverordnung ergangenen vollziehbaren Anordnung zuwiderhandelt, soweit die Rechtsverordnung für einen bestimmten Tatbestand auf diese Bußgeldvorschrift verweist.**

(3) **Die Ordnungswidrigkeit kann mit einer Geldbuße bis zu fünftausend Euro geahndet werden.**

(4) **Fahrzeuge, Fahrzeugteile und Ausrüstungen, auf die sich die Ordnungswidrigkeit bezieht, können eingezogen werden.**

1   **1. Begründung der BReg.** BT-Drs. V/1319 S. 89 (s. auch *Thomsen* VD **69** 103). Begr zur Einfügung des Abs. 2 (BT-Drs. 16/10175).

2   **2. Feilbieten unvorschriftsmäßiger Fahrzeugteile (Abs. 1).** Die Vorschrift ist für den Fall der Gewerbsmäßigkeit eine Art Qualifikationstatbestand gegenüber der OW nach § 22a II, § 69a II Nr. 7 StVZO. Danach handelt ow, wer in § 22a I StVZO bezeichnete (durchgehend für die Sicherheit wichtige) Teile ohne das amtlich vorgeschriebene und zugeteilte Prüfzeichen feilbietet, veräußert, erwirbt oder verwendet (§ 69a II Nr. 7 StVZO). Die OW nach § 22a II, § 69a II Nr. 7 StVZO tritt schon nach ausdrücklicher Anordnung in § 69a II Nr. 7 StVZO hinter eine OW nach § 23 StVG zurück.

3   **Gewerbsmäßiges Feilbieten** wird schärfer geahndet als in § 22a StVZO, nämlich nach II mit Geldbuße bis zu 5000 €, bei Fahrlässigkeit bis zu 2500 € (§ 17 II OWiG) und Einziehungsbefugnis. Übersteigt der wirtschaftliche Vorteil aus der OW 5000 € so darf die Geldbuße diesen Betrag überschreiten (§ 17 IV OWiG). UU kommt Einziehung (§ 29a OWiG) in Betracht. **Feilbieten:** deckungsgleich mit Feilhalten (§ 22a Rn. 5; s. auch § 22a StVZO Rn. 29).

4   **Gewerbsmäßig** bietet feil, wer in der Absicht handelt, die Tat zu wiederholen, um sich eine nicht nur vorübergehende Einnahmequelle zu verschaffen (BGHSt **1** 383). Eine einzelne Betätigung in dieser Absicht kann genügen. Für Gewerbsmäßigkeit wird sprechen, wenn ein Händler oder Inhaber einer Kfz-Werkstätte über weitere nicht vorschriftsmäßig gekennzeichnete Teile der fraglichen oder anderer Art verfügt. Als Täter iS von § 14 OWiG kommt auch ein Angestellter in Betracht, der das Merkmal der Gewerbsmäßigkeit nicht in eigener Person aufweist, indem er zB dem Betriebsinhaber (vorsätzlich; s. **E** 93) hilft (*Rüth/Berr/Berz* Rn. 6; aM hier bis 39. Aufl.). Denn die Gewerbsmäßigkeit ist besonderes persönliches Merkmal iS von §§ 14, 9 OWiG (*Göhler/Gürtler* § 9 Rn. 6). Fehlt es dem Täter hinsichtlich der Gewerbsmäßigkeit des unmittelbar Handelnden am Vorsatz, so kann er wegen Verstoßes gegen § 22a StVZO verantwortlich gemacht werden (*Rüth/Berr/Berz* Rn. 6). Die Tat kann auch fahrlässig begangen werden (*Hartung* DAR **53** 141, *Graichen* DAR **66** 43). Dann § 17 II OWiG (Rn. 3). Nach § 23 handelt auch ow, wer ungeprüfte Teile gewerbsmäßig feilhält, um sie mit der Auflage zu verkaufen, sie nur an Kfz außerhalb des Verkehrs zu verwenden (HaVkBl. **66** 336).

5   **3. Feilbieten weiterer Fahrzeugteile (Abs. 2).** Die (Blankett-) Vorschrift trägt der Tatsache Rechnung, dass insbes. FzTeile nicht nur der Genehmigung nach nationalen Vorschriften bedürfen, sondern dass die Genehmigung auch aufgrund europäischer Rechtsvorschriften erforderlich sein kann (namentlich Art 31 I, II der RL 2007/46/EG vom 5.9.07, ABl EU Nr. L 263 S. 1). Verstöße gegen die EG-FGV (dazu § 6 Rn. 24a) werden in III mit Strafe bedroht.

4. Zuständige Verwaltungsbehörde sind die VB der Länder (§ 26 II StVG; s. dort Rn. 5).

6   **5. Verfolgungsverjährung** tritt nach zwei Jahren ein (§ 31 II Nr. 2 OWiG). Nach Ablauf der Verjährungsfrist ist auch keine Einziehung nach III mehr zulässig (§ 31 I OWiG).

Verkehrsordnungswidrigkeit

24 (1) ¹**Ordnungswidrig handelt, wer vorsätzlich oder fahrlässig einer Vorschrift einer auf Grund des § 6 Absatz 1, des § 6e Absatz 1 oder des § 6g Absatz 4 erlassenen Rechtsverordnung oder einer auf Grund einer solchen Rechtsverordnung ergangenen Anordnung zuwiderhandelt, soweit die Rechtsverordnung für einen bestimmten Tatbestand auf diese Bußgeldvorschrift verweist.** ²**Die Verweisung ist nicht erforderlich, soweit die Vorschrift der Rechtsverordnung vor dem 1. Januar 1969 erlassen worden ist.**

(2) **Die Ordnungswidrigkeit kann mit einer Geldbuße bis zu zweitausend Euro geahndet werden.**

Übersicht

Abschreckung	53	Radarfoto	76
Ausland, Verkehrszuwiderhandlung		Rechtfertigungsgründe	22
Deutscher im	13, 14	Rechtstreue	53
Äußerer Tatbestand	15, 16	Sachliche Geltung	7
Bedeutung der Ordnungswidrigkeit	45–47	Schuld	23–25
Beschlagnahme	66	–, Mitschuld	49, 50
Beteiligung	20	Sicherheitsleistung	75
Beweis	76, 77	Sicherstellung des Fahrzeugs	66
Buße s. Geldbuße		Soziale Stellung	57
Bußgeldkatalog	41, 60 ff.	Subsidiarität	68
Bußgeldverfahren	71–75	Tatbestand	15, 16
Einsicht als Zumessungsgrund	56	Tatbestandsirrtum	33
Einziehung, keine	66	Tateinheit	58
Erzwingungshaft	78	Tatmehrheit	59
Fahrlässigkeit, Vorsatz	23–25	Teilnahme	20
Festnahme, vorläufige	74	„Uneinsichtigkeit"	56
Geldbuße, Gesetzesmaterialien	38–41	Ursächlichkeit	21
–, frühere	55	Verantwortlichkeit	23–25, 52
–, Rahmen	43	Verbotsirrtum	34–36, 51
–, wirtschaftliche Verhältnisse	48a	Verfolgungsbehörde, zuständige	70
–, Zumessung	44 ff.	Verfolgungsverjährung	69
Geltung, sachliche	7	Verkehrszuwiderhandlung,	
–, örtliche	10–14	Ausland	11, 12, 13, 14
–, zeitliche	8, 9	Verschlechterungsverbot	72
Gesamtvorsatz	24	Versuch	37
Gesetzesmaterialien	1–4, 11, 12, 38–41, 75	Videoaufnahme als Beweismittel	76
–, Geldbuße	38 ff.	Vollrausch	25a
Grad des vorwerfbaren Handelns	44	Vorläufige Festnahme	74
Haft, Erzwingungs-	78	Vorsatz, Fahrlässigkeit	23–25
Irrtum	26–36	Vorstrafe	55
Konkurrenzen	58–59	Vorwurf, Maß des zulässigen	44, 48
Maß des zulässigen Vorwurfs	44, 48	Wirtschaftliche Verhältnisse	48a
Mitschuld	49, 50	Zahlungserleichterung	78
Natotruppen	79	Zeitliche Geltung	8, 9
Ordnungswidrigkeit	6	Zumessung der Geldbuße	44 ff.
–, Bedeutung der	45–47	Zuständige Verfolgungsbehörde	70
Opportunitätsgrundsatz	41, 67		

1. Begr der BReg: BT-Drs. V/1319 S. 90. **1–4**

2. Ordnungswidrigkeiten. § 24 StVG umfasst alle OW gegen die StVO, FZV, StVZO und **5** FeV. Als Blankettnorm (**E** 79) wird er durch deren Vorschriften zu OW-Tatbeständen ergänzt, soweit sie Verbote, Gebote und Anordnungen an die VT und FzHalter enthalten (Rn. 15). OW nach StVO: § 49 StVO, nach FZV: § 48, nach StVZO: § 69a StVZO, nach FeV: § 75 FeV.

3. Ordnungswidrigkeit (OW): **E** 12, 68–75. Auslegung: **E** 57–59. Analogie: **E** 60–62. Die **6** VRegeln sind elastisch (verkehrsgerecht) und ohne Kleinlichkeit zu handhaben und auszulegen (BGH NJW **70** 619, Zw VRS **41** 190). Besondere VLagen, sinnvolles Verhalten im StrV: **E** 122–124, § 1 StVO Rn. 6–10, § 11 StVO.

4. Sachliche Geltung. § 24 ist mit dem GG vereinbar (BVerfGE **27** 18 = NJW **69** 1619), **7** ebenso die StVO und die StVZO (**E** 1, 2, 6, 7, 9, 10). Landesrechtliches StrVR hat gemäß § 6 StVG keinen Raum mehr (**E** 46–48). Die Sanktionskompetenz der VB verletzt Art 92 GG nicht, da die Sanktionen von OW keine Strafen sind und deshalb keinen sozialethischen Vorwurf begründen (BVerfG NJW **69** 1623, Dü NJW **69** 1221, Göhler/*Gürtler* vor § 1 Rn. 7 ff.).

5. Zeitliche Geltung. § 24 gilt in Neufassung seit 1.1.69 (Art 167 EGOWiG). Zeitliche **8** Geltung: **E** 35 ff. Rückwirkungsverbot: **E** 37. Tatzeit: **E** 39. Rechtsänderungen: **E** 40–42. Zeitgesetze: **E** 43. Nebenfolgen: **E** 44.

Zum Meistbegünstigungsprinzip bei Rechtsänderungen nach der Tat **E** 43 ff. **9**

6. Örtliche Geltung. Eine OW ist an jedem Ort begangen, an dem der Täter, Inländer oder **10** Ausländer, gehandelt hat oder im Unterlassungsfall hätte handeln sollen, oder an dem ihre Wirkung („Erfolg") eingetreten ist oder eintreten sollte (§ 7 OWiG). Jedoch können, soweit gesetzlich nichts anderes bestimmt ist, nur im räumlichen Geltungsbereich des OWiG begangene OW geahndet werden (Gebietsgrundsatz, § 5 OWiG), s. aber Rn. 13, 14. Näher **E** 32. Exterritoriale: **E** 28. Sicherheitsleistung der Ausländer: **E** 33/34.

11/12   **Begr der BReg** zu § 4 OWiG aF = § 5 nF **(Räumliche Geltung)** (Drs. V/1269 S. 45): *„Die Vorschrift stellt in Absatz 1 den Grundsatz auf, dass nur die im räumlichen Geltungsbereich dieses Gesetzes begangenen Ordnungswidrigkeiten geahndet werden können. Diesem Grundsatz liegt die Erwägung zugrunde, dass die große Mehrheit aller Bußgeldvorschriften schon nach ihrem Inhalt und Zweck nur innerhalb des Bundesgebietes Geltung beanspruchen können. Überwiegend bezwecken diese Vorschriften nämlich nur, eine bestimmte Ordnung aufrechtzuerhalten, die ihrerseits nicht vorgegeben ist, sondern ... weitgehend nach Zweckmäßigkeitsgesichtspunkten ausgestaltet ist, so z. B. auf ... den Gebieten des Verkehrsrechts ... Es liegt deshalb in der Natur der Sache, dass die Beachtung solcher Gebote und Verbote nur in dem räumlichen Bereich verlangt werden kann, auf die sich die verwaltende, ordnende und lenkende Tätigkeit für das Gemeinwesen erstreckt ....*

13   **Im Ausland** begangene VZuwiderhandlungen: **E** 26, 27, 33/34. Ein Übereinkommen über die Zusammenarbeit in Verfahren wegen Zuwiderhandlungen gegen VVorschriften und bei der Vollstreckung von deswegen verhängten Geldbußen und -strafen war am 28.4.99 von Deutschland und 14 weiteren Staaten unterzeichnet worden (*Grünheid* NZV **00** 237), ist aber wegen eines formalen Fehlers nicht zustande gekommen (*Bönke* AG-VerkRecht-F S. 309, *Neidhard* DAR **04** 191). Bedenken gegen die Konsequenzen des Abkommens für den deutschen Kf bei *Neidhard* NZV **00** 241 f. Gegenseitige Vollstreckungshilfe bei gerichtlichen oder verwaltungsbehördlichen Entscheidungen wegen Zuwiderhandlungen gegen Vorschriften des StrV ab einer Sanktion von 40 € oder 70 Schweizer Franken sehen Art 37 ff. des **deutsch-schweizerischen Polizeivertrages** v. 27.4.99 (BGBl II S. 948) vor, ratifiziert durch G v. 25.9.01 (BGBl II S. 946), jedoch erst teilweise in Kraft getreten am 1.3.02 (BGBl II, 608). Vollstreckung österreichischer öffentlich-rechtlicher Geldforderungen einschließlich solcher aus verwaltungsrechtlichen Straferkenntnissen oder Strafverfügungen in Deutschland: Art 9 des **deutsch-österreichischen Rechtshilfevertrages** v. 31.5.88 (BGBl II **90** S. 358), ratifiziert am 26.4.90 (BGBl II S. 357). Im Verhältnis zu den **Niederlanden** (nicht auch zu anderen EG-Staaten) gilt seit 9.12.97 das Übereinkommen v. 13.11.91 zwischen den EG-Mitgliedern über die Vollstreckung ausländischer strafrechtlicher Verurteilungen (BGBl II **97** S. 1350, Bekanntmachung BGBl II **98** S. 896), beschränkt auf Bußen über 100 € (näher *Beck/Berr* Rn. 551 ff.; *Albrecht* SVR **07** 361, tabellarische Übersicht bei *Albrecht* SVR **08** 15). Zur Geltendmachung ausländischer Geldbußen durch im Ausland ansässige Inkassofirmen *Beck/Berr/Schäpe* Rn. 896 ff., *Nissen* DAR **04** 196; *Trautmann* NZV **18** 49; hierzu auch die Empfehlungen des 56.VGT 2018; abgedruckt in NZV **18** 69).

14   Am 22.3.05 ist der **EU-Rahmenbeschluss 2005/214/JI** v 24.2.05 über die Anwendung des Grundsatzes der gegenseitigen **Anerkennung von Geldstrafen und Geldbußen** (ABl EU Nr. L 76 S 16, abrufbar über http://eur-lex.europa.eu/de, eingehend *Beck/Berr/Schäpe* Rn. 874 ff., krit *Neidhart* SVR **06** 199) in Kraft getreten. Dieser ist (verspätet, s. 45 . Aufl) mit der Einfügung der §§ 87 ff. IRG durch das EuGeldG v. 18.10.10 (BGBl. I S. 1408) umgesetzt worden. Das Bewilligungsverfahren ist dem Bundesamt für Justiz übertragen (§ 87 IRG). In diesem Rahmen werden die Vollständigkeit der Unterlagen (§ 87 IRG), das Vorliegen von Zulässigkeitshindernissen (§ 87b IRG: insbes. Erreichen des Schwellenwerts von 70 € für Geldsanktionen einschließlich Kosten (§ 87b III Nr. 2); Anfechtungsmöglichkeit durch den Betroffenen (§ 87b III Nr. 3), kein Verstoß gegen den Grundsatz des rechtlichen Gehörs (§ 87b III Nr. 4), Strafmündigkeit (§ 87b III Nr. 7); keine uneingeschränkte Halterhaftung (§ 87b III Nr. 9), hierzu nunmehr EuGH DAR **20** 80 m Bspr *Johnson/Häussermann* DAR **20** 77 und *Trautmann* NZV **20** 310; jedoch muss der Betroffene *gegenüber der Bewilligungsbehörde*, nicht gegenüber dem Gericht (AG Verden DAR **13** 93 mAnm *Johnson*), geltend machen, dass ihm keine Gelegenheit gegeben wurde, den Einwand fehlenden Verschuldens zu erheben (Dü DAR **12** 217; Kar NZV **20** 313 mAnm *Johnson*; s. auch *Nissen* DAR **10** 745), und zwar auch, wenn es sich um eine juristische Person handelt (Kö NZV **12** 450, Bra NZV **13** 148, Jn NZV **14** 421, je mAnm *Johnson*)), sowie das Nichtvorliegen von Bewilligungshindernissen (§ 87d IRG) geprüft. Sind die Voraussetzungen erfüllt, ergeht, von den Sonderfällen nach § 87i IRG (juristische Person, Geldstrafe bei Jugendlichen und Heranwachsenden, Zahlungsauflagen) abgesehen, nach Anhörung des Betroffenen der Bewilligungsbescheid nach § 87f IRG. Der Betroffene kann sich hiergegen mit Einspruch zum AG wehren (§ 87f III, IV IRG). Geprüft wird durch das AG, ob die Bewilligungsentscheidung rechtsfehlerfrei ist; eine Überprüfung der Rechtmäßigkeit der ausländischen Entscheidung findet *nicht* statt (§ 87h III IRG). Das AG hat die Sanktion ggf. für vollstreckbar zu erklären; sie darf sie nicht etwa unter Anwendung der BKatV (Dü NZV **12** 555) in eine „deutsche Geldbuße" umrechnen (Ko DAR **12** 219, Bra NZV **13** 148). Gegen die Entscheidung ist Rechtsbeschwerde durch den Betroffenen und das Bundesamt möglich (§ 87j IRG). Für das Vollstreckungsverfahren nach rechtskräftigem Bewilligungsbescheid verweist § 87n II S. 1 IRG auf die Vorschriften des OWiG. Die Erfahrungen mit den neuen Instrumenten scheinen – bei steigenden, jedoch vorrangig auf die Niederlande zurückzuführenden Zahlen – insgesamt positiv zu sein (*Johnson/Reiffs* DAR **17** 242), wobei aber auch Reformbedarf deutlich wird (*Johnson* SVR **14** 321). Zum elektronischen Rechtsverkehr s.VO v. 18.10.2017 (BGBl. I S. 3582). Materialien: RegE BT-Drs. 17/1288; Beschlussempfehlung und Bericht: BT-Drs. 17/2458. Zum Ganzen *Hackner/Trautmann* DAR **10** 71; *Karitzky/Wannek* NJW **10** 3393; *Johnson/Plötzgen-Kamradt* DAR **10** 738; *Trautmann* NZV **11** 57; *Riedmeyer* NZV **14** 18; *Johnson/Häussermann* DAR **19** 251). S. auch Beschlüsse und (sonstige) Referate des AK I des 52. VGT **14**. Näher zum Inhalt des Rahmenbeschlusses und der Diskussion s. 45. Aufl. Die Regelungen des Rahmenbeschlusses werden ergänzt durch die am 6.11.2011 in Kraft getretene Richtlinie über den Halterdatenaustausch (RL 2011/82/EU v. 25.10.2011 ABl L 288 v. 5.11.2011 S. 1; Umsetzung ist erfolgt in § 37b StVG; s. E 17 sowie die Erläuterungen zu § 37b). Vollstreckung von **EdF und FV** umfasst der Rahmenbeschluss nicht. Insoweit ist eine Vollstreckung ausländischer Entscheidungen im **Übereinkommen der EU über den Entzug der FE** v. 17.6.98 (ABl EG C 216/1) vorgesehen, das aber noch nicht in nationales Recht umgesetzt ist. Lit. zum Werdegang s. 45. Aufl.

7. Äußerer Tatbestand. Allgemein: E 77–82. § 24 ist eine Blankettvorschrift (E 79); erst zu- **15** sammen mit einer auf Grund von §§ 6 oder 6e StVG erlassenen RVO oder einer Anordnung auf Grund einer solchen RVO umschreibt er einen OW-Tatbestand (BGH VRS **56** 133, *Schall* NStZ **86** 7, allgemein Göhler/*Gürtler* vor § 1 Rn. 17 ff.). In Betracht kommen vor allem die Vorschriften der StVO, StVZO, FZV und FeV (Rn. 5). Die Anordnung muss von der zuständigen Behörde (§§ 6, 6e StVG, § 44 StVO) erlassen sein und sich an den Bürger (VT) richten, nicht an die Verwaltung. § 24 ist verfassungsgemäß (vgl. BVerfG NJW **69** 1619; BHHJ/*Hühnermann* Rn. 4; MüKoStVR/*Kuhli* Rn. 6). Die durch BVerfG NJW **16** 3648 („Rindfleischetikettierung"; s. aber nunmehr BVerfG NZWiSt **20** 263 (zu § 58 III Nr. 2 LFGB) zu Blankettstrafnormen entwickelten strengen Anforderungen an die Vorgaben im förmlichen Strafgesetz sind auf das OWRecht nicht übertragbar (aM *Bülte* NZV **20** 12, 16 ff. mit zweifelhafter Aufforderung an den GGeber, „zumindest" Geschwindigkeits-, Abstandsverstöße u.Ä. vorsorglich durch Parlamentsgesetz mit Geldbuße zu bedrohen). Offensichtliche Nichtigkeit von Verwaltungsakten betreffend VZ haben auch die ordentlichen Gerichte zu beachten (§ 41 StVO Rn. 247), andere Anfechtungsgründe nicht (aM *Mohrbutter* JZ **71** 213).

Ausdrücklich verweisen auf § 24 StVG für den jeweils bestimmten Tatbestand müssen alle **16** ab 1.1.1969 erlassenen RVO (E 71, 79), wobei der Zeitpunkt des Erlasses, nicht des Inkrafttretens entscheidet. Die Verweisung muss ausreichend stichwortartig spezialisiert sein (Stu VRS **45** 318), wie zB in den § 49 StVO, § 48 FZV, § 69a StVZO, § 75 FeV, sonst liegt kein OW-Tatbestand vor. Normänderung vor Ahndung: Rn. 8, 9.

Auslegungsregeln: E 57 ff. **17**

8. Handlung. E 83–86. Unterlassung: E 87 ff. Bloße Reflexbewegungen rechnen mangels **18** Willensbeteiligung nicht zur Handlung (**E** 86), anders die Erkennungs- und Verhaltens-Automatismen (**E** 84, 85) als rascheste willentliche Handlungen. Fehlreaktion aus Schreck oder Verwirrung bei plötzlicher, unverschuldeter Gefahr, die zum sofortigen Reagieren zwingt, ist nicht vorwerfbar (**E** 86).

9. Unterlassen. E 87 ff. **19**

10. Täterschaft und Teilnahme. E 91, Handeln für einen anderen: E 92, Einheitstäterschaft **20** (§ 14 OWiG): E 93, Beteiligung: E 94. Besondere persönliche Merkmale: E 95, erfolglose Beteiligung: E 96. Beteiligung an einer OW ist nur vorsätzlich und an vorsätzlicher OW rechtlich möglich, E 94. Verurteilung wegen Beteiligung ist nicht dadurch ausgeschlossen, dass diese beim „Haupttäter" nach § 21 OWiG subsidiär ist (Kö VRS **63** 283). Als Beteiligung kommen nur Verhaltensformen in Betracht, die strafrechtlich (Mit-)Täterschaft, Anstiftung oder Beihilfe wären (Bay VRS **58** 458). Übergang vom Täter- zum Beteiligungsvorwurf setzt Hinweis nach den § 265 StPO, § 71 OWiG voraus (Bay VRS **57** 33, DAR **79** 223). Gehören die Aufgaben der KfzHaltung intern ausschließlich in den Bereich eines bestimmten Gesellschafters (Geschäftsführers), so sind, solange er nicht verhindert war, andere Gesellschafter nicht verantwort-

lich (Bay DAR **74** 195). Halter: § 7 StVG Rn. 14–25. Trotz § 2 XV S. 2 StVG kann auch ein
Fahrschüler Täter sein (§ 2 Rn. 2, 40 ff., § 24a Rn. 2, § 316 StGB Rn. 5).

21   **11. Ursächlichkeit. E** 97–103, 147.

22   **12. Rechtswidrigkeit. E** 112–124, 127–128.
    Notwehr: **E** 113, 114. Sachwehr: **E** 115. Angriffsnotstand: **E** 116. Rechtfertigender Notstand:
E 117, 118. Rechtfertigende Pflichtenkollision: **E** 119. Sozialadäquates Verhalten: **E** 120. Erlaub-
tes Risiko: **E** 121. Rechtliche Bedeutung verkehrsrichtigen Verhaltens: **E** 122. Besondere VLagen
(§ 11 StVO): **E** 123. Verhalten bei praktischer VStille. **E** 124. Sonderrechte, Befehl: **E** 127a. Be-
hördliche Erlaubnis: **E** 128. Irrtum: Rn. 26 ff., **E** 155–157.

23   **13. Verantwortlichkeit.** Allgemein: **E** 129. Schuldfähigkeit: **E** 151. Jede Sanktion (Strafe,
strafähnliche Maßregel) setzt nach dem Rechtsstaatsprinzip (Art 20 GG) Schuld voraus (BVerfG
NJW **67** 195). Jedoch begründet ow Verhalten idR (s. aber **E** 69, 70) keinen sozialethischen
Schuldvorwurf. Fahrfähigkeit: **E** 141. Regelkenntnis: **E** 142. Vorwerfbarkeit bei Vorschriften-
wechsel: **E** 156, 157. Pflicht zu besonnenem Verhalten: **E** 144. Grenzen der Sinnesleistung:
E 130. Plötzliche Leistungsabfälle und -abbrüche: **E** 132. Helfer und Einweiser: **E** 146. Fremde
Mitschuld: **E** 148. Sozialadäquates Verhalten: **E** 120, 136.

24   **Vorsatz** (**E** 133, 134). OW nach § 24 StVG können vorsätzlich wie fahrlässig begangen wer-
den (**E** 68–71). Natürliche Handlungseinheit: Rn. 58. Das Urteil muss darlegen, ob Vorsatz oder
Fahrlässigkeit vorliegt (Dü DAR **96** 66, **97** 322, Ha VRS **90** 210, Ko VRS **50** 53, Jn VRS **112**
359, KG VRS **114** 48). Jedoch kann sich die Annahme von Fahrlässigkeit auch aus der Höhe der
Geldbuße gem. der entsprechenden Nr. im BKat ergeben (KG VRS **114** 47; 48). Hinweispflicht
nach § 265 StPO bei Verurteilung wegen vorsätzlicher Tat trotz Annahme von Fahrlässigkeit im
Bußgeldbescheid sowie, da Fahrlässigkeit die Regel ist, bei fehlender Angabe der Schuldform im
Bußgeldbescheid (Ko ZfS **03** 615, Ha VRS **63** 56; Dr BA **20** 49) sowie (Dr DAR **04** 102, BA **20**
49; Dü VRS **86** 461). Bei Entbindung vom persönlichen Erscheinen (§ 73 II OWiG) und feh-
lender Anwesenheit des Betr. und eines Verteidigers ist mangels Hinweismöglichkeit Unterbre-
chung oder Vertagung unausweichlich (Ba DAR **17** 383).

25   **Fahrlässigkeit. E** 133, 135–138, 140, 149 (grobe), 150 (äußerste Sorgfalt), 142, 156, 157 (Re-
gelkenntnis). Ungesteuerte Bewegungen: **E** 84–86.

25a   Der Tatbestand des **Vollrausches** (§ 122 OWiG), der in der Praxis bedeutungslos sein dürfte
(Göhler/*Gürtler* § 122 Rn. 2, 3), schließt in sachlicher Übereinstimmung mit § 323a StGB die
sonst wegen Nichtvorwerfbarkeit infolge Berauschung entstehende Lücke. Er erfasst auch im
Vollrausch handelnde Beteiligte. Vorsatz und Fahrlässigkeit müssen sich auf das Sichversetzen in
den Rausch beziehen, nicht auch auf die Möglichkeit der Begehung einer OW. Beziehen sie sich
auf die Möglichkeit der Begehung der später wirklich begangenen OW, so kann actio libera in
causa eingreifen (**E** 151b).

26–32   **Irrtum:** § 11 OWiG. Allgemein: **E** 155–157.

33   **Tatbestandsirrtum.** Ahndung der OW setzt Kenntnis aller Tatumstände voraus (§ 11 I
OWiG), zu denen das Vorhandensein einer Genehmigung gehört. Kennt der Betroffene einen
solchen Umstand nicht, so ist ihm das Merkmal nicht zuzurechnen. Vorsatz scheidet auch bei
fahrlässiger Nichtkenntnis aus, doch bleibt nach § 24 Ahndung wegen Fahrlässigkeit möglich
(§ 11 I S. 2 OWiG). Der Vorsatz muss sich sowohl auf beschreibende (deskriptive) als auch auf
wertende (normative) Tatbestandsmerkmale beziehen; bei wertenden ist eine Parallelwertung in
der Laiensphäre erforderlich (im Einzelnen Göhler/*Gürtler* § 11 Rn. 6 ff.). Zum Tatbestandsirr-
tum bei behördl Duldung fremden vergleichbaren Verhaltens Ha NJW **77** 687. Auf die Ord-
nungsmäßigkeit des Kfz (§ 30c StVZO) nach TÜVKontrolle darf sich der Kf verlassen, wenn der
Mangel nicht offensichtlich ist (Reserverad vorn; Br DAR **74** 334, s. auch § 19 StVZO Rn. 16).

34   **Verbotsirrtum** (s. auch **E** 142, 157) liegt vor mangels des Bewusstseins, etwas Unerlaubtes zu
tun, zB („namentlich", § 11 II OWiG) weil der Beteiligte die Vorschrift (Anordnung) oder ihre
Anwendbarkeit im gegebenen Fall nicht kennt. Ein solcher Fall liegt vor: **a)** wenn der Beteiligte
wegen unrichtiger Beurteilung der Vorschrift annimmt, erlaubt zu handeln, **b)** wenn er darüber
überhaupt nicht nachgedacht hat. Der Fall des Verbotsirrtums enthält daher keinen Irrtum über
Tatsächliches. Bei normativen Fehlvorstellungen wird von der Rspr. vielfach und teils unberech-
tigt Verbotsirrtum angenommen, namentlich auch bei Irrtum über Reichweite oder Beachtlich-
keit von VZ (zB Bay NJW **03** 2253, Ba NJW **07** 3081, StraFo **16** 116 m. Anm. *Sternberg-Lieben*
und Bspr *König* DAR **16** 362; Dü NZV **91** 204, KG VRS **55** 219, str, s. Göhler/*Gürtler* § 11
Rn. 30; KK-OWiG/*Rengier* § 11 Rn. 109 ff.; näher § 41 StVO Rn. 249). Auch zur Schuld in

Form der Fahrlässigkeit gehört ein zumindest potentielles Unrechtsbewusstsein (dh, dass der Täter die Rechtswidrigkeit seines Verhaltens hätte erkennen können); fehlt dieses Schuldmerkmal, so darf der Täter nicht dadurch schlechter stehen, dass er nur fahrlässig gehandelt hat; unvermeidbarer Verbotsirrtum (Rn. 35) schließt also auch die Ahndung fahrlässiger OW aus (Dü NZV **92** 40, **94** 288, Göhler/*Gürtler* § 11 Rn. 19).

Verbotsirrtum schließt eine OW nur bei **Nichtvorwerfbarkeit** aus (§ 11 II OWiG). Nicht **35** vorwerfbar ist er, wenn die dem Beteiligten nach Sachlage mögliche Sorgfalt ihm nicht erlaubt hätte, das Verbot oder Gebot zu kennen, wobei, weil es sich im StrV um Zweckmäßigkeitsregeln handelt, Gewissensanspannung nichts helfen würde. Es kommt auf die erforderliche individuell mögliche Sorgfalt bei sinnvollem Regelverständnis an. Hätte weder Nachdenken noch zumutbare Erkundigung bei fachkundiger Stelle Klärung gebracht, so ist der Irrtum unvermeidbar (Ce NJW **77** 1644). Denn nach beiden Gesichtspunkten müssen die verständigerweise erreichbaren konkreten Aufklärungsmöglichkeiten entscheiden; der bloße Vorwurf der Nichterkundigung, die dann fruchtlos geblieben wäre, reicht nicht aus (Bay NJW **89** 1745; zust KK OWiG-*Rengier* § 11 Rn. 100, Göhler/*Gürtler* § 11 Rn. 28, str). Wer sich über die Tragweite einer Regel keine mögliche Klarheit verschafft, dem ist Unterlassen nur vorzuwerfen, wenn **Erkundigung** den Irrtum beseitigt haben würde; Zweifel hieran wirken zugunsten des Betroffenen (BGH NJW **90** 3029, Ha NJW **06** 244, VM **69** 23, KG VRS **13** 144, str). Unvermeidbar kann ein Verbotsirrtum zB sein, wenn der Beschuldigte bei gehöriger Sorgfalt auf sachverständige Auskunft oder auf einschlägige Gerichtsentscheidungen vertraut hat (Bay NJW **80** 1058, Göhler/*Gürtler* § 11 Rn. 27). Unvermeidbarer Verbotsirrtum, wenn sich der Betroffene bei unüberschaubarer Rechtslage auf die Auskunft seines Fachverbands und eines Rechtsanwalts verlässt (Ha VRS **51** 366), wenn sich ein Motorsportler eingehend mit der Fachliteratur befasst und seine Fahrweise daraufhin für unbedingt zulässig gehalten hat (Br DAR **53** 197). Zur Vermeidbarkeit des Verbotsirrtums hinsichtlich der Fz der Klasse „Sprinter" E 157, § 18 StVO Rn. 19. Verbotsirrtum bei „FS-Tourismus": § 21 Rn. 2a, 7, 16. Auf die von einem AG vertretene Urteilsmeinung darf sich ein Bürger bei seinem Verhalten im Verkehr idR verlassen (Ko VRS **59** 467; s. auch E 142; aM Dü NJW **81** 2478), anders aber, wenn ein einziges AG gegen gefestigte obergerichtliche Rspr. entscheidet (Ko VRS **60** 387). Von wesentlicher Bedeutung dürfte hierbei allerdings auch die Form und Häufigkeit der Veröffentlichung solcher Entscheidungen sein (Tagespresse). Anders als im Strafrecht ist im StrV oft schnellste Reaktion unter Beachtung wertfreier, durch Erfahrung eingeübter Grundregeln wesentlich (E 84–86). Geforderte Regelkenntnis: E 142, bei Vorschriftenwechsel: E 156, 157. Aus einer unübersichtlichen oder *undeutlichen gesetzlichen Regelung* kann sich, zumal in der Übergangszeit, unvermeidbarer Verbotsirrtum ergeben (Bay VM **72** 49). VVerbote und -gebote müssen inhaltlich klar sein, daher gehen Zweifel über ihren Inhalt zu Lasten der aufstellenden Behörde (VZ 283/286; Bay 2 St 667/72 OWi; zu ZusatzZ s. auch § 39 StVO Rn. 31a).

Vorwerfbarer Verbotsirrtum ist als Vorsatztat zu ahnden, jedoch regelmäßig bei ermäßigter **36** Geldbuße (Rn. 51).

14. Der **Versuch** der OW ist nicht bußgeldbewehrt (§ 13 II OWiG, § 24 StVG). **37**

15. Geldbuße. Gesetzesmaterialien zu § 13 OWiG (alt, jetzt § 17), **Begr:** BT-Drs. **38/39** V/1269 S. 50 ff. **Begr zur Neufassung des § 17 III S. 2 OWiG** durch ÄndG v. 11.7.86: BT-Drs. 10/2652 S. 12.

Begr zum 4. StVGÄndG (BT-Drs. 16/10175): *Zum einen wird der rechtliche Rahmen geschaf-* **40** *fen, um die in der BKatV bestimmten Bußgeldregelsätze für VOW differenziert anzuheben, und zwar für Hauptunfallursachen, bestimmte Verstöße, aus denen die Betroffenen wirtschaftliche Vorteile ziehen sowie vorsätzlich begangene Zuwiderhandlungen. Dazu ist es insbesondere erforderlich, für die VOW eine höhere als die in § 17 I OWiG geregelte allgemeine Bußgeldobergrenze vorzusehen. Für den in der BKatV geregelten Fall des fahrlässigen Handelns, für das die Bußgeldobergrenze auch bei OW nach § 24 StVG 500 €* *beträgt (§ 17 II OWiG), wird der gesetzliche Rahmen bei schweren Verstößen derzeit bereits ausgeschöpft, was der beabsichtigten differenzierten Anhebung entgegensteht. …*

Insbesondere bei den Hauptunfallursachen (zB dem Fahren mit unangepasster Geschwindigkeit an gefährlichen Stellen, Rotlichtverstößen, der Gefährdung anderer durch Vorfahrtverletzungen, Verstößen gegen die Promillegrenze) und Zuwiderhandlungen, die mit wirtschaftlichen Vorteilen für die Betroffenen verbunden sind (zB Überladungen, Fahren mit verkehrsunsicheren Kfz), sind die Bußgeldsätze weitgehend auf dem gleichen Niveau geblieben. Für vorsätzliche Verstöße sind höhere Bußgeldregelsätze nicht im Einzelnen festgelegt. Im Zusammenhang mit der Einführung des Euro in Gesetzen des OWRechts sind die Geldbu-

ßen auch für diese OW zudem leicht abgesenkt worden. Unter Berücksichtigung der allgemeinen wirtschaft-
lichen Entwicklung bedeutet dies, dass sich bei den genannten Verkehrszuwiderhandlungen die general- und
spezialpräventive Wirkung der Regelsätze des BKat und der auf ihrer Grundlage verhängten Geldbußen
deutlich reduziert hat. Eine Ausnahme bilden nur die hohen Geschwindigkeitsüberschreitungen, für die die
Geldbußen bereits in der Vergangenheit angehoben worden waren. Während die Geldbußen für die genann-
ten Verkehrsverstöße also seit 1990 weitgehend unverändert geblieben sind, haben sich bis 2006 die Brutto-
löhne dagegen um etwa 34%, die Verbraucherpreise um 34% und das für die Betroffenen verfügbare Ein-
kommen um etwa 49% erhöht. Dieser Entwicklung soll – allerdings nicht linear, sondern nur für aus
Verkehrsicherheitssicht bedeutsame Verstöße differenziert – Rechnung getragen werden. …

Mit der differenzierten Anhebung sollen vor allem die für Hauptunfallursachen vorgesehenen Geldbußen
in Deutschland an das entsprechende Niveau in den westeuropäischen Nachbarstaaten angeglichen werden.
Insbesondere in Staaten, die, gemessen an den Fahrleistungen, nach einer von der Europäischen Kommission
in Auftrag gegebenen Studie weniger Unfalltote im StrV zu beklagen haben, ist das Sanktionsniveau deut-
lich höher als in Deutschland. Auch wenn sich die Sanktionen wegen der verfahrensrechtlichen Unterschiede,
der Unterschiede bei den neben der Geldsanktion angewandten Maßnahmen (Fahrverbote, Punktsystem)
und der im europäischen Ausland idR nicht vorhandenen Bestimmungen über die Höhe der Sanktion bei
einzelnen Zuwiderhandlungen nicht genau miteinander vergleichen lassen, zeigt eine grobe Gegenüberstel-
lung, dass in Staaten mit der besten Unfallbilanz (Niederlande, Schweden) die Sätze für die Geldsanktio-
nen erheblich höher sind als in Deutschland (in etwa das Doppelte). … Auch die in Frankreich gesammel-
ten Erfahrungen belegen, dass höhere Geldsanktionen, wenn ihre Androhung mit einer nachhaltigen
Überwachung verbunden ist, einen wichtigen Beitrag zur Verbesserung der Verkehrssicherheit leisten können.
In Frankreich konnte – ausgehend von einem sehr hohen Stand bei der Anzahl der Unfalltoten – mit einem
Gesamtpaket von Maßnahmen, dessen zentralen Punkt die größere Abschreckung durch erhöhte Sanktionen
und ver- stärkte Überwachung gebildet hat – die Anzahl der Unfalltoten nach Beginn der Kampagne im
Jahr 2002 bis 2005 um insgesamt ein Viertel reduziert werden. …

41   **Begr zur BKatV (alt)** v. 4.7.89 (VkBl. **89** 517):
      … Der Bußgeldkatalog enthält für die hier aufgeführten Tatbestände lediglich Zumessungsregeln für eine
bestimmte Begehungsform, nämlich den Regelfall; die Ordnungswidrigkeiten-Tatbestände sind umfassend
und abschließend in § 24 StVG in Verbindung vor allem mit den Vorschriften der Straßenverkehrs-
Ordnung und Straßenverkehrs-Zulassungs-Ordnung und in § 24a StVG geregelt.
      … Bei der Bemessung der Geldbuße oder des Verwarnungsgeldes und damit der Zuordnung einer nicht
in den Katalogen* enthaltenen Ordnungswidrigkeit als zum Bußgeld- oder Verwarnungsbereich gehörend,
sind Tatbestände ähnlicher Art und Schwere als Orientierung zur Hilfe zu nehmen.

      Zu § 1. Zu Absatz 1: *Der Opportunitätsgrundsatz (§ 47 Abs. 1 Satz 1 OWiG) wird durch das*
Gebot, Geldbußen nach den in der Anlage bestimmten Beträgen festzusetzen, nicht in Frage gestellt. Es
liegt weiterhin im pflichtgemäßen Ermessen der Verfolgungsbehörde zu entscheiden, ob sie überhaupt ein-
schreitet oder nicht … .

      Zu Absatz 2: *Die Vorschrift stellt klar, dass es sich bei den im Bußgeldkatalog bestimmten Beträgen*
um Regelsätze handelt … . Ein Regelfall liegt vor, wenn die Tatausführung allgemein üblicher Begehungs-
weise entspricht und weder subjektiv noch objektiv Besonderheiten aufweist. … Manche besonderen Um-
stände, die eine höhere Ahndung nach sich ziehen, legt die Verordnung selbst fest (z. B. bei Gefahrguttrans-
porten, Schutzbedürftigkeit sog. schwächerer Verkehrsteilnehmer). Besondere Umstände können auch in der
Person des Täters liegen (z. B. bei besonders rücksichtsloser oder leichtfertiger Begehung). Einen besonderen
Umstand in diesem Sinne kann ferner eine Voreintragung im Verkehrszentralregister darstellen, soweit dies
nicht bereits besonders berücksichtigt wird (Nr. 68, 68.1 und 68.2). Verwaltungsbehörden und Gerichte
haben damit genügend Spielraum, dem besonderen Einzelfall Rechnung zu tragen.
      Für die Berücksichtigung der wirtschaftlichen Verhältnisse bleibt es bei der allgemeinen Regel des § 17
Abs. 3 Satz 2 OWiG. …

      Begr zur Neufassung v. 13.11.01 (VkBl. **01** 560): *… Sonstige materielle Neuerungen sind nicht*
vorgesehen. Im Vergleich zu der bisher geltenden Bußgeldkatalog-Verordnung und zur Allgemeinen Verwal-
tungsvorschrift für die Erteilung einer Verwarnung bei Straßenverkehrsordnungswidrigkeiten wurden nur
Änderungen vorgenommen, die auf Grund der Zusammenfassung der beiden Vorschriften und der neuen
Struktur unumgänglich gewesen sind. Bei der Anwendung der einzelnen Normen der Verordnung und der
Tatbestände sind deshalb auch weiterhin die zu den bisherigen Vorschriften ergangene Rechtsprechung und
die die bisherigen Regelungen tagenden Entscheidungsgründe des Verordnungsgebers heranzuziehen. …

---

* BKatV (alt) und Verwarnungsgeldkatalog (alt).

(VkBl. **01** 561): ... *Dass nunmehr neben den Regelgeldbußen und den Regelfahrverboten auch die Verwarnungsgeldregelsätze im Bußgeldkatalog enthalten sind, steht dem nicht entgegen; Verwarnungsgeldregelsätze sind ebenfalls Geldbußen im Sinne des § 17 Abs. 1 OWiG. ...*

Begr zur Änderung v. 5.1.09 (BR–Drs. 645/08): ... *Einen dritten Schwerpunkt bilden vorsätz-* **41a** *lich begangene Verkehrsverstöße. Dabei wird zunächst berücksichtigt, dass es eine Reihe von VOW gibt, bei denen wegen ihrer Eigenart eine fahrlässige Begehungsweise kaum denkbar wäre. Diese Zuwiderhandlungen konnten bisher nicht in den BKat aufgenommen werden, weil dieser von fahrlässiger Begehung ausgegangen ist (§ 1 II BKatV). Die aus Gleichbehandlungsgründen dennoch gebotene bundeseinheitliche Verfahrensweise war deshalb nur auf einem Umweg zu erreichen: Eine gemeinsame Orientierung der für die Ahndung von VOW zuständigen obersten Landesbehörden erfolgte im Bundeseinheitlichen Tatbestandskatalog. Hieran ist die Rspr. allerdings nicht gebunden. Im BKatal werden deshalb nunmehr Bußgeldregelsätze und Regelfahrverbote auch für häufig vorkommende Zuwiderhandlungen bestimmt, die im Allgemeinen vorsätzlich begangen werden. An die Auswahl der Ordnungswidrigkeiten, die als Vorsatztaten in den BKat aufgenommen werden, ist ein strenger Maßstab angelegt worden. Für alle Zuwiderhandlungen, bei denen eine fahrlässige Begehung nicht völlig außerhalb der Lebenserfahrung liegt, sind die Bußgeldregelsätze weiterhin unter der Voraussetzung von Fahrlässigkeit festgelegt (Abschnitt I des BKat). Nur für diejenigen Zuwiderhandlungen, bei denen eine fahrlässige Begehung nach allgemeiner Lebenserfahrung ausscheidet, sind Bußgeldregelsätze unter der Voraussetzung vorsätzlicher Begehungsweise bestimmt (Abschnitt II des BKat). ...* *Darüber hinaus wird für diejenigen Zuwiderhandlungen, für die die Bußgeldregelsätze weiterhin die fahrlässige Begehungsweise unterstellen, ein genereller Erhöhungssatz (das 1,5-fache des Bußgeldregelsatzes für Fahrlässigkeit) für den Fall festgelegt, dass der Betroffene abweichend hiervon vorsätzlich gehandelt hat. Damit soll die Verfahrensweise der Behörden und der Gerichte vereinheitlicht werden.*

Begr des BR (BR–Drs. 645/08 (Beschluss)): *Eine Erhöhung des Regelsatzes um lediglich die Hälfte gegenüber der fahrlässigen Begehung eines Tatbestands bricht mit dem logischen Aufbau des gesamten Straf- und Ordnungswidrigkeitenrechts. Zudem würde dies eine deutliche Herabsetzung der Bedeutung von Verstößen gegen Vorschriften des Straßenverkehrsrechts gegenüber sonstigen Normverstößen bedeuten. § 17 II OWiG bestimmt, dass fahrlässiges Handeln bei Erfüllen eines Tatbestands einer OW im Höchstmaß nur mit der Hälfte des angeordneten Höchstbetrags der Geldbuße geahndet werden kann. Dies bedeutet im Gegenzug, dass gerade bei Vorsatztaten das Höchstmaß ausgeschöpft werden soll. Hier muss die vorsätzliche Herbeiführung eines Normenverstoßes im StrV deutlich sanktioniert werden, auch um weitere solche Handlungen in der Zukunft zu unterbinden. ...*

15a. Die **Geldbuße** ist idR eine Antwort (s. aber E 68–70) auf „Bagatellunrecht" und daher **42** ethisch farblos. Sie mahnt zu künftiger Beachtung der Vorschrift, stellt also einen Pflichtenappell dar (Göhler/*Gürtler* vor § 1 Rn. 9 mwN). Eintragung nach Maßgabe von § 28 III Nr. 3 ins FAER. **Fahrverbot:** § 25 StVG.

Ihr **Rahmen** beträgt seit 30.12.08 (zum 4. StVGÄndG Rn. 40; *Schubert* DAR **09** 74) bei Vor- **43** satz 5 bis 2000 €, bei Fahrlässigkeit, auch an Vorsatz grenzender Leichtfertigkeit 5 bis 1000 € (§ 17 II OWiG; s. zB Jn VRS **108** 269). Das gilt (natürlich) auch nach Nichtanordnung eines nach BKatV in Betracht kommenden FV (Jn VRS **108** 220, Ha NZV **94** 201, NJW-Spezial **11** 267). Wird das Höchstmaß überschritten, so kann das Rechtsbeschwerdegericht die Geldbuße auf das angemessene Maß zurückführen (Ha SVR **07** 186). Hat der Betroffene wirtschaftlichen Vorteil aus der OW gezogen, so soll die Geldbuße ihn so übersteigen (§ 17 IV OWiG), dass sie neben dem „Ahndungsteil" der Geldbuße (Rn. 44 ff.) auch den wirtschaftlichen Vorteil umfasst, um Anreiz zu erneutem Verstoß zu nehmen. Davon betroffen sind im StrVRecht vor allem Verstöße gegen die Zulassungs- und Bauvorschriften, die Maße von Fz und Zügen, das Mitführen von Anhängern und das Beladen und die Besetzung. Die Höchstsätze dürfen hingegen nicht deswegen überschritten werden, weil ein an sich verwirktes FV nicht verhängt wurde (Dü VRS **65** 51, DAR **96** 413).

15b. Zumessung der Geldbuße (§ 17 III, IV OWiG) so, dass sie den Betroffenen ausrei- **44** chend mahnt. Die Höhe der Geldbuße darf nicht in einem unangemessenen Verhältnis zum Grad des vorwerfbaren Handelns stehen (Dü NZV **00** 91, VRS **97** 447, **98** 47, Stu NStZ-RR **00** 279; probl. deshalb VkBl. **00** 112, wonach die Erhöhung der Regelbußen für *fahrlässige* Geschwindigkeitsverstöße durch ÄndVO v. 25.2.00 eine angemessene Ahndung *vorsätzlicher* Überschreitungen gewährleisten soll). Der Grad des vorwerfbaren Handelns ist auch bei Anwendung der BKatV zu berücksichtigen, soweit sie die Regelbuße am eingetretenen Erfolg orientiert oder zB an der Höhe der Überschreitung einer durch VZ festgesetzten Geschwindigkeit (Übersehen des VZ). Auch bei Heranwachsenden richtet sich die Bußgeldbemessung allein nach § 17 III

OWiG (Dü VRS **83** 361). Die Individualisierung wird begrenzt durch gewollte, notwendige Typisierung massenhaft vorkommender OW: gleichrangig in erster Reihe stehen („Grundlage") die Bedeutung der OW und der den Betroffenen treffende Vorwurf (Jn NZV **99** 304). (Natürlich) keine Verdoppelung der Geldbuße unter gleichzeitigem (unzulässigem) „Entfallenlassen" „eines Punkts" im FAER (Ha NZV **09** 156). Wirtschaftliche Verhältnisse des Betroffenen: Rn. 48a. Die Bußgeldbemessung muss anhand von § 17 OWiG **nachprüfbar begründet** sein (Ha VRS **102** 60, Kar DAR **77** 247), jedoch ist ausführliche Begr in den Regelfällen fahrlässiger VOW iS der BKatV weitgehend entbehrlich (Göhler/*Gürtler* § 17 Rn. 34 mwN). Wird bei leichter, fahrlässiger OW durch Verstoß gegen § 1 II StVO auf Geldbuße mit Eintragungspflicht erkannt, so ist zu begründen, warum Geldbuße unterhalb der Eintragungsgrenze nicht ausreicht (Hb DAR **77** 109). Tendenziell abw Ha NZV **14** 139, wonach die Bemessung nicht eigenständig begründet werden muss, wenn sie zur Erhöhung des „Punktekontos" des Betroffenen im FAER führt, mit der weiteren Folge der verwaltungsbehördlichen Entziehung der FE (dazu *König* DAR **14** 363). Keine Festsetzung einer niedrigeren als der an sich verwirkten Buße nur, um dem Inhaber einer FE auf Probe die Eintragung im FAER zu ersparen (Ko DAR **92** 350). Geldbußen bis zu 55 € wegen OW stellen idR keinen Nachteil iS von § 93a IIb BVerfGG dar (vgl. BVerfG VRS **66** 405 (80 DM)). Zur Bußgeldbemessung Göhler/*Gürtler* zu § 17, *Kaiser* NJW **79** 1533, *Schall* NStZ **86** 1.

45   **a)** Ist die OW so **bedeutungslos,** dass Ahndung nicht geboten erscheint, so ist das Verfahren einzustellen (Opportunitätsprinzip, § 47 OWiG), Rn. 67. Verwarnung (§ 56 OWiG) kann dann in Betracht kommen.

46   **b)** In allen **anderen Fällen** entscheiden die Bedeutung der OW und das Maß des zulässigen Vorwurfs gegenüber dem Betroffenen (Rn. 44; Dü VM **02** 22, VRS **96** 386), bei nicht nur geringfügigen OW (Rn. 48) auch dessen wirtschaftliche Verhältnisse.

47   **aa) Bedeutung der OW.** Maßgebend sind Tatumfang, Beteiligungsgrad (Rn. 20) und der etwaige Einfluss des Verstoßes auf die VSicherheit (*Schall* NStZ **86** 4), überhaupt alle objektiven Umstände (Bay VRS **59** 356, Dü VRS **90** 149), Zusammentreffen mehrerer Verstöße, etwaige mehr oder minder erhebliche Gefährdung von Personen oder Sachwerten (bei § 1 StVO ist allerdings zu beachten, dass die Gefährdung zum Tatbestand gehört). Doch machen **erhebliche Folgen** eine OW nicht stets über das Maß des berechtigten Vorwurfs hinaus bedeutsam (Rn. 44). Denn im Verkehr bestimmt auch bei leichtester Unachtsamkeit oft der Zufall über die Schwere der Folgen (Radf stürzt wegen zu geringen Abstands des Überholenden). Tateinheit und Tatmehrheit: Rn. 58, 59. Bemessung der Geldbuße nach **rechnerischen Schemata** ist unzulässig (Bay NJW **81** 2135, Dü NZV **89** 365, **93** 40, DAR **90** 111, VRS **83** 382, 384, **86** 188, NZV **11** 49, Ce NZV **89** 483). Das Geschlecht des Betroffenen ist ohne Bedeutung (BGHSt **17** 354 = NJW **62** 1828). § 60 StGB (Absehen von Strafe) ist im Bußgeldverfahren unanwendbar; einschlägige Fälle begründen Einstellung nach § 47 OWiG (Ha VRS **41** 252).

48   **bb) Maß des den Täter treffenden Vorwurfs.** Der Vorwurf gegen den Betroffenen wird bei § 24 durch die auf Grund des § 26a erlassene BKatV weitergehend als früher schematisiert. Von den sich daraus ergebenden Vereinfachungen abgesehen ist iÜ der persönliche Vorwurf stets zu individualisieren (Dü NZV **95** 35, VRS **96** 386, **97** 447 (Rn. 44)). Auch in Regelfällen gem. BKatV dürfen die Umstände des Einzelfalls nicht unberücksichtigt bleiben (Stu NStZ-RR **00** 279). Unter dem „Vorwurf gegen den Täter" sind alle subjektiven Tatmerkmale zu verstehen (zB besondere persönliche Umstände, die den Grad des persönlichen Vorwurfs bestimmen; Bay VRS **59** 356). Die Eigenschaft als **„Vielfahrer"** entlastet ebenso wie beim FV (§ 25 Rn. 18, 25) nicht (Ba NZV **11** 149). Bei einem angestellten Fahrer darf nicht höhere Geldbuße in der Annahme verhängt werden, der Arbeitgeber werde sie entrichten (Ha VRS **12** 189; zu arbeits- und steuerrechtlichen Aspekten solcher Übernahme *Laws* DAR **10** 691). Einem Fußgänger, der auch als Kf am V teilnimmt, darf nicht bußgelderhöhend vorgeworfen werden, als Kf müsse er bessere Vorschriftenkenntnis haben (abw KG DAR **67** 335, dazu auch § 3 VI BKatV). Minderung des zulässigen Vorwurfs: Mitschuld (Rn. 49, **E** 148), Mitursächlichkeit (**E** 97–103). Mangelhafte VZ (Aufstellung, schlechte Sichtbarkeit) entlasten (BGH VRS **26** 253, Nü VM **63** Nr. 99, Ha VM **63** Nr. 100, Stu VRS **26** 68, Kö VM **69** Nr. 41, AG Herford DAR **12** 478 mAnm *Elsner*). Bei Ersttätern setzt die Verhängung des Höchstsatzes für fahrlässige OW nach § 24 besonders schwerwiegende Umstände voraus (Bay VRS **69** 72, *Janiszewski* NStZ **85** 544). Bei **vorsätzlicher Begehung** Verdoppelung der Geldbuße (§ 3 IV a BKatV; s. Rn. 41a; zur alten Rechtslage 40. Aufl.). Verzögerte Schadensregulierung wirkt nur erhöhend, wenn der Betroffene sie zu vertreten hat (Ko VRS **51** 122).

cc) Wirtschaftliche Verhältnisse. Ist die OW geringfügig, Geldbuße aber erforderlich, so **48a**
bleiben die wirtschaftlichen Verhältnisse des Betroffenen *idR außer Betracht,* und zwar sowohl bei
über- (Bay DAR **99** 36, Jn VRS **113** 330) als auch bei unterdurchschnittlichen wirtschaftlichen
Verhältnissen (§ 17 III S 2 Hs. 2 OWiG). Von dieser Regelung betroffen sind (insoweit unstr) je-
denfalls **Geldbußen bis zu 55 €** (§ 56 I S 1 OWiG: Höchstbetrag des Verwarnungsgelds; Brn
VRS **107** 61, Dü NZV **92** 418, Kar NJW **07** 166, Ha DAR **20** 214; Göhler / *Gürtler* § 17 Rn. 23,
Schall NStZ **86** 6; aM (Geldbußen bis zu 250 €) in st. Rspr. das OLG Jena, vgl. Jn VRS **113** 330
mwN). Eine Ausnahme von der Regel, die nach dem eindeutigen Willen des GGebers *nicht* bei
*über*durchschnittlichen Einkommensverhältnissen in Betracht (BTDrucks 10/2652 S 12;
offengelassen von Ha DAR **20** 214), setzt in diesem Bereich ein Abweichen der Einkommensver-
hältnisse in ganz außergewöhnlichem Umfang voraus, was etwa bei monatlich 700 DM (Kar
NStZ **88** 137) oder bei 19-jährigem Taschengeldempfänger (Dü NZV **97** 410) nicht zutrifft. Ob
im **Geldbußenbereich über 55 €** weitere Schematisierung in dem Sinn in Betracht kommt, dass
eine Überprüfung der wirtschaftlichen Verhältnisse prinzipiell entbehrlich ist (*nicht* wie nach § 17
III S 2 Hs. 2 OWiG *grds. untersagt ist,* dazu oben sowie Ha DAR **20** 214), wird unterschiedlich
beurteilt; die Rspr ist uneinheitlich (Streitstand bei Göhler / *Gürtler* § 17 Rn. 24, 29). Teilweise wird
Nichtberücksichtigung jedenfalls für den Geldbußenbereich bis zu 100 € (s § 80 II Nr. 1 OWiG,
Zulassungsfähigkeit der Rechtsbeschwerde oder auch § 47 II S 2 OWiG, *Korte* NStZ **07** 22) bejaht
(zB Ce ZfS **05** 314 (aufgegeben von Ce NJW **08** 3079), Dü NZV **00** 51). Die wohl überwiegende
Rspr orientiert sich jedoch an der Wertgrenze für die Zulässigkeit der Rechtsbeschwerde von
250 € (§ 79 I Nr. 1 OWiG) und verzichtet (mit unterschiedlichen Nuancierungen) auf die Fest-
stellung der wirtschaftlichen Verhältnisse jedenfalls dann, wenn keine Besonderheiten erkennbar
sind und die Regelgeldbuße nach der BKatV festgesetzt wird, deren gesetzlicher Einstufung ja
durchschnittliche wirtschaftliche Verhältnisse zugrunde liegen (zB Bay DAR **04** 593, Kö ZfS **06**
116, Ce NJW **08** 3079, KG VRS **111** 202, Jn VRS **108** 269, Zw DAR **99** 181, Sa VRS **102** 120,
458, Dü NZV **00** 425; Ol DAR **19** 403 mzustAnm *Deutscher*). ZT werden aber in diesem Bereich
Mindestfeststellungen verlangt (Hb NJW **04** 1813 (zB Beruf, gefahrenes Fz)). Bei **Geldbußen
von über 250 €** wird hingegen weithin von Erörterungspflicht ausgegangen (zB Jn VRS **107** 474
(300 €), KG VRS **111** 202 (400 €), Dr DAR **05** 224, Jn VRS **113** 351 (je 500 €), Ko DAR **17** 280;
Ha ZfS **08** 409 (750 €), KG DAR **12** 395 (350 €, Arbeitsloser) abw Fra ZfS **04** 283 (280 €), abl
Bode ZfS **04** 284; Br BA **13** 89), wobei aber auch hier keine Finanzermittlungen durchzuführen
sind (s auch unten), vielmehr etwa anhand von Beruf und Familie auf durchschnittliche, die Be-
zahlung ermöglichende wirtschaftliche Verhältnisse geschlossen werden darf (Ba NZV **11** 44
m Anm *Sandherr,* Schl NZV **11** 410; abw wohl KG DAR **13** 390, das wie bei der Geldstrafe eine
Mitteilung von „Schätzgrundlagen" verlangt; anders aber KG NZV **19** 362 mAnm *Krenberger*).
Abw. statuieren Ha DAR **12** 400 (wieder anders aber Ha NZV **15** 459 m Bspr *König* DAR **16** 362:
keine Erörterungspflicht bei Geldbußen unter 250 €, gleich ob Regelgeldbuße oder erhöht und
auch bei Arbeitslosigkeit) bei Regelgeldbußen *jeglicher Höhe* (ebenso Ce DAR **15** 101 m Bspr *Kö-
nig* DAR **15** 363; Bra SVR **15** 465 *(Sandherr),* wohl auch Ko BA **14** 351) bzw bei Regelgeldbußen
bis zu 500 € (Jn VRS **122** 149) nur bei Besonderheiten Feststellungen zu den wirtschaftlichen Ver-
hältnissen. Bedeutung wird dabei auch dem Umstand beigemessen, dass der Betroffene in Kennt-
nis der Höhe der Geldbuße einen Entbindungsantrag (§ 72 OWiG) gestellt hat (Ko BA **14** 351; Ce
DAR **15** 101; Fra NZV **16** 244). Diese neuere Rechtsprechungslinie erscheint nicht unvertretbar;
jedoch ist die krasse Uneinheitlichkeit der obergerichtlichen Rspr. im Grunde unerträglich (ein-
gehend *König* DAR **15** 363; zust. *Sandherr* SVR **15** 465). Besonderheiten sind namentlich bei Ar-
beitslosigkeit gegeben (Kar NJW **07** 166, Dr DAR **06** 222, Göhler / *Gürtler* § 17 Rn. 24, 29; s aber
oben). Die Feststellungen müssen dabei nicht den strengen Grundsätzen folgen, die bei der Fest-
stellung der besonderen Härte in Bezug auf das Absehen von einem indizierten FV bestehen (hier-
zu § 25 Rn. 26); gebieten nicht besondere Umstände eine nähere Sachaufklärung, so muss den
Angaben des Betroffenen nicht im Einzelnen nachgegangen werden (Kar NJW **07** 166, abw wohl
Ce ZfS **05** 314 (300 €)). Anderes wäre auch wertungswidersprüchlich zur Festsetzung der Tages-
satzhöhe bei der Geldstrafe, wo ebenfalls kaum je Finanzermittlungen durchgeführt werden. Glei-
ches gilt für die jedenfalls im Bußgeldbereich von über 55 € mögliche, aber nicht zwingende
Festsetzung höherer Geldbußen als im BKat vorgesehen bei **überdurchschnittlich guten
Vermögensverhältnissen** (vgl. Ha DAR **20** 214 mBspr *König* DAR **20** 367 f.). Die Erhöhung
der Geldbuße gegenüber dem Bußgeldbescheid erfordert keinen durch das Protokoll zu bewei-
senden rechtlichen **Hinweis nach § 265 II StPO** (vgl. Stu DAR **10** 590; Ba DAR **11** 214, KG
VRS **126** 102, NZV **15** 355 (dort auch zu den Erfordernissen der Verfahrensrüge); *Sandherr*
DAR **10** 99; *König* DAR **17** 362; abw für den Fall, dass im Bußgeldbescheid die Regelgeldbuße

festgesetzt war, Jn VRS **113** 330, Ha DAR **10** 99; Ha NZV **17** 146 (abl *Sandherr*); wohl auch Stu DAR **10** 590).

49   **15c. Fremde Mitschuld** (**E** 148), sofern nicht nur geringfügig, entlastet (BGH VRS **29** 278, Kar VRS **100** 460, Ol NZV **92** 454) und ist nachprüfbar zu berücksichtigen (Bay VkBl. **66** 118, Ce NZV **94** 40, Schl DAR **62** 157). Fremde Mitschuld oder Mitverursachung, sofern nicht unwesentlich, beeinflusst den Schuldvorwurf stets. Überwiegende Mitschuld des Verletzten muss nachprüfbar abgewogen werden (BGH VRS **35** 428). Lässt sie sich nicht ausräumen, ist sie als feststehend zu behandeln (BGH VRS **36** 362), auch bei Fahrlässigkeitstaten (BGH VRS **5** 50, KG VRS **25** 141, BGH VRS **25** 266, KG VRS **29** 207). Mitschuld der VB (**E** 148) als Milderungsgrund (Bay VRS **26** 58 (unrichtig aufgestelltes VZ), ähnlich Stu VRS **26** 68; s. jedoch auch Dü SVR **15** 107 *(Krenberger)* m Bspr *König* DAR **15** 363). Zum Maßstab behördlicher Mitschuld Ce VM **69** Nr. 99, Hb VM **66** Nr. 97, Kö VRS **34** 232, anders Dü VM **67** Nr. 99, Br VM **66** Nr. 10, KG VRS **35** 357, Mü VRS **35** 333, Ha VRS **36** 100.

50   Ebenso kann schuldloses, aber **mitverursachendes fremdes Verhalten** (**E** 101) mindernd wirken (BGH VRS **18** 121, Ce DAR **58** 273), etwa das eines siebenjährigen Kinds (Ha VRS **25** 443).

51   **15d. Vorwerfbarer Verbotsirrtum** (Rn. 34 ff.) wirkt, sofern vermeidbar, je nach dem Grad der Vorwerfbarkeit mindernd (Bay DAR **00** 172, Kö VRS **109** 45, **95** 435, KG NZV **94** 159, Stu VRS **81** 129, Dü VRS **85** 296, NZV **09** 573). Dabei ist jedenfalls bei OW im fließenden V zu berücksichtigen, dass der VT oft rasch und sinnvoll ohne lange Überlegungszeit reagieren muss (Rn. 35). In diesen Fällen kann nicht ohne Weiteres das abweichende Ergebnis späterer, langwieriger behördlicher Prüfung als maßgebend unterstellt werden (**E** 140, 156, 157).

52   **15e. Geminderte Verantwortlichkeit** (**E** 151). Erheblichere BAK-Werte wirken bei Fahrern und Kf im Verkehr in aller Regel nicht bußgeldmindernd, ausgenommen den Fall unbemerkbarer Alkoholbeibringung, s. §§ 315c, 316 StGB.

53   **15f. Rechtstreue.** Dass jemand auf Grund besonderer Umstände in sinnvoller Weise von einer VRegel abweicht (**E** 122 ff.), wie die §§ 11, 36 I StVO es sogar fordern, oder auch in vorwerfbarer Weise, bedeutet selten, dass er die Verkehrsrechtsordnung missachtet, denn die OW-Normen sind wertfrei. **Allgemeinabschreckung** anderer ist als Bußgelderhöhungsgrund nicht grds. ausgeschlossen (Dü MDR **94** 1237). Jedoch enthält der Bußgeldrahmen ein evt. Regelsatz der BKatV eine Vorbewertung des Gesetzgebers. Werden die Häufung bestimmter VUnfälle oder -delikte, hohe Unfallziffern oder Häufigkeit anderer Verstöße, herangezogen, so muss dies im Einzelnen festgestellt werden (Göhler/*Gürtler* § 17 Rn. 35). Der Gedanke der negativen Generalprävention wird daher in der Praxis sehr selten zum Ansatz kommen.

54   **15g. Nur Bewiesenes** belastet. Unzulässig ist die Erwägung, jemand „gelte" als rücksichtsloser Fahrer und sei „verkehrsrechtlich schon in Erscheinung getreten" (Bay DAR **52** 155, KG DAR **66** 305; s. aber Rn. 55). Nicht verwertbar ist daher ein Polizeivermerk, der Fahrer sei wegen mehrfacher Verstöße gegen die StVO bekannt (Kö DAR **56** 131).

55   **15h. Vorstrafen und frühere Bußgeldentscheidungen,** sofern noch nicht tilgungsreif (§ 29 Rn. 20 ff.; kann nach Datenlage Tilgungsreife eingetreten sein, muss der Eintritt der Rechtskraft deshalb mitgeteilt werden, Brn NZV **13** 206), können in nachprüfbarer Form (Ha ZfS **03** 521, Dü NZV **98** 257, DAR **96** 65, Kö VRS **71** 214) bußgelderhöhend wirken, falls sie den Schluss zulassen, nur eine höhere Buße könne den Betroffenen an seine Ordnungspflicht erinnern (Dü DAR **92** 271, Kö VRS **87** 40, Ko VRS **68** 371), aber nicht schematisch nach Prozentsätzen (Dü NZV **89** 365, VRS **69** 229, zust *Schall* NStZ **86** 5). Der jetzige Vorwurf muss auf derselben Verhaltenstendenz beruhen wie der frühere (Dü NZV **96** 120, **98** 257, DAR **96** 65, *Schall* NStZ **86** 5). Frühere VVerstöße sollen nach Ko VRS **60** 54, KG VRS **34** 433 nur bei näherer Urteilsdarlegung als Erhöhungsgründe in Betracht kommen. Grundlage ist die Eintragung im FAER; das „simple" Bestreiten des Betroffenen stellt ihre Richtigkeit nicht in Frage (Bay NZV **04** 48; Schl SchlHA **08** 271; *König/Seitz* DAR **09** 361). Vorherige Verstöße sind wegen der Warnwirkung auch verwertbar, sofern Rechtskraft erst nach der neuerlichen Tat eingetreten ist (Bra DAR **11** 406). Frühere rechtskräftige Ahndungen *unterhalb der Eintragungsgrenze* dürfen schärfend berücksichtigt werden (KG VRS **52** 305, Kö VRS **71** 214), wenn sie bei unterstellter Eintragungspflicht noch nicht getilgt wären und es sich um gehäufte Verstöße handelt (Dü VRS **73** 392), auch Verwarnungen, sofern sie ohne besondere Nachforschung bekannt sind oder sich von selbst im Verfahren ergeben; hinzu kommen muss der innere Zusammenhang mit dem

neuen Verstoß (Dü VRS **73** 392, Göhler/*Gürtler* § 17 Rn. 20c). Getilgte oder tilgungsreife Eintragungen: § 29 Rn. 20 ff. Kein Verstoß *gegen das Doppelverwertungsverbot* (§ 46 III StGB), wenn wegen Vorbelastungen sowohl die Geldbuße erhöht als auch ein FV verhängt wird (Jn NZV **08** 372). Nach **Einstellungen** gem. § 153a StPO (keine Eintragung im FAER), ist der zugrundeliegende Sachverhalt nur nach gesonderter Beweisaufnahme zuungunsten verwertbar (BGH GA **80** 311 (zu § 154a StPO) mAnm *Rieß*). Verlässlich feststellbare **Auslandsverurteilungen** können in dem Maß bußgelderhöhend wirken, wie sie sich nach deutschem Recht darstellen (Bay DAR **78** 330). Mehrfachtäter: § 4 StVG.

15i. Uneinsichtigkeit liegt nicht vor, wenn jemand das ihm vorgeworfene Verhalten leugnet **56** (Zw ZfS **83** 159, Ha VRS **8** 137). Leugnen allein rechtfertigt keine Verschärfung (Dü VRS **100** 356, Zw VRS **64** 454, Kö ZfS **84** 222, VRS **81** 200). Mangelnde Einsicht muss nachprüfbar bewiesen und dargelegt werden. Nur als sicheres Indiz für Gefährlichkeit und die Gefahr künftiger beachtlicher Verstöße kann sie bußgelderhöhend wirken (BGHSt **3** 199, **1** 105, 342, VRS **24** 34, Ol DAR **19** 162, Ko NZV **92** 249, Kö NStZ **85** 369, Dü VRS **100** 356, Kö NZV **95** 327). Nicht das bloße beharrliche Vertreten einer unrichtigen Rechtsansicht als solches (KG NZV **92** 249, Dü NZV **94** 288), wohl aber die festgestellte daraus resultierende Gefahr künftiger Verstöße darf mithin schärfend Berücksichtigung finden (Ha VM **90** 83, Sa VRS **34** 391, enger Ko VRS **71** 43). **Bei Fahrlässigkeitstaten** scheidet Uneinsichtigkeit weitestgehend aus (BGH NJW **52** 434, KG VRS **48** 222, Ha VRS **33** 130, Sa VRS **34** 391, Kö VRS **73** 297, Ko VRS **37** 205); Berücksichtigung nur bei festgestellter Rechtsfeindschaft und daraus resultierender Gefahr künftiger Rechtsbrüche (BGH NStZ **83** 453, KG DAR **01** 467, Dü NZV **94** 288, Ce VM **83** 87, Ko NStZ **85** 369, Kö VRS **73** 297).

15k. Gehobene soziale Stellung bzw. eine „Vorbildfunktion" erhöht den Vorwurf **57** nicht. Von jedermann ist zu verlangen, dass er die VRegeln beachtet (Ha VM **58** 35, Schl VM **59** 26, Hb VM **61** 78), so für Rechtsanwälte (KG NZV **92** 249), Ortsbürgermeister und Kreistagsmitglieder (Kö DAR **62** 19), für erfahrene Kf und KfzHandwerker (Stu DAR **56** 227, Hb VM **61** 78) und Landtagsabgeordnete (Ba NZV **11** 149). Ein erhöhter Vorwurf ist nur gerechtfertigt, wenn zwischen Tat und Stellung ein innerer Zusammenhang besteht (st. Rspr.; s. etwa Ba NZV **11** 149). Die abweichende Ansicht moralisiert und behindert die berechtigte Tendenz zur Gleichbehandlung der MassenOW (näher Göhler/*Gürtler* § 17 Rn. 19).

15l. Rechtsstaatswidrige Verfahrensverzögerungen können entsprechend dem durch den **57a** BGH entwickelten Vollstreckungsmodell (BGHSt **52** 124; *Meyer-Goßner/Schmitt* Art. 6 MRK Rn. 9a) uU durch Herabsetzung der Geldbuße (und/oder durch Verminderung bzw. Entfall des FV) zu kompensieren sein (BVerfG v. 2.7.03, 2 BvR 273/03, juris; Dü NZV **08** 534, Ba NJW **09** 2468), wenn nicht schon die Feststellung der Rechtsstaatswidrigkeit als Kompensation ausreicht (BGH aaO). Die Praxis wird sich jedoch meist anders zu behelfen wissen. In der Sache ist wegen der im Vergleich zur Strafe geringeren Eingriffsintensität ein milderer Maßstab anzulegen als im Strafrecht; deswegen Kompensation erst dann, wenn die schuldhafte Verfahrensverzögerung ein Vielfaches der normalen Verjährungsfrist erreicht (Dü NZV **08** 534 (bei 1 Jahr noch nicht), Ba NJW **09** 2468 (bei 7 Monaten noch nicht)). Die Gerichte sind allerdings zu sorgfältiger Prüfung verpflichtet, ob und mit welchen Mitteln der Staat gegen den Betroffenen (noch) vorgehen kann, weswegen Art und Umfang der Verletzung ausdrücklich festzustellen und das Ausmaß ihrer Berücksichtigung näher zu bestimmen ist (Ba NJW **09** 2468). Bei einer Verfahrensverzögerung von 26 Monaten im Rechtsbeschwerdeverfahren greift Stu DAR **09** 44 (mAnm *Riehle-Nagel*) zur Einstellung nach § 47 II OWiG (Geldbuße von 60 €). Für eine Verzögerung von 8 Monaten im Rechtsbeschwerdeverfahren gewährt Ha DAR **11** 409 (großzügig) einen einwöchigen Abschlag von einem einmonatigen FV, ohne hinreichend zu begründen, warum nicht mit Blick auf die weitaus geringeren Belastungen des Bußgeldverfahrens die Feststellung der Verzögerung (dazu BGHSt **52** 124 Rn. 56), uU auch ein Abschlag von der Geldbuße genügt hätte. Für 14 Monate Verzögerung nach Urteilszustellung gewährt Sa (VRS **126** 203; zT unzutreffend wiedergegeben und kommentiert in NJW-Spezial **14** 491) gestaffelte Abschläge von den verhängten Geldbußen und 2 Wochen Abschlag von einem zweimonatigen FV (s. auch Dr ZfS **18** 411). Bei einer Verfahrensverzögerung von 1 Jahr 9 Monaten im Rechtsbeschwerdeverfahren erklärt Hb NStZ **19** 529 ein einmonatiges FV für vollstreckt. Probleme der Vollstreckbarkeit (Berechnung) werden sich bewältigen lassen (seltsam *Fromm* DAR **11** 411). Bei einer Verzögerung von 21 Monaten im Rechtsbeschwerdeverfahren lässt Ro StV **09** 363 unter übertriebener Betonung eines in Form des FV über dem Betroffenen schwebenden „Damoklesschwerts" das

FV wegfallen. Bei Verzögerung von 2 Monaten 3 Wochen im Rechtsbeschwerdeverfahren genügt zur Kompensation deren Feststellung (Ha NZV **17** 145). **Im Rechtsbeschwerdeverfahren** ist eine Verfahrensrüge erforderlich, soweit die Verfahrensverzögerung nicht schon bei Prüfung der Verfahrensvoraussetzungen deutlich wird oder die Verzögerung im Rechtsbeschwerdeverfahren eintritt (vgl. BGHSt **52** 124, Ba NJW **09** 2468; s. auch *Krumm* DAR **10** 612). Eine Einstellung des Verfahrens wegen eines Verfahrenshindernisses aufgrund Verfahrensverzögerung kommt nur unter exzeptionellen Umständen in Betracht (vgl. Ro BA **16** 324).

58   **15m. Tateinheit besteht,** wenn dieselbe Handlung (Handlungseinheit) einen Bußgeldtatbestand mehrmals (gleichartige TE) oder mehrere Bußgeldtatbestände zugleich mindestens teilweise erfüllt (ungleichartige TE; BGHSt **18** 29, **27** 66 = NJW **77** 442). Es wird dann eine einzige Geldbuße festgesetzt (§ 19 I OWiG). Große Bedeutung haben die Fälle der **natürlichen Handlungseinheit.** Diese ist gegeben, wenn mehrere Verhaltensweisen in einem solchen unmittelbaren räumlichen und zeitlichen Zusammenhang stehen, dass das gesamte Tätigwerden bei natürlicher Betrachtung auch für einen Dritten als ein einheitlich zusammengefasstes Tun anzusehen ist, und auf einer einheitlichen Willensbetätigung iS derselben Willensrichtung beruht (Göhler/*Gürtler* vor § 19 Rn. 3 mwN). Die bloße Neigung, sich über Verkehrsregeln hinwegzusetzen, genügt insoweit nicht (Bay NZV **02** 145 mAnm *Seitz* JR **04** 524). Im Hinblick darauf wird natürliche Handlungseinheit *bei Fahrlässigkeit* meist nicht in Betracht kommen (Ha DAR **06** 697). Sie besteht danach nicht schon unter mehreren fahrlässigen Verstößen auf derselben Fahrt (Bay NZV **95** 407, **96** 160, DAR **96** 31, Bay NZV **97** 489, Jn DAR **05** 44, Dü NZV **01** 273, DAR **98** 113, Hb VRS **49** 257, Ha VRS **52** 131, *Mürbe* AnwBl **89** 641), es sei denn, diese geschehen, sehr eng verstanden, zeitlich und räumlich unmittelbar nacheinander (Bay DAR **03** 281, **90** 363, ZfS **97** 315, Brn DAR **05** 521, Ro VRS **107** 461, Jn VRS **108** 270, NZV **99** 304, Ha DAR **06** 338, 697, Dü NZV **01** 273, VRS **67** 129 (Unterbrechung einer Geschwindigkeitsüberschreitung lediglich durch kurzfristiges Verlangsamen beim Abbiegen), NZV **88** 195, **94** 42 (Missachtung mehrerer unterschiedlicher Geschwindigkeitsbegrenzungen auf 12 km AB-Strecke)). Der Täter hat bei jedem GebotsZ und jeder neuen VLage dem Sorgfaltsgebot aufs Neue zu genügen (Bay NZV **02** 145, Brn DAR **05** 521, Ha DAR **76** 138, AG Sigmaringen DAR **95** 33). Im Abstand von nur 50 m begangene Rotlichtverstöße bilden keine natürliche Handlungseinheit, wenn die Ampelregelungen unterschiedliche Kreuzungen (Einmündungen usw) betreffen (Jn NZV **99** 304). Zu **Geschwindigkeitsüberschreitungen** s. § 3 StVO Rn. 56a. Bei mehreren *Vorsatztaten* auf Grund jeweils neuen Tatentschlusses kann bei einheitlicher Zielsetzung natürliche Handlungseinheit gegeben sein (Bay DAR **90** 363), so wegen des Ziels raschen Vorankommens nach Ce DAR **11** 407 für einen Rotlicht- und Überholverstoß (Z 276) innerhalb von 2 Minuten und nach Ce NZV **12** 196 bei zwei Verstößen auf verschiedenen Straßen (zw.). Natürliche Handlungseinheit wird durch die *Rspr.* namentlich in Fällen von **(Polizei-)Fluchtfahrten** angenommen (BGH NJW **03** 1613 (1615), NZV **01** 265, DAR **72** 118, **85** 190, **94** 180, **95** 334, NStZ-RR **97** 331, VRS **65** 428, **66** 20, näher § 315b Rn. 32, LK-*König* § 315b Rn. 98). So verbindet der Entschluss, sich der Blutprobenentnahme zu entziehen, alle bei der Fluchtfahrt begangenen Straftaten zur natürlichen Handlungseinheit (BGH VRS **57** 277).

58a   **Eine DauerOW** kann mehrere Verstöße gegen die StVO auf derselben Fahrt **zur TE verbinden** (BGHSt **27** 66 = NJW **77** 442, Zw NZV **02** 97, Dü NZV **97** 192). Voraussetzung ist, dass die Zuwiderhandlungen gegen die StVO nicht nur gleichzeitig oder bei Gelegenheit der DauerOW begangen werden, sondern dass die DauerOW einen tatbestandserheblichen Tatbeitrag zu dem jeweiligen anderen Verstoß bildet (BGH NJW **77** 442, NStZ **04** 694, Ro VRS **107** 461, Dü NZV **97** 192, *Albrecht* NZV **05** 66), wie zB bei einer DauerOW, die zugleich Ausführungshandlung der anderen Zuwiderhandlungen ist (Ro VRS **107** 461, Zw NZV **02** 97). So steht Fahren mit einem nach den §§ 31 ff. StVZO nicht vorschriftsmäßigen Kfz in TE mit während dieser Fahrt begangenen OW nach §§ 24 StVG, 49 StVO (BGH NJW **77** 442, Zw NZV **02** 97, Ha VRS **51** 63, Stu VRS **60** 64, aM Kar VRS **46** 194), gleichfalls TE bei Alkoholfahrt mit nicht zugelassener Anhängerkupplung (§ 24a Rn. 29). TE auch bei Verstoß gegen § 23 Abs. I a StVO (verbotene Telefonbenutzung) mit Trunkenheitsfahrt nach § 24a StVG (Sa VRS **110** 362, zust *Geppert* JK 11/06 OWiG § 84/1) und mit Geschwindigkeitsverstoß (Jn DAR **10** 31). Umstritten ist die Beurteilung des Zusammentreffens von Begehungsverstoß und Unterlassen, so Verstoß gegen die Gurtanlegepflicht (DauerOW) mit während der Fahrt begangenen anderen OW nach § 24 (zB Geschwindigkeits-, Abstandsverstöße). Obergerichtliche *Rspr.* und hM bejahen auch insoweit TE (Ro VRS **107** 461, Dü VRS **73** 387, Stu VRS **112** 59 (jeweils Geschwindigkeitsverstoß), zust *D. Müller* VD **05** 236, *Struensee* DAR **05** 656, Ha DAR **06** 338

(Abstandsunterschreitungen)), wohl auch bei Zusammentreffen mit Alkoholfahrt nach § 24a (s. Jn NStZ-RR **06** 319 (zur prozessualen Tat)). Für die Gegenansicht sprechen beachtliche Gründe; denn zwischen Tun und Unterlassen besteht nach allg. Regeln grundsätzlich TM, wobei das Fahren nicht Ausführungsakt des Verstoßes zB gegen die Gurtanlegepflicht ist (AG Sondershausen DAR **05** 350, *Albrecht* NZV **05** 74, VD **05** 311, SVR **06** 1, DAR **07** 61). Lediglich gleichzeitiges Zusammentreffen (und auch zwei prozessuale Taten) aber etwa bei BtM-Besitz während Drogenfahrt (§ 24a Rn. 29). Die **Verklammerung** mehrerer Verstöße gegen Bestimmungen der StVO durch eine DauerOW setzt etwa gleichen Unrechtsgehalt der DauerOW voraus (Zw NZV **02** 97, Dü NZV **97** 192, Göhler/*Gürtler* vor § 19 Rn. 30). Gering gewichtige DauerOW, wie etwa Nichtmitführen des FzScheins, verbinden mehrere nacheinander begangene VVerstöße deshalb nicht zur TE (Ha DAR **76** 138, dazu Göhler/*Gürtler* vor § 19 Rn. 30 ff.). Näheres über tateinheitliches Zusammentreffen bei den einzelnen Vorschriften. Tritt eine OW hinter eine Straftat zurück (§ 21 OWiG), so kann die verdrängte OW strafschärfend berücksichtigt werden (BGH NJW **54** 810, Ha NJW **73** 1891, Br VRS **52** 422, Göhler/*Gürtler* § 21 Rn. 12). Verwarnung bei TE: § 26a StVG Rn. 27.

Sind mehrere Gesetze verletzt, so **wird die Geldbuße** nach dem Gesetz bestimmt, das die **58b** höhere Buße androht (§ 19 II OWiG, § 3 V BKatV). IdR wird ein tateinheitlicher Verstoß gegen mehrere Ge- oder Verbote die Vorwerfbarkeit erhöhen und daher im Rahmen von § 17 OWiG je nach Sachlage eine mehr oder minder erhöhte Geldbuße rechtfertigen (§ 3 V BKatV).

Literatur: *Albrecht,* Abgrenzung von TE und TM … StrVOW, NZV **05** 62. *Ders.,* Gleichzeitiger Gurt- **58c** und Geschwindigkeitsverstoß, SVR **06** 1. *Ders.,* Die unbefriedigenden Lösungen …, DAR **07** 61. *Franke,* Die Bedeutung der Konkurrenzen im Verkehrsstrafrecht, BA **15** 184,

15n. Bei **Tatmehrheit** ist jeder Verstoß gesondert zu ahnden, es existiert im OWRecht an- **59** ders als im Strafrecht mithin keine Gesamtgeldbuße (§ 20 OWiG; Dü DAR **98** 113, Ko ZfS **07** 231, Ce ZfS **11** 651). TM braucht nicht stets für die einzelne Geldbuße ein Erhöhungsgrund zu sein (Dü DAR **98** 113). Unter den heutigen VVerhältnissen kann sich auch der sorgfältige Kf von gelegentlich unterlaufenden unbedeutenden Verstößen nicht völlig freihalten (E 135, 140), diese lassen daher nicht ohne Weiteres einen Schluss auf ordnungswidrige VGesinnung zu. Wiederholte Begehung desselben Verstoßes oder die Art und Weise seiner Begehung können zwar den Schluss rechtfertigen, dass nachdrückliche Ahndung geboten ist; idR wird dies jedoch schon durch die Kumulation der mehreren Bußen wirksam erreicht (Dü DAR **98** 113). Die rechtliche Handlungseinheit der fortgesetzten Handlung existiert auch im OWRecht nicht mehr (E 134). Natürliche Handlungseinheit: Rn. 58. Verwarnung bei Tatmehrheit: § 26a StVG Rn. 28. Bei TM zwischen Straftat und OW kann keine Gesamtgeldstrafe gebildet werden (Kö NJW **79** 379).

Mehrere Verstöße auf einer Fahrt bilden selbst bei engem räumlichen und zeitlichen Zusam- **59a** menhang **nicht ohne Weiteres eine prozessuale Tat** iSv § 264 StPO (Bay NZV **94** 448, VRS **101** 446 (Geschwindigkeitsüberschreitungen: § 3 StVO Rn. 56a), DAR **96** 31, Jn NZV **99** 478, Dü NZV **88** 195, Mü NZV **05** 544 (mehrfaches regelwidriges Überholen)), wenn ihnen unterschiedliche VSituationen zugrunde liegen (Mü NZV **05** 544). Soweit sie räumlich und zeitlich derart zusammenfallen, dass sie *eine* Tat bilden, verstößt Ahndung durch zwei getrennte Bußgeldbescheide gegen Art 103 III GG (Jn NStZ-RR **06** 319, Nau NJW **95** 3332, Sa VRS **110** 362; Brn DAR **16** 594 m Bspr *König* DAR **17** 362). Nach Jn NStZ-RR **06** 319 eine prozessuale Tat bei Alkoholfahrt und Nichtanlegen des Sicherheitsgurts während der Fahrt. Mehrere selbständige Verstöße gegen die Vorschriften über Lenk- und Ruhezeiten iSv § 20 OWiG sind nicht allein deshalb als eine prozessuale Tat anzusehen, weil sie innerhalb eines Kontroll- oder Überprüfungszeitraums iSv § 1 IV S. 4 FPersV begangen worden sind (BGH NJW **13** 3668 m Bspr *Kröpil* DAR **14** 423).

15o. Die auf Grund des § 26a erlassene **Bußgeldkatalog-Verordnung** (BKatV), 2013 aus **60** denselben Gründen wie die StVO (§ 39 Rn. 4c) neu erlassen (BR-Drs. 769/12). BKatV und BKat streben möglichst gleichmäßige Behandlung massenhafter Durchschnittsfälle an (Dü NZV **90** 486, Begr VkBl. **89** 517). Die bis zu ihrem Inkrafttreten gültig gewesenen früheren Bußgeldkataloge waren lediglich interne Weisungen an die Verwaltungsbehörden, die die Gerichte nicht binden (Rn. 64). Zu **Inhalt, Zweck und Anwendung der BKatV** s. auch Begr, Rn. 41. Zur etwaigen Nichtigkeit der mit der 54. ÄndVStVR eingeführten Verschärfung § 25 Rn. 19a.

Die **Regelsätze** der BKatV laufen auf eine **Schematisierung** innerhalb des Rahmens der **61** §§ 24, 24a hinaus. Dies ergibt sich wie bei der Verwarnung bereits aus dem Gesetz (§ 26a). Die im BKat enthaltenen Regelsätze gelten bei gewöhnlichen Tatumständen (§ 1 II BKatV). Die in

Abschnitt I des BKat aufgeführten Regelsätze gelten bei fahrlässiger Tatbegehung und gewöhnlichen Tatumständen (§ 1 II BKatV, dazu Rn. 64). Bei grober oder nur leichter Fahrlässigkeit liegt kein Regelfall vor (Rn. 64). Die Regelsätze des Abschnitts II des BKat betreffen OW, die nur vorsätzlich begehbar sind (näher Rn. 64).

62   **Keine Schematisierung** gilt hinsichtlich der Bedeutung der OW und ihrer Vorwerfbarkeit im Einzelfall (Dü VRS **90** 149, **95** 432). Der BKat bedeutet insoweit nur, dass die bezeichneten OW im Regelfall für so beachtlich gehalten werden, dass bloße Verwarnung (§ 26a I Nr. 1 StVG, § 56 OWiG) nicht ausreichen werde. Dennoch ist stets *ihr objektives Gewicht maßgebend*. Wenn auch die meisten der katalogisierten OW im Regelfall gewichtiger oder gefahrträchtig sind, so können doch manche unter günstigen Umständen ihr Gewicht verlieren. Daher kann auch eine katalogisierte OW ausnahmsweise bedeutungslos sein und dann lediglich Verwarnung rechtfertigen. In solchen Fällen wäre es rechtswidrig, am Katalogsatz festzuhalten und Härten, die nur bei Gesetzeszwang entstehen können, dem Vollstreckungsverfahren (Ratenzahlung) vorzubehalten. Die Bußgeldregelsätze entsprechen vorausgesetztem Durchschnittseinkommen, ist dieses *erkennbar* erheblich niedriger, sind entsprechend niedrigere Katalogsätze angebracht, soweit nicht geringfügige OW (im Einzelnen Rn. 48a).

63   Erfassung einer VOW im BKat ist nicht Voraussetzung für ihre Ahndung (Dü VRS **76** 22, *Janiszewski* NJW **89** 3115, s. auch § 26a Rn. 2). Soweit **Katalog-Regelsätze fehlen,** ist die Geldbuße von der VB in Anlehnung an die vorgeschlagenen Sätze, dh unter Orientierung an Tatbeständen ähnlicher Art und Schwere (Begr zur BKatV, VkBl. **89** 517, Rn. 41), innerhalb des gesetzlichen Rahmens zu wählen (Kö DAR **01** 87, Ha NZV **95** 83). Darin liegt keine verbotene Analogie (Rn. 64).

64   **Verwaltungsinterne Richtlinien** in Form von Bußgeldkatalogen oder Tatbestandskatalogen der Länder, die nicht auf der Grundlage des § 26a StVG beruhen, binden die Gerichte nicht (Dü DAR **01** 320, Göhler/*Gürtler* § 17 Rn. 27, 32, *Janiszewski* NJW **89** 3115; zum früheren BKat Bay VRS **70** 454, Kar VRS **108** 63, Dü VRS **78** 440, Ko VRS **70** 224), ebenso wenig die Sätze des auf Grund von § 4 III VwV VZR vom KBA bekanntgegebenen **Bundeseinheitlichen Tatbestandskatalogs** (12. Aufl., Stand 1.11.2017, abrufbar über www.kba.de; Dü DAR **04** 712 (krit hierzu *Albrecht* SVR **06** 44f.), Ha NStZ **06** 358, Jn VRS **111** 205; krit. zum Katalog und dessen Handhabung *Müller* DAR **13** 604, SVR **15** 207). Das Gleiche gilt für noch bestehende sog Tatbestandskataloge und Bußgeldkataloge, etwa zur Ahndung von Verstößen gegen das FPersG (Kar VRS **108** 63, Brn VRS **92** 373). Die Sätze solcher Kataloge können und sollten jedoch vom Gericht als Orientierungshilfen herangezogen werden (Dü DAR **01** 320, NZV **11** 49; *Janiszewski* NJW **89** 3115), allerdings nur, soweit sie in der Praxis verbreitete Anwendung finden (dazu Göhler/*Gürtler* § 17 Rn. 32, s. auch unten Rn. 65).

64a   **Gerichtliche Bindung** besteht demgegenüber an die Regelsätze der auf Grund des § 26a erlassenen **BKatV;** denn bei dieser handelt es sich um eine Rechtsverordnung (Bay NZV **91** 360, Dü NZV **96** 78, Kar NZV **94** 237, *Janiszewski* NJW **89** 3115f., *Jagow* NZV **90** 14, Göhler/*Gürtler* § 17 Rn. 27, 31, *Heck* NZV **91** 177, aM *Greißinger* AnwBl **84** 286, *Suhren* AnwBl **84** 235). Auch die Regelsätze der BKatV sind jedoch nur **Zumessungsrichtlinien** (Begr, Rn. 41, Dü VM **02** 22, NZV **97** 410, Göhler/*Gürtler* § 17 Rn. 28b). Grundlage der Bußgeldbemessung bleiben die Kriterien des § 17 III OWiG (KG NZV **94** 159, Dü VM **02** 22, NZV **98** 38, VRS **96** 386). Die Regelsätze der BKatV entbinden den Richter demnach nicht von eigenen Zumessungserwägungen, insbes. nicht von einer **Einzelfallprüfung** in Bezug auf die Berechtigung des Katalogsatzes im konkreten Fall (Dü DAR **02** 174, Kö NZV **94** 161, KG NZV **94** 159, 238, *Schall* NStZ **86** 8, *Beck* DAR **89** 323). Der Richter darf vor allem die Geldbuße nicht schematisch dem Katalog entnehmen, sondern muss prüfen, ob unter Berücksichtigung der Tatumstände ein Regelfall gegeben ist (Dü VRS **82** 463, Göhler/*Gürtler* § 17 Rn. 28b, 34, *Schall* NStZ **86** 2, *Janiszewski* NJW **89** 3116, *Jagow* NZV **90** 15). Ferner können ausnahmsweise die **wirtschaftlichen Verhältnisse** zu berücksichtigen sein (im Einzelnen Rn. 48a). Denn insoweit bleibt es bei § 17 III S. 2 OWiG (Ol VM **90** 69, Dü VRS **80** 380, Begr zur BKatV, VkBl. **89** 517, Rn. 41). Liegt kein Regelfall vor, so gilt für die Bußgeldbemessung uneingeschränkt § 17 OWiG (Dü VRS **82** 463, *Janiszewski* NJW **89** 3116). Im Hinblick auf den Charakter als Zumessungsrichtlinie handelt es sich auch nicht um eine verbotene Analogie, wenn der Tatrichter die Zumessung für einen im BKat nicht geregelten Verstoß an einem vergleichbaren geregelten Verstoß ausrichtet (s. schon Rn. 63; Ha NZV **07** 428 mAnm *Krumm* DAR **07** 341; s. allerdings Ro VRS **107** 442, wonach § 4 I, III OWiG gelten soll); jedoch muss dies dann im Einzelnen begründet werden. **Ein Regelfall iS der BKatV** setzt voraus, dass die Tatausführung allgemein üblicher Begehungsweise entspricht und weder subjektiv noch objektiv Besonderheiten aufweist (Rn. 41).

Besondere Umstände, die zur Verneinung eines Regelfalls führen, können aber nicht nur in der Begehungsweise, sondern auch in der Person des Betroffenen liegen (*Janiszewski* NJW **89** 3116). Nach AG Ko DAR **13** 402 kann besondere Stresssituation wegen lebensbedrohender Erkrankung des Hundes zum Abweichen vom Regelfall führen. Mitverschulden des Geschädigten kann eine niedrigere Buße rechtfertigen (Rn. 49). Bei den in Abschnitt I des BKat aufgeführten Verstößen (Rn. 61) rechtfertigt grobe Fahrlässigkeit, eine Überschreitung des Regelsatzes wenn nicht besondere Umstände anderer Art zugunsten des Betroffenen sprechen, ein außergewöhnlich geringes Maß fahrlässigen Verhaltens eine niedrigere Buße (Ce VM **83** 12, *Janiszewski* NJW **89** 3116). **Bei Vorsatz** ist die Geldbuße nach § 3 IV a BKatV (dazu Rn. 41a) zu verdoppeln (abw die vormalige *Rspr.* zum alten Recht, s. etwa Ko VD **10** 140 mwN; *Göhler/Gürtler* § 17 Rn. 30). Für Verstöße, die ihrer Art nach nur vorsätzlich begangen werden, sind nunmehr in Abschnitt II des BKat eigene Regelsätze normiert. Betroffen sind ua das Benutzungsverbot für elektronische Geräte nach § 23 Ia StVO (dort Rn. 39), die Benutzung von Radarwarngeräten und das Umfahren von Bahnschranken (§ 9 III StVO; weitere Bsp. bei *Albrecht* SVR **09** 81, 85; *Schubert* DAR **09** 74). Voreintragungen im FAER können ebenfalls zum Nichtvorliegen eines Regelfalls und damit zu einer gegenüber dem Katalogsatz höheren Buße führen (Dü DAR **92** 271, **98** 320, *Jagow* NZV **90** 16), wobei aber nach Ko NZV **19** 48 die Tatzeiten und der Eintritt der Rechtskraft mitzuteilen sein sollen (zw, Bspr *König* DAR **19** 362). Weicht das Gericht von den Regelsätzen des BKat ab, so ist dies im Urteil zu begründen (Dü DAR **02** 174, Göhler/*Gürtler* § 17 Rn. 34). Das Befahren des Seitenstreifens auf der AB entgegen der Fahrtrichtung (hierzu Jn VRS **111** 211) ist nicht in Abschnitt II aufgenommen worden.

16. Der bis 31.12.01 gültige **Verwarnungsgeldkatalog** (zuletzt VwV der BReg v. 28.2.00, **65** BAnz **00** 3048, aufgehoben durch AV v. 26.11.01, BAnz **01** 24505; heute in die BKatV integriert, § 26a Rn. 8 ff.) war nur für die VB verbindlich, nicht aber für die Gerichte. Entsprechendes gilt für die auch nach Neufassung der BKatV durch VO v. 13.11.01 (BGBl. I S. 3033) rechtlich zulässigen (Begr BR-Drs. 571/01 S. 63) ergänzenden landesinternen Tatbestandskataloge bei geringfügigen OW. Jedoch darf das Gericht die Regelsätze solcher VwV nach wohl überwiegender *Rspr.* nicht unberücksichtigt lassen (Kar VRS **108** 63; Dü NZV **91** 82, Stu DAR **70** 54, *Jagow* NZV **90** 17). Dagegen könnten Bedenken bestehen, weil doch eine Bindung der Gerichte an verwaltungsinterne Weisungen die Folge sein könnte (so 38. Aufl). Solange sich das Gericht (wie es von ihm auch verlangt wird) der fehlenden Bindung bewusst ist und dies in den Gründen auch darlegt (hierzu Dü DAR **04** 712), dürften diese Bedenken jedoch nicht durchgreifen (Göhler/*Gürtler* § 17 Rn. 32, krit *Krumm* DAR **06** 493). **Zur Verwarnung im Einzelnen: § 26a** StVG Rn. 8 ff. (mit §§ 56, 58 OWiG) und unten Rn. 73.

17. Einziehung ist bei OW nach § 24 StVG unzulässig (§ 22 OWiG, § 24 StVG). Gleichfalls **66** nicht zulässig (selbst nach erheblichen und wiederholten VOW, zB mehrfache Geschwindigkeitsüberschreitungen auf kurzer Fahrt) ist die **Sicherstellung des Fz** aus Gründen polizeilicher Gefahrenabwehr (*Geppert* DAR **88** 16 ff., BA **90** 33 f., *Mürbe* AnwBl **89** 642).

18. Opportunitätsgrundsatz (§ 47 OWiG). Ist die Ahndung der OW nach Bedeutung **67** und Vorwerfbarkeit nicht geboten, können Ermittlungen unterbleiben (**E** 72). Stellt sich der Sachverhalt später als in diesem Sinn unwesentlich heraus, kann das Verfahren von jeder VerfolgungsB und dem Gericht eingestellt werden. Der Opportunitätsgrundsatz (§ 47 I S. 1 OWiG) wird durch die BKatV nicht berührt (Rn. 41; *Janiszewski* NJW **89** 3115, *Jagow* NZV **90** 17). Kein Verstoß gegen Art 3 GG, wenn Geldbuße verhängt wird, obwohl eine VB Verstöße gleicher Art unter Anwendung von § 47 OWiG grundsätzlich nicht verfolgt (Dü VRS **76** 22).

19. Subsidiarität. Ist eine ow Handlung zugleich Straftat, so tritt die OW zurück, es sei **68** denn, es wird keine Strafe verhängt (§ 21 OWiG; Rn. 58). Ein FV (§ 25 StVG) bleibt zulässig, § 21 I S. 2 OWiG. Fehlt es bei einem Antragsdelikt am Strafantrag, so kann die Tat als OW geahndet werden; ebenso wenn die StA bei Körperverletzung das öffentliche Interesse nicht mehr bejaht; oder bei Einstellung des Strafverfahrens wegen Geringfügigkeit; oder wenn die Straftat nicht erwiesen ist. Strafe wird nicht verhängt, wenn eine Verfahrensvoraussetzung fehlt, ein Verfahrenshindernis besteht, wenn von Strafe abgesehen oder das Verfahren aus verfahrensrechtlichen Gründen eingestellt wird. Ein wegen derselben Handlung rechtskräftig ergangener Bußgeldbescheid ist bei Verurteilung wegen einer Straftat aufzuheben (Rn. 71).

20. Verjährung. Abweichend von § 31 OWiG verjährt die Verfolgung von OW nach § 24 **69** StVG in 3 Monaten (§ 26 III StVG), jedoch nur bis zum Erlass eines Bußgeldbescheids bzw. bis zur Erhebung der öffentlichen Klage. Dies soll die beabsichtigte schnelle Ahndung der VOW durch die VB fördern (KG NStZ **99** 193), ist jedoch alles andere als überzeugend (Göhler/ *Gürtler* § 33 Rn. 1). Nach Erlass des Bußgeldbescheids gilt auch für OW nach § 24 eine 6 monatige Verjährungsfrist, weil sich – insbesondere im gerichtlichen Verfahren – eine 3 monatige als zu kurz erwiesen hat. Einzelheiten bei § 26.

70   **21. Zuständige Verfolgungsbehörde** für VOW: § 26 StVG., s. i Ü §§ 35 ff. OWiG. § 68 I OWiG (zuständiges Gericht) ist grundgesetzgemäß (BVerfG NJW **69** 1622). Er regelt die örtliche Zuständigkeit abschließend (BGH NJW **69** 1820).

71   **22. Das Bußgeldverfahren** richtet sich nach den §§ 35 ff. OWiG. Seine Erläuterung gehört nicht hierher. Opportunitätsgrundsatz: Rn. 67. Bei nachträglicher Verurteilung wegen einer Straftat ist ein wegen derselben Handlung ergangener rechtskräftiger Bußgeldbescheid aufzuheben (§ 86 I S. 1 OWiG), BayVRS **57** 51.

72   **Verschlechterungsverbot.** Die VB darf den mit Einspruch angefochtenen Bescheid durch einen anderen mit schwereren Rechtsfolgen ersetzen (§ 69 OWiG). Der behördliche Bußgeldbescheid ergeht nicht als Akt der Gerichtsgewalt, der Einspruch gegen ihn macht ein Gericht überhaupt erst zuständig. Daher ist er, obgleich er zur vollständigen Neuprüfung des Sachverhalts führt (§ 81 I OWiG), kein Rechtsmittel. Auch das Gericht ist auf den Einspruch hin an die Beurteilung als OW nicht gebunden (§ 81 OWiG). Nur gemäß § 72 III OWiG darf das Gericht **im Beschlussverfahren** „von der im Bußgeldbescheid getroffenen Entscheidung nicht zum Nachteil des Betroffenen abweichen", ebenso nicht im Rechtsbeschwerdeverfahren, § 79 III OWiG, § 358 II StPO. Streicht das Gericht ein FV unter Erhöhung der Geldbuße, so verstößt das nicht gegen das Verschlechterungsverbot, wenn die Gesamtschau keinen Nachteil für den Betroffenen zeigt, § 25 Rn. 29. Zu Hinweispflichten bei „Verböserung" der Geldbuße gegenüber dem Bußgeldbescheid Rn. 48a aE.

73   **Verwarnung** mit Erhebung eines Verwarnungsgelds (§ 26a StVG, §§ 56–58 OWiG; s. § 26a Rn. 8 ff.) schließt nur Verfolgung als OW in den Grenzen des § 56 IV OWiG aus. Spätere Verfolgung als Straftat kann daher keinem Verschlechterungsverbot unterliegen. Dieses kommt nur iRd §§ 331, 358 StPO im weiteren Verfahrensverlauf zum Zuge. Bei DauerOW gilt Verwarnung mit Verwarnungsgeld das danach liegende Verhalten nicht ab (zu § 29 StVZO Sa NJW **73** 2310).

74   **23. Vorläufige Festnahme** gemäß § 127 StPO ist unzulässig (§ 46 III OWiG). Festhalterecht zwecks Identitätsfeststellung: §§ 163b, 163c StPO Göhler/*Seitz/Bauer* Vor § 59 Rn. 139 ff. Privatpersonen steht bei OW keine solche Befugnis zu (Dü VM **79** 63). Festnahmebefugt sind PolB und Außenbeamte der zuständigen VB im Rahmen des Maßgebots solange, bis die Person des Betroffenen festgestellt ist, also nicht bei offensichtlicher Bedeutungslosigkeit, wenn keine Ahndung geboten ist (§ 47 OWiG).

75   **Sicherheitsleistung** kann vom durchreisenden Ausländer unter den Voraussetzungen der §§ 46 I OWiG, 132 StPO verlangt werden, sofern die gesetzlichen Voraussetzungen eines Haftbefehls fehlen. Zur Sicherheitsleistung und Ahndung bei durchreisenden Ausländern Göhler/ *Seitz/Bauer* Vor § 59 Rn. 127 ff.

76   **24. Beweisfragen. Wahlfeststellung** zwischen mehreren OW wird von der *Rspr.* grds. als zulässig erachtet (Ha VRS **53** 136, Kö VRS **50** 236, Ro NStZ-RR **09** 152; Göhler/*Gürtler* Vor § 1 Rn. 38). Deren grundsätzliche Zulässigkeit wurde nunmehr von BGHSt **62** 164 (GrS) bestätigt. Tatsachenalternativität, wenn nicht sicher feststellbar ist, ob die OW vom Betroffenen als Täter, Gehilfe oder Anstifter begangen wurde, ist nicht Wahlfeststellung und rechtfertigt Verurteilung nach § 14 OWiG (Ha NJW **81** 2269). Zur Problematik von **Zeugenaussagen** über Verkehrsunfälle *Undeutsch* VGT **83** 319, *Bender* VGT **83** 325, *Bissel* VGT **83** 338, *Köhnken* DAR **10** 628. Kommt es auf Bruchteile von Sekunden und Metern an, so sind ungefähre Angaben und Schätzungen von Zeugen unbrauchbar (KG DAR **70** 71). Sogar Testbeobachtungen über Fahrgeschwindigkeit, Abstand, Zeitabläufe, Entfernungen sind in hohem Maß unzuverlässig (ADAC-Kienzle-Test Fahrlehrer **70** 209; s. § 3 StVO Rn. 57–64). **Radarfotos** mit eingeblendeter Anzeige der gemessenen Geschwindigkeit sind *als Augenscheinsobjekt* in die Hauptverhandlung einzuführen (eingehend Bay NZV **02** 379; *Meyer-Goßner/Schmitt* § 249 Rn. 7; **aM** (Urkunde, soweit Messdaten betroffen sind) Brn NStZ **05** 413, Ha NZV **09** 303, NStZ-RR **16** 121; Dü DAR **16** 149; **18** 387; s. auch KG NStZ-RR **16** 27, je m Bspr *König* DAR **16** 362; erg. § 3 StVO Rn. 56b). Veröffentlichung eines Radarfotos zur Identifizierung ist im Bußgeldverfahren nicht zulässig (LG Bonn NStZ **05** 528). Bei behaupteter Ähnlichkeit des Bruders „wie ein Ei dem anderen" muss das Tatgericht dem nachgehen (Ce NZV **10** 634; Brn NZV **13** 49). Auch **Vi-**

deoaufnahmen (zur Verwertbarkeit von anlassbezogenen bzw. verdachtsunabhängigen Videoaufzeichnungen § 3 StVO Rn. 57) können im Wege des Augenscheinsbeweises vom Tatrichter verwertet werden (Ce NZV **91** 281, Ko NZV **92** 495 (jeweils Abstandsmessung)). Die Frage, inwieweit durch Videoaufnahmen eine Gefährdung anderer VT nachweisbar ist, hängt entscheidend von der Art des Verstoßes, uU von der Entfernung zu dem aufgenommenen Vorgang, der Perspektive und der Brennweite des Objektivs ab (AG Itzehoe NZV **89** 41 mAnm *Schwarz/ Nemann;* zum Beweismittel Video s. auch *Berr* DAR **89** 470). **Kennzeichenanzeige: E 96a.**

Fotos oder Videoaufnahmen können nur dann zur Identifizierung herangezogen werden, wenn sie eine gewisse *Mindestqualität* aufweisen (BGH NStZ **05** 458; zur Fahreridentifizierung aufgrund Lichtbilds allgemein *Huckenberg/Gabriel* NZV **12** 201; *Huckenberg/Krumm* NZV **17** 453). Ob auf Grund des Fotos einer Verkehrsüberwachungsanlage (zB Radarfoto) der Fahrer identifizierbar ist, unterliegt nicht der Nachprüfung durch das Revisions- bzw. Rechtsbeschwerdegericht (BGH NZV **96** 157, VRS **57** 126, Bay NZV **95** 163, Stu DAR **93** 72, Jn DAR **04** 665, Dü DAR **05** 164, VRS **100** 358 mAnm *Bode* ZfS **01** 184, VRS **93** 178; verfehlt deshalb Ha NStZ **19** 531 (zu § 23 Ia StVO) m Bspr *König* DAR **20** 373). Ist das Foto so deutlich, dass es zur Identifizierung uneingeschränkt geeignet ist, genügt (ist aber auch erforderlich) die eindeutige und zweifelsfreie **Verweisung auf das bei der Akte befindliche Foto in den Urteilsgründen (§ 267 I S. 3 StPO);** eine Beschreibung einzelner Merkmale ist dann entbehrlich (BGHSt 41376 = NZV **96** 157, Bay DAR **99** 370, Jn NZV **08** 165, Kö NJW **04** 3247, Ha DAR **04** 597, Dü ZfS **04** 337, Dr DAR **00** 279, Ba NZV **08** 166, Göhler/*Seitz/Bauer* § 71 Rn. 47a f). Nach Auffassung eines Teils der obergerichtlichen *Rspr.* sollte dabei die Vorschrift des § 267 I S. 3 StPO zitiert und deren Wortlaut verwendet werden (Dü NZV **07** 254, Ha NZV **07** 376). Jedoch ist Solches dem Gesetzeswortlaut nicht zu entnehmen; hinreichend ist eine deutliche und zweifelsfreie Bezugnahme, die auch in der bloßen Angabe der Fundstelle liegen kann (BGH NStZ-RR **16** 178; Ha ZfS **18** 233; s. aber Ol ZfS **18** 353). Demgegenüber dürfte der bloße Hinweis „auf die In Augenschein genommenen Abbildungen" auf den beiden letzten Seiten des Gutachtens nicht hinreichen (KG VRS **127** 295). Angabe der Blattzahl der Akte ist bei eindeutiger Bezugnahme entbehrlich, wenn Verwechslung insoweit ausgeschlossen ist (Ro VRS **109** 35, Ha VRS **108** 27, NZV **98** 171, Fra NStZ-RR **08** 322). Ist das Foto guter Qualität und unmittelbar (zB Fotokopie) Bestandteil der schriftl. Urteilsgründe, so ist auch die Bezugnahme auf § 267 I S. 3 StPO entbehrlich (Bay VRS **91** 367). Nicht schlechter Bildqualität steht trotz Verweisung gem. § 267 I S. 3 StPO die bei der Identifizierung wesentlichen Merkmale zu beschreiben (BGH NZV **96** 157, Ba NZV **12** 250, Ro VRS **108** 29, Dü ZfS **02** 256, Ha NZV **03** 101, Dr DAR **00** 279; Brn DAR **16** 282 m Bspr *Staub* DAR **16** 293 und *König* DAR **17** 362). Unterbleibt eine verfahrensrechtlich ordnungsgemäße Verweisung auf das Foto, zB, falls falsche (Jn NZV **08** 165) oder nur Angabe der Blattzahl bzw. Verweis auf Inaugenscheinnahme (Dü NZV **07** 254, Ha VRS **113** 432; Jn NZV **10** 212; zu diesen *unzutreffenden* Maßgaben s. aber oben zu BGH NStZ-RR **16** 178), so muss der Tatrichter Ausführungen zur Bildqualität machen und die abgebildete Person genau beschreiben (BGH NZV **96** 157, Bay DAR **98** 147, Kö NJW **04** 3274, Brn VRS **105** 221, Fra NZV **02** 135 mAnm *Schulz,* Ce NZV **02** 472, Ol DAR **96** 508, Zw NStZ **19** 619, Dü ZfS **04** 337, Hb ZfS **97** 155, KG NZV **98** 123, Dr DAR **00** 279, Ba DAR **11** 401), wofür Attribute wie „relativ" bzw. „verhältnismäßig" idR nicht genügen (Ba NZV **08** 166). Stellt der Tatrichter unter ausführlicher Beschreibung der Identifizierungsmerkmale die Identität im Urteil fest, so ist der fehlende Hinweis auf die Bildqualität entbehrlich (Bay DAR **96** 411: „bloße Förmelei"). Der Tatrichter muss zur Identifizierung Foto und Person des Betroffenen selbst vergleichen (Ko NZV **99** 483, Kö VRS **94** 112), auch Bezugnahme auf vom ersuchten Richter festgestellte Ähnlichkeit genügt nicht (Fra VM **88** 62). Das Rechtsbeschwerdegericht nimmt nicht selbst den Vergleich vor, sondern überprüft die in Bezug genommenen Lichtbilder lediglich auf ihre generelle Ergiebigkeit (Ha DAR **16** 399). Zu den Anforderungen bei einem Freispruch wegen fehlender Identität Ba VRS **114** 456. Bei **Video–Aufzeichnungen** kann jedenfalls auf Abzüge vom Videofilm nach § 267 I S. 3 StPO Bezug genommen werden (Brn DAR **05** 635). Der obergerichtlichen Rspr., wonach das auch für die Videoaufzeichnung selbst gilt (Zw DAR **02** 234, Ro VRS **108** 29, Dr NZV **09** 520; offen gelassen von Brn DAR **05** 635), hat der BGH – freilich nicht tragend – für die Praxis wohl nunmehr ein Ende gesetzt (BGH NZV **12** 143 (2. StrS) mAnm *Sandherr;* zu längeren Videosequenzen auch schon BGHR StPO § 267 I S. 3 Verweisung 3 (5. StrS); hierzu seltsam *Krumm* NZV **12** 267, der dem 5. StrS vorwirft, eine Gelegenheit „verpasst" zu haben; Jn NZV **12** 145; KG VRS **126** 102; Zw ZfS **18** 113). Gewinnt das Gericht auf Grund des Fotos die Überzeugung von der Identität des Abgebildeten mit dem Betroffenen, so ist Ablehnung der Einholung eines anthropologischen

Gutachtens und der Ladung eines Zeugen, den das Foto angeblich zeige, nicht willkürlich (BayVerfGH BayVBl **02** 696). Will der Betr. durch Einholung eines anthropolischen Gutachtens unter Beweis stellen, dass es sich bei der auf dem Messfoto abgebildeten Person nicht um den Betr. handele, so bezeichnet er nur ein Beweisziel; ein zulässiger **Beweisantrag** (§ 244 III S. 1 StPO) liegt damit nicht vor (Bay DAR **20** 41; Ha StRR **10** 105). **Eine Bezugnahme auf Eichscheine**, Konformitätsnachweise, Messprotokolle, Schulungsnachweise, Gerätestammkarten oder Videodistanzauswertungen (Ba DAR **18** 279) oder auf ein Sachverständigengutachten erlaubt § 267 I S. 3 StPO (natürlich) nicht (Ba DAR **11** 401). Ist das Foto **insgesamt unscharf** und kontrastarm, so ist es zur Identifizierung ungeeignet sein, mit der Folge, dass der Betroffene freizusprechen ist (Ha DAR **05** 462). Bei mangelhafter Bildqualität ist auch ein **anthropologisches Vergleichsgutachten** nicht aussagekräftig (BGH NStZ **05** 458; eingehend Bra NStZ-RR **07** 180; zw Zw NZV **18** 177 m Anm *Sandherr* und Bspr *König* DAR **18** 361). Beim anthropologischen Identitätsgutachten handelt es sich nicht um ein standardisiertes Verfahren (§ 3 StVO Rn. 56b; zu Qualitätsanforderungen *Schott* NZV **11** 169; *Huckenberg/Krumm* NZV **17** 453), weswegen im Urteil die Mitteilung der festgestellten Übereinstimmungsmerkmale nicht entbehrlich ist (BGH NStZ **05** 458, **00** 106, Ce NZV **13** 47, Ha NZV **00** 428, NZV **17** 538 *(Krenberger);* Jn VRS **112** 354, DAR **06** 523, Ba NZV **08** 211, DAR **10** 390; *Schulz* NZV **02** 136). Bei der Auswertung eines solchen Gutachtens ist zu berücksichtigen, dass die Beweiswertigkeit entsprechend der persönlichen Erfahrung des Sachverständigen subjektiv ist; ein gesicherter Stand der Wissenschaft ist in diesem Bereich nicht gegeben (BGH NStZ **05** 458, s. auch Ha DAR **08** 395), auch nicht in Bezug auf die Häufigkeit der Merkmale in der Bevölkerung, der der Betroffene angehört, deren Mitteilung im Urteil nicht erforderlich ist (BGH aaO, Ha aaO; instruktiv Bra NStZ-RR **07** 180; Ol NZV **09** 53; Ce NZV **13** 47; abw. Jn VRS **112** 354, DAR **06** 523, NZV **09** 246; hierzu aus Sachverständigensicht *Niemitz* DAR **11** 768; zu statistischer Berechnung der Identitätswahrscheinlichkeit instruktiv *Gabriel* ua NZV **14** 346). Zur Bedeutung des Ohrs bei der Identifizierung *Schott* NZV **14** 393. Zu einem Fall, in dem der Tatrichter trotz vorliegenden Gutachtens die Bewertung (ordnungsgemäß) selbst vorgenommen hat, Ha ZfS **14** 232. Das Foto kann grds. nur iVm einer Zeugenvernehmung, etwa des PolB, der es gefertigt hat, herangezogen werden (Fra VRS **64** 287). Anders liegt es, wenn Zweifel hinsichtl. der Messung nicht bestehen, dann kann das in Augenschein genommene Messfoto ohne Befragung eines Zeugen als Beweismittel ausreichen (Stu VRS **81** 129). Insbes bei Fotos minderer Qualität müssen weitere Beweisanzeichen vorhanden sein (Ol NZV **09** 53); das gilt auch dann, wenn der Sachverständige von „höchstwahrscheinlicher" Identität ausgegangen ist (Ol ZfS **18** 353). Die Möglichkeit, angesichts hinreichend guter Qualität eines Tatfotos ein anthropologisches Gutachten einzuholen, kann nach BVerfG DAR **16** 641 (m sehr zw Anm *Niehaus*) eine Wohnungsdurchsuchung unverhältnismäßig machen (Bspr *König* DAR **17** 362). **Heranziehung von Passfotos** durch die VB zur Fahreridentifizierung blieb in der *Rspr.* überwiegend unbeanstandet (Bay DAR **99** 79; NZV **03** 589, Ba DAR **06** 336; Stu NZV **02** 574, krit *Schäpe* DAR **02** 568) und führt nach Bay NZV **03** 589, DAR **99** 79 (zust *Pätzel* BayVBl **99** 588); Brn VRS **105** 221, Stu NZV **02** 574) selbst bei Gesetzesverstoß weder zu einem Verwertungsverbot noch zu einem Verfahrenshindernis (aM AG Stu ZfS **02** 355 (automatischer Abruf über PC der VB, aufgehoben durch Stu NZV **02** 574), nach AG Landstuhl DAR **15** 710 m Bspr *König* DAR **16** 362 soll aber Verfahrenseinstellung nach § 47 OWiG geboten sein; s. auch *Nobis* DAR **02** 299). Nach Stu NJW **14** 3590 (mzustAnm *Fickenscher*) soll – wenig überzeugend (vgl. *König* DAR **15** 363) – die Fertigung eines Vergleichsbildes im Wege **erkennungsdienstlicher Behandlung** unverhältnismäßig sein, weil der anthropologische Sachverständige ein Vergleichsbild während der Hauptverhandlung genauso gut oder besser und durch geringer wiegenden Eingriff erstellen könnte; jedoch kein Beweisverwertungsverbot mangels Willkür bzw. grober Verkennung der Rechtslage. Zur Frage eines **Beweisverwertungsverbots** bei Verkehrsüberwachung § 3 StVO Rn. 57, zur Überwachung durch unzuständige Behörde *Joachim/Radtke* NZV **93** 94, s. auch § 26 Rn. 2.

77 Ein Erfahrungssatz, **anzeigende PolB** hätten ein besonders gutes Personengedächtnis, besteht nicht (Ko VRS **50** 296). Erinnert sich der PolB des Hergangs nicht, dann keine Verwertbarkeit zu Lasten, weil Beamte „erfahrungsgemäß" nur berechtigte Anzeigen erstatteten (Kö MDR **69** 410). Vielfach werden sich Zeugen, die amtlich zahlreiche einander oft ähnelnde Vorgänge feststellen, nach Wochen und Monaten in der weitaus überwiegenden Zahl der Fälle nicht erinnern können. Bekundet der als Zeuge vernommene PolB, er habe die Anzeige auf Grund sorgfältig getroffener Beobachtungen gefertigt, könne einen Irrtum ausschließen und würde den Betroffenen unter den von diesem geschilderten Umständen nicht angezeigt haben, so unterliegt eine

solche Aussage der freien Beweiswürdigung des Tatrichters (BGHSt **23** 213 = NJW **70** 573, 1558, Bay NZV **02** 518). Sie kann die tatrichterliche Überzeugung begründen, dass die in der Anzeige gemachten Angaben richtig sind (Bay NZV **02** 518, Dü VRS **62** 282). Immer ist jedoch Voraussetzung, dass der PolB an der Anzeigenerstattung mitgewirkt oder die Richtigkeit der Anzeige anschließend geprüft und bestätigt hat (Abzeichnen durch Unterschrift oder Paraphe; Kö VRS **65** 376). Die bloße Erklärung des PolB, er nehme auf die Anzeige Bezug, genügt nicht (Dü NZV **99** 348). Die hier dargestellten Grundsätze finden keine Anwendung bei Anzeigen, die der PolB nicht im Rahmen amtlicher VÜberwachung, sondern als VT gemacht hat; in solchen Fällen bedarf es einer streng fallbezogenen Beweiswürdigung (Kö VRS **62** 451).

25. Zahlungserleichterung: § 18 OWiG. **Erzwingungshaft** nach ergebnislosem Beitrei- **78** bungsversuch: §§ 96, 97 OWiG.

26. Nato-Streitkräfte. Zur Verfolgbarkeit von US-Soldaten nach dem Nato-Truppenstatut **79** Stu NJW **67** 508. Auch für OW von Angehörigen der US-Streitkräfte in Deutschland mit Privatfz sind deutsche Gerichte zuständig (Fra VRS **41** 61).

Literatur: *Älteres Schrifttum auch zur Reform des OWRechts s. 39. Aufl.*   **80**

0,5 Promille-Grenze

24a (1) **Ordnungswidrig handelt, wer im Straßenverkehr ein Kraftfahrzeug führt, obwohl er 0,25 mg/l oder mehr Alkohol in der Atemluft oder 0,5 Promille oder mehr Alkohol im Blut oder eine Alkoholmenge im Körper hat, die zu einer solchen Atem- oder Blutalkoholkonzentration führt.**

(2) [1]**Ordnungswidrig handelt, wer unter der Wirkung eines in der Anlage zu dieser Vorschrift genannten berauschenden Mittels im Straßenverkehr ein Kraftfahrzeug führt.** [2]**Eine solche Wirkung liegt vor, wenn eine in dieser Anlage genannte Substanz im Blut nachgewiesen wird.** [3]**Satz 1 gilt nicht, wenn die Substanz aus der bestimmungsgemäßen Einnahme eines für einen konkreten Krankheitsfall verschriebenen Arzneimittels herrührt.**

(3) **Ordnungswidrig handelt auch, wer die Tat fahrlässig begeht.**

(4) **Die Ordnungswidrigkeit kann mit einer Geldbuße bis zu dreitausend Euro geahndet werden.**

(5) **Das Bundesministerium für Verkehr und digitale Infrastruktur wird ermächtigt, durch Rechtsverordnung im Einvernehmen mit dem Bundesministerium für Gesundheit und Soziale Sicherung und dem Bundesministerium der Justiz und für Verbraucherschutz mit Zustimmung des Bundesrates die Liste der berauschenden Mittel und Substanzen in der Anlage zu dieser Vorschrift zu ändern oder zu ergänzen, wenn dies nach wissenschaftlicher Erkenntnis im Hinblick auf die Sicherheit des Straßenverkehrs erforderlich ist.**

Anlage (zu § 24a)

Liste der berauschenden Mittel und Substanzen

Berauschende Mittel	Substanzen
Cannabis	Tetrahydrocannabinol (THC)
Heroin	Morphin
Morphin	Morphin
Cocain	Cocain
Cocain	Benzoylecgonin
Amfetamin	Amfetamin
Designer-Amfetamin	Methylendioxyamfetamin (MDA)
Designer-Amfetamin	Methylendioxyethylamfetamin (MDE)
Designer-Amfetamin	Methylendioxymethamfetamin (MDMA)
Metamfetamin	Metamfetamin

Begr zum ÄndG v. 27.4.1998 (BT-Drs. 13/1439): **Zu Abs. 1:** *Nach allgemein gesicherten medi-* **1** *zinischen Erkenntnissen beginnt eine verminderte Fahrtüchtigkeit bei einer forensisch nachweisbaren Blutalkoholkonzentration (BAK) von 0,3 ‰ bis 0,4 ‰. Unter Berücksichtigung eines Sicherheitszuschlags von 0,1 ‰ ergibt sich ein Gefährdungs-Grenzwert von 0,5 ‰. Dieser Grenzwert wird sowohl von den Verkehrssicherheitsverbänden, als auch von der Weltgesundheitsorganisation und der Europäischen Union als ein noch vertraglicher Wert angesehen, ab dem bei einer folgenlosen Trunkenheitsfahrt ohne Ausfallerscheinungen eine Ahndung durch Bußgeld und Fahrverbot noch als gerechtfertigt erscheint.*

...

Die Absenkung des Promille-Wertes vergrößert schließlich auch den Abstand des von der Rechtsprechung (vgl. BGH-Beschluss vom 28. Juni 1990 – VerkMitt S. 65) festgelegten Wertes für die absolute Fahruntüchtigkeit von 1,1‰ zum Ordnungswidrigkeitsrecht und setzt die Einstiegsschwelle für Alkoholverstöße im Straßenverkehr herab.

2   *In der Vorschrift wird der bisher geltende Promille-Grenzwert von 0,8‰ auf 0,5‰ BAK abgesenkt. Gleichzeitig wird ein Grenzwert von 0,25 mg pro Liter AAK eingeführt, der einer BAK von 0,5‰ entspricht. Dieser Wert geht zurück auf das Gutachten des Bundesgesundheitsamtes vom April 1991 (Günter Schoknecht „Gutachten zur Prüfung der Beweissicherheit der Atemalkoholanalyse"). Bisher wurde die Bestimmung des Alkoholgehalts über die Atemluft in der Praxis lediglich als Vortest angewendet, der jedoch die Blutalkoholbestimmung als forensisch anerkanntes Verfahren nicht ersetzen konnte. Es war deshalb notwendig, die Voraussetzungen für eine beweissichere Methode zur Bestimmung der Atemalkoholkonzentration zu entwickeln. Durch die Atemalkoholbestimmung als einfach zu handhabende Messmethode entfällt die Blutentnahme und der damit verbundene erhebliche organisatorische Aufwand. Für den Betroffenen bedeutet diese Messmethode die Wahrung seiner körperlichen Unversehrtheit. ...*

Um die Atemalkoholanalyse als beweissicher forensisch anzuwenden, ist die Festlegung eigener Grenzwerte für die AAK in der Atemluft (Alveolarluft) erforderlich. Das Gutachten kommt zu dem Ergebnis, dass ein Grenzwert von 0,55 mg/l Alveolarluft einer BAK von 1,1‰ oder von 0,4 mg/l dem Wert von 0,8‰ oder von 0,25 mg/l dem Wert von 0,5‰ entspricht. Bei Herabsetzung der BAK von 0,8‰ auf 0,5‰ in § 24a Abs. 1 StVG ist deshalb der Wert von 0,25 mg/l AAK aufzunehmen. Daneben muss der Wert der BAK in § 24a Abs. 1 StVG erhalten bleiben, weil bei fehlender Mitwirkung des Betroffenen oder bei seiner Weigerung weiterhin die Blutentnahme erforderlich ist. Die Blutentnahme ist ferner notwendig bei Verdacht auf andere forensisch bedeutsame Substanzen, wie Medikamente oder Drogen.

Bei der Atemalkoholbestimmung dürfen nur Messgeräte eingesetzt und Messmethoden angewendet werden, die den im Gutachten gestellten Anforderungen genügen. ...

3   **Begr** zum ÄndG v. 28.4.1998 (BT-Drs. 13/3764): **Zu Abs. 2 und 5:** ... *Das Institut für Rechtsmedizin der Universität München hat im Jahr 1992 bei einer Analyse von 1312 Blutproben auffällig gewordener Kraftfahrer unter 40 Jahren festgestellt, dass ca. 25% der Blutproben Cannabis enthielten; der Anteil an Opiaten betrug 12,7%, der Anteil an Kokain 4,2%.*

Diese Untersuchungen zeigen, dass die Anzahl von Kraftfahrern, die unter dem Einfluss von Drogen, auch in Kombination mit Alkohol, am StrV teilnehmen, um ein Vielfaches über den in der amtlichen Statistik ausgewiesenen Zahlen liegt. ... Grenzwerte für die Annahme absoluter Fahruntüchtigkeit gibt es bei Drogen bisher nicht. Feststellungen der relativen Fahruntüchtigkeit bereiten oft Schwierigkeiten. ... Die bestehende Sanktionslücke im Ordnungswidrigkeitenrecht soll durch die neue Regelung geschlossen werden, indem das Führen von Kraftfahrzeugen unter dem Einfluss bestimmter Drogen allgemein verboten wird. ...

4   *Hinsichtlich der Wirkung dieser Drogen stützt sich die Regelung auf folgende wissenschaftliche Erkenntnisse: ...*

– Bei Cannabis führen die beim typischen Rauschverlauf auftretenden Wirkungen, wie z. B. Euphorie, Antriebsminderung, Konzentrationsstörungen, Wahrnehmungsstörungen, Denkstörungen, Änderung des Zeiterlebens, leichtere Ablenkbarkeit, zu Leistungseinbußen in den für den Kraftfahrzeugführer wichtigen psychomotorischen Funktionen. Außerdem können atypische Rauschverläufe auftreten mit psychopathologischen Störungen, wie z. B. Angst, Panik, innere Unruhe, Verwirrtheit, Halluzinationen, Größenverzerrungen.

– Heroin und Morphin erzeugen einen Rauschzustand höchster Euphorie mit Gleichgültigkeit gegenüber Außenreizen, Verblassen der Sinneswahrnehmungen, Konzentrationsschwäche, Verlängerung der Reaktionszeit, Benommenheit, Pupillenverengung, die auch in der Dunkelheit bestehen bleibt.

– Der Kokainrausch ist gekennzeichnet durch Euphorie, eingeschränkte Kritikfähigkeit, erhöhte Risikobereitschaft, Enthemmung, Halluzinationen und Wahnvorstellungen. ...

Somit muss davon ausgegangen werden, dass unter dem Einfluss der genannten Rauschmittel Ausfallerscheinungen auftreten, die allgemein geeignet sind, Beeinträchtigungen der Fahrtüchtigkeit herbeizuführen. Deshalb ist auch davon auszugehen, dass bei den meisten Kraftfahrzeugführern unter dem Einfluss von Rauschmitteln auf Grund deren typischer Wirkungsweise Leistungseinbußen auftreten, die das sichere Führen eines Kraftfahrzeuges in Frage stellen. Sie bilden somit eine Gefahr für den Straßenverkehr.

Da derzeit Dosis-Wirkungsbeziehungen – wie beim Alkohol – nicht festgestellt werden können, ist es nicht möglich, Grenzwerte festzulegen. Dies rechtfertigt einen Gefährdungstatbestand, der ein allgemeines Verbot ausspricht. Auf eine tatsächliche Beeinträchtigung der Fahrtüchtigkeit im Einzelfall kommt es dabei nicht an. ...

Abs. 2 S. 1 enthält die Beschreibung des Bußgeldtatbestandes. Diese Beschreibung ist abschließend; die **5** *folgenden Sätze 2 und 3 stellen lediglich klar, unter welchen einschränkenden Voraussetzungen, die nicht vom Vorsatz des Täters umfasst werden müssen, eine Ahndung erfolgen kann.*

Es handelt sich um einen abstrakten Gefährdungstatbestand, die konkrete Gefährdung anderer Verkehrsteilnehmer oder zusätzliche Beweisanzeichen für die Fahrunsicherheit sind nicht erforderlich. Tatbestand ist allein das Fahren unter der Wirkung eines in Anlage 2 genannten berauschenden Mittels.

Der Nachweis wird erbracht durch eine Blutuntersuchung. ...

Beschlussempfehlung und Bericht des Rechtsausschusses (BT-Drs. 13/8979): *In* **Abs. 2 S.** *2 werden die Worte „Dies gilt nur," durch die Formulierung „Eine solche Wirkung liegt vor," ersetzt. Mit dieser Änderung wird – wie auch vom Gesetz gewollt – klargestellt, dass der Begriff „Wirkung" immer dann erfüllt ist, wenn eine in der Anlage genannte Substanz im Blut des Betroffenen nachgewiesen wird. Dies bedeutet insbesondere, dass zur Annahme der Wirkung die Feststellung weiterer Kriterien im Einzelfall, insbesondere zur Feststellung der konkreten Beeinträchtigung der Fahrsicherheit, nicht erforderlich ist; es reicht allein der Nachweis der Substanz in der Blutprobe aus.*

Begr zum ÄndG v. 19.3.01 (BT-Drs. 14/4304 S. 8f., 11): *Ziel der Änderung des § 24a ist es* **6** *nunmehr, die gestaffelte Grenzwertregelung in § 24a I zu vereinheitlichen, insbesondere die vorgesehenen Rechtsfolgen für Zuwiderhandlungen gegen die 0,5-Promilleregelung ihrer Bedeutung für die Sicherheit des Straßenverkehrs anzupassen. ...*

Die geltende gestaffelte Bußgeldvorschrift ist hinsichtlich der vorgesehenen Sanktionen bei Verstößen gegen die 0,5-Promilleregelung nicht sachgerecht und entspricht nicht den Belangen der Verkehrssicherheit, denn sie wird der Gefährlichkeit der angesprochenen Zuwiderhandlungen nicht gerecht. Alkohol im Straßenverkehr ist eine der Hauptunfallursachen und bedarf neben intensiven Bemühungen auf dem Gebiet der Verkehrserziehung und Maßnahmen zur Erhöhung der polizeilichen Überwachung einer angemessenen Bewehrung. ...

Hierfür ist die Ahndung mit einer Geldbuße unerlässlich, die sich von dem Bußgeldrahmen für allgemeine Verkehrsordnungswidrigkeiten (§ 24 StVG iVm § 17 Abs. 1 des Gesetzes über Ordnungswidrigkeiten) deutlich abhebt, der bereits Geldbuße bis zu 2000 DM vorsieht. ...

Insbesondere auch die Bewehrung der 0,5-Promilleregelung mit einem Fahrverbot (§ 25 StVG), das sich als Pflichtenmahnung an Kraftfahrer in besonderer Weise bewährt hat, ist für eine effiziente Bekämpfung des Problems Alkohol im Straßenverkehr unverzichtbar. ...

Durch die neue Fassung des Bußgeldtatbestandes in § 24a I wird die Abstufung von 0,8 und 0,5 Promille aufgehoben; die Nummernaufteilung entfällt. Es gibt damit nur noch eine einheitliche 0,5-Promillegrenze mit den Sanktionsfolgen der bisherigen 0,8-Promilleregelung.

Begr zum ÄndVO v. 6.6.07 (BR-Drs. 231/07): *Vor dem Hintergrund neuer Entwicklungen im* **6a** *Konsumverhalten und bei der Nachweisbarkeit von Drogen sind weitere Maßnahmen zur Senkung der Unfallursache „Drogen am Steuer" geboten. Dies gilt in erster Linie für Fahrten unter der Wirkung von Metamfetamin. Hierbei handelt es sich um eine stark stimulierende Droge, die eine nahe chemische Verwandtschaft zu dem berauschenden Mittel Amfetamin aufweist (Knecht, Kriminalistik* **02** *402). Metamfetamin führt bei den Konsumenten dieser Substanz häufig zu Selbstüberschätzung und Aggressivität sowie zu einem schnellen, unkontrollierten, unberechenbaren und risikobereiten Fahrstil und damit zu einem erhöhten Unfallrisiko (Knecht aaO, unter Hinweis auf eine Studie von Karch). Es ist daher gerechtfertigt und im Interesse der Verkehrssicherheit auch geboten, Fahrten unter der Wirkung dieser Substanz künftig wie Fahrten unter der Wirkung von Amfetamin als Ordnungswidrigkeit zu ahnden.*

Fahrten unter der Wirkung von Cocain sind bereits nach geltender Rechtslage ... untersagt, stellen aber bislang nur dann eine Ordnungswidrigkeit dar, wenn im Blut die Substanz Benzoylecgonin nachgewiesen wird, einem Abbauprodukt der eigentlichen Wirksubstanz Cocain. In Zukunft wird auch dann eine Ordnungswidrigkeit nach § 24a II verwirklicht, wenn im Blut die inzwischen sicher nachweisbare Substanz Cocain festgestellt wird. Zu diesem Zweck wird Cocain als Substanz in die Liste der berauschenden Mittel und Substanzen gemäß der Anlage zu § 24a aufgenommen. Die Substanz Cocain wurde bislang nicht in der Anlage zu § 24a genannt, weil ihr Nachweis noch mit Unsicherheiten belastet war. Inzwischen ist aber die Substanz Cocain durch die Verwendung von Fluoridröhrchen stabil nachweisbar. Die Erweiterung der in der Anlage enthaltenen Substanzen ist gerechtfertigt, da es sich bei der Substanz Cocain um den aktiven Wirkstoff des Betäubungsmittels Cocain handelt und daher bei Nachweis dieses Wirkstoffs die Möglichkeit eines durch eine erhöhte Bereitschaft zu aggressivem Verhalten gekennzeichneten Kokainrausches besteht. Der Nachweis von Benzoylecgonin im Blut ist auch weiterhin für den Nachweis der Ordnungswidrigkeit nach § 24a II ausreichend.

Begr zum 4. Gesetz zur Änderung des StVG v. 22.12.08 (BT-Drucks. 16/10175): *S. zunächst* **6b** *§ 24 Rn. 40. Die für Verstöße gegen die 0,5-Promillegrenze und das Drogenverbot geltende Bußgeldobergrenze wird an den neuen Bußgeldrahmen für allgemeine Straßenverkehrsordnungswidrigkeiten angepasst.*

Der bereits nach geltendem Recht bestehenden Abstufung zwischen allgemeinen Verkehrsordnungswidrigkeiten nach § 24 und den schwereren Verstößen gegen die 0,5-Promillegrenze und das Drogenverbot gemäß § 24a wird durch eine Verdoppelung des Bußgeldrahmens Rechnung getragen.

Übersicht

7 **1. Führen von Kraftfahrzeugen nach Alkohol- oder Drogenkonsum.** Nach gesicherter wissenschaftlicher Erkenntnis bewirkt idR (im statistischen Durchschnitt) schon eine BAK zwischen 0,5 und 1,0‰ erhebliche VGefahren infolge Enthemmung und erhöhter Risikobereitschaft (§ 316 StGB Rn. 10 f.), auch bei noch nicht exakt beweisbarer Fahrunsicherheit. § 24a schließt diese Lücke. Fahren nach Alkoholkonsum, der zur Fahrzeit oder danach zu 0,5‰ führt, ist rechtswidrig und gem. § 24a ow, ohne dass es auf den Nachweis der Fahrunsicherheit ankommt. Entsprechendes gilt für das Kfz-Führen unter Einwirkung anderer berauschender Mittel, die aufgrund ihrer psychischen und physischen Wirkung die Fahrsicherheit beeinträchtigen (Rn. 4). Zum Alkoholverbot für Fahranfänger s. § 24c. Zur Diskussion um ein „absolutes" Alkoholverbot für alle Kf s. die Beiträge von *Maatz, Bratzke* und *Brieler* (pro Verbot) sowie *Bönke, Scheffler* und *Janeczek* (contra Verbot) in BA **12** Nr. 4 Supplement. Eine Erstreckung der Bußgeldvorschrift auf **Radf** fordern *Roeßink* VD **12** 303 sowie der ADFC (*Huhn* BA **14** Sup I S. 14; SVR **15** 327; befürwortend *Maatz* BA **14** Sup I S. 3, eher skeptisch *Bönke* NZV **15** 16; § 316 StGB Rn. 18) sowie der DVR (BA **15** 25). Der AK III des 53. VGT (2015) hat die Einführung eines Grenzwerts von 1,1‰ für Radf empfohlen (vgl. NZV **15** 120). Jedoch haben neuere rechtsmedizinische Untersuchungen jedenfalls für den Bereich von 0,4–0,6‰ keinerlei Impuls für ein Tätigwerden des Gesetzgebers im genannten Sinne ergeben (*Daldrup/Hartung/Maatz ua* (2014); *Maatz/Daldrup ua* DAR **15** 3, *Ezlan/Luchmann/Hatz/Urban*, BA **15** 363; dazu auch *Scheffler* BA **16** Sup 18, 25). Gleiches gilt für die Einbeziehung von Radfahrern in das „absolute" Verbot der „Drogenfahrt" nach II (zu Forschungsergebnissen bei Radf unter der Wirkung von Cannabis *Maatz ua* BA **16** 232).

8 **2. Im öffentlichen Straßenverkehr** muss der Betroffene ein Kfz geführt haben. Öffentlicher StrV: § 1 StVG Rn. 30, § 1 StVO Rn. 13–16. Andere VArten erfasst § 24a nicht.

9 **3. Ein Kraftfahrzeug** muss der Betroffene geführt haben (anders § 316 StGB, wo das Führen jedes Fz genügt; dort Rn. 4). Kfz: § 1 StVG Rn. 14 ff., § 69 StGB Rn. 3a. Kleinkrafträder, Mopeds und Mofas sind Kfz (Dü VRS **92** 266, Fra NJW **76** 1161), auch motorgetriebene Krankenfahrstühle (§ 316 StGB Rn. 6) und Arbeitsmaschinen (Ha VRS **51** 300 (Bagger)) sowie, nunmehr ausdrücklich, Segways und E-Scootern (§ 1 I ekFV; s. dort). Angesichts wohl eher geringer gradueller Unterschiede hinsichtlich der Gefährlichkeit des jeweiligen FzFührens wenig überzeugend, aber für die Anwendung der §§ 24aff. zwingend, ist die in § 1 III vorgenommene Einstufung der dort bezeichneten elektrounterstützten Fahrräder (Pedelecs). Danach unterfallen die in § 1 III S. 1 und 2 aufgeführten Fz (hierzu § 1 Rn. 23–25), nicht dem Anwendungsbereich des § 24a, solche, die diese Erfordernisse (uU knapp) verfehlen (§ 1 Rn. 26 f.), hingegen schon (zu den Arten von Elektrofahrrädern, mit denen teils 100 km/h erreicht werden können, *Huppertz / Klein* ZVS **14** 44). Zur Lage im Strafrecht s. § 316 StGB Rn. 17 f. Verfehlt, aber im Hinblick auf § 1 III überholt, Ha DAR **13** 711 (mAnm *Schäpe* und Bspr *König* DAR **14** 363) zur Einstufung eines letztlich wie ein Mofa funktionierenden E-Bikes.

4. Führen von Kraftfahrzeugen: § 2 StVG Rn. 28, § 316 StGB Rn. 3 ff., § 21 StVG **10** Rn. 10 f., § 69 StGB. Die Vorschrift erfasst alle Kf, auch wenn sie fahrerlaubnisfreie Kfz führen, trotz § 2 XV S. 2 StVG auch den Fahrschüler, jedoch nicht den Fahrlehrer, Fahrlehreranwärter oder den Begleiter beim begleiteten Fahren (§ 6e StVG), sofern dieser nicht „tätig" in die FzFührung eingreift (zu beidem § 316 StGB Rn. 5; s. auch § 23 StVO Rn. 30). Zum Führen als Kfz bei Bewegungsvorgängen ohne aktuell wirkende Motorkraft (Ab-, Ausrollen, Ab-, Anschleppen, Schleppen, Anschieben, Schieben etc.) s. § 316 StGB Rn. 4. Allerdings erfordert § 24a rechtlich das Führen eines Kfz, weswegen derjenige, der am Steuer eines (betriebsunfähigen) abgeschleppten „Kfz" sitzt, kein Kfz-Führer ist (§ 21 Rn. 11). Anders liegt es nach hM, wenn der Schleppvorgang erfolgt, um den Motor in Gang zu bringen (zB „Anschleppen"; dazu § 21 Rn. 11, § 316 Rn. 4). Zur Lage bei Nutzung hoch- oder vollautomatisierter Fahrfunktionen § 1a Rn. 14f, § 1b Rn. 14.

5. 0,5 ‰ BAK oder mehr im Körper (Gefahrengrenzwert) ist Tatbestandsmerkmal, ohne **11** Rücksicht auf Fahrsicherheit (Rn. 1, 24). Ab 1,1‰ greift § 316 StGB. Der Wert von 0,5‰ enthält zum Ausgleich der möglichen Streuungsbreite der BAK-Bestimmungsmethoden bereits einen Sicherheitszuschlag (Begr Rn. 1, BGH NZV **01** 267, 270, Zw DAR **01** 422 sowie Bay MDR **74** 1042, Dü VRS **94** 352, Ha StV **01** 355 (je zum früheren Grenzwert von 0,8‰); krit *Stein* NZV **99** 441, StV **01** 356), dh, im BAK-Wert von 0,5‰ ist der inzwischen von der *Rspr.* als ausreichend erachtete (§ 316 StGB Rn. 14) Sicherheitszuschlag von 0,1‰ enthalten (BGH NZV **01** 267, 270; Begr zum ÄndG, Rn. 1). Die vorgeschriebenen Analysemethoden (arithmetisches Mittel aus 3 Untersuchungen nach Widmark und 2 nach ADH oder 4 Untersuchungen bei Mitverwendung der Gaschromatographie (§ 316 StGB Rn. 33 ff.) gelten auch hier (Dü VRS **94** 352, *Mayr* DAR **74** 65). Weder einer der Analysenwerte noch der Mittelwert darf zur BAK-Ermittlung aufgerundet werden, die dritte Dezimale bleibt außer Betracht; sie darf auch bei der Berechnung des Mittelwerts nicht mitberücksichtigt werden (§ 316 StGB Rn. 34). Bei Mittelwerten unter 1‰ darf die **Variationsbreite** den Wert von 0,1‰ nicht übersteigen (§ 316 StGB Rn. 34). Eine Mitteilung der Einzelwerte durch das Untersuchungsinstitut ist auch in Grenzwertnähe nicht zwingend geboten (§ 316 StGB Rn. 37). Der Mittelwert darf auch aus mehr als 5 Einzelergebnissen errechnet werden (§ 316 StGB Rn. 34). Auch Abs. 1 2. Alt (zu einer entsprechenden BAK führende Alkoholmenge im Körper) ist grundgesetzkonform (BVerfG NJW **78** 882). Einfluss von Krankheiten: § 316 StGB Rn. 22, 42, 82, 89.

6. Eine Alkoholmenge im Körper (Magen-Darm-Kanal und Blut) ist tatbestandsmäßig, **12** die im weiteren Verlauf, auch noch nach der Fahrzeit (Kö BA **75** 401, Ha VRS **52** 55, Ko VRS **69** 231), zu einer BAK von mindestens 0,5‰ führt. Unerheblich ist, wann der beim Fahren vorhandene Körperalkohol ins Blut gelangt (Ko VRS **49** 194, **69** 231, Ha VRS **52** 55). Die in der sog Anflutungsphase zwischen Trinkende und Invasionsgipfel liegende Schädigung entspricht derjenigen im Gipfelbereich (*Heifer* BA **73** 7 f.). Dem trägt § 24a dadurch Rechnung, dass er eine Alkoholmenge „im Körper" genügen lässt, die später, auch noch nach dem Fahren, zu mindestens 0,5‰ BAK führt. Zum Nachweis genügt also schon ein nicht zurückgerechnetes Messergebnis ab 0,5‰ (erste Alternative).

Werden weniger als 0,5‰ BAK gemessen, so ist wie bei § 316 StGB (s. dort Rn. 38 ff.), **13** in der Abbauphase auf die Fahrzeit zurückzurechnen (Ha VRS **52** 138, Kö BA **81** 57). Die von der *Rspr.* aufgestellten Grundsätze über das Rückrechnungsverbot ohne Sachverständigen für die ersten beiden Stunden nach Trinkende bei normalem Trinkverlauf (§ 316 StGB Rn. 39) gelten auch für § 24a (Kö BA **81** 57, VRS **64** 294). Vom Ergebnis möglicher Rückrechnung hängt der etwaige Nachweis der ersten Alternative („Alkohol im Blut") ab. Befand sich der Betroffene bei der Blutentnahme noch in der Anflutungsphase, so scheidet dann die erste Alternative aus. Ob sich in diesem Fall das Vorliegen der zweiten Alternative („Alkoholmenge im Körper") nachweisen lässt, hängt davon ab, ob sich im Einzelfall nach gesicherter wissenschaftlicher Erkenntnis ein weiterer Anstieg bis auf mindestens 0,5‰ BAK mit Gewissheit feststellen lässt.

14   **7.** Ein **Nachtrunk** zwischen Fahrtbeendigung und Blutentnahme, sofern er glaubhaft ist, muss bei Prüfung beider Alternativen zugunsten des Betroffenen berücksichtigt werden. Die durch ihn zugeführte Alkoholmenge ist von der festgestellten BAK abzuziehen (§ 316 StGB Rn. 43 f.; dort auch zur Überprüfbarkeit von Nachtrunkbehauptungen durch Begleitalkoholgutachten). Bei Atemalkoholmessung scheidet diese Möglichkeit aus.

15   **Literatur:** *Händel,* Anwendung und Auswirkungen des 0,8-Promille-Gesetzes, BA **73** 353. *Heifer,* Zur Praktikabilität des 0,8‰-Gesetzes, BA **73** 192. *Ders.,* Anmerkung zum Entwurf eines Gesetzes zur Änderung des StVG (§ 24a StVG), BA **72** 407. *Ders.,* Der Gefahrengrenzwert von 0,8 pro mille, BA **73** 1. *Hentschel,* Die Neufassung des § 24a StVG ..., NJW **98** 2385. *Janiszewski,* Die Fahrt unter Alkoholeinfluß ..., BA **74** 155. *Krüger/Schöch,* Absenkung der Promillegrenze – Ein zweifelhafter Beitrag zur Verkehrssicherheit, DAR **93** 334. *Scheffler,* ... Bemerkungen zur Gesetzgebung am Beispiel von § 24a StVG, BA **02** 174.

16   **8. Atemalkoholkonzentration (AAK).** Die Verankerung der „beweissicheren" Atemalkoholanalyse im Bußgeldverfahren war erheblicher Kritik namentlich aus dem rechtsmedizinischen Schrifttum ausgesetzt (s. unten sowie Rn. 16 ff.). Jedenfalls für die justizielle und polizeiliche Praxis sind die Auseinandersetzungen seit den grundlegenden Entscheidungen des BGH (BGHSt **46** 358 = NJW **01** 1952) und zuvor schon des BayObLG (NZV **00** 295 mzustAnm *König*) im Grundsatz als erledigt anzusehen. Der weitaus größte Teil der Bußgeldbescheide wird ohne Einspruch bestandskräftig, was für Akzeptanz auch in der Bevölkerung spricht (s. auch *Schäler* VD **18** 151). In der gerichtlichen Praxis ist die Methode wohl gleichfalls akzeptiert und wirft soweit ersichtlich keine unüberwindlichen Probleme auf. Die Atemalkoholanalyse folgt eigenen Regeln. Eine unmittelbare Konvertierung einer gemessenen Atemalkoholkonzentration (AAK) in BAK-Werte scheidet aus (§ 316 Rn. 52). Um eine AAK im Rahmen des § 24a berücksichtigen zu können, bedurfte es daher der gesetzlichen Festlegung eines eigenen AAK-Werts *als Tatbestandsmerkmal* (BGH NJW **01** 1952). Allerdings kann die Mitwirkung des Betroffenen an der Atemalkoholmessung, anders als die Duldung der Blutprobenentnahme (§ 81a StPO), nicht erzwungen werden. Darüber ist der Betroffene nach den bestehenden VwV (RiBA) zu belehren. In der StPO ist keine Belehrungspflicht normiert; eine analoge Anwendung von § 136 I S. 2 (iVm § 163a IV) StPO verbietet sich schon mangels planwidriger Regelungslücke (*Cierniak/Herb* NZV **12** 409; *König* DAR **15** 363; aM *Mosbacher* NStZ **15** 42). Im Blick auf die andernfalls mögliche Blutentnahme (§ 81a StPO) jedenfalls grds. kein **Beweisverwertungsverbot bei Nichtbelehrung** über die Freiwilligkeit (Brn NStZ **14** 524; DAR **20** 41), sofern nicht eine Mitwirkungspflicht vorgespiegelt, ein Irrtum über eine solche Pflicht bewusst ausgenutzt worden ist oder ein ähnlich grober Verstoß gegeben ist (vgl. KG NStZ **15** 42 m. insoweit zust Anm *Mosbacher;* offengelassen von Brn aaO; vgl. auch, freilich teils rustikal formulierend, AG Michelstadt NZV **12** 97 sowie eingehend *Cierniak/Herb* NZV **12** 409; aM LG Freiburg NZV **09** 614, AG Fra BA **10** 435 = NZV **10** 266 (L) sowie *Geppert* NStZ **14** 481). Der in I genannte Wert von 0,25 mg/l AAK entspricht dem im BGA-G „Atemalkohol" S. 53 errechneten (*Schoknecht* VGT **92** 339, krit Denkschrift „Atemalkoholprobe" BA **92** 110, 117). Dass die gemessene AAK eine Richtgröße darstellt, liegt in der Natur der Sache und hält sich innerhalb der Einschätzungsprärogative des GGebers (BGH NJW **01** 1952; krit *Heifer* BA **98** 231). Verfassungsbedenken gegen die Regelung bestehen auch unter dem Aspekt einer (willkürlichen) Benachteiligung des Betroffenen nicht (BGH NJW **01** 1952 mAnm *Hillmann* DAR **01** 278, s. auch § 316 StGB Rn. 52 f.). Da der AAK-Wert gegenüber dem BAK-Wert ein tatbestandliches aliud ist, sind Einwände, die sich auf die Höhe der BAK beziehen, schon im Ansatz verfehlt (BGH NJW **01** 1952, Bay NZV **00** 295 mzustAnm *König,* krit *Wilske* NZV **00** 399). Wie im BAK-Gefahrengrenzwert (0,5‰) ist auch im gesetzlichen AAK-Wert ein *Sicherheitszuschlag* in Höhe von 0,05 mg/l zum Ausgleich der bei allen Messverfahren zu berücksichtigenden Streuung infolge der durch den GGeber vorgenommenen Umrechnung enthalten (BGH NJW **01** 1952, Bay NZV **00** 295), der nach nunmehr einhelliger *Rspr.* und hM ausreicht (BGH NJW **01** 1952 zust *Hillmann* DAR **01** 278, abl *Bode* ZfS **01** 281; Bay NZV **00** 295, zust *König,* abl *Schäpe* DAR **00** 490, krit *Wilske* NZV **00** 399, 401, *Seier* NZV **00** 434; Bay DAR **03** 232, Stu VRS **99** 286, Ha NZV **01** 440, **02** 414, Dr BA **01** 370, aM *Iffland ua* DAR **08** 382). Dies folgt schon daraus, dass die *Rspr.* nicht legitimiert ist, den durch Gesetz festgelegten AAK-Grenzwert durch Sicherheitsabschläge zu relativieren (BGH NJW **01** 1952). Vormals waren demgegenüber zT Abschläge als notwendig erachtet worden (Ha NZV **00** 426 (Vorlagebeschluss) mAnm *Bode* ZfS **00** 461, abl *Schoknecht ua* BA **00** 449, AG Kö NZV **00** 430 mAnm *Seier, Ludovisy* DAR **00** 488; AG Mü NZV **00** 180, abl

Schoknecht; wN 38. Aufl). Die Kontroverse ist durch BGH NJW **01** 1952 erledigt. Eine Verfassungsbeschwerde gegen eine Verurteilung ohne Vornahme von Sicherheitsabschlägen wurde von BVerfG ZfS **02** 95 (Anm *Bode*) nicht zur Entscheidung angenommen.

Bei Messung mit einem bauartzugelassenen, geeichten Messgerät gelten **folgende Verfah-** **16a** **rensbestimmungen** (BGH NJW **01** 1952, Bay DAR **03** 232, Ha VRS **101** 53): *Doppelmessung* *in einem Abstand von höchstens 5 Min nach 20 Min Wartezeit* ab Trinkende, *Kontrollzeit von 10 Min* (in der nichts gegessen, getrunken und keine Medikamente aufgenommen werden dürfen und die in der Wartezeit von 20 Min enthalten sein kann), Einhaltung der zulässigen *Variationsbreite* zwischen den Einzelwerten (BGA-G „Atemalkohol" S. 12, 56 f.). Die Erfüllung dieser im BGA-G „Atemalkohol" gestellten Anforderungen ist nach der sich aus der Begr (Rn. 2) ergebenden Intention des GGebers unabdingbar, andernfalls kann die **Messung unverwertbar** sein (Bay NZV **05** 53, Dr NStZ **04** 352). Das gilt, *allerdings nicht ausnahmslos* (s. u), auch für die **Einhaltung der Kontroll- sowie der Wartezeit** (Bay NZV **05** 53, Dr NStZ **04** 352, DAR **05** 226, Jn DAR **06** 225, 34, Ha NZV **08** 260, Ba DAR **10** 143, *Scheffler* BA **04** 468; für Messwerte in Grenzwertnähe auch Kar NZV **04** 426 mAnm *Slemeyer* und *Scheffler* BA **04** 467, 468; aM Ce NZV **04** 318, Ha NZV **05** 109, SVR **07** 228), die freilich zur Vermeidung von Benachteiligungen des Betroffenen während der Anflutungsphase notwendig ist (BGAG „Atemalkohol" 3.4, 4.1, *Iffland* DAR **05** 198, s. auch *Slemeyer* NZV **04** 616; zur Funktion des aktuellen Geräts, die das Verfehlen der Wartezeit weitgehend obsolet machen dürfte, Rn. 17). Allerdings existiert kein allgemeiner Grundsatz, dass Bedienfehler bei einem standardisierten Messverfahren wie es der Atemtest darstellt, stets zur Unverwertbarkeit führen (Kar DAR **16** 150 m Bspr *König* DAR **16** 362, 374; Ce BA **20** 111 m Bspr *König* DAR **20** 376). Unverwertbarkeit auch in Anbetracht dessen jedoch, wenn der Grenzwert gerade erreicht oder nur geringfügig überschritten ist; denn dann würde ein Sicherheitsabschlag zwingend zu dessen Unterschreitung führen (Kar NJW **06** 1988, DAR **16** 150). Ansonsten ist durch Einholung eines Sachverständigengutachtens (uU auch eines „technischen" Sachverständigen) zu klären, ob die mit der Nichteinhaltung der Kontroll- bzw. Wartezeit uU verbundenen Schwankungen der Messwerte **durch einen Sicherheitszu-** **schlag ausgeglichen werden können** (Kar NJW **06** 1988, DAR **16** 150; Ce BA **20** 111 m Bspr *König* DAR **20** 376; offengelassen von Bay NJW **05** 232, Dr NStZ **04** 352, Ha v. 24.8.06, 3 Ss OWi 308/06, juris; Stu BA **10** 360 (Nichteinhaltung der Kontrollzeit); Sa BA **13** 295; aM AG Plön DAR **08** 408 (ca 0,4 mg/l); strikt ablehnend bei Nichteinhaltung der Kontrollzeit Ha NZV **08** 260; AG Riesa BA **15** 46, hierzu *König* DAR **15** 363, 373 f.). Maßgeblich für die Einhaltung der Kontrollzeit von 10 Min ist der Beginn der Messung, nicht der Geräteeinschaltung (KG VRS **100** 337). Wartezeitprobleme können beim Gerät **Dräger Alcotest 9510 DE** nicht auftreten (Rn. 17). Zur Frage, ob sich eine Verlängerung der Wartezeit empfiehlt, *Schoknecht* NZV **03** 68 (verneinend), *Dettling* ua BA **06** 257, *Schuff* ua BA **02** 145, *Jachau* u. a. BA **06** 169, *Iffland* ua DAR **08** 382 (hierzu Ba DAR **10** 143); *Haffner/Graw* NZV **09** 209 (je bejahend). Kein Verwertungsverbot, wenn das Messprotokoll nicht unterschrieben ist (AG Castrop-Rauxel BA **15** 280). Dem **maßgebenden Mittelwert** sind die bereits abgerundeten beiden Einzelmesswerte mit jeweils drei Dezimalstellen zugrunde zu legen (Ba DAR **07** 92; BA **12** 265; abw. Kö NZV **01** 137, hier bis 41. Aufl.); zur Mitteilung im Urteil Rn. 16, 17a. Ein unterhalb der 0,25 mg/l-Grenze liegender Einzel- oder Mittelwert (zB 0,248 mg/l) darf nicht aufgerundet werden (Bay DAR **01** 465; 370, Brn VRS **107** 49, Dü ZfS **03** 517, Dr VRS **108** 114, Jn VRS **110** 32, Ha DAR **06** 339, aM *Schoknecht* BA **01** 349). Die **Variationsbreite** darf bei Mittelwerten bis 0,4 mg/l den Wert von 0,04 mg/l und bei Mittelwerten über 0,4 mg/l 10 % des Mittelwerts nicht übersteigen (Bay NZV **00** 295, Jn DAR **04** 598, Ha BA **04** 268, s. DIN VDE 0405-3 Nr. 6.1). Verstoß gegen etwaige gemeinschaftsrechtliche Meldepflichten gem. Art 8 Richtlinie 83/189/EWG, ABl Nr. L 109 S. 8 (Übermittlung von Entwürfen technischer Vorschriften an die Kommission) in Bezug auf das Messgerät führen nicht zu einem Beweisverwertungsverbot (EuGH StV **99** 130). Eine **Rückrechnung** wie bei der BAK (s. Rn. 13) ist bei der AAK derzeit wohl nicht möglich (§ 316 Rn. 55). Jedoch ist denkbar, dass sich der Tatrichter bei längere Zeit nach der Fahrt genommener Atemprobe mit einer AAK unterhalb des Grenzwerts die Überzeugung vom Überschreiten des Grenzwerts zur Tatzeit verschaffen kann (zu § 24c s. Dü DAR **16** 395 und § 24c Rn. 11; aM MüKoStVR/*Funke* § 24a Rn. 19).

Nach § 1 I Nr. 1 MessEG iVm § 1 I Nr. 9 c, II Nr. 1 MessEV müssen Atemalkoholmessgeräte **17** für die amtliche Überwachung des StrV **geeicht sein** (Rn. 16, KG VRS **102** 131). Die Eichgültigkeitsdauer beträgt nach Anl 7 Nr. 9.3 zu § 34 I Nr. 1 MessEV (nur) $^{1}/_{2}$ Jahr (näher *Schoknecht/Barduhn* BA **99** 159; *Haffner/Graw* NZV **09** 211), wobei sie nicht taggenau zu berechnen ist, sondern mit Ablauf des auf die Eichung folgenden sechsten Monats endet (Dr NJ **08**

275). **Fehlende Eichung** oder Bauartzulassung des Messgeräts führt nach wohl hM grundsätzlich zur Unverwertbarkeit der Messung, kann also nicht durch Sicherheitsabschläge kompensiert werden (Dr NJ **08** 275; *Maatz* BA **02** 31). Ob dies für die Eichgültigkeit uneingeschränkt zu gelten hat, erscheint freilich auch im Vergleich zu sonstigen standardisierten Verfahren sehr zw (zB § 3 StVO Rn. 62a). Die Verwendbarkeit des Geräts setzt voraus, dass eine Beeinträchtigung des Messergebnisses zum Nachteil des Betroffenen durch die Vielzahl experimentell festgestellter physiologischer Einflüsse ausgeschlossen ist. Als mögliche, das Messergebnis **verfälschende Störfaktoren** sind in verschiedenen Untersuchungen namentlich genannt worden: *Luftfeuchtigkeit* (*Grüner* JR **89** 80), *Temperatureinflüsse* (BGA-G „Atemalkohol" S. 20 f., 55, *Bilzer/Grüner* BA **93** 228, *Gilg/Eisenmenger* DAR **97** 4), *Mundrestalkohol* (BGA-G „Atemalkohol" S. 57, *Pluisch/Heifer* NZV **92** 340, *Haffner/Graw* NZV **09** 209), auch in Zahnfleischtaschen oder aus Zahnprothesenhaftmitteln, *Gilg/Eisenmenger* DAR **97** 5, 6), *Magenluft* (Aufstoßen, *Wilske/Eisenmenger* DAR **92** 45, Denkschrift „Atemalkoholprobe" BA **92** 113), *Hypersalivation* (vermehrte Speichelbildung, *Tsokos/Bilzer* BA **97** 405, *Bilzer/Hatz* BA **98** 327), durch „Schnüffeln" aufgenommene andere flüchtige Substanzen und Lösungsmittel (BGA-G „Atemalkohol" S. 27 f., *Kijewski/Sprung* BA **92** 350, *Aderjan* BA **92** 360 (Klebstofflösemittel), *Bilzer/Grüner* BA **93** 228), *Verwendung von Mundwässern Rachensprays, Toiletten- und Rasierwässern* (*Dettling ua* BA **03** 343, *Gilg/Eisenmenger* DAR **97** 5), *Atemkapazität* (*Pluisch/Heifer* NZV **92** 340, *Krause ua* BA **02** 5), und *Atemtechnik* (Hyper- und Hypoventilation, BGA-G „Atemalkohol" S. 21, 55, *Wilske* NZV **00** 401, *Schuff ua* BA **02** 244, *Wilske/Eisenmenger* DAR **92** 44), uU auch *Lungenerkrankungen* (*Bilzer ua* BA **97** 90, *Heifer ua* BA **95** 218). Nur bei Ausschluss einer Beeinflussung durch Störfaktoren der geschilderten Art kann für Atemalkoholmessgeräte eine Bauartzulassung durch die Physikalisch-Technischen Bundesanstalt erteilt werden. Für das Atemalkoholmessgerät **„Dräger Alcotest 7110 Evidential"** liegt eine solche seit dem 17.12.98 vor. Das Nachfolgegerät **„Dräger Alcotest 9510 DE"** hat im August 2013 die Bauartzulassung erhalten. Im Unterschied zum Vorgängermodell muss vor der Messung die Tatzeit erfasst werden; eine Messung ist dann erst nach Ablauf der Wartezeit möglich, weswegen die unter Rn. 16a Probleme bei Nichteinhaltung der Wartezeit hier nicht auftreten können (s. auch *Schäler* VD **18** 151). Im praktischen Versuch (zum Vorgängermodell) stellten *Schmidt ua* BA **00** 92 zuverlässiges Erkennen von Mundrestalkohol und Alkohol in der Umluft fest (abw *Dettling ua* BA **03** 343). Kaugummikauen und Rauchen während der Kontrollzeit verfälschen das Ergebnis nicht (AG Reutlingen BA **19** 57; *Pietsch/Erfurt* BA **12** 279). Entsprechend den Anforderungen des BGA-G „Atemalkohol" erfolgt die Messung durch dieses Gerät zweimal in zeitlichem Abstand, und zwar mit zwei verschiedenen Messsystemen, nämlich mittels eines Infrarot-Detektors (IR) und eines elektrochemischen Detektors (EC) (*Lagois* BA **00** 77, *Löhle* NZV **00** 189, *Knopf ua* NZV **00** 195). Dass die Infrarotmessung entgegen BGA-G „Atemalkohol" nicht in zwei Wellenlängenbereichen erfolgt, wird durch die zusätzliche elektrochemische Messung kompensiert (Bay NZV **00** 295, *Löhle* NZV **00** 192, *Knopf ua* NZV **00** 196, *Slemeyer* BA **00** 204, *Lagois* BA **00** 346). Der zT kritisierte (*Wilske* DAR **00** 18, *Bode* BA **00** 135, 219, *Hillmann* ZfS **01** 100, AG Meiningen DAR **00** 375, AG Brn DAR **00** 538) Umstand, dass nur 3 Messungen erfolgen und nur 2 Werte ausgedruckt werden, aus denen der Mittelwert gebildet wird, ist unschädlich, weil der GGeber nicht gehalten ist, die vom BGH für die BAK-Messung anerkannten Anforderungen der auf einem andersartigen Verfahren beruhenden AAK-Messung zugrunde zu legen (BGH NJW **01** 1952). Bei Verwendung eines geeichten, bauartzugelassenen Geräts unter Beachtung der Verfahrensbestimmungen (Rn. 16a, 18) ist für die Feststellung des AAK-Grenzwerts der gemessene Wert entscheidend, und zwar ohne Sicherheitsabschläge (Rn. 16).

17a   Die Messung mit einem geeichten Gerät ist von der *Rspr.* als **standardisiertes Verfahren** (§ 3 StVO Rn. 56b) anerkannt worden (BGH NJW **01** 1952, Bay DAR **05** 53, Dr VRS **108** 114, DAR **05** 226, Jn DAR **04** 598, Kar NZV **04** 426, Hb NZV **04** 269, Brn VRS **107** 49, Ha BA **05** 167, Zw VRS **102** 117, krit *Wilske* NZV **00** 399), so dass im Urteil grundsätzlich die Angabe des Messverfahrens und des Messergebnisses ausreichend ist (Bay NZV **05** 53, Dr VRS **108** 114, DAR **05** 226, Hb NZV **04** 269, Brn VRS **112** 280, Dü VRS **103** 386, Ce BA **04** 465, Ha DAR **04** 713 (unter Aufgabe der früheren, abw Rspr), BA **09** 411; 413; KG VRS **100** 337), wobei es der Mitteilung des Messverfahrens jedenfalls dann nicht bedarf, wenn sich der verwandte Gerätetyp neben seiner Nennung im Bußgeldbescheid unzweifelhaft den sonstigen Urteilsgründen entnehmen lässt (Ba BA **06** 409, ZfS **13** 711, Jn VRS **110** 443; s. aber KG BA **17** 261; **18** 308). Nach nunmehr herrschender *Rspr.* müssen die ausgedruckten Einzelwerte (s. auch Rn. 16a) grds. nicht mitgeteilt werden (Ba DAR **07** 92, BA **12** 265; Ce BA **04** 465, Dr VRS **108** 114, Dü VRS **103** 386, Ha DAR **04** 713, Stu VRS **99** 286, Zw VRS **102** 117), während durch einen Teil der älteren *Rspr.* zusätzlich Angaben über Bauartzulassung, Eichung und Einhaltung der Bedingungen für das Messverfahren (Rn. 16) verlangt wurden (Bay NZV **00** 295, DAR **01** 465, **03** 232, Brn VRS **107** 49, Jn DAR **04** 598 (aufgegeben in VRS **110** 32), Zw VRS **102** 117, Dü ZfS **03** 517, *Maatz* BA **02** 31 (je Eichung), offen gelassen von Dü VRS **103** 386). Zur Einhaltung der Wartezeit und zur 3. Dezimalstelle Rn. 16a. **Anhaltspunkten für Messfehler im Einzelfall** hat der Tatrichter im Rahmen der Aufklärungspflicht bzw. auf entsprechenden Beweisantrag nachzugehen (BGH NJW **01** 1952, Ha ZfS **04** 583). Nach Ba NJW **06** 2197 (ebenso Zw BA **19** 333) muss er im Grenzwertbereich von 0,25 mg/l dem nicht sicher ausschließbaren Vortrag eines Betroffenen nachgehen, die Messergebnisse seien durch Hypoventilation (Luftanhalten vor der Atmung) zu seinen Ungunsten verfälscht worden (insoweit abw v. Bay NZV **00** 295; im Anschluss an *Schuff* ua BA **02** 244; s. auch *Römhild* ua BA **01** 223, *Krause* ua BA **02** 5 sowie *Jachau* ua BA **06** 9, wonach signifikante Abweichungen auftreten, wenn vor der Atemprobe tiefes Aus- und Einatmen bzw. nur tiefes Einatmen erfolgt), ebenso nach Ha NZV **08** 260 dem Einwand, dass ein in einer Zahnfleischtasche verbliebener Rest eines Hustenlösers das Ergebnis verfälscht haben könnte. Beides ist zw. Ethanolhaltige Haftcreme wird vom Dräger-Gerät zuverlässig erkannt und führt dazu, dass kein gültiges Messergebnis ausgewiesen wird (*Hartung* ua BA **16** 249; s. auch *Heinrich* DAR **09** 727). Der Vortrag, „lediglich Radler getrunken zu haben", bietet keinen Anlass, am Messergebnis zu zweifeln (Jn VRS **110** 443). Entsprechendes gilt, wenn Trinkmengenberechnungen auf der Grundlage der Einlassung des Betroffenen andere Werte ergeben (s. auch Rn. 18; aM wohl *Iffland* ua DAR **08** 382). Nw aus der Lit: 44. Aufl.

Nach dem Gesetz besteht **Gleichwertigkeit beider Messverfahren** (Dr BA **01** 370, AG **18** Fra/O BA **03** 61). Wurde die alkoholische Beeinflussung des Betroffenen sowohl durch Atemalkoholmessung als auch durch Blutuntersuchung ermittelt, so kann schon im Hinblick auf die fehlende Konvertierbarkeit (Rn. 16) bei Abweichungen der Ergebnisse grundsätzlich keiner der beiden Messungen ein höherer Beweiswert beigemessen werden. Hinzu kommt, dass zwischen den Messungen regelmäßig eine Zeit verstrichen sein wird, die je nach dem Stadium der Alkoholkurve beim Betroffenen zu Veränderungen geführt haben kann. Es genügt also, dass einer der gemessenen Werte den Gefahrengrenzwert erreicht (*Maatz* BA **02** 32). **Bei signifikanten Abweichungen** der Ergebnisse trotz unmittelbar nacheinander durchgeführter Messungen stellt sich allerdings die Frage nach der Zuverlässigkeit der Messergebnisse. Bei deren Klärung ist zu berücksichtigen, dass der Blutuntersuchung angesichts der mindestens vierfachen Analyse mit unterschiedlichen Untersuchungsmethoden ein hoher Grad an Zuverlässigkeit zukommt (*Maatz* BA **02** 33, *Janker* DAR **02** 54, AG Fra/O BA **03** 61); ferner kann nur die BAK durch Nachuntersuchung überprüft werden (Dr BA **01** 370). In solchen Fällen ist Hinzuziehung eines Sachverständigen geboten (Kar DAR **03** 235 (zu § 316 StGB)).

9. Andere berauschende Mittel (II). Auch das Führen von Kfz unter der Wirkung anderer **19** berauschender Mittel ist unter den Voraussetzungen von II ow. Damit sollen vor allem die zahlreichen Fälle erfasst werden, in denen trotz rauschmittelbedingter Beeinträchtigung der Leistungsfähigkeit als Kf wegen Fehlens von Beweisgrenzwerten für sog absolute Fahrunsicherheit eine strafrechtliche Ahndung nicht möglich ist. Die Beeinträchtigung der Fahrsicherheit durch die in der Anlage zu § 24a (vor Rn. 1) genannten Mittel beruht auf durch ihren Einfluss verursachten Störungen wie zB Euphorie (Cannabis, Heroin, Morphin, Kokain), Konzentrationsstörungen (Cannabis, Heroin, Morphin), Wahrnehmungsstörungen (Cannabis, Heroin, Morphin), Halluzinationen (Cannabis, Kokain), Verlängerung der Reaktionszeit (Heroin, Morphin), erhöhter Risikobereitschaft und Enthemmung (Kokain, Amfetamin, Metamfetamin) sowie unterschiedlichen psychopathologischen Störungen anderer Art (OVG Hb VRS **92** 389 (Cannabis)). II ist bei Beachtung der analytischen Grenzwerte (Rn. 21 ff.) grundgesetzkonform (BVerfG NJW **05** 349, Bay NZV **03** 252, Sa VRS **102** 458, Zw VRS **102** 300). Zur Wirkung illegaler Drogen s. auch § 316 StGB Rn. 58 ff. Zur Entwicklung der Unfallzahlen nach Fahrten unter dem Einfluss illegaler Drogen BReg. in BT-Drs. 16/2264 S. 2 f. und BR-Drs. 231/07.

a) Der Einfluss der **in der Anlage (vor Rn. 1) genannten berauschenden Mittel** ist tat- **20** bestandsmäßig. Demgemäß scheidet § 24a aus, wenn der Betroffene ein anderes Rauschmittel im Blut hat; eine Ahndung würde gegen das Analogieverbot (**E** 61) verstoßen (Bay NZV **04** 267, Jn NStZ **05** 413, VGT **06** 10 (je zum vormals noch nicht aufgeführten Metamfetamin, Rn. 6a)). Nicht in der Anl genannt und damit im Rahmen des § 24a nicht berücksichtigungsfähig ist der Nachweis der unwirksamen (*Eisenmenger* NZV **06** 24) THC-Carbonsäure (Mü NJW **06** 1606). Der Wirkstoffbefund erlaubt lediglich einen Schluss auf zeitlich länger zurückliegenden (bzw.

dauernden) Konsum von Cannabis (Zw NZV **05** 430, Sa NJW **07** 309, Fra DAR **11** 474; *Eisenmenger* NZV **06** 24). Nicht in der Anl enthalten sind derzeit zB LSD oder auch NpS („Legal Highs"; dazu § 316 StGB Rn. 62a). Änderung und Ergänzung der Anl auf Grund wissenschaftlicher Erkenntnisse erfolgt durch RVO nach Maßgabe der Ermächtigungsnorm des V.

21   **b)** II verlangt lediglich das KfzFühren im StrV **„unter der Wirkung" eines der in der Anl genannten Mittels.** Das bedeutet, dass die jeweilige psychoaktive Substanz vom Körper aufgenommen sein muss und noch nicht bis zur Wirkungslosigkeit abgebaut sein darf (vgl. *Stein* NZV **99** 441, **01** 485, **03** 250). Nach II S. 2 liegt die Wirkung bei einem Nachweis der in der Anl bezeichneten Substanzen (Rn. 2, 19) im Blut vor. Ob es sich dabei um eine objektive Bedingung der Ahndbarkeit handelt (so Zw NZV **05** 430, hier bis 39. Aufl.; *Riemenschneider* Fahrunsicherheit S. 269 f.), ist zw. Näher liegt es, die Bestimmung **als gesetzliche Beweisregel zu begreifen** (in diesem Sinne wohl *Stein* NZV **99** 441, **01** 485; s. aber *dens.* NZV **03** 250). Nach beiden Auffassungen muss sich der Schuldvorwurf auf diesen Wirkstoffnachweis nicht beziehen (zum Bezugspunkt für Vorsatz und Fahrlässigkeit Rn. 25b, 26 f.). Nach hM keine Ahndbarkeit, wenn die Wirkung nicht gerade durch einen *Blut*wirkstoffnachweis erfolgt (Ha NZV **01** 484, AG Saalfeld NStZ **04** 49, hier bis 39. Aufl.). Auf dieser Basis scheidet der Nachweis durch andere Beweismittel (zB Urinprobe, Zeugenaussagen, Geständnis, immunologische Tests (hierzu *Aderjan ua*, BA **03** 337)) strikt aus. Jedoch lässt sich das Gesetz auch in dem Sinn lesen, dass die Wirkung *jedenfalls* bei einem positiven Blutwirkstoffnachweis gegeben ist; es ist nicht recht ersichtlich, aus welchem Grund andere *(sichere)* Beweismittel strikt ausgeschlossen werden sollten (*Stein* NZV **99** 450, **01** 485, *Geppert* DAR **08** 125; i. Erg. wohl auch *Ko* NJW **09** 1222). Der Frage dürfte eher theoretische Relevanz zukommen.

21a   Das Merkmal *„unter der Wirkung"* ist im Prinzip festgestellt, wenn eine der Substanzen der Anl im Blut nachgewiesen ist (Sa VRS **102** 120, Kö VRS **109** 193, Zw NZV **05** 430, VRS **102** 300), Die früher hM, wonach eine Mindestgrenze nicht überschritten sein muss (Bay NZV **04** 267, Zw VRS **102** 300, *Stein* NZV **99** 448, **03** 251), gilt allerdings nicht mehr uneingeschränkt. Vielmehr setzt II nach BVerfG NJW **05** 349 (zur Frage der Bindungswirkung *Maatz* BA **06** 451, 453) voraus, dass eine Wirkstoffkonzentration der betreffenden Substanz zumindest in einer Höhe festgestellt ist, die eine Beeinträchtigung der Fahrsicherheit *als möglich erscheinen lässt* (ebenso Zw NZV **05** 430, Kö VRS **109** 193, Ko NStZ-RR **05** 385). Dies steht vor dem Hintergrund, dass Wirkungs- und Nachweisdauer wegen der seit Einführung des II erheblich verbesserten Messtechnik nicht mehr übereinstimmen (*Bönke* BA **04** Supplement 1 S. 6), vernachlässigt aber Untersuchungen wonach auch (und gerade) bei niedrigen Wirkstoffkonzentrationen Leistungsbeeinträchtigungen auftreten (*Drasch ua* BA **06** 441). Sofern *nicht Ausfallerscheinungen feststellbar sind* (Rn. 21b) liegt das Merkmal nur vor, wenn mindestens der von der „Grenzwertkommission" beschlossene sog **analytische Grenzwert** erreicht ist (vgl. BVerfG NJW **05** 349 (hierzu *Bönke* NZV **05** 272, *Scheffler/Halecker* BA **05** 160, *Dietz* NVwZ **05** 410, *Schreiber* NJW **05** 1026); Zw NZV **05** 430, Kö VRS **109** 193, Ko NStZ-RR **05** 385, s. auch *Bönke* BA **04** Supplement 1 S. 6, *Nehm* AG-VerkRecht-F S. 366 sowie § 316 Rn. 63), und zwar über den unmittelbaren Entscheidungsgegenstand (THC) hinaus für alle in der Anl genannten Wirkstoffe (Mü NJW **06** 1606, Zw NZV **05** 430 (jeweils Amfetamin), Ha NZV **07** 248 (Benzoylecgonin), Kö DAR **05** 699 (Morphin), *Albrecht* SVR **05** 84). Gemäß dem Votum der Grenzwertkommission (BA **07** 311) beträgt der analytische Grenzwert **bei THC** 1 ng/ml, bei **Morphin, Cocain** je 10 ng/ml, bei **Benzoylecgonin** 75 ng/ml, bei **Amfetamin, Methylendioxyethylamfetamin (MDE), Methylendioxymethamfetamin (MDMA)** und **Metamfetamin:** je 25 ng/ml. Ein Zuschlag für Messunsicherheiten ist nicht erforderlich (Sa NJW **07** 309, Kar NZV **07** 249, *Eisenmenger* NZV **06** 24). Der Tatrichter ist auch nicht gehalten, bei einer gewissen Schwankungsbreite (hierzu *Wehner* NZV **07** 498) den dem Betroffenen günstigsten Wert zugrunde zu legen (Schl BA **07** 181). Finden sich Nachweise mehrerer relevanter Drogenwirkstoffe, die jeweils unterhalb der analytischen Grenzwerte liegen, so dürfen die Grenzwerte nicht einfach addiert werden (Ko NJW **09** 1222). In welcher Weise der Betroffene das Rauschmittel aufgenommen hat, ist unerheblich. Demgemäß handelt tatbestandsmäßig, wer Kokain durch Genuss eines kokainhaltigen Teegetränks („Mate de Coca") aufnimmt (Zw BA **09** 335). Der Konsum von „Red Bull Cola" führt nicht zu relevanten Benzoylecgonin-Konzentrationen (VG Br NZV **13** 568 (L)). Den Vortrag einer von einer verwaltungsbehördlichen EdF Betroffenen, ihr müsse Kokain ins Getränk gemischt worden sein, hält der VGH Hessen für offenkundig unglaubhaft, weil Kokain geschnupft, injiziert oder geraucht, aber nicht getrunken werde (BA **13** 320).

Abweichend sind Fälle zu beurteilen, in denen der FzF bei einer im Blut nachgewiesenen **21b** Wirkstoffkonzentration unterhalb des analytischen Grenzwerts **Ausfallerscheinungen aufweist** (Mü NJW **06** 1606, zust *König* DAR **06** 287, nunmehr auch Ba DAR **07** 272 mAnm *Krause; König/Seitz* DAR **07** 367; Ba DAR **19** 157 m krit Anm *Funke* und zust Bspr *König* DAR **19** 362; Ko NJW **09** 1222; Ce NZV **09** 300; *Maatz* BA **06** 451, 455 f., *Haase/Sachs* NZV **08** 221; **aM** Ba DAR **06** 286, abl *König* (aufgegeben durch Ba DAR **07** 272), Jn BA **12** 268 m abl Anm *König* DAR **13** 361; *Wehowsky* BA **06** 125; VGT **06** 10 unter Nr. 1 (AK IV), wohl auch BReg in BT-Drs. 16/2264 S. 2 f.). Zur Handhabung im Rahmen des bundeseinheitlichen Tatbestandskatalogs (§ 24 Rn. 64) *Müller* SVR **15** 207, 209 ff.). Ein wissenschaftlich abgesicherter Erfahrungssatz, dass unterhalb des analytischen Grenzwerts keine die Fahrsicherheit beeinträchtigenden Ausfallerscheinungen auftreten können, dürfte nicht existieren (vgl. Mü NJW **06** 1606, *Eisenmenger* NZV **06** 24; *Drasch ua* BA **06** 441; abw (non liquet) *Berr/Krause/Sachs* Rn. 534 ff.). Der analytische Grenzwert ist also nicht etwa als Tatbestandsmerkmal wie die „Promille-Grenze" im Rahmen des I (Rn. 11) zu verstehen (Sa NJW **07** 309). Damit ergibt sich: Ab bzw. über (von BVerfG NJW **05** 349 offen gelassen) dem jeweiligen Grenzwert (ohne Zuschläge, s. o) kann das Merkmal der Wirkung ohne Weiteres angenommen werden. Bei Werten darunter darf idR keine Ahndung mehr erfolgen. Sind aber verkehrsrelevante Leistungsbeeinträchtigungen gerade aufgrund des Rauschmittels vorhanden, so hat die psychoaktive Substanz zur Zeit der Tat gewirkt und der Tatbestand ist verwirklicht. Die Lage ähnelt damit stark der Situation bei der „relativen Fahrunsicherheit" im Rahmen des §§ 315c, 316 StGB (*König* DAR **06** 287; zust *Geppert* DAR **08** 125. i Erg ebenso *Maatz* BA **06** 451, 456; Kriterien diff. nach der Art des Rauschmittels bei *Haase/Sachs* NZV **08** 221).

Der Tatbestand ist nur erfüllt, wenn feststeht, dass eine der in der Anl genannten Substanzen **21c** **im Zeitpunkt der Fahrt** nachweisbar war (Bay NZV **04** 267, Jn StV **05** 276), nicht zB, wenn eine solche erst zwischen der Fahrt und der Blutentnahme durch Stoffwechsel entstanden ist (Bay NZV **04** 267). Nach dem Inhalt von II, insbesondere dem Zusammenhang von S. 1 und 2, setzt der Tatbestand, soweit der analytische Grenzwert erreicht bzw. überschritten ist (Rn. 21b), nicht die Feststellung einer *konkreten* rauschmittelbedingten Beeinträchtigung der für das Führen von Kfz relevanten Leistungsfähigkeit des Betroffenen voraus (Rn. 24; Bay NZV **04** 267, Sa VRS **102** 120, Begr Rn. 5, *Bönke* NZV **98** 395, *Hentschel* NJW **98** 2389, aM *Riemenschneider/Paetzold* DAR **97** 63). Dies würde dem Zweck der Bestimmung zuwiderlaufen; denn die Schwierigkeiten der Feststellung relativer Fahrunsicherheit, die ein Anlass für den OW-Tatbestand waren (Rn. 3), bestünden dann in gleicher Weise bei der Prüfung einer konkreten Beeinträchtigung. Es genügt also grds. (s. aber Rn. 21) der iS von II S. 2 nachgewiesene Einfluss der Rauschmittel, wobei deren *allgemeine* Eignung ausreicht, Beeinträchtigungen der Fahrtüchtigkeit herbeizuführen (Begr Rn. 5, Rn. 21).

c) Ausnahme bei Arzneimitteleinnahme. Nicht ow (Tatbestandsausschluss) ist das Verhal- **22** ten des Betroffenen nach der kriminalpolitisch überaus bedenklichen (zusf. *Maatz* BA **18** SUP I S. 31 ff.) „Medikamentenklausel" nach Abs. 2 S. 3 dann, wenn die festgestellte Substanz, sofern sie überhaupt in der Anl aufgeführt ist (was zB bei den praktisch wichtigen Benzodiazepinen nicht der Fall ist) für einen konkreten Krankheitsfall *ärztlich verordnet* und *ausschließlich* durch die *bestimmungsgemäße* Einnahme eines Arzneimittels in das Blut gelangt ist. Die Möglichkeit verordneter und bestimmungsgemäßer Medikamenteneinnahme darf mit Schweigen des Betroffenen nicht unter Anwendung des Zweifelssatzes ohne Weiteres unterstellt werden (*Maatz* BA **99** 148). Der Tatrichter muss zur ärztlichen Verordnung und bestimmungsgemäßen Einnahme vielmehr Feststellungen treffen (KG BA **16** 188; Ba DAR **19** 390 m Bspr *König* DAR **19** 362; zu polizeilichen Maßnahmen *Laub* SVR **17** 378; s. auch *Kanngießer* BA **18** SUP I S. 41; BA **19** SUP I, 21). Ob die Ausnahmeerlaubnis für eine ärztlich betreute und begleitete Selbsttherapie nach § 3 II BtMG (dazu *Weber* BtMG, § 3 Rn. 153 ff.) einer ärztlichen Verschreibung nach § 13 BtMG (*Weber* aaO Rn. 134 ff.) gleichsteht (verneinend *Koehl* DAR **17** 315), kann für Medizinalhanf (Cannabisextrakt, getrocknete Cannabisblüten) letztlich dahinstehen, weil nach neuer Rechtslage der Weg über die Verschreibung aus einem Anbau zu medizinischen Zwecken nach § 13 BtMG vorrangig ist (vgl. auch BReg in BT-Drs. 18/11701 S. 5 f.; *Weber* aaO § 3 Rn. 160 ff.). Das bedeutet, dass beim Führen eines Kfz nach Konsum von „Medizinalhanf" die Medikamentenklausel uneingeschränkt anwendbar ist. Ob dies mit der Überlegung gerechtfertigt werden kann, dass bei den Patienten die Fahreignung durch Aufnahme des Rauschmittels idR herbeigeführt wird (BReg aaO S. 6), ist überaus zw, kann die für die VSicherheit gefährliche Rauschwirkung doch kaum vom Zweck der Einnahme abhängen (mit Recht krit *Maatz* BA **18** Sup I S. 34 f.; **19** SUP

I S. 1; *Graw* BA **18** SUP I S. 37; **19** SUP I, 15; *Mußhoff/Graw* BA **19** 73; zu Zweifeln hinsichtlich der Heilwirkung insgesamt BA **18** 44, 51). Die Rechtslage führt auch zu kaum zu bewältigenden praktischen Schwierigkeiten. Liegt etwa „Mischkonsum" von teils ärztlich verordnetem, teils nicht ärztlich verordnetem Cannabis vor, muss festgestellt werden, ob der „analytische Grenzwert" (Rn. 21a) auch ohne Einnahme des ärztlich verordneten Cannabis erreicht worden wäre (hierzu *Maatz* BA **18** SUP I S. 39 f.; **19** SUP I S. 1). Gleiches gilt, wenn der Wirkstoffbefund sowohl aus dem Rauchen eines (nicht ärztlich verordneten) „Joints" als auch aus der Einnahme eines verordneten THC-haltigen Fertigarzneimittels („Sativex") herrühren kann (KG BA **16** 188 m Bspr *König* DAR **16** 362; zu (weiteren) cannabishaltigen Medikamenten § 316 Rn. 62). Das Erfordernis der *bestimmungsgemäßen* Einnahme bedeutet, dass es bei der Ahndung als OW bleibt, wenn der Einfluss der nachgewiesenen Substanzen auf nicht der Dosierungsanleitung bzw. der Verordnung entsprechendem Konsum oder auf (sonstigem) Missbrauch des Arzneimittels beruht (KG BA **16** 188; *Jagow* VD **98** 170, *Maatz* BA **99** 148). Auch insoweit bestehen hinsichtlich ärztlich verordneten Cannabis kaum lösbare Probleme, weil schon die therapeutische Dosis vom Arzt kaum sicher bestimmbar ist (*Maatz* BA **18** Sup I S. 39 f. unter Hinweis auf Ratlosigkeit der BReg in BT-Drs. 18/11701 S. 7; *Mußhoff/Graw* BA **19** 73 sprechen deshalb von Heilversuchen). Der Konsum von getrockneten Cannabisblüten durch Rauchen (eines Joints) wird nicht verordnet werden dürfen; vielmehr kommt die Inhalation mittels Vaporisator in Betracht (*Mußhoff/Graw* BA **19** 73, 79). Auch wenn die Klausel erfüllt ist, hindert dies im Fall nachgewiesener Fahrunsicherheit nicht etwa eine Verurteilung gem. §§ 316, 315c StGB (Rn. 24, § 316 StGB Rn. 62), was bedeutet, dass der Betroffene trotz ärztlicher Verordnung und bestimmungsgemäßer Einnahme bei Fahrunsicherheit sogleich in die Strafbarkeit „rutscht". Ferner ändert die „Medikamentenklausel" nichts daran, dass der regelmäßige Konsum von „Medizinalhanf" Fahreignungszweifel begründen kann (s. BayVGH NJW **19** 2419, **19** 111 (L); *Maatz* BA **19** Sup I S. 1, 6 ff.; *Mußhoff/Graw* BA **19** 73, 81 f.). S. zu THC als Arzneimittel weiterführend *Weber* BtMG, § 3 Rn. 128 ff.; *Graw/Mußhoff* BA **16** 289; *Graw* BA **18** 37; *Mußhoff/Graw* BA **19** 73 sowie die Übersicht in BA **18** 44.

23 **Literatur:** *Aderjan ua,* Immunologische Messungen von Substanzen im Blut …, BA **03** 337. *Albrecht,* Fahren unter Drogen …, SVR **05** 81. *Bönke,* Die neue Bußgeldvorschrift gegen Drogen im StrV (§ 24a II StVG), NZV **98** 393. *Daldrup,* Naturwissenschaftliche Grundlagen der Fahrlässigkeit …, BA **11** 72. *Eisenmenger,* Drogen im StrV …, NZV **06** 24. *Geppert,* Zu den Schwierigkeiten der strafrechtlichen Praxis mit § 24a II StVG, DAR **08** 125. *Hentschel,* Neuerungen bei Alkohol und Rauschmitteln im StrV, NJW **98** 2385. *König,* Stundenarithmetik bei der Feststellung fahrlässiger Drogenfahrt? DAR **07** 626. *Maatz,* Arzneimittel und VSicherheit, BA **99** 145. *Ders.,* Fahruntüchtigkeit nach Drogenkonsum, BA **06** 451. *Nehm,* Auf der Suche nach Drogengrenzwerten, AG-VerkRecht-F S. 359. *Riemenschneider/Paetzold,* Absolutes Drogenverbot im StrV …, DAR **97** 60. *Stein,* Offensichtliche und versteckte Probleme im neuen § 24a II StVG …, NZV **99** 441.

24 **10. Auf Fahrunsicherheit** oder geminderte Fahrsicherheit kommt es nicht an (BGH NJW **01** 1952, Kö VRS **109** 193, Zw NZV **05** 430, Sa VRS **102** 120, KG BA **00** 115, abw wohl Ha VRS **107** 470, hiergegen mit Recht Jn VRS **109** 61, näher *König/Seitz* DAR **06** 124), also auch nicht auf die Frage des Zusammentreffens von Alkohol- und Medikamentenwirkung mit anderen Rauschmitteln, Krankheit, mit Übermüdung oder anderen leistungsbeeinträchtigenden Anomalien (BR-Drs. 7/133 und § 316 StGB). § 24a umschreibt in I ebenso wie in II abstrakte Gefährdungstatbestände von idR erheblichem Gewicht (Zw DAR **05** 430, VRS **102** 300, Ha NJW **74** 1777). Maßgebend ist lediglich die Alkoholmenge „im Körper" einschließlich etwaigen Restalkohols (KG BA **00** 115), bzw. die im Blut nachgewiesenen Substanzen nach der Anl. Bei durch Alkohol oder Rauschmittel mitbedingter Fahrunsicherheit zur Fahrzeit gelten die §§ 315c, 316 StGB. Die Bußgeldbestimmung des § 24a ist eine Art Auffangtatbestand im Verhältnis zu jenen Strafvorschriften und tritt ggf. hinter diese zurück (§ 21 OWiG).

25 **11. Fahrlässigkeit** reicht aus (III) und entspricht wie bei § 316 StGB jedenfalls für I dem Regelbild der Tat (s. aber zum Vorsatz Rn. 26 f.). Das Urteil muss angeben, ob Vorsatz oder Fahrlässigkeit festgestellt wurde (Bay DAR **00** 366, Ha BA **05** 317, Dü VRS **103** 386, Ko VRS **78** 362). Fehlende Feststellungen zur Schuldform können unschädlich sein, wenn sich aus der Aufnahme des § 24a III in den Tenor ergibt, dass der Tatrichter von Fahrlässigkeit ausgegangen ist (Kö DAR **05** 699). Vorsatz und Fahrlässigkeit sind auf den Zeitpunkt der Tat bezogen. Tatbestandlicher Bezugspunkt des I ist das Erreichen oder Überscheiten des Gefahrengrenzwerts, Bezugspunkt des II die Wirkung einer der in der Anl genannten Substanzen, jeweils bei der Fahrt.

a) Wer bewusst Alkohol in nennenswertem Umfang zu sich genommen hat und zeitnah 25a
eine Kfz-Fahrt antritt, muss damit rechnen, dass er den Grenzwert überschreitet. Bereits die
Kenntnis von vorausgegangenem relevantem Alkoholgenuss rechtfertigt deshalb idR den Vor-
wurf der Fahrlässigkeit nach Abs. 1, 3 (Jn VRS **109** 61, abw Ha BA **05** 169, hiergegen *König/
Seitz* DAR **06** 124). Nach naturwissenschaftlich gesicherter Erkenntnis, kann niemand vor dem,
während des oder nach dem Trinken genau voraussehen, welche BAK er später haben wird (*Hei-
fer* BA **72** 409). Die Berufung auf sog. Trinktabellen kann deshalb nie exkulpieren; Trinktabellen
berücksichtigen außer dem Alkoholgehalt der Getränke nicht auch Körpergewicht, Konstitution,
Menge und Art der Magenfüllung sowie die Trinkgeschwindigkeit und daher irreführen, erst
recht bei Restalkohol. Nicht einmal bei derselben Person wird dieselbe Trinkmenge stets diesel-
be messbare Wirkung hervorbringen. Fahrlässigkeit kann allerdings entfallen, wenn der Grenz-
wert erst durch *unbewusst* genossenen Alkohol erreicht wurde, mit dem der Betroffene nicht zu
rechnen brauchte (Jn VRS **109** 61, Kö NStZ **81** 105, Ol DAR **83** 90). Die Glaubhaftigkeit ent-
sprechender Einlassungen ist aber besonders sorgfältig zu prüfen, weil heimliches Zuführen von
Alkohol der Lebenserfahrung widerspricht; zudem kann der FzF aufgrund der Umstände mit
Beimischung zu rechnen haben (§ 316 StGB Rn. 83). Zu den Anforderungen an die Beweis-
würdigung bei der (von vornherein abwegigen) Einlassung eines FzF, er habe unbemerkt statt
des bestellten alkoholfreien Weizenbiers ein alkoholhaltiges geliefert bekommen sowie getrunken
und dadurch mehr als 1 Stunde später eine AAK von 0,35 mg/l aufgebaut gehabt, KG BA **16**
321. Das Überschreiten der Grenze wegen Restalkohols stellt Fahrlässigkeit nicht in Frage (*König*
DAR **07** 626; NStZ **09** 425; **aM** Ha BA **09** 47; 413). Ohne Anlass muss der Tatrichter der theo-
retischen Möglichkeit solcher Ausnahmekonstellationen (Restalkohol, unbewusste Alkoholauf-
nahme) nicht nachgehen (KG BA **18** 443 m Bspr *König* DAR **19** 362; s. auch Jn VRS **109** 61,
aM – unhaltbar – Ha BA **02** 123; **09** 47; 413).

b) Fahrlässigkeit in Bezug auf die Wirkung nach II setzt (wie bei Alkohol) nicht voraus, 25b
dass der FzF leistungsbeeinträchtigende Wirkungen (zB Wahrnehmungsstörungen, Euphorie
usw) aufgrund des Rauschmittelkonsums verspürt oder auch nur für möglich hält (hM, BGH
NJW **17** 1403; Zw NStZ **02** 95; Sa NJW **07** 309, *König* DAR **07** 626, NStZ **09** 425; *Stein*
NZV **99** 441, **03** 252). Tut er es, wird Vorsatz anzunehmen sein (Rn. 26a). Andernfalls genügt es,
wenn er mit der Möglichkeit rechnen muss, dass sich das Rauschmittel bei Antritt der Fahrt
noch nicht vollständig abgebaut hat und dementsprechend noch wirken kann. Dass er wegen
Zeitablaufs nicht mehr mit dem Vorhandensein der bei ihm festgestellten Wirkstoffkonzentration
rechnet, entlastet ihn nicht (BGH NJW **17** 1403; Bay BA **06** 47, 49, Brn BA **08** 135, Zw
NStZ **02** 95); denn er ist dann seinen Pflichten zur Selbstprüfung nicht nachgekommen, was für
(Übernahme-)Fahrlässigkeit genügt (eingehend *König* DAR **07** 626; NStZ **09** 425; zust BGH
NJW **17** 1403 m Bspr *König* DAR **17** 362 und Anm *Krenberger* NZV **17** 230; Ha BA **11** 288
(3. StrS), Fra BA **13** 28, Ko BA **14** 351; – unter Aufgabe bisheriger Rspr. – Ce BA **15** 347; ein-
gehend Br BA **14** 279 sowie KG BA **15** 32 (je gleichfalls unter Aufgabe bisheriger gegenteiliger
Rspr.), Ol BA **15** 417 m Bspr *König* DAR **15** 363 (Vorlegungsbeschluss nach § 121 GVG); im
Grundsatz auch Ha BA **13** 94, unklar Kar DAR **15** 401 m. Bspr *König* DAR **15** 363; *Tölksdorf*
DAR **10** 686, 689; s. auch *Kraatz* DAR **11** 1). Dementsprechend darf der Tatrichter in Fällen, in
denen die Kfz-Fahrt nicht im zeitlichen Zusammenhang mit einem vorangegangenen Canna-
biskonsum erfolgt, bei Fehlen gegenläufiger Beweisanzeichen aus der Feststellung einer den ana-
lytischen Grenzwert erreichenden THC-Konzentration im Blut auf ein objektiv und subjektiv
sorgfaltswidriges Verhalten schließen (BGH NJW **17** 1403 (auf Vorlagebeschluss)). Mit der ge-
nannten Entscheidung des BGH ist der vormals von zahlreichen OLG vertretenen Auffassung
(umfassende Nw 44. Aufl.) die Grundlage entzogen, wonach trotz der nunmehr schon seit 2005
existenten Rspr. zur Existenz längerer Wirkungsdauern (dazu *König* DAR **10** 278) an der Er-
kennbarkeit der Wirkungsfortdauer soll fehlen können, sofern zwischen Konsumende und
Fahrtantritt „längere Zeit" vergangen ist. Der Tatrichter ist danach auch nicht (mehr) gehalten,
den Zeitpunkt des Konsums (den ohnehin nur der Betr. kennt) oder Beweisanzeichen festzu-
stellen, die für eine Wahrnehmung abträglicher Wirkung sprechen. Gesonderte Prüfung aber
erforderlich bei gegenläufigen Beweisanzeichen. Jedoch werden dabei oftmals Schutzbehauptun-
gen in Frage stehen (zB unbemerkte Aufnahme, dazu unten). Keine gegenläufigen Beweisanzei-
chen etwa bei dem Vortrag, die Abbaugeschwindigkeit habe sich wegen gleichzeitigen Spritzens
von Insulin verzögert; der Insulin spritzende Kf, der zugleich illegale Drogen aufnimmt, hat
sich über etwaige Wechselwirkungen zu informieren, bevor er eine Fahrt mit dem Kfz antritt,
andernfalls er gegen seine Sorgfaltspflichten verstößt (*König* DAR **13** 361; **aM** Ha BA **13** 94).

Zur Nachweisdauer bei **Amfetamin** und seinen Derivaten *Skopp/Daldrup* BA **12** 187, zur Abbaugeschwindigkeit bei **Kokain** *Toennes/Skopp* BA **13** 113 (bei 10 ng/ml Kokain Drogenaufnahme weniger als ein Tag zuvor, bei 75 ng Benzoylecgonin ohne positiven Kokainbefund Drogenaufnahme deutlich weniger als 2 Tage zuvor). Erreicht die Wirkstoffkonzentration den analytischen Grenzwert nicht, ist vorbehaltlich des Auftretens drogenbedingter Ausfallerscheinungen schon der objektive Tatbestand nicht erfüllt (Rn. 21c). Wer ihm angebotene berauschende Mittel nach II enthaltende Getränke aufnimmt, handelt fahrlässig, wenn er mit der Rauschmitteleigenschaft rechnen musste und nach deren Genuss ein Kfz führt (KG DAR **03** 82 mAnm *Stein* NZV **03** 252, *Scheffler* BA **03** 451, krit Anm *Nick*). Das gilt etwa für das kokainhaltige Teegetränk „Mate de Coca" (Zw BA **09** 335). Ist nach sachverständiger Beratung nicht auszuschließen, dass ein geringer, im Blut nachgewiesener Morphinwert auf den Genuss von handelsüblichem Mohngebäck beruht (*Westphal ua*, BA **06** 14, *Andresen/Schmoldt* BA **04** 191, *Rochholz ua* BA **04** 319, *Trafkowski ua* BA **05** 431), so wird, sofern überhaupt der „analytische" Grenzwert überschritten ist (Rn. 21b), der Vorwurf fahrlässigen Verhaltens idR entfallen. **Bei „Passivrauchen" von Haschisch** ist idR von fahrlässigem Verhalten auszugehen (vgl. VGH Ma VM **04** 69; *Berr/Krause/Sachs* Rn. 587 ff., 593; *Wehner ua* BA **06** 349; *Krause* DAR **06** 175). *Schimmel ua* BA **10** 269 gelangen allerdings zu dem Ergebnis, dass das Passivrauchen nicht zu forensisch relevanten Werten führt, weswegen es sich bei entsprechenden Einlassungen um Schutzbehauptungen handeln wird.

26 **12. Vorsatz setzt im Fall des Abs. 1** voraus, dass der Betroffene zumindest mit einer BAK oder AAK in der in I genannten Höhe rechnete und sie in Kauf nahm (Zw VRS **76** 453), wobei hinsichtlich des Willenselements nach allgemeinen Regeln Gleichgültigkeit insoweit genügt. Der Bezugspunkt des Vorsatzes (Rn. 25) ist damit ein anderer als bei § 316 StGB (dort Fahrunsicherheit), weswegen auch die Vorsatzprüfung nicht identisch ausfällt. Von der Höhe der BAK oder AAK allein soll nach bisheriger *Rspr.* gleichwohl generell nicht auf Vorsatz geschlossen werden dürfen (zB Ba DAR **19** 53). Jedoch hängt die Höhe der BAK/AAK, was jedermann bekannt ist, wesentlich von der aufgenommenen Alkoholmenge ab, weswegen bei einer BAK um 1‰ keine Vertrauensbasis für ein Unterschreiten des Grenzwerts vorhanden ist, die zu dieser BAK führende bewusste Aufnahme erheblicher Alkoholmengen den Vorsatz mithin idR ohne Weiteres indiziert (*König* DAR **19** 362; **aM** Ba DAR **19** 53). Das gilt erst recht, wenn der Betroffene darüber hinaus versucht hat, sich einer PolKontrolle zu entziehen (Ce NZV **97** 320 (zum früheren Gefahrengrenzwert von 0,8‰; **aM** Ba DAR **19** 53 m abl Bspr *König* DAR **19** 362; Voraufl.). Dass der FzF mit der Möglichkeit alkoholbedingter Fahrunsicherheit rechnete, soll nicht genügen (Zw VRS **76** 453), auch nicht der allgemeine Hinweis auf einschlägige Vorverurteilungen (Bay DAR **87** 304; s. aber zur Parallelproblematik bei § 316 StGB dort Rn. 75 ff.).

26a **Im Fall des Abs. 2** braucht sich der Vorsatz nur auf das Fahren unter der Wirkung eines der in der Anl genannten berauschenden Mittels zu erstrecken (Rn. 25b; Zw VRS **102** 300). Die Nachweisbarkeit der in der Anl bezeichneten Substanzen im Blut (Begr, Rn. 5) muss hingegen nicht vom Vorsatz umfasst sein (s. Rn. 21). Im Hinblick darauf sollte hier Vorsatz häufiger in Betracht kommen als im Rahmen des I. Die Praxis verfährt allerdings gegenteilig (Rn. 25b). Jedenfalls sind Feststellungen zum Vorsatz erforderlich (Br BA **11** 287). Bei Konsum unmittelbar vor Fahrtantritt (dazu AG Landstuhl DAR **18** 40 m Bspr *König* DAR **18** 361) oder gar während der Fahrt (sofern Substanznachweis möglich) ist gegen Vorsatzannahme nichts zu erinnern.

27 **13. Die Geldbuße** reicht bei Vorsatz bis zu 3000 €, bei Fahrlässigkeit (§ 17 II OWiG) bis zu 1500 € (zur Begründung der Verdoppelung durch das 4. StVGÄndG Rn. 6b). Im **Höchstmaß** überschreitet sie daher den Normalrahmen bei VOW (§ 24 StVG, § 17 OWiG). Vom gesetzlichen Höchstmaß ist bei der Zumessung auszugehen. Höchstmaß ist bei fahrlässig handelndem Ersttäter näher zu begründen (Ko VRS **49** 444). Das Urteil muss erkennen lassen, dass sich der Tatrichter des maßgeblichen Bußgeldrahmens für fahrlässiges Verhalten bewusst war (Jn VRS **110** 443). Zur Berücksichtigung der wirtschaftlichen Verhältnisse gilt das Gleiche wie bei OW gem. § 24 (dort Rn. 48a). Der BKat (Nr. 241 ff.) sieht folgende **Regelsätze** bei fahrlässiger Tatbegehung vor: 1. Verstoß: 500 €, 1 Monat FV; 2. Verstoß: 1000 €, 3 Monate FV; ab 3. Verstoß: 1500 €, 3 Monate FV. Wiederholungsfall auch bei Vorverurteilung nach § 315c I Nr. 1a, § 316 StGB (Nr. 241.2, 242.2 BKat). Feststellung des Wiederholungsfalls erfordert Mitteilung der Eintragung im FAER *vor der Tat* von Umständen, aus denen sich Gewährleistung der Warnwirkung ergibt, zB Zustellung des Bußgeldbescheids (Ba BA **16** 323; DAR **18** 92). Jedoch entbindet die BKatV Bußgeldstelle und Gericht nicht von der Pflicht einer Berücksichtigung der Umstände des Einzelfalls, insbes. in Bezug auf die Frage, ob überhaupt ein Regelfall

gegeben ist. Zur Bindung der Gerichte an die Regelsätze der BKatV § 24 Rn. 64. Nach Stu NZV **14** 537 Verstoß gegen das Doppelverwertungsverbot (§ 46 III StGB), wenn bei der Frage der Minderung der FV-Dauer wegen Existenzgefährdung (§ 25 Rn. 18) darauf abgestellt wird, dass sich der Betroffene die Vorahndung nicht hinreichend zur Warnung hat dienen lassen. Auch im FAER (zur Tatzeit, s. o.) eingetragene, nicht tilgungsreife OW nach § 24 StVG können höhere Buße rechtfertigen (Dü VRS **81** 462; zur Tilgungsreife: § 29 Rn. 20 ff.). Nach AG Tiergarten BA **16** 198 rechtfertigt der Verzicht auf die FE eine Verminderung der Regelgeldbuße (s. auch Rn. 28). Zu den für die Bemessung der Geldbuße maßgebenden Umständen gehört auch die *Höhe der BAK* (Ha VRS **48** 51, Ko VRS **49** 444). Geringfügiges Überschreiten des Grenzwerts rechtfertigt keine Erhöhung (Ol ZfS **97** 36), anders bei nur knappem Unterschreiten von 1,1 ‰.

14. Fahrverbot. § 25 StVG. In den Fällen des § 24a ist nur unter ganz besonderen Umständen kein FV zu verhängen (§ 25 Rn. 18). AG Tiergarten BA **16** 198 sieht solche bei Verzicht auf die FE nach einer Drogenfahrt als gegeben an. Ba BA **18** 440 sieht einen Verstoß gegen das Doppelverwertungsverbot (§ 46 III StGB), wenn einem „Drogenfahrer" bei der FV-Anordnung besonders riskantes Verhalten angelastet wird. Auch beim *Zurücktreten von § 24a* hinter eine tateinheitlich begangene Straftat gilt § 25 I S. 2, ist also regelmäßig ein FV anzuordnen (§ 21 I S. 2 OWiG, näher § 44 StGB Rn. 7b). EdF ist nicht zulässig. **28**

15. Konkurrenzen. § 24a normiert eine DauerOW. Die Grundsätze unter § 316 StGB Rn. 98 gelten hier entsprechend. *Zwischen I und II ist TE möglich* (*Bode* BA **98** 228). Mit *anderen während der Alkoholfahrt begangenen OW* steht § 24a in TE. Geldbuße und FV richten sich dann nach § 24a. TE mit § 23 Abs. 1a (näher § 24 Rn. 58a). Sexuelle Nötigung (§ 177 StGB) während Fahrtunterbrechung steht in TM (Ko NJW **78** 716). TE bei Alkoholfahrt mit nicht zugelassener Anhängerkupplung (Ha DAR **78** 81). Die §§ *315c, 316 StGB*, die Fahrunsicherheit zur Tatzeit voraussetzen, gehen § 24a vor (§ 21 OWiG). Keine TE (auch keine Tatidentität iS von § 264 StPO) zwischen § 24a II und *unerlaubtem Besitz von Betäubungsmitteln* bei Mitführen im Kfz; denn die Sachherrschaft über die Drogen besteht unabhängig von der VTeilnahme (BGH NStZ **04** 694 mAnm *Bohnen*, KG NZV **12** 305 mAnm *König/Seitz* DAR **12** 361; Bra BA **14** 343 m Bspr *König* DAR **15** 363 (im konkreten Fall zw); LG Gera BA **16** 328 (im konkreten Fall zw); abw Ko DAR **05** 107, aM Ol StV **02** 240). Verfassungsrechtlich ist das nicht zu beanstanden (BVerfGK **7** 417). (Zumindest) Tatidentität iS von § 264 StPO jedoch, wenn ein innerer Beziehungszusammenhang besteht, weil die Fahrt dem Drogentransport dient (BGH NZV **10** 39; NZV **13** 93 m Bspr *Mitsch* NZV **13** 63 (zu § 316 StGB – **Strafklageverbrauch** bei 2 Jahren 6 Monaten wegen bewaffneten Handeltreibens durch Strafbefehl mit Geldstrafe); s. auch Kö NZV **17** 240 *(Krenberger);* Kö BA **17** 262). Strafklageverbrauch angenommen von KG VRS **133** 255 bei Verstoß gegen § 23 Ia StVO und anschließender Beleidigung von Polizeibeamten. Handlungseinheit (mit der Folge des § 21 OWiG) besteht bei Zusammentreffen mit Erwerb (BGH NZV **12** 250) oder *Einfuhr* von Betäubungsmitteln (BGH BA **09** 210). **29**

16. Urteilsfeststellungen. Die oberlandesgerichtliche *Rspr.* verlangt teilweise insbes. in den Fällen fahrlässiger Drogenfahrten nach II nähere Feststellungen zu Zeitpunkt und Umständen der Drogenaufnahme (Rn. 25b). Ha BA **09** 47; 413 erstreckt dies auf Alkoholfahrten (Rn. 25a). Beides ist verfehlt (Rn. 25a, 25b sowie nunmehr KG BA **18** 443; s. auch § 21 StVG Rn. 23 und § 316 StGB Rn. 101). Bei einer Drogenfahrt nach II verlangen einige Obergerichte, dass der gemessene Wirkstoffbefund im Urteil festgestellt wird (Kö DAR **05** 699; Ha NZV **10** 270; Dü BA **17** 45). Nach wenig überzeugender Auffassung von Ha NZV **10** 270 (ebenso Dü BA **17** 45 m Bspr *König* DAR **17** 362) soll der Einspruch gegen den Bußgeldbescheid nicht wirksam auf den Rechtsfolgenausspruch beschränkt werden können, wenn der Bußgeldbescheid die Wirkstoffkonzentration nicht mitteilt; es sind jedoch keine Gründe erkennbar, warum die Feststellung nicht durch den Amtsrichter soll nachgeholt werden können (*König* DAR **15** 363, 374; **17** 362; *Sandherr* NZV **17** 54; zur Parallelproblematik bei § 21 StVG dort Rn. 23). Die Nichtangabe macht den Bußgeldbescheid jedenfalls nicht unwirksam (Ce BA **15** 150). Zur (nicht erforderlichen) Mitteilung der Analyseneinzelwerte Rn. 16, 17a. **30**

17. Verjährung. Vorsätzliche Verstöße gegen § 24a verjähren nach der Erhöhung des Bußgeldrahmens auf 3000 € *nach 2 Jahren* (§ 31 II Nr. 2 OWiG), fahrlässige nach 1 Jahr (§ 31 II Nr. 3; § 17 II OWiG). Für OW, die schon vor der Bußgelderhöhung beendet waren, gilt allerdings die kürzere Verjährung nach altem Recht (*Göhler/Gürtler* vor § 31 Rn. 4; zur Lage nach altem Recht 39. Aufl). Bei TE mit anderen OW gilt für diese weiterhin die kürzere Verjährung; **31**

danach dürfen sie nicht mehr bußgelderhöhend verwendet werden. Ist eine Straftat nach §§ 316, 315c I Nr. 1a, III StGB nicht nachweisbar und OW gem. § 24a verjährt, so hat Freispruch zu erfolgen; bloße Einstellung durch Urteil nach § 260 III StPO beschwert und führt zur Anfechtbarkeit (Ol VRS **68** 277, *Meyer-Goßner* vor § 296 Rn. 14).

32 **18. Verfahren.** Ist Anklage gem. § 316 StGB erhoben, so bedarf es für Verurteilung nach § 24a grds. keines rechtlichen Hinweises nach § 265 I StPO (Fra BA **02** 388). Anders liegt es jedoch, wenn sich der Betroffene gegen den Vorwurf anders als geschehen verteidigen könnte, was etwa bei Nachtrunkbehauptungen der Fall sein kann (Ha vom 17.3.09, 5 Ss 71/09, juris). *Eine in einem Strafverfahren entnommene Blutprobe darf verwendet werden, wenn sie auch im Bußgeldverfahren hätte entnommen werden dürfen* (§ 46 IV S. 2 OWiG). Zur BAK-Ermittlung bei zerbrochener Venüle und nur geringer Restblutmenge Ko VRS **56** 111. Zur Nachprüfbarkeit der BAK-Analysen: § 316 StGB Rn. 46. Der *EDV-Ausdruck einer AAK-Analyse* kann als Urkunde verlesen werden; ob dies im Einzelfall ausreicht, ist eine Frage der richterlichen Aufklärungspflicht (BGH NZV **05** 542). In § 24a-Fällen hängen Bußgeldhöhe und FV so eng zusammen, dass der Rechtsfolgenausspruch in aller Regel *nur im Ganzen anfechtbar ist* (§ 25 Rn. 29).

33 **19. Prozessuale Tat.** S. auch schon Rn. 29. Zur im Bußgeldbescheid beschriebenen Tat gehört idR die gesamte Fahrt, über die sich die DauerOW erstreckt (Dü VRS **73** 470). Liegen wegen Zäsur (§ 316 StGB Rn. 98) 2 Trunkenheitsfahrten vor, so sind auch 2 prozessuale Taten gegeben; deshalb kein Strafklageverbrauch für die erste Tat wegen der Ahndung einer bei der 2. Tat begangenen OW (Ha NZV **08** 532). Nach Jn NStZ-RR **06** 319 eine prozessuale Tat bei Alkoholfahrt und Nichtanlegen des Sicherheitsgurts während der Fahrt. Eine grenzüberschreitende Fahrt ist *eine* Tat (s. auch Rn. 29), verfahrensrechtlich und sachlich-rechtlich; Aburteilung und Vollstreckung im Ausland ist in Anwendung des Rechtsgedankens des § 51 III StGB anzurechnen (Kar NStZ **87** 371), sofern nicht Art 54 SDÜ eingreift (s. auch BVerfG DAR **08** 586 (zu § 316 StGB)). Nach *Einstellung in Bezug auf tateinheitliche Straftat* gem. § 153 StPO ist Verurteilung nach § 24a möglich (§ 21 II OWiG), anders nach Einstellung gem. § 153a StPO (Bay DAR **82** 256, *Göhler/Gürtler* § 21 Rn. 27).

Mangelnde Nachweise für Herstellung, Vertrieb und Ausgabe von Kennzeichen

24b (1) **Ordnungswidrig handelt, wer vorsätzlich oder fahrlässig einer Vorschrift einer auf Grund des § 6 Abs. 1 Nr. 8 erlassenen Rechtsverordnung oder einer auf Grund einer solchen Rechtsverordnung ergangenen vollziehbaren Anordnung zuwiderhandelt, soweit die Rechtsverordnung für einen bestimmten Tatbestand auf diese Bußgeldvorschrift verweist.**

(2) **Die Ordnungswidrigkeit kann mit einer Geldbuße bis zu zweitausendfünfhundert Euro geahndet werden.**

Alkoholverbot für Fahranfänger und Fahranfängerinnen

24c (1) **Ordnungswidrig handelt, wer in der Probezeit nach § 2a oder vor Vollendung des 21. Lebensjahres als Führer eines Kraftfahrzeugs im Straßenverkehr alkoholische Getränke zu sich nimmt oder die Fahrt antritt, obwohl er unter der Wirkung eines solchen Getränks steht.**

(2) **Ordnungswidrig handelt auch, wer die Tat fahrlässig begeht.**

(3) **Die Ordnungswidrigkeit kann mit einer Geldbuße geahndet werden.**

1 **Begr** zum ÄndG v. 19.7.2007 (BT-Drs. 16/5047): ... *Eine deutsche Studie zeigt, dass Fahranfänger und Fahranfängerinnen im Vergleich zu erfahrenen Fahrern bei den Alkoholdelikten mehr Verstöße begehen, sowohl ohne Unfallfolgen als auch mit einer Gefährdung oder Verletzung Dritter. Dies ist ... ein Indiz dafür, dass bei Fahranfängern und Fahranfängerinnen bereits geringe Mengen Alkohol zu schweren Folgen führen können. Weitgehend unabhängig vom Alter sind rund 40% der Alkoholdelikte von Fahranfängern und Fahranfängerinnen mit einem Unfall verbunden, in 85% dieser Unfälle sogar mit einem Personenschaden (E. Hansjosten und F.-D. Schade, Legalbewährung von Fahranfängern, Berichte der Bundesanstalt für Straßenwesen, Heft M 71, 1997, S. 44). Dabei verursachen auch ältere Fahranfänger und Fahranfängerinnen über 24 Jahre, die mit 218 057 Personen 11,7% der Fahranfänger und Fahranfängerinnen stellen, überdurchschnittlich häufig einen alkoholbedingten Pkw-Unfall mit Personenschaden. Dies zeigt folgender Vergleich: In der Altersgruppe der 30- bis 35-Jährigen standen immerhin 10,4% der Personen, die 2005*

einen Pkw-Unfall mit Personenschaden verursachten, während sie noch nicht länger als zwei Jahre über einen FS verfügten, unter Alkoholeinfluss (169 Personen von insgesamt 1629 Hauptverursachern eines Pkw-Unfalls mit Personenschaden). Dagegen waren bei den erfahrenen Fahrern und Fahrerinnen dieser Altersgruppe, die im Jahr 2005 einen Pkw-Unfall mit Personenschaden verursachten, nur 5,5% alkoholisiert (925 Personen von insgesamt 16 949 Hauptverursachern eines Pkw-Unfalls mit Personenschaden). Auch in der Altersgruppe der 40- bis 45-Jährigen war der Anteil der alkoholisierten Hauptverursacher von Pkw-Unfällen mit Personenschaden bei den unerfahrenen Fahrern und Fahrerinnen im Jahr 2005 deutlich höher (8,7%, mithin 113 von insgesamt 1304 Hauptverursachern von Pkw-Unfällen mit Personenschaden waren alkoholisiert) als bei den erfahrenen Fahrern und Fahrerinnen dieser Altersgruppe (4,7%, mithin 937 von insgesamt 19 847 Hauptverursachern von Pkw-Unfällen mit Personenschaden waren hier alkoholisiert). Fahranfänger und Fahranfängerinnen brauchen daher das klare und verständliche Signal, dass Fahren und Trinken nicht zu vereinbaren sind. Die Ergebnisse des EU-Projekts SARTRE haben gezeigt, dass ein solches Signal durch ein Alkoholverbot für Fahranfänger und Fahranfängerinnen auf hohe Akzeptanz stößt (G. M. Sardi und C. Evers, Drinking and Driving, in: J.-P. Cauzard, European drivers and road risk, SARTRE 3 reports – Part 1: Report on principal results, 2004, S. 42). Dabei besteht bereits bei niedrigen Alkoholkonzentrationen unter 0,3‰ ein erhöhtes Unfallrisiko. So legen Blutuntersuchungen von insgesamt fast 200 000 tödlich verunglückten Fahrern in den USA dar, dass schon eine Blutalkoholkonzentration von nur 0,1‰ bei der Gruppe mit den meisten Fahranfängern und Fahranfängerinnen (dh jungen Fahrern und Fahrerinnen unter 21 Jahren) zu einem 25-prozentigen Anstieg des Risikos führt, im StrV zu verunglücken (D. F. Preusser, BAC and Fatal Crash Risk, in: ICADTS Symposium Report „The Issue of Low BAC", 2002, S. 937). Es ist daher zu erwarten, dass die Einführung eines Alkoholverbots für Fahranfänger und Fahranfängerinnen während der Probezeit zu einem Rückgang der alkoholbedingten Verkehrsunfälle führen wird.

Die Beschränkung des Alkoholverbots auf die Probezeit von in der Regel zwei Jahren ist ausreichend, da zu erwarten ist, dass nach Ablauf der Probezeit die Wahrnehmungsstrategien und Automatismen der Fahrzeugbeherrschung besser eingeübt sind und Anfängerrisiko und alkoholbedingtes Unfallrisiko nicht mehr aufeinander treffen. Geben einzelne Fahranfänger und Fahranfängerinnen durch Verfehlungen im Straßenverkehr zu erkennen, dass sie noch nicht über die notwendigen Einstellungen oder Fähigkeiten zur FzBeherrschung verfügen und von ihnen daher voraussichtlich auch nach dem Ende der regulären Probezeit ein erhöhtes Unfallrisiko ausgeht, verlängert sich die Probezeit und damit das Alkoholverbot auf vier Jahre. Es werden damit konkret diejenigen Fahrer und Fahrerinnen mit einem längeren Alkoholverbot belegt, bei denen dies aufgrund ihrer Verhaltensweisen im Straßenverkehr weiterhin für geboten erscheint (vgl. hierzu E. Hansjosten und F.-D. Schade, Legalbewährung von Fahranfängern, Berichte der Bundesanstalt für Straßenwesen, Heft M71, 1997, S. 39, wonach von denjenigen, die in der zweijährigen Probezeit auffällig werden, 28 Prozent, von den in der Probezeit Unauffälligen dagegen nur 12% in den zwei Jahren nach Ende der regulären Probezeit wegen eines erneuten Verkehrsvergehens in das Verkehrszentralregister eingetragen werden).

Das Alkoholverbot für Fahranfänger und Fahranfängerinnen während der Probezeit ist angelehnt an entsprechende Regelungen für das im Fahrdienst des öffentlichen Linienverkehrs mit Omnibussen und Kraftomnibussen eingesetzte Betriebspersonal und für Fahrer von Taxen und Mietwagen nach § 8 III der VO über den Betrieb von Kraftfahrunternehmen im Personenverkehr (BOKraft) sowie für Fahrer von Gefahrguttransporten nach § 9 XI Nr. 18 GGVSE. Es entspricht weiterhin dem Vorgehen mehrerer Mitgliedstaaten der EU, wie Spanien, Österreich und die Niederlande, die jungen Fahrern oder Fahranfängern niedrige Promillegrenzen oder ein absolutes Alkoholverbot auferlegen. In etlichen Staaten der EU existieren bereits für alle Kraftfahrer Null-Promille-Regelungen (Slowakei, Tschechische Republik und Ungarn) oder Promille grenzen unter 0,5‰ (Estland, Litauen, Polen, Schweden), so dass für gesonderte Bestimmungen für Fahranfänger kein Raum bleibt.

Zu Abs. 1: *Durch die Neuregelung wird bei Fahranfängern bewusst von der Konzeption abgerückt, das* **2** *bußgeldbewehrte Verbot auf einen bestimmten Gefahrengrenzwert abzustellen (wie bei der 0,5-Promille-Grenze gemäß § 24a I). Hierfür sind folgende Erwägungen maßgeblich: Die Normierung eines wie auch immer bestimmten Gefahrengrenzwerts ist mit der Gefahr verbunden, dass sich Normadressaten an diese Promillegrenze „herantrinken" und sie möglicherweise auch überschreiten. Dies gilt insbesondere, weil die Einführung einer absoluten Null-Promille-Grenze vor allem aus messtechnischen und medizinischen Gründen problematisch ist und eine Grenzwertbestimmung einschließlich des erforderlichen Sicherheitszuschlages für die Alkoholmessung im Bereich von 0,1 bis 0,3‰ liegen müsste. Soll daher ein möglichst umfassendes Verbot normiert werden, unter Alkoholeinfluss ein Kfz zu führen, muss die Regelung auf den Konsum von Alkohol unmittelbar vor und während der Fahrt abstellen. Dies hat zugleich zur Folge, dass Zuwiderhandlungen regelmäßig nicht nur durch Blutprobe oder Atemalkoholanalyse sondern auch durch andere Beweismittel, wie zB Aussagen von Polizeibeamten oder sonstigen Zeugen, nachgewiesen werden* können, die den Betroffenen vor Fahrtantritt oder während der Fahrt beim Konsum von Alkohol beobachtet haben.

Die Vorschrift stellt auf den Konsum alkoholischer Getränke ab und nimmt die Einnahme alkoholhaltiger Medikamente oder Lebensmittel von dem Verbot aus. Die Einnahme von Arzneimitteln (Hustensäften, Tinkturen und ähnlichen Mitteln) und der Genuss alkoholhaltiger Süßwaren (zB Weinbrandbohnen) erfüllen daher den Tatbestand nicht.

„Unter der Wirkung" solcher Getränke steht ein Betroffener, wenn der aufgenommene Alkohol zu einer Veränderung physischer oder psychischer Funktionen führen kann und in einer nicht nur völlig unerheblichen Konzentration (im Spurenbereich) im Körper vorhanden ist. Auf die Feststellung einer konkreten alkoholbedingten Beeinträchtigung der für das Führen von Kraftfahrzeugen relevanten Leistungsfähigkeit des Betroffenen kommt es dabei nicht an. Der Führer eines Kfz trägt die Verantwortung, ob bei Antritt der Fahrt dieser Wirkzustand (noch) gegeben ist.

Wird eine Atem- oder Blutprobe vom Betroffenen genommen, ist von einer „Wirkung" iS dieser Vorschrift nach derzeitigem wissenschaftlichem Erkenntnisstand erst ab einem Wert von 0,2‰ Alkohol im Blut oder 0,1 mg/l Alkohol in der Atemluft auszugehen, um Messwertunsicherheiten und endogenen Alkohol auszuschließen. In den genannten Werten sind die erforderlichen Sicherheitszuschläge enthalten. Diese Werte entsprechen einer Empfehlung der Alkohol-Kommission der Deutschen Gesellschaft für Rechtsmedizin sowie einer Empfehlung der Grenzwertkommission, die sich im Auftrag des Bundesministeriums für Verkehr, Bau und Stadtentwicklung mit Nachweisfragen im Bereich „Drogen im Straßenverkehr" beschäftigt.

Die Regelung ist verhältnismäßig. Mildere Mittel zur Bewältigung dieses Verkehrssicherheitsproblems stehen nicht zur Verfügung. Normadressaten sind nur Fahranfänger und Fahranfängerinnen während der in der Regel zweijährigen Probezeit. Diesem Personenkreis wird für einen begrenzten Zeitraum – vor Fahrtantritt und während der Fahrt – der Konsum von Alkohol untersagt. Dies ist angesichts der geschützten Rechtsgüter anderer VT, insbesondere deren Gesundheit und Leben, angemessen. Zuwiderhandlungen werden mit Geldbuße bis zu 1000 € sanktioniert, wobei im Regelfall eine Geldbuße in Höhe von 125 € verhängt werden soll (Art. 3). Ein FV ist danach nicht vorgesehen. Damit bleibt die Sanktion im untersten sanktionsrechtlichen Bereich. … Hiermit wird dem im Vergleich zu § 24a IV StVG geringeren Bußgeldrahmen und dem Umstand Rechnung getragen, dass die weit überwiegende Zahl der Fahranfänger und Fahranfängerinnen der Gruppe der 18- bis 25-Jährigen angehört, für die eine Geldbuße in Höhe von 125 Euro in der Regel bereits eine empfindliche Sanktion darstellt.

3   **Stellungnahme des BR zum Adressatenkreis** (BT-Drs. 16/5047 S. 11 – Erweiterung auf Personen vor Vollendung des 21. Lebensjahres): Die BReg lässt bei ihrer Betrachtungsweise außer Acht, dass im Fall des Erwerbs der FE für Krafträder (A1) im Alter von 16 Jahren die Probezeit und damit das Alkoholverbot im Zeitpunkt des Erwerbs der Pkw-FE (B) bereits beendet sind. Die Koppelung des Alkoholverbots an die Probezeit wird daher möglicherweise dazu führen, dass vermehrt 16-Jährige eine FE erwerben, um im Alter von 18 Jahren dem Alkoholverbot nicht mehr unterworfen zu sein. Ab diesem Zeitpunkt steigt jedoch erst das Risiko mit einem Pkw, dessen Fahrer unter Alkoholeinfluss steht, einen Unfall zu erleiden, da mit dem Pkw mehr Personen befördert werden. Auch bei den Teilnehmern des nunmehr in fast allen Bundesländern durchgeführten Modellversuchs „Begleitetes Fahren ab 17", der sehr gut angenommen wird, beginnt die Probezeit mit Aushändigung der Prüfungsbescheinigung, also vielfach bereits im Alter von 17 Jahren. Darüber hinaus weist die Altersgruppe der jungen Fahrer auch aus anderen Gründen ein erhöhtes Risiko auf, unter Alkoholeinfluss Unfälle mit Personenschäden zu verursachen. Sie unterliegt entwicklungsbedingt und wegen der alterstypischen Freizeitgestaltung zum Beispiel im Rahmen von Diskothekenbesuchen in besonderem Maße den Verlockungen des Alkoholkonsums und ist oftmals nicht in der Lage, sich gesetzeskonform zu verhalten, weil der Gruppendruck groß ist und die Gefahren des Alkoholkonsums verharmlost werden. …

Beschlussempfehlung und Bericht des Ausschusses für Verkehr, Bau und Stadtentwicklung (BT-Drs. 16/5398 S. 3): … Junge Fahrer und Fahrerinnen unter 21 Jahren sind überdurchschnittlich häufig unter Alkoholeinfluss an Unfällen mit Personenschäden beteiligt. So waren im Jahr 2005 von jeweils 1000 beteiligten KfzF an Unfällen mit Personenschaden in der Altersgruppe der 18- bis 20-Jährigen 44 alkoholisiert. Im Vergleich dazu waren dies bei den über 24-Jährigen durchschnittlich nur 27 KfzF. Die Gruppe der unter 21-Jährigen stellt auch die meisten Fahranfänger und Fahranfängerinnen, womit sich diese Zahlen zT erklären lassen. Jedoch besteht für junge Fahrer und Fahrerinnen darüber hinaus – im Gegensatz zu älteren Fahranfängern und Fahranfängerinnen – entwicklungsbedingt und wegen der alterstypischen Freizeitgestaltung (zB Diskothekenbesuche) in besonderem Maße die Versuchung von Fahrten unter Alkoholeinfluss. Dies liegt zum einen an gruppendynamischen Aspekten. Zum anderen werden die Gefahren von Alkohol im Straßenverkehr in diesem Alter häufig verharmlost. Es ist davon auszugehen, dass nach einer mindestens dreijährigen Übung der strikten Trennung von Fahren und Alkoholkonsum *bei jungen Fahranfängern und Fahranfängerinnen ein Erziehungs- und Gewohnheitseffekt eintritt, der sich auf diese Zielgruppe positiv auswirkt. ...*

Stellungnahme des BR zur Tatbestandsgestaltung (BT-Drs. 16/5047 S. 12): „In Arti- **4** kel 1 Nr. 1 werden in § 24c Abs. 1 die Wörter „als Führer eines Kraftfahrzeugs im Straßenverkehr alkoholische Getränke zu sich nimmt oder die Fahrt antritt, obwohl er unter der Wirkung eines solchen Getränks" durch die Wörter „im Straßenverkehr ein Kraftfahrzeug führt, obwohl er unter der Wirkung von Alkohol" ersetzt.". **Begr:** *Die beiden im Gesetzentwurf vorgesehenen Tatalternativen sollten zu Gunsten der Fassung des § 24a StVG aufgegeben werden. Gegen die Bußgeldbewehrung der Aufnahme alkoholischer Getränke während der Fahrt bestehen verfassungsrechtliche Bedenken. Eine solche Sanktionsnorm dürfte nur dann unter dem Aspekt des Art 2 I GG verfassungskonform sein, wenn der FzF für die Verkehrssicherheit abstrakt gefährlich ist. Es muss zumindest die Möglichkeit leistungsbeeinträchtigender Wirkung auf Grund der Drogenaufnahme bestehen. Die vorgeschlagene Tatvariante dürfte indessen ein breites Spektrum von Handlungen erfassen, bei denen es an der abstrakten Gefährlichkeit fehlt. Einbezogen ist beispielsweise der einzige Schluck eines alkoholischen Getränks während der Fahrt, der nach naturwissenschaftlich-medizinischen Erkenntnissen keinesfalls geeignet ist, eine „Wirkung" im Sinne verkehrsrelevanter Leistungsbeeinträchtigungen herbeizuführen. Hinzu kommt der deutliche Wertungswiderspruch, dass die Aufnahme illegaler Drogen während der Fahrt in § 24a II StVG nicht unter eine eigenständige Sanktionsdrohung gestellt und, sofern während der Fahrt keine nennenswerte Blutwirkstoffkonzentration herbeigeführt werden kann, auch nicht ahndbar ist. Ein Verzicht auf die erste Tatvariante erscheint iÜ umso mehr vertretbar, als einschlägige Fälle nicht häufig auftreten und – sofern eine „Wirkung" festgestellt werden kann – geahndet werden können.*

Der Ansatz, im Rahmen der zweiten Tatvariante auf die Wirkung des alkoholischen Getränks bei Antritt (Beginn) der Fahrt abzustellen, erscheint ebenfalls nicht überzeugend. Denn bei Alkoholaufnahme unmittelbar vor der Fahrt muss im Zeitpunkt des Fahrtantritts noch keine Wirkung eingetreten sein. Baut sich die für die „Wirkung" erforderliche Alkoholkonzentration erst während der Fahrt auf, so kann dementsprechend keine Ahndung erfolgen. Auch ist mit diesbezüglichen Schutzbehauptungen zu rechnen, die in der Praxis nicht leicht zu widerlegen sein werden, jedenfalls aber schwierige Rückrechnungen erfordern.

Auch die Einnahme alkoholhaltiger Medikamente oder Lebensmittel muss vom Verbot erfasst sein. Die Gefährdungslage ist hier keineswegs reduziert. Deshalb sieht auch § 8 III BOKraft diese Ausnahme nicht vor. Durch die in § 8 III BOKraft aufgestellte Verhaltenspflicht soll sichergestellt sein, dass das im Fahrdienst eingesetzte Betriebspersonal die Fahrgäste oder andere Verkehrsteilnehmer nicht dadurch gefährdet, dass es unter dem Einfluss von Getränken oder Mitteln, worunter auch Medikamente fallen, steht, die die dienstliche Tätigkeit beeinträchtigten. Der Gesetzentwurf hingegen stellt auf alkoholische Getränke ab und will alkoholhaltige Arzneimittel sowie namentlich Süßwaren (Pralinen) ausgrenzen. Betont man mit dem Gesetzentwurf die Gefährlichkeit auch geringer Alkoholkonzentrationen, so erscheint dies nicht schlüssig. Vom Ahndungsgrund aus betrachtet spielt es nämlich keine Rolle, warum der FzF unter der Wirkung von Alkohol steht. Die im Gesetzentwurf vorgesehene Einschränkung verursacht iÜ Beweisschwierigkeiten. Denn der FzF kann sich darauf berufen, dass seine Alkoholisierung (mit) auf den Konsum von in der Regel hochprozentigen homöopathischen Arzneimitteln, Tinkturen (Baldriantinktur, Alkoholgehalt von 50 %) oder auch Klosterfrau Melissengeist (der wohl nicht als alkoholisches Getränk anzusehen ist) zurückzuführen sei. Zur Dokumentation seines Vortrags könnte er (ständig) ein Fläschchen eines solchen Mittels mit sich führen. Denkbar wäre auch, dass sich der FzF ergänzend auf Medikamenteneinnahme beruft (ein paar Schlucke Bier oder Wein, außerdem wegen Magenverstimmung Klosterfrau Melissengeist). Dann müsste die gerade durch die Medikamenteneinnahme aufgebaute Blutalkoholkonzentration herausgerechnet werden. In der Praxis der Strafverfolgung hat Derartiges in der Vergangenheit bereits eine Rolle gespielt.

Gegenäußerung der BReg (BT-Drs. 16/5047 S. 14): *Die vom BR vorgeschlagene Anknüpfung allein an das Tatbestandsmerkmal „Führen eines Kraftfahrzeugs unter der Wirkung von Alkohol" würde die von dem Alkoholverbot für Fahranfänger und Fahranfängerinnen ausgehende Signalwirkung erheblich beeinträchtigen. Schon wegen etwaiger Messwertunsicherheiten und zur Berücksichtigung des endogenen Alkohols kann eine Verwirklichung dieses Tatbestandsmerkmals erst angenommen werden, wenn bei einer Blutentnahme oder einem Atemalkoholtest mindestens 0,2 ‰ Alkohol im Blut beziehungsweise 0,1 mg/l Alkohol in der Atemluft nachgewiesen werden. Bei alleiniger Abstellen auf das „Führen eines Kfz unter der Wirkung von Alkohol" würde vermittelt, ein „Herantrinken" an einen Grenzwert sei weiterhin möglich. Die klare Botschaft eines absoluten Verbots für Fahranfänger, alkoholisiert ein Fahrzeug zu führen, würde damit aufgeweicht. Die im Gesetzentwurf der BReg vorgesehene Tatbestandsalternative der Aufnahme alkoholischer Getränke während der Fahrt ermöglicht dagegen auch den Nachweis mittels Zeugenbeweis. Die angeführten verfassungsrechtlichen Bedenken gegen die Bußgeldbewehrung der Aufnahme alkoholischer Getränke während der Fahrt werden nicht geteilt. Die Ausführungen des Bundesverfassungsgerichts zur Regelung in*

§ 24a II StVG in seinem Beschluss vom 21.12.2004 (Az. 1 BvR 2652/03) sind auf das Führen eines Kfz unter der Wirkung von Alkohol nicht übertragbar. Die bei berauschenden Mitteln und Substanzen bestehende Problematik der fehlenden Übereinstimmung von Nachweis- und Wirkungsgrenze besteht bei Alkohol nicht. Alkohol ist – anders als die in der Anlage zu § 24a StVG genannten berauschenden Mittel und Substanzen – schon nach wenigen Stunden im Körper abgebaut. Es besteht daher kein Wertungswiderspruch zu der Regelung in § 24a II StVG.

Auch besteht kein Bedürfnis, alkoholhaltige Lebensmittel und Medikamente in das Alkoholverbot für Fahranfänger und Fahranfängerinnen einzubeziehen. Die bestimmungsgemäße Einnahme von Medikamenten stellt in vielen Fällen die Fahreignung gerade erst her und kann sich daher positiv auf die Verkehrssicherheit auswirken. Die gegenüber § 8 III Nr. 1 BOKraft neueren Regelungen in § 9 XI Nr. 18 GGVSE sowie § 24a II StVG schließen die bestimmungsgemäße Einnahme von Medikamenten daher ebenfalls ausdrücklich von der Tatbestandsverwirklichung aus.

5   **1. Allgemeines.** Mit § 24c wird das ohnehin komplizierte Sanktionsinstrumentarium gegen Alkohol und Drogen im StrV um ein „absolutes" Alkoholverbot für Fahranfänger komplettiert. Die Regelung hat Vorbilder in verschiedenen Bestimmungen des StrV- (§ 8 III Nr. 1 BOKraft, § 9 XI Nr. 18 GGVSE) und auch des Schifffahrtsrechts (zB § 61 I Nr. 1c SeeSchStrO, § 9 I Nr. 2b SeeStrOV, § 14 II Nr. 3 EmsSchEV), musste aber dort, soweit ersichtlich, mangels forensischer Relevanz noch keine Bewährungsprobe bestehen (zu früheren Konzepten des BMV *Weibrecht* NZV **05** 563). Sie vermag sich wegen der besonderen Gefahren des Alkohols für Fahranfänger und junge Kf auf verschiedene Rechtstatsachen zu stützen (Rn. 1). Auch geht von ihr eine Signalwirkung auf den betroffenen rechtstreuen Adressatenkreis aus (zur Senkung der Unfallzahlen *Holte ua* BASt-Bericht M 211 (2010). Jedoch ist sie von Wertungswidersprüchen geprägt (Rn. 8, 12). Die erste Tatvariante birgt darüber hinaus verfassungsrechtliche Risiken in sich. Wenn dort jegliche Aufnahme alkoholischer Getränke während der Fahrt mit Geldbuße bewehrt wird, ist, wie der BR zutr zum Ausdruck gebracht hat (Rn. 4), ein Spektrum von Handlungen mit repressiver Sanktion bedroht, denen *jegliche Gefährlichkeit abzusprechen ist* (zB ein Schluck eines alkoholhaltigen Getränks). Demgegenüber hat das BVerfG das „absolute" Verbot von Drogenfahrten nach § 24a II nur unter der Prämisse für mit Art 2 I GG vereinbar angesehen, dass eine Beeinträchtigung der Fahrsicherheit *als möglich erscheine* (BVerfG NJW **05** 349, s. § 24a Rn. 21). Soweit die BReg dem Einwand mit der Erwägung begegnet, es ermangele der Übertragbarkeit, weil die „bei berauschenden Mitteln und Substanzen bestehende Problematik der fehlenden Übereinstimmung von Nachweis- und Wirkungsgrenze … bei Alkohol nicht" bestehe (Rn. 4), erscheint dies wenig überzeugend. Es kann von Verfassungs wegen schwerlich einen entscheidenden Unterschied machen, ob die Fahrt deswegen nicht abstrakt gefährlich ist, weil die Drogenwirkung *abgeklungen* oder ob sie *erst gar nicht eingetreten* ist. Dementsprechend ist auch nicht zu erklären, warum § 24a II verfassungskonform auf potentiell gefährliche Handlungen restringiert wird (§ 24a Rn. 21), wohingegen der Gesetzgeber im Rahmen des § 24c sehenden Auges in nicht unbeträchtlichem Maße *von vornherein ungefährliche* Taten sanktioniert. Darüber hinaus tritt das „absolute" Alkoholverbot auch deswegen in Spannung mit der Rechtslage bei illegalen Drogen, weil § 24a II die Fälle der Drogenaufnahme während der Fahrt, die noch nicht zu einem relevanten Wirkstoffnachweis im Blut geführt hat (zB Essen eines „Haschisch-Cookie" während der Fahrt, zum Wirkungsbeginn ausgewählter Drogen LK-*König* § 316 Rn. 155), von jeglicher Sanktion freistellt.

6   **2. Normadressaten sind** in beiden Tatvarianten Fahranfänger in der Probezeit nach § 2a FeV (s. im Einzelnen dort) sowie Personen unter 21 Jahren. Zu den Motiven: Rn. 1–4. Nach dem insoweit schwerlich durch Auslegung korrigierbaren Gesetzeswortlaut und den Motiven, die auf den besonderen Leichtsinn von unter 21 Jahre alten Personen abstellen, sind auch unter 21-Jährige erfasst, die fahrerlaubnisfreie Kfz führen (implizit wohl Stu DAR **13** 396; zw. *Janker* DAR **13** 398). Nicht erfasst werden Fahrschüler ab 21 Jahren bei Ausbildungs- und Prüfungsfahrten, was wenig schlüssig erscheint. Ein Vorstoß zu deren Einbeziehung blieb im Gesetzgebungsverfahren ua wegen der geringen statistischen Bedeutung erfolglos. Soweit außerdem zum Ausdruck gebracht worden ist, dass Fahrschüler nicht FzF seien, entspricht dies nicht dem Stand der obergerichtlichen *Rspr.* (§ 24a Rn. 10, § 316 StGB Rn. 5).

7   **3. Als Führer eines Kfz** eines *Kfz* (§ 24a Rn. 9; zu fahrerlaubnisfreien Kfz Rn. 6) *im (öffentlichen) StrV* (§ 24a Rn. 8, § 1 StVG Rn. 30, § 1 StVO Rn. 13–16) muss der Betroffene handeln. Die Vorschrift knüpft (anders als § 24a StVG, §§ 315c, 316 StGB und entgegen dem Vorschlag des BR, Rn. 4) nicht an den Vorgang des „Führens" an, sondern an die Eigenschaft als KfzF.

Umfasst ist damit jedenfalls der Vorgang des Führens von dessen Beginn bis zu seinem Ende, also sobald und solange „die Räder rollen"; zur Auslegung im Einzelnen gilt das unter § 316 StGB Rn. 3, § 24a Rn. 10 und § 21 Rn. 9 Gesagte entsprechend. KfzF ist auch der Fahrschüler (§ 316 StGB Rn. 3), solange er unter 21 Jahre ist (Rn. 6 aE). In Übereinstimmung mit der *Rspr.* zu § 316a StGB (dort Rn. 3) und zu § 21a StVO (dort Rn. 3) sind *verkehrsbedingte* Unterbrechungen der Fahrt umfasst (ebenso BHHJ/*Hühnermann* Rn. 12; aM wohl *Burhoff* VRR **07** 371). Gleichfalls in Einklang damit und mangels Ausnahmebestimmung entsprechend § 23 Ia S. 2 StVO aF dürfte es dabei nicht darauf ankommen, ob der Motor noch läuft oder (etwa vor einer Bahnschranke) kurzfristig (auch durch Start-Stopp-Automatik) abgestellt wurde. Nicht einbezogen sein dürften hingegen *nicht verkehrsbedingte* Unterbrechungen, durch die der Bewegungsvorgang (zunächst) zur Ruhe kommt. Dementsprechend kann nicht nach § 24c I, 1. Tatalternative belangt werden, wer beim Mittagessen einen Schluck Bier zu sich nimmt. Sanktioniert werden kann er aber nach Tatalternative 2, wenn er so viel Alkohol zu sich genommen hat, dass er bei der Fortsetzung der Fahrt unter der Wirkung der Droge steht (Rn. 13).

4. Dem Begriff des alkoholischen Getränks kommt für beide Tatvarianten Bedeutung zu. **8** In Tatvariante 1 muss der Betroffene ein solches Getränk zu sich nehmen, in Variante 2 muss er unter der Wirkung gerade eines solchen Getränks stehen. Der Begriff bereitet auch wegen der unterschiedlichen Ausrichtung der Tatvarianten nicht geringe Schwierigkeiten. Während das Gesetz in Variante 1 ein Signal gegen jeglichen Alkohol am Steuer setzen will und damit leicht in Gefahr gerät, mit dem Übermaßverbot zu kollidieren, kann es für Tatvariante 2 an sich nur auf die in der Regierungsvorlage eindrucksvoll herausgearbeiteten schädlichen Wirkungen einer Alkoholbeeinflussung (Rn. 1) und nicht auf die Frage ankommen, durch welche Art der Alkoholaufnahme sie zustande gekommen ist. Jedoch kann der Begriff in einer Vorschrift nicht unterschiedlich interpretiert werden. Es muss sich um ein **Getränk** iS einer trinkbare Flüssigkeit handeln. Damit scheiden, was vom Gesetzgeber auch so gewollt ist (Rn. 2), **in fester Form konsumierte Lebensmittel** (alkoholhaltige Pralinen, Torten, Rumfrüchte (zT je über 1 Vol.-%), Sauerkraut (0,2–0.8 Vol.-%), mit einem Gläschen Likör oder Rum versetzte Eisbecher usw) aus dem Anwendungsbereich aus. Trotz grundsätzlicher Trinkbarkeit wird man die auch zB mit Rotwein versetzte Suppe auszugrenzen haben. Zumindest für Tatvariante 2 erscheint dies alles nicht sehr schlüssig (in diesem Sinn auch die BR Rn. 4; zu Kausalitätsproblemen Rn. 12). Demgegenüber sind nach dem Wortlaut *sämtliche* alkoholhaltigen Getränke umfasst, womit zB das Trinken von Apfelsaft (0,5 Vol.-%), alkoholfreiem Bier (bis zu 0,5 Vol.-%). Kefir (0,6 Vol.-%) während der Fahrt bei repressiver Sanktion verboten wäre. Um solche absurden Ergebnisse zu vermeiden, ist es sachgerecht, in Übereinstimmung mit der Interpretation des § 9 I Nr. 2 JuSchG eine Untergrenze zu ziehen (*Janker* DAR **07** 497). Sie sollte wie dort (zB Nr. 9.1 der Vollzugshinweise des Bay Sozialministeriums zum JuSchG v. 10.1.2018, mwN, abrufbar über www.blja.bayern.de) bei rund 1 Vol.-% gezogen werden (aM *Janker* DAR **07** 499: 0,5 oder 0,6 Vol.-%). Der Gesetzgeber meint ferner, eine Ausgrenzung von in flüssiger Form verabreichten und aufgenommenen **Arzneimitteln** (Hustensäften, Tinkturen und ähnlichen Mitteln, Rn. 2) erreicht zu haben. Ob dies zutrifft, ist höchst zw. Denn der Wortsinn des Terminus Getränk umfasst eindeutig auch in flüssiger Form dargereichte Medikamente. Dementsprechend wurde im Rahmen des § 316 StGB zB Baldrian-Tinktur (Ce BA **81** 176 (implizit)) oder Klosterfrau-Melissengeist (Bra DAR **56** 170) bislang unproblematisch dem Merkmal des alkoholischen Getränks zugeordnet (§ 316 Rn. 61; LK-*König* Rn. 167). Es bleibt abzuwarten, ob die *Rspr.* den Materialien im Wege einer streng am Willen des historischen Gesetzgebers ausgerichteten Auslegung folgt und sich dabei auch den Abgrenzungsschwierigkeiten etwa zwischen Arzneimitteln iS des AMG und Nahrungsergänzungsmitteln aussetzt. Folgt man der BReg, so ist es (möglicherweise entgegen deren Auffassung, s. Rn. 4 aE, und anders als in § 24a II S. 2) irrelevant, ob das Medikament *bestimmungsgemäß* eingenommen wurde. Auch die Fahrt nach *nicht* therapeutisch indizierter Einnahme ist deshalb nicht tatbestandsrelevant.

5. Die Zusichnahme alkoholischer Getränke (Rn. 8) als KfzF (Rn. 7) verbietet die erste Tat- **9** variante. Der Gesetzgeber sieht einen besonderen Vorteil dieser Tathandlung darin, dass der Nachweis auch durch Zeugenaussagen möglich sei. Ob relevante Fälle häufig auftreten, muss freilich bezweifelt werden. Jedenfalls wird häufig eine Sistierung des Getränks erforderlich sein (*Janker* DAR **07** 497). „Zu sich nehmen" dürfte iS eines Aufnehmens zu interpretieren sein, weswegen auch der Fall erfasst wird, dass sich der KfzF die Flasche von seinem Beifahrer an den Mund führen lässt.

10   **6. Den Fahrtantritt unter der Wirkung** des alkoholischen Getränks (Rn. 8) verbietet Tatalternative 2. Der Gesetzgeber sieht bewusst von der Normierung einer neuen „Promillegrenze" ab, auch um ein „Herantrinken" an einen Promillewert zu vermeiden. Ob die Gefahr des „Herantrinkens" bei derart geringen Alkoholkonzentrationen real ist, erscheint allerdings fraglich. Hinzu kommt, dass im Hinblick auf den Wirkungseintritt erst ab 0,2‰ (Rn. 11) in der öffentlichen Wahrnehmung doch wieder eine Promille-Grenze existieren wird.

11   **a)** Der Gesetzgeber sieht die **„Wirkung"** ab einer BAK ab 0,2‰ bzw. einer AAK von 0,1 mg/l als gegeben an, weil Messwertunsicherheiten und endogener Alkohol ausgeschlossen werden müssen; Sicherheitszuschläge müssen hierbei nicht gemacht werden (Rn. 2, zust *Jachau* ua BA **07** 117). Es handelt sich hierbei nicht um „echte" Gefahrengrenzwerte wie bei § 24a; vielmehr ist eine Beweislage betroffen (MüKoStVR/*Funke* § 24c Rn. 20). Auch deswegen ist irrelevant, ob der FzF die „Wirkungsgrenze" bereits bei Fahrtantritt erreicht hat; es genügt, wenn er die entsprechende Alkoholmenge im Körper hatte (MüKoStVR/*Funke* § 24c Rn. 20). Ohne sich mit den Ausführungen der Motive auch nur zu befassen, und unter Heranziehung eines Sicherheitszuschlages von nur 0,05‰ (statt 0,1‰; vgl. BGHSt **37** 89), will Stu NJW **13** 2296 (mBspr *König* DAR **14** 363 und Anm *Janker* DAR **13** 398; s. auch *Janker* DAR **15** 745 m Änderungsvorschlag) auf der Basis derselben wissenschaftlichen Forschungen, die den Motiven zugrunde liegen, und entgegen den Empfehlungen der Grenzwertkommission sowie der Deutschen Gesellschaft für Rechtsmedizin einen „Grenzwert" von 0,15‰ festsetzen; jedoch ist dies nicht tragend, da der Betroffene 0,25‰ aufwies. Der Auffassung von Stu ist nunmehr KG DAR **16** 278 mit eingehender Begründung entgegengetreten und hat die „Wirkungsgrenze" bei 0,1 mg/l angesetzt (ebenso Dü DAR **16** 395). AG Herford BA **09** 431 verneint die Wirkung schwerlich vertretbar (jedoch sachverständig beraten) hingegen bei einer AAK von 0,13 mg/l. Fahrunsicherheit ist (natürlich) nicht erforderlich, genauso wenig die Feststellung konkreter Leistungsbeeinträchtigungen. Theoretisch kann eine „Wirkung" auch bei einer BAK/AAK unterhalb dieser Werte in Betracht kommen, falls der Betroffene alkoholbedingte Leistungsausfälle aufweist (zur Parallelproblematik bei § 24a II s. dort Rn. 21a; zweifelnd, jedoch offengelassen von KG DAR **16** 278). Dies wird jedoch kaum je praktisch werden. Allerdings kann bei einem Atemtest längere Zeit nach der Fahrt eine AAK unterhalb der „Wirkungsgrenze" ausreichen, um im Rahmen richterlicher Überzeugungsbildung eine höhere AAK und damit eine „Wirkung" im Sinne des Gesetzes zugrunde legen zu können; dass beim Atemtest nicht wie bei der BAK auf die Tatzeit zurückgerechnet werden kann (s. § 316 Rn. 55), steht dem nicht entgegen (Anwendungsfall in Dü DAR **16** 395 m Bspr *König* DAR **17** 362). Anders als Tatvariante 1 (Rn. 9) kann **der Tatnachweis** hier wohl nur mit einer Blut- oder (beweissicheren) Atemprobe geführt werden (anders womöglich BReg, Rn. 2), deren Ergebnis im Urteil festzustellen ist. Allein auf die Aussage eines Zeugen, der Betroffene habe seinem Eindruck nach unter der Wirkung von Alkohol gestanden, wird man eine Verurteilung nicht stützen können (zur Unsicherheit der Einschätzung von Zeugen § 316 Rn. 31). Auch die Selbsteinschätzung des Betroffenen wird von der *Rspr.* jedenfalls im Rahmen des § 316 StGB nur mit äußerster Vorsicht herangezogen (§ 316 StGB Rn. 31). Anders mag es liegen, wenn der Zeuge gewiss auszusagen vermag, der Betroffene habe zeitnah vor Fahrtantritt eine bestimmte, größere Menge alkoholischer Getränke aufgenommen.

12   **b) Durch ein alkoholisches Getränk** (oder mehrere) muss die Wirkung nach der Tatbestandsfassung verursacht werden. Gewiss scheiden damit Fälle aus, in denen die (nach Auffassung des Gesetzgebers potentiell gefährliche!) Wirkung durch Aufnahme (fester) Lebensmittel und/oder Arzneimittel (sofern man den Materialien folgt) herbeigeführt worden ist (Rn. 8). Zu den Fällen, in denen eine relevante Wirkung erst aufgrund eines Mischkonsums von festen Lebensmitteln bzw. Arzneimitteln und einem (oder mehreren) alkoholischen Getränk(en) aufgebaut wird, äußern sich die Materialien trotz entsprechender Hinweise des BR (Rn. 4) unverständlicherweise nicht. Im Hinblick darauf, dass das Gesetz eine Wirkung gerade alkoholischer Getränke verlangt und die Einnahme fester Lebensmittel und von Arzneimitteln vor und während der Fahrt bewusst erlaubt, wird man anders als bei der alkoholbedingten Fahrunsicherheit (§ 316 StGB Rn. 8, 61) eine bloße Mitursächlichkeit des alkoholischen Getränks nicht ausreichen lassen können. Andernfalls könnte es dazu kommen dass einige wenige Schlucke eines alkoholischen Getränks bei einer ansonsten „legal aufgebauten" Wirkung genügen, um aus einer erlaubten eine verbotene Fahrt zu machen. Demgemäß wird die durch die anderen Substanzen aufgebaute Wirkung (BAK) herausgerechnet werden müssen, was auch angesichts des doch eher geringeren Gewichts des Verstoßes befremdlich erscheint und Beweisschwierigkeiten produziert (Rn. 4).

c) Bei Fahrtantritt, also bei Beginn der Fahrt muss der FzF unter der Wirkung stehen. In **13** Übertragung der Grundsätze von BGHSt 25 246 (hierzu § 316 StGB Rn. 12) wird es auch im Rahmen des § 24c genügen, wenn der FzF zu diesem Zeitpunkt eine Alkoholmenge im Körper hat, die zu der vom Tatbestand verlangten Wirkung führt (abw BR, vgl. Rn. 4). Denn es ist in den berufenen Fachkreisen unumstritten, dass die Alkoholwirkung im aufsteigenden Ast der Alkoholkurve allgemein stärker ist als im abfallenden (§ 316 StGB Rn. 11, 13). Von Antritt der Fahrt wird auch in solchen Fällen auszugehen sein, in denen der FzF eine einheitliche Fahrt unterbricht, dann mit der Folge der tatbestandsrelevanten Wirkung alkoholische Getränke aufnimmt und die Fahrt fortsetzt. Denn die verpönte Fahrt beginnt erst in diesem Zeitpunkt.

7. Subjektiver Tatbestand. Die Tat kann vorsätzlich wie fahrlässig begangen werden **14** (Abs. 2). Die Schuldform ist anzugeben (§ 24a Rn. 25). Nimmt man die Fälle aus, in denen dem FzF während der Fahrt von seinem Beifahrer ungewollt ein alkoholisches Getränk gereicht wird, so wird bei *Tatalternative 1* in aller Regel Vorsatz gegeben sein. Für Fahrlässigkeit wird es im genannten Beispiel auf die Umstände des Einzelfalls ankommen (Bemerkbarkeit, frühere Vorfälle?). In Bezug auf *Tatalternative 2* wird die *Rspr.* wie im Rahmen der § 24a StVG, § 316 StGB zumeist von Fahrlässigkeit ausgehen. Die unter § 24a Rn. 25a genannten Grundsätze gelten hier auch hinsichtlich des Restalkohols entsprechend.

8. Konkurrenzen. Treffen die Tatalternativen 1 und 2 zusammen, so dürfte eine Tat des § 24c **15** gegeben sein. Hinter § 24a I tritt § 24c im Wege der Konsumtion zurück (zust Ba ZfS **13** 711; aM *Janker* DAR **07** 497: Tateinheit), ebenso hinter § 316 StGB (§ 21 I OWiG). Das unter § 24a Rn. 29 Gesagte gilt iÜ sinngemäß.

9. Die Geldbuße ist dem nicht erhöhten Rahmen des § 17 OWiG zu entnehmen, kann also **16** bei Vorsatz bis zu 1000 € betragen (§ 17 I OWiG), bei Fahrlässigkeit (§ 17 II OWiG) bis zu 500 € (zur Verschärfung ab 1.1.09 s. § 24 Rn. 43). Als Regelsatz ist eine Geldbuße von 250 € vorgesehen (Nr. 243 BKat, hierzu BReg Rn. 2). Offensichtlich rechnet der VOGeber OW nach § 24c nicht denjenigen zu, die den Vorsatz gewissermaßen auf der Stirne tragen (s. aber Rn. 14). Sonst hätte er die Vorschrift in den Abschnitt II des BKat aufgenommen (vgl. § 24 Rn. 64). Weitere Folge sind 2 Punkte (Nr. 6.1 Anl. 13 zur FeV). Ein **Fahrverbot** ist nicht vorgesehen (Rn. 2). Zum Verfahren § 24a Rn. 30.

Fahrverbot

25 (1) ¹ **Wird gegen die betroffene Person wegen einer Ordnungswidrigkeit nach § 24, die sie unter grober oder beharrlicher Verletzung der Pflichten eines Kraftfahrzeugführers begangen hat, eine Geldbuße festgesetzt, so kann ihr die Verwaltungsbehörde oder das Gericht in der Bußgeldentscheidung für die Dauer von einem Monat bis zu drei Monaten verbieten, im Straßenverkehr Kraftfahrzeuge jeder oder einer bestimmten Art zu führen.** ² **Wird gegen die betroffene Person wegen einer Ordnungswidrigkeit nach § 24a eine Geldbuße festgesetzt, so ist in der Regel auch ein Fahrverbot anzuordnen.**

(2) ¹ **Das Fahrverbot wird mit der Rechtskraft der Bußgeldentscheidung wirksam.** ² **Für seine Dauer werden von einer deutschen Behörde ausgestellte nationale und internationale Führerscheine amtlich verwahrt.** ³ **Dies gilt auch, wenn der Führerschein von einer Behörde eines Mitgliedstaates der Europäischen Union oder eines anderen Vertragsstaates des Abkommens über den Europäischen Wirtschaftsraum ausgestellt worden ist, sofern der Inhaber seinen ordentlichen Wohnsitz im Inland hat.** ⁴ **Wird er nicht freiwillig herausgegeben, so ist er zu beschlagnahmen.**

(2a) **Ist in den zwei Jahren vor der Ordnungswidrigkeit ein Fahrverbot gegen die betroffene Person nicht verhängt worden und wird auch bis zur Bußgeldentscheidung ein Fahrverbot nicht verhängt, so bestimmt die Verwaltungsbehörde oder das Gericht abweichend von Absatz 2 Satz 1, dass das Fahrverbot erst wirksam wird, wenn der Führerschein nach Rechtskraft der Bußgeldentscheidung in amtliche Verwahrung gelangt, spätestens jedoch mit Ablauf von vier Monaten seit Eintritt der Rechtskraft.**

(2b) ¹ **Werden gegen die betroffene Person mehrere Fahrverbote rechtskräftig verhängt, so sind die Verbotsfristen nacheinander zu berechnen.** ² **Die Verbotsfrist auf Grund des früher wirksam gewordenen Fahrverbots läuft zuerst.** ³ **Werden Fahrverbote gleichzeitig wirksam, so läuft die Verbotsfrist auf Grund des früher angeordneten Fahrverbots zuerst, bei gleichzeitiger Anordnung ist die frühere Tat maßgebend.**

(3) ¹ **In anderen als in Absatz 2 Satz 3 genannten ausländischen Führerscheinen wird das Fahrverbot vermerkt.** ² **Zu diesem Zweck kann der Führerschein beschlagnahmt werden.**

(4) ¹Wird der Führerschein in den Fällen des Absatzes 2 Satz 4 oder des Absatzes 3 Satz 2 bei der betroffenen Person nicht vorgefunden, so hat sie auf Antrag der Vollstreckungsbehörde (§ 92 des Gesetzes über Ordnungswidrigkeiten) bei dem Amtsgericht eine eidesstattliche Versicherung über den Verbleib des Führerscheins abzugeben. ²§ 883 Abs. 2 und 3 der Zivilprozessordnung gilt entsprechend.

(5) ¹Ist ein Führerschein amtlich zu verwahren oder das Fahrverbot in einem ausländischen Führerschein zu vermerken, so wird die Verbotsfrist erst von dem Tag an gerechnet, an dem dies geschieht. ²In die Verbotsfrist wird die Zeit nicht eingerechnet, in welcher der Täter auf behördliche Anordnung in einer Anstalt verwahrt wird.

(6) ¹Die Dauer einer vorläufigen Entziehung der Fahrerlaubnis (§ 111a der Strafprozessordnung) wird auf das Fahrverbot angerechnet. ²Es kann jedoch angeordnet werden, dass die Anrechnung ganz oder zum Teil unterbleibt, wenn sie im Hinblick auf das Verhalten der betroffenen Person nach Begehung der Ordnungswidrigkeit nicht gerechtfertigt ist. ³Der vorläufigen Entziehung der Fahrerlaubnis steht die Verwahrung, Sicherstellung oder Beschlagnahme des Führerscheins (§ 94 der Strafprozessordnung) gleich.

(7) ¹Wird das Fahrverbot nach Absatz 1 im Strafverfahren angeordnet (§ 82 des Gesetzes über Ordnungswidrigkeiten), so kann die Rückgabe eines in Verwahrung genommenen, sichergestellten oder beschlagnahmten Führerscheins aufgeschoben werden, wenn die betroffene Person nicht widerspricht. ²In diesem Fall ist die Zeit nach dem Urteil unverkürzt auf das Fahrverbot anzurechnen.

(8) Über den Zeitpunkt der Wirksamkeit des Fahrverbots nach Absatz 2 oder 2a Satz 1 und über den Beginn der Verbotsfrist nach Absatz 5 Satz 1 ist die betroffene Person bei der Zustellung der Bußgeldentscheidung oder im Anschluss an deren Verkündung zu belehren.

1   **1. Gesetzesmaterialien. Begr** (Drs. V/1319 S. 90): *§ 25 übernimmt für den Bereich der Verkehrsordnungswidrigkeiten als **Nebenfolge** das erst durch das Zweite Gesetz zur Sicherung des Straßenverkehrs in das Strafgesetzbuch (§ 37) als Nebenstrafe eingeführte **Fahrverbot**. Auf diese Nebenfolge kann auch bei der Umstellung nicht verzichtet werden. Nach Umstellung der Übertretungstatbestände in Bußgeldtatbestände wäre das Fahrverbot im strafrechtlichen Bereich sonst nicht nur weitgehend entwertet; es ist als **Denkzettel- und Besinnungsmaßnahme** vielmehr gerade auch bei Ordnungswidrigkeiten unentbehrlich. Als eindringliches Erziehungsmittel kann es bei der Masse der Bagatellverstöße in besonderem Maße zur Hebung der Verkehrsdisziplin beitragen.*

2   *... Andererseits erscheint es erforderlich, das Ermessen der Bußgeldbehörde bei dieser immerhin bedeutsamen Nebenfolge genügend einzuschränken. Zu diesem Zweck soll der Anwendungsbereich des Fahrverbots im Bußgeldverfahren ausdrücklich an bestimmte enge Voraussetzungen geknüpft werden. ... in Betracht kommen vielmehr nur solche Verstöße, die unter „**grober oder beharrlicher Verletzung der Pflichten eines Kraftfahrzeugführers**" begangen worden sind. Mit der Beschränkung auf „grobe Verletzungen" soll zum Ausdruck gebracht werden, dass objektiv nur Pflichtverletzungen von besonderem Gewicht, namentlich abstrakt oder konkret gefährliche Ordnungswidrigkeiten in Frage kommen, die immer wieder die Ursache schwerer Unfälle bilden oder subjektiv auf besonders groben Leichtsinn oder grobe Nachlässigkeit oder Gleichgültigkeit zurückgehen. „Beharrlich" begangene Pflichtverletzungen sind solche, die zwar ihrer Art oder den Umständen nach nicht bereits zu den objektiv oder subjektiv „groben" Zuwiderhandlungen zählen müssen, durch deren wiederholte Begehung der Täter aber zeigt, dass ihm die für die Teilnahme am Straßenverkehr erforderliche rechtstreue Gesinnung und die notwendige Einsicht in zuvor begangenes Unrecht fehlen.*

3   *Eine weitere Beschränkung liegt darin, dass hier anders als bei den §§ 37 und 42m StGB die dort erwähnte ‚Zusammenhangstat' (Handlungen, die bei oder im Zusammenhang mit dem Führen eines Kraftfahrzeugs begangen worden sind) entfällt. ... Im Bereich des Ordnungswidrigkeitenrechts kommt es ... nur darauf an, denjenigen nachdrücklich auf seine Pflichten als Kraftfahrzeugführer hinzuweisen, der allein durch sein verkehrswidriges Verhalten gefehlt hat.*

4   **Begr** zum StVG-ÄndG v. 20.7.73 (BT-Drs. 7/133): *... Die Bundesregierung ist der Ansicht, dass bei einem Kraftfahrer, der sich bisher sämtlichen Aufklärungs- und Belehrungsversuchen unzugänglich gezeigt hat, der trotz ständiger Berichterstattung in Presse, Rundfunk und Fernsehen über **alkoholbedingte Straßenverkehrsunfälle** mit seinem Leben und dem Leben seiner Mitbürger gespielt hat, indem er sich in angetrunkenem Zustand an das Steuer seines Fahrzeugs gesetzt hat, die Zahlung einer Geldbuße allein nicht immer ausreicht, ihn vor einem Rückfall zu warnen. Das Fahrverbot, das also in jedem Fall anzuordnen ist, wenn nicht ganz besondere Umstände vorliegen, die einen Verzicht auf die Anordnung rechtfertigen, soll dem Betroffenen eine nachhaltige Mahnung sein.*

Begr zum ÄndG v. 26.1.1998 (BT-Drs. 13/8655 S. 13): **Zu Abs. 2a:** *Der Rechtsausschuss hat* 5 *einen Vorschlag des SPD-Entwurfs in modifizierter Form aufgegriffen, durch den die Justiz von Einsprü-chen entlastet werden soll, die allein eingelegt werden, um die Wirksamkeit der Fahrverbote auf einen späte-ren Zeitpunkt zu verschieben.*

Der Rechtsausschuss hat den Vorschlag, wonach der Betroffene innerhalb von vier Monaten nach Rechts-kraft des Bußgeldbescheides den Zeitpunkt des Fahrverbots generell selbst bestimmen kann, auf Fälle be-grenzt, in denen in den zwei Jahren zuvor kein Fahrverbot gegen den Betroffenen verhängt wurde. Durch die Bestimmung des Satzes 2 wird Missbrauch ausgeschlossen, der darin bestehen könnte, dass ein Betroffe-ner mehrere kurz hintereinander verhängte Fahrverbote zusammenlegt. Satz 2 bestimmt, dass in diesen Fällen in Abweichung von der sonst gültigen Regelung ausnahmsweise die Fahrverbotsfristen addiert wer-den.

Begr zum ÄndG v. 24.4.1998 (BR-Drs. 821/96 S. 76): **Zu Abs. 2:** *Für die Dauer eines Fahrver-* 6 *bots wird ein von einer deutschen Behörde ausgestellter Führerschein in Verwahrung genommen, während in ausländischen Führerscheinen das Fahrverbot bisher lediglich vermerkt wird. Dies beruht darauf, dass bei einer ausländischen Fahrerlaubnis ein Fahrverbot nur im Inland Wirkung entfaltet. Folge ist, dass der Inha-ber einer deutschen Fahrerlaubnis während eines Fahrverbots mangels Führerscheins im In- wie im Ausland kein Kraftfahrzeug führen kann, während der Inhaber einer ausländischen Fahrerlaubnis im Ausland weiter am Verkehr teilnehmen kann. Bei Inhabern einer Fahrerlaubnis aus einem Mitgliedstaat der Europäischen Union oder einem EWR-Staat, die sich in der Bundesrepublik Deutschland niedergelassen haben und auf Grund der Zweiten EU-Führerscheinrichtlinie hier unbefristet mit ihrer ausländischen Fahrerlaubnis ein Kraftfahrzeug führen können, ist diese Ungleichbehandlung nicht mehr zu rechtfertigen. Künftig soll ihr Führerschein deshalb wie ein deutscher Führerschein in der gleichen Situation in Verwahrung genommen werden.*

Zu Abs. 3: Bei anderen ausländischen Fahrausweisen bleibt es bei dem bisherigen Vermerk.... Ein sol- 7–9 *cher Fahrausweis kann sowohl ein Führerschein aus einem Mitgliedstaat der Europäischen Union oder einem EWR-Staat sein, nämlich dann, wenn der Inhaber seinen ordentlichen Wohnsitz nicht im Inland hat, als auch ein Führerschein aus einem Drittstaat.*

Begr zum ÄndG v. 17.8.2017 (BT-Drs. 18/11272 S. 19): **Zu Abs. 2a, 2b:** *Um einen Gleich-* 10 *lauf der Vollstreckung von strafrechtlichen FV und solchen nach dem OWRecht beizubehalten, soll auch für diese im entsprechenden Straßenverkehrsrecht die Nacheinandervollstreckung mehrerer FV geregelt werden. Durch diese Neuregelung verliert § 25 Abs. 2a S. 2 StVG, der eine Vollstreckung mehrerer FV nacheinan-der in Ausnahmefällen bestimmt, seinen Regelungsgehalt und soll daher gestrichen werden.*

2. Das Fahrverbot kommt bei OW nur als Nebenfolge in Betracht, da das OWRecht keine 11 Strafen kennt. Es ist eine **Denkzettel- und Besinnungsmaßnahme** (Begr, Rn. 1; BGH NJW **16** 1188; Bay NZV **04** 100, 210, Dr DAR **05** 226, Ha VRS **109** 118, Ce VRS **108** 118, Kö NZV **04** 422, Ko DAR **04** 109), freilich, wie § 25 bei verfassungskonformer Auslegung (Rn. 13) ergibt und auch die Begr zeigt, nur bei groben oder beharrlichen Verstößen gegen § 24 StVG (Rn. 2, 14, 15) sowie OW gem. § 24a. Unbestreitbar verfolgt die *gesetzliche Androhung* des FV generalpräventive Zwecke. Hingegen wird unterschiedlich beurteilt, ob der Aspekt der Gene-ralprävention bei der *Anordnung im Einzelfall* bestimmend herangezogen werden darf (bejahend (wohl) Bay NZV **96** 464; *Janiszeswki* DAR **1970** 88; *Ortner* DAR **1985** 346; verneinend zB Bay NZV **94** 487; Dü VRS **93** 226, Ha VRS **75** 58, *Berr* DAR **90** 149, *Hillmann* VGT **91** 59, *Hent-schel* JR **92** 142, *Deutscher* NZV **97** 19, *Dreher/Fad* NZV **04** 235). Sieht man den Gedanken der Generalprävention mit der wohl hM (§ 24 Rn. 53) bei der bußgeldrechtlichen Sanktionierung nicht generell als ausgeschlossen an, so ist kein überzeugender Grund ersichtlich, warum er nicht auch bei der Anordnung des FV zum Tragen kommen können sollte. Freilich wird es (im Straf-wie im OWRecht, zum neugefassten § 44 I S 2 StGB s dort Rn. 2) für den Tatrichter kaum zu begründen sein, ein spezialpräventiv nicht gebotenes FV aus Gründen der Abschreckung anderer doch anzuordnen. Die praktische Bedeutung der Frage dürfte deshalb nicht allzu groß sein. § 25 ist dem § 44 StGB nachgebildet. Die Vorschrift ist grundgesetzkonform (BVerfGE **27** 36 = NJW **69** 1623, DAR **96** 196) und verletzt nicht das Grundrecht auf freie Berufswahl (Ha NJW **74** 1777). Ein durch die Pol *sofort vollziehbares* FV kommt als „Verdachtsstrafe" auch de lege ferenda nicht in Betracht (*Albrecht* NZV **98** 397). Wie § 44 StGB setzt das FV keine mangelnde Fahreignung voraus, aber ordnungswidriges Verhalten iS der §§ 24, 24a StVG von erheblichem Gewicht (Kö VRS **48** 225). Das Verbot ist beschränkbar (I). Nach dem Übermaßverbot **muss es beschränkt werden,** wenn es so als Denkzettel ausreicht (Bay NZV **91** 161; MDR **99** 1504; Ba DAR **18** 91; Dü NZV **94** 407; ZfS **96** 356; Ce NZV **89** 158; Kar NZV **04** 653; **93** 277), ohne dass es dabei *zusätz-*

lich entscheidend auf das Ausmaß der von einem unbeschränkten FV auf den Betroffenen ausgehenden Belastung ankäme (insoweit abw Ha DAR **06** 99, krit *Krumm*). So kann es uU unangemessen sein, um des Denkzettelzwecks willen durch ein unbeschränktes FV einschneidende berufliche Nachteile herbeizuführen (Ba VM **07** Nr. 4), zB, wenn sich eine Ausnahme für landwirtschaftliche Traktoren (Dü NZV **94** 407) oder für Krankenkraftwagen (Ba DAR **18** 91) aufdrängt oder wenn der Betroffene die OW während der Freizeit begangen hat und ein eingeschränktes FV als Denkzettel ausreichen würde (Ha VRS **109** 118, 53 205), etwa bei Geschwindigkeitsüberschreitung mit privatem Pkw durch Berufs-LkwFahrer (Ce NRpfl **92** 290, Dü ZfS **96** 356, s aber Rn. 18), durch einen Feuerwehrmann (Dü NZV **08** 104) oder bei privater Alkoholfahrt eines Busfahrers (AG Lüdinghausen BA **15** 360). Nach Jn VRS **113** 71 liegt in der Anordnung eines beschränkten FV ein partielles Absehen vom FV, weswegen § 4 IV BKatV zur Anwendung komme (zw; vgl. *König/Seitz* DAR **08** 366; AG Lüdinghausen DAR **14** 217; GVR/*Krumm* § 25 Rn. 61; abw. wohl auch Dü NZV **08** 104; offengelassen von Ba DAR **18** 91). Hält sich ein eingeschränktes FV mit erhöhter Geldbuße im Rahmen der Vorwerfbarkeit, was insb in Grenzfällen der Fall sein kann (zB Ba VM **07** Nr. 4), so kann die Erhöhung ungeachtet dessen *im Einzelfall* gerechtfertigt sein. Eine Beschränkung des FV auf das Führen von Krafträdern und Kleinkrafträdern ist möglich (Ba VRS **113** 357, AG Lüdinghausen DAR **92** 231; aM KG VRS **111** 204) und kann bei Existenzgefährdung eines Taxif, der den Verkehrsverstoß bei einer Motorradfahrt begangen hat, geboten sein (Ba VRS **113** 357). Bestimmte Arten von Kfz: § 69a StGB Rn. 6. Keine Ausnahme vom FV für bestimmte Fahrzwecke (Ce DAR **96** 64), für ein bestimmtes Fz zu bestimmten Zwecken (Brn VRS **96** 233, Ce VRS **76** 33, Ha NJW **75** 1983; abw. wohl *Rebler* DAR **11** 109) oder gar für Kfz „mit mehr als 100 PS Motorkraft" (aM AG Lüdinghausen DAR **13** 403) bzw „mit mehr als 44 kw" (aM AG Dortmund DAR **18** 218, zutr abl *Pließke* DAR **18** 235). In Fällen der FVBeschränkung ist bei der FEB ein ErsatzFS für die ausgenommene KfzArt zu beantragen (§ 44 StGB Rn. 11; aM *Heinrich* DAR **11** 651, der wohl meint, ein Urteil vertrete den FS). Zur Tenorierung Ba DAR **18** 91. Auch das Führen von **fahrerlaubnisfreien Kfz** kann nach § 25 verboten werden. Insoweit reicht das FV sachlich weiter als die EdF (SaVRS **102** 458).

11a „Im StrVerkehr" meint (naturgemäß) den StrVerkehr im Inland. Daraus sowie aus dem Gebietsgrundsatz (§ 5 OWiG) folgt, dass sich das Verbot **nicht auf das FzFühren im Ausland** bezieht. Jedoch verfügt der Betroffene für die Dauer des FV über keinen FS, was einem FzFühren im Ausland entgegensteht (s. auch Rn. 6 sowie LK/*König* § 44 StGB Rn. 44a). Zudem gibt es eine Reihe von Ländern, in denen das Fahren entgegen einem im Ausland verhängten FV ausdrücklich unter Strafe gestellt ist (instruktiv *Nissen/Schäpe* DAR **10** 3; **17** 757). Es besteht kein Anspruch gegen die FEBehörde auf Ausstellung eines Nachweises über die Berechtigung zum Führen von Kfz im Ausland, um durch einen Auslandsaufenthalt das in Deutschland geltende FV umgehen zu können (OVG Lüneburg DAR **20** 345 mAnm *Greefe*).

12   **3. Gesetzliche Voraussetzungen.** Die Anordnung des FV steht im Ermessen der VB bzw. des Gerichts. Jedoch ist das Ermessen (anders als beim FV nach § 44 StGB) aus den in Rn. 2, 3, 13, 14, 15 angegebenen Gründen durch gesetzliche Vorgaben eingeschränkt. Zum nach BKatV indizierten FV Rn. 22.

13   **3a. Nur bei OW nach §§ 24, 24a StVG** ist ein FV zulässig und nur, wenn deshalb Geldbuße verhängt wird, also nicht als isolierte Sanktion (Dü VRS **86** 314, Ha BA **05** 317). Wird die OW gem. § 21 I S. 1 OWiG nur deswegen nicht geahndet, weil **zugleich ein Straftatbestand erfüllt** ist, so kann gleichwohl auf das FV erkannt werden (§ 21 I S. 2 OWiG; die Regelwirkung des § 25 I S. 2 gilt auch hier, näher § 44 Rn. 7b). Soweit die BKatV bei OW nach § 24 StVG ein FV indiziert, gilt die Indikation hingegen nicht für die Anordnung der *Nebenstrafe* FV (§ 44 StGB). Jedoch wird der Strafrichter im Rahmen der Ermessensausübung an der Wertentscheidung des VOGebers auch nicht vorbeigehen können (im Einzelnen § 44 StGB Rn. 7b). **Nur gegen den KfzFührer** ist die Nebenfolge zulässig, nicht auch gegen mögliche Mitverantwortliche, die das Kfz nicht geführt haben (Rn. 16). Zusammenhangstaten iS der §§ 44, 69 StGB genügen bei § 25 StVG nicht (Rn. 3). Nur wenn die Nebenfolge mit dem **Grundsatz der Verhältnismäßigkeit** vereinbar ist, darf sie angeordnet werden (Bay NZV **91** 120, 199, DAR **95** 410, **00** 222). Zwar setzt die grundgesetzkonforme Anwendung von § 25 nach der Neubewertung durch BVerfG DAR **96** 196 (Anm *Hentschel* DAR **96** 283, *Ludovisy* NJW **96** 2284) nicht mehr die Feststellung voraus, dass der angestrebte Erfolg nicht auch durch eine empfindliche, im Wiederholungsfall verschärfte Geldbuße erreicht werden kann (Rn. 20; anders noch BVerfG NJW **69** 1623). Jedoch bleibt es dabei, dass das FV bei einmaliger Zuwiderhandlung in der Mehrzahl der Fälle eine übermäßige Unrechtsfolge wäre (BVerfG DAR **96** 196) und daher (falls nicht durch die BKatV indiziert) nur in Frage kommt, wenn Geldbuße allein nicht ausreicht (Bay DAR **00** 222, Dü DAR **99** 324, Kar NZV **93** 359, Kö DAR **01** 87, KG NZV **94** 159, Ha NZV **97** 129). In Fällen, in denen die Nebenfolge nicht gem. § 4 BKatV indiziert ist, bedarf es also stets einer ausdrücklichen Prüfung der Verhältnismäßigkeit (Bay NZV **95** 287, DAR **04** 230). Nach Fra NZV **88** 75 darf das FV nicht mit der Erwägung begründet werden, eine Geldbuße allein könne angesichts der guten wirtschaftlichen Verhältnisse des Betr. keine wirksame Sanktion darstellen (abl. *Berz* NZV **88** 76). Selbst in den nach der BKatV ein FV indizierenden Fällen (Rn. 19 ff.) kann die Nebenfolge im Einzelfall unangemessen und eine erhöhte Geldbuße ausreichend sein (Rn. 19). Wäre noch höhere, an sich rechtlich mögliche Geldbuße wegen der wirtschaftlichen Täterverhältnisse unvertretbar, so scheitert daran nicht die Verhängung eines für erforderlich gehaltenen FV (Ha VRS **57** 301, s. aber Ha VRS **100** 56 und dazu *Hentschel,* Trunkenheit, Rn. 999).

3b. Nur bei grober oder beharrlicher Verletzung der Pflichten als KfzF ist das FV nach **14** § 25 zulässig (I). Das Erfordernis einer besonders gewichtigen Pflichtwidrigkeit als Voraussetzung eines FV nach § 25 bedeutet eine bewusste Einschränkung gegenüber § 44 StGB (BGH NJW **80** 2479). Wegen des geringeren Unrechtsgehalts der OW unterliegt das FV nach § 25 im Prinzip strengeren Voraussetzungen als dasjenige nach § 44 StGB (Stu DAR **85** 86, Kar VRS **49** 145, Ol NJW **68** 2213). Bei Bagatellen und OW, die nicht schon objektiv gewichtig sind („grob") oder „beharrlich" begangen wurden, scheidet es von vornherein aus. Wegen der Regelanordnungen der BKatV (und naturgemäß der größeren tatsächlichen Relevanz von VerkehrsOW) überragt die praktische Bedeutung des FV nach § 25 StVG die des FV nach § 44 StGB bei weitem, was eine gewisse Schieflage bewirkt. **Grobe Pflichtverletzungen** sind solche, die (objektiv) immer wieder Ursache schwerer Unfälle sind und (subjektiv) auf besonders grobem Leichtsinn, grober Nachlässigkeit oder Gleichgültigkeit beruhen (BGHSt **43** 241 = NJW **97** 3252 mAnm *Hentschel* NZV **97** 527 und *Scheffler* DAR **98** 157, Bay NZV **90** 401, Jn NJW **04** 3579, Ko DAR **05** 47, Ce DAR **03** 323, Kar NJW **03** 3719, Ha NZV **99** 92, Zw DAR **98** 362, *Geppert* DAR **97** 263 f., aM (objektive Gefährlichkeit reicht aus) Bay NZV **95** 497, Dü VM **93** 63, VRS **92** 32, Kar DAR **87** 26, Ko DAR **94** 287, KG NZV **95** 37). Auch bei objektiv grobem Verstoß setzt die Anordnung eines FV (subjektiv) ein **besonders verantwortungsloses Verhalten** des Fahrers voraus (BVerfG NJW **69** 1623, DAR **96** 196, BGH NJW **92** 449, **97** 3252, Bay NJW **03** 2253, Dr DAR **06** 30, Dü NZV **98** 384, KG NZV **94** 159, Jn NJW **04** 3579, Ha NZV **99** 92, Bra NZV **99** 303, *Hentschel, Salger*-F S. 473 ff., DAR **96** 283, *Engelbrecht* DAR **94** 374, *Geppert* DAR **97** 263, *Deutscher* NZV **97** 20), das bei einmaligem, mit nur **leichter Fahrlässigkeit** begangenem Verstoß idR nicht gegeben ist (BGH NJW **97** 3252, Dr DAR **06** 30, NZV **05** 490, Ko DAR **05** 47, Kar VRS **104** 454, Kö VRS **102** 212, Jn DAR **95** 260 (abl *Janiszewski* NStZ **95** 584), Ce DAR **03** 323, NZV **98** 254, Ha NZV **98** 334, Dü NZV **97** 241, Zw DAR **98** 362, Bra NZV **99** 303). Vorsätzliches Verhalten ist nicht Voraussetzung für die Anordnung der Nebenfolge (Kö NZV **89** 362, Kar NZV **94** 237). Bei erstmaligem fahrlässigem **Zuschnellfahren** kommt es, wenn nicht im Regelfall iS der BKatV gegeben ist (Rn. 22), grundsätzlich auf die Gesamtumstände an (Örtlichkeit, VDichte, fremde Gefährdung; Sa NZV **93** 38, Kar ZfS **92** 33, Stu ZfS **84** 350, Kö NZV **89** 362). Auch erstmaliges Zuschnellfahren kann aber bei sehr erheblicher Überschreitung zum FV führen (Kar DAR **90** 148, Kö NZV **91** 203, Ha VRS **90** 60), anders jedoch, wenn es auf dem nur auf leichte Fahrlässigkeit zurückzuführenden **Übersehen eines VZ** beruht (Rn. 20). Bei Vorsatz und Wiederholung kann die Nebenfolge geboten sein, auch wenn kein Regelfall der BKatV vorliegt (Dü NZV **98** 38 (Überschreitung um 33 km/h außerorts), s. auch Rn. 15 aE).

Beharrliche Pflichtverletzung liegt nur vor, wenn VVorschriften **aus mangelnder** **15** **Rechtstreue** verletzt werden (BGHSt **38** 231 = NJW **92** 1397, Bay DAR **04** 163, Kar NJW **03** 3719, Zw DAR **01** 327, Kö DAR **03** 183, KG DAR **04** 594, Jn NZV **99** 304, Ha NZV **00** 53, Bra NZV **99** 303), etwa wenn dem FzF auch in VLagen gleichgültig sind, wo es auf ihre Beachtung ankommt. Keine Beharrlichkeit bei mehrfachem Überschreiten der zulässigen Höchstgeschwindigkeit auf *einer* Fahrt, wenn der Kf nicht jeweils deswegen von der Pol angehalten wurde (*Mürbe* AnwBl **89** 640). Andererseits kann vorsätzliche DauerOW durch Geschwindigkeitsüberschreitung auf längerer Strecke eine beharrliche Pflichtverletzung sein (KG NZV **91** 119, Ha VRS **51** 66). Auch der **zeitliche Abstand** zwischen den Zuwiderhandlungen ist von Bedeutung (Dü NZV **94** 445, Jn NZV **99** 304, Ha VRS **98** 392); keine Beharrlichkeit, wenn die Ahndung der letzten Tat gegenüber dem neuen Verstoß $2^{1}/_{2}$ Jahre zurückliegt (Bay DAR **91** 362), mehr als 3 Jahre (Bay DAR **92** 468) oder wenn der Betr. innerhalb der letzten $4^{1}/_{2}$ Jahre siebenmal wegen verschiedener Verstöße auffällig geworden ist, falls der letzte schon einige Zeit zurückliegt (Ba DAR **13** 213). Es kommt grundsätzlich auf die Rechtskraft der die vorausgegangene Zuwiderhandlung ahndenden Entscheidung an, nicht auf die Tatzeit (BVerfG DAR **96** 196, Bay NZV **95** 499, Dü DAR **99** 324). Bestreitet der Betroffene die Täterschaft hinsichtlich der Voreintragung, so hilft deren materielle Rechtskraft allein nichts (**aM** Ce NZV **97** 488, hier bis 42. Aufl.); jedoch kann sich der Tatrichter in freier richterlicher Beweiswürdigung die Überzeugung von der Täterschaft anhand der Voreintragung verschaffen, die die pauschale Behauptung der Unschuld nicht zu erschüttern vermögen wird (Bay NZV **04** 48, offengelassen von Ba NStZ **13** 735 (L) m Bspr *König* DAR **14** 363). Vorahndungen müssen hinsichtlich Rechtskrafteintritts, Tatzeit, Umfangs des Verstoßes und Ahndung festgestellt und im Urteil dargelegt werden (Ba NZV **07** 534; DAR **19** 630). Allerdings ist die Rechtskraft nicht stets Voraussetzung für die Annahme von Beharrlichkeit, etwa dann nicht, wenn eine Warnfunktion von der Zustellung der die vorausgegangenen Zuwiderhandlungen ahndenden Bußgeldbescheide ausgegangen ist (Bay VRS **98** 33, NZV **96** 370, Ha VRS **98** 44). Hinweise an die Tatgerichte zu den notwendigen Feststellungen (stets Angabe der Rechtskraft der Vorahndungen, wünschenswert aber auch Angabe der Tat- und Erlasszeiten der bußgeldrechtlichen Vorahndung bei Ba DAR **15** 392. Frühere OW rechtfertigen den Vorwurf beharrlicher Pflichtverletzung nur, wenn ein **innerer Zusammenhang** zur erneuten OW besteht (Bay DAR **01** 84, Ko DAR **05** 47, Ce DAR **03** 472), der zB zwischen Geschwindigkeits- und Abstandsverstößen gegeben ist (Bay DAR **00** 278, Ko DAR **05** 47) und den Dü VRS **69** 50 bei erheblicher Geschwindigkeitsüberschreitung ca 2 Monate nach der letzten von 2 Vorverurteilungen wegen Rotlichtverstoßes als gegeben ansieht. Innerer Zusammenhang kann auch zwischen Geschwindigkeitsverstößen und „Handyverbot" nach § 23 Ia StVO bestehen (Ha DAR **14** 152, NZV **16** 348; Bay DAR **19** 630; ZfS **20** 172; abw noch Ba NJW **07** 3655). Auch wiederholter „Handyverstoß" (konkret: 3 einschlägige Vorahndungen) kann unter ergänzender Berücksichtigung von Geschwindigkeitsverstößen ein FV rechtfertigen (Ha DAR **14** 152 m Bspr *König* DAR **14** 363 und *Krumm* DAR **14** 166), jedoch kann es bei längerem Zeitabstand am inneren Zusammenhang fehlen (Ha NZV **16** 348). Auch frühere Verstöße gegen *Halter*pflichten haben außer Betracht zu bleiben (Rn. 13; Bay NZV **96** 37). Beharrlichkeit setzt grundsätzlich keinen objektiv oder subjektiv groben Verstoß voraus (KG NZV **91** 119, Bay DAR **04** 163, Kö NZV **01** 442, Ha VRS **98** 44, Kar DAR **99** 417), insbesondere nicht Vorsatz (BGH NJW **92** 1397, Bay DAR **04** 163, Kö NZV **01** 442, Ko NZV **96** 373). Auch eine Vielzahl nur leicht fahrlässiger Verstöße kann mangelnde Rechtstreue offenbaren (Kö NZV **01** 442, Bay DAR **04** 163, Ha VRS **98** 392). Jedoch beweist Wiederholung allein nicht Beharrlichkeit, denn VVerstöße kommen in den verschiedensten VLagen bei unterschiedlichster Motivation vor (Dü ZfS **89** 287, VM **93** 63, Bra NZV **98** 420 (jeweils dreimaliger Geschwindigkeitsverstoß), VM **91** 61, Jn DAR **97** 410; s. aber Bay DAR **04** 163, wonach sich Feststellungen des Gerichts hierzu erübrigen). War der erste **Verstoß unbedeutend,** so lässt sich beim zweiten nicht unbedingt auf beharrliche Pflichtverletzung schließen (Dü NZV **01** 488, Fra VM **79** 14); denn Verstöße von geringem Unrechtsgehalt führen nicht zwingend zur Annahme von Beharrlichkeit (Bay DAR **00** 278). Auch der Vorwurf **beharrlicher Geschwindigkeitsüberschreitung** ist nicht regelmäßig schon bei erster Wiederholung gerechtfertigt, wenn das Verschulden bei der früheren Begehung gering war (Bay DAR **88** 350, 351 (Überschreitung im Wiederholungsfall um 30–35%), NZV **89** 35, Dü VRS **96** 66, NZV **01** 488, Ha DAR **91** 392, *Beck* DAR **88** 352, *Heck* NZV **91** 174). Behauptet der Betroffene Augenblicksversagen bei der ersten Tat, so muss der Tatrichter dem nicht nachgehen, sofern sich aus der Art der Eintragung (Verhängung der Regelgeldbuße) keine Besonderheiten ergeben (Ol NZV **13** 457 m Bspr *König* DAR **14** 363 auch zu den Rügeanforderungen im Rahmen der Rechtsbeschwerde; s. auch Dü NZV **01** 488). Auch ein bloßes Augenblicksversagen bei der Wiederholungstat rechtfertigt nicht die Feststellung mangelnder Rechtstreue iS von Beharrlichkeit (Kar NJW **03** 3719, Bra NZV **99** 303, Kö DAR **03** 183, NZV **01** 442, Ha VRS **98** 392, 452). **Wiederholter Geschwindigkeitsverstoß um mindestens 26 km/h** (§ 4 II S. 2 BKatV): Rn. 23. IÜ kann ein FV wegen beharrlicher Geschwindigkeitsüberschreitung auch gerechtfertigt sein, wenn die Voraussetzungen des § 4 II S. 2 BKatV nicht vorliegen (Bay DAR **04** 230, KG VRS **108** 47, DAR **07** 711, Zw DAR **01** 327, Dü NZV **94** 239, **98** 38), sofern der beharrliche Pflichtverstoß, was im Rahmen einer Einzel- und Gesamtabwägung festzustellen ist, ähnlich starkes Gewicht hat (Kar NZV **06** 437, Ko NJW **05** 1061, Dü DAR **99** 324), etwa bei 4 Voreintragungen innerhalb von ca. $2^{1}/_{2}$ Jahren (KG DAR **07** 711) oder bei insgesamt 3 Ahndungen, von denen 2 über dem in § 4 II S. 2 BKatV genannten Schwellenwert liegen (Ba DAR **10** 98). Hingegen soll es daran bei 3 Vorahndungen (je eine pro Jahr) unterhalb der Regelfahrverbotsgrenze fehlen (Ba DAR **06** 336), desgleichen bei 5 Vorahndungen, wobei seit der letzten „gerade mal" 6 Monate vergangen sind (Ba NZV **11** 515), ebenso bei 3 Geschwindigkeitsverstößen innerhalb von 2 $^1/_2$ Jahren, wobei die letzte innerhalb von 6 Monaten nach der vorletzten lag und die Schwelle des § 4 II S. 2 BKatV überschritt; zusätzlich Verstoß gegen § 23 Ia, für den es freilich am inneren Zusammenhang fehle (Ba NJW **07** 3655, s. hierzu oben), bei drei Vorahndungen innerhalb von 5 Jahren, wobei 2 sowie die Anlasstat über dem „Grenzwert" lagen (AG Borna NZV **12** 307) sowie bei fünf Ahndungen innerhalb von 4$^1/_2$ Jahren, wobei „nur" eine den „Grenzwert von 26 km/h überschritten hat (Ba ZfS **08** 470). Entsprechendes gilt zB auch bei Rechtskrafteintritt der die vorausgegangene OW ahndenden Entscheidung erst nach Begehung der weiteren OW (Dü NZV **94** 41, DAR **98** 320), sofern der Betroffene bei Begehung der Wiederholungstat von der Entscheidung Kenntnis hatte (Ha NZV **98** 292, **00** 53). Bei Gesamtvorsatz (**E** 134) wird idR Beharrlichkeit und grobe Pflichtverletzung vorliegen. Eine vertretbare Entscheidung des Tatrichters ist vom Rechtsbeschwerdegericht hinzunehmen (Ba NJW **08** 3155).

3c. Ein FV nach § 25 ist **nur gegen den KfzF** zulässig, nicht auch gegen mögliche Mitver- **16** antwortliche, die das Kfz nicht geführt haben (Bay NJW **71** 770, Kö VRS **85** 209, aM *Dreher/ Fad* NZV **04** 235), und auch nicht gegen den Führer einer Straba (AG Leipzig NZV **11** 412). Verletzung von Halterpflichten allein reicht nicht aus (Bay NZV **96** 37, Kö VRS **85** 209, Ha VRS **59** 468, DAR **08** 652 (L)). Fehlt es an den Anordnungsvoraussetzungen, so darf die Geldbuße nicht ausgleichsweise anstelle eines FV erhöht werden (Kar NZV **91** 278, Ha DAR **91** 392, VRS **54** 454).

4. Regelfahrverbote sind in I S. 2 („*ist* in der Regel … anzuordnen"), nach BVerfG **17** DAR **96** 196, aber auch durch die in § 26a iVm § 4 BKatV („kommt … in der Regel *in Betracht*) getroffene Regelung in den dort abschließend genannten Fällen vorgesehen.

4a. Alkohol, berauschende Mittel. IdR ist bei Verurteilung nach § 24a zu Geldbuße auch **18** ein FV anzuordnen. Dies gilt auch, wenn § 24a nach § 21 I S. 2 OWiG zurücktritt (näher § 44 StGB Rn. 7b). OW nach § 24a haben regelmäßig erhebliches Gewicht. Nach I S. 2 kommt es deswegen auf weitergehende Pflichtverletzung iS grober oder beharrlicher Verletzung der Pflichten eines Kf nicht an (Ce BA **04** 177, Jn DAR **05** 166, Dü NZV **96** 228, DAR **93** 479). § 24a umschreibt vielmehr wegen der hohen Gefährlichkeit von Drogenfahrten den Regelfall eines FV. Anders als beim RegelFV nach OW gem. § 24 iVm BKatV muss das Urteil hier nicht (ausdrücklich) erkennen lassen, dass sich das Gericht der Möglichkeit eines Absehens vom FV bewusst war (Ha NZV **96** 246; **02** 98). Abweichend (ohne die zwingend notwendige Vorlegung nach § 121 II GVG) wird allerdings nunmehr vertreten, dass es genüge, aber – ausgenommen Fälle offensichtlicher Ermessensreduzierung auf Null – auch erforderlich sei, wenn sich aus den Urteilsgründen ergebe, dass der Tatrichter sich des (geringen) Ermessensspielraums bewusst gewesen sei (Ce BA **20** 47; mablBespr *König* DAR **20** 368; wohl auch Sa BA **04** 173). **Absehen vom FV nur, a)** wenn die Tatumstände so aus dem Rahmen üblicher Begehungsweise fallen, dass die Vorschrift über das Regelfahrverbot offensichtlich nicht darauf zugeschnitten ist (Ha BA **04** 177, NZV **96** 246, Dü NZV **90** 240, Kar NZV **93** 277, Kö NZV **94** 161), wobei dieselben Grundsätze heranzuziehen sind, wie bei der Entkräftung der Regelwirkung bei § 69 II StGB (dort Rn. 16, 19a; Ha BA **09** 337), **oder b)** die Anordnung eine Härte ganz außergewöhnlicher Art bedeuten würde (Bay DAR **91** 305, Ba DAR **08** 37, BA **13** 27, Jn DAR **05** 166, Sa VRS **102** 458, Brn DAR **96** 28, Dü VRS **96** 228, Kar NZV **93** 277, Kö DAR **07** 159, Ha BA **05** 166, Ol DAR **90** 150). **Außerhalb des Regelfalls** kann zB ein von vornherein nur auf wenige Meter beabsichtigtes nächtliches Fahren oder auf NebenStr abseits befahrener Str ohne zu befürchtende Gefährdung anderer liegen (Kö NZV **94** 157, Ce DAR **90** 150, zust *Berr*, Dü VRS **73** 142, Ha DAR **88** 63) oder ein Vor- oder Zurückrollen um wenige Meter, um einen verkehrsstörenden Zustand zu beseitigen (Bay DAR **05** 458), *nicht dagegen*, wenn die Tat mit einem Mofa begangen wurde (Dü NZV **97** 83), nichts passiert ist und die BAK den Grenzwert gerade erst erreicht oder nur gering überschritten hat (Dü VRS **96** 228, DAR **93** 479, Bay NZV **89** 243, Kar NZV **93** 277, Ha NZV **95** 496, Ba BA **13** 27), die Grenze nur wegen zusätzlicher Einnahme alkoholhaltiger Medikamente erreicht wurde (Ha BA **04** 177), erst nach dem Fahren erreicht wurde oder auf Restalkohol beruht (Dü NZV **90** 240, VRS **96** 228), auch nicht bei Berufung auf eine Trinktabelle (§ 24a Rn. 25). AG Zeitz BA **13** 312 sieht (ohne weitere Besonderheiten) bei einem (vormaligen) Dauerkonsumenten (zw) vom FV ab, weil dieser sich unter dem Eindruck des Verfahrens dauerhaft vom Drogenkonsum abgewendet habe (Bspr *König* DAR **14** 363). AG Tiergarten BA **16** 198 sieht FV bei Verzicht auf die FE nach einer Drogenfahrt als entbehrlich an (Bspr *König* DAR **16** 362). Alkohol- und Drogenfahrten mit E-Scootern (ElektrokleinstFz) sind nicht per se in einem milderen Lichte zu sehen (vgl. § 69 StGB Rn. 19a). Eine **außergewöhnliche Härte** ist nicht schon gegeben bei beruflichen Nachteilen (Bay NZV **89** 243, DAR **91** 305, Jn DAR **05** 166, Kö VRS **109** 193, Ha DAR **00** 224, Dü VRS **68** 228), auch nicht bei langjährig unbeanstandetem „Vielfahrer" (Dü VRS **96** 228, abw Sa ZfS **96** 114). Wirtschaftliche Nachteile sind häufige Folge eines FV und rechtfertigen idR keine Ausnahme (Kö VRS **109** 193, Ha VRS **75** 312). Drohender Arbeitsplatz- oder Existenzverlust als unausweichliche, im Urteil nachprüfbar im Einzelnen zu begründende Folge eines FV kann Absehen rechtfertigen (Bay NZV **91** 436, Kö VRS **109** 193, Ol DAR **03** 574, Schl BA **92** 77, Kar NZV **93** 277, Ol ZfS **95** 34, Brn VRS **107** 49, Ha BA **05** 166, 167, Ko VRS **96** 228, AG Hof DAR **07** 40, AG Strausberg BA **12** 273), dies jedoch nicht, wenn ihm durch Urlaub während FV begegnet werden kann (Bay DAR **85** 237, **89** 363, **90** 362, Kar DAR **90** 148, Dü VRS **87** 450), was der Betroffene, der über seine Tat ja Bescheid weiß, bei der Urlaubsplanung ggf zu bedenken hat (Ha DAR **08** 652 m insoweit wohl kritAnm *Krumm*). Jedoch darf der Betr. nicht darauf verwiesen werden, dass er den Verlust des Arbeitsplatzes dadurch hätte vermeiden können, dass er das FV durch Verzicht auf das Rechtsmittel in der Zeit vor Antritt des Arbeitsverhältnisses hätte „verbüßen" können; darin liegt auch dann eine rechtsfehlerhafte Verwertung zulässigen Verteidigungsverhaltens, wenn er den Tatvorwurf als solchen nicht bestritten hatte (Ba DAR **18** 91; s. auch Ha NZV **02** 101; Jn ZfS **04** 479). Beistand für einen Hilfsbedürftigen bedürfte detaillierten Vortrags zu dessen Notwendigkeit (Ha BA **09** 337; s. auch Rn. 25). Kein drohender Arbeitsplatzverlust wenn Kündigung offensichtlich rechtswidrig wäre; Ha BA **05** 167 verlangt daher Prüfung der rechtlichen Durchsetzbarkeit durch das Gericht (s. aber Rn. 25). Kar NZV **91** 159 sieht unbillige Härte bei einem (nicht vorbelasteten) beinamputierten FzF, der jährlich 35 000 km zurücklegt (zw). Die Frage des Absehens vom FV des I S. 2 unterliegt *bis zur Grenze des Vertretbaren* tatrichterlicher Würdigung (Ha BA **05** 166, 167, **04** 177, 268, Kö DAR **07** 159, Sa VRS **102** 458). Zur Frage des Doppelverwertungsverbots (§ 46 III StGB) bei der Verminderung der Regel-FVDauer § 24a Rn. 27. Ein **eingeschränktes Fahrverbot** (Rn. 11) ist nach dem Übermaßverbot auch hier zu prüfen (Bay NZV **91** 161, Br DAR **90** 190, Ha VRS **53** 205). Reichen besondere Umstände nicht für Absehen aus, so kann doch uU eine Beschränkung geboten sein (Bay NStZ **88** 120). Eine Ausnahme für Lkw und Busse kommt auch dann regelmäßig nicht in Frage, wenn die Tat mit einem Pkw in der Privatsphäre begangen wurde (Bay NZV **91** 161, Ce NZV **89** 158, krit *Janiszewski* NStZ **89** 568, Kar NZV **93** 277, s. aber Br DAR **90** 190). Das gilt erst recht bei einem Wiederholungstäter (Ha DAR **00** 224). **Dauer des FV:** § 24a Rn. 27.

19   **4b. Die Bußgeldkatalog-Verordnung** (BKatV) ist, soweit nach § 4 BKatV in Fällen von § 25 I S. 1 (OW gem. § 24) ein FV *„in der Regel in Betracht"* kommt, ebenso wie die Anwendung jener Bestimmung durch die Rspr, grundgesetzkonform (BVerfG DAR **96** 196 mAnm *Hentschel* DAR **96** 283). Es gelten folgende Grundsätze: Bei diesen Zuwiderhandlungen ist ein **grober** bzw. **beharrlicher Pflichtverstoß indiziert**, dessen Ahndung, abgesehen von besonderen Ausnahmefällen, eines FV bedarf (BGHSt **38** 125 = NZV **92** 117 (zust *Janiszewski* DAR **92** 90, krit *Hentschel* JR **92** 139), BGHSt **38** 231 = NZV **92** 286, BGH NJW **97** 3252, Bay DAR **03** 233, Kar VRS **104** 454, Zw DAR **03** 134, 531, Ce VRS **102** 310, Kö DAR **03** 183). Dabei betrifft die Indizwirkung zunächst (soweit keine gegenteiligen Anhaltspunkte erkennbar sind) auch die subjektive Seite des Vorwurfs (Rn. 14; BGH NJW **97** 3252, Bay DAR **00** 523, Fra NStZ-RR **03** 123, Ce NZV **98** 254, Ha NZV **99** 92, 302, Kö VRS **98** 126, Kar DAR **02** 229). Jedoch dürfen die **konkreten Umstände des Einzelfalls** in objektiver und subjektiver Hinsicht nicht unberücksichtigt bleiben (BVerfG DAR **96** 196, NZV **94** 157 mAnm *Göhler* NZV **94** 343, BGH NZV **92** 117, **97** 525, Bay NZV **98** 212, Ro NJW **04** 2320, Kar VRS **100** 460, Dü DAR **00** 416, Zw DAR **03** 531, *Hentschel* JR **92** 140, 143, *Salger*-F S. 486 ff., *Engelbrecht* DAR **94** 374, *Scheffler* NZV **96** 481, *Geppert* DAR **97** 263, einschr BGH NZV **92** 286, Bay DAR **00** 171, Zw DAR **03** 134, Ce VRS **102** 310, Dü NZV **93** 241, Kar NZV **88** 478, Ha NZV **95** 366, Bra ZfS **96** 194). Vielmehr müssen sich VB und Tatrichter **der Möglichkeit eines Absehens** vom FV, etwa bei gleichzeitiger Erhöhung der Geldbuße, **bewusst sein** und dies in den Entscheidungsgründen erkennen lassen (BGH NZV **92** 117, **92** 286, Bay DAR **03** 569, Zw DAR **03** 531, Ce VRS **102** 310, Nau VRS **100** 201, Dr DAR **99** 413, Dü DAR **03** 85, Kö VRS **99** 288, Ha VRS **106** 474 (anders in Fällen von I S. 2), einschr Ha DAR **97** 117, **02** 85, VRS **98** 208, gegen dieses Begründungserfordernis Ha NZV **00** 136). Das Bewusstsein von einer (nach der BKatV nicht bestehenden) Möglichkeit, FV und Erhöhung der Geldbuße als gleichrangige Sanktionsalternativen zu behandeln und nach Gutdünken gegeneinander auszutauschen, muss das Urteil (natürlich) nicht erkennen lassen (weit ausholend Bre BA **13** 89; hierzu *König* DAR **13** 361). Nicht nur bei Verneinung eines Regelfalls, sondern auch bei **Unangemessenheit** kann (etwa bei gleichzeitiger Erhöhung der Geldbuße) vom indizierten FV abgesehen werden (BGH NZV **92** 117, **92** 286, Bay NZV **94** 487, Kar NZV **05** 54, Kö DAR **03** 183, Dü ZfS **00** 364, Ha NZV **01** 436, Kar NZV **05** 542, Ol NZV **93** 1983).

Zu den mit der 54. ÄndVStVR v. 20.4.2020 insbes. betreffend die Anordnung des FV bei Geschwindigkeitsüberschreitungen eingeführten Verschärfungen des BKat vertritt die Bundesregierung die Auffassung, dass diese wegen eines Zitierfehlers nichtig sind (vgl. BT-Drs. 19/21265 S. 4). Dieser – sehr missliche – Umstand hätte jedoch kaum die weitreichende Bedeutung, die ihr zT beigemessen wird (sehr zw. zB *Fromm* DAR **20** 527). Denn Grundlage der Anordnung des FV ist nicht der BKat, sondern § 25 (nachfolgende Rn. 20). Bußgeldbescheide und tatrichterliche Urteile aus der Zeit einer etwaigen Nichtigkeit der neuen Regelanordnungen wären damit nur insoweit notleidend, als sie diese der FVAnordnung ohne nähere Begründung zugrunde gelegt hätten. Die Begründungsdefizite ließen sich jedoch auf Einspruch oder nach Aufhebung im Rechtsbeschwerdeverfahren durch einzelfallbezogen Begründungen (oder durch Aufhebung des FV bzw. Ermäßigung der FVDauer) wohl weitgehend beheben.

Alleinige Rechtsgrundlage für das FV bleibt § 25 I S. 1, der weder durch § 26a noch durch **20** § 4 BKatV eine Änderung erfahren hat (BVerfG DAR **96** 196, BGH NZV **92** 117, **92** 286, **97** 525, Ro NJW **04** 2320, Kar NJW **03** 3719, Dr DAR **06** 30, Dü NZV **98** 320, Bra NZV **99** 303). Auch in den nach BKatV ein FV indizierenden Fällen hat dieses daher zu unterbleiben, wenn ein *grober oder beharrlicher Pflichtverstoß verneint werden muss* (BGH NJW **97** 3252, Bay NJW **03** 2253, Stu NStZ-RR **00** 279, Dr DAR **03** 205, KG NZV **94** 238, Jn NJW **04** 3579, *Hentschel Salger*-F S. 487, *Engelbrecht* DAR **94** 373, *Scheffler* NZV **95** 214, *Geppert* DAR **97** 263), und zwar ohne Erhöhung der Geldbuße (Kar NJW **03** 3719, Ko DAR **05** 47, Ce DAR **03** 323, Jn NJW **04** 3579, Dü VRS **97** 447, *Cierniak* NZV **98** 293, *Hentschel* NZV **97** 528). Da es dann schon an den Voraussetzungen des § 25 fehlt, liegt kein Fall des § 4 IV BKatV vor, der eine Erhöhung der Regelgeldbuße erlauben würde. Insbesondere das auf *leichter Fahrlässigkeit* beruhende **Übersehen eines VZ** ist weder als grober noch als beharrlicher Pflichtverstoß anzusehen (§ 41 Rn. 249) und führt zum Absehen vom FV (BGH NJW **97** 3252 mAnm *Hentschel, Scheffler* DAR **98** 158, Bay NZV **98** 255, Ko DAR **05** 47, Dr DAR **06** 30, NZV **05** 490 (Ortseingangsschild), Fra DAR **00** 177, Dü NZV **99** 391, Ro NJW **04** 2320, Zw DAR **98** 362, Ce DAR **03** 323, Bra NZV **99** 303, Kö DAR **03** 183; aM noch Dü NZV **97** 85, KG NZV **95** 369), für sich allein auch nicht dann, wenn es beidseitig aufgestellt ist (KG VRS **117** 310). Allerdings ist von Wahrnehmung für den Regelfall auszugehen, weswegen eine Erörterung dieses Umstands nur bei entsprechender Einlassung des Betr oder objektiven Anhaltspunkten erforderlich ist (BGH NJW **97** 3252; § 3 Rn. 56). Dass das VZ einseitig aufgestellt war, begründet keinen solchen Anhaltspunkt (Ce NStZ-RR **17** 388). Die Einlassung, der Betr. habe das VZ „wahrscheinlich" übersehen, nötigt nicht zu Feststellungen über die Art der Beschilderung, sondern ist eher als Eingeständnis vorsätzlichen Verhaltens zu werten (**aM** Jn NZV **17** 289 m krit Anm *Deutscher*). Allein schlechter StrZustand steht Augenblicksversagen nicht entgegen (Ol NZV **14** 331). Entsprechendes kann gelten, wenn der Kf über den Geltungsbereich eines ZusatzZ irrt (dazu § 39 StVO Rn. 31a aE). *Kein Augenblicksversagen jedoch,* wenn der Geschwindigkeitsverstoß vorsätzlich erfolgt (Ba SVR **18** 268 *(Koehl)*) oder die gebotene Aufmerksamkeit in grob pflichtwidriger Weise außer Acht gelassen wurde (BGH NJW **97** 3252, Jn NZV **08** 165), zB bei Übersehen wegen Blendung, weil dann an die Sichtverhältnisse unangepasstes Zuschnellfahren gegeben ist (Ha NJW **07** 2198), wegen Telefonierens während der Fahrt (KG v. 19.1.00, 2 Ss 319/99, juris) oder bei sonstiger selbstverschuldeter Ablenkung (s. auch Rn. 22, 24), wozu nach Brn VRS **117** 310 Gespräche mit Begleitern im Fz nicht gehören sollen, weil normales menschliches Verhalten in Frage steht, das idR keine relevanten Leistungsbeeinträchtigungen bewirkt. Auch der Umstand, dass die ohne das VZ geltende Höchstgeschwindigkeit gleichfalls überschritten wurde, wird die Annahme nur leichter Fahrlässigkeit idR ausschließen (Fra NStZ-RR **03** 123, Kö NZV **01** 442, Kar VRS **104** 454, DAR **07** 529, Dr DAR **05** 570, Ha DAR **08** 273; aM Ko NJW **05** 1061, *Deutscher* NZV **06** 124). Zum Übersehen eines VZ 274.1 (Tempo 30-Zone) Ha DAR **08** 273, *Hentschel* NJW **01** 468, einschr *Kramer* DAR **01** 105; zur Bedeutung von § 39 I a StVO s. dort Rn. 37. Zur (unhaltbaren) Einstufung von Merkmalen des BKat (innerorts, außerorts) als „objektive Bedingungen der Rechtsfolgenbemessung" KG DAR **07** 395 mablAnm *König*. Im Hinblick auf das Übermaßverbot ist auch in den Regelfällen *zu prüfen*, ob nicht (ausnahmsweise) bei **Erhöhung der Geldbuße** vom indizierten FV abgesehen werden kann (BVerfG DAR **96** 196, Bay NZV **94** 370, Dü NZV **93** 81, 320, Ce ZfS **92** 427, Ha DAR **05**

460, einschr Bay NZV **94** 327). Das gem. § 4 BKatV indizierte FV setzt aber nicht die ausdrückliche Feststellung voraus, dass der angestrebte Erfolg auch durch erhöhte Geldbuße nicht erreicht werden könnte (BVerfG DAR **96** 196, BGH NZV **92** 117, 286, Nau VRS **100** 201, Ol NZV **93** 278, Dü VRS **92** 386, Ha DAR **94** 411); insoweit ist BVerfGE **27** 36 überholt. Gegen eine extensive Anwendung des RegelFV *Scheffler* NZV **05** 510.

21   Wird ein Regelfall bejaht und das Vorliegen eines Ausnahmefalls verneint, so ist zur Anordnung eines FV eine **weitere Begründung entbehrlich** (Kö ZfS **04** 88, Fra ZfS **04** 283, Jn NJW **04** 3579, Ro DAR **01** 421, Ce VRS **102** 310, KG NZV **95** 37, Ha DAR **04** 102). Anders nur, wenn Anhaltspunkte für ein Abweichen ersichtlich sind (BGH NZV **92** 286, Bay NZV **98** 212, Ro DAR **01** 421, Kö NZV **98** 165, Dü VRS **93** 366, Jn VRS **95** 56), was aber zB nicht allein schon dann der Fall ist, wenn der Betroffene niedergelassener Arzt ist (*Cierniak* NZV **98** 293, *Deutscher* NZV **99** 114, aM Kö NZV **98** 293), und auch nicht allein deswegen, weil die für die Indizierung eines FV maßgebliche Grenze einer Geschwindigkeitsüberschreitung nur um wenige km/h überschritten wurde (**aM** Jn DAR **04** 665). Gibt der Tatrichter in den Gründen zu erkennen, dass er sich der Möglichkeit des Absehens bewusst war (Rn. 19), so bedarf die Verneinung dieser Möglichkeit keiner näheren Begr (Ha NZV **01** 222, abw Ha DAR **05** 460 („eingehende" Begr, abl. *König/Seitz* DAR **06** 123); nach Ha NZV **11** 455 jedenfalls bei schwerem Verstoß (Geschwindigkeitsüberschreitung von 46 km/h) keine Begründung erforderlich). Nicht die Einzelfallprüfung, sondern *lediglich der Begründungsaufwand* wird durch die BKatV eingeschränkt (BGH NZV **92** 117, **97** 525, Ro NJW **04** 2320, Kö NZV **94** 161, Ha NZV **00** 53, Hb NZV **95** 163, Dü NZV **98** 320, *Geppert* DAR **97** 264 f.). Die in der obergerichtlichen *Rspr.* gelegentlich zu beobachtende Tendenz, bei bestimmten Berufsgruppen entgegen BKatV im Urteil wieder eine ausführliche Begründung des indizierten FV zu fordern (zB Ha DAR **98** 281, DAR **05** 460, Kö NZV **98** 293 (aufgegeben: VRS **99** 288), Stu DAR **98** 205), läuft dem Ziel des § 4 BKatV (BGHSt **38** 125, 231, BVerfG DAR **96** 196) zuwider (*Cierniak* NZV **98** 293, *Deutscher* NZV **03** 120, *Hentschel* NJW **99** 697). **Zur Regeldauer** des FV gem. BKatV Rn. 27.

22   **4c. Die nach § 4 BKatV ein Fahrverbot indizierenden Zuwiderhandlungen** sind in § 4 BKatV iVm der Anl zu § 1 I BKatV abschließend aufgeführt. „Innerhalb geschlossener Ortschaften" iS der BKatV ist nach KG VRS **109** 130, **107** 217 auch eine **Geschwindigkeitsüberschreitung** auf *innerörtlicher* Stadtautobahn (Z 310; abl *Scheffler* NZV **05** 510, *Deutscher* NZV **06** 124). Bei Überschreitung der innerorts zulässigen Höchstgeschwindigkeit nur wenige Meter hinter der Ortstafel (Messgerät entgegen den Richtlinien aufgestellt; was aber diesbezügliche Feststellungen erfordert (Ba DAR **12** 528) kann ein für den Regelfall indiziertes FV uU unterbleiben (näher § 3 StVO Rn. 56b a. E.; Bay NZV **95** 496; Ol NZV **94** 286; Kö VRS **96** 62; Dr DAR **10** 29; Stu DAR **11** 220; Ol ZfS **14** 353; einschr Ol NZV **95** 288, Ha DAR **00** 580), ebenso, wenn der Schutzzweck der Geschwindigkeitsbeschränkung entfallen ist (Ce DAR **03** 323 (nicht mehr vorhandener Rollsplitt)), uU auch wenn der konkrete Schutzzweck der Geschwindigkeitsbegrenzung trotz der Überschreitung nicht gefährdet wird (Dü NZV **96** 37, abl *Deutscher* NZV **97** 22 (30 km/h in WohnStr zum Schutz von Fußgängern/Kindern, Zuwiderhandlung zur Nachtzeit)). Keine Schuldminderung bei kurzfristigem Geschwindigkeitsverstoß während innerörtlichen Überholens (s. auch § 5 StVO Rn. 32) auf freier Str ohne Wohnbebauung und FußgängerV (Ba DAR **18** 382). Nach AG Herford DAR **12** 478 (mzustAnm *Elsner*) minder schwerer Fall, wenn nicht ausgeschlossen werden kann, dass die Geschwindigkeitsmessung in erster Linie „dem Schreiben von Anzeigen" diente. Kein Augenblicksversagen, wenn sich das Bestehen der Beschränkung aufdrängt, zB dann, wenn der Betroffene zuvor eine Tunneldurchfahrt und eine durch nahegelegene Schule gekennzeichneten Örtlichkeit passiert hat, dies zumal dann, wenn es sich um den täglichen Arbeitsweg des Betroffenen handelt (Ha NZV **07** 153); kein Aufdrängen ohne Weiteres aber bei StrSchäden (Ol DAR **14** 99). Geschwindigkeitsbeschränkung durch Leuchtanzeige auf einer die Fahrbahn überspannenden Zeichenbrücke ist so auffällig, dass Augenblicksversagen idR ausgeschlossen ist (Ha SVR **06** 190 *(Krumm)*). Auf einer Probefahrt mit einem unbekannten Kfz besteht umso mehr Anlass für größtmögliche Aufmerksamkeit, weswegen Augenblicksversagen idR ausscheidet (Ba DAR **12** 528; Bay BeckRS **19** 28173). Nach AG Lüdinghausen NZV **16** 294 soll defekter Tacho (Anzeige 22 km/h zu wenig) FV entbehrlich machen können (zw., s. zum defekten Tacho § 3 StVO Rn. 56). S. ergänzend Rn. 23. Auch grob fahrlässiges Nichtbeachten eines die Geschwindigkeit **aus Lärmschutzgründen** beschränkenden VZ rechtfertigt idR ein FV (Bay NZV **94** 370, krit *Scheffler* NZV **95** 214, NZV **94** 487, Ba v. 21.11.06, 3 Ss OWi 1516/06, juris = DAR **07** 94 (L), KG VRS **109** 132, **107** 217, abl *Scheffler* NZV **05** 511, Kar NJW **04** 1749, AG Fra NZV **07** 379,

abw für die Zeit vor Inkrafttreten der BKatV Bay NZV **90** 401, zust *Hillmann* VGT **91** 56, sowie hier bis zur 38. Aufl. unter Hinweis auf den Zweck des FV der *Hebung der VSicherheit* (BR-Drs. IV/651 S. 13 f., BT-Drs. V/1319 S. 90) bzw. zur Bekämpfung *schwerer Unfälle* (BT-Drs. V/1319 S. 90)). Für Elektro-Kfz gilt nichts anderes (KG DAR **19** 214). Kein „Augenblicksversagen", wenn der Grund für die Lärmschutzmaßnahme nicht o. W. erkennbar ist und die Beschränkung vielfach unbeachtet bleibt (Ba DAR **07** 94). Kein Augenblicksversagen, wenn beim ZusatzZ „bei Nässe" die tatsächlichen Witterungsverhältnisse falsch eingeschätzt werden (KG BeckRS **19** 4720). Zum **qualifizierten Rotlichtverstoß** § 37 StVO Rn. 52 ff. Gefährdend **zu geringer Abstand** zum Vorausfahrenden rechtfertigt auch bei einem aus Gedankenlosigkeit handelnden Ersttäter ein FV (Bay NZV **91** 320, Sa NZV **91** 399). Vielfach kann nämlich schon die kleinste Unaufmerksamkeit zu folgenschweren Unfällen führen (Bay DAR **03** 569). Augenblicksversagen liegt idR fern (Ba DAR **11** 401). **Wenden und Rückwärtsfahren auf AB** und KraftfahrStr ist auch ohne konkrete Gefährdung eine grobe Pflichtverletzung iS von I S. 1 (s. auch BKatV, Bay NZV **97** 244, Ol NZV **92** 493), anders aber uU bei bloßem Übersehen des VZ 331.1. Kein Absehen vom indizierten FV nur deswegen, weil auf der KraftfahrStr ein Stau bestand (Bay NZV **97** 244). Nicht immer besonders verantwortungslos ist das Rückwärtsfahren auf der AB-Standspur einer Verteilerfahrbahn (Dü VRS **68** 141, **70** 35).

Selbst **bei wiederholtem Überschreiten um mindestens 26 km/h** innerhalb eines Jahres **23** nach Maßgabe von § 4 II S. 2 BKatV muss das Gericht die Tatumstände berücksichtigen (BGH NJW **92** 446, Bra NZV **99** 303, Ha VRS **97** 449, so iErg, wenngleich einschr, auch BGH NJW **92** 1397, aM Ce NZV **91** 199). ZB reicht Überschreitung infolge nur leicht fahrlässigen **Übersehens eines VZ** regelmäßig nicht aus (s. schon Rn. 22), um ein FV auf Wiederholung iS von § 4 II S. 2 BKatV zu stützen (Dr DAR **03** 472, Kar VRS **104** 454, Bra NZV **99** 303, Ha VRS **97** 449, Kö DAR **03** 183, Nau ZfS **00** 318, *Hentschel* JR **92** 143). Leichtes Verschulden (Augenblicksversagen) liegt etwa nahe, wenn bei einer dreispurig ausgebauten Fahrbahn mit Mittelleitplanke außerhalb geschlossener Ortschaften eine Geschwindigkeitsbegrenzung auf 70 km/h angeordnet ist (auswärtiger Kf, Kar DAR **06** 227). Anders liegt es bei bewusster, deutlicher Überschreitung der auch ohne das VZ geltenden Höchstgeschwindigkeit (Kö NZV **01** 442), nach Kar VRS **104** 454 selbst dann, wenn dies fahrlässig geschieht (9 km/h; aM Ko NJW **05** 1061, s. auch Rn. 20, 21). Auch wenn der frühere Überschreitung um mindestens 26 km/h auf nur geringem Verschulden beruhte, ist § 4 II S. 2 BKatV wegen Fehlens der Voraussetzungen des § 25 StVG nicht anwendbar (Dü NZV **01** 488, s. auch Rn. 15 sowie *Scheffler* NZV **95** 177: bei erstmaliger Wiederholung keine „Beharrlichkeit", andernfalls Überschreitung der Wortlautgrenze). Nach Ol NZV **13** 457 (dazu eingehend *König* DAR **14** 363) muss jedoch nicht aufgeklärt werden, ob der Vorahndung etwa ein Augenblicksversagen zugrunde lag, sofern sich nicht aus der Art der Vorahndung Anhaltspunkte für eine mildere Beurteilung ergeben (insbes. Abweichen vom Regelsatz). Andererseits rechtfertigt in den in § 4 BKatV genannten Wiederholungsfällen nicht schon allein die Feststellung nur fahrlässiger Überschreitung bei der Wiederholungstat überhaupt ein Absehen vom an sich verwirkten FV (Fra DAR **92** 470), genauso wenig der Umstand, dass bislang noch nicht versucht worden ist, mit einer erhöhten Geldbuße auf den Betr. einzuwirken (aM AG Günzburg NZV **11** 265). Zur Prüfung der Rechtmäßigkeit der rechtskräftigen Voreintragung s. oben Rn. 15. Voraussetzung ist stets, dass die frühere Ahndung im Zeitpunkt der Anordnung noch nicht tilgungsreif (§ 29 Rn. 20 ff.) ist (Kar ZfS **97** 75). Vorübergehende Aufhebung der Rechtskraft der früheren Entscheidung durch Wiedereinsetzung in den vorigen Stand hindert die Anwendung von § 4 II S. 2 BKatV nicht (Dü DAR **98** 320). § 4 II S. 2 BKatV ist grundgesetzkonform (BVerfG NJW **96** 1809; aM *Schäfers* DAR **11** 190). Zur **Berechnung der Jahresfrist** des § 4 II S. 2 BKatV: Ko DAR **05** 47, *Schäfers* aaO.

Lange Zeit seit der Zuwiderhandlung ohne weiteres Fehlverhalten kann nach einer in **23a** der Herleitung wenig überzeugenden und der Ausgestaltung nicht konsistenten *Rspr.* aber – *ohne Erhöhung der Geldbuße*, da kein Fall des § 4 IV BKatV (Ce VRS **108** 118, Kar NZV **12** 95; Ko ZfS **14** 530 mAnm *Krenberger*; Ha NZV **07** 635) – auch für sich allein einen Entfall des FV rechtfertigen; die überwiegende *Rspr.* legt dabei eine **2-Jahresgrenze** zugrunde (Bay NZV **04** 100, 210, **02** 280, Ce VRS **108** 118, Kar DAR **05** 168, Brn NZV **05** 278, Dr NStZ **19** 623; Ha DAR **12** 340, Schl DAR **02** 326, Nau ZfS **03** 96, Dü DAR **03** 85, Zw DAR **00** 586, Kö NZV **04** 422, Ro DAR **03** 530; dementsprechend abgelehnt bei weniger als 2 Jahren von Dü DAR **03** 85; Ha ZfS **03** 521 (21 Monate); NZV **07** 152 (19 Monate); DAR **00** 580 (17 Monate); NZV **01** 436 (15 Monate); Schl ZfS **15** 235 (zudem zahlreiche Vorahndungen)). Teils wird aber auch schon bei weniger als 2 Jahren davon ausgegangen, dass das FV seine Erziehungswirkung nicht mehr entfalten könne, so in BGH ZfS **04** 133 (zu § 44 StGB) nach 21 Monaten (ebenso

Zw DAR **11** 649 mAnm *Krumm*), in Kar DAR **07** 528 nach 23 Monaten oder in Zw NZV **14** 479 (Anm *Bergenroth*) bei 20 Monaten zwischen Tat und Vorlage beim Rechtsbeschwerdegericht (dazu unten). Weil die Entscheidung des BGH das FV nach § 44 StGB betrifft, soll sie auf § 25 StVG nicht übertragbar sein (Ha DAR **12** 340). Warum die Denkzettel- und Besinnungssanktion (Rn. 11) nach Ablauf letztlich gegriffener Zeiträume (ein Erfahrungssatz in diese Richtung existiert nicht) ihren Zweck generell sollte verfehlen können, erschließt sich jedoch nicht, zumal temporäres Wohlverhalten bei fortbestehendem „Erziehungsbedarf" gerade durch das laufende Verfahren bedingt sein kann. Zudem wird bei der gleichfalls auf Besinnung zielenden Geldbuße (Pflichtenappell, § 24 Rn. 42) soweit ersichtlich ein vollständiger Wegfall wegen Zeitablaufs nicht erwogen (zum Ganzen *König* DAR **18** 604). Folgt man der *Rspr.* zu bestimmten Zeitgrenzen, wird es richtig sein, für deren Bemessung wie auch bei anderen Sanktionsentscheidungen auf die letzte tatrichterliche Verhandlung (auch nach etwaiger Zurückverweisung) abzustellen, die Dauer bis zur (endgültigen) Entscheidung des Rechtsbeschwerdegerichts im Regelfall (ohne Zurückverweisung) also nicht einzurechnen, zumal die 2-Jahresgrenze vorgeblich nicht starr zu handhaben sein soll (s. u) und der Prüfungsmaßstab des Rechtsbeschwerdegerichts eingeschränkt ist, etwa nach der Entscheidung des AG hinzukommende Ahndungen gar nicht berücksichtigt werden können (eingehend Ol NZV **11** 564; Ha DAR **11** 409; Ro StV **09** 363; Ce v. 18.7.12, 311 SsBs 82/12, s.VD **13** 200; in der Sache Sa VRS **126** 203 – zT unzutreffend wiedergegeben in NJW-Spezial **14** 491; KG SVR **15** 353; weiter differenzierend Br BeckRS **19** 21144; aM KG VRS **113** 69 (mittlerweile aufgegeben); Zw DAR **11** 649; NZV **14** 479 (maßgebend Vorlage zum Rechtsbeschwerdegericht)). Verzögerungen im Rechtsbeschwerdeverfahren können ggf. nach den Maßstäben der rechtsstaatswidrigen Verfahrensverzögerung berücksichtigt werden (Hb NStZ **19** 529 (Vollstreckererklärung eines einmonatiges FV bei 1 Jahr 9 Monaten Verzögerung); näher § 24 Rn. 57a). Betont wird, dass die 2-Jahresgrenze immer **nur ein Anhaltspunkt ist** und es entscheidend auf die konkreten Umstände ankommt, die die Einwirkung eines FV auf den Betroffenen trotz des Zeitablaufs geboten erscheinen lassen können (Bay NZV **04** 210, Ba DAR **11** 401, Ce VRS **108** 118, Jn NZV **08** 165). Schlüssig ist, dass die Wohltat jedenfalls dann nicht zu gewähren ist, wenn der Betroffene seither abermals mit VerkehrsOW oder –straftaten aufgefallen ist (Kar NZV **04** 316; Ba DAR **08** 651). Billigkeitsüberlegungen unabhängig von einem „Erziehungsbedarf" entspringt es hingegen (s. auch *Metzger* NZV **05** 179), wenn weiter danach gefragt wird, ob die lange Verfahrensdauer auf dem Prozessverhalten des Betroffenen beruht (Kö NZV **00** 430, KG VRS **102** 127, Ro DAR **01** 421, Schl DAR **02** 326, Fra ZfS **04** 283, aM *Bode* ZfS **04** 137, *Hentschel* NJW **01** 721), jedenfalls in seinem Einflussbereich liegt (Bay NZV **04** 210, Ce VRS **108** 118, Kar DAR **05** 168, Kö NZV **04** 422, *Metzger* NZV **05** 179), vom Betroffenen zu vertreten ist (Ha VRS **106** 57 (abl *Bode* ZfS **04** 137), KG NZV **02** 281, Kar DAR **07** 528, Ba DAR **08** 651), wobei Rechtsmitteleinlegung nicht vorwerfbar sei (Ce VRS **108** 118, Ha NZV **06** 50, DAR **07** 714), wohl aber, wenn das Prozessverhalten gerade auf Verzögerung abziele (Ha NZV **06** 50, Schl DAR **02** 584) oder das Verfahren in unlauterer Weise verzögert werde (Ha BA **04** 175, Zw DAR **00** 586), etwa wenn bewusst wahrheitswidrig ein anderer bezichtigt werde (Ha DAR **09** 405). Sämtliche Aspekte beziehen sich auf das Prozessverhalten, nicht jedoch auf künftige Legalbewährung im StrV (s. auch *Metzger* NZV **05** 179). **Bei mehrmonatigem Regel-FV** soll lange Verfahrensdauer hingegen kein Absehen, sondern nur eine geringere Verbotsfrist rechtfertigen, weil andernfalls ungerechtfertigte Gleichbehandlung schwerer VVerstöße (Bay NZV **04** 100, 210, DAR **04** 405, Ha NZV **06** 50, Nau ZfS **03** 96; Zw ZfS **19** 173). Mit dem Ausgangspunkt (Sinnverlust wegen Zeitablaufs) ist dies schwerlich vereinbar (abl etwa GVR/*Krumm* Rn. 46) und liegt im Ansatz auf einer Linie mit der hier vertretenen Auffassung.

24   **4d. Absehen vom gem. § 4 BKatV indizierten FV.** Die Voraussetzungen für ein Absehen vom indizierten FV sind geringer als beim RegelFV des I S. 2 (zusf *Beck* DAR **97** 32). Schon „erhebliche Härten oder eine Vielzahl für sich genommen gewöhnlicher oder durchschnittlicher Umstände" (BGH NZV **92** 117) können ein Absehen rechtfertigen (Bay NZV **96** 374, Zw DAR **03** 531, Ha VM **05** 68, DAR **03** 398, NZV **97** 281, Ro VRS **108** 376, Ce VRS **102** 310, Kö VRS **105** 296, Nau NZV **95** 161). Dies unterliegt in erster Linie tatrichterlicher Würdigung (Bay NZV **02** 280, Zw DAR **03** 134, Kö ZfS **04** 88, Ol NZV **95** 287, Ha NZV **07** 258, Dü ZfS **00** 364) „bis zur Grenze des Vertretbaren" (Ha NZV **01** 436, **08** 306, 308). Nicht unproblematisch ist deswegen die in der *Rspr.* zT vertretene Auffassung, nur eine „Härte ganz außergewöhnlicher Art" (Fra NStZ-RR **00** 312, KG VRS **108** 288, Ol NZV **95** 287, Ha NZV **03** 103, **97** 119, VRS **97** 272, SVR **07** 150 („einhellige Rspr"), Ko NZV **96** 373), nur „ganz besondere, außergewöhnliche Umstände" (Ko NJW **05** 1061) oder eine „unerträgliche Härte" (Dü NZV **96** 463), rechtfertigten ein Absehen vom indizierten FV (hierzu auch Ha DAR **05** 463, *Scheffler* NZV **05** 510). Andererseits ist nicht plausibel, die Begründungspflichten unter Berufung darauf zu erhöhen, dass hohe Geldbußen seit der 1998 (!) vorgenommenen Erhöhung des Buß-geldrahmens bzw. der Erhöhung durch das 24. StVGÄndG (§ 24 Rn. 40) das indizierte FV ver-mehrt entbehrlich machen könnten (*König/Seitz* DAR **08** 361, 365; uU ebenso Ha v. 27.11.07, 3 Ss OWi 414/07, juris; aM Ha NZV **05** 495, VRS **113** 315, ZfS **08** 645; *Deutscher* NZV **99** 113, **08** 185). In Betracht kommt das Vorliegen einer *notstandsähnlichen Situation* (Kar NZV **05** 54, 542; Zw NStZ-RR **97** 379 (Durchfallerkrankung); Ha SVR **18** 35 (Harndrang bei Prostataer-krankung); AG Lüdinghausen NZV **14** 481 (nicht bei absehbarem Stuhldrang); zum Notstand bei Geschwindigkeitsüberschreitungen § 3 StVO Rn. 56). Bei Feststellung solcher Lage muss das Gericht sich damit auseinandersetzen, wobei aber körperliche Dispositionen keinen Freibrief für ow Verhalten bieten, vielmehr sogar erhöhte Pflichtwidrigkeit begründen können (Ha SVR **18** 37). Absehen vom FV auch bei *Zusammentreffen mehrerer entlastender Umstände* denkbar (Kö NStZ-RR **96** 52), wie zB nur geringfügiges Überschreiten des „Regelbereichs" nach BKatV, fehlende Voreintragungen, nur kurzfristige Unaufmerksamkeit, lange zurückliegende Tat ohne weitere Auffälligkeit, geringes VAufkommen, Nachtzeit, Fehlen von Fußgängern, autobahnähnli-cher Ausbau einer innerörtl. Str, Anpassung an den fließenden V (Kar DAR **92** 437, Bay NZV **96** 78, Dü DAR **00** 416, Ha NZV **01** 436, abw Dü VRS **91** 203). Das Vorliegen eines dieser Um-stände allein reicht jedoch idR nicht aus, zB geringes VAufkommen zur Nachtzeit (Ha NZV **03** 103, VRS **100** 56, Kö VRS **105** 296, Ro DAR **01** 421; s. aber Rn. 22), nur lockere Bebauung bei Geschwindigkeitsverstoß (Bay NZV **97** 89) und übersichtliche, breit ausgebaute und schnurge-rade Str bei innerörtlicher Überschreitung während Überholvorgangs um 32 Km/h (Ba DAR **18** 382, dazu schon Rn. 22). Bei Indizierung des FV durch Gefährdung oder Sachbeschädigung (zB Rotlichtverstoß) kann erhebliches **Mitverschulden** Anlass zum Absehen bieten (Rn. 22), ebenso der Umstand, dass der Zweck der Nebenfolge schon erreicht ist (Verzicht auf das KfzFühren in der irrigen Annahme eines wegen der Tat schon bestehenden FV; Ko DAR **04** 109). Auch (vermeidbarer) **Verbotsirrtum** kann Ausnahme rechtfertigen, (Bay NJW **03** 2253, DAR **03** 469, Ba StraFo **16** 161 mAnm *Sternberg-Lieben* und Bspr *König* DAR **16** 362; Jn NJW **04** 3579, KG NZV **94** 159, Kö VRS **109** 45, **95** 435); dies jedoch nicht, falls dieser *fernlie-gend* ist (Bay NJW **03** 2253, Ba NJW **07** 3081); insoweit sind Feststellungen zum Grad der Ver-meidbarkeit des Irrtums zu treffen, um das Maß der Pflichtwidrigkeit zu bestimmen (Ba StraFo **16** 161; VM **17** Nr. 25 m Bspr *König* DAR **17** 362). Gleiches gilt für Zuwiderhandlung auf Grund irriger Annahme einer Notstandslage (Kar NJW **05** 3158, Kö VRS **109** 45, Bra NZV **01** 136, Ha DAR **96** 416), nicht aber zB bei ärztl. Hilfeleistung auf Grund unkritisch angenomme-ner Notstandssituation statt des sinnvolleren Einsatzes eines RettungsFz (Kö VRS **109** 45, Fra NStZ-RR **01** 214) oder falls der Betroffene mehrfach vorgeahndet ist (Kar NJW **05** 3158). Ab-sehen uU geboten, wenn der PolB (gesetzeswidrig) mündliches FV ausgesprochen und sich der Betroffene daran gehalten hat (Zw ZfS **16** 411).

Dass die Grenze der die Nebenfolge indizierenden **Geschwindigkeit** nur knapp überschrit- **25** ten wird, reicht allein nicht (Kö VRS **105** 296, Nau NZV **95** 201, Ha VRS **88** 301, Dü VRS **94** 282), auch nicht der Umstand, dass der Geschwindigkeitsverstoß auf einer AB begangen wurde (Nau NZV **95** 201) oder die aus der Veränderung der örtlichen Verhältnisse hergeleitete irrige Annahme inzwischen erfolgter Aufhebung der Begrenzung (Ha DAR **01** 322), gleichfalls nicht der Versuch der Ausschaltung eines defekten Tempomaten (statt angezeigten Bremsens; Ha NJW **07** 2198). Entsprechend erlaubt es kein Absehen vom FV, wenn bei einem **Abstandsver-stoß** die „FV-Schwelle" nur knapp überschritten worden ist (Ba DAR **12** 152). Hohe Kilome-terleistung allein (*„Vielfahrer"*) rechtfertigt für sich allein kein Absehen (Bay NZV **96** 374, Dr DAR **01** 318, Dü NZV **93** 445, DAR **96** 66, Kö VRS **87** 40, Nau NZV **95** 161, Ha NZV **03** 103, **07** 100, BVerfG DAR **96** 196), anders uU aber im Zusammenwirken mit weiteren Besonderhei-ten des Falls (Kö NZV **94** 161). Dass es sich um den ersten Verstoß eines **lange Zeit unbean-standeten** Kf handelt, reicht allein nicht (KG DAR **01** 413, Ha NZV **03** 103, Dü VRS **94** 282, *Geppert* DAR **97** 266, einschr Sa ZfS **96** 113), auch nicht dann, wenn die Tat zu verkehrsarmer Zeit begangen worden ist (Ha DAR **06** 521). Umgekehrt führt bei einem Wiederholungstäter ein zwischen Tat und Urteil **vollstrecktes FV aus einem anderen Verfahren** nicht zum Wegfall des inmitten stehenden FV (aM GVR/*Krumm* Rn. 49). Es liegt eher fern, dass die Vollstreckung des verfahrensfremden FV so weitgehende „erzieherische" Wirkung entfalten könnte, dass ein weiteres FV entbehrlich wird; zudem zeigt IIb, dass sich mehrere FV nach dem Willen des Ge-setzgebers nicht etwa „erzieherisch" gegenseitig vertreten sollen (vgl. Ba DAR **17** 384 m Bspr

König DAR **18** 361; verfehlt deshalb AG Neuruppin DAR **18** 396). Teilnahme an einer **Nachschulung oder an einem Aufbauseminar** (an verkehrspsychologischen Einzelschulungen) allein genügt nicht (Bay NZV **96** 374, Ba VRS **114** 379, DAR **15** 656; NJW **18** 715 (L); Dü VRS **93** 226; Zw ZfS **17** 471; aM AG Rendsburg NZV **06** 611, AG Miesbach DAR **10** 715 (notorischer „Raser" mit 3 Vorahndungen!); AG Traunstein DAR **14** 102; AG Bernkastel-Kues DAR **14** 401, AG Mannheim DAR **14** 405; *Bode* ZfS **01** 521, *Himmelreich* DAR **08** 69; *Heinrich* NZV **10** 237 unter Anführung von AG-Urteilen, aber Verschweigen der obergerichtlichen Rspr.; aus verkehrspsychologischer Sicht *Wolf/Uhle* DAR **15** 352; s. auch Rn. 24). Es ist nicht ersichtlich, wie in dem auf Schnelligkeit ausgerichteten OWVerfahren sollte festgestellt werden können, ob die „Erziehungswirkung" einer Nachschulung die gesetzlich *als Regel* vorgegebene, fühlbare *Denkzettel*sanktion des FV (entgegen *Krumm Himmelreich*-F S. 65 = SVR **08** 257 ist das OW-Recht ungeachtet der durch § 25 intendierten „Erziehungswirkung" nicht vom (behandelnden) Erziehungsgedanken geprägt, sondern stellt, wie ua die BKatV eindrucksvoll erweist, maßgebend auf das Tatbild ab) soll entbehrlich machen können. Hätte der Gesetzgeber der *behandelnden* Erziehung den Vorrang gegeben, so hätte er diese und nicht die im Schwerpunkt *abschreckende* Sanktion des FV als Regel angeordnet. IÜ führt die Gegenansicht zu einem Freikaufverfahren für begüterte Betroffene (Ba VRS **114** 379). Entlarvend sind die im Rahmen von (zT amtsrichterlichen) „Verteidigungsstrategien" gegebenen Empfehlungen, vor Absolvierung einer „erzieherischen Maßnahme" zunächst einmal vorzufühlen, ob der Amtsrichter hinreichend „aufgeschlossen" ist (so *Krumm* SVR **08** 257). Dass in der Breite der Fälle der Wille zur ernsthaften Auseinandersetzung mit dem Fehlverhalten den Anstoß zur Absolvierung der „Erziehung" gegeben hat (vgl. AG Rendsburg NZV **06** 611) und nicht das Bestreben, dem FV zu entgehen, wird man nicht nur angesichts solcher Äußerungen bezweifeln dürfen. Absehen vom FV bei Teilnahme an Verkehrsunterricht in einem minder gewichtigen Fall und weiteren Faktoren aber nicht beanstandet von Bay NZV **96** 79. Die Nichtverhängung des Regelfahrverbots, weil dem Betroffenen im Verwaltungsverfahren die FE ohnehin entzogen worden ist, stellt keinen Fall des Absehens vom Fahrverbot nach § 4 IV BKatV dar, der die Erhöhung der Regelgeldbuße rechtfertigen könnte (Zw NJW **06** 1301). Von einem indizierten FV darf nicht mit der Begründung abgesehen werden, dass sich der Betroffene als Fahranfänger noch in der Probezeit befinde und wegen der Ordnungswidrigkeit seitens der Fahrerlaubnisbehörde mit empfindlichen Maßnahmen im Rahmen des § 2a (Anordnung zur Teilnahme an einem Aufbauseminar, Verlängerung der Probezeit) zu rechnen habe; denn die mit den jeweiligen Sanktionen verfolgten Zwecke sind nicht identisch (Ba NZV **11** 208 mAnm *Sandherr*). Diese Maßnahmen sind auch nicht Nebenfolgen nicht vermögensrechtlicher Art iSv § 79 I S. 1 Nr. 2 OWiG und führen als solche auch nicht in analoger Anwendung zur Statthaftigkeit der Rechtsbeschwerde (Ba NZV **17** 339 *(Krumm)*).

25a   **Berufliche oder wirtschaftliche Schwierigkeiten,** die bei einer Vielzahl von Berufen regelmäßig Folge des FV sind, genügen für ein Absehen nicht, sondern sind als selbstverschuldet hinzunehmen (BVerfG DAR **96** 196, 199, Bay VRS **101** 441, KG VRS **108** 286, Ce VRS **108** 118, Schl NZV **03** 394, Kar NZV **05** 54, Ha NZV **01** 355, Fra DAR **02** 82, Kö VRS **105** 296; Ratschläge für den Verteidiger bei *Krumm* DAR **09** 416). Das gilt grds. auch für BerufsKf (zB TaxiF), Rechtsanwälte (AG Lüdinghausen DAR **06** 165), den Produzenten eines Nationalzirkus (Ha SVR **07** 186), den vielfahrenden Gesellschafter einer GmbH (AG Lüdinghausen NZV **13** 406), einen auswärts eingesetzten Monteur (Ha NZV **08** 306), eine alleinerziehende Apothekerin, die ihre Kinder zur Schule bringen muss (Ha NZV **08** 308), einen Pizzalieferanten (aM AG Fra NZV **08** 371), eine Konditorin (AG Lüdinghausen NZV **12** 603), eine Kieferchirurgin mit Praxen in 2 Orten (AG Zeitz BA **17** 387), den ehrenamtlichen Vorstandsvorsitzenden einer gemeinnützigen Stiftung (AG Dortmund NZV **20** 437 bei *Deutscher*), eines katholischen Pfarrers (Bay BA **20** 227) oder auch einen „Fernsehkommissar", der häufig als FzF im öffentlichen V gefilmt wird (Ba NJW **06** 627). Andernfalls schiede die Nebenfolge in solchen Fällen praktisch aus (Ro VRS **101** 380, KG DAR **01** 413, Ha VRS **106** 466, NZV **07** 261 (Außendienstmitarbeiter), VRS **112** 131 (Kommunikationselektriker), Dü NZV **96** 463). Kaum richtig AG Geilenkirchen DAR **07** 221 (mAnm *Herbert*), wonach bei einem in den zahnärztlichen Notdienst eingegliederten Zahnarzt wegen ansonsten eintretender Gefährdung der Patientenversorgung vom FV abzusehen sein soll (ähnlich AG Walsrode DAR **11** 223 für eine Tierärztin). Demgegenüber verneint KG BA **19** 396 zutreffend einen Härtefall für einen Zahnarzt (!), der geltend gemacht hatte, für Hausbesuche auf das Kfz angewiesen zu sein. Der etwaige Verlust einer nicht lebensstandardsichernden Nebentätigkeit rechtfertigt ein Absehen vom FV nicht (AG Lüdinghausen NZV **13** 357). IdR ist es dem Betroffenen zuzumuten, beruflichen Nachteilen infolge des FV durch **rechtzeitige Urlaubsplanung** während einmonatiger Verbotsfrist zu begegnen (BVerfG

NJW **95** 1541, Bay NZV **97** 89, Fra NJW-RR **03** 123, Kö DAR **96** 507, Kar NZV **05** 54, Dü NZV **96** 463, Ce NZV **96** 117, Ha NZV **96** 247, Zw VRS **91** 1975). Dies gilt umso mehr in den Fällen der Viermonatsfrist nach II a (Bay DAR **99** 559 VRS **101** 441, KG VRS **108** 286, Kar NZV **04** 316, 653, Fra NStZ-RR **03** 123, Ha NZV **01** 355). Hier ist die Möglichkeit eines Verzichts auf die Nebenfolge nach besonders strengem Maßstab zu beurteilen (Bay DAR **99** 171, Fra DAR **02** 82). Der Betroffene, der von seiner Tat weiß, hat das mögliche FV ggf. bei seiner Urlaubsplanung zu bedenken (Ha DAR **08** 652 m insoweit wohl kritAnm *Krumm*; s. auch AG Landstuhl DAR **15** 415 mit grenzwertigen amtsrichterlichen Ratgebungen an den Verteidiger (für den Fall, dass sich der Mandant „verplappert") von *Krumm*). Eine Überspannung der tatrichterlichen Pflichten stellt es dar, wenn Ha NZV **05** 495, VRS **113** 315 die Feststellung verlangt, ob der Betroffene noch über ausreichenden Jahresurlaub verfüge und der Ausschöpfung des Jahresurlaubs nicht Wünsche des Arbeitgebers entgegenstünden. Kommt Urlaub nicht in Betracht, ist es dem Betroffenen zuzumuten, einen Fahrer einzustellen, notfalls nach Aufnahme eines hierzu erforderlichen Kredits (Bay VRS **101** 441, Ko DAR **05** 47, Kar NZV **04** 316, 653, VRS **104** 454, Fra DAR **02** 82, NStZ-RR **03** 123, **02** 88, s. jedoch zum Fall eines selbstständigen TaxiF mit nur einem Fz Bay NZV **98** 212, Ol NZV **95** 40, andererseits Jn NZV **95** 498 (mehrfach belasteter TaxiF), KG NZV **16** 535; Jn VRS **111** 219 und Ha NZV **07** 153 (je Gastwirt), weniger streng Zw NZV **16** 536). Verweis auf Kreditaufnahme steht unter dem Vorbehalt der Zumutbarkeit, die nach Ha NZV **07** 583 (Bspr *Krumm* NZV **07** 561) bei Selbstständigen eher anzumahnen ist, jedenfalls aber erörtert werden muss, und nach KG NZV **10** 311 (L) bei Selbstständigem mit einem Nettoeinkommen von 500 € detaillierte Feststellungen zu Art, Umfang und Ertrag seines Unternehmens erfordert (ähnlich Jn DAR **11** 474 zu einem dreimonatigen FV gegen einen Alleinunternehmer). Kein Absehen vom indizierten FV wegen besonderer beruflicher Härten, wenn der Betroffene sich schon bei Erhalt des Bußgeldbescheids darauf hätte einstellen können (Bay NZV **96** 374, **97** 89, *Deutscher* NZV **97** 27). Einer 43-jährigen Betroffenen ist es nach Ba BA **18** 78 „ohne Weiteres" zuzumuten, eine Strecke von weniger als 10 km für die Dauer eines einmonatigen FV mit dem Fahrrad zurückzulegen. Der Behauptung einer erfolglosen Anmietung einer kleinen Wohnung am Arbeitsort ist ggf. nachzugehen (Ba BA **18** 371).Bei **drohendem Verlust des Arbeitsplatzes** oder der wirtschaftlichen Existenz durch das FV wird aber vielfach, wenn auch nicht zwingend (Kar NZV **04** 316), eine Ausnahme gerechtfertigt sein; in solchen Fällen ist daher das FV auch in den Regelfällen näher zu begründen (BVerfG NZV **94** 157 (Rn. 18); Bay NZV **98** 212, Kar NZV **04** 653, KG DAR **04** 164, Kö NZV **04** 422, Brn VRS **107** 53, Fra NStZ-RR **00** 312, Dü DAR **96** 66, Ha NZV **96** 77, Dr DAR **98** 401, Ce ZfS **05** 314, Zw VRS **91** 197). Grds. kein Absehen vom FV wegen Existenzgefährdung jedoch bei mehrfachem **Wiederholungstäter,** der dies als Freibrief für weiteres Fehlverhalten verstehen würde (Fra NStZ-RR **02** 88, Brn VRS **107** 53; Kar NStZ **19** 530; abw. wohl AG Wuppertal NZV **11** 514 für einen Fall der Existenzgründung); will der Tatrichter eine Ausnahme machen, muss er eingehend begründen, warum bei einem Betr., bei dem die Warnung schon einmal nicht gewirkt hat, nunmehr allein die erhöhte Geldbuße ausreichen soll (Zw BA **19** 204). Bei *tatsächlich drohender* Kündigung ist deren rechtliche Zulässigkeit wegen des Prozessrisikos ohne Bedeutung (Ce NZV **96** 291 zust *Deutscher* NZV **97** 27; grds. auch Brn NStZ-RR **04** 93). Anders soll es jedoch bei offensichtlicher Rechtswidrigkeit einer angedrohten Kündigung liegen (Brn NStZ-RR **04** 93; Ba NZV **10** 46; weitergehend *Krumm* DAR **09** 416 mwN: volle arbeitsrechtliche Überprüfung erforderlich (!)). Auch angesichts dessen, dass es nicht Aufgabe des Bußgeldrichters sein kann, Kündigungen auf ihre arbeitsrechtliche Rechtmäßigkeit zu überprüfen, muss dies auf Fälle auf den ersten Blick erkennbarer Willkür des Arbeitgebers beschränkt werden (*König* DAR **20** 376). Die durch KG DAR **19** 391 (Anm *Krenberger*) aufgestellten Maßgaben zur Zulässigkeit einer Verfahrensrüge laufen hingegen auf eine volle arbeitsrechtliche Überprüfung hinaus und erscheinen bei weitem zu streng (*König* DAR **20** 376).Kar NZV **06** 326 bejaht Existenzgefährdung für den Inhaber eines kleinen Instandhaltungs- und Reparaturbetriebs (Schlosser) mit Monatseinkommen von ca. 1200 €, wovon er für seine in Teilzeit berufstätige Ehefrau und seine beiden minderjährigen Kinder Unterhaltsleistungen zu erbringen hat, desgleichen AG Lüdinghausen NZV **15** 512 für den Geschäftsführer einer GmbH. Legt das Tatgericht eine bevorstehende Kündigung zugrunde, so darf es nicht ohne Weiteres unterstellen, der Betroffene werde angesichts guter Arbeitsmarktlage sofort wieder eine Stelle finden (Ba BA **18** 440). Zu den *erforderlichen Feststellungen* Rn. 26. Hohes Alter allein ist kein ausreichender Grund für Absehen vom indizierten FV (Ha DAR **01** 229). Auch schwere Gehbehinderung rechtfertigt allein nicht ohne Weiteres einen Verzicht auf das indizierte FV (Ha NZV **99** 215, NZV **07** 152, Fra NZV **94** 286), jedoch uU Querschnittslähmung (Rollstuhlfahrer, Fra DAR **95** 260, AG Hof

NZV **98** 388). Bescheinigt ein Attest eine „Reisekrankheit", die es dem Betroffenen unmöglich macht, in von anderen geführten Kfz mitfahren oder öffentliche Verkehrsmittel nutzen zu können, mithin das eigenhändige Steuern des Kfz unabdingbar macht, so sind Ausführungen notwendig, auf welchen wissenschaftlichen Standards diese Befunde ruhen (Ba BA **16** 192). Auch bei geltend gemachter Krankheit und dadurch bedingten häufigen Arztbesuchen darf der Tatrichter der Einlassung nicht ungeprüft folgen (Ba ZfS **17** 233; Rn. 26). Selbstverständlich sollte sein, dass nicht mit der Begründung vom FV abgesehen werden darf, dieses verspreche spezialpräventiv keinen Vorteil, weil der Betr. bei der nächsten Verfehlung ohnehin mit der EdF wegen **Erreichens der „Punktegrenze"** zu rechnen habe (Ba DAR **15** 656). **Auswirkungen auf nahe stehende dritte Personen** können zu berücksichtigen sein, wenn deren verstärkte Pflege- und Betreuungsbedürftigkeit feststeht, außerdem keine sonstigen unentgeltlichen Betreuungspersonen aus der Familie vorhanden sind und die Einstellung einer professionellen Hilfe nicht zumutbar ist (Ha NStZ-RR **06** 322 (im konkreten Fall verneint), s. auch Ha NZV **97** 185 zur Versorgung der kranken Ehefrau als einer von mehreren Gründen). Zur Überbrückung ist die Nutzung von öffentlichen Verkehrsmitteln und Taxen zumutbar (KG SVR **15** 427). Als *einer von mehreren* Gründen wird auch die Versorgung **außenstehender Dritter** zu berücksichtigen sein (AG Geilenkirchen DAR **07** 221 mAnm *Herbert*), etwa bei einer Tierärztin mit Fahrpraxis für Pferde (AG Wahlsrode DAR **11** 223) oder bei einem Bauunternehmer, der sein chronisch krankes Kind regelmäßig zur Physiotherapie fahren muss (sehr milde angesichts vorausgegangener Delinquenz des Betroffenen AG Borna NZV **12** 98). Insofern ist aber detaillierter Vortrag zur Notwendigkeit erforderlich (Ha BA **09** 337).

26   Ein **Absehen vom FV** in den Fällen des § 4 I, II S. 2 BKatV ist stets **näher zu begründen** (BGH NZV **92** 286, Bay NZV **96** 374, Zw DAR **03** 134, Ce ZfS **05** 314, VRS **102** 310, Ro VRS **101** 380, Kar NZV **05** 54, 542, Ko NZV **96** 373, Dü VRS **93** 200, Ha NZV **03** 103, DAR **03** 571, Begr, BR-Drs. 140/89 S. 28). Das Urteil muss die Erwägungen hinsichtlich der Glaubhaftigkeit von Angaben des Betroffenen darlegen, der sich auf besondere Härten wie etwa drohenden Existenz- oder Arbeitsplatzverlust beruft; diesbezügliche Angaben dürfen nicht ungeprüft übernommen, müssen vom Tatrichter vielmehr kritisch hinterfragt und überprüft werden, um Missbrauch auszuschließen und dem Rechtsbeschwerdegericht eine Entscheidung zu ermöglichen (Kö NZV **04** 422, Brn VM **04** 53, Zw DAR **03** 531 (Vorlage des Arbeitsvertrags), Ro VRS **101** 380, Ko DAR **99** 227, Dü NZV **99** 477, Ce VRS **108** 118, Ha BA **04** 179, Ba DAR **11** 401, BA **13** 27 (Bilanzen, Kontounterlagen, Steuerbescheide), DAR **14** 332 (Inhaber eines Imbisses), Brn VRS **107** 53; s. aber Zw NZV **16** 536 (alleinige Vernehmung des Betroffenen kann genügen)), dürfen aber andererseits nicht ohne Weiteres als unwahr unterstellt werden (Kö VRS **113** 441). Einer Bescheinigung des Arbeitgebers über die beruflichen Folgen eines evt gegen einen Betroffenen zu verhängenden FV muss zu entnehmen sein, dass es bei einem FV zur Kündigung des Arbeitsverhältnisses kommen würde, der Hinweis auf die *Möglichkeit* einer Kündigung genügt nicht (Ha NZV **07** 261, KG VRS **113** 314), genauso wenig die Feststellung, der Betroffene habe „große Angst um seinen Arbeitsplatz" (Ha SVR **07** 150; abw. jedoch bei Berufskraftfahrer in der Probezeit AG Lüdinghausen NZV **08** 105) oder ein FV könne das Arbeitsverhältnis ernsthaft gefährden (Ba NZV **18** 290). Liegt eine hinreichend aussagekräftige Bescheinigung vor, müssen die näheren Umstände festgestellt und gewürdigt werden (Ba DAR **11** 404); uU kann der Arbeitgeber zu vernehmen sein (Ba BA **08** 394); dem darf sich der Tatrichter nicht durch bloßen Verweis auf das Schreiben entziehen (KG NJW **16** 1110 mAnm *Krumm*). Zur Überprüfung einer Kündigung auf ihre Wirksamkeit s. Rn. 25a. Pauschaler Vortrag des Betroffenen (zB auf das Fz beruflich angewiesen zu sein) nötigt das Gericht unter dem Aspekt der Aufklärungspflicht (§ 244 II StPO) nicht dazu, die wirtschaftlichen Verhältnisse aufzuklären (KG VRS **123** 64); ebenso wenig ist es unter solchen Umständen gehalten, sich zu diesem Gesichtspunkt in den Urteilsgründen zu verhalten (aM wohl Kö DAR **13** 529 und dazu *König* DAR **14** 363). Damit ist aber nicht gesagt, dass den Betroffenen, der hinreichende Anknüpfungstatsachen vorträgt, die Beweislast für eine Existenzgefährdung trifft (Kar DAR **16** 91 mAnm *Kabus* und Bspr *König* DAR **16** 362). Macht der Betr. geltend, er sei wegen einer (Lungen-) Krankheit und dadurch bedingter häufiger Arztbesuche auf das Auto angewiesen, so bedarf es der Vernehmung des Arztes, ggf. auch eines Gutachtens und der Erwägung, ob nicht Fahrten von Angehörigen oder Freunden oder Taxifahrten zur nächsten Haltestelle des öffentlichen Nahverkehrs möglich sind (Ba ZfS **17** 233). Die vorstehenden Grundsätze gelten sinngemäß, wenn der Betroffene unzumutbare Härten gerade **wegen der Dauer** eines mehrmonatigen FV geltend macht (Ba DAR **06** 515; DAR **14** 332, Zw DAR **03** 531). Bei besonderer Sanktionsempfindlichkeit kann es trotz zweier Voreintragungen gerechtfertigt sein, das Regelfahrverbot abzukür-

zen bei gleichzeitiger Erhöhung der Regelgeldbuße (Ba NZV **07** 213). Wird vom FV in einem Grenzfall abgesehen, so kann die Geldbuße nicht nur „maßvoll", sondern „empfindlich" zu erhöhen sein (Ha NZV **07** 100).

Zur **Kompensation rechtsstaatswidriger Verfahrensverzögerung** § 24 Rn. 57a. **26a**

5. Dauer. Anrechnung vorläufiger Entziehung. Verfahren. Das FV dauert *einen Monat* **27** *bis zu drei Monaten,* innerhalb dieses Rahmens Tage oder Wochen. Bei erstmaliger Anordnung wegen beharrlicher Pflichtverletzung beträgt es idR 1 Monat (§ 4 II S. 1 BKatV), auch wenn es im konkreten Fall nicht auf § 4 II S. 1 BKatV gestützt werden kann (Dü NZV **98** 38), ebenso, wenn ein früheres FV schon lange zurückliegt (Bay DAR **99** 221 (über 3 Jahre, Tat mehr als 4 Jahre)). Bemessung auf 3 Monate ist jedenfalls dann zu begründen, wenn nicht schon die Schwere des Verstoßes dafür spricht (Ol DAR **77** 137, Kar VRS **53** 54). Bei Regelfällen von Verstößen, bei denen die BKatV ein FV indiziert, sowie bei Zuwiderhandlungen gegen § 24a StVG *sind die Sätze der BKatV zu beachten.* Auch insoweit ist jedoch zu prüfen, ob nicht der Einzelfall eine geringere FVDauer rechtfertigt (Rn. 26 aE), wobei natürlich das gesetzliche Mindestmaß (1 Monat) nicht unterschritten werden darf (Dü DAR **11** 149 m Bspr *König/Seitz* DAR **11** 364; Bay DAR **19** 628). Ein „Abschlag" wegen rechtsstaatswidriger Verfahrensverzögerung (§ 24 Rn. 57a), der *im Rahmen der Vollstreckung* (zust. Bay DAR **19** 628; verkannt von *Fromm* DAR **11** 411) zu einer geringeren FV-Dauer als einem Monat führt, verletzt das Gesetz hingegen nicht. Eine Aufspaltung der Vollstreckung in zweimal 2 Wochen scheidet aus (Bay DAR **19** 628). Die Einstufung von Regelfällen als „objektive Bedingungen der Rechtsfolgenbemessung" (so KG DAR **07** 395) ist nicht haltbar (*König* DAR **07** 396). Geringere FVDauer bei lange zurückliegender Tat: Rn. 24. Bei erstmaliger Verhängung eines nach der BKatV indizierten FV wegen groben Verstoßes ist die Dauer, wenn nicht erschwerende Umstände die Grenzen eines Regelfalls überschreiten, entsprechend der Vorgabe durch die BKatV auf die dort vorgesehene Frist zu bemessen (Ha NZV **01** 178, Dü NZV **98** 384; zur Geltendmachung entlastender Umstände hinsichtlich einer Unterschreitung der Regeldauer Ba DAR **06** 515). Auch ein wiederholtes FV ist nicht regelmäßig auf mehr als 1 Monat zu bemessen, der zeitliche Abstand ist von Bedeutung (Bay DAR **00** 39). Erfüllt ein Verhalten mehrere indizierende Tatbestände der BKatV, so sind die Verbotsfristen nicht ohne Weiteres zu addieren (Stu NZV **96** 159, Ha NJW **07** 2198; Brn NZV **11** 358; KG DAR **15** 274). Eine pauschale Verdoppelung der FVDauer bei vorsätzlichem Verhalten ist unzulässig (Ko VD **10** 140). **Überschreiten der Regeldauer** des FV gem. BKatV, setzt Nichterreichbarkeit der Erziehungs- und Warnzwecke ohne Verlängerung voraus (Bay NZV **94** 487, ZfS **95** 152, KG VM **02** 42, VRS **98** 290, **103** 223, Ha NZV **01** 178). Zunächst ist Erhöhung der Buße in Erwägung zu ziehen (Bay ZfS **95** 152). Das Fehlen nennenswerter beruflicher, wirtschaftlicher oder sonstiger Nachteile als Folge des FV im Einzelfall rechtfertigt allein keine Verlängerung der in der BKatV vorgesehenen Dauer (Bay NZV **94** 487). Nur knapp unter 1,1‰ liegende BAK begründet allein nicht die Annahme, es liege kein Regelfall mehr vor (Kö NZV **89** 404). **Bei TM stets nur einheitliches FV** (eingehend BGH NJW **16** 1188 (gegen Vorlegungsbeschluss Ha DAR **15** 535 m krit Anm *Zopfs*); Bay VM **76** 57, Brn VRS **106** 212, Stu NZV **96** 159, ZfS **97** 277, Dü DAR **98** 113, NZV **98** 512; Ha NZV **10** 159 mAnm *Sandherr*), auch bei TM von OW und Straftat (Ce NZV **93** 157). Sind für mehrere der abgeurteilten Zuwiderhandlungen im BKat Regel-FVDauern festgesetzt, so muss für die Bemessung an das höchste verwirkte Maß angeknüpft werden (Brn DAR **13** 391). Ist die FE vorläufig entzogen (§ 111a StPO) oder der FS beschlagnahmt (§ 94 StPO), amtlich verwahrt oder sichergestellt, so sind solche Zeiten auf das FV **anzurechnen,** weil sie Verbotswirkung gehabt haben (VI). Bei entsprechender Dauer der Verwahrung kann das dazu führen, dass das FV als vollstreckt gilt. Gleichwohl muss das FV angeordnet werden (str; s. § 44 StGB Rn. 8a). Muss vorläufige EdF (§ 111a StPO) auf ein FV angerechnet werden, so betrifft dies lediglich die Vollstreckung (Dü DAR **70** 195). Anrechnung rechtskräftiger EdF analog VI nach Wiedereinsetzung in den vorigen Stand (Bay VRS **72** 278, zust *Berz* JR **87** 513). Nichtanrechnung oder teilweise Nichtanrechnung sieht VI als Kann-Bestimmung nur noch für den Fall vor, dass das Verhalten des Betroffenen nach der OW Anrechnung oder Vollanrechnung nicht rechtfertigt. Das kann nur bedeuten, dass die Denkzettelwirkung des FV nicht eingetreten ist. Anordnung der Nichtanrechnung (V) muss im Urteilstenor stehen (Dü DAR **70** 195).

Bei mehreren FV aus *verschiedenen* Verfahren (zur TM in einem Verfahren vorstehende Rn.) **28** laufen die Verbotsfristen nach IIb (jeweils in voller Höhe) *nacheinander* (dazu Begr Rn. 10). Der vormals herrschenden gegenteiligen Meinung (44. Aufl) ist damit erfreulicherweise die Basis entzogen. Auch wenn FV nach § 25 StVG mit solchen nach § 44 StGB zusammentreffen, werden die jeweiligen FVFristen nacheinander (und nicht nebeneinander) berechnet (vgl. § 44 IV S. 1 StGB). Die Reihenfolge der in die Berechnung einzustellenden FV ergibt sich aus IIb S. 2 und 3 (§ 44 III S. 2 und 3 StGB).

29   War ein FV weder im Bußgeldbescheid verhängt noch später angedroht, so ist nach nunmehr ausdrücklicher Anordnung in § 265 II Nr. 1 StPO ein **Hinweis in der HV** geboten (so schon zum alten Recht BGH NJW **80** 2479, Bay VRS **98** 33, weitere Nw 44. Aufl.; s. auch § 44 StGB Rn. 19). Wegen der Wechselbeziehung zwischen Geldbuße und FV (Rn. 13) kann das **Rechtsmittel** regelmäßig nicht auf das FV oder dessen Nichtanordnung beschränkt werden (BGH DAR **71** 54, Bay DAR **03** 233, Jn VRS **109** 50, Kar NZV **05** 54, NJW **03** 3719, Kö VRS **101** 218, Ha VRS **101** 448, Fra NStZ-RR **01** 214, Ro VRS **101** 380), anders nur bei völliger Unabhängigkeit (Bay VRS **72** 278, Ko NZV **96** 373 (Absehen vom „Regel"-FV nach § 4 BKatV), Ce NJW **69** 1187). Wird geltend gemacht, die dem FV zugrunde liegende Zuwiderhandlung sei nicht als grober Verstoß iS von § 25 I zu würdigen oder bilde keinen Regelfall iS der BKatV, so ist auch der Schuldspruch mit angefochten. Beschränkung auf die unterbliebene Entscheidung gem. II a: Rn. 30. Auch Beschränkung auf den Rechtsfolgenausspruch scheidet aus, wenn den Feststellungen zur Schuld nicht eindeutig entnommen werden kann, dass ein grober Verstoß (Rn. 14) gegeben ist (Kö VRS **102** 212). **Keine Schlechterstellung,** wenn das FV wegfällt, Geldbuße dafür aber (ohne Überschreitung des Bußgeldrahmens; Stu VRS **70** 288, Kar DAR **90** 148) erhöht wird (BGH NJW **71** 105, VRS **44** 54, Bay VRS **44** 310, Bra NZV **98** 420, Ko DAR **83** 27, Stu DAR **85** 86, Dü VRS **68** 282, Kar ZfS **92** 33), weil die Geldbuße nach der gesetzlichen Rangfolge milder ist (aA *Peters* JR **71** 251), jedoch keine Erhöhung der Geldbuße, wenn das FV wegen Zeitablaufs (Rn. 24) nicht mehr zu verhängen wäre (Ha NZV **07** 635). Ebenso grundsätzlich bei Herabsetzung der Verbotsfrist (Bay ZfS **95** 152). Die Gesamtschau kann ergeben, dass die Aufhebung der Bestimmung gem. II a über den Eintritt der Wirksamkeit („Viermonatsfrist") im Einzelfall bei gleichzeitiger Verkürzung der Verbotsfrist keine Schlechterstellung bedeutet (KG VRS **98** 290), desgleichen wohl, wenn die Verbotsfrist verkürzt, aber nunmehr ein unbeschränktes FV verhängt und zugleich die zuvor nicht berücksichtigte Privilegierung des II a S. 1 gewährt wird (Jn VRS **113** 351). *Erstmalige* Anordnung des FV bei zugunsten des Betroffenen erhobener Rechtsbeschwerde verstößt auch bei Ermäßigung der Geldbuße gegen das Verschlechterungsverbot (Kar NZV **93** 450, Ha NZV **07** 635; Ba DAR **15** 271).

30   **6. Wirksamkeit. Fristberechnung.** Das FV wird grds. **mit der Rechtskraft** der Bußgeldentscheidung wirksam (II). Gegenüber den nach § 44 StGB zu FV Verurteilten sind jedoch Betroffene, gegen die in den 2 Jahren vor Begehung der OW und auch bis zur Bußgeldentscheidung kein FV angeordnet worden ist, dadurch privilegiert, dass sie den Beginn der Wirksamkeit der Nebenfolge nach Maßgabe von II a **innerhalb der ersten 4 Monate** selbst bestimmen können (*Albrecht* NZV **98** 131, *Hentschel* DAR **98** 138). Es schaden sowohl FV nach § 25 StVG als auch solche nach § 44 StGB (Bay NZV **99** 50; schwerlich überzeugend *Krumm* SVR **10** 316, wonach für FV nach § 44 StGB, bei denen erzieherische Gründe keine oder nur eine untergeordnete Rolle gespielt haben (?), eine Ausnahme gelten soll). Zu problematischen Bestrebungen der Verteidigung nach „Wunschterminen" durch zögerliche Terminierung zutr *Greiner* NZV **19** 175. Nur FV, nicht auch EdF, innerhalb der Frist des II a schließt die Privilegierung aus (Ha NZV **01** 440, Kar NZV **05** 211 (EdF durch VB), Dr DAR **99** 222 (entgegen Dr kein Reaktionsversehen, *Hentschel* DAR **98** 137, *Bönke* NZV **99** 433; wie Dr aber *Deutscher* NZV **00** 110)). Für die **Berechnung der Zwei-Jahresfrist** ist nicht der Zeitpunkt der früheren, ein FV anordnenden Entscheidung, sondern deren Rechtskraft entscheidend (Bay NZV **99** 50, *Albrecht* NZV **99** 177, *Schäpe* DAR **99** 372). Das folgt insbes. aus dem Zweck der Ausnahmeregelung, die diejenigen davon ausschließen will, die sich die früher schon einmal angeordnete Nebenfolge innerhalb der folgenden 2 Jahre nicht haben zur Warnung dienen lassen; nur eine rechtskräftige Ahndung kann aber diesen Warneffekt entfalten (BGH NJW **00** 2685, aM Kar VRS **96** 138, *Deutscher* NZV **99** 115, 189). Tilgungsreife Vorahndungen (§ 29 Rn. 20 ff.) dürfen nicht berücksichtigt werden (Dr DAR **06** 161, Ce VD **13** 253). In einschlägigen Fällen bestimmt die VB oder das Gericht im Tenor der Entscheidung (Hb DAR **99** 226), dass das FV erst mit der Inverwahrunggabe der FS nach einer best. Zeit, spätestens aber nach Eintritt der Rechtskraft wirksam wird. Nur die **Inverwahrungnahme mit Willen des Betroffenen** führt nach IIa zum Wirksamwerden des FV, nicht die Abgabe durch einen Dritten ohne seine Kenntnis, wie ohne Weiteres aus dem Zweck des IIa (Rn. 5) folgt (abw wohl Ha NZV **01** 224). IIa *ist* **zwingend**, kein Ermessen des Gerichts (Kar NZV **05** 211, Dü DAR **01** 39, NZV **99** 139, Jn VRS **113** 351; Ha NZV **09** 519). Hat der Betr. keinen FS, kann er die Wirksamkeit nicht herbei-

führen; mangels möglicher Inverwahrnahme des FS, auf die IIa S. 1 ausdrücklich abstellt, ist die Vorschrift in diesem Fall nicht anwendbar (*König* DAR **20** 362; s. den Fall von AG Dortmund SVR **20** 68 (*Steinert*)). Ist das FV wegen Beschlagnahme schon erledigt, so erübrigt sich die Schonfristanordnung (KG ZfS **19** 53). Werden **weitere FV verhängt**, so sind die FV nacheinander zu vollstrecken (IIb, Rn. 28). Dem zur vormaligen Fassung bestehenden Meinungsstreit (44. Aufl m zahlreichen Nw) ist mit dieser (Neu-)Regelung der Boden entzogen. Soweit nach Bestimmung der Frist über das Wirksamwerden des FV gem. IIa eintretende **rechtliche oder tatsächliche Hindernisse** einer FSAbgabe entgegenstehen, hat dies auf das Wirksamwerden des FV und den Fristbeginn nach Maßgabe der getroffenen Bestimmung keinen Einfluss. Befindet sich der FS im Zeitpunkt der Rechtskraft des FV auf Grund EdF **bereits in amtlicher Verwahrung,** kann der Betroffene seine Option nach IIa dadurch ausüben, dass er die Vollstreckungsbehörde von diesem Umstand und von dem von ihm bestimmten Zeitpunkt für das Wirksamwerden in Kenntnis setzt (Kar NZV **05** 211; s. auch AG Fra NZV **15** 513; AG Homburg NZV **15** 514). Ist die Bestimmung nach IIa S. 1 in der Entscheidung unterblieben, so bleibt es bei der Regelung des II; jedoch ist Korrektur im Wege des Einspruchs bzw. der Rechtsbeschwerde möglich (*Katholnigg* NJW **98** 572, *Hentschel* DAR **98** 138), die auf die unterbliebene Entscheidung nach IIa beschränkt werden kann (Dü VRS **96** 68; Jn VRS **111** 152; Ce DAR **16** 471). Hingegen Unzulässigkeit einer Rechtsbeschwerde der StA nach § 79 I S. 1 Nr. 2, 3 OWiG mit dem Ziel des Wegfalls der Anordnung (Ce DAR **16** 471). Auf **Inhaber ausländischer FS,** die nicht amtlich verwahrt werden, sondern einen Vermerk erhalten (III S. 1), ist IIa für sie nicht unmittelbar anwendbar. Zur Vermeidung einer Schlechterstellung soll der Anwendungsbereich des IIa in der Weise eröffnet werden können, dass die Eintragung eines Vermerks der Inverwahrgabe gleichsteht (Ha DAR **06** 697, *Albrecht* NZV **98** 133). Das dürfte jedoch letztlich kein gangbarer Weg sein, weil die auf den ersten Blick für den Betroffenen vorteilhafte (analoge?) Anwendung des IIa entgegen dem eindeutigen Gesetzeswortlaut die Wirksamkeit des FV herbeiführt und damit die Strafbarkeit (§ 21) eines Verstoßes gegen dieses bewirkt (vgl. Mü DAR **19** 161 m Bspr *König* DAR **19** 365 f.).

Die Verbotsfrist eines wirksam gewordenen FV beginnt zu laufen **a)** mit Ablieferung des FS **31** (nicht einer Kopie, Mü DAR **19** 161 m Bspr *König* DAR **19** 365 f.) in amtliche Verwahrung oder der Eintragung eines Vermerks in einen ausländischen FS (V S. 1), **b)** mit Rechtskraft der Entscheidung, wenn der Betroffene keine FE hat (BT-Drs. IV/651 S. 14 f.), **c)** bei EdF zur Vollstreckung des FV mit Rechtskraft bzw. Bekanntgabe der Entscheidung über die EdF, weil dann die gleiche Lage eintritt wie unter b) (LK-*König* § 44 Rn. 64, s. aber *Bouska* VD **78** 101 (mit Ablieferung des FS, § 69 III S. 2 StGB, § 3 II S. 3 StVG), hierzu auch *Hillebrand* VD **77** 321, *Danner* VD **78** 23, *Hentschel* DAR **88** 156), **d)** bei vorläufiger EdF in anderer Sache oder Anordnung der sofortigen Vollziehung verwaltungsbehördlicher EdF mit Eintritt von deren Wirkungen, weil die Rechtslage bezüglich dieser Wirkungen denen einer rechtskräftigen EdF entspricht und diese Maßnahmen weder Straf- noch Nebenfolgecharakter haben (aM *Martzloff* DÖV **85** 233), **e)** bei Verlust des FS oder anderer Unmöglichkeit der Herausgabe des FS mit Eingang der Verlustanzeige bei Gericht oder VollstreckungsB (Kö NStZ-RR **16** 153; Kar v. 12.3.08, 1 Ss 39/07, BeckRS **08** 14238, LG Essen DAR **06** 106, LK-*Geppert* § 44 Rn. 65a; aM LG Hb DAR **03** 327, AG Neunkirchen ZfS **05** 208, AG Viechtach NStZ-RR **06** 352, *Hentschel* DAR **88** 156, *Schäpe* DAR **98** 13 (bei Verlust des FS vor Wirksamwerden des FV mit dessen Rechtskraft, bei späterem Verlust mit dem Tag des Verlusts), Dü NZV **99** 521, AG Br NZV **11** 151 (mit Abgabe eidesstattlicher Versicherung entsprechend Abs. 4)). Wird der FS gar nicht abgegeben und eine angeordnete Beschlagnahme nicht vollzogen, so bleibt das FV nach OVG Hb VRS **112** 68, 79 (Nichtzulassungsbeschwerde verworfen durch BVerwG v. 27.3.2007, 6 B 108/06) bestehen, ohne dass die Vorschriften über die Vollstreckungsverjährung eingreifen würden; demnach Strafbarkeit nach § 21 StVG möglich (dort Rn. 9). **Zuständig für die Verwahrung** ist nach § 59a I StVollStrO die Staatsanwaltschaft bzw. der Jugendrichter als Vollstreckungsbehörde. Jedoch wird die Zeit der Verwahrung etwa bei einer Polizeidienststelle oder der FEB, bei Bundeswehr-FS auch beim Dienstvorgesetzten in die Verbotsfrist eingerechnet (§ 59a V S. 3, 4 StVollStrO; BeckOK StVollStrO/*Zeitler* § 59a Rn. 22). Wird der FS bei einer (nicht in § 59a V S. 3, 4 StVollStrO genannten) **unzuständigen Behörde** in Verwahrung gegeben, so könnten Praktikabilitätserwägungen dafür sprechen, den Fristbeginn ausreichen zu lassen (vgl. Empfehlung des VGT **97** 11, *Zank* VGT **97** 247, *Schäpe* DAR **98** 14, abw im Hinblick auf IIa *Albrecht* NZV **98** 134). Gibt der Betroffene den FS freiwillig vor Eintritt der Rechtskraft ab, so ist keine Anrechnung möglich (*Stankewitz* SVR **15** 812 mwN); Gnadenentscheidungen bleiben unberührt. Zur Anrechnung vorläufiger Maßnahmen: Abs. 6 (Rn. 27). Solange eine Verbotsfrist noch läuft, darf auch bei Wiedererteilung der FE der FS nicht ausgehändigt werden (*Bouska* VD **78** 99). Anstaltsverwahrung des Betroffenen auf behördliche Anordnung einschließlich Strafvollstreckung rechnet nicht mit (V S. 2); sie würde die Wirkung des FV durchkreuzen (§ 44 StGB Rn. 17). Zum Fall des VII (Aufschub der Rückgabe des amtlich verwahrten FS) § 111a StPO Rn. 14. Für die Berechnung des **Endes der Verbotsfrist** gelten die § 59a V, § 37 IV S. 2 StVollStrO sinngemäß (*Göhler/Seitz/Bauer* § 90 Rn. 31), was für gerichtliche Bußgeldentscheidungen unmittelbar aus § 91 OWiG folgt (*Göhler/Seitz/Bauer* § 91 Rn. 1). Danach ist der Monat nicht zu 30 Tagen, sondern nach der Kalenderzeit zu berechnen, die Monatsfrist also bis zu dem Tag, der durch seine Zahl dem Anfangstag entspricht.

32   **7. Vollstreckung.** Der FS ist so lange amtlich zu verwahren, wie das Verbot dauert. Erforderlichenfalls ist er zu beschlagnahmen (II). Bei gerichtlicher Verhängung des FV umfasst die Beschlagnahmeanordnung der Vollstreckungsbehörde zugleich die Anordnung einer **Wohnungsdurchsuchung** beim FSInhaber (LG Berlin NZV **06** 385, LG Lüneburg NZV **11** 153; *Göhler/Seitz/Bauer* § 91 Rn. 7, *Meyer-Goßner/Schmitt* § 463b Rn. 1, str, s. *Hentschel* NZV **96** 506, *Waechter* NZV **99** 273); diese verstößt nicht grundsätzlich gegen Art 13 GG *(Schmidt-Bleibtreu/Klein/Hofmann* Art 13 Rn. 11). Bei Anordnung der Nebenfolge durch Bußgeldbescheid bedarf eine Wohnungsdurchsuchung eines besonderen gerichtlichen Beschlusses; rechtliche Grundlage ist der gesetzliche Beschlagnahmebefehl des II S. 4 (LG Berlin NZV **06** 385, LG Limburg BA **04** 546 (zust *Bräutigam*), *Göhler* NZV **96** 508, *Hentschel* NZV **96** 508, *Janiszewski* NStZ **97** 269, *Waechter* NZV **99** 273, *Deutscher* NZV **00** 111, aM – Durchsuchung schlechthin unzulässig – AG Berlin-Tiergarten NZV **96** 506, AG Leipzig DAR **99** 134, AG Kar VRS **97** 377). Vom Verurteilten abzugeben sind sämtliche von einer deutschen Behörde ausgestellten nationalen und internationalen FS, wie II S. 2 nunmehr ausdrücklich klarstellt. Die (Mofa-) Prüfbescheinigung gem. § 5 FeV ist kein FS iS des II S. 2 (Bay NZV **93** 199, *Berr* DAR **83** 147, *Laube* PVT **13** 117; aM wohl *Kerkmann* SVR **18** 48, 50 und womöglich Dü DAR **17** 92 (nicht tragend)). **Ausländische FS** werden nur dann amtlich verwahrt, wenn sie von einer Behörde eines EU- oder EWR-Mitgliedstaates ausgestellt sind und wenn der Inhaber eines solchen FS seinen ordentlichen Wohnsitz (§ 2 Rn. 3) im Inland hat (II S. 3). In allen anderen Fällen dürfen ausländische FS, um im Ausland benutzbar zu bleiben, nicht amtlich verwahrt werden. Jedoch dürfen sie zwecks Eintragung des FV beschlagnahmt werden (III). Alsbald nach der Eintragung sind sie zurückzugeben. Nach Maßgabe des Übereinkommens der **EU-Mitgliedstaaten** v. 17.6.98 (ABl EG C 216/1 mit erl. Bericht v. 24.6.99, ABl EG 211 C 211/1) soll nach Ratifizierung durch die Vertragsstaaten in Zukunft auch die Vollstreckung von FV durch VB und Gerichte auf Grund von VZuwiderhandlungen durch Betroffene mit ausländischer FE in deren ausländischem Wohnsitzstaat möglich sein (dazu *Neidhard* DAR **99** 238, NZV **00** 240, *Brenner* DVBl **99** 877, *Berz* NZV **00** 145, *Bönke* BA **00** 40). Beschränkt sich das FV **auf bestimmte Arten von Kfz**, ist für seine Dauer ein ErsatzFS für die nicht betroffene Art zu erteilen. Nach Verbotsablauf ist er zurückzugeben und der FS wieder auszuhändigen. Zur **Vollstreckung mehrerer FV:** Rn. 28.

33   **8. Belehrung** über den Zeitpunkt, in dem das FV wirksam wird und über den Fristbeginn (Rn. 28, 30, 31) bei Zustellung der Bußgeldentscheidung oder nach deren mündlicher Verkündung ist nötig (VIII), s. auch § 268c StPO. Die Belehrung soll die Tragweite des FV klarstellen (Ce VRS **54** 128). Sie tritt zur Belehrung nach § 66 OWiG hinzu. Fehlende, unrichtige oder unvollständige Belehrung kann zur Folge haben, dass der Verurteilte in Bezug auf § 21 StVG nicht vorsätzlich handelt (Bay VRS **62** 460, s. auch Bay NStZ-RR **00** 122, LK-*König* § 44 StGB Rn. 59).

34   **9. Strafbarkeit** bei Missachtung des FV: § 21 StVG, s. aber Rn. 33.

Kostentragungspflicht des Halters eines Kraftfahrzeugs

25 a (1) ¹**Kann in einem Bußgeldverfahren wegen eines Halt- oder Parkverstoßes der Führer des Kraftfahrzeugs, der den Verstoß begangen hat, nicht vor Eintritt der Verfolgungsverjährung ermittelt werden oder würde seine Ermittlung einen unangemessenen Aufwand erfordern, so werden dem Halter des Kraftfahrzeugs oder seinem Beauftragten die Kosten des Verfahrens auferlegt; er hat dann auch seine Auslagen zu tragen.** ²**Von einer Entscheidung nach Satz 1 wird abgesehen, wenn es unbillig wäre, den Halter des Kraftfahrzeugs oder seinen Beauftragten mit den Kosten zu belasten.**

(2) **Die Kostenentscheidung ergeht mit der Entscheidung, die das Verfahren abschließt; vor der Entscheidung ist derjenige zu hören, dem die Kosten auferlegt werden sollen.**

(3) ¹**Gegen die Kostenentscheidung der Verwaltungsbehörde und der Staatsanwaltschaft kann innerhalb von zwei Wochen nach Zustellung gerichtliche Entscheidung beantragt werden.** ²**§ 62 Abs. 2 des Gesetzes über Ordnungswidrigkeiten gilt entsprechend; für die Kostenentscheidung der Staatsanwaltschaft gelten auch § 50 Abs. 2 und § 52 des Gesetzes über Ordnungswidrigkeiten entsprechend.** ³**Die Kostenentscheidung des Gerichts ist nicht anfechtbar.**

1. Begr. S. BR-Drs. 371/82 S. 37 ff. **1**

2. Die seit dem 1.4.87 geltende Bestimmung bringt eine Teillösung des Problems der sog **2** **Kennzeichenanzeigen** für den Bereich des ruhenden V (dazu **E** 96a). Sie will zur Vermeidung von Ungerechtigkeiten beitragen, die nach bisherigem Recht dadurch entstanden sind, dass die Ermittlung des FzF bei Kennzeichenanzeigen weitgehend von der Einlassung des Halters abhängt mit der Folge häufiger Einstellungen und Freisprüche unter Auferlegung der Verfahrenskosten und Auslagen des Betroffenen einschließlich seiner Anwaltskosten auf die Staatskasse. Der Kostentragungspflicht des Halters nach § 25a liegt das Veranlassungsprinzip zugrunde. Sie ist grundgesetzkonform (BVerfG NJW **89** 2679). Da es sich nicht um eine Sanktion mit strafähnlichem Charakter handelt, sondern um eine Kostenregelung, wird weder das Schweigerecht des Betroffenen noch das Schuldprinzip berührt (BVerfG NJW **89** 2679, **96** 1273, VerfGH Berlin JR **06** 60, VerfGH Mü DAR **10** 638; *Jahn* JuS **90** 542, aM *Mürbe* DAR **87** 71). Zur anhaltenden Diskussion betreffend die Halterhaftung für Verstöße im fließenden V s. die Nw in **E** 96a. Die Vorschrift ist kein SchutzG iSv § 823 II BGB (LG Hb NJW **06** 1601).

3. Voraussetzungen der Kostentragungspflicht. Der äußere Tatbestand eines Halt- oder **3** Parkverstoßes muss festgestellt sein (Rn. 5), ohne dass der FzF bei angemessenem Aufwand vor Eintritt der Verfolgungsverjährung in einem Bußgeldverfahren ermittelt werden kann (Rn. 6 ff.).

a) Die Vorschrift betrifft nur **Bußgeldverfahren,** findet also zB keine Anwendung, wenn **4** verkehrswidriges Halten oder Parken einen Straftatbestand erfüllt (etwa § 240 StGB) und der FzF im Strafverfahren nicht ermittelt werden kann. Auch im Verwarnungsverfahren gilt § 25a nicht. Voraussetzung ist vielmehr die Einleitung eines Ermittlungsverfahrens mit dem Ziel bußgeldrechtlicher Ahndung (zB Übersendung eines Anhörungsbogens; *Göhler/Gürtler* vor § 109a Rn. 7, *Rediger* S. 15 f.). Gegen wen sich das Bußgeldverfahren richtet, ist für die Anwendung von § 25a gleichgültig (*Janiszewski* DAR **86** 259), sofern es einen mit dem Fz des Halters begangenen Halt- oder Parkverstoß betrifft.

b) Ein **Halt- oder Parkverstoß** muss objektiv festgestellt sein (*Göhler/Gürtler* vor § 109a **5** Rn. 7, *Rediger* S. 237 ff., AG Dü NZV **99** 142). Ist er festgestellt, so ist es nach Wortlaut und Zweck des § 25a gleichgültig, wer Anzeigenerstatter war (aM AG Dü NZV **99** 142 (abgelehnt bei privater Anzeige)). Halt- oder Parkverstöße sind nicht nur OW durch Zuwiderhandlung gegen §§ 12, 13 oder 18 VIII StVO bzw. gegen durch VZ angeordnete, die speziell Halt- und Parkvorgänge im StrV regeln oder verbieten, sondern darüber hinaus auch alle anderen VOW, die durch Halten oder Parken erfüllt werden, wie etwa solche gem. § 1 II StVO (*Janiszewski* DAR **86** 259, *Rediger* S. 19), Verkehrsverbote durch VZ, die auch den ruhenden V betreffen (zB Z 250 oder verbotenes Parken auf Radwegen, *Rediger* S. 21 ff., 26 ff.), oder § 17 IV StVO (Beleuchtung haltender Fz; *Göhler/Gürtler* vor § 109a Rn. 6, aM BHHJ/*Hühnermann* Rn. 2, *Rediger* S. 20, *Berr/H/Schäpe* 705). Auch das Verkehrsverbot in Umweltzonen (Z 270.1, Feinstaub) ist dem ruhenden V zuzuordnen, weswegen § 25a beim Halten und Parken in einer Umweltzone ohne Plakette anwendbar ist (näher § 41 Rn. 248g; Ha NZV **14** 52; Dü DAR **20** 468 mAnm *Brand*; AG Köln NZV **19** 651 (*Sandherr*); AG Hannover NZV **20** 373; s. auch VerfGH Bln DAR **14** 191 mAnm *Sandherr;* AG Tiergarten DAR **08** 409, *Albrecht* SVR **09** 81, 85; aM (zur früheren Rechtslage) hier 40.Aufl; AG Fra NJW **09** 3737, *Sandherr* DAR **08** 409). Verstöße gegen vergleichbare Vorschriften des Bundes- oder Landesrechts sind erfasst, sofern § 25a dort *ausdrücklich* für anwendbar erklärt ist (zB Art. 52 V BayNatSchG, § 24 II, III LWaldGBln), sonstige Halt- oder Parkverstöße landesrechtliche Bestimmungen oder Gemeindesatzungen betreffend das Abstellen von Fz außerhalb des öffentlichen VRaums hingegen nicht (AG Freiburg ZfS **87** 381, *Janiszewski* NStZ **88** 121, *Rediger* S. 31 f., NZV **95** 122). Denn das StVG betrifft, abgesehen von den Bestimmungen über die zivilrechtliche Haftung, grundsätzlich nur den *öffentlichen* StrV (§§ 1, 2, 3, 24) und § 25a steht erkennbar in Zusammenhang mit § 24. Unanwendbar ist die Vorschrift deshalb bei Verstößen gegen das Verbot des Parkens auf Privatgrundstücken nach § 12 BWLOWiG oder § 9 SächsOWiG (AG Freiburg ZfS **87,** 381) oder des Parkens auf Kundenparkplätzen der Deutschen Bahn nach §§ 62, 64 II Nr. 1 EBO (*Rediger* NZV **95** 121, aM AG

Fra/Hoechst ebd). Es muss sich um Halten oder Parken im Rechtssinn handeln; darunter fallen nur gewollte, nicht durch die VLage veranlasste Fahrtunterbrechungen (§ 12 StVO Rn. 19), nicht zB Zuwiderhandlungen gegen die Vorschrift über das Verhalten bei Liegenbleiben (§ 15 StVO), auch nicht Liegenbleiben auf der AB wegen Kraftstoffmangels (§ 18 StVO Rn. 25). Verstöße gegen § 12 V (Vorrang an Parklücken) betreffen nicht das Parken an sich, also nicht den ruhenden V als solchen, und sind daher keine „Parkverstöße" iS von I. Nicht von I erfasst werden ferner VOW, die *nur bei Gelegenheit* des Haltens oder Parkens begangen oder festgestellt wurden, zB mangelnde Sicherung eines Fz gegen unbefugte Benutzung, unnötiges Laufenlassen des Motors (LG Freiburg VRS **78** 300), Verstöße gegen die StVZO durch Inbetriebnehmen vorschriftswidriger Fz oder Verstöße durch Abstellen nicht betriebsbereiter Fz (zB § 32 StVO), weil diese nicht *parken*. Wohl mangels der Eigenschaft als Kfz (vgl. Gesetzeswortlaut) verneint AG Mü DAR **11** 600 (L) die Anwendbarkeit des § 25a auf das Abstellen (Parken) von Anhängern ohne Zugfahrzeug in einem Parkverbot (sehr zw.). Hingegen findet § 25a auch Anwendung, wenn der Halt- oder Parkverstoß in *TE mit einer anderen OW* steht (Göhler/*Gürtler* vor § 109a Rn. 6, BHHJ/*Hühnermann* Rn. 2, aM für den Fall, dass der Schwerpunkt des Vorwurfs die andere OW betrifft, LG Freiburg VRS **78** 300).

6   **c)** Weitere Voraussetzung für die Kostentragungspflicht des KfzHalters ist die **Nichtfeststellbarkeit des Fahrzeugführers** bei Begehung des Halt- oder Parkverstoßes trotz angemessenen Ermittlungsaufwands innerhalb der Verjährungsfrist. Diese Voraussetzung ist zunächst immer dann erfüllt, wenn es objektiv nicht möglich ist, den FzF zu ermitteln, ferner in den Fällen, in denen die Ermittlung zwar innerhalb der Verjährungsfrist möglich wäre, dies aber einen unangemessenen Aufwand erfordern würde. Das bedeutet, dass die VB nicht gezwungen ist, zu Art und Schwere des Verstoßes außer Verhältnis stehende umfangreiche Nachforschungen durchzuführen. Insoweit lehnt sich die in I ausdrücklich getroffene Regelung bewusst an die *Rspr.* zu § 31a StVZO zum Fahrtenbuch an (Begr BR-Drs. 371/82 S. 39). Bei einem mit offener Heckklappe im Haltverbot stehenden Fz ist die Behörde nicht verpflichtet, die Rückkehr des FzF abzuwarten (AG Bergisch Gladbach VRS **128** 140), gleichfalls nicht bei Weggehen nach einigen Minuten Warten und strömendem Regen (AG Bergisch Gladbach NZV **17** 137 mAnm *Sandherr*). Räumt der Betroffene seine Täterschaft ein, so scheidet § 25a aus (AG Viechtach DAR **05** 704).

7   **Zur Frage des unangemessenen Aufwands** gelten die Erläuterungen zu § 31a StVZO (dort Rn. 33 ff.) grundsätzlich sinngemäß. Allerdings steht die Zumutbarkeit des Aufwands auch in Bezug zur Schwere des Verstoßes und zu den Folgen für den Betroffenen. Bei der Frage, inwieweit die zu § 31a StVZO ergangene *Rspr.* auf § 25a übertragbar ist, muss immer berücksichtigt werden, dass die Kostenfolge nach Halt- oder Parkverstoß weit weniger einschneidend ist als die Fahrtenbuchauflage, die dementsprechend eine Verletzung von VVorschriften in nennenswertem Umfang voraussetzt (*Hentschel* DAR **89** 92, *Rogosch* NZV **89** 219). Soweit die Ermittlungen im Verhältnis zur Bedeutung des Verstoßes angemessen und Erfolg versprechend sind, muss die VB sie durchführen; andernfalls entfällt die Kostentragungspflicht des Halters. Dies gilt zB, wenn mögliche Feststellungen an Ort und Stelle unterblieben (*Rediger* S. 73, 78). Die Überbürdung der Kosten und Auslagen auf den Halter setzt dessen **rechtzeitige Befragung** voraus. Nach überwiegender Rspr hat diese *innerhalb von zwei Wochen* zu erfolgen (AG Minden DAR **88** 283, AG Bergisch Gladbach NZV **89** 366, AG Warendorf DAR **89** 392, AG Tiergarten NZV **17** 184 m krit Anm *Sandherr*; *Suhren* NZV **88** 54, *Berr* DAR **91** 36). Jedoch lässt sich ein Fristerfordernis dem Gesetz nicht entnehmen. AG Mü NZV **19** 697 (*Sandherr*) verlangt deshalb zutreffend, dass die Anhörung innerhalb eines Zeitraums zu erfolgen habe, in dem damit gerechnet werden könne, dass der Halter den Fahrer noch feststellen könne, was zB bei den jeweiligen FzF dokumentierenden Unternehmen wie gewerblichen Vermietern oder Gewerbebetrieben auch noch nach längerer Zeit (konkret 3 Wochen) möglich sei; bei Privatpersonen müsse der Zeitraum kürzer sein, wobei aber auch hier keine starren Fristen gälten (s. auch AG Minden DAR **90** 73, AG Homburg/Saar NZV **07** 159, *Rediger* S. 102; AG Bergisch Gladbach NZV **17** 137 mAnm *Sandherr* (Verzögerung wegen Auskunftssperre beim KBA); s. auch *Sandherr* NZV **07** 433, 436). Ferner erfüllt die VB ihre Pflicht schon dadurch, dass eine schriftliche Verwarnung am Fz angebracht wird, wenn der FzF, dem lediglich ein Halt- oder Parkverstoß vorzuwerfen ist, am Fz nicht angetroffen wird (BVerfG NJW **89** 2679, OVG Ko VRS **54** 380, AG Augsburg ZfS **88** 264, AG Detmold NZV **89** 367, AG Fra VM **90** 48, *Berr/H/Schäpe* 709, *Janiszewski* NStZ **88** 546, *Hentschel* DAR **89** 91, aM AG Würzburg VM **89** 87 (das allerdings in § 25a eine Vorschrift „am Rande der Rechtsstaatlichkeit" sieht), abl *Janiszewski* NStZ **90** 274, AG Bergisch Gladbach NZV **89** 366, abl *Janiszewski* NStZ **89** 568,

AG Zossen NZV **94** 451, AG Hohenstein-Ernstthal NZV **97** 453, AG Tiergarten ZfS **16** 412; *Rediger* S. 85 ff.). Die Tatsache, dass es ungewiss ist, ob die am Fz angebrachte schriftliche Verwarnung den Halter (oder Beauftragten) erreicht, steht dem nicht entgegen (*Sandherr* NZV **07** 433; abw *Rediger* S. 87), weil § 25a ausschließlich auf rechtzeitiges und ausreichendes Tätigwerden der VB abstellt, während es nicht darauf ankommt, ob der Halter die Nichtfeststellbarkeit des Fahrers zu vertreten hat. Die anschließende Versendung eines Anhörungsbogens braucht dann jedenfalls nicht innerhalb von 2 Wochen zu erfolgen bzw. erübrigt sich dann überhaupt (AG Fra VM **90** 48; *Janiszewski* NStZ **90** 274; *Kaufhold* VGT **87** 235). Reagiert der Halter auf rechtzeitige Übersendung eines Anhörbogens nicht, so sind von der VB weitere Ermittlungen idR nicht zu verlangen (hM, Göhler/*Gürtler* vor § 109a Rn. 9, AG Lörrach NZV **91** 285, *Suhren* NZV **88** 54), insbesondere nicht die Befragung des Halters als Zeuge (*Rediger* S. 122). Mit dem Einwand, den Anhörungsbogen nicht erhalten zu haben, kann der Halter nicht gehört werden (s. oben, *Rediger* S. 114 f.). Wurde keine schriftliche Verwarnung am Fz hinterlassen, die es dem Halter ermöglicht, der VB den Fahrer mitzuteilen, und erhält er auch keinen Anhörbogen, so kann es allerdings unbillig sein (I S. 2), ihn mit den Kosten zu belasten. Schweigt der Halter auf die schriftliche Verwarnung nicht, so hängt es vom Inhalt seiner Äußerung ab, ob und inwieweit der VB noch weitere Anfragen an ihn oder andere Nachforschungen zuzumuten sind (AG Lörrach NZV **91** 285, s. dazu AG Würzburg VM **88** 64 (zu strenge Anforderungen)). Am Erfordernis der Nichtfeststellbarkeit des Fahrers innerhalb der Verjährungsfrist kann es fehlen, wenn die Behörde auf Anfragen des auskunftsbereiten Halters nicht rechtzeitig reagiert (AG Heidelberg NZV **95** 332). Wird eine bestimmte, unschwer erreichbare Person als Fahrer benannt, sind entsprechende Ermittlungen idR nicht unangemessen und zunächst durchzuführen, sofern sie nicht von vornherein aussichtslos erscheinen oder zur Bedeutung des Verstoßes in keinem angemessenen Verhältnis stehen (AG Rudolstadt DAR **08** 24, Göhler/*Gürtler* vor § 109a Rn. 11). Benennt der Halter eine *im Ausland lebende Person* als Fahrer, so sind Ermittlungen, namentlich im Wege internationaler Rechtshilfe, idR unangemessen (BVerfG NJW **89** 2679, Göhler/*Gürtler* vor § 109a Rn. 11 mwN), sicher dann, wenn der Halter auf Nachfrage nicht reagiert (AG Kehl NZV **03** 150, NJW **02** 1966).

4. Vor Eintritt der Verfolgungsverjährung muss die Ermittlung des FzF ohne unangemes-   8
senen Aufwand nicht möglich gewesen sein. Das bedeutet *entgegen der wohl hM* (hier bis 39. Aufl., Göhler/*Gürtler* vor § 109a Rn. 13, *Rediger* S. 200) aber nicht, dass die Kostenfolge gesperrt ist, wenn das Ermittlungsverfahren gegen den Halter wegen Verjährung eingestellt wird (und ein solches gegen den FzF wegen Verjährung nicht eingeleitet werden darf); sofern der Eintritt der Verjährung gerade auf der Nichtermittelbarkeit des FzF beruht, treffen Wortlaut sowie Sinn und Zweck des § 25a auf diesen Fall gerade zu (AG Bergisch Gladbach NZV **17** 137 mAnm *Sandherr;* GVR *Sandherr* § 25a Rn. 10; *Sandherr* NZV **07** 433; s. auch VerfGH Bln DAR **14** 191 mAnm *Sandherr*). Auch auf der Grundlage der hM braucht die Verfahrenseinstellung wegen Nichtermittelbarkeit des Fahrers nicht bis kurz vor bzw. bis zum Eintritt der Verjährung hinsichtlich des Verstoßes hinausgeschoben zu werden, wenn der Halter auf den Anhörungsbogen nicht reagiert (Göhler/*Gürtler* vor § 109a Rn. 13, *Rediger* S. 200 ff., aM hier bis 38. Aufl.). Die Möglichkeit einer Feststellung des FzF **nach Eintritt der Verfolgungsverjährung** hat keinen Einfluss auf die Kostentragungspflicht nach I, weil dieser dann nicht mehr belangt werden kann. Benennt der Halter den Fahrer erst wenige Tage vor Verjährungseintritt, so wird die verbleibende Zeit oft nicht ausreichen, der VB die Nachprüfung zu ermöglichen; Unmöglichkeit der Ermittlung iS von I ist dann gegeben (AG Augsburg ZfS **88** 264 (4 Tage), Göhler/*Gürtler* vor § 109a Rn. 12, *Beck/Berr/Schäpe* 303, *Rediger* S. 165 (weniger als 2 Wochen)).

5. Zwingend vorgeschrieben ist die Kostentragungspflicht des Halters oder seines Beauftrag-   9
ten unter den Voraussetzungen des I. Für ein Ermessen der VB, der StA oder des Gerichts ist idR kein Raum. Hierdurch sollen uU erforderlich werdende zusätzliche aufwendige Auseinandersetzungen zur Frage rechtmäßiger Ermessensausübung vermieden werden (BR-Drs 371/82 S. 39). Nur **in Härtefällen** (bei Unbilligkeit, I S. 2) ist ausnahmsweise von der Auferlegung der Verfahrenskosten auf den Halter abzusehen. Das kann etwa dann der Fall sein, wenn es dem Halter trotz rechtzeitiger Befragung und zumutbarer Ermittlungen der VB (sonst fehlt es schon an den Voraussetzungen von S. 1) und bei zumutbarer Kontrolle über die Benutzung seines Fz nicht möglich ist, zur Aufklärung beizutragen (zB bei unverschuldeter Entwendung seines Fz), nicht dagegen schon bei FzBenutzung durch einen großen Personenkreis mit seiner Zustimmung (*Janiszewski* DAR **86** 258). Von Unbilligkeit kann auch bei Angabe des Namens und der Adresse einer im Ausland lebenden Person als Fahrer (Rn. 7) nicht ausgegangen werden, auch nicht bei einem international tätigen Mietwagenunternehmen (AG Kehl NJW **02** 1966). Unbillig ist die

Kostenauferlegung, wenn der FzF vom Halter rechtzeitig benannt wurde, sein diesbezügliches Schreiben jedoch ohne sein Verschulden nicht zu den Akten gelangt ist (AG Salzgitter ZfS **88** 189, *Rediger* S. 229), oder wenn die VB dem Halter eine Frist für die Benennung des FzF genannt hat, deren Ende nach Eintritt der Verjährung liegt und damit den Eindruck erweckt, er könne die Kostenfolge noch abwenden (AG Offenbach ZfS **89** 178). Wird wegen Unbilligkeit von einer Entscheidung nach I S. 1 abgesehen, so gilt auch I S. 1 Hs. 2 nicht, wonach der Halter seine notwendigen Auslagen selbst zu tragen hat; vielmehr gelten dann die allgemeinen Vorschriften (§ 46 OWiG, § 467 StPO, *Göhler/Gürtler* vor § 109a Rn. 22). § 25a trifft hinsichtlich der Auslagenerstattung eine **abschließende Regelung,** die Erstattungsansprüchen auf anderer Rechtsgrundlage entgegensteht (LG Dü NZV **02** 243, 418).

10   **6. Kostenschuldner** ist wie in § 31a II StVZO (Fahrtenbuch) der Halter oder sein Beauftragter. Der **Halterbegriff** ist derselbe wie in § 7 (dort Rn. 14 ff.; AG Osnabrück NZV **88** 196). Dass der Gesetzgeber dem Begriff hier eine andere Bedeutung hat zugrundelegen wollen, ist nicht erkennbar, zumal es auch ungerechtfertigt erschiene, jemanden hinsichtlich der Kosten haften zu lassen, der nicht tatsächlich über das Fz verfügt (*Göhler/Gürtler* vor § 109a Rn. 16, *Hentschel* DAR **89** 90, *Sandherr* NZV **07** 433, aM AG Mannheim NZV **88** 116 m abl Anm *Berz,* AG Essen DAR **89** 115). Jedoch dürfen VB, StA und Gericht so lange davon ausgehen, dass der als Halter Eingetragene tatsächlich Halter ist, bis dieser in substantiierte Form (*Sandherr* NZV **07** 433) das Gegenteil geltend macht (*Janiszewski* NStZ **89** 261, *Hentschel* DAR **89** 90, *Rediger* S. 44). Mit der Einbeziehung **des Beauftragten** werden die Fälle erfasst, in denen der Halter die Disposition über das Fz vollständig auf eine andere Person übertragen hat, so dass ihm die Möglichkeit fehlt, auf die Benutzung des Fz im Einzelnen Einfluss zu nehmen. Kostenschuldner ist dann *nur* der Beauftragte (*Rediger* S. 63, 65). Dies gilt zB bei *FirmenFz,* bei denen die Halterpflichten wirksam auf bestimmte Mitarbeiter übertragen wurden, sowie bei Miet- oder Leihverträgen, soweit diese nicht die Haltereigenschaft des Mieters oder Entleihers begründen (§ 7 StVG Rn. 16; *Rediger* S. 46 ff.). Sind in derartigen Fällen Mieter *und* Vermieter Halter, so trifft die Kostenfolge des I nach deren Sinn und Zweck für die Zeit des Vertragsverhältnisses nur den Mieter als denjenigen, der allein unmittelbar Einfluss auf das Fz ausübt.

11   **7.** Da sich das Bußgeldverfahren gem. I nicht gegen den Halter oder seinen Beauftragten richten muss (Rn. 4), treffen ihn auch die Kosten eines **gegen einen Dritten** gerichteten Bußgeldverfahrens, wenn dieses unter den übrigen Voraussetzungen des I zum Freispruch oder zur Einstellung führt. Das gilt zB in den Fällen, in denen der Dritte vom Halter als FzF benannt worden war. Die notwendigen Auslagen des Dritten sind dagegen in solchen Fällen nicht gem. § 25a vom Halter zu tragen; diese sind vielmehr (weil sie nicht zu den Verfahrenskosten gehören) zugleich mit dem Freispruch oder der Einstellung der Staatskasse aufzuerlegen (*Göhler/Gürtler* vor § 109a Rn. 21, *Rediger* S. 252).

12   **8. Die Anhörung** des Halters oder seines Beauftragten ist geboten, bevor ihm die Kosten und Auslagen auferlegt werden (entgegen II Hs. 2 einschr AG Winsen/Luhe NZV **94** 293, krit *Rediger*). Die Begr (BRDrucks 371/82 S 39) schlägt vor, zur Vermeidung zusätzlichen Verwaltungsaufwands entsprechende Hinweise schon in den Anhörungsbogen und ggf in den Bußgeldbescheid aufzunehmen (*Göhler/Gürtler* vor § 109a Rn. 26, *Berr/H/Schäpe* 717). Dies wird zT kritisiert, weil in einem frühen Stadium die für § 25a relevanten Tatsachen noch nicht vorliegen und dem Betroffenen dadurch zB nach Einspruchseinlegung ohne Angaben zur Sache die Möglichkeit genommen werden kann, den FzF vor Einstellung und Kostenauferlegung noch zu benennen oder Tatsachen darzulegen, die ein Absehen von der Kostenauferlegung aus Billigkeitsgründen (I S 2) rechtfertigen (AG Offenbach NZV **97** 412, *Suhren* NZV **88** 54, *Hentschel* DAR **89** 90, *Rediger* S 177 ff.). War der Betroffene nur im Anhörungsbogen auf die Kostentragungspflicht hingewiesen worden, so ist er jedenfalls in den Fällen hierzu nochmals zu hören, in denen die VB einen später ergangenen Bußgeldbescheid zurücknimmt (AG Delmenhorst NZV **88** 158). Gleiches gilt, wenn sich der Betroffene doch noch äußert (*Göhler/Gürtler* vor § 109a Rn. 26). Unterbliebene Anhörung ist insoweit unschädlich, als sie im gerichtlichen Verfahren (Rechtsbehelf Rn. 15) nachgeholt werden kann (AG Kö bei *Rediger* Fn 527, *Rediger* S 187; GVR–*Sandherr* Rn. 16; s auch VerfGH Bln DAR **14** 191 m Anm *Sandherr;* aM AG Gelnhausen NStZ-RR **14** 155).

13   **9. a)** Die **Kostenentscheidung** ergeht gem. II mit der das Verfahren abschließenden Entscheidung, wenn diese Entscheidung **aa)** eine **Einstellung** oder **bb)** ein **Freispruch** ist und **cc)** darauf beruht, dass der FzF ohne unangemessenen Ermittlungsaufwand (Rn. 6, 7) nicht festgestellt werden konnte. Einstellung aus anderen Gründen, zB gem. § 47 OWiG, führt daher ebenso wenig zur Kostentragungspflicht gem. § 25a wie ein Freispruch, der aus anderen Gründen als deswegen erfolgt, weil die FzF nicht feststellbar war oder nur mit unverhältnismäßigem Ermittlungsaufwand hätte festgestellt werden können (*Janiszewski* DAR **86** 260). Hingegen entfaltet die Einstellung wegen nach Unermittelbarkeit des FzF eingetretener Verjährung keine Sperrwirkung (Rn. 8). Die ausdrückliche Feststellung, dass der Halter seine **Auslagen** selbst zu tragen habe (I S. 1, Hs. 2) braucht in der Entscheidung nach § 25a nicht getroffen zu werden.

b) Eine selbstständige Kostenentscheidung sieht II nicht ausdrücklich vor. Die Entschei- **14** dung hat daher in aller Regel gleichzeitig mit der verfahrensabschließenden zu ergehen. Jedoch wird *in Ausnahmefällen,* etwa wenn rechtzeitige Anhörung dessen, dem die Kosten auferlegt werden sollen, vor der abschließenden Entscheidung nicht möglich ist, auch eine nachträgliche Kostenentscheidung zulässig sein (*Janiszewski* DAR **86** 260, s. auch BR-Drs. 371/82 S. 39). Andernfalls ist die entgegen II getroffene isolierte (nachträgliche) Kostenentscheidung unzulässig und auf rechtzeitig gestellten Antrag (III) aufzuheben (*Hentschel* DAR **89** 93, *Rediger* S. 209). Insoweit gelten dieselben Grundsätze wie bei unterbliebener Kosten- und Auslagenentscheidung im Strafverfahren (*Göhler/Gürtler* vor § 109a Rn. 23).

10. Rechtsbehelf. Soweit die Kostenentscheidung nach § 25a bei Einstellung des Verfahrens **15** durch die VB oder die StA ergeht, kann der von ihr betroffene Halter oder Beauftragte innerhalb von 2 Wochen ab Zustellung **gerichtliche Entscheidung** beantragen (III S. 2 iVm § 62 II OWiG). Danach ist für die Entscheidung das Gericht zuständig, das nach § 68 OWiG über einen Einspruch gegen einen wegen des Verstoßes ergangenen Bußgeldbescheid zu entscheiden hätte. Nach § 62 II S. 2 OWiG gelten für den Antrag auf gerichtliche Entscheidung i Ü die §§ 297 bis 300, 302, 306 bis 309 und 311a StPO entsprechend. Das Gericht, nicht die VB, entscheidet auch über die Zulässigkeit (Rechtzeitigkeit) des Antrags (AG Kö NZV **91** 46, *Rediger* S. 232 ff., aM *Göhler* DAR **89** 44). Es hat *alle* Voraussetzungen des § 25a zu prüfen, insbesondere auch die Haltereigenschaft und den Charakter der OW als „Halt- oder Parkverstoß" (*Rediger* S. 239). Erforderlich (und ausreichend) ist es, wenn dem Bußgeldvorgang zu entnehmen ist, woraus sich die Haltereigenschaft des Betroffenen zum Tatzeitpunkt ergibt (etwa KBA-Auskunft) und ferner, um welche Art von Verstoß es sich handelt; hierbei reicht Mitteilung einer Schlüssel-Nr. und Beifügung des Schlüssels aus. Lediglich bei substantiierten Einwendungen gegen die Haltereigenschaft können zusätzliche Erhebungen erforderlich sein (*Sandherr* NZV **07** 433). Bei Einwendungen gegen das Vorliegen einer OW genügt summarische Prüfung ohne Durchführung einer Beweisaufnahme (vgl. BayVerfGH DAR **10** 638); bei substantiierten Einwendungen des Halters, die nicht durch Auskünfte des Anzeigenden entkräftet werden können, ist der Bescheid allerdings aufzuheben (*Sandherr* NZV **07** 433). Nach Sächs. VerfGH v. 20.4.2010, Vf. 9-IV-10 (mAnm *Sandherr* SVR **10** 309) Verletzung des Grundrechts auf rechtliches Gehör, wenn sich die gerichtliche Entscheidung trotz substantiierter Einwendungen nicht mit der Frage befasst, ob das Fz im öffentlichen StrV gehalten hat. Nach VerfGH Bln NZV **11** 570 mAnm *Sandherr* Verstoß gegen den Grundsatz rechtlichen Gehörs, wenn das AG Vortrag mit der Begründung unberücksichtigt lässt, der Betroffene habe sich auf eine (nicht nachweisbar zugegangene) Anhörung nicht geäußert. Die gerichtliche Entscheidung ist ausreichend zu begründen (§ 46 OWiG, § 34 StPO, *Göhler/Gürtler* vor § 109a Rn. 29). Formularmäßig vorgefertigte Texte können genügen (BayVerfGH BayVBl **89** 654). Bei unzureichender Ermittlung der relevanten Tatsachen kann das Gericht die Sache unter Aufhebung der Kostenentscheidung an die VB zurückverweisen (*Göhler* DAR **89** 45, *Hentschel* DAR **89** 93, *Rediger* S. 242), zB, falls lediglich Kennzeichen und gängige Automarke angegeben und substantiierte Einlassungen des Halters vorhanden sind (*Sandherr* NZV **07** 433).

a) Belehren müssen VB und StA den Kostenschuldner über Frist und Form des Rechtsbe- **16** helfs gegen die Entscheidung nach I. Dies folgt für die VB aus § 50 II OWiG, für die StA aus § 25a III S. 2, Hs. 2 iVm § 50 II OWiG (dazu *Ro* NZV **94** 287).

b) Bei Versäumung der zweiwöchigen Frist des III S. 1 zur Stellung des Antrags auf gerichtli- **17** che Entscheidung kommt nach Maßgabe von § 52 OWiG **Wiedereinsetzung in den vorigen Stand** in Frage. Ist die Kostenentscheidung durch die StA ergangen, so findet § 52 OWiG nach III S. 2, Hs. 2 entsprechende Anwendung.

11. Kein Rechtsmittel ist zulässig **a)** gegen die durch das Gericht gem. § 25a getroffene **18** Entscheidung (III S. 3) und **b)** gegen die Entscheidung des Gerichts auf den nach III S. 1 eingelegten Rechtsbehelf (III S. 2 iVm § 62 II S. 2 OWiG; *Ro* NZV **94** 287).

19 **12. Kosten- und Auslagenentscheidung im Rechtsbehelfsverfahren:** § 25a III S. 2 StVG, § 62 II S. 2 OWiG, § 467 I, § 473 I S. 1 StPO (AG Hannover NRpfl **88** 143). Bei erfolgreichem Antrag sind die Kosten des Rechtsbehelfs und die dem Betroffenen durch die Einlegung entstandenen notwendigen Auslagen der kommunalen Gebietskörperschaft aufzuerlegen, deren VB den aufgehobenen Bescheid erlassen hat (AG Freiburg ZfS **87** 381, Göhler/*Gürtler* vor § 105 Rn. 56, -*Seitz* § 62 Rn. 32a). Die Festsetzung der Auslagen des Betroffenen erfolgt durch das Gericht (nicht durch die VB; LG Wuppertal NStZ **04** 224). § 109a OWiG betrifft nur Festsetzung einer Geldbuße bis 10 € durch Bußgeldbescheid und ist auf Fälle erfolgreichen Rechtsbehelfs gegen Kostenbescheide nach I über 10 € nicht entsprechend anzuwenden (LG Hb VRS **74** 60, AG Sa NZV **89** 125, AG Bergisch Gladbach NZV **90** 204, *Rediger* S. 247). **Gebühr** bei Entscheidung durch die VB: § 107 II OWiG, im Fall einer Entscheidung durch die StA oder das Gericht: KVGKG Nr. 4301, 4302. Zw, ob auch für den erfolglosen Antrag auf gerichtliche Entscheidung gem. III eine Gebühr zu erheben ist. Mangels Gebührentatbestand für erfolglose Anträge in Nr. 4301, 4302 fällt keine Gebühr an; als Kosten können nur Auslagen nach Nr. 9001 ff. KVGKG erhoben werden (Göhler/*Seitz*/*Bauer* § 62 Rn. 32). Daraus folgt: Wird das OW-Verfahren durch die VB abgeschlossen, so gilt § 107 II OWiG (Gebühr 20 €), bei Abschluss des Verfahrens durch die StA gilt KVGKG Nr. 4302 (Gebühr 20 €), bei Abschluss (Einstellung oder Freispruch) durch das Gericht gilt KVGKG Nr. 4301 (Gebühr 35 €); bei Antrag auf gerichtliche Entscheidung nach § 25a III entsteht keine zusätzliche Gebühr (i Erg ebenso AG Hannover NRpfl **88** 143, AG Würzburg NZV **97** 13). **Kostenansatz** bei Entscheidung durch die StA (auch nach Rechtsbehelf gem. III): § 19 Abs. 3 GKG.

20 **Literatur:** *Hentschel*, Die Kostentragungspflicht des Halters ..., DAR **89** 89. *Jahn*, Zur Verfassungsmäßigkeit der Kostenhaftung des KfzHalters ..., JuS **90** 540. *Janiszewski*, Zur Kosten-Halterhaftung nach sog Kennzeichenanzeigen ..., DAR **86** 256. *Kaufhold*, Die Kostentragungspflicht des Halters ..., VGT **87** 232. *Rediger*, Rechtliche Probleme der sog Halterhaftung nach § 25a StVG, Diss, Bochum 1993. *Rogosch*, Zum Verhältnis der Kostenvorschriften des § 25a StVG und des § 109a OWiG bei Kennzeichenanzeigen, NZV **89** 218. *Sandherr*, Einwendungen des Halters gegen den Kostenbescheid nach § 25a StVG, NZV **07** 433. *Ders.*, Die Versagung der Auslagenerstattung nach § 109a II OWiG, NZV **09** 327. *Suhren*, Neue Erkenntnisse zur „Halterhaftung" bei Parkverstößen?, NZV **88** 52.

Zuständige Verwaltungsbehörde; Verjährung

26 (1) ¹Bei Ordnungswidrigkeiten nach den §§ 23 bis 24a und 24c ist Verwaltungsbehörde im Sinne des § 36 Abs. 1 Nr. 1 des Gesetzes über Ordnungswidrigkeiten die Behörde oder Dienststelle der Polizei, die von der Landesregierung durch Rechtsverordnung näher bestimmt wird. ²Die Landesregierung kann die Ermächtigung auf die zuständige oberste Landesbehörde übertragen.

(2) Abweichend von Absatz 1 ist Verwaltungsbehörde im Sinne des § 36 Absatz 1 Nummer 1 des Gesetzes über Ordnungswidrigkeiten bei Ordnungswidrigkeiten nach den §§ 23 und 24 das Kraftfahrt-Bundesamt, soweit es für den Vollzug der bewehrten Vorschriften zuständig ist.

(3) Die Frist der Verfolgungsverjährung beträgt bei Ordnungswidrigkeiten nach § 24 drei Monate, solange wegen der Handlung weder ein Bußgeldbescheid ergangen noch öffentliche Klage erhoben ist, danach sechs Monate.

1 **1. Begr** zum ÄndG v. 7.7.86: BR-Drs. 371/82 S. 40.

2 **2. Zuständigkeit bei OW** nach § 24 StVG im StrV In Abweichung von der allgemeinen gesetzlichen Zuständigkeitsregelung (§ 36 OWiG) ist diejenige PolB oder -dienststelle zuständig, die die Landesregierung, oder bei übertragener Ermächtigung (I) die zuständige oberste LandesB durch RVO bestimmt. Die Ermächtigung des I S. 1 ist grundgesetzkonform, insbes. hinreichend bestimmt (BVerfGE **27** 18, 35). Bezweckt ist möglichst weitgehende Zentralisierung der Zuständigkeit bei entsprechend qualifizierten Behörden, die einheitlichen Weisungen zugänglich sind und bei denen Aufklärung und Ahndung in denselben Händen liegen, so dass einheitliche und rasche Erledigung gewährleistet ist, auch unter Verwendung moderner technischer Einrichtungen (BVerfGE **27** 18, 35; Hb VRS **74** 370). **Verfolgung von VOW** (iS von § 36 OWiG) setzt einen Anfangstatverdacht voraus und ist daher nicht dasselbe wie *Verkehrsüberwachung* (BVerfG NJW **09** 3293; Fra NZV **92** 248, NJW **92** 1400, *Albrecht* DAR **03** 540, *Melchers* VGT **89** 111, *Bick*/*Kiepe* NZV **90** 331; aM *Fredrich* DAR **92** 187, *Bernstein* NZV **99** 316, 321; zur pol VÜber-

wachung *D. Müller* NZV **17** 19). „**Behörde oder Dienststelle der Polizei**" iS der Ermächtigung von I S. 1 können auch die Ordnungsbehörden sein (*Pitschas/Aulehner* BayVBl **90** 419, *Albrecht* DAR **03** 540, *Bick/Kiepe* NZV **90** 331, *Waechter* NZV **97** 336), nicht aber zB die von der Pol organisatorisch getrennten Einwohnermeldeämter (KG VRS **72** 456, *Janiszewski* NStZ **87** 402). Soweit **Gemeinden** aufgrund spezieller landesrechtlicher Ermächtigungsnormen (*Albrecht* DAR **03** 540) VÜberwachung betreiben (Übersicht bei *Döhler* DAR **96** 37; *Albrecht* DAR **03** 539), darf dies aber jedenfalls nicht unter fiskalischen Aspekten geschehen (Stu NZV **90** 439, *Fra* NZV **92** 248, *Beck* AnwBl **92** 377, DAR **94** 483, *Steiner* DAR **96** 273), was zu einem Vertrauensverlust bei den VT in die Objektivität von Überwachungsmaßnahmen und zu einer Aushöhlung des Opportunitätsprinzips bei der Verfolgung von OW führen könnte (*Janker* DAR **91** 32, *Hornmann* DAR **99** 162, *Hentschel* NJW **96** 630, **98** 655). Zur Verkehrsüberwachung durch Gemeinden in Hessen *Fra* NStZ-RR **01** 120, *Joachim/Radtke* NZV **93** 94, *Beck* DAR **94** 483, *Friedrich* PVT **96** 49, *Hornmann* DAR **99** 158, in Brandenburg *Brn* DAR **96** 64, in B-W *Stu* NZV **90** 439 mAnm *Janker* DAR **91** 32 und *Standop* PVT **91** 164, *Kar* NJW **93** 1023. Die Überwachung der Einhaltung von VVorschriften wie zB der zulässigen Geschwindigkeit und die Verfolgung von Verstößen gehören zum Kern der originären Staatsaufgaben (s. aber *Waechter* NZV **97** 334) und sind daher nach Art. 33 IV GG grds. den Angehörigen des öffentlichen Dienstes vorbehalten (Bay NZV **97** 276 mAnm *Ludovisy* DAR **97** 208; Bay NZV **99** 258, *Fra* NJW **16** 3318 mAnm *Brenner;* NZV **16** 591; DAR **17** 386; *Steegmann* NJW **97** 2157, s. aber sogleich), zu denen die Angestellten eines Landkreises gehören (OI NZV **10** 163). Ob eine sachliche Zuständigkeit **kommunaler Zweckverbände** für die Verfolgung von VOW besteht, hat Bay DAR **04** 709 zunächst offengelassen, weil ein von einem solchen Verband erlassener Bußgeldbescheid jedenfalls nicht nichtig sei. Ba NZV **10** 369 sieht mit Recht keine Bedenken gegen eine Übertragung der örtlichen Zuständigkeit auf eine andere Gebietskörperschaft durch Zweckvereinbarung. Kein Recht Bediensteter einer kommunalen Ordnungsbehörde, VT anzuhalten (§ 36 StVO Rn. 24). Ist nur die Geschwindigkeitsmessung mit einem *stationären* Gerät auf die Kreisordnungsbehörde übertragen (§ 48 II S. 3 OBG NRW), so schon mangels drittschützender Wirkung kein Beweisverwertungsverbot, wenn die Behörde gleichwohl eine Messung mit einem *mobilen* Gerät durchführt (Dü NStZ-RR **17** 389). Bei **Einschaltung von Privaten** in die Geschwindigkeitsüberwachung durch die kommunalen Ordnungsbehörden unter Verwendung technischer Messgeräte hängt die Beurteilung von den Umständen des Einzelfalls ab (zur Vorschriftenlage in den Ländern s. die Übersicht von *Weigel* DAR **17** 54). Grundsätzlich muss gewährleistet sein, dass die VB „Herrin des Verfahrens" bleibt (*Fra* NZV **95** 368; NStZ-RR **03** 342; NZV **15** 607; NJW **16** 3318 mAnm *Brenner;* NZV **16** 591 und Bspr *König* DAR **17** 362; *Fra* DAR **17** 386 („Rundum-Sorglos-Paket"); Sa NStZ **18** 480; Bay NZV **97** 276; Ha DAR **16** 397 mAnm *Staub; Steiner* DAR **96** 272; *Rebler* SVR **18** 290). Hinsichtlich der Geschwindigkeits*messung* verlangt die Rspr, dass die VB nicht nur das „Ob" bestimmt, sondern auch die aktive Teilnahme und Aufsicht eines mit der Technik des Messgeräts vertrauten Behördenangehörigen gewährleistet (*Fra* NZV **95** 368; *Fra* NJW **16** 3318; DAR **17** 386; s. auch AG Freising DAR **97** 31 mAnm *Ludovisy;* AG Bernau DAR **98** 76 (Beweisverwertungsverbot bei „grober Fahrlässigkeit" der VB); *Brenner* NZV **11** 129; *Ronellenfitsch* DAR **97** 148, 151, *Nitz* NZV **98** 13 f., *Hornmann* DAR **99** 162; *Steegmann* NJW **97** 2157, *Hornmann* DAR **99** 158, *Radtke* NZV **95** 430; zusammenfassend *Brenner* SVR **11** 129). Dies gilt jedenfalls dann, wenn der Private nicht in die VB integriert ist (Bay NZV **97** 276 (Beweisverwertungsverbot mangels Willkür im entschiedenen Fall aber abgelehnt; krit *Ludovisy* DAR **97** 208; *Döhler* VGT **98** 209)). Anders, wenn (in Übereinstimmung mit der Vorschriftenlage in Bayern) der „Entliehene" unter Aufgabe der Abhängigkeiten und des Weisungsrechts der Entleihfirma hinreichend in die räumlichen und organisatorischen Strukturen der Gemeinde integriert sowie der für das Verfahren zuständigen Organisationseinheit der Gemeinde zugeordnet und deren Leiter unterstellt ist (Bay DAR **20** 101; s. auch Bay NZV **99** 258; DAR **05** 633; in Abgrenzung dazu *Fra* DAR **17** 387; vgl. aber *Fra* DAR **20** 106 (AÜG nicht anwendbar, Bestellung zum Ortspolizeibeamten nichtig)). Hingegen kommt ein Beweiserhebungsverbot in Betracht, wenn sich das Büro des Messtechnikers nicht in den Räumen der Gemeinde bzw. in von ihr angemieteten Räumen, sondern am Sitz des Privatunternehmens befindet (Bay DAR **20** 101). Nach *Fra* DAR **20** 106 jedenfalls kein wegen Irreführung generelles, keiner Abwägung zugängliches Beweis*erhebungs*verbot (Bespr. *König* DAR **20** 374 f.). Ist der Leiharbeitnehmer zugleich Geschäftsführer des entleihenden Unternehmens, so jedenfalls kein Beweisverwertungsverbot, wenn der Betreffende speziell ausgebildet ist und entsprechend den Vorgaben des BayStMI verfahren hat (Bay DAR **05** 633; **20** 102). Das bloße Anbringen eines Aktenzeichens auf einem Protokollblatt durch einen „Privaten" ist unbedenklich

(Brn DAR **20** 41). Auch die *Auswertung des Bildmaterials* muss, „unverbindliche Vorauswertungen" ausgenommen (Fra NZV **15** 607), zwingend in der Hand und unter der Kontrolle der VB erfolgen (Fra NStZ-RR **03** 342; NJW **16** 3318 mAnm *Brenner*; NZV **16** 591; Fra DAR **17** 386; Nau v. 7.5.2012, 2 Ss (Bz) 25/12, BeckRS **12** 15439; aM aber Ro SVR **16** 7 m Bspr *König* DAR **16** 362, wonach der ministeriale Erlass nur Verwaltungsinternum sei und hinsichtlich des Betroffenen keine Außenwirkung zu entfalten vermöge). Eine Verletzung der Maßgaben hat nicht zwingend ein **Beweisverwertungsverbot** zur Folge; vielmehr wird häufig nachträglich eine ordnungsgemäße Beweiserhebung und -verwertung, ggf. nach Rückgabe an die Verwaltungsbehörde (§ 69 V OWiG), in Betracht kommen (Fra NZV **15** 607; NJW **16** 3318 mAnm *Brenner*; NZV **16** 591 und Bspr *König* DAR **17** 362; Fra DAR **17** 386 m Bspr *König* DAR **18** 361; Bay DAR **20** 102; abw bei *bewusster* Missachtung der Vorschriftenlage hingegen Fra NStZ-RR **03** 342; NJW **20** 696 und Nau v. 7.5.2012, 2 Ss (Bz) 25/12, BeckRS **12** 15439; AG Gelnhausen NZV **15** 46 m Bspr *König* DAR **15** 363; nach Fra DAR **20** 106 bereits Beweiserhebungsverbot). Beweisverwertungsverbot nach AG Kar DAR **11** 221, wenn der die Aufsicht über den Privaten führende Gemeindevollzugsbeamte mit der Rechtslage und der Bedienung des Messgeräts nicht vertraut ist (freilich mit unangemessen bloßstellenden Formulierungen gegenüber der Beamtin; unklar AG Michelstedt NZV **15** 609). Die Bestellung privater Personen zu Hilfspolizeibeamten der Ortspolizeibehörden zur Feststellung und Ahndung von **Park- und Halteverstößen** ist nach Fra NJW **20** 696 gesetzeswidrig, deren Auftretenlassen in Polizeiuniform gar strafbar; angesichts der eklatanten Gesetzesverstöße unter bewusster Täuschung der Rechtsunterworfenen sei ein Beweisverwertungsverbot anzunehmen (betreffend § 99 HessSOG mzustAnm *Brenner* und Bespr. *König* DAR **20** 375). Beweisverwertungsverbot auch nach KG NZV **97** 50 bei der Feststellung von Parkverstößen auf entgeltpflichtigen öffentlichen Parkplätzen durch Mitarbeiter eines behördlicherseits beauftragten privaten Parkraumüberwachungsunternehmens; spätestens mit der Aufzeichnung der Daten, die ein Verhalten als bußgeldbewehrte Zuwiderhandlung erkennen lassen, ist der Beginn eines personenbezogenen Bußgeldverfahrens anzunehmen, der als hoheitliche Tätigkeit nicht Gegenstand einer Übertragung auf Private sein darf (s. auch Bay NZV **97** 486, AG Freising DAR **97** 31; *Waechter* NZV **97** 337, *Nitz* NZV **98** 14; *Brenner* SVR **11** 129).

2a   Ob ein Beweiserhebungsverbot zu einem **Beweisverwertungsverbot** führt, lässt sich, wie auch die vorgenannten Entscheidungen verdeutlichen, nicht allgemein beantworten (BVerfG NJW **09** 3293; **11** 2783; BGH NJW **78** 1390). Je gravierender die Rechtsverletzung bei der Beweisgewinnung, umso eher kommt ein Beweisverwertungsverbot in Betracht (KG NZV **97** 50, Bay NZV **97** 486, Fra NZV **97** 368, AG Bernau DAR **98** 76), vor allem bei willkürlichem, bewusstem Handeln zum Nachteil des Betroffenen (*Hornmann* DAR **99** 159, 162). Erhebliche Bedeutung hatte die Frage vor Streichung des Richtervorbehalts in § 81a II StPO im Zusammenhang mit *durch PolB angeordnete Blutentnahmen* (dazu 44. Aufl., § 81a StPO Rn. 6) und bei der *Anfertigung von Videobildern* (dazu § 3 StVO Rn. 57). Zu Geschwindigkeits- und Parküberwachung unter Einschaltung privater Dritter und Verletzung der o. g. Maßgaben s. Rn. 2. Nach Ko NStZ **17** 108 ohne Weiteres Beweisverwertungsverbot, wenn ein PolB den Betr. nach einem inländischen Geschwindigkeitsverstoß **im Ausland anhält** und als Fahrer feststellt, ohne dass dies völkerrechtlich zulässig ist oder der andere Staat (nachträglich) zustimmt (mit Recht abl *Radtke* NStZ **17** 109). Die Einrichtung von **Geschwindigkeitsmessstellen** unter Verletzung ministerialer Erlasse führt idR nicht zu einem Beweisverwertungsverbot (Fra ZfS **15** 652; zu den Auswirkungen auf die Sanktionsentscheidung § 25 Rn. 22, § 3 StVO Rn. 56b aE). Die „Abteilung Verkehrsordnungswidrigkeiten" des **Einwohnermeldeamts** Hb gehört ebenso wie die Pol zur Behörde für Inneres; ein von ihr erlassener Bußgeldbescheid ist iS des Abs. I von einer „Behörde oder Dienststelle der Polizei" erlassen (Hb VRS **74** 370). Wurde von einer Landesregierung eine Behörde bestimmt, die nicht „Polizei" iS von I ist, so sind von dieser Behörde erlassene Bußgeldbescheide dennoch nicht ohne Weiteres nichtig (KG VRS **72** 456). Auf **Bahnanlagen** einschließlich der dort von der Bahn eingerichteten Parkplätze gelten auch nach der Umwandlung der Bundesbahn in die Bahn AG die Bestimmungen der EBO mit bahnpolizeil. Zuständigkeit der BundesPol (Bay NZV **97** 491). Bahnhofsvorplätze gehören idR nicht zu den Bahnanlagen (Hb DAR **87** 124 mAnm *Berr*), die BundesPol als BahnPol ist daher dort örtl. nicht zuständig (Kar VRS **54** 78, Stu VM **73** 67, Ol NJW **73** 291, Ha VRS **56** 159), außer bei Verladebetrieb der Bahn (Stu VM **73** 67; *Janiszewski/Buddendiek* Rn. 29, aM *Dernbach* NJW **75** 679, *Weber* DÖV **70** 145). Ein wegen Parkverstoßes auf bahneigenem, aber allgemein zugänglichem Bahnhofsvorplatz von der Bundesbahndirektion erlassener Bußgeldbescheid ist daher unwirksam (Ha VRS **56** 159). Verwarnung durch die BundesPol als Bahnpolizei: § 26a Rn. 51.

§ 26 I S. 1 ist grundgesetzkonform (BVerfGE **27** 18 = NJW **69** 1619). **3**

3. Zuständig bei OW nach § 24 StVG außerhalb des Straßenverkehrs, also idR für **4** diejenigen gemäß der StVZO, ist die gemäß § 36 I Nr. 2a, II OWiG bestimmte VB, idR diejenige, die die Materie bearbeitet. OW dieser Art werden meist nicht durch die verkehrsüberwachende Polizei ermittelt, ausgenommen allerdings etwa Brems-, Beleuchtungs- und Ladungskontrollen im Verkehr, s. auch § 24 Rn. 70.

4. Zuständig bei OW nach § 23 StVG (Feilbieten nicht genehmigter Fz, FzTeile und Aus- **5** rüstungen) sind nach II seit 29.4.09 die VB der Länder (dazu BT-Drs. 16/10175 S. 8).

5. Körperliche Untersuchung. Sicherheitsleistung. Aufgaben der Pol: § 53 OWiG. Zur **6** Feststellung verfahrensbedeutsamer Tatsachen dürfen die Ermittlungspersonen der StA (§ 152 GVG) die körperliche Untersuchung des Verdächtigen anordnen, jedoch nur die Entnahme von Blutproben und andere geringfügige Eingriffe (Schranke des § 46 IV OWiG). Sicherheitsleistung (§§ 46 I OWiG, 132 StPO): § 24 Rn. 75.

6. Verfolgungsverjährung. Die Verfolgung aller OW nach § 24 StVG verjährt nach der Son- **7** dervorschrift in III abweichend von § 31 II OWiG im Verfahren vor der VB **nach drei Monaten.** Die Frist ist so kurz bemessen, dass sie nur für das komplikationslos verlaufenden Verfahren ausreicht, nicht jedoch vielfach für Kennzeichenanzeigen („Freibrief für Verkehrsrowdys in FirmenFz", *Senge* NStZ **97** 347, 348). Die Verjährungsunterbrechung, der eigentlich Ausnahmecharakter zukommen soll, wird deshalb im straßenverkehrsrechtlichen Bußgeldverfahren praktisch zur Regel (*Göhler/Gürtler* § 33 Rn. 1, *Burian* GA **04** 759). Eine **6 monatige Verjährungsfrist** gilt erst nach Erlass eines Bußgeldbescheids oder der Erhebung der öffentlichen Klage. Die Regelung will der Tatsache Rechnung tragen, dass im Verfahren nach Einlegung des Einspruchs häufig mehr Zeit benötigt wird als im summarischen Verfahren (Schl ZfS **95** 35, KG NStZ **99** 193). Die Frist von 3 Monaten hatte sich vielfach als zu kurz erwiesen (zB Vernehmungen durch ersuchten Richter, Einholung von Sachverständigengutachten, Überlastung der Gerichte). Auch prozesstaktisches Verhalten zwecks Herbeiführung der Verjährung soll entgegengewirkt werden (Begr BR-Drs. 371/82 S. 40, KG NStZ **99** 193). Die Überlegungen hätten den Gesetzgeber veranlassen sollen, allgemein eine Verjährungsfrist von 6 Monaten anzuordnen. Maßgebend ist das Datum des Erlasses des Bußgeldbescheids (bei EDV der dem Datum des Bußgeldbescheids entsprechende Tag des mechanischen Ausdrucks, Dü NZV **03** 51) bzw. des Eingangs der Anklageschrift oder eines Antrags auf Erlass eines Strafbefehls bei Gericht. Die 6 monatige Verjährungsfrist gilt auch nach Erlass eines Bußgeldbescheids, der zurückgenommen wird (zB bis zum Erlass eines neuen, Ce NZV **95** 40). Die Streitfrage, ob die verlängerte Verjährungsfrist auch ab einer zwischen Erlass und Zustellung des Bußgeldbescheids erfolgten Unterbrechung gilt, wenn dieser nicht gem. § 33 I Nr. 9 OWiG binnen 2 Wochen zugestellt wurde, was dem Wortlaut von III entspricht (*„ergangen",* so zB Bay NZV **99** 433, *Katholnigg* VGT **99** 253, abw KG NStZ **99** 193, *Gübner* NZV **98** 235), wurde in BGHSt **45** 261, in dem Sinn entschieden, dass der Erlass des Bußgeldbescheids die Verlängerung der Verjährungsfrist auf 6 Monate nur bewirkt, wenn innerhalb von 2 Wochen zugestellt wird; andernfalls tritt die Verjährungsverlängerung erst mit Zustellung ein, und zwar auch, wenn zwischenzeitlich eine andere Unterbrechungsmaßnahme getroffen wurde. Diese Interpretation ist nicht überzeugend; es handelt sich im Ergebnis um eine Rechtsfortbildung contra legem (*König* JR **00** 345, Göhler/*Gürtler* § 33 Rn. 35a, zw *Korte* NStZ **00** 410). Zur *Verjährung* bei OW nach § 24a StVG s. dort Rn. 30. Die kurze Verjährung des § 26 III gilt auch für OW nach § 130 OWiG, soweit dem Betriebsinhaber Ermöglichung von VOW nach § 24 StVG durch unterlassene Aufsichtsmaßnahmen vorgeworfen wird (Kö VRS **78** 468). Bei Kennzeichenanzeigen ist nur eine gegen eine bestimmte Person als Betroffenen gerichtete Handlung zur **Verjährungsunterbrechung** geeignet (BGH NJW **97** 598, Bay DAR **88** 172, Ha DAR **00** 81, VRS **98** 208), zB die Anordnung der Versendung eines Anhörbogens an den Halter *als Betroffenen* (Ha DAR **00** 81, Kö VRS **95** 119, Hb NZV **99** 95, KG NZV **18** 90 bei *Deutscher*; Göhler/*Gürtler* § 33 Rn. 14, 55, 56), bei Firmenanzeigen auch, falls sich hinter Firma Einzelperson verbirgt (Brn VRS **112** 278). Keine Unterbrechung dagegen, wenn sich der Anhörungsbogen alternativ an den Halter auch zur Ermittlung des Betroffenen richtet (Hb NStZ-RR **99** 21, Dr DAR **04** 535) oder wenn er insoweit unklar ist (Zw DAR **03** 184, Ro VRS **108** 372); ebenso, wenn durch die Versendung eines Anhörbogens oder die Vernehmung eines Zeugen der noch unbekannte Fahrer erst ermittelt werden soll, zB weil der Halter als Täter nicht in Frage kommt (juristische Person, BGHSt **24** 321 = NJW **72** 914, **97** 598, Ha NZV **99** 261 (auch wenn ein zur Feststellung des FzF geeignetes Foto vorliegt), zum Ganzen

Göhler/*Gürtler* § 33 Rn. 14, 55, 56). Verfügt die Verwaltungsbehörde irrtümlich die vorläufige Einstellung, so wird die Verjährung wirksam unterbrochen (Ba DAR **07** 472 mAnm *König;* aM Ha NZV **05** 491 mAnm *König;* Ha NZV **07** 588 mAnm *König* NZV **08** 105). Bei Erstellung und Versendung eines Anhörbogens durch individuellen elektronischen Befehl genügt es, wenn sich Zeitpunkt und Bearbeiter des Vorgangs sicher feststellen lassen; eine handschriftliche Autorisierung, die einige OLG vormals als zwingend erforderlich angesehen hatten (zB Dr DAR **05** 570, Hb DAR **06** 223, eingehend *König* DAR **06** 230), ist nicht notwendig (BGH NJW **06** 2338, zust *König* NStZ **07** 178). Zur Berechnung der Verjährung, wenn vorher die Verfolgung wegen eines Vergehens wirksam unterbrochen worden war (Kar VRS **37** 113). Kann die angeklagte Straftat nicht festgestellt werden und ist die tateinheitlich begangene OW verjährt, so ist nicht einzustellen, sondern freizusprechen (KG DAR **04** 459, Ol VRS **68** 277).

8 **Literatur:** *König,* Verjährungsunterbrechung durch Anhörungsanordnung, DAR **06** 230. *Ders.,* Zur Verjährungsunterbrechung durch schriftliche Anordnung, DAR **02** 526. *Olizeg,* Die Unterbrechung der Verfolgungsverjährung durch elektronisch dokumentierte Anordnungen, NZV **05** 130.

Bußgeldkatalog

26a (1) **Das Bundesministerium für Verkehr und digitale Infrastruktur wird ermächtigt, durch Rechtsverordnung mit Zustimmung des Bundesrates Vorschriften zu erlassen über**

1. **die Erteilung einer Verwarnung (§ 56 des Gesetzes über Ordnungswidrigkeiten) wegen einer Ordnungswidrigkeit nach § 24,**

2. **Regelsätze für Geldbußen wegen einer Ordnungswidrigkeit nach den §§ 24, 24a und 24c,**

3. **die Anordnung des Fahrverbots nach § 25.**

(2) **Die Vorschriften nach Absatz 1 bestimmen unter Berücksichtigung der Bedeutung der Ordnungswidrigkeit, in welchen Fällen, unter welchen Voraussetzungen und in welcher Höhe das Verwarnungsgeld erhoben, die Geldbuße festgesetzt und für welche Dauer das Fahrverbot angeordnet werden soll.**

1 **Begr** zur Neufassung durch ÄndG v. 19.3.01 (BT-Drs. 14/4304 S. 12): *Mit der Entscheidung – 2 BvF 1/94 – vom 2. März 1999 hat das Bundesverfassungsgericht seine frühere Rechtsprechung ausdrücklich aufgegeben, wonach die in den Fällen des Artikels 85 Abs. 2 Satz 1 GG (und entsprechend zu Artikel 84 Abs. 2 GG) geübte Staatspraxis, durch Bundesgesetz mit Zustimmung des Bundesrates an Stelle der Bundesregierung als Kollegialorgan einzelne Bundesminister zum Erlass allgemeiner Verwaltungsvorschriften zu ermächtigen, für zulässig erklärt worden war (BVerfGE 26, 338). Das Bundesverfassungsgericht hat nunmehr entschieden, dass allgemeine Verwaltungsvorschriften entsprechend dem Wortlaut des Grundgesetzes (Artikel 85 Abs. 2 Satz 1 GG) ausschließlich von der Bundesregierung als Kollegialorgan mit Zustimmung des Bundesrates erlassen werden können. Vor diesem Hintergrund ist nicht auszuschließen, dass die Ermächtigungsnorm des § 27, auch wenn diese den Sachbereich nach Artikel 84 Abs. 2 GG betrifft, einer verfassungsrechtlichen Prüfung nicht mehr standhalten würde. Sie wird deshalb nicht mehr angewandt. Vielmehr hat die Bundesregierung entschieden, die darauf gestützte Allgemeine Verwaltungsvorschrift für die Erteilung einer Verwarnung bei Straßenverkehrsordnungswidrigkeiten in eine allgemeine Verwaltungsvorschrift der Bundesregierung zu überführen, die unmittelbar auf Artikel 84 Abs. 2 GG beruht.*

Um die in der Sache nicht gebotene Konsequenz zu vermeiden, dass über die Verwarnungsgeldregelsätze bis 75 DM, bei denen es um die geringfügigen Ordnungswidrigkeiten geht, die Bundesregierung als Kollegium zu entscheiden hat, während Bußgeldregelsätze ab 80 DM und Regelfahrverbote weiterhin das Bundesministerium für Verkehr, Bau- und Wohnungswesen erlässt, soll nunmehr mit der Änderung des § 26a das Bundesministerium für Verkehr, Bau- und Wohnungswesen dazu ermächtigt werden, auch die Bestimmungen über die Verwarnungsgeldregelsätze in den Verordnungsrang zu erheben. Das hat zugleich den Vorteil, sämtliche Vorschriften über die Regelsanktionen bei Straßenverkehrsordnungswidrigkeiten in einem einzigen Regelwerk zusammenzuführen und damit die Transparenz des Verkehrsrechts zu verbessern.
...

Es ergeben sich keine Auswirkungen auf die Ahndungspraxis. Für die Bußgeldbehörden entfaltete der nach § 27 StVG erlassene Verwarnungsgeldkatalog stets Bindungswirkung; dies wird beibehalten. Bezüglich der Gerichte beschränkt sich die Neuerung auf deren auch formelle Bindung an die Verwarnungsgeldregelsätze. Das richterliche Ermessen, bei besonderen Umständen des Einzelfalles von den Regelsätzen abweichen zu können, besteht ebenso nach der Bußgeldkatalog-Verordnung, in die die Verwarnungsgeldregelsätze integriert werden sollen, und wird somit durch die Neuregelung nicht beeinträchtigt.

Die neue Verordnungsermächtigung lässt im Übrigen die geltende Allgemeine Verwaltungsvorschrift für die Erteilung einer Verwarnung bei Straßenverkehrsordnungswidrigkeiten (VerwarnVwV) vom 28. Februar 2000 (BAnz. S. 3048), die von der Bundesregierung erlassen worden ist, unberührt. Das gilt auch für künftige Änderungen der auf Artikel 84 Abs. 2 GG gestützten Verwaltungsvorschrift. Auf Artikel 1 Nr. 18 Buchstabe C wird verwiesen.

Die Änderung nimmt zugleich die Anpassung des in § 26a genannten Ermächtigungsadressaten an den Organisationserlass vom 27. Oktober 1998 (BGBl. I S. 3288) vor.

Im Verhältnis zu § 58 Abs. 2 des Gesetzes über Ordnungswidrigkeiten ist der neue § 26a Abs. 1 Nr. 1 die speziellere Regelung, die im Bereich der Verkehrsordnungswidrigkeiten den Erlass einer Rechtsverordnung vorsieht, die Bestimmungen zur Erteilung der Verwarnung enthält.

Übersicht

1. Bedeutung der auf § 26a beruhenden Kataloge. Die Bestimmung greift nicht in den **2** Inhalt der §§ 24, 24a StVG in dem Sinn ein, dass die Ahndung von OW nach jenen Vorschriften die Existenz eines Bußgeldkatalogs oder die Festsetzung eines Regelsatzes in diesem voraussetzen würde (*Janiszewski* NJW **89** 3115, *Seidenstecher* VD **89** 267, *Jagow* NZV **90** 16, *Heck* NZV **91** 177). Das BMV hat durch die BKatV (alt) v. 4.7.89 (BGBl. I S. 1305, 1447) die in § 26a mit der Ermächtigung ausgefüllt. Die derzeit geltende BKatV ist im **Buchteil 9** abgedruckt.

Gerichtliche Bindung an landesinterne **Tatbestandskataloge** zur Ahndung geringfügiger **3** Ordnungswidrigkeiten besteht nicht. Entsprechendes gilt für die vormalige VerwarnVwV, die nicht auf der Ermächtigungsgrundlage des I Nr. 1 als RVO erlassen war, s. Rn. 5, § 24 Rn. 65.

Zur **Bindung der Gerichte an die Sätze des Bußgeldkatalogs** § 24 Rn. 64. Zur Bedeu- **4** tung der BKatV für das FV nach § 25 StVG: § 25 Rn. 19 ff.

Literatur: s. § 24 StVG Rn. 80. **4a**

2. Verwarnungsverfahren bei OW nach § 24 StVG. Bis zum 27.3.01 (Inkrafttreten der **5** Neufassung) regelte § 27 StVG (alt), in welchen Fällen eine OW gegen § 24 StVG durch Verwarnung (§§ 56 bis 58 OWiG) geahndet werden soll, und ermächtigte das BMV zum Erlass allgemeiner VwV. Die bis zum 31.12.01 gültig gewesene, von der BReg erlassene VwV mit Verwarnungsgeldkatalog idF v. 28.2.00 (VkBl. **00** 113, aufgehoben durch AV v. 26.11.01, BAnz **01** 24505) beruhte auf der Ermächtigungsgrundlage des Art 84 II GG, näher E 4a. Die in §§ 56 ff. OWiG getroffene Regelung wird durch die neue Ermächtigungsnorm § I Nr. 1 nicht berührt. Daher gilt nach wie vor: Nur wenn eine OW ihrer Natur nach, also allgemein, andere VT erheblich gefährden kann oder wenn sie auf grob verkehrswidrigem oder rücksichtslosem Verhalten beruht, ist eine Verwarnungserteilung idR ausgeschlossen, jedoch auch hier nicht, wenn Verwarnung wegen ganz besonderer Umstände ausreicht. Dies ergibt sich außerdem aus § 56 I S. 2 OWiG: danach ist zunächst zu prüfen, ob bei geringfügigen OW Verwarnung ohne Verwarnungsgeld ausreicht (Göhler/*Gürtler* § 56 Rn. 6), sofern nicht überhaupt von Ahndung abgesehen werden kann (§ 47 OWiG). Andernfalls kann eine Verwarnung mit Verwarnungsgeld erteilt werden.

6   Verwarnungsfähig sind Erwachsene unter den Voraussetzungen von § 12 OWiG, Jugendliche nach § 3 I JGG. Wer noch nicht 14 Jahre alt ist, kann nicht verantwortlich ordnungswidrig handeln (§ 12 OWiG); eine Ermahnung darf aber erteilt werden.

7   Die Verwarnung soll ein Bußgeldverfahren ersparen. **Sie enthält keine Entscheidung über das Vorliegen einer OW** (BVerwG DAR **73** 223, Ha VRS **57** 198, Kar NZV **90** 159), sondern einen (bei Erhebung von Verwarnungsgeld) einverständlich erteilten „Denkzettel" aus Anlass einer möglichen OW. Die Verwarnung mit Verwarnungsgeld ist also ein mitwirkungsbedürftiger **Verwaltungsakt** (Dü DAR **84** 154, KG NZV **90** 123, Göhler/*Gürtler* § 56 Rn. 15) im „äußersten Bagatellbereich" (BVerwG VkBl. **73** 712), nicht formgebunden und auch mündlich zulässig. Sie schafft ein Verfahrenshindernis (§ 56 IV OWiG). Das Verwarnungsgeld ist weder Strafe noch Ahndungsmittel (Ha VRS **57** 198). Verwaltungsgerichtliche Anfechtbarkeit der Verwarnung: Rn. 35, 36. Ein gebührenpflichtiges abmahnendes Schreiben der VB wegen Nichtbeachtung einer Auflage beim Fahren ist keine Verwarnung (Bay NJW **75** 746 (zu § 27 StVG aF)).

8   **3. Verwarnung durch die Verwaltungsbehörde.** Maßgebend ist **§ 56 OWiG.** Er lautet in der ab 1.3.98 geltenden Fassung:

§ 56 Verwarnung durch die Verwaltungsbehörde

(1) ¹Bei geringfügigen Ordnungswidrigkeiten kann die Verwaltungsbehörde den Betroffenen verwarnen und ein Verwarnungsgeld von fünf bis fünfundfünfzig Euro erheben. ²Sie kann eine Verwarnung ohne Verwarnungsgeld erteilen.

(2) ¹Die Verwarnung nach Absatz 1 Satz 1 ist nur wirksam, wenn der Betroffene nach Belehrung über sein Weigerungsrecht mit ihr einverstanden ist und das Verwarnungsgeld entsprechend der Bestimmung der Verwaltungsbehörde entweder sofort zahlt oder innerhalb einer Frist, die eine Woche betragen soll, bei der hierfür bezeichneten Stelle oder bei der Post zur Überweisung an diese Stelle einzahlt. ²Eine solche Frist soll bewilligt werden, wenn der Betroffene das Verwarnungsgeld nicht sofort zahlen kann oder wenn es höher ist als zehn Euro.

(3) ¹Über die Verwarnung nach Absatz 1 Satz 1, die Höhe des Verwarnungsgeldes und die Zahlung oder die etwa bestimmte Zahlungsfrist wird eine Bescheinigung erteilt. ²Kosten (Gebühren und Auslagen) werden nicht erhoben.

(4) Ist die Verwarnung nach Absatz 1 Satz 1 wirksam, so kann die Tat nicht mehr unter den tatsächlichen und rechtlichen Gesichtspunkten verfolgt werden, unter denen die Verwarnung erteilt worden ist.

9   **4. Begr** zu § 56 OWiG (Drs. V/1269 S. 84): *„Absatz 1 lässt das Verwarnungsverfahren bei ‚geringfügigen' Ordnungswidrigkeiten zu. Der bisherige § 22 StVG spricht von ‚leichteren' Verkehrszuwiderhandlungen, der § 8 OWiG nennt Fälle von ‚geringer' Bedeutung. Der Entwurf will den Anwendungsbereich des Verwarnungsverfahrens im Vergleich zu diesen Vorschriften etwas erweitern … .*

10   *Absatz 2 entspricht im Wesentlichen § 8 Abs. 2 Satz 1 OWiG und dem bisherigen § 22 Abs. 1 Satz 2 StVG. Diese Regelungen werden allerdings in der Hinsicht erweitert, dass das Verwarnungsgeld nicht stets sofort bezahlt zu werden braucht, sondern dass dem Betroffenen auch eine kurze Zahlungsfrist bewilligt werden kann. In der Praxis hat sich gezeigt, dass diese Erweiterung aus Gründen der Gerechtigkeit und der Zweckmäßigkeit geboten ist. …*

11   *Wird das Verwarnungsgeld nicht fristgerecht gezahlt, so ist die Verwarnung nicht wirksam. Die Sache muss dann im ordentlichen Bußgeldverfahren erledigt werden. Das kann zwar in Grenzfällen zu Unbilligkeiten führen, so z. B., wenn die Einzahlung ohne Verschulden des Betroffenen zu spät kommt. Der Entwurf verzichtet gleichwohl auf eine besondere Regelung zur Vermeidung derartiger Unbilligkeiten, weil aus praktischen Gründen eine einfache Verfahrensregelung, die der Masse der hier in Betracht kommenden Fälle gerecht wird, dringend geboten ist. …*

12–17 Der **Rechtsausschuss** hat dazu ausgeführt (zu Drs. V/2600/01 S. 8): *„… Die in Absatz 1 als Satz 2 eingefügte Sollvorschrift stellt einerseits klar, dass sich die Verwaltungsbehörde bei geringfügigen Ordnungswidrigkeiten in der Regel darauf beschränken soll, eine Verwarnung zu erteilen, weil das Verfahren auf diese Weise rasch und ohne großen Aufwand erledigt werden kann. Andererseits ist aus dem Bedingungssatz der Hinweis zu entnehmen, **dass neben einer Verwarnung mit Verwarnungsgeld auch eine solche ohne Verwarnungsgeld in Betracht kommt und dass deshalb zu prüfen ist, ob eine solche Verwarnung ausreichend ist** … .*

18   **5. Nur geringfügige OW** iS von § 56 OWiG sind der Verwarnung durch die VB zugänglich. Das sind solche, bei denen Ahndung mit 55 € ausreicht (§ 1 I S. 2 BKatV). Dabei entscheidet nicht allein das objektive Gewicht der Zuwiderhandlung, sondern auch das Maß der Vorwerfbarkeit (Göhler/*Gürtler* § 56 Rn. 6). Aus § 56 I S. 1 OWiG folgt, dass die VB (Pol) auch bei ge-

ringfügiger OW keineswegs verpflichtet ist, vom Erlass eines Bußgeldbescheids (bzw. einer OW-Anzeige) abzusehen, die Erteilung einer Verwarnung vielmehr in ihrem Ermessen liegt (Ko VRS **74** 389, AG Saalfeld VRS **110** 366). Anders liegt es nach AG Rudolstadt VRS **111** 425, wenn der Übergang ins Normalverfahren als unvertretbarer Akt objektiver Willkür erscheint. Soweit keine wirksame Verwarnung zustande kommt (Rn. 29 ff.), gelten die Erläuterungen zu § 24 StVG. Fehlbeurteilung der Geringfügigkeit: Rn. 20. Zur Wirksamkeit bei Anwendung unrichtiger Verwarnungsgeldsätze: Rn. 29, 35.

Ein **Fahrverbot** ist nach Maßgabe von § 25 StVG nur neben Geldbuße zulässig, im Verwarnungsverfahren daher ausgeschlossen (§ 56 I OWiG). **19**

6. Verwarnung ohne Verwarnungsgeld ist geboten, wo das ausreicht (§ 56 I S. 2 OWiG, **20** Übermaßverbot). Andernfalls beträgt das **Verwarnungsgeld** 5 bis 55 € (§ 56 I OWiG). Maßgebend dafür waren bis zum Erlass der BKatV v. 13.11.01 (RVO auf der Grundlage des I Nr. 1) die Sätze der bis zum 31.12.01 geltenden VerwarnVwV der BReg (Rn. 5). Seit 1.1.02 **gilt auch insoweit die BKatV** (Rn. 2). Diese unterscheidet zwar in systematischer Hinsicht nicht mehr zwischen Geldbußen und Verwarnungsgeldern; soweit sie feste Sätze vorsieht, sind diese jedoch als Verwarnungsgeldregelsätze für die VB bindend, Zwischensätze dann nicht zulässig. Verstöße: Rn. 29, 35. Ihre Ermessensregeln räumen dem ermächtigten Beamten einen Spielraum ein mit der Rechtsfolge, dass die Ermessensausübung im Zweifel gültig (Rn. 29) und nur bei offensichtlicher Willkür unwirksam ist (Rn. 35). Die Verwarnung bleibt wirksam, auch wenn die OW in Wahrheit nicht geringfügig ist (Kar VRS **52** 25). Bei **Ablehnung der Verwarnung** findet das Verfahren gemäß den §§ 35 ff. OWiG statt. Die VB hat dann bei Geringfügigkeit der OW dieselben Katalogsätze zu beachten. Beim Einspruch gegen den Bußgeldbescheid entscheidet das Gericht innerhalb des gesetzlichen Bußgeldrahmens.

6a. Zweifelt der Beamte, etwa auf Gegenvorstellung, endgültig am Vorliegen einer OW, so **21** darf er nicht verwarnen, weil dann kein Anlass zum Einschreiten besteht, anders nur, wenn sich zwischen ihm und dem Betroffenen kein Einverständnis über das Vorliegen eines Verstoßes herstellen lässt (Rn. 7).

6b. Nach §§ 47, 56 I OWiG, § 2 II BKatV ist auch bei jeder in der BKatV (oder im landesin- **22** ternen Tatbestandskatalog für geringfügige OW) bezeichneten OW zuerst zu prüfen, ob sie **so unbedeutend ist,** dass von einer Verwarnung abgesehen werden kann, oder ob Verwarnung ohne Verwarnungsgeld ausreicht (Opportunitätsprinzip). Nur so können die zu tolerierenden bedeutungslosen Verstöße im Massenverkehr von den „geringfügigen" und den erheblichen OW sinnvoll geschieden werden.

Die Beurteilung einer OW als unbedeutend iS von § 2 II BKatV richtet sich nach der VLage **23** und allen dafür maßgebenden Umständen und kann insbesondere bei bloßen Formalverstößen in Betracht kommen (*Janker/Steffen* Polizei **04** 79). Sprechen die Umstände für fehlende Bedeutung, so ist von Verwarnung mit Verwarnungsgeld auch abzusehen, wenn die OW als Durchschnittsfall in der BKatV verzeichnet ist. Dies uU bei VStille ohne jede Belästigung, geschweige Gefährdung anderer, und vor allem bei sinnwidrigem VZ (E 122–124). Bei den in § 1 I S. 2, § 2 III BKatV bezeichneten und bei vergleichbaren OW, soweit sie nicht im Einzelfall unbedeutend sind, ist Geringfügigkeit anzunehmen. Fehlbeurteilung: Rn. 20. Beim Zusammentreffen mehrerer Verwarnungen und Verwarnungsgelder (Rn. 27, 28) ist zu prüfen, ob insgesamt noch Geringfügigkeit vorliegt, § 2 VIII BKatV.

Auch **schriftlich** am Fz oder nach Einladung zur Polizeiwache (VB) kann die Verwarnung **24** ausgesprochen werden. Widerspricht allerdings der hinzukommende FzF der Anbringung des Verwarnungszettels ausdrücklich, so entfällt mangels Mitwirkungsbereitschaft die rechtliche Grundlage für eine Verwarnung gem. § 56 I S. 1 OWiG (Dü DAR **84** 154 (dann keine rechtmäßige Amtsausübung iS von § 113 StGB mehr)). Zur mangelnden Unterbrechungswirkung hinsichtlich der Verjährung bei Anbringen einer schriftlichen Verwarnung am Fz Kö VRS **61** 273.

Auf **Gegenvorstellung** kann der Vorgesetzte des Außenbeamten vor einer Verwarnung von **25** dieser absehen oder sich auf Verwarnung ohne Verwarnungsgeld beschränken (§§ 47, 56 OWiG). Nach wirksam erteilter Verwarnung ist dies nicht mehr möglich, da sie, außer bei wirksamer Anfechtung (Rn. 35), nicht mehr beseitigt werden kann (Rn. 29 ff.).

6c. Nicht in der BKatV bezeichnete OW erfordern, wo Verwarnung ohne Verwarnungs- **26** geld nicht ausreicht (Rn. 22, 23), angepasste Sätze, die (nur für geringfügige OW) auch in landesinternen Tatbestandskatalogen enthalten sein können (Begr, BR-Drs. 571/01 S. 63). Bei

Fußgängern soll idR ein Verwarnungsgeld von 5 €, bei **Radfahrern** von 15 €, erhoben werden, auch wo die BKatV an sich höhere Sätze vorsieht (§ 2 IV BKatV).

27 **6d. Tateinheit und Tatmehrheit im Verwarnungsverfahren.** Erfüllt dieselbe Handlung (§ 24 StVG Rn. 58) mehrere Tatbestände des § 24 StVG, nach denen sie als OW geahndet werden kann, oder denselben Tatbestand mehrmals **(Tateinheit),** so wird analog § 19 OWiG nur das höchste der vorgeschriebenen Verwarnungsgelder erhoben (§ 2 VI BKatV), es sei denn, das Gesamtverhalten ist nicht mehr geringfügig (§ 2 VIII BKatV) oder anderseits insgesamt so unbedeutend, dass Verwarnung ohne Verwarnungsgeld ausreicht und daher geboten ist (§ 56 I OWiG, Rn. 22, 23). Die nach § 56 III OWiG zu erteilende Bescheinigung umfasst dann das tateinheitliche Verhalten. Das Verwarnungsgeld darf die Höchstgrenze von 55 € (§ 56 I S. 1 OWiG) nicht überschreiten und muss die festen Sätze der BKatV einhalten. Überschreitung: Rn. 29, 35.

28 Weniger klar liegt es bei **Tatmehrheit.** Sie ist gegeben, wenn mehrere selbstständige Handlungen einen oder mehrere Tatbestände erfüllen (§ 24 StVG Rn. 59). Wird jede dieser Handlungen einzeln gerügt, weil sie einzeln entdeckt wird, und reicht bloße Verwarnung nicht aus (Rn. 22, 23), so wird jede einzeln mit dem für sie vorgeschriebenen Verwarnungsgeld geahndet (§ 20 OWiG). Das ist im Verhältnis zur Regelung bei TE unbefriedigend, hat aber seinen Grund im Verhältnis von TE und TM. Vor allem kann das summarische Verwarnungsverfahren durch Außenbeamte mit derart schwierigen rechtlichen Unterscheidungen nicht belastet werden. Stellt jedoch derselbe Beamte mehrere selbstständige Verstöße hintereinander fest (Streifenwagen), die nunmehr zu ahnden sind, so fragt sich, ob sie alle einzeln (§ 20 OWiG), zusammengenommen auch über den Rahmen des § 56 I OWiG hinaus, gerügt werden dürfen, oder nur einzelne oder alle zusammen nur bis zu dieser Höchstgrenze, oder ob wegen Überschreitung der Höchstgrenze insgesamt oder teilweise Anzeige notwendig ist. Die BKatV regelt den Fall nicht. Nach § 2 VII BKatV ist wegen der mehreren Verstöße getrennt zu verwarnen. Zweifelhaft ist jedoch, ob § 20 OWiG dies deckt. An sich ist § 20 OWiG, der die Festsetzung gesonderter Bußen gebietet, zwingend, denn auch das Verwarnungsverfahren betrifft OW. Anderseits will § 56 I OWiG dem ermächtigten Beamten schwerlich erlauben, Verwarnungsgeld über 55 € hinaus von demselben Betroffenen auf einmal zu erheben. Das Verwarnungsverfahren soll innerhalb enger Bußgeldgrenzen bleiben. Misslich wäre jedoch die Folgerung, deshalb auf das Verwarnungsverfahren zu verzichten. In derartigen Fällen sollte daher, soweit möglich (§ 47 OWiG), die bedeutsamste der mehreren selbstständigen OW mit Verwarnungsgeld geahndet werden, oder mehrere zusammen bis zur gesetzlichen Höchstgrenze, die übrige(n) ohne Verwarnungsgeld (aM *Wetekamp* DAR **86** 76). Entsprechend wäre die Bescheinigung (§ 56 OWiG) zu erteilen. Nicht zulässig ist es, die mehreren OW, jede mit dem vorgeschriebenen Satz, nebeneinander zu ahnden und dabei die Höchstgrenze des § 56 I S. 1 OWiG zu überschreiten (Göhler/*Gürtler* § 56 Rn. 20, *Wetekamp* DAR **86** 76, aM *Janiszewski/Buddendiek* Rn. 49a). Einzelverwarnungen bis zu insgesamt 55 € gleichzeitig sind jedoch zulässig. Wird so verfahren, dann erwächst in den Fällen bloßer Verwarnung zwar kein Verfahrenshindernis (§ 56 IV), Anzeige nach § 53 OWiG erübrigt sich aber.

29 **7. Zur Wirksamkeit der Verwarnung** mit Verwarnungsgeld gehört, dass der Betroffene richtig **belehrt** wird, also weiß, dass er das Vorliegen einer OW oder deren rechtliche Beurteilung im Bußgeldverfahren bestreiten kann (§ 56 II S. 1 OWiG). Andererseits kann die VB eine unterbliebene oder unrichtige Belehrung später nicht zum Nachteil des Betroffenen geltend machen, um das Verfahrenshindernis des § 56 IV OWiG zu beseitigen, sofern sich der Betroffene mit der Verwarnung abgefunden hatte (*Wetekamp* DAR **86** 77). Ferner ist Voraussetzung, dass der Betroffene in Kenntnis des Weigerungsrechts vor förmlicher Verwarnung sein **Einverständnis** mit ihr erklärt (§ 56 II S. 1 OWiG) und dass er formell verwarnt wird (Ha VRS **54** 134, KG NZV **90** 123). Ein Einverständnis nach anfänglicher Weigerung ist wirksam (*Wetekamp* DAR **86** 77), (natürlich) aber nicht mehr nach Rücknahme des Einspruchs gegen einen Bußgeldbescheid, der nach durch den Betroffenen verweigertem Verwarnungsgeldangebot erlassen worden ist (Jn DAR **06** 162). Endgültige Weigerung darf nicht vorzeitig angenommen werden, weil es verständlich ist, dass der Betroffene an einem Verstoß zweifelt, dessen objektives Vorliegen ja offenbleibt (Rn. 7). Bei endgültiger Weigerung gilt § 53 OWiG. Nimmt der an sich verwarnungswillige Beamte irrig eine Weigerung an und erstattet er deshalb Anzeige, so wird mit der Verfahrenshindernis verneint werden müssen (Ha VM **68** 43). Fehlbeurteilung der Geringfügigkeit: Rn. 18, 35. Wird mit unrichtigem Verwarnungsgeldsatz (Rn. 20) verwarnt, so ist nach dem Sinn des Gesetzes, die Masse der geeigneten Fälle durch Verwarnung zu erledigen, keine Unwirksamkeit anzunehmen. Vielmehr bleibt es bei dem unrichtigen Satz, wenn er zu niedrig ist; ist er hö-

her als nach dem Katalog oder als die Höchstgrenze des § 56 I OWiG, so ist bei Anfechtung der richtige Satz maßgebend (Rn. 35).

7a. Sofortige oder fristgerechte Zahlung des Verwarnungsgelds ist Voraussetzung wirksa- **30** mer Verwarnung (Dü NZV **91** 441, Kö VRS **88** 375, Ko VRS **56** 158, AG Saalfeld NJW **05** 2726), und zwar Entrichtung des festgesetzten Betrags bis zu 55 €. Sie wird durch einen Vorbehalt auf dem Überweisungsträger („vorbehaltlich der Auskunft, welche Handlungsalternative für mich bestanden hätte") nicht in Frage gestellt (OVG Münster DAR **11** 427). Verwarnung ohne Verwarnungsgeld bildet kein Verfahrenshindernis (§ 56 IV OWiG; Rn. 8, 32). Sofort bedeutet nicht, dass der Betroffene auf der Stelle zahlt. Wer eine schriftliche Verwarnung von einem Kfz wegnimmt, an seinem eigenen falsch geparkten Kfz befestigt, um ihn später wieder am anderen Kfz anzubringen, verletzt dadurch keine Vorschrift (Hb NJW **64** 736, *Baumann* NJW **64** 705).

Zahlungsfrist von einer Woche (Sollvorschrift) soll dem Betroffenen bewilligt werden, der **31** das Verwarnungsgeld nicht sofort zahlen kann, oder wenn es 10 € übersteigt (§ 56 II S. 2 OWiG). Die Frist ist in der Bescheinigung (§ 56 III OWiG) anzugeben. Gewahrt wird sie durch Einzahlung bei der bezeichneten Stelle oder bei der Post für diese Stelle (§ 56 II S. 1 OWiG). Auf den Zahlungseingang kommt es dann nicht an (*Wetekamp* DAR **86** 78). Hingegen trägt der Betroffene bei einer Banküberweisung das Risiko rechtzeitigen Eingangs (AG Saalfeld NJW **05** 2726). Die VB kann die Frist verlängern und dadurch eine verspätete Zahlung als rechtzeitig gelten lassen (BT-Drs. V/2600/01 S. 8). Ergibt sich, dass die Zahlung vorsätzlich oder fahrlässig versäumt wurde, so ist verspätete Zahlung zurückzuweisen (rückzuüberweisen); andernfalls kann die Frist verlängert und die verspätete Zahlung bis zum Erlass eines Bußgeldbescheids angenommen werden (*Bouska* VD **73** 153). Nichtangabe des Kennzeichens macht eine rechtzeitige Überweisung nicht ohne Weiteres unwirksam (Fra DAR **68** 187), erst recht nicht falsche Verbuchung aufgrund „Aktenzeichendurcheinanders" innerhalb der Behörde (AG Dortmund DAR **17** 478; hierzu *Sandherr* NZV **17** 539). Evt muss die VB rückfragen; unwirksam ist die Zahlung jedoch, wenn selbst bei zumutbarem Verwaltungsaufwand eine ordnungsgemäße Verbuchung unmöglich ist (Hauser VD **84** 17). Bei verspäteter Zahlung ist die Verwarnung unwirksam (Rn. 30). Eine Wiedereinsetzung in den vorigen Stand ist mit der Rechtsnatur der Verwarnung unvereinbar (AG Saalfeld NJW **05** 2726, *Göhler/Gürtler* § 56 Rn. 28). Die Annahme verspäteter Überweisung durch die VB ist für sich allein nicht ohne Weiteres eine stillschweigende Fristverlängerung (Kö VM **84** 15, VRS **88** 375, AG Saalfeld NJW **05** 2726), anders uU bei Annahme in Kenntnis des Fristablaufs (Ko VRS **56** 158), jedoch nicht bei Postüberweisung (AG Dortmund NStZ **85** 79).

7b. Verfahrenshindernis. Ist die Verwarnung mit Verwarnungsgeld wirksam (Rn. 29–31), so **32** kann die Tat als OW nicht mehr unter den tatsächlichen und rechtlichen Gesichtspunkten der Verwarnung verfolgt werden (§ 56 IV OWiG; Rn. 8), strafrechtlich oder unter anderen OW-Gesichtspunkten jedoch weiterhin (Dü NZV **90** 487, **96** 251, Kar VRS **52** 25). Eine zB wegen unterbliebener Belehrung unwirksame Verwarnung hindert dagegen die weitere Verfolgung der Tat als OW nicht (Bay NZV **99** 258). Kein Verfahrenshindernis vor Zahlung der Geldbuße (Ha JMBlNRW **78** 33, Dü NZV **91** 441). Nur durch rechtzeitige Entrichtung des Verwarnungsgelds entsteht das Hindernis (Kö VRS **88** 375, Ha VRS **54** 134, Ko VRS **42** 375). Die Gründe für unterbliebene Zahlung sind ohne Bedeutung (Dü NZV **91** 441). Wurde entgegen § 56 II S. 1, 2 OWiG keine Zahlungsfrist gesetzt, so entsteht durch Zahlung nach Erlass eines Bußgeldbescheids wegen derselben OW kein Verfahrenshindernis (KG NZV **90** 123, zust *Göhler* NStZ **91** 74, abl *Wache* NZV **90** 124, *Wolf/Harr* JR **91** 273). Zur Beweiserleichterung ist dem Verwarnten eine kostenlose (§ 56 III S. 2 OWiG) Bescheinigung über die Verwarnung, das Verwarnungsgeld, dessen Entrichtung und ggf. über die Zahlungsfrist und Zahlungsstelle zu erteilen (§ 56 III OWiG). Sie dient nur Beweiszwecken, wird formularmäßig erteilt und sollte, soweit möglich, den Betroffenen (kein unbedingtes Erfordernis, BVerwGE **42** 209), jedenfalls aber die OW bezeichnen, weil sie den Beweis der Verwarnung sonst erschwert. Der Betroffene muss die Verwarnung jedoch auch anders nachweisen können. Bestehen bei Versendung der Verwarnung mit einfachem Brief Zweifel über den Zeitpunkt des Empfangs durch den Betroffenen und damit über die Rechtzeitigkeit der Zahlung, so ist zugunsten des Betroffenen von Einhaltung der Wochenfrist auszugehen (Kö VM **85** 45). Verwarnung und Zahlung müssen positiv festgestellt werden können (Ha DAR **61** 176). Ergeht trotz Verwarnung ein Bußgeldbescheid, so wird der Betroffene die VB oder das Gericht von der Verwarnung verständigen und diese nachweisen müssen (Kar NJW **61** 1128). Rückzahlung rechtzeitig überwiesenen Verwarnungsgelds, etwa wegen vergessener Verwarnungsgeld-Nr. (Ha VRS **54** 134), beseitigt das Verfahrenshindernis nicht (Fra DAR **68** 187, *Wetekamp* DAR **86** 79, s. aber Rn. 31). Die **Verwarnung ohne Verwarnungsgeld** ist in § 56 IV als Verfahrenshindernis nicht genannt, hindert also grds. die spätere Ahndung auch dann nicht, wenn der Betroffene bereit war, die beabsichtigte gebührenpflichtige Verwarnung anzunehmen, der PolB dann aber nur eine gebührenfreie erteilt (abw Bra DAR **67** 225). Jedoch sollte diese aus Gründen des Vertrauensschutzes unterbleiben (*Janiszewski* Rn. 177a).

33 **Unter den tatsächlichen und rechtlichen Gesichtspunkten** der Verwarnung kann die Tat bußgeldrechtlich nicht mehr verfolgt werden (Ha VRS **50** 453). Das Verfolgungshindernis ist gem. § 56 IV OWiG beschränkt, um unbillige Bevorzugung zu vermeiden. Nur innerhalb dieses engen Rahmens gilt das Verbot zweimaliger Ahndung. Alles, was die verwarnende Behörde bei der Verwarnung in tatsächlicher und/oder rechtlicher Beziehung bewusst, aus Nichtkenntnis oder versehentlich (Dü NZV **90** 487, *Berz* VOR **72** 328) beiseite gelassen hat, bleibt, soweit selbstständiger Beurteilung zugänglich, unter Ausschluss des durch die Verwarnung bereits Abgegoltenen verfolgbar (Dü NZV **96** 251), etwa eine tateinheitlich mitbegangene andere OW (zB Verwarnung zwar wegen Links-, aber nicht wegen gleichzeitigen Zuschnellfahrens; Dü NZV **90** 487, **96** 251, Ko VRS **72** 444, Kar VRS **53** 368; uU aM AG Homburg ZfS **07** 473 (Verwarnung wegen Geschwindigkeitsüberschreitung sperrt Ahndung eines zugleich begangenen Verstoßes gegen Benutzungsverbot von Handys) m zw Anm *Diehl*), bereits begangene, aber nicht miterfasste weitere gleiche oder ähnliche Tatakte oder Taten, erst recht nach der Verwarnung begangene weitere Tatakte einer DauerOW (Bay DAR **71** 304, Dü NZV **96** 251, Sa NJW **73** 2310). Dem Betroffenen ist unmissverständlich zu eröffnen, was durch Verwarnung abgerügt werden soll, andernfalls wird er annehmen dürfen, der Gesamtvorgang sei durch Verwarnung erledigt (Kö VRS **53** 450), mit der Folge bestehenden Verfahrenshindernisses auch bezüglich der nicht gerügten Bußgeldtatbestände (Ko VRS **71** 145). Eine gebührenpflichtige Verwarnung wegen Zuschnellfahrens schließt Verfolgung nach § 24a StVG nicht aus (Ha VRS **49** 391). War die OW in Wahrheit nicht geringfügig (Rn. 20), so behält die Verwarnung dennoch ihre Sperrwirkung. Durfte der Verwarnte annehmen, der gesamte Vorgang solle gerügt werden, und hat er der Verwarnung deshalb zugestimmt, so wird Sperrwirkung anzunehmen sein (Dü NZV **90** 487, **96** 251, *Göhler/Gürtler* § 56 Rn. 43).

34 **Nur als Ordnungswidrigkeit** kann die Tat nicht mehr verfolgt werden, und zwar als solche nach § 24 StVG. Stellt sich heraus, dass der gerügte Vorgang eine Straftat oder Teil einer solchen ist, so besteht insoweit kein Verfahrenshindernis (Kar VRS **52** 25). Bei weiterer Verfolgung ist Verwarnungsgeld, anders als Geldbuße (§ 86 II OWiG), weder anzurechnen noch zurückzuzahlen (Bay NJW **61** 1270, Kar VRS **53** 368), kann aber bei der Strafzumessung berücksichtigt werden (Göhler/*Gürtler* § 56 Rn. 45). Es stellt keine Strafe dar (BVerfG NJW **67** 1748), mag es auch als Strafbuße wirken. Es ist auch nicht zu erstatten, wenn sich später herausstellt, dass keine OW vorlag, selbst wenn Rückzahlung für diesen Fall zugesagt war (OVG Saarlouis VM **63** 73). Denn das Verwarnungsverfahren will idR jeden späteren Streit über den Vorgang, Strafbarkeit ausgenommen, abschneiden (s. aber Rn. 35). Das Verfahrenshindernis der wirksamen Verwarnung kann behördlich nicht wieder beseitigt werden, auch nicht durch Rücknahme der Verwarnung und Rückzahlung (Fra DAR **68** 187, Dü DAR **61** 235), etwa mit der Begründung, der Betroffene habe Dienstaufsichtsbeschwerde erhoben, woraus sich ergebe, dass er mit der Verwarnung nicht einverstanden sei (AG Mainz DAR **06** 166 mAnm *Schäpe*). Auch der PolB kann nach Zahlung und Ausstellung der Bescheinigung (§ 56 III OWiG) die Verwarnung nicht mehr zurücknehmen (Schl VM **59** 46, SchlHA **59** 199, Stu NJW **59** 330). Verschlechterungsverbot: § 24 StVG Rn. 72, 73.

35 **7c. Als Verwaltungsakt** ist die Verwarnung mit Verwarnungsgeld zwar grundsätzlich anfechtbar (Art 19 IV GG), im Hinblick auf das erforderliche Einverständnis des Betroffenen jedoch nur in beschränktem Umfang. Durch das Einverständnis (§ 56 II OWiG) verzichtet der Verwarnte nicht auf jedes Rechtsmittel. Die etwaige Rechtswidrigkeit der Verwarnung und das Rechtsschutzbedürfnis des Betroffenen bleiben unberührt. Das Einverständnis bedeutet lediglich, dass der Betroffene, um ein Bußgeldverfahren zu vermeiden und etwaiger Eintragung im VZR zu entgehen, dem Verwarnungsverfahren zustimmt, außerdem, dass er in diesem summarischen Verfahren auf gerichtliche Nachprüfung des Hergangs und seiner Beurteilung als OW verzichtet (BVerwG NJW **66** 1426, OVG Ko NJW **65** 1781, abl *Peter* JZ **67** 530). So kann er im Wege der Anfechtung nicht einwenden, es habe kein Verstoß vorgelegen, oder anderwärts seien gleich gelagerte Fälle niedriger geahndet worden (BVerwG NJW **66** 1426), wohl aber, er habe der Verwarnung nicht zugestimmt, der Beamte sei nicht ermächtigt gewesen (§ 58 OWiG; BVerwG NJW **66** 1426), er habe den gesetzlichen Höchstsatz des Verwarnungsgelds (§ 56 I S. 1 OWiG)

überschritten, er habe eine unrichtige oder unvollständige Bescheinigung (§ 56 III OWiG) erteilt, oder den Betroffenen entgegen § 56 II S. 1 OWiG nicht ordnungsgemäß belehrt (BVerwG NJW **66** 1426), oder das Einverständnis sei durch Täuschung, Drohung oder Zwang bewirkt worden (OVG Ko NJW **65** 1781). Er kann auch nicht geltend machen, das Verwarnungsgeld sei unter Verstoß gegen die BKatV oder den landesinternen Tatbestandskatalog zu hoch festgesetzt worden (Göhler/*Gürtler* § 56 OWiG Rn. 33, *Janiszewski* 182b, offen gelassen von BVerwGE **24** 12, aM *Bode* DAR **69** 59, hier bis 38. Aufl).

Stammt die Verwarnung von einer VB, so ist die Anfechtung dort anzubringen, andernfalls bei **36** der Behörde des verwarnenden Beamten. Bei berechtigter Anfechtung nimmt die VB die Verwarnung zurück und zahlt das Verwarnungsgeld zurück. Gegen die ablehnende Entscheidung der VB kann **Antrag auf gerichtliche Entscheidung** gem. § 62 OWiG erhoben werden; der Verwaltungsrechtsweg ist ausgeschlossen (VG Freiburg NJW **72** 919, Göhler/*Gürtler* § 56 Rn. 37, *Janiszewski* 185 f.); die gegenteilige Auffassung (zB BVerwGE **24** 8, wN 38. Aufl) ist überholt. Die wirksam angefochtene Verwarnung darf durch die VB in gesetzlicher Form wiederholt werden. Es ist nicht anzunehmen, dass in diesem Fall nur im „ersten Zugriff" verwarnt werden darf. Die Verwarnung *ohne Verwarnungsgeld* ist nach hM (weil kein Verwaltungsakt) nicht anfechtbar, sondern kann nur mit Gegenvorstellung und Dienstaufsichtsbeschwerde angegriffen werden (Göhler/*Gürtler* § 56 Rn. 35, *Bode* DAR **87** 369, zT aM *Pohl-Sichtermann/Demuth* MDR **71** 345); auch Antrag auf gerichtliche Entscheidung gem. § 62 OWiG ist nicht zulässig (Göhler/*Gürtler* aaO, aM Hb NJW **87** 2173), jedenfalls bei schriftlicher Verwarnung (abl *Bode* DAR **87** 369 und *Göhler* NStZ **88** 66).

Literatur: *Bode,* Das Verwarnungsverfahren, DAR **69** 57. *Bode,* Gerichtlicher Rechtsschutz gegen die Ver- **36a** warnung ohne Verwarnungsgeld?, DAR **87** 369. *Hauser,* Verwarnung bei VOW, VD **84** 12. *Janker/Steffen,* Die Erteilung von Verwarnungen ... durch PolB, Polizei **04** 78. *Pohl-Sichtermann/Demuth,* Rechtsschutz gegen verwaltungsbehördliche Verwarnungen, MDR **71** 345. *Wetekamp,* Rechtsfragen der Verwarnung ..., DAR **86** 75. *Wolf/Harr,* Zur Wirksamkeit und Bindungswirkung des „Verwarnungsgeldangebots" ..., JR **91** 273.

8. Verwarnung durch Beamte des Außen- und Polizeidienstes. Maßgebend sind die **37** §§ 57, 58 OWiG. Sie lauten:

§ 57 Verwarnung durch Beamte des Außen- und Polizeidienstes **38**

(1) Personen, die ermächtigt sind, die Befugnis nach § 56 für die Verwaltungsbehörde im Außendienst wahrzunehmen, haben sich entsprechend auszuweisen.

(2) Die Befugnis nach § 56 steht auch den hierzu ermächtigten Beamten des Polizeidienstes zu, die eine Ordnungswidrigkeit entdecken oder im ersten Zugriff verfolgen und sich durch ihre Dienstkleidung oder in anderer Weise ausweisen.

9. Begr (Drs. V/1269 S. 85): ... *Die Frage, in welchem Verfahrensabschnitt eine Verwarnung durch* **39** *Polizeibeamte noch zulässig sein soll, entscheidet der Entwurf vorwiegend nachpragmatischen Gesichtspunkten. Sie sind auch für die Einrichtung des Verwarnungsverfahrens überhaupt maßgebend. Mit Hilfe des Verwarnungsverfahrens kann bei geringfügigen Ordnungswidrigkeiten das umständlichere förmliche Verfahren vermieden und der so ersparte Arbeits- und Verwaltungsaufwand dazu benutzt werden, die Einhaltung der gesetzlichen Gebote und Verbote verstärkt zu überwachen. Dieses Verfahren anzuwenden, empfiehlt sich aus der Sicht der polizeilichen Tätigkeit namentlich in den Fällen, in denen die Polizeibeamten im Rahmen ihres Ermittlungsauftrages ... Ordnungswidrigkeiten feststellen oder verfolgen. Andernfalls müssten die Polizeibeamten selbst bei geringfügigen Ordnungswidrigkeiten schriftliche Vernehmungen durchführen, Akten anlegen und die Verhandlung der Verwaltungsbehörde übersenden. Anders ist allerdings die Sachlage, wenn die Polizei von der zuständigen Verwaltungsbehörde ersucht wird, den Sachverhalt zu ermitteln. In solchen Fällen muss die weitere Entscheidung über das Verfahren der Verwaltungsbehörde verbleiben. Sonst könnte die Polizei ein anhängiges Bußgeldverfahren durch eine Verwarnung sogar dann zum Abschluss bringen, wenn dies im Widerspruch zu der Auffassung der Verfolgungsbehörde stehen würde.*

Der Entwurf lässt deshalb die Möglichkeit der Verwarnung nur zu, soweit die Beamten der Polizei eine **40** *Ordnungswidrigkeit entdecken oder im ,ersten Zugriff' verfolgen. Der Begriff des ,ersten Zugriffs', der im Schrifttum seit langem zur Kennzeichnung der ersten Ermittlungstätigkeit verwendet wird, grenzt den Anwendungsbereich der Vorschrift in zweifacher Weise ein: Die Ermittlungshandlungen dürfen einmal zeitlich das erste Stadium noch nicht überschritten haben. Liegt die erste Ermittlungstätigkeit schon einige Zeit zurück, so sind regelmäßig Akten angelegt, die dann auch der zuständigen Verwaltungsbehörde zur Entscheidung vorgelegt werden sollen. Das Verwarnungsverfahren durch die Polizei kommt außerdem nur in Betracht, wenn die Polizei von sich aus einschreitet, also nicht auf Ersuchen oder im Auftrag der Verfolgungsbehörde tätig wird. Im letzteren Falle handelt sie nicht mehr im ,ersten Zugriff', vielmehr lässt dann*

die Verwaltungsbehörde in einem bereits laufenden Verfahren durch die Polizei Ermittlungsverhandlungen vornehmen (§ 161 StPO iVm § 37 Abs. 1 des Entwurfs).
...

41–44 *Es ist ... geprüft worden, ob die Befugnis nach § 45 (jetzt § 56 OWiG) nur den Beamten des Polizeidienstes übertragen werden sollte, die im Außendienst tätig sind. Eine solche Beschränkung hält der Entwurf jedoch aus praktischen Gründen nicht für empfehlenswert. Bei den künftigen Verkehrsordnungswidrigkeiten kann, soweit die Behörden oder Dienststellen der Vollzugspolizei nicht Bußgeldbehörde sind, ein Verwarnungsverfahren durch Beamte geboten sein, die zeitweise im Innendienst (z. B. auf dem Polizeirevier) ihren Dienst verrichten ... .*

45 **10.**

§ 58 Ermächtigung zur Erteilung der Verwarnung

(1) [1]Die Ermächtigung nach § 57 Abs. 2 erteilt die oberste Dienstbehörde des Beamten oder die von ihr bestimmte Stelle. [2]Die oberste Dienstbehörde soll sich wegen der Frage, bei welchen Ordnungswidrigkeiten Ermächtigungen erteilt werden sollen, mit der zuständigen Behörde ins Benehmen setzen. [3]Zuständig ist bei Ordnungswidrigkeiten, für deren Verfolgung und Ahndung eine Verwaltungsbehörde des Bundes zuständig ist, das fachlich zuständige Bundesministerium, sonst die fachlich zuständige oberste Landesbehörde.

(2) Soweit bei bestimmten Ordnungswidrigkeiten im Hinblick auf ihre Häufigkeit und Gleichartigkeit eine möglichst gleichmäßige Behandlung angezeigt ist, sollen allgemeine Ermächtigungen an Verwaltungsangehörige und Beamte des Polizeidienstes zur Erteilung einer Verwarnung nähere Bestimmungen darüber enthalten, in welchen Fällen und unter welchen Voraussetzungen die Verwarnung erteilt und in welcher Höhe das Verwarnungsgeld erhoben werden soll.

46–50 **11. Begr** (Drs. V/1269 S. 86): *Nach Absatz 1 Satz 1 erteilt die oberste Dienstbehörde des Beamten oder die von ihr bestimmte Behörde die Ermächtigung nach § 46 (jetzt 57) Abs. 2. Diese Regelung entspricht dem bisherigen § 22 Abs. 3 StVG. Da den Beamten des Polizeidienstes künftig nicht nur bei Verkehrsordnungswidrigkeiten, sondern allgemein bei Ordnungswidrigkeiten die Befugnis eingeräumt werden kann, eine Verwarnung mit einem Verwarnungsgeld auszusprechen, muss die Vorschrift über die Erteilung der Ermächtigung ergänzt werden. Die Durchführung des Verwarnungsverfahrens greift in die Kompetenz der sachlich zuständigen Verwaltungsbehörde ein, weil diese nach Zahlung des Verwarnungsgeldes gehindert ist, die Tat als Ordnungswidrigkeit zu verfolgen. Deshalb bestimmt Satz 2, dass sich die oberste Dienstbehörde wegen der Frage, bei welchen Ordnungswidrigkeiten Ermächtigungen nach § 46 (jetzt 57) Abs. 2 erteilt werden sollen, mit der zuständigen Behörde ins Benehmen setzen soll.*

51 **12. Ermächtigt** werden können durch Verwaltungsakt der zuständigen Behörde (§ 58 OWiG) Beamte des Außen- und Polizeidienstes. Die Ermächtigung ist gesetzliche Voraussetzung der Befugnis, Verwarnungen (§ 56 OWiG) zu erteilen. Fehlt die Ermächtigung, so ist die Verwarnung unwirksam (Rn. 35), kann aber noch durch einen ermächtigten Beamten nachgeholt werden. Die Ermächtigung wird im Einzelfall oder allgemein für bestimmte Beamte erteilt. Jeder ermächtigte Beamte ist im Außendienst mit einem Ausweis hierüber zu versehen (§ 57 I OWiG), den er bei der Amtshandlung vorzuzeigen hat (§ 57 I OWiG). Im Fall des II können sich Beamte des Polizeidienstes auch durch Dienstkleidung oder in anderer Weise ausweisen. Bloßer Ausweismangel beeinträchtigt die Wirksamkeit der Verwarnung (Rn. 29) nicht. Der Begriff „Beamte" in der amtlichen Überschrift des § 57 OWiG meint nicht nur Beamte im formellen Sinn, sondern alle Personen, die kraft Bundes- oder Landesrechts zur Verwarnung ermächtigt sind, auch Angestellte und andere Hilfspersonen (BVerwG VkBl. **70** 710, Göhler/*Gürtler* § 57 Rn. 2, *Bouska* VD **68** 165). Auch Innendienstbeamte können nach § 58 OWiG ermächtigt werden. Dabei ist vor allem an die Fälle gedacht, in denen der Außenbeamte den Betroffenen nur durch Vorladung am Fz erreicht. Verwarnung kommt nur in Betracht, wenn der ermächtigte Beamte von sich aus tätig wird, auch nach Vorladung des Betroffenen zur Dienststelle, nicht auch, wenn die VB zwecks Vorbereitung eigener Entscheidungen um Ermittlung ersucht (Rn. 39, 40). **BundesPolBeamte als Bahnpol** können außerhalb der Bahnanlagen nicht ermächtigt werden (§ 26 Rn. 2).

52 **13. Straftatbestände.** „Verwarnung" durch einen angeblichen VPolB ist Amtsanmaßung in TE mit Betrug (BGH GA **64** 151). Die Pflicht, Verwarnungsgelder entgegenzunehmen, aufzubewahren und darüber später abzurechnen, ist eine Treuepflicht iS von § 266 StGB (Kar 3 Ss 154/72). Wer als Anhalteposten ein an sich angezeigtes Verwarnungsgeld pflichtwidrig nicht erhebt, verletzt § 339 StGB nicht (Ha VRS **57** 198).

Informationsschreiben

27 (1) [1] Hat die Verwaltungsbehörde in einem Bußgeldverfahren den Halter oder Eigentümer eines Kraftfahrzeugs auf Grund einer Abfrage im Sinne des Artikels 4 der Richtlinie (EU) 2015/413 des Europäischen Parlaments und des Rates vom 11. März 2015 zur Erleichterung des grenzüberschreitenden Austauschs von Informationen über die Straßenverkehrssicherheit gefährdende Verkehrsdelikte (ABl. L 68 vom 13.3.2015, S. 9) ermittelt, übersendet sie der ermittelten Person ein Informationsschreiben. [2] In diesem Schreiben werden die Art des Verstoßes, Zeit und Ort seiner Begehung, das gegebenenfalls verwendete Überwachungsgerät, die anwendbaren Bußgeldvorschriften sowie die für einen solchen Verstoß vorgesehene Sanktion angegeben. [3] Das Informationsschreiben ist in der Sprache des Zulassungsdokuments des Kraftfahrzeugs oder in einer der Amtssprachen des Mitgliedstaates zu übermitteln, in dem das Kraftfahrzeug zugelassen ist.

(2) Absatz 1 gilt nicht, wenn die ermittelte Person ihren ordentlichen Wohnsitz im Inland hat.

Begr zum G v. 28.8.13 (BT-Drs. 17/13026 S. 17 = VkBl. **13** 982): *Die Vorschrift dient der Umsetzung der Richtlinie 2011/82/EU des Europäischen Parlaments und des Rates vom 25. Oktober 2011 zur Erleichterung des grenzüberschreitenden Austauschs von Informationen über die Straßenverkehrssicherheit gefährdende Verkehrsdelikte (ABl. L 288 vom 5.11.2011, S. 1) in deutsches Recht. Abfrage i. S. d. Absatzes 1 Satz 1 der Vorschrift meint die automatisierte Suche nach Artikel 4 Absatz 1 der vorgenannten Richtlinie.*   **1**

In Artikel 5 der Richtlinie 2011/82/EU ist geregelt, dass die Verwaltungsbehörde nach Erhalt der ausländischen Halter- und Fahrzeugdaten an den Halter oder Eigentümer des Kraftfahrzeugs oder die anderweitig identifizierte Person, die des Verkehrsverstoßes verdächtig ist, im Rahmen des Bußgeldverfahrens ein Informationsschreiben übermittelt, wenn sie „Folgemaßnahmen einleitet". Die Übersendung eines Informationsschreibens ist daher nicht erforderlich, wenn die Verwaltungsbehörde nach Erhalt der Daten im Rahmen ihres Ermessens von der Verfolgung des Verkehrsverstoßes absieht. Die Art, der Inhalt und die Form des Informationsschreibens stehen unter dem Vorbehalt des nationalen Rechts des Deliktsmitgliedstaates. Insbesondere stellt Artikel 5 Absatz 1 Satz 3 der Richtlinie 2011/82/EU klar, dass die Mitteilung konkreter Rechtsfolgen oder Sanktionen vor Abschluss des Verfahrens nicht erfolgen muss, soweit das nationale Recht des Mitgliedstaates, in dem der Verkehrsverstoß begangen wurde, dies nicht vorsieht.   **2**

Das Informationsschreiben soll die in Artikel 5 der Richtlinie genannten Informationen über den Verkehrsverstoß enthalten und wird in der Sprache des Zulassungsdokuments oder in einer Amtssprache des Mitgliedstaates übermittelt, in dem das Kraftfahrzeug zugelassen ist .... Im Rahmen des Bußgeldverfahrens stellt das Informationsschreiben eine Form der Anhörung des Betroffenen bzw. Vernehmung eines Zeugen dar. Die wichtigsten Inhalte sowie die Sprache, in der das Informationsschreiben verfasst wird, gibt die Richtlinie vor; es gilt jedoch auch hier der Vorbehalt des nationalen Rechts des Mitgliedstaates, in dem der Verkehrsverstoß begangen wurde. Im Übrigen gelten die Verfahrensregelungen nach dem Gesetz über Ordnungswidrigkeiten und nach der Strafprozessordnung. Die Verfahren der internationalen Rechtshilfe in Strafsachen bleiben jedoch unberührt. Der Empfänger des Informationsschreibens kann sowohl Betroffener als auch Zeuge sein und wird daher entsprechend belehrt.   **3**

Nach Absatz 2 erfolgt die Anhörung bzw. Vernehmung der ermittelten Person nach den allgemeinen Regeln des Bußgeldverfahrens, wenn die ermittelte Person ihren Wohnsitz im Inland hat. Denn nach Sinn und Zweck der Richtlinie soll mit dem Informationsschreiben der im EU-Ausland ansässige Halter oder Betroffene in einer ihm verständlichen Sprache über den Vorwurf informiert werden.   **4–10**

1. Der durch G v. 28.8.13 (BGBl. I S. 3310) eingeführte § 27 ist Teil der Umsetzung der – allerdings vom EuGH für nichtig erklärten, jedoch für 12 Monate bis zu neuer Inkraftsetzung auf richtiger Grundlage aufrechterhaltenen (EuGH NJW **14** 2173) – Richtlinie 2011/82/EU („Enforcement-Richtlinie", „abgelöst" durch Richtlinie 2015/413/EU), die die **grenzüberschreitende Verfolgung von Verkehrsverstößen in der EU** erleichtern soll. Wenn in einem EU-Staat ein unter die Richtlinie fallender VVerstoß (abschließende Aufzählung in Art 2 der Richtlinie 2015/413/EU, § 37b I StVG) mit einem in einem anderen EU-Staat zugelassenen Fz begangen worden ist, kann der Staat, der diesen Verstoß verfolgen will, zu Ermittlungszwecken im Wege eines automatisierten Abrufs auf die Daten zugreifen, die über das Fz und den Halter oder Eigentümer in dem anderen Staat gespeichert sind (dazu *Albrecht* DAR **13** 617, SVR **13** 441, *Lippert* VD **13** 182). Wenn daraufhin das Verfahren nicht eingestellt, sondern die Verfolgung des Verstoßes weitergeführt wird, ist ein Informationsschreiben an den Betr zu versenden.   **11**

2. § 27 regelt das durch Art 5 der Richtlinie vorgeschriebene **Informationsschreiben,** das an einen im EU-Ausland wohnenden Betroffenen zu versenden ist, wenn ein VVerstoß in   **12**

Deutschland verfolgt wird, der mit einem im EU-Ausland zugelassenen Fz hier begangen wurde. Das Schreiben muss nicht verschickt werden, wenn die Bußgeldbehörde nach Erhalt der Daten von der Verfolgung des Verstoßes absieht (Begr Rn. 2). I S. 2 bestimmt den **Inhalt des Schreibens**. Das Informationsschreiben ist in der **Sprache** des Zulassungsdokuments des Kfz, mit dem der Verstoß begangen wurde, – soweit verfügbar – oder in einer der Amtssprachen des EU-Staates abzufassen, in dem das Fz zugelassen ist (I S. 3), damit es für den Empfänger verständlich ist. Unverbindliche Musterinformationsschreiben mit Übersetzungen: VkBl. **14** 63.

13   **3.** Das Informationsschreiben ist **nicht zu versenden,** wenn der Betr seinen **Wohnsitz in Deutschland** hat (II, Begr Rn. 4–10). Für Personen mit Wohnsitz im Inland erfolgt die Anhörung bzw. Vernehmung nach den allgemeinen Regeln des Bußgeldverfahrens (*Albrecht* DAR **13** 617 (620), SVR **13** 441 (443)).

IV. Fahreignungsregister

Führung und Inhalt des Fahreignungsregisters

28 (1) Das Kraftfahrt-Bundesamt führt das Fahreignungsregister nach den Vorschriften dieses Abschnitts.

(2) Das Fahreignungsregister wird geführt zur Speicherung von Daten, die erforderlich sind

1. für die Beurteilung der Eignung und der Befähigung von Personen zum Führen von Kraftfahrzeugen oder zum Begleiten eines Kraftfahrzeugführers entsprechend einer nach § 6e Abs. 1 erlassenen Rechtsverordnung,

2. für die Prüfung der Berechtigung zum Führen von Fahrzeugen,

3. für die Ahndung der Verstöße von Personen, die wiederholt Straftaten oder Ordnungswidrigkeiten, die im Zusammenhang mit dem Straßenverkehr stehen, begehen oder

4. für die Beurteilung von Personen im Hinblick auf ihre Zuverlässigkeit bei der Wahrnehmung der ihnen durch Gesetz, Satzung oder Vertrag übertragenen Verantwortung für die Einhaltung der zur Sicherheit im Straßenverkehr bestehenden Vorschriften.

(3) Im Fahreignungsregister werden Daten gespeichert über

1. rechtskräftige Entscheidungen der Strafgerichte wegen einer Straftat, die in der Rechtsverordnung nach § 6 Absatz 1 Nummer 1 Buchstabe s. bezeichnet ist, soweit sie auf Strafe, Verwarnung mit Strafvorbehalt erkennen oder einen Schuldspruch enthalten,

2. rechtskräftige Entscheidungen der Strafgerichte, die die Entziehung der Fahrerlaubnis, eine isolierte Sperre oder ein Fahrverbot anordnen, sofern sie nicht von Nummer 1 erfasst sind, sowie Entscheidungen der Strafgerichte, die die vorläufige Entziehung der Fahrerlaubnis anordnen,

3. rechtskräftige Entscheidungen wegen einer Ordnungswidrigkeit

   a) nach den §§ 24, 24a oder § 24c, soweit sie in der Rechtsverordnung nach § 6 Absatz 1 Nummer 1 Buchstabe s. bezeichnet ist und gegen die betroffene Person
   aa) ein Fahrverbot nach § 25 angeordnet worden ist oder
   bb) eine Geldbuße von mindestens sechzig Euro festgesetzt worden ist und § 28a nichts anderes bestimmt,

   b) nach den §§ 24, 24a oder § 24c, soweit kein Fall des Buchstabens a vorliegt und ein Fahrverbot angeordnet worden ist,

   c) nach § 10 des Gefahrgutbeförderungsgesetzes, soweit sie in der Rechtsverordnung nach § 6 Absatz 1 Nummer 1 Buchstabe s. bezeichnet ist,

4. unanfechtbare oder sofort vollziehbare Verbote oder Beschränkungen, ein fahrerlaubnisfreies Fahrzeug zu führen,

5. unanfechtbare Versagungen einer Fahrerlaubnis,

6. unanfechtbare oder sofort vollziehbare

   a) Entziehungen, Widerrufe oder Rücknahmen einer Fahrerlaubnis,
   b) Feststellungen über die fehlende Berechtigung, von einer ausländischen Fahrerlaubnis im Inland Gebrauch zu machen,

7. Verzichte auf die Fahrerlaubnis,

8. unanfechtbare Ablehnungen eines Antrags auf Verlängerung der Geltungsdauer einer Fahrerlaubnis,

9. die Beschlagnahme, Sicherstellung oder Verwahrung von Führerscheinen nach § 94 der Strafprozessordnung,

10. *(aufgehoben)*

11. Maßnahmen der Fahrerlaubnisbehörde nach § 2a Abs. 2 Satz 1 Nr. 1 und 2 und § 4 Absatz 5 Satz 1 Nr. 1 und 2,

12. die Teilnahme an einem Aufbauseminar, an einem besonderen Aufbauseminar und an einer verkehrspsychologischen Beratung, soweit dies für die Anwendung der Regelungen der Fahrerlaubnis auf Probe (§ 2a) erforderlich ist,

13. die Teilnahme an einem Fahreignungsseminar, soweit dies für die Anwendung der Regelungen des Fahreignungs-Bewertungssystems (§ 4) erforderlich ist,

14. Entscheidungen oder Änderungen, die sich auf eine der in den Nummern 1 bis 13 genannten Eintragungen beziehen.

(4) ¹Die Gerichte, Staatsanwaltschaften und anderen Behörden teilen dem Kraftfahrt-Bundesamt unverzüglich die nach Absatz 3 zu speichernden oder zu einer Änderung oder Löschung einer Eintragung führenden Daten mit. ²Die Datenübermittlung nach Satz 1 kann auch im Wege der Datenfernübertragung durch Direkteinstellung unter Beachtung des § 30a Absatz 2 bis 4 erfolgen.

(5) ¹Bei Zweifeln an der Identität einer eingetragenen Person mit der Person, auf die sich eine Mitteilung nach Absatz 4 bezieht, dürfen die Datenbestände des Zentralen Fahrerlaubnisregisters und des Zentralen Fahrzeugregisters zur Identifizierung dieser Personen verwendet werden. ²Ist die Feststellung der Identität der betreffenden Personen auf diese Weise nicht möglich, dürfen die auf Anfrage aus den Melderegistern übermittelten Daten zur Behebung der Zweifel verwendet werden. ³Die Zulässigkeit der Übermittlung durch die Meldebehörden richtet sich nach den Meldegesetzen der Länder. ⁴Können die Zweifel an der Identität der betreffenden Personen nicht ausgeräumt werden, werden die Eintragungen über beide Personen mit einem Hinweis auf die Zweifel an deren Identität versehen.

(6) Die regelmäßige Verwendung der auf Grund des § 50 Abs. 1 im Zentralen Fahrerlaubnisregister gespeicherten Daten ist zulässig, um Fehler und Abweichungen bei den Personendaten sowie den Daten über Fahrerlaubnisse und Führerscheine der betreffenden Person im Fahreignungsregister festzustellen und zu beseitigen und um das Fahreignungsregister zu vervollständigen.

1   **Begr** zur Neufassung durch ÄndG v. 24.4.98 (BT-Drs. 13/6914 S. 50, 73 = VkBl. **98** 774, 799): ... *Die Änderungen zielen vor allen Dingen darauf ab, die Erfordernisse des Datenschutzes entsprechend den Grundsätzen des Volkszählungsurteils des Bundesverfassungsgerichts vom 15. Dezember 1983 (BVerfGE 65, 1 ff.) in der erforderlichen Weise zu berücksichtigen. Insbesondere soll sichergestellt werden, dass nur die für die Registerzwecke notwendigen Tatbestände und Entscheidungen eingetragen und Auskünfte aus dem Register nur insoweit erteilt werden, als dies zur Erfüllung der dem Empfänger obliegenden Aufgaben erforderlich ist. Das Prinzip der Vollauskunft muss deshalb durch den Grundsatz der Teilauskunft ersetzt werden: Übermittlung nicht aller Daten, sondern nur derjenigen Daten, die für die Aufgabenerfüllung der Empfänger notwendig sind. ...*

2   **Zu Abs. 2:** *Neu aufgenommen wird in § 28 Abs. 2 eine Beschreibung der Zweckbestimmungen des Registers, die Maßstab sowohl für Art und Umfang der einzutragenden Entscheidungen als auch für die Verwendung der Daten sind. Bisher lagen – wenn auch nicht ausdrücklich festgelegt – der Führung des Verkehrszentralregisters in der Hauptsache folgende Zwecke zugrunde:*
– *Eignungsbeurteilung von Kraftfahrern sowie*
– *Beurteilung von Wiederholungstätern in Straf- und Ordnungswidrigkeitenverfahren.*
Diese Registerzwecke sind nunmehr in Absatz 2 Nr. 1 und 3 verankert.
Weiter sind die Daten nach Absatz 2 Nr. 2 erforderlich zur Prüfung der Berechtigung zum Führen von Kraftfahrzeugen. Dieser Bereich der polizeilichen Gefahrenabwehr wird als Registerzweck besonders definiert, da er von den Zweck nach Nummer 1 nicht erfasst wird. Es handelt sich dabei namentlich um die Klärung bei Polizei- oder Grenzkontrollen, ob dem Betreffenden die Fahrerlaubnis entzogen oder ein Fahrverbot auferlegt wurde. Im Rahmen von ZEVIS erfolgt bereits heute eine entsprechende Nutzung (§ 30a StVG).
Nr. 3 deckt auch Datenspeicherungen und -übermittlungen bei erstmals auffälligen Tätern ab, da nur mit Hilfe des Registers festzustellen ist, ob es sich um einen Erst- oder einen Wiederholungstäter handelt.
Die Konkretisierung der Zweckbestimmungen wird abgeschlossen mit der Behandlung der Halterverantwortlichkeit in Absatz 2 Nr. 4 (Beurteilung der Zuverlässigkeit von Personen, die z. B. als Fahrzeughalter für die Einhaltung der zur Sicherheit im Straßenverkehr bestehenden Vorschriften verantwortlich sind). Dies bedeutet aber keineswegs, dass sämtliche Verstöße dieses Personenkreises im VZR eingetragen werden; so werden die Verstöße der Unternehmer und Disponenten nach dem Fahrpersonalgesetz nach wie vor allein im Gewerbezentralregister registriert. Auch werden nicht sämtliche im VZR befindliche Eintragungen in das Punktsystem einbezogen, sondern nur die in § 28 Abs. 3 Nr. 1 bis 3 StVG aufgeführten.

3   **Begr** z ÄndG v. 14.8.05 (VkBl. **05** 692): *Die Änderung des § 28 Abs. 2 Satz 1 Nr. 1 ermöglicht es, Anfragen insbesondere über Eintragungen der Begleitpersonen im Verkehrszentralregister vorzunehmen.*

4   **Begr** z 5. StVGÄndG v. 17.7.09 **zu Abs. 3 Nr. 6** (BR-Drs. 330/09 (Beschluss) S. 4 = BT-Drs. 16/13108 S. 10, BT-Drs. 16/13616 S. 5): *Im VZR sind alle Negativentscheidungen zu Fahrerlaubnissen zu erfassen. Mit der 2. FeVÄndVO wurde in § 46 Absatz 5 FeV verankert, dass bei einer ausländischen Fahrerlaubnis die Entziehung die Wirkung einer Aberkennung des Rechts hat, von der Fahrerlaubnis im Inland Gebrauch zu machen. Um die unterschiedlichen Maßnahmen im VZR zu verdeutli-*

chen, wird durch die vorliegende Ergänzung die Aberkennung als eigene Kategorie von zu speichernden Daten neu eingeführt. Ebenso verhält es sich mit der durch die 3. FeVÄndVO in § 28 Absatz 4 FeV geschaffenen Möglichkeit, einen feststellenden Verwaltungsakt über die fehlende Berechtigung zu erlassen, von einer ausländischen Fahrerlaubnis im Inland Gebrauch zu machen.

Begr zum ÄndG v. 28.8.13 **zu Abs. 3** (BT-Drs. 17/12636 S. 45 = VkBl. **13** 1149): *Bislang* 5 *wurde unmittelbar im Straßenverkehrsgesetz geregelt, welche Straftaten und Ordnungswidrigkeiten zu speichern waren. Künftig erfolgt eine Speicherung im Fahreignungsregister, wenn die Straftaten und Ordnungswidrigkeiten in einer abschließenden Liste aufgezählt sind. § 6 Absatz 1 Nummer 1 Buchstabe s. überlässt es dem Verordnungsgeber zu bestimmen, welche Straftaten und Ordnungswidrigkeiten künftig im Fahreignungsregister gespeichert werden. Diese Liste ist zugleich auch die Liste, mit der bestimmt wird, welche Straftaten und Ordnungswidrigkeiten für das Fahreignungs-Bewertungssystem zu berücksichtigen sind (§ 4 Absatz 2 Satz 1).*

Nummer 1 regelt die Speicherung von rechtskräftigen Entscheidungen der Strafgerichte im Fahreignungs- 6 *register, soweit sie auf Strafe, Verwarnung mit Strafvorbehalt erkennen oder einen Schuldspruch enthalten und sie zu Maßnahmen nach dem Fahreignungs-Bewertungssystem nach § 4 Absatz 5 führen. Neu ist die zweite Bedingung. Sie erreicht, dass es künftig nicht mehr genügt, dass eine Straftat vorliegt, die im Zusammenhang mit dem Führen eines Kraftfahrzeuges steht oder unter Verletzung der Pflichten eines Kraftfahrzeugführers begangen worden ist, sondern die betreffende Straftat muss ausdrücklich für die Speicherung in der durch den Verordnungsgeber zu erlassenden Rechtsverordnung bestimmt werden.*

Die Regelung in Nummer 2 wird inhaltlich unverändert beibehalten und lediglich um eine systematische 7 *Abgrenzung zur Nummer 1 ergänzt. Die Regelung betrifft die Speicherung fahrerlaubnisbeschränkender Maßnahmen, die von den Strafgerichten angeordnet werden. Deren Speicherung dient nach wie vor der Überprüfbarkeit der Fahrberechtigung. Diese strafgerichtlichen Anordnungen können auch bei Entscheidungen über Straftaten erfolgen, die nicht im Fahreignungs-Bewertungssystem verwendet werden und damit nicht bereits nach Nummer 1 gespeichert werden. Auch bei diesen Straftaten muss die Einhaltung solcher Anordnungen überwacht werden können. Die gleiche Erwägung betrifft Nummer 3 Buchstabe b für die Fahrverbote bei Ordnungswidrigkeiten.*

Nach Nummer 3 Buchstabe a werden – wie bisher – rechtskräftige Entscheidungen wegen Ordnungswid- **8–14** *rigkeiten nach §§ 24, 24a und 24c StVG gespeichert. Neu ist jedoch, dass sie nur dann gespeichert werden, wenn sie in der Verordnung nach § 6 Absatz 1 Nummer 1 Buchstabe s. genannt sind. Weiterhin werden diese Entscheidungen nur gespeichert, wenn aa) gegen den Inhaber einer Fahrerlaubnis ein Fahrverbot nach § 25 StVG angeordnet worden ist oder bb) die Entscheidung wegen einer Zuwiderhandlung ergangen ist, für die eine Geldbuße von mindestens 60 Euro verhängt worden ist. Für die Speicherung der Ordnungswidrigkeiten gibt es somit künftig neben der Höhe der Geldbuße die Bedingung, dass die Ordnungswidrigkeiten in der Verordnung ausdrücklich genannt sind. Dadurch wird eine abschließende Regelung erreicht, so dass bei nicht in der abschließenden Liste enthaltenen Ordnungswidrigkeiten auch erhöhte Geldbußen nicht zur Eintragung führen.*

1. Das frühere Verkehrszentralregister (VZR) wurde mit Wirkung vom 1.5.14 in **Fahreig-** 15 **nungsregister** (FAER) umbenannt (nicht zu verwechseln mit dem Zentralen Fahrerlaubnisregister – ZFER). Der Begriff wurde im Rahmen der Reform des Mehrfachtäter-Punktsystems und der Schaffung des Fahreignungs-Bewertungssystems (ÄndG v. 28.8.13, BGBl. I S. 3313, ÄndVO v. 5.11.13, BGBl. I S. 3920) geändert, um das Ziel des Registers besser wiederzugeben, ungeeignete Kf zu identifizieren, zu warnen und Unbelehrbare nach einer bestimmten Kumulation von Verstößen durch EdF vom StrV auszuschließen (Begr BT-Drs. 17/12636 S. 18 = VkBl. **13** 1117). Die **Zweckbestimmungen** des FAER sind in II abschließend aufgeführt; sie bilden den Maßstab nicht nur für Art und Umfang der einzutragenden Daten sondern auch für deren Verwertung (s. Rn. 2). Diese Zweckbestimmungen, die bei der Reform 2014 nicht geändert wurden, gehen über das bei der Änderung der Bezeichnung zum 1.5.14 genannte Ziel hinaus (*Dauer*VGT **13** 243 = NZV **13** 209).

Das Fahreignungsregister wird vom **Kraftfahrt-Bundesamt** (KBA) geführt. Abs. I verdeut- 16 licht die Zuständigkeit des KBA, die sich auch schon aus § 2 I Nr. 2 Buchst. a KBAGesetz ergibt (Begr BT-Drs. 13/6914 S. 73 = VkBl. **98** 799). Das KBA führt das FAER nach den Vorgaben der §§ 28–30c.

2. Die **Eintragung** von Entscheidungen in das FAER ist **kein Verwaltungsakt** (BVerwG 17 NJW **88** 87, NJW **07** 1299 (zust Anm *Dauer* DAR **07** 474), OVG Lüneburg DAR **01** 471 (jeweils zum VZR), VGH Mü NJW **16** 890, VRS **129** 27, *Kopp/Ramsauer* § 35 Rn. 104). Das KBA prüft weder, ob die mitgeteilte Entscheidung ergangen ist, noch deren Unanfechtbarkeit oder gar inhaltliche Richtigkeit (BVerwG NJW **88** 87 zum VZR). Die Eintragung der Entscheidungen und der damit verbundenen Punkte (§ 59 I Nr. 7 FeV) hat keine unmittelbaren Rechtsfolgen für den Bürger (BVerwG 16.10.07 3 B 25/07 zum VZR). Die Eintragung stellt weder eine Regelung dar noch ist sie auf unmittelbare Rechtswirkung nach außen gerichtet, da sie ausschließlich als Tatsachengrundlage zur Vorbereitung von Entscheidungen der Stellen dient, die das FEig-BewSystem des § 4 gegenüber dem Bürger durchzuführen haben. Eine rechtsverbindliche Punktebewertung durch das KBA findet nicht statt (Rn. 35). Das FAER ist lediglich „zentrale Sammel- und Auskunftsstelle" (BVerwG NJW **88** 87 zum VZR), die keine eigenen Entscheidungen mit Rechtsfolgen für die Betroffenen trifft. Die Registrierung durch das KBA hat keinen verbindlichen Charakter (Begr BT-Drs. 13/6914 S. 70 = VkBl. **98** 795 zum VZR). – Die **Tilgung/Löschung** von Eintragungen im FAER ist aus den gleichen Gründen **kein Verwaltungsakt**.

18   **3. Inhalt des FAER.** III regelt, welche Entscheidungen und Informationen in das FAER aufgenommen werden. Eingetragen werden **rechtskräftige** Entscheidungen der Gerichte, **unanfechtbare** oder **sofort vollziehbare** Verwaltungsentscheidungen, soweit sie in III Nr. 1–14 aufgeführt sind, ferner strafrichterliche vorläufige FSMaßnahmen, Erklärungen über den Verzicht auf die FE, Maßnahmen der FEB bei FE auf Probe und im Rahmen des FEigBewSystems, Teilnahme an Aufbauseminar und verkehrspsychologischer Beratung nach Maßgabe von Nr. 12, Teilnahme am Fahreignungsseminar nach Maßgabe von Nr. 13 sowie schließlich Entscheidungen oder Änderungen in Bezug auf erfolgte Eintragungen. **Zu speichern** sind im FAER im Rahmen von III die in § 59 FeV genannten Daten. Enthalten Entscheidungen sowohl registerpflichtige als auch nicht registerpflichtige Teile, s. § 59 III, IV FeV. Eintragungen in das FAER werden ohne Rücksicht darauf vorgenommen, ob der Betr eine FE hat. Maßnahmen nach dem FEigBewSystem werden allerdings nur gegen FEInhaber ergriffen (§ 4 V S. 1).

19   Gerichtliche Entscheidungen sind überwiegend nur bei **Rechtskraft** einzutragen (III Nr. 1–3), außerdem vorläufige EdF nach § 111a StPO. Ob der Verurteilte FzFührer, Halter oder sonstiger VT war, ist unerheblich. Es genügt Beteiligung an einer OW (§ 14 OWiG). Verwaltungsbehördliche Entscheidungen werden regelmäßig nur bei **Unanfechtbarkeit oder sofortiger Vollziehbarkeit** ins FAER eingetragen, Maßnahmen der FEB gem. III Nr. 11 nach den Bestimmungen über die FE auf Probe oder über das FEigBewSystem jedoch stets. Bußgeldentscheidungen der VB werden unter den gleichen Voraussetzungen eingetragen wie gerichtliche Bußgeldentscheidungen.

20   III Nr. 1 und Nr. 3 Buchst. a und c legen fest, welche Entscheidungen für die Zwecke des **Fahreignungs-Bewertungssystems** im FAER gespeichert werden. Während bis 30.4.14 im StVG geregelt war, welche Entscheidungen über Straftaten und OWi zu speichern waren, erfolgt die Speicherung seit 1.5.14, wenn die Straftaten und OWi in Anl 13 zur FeV ausdrücklich aufgezählt sind. Dabei handelt es sich um eine abschließende Liste. § 6 I Nr. 1 Buchst. s, der die Ermächtigungsgrundlage für diese Auflistung darstellt, überlässt es dem VOGeber zu bestimmen, welche Straftaten und OWi im Rahmen des FEigBewSystems zu berücksichtigen und damit im FAER zu speichern sind (Begr Rn. 5). III Nr. 2 und Nr. 3 Buchst. b betreffen nicht die Anwendung des FEigBewSystems, sondern dienen der Überprüfbarkeit der Berechtigung zum Führen eines Kfz insbes bei Polizeikontrollen.

21   Nach **III Nr. 1** werden rechtskräftige Entscheidungen der Strafgerichte, soweit sie auf Strafe, Verwarnung mit Strafvorbehalt erkennen oder einen Schuldspruch enthalten, seit 1.5.14 nicht mehr dann gespeichert, wenn die Straftat im Zusammenhang mit dem StrV begangen worden ist, sondern nur noch dann, wenn die Straftat ausdrücklich in Anl 13 FeV (RVO nach § 6 I Nr. 1 Buchst. s) zur Speicherung bestimmt ist (Begr Rn. 6). Durch diese Änderung sollte ursprünglich eine Begrenzung der für die Anwendung des FEigBewSystems heranzuziehenden Straftaten auf unmittelbar verkehrssicherheitsrelevante Zuwiderhandlungen erreicht werden (Begr BTDrs 17/12636 S 17 = VkBl. **13** 1116). Der Katalog wurde im Vermittlungsverfahren jedoch um Taten erweitert, die von der damaligen BReg nicht als solche angesehen wurden wie zB Fahrerflucht in Bagatellfällen, die auf Wunsch der Länder aber ebenfalls mit Punkten bewertet und bei der Anwendung des FEigBewSystems berücksichtigt werden sollten (BRDrs 387/13 (Beschluss) Nr. 1 und S 2 zu Nr. 1). Dies sind die gem § 4 I S. 2 und § 6 I Nr. 1 Buchst. s *gleichgestellten* Taten. Trotz dieser Erweiterung des Katalogs der für die Anwendung des FEigBewSystems relevanten Zuwiderhandlungen ist es aber im Ergebnis dabei geblieben, dass es seit 1.5.14 nicht mehr darauf ankommt, ob die Tat im Zusammenhang mit dem StrV begangen worden ist, sondern allein darauf, ob sie in der abschließenden Liste der Anl 13 FeV ausdrücklich benannt ist.

Nach **III Nr. 2** werden von den Strafgerichten angeordnete fahrerlaubnisbeschränkende 22
Maßnahmen gespeichert, soweit sie nicht bereits nach III Nr. 1 in das FAER aufzunehmen sind.
Dies dient der Überprüfbarkeit der Fahrberechtigung (s. II Nr. 2) insbes bei Polizeikontrollen
(Begr Rn. 2). Die Speicherung ist ausdrücklich vorgesehen, soweit sie nicht bereits nach III
Nr. 1 erfolgt, da sie auch dann erforderlich ist, wenn es sich um Entscheidungen über Straftaten
handelt, die nicht im FEigBewSystem verwertet und deswegen nicht nach III Nr. 1 gespeichert
werden (Begr Rn. 7).

Nach **III Nr. 3 Buchst. a** werden OWi nach §§ 24, 24a und 24c im FAER gespeichert, 23
wenn sie ausdrücklich in Anl 13 FeV (RVO nach § 6 I Nr. 1 Buchst. s) benannt sind und außer-
dem entweder ein FV nach § 25 angeordnet oder eine Geldbuße von mindestens 60 Euro fest-
gesetzt worden ist und § 28a nichts anderes bestimmt. Die **Eintragungsgrenze** ist im Zuge der
Reform des Punktsystems zum 1.5.14 von 40 auf **60 Euro** heraufgesetzt worden. Seit 1.5.14
reicht es für die Eintragung in das Register aber nicht mehr aus, dass eine Geldbuße oberhalb
der Eintragungsgrenze verhängt worden ist; die Zuwiderhandlung muss vielmehr auch aus-
drücklich in der abschließenden Liste der Anl 13 FeV genannt sein. Zweck dieser Änderung war
ursprünglich eine Begrenzung der für die Anwendung des FEigBewSystems heranzuziehenden
OWi auf verkehrssicherheitsrelevante Zuwiderhandlungen (Begr BT-Drs. 17/12636
S. 17 = VkBl. **13** 1116). Auch wenn im Vermittlungsverfahren eine Erweiterung der Liste der für
die Anwendung des FEigBewSystems heranzuziehenden Taten vorgenommen worden ist (s.
Rn. 21), ist es im Ergebnis dabei geblieben, dass OWi nicht allein dann einzutragen sind, wenn
sie mit einer Geldbuße oberhalb der Eintragungsgrenze geahndet worden sind, sondern nur
dann, wenn sie in der abschließenden Liste der für die Anwendung des FEigBewSystems rele-
vanten Zuwiderhandlungen in Anl 13 FeV ausdrücklich benannt sind. Bei nicht in Anl 13 FeV
enthaltenen OWi führen damit auch höhere Geldbußen nicht zur Eintragung in das FAER
(Begr Rn. 8–14), wenn nicht ein FV angeordnet worden ist.

Nach **III Nr. 3 Buchst. b** werden OWi nach §§ 24, 24a und 24c im FAER gespeichert, wenn 24
ein FV nach § 25 angeordnet worden ist, soweit die Entscheidung nicht bereits nach III Nr. 3
Buchst. a in das FAER aufzunehmen ist. Wie bei III Nr. 2 dient die Speicherung der Überprüf-
barkeit der Fahrberechtigung (s. II Nr. 2) insbes bei Polizeikontrollen. Die Speicherung ist aus-
drücklich vorgesehen, soweit sie nicht bereits nach III Nr. 3 Buchst. a erfolgt, da sie auch dann
erforderlich ist, wenn es sich um Entscheidungen über OWi handelt, die nicht im FEigBew-
System verwertet und deswegen nicht nach III Nr. 3 Buchst. a gespeichert werden (Begr Rn. 7).

Nach **III Nr. 3 Buchst. c** werden Entscheidungen über gefahrgutrechtliche Verstöße im 25
FAER gespeichert, soweit sie in Anl 13 FeV ausdrücklich genannt und damit im FEigBew-
System zu berücksichtigen sind (Begr BT-Drs. 17/12636 S. 46 = VkBl. **13** 1149).

Zu III Nr. 6: Die früher neben der Entziehung genannte Aberkennung wird seit der Neufas- 26
sung von III Nr. 6 durch ÄndG v. 28.11.16 (BGBl. I S. 2722) nicht mehr ausdrücklich erwähnt,
weil die Entziehung bei im Ausland erteilten FE immer die Wirkung einer Aberkennung des
Rechts hat, von der FE im Inland Gebrauch zu machen (§ 3 I S. 2 StVG, § 46 V FeV). Die Aber-
kennung ist somit von dem Begriff Entziehung umfasst (Begr BT-Drs. 18/8559 S. 20). Fest-
stellung über die fehlende Berechtigung, von einer ausländischen FE im Inland Gebrauch zu
machen, ist der feststellende VA über die kraft Gesetzes fehlende Berechtigung, von einer auslän-
dischen FE im Inland Gebrauch zu machen (§ 28 IV S. 2, § 29 III S. 2 FeV).

Nach **III Nr. 7** werden Verzichte auf die FE im FAER gespeichert, und zwar mit dem Tag des 27
Zugangs der Verzichtserklärung bei der FEB (§ 59 I Nr. 10 FeV). Dies ist der Zeitpunkt, in dem
der Verzicht auf die FE wirksam wird (§ 2 Rn. 25).

Nach **III Nr. 9** werden Beschlagnahme, Sicherstellung und Verwahrung von FS nach § 94 28
StPO erfasst. Dies wurde trotz ihres vorläufigen Charakters „aus Gründen der Aktualität" des
Registers für erforderlich gehalten (Begr BT-Drs. 13/6914 = VkBl. **98** 799 zum VZR) und dient
der Überprüfbarkeit der Fahrberechtigung (II Nr. 2).

Die „Entziehung" einer deutschen FE im **Ausland** wird seit 1.5.14 nicht mehr in das Regis- 29
ter eingetragen (früher III Nr. 10), weil Mitteilungen über derartige ausländische Entscheidun-
gen dem KBA in der Vergangenheit nur sehr sporadisch zur Speicherung im VZR mitgeteilt
worden sind (Begr BT-Drs. 17/12636 S. 46 = VkBl. **13** 1149). Auswirkungen auf das FEigBew-
System hat dies nicht, weil derartige Eintragungen auch früher nicht für die Anwendung des
Punktsystems herangezogen worden sind. **Im Ausland begangene Verkehrsverstöße** werden
nicht in das FAER eingetragen und haben keine Punkte in Deutschland zur Folge, selbst wenn
die Verkehrsverstöße dem KBA gemeldet werden sollten. In **ausländischen Punktsystemen**
gesammelte Punkte werden nicht in das deutsche FEigBewSystem übertragen (*Nissen* DAR **07**

564). Die Umwandlung einer deutschen FE in eine ausländische EU–FE führt nicht zum Erlöschen des Punktestandes in Deutschland (OVG Bautzen SächsVBl **07** 157).

30　　**4. Übergangsbestimmungen.** Da bei der Reform des Punktsystems und des VZR zum 1.5.14 durch ÄndG v. 28.8.13 (BGBl. I S. 3313) der Kreis der mit Punkten zu bewertenden und für die Anwendung des FEigBewSystems heranzuziehenden Straftaten und Ordnungswidrigkeiten auf unmittelbar verkehrssicherheitsrelevante und gleichgestellte Zuwiderhandlungen beschränkt wurde, sind **Entscheidungen,** die nach III aF vor dem 1.5.14 im VZR gespeichert worden sind, nach III ab dem 1.5.14 aber **nicht mehr zu speichern wären,** am 1.5.14 **gelöscht** worden (§ 65 III Nr. 1); sie können somit nicht mehr verwertet werden (§ 29 VII S. 1). Dies betraf alle Eintragungen wegen Entscheidungen über Straftaten und OWi, die nicht in der seit 1.5.14 gültigen Anl 13 FeV aufgelistet sind, sowie vor dem 1.5.14 nach III Nr. 10 aF gespeicherte Eintragungen wegen Entscheidungen ausländischer Gerichte und Behörden, in denen Inhabern einer deutschen FE das Recht aberkannt wurde, von der FE in dem betreffenden Land Gebrauch zu machen (Begr BT-Drs. 17/12636 S. 49 = VkBl. **13** 1153). Für die Feststellung nach § 65 III Nr. 1 S. 1, ob eine Entscheidung ab 1.5.14 nach III nicht mehr zu speichern wäre, bleibt die Höhe der festgesetzten Geldbuße außer Betracht (§ 65 III Nr. 1 S. 2). Dadurch soll im Hinblick auf die zum 1.5.14 vorgenommene Anhebung der Eintragungsgrenze von 40 auf 60 € klargestellt werden, dass sich die Löschung von Entscheidungen bei OWi nach deren Tatbestand und nicht nach der zugemessenen Bußgeldhöhe richtet (Begr BT-Drs. 17/13452 S. 7 = VkBl. **13** 1155).

31　　Auf **alle Entscheidungen, die seit 1.5.14 im FAER gespeichert werden,** findet unabhängig vom Datum der Rechtskraft der Entscheidung ausschließlich das seit 1.5.14 geltende Recht Anwendung, auch wenn die Tat vor dem 1.5.14 begangen worden ist (§ 65 III Nr. 3 S. 1, Begr BT-Drs. 17/12636 S. 50 = VkBl. **13** 1154). Dabei werden Entscheidungen über OWi, die bis 30.4.14 begangene Taten ahnden und sich noch an der früheren Eintragungsgrenze von 40 € orientiert haben, auch unter der Geltung des neuen Systems eingetragen und mit Punkten bewertet (§ 65 III Nr. 3 S. 2, Begr BT-Drs. 17/13452 S. 7 = VkBl. **13** 1155), sofern die geahndeten Zuwiderhandlungen in der seit 1.5.14 geltenden Anl 13 FeV enthalten sind. Das Abstellen auf den – uU von Zufällen abhängigen – Zeitpunkt der Speicherung des Verstoßes im Register in Abweichung vom Tattagprinzip (§ 4 II S. 3) kann in Einzelfällen zu einer Schlechterstellung des Betr führen. Die Entscheidung des GGebers, aus Praktikabilitätsgründen ab 1.5.14 konsequent das neue Recht anzuwenden, muss aber als legitime Wertentscheidung angesehen werden, dem neuen Recht möglichst bald und einheitlich Geltung zu verschaffen. **Verfassungsrechtliche Bedenken** dagegen bestehen **nicht** (VGH Mü 18.5.15 VRS **128** 206, OVG Münster DAR **15** 718, OVG Hb ZfS **16** 116). Für die in einem Eilverfahren geäußerte Überlegung, ob das Tattagprinzip die in § 65 III Nr. 3 getroffene Regelung überspielen kann (VGH Ma NJW **15** 2134), gibt es angesichts der klaren Entscheidung des GGebers für diese **Abweichung vom Tattagprinzip** keinen Raum (OVG Hb ZfS **16** 116).

32　　**5. Mitteilungen an das KBA.** Die Gerichte, Staatsanwaltschaften und anderen Behörden haben dem KBA unverzüglich die Daten mitzuteilen, die nach III zu speichern sind oder die zu Änderungen oder Löschungen von Eintragungen führen (IV). Unverzüglich bedeutet dabei ohne schuldhaftes Zögern und verlangt lediglich ein nach den Umständen des Falles zu bemessendes beschleunigtes Handeln (VGH Mü NJW **16** 2283). Ein Verstoß gegen die Pflicht zur unverzüglichen Mitteilung hat keine unmittelbaren Rechtsfolgen. Die Pflicht dient einem beschleunigten Verfahrensablauf sowie der Verkehrssicherheit und soll es den FEB ermöglichen, die in § 4 V S. 1 vorgesehenen Maßnahmen zeitnah zu ergreifen (VGH Mü NJW **16** 2283).

Bußgeldentscheidungen unter 60 Euro über in Anl 13 FeV genannte Zuwiderhandlungen sind, wenn nicht ein FV angeordnet ist, nur mitzuteilen, wenn der Regelsatz nach der BKatV diesen Betrag oder mehr vorsieht und nur mit Rücksicht auf die wirtschaftlichen Verhältnisse des Betroffenen eine niedrigere Buße festgesetzt wurde (§ 28a). Mitzuteilen ist auch, wann eine vorläufige Entscheidung unanfechtbar wird, bei EdF auch Dauer und Beginn der Sperrfrist. Aufhebung der vorläufigen EdF (§ 111a StPO) oder vorzeitige Aufhebung der Fahrerlaubnissperre sind als Daten, die zu einer Änderung oder Löschung führen, ebenfalls unverzüglich mitzuteilen. Das Gleiche gilt für die Ablehnung eines Antrags auf vorläufige EdF, die zur Aufhebung einer FSBeschlagnahme führt. Mitteilungspflichtig sind die Gerichte oder Behörden, die die betreffende Entscheidung erlassen bzw. die betreffende Maßnahme angeordnet haben. Namensänderungen teilt das Gericht oder die VB mit, durch deren Entscheidung die Änderung erfolgt ist, oder vor der die zur Änderung führende Erklärung abgegeben wurde. Fernmündliche oder fernschriftliche Übermittlung ist nicht zulässig; die Übermittlung erfolgt im Rahmen von automatisierten Verfahren über Telekommunikationsnetze (§ 1 VwV VZR, BAnz **00** 17269). Gem der Allgemeinen Festlegungen Nr. 3.1 des auf Grund § 4 III VwV VZR vom KBA bekanntgegebenen Bundeseinheitlichen Tatbestandskataloges werden vom KBA seit 1.1.03 Mitteilungen über VOWen nur noch angenommen, wenn die Tatbestandsnummer des Kataloges angegeben ist.

Eine **Überprüfung der Rechtmäßigkeit der Mitteilungen der Justizbehörden an das** 33 **KBA** durch die ordentlichen Gerichte ist grundsätzlich nach § 22 I S. 1 iVm §§ 23 ff. EGGVG möglich (Zw NZV **01** 482, Stu NJW **05** 3226, VRS **114** 158, OVG Bautzen NJW **07** 169, Jn DAR **07** 402, VRS **115** 439, Ha NZV **08** 365, *Ziegert* ZfS **07** 602, 606 (jeweils zum VZR), BHHJ/*Hühnermann* § 28 StVG Rn. 4). Da das KBA als Empfänger der Mitteilungen keine Entscheidungen trifft und lediglich zentrale Sammel- und Auskunftsstelle ist, ist als Empfängerstelle nach § 22 I S. 2 EGGVG nicht das KBA, sondern die Stelle anzusehen, an die das FAER beim KBA die Daten zur Erfüllung ihrer Aufgaben übermittelt (Stu NJW **05** 3226, OVG Bautzen NJW **07** 169, Jn DAR **07** 402, VRS **115** 439 (jeweils zum VZR)), also die FEB. Der Rechtsweg zur ordentlichen Gerichtsbarkeit ist nach der Ausschlussnorm des § 22 I S. 2 EGGVG somit nur gegeben, solange die FEB noch nicht auf der Grundlage einer Mitteilung des KBA eine Maßnahme ergriffen hat, für die eine gerichtliche Überprüfbarkeit in einem anderen Verfahren vorgesehen ist (OVG Bautzen NJW **07** 169 zum VZR). Hat die FEB bereits eine solche Maßnahme ergriffen, ist die Richtigkeit der Datenübermittlung an das KBA dann zB im FE-Entziehungsverfahren zu überprüfen. Wird dabei die Maßnahme der FEB aber aus Gründen aufgehoben, die keinen inneren Zusammenhang mit der Datenübermittlung aufweisen, bleibt die Korrektheit der Mitteilung an das FAER ungeklärt (*Wollweber* NJW **97** 2488 (2490) zum VZR). Ist eine Maßnahme der FEB nicht in einem eigenständigen gerichtlichen Verfahren überprüfbar, wie die Maßnahmen nach § 4 V S. 1 Nr. 1 und 2 (§ 4 Rn. 106 f.) und die Anordnung der Beibringung eines medizinisch-psychologischen Gutachtens zur Vorbereitung einer Entscheidung der FEB über die Eignung zum Führen von Kfz (§ 11 FeV Rn. 25), liegen die Voraussetzungen von § 22 I S. 2 EGGVG nicht vor und der Rechtsweg nach §§ 23 ff. EGGVG ist auch dann gegeben, wenn die FEB bereits auf der Grundlage der übermittelten Daten tätig geworden ist (Jn DAR **07** 402, VRS **115** 439, *Ziegert* ZfS **07** 607 (jeweils zum VZR)).

Die **Mitteilungen** von Gerichten, Staatsanwaltschaften und anderen Behörden **an das** 34 **FAER** beim KBA sind **keine Verwaltungsakte** (OVG Lüneburg DAR **01** 471, OVG Bautzen NJW **07** 170, VG Bra NZV **01** 535, *Ziegert* ZfS **07** 602, 605 (jeweils zum VZR)), da sie weder eine Regelung enthalten noch auf unmittelbare Rechtswirkung nach außen gerichtet sind. Sie sind deswegen nicht mit Widerspruch und Anfechtungsklage anfechtbar. Sie sind auch **nicht mit der allgemeinen Leistungs- oder der Feststellungsklage angreifbar,** da weder in der Mitteilung an das KBA ein isoliert feststellungsfähiges Rechtsverhältnis zu sehen ist noch das erforderliche Rechtsschutzbedürfnis vorliegt (OVG Lüneburg DAR **01** 471, VG Bra NZV **01** 535 (jeweils zum VZR)).

6. Bei Übermittlung an, bei Eintragung in das FAER und bei der Übermittlung aus dem 35 FAER findet **keine verbindliche Bewertung mit Punkten** statt. Das KBA speichert zwar gem. § 59 I Nr. 7 FeV die vorgeschriebene Punktzahl und gem. § 59 I Nr. 13 FeV den Punktabzug auf Grund der freiwilligen Teilnahme an einem Fahreignungsseminar. Es nimmt dabei aber keine verbindliche Bewertung mit Punkten vor, die allein der FEB vorbehalten ist, die Maßnahmen nach § 4 V S. 1 ergreifen will (BVerwG NJW **88** 87, NJW **07** 1299 (zust Anm *Dauer* DAR **07** 474), VGH Ma VRS **112** 385 (jeweils zum VZR), OVG Berlin 31.8.18 1 S 54.18, s. § 4 Rn. 47). Demgemäß teilt das KBA bei Auskünften an Betroffene gem. § 30 VIII auch nur eine rechtlich unverbindliche Anzahl der Punkte mit (§ 30 Rn. 6).

7. Bei **Zweifeln an der Identität** einer eingetragenen Person können nach Maßgabe von 36 Abs. V Datenbestände anderer Register verwendet oder Auskünfte aus den Melderegistern eingeholt werden. Bleiben danach Zweifel bestehen, so ist bei den Eintragungen ein entsprechender Hinweis anzubringen (V S. 4).

8. Verwendung des Zentralen Fahrerlaubnisregisters zur Feststellung und Beseitigung 37 von Fehlern und Abweichungen im FAER ermöglicht VI. Zentrales und örtliches Fahrerlaubnisregister: §§ 48 ff. StVG und §§ 49 ff. FeV.

Eintragung beim Abweichen vom Bußgeldkatalog

28a ¹ Wird die Geldbuße wegen einer Ordnungswidrigkeit nach den §§ 24, 24a und 24c lediglich mit Rücksicht auf die wirtschaftlichen Verhältnisse der betroffen Person abweichend von dem Regelsatz der Geldbuße festgesetzt, der für die zugrunde liegende Ordnungswidrigkeit im Bußgeldkatalog (§ 26a) vorgesehen ist, so ist in der Entscheidung dieser Paragraph bei den angewendeten Bußgeldvorschriften aufzuführen, wenn der Regelsatz der Geldbuße

1. sechzig Euro oder mehr beträgt und eine geringere Geldbuße festgesetzt wird oder
2. weniger als sechzig Euro beträgt und eine Geldbuße von sechzig Euro oder mehr festgesetzt wird.

² In diesen Fällen ist für die Eintragung in das Fahreignungsregister der im Bußgeldkatalog vorgesehene Regelsatz maßgebend.

1 **Begr** zum ÄndG v. 28.12.82 (BT-Drs. 9/2201 S. 5): *Die Regelung des neuen § 28a wurde auf Grund der Anhebung der Eintragungsgrenze auf 80 DM notwendig. Da es sich bei den danach noch einzutragenden Verkehrsverstößen nicht um geringfügige Ordnungswidrigkeiten handelt, sind nach § 17 Abs. 3 Satz 2 OWiG auch die wirtschaftlichen Verhältnisse des Täters bei der Bemessung der Geldbuße zu berücksichtigen. Dies kann im Einzelfall dazu führen, dass die Eintragungsgrenze bei der Bemessung der Geldbuße nur deswegen über- bzw. unterschritten wird, weil der Täter besonders wohlhabend bzw. in einer schlechten wirtschaftlichen Lage ist. § 28a stellt sicher, dass die Eintragung in das Register unabhängig von diesen persönlichen Verhältnissen erfolgt.*

2 **Begr** zum ÄndG v. 28.8.13 (BT-Drs. 17/12636 S. 46 = VkBl. **13** 1150): *Der Begriff Fahreignungsregister wird redaktionell angepasst. Außerdem ist eine Anpassung auf Grund der Anhebung der Eintragungsgrenze von bisher vierzig Euro auf sechzig Euro erforderlich.*

3 Zusätzlich zu den gem. § 66 I Nr. 3 OWiG im Bußgeldbescheid und nach §§ 46 I OWiG, 260 V StPO nach der Urteilsformel aufzuführenden angewendeten Bußgeldvorschriften ist § 28a anzugeben, wenn trotz eines im Bußgeldkatalog vorgesehenen Regelsatzes von 60 € oder mehr eine geringere oder trotz eines Regel-Buße unter 60 € eine Buße von 60 € oder mehr festgesetzt wird, sofern dies **nur mit Rücksicht auf die** besonders ungünstigen bzw. besonders günstigen **wirtschaftlichen Verhältnisse** der betroffenen Person geschieht (§ 17 III OWiG). Das Zitiergebot ist zwingend; fehlt der Hinweis, so hat die Eintragung der Entscheidung in das FAER (§ 28 III Nr. 3) zu unterbleiben (VG Göttingen NVwZ-RR **99** 502). Die Vorschrift gilt nicht in Fällen, in denen aus anderen Gründen – etwa vom Regelfall abweichendes Ausmaß der Schuld – eine niedrigere Geldbuße festgesetzt wird, als für den Regelfall vorgesehen. Nur den Hinweis auf § 28a hat die Entscheidung zu enthalten, nicht dagegen einen Ausspruch über die Eintragungspflicht (Dü NZV **92** 418).

4 Soweit S. 1 Nr. 2 Entsprechendes für den Fall vorsieht, dass der Regelsatz weniger als 60 € beträgt, ist diese Bestimmung gegenstandslos, weil die BKatV Regelsätze unter 60 € nicht kennt.

28b (weggefallen)

Tilgung der Eintragungen

29 (1) ¹ Die im Register gespeicherten Eintragungen werden nach Ablauf der in Satz 2 bestimmten Fristen getilgt. ² Die Tilgungsfristen betragen

1. zwei Jahre und sechs Monate
   bei Entscheidungen über eine Ordnungswidrigkeit,
   a) die in der Rechtsverordnung nach § 6 Absatz 1 Nummer 1 Buchstabe s. Doppelbuchstabe bb Dreifachbuchstabe bbb als verkehrssicherheitsbeeinträchtigende oder gleichgestellte Ordnungswidrigkeit mit einem Punkt bewertet ist oder
   b) soweit weder ein Fall des Buchstaben a noch der Nummer 2 Buchstabe b vorliegt und in der Entscheidung ein Fahrverbot angeordnet worden ist,
2. fünf Jahre
   a) bei Entscheidungen über eine Straftat, vorbehaltlich der Nummer 3 Buchstabe a,
   b) bei Entscheidungen über eine Ordnungswidrigkeit, die in der Rechtsverordnung nach § 6 Absatz 1 Nummer 1 Buchstabe s. Doppelbuchstabe bb Dreifachbuchstabe

aaa als besonders verkehrssicherheitsbeeinträchtigende oder gleichgestellte Ordnungswidrigkeit mit zwei Punkten bewertet ist,

c) bei von der nach Landesrecht zuständigen Behörde verhängten Verboten oder Beschränkungen, ein fahrerlaubnisfreies Fahrzeug zu führen,

d) bei Mitteilungen über die Teilnahme an einem Fahreignungsseminar, einem Aufbauseminar, einem besonderen Aufbauseminar oder einer verkehrspsychologischen Beratung,

3. zehn Jahre

a) bei Entscheidungen über eine Straftat, in denen die Fahrerlaubnis entzogen oder eine isolierte Sperre angeordnet worden ist,

b) bei Entscheidungen über Maßnahmen oder Verzichte nach § 28 Absatz 3 Nummer 5 bis 8.

³Eintragungen über Maßnahmen der nach Landesrecht zuständigen Behörde nach § 2a Absatz 2 Satz 1 Nummer 1 und 2 und § 4 Absatz 5 Satz 1 Nummer 1 und 2 werden getilgt, wenn dem Inhaber einer Fahrerlaubnis die Fahrerlaubnis entzogen wird. ⁴Sonst erfolgt eine Tilgung bei den Maßnahmen nach § 2a Absatz 2 Satz 1 Nummer 1 und 2 ein Jahr nach Ablauf der Probezeit und bei Maßnahmen nach § 4 Absatz 5 Satz 1 Nummer 1 und 2 dann, wenn die letzte Eintragung wegen einer Straftat oder Ordnungswidrigkeit getilgt ist. ⁵Verkürzungen der Tilgungsfristen nach Absatz 1 können durch Rechtsverordnung gemäß § 30c Abs. 1 Nr. 2 zugelassen werden, wenn die eingetragene Entscheidung auf körperlichen oder geistigen Mängeln oder fehlender Befähigung beruht.

(2) Die Tilgungsfristen gelten nicht, wenn die Erteilung einer Fahrerlaubnis oder die Erteilung des Rechts, von einer ausländischen Fahrerlaubnis wieder Gebrauch zu machen, für immer untersagt ist.

(3) Ohne Rücksicht auf den Lauf der Fristen nach Absatz 1 und das Tilgungsverbot nach Absatz 2 werden getilgt

1. Eintragungen über Entscheidungen, wenn ihre Tilgung im Bundeszentralregister angeordnet oder wenn die Entscheidung im Wiederaufnahmeverfahren oder nach den §§ 86, 102 Abs. 2 des Gesetzes über Ordnungswidrigkeiten rechtskräftig aufgehoben wird,

2. Eintragungen, die in das Bundeszentralregister nicht aufzunehmen sind, wenn ihre Tilgung durch die nach Landesrecht zuständige Behörde angeordnet wird, wobei die Anordnung nur ergehen darf, wenn dies zur Vermeidung ungerechtfertigter Härten erforderlich ist und öffentliche Interessen nicht gefährdet werden,

3. Eintragungen, bei denen die zugrunde liegende Entscheidung aufgehoben wird oder bei denen nach näherer Bestimmung durch Rechtsverordnung gemäß § 30c Abs. 1 Nr. 2 eine Änderung der zugrunde liegenden Entscheidung Anlass gibt,

4. sämtliche Eintragungen, wenn eine amtliche Mitteilung über den Tod der betroffenen Person eingeht.

(4) Die Tilgungsfrist (Absatz 1) beginnt

1. bei strafgerichtlichen Verurteilungen und bei Strafbefehlen mit dem Tag der Rechtskraft, wobei dieser Tag auch dann maßgebend bleibt, wenn eine Gesamtstrafe oder eine einheitliche Jugendstrafe gebildet oder nach § 30 Abs. 1 des Jugendgerichtsgesetzes auf Jugendstrafe erkannt wird oder eine Entscheidung im Wiederaufnahmeverfahren ergeht, die eine registerpflichtige Verurteilung enthält,

2. bei Entscheidungen der Gerichte nach den §§ 59, 60 des Strafgesetzbuchs und § 27 des Jugendgerichtsgesetzes mit dem Tag der Rechtskraft,

3. bei gerichtlichen und verwaltungsbehördlichen Bußgeldentscheidungen sowie bei anderen Verwaltungsentscheidungen mit dem Tag der Rechtskraft oder Unanfechtbarkeit der beschwerenden Entscheidung,

4. bei Aufbauseminaren nach § 2a Absatz 2 Satz 1 Nummer 1, verkehrspsychologischen Beratungen nach § 2a Absatz 2 Satz 1 Nummer 2 und Fahreignungsseminaren nach § 4 Absatz 7 mit dem Tag der Ausstellung der Teilnahmebescheinigung.

(5) ¹Bei der Versagung oder Entziehung der Fahrerlaubnis wegen mangelnder Eignung, der Anordnung einer Sperre nach § 69a Abs. 1 Satz 3 des Strafgesetzbuchs oder bei einem Verzicht auf die Fahrerlaubnis beginnt die Tilgungsfrist erst mit der Erteilung oder Neuerteilung der Fahrerlaubnis, spätestens jedoch fünf Jahre nach der Rechtskraft der beschwerenden Entscheidung oder dem Tag des Zugangs der Verzichtserklärung bei der zuständigen Behörde. ²Bei von der nach Landesrecht zuständigen Behörde verhängten Verboten oder Beschränkungen, ein fahrerlaubnisfreies Fahrzeug zu führen, beginnt die Tilgungsfrist fünf Jahre nach Ablauf oder Aufhebung des Verbots oder der Beschränkung.

(6) ¹Nach Eintritt der Tilgungsreife wird eine Eintragung vorbehaltlich der Sätze 2 und 4 gelöscht. ²Eine Eintragung nach § 28 Absatz 3 Nummer 1 oder 3 Buchstabe a oder c

wird nach Eintritt der Tilgungsreife erst nach einer Überliegefrist von einem Jahr gelöscht. [3] Während dieser Überliegefrist darf der Inhalt dieser Eintragung nur noch zu folgenden Zwecken übermittelt, verwendet oder über ihn eine Auskunft erteilt werden:

1. an die nach Landesrecht zuständige Behörde zur Anordnung von Maßnahmen im Rahmen der Fahrerlaubnis auf Probe nach § 2a,

2. an die nach Landesrecht zuständige Behörde zur Ergreifung von Maßnahmen nach dem Fahreignungs-Bewertungssystem nach § 4 Absatz 5,

3. zur Auskunftserteilung an die betroffene Person nach § 30 Absatz 8.

[4] Die Löschung einer Eintragung nach § 28 Absatz 3 Nummer 3 Buchstabe a oder c unterbleibt in jedem Fall so lange, wie die betroffene Person im Zentralen Fahrerlaubnisregister als Inhaber einer Fahrerlaubnis auf Probe gespeichert ist.

(7) [1] Ist eine Eintragung im Fahreignungsregister gelöscht, dürfen die Tat und die Entscheidung der betroffenen Person für die Zwecke des § 28 Absatz 2 nicht mehr vorgehalten und nicht zu ihrem Nachteil verwertet werden. [2] Unterliegt eine Eintragung im Fahreignungsregister über eine gerichtliche Entscheidung nach Absatz 1 Satz 2 Nummer 3 Buchstabe a einer zehnjährigen Tilgungsfrist, darf sie nach Ablauf eines Zeitraums, der einer fünfjährigen Tilgungsfrist nach den vorstehenden Vorschriften entspricht, nur noch für folgende Zwecke an die nach Landesrecht zuständige Behörde übermittelt und dort verwendet werden:

1. zur Durchführung von Verfahren, die eine Erteilung oder Entziehung einer Fahrerlaubnis zum Gegenstand haben,

2. zum Ergreifen von Maßnahmen nach dem Fahreignungs-Bewertungssystem nach § 4 Absatz 5.

[3] Außerdem dürfen für die Prüfung der Berechtigung zum Führen von Kraftfahrzeugen Entscheidungen der Gerichte nach den §§ 69 bis 69b des Strafgesetzbuches an die nach Landesrecht zuständige Behörde übermittelt und dort verwendet werden. [4] Die Sätze 1 und 2 gelten nicht für Eintragungen wegen strafgerichtlicher Entscheidungen, die für die Ahndung von Straftaten herangezogen werden. [5] Insoweit gelten die Regelungen des Bundeszentralregistergesetzes.

1   **Begr** zum ÄndG v. 24.4.98 (BT-Drs. 13/6914 S. 51, 75 = VkBl. **98** 775, 801): *Mit der Neuregelung wird die Aufgabe des Verkehrszentralregisters als Instrument der Verkehrssicherheit unterstrichen. Entscheidend für die Bemessung der Tilgungsfristen ist hier (anders als im Bundeszentralregister) nicht der Gedanke der Resozialisierung, sondern der Bewährung im Sinne der Verkehrssicherheit. …*

2   **Zu Abs. 5:** *Absatz 5 regelt den herausgeschobenen Tilgungsbeginn bei Versagung oder Entziehung der Fahrerlaubnis. Die Tilgungsfrist beginnt erst mit Erteilung oder Neuerteilung der Fahrerlaubnis, da während der Zeit der Entziehung eine Bewährung durch Teilnahme am Straßenverkehr nicht stattfinden kann. Außerdem soll sichergestellt werden, dass bei erneuter Antragstellung die Behörde Kenntnis der Mängel erhält, die zu diesen Entscheidungen geführt haben.*

3   **Zu Abs. 8 (jetzt Abs. 7):** *Absatz 8 enthält das – bisher noch nicht gesetzlich fixierte – Verwertungsverbot für getilgte und tilgungsreife Entscheidungen, das bisher nur aus Sinn und Zweck des Registers hergeleitet wurde. Die Verwertungsregelungen des Bundeszentralregistergesetzes bleiben unberührt. Dies gilt auch für das Verwertungsverbot für Entscheidungen, die auch im Bundeszentralregister eingetragen und dort bereits getilgt sind. Um die Einhaltung des Verbots auch in der Praxis sicherzustellen, wird in Satz 2 die Verwertung dieser Entscheidungen auf eine Tilgungsfrist von fünf Jahren begrenzt. Hiervon ausgenommen ist die Verwertung für die Prüfung der Berechtigung zum Führen von Kraftfahrzeugen sowie für Verfahren, die die Erteilung oder Entziehung einer Fahrerlaubnis zum Gegenstand haben. Insoweit sind die Regelungen für das VZR maßgeblich.*

4   *Absatz 8 trifft nur eine Regelung für die im VZR erfassten gerichtlichen Entscheidungen, weil solche Entscheidungen – obgleich im VZR getilgt und gelöscht – möglicherweise noch im BZR stehen. Für die nur im VZR enthaltenen Eintragungen (Ordnungswidrigkeiten und Verwaltungsentscheidungen) bedarf es keines ausdrücklichen Verwertungsverbots, wenn diese im VZR getilgt und nach Absatz 7 gelöscht sind.*

5   **Begr** zum ÄndG v. 22.12.08 (BT-Drs. 16/10175 S. 10 = VkBl. **09** 109) **zu Abs. 8 S. 4 (jetzt Abs. 7 S. 4 und 5):** *Das OLG München hat in seinem Beschluss vom 20. Dezember 2007 (– 4 St RR 222/07 –, NZV 2008, 216) unter Berufung auf das umfassend zu verstehende Verwertungsverbot nach § 29 Abs. 8 Satz 1 iVm § 28 Abs. 2 Nr. 3 StVG die Auffassung vertreten, dass nach dem Bundeszentralregistergesetz (BZRG) verwertbare Eintragungen über strafgerichtliche Entscheidungen für die Strafzumessung nicht herangezogen werden dürfen, wenn sie wegen ihres Charakters als Straftat im Zusammenhang mit dem Straßenverkehr auch im Verkehrszentralregister (VZR) eingetragen waren, dort aber schon*

getilgt sind. Diese Auffassung vermag sich zwar in gewissem Grad auf den Wortlaut der einschlägigen Regelungen zu berufen. Sie widerstreitet jedoch dem Sinn und Zweck der betroffenen Register sowie den darin enthaltenen Verwertungsregelungen und führt zu widersinnigen Ergebnissen. Sie dürfte auch nicht dem Willen des Gesetzgebers entsprechen: Zur Tilgung strafgerichtlicher Eintragungen enthält das BZRG für alle Arten von Straftaten differenzierte Regelungen, die sich wesentlich an Art und Höhe der jeweils verhängten Sanktion ausrichten. Sie berücksichtigen, dass der Richter bei der Strafzumessung das Vorleben des Angeklagten umfassend zu würdigen hat (§ 46 Abs. 2 StGB). Vorstrafen bzw. die von ihnen ausgehende Warnwirkung spielen eine herausragende Rolle, wobei sich auch bereits länger zurückliegende Vorverurteilungen auswirken können. Das gilt nicht nur für die Strafhöhenbemessung, sondern auch für die Wahl der Strafart, die Strafaussetzung zur Bewährung sowie die Anordnung von Maßregeln, etwa die Unterbringung in einer Entziehungsanstalt (§ 64 StGB). Der Zweck des VZR ist hingegen auf Belange der Verkehrssicherheit beschränkt. Es ist nicht ersichtlich, warum ein Schweigen des solchermaßen beschränkten VZR die für die Aburteilung von Straftaten bereichsspezifischen Regelungen des BZRG partiell aushebeln und damit die Beurteilungsbasis des Strafrichters künstlich beschneiden können soll. ...

Begr zum ÄndG v. 17.6.13 **zu Abs. 8 (jetzt Abs. 7) S. 1 und 2** (BT-Drs. 17/13496 S. 5): *In* **6** *§ 29 Absatz 8 Satz 1 des Straßenverkehrsgesetzes wird das Verwertungsverbot für gelöschte Eintragungen (Löschung nach Ablauf der Tilgungsfrist und der Überliegefrist) von nur gerichtlichen Entscheidungen auf jegliche Eintragungen aus Gründen der Klarstellung erweitert. In Satz 2 wird zum einen die Art der Eintragung ausdrücklich klargestellt. Zum anderen wird die Verwertbarkeit auch auf Zwecke des Punktsystems erweitert. Nach dem Wortlaut des bisherigen Satz 2 ist die Möglichkeit der Verwertung einer strafgerichtlichen Entscheidung mit einer Tilgungsfrist von zehn Jahren nach einem Zeitraum von fünf Jahren auf ein Verfahren beschränkt, das die Erteilung oder Entziehung der Fahrerlaubnis zum Gegenstand hat. Unklar war, ob dies auch für Maßnahmen nach dem Punktsystem galt, das heißt, ob die Anordnung der Teilnahme an einem Aufbauseminar die Vorstufe zur Fahrerlaubnisentziehung darstellte. Wäre dem so, dann würde die zehnjährige Verwertungsmöglichkeit über den Wortlaut der Regelung hinaus auch für Verfahren gelten, die möglicherweise künftige Fahrerlaubnisentziehungsverfahren einleiten. Mit Urteil vom 18. August 2011 hat das Oberverwaltungsgericht des Landes Sachsen-Anhalt (Az.: 3 M 348/11) entschieden, dass eine Eintragung über eine gerichtliche Entscheidung im Verkehrszentralregister für die Anordnung eines Aufbauseminars gemäß § 4 Absatz 3 Satz 1 Nummer 2 nach Ablauf eines Zeitraums, der einer fünfjährigen Tilgungsfrist entspricht, nicht verwertet werden darf. ... Zur Korrektur dieser sich entwickelnden Rechtsprechung schreibt dieser Gesetzentwurf die Verwertbarkeit auch für das Ergreifen von Maßnahmen nach dem Punktsystem ausdrücklich fest. ...*

Begr zum ÄndG v. 28.8.13 (BT-Drs. 17/12636 S. 17, 46 = VkBl. **13** 1115, 1150): *Es soll er-* **7** *reicht werden, dass die Betroffenen ihren Punktestand und ihren Stand im System einfacher berechnen können. Dazu sollen verzichtbare Bestimmungen aufgehoben und ersetzt werden, die das bisherige System kompliziert gemacht haben. Verzichtet wird deshalb auf die bisherige Hemmungsregelung: Bisher hinderte die Eintragung einer Entscheidung einer neuen Tat die Tilgung einer bereits im Register gespeicherten Tat. Diese Regelung hatte zur Folge, dass die Fristen in jedem Einzelfall je nach Zusammentreffen mit weiteren Zuwiderhandlungen berechnet werden mussten. Stattdessen werden nun feste Tilgungsfristen für den jeweiligen Verkehrsverstoß gelten.*

Zu Abs. 1 S. 2: *Die Notwendigkeit verlängerter Tilgungsfristen (fünf Jahre) für die besonders schweren* **8** *Ordnungswidrigkeiten erklärt sich aus der Tatsache, dass es sich nunmehr um feste Fristen handelt, und ist an den Zielen der gesetzlichen Neuregelung orientiert. Durch den damit zusammenhängenden Verzicht auf die Regelungen zur Tilgungshemmung wird ein wesentlicher Beitrag zur Transparenz und Vereinfachung der Vorschriften geleistet. Um aber auch das Ziel der Verbesserung der Verkehrssicherheit zu erreichen, muss das neue System verlängerte Beobachtungszeiträume aufweisen, damit die beteiligten Behörden Fahreignungsdefizite eines Fahrerlaubnisinhabers im Fahreignungs-Bewertungssystem erkennen und Maßnahmen ergreifen können. ... Die Neugestaltung der Fristen berücksichtigt die Schwere der Zuwiderhandlungen unter dem Blickwinkel der Verhältnismäßigkeit.*

Zu Abs. 4: *Die Tilgungsfrist beginnt künftig einheitlich ... mit dem Tag der Rechtskraft. Durch die* **9** *neu geschaffene Regelung wird die bislang unterschiedliche Behandlung der Tilgungsfristen, insbesondere für strafgerichtliche Verurteilungen und Strafbefehle, beseitigt. Durch das einheitliche Anknüpfen an die Rechtskraft für den Beginn der Tilgungsfrist ist nunmehr ein einheitlicher Beobachtungszeitraum sichergestellt. Durch die Regelung kann sowohl der Betroffene als auch die zuständige Behörde leichter als bisher die Speicherdauer im Register für den einzelnen Verstoß berechnen. Damit wird das System einfacher und transparenter gestaltet. Hingegen bleibt es in Nummer 4 bei der Regelung, dass die Tilgungsfrist mit dem Tag der Ausstellung der Teilnahmebescheinigung beginnt.*

10 **Zu Abs. 5:** *Die Änderung in Satz 1 setzt auch hier bei den beschwerenden Entscheidungen den einheitlichen Beginn der Tilgungsfrist mit Rechtskraft konsequent fort.*

11 **Zu Abs. 6:** *Tilgungsreife tritt nach Ablauf der Tilgungsfristen und sonstigen Tilgungsbedingungen nach den Absätzen 1 bis 5 ein. Von diesem Grundsatz gibt es nach wie vor zwei Ausnahmen: die Überliegefrist in Satz 2 und die Probezeit in Satz 4. In den Sätzen 2 und 3 wird die bisherige Regelung zur Überliegefrist aus Absatz 7 a. F. in veränderter Form übernommen. Zum einen wird in Satz 2 klargestellt, dass die Überliegefrist nur auf Eintragungen über Straftaten und Ordnungswidrigkeiten, die für das Fahreignungs-Bewertungssystem und dessen Maßnahmen relevant sind, Anwendung findet. Dies war auch schon unter dem bisherigen Punktsystem praktisch der Fall. Zum anderen wird in Satz 3 neben der Übermittlung und Auskunfterteilung nun auch die Verwertung im systematischen Zusammenhang mitgeregelt. Im Gegensatz zum bisherigen Wortlaut von Absatz 7 Satz 2 a. F., der jegliche Übermittlung, also auch die an die nach Landesrecht zuständige Behörde, ausschloss, ist nun die für die Praxis sinnvolle Übermittlung und Verwertung für die Zwecke der Fahrerlaubnis auf Probe und des Fahreignungs-Bewertungssystems neben der Auskunft an den Betroffenen zugelassen.*

12–18 **Zu Abs. 7:** *Die Regelung aus Absatz 8 der bisherigen Fassung wird in Absatz 7 eingeordnet und geändert ....*

19 **1. Allgemeines.** § 29 enthält Bestimmungen über die **Tilgung von Eintragungen** im Fahreignungsregister (FAER). Sie sind im Zuge der **Reform** des Punktsystems zum Fahreignungs-Bewertungssystem und des Verkehrszentralregisters zum Fahreignungsregister durch ÄndG v. 28.8.13 (BGBl. I S. 3313) erheblich verändert worden. Die seit 1.5.14 geltenden Regelungen des § 29 finden uneingeschränkt nur auf Eintragungen Anwendung, die seit dem 1.5.14 im FAER gespeichert worden sind. Die vorher im VZR gespeicherten und nicht gem. § 65 III Nr. 1 am 1.5.14 gelöschten Eintragungen wurden für eine Übergangzeit von 5 Jahren nach Inkrafttreten der Reform bis 30.4.19 grds. nach den Bestimmungen des § 29 in der bis 30.4.14 gültigen Fassung getilgt und gelöscht (§ 65 III Nr. 2 S. 1). Erst seit 1.5.19 sind auf diese „alten Eintragungen" die seit 1.5.14 geltenden neuen Bestimmungen des § 29 anwendbar, sofern sie noch im Register enthalten sind. Näher zu den Übergangsbestimmungen Rn. 42 ff.

20 **2. Die Tilgung** besteht in der Entfernung der Eintragungen aus dem Fahreignungsregister (FAER) oder ihrer Unkenntlichmachung. Tilgung bedeutet **Bewährung** im Sinne der Verkehrssicherheit (Begr Rn. 1, Ba ZfS **07** 535, VG Neustadt ZfS **01** 569, VG Sigmaringen NVwZ-RR **08** 497, *Dauer* DAR **07** 719); die zugrunde liegenden Vorgänge scheiden für künftige Beurteilung im Rahmen der Zwecke des § 28 II aus (s. Rn. 35 ff.). Das Verwertungsverbot des § 51 BZRG hat umfassende Wirkung („im Rechtsverkehr") (BVerwG NJW **77** 1075, BGH NZV **98** 245). Sein Zweck ist ungehinderte Wiedereingliederung ohne neues Aufgreifen längst gesühnter Taten (BVerwGE **56** 102). Abw davon steht bei der Tilgung im FAER nicht die Resozialisierung (BVerwG NJW **77** 1075), sondern der Gedanke der Bewährung im Sinne der VSicherheit im Vordergrund (Begr Rn. 1, KG DAR **04** 101, Mü NZV **08** 216).

21 **3. Die Tilgungsfristen** sind im Zuge der Schaffung des Fahreignungs-Bewertungssystems durch ÄndG v. 28.8.13 (BGBl. I S. 3313) mit Wirkung ab 1.5.14 neu gestaltet worden. Sie betragen nach Maßgabe von I S. 2 Nr. 1–3 zweieinhalb, fünf und zehn Jahre. Die Reform hat die frühere **Tilgungshemmung** (VI aF) zur Vereinfachung des Systems **abgeschafft** und die Tilgungsfristen damit zu **festen Fristen** gemacht (Begr Rn. 7). Zum Ausgleich dafür wurden Tilgungsfristen verlängert, damit vergleichbar lange Beobachtungszeiträume zur Beurteilung der Fahreignung zur Verfügung stehen (Begr Rn. 8).

22 **a)** Bei den Tilgungsfristen für **OWi** wird gegenüber der Rechtslage vor dem 1.5.14 differenziert: Die Tilgungsfrist für weniger schwerwiegende OWi beträgt zweieinhalb Jahre (I S. 2 Nr. 1) und 5 Jahre für schwerwiegende OWi, die mit 2 Punkten bewertet werden (I S. 2 Nr. 2 Buchst. b). Bei **Straftaten** wird danach differenziert, ob das Strafgericht keine Entziehung der FE oder isolierte Sperre angeordnet hat (Tilgungsfrist 5 Jahre, I S. 2 Nr. 2 Buchst. a) oder ob mit der Entscheidung des Strafgerichts die FE entzogen oder eine isolierte Sperre angeordnet worden ist (Tilgungsfrist 10 Jahre, I S. 2 Nr. 3 Buchst. a). Die frühere, „wegen der besonders hohen und lang andauernden Rückfallwahrscheinlichkeit bei Alkoholtätern" für erforderlich gehaltene (BT-Drs. 13/6914 S. 75 = VkBl. **98** 800) spezielle Tilgungsfrist von 10 Jahren bei Entscheidungen wegen Straftaten nach § 315c I Nr. 1 Buchst. a und §§ 316, 323a StGB (Delikte unter Einfluss von Alkohol oder anderen berauschenden Mitteln) wurde zur Vereinfachung und Vereinheitlichung zugunsten einer 5-jährigen Tilgungsfrist aufgegeben, weil es bei Straftaten nur noch das Differenzierungskriterium EdF/isolierte Sperre geben soll (Begr BT-Drs. 17/12636 S. 47 = VkBl. **13** 1150). Einen Auffangtatbestand (bis 30.4.14: I S. 2 Nr. 3) gibt es nicht mehr. Die Tilgungsfristen für Eintragungen nach § 28 III Nr. 2 (vorläufige Entziehung) und Nr. 9 (Beschlagnahme, Sicherstellung oder Verwahrung von FS nach § 94 StPO) richten sich nach III Nr. 3 iVm § 63 II FeV.

b) Eintragungen über **Maßnahmen** der FEB im Rahmen der Regelungen über die **FE auf 23 Probe** und nach dem **FEigBewSystem** jeweils in der **ersten und zweiten Eingriffsstufe** (§§ 2a II S. 1 Nr. 1 und 2, § 4 V S. 1 Nr. 1 und 2) werden entsprechend der bis 30.4.14 gültigen Regelung stets getilgt, wenn dem Betr die FE entzogen wird (I S. 3). Dies gilt nach dem uneingeschränkten Wortlaut bei jeder EdF, nicht nur bei EdF nach § 2a II S. 1 Nr. 3 und § 4 V S. 1 Nr. 3. Anders als bei der Löschung der Punkte, die früher ebenfalls mit EdF gelöscht wurden (§ 4 II S. 3 aF), seit 1.5.14 aber erst mit Neuerteilung einer FE gelöscht werden (§ 4 III), ist an dieser Stelle mit der Reform des Punktsystems keine Verschiebung des Löschungszeitpunkts zur Neuerteilung einer FE erfolgt. **Erfolgt keine EdF,** werden die Eintragungen über Maßnahmen nach § 2a II S. 1 Nr. 1 und 2 ein Jahr nach Ablauf der Probezeit gelöscht (I S. 4). Erfolgt keine EdF, werden Eintragungen über Maßnahmen nach § 4 V S. 1 Nr. 1 und 2 erst dann gelöscht, wenn die letzte Eintragung wegen einer Straftat oder OWi getilgt ist (I S. 4). Die Regelungen nach I S. 3, 4 betreffen ausschließlich Eintragungen über Maßnahmen der jeweiligen ersten und zweiten Eingriffsstufe. Die Präzisierung des Wortlauts durch ÄndG v. 28.8.13 (BGBl. I S. 3313) hat klargestellt, dass jeweils nicht die Entziehung der FE gemeint ist, was nach dem Wortlaut des früheren I S. 4 nicht eindeutig war (Begr BT-Drs. 17/12636 S. 47 = VkBl. **13** 1150, s. auch VG Kar 15.2.16 9 K 5134/15); OVG Münster NZV **11** 103 ist damit überholt. Für die nach den Bestimmungen über die FE auf Probe und über das FEigBewSystem erfolgte EdF gilt somit hinsichtlich der Tilgungsfrist nicht I S. 3, 4, sondern I S. 2 Nr. 3 Buchst. b iVm § 28 III Nr. 6: 10-jährige Tilgungsfrist.

c) Verkürzungen der Tilgungsfristen nach Abs. I bei Eintragungen von Entscheidungen **24** auf Grund **körperlicher oder geistiger Mängel** oder **fehlender Befähigung** können durch RVO gem. § 30c I Nr. 2 zugelassen werden (I S. 5). Auf dieser Ermächtigungsgrundlage sieht § 63 I FeV vor, dass bei EdF oder Versagung der FE ausschließlich wegen körperlicher oder geistiger Mängel oder wegen fehlender Befähigung die Eintragung mit dem Tag der Erteilung einer neuen FE zu tilgen ist.

d) Keine Tilgungsfrist gilt für Entscheidungen, wonach die Erteilung einer FE für immer **25** untersagt ist (II). Eine gerichtliche FESperre für immer gem. § 69a I S. 2 StGB wird also nicht gelöscht. Entsprechendes gilt für die Untersagung des Rechts, von einer ausländischen FE wieder Gebrauch zu machen (§§ 69b I S. 1, 69a I S. 2 StGB). Im Falle vorzeitiger Aufhebung einer für immer angeordneten Sperre nach § 69a VII StGB, die gem. § 28 III Nr. 14 ins FAER einzutragen ist, gilt die 10-jährige Tilgungsfrist des I S. 2 Nr. 3 Buchst. a.

e) Ohne Rücksicht auf den Lauf von Fristen nach I und das Tilgungsverbot des II erfolgt **26** Tilgung in den in III genannten Fällen. Nach III Nr. 1 werden Eintragungen über Entscheidungen getilgt, wenn ihre Tilgung im BZR nach §§ 48, 49 BZRG angeordnet wird oder wenn die Entscheidung im Wiederaufnahmeverfahren oder wegen einer strafrichterlichen Entscheidung aufgrund derselben Tat (§§ 86, 102 II OWiG) aufgehoben wird.

Für Eintragungen, die nicht auch in das BZR aufzunehmen sind, kann die nach Landesrecht **27** zuständige Behörde **vorzeitige Tilgung anordnen,** wenn dies zur Vermeidung ungerechtfertigter Härten erforderlich ist und öffentliche Interessen durch die Tilgung nicht gefährdet werden (III Nr. 2). Dies kann nur in außergewöhnlichen Fällen in Betracht kommen, zB wenn die eingetragene Entscheidung materiell unrichtig ist und dem Betr nicht angelastet werden kann, dass sie rechtskräftig geworden ist. Es ist nicht Aufgabe des Verfahrens nach III Nr. 2, quasi eine zusätzliche Instanz zur Verfügung zu stellen, in der die rechtlich bereits abgeschlossene Angelegenheit erneut überprüft wird, um eine rechtskräftige Entscheidung nachträglich zu korrigieren. Die Behörde kann die Löschung auf Antrag oder von Amts wegen anordnen. Ein Rechtsanspruch auf Anordnung der vorzeitigen Löschung nach III Nr. 2 besteht nicht (VG Augsburg 9.9.05 Au 3 K 05.00157).

III Nr. 3 wird ergänzt durch die auf § 30c I Nr. 2 beruhende Bestimmung des § 63 II FeV **28** über die Tilgung vorläufiger oder anfechtbarer Maßnahmen in Bezug auf FE und FS nach Aufhebung der betreffenden Entscheidung.

4. Den **Beginn der Tilgungsfrist** regeln IV und V. Die Tilgungsfrist beginnt seit 1.5.14 **ein- 29 heitlich** bei strafgerichtlichen Verurteilungen und Strafbefehlen (IV Nr. 1), bei Entscheidungen der Gerichte nach §§ 59, 60 StGB und § 27 JGG (IV Nr. 2) und bei gerichtlichen und verwaltungsbehördlichen Bußgeldentscheidungen mit dem Tag der **Rechtskraft** sowie bei anderen Verwaltungsentscheidungen mit dem Tag der Unanfechtbarkeit (IV Nr. 3). Zweck der Beseitigung der bis 30.4.14 unterschiedlichen Behandlung der Tilgungsfristen, insbes für strafgerichtliche Verurteilungen und Strafbefehle, war die Sicherstellung eines einheitlichen Beobachtungszeitraums und die Schaffung größerer Transparenz (Begr Rn. 9). Bei Eintragungen über Aufbauseminare, verkehrspsychologische Beratung und Fahreignungsseminare beginnt die Tilgungsfrist entsprechend der Regelung bis 30.4.14 mit dem Tag der Ausstellung der Teilnahmebescheinigung (IV Nr. 4, Begr Rn. 9).

30   Bei **Versagung oder Entziehung der FE** wegen mangelnder Eignung, bei Anordnung einer isolierten Sperre oder bei Verzicht auf die FE wird der Beginn der Tilgungsfrist bis zur Erteilung oder Neuerteilung einer FE hinausgeschoben (V, „Anlaufhemmung"), da während der Zeit ohne FE eine Bewährung durch Teilnahme am StrV nicht stattfinden kann und sichergestellt werden soll, dass die Behörde bei erneuter Antragstellung Kenntnis der Mängel erhält, die zu diesen Entscheidungen geführt haben (Begr Rn. 2). Die Tilgungsfrist beginnt in diesen Fällen jedoch spätestens (bei Unterbleiben einer FEErteilung) 5 Jahre nach der Rechtskraft der Versagung oder Entziehung, der Anordnung einer isolierten Sperre bzw. nach Zugang der Verzichtserklärung bei der zuständigen FEB (V). Nach Sinn und Zweck der Regelung muss sie auch auf Fälle angewandt werden, in denen Versagung oder Entziehung der FE nicht auf fehlender Eignung, sondern auf anderen Gründen beruht, zB fehlender Befähigung oder Nichtteilnahme an angeordnetem Aufbauseminar (OVG Lüneburg DAR **13** 596), zumal auch der Verzicht auf die FE gleichbehandelt wird, ohne Rücksicht darauf, ob er wegen fehlender Eignung oder aus anderen Gründen erklärt wurde.

31   **5. Löschung von Eintragungen, Tilgungsreife, Überliegefrist.** VI S. 1 stellt klar, dass Eintragungen im FAER grds. zu löschen sind, sobald Tilgungsreife in Bezug auf die jeweilige Eintragung eintritt. Tilgungsreife tritt nach Ablauf der Tilgungsfristen und nach Vorliegen der sonstigen Tilgungsbedingungen gem. I–V ein (Begr Rn. 11). Von dem Grundsatz der Löschung mit Eintritt der Tilgungsreife gibt es **zwei Ausnahmen:**

32   a) Bei den für die Anwendung des FEigBewSystems relevanten Eintragungen nach § 28 III Nr. 1 und 3 Buchst. a, c erfolgt bei Tilgungsreife keine sofortige Löschung. Diese Eintragungen werden vielmehr erst nach einer **Überliegefrist** von einem Jahr gelöscht (VI S. 2). Die Überliegefrist hat den Zweck, nach Ablauf der Tilgungsfrist feststellen zu können, ob der FEInhaber vor Ablauf der Tilgungsfrist eine oder mehrere andere Straftaten oder OWi begangen hat, die sich auf den Punktestand ausgewirkt haben, zu denen die rechtskräftige Entscheidung aber erst nach Ablauf der Tilgungsfrist im FAER eingetragen wird; solche Erhöhungen des Punktestandes könnten nicht mehr berücksichtigt werden, wenn eine Eintragung unmittelbar mit Eintritt der Tilgungsreife gelöscht werden würde (Begr BT-Drs. 17/12636 S. 19 = VkBl. **13** 1119). Die Überliegefrist des VI S. 2 wirkt sich im FEigBewSystem somit in Fällen aus, bei denen eine neue Tat während der Tilgungsfrist einer eingetragenen früheren Tat begangen wurde, der durch die neue Tat bewirkte höhere Punktestand eine Maßnahme nach dem FEigBewSystem auslöst, und bei denen die Eintragung der rechtskräftigen Ahndung der neuen Tat in das Register erst nach Ablauf der Tilgungsfrist der früheren Tat, aber vor Ablauf der Überliegefrist erfolgt (s. § 4 V S. 5, 6, OVG Berlin 31.8.18 – 1 S 54.18).

33   Während der Überliegefrist dürfen die Eintragungen neben der Auskunft an die betroffene Person (VI S. 3 Nr. 3) an die zuständige FEB zur Anordnung von Maßnahmen nach den Regelungen über die FE auf Probe (VI S. 3 Nr. 1) und zum Ergreifen von Maßnahmen nach dem FEigBewSystem (VI S. 3 Nr. 2) übermittelt und von der FEB für diese Zwecke verwendet werden.

34   b) Gem der aus dem früheren VI S. 5 übernommenen Regelung des VI S. 4 findet keine Löschung eingetragener Entscheidungen wegen für das FEigBewSystem und dessen Maßnahmen relevanter OWi (nur solche OWi können Grundlage für Maßnahmen im Rahmen der FE auf Probe sein) statt, solange die betroffene Person im Zentralen FERegister als Inhaber einer **FE auf Probe** gespeichert ist. Diese Regelung trägt dem Umstand Rechnung, dass § 2a IIa die Verlängerung der Probezeit auf vier Jahre bestimmt, wenn die Teilnahme an einem Aufbauseminar angeordnet worden ist, Eintragungen wegen OWen gem. I S. 2 Nr. 1 aber grundsätzlich nach zweieinhalb Jahren zu tilgen sind (s. BT-Drs. 13/7888 S. 108).

35   **6. Verwertungsverbot.** VII S. 1 normiert ein ausdrückliches Verwertungsverbot für alle im FAER gelöschten Eintragungen. Die frühere Beschränkung des Wortlauts auf Eintragungen über

gerichtliche Entscheidungen (s. Begr Rn. 3) wurde durch ÄndG v. 17.6.13 (BGBl. I S. 1558) – noch für das frühere VZR – aufgegeben. Damit wurde klargestellt, dass das Verwertungsverbot für alle gelöschten Eintragungen gilt (Begr Rn. 6), was für den GGeber des ÄndG v. 24.4.98 selbstverständlich und deswegen nicht ausdrücklich regelungsbedürftig gewesen war (Begr Rn. 4). VII S. 1 ist auch auf Eintragungen anzuwenden, die gem. § 28 aF im VZR erfolgt sind, da § 65 hierzu keine Übergangsbestimmung enthält (BVerwG 18.6.20 – 3 C 14.19 NJW **20** 2974, OVG Lüneburg 22.2.17 – 12 ME 240/16 BeckRS 2017, 103428). Für Bußgeldentscheidungen, die nicht in das FAER einzutragen sind, besteht kein Verwertungsverbot nach VII S. 1 (Ha 28.2.19 – 4 RBs 49/19 ZfS **19** 411).

a) Wirkung des Verwertungsverbots. Nach der Löschung (VI S. 1) dürfen die Tat und die **36** Entscheidung der betroffenen Person für die in § 28 II genannten Zwecke nicht mehr vorgehalten und nicht zu ihrem Nachteil verwertet werden (VII S. 1). Eine getilgte Zuwiderhandlung darf daher insbesondere auch bei der Strafzumessung, der Bußgeldbemessung oder der Frage, ob und ggf. in welcher Höhe ein FV zu verhängen ist, keine Berücksichtigung mehr finden. Das umfassendere (s. Rn. 20) Verwertungsverbot des § 51 I BZRG bleibt unberührt (s. Begr Rn. 3). Ist also zB nach den Bestimmungen des BZRG Tilgungsreife eingetreten, so ist die betreffende strafgerichtliche Entscheidung auch dann nicht mehr zum Nachteil des Betroffenen verwertbar, wenn sie im FAER noch nicht getilgt ist (s. Begr Rn. 3). **In der umgekehrten Konstellation** (Eintragung über strafgerichtliche Verurteilung nach BZR noch verwertbar, nach FAER nicht mehr) ist zu differenzieren: Für die **Sanktionierung von OW** gilt das Verwertungsverbot auch dann, wenn die betreffende Verurteilung im BZR noch nicht tilgungsreif ist (BVerwG NJW **05** 3440 (3441), KG DAR **04** 101). **Bei der Aburteilung von Straftaten** entscheiden hingegen gem. VII S. 4, 5 allein die Verwertungsregelungen des hierfür bereichsspezifischen BZRG (insbesondere § 51 I BZRG); nach § 51 I BZRG verwertbare Eintragungen über strafgerichtliche Entscheidungen sind also auch dann noch verwertbar, wenn die korrespondierenden Eintragungen im FAER bereits gelöscht sind (Mü NZV **08** 216 ist durch die Einfügung von VIII S. 4 aF – jetzt VII S. 4, 5 – durch ÄndG v. 22.12.08 überholt; s. dazu *König* DAR **08** 398).

b) Löschung und Tilgungsreife sind wesensgleich, soweit nicht ausnahmsweise gem VI S. 3 **37** eine Verwertung von Eintragungen nach § 28 III Nr. 1 und 3 während der Überliegefrist des VI S. 2 zulässig ist. In beiden Fällen wird – von den Ausnahmen gem VI S. 3 abgesehen – über die Eintragung weder eine Auskunft erteilt, noch darf sie zum Nachteil des Betroffenen verwertet werden (KG DAR **04** 101, Dü NZV **11** 316, (jeweils zu VIII S. 1 aF)), ohne Rücksicht auf noch laufende Überliegefrist (Ha DAR **05** 693, NZV **06** 487, NZV **07** 156, Ba DAR **07** 38, DAR **10** 332 (jeweils zu VII S. 2, VIII S. 1 aF)).

Der maßgebliche **Zeitpunkt** für das Vorliegen **eines Verwertungsverbots** wegen Tilgungs- **38** reife bei der Aburteilung einer neuen Tat ist nicht der Tattag, sondern der Tag des Erlasses des letzten tatrichterlichen Urteils (Kö VRS **99** 63 (67), NZV **00** 430, Bay DAR **01** 412, Kar ZfS **05** 411, Brn DAR **08** 218, Fra NZV **10** 161 (Aufgabe von Fra NZV **09** 350 m abl Anm König, König/Seitz DAR **09** 372), Ba DAR **10** 332, Stu DAR **10** 403 (jeweils zu VII S. 2, VIII S. 1 aF)). Aus § 25 IIa lässt sich nichts Gegenteiliges herleiten (Bay DAR **01** 412). Keine Verwertbarkeit im gerichtlichen Verfahren nach Einspruchseinlegung auch dann, wenn bei Erlass des Bußgeldbescheides noch keine Tilgungsreife eingetreten war (Ha DAR **81** 156, Dü VRS **85** 120).

c) Eingeschränktes Verwertungsverbot während der Überliegefrist. Eintragungen nach **39** § 28 III Nr. 1 und 3 Buchst. a oder c, die nach Eintritt der Tilgungsreife erst nach einer Überliegefrist von einem Jahr gelöscht werden (VI S. 2), dürfen während der Überliegefrist neben der Auskunft an die betroffene Person nur an die zuständige FEB zur Anordnung von Maßnahmen nach den Regelungen über die FE auf Probe (VI S. 3 Nr. 1) und zum Ergreifen von Maßnahmen nach dem FEigBewSystem (VI S. 3 Nr. 2) übermittelt und von der FEB für diese Zwecke verwendet werden. Jede andere Verwertung dieser Eintragungen ist während der Überliegefrist unzulässig. Die Eintragungen nach § 28 III Nr. 1 und 3 Buchst. a oder c unterliegen also während der Überliegefrist einem gem. VI S. 3 eingeschränkten Verwertungsverbot.

d) Absolutes Verwertungsverbot nach Ablauf der Überliegefrist. Wenn Eintragungen **39a** wegen Ablaufs der Überliegefrist gelöscht sind, dürfen sie nicht mehr verwertet werden. Das absolute Verwertungsverbot des VII S. 1 überlagert und begrenzt das in § 4 V S. 5–7 geregelte Tattagsprinzip des Fahreignungs-Bewertungssystems (BVerwG 18.6.20 – 3 C 14.19 NJW **20** 2974, näher § 4 Rn. 83a).

e) Begrenzung der Verwertbarkeit auf fünf Jahre. Ist eine Zeit verstrichen, die einer **40** fünfjährigen Tilgungsfrist entspricht, so tritt für Eintragungen nach I S. 2 Nr. 3 Buchst. a (Entscheidungen über Straftaten, in denen die FE entzogen oder eine isolierte Sperre angeordnet worden ist), die einer 10-jährigen Tilgungsfrist unterliegen, bereits ein beschränktes Verwertungsverbot ein (VII S. 2, s. Begr zu VIII S. 2 aF Rn. 3). Dieses Verwertungsverbot gilt nicht für Verfahren, die die Erteilung oder Entziehung der FE zum Gegenstand haben (VII S. 2 Nr. 1) und für Maßnahmen nach dem FEigBewSystem nach § 4 V (VII S. 2 Nr. 2). Die zweite Ausnahme ist – noch für das frühere Punktsystem – durch ÄndG v. 17.6.13 (BGBl. I S. 1558) eingefügt worden, nachdem das OVG Mgd (NJW **11** 3466) darauf aufmerksam gemacht hatte, dass nach dem damaligen VIII S. 2 ein auf die Anordnung der Teilnahme an einem Aufbauseminar nach § 4 III S. 1 Nr. 2 aF gerichtetes Verfahren einem Verfahren zur EdF nicht gleichzusetzen war (Begr Rn. 6, *Albrecht* SVR **13** 441 (444 f.)). Das Verwertungsverbot gilt auch nicht für die Prüfung der Berechtigung zum Führen von Kfz (s. § 28 II Nr. 2); insoweit dürfen eingetragene gerichtliche Entscheidungen nach §§ 69–69b StGB (EdF, FESperre) auch nach Ablauf der Fünfjahresfrist des VII S. 2 übermittelt und verwertet werden (VII S. 3).

41   **f) BZR:** In Verfahren über **Erteilung oder Entziehung einer FE** und für **Maßnahmen** nach dem **FEigBewSystem** nach § 4 V darf eine frühere Tat, abw von § 51 I BZRG, auch dann noch berücksichtigt werden, wenn sie in Bezug auf das BZR tilgungsreif oder bereits gelöscht ist, solange sie nach §§ 28 bis 30b noch verwertet werden darf (§ 52 II S. 1 BZRG). Insoweit ist das Verwertungsverbot des § 51 BZRG gelockert, um den Gerichten und FEBen die Beurteilung der Kraftfahreignung besser zu ermöglichen. Die zweite Ausnahme (für Maßnahmen nach dem FEigBewSystem nach § 4 V, § 52 II S. 1 Nr. 2 BZRG) ist durch ÄndG v. 28.11.14 (BGBl. I S. 1802) mWv 5.12.14 eingefügt worden, um einen Gleichklang mit VII S. 2 herzustellen (Begr BT-Drs. 18/2775 S. 11). Eine weitere Lockerung des Verwertungsverbotes enthält § 52 II S. 2 BZRG. Danach dürfen, abw von § 51 I BZRG, **für die Prüfung der Berechtigung zum Führen von Kfz** strafgerichtliche Entscheidungen über EdF und FE-Sperre (§§ 69–69b StGB) übermittelt werden. Gegen § 52 II BZRG bestehen keine verfassungsrechtlichen Bedenken (BVerwG NJW **77** 1164 zur früheren Fassung). Er schränkt das Verwertungsverbot des § 51 I BZRG nur ein (BVerwG NJW **77** 1075). Eine besondere Regelung für die Verwertbarkeit von Eintragungen in solchen Verfahren enthält auch VII S. 2, 3 (s. Rn. 40). Die Einschränkung des Verwertungsverbots durch § 52 II gilt nur für die dort genannten Verfahren, nicht zB auch für die Strafzumessung (Fra VM **77** 31, NZV **97** 245, Kar VRS **55** 284, Dü VM **77** 94, Ha VRS **64** 317).

42   **7. Übergangsbestimmungen.** Entscheidungen, die vor dem 1.5.14 (Inkrafttreten der Änderungen des § 29 durch ÄndG v. 28.8.13) im VZR gespeichert und nicht am 1.5.14 gem. § 65 III Nr. 1 gelöscht worden sind, unterlagen noch für eine Übergangszeit von 5 Jahren bis 30.4.19 den **früheren Tilgungsbestimmungen des § 29** in der bis 30.4.14 gültigen Fassung (§ 65 III Nr. 2 S. 1, KG VRS **130** 133). S. dazu 42. Aufl.

43   Dabei galten die früheren Regelungen zur **Tilgungshemmung** nur eingeschränkt fort: Die Ablaufhemmung nach VI S. 2 aF kann nicht durch Entscheidungen ausgelöst werden, die ab Inkrafttreten des ÄndG am 1.5.14 im FAER gespeichert werden (§ 65 III Nr. 2 S. 2). Nach dem klaren Wortlaut gilt dies nicht für die Ablaufhemmung nach VI S. 1 aF, sondern nur für die Ablaufhemmung nach VI S. 2 aF, also für die Fallkonstellation, dass eine neue Tat vor dem Ablauf der Tilgungsfrist begangen wird und bis zum Ablauf der Überliegefrist nach VII aF zu einer weiteren Eintragung führt. Der GGeber wollte zwar durch die Einfügung des Satzes 2 erreichen, dass Eintragungen nach Inkrafttreten der Reform unabhängig von Tattag und Entscheidungsdatum generell keine Tilgungshemmung mehr auslösen können, um die Weiterführung der Tilgungshemmung auf den bei Inkrafttreten der Reform vorhandenen Registerbestand und die bereits ausgelösten Ablaufhemmungen zu beschränken (BT-Drs. 17/13452 S. 7 = VkBl. **13** 1155). Diese Absicht des GGebers hat jedoch im Wortlaut der Norm keinen Niederschlag gefunden, sie ist vielmehr nur für die Fälle nach VI S. 2 aF umgesetzt worden. Wenn Gesetzeswortlaut und Begr nicht in Übereinstimmung stehen, ist für die Auslegung der Wortlaut entscheidend. Die Einschränkung gem. § 65 III Nr. 2 S. 2 gilt demnach nicht für VI S. 1 aF. Während der 5-jährigen Übergangszeit konnte somit durch Eintragung einer neuen Entscheidung noch eine Hemmung nach VI S. 1 aF ausgelöst werden. Das BMV vertritt unter Berufung auf die Begr die gegenteilige Auffassung; für die Nennung auch von VI S. 1 aF habe kein Anlass bestanden, denn VI S. 1 aF betreffe nur die nach altem Recht eingetragenen Entscheidungen, wohingegen VI S. 2 aF von einer „neuen Tat" spreche. Das KBA legt der Registerführung die Auslegung des BMV zugrunde. In der dazu bisher veröffentlichten *Rspr.* wird der Auslegung des BMV gefolgt, da sie dem Willen des GGebers entspreche (Ba SVR **16** 356, Kar DAR **16** 401) und sich mit dem Wortlaut des Gesetzes „jedenfalls in Einklang bringen" lasse (Kar DAR **16** 401).

Eine weitere Einschränkung gibt es für vor dem 1.5.14 eingetragene Entscheidungen wegen **44** **OWi nach § 24a:** Sie werden „zur Vereinfachung in der Übergangszeit" (Begr BT-Drs. 17/ 12636 S. 50 = VkBl. **13** 1154) abw von VI S. 4 aF spätestens 5 Jahre nach Rechtskraft der Entscheidung getilgt (§ 65 III Nr. 2 S. 3). Da es sich bei dem 5-Jahres-Zeitraum um eine Obergrenze handelt, werden Entscheidungen, für die bereits vorher durch den Ablauf der individuellen Tilgungsfrist die Tilgungsreife eintritt, nach einem weiteren Jahr Überliegefrist aus dem FAER gelöscht, auch wenn der 5-Jahres-Zeitraum noch nicht verstrichen ist (Begr BT-Drs. 17/12636 S. 50 = VkBl. **13** 1154).

Nach Ablauf der Übergangszeit von 5 Jahren findet **seit 1.5.19** auf die bis dahin noch **45** nicht gelöschten, vor dem 1.5.14 in das Register aufgenommenen „alten" Eintragungen § 29 in der seit 1.5.14 gültigen Fassung Anwendung (§ 65 III Nr. 2 S. 1). Bei der Berechnung der Tilgungsfrist nach I–V in der seit 1.5.14 geltenden Fassung wird dann die nach § 65 III Nr. 2 S. 1 bereits abgelaufene Tilgungsfrist angerechnet (§ 65 III Nr. 2 S. 4 Buchst. a).

Punkteabzüge nach den früheren Regelungen des Punktsystems (§ 4 IV S. 1, 2 aF) **46** bleiben bis zur Tilgung der letzten Eintragung wegen einer Straftat oder OWi nach § 28 III Nr. 1–3 aF, längstens aber bis zum 30.4.24 gespeichert (§ 65 III Nr. 5 Buchst. a S. 2).

Übermittlung

30 (1) Die Eintragungen im Fahreignungsregister dürfen an die Stellen, die
1. **für die Verfolgung von Straftaten, zur Vollstreckung oder zum Vollzug von Strafen,**
2. **für die Verfolgung von Ordnungswidrigkeiten und die Vollstreckung von Bußgeldbescheiden und ihren Nebenfolgen nach diesem Gesetz und dem Gesetz über das Fahrpersonal im Straßenverkehr oder**
3. **für Verwaltungsmaßnahmen auf Grund dieses Gesetzes oder der auf ihm beruhenden Rechtsvorschriften**

zuständig sind, übermittelt werden, soweit dies für die Erfüllung der diesen Stellen obliegenden Aufgaben zu den in § 28 Abs. 2 genannten Zwecken jeweils erforderlich ist.

(2) Die Eintragungen im Fahreignungsregister dürfen an die Stellen, die für Verwaltungsmaßnahmen auf Grund des Gesetzes über die Beförderung gefährlicher Güter, des Kraftfahrsachverständigengesetzes, des Fahrlehrergesetzes, des Personenbeförderungsgesetzes, der gesetzlichen Bestimmungen über die Notfallrettung und den Krankentransport, des Güterkraftverkehrsgesetzes einschließlich der Verordnung (EWG) Nr. 881/92 des Rates vom 26. März 1992 über den Zugang zum Güterkraftverkehrsmarkt in der Gemeinschaft für Beförderungen aus oder nach einem Mitgliedstaat oder durch einen oder mehrere Mitgliedstaaten (ABl. EG Nr. L 95 S. 1), des Gesetzes über das Fahrpersonal im Straßenverkehr oder der auf Grund dieser Gesetze erlassenen Rechtsvorschriften zuständig sind, übermittelt werden, soweit dies für die Erfüllung der diesen Stellen obliegenden Aufgaben zu den in § 28 Abs. 2 Nr. 2 und 4 genannten Zwecken jeweils erforderlich ist.

(3) Die Eintragungen im Fahreignungsregister dürfen an die für Verkehrs- und Grenzkontrollen zuständigen Stellen übermittelt werden, soweit dies zu dem in § 28 Abs. 2 Nr. 2 genannten Zweck erforderlich ist.

(4) Die Eintragungen im Fahreignungsregister dürfen außerdem für die Erteilung, Verlängerung, Erneuerung, Rücknahme oder den Widerruf einer Erlaubnis für Luftfahrer oder sonstiges Luftfahrpersonal nach den Vorschriften des Luftverkehrsgesetzes oder der auf Grund dieses Gesetzes erlassenen Rechtsvorschriften an die hierfür zuständigen Stellen übermittelt werden, soweit dies für die genannten Maßnahmen erforderlich ist.

(4a) Die Eintragungen im Fahreignungsregister dürfen außerdem an die hierfür zuständigen Stellen übermittelt werden für die Erteilung, den Entzug oder das Anordnen des Ruhens von Befähigungszeugnissen und Erlaubnissen für Kapitäne, Schiffsoffiziere oder sonstige Seeleute nach den Vorschriften des Seeaufgabengesetzes und für Schiffs- und Sportbootführer und sonstige Besatzungsmitglieder nach dem Seeaufgabengesetz oder dem Binnenschifffahrtsaufgabengesetz oder der aufgrund dieser Gesetze erlassenen Rechtsvorschriften, soweit dies für die genannten Maßnahmen erforderlich ist.

(4b) Die Eintragungen im Fahreignungsregister dürfen außerdem für die Erteilung, Aussetzung, Einschränkung und Entziehung des Triebfahrzeugführerscheins auf Grund des Allgemeinen Eisenbahngesetzes oder der auf Grund dieses Gesetzes erlassenen Rechtsvorschriften an die hierfür zuständigen Stellen übermittelt werden, soweit die Eintragungen für die dortige Prüfung der Voraussetzungen für die Erteilung, Aussetzung, Einschränkung und Entziehung des Triebfahrzeugführerscheins erforderlich sind.

(5) ¹Die Eintragungen im Fahreignungsregister dürfen für die wissenschaftliche Forschung entsprechend § 38 und für statistische Zwecke entsprechend § 38a übermittelt und verwendet werden. ²Zur Vorbereitung von Rechts- und allgemeinen Verwaltungsvorschriften auf dem Gebiet des Straßenverkehrs dürfen die Eintragungen entsprechend § 38b übermittelt und verwendet werden.

(6) ¹Der Empfänger darf die übermittelten Daten nur zu dem Zweck verarbeiten, zu dessen Erfüllung sie ihm übermittelt worden sind. ²Der Empfänger darf die übermittelten Daten auch für andere Zwecke verarbeiten, soweit sie ihm auch für diese Zwecke hätten übermittelt werden dürfen. ³Ist der Empfänger eine nichtöffentliche Stelle, hat die übermittelnde Stelle ihn darauf hinzuweisen. ⁴Eine Verarbeitung für andere Zwecke durch nichtöffentliche Stellen bedarf der Zustimmung der übermittelnden Stelle.

(7) ¹Die Eintragungen im Fahreignungsregister dürfen an die zuständigen Stellen anderer Staaten übermittelt werden, soweit dies

1. für Verwaltungsmaßnahmen auf dem Gebiet des Straßenverkehrs,

2. zur Verfolgung von Zuwiderhandlungen gegen Rechtsvorschriften auf dem Gebiet des Straßenverkehrs oder

3. zur Verfolgung von Straftaten, die im Zusammenhang mit dem Straßenverkehr oder sonst mit Kraftfahrzeugen, Anhängern oder Fahrzeugpapieren, Fahrerlaubnissen oder Führerscheinen stehen,

erforderlich ist. ²Der Empfänger ist darauf hinzuweisen, dass die übermittelten Daten nur zu dem Zweck verarbeitet werden dürfen, zu dessen Erfüllung sie ihm übermittelt werden. ³Die Übermittlung unterbleibt, wenn durch sie schutzwürdige Interessen der betroffenen Person beeinträchtigt würden, insbesondere wenn im Empfängerland ein angemessener Datenschutzstandard nicht gewährleistet ist.

(8) ¹Der betroffenen Person wird auf Antrag schriftlich über den ihr betreffenden Inhalt des Fahreignungsregisters und über die Anzahl der Punkte unentgeltlich Auskunft erteilt. ²Der Antragsteller hat dem Antrag einen Identitätsnachweis beizufügen. ³Die Auskunft kann elektronisch erteilt werden, wenn der Antrag unter Nutzung des elektronischen Identitätsnachweises nach § 18 des Personalausweisgesetzes, nach § 12 des eID-Karte-Gesetzes oder nach § 78 Absatz 5 des Aufenthaltsgesetzes gestellt wird. ⁴Hinsichtlich der Protokollierung gilt § 30a Absatz 3 entsprechend.

(9) ¹Übermittlungen von Daten aus dem Fahreignungsregister sind nur auf Ersuchen zulässig, es sei denn, auf Grund besonderer Rechtsvorschrift wird bestimmt, dass die Registerbehörde bestimmte Daten von Amts wegen zu übermitteln hat. ²Die Verantwortung für die Zulässigkeit der Übermittlung trägt die übermittelnde Stelle. ³Erfolgt die Übermittlung auf Ersuchen des Empfängers, trägt dieser die Verantwortung. ⁴In diesem Fall prüft die übermittelnde Stelle nur, ob das Übermittlungsersuchen im Rahmen der Aufgaben des Empfängers liegt, es sei denn, dass besonderer Anlass zur Prüfung der Zulässigkeit der Übermittlung besteht.

(10) ¹Die Eintragungen über rechtskräftige oder unanfechtbare Entscheidungen nach § 28 Absatz 3 Nummer 1 bis 3 und 6, in denen Inhabern ausländischer Fahrerlaubnisse die Fahrerlaubnis entzogen oder ein Fahrverbot angeordnet wird oder die fehlende Berechtigung von der Fahrerlaubnis im Inland Gebrauch zu machen festgestellt wird, werden vom Kraftfahrt-Bundesamt an die zuständigen Stellen der Mitgliedstaaten der Europäischen Union übermittelt, um ihnen die Einleitung eigener Maßnahmen zu ermöglichen. ²Der Umfang der zu übermittelnden Daten wird durch Rechtsverordnung bestimmt (§ 30c Absatz 1 Nummer 3).

1　**Begr** zur Neufassung durch ÄndG v. 24.4.1998 (VkBl. **98** 775, 802): *Die Übermittlung der Daten gemäß § 30 steht unter dem Leitgedanken, dass der Nutzer bzw. Empfänger diese nur insoweit erhalten soll, als sie zu seiner Aufgabenerfüllung unbedingt erforderlich sind. Dieser Grundsatz wird auch für die durch Rechtsverordnung zu treffenden Einzelregelungen Maßstab sein. Vor allem soll – soweit möglich – das Prinzip der Vollauskunft durch das der Teilauskunft ("Übermittlung nur der ‚erforderlichen' Daten") ersetzt werden. …*

2　*… Entsprechend den Aufgaben der jeweiligen Stellen erfolgt eine konkrete Zweckbindung der Übermittlung der Eintragungen im Verkehrszentralregister. Damit wird dem Erfordernis des Datenschutzes Rechnung getragen. Die bisherige Vorschrift wurde insbesondere ergänzt hinsichtlich der Übermittlung an Stellen außerhalb des Geltungsbereichs des Gesetzes (Absatz 7), der Verwendung für wissenschaftliche Zwecke etc. (Absatz 5) sowie der Auskunft an den Betroffenen (Absatz 8).*

2a　**Begr** zum ÄndG v. 8.4.08 **zu Abs. 4a** (BT-Drs. 16/7415 S. 31): *Neben der bereits geltenden Vorschrift für die Zulässigkeit der Übermittlung von Daten aus dem Verkehrszentralregister für den Bereich des Luftverkehrs wird nun durch den neuen Absatz 4a eine entsprechende Regelung für den Bereich der See-*

und Binnenschifffahrt aufgenommen. Die Eintragungen im Verkehrszentralregister dürfen den im Bereich der Schifffahrt zuständigen Behörden im Hinblick auf die Erteilung, den Entzug oder das Ruhen von Befähigungszeugnissen und Erlaubnissen für Kapitäne, Schiffsoffiziere, sonstige Seeleute oder Sportbootführer übermittelt werden. Dies ergänzt den neuen § 9e des Seeaufgabengesetzes für den Bereich der Eintragungen im Verkehrszentralregister. Damit wird der Grundsatz der einheitlichen Behandlung aller Verkehrsträger beachtet. Das gleiche gilt für den Bereich der Binnenschifffahrt. …

Begr zum ÄndG v. 2.12.10 **zu Abs. 10** (BT-Drs. 17/3022 S. 12): *Von dieser Ermächtigung wird* **2b** *erst zusammen mit der Umsetzung des Artikels 15 der Richtlinie 2006/126/EG zum 19. Januar 2013 über die Einrichtung eines EU-Führerscheinnetzwerkes Gebrauch gemacht werden. Dieses Netzwerk wird einen automatischen Datenaustausch in einem Online-Informationsnetzwerk ermöglichen.*

Begr zum ÄndG v. 25.7.13 **zu Abs. 8 S. 3 und 4** (BT-Drs. 17/11473 S. 62): *Der Antrag auf* **2c** *Auskunft aus dem Verkehrszentralregister kann bereits seit dem 2. Mai 2011 beim Kraftfahrt-Bundesamt mittels eines elektronischen Identitätsnachweises nach § 18 P.AuswG gestellt werden. Die Transparenz des Systems soll nun dadurch weiter erhöht werden, dass auch die Auskunftserteilung elektronisch erfolgen kann ….*

Begr zum ÄndG v. 28.8.13 **zu Abs. 4b** (BT-Drs. 17/12636 S. 48 = VkBl. **13** 1152): *Die Daten* **2d** *aus dem Fahreignungsregister sollen an die für die Erteilung, Aussetzung, Einschränkung oder Entziehung von Triebfahrzeugführerscheinen zuständige Stelle übermittelt werden dürfen. Denn die hierbei durchgeführte Prüfung der Zuverlässigkeit eines Triebfahrzeugführers erstreckt sich nach § 5 Absatz 1 Satz 1 Nummer 6 und Satz 5 der Triebfahrzeugführerscheinverordnung auch auf wiederholte Verstöße gegen verkehrsrechtliche Vorschriften. Hierzu sollen dem Eisenbahn-Bundesamt (EBA) als zuständiger Behörde die diesbezüglichen Daten aus dem Fahreignungsregister übermittelt werden dürfen, soweit diese Eintragungen für die dortige Prüfung der Voraussetzungen für die Erteilung, Aussetzung, Einschränkung und Entziehung des Triebfahrzeugführerscheins jeweils erforderlich sind. Damit soll die unreflektierte Übermittlung von Datenpaketen vom KBA an das EBA (also einer Mehr- oder gar Vielzahl einschlägiger Datensätze „auf einen Schlag") verhindert werden, weil dies nicht im Einklang mit dem datenschutzrechtlichen Erforderlichkeitsgrundsatz stünde. Mit dieser Übermittlungsbefugnis wird die bisherige Praxis entbehrlich, nach der der Antragsteller aufgefordert wurde, eine Selbstauskunft vorzulegen. …*

1. Auskunft aus dem Fahreignungsregister. § 30 ist einschränkend, nicht ausdehnend aus- **3** zulegen, die Eintragungen dürfen nur für die vorgeschriebenen Zwecke verwertet werden (BVerwG NJW **77** 1075 zur früheren Fassung). Zu den Übermittlungsbefugnissen gem. IVa s. Begr Rn. 2a und IVb s. Begr Rn. 2d. Abs. V ermöglicht die Übermittlung und Verwendung von Eintragungen aus dem FAER zur Vorbereitung von straßenverkehrsrechtlichen Rechts- und Verwaltungsvorschriften und für **wissenschaftliche und statistische Zwecke.** Übermittlung von Daten nach § 30: § 60 FeV.

2. Grundsätzlich erfolgt die Übermittlung von Daten aus dem FAER **nur auf Ersuchen** der **4** auskunftsberechtigten Stelle (Abs. 9 S. 1). Aufgrund besonderer Rechtsvorschriften ist die Registerbehörde jedoch zur **Nachricht von Amts wegen** verpflichtet. Das gilt etwa für den Punktestand eines FEInhabers zur Vorbereitung von Maßnahmen der FEB nach dem FEigBewSystem (§ 4 VIII). Die Einzelheiten der Art der Auskunftsübermittlung sind in §§ 2, 3 VwV VZR geregelt. Fernmündliche oder fernschriftliche Übermittlung ist unzulässig (§ 2 I S. 2 VwV VZR).

3. Auskunftsberechtigt sind die in Abs I bis V bezeichneten Stellen, ausschließlich für die dort **5** benannten Zwecke, nicht für andere, an sich gerechtfertigte Verwaltungszwecke (BVerwG NJW **77** 1075), andernfalls Ersatzpflicht wegen Amtspflichtverletzung. Entsprechendes gilt für das KBA bei Erteilung unzulässiger Auskunft. Nutzung durch den Empfänger nur zu dem Zweck, der der Übermittlung zugrunde lag, zu anderen Zwecken jedoch dann, wenn auch diese die Datenübermittlung gerechtfertigt hätten (VI S. 1 und 2). Etwa wegen beabsichtigter Anstellung eines Behördenfahrers darf daher nicht Auskunft erteilt werden. Die gerichtliche Aufklärungspflicht kann Einholung einer Auskunft des FAER gebieten (Dü VM **60** 17). Soweit es zur Prüfung der Berechtigung zum Führen von Fahrzeugen (§ 28 II Nr. 2) und zur Beurteilung der Zuverlässigkeit (§ 28 II Nr. 4) erforderlich ist, sind auch die in Abs 2 bezeichneten Stellen auskunftsberechtigt, die nach dem G über die Beförderung gefährlicher Güter, dem KfSachvG, FahrlG, PBefG, GüKG und in den Bereichen Notfallrettung und Krankentransport Verwaltungsmaßnahmen zu treffen haben. Nur zur Prüfung der Berechtigung zum Führen von Fz (§ 28 II Nr. 2) werden Auskünfte auch den für Verkehrs- und Grenzkontrollen zuständigen Stellen erteilt. **Ausländische Stellen** erhalten Auskunft nach Maßgabe von VII nur zu den dort genannten Zwecken und nur, wenn dadurch nicht schutzwürdige Interessen des Betroffenen, insbesondere wegen mangelnden Datenschutzes im Empfängerland, beeinträchtigt werden (Abs VII S. 3). Auskunft über getilgte oder tilgungsreife Eintragungen begründet Ersatzpflicht wegen Amtspflichtverletzung.

6   **4. Selbstauskunft. Jeder** hat Anspruch auf Mitteilung aller **ihn betreffenden Eintragungen im FAER** durch das KBA, sofern er dies unter Beifügung eines Identitätsnachweises beantragt (VIII S. 1 und 2). Es handelt sich dabei um die Ausgestaltung des datenschutzrechtlichen Anspruchs auf gebührenfreie Auskunft über die zur eigenen Person im FAER gespeicherten Daten. Die Auskunftserteilung durch das KBA ist mangels Regelung **kein VA.**

7   Der **Antrag** auf Selbstauskunft kann schriftlich, elektronisch, persönlich oder über einen Rechtsanwalt oder sonstigen Vertreter gestellt werden. Aufgrund der sich aus der fehlenden persönlichen Überprüfbarkeit der Identität bei schriftlicher oder digitaler Antragstellung ergebenden begründeten Zweifel an der Identität ist regelmäßig die Vorlage eines **Identitätsnachweises** erforderlich (VIII S. 2), um sicherzustellen, dass die Auskunft nur an tatsächlich Berechtigte erteilt wird (Begr zu Art 137 Nr. 10 Buchst. d des ÄndG v. 20.11.2019, BGBl. I S. 1626, BT-Drs. 19/4674 S. 418). Identitätsnachweis: amtliche Beglaubigung der Unterschrift, Ablichtung des Personalausweises oder des Passes oder elektronischer Identitätsnachweis gem. § 18 PAuswG, § 12 eID-Karte-Gesetz oder § 78 V AufenthaltsG (§ 64 I Nr. 1, 2, 4 FeV), bei persönlicher Antragstellung Personalausweis, Pass oder behördlicher Dienstausweis (§ 64 I Nr. 3 FeV). Bei Auskunft an beauftragten Rechtsanwalt ist Vorlage der Vollmacht oder einer Fotokopie davon erforderlich (§ 64 II FeV).

8   Die **Auskunft** durch das KBA wird **schriftlich** erteilt (VIII S. 1). Die Auskunftserteilung kann auch **elektronisch** erfolgen, wenn der Antrag unter Nutzung des elektronischen Identitätsnachweises des Personalausweises, der eID-Karte oder des Aufenthaltstitels gestellt wird (VIII S. 3). Dann wird die bei Online-Anfragen übliche Protokollierung vorgenommen (VIII S. 4 iVm § 30a III). Elektronische Auskunftserteilung ist nach dem klaren Wortlaut von VIII S. 3 nur auf elektronische Antragstellung hin zulässig, nicht wenn der Antrag schriftlich, persönlich oder über einen Rechtsanwalt oder sonstigen Vertreter gestellt wird. Die Selbstauskunft wird **unentgeltlich** erteilt (VIII S. 1), dh gebührenfrei und ohne Erstattung der Auslagen (Begr VkBl. **98** 802, § 6a Rn. 2).

9   **Inhalt der Auskunft:** Die Auskunftserteilung erstreckt sich nur auf die Eintragung (Begr VkBl. **98** 802). Da im FAER nicht nur die Entscheidungen wegen einer Straftat oder Ordnungswidrigkeit, sondern auch die nach Anl 13 zu § 40 FeV vorgeschriebenen Punktzahlen (§ 59 I Nr. 7 FeV) und der Punktabzug auf Grund der freiwilligen Teilnahme an einem Fahreignungsseminar (§ 59 I Nr. 13 FeV) gespeichert werden, besteht auch **Anspruch auf Mitteilung der im FAER gespeicherten Anzahl der Punkte** (VIII S. 1). Da das KBA keine verbindlichen Bewertungen mit Punkten vornimmt (§ 28 Rn. 35), erfährt der Betroffene auf diese Weise jedoch nur die **unverbindliche Bewertung mit Punkten,** die das KBA vorgenommen hat (VGH Ma VRS **112** 390).

Direkteinstellung und Abruf im automatisierten Verfahren

30a (1) Den Stellen, denen die Aufgaben nach § 30 Absatz 1 bis 4b obliegen, dürfen die für die Erfüllung dieser Aufgaben jeweils erforderlichen Daten aus dem Fahreignungsregister durch Abruf im automatisierten Verfahren übermittelt werden.

(2) Die Einrichtung von Anlagen zur Datenfernübertragung durch Direkteinstellung oder zum Abruf im automatisierten Verfahren ist nur zulässig, wenn näher er Bestimmung durch Rechtsverordnung (§ 30c Absatz 1 Nummer 5) gewährleistet ist, dass

1. die erforderlichen technischen und organisatorischen Maßnahmen nach den Artikeln 24, 25 und 32 der Verordnung (EU) 2016/679 des Europäischen Parlaments und des Rates vom 27. April 2016 zum Schutz natürlicher Personen bei der Verarbeitung personenbezogener Daten, zum freien Datenverkehr und zur Aufhebung der Richtlinie 95/46/EG (Datenschutz-Grundverordnung) (ABl. L 119 vom 4.5.2016, S. 1; L 314 vom 22.11.2016, S. 72; L 127 vom 23.5.2018, S. 2) in der jeweils geltenden Fassung zur Sicherstellung des Datenschutzes und der Datensicherheit getroffen werden und

2. die Zulässigkeit der Direkteinstellungen oder der Abrufe nach Maßgabe des Absatzes 3 kontrolliert werden kann.

(2a) (weggefallen)

(3) ¹Das Kraftfahrt-Bundesamt fertigt über die Direkteinstellungen und die Abrufe Aufzeichnungen an, die die bei der Durchführung der Direkteinstellungen oder Abrufe verwen-

deten Daten, den Tag und die Uhrzeit der Direkteinstellungen oder Abrufe, die Kennung der einstellenden oder abrufenden Dienststelle und die eingestellten oder abgerufenen Daten enthalten müssen. [2] Die Zulässigkeit der Direkteinstellungen und Abrufe personenbezogener Daten wird durch Stichproben durch das Kraftfahrt-Bundesamt festgestellt und überprüft. [3] Die Protokolldaten nach Satz 1 dürfen nur für Zwecke der Datenschutzkontrolle, der Datensicherung oder zur Sicherstellung eines ordnungsgemäßen Betriebs der Datenverarbeitungsanlage verwendet werden. [4] Liegen Anhaltspunkte dafür vor, dass ohne ihre Verwendung die Verhinderung oder Verfolgung einer schwerwiegenden Straftat gegen Leib, Leben oder Freiheit einer Person aussichtslos oder wesentlich erschwert wäre, dürfen die Protokolldaten auch für diesen Zweck verwendet werden, sofern das Ersuchen der Strafverfolgungsbehörde unter Verwendung von Personendaten einer bestimmten Person gestellt wird. [5] Die Protokolldaten sind durch geeignete Vorkehrungen gegen zweckfremde Verwendung und gegen sonstigen Missbrauch zu schützen und nach sechs Monaten zu löschen.

(4) [1] Das Kraftfahrt-Bundesamt fertigt weitere Aufzeichnungen, die sich auf den Anlass der Direkteinstellung oder des Abrufs erstrecken und die Feststellung der für die Direkteinstellung oder den Abruf verantwortlichen Person ermöglichen. [2] Das Nähere wird durch Rechtsverordnung (§ 30c Absatz 1 Nummer 5) bestimmt.

(5) [1] Durch Abruf im automatisierten Verfahren dürfen aus dem Fahreignungsregister für die in § 30 Abs. 7 genannten Maßnahmen an die hierfür zuständigen öffentlichen Stellen in einem Mitgliedstaat der Europäischen Union oder einem anderen Vertragsstaat des Abkommens über den Europäischen Wirtschaftsraum übermittelt werden:

1. die Tatsache folgender Entscheidungen der Verwaltungsbehörden:
   a) die unanfechtbare Versagung einer Fahrerlaubnis, einschließlich der Ablehnung der Verlängerung einer befristeten Fahrerlaubnis,
   b) die unanfechtbaren oder sofort vollziehbaren Entziehungen, Widerrufe oder Rücknahmen einer Fahrerlaubnis oder Feststellungen über die fehlende Berechtigung, von einer ausländischen Fahrerlaubnis im Inland Gebrauch zu machen,
   c) die rechtskräftige Anordnung eines Fahrverbots,

2. die Tatsache folgender Entscheidungen der Gerichte:
   a) die rechtskräftige oder vorläufige Entziehung einer Fahrerlaubnis,
   b) die rechtskräftige Anordnung einer Fahrerlaubnissperre,
   c) die rechtskräftige Anordnung eines Fahrverbots,

3. die Tatsache der Beschlagnahme, Sicherstellung oder Verwahrung des Führerscheins nach § 94 der Strafprozessordnung,

4. die Tatsache des Verzichts auf eine Fahrerlaubnis und

5. zusätzlich
   a) Klasse, Art und etwaige Beschränkungen der Fahrerlaubnis, die Gegenstand der Entscheidung nach Nummer 1 oder Nummer 2 oder des Verzichts nach Nummer 4 ist, und
   b) Familiennamen, Geburtsnamen, sonstige frühere Namen, Vornamen, Ordens- oder Künstlernamen, Tag und Ort der Geburt der Person, zu der eine Eintragung nach den Nummern 1 bis 3 vorliegt.

[2] Der Abruf ist nur zulässig, wenn

1. diese Form der Datenübermittlung unter Berücksichtigung der schutzwürdigen Interessen der betroffenen Person wegen der Vielzahl der Übermittlungen oder wegen ihrer besonderen Eilbedürftigkeit angemessen ist und

2. der Empfängerstaat die Verordnung (EU) 2016/679 anwendet.

[3] Die Absätze 2 und 3 sowie Absatz 4 wegen des Anlasses der Abrufe sind entsprechend anzuwenden.

Begr zur Neufassung durch ÄndG v. 24.4.1998 (BR–Drs. 821/96 S. 80): *§ 30a Abs. 1 regelt die* **1** *Übermittlung durch Abruf im automatisierten Verfahren. Nach der bisherigen Bestimmung war die on-line-Übermittlung beschränkt auf bestimmte Empfänger und auf im einzelnen aufgezählte Daten im Hinblick auf entzogene Fahrerlaubnisse. Diese Vorschrift wurde durch Gesetz vom 28. Januar 1987 eingeführt, um für das Zentrale Verkehrsinformations-System (ZEVIS), soweit es um die Übermittlung von Fahrerlaubnisdaten des VZR geht, eine bereichsspezifische Rechtsgrundlage zu schaffen. Es handelte sich dabei um eine Übergangsvorschrift, die bis zu einer Gesamtregelung für das VZR gelten sollte.*

Der neue § 30a Abs. 1 lässt den Abruf im automatisierten Verfahren an die in § 30 Abs. 1 bis 3 genannten Stellen zu.

Zugriffsberechtigt sind damit die Strafverfolgungs-, -vollstreckungs- und -vollzugsbehörden, Bußgeldbehörden und die Fahrerlaubnisbehörden (§ 30 Abs. 1), die Polizei- und Grenzkontrollbehörden (§ 30

Abs. 3) sowie die Behörden, denen die Aufgaben nach § 30 Abs. 2 obliegen. Bei den Behörden nach Absatz 1 und 3 ist im Hinblick auf die ca. 48 Millionen Fahrerlaubnisinhaber in der ganzen Bundesrepublik Deutschland die Anzahl der täglichen Bearbeitungsfälle im Allgemeinen sehr hoch. Ähnliches gilt für die Behörden nach Absatz 2. Außerdem ist für die Polizei- und Grenzkontrollbehörden die Klärung der Fahrberechtigung häufig eilbedürftig, so dass es gerechtfertigt ist, diesen Empfängern die Möglichkeit der Übermittlung durch Abruf im automatisierten Verfahren einzuräumen.

Die Aufzählung der Daten, die im Einzelnen übermittelt werden dürfen, erfolgt durch Rechtsverordnung.

Die notwendigen Regelungen über die Maßnahmen zur Sicherung gegen Missbrauch des on-line-Abrufverfahrens und über die Protokollierung der Abrufe sind in den **Absätzen 2 bis 4** *enthalten.*

Mit der Neufassung der Sätze 2 und 3 von **Absatz 3** *werden zwei Regelungen getroffen:*

– *Einmal wird die Möglichkeit eröffnet, dass die Protokolldaten nicht nur – wie bisher – ausschließlich zur Datenschutzkontrolle verwertet werden dürfen, sondern dass sie darüber hinaus künftig auch zur Verfügung stehen sollen, wenn dies zur Aufklärung oder Verhütung einer schwerwiegenden Straftat gegen Leib, Leben oder die Freiheit einer Person erforderlich ist. Die Erfahrungen haben gezeigt, dass solche Fälle in der Praxis durchaus eintreten können. Auch hierauf hat die Bundesregierung im Erfahrungsbericht zu ZEVIS (a. a. O., S. 12) hingewiesen.*

– *Durch die zweite Regelung wird die bisherige Aufbewahrungsfrist der Protokolldaten von drei auf künftig sechs Monate verlängert. Die bisherigen Erfahrungen haben gezeigt, dass die alte Frist von drei Monaten in einer Reihe von Fällen zu kurz ist.*

Absatz 5 *enthält die Möglichkeit, in bestimmten Fällen und unter bestimmten Bedingungen Abrufe im automatisierten Verfahren an bestimmte ausländische Behörden in EU- und EWR-Staaten zuzulassen. Die on-line-Übermittlung ist beschränkt auf im Einzelnen aufgezählte Daten im Hinblick auf entzogene Fahrerlaubnisse, die bisher schon im Inland im automatisierten Verfahren abgerufen werden konnten, (vgl. § 30a Abs. 1 a. F.). Die verwaltungsbehördlichen und gerichtlichen Aberkennungen des Rechts, von einer ausländischen Fahrerlaubnis Gebrauch zu machen, sind nicht mehr ausdrücklich genannt, gleichwohl aber erfasst, da diese Entscheidungen unter den Begriff „Entziehung" fallen (vgl. Artikel 1 – Nr. 7 – § 3 Abs. 1 und 2, Artikel 3 Nr. 4 – § 69b StGB). Die in Satz 2 unter Nummer 1 und 2 genannten Voraussetzungen sind der entsprechenden Vorschrift von § 14 Abs. 3 des Entwurfs für ein BKA-Gesetz (BT-Drucks. 13/1550) nachgebildet. Allerdings wird in § 30a Abs. 5 der neue Standard (Anwendung der Datenschutz-EG-Richtlinie 95/46/EWG) gefordert. Satz 3 übernimmt grundsätzlich die zur Missbrauchssicherung und Protokollierung für Abrufe im Inland geltenden Vorschriften.*

(BT-Drs. 13/7888 S. 108): *Während eines Fahrverbotes darf der Fahrerlaubnisinhaber nicht am Straßenverkehr teilnehmen. Dies muss durch die Polizei bei Kontrollen auch im EU-Ausland sofort und ohne großen Aufwand überprüft werden können. Ein On-line-Abruf auch dieser Entscheidung ist deshalb erforderlich.*

2   **Begr** zum ÄndG v. 11.9.2002 (BT-Drs. 14/8766 S. 60): **Zu Abs. 4:** *Auf Grund der technisch neu gestalteten Authentifizierung haben die weiteren Aufzeichnungen in Bezug auf die Nachvollziehbarkeit der Abrufe eine große Bedeutung. So kann z. B. die für den Abruf verantwortliche Person allein durch diese Daten ermittelt werden, wenn die Authentifizierung über eine für mehrere Nutzer einheitliche Kennung erfolgt und eine weitere Eingrenzung durch eindeutig zugeordnete Endgerätekennungen technisch nicht mehr möglich ist. Daher sind die weiteren Aufzeichnungen bei jedem Abruf durchzuführen. Um einerseits zu gewährleisten, dass die übermittelnde Stelle jederzeit die Möglichkeit hat, die Abrufe stichprobenartig oder anlassbezogen z. B. im Rahmen einer Datenschutzkontrolle auswerten zu können und um gleichzeitig eine Mehrfachspeicherung von Protokolldaten aus Datenschutzgründen zu vermeiden, obliegt die Aufzeichnung analog Absatz 3 einheitlich dem Kraftfahrt-Bundesamt. Nachdem die zur Aufzeichnung verpflichtete Stelle in Absatz 4 Satz 1 eindeutig festgelegt ist, beschränkt sich die Ermächtigung nach § 30c Abs. 1 Nr. 5 StVG auf Regelungen zur inhaltlichen Ausgestaltung der weiteren Aufzeichnungen.*

3   **Begr** zum ÄndG v. 28.8.13 **zu Abs. 1** (BT-Drs. 17/12636 S. 48 = VkBl. **13** 1152): *Mit der Änderung in Satz 1 (Verweis auch auf § 30 Absatz 2 und 4) wird erreicht, dass alle zur Auskunft aus dem Fahreignungsregister berechtigten Behörden und Gerichte die Auskunft auch online abrufen dürfen.*

4   **Begr** zum ÄndG v. 28.11.16 **zu Überschrift und Abs. 1–5:** BT-Drs. 18/8559 S. 21

Automatisiertes Anfrage- und Auskunftsverfahren beim Kraftfahrt-Bundesamt

30b (1) ¹Die Übermittlung von Daten aus dem Fahreignungsregister nach § 30 Abs. 1 bis 4b und 7 darf nach näherer Bestimmung durch Rechtsverordnung gemäß § 30c Abs. 1 Nr. 6 in einem automatisierten Anfrage- und Auskunftsverfahren erfolgen.

²Die anfragende Stelle hat die Zwecke anzugeben, für die die zu übermittelnden Daten benötigt werden.

(2) Solche Verfahren dürfen nur eingerichtet werden, wenn gewährleistet ist, dass

1. die zur Sicherung gegen Missbrauch erforderlichen technischen und organisatorischen Maßnahmen ergriffen werden und

2. die Zulässigkeit der Übermittlung nach Maßgabe des Absatzes 3 kontrolliert werden kann.

(3) ¹Das Kraftfahrt-Bundesamt als übermittelnde Behörde hat Aufzeichnungen zu führen, die die übermittelten Daten, den Zeitpunkt der Übermittlung, den Empfänger der Daten und den vom Empfänger angegebenen Zweck enthalten. ²§ 30a Absatz 3 Satz 3 und 4 gilt entsprechend.

Begr (BR–Drs. 821/96 S. 81): *§ 30b schafft die Rechtsgrundlage für die Auskunftserteilung von Da-* **1** *ten aus dem Verkehrszentralregister unter Nutzung von automatisierten Anfrage- und Auskunftsverfahren, wie IT-gestütztes Telefaxverfahren, Verfahren mittels File-Transfer oder Teletext.*

Die bislang bestehenden Übermittlungsregelungen aus dem Verkehrszentralregister (§§ 30, 30a) und dem Zentralen Fahrzeugregister (§§ 35, 36) werden in ihrer Ausgestaltung nicht allen IT-Verfahren gerecht.

Die speziellen Datenschutz- und Datensicherheitsregelungen, die gemäß §§ 30a und 36 an das ZEVIS gestellt werden, sind für die neu einzurichtende vollautomatisierte Datenübermittlungsverfahren weder erforderlich noch praktikabel. ZEVIS (Abruf im automatisierten Verfahren) gewährt dem Empfänger mittels online-Verbindung ohne Eingriffsmöglichkeit des KBA einen unmittelbaren Zugriff durch eine Einrichtung einer stets bestehenden Leitungsverbindung. Dies ist jedoch nicht bei allen Verfahren vorgesehen, wenn auch die im Gesetz neugeregelten sonstigen automatisierten Verfahren die Datenübermittlung vom Zeitpunkt der Anfrage beim KBA bis zum Eingang der Auskunft beim Empfänger ohne menschliches Eingreifen ermöglichen.

Sowohl bei IT-gestützten Telefaxverfahren als auch bei Verfahren mittels File-Transfer oder Teletext werden vom KBA gesteuerte, zur Datenverarbeitung notwendige Schnittstellen geschaffen, die die Unmittelbarkeit des Übermittlungsverfahrens unterbrechen.

Deshalb reichen die in § 30b Abs. 2 und 3 vorgesehenen Maßnahmen zur Missbrauchssicherung und Protokollierung aus.

Begr zum ÄndG v. 28.8.13 **zu Abs. 1 S. 1:** BT-Drs. 17/12636 S. 48 = VkBl. **13** 1152. **2**

Anm: Standards für die Übermittlung von Anfragen an die Zentralen Register und Auskünf- **3** ten aus den Zentralen Registern (SDÜ-VZR-ANF), VkBl. **04** 4.

Ermächtigungsgrundlagen, Ausführungsvorschriften

30c ¹Das Bundesministerium für Verkehr und digitale Infrastruktur wird ermächtigt, Rechtsverordnungen mit Zustimmung des Bundesrates zu erlassen über

1. den Inhalt der Eintragungen einschließlich der Personendaten nach § 28 Abs. 3,

2. Verkürzungen der Tilgungsfristen nach § 29 Abs. 1 Satz 5 und über Tilgungen ohne Rücksicht auf den Lauf der Fristen nach § 29 Abs. 3 Nr. 3,

3. die Art und den Umfang der zu übermittelnden Daten nach § 30 Absatz 1 bis 4b, 7 und 10 sowie die Bestimmung der Empfänger und den Geschäftsweg bei Übermittlungen nach § 30 Abs. 7 und 10,

4. den Identitätsnachweis bei Auskünften nach § 30 Abs. 8,

5. die Art und den Umfang der zu übermittelnden Daten nach § 28 Absatz 4 Satz 2 und § 30a Abs. 1, die Maßnahmen zur Sicherung gegen Missbrauch nach § 30a Abs. 2, die weiteren Aufzeichnungen nach § 30a Abs. 4 beim Abruf im automatisierten Verfahren und die Bestimmung der Empfänger bei Übermittlungen nach § 30a Abs. 5,

6. die Art und den Umfang der zu übermittelnden Daten nach § 30b Abs. 1 und die Maßnahmen zur Sicherung gegen Missbrauch nach § 30b Abs. 2 Nr. 1,

7. die Art und Weise der Durchführung von Datenübermittlungen,

8. die Zusammenarbeit zwischen Bundeszentralregister und Fahreignungsregister.

²Die Rechtsverordnungen nach Satz 1 Nummer 7, soweit Justizbehörden betroffen sind, und nach Satz 1 Nummer 8 werden im Einvernehmen mit dem Bundesministerium der Justiz und für Verbraucherschutz erlassen.

1 **Begr** (BR-Drs. 821/96 S. 81): *Enthält die notwendigen Ermächtigungsgrundlagen zum Erlass von Verordnungen und allgemeinen Verwaltungsvorschriften. Sie waren zum Teil bislang in § 47 enthalten.*

2 **Begr** zum ÄndG v. 28.11.16 (BT-Drs. 18/8559 S. 21): *... soll die Ermächtigung zum Erlass von Vorschriften für das Datenübermittlungsverfahren aus dem bisherigen Absatz 2 auf eine tragfähige rechtliche Basis gestellt werden. ... wird als Rechtsform künftig die Verordnung vorgesehen. ... Solange von dieser Verordnungsermächtigung kein Gebrauch gemacht wird, bleiben die erlassenen Verwaltungsvorschriften anwendbar.*

V. Fahrzeugregister

Vorbemerkung

Der Abschnitt V über das **Fahrzeugregister** wurde durch Art 1 des Gesetzes zur Änderung **1** des Straßenverkehrsgesetzes v. 28.1.1987 (BGBl. I S. 486) in das StVG eingefügt. **Begr: VkBl. 87** 819, zum ÄndG v. 24.4.1998: BR-Drs. 821/96 S. 54, 81. Die Fahrzeugregisterverordnung (FRV) v. 28.10.1987, BGBl. I S. 2305, zuletzt geändert: 21.6.2005, BGBl. I S. 1818, wurde am 1.3.2007 aufgehoben, BGBl. I **2006** 1084. Die entsprechenden Vorschriften finden sich jetzt in der Fahrzeug-Zulassungsverordnung (FZV), s. Buchteil **4.**

Literatur: *Jagow*, Neue Vorschriften für die Datenverarbeitung im Zulassungsverfahren und für die FzRe- **2** gister, VD **87** 241, 265, **88** 1. *Tegtmeyer*, G zur Änderung des StVG, DNP **87** 103. *Liebermann*, Neue Fahrzeug-Zulassungsverordnung, NZV **06** 357 (360). *Zilkens*, Datenschutz im Straßenverkehrswesen, DÖV **08** 670 (676).

Registerführung und Registerbehörden

31 (1) **Die Zulassungsbehörden führen ein Register über die Fahrzeuge, für die ein Kennzeichen ihres Bezirks zugeteilt oder ausgegeben wurde (örtliches Fahrzeugregister der Zulassungsbehörden).**

(2) **Das Kraftfahrt-Bundesamt führt ein Register über die Fahrzeuge, für die im Geltungsbereich dieses Gesetzes ein Kennzeichen zugeteilt oder ausgegeben wurde oder die nach Maßgabe von Vorschriften auf Grund des § 6 Absatz 1 Nummer 2 regelmäßig untersucht oder geprüft wurden (Zentrales Fahrzeugregister des Kraftfahrt-Bundesamtes).**

(3) ¹**Soweit die Dienststellen der Bundeswehr, der Polizeien des Bundes und der Länder, der Wasserstraßen- und Schifffahrtsverwaltung des Bundes eigene Register für die jeweils von ihnen zugelassenen Fahrzeuge führen, finden die Vorschriften dieses Abschnitts keine Anwendung.** ²**Satz 1 gilt entsprechend für Fahrzeuge, die von den Nachfolgeunternehmen der Deutschen Bundespost zugelassen sind.**

Begr zum ÄndG v. 28.11.16 **zu Abs. 2** (BT-Drs. 18/9084 S. 18): … *Übermittlung der Daten* **1** *über Hauptuntersuchungen und Sicherheitsprüfungen an das KBA und deren Speicherung im ZFZR. In § 31 Abs. 2 StVG wird das ZFZR zur Aufnahme und Speicherung solcher Daten auch dann geöffnet, wenn dem betreffenden Fahrzeug (noch) kein Kennzeichen zugeteilt ist und es in Vorbereitung auf die Zulassung einer Hauptuntersuchung oder Sicherheitsprüfung unterzogen wird. Dies kann etwa bei gebrauchten Fahrzeugen der Fall sein, die bisher im Ausland zugelassen waren, die außer Betrieb gesetzt worden sind oder ausschließlich auf einem Betriebsgelände im Einsatz waren. Im Register soll auch in diesen Fällen eine Datenspeicherung möglich sein, um die Daten zu den Untersuchungen für den künftigen Zulassungsvorgang elektronisch nachprüfbar vorzuhalten.*

Zweckbestimmung der Fahrzeugregister

32 (1) **Die Fahrzeugregister werden geführt zur Speicherung von Daten**

1. **für die Zulassung und Überwachung von Fahrzeugen nach diesem Gesetz oder den darauf beruhenden Rechtsvorschriften,**
2. **für Maßnahmen zur Gewährleistung des Versicherungsschutzes im Rahmen der Kraftfahrzeughaftpflichtversicherung,**
3. **für Maßnahmen zur Durchführung des Kraftfahrzeugsteuerrechts,**
4. **für Maßnahmen nach dem Bundesleistungsgesetz, dem Verkehrssicherstellungsgesetz, dem Verkehrsleistungsgesetz oder den darauf beruhenden Rechtsvorschriften,**
5. **für Maßnahmen des Katastrophenschutzes nach den hierzu erlassenen Gesetzen der Länder oder den darauf beruhenden Rechtsvorschriften,**
6. **für Maßnahmen zur Durchführung des Altfahrzeugrechts,**
7. **für Maßnahmen zur Durchführung des Infrastrukturabgaberechts und**

8. für Maßnahmen zur Durchführung der Datenverarbeitung bei Kraftfahrzeugen mit hoch- oder vollautomatisierter Fahrfunktion nach diesem Gesetz oder nach den auf diesem Gesetz beruhenden Rechtsvorschriften.

(2) Die Fahrzeugregister werden außerdem geführt zur Speicherung von Daten für die Erteilung von Auskünften, um

1. Personen in ihrer Eigenschaft als Halter von Fahrzeugen,

2. Fahrzeuge eines Halters oder

3. Fahrzeugdaten

festzustellen oder zu bestimmen.

1   **Begr** zum ÄndG v. 16.6.17 **zu Abs. 1 Nr. 8** (BT-Drs. 18/11300 S. 24): *Durch die Ergänzung der Zweckbestimmung für Maßnahmen zur Durchführung der Datenverarbeitung (dazu § 63a) bei Kraftfahrzeugen mit hoch- oder vollautomatisierten Fahrfunktionen wird sichergestellt, dass die Speicher-ID in dem Zentralen Fahrzeugregister gespeichert werden darf.*

Inhalt der Fahrzeugregister

33 (1) ¹Im örtlichen und im Zentralen Fahrzeugregister werden, soweit dies zur Erfüllung der in § 32 genannten Aufgaben jeweils erforderlich ist, gespeichert

1. nach näherer Bestimmung durch Rechtsverordnung (§ 47 Nummer 1 und 1a) Daten über Beschaffenheit, Ausrüstung, Identifizierungsmerkmale, Zulassungsmerkmale, Prüfung und Untersuchung einschließlich der durchführenden Stelle und einer Kennung für die Feststellung des für die Durchführung der Prüfung oder Untersuchung Verantwortlichen, Kennzeichnung und Papiere des Fahrzeugs sowie über tatsächliche und rechtliche Verhältnisse in Bezug auf das Fahrzeug, insbesondere auch über die Haftpflichtversicherung, die Kraftfahrzeugbesteuerung des Fahrzeugs und die Verwertung oder Nichtentsorgung des Fahrzeugs als Abfall im Inland (Fahrzeugdaten), sowie

2. Daten über denjenigen, dem ein Kennzeichen für das Fahrzeug zugeteilt oder ausgegeben wird (Halterdaten), und zwar

   a) bei natürlichen Personen:
   Familienname, Geburtsname, Vornamen, vom Halter für die Zuteilung oder die Ausgabe des Kennzeichens angegebener Ordens- oder Künstlername, Tag und Ort der Geburt, Geschlecht, Anschrift; bei Fahrzeugen mit Versicherungskennzeichen entfällt die Speicherung von Geburtsnamen, Ort der Geburt und Geschlecht des Halters,

   b) bei juristischen Personen und Behörden:
   Name oder Bezeichnung und Anschrift und

   c) bei Vereinigungen:
   benannter Vertreter mit den Angaben nach Buchstabe a und gegebenenfalls Name der Vereinigung.

   ²Im örtlichen und im Zentralen Fahrzeugregister werden zur Erfüllung der in § 32 genannten Aufgaben außerdem Daten über denjenigen gespeichert, an den ein Fahrzeug mit einem amtlichen Kennzeichen veräußert wurde (Halterdaten), und zwar

   a) bei natürlichen Personen:
   Familienname, Vornamen und Anschrift,

   b) bei juristischen Personen und Behörden:
   Name oder Bezeichnung und Anschrift und

   c) bei Vereinigungen:
   benannter Vertreter mit den Angaben nach Buchstabe a und gegebenenfalls Name der Vereinigung.

(2) Im örtlichen und im Zentralen Fahrzeugregister werden über beruflich Selbständige, denen ein amtliches Kennzeichen für ein Fahrzeug zugeteilt wird, für die Aufgaben nach § 32 Abs. 1 Nr. 4 und 5 Berufsdaten gespeichert, und zwar

1. bei natürlichen Personen der Beruf oder das Gewerbe (Wirtschaftszweig) und

2. bei juristischen Personen und Vereinigungen gegebenenfalls das Gewerbe (Wirtschaftszweig).

(3) Im örtlichen und im Zentralen Fahrzeugregister darf die Anordnung einer Fahrtenbuchauflage wegen Zuwiderhandlungen gegen Verkehrsvorschriften gespeichert werden.

(4) Ferner werden für Daten, die nicht übermittelt werden dürfen (§ 41), in den Fahrzeugregistern Übermittlungssperren gespeichert.

Begr zum ÄndG v. 28.8.13 **zu Abs. 1 S. 2** (BT-Drs. 17/12636 S. 49 = VkBl. **13** 1152): *Schaffung* **1** *einer Rechtsgrundlage für die Registrierung der der Zulassungsbehörde mitzuteilenden Daten des Erwerbers gemäß § 32 Absatz 1 Satz 1 Fahrzeug-Zulassungsverordnung auch im Zentralen Fahrzeugregister.*

Begr zum ÄndG v. 28.11.16 **zu Abs. 1 S. 1 Nr. 1**: BT-Drs. 18/8559 S. 22. BT-Drs. 18/9084 **2** S. 18: *Mit Zulassungsmerkmalen sind abstrakt bestimmte Legitimationsdaten aus der internetbasierten Zulassung beschrieben, die vom Antragsteller als Nachweis der Zulassung verwendet werden können, um etwa die unmittelbar anschließende Inbetriebnahme auch außerhalb der Ladenöffnungszeiten zu ermöglichen. Diese Daten werden mit den gespeicherten Daten im örtlichen und Zentralen Fahrzeugregister abgeglichen, um Zulassungsvoraussetzungen nachzuweisen, und können an Stelle der Legitimation durch Urkunden aus dem herkömmlichen Zulassungsverfahren treten.*

Erhebung der Daten

34 (1) ¹Wer die Zuteilung oder die Ausgabe eines Kennzeichens für ein Fahrzeug beantragt, hat der hierfür zuständigen Stelle

1. von den nach § 33 Abs. 1 Satz 1 Nr. 1 zu speichernden Fahrzeugdaten bestimmte Daten nach näherer Regelung durch Rechtsverordnung (§ 47 Nummer 1) und

2. die nach § 33 Abs. 1 Satz 1 Nr. 2 zu speichernden Halterdaten

mitzuteilen und auf Verlangen nachzuweisen. ²Zur Mitteilung und zum Nachweis der Daten über die Haftpflichtversicherung ist auch der jeweilige Versicherer befugt. ³Die Zulassungsbehörde kann durch Einholung von Auskünften aus dem Melderegister die Richtigkeit und Vollständigkeit der vom Antragsteller mitgeteilten Daten überprüfen.

(2) Wer die Zuteilung eines amtlichen Kennzeichens für ein Fahrzeug beantragt, hat der Zulassungsbehörde außerdem die Daten über Beruf oder Gewerbe (Wirtschaftszweig) mitzuteilen, soweit sie nach § 33 Abs. 2 zu speichern sind.

(3) ¹Wird ein Fahrzeug veräußert, für das ein amtliches Kennzeichen zugeteilt ist, so hat der Veräußerer der Zulassungsbehörde, die dieses Kennzeichen zugeteilt hat, die in § 33 Abs. 1 Satz 2 aufgeführten Daten des Erwerbers (Halterdaten) mitzuteilen. ²Die Mitteilung ist nicht erforderlich, wenn der neue Eigentümer bereits seiner Meldepflicht nach Absatz 4 nachgekommen ist.

(4) Der Halter und der Eigentümer, wenn dieser nicht zugleich Halter ist, haben der Zulassungsbehörde jede Änderung der Daten mitzuteilen, die nach Absatz 1 erhoben wurden; dies gilt nicht für die Fahrzeuge, die ein Versicherungskennzeichen führen müssen.

(5) ¹Die Versicherer dürfen der zuständigen Zulassungsbehörde das Nichtbestehen oder die Beendigung des Versicherungsverhältnisses über die vorgeschriebene Haftpflichtversicherung für das betreffende Fahrzeug mitteilen. ²Die Versicherer haben dem Kraftfahrt-Bundesamt im Rahmen der Zulassung von Fahrzeugen mit Versicherungskennzeichen die erforderlichen Fahrzeugdaten nach näherer Bestimmung durch Rechtsverordnung (§ 47 Nummer 2) und die Halterdaten nach § 33 Abs. 1 Satz 1 Nr. 2 mitzuteilen.

(6) ¹Die Technischen Prüfstellen, amtlich anerkannten Überwachungsorganisationen und anerkannten Kraftfahrzeugwerkstätten, soweit diese Werkstätten Sicherheitsprüfungen durchführen, haben dem Kraftfahrt-Bundesamt nach näherer Bestimmung durch Rechtsverordnung auf Grund des § 47 Nummer 1a die nach § 33 Absatz 1 Satz 1 Nummer 1 zu speichernden oder zu einer Änderung oder Löschung einer Eintragung führenden Daten über Prüfungen und Untersuchungen einschließlich der durchführenden Stellen und Kennungen zur Feststellung der für die Durchführung der Prüfung oder Untersuchung Verantwortlichen zu übermitteln. ²Im Fall der anerkannten Kraftfahrzeugwerkstätte erfolgt die Übermittlung über Kopfstellen; im Fall der Technischen Prüfstellen und anerkannten Überwachungsorganisationen kann die Übermittlung über Kopfstellen erfolgen. ³Eine Speicherung der nach Satz 2 zur Übermittlung an das Kraftfahrt-Bundesamt erhaltenen Daten bei den Kopfstellen erfolgt ausschließlich zu diesem Zweck. ⁴Nach erfolgter Übermittlung haben die Kopfstellen die nach Satz 3 gespeicherten Daten unverzüglich, bei elektronischer Speicherung automatisiert, zu löschen.

Begr z ÄndG v. 3.5.05 **zu Abs. 1 S. 2** (VkBl. **05** 434): *Der Nachweis über das Bestehen einer* **1** *Kraftfahrzeug-Haftpflichtversicherung ist bei der Zulassung eines Fahrzeugs oder beim Wechsel des Versicherers derzeit durch den Fahrzeughalter gegenüber der Zulassungsbehörde zu führen. Mit der Änderung wird auch der betreffende Versicherer ermächtigt, der Zulassungsbehörde die Daten über die Haftpflichtversicherung mitzuteilen. Dabei können elektronische Übermittlungsverfahren angewandt werden, die dem Halter die bisher seinerseits erforderliche Mitteilung abnehmen.*

2   **Begr** z ÄndG v 20.6.11 **zu Abs 3 S 2** (BT-Drs. 17/4144): ... *Die zusätzliche Verpflichtung nach Absatz 3 des Veräußerers/der Veräußerin, den Erwerber/die Erwerberin mitzuteilen, wird für die Fälle aufgehoben, in denen der neue Eigentümer/die neue Eigentümerin seiner/ihrer Meldepflicht bereits nachgekommen ist. Damit wird eine zweimalige Meldung des gleichen Sachverhaltes, die in der Praxis oftmals zum gleichen Zeitpunkt eintrifft oder durch den Veräußerer/die Veräußerin nicht erfolgt, weil er/sie bereits Kenntnis hat, dass das Fahrzeug bereits auf den Erwerber zugelassen ist, nicht mehr gefordert. Beim Fehlen der Veräußerungsanzeige trägt der bisherige Halter und Kraftfahrzeugsteuerschuldner das Risiko der verspäteten Feststellung des Zeitpunkts der Beendigung der Kraftfahrzeugsteuerpflicht, wenn der Erwerber der Zulassungsbehörde zeitlich verzögert die Änderung mitteilt, denn der bisherige Halter schuldet bis dahin die Steuer.*

3   **Begr** zum ÄndG v. 28.11.16 **zu Abs. 6:** BT-Drs. 18/8559 S. 22 f.

4   **Anm:** Die Ermächtigung zur Übermittlung und zum Nachweis der Daten über die Haftpflichtversicherung durch den Versicherer an die Zulassungsbehörde in Abs. I S. 2 wurde mit § 23 II FZV in der Weise konkretisiert, dass die Übermittlung elektronisch zu erfolgen hat.

Übermittlung von Fahrzeugdaten und Halterdaten

35   (1) Die nach § 33 Absatz 1 gespeicherten Fahrzeugdaten und Halterdaten dürfen an Behörden und sonstige öffentliche Stellen im Geltungsbereich dieses Gesetzes sowie im Rahmen einer internetbasierten Zulassung an Personen im Sinne des § 6g Absatz 3 zur Erfüllung der Aufgaben der Zulassungsbehörde, des Kraftfahrt-Bundesamtes oder der Aufgaben des Empfängers nur übermittelt werden, wenn dies für die Zwecke nach § 32 Absatz 2 jeweils erforderlich ist

1. zur Durchführung der in § 32 Abs. 1 angeführten Aufgaben,

2. zur Verfolgung von Straftaten, zur Vollstreckung oder zum Vollzug von Strafen, von Maßnahmen im Sinne des § 11 Abs. 1 Nr. 8 des Strafgesetzbuchs oder von Erziehungsmaßregeln oder Zuchtmitteln im Sinne des Jugendgerichtsgesetzes,

3. zur Verfolgung von Ordnungswidrigkeiten,

4. zur Abwehr von Gefahren für die öffentliche Sicherheit oder Ordnung,

5. zur Erfüllung der den Verfassungsschutzbehörden, dem Militärischen Abschirmdienst und dem Bundesnachrichtendienst durch Gesetz übertragenen Aufgaben,

6. für Maßnahmen nach dem Abfallbeseitigungsgesetz oder den darauf beruhenden Rechtsvorschriften,

7. für Maßnahmen nach dem Wirtschaftssicherstellungsgesetz oder den darauf beruhenden Rechtsvorschriften,

8. für Maßnahmen nach dem Energiesicherungsgesetz 1975 oder den darauf beruhenden Rechtsvorschriften,

9. für die Erfüllung der gesetzlichen Mitteilungspflichten zur Sicherung des Steueraufkommens nach § 93 der Abgabenordnung,

10. zur Feststellung der Maut für die Benutzung mautpflichtiger Straßen im Sinne des § 1 des Bundesfernstraßenmautgesetzes und zur Verfolgung von Ansprüchen nach diesem Gesetz,

11. zur Ermittlung der Mautgebühr für die Benutzung von Bundesfernstraßen und zur Verfolgung von Ansprüchen nach dem Fernstraßenbauprivatfinanzierungsgesetz vom 30. August 1994 (BGBl. I S. 2243) in der jeweils geltenden Fassung,

12. zur Ermittlung der Mautgebühr für die Benutzung von Straßen nach Landesrecht und zur Verfolgung von Ansprüchen nach den Gesetzen der Länder über den gebührenfinanzierten Neu- und Ausbau von Straßen,

13. zur Überprüfung von Personen, die Sozialhilfe, Leistungen der Grundsicherung für Arbeitsuchende oder Leistungen nach dem Asylbewerberleistungsgesetz beziehen, zur Vermeidung rechtswidriger Inanspruchnahme solcher Leistungen,

14. für die in § 17 des Auslandsunterhaltsgesetzes genannten Zwecke,

15. für die in § 802l der Zivilprozessordnung genannten Zwecke soweit kein Grund zu der Annahme besteht, dass dadurch schutzwürdige Interessen des Betroffenen beeinträchtigt werden,

16. zur Erfüllung der den Behörden der Zollverwaltung in § 2 Absatz 1 des Schwarzarbeitsbekämpfungsgesetzes übertragenen Prüfungsaufgaben,

17. zur Durchführung eines Vollstreckungsverfahrens an die für die Vollstreckung nach dem Verwaltungs-Vollstreckungsgesetz oder nach den Verwaltungsvollstreckungsgesetzen der Länder zuständige Behörde, wenn

a) der Vollstreckungsschuldner seiner Pflicht, eine Vermögensauskunft zu erteilen, nicht nachkommt oder bei einer Vollstreckung in die in der Vermögensauskunft angeführten Vermögensgegenstände eine vollständige Befriedigung der Forderung, wegen der die Vermögensauskunft verlangt wird, voraussichtlich nicht zu erwarten ist,

b) der Vollstreckungsschuldner als Halter des Fahrzeugs eingetragen ist und

c) kein Grund zu der Annahme besteht, dass dadurch schutzwürdige Interessen des Betroffenen beeinträchtigt werden,

18. zur Überprüfung der Einhaltung von Verkehrsbeschränkungen und Verkehrsverboten, die aufgrund des § 40 des Bundes-Immissionsschutzgesetzes nach Maßgabe der straßenverkehrsrechtlichen Vorschriften angeordnet worden oder aufgrund straßenverkehrsrechtlicher Vorschriften zum Schutz der Wohnbevölkerung oder der Bevölkerung vor Abgasen ergangen sind, oder

19. zur Überprüfung und Ergänzung der Angaben in Anträgen und Verwendungsnachweisen zu einer Förderung hinsichtlich der Einhaltung der Regelungen über die Förderung des Absatzes von elektrisch betriebenen Fahrzeugen (Umweltbonus).

(1a) **Die nach § 33 Absatz 1 Nummer 1 gespeicherten Daten über Beschaffenheit, Ausrüstung und Identifizierungsmerkmale von Fahrzeugen dürfen den Zentralen Leitstellen für Brandschutz, Katastrophenschutz und Rettungsdienst, wenn dies für Zwecke nach § 32 Absatz 2 Nummer 3 erforderlich ist, zur Rettung von Unfallopfern übermittelt werden.**

(2) ¹Die nach § 33 Abs. 1 gespeicherten Fahrzeugdaten und Halterdaten dürfen, wenn dies für die Zwecke nach § 32 Abs. 2 jeweils erforderlich ist,

1. an Inhaber von Betriebserlaubnissen für Fahrzeuge oder an Fahrzeughersteller für Rückrufmaßnahmen zur Beseitigung von erheblichen Mängeln für die Verkehrssicherheit oder für die Umwelt an bereits ausgelieferten Fahrzeugen (§ 32 Abs. 1 Nr. 1) sowie bis zum 31. Dezember 1995 für staatlich geförderte Maßnahmen zur Verbesserung des Schutzes vor schädlichen Umwelteinwirkungen durch bereits ausgelieferte Fahrzeuge,

1a. an Fahrzeughersteller und Importeure von Fahrzeugen sowie an deren Rechtsnachfolger zur Überprüfung der Angaben über die Verwertung des Fahrzeugs nach dem Altfahrzeugrecht,

2. an Versicherer zur Gewährleistung des vorgeschriebenen Versicherungsschutzes (§ 32 Abs. 1 Nr. 2) und

3. unmittelbar oder über Kopfstellen an Technische Prüfstellen und amtlich anerkannte Überwachungsorganisationen sowie über Kopfstellen an anerkannte Kraftfahrzeugwerkstätten, soweit diese Werkstätten Sicherheitsprüfungen durchführen, für die Durchführung der regelmäßigen Untersuchungen und Prüfungen, um die Verkehrssicherheit der Fahrzeuge und den Schutz der Verkehrsteilnehmer zu gewährleisten,

übermittelt werden. ²Bei Übermittlungen nach Satz 1 Nummer 3 erfolgt eine Speicherung der Daten bei den Kopfstellen ausschließlich zum Zweck der Übermittlung an Technische Prüfstellen, amtlich anerkannte Überwachungsorganisationen und anerkannte Kraftfahrzeugwerkstätten, soweit diese Werkstätten Sicherheitsprüfungen durchführen. ³Nach erfolgter Übermittlung haben die Kopfstellen die nach Satz 2 gespeicherten Daten unverzüglich, bei elektronischer Speicherung automatisiert, zu löschen.

(2a) **Die nach § 33 Absatz 3 gespeicherten Daten über die Fahrtenbuchauflagen dürfen**

1. den Zulassungsbehörden in entsprechender Anwendung des Absatzes 5 Nummer 1 zur Überwachung der Fahrtenbuchauflage,

2. dem Kraftfahrt-Bundesamt in entsprechender Anwendung des Absatzes 5 Nummer 1 für die Unterstützung der Zulassungsbehörden im Rahmen der Überwachung der Fahrtenbuchauflage oder

3. den hierfür zuständigen Behörden oder Gerichten zur Verfolgung von Straftaten oder von Ordnungswidrigkeiten nach §§ 24, 24a oder § 24c

jeweils im Einzelfall übermittelt werden.

(3) ¹Die Übermittlung von Fahrzeugdaten und Halterdaten zu anderen Zwecken als der Feststellung oder Bestimmung von Haltern oder Fahrzeugen (§ 32 Abs. 2) ist, unbeschadet der Absätze 4, 4a bis 4c, unzulässig, es sei denn, die Daten sind

1. unerlässlich zur

a) Verfolgung von Straftaten oder zur Vollstreckung oder zum Vollzug von Strafen,

b) Abwehr einer im Einzelfall bestehenden Gefahr für die öffentliche Sicherheit,

c) Erfüllung der den Verfassungsschutzbehörden, dem Militärischen Abschirmdienst und dem Bundesnachrichtendienst durch Gesetz übertragenen Aufgaben,

d) Erfüllung der gesetzlichen Mitteilungspflichten zur Sicherung des Steueraufkommens nach § 93 der Abgabenordnung, soweit diese Vorschrift unmittelbar anwendbar ist, oder

e) Erfüllung gesetzlicher Mitteilungspflichten nach § 118 Abs. 4 Satz 4 Nr. 6 des Zwölften Buches Sozialgesetzbuch

und

2. auf andere Weise nicht oder nicht rechtzeitig oder nur mit unverhältnismäßigem Aufwand zu erlangen.

[2]Die ersuchende Behörde hat Aufzeichnungen über das Ersuchen mit einem Hinweis auf dessen Anlass zu führen. [3]Die Aufzeichnungen sind gesondert aufzubewahren, durch technische und organisatorische Maßnahmen zu sichern und am Ende des Kalenderjahres, das dem Jahr der Erstellung der Aufzeichnung folgt, zu vernichten. [4]Die Aufzeichnungen dürfen nur zur Kontrolle der Zulässigkeit der Übermittlungen verwertet werden, es sei denn, es liegen Anhaltspunkte dafür vor, dass ihre Verwertung zur Aufklärung oder Verhütung einer schwerwiegenden Straftat gegen Leib, Leben oder Freiheit einer Person führen kann und die Aufklärung oder Verhütung ohne diese Maßnahme aussichtslos oder wesentlich erschwert wäre.

(4) [1]Auf Ersuchen des Bundeskriminalamtes kann das Kraftfahrt-Bundesamt die im Zentralen Fahrzeugregister gespeicherten Halterdaten mit dem polizeilichen Fahndungsbestand der mit Haftbefehl gesuchten Personen abgleichen. [2]Die dabei ermittelten Daten gesuchter Personen dürfen dem Bundeskriminalamt übermittelt werden. [3]Das Ersuchen des Bundeskriminalamtes erfolgt durch Übersendung eines Datenträgers.

(4a) Auf Ersuchen der Auskunftsstelle nach § 8a des Pflichtversicherungsgesetzes übermitteln die Zulassungsbehörden und das Kraftfahrt-Bundesamt die nach § 33 Abs. 1 gespeicherten Fahrzeugdaten und Halterdaten zu den in § 8a Abs. 1 des Pflichtversicherungsgesetzes genannten Zwecken.

(4b) Zu den in § 7 Absatz 3 des Internationalen Familienrechtsverfahrensgesetzes, § 4 Abs. 3 Satz 2 des Erwachsenenschutzübereinkommens-Ausführungsgesetzes vom 17. März 2007 (BGBl. I S. 314) und den in den §§ 16 und 17 des Auslandsunterhaltsgesetzes vom 23. Mai 2011 (BGBl. I S. 898) bezeichneten Zwecken übermittelt das Kraftfahrt-Bundesamt der in diesen Vorschriften bezeichneten Zentralen Behörde auf Ersuchen die nach § 33 Abs. 1 Satz 1 Nr. 2 gespeicherten Halterdaten.

(4c) Auf Ersuchen übermittelt das Kraftfahrt-Bundesamt

1. dem Gerichtsvollzieher zu den in § 755 der Zivilprozessordnung genannten Zwecken und

2. der für die Vollstreckung nach dem Verwaltungs-Vollstreckungsgesetz oder nach den Verwaltungsvollstreckungsgesetzen der Länder zuständigen Behörde, soweit diese die Angaben nicht durch Anfrage bei der Meldebehörde ermitteln kann, zur Durchführung eines Vollstreckungsverfahrens

die nach § 33 Absatz 1 Satz 1 Nummer 2 gespeicherten Halterdaten, soweit kein Grund zu der Annahme besteht, dass dadurch schutzwürdige Interessen des Betroffenen beeinträchtigt werden.

(5) Die nach § 33 Absatz 1 oder 3 gespeicherten Fahrzeugdaten und Halterdaten dürfen nach näherer Bestimmung durch Rechtsverordnung (§ 47 Nummer 3) regelmäßig übermittelt werden

1. von den Zulassungsbehörden an das Kraftfahrt-Bundesamt für das Zentrale Fahrzeugregister und vom Kraftfahrt-Bundesamt an die Zulassungsbehörden für die örtlichen Fahrzeugregister,

2. von den Zulassungsbehörden an andere Zulassungsbehörden, wenn diese mit dem betreffenden Fahrzeug befasst sind oder befasst waren,

3. von den Zulassungsbehörden an die Versicherer zur Gewährleistung des vorgeschriebenen Versicherungsschutzes (§ 32 Abs. 1 Nr. 2),

4. von den Zulassungsbehörden an die für die Ausübung der Verwaltung der Kraftfahrzeugsteuer zuständigen Behörden zur Durchführung des Kraftfahrzeugsteuerrechts (§ 32 Abs. 1 Nr. 3),

5. von den Zulassungsbehörden und vom Kraftfahrt-Bundesamt für Maßnahmen nach dem Bundesleistungsgesetz, dem Verkehrssicherstellungsgesetz, dem Verkehrsleistungsgesetz oder des Katastrophenschutzes nach den hierzu erlassenen Gesetzen der Länder oder den darauf beruhenden Rechtsvorschriften an die hierfür zuständigen Behörden (§ 32 Abs. 1 Nr. 4 und 5),

6. von den Zulassungsbehörden für Prüfungen nach § 118 Abs. 4 Satz 4 Nr. 6 des Zwölften Buches Sozialgesetzbuch an die Träger der Sozialhilfe nach dem Zwölften Buch Sozialgesetzbuch.

(6) [1]Das Kraftfahrt-Bundesamt als übermittelnde Behörde hat Aufzeichnungen zu führen, die die übermittelten Daten, den Zeitpunkt der Übermittlung, den Empfänger der

Daten und den vom Empfänger angegebenen Zweck enthalten. [2] **Die Aufzeichnungen dürfen nur zur Kontrolle der Zulässigkeit der Übermittlungen verwertet werden, sind durch technische und organisatorische Maßnahmen gegen Missbrauch zu sichern und am Ende des Kalenderhalbjahres, das dem Halbjahr der Übermittlung folgt, zu löschen oder zu vernichten.** [3] **Bei Übermittlung nach Absatz 5 sind besondere Aufzeichnungen entbehrlich, wenn die Angaben nach Satz 1 aus dem Register oder anderen Unterlagen entnommen werden können.** [4] **Die Sätze 1 und 2 gelten auch für die Übermittlungen durch das Kraftfahrt-Bundesamt nach den §§ 37 bis 40.**

Begr z ÄndG v. 20.6.11 zu Abs. 1a: BT-Drs. 17/4144 S. 9, 11, BT-Drs. 17/5169 S. 3   **1**

Begr z ÄndG v. 28.8.13 zu Abs. 2a und Abs. 5 S. 1 (BT-Drs. 17/13026 S. 18 = VkBl. **13**   **2** 982): *Die bisher in § 40 enthaltenen Vorgaben, zu welchen Zwecken und an welche Behörden die Information über die Fahrtenbuchauflage übermittelt wird, werden hier neu verankert. Damit wird diese Information den Fahrzeugdaten und Halterdaten gleichgestellt. Zugleich wird klargestellt, dass die Übermittlung der Fahrtenbuchauflage auf denselben Wegen erfolgt, die auch für die Übermittlung anderer das Fahrzeug betreffende Daten vorgesehen ist (Verweis auf § 35 Absatz 5 Nummer 1) und dass die Übermittlung nur bezogen auf den Einzelfall, für den die Angabe benötigt wird, erfolgt. In § 40 ist die Regelung somit entbehrlich. Die Erweiterung der Ermächtigungsgrundlage ermöglicht es, konkretere Festlegungen über die Speicherung und Übermittlung der Fahrtenbuchauflage per Verordnung zu regeln.*

Begr zum ÄndG v. 28.11.16: BT-Drs. 18/8559 S. 22 f., BT-Drs. 18/9084 S. 19   **3**

1. Ein **Insolvenzverwalter** ist keine öffentliche Stelle iSv Abs. 1, da das Insolvenzverfahren **4** primär und unmittelbar auf den Schutz und die Durchsetzung von Privatinteressen zielt (VG Bra VM **10** 24).

2. Zur **Fahrtenbuchanordnung** (Abs. 2a) s. § 31a StVZO. Die Übermittlung von Daten **5** über Fahrtenbuchanordnungen nach Abs. 2a darf durch Abruf im automatisierten Verfahren erfolgen (§ 36 Abs. 2f, Begr BT-Drs. 17/13026 S. 20 = VkBl. **13** 983).

3. Durch ÄndG v. 8.4.2019 (BGBl. I S. 430) wurde **Abs. 1 Nr. 18** eingefügt, um die Über- **6** mittlung der im ZFZR gespeicherten Daten zur **Überprüfung der Einhaltung** von **Verkehrsbeschränkungen** und **Verkehrsverboten** zu ermöglichen. Die Verbote oder Beschränkungen können aufgrund von § 40 BImSchG oder zum Schutz der Wohnbevölkerung oder der Bevölkerung vor Abgasen (§ 45 I S. 2 Nr. 3 Alt 2, Ib Nr. 5 StVO) angeordnet worden sein. Die Möglichkeit der Übermittlung nach Abs. 1 Nr. 3 zur Verfolgung von Ordnungswidrigkeiten wäre dafür nicht ausreichend gewesen. Die zusätzliche Ziffer wurde eingefügt, damit die zuständigen Behörden auf die Daten des ZFZR zugreifen können, um fahrzeugindividuell die Einhaltung der Verkehrsbeschränkungen und Verkehrsverbote überprüfen zu können, ohne dass bereits ein Anhaltspunkt für einen Verstoß vorliegt (Begr BT-Drs. 19/6334 S. 13, *Scheidler* DAR **19** 17 (20)). Nach Abs. 1 Nr. 18 dürfen damit Fahrzeugdaten aus dem ZFZR an die für die Überprüfung der Einhaltung von Verkehrsbeschränkungen und Verkehrsverboten zuständigen Behörden bereits dann übermittelt werden, wenn die Überwachung ergeben hat, dass ein konkretes Fahrzeug ein Gebiet mit Verkehrsbeschränkung oder Verkehrsverbot befahren hat, auch wenn erst anschließend geprüft wird, ob es dazu berechtigt war oder nicht. Zu dem Verfahren der Überprüfung § 63c StVG. Die Daten sind auch durch Abruf im automatisierten Verfahren verfügbar (§ 36 IIi StVG).

4. Abs. 1 Nr. 19 wurde durch ÄndG v. 29.6.20 (BGBl. I S. 1528) eingefügt, um die Einhal- **7** tung der Kriterien für die Förderung der Anschaffung von Elektrofahrzeugen umsetzen und überprüfen zu können (Begr BT-Drs. 19/19132 S. 13).

Abruf im automatisierten Verfahren

36 (1) **Die Übermittlung nach § 35 Absatz 1 Nummer 1, soweit es sich um Aufgaben nach § 32 Absatz 1 Nummer 1 handelt, aus dem Zentralen Fahrzeugregister**

1. an die Zulassungsbehörden oder

2. im Rahmen einer internetbasierten Zulassung an Personen im Sinne des § 6g Absatz 3

darf durch Abruf im automatisierten Verfahren erfolgen.

(2) [1]Die Übermittlung nach § 35 Abs. 1 Nr. 1 bis 5 aus dem Zentralen Fahrzeugregister darf durch Abruf im automatisierten Verfahren erfolgen

1. an die Polizeien des Bundes und der Länder sowie an Dienststellen der Zollverwaltung, soweit sie Befugnisse nach § 10 des Zollverwaltungsgesetzes ausüben oder grenzpolizeiliche Aufgaben wahrnehmen,

 a) zur Kontrolle, ob die Fahrzeuge einschließlich ihrer Ladung und die Fahrzeugpapiere vorschriftsmäßig sind,

 b) zur Verfolgung von Ordnungswidrigkeiten nach §§ 24, 24a oder § 24c,

 c) zur Verfolgung von Straftaten oder zur Vollstreckung oder zum Vollzug von Strafen oder

 d) zur Abwehr von Gefahren für die öffentliche Sicherheit,

1a. an die Verwaltungsbehörden im Sinne des § 26 Abs. 1 für die Verfolgung von Ordnungswidrigkeiten nach §§ 24, 24a oder § 24c,

2. an die Zollfahndungsdienststellen zur Verhütung oder Verfolgung von Steuer- und Wirtschaftsstraftaten sowie an die mit der Steuerfahndung betrauten Dienststellen der Landesfinanzbehörden zur Verhütung oder Verfolgung von Steuerstraftaten,

2a. an die Behörden der Zollverwaltung zur Verfolgung von Straftaten, die mit einem der in § 2 Absatz 1 des Schwarzarbeitsbekämpfungsgesetzes genannten Prüfgegenstände unmittelbar zusammenhängen, und

3. an die Verfassungsschutzbehörden, den Militärischen Abschirmdienst und den Bundesnachrichtendienst zur Erfüllung ihrer durch Gesetz übertragenen Aufgaben und

4. an die Zentralstelle für Finanztransaktionsuntersuchungen zur Erfüllung ihrer Aufgaben nach dem Geldwäschegesetz.

[2]Satz 1 gilt entsprechend für den Abruf der örtlich zuständigen Polizeidienststellen der Länder und Verwaltungsbehörden im Sinne des § 26 Abs. 1 aus den jeweiligen örtlichen Fahrzeugregistern.

(2a) Die Übermittlung nach § 35 Absatz 1 Nummer 9 aus dem Zentralen Fahrzeugregister darf durch Abruf im automatisierten Verfahren erfolgen

1. an die mit der Kontrolle und Erhebung der Umsatzsteuer betrauten Dienststellen der Finanzbehörden, soweit ein Abruf im Einzelfall zur Verhinderung einer missbräuchlichen Anwendung der Vorschriften des Umsatzsteuergesetzes beim Handel, Erwerb oder bei der Übertragung von Fahrzeugen erforderlich ist,

2. an die mit der Durchführung einer Außenprüfung nach § 193 der Abgabenordnung betrauten Dienststellen der Finanzbehörden, soweit ein Abruf für die Ermittlung der steuerlichen Verhältnisse im Rahmen einer Außenprüfung erforderlich ist und

3. an die mit der Vollstreckung betrauten Dienststellen der Finanzbehörden nach § 249 der Abgabenordnung, soweit ein Abruf für die Vollstreckung von Ansprüchen aus dem Steuerschuldverhältnis erforderlich ist.

(2b) Die Übermittlung nach § 35 Abs. 1 Nr. 11 und 12 aus dem Zentralen Fahrzeugregister darf durch Abruf im automatisierten Verfahren an den Privaten, der mit der Erhebung der Mautgebühr beliehen worden ist, erfolgen.

(2c) Die Übermittlung nach § 35 Abs. 1 Nr. 10 aus dem Zentralen Fahrzeugregister darf durch Abruf im automatisierten Verfahren an das Bundesamt für Güterverkehr und an eine sonstige öffentliche Stelle, die mit der Erhebung der Maut nach dem Bundesfernstraßenmautgesetz beauftragt ist, erfolgen.

(2d) Die Übermittlung nach § 35 Absatz 1 Nummer 14 aus dem Zentralen Fahrzeugregister darf durch Abruf im automatisierten Verfahren an die zentrale Behörde (§ 4 des Auslandsunterhaltsgesetzes) erfolgen.

(2e) Die Übermittlung nach § 35 Absatz 1 Nr. 15 aus dem Zentralen Fahrzeugregister darf durch Abruf im automatisierten Verfahren an den Gerichtsvollzieher erfolgen.

(2f) Die Übermittlung aus dem Zentralen Fahrzeugregister nach § 35 Absatz 2 Satz 1 Nummer 3 darf durch Abruf im automatisierten Verfahren erfolgen.

(2g) Die Übermittlung nach § 35 Absatz 2a darf durch Abruf im automatisierten Verfahren erfolgen.

(2h) Die Übermittlung nach § 35 Absatz 1 Nummer 16 darf durch Abruf im automatisierten Verfahren an die Behörden der Zollverwaltung zur Erfüllung der ihnen in § 2 Absatz 1 des Schwarzarbeitsbekämpfungsgesetzes übertragenen Prüfungsaufgaben erfolgen.

(2i) [1]In einem solchen Verfahren darf auch die Übermittlung nach § 35 Absatz 1 Nummer 18 aus dem Zentralen Fahrzeugregister an die nach Landesrecht für die Überprüfung der Einhaltung dieser Verkehrsbeschränkungen und Verkehrsverbote zuständigen Behörden erfolgen. [2]Die Einrichtung von Anlagen zum Abruf nach Satz 1 ist für den Abruf der nach

§ 33 Absatz 1 Satz 1 Nummer 1 gespeicherten und für die Überprüfung der Einhaltung der jeweiligen Verkehrsbeschränkungen und Verkehrsverbote erforderlichen Fahrzeugdaten aus dem Zentralen Fahrzeugregister durch die Behörden nach Satz 1 zulässig; einer Rechtsverordnung nach Absatz 5 bedarf es nicht; die Maßgaben nach Absatz 5 Nummer 2 und 3 gelten unmittelbar.

(2j) Die Übermittlung nach § 35 Absatz 1 Nummer 19 darf durch Abruf im automatisierten Verfahren an das Bundesamt für Wirtschaft und Ausfuhrkontrolle erfolgen.

(3) Die Übermittlung nach § 35 Abs. 3 Satz 1 aus dem Zentralen Fahrzeugregister darf ferner durch Abruf im automatisierten Verfahren an die Polizeien des Bundes und der Länder zur Verfolgung von Straftaten oder zur Vollstreckung oder zum Vollzug von Strafen oder zur Abwehr einer im Einzelfall bestehenden Gefahr für die öffentliche Sicherheit, an die Zollfahndungsdienststellen zur Verhütung oder Verfolgung von Steuer- und Wirtschaftsstraftaten, an die mit der Steuerfahndung betrauten Dienststellen der Landesfinanzbehörden zur Verhütung oder Verfolgung von Steuerstraftaten sowie an die Verfassungsschutzbehörden, den Militärischen Abschirmdienst und den Bundesnachrichtendienst zur Erfüllung ihrer durch Gesetz übertragenen Aufgaben vorgenommen werden.

(3a) Die Übermittlung aus dem Zentralen Fahrzeugregister nach § 35 Abs. 4a darf durch Abruf im automatisierten Verfahren an die Auskunftsstelle nach § 8a des Pflichtversicherungsgesetzes erfolgen.

(3b) ¹Die Übermittlung aus dem Zentralen Fahrzeugregister nach § 35 Absatz 1 Nummer 1 an die für die Ausübung der Verwaltung der Kraftfahrzeugsteuer zuständigen Behörden darf durch Abruf im automatisierten Verfahren erfolgen. ²Der Abruf ist nur zulässig, wenn die von den Zulassungsbehörden nach § 35 Absatz 5 Nummer 4 übermittelten Datenbestände unrichtig oder unvollständig sind.

(3c) Die Übermittlung aus dem Zentralen Fahrzeugregister nach § 35 Absatz 1a darf an die Zentralen Leitstellen für Brandschutz, Katastrophenschutz und Rettungsdienst zur Vorbereitung der Rettung von Personen aus Fahrzeugen durch Abruf im automatisierten Verfahren erfolgen.

(4) Der Abruf darf sich nur auf ein bestimmtes Fahrzeug oder einen bestimmten Halter richten und in den Fällen der Absätze 1 und 2 Satz 1 Nr. 1 Buchstabe a und b nur unter Verwendung von Fahrzeugdaten durchgeführt werden.

(5) Die Einrichtung von Anlagen zum Abruf im automatisierten Verfahren ist nur zulässig, wenn nach näherer Bestimmung durch Rechtsverordnung (§ 47 Nummer 4) gewährleistet ist, dass

1. die zum Abruf bereitgehaltenen Daten ihrer Art nach für den Empfänger erforderlich sind und ihre Übermittlung durch automatisierten Abruf unter Berücksichtigung der schutzwürdigen Interessen der betroffenen Person und der Aufgabe des Empfängers angemessen ist,

2. die erforderlichen technischen und organisatorischen Maßnahmen nach den Artikeln 24, 25 und 32 der Verordnung (EU) 2016/679 zur Sicherstellung des Datenschutzes und der Datensicherheit getroffen werden und

3. die Zulässigkeit der Abrufe nach Maßgabe des Absatzes 6 kontrolliert werden kann.

(5a) (weggefallen)

(6) ¹Das Kraftfahrt-Bundesamt oder die Zulassungsbehörde als übermittelnde Stelle hat über die Abrufe Aufzeichnungen zu fertigen, die bei der Durchführung der Abrufe verwendeten Daten, den Tag und die Uhrzeit der Abrufe, die Kennung der abrufenden Dienststelle und die abgerufenen Daten enthalten müssen. ²Die protokollierten Daten dürfen nur für Zwecke der Datenschutzkontrolle, der Datensicherung oder zur Sicherstellung eines ordnungsgemäßen Betriebs der Datenverarbeitungsanlage verwendet werden. ³Die nach Satz 1 protokollierten Daten dürfen auch dazu verwendet werden, der betroffenen Person darüber Auskunft zu erteilen, welche ihrer in Anhang I, Abschnitt I und II der Richtlinie (EU) 2015/413 enthaltenen personenbezogenen Daten an Stellen in anderen Mitgliedstaaten der Europäischen Union zum Zweck der dortigen Verfolgung der in Artikel 2 der Richtlinie (EU) 2015/413 aufgeführten, die Straßenverkehrssicherheit gefährdenden Delikte übermittelt wurden. ⁴Das Datum des Ersuchens und die zuständige Stelle nach Satz 1, an die die Übermittlung erfolgte, sind der betroffenen Person ebenfalls mitzuteilen. ⁵§ 36a gilt für das Verfahren nach den Sätzen 3 und 4 entsprechend. ⁶Liegen Anhaltspunkte dafür vor, dass ohne ihre Verwendung die Verhinderung oder Verfolgung einer schwerwiegenden Straftat gegen Leib, Leben oder Freiheit einer Person aussichtslos oder wesentlich erschwert wäre, dürfen die Daten auch für diesen Zweck verwendet werden, sofern das Ersuchen der Strafverfolgungsbehörde unter Verwendung von Halterdaten einer bestimmten Person oder von Fahrzeugdaten eines bestimmten Fahrzeugs gestellt wird. ⁷Die Protokolldaten sind durch geeignete Vorkehrungen gegen zweckfremde Verwendung und gegen sonstigen Missbrauch zu schützen und nach sechs Monaten zu löschen.

(7) ¹Bei Abrufen aus dem Zentralen Fahrzeugregister sind vom Kraftfahrt-Bundesamt weitere Aufzeichnungen zu fertigen, die sich auf den Anlass des Abrufs erstrecken und die Feststellung der für den Abruf verantwortlichen Personen ermöglichen. ²Das Nähere wird durch Rechtsverordnung (§ 47 Nummer 5) bestimmt. ³Dies gilt entsprechend für Abrufe aus den örtlichen Fahrzeugregistern.

(8) ¹Soweit örtliche Fahrzeugregister nicht im automatisierten Verfahren geführt werden, ist die Übermittlung der nach § 33 Abs. 1 gespeicherten Fahrzeugdaten und Halterdaten durch Einsichtnahme in das örtliche Fahrzeugregister außerhalb der üblichen Dienstzeiten an die für den betreffenden Zulassungsbezirk zuständige Polizeidienststelle zulässig, wenn

1. dies für die Erfüllung der in Absatz 2 Satz 1 Nr. 1 bezeichneten Aufgaben erforderlich ist und

2. ohne die sofortige Einsichtnahme die Erfüllung dieser Aufgaben gefährdet wäre.

²Die Polizeidienststelle hat die Tatsache der Einsichtnahme, deren Datum und Anlass sowie den Namen des Einsichtnehmenden aufzuzeichnen; die Aufzeichnungen sind für die Dauer eines Jahres aufzubewahren und nach Ablauf des betreffenden Kalenderjahres zu vernichten. ³Die Sätze 1 und 2 finden entsprechende Anwendung auf die Einsichtnahme durch die Zollfahndungsämter zur Erfüllung der in Absatz 2 Satz 1 Nr. 2 bezeichneten Aufgaben.

1   **Begr** z ÄndG v. 3.5.05 (VkBl. 05 437): **Zu Abs. 2 S. 1 Nr. 2 und Abs. 3:** *Die Änderung ermöglicht den Online-Abruf von Daten aus dem Zentralen Fahrzeugregister durch die mit der Steuerfahndung betrauten Dienststellen der Landesfinanzbehörden und dient damit zur Senkung von Verwaltungsaufwand bei diesen Behörden.*

2   **Zu Abs. 3a:** *Im Zuge der Übernahme der Vierten Kraftfahrzeughaftpflicht-Richtlinie (Richtlinie 2000/26/EG) in das nationale Recht wurde mit dem Gesetz zur Änderung des Pflichtversicherungsgesetzes und anderer versicherungsrechtlicher Vorschriften vom 10. Juli 2002 (BGBl. I S. 2586) in Deutschland eine Auskunftsstelle eingerichtet, welche dem Geschädigten auf Ersuchen alle Daten mitteilt, die zur Regelung seiner Ansprüche aus einem Verkehrsunfall notwendig sind.*

3   *Nach dem neuen § 8a des Pflichtversicherungsgesetzes sind die Aufgaben und Befugnisse der deutschen Auskunftsstelle mit Wirkung vom 1. Januar 2003 auf den von der GDV Dienstleistungs-GmbH & Co. KG betriebenen „Zentralruf der Autoversicherer" in Hamburg übertragen worden. Die Zulassungsbehörden oder das Kraftfahrt-Bundesamt haben der Auskunftsstelle nach § 35 Abs. 4a des Straßenverkehrsgesetzes – auf deren Ersuchen – die nach § 33 Abs. 1 gespeicherten Fahrzeugdaten und Halterdaten zu den im § 8a Abs. 1 des Pflichtversicherungsgesetzes genannten Zwecken zu übermitteln. Es besteht somit eine gesetzliche Verpflichtung zur Datenübermittlung, die jedoch, auf Grund dessen, dass § 35 Abs. 4a einen automatisierten Abruf der Daten nicht zulässt, nicht effizient durchgeführt werden kann. Dieses Verfahren ist für die Auskunftsstelle sowie für die Zulassungsbehörden wie auch für das Kraftfahrt-Bundesamt zeit- und arbeitsaufwändig und führt schließlich zu Verzögerungen bei der Befriedigung des Informationsanspruchs des Unfallgeschädigten. Die Auskunftsstelle soll deshalb berechtigt werden, die benötigten Daten online aus dem Zentralen Fahrzeugregister abzurufen. Durch den automatisierten Abruf der Daten wird ihr die Möglichkeit eröffnet, die abgerufenen Daten in die eigenen (Dialog-)Arbeitsabläufe zu integrieren. Dies ermöglicht es, dem Bürger die Auskunft „in einem Zuge" und nicht erst „nach und nach" zur Verfügung zu stellen.*

4   **Begr** z ÄndG v. 5.1.07, BGBl. I S. 7 (BT-Drs. 16/2921 S. 20): **Zu Abs. 2 S. 1 und Abs. 3:** *Die Ermittlung der Fahrzeug- und Halterdaten aus dem Zentralen Fahrzeugregister des KBA stellt eine wichtige Unterstützung der nachrichtendienstlichen Erkenntnisgewinnung dar, indem sie die rasche und eindeutige Zuordnung von Personen und Kraftfahrzeugen anhand der vorhandenen Daten des KBA jederzeit ermöglicht. Bislang erteilt das KBA den Nachrichtendiensten Auskünfte nach § 35 Abs. 1 Nr. 5 und Abs. 3 Satz 1 Nr. 1 Buchstabe c StVG nur auf konventionellem Anfrageweg über Telefon oder Fax. Um das Zentrale Fahrzeugregister besser nutzen zu können, erhalten die Verfassungsschutzbehörden, der MAD und der BND nunmehr die Möglichkeit, Auskünfte über Fahrzeug- und Halterdaten auch im automatisierten Abrufverfahren einzuholen. ...*

5   *Die Möglichkeit automatisierter Anfragen dient dabei nicht allein der Beschleunigung in Eilfällen und damit einer Steigerung der Effizienz der Arbeit der Sicherheitsbehörden, sondern ebenso der Beseitigung von Fehlerquellen im Rahmen des herkömmlichen Verfahrens, die durch unklare Schreibweisen insbesondere transkribierter Namen aus dem Arabischen, Chinesischen oder Kyrillischen entstehen.*

6   **Begr** z G v. 19.7.07, BGBl. I S. 1460 **zu Abs. 2 Nr. 1 lit b und Nr. 1a:** VkBl. 08 258.

7   **Begr** z ÄndG v. 20.6.11 **zu Abs. 3c:** BT-Drs. 17/4144 S. 9, 11, BT-Drs. 17/5169 S. 3

Begr z ÄndG v. 28.8.13 (BT-Drs. 17/13026 S. 19 = VkBl. **13** 982): **Zu Abs. 2a:** *Der neue Ab-* 8
*satz 2a erweitert den bisher in § 36 geregelten Online-Datenabruf auf alle mit der Kontrolle und Erhebung
der Umsatzsteuer betrauten Dienststellen der Finanzbehörden. Maßgebend dafür ist, dass der Handel mit
Fahrzeugen – insbesondere mit hochwertigen Marken – von einer hohen Anfälligkeit für Umsatzsteuerhin-
terziehungen geprägt ist und dabei Deutschland auf Grund seiner Spitzenposition in der Automobilwirt-
schaft und der dementsprechend hohen Produktnachfrage im In- und Ausland in besonderer Weise im Focus
von Kriminellen steht und von illegalen Handlungen betroffen ist. Die Täter missbrauchen dabei planvoll
das unionsweit harmonisierte Mehrwertsteuersystem, das auch der deutschen Umsatzsteuer zugrunde liegt.
Zur Bekämpfung dieser Formen der Hinterziehungsdelikte mit Fahrzeugen erweist es sich für die Steuer-
verwaltung als dringend notwendig, bereits in einem frühen Zeitpunkt des Besteuerungsverfahrens über wirk-
same Instrumente zu verfügen, um etwaige Gefährdungen oder Schädigungen des Umsatzsteueraufkommens
schnell erkennen und … dagegen vorgehen zu können....*

Zu Abs. 2f: *Durch diese Ergänzung wird sichergestellt, dass die Übermittlung der Fahrtenbuchauflage* 9
*nach § 35 Absatz 2a – neu – auch im automatisierten Verfahren erfolgen darf. Grund für die Einführung
eines automatisierten Verfahrens ist in erster Linie die zügige Durchführung des Zulassungsverfahrens. Ein
solches Bedürfnis gibt es aber auch in Bußgeldverfahren bei Verkehrsordnungswidrigkeiten, insbesondere vor
dem Hintergrund einer Verjährung von nur drei Monaten. Hierzu bedarf es auch der Kenntnis einer etwai-
gen Fahrtenbuchauflage (Fahreridentifizierung über Eintrag im Fahrtenbuch). Die Übermittlung im nicht
automatisierten Verfahren ist – gerade bei einem ohnehin schon EDV-basierten Massenverfahren – auch
nicht mehr zeitgemäß....*

Zu Abs. 6 S. 3–5: *Um den Anforderungen des Artikel 7 der Richtlinie 2011/82/EU im Hinblick* 10
*auf den Datenschutz und das Auskunftsrecht betroffener Personen gerecht zu werden, soll § 36 Absatz 6
StVG durch die neuen Sätze 3 und 4 erweitert werden....*

Begr zum ÄndG v. 28.11.16: BT-Drs. 18/8559 S. 22 f., BT-Drs. 18/9084 S. 19   **11**

1. Die Änderungen von Abs. 2 S. 1 und Abs. 3 durch das Terrorismusbekämpfungsergän- 12
zungsG v. 5.1.07 (BGBl. I S. 2) sind gem. Art 10 Abs. 7 iVm Art 13 Abs. 2 dieses Gesetzes am
10.1.2012 wieder außer Kraft getreten. Ihre Anwendung sollte in der Zwischenzeit gem. Arti-
kel 11 des Gesetzes evaluiert werden.

2. Durch ÄndG v. 8.4.2019 (BGBl. I S. 430) wurde **Abs. 2i** eingefügt, der den **Abruf** der 13
nach § 35 I Nr. 18 StVG verfügbaren **Daten zur Überprüfung der Einhaltung von Ver-
kehrsbeschränkungen und Verkehrsverboten** „in einem solchen Verfahren", ermöglicht.
Nach dem Gesetzentwurf der BReg sollte der Wortlaut des Abs. 2i ursprünglich so gefasst wer-
den, dass die Übermittlung nach § 35 I Nr. 18 aus dem ZFZR durch Abruf im automatisierten
Verfahren erfolgen darf (BT-Drs. 19/6334 S. 5, Begr S. 13). Im Gesetzgebungsverfahren ist die
Norm dann so geändert worden, dass die Übermittlung nach § 35 I Nr. 18 **in einem solchen
Verfahren** erfolgen darf. Die Begr des BT-Verkehrsausschusses führt dazu aus: „Anstelle des
‚automatisierten Verfahrens' soll die Bezeichnung treten, die das Gewollte klarer zum Ausdruck
bringt, nämlich der Einsatz eines selbsttätig wirkenden Geräts, mit dem die elektronische Abfrage
der Fahrzeugdaten beim Kraftfahrt-Bundesamt erfolgt." (BT-Drs. 19/8248 S. 9). Dies bedeutet:
Erfolgt die Kennzeichenerfassung bei Überprüfung der Einhaltung von Verkehrsbeschränkungen
und Verkehrsverboten nach § 63c I StVG selbsttätig durch ein elektronisches Gerät, können die
Kennzeichendaten nach der Erhebung von diesem Gerät unmittelbar selbsttätig online an das
ZFZR übermittelt und die für die Klärung von Verstößen erforderlichen Daten dann auf der
Grundlage von § 36 IIi iVm § 35 I Nr. 18 StVG vom ZFZR auf demselben Weg an die Über-
wachungsbehörde zurückübertragen werden (BeckOK StVR/*Will* § 63c StVG Rn. 55, *Will*
NZV **19** 433 (439)).

3. Abs. 2j wurde durch ÄndG v. 29.6.20 (BGBl. I S. 1528) eingefügt, um die Einhaltung der 14
Kriterien für die Förderung der Anschaffung von Elektrofahrzeugen umsetzen und überprüfen
zu können (Begr BT-Drs. 19/19132 S. 13).

Automatisiertes Anfrage- und Auskunftsverfahren beim Kraftfahrt-Bundesamt

36a [1]Die Übermittlung der Daten aus dem Zentralen Fahrzeugregister nach den
**§§ 35 und 37 darf nach näherer Bestimmung durch Rechtsverordnung nach § 47
Nummer 4a auch in einem automatisierten Anfrage- und Auskunftsverfahren erfolgen.**

[2]Für die Einrichtung und Durchführung des Verfahrens gilt § 30b Abs. 1 Satz 2, Abs. 2 und 3 entsprechend.

1   **Anm:** Die technische Abwicklung des automatisierten Anfrage- und Auskunftsverfahrens nach § 36a hat nach einem vom KBA im BAnz und im VkBl. veröffentlichten Standard zu erfolgen (§ 39a FZV).

Abgleich mit den Sachfahndungsdaten des Bundeskriminalamtes

36b (1) [1]Das Bundeskriminalamt übermittelt regelmäßig dem Kraftfahrt-Bundesamt die im Polizeilichen Informationssystem gespeicherten Daten von Fahrzeugen, Kennzeichen, Fahrzeugpapieren und Führerscheinen, die zur Beweissicherung, Einziehung, Beschlagnahme, Sicherstellung, Eigentumssicherung und Eigentümer- oder Besitzerermittlung ausgeschrieben sind. [2]Die Daten dienen zum Abgleich mit den im Zentralen Fahrzeugregister erfassten Fahrzeugen und Fahrzeugpapieren sowie mit den im Zentralen Fahrerlaubnisregister erfassten Führerscheinen.

(2) Die Übermittlung der Daten nach Absatz 1 darf auch im automatisierten Verfahren erfolgen.

Übermittlung von Fahrzeugdaten und Halterdaten an Stellen außerhalb des Geltungsbereiches dieses Gesetzes

37 (1) Die nach § 33 Abs. 1 gespeicherten Fahrzeugdaten und Halterdaten dürfen von den Registerbehörden an die zuständigen Stellen anderer Staaten übermittelt werden, soweit dies

a) für Verwaltungsmaßnahmen auf dem Gebiet des Straßenverkehrs,
b) zur Überwachung des Versicherungsschutzes im Rahmen der Kraftfahrzeughaftpflichtversicherung,
c) zur Verfolgung von Zuwiderhandlungen gegen Rechtsvorschriften auf dem Gebiet des Straßenverkehrs oder
d) zur Verfolgung von Straftaten, die im Zusammenhang mit dem Straßenverkehr oder sonst mit Kraftfahrzeugen, Anhängern, Kennzeichen oder Fahrzeugpapieren, Fahrerlaubnissen oder Führerscheinen stehen,

erforderlich ist.

(1a) Nach Maßgabe völkerrechtlicher Verträge zwischen Mitgliedstaaten der Europäischen Union oder mit den anderen Vertragsstaaten des Abkommens über den Europäischen Wirtschaftsraum, die der Mitwirkung der gesetzgebenden Körperschaften nach Artikel 59 Abs. 2 des Grundgesetzes bedürfen, sowie nach Artikel 12 des Beschlusses des Rates 2008/615/JI vom 23. Juni 2008 (ABl. L 210 vom 6.8.2008, S. 1), dürfen die nach § 33 Abs. 1 gespeicherten Fahrzeugdaten und Halterdaten von den Registerbehörden an die zuständigen Stellen dieser Staaten auch übermittelt werden, soweit dies erforderlich ist

a) zur Verfolgung von Ordnungswidrigkeiten, die nicht von Absatz 1 Buchstabe c erfasst werden,
b) zur Verfolgung von Straftaten, die nicht von Absatz 1 Buchstabe d erfasst werden, oder
c) zur Abwehr von Gefahren für die öffentliche Sicherheit.

(2) Der Empfänger ist darauf hinzuweisen, dass die übermittelten Daten nur zu dem Zweck verwendet werden dürfen, zu dessen Erfüllung sie ihm übermittelt werden.

(3) Die Übermittlung unterbleibt, wenn durch sie schutzwürdige Interessen der betroffenen Person beeinträchtigt würden, insbesondere, wenn im Empfängerland ein angemessener Datenschutzstandard nicht gewährleistet ist.

1   **Begr** zum Gesetz v. 10.7.06, BGBl. I S. 1459 (BT-Drs. 16/1109, S. 8): **Zu Abs. 1a:** ... *schafft die Voraussetzungen für die Umsetzung von Artikel 12 des Prümer Vertrags. Die §§ 37 und 37a des Straßenverkehrsgesetzes (StVG) erfassen den automatisierten Abruf zum Zweck der Abwehr von Gefahren für die öffentliche Sicherheit oder der Verhinderung von Straftaten sowie zum Zweck der Verfolgung von Straftaten und Ordnungswidrigkeiten, die nicht im Zusammenhang mit dem Straßenverkehr stehen, derzeit nicht. Die Ergänzung von § 37 StVG um einen neu einzufügenden Absatz 1a ... schließt diese Lücke.*

2   **1.** Das Gesetz vom 10.7.06 (BGBl. I S. 1458), mit dem Abs. 1a eingefügt wurde, diente der Umsetzung des sog Prümer Vertrags zwischen Belgien, Deutschland, Spanien, Frankreich, Luxemburg, den Niederlanden und Österreich über die Vertiefung der grenzüberschreitenden Zu-

sammenarbeit, insbesondere zur Bekämpfung des Terrorismus, der grenzüberschreitenden Kriminalität und der illegalen Migration vom 27.5.05 (BGBl II **06** 626). Folge dieser Änderung des StVG war die Anpassung von § 42 FZV durch die 44. ÄndVO v. 18.12.06 (BGBl. I S. 3226, Begr VkBl. **07** 24).

2. Spezialvorschrift zu Abs. I Buchst. c und d zur Übermittlung von Fahrzeug- und Halterda- **3** ten an ausländische Stellen in der EU nach der „Enforcement-Richtlinie" 2015/413/EU über den grenzüberschreitenden Informationsaustausch bei VVerstößen: § 37b. Fahrzeug- und Halterdatenaustausch mit Österreich für die Verfolgung von Zuwiderhandlungen im Straßenverkehr, die nicht Gegenstand der Richtlinie 2015/413/EU sind: Verwaltungsvereinbarung aus dem Jahr 2019 (VkBl. **20** 62).

3. Für Übermittlungen an Drittländer oder an internationale Organisationen ist Kapitel V der **4** Datenschutz-Grundverordnung VO (EU) 2016/679 v. 27.4.2016 zu beachten; die Vorschriften dieses Kapitels gelten unmittelbar (Begr zu Art 137 Nr. 13 Buchst. b des ÄndG v. 20.11.2019, BGBl. I S. 1626, BT-Drs. 19/4674 S. 419).

Abruf im automatisierten Verfahren durch Stellen außerhalb des Geltungsbereiches dieses Gesetzes

37a (1) Durch Abruf im automatisierten Verfahren dürfen aus dem Zentralen Fahrzeugregister für die in § 37 Abs. 1 und 1a genannten Maßnahmen an die hierfür zuständigen öffentlichen Stellen in einem Mitgliedstaat der Europäischen Union oder einem anderen Vertragsstaat des Abkommens über den Europäischen Wirtschaftsraum die zu deren Aufgabenerfüllung erforderlichen Daten nach näherer Bestimmung durch Rechtsverordnung nach § 47 Nummer 5a übermittelt werden.

(2) Der Abruf darf nur unter Verwendung von Fahrzeugdaten, bei Abrufen für die in § 37 Abs. 1a genannten Zwecke nur unter Verwendung der vollständigen Fahrzeug-Identifizierungsnummer oder des vollständigen Kennzeichens, erfolgen und sich nur auf ein bestimmtes Fahrzeug oder einen bestimmten Halter richten.

(3) [1] Der Abruf ist nur zulässig, wenn

1. diese Form der Datenübermittlung unter Berücksichtigung der schutzwürdigen Interessen der betroffenen Person wegen der Vielzahl der Übermittlungen oder wegen ihrer besonderen Eilbedürftigkeit angemessen ist und

2. der Empfängerstaat die Verordnung (EU) 2016/679 anwendet.

[2] § 36 Abs. 5 und 6 sowie Abs. 7 wegen des Anlasses der Abrufe ist entsprechend anzuwenden.

Begr zum Gesetz v. 10.7.06, BGBl. I S. 1459 (BT-Drs. 16/1109 S. 8): *Zu Abs. 1 und Abs. 2:* **1** *… schafft die Voraussetzungen für die Umsetzung von Artikel 12 des Prümer Vertrags. Die §§ 37 und 37a des Straßenverkehrsgesetzes (StVG) erfassen den automatisierten Abruf zum Zweck der Abwehr von Gefahren für die öffentliche Sicherheit oder der Verhinderung von Straftaten sowie zum Zweck der Verfolgung von Straftaten und Ordnungswidrigkeiten, die nicht im Zusammenhang mit dem Straßenverkehr stehen, derzeit nicht.*
Die Ergänzung von … § 37a Abs. 1 StVG um eine Bezugnahme auf den neuen § 37 Absatz 1a StVG … schließt diese Lücke. … übernimmt die von Artikel 12 Abs. 1 Satz 2 des Prümer Vertrags aufgestellten Voraussetzungen für eine Anfrage in § 37a Abs. 2 StVG. …

Anm: Zum sog Prümer Vertrag s. Anm zu § 37. Spezialvorschrift zu Abs. I zur Übermittlung **2** von Fahrzeug- u. Halterdaten zur Verfolgung von VVerstößen im Wege des automatisierten Abrufs an ausländ. Stellen in der EU nach der „Enforcement-Richtlinie" Rili (EU) 2015/413 v. 11.3.15 über den grenzüberschreitenden Informationsaustausch bei VVerstößen: § 37b.

Übermittlung von Fahrzeug- und Halterdaten nach der Richtlinie (EU) 2015/413

37b (1) Das Kraftfahrt-Bundesamt unterstützt nach Absatz 2 die in Artikel 4 Absatz 3 der Richtlinie (EU) 2015/413 genannten nationalen Kontaktstellen der anderen Mitgliedstaaten der Europäischen Union bei den Ermittlungen in Bezug auf folgende in den jeweiligen Mitgliedstaaten begangenen, die Straßenverkehrssicherheit gefährdenden Verkehrsdelikte:

1. Geschwindigkeitsübertretungen,

2. Nicht-Anlegen des Sicherheitsgurtes,

3. Überfahren eines roten Lichtzeichens,

4. Trunkenheit im Straßenverkehr,

5. Fahren unter Einfluss von berauschenden Mitteln,

6. Nicht-Tragen eines Schutzhelmes,

7. unbefugte Benutzung eines Fahrstreifens,

8. rechtswidrige Benutzung eines Mobiltelefons oder anderer Kommunikationsgeräte beim Fahren.

(2) Auf Anfrage teilt das Kraftfahrt-Bundesamt der nationalen Kontaktstelle eines anderen Mitgliedstaates der Europäischen Union folgende nach § 33 gespeicherten Daten zu Fahrzeug und Halter mit:

1. amtliches Kennzeichen,

2. Fahrzeug-Identifizierungsnummer,

3. Land der Zulassung,

4. Marke des Fahrzeugs,

5. Handelsbezeichnung,

6. EU-Fahrzeugklasse,

7. Name des Halters,

8. Vorname des Halters,

9. Anschrift des Halters,

10. Geschlecht,

11. Geburtsdatum,

12. Rechtsperson,

13. Geburtsort,

wenn dies im Einzelfall für die Erfüllung einer Aufgabe der nationalen Kontaktstelle des anfragenden Mitgliedstaates der Europäischen Union oder der zuständigen Behörde des anfragenden Mitgliedstaates der Europäischen Union erforderlich ist.

1   *Begr z G v. 28.8.13 (BT-Drs. 17/13026 S. 21 = VkBl. **13** 983): Bereits nach geltender Rechtslage dürfen Registerbehörden die gespeicherten Fahrzeug- und Halterdaten zur Verfolgung von Verkehrsverstößen im Wege des automatisierten Abrufs an hierfür zuständige Stellen in anderen Mitgliedstaaten übermitteln (§ 37a Absatz 1, § 37 Absatz 1 Buchstabe c und d StVG). Nach § 37a Absatz 1 StVG ist der Registerbehörde bei der Übermittlung der Daten jedoch ein Ermessen eingeräumt („dürfen"), während nach Artikel 4 Absatz 1 der Richtlinie 2011/82/EU die Übermittlung der Daten nicht in das Ermessen der Mitgliedstaaten gestellt ist. Auch der Ausschluss der Datenübermittlung in den in § 37a Absatz 3 StVG genannten Fällen ist in der Richtlinie 2011/82/EU nicht vorgesehen .... Es ist daher zu bestimmen, dass die Fahrzeug- und Halterdaten im Falle des automatisierten Abrufs nach der Richtlinie zwingend an den anfragenden Mitgliedstaat zu übersenden sind, sofern die in der Richtlinie geregelten Voraussetzungen für den Datenabruf erfüllt sind.*

2–8   *Es ist zu verhindern, dass von Deutschland übermittelte Halterdaten in anderen Mitgliedstaaten im Rahmen der Halterhaftung zur Sanktionierung des Halters unabhängig von seinem individuellen Verschulden verwendet werden können. Wegen des strafrechtlichen Charakters des deutschen Ordnungswidrigkeitenrechts wird eine verschuldensunabhängige Haftung in diesem Bereich als unvereinbar mit dem Schuldgrundsatz angesehen. Um sicherzustellen, dass die übermittelten Daten nur zur Fahrerermittlung verwendet werden, ist bei der Übermittlung der Daten an den Empfängerstaat ausdrücklich darauf hinzuweisen, dass die übermittelten Daten nur verwendet werden dürfen, um den Fahrer des Kraftfahrzeugs zu ermitteln, der den der Anfrage zugrunde liegenden Verstoß begangen hat. Nach Artikel 4 Absatz 2 Unterabsatz 3 der Richtlinie 2011/82/EU verwendet der Mitgliedstaat, in dem der Verkehrsverstoß begangen wurde, die erhaltenen Daten, um die Person festzustellen, die persönlich für den Verkehrsverstoß haftbar ist. Deutschland hat hierzu im Verkehrsministerrat die Erklärung abgegeben, dass die Regelung so verstanden wird, dass als persönlich haftbare Person in diesem Sinne ausschließlich der Fahrer in Frage kommt, da nur er den Verkehrsverstoß begangen hat, und die übermittelten Halterdaten damit ausschließlich zur Fahrerermittlung verwendet werden dürfen (Erklärung Deutschlands im Verkehrsministerrat am 2. Dezember 2011, Rats-Dok 17409/10 ADD 1). Das Bundesministerium für Verkehr, Bau und Stadtentwicklung wird dem KBA als für die Datenübermittlung zuständige nationale Kontaktstelle zu dem konkreten Verfahren eine entsprechende Weisung erteilen und die ausländischen Stellen hierüber informieren.*

1. Der durch G v. 28.8.13 (BGBl. I S. 3310) eingeführte § 37b ist Teil der Umsetzung der – **9** vom EuGH für nichtig erklärten, jedoch für 12 Monate bis zu neuer Inkraftsetzung auf richtiger Grundlage zunächst aufrechterhaltenen (EuGH NJW **14** 2173) – Richtlinie 2011/82/EU („Enforcement-Richtlinie"), die die **grenzüberschreitende Verfolgung von Verkehrsverstößen in der EU** erleichtern soll. Als Ersatz für die nichtige Rili 2011/82/EU wurde inzwischen die Richtlinie (EU) 2015/413 v. 11.3.15 zur Erleichterung des grenzüberschreitenden Austauschs von Informationen über die Straßenverkehrssicherheit gefährdende Verkehrsdelikte (AblEU Nr. L 68 v. 13.3.15 S. 9) erlassen. Wenn in einem EU-Staat ein unter die Richtlinie fallender VVerstoß (abschließende Aufzählung in Abs. I in Umsetzung von Art 2 der Richtlinie (EU) 2015/413) mit einem in einem anderen EU-Staat zugelassenen Fz begangen worden ist, kann der Staat, der diesen Verstoß verfolgen will, zu Ermittlungszwecken im Wege eines automatisierten Abrufs auf die Daten zugreifen, die über das Fz und den Halter oder Eigentümer in dem anderen Staat gespeichert sind (dazu *Albrecht* DAR **13** 617, SVR **13** 441, *Lippert* VD **13** 182). Das KBA nimmt in Deutschland die Aufgabe der nationalen Kontaktstelle gem. Art 4 III der Richtlinie (EU) 2015/413 wahr (§ 2 I Nr. 8a KBAGesetz).

2. § 37b ist gegenüber §§ 37 I Buchst. c und d, 37a I **speziell** in Fällen der Anwendung der **10** Richtlinie (EU) 2015/413. Betrifft eine Anfrage andere als die in Abs. I genannten VVerstöße, ist § 37a einschlägig. Das BMV hat dem KBA gem. der Ankündigung in der Begr (Rn. 2–8) die Weisung erteilt, in Auskünften an andere EU-Staaten ausdrücklich darauf hinzuweisen, dass die übermittelten Daten nur verwandt werden dürfen, um den Fahrer des Fz zu ermitteln, der den der Anfrage zugrunde liegenden Verstoß begangen hat, um zu verhindern, dass die übermittelten Halterdaten im Ausland im Rahmen der **Halterhaftung** verwendet werden. Das BMV-Rundschreiben v. 7.10.13 zur Umsetzung der Richtlinie 2011/82/EU (VkBl. **13** 984 = StVRL § 37b StVG Nr. 3) hat neben der darin enthaltenen Weisung an das KBA nur unverbindlichen Informationscharakter (*Albrecht* DAR **13** 617 (619, 620)).

Übermittlung von Fahrzeugdaten und Halterdaten an die Europäische Kommission

37c Das **Kraftfahrt-Bundesamt übermittelt zur Erfüllung der Berichtspflicht nach Artikel 5 Absatz 1 Unterabsatz 4 der Richtlinie 2009/103/EG des Europäischen Parlaments und des Rates vom 16. September 2009 über die Kraftfahrzeug-Haftpflichtversicherung und die Kontrolle der entsprechenden Versicherungspflicht (ABl. L 263 vom 7.10.2009, S. 11) bis zum 31. März eines jeden Jahres an die Europäische Kommission die nach § 33 Absatz 1 gespeicherten Namen oder Bezeichnungen und Anschriften der Fahrzeughalter, die nach § 2 Absatz 1 Nummer 1 bis 5 des Pflichtversicherungsgesetzes von der Versicherungspflicht befreit sind.**

Begr z G v. 10.12.07 (BT-Drs. 16/5551 S. 19): ... *Zur Erleichterung der Durchsetzung von Ansprüchen gegenüber Fahrzeughaltern, die gemäß Artikel 4 Buchstabe a der 1. KH-Richtlinie von der Versicherungspflicht befreit sind, werden die Mitgliedstaaten verpflichtet, der Kommission eine Liste dieser Personen sowie der Stellen oder Einrichtungen, die den Schaden zu ersetzen haben, zu übermitteln. Die Liste wird von der Kommission veröffentlicht, so dass Unfallopfer auf diesem Weg den richtigen Anspruchsgegner ermitteln können.* **1**
Diese neue Berichtspflicht betrifft die in § 2 Abs. 1 Nr. 1 bis 5 PflVG genannten Fahrzeughalter, darunter die Bundesrepublik Deutschland, die Länder und die Gemeinden mit mehr als 100 000 Einwohnern. Da die Frage, ob eine gesetzliche Ausnahme gemäß § 2 Abs. 1 Nr. 1 bis 5 PflVG von der Versicherungspflicht besteht, ohnehin bei der Kraftfahrzeugzulassung geprüft und samt Name oder Behördenbezeichnung und Anschrift in den örtlichen Fahrzeugregistern der Zulassungsbehörden sowie im Zentralen Fahrzeugregister des Kraftfahrt-Bundesamtes erfasst wird, soll die Aufgabe der Bündelung der Informationen und Übermittlung der Daten an die Kommission dem Kraftfahrt-Bundesamt übertragen werden. Vor dem Hintergrund der datenschutzrechtlichen Bestimmungen ist die Erlaubnis zur Übermittlung der Daten an die Kommission ausdrücklich in § 37b StVG zu normieren.
Inhaltlich soll das Kraftfahrt-Bundesamt Name oder Bezeichnung und Anschrift der Fahrzeughalter, die gemäß § 2 Abs. 1 Nr. 1 bis 5 PflVG von der Versicherungspflicht befreit sind, an die Europäische Kommission übermitteln dürfen. Diese Daten werden gemäß § 33 Abs. 1 Satz 1 Nr. 2 Buchstabe b StVG, § 6 Abs. 4 Nr. 4 Buchstabe d und § 30 Abs. 1 Nr. 19 Buchstabe a FZV regelmäßig bei der Zulassung eines Kraftfahrzeugs erhoben und im Zentralen Fahrzeugregister des Kraftfahrt-Bundesamtes gespeichert. Eine

Zusammenstellung dieser Daten soll das Kraftfahrt-Bundesamt einmal im Jahr an die Europäische Kommission übermitteln.

2   **Begr** z ÄndG v. 28.11.14 (BT-Drs. 18/2134 S. 12): *Die Änderung dient der Anpassung an die aktuelle Richtlinie 2009/103/EG des Europäischen Parlaments und des Rates vom 16. September 2009.*

Übermittlung an und Verwendung durch den Empfänger für wissenschaftliche Zwecke

38 (1) Die nach § 33 Abs. 1 gespeicherten Fahrzeugdaten und Halterdaten dürfen an Hochschulen, andere Einrichtungen, die wissenschaftliche Forschung betreiben, und öffentliche Stellen übermittelt werden, soweit

1. dies für die Durchführung bestimmter wissenschaftlicher Forschungsarbeiten erforderlich ist,

2. eine Nutzung anonymisierter Daten zu diesem Zweck nicht möglich ist und

3. das öffentliche Interesse an der Forschungsarbeit das schutzwürdige Interesse der betroffenen Person an dem Ausschluss der Übermittlung erheblich überwiegt.

(2) **Die Übermittlung der Daten erfolgt durch Erteilung von Auskünften, wenn hierdurch der Zweck der Forschungsarbeit erreicht werden kann und die Erteilung keinen unverhältnismäßigen Aufwand erfordert.**

(3) ¹Personenbezogene Daten werden nur an solche Personen übermittelt, die Amtsträger oder für den öffentlichen Dienst besonders Verpflichtete sind oder die zur Geheimhaltung verpflichtet worden sind. ²§ 1 Abs. 2, 3 und 4 Nr. 2 des Verpflichtungsgesetzes findet auf die Verpflichtung zur Geheimhaltung entsprechende Anwendung.

(4) ¹Die personenbezogenen Daten dürfen nur für die Forschungsarbeit verwendet werden, für die sie übermittelt worden sind. ²Die Verwendung für andere Forschungsarbeiten oder die Übermittlung richtet sich nach den Absätzen 1 und 2 und bedarf der Zustimmung der Stelle, die die Daten übermittelt hat.

(5) ¹Die Daten sind gegen unbefugte Kenntnisnahme durch Dritte zu schützen. ²Die wissenschaftliche Forschung betreibende Stelle hat dafür zu sorgen, dass die Verwendung der personenbezogenen Daten räumlich und organisatorisch getrennt von der Erfüllung solcher Verwaltungsaufgaben oder Geschäftszwecke erfolgt, für die diese Daten gleichfalls von Bedeutung sein können.

(6) ¹Sobald der Forschungszweck es erlaubt, sind die personenbezogenen Daten zu anonymisieren. ²Solange dies noch nicht möglich ist, sind die Merkmale gesondert aufzubewahren, mit denen Einzelangaben über persönliche oder sachliche Verhältnisse einer bestimmten oder bestimmbaren Person zugeordnet werden können. ³Sie dürfen mit den Einzelangaben nur zusammengeführt werden, soweit der Forschungszweck dies erfordert.

(7) **Wer nach den Absätzen 1 und 2 personenbezogene Daten erhalten hat, darf diese nur veröffentlichen, wenn dies für die Darstellung von Forschungsergebnissen über Ereignisse der Zeitgeschichte unerlässlich ist.**

1   **Anm:** Der frühere Abs. 8 (Übermittlung an eine nichtöffentliche Stelle) wurde durch Art 137 Nr. 15 Buchst. e des ÄndG v. 20.11.2019 (BGBl. I S. 1626) gestrichen, da sich die Regelungen zu den unabhängigen Aufsichtsbehörden nunmehr aus Kapitel VI der Datenschutz-Grundverordnung VO (EU) 2016/679 ergeben (Begr BT-Drs. 19/4674 S. 420).

Übermittlung an und Verwendung durch den Empfänger für statistische Zwecke

38a (1) Die nach § 33 Abs. 1 gespeicherten Fahrzeug- und Halterdaten dürfen zur Vorbereitung und Durchführung von Statistiken, soweit sie durch Rechtsvorschriften angeordnet sind, übermittelt werden, wenn die Vorbereitung und Durchführung des Vorhabens allein mit anonymisierten Daten (§ 45) nicht möglich ist.

(2) **Für die Verwendung der Daten nach Absatz 1 finden die Vorschriften des Bundesstatistikgesetzes und der Statistikgesetze der Länder Anwendung.**

Übermittlung an und Verwendung durch den Empfänger für planerische Zwecke

38b (1) Die nach § 33 Abs. 1 gespeicherten Fahrzeug- und Halterdaten dürfen für im öffentlichen Interesse liegende Verkehrsplanungen an öffentliche Stellen übermittelt werden, wenn die Durchführung des Vorhabens allein mit anonymisierten Daten (§ 45) nicht oder nur mit unverhältnismäßigem Aufwand möglich ist und die betroffene Person eingewilligt hat oder schutzwürdige Interessen der betroffenen Person nicht beeinträchtigt werden.

(2) Der Empfänger der Daten hat sicherzustellen, dass

1. die Kontrolle zur Sicherstellung schutzwürdiger Interessen der betroffenen Person jederzeit gewährleistet wird,

2. die Daten nur für das betreffende Vorhaben verwendet werden,

3. zu den Daten nur die Personen Zugang haben, die mit dem betreffenden Vorhaben befasst sind,

4. diese Personen verpflichtet werden, die Daten gegenüber Unbefugten nicht zu offenbaren, und

5. die Daten anonymisiert oder gelöscht werden, sobald der Zweck des Vorhabens dies gestattet.

Begr zum ÄndG v. 28.11.16 **zu Abs. 1** (BT-Drs. 18/8559 S. 23): *Die Befugnis zur Nutzung der* 1 *Registerinhalte zu planerischen Zwecken soll nicht nur für die örtlichen Register gelten, sondern soll zur Vereinfachung auch für das Zentrale Register gelten.*

Übermittlung von Fahrzeugdaten und Halterdaten zur Verfolgung von Rechtsansprüchen

39 (1) Von den nach § 33 Abs. 1 gespeicherten Fahrzeugdaten und Halterdaten sind

1. Familienname (bei juristischen Personen, Behörden oder Vereinigungen: Name oder Bezeichnung),

2. Vornamen,

3. Ordens- und Künstlername,

4. Anschrift,

5. Art, Hersteller und Typ des Fahrzeugs,

6. Name und Anschrift des Versicherers,

7. Nummer des Versicherungsscheins, oder, falls diese noch nicht gespeichert ist, Nummer der Versicherungsbestätigung,

8. gegebenenfalls Zeitpunkt der Beendigung des Versicherungsverhältnisses,

9. gegebenenfalls Befreiung von der gesetzlichen Versicherungspflicht,

10. Zeitpunkt der Zuteilung oder Ausgabe des Kennzeichens für den Halter sowie

11. Kraftfahrzeugkennzeichen

durch die Zulassungsbehörde oder durch das Kraftfahrt-Bundesamt zu übermitteln, wenn der Empfänger unter Angabe des betreffenden Kennzeichens oder der betreffenden Fahrzeug-Identifizierungsnummer darlegt, dass er die Daten zur Geltendmachung, Sicherung oder Vollstreckung oder zur Befriedigung oder Abwehr von Rechtsansprüchen im Zusammenhang mit der Teilnahme am Straßenverkehr oder zur Erhebung einer Privatklage wegen im Straßenverkehr begangener Verstöße benötigt (einfache Registerauskunft).

(2) Weitere Fahrzeugdaten und Halterdaten als die nach Absatz 1 zulässigen sind zu übermitteln, wenn der Empfänger unter Angabe von Fahrzeugdaten oder Personalien des Halters glaubhaft macht, dass er

1. die Daten zur Geltendmachung, Sicherung oder Vollstreckung, zur Befriedigung oder Abwehr von Rechtsansprüchen im Zusammenhang mit der Teilnahme am Straßenverkehr, dem Diebstahl, dem sonstigen Abhandenkommen des Fahrzeugs oder zur Erhebung einer Privatklage wegen im Straßenverkehr begangener Verstöße benötigt,

2. *(aufgehoben)*

3. die Daten auf andere Weise entweder nicht oder nur mit unverhältnismäßigem Aufwand erlangen könnte.

(3) ¹Die in Absatz 1 Nr. 1 bis 5 und 11 angeführten Halterdaten und Fahrzeugdaten dürfen übermittelt werden, wenn der Empfänger unter Angabe von Fahrzeugdaten oder Personalien des Halters glaubhaft macht, dass er

1. die Daten zur Geltendmachung, Sicherung oder Vollstreckung

   a) von nicht mit der Teilnahme am Straßenverkehr im Zusammenhang stehenden öffentlich-rechtlichen Ansprüchen oder

b) von gemäß § 7 des Unterhaltsvorschussgesetzes, § 33 des Zweiten Buches Sozialge-
setzbuch oder § 94 des Zwölften Buches Sozialgesetzbuch übergegangenen Ansprü-
chen

in Höhe von jeweils mindestens fünfhundert Euro benötigt,

2. ohne Kenntnis der Daten zur Geltendmachung, Sicherung oder Vollstreckung des
Rechtsanspruchs nicht in der Lage wäre und

3. die Daten auf andere Weise entweder nicht oder nur mit unverhältnismäßigem Aufwand
erlangen könnte.

²§ 35 Abs. 3 Satz 2 und 3 gilt entsprechend. ³Die Aufzeichnungen dürfen nur zur Kontrol-
le der Zulässigkeit der Übermittlungen verwendet werden.

1   **Begr** des G v. 7.9.07, BGBl. I S. 2246: BR-Drs. 68/07, S. 107 (Art 26: Aufhebung von Abs. 2
Nr. 2.)

2   Die im Rahmen der Zulassung von Fz für die Fahrzeugregister erhobenen und dort ge-
speicherten Daten dürfen gem. Abs. 1 und 2 für Rechtsansprüche im Zusammenhang mit der
Teilnahme am StrV auf Antrag an Dritte übermittelt werden. Gegenstand der **einfachen Regis-
terauskunft** sind die in Abs. 1 genannten Fahrzeug- und Halterdaten. Die **erweiterte Regis-
terauskunft** nach Abs. 2 kommt in Betracht, wenn weitere Daten als die im Katalog des Abs. 1
enthaltenen benötigt werden und nicht auf andere Weise erlangt werden können. Auf die Über-
mittlung der Daten besteht bei Vorliegen der in Abs. 1 bis 3 genannten Voraussetzungen ein
Rechtsanspruch (s. Begr, BT-Drs. 10/5343 S. 75), wobei hinsichtlich der in Abs. 1 genannten
Daten Darlegung der Tatsachen genügt, die das dort näher bezeichnete Interesse begründen.
Glaubhaftmachung wird insoweit (anders als in den Fällen von Abs. 2 und 3) nicht verlangt, weil
dies zu einem unverhältnismäßig hohen Aufwand bei der ZulB oder dem KBA führen würde (s.
Begr, BT-Drs. 10/5343 S. 74). Der gem. Abs. 1 erforderliche **Zusammenhang mit dem StrV**
muss in den Fällen des Abs. 3 nicht gegeben sein. Dass dieser Zusammenhang in allen Fällen des
Abs. 3 S. 1 vorliegen müsse, da Abs. 3 S. 1 in jeder Alternative keine eigenständige, von der
Zweckbindung des Abs. 1 unabhängige Anspruchsgrundlage bilde (so VG Bra 4.9.09 VM **10** 24),
dürfte auf einem unzutreffenden Verständnis der Norm beruhen. Der Zusammenhang mit dem
StrV ist bei widerrechtlichem Parken auf Privatparkplatz gegeben, wenn dieser allgemein zu-
gänglich und damit öffentlicher VRaum ist (s. § 1 StVO Rn. 13 f.) ist (VG Gießen DAR **99** 377).
Auskunftsberechtigt sind auch Haftpflichtversicherer und die VOpferhilfe (s. vor § 23 FZV
Rn. 9), soweit sie Daten zur Befriedigung oder Abwehr von Ansprüchen benötigen. Die Daten-
übermittlung nach § 39 kann an private oder öffentliche Stellen erfolgen, auch an ausländische
(s. Begr, BT-Drs. 10/5343 S. 75).

3   Ob die gem. § 33 I gespeicherten und nach Maßgabe von § 39 zu übermittelnden Fz- und
Halterdaten Privatgeheimnisse iS von § 203 StGB sind, ist str. Keine Strafbarkeit nach jener Be-
stimmung bei Auskunftserteilung entgegen § 39 nach Hb NStZ **98** 358 (abl *Weichert* NStZ **99**
490, *Behm* JR **00** 274), BaySt **99** 15 = NJW **99** 1727 (krit *Pätzel* NJW **99** 3246), weil es sich um
offenkundige Daten handele, die bei Vorliegen der Voraussetzungen von Abs. 3 an jedermann
übermittelt werden; anders aber nach BGHSt **48** 28 = NJW **03** 226 (zust *Fischer* § 203 Rn. 15,
Behm JR **03** 292), *Zilkens* DÖV **08** 670, 677 f., weil offenkundig nur allgemein zugängliche
Quellen seien, was zu verneinen sei, wenn der Zugang von der Darlegung eines besonderen
Interesses abhänge (offen gelassen von BGH NJW **13** 549).

4   Nach § 8a PflVG wurde eine **Auskunftsstelle** eingerichtet, die den Geschädigten, deren Ver-
sicherern, dem deutschen Büro des Systems der Grünen Internationalen Versicherungskarte und
dem Entschädigungsfonds nach § 12 PflVG auf Ersuchen alle Daten mitteilt, die zur Regelung
ihrer Ansprüche aus einem Verkehrsunfall notwendig sind. Aufgaben und Befugnisse dieser Aus-
kunftsstelle sind auf den von der GDV Dienstleistungs-GmbH & Co KG betriebenen **Zentral-
ruf der Autoversicherer**, Glockengießerwall 1, 20095 Hamburg, www.zentralruf.de, übertra-
gen worden (§ 8a III PflVG). Er ist nach § 36 IIIa StVG berechtigt, die benötigten Daten online
aus dem Zentralen Fahrzeugregister abzurufen, auf deren Übermittlung er nach § 35 IVa StVG
Anspruch hat.

Übermittlung sonstiger Daten

40 ¹Die nach § 33 Abs. 2 gespeicherten Daten über Beruf und Gewerbe (Wirtschafts-
zweig) dürfen nur für die Zwecke nach § 32 Abs. 1 Nr. 4 und 5 an die hierfür zu-
ständigen Behörden übermittelt werden. ²Außerdem dürfen diese Daten für Zwecke der

Statistik (§ 38a Abs. 1) übermittelt werden; die Zulässigkeit und die Durchführung von statistischen Vorhaben richten sich nach § 38a.

Begr z ÄndG v. 28.8.13 **zur Streichung von Abs. 2** (BT-Drs. 17/13026 S. 18 = VkBl. **13** 1 982), s. § 35

Übermittlungssperren

41 (1) Die Anordnung von Übermittlungssperren in den Fahrzeugregistern ist zulässig, wenn erhebliche öffentliche Interessen gegen die Offenbarung der Halterdaten bestehen.

(2) Außerdem sind Übermittlungssperren auf Antrag der betroffenen Person anzuordnen, wenn sie glaubhaft macht, dass durch die Übermittlung ihre schutzwürdigen Interessen beeinträchtigt würden.

(3) [1] Die Übermittlung trotz bestehender Sperre ist im Einzelfall zulässig, wenn an der Kenntnis der gesperrten Daten ein überwiegendes öffentliches Interesse, insbesondere an der Verfolgung von Straftaten besteht. [2] Über die Aufhebung entscheidet die für die Anordnung der Sperre zuständige Stelle. [3] Will diese an der Sperre festhalten, weil sie das die Sperre begründende öffentliche Interesse (Absatz 1) für überwiegend hält oder weil sie die Beeinträchtigung schutzwürdiger Interessen der betroffenen Person (Absatz 2) als vorrangig ansieht, so führt sie die Entscheidung der obersten Landesbehörde herbei. [4] Vor der Übermittlung ist der betroffenen Person Gelegenheit zur Stellungnahme zu geben, es sei denn, die Anhörung würde dem Zweck der Übermittlung zuwiderlaufen.

(4) [1] Die Übermittlung trotz bestehender Sperre ist im Einzelfall außerdem zulässig, wenn die Geltendmachung, Sicherung oder Vollstreckung oder die Befriedigung oder Abwehr von Rechtsansprüchen im Sinne des § 39 Abs. 1 und 2 sonst nicht möglich wäre. [2] Vor der Übermittlung ist der betroffenen Person Gelegenheit zur Stellungnahme zu geben. [3] Absatz 3 Satz 2 und 3 ist entsprechend anzuwenden.

Anm: Ausführungsvorschrift: § 43 FZV. Näher *Müller* SVR **16** 87. Das KBA ist für die Ein- 1 richtung einer Übermittlungssperre nach § 41 nicht zuständig; Übermittlungssperren nach § 41 dürfen gem. § 43 FZV nur durch die für die ZulB zuständige oberste Landesbehörde oder durch die von ihr bestimmten oder nach Landesrecht zuständigen Stellen angeordnet werden (OVG Schl ZfS **17** 657 = NZV **18** 46, NJW **18** 329, VG Schl DAR **17** 537). Übermittlungssperren gelten nur gegenüber Dritten und damit nicht zwischen den beiden Registerbehörden ZulB und KBA (OVG Schl ZfS **17** 657, NJW **18** 329). Übermittlungssperren wirken grds. gegenüber jedermann, also gegenüber öffentlichen und nichtöffentlichen Stellen sowie gegenüber Privatpersonen, so dass eine teilweise Übermittlungssperre, von der bestimmte öffentliche Stellen vorab generell ausgenommen werden, nicht in Frage kommt (OVG Lüneburg ZfS **16** 657, OVG Schl ZfS **17** 657, NJW **18** 329).

Datenabgleich zur Beseitigung von Fehlern

42 (1) [1] Bei Zweifeln an der Identität eines eingetragenen Halters mit dem Halter, auf den sich eine neue Mitteilung bezieht, dürfen die Datenbestände des Fahreignungsregisters und des Zentralen Fahrerlaubnisregisters zur Identifizierung dieser Halter verwendet werden. [2] Ist die Feststellung der Identität der betreffenden Halter auf diese Weise nicht möglich, dürfen die auf Anfrage aus den Melderegistern übermittelten Daten zur Behebung der Zweifel verwendet werden. [3] Die Zulässigkeit der Übermittlung durch die Meldebehörden richtet sich nach den Meldegesetzen der Länder. [4] Können die Zweifel an der Identität der betreffenden Halter nicht ausgeräumt werden, werden die Eintragungen über beide Halter mit einem Hinweis auf die Zweifel an deren Identität versehen.

(2) [1] Die nach § 33 im Zentralen Fahrzeugregister gespeicherten Daten dürfen den Zulassungsbehörden übermittelt werden, soweit dies erforderlich ist, um Fehler und Abweichungen in deren Register festzustellen und zu beseitigen und um diese örtlichen Register zu vervollständigen. [2] Die nach § 33 im örtlichen Fahrzeugregister gespeicherten Daten dürfen dem Kraftfahrt-Bundesamt übermittelt werden, soweit dies erforderlich ist, um Fehler und Abweichungen im Zentralen Fahrzeugregister festzustellen und zu beseitigen sowie das Zentrale Fahrzeugregister zu vervollständigen. [3] Die Übermittlung nach Satz 1 oder 2 ist nur zulässig, wenn Anlass zu der Annahme besteht, dass die Register unrichtig oder unvollständig sind.

(3) ¹Die nach § 33 im Zentralen Fahrzeugregister oder im zuständigen örtlichen Fahrzeugregister gespeicherten Halter- und Fahrzeugdaten dürfen der für die Ausübung der Verwaltung der Kraftfahrzeugsteuer zuständigen Behörde übermittelt werden, soweit dies für Maßnahmen zur Durchführung des Kraftfahrzeugsteuerrechts erforderlich ist, um Fehler und Abweichungen in den Datenbeständen der für die Ausübung der Verwaltung der Kraftfahrzeugsteuer zuständigen Behörden festzustellen und zu beseitigen und um diese Datenbestände zu vervollständigen. ²Die Übermittlung nach Satz 1 ist nur zulässig, wenn Anlass zu der Annahme besteht, dass die Datenbestände unrichtig oder unvollständig sind.

Allgemeine Vorschriften für die Datenübermittlung an und die Verarbeitung der Daten durch den Empfänger

43 (1) ¹Übermittlungen von Daten aus den Fahrzeugregistern sind nur auf Ersuchen zulässig, es sei denn, auf Grund besonderer Rechtsvorschrift wird bestimmt, dass die Registerbehörde bestimmte Daten von Amts wegen zu übermitteln hat. ²Die Verantwortung für die Zulässigkeit der Übermittlung trägt die übermittelnde Stelle. ³Erfolgt die Übermittlung auf Ersuchen des Empfängers, trägt dieser die Verantwortung. ⁴In diesem Fall prüft die übermittelnde Stelle nur, ob das Übermittlungsersuchen im Rahmen der Aufgaben des Empfängers liegt, es sei denn, dass besonderer Anlass zur Prüfung der Zulässigkeit der Übermittlung besteht.

(2) ¹Der Empfänger darf die übermittelten Daten nur zu dem Zweck verarbeiten zu dessen Erfüllung sie ihm übermittelt worden sind. ²Der Empfänger darf die übermittelten Daten auch für andere Zwecke verarbeiten, soweit sie ihm auch für diese Zwecke hätten übermittelt werden dürfen. ³Ist der Empfänger eine nichtöffentliche Stelle, hat die übermittelnde Stelle ihn darauf hinzuweisen. ⁴Eine Verarbeitung für andere Zwecke durch nichtöffentliche Stellen bedarf der Zustimmung der übermittelnden Stelle.

Löschung der Daten in den Fahrzeugregistern

44 (1) Die nach § 33 Abs. 1 und 2 gespeicherten Daten sind in den Fahrzeugregistern spätestens zu löschen, wenn sie für die Aufgaben nach § 32 nicht mehr benötigt werden.

(2) Die Daten über Fahrtenbuchauflagen (§ 33 Abs. 3) sind nach Wegfall der Auflage zu löschen.

1 Anm: Der frühere Abs. 1 S. 2 wurde durch Art 137 Nr. 21 des ÄndG v. 20.11.2019 (BGBl. I S. 1626) gestrichen. Dass bis zu dem in Abs. 1 bezeichneten Zeitpunkt auch alle übrigen zu dem betreffenden Fahrzeug gespeicherten Daten zu löschen sind folgt jetzt aus Art 17 der Datenschutz-Grundverordnung VO (EU) 2016/679 (Begr BT-Drs. 19/4674 S. 422).

Anonymisierte Daten

45 ¹Auf die Verarbeitung von Daten, die keinen Bezug zu einer bestimmten oder bestimmbaren Person ermöglichen, finden die Vorschriften dieses Abschnitts keine Anwendung. ²Zu den Daten, die einen Bezug zu einer bestimmten oder bestimmbaren Person ermöglichen, gehören auch das Kennzeichen eines Fahrzeugs, die Fahrzeug-Identifizierungsnummer und die Fahrzeugbriefnummer.

46 (weggefallen)

Ermächtigungsgrundlagen, Ausführungsvorschriften

47 Das Bundesministerium für Verkehr und digitale Infrastruktur wird ermächtigt, Rechtsverordnung mit Zustimmung des Bundesrates zu erlassen

1. darüber,

   a) welche im Einzelnen zu bestimmenden Fahrzeugdaten (§ 33 Abs. 1 Satz 1 Nr. 1) und
   b) welche Halterdaten nach § 33 Abs. 1 Satz 1 Nr. 2 in welchen Fällen der Zuteilung oder Ausgabe des Kennzeichens unter Berücksichtigung der in § 32 genannten Aufgaben

im örtlichen und im Zentralen Fahrzeugregister jeweils gespeichert (§ 33 Abs. 1) und zur Speicherung erhoben (§ 34 Abs. 1) werden,

1a. darüber, welche im Einzelnen zu bestimmenden Fahrzeugdaten und Daten über Prüfungen und Untersuchungen einschließlich der durchführenden Stellen und Kennungen zur Feststellung der für die Durchführung der Prüfung oder Untersuchung Verantwortlichen die Technischen Prüfstellen, amtlich anerkannten Überwachungsorganisationen und anerkannten Kraftfahrzeugwerkstätten, soweit diese Werkstätten Sicherheitsprüfungen durchführen, zur Speicherung im Zentralen Fahrzeugregister nach § 34 Absatz 6 mitzuteilen haben, und über die Einzelheiten des Mitteilungs- sowie des Auskunftsverfahrens,

2. darüber, welche im Einzelnen zu bestimmenden Fahrzeugdaten die Versicherer zur Speicherung im Zentralen Fahrzeugregister nach § 34 Abs. 5 Satz 2 mitzuteilen haben,

3. über die regelmäßige Übermittlung der Daten nach § 35 Abs. 5, insbesondere über die Art der Übermittlung sowie die Art und den Umfang der zu übermittelnden Daten,

4. über die Art und den Umfang der zu übermittelnden Daten und die Maßnahmen zur Sicherung gegen Missbrauch beim Abruf im automatisierten Verfahren nach § 36 Abs. 5,

4a. über die Art und den Umfang der zu übermittelnden Daten und die Maßnahmen zur Sicherung gegen Mißbrauch nach § 36a,

5. über Einzelheiten des Verfahrens nach § 36 Abs. 7 Satz 2,

5a. über die Art und den Umfang der zu übermittelnden Daten, die Bestimmung der Empfänger und den Geschäftsweg bei Übermittlungen nach § 37 Abs. 1 und 1a,

5b. darüber, welche Daten nach § 37a Abs. 1 durch Abruf im automatisierten Verfahren übermittelt werden dürfen,

5c. über die Bestimmung, welche ausländischen öffentlichen Stellen zum Abruf im automatisierten Verfahren nach § 37a Abs. 1 befugt sind,

6. über das Verfahren bei Übermittlungssperren sowie über die Speicherung, Änderung und die Aufhebung der Sperren nach § 33 Abs. 4 und § 41 und

7. über die Löschung der Daten nach § 44, insbesondere über die Voraussetzungen und Fristen für die Löschung.

Begr zum Gesetz v. 10.7.06, BGBl. I S. 1459 (BT-Drs. 16/1109, S. 8): *Zu Abs. 1 Nr. 5a: ...* **1** *schafft die Voraussetzungen für die Umsetzung von Artikel 12 des Prümer Vertrags. Die §§ 37 und 37a des Straßenverkehrsgesetzes (StVG) erfassen den automatisierten Abruf zum Zweck der Abwehr von Gefahren für die öffentliche Sicherheit oder der Verhinderung von Straftaten sowie zum Zweck der Verfolgung von Straftaten und Ordnungswidrigkeiten, die nicht im Zusammenhang mit dem Straßenverkehr stehen, derzeit nicht.*

... Als Folgeänderung ist ferner die Ermächtigungsgrundlage in § 47 Abs. 1 Nr. 5a StVG um eine Bezugnahme auf den neuen § 37 Abs. 1a StVG zu ergänzen.

Begr z ÄndG v. 14.8.06 (BR-Drs. 259/06, S. 25) **Zur Aufhebung von Absatz 2:** *Die Er-* **2** *mächtigungen zum Erlass Allgemeiner Verwaltungsvorschriften nach § 47 Abs. 2 und § 63 Abs. 2 werden aufgehoben. Nach der jüngeren Rechtsprechung des BVerfG (Beschluss vom 2. März 1999 – 2 BvF 1/94 –) können wegen Artikel 84 Abs. 2 GG Allgemeine Verwaltungsvorschriften in Angelegenheiten der Landeseigenverwaltung nur von der Bundesregierung erlassen werden; einer besonderen gesetzlichen Ermächtigung bedarf es dann nicht.*

Anm: Allgemeine VwV für die Übermittlung von Meldungen über die zum StrV zugelasse- **3** nen Fze v. 15.10.98: BAnz **98** 15 789.

VI. Fahrerlaubnisregister

1   Der Abschnitt VI über die örtlichen und das **Zentrale Fahrerlaubnisregister** wurde durch
das Gesetz zur Änderung des Straßenverkehrsgesetzes und anderer Gesetze v. 24.4.1998 (BGBl. I
S. 747) eingefügt. **Begr:** BR-Drs. 821/96 S. 55, 83. Die Einrichtung des Zentralen Fahrerlaub-
nisregisters wurde durch den Vollzug der 2. EG-Führerscheinrichtlinie (Richtlinie 91/439/EWG
über den Führerschein v. 29.7.1991, ABl EG **91** Nr. L 237/1) notwendig.

2   **Literatur:** *Zilkens,* Datenschutz im Straßenverkehrswesen, DÖV **08** 670.

Registerführung und Registerbehörden

48 (1) ¹Die Fahrerlaubnisbehörden (§ 2 Abs. 1) führen im Rahmen ihrer örtlichen Zu-
ständigkeit ein Register (örtliche Fahrerlaubnisregister) über

1. von ihnen erteilte Fahrerlaubnisse sowie die entsprechenden Führerscheine,

2. Entscheidungen, die Bestand, Art und Umfang von Fahrerlaubnissen oder sonstige Be-
rechtigungen, ein Fahrzeug zu führen, betreffen.

²Abweichend von Satz 1 Nr. 2 darf die zur Erteilung einer Prüfbescheinigung zuständige
Stelle Aufzeichnungen über von ihr ausgegebene Bescheinigungen für die Berechtigung
zum Führen fahrerlaubnisfreier Fahrzeuge führen. ³Sobald ein örtliches Fahrerlaubnisre-
gister nach Maßgabe des § 65 Absatz 2 Satz 1 nicht mehr geführt werden darf, gilt Satz 1
in Verbindung mit Satz 2 nur noch für die in § 65 Absatz 2a bezeichneten Daten.

(2) Das Kraftfahrt-Bundesamt führt ein Register über Fahrerlaubnisse und die entspre-
chenden Führerscheine (Zentrales Fahrerlaubnisregister), die von den nach Landesrecht
für den Vollzug des Fahrerlaubnisrechtes zuständigen Behörden (Fahrerlaubnisbehörden)
erteilt sind.

(3) ¹Bei einer zentralen Herstellung der Führscheine übermittelt die Fahrerlaubnisbe-
hörde dem Hersteller die hierfür notwendigen Daten. ²Der Hersteller darf ausschließlich
zum Nachweis der Führerscheine alle Führerscheinnummern der hergestell-
ten Führerscheine speichern. ³Die Speicherung der übrigen im Führerschein enthaltenen
Angaben beim Hersteller ist unzulässig, soweit sie nicht ausschließlich und vorübergehend
der Herstellung des Führerscheins dient; die Angaben sind anschließend zu löschen. ⁴Die
Daten nach den Sätzen 1 und 2 dürfen nach näherer Bestimmung durch Rechtsverord-
nung gemäß § 63 Nummer 1 an das Kraftfahrt-Bundesamt zur Speicherung im Zentralen
Fahrerlaubnisregister übermittelt werden; sie sind dort spätestens nach Ablauf von zwölf
Monaten zu löschen, sofern dem Amt die Erteilung oder Änderung der Fahrerlaubnis
innerhalb dieser Frist nicht mitgeteilt wird; beim Hersteller sind die Daten nach der
Übermittlung zu löschen. ⁵Vor Eingang der Mitteilung beim Kraftfahrt-Bundesamt über
die Erteilung oder Änderung der Fahrerlaubnis darf das Amt über die Daten keine Aus-
kunft erteilen.

1   **Begr** z ÄndG v. 28.11.14 **zu Abs. 1 S. 3** (BT-Drs. 18/2134 S. 12): *Klarstellung, dass § 48 Ab-
satz 1 StVG nur noch für die nach dem neuen § 65 Absatz 2a StVG weiterhin örtlich gespeicherten Alt-
daten gilt, wenn örtliche Fahrerlaubnisregister nach Maßgabe des § 65 Absatz 2 StVG (in der ab dem
1. Mai 2014 geltenden Fassung) nicht mehr geführt werden.*

Zweckbestimmung der Register

49 (1) Die örtlichen Fahrerlaubnisregister und das Zentrale Fahrerlaubnisregister wer-
den geführt zur Speicherung von Daten, die erforderlich sind, um feststellen zu
können, welche Fahrerlaubnisse und welche Führerscheine eine Person besitzt oder für
welche sie die Neuerteilung beantragen kann.

(2) Die örtlichen Fahrerlaubnisregister werden außerdem geführt zur Speicherung von
Daten, die erforderlich sind

1. für die Beurteilung der Eignung und Befähigung von Personen zum Führen von Kraft-
fahrzeugen und

2. für die Prüfung der Berechtigung zum Führen von Fahrzeugen.

Begr z ÄndG v. 28.11.14 **zu Abs. 1** (BT-Drs. 18/2134 S. 13): *Klarstellung, dass es Zweck der* 1 *Register ist, im Falle des Erlöschens von Fahrerlaubnissen auch die Feststellung zu ermöglichen, welche Fahrerlaubnisse neu beantragt werden können.*

Inhalt der Fahrerlaubnisregister

50 (1) In den örtlichen Fahrerlaubnisregistern und im Zentralen Fahrerlaubnisregister werden gespeichert

1. Familiennamen, Geburtsnamen, sonstige frühere Namen, Vornamen, Ordens- oder Künstlername, Doktorgrad, Geschlecht, Tag und Ort der Geburt,

2. nach näherer Bestimmung durch Rechtsverordnung gemäß § 63 Nummer 2 Daten über Erteilung und Registrierung (einschließlich des Umtauschs oder der Registrierung einer deutschen Fahrerlaubnis im Ausland), Bestand, Art, Umfang, Gültigkeitsdauer, Verlängerung und Änderung der Fahrerlaubnis, Datum des Beginns und des Ablaufs der Probezeit, Nebenbestimmungen zur Fahrerlaubnis, über Führerscheine und deren Geltung einschließlich der Ausschreibung zur Sachfahndung, sonstige Berechtigungen, ein Kraftfahrzeug zu führen, sowie Hinweise auf Eintragungen im Fahreignungsregister, die die Berechtigung zum Führen von Kraftfahrzeugen berühren.

(2) In den örtlichen Fahrerlaubnisregistern dürfen außerdem gespeichert werden

1. die Anschrift und die E-Mail-Adresse, soweit vom Antragsteller angegeben, der betroffenen Person, Staatsangehörigkeit, Art des Ausweisdokuments sowie

2. nach näherer Bestimmung durch Rechtsverordnung gemäß § 63 Nummer 2 Daten über

a) Versagung, Entziehung, Widerruf und Rücknahme der Fahrerlaubnis, Verzicht auf die Fahrerlaubnis, isolierte Sperren, Fahrverbote sowie die Beschlagnahme, Sicherstellung und Verwahrung von Führerscheinen sowie Maßnahmen nach § 2a Abs. 2 und § 4 Absatz 5,

b) Verbote oder Beschränkungen, ein Fahrzeug zu führen.

(3) Im Zentralen Fahrerlaubnisregister dürfen zusätzlich zu Absatz 1 der Grund des Erlöschens der Fahrerlaubnis oder einer Fahrerlaubnisklasse, die Dauer der Probezeit einschließlich der Restdauer nach vorzeitiger Beendigung der Probezeit, Beginn und Ende einer Hemmung der Probezeit und die Behörde, die die Unterlagen im Zusammenhang mit dem Erteilen, dem Entziehen oder dem Erlöschen einer Fahrerlaubnis oder Fahrerlaubnisklasse (Fahrerlaubnisakte) führt, gespeichert werden.

(4) Sobald ein örtliches Fahrerlaubnisregister nach Maßgabe des § 65 Absatz 2 Satz 1 nicht mehr geführt werden darf, gelten die Absätze 1 und 2 im Hinblick auf die örtlichen Fahrerlaubnisregister nur noch für die in § 65 Absatz 2a bezeichneten Daten.

Begr z ÄndG v. 28.11.14 **zu Abs. 3** (BT-Drs. 18/2134 S. 13): *Der Grund des Erlöschens einer* 1 *Fahrerlaubnis oder Fahrerlaubnisklasse (Entziehung, Verzicht, Fristablauf bei befristeter Fahrerlaubnis) muss im Zentralen Fahrerlaubnisregister gespeichert werden, damit die Fahrerlaubnisbehörde bei Neuerteilung weiß, ob es sich um eine Neuerteilung nach § 20 FeV oder um eine Neuerteilung nach Fristablauf gemäß § 24 Absatz 2 FeV handelt. Dies gilt insbesondere dann, wenn die im Verkehrszentralregister gemäß § 28 StVG gespeicherten Daten nach den Tilgungsfristen des § 29 StVG nicht mehr zur Verfügung stehen ….*

Begr z ÄndG v. 5.12.2019 **zu Abs. 2 Nr. 1:** (BT-Drs. 19/12915 S. 10). 2

Mitteilung an das Zentrale Fahrerlaubnisregister

51 Die Fahrerlaubnisbehörden teilen dem Kraftfahrt-Bundesamt zur Speicherung im Zentralen Fahrerlaubnisregister unverzüglich die auf Grund des § 50 Abs. 1 zu speichernden oder zu einer Änderung oder Löschung einer Eintragung führenden Daten mit.

Übermittlung

52 (1) Die in den Fahrerlaubnisregistern gespeicherten Daten dürfen an die Stellen, die

1. für die Verfolgung von Straftaten, zur Vollstreckung oder zum Vollzug von Strafen,

2. für die Verfolgung von Ordnungswidrigkeiten und die Vollstreckung von Bußgeldbescheiden und ihren Nebenfolgen nach diesem Gesetz oder

3. für Verwaltungsmaßnahmen auf Grund dieses Gesetzes oder der auf ihm beruhenden Rechtsvorschriften, soweit es um Fahrerlaubnisse, Führerscheine oder sonstige Berechtigungen, ein Fahrzeug zu führen, geht,

zuständig sind, übermittelt werden, soweit dies zur Erfüllung der diesen Stellen obliegenden Aufgaben zu den in § 49 genannten Zwecken jeweils erforderlich ist.

(2) Die in den Fahrerlaubnisregistern gespeicherten Daten dürfen zu den in § 49 Abs. 1 und 2 Nr. 2 genannten Zwecken an die für Verkehrs- und Grenzkontrollen zuständigen Stellen sowie an die für Straßenkontrollen zuständigen Stellen übermittelt werden, soweit dies zur Erfüllung ihrer Aufgaben erforderlich ist.

(3) Das Kraftfahrt-Bundesamt hat entsprechend § 35 Abs. 6 Satz 1 und 2 Aufzeichnungen über die Übermittlungen nach den Absätzen 1 und 2 zu führen.

Direkteinstellung und Abruf im automatisierten Verfahren

53 (1) Den Stellen, denen die Aufgaben nach § 52 obliegen, dürfen die hierfür jeweils erforderlichen Daten aus dem Zentralen Fahrerlaubnisregister und den örtlichen Fahrerlaubnisregistern zu den in § 49 genannten Zwecken durch Abruf im automatisierten Verfahren übermittelt werden.

(1a) Die Fahrerlaubnisbehörden dürfen die Daten, die sie nach § 51 dem Kraftfahrt-Bundesamt mitzuteilen haben, im Wege der Datenfernübertragung durch Direkteinstellung übermitteln.

(2) Die Einrichtung von Anlagen zur Direkteinstellung oder zum Abruf im automatisierten Verfahren ist nur zulässig, wenn nach näherer Bestimmung durch Rechtsverordnung gemäß § 63 Nummer 4 gewährleistet ist, dass

1. die erforderlichen technischen und organisatorischen Maßnahmen nach den Artikeln 24, 25 und 32 der Verordnung (EU) 2016/679 zur Sicherstellung des Datenschutzes und der Datensicherheit getroffen werden und

2. die Zulässigkeit der Direkteinstellung oder der Abrufe nach Maßgabe des Absatzes 3 kontrolliert werden kann.

(3) ¹Das Kraftfahrt-Bundesamt oder die Fahrerlaubnisbehörde als übermittelnde Stellen haben über die Direkteinstellungen und die Abrufe Aufzeichnungen zu fertigen, die die bei der Durchführung der Direkteinstellungen oder der Abrufe verwendeten Daten, den Tag und die Uhrzeit der Direkteinstellungen oder der Abrufe, die Kennung der einstellenden oder abrufenden Dienststelle und die eingestellten oder abgerufenen Daten enthalten müssen. ²Die protokollierten Daten dürfen nur für Zwecke der Datenschutzkontrolle, der Datensicherung oder zur Sicherstellung eines ordnungsgemäßen Betriebs der Datenverarbeitungsanlage verwendet werden, es sei denn, es liegen Anhaltspunkte dafür vor, dass ohne ihre Verwendung die Verhinderung oder Verfolgung einer schwerwiegenden Straftat gegen Leib, Leben oder Freiheit einer Person aussichtslos oder wesentlich erschwert wäre. ³Die Protokolldaten sind durch geeignete Vorkehrungen gegen zweckfremde Verwendung und gegen sonstigen Missbrauch zu schützen und nach sechs Monaten und bei der Direkteinstellung mit Vollendung des 110. Lebensjahres der betroffenen Person zu löschen.

(4) ¹Bei Direkteinstellungen in das und bei Abrufen aus dem Zentralen Fahrerlaubnisregister sind vom Kraftfahrt-Bundesamt weitere Aufzeichnungen zu fertigen, die sich auf den Anlass der Direkteinstellung oder des Abrufs erstrecken und die Feststellung der für die Direkteinstellung oder den Abruf verantwortlichen Person ermöglichen. ²Das Nähere wird durch Rechtsverordnung (§ 63 Nummer 4) bestimmt. ³Dies gilt entsprechend für Abrufe aus den örtlichen Fahrerlaubnisregistern.

(5) ¹Aus den örtlichen Fahrerlaubnisregistern ist die Übermittlung der Daten durch Einsichtnahme in das Register außerhalb der üblichen Dienstzeiten an die für den betreffenden Bezirk zuständige Polizeidienststelle zulässig, wenn

1. dies im Rahmen der in § 49 Abs. 1 und 2 Nr. 2 genannten Zwecke für die Erfüllung der der Polizei obliegenden Aufgaben erforderlich ist und

2. ohne die sofortige Einsichtnahme die Erfüllung dieser Aufgaben gefährdet wäre.

²Die Polizeidienststelle hat die Tatsache der Einsichtnahme, deren Datum und Anlass sowie den Namen des Einsichtnehmenden aufzuzeichnen; die Aufzeichnungen sind für die Dauer eines Jahres aufzubewahren und nach Ablauf des betreffenden Kalenderjahres zu vernichten.

Begr zum ÄndG v. 2.12.10 **zu Abs. 3 S. 1 und 3:** (BT-Drs. 17/3022)

Automatisiertes Mitteilungs-, Anfrage- und Auskunftsverfahren beim Kraftfahrt-Bundesamt

54 [1] Die Übermittlung der Daten an das Zentrale Fahrerlaubnisregister und aus dem Zentralen Fahrerlaubnisregister nach den §§ 51, 52 und 55 darf nach näherer Bestimmung durch Rechtsverordnung gemäß § 63 Nummer 5 auch in einem automatisierten Mitteilungs-, Anfrage- und Auskunftsverfahren erfolgen. [2] Für die Einrichtung und Durchführung des Verfahrens gilt § 30b Abs. 1 Satz 2, Abs. 2 und 3 entsprechend. [3] Die Protokolldaten der Mitteilungen sind mit Vollendung des 110. Lebensjahres der betroffenen Person zu löschen.

Begr zum ÄndG v. 2.12.10: BT-Drs. 17/3022 S. 12 f.   1

Übermittlung von Daten an Stellen außerhalb des Geltungsbereiches dieses Gesetzes

55 (1) Die auf Grund des § 50 gespeicherten Daten dürfen von den Registerbehörden an die hierfür zuständigen Stellen anderer Staaten übermittelt werden, soweit dies

1. für Verwaltungsmaßnahmen auf dem Gebiet des Straßenverkehrs,

2. zur Verfolgung von Zuwiderhandlungen gegen Rechtsvorschriften auf dem Gebiet des Straßenverkehrs oder

3. zur Verfolgung von Straftaten, die im Zusammenhang mit dem Straßenverkehr oder sonst mit Kraftfahrzeugen oder Anhängern oder Fahrzeugpapieren, Fahrerlaubnissen oder Führerscheinen stehen,

erforderlich ist.

(2) Der Empfänger ist darauf hinzuweisen, dass die übermittelten Daten nur zu dem Zweck verarbeitet werden dürfen, zu dessen Erfüllung sie ihm übermittelt werden.

(3) Die Übermittlung unterbleibt, wenn durch sie schutzwürdige Interessen der betroffenen Person beeinträchtigt würden, insbesondere wenn im Empfängerland ein angemessener Datenschutzstandard nicht gewährleistet ist.

Anm: Für Übermittlungen an Drittländer oder an internationale Organisationen ist Kapitel V   1
der Datenschutz-Grundverordnung VO (EU) 2016/679 zu beachten; die Vorschriften dieses Kapitels gelten unmittelbar (Begr zu Art 137 Nr. 25 Buchst. a des ÄndG v. 20.11.2019, BGBl. I S. 1626, BT-Drs. 19/4674 S. 422).

Abruf im automatisierten Verfahren durch Stellen außerhalb des Geltungsbereiches dieses Gesetzes

56 (1) Durch Abruf im automatisierten Verfahren dürfen aus dem Zentralen Fahrerlaubnisregister für die in § 55 Abs. 1 genannten Maßnahmen an die hierfür zuständigen öffentlichen Stellen in einem Mitgliedstaat der Europäischen Union oder einem anderen Vertragsstaat des Abkommens über den Europäischen Wirtschaftsraum die zu deren Aufgabenerfüllung erforderlichen Daten nach näherer Bestimmung durch Rechtsverordnung gemäß § 63 Nummer 6 übermittelt werden.

(2) [1] Der Abruf ist nur zulässig, wenn

1. diese Form der Datenübermittlung unter Berücksichtigung der schutzwürdigen Interessen der betroffenen Person wegen der Vielzahl der Übermittlungen oder wegen ihrer besonderen Eilbedürftigkeit angemessen ist und

2. der Empfängerstaat die Verordnung (EU) 2016/679 anwendet.

[2] § 53 Abs. 2 und 3 sowie Abs. 4 wegen des Anlasses der Abrufe ist entsprechend anzuwenden.

Übermittlung an und Verwendung durch den Empfänger für wissenschaftliche, statistische und gesetzgeberische Zwecke

57 Für die Übermittlung und Verwendung der nach § 50 gespeicherten Daten für wissenschaftliche Zwecke gilt § 38, für statistische Zwecke § 38a und für gesetzgeberische Zwecke § 38b jeweils entsprechend.

Auskunft über eigene Daten aus den Registern

58 [1] Einer Privatperson wird auf Antrag schriftlich über den sie betreffenden Inhalt des örtlichen oder des Zentralen Fahrerlaubnisregisters unentgeltlich Auskunft erteilt. [2] Der Antragsteller hat dem Antrag einen Identitätsnachweis beizufügen. [3] Die Auskunft kann elektronisch erteilt werden, wenn der Antrag unter Nutzung des elektronischen Identitätsnachweises nach § 18 des Personalausweisgesetzes, nach § 12 des eID-Karte-Gesetzes oder nach § 78 Absatz 5 des Aufenthaltsgesetzes gestellt wird. [4] Hinsichtlich der Protokollierung gilt § 53 Absatz 3 entsprechend.

1–7   **Begr** zum ÄndG v. 25.7.13 **zu S. 3 und 4** (BT-Drs. 17/11473 S. 63): *Die Änderung ermöglicht die elektronische Auskunft aus dem Zentralen Fahrerlaubnisregister. Diese wird bisher nur einer Privatperson auf Antrag schriftlich über den sie betreffenden Inhalt des örtlichen oder des Zentralen Fahrerlaubnisregisters unter Vorlage eines Identitätsnachweises erteilt.*

8   **Selbstauskunft.** Jeder hat Anspruch auf Mitteilung aller **ihn betreffenden Eintragungen** im **örtlichen** und im **Zentralen Fahrerlaubnisregister** durch die FEB bzw. das KBA, sofern er dies unter Beifügung eines Identitätsnachweises beantragt (S. 1 und 2). Es handelt sich dabei um die Ausgestaltung des datenschutzrechtlichen Anspruchs auf gebührenfreie Auskunft über die zur eigenen Person im jeweiligen Register gespeicherten Daten. Die Auskunftserteilung durch die FEB bzw. das KBA ist mangels Regelung kein VA.

9   Der **Antrag** auf Selbstauskunft kann schriftlich, elektronisch, persönlich oder über einen Rechtsanwalt oder sonstigen Vertreter gestellt werden. **Identitätsnachweis:** amtliche Beglaubigung der Unterschrift, Ablichtung des Personalausweises oder des Passes oder elektronischer Identitätsnachweis gem. § 18 PAuswG, § 12 eID-Karte-Gesetz, § 78 V AufenthaltsG (§ 64 I Nr. 1, 2, 4 FeV), bei persönlicher Antragstellung Personalausweis, Pass oder behördlicher Dienstausweis (§ 64 I Nr. 3 FeV). Bei Auskunft an beauftragten Rechtsanwalt ist Vorlage der Vollmacht oder einer Fotokopie davon erforderlich (§ 64 II FeV).

10   Die **Auskunft** wird **schriftlich** erteilt (S. 1). Die Auskunftserteilung kann auch **elektronisch** erfolgen, wenn der Antrag unter Nutzung des elektronischen Identitätsnachweises des Personalausweises, der eID-Karte oder Aufenthaltstitels gestellt wird (S. 3). Dann wird die bei Online-Anfragen übliche Protokollierung vorgenommen (S. 4 iVm § 53 III). Elektronische Auskunftserteilung ist nach dem klaren Wortlaut von S. 3 nur auf elektronische Antragstellung hin zulässig, nicht wenn der Antrag schriftlich, persönlich oder über einen Rechtsanwalt oder sonstigen Vertreter gestellt wird. Die Selbstauskunft wird **unentgeltlich** erteilt (S. 1), dh gebührenfrei und ohne Erstattung der Auslagen (s. § 6a Rn. 2). Die **Unentgeltlichkeit** der Auskunft hängt nicht davon ab, dass diese ausschließlich privaten Zwecken dient; unentgeltlich ist daher zB auch eine im Rahmen der Umstellung einer alten FE auf die neue Klasseneinteilung benötigte Auskunft (VG Bra NZV **01** 191).

Datenabgleich zur Beseitigung von Fehlern

59 (1) [1] Bei Zweifeln an der Identität einer eingetragenen Person mit der Person, auf die sich eine Mitteilung nach § 51 bezieht, dürfen die Datenbestände des Fahreignungsregisters und des Zentralen Fahrzeugregisters zur Identifizierung dieser Personen verwendet werden. [2] Ist die Feststellung der Identität der betreffenden Personen auf diese Weise nicht möglich, dürfen die auf Anfrage aus den Melderegistern übermittelten Daten zur Behebung der Zweifel verwendet werden. [3] Die Zulässigkeit der Übermittlung durch die Meldebehörden richtet sich nach den Meldegesetzen der Länder. [4] Können die Zweifel an der Identität der betreffenden Personen nicht ausgeräumt werden, werden die Eintragungen über beide Personen mit einem Hinweis auf die Zweifel an deren Identität versehen.

(2) Die regelmäßige Verwendung der auf Grund des § 28 Abs. 3 im Fahreignungsregister gespeicherten Daten ist zulässig, um Fehler und Abweichungen bei den Personendaten sowie den Daten über Fahrerlaubnisse und Führerscheine der betreffenden Person im Zentralen Fahrerlaubnisregister festzustellen und zu beseitigen und um dieses Register zu vervollständigen.

(3) [1] Die nach § 50 Abs. 1 im Zentralen Fahrerlaubnisregister gespeicherten Daten dürfen den Fahrerlaubnisbehörden übermittelt werden, soweit dies erforderlich ist, um Fehler und Abweichungen in deren Registern festzustellen und zu beseitigen und um diese örtlichen Register zu vervollständigen. [2] Die nach § 50 Abs. 1 im örtlichen Fahrerlaubnisregister gespeicherten Daten dürfen dem Kraftfahrt-Bundesamt übermittelt werden, soweit

dies erforderlich ist, um Fehler und Abweichungen im Zentralen Fahrerlaubnisregister festzustellen und zu beseitigen und um dieses Register zu vervollständigen. [3] Die Übermittlungen nach den Sätzen 1 und 2 sind nur zulässig, wenn Anlass zu der Annahme besteht, dass die Register unrichtig oder unvollständig sind.

Allgemeine Vorschriften für die Datenübermittlung an und die Verarbeitung der Daten durch den Empfänger

60 (1) [1] Übermittlungen von Daten aus den Fahrerlaubnisregistern sind nur auf Ersuchen zulässig, es sei denn, auf Grund besonderer Rechtsvorschrift wird bestimmt, dass die Registerbehörde bestimmte Daten von Amts wegen zu übermitteln hat. [2] Die Verantwortung für die Zulässigkeit der Übermittlung trägt die übermittelnde Stelle. [3] Erfolgt die Übermittlung auf Ersuchen des Empfängers, trägt dieser die Verantwortung. [4] In diesem Fall prüft die übermittelnde Stelle nur, ob das Übermittlungsersuchen im Rahmen der Aufgaben des Empfängers liegt, es sei denn, dass besonderer Anlass zur Prüfung der Zulässigkeit der Übermittlung besteht.

(2) Für die Verarbeitung der Daten durch den Empfänger gilt § 43 Abs. 2.

Löschung der Daten

61 (1) [1] Die auf Grund des § 50 im Zentralen Fahrerlaubnisregister gespeicherten Daten sind zu löschen, soweit

1. die zugrunde liegende Fahrerlaubnis vollständig oder hinsichtlich einzelner Fahrerlaubnisklassen erloschen ist oder

2. eine amtliche Mitteilung über den Tod der betroffenen Person eingeht.

[2] Die Angaben zur Probezeit werden ein Jahr nach deren Ablauf gelöscht. [3] Satz 1 Nummer 1 gilt nicht für die nach § 50 Absatz 1 Nummer 1 gespeicherten Daten, eine erloschene Fahrerlaubnis oder Fahrerlaubnisklasse, das Datum der jeweiligen Erteilung, das Datum des jeweiligen Erlöschens, den Grund des Erlöschens einer Fahrerlaubnis oder einer Fahrerlaubnisklasse, den Beginn und das Ende der Probezeit, die Dauer der Probezeit einschließlich der Restdauer nach einer vorzeitigen Beendigung, den Beginn und das Ende der Hemmung der Probezeit, die Beschränkungen und Auflagen zur Fahrerlaubnis oder Fahrerlaubnisklasse, die Fahrerlaubnisnummer und die Behörde, die die Fahrerlaubnisakte führt.

(2) Über die in Absatz 1 Satz 1 Nummer 1 genannten Daten darf nach dem Erlöschen der Fahrerlaubnis nur

1. die betroffene Person und

2. den Fahrerlaubnisbehörden zur Überprüfung im Verfahren zur Neuerteilung oder Erweiterung einer Fahrerlaubnis

Auskunft erteilt werden.

(3) [1] Soweit die örtlichen Fahrerlaubnisregister Entscheidungen enthalten, die auch im Fahreignungsregister einzutragen sind, gilt für die Löschung § 29 entsprechend. [2] Für die Löschung der übrigen Daten gilt Absatz 1.

(4) Unbeschadet der Absätze 1 bis 3 sind die im Zentralen Fahrerlaubnisregister und den örtlichen Fahrerlaubnisregistern gespeicherten Daten mit Vollendung des 110. Lebensjahres der betroffenen Person zu löschen.

Begr zum ÄndG v. 2.12.10 zu Abs. 2: BT-Drs. 17/3022 S. 12 f.   1

Begr zum ÄndG v. 28.11.14: BT-Drs. 18/2134 S. 13   2

Register über die Dienstfahrerlaubnisse der Bundeswehr

62 (1) [1] Die durch das Bundesministerium der Verteidigung bestimmte Dienststelle führt ein zentrales Register über die von den Dienststellen der Bundeswehr erteilten Dienstfahrerlaubnisse und ausgestellten Dienstführerscheine. [2] In dem Register dürfen auch die Daten gespeichert werden, die in den örtlichen Fahrerlaubnisregistern gespeichert werden dürfen.

(2) Im Zentralen Fahrerlaubnisregister beim Kraftfahrt-Bundesamt werden nur die in § 50 Abs. 1 Nr. 1 genannten Daten, die Tatsache des Bestehens einer Dienstfahrerlaubnis

mit der jeweiligen Klasse und das Datum von Beginn und Ablauf einer Probezeit sowie die Fahrerlaubnisnummer gespeichert.

(3) Die im zentralen Register gemäß Absatz 1 und die gemäß Absatz 2 im zentralen Fahrerlaubnisregister beim Kraftfahrt-Bundesamt gespeicherten Daten sind nach Ablauf eines Jahres seit Ende der Möglichkeit zur Dienstleistung der betroffenen Person (§ 4 des Reservistinnen- und Reservistengesetzes), bei Grundwehrdienst Leistenden nach Ablauf eines Jahres seit Ende der Wehrpflicht der betroffenen Person (§ 3 Absatz 3 und 4 des Wehrpflichtgesetzes) zu löschen.

(4) ¹Im Übrigen finden die Vorschriften dieses Abschnitts mit Ausnahme der §§ 53 und 56 sinngemäß Anwendung. ²Durch Rechtsverordnung gemäß § 63 Nummer 9 können Abweichungen von den Vorschriften dieses Abschnitts zugelassen werden, soweit dies zur Erfüllung der hoheitlichen Aufgaben erforderlich ist.

1   **Begr** zum ÄndG v. 5.12.2019 (BGBl. I S. 2008) **zu Abs. 1 S. 1 und Abs. 3:** BT-Drs. 19/ 12915 S. 10 f.

Ermächtigungsgrundlagen, Ausführungsvorschriften

63 Das Bundesministerium für Verkehr und digitale Infrastruktur wird ermächtigt, Rechtsverordnungen mit Zustimmung des Bundesrates zu erlassen

1. über die Übermittlung der Daten durch den Hersteller von Führerscheinen an das Kraftfahrt-Bundesamt und die dortige Speicherung nach § 48 Abs. 3 Satz 4,

2. darüber, welche Daten nach § 50 Abs. 1 Nr. 2 und Abs. 2 Nr. 2 im örtlichen und im Zentralen Fahrerlaubnisregister jeweils gespeichert werden dürfen,

3. über die Art und den Umfang der zu übermittelnden Daten nach den §§ 52 und 55 sowie die Bestimmung der Empfänger und den Geschäftsweg bei Übermittlungen nach § 55,

4. über die Art und den Umfang der zu übermittelnden Daten, die Maßnahmen zur Sicherung gegen Missbrauch und die weiteren Aufzeichnungen beim Abruf im automatisierten Verfahren nach § 53,

5. über die Art und den Umfang der zu übermittelnden Daten und die Maßnahmen zur Sicherung gegen Missbrauch nach § 54,

6. darüber, welche Daten durch Abruf im automatisierten Verfahren nach § 56 übermittelt werden dürfen,

7. über die Bestimmung, welche ausländischen öffentlichen Stellen zum Abruf im automatisierten Verfahren nach § 56 befugt sind,

8. über den Identitätsnachweis bei Auskünften nach § 58 und

9. über Sonderbestimmungen für die Fahrerlaubnisregister der Bundeswehr nach § 62 Abs. 4 Satz 2.

1   **Begr** z ÄndG v. 14.8.06 (BR-Drs. 259/06, S. 25) **Zur Aufhebung von Absatz 2:** *Die Ermächtigungen zum Erlass Allgemeiner Verwaltungsvorschriften nach § 47 Abs. 2 und § 63 Abs. 2 werden aufgehoben. Nach der jüngeren Rechtsprechung des BVerfG (Beschluss vom 2. März 1999 – 2 BvF 1/94 –) können wegen Artikel 84 Abs. 2 GG Allgemeine Verwaltungsvorschriften in Angelegenheiten der Landeseigenverwaltung nur von der Bundesregierung erlassen werden; einer besonderen gesetzlichen Ermächtigung bedarf es dann nicht.*

VIa. Datenverarbeitung

Vorbemerkung

Der Abschnitt VIa, ursprünglich mit dem Titel Datenverarbeitung im Kraftfahrzeug, wurde **1** durch Art 1 des 8. Gesetzes zur Änderung des Straßenverkehrsgesetzes v. 16.6.2017 (BGBl. I S. 1648) im Zusammenhang mit der Schaffung von Regelungen zu Kfz mit hoch- oder vollautomatisierten Systemen in das StVG eingefügt (Begr BT-Drs. 18/11300 S. 24, BT-Drs. 18/11776 S. 11). Er wurde durch ÄndG v. 8.4.2019 (BGBl. I S. 430) um § 63c ergänzt, mit dem eine Rechtsgrundlage für die Datenverarbeitung bei der Überprüfung der Einhaltung von Verkehrsbeschränkungen und Verkehrsverboten eingeführt wurde (Begr BT-Drs. 19/6334 S. 13, BT-Drs. 19/8248 S. 9).

Datenverarbeitung bei Kraftfahrzeugen mit hoch- oder vollautomatisierter Fahrfunktion

63a (1) ¹Kraftfahrzeuge gemäß § 1a speichern die durch ein Satellitennavigationssystem ermittelten Positions- und Zeitangaben, wenn ein Wechsel der Fahrzeugsteuerung zwischen Fahrzeugführer und dem hoch- oder vollautomatisierten System erfolgt. ²Eine derartige Speicherung erfolgt auch, wenn der Fahrzeugführer durch das System aufgefordert wird, die Fahrzeugsteuerung zu übernehmen oder eine technische Störung des Systems auftritt.

(2) ¹Die gemäß Absatz 1 gespeicherten Daten dürfen den nach Landesrecht für die Ahndung von Verkehrsverstößen zuständigen Behörden auf deren Verlangen übermittelt werden. ²Die übermittelten Daten dürfen durch diese gespeichert und verwendet werden. ³Der Umfang der Datenübermittlung ist auf das Maß zu beschränken, das für den Zweck der Feststellung des Absatzes 1 im Zusammenhang mit dem durch diese Behörden geführten Verfahren der eingeleiteten Kontrolle notwendig ist. ⁴Davon unberührt bleiben die allgemeinen Regelungen zur Verarbeitung personenbezogener Daten.

(3) Der Fahrzeughalter hat die Übermittlung der gemäß Absatz 1 gespeicherten Daten an Dritte zu veranlassen, wenn

1. die Daten zur Geltendmachung, Befriedigung oder Abwehr von Rechtsansprüchen im Zusammenhang mit einem in § 7 Absatz 1 geregelten Ereignis erforderlich sind und

2. das entsprechende Kraftfahrzeug mit automatisierter Fahrfunktion an diesem Ereignis beteiligt war. Absatz 2 Satz 3 findet entsprechend Anwendung.

(4) Die gemäß Absatz 1 gespeicherten Daten sind nach sechs Monaten zu löschen, es sei denn, das Kraftfahrzeug war in ein § 7 Absatz 1 geregelten Ereignis beteiligt; in diesem Fall sind die Daten nach drei Jahren zu löschen.

(5) Im Zusammenhang mit einem in § 7 Absatz 1 geregelten Ereignis können die gemäß Absatz 1 gespeicherten Daten in anonymisierter Form zu Zwecken der Unfallforschung an Dritte übermittelt werden.

1. Allgemeines. § 63a ist durch ÄndG v. 16.6.17 (BGBl. I S. 1648) eingefügt worden, um die **1** Datenverarbeitung bei Kfz mit hoch- oder vollautomatisierten Fahrfunktionen in den Grundzügen zu regeln. Nähere Einzelheiten zur Durchführung von § 63a können auf der Grundlage von § 63b durch RVO bestimmt werden. Kfz mit hoch- oder vollautomatisierter Fahrfunktion werden durch § 1a II S. 1 definiert.

2. Durch die **Datenspeicherung im Kfz** soll nachvollziehbar festgehalten werden, ob die **2** Fahrzeugsteuerung eines Kfz mit hoch- oder vollautomatisierter Fahrfunktion durch das System oder den FzF erfolgte (Begr BT-Drs. 18/11776 S. 11). Zu diesem Zweck wird ein Wechsel der Fahrzeugsteuerung zwischen FzF und dem hoch- oder vollautomatisierten System im Kfz gespeichert, verbunden mit einer Speicherung der durch ein Satellitennavigationssystem ermittelten Positions- und Zeitangaben (I S. 1). FzF: § 1a IV. Weiter wird gespeichert, ob es eine Übernahmeaufforderung gab oder ob eine technische Störung vorlag (I S. 2). Es wird nicht gespeichert, welche Person, sondern nur, ob ein Mensch oder das System gefahren ist. Es werden auch keine Streckenprotokolle erstellt (Begr BT-Drs. 18/11776 S. 11). Weitere Daten, etwa zum Fahrstil oder der Fahrgeschwindigkeit in einer bestimmten Situation werden nicht erhoben (BT-Drs. 18/11534 S. 16 (zu Nr. 11 Buchst. a)).

3 Abs. I schreibt die Speicherung und damit die Erhebung der genannten Daten zwingend vor. Eine Pflicht zur **Ausstattung** der Fz mit dem dafür **erforderlichen Speichermedium** ist allerdings nicht ausdrücklich normiert worden. Eine solche Verpflichtung wird durch Abs. I und § 63b S. 1 Nr. 1 vielmehr vorausgesetzt und wird damit jedenfalls stillschweigend und implizit mitgeregelt (*Schmid/Wessels* NZV **17** 357 (359)).

4 **3. Datenübermittlung und -nutzung bei Verkehrsverstößen.** Die im Kfz nach Abs. I gespeicherten Daten dürfen den für die Ahndung von VVerstößen zuständigen Behörden auf deren Verlangen übermittelt werden (II S. 1). Die Erhebungsbefugnis der jeweils zuständigen Behörde bei VVerstößen ergibt sich aus der StPO bzw. dem OwiG (Begr BT-Drs. 18/11776 S. 11). Die zu übermittelnden Daten müssen auf das für die Zweckerreichung notwendige Maß begrenzt werden (II S. 3). Es dürfen nur diejenigen gem. Abs. I gespeicherten Daten an die zuständigen Behörden übermittelt und von diesen gespeichert und verwendet werden, die in zeitlicher Hinsicht im Zusammenhang mit der in Rede stehenden Kontrolle oder Überprüfung stehen (Begr BT-Drs. 18/11300 S. 25). Dazu *Berndt* SVR **18** 361 (365 f.).

5 **4. Datenübermittlung an Dritte für zivilrechtliche Zwecke.** Abs. III gibt Beteiligten an einem Unfall, in den Fz mit automatisierten Systemen verwickelt sind, die Möglichkeit, die im Kfz gespeicherten Daten zu erhalten (Begr BT-Drs. 18/11300 S. 25). Der Grundsatz der Zweckbestimmung und Begrenzung der Datenübermittlung auf das zwingend erforderliche Maß ist zu berücksichtigen (III S. 2 iVm II S. 3). Der Halter hat die Übermittlung der Daten zu veranlassen, wenn die Voraussetzungen von III S. 1 Nr. 1 und 2 vorliegen. Ihm wird insoweit eine eigenständige Prüfungspflicht auferlegt (*Schmid/Wessels* NZV **17** 357 (362)). Die im ursprünglichen Gesetzentwurf enthaltene Regelung, nach der Glaubhaftmachung erforderlich sein sollte (BT-Drs. 18/11300 S. 11, 25), wurde vom Deutschen Bundestag auf Vorschlag seines Verkehrsausschusses (BT-Drs. 18/11776 S. 3) nicht übernommen, nachdem der BR dies in seiner Stellungnahme kritisiert hatte (BT-Drs. 18/11534 S. 6 (Nr. 11 Buchst. e), 9, 17).

Ermächtigungsgrundlagen

63b ¹**Das Bundesministerium für Verkehr und digitale Infrastruktur wird ermächtigt, im Benehmen mit der Beauftragten für den Datenschutz und die Informationsfreiheit, zur Durchführung von § 63a Rechtsverordnungen zu erlassen über**

1. **die technische Ausgestaltung und den Ort des Speichermediums sowie die Art und Weise der Speicherung gemäß § 63a Absatz 1,**
2. **den Adressaten der Speicherpflicht nach § 63a Absatz 1,**
3. **Maßnahmen zur Sicherung der gespeicherten Daten gegen unbefugten Zugriff bei Verkauf des Kraftfahrzeugs.**

²**Rechtsverordnungen nach Satz 1 sind vor Verkündung dem Deutschen Bundestag zur Kenntnis zuzuleiten.**

1 **Begr** (BT-Drs. 18/11776 S. 12): *Die grundlegenden Anforderungen an den Datenspeicher werden Bestandteil internationaler Vorgaben sein. Ausgehend davon wird mit der Ermächtigungsgrundlage die Voraussetzung dafür geschaffen, die zur Durchführung der internationalen Vorgaben notwendigen Regelungen einführen zu können. Aus der konkreten Ausgestaltung des Speichermediums resultiert auch der Adressat der Speicherpflicht nach Absatz 1 von § 63a, ferner auch die Frage notwendiger Maßnahmen zum Schutz vor unbefugtem Zugriff auf die gespeicherten Daten bei Verkauf des Kraftfahrzeugs.*

Datenverarbeitung im Rahmen der Überprüfung der Einhaltung von Verkehrsbeschränkungen und Verkehrsverboten aufgrund immissionsschutzrechtlicher Vorschriften oder aufgrund straßenverkehrsrechtlicher Vorschriften zum Schutz vor Abgasen

63c (1) ¹**Zur Überprüfung der Einhaltung von Verkehrsbeschränkungen und Verkehrsverboten, die aufgrund des § 40 des Bundes-Immissionsschutzgesetzes nach Maßgabe der straßenverkehrsrechtlichen Vorschriften angeordnet worden sind oder aufgrund straßenverkehrsrechtlicher Vorschriften zum Schutz der Wohnbevölkerung oder der Bevölkerung vor Abgasen zur Abwehr von immissionsbedingten Gefahren ergangen sind, darf die nach Landesrecht zuständige Behörde im Rahmen von stichprobenartigen Überprü-**

fungen mit mobilen Geräten folgende Daten, auch durch selbsttätiges Wirken des von ihr verwendeten Gerätes, erheben, speichern und verwenden:

1. das Kennzeichen des Fahrzeugs oder der Fahrzeugkombination, die in einem Gebiet mit Verkehrsbeschränkungen oder Verkehrsverboten am Verkehr teilnehmen,

2. die für die Berechtigung zur Teilnahme am Verkehr in Gebieten mit Verkehrsbeschränkungen oder Verkehrsverboten erforderlichen Merkmale des Fahrzeugs oder der Fahrzeugkombination,

3. das durch eine Einzelaufnahme hergestellte Bild des Fahrzeugs und des Fahrers,

4. den Ort und die Zeit der Teilnahme am Verkehr im Gebiet mit Verkehrsbeschränkungen oder Verkehrsverboten. [2]Eine verdeckte Datenerhebung ist unzulässig.

(2) [1]Die nach Landesrecht zuständige Behörde darf anhand der Daten nach Absatz 1 Satz 1 Nummer 1 beim Zentralen Fahrzeugregister die nach § 33 Absatz 1 Satz 1 Nummer 1 für das jeweilige Fahrzeug gespeicherten und für die Überprüfung der Einhaltung der jeweiligen Verkehrsbeschränkungen und Verkehrsverbote erforderlichen Fahrzeugdaten in dem in § 36 Absatz 2i vorgesehenen Verfahren abrufen, um festzustellen, ob für das Fahrzeug eine Verkehrsbeschränkung oder ein Verkehrsverbot gilt. [2]Der Abruf und die Feststellung haben unverzüglich zu erfolgen.

(3) [1]Die Daten nach Absatz 1 Satz 1 Nummer 1 bis 4 und Absatz 2 dürfen ausschließlich zum Zweck der Verfolgung von diesbezüglichen Ordnungswidrigkeiten an die hierfür zuständige Verwaltungsbehörde übermittelt werden. [2]Diese Datenübermittlung hat unverzüglich nach Abschluss der Prüfung nach Absatz 2 zu erfolgen.

(4) [1]Die Daten nach Absatz 1 Satz 1 Nummer 1 bis 4 und Absatz 2 sind von der in Absatz 1 genannten Behörde unverzüglich zu löschen,

1. sobald die nach Absatz 2 vorzunehmende Prüfung ergibt, dass das Fahrzeug berechtigt ist, am Verkehr im Gebiet mit Verkehrsbeschränkungen oder Verkehrsverboten teilzunehmen, oder

2. nach der Übermittlung an die in Absatz 3 genannte, für die Verfolgung von diesbezüglichen Ordnungswidrigkeiten zuständige Verwaltungsbehörde, wenn die nach Absatz 2 vorzunehmende Prüfung ergibt, dass das Fahrzeug nicht berechtigt ist, am Verkehr im Gebiet mit Verkehrsbeschränkungen oder Verkehrsverboten teilzunehmen. [2]Alle Daten sind von der in Absatz 1 genannten Behörde, sofern sie nach den vorgenannten Vorschriften nicht vorher zu löschen sind, spätestens zwei Wochen nach ihrer erstmaligen Erhebung zu löschen.

(5) Für die Löschung der Daten nach Absatz 1 Satz 1 Nummer 1 bis 4 und Absatz 2 durch die für die Verfolgung von diesbezüglichen Ordnungswidrigkeiten zuständige Verwaltungsbehörde gelten die Vorschriften für das Bußgeldverfahren.

(6) Sonstige Regelungen über die Überprüfung der Einhaltung des Straßenverkehrsrechts, insbesondere des Landesrechts, bleiben unberührt.

1. Regelungsgegenstand. Mit dem durch ÄndG v. 8.4.2019 (BGBl. I S. 430) eingefügten **1** § 63c wurde eine Rechtsgrundlage für die Datenverarbeitung im Rahmen der Überprüfung der Einhaltung von Verkehrsbeschränkungen und Verkehrsverboten geschaffen, die aufgrund des § 40 BImSchG oder aufgrund straßenverkehrsrechtlicher Vorschriften zum Schutz der Wohnbevölkerung oder der Bevölkerung vor Abgasen (§ 45 I S. 2 Nr. 3 Alt 2, Ib Nr. 5 StVO) angeordnet worden sind. Damit soll Vorsorge für den Fall getroffen werden, dass in besonders betroffenen Städten wegen Überschreitung des zulässigen Stickstoffdioxid-Grenzwerts im Jahresmittel ein Luftreinhalteplan Verkehrsbeschränkungen und Verkehrsverbote vorsieht.

Die für die Überprüfung der Einhaltung dieser Beschränkungen und Verbote zuständigen Be- **2** hörden sollen auf die Daten des ZFZR zugreifen und sie verwenden können, um fahrzeugindividuell anhand der dort gespeicherten technischen Daten über das Fahrzeug die Einhaltung der Beschränkungen und Verbote überprüfen zu können (Begr BT-Drs. 19/6334 S. 9, 13). Anlass und Verwendungszweck der Erhebung, Speicherung und Verwendung der Daten durch die zuständigen Behörden werden ausdrücklich festgelegt (Begr BT-Drs. 19/6334 S. 10, 13). Die einzelnen Arbeitsschritte müssen jeweils unverzüglich nach dem vorangegangenen Schritt vorgenommen werden, um den Eingriff in das Recht auf informationelle Selbstbestimmung auf ein Minimum zu reduzieren (Begr BT-Drs. 19/8248 S. 10).

Die Regelung wird überwiegend für **verfassungsrechtlich zulässig** gehalten. Der mit der **3** **verdachtslosen automatisierten Kennzeichenerfassung** und -überprüfung verbundene Eingriff in das Recht auf informationelle Selbstbestimmung sei zur Erreichung eines legitimen

Zwecks geeignet, erforderlich und verhältnismäßig (*Brenner* DAR **19** 241 (244 ff.), *Albrecht/Nentwich* NZV **19** 377 (386), mit Vorbehalten *Will* NZV **19** 433). Zweifel an der Wirksamkeit der Norm wegen fehlender Gesetzgebungskompetenz des Bundes für Regelungen zur Verkehrsüberwachung bei *Müller* NZV **19** 489.

4   **2.** Die **Datenverarbeitung** darf nur im Rahmen von **stichprobenartigen Überprüfungen** erfolgen (I S. 1). Den Behörden wird somit keine flächendeckende Überprüfung der Einhaltung von Verkehrsbeschränkungen und Verkehrsverboten ermöglicht (*Will* NZV **19** 433 (437)). Sie sollen vielmehr sorgfältig abwägen, wo solche Maßnahmen zu Zwecken der Abschreckung und Aufdeckung von Verstößen erforderlich und angemessen sind (Begr BT-Drs. 19/8248 S. 9). Die Datenverarbeitung nach § 63c ist außerdem nur zulässig, wenn die Überprüfung mit **mobilen Geräten** durchgeführt wird (I S. 1), nicht wenn sie unter Einsatz von stationären Überwachungsanlagen erfolgt. Die Begr führt aus, dass § 63c I sowohl die manuelle Form der Überprüfung der Einhaltung von Verkehrsvorschriften durch Beamte vor Ort als auch die elektronische Form enthält, diese jedoch nur unter Verwendung von mobilen Geräten (Begr BT-Drs. 19/8248 S. 9). Dass die Datenverarbeitung nach § 63c ausschließlich **im Rahmen von stichprobenartigen Überprüfungen mit mobilen Geräten** zulässig ist, bedeutet, „dass das Gesetz keine umfassende automatisierte Datenverarbeitung zur Überprüfung der Einhaltung von Vorschriften in Gebieten mit Verkehrsbeschränkungen oder Verkehrsverboten ermöglichen will, sondern nur für Maßnahmen, die an wechselnden Orten zu bestimmten Zeiten stattfinden und die Einhaltung eines gewissen Teils der Verbote mit entsprechenden Geräten durch Bedienstete der Behörden überprüfen. Ortsfeste Geräte scheiden damit aus." (Begr BT-Drs. 19/8248 S. 9).

5   Statt der ursprünglich im Entwurf der BReg vorgesehenen Ermächtigung, die Daten „auch automatisiert" zu verarbeiten, hat der Gesetzgeber die Ermächtigung aufgenommen, die Daten **auch durch selbsttätiges Wirken des** von ihr (der Behörde) **verwendeten Gerätes** zu verarbeiten. Dadurch soll das Gewollte klarer zum Ausdruck gebracht werden, „nämlich der Einsatz eines selbsttätig wirkenden Gerätes, mit dem die elektronische Abfrage der Fahrzeugdaten beim Kraftfahrt-Bundesamt erfolgt" (Begr BT-Drs. 19/8248 S. 9). Nach dem klaren Wortlaut von I S. 1 kann allerdings nicht nur die Abfrage beim ZFZR, sondern bereits die Erhebung der Daten durch selbsttätiges Wirken eines solchen Geräts, also automatisiert, erfolgen.

6   Die **Daten**, die die nach Landesrecht zuständigen Behörden zur Überprüfung der Einhaltung von Verkehrsbeschränkungen und Verkehrsverboten erheben, speichern und verwenden dürfen, sind in I S. 1 Nr. 1–4 abschließend aufgezählt. Mit dem **Kennzeichen** (I S. 1 Nr. 1) sind die technischen Merkmale des Fahrzeugs verbunden. Es ermöglicht damit die Feststellung, ob das Fahrzeug berechtigt ist, den Bereich der Kontrolle zu befahren (*Albrecht/Nentwich* NZV **19** 377 (382)). Das **Bild** des Fahrers (I S. 1 Nr. 3) dient zu dessen Identifizierung (Begr BT-Drs. 19/6334 S. 13). Durch die Formulierung, dass das Bild des Fahrzeugs und des Fahrers durch eine Einzelaufnahme hergestellt sein muss, soll klargestellt werden, dass Bewegtbildaufzeichnungen wie Videoaufzeichnungen unzulässig sind (Begr BT-Drs. 19/8248 S. 9). **Ort** und **Zeit** der Teilnahme am Verkehr (I S. 1 Nr. 4) sind erforderlich, um ggf. die Ordnungswidrigkeit gemäß § 66 I S. 1 Nr. 3 OWiG bezeichnen zu können (*Albrecht/Nentwig* NZV **19** 377 (383)).

7   Die Behörden, die die Einhaltung von Verkehrsbeschränkungen und Verkehrsverboten überprüfen, können im Rahmen dieser Überprüfung bereits **ohne Anhaltspunkte** von vermuteten Zuwiderhandlungen, also **verdachtsfrei** Kontrollen durchführen und für diese Kontrollen die genannten Daten erheben, speichern und verwenden (Begr BT-Drs. 19/6334 S. 10, 13, 15).

8   **3.** Eine **verdeckte Datenerhebung** ist **ausgeschlossen** (I S. 2). Die Datenerhebung muss offen, also für jeden ohne weiteres erkennbar, erfolgen. Verdeckte Datenerhebung, bei der für Verkehrsteilnehmer die Datenerhebung nicht erkennbar ist, indem zB die Geräte zur Kennzeichenerfassung verdeckt angebracht sind (Begr BT-Drs. 19/6334 S. 13), sollte ursprünglich nach dem Entwurf der BReg in besonderen Ausnahmefällen zulässig sein, wenn durch offene Datenerhebung der Zweck der Maßnahme konkret und erheblich gefährdet wäre (BT-Drs. 19/6334 S. 7). Der Gesetzgeber hat jedoch verdeckte Kontrollen gänzlich ausgeschlossen (I S. 2), weil er sie im Rahmen von Überprüfungen der Einhaltung immissionsbedingter Verkehrsbeschränkungen und -verbote nicht für erforderlich hielt (Begr BT-Drs. 19/8248 S. 10).

9   **4.** Die zuständigen Behörden haben die Möglichkeit, für ein bestimmtes Fahrzeug anhand der Daten nach I S. 1 Nr. 1, also des Fahrzeugkennzeichens, die Fahrzeugdaten **aus dem ZFZR abzurufen**, um anhand dieser Daten durch einen **Abgleich** festzustellen, ob für dieses Fahrzeug eine Verkehrsbeschränkung oder ein Verkehrsverbot gilt (II S. 1). Diese Datenverarbeitung soll es

ermöglichen, Bußgeldverfahren gegen Personen einzuleiten, die mit Fahrzeugen in Gebieten mit Verkehrsbeschränkung oder Verkehrsverbot am Verkehr teilgenommen haben (Begr BT-Drs. 19/6334 S. 14). Die Abrufmöglichkeit beschränkt sich naturgemäß auf in Deutschland zugelassene Kfz, denn nur deren Kennzeichen sind im ZFZR enthalten. Im Ausland zugelassene Kfz sind nicht im ZFZR aufgeführt, sie können somit nur durch manuelle Maßnahmen überwacht werden (BT-Drs. 19/7813). Um die Daten nach II S. 1 aus dem ZFZR abrufen zu können, muss zunächst das Kennzeichen an das KBA übermittelt werden. II S. 1 ist insofern auch Rechtsgrundlage für die Übermittlung des Kennzeichens an das ZFZR. Die anderen Daten nach I S. 1 Nr. 2-4 dürfen dabei nicht an das KBA übermittelt werden.

Es dürfen **nur** die für die Überprüfung der Einhaltung der jeweiligen Verkehrsbeschränkun- **10** gen und -verbote **erforderlichen** Fahrzeugdaten abgerufen werden (II S. 1). Dies sind insbesondere die in § 47 IVa BImSchG genannten Daten, aus denen sich die Berechtigung zum Befahren der Verbotszone ergibt (näher *Albrecht/Nentwig* NZV **19** 377 (383 ff.)). In einer Reihe von Fällen sind die relevanten Daten allerdings nicht im ZFZR enthalten, zB bei persönlichen Ausnahmen, können also auch nicht automatisiert abgerufen werden (*Albrecht/Nentwig* NZV **19** 377 (385)). Der in diesen Fällen entstehende Verdachtsfall kann dann erst im Rahmen der Bearbeitung durch die Bußgeldbehörde geklärt werden (krit dazu *Will* NZV **19** 433 (440)). Die Halterdaten (§ 33 I S. 1 Nr. 2 StVG) dürfen von der Überwachungsbehörde nicht aus dem ZFZR abgerufen werden, denn II S. 1 ermächtigt die Behörde **nur** zum Abruf der nach § 33 I S. 1 Nr. 1 StVG im ZFZR gespeicherten **Fahrzeugdaten**. Bei diesem Vorgangsschritt geht es ausschließlich um die Frage, ob das Fahrzeug der Verkehrsbeschränkung oder dem Verkehrsverbot unterfällt (*Will* NZV **19** 433 (439)). Die Halterdaten müssen ggf. später von der Bußgeldbehörde ermittelt werden, wenn ein Verdachtsfall vorliegt. – Die Übermittlung der nach II S. 1 abgerufenen Daten vom KBA an die Überwachungsbehörde erfolgt auf der Grundlage von § 35 I Nr. 18 StVG.

Die in dem Entwurf der BReg enthaltene Formulierung, dass die Daten automatisiert abge- **11** rufen werden dürfen (BT-Drs. 19/6334 S. 7), wurde im Gesetzgebungsverfahren so präzisiert, dass die Fahrzeugdaten **in dem in § 36 IIi vorgesehenen Verfahren** aus dem ZFZR **abgerufen** werden können (II S. 1). Damit ist der Einsatz eines selbsttätig wirkenden Geräts gemeint, mit dem die elektronische Abfrage der Fahrzeugdaten beim KBA erfolgt (BT-Drs. 19/8248 S. 9). Dies bedeutet: Wenn die Daten selbsttätig durch ein elektronisches Gerät erfasst worden sind, können sie von diesem Gerät anschließend auch unmittelbar selbsttätig online an das ZFZR übertragen und die erforderlichen Daten dann auf demselben Weg an die Überwachungsbehörde zurückübertragen werden (*Will* NZV **19** 433 (439)).

Nach Aufzeichnung eines Fahrzeugkennzeichens müssen die für die Überprüfung erforderli- **12** chen Fahrzeugdaten **unverzüglich** aus dem ZFZR **abgerufen** werden (II S. 2). Bei Verwendung eines selbsttätig wirkenden Geräts muss der Abruf online erfolgen; das Fahrzeugkennzeichen wird dann nur kurz in einem Zwischenspeicher abgelegt, um auf dieser Grundlage den Abruf aus dem ZFZR vorzunehmen (Begr BT-Drs. 19/8248 S. 10). Bei Überprüfung durch Bedienstete vor Ort, zB auch im ruhenden Verkehr, müssen die manuell aufgezeichneten Daten unverzüglich an die zuständigen Behörden genutzt werden, um einen Abruf aus dem ZFZR vorzunehmen (Begr BTDRs 19/8248 S. 10). Anschließend muss auch die **Feststellung unverzüglich** erfolgen (II S. 2), dh nach Abruf der Daten aus dem ZFZR sind auch die Auswertung und die Überprüfung, ob ein Verstoß vorliegt, unverzüglich vorzunehmen (Begr BT-Drs. 19/8248 S. 10), und zwar sowohl bei Einsatz eines selbsttätig wirkenden Geräts als auch im manuellen Verfahren (*Will* NZV **19** 433 (440)).

5. Die Daten nach I S. 1 Nr. 1-4 und II dürfen nur für die ausdrücklich genannten Zwecke **13** und nur an bestimmte Behörden **übermittelt** werden (III S. 1). Die Übermittlung ist an den **Zweck** der Verfolgung von Ordnungswidrigkeiten wegen Verstößen gegen Verkehrsbeschränkungen oder Verkehrsverbote gebunden, die aufgrund von § 40 BImSchG oder aufgrund straßenverkehrsrechtlicher Vorschriften zum Schutz der Wohnbevölkerung oder der Bevölkerung vor Abgasen (§ 45 I S. 2 Nr. 3 Alt 2, Ib Nr. 5 StVO) angeordnet oder ergangen sind (III S. 1). Die Verfolgung von Verstößen gegen andere straßenverkehrsrechtliche Vorschriften wie zB Verstöße gegen die Anschnallpflicht oder das Handyverbot am Steuer, die bei Gelegenheit der Überprüfung der Einhaltung dieser Verkehrsbeschränklungen und Verkehrsverbote entdeckt werden, ist davon nicht erfasst (Begr BT-Drs. 19/6334 S. 14). Die Datenübermittlung darf außerdem nur **an** diejenigen **Behörden** erfolgen, die für die Verfolgung von Ordnungswidrigkeiten wegen der genannten Verstöße zuständig sind.

14   Die Datenübermittlung nach III S. 1 muss **unverzüglich** nach Abschluss des Abgleichs nach Abs. II erfolgen, durch den festgestellt wird, ob für ein konkretes Fahrzeug eine Verkehrsbeschränkung oder ein Verkehrsverbot gilt (III S. 2). Die Behörde, die die Überprüfung der Einhaltung von Verkehrsbeschränkungen und Verkehrsverboten vornimmt, muss somit nach unverzüglicher Auswertung der erhobenen und abgerufenen Daten (II S. 2), sei es im manuellen Verfahren oder im Verfahren unter Verwendung eines selbsttätig wirkenden Geräts, im Verdachtsfall unverzüglich auch eine Weiterleitung an die zuständige Verfolgungsbehörde vornehmen; Verzögerungen sind von der Behörde damit auszuschließen (Begr BT-Drs. 19/8248 S. 10).

15   **6.** Die nach I S. 1 Nr. 1-4 und II erhobenen, gespeicherten und verwendeten Daten sind **von der Behörde**, die die **Überprüfung** der Einhaltung von Verkehrsbeschränkungen und Verkehrsverboten vornimmt, unverzüglich zu löschen, sobald der Abgleich der Daten nach II ergeben hat, dass ein konkretes **Fahrzeug berechtigt ist**, am Verkehr in dem Gebiet mit Verkehrsbeschränkungen oder Verkehrsverboten teilzunehmen (IV S. 1 Nr. 1). Die zunächst erhobenen Daten berechtigter Fahrzeuge müssen also im automatisierten Verfahren unverzüglich wieder gelöscht werden.

16   Wenn der Abgleich nach II ergeben hat, dass ein konkretes Fahrzeug **nicht diese Berechtigung hat** (genaugenommen: dass dieser Verdacht besteht, *Will* NZV 19 433 (441)), und die Daten deswegen an die zuständige Verfolgungsbehörde nach III übermittelt worden sind, muss die Behörde, die die Überprüfung der Einhaltung von Verkehrsbeschränkungen und Verkehrsverboten vornimmt, die Daten unverzüglich nach dieser Übermittlung an die Verfolgungsbehörde bei sich löschen (IV S. 1 Nr. 2). Der Verfolgungsbehörde liegt dann der erforderliche Datensatz vor und es besteht kein Grund, die Daten bei der Überwachungsbehörde weiter vorzuhalten.

17   Die Daten sind bei der Behörde, die die Überprüfung der Einhaltung von Verkehrsbeschränkungen und Verkehrsverboten vornimmt, vorrangig nach IV S. 1 zu löschen. Sie sind von dieser Behörde aber in jedem Fall spätestens 2 Wochen nach ihrer erstmaligen Erhebung zu löschen (IV S. 2). Die ursprünglich im Entwurf der BReg vorgesehene **absolute Löschungsfrist** von 6 Monaten (BT-Drs. 19/6334 S. 7) ist vom Gesetzgeber vor dem folgenden Hintergrund auf 2 Wochen verkürzt worden: Die Löschung der Daten durch die Überwachungsbehörde hat stets unverzüglich zu erfolgen. Die maximale Speicherfrist nach IV S. 2 sieht gleichwohl eine doppelte Sicherung vor. Nach dem Willen des Gesetzgebers soll unabhängig von den konkreten Umständen des Einzelfalles die Löschung immer spätestens nach 2 Wochen erfolgen, selbst wenn die Verfolgung eines Verstoßes dadurch gehindert werden würde. Dies sei in Abwägung mit dem Recht auf informationelle Selbstbestimmung sachgerecht. Die Frist von 2 Wochen berücksichtige die Gegebenheiten des manuellen Verfahrens (Begr BT-Drs. 19/8248 S. 10).

18   Für die **Löschung** der Daten nach I S. 1 Nr. 1–4 und II **durch die Verfolgungsbehörde** gelten systematisch zutreffend die allgemeinen Vorschriften für das Bußgeldverfahren (V, Begr BT-Drs. 19/6334 S. 15).

19   **7.** Abs. VI soll dem verfassungsrechtlichen Grundsatz nach Art 84 I GG Rechnung tragen, dass die Länder, wenn sie Bundesgesetze als eigene Angelegenheit ausführen, die Einrichtung der Behörden und das Verwaltungsverfahren regeln, und dass sie, wenn Bundesgesetze etwas anderes bestimmen, davon abweichende Regelungen treffen können (Begr BT-Drs. 19/6334 S. 15).

VII. Gemeinsame Vorschriften, Übergangsbestimmungen

Gemeinsame Vorschriften

64 (1) ¹Die Meldebehörden haben dem Kraftfahrt-Bundesamt bei der Änderung des Geburtsnamens oder des Vornamens einer Person, die das 14. Lebensjahr vollendet hat, für den in Satz 2 genannten Zweck neben dem bisherigen Namen folgende weitere Daten zu übermitteln:

1. Geburtsname,
2. Familienname,
3. Vornamen,
4. Tag der Geburt,
5. Geburtsort,
6. Geschlecht,
7. Bezeichnung der Behörde, die die Namensänderung im Melderegister veranlasst hat, sowie
8. Datum und Aktenzeichen des zugrunde liegenden Rechtsakts.

²Enthält das Fahreignungsregister oder das Zentrale Fahrerlaubnisregister eine Eintragung über diese Person, so ist der neue Name bei der Eintragung zu vermerken. ³Eine Mitteilung nach Satz 1 darf nur für den in Satz 2 genannten Zweck verwendet werden. ⁴Enthalten die Register keine Eintragung über diese Person, ist die Mitteilung vom Kraftfahrt-Bundesamt unverzüglich zu vernichten.

(2) Unbeschadet anderer landesrechtlicher Regelungen können durch Landesrecht Aufgaben der Zulassung von Kraftfahrzeugen auf die für das Meldewesen zuständigen Behörden übertragen werden, sofern kein neues Kennzeichen erteilt werden muss oder sich die technischen Daten des Fahrzeugs nicht ändern.

Begr (BR–Drs. 821/96 S. 87): *Die im Verkehrszentralregister und im Zentralen Fahrerlaubnisregister* **1** *über eine bestimmte Person enthaltenen Eintragungen können nur aufgefunden werden, wenn die bei der Suche verwendeten Merkmale … Vorname und Geburtsname mit den im Register eingetragenen Merkmalen übereinstimmen. Ändert sich der Name, so kann eine Suche mit dem neuen Namen nur dann dazu führen, dass über diese Person im Register enthaltene Eintragungen aufgefunden werden, wenn der neue Name bereits im Register vermerkt ist. Um die Erteilung zutreffender Auskünfte aus dem Register zu gewährleisten, ist deshalb die Unterrichtung des KBA von einer Namensänderung auf Grund einer gerichtlichen Entscheidung, der Entscheidung einer deutschen Verwaltungsbehörde oder einer gegenüber der zuständigen Behörde abgegebenen Erklärung vorgesehen. Die Mitteilungen können nicht auf Personen beschränkt werden, über die das Register eine Eintragung enthält, da dies den entscheidenden Behörden in der Regel nicht bekannt ist. Allerdings gilt die Regelung nur für Personen, die das 14. Lebensjahr vollendet haben. Entscheidungen, die Personen unter 14 Jahren betreffen, dürfte das Register nur in äußerst seltenen, zu vernachlässigenden Fällen enthalten, da die Schuldfähigkeit bzw. Verantwortlichkeit nach § 19 StGB und § 12 OWiG erst mit dem vollendeten 14. Lebensjahr einsetzt, vorher also keine Entscheidungen wegen Straftaten und Ordnungswidrigkeiten ergehen können; außerdem dürfen Kraftfahrzeuge erst ab dem 15. Lebensjahr geführt werden, so dass Verwaltungsentscheidungen ebenfalls kaum früher zu erwarten sind. Das KBA darf die Mitteilungen nur zur Aktualisierung der Personendaten von im Verkehrszentralregister und im Zentralen Fahrerlaubnisregister eingetragenen Personen verwenden. Mitteilungen über nicht eingetragene Personen hat das KBA unverzüglich zu vernichten.*

…

Begr zum ÄndG v. 11.9.02 (BT-Drs. 14/8766 S. 60): *… Für das Verkehrszentralregister erfolgt die* **2** *Namenssuche und die Identifizierung der eingetragenen Personen grundsätzlich über den Geburtsnamen und das Geburtsdatum. Die Änderung beschränkt deshalb die Übermittlung der Meldebehörden auf die Änderung des Geburtsnamens (z. B. Adoption) und die Änderung des Vornamens, dh auf die Fälle, die wesentliche Suchkriterien in den Registern sind. Damit wird sichergestellt, dass auch bei Nichtvorliegen des Führerscheins anhand der Eintragungen im Personaldokument eine Abfrage erfolgen kann. Die Änderungen beschränken die Mitteilungen der Meldebehörden auf das erforderliche Maß, ohne die Auskunftsfähigkeit des Registers zu beeinträchtigen.*

Begr zum ÄndG v. 25.7.13 **zu Abs. 2** (BT-Drs. 17/11473 S. 63): *Mit der Änderung soll erreicht* **3** *werden, dass die Bürgerinnen und Bürger bei einer Adressänderung nur eine Behörde, hier die Meldebehörde,* *aufsuchen müssen. Die Möglichkeit einer entsprechenden Verwaltungsorganisation steht den Ländern bereits nach Artikel 84 Absatz 1 Satz 1 GG zu. Die Meldebehörde muss der Zulassungsbehörde dann die erforderlichen Daten weiterleiten. Dies dient dem Bürokratieabbau.*

Verwaltungsorganisation ist grundsätzlich Ländersache. Mit der Regelung „Unbeschadet anderweitiger landesrechtlicher Regelungen" wird vermieden, dass eine „Sperrwirkung" für andere organisationsrechtliche Entscheidungen entsteht oder dies jedenfalls so wahrgenommen wird.

4   Anm: Durch II wird geregelt, dass in bestimmten Fällen auch Meldebehörden zulassungsrechtliche Aufgaben übernehmen können. Meldebehörden haben diese Aufgaben nicht kraft Gesetzes, sondern nur, wenn sie ihnen durch Landesrecht übertragen worden sind. § 13 Ia FZV gilt deswegen nur, wenn den Meldebehörden in einem Land durch Landesrecht die Aufgabe übertragen worden ist, Meldungen gem. § 13 I S. 1 Nr. 1 FZV entgegenzunehmen und an die zuständige ZulB weiterzuleiten.

Übergangsbestimmungen

65 (1) ¹Registerauskünfte, Führungszeugnisse, Gutachten und Gesundheitszeugnisse, die sich am 1. Januar 1999 bereits in den Akten befinden, brauchen abweichend von § 2 Abs. 9 Satz 2 bis 4 erst dann vernichtet zu werden, wenn sich die Fahrerlaubnisbehörde aus anderem Anlass mit dem Vorgang befasst. ²Eine Überprüfung der Akten muss jedoch spätestens bis zum 1. Januar 2014 durchgeführt werden. ³Anstelle einer Vernichtung der Unterlagen sind die darin enthaltenen Daten zu sperren, wenn die Vernichtung wegen der besonderen Art der Führung der Akten nicht oder nur mit unverhältnismäßigem Aufwand möglich ist.

(2) ¹Ein örtliches Fahrerlaubnisregister (§ 48 Abs. 1) darf nicht mehr geführt werden, sobald

1. sein Datenbestand mit den in § 50 Abs. 1 genannten Daten in das Zentrale Fahrerlaubnisregister übernommen worden ist,

2. die getroffenen Maßnahmen der Fahrerlaubnisbehörde nach § 2a Abs. 2 und § 4 Absatz 5 in das Fahreignungsregister übernommen worden sind und

3. der Fahrerlaubnisbehörde die Daten, die ihr nach § 30 Abs. 1 Nr. 3 und § 52 Abs. 1 Nr. 3 aus den zentralen Registern mitgeteilt werden dürfen, durch Abruf im automatisierten Verfahren mitgeteilt werden können.

²Die Fahrerlaubnisbehörden löschen aus ihrem örtlichen Fahrerlaubnisregister spätestens bis zum 31. Dezember 2014 die im Zentralen Fahrerlaubnisregister gespeicherten Daten, nachdem sie sich von der Vollständigkeit und Richtigkeit der in das Zentrale Fahrerlaubnisregister übernommenen Einträge überzeugt haben. ³Die noch nicht im Zentralen Fahrerlaubnisregister gespeicherten Daten der Fahrerlaubnisbehörde werden bis zur jeweiligen Übernahme im örtlichen Register gespeichert. ⁴Maßnahmen der Fahrerlaubnisbehörde nach § 2a Abs. 2 Satz 1 Nr. 1 und 2 und § 4 Absatz 5 Satz 1 Nr. 1 und 2 werden erst dann im Fahreignungsregister gespeichert, wenn eine Speicherung im örtlichen Fahrerlaubnisregister nicht mehr vorgenommen wird.

(2a) Absatz 2 ist nicht auf die Daten anzuwenden, die vor dem 1. Januar 1999 in örtlichen Fahrerlaubnisregistern gespeichert worden sind.

(3) Die Regelungen über das Verkehrszentralregister und das Punktsystem werden in die Regelungen über das Fahreignungsregister und das Fahreignungs-Bewertungssystem nach folgenden Maßgaben überführt:

1. ¹Entscheidungen, die nach § 28 Absatz 3 in der bis zum Ablauf des 30. April 2014 anwendbaren Fassung im Verkehrszentralregister gespeichert worden sind und nach § 28 Absatz 3 in der ab dem 1. Mai 2014 anwendbaren Fassung nicht mehr zu speichern wären, werden am 1. Mai 2014 gelöscht. ²Für die Feststellung nach Satz 1, ob eine Entscheidung nach § 28 Absatz 3 in der ab dem 1. Mai 2014 anwendbaren Fassung nicht mehr zu speichern wäre, bleibt die Höhe der festgesetzten Geldbuße außer Betracht.

2. ¹Entscheidungen, die nach § 28 Absatz 3 in der bis zum Ablauf des 30. April 2014 anwendbaren Fassung im Verkehrszentralregister gespeichert worden und nicht von Nummer 1 erfasst sind, werden bis zum Ablauf des 30. April 2019 nach den Bestimmungen des § 29 in der bis zum Ablauf des 30. April 2014 anwendbaren Fassung getilgt und gelöscht. ²Dabei kann eine Ablaufhemmung nach § 29 Absatz 6 Satz 2 in der bis zum Ablauf des 30. April 2014 anwendbaren Fassung nicht durch Entscheidungen, die erst ab dem 1. Mai 2014 im Fahreignungsregister gespeichert werden, ausgelöst werden. ³Für Entscheidungen wegen Ordnungswidrigkeiten nach § 24a gilt Satz 1 mit der Maß-

gabe, dass sie spätestens fünf Jahre nach Rechtskraft der Entscheidung getilgt werden.
[4] Ab dem 1. Mai 2019 gilt

a) für die Berechnung der Tilgungsfrist § 29 Absatz 1 bis 5 in der ab dem 1. Mai 2014 anwendbaren Fassung mit der Maßgabe, dass die nach Satz 1 bisher abgelaufene Tilgungsfrist angerechnet wird,

b) für die Löschung § 29 Absatz 6 in der ab dem 1. Mai 2014 anwendbaren Fassung.

3. [1] Auf Entscheidungen, die bis zum Ablauf des 30. April 2014 begangene Zuwiderhandlungen ahnden und erst ab dem 1. Mai 2014 im Fahreignungsregister gespeichert werden, sind dieses Gesetz und die auf Grund des § 6 Absatz 1 Nummer 1 Buchstabe s. erlassenen Rechtsverordnungen in der ab dem 1. Mai 2014 geltenden Fassung anzuwenden. [2] Dabei sind § 28 Absatz 3 Nummer 3 Buchstabe a Doppelbuchstabe bb und § 28a in der ab dem 1. Mai 2014 geltenden Fassung mit der Maßgabe anzuwenden, dass jeweils anstelle der dortigen Grenze von sechzig Euro die Grenze von vierzig Euro gilt.

4. [1] Personen, zu denen bis zum Ablauf des 30. April 2014 im Verkehrszentralregister eine oder mehrere Entscheidungen nach § 28 Absatz 3 Satz 1 Nummer 1 bis 3 in der bis zum Ablauf des 30. April 2014 anwendbaren Fassung gespeichert worden sind, sind wie folgt in das Fahreignungs-Bewertungssystem einzuordnen:

Punktestand vor dem 1. Mai 2014	Fahreignungs-Bewertungssystem ab dem 1. Mai 2014	
	Punktestand	Stufe
1–3	1	Vormerkung (§ 4 Absatz 4)
4–5	2	Vormerkung (§ 4 Absatz 4)
6–7	3	Vormerkung (§ 4 Absatz 4)
8–10	4	1: Ermahnung (§ 4 Absatz 5 Satz 1 Nummer 1)
11–13	5	1: Ermahnung (§ 4 Absatz 5 Satz 1 Nummer 1)
14–15	6	2: Verwarnung (§ 4 Absatz 5 Satz 1 Nummer 2)
16–17	7	2: Verwarnung (§ 4 Absatz 5 Satz 1 Nummer 2)
> = 18	8	3: Entzug (§ 4 Absatz 5 Satz 1 Nummer 3)

[2] Die am 1. Mai 2014 erreichte Stufe wird für Maßnahmen nach dem Fahreignungs-Bewertungssystem zugrunde gelegt. Die Einordnung nach Satz 1 führt allein nicht zu einer Maßnahme nach dem Fahreignungs-Bewertungssystem.

5. Die Regelungen über Punkteabzüge und Aufbauseminare werden wie folgt überführt:

a) [1] Punkteabzüge nach § 4 Absatz 4 Satz 1 und 2 in der bis zum Ablauf des 30. April 2014 anwendbaren Fassung sind vorzunehmen, wenn die Bescheinigung über die Teilnahme an einem Aufbauseminar oder einer verkehrspsychologischen Beratung bis zum Ablauf des 30. April 2014 der nach Landesrecht zuständigen Behörde vorgelegt worden ist. [2] Punkteabzüge nach § 4 Absatz 4 Satz 1 und 2 in der bis zum Ablauf des 30. April 2014 anwendbaren Fassung bleiben bis zur Tilgung der letzten Eintragung wegen einer Straftat oder einer Ordnungswidrigkeit nach § 28 Absatz 3 Nummer 1 bis 3 in der bis zum Ablauf des 30. April 2014 anwendbaren Fassung, längstens aber zehn Jahre ab dem 1. Mai 2014 im Fahreignungsregister gespeichert.

b) Bei der Berechnung der Fünfjahresfrist nach § 4 Absatz 7 Satz 2 und 3 sind auch Punkteabzüge zu berücksichtigen, die nach § 4 Absatz 4 Satz 1 und 2 in der bis zum Ablauf des 30. April 2014 anwendbaren Fassung vorgenommen worden sind.

c) Aufbauseminare, die bis zum Ablauf des 30. April 2014 nach § 4 Absatz 3 Satz 1 Nummer 2 in der bis zum Ablauf des 30. April 2014 anwendbaren Fassung angeordnet, aber bis zum Ablauf des 30. April 2014 nicht abgeschlossen worden sind, sind bis zum Ablauf des 30. November 2014 nach dem bis zum Ablauf des 30. April 2014 anwendbaren Recht durchzuführen.

d) Abweichend von Buchstabe c kann anstelle von Aufbauseminaren, die bis zum Ablauf des 30. April 2014 nach § 4 Absatz 3 Satz 1 Nummer 2 in der bis zum Ablauf des 30. April 2014 anwendbaren Fassung angeordnet, aber bis zum Ablauf des 30. April 2014 noch nicht begonnen worden sind, die verkehrspädagogische Teilmaßnahme des Fahreignungsseminars absolviert werden.

e) Die nach Landesrecht zuständige Behörde hat dem Kraftfahrt-Bundesamt unverzüglich die Teilnahme an einem Aufbauseminar oder einer verkehrspsychologischen Beratung mitzuteilen.

6. Nachträgliche Veränderungen des Punktestandes nach den Nummern 2 oder 5 führen zu einer Aktualisierung der nach der Tabelle zu Nummer 4 erreichten Stufe im Fahreignungs-Bewertungssystem.

7. Sofern eine Fahrerlaubnis nach § 4 Absatz 7 in der bis zum 30. April 2014 anwendbaren Fassung entzogen worden ist, ist § 4 Absatz 3 Satz 1 bis 3 auf die Erteilung einer neuen Fahrerlaubnis nicht anwendbar.

(4) *(aufgehoben)*

(5) [1]Bis zum Erlass einer Rechtsverordnung nach § 6f Absatz 2, längstens bis zum Ablauf des 31. Juli 2018, gelten die in den Gebührennummern 451 bis 455 der Anlage der Gebührenordnung für Maßnahmen im Straßenverkehr vom 25. Januar 2011 (BGBl. I S. 98), die zuletzt durch Artikel 3 der Verordnung vom 15. September 2015 (BGBl. I S. 1573) geändert worden ist, in der am 6. Dezember 2016 geltenden Fassung festgesetzten Gebühren als Entgelte im Sinne des § 6f Absatz 1. [2]Die Gebührennummern 403 und 451 bis 455 der Anlage der Gebührenordnung für Maßnahmen im Straßenverkehr sind nicht mehr anzuwenden.

(6) Die durch das Gesetz zur Haftung bei Unfällen mit Anhängern und Gespannen im Straßenverkehr vom 10. Juli 2020 (BGBl. I S. 1653) geänderten Vorschriften des Straßenverkehrsgesetzes sind nicht anzuwenden, sofern der Unfall vor dem 17. Juli 2020 eingetreten ist.

1   **Begr** zum ÄndG v. 24.4.98 (BT-Drs. 13/6914 S. 84 = VkBl. **98** 811): **Zu Abs. 1:** *Registerauskünfte etc., die sich in den Akten befinden, müssen künftig aus Datenschutzgründen in der Regel nach zehn Jahren vernichtet bzw. die darin enthaltenen Daten gesperrt werden. Für die Zukunft können die Fahrerlaubnisbehörden die Arbeitsabläufe so organisieren, dass der damit verbundene Aufwand hinnehmbar ist. In der Vergangenheit wurde dieser Aspekt bei der Aktenführung nicht berücksichtigt. Für eine kurzfristige Durchsicht der vorhandenen Aktenbestände auf zu vernichtende Unterlagen bzw. auf zu sperrende Daten fehlt es den Fahrerlaubnisbehörden an Personal. Die Unterlagen brauchen daher in diesem Fall erst vernichtet bzw. gesperrt zu werden, wenn sich die Fahrerlaubnisbehörde ohnehin aus anderem Anlass mit dem Vorgang befasst, spätestens aber innerhalb von 15 Jahren nach Inkrafttreten des Gesetzes.*

2   **Zu Abs. 10 (jetzt Abs. 2):** *Absatz 10 bestimmt, dass nach dem vollständigen Aufbau des Zentralen Fahrerlaubnisregisters und der Übernahme der Maßnahmen der Fahrerlaubnisbehörde nach § 2a Abs. 2 und § 4 Abs. 3 sowie der on-line-Verbindung der Fahrerlaubnisbehörden mit den zentralen Registern die örtlichen Fahrerlaubnisregister nicht mehr geführt werden, da sie dann entbehrlich sind. Damit wird eine nur einmalige Datenspeicherung gewährleistet (Datenschutz). Außerdem wird dadurch eine Aufwandsreduzierung bei den örtlichen Fahrerlaubnisbehörden erreicht. Unerlässliche Voraussetzungen sind, dass*
– die betreffenden Daten vollständig in das Zentrale Fahrerlaubnisregister und das Verkehrszentralregister übernommen sind und
– für die örtliche Fahrerlaubnisbehörde die Möglichkeit des Abrufs im automatisierten Verfahren aus dem Zentralen Fahrerlaubnisregister und dem Verkehrszentralregister besteht.

3   **Begr** zum ÄndG v. 3.5.05 **zu Abs. 10 (jetzt Abs. 2) Satz 2** (VkBl. **05** 438): *Die bisher vorgesehene Frist für den Wegfall der örtlichen Fahrerlaubnisregister hat sich aus technischen und organisatorischen Gründen als zu kurz erwiesen, da insbesondere für die Online-Verbindung der Fahrerlaubnisbehörden mit den zentralen Registern zahlreiche technische Probleme gelöst werden müssen, insbesondere auch bei jeder Fahrerlaubnisbehörde die dafür notwendigen technischen Voraussetzungen geschaffen werden müssen. … wird eine Doppelspeicherung von Daten nach Ablauf der Frist ausgeschlossen.*
Ein Zwangsumtausch sämtlicher noch im Umlauf befindlicher Führerscheine, die vor dem 1. Januar 1999 ausgestellt wurden, würde derzeit auf Grund der Tatsache, dass die Mehrzahl der Bürger noch im Besitz eines „alten" Führerscheines ist, zu großen organisatorischen Problemen bei den Fahrerlaubnisbehörden führen. Daher werden die bei den Fahrerlaubnisbehörden vorhandenen Daten bezüglich dieser Führerscheine nach Ablauf der Übergangsfristen weitergeführt und sobald die Erteilung eines EU-Kartenführerscheines erfolgt nach entsprechender Mitteilung an das Zentrale Fahrerlaubnisregister und gegebenenfalls an das Verkehrszentralregister gelöscht.

4   **Begr** zum ÄndG v. 3.2.09 **zu Abs. 10 (jetzt Abs. 2) S. 2 und 3** (VkBl. **09** 172): *Die in § 65 Abs. 10 Satz 2 StVG genannte Frist, nach der örtliche Fahrerlaubnisregister bezüglich der im Zentralen Fahrerlaubnisregister erfassten Daten noch bis spätestens 31. Dezember 2006 geführt werden dürfen, hat sich aus technischen Gründen als zu kurz erwiesen, so dass es derzeit an der für die Datenübermittlung erforderlichen Rechtsgrundlage fehlt. Um noch erforderliche Datenabgleichsmaßnahmen zur Sicherstellung der Vollständigkeit und Richtigkeit des Zentralregisters zwischen dem Kraftfahrt-Bundesamt und den Fahr-*

erlaubnisbehörden durchführen zu können, erscheint eine Verlängerung bis zum 31. Dezember 2012 geboten.

Begr zum ÄndG v. 17.6.13 **zu Abs. 10 (jetzt Abs. 2) S. 2** (BT-Drs. 17/12856 S. 11): *Gemäß* **5** *§ 65 Absatz 10 des Straßenverkehrsgesetzes (StVG) löschen die Fahrerlaubnisbehörden aus ihrem örtlichen Fahrerlaubnisregister spätestens bis zum 31. Dezember 2012 die im Zentralen Fahrerlaubnisregister gespeicherten Daten. Da nach Erlöschen der Fahrerlaubnis den Fahrerlaubnisbehörden damit keine Daten zu dieser Fahrerlaubnis mehr zur Verfügung gestanden hätten, wurde mit dem Gesetz … vom 2. Dezember 2010 (BGBl. I, S. 1748) in § 61 StVG die Möglichkeit geschaffen, den Fahrerlaubnisbehörden auch nach Erlöschen der Fahrerlaubnis die sog. „Rumpfdaten“ des § 61 Absatz 1 Nummer 1 StVG zur Verfügung zu stellen. Die Diskussion mit den für die Durchführung der fahrerlaubnisrechtlichen Regelungen zuständigen Ländern und den Fahrerlaubnisbehörden hat nun gezeigt, dass diese „Rumpfdaten“ nicht ausreichen. Die Fahrerlaubnisbehörden würden mit der Löschung der Daten im örtlichen Fahrerlaubnisregister Informationen verlieren, die sie für ihre tägliche Arbeit insbesondere im Bereich der verkehrsauffälligen Fahrerlaubnisinhaber aber auch für Besitzstandsüberprüfungen benötigen. Aus diesem Grund wird geprüft, welche Daten erhalten bleiben dürfen. Diese Prüfung und die ggf. erforderlichen rechtlichen Änderungen werden bis zum 31. Dezember 2012 nicht abgeschlossen sein. Da außerdem die Fahrerlaubnisbehörden aufgrund der Umsetzung der … sog. 3. EU-Führerscheinrichtlinie zum 19.1.2013 derzeit mit erheblichen Arbeiten … belastet sind, soll die Frist bis zum 31. Dezember 2014 verlängert werden.*

Begr zum ÄndG v. 28.8.13: **Zur Aufhebung der Absätze 2–9, 11 und 12:** BT-Drs. **6** 17/12636 S. 49 = VkBl. **13** 1152.

Zu Abs. 2 und 3: BT-Drs. 17/12636 S. 49, BT-Drs. 17/13452 S. 7 = VkBl. **13** 1153. Begr **zu** **7** **Abs. 3 Nr. 4 und 6** abgedruckt bei § 4 Rn. 20, 21.

Änderungen von **Abs. 3** und Anfügung von **Abs. 4** auf Vorschlag des Vermittlungsausschusses: BT-Drs. 17/14125 S. 4 (keine Begr).

Begr zum ÄndG v. 28.11.14 **zu Abs. 2a** (BT-Drs. 18/2134 S. 14): *Der neue Absatz 2a stellt* **8** *klar, dass die sogenannten Altdaten vom Wegfall der örtlichen Fahrerlaubnisregister nach § 65 Absatz 2 nicht betroffen sind.… Aus praktischen Erwägungen erscheint es nicht geboten, die Altdaten der Regelung des § 65 Absatz 2 zu unterwerfen, zumal ihre Bedeutung im Zeitablauf abnimmt. Auch aus datenschutzrechtlichen Gründen ist dies nicht geboten: Die Regelung des § 65 Absatz 2 trägt dem datenschutzrechtlichen Anliegen Rechnung, eine Doppelspeicherung in zwei Registern zu vermeiden. Dieses Prinzip wird jedoch nicht tangiert, wenn die vor dem 1. Januar 1999 angefallenen Daten örtlich gespeichert bleiben, da sie sich mit den im Zentralen Fahrerlaubnisregister gespeicherten Daten nicht überschneiden.*

Begr **zu Abs. 3 Nr. 7** abgedruckt bei § 4 Rn. 23.

Anm: Die **Kommentierung** der einzelnen Regelungen erfolgt **bei den Bestimmungen**, **9** auf die sie sich **beziehen**.

Verkündung von Rechtsverordnungen

66 Rechtsverordnungen können abweichend von § 2 Absatz 1 des Verkündungs- und Bekanntmachungsgesetzes im Bundesanzeiger verkündet werden.

Begr (VkBl. **09** 172): *Rechtsverordnungen nach dem Straßenverkehrsgesetz sollten grundsätzlich auch* **1** *im elektronischen Bundesanzeiger und damit beschleunigt verkündet werden können, um flexibel auf aktuelle Anforderungen reagieren zu können.*

1a. Gesetz zur Bevorrechtigung der Verwendung elektrisch betriebener Fahrzeuge (Elektromobilitätsgesetz – EmoG)

Vom 5.6.2015 (BGBl. I S. 898)

FNA 9233-3

zuletzt geändert durch Elfte ZuständigkeitsanpassungsVO vom 19.6.2020 (BGBl. I S. 1328)

Vorbemerkung

1. Mit dem Elektromobilitätsgesetz (EmoG) werden Maßnahmen zur Bevorrechtigung der **1** Teilnahme **elektrisch betriebener Fz** am StrV ermöglicht, um deren Verwendung zur Verringerung insbes klima- und umweltschädlicher Auswirkungen des motorisierten Individualverkehrs zu fördern (§ 1 S. 1, BT-Drs. 18/3418 S. 1) und durch die so geschaffenen Nutzeranreize eine verstärkte Nachfrage nach solchen Fz zu erreichen (BT-Drs. 18/3418 S. 12). Es enthält gesetzliche Ermächtigungsgrundlagen, um bestimmte Bevorrechtigungen für privilegierte elektrisch betriebene Fz im öff Verkehrsraum und die dafür erforderliche Kennzeichnung der Fz zu schaffen. Auf dieser Grundlage sind mit der 50. ÄndVStVR v. 15.9.15 (BGBl. I S. 1573) entsprechende Regelungen in die FZV und die StVO eingefügt worden. Das EmoG und die auf ihm basierendean Regelungen sind bis 31.12.2026 befristet (§ 8 Rn. 1–3).

2. Das EmoG hat eine längere und bewegte **Vorgeschichte** (näher dazu MüKoStVR/ **2** *Schubert* vor § 1 EmoG Rn. 2 ff., *Schubert* VD **15** 324, **16** 22, 31, NZV **16** 153).

3. Gesetzgebungskompetenz. Das EmoG ist auf Art 74 I Nr. 11 GG (Recht der Wirt- **3** schaft) und Art 74 I Nr. 24 GG (Luftreinhaltung und Lärmbekämpfung) gestützt worden (Begr BT-Drs. 18/3418 S. 12), nicht aber auf Art 74 I Nr. 22 GG (Straßenverkehr). Der Gesetzentwurf ist gleichwohl federführend von BMV und BMU vorbereitet worden (BR-Drs. 436/14 Anschreiben Bundeskanzlerin). Das Gesetz ist dann nicht nur von der Bundeskanzlerin und der Bundesumweltministerin, sondern auch vom Bundesverkehrsminister, nicht aber vom Bundeswirtschaftsminister für die BReg unterzeichnet worden (BGBl. I 2015 S. 900, *Schubert* VD **16** 31 (36), SVR **16** 135).

Die Regelungen sind **nicht in das StVG** aufgenommen worden, weil die Privilegierung **4** elektrisch betriebener Fz der Steigerung der Attraktivität der Nutzung dieser Fz und damit dem Klimaschutz, der Luftreinhaltung, der Minderung der Lärmemissionen und der Verminderung der Abhängigkeit von fossilen Treibstoffen dienen soll. Die BReg hielt eine Eingliederung in das StVG unter diesen Umständen „wegen der verkehrsordnungsrechtlichen Grundausrichtung des StVG" nicht für möglich (BT-Drs. 18/3418 S. 11 f., krit dazu MüKoStVR/*Schubert* vor § 1 EmoG Rn. 17, *Schubert* NZV **16** 153, SVR **16** 135).

Die Rechtswirksamkeit des EmoG wird durch all dies nicht in Frage gestellt, denn die Ge- **5** setzgebungskompetenz des Bundes war unzweifelhaft gegeben, die Gegenzeichnung nach Art 82 I S. 1 GG ist durch die Bundeskanzlerin wirksam erfolgt (vgl. Art 58 S. 1 GG), und ob die Materie im StVG oder in einem gesonderten Gesetz geregelt wird, unterliegt der freien Disposition des GGebers.

Anwendungsbereich

1 ¹ Mit diesem Gesetz werden Maßnahmen zur Bevorrechtigung der Teilnahme elektrisch betriebener Fahrzeuge

1. der Klassen M1 und N1 im Sinne des Anhangs II Teil A der Richtlinie 2007/46/EG des Europäischen Parlaments und des Rates vom 5. September 2007 zur Schaffung eines Rahmens für die Genehmigung von Kraftfahrzeugen und Kraftfahrzeuganhängern sowie von Systemen, Bauteilen und selbstständigen technischen Einheiten für diese Fahrzeuge (ABl. L 263 vom 9.10.2007, S. 1), die zuletzt durch die Richtlinie 2013/15/EU (ABl. L 158 vom 10.6.2013, S. 172) geändert worden ist, und

2. der Klassen L3e, L4e, L5e und L7e im Sinne des Anhangs I der Verordnung (EU) Nr. 168/2013 des Europäischen Parlaments und des Rates vom 15. Januar 2013 über die

Genehmigung und Marktüberwachung von zwei- oder dreirädrigen und vierrädrigen Fahrzeugen (ABl. L 60 vom 2.3.2013, S. 52)

am Straßenverkehr ermöglicht, um deren Verwendung zur Verringerung insbesondere klima- und umweltschädlicher Auswirkungen des motorisierten Individualverkehrs zu fördern. [2]Satz 1 gilt auch für ein elektrisch betriebenes Fahrzeug der Klasse N2 im Sinne des Anhangs II Teil A der Richtlinie 2007/46/EG, soweit es im Inland mit der Fahrerlaubnis der Klasse B geführt werden darf.

1 **1.** § 1 legt nicht nur gem. der Überschrift fest, auf welche Arten von Kfz das EmoG anwendbar ist, sondern normiert auch den **Zweck des Gesetzes.** Die Verwendung elektrisch betriebener Fz soll durch die Schaffung der Möglichkeit von Bevorrechtigungen bei Teilnahme am StrV gefördert werden, insbes um klima- und umweltschädliche Auswirkungen des motorisierten Individualverkehrs zu verringern (S 1). Das Wort *insbesondere* macht deutlich, dass daneben auch andere negative Auswirkungen des motorisierten Individualverkehrs verringert werden sollen, die allerdings weder aus dem Wortlaut noch aus der Begr (BT-Drs. 18/3418) ersichtlich sind.

2 **2. Anwendungsbereich.** Die Förderung durch die Einräumung von Bevorrechtigungen wird durch das EmoG auf elektrisch betriebene Kfz der Klassen M1, N1 (S. 1 Nr. 1), L3e, L4e, L5e und L7e (S. 1 Nr. 2) sowie bestimmte Fz der Klasse N2 (S. 2, dazu Rn. 3) beschränkt. **Elektrisch betriebene Fz** sind reine BatterieelektroFz, von außen aufladbare HybridelektroFz und BrennstoffzellenFz (§ 2 Nr. 1). Die **Klassen der Fz** sind in den aus S. 1 Nr. 1 und 2 ersichtlichen EU-Normen definiert, die durch Anl XXIX StVZO in deutsches Recht umgesetzt worden sind, soweit sie nicht unmittelbar gelten. Fz der Klasse **M1** sind vorwiegend für die Beförderung von Fahrgästen und deren Gepäck ausgelegte und gebaute Kfz mit höchstens 8 Sitzplätzen zuzüglich des Fahrersitzes. Fz der Klasse **N1** sind vorwiegend für die Beförderung von Gütern ausgelegte und gebaute Kfz mit einer Gesamtmasse bis zu 3,5 t. Fz der Klassen **L3e, L4e, L5e und L7e** sind bestimmte Krafträder mit und ohne Beiwagen, bestimmte dreirädrige Fz und bestimmte vierrädrige Fz, die als dreirädrige Fz gelten. Der GGeber rechtfertigt die **Begrenzung der Bevorrechtigungen** auf die genannten Fz damit, dass für sie eine besondere Förderung im Hinblick auf die Marktentwicklung erforderlich sei und Fz dieser Klassen eine besondere Bedeutung wegen ihres großen Anteils am StrV im Hinblick auf die Verringerung des verbrennungsmotorbetriebenen Individualverkehrs zukomme (Begr BT-Drs. 18/3418 S. 26, krit dazu *Maslaton/Hauk* NVwZ **15** 555).

3 Der Anwendungsbereich des EmoG erstreckt sich auch auf elektrisch betriebene Kfz der Klasse **N2**, soweit sie in Deutschland mit einer **FE der Kl B** geführt werden dürfen (S 2). Fz der Klasse N2 sind vorwiegend für die Beförderung von Gütern ausgelegte und gebaute Kfz mit einer Gesamtmasse von mehr als 3,5 t bis zu 12 t. Nach § 6 Abs. 3b FeV dürfen elektrisch betriebene und für den Gütertransport eingesetzte Kfz ohne Anhänger mit einer zGM von mehr als 3,5 t bis einschl 4,25 t im Inland mit einer FE der Kl B statt der eigentlich erforderlichen FE der Kl C1 gefahren werden, wenn der FEInhaber die FE der Klasse B seit mindestens 2 Jahren besitzt (näher § 6 FeV Rn. 40a). S. 2 erweitert den Anwendungsbereich des EmoG also auf elektrisch betriebene vorwiegend für die Beförderung von Gütern ausgelegte und gebaute Fz mit einer Gesamtmasse **bis einschl 4,25 t,** die ohne Anhänger gefahren werden. Diese elektrisch betriebenen leichten Nutzfahrzeuge sollen nicht aufgrund des durch das Gewicht der Batterie bedingten höheren Gewichts einen Wettbewerbsnachteil erleiden, sondern ebenfalls von den Privilegien des EmoG profitieren (Begr BT-Drs. 18/4174 S. 7).

Begriffsbestimmungen

2 Im Sinne dieses Gesetzes sind

1. ein elektrisch betriebenes Fahrzeug: ein reines Batterieelektrofahrzeug, ein von außen aufladbares Hybridelektrofahrzeug oder ein Brennstoffzellenfahrzeug,

2. ein reines Batterieelektrofahrzeug: ein Kraftfahrzeug mit einem Antrieb,
   a) dessen Energiewandler ausschließlich elektrische Maschinen sind und
   b) dessen Energiespeicher zumindest von außerhalb des Fahrzeuges wieder aufladbar sind,

3. ein von außen aufladbares Hybridelektrofahrzeug: ein Kraftfahrzeug mit einem Antrieb, der über mindestens zwei verschiedene Arten von

a) Energiewandlern, davon mindestens ein Energiewandler als elektrische Antriebsmaschine, und

b) Energiespeichern, davon mindestens einer von einer außerhalb des Fahrzeuges befindlichen Energiequelle elektrisch wieder aufladbar,

verfügt,

4. ein Brennstoffzellenfahrzeug: ein Kraftfahrzeug mit einem Antrieb, dessen Energiewandler ausschließlich aus den Brennstoffzellen und mindestens einer elektrischen Antriebsmaschine bestehen,

5. Energiewandler: die Bauteile des Kraftfahrzeugantriebes, die dauerhaft oder zeitweise Energie von einer Form in eine andere umwandeln, welche zur Fortbewegung des Kraftfahrzeuges genutzt werden,

6. Energiespeicher: die Bauteile des Kraftfahrzeugantriebes, die die jeweiligen Formen von Energie speichern, welche zur Fortbewegung des Kraftfahrzeuges genutzt werden.

1. Definitionen. Nach § 1 gilt das EmoG für elektrisch betriebene Fz bestimmter FzKlassen. **1** § 2 definiert, welche Fz iSd EmoG als **elektrisch betriebene Fz** anzusehen sind. Die Begriffsbestimmungen orientieren sich an den zur Zeit der Schaffung des EmoG in der Arbeitsgruppe WP.29 der ECE diskutierten Definitionen (Begr BT-Drs. 18/3418 S. 11, 26). Die für die Ermäßigung und Befreiung von der Kfz-Steuer relevante Definition des ElektroFz in § 9 II KraftStG ist enger. Von außen aufladbare HybridelektroFz (Nr. 3) profitieren nur dann von den durch das EmoG gewährten Privilegierungen, wenn sie bestimmte Umweltkriterien erfüllen (§ 3 Rn. 3 ff.).

2. Nachweis. Bei in Deutschland neu- und typgenehmigten Fz finden sich die in § 2 ge- **2** nannten FzKategorien in den Schlüsselnummern des KBA, die in den FzPapieren kenntlich gemacht sind. Auch bei einzelgenehmigten Fz und Fz aus dem Ausland sind die Angaben zT aus den FzPapieren zu entnehmen. Wenn dies nicht der Fall ist, muss bei typgenehmigten Fz auf die Übereinstimmungsbescheinigung (CoC, § 2 Nr. 7 FZV) oder, wenn eine solche nicht vorhanden ist, auf eine Herstellerbescheinigung oder ein Gutachten zurückgegriffen werden. Der Aufwand ist dann uU größer, weil im internationalen Verkehr befindliche Fz zwar die ZB I mitzuführen haben, nicht aber das CoC oder weitere fahrzeugbezogene Unterlagen (Begr BT-Drs. 18/3418 S. 26).

Bevorrechtigungen

3 (1) Wer ein Fahrzeug im Sinne des § 2 führt, kann nach Maßgabe der folgenden Vorschriften Bevorrechtigungen bei der Teilnahme am Straßenverkehr erhalten, soweit dadurch die Sicherheit und Leichtigkeit des Verkehrs nicht beeinträchtigt werden.

(2) Im Falle eines von außen aufladbaren Hybridelektrofahrzeuges dürfen Bevorrechtigungen nur für ein Fahrzeug in Anspruch genommen werden, wenn sich aus der Übereinstimmungsbescheinigung nach Anhang IX der Richtlinie 2007/46/EG oder aus der Übereinstimmungsbescheinigung nach Artikel 38 der Verordnung (EU) Nr. 168/2013 ergibt, dass das Fahrzeug

1. eine Kohlendioxidemission von höchstens 50 Gramm je gefahrenen Kilometer hat oder

2. dessen Reichweite unter ausschließlicher Nutzung der elektrischen Antriebsmaschine mindestens 40 Kilometer beträgt.

(3) Kann das Vorliegen der Anforderungen des Absatzes 2 nicht über die Übereinstimmungsbescheinigung nachgewiesen werden oder gibt es für ein Fahrzeug keine Übereinstimmungsbescheinigung, kann der Nachweis auch in anderer geeigneter Weise erbracht werden.

(4) Bevorrechtigungen sind möglich

1. für das Parken auf öffentlichen Straßen oder Wegen,

2. bei der Nutzung von für besondere Zwecke bestimmten öffentlichen Straßen oder Wegen oder Teilen von diesen,

3. durch das Zulassen von Ausnahmen von Zufahrtbeschränkungen oder Durchfahrtverboten,

4. im Hinblick auf das Erheben von Gebühren für das Parken auf öffentlichen Straßen oder Wegen.

(5) [1] In Rechtsverordnungen nach § 6 Absatz 1 des Straßenverkehrsgesetzes können

1. die Bevorrechtigungen näher bestimmt werden,

2. die Einzelheiten der Anforderungen an deren Inanspruchnahme festgelegt werden,

3. die erforderlichen straßenverkehrsrechtlichen Anordnungen, insbesondere Verkehrszeichen und Verkehrseinrichtungen, bestimmt werden.

[2]Rechtsverordnungen mit Regelungen nach Satz 1 erlässt das Bundesministerium für Verkehr und digitale Infrastruktur gemeinsam mit dem Bundesministerium für Umwelt, Naturschutz und nukleare Sicherheit. [3]§ 6 Absatz 3 des Straßenverkehrsgesetzes ist auf eine Rechtsverordnung mit Regelungen nach Satz 1 nicht anzuwenden.

(6) In Rechtsverordnungen nach § 6a Absatz 6 Satz 2, auch in Verbindung mit Satz 4, des Straßenverkehrsgesetzes können als Bevorrechtigungen Ermäßigungen der Gebühren oder Befreiungen von der Gebührenpflicht vorgesehen werden.

1   **1. Allgemeines.** § 3 legt fest, welche Bevorrechtigungen den in § 2 definierten elektrisch betriebenen Fz durch RVO eingeräumt werden dürfen, bestimmt den dafür ermächtigten VOGeber, und nimmt hinsichtlich von außen aufladbarer HybridelektroFz (§ 2 Nr. 3) eine Einschränkung vor.

2   **2.** Abs. I enthält den allgemeinen **Vorbehalt**, dass Bevorrechtigungen nur eingeräumt werden dürfen, soweit dadurch die **Sicherheit und Leichtigkeit des Verkehrs** nicht beeinträchtigt werden. Diese an den VOGeber und an die zur Umsetzung befugten Behörden gerichtete Maßgabe macht deutlich, dass die Privilegierung elektrisch betriebener Fz im StrV nicht zu Lasten der Sicherheit und Leichtigkeit des Verkehrs insgesamt gehen darf.

3   **3. Einschränkung des Anwendungsbereichs.** Von außen aufladbare **HybridelektroFz** (§ 2 Nr. 3) dürfen Bevorrechtigungen gem. IV nur in Anspruch nehmen, wenn sie entweder eine **Kohlendioxidemission von höchstens 50 g** je gefahrenen km haben oder ihre **Reichweite** unter ausschließlicher Nutzung der elektrischen Maschine bis 31.12.17 **mindestens 30 km,** ab 1.1.18 **mindestens 40 km** beträgt (II, § 5 II). Sie können nur unter diesen Voraussetzungen eine Kennzeichnung gem. § 4 erhalten. Von außen aufladbare HybridelektroFz, die eine wesentlich größere Gesamtreichweite als rein elektrisch betriebene Fz haben, sollen nur dann privilegiert werden, wenn sie einen erheblichen Umweltvorteil gegenüber konventionellen Fz mit Verbrennungsmotor haben (Begr BT-Drs. 18/3418 S. 26).

4   Der Grenzwert von **50 g Kohlendioxid** pro km knüpft an die VO (EG) Nr. 443/2009 v. 23.4.09 (StVRL § 47 StVZO Nr. 27) zur Festsetzung von Emissionsnormen für neue Pkw an und liegt deutlich unter den EU-Kohlendioxidflottengrenzwerten für Fz mit Verbrennungsmotor (Begr BT-Drs. 18/3418 S. 27). Bei größeren Fz, die den Grenzwert von 50 g Kohlendioxid pro km nicht einhalten können, genügt es, wenn sie stattdessen zumindest eine **elektrische Reichweite** bis 31.12.17 von 30 km, ab 1.1.18 von 40 km aufweisen (II Nr. 2, § 5 II). Damit sollen auch Pkw der Mittel- und Oberklasse und leichte Lkw in die Privilegierung einbezogen werden (Begr BT-Drs. 18/3418 S. 27). Durch die Staffelung hinsichtlich der Reichweite sollte den Kfz-Herstellern die Möglichkeit gegeben werden, die elektrische Reichweite ihrer Modelle ggf. noch anzupassen (Begr BT-Drs. 18/3418 S. 29). Von außen aufladbare HybridelektroFz, die eine Reichweite von mindestens 30 km, nicht aber von mindestens 40 km erreichen, und die vor dem 1.1.18 unter Anwendung von § 5 II eine Kennzeichnung als bevorrechtigtes ElektroFz iSv § 4 erhalten haben, dürfen diese Kennzeichnung auch nach dem 1.1.18 behalten und demgemäß die Bevorrechtigungen gem. § 3 IV in Anspruch nehmen, auch wenn sie die ab 1.1.18 geltenden Umweltkriterien nicht mehr erfüllen (§ 5 III); sie genießen insoweit Bestandsschutz (Begr BT-Drs. 18/3418 S. 29).

5   Der **Nachweis** der Angaben über die Kohlendioxidemission und die Reichweite erfolgt bei Fz mit EG-Typgenehmigung grds. über die Übereinstimmungsbescheinigung (II). Bei Fz der Klasse N2 enthält die Übereinstimmungsbescheinigung keinen Eintrag dazu. Die Angaben über die Kohlendioxidemission finden sich auch in der ZB I und II. Ansonsten muss der Nachweis in anderer geeigneter Weise, zB über eine Einzelgenehmigung, eine Herstellerdatenbestätigung oder ein Sachverständigengutachten geführt werden (III, Begr BT-Drs. 18/3418 S. 27).

6   **4.** In IV Nr. 1–4 sind die möglichen **Bevorrechtigungen** für elektrisch betriebene Fz, die auf Verordnungsebene näher ausgestaltet werden können, abschließend aufgezählt. Auf dieser Grundlage wurden mit Art 2 der 50. ÄndVStVR v. 15.9.15 (BGBl. I S. 1573) Regelungen in die StVO eingefügt, die den zuständigen Behörden der Länder die Möglichkeit eröffnen, bestimmte Bevorrechtigungen für elektrisch betriebene Fz einzuführen.

7   Die Ermächtigung, Bevorrechtigungen für das **Parken** auf öff Straßen oder Wegen zu schaffen (IV Nr. 1), soll das Reservieren von Parkflächen für die privilegierten Fz ermöglichen (Park-

plätze in unmittelbarer Nähe zur Ladeinfrastruktur, aber auch ohne besondere Anbindung an Ladeinfrastruktur, Begr BT-Drs. 18/3418 S. 27 f.). Der VOGeber soll Regelungen schaffen können, die es ermöglichen, das Parken auf Parkplätzen an Ladesäulen auf eine bestimmte Dauer zu beschränken mit der Möglichkeit der Differenzierung zwischen Tages- und Nachtzeiten; die Kontrolle der Einhaltung der Parkzeit soll dabei mittels Parkscheibe oder Parkschein erfolgen (Begr BT-Drs. 18/3418 S. 27). Die Regelung enthält bewusst keine Differenzierung, um nicht extern aufladbare Fz kenntlich zu machen und von der Parkberechtigung an der Ladeinfrastruktur auszunehmen, da der Aufwand dafür angesichts des sehr geringen Prozentsatzes dieser Fz am bisherigen Bestand elektrisch betriebener Fz als unverhältnismäßig angesehen wurde (Begr BT-Drs. 18/3418 S. 28).

Die Ermächtigung, Bevorrechtigungen für elektrisch betriebene Fz bei der **Nutzung von** **8** **für besondere Zwecke bestimmten öff Straßen** oder Wegen oder Teilen von diesen zu schaffen (IV Nr. 2), soll Rechtsgrundlage für eine Ermächtigung sein, geeignete **Bussonder-** **fahrstreifen** für elektrisch betriebene Fz **freigeben** zu können (Begr BT-Drs. 18/3418 S. 28). Die Länder haben im Gesetzgebungsverfahren die Gefahr gesehen, dass infolge einer Freigabe für ElektroFz die Vorteile dieser Sonderspuren für den ÖPNV auf Dauer reduziert werden (BR-Drs. 436/14 (Beschluss) S. 4). Diese Bedenken werden inzwischen dadurch relativiert, dass die auf der Grundlage von IV Nr. 2 in § 46 Ia S. 2 StVO geschaffene Ermächtigung es den vor Ort zuständigen Behörden freistellt, ob sie die Nutzung von Busspuren für ElektroFz freigeben oder nicht. Die Ermessensausübung der zuständigen Behörden vor Ort ist zudem durch Abs. I und die VwV dahingehend eingeschränkt, dass eine Öffnung der Busspuren nur dann erfolgen soll, wenn Belange des Linienverkehrs und die Sicherheit und Leichtigkeit des Verkehrs nicht entgegenstehen.

Die Möglichkeit, **Ausnahmen von Zufahrtbeschränkungen** und **Durchfahrtverboten** **9** für elektrisch betriebene Fz zuzulassen (IV Nr. 3), betrifft insbes solche, die aus Gründen des Schutzes vor Lärm und Abgasen aus ordnungsrechtlichen Gründen angeordnet worden sind (Begr BT-Drs. 18/3418 S. 28). Dabei handelt es sich insbes um Zu- oder Durchfahrtbeschränkungen zum Schutz der Wohnbevölkerung vor Lärm und Abgasen, in Luftkurorten, in Erholungsorten von besonderer Bedeutung, in Landschaftsgebieten und Ortsteilen, die überwiegend der Erholung dienen, hinsichtlich örtlich und zeitlich begrenzter Maßnahmen zum Schutz kultureller Veranstaltungen, die außerhalb des Straßenraums stattfinden und durch den Straßenverkehr, insbes durch den von diesem ausgehenden Lärm, erheblich beeinträchtigt werden, sowie in der Nähe von Krankenhäusern und Pflegeanstalten (Begr BT-Drs. 18/3418 S. 28).

IV Nr. 4 ermöglicht es, **Ermäßigungen** und **Befreiungen** beim Erheben von **Gebühren** für **10** das **Parken** auf öff Straßen oder Wegen für elektrisch betriebene Fz vorzusehen; insbes sollen die für den Erlass von Gebührenordnungen zuständigen Länder Vergünstigungen oder Befreiungen vorsehen können (Begr BT-Drs. 18/3418 S. 28).

5. Die gem. IV möglichen Bevorrechtigungen für elektrisch betriebene Fz können nur in **11** **Verordnungen gem. § 6 I StVG** näher konkretisiert werden (V S. 1). Es handelt sich um eine unselbständige Verordnungsermächtigung, da solche RVO immer nur in Verbindung mit einer RVO nach § 6 I StVG geschaffen werden können (Begr BT-Drs. 18/3418 S. 11, 28). Der GGeber hielt dies zur Gewährleistung des Vorrangs von Verkehrssicherheit und Verkehrsfluss für geboten (Begr BT-Drs. 18/3418 S. 11, 28). Damit wird die durch das EmoG außerhalb des StVG geregelte Materie der Privilegierung elektrisch betriebener Fz im StrV auf Verordnungsebene wieder in den Regelungsbereich des StVG zurückgeführt. Derartige RVO müssen gemeinsam von BMV und BMU erlassen werden (V S. 2). Ausnahmeverordnungen gem. § 6 III StVG ohne Zustimmung des BR sind in diesem Zusammenhang nicht zulässig (V S. 3). Durch VI werden die Landesregierungen ermächtigt, in RVO nach § 6a VI S. 2, auch iVm S. 4, StVG als Bevorrechtigungen **Ermäßigungen und Befreiungen von der Parkgebührenpflicht** vorzusehen.

Kennzeichnung

4 (1) **Bevorrechtigungen nach § 3 dürfen nur für Fahrzeuge gewährt werden, die mit** **einer deutlich sichtbaren Kennzeichnung versehen sind.**

(2) ¹**In Rechtsverordnungen nach § 6 Absatz 1 Nummer 2 des Straßenverkehrsgesetzes** **können die Art und Weise der Kennzeichnung im Sinne des Absatzes 1 näher bestimmt** **werden, insbesondere können**

1. die für das Erteilen der Kennzeichnung erforderlichen Angaben,

2. die Art und Weise der Anbringung der Kennzeichnung und

3. das Verfahren für das Erteilen der Kennzeichnung

geregelt werden. [2] In Rechtsverordnungen nach Satz 1 kann die Kennzeichnung im Inland gehaltener Fahrzeuge durch das Zuteilen eines für den Betrieb des Fahrzeuges auf öffentlichen Straßen erforderlichen Kennzeichens geregelt werden. [3] Rechtsverordnungen mit Regelungen nach Satz 1 erlässt das Bundesministerium für Verkehr und digitale Infrastruktur gemeinsam mit dem Bundesministerium für Umwelt, Naturschutz und nukleare Sicherheit. [4] § 6 Absatz 3 des Straßenverkehrsgesetzes ist auf Rechtsverordnungen mit Regelungen nach Satz 1 nicht anzuwenden.

(3) [1] Für individuell zurechenbare öffentliche Leistungen nach Absatz 1 in Verbindung mit Rechtsverordnungen nach Absatz 2 werden Gebühren und Auslagen erhoben. [2] § 6a Absatz 2 bis 5 und 8 des Straßenverkehrsgesetzes gilt entsprechend.

1 **1.** § 4 I bestimmt, dass Bevorrechtigungen nach § 3 für elektrisch betriebene Fz nur für solche Fz gewährt werden dürfen, die mit einer deutlich sichtbaren **Kennzeichnung** versehen sind. BMV und BMU werden ermächtigt, die Art und Weise dieser Kennzeichnung gemeinsam in RVO nach § 6 I Nr. 2 StVG näher zu bestimmen (II). Ebenso wie in § 3 V handelt es sich um eine unselbständige Verordnungsermächtigung, da derartige RVO immer nur in Verbindung mit einer RVO nach § 6 I Nr. 2 StVG geschaffen werden können (s. § 3 Rn. 11). Ausnahmeverordnungen gem. § 6 III StVG ohne Zustimmung des BR sind in diesem Zusammenhang nicht zulässig (II S. 4). Auf der Grundlage von II S. 1–3 wurde in § 9a, Anl 3a FZV geregelt, wie die Kennzeichnung elektrisch betriebener Fz erfolgt.

2 **2.** Der VOGeber kann festlegen, dass die Kennzeichnung von im Inland gehaltenen Fz durch ein amtliches **Kfz-Kennzeichen** erfolgt (II S. 2). Auf der Grundlage von II bestimmt § 9a I, II FZV, dass dafür ein sog E-Kennzeichen zugeteilt werden kann. Wie die Kennzeichnung im Ausland gehaltener elektrisch betriebener Fz erfolgen soll, wird in § 4 offen gelassen. Die Begr führt aus, für im Ausland zugelassene Fz könne der VOGeber festlegen, dass die Kennzeichnung durch eine Plakette erfolgen solle (BT-Drs. 18/3418 S. 28). Dies ist in § 9a IV FZV geschehen.

3 Es besteht **keine Kennzeichnungspflicht,** die Kennzeichnung erfolgt nur auf Antrag (Begr BT-Drs. 18/3418 S. 29, § 9a I, IV S. 2 FZV). Die Kennzeichnung ist nur möglich, wenn der ZulB ein **Nachweis** darüber vorliegt, dass das jeweilige Fz ein Fz iSv §§ 1, 2 Nr. 1 ist. Dies ergibt sich aus den aus den FzPapieren ersichtlichen Schlüsselnummern des KBA. Bei von außen aufladbaren HybridelektroFz darf eine Kennzeichnung nur erfolgen, wenn die Voraussetzungen gem. § 3 II erfüllt sind; zum Nachweis s. § 3 Rn. 5.

4 **3.** Die Ermächtigung zum Erlass einer **gebührenrechtlichen Regelung** (III S. 1) musste spezialgesetzlich geregelt werden, weil die Kennzeichnung nicht auf der Grundlage des StVG, sondern des EmoG erfolgt (Begr BT-Drs. 18/3418 S. 29). Da § 6a II StVG für entsprechend anwendbar erklärt wurde (III S. 2), kann die Gebühr gemeinsam mit den Gebühren für Maßnahmen im StrV festgelegt werden (Begr BT-Drs. 18/3418 S. 29). Auf der Grundlage von III wurde mit Art 3 der 50. ÄndVStVR v. 15.9.15 (BGBl. I S. 1573) eine Gebühr für die Ausgabe von Plaketten nach § 9a IV FZV zur Kennzeichnung im Ausland gehaltener elektrisch betriebener Fz eingeführt (Nr. 259 Anl GebOSt).

Übergangsregelung

5 (1) Bis zum 1. Januar 2016 tritt an die Stelle des Artikels 38 der Verordnung (EU) Nr. 168/2013 der Artikel 7 der Richtlinie 2002/24/EG des Europäischen Parlaments und des Rates vom 18. März 2002 über die Typgenehmigung für zweirädrige oder dreirädrige Kraftfahrzeuge und zur Aufhebung der Richtlinie 92/61/EWG des Rates (ABl. L 124 vom 9.5.2002, S. 1), die zuletzt durch die Richtlinie 2013/60/EU (ABl. L 329 vom 10.12.2013, S. 15) geändert worden ist.

(2) Abweichend von § 3 Absatz 2 Nummer 2 beträgt bis zum Ablauf des 31. Dezember 2017 die erforderliche Reichweite mindestens 30 Kilometer.

(3) Fahrzeugen, die die Anforderung des Absatzes 2 erfüllen, dürfen auch nach dem 31. Dezember 2017 die Bevorrechtigungen gewährt werden, die Fahrzeugen nach § 3 Absatz 2 gewährt werden können.

Verkündung von Rechtsverordnungen

6 Rechtsverordnungen auf Grund dieses Gesetzes können abweichend von § 2 Absatz 1 des Verkündungs- und Bekanntmachungsgesetzes im Bundesanzeiger verkündet werden.

Berichterstattung

7 Das Bundesministerium für Verkehr und digitale Infrastruktur und das Bundesministerium für Umwelt, Naturschutz und nukleare Sicherheit veröffentlichen gemeinsam alle drei Jahre, erstmals bis zum 1. Juli 2018, einen Bericht über die Beschaffenheit, die Ausrüstung und den Betrieb elektrisch betriebener Fahrzeuge im Sinne des § 2 Nummer 1, über das Ladeverhalten solcher Fahrzeuge und über die Entwicklung der Ladeinfrastruktur, um Erkenntnisse hinsichtlich der weiteren Verringerung der klima- und umweltschädlichen Auswirkungen des motorisierten Individualverkehrs, insbesondere der Fortschreibung der Umweltkriterien nach § 3 Absatz 2 Nummer 2, zu gewinnen.

Begr: BT-Drs. 18/4174 S. 7   **1**

Anm: Im Juni 2018 wurde der erste im Auftrag von BMV und BMU veröffentlichte Bericht **2** vorgelegt (https://www.bmvi.de/SharedDocs/DE/Anlage/G/elektromobilitaetsgesetzberichterstattung-2018.pdf?__blob=publicationFile). Dieser Bericht stellt eine externe Evaluation dar, gibt also nicht die Fachmeinung der Bundesministerien BMV und BMU wieder. Dazu BT-Drs. 19/8195 v. 7.3.19.

Inkrafttreten, Außerkrafttreten

8 (1) Dieses Gesetz tritt am Tag nach der Verkündung* in Kraft.
(2) Dieses Gesetz tritt mit Ablauf des 31. Dezember 2026 außer Kraft.

Die **zeitliche Begrenzung** der **Geltungsdauer** des EmoG (II) wird damit begründet, dass **1** Bevorrechtigungen nur einen Sinn ergeben, wenn sie einer verhältnismäßig kleinen Gruppe gewährt werden. Da von einer zunehmenden Erhöhung der Anzahl an elektrisch betriebenen Fz ausgegangen werde, sei eine Befristung der Regelung erforderlich (Begr BT-Drs. 18/3418 S. 25, 29).

Der **Zeitpunkt** des **Außerkrafttretens** des Gesetzes wurde im Rahmen der Ausschussbera- **2** tungen des BT von dem im Gesetzentwurf vorgesehenen Datum 30.6.2030 auf 31.12.2026 **herabgesetzt**. Nachdem schon der BR eine Geltungsdauer des EmoG bis 30.6.2030 für unangemessen lang gehalten hatte (BR-Drs. 436/14 (Beschluss) S. 4), befand auch der BT eine Befristung bis 2030 als zu lang, da sich bis dahin die verkehrspolitischen und technologischen Voraussetzungen stark verändert haben könnten (Begr BT-Drs. 18/4174 S. 8).

§ 9a, Anl 3a FZV, in denen die Art und Weise der Kennzeichnung elektrisch betriebener Fz **3** näher geregelt wird, und Nr. 259 Anl **GebOSt** (Gebühr für die Ausgabe der Plakette zur Kennzeichnung im Ausland gehaltener elektrisch betriebener Fz) sind entsprechend der Befristung des EmoG mit Ablauf des 31.12.2026 nicht mehr anzuwenden (§ 50 X FZV, § 6 II GebOSt). Gleiches gilt für die mit der 50. ÄndVStVR v. 15.9.15 (BGBl. I S. 1573) in die **StVO** eingefügten Bevorrechtigungen für elektrisch betriebene Fz (§ 52 I StVO).

*Verkündet am 11.6.2015.

Begründung
des Bundesverkehrsministers zur
Straßenverkehrsordnung 1970
(VkBl. **70** 797)

I. Entstehungsgeschichte: Siehe 21. Aufl. **1**

II. Leitgedanken

1. Der Gegenstand ...

2. Der Inhalt

a) Unfallträchtige Verstöße

Dem Verkehrstod gilt es zu begegnen. Die wenigen Hauptregeln, deren Verletzung die Überzahl der Un- **2** fälle herbeiführt, sind bereits oben erwähnt. Sie müssen klar herausgestellt werden. Erst wenn man dem Verkehrsteilnehmer im Einzelnen sagt, wie er sich in solchen Verkehrslagen und bei solchen Fahrmanövern zu verhalten hat und worauf er dabei zu achten hat, entbindet man ihn von gefährlichem „Problemfahren"; erst solche Konkretisierung schafft auch die notwendige Grundlage für die dringend notwendige, nachdrückliche Bekämpfung dieser unfallträchtigen Verkehrsverstöße, schon ehe etwas „passiert" ist.
... (→ 30. Aufl.)

Es muss schon dann eingeschritten werden können, wenn ein Verhalten nur abstrakt gefährlich ist. Durch **3** Ausweitung des § 1 auf abstrakt gefährliches Verhalten abzuhelfen, verbieten schon rechtsstaatliche Gründe. Dies würde aber auch faktisch wenig nützen. Denn der § 1 taugte nicht einmal in seinem beschränkten Rahmen zur Bekämpfung von Verstößen ohne Schadensfolgen. Will man Ernst mit dem dringenden Anliegen machen, die Bekämpfung der Unfallgefahren sogar vorzuverlegen und schon abstrakt gefährliches Fehlverhalten in breiter Front zu verhindern, so muss die StVO nicht bloß aus rechtlichen Gründen durch die Schaffung weiterer Gebots- und Verbotstatbestände ergänzt werden; diese müssen besonders unfallträchtiges Fehlverhalten fest umreißen und dürfen eine konkrete Gefährdung oder Behinderung nicht voraussetzen. Allerdings muss die Normierung ins einzelne gehender Verkehrsvorschriften aus alsbald zu erörternden Gründen auf solche Fälle beschränkt bleiben.

b) Sonstige Verkehrsregeln

Das Wesen des Verkehrs selbst ist es, das dem Verkehrsgesetzgeber im übrigen Zurückhaltung beim Erlass **4** von Verkehrsregeln auferlegt. Man muss sich vor Augen halten, dass Normen auf keinem anderen Gebiet in das Leben selbst so unmittelbar eingreifen wie Verkehrsvorschriften. Es ist ein Irrtum, zu glauben, dass es dem Gesetzgeber auf diesem Gebiet frei stünde, zu reglementieren, was ihn am grünen Tisch zweckmäßig dünkt. Schon ungewohnte Verhaltensweisen ließe sich der Verkehr allenfalls widerwillig aufzwingen; ungewohnte Verhaltensvorschriften, die ihm zu viel zumuten, würde er nicht respektieren. Der Verkehr hilft sich am besten selbst. Er schafft sich seine eigenen „Gesetze". Dabei sind auch diese „Gesetze" nicht selten ständigem Wandel unterworfen. Der Gesetzgeber darf daher Verkehrsregeln grundsätzlich nur dann und erst dann festlegen, wenn sie bereits allgemein praktiziert werden und im Verkehr solche Anerkennung gefunden haben, dass jeder, der sich nicht an sie hält, allgemein als Störenfried empfunden wird. Eine Ausnahme gilt nur für international vereinbarte Regeln. Sie zu lernen und zu beachten kann und muss den Verkehrsteilnehmern auch in unserem Lande zugemutet werden, es sei denn, sie seien wegen der besonderen Verkehrsverhältnisse bei uns unpraktikabel, wie einige international vereinbarte Park- oder Haltverbote (vgl. zu § 12 und zu Zeichen 295).

Wie der Verkehrsteilnehmer sich zu verhalten hat, könnte ihm zudem der Gesetzgeber gar nicht für jeden einzelnen Fall sagen. Dazu ist das Verkehrsgeschehen viel zu vielfältig. Aber selbst wenn der Gesetzgeber all das reglementieren wollte, was sich allenfalls noch reglementieren ließe, entstünde ein unübersehbares Gestrüpp von Verkehrsregeln, das kein Verkehrsteilnehmer im Gedächtnis behalten könnte, so dass ihm im entscheidenden Augenblick die ausdrückliche Normierung doch nicht hülfe. Das Hauptanliegen der Verordnung ist es, wie schon gesagt, strenge Regeln für besonders unfallträchtige Fahrmanöver und Verkehrslagen aufzustellen. Sie gilt es daher klar herauszustellen.

Dazu kommt, dass der Gesetzgeber, der den Straßenverkehr regeln will, mannigfachen Motiven Rech- **5** nung tragen muss. Im Straßenverkehr genügt es eben nicht, darauf bedacht zu sein, dass kein anderer an Leib, Leben oder Eigentum Schaden nimmt. Dem Verkehrsteilnehmer muss auch die vermeidbare Behinde-

rung anderer untersagt werden. Ohne dieses Verbot wäre der moderne Verkehr nicht mehr denkbar ... . Im Straßenverkehr ist anständiges Verhalten schon seit Jahrzehnten von der Öffentlichkeit anerkannte rechtliche Pflicht. Und das muss so bleiben.

6 *Eine besonders lästige Verkehrsbehinderung ist deshalb in § 11 „Besondere Verkehrslagen" nur kurz normiert. Im Übrigen beschränkt sich die Verordnung auf das Verbot konkreten Schädigens und Gefährdens sowie konkreten und unnötigen Behinderns und Belästigens in § 1 Abs. 2. Das ist eine alte deutsche Verkehrsrechtstechnik. Eine entsprechende Formel findet sich auch im Weltabkommen über den Straßenverkehr.*

7 *Dieselben Gründe, die den Verkehrsgesetzgeber zur Zurückhaltung beim Erlass von Vorschriften zwingen, nötigen ihn mehr als andere Gesetzgeber dazu, sich immer wieder unbestimmter Rechtsbegriffe zu bedienen. Man muss des Öfteren dehnbare Begriffe verwenden, die deutlich genug machen, worauf es ankommt, die aber zum anderen der Vielfalt des Lebens gerecht werden. Begriffe wie „wenn die Verkehrsdichte das rechtfertigt" (§ 2 Abs. 2), „wenn die Verkehrslage es erfordert" (§ 11 Abs. 2, § 25 Abs. 1 und 3), „wenn nötig" (§ 9 Abs. 3, § 17 Abs. 2, § 20 Abs. 2, § 26 Abs. 1), um nur einige Beispiele zu nennen, sind unentbehrlich, wie bei den einzelnen Paragraphen zu zeigen sein wird. Dabei wurde der Begriff „wenn nötig" überall da, wo es möglich war, durch Hinweis auf eine Gesetzesbestimmung konkretisiert (§ 22 Abs. 4 und 5, § 27 Abs. 4, § 32 Abs. 1).*

8 **3. Die Darstellung:** Siehe 21. Aufl.

4. Der Aufbau

9 *Der Aufbau muss nicht bloß das systematische Lesen erleichtern, sondern auch so übersichtlich sein, dass der Leser ohne weiteres das findet, was er gerade sucht. Beiden Erfordernissen kann weitgehend schon dadurch genügt werden, dass das Thema jedes einzelnen Paragraphen in einer knappen und klaren Überschrift mitgeteilt wird. Die der alten StVO bereits beigegebene Inhaltsübersicht ist zudem beibehalten. ... (siehe 21. Aufl. u. siehe 30. Aufl).*

Begründung zur Neufassung der StVO

(BR-Drs. 428/12)

In der Präambel der 46. Verordnung zur Änderung straßenverkehrsrechtlicher Vorschriften vom 5. August 2009, der so genannten „Schilderwaldnovelle", wurde ein Verstoß gegen das verfassungsrechtliche Zitiergebot (Artikel 80 Abs. 1 S. 3 Grundgesetz) festgestellt.*

Die in Artikel 1 der Änderungsverordnung vorgenommene Klarstellung zu den Zeichen 270.1 und 270.2 der Straßenverkehrs-Ordnung (StVO) – die Zeichen kennzeichnen Beginn und Ende von so genannten Umweltzonen – wurde auf die Ermächtigungsgrundlage zur Kennzeichnung von Verboten für den Kraftfahrzeugverkehr in den nach § 40 des Bundes-Immissionsschutzgesetzes (BImSchG) festgelegten Gebieten nach Bekanntgabe austauscharmer Wetterlagen gestützt (§ 6 Absatz 1 Nummer 5b des Straßenverkehrsgesetzes (StVG)), ohne dass die zutreffende Ermächtigungsgrundlage (§ 6 Absatz 1 Nr. 5a StVG) zitiert worden ist. Für die Änderung der Anlage zur Fahrerlaubnis-Verordnung in Artikel 3 der Änderungsverordnung wurde keine Ermächtigungsgrundlage genannt, es hätte § 6 Abs. 1 Nr. 1 Buchst. m StVG genannt werden müssen.

In diesem Zusammenhang kann nicht ausgeschlossen werden, dass seit dem letzten Neuerlass der StVO im Jahr 1970 keine weiteren Verstöße gegen das Zitiergebot zu verzeichnen sind. Diese im Detail zu ermitteln, würde aber einen nicht zu vertretenden Aufwand bedeuten. Deshalb wurde beschlossen, die StVO insgesamt neu zu erlassen.

Dieser Neuerlass wurde zum Anlass genommen, die StVO an das Erfordernis der sprachlichen Gleichbehandlung von Frauen und Männern anzupassen. Auch die Gewichtsbezeichnung „Gewicht" wurde an die aktuelle durch EU-Recht vorgegebene Bezeichnung „Masse" angepasst. Die bisher verwendete Bezeichnung „Gesamtgewicht" wird daher ersetzt durch die Bezeichnung „Gesamtmasse" ...

---

* S. dazu allgemein § 39 Rn. 4c.

2. Straßenverkehrs-Ordnung (StVO)

Vom 6.3.2013 (BGBl. I S. 367)

FNA 9233-2

zuletzt geändert durch 54.VO zur Änd. straßenverkehrsrechtlicher Vorschriften
vom 20.4.2020 (BGBl. I S. 814)

Inhaltsübersicht

Auf Grund

– des § 5b Absatz 3 sowie § 6 Absatz 1 Nummer 1 Buchstabe y, Nummer 2 Buchstabe a, c, s, w und x, Nummer 3 Buchstabe c sowie f bis i, Nummer 4a, 7, 13, 14, 16, 17 und 18 des Straßenverkehrsgesetzes in der Fassung der Bekanntmachung vom 5. März 2003 (BGBl. I S. 310, 919), von denen § 5b Absatz 3 durch Artikel 2 Nummer 4 des Gesetzes vom 14. August 2006 (BGBl. I S. 1958), § 6 Absatz 1 Nummer 2 Buchstabe w und x durch Artikel 1 Nummer 2 Buchstabe a Doppelbuchstabe cc des Gesetzes vom 3. Mai 2005 (BGBl. I S. 1221) und § 6 Absatz 1 Nummer 14 durch Artikel 1 Nummer 1 des Gesetzes vom 3. Februar 2009 (BGBl. I S. 150) geändert worden ist, verordnet das Bundesministerium für Verkehr, Bau und Stadtentwicklung,
– des § 6 Absatz 1 Nummer 3 Buchstabe d und e, Nummer 5a, 6, 7, 15 in Verbindung mit Absatz 2a des Straßenverkehrsgesetzes in der Fassung der Bekanntmachung

vom 5. März 2003 (BGBl. I S. 310, 919), von denen § 6 Absatz 2a durch Artikel 2 Nummer 4 des Gesetzes vom 14. August 2006 (BGBl. I S. 1958) geändert worden ist, verordnen das Bundesministerium für Verkehr, Bau und Stadtentwicklung und das Bundesministerium für Umwelt, Naturschutz und Reaktorsicherheit:

I. Allgemeine Verkehrsregeln

Grundregeln

1 (1) Die Teilnahme am Straßenverkehr erfordert ständige Vorsicht und gegenseitige Rücksicht.

(2) Wer am Verkehr teilnimmt hat sich so zu verhalten, dass kein Anderer geschädigt, gefährdet oder mehr, als nach den Umständen unvermeidbar, behindert oder belästigt wird.

Allgemeine Verwaltungsvorschrift zur Straßenverkehrsordnung (VwV-StVO)

Vom 22.10.1998
(BAnz 99 Nr. 246b = VkBl. **99** 290, **01** 1419 = VkBl. **01** 276)
zuletzt geänd.: 22.9.2015 (BAnz AT 25.9.2015 B 5)

Nach § 6 Abs. 1 des Straßenverkehrsgesetzes in der Fassung der Bekanntmachung vom 19. Dezember 1952 (Bundesgesetzbl. I S. 837), zuletzt geändert durch Artikel 23 des Kostenermächtigungs-Änderungsgesetzes vom 23. Juni 1970 (Bundesgesetzbl. I S. 805), wird mit Zustimmung des Bundesrates folgende Allgemeine Verwaltungsvorschrift erlassen:

Abschnitt A

VwV zu § 1 Grundregeln

1 1   I. Die Straßenverkehrs-Ordnung (StVO) regelt und lenkt den öffentlichen Verkehr.

2 2   II. Öffentlicher Verkehr findet auch auf nicht gewidmeten Straßen statt, wenn diese mit Zustimmung oder unter Duldung des Verfügungsberechtigten tatsächlich allgemein benutzt werden. Dagegen ist der Verkehr auf öffentlichen Straßen nicht öffentlich, solange diese, zum Beispiel wegen Bauarbeiten, durch Absperrschranken oder ähnlich wirksame Mittel für alle Verkehrsarten gesperrt sind.

3/4 3   III. Landesrecht über den Straßenverkehr ist unzulässig (vgl. Artikel 72 Abs. 1 in Verbindung mit Artikel 74 Nr. 22 des Grundgesetzes). Für örtliche Verkehrsregeln bleibt nur im Rahmen der StVO Raum.

Übersicht

5 **1. § 1 normiert zwei Grundregeln** für jegliches Verkehrsverhalten. Adressat ist auch in I („Teilnahme am StrV") der VT (Rn. 17 ff.), den es als solchen aus Gründen der Geschlechtsneutralität linguistisch gesehen (II: „Wer am Verkehr teilnimmt") seit der StVO-Neufassung 2013 freilich nicht mehr geben dürfte (s. aber ua § 3 IIa, § 5 IV S. 2, § 9 V, § 10 S. 2, § 36 I, § 37 S. 1 Nr. 1, § 38 II S. 2, § 39 I). Art 7 des Wiener Abkommens über den StrV (**E** 16) enthält ähnliche Generalklauseln.

a) Das **Vorsichts- und Rücksichtnahmegebot des Abs. 1** hat schon seiner Formulierung **6** nach programmatische (BHHJ/*Heß* Rn. 1) sowie verkehrspädagogische Bedeutung (*Booß* Anm 1). Mangels hinreichender Bestimmtheit ist es nicht mit Geldbuße bewehrt. Gleichwohl begründet es auch *eine Rechtspflicht* (*Booß* Anm 1) und entfaltet jedenfalls mittelbar auch Rechtswirkungen. Als „ungeschriebenes Tatbestandsmerkmal" ist es bei der Interpretation aller spezieller Verhaltensgebote und -verbote zu beachten (BGH VRS **16** 146, Bay VRS **60** 391; s. erg Rn. 8), beeinflusst ua die Bestimmung des „Idealfahrers" (*Booß* Anm 1; zum Idealfahrer § 17 StVG Rn. 22, 26, 27) und begründet die Forderung nach defensivem Fahren (Rn. 25). Eine spezialgesetzliche Ausprägung der Grundregel ist in § 11 I, III geregelt.

Die Grundregel ergänzt die Spezialregeln (Rn. 6; BGH VRS **5** 586, BGHSt **12** 282 = **7** NJW **59** 637) und ist des Zusammenhangs wegen jeweils dort angesprochen. Lediglich beispielhaft ist zu nennen: Sicherheit geht stets vor (Bay VRS **59** 217, Dü VRS **52** 210), eigene Wünsche und Bedürfnisse müssen ihr gegenüber zurücktreten, auch im Interesse verkehrsschwacher Menschen (Kinder, Kranke, Gebrechliche). Vorsicht und Rücksicht beruhen ua auf aufmerksamer Fahrbahn- und VBeobachtung und in aller Regel beidhändiger Lenkung (s. auch § 23 Rn. 14; § 3 Rn. 67). Wer sich daran nicht hält, zB die Fahrbahn nennenswerte Zeit aus den Augen lässt, setzt schuldhaft eine Gefahrenursache und hat keinen Anspruch auf Schreckzeit (Rn. 29; BGH VersR **62** 164). Nicht in Einklang mit der Grundregel stehen Nichtbeachtung der Fahrbahn wegen Ablenkung zB durch Zigarettenanzünden, herabfallende Zigarette oder Glut, Kaugummi (§ 3 Rn. 67), allzu lebhaftes Gespräch, Bedienung von Radio oder sonstigen technischen Geräten, übermäßig ablenkende Fortbildung durch Tonträger (§ 23), Gestikulieren, Zärtlichkeiten (LG Sa NJW **12** 1456); längeres Sichwegdrehen (Sa VersR **74** 183, Fra VersR **73** 690), Fahren ohne (geeignetes) Schuhwerk (§ 23 Rn. 9). Die allgemeine Vorsichts- und Rücksichtpflicht gilt auch gegenüber VT, denen höchstmögliche Sorgfalt vorgeschrieben ist (**E** 150; Ko VRS **48** 350). Andererseits muss die Rücksichtnahme umfassend und allgemein sein, sie darf nicht einen VT zum Nachteil anderer begünstigen (*Imhof* DAR **74** 253, *Kullik* PTV **80** 344). Deshalb zB kein gefährdendes Ausbiegen auf den AB-Überholstreifen vor aufgerücktem Verkehr, um anderen das Einfahren zu erleichtern (§ 18 Rn. 17). I mahnt zu ordnungsgemäßem Verhalten und zum Sicheinfügen in die jeweilige Lage. Dem laufen Rechthaberei und belehrendes Verhalten zuwider, ebenso Erzwingen einer Befugnis. Bei erkennbarer Rechtsverletzung muss der Berechtigte zurückstehen, wenn sonst Gefahr entstünde (Rn. 25). Besonders ist die Grundregel des I (auch iVm der Grundregel nach II) dort zu beachten, wo die auf den fließenden V zugeschnittenen Regeln nur eingeschränkte Bedeutung haben können wie auf *Verkehrsflächen, die nicht als Fahrbahn dienen,* zB zum öffentlichen VRaum gehörenden Parkplätzen, Tankstellen usw, wo besondere Maßstäbe für die zu beachtenden Sorgfaltspflichten gelten (Rn. 16a, 18a; Dü NZV **02** 87, Ha VRS **99** 70, Kö NZV **94** 438), insbesondere das Gebot besonderer Umsicht und der Örtlichkeit angepasster Geschwindigkeit (Dü NZV **02** 87; s. auch § 8 Rn. 31a) oder der Sorgfalt beim Rückwärtsfahren (Dr NZV **07** 152; § 9 Rn. 51). Missbrauch solcher Flächen zu Abkürzungszwecken oder zur Umgehung von Stau oder LZA führt nicht zu erhöhten Sorgfaltsanforderungen im Verhältnis zu zweckentsprechender Benutzung und auch nicht zu erhöhter BG (Dü NZV **02** 87), weil beides nicht vom Zweck der Benutzung abhängen kann.

b) Innerhalb des durch I gesteckten Rahmens stellt **die Grundregel nach Abs. 2** das Verbot **8** auf, andere zu schädigen, zu gefährden, vermeidbar zu behindern oder zu belästigen, will also nachteilige Folgen verhindern. Es handelt sich um eine Generalklausel, die dem Umstand geschuldet ist, dass die schillernden und sich auch wegen rechtlicher und technischer Entwicklungen ständig im Fluss befindlichen Verhaltensformen im StrV nicht mit Spezialregelungen vollständig „durchnormieren" lassen (vgl. BHHJ/*Heß* Rn. 3). Die vorwerfbare Verursachung der genannten Folgen ist in verfassungskonformer Weise (BVerfG DAR **68** 329 (zu § 21 StVG aF), aM *Lange-Fuchs* NJW **67** 1843) in § 49 I Nr. 1 bußgeldbewehrt (Rn. 46). § 1 II, § 49 I Nr. 1 normieren dementsprechend **Erfolgsdelikte** (Rn. 31 ff.). Sanktionsrechtlich stellen sie Auffangtatbestände dar, die eingreifen, sofern keine Spezialtatbestände zur Verfügung stehen (BHHJ/*Heß* Rn. 3), treten aber auch *neben* Spezialtatbestände des Bußgeldrechts, sofern diese (als schlichte Tätigkeitsdelikte bzw. abstrakte Gefährdungsdelikte) nicht an die Herbeiführung dieser Folgen anknüpfen (Rn. 46). In diesem Fall wirken sie bußgelderhöhend, was sich in den zahlreichen Regelungen des BKat ausdrückt, die bei tateinheitlicher Verwirklichung des § 1 II eine höhere

Geldbuße vorsehen (Rn. 46). § 1 II schützt in erster Linie das Universalinteresse an der Sicherheit des StrV (BGH NJW **59** 637), ist jedoch im zivilrechtlichen Haftungsrecht als Individualschutznorm anerkannt und von großer Bedeutung. Die Vorschrift ist **SchutzG iS von § 823 II BGB** (Rn. 45), entfaltet wie im OWRecht Auffang- sowie Ergänzungsfunktion und dient (in Verbindung mit I) als Auslegungsmaxime. Zur Frage der Einwilligung Rn. 32a.

8a   **Literatur:** *Böcher,* Verantwortung im StrV in juristischer, psychologischer und pädagogischer Sicht, NZV **89** 209. *Guntermann,* Wechselwirkung von Moral und gesetztem Recht im StrV, VGT **81** 21. *Jagusch,* Flexibilität und Starrheit in der neuen StVO ..., NJW **71** 1. *Möhl,* Generalklauseln der StVO, DAR **75** 60. *Reimer,* Aggressionstrieb im StrV, ZBlVM **68** 78. *Westerhoff,* VRecht und Verfassung, NJW **85** 457. *Zeitz,* Wechselwirkung der Moral des VT und der Moral des gesetzten Rechts im StrV, DAR **81** 208.

9   **c)** Eine weitere und notwendige Konsequenz aus den Grundregeln ständiger Vorsicht und gegenseitiger Rücksicht (I) sowie des Verbots der Gefährdung usw. (II) ist **die sinnvolle Beachtung der VRegeln** (E 122–124), wie sie auch § 11 III vorschreibt. Besonders Kf müssen ihr Verhalten ständig der vermutlichen Weiterentwicklung der jeweiligen Lage anpassen (Vorausschau; Kar VRS **100** 460). Würde ein starres Befolgen einer Spezialregelung behindern oder gefährden, so ist sie sinnvoll angepasst zu handhaben (Dü VersR **77** 139). Jeder VT darf erwarten, dass die Behörden dies berücksichtigen. Beispiele: E 122–124. Weicht andererseits ein Kf von einer Regel nicht ab, so wird dies idR nur vorwerfbar sein, wenn sich das Abweichen aufdrängen musste (Bay VRS **17** 232; zust *Hartung* JR **59** 390), wie überhaupt die Anforderungen an VT in Notsituationen nicht überspannt werden dürfen. Sanktionsregelungen sollen nicht kleinlich angewendet werden, besonders nicht bei unbedeutenden und im Massenverkehr alltäglichen Regelverstößen (*Möhl* VOR **72** 76), andernfalls beim Normunterworfenen das Gefühl der Schikane entstehen kann. Bagatellisierung ist damit nicht gemeint. Soweit nach den vorstehenden Grundsätzen nicht ohnehin erlaubtes Verhalten anzunehmen ist, ist der in § 47 OWiG verankerte **Opportunitätsgrundsatz (E** 72) zu beachten. Zum Problem der **Verhaltensautomatismen:** E 84, 85.

10   Selbst **Fußgänger** kommen ohne ständige Aufmerksamkeit nicht aus. Ihr einziger Automatismus besteht im Grunde in der Regel, beim Überqueren der Fahrbahn erst nach links, dann nach rechts blicken. Beim Überqueren von EinbahnStr stimmt die Regel bereits nicht mehr, noch weniger bei „unechten" EinbahnStr mit entgegengesetzter Fahrtrichtung der Straba. Richtig ist daher auch hier allein sinnvolles Einfügen in die VLage.

11/12   **d) Landesrecht** über StrV ist unzulässig (Rn. 3/4; näher E 1, 46, 47).

13   **2. Öffentlicher Straßenverkehr.** „Straßenverkehr" iS der StVO, des StVG (insbesondere §§ 1, 6, 21, 24a, 24c StVG; dort zT auch „öffentliche Straßen"), der §§ 142, 315b bis 315d StGB meint Vorgänge im *öffentlichen* Verkehrsraum. Das Gleiche gilt für den Begriff „Verkehr" in § 316 StGB, soweit er sich auf den StrV bezieht (§ 316 StGB Rn. 2). Dem öffentlichen Verkehr dienen alle Flächen (§ 1 StVG), die der Allgemeinheit zu VZwecken offenstehen (E 23; BGH DAR **04** 529, NZV **98** 418, VersR **72** 832, KG VRS **106** 343, Dü NZV **93** 161, Stu VRS **59** 304, Kar VRS **59** 154). Das trifft sowohl bei **straßenrechtlicher Widmung** *(rechtlich öffentliche Wege)* zu als auch bei **allgemeiner Benutzung mit Zustimmung des Berechtigten,** ohne Rücksicht auf die Eigentumsverhältnisse *(tatsächlich-öffentliche Wege,* vgl. VwV Nr. II (Rn. 2); BGH VersR **85** 835, Bay VRS **70** 53, Zw NZV **90** 476, Kö NZV **94** 121, VRS **50** 236 KG VRS **104** 24, Dü NZV **94** 490). Zu „Mischvorgängen", die noch oder schon in Zusammenhang mit dem öffentlichen Verkehrsraum stehen: Rn. 18a. **StrEinteilung** nach örtlichem und überörtlichem Verkehr, Gemeingebrauch, Sondernutzung, Ortsdurchfahrt: FStrG und LandesStrG: E 23, 49–51. Wer Grund und Boden für öffentlichen V freigibt, muss ihn verkehrssicher halten *(VSicherungspflicht:* § 45 Rn. 51 ff.).

14   **Voraussetzung für öffentlichen Verkehrsraum** ist ausdrückliche oder stillschweigende Freigabe durch den Berechtigten zur allgemeinen VBenutzung und Benutzung in dieser Weise (Rn. 2, 13; BGH NStZ **13** 530; NJW **04** 1965; DAR **04** 529, VersR **85** 835, Bay VRS **64** 375, Kö VM **00** 86, NZV **94** 121, Hb VM **73** 56, Dü VRS **74** 181, NZV **92** 120; Zw NZV **90** 476, OVG Münster DAR **00** 91). Die Eigentumsverhältnisse sind unerheblich, weswegen öffentliche Straße, auch vorübergehend (Ol VRS **60** 472), ein Weg in Privateigentum sein kann (BGH NJW **75** 444). Maßgebend ist allein, dass der Raum der Allgemeinheit *tatsächlich* zur Verfügung steht („faktische Öffentlichkeit"; Bay NZV **92** 455, Fra VersR **82** 555, Dü VRS **75** 61). Die Beurteilung erfolgt nach den für den VT erkennbaren *äußeren Umstände* (Bay VRS **63** 287, **73** 57), nicht nach dem inneren Willen des Berechtigten. Wer die allgemeine VBenutzung *stillschweigend duldet,* dessen entgegenstehender Wille ist demnach unbeachtlich (Widmung durch schlüssiges

Verhalten; Ol VRS **33** 90, aM Ba VersR **69** 85 (Dulden des Gehens auf Privatgrundstück)). Stillschweigende Duldung, wenn der Eigentümer nichts gegen beliebiges Parken unternimmt (Dü VRS **50** 427). Jedoch sind bei einem als solchen gekennzeichneten, durch eine freilich defekte Schrankenanlage gesicherten Privatparkplatz mit ausschließlich vermieteten Stellplätzen Feststellungen zu Art und Ausmaß der Nutzung durch Unbefugte erforderlich (Zw DAR **20** 153, mBespr. *König* DAR **20** 363 f.). Liegen die Voraussetzungen vor, so kommt es auf etwaige zeitliche (Bay VOR **72** 73 (stundenweise)) oder sachliche Einschränkungen (Fz bestimmten Gesamtgewichts) nicht an (Ha VkBl. **67** 432, Ol VkBl. **54** 443 (vorübergehende Freigabe), Bra VRS **27** 392, Schl VM **71** 66 (Sperrung für einzelne VArten), Zw NZV **90** 476 (nur Radf und Fußgänger), Bay VRS **70** 53 (Fußgängerzone)), auch nicht auf VBedeutung, VDichte, Ausbau (BGH VersR **85** 835, VM **72** 76, Bay VM **72** 33, Ol VRS **34** 244), Anliegerverkehr (Ce VersR **75** 1152, Mü DAR **84** 89) oder die Eigenschaft als Sackgasse (BGH VM **57** 14, Br VRS **28** 24). Nichtöffentlichkeit nur, wenn der Berechtigte die Allgemeinbenutzung der Fläche *tatsächlich* nicht duldet, also keine abweichende Übung entstehen lässt (Ha VRS **52** 369). Auch ein Widerruf der Duldung muss unmissverständlich nach außen gedrungen sein (KG VRS **60** 130). Selbst für den Fall aber, dass der Berechtigte seinen Willen zum Widerruf durch Aufstellen von Hindernissen o. Ä. eindeutig kenntlich macht, kann der Charakter als öffentlicher Verkehrsraum erhalten bleiben, falls der Widerruf wegen langjähriger Duldung und beträchtlichen Investitionsaufwandes in den Ausbau des Wegs unzulässig ist (Ko VRS **67** 146 (zu § 32 StVO)).

2a. Dem öffentlichen Verkehr dienen: der allgemein benutzbare Weg zu Privatgrundstücken (Mü VersR **66** 1016, Ha VRS **41** 37), eine zu mehreren Wohnhäusern führende private, aber nicht besonders gekennzeichnete, gemeinsame Zufahrt (Bay VRS **64** 375), eine mit Eigentümerduldung benutzte Privatstraße (BGH NJW **75** 444, VersR **69** 832), die private Zufahrt zum Steinbruch bei Benutzung durch beliebige Abholer (Bra VRS **26** 220), durch ein Metalltor gesicherte private StichStr zu einer Kfz-Werkstatt hin während der Öffnungszeiten (AG Dortmund BeckRS **19** 8914), der private Forstweg, den auch Holzkäufer benutzen (BGH VersR **66** 690), auch wenn er nur zeitweise für die Holzabfuhr frei ist (BGH VM **63** 44), ein nur Fußgängern und Radf freigegebener Waldweg (Bay VM **71** 53), ein allgemein zugänglicher Radweg auf einem Sportgelände (Kar MDR **19** 987), der Fußweg (Schl VM **71** 66, Ha VRS **62** 47), die jedermann offen stehende Bundesbahn-VerladeStr (Ha VRS **27** 291, Sa DAR **62** 188, Ce DAR **65** 100, Ol VM **66** 54), auch wenn die Zufahrt Unbefugten durch Schilder untersagt ist (Schl VM **58** 15), Bahnhofsvorplätze, auch wenn sie der Bundesbahn gehören (*Bouska* VD **72** 65 (sie gehören nicht zu den Bahnanlagen iS von § 64b EBO, str, § 26 StVG Rn. 2)), die Verladerampe für Luftfracht auf eingezäuntem Flughafen (Br VRS **28** 24), das zu bestimmten Zeiten Freizeitzwecken geöffnete Gelände eines ehemaligen Flughafens (KG NJW-RR **18** 25 (Tempelhofer Feld)), die Fahrstreifen und Stellflächen (Unfallflucht möglich) **öffentlicher Parkplätze** (KG DAR **78** 20, Kar VRS **54** 153, Dü VRS **39** 204, Kö VRS **48** 453, Stu VM **73** 62 (Regeln: § 8 Rn. 31a)), allgemein zugängliche Parkplätze (KG VRS **104** 24, Dü DAR **00** 175), auch auf Warenhausdächern oder entsprechendem Gelände (Ha VRS **99** 70, Ol DAR **99** 73), unabhängig von etwaiger Gebührenpflicht (BGH NJW **04** 1965), der Parkplatz einer Sparkasse (BGH v. 22.5.2017, 4 StR 165/17) oder einer Gastwirtschaft, auch wenn beliebigen Gästen vorbehalten (BGHSt **16** 7 = NJW **61** 1124; Dü NZV **92** 120), jedenfalls solange die Gaststätte offenhält, anders uU für die Zeit der Betriebsruhe (Stu NJW **80** 68 (Parkhaus), Hb VRS **37** 278, KG VRS **60** 130 (jeweils Tankstelle), LK-*König* § 315b Rn. 7, aM Dü NZV **92** 120 (Gaststättenparkplatz; zust *Pasker;* abl *Hentschel* JR **92** 300), auch ein nur durch eine schmale Zufahrt erreichbarer, jedoch beliebigen Kunden zugänglicher Parkplatz eines von der Str aus nicht beworbenen Bordells (**aM** Ha BA **16** 481 mablBspr *König* DAR **17** 362); im allgemein zugänglichen Parkhaus, auch Warenhausparkplatz (BGH v. 30.8.12, 4 StR 84/12 (insoweit in NStZ **13** 337 nicht abgedruckt); AG Solingen ZfS **08** 133), alle der ordnungsgemäßen Benutzung dienenden Fahr- und Stellflächen (Fra NZV **94** 408, Stu MDR **79** 862, KG VRS **64** 104, VM **84** 32), ferner ein der Öffentlichkeit zugänglicher Firmenparkplatz (BGH NStZ-RR **12** 185; KG VRS **65** 333), ein von Bewohnern und Kunden verschiedener Firmen benutzter Hinterhofparkplatz (OVG Münster DAR **00** 91), die Fahrbahn eines allgemein zugänglichen Kaufhaus-Betriebshofs (KG VM **83** 14), die Fußgängerzone eines Einkaufszentrums (Kar VRS **53** 472), umzäuntes, nur durch Tore zugängliches **Großmarktgelände,** das Käufern ohne Begrenzung auf bestimmten Personenkreis offensteht (Kar VM **89** 7), auch wenn für Zufahrt mit Fz Parkerlaubnis verlangt wird (Bay VRS **62** 133), anders, wenn Ausweis der Markthallenverwaltung erforderlich ist (BGH NJW **63** 152, s. Rn. 16), Wege auf privatem **Fabrikgelände,** soweit sie jedermann offenstehen

(Bra VRS **8** 144, Stu VkBl. **61** 15, Kar NJW **56** 1649, DAR **57** 20), auch wenn durch Schild *Privatstraße* gekennzeichnet und nachts durch Schranke geschlossen (Fra VersR **82** 555), Privatfahrbahnen auf großem, jedermann mit Passierschein zugänglichem Betriebsgelände ohne weitere Kontrolle (Br MDR **80** 421), die Zufahrten zu geöffneten **Tankstellen** und der Raum bei den Zapfstellen (BGH VersR **85** 835, Bay VRS **24** 69, Dü NZV **02** 87, VRS **59** 282, KG VM **83** 60), außer bei Betriebsruhe (Hb VRS **37** 278 (Münztank)), das Tankstellengelände trotz Betriebsruhe jedoch dann, wenn vom Berechtigten keine Maßnahmen gegen seine Benutzung zB als Parkplatz ergriffen werden (KG VRS **60** 130). Zum öffentl. VGrund gehört die nach dem Entgelt zu befahrende Zufahrt zu einer automatischen Autowaschanlage einer Tankstelle (Bay NJW **80** 715; Ol ZfS **18** 532), das nach Lösen einer Eintrittskarte jedermann zugängliche Gelände eines Reitvereins bei Turnierveranstaltungen (Ce VRS **92** 109). Öffentlicher VRaum ist wegen der Vielzahl der möglichen Benutzer uU auch ein größeres, mit VZ versehenes **Klinikgelände** (Fra VersR **74** 580, VGH Ka VM **89** 55), bei allgemeiner Zugänglichkeit auch trotz Umzäunung und Kontrollschranke (LG Dr NZV **99** 221, s. aber Ba VersR **76** 571), eine städtische Mülldeponie auch bei Benutzungsbeschränkung auf Ein- und Umwohner (Zw DAR **80** 376), uU bei zugelassenem Verkehr auch eine Deichkrone. Ist öffentl. V von einem Grundstück deutlich ausgeschlossen und nur ausnahmsweise zu bestimmten Zeiten ermöglicht, so dient es dem öffentl. V nur während dieser Ausnahmezeiten (Ha VRS **48** 44). Haltestreifen einer BundesStr sind öffentl. VFlächen (Dü VM **72** 48). Bei Flächen, die sich äußerlich als Fahrwege darstellen, ist Zugehörigkeit zum öffentl. VRaum anzunehmen, sofern nicht beim Fahren deutlich erkennbare Merkmale (Tore, Schilder, versenkter Bordstein) dagegen sprechen (*Möhl* VOR **73** 40, abw Bay DAR **72** 219).

16   **2b. Nicht dem öffentlichen Verkehr dienen:** ein Straßengraben (Ha VRS **39** 270), ein durch unversenkte Bordsteine von der Fahrbahn getrennter Grünstreifen zum Gehweg hin, ebenso Grünstreifen, die durch Anlage oder Bewuchs offensichtlich der VBenutzung entzogen sind (BGH DAR **04** 529, Kö VRS **65** 156, Dü NZV **93** 161, krit *Kullik* PVT **93** 70), ein Parkhaus außerhalb der Öffnungszeit (Restverkehr unter Wächteraufsicht; Stu NJW **80** 68), Tankstellengelände während der Betriebsruhe, soweit der Inhaber seinen Willen erkennbar gemacht hat, für diese Zeiten keinen öffentlichen Verkehr zu dulden (zB Abschalten der Zapfsäulen und der Beleuchtung; KG VRS **60** 130, Hb VRS **37** 278), ein durch einen entfernbaren Zaun und Verbotstafeln allgemein **gesperrter Weg,** auch wenn er bestimmten Personen freigegeben ist (Bra VRS **27** 458), ein für alle VArten gesperrter Weg (Rn. 2), auch bei vorübergehender Baustellen-Absperrung für deren Dauer (Rn. 2; Bay DAR **70** 251), jedoch nur bei Absperrung durch feste bauliche Einrichtungen, nicht schon durch bloße Absperrgeräte (§ 43 III Nr. 2; Bay VRS **68** 139, Ko VRS **105** 10, Nau ZfS **02** 569), für Renndauer abgesperrter StrRaum während der Absperrdauer (Bra VersR **76** 81), der **Privatweg** nur zu einem einzigen Haus bei alleiniger Benutzung durch Bewohner und deren Besucher, ein zu einem Wohngebäude gehörender Garagenvorplatz (auch ohne Absperrung; Kö VM **00** 86), ein Hof ausschließlich als Wohnungszugang, Garagenhof und Entladeplatz für Anlieger. Der Begriff des geschlossenen Privatwegs ist eng auszulegen und auf enge Wege beschränkt (Ha VRS **37** 265). Bei Unterscheidung zwischen öffentlichem Weg und Grundstücksausfahrt kann es nur auf allgemein sichtbare Merkmale ankommen (Bay VM **72** 33). Kein öffentlicher VRaum sind Wege auf Werksgelände (StVO aber entsprechend anwendbar; BGH NJW **04** 1965), soweit es nicht allgemein zugänglich ist (zB Ausweis; Ha VersR **75** 1033), Großmarktgelände nur für Benutzer mit Ausweis der Markthallenverwaltung (BGH NJW **63** 152, KG VM **87** 56, s. aber Rn. 15), Kasernengelände (BGH VRS **26** 255, 334, VersR **64** 271, Kö VersR **93** 589, Ha NZV **93** 477), auch nicht bei recht weitem, aber geschlossenem Benutzerkreis (Bay NJW **63** 501, Kar VRS **60** 439, Ce VersR **72** 402, DAR **59** 22). Nichtöffentlich ist ein **Parkplatz** bei Beschränkung des Zugangs auf Personen, die in enger persönlicher Beziehung zum Berechtigten stehen oder aus Anlass der Platzbenutzung treten (Ha VRS **52** 369), ebenso ein Parkplatz, der den Mitarbeitern bestimmter Firmen vorbehalten ist, während die Benutzung durch die Allgemeinheit nicht geduldet wird (Bay VRS **66** 290), ein Parkplatz für die Mitarbeiter eines Ministeriums (Ro DAR **11** 263), ein Privatparkplatz, den allein bestimmte Garagenmieter zum Ein- und Ausfahren benutzen dürfen (Bra VRS **27** 458), ein Hofparkplatz mit den Mietern zugewiesenen Stellplätzen auch dann, wenn sie von Besuchern der Mieter benutzt werden (Ha NZV **08** 257; zu Zw DAR **20** 153 s. Rn. 14), ein den Bewohnern eines Wohnblocks vorbehaltenes, in dessen unmittelbarer Nähe befindliches Parkdeck auch ohne Absperrung und Hinweisschild, wenn sich aus seiner baulichen Gestaltung die Beschränkung auf einen bestimmten Benutzerkreis ergibt (Hb DAR **83** 89), eine von einem

Hausbewohner gemietete Parkbucht vor dem Haus, auch ohne Absperrung, sofern eine andere deutliche Abgrenzung vom öffentlichen VRaum erkennbar ist (Bay NJW **83** 129), ein Parkplatz nach Verschließen der Zufahrtschranke und Aufforderung zum Verlassen (BGH NStZ **13** 530), ein Baustellengelände (vgl. Kar NZV **12** 435 (hierzu Rn. 16a aE)).

Bei Vorgängen **außerhalb des öffentlichen Verkehrsraums** gilt die StVO grundsätzlich **16a** nicht. Es gilt dann nur die allgemeine Pflicht zu verkehrsüblicher Sorgfalt, wie sie sich in § 1 ausprägt (Rn. 7; Ha NZV **93** 477, Nü VersR **80** 686, Ro DAR **11** 263). Allerdings kann entsprechend den StVO-Regeln zu fahren sein (Kö VersR **93** 589, VRS **86** 9, Fra VersR **82** 555, KG VM **86** 86, **87** 56 (ohne Vertrauen für „Vorfahrtberechtigten")), wie etwa beim (besonders gefährlichen Zurücksetzen eines Rolladers auf einem Baustellengelände (Kar NZV **12** 435). S. auch § 8 Rn. 31a Sanktionsvorschriften, die gerade an die Teilnahme am öffentlichen StrV anknüpfen (namentlich die meisten der in § 49 I bewehrten Ge- und Verbote), sind jedoch nicht anwendbar. **Zu „Mischfällen"**, die schon oder noch im Zusammenhang mit dem öffentlichen Verkehrsraum stehen: Rn. 18a.

3. Verkehrsteilnehmer (VT) ist nach herkömmlicher Definition, wer sich verkehrserheblich **17** verhält, dh körperlich und unmittelbar durch aktives Tun oder Unterlassen (BGHSt **14** 24), auf den Ablauf eines Verkehrsvorgangs einwirkt (BGHSt **14** 24 = NJW **60** 924 mAnm *Hartung,* Bay NZV **92** 326, VRS **44** 365, Hb VRS **23** 139, Ce VRS **31** 212, Dü VRS **31** 125, Stu VRS **30** 78; Bay NZV **92** 326). Von dieser Definition wird eine juristische Person als Halterin mehrerer Kfz nicht erfasst (VG Dü NZV **17** 591 (*Schubert*)). Alle VT sind im Prinzip gleichrangig, von ausdrücklich geregelten Ausnahmen abgesehen (Sonderrechtsfz, Parksonderrechte, Taxistandplatz, Bahnvorrang, eigene Busspur). Der Geschädigte braucht nicht VT zu sein (Rn. 32). **Beispiele für VTeilnahme:** VT ist, wer öffentliche Wege im Rahmen des Gemeingebrauchs (Begriff: **E** 49, 50, Sondernutzung: **E** 51) benutzt (Ko MDR **93** 366, KG VM **86** 86, Dü JZ **88** 571), ohne Rücksicht auf den Benutzungswillen, also auch bei versehentlicher VTeilnahme (KG VRS **18** 44, Stu DAR **63** 358). Am Verkehr nimmt schon teil, wer in Fahrabsicht Maßnahmen trifft, um das Fz in Bewegung zu setzen, zB das Trieb- oder Fahrwerk des Kfz bedient, etwa durch Lösen der Handbremse, Gangschalten, Starten (Anfahren nicht erforderlich, sofern technisch möglich; BGHSt **7** 315 = NJW **55** 1040, Ol DAR **62** 130, Dü VM **57** 62). Der Begriff der Verkehrsteilnahme ist also weiter als der des FzFührens (dazu § 316 StGB Rn. 2 ff.). Anschieben eines Krads, um den Motor anspringen zu lassen (Ce RdK **53** 156, Ol VRS **9** 27), Zurücksetzen ohne Motorkraft (Dü VRS **5** 298), Schieben eines Kraftrollers (Dü VM **58** 24), Anhalten auf öffentlicher Straße und Schlafen bei Abblendlicht (Bay DAR **64** 350), Abstellen des Fz im VRaum oder Parken (Hb VRS **23** 139, Ce VM **72** 68, VGH Ka NJW **99** 3650, VG Berlin DAR **01** 234), Lenken des abgeschleppten Kfz (Ha VRS **22** 220), der Soziusfahrer auf dem Krad, weil er durch seine Körperhaltung die Fahrbewegung beeinflusst (BGH VRS **18** 415, Stu VM **60** 40), **der Mitfahrer** im Kraftwagen *hingegen nur,* wenn er in den Verkehrsablauf eingreift, zB der Fahrgast, der den Fahrer vorsätzlich ablenkt (Bay VRS **13** 285) oder durch Zuruf beeinflusst (Sa VM **67** 5), der Beifahrer, der auf die Lenkung einwirkt (Kö VM **71** 15), der Fahrlehrer während einer Ausbildungs- oder Prüfungsfahrt (Stu DAR **15** 410 m Bspr *König* DAR **16** 362; LK-*König* § 315b Rn. 18), der Begleiter beim begleiteten Fahren ab 17 nur, sofern er Einfluss nimmt, der Fußgänger überall im öffentlichen VRaum (Ko MDR **93** 366), der Busschaffner, der dem Fahrer verkehrsbezogene Zeichen gibt (KG VRS **34** 137), die Straba, soweit sie öffentlichen VRaum befährt, mitbefährt oder kreuzt (BGH NJW **75** 449), der Lokf beim Befahren eines höhengleichen Übergangs (Ha VRS **31** 379), der Bahnbedienstete, der auf dem Übergang WarnZ gibt (Ha VRS **31** 379), der Schrankenwärter (aM Ha VkBl. **66** 68), der BaggerF bei verkehrsbezogener Tätigkeit auf öffentlicher Str (Ha DAR **64** 115). Nach BGH NJW **68** 456 ist auch der PolB VT, der einem Kf die Durchfahrt versperren will und sich ihm zu diesem Zweck in den Weg stellt (s. auch § 315b StGB Rn. 24). Damit kaum vereinbar ist KG NJW **65** 2310, wonach der verkehrsregelnde PolB nicht als VT gelten können soll, weil VRegelung gewissermaßen das Gegenteil von VTeilnahme sei.

Keine Verkehrsteilnahme: Versuch der Zündung des nicht fahrfähigen Motors (Ha NJW **56** **18** 1289), wegen Trunkenheit vergeblicher Versuch, den Zündschlüssel einzuführen (Ha VRS **22** 384), Einnahme des Fahrersitzes in fahrbereitem Kfz (laufender Motor, Abblendlicht) in Fahrabsicht, sofern der Betroffene selbst keine weiteren Maßnahmen trifft (Kö NJW **64** 2026), Versuch, ein Kfz aus einer Aufbruchstelle außerhalb des öffentlichen VRaums hinauszufahren (Kö VRS **27** 302), Beschilderung einer Arbeitsstelle durch Arbeiter (Ko DAR **64** 198), bloßes Mitfahren (KG VRS **34** 136, Ha VM **60** 59, Ce DAR **52** 156, Hb VM **65** 8 (anders als Halter, Dienstvorgesetzter, soweit für die Fahrweise mit verantwortlicher, Fahrlehrer; Rn. 17)). Kein VT ist ferner der Bedienstete des Bauamts, der Kanaldeckel herausstehen lässt (Bay VM **76** 75), nicht der Bauunternehmer, der StrArbeiten ausführen lässt (Ha VRS **5** 623), nicht die Bauarbeiter als solche, nicht der Müllwerker, der sich beim Fahren festhalten muss (Bay VRS **26** 221), auch nicht Personen, die sich zum Zweck der StrReinigung auf der Str befinden (BVerwG NVwZ-RR **15** 771 (hierzu auch § 25 Rn. 12).

18a   „**Mischfälle**". Es existieren Fälle, in denen sich der Vorgang teils auf öffentlichem, teils auf privatem Gelände ereignet, in denen die durch den Betroffenen im nichtöffentlichen VRaum ausgelösten Gefahren in den StrV hineinwirken oder umgekehrt oder die sonst einen Zusammenhang mit dem StrV aufweisen. Wie bei dem gleichgelagerten Problem im Rahmen des § 142 StGB (dort Rn. 21) und dem ähnlichen im Rahmen des § 315b StGB (*Beeinträchtigung des StrV;* dort Rn. 3) kann die Abgrenzung Schwierigkeiten bereiten. Nach der (freilich spärlichen) Rspr. hängt die Frage der VTeilnahme dabei nicht ausschließlich davon ab, ob sich der Kf im Augenblick seines Fehlverhaltens oder des durch ihn ausgelösten Unfalls innerhalb oder außerhalb des öffentlichen VRaums befunden hat; vielmehr genügt es, wenn das Verkehrsverhalten *schon oder noch auf den öffentlichen StrV bezogen war* (BGHSt **18** 393 = NJW **63** 1838 mAnm *Rutkowsky;* Bay DAR **73** 109). Verkehrsbezogenheit in diesem Sinn wurde zB bejaht bzw. für möglich gehalten bei Hinauslaufenlassen von Rindern auf eine Str (Bay VRS **44** 365), einem Unfall außerhalb des öffentlichen VRaums, der durch ein Fehlverhalten auf öffentlichem Verkehrsgrund verursacht wird (Hb VRS **38** 218), bei einem rückwärts in eine PrivatStr einfahrenden Kf, der einen dort abgestellten Pkw beschädigt, sofern sich das schädigende Fz (Lkw) zumindest zT noch auf öffentlichem Verkehrsgrund befindet (BGHSt **18** 393), wenn die Geschwindigkeit eines den öffentliche VRaum verlassenden Fz so hoch ist, dass es nicht mehr rechtzeitig vor einer im nichtöffentlichen VRaum Person oder Sache anhalten kann (Bsp. nach BGHSt **18** 393), aber auch dann, wenn ein FzF, der von einem Privatgrundstück auf die öffentliche Str fahren will, sich kurz vor deren Erreichen über die VLage auf dieser vergewissert, dabei eine *noch auf dem Privatgrundstück* befindliche Person oder Sache übersieht und diese anfährt (Bsp. nach BGHSt **18** 393) oder aus einem Privatparkplatz ausfährt und noch dort einen Unfall verursacht, weil er sich bereits zu diesem Zeitpunkt darüber zu vergewissern hat oder gehabt hätte, dass er gefahrlos in die Str einfahren könne (Bay DAR **73** 109). Zuzustimmen ist der Rspr, soweit sie einer rein ortsbezogenen Anschauung eine Absage erteilt. Dies steht für die Fälle, in denen ein außerhalb des öffentlichen VRaums eintretendes Schadensereignis durch Fehlverhalten im StrV verursacht wird, in Einklang mit der ganz hM, wonach der Geschädigte kein VT sein muss (Rn. 32). Für Verhalten *vor* dem Eintritt in den StrV lässt sich der Standpunkt auch mit § 10 begründen, dessen Anwendbarkeit ersichtlich nicht erst an der Grundstücksgrenze beginnt. Jedoch wird man verlangen müssen, dass durch das Verhalten des Betroffenen *gerade der StrV* in irgendeiner Weise tangiert wird. Denn Verkehrsteilnahme setzt *Einwirkung auf den (öffentlichen) StrV* voraus (Rn. 17). Daran fehlt es, wenn sich der FzF auf privatem Grund nur auf den StrV einstellt oder das tun müsste und ihm dabei ein Fehlverhalten zur Last fällt, das sich in einer Schädigung usw. auf privatem Grund auswirkt, aber mit dem (öffentlichen) StrV nichts zu tun hat. Straf- und bußgeldrechtlich handelt es sich dann nicht um Teilnahme am StrV, weswegen die StVO und die daran anknüpfenden Sanktionsregelungen nicht gelten können.

19   **4. Kenntnis der Verkehrsvorschriften:** E 142, 156, 157.

20   **5. Der Vertrauensgrundsatz (E** 136) ist unentbehrlich. Denn ein Gebot, jedes denkbare verkehrswidrige fremde Verhalten anderer VT in Rechnung zu stellen, würde den Verkehr lahmlegen. *Der Vertrauensgrundsatz besagt,* dass sich der sich selbst verkehrsrichtig verhaltende (Rn. 22) VT nicht vorsorglich auf alle möglichen (Rn. 21) Verkehrswidrigkeiten anderer VT einzustellen braucht, sondern mangels gegenteiliger Anhaltspunkte erwarten und sich darauf einstellen darf, dass andere VT die für sie geltenden Vorschriften beachten und den V nicht durch pflichtwidriges Verhalten gefährden (BGH NJW **65** 1177, VersR **90** 739, NZV **92** 108, NJW **03** 1929, Bay NJW **78** 1491). Die Begriffsbestimmung beinhaltet, dass der Vertrauensgrundsatz *nicht gilt,* wenn ein verkehrswidriges Verhalten anderer VT bereits erkennbar ist oder wenn Anhaltspunkte darauf hindeuten (Rn. 24). Das Gleiche gilt für Fehler, die in der konkreten Verkehrslage erfahrungsgemäß häufig vorkommen (Rn. 23). Eine konsequente Orientierung an der statistischen Häufigkeit bestimmter Verstöße würde allerdings verkehrserzieherisch nachteilige Folgen nach sich ziehen. Ubiquitäre Verstöße würden mit zunehmender Häufigkeit gewissermaßen rechtlich aufgewertet, womit zunehmende Disziplinlosigkeit oder Nachlässigkeit im StrV den im Interesse des VFlusses notwendigen Vertrauensgrundsatz mehr und mehr aushöhlen würde (*Kirschbaum,*

Der Vertrauensschutz im deutschen StrVRecht, S. 175). Daher gilt der Vertrauensgrundsatz zugunsten des Kf nach wie vor auch gegenüber sich häufig regelwidrig verhaltenden Radf (KG VM **87** 22). Eingeschränkt ist der Vertrauensgrundsatz gegenüber verkehrsschwachen Personen (Rn. 24). Krit zum Vertrauensgrundsatz aus verkehrspsychologischer Sicht *Barthelmess* NZV **98** 358 ff.

Der Kf muss nicht mit fremden Verkehrswidrigkeiten rechnen, die nur **ausnahmsweise vor-** **21** **kommen** oder außerhalb der Erfahrung liegen (BGH VersR **66** 1157, BGHSt **13** 169, Ha VOR **74** 116, Fra VM **75** 93, KG VRS **68** 284), auch nicht mit verkehrswidrigem Verhalten solcher VT, die er noch nicht sieht (BGH VRS **5** 218, Bra NRpfl **60** 256, *Martin* DAR **53** 164, *Böhmer* JZ **55** 156). IÜ ist für die Frage, auf welches Verhalten anderer VT regelmäßig vertraut werden darf, dessen Bedeutung in Bezug auf die konkrete Situation und das Ausmaß der aus der Nichtbeachtung des gebotenen Verhaltens entstehenden Gefahr entscheidend (BGH NZV **05** 249). Details bei den Einzelvorschriften. Wer im Rahmen des Vertrauensgrundsatzes fährt, *verhält sich rechtmäßig* (BGH VRS **14** 30). Dieser ist aber keine Rechtsnorm, sondern nur Anhalt für Vorhersehbarkeit, daher keine Berufung auf Verbotsirrtum (Hb VM **67** 79). Im Verhältnis des VT zum VSicherungspflichtigen gilt er nicht (Ol VRS **31** 161).

5a. Eigenes verkehrswidriges Verhalten in der kritischen Situation (*Krümpelmann Lackner-* **22** F S. 292, 294) nimmt die Berufung auf den Vertrauensgrundsatz (BGH NZV **05** 249, NJW **03** 1929, VersR **66** 686 (gestaffeltes Hinterherfahren), Nü VersR **92** 1533, Mü VRS **31** 329, KG VM **82** 94, VRS **66** 152), sogar bei grober Schuld des anderen Beteiligten (Kar NZV **90** 199, KG VRS **23** 33, Ol VRS **32** 270, Hb VM **67** 79). Der Vertrauensgrundsatz begrenzt den Schutzzweck der einschlägigen Norm auf verkehrsgemäßes Verhalten. Wer sich verkehrswidrig verhält, darf nicht erwarten, dass andere diese Gefahr durch erhöhte Vorsicht ausgleichen (BGHSt **9** 92 = NJW **56** 800, DAR **54** 58, Fra JR **94** 77, Ha VRS **48** 192, Hb VM **55** 23). Anders liegt es bei Nichtursächlichkeit des vorschriftswidrigen Verhaltens unter Berücksichtigung des Schutzzwecks der verletzten Norm für den Unfall (BGH NJW **03** 1929, Neust DAR **54** 259) oder bei dem, der schuldlos annimmt, zu seiner Fahrweise berechtigt zu sein (BGH GA **59** 52, *Martin* DAR **59** 59). Der Vertrauensgrundsatz schützt auch den Kf unter Alkoholeinfluss, soweit er sich i Ü vorschriftsmäßig verhält (BGH VRS **21** 5).

Kein Vertrauensgrundsatz herrscht gegenüber fremden Verstößen, die in der konkreten **23** Verkehrslage erfahrungsgemäß häufig vorkommen, so dass mit ihnen immer zu rechnen ist (Rn. 20; BGHSt **12** 81, **13** 169 = VRS **17** 233, VersR **66** 1157, Bay VM **56** 28, Dü DAR **05** 217 (verbotenes Überholen), VersR **87** 909, VRS **54** 298, KG VRS **68** 284, Ha VOR **74** 116). Einzelheiten bei den Vorschriften.

5b. Nur unter normalen Verhältnissen darf der Kf im dargelegten Rahmen korrektes Ver- **24** halten erwarten (BGH GA **59** 52, Ol DAR **99** 73), also nicht, wenn er einen Verstoß bemerkt oder pflichtgemäß bemerken müsste (BGH DAR **11** 696, Ol DAR **99** 73, Ha VRS **47** 59, Kö VRS **50** 200). Bei offensichtlichem fremdem verkehrswidrigem Verhalten ist der Vertrauensgrundsatz unanwendbar, ebenso, wenn der Verstoß bei gehöriger Sorgfalt hätte bemerkt werden müssen (Ha VRS **47** 59, Hb MDR **56** 33, Ol MDR **59** 389). Wer einen fremden Verstoß oder VUnsicherheit bemerkt, muss sich darauf einstellen (Ha NZV **93** 66, Ko VRS **66** 219, Mü VRS **31** 329) und besonders vorsichtig fahren (BGH VM **56** 8, VRS **19** 344, Bay DAR **51** 146). Bei einem VT, der sich erkanntermaßen verkehrswidrig verhält, ist mit weiteren Verstößen zu rechnen (BGH VRS **5** 133), idR jedenfalls mit gleichartigen (BGH VRS **34** 356, **26** 331), bei erkennbarer allgemeiner Untüchtigkeit uU sogar überhaupt (BGH VRS **34** 356, **26** 331). Kein Vertrauen allerdings darauf, dass eine verkehrswidrige Verhaltensweise beibehalten werde (Bay VRS **67** 136). Anhaltspunkte für bevorstehendes fremdes verkehrswidriges Verhalten können auch bei unklarer VLage, etwa aufgrund der örtlichen Gegebenheiten, vorhanden sein (Bay NZV **89** 121). Auch **in den Fällen gesteigerter Sorgfaltspflicht** (E 150) darf der VT in gewissem Umfang auf die Beachtung der VRegeln durch andere vertrauen (KG VRS **60** 382, **68** 284). Gegenüber jüngeren, nicht *verkehrserfahrenen Kindern* gilt der Vertrauensgrundsatz nicht (§ 25 Rn. 27), gegenüber älteren Kindern nur eingeschränkt (BGH NJW **86** 183, **87** 2375, Ha VM **73** 70, Dü VRS **63** 66), mit diesen Einschränkungen aber auch nach Einfügung des § 3 IIa (BGH NZV **94** 149, **01** 35, VersR **92** 890, Bay NJW **82** 346, Ce NZV **05** 261, Brn NZV **00** 122, Kö DAR **01** 510, Ha NZV **01** 302, Stu NZV **92** 196, Dü NZV **93** 198, *Weber* DAR **88** 187, aM AG Kö NJW **82** 2008). Mit nicht verkehrsgerechtem Verhalten 11-jähriger Kinder braucht nur bei konkreten hierauf hindeutenden Umständen gerechnet zu werden (Bay VRS **59** 218, Ol ZfS **91** 321, Dü VRS **63** 66, Fra VersR **84** 1093, Ba NZV **93** 268, KG VRS **104** 35 (je

10 ¹/₂ Jahre)), ebenso nach Ba VersR **86** 791 bei 9-jährigen (s. aber § 9 StVG Rn. 12). Führt ein Radweg in einer markierten Furt über eine vorfahrtberechtigte Str, so darf der bevorrechtigte Kf nicht auf Beachtung der Vorfahrt durch 10-jährigen Radf vertrauen (BGH NZV **97** 391). Kein Vertrauen des StrabaF, dass ein in Richtung auf das Gleis rennender 10-jähriger stehen bleibt (KG VRS **104** 35). Die Tatsache, dass Kinder auf Grund der Entwicklung ihrer physischen und psychischen Fähigkeiten idR *frühestens ab Vollendung des 10. Lebensjahrs* in der Lage sind, die sich insbesondere aus dem motorisierten StrV ergebenden Gefahren zu erkennen und sich entsprechend zu verhalten, hat zur Änderung und Ergänzung des § 828 BGB geführt (Begr BT-Drs. 14/7752 S. 11, 26 f.; näher § 9 StVG Rn. 12). Diesen Erkenntnissen wird auch bei der Frage Rechnung zu tragen sein, ab welchem Alter auf verkehrsgerechtes Verhalten vertraut werden darf (s. auch § 25 StVO Rn. 26). Dabei wird allerdings nach der Art des konkreten Fehlverhaltens des Kindes zu differenzieren sein.

25   **6. Defensives Fahren** bildet den Gegenpol zum Fahren im Vertrauen auf verkehrsgerechtes Verhalten anderer: Nur wenn der VT in gewissem Maße darauf vertrauen darf, dass andere sich verkehrsgerecht verhalten, kann der V überhaupt fließen; nur wenn mit Fehlern anderer gerechnet wird, kann andererseits dem Bedürfnis nach VSicherheit Rechnung getragen werden. Defensive Fahrweise ist durch weitgehenden Verzicht auf das Vertrauen in richtiges Verhalten des übrigen V gekennzeichnet. Die darauf gerichtete Forderung (*Wimmer* DAR **63** 369, **64** 37, **65** 29) empfiehlt in jeder Lage größere als die an sich rechtlich gebotene Sorgfalt und ist insoweit nützlich (§ 1: „ständige Vorsicht und gegenseitige Rücksicht"; Rn. 6). Den Vertrauensgrundsatz darf sie allerdings nicht grundsätzlich in Frage stellen. Auch kann sie nicht generell eine strengere Schuldbeurteilung rechtfertigen. Denn als Forderung nach äußerster Sorgfalt geht sie über die gesetzlichen Pflichten teilweise hinaus. In abgeschwächter Weise hat der Gedanke in der Praxis jedoch durchaus Bedeutung. Namentlich in unklaren Rechts- oder VLagen fordert die Rspr. das risikoärmste Verhalten entsprechend der vermutlich strengsten einwirkenden Regel (**E** 140). Das Gleiche gilt für Schätzungen (Geschwindigkeit, Entfernungen), bei denen der VT seinem Verhalten die jeweils ungünstigsten Werte zugrunde zu legen hat (BHHJ/*Heß* Rn. 29).

26   **Literatur:** *Böhmer*, Der Vertrauensgrundsatz im StrV in der Rspr, JR **67** 291. *Clauß*, Vertrauen zum Vertrauensgrundsatz?, JR **64** 207. *Kirschbaum*, Der Vertrauensschutz im deutschen StrVRecht, Berlin 1980. *Krumme*, Wandlung des Vertrauensgrundsatzes in der Rspr. des BGH, ZVS **61** 1. *Krümpelmann*, Die Verwirkung des Vertrauensgrundsatzes bei pflichtwidrigem Verhalten in der kritischen Situation, *Lackner*-F S. 289. *Martin*, Das defensive Fahren und der Vertrauensgrundsatz, DAR **64** 299. *Möhl*, Voraussehbarkeit der Folgen verkehrswidrigen Verhaltens und Vertrauensgrundsatz, DAR **72** 57. *Derselbe*, Zum Grundsatz des defensiven Fahrens, VOR **72** 73. *Sanders*, Vertrauensgrundsatz und VSicherheit, DAR **69** 8.

27   **7. Besonnenheit und Geistesgegenwart** (**E** 86, 144) ist idR auch bei nicht vorhergesehenen VVorgängen Rechtspflicht, besonders innerorts (Ha VRS **50** 101), etwa wenn sich die Fußbremse nicht betätigen lässt (Dü DAR **77** 26, Hb VM **61** 27). Vom geistesgegenwärtigen Kf ist bei Gefahr uU Bremsen, Hupen und Ausweichen zugleich zu verlangen (BGH VM **66** 35). Alltägliche Vorgänge wie Abstoppen des Vorausfahrenden dürfen keinen Kf erschrecken oder zu unrichtiger Reaktion veranlassen. Kopflosigkeit in selbstgeschaffener Gefahr entschuldigt nicht (BGH GA **56** 293). Auch bei eigenem Fahrfehler kann die Verantwortlichkeit für eine Schreckreaktion ausnahmsweise ausgeschlossen sein, wenn eine Zwischenursache (**E** 100) außerhalb der Lebenserfahrung mitwirkt (Klemmen des Gaspedals bei schuldhaftem Schleudern; Bay VRS **11** 142 mAnm *Hammer* NJW **57** 111).

28   **Kopflosigkeit infolge unverschuldeter Gefahr** ist nicht vorwerfbar, auch nicht bei unzweckmäßiger Reaktion (**E** 86, 137), es sei denn, diese war nach allen Umständen völlig verfehlt (BGH VRS **5** 368). Wer unverschuldet binnen Sekundenbruchteilen ausbiegen muss, um einen Anprall zu vermeiden, und keinen GegenV sieht, handelt nicht falsch, auch wenn sich das später als unzweckmäßig erweist (§§ 222, 229 StGB Rn. 28; BGH VRS **33** 358). Reaktions- und Schreckzeit: Rn. 29, 30.

29   **8. Schreckzeit, Reaktionszeit** sind wichtig für die Beurteilung der Fahrlässigkeit bei VVerstößen. Maßgebend ist die individuelle Reaktion, die unterschiedlich und nur teilweise beeinflussbar ist (**E** 86, 144; Bay VRS **58** 445). Schreckzeit steht nur dem zu, der schuldlos durch maschinelles Versagen oder einen VVerstoß überrascht wird (BGH VRS **23** 375, NZV **02** 365, DAR **11** 696, Kö VRS **96** 344), von einem *nicht zu vermutenden Ereignis* (BGH NZV **94** 149, Ha NZV **90** 36 (Bremsversagen), KG DAR **78** 339, Stu VRS **41** 361 (nicht unter 0,5 s), Dü VRS **51** 311, Ha VRS **67** 190 (ins Fz laufender Schäferhund, mindestens 1 s)), nicht dagegen bei Gefahr,

die sich erkennbar entwickelt (Sa VRS **30** 103), nicht bei selbstverschuldeter Gefahr (BGH VRS **22** 91, Kö NJW **67** 1240), etwa aus fahrlässigem oder zu schnellem Fahren (BGH DAR **55** 229, Mü NJW **50** 556, Ha VRS **43** 345 (Blendung)). Wer als TankzugF eine Kurve höchstzulässig schnell befährt, muss bei Reifenpanne sehr rasch reagieren können (nur 0,75 s Schreck- und Reaktionszeit; Ko VRS **53** 273). Schreckzeit steht zu, wenn bei einem ordnungsgemäß gewarteten Kfz die **Bremse versagt** (BGH VersR **63** 95, Dü VRS **51** 311). Ein BerufsLkwF muss trotz Erschreckens über plötzliches Bremsversagen eine offensichtlich ungeeignete, gefährliche Gegenmaßnahme unterlassen und dafür die sich aufdrängende, nahe liegende wählen (Ko VRS **44** 28). Schreck- und Reaktionszeit bei versagender Fahrbremse: § 41 StVZO Rn. 27. **Innerorts** wird wegen notwendiger steter Reaktionsbereitschaft vielfach keine Schreckzeit zugebilligt (Ha VRS **50** 101, **43** 184, s. jedoch Kar VRS **50** 196). Während heftigen Gewitters soll ein Kf nach KG VM **70** 85 ohne erlaubte Schreckzeit mit nahem Einschlag rechnen und daher „langsamer" fahren müssen. Keine Schreckzeit dessen, der eine AB-Baustellen-Schmalspur trotz in Gegenrichtung liegengebliebenem Lkw achtlos befährt, wenn hinter dem Lkw jemand hervortritt (Ha VRS **39** 423). Zur Schreckzeit s. näher bei §§ 3, 4, 5, 6. **Blendung:** §§ 3, 17.

Die **Reaktionszeit** (*im engeren Sinn:* ohne Bremsansprechzeit) läuft vom Erkennen des Sachverhalts bis zur körperlichen Reaktion ab und hängt von der Körperbeschaffenheit ab (E 86; BGH DAR **57** 158, VRS **11** 430, *Hartmann* VGT **82** 50). *Wahrnehmen* der den Sachverhalt bildenden Faktoren (VT, Gegenstände) ist nicht identisch mit Erkennen des *die Gefahr bildenden Sachverhalts*, das allein für den Beginn der Reaktionszeit maßgebend ist (*Hartmann* VGT **82** 50 f., abw *Roddewig* DAR **83** 383 (Eintritt der Gefahr), dazu *Dannert* DAR **97** 491). Die Reaktionszeit beträgt nach der Rspr. einen Sekundenbruchteil und ist kürzer, wenn der Handelnde vorbereitet und ruhig ist, länger meist in Überraschung oder Bestürzung (BGH VRS **11** 430, Dü VRS **51** 311). Nachträglich lässt sie sich für eine vergangene bestimmte Lage experimentell nicht zuverlässig ermitteln (BGH VRS **36** 189). Ihre Dauer wird auch durch die Zahl der in Betracht kommenden Reaktionsweisen (zB Bremsen oder Ausweichen) beeinflusst (Ha VRS **67** 190 (verlängerte Reaktions- und Bremsansprechzeit von 1,5 s im Anschluss an Schreckzeit von 1 s nach Zusammenstoß mit Schäferhund), *Hartmann* VGT **82** 50, *Meyer-Gramcko* Verkehrsunfall **90** 192). Bei einem unvermuteten Vorgang beträgt die Reaktions- und Bremsansprechzeit eine knappe Sekunde (BGH NJW **00** 3069; KG VRS **107** 23; Ha VersR **80** 685; Dü NJW **18** 1694). Stör- und Schreckreize können die Reaktionszeit verlängern oder verkürzen (*Moser* ZVS **69** 3). Dämmerung bedingt eine verlängerte Reaktionszeit (retinale Verzögerung), Ausgleich nur durch angepasste Fahrweise. Die Zeit bis zum Erkennen der Gefahr kann bei Dunkelheit durch Readaptionszeiten nach Einfluss höherer Leuchtdichten (Scheinwerfer, leuchtende Tafeln usw) verlängert werden (*Roddewig* DAR **83** 383). Erhöhung der Reaktionsdauer zugunsten des Kf bei Dunkelheit und geringem Kontrast (Ha NZV **95** 357 (1,0 s, auf die Fahrbahn tretender Fußgänger), *Dannert* DAR **97** 487). Zur eigentlichen Reaktionszeit hinzu tritt die mechanisch bedingte **Bremsansprechzeit** (Zeit der Kraftübertragung bis zum Ansprechen der Bremse). Reaktionszeit (im engeren Sinn) und Bremsansprechzeit ergeben die *Reaktionszeit im weiteren Sinne.*

Eine kürzere **Reaktions- und Bremsansprechzeit** (BGH NJW **00** 3069, *Dannert* DAR **97** 482) als zusammen 0,8 s kommt in aller Regel nicht in Betracht (Bay VRS **58** 445). Im Stadtverkehr, wo gesteigerte Aufmerksamkeit nötig ist, können 0,75 s als Reaktions- und Bremsansprechzeit ausreichen (Sa NJW **68** 760, Dü VRS **51** 311), im Allgemeinen betragen sie zusammen, auch innerorts (Kö VRS **57** 191, Dü DAR **77** 26), **0,7 bis 0,8 s, höchstens 1 s** (BGH NJW **00** 3069; VRS **38** 44, 104; VersR **66** 829 (0,8 s bei umsichtigem Fahrer); NZV **94** 149; Dü NJW **18** 1694; Sa NJW **18** 315; Kö VRS **96** 344 (jeweils 0,8 s bei gebotener Bremsbereitschaft); zu unvermutetem Vorgang Rn. 30). Die von der Rspr. zugebilligten Reaktionszeiten werden in der Lit. als zu kurz kritisiert. Sie seien nur an Laborversuchen unter Vorwarnung und optimalen körperlichen Bedingungen der Probanden orientiert; in der Verkehrsrealität liege die Obergrenze der Systemreaktionsdauer wesentlich über den bisher zugebilligten Reaktionszeiten (*Engels* BASt **21** 378). Eine 99 % der Personen und Fälle Rechnung tragende Reaktionszeit (im engeren Sinne) muss nach *Hartmann* (VGT **82** 54) 1,2 sec betragen. Die Rspr. müsse unter Berücksichtigung der konkreten Situation und der Person des Unfallbeteiligten individuell differenzieren (Alter, Kf-Erfahrung, Sehvermögen usw; *Spiegel* VGT **82** 89 f., DAR **82** 369, *Löhle*, Verkehrsunfall **83** 139). Je länger die dem FzF zuzubilligende Reaktionszeit ist, desto geringer ist im Hinblick auf den verlängerten Anhalteweg die angemessene Geschwindigkeit (*Maatz* VGT **94** 224, 226). Schema des zeitlichen Ablaufs eines Notbremsvorgangs bei *Engels* DAR **82** 362. Bremsen, Bremsverzögerung, Bremsspur, Vermeidbarkeit des Unfalls durch rechtzeitiges Bremsen: § 3 Rn. 44, 58.

30b   **Literatur:** *Dannert,* Die Reaktionszeit des Kf, DAR **97** 477. *Engels,* Die neuen Erkenntnisse über die Reaktionszeiten des Kf ..., DAR **82** 360. *Hartmann,* Die physiologischen Grundlagen der Reaktionszeit im StrV, VGT **82** 49. *Löhle,* Neue wissenschaftliche Erkenntnisse zur Reaktion von Kf ..., Verkehrsunfall **83** 139. *Meyer-Gramcko,* Reaktion und Reaktionszeit, Verkehrsunfall **90** 191. *Recktenwald,* 75 Jahre Rspr. zur Reaktionsdauer im StrV, ZVS **80** 52. *Roddewig,* Verlängerte Reaktionszeiten durch Readaptionseffekte im nächtlichen StrV, DAR **83** 383. *Sattler,* Schrecksekunde und zivilrechtliche Fahrlässigkeit, NJW **67** 422. *Spreng,* Informationsverarbeitung und Reaktionsverhalten, ZVS **69** 81. *Spiegel,* Die neuen Erkenntnisse über die Reaktionszeit des Kf und die Rspr, VGT **82** 84.

31   **9. Gegenwärtige Fahrfähigkeit: E** 130–132, 141.

32   **10. Ein Erfolgsdelikt** normiert Abs. 2 (tautologisch Bay VRS **71** 299, BHHJ/*Heß* Rn. 3, 74: „konkretes Erfolgsdelikt"; zum konkreten *Gefährdungs*delikt Rn. 35). Hinsichtlich der Schädigung, Behinderung und Belästigung handelt es sich um Verletzungsdelikte, wohingegen in Bezug auf die Gefährdung ein konkretes Gefährdungsdelikt (Rn. 35 ff.) vorliegt. Der Erfolg (Verletzung, konkrete Gefahr) muss durch eine Handlung (**E** 83 ff.) oder (bei Garantenstellung) Unterlassung (BGHSt **14** 24; Bay VRS **31** 129, **E** 87 ff., §§ 222, 229 StGB Rn. 4) bei der Teilnahme (Rn. 16 ff.) am (öffentlichen) StrV (Rn. 13 ff.) vorwerfbar (vorsätzlich oder fahrlässig; **E** 133 ff.; §§ 222, 229 StGB Rn. 4 ff.) verursacht (**E** 97 ff., §§ 222, 229 StGB Rn. 3) werden. Wird dem Betroffenen ein Verstoß gegen eine Spezialregel der StVO mit Beschädigung oder Gefährdung vorgeworfen, so muss die eingetretene Folge im *Schutzbereich der verletzten Norm* liegen (allgemein §§ 222, 229 StGB Rn. 20 f.); die Spezialregelung muss also gerade diese Folge vermeiden wollen (Bay VRS **71** 68, Ko NZV **07** 589). Daran fehlt es zB, wenn der FzF eine Vorfahrtverletzung gegenüber einem FzF begeht, aber einen anderen, nicht vorfahrtberechtigten VT schädigt (Bay VRS **70** 33). Gleichfalls bezweckt eine LZA nicht den Schutz des aus angrenzenden Grundstücken auf die Straße einfahrenden FzVerkehrs (Ko NZV **07** 589), der nach § 10 auch bei Rotlicht für den fließenden V verpflichtet ist, beim Einfahren äußerste Sorgfalt aufzuwenden (§ 10 Rn. 12). Auch ein an sich rechtlich geringfügiger VVerstoß kann im Prinzip ausreichen, um einen der nach § 1 tatbestandlichen Erfolge zu bewirken (Fra DAR **57** 192; s. aber ua Rn. 40, 41a, 42/43).

32a   Der Täter muss **rechtswidrig handeln** (**E** 112 ff.). Wie im Rahmen des § 315c StGB (dort Rn. 52) wird dabei der **Einwilligung** des anderen mangels Dispositionsbefugnis über das Universalrechtsgut der Sicherheit des StrV (Rn. 8) von der hM die Wirksamkeit versagt (Fra DAR **65** 317, *Rüth/Berr/Berz* § 24 StVG Rn. 61; BHHJ/*Heß* Rn. 4; aM KK OWiG-*Rengier* vor §§ 15, 16 Rn. 10). Allerdings können Befugnisse (Vorrecht, Vorrang) verzichtbar sein. In bestimmten VLagen drängt die Grundregel des I sogar zum Verzicht auf Rechtspositionen (Rn. 7). ZB beim Verzicht auf das Vorfahrtsrecht (§ 8 Rn. 31) oder das Parkverbot nach § 12 III Nr. 3, das allein dem Schutz des Grundstücksberechtigten gilt und damit auch seiner Verfügbarkeit unterliegt (§ 12 Rn. 47), muss naturgemäß nicht nach § 1 II wegen Behinderung geahndet werden. Denn eine Behinderung im Rechtssinn ist dann nicht gegeben (Rn. 40). Die zT kritisierten Widersprüche (KK OWiG-*Rengier* vor §§ 15, 16 Rn. 10) sind demgemäß insoweit nicht vorhanden.

33   **Anderer** ist wie im Rahmen der §§ 315b, 315c StGB (§ 315c StGB Rn. 29, 31) im Prinzip *jeder beliebige Mensch.* Er muss nicht VT (Rn. 17 ff.) sein (s. aber zum Behinderungsverbot Rn. 40) und kann sich außerhalb des öffentlichen VRaums (Rn. 13 ff.) befinden (Kö VRS **95** 321, Ce VRS **31** 212). Inbegriffen sind deshalb der bloße Insasse oder Mitfahrer (BGHSt **12** 282, Kö VRS **95** 321, VM **88** 61), auch in öffentlichen Verkehrsmitteln (Kar VRS **54** 123), der Eigentümer des Ladeguts (Bay DAR **66** 306, Ha DAR **60** 121, VkBl. **66** 694) oder eines bei dem Verstoß verletzten Tiers (Mü VAE **37** 102). Aus dem Anwendungsbereich des § 1 II ausgeschlossen ist allerdings nach ganz hM der **Eigentümer des vom Täter gelenkten Fz;** danach scheidet § 1 II aus, wenn nur das selbst geführte Fz beschädigt wird (BGHSt **12** 282 = NJW **59** 637, NZV **92** 148, Bay DAR **66** 306, NJW **64** 213, Ha VkBl. **66** 694, aM *Hartung* NJW **66** 15). Das Gleiche gilt für den Eigentümer des mitgeführten Anhängers (Ha VkBl. **66** 694). Der Standpunkt entspricht der Rspr. zum Parallelproblem im Rahmen der §§ 315b, 315c StGB, ist wie dort nicht widerspruchsfrei begründbar, jedoch mittlerweile nahezu zum Gewohnheitsrecht erstarkt (§ 315c Rn. 34). Ebenfalls nicht den Schutz des § 1 II genießt nach (freilich erneut wenig überzeugender) hM der Tatbeteiligte (§ 315b Rn. 29). Der „andere" wird nicht stets individuell festgestellt werden müssen (Rn. 42/43). Zur Tatbestandsmäßigkeit der Gefährdung fremder Sachwerte Rn. 38.

34   **11. Schädigen** ist gegeben bei der Herbeiführung von Körper- oder Gesundheitsschäden oder von vermögensrechtlich wägbaren Nachteilen (KG VRS **72** 380, Hb DAR **65** 329, Ha

VRS **42** 360, Kar VRS **55** 372). Bloßes Anstoßen an ein fremdes Fz schädigt nicht stets, auch nicht jede Verletzung von Baumrinde (KG VRS **72** 380). § 1 verpflichtet zur Rücksicht auf Fußgänger auf dem Gehsteig und auch dazu, ihre Beschmutzung soweit wie möglich zu vermeiden (Ausbiegen, Verlangsamen). Der Kf verletzt deswegen die Sorgfalt, wenn er so schnell fährt, dass *Straßenschmutz* Fußgänger besudelt und diese dadurch schädigt (Dü VM **66** 6, AG Fra NJW-RR **95** 728, AG Kö NJW **80** 45, Schl VM **56** 17 (jedenfalls Belästigung)). Erhebliches Besudeln eines Fußgängers kann nach AG Kö NJW **80** 645 einen Schmerzensgeldanspruch auslösen (str.). Beschmutzen von Fußgängern als Behinderung Rn. 40, als Belästigung Rn. 42. Kein Ausweichen vor einem kleinen Tier, wenn sonst anderweit höherer Schaden entstünde (§ 4 Rn. 11). Ein LkwF soll anhalten und die Zwillingsreifen auf eingeklemmte Steine absuchen müssen, wenn sich auf der Fahrbahn oder nach Befahren eines Feldwegs größere Steine eingeklemmt haben können (Stu VersR **71** 651). Auch bei Schädigung kann der Vorwurf noch leicht sein und die Verhängung einer nicht eintragungspflichtigen Geldbuße rechtfertigen (Hb DAR **77** 109).

12. „Gefährdung" ist nach soweit ersichtlich allg. M. iS *konkreter Gefahr* zu verstehen (zB **35** BHHJ/*Heß* Rn. 74 f.). Der bußgeldbewehrte § 1 II ist deshalb (wie §§ 315b, 315c StGB) ein konkretes Gefährdungsdelikt. Im Hinblick auf die vergleichbare Interessenlage (wie im Strafrecht müssen die abstrakten StVO-Gefährdungsdelikte von den konkreten abgegrenzt werden) dürfte der Gefahrbegriff identisch zu interpretieren sein. Das bedeutet, dass auch im Rahmen des § 1 II die Einengung des Gefahrbegriffs durch BGH NJW **95** 3131 zu beachten ist; danach **ist stets ein „Beinahe-Unfall" erforderlich,** also ein Geschehen, bei dem ein unbeteiligter Beobachter zu der Einschätzung gelangt, dass „das noch einmal gut gegangen sei" (§ 315c Rn. 30; BHHJ/*Heß* § 1 StVO Rn. 75; zum Begriff der Gefährdung im BKat s. KG NZV **10** 584; Ha NStZ-RR **18** 26). Hingegen genügt eine latente abstrakte Gefahrenlage selbst dann nicht (mehr), wenn höchstgefährliches Verhalten in Frage steht (§ 315c StGB Rn. 32). Dies wirkt sich vor allem bei der Beurteilung von Abstandsverstößen aus (§ 4 Rn. 5, 6). Soweit es an konkreter Gefahr fehlt, kann Behindern oder Belästigen vorliegen. Das Gefährdungsverbot gilt absolut. Der Kf muss alle Sicherungseinrichtungen seines Fz benutzen, auch wenn er ihre Notwendigkeit nicht durchschaut (BGH NJW **61** 888, Fra NJW **85** 1353). Ferner darf niemand so fahren, dass er andere von vornherein gleichsam unvermeidlich gefährdet (BGH VM **66** 73).

Kasuistik. Die nachfolgend referierte Rspr. und Lit rührt ganz überwiegend aus der Zeit vor **36** der Einschränkung des Gefahrbegriffs durch den BGH (Rn. 35) her und kann daher nur noch mit Vorsicht herangezogen werden. Gefährdung wurde zB bejaht: Fahrweise, die andere zu sehr starkem **Bremsen** (Kar NZV **92** 248, Schl VM **56** 24, *Löhle* NZV **94** 305) oder zu plötzlichem Ausweichen (Ol DAR **51** 194) zwingt, zB auch extrem langsames Fahren nachts auf AB ohne ausreichende Warnung (Ol VRS **79** 351; Fra NJW **85** 1353), gewolltes scharfes Bremsen und blockierendes Querstellen (Ol VRS **32** 274), plötzliches Bremsen wegen eines Kleintiers, plötzliches Ausweichen mit Schleudern, um Kleintier nicht zu überfahren (§ 4 Rn. 11; KG VRS **72** 461). Wer einen StrabaF zur Schnellbremsung zwingt, kann die Fahrgäste gefährden (Schl VM **65** 87, s. aber § 315b StGB Rn. 23). Unnötiges Beschmutzen der Scheiben des Überholten durch **Überholen** bei Nässe oder Schneematsch und größerer Fahrgeschwindigkeit mit zu geringem Seitenabstand oder zu kurzem Einscheren vor dem Überholten kann nicht nur behindern oder belästigen (Bay VRS **27** 376), sondern uU auch gefährden (sekundenlange Sichtsperre), dies jedoch nur bei Gefahrerfolg (Rn. 35). Gefährdend ist unter derselben Prämisse Schneiden nach Überholen (§ 5), zu dichtes Linksauffahren neben einem anderen Linksabbieger (KG VM **77** 55), Nichtwarnung trotz uU gebotenen WarnZ (§ 16; Schl VM **72** 67, Dü DAR **99** 543 (Warnblinklicht bei extrem langsamem Fahren)), zu dichtes Vorbeifahren (weniger als 2 m) an einem in Gegenrichtung haltenden oder gerade anfahrenden MüllFz oder mit zu hoher Geschwindigkeit im Verhältnis zum möglichen Abstand (Zw VM **82** 6, Ha NJW-RR **88** 866, KG VRS **108** 24; Brn VRS **117** 336), Verlieren ungenügend befestigter Ladungsteile oder von Zubehör, Abkippen des Ladungsrestes durch ruckartiges Anfahren (Ko VRS **57** 116), Verschmutzen der Str oder Liegenlassen von Gegenständen (§ 32). Zu geringer **Abstand** zum Vorausfahrenden: § 4 Rn. 1, 2/3, 5 ff.; gefährdender Abstand: § 4 Rn. 5, 6. Nichteinhalten des seitlichen Sicherheitsabstands: § 2 Rn. 35, 41, § 5 Rn. 54–58, § 6 Rn. 11, § 20 Rn. 9, § 25 Rn. 18, § 35 Rn. 13. Wer als Linksabbieger bemerkt, dass er, wenn auch zulässigerweise, rechts überholt wird, darf sich nicht trotzdem gefährdend in den rechten Fahrstreifen eindrängen (Bay VRS **58** 448). Kann der Kf vom Sitz aus den Raum unmittelbar vor oder hinter dem Fz nicht überblicken, so ist das **Anfahren** ohne Vergewisserung oder Einweiser unzulässig (BGH VM **61** 49, Mü NZV **91** 390 (Bagger), Ha VRS **23** 37 (Nachschaupflicht unter dem Lkw), weniger streng Stu VRS **47** 21, Fra VRS **31**

293), etwa wenn aus dem Schulbus soeben Kinder ausgestiegen sind (§ 20 II, IV; Bay VRS **37** 269). Den toten Winkel vor seinem Fz muss der LkwF berücksichtigen, ehe er nach verkehrsbedingtem Anhalten weiterfährt (KG VM **99** 11). Auch der an der Haltestelle anfahrende BusF muss sich vergewissern, dass sich vor seinem Fz keine Personen im toten Winkel befinden (Mü NZV **91** 389). Wer auf schmaler Str neben Kindern und Kleinkindern einen Fahrgast einsteigen lässt, ohne die Kinder ununterbrochen im Auge zu behalten, darf grundsätzlich nur anfahren, wenn er sicher weiß, dass kein Kind vor den Wagen gelaufen ist (s. aber Dü VRS **41** 158). Ohne konkrete Anhaltspunkte braucht ein Kf aber nicht damit zu rechnen, dass eine aus seinem Fz ausgestiegene Person gestürzt ist und im nicht einsehbaren Raum vor seinem Fz liegt (Sa NZV **92** 75). Wer ein Kfz (Fahrschulwagen) vom Beifahrersitz aus nur unsicher lenken kann, verursacht allenfalls eine abstrakte Gefahr (vgl. Bay VRS **56** 194).

37   Bei besonders gefährlicher Lage kann sich **Halten oder Parken** nach II uU auch an sonst erlaubter Stelle einer BundesStr verbieten (Bay VRS **59** 375, Stu DAR **74** 298). Parken an steiler, glatter Engstelle kann gefährden (Bay VRS **31** 129). Auch kurzfristiges Halten an unübersichtlicher StrStelle kann gefährden (Bay VRS **59** 219), ebenso geöffnete, in den benachbarten Fahrstreifen ragende seitliche Ladeklappe eines parkenden Busses (KG VRS **108** 99). Gefährdung aussteigender Fahrgäste durch Busfahrer, der, ohne darauf hinzuweisen, nicht ganz nahe am Bordstein hält (Kar VersR **81** 266). Sorgfalt beim Ein- und Aussteigen: § 14.Vorfahrt: § 8.

38   **Die Gefährdung fremder Sachwerte** fällt nach BGHSt **22** 368 (ebenso BGHSt **12** 282; iErg auch Hb VRS **34** 145) dann unter § 1 II, wenn mit der Gefährdung zugleich die Sicherheit und Leichtigkeit des StrV beeinträchtigt ist; das ist der Fall, wenn die Sache der StrVSicherheit dient (zB VZ, VEinrichtungen) oder sonst Verkehrsbezogenheit aufweist, dh am V teilnimmt oder, wie ein im öffentlichen VRaum parkendes Fz, dem V gewidmet ist, nicht jedoch schon bei jedem StrBaum (BGHSt **22** 368; Ha VRS **32** 284). Dagegen wird angeführt, dass § 1 II nur auf den „anderen" (Menschen) abstelle; während bei der Sachbeschädigung zugleich ein „anderer" in seinem Eigentum verletzt sei, werde bei der bloßen Sachgefährdung kein „anderer" (Mensch) gefährdet (KG VRS **35** 455, BHHJ/*Heß* Rn. 73, hier bis 39.Aufl, *Möhl* JR **67** 108, **70** 32). Zwingend ist dieses Wortlautargument nicht (eingehend BGHSt **22** 368). Jedoch bezieht § 1 II Sachwerte anders als §§ 315b, 315c StGB nicht ausdrücklich ein, wobei die Ausgliederung der bloßen Sachgefährdung wohl dem Willen des VOGebers entspricht (vgl. *Booß* Anm 4). Auch um eine Überdehnung des Tatbestands zu vermeiden, sollte man der engeren Auslegung den Vorzug geben. Der Meinungsstreit dürfte im Hinblick auf die Einengung des Begriffs der konkreten Gefahr (Rn. 35) an Bedeutung verloren haben. Die Gefährdung des gesteuerten Kfz ist nach hM von vornherein nicht tatbestandsrelevant (Rn. 32). Zur Frage einer Befreiung vom Gefährdungsverbot durch § 35 (Sonderrechte) s. dort Rn. 4.

39   Die konkrete Gefahr **ist im Urteil nachprüfungsfähig festzustellen** (KG VRS **15** 455, Fra VRS **68** 376). Die Grundsätze unter § 315c StGB Rn. 31 gelten sinngemäß Die Feststellung, jemand habe sich über solche Fahrweise geärgert, genügt den Anforderungen keinesfalls (Dü VM **59** 10).

40   **13. Behindern** bedeutet, einen anderen in dem von ihm beabsichtigten VVerhalten nachhaltig zu beeinträchtigen; eine Gefährdung oder gar Schädigung ist nicht erforderlich (BGHSt **34** 238 = NJW **87** 913, Ha VRS **52** 208, Ce VRS **52** 450). Beeinträchtigt werden muss *Verkehrsverhalten;* demgemäß schützt das Verbot grundsätzlich *nur VT* (VG Berlin NZV **90** 248). Es genügt aber, wenn der Betroffene an der Verkehrsteilnahme gehindert wird (Ha VRS **38** 73 (Blockieren einer FzAusfahrt)). Der Begriff beinhaltet ein *Element der Willensbeugung* (s. auch BHHJ/*Heß* Rn. 79). An einer Behinderung fehlt es deswegen, wenn der andere freiwillig zurücksteht, zB auf die Vorfahrt (§ 8 Rn. 31; aM wohl KK OWiG-*Rengier* vor §§ 15, 16 Rn. 10) oder einen Vorrang (Fußgänger winkt ein Fz durch) verzichtet bzw. mit dem Parken vor seiner Grundstückseinfahrt einverstanden ist (s. auch Rn. 32a). Das von dem anderen beabsichtigte VVerhalten *muss rechtmäßig sein;* mit dem Normzweck des § 1 wäre es nicht vereinbar, ein Verhalten als Herbeiführung eines von der Rechtsordnung *missbilligten* Erfolgs zu ahnden, dessentwegen der Behinderte nicht die im Interesse der VSicherheit bestehenden Regeln der StVO verletzen konnte (BaySt **66** 118, VRS **71** 299, Ha VRS **52** 208, *Booß* VM **77** 62, *Bouska* DAR **85** 138; offengelassen von BGH NJW **87** 913; aM hier bis 38. Aufl; *Helmken* NZV **91** 372, *Kaiser, Salger*-F S. 60). § 1 II ist insoweit teleologisch zu reduzieren. Dass kein VT berechtigt ist, andere zu bevormunden bzw. zu belehren und dass auch das behindernde Verhalten zu missbilligen ist, bleibt davon unberührt. Dafür stehen Spezialregelungen zur Verfügung, die die behindernde Person idR erfüllt (zB Verstoß gegen das Rechtsfahrgebot; Bay VRS **71** 299). § 1 II ist nach diesen Grundsätzen zB nicht erfüllt, wenn das Überholen mit höherer als erlaubter Geschwindigkeit verhindert wird (BGH NJW **87** 913; i Erg zust *Janiszewski* NStZ **87** 115; Bay VRS **71** 299; aM Schl VM **77** 61; zur Frage der Nötigung § 240 StGB Rn. 17, 20), desgleichen das unzulässige Überholen (Bay VM **68** 82) oder das Befahren eines Gehwegs (Dü VRS **38** 301). Keine Behinderung auch, wenn das verhinderte Verhalten hätte gefährden können. Die Beeinträchtigung muss *nachhaltig* sein. Ganz kurzfristige oder unvermeidbare (Ha VRS **48** 377) bzw. zumutbare (Bay VRS **59** 219) Beeinträchtigungen sind nicht tatbestandsrelevant (Bsp. Rn. 41a). Gegenüber den verkehrsüblichen fahrlässigen Belästigungen und Behinderungen ist Notwehr ausgeschlossen (**E** 113, 114). Die Behinderung muss schließlich *rechtswidrig sein* (Rn. 32a). Wer an einer Parklücke den Vortritt hat (§ 12), verwirklicht § 1 II gegenüber anderen Parkinteressenten durch das Einparken nicht (Bay NJW **77** 115), genauso wenig der Vorfahrtberechtigte gegenüber dem Wartepflichtigen (Bay VRS **32** 148).

Bsp für Behinderung: UU Anfahren und Schrägstellen des Kfz, um sich dann besser in den **41** Verkehr eingliedern zu können (Hb VRS **11** 292, s. aber Ha VRS **60** 469). Parken im Profilbereich der Straba (Dü VRS **66** 333). *Verhindern des Ausfahrens* dessen, der widerrechtlich auf Privatgrund parkt (Ha VRS **38** 73). Aufhalten des Fahrverkehrs zugunsten ausfahrender Kunden durch einen Tankwart (Kö VRS **9** 51). Versperren steiler Engstelle durch ein hängen bleibendes Lieferfz (Bay VRS **31** 129). Behinderung von Kanalbauarbeiten durch falsches Parken (Zw VM **77** 4). Zwang zu scharfem Bremsen, Sicheindrängen in eine Kolonne (s. auch Rn. 42). Unrichtige Anzeige der Richtungsänderung (Hb VRS **28** 196). Parken derart, dass sich der Verkehr auch bei großer Sorgfalt kaum durchschlängeln kann (Ha VRS **31** 283). Unachtsamer Fahrstreifenwechsel (Ha VRS **46** 384). Grundloses Verlangsamen oder Anhalten vor Grün (KG VRS **47** 316). Einfahren in den durchgehenden Verkehr kann behindern (Ce VRS **52** 450; s. aber Rn. 41a). Wer wegen voraussehbar winterlicher Verhältnisse unterwegs mit *Sommerreifen* behindernd liegenbleibt, verletzt II (s. aber jetzt § 2 IIIa und dort Rn. 72ff.). Behinderung durch Langsamfahren: § 3, an Engstellen: § 6. Parkverbot: § 12 Rn. 44. *Warnung anderer vor PolKontrollen* ist an sich nicht ow (Stu NZV **97** 242, Zw VRS **64** 454, Hb DAR **60** 215, Kö DAR **59** 247, Ce NZV **89** 405). Behinderung der Pol bei ihrer Kontrolle kommt nicht in Betracht, weil die Beamten nicht gerade als VT behindert werden (Ha VRS **52** 208, Rn. 32; s. aber Rn. 17). Allerdings ist Belästigung (Rn. 42/43) denkbar, uU auch Behinderung anderer VT, etwa wenn diese zu starkem Abbremsen veranlasst werden oder Nachfolgende dadurch zum Ausweichen gezwungen sind (Hb DAR **60** 215, KG VRS **19** 58, Kö DAR **59** 247), wobei aber zum Behindern gehört, dass sich der andere behindert fühlt (Rn. 40). Zur Frage ow Verhaltens durch Rundfunkwarnungen *Meyer* NStZ **04** 670; *Albrecht* NZV **01** 247, 250. Wer durch vermeidbar zu geringen Seitenabstand beim Überholen die Scheiben des überholten Fz stark mit Schneematsch verschmutzt, kann behindern (Bay VRS **27** 376).

Keine Behinderung ist die Verursachung einer kurze Ansammlung durch Flugblattverteilung **41a** (KG VRS **34** 468). Wer ein besonders interessantes, zugelassenes Fz öffentlich parkt und dadurch eine Ansammlung bewirkt, macht nur von einem Recht Gebrauch (aM Hb NJW **62** 1529 (bei am Fz angebrachtem Verkaufsangebot)). Drücken einer Knopfampel durch einen Kf, weil es den Längsverkehr nicht länger aufhält als durch einen einzelnen Fußgänger (**aM** Br VM **43** 23). Kurzes Behindern des fließenden Verkehrs durch Anhalten zwecks Aussteigens und Gepäckaushändigung an einer an sich übersichtlichen Stelle ist als zumutbare Behinderung hinzunehmen (Bay VRS **59** 219), ebenso ein infolge Parkens erforderliches Ausweichen oder kurzes Anhalten (Kö VRS **60** 467) oder ein die Rechte eines anderen einschränkendes Parken bei sofortiger Wegfahrbereitschaft (Dü NZV **94** 288). Wer beim Anfahren vom Fahrbahnrand den fließenden V geringfügig beeinträchtigt, behindert nicht (Ha VRS **60** 469; s. aber Rn. 40). Das durch Ausscheren des Vorausfahrenden auf AB zum Zwecke des Überholens erforderliche leichte Abbremsen ist je nach VDichte uU hinzunehmen; die darin liegende Beeinträchtigung kann unvermeidbar sein (Bay VRS **62** 61). Durchfahren von Spitzkehren auf BundesStr im Gebirge mit Bus unter notwendiger Mitbenutzung der Gegenfahrbahn verstößt für sich allein auch dann nicht gegen II, wenn auf Hilfspersonen zur Warnung des GegenV verzichtet wird (Bay VRS **61** 141).

14. Belästigung liegt vor, wenn mehr als unvermeidbar körperliches oder seelisches Unbeha- **42** gen bereitet wird (BHHJ/*Heß* Rn. 82). Erregen von Unmut genügt nicht; deshalb keine Belästigung anderer VT, die an der Warnung vor PolKontrolle oder an anderem verkehrswidrigem Verhalten aus verletztem Rechtsgefühl Anstoß nehmen (Bay NJW **63** 1884, zust *Pelchen* JR **64** 27). Das Belästigungsverbot schützt auch NichtVT, zB PolB bei Radarkontrolle (Ha VRS **52** 208 (Störung der Messung durch Parken in unmittelbarer Nähe des RadarFz), zw möglicherweise

Zw VRS **53** 56, s. i Ü Rn. 40). Unvermeidliche geringe Belästigungen fallen nicht unter § 1. Voraussetzung ist, dass die Beeinträchtigung nach Art und Maß das VBedürfnis übersteigt und als störend empfunden wird (Ha GA **62** 155). *Vermeidbare Belästigung:* Kolonnenspringen bei unklarer Lage ohne die Gewissheit, eine Lücke zu finden (Kar VRS **45** 315, aM Dü VM **68** 78), Schneiden eines VT, soweit es nicht sogar gefährdet, Bedrängen auf der AB durch dichtes Aufschließen und ständige Signale (sofern nicht Nötigung, hierzu § 240 StGB Rn. 24), längeres Hinterherfahren mit Scheinwerferlicht (Dü VRS **22** 310 (300 m), NJW **61** 1783), bedrängende Anhalteversuche durch Personen, die mitgenommen werden wollen (Bay NJW **53** 1723), Besudeln von Fußgängern mit StrSchmutz (Pfütze; Dü VM **66** 6, Schl VM **56** 17, Ce NRpfl **53** 229 (soweit nicht Schädigung, Rn. 33)), Abstellen von Lkw in WohnStr über den Gemeingebrauch hinaus (dazu jetzt § 12 IIIa), vermeidbarer **Lärm** durch Türenknallen, obwohl sich die Tür auch leise schließen lässt (KG VRS **23** 219), nächtliches Fahren mit unbeladenem, lärmendem Anhänger (Dü VM **62** 11), mehrfaches geräuschvolles Hin- und Herfahren in einer Kurve mit Bremsen und Beschleunigen durch KradfGruppe (Bay DAR **01** 84), beängstigendes Zickzackfahren mit quietschenden Reifen (Dü VM **65** 90, Stu DAR **54** 305), Einbiegen mit quietschenden Reifen vor Fußgängern (Hb VM **67** 83), überlautes Bremsquietschen (Dü VM **68** 44), überlaute Straba in einer Gleiskehre (BGH NJW **68** 1133). Laufenlassen des Motors (§ 30 Rn. 13, 13a). Jedoch wird bei Lärmbelästigung vielfach Verstoß gegen die spezielle (§ 30 Rn. 16) Vorschrift des § 30 I S. 1 vorliegen. Ein konkreter anderer muss nicht unbedingt festgestellt werden; wer nachts innerorts oder tagsüber auf belebter Straße mit defektem Auspuff, also ohne Geräuschdämpfung unter lautem Knallen fährt, belästigt offensichtlich (aM Zw VRS **53** 56). Dass Kfz in Kolonne uU wiederholt eine freigegebene DirnenStr durchfahren, ist rechtmäßig, denn es gibt keine VBeschränkung auf sittliche Zwecke (Grundsatz der VFreiheit; § 30 Rn. 14, s. auch *Baumann* JZ **67** 610, aM Ha NJW **67** 1924, Ce VRS **37** 123). Überdies sieht der GGeber die Prostitution seit dem ProstG 2001 nicht mehr als sittenwidrig an.

43   Die Behinderung oder Belästigung **muss feststehen**. Dass sie sich nur nicht ausschließen lässt, genügt nicht (Kar VRS **57** 455). Sie muss **durch Tatsachenfeststellungen** belegt sein (Kö DAR **59** 247, Dü VRS **74** 285, **79** 131).

44   **Literatur:** *Booß,* VM **62** 35 (gegen übermäßiges Hupen). *Weigelt,* Belästigung der Anwohner durch VLärm, DAR **61** 250, … durch Parken, DAR **61** 251. *Wiethaup,* Übermäßiger Autolärm in straf-, zivil- und öffentlichrechtlicher Sicht, DAR **62** 76.

45   **15. Zivilrecht.** § 1 ist SchutzG iS von § 823 II BGB (BGH VersR **57** 616, NJW **72** 1804, Mü NZV **91** 389, NJW **85** 981) und umfasst auch Schäden, die erst im Anschluss an den Verkehrsunfall entstehen, etwa bei der Bergung oder bei der Unfallaufnahme erlittene Verletzungen, in denen sich die Gefahren des StV an der Unfallstelle verwirklichen (BGH NJW **89** 2616, **13** 1679) oder wenn ein Dritter in die Unfallstelle hineinfährt (BGH NJW **72** 1804, Zw VRS **33** 371). Nichtbeachtung von VVorschriften rechtfertigt nicht stets den Schluss auf Voraussehbarkeit eines Schadens (**E** 139, 140; BGH VersR **66** 164). Beim Zusammenwirken mehrerer schadensverursachender Umstände ist dem verantwortlichen Kf nur sein Verursachungsanteil zuzurechnen (Ce VersR **80** 632 (Kolonnenführer sichert Baustelle ungenügend ab)). Wer Gefahr für Leib oder Leben eines anderen verursacht, haftet, wenn er sie nicht wieder beseitigt (BayVRS **31** 129).

46   **16. Ordnungswidrig** sind Verstöße gegen § 1 II (§ 49 I Nr. 1), nicht hingegen die Verletzung der Grundregel nach I (Rn. 5). Der Tatbestand ist hinreichend bestimmt (Rn. 8) und kann auch durch Unterlassen verwirklicht werden (Rn. 32). Den Kf, der zunächst die Opfer versorgt und darüber die VSicherung vergisst, trifft kein Vorwurf (Stu DAR **58** 222). Nicht vorwerfbar ist objektiv unsachgemäße Reaktion in unverschuldet gefährlicher Lage (**E** 86). Auch extrem geringer, gefährdender Abstand rechtfertigt nicht ohne Weiteres die Annahme *vorsätzlicher* Gefährdung (Bay NZV **92** 415). Die tateinheitliche Verwirklichung des § 1 II neben einem oder mehreren Verstößen gegen Spezialregelungen wirkt bußgelderhöhend. Dies kommt namentlich in den zahlreichen Regelungen des BKat zum Ausdruck, die an die Verwirklichung des § 1 II (Gefährdung, Schädigung) einen höheren Regelsatz der Geldbuße knüpfen (Überblick bei BHHJ/ *Heß* Rn. 88).

47   **17. Strafrecht.** Zur Behinderung als Nötigung § 240 StGB, insbesondere dort Rn. 16 ff., 27 ff. Bei Hinzutreten der weiteren Voraussetzungen kann Gefährdung des StrV (§ 315c StGB) gegeben sein.

48   **18. Zusammentreffen.** Wo eine Spezialvorschrift dieselben Folgen wie § 1 vorsieht, geht sie vor (BGH VRS **3** 405, Ha VRS **53** 294, KG VRS **33** 375, **32** 284, DAR **67** 223; Stu SVR **17**

305 (*Siegel*; zu § 26 I)). Hinter § 3 II tritt § 1 II zurück (Ha VM **72** 79). Soweit der Verstoß gegen eine speziellere Vorschrift keinen der in II bezeichneten Erfolge voraussetzt oder außer dem dort bezeichneten Erfolg ein weiterer Erfolg iS von II verursacht wird, besteht TE mit § 1 II (zB Kö NZV **97** 365). Zum Schutzzweck der Norm Rn. 32. TE mit § 1 II wirkt bußgelderhöhend (Rn. 46). Werden bei verbotswidrigem Befahren einer Fußgängerzone Fußgänger behindert, so steht § 49 III Nr. 4, § 41 II Nr. 5 daher in TE zu § 49 I Nr. 1, § 1 II (aM Dü VRS **67** 151). TE bei Vorfahrtsverletzung, wenn der Wartepflichtige den Berechtigten schädigt (Br VRS **30** 72). TE mit § 32 I (KG VRS **51** 388). Keine TE von II mit § 32 mangels Behinderung oder Gefährdung (Ha VRS **52** 375). Verhältnis zu § 5 dort Rn. 71. Bei Verletzung mehrerer anderer liegt eine Tat nach § 1 II vor (Bay DAR **68** 83, BHHJ/*Heß* Rn. 88). Bei Straftaten tritt die OW nach Maßgabe von § 21 OWiG zurück (§ 24 StVG Rn. 68). Wahlweise Feststellung von OW: § 24 StVG Rn. 76.

Straßenbenutzung durch Fahrzeuge

2 (1) [1]Fahrzeuge müssen die Fahrbahnen benutzen, von zwei Fahrbahnen die rechte. [2]Seitenstreifen sind nicht Bestandteil der Fahrbahn.

(2) Es ist möglichst weit rechts zu fahren, nicht nur bei Gegenverkehr, beim Überholtwerden, an Kuppen, in Kurven oder bei Unübersichtlichkeit.

(3) Fahrzeuge, die in der Längsrichtung einer Schienenbahn verkehren, müssen diese, soweit möglich, durchfahren lassen.

(3a) [1]Der Führer eines Kraftfahrzeuges darf dies bei Glatteis, Schneeglätte, Schneematsch, Eisglätte oder Reifglätte nur fahren, wenn alle Räder mit Reifen ausgerüstet sind, die unbeschadet der allgemeinen Anforderungen an die Bereifung den Anforderungen des § 36 Absatz 4 der Straßenverkehrs-Zulassungs-Ordnung genügen. [2]Satz 1 gilt nicht für

1. Nutzfahrzeuge der Land- und Forstwirtschaft,

2. einspurige Kraftfahrzeuge,

3. Stapler im Sinne des § 2 Nummer 18 der Fahrzeug-Zulassungsverordnung,

4. motorisierte Krankenfahrstühle im Sinne des § 2 Nummer 13 der Fahrzeug-Zulassungs-Verordnung,

5. Einsatzfahrzeuge der in § 35 Absatz 1 genannten Organisationen, soweit für diese Fahrzeuge bauartbedingt keine Reifen verfügbar sind, die den Anforderungen des § 36 Absatz 4 der Straßenverkehrs-Zulassungs-Ordnung genügen und

6. Spezialfahrzeuge, für die bauartbedingt keine Reifen der Kategorien C1, C2 oder C3 verfügbar sind.

[3]Kraftfahrzeuge der Klassen M2, M3, N2, N3 dürfen bei solchen Wetterbedingungen auch gefahren werden, wenn mindestens die Räder

1. der permanent angetriebenen Achsen und

2. der vorderen Lenkachsen

mit Reifen ausgerüstet sind, die unbeschadet der allgemeinen Anforderungen an die Bereifung des § 36 Absatz 4 der Straßenverkehrs-Zulassungs-Ordnung genügen. [4]Soweit ein Kraftfahrzeug während einer der in Satz 1 bezeichneten Witterungslagen ohne eine den Anforderungen des § 36 Absatz 4 der Straßenverkehrs-Zulassungs-Ordnung genügende Bereifung geführt werden darf, hat der Führer des Kraftfahrzeuges über seine allgemeinen Verpflichtungen hinaus

1. vor Antritt jeder Fahrt zu prüfen, ob es erforderlich ist, die Fahrt durchzuführen, da das Ziel mit anderen Verkehrsmitteln nicht erreichbar ist,

2. während der Fahrt

   a) einen Abstand in Metern zu einem vorausfahrenden Fahrzeug von mindestens der Hälfte des auf dem Geschwindigkeitsmesser in km/h angezeigten Zahlenwertes der gefahrenen Geschwindigkeit einzuhalten,

   b) nicht schneller als 50 km/h zu fahren, wenn nicht eine geringere Geschwindigkeit geboten ist.

[5]Wer ein kennzeichnungspflichtiges Fahrzeug mit gefährlichen Gütern führt, muss bei einer Sichtweite unter 50 m, bei Schneeglätte oder Glatteis jede Gefährdung Anderer ausschließen und wenn nötig den nächsten geeigneten Platz zum Parken aufsuchen.

(4) [1]Mit Fahrrädern darf nebeneinander gefahren werden, wenn dadurch der Verkehr nicht behindert wird; anderenfalls muss einzeln hintereinander gefahren werden. [2]Eine Pflicht, Radwege in der jeweiligen Fahrtrichtung zu benutzen, besteht nur, wenn dies

durch Zeichen 237, 240 oder 241 angeordnet ist. ³Rechte Radwege ohne die Zeichen 237, 240 oder 241 dürfen benutzt werden. ⁴Linke Radwege ohne die Zeichen 237, 240 oder 241 dürfen nur benutzt werden, wenn dies durch das allein stehende Zusatzzeichen „Radverkehr frei" angezeigt ist. ⁵Wer mit dem Rad fährt, darf ferner rechte Seitenstreifen benutzen, wenn keine Radwege vorhanden sind und zu Fuß Gehende nicht behindert werden. ⁶Außerhalb geschlossener Ortschaften darf man mit Mofas und E-Bikes Radwege benutzen.

(5) ¹Kinder bis zum vollendeten achten Lebensjahr müssen, Kinder bis zum vollendeten zehnten Lebensjahr dürfen mit Fahrrädern Gehwege benutzen. ²Ist ein baulich von der Fahrbahn getrennter Radweg vorhanden, so dürfen abweichend von Satz 1 Kinder bis zum vollendeten achten Lebensjahr auch diesen Radweg benutzen. ³Soweit ein Kind bis zum vollendeten achten Lebensjahr von einer geeigneten Aufsichtsperson begleitet wird, darf diese Aufsichtsperson für die Dauer der Begleitung den Gehweg ebenfalls mit dem Fahrrad benutzen; eine Aufsichtsperson ist insbesondere geeignet, wenn diese mindestens 16 Jahre alt ist. ⁴Auf zu Fuß Gehende ist besondere Rücksicht zu nehmen. ⁵Der Fußgängerverkehr darf weder gefährdet noch behindert werden. ⁶Soweit erforderlich, muss die Geschwindigkeit an den Fußgängerverkehr angepasst werden. ⁷Wird vor dem Überqueren einer Fahrbahn ein Gehweg benutzt, müssen die Kinder und die diese begleitende Aufsichtsperson absteigen.

1   **Begr zu § 2** (VkBl. **70** 801):

Der Paragraph richtet sich an den Längsverkehr. Entsprechend dem Prinzip des Aufbaus wird nur der Fahrverkehr angesprochen.

2   *Der Paragraph kennt nur drei Straßenteile: die Fahrbahn, den Fahrstreifen als Teil der Fahrbahn und den Seitenstreifen. Die Begriffe „Fahrbahn" und „Seitenstreifen" werden, wie bisher, nicht definiert. ...*

3   *Als Absatz 3 ist eingefügt, was über das Verhalten des Längsverkehrs von Fahrzeugen gegenüber ebenfalls längsverkehrenden Schienenbahnen zu sagen ist; auch das gehört thematisch zur Frage der Benutzung der Fahrbahn.*

4–7   **Zu Abs. 1:** *Der erste halbe Satz verbietet nicht bloß die Benutzung der Gehwege durch Fahrzeuge, sondern auch die der Seitenstreifen. Damit wird die Meinung eines Oberlandesgerichts abgelehnt, dass ein Kraftfahrer in die Erwägungen über die angesichts der Sichtweite zulässige Geschwindigkeit auch die Möglichkeit einbeziehen darf, notfalls den Seitenstreifen zur Verfügung zu haben. ...*

8   **Zu Abs. 2:** *Der Satz 1 enthält das Rechtsfahrgebot. Dem Werk von Meyer-Jacobi-Stiefel, Band I S. 136 und Band II S. 183 Tab. 262, ist zu entnehmen, dass Verstöße gegen dieses doch für jeden eigentlich selbstverständliche Gebot eine sehr häufige Unfallursache mit beträchtlichem Personenschadenanteil (Schwerpunkt im außerörtlichen Verkehr) darstellt. Angesichts solcher Bedeutung bedarf es einer besonders eindringlichen Fassung dieses Gebots. ...*

9–11   *Da die Worte „möglichst weit rechts" nicht starr sind, kann die bisherige Rechtsprechung im Prinzip beibehalten werden, die beschränkte Abweichungen dann für zulässig erklärt, wenn dies wirklich verkehrsgerecht und vernünftig ist. Gewisse Restriktionen der von ihr bislang herausgearbeiteten besonderen Umstände, unter denen dies gestattet sein soll, verlangt allerdings der Gesetzeswortlaut. Der Formulierung ist übrigens auch zu entnehmen, dass der Abstand vom rechten Fahrbahnrand desto größer sein darf, je schneller ein Fahrzeug im Rahmen des Zulässigen fährt; der Langsamfahrende kann, wie er es schon jetzt muss, „äußerst rechts" fahren; dem Schnelleren ist das nicht „möglich". Deshalb stößt sich dieses Gebot „möglichst weit rechts" auch nicht mit dem des Einordnens „möglichst weit rechts" vor dem Abbiegen nach rechts in § 9 Abs. 1. ...*

12   **Zu Abs. 3:** *... Hier wird entsprechend dem Aufbau der Verordnung nur das Verhältnis Längsverkehr und längsfahrende Schienenbahn, in § 9 das Problem abbiegender Längsverkehr und Schienenbahn erörtert. Schließlich ist zu beachten, dass in § 8 für Vorfahrt eine Sonderregelung für Schienenbahnen fehlt, im Gegenteil dort von „Fahrzeugen aller Art" die Rede ist, Schienenbahnen also nicht ausgenommen sind.*

13   *Die Rechtsprechung hat richtig erkannt, dass die Worte „soweit möglich" in § 8 Abs. 6 StVO (alt) nicht pleonastisch sind – Unmögliches kann ein Gesetz nicht verlangen –, dass vielmehr beim modernen Massenverkehr sehr wohl einmal ausnahmsweise eine Verkehrslage gegeben sein kann, die eine vorübergehende Behinderung einer Straßenbahn im Interesse des Gesamtverkehrsablaufs notwendig macht. ...*

14–15   **Zu Abs. 4:** *Dass das Gesetz im Prinzip das Fahren „zu zweit nebeneinander" als das uU noch Erträgliche ansieht, ergibt § 27 Abs. 1, wo geschlossenen Verbänden von Radfahrern nur dies gestattet wird. Auch ein Fahren „zu zweit nebeneinander" kann selbstverständlich nur zugelassen werden, wenn „dadurch der Verkehr nicht behindert wird." (s. erg. Rn. 16k)*

Dass in Satz 2* nur Seitenstreifen gemeint sind, die für den vom Gesetzgeber gedachten Zweck benutz- 16
bar sind, braucht nicht gesagt zu werden, weil selbstverständlich.

Begr zur ÄndVO v. 22.3.1988 (VkBl. **88** 220): **Zu Abs. 3a:** – *Begründung des Bundesrates* – 16a
... Durch den Austritt von gefährlichen Gütern oder deren Reaktionen (z. B. Brand, Explosionen) werden Menschen und Umwelt in hohem Maße gefährdet. Dies gilt vor allem bei Gefahrguttransporten, bei denen die Fahrzeuge kennzeichnungspflichtig sind (z. B. bei Beförderungen in Tanks oder in größeren Mengen in Versandstücken).

... Satz 1 des neuen Absatzes 3a stellt auf die Sichtsituation ab, bei der nach § 17 Abs. 3 letzter Satz StVO Nebelschlussleuchten benutzt werden dürfen. Die übrigen Witterungsverhältnisse, die besonders sorgfältiges Fahren auslösen, werden durch die unbestimmten Rechtsbegriffe „Schneeglätte" und „Glatteis" umrissen. Zwar wird damit dem betroffenen Verkehrsteilnehmer kein mit exakten Maßeinheiten umschriebener Tatbestand vorgegeben. Die Begriffe erscheinen jedoch, ähnlich wie dies die Rechtsprechung beim Begriff „Nässe" angenommen hat, hinreichend bestimmt. ...

Begr zur ÄndVO v. 22.12.92 – BR-Drs. 786/92 (Beschluss) – **Zu Abs. 1 Satz 2:** *... Die* 16b
nach wie vor von einem Teil der Rechtsprechung vertretene Auffassung, der Seitenstreifen sei Bestandteil der Fahrbahn, ... führt auch zu verkehrstechnisch sinnwidrigen Folgerungen: Ist z. B. für eine Fahrbahn Überholverbot mit dem Zeichen 276 oder 277 angeordnet und fahren auf dem befestigten Seitenstreifen neben der Fahrbahn z. B. langsame landwirtschaftliche Zug- oder Arbeitsmaschinen oder ähnliche langsame Kraftfahrzeuge, so würde unter Zugrundelegung der Bewertung des Seitenstreifens als eines Bestandteils der Fahrbahn dieses Überholverbot auch im Verhältnis zu den auf dem Seitenstreifen fahrenden langsamen Fahrzeugen gelten. Dies aber wäre sinnwidrig ...

Begr zur ÄndVO v. 7.8.97 (VkBl. **97** 688): **Zu Abs. 4 Satz 2:** *Die Radwegebenutzungspflicht* 16c
dient der Entmischung und Entflechtung des Fahrzeugverkehrs. Sie ist aus Gründen der Verkehrssicherheit in der Regel sachgerecht. Allerdings befinden sich heute zahlreiche Radwege entweder in einem baulich unzureichenden Zustand oder entsprechen nach Ausmaß und Ausstattung nicht den Erfordernissen des modernen Radverkehrs. Die Benutzung solcher Radwege ist daher für Radfahrer im Allgemeinen nicht ohne weiteres zumutbar. Andererseits ist es vertretbar, die Benutzung solcher Radwege dort noch anzubieten, wo dies nach Abwägung der Interessen für einen Teil der Radfahrer, z. B. ältere Radfahrer, vorteilhaft ist. Die Pflicht zur Benutzung von Radwegen wird deshalb auf solche Radwege beschränkt, die durch die Straßenverkehrsbehörde orts- und verkehrsbezogen mit Z 237, 240 oder 241 gekennzeichnet sind. ...

Zu Abs. 5: *Eine Abwägung der Interessen Rad fahrender Kinder gegenüber den Interessen von Fußgängern, die den Gehweg benutzen, ergibt, dass einerseits die Verpflichtung Rad fahrender Kinder, bis zum vollendeten 8. Lebensjahr den Gehweg zu benutzen, aufrecht erhalten werden muss, dass aber für Kinder bis zum vollendeten 10. Lebensjahr eine Benutzungsmöglichkeit geschaffen werden muss. Dafür spricht insbesondere, dass aus pädagogischer Sicht die schulische Radfahrausbildung der Kinder nicht vor dem 10. Lebensjahr abgeschlossen werden kann. Diese Lücke zwischen dem 8. und 10. Lebensjahr muss deshalb geschlossen werden.*
Der Ausschluss der Gehwegbenutzung, wenn Radwege vorhanden sind, wird aufgegeben. Die Gestaltung der Radwege (z. B. baulicher Radweg, Radfahrstreifen) und deren Führung sind vielfältig. Diese Ausnahme ist deshalb den Kindern nicht immer vermittelbar, aber auch nicht immer zumutbar. ...

Begr zur ÄndVO v. 28.11.07 (VkBl. **08** 4) **zu Abs. 4 S. 6:** *Mofas müssen als Kfz die Fahrbahn* 16d
benutzen. Auf Grund der geringen Geschwindigkeit von Mofas und der vergleichsweise geringen Verkehrsdichte auf Radwegen außerhalb geschlossener Ortschaften wurden in vielen Fällen Radwege für Mofas durch das Zusatzzeichen „Mofas frei" freigegeben. Durch die generelle Freigabe von Radwegen für Mofas wird die Anordnung von solchen Zusatzzeichen wegfallen und somit ein Beitrag zum Abbau des Schilderwaldes geleistet. Sollte entgegen der allgemeinen Praxis der Straßenverkehrsbehörden Mofas die Benutzung von außerhalb geschlossener Ortschaften gelegenen Radwegen nicht gestattet werden, ist dies durch die Anordnung des Zusatzzeichens „keine Mofas" möglich.

Begr zur Neufassung der StVO v. 6.3.2013 (BR-Drs. 428/12) **betreffend Abs. 4:** *... Die Si-* 16e
cherheit im Straßenverkehr für alle VT hat Priorität. Der StrV ist mit Gefahren verbunden. Dies betrifft insbesondere die ungeschützten VT, zu denen auch die Radfahrerinnen und Radfahrer sowie die Fußgängerinnen und Fußgänger zählen. Radwege baulich angelegt oder durch Markierung auf der Fahrbahn von der Verkehrsfläche für den Kfz-Verkehr abgetrennt, sind Räume für den Radverkehr, wo er sicher geführt werden kann. Wenn Radwege, den Anforderungen des Radverkehrs entsprechend angelegt sind, fördern sie zudem die Attraktivität des Radfahrens.

---

* Jetzt Satz 4.

Bund und Länder halten die vorrangig von Vertretern der Fahrradverbände geforderte Aufgabe der mit Zeichen 237 (Radweg), 240 (gemeinsamer Geh- und Radweg) oder 241 (getrennter Rad- und Gehweg) angeordneten Benutzungspflicht im Interesse der Sicherheit aller VT nicht für angezeigt. Die Benutzungspflicht ist aber nach wie vor auf die Fälle beschränkt, in denen es die Verkehrssicherheit oder der Verkehrsablauf tatsächlich zwingend erfordern. Diesem Gedanken, der bereits seit der Einfügung des § 45 IX gilt, wurde bereits durch die 33. Verordnung zur Änderung straßenverkehrsrechtlicher Vorschriften vom 11. Dezember 2000 (BGBl. I S. 1690) Rechnung getragen, mit der die Anordnung benutzungspflichtiger Radwege in Tempo 30-Zonen ausgeschlossen wurde. Hier bedarf es wegen der niedrigen zulässigen Höchstgeschwindigkeit von vornherein keiner Trennung des Radverkehrs vom Kfz-Verkehr. Das Bundesverwaltungsgericht hat bestätigt, dass der Anordnung der Radwegebenutzungspflicht ein Fahrbahnbenutzungsverbot innewohnt und damit die Verkehrszeichenanordnung auch an § 45 IX S. 2 zu messen ist.

… Neu eingeführt wird die Einräumung eines Benutzungsrechts für linke Radwege (neu eingefügter S. 4), ohne dass ein benutzungspflichtiger Radweg vorhanden ist. Dies ist insbesondere vorteilhaft, wenn zB im Zuge von Ortsdurchfahrten ein einseitiger Zweirichtungsradweg in den Ort hineinführt und nach der Ortsdurchfahrt auf einem Zweirichtungsradweg weiter geführt wird oder wenn eine bedeutende Radverkehrsverbindung nur auf einem Teilabschnitt der Straße geführt werden kann. Damit kann eine mehrmalige Querung der Fahrbahn vermieden werden. Auch bei benutzungspflichtigen Radwegen kann der Radverkehr in der Gegenrichtung durch Zusatzzeichen optional zugelassen werden.

Um eine verfassungskonforme Ausgestaltung der Bewehrungsvorschriften zu gewährleisten, dürfen Ge- und Verbote in der StVO nicht „doppelt" enthalten sein. Die in § 2 IV S. 2 bis 4 enthaltenen Ge- und Verbote für den Radverkehr werden durch die Vorschriftszeichen 237, 240 und 241 der Anlage 2 zu § 41 angeordnet und daher bereits nach § 49 III Nr. 5 bewehrt. § 2 IV S. 2 bis 4 werden daher von der Bewehrung ausgenommen … .

16f **Begr** zur ÄndVO v. 1.12.10 (BR-Drs. 699/10) **zu Abs. 3a:** … (44. Aufl). *Glatteis, Schneeglätte, Schneematsch, Eis- und Reifglätte zählen nach Auskunft des Deutschen Wetterdienstes zu den winterlichen Wetterverhältnissen. Solche Wetterverhältnisse sind idR geeignet, die Sicherheit des StrV zu beeinträchtigen. Verursacht werden diese Verhältnisse insbesondere durch unterschiedliche Niederschlagsarten: Schneefall (inkl. Schneeregen und Schneegriesel), Eiskörner, Glatteis bzw. gefrierender Regen (umgangssprachlich Eisregen), gefrierender Nebel und Schneeverwehungen (fallender bzw. abgesetzter Schnee in Verbindung mit starkem Wind). Diese Wettererscheinungen und -verhältnisse können bereits bei Lufttemperaturen einige Grad über dem Gefrierpunkt auftreten. So kann sich bereits bei starkem Schneefall bei 4°C eine geschlossene Schneedecke ausbilden. Das bedeutet für die VT, dass sie bei diesen Wetterverhältnissen mit Sommerreifen nicht mehr sicher am StrV teilnehmen können. …*

16g **Begr** des BRates zu **Abs. 3a Satz 1, 2 und 3** (BR-Drs. 699/10 (Beschluss)): *Für Kraftomnibusse mit mehr als 8 Sitzplätzen und Kfz zur Güterbeförderung von mehr als 3,5 Tonnen sollen auf den Antriebsachsen montierte Winterreifen genügen, um der Winterreifenpflicht zu entsprechen. Es wird für erforderlich gehalten, diese Ausnahme wegen des Bestimmtheitsgrundsatzes in der gesetzlichen Regelung selbst zu treffen und nicht nur in der amtlichen Begründung zu verankern. Nutzfahrzeuge der Land- und Forstwirtschaft sind idR mit derart grobstolligen Reifen oder Ganzjahresreifen ausgerüstet, dass sie auch bei winterlichen Wetterverhältnissen eingesetzt werden können, ohne eine Gefahr oder eine Behinderung für die übrigen VT darzustellen. Die Freistellung von EinsatzFZ der Bundeswehr, der BundesPol, der Feuerwehr, des Katastrophenschutzes und der Pol beruht auf dem Erfordernis, derartigen Fz eine Teilnahme am öffentlichen Verkehr zu ermöglichen, wenn dies zwar unterhalb der Schwelle des § 35 I (dringendes Erfordernis) erfolgt, aber zur Erhaltung der öffentlichen Sicherheit und Ordnung geboten ist. Voraussetzung ist allerdings, dass für diese EinsatzFz bauartbedingt keine M+S-Reifen erhältlich sind.*

16h **Begr** zur ÄndVO v. 30.11.16 (BR-Drs. 332/16) zu **Abs. 4 S. 6:** *E-Bikes iS dieser Änderung sind einsitzige zweirädrige Kleinkrafträder mit elektrischem Antrieb, der sich bei einer Geschwindigkeit von mehr als 25 km/h selbsttätig abschaltet. Darunter fallen einspurige Fz, die sich mit Hilfe des Elektroantriebs durch einen Drehgriff oder Schaltknopf mit einer Geschwindigkeit von bis zu 25 km/h fahren lassen, auch ohne dass der Fahrer gleichzeitig in die Pedale tritt. Die Aufnahme dieser FzArt dient der Trennung des schnellen Kfz-Verkehrs von E-Bikes wegen zu hoher Differenzgeschwindigkeiten und unterstützt damit die Sicherheit und Leichtigkeit des Verkehrs insgesamt. Außerhalb geschlossener Ortschaften dürfen Mofas bereits ohne die Anordnung eines ZusatzZ Radwege benutzen, insoweit werden die in der Endgeschwindigkeit vergleichbaren E-Bikes in diese Regelung mit aufgenommen. Außerorts dürfen diese Fz zukünftig generell auf Radwegen fahren.*

16i **Zu Abs. 5:** *Die Neufassung des § 2 Abs. 5 soll künftig einer geeigneten Aufsichtsperson die sachgerechte Begleitung der besonders jungen radfahrenden Kinder bis 8 Jahren auch mit dem Fahrrad auf dem Geh-*

weg ermöglichen. Eine Begleitung zu Fuß ist selbstverständlich ebenso weiterhin möglich. Bei über 8-jährigen Kindern, die die Fahrbahn bereits benutzen dürfen, ist eine solche Begleitung auch unter Wahrung der Belange des Fußgängerverkehrs nicht mehr geboten. Nach gesetzlicher Wertung sind Kinder ab dem 8. Lebensjahr grundsätzlich in der Lage, auf dem Radweg oder der Fahrbahn zu fahren, wo sie rechtskonform von einer geeigneten Aufsichtsperson begleitet werden können. Geeignet ist die Aufsichtsperson, in der Regel, wenn sie mindestens 16 Jahre alt ist. Dann kann davon ausgegangen werden, dass die Person über die körperliche und geistige Reife zur Teilnahme am StraßenV verfügt. Sie sollte zudem eine Garantenstellung (Familie, Freunde oder aus Aufsichtspflicht) gegenüber dem zu begleitenden Kind innehaben. Dies soll die Sicherheit der Kinder bis 8 Jahren auf dem Fahrrad erhöhen und die Ausübung der Aufsichtspflicht erleichtern. Es ist ausdrücklich nicht das Ziel, dass auch ältere unsichere Radfahrer den Gehweg nutzen dürfen. Unsichere ältere Radfahrer sollten dann das Fahrrad ggf. schieben oder auf eine VTeilnahme mit dem Fahrrad verzichten. Eine gleichzeitige Rücksichtnahme auf die Fußgänger ist bei Nutzung des Gehwegs durch Radfahrer dabei selbstverständlich. Dazu wird festgelegt, dass im Bedarfsfall der Fußgänger weder behindert noch gefährdet werden darf, erforderlichenfalls ist die Geschwindigkeit auf die Geschwindigkeit des Fußgängers (Schrittgeschwindigkeit) abzusenken. Den Fußgängern gleichgestellt ist der V mit besonderen Fortbewegungsmitteln gemäß § 24 StVO, wie z. B. Schiebe- und Greifreifenrollstühle.

Begr des BRates zu **Abs. 5 Satz 2** (BR-Drs. 332/16 (Beschluss)): *Durch die Änderungen soll das gelebte und dauerhaft verkehrssichere Verhalten auch rechtlich abgesichert werden. Kinder nutzen auch in jungen Jahren Radwege. Die Benutzung von Radwegen ist auch für Kinder verkehrssicher. Es ist den Fußgängern nicht vermittelbar, wenn Kinder und gegebenenfalls auch deren Aufsichtspersonen neben dem Radweg auf dem Gehweg fahren. So ist es außerdem möglich, bei Gruppen mit unterschiedlich alten Kindern oder mehreren Erwachsenen gemeinsam den Radweg zu benutzen und sich nicht zwischen Radweg und Gehweg aufteilen zu müssen. Beeinträchtigungen von Fußgängern, Kindern und deren Aufsichtspersonen werden hierdurch auf ein Mindestmaß beschränkt.*

Begr zur ÄndVO v. 18.5.2017 (BR-Drs. 771/17) **zu Abs. 3a:** *Auf Grund der Verortung der An-* **16j** *forderungen an Reifen für winterliche Wetterverhältnisse in die StVZO ist eine Anpassung des § 2 Abs. 3a in der Folge notwendig. Kfz müssen danach bei winterlichen Wetterverhältnissen (…) mit Reifen gefahren werden, die den Anforderungen des § 36 Absatz 4 der StVZO entsprechen. Die Regelung, dass Fahrzeuge der Klassen M2, M3, N2, N3, bei Glatteis, Schneeglätte, Schneematsch, Eis- oder Reifglätte gefahren werden dürfen, wenn mindestens an den Rädern der Antriebsachsen entsprechende Reifen für winterliche Wetterverhältnisse vorhanden sind, wird beibehalten.*
Bereits heute sind Winterreifen (dh Reifen mit M+S Kennzeichnung oder entsprechendem grobstolligen Profil) für die Mehrzahl der einspurigen Kfz nicht verfügbar. Gemäß der ECE-Regelung Nr. 117 dürfen lediglich Winterreifen der Klassen C1, C2 und C3 (Reifen für Pkw und Lkw) nachdem sie einen definierten Test erfüllt haben mit dem Alpine-Symbol gekennzeichnet werden. Für Motorradreifen ist dies bislang nicht möglich. Unterliegen einspurige Fz weiterhin der situativen Winterreifenpflicht, käme dies einem Fahrverbot bei Glatteis, Schneeglätte, Schneematsch, Eis- oder Reifglätte gleich, da es entsprechende Winterreifen für Motorräder, E-Bikes, Roller oder Mopeds nicht gibt. Mit der vorliegenden Verordnung werden einspurige Kfz (Motorräder, E-Bikes etc.) von der situativen Winterreifenpflicht ausgenommen. Einspurige Fz sind in diesem Sinne auch Krafträder mit einem Doppelrad gemäß Art. 3 Nr. 72 der VO Nr. 168/2013 des Europäischen Parlaments und des Rates über die Genehmigung und Marktüberwachung von zwei- oder dreirädrigen und vierrädrigen Fz oder ähnliche Krafträder, sofern diese mit Reifen der Klasse C1 (Pkw-Reifen) ausgerüstet sind. Gemäß einer Untersuchung des statistischen Bundesamtes über Zweiradunfälle im StrV im Jahr 2012 (erschienen am 3. September 2013, Artikelnummer: 5462408127004) hängt die Verkehrsteilnahme und damit auch die Unfallhäufigkeit von Zweirädern wesentlich von saisonalen Einflussfaktoren ab. Schlechte Straßen- und Witterungsverhältnisse, wie sie im Winterhalbjahr oft vorliegen, halten viele der ungeschützten Zweiradfahrer ohnehin von den Straßen fern. Eine von der Bundesanstalt für Straßenwesen (BASt) … 2014 durchgeführte Analyse von Unfällen mit Motorrädern … lässt eine erhöhte Unfallhäufigkeit … auf winterlichen Straßen nicht erkennen. Zudem sind auch keine Verkehrsbehinderungen durch wetterbedingt „liegengebliebene" Motorräder erkennbar. Darüber hinaus liegen keine Erkenntnisse vor, ob Winterreifen die Fahreigenschaften bei einspurigen Fz auf schnee- oder eisbedeckter Fahrbahn maßgeblich verbessern können. Das BMVI wird die Bundesanstalt für Straßenwesen beauftragen, den Einfluss von Winterreifen auf die Verkehrssicherheit von einspurigen Fz zu untersuchen. Sollten die Untersuchungsergebnisse Erkenntnisse liefern, wie Winterreifen die Fahreigenschaften einspuriger Fz auf Schnee, Eis oder Schneematsch entscheidend verbessern können, wird das BMVI die Aufnahme von Anforderungen an Winterreifen für diese Fahrzeuge prüfen. Ebenso sind mit der Änderung motorisierte Krankenfahrstühle von der … Winterreifenpflicht ausgenommen. Diese einsitzigen Fz (zulässige Höchstgeschwindigkeit 15 km/h) werden meist von älteren mobilitätseingeschränkten Personen im näheren Wohnumfeld benutzt, insbe-

sondere für Fahrten zum Arzt, zum Einkaufen oder zur allgemeinen sozialen Teilhabe. Für diese Fz sind entsprechende Winterreifen, soweit ersichtlich, nicht erhältlich, was iVm einer situativen Winterreifenpflicht im Ergebnis zu Einschränkungen für ältere und/oder mobilitätseingeschränkte Menschen führen könnte. Zudem erscheint durch die geringe Geschwindigkeit der Krankenfahrstühle die Ausnahme von der Winterreifenpflicht vertretbar. Zudem werden Stapler von der situativen Winterreifenpflicht ausgenommen. Ebenso wie Krankenfahrstühle sind diese Fz mit sehr geringen Geschwindigkeiten unterwegs und müssen zB im Werksverkehr zum Be- und Entladen von Lkw teilweise auch öffentlichen Verkehrsraum befahren. Für diese Fz sind ebenfalls keine Winterreifen verfügbar.

Zur Wahrung der Verkehrssicherheit wird für die FzF der von der Winterreifenpflicht ausgenommenen Fz eine Regelung für eine zusätzliche erhöhte Sorgfaltspflicht für das Fahren ohne Winterreifen bei Glatteis, Schneeglätte, Schneematsch, Eis- oder Reifglätte aufgenommen. Demnach muss der Fahrer eines Fz ohne Winterreifen bei diesen Wetterbedingungen über seine allgemeinen Verpflichtungen hinaus vor Antritt jeder Fahrt prüfen, ob es erforderlich ist, die Fahrt durchzuführen, da das Ziel mit anderen Verkehrsmitteln nicht erreichbar ist. Darüber hinaus muss er während der Fahrt einen Abstand in Metern zu einem vorausfahrenden Fz von mindestens der Hälfte des auf dem Geschwindigkeitsmesser angezeigten Zahlenwertes der gefahrenen Geschwindigkeit einhalten und darf nicht schneller als 50 km/h fahren, wenn nicht eine geringere Geschwindigkeit geboten ist. In den seltenen Fällen, in denen die Fz nicht über einen Geschwindigkeitsmesser verfügen (zB bei sehr alten historischen Fz) kommt dem Fahrer hinsichtlich des Abstands zu vorausfahrenden VT eine erhöhte Sorgfalt zu. In jedem Fall ist der Abstand so zu wählen, dass das Fz rechtzeitig hinter dem vorausfahrenden Fz zum Stehen kommen kann.

16k   **Begr** *zur ÄndVStVR v. 20.4.2020 (BR-Drs. 591/19)* **zu Abs. 4 Satz 1:** *Durch die Umstellung des § 2 Abs. 4 S. 1 wird herausgestellt, dass das Nebeneinanderfahren von Rad Fahrenden generell erlaubt ist, sofern der V nicht behindert wird. Die bisherige Regelung legte den Fokus auf das Hintereinanderfahren, indem sie die Formulierung, dass mit Fahrrädern einzeln hintereinander gefahren werden muss, voranstellte. Sie konnte dergestalt missverstanden werden, dass ein Nebeneinanderfahren nur in Ausnahmefällen erfolgen könne. Tatsächlich ist dieses jedoch bei nicht vorhandener Verkehrsbehinderung generell erlaubt. Durch die neue Positiv-Formulierung wird diesem Umstand ausreichend Rechnung getragen und Missverständnissen vorgebeugt.*

16l   **Begr** *zur ÄndVStVR v. 20.4.2020 (BR-Drs. 591/19)* **zu Abs. 5 S. 7:** *Infolge der Einfügung der Möglichkeit, dass Kinder auch auf Radwegen ihre Aufsichtspersonen begleiten dürfen, welche mit der letzten StVO-Novelle ... durch den Bundesrat eingefügt wurde, ist nicht eindeutig, ob Kinder auch auf Radwegen vor Überqueren der Fahrbahn absteigen müssen. Diese Unklarheit wird durch die Änderung nun beseitigt.*

VwV zu § 2 Straßenbenutzung durch Fahrzeuge

Zu Absatz 1

17 1   I. Zwei Fahrbahnen sind nur dann vorhanden, wenn die Fahrstreifen für beide Fahrtrichtungen durch Mittelstreifen, Trenninseln, abgegrenzte Gleiskörper, Schutzplanken oder andere bauliche Einrichtungen getrennt sind.

2   Ist bei besonders breiten Mittelstreifen, Gleiskörpern und dergleichen der räumliche Zusammenhang zweier paralleler Fahrbahnen nicht mehr erkennbar, so ist der Verkehr durch Verkehrszeichen auf die richtige Fahrbahn zu leiten.

17a   II. Für Straßen mit drei Fahrbahnen gilt folgendes:

3   1. Die mittlere Fahrbahn ist in der Regel dem schnelleren Kraftfahrzeugverkehr aus beiden Richtungen vorzubehalten. Es ist zu erwägen, auf beiden äußeren Fahrbahnen jeweils nur eine Fahrtrichtung zuzulassen.

4   2. In der Regel sollte die Straße mit drei Fahrbahnen an den Kreuzungen und Einmündungen die Vorfahrt erhalten. Schwierigkeiten können sich dabei ergeben, wenn die kreuzende Straße eine gewisse Verkehrsbedeutung hat oder wenn der Abbiegeverkehr aus der mittleren der drei Fahrbahnen nicht ganz unbedeutend ist. In solchen Fällen kann es sich empfehlen, den äußeren Fahrbahnen an den Kreuzungen und Einmündungen die Vorfahrt zu nehmen. Das ist aber nur dann zu verantworten, wenn die Wartepflicht für die Benutzer dieser Fahrbahnen besonders deutlich zum Ausdruck gebracht werden kann. Auch sollen, wo möglich, die äußeren Fahrbahnen in diesen Fällen jeweils nur für eine Richtung zugelassen werden.

5   3. In vielen Fällen wird sich allein durch Verkehrszeichen eine befriedigende Verkehrsregelung nicht erreichen lassen. Die Regelung durch Lichtzeichen ist in solchen Fällen aber schwierig, weil eine ausreichende Leistungsfähigkeit kaum zu erzielen ist. Anzustreben ist daher eine bauliche Gestaltung, die eine besondere Verkehrsregelung für die äußeren Fahrbahnen entbehrlich macht.

6   III. Auf Straßen mit vier Fahrbahnen sind in der Regel die beiden mittleren dem schnelleren Fahr-   **18**
     zeugverkehr vorzubehalten. Außerhalb geschlossener Ortschaften werden sie in der Regel
     als Kraftfahrstraßen (Zeichen 331.1) zu kennzeichnen sein. Ob das innerhalb geschlossener
     Ortschaften zu verantworten ist, bedarf gründlicher Erwägungen vor allem dann, wenn in
     kleineren Abständen Kreuzungen und Einmündungen vorhanden sind. Wo das Zeichen
     „Kraftfahrstraße" nicht verwendet werden kann, wird in der Regel ein Verkehrsverbot für Rad-
     fahrer und andere langsame Fahrzeuge (Zeichen 250 mit entsprechenden Sinnbildern) zu er-
     lassen sein.
     Durch Zeichen 283 das Halten zu verbieten, empfiehlt sich in jedem Fall, wenn es nicht
     schon durch § 18 Abs. 8 verboten ist. Die beiden äußeren Fahrbahnen bedürfen, wenn die
     mittleren als Kraftfahrstraßen gekennzeichnet sind, keiner Beschilderung, die die Benutzung
     der Fahrbahn regelt; andernfalls sind sie durch Zeichen 251 für Kraftwagen und sonstige
     mehrspurige Kraftfahrzeuge mit Zusatzzeichen z. B. „Anlieger oder Parken frei" zu kenn-
     zeichnen; zusätzlich kann es auch ratsam sein, zur Verdeutlichung das Zeichen 314 „Park-
     platz" anzubringen. Im übrigen ist auch bei Straßen mit vier Fahrbahnen stets zu erwägen,
     auf den beiden äußeren Fahrbahnen jeweils nur eine Fahrtrichtung zuzulassen.

Zu Absatz 3

7   Wo es im Interesse des Schienenbahnverkehrs geboten ist, den übrigen Fahrverkehr vom Schie-   **19**
     nenraum fernzuhalten, kann das durch einfache bauliche Maßnahmen, wie Anbringung von Bord-
     steinen, oder durch Fahrstreifenbegrenzungen (Zeichen 295) oder Sperrflächen (Zeichen 298)
     oder durch geeignete Verkehrseinrichtungen, wie Geländer oder Absperrgeräte (§ 43 Abs. 1 und
     3) erreicht werden.

Zu Absatz 4 Satz 2

     I. Allgemeines   **20**

8   1. Benutzungspflichtige Radwege sind mit Zeichen 237 gekennzeichnete baulich angelegte
        Radwege und Radfahrstreifen, mit Zeichen 240 gekennzeichnete gemeinsame Geh- und
        Radwege sowie die mit Zeichen 241 gekennzeichneten für den Radverkehr bestimmten
        Teile von getrennten Rad- und Gehwegen.

9   2. Benutzungspflichtige Radwege dürfen nur angeordnet werden, wenn ausreichende Flä-
        chen für den Fußgängerverkehr zur Verfügung stehen. Sie dürfen nur dort angeordnet
        werden, wo es die Verkehrssicherheit oder der Verkehrsablauf erfordern. Innerorts kann
        dies insbesondere für Vorfahrtstraßen mit starkem Kraftfahrzeugverkehr gelten.

10   3. Ein Radfahrstreifen ist ein mit Zeichen 237 gekennzeichneter und durch Zeichen 295 von
        der Fahrbahn abgetrennter Sonderweg. Das Zeichen 295 ist in der Regel in Breitstrich
        (0,25 m) auszuführen. Zur besseren Erkennbarkeit des Radfahrstreifens kann in seinem
        Verlauf das Zeichen 237 in regelmäßigen Abständen markiert werden. Werden Radfahr-
        streifen an Straßen mit starkem Kraftfahrzeugverkehr angelegt, ist ein breiter Radfahrstrei-
        fen oder ein zusätzlicher Sicherheitsraum zum fließenden Verkehr erforderlich. Radfahr-
        streifen sind in Kreisverkehren nicht zulässig.

11   4. Ist ein Radfahrstreifen nicht zu verwirklichen, kann auf der Fahrbahn ein Schutzstreifen
        angelegt werden. Ist das nicht möglich, ist die Freigabe des Gehweges zur Mitbenutzung
        durch den Radverkehr in Betracht zu ziehen. Zum Gehweg vgl. zu Zeichen 239.

12   5. Ein Schutzstreifen ist ein durch Zeichen 340 gekennzeichneter und zusätzlich in regelmäßi-
        gen Abständen mit dem Sinnbild „Fahrräder" markierter Teil der Fahrbahn. Er kann innerhalb
        geschlossener Ortschaften auf Straßen mit einer zulässigen Höchstgeschwindigkeit von bis
        zu 50 km/h markiert werden, wenn die Verkehrszusammensetzung eine Mitbenutzung des
        Schutzstreifens durch den Kraftfahrzeugverkehr nur in seltenen Fällen erfordert. Er muss so
        breit sein, dass er einschließlich des Sicherheitsraumes einen hinreichenden Bewegungs-
        raum für den Radfahrer bietet. Der abzüglich Schutzstreifen verbleibende Fahrbahnteil muss
        so breit sein, dass sich zwei Personenkraftwagen gefahrlos begegnen können. Schutzstrei-
        fen sind in Kreisverkehren nicht zulässig. Zum Schutzstreifen vgl. Nummer II zu Zeichen 340;
        Rn. 3 ff.

13   Hinsichtlich der Gestaltung von Radverkehrsanlagen wird auf die Empfehlungen für Rad-
        verkehrsanlagen (ERA) der Forschungsgesellschaft für Straßen- und Verkehrswesen
        (FGSV) in der jeweils gültigen Fassung hingewiesen.

     II. Radwegebenutzungspflicht   **20a**

14   Ist aus Verkehrssicherheitsgründen die Anordnung der Radwegebenutzungspflicht mit den
     Zeichen 237, 240 oder 241 erforderlich, so ist sie, wenn nachfolgende Voraussetzungen er-
     füllt sind, vorzunehmen.

15   Voraussetzung für die Kennzeichnung ist, daß

     1. eine für den Radverkehr bestimmte Verkehrsfläche vorhanden ist oder angelegt werden
        kann. Das ist der Fall, wenn

        a) von der Fahrbahn ein Radweg baulich oder ein Radfahrstreifen mit Zeichen 295 „Fahr-
           bahnbegrenzung" abgetrennt werden kann oder

        b) der Gehweg von dem Radverkehr und dem Fußgängerverkehr getrennt oder gemein-
           sam benutzt werden kann,

16   2. die Benutzung des Radweges nach der Beschaffenheit und dem Zustand zumutbar sowie die Linienführung eindeutig, stetig und sicher ist. Das ist der Fall, wenn

17   a) er unter Berücksichtigung der gewünschten Verkehrsbedürfnisse ausreichend breit, befestigt und einschließlich eines Sicherheitsraums frei von Hindernissen beschaffen ist. Dies bestimmt sich im allgemeinen unter Berücksichtigung insbesondere der Verkehrssicherheit, der Verkehrsbelastung, der Verkehrsbedeutung, der Verkehrsstruktur, des Verkehrsablaufs, der Flächenverfügbarkeit und der Art und Intensität der Umfeldnutzung. Die lichte Breite (befestigter Verkehrsraum mit Sicherheitsraum) soll in der Regel dabei durchgehend betragen:

18   aa) Zeichen 237
           – baulich angelegter Radweg   möglichst 2,00 m
                                          mindestens 1,50 m

19   – Radfahrstreifen (einschließlich Breite
           des Zeichens 295)   möglichst 1,85 m
                                            mindestens 1,50 m

20   bb) Zeichen 240
           – gemeinsamer Fuß- und Radweg
              innerorts   mindestens 2,50 m
              außerorts   mindestens 2,00 m

21   cc) Zeichen 241
           – getrennter Fuß- und Radweg
              für den Radweg   mindestens 1,50 m
Zur lichten Breite bei der Freigabe linker Radwege für die Gegenrichtung vgl. Nummer II S. 3 zu § 2 Abs. 4 Satz 3.

22   Ausnahmsweise und nach sorgfältiger Überprüfung kann von den Mindestmaßen dann, wenn es aufgrund der örtlichen oder verkehrlichen Verhältnisse erforderlich und verhältnismäßig ist, an kurzen Abschnitten (z. B. kurze Engstelle) unter Wahrung der Verkehrssicherheit abgewichen werden.

23   Die vorgegebenen Maße für die lichte Breite beziehen sich auf ein einspuriges Fahrrad. Andere Fahrräder (vgl. Definition des Übereinkommens über den Straßenverkehr vom 8. November 1968, BGBl. 1977 II S. 809) wie mehrspurige Lastenfahrräder und Fahrräder mit Anhänger werden davon nicht erfasst. Die Führer anderer Fahrräder sollen in der Regel dann, wenn die Benutzung des Radweges nach den Umständen des Einzelfalles unzumutbar ist, nicht beanstandet werden, wenn sie den Radweg nicht benutzen;

24   b) die Verkehrsfläche nach den allgemeinen Regeln der Baukunst und Technik in einem den Erfordernissen des Radverkehrs genügenden Zustand gebaut und unterhalten wird und

25   c) die Linienführung im Streckenverlauf und die Radwegeführung an Kreuzungen und Einmündungen auch für den Ortsfremden eindeutig erkennbar, im Verlauf stetig und insbesondere an Kreuzungen, Einmündungen und verkehrsreichen Grundstückszufahrten sicher gestaltet sind.

26   Das Abbiegen an Kreuzungen und Einmündungen sowie das Einfahren an verkehrsreichen Grundstückszufahrten ist mit Gefahren verbunden. Auf eine ausreichende Sicht zwischen dem Kraftfahrzeugverkehr und dem Radverkehr ist deshalb besonders zu achten. So ist es notwendig, den Radverkehr bereits rechtzeitig vor der Kreuzung oder Einmündung im Sichtfeld des Kraftfahrzeugverkehrs zu führen und die Radwegeführung an der Kreuzung oder Einmündung darauf abzustimmen. Zur Radwegeführung vgl. zu § 9 Abs. 2 und 3; Rn. 3 ff.

27   3. und bei Radfahrstreifen die Verkehrsbelastung und Verkehrsstruktur auf der Fahrbahn sowie im Umfeld die örtlichen Nutzungsansprüche auch für den ruhenden Verkehr nicht entgegenstehen.

20b   28   III. Über die Kennzeichnung von Radwegen mit dem Zeichen 237, 240 oder 241 entscheidet die Straßenverkehrsbehörde nach Anhörung der Straßenbaubehörde und der Polizei. In die Entscheidung ist, soweit örtlich vorhanden, die flächenhafte Radverkehrsplanung der Gemeinden und Träger der Straßenbaulast einzubeziehen. Auch kann sich empfehlen, zusätzlich Sachkundige aus Kreisen der Radfahrer, der Fußgänger und der Kraftfahrer zu beteiligen.

20c   29   IV. Die Straßenverkehrsbehörde, die Straßenbaubehörde sowie die Polizei sind gehalten, bei jeder sich bietenden Gelegenheit die Radverkehrsanlagen auf ihre Zweckmäßigkeit hin zu prüfen und den Zustand der Sonderwege zu überwachen. Erforderlichenfalls sind von der Straßenverkehrsbehörde sowie der Polizei bauliche Maßnahmen bei der Straßenbaubehörde anzuregen. Vgl. Nummer IV S. 1 zu § 45 Abs. 3; Rn. 56.

Zu Absatz 4 Satz 3 und Satz 4

21   I. Radwege ohne Benutzungspflicht

30   Radwege ohne Benutzungspflicht sind für den Radverkehr vorgesehene Verkehrsflächen ohne Zeichen 237, 240 oder 241. Dabei ist zu beachten, dass

31   1. der Radverkehr insbesondere an Kreuzungen, Einmündungen und verkehrsreichen Grundstückszufahrten durch Markierungen sicher geführt wird und

32   2. ausreichend Vorsorge getroffen ist, dass der Radweg nicht durch den ruhenden Verkehr genutzt wird.

     II. Freigabe linker Radwege (Radverkehr in Gegenrichtung)   22

33   1. Die Benutzung von in Fahrtrichtung links angelegten Radwegen in Gegenrichtung ist insbesondere innerhalb geschlossener Ortschaften mit besondere Gefahren verbunden und soll deshalb grundsätzlich nicht angeordnet werden.

34   2. Auf baulich angelegten Radwegen kann nach sorgfältiger Prüfung die Benutzungspflicht auch für den Radverkehr in Gegenrichtung mit Zeichen 237, 240 oder 241 oder ein Benutzungsrecht durch das Zusatzzeichen „Radverkehr frei" (1022-10) angeordnet werden.

35   3. Eine Benutzungspflicht kommt in der Regel außerhalb geschlossener Ortschaften, ein Benutzungsrecht innerhalb geschlossener Ortschaften ausnahmsweise in Betracht.

36   4. Am Anfang und am Ende einer solchen Anordnung ist eine sichere Querungsmöglichkeit der Fahrbahn zu schaffen.

37   5. Voraussetzung für die Anordnung ist, dass
        a) die lichte Breite des Radweges einschließlich der seitlichen Sicherheitsräume durchgehend in der Regel 2,40 m, mindestens 2,0 m beträgt;
        b) nur wenige Kreuzungen, Einmündungen und verkehrsreiche Grundstückszufahrten zu überqueren sind;
        c) dort auch zwischen dem in Gegenrichtung fahrenden Radfahrer und dem Kraftfahrzeugverkehr ausreichend Sicht besteht.

38   6. An Kreuzungen und Einmündungen sowie an verkehrsreichen Grundstückszufahrten ist für den Fahrzeugverkehr auf der untergeordneten Straße das Zeichen 205 „Vorfahrt gewähren!" oder Zeichen 206 „Halt. Vorfahrt gewähren!" jeweils mit dem Zusatzzeichen mit dem Sinnbild eines Fahrrades und zwei gegengerichteten waagerechten Pfeilen (1000-32) anzuordnen. Zum Standort der Zeichen vgl. Nummer I zu Zeichen 205 und 206. Bei Zweifeln, ob der Radweg noch zu der vorfahrtsberechtigten Straße gehört vgl. Nummer I zu § 9 Absatz 3; Randnummer 8.

Zu Absatz 4 Satz 5

39   Ein Seitenstreifen ist der unmittelbar neben der Fahrbahn liegende Teil der Straße. Er kann befestigt oder unbefestigt sein.   23

40   Radfahrer haben das Recht, einen Seitenstreifen zu benutzen. Eine Benutzungspflicht besteht dagegen nicht. Sollen Seitenstreifen nach ihrer Zweckbestimmung auch der Benutzung durch Radfahrer dienen, ist auf eine zumutbare Beschaffenheit und einen zumutbaren Zustand zu achten.

Übersicht

24   **1. Pflicht zur Fahrbahnbenutzung mit Fahrzeugen.** I betrifft nur den FahrV, nicht auch das Halten und Parken (BVerwG NZV **93** 44, Ce VersR **76** 1068, KG VRS **45** 66, aM Ko VRS **45** 48). Denn § 2 regelt den fahrenden *Längsverkehr* (Begr; BGHSt **33** 278 = NJW **85** 2540, Hb DAR **85** 292, VM **88** 94). Dieser hat die Fahrbahn zu benutzen, außer, soweit möglich, beim Halten, Parken (§ 12), bei Pannen, die zum Liegenbleiben führen (§ 15 Rn. 2, § 18 Rn. 24), und soweit er nicht auf Sonderwege verwiesen ist. Querender und einbiegender V wird durch § 2 nicht geschützt (Ha NJW-RR **18** 1178; jurisPK-StVR/*Müther* Rn. 9). Aus Abs. 1 S. 1, Hs. 2 und Abs. 2 folgt, dass die Fahrbahn nur in Richtung ihres Verlaufs (z. B. bei Richtungsfahrbahnen) befahren werden darf (KG VM **96** 66: ungeschriebenes Tatbestandsmerkmal), grundsätzlich auch nicht quer zu den Fahrtrichtungen (KG VM **96** 66 (Radf)). Die Fahrbahn ist durch die Art ihrer Befestigung (Bauweise) oder durch eine Fahrbahnbegrenzung (Z 295) gekennzeichnet. Breite und Grenzen der befestigten Fahrbahn müssen äußerlich deutlich sichtbar sein (BGH VRS **4** 178, KG VRS **62** 63 (unterschiedlicher Belag, Bordstein)), denn das Verhalten des fahrenden Verkehrs und die VSicherheit hängen davon ab. Auf wegerechtliches Eigentum kommt es nicht an. Auf der Fahrbahn ist der Fahrverkehr gegenüber den Fußgängern, soweit sie sie mitbenutzen dürfen, nicht geradezu bevorrechtigt, jedoch müssen Fußgänger dort die Beschränkungen nach §§ 25, 26 beachten, die meist auf Vorrang des Fahrverkehrs hinauslaufen. Fehlen Sonderwege, müssen auch die sonst auf sie verwiesenen VT (Reiter, Radf.) die Fahrbahn benutzen. In die Fahrbahn ohne Abgrenzung eingelassene Gleise dürfen ohne vermeidbare Bahnbehinderung befahren und bei ausreichender StrBreite auch zum Überholen benutzt werden (abw Kar VersR **78** 971). **Sonderfahrstreifen** für Busse sowie (ZusatzZ § 39 X) elektrisch betriebene Fz (hierzu § 3 EmoG Rn. 8) und Taxis sowie (ZusatzZ) Radf (Z 245) sind keine Seitenstreifen, sondern Bestandteil der Fahrbahn (LG Fra DAR **93** 393). Von der Fahrbahn baulich oder durch VZ abgegrenzte Schienen (Markierungsknopfreihe) gehören nicht dazu (Dü VkBl. **65** 91) und dürfen allenfalls zu vorsichtigem Ausweichen mitbenutzt werden (Ha VRS **9** 410), aber nicht bei Nebel (Dü VM **65** 91). Abzuziehen sind auch durch Bauzäune abgegrenzte Teile (Ha VRS **7** 222), nicht dagegen nur durch Absperrgeräte (§ 43) von der übrigen Fahrbahn abgegrenzte vorübergehende Baustellenbereiche (KG VRS **62** 63). Fahrstreifen: § 7.

25   **1a. Seitenstreifen** (I S. 2) ist der befestigte oder unbefestigte, unmittelbar neben der Fahrbahn befindliche (befahrbare) Teil der Str (Jn NZV **98** 166, DAR **99** 71, Kö NZV **97** 449, Ha DAR **94** 409, Dü VRS **72** 296), einschließlich etwaiger Haltebuchten (Bay DAR **03** 128, s. auch § 12 Rn. 58). Der Seitenstreifen umfasst nach dem Wortsinn nur einen Bereich, der schmaler ist als die Fahrbahn; optisch zur anderen (der Fahrbahn abgewandten) Seite hin abgegrenzte Bereiche gehören nicht dazu (Jn NZV **98** 166 (Baumreihe)). Grünflächen neben der Str, die nicht VFlächen sind, sind keine Seitenstreifen (Kar NZV **91** 38). Radwege sind keine Seitenstreifen iS von IV, sondern Sonderwege und schließen die Benutzung zum Parken durch Kfz aus. Seitenstreifen (Bankette, „Mehrzweckstreifen", „Standspuren") gehören, soweit sie nicht gem. Z 223.1 die rechtliche Qualität eines Fahrstreifens erlangt haben, **nicht zur Fahrbahn** (I S. 2; Fra VRS **82** 255; die abweichende Auffassung in BGHSt **30** 85 ist durch I S2 überholt, dazu Begr Rn. 16b), dienen nicht dem fließenden V und dürfen das reguläre Fahrverhalten nicht beeinflussen (Begr). Ihr baulicher Zustand braucht nicht dem der Fahrbahn zu entsprechen (Brn VRS **102** 188). Von Kfz und Fuhrwerken dürfen sie nur nach Maßgabe von § 5 VI S. 3, Anl 2 lfd. Nr. 68 Spalte 3 Gebote sowie Erläuterung zum Fahren und i Ü nur ausnahmsweise mit ihrem Zustand entsprechender Vorsicht benutzt werden (Halten, Parken, Liegenbleiben, Ausweichen; Jn DAR **99** 71), und zwar nur mit ermäßigter Geschwindigkeit, nicht mit der auf der Fahrbahn erlaubten (Brn VRS **102** 188). Bei Hindernissen auf der Fahrbahn kann es uU erlaubt sein, vorsichtig den Seitenstreifen mitzubenutzen (Dü DAR **00** 477 (Parkstreifen, um an MüllFz vorbeizufahren)). Vorbeifahren, Ausweichen: § 6, Halten, Parken: § 12, Liegenbleiben: § 15. Das **Bankett** dient nicht dem FahrV (BGH DAR **05** 210, Nü DAR **04** 150). Es soll warnen und das Zurücklenken ermöglichen (Schl NZV **95** 153, Jn DAR **99** 71), aber nicht stets bei hoher Geschwindigkeit (BGH DAR **05** 210; s. § 45 Rn. 53), und darf hierzu benutzt werden, ebenso bei Tragfähigkeit zum Halten, Parken, Ausweichen und bei einer Panne (Bay VRS **34** 76). Aus dem Bauzustand des Bankett muss seine Tragfähigkeit einigermaßen hervorgehen (BGH NJW **57** 1396, Stu DAR **55** 108). Hat es keine feste Decke, so dürfen schwere Fz es nicht benutzen (§ 45 Rn. 53; BGH NJW **57** 1396, VRS **14** 58). Auch der linke AB-Randstreifen zum Grünstreifen hin gehört nicht zur Fahrbahn, er ermöglicht nur deren Ausnutzung bis zum Rand und mitunter das Ausweichen und Beiseitefahren im Notfall (Kö VersR **66** 834), schon gar nicht die Grünfläche eines Mittelstreifens (Kar DAR **07** 335, zur VSicherungspflicht insoweit § 45 Rn. 53, unter „Straßenbäume"). Unzulässiges Befahren der **AB-Standspur** verstößt gegen das Gebot des I (Dü VRS **70** 35, NJW **94** 1809, Kö VRS **74** 139, s. auch § 18 Rn. 14b).

1b. Einfädelungsstreifen (auch: „Beschleunigungsstreifen") sind nach wohl überwiegender **25a** Ansicht nicht Bestandteil der Richtungsfahrbahn, sondern selbstständige Fahrbahnen (Bay DAR **70** 276, Ha DAR **75** 277, Ko DAR **87** 158, *Cramer* § 5 Rn. 6, BHHJ/*Heß* § 5 Rn. 59), obwohl § 7a II (der dann überflüssig ist) die Ansicht stützt, dass es sich um unselbstständige Bestandteile der Richtungsfahrbahn handelt (BGHSt **30** 85 = NJW **81** 1968, Kö VRS **62** 303). Sie dienen ausschließlich dem zügigen Einfädeln, soweit der durchgehende Verkehr dies zulässt (Ko DAR **87** 158). Deshalb gilt das Rechtsfahrgebot des durchgehenden Verkehrs für sie nicht (Fra VersR **86** 1195). Auf Einfädelungsstreifen darf schneller gefahren werden als auf dem angestrebten Fahrstreifen (§ 7a II). Die vormals vertretene Auffassung, dass dies auch für **Ausfädelungsstreifen** (Verzögerungsstreifen) gilt, ist nach der Normierung von § 7a III nicht mehr haltbar (dort Rn. 6).

Literatur: *Mühlhaus*, Beschleunigungs- und Verzögerungsstreifen, DAR **75** 64. **25b**

1c. Bei **zwei Fahrbahnen** ist die rechte zu benutzen (I S. 1). Fahrbahnen in diesem Sinn sind **26** nur baulich oder durch VEinrichtungen getrennte, s. VwV, Rn. 17, nicht nur durch eine Fahrstreifenbegrenzung (Z 295), auch nicht Fahrstreifen oder Sonderwege (Rn. 28–30). AB-Falschfahrer: § 18. Schienen in Straßenmitte ohne bauliche Abgrenzung (Mitbenutzung durch Fahrverkehr) schaffen keine zwei Fahrbahnen.

Die Benutzung **mehrerer getrennter Fahrbahnen** ist durch VZ zu regeln (VwV, Rn. 17). **27** Straßen mit mehreren getrennten Fahrbahnen bleiben zwar dieselbe Straße, doch gelten Zusatzschilder „Frei für Anlieger" nur für die Fahrbahn, an der sie aufgestellt sind (aM Ce VRS **34** 473), andere Anlieger dürfen diese Fahrbahn nicht benutzen.

2. Sonderwege sind die Rad-, Reit- und Gehwege (Z 237, 238, 239), Rad- und Gehwege **28** auch ohne Kennzeichnung, wenn sie baulich oder auf andere Weise (zB Radfahrstreifen, VwV Rn. 10) deutlich von Fahrbahnen oder Seitenstreifen zur Sonderbenutzung abgetrennt sind). Offensichtliche bauliche Beschaffenheit oder örtliche Verhältnisse können auch ohne VZ anzeigen, dass bestimmte Fz von der Benutzung ausgeschlossen sind (BGH DAR **58** 51). Zu **Radwegen: Rn. 67.** Sonderwege dürfen nur und müssen von ihrer VArt benutzt werden (Anl 1 Abschnitt 5; Ausnahme: § 2 IV S. 3, V; BGH VRS **37** 443, Bay VRS **56** 48), nur notfalls auch von anderen VT, bei vorrangigem Interesse daran (Hb DAR **60** 241, Kö VRS **15** 405; s. auch Rn. 29 (Gehweg)). Befugte wie unbefugte Sonderwegbenutzer müssen bei Begegnungen rechts bleiben (II) und links überholen (§ 5). Durch VVerbote (Z 250–269) können bestimmte VArten von einer Fahrbahn ausgeschlossen werden. Busspuren für den öffentlichen Personenverkehr: Rn. 24 und § 37 Rn. 56, Z 245 (hierzu § 41 Rn. 248d).

2a. Gehwege (Begriff: § 25 Rn. 12, s. auch Rn. 4–7 und Z 239) sind als Sonderwege den **29** Fußgängern vorbehalten, andere VArten sind, außer an Grundstücksausfahrten und die bis zu 10-

jährigen Radf (Rn. 29a), von ihnen ausgeschlossen (Kö VRS **102** 469, Dü VersR **96** 1121, BVerwG VM **80** 75). Mit Gefährdung durch Fz müssen Fußgänger dort nicht rechnen (Mü VM **77** 38). Auf Gehwegen darf der Fußgänger entsprechend seiner Persönlichkeitsentfaltung frei gehen, stehen und auch seitliche Bewegungen machen, ohne sich einem Fahrlässigkeitsvorwurf auszusetzen. Er unterliegt nur dem § 1 II. Kinder mit „Spielfahrrädern" (Rn. 29a) dürfen sich nur auf Gehflächen bewegen (§ 24 I, § 31), aber nur langsam und ohne Gefährdung anderer (Mü VM **77** 38). Krankenfahrstühle und besondere Fortbewegungsmittel (§ 24) dürfen auf Gehflächen benutzt bzw. geführt werden. Fahrräder und andere Fz dürfen nach Maßgabe von § 25 II von Fußgängern auf Gehwegen mitgeführt (zB geschoben) werden. IÜ sind Mopeds, FmH, Mofas, über 10-jährige Radf und alle Kfz, andere Fz und Reiter von ihnen ausgeschlossen (BVerwG VM **80** 75). Kurzes Befahren des Gehwegs aus Zwangsgründen nur unter äußerster Sorgfalt und bei sofortiger Anhaltebereitschaft (Ha VersR **87** 1246). Fußgänger haben stets den Vortritt. Wer einen Kf hindert, den Gehweg rechtswidrig zu befahren, verletzt § 1 nicht (Selbstjustiz ist jedoch unerlaubt; § 1 Rn. 40). Ist das Erreichen eines Grundstücks (= VFläche, die nicht dem fließenden V dient, s. § 9 Rn. 45), zB auch eines Parkplatzes, einer Tankstelle usw, nur über einen Gehweg möglich, so darf dieser mit Fz überquert werden, bei Einrichtung einer besonderen Zufahrt (abgesenkter Bordstein) jedoch nur dort (BGH NJW **85** 2540, Dü DAR **84** 156, VRS **81** 379, Hb DAR **85** 292). Das **Radfahren auf Gehflächen** stellt einen groben Verkehrsverstoß dar (Ce MDR **03** 928, Ha NZV **95** 152, Kar NZV **91** 154, LG Dessau NZV **06** 149). Zur verbreiteten Missachtung von VRegeln durch Radf Ha NZV **95** 449, Spiegel VGT **84** 17 mit Entgegnung *Eger* PVT **84** 371, *Kramer* NZV **00** 283, *Weinberger* DNP **87** 189, *Lang* VGT **93** 99, *Kullik* PVT **95** 140; s. auch Begr zur VerwarnVwV, VkBl. **00** 117. Ein erwachsener Radf, der widerrechtlich den **Gehweg befährt** und mit einem sich beim Verlassen einer Grundstücksausfahrt vorschriftsmäßig verhaltenden Kf kollidiert, hat seinen **Schaden allein zu tragen** (Ce MDR **03** 928, Kar NZV **91** 154 mAnm *Haarmann* NZV **92** 175, Ha NZV **95** 152, Mü ZfS **97** 171, Dr NZV **13** 389 (selbst bei geringfügigem Mitverschulden des Kf), LG Erfurt NZV **07** 521, AG Fra NZV **08** 576 mAnm *Bihler*), ebenso bei Kollision mit einem gegenüber dem FahrbahnV wartepflichtigen FzF (§ 8 Rn. 30 sowie § 9 StVG Rn. 16). Weit ausholend und letztlich nicht überzeugend nimmt Sa NZV **11** 612 gleichwohl einen Haftungsanteil von 70% des (etwas) unvorsichtig Ausfahrenden an. Wer als Radf einen auf dem Radweg fahrenden anderen Radf unter Benutzung des eine durchgehende Linie getrennten Gehwegs überholt und mit ihm kollidiert, weil der Überholte nach links ausschert, haftet mit (Ha NZV **95** 316). Das Verbot des Radfahrens auf Gehwegen dient auch dem Schutz von Kf, die eine Ausfahrt über den Gehweg verlassen (Hb NZV **92** 281; iErg zustAnm *Grüneberg;* Ha NZV **95** 152, LG Dessau NZV **06** 149, s. auch Kar NZV **91** 154, aM Dü NZV **96** 119, *Haarmann* NZV **92** 175), nach BGH NJWE-VHR **96** 114, Dü VersR **96** 1120 (zust *Looschelders* VersR **96** 1123, abl *Greger* NZV **97** 39) auch dem Schutz anderer, ebenfalls verbotswidrig den Gehweg befahrender Radf iS einer Haftung aus § 823 I BGB bei dadurch verursachter Schädigung (aM Fra VM **96** 39; zust *Grüneberg* NZV **97** 419). Eltern, Aufsichtspflichtige und Lehrer, die über 8-jährige Kinder zum Befahren von Gehflächen mit nicht zugelassenen Fz ermuntern oder veranlassen, sind Beteiligte iS des § 14 OWiG (*Pardey* DAR **01** 5) und haften zivilrechtlich für Schäden (Dü MDR **75** 580). Ein ZusatzZ (Radf frei) erlaubt das Radfahren nur in der Richtung, für die es erkennbar aufgestellt ist. Mitbenutzung des Gehwegs zum Parken: § 12 Rn. 55. Kombinierter Geh- und Radweg: § 41 Rn. 248c.

29a   **Radfahrende Kinder (V).** Die Regelung unterscheidet zwischen Kindern bis zum vollendeten achten Lebensjahr (also bis zum 8. Geburtstag, OLGR Ko **05** 484; abw. wohl BHHJ/*Heß* Rn. 63; *D. Müller* SVR **11** 361) und solchen bis zum vollendeten 10. Lebensjahr. **Unter 8-jährige Kinder** sind grds. von der Fahrbahn ausgeschlossen. Dort wären sie wegen ihres entwicklungsbedingt fehlenden Verkehrsverständnisses (§ 25 Rn. 26), das die Kf idR missverstehen, besonders gefährdet. Sie müssen daher den rechten oder linken Gehweg benutzen (V S. 1), sofern nicht ein baulich von der Fahrbahn getrennter Radweg vorhanden (V S. 2). Mit dem durch die 1. StVOÄndV 2016 eingeführten V S. 2 kehrt der VOGeber fast wieder zum Rechtszustand bis 1997 zurück (dazu Rn. 16c). Der Lebenswirklichkeit wird die Neuregelung, die allerdings anders als die vormalige nur für *baulich von der Fahrbahn getrennte Radwege* gilt, ungeachtet dessen besser gerecht als die seither geltende (näher Begr Rn. 16i). Benutzen Kinder die Radwege, so unterliegen sie den für Radfahrer geltenden Regelungen (*Rüth/Berr/Berz* Rn. 53). Die Benutzungspflicht für Gehwege gilt für beide Richtungen (KG VRS **68** 284, *Händel* DNP **80** 253, *Bouska* DAR **82** 112). Zu den Gehwegen werden auch alle Fußgängerbereiche zu rechnen sein (*Bouska* DAR **82** 113). Auf die Gehwegbreite kommt es nicht an. Er muss auch bei teilweiser unerlaubter

Mitbeparkung benutzt werden. Die Vorschrift ist nicht auf VTeilnahme iS zielgerichteten Fahrens beschränkt. Gehwegbenutzung daher auch beim spielerischen Umherfahren. Nach V S. 3 besteht nunmehr ein Begleitungsrecht für eine Rad fahrende Aufsichtsperson auf dem Gehweg, dies freilich nur für Kinder bis zum 8. Lebensjahr. Zur Eignung der Aufsichtsperson sieht die Vorschrift „insbesondere" ein Mindestalter von 16 Jahren vor. Weitere Eignungsvoraussetzungen legt der Gesetzestext nicht fest. Das gilt auch für die nach der Entwurfsbegründung wünschenswerte Garantenstellung der Aufsichtsperson (dazu Begr Rn. 16i), die demgemäß nicht gesetzlich bestimmt ist. Ob sich angesichts der Neuregelung die Auffassung halten lässt, dass Kinder bis zum 8. Lebensjahr entgegen dem Wortlaut des V in Begleitung Erwachsener auf der Fahrbahn fahren dürfen (Familienausflug; *Bouska* DAR **82** 112, aM LG Mönchengladbach DAR **03** 562, *Beck* DAR **80** 236, *Händel* DNP **80** 253), ist sehr zw. Aus der Verwendung des Singulars in V S. 3 wird man schließen müssen, dass das Gehwegbenutzungsrecht nur für *eine* Aufsichtsperson gilt, weswegen nicht zB beide Eltern auf dem Gehweg fahren dürfen. Fehlen Geh- und Radweg, dürfen Kinder die Fahrbahn benutzen (Ha MDR **00** 454, BHHJ/*Heß* Rn. 64). **Kinder zwischen dem 8. und 10. Lebensjahr** (dazu auch oben) *dürfen* auf Gehwegen Rad fahren, können aber wahlweise auch die Fahrbahn oder Radwege benutzen; deswegen kein Wahlrecht für einen 10-jährigen, falls 2 als Sonderwege für Fußgänger gekennzeichnete Wege parallel laufen und nur einer davon für den RadfahrV freigegeben ist (OLGR Ko **05** 484). Kinder ab 10 Jahren dürfen Gehwege nicht mit Fahrrädern befahren, sondern müssen die Fahrbahn benutzen (*Händel* DNP **80** 253, *Bouska* VD **80** 199, DAR **82** 112; alle noch zu V aF), anders im Hinblick auf § 24 I jedoch dann, wenn sie Kinderfahrräder fahren. Die Regelung zum Gehwegbenutzungsrecht **ist nicht analogiefähig**. Namentlich unsichere ältere Radf dürfen deshalb nicht den Gehweg benutzen und müssen das Rad ggf. schieben oder auf das Radfahren ganz verzichten (Begr Rn. 16i).

Vorschriftsmäßig den Gehweg mit Rädern befahrende Kinder und Aufsichtspersonen unterliegen **den für den FußgängerV geltenden Regeln** (anders bei Benutzung von Radwegen, s. Rn. 29a). Das hat zur Folge, dass sie auf dem Gehweg auch entgegen der EinbahnStrRichtung fahren dürfen. Sie dürfen Fußgängern entgegenfahren und sie überholen. In beiden Fällen ist „besondere Rücksicht" zu nehmen (V S. 4), was ggf nur bei Schrittgeschwindigkeit (V S. 6) und äußerster Vorsicht (= Verständigung) möglich sein wird (s auch V S. 5 sowie § 1 II), uU muss vorübergehend abgestiegen werden. Mit der Regelung in V S. 7, wonach die auf dem Gehweg fahrende Kinder einschließlich Aufsichtsperson beim **Überqueren einer Fahrbahn** absteigen müssen, ist zugleich geklärt, dass für sie nicht etwa ein dem Benutzer der parallel verlaufenden Fahrbahn zustehendes Vorfahrtsrecht gilt. Der „Gehwegverkehr" muss insoweit insgesamt einheitlichen Regeln unterliegen. Daher steht Rad fahrenden Kindern einschließlich Aufsichtspersonen auch dann **kein Vorfahrtsrecht** zu, wenn sie entgegen V S. 7 nicht absteigen (Dü VRS **63** 66, BHHJ/*Heß* Rn. 64, aM *Bouska* DAR **82** 112, **89** 162); vielmehr haben sie sich auch dann wie Fußgänger zu verhalten. Entsprechendes gilt für das Abbiegen des Fahrbahnverkehrs im Verhältnis zum kindlichen RadfahrV auf Gehwegen (§ 9 Rn. 43). An Ausfahrten, bei denen die Fahrbahn nur durch Überqueren eines Gehwegs zu erreichen ist, müssen Kf die Regelung berücksichtigen und ihre Fahrweise nicht nur auf Fußgänger, sondern auch auf Rad fahrende Kinder einstellen (§ 10 Rn. 10a).

Die Begleitperson ist unmittelbarer Normadressat des V S. 4–7 und handelt bei dessen Verletzung nach § 49 I Nr. 2 ow. Zudem treffen sie ggf. zivilrechtliche Schadensersatzpflichten. Hingegen kommen Kinder unter 10 Jahren, erst recht unter 8 Jahren, nur sehr eingeschränkt als Adressaten der in V S. 4 bis 6 getroffenen Regelung in Frage. Deswegen haben diese Bestimmungen bei ohne Begleitperson fahrenden Kindern vor allem für die **Aufsichtspflichtigen** Bedeutung, namentlich die Eltern. Diese haben die Kinder entsprechend zu belehren (KG MDR **97** 840, *Händel* DNP **80** 253, *Schmid* DAR **82** 149) und dürfen ihnen die Fahrradbenutzung im öffentlichen VRaum erst dann gestatten, wenn sie sich von der Beherrschung des Rads und der Rücksichtnahme auf andere VT durch das Kind überzeugt haben (KG MDR **97** 840). OW der Eltern nach § 49 I Nr. 2, § 2 V S. 4–7 kommt aber nur in den Formen der Anstiftung oder Beihilfe nach § 14 OWiG in Betracht. Regelmäßig werden sie also nicht zur Rechenschaft gezogen werden können (*Bouska* DAR **82** 113). Zivilrechtlich werden sich die Eltern zumeist exkulpieren können (§ 832 I S. 2 BGB; s. auch BGH NJW **09** 1952, 1954; Ce NJW-RR **88** 216, *Fuchs-Wissemann* DRiZ **80** 458), aber nicht ohne Weiteres, wenn auf Grund der Umstände mit gesteigerter Risikobereitschaft des Kinds zu rechnen ist (KG MDR **97** 840). Ggf. vorschriftswidrig (ab vollendetem 8. Lebensjahr, Rn. 29a) mit dem Kind auf dem Gehweg mitfahrende Eltern können bei Schädigung Dritter durch das Kind allerdings wegen Aufsichtspflichtverletzung haften (vgl.

29b

29c

BGH NJW-RR **87** 1430). Zur **Aufsichtspflicht** der Eltern gegenüber Rad fahrenden Kindern s. auch Rn. 66. Zur Problematik der Regelung unter dem Aspekt der Haftung 43. Aufl. Rn. 29b.

30   **2b. Fußgängerzonen** (Rechtsgrundlage: §§ 6 I Nr. 15 StVG, 45 Ib Nr. 3, 4 StVO) sind Gehwege und -bereiche (OVG Münster VRS **99** 316) mit zeitlich und sachlich beschränktem Anlieger- und LieferfahrV, soweit durch ZusatzZ ausdrücklich zugelassen (Ko VRS **57** 448), ohne Parkerlaubnis während der Sperrzeit (Ce VRS **74** 66, Ol DAR **90** 271, Kö VRS **92** 362), weil auch Inanspruchnahme durch den ruhenden V „Benutzung" ist. Gekennzeichnet werden sie durch Z 242.1, 242.2 und stehen nur Fußgängern offen, auch mit Krankenfahrstühlen, Rollstühlen, die nicht in § 24 I genannt sind (s. § 24 II), geführten Fahrrädern und „sonstigen Fortbewegungsmitteln" (§ 24 StVO). Alle anderen Fz und Radfahrer (Ausnahme:V) sind ausgeschlossen, auch parkende KRäder (Kö VRS **92** 362). Besondere Verhaltensvorschriften für Fußgänger würden dem Wesen eines Gehbereichs widersprechen. Während des erlaubten Anlieger- und LieferV müssen sie auf diesen jedoch angemessen und ohne dessen Vortritt Rücksicht nehmen (§ 1); andererseits hat dieser nötigenfalls im Schritt zu fahren (Anl 2 lfd Nr. 21 Spalte 3 Nr. 2 zu Z 242.1 iVm Nr. 2 zu Z 239, § 41 Rn. 245n; s. auch § 42 Rn. 181 zu Z 325.1/ 325.2), auch Radf (§ 41 Rn. 248c, 248d), und, soweit möglich, rechts (§§ 1 II, 2), damit die Fußgänger, an das grundsätzliche Rechtsfahrgebot gewöhnt, nicht überrascht werden und der Charakter als Gehzone gewahrt bleibt. Die oftmals gebotene Schrittgeschwindigkeit wird Überholen idR ausschließen (vgl. LG Dortmund DAR **06** 281). Bei vorfahrtähnlichen Lagen innerhalb großer Fußgängerzonen muss an sich rechts vor links gelten, stets aber Verständigung (§ 1), für das Einfahren in den allgemeinen Verkehr gilt § 10. Fußgängerbereiche sind idR durch **straßenrechtliche Umwidmung** und bauliche Umgestaltung zu schaffen (BVerwG BayVBl **76** 692, OVG Lüneburg NJW **79** 1422), der die verkehrsrechtliche Beschilderung zu entsprechen hat (VZ 242.1, uU 250; *Bouska* VD **78** 243, *Körner* und *Kersten* BayVBl **78** 487). Die straßenrechtliche Umwidmung zur Fußgängerzone schließt ein Befahren grundsätzlich aus, erlaubt jedoch uU die Erteilung von Sondernutzungserlaubnissen zB für Anlieger (VGH Ma DÖV **80** 730). Ein zum Zweck der Einrichtung eines Fußgängerbereichs ohne wegerechtliche Widmungsbeschränkung aufgestelltes VZ 242.1 ist (trotz Fehlerhaftigkeit des Verwaltungsakts) zu befolgen (Dü VRS **67** 151). Parken entgegen Z 239 oder Z 242.1 ist ausschließlich nach StVO, nicht auch als Verstoß gegen Gemeindesatzung zu ahnden (Bay VRS **70** 53). Zur Frage der Beeinträchtigung von Gewerbebetrieben durch Anlage von Fußgängerbereichen BGH NJW **80** 2703.

30a   **Literatur:** *Peine,* Die Einrichtung von Fußgängerzonen, DÖV **78** 835, *Derselbe,* Rechtsfragen der Einrichtung von Fußgängerstraßen, Diss Bielefeld 1978. *Wendrich,* Zum unerlaubten Parken von Kfz in Fußgängerbereichen, DVBl **87** 505.

31   **2c. Radweg:** Rn. 20, 20a, 21, 28, 67–67b.

32   **3. Einbahnstraßen** müssen an allen Kreuzungen und Einmündungen gekennzeichnet sein. Das Z 267 (Verbot der Einfahrt; näher § 41 Rn. 248g) untersagt jedes Einfahren, auch rückwärts oder auf dem Gehweg (Hb VRS **30** 382). Auch auf Einbahnstraßen (Z 220) herrscht Rechtsfahrgebot (II; s. Rn. 33). Auf dem Gehweg Rad fahrende Kinder unter 10 Jahren: Rn. 29a. Zum Fahrradverkehr Rn. 67. **Kreisverkehr** ist Einbahnverkehr mit Rechtsfahrgebot (Ha DAR **04** 90 (auch bei nur einem Fahrstreifen), Sa NJW **73** 2216, Schl VM **59** 65, KG VRS **114** 119), jedoch mit Spielraum, da er nur nach rechts hin verlassen werden kann (Ce VM **66** 45).

33   **4. Das Rechtsfahrgebot** (II; zur Geschichte *Kießling/Steiger* NZV **08** 593) richtet sich wie viele andere Verhaltensgebote oder -verbote der StVO an den FzF. Der nicht in die Fz-Führung eingreifende Fahrlehrer während einer Ausbildungsfahrt ist deshalb nicht Normadressat (näher Rn. 73). Das Gebot soll sicherstellen, dass Fz sich gefahrlos begegnen und überholen können, dient also dem Schutz der VT, die sich in Längsrichtung auf derselben Str (Gegen- und Überholverkehr) bewegen (BGH DAR **11** 696, NJW **86** 2651, NZV **91** 23, Ha NZV **03** 181, Schl NZV **03** 188, Kö VersR **03** 219, Dü NZV **94** 328, *Haarmann* NZV **93** 374), nicht auch Kreuzende und Ein- und Abbieger (BGH NJW **81** 2301, VersR **77** 524, **75** 37, Bay NZV **89** 359, Jn DAR **00** 570, Sa VersR **81** 580, Kö VRS **94** 249, Ko VRS **50** 112, Dü NZV **88** 151, Ba VRS **84** 203), etwa den aus einer Grundstückseinfahrt Einbiegenden (BGH DAR **11** 696, KG NZV **07** 406), auch nicht überquerende Fußgänger (Ha NZV **03** 181, Kö VersR **03** 219, Nü VersR **80** 338, Kar VersR **79** 478, KG VM **85** 19, Ce ZfS **88** 188) oder solche, die sich aus anderen Gründen auf der Fahrbahn befinden (Kö VersR **03** 219, VRS **99** 401). Jedoch fragt sich, ob diese Einschränkung sachgerecht und unfallverhütend ist, weil jeder VT idR mit Beachtung des Rechts-

fahrgebots rechnet und uU (s. § 8 Rn. 54a) rechnen darf (zw auch Dü VRS **75** 413, abw mit erwägenswerten Gründen Ce VersR **81** 80 (Linkseinbieger), *Himmelmann* NZV **88** 153, Ha DAR **04** 90 (KreisV), s. auch KG VM **89** 23, NZV **07** 406 (erhöhte BG), Kö VRS **99** 249 (Mithaftung), *Peters* NZV **90** 261). Nach Nü VersR **79** 1114 schützt es nicht den auf dem linken Fahrstreifen einer AB Liegengebliebenen (zw; s. *Haarmann* NZV **93** 377). Jedenfalls schützt es nicht den diesem Gebot zuwiderhandelnden Kf selbst vor links befindlichen Hindernissen (Ha NZV **00** 169 (insoweit kein Mitverschulden)). Das Rechtsfahrgebot macht die Fahrbahn „breiter", erleichtert das Überholen und gilt in sachbedingter Weise für alle VArten, Straßen und Sonderwege, also auch im EinbahnV (KreisV; Rn. 32), bei Vorfahrt (Bay VkBl. **66** 118, Zw VRS **38** 311), auf der AB wie den KraftfahrStr (Bay VRS **29** 468, Kö VRS **28** 287, Schl VM **62** 42), auf der AB jedoch nicht im Verhältnis zu gegenläufigen Benutzern (Fra VersR **78** 187). Auf breiten Str, deren jeweils mehrspurige Fahrbahnhälften durch Z 295 (durchgehende Linie; dazu § 41 Rn. 248k) voneinander getrennt sind, schützt das aus II folgende Gebot, innerhalb der rechten Fahrbahnhälfte rechts zu fahren, nicht den auf der links der durchgezogenen Linie entgegenkommenden V (Stu NZV **91** 393). II enthält keine starre Regel (Rn. 35); maßgebend sind Örtlichkeit, Fahrbahnart und -beschaffenheit, Fahrgeschwindigkeit, Sicht, Gegenverkehr ua. Der Kf hat **Spielraum,** wenn er sich in vernünftiger Weise rechts hält (BGHZ **74** 25 = NJW **79** 1363, NZV **96** 444, **90** 229, Ha DAR **04** 90, Kö VersR **03** 219). Dies gilt zB auch, wenn er sich der Fahrweise einer Kolonne anpassen muss, außer er soll als einziger Vorausfahrender überholt werden (BGH VRS **59** 324). Auf breiter Fahrbahn wird Fahren unmittelbar rechts von der Mitte oft verkehrswidrig sein (*Möhl* DAR **70** 226), anders bei triftigem Grund, zB bei Dunkelheit (Kö VersR **03** 219 (Fußgänger!), Kar VRS **34** 232) oder bei Nebel, wo es der Sicht mehr dient als scharfes Rechtsfahren, bzw. bei höherer Fahrgeschwindigkeit (Begr), sofern angemessener Sicherheitsabstand zur Mitte bleibt (BGH NZV **90** 229 (Krad in Linkskurve), Stu DAR **62** 218, Bay VRS **44** 142; dazu Rn. 44) und wenn weder nachfolgender noch GegenV behindert wird (Rn. 35–41, 43–45; Ha DAR **61** 206). Ausnahmen für tätige Spreng- und Kehrmaschinen und im Rahmen von § 35 (Sonderrechtsfz).

Wer korrekt rechts fährt, **darf darauf vertrauen,** dass Entgegenkommende dies auch tun **34** (KG VRS **17** 123) sowie dass sie rechts bleiben (BGH VersR **57** 616, Ba VM **76** 94) und nicht die Fahrbahnbegrenzung überfahren (Sa VM **76** 86, Ha VRS **17** 74), vor allem nicht in der Kurve einer schmalen Straße (BGH NZV **96** 444, Tüb DAR **52** 142), und dass jemand, der ihm mehr zur Mitte entgegenkommt, rechtzeitig genügend weit nach rechts ausweichen wird (BGH VRS **11** 107, **23** 276, Mü VRS **31** 329, Ha VRS **40** 465), es sei denn, der Entgegenkommende fährt ihm immer mehr in den Weg (Mü VersR **66** 668). Dann muss er verlangsamen und sich auf Anhalten einrichten (Mü VersR **66** 668, Bay VRS **62** 211, Kar VersR **87** 692), zumindest WarnZ geben (BGH VersR **62** 616, 1056, Ha VRS **21** 279), sofern er nach den Umständen annehmen darf, dass das noch ausreicht. Kein Vertrauensgrundsatz bei in Schlangenlinie entgegenkommendem Radf (Kö VRS **50** 200). Bei Eisrinnen auf der Fahrbahn kann Verständigung nötig sein (Ko DAR **66** 162). Trotz eines **auf seiner Fahrbahnhälfte Entgegenkommenden** hat der FzF idR rechts zu bleiben; Ausweichen nach links nur, wenn rechtzeitiges Zurückkehren des Entgegenkommenden auf die richtige Fahrbahnseite unwahrscheinlich ist (Bay VRS **62** 211, Ha ZfS **97** 288; objektives Fehlverhalten ist dabei nicht ohne Weiteres schuldhaft: E 144). Ein Kf muss damit rechnen, dass ein ihm auf der falschen Fahrbahnseite entgegenkommender Radf noch verspätet auf die andere Seite zu gelangen versucht (Bay VRS **67** 136). **Das Rechtsfahrgebot verletzt,** wer sich auf breiter Fahrbahn ohne vernünftigen Grund nicht auf seiner Seite rechts hält (BGHZ **74** 25 = NJW **79** 1363), wer vorwerfbar zu weit nach links gerät (Bay VRS **23** 68). Wer entgegen dem Z 214 wenden will und sich hierzu unerlaubterweise nach links hin einordnet, verletzt das Rechtsfahrgebot (KG VRS **55** 219).

4a. Möglichst weit rechts ist zu fahren (II). „Möglichst weit rechts" ist kein starrer Begriff **35** und lässt verkehrsgerechte Abweichungen zu (Begr; BGH NZV **96** 444, **90** 229, Bay NZV **90** 122, VRS **62** 377 (Nebel), Kö VersR **03** 219, Ha DAR **00** 265, Fra VersR **99** 770, Dü NZV **97** 321, s. auch Rn. 33). Bei der Auslegung sind Örtlichkeit, Fahrbahnbreite und -beschaffenheit, FzArt, Ladung, GegenV, parkende Fz, erlaubte und gefahrene Geschwindigkeit, Sicht, Dunkelheit und alle weiteren Umstände zu berücksichtigen (Bay NZV **90** 122, Ha DAR **04** 90, Fra VersR **99** 770, Zw VRS **74** 420). Je behindernder (Langsamfahren) oder gefährdender (GegenV, Überholen) ein Fahren mehr zur Mitte hin wäre, umso schärfer rechts ist zu fahren. Die Vorschrift gewährt je nach Fahrbahnbreite und den übrigen Umständen im Rahmen des Vernünftigen (innerhalb der rechten Fahrbahnhälfte, BGH NZV **96** 444, Ha DAR **00** 265) **Spielraum**

(Rn. 33). Das Rechtsfahrgebot bedeutet nicht äußerst rechts oder soweit technisch möglich (Bay VRS **62** 377), sondern angemessen weit rechts unter Einhaltung von etwa 1 m zum rechten Fahrbahnrand (Rn. 41). Abweichen nur, wenn Rechtsfahren unmöglich, gefährlich oder unzumutbar, wenn Abweichen verkehrsgerecht ist (Ko VRS **43** 286). Es ist so weit rechts zu fahren, wie ohne Gefährdung möglich (Ce DAR **64** 248), ohne die Pflicht zu Schlangenlinien (parkende Fz, s. aber Rn. 42: langsame Fz), stets mehr oder weniger weit rechts von der Mitte (BGH VM **66** 58, Kö JR **56** 342), je nach erlaubter Fahrgeschwindigkeit und entsprechend breiter Str auch weniger scharf rechts (BGH VRS **16** 359, Bay DAR **73** 51). Dem Rechtsfahrgebot ist idR noch genügt, wenn der Kf einen **Abstand zur Mittellinie** (Rn. 41) von etwa 0,5 m einhält (BGH NZV **90** 229, Bay VRS **62** 379, Kö VersR **03** 219, Kar VersR **87** 692, VRS **47** 18 (nicht auf besonders breiten Fahrbahnen)), auch in unübersichtlicher Kurve bei GegenV (Bay VRS **61** 55). Je schneller zulässigerweise gefahren wird, desto größer darf (und muss) der Abstand nach rechts sein (Begr). Bankette (Seitenstreifen) bleiben außer Betracht, auch befestigte (Ha VM **63** 48). Der Längsverkehr darf sie nicht benutzen (Rn. 25). **Auf schmaler Straße** ist umso schärfer rechts und dann auch entsprechend langsamer zu fahren (Schl NZV **91** 431). Auch auf schmaler Str ohne GegenV ist etwa 1 m Sicherheitsabstand zur rechten Fahrbahnkante kein Verstoß gegen das Rechtsfahrgebot (Kar VRS **47** 18, Sa VM **74** 85, Dü VRS **48** 134, Bay NZV **90** 122), auch nicht bei Hinausragen eines Lkw über die Mittellinie (Bay DAR **73** 51). Anders aber bei Unübersichtlichkeit (Kurve, Kuppe); hier ist äußerst rechts zu fahren (BGH NZV **96** 444, Ha DAR **00** 265). Ist die Fahrbahn so schmal, dass zügiger BegegnungsV überhaupt unmöglich ist, so verstößt nach Bay NZV **90** 122, falls „auf halbe Sicht" gefahren wird, solange weder Gegen- noch ÜberholV sichtbar ist, Fahren über die Fahrbahnmitte hinaus nicht gegen II (abw BGH NZV **96** 444). Fahrer breiter Kfz, die einander auf schmaler Fahrbahn begegnen, müssen sich verständigen (Sa VM **72** 65). Wer **abknickender Vorfahrt** folgt, biegt nicht ab (§ 9, wenngleich Fahrtrichtungsanzeige geboten ist, § 42 II) und muss daher möglichst weit rechts fahren; kein Einordnen zur Mitte (Bay VM **72** 49, Fra DAR **83** 81).

36   **Nur beispielhaft** sind Gegenverkehr, Überholtwerden, das Verhalten vor Kuppen, bei Unübersichtlichkeit und in Kurven als Gründe für möglichst weites Rechtsfahren in II genannt. Dieses ist auch unter anderen, ähnlichen Verhältnissen vorgeschrieben, wenn Fahren weiter links behindern oder gefährden könnte. In den Beispielsfällen trifft dies erfahrungsgemäß besonders häufig zu.

37   Eine **Kuppe** ist eine Bodenwelle, die entgegenkommende Fz ganz, nicht nur im unteren Teil verbirgt. Vor Kuppen ist scharf rechts zu fahren (Kö DAR **58** 225, Ol DAR **58** 222). Ausweichen nach links ist grobfahrlässig (BAG VRS **19** 316).

38   **Unübersichtliche Kurven** sind ausnahmslos scharf rechts zu befahren (BGH VersR **66** 1076, DAR **59** 59, Neust VRS **28** 30), nicht im Mittelbereich einer nur 6 m breiten Fahrbahn (BGH VersR **61** 228), Abstand von mindestens 50 cm zur Mittel-Leitlinie bei 80 cm zum rechten Fahrbahnrand ist aber auch bei GegenV und unübersichtlicher Kurve idR ausreichend (Bay VRS **61** 55). Wer eine unübersichtliche Kurve schneidet, kann die Folgen allein zu tragen haben (Nü VersR **72** 76). Wer vor schmaler, unübersichtlicher Linkskurve Fußgängern begegnet, darf nicht nach links ausweichen, sondern muss anhalten und sie vorbeilassen (Bay VM **70** 33).

39   **Unübersichtlichkeit** zwingt ausnahmslos zu scharfem Rechtsfahren bei angepasster Fahrgeschwindigkeit, weil Gefahr sonst niemals ausgeschlossen werden kann (KG VM **71** 84 (steile Bergstraße)), auch nicht bei Fahrstreifenbegrenzung durch Z 295 (Ha VRS **17** 74). Worauf die Unübersichtlichkeit beruht, ist ohne Bedeutung, zB auf parkenden Fz (Bay VkBl. **53** 188, Sa DAR **59** 136), Wegkrümmungen, Randbewuchs, Rauch (BGHZ VersR **63** 1013, Sa VM **58** 53), der eigenen Fahrgeschwindigkeit.

40   **Auch auf der AB** (§ 18) ist rechts zu fahren, bei langsamer Fahrweise („50") äußerst rechts (Ce NJW **66** 1868), bei mehrspurig abzweigender AB auch im Abzweigungsbereich auf dem rechten Fahrstreifen (Fra VersR **96** 1553). Ausnahmen vom Rechtsfahrgebot: Überholen und wenn besondere Umstände es vernünftig erscheinen lassen (Schl VM **63** 47). Niemand darf unnötig auf der Überholspur bleiben (häufiger Verstoß); nach dem Überholen ist alsbald wieder rechts einzuscheren (Bay VRS **29** 468). Näher § 5. Wer überholt, braucht schnellerem Verkehr vor Beendigung nicht zu weichen (Fra VM **64** 23). **Linksausbiegen auf der AB,** wenn es das Einfahren anderer ohne Beeinträchtigung des durchgehenden Verkehrs erleichtert, ist zulässig (Kö VM **65** 23: §§ 11, 18). Der durchgehende Verkehr darf aber nicht ohne Rücksicht auf dort einfahrende Fz auf den Beschleunigungsstreifen hinüberlenken (Bay VM **79** 10, Rn. 25a). Sind auf **mehrstreifiger Fahrbahn** von rechts nach links **unterschiedliche Höchstgeschwindig-**

keiten (Z 274) vorgeschrieben, so darf der der eigenen gewählten und sachlich erlaubten Fahrgeschwindigkeit entsprechende Fahrstreifen benutzt werden. Nebeneinanderfahren: § 7.

4b. Sicherheitsabstand zum rechten Fahrbahnrand (§ 1 II) ist auch bei scharfem Rechtsfah- **41** ren einzuhalten (BGH VersR **66** 472). **1 m genügt** idR und widerspricht andererseits auch nicht dem Rechtsfahrgebot (Bay VRS **62** 379, Fra VersR **99** 770, Dü NZV **92** 232, Kar VRS **47** 18, Sa VM **74** 85), doch entscheiden die Umstände (Fahrt, Geschwindigkeit, Fahrbahnbreite, Sicht usw; BGH VRS **20** 99, 257 (Omnibus), Fra DAR **79** 336, Bay VRS **44** 142). Auch in einer unübersichtlichen Kurve und bei GegenV reicht ein Abstand nach rechts von 80 cm aus, sofern zur Mittellinie mindestens 50 cm Abstand gehalten werden (Bay VRS **61** 55). In unübersichtlichen Kurven bedarf es dann nicht der Einhaltung des Sicherheitsabstands nach rechts, wenn dadurch das Fz zu dicht zur Mitte oder gar darüber hinaus geraten würde (Kar VersR **87** 692). Der Luftraum über dem Rad- oder Gehweg oder Seitenstreifen muss von überstehenden Fz- oder Ladungsteilen freibleiben (Neust VRS **12** 293). Der seitliche Abstand zum Fahrbahnrand **darf idR 0,50 m nicht unterschreiten** (Mü VersR **74** 676), jedenfalls dann nicht, wenn mit VT von rechts, insbesondere Fußgängern, gerechnet werden muss (Dü NZV **92** 232), vor allem mit dem Hervortreten zwischen parkenden Fz (Mü VRS **65** 331), anders, wenn LkwF andernfalls bei regem V seinen Fahrstreifen nach links verlassen müsste (Ha NZV **93** 27, Kar NZV **07** 81). Muss ein LkwF mit nicht sichtbaren Radf rechts neben seinem Fz rechnen (s. § 5 VIII), so muss er dies durch ausreichenden Abstand nach rechts berücksichtigen (Ce NZV **90** 481). **Vorbeifahren an haltenden oder parkenden Fz:** § 6 Rn. 7. Der Seitenabstand zum Bordstein braucht sich nicht nach der Möglichkeit unvorsichtigen **Türöffnens** durch Haltende zu richten (Hb VersR **74** 267, Kar NZV **07** 81). Jedoch muss er so bemessen sein, dass geringes Öffnen der Tür möglich bleibt (BGH VersR **87** 38, KG VM **90** 58). Auch schwerer Lkw mit Anhänger darf, soweit sonst mittiges Fahren erforderlich, s. o, innerorts im Abstand von 30 bis 35 cm vom rechten Fahrbahnrand fahren, auch wenn neben der Fahrbahn geparkte Fz stehen und der Lkw-Fahrer nicht sehen kann, ob Personen im Fz sitzen (Kar NZV **07** 81). 1 m seitlicher **Abstand zum Gehweg** genügt im StadtV dem Rechtsfahrgebot (Sa VM **74** 85). IdR ist 1 m Seitenabstand zum Fußgänger nötig und ausreichend, auch bei Dunkelheit und höherer Fahrgeschwindigkeit (88 km/h; Bay VRS **58** 445; Kar NZV **12** 593), je nach Örtlichkeit und Geschwindigkeit können auch 60 cm genügen (Ha ZfS **04** 446). Bei besonders lebhaftem FußgängerV ist größerer Abstand zum Gehweg geboten (Dü NZV **92** 232, VRS **97** 97, VM **75** 79). Abstand zu Fußgängern: § 25, beim Überholen: § 5 IV S. 3 und dort Rn. 55.

4c. Langsamfahrer müssen äußerst rechts fahren, um das Überholen zu erleichtern, vor al- **42** lem Radfahrer und Mopeds bzw. Mofas (Begr; Mü ZfS **92** 42), auch wenn der Fahrbahnrand mangelhaft ist (Fra VM **62** 43), aber noch zumutbar. Bleibt rechts von einer Fahrbahnbegrenzung (Z 295) ausreichender StrRaum, so müssen langsame Fz dort fahren (§ 41 Rn. 248l). Kleinere Langsamfahrer müssen größere Lücken zwischen parkenden Fz ausnutzen, also gestreckte Schlangenlinien fahren, es sei denn bei VRuhe.

4d. Ausnahmen vom strikten Rechtsfahrgebot (Rn. 33–42) kommen nur bei besonde- **43** ren Umständen in Betracht, die aber zahlreich sind und vom VHindernis über die Gefahrabwehr bis zur sachangepassten Fahrvernunft reichen. Das Rechtsfahrgebot ist nicht kleinlich auszulegen (Rn. 33). Doch unter keinen Umständen darf Abweichung gefährden (BGH VersR **66** 929; Rn. 45). Willkürliches, beliebiges Abweichen ist unzulässig. Kraft Gesetzes ausgenommen sind **Fz der StrUnterhaltung** und -reinigung, soweit Linksfahren erforderlich ist (§ 35), bei entsprechend deutlicher Kennzeichnung, auch auf der AB (BGH DAR **66** 269 (auffallend gekennzeichnete, weithin sichtbare Kehrmaschine), Dü VersR **69** 356 (Arbeitsfz mit rot-weißem Anstrich und Warnleuchte bei übersichtlicher AB-Fahrbahn)). **Fahrbahnhindernisse** dürfen bei entsprechender VSicherung vorsichtig links umfahren werden (§ 6, Vorbeifahren). Schlaglöcher rechts können Abweichen vom Rechtsfahrgebot rechtfertigen (KG MDR **99** 864, Ce GA **73** 151, Mü DAR **39** 259), ebenso Eisrillen oder starkes Glatteis (Fra VM **57** 17, Mü DAR **40** 6). Wer seine Fahrt jenseits einer Kreuzung in eine geradeaus weiterführende, aber nach links versetzte Str fortsetzen will, darf schon bei Erreichen der Kreuzung zur Mitte hin eingeordnet fahren (Sa VersR **81** 580). Ausnahme vom Rechtsfahrgebot bei Fahrstreifenmarkierungen innerorts: § 7 III, bei dichtem Verkehr: § 7 I.

Bei dichtem Nebel ist Verlegen der Fahrlinie mehr nach links, jedoch nicht bis zur StrMitte, **44** nicht zu beanstanden (Ha VOR **73** 467, Neust VRS **10** 170), solange überhaupt Orientierung möglich ist (Bay VRS **13** 369), zB an deutlicher Mittellinie, Bra DAR **59** 221 (aber Langsamfahren). Bei dichtem Nebel auf breiter Str und schlecht erkennbarem Fahrbahnrand ist es sachgerecht, ca 50 cm neben der gut sichtbaren Leitlinie der Fahrbahnmitte und ca 1,90 m links vom rechten Fahrbahnrand zu fahren (Bay VRS **62** 377). **Auf schmaler EinbahnStr** darf die Mitte befahren werden, wenn rechts ein Baugerüst die Sicht auf Fußgänger behindert (Kö VRS **26** 133). **Linksausbiegen auf der AB:** Rn. 40.

45   **Ausgeschlossen ist jedes Abweichen vom Rechtsfahrgebot,** wenn es andere behindern oder gefährden könnte, wo Behinderung oder Gefährdung also nicht auszuschließen ist, zB vor unübersichtlichen Kurven oder Kuppen (Rn. 35 ff.). Wer mit einem Lastzug eine unübersichtliche Kurve aus zwingendem Grund links durchfahren muss, hat einen **Warnposten** aufzustellen (BGH VersR **68** 847, Kö VRS **34** 119).

46–61   **Fahren in Fahrstreifen, Kolonnenfahren nebeneinander, Fahrbahnverengung, Fahrstreifenwegfall:** § 7

62   **Fahrstreifenfahren im Bereich von Lichtzeichen:** § 37 IV.

63   **4e.** Die **Kriechspur der AB** muss von „schnellen" Fz nicht gem. II benutzt werden. Sie ist kein Sonderweg, sondern unselbstständiger Bestandteil der Richtungsfahrbahn (§ 18 Rn. 14a), und darf daher von jedem nach § 18 zugelassenen VT mit jeder erlaubten Geschwindigkeit benutzt werden. Schneller fahren als auf den übrigen Fahrstreifen nur unter den Voraussetzungen des § 7 II, IIa, andernfalls verbotenes Rechtsüberholen (BGHSt **23** 128 = NJW **70** 62, Bay VM **72** 51). Am Ende der Kriechspur hat der V auf den übrigen Fahrstreifen der AB Vortritt. Zur AB-Kriechspur s. auch § 18 Rn. 14a, 17.

64   **5. Durchfahrvorrang der Schienenbahn (Abs. 3).** Im LängsV steht der Bahn idR („soweit möglich", Rn. 65) Vorrang (nicht Vorfahrt iS von § 8) vor anderen VT zu, weil sie ein fahrplanabhängiges, schienengebundenes Massenverkehrsmittel mit langem Bremsweg ist (BGH VRS **20** 405, Kar VersR **97** 333, Dü NZV **92** 190, VRS **71** 264). Trotz Bindung an die allgemeinen StVO-Regeln (BVerwG NZV **00** 309) darf der Strabaf normalerweise auf den Vorrang **vertrauen** (Ha VRS **108** 193, Kar VersR **97** 333, Dü NZV **94** 28); denn Schnellbremsung ist gefährdend. Ein Strabaf muss nicht damit rechnen, dass ein vor ihm rechts fahrendes, links blinkendes Kfz unvermittelt auf die Gleise fährt (Dü VRS **47** 384). Sieht der Strabaf aber Kfz im Gleisbereich, die diesen vermutlich nicht verlassen können, so muss er sich trotz des Vorrangs hierauf einrichten (Dü VersR **81** 784, DAR **76** 191). Der Bahn muss zur Durchfahrt genügend lichter Raum bleiben (§ 9 Rn. 36). Andere Fz müssen uU dicht an den Bordstein fahren (Ha DAR **57** 306, OVG Br NZV **91** 127). Auch vor LichtZ darf der Schienenraum zum Nebeneinanderauffahren nur mitbenutzt werden, wenn bis zur Grünphase keine Bahn von hinten herannahen kann (§ 9, Abbiegen). Benutzt die Bahn einen baulich getrennten Gleiskörper, so muss dieser auch beim Auffahren an unterbrochenen Stellen (Kreuzungen, Einmündungen) freibleiben. **Nur in Längsrichtung** im Verhältnis zum gleichgerichteten und entgegenkommenden FahrV (Dü VRS **63** 250), soweit die Bahn die Fahrbahn mitbenutzt (Begr), gilt III, nicht auch zum ruhenden (dann aber § 12 IV S. 5 und uU § 1 II, s. § 12 Rn. 37d; Ce VersR **76** 1068, Dü VRS **66** 333, *Grüneberg* NJW **92** 948 f., abw Ha VRS **80** 258). Einfahren des Straba von besonderen Gleiskörper in die Fahrbahn: § 10 Rn. 6. Abgrenzung des Schienenraums von der Fahrbahn: VwV (Rn. 18). III betrifft nicht die abbiegende Straba, diese muss beim Links- wie Rechtsabbiegen den entgegenkommenden bzw. nachfolgenden V erst durchfahren lassen (*Filthaut* NZV **92** 397). Wechseln die Schienen jedoch nur ihre Lage im StrKörper, so gilt das Bahnvorrecht nach III. Linksabbiegender V und Schienenbahn, abbiegende Schienenbahn und Längsverkehr: § 9. **Linienbusse** fallen nicht unter III, haben aber die Rechte aus § 1 (BGH VersR **63** 952, Dü DAR **71** 276) und den Abfahrvorrang (§ 20 V).

65   **Soweit möglich** besteht der Vorrang der Bahn, also stets, wenn er bei richtigem Verhalten eingeräumt werden kann, bei normaler VLage idR (Kar VersR **97** 333), aber zB nicht bei notwendigem Ausweichen auf Schienen, um einer Gefahr zu entgehen, wenn später eine Bahn herankommt und zum Beiseitefahren kein Platz mehr ist, auch nicht in den besonderen VLagen des § 11. Bei durch parkende Kfz verengter Fahrbahn muss ein Kf uU zurückbleiben und die nachfolgende Straba vorfahren lassen (Dü DAR **76** 191), ebenso bei Fahrbahnverengung (Kar VersR **97** 333). Ausweichen nach links in den Schienenraum wegen Baustelle verstößt nicht gegen III, wenn die Straba sich in größerer Entfernung von hinten nähert (Dü VersR **81** 784). Es gibt VLagen, die vorübergehende Behinderung der Bahn im Interesse des Gesamtablaufs notwendig machen (Rn. 13). Bei der Prüfung ist die Ausgangslage beim Einordnen zu berücksichtigen. Solange mit Gewissheit keine Bahn nachfolgt, kann der Vorrang nicht verletzt und dürfen die Gleise daher mitbenutzt werden, soweit das Rechtsfahrgebot es zulässt (KG VRS **88** 115). Im

Zweifel, VStockung ausgenommen, müssen sie freibleiben. Ist mit Durchfahrt der nachfolgenden Straba zu rechnen, so muss deren Profilraum freibleiben, sonst Mitschuldvorwurf (Ha VRS **108** 193, VersR **80** 172, Dü VRS **68** 35). Verlaufen Gleise über eine längere Strecke geradeaus, so wird es auf frühe Sichtbarkeit der Bahn und ihre Entfernung ankommen, stets aber ist die Ausgangslage bei der KfzAnkunft maßgebend (KG DAR **61** 176).

6. Radfahrer (Abs. 4) bilden wegen ihrer Beweglichkeit, der oft mehr oder weniger unver- **66** meidlich schwankenden Fahrlinie (Seitenwind, Steigung; BGH VersR **61** 178, Ha NZV **04** 631, Sa VM **80** 79, Hb NZV **92** 281, KG MDR **99** 865) und nicht immer ausreichender VEinordnung ein besonderes Problem, zumal sie auch selber im Fahrverkehr gefährdet sind. Nach Möglichkeit gehören sie daher auf Sonderwege (Z 237). Auch im BegegnungsV ist ihnen gegenüber ausreichender Sicherheitsabstand einzuhalten (Ha NZV **97** 479 (1 m)). Ein **Fahrrad** ist nach der neu in § 63a I StVZO (im Einzelnen s. dort) aufgenommenen Begriffsbestimmung ein „Fz, das ausschließlich durch die Muskelkraft auf ihm befindlicher Personen mit Hilfe von Pedalen oder Handkurbeln angetrieben wird" (s. auch BVerwG NZV **01** 493, VGH Ma VM **01** 13). Darunter fallen Rennräder (Dü NZV **92** 290), Liegefahrräder (BVerwG NZV **01** 493, VGH Ma VM **01** 13), Klappräder für Erwachsene und Jugendliche und Lastenfahrräder (s. auch § 39 VII). Zu Fahrrädern mit elektrischer Trethilfe (Pedelecs) § 63a II StVZO, hierzu und zu weiteren elektrisch angetriebenen Fz (E-Bikes) näher § 1 StVG Rn. 22 ff.; s. zur Vielfalt von Fahrrädern *Huppertz* VD **17** 171. Zu den Schwierigkeiten der Definition in Bezug auf Elektro-Tretroller *Huppertz* VD **18** 189. Nach der Definition fallen auch dreirädrige Fz, soweit sie die übrigen Kriterien erfüllen, unter den Fahrradbegriff ebenso Fahrräder mit Anhänger, auch das als „Rikscha" bezeichnete „Fahrradtaxi" (dazu Dr NJW **05** 452; § 21 Rn. 14). Fahrräder, die nach Größe und Höhe für Jugendliche und Erwachsene ungeeignet sind, sind nur dann Fahrräder iS von § 2, wenn es sich nicht um Kinderfahrräder iS von § 24 I handelt; dann sind sie von Gehwegen ausgeschlossen, soweit nicht V S. 1 die Gehwegbenutzung ausdrücklich vorschreibt oder gestattet. Zur Haftung Erwachsener, die Kindern nach vollendetem 10. Lebensjahr das Befahren der Gehwege mit Fahrrädern erlauben, Rn. 29. Keine Verletzung der **Aufsichtspflicht,** wenn einem fast 6-jährigen erlaubt wird, im Wohnungsumfeld auf dem Gehweg Rad zu fahren (AG Brühl ZfS **02** 275), einen für Fußgänger und Radf freigegebenen kreuzungsfreien Weg mit dem Rad zu befahren (Ce NJW-RR **88** 216), oder wenn einem knapp 7 Jahre alten Kind das Radfahren in einem verkehrsberuhigten Bereich gestattet wird (Ha NZV **01** 42). Desgleichen nach LG Ol NRpfl **88** 10 bei Radfahren eines fast 7-jährigen in Wohnungsnähe auf nur für den AnliegerV freigegebener Str (V S. 1?). Entscheidend ist nicht eine bestimmte Altersgrenze, sondern der Entwicklungsgrad des Kinds und die VSituation (*Bernau* DAR **05** 607, **08** 286; str). Keine Aufsichtspflichtverletzung, wenn die Mutter ein 5¹/₂-jähriges Kind auf verkehrsarmer WohnStr ohne Gehwege ihrem Fahrrad in 5 bis 10 m Abstand auf einem Kinderfahrrad folgen lässt (LG Nü-Fürth NZV **96** 153, LG Mönchengladbach DAR **03** 562 (auf Radweg)) oder es auf einem dem Kind vertrauten Radweg einige m vorausfahren lässt (LG Sa ZfS **03** 9). Bei einem bald 6-jährigen Kind ist Folgen in Ruf- oder Sichtweite hinreichend (Ko NZV **12** 181). Hingegen soll Entfernung von 4 m bei einem auf Gehweg Rad fahrenden vierjährigen Kind nach AG Mü DAR **07** 471 zu weit sein (krit *Diehl* DAR **07** 450), ebenso, wenn Eltern einem 5-jährigen Kind gestatten, eine verkehrsarme AnwohnerStr ohne Gehwege mit dem Rad zu befahren (Ha MDR **00** 454). Rspr-Übersicht zur Aufsichtspflicht gegenüber Kindern *Bernau* DAR **08** 286, zum Ganzen auch *Buschbell* NJW **11** 3605).

a) Radwege, bezeichnete (Z 237, 240, 241) wie nur baulich gestaltete unbezeichnete, sind **67** Sonderwege (Rn. 28; KG VM **84** 94, Kö VRS **71** 223). Sie dienen der Fernhaltung der Radf von der Fahrbahn, also der VEntmischung und Unfallverhütung (Begr, Rn. 16c; und VwV Rn. 9 S. 4; Rn. 28; BVerwG NZV **01** 493, Ha NZV **95** 26, Kö VRS **96** 345). Deshalb haftet der Radf mit, der infolge Missachtung des IV S. 2 iVm Z 237, 240, 241 mit einer sich öffnenden Tür eines parkenden Pkw kollidiert (nach LG Hb NZV **19** 98 Alleinhaftung bei Kollision mit Kfz) oder beim Rechtsüberholen auf der Fahrbahn mit einem entgegenkommenden Linksabbieger zusammenstößt (aM LG Mü I DAR **92** 347, abl *Berr;* LG Berlin NJW-RR **03** 678), ebenso bei Kollision mit überholendem Kfz (Ha NZV **95** 26) oder bei Kollision mit wartepflichtigem Kfz, die bei Radwegbenutzung unterblieben wäre (LG Schwerin NZV **04** 581). Auch nur baulich dargestellte Radwege (dazu Bay VRS **56** 48, Fra VM **04** 37) sind Radf vorbehalten, desgleichen solche, die ohne bauliche Abgrenzung optisch durch Fahrbahnbegrenzung (Z 295) und Z 237 gekennzeichnet sind (*Radfahrstreifen;* VwV Rn. 10 (Rn. 20); Kö VRS **71** 223). Zum mit Z 340 gekennzeichneten *Schutzstreifen* (VwV Rn. 11 S. 1, Rn. 12 (Rn. 20)) s. Rn. 69. Das Ende eines

Radwegs bedarf grds. keiner Kennzeichnung (§ 41 Rn. 248c Z 237). In EinbahnStr dürfen Radwege, sofern sie nicht durch VZ (IV S. 2; ZusatzZ zu Z 267: § 41 Rn. 248b) freigegeben sind, nur in der erlaubten Fahrrichtung benutzt werden (häufiger Verstoß; BGH NJW **82** 334, Hb VRS **47** 453, zw *Bouska* DAR **82** 110). Radwege dürfen nicht zugeparkt oder durch parkende Kfz eingeengt werden (VG Berlin NZV **93** 368). Kombinierte Geh- und Radwege: Z 240, 241; zur Haftung bei Unfällen mit Fußgängern § 41 Rn. 248c. Wer sich auf dem Rad schieben lässt, muss den Radweg benutzen (Ce VRS **25** 471). **Benutzungspflicht** durch Radf besteht für durch Z 237, 240 oder 241 gekennzeichnete rechts verlaufende Radwege oder links verlaufende, für die Fahrtrichtung durch Z 237, 240 oder 241 freigegebene (IV S. 2; Anl 2 jeweils Nr. 1 zu lfd. Nr. 16, 19, 20 zu den Z 237, 240, 241), auch für Linksabbieger, soweit nicht § 9 abw Verhalten zulässt (Einordnen; § 9 Rn. 38). Die Benutzungspflicht, an der der VOGeber trotz hieran geübter Kritik (mit beachtlichen Gründen *Kettler* NZV **00** 273) ausdrücklich festgehalten hat (Rn. 16e; s. *Scheidler* NZV **10** 230), gilt grds. für alle Arten von Fahrrädern (BVerwG NZV **01** 493), soweit sie, anders als etwa Kinderräder, Fz iS der StVO sind. Sie gilt dementsprechend für Liegeräder (BVerwG NZV **01** 493, VGH Ma VM **01** 13, NZV **03** 301 mAnm *Bitter*) und grundsätzlich auch für mehrspurige Fahrräder, dies jedoch dann nicht, wenn Benutzung (etwa wegen zu geringer Radwegbreite) nicht zumutbar ist (VwV Rn. 23 (Rn. 20a); *Kettler* NZV **04** 62, *Huppertz* NZV **06** 300 (je Fahrradtaxen)). Sie gilt ferner für **elektrounterstützte Fahrräder,** sofern sie unter § 1 III S. 1, 2 StVG fallen (§ 1 III S. 3 StVG; s. dort Rn. 23–25), nicht aber für Elektrofahrräder, die diese Voraussetzungen nicht erfüllen (§ 1 StVG Rn. 26 f.; *Huppertz/Kern* ZVS **14** 44). Zu „E-Bikes" iSv S. 6 s. unten. Die Benutzungspflicht gilt allerdings nur für den Radweg der Str zuzuordnen ist, woran es bei „selbständigen" Radwegen fehlt (*Kettler* NZV **06** 347), wobei die Abgrenzung Schwierigkeiten bereiten kann (*Scheidler* VD **10** 252). *Zur Anordnung der Radwegbenutzungspflicht* § 45 Rn. 28a. Der übrige V ist von den Radwegen ausgeschlossen. **Unbenutzbare Radwege** (tiefer Schnee, Eis, Löcher) müssen nicht benutzt werden (BGH NZV **95** 144, Dü NZV **92** 290, Kö NZV **94** 278, *Bouska* NZV **91** 130, *Kettler* NZV **97** 498, SVR **05** 90, aM *Schubert* NZV **06** 288, gegen ihn *Kettler* NZV **06** 347). Radf müssen dann auf den Seitenstreifen oder die Fahrbahn ausweichen. Entsprechendes gilt für zu schmale Radwege bei mehrspurigen Fahrrädern (Dreiräder, Anhänger; Rn. 67a) oder auch Lastenfahrräder. Die Regeln über die Radwegbenutzung gelten außer für Radf auch für **Mofas** einschließlich Leichtmofas, die durch Treten bewegt werden; die wegen praktischer Bedeutungslosigkeit erfolgte Streichung des IV S. 5 aF (Rn. 16e) dürfte daran nichts geändert haben. Werden Mofas innerhalb geschlossener Ortschaften mit Motorkraft gefahren, darf der Radweg nur benutzt werden, wenn er durch ZusatzZ für Mofas freigegeben ist (jedoch keine Benutzungspflicht, § 41 Rn. 248c zu Z 237). *Außerhalb geschlossener Ortschaften* dürfen Mofas nach IV S. 6 Radwege benutzen, soweit dies nicht durch ZusatzZ („keine Mofas!") ausdrücklich untersagt ist (Rn. 16e). Durch die 1. StVOÄndV sind **E-Bikes** in die Regelung einbezogen werden, deren Motor sich bei einer Geschwindigkeit von mehr als 25 km/h selbsttätig abschaltet (Begr Rn. 16h), also nicht solche, mit denen höhere Geschwindigkeiten erreicht werden können. Im Hinblick darauf, dass elektrounterstützte Fahrräder, die die Voraussetzungen des § 1 III S. 1, 2 StVG erfüllen, den Fahrrädern ohnehin gleichgestellt sind (dazu oben), kann die Regelung nur dahin verstanden werden, dass ausschließlich „E-Bikes" gemeint sind, die *nicht* unter die genannte Vorschrift fallen (näher § 1 StVG Rn. 22; s. auch *Huppertz* VD **16** 329). Kräder sind von den Radwegen ausgeschlossen. Für Fz iS von § 1 III S. 1, 2 StVG gilt weiterhin das oben Gesagte. Zu **ElektrokleinstFz** s. § 10 ekTV Rn. 1 ff. **Inline-Skater** dürfen den Radweg nicht benutzen, weil sie den Regeln für Fußgänger unterliegen (§ 25 Rn. 12).

67a **Rechts verlaufende Radwege** *müssen* benutzt werden, wenn sie durch Z 237, 240 oder 241 gekennzeichnet sind (IV S. 2), sie *dürfen* benutzt werden, auch wenn sie nicht durch diese VZ bezeichnet sind, sich aber baulich zweifelsfrei als Radwege darstellen (IV S. 3). Diese Grundsätze gelten auch, wo beiderseits ausreichend breite Radwege vorhanden sind. Ausnahme: Ist ein links verlaufender Radweg (s. Rn. 67b) durch Z 237, 240 oder 241 in der beabsichtigten Fahrrichtung freigegeben, so darf der Radf den Radweg entsprechend seinem Fahrtziel wählen (BGH NZV **97** 70, *Bouska* NZV **91** 130, VD **80** 198); IV S. 4 hat eine weitere Öffnungsmöglichkeit geschaffen (Rn. 67b). Ist kein rechter Radweg vorhanden und ein links verlaufender nicht freigegeben, so entfällt die Entmischung; Radf müssen dann den rechten Seitenstreifen oder die Fahrbahn benutzen. Links in EinbahnStr-Richtung verlaufende Radwege werden durch Befahren in entgegengesetzter Richtung nicht „rechte" Radwege iS von IV S. 2 (BGH NJW **82** 334), ohne Z 237 ist die Benutzung in dieser Richtung vielmehr untersagt (Rn. 67). Nur bei Kennzeichnung durch VZ gilt der Grundsatz der Entmischung uneingeschränkt. Radfahrer sind dann von Fahrbahn und Seitenstreifenbenutzung ausgeschlossen, bei Zuwiderhandlung Mithaftung (Rn. 67). 50 % Mithaftung des Radfahrers, der Radweg nicht benutzt und wegen einer von einem Kfz verursachten Ölspur stürzt (Fra NZV **12** 179).

Links verlaufende Radwege ohne Z 237, 240 oder 241 sind für die beabsichtigte Fahrt- **67b** richtung grds. gesperrt (IV S. 4), und zwar auch dann, wenn der rechte Radweg unbenutzbar ist (Nau NZV **12** 180). Eine in der StVO-Neufassung 2013 (versehentlich) weggefallene Bußgeldbewehrung ist nunmehr in § 49 I Nr. 2 wieder aufgenommen (Begr § 49 Rn. 2a). Sie betrifft die Konstellation, dass linksseitig ein Radweg ohne Beschilderung vorhanden ist, bei gleichzeitig rechtsseitigem nicht benutzungspflichtigen, baulich getrenntem Radweg oder Seitenstreifen; in allen anderen Fällen lag bereits zuvor ein bußgeldbewehrter Verstoß gegen die Verbote gem. Z 237, 240, 241 oder gegen § 2 I vor (im Einzelnen BR-Drs. 336/15 (Beschluss) S. 4, 5 – die dortigen feinsinnigen Ausführungen sprechen nicht gerade dafür, dass das mit der StVO-Neufassung 2013 verfolgte Ziel größerer Rechtsklarheit im Rahmen der Ahndung erreicht worden ist). Bei **Freigabe in Gegenrichtung** durch die genannten VZ (dann Benutzungspflicht) oder in Form eines Benutzungsrechts (Begr Rn. 16e) durch ZusatzZ 1022-12 „Radverkehr frei" (s. aber VwV Rn. 33 ff.) können sie (wahlweise) auch in der Gegenrichtung benutzt werden (Rn. 67a), auch außerorts, und zwar auch nach Überqueren von Einmündungen und Kreuzungen ohne Wiederholung des VZ, selbst nach Beginn eines auch rechts verlaufenden Radwegs (BGH NZV **97** 70). Solche Freigabe in Gegenrichtung soll nach der VwV Rn. 33 (Rn. 22) innerorts nur in besonderen Ausnahmefällen erfolgen und setzt ausreichende Radwegbreite (VwV Rn. 37: mindestens 2 m) und besondere Sicherung des fahrenden AbbiegeV voraus (Z 205 mit ZusatzZ 1000-32; s. VwV Rn. 38 (Rn. 22)), der dort aber mit Radf, die sich in Gegenrichtung bewegen, rechnen muss (§ 8 Rn. 52). Mit verbotswidrig den linken Radweg befahrenden Radf hat insbesondere auch der aus einem Grundstück Ausfahrende zu rechnen (KG VRS **68** 284). Auch die Regelung über die Benutzung linker Radwege bezweckt, wie das allgemeine Rechtsfahrgebot, nur den Schutz des Gegen- und ÜberholV (auf dem Radweg), nicht des Einbiege- und QuerV (BGH NJW **86** 2651, KG DAR **93** 257; Sa NZV **15** 435). Bei nur links verlaufenden durch VZ freigegebenen Radwegen besteht **Benutzungspflicht** (IV S. 2). Ist das Befahren des Radwegs **in falscher Richtung** Ursache einer Fehlreaktion des Entgegenkommenden und eines daraus resultierenden Schadens, so haftet der Falschfahrer allein (LG Nü-Fürth NZV **91** 433, Ce MDR **05** 504 (Nebeneinanderfahren zweier Falschfahrer)). Für den entgegen IV S. 3 auf dem linken Radweg Fahrenden ist eine Kollision mit entgegenkommendem Radf ohne Hinzutreten weiterer Umstände vorhersehbar, wenn der Radweg zum gefahrlosen Begegnen zu schmal ist (Bay VRS **73** 382 (80 cm)). 50 % zulasten des Falschfahrers auch bei Unbenutzbarkeit des rechten Radwegs, wenn dem Unfallgegner ein Verstoß gegen § 8 II zur Last fällt (Nau NZV **12** 180). Haftungsverteilung bei Kollision zwischen alkoholbedingt fahrunsicherem Radf mit einem verbotswidrig den „linken" Radweg befahrenden Radf (Ha NZV **92** 318 (40:60 zu Lasten des alkoholisierten Radf)).

b) Seitenstreifen (Rn. 23, 25) rechts dürfen von Radf benutzt werden, wenn Radwege feh- **68** len und Fußgänger dort nicht behindert werden (IV S. 5). Links gelegene Seitenstreifen dürfen nach IV nicht benutzt werden. Radf brauchen aber, auch wenn sie überholt werden, nicht auf das Bankett auszuweichen, wenn es zum Befahren nicht geeignet ist (Ha VersR **83** 466).

Der rechte **Fahrbahnrand** ist zu benutzen (II), wo benutzbare Radwege oder Seitenstreifen **69** fehlen, und zwar die äußerste rechte Seite (Rn. 42), es sei denn, dort liegen Gleise (aM Ha VRS **19** 78 (Ausnahme: V)) oder es bestehen sonstige den Radfahrer gefährdende Hindernisse. Bei regem Verkehr innerorts (und auch außerorts) müssen Radfahrer scharf rechts fahren, besonders bei schlechter Sicht (Dunkelheit, Regen; Sa VM **80** 40). Ein Radf, der verkehrswidrig in der Mitte fährt, muss mit Rechtsüberholen rechnen und darf nicht ohne Rückschau zum rechten Fahrbahnrand fahren (Mü ZfS **92** 42). Abgesessene Radfahrer müssen die Räder äußerst rechts hintereinander schieben (Bay VM **63** 67). Beim Radfahren sind 75 cm **Sicherheitsabstand** zum Gehweg richtig (BGH DAR **57** 211, Bra VRS **2** 124 (70 cm)), 1,5 m sind zu viel (BGH VRS **4** 282). **Stauen sich Kfz**, so dürfen Radf und MofaF langsam und äußerst vorsichtig zwischen den wartenden Fz und dem rechten Fahrbahnrand hindurchfahren, sofern ausreichend Platz vorhanden ist (§ 5 VIII; s. § 5 Rn. 65). Ein am rechten Fahrbahnrand durch Leitlinie (Z 340) gekennzeichneter **Schutzstreifen** für Radf ist, anders als der Radweg, kein Sonderweg (§ 42 Rn. 181a zu Z 340) und begründet keine Benutzungspflicht; Radf müssen den Schutzstreifen aber wegen des Rechtsfahrgebots des Abs. 2 zwar nicht stets, aber dann benutzen, wenn dies ohne Selbstgefährdung (zB bei schlechtem StrZustand möglich ist (OVG Lüneburg DAR **18**

579 mAnm *Kettler*). Benutzung des Schutzstreifens durch andere Fz: § 42 Rn. 181a zu Z 340. Die Markierung des Schutzstreifens ist für die Bemessung des Sicherheitsabstands beim Überholen des Radf (§ 8 Rn. 55) irrelevant (OVG Lüneburg DAR **18** 579).

70   **Nebeneinander** dürfen Radfahrer nach IV S. 1 fahren, wenn der Verkehr nicht behindert wird, sowie – im Grundsatz stets - auf FahrradStr (Z 244.1; näher § 41 Rn. 248d) sowie in geschlossenen Verbänden (§ 27 I S. 3). Der mWv 28.4.2020 neugefasste **IV S. 1** will klarstellen, dass das Nebeneinanderfahren bei Nichtbehinderung des V generell, also nicht nur im Ausnahmefall erlaubt ist (Begr Rn. 16k). Gegenüber der aF beinhaltet dies *zumindest* eine Tendenzverschiebung (s. Begr zur aF Rn. 14/15). IV S. 1 enthält einen Dispens vom Rechtsfahrgebot (II) und gilt auch auf Radwegen und Sonderstreifen. Die Vorschrift wurde unter Verweis auf § 27 I S. 3 bislang weithin dahin ausgelegt, dass mehr als zwei Radf nicht nebeneinander fahren dürfen (Begr Rn. 14/15; *Rüth/Berr/Berz* Rn. 45). Dies wird sich nach der Neufassung kaum aufrechterhalten lassen. Der allein maßgebende VO-Text enthält keine diesbezügliche Einschränkung. Hätte der VOGeber sie gewollt, so hätte er eine Regelung entsprechend § 27 I S. 3 unschwer einfügen können. Daran fehlt es jedoch. Mithin ist bei Verkehrsstille auch das Nebeneinanderfahren von mehr als zwei Radfahrern erlaubt. Verboten ist das Nebeneinanderfahren, wenn dadurch der Verkehr behindert wird. Erforderlich ist eine nachhaltige Beeinträchtigung (§ 1 Rn. 40). Eine abstrakte Behinderung genügt nicht, weswegen es an dem Merkmal fehlt, wenn der nachfolgende VT (Kraftfahrer) durch Ausweichen überholen kann (*Rüth/Berr/Berz* Rn. 45). Ist das Überholen hingegen so erschwert, dass es nur unter besonderen Schwierigkeiten oder Gefahren ausgeführt werden kann, so wird (weiterhin) eine Behinderung anzunehmen sein (Bay NJW **55** 1767). Der Verkehr muss allerdings besondere Umstände berücksichtigen. So wäre bei größeren Betrieben vor und nach der Schicht die An- und Abfahrt in Reihe oder Doppelreihe zu zeitraubend. Zu geschlossenen Verbände von Radfahrern (§ 27 I S. 2, 3) s. § 27 Rn. 5. Fahren Radfahrer verbotswidrig verkehrsbehindernd nebeneinander, so handeln alle außer dem Rechtsfahrenden ow (aM Br NJW **59** 1288), es sei denn, auch dieser müsste das Bankett oder einen Sonderweg benutzen oder der Rechtsfahrende ist Beteiligter iSv § 14 OWiG (*Rüth/Berr/Berz* Rn. 44). Für Streichung des IV (aF) *Kettler* NZV **00** 275 ff. gegen ihn *Kramer* NZV **00** 283 f. Die Führer von Elektrokleinstfahrzeugen sind nicht in die Regelung einbezogen.

71   Wer von rechts **auf den links verlaufenden Radweg kreuzen** will, muss zurückschauen und rechtzeitig Zeichen geben, er braucht äußerste Sorgfalt (§ 9, Abbiegen, § 10, Einfahren). Damit, dass Radfahrer unvermittelt auf die Gegenfahrbahn fahren, muss mangels Anzeichens niemand rechnen (BGH VersR **67** 659), wohl aber mit *VWidrigkeiten eines Halbwüchsigen,* der in den Pedalen stehend fährt (Schl VM **62** 11), eines entgegenkommenden Sechsjährigen (BGH VRS **23** 273) oder an Stellen, wo VWidrigkeiten Jugendlicher üblich sind, soweit ein VT dies weiß (Sa VRS **26** 449).

71a   **6a) ElektrokleinstFz.** Sonderregelungen für ElektrokleinstFz (E-Scooter, Segways) in § 10 KFV (s. die dortigen Erläuterungen).

72   **7. „Winterreifenpflicht".** IIIa will dem Missstand unzureichender Bereifung bei winterlichen StrVerhältnissen entgegenwirken. Die Neufassung ist nach Auffassung des VO-Gebers notwendig geworden im Hinblick auf Ol DAR **10** 477 (mAnm *Schubert;* s. auch BVerfG NZV **11** 407 (L)), wodurch IIIa aF (41. Aufl.) wegen Verstoßes gegen das Bestimmtheitsgebot für verfassungswidrig erklärt worden ist (aM AG Velbert DAR **10** 594). Die Neufassung durch die 52. ÄndVStVR v. 18.5.2017 (BGBl. I S. 1282) dient der Anpassung an die in § 36 IV StVZO aufgenommene Legaldefinition von „Reifen für winterliche Wetterverhältnisse" und behebt einige Mängel der Vorläuferfassung (dazu 44. Aufl). Das Verbot ist in § 49 I Nr. 2 mit Geldbuße bewehrt (Regelsätze in Nr. 5, 5a BKat). Seine Verletzung zieht zudem schadensersatzrechtliche (BG, § 18 StVG; Haftungsquote) sowie versicherungsrechtliche Konsequenzen (§ 23 I, hierzu AG Mannheim DAR **15** 653; § 81 II VVG 08) nach sich (BHHJ/*Heß* Rn. 54; *Engelbrecht/Seutter* DAR **06** 109, *Bittner* VersR **07** 462).

72a   **a)** Die Vorschrift ist als **„echte" Winterreifenpflicht** (freilich situative; zur Erstfassung 41. Aufl.) ausgestaltet. IIIa S. 1 begründet bei entsprechenden StrVerhältnissen (Rn. 72b) ein Verbot des Fahrens mit Kfz ohne Bereifung, die der in § 36 IV Nr. 1 StVZO bezeichneten Beschreibung der Wintertauglichkeit entspricht (s. dort Rn. 4) Ferner müssen die Reifen mit dem Bergpiktogramm mit Schneeflocke gekennzeichnet sein (§ 36 IV Nr. 2 StVZO; s. dort Rn. 4). Bis 31.12.2017 hergestellte Reifen mit einem M+S-Symbol dürfen noch bis zum 30.9.2024 verwendet werden (Übergangsvorschrift in § 52 II). Zudem ist nunmehr ausdrücklich geregelt, dass die Bereifung auch den insoweit geltenden allgemeinen Anforderungen genügen muss. Nach dem eindeutigen Wortlaut begeht einen bußgeldbewehrten Verstoß, wer Sommerreifen benutzt, mögen diese auch „wintertauglicher" sein als (schlechte) Winterreifen. Wie sich aus IIIa S. 3 ergibt, muss grds. die gesamte Bereifung den Vorgaben entsprechen; Winterreifen nur an der Antriebsachse etwa eines Pkw genügen danach nicht. IIIa S. 1 gilt grds. für alle Kfz (§ 1 StVG Rn. 14 ff., § 69 StGB Rn. 3a). Jedoch enthält IIIa S. 2 einen umfangreichen Ausnahmekatalog, in den ua KRäder und motorgetriebene Krankenfahrstühle aufgenommen sind (dazu Begr Rn. 16j). Die insoweit nach der aF bestehenden Verwerfungen (dazu 44. Aufl) sind damit beseitigt. Für die in IIIa S. 3 genannten Kfz (bestimmte Fz zur Personen- bzw. Güterbeförderung) genügen Winterreifen an den Rädern der Antriebsachsen (Nr. 1). Die Regelung in Nr. 2 zu den vorderen Lenkachsen ist nunmehr in Kraft getreten (hierzu § 52 III). Zu Zweifelsfragen bei SpezialFz VkBl. **18** 758. **IIIa S. 4** enthält für die FzF der in S. 2 und 3 von der Winterreifenpflicht (teilweise) ausgenommenen Kfz zusätzliche Anforderungen. Dabei wird die Prüfpflicht der Erreichbarkeit des Ziels mit anderen VMitteln nach S. 4 Nr. 1 v. a. für KRäder (S. 2 Nr. 2) Bedeutung erlangen. Ein (bußgeldbewehrtes) FV, weil praktisch jedes Ziel mit anderen VMitteln erreichbar ist, enthält die Norm nicht (abw wohl *Bouska/Leue* Rn. 7b). Denn Normbefehl ist die Prüfung, nicht das Unterlassen der Fahrt bei deren Nichterforderlichkeit. Für EinsatzFz von Pol und Feuerwehr sind die strikte Geschwindigkeitsbegrenzung auf 50 km/h (S. 4 Nr. 2b) sowie die Abstandsregelung in S. 4 Nr. 2a problematisch. Sie ist aber bußgeldbewehrt. Man wird sich mit § 47 OWiG behelfen müssen.

72b   **b)** „Glatteis, Schneeglätte, Schneematsch, Eis- oder Reifglätte" bezeichnen anders als die Vorgängervorschrift (41. Aufl.) nach dem eindeutigen Wortlaut nicht die Wetterverhältnisse, sondern *den StrZustand* (vgl. auch die Nw in Rn. 72c zu IIIa S. 4; ebenso *Hatz* NZV **11** 167). Sonst hätte formuliert werden müssen „bei Schneefall", „gefrierendem Regen" usw. Dies beinhaltet, dass der Tatbestand nicht erfüllt ist, wenn der Kf bei ansonsten winterlichen StrVerhältnissen die zB nach Aufbringen von Salz nur nasse Fahrspur einer AB befährt, und zwar selbst dann, wenn andere Fahrspuren glatt sind (Nw Rn. 72c). Eine Ahndung ist dann nur möglich, wenn nachgewiesen werden kann, dass er auf seiner bisherigen Fahrt auch aufgrund der im Gesetz genannten Zustände „glatte" Str befahren hat. Anders als beim ZusatzZ „bei Nässe" zum Z 274 (§ 3 Rn. 46) ist allerdings kein durchgehend „glatter" Zustand der Str zu fordern. Das Verbot gilt nach seiner Zielsetzung und ohne Überdehnung des Wortlauts auch dann, wenn die Fahrbahn, wie man es im Winter nicht selten erlebt, „Glätteinseln" etwa aus Eis oder festgefahrenem Schnee aufweist; sie kann dann insgesamt als „glatt" gelten (aM *Burhoff-Deutscher* Rn. 2872j). Ebenso ist die Str schnee-, eis-, matschglatt, wenn von voran gefahrenen Kfz lediglich „Spuren" „frei gefahren" sind, der FzF also schon bei kleineren Lenkbewegungen auf Schnee, Eis usw. gerät. Vorsatz und Fahrlässigkeit werden kaum je problematisch sein. Mit glatten Str, selbst mit Blitzeis, ist im Winter stets zu rechnen.

72c   **7a. Gefährliche Güter (IIIa S. 5).** Eine besondere Verhaltensvorschrift für FzF kennzeichnungspflichtiger Fz bei Sichtweiten unter 50 m oder glatter Fahrbahn infolge Schnee oder Eis enthält IIIa S. 5. Die Vorschrift ist durch die Neufassungen des IIIa in ihrem materiellen Gehalt unberührt geblieben. Wegen der erhöhten Gefahr, die von kennzeichnungspflichtigen Kfz mit gefährlichen Gütern ausgeht, verlangt diese Bestimmung unter den dort genannten ungünstigen Witterungs- oder Fahrbahnverhältnissen äußerste Sorgfalt (s. E 150). Völligen Ausschluss möglicher Gefährdung iS absoluter Vermeidbarkeit ist dagegen mit der Formulierung „Gefährdung ausgeschlossen" ebenso wenig gemeint wie bei den übrigen Vorschriften der StVO dieses Wortlauts. Allerdings kann extreme Sichtbehinderung oder Fahrbahnglätte (zB plötzlich einsetzende überfrierende Nässe) die Weiterfahrt als überhaupt nicht mehr verantwortbar erscheinen lassen; dann muss der nächste zum Parken geeignete Platz aufgesucht werden. Sonst sind vor allem die Geschwindigkeit und der Abstand zum Vorausfahrenden in besonderem Maße den Verhältnissen anzupassen. Als zum Parken geeigneter Platz kommt außer Parkplätzen jede Stelle in Frage, an der das Parken nicht verkehrswidrig ist, in Notfällen uU auch die Standspur der AB (*Bouska* DAR **89** 162). IIIa S. 5 gilt nicht bei winterlichen Witterungs- und StrVerhältnissen schlechthin, sondern nur bei Schnee- oder Eisglätte. Schneematsch zB ist nicht mit Schneeglätte gleichzusetzen (Bay NZV **89** 443, Ha NZV **98** 213). Bei mehrspurigen Fahrbahnen kommt es auf die Verhältnisse auf dem tatsächlich befahrenen Fahrstreifen an (Ha NZV **98** 213). Gefährliche Güter und Kennzeichnungspflicht: VwV zu VZ 261).

73   **8. Ordnungswidrig** (§ 24 StVG) sind Verstöße gegen eine Vorschrift über die StrBenutzung durch Fz nach § 2 (§ 49 I Nr. 2). Normadressat der Ge- und Verbote des § 2 dürfte trotz der teils seltsamen Formulierungen durchgehend der FzF sein (vgl. auch Stu DAR **15** 410). Der während der Ausbildungsfahrt nicht in die FzFührung eingreifende Fahrlehrer begeht deshalb keine OW nach § 49 I Nr. 2 wegen Verstoßes gegen das Rechtsfahrgebot, kann aber uU wegen eines Unterlassungsdelikts ahndbar sein (Stu DAR **15** 410 mBspr *König* DAR **16** 362; s. auch § 1 Rn. 17). Kurvenschneiden über die Mittellinie verstößt auch dann gegen Abs. 2, wenn die Kurve übersichtlich ist und der Kf überzeugt ist, dass er dadurch weder den GegenV noch Nachfolgende beeinträchtigen könne (BGH NJW **70** 2033; abl *Jagusch* DAR **71** 234; **E** 124). Schuldhaftes Schleudern nach links verletzt II (Hb VM VRS **24** 453). Verstoß gegen I, wenn jemand *unter Benutzung eines Parkplatzes „überholt"* (Bay VRS **25** 223; hierzu § 5 Rn. 19a; *Seidenstecher* DAR **93** 84) oder eine LZA umfährt (Bay VRS **61** 289), anders, wenn die Fläche nicht ausschließlich dem Parken, sondern auch dem fließenden V dient (Bay VRS **61** 289); Verstoß gegen I von Ol NJW **85** 1567 verneint bei Durchfahren eines Kundenparkplatzes (hier ist wesentlich von Bedeutung, ob es sich um öffentlichen VRaum handelt; insoweit aM *Janiszewski* NStZ **85** 509, der unabhängig davon Verstoß gegen Abs. 1 annimmt). **Umfahren einer LZA** über Gehweg und Tankstellengelände verstößt gegen I (Kö DAR **85** 229, *Janiszewski* NStZ **85** 258, 507). Die teilweise abw Ansicht des BGH (BGHSt **33** 278 = NJW **85** 2540, abl *Seidenstecher* DAR **93** 84; Dü NZV **02** 87, ähnlich Dü DAR **84** 156 (Parkplatzgelände); ebenso Ha NZV **13** 512) fördert Missbrauch von nicht dem fließenden V dienenden Flächen neben der Fahrbahn durch den LängsV. Wer ohne zu überholen **links von einer Trennlinie** (**Z 295**) oder über dieser fährt, verletzt § 2 und das diesbezügliche Verbot des Z 295 in TE. Unzulässiges Überholen verletzt nicht zugleich § 2, weil das Überholverbot als Sonderregel vorgeht (Sa VRS **42** 149). Wer links von einer Trennlinie (Z 295) oder auf dieser überholt und anders nicht überholen könnte, verletzt nur das Gebot des Z 295, nicht auch § 2 (Kö VM **72** 69), auch nicht immer § 5, weil Z 295 nicht das Überholen regelt (§ 41 Rn. 248l; Dü VRS **62** 302). Überholen unter Benutzung einer Sperrfläche (Z 298) verletzt nicht zugleich § 2 (Dü NZV **90** 241). **Konkurrenzen:** Mehrfaches unzulässiges Linksfahren jeweils nach Rückkehr auf die rechte Seite begründet mehrere selbstständige Verstöße (§ 24 StVG Rn. 58; Bay VkBl. **68** 670). TE bei Nichtbeachtung des Z 208 (Dem GegenV Vorrang gewähren!) und nicht scharfem Rechtsfahren auf schmaler Fahrbahn (Bay VRS **31** 224). TE mit § 1 ist möglich (Ha VRS **8** 60). Bei Verstoß gegen Abs. 3a ist TE mit §§ 3 und 4 möglich. Wer eine Rotampel über Gehwege und andere Flächen umfährt, die nicht zum durch die LZA geschützten Bereich gehören, verletzt außer I nicht auch § 37 (§ 37 Rn. 50, 61; Ha VRS **55** 292). Bei VBehinderung durch unzulässiges Nebeneinanderfahren von Radfahrern tritt § 1 zurück. **Unerlaubtes Parken auf Gehwegen** verstößt gegen § 12, nicht gegen § 2, weil die Materie nicht in § 2 geregelt ist, sondern, wenn auch nicht abschließend, in § 12 IV (Kö VRS **71** 214, Dü VRS **61** 64, KG VRS **45** 66, aM noch Dü VRS **43** 381, Ko VRS **45** 48; von beiden inzwischen aufgegeben: s. Dü VRS **61** 65). Zur **Bußgeldbemessung** bei Benutzung des AB-Seitenstreifens, das nicht zum Zweck schnelleren Vorwärtskommens erfolgt, Ha NZV **95** 83.

73a   **8a. Strafrecht.** Bei Verstoß gegen § 2 kommen die §§ 222, 229 StGB in Betracht, bei Gefährdung, wenngleich nur im Ausnahmefall § 315c I Nr. 2e StGB (dort Rn. 21).

74   **9. Zivilrecht.** Bei unklarem Herüberkommen eines entgegenkommenden Kfz muss der Kf jedenfalls bremsen, sonst, besonders beim Versuch des Linksausweichens, wird er idR mithaften (Fra VersR **73** 377, s. aber Bay VRS **62** 211, Rn. 34). **Der Anschein** (**E** 157a) spricht gegen den von gerader oder gekrümmter Fahrbahn Abkommenden (BGH NZV **96** 277, Nau VRS **104** 415, KG VRS **104** 5, Fra VersR **87** 281, Sa VersR **84** 1185, Ce NZV **90** 432, **98** 155, Kö VersR **90** 390, Kar VRS **86** 85, Nau VRS **92** 328, Mü NZV **00** 207 (auch bei fehlender Fahrbahnmarkierung und Nebel)), der auf der falschen StrSeite mit GegenV kollidiert (BGH JZ **86** 251, Fra ZfS **92** 329, VRS **80** 401, Dü VRS **74** 417, Nü VersR **70** 553), gegen den, der in unübersichtlicher Kurve auf der linken StrSeite kollidiert (BGH DAR **61** 14), der auf enger Straße links fährt oder ohne fremde Behinderung auf die unrichtige StrSeite gerät (BGH VersR **64** 166, **62** 989, Dr NZV **00** 365, Kö VersR **90** 390, Ha NZV **93** 354), gegen den, der bei Glatteis schleudert (§ 3 Rn. 66), aber nicht gegen den bei Reifglätte rutschenden Radf (KG MDR **99** 864). Der Anschein spricht gegen den, der auf den ABGrünstreifen oder gar auf die Gegenfahrbahn gerät (Kar VRS **86** 85), sofern keine technische Einrichtung versagt hat (BGH DAR **58** 67) oder kein Niveauunterschied der Fahrbahn das Abkommen verursacht hat (Nü VersR **64** 1178 (Überhöhung der Überholbahn)). Gegen die Anwendung des Anscheinsbeweises zu Lasten des aus der Kurve getragenen Fzf: II. Arbeitskreis des VGT 1987 (**87** 8). Der Anscheinsbeweis wird **durch bewiesene Tatsachen entkräftet,** aus denen sich die ernsthafte Möglichkeit eines abw Geschehnisablaufs ergibt (**E** 157a, BGH VersR **84** 44, Ha NZV **03** 180, Kö VersR **89** 526), zB wenn vorausgegangene **plötzliche Lenkbewegung** für Ausweichreaktion spricht (BGH JZ **86** 251, Brn VRS **106** 99, 247, Fra VRS **80** 401), wenn ein Lenkungsschaden ursächlich gewesen sein kann (Dü NZV **93** 393, Kö VersR **77** 437) oder Luftverlust durch Reifenschaden (Dü NZV **93** 393, Kö VersR **89** 526 („schleichender Plattfuß" vorn), abw Ha NZV **93** 354 („schleichender Plattfuß" hinten)) oder wenn der von der Fahrbahn Abkommende unmittelbar zuvor trotz GegenV überholt wurde (BGH NZV **96** 277, Ha NZV **98** 155 (überhaupt bei Abkommen in unmittelbarem Zusammenhang mit einem Überholvorgang)). Kein Anschein für verkehrswidrige Fahrweise des in der StrMitte mit dem GegenV Kollidierenden, wenn der Entgegenkommende zuvor in die Gegenfahrbahn geraten war (Sa DAR **84** 149). Bremst ein FzF, weil ihm ein anderer unter Mitbenutzung der falschen Fahrbahnseite entgegenkommt, so spricht der Anschein gegen diesen, wenn der Bremsende dabei verunglückt (Kar VersR **87** 692). Kein Anscheinsbeweis gegen den Kf, wenn sein gebremstes Kfz allmählich auf die linke Fahrbahnseite gerät, ohne dass sich die Bremsursache beweisen lässt (Ol VersR **78** 1148; in Abgrenzung dazu Ha DAR **16** 24). Kein Anscheinsbeweis für Kurvenschneiden des Entgegenkommenden, wenn ein Kfz bei starkem Nebel vor dessen Scheinwerfern nach rechts aus der Fahrbahn ausweicht (BGH VersR **61** 137). Der Kollisionsort weist nicht stets auf **Schuld** des von seiner Fahrbahnseite abgewichenen Kf hin (BGH VRS **27** 248). Bei Frontalzusammenstoß in unübersichtlicher S-Kurve kann beiderseits gleiche Schuld in nicht scharfem Rechtsfahren liegen (BGH VersR **64** 633). Bei Abkommen von der Fahrbahn spricht der Anschein für Schuld, jedoch nicht auch für **grobe Fahrlässigkeit** (Schl MDR **99** 1323, Kö VersR **90** 390, Ha DAR **16** 24, Fra VersR **87** 927). Grobe Fahrlässigkeit, wenn ein Lastzug auf gerader Strecke ohne GegenV auf die Böschung gerät (Nü VersR **64** 1184), idR bei Lenken des Fz in die Fahrbahnhälfte des GegenV (Ha VersR **97** 961) oder bei Abkommen von der Fahrbahn infolge Alkoholisierung und überschnellen Fahrens (Nü VersR **73** 171). Bei Fahranfänger muss Abkommen des Fz auf die Gegenfahrbahn bei gerader Strecke nicht ohne Weiteres grob fahrlässig sein (Ce NZV **93** 187). Kollidiert ein fahrunsicherer FzF infolge wesentlicher Überschreitung der Mittellinie mit einem Fz des GegenV, dessen FzF das Rechtsfahrgebot nicht beachtet hat, muss sich der FzF bzw. Halter des entgegenkommenden Fz wegen dieses Verkehrsverstoßes trotz groben Verschuldens des alkoholisierten Fahrers einen Mitverschuldensanteil von 20% anrechnen lassen (Stu MDR **07** 400). **Alleinschuld** bei Kollision auf breiter Straße jenseits der Mittellinie, außer bei bewiesenem fremdem Fahrfehler (Dü VRS **74** 417, VersR **72** 649). Wer verkehrswidrig zu weit links fährt, kann bei **Kollision mit einem 6-jährigen Radfahrer** aus einer Grundstücksausfahrt allein zu haften haben (Ce VersR **78** 1144). Haftungsprobleme bei Rad fahrenden Kindern unter 10 Jahren auf Gehwegen: Rn. 29b. Wer vor sich einen 13-jährigen am linken Fahrbahnrand in selbstgefährdender Weise in gleicher Richtung fahren sieht, muss mit plötzlichem Fahrbahnüberqueren rechnen (Ko VRS **58** 27). **Alleinhaftung des widerrechtlich den Gehweg befahrenden erwachsenen Radf:** Rn. 29. Wer sich scharf rechts gehalten hat, wird nach § 17 III StVG entlastet sein (BGH VRS **21** 258 (zu § 7 II StVG alt)). **Erhöhte BG** bei (auch berechtigtem) unfallursächlichem Befahren der linken Fahrbahnhälfte (Ha SVR **20** 269 bei *Siegel*). Zurücktreten der **BG des Rechtsfahrenden** bei rechtswidrig herüberkommendem GegenV (BGH VM **92** 71, VersR **69** 738). Die BG eines rechts fahrenden KRads tritt zurück, wenn der entgegenkommende Pkw auf enger Straße in leichter Kurve nicht äußerst rechts fährt (BGH VersR **67** 286). Entsprechendes gilt für die BG eines auf dem linken von zwei Fahrstreifen für eine Richtung fahrenden Pkw, wenn die LkwAufbauten eines Entgegenkommenden über die durchgehende Mittellinie (Z 295) ragen (Stu NZV **91** 393). Zurücktreten der Straba-BG bei Kollision mit Pkw in einer Engstelle infolge Missachtung des Straba-Vorrangs nach III (Kar VersR **97** 333).

Geschwindigkeit

3 (1) ¹Wer ein Fahrzeug führt, darf nur so schnell fahren, dass das Fahrzeug ständig beherrscht wird. ²Die Geschwindigkeit ist insbesondere den Straßen-, Verkehrs-, Sicht- und Wetterverhältnissen sowie den persönlichen Fähigkeiten und den Eigenschaften von Fahrzeug und Ladung anzupassen. ³Beträgt die Sichtweite durch Nebel, Schneefall oder Regen weniger als 50 m, darf nicht schneller als 50 km/h gefahren werden, wenn nicht eine geringere Geschwindigkeit geboten ist. ⁴Es darf nur so schnell gefahren werden, dass innerhalb der übersehbaren Strecke gehalten werden kann. ⁵Auf Fahrbahnen, die so schmal sind, dass dort entgegenkommende Fahrzeuge gefährdet werden könnten, muss jedoch so langsam gefahren werden, dass mindestens innerhalb der Hälfte der übersehbaren Strecke gehalten werden kann.

(2) **Ohne triftigen Grund dürfen Kraftfahrzeuge nicht so langsam fahren, dass sie den Verkehrsfluss behindern.**

(2a) **Wer ein Fahrzeug führt, muss sich gegenüber Kindern, hilfsbedürftigen und älteren Menschen, insbesondere durch Verminderung der Fahrgeschwindigkeit und durch Bremsbereitschaft, so verhalten, dass eine Gefährdung dieser Verkehrsteilnehmer ausgeschlossen ist.**

(3) **Die zulässige Höchstgeschwindigkeit beträgt auch unter günstigsten Umständen**

1. **innerhalb geschlossener Ortschaften für alle Kraftfahrzeuge**   **50 km/h,**

2. **außerhalb geschlossener Ortschaften**

    a) **für**

        aa) **Kraftfahrzeuge mit einer zulässigen Gesamtmasse über 3,5 t bis 7,5 t, ausgenommen Personenkraftwagen,**

        bb) **Personenkraftwagen mit Anhänger,**

        cc) **Lastkraftwagen und Wohnmobile jeweils bis zu einer zulässigen Gesamtmasse von 3,5 t mit Anhänger sowie**

        dd) **Kraftomnibusse, auch mit Gepäckanhänger,**   **80 km/h,**

    b) **für**

        aa) **Kraftfahrzeuge mit einer zulässigen Gesamtmasse über 7,5 t,**

        bb) **alle Kraftfahrzeuge mit Anhänger, ausgenommen Personenkraftwagen, Lastkraftwagen und Wohnmobile jeweils bis zu einer zulässigen Gesamtmasse von 3,5 t, sowie**

        cc) **Kraftomnibusse mit Fahrgästen, für die keine Sitzplätze mehr zur Verfügung stehen,**   **60 km/h,**

    c) **für Personenkraftwagen sowie für andere Kraftfahrzeuge mit einer zulässigen Gesamtmasse bis 3,5 t**   **100 km/h.**

Diese Geschwindigkeitsbeschränkung gilt nicht auf Autobahnen (Zeichen 330.1) sowie auf anderen Straßen mit Fahrbahnen für eine Richtung, die durch Mittelstreifen oder sonstige bauliche Einrichtungen getrennt sind. Sie gilt ferner nicht auf Straßen, die mindestens zwei durch Fahrstreifenbegrenzung (Zeichen 295) oder durch Leitlinien (Zeichen 340) markierte Fahrstreifen für jede Richtung haben.

(4) **Die zulässige Höchstgeschwindigkeit beträgt für Kraftfahrzeuge mit Schneeketten auch unter günstigsten Umständen 50 km/h.**

Begr zu § 3 ... Zu Abs. 1:

1   *Die bisherige gesetzliche Regelung (§ 9 I S. 1) erschöpft sich darin, eine Fahrgeschwindigkeit zu fordern, welche die Erfüllung der Pflichten des Fahrzeugführers jederzeit gestattet; ergänzend wird dies in Satz 2 für „unübersichtliche Stellen" besonders eingeschärft. Das ist an sich sachgerecht; die Bestimmung kann daher inhaltlich übernommen werden.*

2   *... Zur weiteren Konkretisierung wird das Gebot des „Fahrens auf Sicht" aufgenommen; ... Diese Regel besagt, dass auch unter günstigsten sonstigen Verhältnissen keinesfalls schneller gefahren werden darf, als dass ein Halten innerhalb der noch übersehbaren Strecke möglich wäre. Das gilt für jeden, der sich einer sichtbeschränkenden Kurve oder Kuppe nähert, ebenso wie für den, der wegen eines Wolkenbruchs nur wenige Schritte weit sieht, oder für den, der bei Nacht den Wirkungsbereich seiner Scheinwerfer angewiesen ist (Ausnahmen für Autobahnen: § 18 VI). In unzähligen Fällen werden aber die übrigen aufgezählten Faktoren nur eine erheblich geringere Fahrgeschwindigkeit zulassen. Die Faktoren sind, wie das Wort „insbesondere" eindeutig besagt, nur beispielhaft, also bewusst unvollständig aufgenommen; der Versuch, vollständig zu sein, müsste scheitern. Das sind neben der eigenen Fahrfertigkeit und dem jeweiligen physischen und psychischen Befinden („persönliche Fähigkeiten"), neben dem Zustand von Fahrzeug und Ladung, neben dem Zustand der Straßendecke, dem Ausbau und der Breite der Fahrbahn und der Art der Straßenführung („Straßenverhältnisse") vor allem eben jene „Verkehrs- und Sichtverhältnisse". ...*

3   *Wird durch den Gesetzesbefehl des Fahrens auf Sicht dem FzF die äußerste Grenze seiner Fahrgeschwindigkeit unter den günstigsten sonstigen Umständen aufgezeigt, so darf in einem Gesetz, das jeden ansprechen will, das ausdrückliche Gebot des Fahrens auf mindestens halbe Sichtweite auf schmalen Str nicht fehlen. Die Fassung ist volkstümlich; der Laie versteht sehr wohl, was und weshalb man das von ihm verlangt.*

4   **Zu Abs. 2:** *Der Absatz übernimmt eine Weltregel. „Triftig" ist ein Grund, wenn er subjektiv oder objektiv das Langsamfahren rechtfertigt, zB wegen mangelhafter Motorleistung oder weil es gegen Autokrankheit empfindlichen Mitfahrern bei schnellerem Fahren übel wird. Keinesfalls ist hier das an Z 275 (vorgeschriebene Mindestgeschwindigkeit) geknüpfte Verbot entsprechend anwendbar.*

Zu Abs. 3: ... Zu Nr. 2: *Es war auch erwogen worden, ob nicht im Interesse der Gleichmäßigkeit des* 5 *Verkehrsflusses eine Anhebung der zulässigen Höchstgeschwindigkeiten auch für schwere Fz und für Züge, vor allem aber auch für Kom, sich verantworten ließe. Der Gesetzgeber sieht davon ab, weil der technische Stand dieser Fz, namentlich auch der im Ausland zugelassenen, solche Lockerung noch nicht allgemein zulässt. Übrigens sind auch die ausländischen Vorschriften auf diesem Gebiet fast nirgendwo milder.*

Zu Abs. 2a: *Die Unfallsituation bei Kindern, Hilfsbedürftigen und älteren Menschen ist nach wie vor* 6 *besorgniserregend. Der Deutsche Bundestag, der Deutsche Verkehrsgerichtstag, der Deutsche Verkehrssicherheitsrat, die Deutsche Verkehrswacht ua fordern deshalb eine konkrete Verhaltensvorschrift für die FzF, um den Schutz der genannten VT zu verbessern. ... Der BMV war sich nach eingehender Diskussion mit den zuständigen obersten Landesbehörden darin einig, dass hier in erster Linie ein Geschwindigkeitsproblem angesprochen wird. ... Bei Fassung des neuen Abs. 2a ist auch klargestellt worden, dass die Verminderung der Geschwindigkeit und die Bremsbereitschaft für sich allein nicht genügen; vielmehr wird durch die Formulierung „Gefährdung dieser Verkehrsteilnehmer ausgeschlossen" deutlich gemacht, dass von dem Fahrzeugführer das Äußerste an Sorgfalt verlangt wird, um eine Gefährdung der Kinder, Hilfsbedürftigen und älteren Menschen zu vermeiden. Das setzt allerdings voraus, dass der Fahrzeugführer die geschützten Personen sieht oder bei dem hier zu fordernden Maß an Sorgfalt hätte sehen oder nach den Umständen mit ihnen hätte rechnen müssen.*

Zu Abs. 4: ... *Aus Gründen der Straßenschonung und der Verkehrssicherheit hat die Bundesanstalt für Straßenwesen und der Fachausschuss Kraftfahrzeugtechnik vorgeschlagen, die zulässige Höchstgeschwindigkeit beim Fahren mit Schneeketten auf 50 km/h festzulegen. Dieser Wert ist nicht neu; denn bereits in den Bauartgenehmigungen wird eine zulässige Höchstgeschwindigkeit, in der Regel 50 km/h, festgelegt ...*

Begr zur ÄndVO v. 15.10.91 (VkBl. **91** 703):

Zu Abs. 1 S. 3: *Die regelmäßig bei schlechten Sichtverhältnissen, insbesondere bei Nebel, auftretenden* 7 *Massenunfälle beruhen in der Regel auf einem der Sichtweite nicht angemessenen Fahrverhalten der Kfz-Führer. ... Die allgemeinen, für schlechte Sichtverhältnisse geltenden Verhaltensregeln reichen nicht aus, um dem Phänomen der Nebelunfälle gerecht zu werden. ... Bund und Länder sehen daher die Notwendigkeit, bei extrem schlechten Sichtverhältnissen dem Kraftfahrzeugführer für eine bestimmte, für ihn erkennbare Sichtweite (50 m = Regelabstand der Leitpfosten) eine eingängige Präzisierung der allgemeinen Verhaltensregeln zu geben. ...*
Mit der Ergänzung des § 1 wird die Geschwindigkeitsobergrenze für eine bestimmte Sichtweite unabhängig von den persönlichen Fähigkeiten des Fahrers oder der technischen Ausrüstung des Fz festgelegt. Sie verhindert die gerade bei Nebel häufig auftretenden subjektiven Fehleinschätzungen der zulässigen Geschwindigkeit durch den Fahrer und gibt diesem durch die ziffernmäßige Geschwindigkeitsbeschränkung eine nachvollziehbare Orientierung. ...

Begr zur ÄndVO v. 7.8.97 (VkBl. **97** 688): **Zu Abs. 3:** – Begründung des Bundesrats – *Das* 8 *geltende Recht unterwirft Pkw und Kfz bis zu 2,8 t zulässiges Gesamtgewicht den gleichen Vorschriften. Grund ist die „technische Vergleichbarkeit". Die technische Fortentwicklung der Fz gestattet es heute, auch Kfz mit einem zulässigen Gesamtgewicht bis zu 3,5 t mit dem Pkw gleich zu behandeln, die Verkehrssicherheit wird nicht beeinträchtigt. Einer generellen Anhebung der Gewichtsgrenze von 2,8 auf 3,5 t steht damit nichts im Wege. Zudem ist die Anhebung der Gewichtsgrenze auch aus rechtssystematischen Gründen zu befürworten. Aufgrund der 2. EG-Führerscheinrichtlinie wird die Bundesrepublik Deutschland die international übliche Einteilung der Fahrerlaubnisklassen einführen. Die Grenze zwischen der Pkw-Klasse B (bisher Klasse 3) und der Lkw-Klasse C (bisher Klasse 2) verläuft dann bei einem zulässigen Gesamtgewicht des Fz von 3,5 t (bisher 7,5 t). Die Anhebung der Gewichtsklasse von 2,8 auf 3,5 t führt so zu einer Harmonisierung der verhaltensrechtlichen mit den fahrerlaubnisrechtlichen Bestimmungen.*

Begr zur ÄndVO v. 28.11.07 (VkBl. **08** 4) **zu Abs. 3 Nr. 2a und b:** *Wohnmobile sind weder* 9 *Pkw noch Lkw. Für Wohnmobile mit Anhänger galt daher bislang – unabhängig vom zulässigen Gesamtgewicht (zGG) außerhalb geschlossener Ortschaften eine zulässige Höchstgeschwindigkeit von 60 km/h. Lkw bis zu einem zGG von 3,5 t mit Anhänger dürfen schon seit langem außerhalb geschlossener Ortschaften 80 km/h fahren. Da die technischen Voraussetzungen für eine gefahrlose Teilnahme am StrV mit 80 km/h auch für Wohnmobile mit Anhänger gelten, ist diese Ungleichbehandlung nicht gerechtfertigt und wird daher aufgehoben. Die Änderung des § 3 III Nr. 2b ist eine Folgeänderung. die sich aus der Änderung von § 3 III Nr. 2a ergibt.*

VwV zu § 3 Geschwindigkeit

1 Sattelkraftfahrzeuge zur Lastenbeförderung sind Lastkraftwagen im Sinne der StVO. 10

Übersicht

11 **1. Allgemeines.** Die Vorschrift fasst in I die Grundregeln über die zulässige Höchstgeschwindigkeit zusammen (Rn. 14–28, 30–44) und benennt in III zentrale Höchstgeschwindigkeiten inner- sowie außerorts (Rn. 49–54a). IIa (besondere Rücksicht gegenüber Verkehrsschwachen; Rn. 29a–29d) und IV (Höchstgeschwindigkeit bei Schneeketten; Rn. 55d) betreffen Sonderfälle. II normiert eine Grundregel für das Langsamfahren (Rn. 47, 48). Die StVO enthält über § 3 hinaus zahlreiche Spezialregelungen zur einzuhaltenden Geschwindigkeit. Zu nennen sind namentlich § 5 VI S. 1 (Erhöhungsverbot für den Überholten) und S. 2 (Verminderungsgebot für zu überholende langsame Fz) sowie VIII (mäßige Geschwindigkeit beim Rechtsüberholen durch Rad- und Mofaf.), § 7 IIa (geringfügig höhere Geschwindigkeit beim Rechtsüberholen von FzSchlangen), § 8 II S. 1 (Gebot mäßiger Geschwindigkeit bei Vorfahrtgewährung), § 18 V, VI (zulässige Geschwindigkeiten auf AB), § 19 I S. 2 (mäßige Geschwindigkeit an Bahnübergängen),

§ 20 II, IV (Schrittgeschwindigkeit beim Passieren öffentlicher VMittel), § 24 II (Schrittgeschwindigkeit im FußgängerV), § 26 I S. 2 (mäßige Geschwindigkeit an Fußgängerüberwegen) sowie die durch VZ angeordneten Streckenverbote (insbes. Z 274–275, 279, 280, 282; Rn. 45–46a). Die Grundregeln nach § 3 I können bzw. müssen auch in den Spezialfällen ergänzend herangezogen werden und vermögen diese im Einzelfall zu überlagern. Zur AB-Richtgeschwindigkeit Rn. 55–55c.

2. Fahrgeschwindigkeit. Zügig ist zu fahren, nicht ohne triftigen Grund langsam, stets be- **12** herrscht (Ol NZV **90** 473, Kö VRS **50** 193) und auf Sicht, auf schmalen Str auf halbe Sicht, innerhalb vorgeschriebener Höchstgeschwindigkeiten und den objektiven und subjektiven Gesamtumständen angepasst (Bay VRS **59** 224). § 3 will Unfälle infolge Zuschnellfahrens verhindern (Ko VRS **41** 269). Dem Bedürfnis nach raschem Vorankommen geht Sicherheit stets vor (BGH DAR **51** 190, VRS **11** 436). I gilt auch für das Überholen und Abbiegen (Begr). Die Überholgeschwindigkeit soll optimal hoch sein, um abzukürzen (Kö DAR **67** 17), niemals höher als zulässig (§ 5). Auf freier Strecke und bei entsprechender VLage, vor allem auf der AB, ist uU Höchstgeschwindigkeit zulässig, jedoch erfordert besonders schnelles Fahren ausnahmslos höchste Aufmerksamkeit (BGH VRS **18** 36, Ha DAR **91** 455, Stu VersR **66** 531). Mit zunehmender Fahrgeschwindigkeit wächst die Konzentration auf die Fahrbahn, die Peripherie wird entsprechend verspätet wahrgenommen (*Graßberger*, Psychologie des Strafverfahrens S. 13). Die richtige Einschätzung der eigenen Fahrgeschwindigkeit hängt von Fahrbahnbreite, Randbebauung, FzGröße, Fahrgeräuschen und ähnlichen Faktoren ab; sie wird durch längere Fahrt beeinträchtigt (*Meyer-Gramcko* Verkehrsunfall **90** 157 f.). Auch Radfahrer dürfen nirgends unangemessen schnell fahren (Ce MDR **01** 1349, Ol MDR **57** 547). Sie müssen insbesondere, weil sie optisch und akustisch schlechter wahrnehmbar sind als Kf, soweit auf andere VT Rücksicht zu nehmen ist, eine Geschwindigkeit einhalten, die diese von einem Radf erwarten (Kar VRS **78** 329; Sa NZV **15** 435). Je nach den Umständen ist stets rechtzeitig (Ha NJW **75** 841) zu verlangsamen (Hb VM **66** 29, Ol VM **66** 39), nicht abrupt, weil das Insassen und nachfolgenden Verkehr gefährden kann (§ 4; Sa VM **67** 6). Ordnet sich eine aus Senioren bestehende Radfahrergruppe auf den Radweg ein, so muss entgegenkommender Radf nach Ol NZV **08** 527 seine Geschwindigkeit vermindern, weil er mit Sturz rechnen muss, andernfalls er überwiegend haftet (abl mit Recht *Delank* aaO). Wer zu schnell fährt (abgesehen von geringen Überschreitungen), dem steht keine Schreckzeit zu (BGH VRS **34** 205). Zum bautechnischen Begriff der Straßen-Entwurfsgeschwindigkeit, *Mäcke/Beckmann* ZVS **83** 14, *Teichgräber* ZVS **83** 53.

Literatur: *Cless,* Geschwindigkeitsüberschreitung als Unfallursache, DAR **65** 235. *Mäcke/Beckmann,* Ge- **13** schwindigkeit und ihre Bedeutung für die VSicherheit, ZVS **83** 14. *Möhl,* Die richtige Bemessung der Geschwindigkeit, DAR **68** 29. *Meyer-Gramcko,* Wahrnehmen und Schätzen von Geschwindigkeiten, Verkehrsunfall **90** 155. *Mühlhaus,* Abstand – Auffahren, DAR **67** 260. *Derselbe,* Die Ursächlichkeit von VVerstößen und Trunkenheit für den Unfall (zur Ursächlichkeit der Fahrgeschwindigkeit), DAR **72** 170. *Teichgräber,* Die Bedeutung der Geschwindigkeit für die VSicherheit, ZVS **83** 53. *Zerban,* Angemessene Geschwindigkeit und Geschwindigkeitsbeschränkung …, ZVS **83** 2.

3. Sichtfahrgebot (Abs. 1 S. 4). Innerhalb der übersehbaren Strecke muss der Fahrer anhal- **14** ten können (BGH VRS **19** 124, VersR **56** 796, NJW **20** 3106, Sa MDR **06** 89, Ha NZV **04** 356, Kö VersR **03** 219, Ce MDR **01** 1349, KG VM **96** 20, Zw NZV **93** 153), auf schmaler Fahrbahn bei möglicher Gefährdung anderer schon auf halbe Sichtweite (I S. 5; Rn. 16). Nur Fahren auf Sicht erlaubt es, rechtzeitig anzuhalten (Kar VRS **36** 274). Auch unter Einrechnung zulässiger Schreckzeit darf der Anhalteweg nicht größer als die Sichtweite sein (BGH VM **65** 39). Der Sichtgrundsatz soll davor schützen, auf Hindernisse (Rn. 25) aufzufahren (Jn NZV **02** 464, Ce VersR **73** 450), aber auch vor Kollision mit Entgegenkommenden (Bay VRS **58** 366, Kö VOR **74** 46, aM Ce VersR **73** 450). Die Vorschrift, eine der wichtigsten über die Fahrgeschwindigkeit (Stu VRS **77** 44), legalisiert die Regel des Fahrens auf Sicht (Begr) als äußerste Geschwindigkeitsgrenze unter günstigsten Umständen, die sich je nach den objektiven und subjektiven Umständen (Rn. 17–40) weiter ermäßigt (Begr; Bay VRS **59** 224, Ha VersR **90** 318). Die Übersehbarkeit der Strecke kann durch die verschiedensten Umstände beeinträchtigt werden (Kurve, Kuppe, Witterung, Dunkelheit, Nebel, unzulängliche Beleuchtung oder Scheinwerfer, Blendung uÄ, Begr). Unbehindert ist der Überblick nur, wenn der Fahrer sieht, dass die soeben zu befahrende Strecke frei ist, auch bei ungünstigster Sicht (Blendung; BGH VersR **69** 373, Bay DAR **62** 184, Ha VersR **90** 318). Maßgebend ist außer der überblickbaren Strecke der individuelle Anhalteweg des Kfz (BGH NJW **74** 1378, VRS **30** 272, Ko VRS **72** 461), der je nach objektiven und subjektiven Faktoren wechselt, wobei sich der Fahrer auf den jeweils ungünstigsten

Faktor einstellen muss. Das **Sichtfahrgebot** betrifft nur die Sicht *vor* dem Fz (BGH NZV **02** 365, **98** 369, NJW **85** 1950, Ha VRS **82** 12, Kö VRS **67** 140); es ist daher erfüllt, wenn neben einem dem Anhalteweg entsprechenden Fahrbahnteil ein *angemessener* **Seitenraum** (zB Gehweg, Dü NZV **02** 90, Ha NZV **91** 194 (Fahrbahnrand), Jn NZV **02** 464) als hindernisfrei erkannt wird, mit nachträglich von der Seite auftauchenden Hindernissen braucht der FzFührer idR nicht zu rechnen (Rn. 25; Ko VRS **72** 461). IÜ muss der FzF aber auch vor unvermuteten Hindernissen auf der Fahrbahn anhalten können (Ko NJWE-VHR **96** 126, VRS **72** 461, Schl NZV **95** 445). Bei **Dunkelheit** genügt auf breiten Str (mehr als 6 m) idR freie Sicht auf die rechte Fahrbahnhälfte (BGH VRS **13** 468, Kö VRS **67** 140, aM BGH NJW **87** 2377 unter Bezugnahme auf ein 1953 zur früheren StVO ergangenes Urteil). Damit, dass sich ein Entgegenkommender mit einer ins Gewicht fallenden Geschwindigkeit verkehrswidrig auf ihn zu bewegen könnte, braucht der Kf nicht zu rechnen, insoweit ist das Sichtfahrgebot durch den **Vertrauensgrundsatz** begrenzt (KG NZV **03** 483, **02** 230, VRS **103** 406, Ha VersR **99** 898); dieser Gesichtspunkt bleibt aber außer Betracht, wenn die Geschwindigkeit auch hinsichtlich eines ruhenden Hindernisses zu hoch gewesen wäre (BGH VersR **83** 153, Ha VersR **99** 898, Kar VersR **87** 692). Dass der Kf mit am rechten Fahrbahnrand **entgegenkommenden Fußgängern** rechnen muss, verpflichtet ihn jedenfalls dann nicht zur Einhaltung einer geringeren Geschwindigkeit, wenn die Fahrbahnbreite ein Vorbeifahren mit ausreichendem Abstand erlaubt (Bay VRS **60** 348).

15   **3a.** Der Sichtgrundsatz **gilt auch auf FernVStr** (Fra NZV **90** 154) und AB (Bra NZV **02** 176, Ba NZV **00** 49, Fra NZV **01** 169, Kö NZV **95** 400, Ha NZV **89** 234), auch bei fremdverschuldeten Hindernissen (Ol NZV **90** 473, Bra VersR **83** 157, Ha NZV **89** 234). Auch § 18 VI hebt den Grundsatz des Fahrens auf Sicht unter den dort genannten Umständen auf AB nicht auf, sondern grenzt ihn ein (§ 18 Rn. 19). Der Sichtgrundsatz gilt für Radf (Nü NZV **04** 358, Ce NZV **03** 179 (Mithaftung Radf bei Kollision mit querendem Fußgänger), KG NZV **03** 483, Ha NZV **02** 129, DAR **02** 351, LG Hannover NZV **06** 418 (volle Haftung des Radf bei Unfall auf gemeinsamem Fuß- und Radweg, Z 240; s. auch § 41 Rn. 248c)) und idR auch für die Straba (BGH NZV **91** 114, NJW **75** 449, Ce VersR **76** 1068, Dü VM **66** 45, Fra VersR **67** 850), jedoch nicht auf eigenem Gleiskörper außerhalb der Straße (Bay VRS **14** 219, offengelassen von BGH VRS **14** 121; (Rn. 31). Auf Hindernisfreiheit noch nicht überblickbarer, auf der Fahrbahn verlegter Gleisstrecken darf der StrabaF daher nicht vertrauen (Ce VersR **76** 1068).

16   **3b. Auf schmaler Fahrbahn** muss der Kf nach I S. 5 schon auf der Hälfte der übersehbaren Strecke anhalten können (Jn NZV **02** 125, Ko VRS **68** 179). Das Gebot des Fahrens auf halbe Sicht soll den GegenV schützen (Bay VRS **58** 366). Schmal ist eine Fahrbahn, die bei ausreichendem Zwischenraum Fahrbegegnung mit einem 2,5 m breiten Fz nicht erlaubt (Begr; Hb VRS **84** 169). Dies kann auch dann zutreffen, wenn das eigene Fz schmal ist und daher die Mitte nicht berührt (Schl NZV **91** 431; SVR **20** 61). Wer diese Fahrregel beachtet, darf *idR darauf vertrauen,* dass auch der GegenV dies tut (Bay VM **70** 33). Wer auf halbe Sicht anhaltebereit fahren muss, braucht nicht mit entgegenkommenden Linksfahrern zu rechnen, für seine Sichtweite kommt es vielmehr auf die Mitte der für ihn sichtbaren Gegenfahrbahn an (Bay VRS **58** 368). Der Fahrer eines überbreiten landwirtschaftlichen Fz muss an unübersichtlicher Stelle einer schmalen Straße keinen Warner vorausschicken, wenn der GegenV wegen der geringen Breite ohnehin auf halbe Sicht fahren muss (Bay VRS **25** 217). Können begegnende Fz nicht mit Sicherheitsabstand passieren, so muss jedes auf der Hälfte der übersehbaren Strecke anhalten können (Ce VersR **76** 151). Der LkwF muss auf halbe Sichtweite fahren, wenn er in enger Kurve mit breitem Fz bei angemessenem Abstand vom Fahrbahnrand mehr als die halbe Straßenbreite einnimmt (BGH VRS **29** 188), ebenso wer auf schmaler Straße nach rechts Abstand hält (BGH VersR **66** 472, Bay NZV **90** 122). Schrittgeschwindigkeit ist nötig, wenn Kfz auf schmaler Straße kaum aneinander vorbeikommen (Sa VM **83** 44, Ha VersR **78** 47, **76** 738). Bei Begegnung auf schmaler Fahrbahn kann die BG dessen, der richtig und vorsichtig gefahren ist, gegenüber Verstößen des anderen ganz zurücktreten (Ce VersR **76** 151). Bei Begegnung eines Motorrads mit überbreitem landwirtschaftlichem Gespann und zusätzlichem Verstoß des Gespanns gegen das Rechtsfahrgebot ist Haftungsverteilung von 70 % zulasten des Halters des landwirtschaftlichen Gespanns gerechtfertigt (Schl SVR **20** 61 (*Schröder*)). Erhöhte Sorgfalt ist auch bei baulich breiterer Fahrbahn nötig, die **durch parkende Fz verengt** ist (KG VM **74** 75 („50" zu schnell), VRS **19** 359), auch dann ist Fahren auf halbe Sicht geboten (Hb VRS **84** 169, Ko VRS **68** 179), nicht aber bei vereinzeltem Hindernis (parkender Lkw) auf der Gegenfahrbahn (Ba VersR **82**

583). Auf Zufahrtswegen innerhalb von **Parkplätzen** ist bei beschränkter Übersicht Schrittgeschwindigkeit geboten (Ce DAR **00** 216, Fra NZV **01** 36, KG VM **77** 23).

4. Langsamer als auf Sicht ist zu fahren bei widrigen objektiven oder (und) subjektiven Um- **17** ständen, wie I S. 2 sie beispielhaft (Kar VM **75** 61) aufzählt. Sie zwingen zur Verringerung der Fahrgeschwindigkeit auf diejenige, welche diesen Umständen entspricht (Bay VRS **59** 224). In Betracht kommen vor allem StrAusbau, StrDecke, StrFührung, Fahrbahnbreite (Begr), Witterung, Beleuchtung, VLage, FzZustand und Fahrfähigkeit des Fahrers. Ihnen muss die Fahrgeschwindigkeit entsprechen (Hb VM **66** 29 (unübersichtliche VLage), Ha VersR **90** 318 (Streulicht durch Regentropfen auf Helmvisier)), auch auf BundesStr (BGH VRS **21** 241), besonders auch bei WarnZ (BGH VRS **7** 73, Stu VRS **77** 44 (Baugrube)). Diese Anforderungen lassen sich nicht in Zahlen ausdrücken. Der Kf kann sie nur durch vorbeugende Vorsicht und Erfahrung bewältigen. Je ungünstiger der StrZustand ist, umso strengere Anforderungen sind an die Fahrweise zu stellen (Ce VersR **65** 961).

4a. Straßenverhältnisse. Nässe. Glätte. Auf gut geführter, breiter Straße mit guter Decke **18** dürfen auch bei Feuchtigkeit und Nässe (nicht bei großen Pfützen) erhebliche Geschwindigkeiten gefahren werden, wenn der Anhalteweg innerhalb der Sichtweite bleibt (BGH NZV **88** 100, KG VRS **13** 149), auch auf der AB und ihren Zubringern (Kö VM **98** 87 (Überschreiten der AB-Richtgeschwindigkeit)). Doch muss der Kf die StrDecke bei Nässe für den Fall des Bremsens beobachten (BGH VRS **7** 367). Besonders bei Regenbeginn oder Nieselregen droht Schmierfilm (Dü VM **59** 12), vor allem bei Schlüpfrigkeit selbst trockener Oberfläche (Ha VRS **13** 234 (Blaubasalt)). Bei feuchter Fahrbahn ist die erhöhte Sturzgefahr aller ZweiradF einschließlich der Kräder auf Schmutz, Strabaschienen, Unebenheiten und Markierungen zu berücksichtigen. Glätte durch nassen Zementstaub (BGHZ **62** 186 = NJW **74** 987). Starker Regen legt die Gefahr von **Wasserglätte** (Aufschwimmen; § 36 StVZO) nahe und zwingt daher idR zum Verlangsamen (BGH VersR **75** 373, Dü VersR **75** 160, Ce VersR **65** 961). Wasserglätte droht zB: wo die Fahrbahn plötzlich hell spiegelt, wo Reifenspuren des Vorausfahrenden (Wasserverdrängung) plötzlich abreißen, in Mulden und Senken, in Spurrillen (Dü DAR **99** 38), allgemein bei Platzregen. Bei oder nach Platzregen muss ein Kf auf Straßen in hügeligem Gelände mit tieferen und größeren Pfützen rechnen und entsprechend langsam fahren (Bay VM **71** 29, Dü VM **75** 82, Ko DAR **99** 419). Bei starkem Regen kann eine Geschwindigkeit von 100 km/h auch am Tage auf AB-ähnlicher Str zu hoch sein (Nü VM **82** 10). Auch 50 km/h können uU bei Wolkenbruch und Sturm zu hoch sein (Sa VM **73** 59). Wer aber bei Platzregen mit Scheibenwischern und Scheinwerfern noch mit 50 km/h auf Sicht fahren kann, handelt idR nicht vorwerfbar (Kö VRS **37** 40). Nur teilweise Wasserglätte, wenn einzelne Räder noch greifen, kann zum Ausbrechen des Kfz führen (Ha VRS **56** 46). Zu schnell ist gefahren, wer in einer Kurve bei Bremsen in die Gegenfahrbahn rutscht (Ce DAR **76** 130). Auf i Ü guter Fahrbahn braucht im Bereich einer Überflutung nicht ohne Weiteres mit gefährlichen Unebenheiten gerechnet zu werden (Kö VersR **92** 1268). Zur Geschwindigkeit auf *nasser Autobahn* s. auch § 18 Rn. 19.

Nötigt die Kurvengeschwindigkeit zu starkem **Bremsen** mit der Folge des Ausbrechens des **19** Fz, so ist die Geschwindigkeit unangepasst (Ha VRS **105** 183). An sich kann ein Kfz auch bei einfacher VLage einmal **schleudern** (große Unebenheit, tiefliegende Schienen, Schmierstelle, Ölfleck), Schleudern in nasser Kurve beweist daher nicht stets Zuschnellfahren (Ha VRS **16** 352; s. aber Rn. 66). IdR weist Schleudern auf der Fahrbahn aber auf mangelnde Sorgfalt hin (Dü DAR **77** 186). Die richtige Maßnahme gegen Schleudern ist Gaswegnehmen unter Auskuppeln und Gegenlenken (Bay VRS **11** 142, Ha VRS **20** 459; Rn. 20).

4b. Eis- und Schneeglätte nötigt zu angepasstem Fahren (Fra ZfS **05** 180, Dr DAR **01** 318, **20** Ha NJWE-VHR **96** 116, Dü NZV **93** 158, Nü NZV **93** 149). Der Anhalteweg muss innerhalb der Sichtweite bleiben und je nach den Umständen noch wesentlich kürzer sein. Notfalls kann Schrittgeschwindigkeit geboten sein (Fra ZfS **05** 180, Nü NZV **93** 158). Der Kf muss gefahrlos lenken und rechtzeitig anhalten können (BGH VersR **66** 1077, Dr DAR **01** 318, Dü NZV **93** 158). Bei Glätte darf ein Lastzug nur so schnell fahren, dass er vor Rot ohne Schleudern anhalten kann (Ha VM **70** 86, Ko VRS **44** 433). Auf schneeglatter, aber freier Str muss eine Geschwindigkeit von 40 km/h nicht zu hoch sein (KG VM **83** 24), anders bei „40" auf eisglatter, leicht abfallender Straße (BGH Betr **70** 1829), ebenso 30 km/h beim Abschleppen eines Omnibusses auf vereister Fahrbahn (BGH VersR **59** 792). Es gibt keinen Erfahrungssatz, dass „40" innerorts bei Schneeglätte zu schnell sind (Bay VRS **58** 394). **Abstände** sind bei Glätte zu vergrößern (Ha DAR **69** 251). Ist im Dunkeln mit Glätte zu rechnen, ohne dass sie sich näher feststellen ließe, so muss entsprechend verlangsamt werden (Ha VRS **48** 379). Bei Winterglätte können uU objektive Faktoren gefährdend zusammenwirken, die sich auch bei großer Sorgfalt vorher nicht verlässlich abschätzen lassen. Daher weist besonders hier nicht jeder Unfall auf Schuld hin (Bay NZV **93** 121). Auch bei gestreuter AB darf der Kf nicht überall mit Streuen rechnen (§ 45 Rn. 62). Bei spiegelglatter Str muss sich der Kf auch auf die Möglichkeit einstellen, dass der Vorausfahrende die Kontrolle über sein Fz verliert (Fra ZfS **05** 180, Nü NZV **93** 149), ohne Anhaltspunkte aber nicht darauf, dass einem Überholenden beim Wiedereinscheren ein Fahrfehler unterläuft (Ha NZV **97** 477). Auf schneeglatter, verengter Straße muss er beim Sturz eines vorausfahrenden Radfahrers noch rechtzeitig anhalten können (Nü VersR **69** 288). Bei Schneeglätte ist mit verunglückten Fz auf infolge Kuppe nicht einsehbarem Fahrbahnabschnitt zu rechnen und so langsam zu fahren, dass bei Beginn des Gefälles angehalten werden kann (Ha VersR **82** 171). Bei **Gefälle** auf glatter Straße muss der Bergabfahrende so fahren, dass er nicht plötzlich bremsen muss, falls ein Bergauffahrender nach links ausweichen muss (Kö VersR **76** 1095). Wer auf leicht abschüssiger Str mit Schneeglätte bei Sicht von 137 m vor einem Hindernis nicht anhalten kann, trägt Alleinschuld (Ha VersR **78** 749). Bei **Schleudern auf Glatteis** ist Bremsen unsachgemäß (BGH VRS **4** 323, Bay VkBl. **60** 251). Nur Gaswegnehmen unter Auskuppeln und Gegenlenken kann nützen, wenn nicht rechtzeitig weich heruntergeschaltet worden ist (Bay VkBl. **60** 251, Ol DAR **60** 230). Bei hartem Bremsen besteht Schleudergefahr (Kö VRS **31** 158; Rn. 19). Bedeutung von Schneeglätte oder Glatteis für Führer kennzeichnungspflichtiger Kfz mit **gefährlichen Gütern:** § 2 IIIa S. 3.

21   Bei Nässe in Gefrierpunktnähe muss ein Kf stets **mit Glätte rechnen** (BGH VersR **68** 303, Bay NZV **93** 121, Ce VRS **104** 253, DAR **79** 305, Bra ZfS **94** 197, Ha NZV **89** 233), jedenfalls bis in den Vormittag hinein (Sa VM **73** 24). In der Haupt-Winterzeit bei Dunkelheit und Schnee an den StrRändern muss sich der Kf auf Fahrbahnglätte einstellen (Ko VRS **63** 354). Eisgefahr besonders auf Brücken (Kö DAR **98** 317, **67** 281) und in Waldstücken (Fra ZfS **92** 329). Wer auf schneeglatter Fahrbahn schleudert, hat den Anschein gegen sich (§ 2 Rn. 74). **Nicht mit Glatteis rechnen** muss ein Kf aber auch bei null Grad ohne besondere Anzeichen, zB Unfall (Ha NZV **89** 233), auf trockener Fahrbahn (BGH VersR **76** 995, VRS **38** 48, Fra ZfS **92** 329, Kö DAR **98** 317), zB nicht ohne Weiteres stets in den frühen Morgenstunden im Winter (Bay NZV **93** 121), auch nicht in jedem Falle bei Reif am Rande eines schattigen StrStücks (Kö DAR **98** 317, Ha DAR **60** 359, s. aber Ha VersR **97** 331) oder bei Stadtdurchfahrt, wenn er vorher nur Matsch und gestreute Kurven angetroffen hat (Ha DAR **56** 168). Bei vorher eisfreier Straße muss er nicht schon aus wechselndem Baumbestand und Böschungen auf Eis schließen (Ha DAR **56** 251, s. aber Bay NZV **93** 121). In SWDeutschland muss auch ein besonders sorgfältiger Kf am 1. Mai nachts nicht mehr mit Glatteis rechnen (Sa VM **74** 70). Der Fahrer eines LastFz muss vor **abschüssiger Strecke,** wenn mit Eis zu rechnen ist, den Zustand durch Begehen prüfen (BGH VersR **65** 379). Der Kf darf damit rechnen, dass **andere VT,** insbesondere Fußgänger, StrGlätte ebenfalls berücksichtigen und sich entsprechend vorsichtig verhalten (Bay VRS **58** 394). Wer mit Glatteis rechnet, darf deshalb aber noch nicht damit rechnen, dass auch ein Begegnender auf vereister Stelle bereits entsprechend verlangsamt hat (BGH VersR **65** 690).

22   Begegnen mit **Streuwagen** des Winterdienstes mit „50" ist beiderseits zu schnell (Nü VM **63** 88).

23   **4c.** Unbefestigte **Randstreifen** dürfen mit einem Fahrrad nur langsam befahren werden (Ol VM **66** 52), ebenso tiefe **Querrinnen** (Nü VM **62** 73). Mit **Ölflecken** auf der Fahrbahn muss kein Kf rechnen (Fra VM **75** 94). Zur Erkennbarkeit einer frischen Ölspur auf der Fahrbahn Ba VRS **72** 88. Vor **Gefälle** müssen schwere LastFz verlangsamen und einen niedrigeren Gang nehmen (BGH VRS **12** 205, **8** 456), um die Bremswirkung des Motors auszunutzen, die Fußbremse schonen, um Fading (Nachlassen der Bremswirkung durch Überhitzung) und Luftdruckabfall zu vermeiden, und den Druckluftmesser ständig beobachten (Ha VRS **44** 30). **Schienen,** die uneben in nassem Steinpflaster liegen, dürfen nur vorsichtig befahren werden (Bay VRS **11** 229). Über trockene Schienen darf der Kf mit guten Reifen und mäßiger Geschwindigkeit idR auch spitzwinklig fahren (BGH VersR **61** 236, Stu DAR **65** 110).

24   **5. Die örtlichen Straßenverhältnisse** können ebenfalls zum Verlangsamen zwingen, besonders innerorts, wo sich erfahrungsgemäß eher Hindernisse auf der Fahrbahn befinden (BGH VersR **64** 624, Ol NJW **62** 263). Maßgebend ist die gesamte Örtlichkeit (Ce VRS **31** 34), soweit sie die Weiterfahrt beeinflussen kann (Hb VM **64** 21, Ce VRS **31** 34). **Gelände neben der Fahrbahn** kommt für Unübersehbarkeit nur in Betracht, soweit es die Sicht auf die Fahrbahn beeinträchtigt (BGH NZV **90** 227, Kö NZV **92** 233, Dü VRS **72** 29, Ce VRS **49** 25, 283; s.

auch Rn. 14). Keine Pflicht zum Verlangsamen daher allein wegen schwer einsehbarer Grundstücksausfahrten (BGH NZV **90** 227). Bebauung mit Wohnhäusern und am Fahrbahnrand parkende Fz sind allein kein Grund zur Verlangsamung wegen Unübersichtlichkeit (Ha NZV **90** 473 (50 km/h innerorts nicht zu schnell)). Fahrgeschwindigkeit des Vorfahrt- und Wartepflichtigen: § 8, beim Abbiegen: § 9, vor Fußgängerüberwegen: § 26, an Haltestellen: § 20, vor höhengleichen Bahnübergängen: § 19, auf der AB: § 18.

5a. Mit Fahrbahnhindernissen, auch nachts mit unbeleuchteten (BGH VRS **33** 368, **25** Ha NZV **04** 356, Bra NZV **02** 176, Ba NZV **00** 49, Ko NJW-RR **05** 970, DAR **03** 377 (Soldat in Tarnkleidung; s. auch BGH NJW **14** 3300), **01** 404, Zw NZV **93** 153, Schl VersR **95** 476, Jn NZV **02** 464 (schwarze Kuh), Nü NZV **07** 301, Nau NZV **99** 466 (jeweils Fußgänger); Jn NZV **09** 553 (Sperrbake; Alleinhaftung des Auffahrenden)), auch auf AB (Rn. 27), muss der Kf rechnen, innerorts ohne Schreckzeit (BGH VRS **25** 51, Mü NZV **94** 106, Schl NZV **95** 445), auch bei spiegelnd nasser Fahrbahn (Ha VRS **50** 101), aber nicht mit solchen, die unvermittelt von der Seite oder von oben her in die Fahrbahn gelangen (BGH NJW **85** 1950, **74** 1379, Bay VRS **60** 131, Ha NZV **04** 356, KG NZV **02** 230, Jn NZV **02** 464, Kö VRS **90** 345, Kar VRS **78** 329 (Hervortreten zwischen parkenden Fz), Kö VRS **89** 105, 446, Ko VRS **55** 327 (vom Müllfz abspringender Müllwerker), Ol NZV **90** 158 (Fußgänger oder Radf aus Grundstücksausfahrten), Stu DAR **91** 179). Das Sichtgebot gilt nicht für solche Hindernisse, mit denen der Kf unter keinem vertretbaren Gesichtspunkt rechnen musste (BGH VM **74** 66, Stu DAR **91** 179 (je falsch entgegenkommender Überholer), Ha VersR **99** 898 (unbeleuchtet entgegenkommendes Fz bei Dunkelheit), Ce VRS **49** 283 (Fußgänger aus Seitenstraße); Ha NJW **16** 505 (in die Str rollende Einkaufswagen eines Supermarkts)). Gleiches gilt für **Radfahrer** (BGH NJW **20** 3106: Über einen Feldweg gespannter Stacheldraht als geradezu „verkehrsfeindliches Hindernis"). Nichterkennen **ungewöhnlich schwer sichtbarer Hindernisse** (klein, kontrastarm, AB), auf die nichts hindeutet, ist nicht vorwerfbar (BGH NJW **84** 2412, VM **73** 5 (im Fahrbereich entgegenragende Stange eines Weidezauns), Ha ZfS **97** 165, DAR **77** 23, Dü DAR **77** 186, Ha NZV **88** 64 (reflektierende Warntafel auf AB), NZV **90** 231 (Eisenteil auf AB), Nü DAR **96** 59 (Schlagloch), Kö r+s **14** 474 (Spanngurte auf AB bei Dunkelheit); LG Kö MDR **91** 1042 (Eisenstange auf AB), LG Mü II ZfS **07** 76 (Reifen auf AB) mAnm. *Diehl, Kuckuk* VersR **77** 436; LG Hildesheim NZV **09** 560 (Auffahrrampe)). Nimmt der Kf ein Hindernis wahr, so muss er alsbald ausreichend verlangsamen, schon bevor er weiß, worin es besteht (Ha NJW **75** 841). Ragt rechts aus einer Einfahrt ein Lkw in die Fahrbahn, so muss er mit Rücksicht auf Kinder verlangsamen (Mü VRS **76** 92). Nach dem Sichtgrundsatz muss kein Kf damit rechnen, dass innerhalb der Sichtstrecke ein wegen ungünstiger Beleuchtungsverhältnisse nicht sichtbarer, dunkel gekleideter **Mensch auf der Fahrbahn** liegen könnte (Bay VRS **59** 215, Ha GA **72** 89). Entsprechendes gilt idR nicht für auf der Fahrbahn gehenden oder stehenden Fußgänger (Ha NJWE-VHR **96** 10, Nau NZV **99** 466). GefahrZ 136 (Kinder), § 40 Rn. 102. Personen auf der Fahrbahn: § 25. Einem Hindernis darf sich der Kf nur mit mäßiger Geschwindigkeit nähern, solange es ein Mensch sein (BGH VRS **27** 109, Bay VRS **20** 365, Ha VRS **50** 101) oder sonst Unfallgefahr bestehen könnte.

5b. Vor **Kuppen** und unübersichtlichen **Kurven** ist die Geschwindigkeit anzupassen (BGH **26** VersR **63** 241, Ce VersR **73** 450). Rechtzeitig vor der Kurve ist zu bremsen, nicht erst in ihr. Überschnelles Durchfahren einer Kurve mit einem Krad ist ein grober Verstoß (BGH VersR **62** 1208), vor allem bei Linksfahren (Kurvenschneiden) ohne ausreichende Sicht (BGH VersR **66** 1076). Abkommen von der Fahrbahn in Doppelkurve bei einwandfreiem Kfz spricht gegen den Kf, es sei denn, plötzliche Gefahr kann ihn überrascht haben (Ce VersR **74** 1226, s. § 2 Rn. 74). In starken Gefällekurven ist äußerst vorsichtige Fahrweise geboten (BGH VersR **74** 569). Bleibt zwischen begegnenden Lastzügen in der Kurve nur Abstand von 20 cm, so sind „30" zu schnell; für solche Geschwindigkeit müsste der Abstand mindestens 1 m betragen (Ha VRS **25** 291; NJW-RR **16** 1363). Vor einem nicht einsehbaren **Engpass** sind „60" zu schnell (Ol DAR **58** 161, Neust VRS **27** 272). **Baustellen** sind besonders vorsichtig und angemessen langsam zu befahren, auch wenn kein VZ herabgesetzte Geschwindigkeit vorschreibt (Sa VRS **44** 456, Kö VM **74** 40 (AB)). Wer an gekennzeichneter Baustelle an sichtbehindernder Baumaschine mit 2 m seitlichem Abstand vorbeifährt, muss aber nicht so langsam fahren, dass er vor plötzlich unvermittelt hervortretendem Arbeiter noch anhalten kann (Bay VRS **39** 455). Wer einen hoch **bepflanzten Mittelstreifen** kreuzt, muss sich in die neue Fahrbahn hineintasten (zu hoher Bewuchs ist Amtspflichtverletzung: KG VM **66** 41).

27   **5c.** Die **Autobahnen** und außerörtlichen Kraftfahrstraßen mit getrennten Richtungsfahrbahnen (§ 18) sind vielfach so angelegt, dass sie auch bei hoher Fahrgeschwindigkeit Sicht bieten;
wo dies aus örtlichen Gründen nicht zutrifft, darf der Benutzer mit VZ rechnen (Kö DAR **60**
182). Fahrgeschwindigkeit bei Abblendlicht: § 18. Mit plötzlichen **Hindernissen** muss der Kf
jedoch tags und nachts auch auf der AB rechnen (Rn. 25; Bra NZV **02** 176, Ko NJW-RR **05**
970, DAR **01** 404, Ha NZV **00** 369, Ba NZV **00** 49, Fra NZV **90** 154), ausgenommen solchen, deren Entstehung oder Nichtbeseitigung auf verletzter Aufsichtspflicht beruht (Rn. 25,
BGHSt **10** 121 = NJW **57** 682 m abl Anm *Salger;* Bay VRS **22** 380). Mit **ungesichert liegen
gebliebenen Fz** muss gerechnet werden, selbst wenn sie unbeleuchtet sind (BGH NJW-RR **87**
1235 (Panzer mit Tarnanstrich, nahezu unbeleuchtet); NJW-RR **88** 406; Fr DAR **01** 163,
VersR **02** 1568, OLG Ce **07** 854). **An Unfallstellen** darf ohnehin stets nur mit besonderer
Sorgfalt und angepasster Geschwindigkeit vorbeigefahren werden (Zw VersR **79** 1066, VRS **47**
421 (wenn nicht Hilfe zu leisten ist)). Wer sich einer Unfallstelle mit liegengebliebenen Kfz nähert, braucht äußerste Vorsicht und muss sofort anhalten können (BGH VersR **75** 373). Daher
darf an einem auf der AB quer stehenden Fz nur langsam, stets bremsbereit und vorsichtig vorbeigefahren werden (Kar MDR **91** 543). ABFahrgeschwindigkeit: § 18. ABRichtgeschwindigkeit: Rn. 55 ff.

28   **5d. Wildwechsel** finden sich auch an nicht gekennzeichneten Stellen, auch auf den AB (Fra
NZV **90** 154, KG NZV **93** 313, Kö VRS **89** 446) und sind dann dort am gefährlichsten, besonders während der Dämmerung. Größte Gefahr im Mai, Oktober und November. Auf Straßen
durch oder an Waldbestand kann eine Fahrgeschwindigkeit um oder über „80" zu hoch sein
(Fra NZV **90** 154, Kö VRS **89** 446, *Baum* PVT **91** 138, Dr NJW-RR **02** 1030), begründet aber
nach Ko NJW-RR **07** 242 keine grobe Fahrlässigkeit iS von § 61 VVG (§ 81 II VVG 08). Bei
Ausweichen besteht dann Schleudergefahr, der Bremsweg wird zu lang. Ist ein Zusammenstoß
unvermeidbar, empfiehlt sich festes (bei Fz ohne ABV stoßweises) Bremsen bei festgehaltenem
Steuer ohne Ausweichversuch. Bremsen mit Ausweichen oder lediglich Ausweichen führt meist
zum Schleudern (ADAC-Untersuchung Fahrl **68** 394) und kann uU grob fahrlässig sein (Brn
VRS **102** 44, Ha NZV **96** 410 (Fahrlässigkeit aber verneint, s. **E** 131)). Beim Z 142 muss sich
der Kf auf Wildwechsel einrichten unter Berücksichtigung aller ihm bekannten Umstände (Tageszeit, Straßenbreite, überblickbare Geländebreite). Näheres: § 40 Rn. 102. WarnZ und Wildschutzzäune: § 45 Rn. 53. Zum Nachweis eines Zusammenstoßes mit Haarwild (Hb ZfS **86** 279,
Nü VersR **79** 950, *Theda* VP **83** 27).

28a   **Literatur:** *Baum,* VUnfälle mit Wild, PVT **91** 137. *Dressel,* Wild und Fallwild auf AB und BundesStr,
DAR **74** 291. *Theda,* Zum Nachweis eines Wildschadens, VP **83** 27.

29   **6.** Auch die **Verkehrslage** kann die Sichtfahrgeschwindigkeit reduzieren (I S. 2). Sie ist dem
Verkehr anzupassen (Sa MDR **06** 89, Ol VM **66** 39). Dabei ist zu berücksichtigen, dass andere
fahrtechnisch und nach ihrer VErfahrung weniger beweglich sein können (Dü VM **62** 47), dass
verkehrswidriges Fahren sie unsicher machen und zu falscher Reaktion verleiten kann (Bay
DAR **66** 82, Ha VRS **30** 126). Auf gänzlich unvernünftiges fremdes Verhalten muss sich der Kf
nur einstellen, wenn er es erkennt (BGH DAR **57** 57). Verlangsamen kann bei Sichtbehinderung
durch andere nötig sein (BGH VRS **3** 247, Sa DAR **59** 136), ebenso vor allem bei **unklarer
VLage** (Bay VRS **39** 71, Sa MDR **06** 89, Ha VRS **30** 126), bei der Verlangsamung und große
Aufmerksamkeit nötig sind, so dass der Kf notfalls sofort anhalten kann (BGH VRS **31** 106, **34**
283, **33** 120, NZV **91** 114 (Notbremsung durch Straba bei unklarer VLage), Bay VM **66** 65).
Unklare Lage besteht, wenn der Kf die Entwicklung des V vor ihm nicht sicher beurteilen kann
(Ha VRS **60** 38, Kö VM **83** 68). Unklar ist eine VLage, wenn sie sich nach den Umständen nicht
beurteilen lässt (lebhafter FußgängerV auf der Fahrbahn, Fastnachtsmesse; Ko VRS **44** 192). Der
Vertrauensgrundsatz gilt dann nicht (Ko VRS **44** 192). Verhalten von **Fußgängern:** § 25. Im
Bereich des FußgängerV von Großveranstaltungen muss der Kf mit besonderer Sorgfalt und
angepasster Geschwindigkeit fahren (Dü VM **79** 15). Am frühen Neujahrsmorgen ist innerorts
mit Angetrunkenen zu rechnen (Dü VM **75** 93). In Gasthaus- oder Vergnügungsgegenden ist
außerhalb des WerktagsV mit FußgängernV auf der Fahrbahn zu rechnen (KG VM **74** 57). WinkZ
eines auf der Fahrbahn Stehenden können ein Gefahrhinweis sein (Bay VRS **5** 548) ebenso,
wenn voraus ein PolFz mit Blaulicht steht (Dü VersR **95** 232, DAR **66** 249 (§ 38 Rn. 12)) oder
Anzeichen von Unfallhindernissen erkennbar sind (Kö VRS **27** 111, Sa MDR **06** 89), auf
die eine Warnblinkanlage hinweisen kann (Bay DAR **86** 59, Kö VRS **68** 354), zumal bei mehreren Fz mit Warnblinkanlage auf der Standspur bei Dunkelheit (Stu VRS **113** 86). Warnblinklicht-

anlage eines auf dem Standstreifen stehenden Fz nötigt aber nicht in jedem Falle zur Herabsetzung der Geschwindigkeit (Bay DAR **86** 59). Schwebt voraus ein (Pol)-Hubschrauber niedrig über der Fahrbahn, so ist mit einem Unfall zu rechnen und entsprechend zu verlangsamen (BGH VersR **76** 995). Auf stark besetzter **AB** ist stets mit Stockung und Bremsnotwendigkeit zu rechnen (Abstand!; BGH VRS **29** 435). Gerät auf der AB der Vordermann aus der Fahrbahn nach links, so soll der Hintermann mit scharfem Zurücklenken nach rechts auf die alte Fahrbahn nicht rechnen müssen (BGH VersR **62** 178). **FzStau** auf der Gegenfahrbahn und auf dem rechten Fahrstreifen nötigt den Überholenden auf innerstädtischer Str allein nicht zur Geschwindigkeitsherabsetzung unter 50 km/h (Ha NZV **93** 314). Lässt eine in Gegenrichtung stehende **Kolonne** eine Tankstellenausfahrt frei und kann der begegnende Kf nicht ausreichenden Seitenabstand zu ihr halten, so muss er so langsam fahren, dass er Kf, die sich durch die Lücke hinaustasten, nicht gefährdet (Bay DAR **71** 221). Wer eine stehende Kolonne unerlaubt rechts überholt, muss so langsam fahren, dass er etwaigen QuerV an freigelassenen Lücken nicht gefährdet (§ 5; Nü VersR **74** 1007). Bei Linksüberholen einer zum Stillstand gekommenen FzSchlange sind im Bereich freigelassener Lücken an Einmündungen uU 25 km/h zu schnell (KG VM **85** 25 (§ 5 Rn. 41)). Dass auf genügend breiter Fahrbahn (7,6 m) **beiderseits Fz parken,** nötigt allein nicht zum Verlangsamen (BGH NZV **98** 369, Ha VRS **30** 77), anders bei engerer Fahrbahn (Rn. 16, 17; BGH VersR **66** 523, **67** 286). 25–30 km/h eines **Radf** auf Radweg innerorts mit Sichtbehinderung zur Fahrbahn durch parkende Fz ist zu schnell (KG VM **84** 94). Beim Rechtsüberholen eines Radf darf nicht auf dessen Linksbleiben vertraut werden, daher Vorsicht und angepasste Fahrgeschwindigkeit (Ko VRS **41** 259). Vorausfahrende jugendliche Radf: § 5 Rn. 40. Wer bei **GegenV** genügend freien Raum hat, muss nicht verlangsamen (BGH VersR **61** 229, **67** 286), mit einem herüberschleudernden Fz muss er nicht rechnen (Nü VersR **68** 78), doch muss er sofort verlangsamen, wenn er das Schleudern bemerkt, und notfalls anhalten (BGH VersR **63** 361, VRS **15** 94 (Schlangenlinie des Entgegenkommenden), BGH DAR **55** 17 (schleudernder Lastzuganhänger)). Allein der Umstand, dass die Str durch ein **Wohngebiet** führt, erfordert kein Unterschreiten der zulässigen Höchstgeschwindigkeit (BGH NZV **98** 369, **90** 227). Angepasste Geschwindigkeit gegenüber **Kindern:** Rn. 29a, § 25 Rn. 26 ff. Die beim Z 136 (Kinder) zulässige Fahrgeschwindigkeit richtet sich vor allem nach den Sichtverhältnissen (Br VersR **81** 80). Näheres zu Z 136: § 40 Rn. 102. Könnten rollschuhfahrende Kinder nach Sachlage auf die Fahrbahn geraten, so müssen vorbeifahrende Kf angepasst verlangsamen (Stu VersR **77** 456). Vorbeifahren an haltendem Bus: § 20. Fahrgeschwindigkeit beim Überholen: § 5, beim Abbiegen: § 9, an Fußgängerüberwegen: § 26. Fußgänger: § 25.

6a. Äußerste Sorgfalt (Fahrregel) ist dem FzF (vor allem dem Kf, aber auch zB dem StrabaF **29a** oder Radf, *Lemcke* ZfS **04** 442) **gegenüber Hilfsbedürftigen** (Behinderten), **Älteren** (Gebrechlichen) und **Kindern** im Fahrbereich auferlegt (IIa). Ob der zur Hilfsbedürftigkeit führende Zustand dauernder oder vorübergehender Natur, verschuldet oder unverschuldet ist, ist ohne Bedeutung (BGH VersR **00** 199). Voraussetzung ist, dass die Personen auf Grund äußerer Merkmale *erkennbar* einer der in IIa genannten verkehrsschwachen Gruppen angehören (BGH VersR **00** 199, Schl VersR **87** 825 (verneint bei erwachsen wirkendem 13-jährigen), Ha ZfS **06** 17, NZV **99** 418, **91** 466, VRS **80** 261, Ro VersR **06** 1703). Demgegenüber scheint Mü NZV **88** 66 vom FzF *allen* VT gegenüber *stets* die besondere Sorgfaltspflicht des IIa zu verlangen, solange er sich nicht überzeugt hat, dass diese *nicht* zu der geschützten Gruppe gehören (auch gegenüber 16-jährigen sei IIa zu beachten, solange nicht auszuschließen sei, dass es sich nicht um „Kinder" handele). Dies ist abzulehnen, weil die StVO-Gebote höchster Sorgfalt nicht die Regel, sondern die Ausnahme sind. KG DAR **09** 333 erwägt Anwendung des IIa auf Fußgänger, der auf der Fahrbahnmitte Zeitung liest und auf Hupen nicht reagiert. Verlangt wird nach den Umständen **höchstmögliche Sorgfalt** wie zB in den §§ 7 V, 9 V und 10 (E 150; KG VRS **70** 463, Ha VRS **80** 261, *Bouska* VD **80** 199). Dies bedeutet aber nicht schlechthin unbedingten Gefährdungsausschluss iS absoluter Vermeidbarkeit, keine Gefährdungshaftung (Bay NJW **82** 346, Dü NZV **93** 198, Stu NZV **92** 196, Kar VRS **71** 62, Ha ZfS **06** 17, *Beck* DAR **80** 236). Die Sorgfaltsregel betrifft **alle FzF,** auch, trotz ihres langen Bremsweges, die Straba (Ha NZV **93** 112; s. auch Dü bei *Filthaut* NZV **16** 297, 299). Der besonderen (äußersten) Sorgfalt bedarf es allerdings dann nicht, wenn die VSituation keine Gefährdung erwarten lässt (BGH NZV **94** 273, Ol VRS **87** 17).

Die in IIa besonders geschützte Person muss bei gehöriger Aufmerksamkeit **bemerkt wer- 29b den können,** oder mit ihrer Anwesenheit im Fahrbereich muss nach demselben Maßstab gerechnet werden müssen (BGH NZV **02** 365, **94** 149 (Z 136), NJW **86** 183, Ha ZfS **06** 17, Ol

DAR **04** 706, Fra NJW **98** 206, KG VM **99** 11, Dü NZV **93** 198, Kö VRS **99** 326 Schl VersR **99** 334, Dr NZV **99** 293). Der Kf muss die Möglichkeit gehabt haben, ihr etwaiges gefährdendes Verhalten beim Fahren zu berücksichtigen, vor allem durch Verlangsamen und stetige Bremsbereitschaft (nur Beispiele Rn. 9; Bay NJW **82** 346, Ol DAR **04** 706). Keine Pflicht zur Verminderung der Fahrgeschwindigkeit gem. IIa daher, wo mit Personen aus dem besonders geschützten Kreis nicht auf Grund *konkreter* Anhaltspunkte zu rechnen ist (BGH NZV **02** 365, **91** 23, **90** 227, Schl NZV **03** 188, Kö DAR **01** 510, Schl VersR **99** 334, Ha NZV **90** 473). Die bloße Tatsache, dass in der durchfahrenen Str auch Kinder wohnen und möglicherweise auf dem Gehweg spielen, begründet allein noch nicht die Pflicht zur **Herabsetzung der Geschwindigkeit** unter das iÜ zulässige Maß (BGH NZV **90** 227, Ha NZV **01** 302, Dü NZV **02** 90 (auf dem Gehweg gehendes Kind), s. aber, den Inhalt von IIa überdehnend, Nau VRS **92** 401, Ha VRS **75** 84), ebenso wenig das Auftauchen von Fußgängern nachts in der Nähe einer Gastwirtschaft (Kö VRS **67** 140; dazu auch § 25 Rn. 24). Anders liegt es nach Ha NZV **08** 409 bei Auffälligkeiten, zB wenn ein 11½-jähriges Kind am Fahrbahnrand kniet, um sich „in Sekundenschnelle" die Schuhbänder zu richten (um dann auf die Str zu laufen; zur Haftungsquote § 9 StVG Rn. 12a). In WohnStr kann beim Vorbeifahren an verdeckend parkenden Fz „50" uU zu hoch sein, nicht jedoch stets bei ansonsten guter Übersicht (Ha DAR **89** 148, Ha NZV **90** 473), idR auch nicht 25 km/h (Ha NJW-RR **87** 1250). Die Verpflichtung zur Geschwindigkeitsanpassung an die VVerhältnisse in anderen Fällen (Auflauf, Veranstaltung, Gruppenbildung, Unachtsamkeit, Abgelenktheit) besteht neben IIa weiter. Fährt der Kf bereits vor Erkennen der geschützten Personen mit einer diesen gegenüber **unbedenklichen Geschwindigkeit,** so verlangt IIa nicht eine weitere Herabsetzung (Bay NJW **82** 346). Erst recht ergibt eine sinnvolle Auslegung, dass, wer schon Schrittgeschwindigkeit fährt, idR nicht weiter vermindern muss, soweit nicht zur Gefahrenabwehr erforderlich. Nötigenfalls hat aber auch derjenige seine Geschwindigkeit zu vermindern, der nur 30 km/h fährt (Kar DAR **89** 25 (Kindergarten)). Bei Abschrankungen und Gittern zum Schutz von Fußgängern wird er idR weiterhin durchfahren dürfen, sofern er keinen Verstoß bemerkt, ebenso bei Kindern, die vor Rot warten. Soweit durch die herabgesetzte Fähigkeit des geschützten Personenkreises zu verkehrsgerechtem Verhalten ein solches nicht erwartet werden kann, darf der Kf darauf auch nicht vertrauen. Das bedeutet aber nicht, dass der **Vertrauensgrundsatz** in allen Fällen schlechthin ausgeschlossen wäre (BGH NZV **94** 273, Ol NZV **90** 153, Stu NZV **92** 196, Kar NJW-RR **87** 1249, s. auch § 1 Rn. 24). Nicht jede im Blickfeld des Kf erscheinende Person der in IIa genannten Gruppen erfordert also in jedem Falle sofortige Verlangsamung, ohne dass Gefahr für verkehrswidriges Verhalten voraussehbar ist (BGH NZV **01** 35 (auf dem Gehweg Rad fahrendes Kind), **02** 365, Stu NZV **92** 196, Ce VersR **87** 360, KG NJW-RR **87** 284). Sofortige Pflicht zum Abbremsen nach Dü NJW-RR **20** 1039 schon beim Betreten der Fahrbahn bei Rotlicht.

29c   **Kinder** sind auch die über 8-jährigen (BGH NZV **97** 391, Dü NZV **02** 90, Hb NZV **90** 71, Ba NZV **93** 268); jedoch ist zw, ob und inwieweit fast 14-jährige noch zur Gruppe der Hilfsbedürftigen iS von IIa gehören (bejahend Ha ZfS **06** 17, NZV **00** 167, **96** 70, Hb NZV **90** 71, Mü VersR **84** 395, Kar VersR **86** 770, *Scheffen* VersR **87** 122 im Hinblick auf den ohne Einschränkung im Text verwendeten Begriff „Kind", s. aber Schl VersR **87** 825 (13 Jahre), Ha VRS **80** 261, *Weber* DAR **88** 192). Trotz IIa muss ein Kf daher bei einem 11-jährigen ohne konkrete Umstände nicht ohne Weiteres mit unbesonnenem Verhalten rechnen (Ha ZfS **06** 17, Ol ZfS **91** 321, § 1 Rn. 24). Die Definition des Straf- und Jugendschutzrechts lässt sich auf das StrVRecht nicht übertragen, weil IIa einen völlig anders gearteten Schutzzweck verfolgt (*Hentschel* NJW **87** 996, *Weber* DAR **88** 192). Bei erkennbarer Schutzbedürftigkeit infolge entwicklungsbedingter unbesonnener Verhaltensweisen kann allerdings auch ein 14-jähriger noch Kind iS von IIa sein. Jedenfalls hängt das Ausmaß der nach IIa zu beobachtenden erhöhten Sorgfalt vom Alter des Kinds entscheidend ab (Bay DAR **89** 114, Ha NZV **00** 259, **96** 70), wobei hinsichtlich der Sorgfaltsanforderungen die zu § 828 III BGB entwickelten Grundsätze (dazu § 9 StVG Rn. 12) herangezogen werden können (vgl. Dü NJW-RR **20** 1039). Zum Verhalten des Kf gegenüber Kindern s. auch § 25 Rn. 26 ff.

29d   Auch der Begriff **„ältere Menschen"** ist unklar. Ältere können besonders umsichtig und rüstig sein, anders bei erkennbar Unbeholfenen und körperlich Beeinträchtigten, denen aber auch dann bereits höchste Sorgfalt zukommt, wenn sie noch nicht „älter" sind, wie auch bei Unachtsamen. „Ältere Menschen" iS von IIa sind zunächst jedenfalls auf Grund ihres Alters erkennbar hilfsbedürftige Personen (*Händel* DNP **80** 253, DAR **85** 211), die den Anforderungen des Verkehrs nicht mehr in vollem Umfang gewachsen sind (KG VRS **70** 463), aber auch alle Personen, bei denen – auch ohne konkrete Anhaltspunkte – auf Grund ihres Alters damit gerechnet werden muss, dass sie die *konkrete* VSituation nicht übersehen und meistern werden (BGH NZV **94** 273, Fra NZV **01** 218, s. auch Ro VersR **06** 1703, zusf *Lemcke* ZfS **04** 442). Allein weißes Haupthaar besagt dafür nichts (Ha DAR **16** 265 (sportiver Radf mit 4000 km Fahrleistung im Jahr)). Mit sorglosem Herüberwechseln vom Radweg auf die Fahrbahn muss der Kraftfahrer auch bei einem 80-jährigen Pedelec-Fahrer nicht rechnen (Ha NJW-RR **18** 1117 (Alleinhaftung des Radf)). Hilfsbedürftig iS des IIa können auch **Betrunkene** sein (BGH VersR **00** 199, Kö VRS **67** 140, AG Kö VRS **65** 9, abl *Hempfling* BA **83** 363, LG Kö VersR **84** 796, *Mollenkott* VersR **85** 723). Kein Vertrauen in verkehrsgerechtes Verhalten eines Fußgängers daher, der sich winkend und schwankend auf der Fahrbahn bewegt (BGH VersR **00** 199).

6b. Bei **Tieren auf der Fahrbahn** wird der Kf nach Möglichkeit Rücksicht nehmen und 30 vorsichtig vorbeifahren (BGH NZV **97** 176, Stu DAR **64** 170), es sei denn, Bremsen und Ausweichen würde jemanden gefährden (KG VRS **104** 5, 34 108, Ha VRS **28** 383, Fra VRS **28** 364, Neust VRS **26** 205 (Kleintiere); s. § 4 Rn. 11). Wer bei hoher Geschwindigkeit eine plötzliche Lenkbewegung macht, um einem Kleintier auszuweichen, handelt schuldhaft (BGH NZV **97** 176, KG VRS **104** 5 (je grob fahrlässig), Ha NZV **98** 328, s. auch AG Wetzlar NZV **06** 428), anders uU bei KradF (Ha VRS **101** 33). Kurze Schreckzeit innerorts, wenn unvorhersehbar ein Hund vor das Krad läuft (BGH VersR **66** 143). Mit plötzlichem Auftauchen eines Hunds außerorts auf der Fahrbahn braucht kein Kf zu rechnen (Kö DAR **74** 72). Vor unruhigen oder scheuenden Pferden ist langsam zu fahren, notfalls anzuhalten, doch erst bei unmittelbarer Gefahr des Scheuens, vor allem bei unangeschirrten oder führerlosen Tieren (BGH VRS **20** 255). Der V darf mit verkehrsgewohnten Zugtieren idR rechnen (BGH VRS **20** 255, s. auch Ce DAR **52** 141 (Trecker und scheuende Pferde)). Wer mit einem schweren Lkw nahe an Reitern vorbeifahren muss, hat mit Scheuen zu rechnen und muss sofort anhalten können (Ha VRS **42** 27). Neben Schafherden ist sehr langsam zu fahren, notfalls anzuhalten (Ol DAR **57** 16), ebenso neben ungesichertem Vieh an der Str (Bay VRS **5** 548, Schl VM **56** 45). Überhohe Geschwindigkeit („90") bei auf die Fahrbahn verirrten Weidetieren: Nü VersR **66** 42; s. auch § 17 StVG Rn. 35 f. Wildwechsel: Rn. 28.

7. Auch **Massenverkehrsmittel** wie Straba dürfen idR nicht schneller als angemessen fahren, 31 anders nur im dichten StadtV bei offensichtlich hindernisfreien Gleisen (Dü VM **71** 40). StrabaF dürfen auf öffentlichen VFlächen und beim Kreuzen solcher Flächen, auch unbedeutender Nebenwege, grds. nur **auf Sicht** so fahren, dass sie rechtzeitig anhalten können (BGH NZV **91** 114, NJW **75** 449, Rn. 15). Der StrabaF muss dem besonders langen Anhalteweg seines Fz Rechnung tragen (Nau VersR **96** 722). Wer zur Schonung der Fahrgäste stets nur mäßig bremsen darf, muss so angepasst fahren, dass er vor Rot noch anhalten kann (KG VRS **52** 298). Das Bestreben, Verspätung auszugleichen, berechtigt nicht zu überschnellem Fahren (BGH VRS **10** 223), vor allem nicht bei Sichtbehinderung (Kö VRS **4** 222), doch will Fra VersR **67** 851 im dichten V bei gutem Überblick Ausnahmen zugunsten der Straba machen. **Auf besonderem Bahnkörper** darf der StrabaF grds. auch im Bereich von Fußgängerfurten bei Grün zeigender Fußgänger-LZA mit der nach der BOStrab zulässigen Geschwindigkeit fahren (Bay NZV **91** 78). Sonst gilt § 3 (BVerwG NZV **00** 309, KG VRS **104** 35, s. auch Rn. 15), im Bereich von Bahnübergängen ohne Andreaskreuz auch bei besonderem Bahnkörper (Bay NZV **91** 78, KG VRS **104** 35, Stu NZV **92** 196, VRS **79** 402), ebenso bei im Kreuzungsbereich (öffentliche Str) den besonderen Bahnkörper querenden Fußgängerüberwegen (BGH NZV **91** 114) oder Fußgängerfurten. Auch der StrabaF muss im öffentlichen StrRaum mit unvermuteten, unbeleuchteten **Hindernissen** rechnen (Dü VM **66** 45), außer mit auf kürzeste Entfernung erst entstehenden, und muss rechtzeitig anhalten können (KG VRS **104** 35, Dü VersR **68** 675). Innerorts darf der StrabaF damit rechnen, dass sich **Fußgänger** beim Überschreiten von Gleisen umsehen, auf Warnsignale achten (BGH VersR **61** 475) und die Gleise rechtzeitig freigeben (BGH NJW **75** 449, KG VRS **104** 35), soweit sie dazu in der Lage sind (BGH NZV **91** 114). Jedoch verpflichtet eine Gruppe ausgelassener Jugendlicher in 40 m Entfernung auf den Gleisen zur sofortigen Reduzierung einer Geschwindigkeit von 35–40 km/h (Nau VersR **96** 732). Ist erkennbar, dass ein Fußgänger im Gleisbereich oder auf engem Raum (75 cm) zwischen den Gleisen und herannahenden Kfz stehen bleibt und diesen nicht ungefährdet verlassen kann, so muss der StrabaF eine Notbremsung einleiten (BGH NZV **91** 114, KG VRS **104** 35).

8. Schlechte Sicht, Scheinwerfer- und Abblendlicht, Blendung, Nebel und Wind be- 32 einflussen die Fahrgeschwindigkeit, denn sie verkürzen idR die Sicht oder beeinträchtigen die

Fahrstabilität. Dämmerung verlängert die Reaktionszeit (retinale Verzögerung), dies lässt sich nur durch angepasste Fahrweise ausgleichen. **Bei Dunkelheit** darf der Anhalteweg nicht länger als die Sichtweite sein (BGH NJW-RR **87** 1235 (mangelhaft beleuchteter Panzer mit Tarnanstrich), Kö VersR **03** 219, KG VM **96** 20, Ol NZV **90** 473, Ha VersR **04** 1618). Ungewöhnlich schwer zu erkennende Hindernisse: Rn. 25. Kradf müssen bei Dunkelheit und Regen der Sichtbehinderung durch Regentropfen auf dem Helmvisier Rechnung tragen (Ha VRS **101** 25, NZV **90** 190). Bei Sichtbeeinträchtigungen eines Kradf durch Dämmerung und Dunst, Lichtreflexe auf regennasser schwarzer Teerdecke und Regentropfen auf Helmvisier können mehr als 30 km/h innerorts zu schnell sein (Ha NZV **89** 190). Vor einem im Dunkeln auf der AB liegenden Reifen muss der Kf idR noch anhalten oder ausweichen können (Ba VersR **76** 889, s. aber BGH NJW **84** 2412 sowie Fra NZV **91** 270). Wer bei Dunkelheit auf ein liegen gebliebenes Fz auffährt, ist idR entweder zu schnell gefahren oder hat zu spät reagiert (BGH NJW-RR **87** 1235, **88** 406, Ha NZV **00** 169, Schl VersR **95** 476, Stu VRS **113** 86). Die Sichtweite hängt von der individuellen **Reichweite der Scheinwerfer** ab (BGH VRS **30** 272, Kö VRS **31** 158), uU verlängert durch andere Lichtquellen (BGH NJW **87** 2377, DAR **57** 158, Kar DAR **61** 231), aber ohne Berücksichtigung der Scheinwerfer entgegenkommender Fz (Dü VM **60** 39), denn sie erzeugen beim Sichkreuzen die Blindsekunde, in der man nichts erkennen kann, auch wenn das andere Fz steht (BGH VRS **30** 347, Ol DAR **55** 302, KG VRS **4** 520). Fahren auf der AB mit Abblendlicht: § 18 Rn. 19. Führer kennzeichnungspflichtiger Kfz mit **gefährlichen Gütern** haben sich bei Sichtweiten von weniger als 50 m infolge Nebels, Schneefalls oder Regens gem. § 2 IIIa S. 3 zu verhalten.

33   Wegen der verzögerten **Hell-Dunkel-Adaptation** sollte der direkte Blick in entgegenkommende Scheinwerfer vermieden werden. Zur Problematik der Leuchtdichte und der Adaptation *Kuckuk* DAR **76** 253, *Roddewig* ZVS **83** 162, DAR **83** 383 (Readaption nach Einfluss leuchtender Tafeln, Wegweiser usw). Bei ungewöhnlich schlechter Sicht gelten besonders strenge Anforderungen an angepasste Geschwindigkeit (Ce VersR **65** 961), zB wenn die Sicht wegen angefrorener oder nasser Windschutzscheibe kürzer als der Lichtkegel ist (Bay VkBl. **70** 79, Br NJW **66** 266). Zwischen Lampen der **StrBeleuchtung** ist die Fahrgeschwindigkeit dem dunkelsten Fahrbahnteil anzupassen (BGH VRS **33** 117 (nasse Kopfsteine), Bay DAR **62** 184, Ha DAR **77** 23, Ce VRS **39** 337). Dunkelzonen zwischen Lichtern können die Reichweite des Abblendlichts verkürzen (Ha DAR **73** 302). Bei StrBeleuchtung werden Schattenzonen zwischen den Beleuchtungskörpern uU nicht ausreichend aufgehellt; hier sind Personen uU auch im Abblendlicht nicht zu sehen (Bay VRS **25** 342, Ha VRS **24** 431, Kö VRS **29** 279). Auf 7 m breiter innerörtlicher mit StrBeleuchtung versehener Str ist ein Kf aber nicht ohne Vorliegen besonderer Umstände verpflichtet, die allgemein zulässige Höchstgeschwindigkeit von 50 km/h zu unterschreiten (Ha VRS **80** 256). Der Sichtbeeinträchtigung durch **Reflexe auf nasser Fahrbahn** muss ein erfahrener Kf begegnen (BGH VRS **73** 102, 106, Ha NZV **89** 190), auch solchen durch Streulicht auf regennassem Kradhelm (Rn. 32). Die **Gegenfahrbahn** auf breiten Str muss der Kf bei Dunkelheit nur aus Anlass beobachten (s. Rn. 14). Beim **Befahren einer Linkskurve im Dunkeln** ist wegen verkürzter Sicht durch den nach rechts auswandernden Lichtkegel angepasst zu verlangsamen (Sa VM **78** 53), die Fahrgeschwindigkeit ist dem kürzer beleuchteten Fahrbahnteil anzupassen (Ha VRS **43** 345, **40** 345, Sa DAR **62** 162).

34   **8a.** Wer mit **Abblendlicht** fährt, muss innerhalb der kürzeren Reichweite des Abblendlichtes anhalten können (Ha NZV **00** 369, Kö NZV **00** 400 (jeweils AB), VersR **03** 219), wobei es ihn (naturgemäß) nicht entlastet, wenn sein Fz bauartbedingt nur über Abblendlicht verfügt (Nü NZV **07** 301). Dunkel gekleidete Fußgänger sind selbst innerhalb der geometrischen Reichweite des Abblendlichts nicht stets wahrnehmbar, hell gekleidete dagegen uU schon, wenn sie sich noch außerhalb dieses Bereichs befinden (*Löhle* ZfS **99** 409). Bei asymmetrischer Abblendung ist die geringere Reichweite des linken Scheinwerfers unter Berücksichtigung etwaiger Blendung maßgebend (Kö NZV **95** 400, Sa VM **78** 53, Ha VRS **51** 29, DAR **77** 23, Ol VRS **32** 270), sie kann jedoch bis 75 m und darüber reichen (BGH VRS **33** 368, Ha VRS **39** 261) und ist für jedes Kfz gesondert zu ermitteln (Ha VRS **30** 227). Die Scheinwerfer müssen die zum Anhalten benötigte Strecke und rechts und links des Fahrstreifens noch je 1 m des angrenzenden Geländes beleuchten (Bay VRS **59** 292, Ce VRS **39** 337, Ha VRS **30** 227, **39** 261, Kö VRS **67** 140, aM noch BGH VersR **66** 736 (ganze 6 m breite Fahrbahn)). Bei mehreren Fahrstreifen je Richtung müssen mindestens die Grenzen der Nachbarstreifen mit beleuchtet sein. Wer zum Überholen die Gegenfahrbahn benutzt, muss nicht nur am Fahrbahnrand gehende Fußgänger rechtzeitig wahrnehmen können, sondern auch solche, die verkehrswidrig auf der Fahrbahn gehen (Nau NZV **99** 466).

Wer abblendet, muss verlangsamen, nachdem er die vorher als frei erkannte Strecke durch- 35 fahren hat (BGH VRS **24** 205, Bay NJW **65** 1493, KG VM **96** 20), es sei denn, er kann inner-halb des zuvor vom Fernlicht ausgeleuchteten Raums wieder aufblenden (Kö DAR **10** 337). Es genügt, wenn er die dem Abblendlicht entsprechende Geschwindigkeit nach Durchfahren dieser Strecke erreicht hat, auch wenn vorher eine unbedeutende SeitenStr einmündet (Bay NJW **65** 1493). Abruptes Abbremsen ist unter dieser Prämisse demgemäß nicht erforderlich (Kö DAR **10** 337). Auch auf der AB ist die Fahrgeschwindigkeit dem Abblendlicht anzupassen (BGH NJW **61** 1588, VersR **65** 88, Ha NZV **92** 407; zum Inhalt des § 18 VI: § 18 Rn. 19). **Rspr. zur Geschwindigkeit bei Abblendlicht:** mehr als 70 km/h zu schnell: Ha r+s **00** 281, 60 km/h zu schnell: BGH VM **63** 35, Fra NZV **90** 154 (grobes Verschulden), mehr als 40 km/h zu schnell: Kö VersR **03** 219, s. aber Br DAR **63** 253 („45" nicht zu schnell). Grobes Verschulden insbeson-dere bei „80–90" (BAG DAR **62** 274) und erst recht bei „90" vor einer Kurve (BGH VRS **24** 369). Doch sind bei solchen Zahlen individuelle Lichtkegel und individueller Bremsweg zu be-rücksichtigen. Wer mit Abblendlicht nach rechts abbiegt, kann dessen Reichweite nicht ausnut-zen und muss sich deshalb wegen der Dunkelzone nach rechts hin auf sofortiges Anhalten ein-richten (BGH VM **77** 41). Wer bei Abblendlicht gerade noch innerhalb der Sichtweite anhalten kann, braucht ein Höchstmaß an Aufmerksamkeit (Ce DAR **60** 363).

8b. Bei **Blendung** ist so zu verlangsamen, dass innerhalb der vorher als frei erkannten Strecke 36 angehalten werden kann (BGH NJW **76** 288, Schl VersR **83** 691, Hb VRS **87** 249), gleichgültig, woher die Blendung kommt (Schl VM **75** 82). Der geblendete Kf darf nicht „blind" weiterfah-ren (BGH VersR **72** 258, Ko VersR **74** 442, Fra VRS **76** 4), uU muss er durch Fernlicht prüfen, sofern niemand geblendet wird, ob sein Anhalteweg der Sichtweite noch entspricht (Ce VRS **39** 431). Wer geblendet ist, muss bis zu erneuter Übersicht mit Hindernissen rechnen, denn er fährt nicht auf Sicht (Ko VRS **105** 414). Wer durch mehrere, nicht klar zuzuordnende Leuchten ge-blendet wird, muss verlangsamen, bis er die Strecke vor sich als hindernisfrei erkennt (Ko VRS **105** 414). **Schreckzeit** steht ihm wegen der Häufigkeit des Blendens allenfalls bei nicht zu vermutender Blendung zu, doch muss er danach sofort richtig reagieren (BGH VRS **4** 126, Bay DAR **62** 184, Kö VM **72** 92). Da der Kf mit Personen auf der Fahrbahn rechnen muss (BGH VRS **32** 266, **33** 166), auch wenn ein Gehweg vorhanden ist, keine Schreckzeit insoweit nach kurzer Blendung (BGH VRS **38** 119). Keine Schreckzeit bei plötzlicher Blendung dessen, der zu schnell fährt (Ha VRS **43** 345). **Blendung durch Sonne** kann zum Verlangsamen zwingen (BGH VRS **27** 119, Ha NZV **94** 400, Ko VersR **74** 442, Stu DAR **63** 225). Wer infolge Blen-dung durch Sonnenlicht nicht erkennen kann, welches Licht eine **LZA** abstrahlt, muss verlang-samen und notfalls anhalten, um sich zu vergewissern (LAG Nds VersR **82** 968).

Der geblendete Kf muss **sofort verlangsamen und sich auf Anhalten einrichten** (BGH 37 DAR **60** 60), es sei denn, die überblickte Strecke war vor kurzer Blendung frei und weit länger als der Anhalteweg (BGH VRS **35** 117). Bei völliger Blendung muss er vorübergehend anhalten (Ha VRS **25** 60, Sa VRS **17** 439), sonst handelt er idR unfallursächlich (Ha VRS **25** 60). Wer stark und länger geblendet wird, darf nicht mit „30–40" weiterfahren (BGH VRS **23** 17). Grobe Fahrlässigkeit bei „100" trotz Blendung (Stu VersR **64** 757). Hat der Kf vor der Blendung Ge-fahr vom benachbarten Gelände her erkannt, so muss er verlangsamen und sie berücksichtigen (Schl VM **56** 30). Keine Berufung auf besondere Blendung wegen eines Sehfehlers, denn seine Sehfehler muss jeder Kf kennen (BGH VersR **67** 808; Rn. 41, **E** 141). Damit, dass ein **Entge-genkommender plötzlich aufblendet,** muss der Kf nicht rechnen (BGH NJW **58** 1982, VRS **24** 369, Ha VRS **15** 44, Sa VRS **17** 439), es sei denn, dieser kommt aus einer Kurve und muss sich erst orientieren (Sa VRS **17** 439). Rechtzeitiges Abblenden: § 17.

8c. Nebel beeinträchtigt die Sicht weit mehr als Dunkelheit. Führt der Nebel zu Sichtweiten 38 unter 50 m (*Bouska* DAR **92** 281), so darf unter keinen Umständen schneller als 50 km/h gefah-ren werden (I S. 3). Auf Str mit Leitpfosten kann deren Abstand als Orientierungshilfe zur Fest-stellung einer so geringen Sichtweite dienen; denn dieser beträgt gem. Anl 4 lfd. Nr. 11 zu Z 620 idR 50 m. Auch mit einer solchen Geschwindigkeit darf bei Sichtweiten von weniger als 50 m nur gefahren werden, wenn nicht auf Grund der übrigen Bestimmungen des § 3 (Sichtfahrgebot, Verkehrs-, Wetterverhältnisse usw) oder auf Grund amtlichen VZ eine geringere Geschwindig-keit geboten ist; I S. 3 Hs. 2 stellt dies ausdrücklich klar. Bei sehr dichtem Nebel kann beiseite zu fahren und anzuhalten sein (BGH VRS **4** 461, Bay DAR **52** 153), wo das verkehrssicher möglich ist. 100 m Sichtweite nötigen auf gut ausgebauter, beleuchteter Str nicht ohne Weiteres zur Er-mäßigung unter 50 km/h (Ol VRS **69** 252). Bei 30 m Sicht muss der Abstand zum Vordermann auch für plötzliches Bremsen ausreichen (Ce VRS **31** 383). Wer schon mehrfach auf Nebel gestoßen ist, muss weiterhin mit Nebelbänken rechnen (Schl VM **64** 48, Br VRS **9** 369). Fährt bei Nebel auf der AB ein Kfz auf ein vorausfahrendes auf, so besteht ein ursächlicher Zusammenhang, wenn auf den deswegen anhaltenden Hintermann dessen Hintermann auffährt (BGH NJW **65** 1177). Wer nach Anhalten bei dichtem Nebel ganz langsam in eine VorfahrtStr einbiegt, handelt gegenüber zu schnell fahrenden Berechtigten nicht fahrlässig (§ 8 Rn. 59). Bei Sichtbeschränkung durch *Regen oder Schneefall* hat Entsprechendes zu gelten. Insbesondere darf auch bei auf weniger als 50 m herabgesetzter Sicht eine Geschwindigkeit von 50 km/h nicht überschritten werden (I S. 3), uU ist noch langsamer zu fahren. Ist die schneeglatte Str wegen Schneefalls nur auf 10 m übersehbar, sind „30" zu schnell (Ol DAR **61** 309).

39   Bei **Rauch** ist zu verlangsamen (Sichtfahrgebot; KG VM **74** 96) und Vorsicht geboten, wenn die linke Fahrbahnhälfte verhüllt ist (Sa VM **58** 53). Wer wegen plötzlicher *Scheibenverschmutzung* nicht sofort verlangsamt und auf die Gegenfahrbahn fährt, haftet (Fra VersR **80** 196).

40   **8d.** Mit **starkem Wind** muss der Kf besonders an stürmischen Tagen und bei Gewittern (Kö VRS **37** 39, KG VM **70** 85) rechnen und Windstöße durch Gegenlenken ausgleichen. Gerät er dabei in Windschatten, so kann ihn das für kurze Zeit nach der windabgewandten Seite drücken (BGH VRS **12** 211). Bei starker Windbö ist dem Kradf nur ein Vorwurf zu machen, wenn er sie hätte voraussehen müssen oder er sich unzweckmäßig verhalten hat (BGH VRS **16** 359, Schl VM **71** 95).

40a   **Literatur:** *Cramer,* Zur Haftung bei Dunkelheitsunfällen, DAR **76** 337. *Eckert,* Der Dunkelheitsunfall, NZV **92** 95. *Gramberg-Danielsen,* Anpassungsfähigkeit und Leistungsgrenzen des Sehorgans, BASt **16** 79. *Ders.,* Der Dunkelheitsunfall aus ophthalmologischer Sicht, VGT **90** 162. *Harms,* Sehmängel als Unfallursache, ZVS **86** 36. *Hartmann,* Sehen, Wahrnehmen und Erkennen im StrV, DAR **76** 326. *Kuckuk/Reuter,* Die Methodik der Aufklärung von Dunkelheitsunfällen ..., DAR **76** 253. *Löhle,* Dunkelheitsunfälle, ZfS **99** 409. *Roddewig,* Verlängerte Reaktionszeiten ..., DAR **83** 383. *Ders.,* Readaptionszeiten im nächtlichen StrV ..., ZVS **83** 162. *Schmidt-Clausen,* Der Dunkelheitsunfall, VGT **90** 150.

41   **9. Die persönlichen Fähigkeiten** des Fahrers, vor allem Erfahrung und wechselnder Körperzustand, bedingen die zulässige Fahrgeschwindigkeit mit (BGH VRS **5** 133, Kö VersR **66** 530, Ha VRS **13** 32); denn der Fahrer muss diese Fähigkeiten stets berücksichtigen (**E** 141, 141a, § 2 FeV, § 31 StVZO Rn. 10). Niemand darf so schnell fahren, dass er das Fz nicht mehr beherrscht (BGH VersR **66** 1156); jeder muss die Grenzen seiner Fahrfähigkeit beachten (BGH VRS **9** 296), vor allem der Anfänger, aber auch der Kranke oder Gealterte (Ce DAR **51** 16, Bra VRS **2** 124 (78-jähriger Radfahrer)), der Sehbehinderte auch dann, wenn eine geschwindigkeitsbeschränkende Auflage gem. § 23 FeV aufgehoben wurde (BGH VRS **69** 439). Wer die FE erst erworben oder lange nicht benutzt hat, muss selbstkritisch fahren und darf nicht unzulängliche Ausbildung oder mangelnde Erfahrung vorschützen (**E** 141a). Mit einem noch nicht vertrauten Kfz muss jeder vorsichtig fahren (Hb VM **65** 5), ebenso mangels Fahrerfahrung bei Dunkelheit (Ha VRS **12** 106). Vor jeder Fahrt muss der Kf bedenken, ob er den voraussichtlichen Umständen (AB, dichter Verkehr, Fahrstrecke, Eis, Nebel, Dunkelheit) gewachsen sein wird (BGH VRS **11** 428), im Zweifel muss er die Fahrt unterlassen (Ha VRS **25** 455, Stu VkBl. **59** 23) oder rechtzeitig pausieren. Wer seine langsame Reaktion kennt, muss entsprechend langsamer und vorsichtig fahren (BGH VM **65** 25). Mangels besonderer Umstände darf ein Neuling auf einer BundesStr mit „50" fahren (Dü VM **62** 73).

42   Alkohol soll der Fahrer meiden, er beeinträchtigt alle Fahrfunktionen und führt bei größerer BAK zur Fahrunsicherheit (§§ 24a StVG, 315c, 316 StGB). Zur Frage der Vermeidbarkeit eines Unfalls für einen alkoholbedingt fahrunsicheren FzF, wenn die von ihm eingehaltene Geschwindigkeit bei einem nüchternen Fahrer nicht zu beanstanden gewesen wäre, §§ 222, 229 StGB Rn. 16.

42a   **Literatur:** *Mühlhaus,* Fahrgeschwindigkeit nach Alkoholgenuß ..., DAR **70** 125.

43   **10. Die Eigenschaften von Fahrzeug und Ladung** sind bei der Fahrgeschwindigkeit zu berücksichtigen (I S. 2): Fahrwerk, Straßenlage, Windempfindlichkeit, Bremsverzögerung und -zustand, Scheinwerferleistung, Nebelscheinwerfer, Reifenzustand, Motorleistung (Anzugskraft, Beschleunigung), Art und Verstauung der Ladung, deren Schwerpunkt, zT zusammen mit dem StrAusbau und der Witterung. Ladung: § 22. Die Fahrgeschwindigkeit muss der Ladungsstabilität entsprechen (Ha NJW **72** 1531 (Betonplatten), Dü NJW-RR **93** 94 (Pferde)). Durch Dachlast und höhere Zuladung veränderte Fahreigenschaften muss der Fahrer durch Langsamerfahren ausgleichen (§ 22 Rn. 13). Kradf müssen beim Durchfahren von Kurven der durch Schräglage eingeschränkten Bremsmöglichkeit Rechnung tragen (BGH NZV **94** 184, Kar VersR **87**

694). FzMängel: § 23. Bremsverzögerung: § 41 StVZO. Brems- und Reaktionszeit: § 1 Rn. 29, 30.

Von einem geistesgegenwärtigen Kf ist bei Gefahr je nach Sachlage **Bremsen,** Hupen und **44** Ausweichen zugleich zu verlangen (BGH VM **66** 35). Bei unvermuteten, unverschuldeten Ereignissen steht dem Kf außer der Reaktionszeit (§ 1 Rn. 29, 30) auch eine Schreckzeit zu (E **86,** § 1 Rn. 29). Wer eine Gefahr anders meistern kann, muss Vollbremsung vermeiden (BGH NJW **67** 211, VM **63** 9). Jede Fahrgeschwindigkeit, die nach Sachlage zu langen **Bremsweg** bedingt, ist zu hoch. Wer einen nicht abbremsbaren (§ 41 StVZO) Anhänger mitführt, muss nicht deshalb langsamer als allgemein zulässig fahren (Dü VM **67** 64). Im Gefälle ist der Bremsweg länger als auf ebener oder steigender Straße, ebenso bei Glätte (Regen, Schmiere, Schmutz, Schnee, Eis, Ölspur) und auf wenig griffigem StrBelag, zB auf womöglich gewölbtem Blaubasalt (BGH VRS **23** 270). Rutschfördernde Glätte neuer Reifen: § 36 StVZO Rn. 5. Die individuelle Bremsverzögerung hängt von der Bremsbeschaffenheit und allen übrigen Umständen ab (BGH VRS **27** 119), ist sie schlecht, so muss der Kf uU unterhalb der zulässigen und nach den übrigen Umständen möglichen Geschwindigkeit bleiben (Kar VRS **10** 330). Bei der **Bremswegberechnung** dürfen nicht schematisch und ohne einen Sachverständigen Verzögerungen von 7–8 m/s² unterstellt werden (Hb DAR **80** 184, Ha VRS **38** 313). Bremsspur: Rn. 58. Wäre der Schaden beim Bremsen vermieden worden, so ist dieses Unterlassen **ursächlich** (BGH VM **56** 31). Eine Kollision mit einem anderen VT wäre durch rechtzeitiges Bremsen vermeidbar gewesen, wenn der FzF dann entweder das Fz vor der Kollisionsstelle zum Stillstand gebracht hätte (*räumliche* Vermeidbarkeit) oder diese erst erreicht hätte, nachdem der geschädigte VT den Kollisionspunkt schon wieder verlassen hätte (*zeitliche* Vermeidbarkeit; BGH NZV **92** 359, NJW **00** 3069, s. auch *Himbert* ZfS **06** 670).

Literatur: *Förste,* Erwägungen zum Bremsweg, DAR **97** 341. *Himbert,* Einfluss der Reaktionszeit auf **44a** Vermeidbarkeitsbetrachtungen, ZfS **06** 670. *Kurz,* Die Bremswegberechnung, DAR **78** 257.

11. Geschwindigkeitsbegrenzungen durch Verkehrszeichen gehen den VRegeln des § 3 **45** inner- wie außerorts vor (§ 39 II S. 1). Durch VZ 274, 275 können sie ausschließlich *für einzelne Straßen* angeordnet werden, niemals für ein StrNetz durch Aufstellung nur an den Zufahrten (Fra DAR **70** 55). Soll die Begrenzung für ein Gebiet gelten, so bedarf dies der Kennzeichnung durch VZ 274.1/274.2 (geschwindigkeitsbegrenzte Zone; § 41 Rn. 248h, § 45 Rn. 37) oder durch Z 325.1 325.2 (verkehrsberuhigte Bereiche; § 42 Rn. 181 zu Z 325.1, 325.2). Geschwindigkeitsbeschränkungen durch VZ für das gesamte Straßennetz eines Bundeslands oder einer Gemeinde unter Umgehung bundesrechtlicher Kompetenz sind unzulässig und rechtsfehlerhaft (§ 45 Rn. 27). Innerorts dürfen die StrVB die zulässige Geschwindigkeit durch Z 274 erhöhen (§ 45 VIII). Z 274 ist ein SchutzG iS des § 823 BGB auch zugunsten von Fußgängern (BGH VersR **72** 558). Psychologische Untersuchungen sprechen dafür, dass die Kf angepasste, nachvollziehbare Geschwindigkeitsbegrenzungen zu beachten pflegen, nach Örtlichkeit und VLage (wirklich oder scheinbar) unangepasste jedoch nicht (*Winkler* k + v **71** 93). Über sachlich ungerechtfertigte und aus „ideologischen" Gründen angeordnete Geschwindigkeitsbeschränkungen auf AB *Kullik* PVT **03** 70. Irrtum über den Inhalt eines geschwindigkeitsbegrenzendenVZ: Rn. 56.

Beginn des Streckenverbots. Das durch Z 274 angeordnete Streckenverbot beginnt am **45a** jeweiligen Zeichen (zusammenfassend *Rebler* NZV **18** 551). Wird ein zu Recht schnell fahrender Kf (AB) durch eine Geschwindigkeitsbeschränkung überrascht („80") und verlangsamt er nunmehr erst wie vorgeschrieben, so trifft ihn aber uU kein Vorwurf (Fra DAR **69** 137). Eine Vollbremsung ist ihm nicht zuzumuten (Sa ZfS **87** 30, Dü NZV **96** 209; AG Sa ZfS **85** 187 (Reduzierung von 200 km/h auf 100 km/h innerhalb von 270 m)). Bei ungewöhnlich hoher Geschwindigkeit muss er aber schon von weitem sorgfältig auf etwaige Geschwindigkeitsbeschränkungen durch VZ achten (Bay NZV **01** 220). Zur Berücksichtigung von richtlinienwidriger Aufstellung der Messstelle bei der Ahndung s. Rn. 56b a. E. Eine Beschilderung durch „Geschwindigkeitstrichter" (120, 100, 80 km/h) trifft ihn nicht überraschend. Die Geschwindigkeitsbegrenzung gilt bei rechts stehendem VZ auch für die linke Fahrspur (Kö NZV **95** 329). Ordnen mehrere VZ 274 auf einer Schilderbrücke für die verschiedenen Fahrstreifen verschiedene Geschwindigkeiten an, so gelten diese jeweils nur für diese (vgl. § 41 VwV Rn. 3; Bra NZV **15** 47). Ist für einen Fahrstreifen einer mehrspurigen Autobahn durch § 37 III S. 2 (dort Rn. 37) durch ein Dauerlichtzeichen „rote gekreuzte Schrägbalken" ein Fahrstreifenbenutzungsverbot angeordnet, gelten für diesen Abschnitt nicht die auf benachbarten Fahrspuren oder auf dem zuvor freigegebenen Abschnitt mit dem VZ 274 angeordneten Beschränkungen der zulässigen Höchstgeschwindigkeit (Ce DAR **19** 689 m Bspr *König* DAR **20** 369f.; iErg auch Bra NZV **15**

47; die hier bis 45. Aufl sowie in DAR **15** 369 vertretene Auffassung wird aufgegeben). Jedoch kann die gefahrene Geschwindigkeit bei der Ahndung der Verletzung des Benutzungsverbots sanktionserschwerend gewichtet werden (§ 37 Rn. 51). Entsprechendes wird bei verbotswidriger Benutzung der Standspur einer AB zu gelten haben (**aM** noch BGHSt **30** 85, jedoch durch § 2 I S. 2 überholt; dazu § 2 Rn. 16b). Ordnen zwei Z 274 nebeneinander unterschiedliche Geschwindigkeitsbeschränkungen an (Versehen), so gilt nur das die höhere Fahrgeschwindigkeit erlaubende VZ (Bay VRS **57** 64). Sind innerorts mehr als 50 km/h zugelassen, so gilt das für Fz aller Art (Anl 2 lfd. Nr. 49 Spalte 3 Nr. 2; Kar VRS **26** 72). Die Geltungsbereiche einer Geschwindigkeitsbeschränkung und eines Überholverbots fallen nicht notwendigerweise zusammen (Nü DAR **63** 330). Die ein Streckenverbot anordnenden VZ gelten auch für denjenigen VT, der zwar an einer Stelle in die Verbotsstrecke einfährt, wo das VZ nicht steht, der das Verbot aber kennt (Bay VRS **73** 76; Bra VRS **11** 295; s. § 41 Rn. 247). Eine AB-Geschwindigkeitsbeschränkung (Baustelle) gilt auch für Fz, die innerhalb der Verbotsstrecke einfahren (BGH VRS **25** 412), nach Bay NZV **98** 386 auch nach Fahrtunterbrechung auf Parkplatz im Fall inzwischen geänderter Höchstgeschwindigkeit durch Wechsel-VZ (zw).

45b **Das Streckenverbot endet** nach Maßgabe von lfd. Nr. 55 der Anl 2 Spalte 3. Ergibt sich die Länge eines Streckenverbots nicht aus einem ZusatzZ (lfd. Nr. 54.3 der Anl 2), so endet es danach grds. erst mit den Aufhebungszeichen 278 bis 282. Das gilt auch dann, wenn das Verbot an einer folgenden Einmündung oder Kreuzung nicht wiederholt wird (Ha NZV **01** 489 (BAB); **96** 247, NJW **74** 759; aM LG Bonn NZV **04** 98), erst recht bei Nichtwiederholung nach einer Parkplatzeinfahrt, wobei ein Vergessen der Geschwindigkeitsbegrenzung nach Wiedereinfahren der Annahme von Fahrlässigkeit nicht entgegensteht (Ol NJW **11** 3593). Damit steht VwV Rn. 5 zu den Z 274, 276 und 277 in Einklang, wonach die Z hinter Kreuzungen und Einmündungen wiederholt werden *sollen*, an denen mit dem Einbiegen ortsunkundiger Kf zu rechnen ist. Auch auf Strecken ohne Einmündungen ist den Grenzen der Merkfähigkeit des Kf jedoch durch Wiederholung des VZ Rechnung zu tragen (Bay VRS **73** 76, Ha VRS **56** 59; NZV **96** 247; *Rebler* NZV **18** 549). **Fehlen auf längerer Strecke wiederholte VZ ebenso wie Z 278–282,** so wird das Streckenverbot entgegen Ha VRS **56** 59 zwar nicht wegen Unklarheit unbeachtlich; jedoch kann der Fahrlässigkeitsvorwurf entfallen, wenn das VZ viele km zurückliegt. Die Wirksamkeit einer Geschwindigkeitsbeschränkung an einer Zufahrt zu einem außerörtlichen KreisV, wirkt nach Mü DAR **10** 206 nicht für die Weiterfahrt nach Verlassen des KreisV. Ist das Z 274 **zusammen mit einem GefahrZ angebracht,** so endet es auch ohne Aufhebungszeichen 278–282, wo die angezeigte Gefahr *zweifelsfrei* nicht mehr besteht (lfd. Nr. 55 der Anl 2 Spalte 3; Dü v. 17.10.16, IV-2 RBs 140/16; BeckRS **16** 18691; Kö DAR **17** 647 (Z 123 Baustelle) mAnm *Engel*; Ce DAR **19** 279; s. auch Ha NJW **74** 759). Bei einer Kombination mit dem *allgemeinen* Gefahrzeichen 101 kann eine *zweifelsfreie* Beendigung der Gefahr (anders als zB bei der Kombination mit Z 103 (Kurve)) nicht angenommen werden (Ce DAR **19** 279 m Bspr *König* DAR **20** 370). Eine durch Z 274 angeordnete Geschwindigkeitsbegrenzung endet auch durch **neues Z 274** mit abw Angabe (insoweit einschr. KG NZV **99** 85 (Baustelle)) sowie innerorts am Ortsausgangsschild (Bay VRS **93** 363), nicht aber bei abw VZ 274, das nur unter bestimmten Bedingungen gilt (zB „bei Nässe"; für bestimmte Tageszeiten). Das Z 278 hebt nur die Begrenzung durch Z 274 auf (Dü VM **63** 48). Das Z 275 (Mindestgeschwindigkeit) hebt allgemeine Geschwindigkeitsbegrenzungen, zB diejenigen des § 3 III S. 2b für schwere Kfz, nicht auf. **Vor Ende der Geschwindigkeitsbegrenzung** darf der Kf nicht über das zulässige Maß beschleunigen; eine Messung kurz vor dem Ende entlastet ihn daher nicht (Brn VRS **107** 61 (keine „Messtoleranz"; Rn. 51)).

46 **Für Z 274 mit ZusatzZ „Bei Nässe"** (Anl 2 lfd. Nr. 49.1) ist deutliche Nässe der gesamten Fahrbahn erforderlich (BGH NJW **78** 652). Die Fahrbahn darf also nicht nur feucht oder stellenweise nass sein (Spurrillen; Ha VRS **53** 220, Ko DAR **99** 419). Vielmehr muss die gesamte Fahrbahn einen Wasserfilm aufweisen (BGH NJW **78** 652, Ha NZV **01** 90, 178, Ko DAR **99** 419), wobei Struktureinzelheiten der Fahrbahnoberfläche nicht mehr erkennbar sind (s. auch Bay VRS **53** 144, *Bouska* VD **77** 74, 161, 193, **78** 9; aM Ce VRS **53** 128). Kombination mit Z 114: § 40 Rn. 102. Zusätze wie „Lärmschutz", „Luftreinhaltung" u Ä über den Grund der Anordnung haben keine Bedeutung für die Beachtlichkeit der Beschränkung. Sie dispensieren auch nicht etwa Elektro-Kfz (KG DAR **19** 214). Gleiches gilt für das ZusatzZ „Baumunfall" (§ 39 Rn. 31a). Anders konnte es für das frühere ZusatzZ mit dem Sinnbild „Schneeflocke" liegen (§ 39 Rn. 31a; dort auch zur Bedeutung des ZusatzZ „Mo–Fr"). Geschwindigkeitsbeschränkungen aus Lärmschutzgründen sind auch tagsüber zulässig (§ 45 I Nr. 3; VGH Mü NJW **78** 1988 ist überholt).

Überholen berechtigt nicht zum Überschreiten gebotener Höchstgeschwindigkeit, es sei **46a** denn als einziges Gefahrabwehrmittel (Notstand; BGH VRS **12** 417, Schl VRS **91** 299, Ko VRS **55** 423, Mü NJW **66** 1270; zum von Mü NJW **66** 1270 angenommenen „faktischen" Überholverbot im Rahmen der Abwägung § 5 Rn. 73). Bei geschwindigkeitsbeschränkenden VZ darf idR angenommen werden, dass sie der durchschnittlichen Sachlage entsprechen, es sei denn, die örtlichen Verhältnisse sind aus besonderen Gründen gegenwärtig unübersichtlich (Schichtwechsel, parkendes Kfz, haltender Bus; BGH VM **73** 3, Kö VRS **90** 346). Auch bei durch VZ beschränkter Höchstgeschwindigkeit vor Bahnübergängen darf sich der Kf trotz § 19 II mangels besonderer Umstände mit der zugelassenen Geschwindigkeit dem Bahnübergang nähern (Bay DAR **81** 153, Ha VM **68** 84). Ist die Geschwindigkeit durch VZ in einem Baustellenbereich begrenzt, so braucht der Kf idR nicht allein deswegen noch stärker zu verlangsamen, weil ein Bauarbeiter aus dem markierten Arbeitsbereich in den für den V freigegebenen Fahrbahnraum geraten könnte (Ce NZV **96** 31). Ist die Höchstgeschwindigkeit auf 40 km/h unter Hinweis auf Schleudergefahr beschränkt (Z 114), so muss ein Kf bei Überschreitung auch ohne erkennbare Anzeichen mit einem Unfall rechnen (Bay DAR **76** 301).

12. Verkehrsbehinderndes Langsamfahren ohne triftigen Grund ist unzulässig (II). Es **47** verleitet zu riskantem Überholen. Die Vorschrift greift nur ein, ist aber notwendig, wenn grundloses Langsamfahren „den Verkehrsfluss behindert", bei einem einzelnen Hintermann daher nur bei nennenswerter, längerer Behinderung. Sie gilt für alle Str und wird sich vorwiegend bei dichtem Verkehr auswirken, also im StadtV, der möglichst gleichmäßige Fahrgeschwindigkeit der Beteiligten voraussetzt (Bay NJW **67** 1974 (zu § 1 aF)), auf Ortsdurchfahrten, VorfahrtStr, außerörtlichen Str mit geringer Überholmöglichkeit (kurviger Verkauf, GegenV; Ko NJW **67** 2074, DAR **66** 277), besonders auf Überholverbotsstrecken (Schl VM **62** 90). Langsamfahren iS von II führt nicht zum StrBenutzgsverbot wie bei Z 275 (Begr; Anl 2 lfd. Nr. 52 Spalte 3 zu Z 275). Müssen auf leicht kurviger Strecke bei erlaubten und vertretbaren 100 km/h mehrere Kf auf 3 km hinter einem ohne triftigen Grund nur 50 km/h fahrenden Pkw herfahren, so verletzt dessen Fahrer Abs. 2 (AG Gemünden DAR **97** 251). Sachlich grundloses Verlangsamen vor Grün kann II verletzen (KG VRS **47** 316, Dü VRS **65** 62). Wer in oder gleich nach einer unübersichtlichen Kurve durch langsamstes Fahren ein Hindernis bildet, kann strafrechtlich haften müssen (Ha VRS **49** 182). Ein in die AB einfahrender Lastzug muss alsbald soweit wie möglich und zulässig beschleunigt werden (Ce VersR **73** 352). Wer nachts einen Lastzug ungewöhnlich verlangsamt und ohne triftigen Grund zu langsam fährt, ohne Nachfolgende durch Zeichen zu warnen (AB), haftet bei Kollision mit (Ce VersR **76** 50; Dü DAR **99** 543 (Bagger mit 6 km/h bei Dunkelheit)). Das gilt auch bei verkehrsbedingtem zu langsamem Fahren aus technischem Grund, weil nur das Warnen der Gefahr entgegenwirkt (Ol NZV **12** 134). Mithaftung eines bei Tage die AB mit nur 60 km/h befahrenden PkwF, auf den ein anderes Fz auffährt (AG Wilhelmshaven NZV **03** 181) oder eines Lkw-Fahrers, der wegen eines Defekts die Geschwindigkeit auf 40 km/h vermindert, ohne zu warnen oder auf den Standstreifen auszulenken (Ol NZV **12** 134).

Triftigen Grund zum Langsamfahren hat, wer dies aus objektiven Gründen wie VLage, Wet- **48** ter, Unterwegsmängeln wie Motorleistung Ladung (Dü NJW-RR **93** 94) oder subjektiven Gründen (Körperzustand) darf oder sogar muss, zB auch innerhalb einer langsamen grünen Welle (BGH VersR **62** 621) oder im mehr- oder einstreifigen Kolonnenverkehr (Kö VRS **20** 223, Ha VM **63** 53). Technischer Defekt entlastet nicht ohne Weiteres (Rn. 47). Wer an Parkstreifen oder Parkuhren eine Lücke sucht, hat triftigen Grund, weil er idR nur kurze Zeit behindert. Langsamfahren im Haltverbot, um jemand einsteigen zu lassen oder eine Hausnummer zu suchen, ist kein triftiger Grund, wenn beides auch weniger behindernd möglich wäre. Erschwerter Fahrstreifenwechsel nach rechts, um demnächst auszufahren, kommt erst kurz vor der Ausfahrt als triftiger Grund zum Langsamerfahren in Betracht (Kö VM **74** 23). Vermeidung hoher Geschwindigkeiten im Interesse des Umweltschutzes ist zu begrüßen. Wer aber allein deswegen *behindernd* langsam fährt, weil er glaubt, dadurch einen Beitrag zur Schonung der Umwelt zu leisten, oder aus „erzieherischen" Gründen, verstößt gegen II und kann uU sogar nötigen (§ 240 StGB Rn. 16 ff.).

Literatur: *Schmidt,* Langsamfahren als Behinderung, SchlHA **67** 33. **48a**

13. Zulässige Höchstgeschwindigkeiten ohne VorschriftZ schreiben III, IV vor. Sie gel- **49** ten nur unter günstigsten Umständen, entbinden also nicht von den Grundregeln des I (Ol NZV **90** 473), müssen vorbehaltlich § 18 V S. 2 auch auf KraftfahrStr (Z 331.1; Ha VM **70** 63) und beim Überholen eingehalten werden (Rn. 45). Gebotene Höchstgeschwindigkeiten sind SchutzG auch zugunsten von Fußgängern, die die Fahrbahn überschreiten (BGH VersR **72** 558). Begrenzung der zulässigen Höchstgeschwindigkeit bei Nebel, Schneefall und Regen (I S. 3): Rn. 38. Geschwindigkeitsbegrenzung durch VZ: Rn. 45 ff. Erwägenswerte psychologische Bedenken gegen einige starre Geschwindigkeitsgrenzen bei *Gunzert* DAR **66** 329, *Undeutsch* DAR **66** 324, *Herwig* ZVS **12** 194. Für Radf gilt III nach seinem eindeutigen Wortlaut nicht (näher *Lorenz* NZV **14** 498 mit Forderungen an den VOGeber).

50   **13a. Innerorts** beträgt die Höchstgeschwindigkeit, außer auf der AB (§ 18), unter günstigsten Umständen (Fra DAR **01** 217), für alle Kfz „50" (III Nr. 1). Die vorgeschriebene Ortshöchstgeschwindigkeit soll die Gefahr innerorts verringern und schafft an sich keine Schutzzone über das VZ 311 hinaus (Bay VRS **57** 360, Dü NZV **92** 238). Wird jedoch schon vorher Gefahr durch einen unachtsamen Fußgänger erkennbar, so entfällt der Vertrauensschutz und der Kf muss angemessen verlangsamen (Bay VM **80** 41). Die Ortsgeschwindigkeit ist begrenzt, damit sich jeder auf die innerorts häufigen mannigfachen VVorgänge rechtzeitig einstellen kann (Ko VRS **55** 423). Bei normalen Verhältnissen darf sie ausgenutzt werden (BGH NZV **02** 365, Dü NZV **94** 70 (Dunkelheit), KG VRS **83** 98, Kar VersR **79** 478). Wo das Z 274 steht, geht es III Nr. 1 vor (§ 39 III). Die 50 km/h-Grenze beginnt bei der **Ortstafel** (Z 310; Rn. 51), sofern nicht durch Z 274 etwas anderes bestimmt ist (Ha VRS **25** 219). Sie endet, jeweils ohne Rücksicht auf Bebauung (Ha DAR **62** 273), bei VZ 311 (Dü VRS **64** 460). Die Ortstafel gilt auch (Erkennbarkeit vorausgesetzt), wenn Unbefugte sie umgedreht haben (Ha VRS **25** 296). Der VT muss sich idR an die Ortstafeln halten können, so wie sie stehen, andererseits muss die VB überwachen, ob der Standort der Ortstafel wegen fortgeschrittener Bebauung dem VBedürfnis noch entspricht (vgl. RL für die rechtliche Behandlung von Ortsdurchfahrten VkBl. **08** 459). Fehlt sie bei geschlossener Bebauung, so gilt die 50 km/h-Grenze nicht, weil VRegeln deutlich sein und VZ im Fahren mit einem Blick erfassbar sein müssen. Es geht nicht an, dass Gerichte klare gesetzliche Regelungen gegensätzlich auslegen (so aber Ha VM **96** 68, MDR **69** 1033, Dü VRS **64** 460 (eindeutig geschlossene Bauweise)). Eine höhere Geschwindigkeit kann sich dann jedoch nach I verbieten. Beginnende Bebauung verpflichtet, auf die Ortstafel zu achten (Ha VM **60** 76: einzelne Häuser mit Gärten beiderseits sprechen nicht für eine geschlossene Ortschaft; Ha VRS **36** 228). Dichte Bebauung, Bürgersteige usw. können dem FzF die Gewissheit aufdrängen, dass er sich in geschlossener Ortschaft befindet (Schl NZV **93** 39, Ha VM **96** 68). Folgt bei zusammenhängenden Ortsteilen später die Ortshinweistafel (Z 385), so endet hier die 50 km/h-Grenze ohne Rücksicht auf die Art der Bebauung (Ha DAR **63** 389, Dü VM **73** 85). Irrtum über den Begriff der geschlossenen Ortschaft ist Tatbestandsirrtum (§ 11 OWiG).

51   Die Geschwindigkeitsbeschränkung gilt in aller Regel **vom Ortsschild ab** (Bay NZV **95** 496, Ol NZV **94** 286, Kö VRS **96** 62). Eine „Toleranzstrecke" kommt allenfalls bei schwerer Erkennbarkeit des VZ in Betracht (Sa ZfS **87** 30, Stu VRS **59** 251). Dennoch muss der Kf nicht vor oder an dem Ortsschild abrupt auf „50" verlangsamen; er darf eine gewisse Messtoleranz erwarten (Bay NZV **95** 496, Ol NZV **94** 286 (50 m nach dem Schild), Kö VRS **96** 62, Ha VRS **97** 453), jedoch nicht mehr 150 m nach dem Ortsschild (Ha VRS **56** 200). Bei spät erkennbarer Ortstafel keine Gewaltbremsung, außer bei Gefährdung anderer (Schl VM **66** 88, Bay NZV **95** 496). Die Ortstafel (Z 310) ist zwar ein RichtZ (§ 42), ordnet aber an, dass von ihr ab die innerörtlichen VVorschriften gelten (Anl 3 zu lfd. Nr. 5 und 6 Spalte 3). Die Ortshöchstgeschwindigkeit muss auch beim Überholen eingehalten werden (Rn. 45; Ko VRS **55** 423). Defekter Tachometer: Rn. 56.

52   Die VT dürfen **nicht darauf vertrauen,** dass die 50 km/h-Grenze innerorts genau eingehalten wird (KG DAR **00** 260, Ol NZV **94** 26, Ha VRS **46** 222 (Überschreitung bis zu 50 % muss in Rechnung gestellt werden), aM BGH VRS **21** 277 (Fußgänger darf vertrauen), Schl VM **58** 59), vor allem nicht unmittelbar hinter der Ortstafel (Ol VersR **85** 1096). Auch eine Geschwindigkeitsüberschreitung um mehr als 60 % durch den Bevorrechtigten muss der Wartepflichtige, soweit erkennbar, berücksichtigen (§ 8 Rn. 53, § 9 Rn. 39). Allerdings darf ein wartepflichtiger VT (§ 8) darauf vertrauen, dass ein noch *nicht sichtbarer* Bevorrechtigter keine wesentlich überhöhte Geschwindigkeit einhält (Kar VRS **44** 66).

53   **Bei dem Z 311 (Ortstafel, Rückseite)** darf der Kf wieder beschleunigen, falls die Umstände es erlauben (Ol NZV **96** 375: kein Vertrauen in Unterbleiben von Messungen), aber uU mildere Ahndung (Rn. 56b). Unklarheit geht nicht zu seinen Lasten (Kö VRS **17** 307). Maßgebend ist der Standort des Z 311 (Dü VM **58** 64 Nr. 130), auch bei weiterer Bebauung; denn Nachlässigkeiten der Behörde bei Überprüfung des Standorts gehen nicht zu Lasten des

Verkehrs (Rn. 50). **Fehlt das Z 311,** so endet die geschlossene Ortschaft am Beginn völlig unbebauten Gebiets, nicht aber schon bei bloßen Bebauungslücken zwischen zwei Ortsteilen, jedenfalls, wenn sie deutlich als bloße Lücken erscheinen (Bay DAR **61** 207, Sa VM **81** 70); sie endet dann auch beimVZ 385 (Rn. 50). Zur Bedeutung der Orts(end)tafel s. auch § 42 Rn. 181.

13b. Außerorts gelten die in III Nr. 2a–c bezeichneten Höchstgeschwindigkeiten auch unter **54** günstigsten Umständen. Da diese Grenzen vor Gefährdung durch übermäßig schnell bewegte Massen schützen (Mü NJW **66** 1270), gelten sie absolut (BGH VersR **67** 802) und können durch VZ nicht erhöht werden (Z 274), auch nicht, soweit noch vorhanden, durch das RichtZ 380 (Richtgeschwindigkeit; Dü VM **65** 92). **Auf AB** und außerorts auf KraftfahrStr, deren Fahrstreifen für eine Richtung durch Mittelstreifen oder sonstige bauliche Einrichtungen getrennt sind, gilt § 18 V (dort Rn. 19). **LkwBegriff:** § 21 Rn. 10, § 18 Rn. 19. SattelKfz für Lastenbeförderung sind Lkw. **Wohnmobile** bis 3,5 t unterliegen III Nr. 2c (100 km/h), über 3,5 t bis 7,5 t fallen sie (weil sie keine Pkw sind) unter III Nr. 2a (80 km/h), bei mehr als 7,5 t gilt III Nr. 2b (60 km/h; *Berr* 416 ff.). Für Wohnmobile bis 3,5 t mit Anhänger gilt nun nach III Nr. 2a 80 km/h (Begr Rn. 10b); die in diesem Kontext bestehende Zweifelsfrage (39. Aufl) ist deshalb erledigt. Wohnmobile mit Anhänger auf AB und außerörtlichen KraftfahrStr mit getrennten Richtungsfahrbahnen: § 18 V Nr. 1 (80 km/h). Zulässige Höchstgeschwindigkeit von Wohnmobilen zwischen 3,5 und 7,5 t zulässigem Gesamtgewicht auf AB und KraftfahrStr: § 18 Rn. 13b. Für selbstfahrende **Arbeitsmaschinen** über 2,8 t (bis 7,5 t) gilt III Nr. 2a (Dü VRS **95** 53). Höchstgeschwindigkeit der GleiskettenFz und eisenbereiften Fz: § 36 StVZO, der Kfz mit Schneeketten: § 3 IV.

13c. Höchstgeschwindigkeit „100" gilt auf allen öffentlichen Straßen außerorts (außer AB **54a** (Z 330.1), Str mit Mittelstreifen oder anderer baulicher Trennung der Fahrbahnen für eine Richtung, von denen der Gegenrichtung und Straßen mit mindestens zwei Fahrstreifen für jede Richtung, falls Fahrstreifenbegrenzungen (Z 295) oder Leitlinien (Z 340) die Fahrstreifen trennen), III Nr. 2c. AB sind auch Str mit nur je einer Richtungsfahrbahn, sofern sie durch das Z 330.1 gekennzeichnet sind. Die Begrenzung gilt für Pkw und andere Kfz mit zulässigem Gesamtgewicht bis 3,5 t (III Nr. 2c). Führen diese Kfz Anhänger mit, so gilt für sie die 80 km/h-Grenze des III S. 2a. Tempo „100" darf nur unter günstigsten Umständen gefahren werden, soweit nicht vorrangige Regeln allgemein oder individuell langsameres Fahren erfordern, zB der Sichtfahrgrundsatz (Rn. 3–6, 12–15, 17; Ol NZV **90** 473 (Dunkelheit)), die Straßen-, Verkehrs- oder Wetterverhältnisse, die individuelle Fahrfähigkeit, die Eigenschaften von Fz oder Ladung. Auf den bezeichneten tempobegrenzten Straßen dürfen die VB mit Zustimmung der obersten LandesB die zulässige Höchstgeschwindigkeit durch Z 274 auf bis zu „120" festsetzen (§ 45 VIII; RL hierfür VkBl. **72** 545 = StVRL Nr. 1). Auf den von der Begrenzung ausgenommenen AB und autobahnähnlichen SchnellStr gelten die allgemeinen Geschwindigkeitsgrundsätze; die Ausnahme gilt, wie sich zweifelsfrei aus der Stellung innerhalb III Nr. 2c und aus § 18 V ergibt, nur für Pkw und andere Kfz bis 3,5 t (Bay NZV **99** 393, Dü NStZ-RR **07** 214, *Rüth/Berr/Berz* Rn. 83, *Bernau* NZV **06** 232; unzutr: AG Weiburg NStZ-RR **96** 346). Schadhaftigkeit der Z 295 oder 340 beseitigt deren Wirkung nicht, solange eines dieser VZ als erkennbar vorhanden gelten darf. Wegen der erheblichen erlaubten Fahrgeschwindigkeit kann es nicht darauf ankommen, ob die Gegenfahrbahn mehrere derart bezeichnete Fahrstreifen hat (zB neue Decke vor Kennzeichnung), weil sich dies von der anderen Fahrbahn aus nicht sicher und ständig überblicken lässt. Maßgebend muss ausreichende Markierung in der gefahrenen Richtung sein, weil sie den Schluss auf entsprechende Markierung aller Fahrstreifen rechtfertigt.

13d. **55**

VO über eine allgemeine Richtgeschwindigkeit auf Autobahnen und ähnlichen Straßen (Autobahn-Richtgeschwindigkeits-V)

v. 21.11.1978 (BGBl. I S. 1824), zuletzt geändert durch VO v. 5.8.2009 (BGBl. I S. 2631).

Auf Grund ... wird mit Zustimmung des Bundesrates verordnet:

§ 1. [1]Den Führern von Personenkraftwagen sowie von anderen Kraftfahrzeugen mit einem zulässigen Gesamtgewicht bis zu 3,5 t wird empfohlen, auch bei günstigen Straßen-, Verkehrs-, Sicht- und Wetterverhältnissen

1. auf Autobahnen (Zeichen 330.1),

2. außerhalb geschlossener Ortschaften auf anderen Straßen mit Fahrbahnen für eine Richtung, die durch Mittelstreifen oder sonstige bauliche Einrichtungen getrennt sind, und

3. außerhalb geschlossener Ortschaften auf Straßen, die mindestens zwei durch Fahrstreifenbegrenzung (Zeichen 295) oder durch Leitlinien (Zeichen 340) markierte Fahrstreifen für jede Richtung haben,

nicht schneller als 130 km/h zu fahren (Autobahn-Richtgeschwindigkeit). [2]Das gilt nicht, soweit nach der StVO oder nach deren Zeichen Höchstgeschwindigkeiten (Zeichen 274) bestehen.

§ 2. [1]Im übrigen bleiben die Vorschriften der Straßenverkehrs-Ordnung unberührt und gelten entsprechend für diese Verordnung. [2]Die in § 1 genannten Zeichen sind die der Straßenverkehrs-Ordnung. ...

55a   **Begr:** VkBl. **78** 478.

55b   **Autobahn-Richtgeschwindigkeit.** Die Empfehlung ist nicht zwingend, ihre Nichteinhaltung deshalb nicht ow, es sei denn, die Fahrweise verletzt andere Vorschriften, zB die §§ 1, 3, 4, 17, 41 StVO iVm Anl 2. Trifft dies nicht zu, so spricht Grenzüberschreitung, die in die Verantwortung des Kf gestellt ist, nicht gegen ihn. Gleichwohl appelliert die VO an das Verantwortungsbewusstsein der Kf, besonders der unerfahrenen, und legt ihnen die sanktionslose Rechtspflicht auf, die Empfehlung stets zu bedenken, soweit sie nicht nach allen stets wechselnden Umständen der Gefahrlosigkeit des Schnellerfahrens gewiss sein können.

55c   **Zivilrechtlich** beeinträchtigt Schnellerfahren, wie auch gelegentliches Zuschnellfahren, weder den Versicherungsvertrag noch den Haftpflichtversicherungsschutz. Das vorausgesetzte Risiko erhöht sich wesentlich und nachhaltig allenfalls bei gewohnheitsmäßig riskantem Zuschnellfahren. Jedoch kann die BG erhöht sein (zu schnell bewegte Masse; BGH NZV **99** 242, Ce ZfS **91** 150, *Jordan* VGT **95** 302, s. § 17 StVG Rn. 11). Rechtsgründe für Beweislastumkehr sind nicht ersichtlich, insbesondere können sie nicht dem VOZweck entnommen werden (s. aber BGH NZV **92** 229). Zum Wesen einer Empfehlung gehört es an sich, dass Nichtbefolgung nicht rechtlich beeinträchtigen darf (AG Kö VRS **87** 95). Dessen ungeachtet versagt die überwiegende Ansicht einem Kf, der die Richtgeschwindigkeit überschritten hat, die Berufung auf Unabwendbarkeit (§ 17 III StVG) von vornherein, falls er nicht nachweisen kann, dass vergleichbare Unfallfolgen auch bei 130 km/h eingetreten wären; nur wer die Richtgeschwindigkeit einhalte, verhalte sich wie ein „Idealfahrer" (BGHZ **117** 337 = NZV **92** 229 zust *Reiff* VersR **92** 716, *Gebhardt* DAR **92** 296, Kö VersR **92** 1366 zust *Reiff*; Ha NZV **94** 193, **00** 42, DAR **00** 218, Fra VersR **97** 74, Ol NZV **12** 440; Stu NZV **10** 346 (20 % Mithaftung des Auffahrenden, obwohl dem Unfallgegner eine Straftat nach § 315c StGB zur Last fiel!); ähnlich Nü NJW **11** 1154 (160 km/h; 25 % zulasten des Auffahrenden trotz groben Verschuldens eines Spurwechslers und rascher Reaktion des Auffahrenden) und Ha NZV **11** 248 (20%); Ko NZV **14** 84 (40% bei 200 km/h); Dü DAR **18** 202 (30% bei 200 km/h); aM Ha NZV **90** 269 m abl Anm *Greger,* Ce ZfS **91** 150; AG Halle NZV **13** 82 (180 km/h)). Bei „maßvoller" Überschreitung um 20 km/h (s. auch Mü DAR **07** 465: deutliche Überschreitung noch nicht bei 150 km/h) und fehlender Auswirkung auf das durch unvermitteltes Herüberziehen des Vorausfahrenden verursachte Unfallgeschehen lässt Ha NJW-RR **18** 474 die BG des Auffahrenden mit Recht ganz zurücktreten. Demgegenüber legt Ce NZV **19** 640 (*Pletter*) bei 140 km/h eine erhöhte BG von 20 % zugrunde. In aller Regel kann Überschreitung der Richtgeschwindigkeit jedenfalls keinen (Mit-) Schuldvorwurf nach § 254 BGB begründen (BGH NZV **92** 229, Ha NZV **00** 371, ZfS **99** 413, KG VM **85** 63, Ce ZfS **91** 150, Schl NZV **93** 152, Nau NZV **08** 618, eingehend Jn DAR **07** 29; *Reiff* VersR **92** 288, 292, zw *Greger* NZV **90** 270). Denn war die gefahrene Geschwindigkeit durch § 3 gedeckt, so kann bloße Nichtbeachtung der Empfehlung folgerichtig keinen rechtlichen Vorwurf begründen, war sie es nicht, so ist beim Erfahrenen und Geübten wie beim Unerfahrenen bereits § 3 verletzt; bezeichnenderweise spricht Stu NZV **10** 346 gleichwohl davon, es bestehe „kein Freibrief", die Richtgeschwindigkeit (bei Nacht) erheblich zu überschreiten. Vor diesem Hintergrund stehen (weiterhin politisch nicht durchsetzbare) Forderungen, die RichtgeschwindigkeitsVO durch eine verbindliche Begrenzung der Höchstgeschwindigkeit auf AB zu ersetzen. S. auch § 17 StVG Rn. 16.

55d   **13e. Schneeketten,** gleich aus welchem Material, beschränken die Höchstgeschwindigkeit, wenn angelegt, oder auch nur an einem Anhänger angelegt, bei allen Kfz und Anhängern ausnahmslos auf „50" (IV), auch auf der AB oder auf Kraftfahrstr, sie schließen nach § 18 I autobahnberechtigte Kfz von deren Benutzung nicht aus. Die Vorschrift in IV dient dem Fahrbahnschutz und der Fahrsicherheit.

56   **14. Ordnungswidrig** (§ 24 StVG) handelt, wer zumindest fahrlässig (Bay VRS **23** 120) gegen eine Vorschrift über die Geschwindigkeit verstößt (§§ 3, 49 I Nr. 3) und wer entgegen § 41 I iVm Anl 2 lfd. Nr. 49 Spalte 3 die durch Z 274, 274.1 gegebenen Gebote nicht befolgt (§ 49 III Nr. 4). Nach Ce VRS **130** 77 umfasst der Begriff der „angekündigten Gefahrenstelle" (lfd. Nr. 8.1 Anl 1 zur BKatV) nicht nur durch VZ angekündigte Gefahrenstellen, sondern auch verkehrsbedingt oder aus anderen Ursachen plötzlich auftretende Gefahrenstellen, auf die andere VT durch eingeschaltetes Warnblinklicht (konkret Stauende) aufmerksam gemacht haben. Erlaubt das **VZ 274 innerorts** mehr als 50 km/h, so verletzt, wer schneller fährt, nach einer sehr filigranen Unterscheidung unmittelbar § 3 III Nr. 1, weil das VZ die innerorts erlaubte Höchstgeschwindigkeit nur erhöht hat (§ 45 VIII; Bay VRS **51** 221, **44** 461, Bay NZV **99** 50, BHHJ/ *Heß* Rn. 124, *Rüth* DAR **74** 171, aM Dü VRS **82** 367 sowie KG DAR **07** 395, wonach, unhaltbar, s. *König* DAR **07** 396, das Ortseingangsschild in solchen Fällen eine „objektive Bedingung der Rechtsfolgenbemessung" sein soll, mithin nicht von der Schuld umfasst sein muss). Daran dürfte auch die StVO-Neufassung 2013 nichts geändert haben (s. aber Anl 2 lfd. Nr. 49 Spalte 3 Nr. 2 zu Z 274). Bei Nichtbeachtung des **Z 274 außerorts** dagegen geht § 49 III Nr. 4 dem § 49 I Nr. 3 vor (vgl. (zur alten Rechtslage) Bay DAR **87** 302, Ha VRS **97** 212, Dü VRS **85** 133, DAR **96** 66), desgleichen, falls Z 274 eine geringere Geschwindigkeit als „50" vorschreibt (Bay NZV **99** 50). Die speziellen Geschwindigkeitsbeschränkungen in **§ 18 V** gehen vor (Bay VRS **58** 432, Dü VRS **84** 302). Alle Warnmerkmale für eine gem. **I** notwendige geringere Fahrgeschwindigkeit muss der Kf gekannt haben oder haben können. OW durch Verstoß gegen **IIa (Kinder, Hilfsbedürftige)** setzt konkrete Gefährdung voraus (Kö NJW **83** 2953, *Janiszewski* NStZ **84** 114). **§ 3 II (Langsamfahren)** geht als Sondervorschrift dem § 1 II vor. Befahren der AB mit 30 km/h ohne die Möglichkeit des Überholtwerdens und ohne verständigen Grund verletzt § 3 II, nicht auch § 1 II (Ha VM **72** 79). Ein Verstoß gegen I kann mit § 1 in **TE** stehen (Dü VM **66** 6), so auch bei zu schnellem Linksfahren (§§ 3, 2). Nicht jedes Zuschnellfahren iS von III verletzt auch I (Ce NJW **62** 408). Bei zu geringem Abstand geht § 4 I als Spezialvorschrift vor, TE der §§ 3 I und 4 I nur, wenn die Fahrgeschwindigkeit auch aus anderen Gründen zu hoch ist (Ha DAR **73** 167). Dem Zuschnellfahren vorausgehende oder örtlich nachfolgende fremde Gefährdung (§ 1) steht zu III S. 1 in **TM** (Ko VRS **55** 290). Mehrere Geschwindigkeitsüberschreitungen: Rn. 56a. Zuschnellfahren um wenige km/h (hier 3 km/h) ist nicht stets fahrlässig (Bay DAR **77** 53). Zur Fahrlässigkeit bei Nichtwiederholung des Z 274 nach Einmündungen etc. Rn. 45b. **Defekter Tachometer** schließt Fahrlässigkeit bei Geschwindigkeitsüberschreitung nicht ohne Weiteres aus (Bay DAR **02** 81, Kö DAR **01** 135, Dü NZV **92** 454). Wer den Defekt kennt, unterliegt besonderer Sorgfaltspflicht (Bay DAR **00** 171, Kö DAR **01** 135) und genügt dieser nicht durch Anpassung an die Geschwindigkeit anderer (Bay DAR **00** 171). Erst recht keine Entlastung, wenn sich der FzF vollständig auf eingeschalteten (defekten) Tempomaten verlässt (Ha NStZ-RR **06** 352, s. auch BGH NZV **97** 529 (zum Vorsatz)). Wer den Wagen seit längerer Zeit fährt, weiß es, wenn er anstatt „50" „72" fährt und kann sich idR nicht auf einen unrichtigen Tachometer berufen (Ha DAR **72** 251; nicht hinreichend gewürdigt von AG Lüdinghausen NZV **16** 294, s. auch § 25 StVG Rn. 22). Wesentliches Zuschnellfahren erkennt der Kf auch ohne Tacho (Kö DAR **01** 135, Dü NZV **92** 454, Ce DAR **78** 169, Ha DAR **72** 251). In solchen Fällen ist er für eine gemessene Geschwindigkeitsüberschreitung ohne Abzug zusätzlicher Toleranzen verantwortlich (Kö DAR **01** 135). Zulässiges Fehlen des Tachometers (§ 57 StVZO) *entschuldigt nicht* (Schl VM **58** 17), auch nicht das Bestreben, einen anderen am Zuschnellfahren zu hindern (Selbstjustiz, Ha VM **61** 37) oder den flüchtenden Schädiger zu stellen (Ha VRS **23** 452). Entschuldigung durch Putativnotstand bei vermeintlichem Raub (Ha VRS **50** 390, **35** 342). Zuschnellfahren kann durch **Notstand gerechtfertigt** sein (Kö VRS **109** 45, Dü VM **74** 23 (Überholen durch Lastzug mit schleuderndem Anhänger soll vermieden werden), Sa VRS **47** 421 (vermeintliche Autofalle), Ha DAR **96** 244, Kö NZV **95** 119 (Hinweis auf Verlust oder Warnung vor drohendem Verlust von Ladung), Nau DAR **97** 30 (dichtes Auffahren durch Nachfolgenden), Stu NJW **02** 2118 (Feuerwehrmann auf der Fahrt zum Einsatzort)). Starke Bauchschmerzen nur 4 km von der Wohnung entfernt rechtfertigen erhebliche Geschwindigkeitsüberschreitung nicht (Dü VRS **54** 160), uU aber „unabweisbarer Stuhldrang" (Zw NStZ-RR **97** 379, Dü NZV **08** 470), nach Ba DAR **14** 394 jedoch nicht die Gefahr, dass sich ein Betrunkener in einem Taxi übergibt und es dadurch verunreinigt; der Taxifahrer verschulde die Gefahr, wenn er nicht „Brechtüten" mitführe (sehr zw., s. *König* DAR **15** 363, 367). Kein rechtfertigender Notstand, wenn mit großer Wahrscheinlichkeit keine Gefährdung oder Verletzung von Menschen zu erwarten ist (**E** 117) oder wenn (wie idR) der Zeitgewinn im Vergleich zur Gefährdung außer Verhältnis steht (Bay NJW **00** 888; Dü VRS **113** 438), zB, wenn näher gelegenes Krankenhaus ebenso schnell ohne Geschwindigkeitsüberschreitung erreichbar gewesen wäre (AG Schwäbisch-Hall NJW **97** 2765). Ob Geschwindigkeitsüberschreitung zwecks Leistung **ärztlicher Hilfe** durch Notstand gerechtfertigt ist (Bay NZV **91** 81, Dü VRS **88** 454, NZV **96** 122 (einsetzende Wehen bei Taxifahrgast), Ha NZV **96** 205), hängt von den konkreten Umständen ab (Bay NJW **00** 888, Kö VRS **109** 45); die Beurteilung des Bestehens gegenwärtiger Gefahr ist dabei objektiv zu beurteilen, nicht vom Standpunkt des Betroffenen (Bay NJW **00** 888 (abgelehnt bei akuten Rückenschmerzen und Kreislaufstörungen nach Bandscheibenoperation), Kö VRS **109** 45). Der durch die Überschreitung erreichte Zeitgewinn muss für die Abwendung der Gefahr entscheidend sein (Bay NJW **00** 888, Kö VRS **109** 45, Dü NZV **96** 122), woran es häufig fehlen wird. Bringt die Geschwindigkeitsüberschreitung einen für die Beseitigung der Gefahr nur unwesentlichen Zeitgewinn, so ist sie nicht durch Notstand gerechtfertigt (Dü VRS **93** 442 (Schmerzbehandlung), Nau DAR **00** 131). Geschwindigkeitsüberschreitung zum Zwecke ärztlicher Hilfeleistung ist nicht durch Notstand gerechtfertigt, wenn Einsatz des Rettungsdienstes möglich gewesen wäre (Fra NStZ-RR **01** 214 (RegelFV bejaht)). Der sittlich berechtigte Wunsch, Verwandte möglichst schnell zu einem Sterbenden zu bringen, rechtfertigt erhebliche Geschwindigkeitsüberschreitungen nicht (Kö VRS **59** 438 (AB-Baustelle)). Gegenüber der durch Überschreiten der zulässigen Höchstgeschwindigkeit begründeten abstrakten Gefahr für Menschen tritt die **Rettung eines Tiers** grundsätzlich zurück (Dü NStZ **90** 396). IdR daher keine Rechtfertigung einer Geschwindigkeitsüberschreitung um fast 60 km/h in geschlossener Ortschaft zum Zwecke rascher Behandlung eines lebensgefährlich erkrankten Hundes (Hb VM **81** 63), um 54 km/h auf der AB zur Rettung eines Wellensittichs (Dü NStZ **90** 396) oder um 85 km/h zum Einfangen eines aus einem Privatzoo ausgebrochenen Schimpansen (Nau VRS **98** 205). Zum rechtfertigenden und entschuldigenden Notstand: **E** 118, 152. Das **Festnahmerecht des § 127 StPO** rechtfertigt nicht auch Geschwindigkeitsüberschreitung bei der Verfolgung (Jn VM **98** 45). Rechtfertigungsgründe allgemein: **E** 112–128.

Vorsatz. Bei Überschreiten der durch Z 274 angeordneten Höchstgeschwindigkeit muss der FzF das VZ nicht zwingend wahrgenommen haben; jedoch ist von Wahrnehmung idR auszugehen, weswegen eine Erörterung nur bei entsprechender Einlassung oder objektiven Anhaltspunkten erforderlich ist (BGH NJW **97** 3252; Ha ZfS **08** 409; Ko ZfS **13** 471; Kö NStZ **19** 618 (dazu auch a.E. zur Fahrlässigkeit); abw womöglich Ba DAR **14** 38). Für **ElektroFz** ergeben sich hinsichtlich der Vorsatzprüfung keine wesentlichen Besonderheiten. Auch bei ihnen steigen mit zunehmender Geschwindigkeit Art und Umfang der Fahr(außen)geräusche sowie der durch Abrollen der Räder bewirkten Vibrationen, ferner ist das Maß der Geschwindigkeit anhand der schneller vorbeiziehenden Umgebung erkennbar (Zw DAR **19** 218 mAnm *Brandt*). Dass die VZ einseitig aufgestellt war, begründet keinen Anhaltspunkt für ein Übersehen (Ce NStZ-RR **17** 388). Bei behauptetem Übersehen sämtlicher VZ eines sog „*Geschwindigkeitstrichters*" ist die Annahme nur fahrlässiger OW näher zu begründen (Dü DAR **97** 282). Vorsatzannahme durch Jn DAR **08** 35 bei Geschwindigkeitsüberschreitung gleichbleibend um ca 20%, wenn vielfache Geschwindigkeitsbegrenzungszeichen und mehrfache Hinweise auf Radarkontrollen nicht beachtet werden (abl *Zetzmann;* zu Vorsatz und Fahrlässigkeit hinsichtlich der betroffenen „Schwarzblitzer" im „Rennsteigtunnel" (auf der A 71) *Schäfer* DAR **11** 742). Ist dem Betroffenen wegen der Überschreitung der nach § 3 III zulässigen Höchstgeschwindigkeit Vorsatz, wegen Überschreitung einer demgegenüber durch VZ noch weiter eingeschränkten zulässigen Geschwindigkeit aber nur Fahrlässigkeit vorzuwerfen (Übersehen des VZ), so ist er wegen vorsätzlicher OW gem. § 49 I Nr. 3 zu verurteilen (Bay NZV **96** 375). Die Überschreitung **bekannter** Höchstgeschwindigkeit (Z 274) soll allein keinen **Vorsatz** belegen (Ha NZV **98** 124, Dü VM **78** 34, ZfS **97** 194), anders (natürlich), wenn dies bewusst geschieht (Ha DAR **02** 176, **98** 281, Dü VRS **93** 442, s. auch *Krumm* NZV **07** 501), was nicht hinreichend belegt sein soll, wenn der die Richtigkeit der Messung bestreitende FzF angibt, er habe seine Geschwindigkeit gekannt und das Auto „ausrollen lassen" (Ba SVR **15** 352). Gleiches soll trotz Zugeständnisses der Überschreitung auch dann gelten, wenn der Betroffene angibt, zu schnell gefahren zu sein, um schneller voranzukommen (Sa ZfS **09** 472). Bremsen im Augenblick der Radarmessung begründet nicht ohne Weiteres die Feststellung von Vorsatz (Ko VersR **73** 72). Ist dem Betr die zulässige Höchstgeschwindigkeit bewusst (vgl. Ba DAR **14** 38), wobei von Wahrnehmung des VZ mangels Bestreitens idR auszugehen ist (s. o.), so liegt Vorsatz umso näher, **je größer die Überschreitung** ist (Ha DAR **05** 407, Ro VRS **108** 376, KG DAR **04** 594, VRS **100** 471, Ko DAR **99** 227). Auf Straßen iS von III Nr. 2c (100 km/h) wird die Kf eine Überschreitung um 40 km/h und mehr regelmäßig wahrnehmen (BGH NZV **97** 529 (150 km/h, auch bei eingeschaltetem Tempomaten), Bay NZV **99** 97, Ha DAR **05** 407 (170 km/h), Ko DAR **99** 227). Nach KG VRS **100** 471, DAR **04** 594, ist allgemein bei Überschreitung um 40% und mehr regelmäßig von Vorsatz auszugehen (Erfahrungssatz), KG NZV **05** 596 (mehr als 50%), Kar NZV **06** 437 (nahezu 50% außerorts), Ha DAR **16** 397 (um mehr als 40%), dies auch bei Fahren mit nicht vertrautem Fz (KG VRS **113** 74 (82%)), nicht aber darunter (Bra DAR **11** 406 (30%)). Innerorts wird eine Überschreitung um mehr als 50% vielfach vorsätzlich sein (KG VRS **113** 314, Ro **113** 309 (86 statt 50), Dü NZV **99** 477 (80 statt 50), **99** 139 (82 statt 50), DAR **98** 402 (89 statt 50), Ba DAR **06** 464 (81 statt 50; zu Unrecht abl *Weitz*), DAR **14** 37 (um über 100 km/h durch KRadf), Jn VRS **113** 351 (um 68 km/h innerorts)). Jedenfalls ist Überschreitung um 80% und mehr bei Kenntnis der zulässigen Geschwindigkeit idR vorsätzlich (Bay NStZ **87** 548 (180 statt 100 km/h, Annahme nur fahrlässiger Überschreitung ist dann näher zu begründen), Bay DAR **98** 79 (94 km/h statt 50), Ha VRS **90** 210 (97 km/h statt 50), NZV **07** 263 (116% in Tempo 30-Zone), KG VM **04** 76 (um nahezu 100% innerorts), VRS **111** 441 (80% innerorts), Dü VRS **69** 50 (109 km/h statt 50 innerorts), **91** 149 (111 statt 60 auf AB), Ce NZV **11** 618 (45% auf AB); *Jung* VGT **91** 49. Nach Ko NZV **07** 255 sollen – wenig überzeugend – bei Überschreitung um 45 km/h außerorts tatsächliche Feststellungen zur kognitiven Vorsatzkomponente zu treffen sein; gemeint ist wohl die Feststellung der äußeren Gegebenheiten (hierzu Ha NZV **07** 263), nach KG DAR **08** 532 gleichfalls Feststellungen zum äußeren Geschehen erforderlich bei Geschwindigkeitsüberschreitung um 32% (= 32 km/h) und nach Ce NZV **14** 232 bei Überschreitung um 24%. Kaum richtig beanstandet Ba DAR **19** 389 Vorsatzannahme trotz Überfahrens vierfacher beidseitiger sowie gut sichtbarer Beschilderung und Überschreitung um 46 km/h bei schlichter Verteidigererklärung, der Betr., habe die VZ „übersehen" (Bspr *König* DAR **20** 370 f.). Allein der Umstand, dass gem. § 39 Ia innerorts abseits der VorfahrtStr mit *Tempo 30-Zonen* zu rechnen ist, rechtfertigt nicht die Annahme von Vorsatz (Ce DAR **01** 38 (zur RL vor Einfügung des Ia in § 39)). Es gibt auch keinen Erfahrungssatz des Inhalts, dass gut sichtbare *Ortseingangstafeln* nicht übersehen werden können (Schl DAR **92** 311), ebenso nicht für gut sichtbar beiderseits aufgestellte Z 274 (Stu DAR **10** 402; Zw DAR **11** 274). Vorsatz dann nur, wenn der Kf aus der Örtlichkeit (zB Bebauung) den Schluss gezogen hat (nicht: hätte ziehen müssen!), er befinde sich innerorts (Bay DAR **04** 99). Zum Ortseingangsschild als „objektive Bedingung der Rechtsfolgenbemessung" s. eingangs. Entsprechendes gilt auch für andere VZ (§ 41 Rn. 249). Der **Irrtum,** eine Geschwindigkeitsbegrenzung durch VZ betreffe nur die aufgebrochenen StrStellen, ist Tatbestandsirrtum (**aM** Schl VM **57** 23). Fra ZfS **20** 111 meint evtl. eine Einlassung, der Betr. habe den Zusatz „nämlich BAG Lkw Kontrolle" dahin verstanden, dass die Begrenzung nur für Lkw gelte, wirke sanktionsverschärfend. Zur **Fahrlässigkeit** bei Nichtwiederholung von VZ 274 Rn. 45b. Der Tatrichter kann zugrunde legen, dass VZ regelmäßig so aufgestellt werden, dass sie bei zumutbarer Aufmerksamkeit von durchschnittlichen VT im Fahren durch beiläufigen Blick erkannt werden können (dazu auch § 39 Rn. 32); demgemäß müssen ausdrückliche Feststellungen zu deren Aufstellung nur dann getroffen werden, wenn konkrete Anhaltspunkte für Aufstellungsmängel vorliegen (Kö NStZ **19** 618). Nimmt ein FzF während eines Überholvorgangs das durch das überholte Fz verdeckte VZ nicht wahr, kann ein Fahrlässigkeitsvorwurf nicht damit begründet werden, dass sich ihm aufgrund der Beschilderung mit dem Z 439 das Vorhandensein einer Geschwindigkeitsbegrenzung hätte aufdrängen müssen (Dr ZfS **15** 651).

14a. Mehrere Geschwindigkeitsüberschreitungen auf einer Fahrt werden zumeist nicht **56a** nur im materiellen (§ 24 StVG Rn. 58 ff.), sondern auch im prozessualen Sinn (§ 24 StVG Rn. 59a) mehrere Taten sein (Bay NZV **02** 145 mAnm *Seitz* JR **02** 524, NZV **95** 407, **96** 160, Brn DAR **05** 521, Jn NZV **99** 478, einschr Bay NZV **97** 282), vor allem bei größerem räumlichen oder zeitlichen Abstand (Bay DAR **96** 31, Jn NZV **99** 478, Kö NZV **96** 292 (30 Min), Dü NZV **96** 503) oder wenn zwischendurch die Fahrt unterbrochen und das Fz abgestellt wurde (Bay NZV **97** 489, **98** 515, Dü NZV **94** 118, **96** 503, VRS **90** 296, Ha NZV **99** 220 (je Schaublattauswertung)). Bei kurzer zeitlicher Aufeinanderfolge können mehrere Überschreitungen aber auch *eine* materielle und prozessuale Tat bilden (Bay NZV **97** 489, NZV **94** 448, ZfS **97** 315, Zw DAR **03** 281, Dü NZV **96** 296; 503, Stu NZV **97** 243, Ha ZfS **09** 651), nach Bay NZV **97** 282 überhaupt idR so lange, bis das Fz ohne verkehrsbedingten Grund zum Stillstand gebracht wird (neue Tat erst nach Fortsetzung der Fahrt). Keine fortgesetzte Handlung im StrVR: E 134; kaum auch fahrlässige *natürliche Handlungseinheit*. ZB bildet mehrmaliges Zuschnellfahren während derselben kurzen oder langen Fahrt idR keine natürliche Handlungseinheit, vielmehr liegt TM vor (im Einzelnen § 24 StVG Rn. 58). Werden durch mehrere VZ nacheinander angeordnete unterschiedliche Geschwindigkeitsbegrenzungen fahrlässig missachtet, so ist nach der **Rspr.** selbst dann keine natürliche Handlungseinheit gegeben, wenn die Verstöße im Abstand von nur 1 Min erfolgen (Ha DAR **06** 697; Kö NZV **04** 536; Brn DAR **05** 521 (zw, s. *Korte* NStZ **07** 23); *Franke* BA **15** 184), anders aber nach Ha ZfS **09** 651, falls dieselbe Beschränkung gilt (ebenso wohl Brn DAR **16** 594 m Bspr *König* DAR **17** 362 und womöglich auch Ko DAR **19** 695). Demgegenüber soll nach Ce NZV **12** 196 materielle und prozessuale Tateinheit gegeben sein, wenn die kurz aufeinanderfolgenden Geschwindigkeitsverstöße auf verschiedenen Str begangen werden; maßgebend sei, dass sie durch das einheitliche Ziel des Betroffenen bestimmt gewesen seien, schneller voranzukommen (zw.). Keine DauerOW bei mehrfachem Missachten unterschiedlicher Geschwindigkeitsbegrenzungen (Ha DAR **06** 697, AG Sigmaringen DAR **95** 33). Ist *DauerOW* (§ 24 StVG Rn. 58a) gegeben (Verstoß gegen *dieselbe* Geschwindigkeitsbegrenzung), so wird sie durch nur jeweils ganz kurzfristige, durch die VLage oder den StrVerlauf bedingte Unterbrechungen einer Geschwindigkeitsüberschreitung nicht in mehrere EinzelOW aufgespalten (Bay NZV **93** 162, Ha ZfS **94** 187).

56b　　**14b. Verurteilung nach § 3 I S. 1** setzt eine klare richterliche Vorstellung über die objektiv und subjektiv zulässige Fahrgeschwindigkeit voraus (Bay VRS **53** 434, Dü DAR **99** 38, Kö VRS **89** 446, Ko DAR **78** 26); ausdrückliche Feststellungen hierzu sind aber entbehrlich, wenn ein Unfall zweifelsfrei auf zu hoher Geschwindigkeit beruht (Dü DAR **98** 38). Dem Einwand, wegen eines defekten Katalysators habe das Fz die gemessene Geschwindigkeit gar nicht erreichen können, muss das Gericht nachgehen (KG NZV **07** 323); insoweit liegt ein schlüssiger Einwand im Rahmen der Rechtsverteidigung gegen den Vorwurf einer Geschwindigkeitsüberschreitung vor. OW wegen nicht angepasster Geschwindigkeit gem. **§ 3 I S. 2** nur bei Feststellung erhöhter Unfallwahrscheinlichkeit (Dü NZV **92** 496), nicht auf Grund eines durch kurzfristige Beobachtung gewonnenen subjektiven Eindrucks von PolB (Dü NZV **98** 167). Nur bei offensichtlich weit überhöhter Fahrgeschwindigkeit muss im Urteil die angemessene nicht festgestellt werden (Hb VM **66** 29, Ko VRS **53** 360; BayObLG VRS **53** 433), was etwa dann anzunehmen sein kann, wenn es zu einem gravierenden Unfall gekommen ist und der Unfallablauf auf eine überhöhte Geschwindigkeit als Ursache hinweist (Dü NZV **99** 178). Andernfalls ist die einzuhaltende und die vom Betr gefahrene Geschwindigkeit, **mithin das Maß der Überschreitung festzustellen** (BGH VRS **28** 430, KG VRS **21** 226, Stu DAR **63** 335; Ko SVR **20** 33). Bei Geschwindigkeitsmessung **muss das Urteil die Messmethode mitteilen** (Ko ZfS **03** 615, Ha DAR **05** 407, **04** 108, NZV **02** 245, Dü NZV **97** 321, Kö VRS **93** 206) und, wenn es sich nicht um ein „standardisiertes" Verfahren handelt (s. unten), die Frage möglicher Fehlerquellen erörtern (Ha NZV **02** 245). Die Frage der Zuverlässigkeit bestimmter Messverfahren unterliegt tatrichterlicher Würdigung (BGHSt **43** 277 = NZV **98** 120). Beruht die Überzeugung des Tatrichters von der Überschreitung der zulässigen Höchstgeschwindigkeit auf **mit anerkannten Geräten im weithin standardisierten Verfahren** gewonnenen Messergebnissen (zum Messwesen weiterführend *Märtens/Wynands* NZV **19** 338), so genügt, wenn sich der Tatrichter der Fehlermöglichkeit bewusst war, idR die *Mitteilung des Messverfahrens und des berücksichtigten Toleranzwerts im Urteil* (BGHSt **39** 291, 300 ff.; **43** 277, 284, Ha DAR **05** 407, Kar NZV **05** 54, SVR **07** 33 *(Krumm)*, Ba DAR **16** 90; Ko NZV **18** 531), zB bei Messung mittels Radar (BGH NZV **93** 485, Bay NZV **03** 203, DAR **98** 360, Kö VRS **101** 373, Ha DAR **04** 464, NZV **03** 398, VRS **105** 353, Kar NZV **95** 198), Laser (Angabe des Gerätes, BGH NZV **98** 120, Brn DAR **05** 98; 162, KG NZV **04** 153, Ol NZV **95** 37, Sa NZV **96** 207, Ha VRS **97** 144, DAR **99** 416), ProViDa (Ha DAR **04** 42, NZV **01** 178). Nach in verfassungsrechtlicher (*Peuker* NZV **19** 443), strafverfahrensrechtlicher (vgl. *Krenberger* NZV **19** 421) wie auch in technischer Hinsicht (*Märtens/Wynands* NZV **19** 338) schwerlich haltbarer Auffassung des SaarlVerfGH (NJW **19** 2456) sollen als standardisiert anerkannte Messverfahren (konkret TraffiStar S. 350) mit der Folge eines Beweisverwertungsverbots generell den Grundsatz des fairen Verfahrens verletzen, sofern das Gerät nicht die Rohmessdaten für den konkreten Messvorgang speichert (zust AG Lörrach DAR **19** 700 mAnm *Weigel; Mysegades* NZV **20** 119; strikt abl. hingegen die Obergerichte, zB Ol NdsRpfl **19** 399; Kö DAR **19** 695; Stu DAR **19** 697; Bay DAR **20** 145 mAnm *Krenberger;* Ha ZfS **20** 292; s. auch Dü DAR **20** 209 (Verwertungswiderspruch des verteidigten Betroffenen erforderlich); abl Anm *Kroll*). Es erscheint schwer nachvollziehbar, dass andere Länder auf diese nur für das Saarland beachtliche Entscheidung wohl mit einer Unterlassung von Messungen mit den Postulaten des SaarlVerfGH nicht entsprechenden Geräten reagiert haben. Beim Messgerät PoliScan Speed FM 1 ist das Messergebnis aufgrund gespeicherter Rohmessdaten grds. überprüfbar (Zw ZfS **19** 501). Die erleichterten Darlegungserfordernisse beim standardisierten Verfahren gelten nur bei **Beachtung der Bedienungsanleitung** während der Messung und den zuvor erforderlichen Tests, denn die Bedienungsanleitung ist Bestandteil der Bauartzulassung, weswegen nur bei deren Einhaltung ein standardisiertes Messverfahren gegeben ist (Ko DAR **06** 101; Ha NZV **09** 248; Ce NZV **10** 414; Nau DAR **16** 403; Ba ZfS **17** 171; KG NStZ **18** 722).

Fehlt es daran, so ist die Messung zwar nicht unverwertbar, es ist aber individuelle Prüfung erforderlich (Ba ZfS **17** 171; KG NStZ **18** 722). Erfolgt die Konformitätserklärung nach § 11 MessEV zeitlich vor der durchzuführenden **Konformitätsbewertung**, hat dies keine Auswirkungen auf die Annahme eines standardisierten Messverfahrens (Ce NZV **19** 646 (krit. *Deutscher*)) Die wohl überwiegende **Rspr.** verlangt für das ProViDa–System die Mitteilung welche der nach dem System mögliche Betriebsart bzw. Messmethode konkret angewandt und welcher Toleranzwert demgemäß zugrunde gelegt worden ist (Jn VRS **111** 211; Kö NZV **00** 97; Ba DAR **12** 154; **14** 334; s. auch Schl DAR **17** 47 zu Traffistar 350 m krit. Anm *Deutscher*), es sei denn, diese kann den Urteilsgründen auf andere Weise entnommen werden (Ba DAR **14** 334); dem ist nunmehr überzeugend unter Aufgabe bisheriger **Rspr.** Sa DAR **16** 534 (m krit Anm *Weigel*) entgegengetreten (hierzu auch *Cierniak* ZfS **12** 664, 667). Standardisiertes Verfahren auch dann, wenn die Bauartzulassung unmittelbar bevorsteht (Stu DAR **12** 274). Der Mitteilung des Messverfahrens steht die Bezugnahme auf das in den Akten befindliche Messprotokoll nicht gleich; § 267 I S. 3 StPO ist auf das Protokoll nicht anwendbar (Ko NZV **07** 255). Gleiches soll für die in das Radarfoto eingeblendeten Messdaten und einen sich hieraus zu ermittelnden Toleranzwert gelten, weil diese nicht Bestandteil der „Abbildung" seien, sondern Urkunden (Ha NStZ-RR **09** 151; Schl DAR **16** 151; s. auch Ba ZfS **15** 49). Hiergegen stehen jedoch der Wortsinn „Abbildung" sowie der Umstand, dass Radarfotos, auch hinsichtlich der eingeblendeten Messdaten nicht durch Verlesung, sondern durch Inaugenscheinnahme in die Hauptverhandlung eingeführt werden (§ 24 StVG Rn. 76; Bay NZV **02** 379; aM *Cierniak* ZfS **12** 680 mwN). Im Ergebnis mit Recht entnimmt deshalb KG NStZ-RR **16** 27 dem nach § 267 I S. 3 StPO in Bezug genommenen Lichtbild die Rotzeit, dies aber deshalb, weil „mit einem Blick" erfassbar (ebenso Stu NZV **17** 341; zum Ganzen *König* DAR **16** 370). Die Verlesung oder Bekanntgabe des Messprotokolls bedarf keiner Zustimmung der Verfahrensbeteiligten (Ha NStZ-RR **14** 287 (L)). Von der Zuverlässigkeit der Messung muss sich das Gericht **nur bei Vorliegen konkreter Anhaltspunkte für Messfehler** überzeugen; die Funktionsweise des Messgeräts muss er nicht im Einzelnen kennen (BGH NZV **93** 485, **98** 120, Bay NZV **03** 203, Kö DAR **01** 421, Ha DAR **00** 129, Zw DAR **00** 225 (ProViDa), Ce NZV **09** 575; Schl SchlHA **13** 450 (PoliscanSpeed), Zw DAR **13** 38, ZfS **13** 472 (kein Anhaltspunkt für Fehlmessung bei in der Bedienungsanleitung angesprochenem Schattenwurf); DAR **17** 399; Dr NZV **16** 438 (ESO ES 3.0); Nau DAR **15** 405 (Beispiel für derartige Anhaltspunkte); Ba NStZ-RR **17** 93 (fehlendes „Schlosssymbol" bei TRAFFIPAX TraffiStar S. 330, weil entsprechend Bedienungsanleitung beim Ausdruck nicht mehr eingeblendet); ebenso Kö NZV **19** 540 zu TRAFFIPAX TraffiStar S. 350; abwegig deshalb zB AG Meißen DAR **15** 711 (ES 3.0); hierzu auch Ol DAR **16** 404 m Bspr *König* DAR **17** 362; Ha NStZ-RR **14** 286 (Vielzahl von Leerdatensätzen); Zw ZfS **20** 114 (Verschiebung des Bildausschnitts bei TRAFFIPAX SpeedoPhot); abwegig LG Wuppertal NZV **19** 156 *(Krenberger)*, wonach Kosten für Privatgutachten generell zu erstatten sind), nicht dagegen, weil der Betroffene das angewandte Messverfahren *generell* bzw. unsubstantiiert in Zweifel zieht (BGH NZV **98** 120, Ha NZV **07** 155; Stu NZV **08** 43, Fra DAR **15** 149; ZfS **18** 234; Ba DAR **16** 146; *König* DAR **14** 363; **16** 362; *Bellardita* DAR **14** 382; krit *Prell/Kuchenbauer* DAR **99** 53; Hinweise für den Verteidiger bei *Geißler* DAR **14** 717) und der durch das Tatgericht bestellte Sachverständige etwa ausführt, die Korrektheit der verfahrensgegenständlichen Messung nicht bestätigen zu können (vgl. Ba DAR **16** 146). So geartete Beweisanträge können nach § 77 II Nr. 1 OWiG abgelehnt werden (*Cierniak* ZfS **12** 664), soweit überhaupt Beweisanträge in Frage stehen (hierzu Dü NZV **17** 287 *(Krumm)*). Verweist das Urteil hingegen auf Zweifel an der Richtigkeit der Messung, die ein Gutachten ausgeräumt habe, so muss es dieses in einer die Überprüfung ermöglichenden Weise mitteilen (Ba DAR **17** 89; **18** 93). Die Behauptung von Messungenauigkeiten von bis zu 2% bietet dem Tatrichter keinen konkreten Anhaltspunkt für eine erörterungsbedürftige Fehlerquelle, da schon vom Toleranzbetrag (3%) berücksichtigt (Ha NZV **17** 194 *(Krenberger))*, nach Zw DAR **17** 399 auch nicht der Vortrag zu „strukturellen Phänomenen", die bei der Zulassung womöglich bereits berücksichtigt worden sind. Im Rechtsbeschwerdeverfahren ist ansonsten eine Verfahrensrüge (Beweisantrags-, Aufklärungsrüge) erforderlich, es sei denn, aus der Urteilsurkunde ergeben sich die einen Messfehler begründenden Umstände (Ba DAR **14** 38; *Cierniak* ZfS **12** 664, *Cierniak/Niehaus* DAR **14** 2). Nach Kar NZV **07** 256 muss die Einlassung des Betroffenen in den wesentlichen Grundzügen mitgeteilt werden, um etwaige Zweifel an der Zuverlässigkeit ersehen zu können. Unterbleibt die ausdrückliche Angabe des abgezogenen Toleranzwerts, so ist dies nach Ha DAR **05** 460, **04** 646, NZV **00** 264 (strenger Ko NZV **18** 531) unschädlich, wenn der Gerätetyp mitgeteilt wird, die Messung keine Besonderheiten aufwies und erkennbar ist, dass die um den Toleranzwert verminderte Geschwindigkeit zugrunde gelegt ist, ebenso nach Brn DAR **05** 97 und 162, wenn das Rechtsbeschwerdegericht prüfen kann, ob die bei dem verwendeten, im Urteil mitgeteilten Messgerät auftretende Fehlerfrequenz berücksichtigt ist (zB bei Wegstrecken-Zeit-Messgerät). Standardisierte Verfahren in diesem Sinne sind nicht nur voll automatisierte, menschliche Handhabungsfehler ausschließende Verfahren, sondern auch solche, bei denen auf Grund vereinheitlichter Normen und festgelegter Bedingungen für Anwendung und Ablauf unter gleichen Voraussetzungen gleiche Ergebnisse zu erwarten sind (BGH NZV **98** 120, Bay DAR **98** 360, Stu NZV **08** 40, Kö VRS **101** 373). Bei Einsatz eichfähiger Messgeräte muss nach einem Teil der **Rspr.** dem Urteil zu entnehmen sein, dass **gültige Eichung** vorlag und die **Bedienungsvorschriften** beachtet wurden (Fra ZfS **01** 233; zw. Ha NZV **10** 215, wonach die Einführung des Eichscheins in die Hauptverhandlung trotz Vernehmung des Messbeamten eine nur durch das Prot. beweisbare wesentliche Förmlichkeit sein soll). Indessen wird man mangels gegenteiliger Anhaltspunkte grds. davon auszugehen haben, dass verwendete Messgeräte geeicht sind (*Cierniak* ZfS **12** 664, *Cierniak/Niehaus* DAR **14** 2). Eichung vor schriftlicher Bauartzulassung ist nicht zulässig; jedoch macht der Verstoß gegen die Eichpflicht (§ 25 I Nr. 3 EichG aF) die Messung nicht unverwertbar, sondern es ist ein Abschlag vorzunehmen (Stu DAR **12** 274 mwN). Zur Neuordnung des gesetzlichen Messwesens *Schade* DAR **16** 50; *Schmedding* NZV **16** 20; *Rothfuß* DAR **16** 257; Empfehlungen des AK V des 53. VGT 2016; zum Zustandekommen dieser Empfehlungen allerdings krit. *Krenberger* DAR **16** 415. Zu den Anforderungen nach MessEG und MessEV *Neidel* SVR **18** 172. Ein eichrechtliches Verwertungsverbot folgt nicht daraus, dass die Eichbehörde die Kabellänge zwischen Signalverstärker und Eingang zum Videonachfahrsystem als sog. Zusatzgerät nicht selbst untersucht hat (Ba DAR **15** 704 (ProViDa 2000 Modular)). Zur Abstandsmessung mittels **Zeitgenerators JVC/Piller Typ CG-P 50 E** § 4 Rn. 15. Bei **Messung durch Hinterherfahren** (im Einzelnen Rn. 62) muss das Urteil idR die Länge der Messstrecke, die Abstandsverhältnisse auf dieser und die Geschwindigkeit des nachfahrenden Kfz auf der Strecke angeben (Bay NZV **94** 448, Zw DAR **02** 182, Ha VRS **104** 312, **102** 302, DAR **98** 75, Dü NZV **92** 41, Kö NZV **94** 77, VRS **86** 360) und bei Dunkelheit oder schlechten Sichtverhältnissen zusätzlich Angaben über die Beobachtungsmöglichkeiten der PolB (Sichtverhältnisse, Orientierungspunkte) enthalten (Bay DAR **00** 320, Zw DAR **02** 182, Ha NJW **07** 1298, DAR **17** 389 mAnm *Deutscher*; Dü DAR **14** 335, Jn VRS **111** 195, KG DAR **15** 99; ZfS **18** 51), es sei denn, die Messstrecke ist lang (zB 3000 m) und der Abstand zum gemessenen Fz kurz (Ha VRS **112** 40, Kö DAR **08** 654, Ce NZV **13** 458 (nur 30 m und deswegen ständig im Leuchtkegel der Scheinwerfer)) oder es liegt ein Geständnis vor (Rn. 57). Eine Verminderung der Geldbuße oder ein Absehen vom FV kann bei Überschreitung der innerörtlichen Höchstgeschwindigkeit nur wenige m hinter der Ortstafel in Betracht kommen (Ol NZV **94** 286, Kö VRS **96** 62, s. aber Ha DAR **00** 580 (je Absehen vom FV)). Fra DAR **16** 395 gibt dem Tatrichter in einem solchen Fall auf, die Geschwindigkeitsüberschreitung festzustellen, die bei richtlinienkonformer Platzierung der Messstelle gemessen worden wäre(!). Entsprechendes kann **bei Messung wenige m hinter dem die Geschwindigkeit begrenzenden VZ** in Betracht kommen (Bay DAR **98** 481; abgelehnt bei 110 m von Fra NStZ-RR **01** 120) oder bei Messung wenige m vor dem OrtsausgangsZ (Z 311; Bay NZV **02** 576 (Absehen vom FV), Dr DAR **10** 29; s. auch Rn. 51 und § 25 StVG Rn. 22). Unterschreitung der in einer VwV (hierzu *Meinel* ZfS **08** 127) vorgeschriebenen Mindestentfernung der Messstelle vom Beginn der Geschwindigkeitsbegrenzung hindert Verurteilung nicht (Dr DAR **05** 693 (113 m statt in der VwV vorgeschriebener 150 m, Fall eines Geschwindigkeitstrichters, kein Absehen vom FV)). **Keine mildere Beurteilung** dann, wenn sie etwa wegen einer Gefahrstelle sachlich geboten und damit richtlinienkonform war (Ba DAR **06** 464; Ce DAR **11** 597 mAnm *Deutscher;* Fra DAR **16** 395; zu den Länderrichtlinien Rn. 57). Allerdings haben sich die Urteilsgründe in einem solchen Fall dazu zu verhalten, ob sachliche Gründe für die konkrete Anordnung vorhanden waren (Ba DAR **12** 528; **17** 384). In Baden-Württemberg bestehen keine einschränkenden Richtlinien hinsichtlich eines vor dem eine Geschwindigkeitsbeschränkung *aufhebenden* VZ, weswegen eine Messung 90 m vor der Ortstafel ("Ortsausgangstafel") dem Betroffenen nicht zu einer Milderung verhilft (Stu DAR **11** 599 (unter Aufgabe von Stu DAR **11** 220); Kar ZfS **18** 353). Der für innerörtliche Überschreitung vorgesehene Regelsatz gilt grundsätzlich auch auf einer innerörtlichen AB (KG NZV **94** 37). Geschwindigkeitsüberschreitungen bis 15 km/h „in mehr als 2 Fällen nach Fahrtantritt" iS der BKatV (erhöhte Buße) sind alle zwischen dem Beginn der Fahrt und ihrem Ende begangenen Überschreitungen, auch wenn sie jeweils prozessual oder materiell selbstständige Taten bilden (Kö Ss 187/97 (Z), aM Ce NZV **95** 197).

15. Beweisfragen. Messmethoden: s. auch § 4. Länder-Richtlinien zur Geschwindigkeits- 57
überwachung: *Weigel* DAR **17** 222; **20** 62. *Anlassbezogene* Messungen (Videoaufzeichnungen)
sind durch § 100h I S. 1 Nr. 1 StPO iVm § 46 I OWiG gedeckt (BVerfG NJW **10** 2717; Ba
NJW **10** 100 m. abl. Anm. *Grunert* DAR **10** 28; Dü NZV **10** 262; 474; Stu NJW **10** 1219; Jn
NJW **10** 1093; Brn NZV **10** 318; Sa VRS **118** 268; Kar NZV **11** 213 (L); eingehend *Kö-
nig/Seitz* DAR **10** 361, 366; aM (durch BVerfG überholt) Dü (1. StrS) NJW **10** 1216 mAnm
Krumm DAR **10** 215; *Niehaus* DAR **09** 632; AG Eilenburg DAR **09** 657; AG Grimma DAR **09**
659; *Elsner* DAR **10** 164; wenig überzeugend *Wilcken* NZV **11** 67; s. zum Ganzen *D. Müller*
NZV **16** 254), wobei es der *Beifahrer* hinnehmen muss, mit fotografiert zu werden (Ol NJW **15**
1398 (Beweisverwertungsverbot wegen Verwendung im Bußgeldverfahren gegen den Fahrer
freilich offengelassen) m zw Anm *Krumm* und Bspr *König* DAR **15** 363; AG Herford DAR **10**
592 mAnm *Elsner*). Dabei macht es keinen Unterschied, ob die Kamera individuell ausgelöst
wird (Ba NJW **10** 100; Dr DAR **10** 210) oder aufgrund einer entsprechenden Programmierung
des Messgeräts (BVerfG NJW **10** 2717; Brn NZV **10** 318; AG Meißen NZV **10** 320; eingehend
zur Funktionsweise von (nicht aufzeichnender) Selektionskamera und (bei Tatverdacht aufzeich-
nender) Tat- und Identkamera Jn DAR **11** 475; aM Dr DAR **10** 210; *Lampe* jurisPR extra **10**
62). AG Sa v. 11.11.09 – 22 OWi 901/09, 22 OWi 66 Js 1585/09; juris hält § 163b I S. 3, § 81b
StPO für einschlägig (krit. *Lampe* jurisPR extra **10** 62). Hingegen genügen nach BVerfG
NJW **09** 3293 (m Bspr *Bull* NJW **09** 3279, *Niehaus* DAR **09** 632 und Anm *Brenner* DAR **09**
579, *Arzt/Eier* NZV **10** 113, sowie, wenig präzis, *Krumm* NZV **09** 620; s. auch VfGH Wien
DAR **09** 580) Verwaltungsanordnungen für die Anordnung *verdachtsunabhängiger* Videoauf-
zeichnungen; in solchen Fällen komme zwar aufgrund objektiver Willkür ein Beweisverwer-
tungsverbot (allgemein § 26 StVG Rn. 2, 2a) grds. in Betracht. das aber jedenfalls bei Fällen vor
der Klarstellung durch das BVerfG von Verfassungs wegen im Hinblick auf den eher geringfügi-
gen Eingriff verneint werden kann (BVerfG NJW **11** 2783; abw. Ol DAR **10** 32; AG Grimma
DAR **09** 659; *Harnisch/Pohlmann* NZV **10** 386). Der **Rspr.** des BVerfG ist nun durch technische
Änderungen des verwendeten Geräts Rechnung getragen (*Schmedding* DAR **10** 426). Über-
sichtsaufnahmen, die eine Identifizierung von FzF und Fz nicht ermöglichen, sind schon nicht
grundrechtsrelevant (BVerfG NJW **10** 2717). Zur angeblichen Rechtsgrundlagenlosigkeit der zu
Zwecken der Gefahrenabwehr eingesetzten und unabdingbaren Überwachung von Straßentun-
nels durch Videokameras *Ruth-Schumacher/Arzt* NZV **12** 313. Messfoto als Beweismittel: § 24
StVG Rn. 76. Zur Beurteilung der automatischen Kennzeichenerfassung für die Geschwindig-
keitsüberwachung per **„Section Control"** E 157c. Kein Beweisverwertungsverbot bei Nicht-
beachtung interner Richtlinien (Kö DAR **97** 362), zB bezüglich der Örtlichkeit der Messung
(Ol NZV **96** 375, Kö VRS **96** 62) oder der bei Messung durch Nachfahren zu verwendenden
Fz (Kö NZV **97** 529). Die tatrichterliche Überzeugung, der Betroffene sei mit der ihm auf
Grund Messung vorgeworfenen Geschwindigkeit gefahren, kann auch auf dessen **Geständnis**
gestützt werden (BGHSt **39** 291 = NZV **93** 485, Ba NStZ-RR **07** 321; Jn NJW **06** 1075, Ko
NStZ **04** 396, Kö VRS **105** 296, Stu VRS **81** 129, Ce NZV **91** 199, aM Dü NZV **92** 41, 121,
VRS **84** 302). Dann ist auch die Angabe des Messverfahrens und des Toleranzwerts (Rn. 56b) im
Urteil entbehrlich (Brn DAR **05** 98, Ha NJW **07** 1298, Jn DAR **02** 325, Ko NStZ **04** 396, Schl
NZV **03** 394, abl *Röttgering*, Kö NZV **03** 100, Ro VRS **101** 384, *Niehaus* NZV **03** 411, aM Ha
DAR **04** 407, 464, VRS **101** 282, **102** 218). Die Umstände des Messvorgangs und die Richtig-
keit der vom Messgerät angezeigten Geschwindigkeit können vom Betroffenen zwar nicht zuge-
standen werden (Jn NJW **06** 1075). Jedoch ist dadurch die Geständniskraft nicht ausgeschlossen.
Allerdings verlangt ein Teil der Rspr. die tatrichterliche Darlegung eines **„qualifizierten" Ge-
ständnisses;** danach muss festgestellt sein, dass der Betroffene nach den konkreten Umständen
(zB Überprüfung Geschwindigkeit nach Bemerken der Überwachung, bewusste Einhaltung
überhöhter Geschwindigkeit, Fahrgeräusche etc.) einräumen kann, die vorgeworfene Geschwin-
digkeit *mindestens* gefahren zu sein (Ba NStZ-RR **07** 321; Sa VRS **110** 433; ZfS **09** 472). Das
ist jedoch nicht richtig. Auf der Basis der **Rspr.** des BGH kann ein Geständnis auch dann vor-
liegen, wenn der FzF an den konkreten Vorfall keine Erinnerung hat, aufgrund seines regelmäßi-
gen Fahrverhaltens oder der anders gelagerten Zielrichtung seines Verteidigungsvorbringens die
Zuverlässigkeit der Geräte oder das Ergebnis der Messung aber nicht bezweifeln will (vgl.
BGHSt **39** 291. Ha mitgeteilt in NJW-Spezial **11** 267; Ko NStZ **04** 396; Jn DAR **04** 663, *Cier-
niak* ZfS **12** 664, 679, der mit Recht auf die Vorlagepflicht nach § 121 II GVG der vorgenannten
OLG verweist; abw Fra DAR **18** 639 mablBspr *König* DAR **19** 372). Auch *fahrlässige* Geschwin-
digkeitsüberschreitung kann auf Grund Geständnisses festgestellt werden, wenn dieses auf eige-

nen Feststellungen des Betroffenen beruht (BGHSt **39** 291, Kö NZV **91** 203, Dü NZV **94** 117, Ba NStZ-RR **07** 321, einschr Dü NZV **93** 79, VRS **78** 306, **82** 50). Zum qualifizierten Geständnis im Rahmen einer Verständigung schwerlich richtig *Grube* DAR **13** 601. Nichtbestreiten der Fahrereigenschaft ist nicht ohne Weiteres Geständnis (Dü VRS **112** 124). Radschlupf beeinflusst die **Tachomessung** nicht merkbar (Ha DAR **60** 365), auch nicht auf Kopfsteinen (Ha VRS **40** 75; s. die Tacho-Anzeigetoleranzen, § 57 StVZO). Der Tachometer des UnglücksFz kann infolge Gewalteinwirkung unrichtig stehen geblieben sein und beweist dann die Fahrgeschwindigkeit nicht (Ha DAR **60** 123). Der Kf muss nicht seine Unschuld nachweisen; beruft er sich zur Entlastung auf seinen Tachometer, so ist dieser Beweis zu erheben (Kö DAR **58** 337). Jedoch schließt defekter Tacho Fahrlässigkeit nicht ohne Weiteres aus (Rn. 56). Zur Feststellung der Geschwindigkeit durch **Auswertung der Fahrtschreiber-Schaublätter** (§ 57a StVZO Rn. 6). Anforderungen an die Feststellungen im Urteil: Rn. 56b. Täterfeststellung u. Halter: E 96a.

58   **Bremsweg:** Rn. 43, 44. Schreck- und Reaktionszeit (E 86, § 1 StVO Rn. 29–30a) sind zu berücksichtigen, sie sind individuell verschieden. Die Fahrgeschwindigkeit zur Unfallzeit kann nur aus der tatsächlichen, nicht aus der an sich erzielbaren Bremsverzögerung geschlossen werden (Zw DAR **79** 76). Nachträgliche Bremswegberechnung setzt technische Kenntnisse eines Sachverständigen voraus (Bay DAR **56** 165, *Engels* VGT **88** 113), vor allem bei Umständen, die ihn verlängern (BGH VRS **16** 126; Lit: Rn. 64). Die **Bremsspur** zeichnet sich infolge verringerter Räderdrehung ab, die Blockierspur entsteht durch Rutschen der stillstehenden Räder (Ha VRS **41** 367). Starkes Bremsen muss nicht stets zum Radieren der Reifen führen (Fra VRS **49** 451, KG VM **75** 93). Notbremsungen durch **mit ABS (ABV)** ausgerüstete Pkw verursachen auf normal befahrenen Str überwiegend keine auswertbaren Spuren (*Engels* VGT **88** 117, NZV **89** 89, Verkehrsunfall **90** 45, *Grandel* Verkehrsunfall **89** 339, **90** 11), weswegen ihr Fehlen weder für eine maßvolle Geschwindigkeit noch gegen eine Vollbremsung spricht (Nau NJW-RR **14** 596). Der daraus folgende Wegfall eines wichtigen Mittels zum Nachweis der Geschwindigkeit an Unfällen beteiligter Fz könnte durch die Einführung eines Unfallschreibers (Kurzwegschreibers, s. § 57a StVZO Rn. 3) ausgeglichen werden (*Vogt* NZV **89** 333). Allein aus der Brems- und (oder) Blockierspur lässt sich die Fahrgeschwindigkeit nicht sicher ermitteln (Ha VRS **41** 367, **39** 295, Kar VRS **38** 187, KG VRS **12** 453), insbes. nicht anhand von Tabellen (KG VM **57** 70). Denn der Bremsweg ist fast stets länger als die Bremsspur (BGH VRS **23** 375, Ha VRS **39** 295, Sa VRS **37** 228, Dü VRS **3** 359), erst recht bei durch ein Hindernis (Kollision) abbrechender Bremsspur (KG DAR **76** 240, VRS **11** 217, Ha VRS **41** 367). Zur Geschwindigkeitsberechnung aus Bremsspuren Ce VRS **52** 425, *Engels* VGT **88** 113. Stets ist der Abstand der Vorder- von den Hinterrädern von der Bremsspur abzuziehen (BGH VRS **23** 375). Zum Beweiswert einer polizeilichen Brems- und Fahrspurskizze Ha NJW **72** 966.

59   **Radarmessungen** sind standardisierte Messverfahren iS der in Rn. 56b geschilderten **Rspr.** (Nachweise s. dort). Sie sind beweiskräftig, wenn das Gerät geeicht ist und richtig aufgestellt und bedient wird (Kö DAR **01** 421, NZV **90** 279, Zw NZV **93** 279, Dü DAR **89** 232). Es genügt Einhaltung der in der Eichordnung vorgesehenen Frist (Gültigkeit der Eichung bis zum Ablauf des auf die Eichung folgenden Kalenderjahres; Kö VRS **67** 462, s. auch *Löhle* DAR **84** 396). Überkleben der Bleiplombe (Sicherungsstempel) mit einem transparenten oder nicht transparenten, aber entfernbaren Klebeband durch die Pol zum Schutz der Plombe beeinträchtigt nicht die Gültigkeit der Eichung, solange die Möglichkeit bestehen bleibt, den Sicherheitsstempel in Augenschein zu nehmen (Kö NZV **02** 471, DAR **01** 421, AG Kö DAR **01** 41). Ist die Eichung nicht fristgerecht erfolgt, so kann ein zusätzlicher Sicherheitsabschlag zu machen sein (Rn. 62, 62a), dies jedoch nicht, falls zeitnah Zuverlässigkeit bestätigt wird (AG Liebenwerda NZV **08** 110). Es gibt keinen Erfahrungssatz, wonach Radargeräte unter allen Umständen zuverlässig messen (BGHSt **39** 291 = NZV **93** 485, Bay NZV **03** 203, Kö VRS **88** 376, Dü NZV **92** 121, VRS **85** 222, Ko VRS **73** 72, Zw NZV **93** 279). Bei **gekrümmtem StrVerlauf** Messung nur im Kurveninnenrand, wenn der Radius ein bestimmtes Maß nicht unterschreitet; keine zuverlässige Messung bei Aufstellung des Gerätes am Kurvenaußenrand (AG Ro DAR **05** 650 (Traffipax-Speedophot)). Bei Verwendung anerkannter Geräte genügt im Urteil idR die **Angabe des Messverfahrens und des berücksichtigten Toleranzwerts** (Rn. 56b). Dabei ist die Art des verwendeten Gerätes genau zu bezeichnen (Ha VRS **106** 469). Ohne konkreten Anlass sind im Urteil auch Feststellungen darüber entbehrlich, dass das Gerät geeicht war (Dü NZV **94** 41; str., s. Rn. 56b). Die **Messtoleranz** bei Radarmessung beträgt 3 km/h bei Geschwindigkeiten unter 100 km/h und 3 % des gemessenen Werts bei höheren Geschwindigkeiten (Ha DAR **00** 129, **94**

408) und gleicht alle gerätetypischen Fehlerquellen aus (Bay NZV **03** 203, Ha DAR **94** 408,Ol DAR **08** 37). Die **Radarfotobeurteilung** liegt allein beim Tatrichter (BGHSt **29** 18 = NJW **79** 2318). Die Abbildung mehrerer Fz auf dem Kontrollbild bedeutet nicht, dass sie sich alle zugleich im Messstrahl befunden haben müssen (Ha DAR **72** 167). Auch wenn das Radarfoto mehrere Fz im Messbereich zeigt, kann dies unschädlich sein, zB wenn das weitere Fz in entgegengesetzter Richtung fährt (Ha NZV **90** 402). Zur Identifizierung des Fahrers mittels Fotos § 24 Rn. 76. Nach *Lührs/Michel,* Verkehrsunfall **82** 203, kann bei allen derzeit eingesetzten Messgeräten idR davon ausgegangen werden, dass Beeinflussung des Messergebnisses durch Funkanlagen ausgeschlossen ist. Keine Störung des Gerätes Multanova VR F 6 durch in Betrieb befindliches Autotelefon (Dü NZV **93** 40), aber uU zu hohe Messung im Nahbereich (bis 15 m) bei Einstellung des Gerätes auf „fern" (Ko NZV **03** 544). Messung mittels eines **Radar-Handgeräts** („Radarpistole") ist in der **Rspr.** als zuverlässig anerkannt worden, wenn das Gerät geeicht war, der messende PolB an einem Einführungslehrgang teilgenommen hat, die Zulassungsbedingungen erfüllt sowie die Bedienungsanleitung beachtet worden sind und sich kein weiteres fahrendes Fz im Messbereich befand (Bay NZV **92** 161). Andernfalls fordert AG Herford DAR **09** 97 (mAnm *Huppertz*) eine Fotodokumentation, ohne die es an der Verwertbarkeit fehlen soll. Das Gerät liefert jedoch nur unter verkehrsarmen Verhältnissen zuverlässige Ergebnisse und scheidet daher innerorts weitgehend aus; zum „Speedphot M-Moving Radar" Dü NZV **95** 290, DAR **95** 373. Das Mitführen eines betriebsbereiten **Radarwarngeräts** ist gem. § 23 Ib verboten und ow (§ 23 Rn. 34–36, 38), jedoch nach Außerkrafttreten des § 15 FAG durch das TKG v. 25.7.96 (BGBl. I S. 1120) nicht mehr mit Strafe bedroht (§ 23 Rn. 39). Nach der verwaltungsgerichtlichen **Rspr.** kann **Warnung anderer VT vor Radarkontrollen** durch Ordnungsverfügung untersagt werden (OVG Münster NZV **97** 326, VG Saarlouis DAR **04** 338 (mit zw Begr in Bezug auf entsprechende Rundfunkdurchsagen)). Zur Frage eines Verstoßes gegen Bestimmungen der StVO durch solche Warnung § 1 Rn. 40, 42, § 16 Rn. 18.

Das **Funkstoppverfahren** (Messung durch mehrere Stoppuhren, dazu *Löhle* DAR **84** 401) ist **60** bei äußerster Sorgfalt zulässig (Schl VM **70** 32, Kö VRS **37** 386), auch im Dunkeln (Dü VM **79** 64), doch genügt nicht die Bekundung, alle Messungen seien korrekt durchgeführt (Schl VM **70** 32). Erforderlich sind idR Ausmessung der 300 m langen Messstrecke unter Verwendung eines geeichten Hilfsmittels, Zeitmessung mittels dreier geeichter Stoppuhren, Variationsbreite von nicht mehr als 1 s zwischen den gestoppten Zeiten (Dü VRS **73** 69) und Addition einer Toleranz von 1 s zur längsten gestoppten Zeit, die zum Ausgleich aller denkbaren Fehlerquellen jedenfalls ausreicht (*Löhle* DAR **84** 402 (0,4 bis 0,7 s), KG VRS **85** 62 (mindestens 0,4 s)). Nach Hb VRS **74** 62 genügt auch eine Messstrecke von 150 m, wobei mögliche Fehlerquellen durch einen Zuschlag von 0,7 s ausgeglichen seien. Das **Urteil** muss die Messstrecke, die gestoppten Werte und die Beachtung der Funkstopp-Dienstanweisung belegen (KG VRS **85** 62, Ha VRS **47** 386, Ko VRS **50** 389, Dü VRS **73** 69) und bei Verwertung von Messungen, die der Dienstanweisung nicht entsprechen, die Gründe für die tatrichterliche Überzeugungsbildung nachprüfbar darlegen (Dü VRS **73** 69). Die durchschnittliche Geschwindigkeit beim Durchfahren der Messstrecke **errechnet sich** wie folgt: Länge der Messstrecke in Metern dividiert durch gemessene Zeit in Sekunden multipliziert mit 3,6. Auch das **Spiegelmessverfahren** ist zulässig (Ko VRS **69** 302, Ce VRS **71** 216, Kar NJW **72** 2235). Die Länge der Messstrecke ist festzustellen und im Urteil mitzuteilen (Ko VRS **68** 58). Ob und inwieweit bei Abweichungen von Dienstanweisungen zur Durchführung des Spiegelmessverfahrens das Messergebnis verwertbar ist, unterliegt der Beurteilung des *Tatrichters* (Ko VRS **69** 302, Ce VRS **71** 219 (evt erhöhter Sicherheitszuschlag); s. auch Rn. 62). Zum Spiegelmessverfahren *Löhle* DAR **84** 400. Zu den notwendigen Korrekturen zum Ausgleich von Fehlerquellen des in Nds angewandten Verfahrens Ce VRS **71** 216. Geschwindigkeitsermittlung durch Feststellung der Fahrzeit auf einer bestimmten Strecke **mittels Stoppuhr vom fahrenden PolFz** birgt zahlreiche Fehlerquellen in sich; bei 500 m Messstrecke und geeichter Stoppuhr hält Stu VM **93** 78 einen Abzug von 10% der errechneten Geschwindigkeit für ausreichend und erforderlich. Zur Verwendung von Stoppuhren s. auch § 37 Rn. 45

Das eigentlich der Abstandsmessung dienende **Distanova**-Verfahren ist auch zur Feststellung **61** der Geschwindigkeit geeignet, wenn von der sich aus den beiden Fotografien ergebenden Fahrstrecke mindestens 1 m abgezogen wird (Stu VRS **66** 57). Geschwindigkeitsmessung mittels **Koaxialkabelverfahrens** ist in der **Rspr.** als zuverlässig anerkannt (Kö NZV **94** 78 (V-Control II); dazu *Löhle* DAR **84** 397 (Truvelo M 4, Truvelo M 4^2), ZfS **93** 328 (Traffiphot-S), *Beck/Löhle* 2.7.1 (Traffiphot-S), 2.7.2 (Truvelo M 4-2)). Das Urteil braucht idR nur das angewandte Messverfahren und den in Abzug gebrachten Toleranzwert (3 km/h) mitzuteilen (Kö

NZV **94** 78), denn es handelt sich um ein „standardisiertes Verfahren" (Rn. 56b; Kö VRS **105** 227). Von zwei unterschiedlichen Messwerten (zulässige Abweichung ±2 km/h) ist der niedrigere zugrunde zu legen (abw Ko NZV **03** 495: maßgebend sei der auf dem Foto *rechts* eingeblendete Wert des Hauptgeräts). Messung mittels eines geeichten (nichtstationären) Truvelo M 4² wurde als zuverlässig anerkannt (Zw NZV **92** 375, Ko PVT **95** 156). Zuverlässige **Laser-Messung** setzt voraus, dass der Laserstrahl während der gesamten Messung auf dieselbe FzStelle *senkrecht* auftrifft, auch zB auf das Kennzeichen (Kar VRS **95** 419), nicht womöglich auf horizontale FzTeile (*Beck/Löhle* 2.5.1). Über Messfehler durch horizontales Schwenken und Stufenprofil beim Lasergerät Riegl LR-90-235/P *Löhle* NZV **95** 265, s. auch Ha NZV **07** 155 (Messung bei Porsche). Zu Störungen aufgrund Knickstrahlreflexion bei Messungen aus eine Fz heraus *Hoger* DAR **11** 105 (m Stellungnahme der PTB). Beim Gerät **Riegl FG 21-P** handelt es sich um ein standardisiertes Messverfahren (Rn. 56b; Ha NZV **17** 194 (*Krenberger*), Ce NZV **10** 414, Ha NZV **97** 187; Ba DAR **16** 146; s. auch *Winninghoff* DAR **09** 427; *Schmedding/Hilmann* III DAR **11** 428. AG Kempten DAR **13** 592 schließt nach Einwendungen gegen das System auf der Grundlage eines Gutachtens Verwertbarkeit der Messergebnisse wohl nach dem Zweifelssatz aus und spricht frei (hiergegen *König* DAR **14** 363 sowie oben Rn. 56b). Zu Fehlerquellen AG Lüdinghausen DAR **14** 600. Beim Messgerät **Vitronic PoliScan Speed** handelt es sich um ein standardisiertes Messverfahren (Rn. 56b; Dü VRR **10** 116; KG VRS **127** 178; Ba DAR **14** 38; Schl SchlHA **13** 450; Sa NZV **17** 393 (*Krenberger*), gegen AG Mannheim DAR **17** 213, hierzu auch *Bladt* DAR **17** 290; Zw DAR **17** 399; Fra ZfS **18** 234; offengelassen von Dü DAR **10** 216 und Kar NZV **10** 364. Unrichtig AG Dillenburg DAR **09** 715 (s. auch AG Kar DAR **11** 650, AG Herford DAR **13** 399, AG Tiergarten DAR **13** 589 (ohne Einholung eines Gutachtens), AG Rostock DAR **13** 717), wonach die Messergebnisse ua wegen Nichtübereinstimmung mit den Anforderungen der PTB unverwertbar sein sollen (im Anschluss an *Löhle* DAR **09** 422; s. auch *dens.* DAR **11** 48; **13** 597; *Winninghoff* ua DAR **10** 106; *Schmedding* DAR **13** 726; **17** 229; **hiergegen eingehend** *Schrey/Haug* NJW **10** 2917; *Smykowski* NZV **18** 358; s. auch *Bladt* DAR **11** 431, 754, **11** 758, **12** 421, **14** 604; *Schmedding* ua SVR **12** 121, *König* DAR **14** 363). Eingehend zu den verschiedenen Software-Kombinationen Fra DAR **15** 149 m teils krit Anm *Deutscher*. Fließen in das Messergebnis Einzelmessungen ein, deren Ortskoordinaten geringfügig außerhalb des von der PTB zugelassenen Messbereichs liegen, begründet dies für sich genommen grds. nicht die Notwendigkeit, die Messung durch einen Sachverständigen überprüfen zu lassen und im Urteil über die bei Einsatz eines standardisierten Messverfahrens erforderlichen Angaben hinaus Feststellungen zu Funktionsweise und Ablauf der Messung zu treffen (Kar ZfS **17** 532; Bra SVR **17** 435, je mit Bspr *König*, DAR **18** 361). Aus einem aus Einzelmessungen ermittelten Vergleichswert ergibt sich kein Anhaltspunkt für eine Fehlmessung, wenn dieser Wert noch innerhalb der Eichfehlergrenze liegt (Zw ZfS **18** 349). Kar NZV **15** 148 neigt zu der Auffassung, dass eine verlässliche Geschwindigkeitsmessung auch allein anhand des sog. „Smear-Effekts" (Lichtspuren im Bildbereich) möglich ist. Eine nicht sicher festgestellte Messunsicherheit aufgrund womöglich defekten Netzteils darf nicht unterstellt und durch einen Toleranzabzug „ausgeglichen" werden (Ko ZfS **18** 410). Zu Wiederaufnahmeverfahren in diesem Kontext *Krumm* DAR **11** 46. Beim Gerät **TraffiStar 330** handelt es sich um ein standardisiertes Verfahren (Jn DAR **15** 40; s. aber zu den Bedenken des SaarlVerfGH NJW **19** 2456 Rn. 56b. Zu Fehlerquellen iVm Wechselverkehrszeichenanlagen *Wiek* DAR **15** 727. Der Einsatz des Messgeräts Poliscan Speed in einem „**Enforcement Trailer**" (als Anhänger) stellt die Anerkennung als standardisiertes Messverfahren nicht in Frage (Ba NStZ-RR **19** 158; Ha BeckRS **19** 39164; Zw ZfS **20** 350. Nach Fra DAR **19** 160 soll dies jedoch in Hessen nur bei Sonderzulassung und für Messungen durch die Pol uneingeschränkt zutreffen; zB für Messungen durch Ortspolizeibehörden der Kommunen sollen (auch bei Sonderzulassung) erhöhte Dokumentationspflichten bestehen (zw.). Beim Gerät **LEIVTEC XV3** handelt es sich um ein standardisiertes Verfahrens (KG VRS **131** 196; 246; Ce ZfS **18** 470; Kö ZfS **18** 407; s. auch *Krumm* NZV **12** 218, **15** 174 aus technischer Sicht krit *Siegle* DAR **14** 55). Ein gegenüber der Bauartzulassung geringfügig längeres Verbindungskabel stellt das Messergebnis nicht in Frage und nötigt nicht zu einem Toleranzabzug (KG VRS **131** 196; 246). Gleiches gilt für das Auslassen einer vollständigen Magnetfeldprüfung im Zulassungsverfahren (Ce ZfS **18** 470). **Messtoleranz:** 3 km/h bei Geschwindigkeiten bis 100 km/h, 3% vom gemessenen Wert bei höheren Geschwindigkeiten (Bay VRS **92** 353, Brn DAR **05** 98, Ha DAR **94** 408, **99** 416, Sa NZV **96** 207, Ol NZV **95** 37, *Soller* PVT **97** 206). LASER-Messung mit den gebräuchlichen Geräten ist nach inzwischen hM (jedenfalls in Bezug auf den eigentlichen Messvorgang) ein „standardisiertes Verfahren" iS von BGHSt **39** 291 = NZV **93** 485 (Rn. 56b), BGHSt **43** 277 = NZV **98** 120, Bay DAR **99** 563, KG NZV **04** 153,

VRS **101** 456, Ha DAR **02** 85, **07** 217, Dü VRS **99** 131, Kö VRS **96** 62, Sa NZV **96** 207, und zwar im Grundsatz ohne Rücksicht auf Tageszeit oder VDichte (Ha NZV **97** 187). Prüfung der Zuverlässigkeit durch den Tatrichter und Darlegungen im Urteil danach mithin nur bei konkreten Anhaltspunkten für Messfehler. Gleichfalls standardisiertes Verfahren beim Gerät **M5 Speed** der Firma VDS (Dü NZV **17** 287 (*Krumm*)). Das gilt allerdings nur bei **Beachtung der Bedienungsanleitung** während der Messung und den zuvor erforderlichen Tests, denn die Bedienungsanleitung ist Bestandteil der Bauartzulassung, weswegen nur bei deren Einhaltung ein standardisiertes Messverfahren (Rn. 56b) gegeben ist (Ko DAR **06** 101; Ha NZV **09** 248; Ce NZV **10** 414; Nau DAR **16** 403; zu weitgehend allerdings AG Rathenow NZV **09** 249, das für den Fall der Nichteinhaltung völlige Unverwertbarkeit annimmt). Die Einsicht in *eine bei den Akten befindliche* **Bedienungsanleitung** ist vom **Akteneinsichtsrecht** nach § 147 StPO umfasst (KG DAR **13** 211 m. zahlreichen Nw., Nau DAR **13** 37; Ce NZV **13** 308, Fra NStZ-RR **13** 223; *Cierniak/Niehaus* DAR **14** 2; s. aber AG Gelnhausen DAR **11** 421: aus urheberrechtlichen Gründen nur Einsichtsrecht in den Räumen der Pol sowie den Beschluss des AK IV des 51. VGT 2013 unter II). Anders liegt es jedoch, wenn sie nicht zu den Akten gelangt ist (Ce NZV **13** 308, Fra NStZ-RR **13** 223; aM KG DAR **13** 211). Jedoch wird es der Grundsatz des fairen Verfahrens und der Waffengleichheit gebieten, dem Betroffenen die Bedienungsanleitung sowie die sonstigen Messunterlagen zur Verfügung zu stellen (Nau DAR **13** 37; eingehend *Cierniak* ZfS **12** 664, *Cierniak/Niehaus* DAR **14** 2; **18** 541; abw wohl Ce NZV **13** 308, Fra NStZ-RR **13** 223). Zu den Anforderungen an eine Verfahrensrüge nach § 338 Nr. 8 StPO Ce NZV **13** 307 (krit *Cierniak/Niehaus* DAR **14** 2, 7; ebenso Ce ZfS **13** 652, Bra ZfS **14** 473). Ha NZV **16** 291 überträgt dies auf die Rüge des fairen Verfahrens (im konkreten Fall mit Recht). Die Nichtbeiziehung der **Messdatei** in Bezug *auf den Betroffenen selbst* soll nach sehr weitgehender Auffassung von Ol DAR **15** 406 mAnm *Deutscher* (aufgegeben von Ol ZfS **17** 469) unter dem Aspekt der (willkürlichen) Verletzung des rechtlichen Gehörs (§ 80 II Nr. 1 OWiG) zur Urteilsaufhebung führen, obgleich der Betroffene gegen die Nichtherausgabe durch die Verwaltungsbehörde nicht nach § 62 I OWiG vorgegangen ist (ebenso Ce StRR **16** 18; s. auch unten). Kar NStZ **19** 620 bejaht Verletzung des § 338 Nr. 8 StPO jedenfalls für den Fall, dass vergeblich ein Antrag nach § 62 OWiG gestellt worden war (hiergegen nachdrücklich Bay DAR **20** 467 (L)). Demgegenüber verneint Ba DAR **16** 337 (m Bspr *König* DAR **16** 362) eine Verletzung des rechtlichen Gehörs und des fairen Verfahrens, wenn keine Anhaltspunkte für eine Fehlmessung im Einzelfall vorhanden sind (Festhaltung in Ba NZV **18** 425; Bay DAR **20** 145 mAnm *Krenberger*; Bay DAR **20** 467 (L); s. auch Fra DAR **16** 713; Zw NStZ-RR **18** 156). Jedenfalls keine Notwendigkeit für das Gericht, die *andere VT betreffenden* Messdateien des Tattags beizuziehen, um mithilfe eines Sachverständigen überprüfen lassen zu können, ob das Gerät ordnungsgemäß arbeitet; ggf. kann vor der Hauptverhandlung der Weg des § 62 I OWiG beschritten werden (Dü NZV **16** 140 m Bspr *König* DAR **16** 362 und sehr zw. Anm *Fromm*). Auch ohne Anhaltspunkte für eine Fehlerhaftigkeit des Geräts bzw. für Zweifel an dessen Eichgültigkeit soll nach Jn NJW **16** 1457 (s. auch Nau DAR **16** 215 mBspr *König* DAR **16** 362; Brn StraFo **17** 31; Ol ZfS **17** 469) ein Verstoß gegen die Aufklärungspflicht und gegen den Grundsatz des fairen Verfahrens gegeben sein, wenn das Gericht entgegen einem Antrag des Betroffenen die **„Lebensakte"** des Geräts nicht beizieht; bei beharrlicher Weigerung der Verwaltungsbehörde soll auch ein Antrag nach § 62 OWiG nicht erforderlich sein (aM Ol ZfS **17** 469). Dem ist Fra DAR **16** 713 aus deswegen entgegengetreten, weil die Führung einer „Lebensakte" iS einer dauerhaft geführten Dokumentation durch § 31 II Nr. 4 MessEG nicht vorgeschrieben sei; nach etwaiger Reparatur sei neu zu eichen und neu zu siegeln, wonach das Gericht mangels konkreter sonstiger gegenteiliger Anhaltspunkte von einer ordnungsgemäßen Messung ausgehen könne (Bspr *König* DAR **17** 370; im Erg. zust *Krenberger* NZV **17** 144; unter Präzisierungen zum Anwendungsbereich des § 31 II MessEG ebenso Ce DAR **17** 715 mAnm *Bellardita* und Bspr *König* DAR **18** 367 f.; weiterführend *Hollinger* DAR **17** 47). Zu den Anforderungen an Verfahrensrügen in diesem Kontext KG DAR **17** 593 und sehr ausführlich Ba NZV **18** 809 m krit Anm *Krenberger* und Bspr *König* DAR **18** 370 sowie Ba NZV **18** 425 (harsch gegen VerfGH Sa NZV **18** 275 dazu unten). Ein Zulassungsgrund für die Rechtsbeschwerde (insbes. § 80 I Nr. 2 OWiG) wird in einschlägigen Fällen kaum je vorliegen (vgl. Sa SVR **18** 116 m. Bspr *König* DAR **18** 361, s. aber VerfGH Sa NZV **18** 275 und hierzu *Cierniak/Niehaus* DAR **18** 541, 543 f. sowie *Wendt* NZV **18** 441). Gänzlich abwegig AG Castrop-Rauxel DAR **16** 597, wonach das Verfahren nach § 47 OWiG einzustellen sein soll, wenn das Gericht Zweifel an der Vollständigkeit der „Lebensakte" hat. Uneingeschränkte Einsicht in digitale Falldatensätze inklusive unverschlüsselter Rohmessdaten der gesamten Messserie, Public Key des Messgeräts, Statistikdatei zur Messung, Wartungs-, Instandsetzungs- und Eichnachweise des Messgeräts seit der ersten Inbetriebnahme *im Verfahren der Verwaltungsbehörde* bejaht LG Trier DAR **17** 721 (zust. Anm *Deutscher* sowie *Krenberger* NZV **17** 589; s. auch VerfGH Sa NZV **18** 275 mit Anm *Krenberger*; KG ZfS **18** 472; hierzu auch *Cierniak/Niehaus* DAR **18** 541; abw jedoch *Röß* NZV **18** 507). Zw ZfS **20** 413 fordert mit Recht (unter Bezugnahme auf eine Stellungnahme der PTB) eine Erläuterung des Betr., welche relevanten Erkenntnisse er oder ein von ihm beauftragter Sachverständiger aus den verlangten Daten für die ihn betreffende Einzelmessung gewinnen will. VerfGH Rh-Pf NZV **20** 92 (Bspr *Gratz* DAR **20** 235) rügt Verletzung effektiven Rechtsschutzes und des gesetzlichen Richters, wenn das Rechtsbeschwerdegericht trotz abweichender obergerichtlicher Entscheidungen zur Frage des Einsichtsrechts in die Bedienungsanleitung eines Geschwindigkeitsmessgeräts nicht den Weg zum BGH beschreitet (§ 121 II GVG). Ko ZfS **20** 412 sieht im Anschluss daran (ohne Vorlegung an den BGH) das Recht auf faires Verfahren bei versagter Einsicht in nicht bei den Akten befindliche Bedienungsanleitung als verletzt an. Ohne Anhaltspunkte für Fehlmessung genügt im Urteil Angabe des Geräts und der Toleranz, Rn. 56b. Mangels fotografischer Dokumentation können aber bei hoher VDichte uU **Zuordnungsfehler** zu berücksichtigen sein (BGH NZV **98** 120, Fra NZV **95** 457, Ol NZV **95** 37, Ha NZV **97** 188, DAR **07** 217, *Löhle* ZfS **94** 153, *Beck/Löhle* 2.5.1 sowie DAR **94** 472). Entsprechendes gilt bei schlechten Sichtverhältnissen (BGH NZV **98** 120, Ha DAR **07** 217, Hb DAR **96** 154, Nau NZV **96** 419, Ce NZV **98** 77 (Dunkelheit)). Dann kann uU Pflicht zur Aufklärung durch den Tatrichter bestehen, insbesondere nach entsprechendem Beweisantrag (BGH NZV **98** 120) und nachvollziehbarer Darlegung, warum trotz widriger Verhältnisse vernünftige Zweifel an der Zuordnung nicht bestehen (Ha DAR **07** 217). Wie die tatrichterliche Praxis zeigt, kann auch in der Art und Weise der **Übermittlung der abgelesenen Daten** (Geschwindigkeit) an den Messprotokollführer und deren Übertragung in das Messprotokoll eine erhebliche Fehlerquelle begründet sein (Ha DAR **07** 217, AG Kö NZV **98** 84 mAnm *Hillmann, Hentschel* NJW **98** 654). Ein „Vier-Augen-Prinzip" bei der Übertragung von den auf einem Lasermessgerät angezeigten Messwerten ins Messprotokoll existiert jedoch nicht, vielmehr genügt es, wenn die Messwerte von einem Beamten abgelesen werden (Dü DAR **12** 646, Ha NStZ-RR **12** 377 (*Riegl* FG 21-P); Stu DAR **15** 407 mAnm *Bellardita;* hiergegen *Dorner* DAR **15** 477 (Meinungsstreit unter Amtsrichtern)). Zur **Lichtschrankenmessung** werden Mehrfach-Lichtschrankengeräte (zB μP 80/VI) und μP 80/VIII-4) verwendet. Das Verfahren ist in der **Rspr.** als zuverlässig anerkannt (Bay NZV **88** 30, VRS **74** 384, Bra NZV **99** 303, dazu *Löhle* DAR **84** 398 ff., Stu DAR **93** 72, AG Kar DAR **92** 351), vorausgesetzt einwandfreie Handhabung des Geräts entsprechend der Bedienungsanleitung, Durchführung der erforderlichen Funktionsprüfungen, gültige Eichung und Abzug zum Ausgleich von Fehlerquellen (Stu VRS **81** 129, DAR **93** 72, Kar ZfS **93** 105, NZV **93** 202, zu denkbaren Fehlern *Grunert* DAR **07** 425). Bei Verwendung anerkannter Geräte, die nach standardisiertem, vielfach erprobtem Verfahren arbeiten, genügt aber **im Urteil** Mitteilung des Messverfahrens und des Toleranzwerts (Rn. 56b, Bra NZV **99** 303). Abzuziehender Toleranzwert: 3 km/h bei Geschwindigkeiten unter 100 km/h, sonst 3% vom gemessenen Wert (Bra NZV **99** 303). Bei der Lichtschrankenmessung mit dem Gerät **ESO Typ ES 1.0** mittels passiver Messung ohne Lichtsender handelt es sich um ein standardisiertes Messverfahren iS von Rn. 56b (Stu NZV **08** 43, *Löhle* ZfS **06** 137; s. auch *Krumm* SVR **11** 91; Zweifel wegen „vorauseilenden Lichteffekts" bei AG Traunstein DAR **13** 40 mAnm *Christ* sowie *Smykowski ua* DAR **13** 44), ebenso beim Nachfolgemodell **ES 3.0** (Zw DAR **13** 38, Ol DAR **16** 404 (auch gegen AG Meißen DAR **15** 711); Dr NZV **16** 438; Ha NZV **17** 145 (im Internet verfügbare Stellungnahme der PTB im Freibeweisverfahren verwertbar); AG Lüdinghausen NZV **09** 205; DAR **12** 713; zur gerichtlichen Aufklärungspflicht insoweit *Schmuck/Steinbach* NZV **10** 285 (zw); abw. AG Groß-Gerau DAR **12** 406; AG Meißen DAR **15** 711; zur Technik *Löhle* DAR **11** 758, **12** 421). Allein die mangelnde Kenntnis von der Funktionsweise des Messgeräts führt nicht zur Unverwertbarkeit der Messergebnisse (Zw DAR **13** 38, Kö NZV **13** 459 näher Rn. 56b). Standardisiertes Verfahren wird grds. nicht dadurch in Frage gestellt, dass das gemessene Fz über ein Tagfahrlicht mit LED-Leuchten verfügt (Kar ZfS **19** 111) und auch nicht dadurch, dass es möglich ist, durch Projektion eines sich über die Karosserie eines vor dem Messgerät stehenden Fz bewegenden Lichtflecks eine Messung auszulösen (Ko ZfS **19** 293). Kein standardisiertes Verfahren mehr, wenn die gerätespezifische Fotodokumentation der Messung allein durch eine funkgesteuerte, jedoch ungeeichte Zusatzfotoeinrichtung und nicht auch durch die nach der Bedienungsanleitung vorgesehenen eichpflichtigen und mit Kabel mit der Rechnereinheit verbundenen Fotoeinrichtungen erfolgt (Ba ZfS **18** 231 (schwarzes Messbild)). Zur Funktionskontrolle bei Verwendung des Geräts eso μP 80 s. Bay NZV **90** 360.

Hinterherfahren mit Tachometervergleichung kann als Beweis ausreichen (Ce NZV **05** 62
158, Ha VRS **102** 302, NZV **95** 199, KG NZV **91** 119, Dü NZV **94** 239, Schl NZV **91** 437
mAnm *Selk*), grundsätzlich auch, wenn zwischen dem Fz des Betroffenen und dem PolFz ein
anderes Fz fährt (Bay VRS **61** 143, Dü NZV **91** 201, Kö NZV **91** 202, zw Dü VM **77** 60). Es
handelt sich entgegen Kö DAR **94** 248 auch nach BGH NJW **93** 3081 (hierzu *Cierniak* zfs **12**
664, 667) **nicht** um ein standardisiertes Verfahren iS der **Rspr.** (Rn. 56b; Jn VRS **111** 195, Ce
NZV **13** 458, zw Ro VRS **113** 309). Nach Bay DAR **98** 360 Nr. 22 ist Messung mittels „Proof
Speed"-Messgeräts (Videoanlage mit Datengenerator) standardisiertes Verfahren, Sicherheitsab-
schlag: 10 % (s. auch Bay NZV **98** 421 Nr. 21 (Proof-Electronic)). Zu schnelles Hinterherfahren
mit zu geringem Abstand mag ow sein, der so gewonnene Beweis ist jedoch verwertbar (Bay
NJW **74** 1342, krit *Schneider* NJW **74** 1914). Die Messstrecke muss ausreichend lang, der Abstand
des folgenden Fz gleich bleibend und möglichst kurz, die Geschwindigkeitsüberschreitung we-
sentlich (mindestens 20 km/h mehr als erlaubt) sein (Bay DAR **00** 320, Ha DAR **97** 285, Dü
NZV **94** 239, Ko VRS **70** 38). Die **Rspr.** verlangt grundsätzlich folgende **Höchstabstände:**
Höchstens 30 m bei 40–60 km/h (Bay VRS **88** 58), 50 m bei 61–90 km/h (Bay NZV **94** 448, Bra
DAR **89** 110, Dü VRS **74** 289, Kö VM **82** 68), zwischen 91–120 km/h höchstens 100 m (Bay
DAR **96** 288, Stu VM **05** 22, Bra DAR **89** 110, Dü VRS **74** 289, Kö VM **82** 68, Ko VRS **70** 38, Jn
VRS **111** 195). Je kürzer die Messstrecke ist, desto genauere Angaben sind im Urteil hinsichtlich
des Abstands zu machen (Hb VM **76** 61). Die geforderten Höchstabstände zwischen messendem
und gemessenen Fz sind *Richtwerte,* geringe Abweichungen im Einzelfall sind oft unvermeidbar
und unschädlich (Bra DAR **89** 110, Dü VRS **74** 289, **67** 129, Kö VM **82** 68) oder, je nach Um-
fang der Abweichung, durch höheren Sicherheitsabschlag auszugleichen (Ha VRS **102** 302, KG
VRS **102** 104). Eine Messung auf nur 500 m mit einem Abstand von 400 m und einer abgelese-
nen Geschwindigkeit von über 100 km/h ist unbrauchbar (Ce DAR **86** 60). Entsprechendes gilt
bei nur 400 oder 500 m Messstrecke und 300 m Abstand (Ko VRS **78** 303) oder bei 200 m Ab-
stand und mehr bei gemessener Geschwindigkeit von 170 km/h (Ba DAR **06** 517). 500 m in
Kurve und bei Höhenunterschieden kann zu Unverwertbarkeit führen (AG Mettmann DAR **13**
220 m Bspr *Staub/Krumm* DAR **13** 232). Wesentlich längere Messstrecke als grundsätzlich erfor-
derlich kann Fehlerquelle durch zu großen Abstand uU ausgleichen (Bay DAR **96** 288; 323, Stu
VRS **66** 467), uU auch Angaben im tatrichterlichen Urteil über die Größe des gleichbleibenden
Abstands entbehrlich machen (KG NZV **91** 119); bei sehr großem Abstand (600 m) werden aber
Darlegungen im Urteil über StrVerlauf und Beobachtungsmöglichkeit erforderlich sein (Bay
DAR **96** 323). Bei nur ca 100 m Abstand und Orientierung lediglich an den Rücklichtern des
gemessenen Fz auf nicht beleuchteter BundesStr ist optische Einschätzung etwa **gleichbleiben-
den Abstands** durch geübten PolB möglich (Fra NStZ-RR **02** 19, Ce NZV **04** 419 (Orientie-
rung an den Leitplanken), Ha VRS **113** 112). Verringert sich der Abstand zum gemessenen Fz auf
der Messstrecke zwischen 80 und 120 m, so ist das Messergebnis unbrauchbar (Hb VM **76** 61).
Vergrößert sich der Abstand zum vorausfahrenden Fz, so kann die Messung auf zu kurzer Mess-
strecke auch ohne zusätzlichen Sicherheitsabschlag verwertbar sein (Dü VRS **83** 352). Hinterher-
fahren mit 130 km/h bei zu kurzer Messstrecke kann nach Ko VRS **78** 303 die Feststellung einer
Überschreitung zulässiger 50 km/h rechtfertigen, wenn sich der Abstand vergrößert hat. **Mess-
strecke** beim Hinterherfahren etwa 300–400 m (Schl VM **74** 31, Hb VM **76** 61, Kö VRS **47** 355),
möglichst nicht unter 300 m (Bra DAR **89** 110, Dü VRS **74** 289), bei Geschwindigkeiten von
100 km/h und mehr nicht unter 500 m (Bra DAR **89** 110, Dü VRS **83** 352, **74** 289, Ko VRS **70**
38, Jn VRS **111** 195 (bei über 90 km/h)). Auch dies sind Richtwerte, deren Unterschreitung auf
Grund besonderer Umstände im Einzelfall unschädlich sein kann (Dü VRS **83** 352) und uU
durch entsprechende Abzüge auszugleichen ist (Fra DAR **97** 285 (20 % bei 250 m Messstrecke
und ungeeichtem Tacho)). Unter besonderen Umständen kann bei Hinterherfahren mit Tacho-
vergleichung schon eine Messstrecke von 70 m ausreichen (KG VRS **59** 386). Hinterherfahren
mit 100 km/h über 300 m bei gleichbleibendem Abstand von 60 m kann ausreichen (Ha VRS **43**
217), ebenso 700 m bei konstantem Abstand von 200 m und geübten PolB (Ba DAR **10** 278),
nicht jedoch über nur 200 m bei 100 m Abstand (Ko VRS **70** 38). Geschwindigkeitsmessungen
durch Nachfahren können PolB im Streifendienst zugetraut werden, weswegen Feststellungen zu
besonderen Erfahrungen, Schulungsteilnahmen usw. in Bezug auf die zuverlässige Schätzung
gleichbleibender Abstände im fließenden StrV idR nicht erforderlich sind (Jn VRS **111** 195; **117**
348). Anforderungen an die **Angaben im Urteil:** Rn. 56b. Die Höhe des Abschlags zum **Aus-
gleich von Messungsungenauigkeiten** und sonstigen Fehlerquellen bei Hinterherfahren ist
Tatfrage (Ce NZV **05** 158, **04** 419, Dü DAR **99** 413, Kö NZV **91** 202, MDR **98** 650, Nau
NZV **98** 39), wie überhaupt die Beurteilung der Frage, ob und inwieweit die Messergebnisse

zum Beweis einer Geschwindigkeitsüberschreitung geeignet sind, Sache des Tatrichters ist (Dü DAR **99** 413, **86** 29, Stu VM **05** 22, DAR **90** 392). Dies gilt auch, wenn im Einzelfall bestimmte von der **Rspr.** verlangte Erfordernisse nicht erfüllt sind (zu geringe Messstrecke, zu großer Abstand); das Ergebnis ist dann nicht ohne Weiteres unverwertbar, sondern oft durch höheren Abschlag (Tatfrage) korrigierbar (Ha VRS **102** 302, Dü VRS **65** 60 (zusätzliche 10 % bei abgelesenen 145 km/h und 200 m Abstand)). Vergrößert sich der Abstand zum gemessenen Fz, können niedrigere Toleranzabzüge gerechtfertigt sein (Dü NZV **94** 239). Die **Rspr.** unterscheidet zwischen geeichten und nicht geeichten Tachometern des nachfahrenden PolFz: Danach genügt bei **geeichtem Tachometer** idR ein Abzug von 10 % vom gemessenen Wert (Bay VM **97** 20, NZV **93** 162, Dü VM **74** 87). Fährt das PolFz ausreichend lange gleichbleibend schnell, während sich das gemessene Kfz stetig entfernt, so genügt beim Nachfahren mit geeichtem Tacho ein Abzug von 3 %, mindestens 3 km/h (Ha VRS **53** 296). Fehlende Eichung führt nicht etwa zur Unverwertbarkeit der Messung (KG NZV **95** 456). Jedoch werden zusätzliche Abzüge verlangt, deren Größe davon abhängt, ob der Tachometer justiert ist oder nicht: Bei **justiertem Tachometer** verlangt die **Rspr.** zum Ausgleich von Ungenauigkeiten des Tachometers und sonstigen Messungenauigkeiten (zB durch Ablesefehler, Reifenabnutzung, zu geringen Reifendruck, Abstandsschwankung usw) je nach Laufleistung der Reifen seit der letzten Justierung sowie Messabstand und Messstrecke einen Abschlag von zwischen 13,5 und 15 % (Ha VRS **102** 302, Dü DAR **98** 113, NZV **94** 239, **90** 318, Kö NZV **91** 202). Justierung bedeutet Prüfung und Einstellung durch den Gerätehersteller oder eine Fachwerkstatt in vorgeschriebenen Abständen (zumeist jährlich; Dü NJW **88** 1039). Bei **nicht justiertem Tachometer** ist die **Rspr.** völlig uneinheitlich: Nach Stu VRS **108** 223 sind folgende Abzüge zu machen: (zum Ausgleich der techn Gesamtfehler) 10 % vom abgelesenen Wert zuzüglich 4 km/h, ferner von dem sich so ergebenden Wert (zum Ausgleich von Abstandsschwankungen) weitere 3 % und (für Ablesefehler) 3 km/h (die bei digitaler Anzeige entfallen können). Dagegen werden teilw auch 10 % Abschlag vom abgelesenen Wert und 7 % des Skalenendwertes verlangt (Dü NZV **92** 496, VM **77** 60, VRS **63** 143, Ha DAR **97** 285) oder 12 % vom abgelesenen Wert plus 7 % vom Skalenendwert (Kö NZV **91** 202, DAR **08** 654) oder gar 15 % plus 7 % vom Skalenendwert (Dü NZV **97** 321, **93** 280, DAR **96** 324, VRS **92** 356 (13,5 bzw. 15 %), Sa ZfS **95** 197). Nach aA ist ein Gesamtabzug von 20 % erforderlich und ausreichend (Bay VRS **92** 26, Ba DAR **10** 278; Ce NZV **05** 158, KG DAR **15** 99; Zw DAR **02** 182, Ol ZfS **92** 246, Kö VRS **56** 52, DAR **81** 364, Jn VRS **117** 348, Ce NZV **13** 458). Übersteigt die *abgelesene* Geschwindigkeit die durch das gemessene Fz erreichbare erheblich, so kann, sofern die Messung überhaupt noch verwertbar ist, ein zusätzlicher Sicherheitsabzug nötig sein (Dü DAR **99** 413). Soweit ein Abzug vom Skalenendwert zu machen ist, lässt sich ein solcher von 7 % für Fz, die nach dem 1.1.91 erstmals in den V gekommen sind, kaum begründen, weil § 57 II StVZO idF v. 23.7.90 mit der Übergangsvorschrift des § 72 II StVZO für neuere Fz eine so hohe Toleranz nicht mehr zulässt (§ 57 StVZO Rn. 1; Ce NZV **05** 158, Dü VRS **92** 356, Ro VRS **113** 309). Bei geprüftem Tacho, gleichbleibendem Abstand und ausreichender Messstrecke (idR nicht unter 500 m) kann auch eine Messung **aus einem vorausfahrenden Kfz** genügen, wenn ein zweiter Beamter mit eigenem Rückspiegel den gleichbleibenden Abstand überwacht (Bay NZV **01** 271, VM **97** 20, Dü VRS **55** 375). Lässt sich überzeugend begründen, dass und wie der gleichbleibende Abstand vom vorausfahrenden PolKfz aus kontrolliert worden ist, so reicht dies (Ha VRS **47** 311). Detaillierte Feststellungen dazu sind erforderlich, wenn das vorausfahrende Fz mit nur einer Person besetzt ist (Bay NZV **01** 271). Gelegentliche Blicke in den Rückspiegel genügen nicht (Ce NZV **93** 490). Der erschwerten Beobachtungsmöglichkeit nach hinten ist Rechnung zu tragen (Bay VM **97** 20). Bedenken gegen Kontrollen auf diese Weise durch ZivilFz der Pol: § 4 Rn. 15. Zusf zum Tachometervergleich *Krumm* NZV **04** 377.

Literatur: Rn. 64.

62a   Geschwindigkeitsfeststellung mittels eines **elektronischen Gerätes zur Zeit-Weg-Messung beim Nachfahren (ProViDa, Police-Pilot-System)** ist in der **Rspr.** als „standardisiertes Verfahren" iS von BGHSt **39** 291 = NZV **93** 485 (zu den erforderlichen Mindestfeststellungen Rn. 56b) anerkannt (Brn DAR **05** 97, Ha DAR **04** 42, **06** 697, KG VRS **109** 132, Dü VRS **99** 297, Kö DAR **99** 516, Zw DAR **01** 327; zu Geräten mit formalem Mangel der Nichteichbarkeit s. allerdings Ba NZV **09** 249). Die Geschwindigkeitsmessung mit einer **durch GPS-Signal „gespeisten" Dash-Cam** kann nicht ohne Weiteres als zuverlässiges Messverfahren angesehen werden (Kö VM **19** Nr. 3 m Bspr *König* DAR **19** 362, 372 f.). Gleiches gilt für die **Video-Verkehrsüberwachungsanlage Q** (Kö ZfS **17** 294). Kein standardisiertes Verfahren aber derzeit hinsichtlich Motorradfahrens in Schräglage, weswegen im Urteil mitzuteilen ist, ob die Messung beim Fahren in aufrechter Position durchgeführt worden ist (Ha NZV **11** 267; Hb NZV **19** 257) und generell für Abstandsmessungen (§ 4 Rn. 27 f.). Wechsel auf Winterreifen erfordert keine Neueichung, wenn die Eichung mit Winterreifen erfolgt ist (Ha DAR **11** 538). **Im Urteil** genügt daher Mitteilung des Messverfahrens und des in Abzug gebrachten Toleranzwerts (Rn. 56b; Ha NZV **01** 90, DAR **06** 697, Kö DAR **99** 516, Dü VRS **99** 297). War die beim Nachfahren gefertigte Videoaufzeichnung Gegenstand des Augenscheins, so kann im Urteil nicht (mehr) gem. § 267 I S. 3 StPO darauf verwiesen werden (näher § 24 StVG Rn. 76). Zum Ausgleich von Fehlerquellen genügt in Fällen von mehr als 100 km/h für den Regelfall ein **Abzug von 5 %** (Ha DAR **04** 42, Zw DAR **00** 225, Dü VRS **99** 297, Kö DAR **99** 516, KG DAR **09** 39 (L): krit Berr DAR **89** 470, Bra NZV **95** 367). Dieser Wert gleicht auch Abweichungen durch Reifenverschleiß oder veränderten Reifendruck aus (Bay VRS **105** 444); er genügt daher auch bei Wechsel der Reifen gleicher Größe nach der Eichung (Ce NZV **97** 188). Abweichungen bedürfen der Begründung; nach Jn VRS **111** 211 (ebenso Ha DAR **06** 697; Ce NZV **11** 411 (L)) bedarf es in jedem Fall auch der Angabe, welche Messeinstellung („man", „auto 2") im konkreten Fall verwendet worden ist. Bedarf es nicht des Auslösens und Stoppens am Beginn bzw. Ende der Messstrecke, sondern ermittelt das Police-Pilot-System die Geschwindigkeit unmittelbar mithilfe des von einem elektronischen Steuergerät angezeigten Tachometerwertes, so ist nach Stu DAR **90** 392 über die im Eichschein angegebene Fehlergröße hinaus ein weiterer Abzug nicht erforderlich (dazu Plöckl DAR **91** 236). Erhöhter Sicherheitszuschlag bei Überschreitung der Eichgültigkeit (KG NZV **94** 37 (20%)). Bei Anwendung des HICO-NEAS-Systems ist ein Abzug von 10% von der errechneten Durchschnittsgeschwindigkeit jedenfalls nicht zu gering (KG NZV **96** 79, **90** 160, VM **96** 36 (vom nachfolgenden Fz gemessen), VRS **85** 59 (vom stehenden PolFz)). Zum **VAMA-Verfahren** § 4 Rn. 26 sowie Krumm DAR **05** 55, zu Fehlerquellen bei ProViDa 2000 Plum DAR **07** 173.

Geschwindigkeitsschätzungen durch Beobachter sind zwar nicht völlig ausgeschlossen **63/64** (Bay DAR **01** 37, Ha NZV **98** 169, Dü NZV **89** 163), aber höchst vorsichtig zu bewerten (Bay DAR **58** 338, Ha NZV **98** 169, Dü NZV **89** 163; Kar NZV **08** 586; Graßberger, Psychologie des Strafverfahrens, S. 53, Meyer-Gramcko Verkehrsunfall **90** 155, 159 f.). Sehr erhebliche Übergeschwindigkeit lässt sich durch Beobachtung feststellen (Bay DAR **01** 37 (wesentlich schneller als Schrittgeschwindigkeit)), eine solche um etwa 10–20 km/h bei mittleren Geschwindigkeiten aber nicht (Ce VersR **73** 526). Eingrenzung der Geschwindigkeit auf einen engen Bereich durch Schätzung (zB 60–70 km/h) ist idR nicht möglich (Bay VRS **65** 461). Jedenfalls setzt Verurteilung wegen Überschreitung der zulässigen Höchstgeschwindigkeit die **Feststellung einer bestimmten Geschwindigkeit** voraus (Bay DAR **05** 347 („101 bis ca 115/120" nicht ausreichend)). Zum Wert einer Geschwindigkeitsschätzung durch KfzInsassen BGH VersR **73** 745. **Motorlärm** führt idR irre: er ist nach Motorart und -größe verschieden und wächst in niedrigeren Gängen, also idR bei langsamem Fahren, mit der Drehzahl. Zur großen Fehlerquote von Zeit- und Geschwindigkeitsschätzungen Streck VGT **76** 189. Solches Schätzen setzt besondere Aufmerksamkeit und große Erfahrung voraus, abgesehen von Fällen offensichtlich überschnellen Fahrens (Dü VRS **30** 444 („100" innerorts)). Schätzungen Ungeschulter ohne Einbeziehung ausreichender Bezugstatsachen sind ungenügend (vgl. BGH DAR **20** 390 Rn. 18 (zu § 211 StGB); Ha VRS **58** 380; Kar NZV **08** 586; KG NZV **08** 626). Dunkelheit erschwert auch bei StrBeleuchtung jede Schätzung im mittleren Geschwindigkeitsbereich (Ha VRS **58** 380). Verlässlicher sind Schätzungen, die durch andere Tatsachen gestützt werden (Ha VRS **23** 54, Neust MDR **63** 1034, Schl VM **63** 8). Eine **Geschwindigkeitsschätzung durch PolB** („100") kann verwertbar sein (Ha DAR **74** 77). BGH VRS **38** 104 spricht Schätzungen durch PolB bei Nacht („80–90") „hohen Grad von Zuverlässigkeit" zu. Die Überzeugung eines PolB, die Geschwindigkeit sei zu hoch gewesen, reicht als Beweis allein nicht aus (Bay VRS **53** 434). **Im Urteil** sind Geschwindigkeitsfeststellungen allein auf Grund von Schätzungen stets in kritischer Weise näher zu begründen (BGH DAR **20** 390 Rn. 18; Ha VRS **58** 380; eingehend erläuterter Beispielsfall: AG Haßfurt DAR **13** 285). Notwendig ist eine nähere Beschreibung der Bezugstatsachen (konkrete Örtlichkeit, Blickwinkels des Zeugen, Wegstrecke, etwaigen Zeitdauer des Verstoßes, Lichtverhältnisse) sowie etwaiger Schulung und Erfahrungen des Schätzenden (Kar NZV **08** 586).

16. Strafrecht: S. im Einzelnen bei §§ 222, 229 StGB, insbesondere Rn. 15 ff., 17a. **65**

17. Zivilrecht (soweit nicht schon in den andern Anmerkungen erwähnt): Befahren einer **66** BundesStr unter normalen Verhältnissen mit „80" erhöht die **BG** nicht (BGH VersR **75** 1121 mAnm Booß VM **75** 89). Zur Erhöhung der BG durch hohe Geschwindigkeit s. i Ü § 17 StVG

Rn. 11. Erhebliches, aber nicht unfallursächliches Zuschnellfahren muss **Unabwendbarkeit** (§ 17 III StVG) nicht schlechthin ausschließen (Stu VersR **80** 341 (zu § 7 II StVG aF)). Geringfügige Überschreitungen der zulässigen Höchstgeschwindigkeit begründen kein **Mitverschulden** des Geschädigten (KG VRS **72** 335). Bei vorhersehbarer Reifglätte können „20–30" Mitschuld begründen (KG DAR **77** 134). Unfallmitschuld wegen Zuschnellfahrens mit Abblendlicht: Stu DAR **74** 189. Wer für die Straßen- und Sichtverhältnisse zu schnell fährt, muss seinen Schaden uU allein tragen (Ha VRS **105** 183 (zu hohe Kurvengeschwindigkeit und Kollision mit Entgegenkommendem durch bremsbedingtes Ausbrechen des Fz), Ce MDR **01** 1349 (Auffahren auf stehendes Fz durch Radf)). Bei zu schnellem, gefährdendem Fahren wird **Voraussehbarkeit** des Unfalls nicht durch hinzukommendes Bremsversagen ausgeschlossen (BGH NJW **64** 1565 mAnm *Schmitt* NJW **64** 2010; VRS **29** 430, Bay RdK **53** 48). Wer innerorts statt der vorgeschriebenen „50" mit „80" überholt, kann nicht einwenden, ein dadurch verursachter Unfall sei unvorhersehbar gewesen (KG VRS **36** 104). Kein **haftungsbegründender Ursachenzusammenhang** liegt darin, dass das Fz bei zulässiger Geschwindigkeit nicht am Unfallort gewesen wäre, es sei denn, die Geschwindigkeitsüberschreitung habe nach Eintritt der konkreten kritischen VLage stattgefunden; ggf. genügt Erschwerung des Unfallverlaufs und der Verletzungen (**E** 101 f.; Sa NJW **15** 639 (uU Pauschalierung der Quote möglich)). Allgemeines zur Kausalität: **E** 104–111. Voraussetzung ist, dass beim Unfall eine der Gefahren mitgewirkt hat, um derentwillen die Fahrgeschwindigkeit begrenzt war (Kö VersR **90** 390, Dü NZV **92** 238). Nichtbeachtung einer Bestimmung des § 3 über die Geschwindigkeit begründet nur dann einen Schadensersatzanspruch, wenn die verletzte Norm in der konkreten VSituation (auch) gerade dem Schutz des Geschädigten diente (BGH NZV **91** 23 (zu IIa)). Der Schutz plötzlich an einer Kreuzung auftauchender anderer VT fällt in den Schutzbereich von § 3 I S. 2 (Ce VRS **49** 25). Bei genereller Geschwindigkeitsbegrenzung durch VZ ist es jedoch gleichgültig, welchem speziellen Zweck die Begrenzung dienen sollte, sie schützt vielmehr alle VT (BGH NJW **03** 1929, NZV **91** 23 (Z 274), *Birkmann* DAR **91** 214). I Ü kommt es darauf an, wie der Vorgang bei richtiger Fahrweise von der Erkennbarkeit der Gefahr an abgelaufen wäre (Br NZV **88** 142, Ol DAR **55** 303). Zu den Anforderungen an die Feststellung der Ursächlichkeit einer Überschreitung der zulässigen Höchstgeschwindigkeit um nur 10 km/h für eine FzKollision BGH VersR **82** 442. § 3 umfasst als **SchutzG** iS von § 823 II BGB (BGH NJW **85** 1950, Dü NJW-RR **93** 94, Fra NJW **98** 548) auch Schäden, die dadurch entstehen, dass ein Dritter in die Unfallstelle hineinfährt (BGH NJW **72** 1804). Der **Anscheinsbeweis** (**E** 157a) spricht für Verschulden dessen, der auf freier Strecke *von der Fahrbahn abkommt* (§ 2 Rn. 74), gegen den, der auf *eis- oder schneeglatter Straße schleudert* (BGH VersR **62** 786, **63** 585, MDR **71** 1001, Fra ZfS **05** 180, **92** 329, Ol DAR **88** 273, Ha NZV **98** 115, Nü NZV **93** 149, VRS **86** 267, Dü VersR **95** 311), vorausgesetzt, dass die Glätte vorhersehbar war (Rn. 21; BGH VersR **65** 690, **71** 842, Ce VRS **104** 253, Schl NZV **98** 411, s. aber BGH VersR **69** 895, Fra ZfS **92** 329), der *wegen der Ladung* (Dü NJW-RR **93** 94 (Pferde)) oder der *auf den ABGrünstreifen oder gar auf die Gegenfahrbahn gerät* (Dü VersR **82** 777, Fra VersR **87** 469). Er entfällt beim Beweis von Tatsachen, die eine Irritierung oder Behinderung durch einen Mitfahrenden möglich erscheinen lassen (KG VRS **68** 29). Kein Anschein jedoch gegen den, der *auf gerade verlaufender, trockener AB nach plötzlichem Bremsen schleudert* (Kar VRS **89** 195). Bei Schleudern infolge Wasserglätte spricht der Anschein für Zuschnellfahren oder unrichtiges Bremsen (Dü VersR **75** 160). Auch gegen den auf nasser, geteerter BundesStr Schleudernden spricht der Anschein (BGH VRS **26** 323, VersR **60** 523), gegen den, der bei beginnendem Regen mit „70" aus der Kurve schleudert (BGH VersR **63** 955). Wer bei Dunkelheit und Nässe auf der AB von der Fahrbahn abkommt, entkräftet den Anscheinsbeweis durch den Nachweis der ernsthaften Möglichkeit, durch ein anderes Fz zu einer plötzlichen Reaktion gezwungen worden zu sein (Kö VersR **82** 708). Der Anschein spricht gegen den auf einen Glatteisunfall vor ihm **Auffahrenden** (Dü DAR **77** 186), gegen den, der im Dunkeln auf ein unbeleuchtetes Hindernis auffährt (BGH NJW **84** 50, VersR **63** 1026, Ko DAR **01** 404, Ha VersR **04** 1618, NZV **00** 169, Dü VersR **78** 142, Hb VRS **87** 249), vorausgesetzt, dieses befand sich schon bei Annäherung auf der Fahrbahn (BGH NZV **89** 265, Ko DAR **01** 404). Kein Anscheinsbeweis für Fahrerschuld, wenn der Verunglückte unversehens vor das Fz gelaufen sein kann (BGH MDR **68** 572, Fra VRS **51** 81). Haftung des Verkehrssicherungspflichtigen bei schlüpfriger Fahrbahn: § 45 Rn. 53.

67   Nicht jede geringfügige Geschwindigkeitsüberschreitung begründet den **Vorwurf der Fahrlässigkeit** (Kö VersR **83** 188 (Überschreitung um 1,6 %), Bay DAR **77** 53 (um 5 %), aM *Schroers* VersR **83** 189, Stu VersR **82** 782 (um 5 %)). Überschreitung der ABRichtgeschwindigkeit: Rn. 55c. Erst recht ist nicht jede Überschreitung der angemessenen Geschwindigkeit **grobfahr-**

lässig (BGH VRS **65** 374, Ha VersR **87** 1206 (Verstoß gegen Sichtfahrgebot auf AB), Ha VersR **94** 42 (Schreckreaktion)). Innerorts „75" bei 0,8‰ BAK können grobfahrlässig sein (Ko VersR **73** 1159). Innerörtliches Zuschnellfahren um „30" ist iS der Automietbedingungen nicht von vornherein grobfahrlässig (KG VM **78** 31), ebenso wenig jedes Überschreiten der angemessenen Geschwindigkeit auf AB (BGH VRS **65** 347). Grobfahrlässig herbeigeführt ist der Versicherungsfall, wenn der Unfall auf einer Geschwindigkeitsüberschreitung von ca 100 % beruht (Mü DAR **83** 78), aber nicht, wenn die Geschwindigkeitsbegrenzung erst kurz vor der Unfallstelle angeordnet war (Fra ZfS **02** 242 (3,5 s Fahrzeit)). Grobe Fahrlässigkeit bei Unfall auf Grund Ausbrechens des FzHecks infolge Abbruchs eines mit erheblicher Geschwindigkeitsüberschreitung begonnenen Überholvorgangs wegen GegenV (Dü ZfS **01** 265). Wer auf ein auf der AB befindliches Hindernis auffährt, vor dem über eine Strecke von 800 m mehrfach durch VZ gewarnt wird, handelt idR grobfahrlässig (Dü NZV **01** 81). Grobe Fahrlässigkeit des kaskoversicherten Kf, dessen Fz aus der Kurve gerät (Kar VersR **64** 1096, Sa r+s **81** 96), der trotz VZ („50") und VZ 114 (Schleudergefahr) mit 90 km/h schleudert und umkippt (Kö ZfS **03** 553), der nachts auf schlüpfriger Fahrbahn bei Sichtweite von 20 bis 30 m infolge Nebels 80 bis 100 km/h fährt (Nü ZfS **89** 131), der auf schneeglatter Fahrbahn mit 85 km/h in einer Kurve von der Fahrbahn abkommt (LG Hannover VersR **04** 857), der mit 200 km/h zügig zu einem vorausfahrenden Fz aufschließt im Vertrauen darauf, dieses werde den Fahrstreifen rechtzeitig geräumt haben (Ha DAR **91** 455), der nachts auf der Überholspur der AB, hinter anderen Fz herfahrend, nicht mit plötzlichem Bremsen rechnet (Dü NZV **03** 289), der die FzBeherrschung wegen Ablenkung durch „Wettfahrt" verliert (Kö MDR **01** 29), der sich nach „Rennfahrerstart" bei einem Abbiegeversuch um die eigene Achse dreht und auf Leitplanke prallt (Ha NZV **08** 32). Zu grober Fahrlässigkeit bei Aquaplaning Ha VersR **85** 678. **Ablenkung von den Fahraufgaben** (zB Nichtbeachtung der Fahrbahn) wegen ablenkender Tätigkeiten im Zusammenhang mit Rauchen, Suchen von Gegenständen oder Beschäftigung mit Mitfahrenden (zB Kindern) ist grob fahrlässig (Kö MDR **98** 1411, DAR **01** 364 (Telefonieren bei 120 km/h trotz Nebel und nasser Fahrbahn), Fra MDR **95** 905 (Zigarette-Anzünden), Stu VersR **99** 1359, Nü NJWE-VHR **98** 172 (jeweils Blickabwendung zwecks Suche im Handschuhfach)). Grobe Fahrlässigkeit des Kf, der sich bei 70 km/h auf nächtlicher LandStr wegen einer von ihm selbst zu verantwortenden Gefahr in Richtung FzFond umdreht (Sa MDR **04** 874), der bei 120 km/h längere Zeit nach den Kindern auf dem Rücksitz sieht (Kö VersR **83** 575), anders bei spontanem, nur kurzem Kopfwenden (LG Kö VersR **83** 1069) oder bei plötzlichem Aufschrei eines Kindes (Sa ZfS **04** 223). Es kommt auf das Ausmaß der Ablenkung an (*Rixecker* ZfS **05** 398). Grob fahrlässig ist erst recht längere Blickabwendung ohne besonderen Grund auf schmaler, nasser Fahrbahn bei erheblicher Geschwindigkeit (Mü NZV **94** 401). Entsprechendes gilt für den Kf, der bei 50 km/h 10 s lang seine Aufmerksamkeit dem Schloss des Sicherheitsgurts zuwendet, um sich anzuschnallen (Kar VersR **91** 181) und für Blickabwendung wegen *Aufhebens herabgefallener Gegenstände* (Kaugummi, Musikkassette, Zigarette usw; Fra NVersZ **01** 322 (Handy), Dü MDR **97** 350 (Greifen nach herabfallendem wertvollem, ungesichert auf dem Fahrersitz abgelegtem Gegenstand), Ko VRS **101** 333 (Greifen nach einem Gegenstand im Fußraum), Ha ZfS **00** 347, Kö MDR **98** 1411, VRS **99** 171, Kar VersR **86** 770, Jn ZfS **96** 340, Ce ZfS **94** 20 (vom Beifahrersitz), LG Sa ZfS **86** 277, LG Gießen MDR **96** 48), uU auch für das Absuchen des FzBodens mit den Händen ohne Abwenden des Blicks von der Fahrbahn (Ha ZfS **87** 20, verneinend Ha NZV **91** 234) oder den Versuch, eine herunterfallende StrKarte zu fixieren (auch ohne Blickabwendung; Ro DAR **04** 707). Nicht grob fahrlässig ist das Tasten nach einem Gegenstand im Handschuhfach in Lenkradnähe oder einem offenen Fach darüber, ohne den Blick von der Fahrbahn zu wenden (Ba DAR **84** 22, LG Arnsberg NJW-RR **89** 1304, dazu *Frank* ZfS **97** 361). Nach Fra MDR **98** 43 keine grobe Fahrlässigkeit bei kurzer Blickabwendung, um vom Beifahrersitz herübergerutschte und dadurch behindernde Gegenstände wieder zurückzuschieben. Reflexartiges Greifen nach einer auf die Kleidung gefallenen brennenden *Zigarette* begründet nicht den Vorwurf grober Fahrlässigkeit (Dr DAR **01** 498, LG Mü NJW-RR **89** 55), anders nach LAG Dü ZfS **89** 418 der Versuch, während der Fahrt Zigarettenglut von der Hose zu entfernen, weil Reflexbewegung wegen der Häufigkeit des Herabfallens von Glut ausscheide. Grobe Fahrlässigkeit auch, wenn das Herabfallen von Zigarettenglut auf leichtfertigem Hantieren beruht (Kar NZV **92** 367). Grob fahrlässig iS des § 61 VVG (§ 81 II VVG 08) handelt, wer für mehrere sec bei 120 km/h während eines Fahrstreifenwechsels seine Aufmerksamkeit *dem Autoradio zuwendet* (LG Fra NZV **01** 480), bei 60–70 km/h vor einer Kurve auf das Wechseln einer Tonband-Kassette richtet (Ce ZfS **84** 184) oder bei gerade verlaufender Fahrbahn wegen Auswechselns der Kassette für längere Zeit seine Aufmerksamkeit von der Fahrbahn abwendet (Nü

NJW-RR **92** 360). Keine grobe Fahrlässigkeit uU bei nur kurzem Blick auf den Kassettenrecorder auf gerade verlaufender BAB (LG Osnabrück ZfS **85** 24 (150 km/h)) oder bei 50 km/h in einer langgezogenen Kurve ohne Abwendung von der Fahrbahn (Mü NJW-RR **92** 538), idR auch nicht bei Betätigen einer Taste am Autoradio (Ha DAR **01** 128 (CD-Wechsel durch Tastendruck)) oder anderweitiger kurzfristiger Radiobedienung (Nü ZfS **05** 397). Wer während zügiger Fahrt eine *Straßenkarte studiert* und dadurch die Fahrbahn nicht beobachten kann, handelt grob fahrlässig (ArbG Freiburg VersR **91** 225 (AB)), anders nach LG Aschaffenburg ZfS **05** 140 ein kurzer Blick auf eine auf dem Schoß der Beifahrerin liegende StrKarte. *Verstellen des Sitzes* während der Fahrt kann grobfahrlässig sein (Sa VersR **04** 1308). Zur Ablenkung von den Fahraufgaben s. auch § 23 Rn. 14.

Abstand

4 (1) ¹**Der Abstand zu einem vorausfahrenden Fahrzeug muss in der Regel so groß sein, dass auch dann hinter diesem gehalten werden kann, wenn es plötzlich gebremst wird.** ²**Wer vorausfährt, darf nicht ohne zwingenden Grund stark bremsen.**

(2) ¹**Wer ein Kraftfahrzeug führt, für das eine besondere Geschwindigkeitsbeschränkung gilt, sowie einen Zug führt, der länger als 7 m ist, muss außerhalb geschlossener Ortschaften ständig so großen Abstand von dem vorausfahrenden Kraftfahrzeug halten, dass ein überholendes Kraftfahrzeug einscheren kann.** ²**Das gilt nicht,**

1. wenn zum Überholen ausgeschert wird und dies angekündigt wurde,

2. wenn in der Fahrtrichtung mehr als ein Fahrstreifen vorhanden ist oder

3. auf Strecken, auf denen das Überholen verboten ist.

(3) **Wer einen Lastkraftwagen mit einer zulässigen Gesamtmasse über 3,5 t oder einen Kraftomnibus führt, muss auf Autobahnen, wenn die Geschwindigkeit mehr als 50 km/h beträgt, zu vorausfahrenden Fahrzeugen einen Mindestabstand von 50 m einhalten.**

1   **Begr zu § 4. Zu Absatz 1:**

Wie dringlich es ist, sowohl dem Vorausfahrenden als auch dem Nachfolgenden Verhaltensvorschriften zu geben, zeigt die Untersuchung von Meyer-Jacobi-Stiefel, Bd I S. 88–91 und Bd III S. 34; danach beruhten 26,3 % der Unfälle auf ungenügendem Abstand vom Vordermann. Es ist daher dem Nachfolgenden ein Abstand vorzuschreiben, der ihm ein Halten auch bei plötzlichem Bremsen des Vordermannes ermöglicht, dh der sogenannte Sicherheitsabstand. Dass der Nachfolgende dann „hinter ihm" muss halten können, also nicht etwa zum Ausscheren genötigt sein darf, verlangt die besondere Gefährlichkeit solch überraschenden Verhaltens für Dritte. Noch konkreter zu werden, ist nicht tunlich. Die vom BayObLG geprägte Formel, dass der Abstand diejenige Strecke übersteigen müsse, die in einer Sekunde zurückgelegt wurde, bringt, wie die Empfehlung der Fachliteratur, neuerdings auch eines Zivilsenats des BGH, auf halben Tachometerabstand zu fahren, nur Faustregeln und eignet sich daher nicht zur Aufnahme in ein materielles Gesetz.

2   *Es wäre fehlsam, den Sicherheitsabstand ausnahmslos zu fordern. Die Obergerichte unter Führung des BayObLG haben das Verlangen eines Sicherheitsabstands zu Recht nicht für angebracht gehalten in geballtem Stadtverkehr, so beim Anfahren an einer Lichtzeichenanlage oder dann, wenn der Nachfahrende sehen kann, dass der Vordermann freie Bahn hat. Es wäre zu besorgen, dass eine Vorschrift, die nicht immer gilt und häufig überhaupt nicht eingehalten werden könnte, an Ernstlichkeit einbüßen würde. Die Grundregel zwingt den FzF, sich stets, bevor er den Sicherheitsabstand aufgibt, darüber Gedanken zu machen, ob dies nach der Verkehrslage geboten oder gerechtfertigt ist. Das grundsätzliche Gebot an den Nachfahrenden, einen Sicherheitsabstand einzuhalten, bedurfte der Ergänzung durch ein striktes Gebot an den Vorausfahrenden, nämlich niemals ohne zwingenden Grund scharf zu bremsen. Der Begriff des zwingenden Grundes ist trotz seiner Abstraktheit wohl allgemein verständlich; es kann auch nicht zweifelhaft sein, dass er wesentlich enger ist als der des triftigen Grundes (§ 3 II). Zu plötzlichem Bremsen kann zB eine gefährliche Verkehrssituation zwingen, keinesfalls aber die verspätete Erkenntnis, dass man hätte abbiegen müssen. ...*

3   **Zu Absatz 2:** *Diese der Förderung des Verkehrsflusses dienende Bestimmung übernimmt im wesentlichen Art. 13 IV des Weltabkommens über StrV. Sie tritt an die Stelle des unpraktikabel gewordenen § 14 StVO (alt).*

3a   **Begr** zur ÄndVO v. 22.3.1988 (VkBl. **88** 220):

Zu Abs. 3: – *Begründung des Bundesrats* – ... *Um den Führern von Lastkraftwagen und Omnibussen bessere Anhaltspunkte für die Bemessung des notwendigen Sicherheitsabstandes zu geben und insbeson-*

dere um die polizeiliche Überwachung des Abstandes zu erleichtern, ist eine Ergänzung der Vorschrift geboten. Das Maß von 50 m entspricht dem Abstand der Leitpfosten am Fahrbahnrand.

Begr zur ÄndVO v. 7.8.97 (VkBl. **97** 688): S. § 3 Rn. 10a.

Übersicht

1. Allgemeines. § 4, der durch die Neufassung der StVO 2013 nur redaktionell geändert **4** worden ist, enthält Regelungen über den Abstand zum vorausfahrenden Fz und verbietet in I S. 2 vermeidbares plötzliches (= überraschendes) Bremsen des Vorausfahrenden. Die Vorschriften wollen in erster Linie Auffahrunfällen entgegenwirken, bezwecken aber auch, die Übersicht des Kf über die Fahrbahn zu verbessern sowie ihm eine ausreichende Reaktionszeit gegenüber Gefahren zu ermöglichen, weswegen ihr Schutzbereich nicht auf den Vorausfahrenden (bzw, I S. 2, den Hinterherfahrenden) beschränkt ist (BGH NZV **07** 354), sondern zB auch den GegenV, Überholer oder Fußgänger umfasst (vgl. *Prell/Kuchenbauer* DAR **99** 449). II will darüber hinaus den Verkehrsfluss fördern (Begr; Rn. 3). Abstandsverstöße rechnen zu den Hauptunfallursachen (Rn. 1). Sie werden daher mit erhöhten Regelsätzen der Geldbuße und mit FV bedroht (Rn. 20). Über die einzuhaltenden *seitlichen* Abstände trifft § 4 keine Aussage (dazu § 2 Rn. 9–11, 41, § 5 Rn. 13a, 54–58, § 6 Rn. 11 und § 8 Rn. 47, 54a).

2. Sicherheitsabstand (Abs. 1 S. 1). Feste Abstände gibt die Grundregel (BGH NJW **87** **5** 1075, Sa OLGR **08** 579, Zw NZV **93** 451) des I S. 1 nicht vor (s. aber III, Rn. 19). Entscheidender Gradmesser ist es, dass der FzF idR (zu Ausnahmen Rn. 9–12) in der Lage sein muss, auch bei plötzlichem Bremsen des Vordermanns noch sicher hinter dessen Fz anzuhalten. Das beinhaltet zugleich, dass der einzuhaltende Abstand von Örtlichkeit und VLage, der Fahrgeschwindigkeit (Ha VersR **01** 1257) und auch von den Straßen-, Sicht- und Witterungsverhältnissen beeinflusst wird (Rn. 7 f.). Das Gebot des I S. 1 ist hinreichend bestimmt (Zw NZV **93** 451).

a) I gilt **für alle FzArten**, also auch für *Radfahrer* (Ha VersR **01** 1257, Schl SchlHA **56** 319) **6** und *Kradf* (Ha MDR **80** 521). Jedoch führt der Abstandsverstoß bei einer organisierten Radtouristikfahrt (Stu NJW-RR **07** 1251) oder bei einer Motorradfahrt im Pulk, bei der Regelverstöße einkalkuliert sind (Brn VRS **113** 407), nicht zur Haftung des Unfallverursachers, weil insoweit grds. die Regeln für die Teilnahme an sportlichen Wettbewerben gelten (§ 16 StVG Rn. 7). Ausreichender Abstand der *Straba* ist vor gefährlichen Stellen auch auf einem besonderen Bahnkörper nötig (BGH VRS **14** 121). Ausnahmen gelten aber selbst bei auf der Fahrbahn verlegten Gleisen im dichten, jedoch übersichtlichen Verkehr (Fra VersR **67** 851).

7   **b) Bei normalen Verhältnissen** ist ausreichender Abstand die *in 1,5 s durchfahrene Strecke* (Bay VRS **62** 380, VM **71** 21, KG NZV **03** 97, VRS **78** 92, Kö VRS **67** 286, VM **84** 4, Dü VRS **74** 451, Ce VersR **79** 916, Ha VM **86** 63, Ko VRS **71** 66). *Berechnung des Abstands:* Geschwindigkeit in km/h geteilt durch 3,6 ergibt die Geschwindigkeit in m/s; die zum Durchfahren des festgestellten Abstands benötigte Zeit ergibt sich, wenn die Anzahl der Meter (Abstand) durch die Geschwindigkeit (m/s) dividiert wird. Der Abstand von ca 1,5 s/Fahrstrecke darf nur ganz vorübergehend unterschritten werden (Ha VRS **50** 68; näher Rn. 22). Das gilt idR auch *auf der AB,* wobei StrVerhältnisse, Wetter und individuelle Bremsverzögerung zu berücksichtigen sind (Bay VM **79** 73, Ce VRS **75** 313, Kar NJW **72** 962, 2235, Fra VRS **52** 143, Dü VRS **64** 376, Ol VRS **67** 54, LG Kar NJW **05** 915). Auf nasser AB sind 1,5 s/Fahrstrecke die Mindestgröße (BGH VersR **68** 670), desgleichen nachts (Hb VM **67** 46, VRS **33** 59), erst recht auf der Überholspur (BGH VersR **69** 900). Beim Kolonnenfahren ist er wegen des sich nach hinten fortsetzenden Bremszeitverlusts uU größer zu bemessen (*Prell/Kuchenbauer* DAR **99** 53; s. auch Rn. 8). Als Anhaltspunkt für den erforderlichen Mindestabstand kann der **halbe Tachowert** dienen (BGH NJW **68** 450 mAnm *Förste* VersR **68** 894). Nach Ha NZV **94** 79 ist die zitierte **Rspr.** zum 1,5 s-Abstand (jedenfalls im OW-Bereich) durch den Gradmesser „Tachowert" überholt (dazu Rn. 21).

8   **Auf plötzliches, selbst starkes Bremsen** muss der FzF noch durch rechtzeitiges Anhalten reagieren können (Rn. 5, BGH NJW **87** 1075), auch vor einer Ampel (KG VM **83** 13, Ce VersR **76** 545) und auf der AB (BGH NJW **87** 1075, Ce VRS **75** 313). Jedoch braucht er nicht mit ruckartigem Stehenbleiben des Vorausfahrenden zu rechnen (BGH NJW **87** 1075, Ko NJW-RR **99** 175, VRS **74** 199, KG VRS **74** 251, Ha VM **86** 63, Kar NJW **13** 1969; LG Sa NZV **16** 223), insbes nicht, dass der Vorausfahrende auf ein Fz oder ein anderes Hindernis aufprallt und ohne vollen Bremsweg zum Stehen kommt (BGH NJW **87** 1075, KG NZV **03** 97, VRS **74** 251, Ha NZV **93** 68, Kö VRS **87** 172, Jn DAR **07** 29, einschr. KG DAR **95** 482). § 4 ist dabei nicht die Pflicht zu entnehmen, den Abstand so zu bemessen, dass vor plötzlich sichtbar werdenden Hindernissen nach *Ausscheren des Vorausfahrenden* noch rechtzeitiges Ausweichen möglich ist (BGH NJW **87** 1075, Jn DAR **07** 29, KG NZV **03** 97, VRS **74** 251, aM uU Ko NZV **92** 408 m krit Anm *Greger,* Ba NZV **00** 49, Ce VRS **100** 169, Kö VRS **29** 365; Schl VM **71** 93, Mü NJW **68** 652). Der Hintermann kann grds. davon ausgehen, dass eine etwaige Bremsbetätigung seines Vordermanns für ihn aufgrund des *Aufleuchtens der Bremsleuchten* bereits mit dem Beginn des Ansprechens der Bremsen erkennbar wird (Bay VRS **62** 380, DAR **89** 361, Kar VRS **62** 408, Dü VRS **74** 105). *Anders liegt es,* wenn das Abbremsen vorhersehbar ist, wie zB im Stau sowie bei zu dichtem Auffahren oder zu schnellem Fahren bei Abblendlicht des Vorausfahrenden (BGH NJW **87** 1075, Ce VRS **75** 313). Entsprechendes gilt bei Fahren in AB-Kolonne, das generell größte Aufmerksamkeit, Beobachtung nach vorn und erhöhte Bremsbereitschaft erfordert (Ha DAR **63** 249, Hb VersR **67** 564, KG VRS **74** 251, DAR **95** 482, Kö VRS **28** 42). Eine bloß mäßige Geschwindigkeitsverminderung muss der Nachfolgende auch ohne Bremslichter rechtzeitig wahrnehmen (Ha DAR **69** 251). Kurzes Bremszeichen des Vorausfahrenden nötigt bei ausreichendem Abstand aber noch nicht dazu, sich auf Anhalten einzurichten, jedoch zu erhöhter Aufmerksamkeit (Ce VRS **36** 443). Nicht voraussehbar ist inadäquates Bremsen bei herannahendem WegerechtsFz unter Einsatz von Sondersignalen (KG NZV **10** 203). Beträchtliche Verlangsamung des Vorausfahrenden fordert besondere Vorsicht (Ko DAR **64** 279). Vorausfahrendes Fz ist nicht ein solches, das zwecks Überholens nach links ausgeschert ist (Ha VRS **55** 61), wenn kein Anhalt für Wiedereinscheren spricht. Bei **Nebel** (Sicht 30 m) muss der Abstand auch auf plötzliches Bremsen des Vorausfahrenden eingerichtet sein, weil der Vorausverkehr unsichtbar ist (Ce VM **66** 71).

9   **c) Ausnahmen.** Das Gebot des I S. 1 gilt nicht ausnahmslos („idR"; hierzu Begr, Rn. 2). Jedoch ist dem verkürzten Abstand stets durch erhöhte Aufmerksamkeit und erhöhte Bremsbereitschaft Rechnung zu tragen (BayVM **71** 21, KöVOR **74** 53, Ha NZV **98** 464, ZwVRS **85** 216).

10   **Im dichten Stadtverkehr** darf der Abstand mangels Anzeichens für plötzliches Anhalten des Vordermanns (Ha VRS **29** 43, 297, Stu VRS **27** 139, Schl VM **57** 4, KG VM **57** 4) geringer sein

(Begr, Rn. 2; Bay VM **71** 21, Hb VersR **67** 564, Ha VM **86** 63, Br VersR **77** 158). Bei *grüner Welle* ist geringer Abstand zulässig, und zwar auch dann, wenn der Kf die Fahrbahn des Vordermanns nicht sieht (Dü VM **69** 21, aM Hb VersR **67** 564 (kein Vertrauensgrundsatz)). Verkürzter Abstand ist auch zulässig, wenn der Vorausfahrende offensichtlich freie Fahrt hat (Begr, Rn. 2; Br VersR **77** 158), gleichfalls bei langsamer Fahrt (Ha VRS **43** 371, Kö VM **72** 88), anders im Ampelbereich bei zu erwartendem Wechsel auf Gelb (Dü DAR **75** 303). Anhalten bei Normalbremsung des Vorgängers muss aber möglich sein (Dü VM **67** 22). Wer im Stadtverkehr mit „45" und 10 m Abstand auf den Vorausfahrenden auffährt, weil dieser auf das missverstandene Zeichen eines PolB plötzlich bremst, handelt nicht fahrlässig (Ce VRS **27** 295, s. auch Kö VOR **74** 53). Im Stoßverkehr ist geringerer Abstand zulässig, wenn die vorausliegende Fahrbahn erkennbar hindernisfrei ist (Br VersR **77** 158). Dann reicht als verkürzter Abstand bei höchster Bremsbereitschaft 0,75 s/Fahrstrecke aus (Kö VRS **57** 477). Bei hindernisfreier Fahrbahn und „30" genügt 7 m Abstand (Ba VersR **67** 786), bei Nässe und „40" 10 m Abstand (Kö VRS **37** 216, s. auch Kö VM **72** 88). Solches Fahren verpflichtet zu gesteigerter Aufmerksamkeit, andernfalls erhöhte Schuld (Rn. 9; Ko VersR **78** 649).

Beim **Anfahren nach verkehrsbedingtem Warten** ist jedenfalls so großer Abstand zu halten, dass Schwierigkeiten des Vordermanns beim An- und Weiterfahren nicht zum Auffahren führen (KG VRS **46** 66, Br VersR **77** 158). Beim **Anfahren bei Grün** ist I S. 1 nicht anwendbar; sonst würden die Grünphase nicht ausgenutzt und der Verkehr behindert (Begr, Rn. 2; Ha NZV **98** 464, LG Gießen DAR **04** 152). Es darf unter besonderer Aufmerksamkeit und erhöhter Bremsbereitschaft (Rn. 9) so angefahren werden, wie die Fz stehen (Ha NZV **98** 464, Kar VRS **73** 334), vor allem, wenn im KolonnenV die Gefahr plötzlicher Hindernisse erkennbar gering ist (KG VM **93** 27, LG Nürnberg-Fürth VersR **90** 286, aM KG VM **74** 57 m abl Anm *Booß*). Es bleibt aber zu beachten, ob ein Vorausfahrender verlangsamt oder bremst. Die (verkürzten; Rn. 10) Abstände sind erst beim Weiterfahren herzustellen, sofern dazu bis zur nächsten Ampel Raum ist (Stu VRS **27** 139). Die Ausnahme gilt nicht, wenn die Fahrstreifen hinter der LZA nicht in der bisherigen Weise fortgeführt werden (Stu VRS **70** 466). Auf etwaige Ortszulassung des Vorausfahrenden braucht niemand zu achten (Ha DAR **68** 116), mit verkehrswidrigem Sicheindrängen in eine Kolonne niemand zu rechnen (Ba VersR **67** 786). Leicht gestaffeltes Fahren zur Beobachtung der Vorausfahrenden kann je nach Lage bedenklich sein (Kö VRS **37** 216), jedoch sollte stets durch die Scheiben der Vorderleute hindurch der vorausfahrende Verkehr möglichst beobachtet werden, um Verlangsamung rechtzeitig zu erkennen und nach hinten signalisieren zu können. **Wer überholen will**, darf den Abstand grds. erst vermindern, wenn er ausscheren und zügig vorbeifahren kann (Bay VM **70** 91, Ha VRS **26** 219), jedoch verlängert das den Überholvorgang unnötig, wenn der Vorausfahrende offensichtlich freie Bahn hat (Begr, Rn. 2). Abstand beim Überholen: § 5 Rn. 54–58.

d) Außer dem Abstand zum Vordermann muss der Kf nicht auch seinen **Abstand nach hinten** zum nachfolgenden Fz beachten (Stu DAR **56** 279). Denn jeder ist für ausreichenden Abstand nach vorn selbst verantwortlich (Ha VRS **21** 66). Der Vorausfahrende muss auch nicht zwecks Abstandsvergrößerung schneller fahren, nur weil der Nachfolger zu nahe aufgerückt ist; vielmehr wird er den ihn gefährdenden Hintermann durch kurzes Aufleuchtenlassen des Bremslichts auf sein verkehrswidriges Verhalten hinweisen dürfen, soweit dies gefahrlos möglich ist (Kar NZV **91** 234 (kein Mitverschulden einer dadurch verursachten Fehlreaktion des Dränglers), aM Kö VersR **82** 558 (¹⁄₃ Mithaftung), *Greger/Zwickel* § 14 Rn. 84, offengelassen von Kö NZV **97** 318). *Abstand zum überholten Fz* nach hinten beim Wiedereinscheren: § 5 Rn. 51 f.

e) **Vom gefährdenden Abstand** spricht man dann, wenn der Betroffene, außer im dichten StadtV *nicht nur ganz vorübergehend* einen geringeren Abstand als die in 0,8 sec durchfahrene Strecke zum Vordermann einhält (Bay NJW **88** 273, VM **79** 73, VRS **59** 285, Ha NZV **94** 120, Dü VRS **74** 451, DAR **78** 188, Fra VRS **56** 286, Kö NZV **92** 371, LG Kar NJW **05** 915, enger *Berz* NZV **89** 413 f.). Von einer freilich älteren **Rspr.** wird in solchen Fällen konkrete Gefahr iS von § 1 II angenommen. Im Hinblick auf den Wandel der **Rspr.** zum Begriff der konkreten Gefahr dürfte diese **Rspr.** nicht aufrecht zu erhalten sein; für konkrete Gefahr iS des § 1 II wird vielmehr **stets ein Beinaheunfall zu fordern sein** (§ 1 Rn. 35; *Heinrich* SVR **08** 165, unklar BHHJ/*Heß* Rn. 14). Ergibt sich nur ganz vorübergehend zu kurzer Abstand zum schnelleren Vorausfahrenden durch dessen zuvor erfolgten Fahrstreifenwechsel oder Abbremsen, so ist § 1 II schon nach vormaliger **Rspr.** nicht verletzt (Ha VRS **46** 216, Kar VM **75** 37, Ce DAR **78** 328, Kö DAR **83** 364, Kar VRS **49** 448). Zum Erfordernis des nicht nur vorübergehenden Abstands für einen Verstoß gegen I S. 1 s. Rn. 22.

11

12

13

14   **3. Nach Abs. 1 S. 2 nicht ohne zwingenden Grund stark bremsen** darf der Vorausfahrende. Das Verbot korrespondiert mit dem Gebot der Einhaltung des Sicherheitsabstands nach I S. 1 (Begr Rn. 2; zum Normzweck Rn. 4 f.). **Starkes Bremsen** ist gegeben, wenn es das Maß eines normalen Bremsvorgangs deutlich übersteigt (KG VersR **02** 1571). Plötzliches (überraschendes) Bremsen ist nicht notwendigerweise auch ein starkes (Ce VersR **76** 545, Kar VRS **76** 414). Nur **bei zwingendem Grund** darf stark gebremst werden. Der Begriff ist enger als der des „triftigen" Grundes in § 3 II (Begr, Rn. 2; Kö VRS **95** 331). Zwingender Grund zum Bremsen besteht, wenn andernfalls andere oder der Bremsende gefährdet oder geschädigt werden könnten (Bay VRS **71** 380, KG NZV **93** 478, VM **83** 13, Ko VM **92** 92), und nur, wenn aus Gründen gebremst wird, die dem Schutzgegenstand des Bremsverbots mindestens gleichwertig sind (Sa ZfS **03** 118, KG VM **00** 79, NZV **93** 478, Fra DAR **84** 157, Kar NJW-RR **88** 28). Hinter einem *FahrschulFz* muss der Abstand so gewählt werden, dass auch bei dessen Abbremsen ohne zwingenden Grund noch rechtzeitig angehalten werden kann (LG Sa NJW **19** 163: 70 % zulasten des Auffahrenden). Einsatzhorn eines optisch noch nicht wahrgenommenen WegerechtsFz rechtfertigt starkes Bremsen vor Einfahrt in eine Kreuzung (Ha NZV **98** 464). Besteht wegen ausreichend großen Abstandes des nachfolgenden Verkehrs, *keine ernstliche Gefahr*, so darf der Vorausfahrende auch ohne zwingenden Grund scharf bremsen, weil dann die in I S. 2 vorausgesetzte Lage nicht besteht (KG NZV **03** 43, VM **00** 79, Fra DAR **84** 157, Ha VRS **50** 312). Auch bei doppeltem Sicherheitsabstand zum Hintermann, dem kein weiteres Kfz folgt, gilt das Bremsverbot nicht (Stu VRS **56** 119, Kar VRS **76** 414). Normales Bremsen wegen möglicher Gefahr *muss nicht angekündigt werden;* der Hintermann muss damit rechnen und entsprechend großen Abstand halten (Kar VRS **76** 414, Ha DAR **73** 167). Bremslichtwarnung bei gefährdendem Dicht-Auffahren: Rn. 12; Anzeige des Haltens: § 12 Rn. 20. Auch bei ungerechtfertigt starkem Bremsen des Vorausfahrenden überwiegt idR aber der **Haftungsanteil des Auffahrenden** (Rn. 33). Fahrlässiges **Aufprallen auf den Vorausfahrenden** ist kein starkes Bremsen iS von I S. 2, auch nicht, wenn der Aufprallende allmählich hätte abbremsen und stehen bleiben können (*Booß* VM **75** 62, aM Br VM **75** 62, das den Begriff des Bremsens in sein physikalisches Gegenteil umdeutet).

15   **Kein zwingender Grund ist gegeben,** wenn gebremst wird, um jemanden aufzunehmen (KG NZV **93** 478 (Taxifahrgast), VM **76** 60), wegen zu spät erkannter Parkmöglichkeit (Bay DAR **84** 234, KG NZV **03** 42, VM **74** 57), bei bloßem Orientierungsirrtum oder um abzubiegen (Begr; Bay VRS **71** 380, KG VersR **02** 1571). Kurze Sichtbehinderung durch Spritzwasser rechtfertigt idR keine Vollbremsung (KG VM **79** 68 (überwiegende Haftung des Bremsenden)). Starkes Bremsen **wegen eines Kleintiers** verstößt gegen I S. 2, wenn dadurch die VSicherheit beeinträchtigt werden kann (Sa ZfS **03** 118, AG St Ingbert ZfS **86** 353, AG Mü NJW-RR **14** 992 (je Eichhörnchen), Kö VersR **93** 1168, s. auch Kö VRS **86** 264 (je Taube), Kar NJW-RR **88** 28 (Wildente), Mü DAR **74** 19 (Igel), LG Aachen ZfS **85** 129 (Kaninchen), AG Liebenwerda MDR **97** 737 (Fuchs), Dü VersR **94** 592 (grobe Fahrlässigkeit bei plötzlichem Bremsen wegen eines Hasen); aM AG Dortmund NZV **18** 433 bei *Lempp* (Taube), sowie mit beachtlichen Gründen *Apitz* NZV **19** 166). Nach Fra VM **84** 37 (m abl Anm *Booß*) kein Verstoß gegen I S. 2, wenn trotz Gefahr unbedeutenden Sachschadens (ca 35 €) vor dem Nachfolgenden wegen einer Katze gebremst wird (ähnlich KG DAR **01** 122 (Dackel), LG Ko DAR **01** 227; abwegig AG Mü VM **85** 88 (Igel)). Jedoch wird das Risiko des Nachfolgenden bei erkennbarer Auffahrgefahr idR nicht abschätzbar sein (*Janiszewski* NStZ **84** 405, s. auch *Andelewski* NZV **01** 62). § 90a BGB steht nicht entgegen, weil Leben und Gesundheit von Menschen nach der gesetzlichen Wertung Vorrang vor dem Leben eines Tiers haben (Hb ZfS **92** 377, KG VRS **104** 5, Sa ZfS **03** 118; s. aber *Andelewski* NZV **01** 62). Reflexartiges Ausweichen vor kleinem Tier (Fuchs) muss allerdings nicht stets grob fahrlässig sein (BGH NJW **07** 2988). Starkes Bremsen wegen eines **größeren Tiers** ist hingegen wegen der mit der Kollision verbundenen Gefahren uU nicht grundlos iS von I S. 2 (KG DAR **01** 122, LG Landau NZV **89** 76 (Hund; Alleinhaftung des Auffahrenden), AG Ratingen NJWE-VHR **98** 110 (angeleinter Spitz)). Entsprechendes kann beim Kradf zu gelten haben (vgl. Ha NZV **93** 401 (zu §§ 62, 63 VVG aF)).

16   **Bremsung vor LichtZ:** § 37 Rn. 24 f. Wer trotz Grün wegen des Z 205 abrupt bremst, handelt nicht aus zwingendem Grund (KG VM **74** 57), anders bei Einleitung der Bremsung trotz Grünlichts, aber Phasenwechsel anzeigender Vorampel (Blinklicht; Ha NZV **95** 25). **Bei Gelb** nach Grün muss der Hintermann mit plötzlichem abruptem Bremsen des Vorausfahrenden rechnen, wenn auch nicht mit Notbremsung. Zu den Einzelheiten § 37 Rn. 24. Plötzliche Vollbremsung dessen, dem auf seiner Fahrbahnhälfte unverhofft ein Fz entgegenkommt, ist idR nicht vorwerfbar (Kö VersR **89** 59, dazu auch E 86). **Verkehrsgefährdendes scharfes Bremsen,** um andere zu warnen (Bay VRS **43** 390), um den Hintermann auf falsches Verhalten aufmerksam zu machen (Blendung; Ko 1 Ss 146/72), oder wegen Lichtreflexes in der ausgeschalteten Rotampel (Stu VRS **45** 243) bedeutet Verstoß gegen I S. 2. **Bremsversuche** auf der Straße sind nur bei VRuhe zulässig.

4. Einscherabstand außerorts (Abs. 2). Die Vorschrift dient vorrangig dem VFluss durch 17 leichteres Überholen (Begr, Rn. 3; s. aber Rn. 4). Betroffen sind Kfz, für die eine besondere Geschwindigkeitsbeschränkung nach § 3 III Nr. 2a, b besteht; anders liegt es für § 3 III Nr. 2c, weil die Vorschrift dann auch für alle Pkw und das gesamte einstreifige StrNetz gälte, was nicht beabsichtigt ist (*Bouska* VD **76** 339). Einbezogen sind außerdem Züge über 7 m Länge. II hat neben § 5 VI (Pflicht der Führer aller langsam gefahrenen Fz, sich an geeigneter Stelle überholen zu lassen) eigenständige Bedeutung. Nach II muss der Einscherabstand reichlich das **Doppelte des üblichen Sicherheitsabstands** betragen, damit nach dem Einscheren des Überholers alsbald wieder vor und hinter ihm der notwendige Abstand besteht. Jedoch wird es bei der Knappheit des VRaums idR ausreichen müssen, wenn sich dieser Abstand alsbald wieder herstellen lässt. Die Führer von unter II fallenden Kfz werden jedenfalls von den Ausnahmen nach II S. 2 (Rn. 18) abgesehen darauf zu achten haben, dass sie bald nach jedem Überholtwerden („ständig") wieder mindestens mit doppeltem Abstand zum Vordermann (nicht nur zum nächsten vorausfahrenden LastFz) fahren, also mit einem Abstand, der ihre Tachometerzahl nicht unterschreitet.

Ausnahmen (II S. 2). Nr. 1: *Wer selbst zulässigerweise überholt* und zu diesem Zweck aus- 18 schert, darf und muss zum Vordermann aufrücken, sofern er die Überholabsicht vorher rechtzeitig und deutlich (§ 5) angekündigt hat. Zu spätes Ankündigen, zB erst beim Ausscheren, erlaubt kein Aufrücken. **Nr. 2:** *Bei mindestens 2 Fahrstreifen in Fahrtrichtung,* wo also ohne Einscheren überholt werden kann, darf der Abstand geringer sein. Unter II fallende Fz dürfen so lange aufschließen, wie der StrAusbau andauert, nicht nur bei Z 295, 296, sondern auch, wenn die Fahrbahnbreite das Fahren in mindestens 2 unbezeichneten Fahrstreifen in Fahrtrichtung zulässt (§ 7 I S. 2). Bei nur 3 Fahrstreifen insgesamt für beide Richtungen, von denen der mittlere dem Überholen in beiden Richtungen dient, gilt die Ausnahme nicht; der Einscherabstand ist also einzuhalten. Zwar sind in Fahrtrichtung dann uU 2 benutzbare Fahrstreifen vorhanden, jedoch nicht bei GegenV. **Nr. 3:** *Wo nicht überholt werden darf* (Z 276, uU Z 295, 296, nicht auch Z 277), braucht kein Einscherabstand gehalten zu werden. Kfz gemäß II S. 1 dürfen hier aufrücken und können uU ihren nächsten Überholvorgang ohne Behinderung des übrigen Verkehrs besser vorbereiten. Vor dem Ende eines Überholverbots müssen sie den Einscherabstand rechtzeitig wieder herstellen.

5. Mindestabstand für schwere Lkw und Kom (Abs. 3). Lkw mit zulässigem Gesamt- 19 gewicht von mehr als 3,5 t und Kom müssen auf AB bei Geschwindigkeiten von mehr als 50 km/h mindestens 50 m Abstand (= Abstand zwischen den Leitpfosten) einhalten (III; Begr: Rn. 3a). III normiert (wie I S. 1) einen *Mindestabstand*. Er ist demnach nicht so zu verstehen, dass der angeordnete Abstand stets ausreichend wäre. Je nach Witterungs- und Fahrbahnverhältnissen kann die tatsächlich gefahrene Geschwindigkeit nach der allgemeinen Regel des I S. 1 einen größeren Abstand erfordern (Zw NZV **97** 283). Bereits wegen des Charakters als Mindestabstand (nicht als Einscherabstand, Rn. 17) muss eine analoge Anwendung des II S. 2 Nr. 3 ausscheiden (SaVRS **110** 369).

6. Ordnungswidrigkeiten. Die vorsätzliche oder fahrlässige Verletzung einer Vorschrift über 20 den Abstand ist in § 49 I Nr. 4 mit Geldbuße bewehrt. Die Bußgeldbewehrung des I S. 1 verletzt das Bestimmtheitsgebot nicht (Rn. 5). Konkrete Gefährdung oder auch nur Belästigung ist nicht erforderlich (Bay VM **79** 73, Fra VRS **68** 376). Falls sie eintritt, ist TE mit § 1 II gegeben (Rn. 24). Der BKat enthält abhängig vom Maß der Unterschreitung nach dem Tachowert und der Geschwindigkeit in lfd. Nr. 12 ff. Regelsätze sowie Vorgaben für die Verhängung des FV (§ 25 StVG Rn. 22). **Vorsatz** darf nach einem Teil der Rspr. nicht allein aus dem Ausmaß der Abstandsunterschreitung abgeleitet werden, erfordert danach vielmehr Feststellungen zum Wissen und Wollen des Betroffenen (Ba DAR **10** 708; Ha DAR **06** 338; Kar DAR **20** 109). Allerdings wird jedenfalls ab einer gewissen Gefährdungsgrenze (bedingt) vorsätzliches Verhalten naheliegen (vgl. Bay NZV **91** 320, ebenso im Grundsatz Ba DAR **10** 708 m Bspr *König/Seitz* DAR **11** 365; Kar DAR **20** 109). Vorsatzannahme wird idR ohne Hinzutreten weiterer erschwerender Umstände gerechtfertigt sein, wenn der Abstand nur noch $^2/_{10}$ des halben Tachowerts beträgt (Bay DAR **91** 306; **20** 105; Kar DAR **20** 109). Der Hinweis auf einen „Abstandspiloten" verfängt nicht, weil der Betr. die Verkehrssituation mit eigenen Augen wahrnehmen kaa und muss (Ba

ZfS **19** 294). Nach Ol NZV **16** 347 kann die Vorwerfbarkeit (Fahrlässigkeit) einer Abstandsunterschreitung nicht damit begründet werden, der FzF habe den Abstand anhand der Fahrbahnmarkierungen erkennen können.

21   **a) Die OW wegen Verstoßes gegen I S. 1** ist erfüllt, wenn der FzF den Sicherheitsabstand unterschreitet. Erforderlicher Sicherheitsabstand ist nach überkommener **Rspr.** die in 1,5 s durchfahrene Strecke (Rn. 7). Demgegenüber sieht Ha NZV **94** 79 diese **Rspr.** als überholt an; der Richter sei an die Wertung in der BKatV gebunden, die an den Tachowert anknüpfe. Jedoch ist das in der BKatV enthaltene Kriterium des halben Tachowerts (= 1,8 s-Abstand) Berechnungsmaßstab für die Regelbuße und Anknüpfung für die Verhängung des FV, nicht aber Definition des Sicherheitsabstands iS des § 4 (krit auch *Prell/Kuchenbauer* DAR **99** 49). Ferner sieht die BKatV erst bei erheblichen Unterschreitungen dieses Werts Regelbußen vor und setzt den Bußgeldtatbestand voraus, begründet ihn also nicht selbst. Dementsprechend entfaltet der BKat jedenfalls keine Bindungswirkung. Die **Rspr.** sollte daher weiterhin die genauere und wissenschaftlich fundierte (in diesem Sinn auch Ha NZV **94** 79) 1,5 s-Strecke zugrunde legen. Dass der halbe Tachowert nach BKat für die *Bemessung* der Geldbuße und die Verhängung des FV die maßgebende Größe ist (Rn. 20), bleibt davon unberührt.

22   Die st. Rspr. der OLG verlangt für die Annahme der OW im Anschluss an BGHSt **22** 341 (zum *gefährdenden* Abstand iSv § 1 II) eine **nicht nur ganz vorübergehende Abstandsunterschreitung** (Dü NZV **93** 242, Zw VRS **85** 217, Kö VRS **67** 286, Fra VRS **68** 376, Ko ZfS **07** 589; Ba NJW **15** 1320). Damit soll dem Umstand Rechnung getragen werden, dass es insbes. auf AB Situationen geben kann (zB plötzliches Abbremsen des Vorausfahrenden, Spurwechsel eines Dritten), die kurzzeitig zu einem sehr geringen Abstand führen, ohne dass dem Nachfahrenden allein deshalb eine schuldhafte Pflichtverletzung angelastet werden könne (Ko v. 3.5.02, 1 Ss 75/02, juris, v. 10.7.07, 1 Ss 197/07, juris, Kö VRS **63** 463, Dü VRS **64** 376, Zw NZV **97** 283). Als nicht ganz vorübergehend wird jedenfalls eine Strecke von **250–300 m** angesehen (Kar NJW **72** 2235, Dü VRS **62** 297, Ce NJW **79** 325, Kö DAR **83** 364, Dü VRS **64** 376). Indessen heißt dies im Hinblick auf den eindeutigen Gesetzeswortlaut weder, dass auf dieser Strecke ein exakt gleichbleibender Abstand nachgewiesen werden müsste (Kö VRS **67** 286), noch ist damit gesagt, dass eine Ahndung strikt ausscheidet, wenn die zumeist für die Feststellung des gefährdenden Abstands verlangte (Rn. 13; dazu Bay NZV **94** 241) Mindeststrecke nicht erreicht wird. Belegen die Feststellungen mangels besonderer Situation im obigen Sinn Vorwerfbarkeit der Abstandsunterschreitung, so kann die Tat demnach auch bei kurzzeitiger Unterschreitung geahndet werden (Ko v. 3.5.02, 1 Ss 75/02, juris, v. 10.7.07, 1 Ss 197/07, juris („und sei es auch nur um wenige Zentimeter"); Ha ZfS **15** 711; Ol NZV **18** 45 *(Krenberger);* in diese Richtung auch Bay NZV **94** 241; offengelassen von Zw NZV **97** 283: s. ferner Kö VRS **63** 463, Dü VRS **64** 376). Jedenfalls ist Unterschreitung auf mindestens 150 m ausreichend, wenn auf den vorausgegangenen 150 m keine den Vorwurf zu dichten Auffahrens ausschließende Veränderung (zB Bremsen des Vorausfahrenden) eingetreten ist und die Unterschreitung mindestens 25 % beträgt (Kö VRS **66** 463, Ha NZV **13** 203), gleichfalls bei dreimaligem Unterschreiten für jeweils mehr als 1 s auf knapp 1 km (Bay NZV **94** 241 (Vorsatzannahme nicht beanstandet)) und bei Unterschreitung von 3 Sekunden oder 140 m (Ha DAR **13** 656). (Auch) nur vorübergehendes Unterschreiten des **50 m-Abstands für Lkw und Kom** (Rn. 19) ist ow (Zw NZV **97** 283; aM *Förste* NZV **98** 39). In allen Fällen ist nach diesen Grundsätzen aber etwaigen Einwänden nachzugehen, der Vorausfahrende habe den Abstand durch seine Fahrweise (Gaswegnahme, Bremsen, Einscheren in eine Lücke) plötzlich verringert (Dü DAR **78** 188, VM **78** 58). Wenn auf der Beobachtungsstrecke ein plötzliches Abbremsen oder ein unerwarteter Spurwechsel des vorausfahrenden Fz auszuschließen ist, ist der Einwand unbeachtlich, die Abstandsunterschreitung sei durch das gefahrvolle Auffahren des nachfolgenden Fz verursacht worden (Ba NJW **15** 1320; NZV **16** 445).

23   **b) Starkes Bremsen** ohne zwingenden Grund verkürzt den erforderlichen Abstand, ist daher eine Abstandsregel und fällt unter § 49 I Nr. 4 (Ha 5 Ss OWi 20/73). Bleibt der Hintermann beim unzulässigen Bremsen noch außerhalb des in I S. 1 gebotenen Abstands zum Bremsenden, so ist das Bremsen mangels ausreichend nahe aufgerückten Folgeverkehrs nicht ow.

24   **c) Konkurrenzen:** Gegenüber I S. 1 tritt § 3 I idR zurück: TE nur, wenn die Fahrgeschwindigkeit auch aus anderen Gründen zu hoch ist (Ha DAR **73** 167, Sa VRS **36** 309). Bei Gefährdung des Vordermanns, etwa weil er unverhofft bremsen muss, TE auch mit § 1 (Bay VRS **35** 191, Ha DAR **73** 167). Hingegen genügt Unterschreitung des gefährdenden Abstands von 0,8 s für § 1 II nicht mehr (Rn. 13; abw Ha NZV **94** 120). Zum Verhältnis zu § 21a (Nichtanlegen

des Sicherheitsgurts) dort Rn. 7. Gefährdet oder behindert grundlos scharfes Bremsen den Hintermann noch nicht, so ist nur I S. 2 verletzt, andernfalls besteht TE mit § 1 II (Ha VRS **45** 317). Keine einheitliche Tat bei mehreren Verstößen auf derselben Fahrt (Ha VRS **47** 193). Keine fortgesetzte Handlung mehr: **E** 134. Keine natürliche Handlungseinheit: § 24 StVG Rn. 58.

d) Notwendige Feststellungen, Messverfahren. Zur Verwertbarkeit von (anlassbezogenen **25** bzw. verdachtsunabhängigen) Videoüberwachungen gelten die Grundsätze zur Geschwindigkeitsüberwachung entsprechend; Grundlage ist wie dort § 100h StPO im Einzelnen § 3 Rn. 57). Das Urteil muss stets den eingehaltenen Abstand und die Geschwindigkeit mitteilen. Wenn in der **Rspr.** zT gesagt wird, es müsse ferner der Grund des Abstandsverstoßes festgestellt werden (so Jn VRS **110** 130), so ist dies wohl in dem Sinn zu verstehen, dass nicht vorwerfbare Ursachen für die Abstandsunterschreitung ausgeschlossen werden müssen (Rn. 22; Ha VRS **51** 302). Zur nicht nur vorübergehenden Unterschreitung Rn. 22. Ferner muss mitgeteilt werden, *auf welcher tatsächlichen Grundlage* die Ergebnisse beruhen (Kö VM **79** 76, **84** 4, DAR **83** 364). Beim Einsatz von Abstandsmessgeräten ist zu dokumentieren, nach welchem Verfahren Abstand und Geschwindigkeit gemessen wurden (Dü VRS **59** 45, VRS **64** 144, VM **78** 58, Kö VM **84** 4). Die notwendigen (weiteren) Feststellungen werden von der Art des geführten Beweises bestimmt. Liegt ein verwertbares **Geständnis** vor (Rn. 30), so können wie auch bei Geschwindigkeitsüberschreitungen nähere Mitteilungen über das Messverfahren unterbleiben (§ 3 Rn. 57).

aa) Standardisierte Verfahren. Beim Einsatz standardisierter Verfahren genügt wie bei sons- **26** tigen standardisierten Verfahren grds. die Mitteilung des Verfahrens, des Messergebnisses (Abstand, Geschwindigkeit) und der Messtoleranz (zu Letzterem Ba DAR **17** 91; im Einzelnen § 3 Rn. 56b; zum Geständnis Rn. 30). Als standardisierte Verfahren wurden von der **Rspr.** anerkannt: **(1)** Das Video-Abstandsmessverfahren **VAMA** (Sa VRS **118** 268; Ha VRS **106** 466; Bay NZV **94** 242; Ba ZfS **13** 290; Zw ZfS **17** 412; *Krumm* DAR **05** 55). Für die Zeit *nach dem 5.7.07* (zur Notwendigkeit ergänzender Angaben für die Zeit zuvor Ba DAR **08** 98; 43. Aufl.) genügen die obigen Angaben wegen erfolgter Anpassung der PTB-Zulassung. Toleranzabzüge müssen nicht vorgenommen werden (Ha VRS **106** 466, Ba ZfS **13** 290). **(2)** Das **VKS-Verfahren** (VKS 3.01; Dr DAR **05** 637, Ce NZV **13** 201 (jedoch erhöhte Begründungspflichten bei festgestelltem Eingabefehler), *Krumm* DAR **07** 129; s. aber *Löhle* DAR **16** 161 und AG Mannheim DAR **16** 152 mit unhaltbarem Freispruch wegen allgemein gegen das Verfahren gerichteter Bedenken, hierzu § 3 Rn. 56b). Auch hier sind keine zusätzlichen Toleranzabzüge zu machen (Dr DAR **05** 637). All dies gilt allerdings nur für die ermittelten Zeitwerte; hingegen beruhen die aus den Zeitwerten ermittelten Werte zu Geschwindigkeit und Abstand auf einer (nicht standardisierten) Weg-Zeit-Berechnung, weswegen die in den polizeilichen RL genannten Zeitpunkte und Toleranzen im Urteil mitzuteilen sind (Ba DAR **11** 595). Einwände gegen das Verfahren bei *Wietschorke* DAR **13** 424 und *Bladt* DAR **13** 426. **(3)** Das **ViBrAM-BAMAS-Verfahren** („Video-Brücken-Abstands-Messverfahren und Brücken-Abstandsmessung-Auswertungssoftware; Stu NZV **08** 40). Toleranzen bei Geschwindigkeit und Abstand müssen nicht mitgeteilt werden; eine nähere Überprüfung ist allerdings erforderlich, wenn es auf Abstandsunterschreitungen von weniger als 1 m ankommt (Stu NZV **08** 40). Zu Fehlerquellen bei Abstandsmessungen *Ladenburger* DAR **11** 765.

bb) Andere Messverfahren als die Rn. 26 bezeichneten sind von der Rspr der OLG bislang **27** nicht als standardisiert anerkannt. Jedoch werden die Verfahren zur Abstandmessung von AB-Brücken überwiegend als zuverlässig eingestuft (Ha VRS **55** 211, Dü VRS **64** 144, 376, **74** 449 (Traffipax), DAR **83** 364, **85** 87 (Distanova) mAnm *Berr,* Kö VM **84** 4, VRS **67** 286, Ol VRS **67** 54, Kö VRS **66** 463 (je Traffipax), Fra DAR **78** 169 (FESAM), Stu VRS **54** 145 („Distanova", dazu: *Löhle ua* DAR **83** 69, *Grandel/Thumm* Verkehrsunfall **84** 61, 91, *Löhle* DAR **84** 405)). Je nach Fehlerbeurteilung des Messvorgangs und eingesetztem Verfahren sind im Rahmen freier Beweiswürdigung Sicherheitsabschläge vorzunehmen (Ce VRS **58** 264 (Traffipax)). ZT wird ein *Abzug von 15%* für angebracht gehalten (Bay VRS **59** 285, Dü VRS **74** 449 (Traffipax); mit Recht krit. zu einem generellen Abzug von 15% Ce VRS **58** 264). Über die im standardisierten Verfahren erforderlichen Angaben (Rn. 26) hinaus müssen nach der die Anforderungen nicht selten überspannenden Rspr im Urteil die näheren Einzelheiten des Einsatzes mitgeteilt werden (zB Art der Durchführung, Messstrecke, Entfernungen, Sichtverhältnisse, Übung der PolB etc; zum Geständnis Rn. 30). So verlangt Ha DAR **09** 156 für **Provida 2000** (dazu auch § 3 Rn. 62a) tatrichterliche Darlegungen, an welchen Punkten die Fz durch die Einzelbildschaltung herangeführt wurden, wie die Berechnung erfolgt ist und von welchen Parametern (zB die zugrunde gelegte Länge der Mittelmarkierung) bei der Berechnung ausgegangen wurde (ähnlich Jn DAR **11** 413). Zu diesen und ähnlichen Verfahren wird darauf hingewiesen, dass nach ophtalmologischen Erkenntnissen Abstandsveränderungen in einer Entfernung von mehr als 190 m auch von geschulten Personen idR nur dann sicher beobachtet werden können, wenn sie mehr als 25% betragen (*Hartmann,* Gutachten für Kö VRS **66** 463, AG Homburg ZfS **97** 393 mAnm *Gebhardt, Gramberg-Danielsen* MDR **83** 534, *Löhle* DAR **83** 69, *Prell/Kuchenbauer* DAR **99** 52; hierzu eingehend OlVRS **67** 54).

28   **cc) Durch Hinterherfahren** auf einem *anderen* Fahrstreifen werden erfahrene PolB bei längerer, gleichbleibender Messstrecke einen auffällig verkürzten Abstand des Vorausfahrenden zu dessen Vordermann ausreichend schätzen können (Dü DAR **00** 80, VRS **56** 57, NZV **93** 242). Das Urteil muss im Einzelnen darlegen, dass geübte PolB eingesetzt wurden, weil, was nach Ha DAR **06** 338 sogar einem Erfahrungssatz entsprechen soll, ungeübte PolB idR nicht zu verwertbaren Abstandsschätzungen in der Lage sind (Dü DAR **00** 80, NZV **93** 242). Mitgeteilt werden müssen ferner die näheren Umstände, so die Lichtverhältnisse und die Entfernung der PolB, wobei eine Entfernung von 100 m ist zu weit ist (Ha NStZ-RR **97** 379 (auch nicht bei nachträglicher Rekonstruktion der Abstandsverhältnisse aus der Erinnerung)). Abstandsschätzung bei Hinterherfahren auf *demselben* Fahrstreifen ist idR nicht sicher genug (Dü DAR **02** 464). Allein die Angabe von PolB der ungeeichte Tacho des Polizeifahrzeuges habe „mehr als 63 km/h" angezeigt, genügt zur Feststellung einer über 50 km/h liegenden Geschwindigkeit eines Lkw nicht (Ol NZV **16** 347). Messung durch Hinterherfahren unter Verwendung eines „**Police-Pilot-Systems**" mit Video-Aufnahme ist bei Abzug von 5% Messtoleranz hinsichtlich der gemessenen Geschwindigkeit als zuverlässig anerkannt (Ce NZV **91** 281). Die Auswertung des Videobands und die darauf beruhende Abstandsberechnung sind im Urteil darzulegen (Dü VRS **99** 133). Abstandsmessung mittels Video-Aufnahme *vom Hubschrauber aus* ist hinreichend sicher möglich (Ko NZV **92** 495).

29   **dd)** Inwieweit die Feststellung zu geringen Abstands **durch Vorausfahren** möglich ist (Beobachten durch die Heckscheibe mittels Innenspiegels), ist im Grundsatz Tatfrage. Sichere Beobachtungen und Schätzungen durch Zeugen werden allerdings kaum möglich sein (Kö VRS **60** 62, Bay ZfS **97** 20, Ce NZV **93** 490). Wegen der erheblichen Fehlerquellen reicht ein Sicherheitszuschlag von 33,3% auf den geschätzten Wert nicht aus (Dü VRS **68** 229). Mindestvoraussetzungen sind: ununterbrochene Spiegelbeobachtung durch erfahrenen (geschulten) PolB und genaue Messung von Zeit und Strecke (Ko VRS **71** 66), wobei die Abstandsmessung durch den das Fz steuernden PolB allein ua wegen dessen Ablenkung durch die Fahraufgaben keine ausreichende Grundlage darstellt (AG Lüdinghausen DAR **08** 655). Die Abstandsfeststellung durch vorausfahrende ZivilFz der Pol ist iÜ problematisch, weil sie geeignet ist, ow Verhalten des Nachfolgenden zu fördern (s. aber Bay ZfS **97** 20).

30   **ee) Geständnis.** Der Abstandsverstoß kann durch ein Geständnis des FzF bewiesen werden. Gegen die Zugrundelegung eines Geständnisses bestehen dabei auch dann keine Bedenken, wenn der FzF an den konkreten Vorfall keine Erinnerung hat, aufgrund seines regelmäßigen Fahrverhaltens oder der anders gelagerten Zielrichtung seines Verteidigungsvorbringens die Zuverlässigkeit der Geräte oder das Ergebnis der Messung aber nicht bezweifeln will (vgl. BGHSt **39** 291; Ha v. 1.2.07, 3 Ss OWi 22/07, NStZ-RR **08** 355 (L), *Cierniak* ZfS **12** 664, 679; zur abw. Auffassung eines Teils der Oberlandesgerichte zum Erfordernis eines „qualifizierten Geständnisses" näher § 3 Rn. 57).

31   **7. Strafrecht.** Zu bedrängender Fahrweise als *Nötigung:* § 240 StGB, insbes. Rn. 10 ff. Abstandsverkürzungen können v. a. im Rahmen von Überholvorgängen als Gefährdung des StrV strafbar sein (§ 315c StGB Rn. 11 ff.). Zur *Körperverletzung* wegen Verursachung eines Erregungszustands aufgrund bedrängenden Fahrens §§ 222, 229 StGB Rn. 2; zur Vorhersehbarkeit eines durch solches Verhalten ausgelösten Unfalls s. dort Rn. 12.

32   **8. Zivilrecht.** § 4 ist **SchutzG** auch zugunsten von Fußgängern (s. schon Rn. 4 f.; BGH NZV **07** 354; Mü NJW **68** 653). Zu geringer Abstand ist **ursächlich,** wenn die Kollision sonst gewiss unterblieben oder minder schwer ausgefallen wäre (Kö VM **79** 94). Kausalität ist gegeben, wenn ein Kfz bei Nebel auf der AB auf ein vorausfahrendes Fz auffährt, ein nachfolgendes Fz deswegen anhält und ein weiteres darauf auffährt (BGH NJW **65** 1177). IdR wird der von hinten Auffahrende mangels besonderer Umstände **allein zu haften** haben (Sa ZfS **03** 120, Ha VersR **01** 206, NJW-RR **19** 283; KG VM **76** 60, **83** 13), auch wenn er seinerseits von einem Nachfolgenden aufgeschoben wurde (Ha NZV **02** 175, s. aber Nü DAR **82** 329 und Rn. 36). Die BG des Vorausfahrenden ist aber bei *Nichtaufleuchten der Bremslichter* doppelt so hoch wie die des schuldlos Auffahrenden (Kar VRS **62** 408; zum Anscheinsbeweis Rn. 36). Die BG eines Militärradladers, der auf AB mit aus Gründen der Tarnung schwach leuchtenden Bremslichtern

abbremst, ist so stark erhöht, dass der Auffahrende nicht stets alleine haftet (Stu NZV 92 34). Andererseits kann selbst erhöhte BG durch Ausfall *eines* Bremslichts gegenüber schuldhaftem Auffahren völlig zurücktreten (Dü VRS 74 105). Zu geringer Abstand zum Vorausfahrenden erhöht die BG (KG DAR 75 324). Mithaftung des auf der AB zu langsam Fahrenden: § 3 Rn. 47. Mithaftung des Auffahrenden zu 25%, der sich bei spiegelglatter Fahrbahn nicht auf Schleudern des Vorausfahrenden eingestellt hat (Nü NZV 93 149), zu 25%, der mit einem unmittelbar nach Fahrstreifenwechsel wegen FzStaus Bremsenden kollidiert (Nau VRS 100 173, Ha VersR 01 206, NZV 94 484 (25%)). Schadensteilung bei Auffahren auf links abbiegendes Fz bei Fahrlässigkeit beider Kf (Sa r+s 81 100). Zur Haftungslage bei organisierten Radfahrten und Motorradausfahrten Rn. 6.

Auch bei unverhofft starkem **Bremsen des Vorausfahrenden ohne zwingenden Grund** 33 wird idR der Haftungsanteil des Auffahrenden überwiegen (KG NZV 03 43, VersR 02 1571, Kar NJW-RR 88 28, Kö VersR 93 1168, VRS 95 331, MDR 95 577). Trotz Verstoßes des Vorausfahrenden gegen I S. 2 idR $^2/_3$-Mithaftung des Auffahrenden (KG VersR 02 1571, NZV 03 42, 93 478, Ko VM 92 92), bei zusätzlich zulasten des Auffahrenden ins Gewicht fallenden Umständen auch mit einer höheren Quote (Kar NJW 13 1969 (hälftig); KG VersR 02 1571, NZV 93 478 ($^3/_4$)), im umgekehrten Fall uU aber auch mit geringerer Quote (KG VersR 02 1571, Sa ZfS 03 120), zB bei grundlosem Abbremsen kurz nach Anfahren bei Grün (KG NZV 03 42, VM 82 88 ($^1/_2$); LG Sa NJW-RR 16 409 ($^2/_3$ zulasten des Abbremsenden)), bei Vollbremsung des ein AutomatikFz führenden Kf, der in der Vorstellung, die Kupplung zu treten, kräftig auf die Bremse tritt (KG MDR 06 1404 ($^1/_2$), nach AG Freiburg VRS 113 31 Alleinhaftung des Bremsenden). Alleinhaftung des Bremsenden ist denkbar (KG VRS 106 354, NZV 13 80 (plötzlicher Halt nach Anfahren bei Grün bei leerer Kreuzung), LG Mü I DAR 05 690 (starkes Bremsen nach Anfahren bei Grün), Fra VRS 49 451, Ce VersR 73 280). Wer ohne zwingenden Grund plötzlich stark bremst, verursacht die dadurch entstehenden Schäden aus einem Auffahrunfall (bedingt) vorsätzlich (Nü VRS 108 199). Wer *auf der AB* als Vorausfahrender grundlos stark bremst, trägt bei Auffahren der Hintermänner idR weitaus überwiegend den Schaden (Dü MDR 74 42, Ha NZV 93 68 (Alleinhaftung auch gegenüber dem weiteren Nachfolgenden)). Mitschuld des Vorausfahrenden, der abrupt bremst, weil er den Abbiegepunkt verfehlt hat (Dü VersR 76 545). 60% Mithaftung bei abruptem Bremsen auf Überholstreifen einer BundesStr (Ko VRS 68 251). Schadensteilung zwischen Auffahrendem und dem unter Verstoß gegen § 10 S. 1 aus einem Grundstück Ausfahrenden, der hierdurch die Bremsung des Vordermanns verursacht hat; dass § 4 in erster Linie Auffahrunfälle verhindern will, der verbotswidrig Einfahrende deshalb nicht im unmittelbaren Schutzbereich des § 4 liegt, ändert daran nichts (BGH NZV 07 354).

Völliges **Zurücktreten der BG des Auffahrenden** bei vorsätzlicher Herbeiführung der 34 Auffahrgefahr durch den Vorausfahrenden, etwa bei scharfem Bremsen zum Zwecke der Maßregelung des Nachfolgenden (LG Mönchengladbach NZV 02 375), ebenso wenn der Unfall bei ausreichendem Sicherheitsabstand nur dadurch verursacht wird, dass sich das Fz des Vorausfahrenden infolge grober Fahrlässigkeit querstellt (Ha VersR 81 788), oder bei Auffahren auf den Vorausfahrenden während des Anfahrens bei Grün (Rn. 33) gegenüber dem Fehlverhalten eines Dritten, der den Vorausfahrenden zu unerwartetem Bremsen zwingt (KG VM 93 27). Keine Schuld am Auffahren, wenn sich ein Überholender plötzlich eindrängt und den Abstand dadurch verkürzt (KG VRS 24 138). Schadensteilung, wenn nicht festgestellt werden kann, ob der Auffahrunfall durch einen Fahrfehler des Auffahrenden oder durch Fahrstreifenwechsel des Vorausfahrenden verursacht wurde (Ce VersR 82 960, KG NZV 06 374). Wer beim **Kettenunfall** durch zu dichtes Aufschließen zum Vordermann und Aufprall auf diesen den Anhalteweg seines Hintermannes verkürzt, muss seinen Heckschaden teilweise selbst tragen (Ce VersR 74 669; zum Anscheinsbeweis Rn. 36). Schadensteilung, wenn ungeklärt bleibt, ob der Auffahrende durch seinen Nachfolger auf den Vordermann aufgeschoben wurde und dieser seinerseits vorher auf den Vorausfahrenden aufgefahren sein kann (Nü DAR 82 329). Kommt es bei einem Kettenauffahrunfall zur Bremswegverkürzung für ein nachfolgendes Fz, hat diese bei der Abwägung (§ 17 II, I StVG) ausnahmsweise außer Ansatz zu bleiben, wenn sie sich im Einzelfall erwiesenermaßen weder haftungsbegründend noch -ausfüllend ausgewirkt hat (Kar NZV 10 76). Zur **Beweisregel des § 830 I S. 2 BGB,** wenn mehrere Kfz unmittelbar nacheinander aufeinander auffahren, Ce VersR 77 1008, *Hartung* VersR 81 696, *Lehr* VGT 86 143, *Heitmann* VersR 94 138, s. auch Fra VRS 75 256. Keine Anwendbarkeit von § 830 I S. 2 BGB, wenn ungeklärt ist, ob der Geschädigte selbst oder ein anderer den Schaden verursacht hat (Ba NZV 04 30). Schadensschätzung bei ungeklärtem Verlauf eines doppelten Auffahrunfalls: BGH NJW 73 1283, Kar VersR 81

739, Dü NZV **95** 486. Zur versicherungstechnischen Abwicklung der Schadensregulierung nach Massenunfällen *Jedamus* VGT **81** 200, *Deichl* DAR **89** 47.

35   Beim Auffahren (auch im AB-Kolonnenverkehr) kann der **Anschein (E 157a) gegen den auffahrenden Hintermann** sprechen, nämlich dafür, dass dieser entweder unaufmerksam war oder den gebotenen Sicherheitsabstand nicht eingehalten hat (BGH NJW **82** 1595; NZV **89** 105, NZV **07** 354, NJW **11** 685; **17** 1177; Dü NZV **03** 289, KG NZV **93** 478, Nau VRS **100** 173, Ha VersR **01** 1257 (Radf), Kö NZV **04** 291). Das gilt auch dann, wenn der Vorausfahrende hat bremsen müssen (Kö VersR **76** 670, Kar NJW-RR **88** 28, VRS **77** 100). Gleich steht es nach AG Hoyerswerda NZV **13** 449, wenn der nachfolgende Kradf zur Vermeidung des Auffahrens stark bremst und dabei stürzt. Der Anscheinsbeweis gilt nicht zugleich für etwaige Schuldverteilung (Nau NZV **95** 73, Kar NJW-RR **88** 28, Kö VersR **76** 670, Dü VersR **76** 545), insbes. nicht für Alleinschuld des Auffahrenden (Kar VRS **77** 100). Widerlegt wird der Anscheinsbeweis durch den Gegenbeweis, erschüttert durch die Möglichkeit eines atypischen Verlaufs (BGH NZV **89** 105, **07** 354, Nau VRS **100** 173, KG VM **97** 43, Kö MDR **95** 577, Ha MDR **98** 712, Kar VM **96** 8), was vom Auffahrenden darzulegen und zu beweisen ist (Kö NZV **04** 29, VersR **91** 1195, Ha VersR **01** 206, KG VM **97** 76, MDR **01** 808). Diese Grundsätze gelten im Prinzip (sofern der StrabaF sich auf ein ihm erkennbares Risiko einzustellen vermochte) auch bei Auffahren *durch StrabaF* (Dü NZV **94** 28 (unter Aufgabe von Dü VersR **76** 499, VRS **71** 264); *Metz* NZV **09** 484; s. auch Brn NZV **09** 497; abw im Hinblick auf deren längeren Bremsweg und ihren Vorrang nach § 2 III aber Dr VRS **90** 422, Dü VRS **68** 35).

36   Der **Anscheinsbeweis greift nicht ein,** wenn *auf Grund erwiesener Tatsachen oder unstr* (also nicht, wenn lediglich behauptet, BGH NZV **07** 354; NJW **17** 1177) die für ein Verschulden des Auffahrenden sprechende Typizität der Unfallkonstellation fehlt, zB, wenn ein Fz vorausgefahren ist, das nach seiner Beschaffenheit geeignet war, dem Nachfahrenden die Sicht auf das Hindernis zu versperren, dieses Fz erst unmittelbar vor dem Hindernis die Fahrspur gewechselt hat und dem Nachfahrenden ein Ausweichen nicht mehr möglich oder erheblich erschwert war (BGH NZV **07** 354; NJW **17** 1177), oder bei grundlosem Abbremsen durch diesen (Fra NJW **07** 87, Ko NJW-RR **99** 175, *Lepa* NZV **92** 132, s. auch Dü NZV **98** 203). Der Anscheinsbeweis ist jedenfalls nicht anwendbar bei feststehendem **Fahrstreifenwechsel des Vorausfahrenden** erst wenige Augenblicke vor dem Auffahrunfall und ansonsten nicht aufklärbarem Sachverhalt (BGH NJW **12** 608, NZV **07** 354, mit Darstellung des Meinungsstandes: BGH NJW **11** 685 (zusätzlich Schräganstoß); NJW **17** 1177 mAnm *Geipel* und Anm *Nugel* NZV **17** 278; Sa NJW-RR **10** 323; Ha VersR **01** 206, Br VersR **97** 253, Kar VersR **91** 1071 (Einscheren unmittelbar vor dem Überholten und sofortiges Bremsen), Ha NZV **98** 115 (Schleudern); Nau DAR **19** 463; Dü DAR **20** 28 (Anschein erschüttert)). Gleiches gilt, wenn zB wegen Schrägstellung des vorausfahrenden Fz im Zeitpunkt der Kollision eine bewiesene ernsthafte Möglichkeit vorherigen Spurwechsels besteht (eingehend Sa NZV **09** 556; Nau VM **03** 45, Ha VersR **05** 1303, Ol NZV **91** 428, Kö VersR **91** 1195, VRS **93** 46). Nach Mü v. 25.10.13, 10 U 964/13, BeckRS **13** 18792 Anscheinsbeweis nur dann, wenn der Vordermann beweisen kann, dass er so lange im gleichgerichteten V spurgleich vorausgefahren ist, dass der Auffahrende den Sicherheitsabstand eingehalten hätte können (kaum richtig, s. BGH NJW **17** 1177; zum Ganzen auch Sa NZV **14** 569). Bei Nichterweislichkeit des genauen Unfallhergangs ist eine hälftige Schadensteilung nicht zu beanstanden (BGH NJW **11** 685). Zu den erforderlichen Anknüpfungstatsachen KG NZV **07** 520. Kein Anschein für Verschulden dessen, der im durchgehenden V der AB auf ein kurz zuvor von der Beschleunigungsspur auf den Fahrstreifen eingefahrenes Fz auffährt, weil Vorfahrtverletzung in Betracht kommt (BGH NJW **82** 1595, Ce VersR **92** 842, Ha NZV **94** 229, Ko VersR **94** 361, KG NZV **00** 43, DAR **01** 399), desgleichen nicht gegen den auf ein quer stehendes Fz Auffahrenden, dem der Vorausfahrende noch eben ausweichen konnte (Fra VRS **80** 263). Hatte der Vorausfahrende sein Fz hinter einer sichtbehindernden Kurve zurückgesetzt, so spricht der Anschein gegen schuldhaftes Auffahren des Hintermanns (Ce VersR **74** 438). Ergibt eine Beweisaufnahme die Möglichkeit der Mitverursachung des Auffahrens des Nachfolgenden durch gleichzeitiges Zurückfahren oder -rollen des Vorausfahrenden, so kann der gegen den von hinten Aufprallenden sprechende Anschein erschüttert sein (KG DAR **77** 20). Ist überhaupt ungeklärt, ob der Nachfolgende aufgefahren oder der Vorausfahrende rückwärts fahrend gegen das hinter ihm *stehende* Fz gestoßen ist, so gilt kein Anscheinsbeweis (Ha VRS **100** 438, Kö NJW-RR **86** 773, LG Detmold ZfS **00** 385, LG Kö NZV **91** 476). Für die *Tatsache* des Auffahrens gibt es nämlich keinen Anscheinsbeweis (*Schneider,* Beweis und Beweiswürdigung Rn. 472, einschr bei ansteigender Fahrbahn Stu NZV **90** 236). Gleichfalls kein Anscheinsbeweis, wenn bei den UnfallFz nicht jedenfalls eine Teilüberdeckung von Heck und Front vorliegt (KG NZV **07** 408 (also bei

bloß seitlichem Schaden), **08** 623; **10** 468; s. auch Mü NJW-Spezial **14** 11). Erschüttert ist der Anscheinsbeweis durch die bewiesene Tatsache, dass ein anderes Fz auf den Auffahrenden von hinten ebenfalls aufgefahren ist (Nü DAR **82** 329, Fra VRS **75** 256) oder dass der Vorausfahrende seinerseits durch einen VUnfall zum Stehen gekommen ist (BGH NZV **07** 354, LG Sa NZV **07** 309). Weil es an der Typizität häufig fehlt, gilt der Anscheinsbeweis **bei Kettenunfällen** idR nicht (Kar VersR **82** 1150, Dü NZV **95** 486, **98** 203), und zwar entgegen der wohl herrschenden **Rspr.** (Kar VersR **82** 1150; DAR **09** 702; Dü NZV **95** 486 mAnm *Greger;* zust. hier bis 42. Aufl.) auch nicht hinsichtlich des Letztauffahrenden, sofern er nicht durch den Beweis eines wegen des Auffahrens des Vordermannes verkürzten Anhaltewegs entkräftet wird; denn dann fehlt es an der für den Anscheinsbeweis erforderlichen Typizität (Ha NJW **14** 3790 (dort auch zur quotenmäßigen Aufteilung des Schadens); *Greger/Zwickel* § 38 Rn. 88). Abkommen von der Fahrbahn und anschließendes Querstellen des Fz des Vorausfahrenden entkräftet den Anscheinsbeweis (Ha VersR **81** 788), desgleichen Nichtaufleuchten der Bremslichter des Vorausfahrenden (Kar VRS **62** 408).

Der Anscheinsbeweis wird **nicht dadurch entkräftet,** dass sich der Vordermann nach vorn 37 hin nicht verkehrsgerecht verhalten hat (BGH MDR **60** 42, VersR **64** 263, Kö VersR **63** 864), jedoch durch nachgewiesenes Bremsversagen (BGH VersR **63** 95). Plötzliches starkes Bremsen des Vordermanns allein erschüttert den Anscheinsbeweis nicht; denn ein plötzliches scharfes Bremsen des Vorausfahrenden muss ein Kraftfahrer grundsätzlich einkalkulieren (BGH NJW **62** 1308; VersR **68** 670, NJW **87** 1075, NZV **07** 354; Kar NJW **17** 2626; dazu Rn. 17). Anders kann es liegen, wenn dies – was nach allgemeinen Grundsätzen feststehen muss (vgl. Kar NJW **17** 2626 mAnm *Jaeger*) – unter Verstoß gegen I S. 2 geschieht (BGH NZV **07** 354, KG VM **83** 13, Ce ZfS **84** 257, Kö VRS **90** 341, Ko VRS **68** 251 (grundloses abruptes Bremsen auf Überholspur einer BundesStr), Kö MDR **95** 577 (Bremsen an vermeintlich roter LZA), s. aber Kar NJW-RR **88** 28, offengelassen von KG VM **89** 37), grundloses Abbremsen im Kreuzungsbereich bei Grünphase (LG Sa NJW-RR **16** 409),. Keine Erschütterung des Anscheinsbeweises wegen Haltens des Vorausfahrenden in 2. Reihe zum Zweck des Rückwärtseinparkens (KG VM **85** 26) und auch nicht (weil selbst gefahrerhöhend) bei behauptetem Ausweichmanöver iVm Bremsung (Dü NZV **06** 200).

Literatur: *Andelewski,* Der Tierschutz im StrV, NZV **01** 61. *Förste,* Probleme zum Sicherheitsabstand, 38 DAR **73** 148. *Gramberg-Danielsen/Holtz,* Zur Überwachung des Sicherheitsanstandes von Kfz auf AB, MDR **83** 534. *Grandel/Thumm,* Experimentelle Untersuchungen der menschlichen Fähigkeit, Abstands- und Geschwindigkeitsverhalten … einzuschätzen, Verkehrsunfall **84** 61, 91. *Greger,* Haftungsfragen beim Serienunfall, NZV **89** 58. *Härlein, Jedamus,* Die Schadensabwicklung bei Massenauffahrunfällen, VGT **81** 161, 200. *Hartung,* Möglichkeiten und Grenzen des zivilen Haftpflichtrechts bei Massenauffahrunfällen, VersR **81** 696. *Heitmann,* Massenunfälle als haftungsrechtliches Problem, VersR **94** 135. *Krumm,* Geschwindigkeits- und Abstandsmessungen mit dem VAMA-Verfahren, DAR **05** 55. *Lehr,* Probleme bei Massenunfällen, VGT **86** 143. *Lepa,* Beweiserleichterungen im Haftpflichtrecht, NZV **92** 129. *Löhle,* Genauigkeit polizeilicher VÜberwachungsmethoden, DAR **84** 394. *Löhle ua,* Das Distanva-Abstandsmeßverfahren, DAR **83** 69. *Maier/Bickelhaupt,* Verkehrstechnisch maximal mögliche zeitliche Abstände bei FzPaaren … (Distanova-Verfahren), DAR **86** 279. *Mühlhaus,* Abstand – Auffahren, DAR **67** 260. *Prell/Kuchenbauer,* Problematik des Abstands nach § 4 Abs. 1 StVO …, DAR **99** 49. *Schimmelpfennig,* Neue Möglichkeit zur Rekonstruktion von Massenkarambolagen, DAR **84** 139.

Überholen

5 (1) **Es ist links zu überholen.**

(2) [1]**Überholen darf nur, wer übersehen kann, dass während des ganzen Überholvorgangs jede Behinderung des Gegenverkehrs ausgeschlossen ist.** [2]**Überholen darf ferner nur, wer mit wesentlich höherer Geschwindigkeit als der zu Überholende fährt.**

(3) **Das Überholen ist unzulässig:**

1. bei unklarer Verkehrslage oder

2. wenn es durch ein angeordnetes Verkehrszeichen (Zeichen 276, 277) untersagt ist.

(3a) **Wer ein Kraftfahrzeug mit einer zulässigen Gesamtmasse über 7,5 t führt, darf unbeschadet sonstiger Überholverbote nicht überholen, wenn die Sichtweite durch Nebel, Schneefall oder Regen weniger als 50 m beträgt.**

(4) [1]Wer zum Überholen ausscheren will, muss sich so verhalten, dass eine Gefährdung des nachfolgenden Verkehrs ausgeschlossen ist. [2]Beim Überholen muss ein ausreichender Seitenabstand zu den anderen Verkehrsteilnehmern eingehalten werden. [3]Beim Überholen mit Kraftfahrzeugen von zu Fuß Gehenden, Rad Fahrenden und Elektrokleinstfahrzeug Führenden beträgt der ausreichende Seitenabstand innerorts mindestens 1,5 m und außerorts mindestens 2 m. [4]An Kreuzungen und Einmündungen kommt Satz 3 nicht zur Anwendung, sofern Rad Fahrende dort wartende Kraftfahrzeuge nach Absatz 8 rechts überholt haben oder neben ihnen zum Stillstand gekommen sind. [5]Wer überholt, muss sich so bald wie möglich wieder nach rechts einordnen. [6]Wer überholt, darf dabei denjenigen, der überholt wird, nicht behindern.

(4a) Das Ausscheren zum Überholen und das Wiedereinordnen sind rechtzeitig und deutlich anzukündigen; dabei sind die Fahrtrichtungsanzeiger zu benutzen.

(5) [1]Außerhalb geschlossener Ortschaften darf das Überholen durch kurze Schall- oder Leuchtzeichen angekündigt werden. [2]Wird mit Fernlicht geblinkt, dürfen entgegenkommende Fahrzeugführende nicht geblendet werden.

(6) [1]Wer überholt wird, darf seine Geschwindigkeit nicht erhöhen. [2]Wer ein langsameres Fahrzeug führt, muss die Geschwindigkeit an geeigneter Stelle ermäßigen, notfalls warten, wenn nur so mehreren unmittelbar folgenden Fahrzeugen das Überholen möglich ist. [3]Hierzu können auch geeignete Seitenstreifen in Anspruch genommen werden; das gilt nicht auf Autobahnen.

(7) [1]Wer seine Absicht, nach links abzubiegen, ankündigt und sich eingeordnet hat, ist rechts zu überholen. [2]Schienenfahrzeuge sind rechts zu überholen. [3]Nur wer das nicht kann, weil die Schienen zu weit rechts liegen, darf links überholen. [4]Auf Fahrbahnen für eine Richtung dürfen Schienenfahrzeuge auch links überholt werden.

(8) Ist ausreichender Raum vorhanden, dürfen Rad Fahrende und Mofa Fahrende die Fahrzeuge, die auf dem rechten Fahrstreifen warten, mit mäßiger Geschwindigkeit und besonderer Vorsicht rechts überholen.

1/2   Begr zu § 5

Die Vorschrift wendet sich nur an den Fahrverkehr. Falsches Überholen steht hinsichtlich der Gefährlichkeit für Leib und Leben mit an höchster Stelle unter den Unfallursachen (vgl. Meyer-Jacobi-Stiefel, Band I S. 104: Personenschadenanteil 21,6%). Dieselben Autoren haben ermittelt, dass zwar die Fälle überwiegen, in denen überhaupt nicht hätte überholt werden dürfen, dass aber auch bei der Durchführung der Überholung bis zum Wiedereinordnen häufig Fehler gemacht werden …

3   Zu Abs. 2: *Nach den erwähnten Untersuchungen (Band I S. 103 Abschnitt VII und S. 105 Abschnitt VII) „werden 36,7% aller Überholunfälle dadurch heraufbeschworen, dass überholt wird, obwohl dieses Fahrmanöver im betreffenden Augenblick schlechthin unzulässig war!". Verantwortungsloses Überholen an Stellen, an denen der Überholvorgang nicht mit Sicherheit innerhalb der übersehbaren Strecke der Fahrbahn abgeschlossen werden kann, verbieten schon die Worte „wer übersehen kann". Die Worte „während des ganzen Überholvorgangs" im Zusammenhang mit den folgenden Verhaltensvorschriften zeigen, dass das Überholen – wie das auch die Rechtsprechung zutreffend anerkannt hat – mit dem Ansetzen beginnt und erst mit dem Wiedereinordnen nach rechts endet. Während dieser ganzen Zeit, also auch noch im letzten Stadium, muss eine Gefährdung oder auch nur Behinderung des Gegenverkehrs von Anfang an als ausgeschlossen betrachtet werden können. Mit den Worten „ausgeschlossen ist" übernimmt der Gesetzgeber jene Formulierung des § 17 StVO (alt). Da diese Formel von der Rechtsprechung richtig dahin verstanden worden ist, dass damit das Äußerste an Sorgfalt verlangt wird, und da eine weniger strenge Formulierung den Irrtum besorgen ließe, dass hier ein Weniger verlangt würde, wird diese Formulierung beibehalten. Der Führer hat danach vor jedem Überholen gründliche und gewissenhafte Erwägungen darüber anzustellen, ob sich seine Absicht verantworten lässt. Jeder geringste Zweifel, ob nicht der Gegenverkehr auch nur zur Verlangsamung veranlasst werden könnte, muss dazu führen, das Manöver zu unterlassen. Fehlschätzungen gehen zivilrechtlich stets zu Lasten des Überholenden und schützen ihn auch in aller Regel nicht vor Bußgeld oder Strafe. …*

4   Zu Abs. 3: Zu Nr. 1: *Von der Übernahme der Vorschrift, dass das Überholen an unübersichtlichen Stellen verboten ist, hat der Gesetzgeber abgesehen; der Begriff ist viel zu eng und daher sogar irreführend. Gegen den Gesetzestext, der das Verbot „bei unklarer Verkehrslage" – eine häufig wiederkehrende Formel aus der höchstrichterlichen Rechtsprechung – aufstellt, kann dies nicht eingewandt werden. Da der Gegenverkehr schon durch Absatz 2 ausreichend geschützt ist, kann sich die Unklarheit der Verkehrslage nur auf vorhandenen Querverkehr und vor allem auf das Verhalten des zu Überholenden beziehen. Ungeklärt ist dessen Verhal-*

ten jedenfalls so lange, wie nicht klar ist, dass dieser nicht Anstalten trifft, abzubiegen oder seinerseits zu über-holen; unklar ist die Verkehrslage auch, solange sich der Fahrzeugführer nicht vergewissert hat, ob der zu Über-holende nicht ausscheren muss, um an einem Hindernis auf der Fahrbahn vorbeizufahren.

Zu Abs. 4: *... Rückschaupflicht vor jedem Überholen zu gebieten, wäre verfehlt. Wer z. B. einen Fuß-* 5 *gänger überholt und dazu nicht auszuscheren braucht, hat zur Rückschau keinen Anlass. Unter einem Aus-scheren ist aber nicht jede noch so geringfügige Seitwärtsbewegung zu verstehen. Wenn der Sicherheitsab-stand zu einem Fahrzeug, das als links daneben fahrend gedacht wird, durch die Seitwärtsbewegung nicht aufgebraucht würde, liegt kein Ausscheren vor. Dass sich aus der Rückschaupflicht vor dem Ausscheren eine Umkehrung der Verantwortlichkeit ableiten ließe, wird durch Absatz 3 Nr. 1 ausgeschlossen; vgl. dazu oben zu Absatz 3, zu Nr. 1. Dem Nachfolgenden bleibt die vorgehende und ausnahmslos bestehende Pflicht, den Vordermann aufmerksam zu beobachten.*

Die Weltregel des Blinkens bei jedem Ausscheren sogar innerhalb geschlossener Ortschaften wird über- 6/7 *nommen ...*

Dass sich der Überholende so bald wie möglich wieder nach rechts einzuordnen habe, ergibt sich an sich 8 *schon aus § 2 Abs. 2; die Wiederholung an dieser Stelle ist gerechtfertigt angesichts der häufig zu beobach-tenden Unsitte, auch weiterhin auf dem Überholstreifen zu bleiben, obwohl weder die Verkehrsdichte noch die Verkehrslage das erlaubt. Der letzte Satz macht deutlich, dass in keinem Falle eine Behinderung erlaubt ist, insbesondere die Notwendigkeit, sich wegen Gegenverkehrs schnellstens wieder nach rechts einzuordnen, das „Schneiden" des Überholten nicht als unvermeidbar (§ 1 Abs. 2) rechtfertigt.*

Zu Abs. 5: *Diese Vorschrift erlaubt die Ankündigung der Überholabsicht durch Schall- oder Leuchtzei-* 9 *chen nur noch außerhalb geschlossener Ortschaften.*

Ein Bedürfnis, auch innerhalb geschlossener Ortschaften wenigstens bei Nacht die Abgabe von Leuchtzei- 10 *chen zu solchem Zwecke zu gestatten, wie es noch § 12 StVO (alt) tut, ist nicht anzuerkennen; diese Er-laubnis verleitet im Gegenteil dazu, sich das Überholen auf solche Weise zu erzwingen. Das neue Verbot dient so der Beruhigung des innerörtlichen Verkehrs.*

Kurz gegeben werden Warnzeichen nur dann, wenn sie stoßweise und auch insgesamt nur wenige Se- 11 *kunden gegeben werden. An die Stelle des zu weit gehenden Verbots von Leuchtzeichen, wenn Verkehrsteil-nehmer geblendet werden „können", tritt das beschränktere tatsächlichen Blendens.*

Zu Abs. 6: *Während Satz 1 geltendes Recht aufrechterhält, wird mit dem Satz 2 eine wichtige Vor-* 12 *schrift des Weltrechts übernommen. Schlangen hinter langsamen, schweren Lastkraftwagen sind nicht bloß aus Gründen der Verkehrsflüssigkeit unerwünscht, sondern auch, weil ungeduldige Personenkraftwagenführer erfahrungsgemäß zu gefährlichen Überholmanövern neigen.*

Zu Abs. 7: *Der Absatz bringt zwei schon heute geltende Ausnahmen vom Rechtsüberholverbot in ver-* 13 *besserter sprachlicher Fassung. Erwähnenswert ist nur, dass Voraussetzung solchen Rechtsüberholens in Satz 1 auch die gegenwärtige Anzeige der beabsichtigten Fahrtrichtungsänderung ist, das Rechtsüberholen also auch dann verboten ist, wenn der Eingeordnete das Blinken inzwischen eingestellt hat; in solchen Fäl-len wird sich das Überholen regelmäßig wegen Unklarheit der Verkehrslage überhaupt verbieten.*

Begr zur MaßnVO (VkBl. **75** 673): 13a

Zu Absatz 4 Satz 2: *a) Wenn man den Verkehrsteilnehmer über sein Verhalten beim Überholen um-fassend unterrichten will, muss das Gebot ausreichenden Seitenabstandes ausdrücklich aufgestellt werden. ... überholt werden auch Fußgänger und Radfahrer. Beobachtungen zeigen aber, dass viele Kraftfahrer es unter-lassen, hinter solchen Verkehrsteilnehmern ihre Fahrgeschwindigkeit auf Schrittgeschwindigkeit zu ermäßi-gen, wenn ein Fahrzeug entgegenkommt und der Seitenabstand zu diesen schwächeren Verkehrsteilnehmern oft nicht ausreicht. Dieser Unsitte soll durch Aufnahme des neuen Satzes 2 entgegengewirkt werden.*

Begr zur ÄndVO v. 21.7.80 (VkBl. **80** 514): 13b

Zu Abs. 6 Satz 3: *Die Ergänzung soll es ermöglichen, dass bei Straßen mit Mehrzweckstreifen lang-samere Fahrzeuge auf den Mehrzweckstreifen ausweichen, um schnelleren Verkehrsteilnehmern das Überho-len zu erleichtern. Die Änderung entspricht einem Formulierungsvorschlag des Bund-Länder-Fach-ausschusses für den Straßenverkehr und die Verkehrspolizei vom 14./15. Februar 1978.*

Begr zur ÄndVO v. 22.3.88 (VkBl. **88** 220): 13c

Zu Abs. 4: *Bisher waren die Vorschriften über die Sorgfaltspflichten desjenigen, der zum Überholen ausscheren wollte, hinsichtlich der Autobahnen und der anderen Straßen unterschiedlich geregelt (§ 5 Abs. 4*

*Satz 1, § 18 Abs. 4). § 5 Abs. 4 Satz 1 verlangte nur, dass auf den nachfolgenden Verkehr geachtet werden müsse, während § 18 Abs. 4 verlangte, dass eine Gefährdung des nachfolgenden Verkehrs ausgeschlossen sein müsse. Dieses Gefährdungsverbot wird jetzt auch auf die Straßen ausgedehnt, die keine Autobahnen sind. Die Regelung wird in den § 5 Abs. 4 Satz 1 aufgenommen. Damit erfolgt eine Zusammenfassung in **einer** Vorschrift für alle Straßen. Hier soll auch deutlich gemacht werden, dass der Überholende sich – auch auf Autobahnen – sobald wie möglich wieder nach rechts einordnen muss. Dem unzulässigen Linksfahren auf den Autobahnen soll damit entgegengewirkt werden.*

Zu Abs. 6: *Bisher war auf Kraftfahrstraßen das Ausweichen eines langsamen Fahrzeugs auf den Standstreifen nicht zulässig. Dieses Ausweichen soll jedoch auf Kraftfahrtstraßen nunmehr zugelassen werden. Der Begriff „Mehrzweckstreifen" führte immer wieder zu Missverständnissen und soll daher ganz entfallen.*

Zu Abs. 8: *… Wenn aber rechts neben der Autoschlange ausreichend Platz vorhanden ist, ist es den Radfahrern und Mofa-Fahrern nicht zuzumuten, hinter einem Auto zu warten und durch Abgase belästigt zu werden. Die jetzige Änderung bringt hier Klarheit und erlaubt das Aufschließen.*

13d   **Begr** zur ÄndVO v. 15.10.91 (VkBl. **91** 703):

Zu Abs. 3a: *Die Erfahrung lehrt, dass auch bei derart geringen Sichtweiten zumindest auf Autobahnen noch überholt und die situationsangepasste Fahrgeschwindigkeit nicht eingehalten wird. In vielen Fällen lösen Lkw, auch wenn sie nicht den ersten Unfall in der Kette verursachen, erst die schwerwiegenden Folgen aus, wenn sie, oft auf der Überholspur, in die Unfallstelle hineinfahren. …*
Die Regelung stellt die Geltung bereits bestehender Überholverbote, ohne diese im Einzelnen aufzuführen, nicht in Frage. Sie schwächt mithin solche Überholverbote, vor allem diejenigen, die für unklare Verkehrslagen und damit auch für Sichtbehinderungen bestehen, nicht ab. …

13e   **Begr** zur StVO-Neufassung 2013 v. 6.3.2013 (BR-Drs. 428/12) **Zu Abs. 3 Nr. 2:** *Das Wort „verboten" ist durch das Wort „angeordnet" zu ersetzen, da sich der Verordnungsbefehl an die Fahrzeugführer für das Überholverbot in Anlage 2 bei den Zeichen 276 und 277 befindet. Durch das Wort „angeordnet" wird auf dieses Verbot hingewiesen (vergleiche auch Begründung zu § 2 IV bezüglich der „Doppelbewehrung"*).

13f   **Begr** zur ÄndVStVR v. 20.4.2020 (BR-Drs. 591/19) **zu Abs. 4 S. 2–4:** *Bislang schreibt § 5 Abs. 4 S. 2 beim Überholen anderer VT ausschließlich einen „ausreichenden Seitenabstand" vor. Dieser unbestimmte Rechtsbegriff wurde durch die Rspr. dahin konkretisiert, dass innerorts idR ein Abstand von 1,5 m und außerorts ein Abstand von 2 m einzuhalten ist. Durch die Einführung von Mindestvorgaben in § 5 Abs. 4 S. 3 neu wird klargestellt, dass ein die genannten Werte unterschreitender Abstand generell nicht als ausreichend anzusehen ist. Durch die Beibehaltung des unbestimmten Rechtsbegriffs „ausreichender Seitenabstand" wird zugleich verdeutlicht, dass in Einzelfällen ein größerer Seitenabstand erforderlich sein kann. Dabei gilt der für Kfz vorgeschriebene Seitenabstand auch für das Überholen von auf Schutzstreifen befindlichen Rad Fahrenden, da sich auch diese auf der Fahrbahn fortbewegen und der Schutzstreifen lediglich einen geschützten Raum der Fahrbahn darstellt. Nach Sinn und Zweck der Vorschrift kann nichts anderes für Radfahrstreifen gelten; auch dann nicht, wenn diese den Radverkehr und den übrigen Fahrverkehr durch bauliche Vorrichtungen voneinander trennen (sog. Protected Bike Lanes). Durch S. 4 neu werden Ausnahmen für den Fall des Anfahrens von verkehrsbedingt haltenden Kfz an Kreuzungen und Einmündungen statuiert, soweit Rad Fahrende diese zuvor rechts überholt haben oder neben ihnen zum Stillstand gekommen sind. Zum einen ist in diesen Fällen aufgrund der niedrigen Differenzgeschwindigkeit der festgeschriebene Mindestabstand von 1,5 m bzw. 2 m nicht erforderlich. Zum anderen wäre ein gleichzeitiges Anfahren von Kfz und Fahrrädern zumeist nicht mehr möglich, ohne dass der Kraftfahrzeugführer eine Ordnungswidrigkeit begehen würde.*

VwV zu § 5 Überholen und § 6 Vorbeifahren

14   1   An Teilnehmern des Fahrbahnverkehrs, die sich in der gleichen Richtung weiterbewegen wollen, aber warten müssen, wird nicht vorbeigefahren; sie werden überholt. Wer durch die Verkehrslage oder durch eine Anordnung aufgehalten ist, der wartet.

VwV zu § 5 Abs. 6 Satz 2

15   1   Wo es an geeigneten Stellen fehlt und der Verkehrsfluß wegen Lastkraftwagenverkehrs immer wieder leidet, ist der Bau von Haltebuchten anzuregen.

---

* Abgedruckt unter § 2 Rn. 16e.

Übersicht

1. Die Vorschrift wurde durch die StVO-Neufassung 2013 nur redaktionell geändert (s. aber **16** Rn. 13e zu III Nr. 2, Rn. 36). **Überholen** ist der tatsächliche, absichtslose Vorgang des Vorbeifahrens auf demselben StrTeil (Fahrbahn, Dü VRS **107** 109, NZV **90** 278, **93** 359, NJW **94** 1809) an einem anderen VT, der sich in derselben Richtung *bewegt* oder *verkehrsbedingt* (Weisung, Anordnung, LichtZ, VLage), idR in Fahrstellung, wartet (Rn. 14; BGH NJW **68** 1533, **74** 1205, **75** 1330, **16** 3462; Bay DAR **79** 111, Kar NZV **03** 493, Dü NZV **97** 491, Kö NZV **95** 7, VRS **96** 335, Schl VM **96** 19, KG NZV **98** 376) soeben anfährt (Ha DAR **73** 277, Fra VRS **76** 108) oder anhalten will, aber noch deutlich fährt; anders nur, wenn das im Anhalten begriffene Fz durch

Rechtsheranfahren und Abbremsen fast bis zum Stillstand einem haltenden Fz gleichkommt (Rn. 18), dann Vorbeifahren (§ 6). Eine Erhöhung der Geschwindigkeit setzt der Begriff des Überholens ebenso wenig voraus wie einen Fahrstreifenwechsel (Dü NZV **90** 319). Überholabsicht ist nicht Voraussetzung (Dü NZV **90** 319, Zw VM **77** 66, Ce VM **63** 77). Zusf zum Überholbegriff: Dü VRS **59** 151. **Verkehrsbedingt** ist zB Abwarten des GegenV vor einem Hindernis, Warten vor der Rotampel (BGH NJW **75** 1330, Dü VRS **70** 41), einem VPosten, Warten bei Stockung (BVerwG NZV **94** 413), vor der geschlossenen Schranke, am Grenzübergang (Kar NZV **03** 493 (selbst bei absehbar mehrstündiger Dauer)), aber auch das Warten aus Gefälligkeit gegenüber einem anderen VT (Vorfahrt-, Vorrangverzicht, Anhalten für querenden Fußgänger; Kö VRS **96** 335). Wer an Fz vorbeifährt, die hinter einem haltenden Bus (Haltestelle) warten, überholt sie (Dü DAR **80** 277). Der vor einer Einfahrt zwecks Türöffnens verharrende Kf wartet nicht verkehrsbedingt, an ihm wird (sofern zulässig) vorbeigefahren (Bay VRS **58** 450), wartet er aber als Linksabbieger Gegenverkehr oder als Rechtsabbieger den gleichgerichteten Geradeausverkehr ab, so ist dies verkehrsbedingt, und er wird überholt. Ein nach rechts abbiegendes Fz wird von einem geradeaus fahrenden jedenfalls dann nicht mehr überholt, wenn es die durchgehende Fahrbahn verlassen hat (Bre VRS **32** 473; Ha DAR **53** 219; BHHJ/*Heß* § 5 Rn. 4).

17   Dabei ist bei Vorhandensein mehrerer Fahrstreifen das **Nebeneinanderauffahren** links wie rechts, sofern es nicht gegen ein ÜberholverbotsZ (Überholverbot) verstößt (Rn. 36), nach den Überholregeln erlaubt. Kein unzulässiges Rechtsüberholen daher, wenn von zwei vor Rot wartenden Fz das rechte schneller anfährt (Dü DAR **66** 26, Ha VRS **29** 234, Schl SchlHA **63** 285, KG VRS **29** 94, Kö NJW **63** 2386), wenn der Rechtsfahrende bei einsetzendem Grün zügig rechts an weiter links Anfahrenden vorbeifährt (Ha VM **69** 71, Kar VRS **33** 449, Dü DAR **59** 324) oder wenn auf dem rechten Fahrstreifen bis zum Haltestrich vorgefahren wird, obwohl weiter links, verkehrsgerecht oder nicht, bereits Fz warten. Sonst würde der Verkehr trotz freier Fahrstreifen unsachgemäß behindert (s. § 7 und *Demuth* JurA **71** 389). Auch beim erlaubten Nebeneinanderfahren wird rechts oder links überholt (BGH NJW **75** 1332, Hb VRS **43** 386).

18   **Vorbeigefahren** wird an den *nicht* verkehrsbedingt, also idR nicht in Fahrstellung haltenden VT (Rn. 14), an haltenden, parkenden, liegen gebliebenen Fz (Kar NZV **03** 493, Schl VM **96** 14 (Müllfz), Ha VM **73** 32), an kurz vor dem Halten am Fahrbahnrand praktisch zum Stillstand gekommen (Bay DAR **89** 361, Dü VersR **75** 429, VRS **63** 60), an fahrplanbedingt haltenden öffentlichen VMitteln (BaySt **62** 306, Dü DAR **80** 277), aber nicht an den dahinter wartenden Fz (Rn. 16), am Geradeausfahrenden, der den entgegenkommenden Linksabbieger freiwillig abwartet, Dü VM **73** 63 (Fall unangebrachter, weil uU gefährdender Höflichkeit); aM *Booß* VM **73** 63).

19   Für **Fußgänger** im Verband (§ 27) Reiter, Viehtreiber und -führer (§ 28) gelten die Fahrverkehrsregeln kraft ausdrücklicher Vorschrift entsprechend. Dabei ist zu berücksichtigen, dass allenfalls Reiter jemals überholt werden, während alle anderen langsam beweglichen Fußgänger (Treiber) nur überholt werden. Auch Fußgänger können im Rechtssinn überholt werden, zB, wenn sie auf der Fahrbahn Fz mit sich führen (Bay VM **73** 73). Hinsichtlich des *Überholenden* spricht die Begr zwar nur vom Fahrverkehr (Rn. 1/2), erwähnt aber andererseits den "überholten Fußgänger" (Rn. 5, 13a), während die VwV von "Teilnehmern des Fahrbahnverkehrs" spricht (Rn. 14). Bleibt der Fußgänger freiwillig stehen, um das nachfolgende Fz vorbeizulassen, so wird an ihm vorbeigefahren, § 5 gilt dann nicht (Bay VM **73** 73). Benutzen Fußgänger, berechtigt oder nicht, die rechte Fahrbahnseite, so sind sie jedenfalls mit gebührender Rücksicht mit ausreichendem seitlichem Abstand zu überholen (Rn. 54).

19a   **Nur auf demselben Straßenteil** (derselben Fahrbahn, Rn. 16) darf und kann, soweit zulässig, im Rechtssinn überholt werden, nicht auf einem für den Verkehr gesperrten (Ha VRS **50** 140), nicht mit Hilfe eines Parkplatzes, eines einer anderen VArt vorbehaltenen Sonderwegs (Rn. 20) oder des Seitenstreifens (§ 2 I S. 2; Dü VRS **91** 387). Sperrflächen (Z 298) gehören zur Fahrbahn (§ 41 Rn. 248o), unzulässige Benutzung zum Rechtsüberholen verletzt zugleich Abs. 1 (Dü VM **90** 38, NZV **90** 241, Anm *Booß* VM **90** 60). Überholen bei Z 295 (durchgezogene Trennlinie): § 41 Rn. 248l. **Auf AB** darf ausschließlich auf den durchgehenden Fahrbahnen überholt werden, das Vorbeifahren an dort Vorausfahrenden **mit Hilfe anderer VFlächen**, zB im Bereich eines AB-Kreuzes, eines Parkplatzes oder einer Raststätte, ist kein Überholen im Rechtssinne, verletzt daher nicht § 5, sondern § 2 I wegen Benutzung einer dem durchgehenden V nicht gewidmeten Fläche (Dü NZV **90** 278, *Booß* VM **76** 13). Ein **Verstoß gegen § 2 I** ist es daher, wenn „überholt" wird unter Benutzung der Standspur, durch Befahren von Raststättengelände (Fra VRS **46** 191), Parkplätzen (Bay VRS **66** 291, Dü DAR **87** 266 (es sei denn, dieser wäre ursprünglich zum Zwecke des Parkens aufgesucht worden)), Nebenfahrbahnen, die nur über Raststättenzufahrten erreichbar sind (Stu VRS **53** 209), parallel laufenden Verteilerfahrbahnen, soweit sie ausschließlich dem aus- und einfahrenden V dienen (Dü VRS **53** 378), anders, wenn die Verteilerfahrbahn ursprünglich, aber infolge Irrtums, zwecks Verlassens der durchgehenden Fahrbahn aufgesucht wurde (Dü NZV **90** 278) oder wenn die Nebenfahrbahn auch dem durchgehenden V dient (AG Baden-Baden VRS **68** 67). **Hindurchfahren in der Mitte** zwischen befahrenen Fahrstreifen: Rn. 64. Zum abweichenden Überholbegriff im Rahmen des § 315c StGB s. dort Rn. 33.

Sonderwege, ausschließlich einer VArt zugewiesen, dürfen nur von Teilnehmern dieser VArt **20** (zB Radf, Mopedf) zum Überholen untereinander benutzt werden, nicht im Verhältnis zu einer anderen, so nicht Seitenstreifen im Verhältnis zur Fahrbahn oder Gehwege (Ha VRS **32** 449). Zu **Einfädelungsstreifen** als selbstständige Fahrbahnen § 2 Rn. 25a. Bei dieser Einordnung wäre das Vorbeifahren unter Benutzung dieser Streifen an Fz auf der durchgehenden Fahrbahn und umgekehrt im Rechtssinn kein Überholen (Bay DAR **70** 276, Ko DAR **87** 158, Dü VRS **04** 109, DAR **81** 19, Ha DAR **75** 277). Einen Erlaubnistatbestand enthält § 7a II (s. dort). Zur Frage des Überholens auf dem **Ausfädelungsstreifen** (auch: Verzögerungs-, Ausfahrstreifen): § 7a Rn. 6. Verbot des „Überholens" unter **Benutzung des Standstreifens** der AB: § 18 Rn. 14b. Die **Kriechspur** ist ein Fahrbahnteil (BGHSt **30** 85 = NJW **81** 1968, Kö VRS **62** 303) und erlaubt kein Rechtsüberholen dem Normalspurfahrer (BGHSt **23** 128, Bay VM **72** 51, Fra VM **68** 84). Überholen auf der AB, s. auch § 18.

Wird **auf AB-Baustellen** der Verkehr zweistreifig übergeleitet oder einstreifig fort- und ein- **21** streifig übergeleitet und sind die Fahrstreifen baulich deutlich voneinander getrennt, so kann Vorfahren von Kfz auf der einen Spur ohne Spurwechsel vor solchen auf der anderen Spur nicht als Überholen gelten (Rn. 19a), auch nicht, wenn vor der Überleitung ein ÜberholverbotsZ steht. Dieses untersagt dann nur Überholen vor Beginn der Überleitung.

Das **Überholen beginnt** spätestens mit dem Ausscheren nach links (Ko NZV **93** 318, Dü **22** VRS **70** 292, Kar VRS **74** 166). Ist der Überholende bereits vorher links gefahren, beginnt es nach hM mit der deutlichen Verkürzung des Sicherheitsabstandes (§ 4) mit Überholgeschwindigkeit in Überholabsicht, sofern diese sich aus den Umständen, zB Betätigung von (Licht-) Hupe oder Blinker, ergibt (Bay DAR **93** 269, Dü NZV **89** 441, VRS **66** 355, Kar NJW **72** 962, LG Kar NJW **05** 915, *Haubrich* NJW **89** 1198; sehr zw., s. § 315c Rn. 12 sowie eingehend LK-*König* § 315c Rn. 92ff.). Zweitüberholen, Anschlussüberholen: Rn. 30, 31. Wer sein Fz nur ein wenig nach links lenkt, um Übersicht darüber zu gewinnen, ob Überholmöglichkeit besteht, überholt nach hM noch nicht (Bay DAR **88** 366), anders, wenn er dabei auf die Gegenfahrbahn ausschert und beschleunigt (Kar VersR **04** 776, Ha VersR **96** 181).

Beendet ist das Überholen mit dem Wiedereinordnen nach rechts mit ausreichendem Ab- **23** stand (Rn. 51–53; Ha DAR **00** 265, Dü NZV **88** 149, Kö VM **78** 61), bei weiterem Linksfahren des Überholenden, sobald kein verständiger Zusammenhang mit dem Überholen mehr besteht (Bay VM **72** 51, **68** 33), auch wenn der Überholende verkehrswidrig weiterhin links fährt. Im gleichgerichteten MehrstreifenV ohne Wiedereinordnen ist das Überholen mit dem Erreichen des notwendigen Abstands zum Überholten beendet (BGHSt **25** 293 = NJW **74** 1205, Ko VRS **61** 460), aber nicht, wie Hb VRS **43** 385 annimmt, schon nach Überholen mit ganzer eigener FzLänge (abzulehnen, weil es gefährdet und je nach Wegfall des rechten oder linken Fahrstreifens zu unterschiedlichen Ergebnissen führt).

Links ist zu überholen, auch auf EinbahnStr und im KreisV. Nebeneinanderfahren: §§ 7, 7a, **24** 37 IV. Auch Radfahrer haben einander idR links zu überholen, da sie zum FahrV rechnen. Rechtsüberholen: Rn. 64–70. SchienenFz: Rn. 69, 70. Obusse sind beweglich und werden daher links überholt. Auf der AB-Standspur darf nicht „überholt" werden (Verstoß gegen das Fahrbahnbenutzungsgebot, s. § 18 Rn. 14b).

Literatur: *Förste,* Überholverbot auf Bundes- und LandStrn bei Dunkelheit?, NZV **02** 217. *Kuhlig,* Die **24a** Abbremsmöglichkeiten schneller Fz bei plötzlichem Ausscheren des Voranfahrenden, DAR **60** 224. *Mühlhaus,* Überholen mit und ohne Überholabsicht, DAR **68** 169. *Müller,* Sorgfaltspflichten beim Überholen, DAR **59** 312. *Scheidler,* Verhaltensregeln für das Überholen, DAR **14** 49.

2. Ausgeschlossen muss Gefährdung oder nennenswerte, nicht nur belanglose (Ha VRS **48** **25** 377) Behinderung des Gegenverkehrs bis zur Beendigung (Rn. 23) des Überholens sein (Dü VRS **52** 210, Kö DAR **77** 192, Ko VRS **66** 219), sonst ist es unzulässig (II). Ist die Überhollage nicht nur unklar, sondern ersichtlich gefährlich, ist Überholen verboten (II S. 1; Ha VRS **59** 271). Nichtbeachtung dieser Regel ist eine häufige Unfallursache (Begr). Zum Gegenverkehr kann auch ein auf der StrMitte entgegenkommender Fußgänger gehören (Zw VRS **40** 441). **Nicht zum Gegenverkehr** gehören Fz, die in die zum Überholen benutzte Straße von links her soeben erst einbiegen, solange sie noch nicht eingeordnet sind (BGH NZV **96** 27, Ha VRS **101** 81, KG VRS **45** 466, s. aber § 8 Rn. 47). Zumindest zw ist auch, ob zum Gegenverkehr auch vorfahrtberechtigter Verkehr von rechts gehört (so Ha VRS **51** 68); wer jedoch als an sich Wartepflichtiger unmittelbar vor einer unübersichtlichen Kreuzung noch überholt, kann der Wartepflicht nicht genügen und überholt jedenfalls trotz unklarer VLage (III Nr. 1; s. Rn. 34). Ausgeschlossen bedeutet **äußerste Sorgfalt** (E 150; KG VersR **74** 36). Maßgebend ist jedoch nicht besondere Fahrfertigkeit, sondern durchschnittliche Fähigkeit. In erster Linie haftet der Überholer für gefahrlosen Ablauf (BGH NJW **75** 312, Ko VersR **96** 1427, Kö DAR **77** 192). Überholen darf nur, wer es mit Gewissheit gefahrlos beenden kann (KG VRS **101** 56, Kar VM **75** 23 (je Kolonne), Ha VM **77** 78, NJW-RR **98** 1555 (Rechtskurve)). Der Überholer muss überblicken können, dass der **gesamte Vorgang vom Ausscheren bis zum Wiedereingliedern** mit richtigem Abstand unter Berücksichtigung etwaigen (zB erst während des Überholens auftauchenden; KG VRS **101** 56) Gegenverkehrs für einen durchschnittlichen Fahrer ohne irgendein Wagnis gefahr- und behinderungslos möglich sein werde (Begr; BGH VersR **00** 736 (auch bei Dunkelheit, krit *Förste* NZV **02** 217), Ha DAR **00** 265, KG VRS **101** 56), auch auf Straßen mit getrennten Fahrbahnen (Rn. 28). Muss er zum Überholen die Gegenfahrbahn benutzen, darf er nur überholen, wenn er diese auf der gesamten zum Überholen benötigten Strecke zuzüglich des Wegs überblicken kann, den ein etwaiges mit zulässiger Höchstgeschwindigkeit entgegenkommendes Fz zurücklegt (Ha DAR **00** 265, Dü NZV **94** 290, DAR **96** 290). Dies gilt von dem Augenblick an, von dem der Überholvorgang nicht mehr gefahrlos abgebrochen werden kann (Dü NZV **94** 290, ZfS **97** 354). Im Zweifel hat er zurückzustehen (BGH VRS **17** 331, Dü VRS **52** 210). Überhaupt ist nicht nur die Örtlichkeit entscheidend, sondern auch die Geschwindigkeit der beteiligten Fz (Kö VRS **65** 392 (erlaubtes Überholen in einer Kurve bei Schritttempo des Überholten)). Reicht die rechte Fahrbahnseite zum Überholen aus, so darf die linke nicht mitbenutzt werden (BGH VersR **59** 905, Bay DAR **66** 306), wobei auch der notwendige Seitenabstand einzurechnen ist (Rn. 54–58; s. § 2). Der **Gegenverkehr ist nicht behindert,** wenn er auf seiner Fahrbahn nur in zumutbarer Weise verkehrsangepasst fahren, zB geringfügig nach rechts ausweichen muss (Ha VM **75** 56, s. aber Rn. 26, 28). Mit scharfem Rechtsfahren des Gegenverkehrs darf der Überholer iÜ aber nicht rechnen (Dü VersR **77** 60). Ausgeschlossen kann Behinderung von Gegenverkehr auch sein, wenn der Überblick gezeigt hat, dass niemand entgegenkommen kann, der Überblick muss nicht während des gesamten Überholvorgangs bestehen bleiben (Ha DAR **72** 82 (vorhergehender Einblick in die Str hinter einer Kurve)).

26   **Keine äußerste Sorgfalt** zeigt, wer Überholen trotz bedrohlichen Gegenverkehrs nicht abbricht oder diesen nicht ständig beobachtet (BGH VRS **11** 436), wer nicht die ganze notwendige Überholstrecke schon vorher überblicken kann (Ha VRS **62** 214), wer trotz zu kurzer Sicht und ohne Rückschermöglichkeit zum Überholen ansetzt (Bay DAR **68** 22), wer den Verlauf der Überholstrecke erst während des Überholens erkennen kann (BGH VM **70** 14 (abknickende BundesStr im Ortsbereich)), wer mit dem Überholen beginnt, obwohl es nur mit überhöhter Geschwindigkeit möglich ist (BGH VRS **12** 417), wer überholt, obwohl er wegen einer Bodenwelle oder Kuppe entgegenkommende Fz gar nicht oder nur teilweise sehen kann (Bay VRS **38** 154, Ol DAR **58** 222, Kö DAR **58** 225, Schl VM **67** 8), ebenso vor und in unübersichtlichen Kurven mit möglichem GegenV (BGH NJW **60** 1524, Bay VRS **21** 378, Schl DAR **63** 170) oder wenn sich das Überholen bis in den Bereich einer Kuppe hineinziehen muss (Ce VRS **34** 78), wer den Gegenverkehr zum Ausweichen nötigt (Dü VM **66** 93 (nur 1,30 m für Radf)) oder darauf vertraut, der Gegenverkehr werde ausweichen (Dü VersR **77** 60), wer das Überholen auf schmaler Straße fortsetzt, obwohl Radfahrer gestaffelt entgegenkommen (Dü VRS **2** 61), wer nicht beachtet, dass der Gegenverkehr auf schmalerer Straße nahe zur Mitte fährt (BGH VRS **13** 34), wer bei genügendem Abstand nach rechts dem Gegenverkehr zu wenig Raum lässt (BGH NJW **75** 1448, VRS **13** 275), wer die Geschwindigkeit des Gegenverkehrs falsch einschätzt, es sei denn, sie wäre nach allen Umständen offensichtlich unvernünftig (BGHSt **8** 200, DAR **56** 26), wer das Verhältnis zweier Entgegenkommender zueinander falsch einschätzt und deshalb übersieht, dass der zweite den ersten überholen will (BGH VRS **25** 438), wer eine stockende Kolonne überholt (BGH VersR **69** 756, Kar VM **75** 23), ohne dass er vorn mit Gewissheit eine Einscherlücke erkannt hat (KG NZV **98** 376, Kar VRS **45** 315; Schl NJW-RR **20** 800), es sei denn, die Straße ist mehrstreifig (Ce NJW **65** 1726, Dü VM **65** 90, s. Bay VRS **29** 110), wer ohne Rücksicht auf Gegenverkehr neben zwei vor einer Ampel wartenden Kolonnen vorfährt (KG VRS **30** 317). Zur **„Lücken-Rspr"** Rn. 41, § 8 Rn. 31. Äußerste Sorgfalt beachtet nicht,

wer **im Dunkeln** vor dem Überholen nicht aufblendet, weil er dann den Überholweg nicht überblickt (*Möhl* DAR **70** 233), wer in der Dämmerung nicht mit entgegenkommenden unbeleuchteten Fz rechnet (Ha VRS **62** 214, Ce VersR **78** 947). Nach Einbruch der Dunkelheit – nicht schon in der Dämmerung – braucht sich die Sorgfalt allerdings nur auf beleuchtete Fz zu erstrecken (Ha VRS **99** 898, **62** 214). Wer bei Nebel ohne äußerste Sorgfalt überholt, ist auch verantwortlich, wenn das GegenFz zu schnell und unbeleuchtet fährt (Kö VRS **40** 194).

Wollen einander entgegenkommende Fz beide überholen, so hat **Vorrang,** wer zuerst korrekt **27** dazu ansetzt, es sei denn, sein Überholweg wäre erheblich länger (Ce NJW **68** 1342), auch wenn das eine Fz auf der eigenen Fahrbahnseite überholen kann (Ha VRS **11** 472, Schl VM **59** 24). Im geringsten Zweifel überholt keines von beiden, wenn sie einander schon nahe sind.

Auf Straßen mit **drei oder mehr Fahrstreifen** darf auch bei Gegenverkehr überholt werden **28** BGH (VM **59** 76, VRS **5** 387, Ko VRS **66** 219, Ha VkBl. **55** 444, Ce DAR **58** 77), wenn eine Gefährdung anderer ausgeschlossen ist (BGH VRS **26** 86) und wenn der gesamte Überholweg vorher als frei überblickt werden kann (Ce VRS **34** 78, Fra VRS **88** 114). Dient der mittlere von drei Fahrstreifen den FzFührern beider Fahrtrichtungen zum Überholen, so gilt ebenfalls das Prioritätsprinzip, das Überholen ist jedoch abzubrechen, wenn erkennbar wird, dass der Vorrang des zuerst Ausscherenden vom GegenV missachtet wird (Ko VRS **66** 219). Dass der Gegenverkehr auf breiter Straße ausweicht, kann bei äußerster Sorgfalt nicht erwartet werden (Dü VersR **77** 60), wenn es auch meist zutreffen wird. Überholen beim Nebeneinanderfahren: §§ 7, 37 IV. Einfädelungsstreifen: Rn. 20.

Falsche Vorausschätzung der Überholmöglichkeit ist ein Fehler, gegen den „nur wenige **29** Kf stets mit Sicherheit gefeit" sind (Bay VM **70** 51). Aus einem fahrenden Kfz heraus ist die Schätzung der Fahrgeschwindigkeit eines entgegenkommenden Kfz besonders schwierig (Mü VersR **76** 1144). Deshalb muss der Überholwillige im geringsten Zweifel zurückstehen. **Taucht während des Überholens Gegenverkehr auf,** so ist es spätestens vor möglicher Behinderung abzubrechen (Ha VM **66** 80, DAR **73** 277), darauf hat der nachfolgende Verkehr Rücksicht zu nehmen (§ 1). Zum Verstoß gegen Abs. II S. 1 in solchen Fällen: Rn. 71.

Zweitüberholen (Überholen eines soeben Überholenden) ist zwar nicht allgemein verboten, **30** Bay DAR **62** 272 (gleichzeitiges Überholen eines Radf), setzt aber voraus, dass drei Fz ausreichend nebeneinander fahren können (Bay DAR **62** 272). Äußerster Sorgfalt (**E** 150) wird es nur beim Fehlen jeden Gegenverkehrs oder in sicherer Entfernung entsprechen. Vortritt, wenn mehrere überholen wollen: Rn. 40. Ist der Vorausfahrende bereits deutlich zum Überholen ausgeschert, so wird sein Hintermann in aller Regel kein Zweitüberholen versuchen dürfen, weil er es vermutlich nicht gefahrlos wird beenden können (Ce VersR **79** 476).

Anschlussüberholen wird, außer auf Richtungsfahrbahnen, äußerster Sorgfalt meist wider- **31** sprechen, soweit vorausfahrende Überholer den Gegenverkehr verdecken und das verlässliche Abschätzen des Überholwegs erschweren, jedenfalls wenn die linke Fahrbahnseite mitbenutzt wird (Bra DAR **93** 345, VRS **30** 55). Mit plötzlichem Bremsen des Vorausfahrenden muss der Anschlussüberholer nicht rechnen, wenn der Vorausfahrende schon kurz vor dem Wiedereinordnen steht (Ha VRS **23** 279). Befindet sich der Überholende bereits neben dem auf den Seitenstreifen ausgewichenen Eingeholten, so braucht er das Beschleunigen nicht im Hinblick auf VI S. 1 zugunsten seines ebenfalls überholenden Hintermannes abzubrechen, vielmehr hat dieser zurückzustehen (aM wohl Ha VM **72** 11).

Literatur: *Bouska,* Wann muß auf Fahrbahnen mit mehreren Fahrstreifen für eine Richtung der linke **31a** Fahrstreifen für ein schnelleres nachfolgendes Fz freigemacht werden?, DAR **85** 137. *Mühlhaus,* Zum Überholen auf mehrspurigen Richtungsfahrbahnen, DAR **73** 38.

3. Die Überholgeschwindigkeit muss wesentlich höher sein als die des Überholten (II S. 2). **32** Die Vorschrift zielt darauf ab, eine Behinderung des übrigen V durch lang andauernde Überholvorgänge zu vermeiden (Bay VRS **15** 302; Ha NZV **09** 302). Sie gilt grds. auch mangels GegenV, damit das Überholen abgekürzt wird. Nach Ha NStZ-RR **09** 154 setzt jedoch eine Ahndung als OW *stets* Behinderung voraus. Die Geschwindigkeit darf nicht höher sein als allgemein zulässig (§ 3 VG Rn. 45a) und nicht höher als beherrschbar (BGH VersR **66** 1156); zur Würdigung bei FV § 25 StVG Rn. 22. Überholen setzt nicht stets Beschleunigung voraus (Kö VRS **50** 461). Zeigt sich erst beim Überholen, dass die Geschwindigkeitsdifferenz zu gering bleibt, so ist es gefahrlos abzubrechen (Bay DAR **60** 365, Ha NZV **91** 480). Innerorts reichen auf breiter Straße 10 km/h Differenz an sich aus (BGH VersR **68** 1040), bei 40 km/h genügen 50 km/h (Bay VRS **15** 302, Kö VRS **87** 19), auf freier Strecke unter klaren Verhältnissen auch 5–10 km/h (BGH VRS **30** 349), sonst aber nicht (BGH VM **59** 14), idR auch nicht auf AB (Fra VersR **94** 700, *Albrecht* NZV **02**

156), nicht 9,8 km/h bei Überholweg von 500 m auf AB (AG Lüdinghausen NZV **06** 492), noch weniger 3–4 km/h bei langem Überholweg (Ol VRS **24** 170). Nach Ha NZV **09** 302 gilt **bei „Elefantenrennen"** die Faustregel, dass der Überholvorgang nach maximal 45 Sec abgeschlossen sein muss, was bei einer Geschwindigkeit um 80 km/h einer Differenzgeschwindigkeit von 10 km/h entspricht. Dem schließt sich Zw VRS **118** 28 (= NJW **10** 885 (L)) hinsichtlich der Differenzgeschwindigkeit an. Ein ca 1200 m dauernder Überholweg ist zu lang; der Feststellung der tatsächlich gefahrenen Geschwindigkeiten durch den Tatrichter bedarf es in einem solchen Fall nicht (AG Lüdinghausen DAR **06** 229 (Antrag auf Zulassung der Rechtsbeschwerde verworfen durch Ha v. 23.11.05, vgl. DAR **06** 229)). Zu Abstands- und Geschwindigkeitsmessungen in diesem Zusammenhang in Bayern mit VKS 3.0 *Schmidt* DAR **18** 399. Sog. Gigaliner dürfen abw von I S. 2 nur Fz und Züge überholen, die nicht schneller als 25 km/h fahren können (§ 9 I, II LKWÜberlStVAusnV; zur Verfassungsgemäßheit BVerfG NVwZ **14** 1219). Im FahrstreifenV (§ 7) muss der Überholer nicht wesentlich schneller fahren als der Überholte, weil das Sicheinordnen nach rechts nach dem Überholen entfällt (Kö VRS **53** 139). Wer mit zulässiger Geschwindigkeit überholt, behindert schnellere Nachfolgende nicht iS von § 1.

32a **Literatur:** *Möhl,* Wann ist die Geschwindigkeit eines überholenden Fahrzeugs „wesentlich" höher als die des Überholten? DAR **61** 217.

33 **4. Überholverbote** (III, IIIa) **schützen** den Gegenverkehr, Vorausfahrende und den nachfolgenden Verkehr, der durch falsches Überholen eines Vorausfahrenden gefährdet werden kann (BGH VersR **68** 578). Daher ist jedes Überholen unzulässig bei unklarer Lage (Rn. 34, 35) und im Bereich von durch VZ angeordneten Überholverboten (Rn. 36–38). Sie bezwecken nicht den Schutz aus einem Grundstück Einfahrender (§ 10; Sa VM **80** 39). Überholverbot zum Schutz von Fußgängern besteht gem. § 26 III an Fußgängerüberwegen (§ 26 Rn. 20). Ansonsten schützen Überholverbote Fußgänger nicht (KG NZV **09** 343). Überholverbote **gelten für jede Phase des Überholens,** auch für den Beginn (Dü VRS **70** 292). Beginn und Ende des Überholverbots durch VZ: Rn. 36.

34 **4a. Unklare Verkehrslage** (III Nr. 1), gleichgültig aus welchem Grund (Bay NZV **90** 318), verbietet jedes Überholen (Zw VRS **40** 441). Der Begriff der unklaren VLage richtet sich nach den objektiven Umständen, nicht nach dem Gefühl des Überholwilligen, der im Zweifel aber zurückzustehen hat (Kö VersR **02** 1167, Dü NZV **97** 491, Zw VM **79** 38, abw Hb VM **67** 95). *Unklar ist die Lage,* wenn nach allen Umständen mit gefahrlosem Überholen nicht gerechnet werden darf (Bay NZV **90** 318, Ko NZV **05** 413, Sa VRS **106** 171, MDR **03** 506, Jn VRS **105** 449, KG DAR **02** 557, NZV **10** 506, Kö VersR **02** 1167, Kar NZV **99** 166). Bezieht sich die Unklarheit nur auf das Erkennen etwaigen (also auch bei Überholbeginn noch nicht sichtbaren) Gegenverkehrs und von dessen Verhalten, so gilt nur II S. 1, nicht III Nr. 1 („unklare Verkehrslage"); denn diese Bestimmung meint nur den QuerV und den zu Überholenden (Begr, Rn. 4, Mü NZV **05** 544, KG VRS **101** 56, Ko VRS **72** 463), aber wohl auch den nachfolgenden V (s auch BGH VersR **68** 578). Da II S. 1 nur den GegenV schützt, ist es zu eng, die unklare VLage (III Nr. 1) nur auf Unklarheiten aus VVorgängen zu beschränken (so aber Kö VRS **61** 1280), nicht aber auch bei **Unübersichtlichkeit aus Gründen der Örtlichkeit** oder der Beleuchtungsverhältnisse anzunehmen (EinbahnStr, getrennte Fahrbahnen). Unklare VLage daher auch zB bei sichtbehindernder StrFührung (BGH NZV **96** 27, Sa VRS **106** 171, MDR **03** 506, Kar VersR **04** 776, Kö VersR **02** 1167, Dü VRS **65** 64). Unklare Lage, wenn der Kf die anderen VT oder die Fahrbahn wegen natürlicher Beschaffenheit, der **Witterungs- und Beleuchtungsverhältnisse** wie Regen, Schneegestöber, Nebel (Ko VRS **47** 31), Dunkelheit oder Dämmerung nicht ausreichend genau sehen kann (Bay VRS **21** 378, Ha VRS **62** 216), bei zu geringer Scheinwerferreichweite (Bay 6 St 88/72), bei starker Sonnenblendung (Ha VRS **25** 443, Stu DAR **63** 225) oder längerer Blendung durch Scheinwerfer (Stu DAR **65** 103), wenn Rauch die Fahrbahn stark verhüllt (Sa VM **58** 53), gleich mit Lokomotivqualm zu rechnen ist (Br VRS **5** 68), bei dichtem Nebel (Ko VRS **47** 31), auch auf breiter Straße (Bay VM **56** 28), bei größerer Geschwindigkeit und Wasserstaub (Schl VM **57** 73). Unklare VLage, wenn ein Wartepflichtiger gefährdet werden könnte (Kö VersR **02** 1167, Kar VRS **43** 306, Ko VRS **72** 463) oder wenn sich nicht verlässlich beurteilen lässt, was der **Vorausfahrende** jetzt sogleich tun wird (Ko NZV **05** 413, Sa VRS **106** 171, MDR **03** 506, KG VRS **106** 173, DAR **02** 557, Mü NZV **93** 232, Schl NZV **94** 30), wenn er sich unklar verhält (Kar NZV **99** 166, Kö DAR **77** 192, s. aber Rn. 35), wenn er in seiner Fahrweise unsicher erscheint (Ha DAR **72** 195), wenn es den Anschein hat, er wolle abbiegen, ohne dass dies deutlich wird (Kar NZV **99** 166, KG NZV **93** 272, Kö VRS **89** 432, Schl VersR **76** 975, Ol

VersR **12** 1052 (je Radfahrer)) oder er suche eine Parkmöglichkeit (Kö VRS **96** 407), wenn es scheint, der Vorausfahrende wolle soeben seinerseits überholen (BGH VRS **21** 404, Ko DAR **73** 105) oder auf Grund der Umstände damit zu rechnen ist (Kar DAR **01** 34, Mü NZV **93** 232 (ausgenommen den Fall zulässigen Zweitüberholens, Rn. 30)), wenn Umstände dafür sprechen, der Vorausfahrende werde unter Ausbiegen an einem Hindernis vorbeifahren (Ha VkBl. **57** 465), bei unklarer Einordnung des Vorausfahrenden ohne deutliches RichtungsZ (BGH VRS **15** 463, Bay MDR **66** 169, VM **64** 35 (EinbahnStr), Ko VRS **47** 211, Ha VM **77** 78, KG VM **74** 75, Dü VRS **33** 310 (s aber Rn. 35)), bei linkem BlinkZ des Vorausfahrenden ohne Linkseinordnen (Bay DAR **66** 82, KG ZfS **02** 519, NZV **93** 272, Hb VersR **61** 1145, Zw VRS **31** 383, KG VM **90** 52, 91 (aber kein Überholverbot auf AB bei hoher Geschwindigkeit und Blinken des zu Überholenden bei schon dicht aufgerücktem Überholer)), wenn der Vorausfahrende offensichtlich ein falsches RichtungsZ zeigt (Bay VkBl. **66** 119), wenn der Vorausfahrende aus unklarem Grund auf der StrMitte anhält (BGH VRS **15** 463, Ko VRS **47** 211, Ha VRS **41** 37), zB vor einer Linkseinmündung (Ko VRS **50** 74) oder innerorts auf wenig befahrener BundesStr unter Einordnen zur Mitte hin auffällig verlangsamt (Ha VM **77** 78; Dü NJW-Spezial **08** 490; s. aber Rn. 35). Unklare Lage durch einen Rechtsabbieger in ein Grundstück, der vorher nach links ausbiegen muss und deshalb zunächst links blinkt (Sa VM **78** 95), durch hinter ihm auf dem linken Fahrstreifen wartende Fz, die seinen Fahrtrichtungsanzeiger verdecken (KG VM **85** 67) oder wenn ein vorausfahrender Lastzug links blinkt; entweder will er überholen oder auf Gegenverkehr aufmerksam machen (LG Ro ZfS **03** 498); umgekehrt kann Rechtsblinken in solchen Fällen Rechtsabbiegen oder aber freie Überholbahn ankündigen (LG Ro ZfS **03** 498). Unklare VLage, wenn ein **vorausfahrender Radfahrer** auf sehr schlechter Fahrbahn von rechts nach links und dort weiterfährt (BGH VRS **21** 53), wenn sich ein rechts vorausfahrender Radfahrer einem rechts haltenden Fz nähert und unklar ist, ob er davor anhalten oder nach links abbiegen werde (KG VRS **53** 271), wenn Rad fahrende Kinder sich unbesonnen verhalten (Dü VM **65** 93). Unklare VLage noch nicht per se, wenn eine **Kolonne vorausfährt** (Dü NZV **96** 119; Mü NJW-RR **17** 1059), weil bei fehlender Überholabsicht der Vorausfahrenden sonst jedes Überholen und damit Auflösung der Kolonne ausgeschlossen wäre (Kar VersR **02** 1434, *Hentschel* NJW **93** 1175; s. auch Rn. 40; zu sehr verallgemeinernd daher KG VM **92** 28; zum Idealfahrer § 17 StVG Rn. 26). Unklare Lage aber, wenn besondere Umstände hinzukommen, so wenn deren Spitze unsichtbar ist und möglicherweise ein Hindernis links umfahren muss (Schl VersR **74** 867, Ha DAR **72** 134), links abbiegen will (Sa NZV **16** 82; Kar NZV **99** 166, Fra NZV **89** 155) oder ein anderes Fz aus der Kolonne (Bay NJW **68** 2157, Bra DAR **93** 345), überhaupt Kolonnenspringen ohne sichere Lücke vorn (Kar VRS **45** 315, VM **75** 23). Die VLage ist unklar bei Überholen einer soeben bei Grün anfahrenden FzKolonne von 8–10 Fz unter vollständiger Benutzung der Gegenfahrbahn (Fra VersR **82** 1008). Unklare VLage für Überholer einer rechtsfahrende Kolonne, wenn ein Fz anhält, um einem Linkseinbieger von rechts her durch eine **Kolonnenlücke** das Kreuzen zu ermöglichen (Bay DAR **89** 361, NJW **65** 1341, KG VM **85** 25, DAR **78** 107, VersR **74** 370, Kö VRS **28** 452), nicht aber, wenn in der überholten Kolonne eine Lücke für ein parkendes Fz freigehalten wird, um diesem das Einfädeln zu ermöglichen (Bay VRS **65** 152, s. auch Rn. 41). Unklare VLage ferner nach einem AB-Warnschild „**Unfall**", weil die Unfallstelle auch den Überholstreifen einbeziehen könnte (Dü VM **57** 73), bei erheblicher, nicht nur ganz vorübergehender **Sichtbehinderung durch andere Fz** (Kar VersR **04** 776), zB bei einem sichtversperrenden Vorausfahrenden auf enger Str (Bay JR **60** 26 m Anm *Hartung*, DAR **59** 333), wenn ein vorausfahrender Überholer die Sicht nimmt (Nü VersR **61** 1024, Bra DAR **93** 345).

Keine unklare Verkehrslage besteht allein wegen durchgezogener **Mittellinie** (Z 295) in **35** einer Kurve (Ha DAR **60** 366, Kö VRS **21** 453), auch nicht, wenn diese sich im Bereich einer Abzweigung befindet (Ha DAR **92** 31), nicht allein wegen GegenV auf breiter, übersichtlicher Straße (Ha VRS **48** 377), wegen **kurzer Sichtbehinderung** durch kleine Hindernisse (Bay DAR **62** 272), auch nicht allein wegen großer Aufbauten des Vorausfahrenden (Dü VM **76** 62). Allein die Tatsache, dass der Überholvorgang nicht mehr rechtzeitig vor **Erreichen von Z 276** (Überholverbot) beendet werden kann, führt nicht zu unklarer VLage (Dü VRS **65** 64). Relatives **Langsamfahren des Vorausfahrenden** ohne sonstige Auffälligkeit schafft für sich allein keine unklare Lage, doch deutet „Schleichen" meist auf Parklückensuche und, je nach Örtlichkeit, auch möglicherweise unvermitteltes Ausscheren nach links hin, wodurch eine unklare Lage entstünde (aM wohl Kar VRS **54** 68). Unklare VLage nicht durch bloßes Rechts-Langsamfahren des Vorausfahrenden auf ausreichend breiter Str (Fra VM **73** 96, Ko VRS **105** 418). Die Lage wird auch nicht allein dadurch unklar, dass ein Vorausfahrender vor einer linken Abzweigung auffallend langsam fährt, ohne sich aber nach links einzuordnen (Bay VRS **72** 295, **61** 61, 63, KG

VRS **106** 173, ZfS **02** 519, Ko VRS **70** 467, NJW-Spezial **20** 459; aM Schl NZV **94** 30). Selbst wenn der Vorausfahrende dabei zur Fahrbahnmitte hin oder an der Mittellinie fährt, entsteht eine das Überholen verbietende VLage nur, wenn Umstände hinzutreten, die für *unmittelbar* folgendes Linksabbiegen sprechen können (Bay VRS **61** 63, Kö VRS **60** 222, **65** 392, Ha VRS **53** 138), zB Fahrtrichtungsanzeige (Ko NZV **05** 413, KG DAR **02** 557, NZV **06** 309, aM Bay VRS **69** 53, **72** 295), in Fällen, in denen das Abweichen vom Rechtsfahrgebot nicht gem. § 7 erlaubt ist. Keine unklare VLage, weil ein vorausfahrender Pkw einen langsam vorausfahrenden Lastzug oder Traktor **nicht überholt** (Zw VRS **48** 127, Bay VRS **72** 295), auch nicht nach dem Ende eines Überholverbots (Bay VRS **71** 382, Jn VRS **105** 449), dass ein Krafd ohne Verringerung des Abstands zum vorausfahrenden Lkw auf dem rechten AB-Fahrstreifen links fährt (Ha NZV **95** 194), nicht allein dadurch, dass sich der Abstand zwischen zwei vorausfahrenden Lastzügen verkürzt (Kar DAR **61** 231), überhaupt nicht allein deshalb, weil ein Vorausfahrender zum Vordermann aufschließt und unauffällig ohne Blinken hinter ihm herfährt (Bay NJW **74** 1912, Kar VersR **02** 1435 (Überholen einer FzKolonne, s. Rn. 34), nicht bei bloßem **Überholen** auf einer Kreuzung ohne Anzeichen für Linksabbiegen (Brn VRS **106** 18, 23, Nü NZV **03** 89, Kar VRS **34** 232), nicht dadurch, dass der Eingeholte, der soeben überholt hat, noch nicht völlig zur Normalspur zurückgelenkt hat (BGH VersR **67** 557). Aus der Tatsache, dass der Vorausfahrende ungewöhnlich früh durch Einordnen und **Fahrtrichtungsanzeige** Linksabbiegeabsicht ankündigt, folgt für den gem. VII S. 1 rechts Überholenden keine unklare VLage (Bay NZV **90** 318). Keine unklare VLage allein wegen **Anhalteabsicht** des Vorgängers (Ha 5 Ss OWi 1385/72). Dass ein Vorausfahrender in Höhe eines Feldwegs anhält und zurückstößt, schafft noch keine unklare Lage (kein Abbiegezeichen; Bay VRS **59** 225). Keine unklare VLage, wenn der Vorausfahrende sein Fz nach rechts in eine Bucht neben der Fahrbahn lenkt (Ce MDR **05** 569). Links-Blinken eines **am rechten Fahrbahnrand Haltenden** schafft allein keine unklare Verkehrslage (Stu VRS **65** 66; zumeist wird nicht Überholen vorliegen, sondern ein Fall von §§ 6, 10). Wer ein soeben vom rechten Fahrbahnrand unter Betätigen des linken Fahrtrichtungsanzeigers anfahrendes Kfz überholt, muss ohne besondere Anzeichen nur mit dessen Sicheinordnen in die Fahrlinie rechnen, nicht mit sofortigem Linksabbiegen (Bay VRS **70** 40, Zw VRS **57** 135). Keine unklare VLage allein durch vor Rotlicht haltende FzSchlange auf Parallelfahrstreifen (BGH NJW **85** 1950).

36   **4b. Überholverbote durch Verkehrszeichen** (Abs. 3 Nr. 2). **Die Z 276, 277** verbieten Kfz-Führern das Überholen von mehrspurigen Kfz und KRädern mit Beiwagen (Anl 2 lfd. Nr. 53, 54 Spalte 3 vor Z 276, 277). Betroffen sind stets nur die *auf derselben Fahrbahn fahrenden* Fz untereinander (Kö NZV **92** 415). AB-Standspur: § 18 Rn. 14b. Z 276, 277 gelten nicht für das Überholen *einer Straba,* da sie kein Kfz iS von § 1 StVG ist (Br NJW **64** 1193). Der Gesetzgeber hat die Verbote in Kenntnis dieses Sachverhalts formuliert. Das Überholverbot **beginnt** grds. am jeweiligen Z. Das gilt auch dann, wenn unter dem Z 276 das Z 120 (verengte Fahrbahn) und an diesem der ZusatzZ „100 m" angebracht ist (Ce VRS **30** 220). Bei anderer Anordnung bestehen Zweifel über den Verbotsbeginn (Ha VRS **30** 76). Die Z 276, 277 gelten bei Aufstellung *auf nur einer StrSeite* auch dann, wenn Aufstellung auf beiden (dazu VwV Rn. 3 zu Z 276) nahegelegen hätte (Ha VRS **15** 376, Schl VM **64** 23). Bei MehrstreifenV kann Übersehen eines nur rechts aufgestellten GebotsZ durch Linksfahrer aber entschuldbar sein, weil andere Fz es verdeckt haben können (Ha VRS **54** 301). Das Überholverbot **endet** nach Maßgabe von lfd. Nr. 55 Spalte 3 der Anl 2 (auch innerorts) nicht ohne Weiteres an der nächsten Kreuzung bzw. Einmündung (Dü VRS **75** 65, Ko DAR **76** 110, VRS **48** 57). Näher zum **Geltungsbereich der Streckenverbote:** § 3 Rn. 45 a ff.

36a   Bei Z 276 dürfen **einspurige Kfz** (Kräder, Mopeds, Mofas) nur andere einspurige Fz überholen, bei Z 277 auch mehrspurige Fz. Der Irrtum, das Überholverbot gelte nicht für überholende Kräder, ist vermeidbarer Verbotsirrtum (Ha VRS **10** 468; s. auch § 24 StVG Rn. 35). Denn jeder Kf muss besonders die für seine VArt geltenden Vorschriften kennen (**E** 142). Das an einspurige Kfz gerichtete Überholverbot (es entspricht einer Weltregel: *Booß* VM **80** 48) ist nicht nach Art 3 I GG nichtig, denn es behandelt nicht Gleiches unsachgemäß ungleich; ein Krafd, der einen Pkw oder Lkw überholen will, hat in aller Regel zunächst weniger Sichtfeld als andere Kfzf, er ist meist auch für den Gegenverkehr schwerer erkennbar als großvolumige Kfz (Ko VRS **59** 467, DAR **81** 126, Kö DAR **81** 61, Fra VRS **60** 139, Dü NJW **81** 2478, aM AG Düren VM **80** 48). **Einschränkung des Z 276** durch ein ZusatzZ „ausgenommen Kfz unter 2 km" betrifft solche, die der Überholer nach dem äußeren Eindruck beim Fahren dahin beurteilen darf, dass sie bauartbedingt nicht schneller fahren können (abw Kö VM **56** 46, VRS **11** 67). Fährt hinter einem Fz, das durch ZusatzZ vom Überholverbot ausgenommen ist, ein anderes mehrspuriges Fz, so dürfen nicht beide Fz durch ein nachfolgendes überholt werden (Dü DAR 05 217). Das ZusatzZ „Traktor" erlaubt nicht das Überholen anderer Fz, die lediglich wegen einer technischen Störung nicht schneller als „25" fahren können (BayVRS 57 213).

Das ZusatzZ „Lkw mit Anhänger" (§ 39 VII) betrifft nicht auch Zgm mit Anhänger **36b** (*Bouska* VD 71 249). Das Z 276 mit ZusatzZ „Pkw mit Anhänger" und „Lkw über 4 t" gilt nicht für Lkw bis zu 4 t mit Anhänger, auch nicht für Bagger- und KranFz (Kö VM 81 29); es ist hinsichtlich der Lkw vielmehr unklar (*Booß* VM 73 87; **aM** Dü VRS 44 227, *Schneider* VOR 72 409). Überholverbote für Lkw **bestimmten Gewichts** betreffen das zulässige Gesamtgewicht (Fra DAR 65 159). SattelFz stehen Lkw gleich (Dü VRS 27 297). Das ZusatzZ Sinnbild „Lkw mit zulässigem Gesamtgewicht über 7,5 t bei Abbildung je eines zweiachsigen Lkw und Lkw-Anhängers" schließt alle schweren LastFz und Züge vom Überholen aus, auch Züge mit nur einer oder mit einer Tandemachse (Ko VRS 59 388). Darauf, dass Lkw auf der AB Überholverbote beachten, soll ein Kf nicht vertrauen dürfen (Dü VM 65 70). Z 276 untersagt das Nebeneinander-, Vor- und Auffahren von Fz vor einer geschlossenen Bahnschranke, auch bei ausreichend breiter Fahrbahn (*Booß* VM 73 18; aM Bay VM 73 17 (Überholbegriff jedoch verkannt); zum Überholverbot an Bahnübergängen nunmehr § 19 I S. 3). Überholverbote für **Busse und Wohnwagengespanne:** Z 276 mit ZusatzZ gem. Anl 2 lfd. Nr. 54.2.

Z 277: Beim Mitführen eines Anhängers ist das zulässige Gesamtgewicht der FzKombination **36c** maßgebend. Das Überholverbot gilt auch für Wohnmobile mit zulässigem Gesamtgewicht über 3,5 t (Bra DAR 93 478, *Jagow* VD 82 21), ohne ZusatzZ gem. Anl 2 lfd. Nr. 54.2 für Pkw aber auch dann nicht, wenn sie einschließlich Anhänger 3,5 t zulässiges Gesamtgewicht überschreiten (Anl 2 lfd Nr. 54 Spalte 3 S. 2; Bay DAR 00 483; FraVRS 66 60 dürfte überholt sein).

Z 277.1: Das durch die 54. ÄndVStVR v. 20.4.2020 (BGBl. I S. 814) eingeführte Z 277.1 **36d** verbietet den Führern mehrspuriger Kfz das Überholen von einspurigen Fz (Anl 2 zu § 41 I, lfd. Nr. 54.4 Spalte 3). Das Verbot soll angeordnet werden, wo dies aufgrund der besonderen örtlichen Verhältnisse aus Verkehrssicherheitsgründen erforderlich ist, v.a. an besonders gefahrenträchtigen Fahrbahnabschnitten, Engstellen sowie Gefäll- und Steigungsstrecken (Begr § 41 Rn. 245aa). Z 281.1 hebt das Überholverbot auf (Anl 2 zu § 41 I, lfd. Nr. 59.1).

Kasuistik. Bei Z 276 darf ein Vorausfahrender auch dann nicht überholt werden, wenn er **37** gleich nach rechts abbiegen wird (Ha VRS 53 466) oder wenn er zur Hälfte die Standspur befährt (Ha VOR 73 473). Benutzung von Seitenstreifen: § 41 Rn. 248l. Das Überholverbot gilt grds. für jede Art des Überholens, erfasst also auch das Rechtsüberholen (Bay VRS 72 301, Ko NZV 92 198, Kö NZV 92 415, Hb DAR 83 332, *Janiszewski* NStZ 84 548, str). Bei mehreren Fahrstreifen verbietet es das Überholen *verkehrsbedingt wartender FzSchlangen* (Kar NZV 03 493). An Kreuzungen und Einmündungen von links verbieten die Z 276, 277 jedoch nicht, *links eingeordnete, wartende (§ 9 III) Linksabbieger* zu überholen, da dies den GeradeausV sinnwidrig und gefährlich stoppen würde (Bay DAR 87 94, Ko NZV 92 198, Mü VersR 81 866, offen gelassen von Hb DAR 83 332). Das gilt nicht, wenn der Überholende selbst links abbiegt (Bay DAR 87 94). Wo das Z 276 steht, dürfen *vor Rot Wartende* trotz § 37 IV nicht überholt werden; denn VZ gehen den allgemeinen Regeln vor (Rn. 17; BGHSt 25 293; 26 73; Fra VRS 51 376, Kö VRS 67 289, Dü VRS 70 41, *Bouska* VD 72 325, *Mühlhaus* VD 72 327, aM Ha NJW 72 652, Dü VRS 44 374, Bay VRS 45 70 (Bahnschranke), auch nicht zwecks Linksabbiegens (Kö VM 75 83), auch nicht bei Zögern des Wartenden nach Aufleuchten des Grünlichts infolge Unaufmerksamkeit (Kö VRS 67 289) oder nach Unterbrechung des Überholens durch Anhalten vor der LZA (Dü VRS 70 41). Kann der Vordermann bei beginnendem Grün aus technischem Grund nicht anfahren, so darf der Nachfolgende, sofern niemand behindert wird, auch im Überholverbot an ihm vorbeifahren, denn der Vordermann hält jetzt nicht mehr verkehrsbedingt an (Rn. 14, 16; aM Ce VRS 35 149). Erweitert sich die Anzahl der Fahrstreifen kurz vor der LZA um einen durch Pfeile (Z 297) gekennzeichneten **Linksabbieger-Fahrstreifen,** so wird eine an den Verkehrsbedürfnissen orientierte Auslegung jedoch ergeben, dass bei FzStau auf dem Fahrstreifen für Geradeausfahrer das Überholen auf dem Linksabbiegerfahrstreifen trotz Z 276, 277 nicht verboten ist. Entsprechendes gilt für den umgekehrten Fall (Stau des links abbiegenden Verkehrs bei freiem Fahrstreifen für den GeradeausV (Kö NZV 92 415, *Bouska* VD 75 119). Für berechtigte Benutzer eines durch die Linie 295 gebildeten Fahrstreifens für Linksabbieger gilt das Z 276 nicht (KöVRS 35 216).

Überholen darf nur, wer es spätestens **vor Beginn der Verbotsstrecke** mit richtigem Ab- **38** stand und mit zulässiger Geschwindigkeit abschließen kann (Rn. 37; BGHSt 25 293; Kö ZfS 03 132; NVersZ 01 169; Kar VRS 53 291). Das gilt auch vor vorausliegendem Fahrstreifenwegfall, andernfalls es soweit gefahrlos möglich sofort abzubrechen ist (BGHSt **25** 293 = NJW **74** 1205; zw *Booß* NJW **74** 1879; BGHSt **26** 73 = NJW **75** 1330, Dü VRS **59** 152, VM **75** 88, Ha VRS **46** 387). Bis zum Z 276 muss der Überholer ausreichenden Abstand zum Überholten hergestellt haben, auch wenn er sich nicht wieder nach rechts einordnen muss (BGHSt **25** 293; **26** 73; Dü VRS **65** 64). Nach Möglichkeit muss sich der Kf vorher vergewissern, dass nahe voraus kein Streckenverbot besteht (Ce DAR **63** 360 (mitunter unerfüllbar)). Wer innerhalb einer Überholverbotsstrecke wendet, muss auch bei der Rückfahrt mit einem Überholverbot rechnen (Ha VRS **50** 75). Wer vor dem Abbiegen nach links einen Lkw überholen will, muss zunächst so fahren, dass er sich über etwaige ÜberholverbotsZ unterrichten kann (Ha VM **72** 39). Die **Fahrstreifenbegrenzung (Z 295)** erlaubt das Überholen, wenn der Überholer sie nicht berühren muss (§ 41 Rn. 248l). Befahren eines für den GegenV durch Z 297 (Pfeile) gekennzeichneten Fahrbahnteils beim Überholen ist nicht verboten, bei Abgrenzung durch Fahrstreifenbegrenzung (Z 295) kommt jedoch Verstoß gegen das dadurch angeordnete Verbot und damit OW nach § 41 III Nr. 5 in Betracht (vgl. Kö DAR **92** 31, VRS **64** 292).

38a   **4c.** Bei Sichtweiten von weniger als 50 m infolge **Nebels, Schneefalls oder Regens** besteht Überholverbot für die Führer von Fz mit einem zulässigen Gesamtgewicht von **mehr als 7,5 t (IIIa)**. Anders als das durch VZ 276, 277 begründete Überholverbot ist das des IIIa nicht auf das Überholen mehrspuriger Kfz und mit Beiwagen fahrender Kräder beschränkt. Es gilt also grundsätzlich auch für einspurige Fz. Überholt werden auch Fußgänger und Radf, Begr zu IV (Rn. 5) sowie zu IV S. 2 (Rn. 13a), s. auch Rn. 19. Eine sinnvolle Auslegung wird jedoch ergeben, dass auch unter den Voraussetzungen des IIIa jedenfalls Fußgänger überholt werden dürfen, weil andernfalls rasch FzKolonnen mit Schrittgeschwindigkeit entstehen müssten. Solche wollte der VOGeber aber gerade vermeiden, wie die Begr zeigt: Weil solche Kolonnenbildung als nicht ungefährlich erscheint, wurde davon abgesehen, das Überholverbot des IIIa auch auf Pkw und Lkw bis 7,5 t auszudehnen (VkBl. **91** 703). Eine ausdrückliche Ausnahme für das Überholen von Radf wäre unter diesem Aspekt folgerichtig gewesen, eventuell auch eine dem Überholverbot gem. Z 276, 277 entsprechende Regelung. Höchstgeschwindigkeit bei Sichtweiten von weniger als 50 m durch Nebel, Regen oder Schneefall: § 3 I S. 3.

39   **4d. Überholverbot an Fußgängerüberwegen.** § 26 Rn. 20, bei Warnblinklicht von **Linien- und Schulbussen:** § 20 Rn. 7.

40   **5. Pflichten des Überholenden (IV, IVa).** Der Überholende muss **auf die Fahrweise des Eingeholten achten** und darf ihn nicht gefährden (BGH VersR **65** 82, Kö VRS **90** 339 (auch auf AB), Kar DAR **74** 79, Ol VM **66** 38), etwa wenn dieser nach links ausweichen muss (BGH VRS **18** 87). Mit Ausscheren des Vorausfahrenden wegen eines erkennbaren Hindernisses auf dessen Fahrstreifen muss er uU rechnen (Dü VRS **63** 339). Er muss sich auch auf die Möglichkeit geringfügiger seitlicher Fahrbewegungen des zu Überholenden innerhalb von dessen Fahrstreifen einstellen (Nau DAR **01** 223, Ha VRS **92** 182). **Überholen mehrerer Fz (Kolonne)** ist grundsätzlich nicht verboten (KG DAR **02** 557). Jedoch trifft denjenigen, der bei hoher Geschwindigkeit, auch auf der AB, mehrere Kfz überholt, eine erhöhte Sorgfaltspflicht, ihm steht die sog Schrecksekunde nicht zu (BGH VM **67** 25, Dü ZfS **81** 161). Wer eine Kolonne überholen will, muss nach der Örtlichkeit sicher sein, dass kein Vorausfahrender links abbiegen will (Bra DAR **93** 345, Ce VersR **80** 195, Kar VRS **49** 210, s. Rn. 34), braucht damit aber bei Fz, deren Fahrtrichtungsanzeiger er sehen kann, mangels Anzeige nicht zu rechnen (Bay VRS **72** 295, Ko DAR **20** 263 (Motorradf überholt mit geringer Geschwindigkeit vor ampelgeregelter Baustelle wartende Kolonne; s. auch Rn. 61). Wer einen **Radfahrer** überholt, muss dessen häufig leicht schwankende Fahrlinie berücksichtigen (§ 2 Rn. 66; Ha NZV **04** 631). Zum einzuhaltenden Seitenabstand Rn. 55. Bei Radf, die um die Wette fahren, muss der Kf verlangsamen und warnen (Ol RdK **54** 125), ebenso auf sehr schmaler Fahrbahn (Ha NZV **04** 631). Auch ein auf dem Radweg überholender Radf braucht mit plötzlichem Linksabbiegen des vorausfahrenden Radf ohne Richtungszeichen nicht zu rechnen (Mü VRS **69** 254). Wer als Kf auf recht schmaler Str ein auf dem Seitenstreifen **Rad fahrendes Kind** von 7 Jahren überholt, muss verlangsamen und warnen (Ol VM **79** 45), ebenso bei einer Gruppe Rad fahrender schulpflichtiger und kleinerer Kinder auf schmaler WohnStr (Ol NZV **94** 111). Besondere Sorgfalt ist beim Überholen eines Rad fahrenden Kindes auf schmaler Str mit GegenV geboten (Ha NZV **89** 270). Ohne gegenteilige Anhaltspunkte darf der Kf aber auf ordnungsmäßiges Fahren selbst einer 7-jährigen Radf vertrauen (BGH NJW-RR **87** 1432). Der Kf muss sich daher auch nach Einfügung des § 3 IIa nur unter besonderen Umständen darauf einstellen, dass ein unauffällig rechts Rad fahrendes

Kind von 9 Jahren oder mehr plötzlich nach links lenken oder unversehens nach links abbiegen werde (Bay NJW **82** 346 (krit *Booß* VM **82** 28), Ba VersR **86** 791 (jeweils 9 Jahre), Bay VRS **59** 217 (11 Jahre), KG VM **88** 12 (10 Jahre, krit *Booß*), Nau VersR **02** 999 (14 Jahre)). Das gilt nach Ol VRS **45** 389 bei einem 9-jährigen trotz WarnZ 138 40 m vor Beginn eines linken Radwegs. Vor dem Überholen eines zu weit links fahrenden 10-jährigen Radf ist jedoch WarnZ zu geben (Sa VM **82** 69). Der Überholende darf **weder zu früh ausscheren** noch zu lange auf der Überholspur bleiben (BGH VRS **10** 291; s. auch Begr zu IV, Rn. 13c). Bis zum Ausscheren muss er den Mindestabstand zum Vorausfahrenden einhalten (§ 4), um überraschende Fahrmanöver zu vermeiden (Bay VM **70** 91, Ha VRS **49** 58, **40** 69, Kö VRS **40** 436, § 4 Rn. 6). Nähert sich von hinten ein Fz und diesem ein schnelleres, so hat **Überholvortritt**, wer sich dem Vordermann so genähert hat, dass er zwecks Überholens ausscheren muss (Bay NJW **74** 1912, KG NZV **02** 229). Wollen aber mehrere hintereinander fahrende Fz überholen, so hat das Vortritt, das zuerst korrekt dazu ansetzt (Bay VRS **64** 55, Dü DAR **05** 217, Kar VersR **02** 1434, KG VM **95** 38), nicht idR das vorderste (aM Ha NJW **69** 2156, Schl VersR **74** 1090), denn wenn dessen Fahrer trotz Überholmöglichkeit zuwartet, entsteht hinter ihm Unklarheit und er hält den Verkehr auf. Aus einer FzSchlange heraus darf idR zuerst derjenige überholen, der zuerst unter Anzeige ordnungsmäßig dazu angesetzt hat (BGH NJW **87** 322), jedoch dann nicht, wenn Vorausfahrende ihre Überholabsicht ebenfalls bereits anzeigen, wobei er mit solcher Anzeige erst rechnen darf, sobald der Vorausfahrende den nötigen Überblick gewinnt, weil eine frühere, gleichsam vorsorgliche Anzeige IVa widerspräche. Einen Grundsatz, wonach bei drei oder mehr hintereinanderfahrenden Kfz stets die vorderen Vorrang hätten ("bessere Rechtsposition"), kann es beim gegenwärtigen Mischverkehr nicht geben (Dü DAR **05** 217, Ha VM **86** 6, aM Ha VM **72** 11, Schl DAR **75** 76). Maßgebend sind vielmehr stets VLage und Überholweg. Keine Schreckzeit für den sich mit hoher Geschwindigkeit Nähernden, der damit rechnen muss, dass der Vorausfahrende zuerst überholen werde (Ha VM **86** 6)

Wer bereits klar überholt, braucht währenddessen nicht auf seine Nachfolger zu achten, **41** die auch überholen wollen (KG NZV **02** 229, Kar DAR **74** 79), einem Schnelleren muss er nicht weichen (Bay VRS **34** 470, DAR **76** 170, Ce VRS **40** 218) und seine Überholabsicht muss er nicht weiterhin nach hinten anzeigen (Bay VRS **57** 209). Ist eine Lücke rechts größer als zwei Sicherheitsabstände (§ 4), dann muss er einscheren und Schnellere vorbeilassen, anders, wenn er dabei verlangsamen müsste (Rn. 53). Je relativ langsamer jemand fährt, umso eher hat er in Lücken einzuscheren. Wer eine **wartende FzSchlange** überholt, muss für den QuerV freigelassene Lücken an Kreuzungen und Einmündungen beachten und dort mit QuerV rechnen (BGH VersR **69** 756; Bay NZV **88** 77, Ha NZV **14** 176, KG NZV **03** 182, **92** 486 (Überholen unter verbotswidriger Benutzung eines Sonderfahrstreifens für Busse), Dü DAR **17** 523; LG Berlin NJW-RR **03** 678 (rechts überholender Radf)), außer bei LichtZ (Bay VM **88** 76, KG VRS **103** 406), auch mit querenden Fußgängern im Einmündungsbereich (KG VM **85** 25, s. auch Rn. 34). Wer eine wartende FzReihe links überholt, muss aber nicht mit Fz rechnen, die nach Parken auf dem Gehweg eine Kolonnenlücke kreuzen (KG VRS **60** 137), an einer Kolonnenlücke vor einer Grundstücksausfahrt im Hinblick auf die erhöhten Sorgfaltspflichten gem. § 10 idR auch nicht mit QuerV durch die Lücke (KG VRS **103** 406, DAR **01** 399, NZV **98** 376; Ro NZV **11** 289, abw Bay VRS **65** 152, VM **71** 28, Ha NZV **92** 238 (Tankstelle)). Abweichendes kann uU für den Linksüberholenden gelten, wenn ein Fz der *fahrenden* Kolonne erkennbar hält, um einem von rechts aus einer Ausfahrt Kommenden das Einbiegen zu ermöglichen (Ko VersR **81** 1136). Dagegen braucht sich der eine FzKolonne rechts Überholende nicht auf das Einbiegen Entgegenkommender durch eine Kolonnenlücke in eine Grundstückseinfahrt einzustellen (KG NZV **03** 182, **07** 524, aM Kar NZV **98** 472). Das gilt erst recht für den die Kolonne rechts auf der Busspur überholenden Bus gegenüber dem entgegenkommenden in die Einfahrt Einbiegenden (Sa NZV **92** 234). Zur sog. „Lückenrechtsprechung" § 8 Rn. 31.

5a. Rückschaupflicht besteht zwar nicht in allen Fällen des Überholens ausnahmslos (Begr, **42** Rn. 5), zB nicht, wenn zum Überholen des Vorausfahrenden (Radfahrer) nur leicht nach links ausgebogen werden muss und die Straße breit ist. Jedoch ist sie vor dem *Ausscheren* stets geboten, zumal IV S. 1 **äußerste Sorgfalt** gegenüber dem nachfolgenden V verlangt, soweit das Überholen ein Ausscheren erfordert (Kar VersR **02** 1434). Bedeutung der Formulierung „Gefährdung ausgeschlossen": Rn. 25, **E** 150. Die Feststellung konkreter Gefährdung (Beinaheunfall!; s. § 1 Rn. 35) setzt idR Angaben zu den Geschwindigkeiten der beteiligten Fz voraus (zur Beweisführung eingehend *Heinrich* SVR **08** 165; s. auch § 315c StGB Rn. 31), nicht jedoch bei Kollision durch mangelnde Sorgfalt des Ausscherenden (Dü NZV **94** 488). **Ausscheren:** Verlegen der

Fahrlinie über die linke Begrenzung des eigenen Fahrstreifens hinaus, wenn auch nur teilweise. Wer den Fahrstreifen nicht verlässt, sondern nur wenig ausbiegt, schert nicht aus (Ce DAR **99** 453; *Bouska* VD **71** 193). Wer ausscheren will, muss sich *vorher vergewissern*, dass er dies ohne wesentliche Behinderung oder Gefährdung aufgerückter Hintermänner tun kann (Rückspiegel; KG NZV **02** 229, Dü NZV **94** 488), als Führer eines langsamen Fz (Lkw) auch gegenüber schnell herannahenden Fz auf demselben Fahrstreifen (Ha DAR **01** 165), und zwar auf allen Str, nicht nur auf AB (Begr, Rn. 13c), auch wenn er nur einen Teil der Überholspur zum Überholen braucht (Kö MDR **65** 483) oder nur Raum bis zur Fahrbahnmitte. Wo keine Geschwindigkeitsbeschränkung besteht, ist mit hohen Geschwindigkeiten Nachfolgender zu rechnen (KG NZV **02** 229, Ha DAR **01** 165). **Unzulässig ist das Ausscheren** zwecks Überholens, wenn es nachfolgende Fz zu scharfem Bremsen oder anderen ungewöhnlichen Fahrmanövern zwingen würde (BGH VersR **71** 1063, Dü VersR **97** 334, Kar NZV **92** 248, VRS **74** 166, Ko DAR **80** 182), zB bei dichter FzKolonne auf der AB-Überholspur (Jn NZV **06** 147). Dagegen verbietet IV S. 1 das Ausscheren zum Überholen nicht immer schon dann, wenn dadurch eine nur leichte Behinderung (geringfügiges Abbremsen) verursacht wird (Bay VRS **62** 61, Jn NZV **06** 147, Dü NZV **94** 488); entscheidend wird die VDichte sein. Ist ÜberholV nahe aufgerückt, so ist das Ausscheren aufzuschieben (BGH VersR **62** 254, Nü VersR **70** 644, Schl VM **64** 91 (Rückschaupflicht am Ende eines Überholverbots)), keinesfalls darf der Nachfolgende zu kräftigem Bremsen gezwungen werden. Nähert sich auf der Überholspur (200 m) Schnellverkehr, so darf ein LkwF mit nur 53 km/h nicht zum Überholen noch ausscheren, zumal dann nicht, wenn er alsbald noch weiter verlangsamen will (Ko VRS **59** 36). Stets ist allmählich auszuscheren, niemals abrupt. Wer kurz vor einem Aufgerückten zwecks Überholens ausschert, handelt **grobfahrlässig** (KG NZV **02** 229, VersR **78** 1072 (30 m bei „140"), Kar VRS **74** 166 (50 m bei „160", Alleinhaftung)).

43 Je stärker die Sicht nach hinten eingeschränkt ist, zB durch einen Anhänger oder den **toten Winkel** des Spiegels, den jeder Kf kennen muss, umso länger muss er nach hinten beobachten (Dü DAR **05** 217, KG VRS **66** 152, Ha VM **66** 85, Ce VRS **32** 384). Ein LkwF muss **auf der AB** vor dem Ausscheren auch auf von hinten auf demselben Fahrstreifen sich nähernde Fz achten und mit deren Überholen rechnen (Ha DAR **01** 165). Wer **in die AB einfährt,** muss sich, bevor er überholt, zunächst einmal in den VFluss auf dem rechten Fahrstreifen einfügen (§ 18 Rn. 16), erst recht darf er nicht alsbald nahe vor einem Schnelleren zur Überholspur hinüberfahren (Kö VRS **25** 23).

44/45 Die Rückschaupflicht besteht auch **innerorts.** Die dazu ergangene Rspr. zur StVO 1937 ist durch IV S. 1 überholt.

46 **5b. Rechtzeitiges und deutliches Zeichengeben** mit dem Fahrtrichtungsanzeiger außer rechtzeitiger sorgfältiger Rückschau ist die zweite notwendige Voraussetzung vor dem Ausscheren **(IVa).** Die Ankündigungspflicht besteht in erster Linie gegenüber dem Nachfolger (Dü NZV **94** 488, Ha DAR **75** 53), aber auch gegenüber Vorausfahrenden, weil diese vor Fahrstreifenwechsel oder Richtungsänderung eine Rückschaupflicht haben (Ha VRS **47** 58, Ce VM **87** 27, aM Bay DAR **72** 338, dessen Ansicht aber § 1 widerspräche und eine gefährliche Lücke des § 5 öffnen würde). Die Zeichen sind zu geben, bis sich der Verkehr darauf einstellen konnte, und rechtzeitig genug, um zu warnen (Dü DAR **05** 217). Rechtzeitiges Zeichengeben entbindet nicht von weitergehenden VPflichten (§ 1). Verspätete Anzeige steht dem Unterlassen gleich (Sa VM **57** 73). Deutlich und klar wahrnehmbar muss das Zeichen sein (Stu DAR **55** 67).

47 Erst wenn das Ausscheren nach Erfüllung der Pflichten gem. IV S. 1 möglich ist, darf es angezeigt werden; **verfrühtes Betätigen des Fahrtrichtungsanzeigers** irritiert den nachfolgenden V (Ce DAR **99** 453). Zeichengeben verschafft keinen Vorrang gegenüber aufgerückten FzFührern (häufiger Verstoß).

48 **Ohne rechtzeitiges Zeichen** darf niemand ausscheren (Bay VRS **64** 55, Dü NZV **94** 488, Kar VRS **74** 166), auch nicht bei Nichtbenutzung der Überholspur (Kö DAR **57** 81, Ha VRS **17** 66), auch nicht nach rechts in Fällen erlaubten Rechtsüberholens (VII S. 1). Der Nachfolgende darf idR darauf **vertrauen,** dass der Vorausfahrende vor dem Überholen Zeichen gibt (Bay VRS **64** 55; s. aber Rn. 40 (Überholen von Kolonnen)). Erlischt der Blinker des Vorausfahrenden ohne Ausscheren wieder, so darf der Nachfolgende mit Wegfall der Überholabsicht rechnen (Bay MDR **60** 698, Dü NZV **94** 488), umso sorgfältiger muss jeder Kf etwaiges verfrühtes automatisches Zurückstellen (Lenkbewegung) berücksichtigen. **Das Wiedereinscheren** nach dem Überholen ist ebenfalls rechtzeitig und deutlich mit dem Fahrtrichtungsanzeiger anzukündigen (IVa), also bereits, wenn der Überholte es wahrnehmen kann. Wiedereinscheren wegen

Abbruchs des Überholvorgangs ist nachfolgenden FzFührern, die inzwischen aufgeschlossen haben, anzukündigen (§ 1), nicht jedoch „Anschlussüberholern", die ebenfalls schon ausgeschert sind (insoweit aM Sa VM **81** 37 mit abl Anm *Booß*). Nach jedem Wiedereinscheren ist das Zeichen alsbald deutlich zurückzunehmen, um nicht Rechtsabbiegen vorzutäuschen. Wer alsbald nach dem Überholen links abbiegen will, muss nicht zurückscheren und hat deshalb statt dieses, sondern das Linksabbiegen rechtzeitig und deutlich anzukündigen. Beim erlaubten Fahrstreifenfahren (§§ 7, 7a, 37 IV) entfällt mit der Pflicht zum Zurückscheren auch die Anzeigepflicht.

Innerorts ist das Ausscheren, einer Weltregel entsprechend, ebenso anzukündigen, obwohl es **49** je nach den örtlichen Verhältnissen mit demjenigen zwecks Abbiegens in ein Grundstück oder in eine andere Straße verwechselt werden kann. Diese Gefahr kann nur durch erhöhte Aufmerksamkeit des Überholers und Folgeverkehrs ausgeglichen werden (präzises Zurückstellen des Blinkers beim Überholer, Annahme unklarer Lage beim Nachfolger).

Literatur: *Möhl*, Richtungszeichen nach geltendem und künftigem Recht, DAR **65** 197. **49a**

Warnzeichen (§ 16) zur Ankündigung des Überholens: Rn. 59, 60. **50**

5c. Wieder rechts einordnen muss sich der Überholer sobald wie möglich (IV). Damit ist **51** das Überholen beendet (Rn. 23). Das Blockieren des Überholens durch unzulässiges Linksfahren, wo Sicheinordnen nach rechts geboten wäre, ist ein erheblicher Verstoß, weil es zu gefährdendem Aufrücken oder Rechtsüberholen anreizt. Dass der Nachfolgende nur unter Überschreiten der zulässigen Höchstgeschwindigkeit überholen konnte, berechtigt nicht zur Beibehaltung des Überholfahrstreifens (*Bouska* DAR **85** 137; näher § 1 Rn. 40). Das Einordnen als Rechtspflicht ergibt sich, vom Fahrstreifenfahren abgesehen, schon aus § 2 (Rechtsfahren; s. Begr, Rn. 8) und wird hier als Gebot wiederholt. Es erfordert erneute Fahrtrichtungsanzeige (Rn. 48) und setzt etwa den nötigen Sicherheitsabstand (§ 4) voraus, damit es den Überholten weder gefährdet noch behindert (Bay VRS **23** 388, Ko DAR **67** 25, Bra VRS **32** 372, KG NZV **07** 305), einen Abstand, der etwa der 1 s-Fahrstrecke entspricht (Ko VRS **45** 209). Wer nach dem Überholen auf der Gegenfahrbahn bleibt, kann bei einem Unfall nicht grobe VWidrigkeit des anderen Beteiligten einwenden (Ha VRS **48** 192). Im Fahrstreifenverkehr gehört zum Überholen kein Wiedereinordnen nach dem Vorbeifahren (BGH NJW **74** 1205, 1879 mAnm *Booß*).

Bei richtig eingestelltem **Rückspiegel** verhält sich der Überholer korrekt, der sich nach dem **52** Überholen erst wieder nach rechts einordnet, wenn der Überholte im Rückspiegel erscheint (Ba VersR **71** 769, KG NZV **07** 305). Zu dichtes Einscheren bei Nässe oder Matsch mit Beschmutzen der Frontscheibe des Überholten: § 1 Rn. 36. Hat sich der Überholer richtig eingeordnet, so muss nun wieder der Überholte für richtigen Abstand sorgen (Nü VersR **61** 574). Nach beendetem Überholen muss sich der Überholer nicht weiterhin nach rückwärts orientieren (Dü VRS **48** 134). **Schneiden** mit Bremszwang ist grob verkehrswidrig (Dü VRS **64** 7, Ol VRS **15** 336), bei Fremdgefährdung § 315c I Nr. 2b StGB (dort Rn. 11 ff.). Wer kurz nach dem Überholen rechts abbiegt und den Überholten deshalb stark schneidet, handelt rücksichtslos und haftet bei Unfall überwiegend (Mü VersR **76** 693, Ko VRS **47** 31). Auch ein überholender Radf darf den Überholten nicht schneiden (Schl SchlHA **56** 319). Bei Schneiden eines von der Haltestelle anfahrenden Busses nach „waghalsigem Überholmanöver" wegen grober Verkehrswidrigkeit Alleinhaftung des Radf (KG NZV **09** 237). Schneiden kann Nötigung sein (§ 240 StGB Rn. 24). Die BG des Überholten tritt bei Kollision dann zurück (Mü VersR **66** 1015), ihn trifft bei Unfall keine Schuld (Ko DAR **67** 25). Plötzliches Bremsen dessen, der geschnitten wird, ist nicht fahrlässig (Dü VM **76** 87).

Beim **Überholen mehrerer Vorausfahrender** kurz hintereinander muss der Überholende **53** nicht dazwischen jeweils wieder rechts einscheren, um § 2 zu genügen (Bay NJW **55** 1041), besonders nicht, wenn er die Geschwindigkeit hierzu vermindern (Dü VM **65** 46) und gestreckte Schlangenlinien fahren müsste (BGH VRS **6** 200, Bay DAR **66** 56). Eine 500 m-Lücke wird er aber auch bei erheblicher Geschwindigkeit idR zum Einscheren benützen müssen (Ce DAR **68** 278). Auf der AB zwingt eine Lücke von nur 200 m zwischen mit „100" Fahrenden den mit „120" Überholenden nicht zum Einscheren (Kar VRS **53** 373). Wer nicht wenigstens 20 sec ohne Verminderung der Geschwindigkeit in einer Lücke auf dem rechten Fahrstreifen weiterfahren kann, braucht idR nicht in diese einzuscheren (Bay DAR **90** 187). Zum Überholen auf der **Autobahn** s. auch § 18 Rn. 20.

5d. Ausreichenden Seitenabstand zum Überholten muss der Überholer zu jedem VT bis **54** zur Beendigung einhalten (BGH NJW **75** 312, Ha VersR **87** 670, Kar NZV **90** 199), besonders zu Fußgängern, Radf und ElektrokleinstFz (IV S. 3, 4; dazu Rn. 55), auch beim Rechtsüberholen. Er richtet sich nach der eigenen FzArt und Fahrgeschwindigkeit, den Fahrbahnverhältnissen, dem Wetter und nach der Eigenart des Eingeholten (BGH VRS **10** 252, Bay MDR **87** 784, Sa VM **74** 85). Die Seitenabstände zum Überholen und zum GegenV müssen so ausreichend groß sein, dass sie Schreckreaktionen anderer VT ausschließen (Ko VRS **59** 116). Bei ausreichendem Seitenabstand muss auf gerader Str mit Gefährdung nicht gerechnet werden (BGH VersR **62** 1156). Der Seitenabstand darf *nicht bedrängend gering* sein (BGH VersR **65** 87, Kar VersR **02** 1434, Ha VRS **35** 430 (Lastzug)), so dass er den Eingeholten erschreckt (Kar VersR **02** 1434), besonders auf der AB (BGH VRS **22** 279), und Fehlreaktion (**E** 86) heraufbeschwört. Könnte ein Lastzug nur bedrängend dicht überholen, weil die Fahrbahn relativ schmal ist, so darf er nicht überholen (Kar VersR **78** 749). Sieht sich auch ein erfahrener Überholter unwillkürlich zu einer Ausweichbewegung nach rechts veranlasst, so hat der Überholer zu geringen Seitenabstand eingehalten (Ha VRS **52** 145). Würde der Sicherheitsabstand zu einer überholten Kolonne bei GegenV zu knapp, ist der Überholvorgang bei Auftauchen Entgegenkommender sofort abzubrechen (Kö VersR **82** 585). Bleibt *auf schmaler Straße* oder bei Überholen eines beim Linksabbiegen ausscherenden landwirtschaftlichen Zuges (OLGR Schl **08** 314) nur geringer Seitenabstand, muss der Überholer entweder zurückbleiben (zB bei nahem GegenV) oder, wenn dies ungefährlich ist, angepasst verlangsamen (Ha VRS **21** 375). Er muss dann die Überholabsicht ankündigen und sich mit dem Eingeholten verständigen (Rn. 59). Der Eingeholte wird sich hier uU auf geringeren seitlichen Abstand einrichten müssen und scharf rechts fahren (Ba VersR **78** 351). IdR reicht **1 m Seitenabstand** beim Überholen aus (KG NZV **07** 626 (Reinigungsfz)), auch gegenüber einem Mopedf auf feuchter Straße (Ol VersR **62** 814, Stu VersR **67** 69), außer gegenüber Radf (Rn. 55), bei schlechter Fahrbahn, bei ungünstigem Wetter, hoher Überholgeschwindigkeit, unsicherem Verhalten des zu Überholenden (Bay MDR **87** 784, Kar VersR **02** 1434, Dü VM **75** 79), stets zum Eingeholten gemessen. Bei unruhigen Zugtieren (**Pferden**) ist besondere Vorsicht nötig, ebenso beim Überholen von Reitern (Ha NZV **94** 190), weswegen hier wie bei Radfahrern 1,5 bis 2 m einzuhalten sind (Brn NZV **11** 609; Ce NJW-RR **18** 728). Beim Rechtsüberholen eines eingeordnet haltenden Linksabbiegers ist ein Seitenabstand von 50 cm jedenfalls ausreichend (Kö VRS **63** 142).

55 Mit Wirkung vom 28.4.2020 hat der VOGeber unter Übernahme von bereits zuvor durch die Rspr. entwickelten Maßstäben (dazu 45. Aufl. mit zahlreichen Nw) in **IV S. 3 gesetzliche Mindestabstände** beim Überholen von Fußgängern, Radf und ElektrokleinstFz (dazu BRat in BR-Drs. 158/19 (B) S. 9 f.) *durch Kfz* eingeführt. Sie betragen innerorts mindestens 1,5 m und außerorts mindestens 2 m, sind also, ausgenommen die in IV S. 4 aufgeführten Fälle, *stets* einzuhalten, dies auch dann, wenn sich Radf auf Schutzstreifen (hierzu schon vor der Änderung OVG Lüneburg DAR **18** 579 mAnm *Kettler*) oder Radfahrstreifen fortbewegen (Begr Rn. 13 f.). In Einzelfällen können mithin auch größere Seitenabstände erforderlich sein. Beispiele für etwaige Notwendigkeit größeren Seitenabstand beim Überholen von Radf aus der Rspr. zur alten RLage: Glätte (vgl. KG VersR **74** 36; Kö VRS **31** 158), Wind und in Steigungen (vgl. BGH VRS **27** 196, Fra DAR **81** 18, Neust VRS **15** 129 (Gewitterregen)), Beförderung eines Kinds (Nau VersR **05** 1601; Kar DAR **89** 299). Auch beim Überholen mehrerer Radf nebeneinander (§ 2 IV S. 1) ist besondere Vorsicht nötig. Bei einer Gruppe Rad fahrender kleinerer Kinder ist mit Unbesonnenheiten zu rechnen (Ha VRS **47** 266). IÜ ist mit Unsicherheit des Radf und besonders großem Schwanken bei Überholen durch gewöhnliche Fz nicht zu rechnen (Stu VersR **67** 69); denn daran müssen Radf auch außerorts gewöhnt sein. Benutzen Radf einen Sandstreifen mit Stufe zur Fahrbahn hin, so muss ein Überholender mit Sturz rechnen und mit großem Abstand überholen (vgl. Schl VM **73** 60). IV S. 4 enthält eine Ausnahme für den Fall, dass Radf an Kreuzungen und Einmündungen wartende Kfz nach VIII rechts überholt haben oder neben ihnen zum Stillstand gekommen sind. Die Materialien weisen darauf hin, dass Kf den Mindestabstand hier kaum je einhalten könnten und damit stets eine OWi begehen würden (Begr Rn. 13 f.). Zum Seitenabstand gegenüber Fußgängern außerhalb des Überholens s. § 2 Rn. 41, § 6 Rn. 7, § 20 Rn. 9, § 25 Rn. 18. Die Regelungen nach IV S. 3 finden keine Anwendung auf das Überholen von **Mofafahrern** (dazu Rn. 54). Auf das **Überholen von Radf durch Radf** sind die für Kf geltenden Grundsätze ausweislich IV S. 3 nicht anwendbar. Das liegt ua darin begründet, dass die sonst ungleich größere Masse und Geschwindigkeit des überholenden Fz sowie Beeinträchtigung durch Luftzug und Motorgeräusch dann keine Rolle spielen (Fra NZV **90** 188). Auch auf nur 1,70 m breitem Radweg darf ein Radf daher einen anderen Radf überholen, jedenfalls nach Ankündigung durch Klingeln (Fra NZV **90** 188). Auf schmalen Radwegen, die nur sehr geringen Seitenabstand ermöglichen, darf ein Radf aber nicht überraschend überholen (Mü VRS **69** 254). Ein Seitenabstand von ca. 32 cm (gemessen zwischen den Körpern der beiden Radf) ist wegen zu erwartender Schwankungen jedenfalls auf unebenem Sand-Schotter-Weg idR zu gering (Kar NJW-RR **17** 278).

Gefährdender Seitenabstand. Was die Annahme von konkreter Gefahr iS von § 1 II an- **56** geht, dürfte wegen des hierzu ergangenen RsprWandels **stets ein Beinaheunfall zu fordern sein** (§ 1 Rn. 35). Die nachfolgend referierte Rspr. kann daher nur noch mit Vorsicht herangezogen werden. Nur wenige cm bei hoher Geschwindigkeit auf der AB (Dü VM **59** 2), nur 1 m bei überholendem Langholzfuhrwerk (anders bei Pkw; BGH VRS **31** 404), so knappes Überholen eines Mopeds mit „60–70", dass schon leichtes Schwanken zur Kollision führen muss (BGH VRS **21** 170), nur 75–80 cm Seitenabstand (BGH MDR **58** 113, VRS **6** 437, Bra VRS **1** 197), nur 50 cm zwischen Straba und Radf (BGH VRS **34** 412 (kein Vortritt der nachfolgenden Straba in einer Engstelle)), zwischen überholendem Krad und Pkw (Ha VersR **87** 692), nur 40 cm zu einer ganz rechts reitenden Gruppe bei lautem Lastzuggeräusch (Dü VersR **70** 771), nur 40 cm zum rechts auf einem unabgegrenzten Gehstreifen gehenden Fußgänger, der erschreckt werden kann (BGH VRS **13** 216).

Überholen mit nur 32 cm seitlichem Abstand ist idR **grobfahrlässig** (Zw VersR **78** 66), auch **57** wenn das überholte Kfz an sich spurtreu ist.

Seitenabstand beim Vorbeifahren an haltenden Fz: § 6 Rn. 11, § 20 Rn. 9. **58**

6. Warnzeichen vor dem Überholen sind nur außerorts zulässig (V), innerorts im Interesse **59** der VBeruhigung (Begr, Rn. 10) nur bei Gefahr. Bei ungestörtem Überholverlauf ist ein WarnZ entbehrlich (BGH VRS **20** 254, Fra NZV **00** 211, Sa VM **75** 93), so etwa bei VT, die offensichtlich korrekt scharf rechts fahren. Anders bei Unsicherheit des Vorausfahrenden (BGH VersR **64** 777) oder bei Unaufmerksamkeit (Dü VM **65** 93, Ha VRS **28** 45). Auf schmalen Str darf, vor allem bei Sichtbehinderung, erst nach Verständigung überholt werden (Bay VM **60** 24, Sa VM **81** 89, Fra VM **63** 78, Ha NZV **04** 631 (Radf), DAR **60** 121). Wer auf schmalem Radweg einen anderen Radf durch Überholen gefährden würde, kann zur Abgabe eines KlingelZ verpflichtet sein, nicht jedoch, um dadurch einem verkehrswidrigen plötzlichen Linksabbiegen des Eingeholten entgegenzuwirken (Mü VRS **69** 254). Letzteres gilt erst recht bei Überholvorgängen auf der Str (Ce NZV **14** 305). Zur Warnung von Radf vor dem Überholen s. auch Rn. 40. Wer die **Überholspur unberechtigt benutzt** (§ 2), darf durch kurzes Hupen oder Blinken zum Einscheren aufgefordert werden (BGH VersR **68** 672, Bay VRS **62** 218, Kö VRS **28** 287, Ha VM **62** 58 mAnm *Booß*), doch nicht auf bedrängende Weise, denn diese kann uU nötigen (Rn. 72), besser von vornherein durch Linksblinken, sofern dies, wie auf der AB, nicht irreführen kann (KG VRS **65** 220, *Janiszewski* NStZ **82** 240).

Das **Ankündigen** geschieht durch kurze, „stoßweise", insgesamt nur wenige Sekunden dau- **60** ernde Schall- oder LeuchtZ (Begr, Rn. 11), wobei Entgegenkommende **nicht geblendet** werden dürfen. Die Ankündigung ist nicht schon unzulässig, wenn sie nur geblendet werden *„könnten"*, sondern nur, wenn sie durch das Z tatsächlich geblendet würden (Begr, Rn. 11).

7. Pflichten des zu Überholenden. Mit Überholversuchen an gefährlichen Stellen muss **61** ein Vorausfahrender nicht rechnen (BGH VRS **59** 326). I Ü muss er das Überholtwerden möglichst erleichtern, vor allem durch **korrektes Rechtsfahren** (§ 2 II; BGH VersR **61** 347, Nau DAR **01** 223), aber nicht durch Ausweichen aufs Bankett (BGH VkBl. **58** 35, Ol DAR **56** 283), wenn er das bei Tragfähigkeit auch darf (BGH VRS **21** 170). Wer überholt wird, darf **nicht unerwartet nach links ausbiegen** (Nau DAR **01** 223, Ha VersR **87** 692). IdR darf der Überholer mit verkehrsgemäßem Verhalten des zu Überholenden rechnen. Der mit Überholgeschwindigkeit ausgescherte Aufgerückte muss nicht mit vorschriftswidrigem Ausscheren des Vordermanns ohne Rückblick noch kurz vor ihm rechnen (Bay VRS **59** 224). Nicht rechnen muss der Überholende mit plötzlicher Seitwärtsbewegung des Eingeholten (BGH NJW **75** 312, VersR **67** 557, Bay VM **69** 2, Ha VRS **48** 268, Stu DAR **67** 26), nicht mit unvermitteltem Linksabbiegen (BGH VkBl. **54** 37, Fra NZV **00** 211; Ko DAR **20** 263), erst recht nicht, wenn der Eingeholte vorher ersichtlich Platz gemacht hat (RG RdK **49** 58). Damit, dass ein am rechten Fahrbahnrand fahrender **Radf** plötzlich auf die linke Fahrbahnhälfte lenken werde, braucht der Überholende nicht zu rechnen (LG Mühlhausen NZV **04** 359 (Alleinhaftung des Radf)). Berücksichtigung von Lenkbewegungen durch (jugendliche) Radf: Rn. 40. Mit Rücksicht auf den Überholer **abblenden** muss der Überholte nicht (Bay NJW **64** 213), es sei denn bei Hinterherfahren mit geringerem Abstand (Blendung durch Rückspiegel, § 1). **Verhindern des Überholtwerdens** als Nötigung: § 240 StGB Rn. 16–20.

7a. Beschleunigungsverbot (VI). Der Überholte darf ab Beginn des Überholvorgangs (idR **62** Ausscheren, nicht vom „Eingeholtsein" ab) nicht mehr beschleunigen, weil dies den Überholweg verlängern und nicht mehr abschätzbar machen würde (Bay VM **78** 42), und zwar auch auf Straßen mit mehreren Fahrstreifen (zB der AB). Auch wer bei Grün anfährt und dabei links überholt wird, darf kein Wettfahren beginnen, er darf bis zur zulässigen Höchstgeschwindigkeit beschleunigen, doch so, dass das Überholen nicht wesentlich verlängert wird. Zwar muss, wer beschleunigen will, nicht vorher wegen etwaiger Überholer zurückblicken (Bay DAR **68** 166), merkt er aber, dass er überholt werden soll, so muss er sich darauf einrichten (Dü VM **70** 77, Ha NJW **72** 2096) und darf nicht weiter beschleunigen (Ha VRS **8** 227), auch nicht bei rechtswidrigem Überholtwerden (Bay DAR **68** 166), auch nicht durch Selbstbeschleunigung in langem Gefälle (aM Ha VM **67** 8); denn auch dies verlängert den Überholweg. Das Beschleunigungsverbot kann auch durch Unachtsamkeit verletzt werden (Ha NJW **72** 2096). Bei unerlaubtem Beschleunigen darf der Überholer, uU schneller als an sich erlaubt, weiter überholen, wenn das Abbrechen jemanden gefährden würde (Dü NJW **61** 424), dann haftet der Überholte für die Folgen (BGH VersR **64** 414), wenn sein Verhalten auch nicht Voraussehbarkeit der Folgen beweist (Bay DAR **57** 361). **Die Geschwindigkeit vermindern** wird er müssen, wenn sonst Gefahr entstünde (BGH VersR **60** 925), zB wenn sich Gefahr ersichtlich anbahnt, auch kann die Rücksicht (§ 1) auf den Überholer fordern, dass er jedenfalls seinen bisherigen Abstand nach vorn (§ 4) nicht verkürzt (Ce NRpfl **62** 70), es sei denn, er würde andernfalls durch einen zu dicht vor ihm Einscherenden gefährdet (Ce NZV **90** 239). Wer überholt wird, darf aus triftigem Grund abbremsen, darf dadurch den Überholer nicht gefährden, etwa dessen Versuch, das Überholen abzubrechen und sich hinter dem zu Überholenden wieder einzuordnen (aM Fra VersR **79** 725). Wartepflicht der Langsamfahrer: Rn. 63.

63 **7b. Langsamere Fahrzeuge** (= langsamer fahrende) jeder Art, die (zB wegen dauernden Gegenverkehrs) nicht überholt werden können, müssen verlangsamen, an geeigneter Stelle notfalls warten, um „mehreren unmittelbar folgenden Fz" das Überholen zu ermöglichen **(VI S. 2, 3).** Die wichtige Vorschrift entspricht einer Weltregel, sie fördert den VFluss, vermeidet Schlangenbildung und gefährdendes Überholen (Begr; Rn. 12). Ein **„langsameres" Kfz** führt, wer nur erheblich langsamer fahren kann oder will als die gerade beteiligten anderen Kfz (Kar NZV **92** 122, Stu DAR **77** 276), auch wenn er triftige Gründe dafür hat (Kar NZV **92** 122). Dass er bauartbedingt langsam fährt, ist nicht Voraussetzung (Kar NZV **92** 122). Wer auf 6 km mit 65 km/h fährt, obwohl 100 km/h möglich und zulässig sind, unterliegt der Pflicht des VI S. 2 (Kar NZV **92** 122). **Mehrere Fz** folgen unmittelbar, wenn wenigstens drei Fz (*Cramer* Rn. 108) mit dem gebotenen oder auch etwas größerem Abstand zu dem Langsamfahrer aufgeschlossen haben. **An nächster geeigneter Stelle** müssen Langsamfahrer verlangsamen oder anhalten, also nicht, wo Auffahrgefahr drohen kann. Bei Dunkelheit ist dies problematisch, da Anhalten trotz Beleuchtung gefährden kann. Dazu dürfen und sind ggf. **Seitenstreifen** (Z 295; dazu § 41 Rn. 248l) zu benutzen, um das Ausweichen und Warten zu erleichtern (VI), sofern sie erkennbar so ausreichend breit und befestigt sind, dass sie das fahrende Ausweichen (uU Mitbenutzung) und Warten des langsamen Kfz ermöglichen. Dass dies nicht auch für die Standspur der AB gilt (s. dazu § 18 Rn. 14b), stellt VI S. 3, Hs. 2 ausdrücklich klar. Das Ausweichen oder Mitbenutzen des Seitenstreifens durch das wartende Kfz darf den auf den Streifen verwiesenen SonderV (lfd. Nr. 68 Anl 2 Spalte 3 Gebot Nr. 1c) nicht gefährden, ihn aber uU durch kurzes Warten behindern, ohne dann § 1 zu verletzen. An Stellen mit häufigen Überholstörungen und Schlangenbildung sieht die VwV zu VI S. 2 Haltebuchten vor.

64 **8. Rechtsüberholen** ist in den in VII bezeichneten Fällen zulässig (Rn. 67–70), außerdem gemäß § 7 II bis III (dort Rn. 10–15) und § 7a, lfd. Nr. 70 Anl 2 Spalte 3 Erläuterung. Rechtsüberholen unter Benutzung einer Sperrfläche: Rn. 19a. Die wenigen Ausnahmen zulässigen Rechtsüberholens **auf AB** sind im Sicherheitsinteresse eng auszulegen (Bay DAR **79** 47, KG VRS **62** 139). Würde das Rechtsüberholverbot des § 5, zusammen mit der Ausnahme des § 7 (Nebeneinanderfahren), aber eng wörtlich genommen, so blieben Fälle fremden unrichtigen Verhaltens übrig, in denen Rechtsüberholen verboten und der Verkehr dadurch unzumutbar behindert wäre. ZB ist kein unzulässiges Rechtsüberholen anzunehmen, wenn jemand auf der AB-Normalspur gleichschnell weiterfährt, obwohl auf der Überholspur ein Fz, das ihn bereits etwas hinter sich gelassen hat, mangels Motorkraft wieder zurückfällt (Bay NJW **64** 781, JR **64** 189 mAnm *Hartung,* Ce VM **63** 77). Ihn zum Verlangsamen zu zwingen, wäre unangemessen und uU gefährlich behindernd. Rechtsüberholen an einer auf der Überholspur stockenden **Kolonne:** § 7 IIa (dort Rn. 12a), Rechtsüberholen, insbes. auf AB und KraftfahrStr, auf abgehenden Fahrstreifen sowie Ein- und Ausfädelungsfahrstreifen: § 7a. Im **Ampelbereich** mit markierten gleichgerichteten Fahrstreifen darf vor Rot rechts aufgefahren (= insoweit überholt) und inne-

rorts auch (bei Übergang zu Grün) rechts fliegend überholt werden (§ 7 III; s. aber Rn. 36). Außerorts könnte (soweit nicht § 7 IIa erfüllt ist) der Wortlaut des § 37 IV dafür sprechen, dass im Ampelbereich (auch ohne Fahrstreifenmarkierung) nur Nebeneinanderauffahren bei Rot (= insoweit überholen) erlaubt ist, nicht jedoch (bei Farbwechsel) fliegendes Rechtsüberholen. Aus Gründen der VFlüssigkeit lässt aber NJW 80 1115 inner- wie außerorts bei Farbwechsel auch fliegendes Rechtsüberholen zu, auch bei nicht markierten Fahrstreifen (str, s. Ha MDR **70** 66, Ce VRS **54** 144, *Booß* VM **80** 42, *Demuth* JurA **71** 389, BGHSt **26** 73). Die Streitfrage ist nach Einfügung von § 7 IIa nur noch von geringer Bedeutung. **Hindurchfahren mit einem Krad zwischen wartenden Kolonnen** ist unerlaubtes Rechtsüberholen (Stu VRS **57** 361, 364, Ha NZV **88** 105 (Alleinhaftung bei Kollision mit einem aus der linken Kolonne ausscherenden Fz)), KG NZV **07** 305 (Alleinhaftung des KRadf bei Kollision nach Wiederanfahren eines wartenden Lkw)) ebenso zwischen fahrenden (Dü NZV **90** 319, Stu VRS **57** 364, Schl VRS **60** 306); daran hat die Einfügung weder von Abs. 8 noch von § 7 IIa etwas geändert (*Felke* DAR **88** 74), weil erlaubtes Rechtsüberholen, abgesehen von der Ausnahme des Abs. 8, grundsätzlich einen freien Fahrstreifen für den Überholenden voraussetzt (KG NZV **96** 365, Dü NZV **90** 319, VM **90** 38, VRS **68** 134, *Weigel* DAR **00** 394). Ein solches Verhalten ist gefährlich, weil es zu Kollisionen führen kann, wenn die überholten Fz sich innerhalb der von ihnen beanspruchten Fahrstreifen nach rechts oder links bewegen.

Radfahrer und **Mofafahrer** dürfen Fz, die auf dem rechten Fahrstreifen warten (zB LZA), **65** mit mäßiger Geschwindigkeit und besonderer Vorsicht rechts überholen, falls ausreichender Raum dazu vorhanden ist **(VIII)**, nicht aber auch unter Benutzung anderer Fahrstreifen solche, die dort warten (Ha NZV **01** 39 (Linksabbiegerstreifen)). Die durch ÄndVO 1988 eingefügte Bestimmung legalisiert eine schon vorher geübte Praxis und entspricht den Verkehrsbedürfnissen. Ausreichender Raum ist nur vorhanden, wenn die verbleibende Fahrbahnfläche ein gefahrloses Befahren durch den ZweiradF ohne Gefahr der Kollision mit den wartenden Fz oder einem rechts verlaufenden Bordstein gewährleistet (*Felke* DAR **88** 74: mindestens 1 m, krit zu Abs. 8 *Gahrau* VD **87** 248, *Berr* DAR **88** 100). Nur *wartende* Fz dürfen gem. VIII rechts überholt werden, dh solche, die zum Stillstand gekommen sind, nicht langsam fahrende, auch nicht langsam rollende, bei denen iÜ das Erfordernis ausreichenden Raums infolge Veränderung der Fahrlinie nicht abschätzbar wäre. Die erlaubte „mäßige" Geschwindigkeit richtet sich nach den konkreten VVerhältnissen und der sich daraus ergebenden Beherrschbarkeit der beim Überholen entstehenden Gefahren (Ha NZV **00** 126). Die Führer wartender Fz haben die Möglichkeit rechts überholender Radf und Mofas beim Anfahren und – im Hinblick auf den Vorrang geradeaus fahrender Radf und FmH (§ 9 III S. 1) – vor allem beim Rechtsabbiegen zu berücksichtigen. Entsprechendes gilt für das Öffnen der Tür durch Fahrgäste (Ha NZV **00** 126).

Seitenstreifen (vgl. Z 295) sind keine Sonderwege (§ 41 Rn. 248l). Benutzung zum Zwecke **66** des „Rechtsüberholens" verstößt gegen § 2 I S. 1, uU auch gegen Verbot Nr. 1a gem. Anl 2 lfd. Nr. 68 Spalte 3 zu Z 295 (§ 49 III Nr. 4), nicht auch gegen § 5 I (die abw Rspr. ist durch § 2 I S. 2 überholt, ebenso die Rspr, die § 7 II bis III für anwendbar hielt; zum abw Überholbegriff bei § 315c StGB s. dort Rn. 33; Dü NZV **93** 359, NJW **94** 1809). Benutzung durch langsame Fz zur Erleichterung des Überholens: Rn. 63 sowie gemäß Anl 2 lfd. Nr. 68 Spalte 3 Gebot Nr. 1b: zu Z 295 (§ 41 Rn. 248l). Befahren des Seitenstreifens als Fahrstreifen (Z 223.1): § 41 Rn. 248b.

Literatur: *Gahrau*, Rechtsüberholen durch Radf?, VD **87** 248. *Lehne*, Das Rechtsvorbeifahren an nach **66a** links eingeordneten Fahrzeugen, DAR **60** 9. *Messon*, Zur Problematik des Rechtsüberholens, DAR **83** 280. *Weigel*, Dürfen sich MotorradF … „durchschlängeln"?, DAR **00** 393.

8a. Der korrekte Linksabbieger (§ 9) ist rechts zu überholen **(VII S. 1).** Er muss sich **67** richtig links eingeordnet haben und seine Abbiegeabsicht (noch) ankündigen (Begr (Rn. 13), Kö VRS **84** 330, Stu VersR **77** 88, Ha VersR **78** 470). Weiteres verlangt VII S. 1 nicht, insbesondere nicht unmittelbares Bevorstehen des Linksabbiegens (Bay NZV **90** 318). VII S. 1 geht I vor (Bay DAR **77** 139). Wer den eingeordneten Linksabbieger trotz dessen rechtzeitiger Anzeige noch links überholt, haftet überwiegend (Ko VersR **78** 57; zust *Fuchs-Wissemann* DAR **94** 148). Die Rechtsüberholpflicht besteht erst recht, wenn sich der Vorausfahrende noch weiter als bis zur Mitte nach links hin eingeordnet hat (Bay DAR **77** 139). Ist bei richtiger Kundgabe der Abbiegeabsicht Rechtsüberholen wegen Enge nicht möglich, so muss der Überholer warten (Ol VersR **63** 864). Solange sich der Linksabbieger noch nicht ordnungsgemäß eingeordnet hat, gilt VII S. 1 nicht (Ol NZV **93** 233, Kö VRS **84** 330, Ko VRS **65** 464), ebenso wenig bei bloßem Linkseinordnen ohne linke Fahrtrichtungsanzeige (KG VM **85** 67, Kö VRS **84** 330). Hat der Vorausfahrende das Blinken wieder eingestellt, außer nach dem Einordnen auf der Linksabbiegespur (Rn. 68; § 41 Rn. 248n), gilt VII S. 1 nicht (Begr, Rn. 13); es besteht eine unklare VLage, und das Überholen erfordert größte Vorsicht oder ist zurückzustellen (Rn. 34). VII S. 1 gilt bis zum Beginn des eigentlichen Abbiegens beim an sich zulässigen **paarweisen Abbiegen** (§ 7 Rn. 16) auch im Verhältnis mehrerer Linksabbieger untereinander (Bay DAR **87** 94, VRS **58** 448, VM **75** 19), jedoch nicht mehr *während* des Abbiegens (Bay VRS **58** 448, Ce VRS **66** 374), wenn nicht die Voraussetzungen des § 7 II bis III vorliegen. Umgekehrt gilt bei erlaubtem paarweisen Abbiegen nach links das Verbot des Linksüberholens (VII S. 1) mit Beginn des eigentlichen Abbiegevorgangs nicht (Ce VRS **66** 374).

68 Mit **Ausschwenken** des eingeordneten Linksabbiegers in den benachbarten Fahrstreifen braucht der ordnungsgemäß rechts Überholende nicht zu rechnen (KG NZV **05** 420; **10** 206 (Sattelzug; unklare VLage je verneint); Stu r+s **15** 208). Bloßes Einordnen des Vorausfahrenden zur Mitte ohne linkes RichtungsZ oder Linksblinken ohne Einordnen als „unklare VLage": Rn. 34, 35. Wer sich auf dem **Linksabbiegepfeil (Z 297)** eingeordnet hat, darf rechts überholt werden (§ 41 Rn. 248n). Solange er sich dort noch nicht vollständig eingeordnet hat, darf er weder nach VII S. 1 noch lfd. Nr. 70 Anl 2 Spalte 3 Erläuterung rechts überholt werden (Ko VRS **65** 464). **Wer links abbiegen will,** darf einen bereits eingeordneten anderen Linksabbieger (Z 297 zwischen Leitlinien) rechts überholen (Anl 2 lfd. Nr. 70 Spalte 3 Erläuterung zu Z 297), falls er sich ohne Behinderung (§ 1 II) mit zulässigem ausreichendem Abstand noch vor ihn setzen kann (Kö VM **74** 7 mAnm *Booß;* **78** 61,VRS **51** 453).

69 **8b. Schienenfahrzeuge** sind rechts zu überholen **(VII S. 2–4),** links, wenn die Schienen zu weit rechts liegen, auf Fahrbahnen für eine Richtung rechts oder links. Vorbeifahren an Haltestellen: § 20. Linksüberholen der Straba ist zulässig, wenn „die Schienen zu weit rechts liegen", so dass überhaupt kein zweispuriges Fz rechts überholen könnte, wobei es auf andere VT zwischen Schienen und Bordstein nicht ankommt, oder wenn wegen einer Baustelle rechts nicht überholt werden kann (Dü MDR **73** 933). Ein öffentliches VMittel hält beim Ein- oder Aussteigen oder fahrplanbedingtem Warten nicht verkehrsbedingt, es wird daher nicht überholt, an ihm wird vorbeigefahren (BaySt **62** 306).

70 Auf Fahrbahnen für eine Richtung (**EinbahnStr,** Z 220) dürfen Schienenfz rechts oder links überholt werden, soweit möglich jedoch rechts (Rechtsfahrgebot). Ist auf einer EinbahnStr die linke Spur durch Z 297 den Linksabbiegern, die rechte den Rechtsabbiegern vorbehalten, so darf ein Linksabbieger nicht auf der unrichtigen Spur überholen (Dü VM **68** 85). Auch in „unechten" EinbahnStr, wo die Straba auch entgegenkommt, darf sie links oder rechts überholt werden, jedoch nur mit größter Sorgfalt (BGHSt **16** 133 = NJW **61** 1779, Bay NJW **61** 576).

71 **9. Ordnungswidrig** (§ 24 StVG) sind Verstöße gegen § 5 I, II, III Nr. 1, IIIa–IVa, V S. 2, VI, VII (§ 49 I Nr. 5). Der Verstoß gegen durch VZ angeordnete Überholverbote ist über § 49 III Nr. 4 iVm lfd. Nr. 53, 54 zu Z 276, 277 bußgeldbewehrt (s. auch Rn. 13e). Verstöße von Radf und Mofaf gegen VIII sind als solche nicht bußgeldbewehrt, können aber Zuwiderhandlungen gegen I (zB bei nicht „ausreichendem Raum"), gegen § 3 I (keine „mäßige Geschwindigkeit") oder § 1 II darstellen. Zum Gebot des II S. 2 Rn. 32. **Irrtum** über die Bedeutung das Überholen verbietender VZ: § 41 Rn. 249; § 24 StVG Rn. 34. Verstoß gegen II S. 1 ist bereits **vollendet,** wenn mit dem Ausscheren begonnen wird, obwohl Behinderung des GegenV nicht absehbar ist (Dü VRS **70** 292; s. aber Rn. 22). Wird das Überholen abgebrochen, weil es erst auf einer unübersichtlichen Strecke beendet werden könnte, so ist sein Beginn für sich allein nur dann nicht ow, wenn das nicht vorhersehbar war (Rn. 25). Beendigung des Überholens mit überhöhter Geschwindigkeit als einziges Gefahrabwehrmittel: Bay Fahrl **67** 97 (**E** 117). Auch wenn ein Vorausfahrender freie Straße anzeigt, bleibt der Überholer verantwortlich (Schl DAR **63** 254, Fra NJW **65** 1335). Zu den erforderlichen Feststellungen (Streckenverlauf, Grund der Unübersichtlichkeit) bei einem Verstoß gegen II S. 1: Ol NJW **09** 2967. **Konkurrenzen:** Bei Gefährdung des Nachfolgenden ist IV S. 1 gegenüber § 1 II speziell (Kar NZV **92** 248), TE jedoch bei Schädigung (Dü NZV **94** 488). Wer trotz unklarer Lage überholt und danach, um dem GegenV auszuweichen, den Überholten schneidet, verletzt III Nr. 1, IV S. 4 zugleich (Ko VOR **73** 472). TE zwischen § 5 III und § 1 ist möglich (Zw VRS **31** 383). Zum Verhältnis des II S. 1 zu § 1 II Ha VRS **59** 273. Wird der Überholte nur behindert, so tritt § 1 gegenüber § 5 IV S. 4 zurück, weil diese Vorschrift Behinderung voraussetzt (Bay DAR **75** 164, Ha DAR **72** 81). TE mit § 1 bei Gefährdung des Überholten (Ha DAR **72** 81, Bay DAR **75** 164). Wer unzulässigerweise überholt, verletzt nicht zugleich das Rechtsfahrgebot, denn das Überholverbot geht als Sonderregel vor (Dü VRS **52** 210, Sa VRS **42** 149). Bei Überholen trotz Unüberblickbarkeit des Überholwegs geht II S. 1 dem III Nr. 1 vor (Bay VM **72** 51, VRS **70** 292, Mü NZV **05** 544, Ha VRS **59**

271, s. Rn. 34). Wer unter Überfahren einer **durchgehenden Linie** (Z 295) überholt und es sonst nicht könnte und zurückstehen müsste, verletzt lfd. Nr. 68 Anl 2 Spalte 3 Gebot Nr. 1a, nicht auch § 2 (vgl. Kö VM **72** 69), auch nicht immer § 5, weil Z 295 nicht das Überholen regelt (Rn. 37; § 41 Rn. 248l).

10. Strafvorschriften. Zu § 315c I Nr. 2b StGB dort Rn. 11 ff. Zu § 240 StGB dort **72** Rn. 10 ff., 16 ff., 24 f.

11. Zivilrecht. III Nr. 1 ist **SchutzG** gegen gefährdende Überholer (Schl VersR **74** 867); III **73** Nr. 2 auch zugunsten des nachfolgenden Verkehrs (BGH VersR **68** 578). **Schuldhaft handelt,** wer den mit „75" Vorausfahrenden auf nur 4,5 m breiter, stark gewölbter Straße überholt (BGH VersR **67** 710), wer als Anschlussüberholer (Rn. 31) den V vor sich nicht übersehen kann (Bra DAR **93** 345), wer in unübersichtlicher Kurve überholt (BGH VersR **63** 1207, Kö ZfS **86** 278 (grobfahrlässig iS von § 61 VVG aF)), wer auf der AB als Lastzug mit zu geringer Differenzgeschwindigkeit überholt (Bay NJW **61** 1078, Stu DAR **62** 190, Bra VRS **21** 461, AG Lüdinghausen NZV **06** 492) oder auf den Überholfahrstreifen ausschert, ohne sich vergewissert zu haben, dass dieser nach vorn frei ist (Ha NJWE-VHR **96** 210). Im Stadtverkehr muss kein Kf damit rechnen, dass aus dem verdeckten Raum vor dem Überholten heraus plötzlich Fußgänger auf die Fahrbahn treten (BGH VersR **63** 239), auch nicht an Kreuzungen ohne Fußgängerüberweg (BGH VersR **66** 685), anders beim Überholen eines neben parkenden Kfz soeben anfahrenden Lkw bei regem Fußgängerverkehr (Ha VRS **31** 197). Auch bei Glatteis muss ein Überholer nicht damit rechnen, dass ein mit „50" Vorausfahrender die FzHerrschaft verliert (Schl VM **72** 62). **Äußerste Sorgfalt** (§ 17 III StVG, E 150) des Überholers nur, wenn er sich rechtzeitig vor dem Ausscheren um den rückwärtigen Verkehr kümmert (BGH VersR **68** 1041, Kar VersR **02** 1434). Zur **groben Fahrlässigkeit** iS von § 61 VVG (§ 81 II VVG 08) bei Zusammenstoß mit Entgegenkommendem unmittelbar nach Überholen: BGH VersR **82** 892, bei Überholen einer FzKolonne: Ha VersR **91** 294, beim teilweisen Ausscheren in die Gegenfahrbahn in nicht einsehbarer Rechtskurve: Ha VersR **96** 181, bei Überholen in durch VZ gekennzeichneter gefährlicher Kurve unter Überfahren einer durchgehenden Linie: Kö NVersZ **01** 169. Grob fahrlässig (**E** 149) handelt, wer auf der AB so knapp vor einem Schnelleren ausbiegt, dass dieser gefahrbremsen muss (BGH VersR **67** 347), auch wenn der so Behinderte 160 km/h fährt (Kar VRS **74** 166: Alleinhaftung), wer trotz durch VZ gekennzeichneter Engstelle ohne Sicht auf GegenV versucht, einen Lkw mit Anhänger zu überholen, Kar VersR **92** 1507, wer einen links blinkenden Lkw überholt (Ro ZfS **03** 498), wer nach Überholen vor Rechtskurve im Kurvenbereich auf die Gegenfahrbahn gerät (Ha NJW-RR **98** 1555), aber nicht, wer den Windschatten des überholten Lastzugs nicht berücksichtigt (BGH VersR **69** 77). **Haftungsverteilung:** Wer schneller als zulässig fährt, ist nach Mü NJW **66** 1270 (ebenso Schl v. 29.11. **95**, 9 U 50/95) am Begegnungszusammenstoß auch dann **mitschuldig,** wenn der Geschwindigkeitsverstoß zwar nicht unmittelbar unfallursächlich war, er bei Einhaltung der Geschwindigkeit aber nicht hätte überholen können und der Unfall unterblieben wäre; abw nunmehr Ha VRS **126** 22, wonach ein solches „faktisches" Überholverbot in § 5 keine Grundlage findet, weswegen die Haftung des Überholers trotz des (alleinigen) Verstoßes gegen § 3 bei einem Verstoß des Unfallgegners gegen § 10 vollständig zurücktritt, ferner schützt § 5 nicht den Gegenverkehr (Rn. 33). Mitschuld des Überholenden, der den Überholvorgang fortsetzt, obwohl er mit Ausscheren des Vorausfahrenden wegen Hindernisses rechnen musste (Dü VRS **63** 339: Mithaftung zu 1/3), insbesondere nach Überschreiten der zulässigen Höchstgeschwindigkeit (Kö VersR **91** 1301: Mithaftung zu 1/2 im Baustellenbereich), der bei geringfügiger Überschreitung der zulässigen Höchstgeschwindigkeit mit dem ohne ausreichende Rückschau zwecks Überholens ausscherenden Vordermann kollidiert (Ha VM **86** 6). Zur Mithaftung bei Überschreiten der AB-Richtgeschwindigkeit: § 3 Rn. 55c. Auch im Verhältnis zum Überholten trägt der Überholer idR die Verantwortung, jedoch schließt das dessen etwaige Mitverantwortung nicht aus (KG VersR **17** 547, Bra DAR **93** 345). Weit überwiegende Schuld dessen, der extrem weit links überholt bei Kollision mit einem entgegenkommenden, schlecht beleuchteten Moped (Mü VRS **55** 409). Verschulden des bei unklarer VLage Überholenden übersteigt das des die doppelte Rückschaupflicht verletzenden Überholten bei weitem (LG Kar ZfS **08** 82). Kein deutlich höheres Verschulden dessen, der die Fahrertür seines geparkten Fz öffnet, gegenüber dem aus der Gegenrichtung kommenden Kf, der beim Überholen eines anderen Fz mit zu geringem Abstand an dem parkenden Wagen vorbeifährt (BGH DAR **81** 148 mablAnm *Schmid* DAR **81** 256). Tatfrage, ob die **BG des Überholers** die des Überholten übersteigt (Ha VersR **78** 47, **76** 1071, s. § 17 StVG Rn. 8, 13). Bei Unfall zwischen Überholendem und Entgegenkommendem ohne

FzBerührung und ohne Verschulden auf beiden Seiten Haftung 70 : 30 zu Lasten des Überholers (Brn DAR **95** 327). Überholen auf dem Überholstreifen der AB erhöht die BG idR nicht (Hb VersR **75** 911). Erhöhte BG bei Überholen mehrerer hintereinander fahrender Fz auf unbeleuchteter AB bei Nacht mit 200 km/h (Dü ZfS **81** 161). Weicht ein Radf beim Überholtwerden unvorhersehbar plötzlich weit nach links ab, so haftet er allein, die **KfzBG tritt zurück** (Dü VersR **72** 1031, LG Mühlhausen NZV **04** 359). Gegenüber riskanten Überholversuchen kann die BG des Überholten ganz zurücktreten (Kö VersR **88** 277, Fra VersR **79** 725, Mü VersR **78** 285, Dü VersR **77** 60), zB bei grobfahrlässigem Rechtsüberholen auf schmaler Fahrbahn (Mü VersR **79** 747) oder bei waghalsigem Überholmanöver vor nicht einsehbarer Rechtskurve selbst bei Zu-Schnell-Fahren des Überholten (Ce DAR **07** 152). Wer einen korrekt eingeordneten Linksabbieger grob verkehrswidrig noch links zu überholen sucht (Überholverbot, zu schnell), haftet allein (Mü VersR **75** 1058); dazu auch § 9 Rn. 55). Alleinhaftung des Überholenden, der den Entgegenkommenden zu gefährlicher Bremsung mit Unfallfolge veranlasst (Ko VersR **96** 1427). S. auch § 17 StVG Rn. 17.

74   Für Verletzungen dessen, der infolge verkehrswidrigen Überholens zu einer Notbremsung veranlasst wird, kann **auch ohne FzBerührung** Haftung des Überholenden nach § 7 StVG und § 823 BGB gegeben sein (BGH VersR **83** 985). Wer jemanden durch verkehrswidriges Überholen zum Notbremsen zwingt, haftet auch für Schleuderfolgen (BGH VersR **62** 83). Bei Kollision spricht der **Anschein** nicht stets für Sorgfaltsmangel des Überholenden (BGH NJW-RR **87** 1048, NJW **75** 312, Ol NZV **91** 156, Ha VersR **76** 1071, KG NJW-RR **87** 1251), zB dann nicht, wenn sich Überholter unter Verstoß gegen Rückschaupflicht in dichte FzKolonne auf AB-Überholspur einzwängt (Jn NZV **06** 147), uU aber gegen diesen, wenn er den Überholten streift, je nach Anstoßstelle und Fahrbewegung (Stu VersR **67** 69, LG Sa ZfS **03** 175), er spricht gegen ausreichenden Abstand, wenn beim Vorbeifahren ein Fz gestreift und ein dicht daneben Stehender verletzt wird (BGH VRS **5** 266, Kö VM **64** 37). Bei Zusammenstoß mit Entgegenkommendem auf dessen Fahrbahnseite unmittelbar nach Überholen eines sichtbehindernden Fz spricht die Lebenserfahrung für unmittelbar adäquate Verursachung durch den Überholenden (BGH VersR **82** 892). Kein Anscheinsbeweis für Schuld dessen, der in die Gegenfahrbahn gerät, weil ein Großtier plötzlich vor ihm auftaucht (BGH VersR **64** 1102).

Vorbeifahren

6 ¹Wer an einer Fahrbahnverengung, einem Hindernis auf der Fahrbahn oder einem haltenden Fahrzeug links vorbeifahren will, muss entgegenkommende Fahrzeuge durchfahren lassen; Satz 1 gilt nicht, wenn der Vorrang durch Verkehrszeichen (Zeichen 208, 308) anders geregelt ist. ²Muss ausgeschert werden, ist auf den nachfolgenden Verkehr zu achten und das Ausscheren sowie das Wiedereinordnen – wie beim Überholen – anzukündigen.

1   **Begr zu § 6:** *Die Vorschrift … bringt die Lösung der Frage, welcher Verkehrsrichtung der Vorrang gebührt, wenn die Fahrbahn durch ein Hindernis vorübergehend verengt ist. Sie gibt den Vorrang derjenigen Verkehrsrichtung, deren Fahrstreifen frei ist. Diese Lösung entspricht der einhelligen Verkehrsübung, übrigens auch in anderen europäischen Ländern. Diese Verkehrsübung zu legalisieren, erscheint umso dringlicher, als die Verkehrsübung bei dauernder (baulicher) Verengung der Fahrbahn ebenso einhellig dem den Vorrang gewährt, der zuerst den Engpass erreicht hat; der dadurch gegebene Anreiz zur Beschleunigung wird so den Beteiligten für die übergroße Zahl der Begegnungsfälle genommen. Der erwähnte Fall der Begegnung vor einer dauernden Fahrbahnverengung wird nicht ausdrücklich behandelt; dieser Fall ist auch in der StVO (alt) nicht geregelt und hat bisher in der Praxis noch zu keinen Zweifeln Anlass gegeben. … Die strengen Normen für die Zulässigkeit des Überholens dürfen nicht auf das Vorbeifahren übertragen werden. … Dass der Vorbeifahrende sich im Übrigen wie der Überholende zu verhalten hat, ist in Satz 2 ausdrücklich gesagt.*

2   **Begr zur StVO-Neufassung v. 6.3.2013 (BR-Drs. 428/12):** *Der Anwendungsbereich des § 6 S. 1 wird auch auf dauerhafte Fahrbahnverengungen erweitert, die nach der Rechtsprechung durch den bisherigen Regelungstext nicht erfasst waren. Damit wird auch in solchen Fällen die Anordnung der Zeichen 208/308 weitgehend entbehrlich. Die Aufnahme des Satzes 2 dient der besseren Verständlichkeit. Dies stellt ausdrücklich den ohnehin geltenden Vorrang einer abweichenden Verkehrszeichenregelung durch die Zeichen 208/308 dar, die ein Abweichen von dieser Grundregel beinhaltet (vergleiche zum Vorrang von Verkehrszeichenregeln auch § 39 Absatz 2 Satz 1).*

VwV s. § 5 **Rn. 14**

1. Allgemeines. *Satz 1* regelt, vorbehaltlich anderweitiger Anordnung durch Z 208, 308 **3** (dazu Rn. 2), den Durchfahrvorrang des Gegenverkehrs bei Fahrbahnverengungen, Hindernissen und (nicht verkehrsbedingt, Rn. 5) haltenden Fz auf der rechten Fahrbahn, die kein Vorbeifahren ohne durch Mitbenutzung der Gegenfahrbahn bedingte Behinderung des Gegenverkehrs zulassen. Die Vorschrift betrifft nicht den *Wegfall eines gleichlaufenden Fahrstreifens* (Hb VRS **44** 313, KG VRS **45** 61). Zum Vortritt des gleichgerichteten V bei Fahrbahnverengung (parkendes Fz, Baustelle, Wegfall eines Fahrstreifens): § 2 Rn. 65, § 7 Rn. 18 ff. Die vormalige Beschränkung auf *vorübergehende* Hindernisse (Rn. 1; 40. Aufl Rn. 3, 5) ist schon mit der 46. StVOÄndVO (41. Aufl. Rn. 2) weggefallen, die StVO-Neufassung 2013 hat dies übernommen; die zur vormaligen Rechtslage ergangene Rspr. (40. Aufl. Rn. 8 ff.) ist deshalb überholt. Satz 1 räumt dem aus einer wartepflichtigen SeitenStr Einbiegenden keinen Vorrang gegenüber dem zum Zwecke des Vorbeifahrens Ausscherenden ein (Dü VRS **63** 60). *Satz 2* hebt die Sorgfaltspflichten gegenüber dem nachfolgenden V hervor (Rn. 8 ff.). Für die Pflichten gegenüber dem haltenden Fz gilt § 1 (Rn. 7). Reißverschlussverfahren: § 7.

2. Fahrbahnverengungen. Eine Engstelle ist stets nur ein begrenztes Stück einer sonst für **4** Begegnungen ausreichend breiten Str (Schl VersR **82** 1106, Mü VersR **77** 550). Sie besteht nur, wenn am Hindernis nur links vorbeigefahren werden kann und für unbehinderten GegenV dabei kein Raum bleibt (Kar DAR **04** 648, Dü DAR **80** 187, Schl VersR **82** 1106, Kö VRS **53** 374). Reicht der verbleibende Platz für Begegnung, so gelten §§ 1, 2 (Kar DAR **04** 648; Kö MDR **10** 206). Wer zB an parkenden Fz vorbeifahren will, ohne die Gegenfahrbahn mitbenutzen zu müssen, muss danach dennoch zurückstehen, wenn mit GegenV zu rechnen ist, der sich vermutlich oder bereits erkennbar nicht scharf rechts hält und die Mittellinie berührt (KG VRS **91** 465, Ce VersR **80** 772). Bei *beiderseitiger Einengung* gilt gleichfalls nicht § 6, sondern § 1 (Zw DAR **80** 54, KG VRS **91** 465). Können einander begegnende Fz trotz der Engstelle (zB beiderseits parkende Fz) gleichzeitig passieren, so müssen sie verlangsamen und sich den Raum unter äußerstem Ausweichen teilen (Bay VM **70** 92, Zw DAR **80** 54). Ist der Raum zu eng, muss warten, wer die Gegenfahrbahn mitbenutzen muss; müssten dies beide, so hat der näher Herangefahrene Vortritt, andernfalls ist Verständigung nötig (Bay VRS **63** 215, Zw DAR **80** 54, Dü DAR **80** 187, Ha VRS **52** 213; Dr NJW-RR **20** 850 (unübersichtliche Kurve iVm Z 208, 70 % zulasten des Wartepflichtigen)).

Ob die Verengung **vorübergehender oder dauernder Art** ist, spielt keine Rolle mehr **5** (Rn. 2, 3). Unter § 6 fallen demgemäß nunmehr auch zB durch Bauzaun gesicherte Baustellen, die die Fahrbahn dauerhaft verengen. Umfasst sind ferner Hindernisse jeglicher Art, etwa solche nach § 32. Schließlich sind haltende Fz genannt. Damit sind *nicht verkehrsbedingt* haltende gemeint, andernfalls kein Vorbeifahren, sondern Überholen gegeben ist (§ 5 Rn. 14, 18).

3. Vorrang des Gegenverkehrs. Vorrang hat der GegenV, wie bei Vorfahrt (§ 8), schon, **6** wenn er am zügigen, wenn auch notfalls angepasst langsamen Durchfahren nennenswert gehindert wäre. Es besteht Wartepflicht, wenn der GegenV sonst nennenswert verlangsamen oder erst Gewissheit darüber abwarten müsste, ob sein Vorrang beachtet wird. Wie bei der Vorfahrt (§ 8) muss sich der Wartepflichtige vor dem Hindernis klar als solcher verhalten. Er muss durch sein Verhalten anzeigen, dass er warten werde, sonst haftet er (KG VM **80** 44). Die Wartepflicht setzt allerdings nicht schon dann ein, wenn GegenV (abstrakt) *möglich ist;* vielmehr muss er *erkennbar sein* (Schl VM **96** 14, MDR **85** 327, Hb VRS **84** 169). Vor einer *unübersichtlichen Engstelle* muss der Wartepflichtige allerdings besonders vorsichtig prüfen, ob Vorbeifahren den GegenV behindern würde (Bay VRS **45** 63, Kar DAR **89** 106, KG ZfS **08** 12). Ist dort GegenV nicht erkennbar, so darf mit größter Vorsicht unter Benutzung der Gegenfahrbahn an dem Hindernis vorbeigefahren werden (§ 1; Bay VRS **58** 450, LG Hagen ZfS **03** 121), uU ist dann WarnZ erforderlich (Schl MDR **85** 327). Wer das Hindernis vor einer Kurve ohne sichtbaren GegenV links umfährt, muss diesen sichern (Ol VM **66** 47) und WarnZ geben (Ha DAR **71** 111, AG Lobenstein ZfS **00** 482), insbes. Schrittgeschwindigkeit einhalten und bei Auftauchen eines entgegenkommenden Fz sofort anhalten (Ba VersR **82** 583; s. aber Ko NZV **93** 195). Der Vorbeifahrende muss sofort anhalten oder die Gegenfahrbahn räumen können (Bay VM **73** 73, Ha NZV **95** 27). Mit Ausweichen oder scharfem Rechtsfahren Entgegenkommender darf er nicht rechnen (BGH VRS **27** 35), muss sich aber auch nicht auf völlig falsche Reaktion einstellen (Bay DAR **78** 190). *Mithaftung des Entgegenkommenden,* der wegen parkender Fz auf der anderen Fahrbahnseite oder wegen anderer Hindernisse mit GegenV auf seiner Fahrbahnseite rechnen muss und sich nicht darauf einstellt (Fahren auf Sicht; Ha NZV **95** 27; KG ZfS **08** 12 (Mithaftung zu 25 %)). Bei erkennbarer *Nichtbeachtung des Vorrechts* muss der Bevorrechtigte zurückstehen (KG VRS **91** 468, Kar DAR **89** 106, Ha VRS **52** 213), sonst Mithaftung (Ko NZV **93** 195). Mangels GegenV darf eine *Fahrstreifenbegrenzung (Z 295)* überfahren werden, wenn Gefährdung ausgeschlossen und an dem Hindernis sonst nicht vorbeizukommen ist (§ 41 Rn. 248l (Z 295)).

7   **4. Ausreichender Seitenabstand** ist beim Vorbeifahren an haltenden Fz einzuhalten, doch wird er nicht stets 1 m betragen müssen (§ 2 Rn. 41; Bay NJW **56** 1767, KG VRS **91** 465, Hb VRS **84** 169), andererseits so viel, dass Fußgänger sich hinter dem haltenden Fz gefahrlos orientieren können (Ha VRS **21** 60, Ce NRpfl **62** 9, s. § 14). Im Zweifel ist der Seitenabstand groß zu nehmen oder zu warten. An rechts parkenden, *ersichtlich leeren Fz* wird auch mit weniger als 1 m seitlichem Abstand vorbeigefahren werden dürfen, anders auf breiter Fahrbahn ohne GegenV (KG VM **85** 76 (Breite 12,20 m)). Bei sehr schmaler Str können uU weniger als 50 cm Abstand vom parkenden Fz genügen (Mü VRS **75** 249). Kann das haltende Fz besetzt sein, so ist etwaiges Türöffnen zu berücksichtigen (BGH DAR **81** 148). 35 cm bei „50" sind dann zu wenig (BGH VRS **11** 249, KG DAR **06** 149 (30 cm)), gleichfalls 45 cm bei Radf, der die Lücke zwischen Parkenden Fz und einem auf der Str haltenden Fz durchfährt (KG SVR **11** 147 (*Balke*)), nicht aber dann, wenn schwerer Lkw sonst mittig fahren müsste (§ 2 Rn. 41; Kar NZV **07** 81). Der Vorbeifahrende muss *Personen am haltenden Kfz* berücksichtigen, die sich an diesem zu schaffen machen (Ha NZV **04** 408, Zw VersR **76** 74, Kar NZV **12** 593). Beugt sich eine Person ins Fz, so muss mit einer Vergrößerung des Öffnungswinkels gerechnet werden (Ha NZV **04** 408); dann ist ein Abstand von 10 cm zur teilweise geöffneten Tür zu gering (Nü DAR **01** 130), beim Vorbeifahren an einer in der geöffneten FzTür stehenden Person auch ein Abstand von nur 1 m (LG Berlin VersR **02** 864). Kein Mitverschulden des in sein Fz Einsteigenden, der 50 cm neben seinem Fz von Vorbeifahrendem erfasst wird (Kar VersR **89** 269; s. auch Kar NZV **12** 593, Br NJW-RR **08** 1203). Beim Vorbeifahren an einem in gleicher Fahrrichtung haltenden *Müllfz* ist höhere Sorgfalt geboten als beim Vorbeifahren an parkenden Fz (KG VRS **108** 24). 90 cm Abstand bei sich zum Führerhaus begebendem Müllwerker sind zu gering (KG aaO); i Ü genügt auch bei Glätte idR 1 m Abstand (Ha VRS **39** 198). Vorbeifahren an haltendem **Bus:** § 20 Rn. 9.

8   **5. Rückschaupflicht (Satz 2)** hat, wer zum Umfahren des Hindernisses zur Gegenfahrbahn hin ausscheren muss (KG VRS **53** 271). Er muss sich vor dem Ausscheren vergewissern, dass dadurch schon nahe aufgerückte, sich von hinten nähernde FzF nicht gefährdet werden, ohne dass diesen allerdings ein Vorrang zustünde (*Bouska* VD **74** 113). Wer vor der Engstelle wegen GegenV gewartet hat, darf nur nach Rückschau und Zeichengeben zum Durchfahren ansetzen, sofern nachfolgender V noch ausreichend weit zurück ist (Kö VM **71** 94). Der vor dem Hindernis Wartende darf nicht darauf vertrauen, dass ihn seine Hintermänner nach Beendigung des GegenV zuerst anfahren lassen (Kö DAR **62** 21), wenn dies auch ihre Pflicht ist. Die Rückschaupflicht gilt inner- wie außerorts, auch wenn der nachfolgende V das Hindernis rechtzeitig sieht (Stu VRS **28** 40, Hb VM **66** 53, Ha DAR **61** 93). Näheres zur Rückschaupflicht: § 5 Rn. 42–45. Der Sorgfaltsmaßstab ist beim Ausscheren vor dem Überholen allerdings höher als in § 6 (§ 5 IV S. 1 „Gefährdung ausgeschlossen").

9   **6. Rechtzeitiges Zeichengeben** gehört neben der Rückschaupflicht zur gebotenen Sorgfalt dessen, der ein Hindernis unter Ausscheren zur Gegenfahrbahn links umfahren will (KG VRS **53** 271, Kö VRS **41** 456; Anzeigepflicht: § 5 Rn. 46–49). *Bloßes* Zeichengeben genügt den Sorgfaltspflichten naturgemäß nicht (Ha DAR **61** 93). Auch der Kehrmaschinenfahrer muss rechtzeitig Zeichen geben und vorher zurückblicken, er darf auf Beachtung nicht vertrauen (aM Br MDR **63** 241). Bei Abwarten längeren GegenV ist das Zeichen spätestens rechtzeitig vor dem Anfahren zu geben. Umfahren eines Hindernisses ohne Verlassen des eigenen Fahrstreifens muss idR nicht angezeigt werden, weil es kein Ausscheren ist (§ 5 Rn. 42). Rechtzeitig und deutlich anzukündigen ist, wo erforderlich, auch das Rückscheren nach Umfahren des Hindernisses.

10   **7. Ausweichen** (Rechtsausweichen) ist an sich eine Folge des Rechtsfahrgebots (§ 2). Es wird hier mitbehandelt, weil es nur bei so enger Fahrbahn in Betracht kommt, dass Fz höchstzulässiger Breite einander ohne Ausweichen nicht begegnen können. Auszuweichen ist rechtzeitig nach rechts, uU beiderseits, je nach Fahrbahn- und Seitenstreifenbeschaffenheit, auch wenn der Entgegenkommende zu weit links fährt (Mü VersR **61** 45, Kö VRS **20** 146). Ein zweifelsfrei tragfähiges Bankett ist, soweit nötig, mitzubenutzen (Bay VM **66** 52, VRS **34** 76, Ha VRS **33** 364), auch mit einem SchwerFz (Ha VM **73** 31), aber nicht mit einem Lastzug, der absinken würde (BGH VRS **21** 170, Bay VRS **31** 224, Ko VersR **76** 1051, Sa VM **75** 36, Ha VRS **33** 364).

Der Rechtsfahrende darf vor und beim Ausweichen damit rechnen, dass auch Entgegen- 11
kommende scharf rechts fahren und soweit möglich rechtzeitig ausweichen (BGH VersR **62** 616;
1056; Nü VersR **60** 912, Ha VRS **21** 271) und dass Entgegenkommende einander nicht noch
vor der Engstelle überholen (BGH VRS **18** 121). Er muss berücksichtigen, dass Züge oder
Langholzfuhrwerke nicht ganz rechts fahren können und in Kurven ausschwenken. Gestattet
eine vereiste Engstelle kein gefahrloses Begegnen, so ist Verständigung nötig (Mü VersR **60** 862).
Genügt Ausweichen im Fahren nicht oder ist es örtlich unmöglich, so ist an geeigneter Stelle
anzuhalten und der Entgegenkommende vorbeizulassen, auch wenn er sich vorher unrichtig
verhalten haben sollte (Hb JR **61** 74, Ha VM **62** 75), zB seinerseits keine Anstalten zum Auswei-
chen macht. Mitschuld dessen, der in eine Engstelle einfährt, wo er einem rasch Entgegenkom-
menden allenfalls im Schritt ausweichen kann (BGH VRS **36** 356). Bankettmitbenutzung zum
Ausweichen: § 2.

8. Zivilrecht (soweit nicht schon in den vorstehenden Rn. mitbehandelt). Grds. haftet derje- 12
nige, der gegen den Vorrang des GegenV nach Satz 1 verstößt alleine; Mithaftung des Entgegen-
kommenden aber dann, wenn er zu schnell fährt, zu spät reagiert oder noch weiter rechts hätte
fahren können (vgl. Kar VersR **89** 1276; Ko NZV **93** 195). Gleiches gilt, wenn er entgegen § 11
III auf seinem Vorrecht beharrt (Kar VersR **89** 1276; KG ZfS **08** 12 (75 % bei Wartepflichtigem)).
Nach AG Bad Segeberg NZV **13** 496 Anscheinsbeweis gegen den Vorbeifahrenden, wenn sich in
zeitlichem und räumlichem Zusammenhang mit dem Vorbeifahren ein Unfall ereignet.

9. Ordnungswidrigkeit, Strafrecht. § 49 I Nr. 6 bewehrt Verstöße gegen eine Vorschrift 13
über das Vorbeifahren nach § 6 mit Geldbuße. Wer die Gegenfahrbahn mitbenutzt, um ein Hin-
dernis links zu umfahren, unterliegt aber nicht der gesteigerten, äußersten Sorgfalt wie der
Überholende (Rn. 8), anders, wer an solcher Stelle nach Aufhören des GegenV trotz des Hin-
dernisses seinen Vordermann überholt (§ 5), auch wenn dieser noch nicht angefahren ist, denn
Teilnehmer des FahrbahnV, die sich in gleicher Richtung weiterbewegen wollen, aber verkehrs-
bedingt warten müssen, werden begrifflich überholt (Rn. 5; § 5 Rn. 14, 18). Der Vorrang des
GegenV unterfällt dem *erweiterten Vorfahrtbegriff* des § 315c I Nr. 2a StGB (dort Rn. 8).

Literatur: *Berz,* Zum Vorrang an Engstellen, DAR **74** 147. *Mühlhaus,* BegegnungsV in der oberstrichterli- 14
chen Rspr, DAR **65** 321.

Benutzung von Fahrstreifen durch Kraftfahrzeuge

7 (1) ¹Auf Fahrbahnen mit mehreren Fahrstreifen für eine Richtung dürfen Kraftfahr-
zeuge von dem Gebot, möglichst weit rechts zu fahren (§ 2 Absatz 2), abweichen,
wenn die Verkehrsdichte das rechtfertigt. ²Fahrstreifen ist der Teil einer Fahrbahn, den ein
mehrspuriges Fahrzeug zum ungehinderten Fahren im Verlauf der Fahrbahn benötigt.

(2) Ist der Verkehr so dicht, dass sich auf den Fahrstreifen für eine Richtung Fahrzeug-
schlangen gebildet haben, darf rechts schneller als links gefahren werden.

(2a) Wenn auf der Fahrbahn für eine Richtung eine Fahrzeugschlange auf dem jeweils
linken Fahrstreifen steht oder langsam fährt, dürfen Fahrzeuge diese mit geringfügig hö-
herer Geschwindigkeit und mit äußerster Vorsicht rechts überholen.

(3) ¹Innerhalb geschlossener Ortschaften – ausgenommen auf Autobahnen (Zeichen
330.1) – dürfen Kraftfahrzeuge mit einer zulässigen Gesamtmasse bis zu 3,5 t auf Fahr-
bahnen mit mehreren markierten Fahrstreifen für eine Richtung (Zeichen 296 oder 340)
den Fahrstreifen frei wählen, auch wenn die Voraussetzungen des Absatzes 1 Satz 1 nicht
vorliegen. ²Dann darf rechts schneller als links gefahren werden.

(3a) ¹Sind auf einer Fahrbahn für beide Richtungen insgesamt drei Fahrstreifen durch
Leitlinien (Zeichen 340) markiert, dann dürfen der linke, dem Gegenverkehr vorbehaltene,
und der mittlere Fahrstreifen nicht zum Überholen benutzt werden. ²Dasselbe gilt für
Fahrbahnen, wenn insgesamt fünf Fahrstreifen für beide Richtungen durch Leitlinien
(Zeichen 340) markiert sind, für die zwei linken, dem Gegenverkehr vorbehaltenen, und
den mittleren Fahrstreifen. ³Wer nach links abbiegen will, darf sich bei insgesamt drei
oder fünf Fahrstreifen für beide Richtungen auf dem jeweils mittleren Fahrstreifen in
Fahrtrichtung einordnen.

(3b) ¹Auf Fahrbahnen für beide Richtungen mit vier durch Leitlinien (Zeichen 340)
markierten Fahrstreifen sind die beiden in Fahrtrichtung linken Fahrstreifen ausschließlich
dem Gegenverkehr vorbehalten; sie dürfen nicht zum Überholen benutzt werden.
²Dasselbe gilt auf sechsstreifigen Fahrbahnen für die drei in Fahrtrichtung linken Fahr-
streifen.

(3c) ¹Sind außerhalb geschlossener Ortschaften für eine Richtung drei Fahrstreifen mit Zeichen 340 gekennzeichnet, dürfen Kraftfahrzeuge, abweichend von dem Gebot möglichst weit rechts zu fahren, den mittleren Fahrstreifen dort durchgängig befahren, wo – auch von hin und wieder – rechts davon ein Fahrzeug hält oder fährt. ²Dasselbe gilt auf Fahrbahnen mit mehr als drei so markierten Fahrstreifen für eine Richtung für den zweiten Fahrstreifen von rechts. ³Den linken Fahrstreifen dürfen außerhalb geschlossener Ortschaften Lastkraftwagen mit einer zulässigen Gesamtmasse von mehr als 3,5 t sowie alle Kraftfahrzeuge mit Anhänger nur benutzen, wenn sie sich dort zum Zwecke des Linksabbiegens einordnen.

(4) Ist auf Straßen mit mehreren Fahrstreifen für eine Richtung das durchgehende Befahren eines Fahrstreifens nicht möglich oder endet ein Fahrstreifen, ist den am Weiterfahren gehinderten Fahrzeugen der Übergang auf den benachbarten Fahrstreifen in der Weise zu ermöglichen, dass sich diese Fahrzeuge unmittelbar vor Beginn der Verengung jeweils im Wechsel nach einem auf dem durchgehenden Fahrstreifen fahrenden Fahrzeug einordnen können (Reißverschlußverfahren).

(5) ¹In allen Fällen darf ein Fahrstreifen nur gewechselt werden, wenn eine Gefährdung anderer Verkehrsteilnehmer ausgeschlossen ist. ²Jeder Fahrstreifenwechsel ist rechtzeitig und deutlich anzukündigen; dabei sind die Fahrtrichtungsanzeiger zu benutzen.

1   **Begr** (VkBl. **75** 673):
...
Absatz 4* enthält die Vorschriften des bisherigen § 7 Satz 2 (1. Hs.) und Satz 3. Er stellt zudem klar, dass denjenigen, der den Fahrstreifen wechseln will, ein Höchstmaß an Sorgfaltspflicht trifft: eine Gefährdung anderer Verkehrsteilnehmer muss hierbei ausgeschlossen sein. Das gilt für alle Arten des Nebeneinanderfahrens.

1a   *Im geltenden Recht ist nicht geregelt, auf welche Weise dann, wenn ein Fahrstreifen endet, den auf diesem Streifen fahrenden Fahrzeugen ein Einordnen in die weiterführenden Fahrstreifen ermöglicht werden soll. Die VO will die Abwicklung des Verkehrs weiterhin der Verständigung zwischen den Beteiligten überlassen. Demgegenüber hält es der Bundesrat für unerlässlich, dass im Interesse der Rechts- und der Verkehrssicherheit eine klare Verhaltensvorschrift erlassen wird. Hierbei bietet sich das Reißverschlussverfahren an. Dies gilt in erster Linie für den innerörtlichen Verkehr; es ist jedoch auch für den außerörtlichen Verkehr im Hinblick darauf, dass Engstellen auf freier Strecke verhältnismäßig selten sind, vertretbar. ...*

2   **Begr** zur ÄndVO v. 22.3.88:

Zu Abs. 1 und 3: *Die zulässigen Abweichungen vom Rechtsfahrgebot und die freie Fahrstreifenwahl innerhalb geschlossener Ortschaften werden auf alle Arten von Kraftfahrzeugen ausgedehnt. Kritik gegen die bisherige Beschränkung auf „mehrspurige Kraftfahrzeuge" bzw. Pkw sowie Lkw bis zu einem zulässigen Gesamtgewicht von 2,8 t** gab es insbesondere von Seiten der sich hierdurch benachteiligt fühlenden Motorradfahrer.*
... Es ist geprüft worden, ob man die Mopeds und Mofa 25 von dieser Regelung ausnehmen sollte. Der Verordnungsgeber hat hiervon abgesehen, weil von diesen langsameren Kraftfahrzeugen erwartet werden kann, dass sie schon im Interesse ihrer eigenen Sicherheit sich möglichst rechts auf der Fahrbahn halten. Sollten sich diese Erwartungen nicht erfüllen, wird eine entsprechende Rechtsänderung in Betracht zu ziehen sein.

Zu Abs. 2a: *Nach der Rechtsprechung ist das Rechtsüberholen auf Autobahnen und autobahnähnlich ausgebauten Straßen auch dann zulässig, wenn sich nicht auf **allen** Fahrstreifen für eine Richtung Fahrzeugschlangen gebildet haben (BGH VRS 35 S. 141, OLG Hamm VRS 47 S. 216, BayObLG VRS 54 S. 212).*
Die Voraussetzungen hierfür sind folgende:
– *Auf den linken Fahrstreifen stehender Verkehr oder eine Geschwindigkeit von höchstens 60 km/h,*
– *Fahren auf dem rechten Fahrstreifen, bei stehendem Verkehr auf dem linken Fahrstreifen, mit einer Geschwindigkeit von nicht mehr als 20 km/h,*
– *Fahren auf dem rechten Fahrstreifen, bei fließendem Verkehr auf dem linken Fahrstreifen, mit nicht höherer Differenzgeschwindigkeit als 20 km/h (bis max. 80 km/h),*
– *äußerste Vorsicht bei diesem Überholvorgang.*
Auch der überwiegende Teil der Literatur hält dieses Rechtsüberholen für zulässig (vgl. Zitate in der erwähnten Entscheidung des BayObLG). Diese von der Rechtsprechung entwickelte Regelung wird jetzt im

---

* Jetzt Abs. 5.
** Jetzt 3,5 t.

Grundsatz in die StVO übernommen werden. Es wurde davon abgesehen, die Höchstgeschwindigkeiten im Einzelnen aufzuführen. Durch die Formulierung, dass die linke Fahrzeugschlange „steht oder langsam fährt", wird deutlich, dass es sich um eine Geschwindigkeit handeln muss, die – auch auf Autobahnen – sich dem stehenden Verkehr nähert, jedenfalls aber deutlich unterhalb von 60 km/h liegen muss. ...

Begr zur ÄndVO v. 7.8.97 (VkBl. **97** 688): § 3 Rn. 10a.

Begr zur ÄndVO v. 11.12.00 (VkBl. **01** 7): **Zu Abs. 4:** *Bei endenden Fahrstreifen ist das Reißverschlussverfahren bereits rechtlich eindeutig geregelt. Vielfach wird es jedoch durch die Verkehrsteilnehmer, indem sie sich zu früh auf den weiterführenden Fahrstreifen einordnen, fehlerhaft praktiziert. Die Änderung verdeutlicht dem Fahrzeugführer, dass der Übergang auf den durchgängig befahrbaren Fahrstreifen erst am Beginn der Engstelle vorzunehmen ist.*

Begr zur StVO-Neufassung v. 6.3.2013 (BR-Drs. 428/12): **Zu Abs. 1 bis 5:** *Sprachlich berei-* **2a** *nigte Übernahme der vormaligen Regelungen des § 42 Abs. 6 Nr. 1 lit. b bis c. In § 7 sind die wesentlichen Vorschriften über die Fahrstreifenbenutzung nunmehr gebündelt. Im Absatz 3a wurde die Regelung um Fahrbahnen mit 5 Fahrstreifen ergänzt, da hierfür ein Regelungsbedarf besteht.*

VwV zu § 7 Benutzung von Fahrstreifen durch Kraftfahrzeuge

Zu den Absätzen 1 bis 3

1   I. Ist auf einer Straße auch nur zu gewissen Tageszeiten mit so dichtem Verkehr zu rechnen, **3** dass Kraftfahrzeuge vom Rechtsfahrgebot abweichen dürfen oder mit Nebeneinanderfahren zu rechnen ist, empfiehlt es sich, die für den gleichgerichteten Verkehr bestimmten Fahrstreifen einzeln durch Leitlinien (Zeichen 340) zu markieren. Die Fahrstreifen müssen so breit sein, dass sicher nebeneinander gefahren werden kann.

2   II. Wo auf einer Straße mit mehreren Fahrstreifen für eine Richtung wegen ihrer baulichen Beschaffenheit nicht mehr wie bisher nebeneinander gefahren werden kann, ist durch geeignete Markierungen, Leiteinrichtungen, Hinweistafeln oder dergleichen zu zeigen, welcher Fahrstreifen endet. Auf Straßen mit schnellem Verkehr ist zu prüfen, ob eine Geschwindigkeitsbeschränkung erforderlich ist.

Zu Absatz 3

3   Werden innerhalb geschlossener Ortschaften auf Straßen mit mehreren Fahrstreifen für eine **4** Richtung Leitlinien markiert, so ist anzustreben, dass die Anzahl der dem geradeausfahrenden Verkehr zur Verfügung stehenden Fahrstreifen im Bereich von Kreuzungen und Einmündungen nicht dadurch verringert wird, dass ein Fahrstreifen durch einen Pfeil auf der Fahrbahn (Zeichen 297) nur einem abbiegenden Verkehrsstrom zugewiesen wird. Wenn das Abbiegen zugelassen werden muss, besondere Fahrstreifen für Abbieger aber nicht zur Verfügung stehen, so kommt u. U. die Anbringung kombinierter Pfeile, z. B. Geradeaus/Links, in Frage.

1. Allgemeines. Das Fahrstreifenfahren gehört zu den wichtigsten Erfordernissen des Mas- **5** senverkehrs (Ha VRS **54** 301). Die StVO enthält ein recht verwickeltes Regelsystem über das Nebeneinanderfahren: Wesentliche Regeln stehen in § 7 (Nebeneinanderfahren und Rechtsüberholerlaubnis bei VDichte, Fahrstreifenwahl innerorts bei mehreren markierten Fahrstreifen und innerörtliche Rechtsüberholerlaubnis, Rechtsüberholen langsam fahrender FzSchlangen, Beschränkung des Fahrstreifenwechsels in allen Fällen, 3 markierte Richtungsfahrstreifen außerorts; dazu Rn. 8), weitere in § 7a (Nebeneinanderfahren und Rechtsüberholen auf abgehenden Fahrstreifen sowie Ein- und Ausfädelungsfahrstreifen), § 5 VIII (Rechtsüberholen wartender Fz durch Radf und Mofaf), § 37 IV (Nebeneinanderfahren im Bereich von LichtZ), bei Z 297 (Nebeneinanderfahren über Pfeilen; s. Anl 2 lfd. Nr. 70 Spalte 3 Erläuterungen zu Z 297). Dabei variieren die Voraussetzungen erlaubten Nebeneinanderfahrens. Sachlich handelt es sich um Ausnahmen vom Rechtsfahrgebot (§ 2) zur besseren Fahrbahnausnutzung (Ha DAR **76** 276).

Der Begriff des Fahrstreifens ist in I S. 2 legal definiert. Maßgebend ist allein die von ei- **5a** nem *mehrspurigen* Fz benötigte Breite. Der von einem Motorrad in Anspruch genommene geringere Raum bildet demgemäß keinen Fahrstreifen (Dü ZfS **90** 214). Eine Fahrbahnmarkierung ist nicht vorausgesetzt (BGH NZV **07** 185, KG VRS **109** 10, NZV **03** 182).

2. Abs. 1 S. 1 lässt das Fahrstreifenfahren von Kfz bei Verkehrsdichte (Rn. 7) in Abwei- **6** chung vom Rechtsfahrgebot (§ 2 II) zu. Voraussetzung ist, dass in Fahrtrichtung mindestens zwei Fahrstreifen (I S. 2) von je etwa 3 m Breite vorhanden sind, die nicht markiert sein müssen (Rn. 5a). Die Regelung gilt inner- wie außerorts. wird jedoch innnerorts unter den dort bestimmten Voraussetzungen durch III überlagert (Rn. 9, 13; zu den weiteren konkurrierenden Regelungen Rn. 5). Anders als III enthält I S. 1 keine Beschränkung auf bestimmte Fz. Nach

Aufgabe der früheren Beschränkung auf *mehrspurige* Kfz durch ÄndVO v. 22.3.88 sind auch Moped- und Mofaf einbezogen (krit *Felke* DAR **88** 76). Diese sollten jedoch nicht nur im Interesse des VFlusses, sondern auch im Interesse ihrer eigenen Sicherheit auf dem rechten Fahrstreifen bleiben (Begr Rn. 2). Führen zwei Mofaf mit 25 km/h je eine FzSchlange nebeneinander an, so wird trotz I S. 1 uU ein Verstoß gegen § 1 II (Behinderung „mehr als nach den Umständen unvermeidbar") in Betracht kommen. Überholen: Rn. 10. Fahrstreifenwechsel: Rn. 16, 17.

7   **Verkehrsdichte** im Sinn von I besteht, wenn derjenige, der mit erlaubter Geschwindigkeit fahren will (§ 3), beim Rechtsfahren (§ 2) entweder aus Abstandsgründen (§ 4) verlangsamen oder aber ein Überholen (§ 5) an das andere reihen müsste, so dass die Ausnutzung weiter links vorhandener Fahrstreifen vernünftig ist. Der Begriff stellt geringere Anforderungen als derjenige der Fahrzeugschlange in II (Rn. 11). *Nebeneinanderfahren im Bereich von Lichtzeichen:* § 37 IV.

8   **3. Bei drei Richtungsfahrstreifen außerorts,** einschließlich AB, markiert durch Z 340, darf der *mittlere Fahrstreifen* durchgängig befahren werden, soweit auch nur hin und wieder rechts davon ein Fz, auch ein einspuriges oder NichtKfz, hält oder fährt, bei vier Fahrstreifen der zweite von rechts (IIIc S. 1). Dasselbe gilt auf Fahrbahnen mit mehr als drei so markierten Fahrstreifen für eine Richtung für den zweiten Fahrstreifen von rechts (IIIc S. 2). Die Regelungen gelten auf allen Str außerorts einschließlich AB, und zwar auch, wenn einer der drei Fahrstreifen eine Kriechspur ist (§ 2 Rn. 63; LG Gera VM **98** 93). Aus der Erwähnung von haltenden (IIIc S. 1) und links abbiegenden Fz (IIIc S. 3) ist nicht etwa zu folgern, dass IIIc S. 1 auf AB keine Anwendung fände; diese Formulierungen waren notwendig, weil die Regelung eben *auch* auf anderen Str gilt. Auf VDichte kommt es nicht an. Eine im Verhältnis zu den rechts fahrenden Fz höhere Geschwindigkeit verlangt IIIc S. 1 nicht ausdrücklich, jedoch gehen insoweit die Vorschriften des § 7 I, III und des § 37 IV vor, soweit sie das Nebeneinanderfahren regeln (*Booß* VM **90** 44, s. aber Dü NZV **90** 39). Einzelne Überholvorgänge oder das Vorbeifahren (§ 6) sollen nicht zum Fahren gestreckter Schlangenlinien zwingen (Dü NZV **90** 39). Fährt oder hält auf dem rechten Fahrstreifen über eine längere Strecke hin niemand, so gilt das Rechtsfahrgebot (§ 2), weil der rechte Fahrstreifen keine ungenutzte Kriechspur ist. Die Länge der Strecke, auf der kein Fz den rechten Fahrstreifen befährt, ist dabei allein nicht entscheidend; vielmehr kommt es auf die Dauer des möglichen Fahrens auf dem rechten Fahrstreifen an, die von den gefahrenen Geschwindigkeiten abhängt (Ce VRS **64** 382). Erlaubt die Benutzung des rechten Fahrstreifens trotz vorausfahrender Fz die Beibehaltung der Geschwindigkeit auf längere Zeit (deutlich mehr als 20 sec), so gilt das Rechtsfahrgebot (Dü NZV **90** 39). IÜ ist auch auf einer AB mit drei gleichgerichteten Fahrstreifen nach dem Überholen grds. wieder auf den mittleren Fahrstreifen einzuscheren (Ce DAR **68** 278), bei VStille auf den rechten. Ist bei drei gleichgerichteten Fahrstreifen *der rechte geschwindigkeitsbeschränkt,* so dürfen VT, die schneller fahren (dürfen), den mittleren Fahrstreifen benutzen (Fra VM **76** 56 (AB)). befahren werden. III c S. 3 trifft Regelungen für die Benutzung des linken von 3 Fahrstreifen **durch schwere Lkw.** Das Verbot für schwere Lkw auf vielspurigen Fahrbahnen, die äußerst linke Spur zu nutzen, dient dabei allein dem besseren Verkehrsfluss und damit der Leichtigkeit des V; es dient nicht dem Schutz von Spurwechslern (Dü NJW-RR **18** 471). Überholen: Rn. 10. Fahrstreifenwechsel: Rn. 16, 17.

9   **4. Abs. 3 regelt innerorts** Ausnahmen vom Rechtsfahrgebot und vom Gebot des Linksüberholens (Ha DAR **76** 276, Hb VRS **51** 450, Dü VRS **74** 289). Bei mindestens zwei durch VZ 340 oder 296 markierten Fahrstreifen für eine Richtung besteht nach III S. 1 **freie Fahrstreifenwahl** für Kfz mit zulässigem Gesamtgewicht bis zu 3,5 t. VDichte (Rn. 6) ist hier nicht erforderlich. Die Vorschrift gilt für Pkw und Kräder, ebenso für Lkw und Wohnmobile, sofern deren zulässiges Gesamtgewicht 3,5 t nicht übersteigt. Bei Überschreiten der Gewichtsgrenze gilt das Rechtsfahrgebot (dazu Hb NZV **17** 436 *(Bachmor)*). III gilt auch für KraftfahrStr (Z 331.1; Kö VM **80** 30), jedoch nicht für eine innerörtliche AB (Z 330.1). Bei fehlender Ortstafel entscheiden Beginn und Ende der deutlich geschlossenen Bauweise (Kö VM **80** 30). *Überholen* (III S. 2): Rn. 10, 13, *Fahrstreifenwechsel:* Rn. 16, 17.

9a   **4a. Abs. 3a S. 1** verbietet das Überholen auf dem bzw. den linken, dem GegenV vorbehaltenen sowie auf dem mittleren Fahrstreifen, wenn auf einer Fahrbahn für beide Richtungen insgesamt 3 oder 5 Fahrstreifen durch Leitlinien (Z 340) markiert sind. Damit besteht nach der Neuregelung auf dem jeweils mittleren Fahrstreifen Überholverbot. Dass dies gewollt ist, ergibt sich aus S. 3, wonach der jeweils mittlere Fahrstreifen nur für das Einordnen benutzt werden darf. Für Fahrbahnen mit 4 durch Leitlinien (Zeichen 340) markierten Fahrstreifen für beide Richtungen verbietet **Abs. 3b S. 1** das Überholen auf den beiden in Fahrtrichtung linken Fahrstreifen. Dasselbe gilt nach S. 2 auf sechsstreifigen Fahrbahnen für die drei in Fahrtrichtung linken Fahrstreifen. Die Vorschriften übernehmen schon bisher geltendes Recht (Rn. 2a). Zur Bußgeldbewehrung Rn. 21.

5. Rechts überholt werden (= rechts schneller fahren als links, Abs. II, III S. 2: BGH **10** NJW **75** 1330, Dü VRS **74** 289 mAnm *Booß* VM **88** 45; s. auch § 5 Rn. 64–69) darf beim Fahrstreifenfahren *nur in vier gesetzlich bezeichneten Fällen* (Ha ZfS **20** 350) und stets nur bei Beachtung der zulässigen Fahrgeschwindigkeit (§ 3; BGHSt **22** 137 = NJW **68** 1533, Schl VRS **78** 418) und (trotz deren höchster Sorgfaltspflicht bei Fahrstreifenwechsel: Rn. 17) sorgfältiger Beobachtung der auf benachbarten Fahrstreifen Vorausfahrenden (Kö VRS **36** 131). Auch im FahrstreifenV darf vom Z 276 ab nicht mehr überholt werden (Kö VRS **53** 139, Bay VRS **72** 301; s. aber § 5 Rn. 36). Beim Fahren nach III (Rn. 9, 13) gelten das Erfordernis höherer Überholgeschwindigkeit des Überholers und das Verbot der Beschleunigung gegenüber dem zu Überholenden nicht (Ha DAR **76** 276). Entsprechendes gilt für IIa. Die **vier Fälle erlaubten Rechtsüberholens** beim Fahrstreifenfahren sind:

a) aa) Schlangenbildung auf den gleichgerichteten Fahrstreifen (Abs. 2). Die Fahr- **11** streifen müssen ausreichend breit sein. Markiert sein müssen sie nicht (Dü VRS **74** 216). Die Regelung gilt inner- wie außerorts auf Straßen jeder Art für Fz jeder Art. Der Begriff der FzSchlange stellt keine allzu hohen Anforderungen (Bay VM **72** 78). Sie besteht schon dann, wenn mindestens drei (Sa VRS **48** 187, *Seidenstecher* DAR **93** 85; offengelassen von Bay VM **72** 78) Kfz mit nicht mehr als dem Doppelten der erforderlichen Mindestabstände fahren (je etwa 2,5 s/Fahrstrecke; Bay VM **72** 78, *Möhl* DAR **71** 31). Außerorts, besonders auf der AB, wird wegen der durchschnittlich höheren Fahrgeschwindigkeit die erforderliche FzZahl höher sein müssen (*Seidenstecher* DAR **93** 85, Bay VM **72** 78).

Weist die Richtungsfahrbahn **mehr als zwei Fahrstreifen** auf, so müssten sich nach dem **12** Wortlaut von II („auf den") auf allen Streifen Schlangen gebildet haben. Das überfordert jedoch die Kf und verhindert die Raumausnutzung. Bei mehr als zwei Fahrstreifen kann kein Kf, am wenigsten auf dem rechten oder ganz linken, die FzDichte auf allen Fahrstreifen gleichzeitig ständig beobachten, es muss ausreichen, wenn sie sich nach seinem allgemeinen Eindruck nicht wesentlich ändert. Es muss vor allem auf Beobachtung des eigenen und des benachbarten Fahrstreifens ankommen (Hb VRS **43** 386), denn andernfalls könnten gerade die Rechtsfahrenden mehr als bei nur zwei gleichgerichteten Fahrstreifen gehemmt werden (aM uU Ha NJW **72** 782). Außerdem hätte bei drei gleichgerichteten Fahrstreifen die Auflösung der linken Schlange die Wirkung, dass die Benutzer des rechten Fahrstreifens von nun an nicht schneller fahren dürften als die des mittleren. Das ist nicht vollziehbar und kann deshalb nicht gemeint sein (*Seidenstecher* DAR **93** 85). Wäre nur der linke (Abbieger) und der Mittelstreifen (Geradeausfahrer) stark besetzt, so dürften EinzelFz auf dem rechten Fahrstreifen nicht überholen. Dies muss jedoch bei gehöriger Vorsicht hier nur erlaubt sein (KG VM **71** 237).

bb) Schlangenbildung auf dem linken Fahrstreifen (Abs. 2a) erlaubt Rechtsüberholen. **12a** Die Vorschrift beruht auf der früheren Rspr. zur Zulässigkeit des Rechtsüberholens langsam fahrender FzSchlangen auf AB (Begr Rn. 2). Die FzSchlange (Rn. 11) muss entweder stehen oder langsam fahren. Langsam ist eine Geschwindigkeit von weniger als 60 km/h (Begr Rn. 2: „deutlich unterhalb von 60 km/h"). Zu überholen ist die FzSchlange mit äußerster Vorsicht und nur mit geringfügig höherer Geschwindigkeit. Entsprechend der genannten älteren Rspr. wird die Mehrgeschwindigkeit nicht mehr als 20 km/h betragen dürfen (KG NZV **03** 182, LG Görlitz NZV **02** 563, *Bouska* DAR **89** 163, *Seidenstecher* DAR **93** 85). IIa erlaubt nicht das Rechtsüberholen durch einzelne FzF, die zu diesem Zweck aus der langsamen Kolonne nach rechts ausscheren, um sich weiter vorn wieder links einzudrängen; auch insoweit gilt die Rspr. zur früheren Rechtslage fort (zB Bay VRS **56** 120, Dü VRS **63** 69). IIa gilt nur im Verhältnis mehrerer Fahrstreifen zueinander, nicht im Verhältnis zu VFlächen, die vom FzV nicht benutzt werden dürfen (Dü NZV **90** 241 (Sperrfläche, Z 298), abl insoweit *Booß* VM **90** 60; LG Görlitz NZV **02** 563), weil zulässiges Rechtsüberholen außer in Fällen des § 5 VIII (Radf, Mofaf) grundsätzlich einen freien Fahrstreifen für den Überholenden voraussetzt (§ 5 Rn. 64) und weil die Bestimmung nicht ein Rechtsüberholen erlauben kann, das nur unter Verletzung anderer Vorschriften möglich wäre. Soweit die Voraussetzungen des IIa vorliegen, gilt die Erlaubnis, langsame oder stehende FzSchlangen zu überholen, auf allen Str mit mehreren gleichgerichteten Fahrstreifen.

b) Unter den Voraussetzungen von Abs. 3 S. 1 (Rn. 9) dürfen auch EinzelFz rechts über- **13** holen (Dü VRS **74** 289, Hb DAR **76** 304, Ha DAR **76** 276), auch wenn der rechte Fahrstreifen durch einen unterbrochenen Breitstrich abgetrennt ist (kein Seitenstreifen; abw insoweit Ce VRS **54** 144). Mangels Fz-bezogener Einschränkung des III S. 2 dürfen jedoch auch schwerere Lkw als die in III S. 1 genannten rechts schneller fahren. Die erhöhten Anforderungen des IIa („mit äußerster Vorsicht"; Rn. 12a) gelten für das Rechtsüberholen gem. III S. 2 nicht (Ha NZV **00** 85). Zweiradfahrer dürfen nicht die Trennlinie zwischen den Fahrstreifen als weiteren Fahrstreifen benutzen und zwischen den FzKolonnen hindurchfahren; darauf, dass dies beachtet wird, darf der den Fahrstreifen wechselnde Kf vertrauen (Schl VRS **60** 306, s. dazu auch § 5 Rn. 64).

14   **c) Fahrzeuge, die sich gemäß Abbiegepfeil (Z 297) links eingeordnet haben,** dürfen rechts überholt werden (Anl 2 lfd. Nr. 70 Spalte 3 Erläuterung zu Z 297).

15   **d) Auf abgehenden Fahrstreifen, Ein- und Ausfädelungsstreifen** (§ 7a; s. dort).

16   **6. Fahrstreifenwechsel** widerspricht wegen seiner latenten Gefahren (BVerwG JZ **70** 67) dem Grundsatz des Fahrstreifenfahrens und soll deshalb nur bei verkehrsbedingter Notwendigkeit stattfinden, nicht schon, um nur einige Sekunden zu gewinnen. Häufiger Fahrstreifenwechsel, nur um schneller voranzukommen, bringt nichts ein und gefährdet häufig den VFluss sowie einzelne VT. Soweit die Voraussetzungen des Abs. 5 für einen Fahrstreifenwechsel nicht erfüllt sind, darf der Verkehr daher auf strikte Beibehaltung des Fahrstreifens vertrauen (KG VM **88** 50, Ha VRS **60** 141). Jedoch ist der Fahrstreifenwechsel nur durch Abs. 5 eingeschränkt; nicht gefährdender Fahrstreifenwechsel zB zwecks erlaubten Rechtsüberholens ist zulässig (Ha DAR **76** 276). Bei dichtem Verkehr oder Schlangenbildung wird Abs. 5 das Wechseln in aller Regel auf das Ausnutzen größerer Lücken beschränken, die ausreichenden Abstand nach hinten und vorn ermöglichen (Ha VersR **92** 624) oder auf den Fall des besonderen Hindernisses (Kollision, Langsamfahren). Bei lockerem Verkehr dagegen darf unter äußerster Sorgfalt (Rn. 17) gewechselt werden. Die Pflicht zur besonderen Sorgfalt beim Fahrstreifenwechsel räumt dem nachfolgenden Verkehr kein Vorrecht ein. Ordnungsgemäß angezeigten und sorgfältig durchgeführten Fahrstreifenwechsel **muss der nachfolgende Verkehr ermöglichen** (§ 1; Bay VRS **56** 114, VM **73** 39, Kar VRS **58** 56, Ha VersR **92** 624, Kö VM **74** 23, VRS **36** 131). Jedoch darf er nicht erzwungen werden (Kö VM **74** 23). Beabsichtigen auf **dreistreifiger Fahrbahn** zwei Kfz von rechts und links her auf den mittleren Fahrstreifen zu fahren, so hat das Kfz mit deutlichem Vorsprung den Vortritt, im Zweifel ist (außer den Blinkzeichen) Verständigung durch Handzeichen geboten. **Kein Fahrstreifenwechsel** iS von Abs. 5 ist das Wechseln auf einen *nach einer Sperrfläche beginnenden neuen Fahrstreifen* unmittelbar nach Passieren der Sperrfläche (LG Dortmund NJW-RR **03** 1260). Wer als **Linksabbieger** mehrere gleichgerichtete Fahrstreifen der Straße, in die er abbiegt, kreuzen muss, um auf den angestrebten rechten Fahrstreifen zu gelangen, wechselt den Fahrstreifen nicht iS von V. Das Recht des Vorausfahrenden, zwischen mehreren markierten Fahrstreifen der Str zu wählen, in die abgebogen wird, endet erst mit seiner endgültigen Einordnung in einen Fahrstreifen, dh idR frühestens 15 bis 20 m nach Beginn der Fahrstreifenmarkierungen, und darf nicht (§ 1 II) durch starkes Beschleunigen des Hinterherfahrenden beeinträchtigt werden (KG DAR **20** 141). Beim an sich zulässigen **gemeinsamen Linksabbiegen** enden die Fahrstreifen (wenn sie nicht für den AbbiegeV als fortlaufend markiert sind) an der Einmündung oder Kreuzung bzw. beginnen danach neu. Fortsetzung der Fahrt nach dem Abbiegen in einem anderen als dem zuvor benutzten Fahrstreifen ist daher kein Fahrstreifenwechsel iS von § 7 (BGH NZV **07** 185, Bay NStZ **88** 121, KG DAR **05** 24, NZV **91** 194, AG Wiesbaden NJW-RR **03** 1678). Genauso liegt es beim **gemeinsamen (parallelen) Rechtsabbiegen;** biegt der auf dem rechten Fahrstreifen Fahrende ohne Rücksicht (§ 1) auf den links vor ihm Fahrenden ab, so gilt der Vorrang des sich auf der rechten Fahrbahn befindlichen Abbiegers nicht, weswegen er das Rechtsfahrgebot (§ 2 II S. 1) verletzt und für einen Unfall alleine haftet; es besteht also die Pflicht zum Spurhalten (BGH NZV **07** 185; Mü NZV **18** 190 (*Lempp*); s. auch § 9 Rn. 27). Mehrere durch breiten **Grünstreifen** getrennte Fahrbahnen für die gleiche Richtung: § 8 Rn. 34a.

17   **Äußerste Sorgfalt** (E 150) fordert jeder Fahrstreifenwechsel (KG VRS **109** 10, Bra VersR **03** 1566, Ha VersR **92** 624), auch wenn er nur teilweise vollzogen wird (KG VM **96** 21, Dü VM **87** 79). Gleichgültig ist, ob die Fahrstreifen markiert sind oder nicht (KG VM **96** 21, **86** 53, Dü VRS **74** 216). Trotz der Formulierung „in allen Fällen" gilt V nur für die Fälle der Absätze I bis IV (*Booß* VM **73** 78, **83** 84), allerdings auch (erst recht) dann, wenn die dort bezeichneten Voraussetzungen verletzt sind, also für *unzulässiges* Fahrstreifenfahren (*Drees/Kuckuk* Rn. 18). Entgegen Kö VersR **03** 1186 wird V auch gegenüber dem nur verkehrsbedingt wartenden FzF (LZA) zu beachten sein. **V gilt jedoch nicht** bei Fahrstreifenwechsel im Zusammenhang mit **Überholen und**

Abbiegen; vielmehr gelten dann die Sonderbestimmungen der §§ 5, 9 (Nau DAR **01** 223, Brn NJW **09** 2962; diff *Haarmann* DAR **87** 144, abw wohl Jn NZV **06** 147). Auch im Verhältnis der parallel zur durchgehenden Fahrbahn verlaufenden **Verteilerfahrbahn im Bereich von AB-Kreuzen** zu den tangential in diese einmündenden Zufahrten gilt V nicht (Dü NZV **89** 404 (Rücksichtnahme- und Verständigungspflicht nach § 1 II, zust *Booß* VM **89** 95), NZV **07** 141 (für gesetzliche Regelung), Kö NZV **07** 141, LG Sa NZV **15** 301). Ebenso wenig gilt V im Verhältnis **zwischen fließendem und ruhendem Verkehr** (Anfahren; KG DAR **04** 387, NZV **06** 369, **08** 413; Mü NJW-RR **94** 1442, Ha NZV **13** 246, LG Berlin NZV **04** 635, *Haarmann* VersR **86** 667, DAR **87** 145, aM Kö VersR **86** 666). Nicht nur behinderndes oder gefährdendes Wechseln ist untersagt, sondern jeder Wechsel, bei dem fremde **Gefährdung nicht ausgeschlossen** ist (KG MDR **03** 1228, Kar VRS **58** 56, Hb DAR **76** 304). Der Maßstab ist also strenger als der des § 1. Äußerste Sorgfalt setzt **ausreichende Rückschau** voraus (KG VRS **109** 10, **106** 23), bei mehreren gleichgerichteten Fahrstreifen überall dorthin, wo Gefährdung eintreten könnte (Bay VRS **40** 466, Kar VRS **78** 322), Berücksichtigung des nachfolgenden Verkehrs und ausreichenden Abstand zu ihm auf dem angestrebten Fahrstreifen, uU, bei längerem Ablauf, auch eine zweite Rückschau unmittelbar vor dem beabsichtigten Wechseln. Der berechtigte Spurwechsler muss sich vergewissern, dass er keinen Nachfolgenden gefährdet (Anzeige, Rückblick; KG VM **80** 23). Das Erfordernis äußerster Sorgfalt ist idR erfüllt, wenn der Kf vor dem Fahrstreifenwechsel nach links in den Innen- und Außenspiegel blickt, sich nach links umsieht und rechtzeitig den Fahrtrichtungsanzeiger betätigt (Stu VRS **60** 306). Jeder Fahrstreifenwechsel ist **rechtzeitig und deutlich anzuzeigen** (KG VRS **109** 10, **106** 23, Kar VRS **58** 56). Rechtzeitigkeit setzt voraus, dass sich der nachfolgende V auf den Wechsel einstellen kann, wofür die Zeit zwischen Anzeigebeginn und Richtungswechsel unter Berücksichtigung der Fahrgeschwindigkeiten maßgeblich sind (KG VRS **115** 12). Kein Verhalten entgegen dieser Anzeige (Fra DAR **77** 81), auch bei fehlender Markierung. Fahrstreifenwechsel ohne rechtzeitige Anzeige ist (bei nachfolgendem Verkehr) stets unzulässig (Kar VRS **58** 56). Die Anzeigepflicht schützt nur Teilnehmer des gleichgerichteten V, nicht auch verkehrswidrig Entgegenkommende (KG VRS **57** 402, VersR **79** 1031). Plötzliches, nicht rechtzeitig angekündigtes Wechseln, zB verspätetes Einordnen unter Schneiden rückwärtiger VT (Dü VRS **37** 303, Sa NJW **73** 2216), ist stets unsorgfältig, nicht nur wegen der Unvorhersehbarkeit für andere (BGH VRS **33** 362), und kann Alleinhaftung begründen (§ 17 StVG Rn. 16). Auf rechtzeitige Anzeige wird der V idR vertrauen dürfen (Kar VRS **78** 322, Hb VM **62** 50, Kö VRS **39** 267, KG VRS **35** 304). Wer das Einordnen nicht rechtzeitig und äußerst sorgfältig vorbereitet und durchführt, kann einen Umweg fahren müssen. *Setzt sich eine wartepflichtige Str als rechter Fahrstreifen der VorfahrtStr fort* (Z 295 oder 340), so dürfen nunmehr die Benutzer der VorfahrtStr nur mit besonderer Vorsicht (V) auf diesen Fahrstreifen hinüberwechseln (Bay VRS **56** 114). Der Einmündende darf in solchen Fällen zügig auf dem bisher von ihm benutzten, sich auf der VorfahrtStr fortsetzenden Fahrstreifen weiterfahren; andernfalls wäre der Zweck einer solchen StrFührung vereitelt (§ 8 Rn. 27). Fremde **Mitschuld** oder Mitverursachung: E 150. Bei Kollision mit dem Nachfolgenden unmittelbar nach Fahrstreifenwechsel spricht der **Anschein** für Missachtung der Sorgfaltspflicht nach V (KG VRS **109** 10, **106** 23, DAR **03** 317, Mü DAR **05** 684, Ha NZV **10** 79, Nau VRS **100** 173, Br VersR **97** 253, Kö VRS **93** 46), nicht aber gegenüber Einfahrendem (§ 10 Rn. 11).

7. Reißverschlussverfahren (Abs. 4). Enden markierte Fahrstreifen, so sollen Leiteinrich-   **18** tungen anzeigen, welche(r) Fahrstreifen weiterführen (VwV Rn. 2, Rn. 3). Solche „Leitlinien" können nur klärend wirken, allgemeine Vortrittsregeln aber nicht ersetzen, weil die StVO mit Ausnahme der Halt- und Wartelinie (Z 294, 341) in Zusammenhang mit § 8 keine anderen Wartemarkierungen auf der Fahrbahn kennt. Bei vorübergehender Sperrung des linken Fahrstreifens darf der dort Fahrende nicht darauf vertrauen, dass der den rechten Fahrstreifen Befahrende einer Hinweistafel folgt, auf den Seitenstreifen zu wechseln (LG Ol NZV **05** 196).

Kein Vortrittsproblem entsteht vor Engstellen, Baustellen, Unfallsperren, versetzten StrWei-   **19** terführungen und dem Ende breiteren Ausbaus, wenn die Fz bei lockerem Verkehr noch jeweils mit Abstand (§ 4) hintereinander auf den verschiedenen Fahrstreifen herannahen (KG VM **87** 70). Da Gegenverkehr hier ausscheidet, hat jeder mit Vorsprung Eintreffende Vortritt und kann sich nach rechts oder links hin auf den weiterführenden Fahrstreifen einordnen (BGH VRS **30** 105).

Das Reißverschlussverfahren gilt zwingend, sobald der Abstand der auf den mehreren Fahr-   **20** streifen ankommenden Fz kein Einordnen auf den durchgehenden Fahrstreifen mit ausreichendem Abstand (§ 4) mehr zulässt (Fra ZfS **04** 207; LG Hanau ZfS **04** 205), was nicht voraussetzt, dass vorher schon in Schlangen gefahren worden sein müsste (Fra ZfS **04** 207). Bei so dichtem Verkehr hat der Rechtsfahrer nur noch als Benutzer des (der) weiterführenden Fahrstreifens **Vortritt** (KG VRS **68** 339, LG München I DAR **02** 458). Mit ihm beginnt der Reißverschluss (KG VM **96** 21, **87** 70, VRS **68** 339, Schl VersR **80** 490, Stu VRS **64** 296, LG München I DAR **02** 458). Welcher Fahrstreifen als „durchgehend" anzusehen ist, kann sich auch ohne Fahrbahnmarkierung und ohne Z 121 aus dem StrVerlauf ergeben (KG VRS **68** 339, Stu VRS **64** 296). Die am Durchfahren gehinderten Fz müssen sich auf dem (den) durchgehenden Fahrstreifen unter besonderer Rücksichtnahme und bei angemessen herabgesetzter Fahrgeschwindigkeit (§§ 1, 3) im Wechsel 1 : 1 (entsprechend je nach Zahl der ankommenden wie weiterführenden Fahrstreifen) einordnen (einschr. *Seidenstecher* DAR **93** 86). Der auf dem durchgehenden Fahrstreifen Fahrende hat zwar grds. Vortritt (KG NZV **10** 507 mwN), darf aber seinen **Vorrang nicht erzwingen** (KG VRS **68** 339 (krit zur Haftungsquote 50 % *Fuchs-Wissemann* DAR **94** 147), LG München I DAR **02** 458, *Seidenstecher* DAR **93** 86 (kein Vorrang im Rechtssinn)). Wer bei Reißverschlussbildung die Spur wechselt, darf **nicht darauf vertrauen,** dass ihm dies ermöglicht wird (LG Hanau ZfS **04** 205), er muss den Spurwechsel rechtzeitig anzeigen, zurückschauen und allmählich hinüberfahren. Dies bringt Abs. 5 deutlich zum Ausdruck (KG VM **96** 21, Fra ZfS **04** 207, AG Rüsselsheim NZV **01** 308). Eine Mithaftung des Bevorrechtigten kommt in Betracht, wenn er die Gefahr einer Kollision auf sich zukommen sehen musste und unfallverhütend reagieren kann (KG NZV **10** 507: 25 %). Auch im Reißverschlussverfahren gilt der **Anscheinsbeweis** gegen den Spurwechsler, wenn es beim Einfädeln zu einer Kollision kommt (§ 7 StVG Rn. 49). **Abs. 4 gilt** auch bei Fahrbahnverengung durch parkende Fz (KG VM **87** 70) oder andere Hindernisse, und zwar auch dann, wenn die dadurch entstehende Sperrung eines Fahrstreifens jenseits einer Kreuzung beginnt (KG VRS **54** 215), ebenso bei versetzter und zugleich verengter StrFortführung nach einer Kreuzung (Stu VRS **64** 296). Bei *beiderseitiger Fahrbahnverengung (Z 120)* liegt kein Spurwechsel vor (LG Hb NZV **19** 209: § 1 II *(Bachmor)*). Entspricht die Örtlichkeit dem Z 121 (Verengung rechts), so haben sich nach dem Wortlaut von IV die Rechtsfahrenden unter Vortritt des ersten Linksfahrers ohne Überholversuch nach links hin einzuordnen (KG VM **90** 91 m abl Anm *Booß,* **84** 23 (weil IV dem zum Fahrstreifenwechsel Genötigten keine Wartepflicht auferlege; gegen ihn *Fuchs-Wissemann* DAR **94** 147), VRS **57** 321, DAR **80** 186, Schl VersR **80** 490), ebenso umgekehrt im Fall des seitenverkehrten Z 121 (Verengung links; Stu VRS **64** 296). Entspricht die Örtlichkeit dem Z 120 oder steht dieses Zeichen, so muss als klare Regel bei gleichauf fahrenden Kfz der Rechtsvortritt mit nachfolgendem Sicheinordnen aus beiden Fahrstreifen her gelten, und zwar unter Beachtung von § 1 (KG DAR **80** 186, Schl VersR **80** 490). Das **Einfädeln** auf dem weiterführenden Fahrstreifen erfolgt nach IV erst *unmittelbar am Beginn der Verengung.* Nur in diesem Zusammenhang kann im Einzelfall ein Rechtsüberholen zulässig sein (Ha ZfS **20** 350). Zu einem (den VFluss behindernden) früheren Fahrstreifenwechsel besteht kein Anlass; abw Verhalten kann zwar nicht als Verstoß gegen § 7 geahndet werden (Rn. 21), uU aber nach § 1 II ow sein. FzF, die sich früher eingeordnet haben, müssen denjenigen, die den endenden Fahrstreifen weiter befahren haben, nach Maßgabe von IV den Fahrstreifenwechsel ermöglichen; Verhindern des Einfädelns nach Maßgabe von IV ist als Verstoß gegen § 1 II ow (Rn. 21). Zur Förderung richtigen Verhaltens kann das durch das BMV (VkBl. **01** 47 = StVRL § 42 StVO Nr. 20) bekannt gegebene ZusatzZ „Reißverschluss erst in 200 m" aufgestellt werden. **BW-Verbände** (§ 27) haben unter den Voraussetzungen von § 35 I an Engstellen nach Warnung Vortritt (VkBl. **71** 538 = StVRL § 27 StVO Nr. 1). Geltung auch bei anderen Streitkräften: VkBl. **87** 282 = StVRL § 27 StVO). Zu den **Haftungsanteilen** bei falscher Reißverschlussbildung KG VRS **57** 324. Mithaftung des im „Reißverschluss" Vortrittsberechtigten zu ⅓: KG VM **84** 23. Zurücktreten der BG des überholten Kfz, falls der Spurwechsler auf einer AB-Auffahrt unter Überfahren einer schraffierten Sperrfläche unzulässigerweise rechts überholt hat (Sa NJW-RR **19** 1436).

21   **8. Ordnungswidrigkeiten:** Bußgeldbewehrt sind nach § 49 I Nr. 7 Verstöße gegen IIIa S. 1, 2 (Benutzen mittlerer bzw. rechter Fahrstreifen), IIIb, IIIc S. 3 (Benutzen linker Fahrstreifen) sowie V (Fahrstreifenwechsel). Verstöße gegen IV, zB Verhindern des Einfädelns (*Bouska* DAR **01** 27) sind nach § 1 zu ahnden, da § 49 insoweit keine Bußgeldvorschrift enthält (*Haarmann* DAR **87** 143). Unachtsames Wechseln auf den Schutzstreifen für Radf (Anl 3 lfd. Nr. 22 Spalte 3 Nr. 2 zu Z 340) verstößt wohl nicht gegen Abs. 5 (§ 42 Rn. 182).

Abgehende Fahrstreifen, Einfädelungs- und Ausfädelungsstreifen

7a (1) **Gehen Fahrstreifen, insbesondere auf Autobahnen und Kraftfahrstraßen, von der durchgehenden Fahrbahn ab, darf beim Abbiegen vom Beginn einer breiten Leitlinie (Zeichen 340) rechts von dieser schneller als auf der durchgehenden Fahrbahn gefahren werden.**

(2) **Auf Autobahnen und anderen Straßen außerhalb geschlossener Ortschaften darf auf Einfädelungsstreifen schneller gefahren werden als auf den durchgehenden Fahrstreifen.**

(3) [1] **Auf Ausfädelungsstreifen darf nicht schneller gefahren werden als auf den durchgehenden Fahrstreifen.** [2] **Stockt oder steht der Verkehr auf den durchgehenden Fahrstreifen, darf auf dem Ausfädelungsstreifen mit mäßiger Geschwindigkeit und besonderer Vorsicht überholt werden.**

Begr der „Schilderwaldnovelle" einschließlich Begr des BRates:Voraufl. 1

Begr StVO-Neufassung v. 6.3.2013 (BR-Drs. 428/12): *Weitere Regelungen der vormaligen Rege-* 2 *lungen nach § 42 VI N 1ff. wurden ebenfalls in die allgemeinen Verhaltensregeln überführt. Dies dient der besseren Lesbarkeit und Verständlichkeit der Vorschrift. Der Abs. 1 ist eine Übernahme der bis dahin in der Erläuterung f zu Z 340 getroffenen Regelung; der bisherige letzte Satz zum Verzögerungsstreifen wurde im Abs. 3 S. 1 überführt. Hinsichtlich Abs. 2 handelt es sich um eine sprachlich bereinigte Übernahme der bis dahin in der Erläuterung e zu Z 340 getroffenen Regelung. Dies dient auch der verfassungskonformen Gestaltung der Vorschrift, um so genannte „Doppelbewehrungen" zu vermeiden (siehe auch Begründung zu § 2 Absatz 4*). Im Interesse der besseren Verständlichkeit werden die schon lange verwendeten verkehrstechnischen Begriffe „Einfädelungsstreifen" und „Ausfädelungsstreifen" eingeführt.*

1. Die Vorschrift regelt **Fälle erlaubten Rechtsüberholens** (§ 7 Rn. 10, 15). Die Regelun- 3 gen wurden aus systematischen Gründen aus den Erläuterungen zu Z 340 übernommen und zT sprachlich angepasst und auch inhaltlich geändert (Rn. 2).

2. Nach Abs. 1 dürfen Abbieger auf durch breite Leitlinie getrennten (Z 340) **abgehenden** 4 **Fahrstreifen,** insbes. auf AB und KraftfahrStr, schneller fahren als die auf den durchgehenden Fahrstreifen bleibenden Fz. Dies gilt ab Beginn der Leitlinie. IdR sind abgehende Fahrstreifen durch Vorwegweiser gekennzeichnet. Die Regelung gilt nur für solche FzF, die der Abzweigung folgen wollen („Abbieger"). Rechtsüberholen unter Benutzung des abzweigenden Fahrstreifens, um sich später wieder auf dem durchgehenden Fahrstreifen einzuordnen, erlaubt die Vorschrift nicht (Dü NZV **90** 281, **95** 162 (anders bei irrtümlicher Einordnung auf der Abzweigung), VRS **82** 139). Sie dient der ungehinderten „Vorsortierung" der Verkehrsströme durch verkehrslenkende Beschilderung und Fahrstreifenführung (Begr VkBl. **88** 227). Ausfädelungsstreifen: Rn. 6.

3. Abs. 2 erlaubt das Schnellerfahren (Rechtsüberholen) auf **Einfädelungsstreifen** (auch 5 „Beschleunigungsstreifen"). Zur Frage, ob ein Rechtsüberholen im Rechtssinn gegeben ist: § 2 Rn. 25a, § 5 Rn. 20. Die Erlaubnis gilt auch, wenn auf der durchgehenden Fahrbahn ein Überholverbot besteht (Dü DAR **81** 19). Der auf der durchgehenden Fahrbahn befindliche überholt andererseits nicht verbotswidrig, wenn er den Einfahrenden passiert (Bay DAR **70** 276, Ko DAR **87** 158).

4. Abs. 3 behandelt **Ausfädelungsstreifen** (vormals „Verzögerungsstreifen") wie schon das 6 frühere Recht (§ 42 VI Nr. 1f. S. 2) anders als Einfädelungsstreifen, indem er für sie in III S. 1 ein Überholverbot normiert (krit *Felke* DAR **88** 77, **89** 180). Eine Ausnahme ist in S. 2 für stockenden bzw. stehenden V auf den durchgehenden Fahrstreifen normiert, wonach für diese Fälle vorsichtig rechts (nicht aber schon vor Beginn des Ausfädelungsstreifens auf der Standspur) überholt werden darf. Für die Aufrechterhaltung des grundsätzlichen Verbots auf Ausfädelungsstreifen wird maßgebend gewesen sein, dass es zu gefährlichen Situationen führen kann, wenn der Nachfolgende früher als der Vorausfahrende auf den Verzögerungsstreifen wechselt. Die Regelung dient also nicht dem Schutz von (verbotswidrig) auf dem Ausfädelungsstreifen stehenden Fz (Dü DAR **19** 147, 149). Im Hinblick auf die bewusste Entscheidung des VOGebers wird sich die vormals vertretene Auffassung, das Schnellerfahren auf dem Ausfädelungsstreifen sei erlaubt, da es sich bei ihm um ein selbstständige Fahrbahn handele (§ 2 Rn. 25a, § 5 Rn. 20), mithin kein Überholen im Rechtssinne vorliege (vgl. Dü VRS **107** 109, Ha DAR **75** 277, 40. Aufl. § 2 Rn. 25a, § 18 Rn. 20; *Janiszewski* DAR **89** 410, *Mersson* DAR **83** 283), nicht halten lassen. Die StVO-Neu-

---

* Abgedruckt: § 2 Rn. 16e.

fassung 2013 verdeutlicht dies noch zusätzlich, indem sie anders als die „Schilderwaldnovelle" 2009 (hierzu 41. Aufl.) ausdrücklich den Begriff des „Überholens" verwendet.

7   **5. Ordnungswidrigkeit.** Verstöße gegen III sind in § 49 I Nr. 7a bußgeldbewehrt. Umfasst ist die Ausnahmebestimmung in III S. 2, was an sich zu vermeiden ist und den Bestrebungen der Neufassung zuwiderläuft (§ 49 Rn. 2). Jedoch enthält S. 2 eigenständige Anforderungen (mäßige Geschwindigkeit und besondere Vorsicht). In die Vorschrift ist ein „nur" („darf … nur …") hineinzulesen.

Vorfahrt

8 (1) ¹An Kreuzungen und Einmündungen hat die Vorfahrt, wer von rechts kommt. ²Das gilt nicht,

1. wenn die Vorfahrt durch Verkehrszeichen besonders geregelt ist (Zeichen 205, 206, 301, 306) oder

2. für Fahrzeuge, die aus einem Feld- oder Waldweg auf eine andere Straße kommen.

(1a) ¹Ist an der Einmündung in einen Kreisverkehr Zeichen 215 (Kreisverkehr) unter dem Zeichen 205 (Vorfahrt gewähren) angeordnet, hat der Verkehr auf der Kreisfahrbahn Vorfahrt. ²Bei der Einfahrt in einen solchen Kreisverkehr ist die Benutzung des Fahrtrichtungsanzeigers unzulässig.

(2) ¹Wer die Vorfahrt zu beachten hat, muss rechtzeitig durch sein Fahrverhalten, insbesondere durch mäßige Geschwindigkeit, erkennen lassen, dass gewartet wird. ²Es darf nur weitergefahren werden, wenn übersehen werden kann, dass wer die Vorfahrt hat, weder gefährdet noch wesentlich behindert wird. ³Kann das nicht übersehen werden, weil die Straßenstelle unübersichtlich ist, so darf sich vorsichtig in die Kreuzung oder Einmündung hineingetastet werden, bis die Übersicht gegeben ist. ⁴Wer die Vorfahrt hat, darf auch beim Abbiegen in die andere Straße nicht wesentlich durch den Wartepflichtigen behindert werden.

Begr zu § 8:

1   *Diese Vorschrift wendet sich an den Fahrverkehr …*

2   **Zu Absatz 1:** *Der Absatz bestimmt, wer die Vorfahrt an Kreuzungen und Einmündungen hat. Er bringt keine Änderung des bestehenden Rechtszustandes.*

3   *Mit Recht hat es die Rechtsprechung für erforderlich gehalten, dort, wo ein unbedeutender Seitenweg einmündet, zwar keine Ausnahme von dem Grundsatz „Rechts vor Links" zu machen, aber dem Benutzer eines solchen Seitenweges ein Verhalten vorzuschreiben, das eine Gefährdung der Benutzer der querenden Straße ausschließt. Diese Rechtsprechung, die sich auf § 1 stützt, kann und soll auch künftig bestehen bleiben, obwohl nun in Anlehnung an das Weltabkommen den Benutzern von Feld- und Waldwegen die Vorfahrt genommen wird. Dass damit Wiesen-, Sand- und Moorwege gleichfalls gemeint sind, kann nicht zweifelhaft sein. Die übergroße Zahl der Benutzer eines Feldweges kennt diesen als solchen, so dass schon aus diesem Grunde die Bestimmung dem Verkehr auf der anderen Straße weitgehend Schutz gewähren wird. Dennoch dürfen auch Ortsfremden, wenn dem Verkehr wirklich gedient sein soll, keine komplizierten Überlegungen zugemutet werden. Daher darf überall dort, wo nicht auf den ersten Blick erkennbar ist, dass es sich um einen Feld- oder Waldweg handelt, die Beschilderung nicht fehlen. Das wird die VwV vorschreiben.*

4/5 **Zu Absatz 2:** *… In Satz 1 erscheint zunächst der Rechtsgedanke wieder, der bisher in § 9 Abs. 2 StVO (alt) nur einen unzulänglichen Niederschlag gefunden hatte. „Wer in eine Vorfahrtstraße. … einbiegen oder diese überqueren will, hat mäßige Geschwindigkeit einzuhalten" fordert von etwa – die Wartepflicht setzt einen anderen, der die Vorfahrt hat, voraus – Wartepflichtigen zu viel und gibt dem anderen zu wenig. Ist eine Kreuzung nach beiden Seiten weithin übersehbar und nähert sich dort kein Fahrzeug, dann besteht kein Anlass, die Fahrgeschwindigkeit zu ermäßigen. Dagegen erfordert es die Flüssigkeit des Verkehrs nicht nur auf Kreuzungen, wo die Vorfahrt durch Verkehrszeichen geregelt ist, sondern auch überall dort, wo an Kreuzungen „Rechts vor Links" gilt, dass der Wartepflichtige demjenigen, der die Vorfahrt hat, rechtzeitig zu erkennen gibt, dass er warten wird. Das gilt nicht bloß dort, wo die gegenseitige Annäherung auf weite Strecken zu erkennen ist, sondern und vor allem dort, wo dies erst auf kürzere Entfernung möglich ist. Das geforderte „Fahrverhalten" besteht vor allem darin, die Geschwindigkeit rechtzeitig zu mäßigen. Je später sich die beiden sehen können, umso geringer muss die Geschwindigkeit des Wartepflichtigen sein. Die Vorschrift will der verbreiteten, den Verkehrsfluss hemmen und denjenigen, der die Vorfahrt hat, irritierenden Unsitte Wartepflichtiger steuern, an die Kreuzung forsch heranzufahren und erst auf den letzten Metern scharf zu bremsen.*

Der zweite Satz gibt die Anforderungen wieder, welche an den Wartepflichtigen unmittelbar vor der 6 *Kreuzung gestellt werden. Sie sind im Hinblick auf das Weltabkommen gegenüber den sehr strengen Anforderungen, die die Rechtsprechung bisher stellte, geringfügig gelockert worden. Das Weltabkommen verbietet dem Wartepflichtigen nur dann, seine Fahrt fortzusetzen, wenn er dadurch den Vorfahrtberechtigten zwingen könnte, Richtung oder Geschwindigkeit unvermittelt zu ändern. Damit nimmt das Weltabkommen jedenfalls eine nicht besonders erhebliche Behinderung des Vorfahrtberechtigten in Kauf. Das ist sachgerecht. Es kann dem Vorfahrtberechtigten sehr wohl zugemutet werden, auch einmal zugunsten eines Wartepflichtigen wenigstens den Fuß vom Gashebel zu nehmen, obwohl er dadurch schon behindert wird.*

Die Wiederholung der schon in § 5 Abs. 2 verwendeten Formulierung „übersehen kann" unterstreicht, 7 *dass auch hier eine angestrengte Beobachtung des Verkehrs auf der anderen Straße gefordert wird. Ob sich dieser Verkehr auf der richtigen oder auf der falschen Straßenseite bewegt, ist ebenso belanglos, wie, ob dieser eine angemessene Geschwindigkeit einhält. Jedes Verschätzen geht auch hier zu Lasten des Wartepflichtigen.*

In Satz 2 wird für das Verhalten des Wartepflichtigen vorausgesetzt, dass dieser den Verkehr auf der anderen Straße übersehen kann. Dann muss man ihm bei Unübersichtlichkeit solches „Übersehen" auch ermöglichen. In solchen Fällen erlaubt daher Satz 3 dem Wartepflichtigen, sich vorsichtig in die Kreuzung hineinzutasten, bis er die Übersicht hat. Der plastische Ausdruck „hineintasten" wurde der Rechtsprechung entnommen. 8

Der letzte Satz übernimmt die Rechtsprechung, wonach der Abbiegende seine Vorfahrt nicht durch das 9 *Abbiegen verliert und ein Vorfahrtfall auch schon dann vorliegt, wenn die Fahrlinien der beiden Fahrzeuge sich nicht kreuzen, sondern sich nur nähern.*

Begr zur ÄndVO v. 22.3.88 (VkBl. **88** 22): 10
Die in § 8 Abs. 3 Satz 2 normierte Wartepflicht für Fußgänger, die sich mit Fahrzeugen auf der Fahrbahn bewegen, hat häufig zu theoretischen Erörterungen darüber geführt, wie sie sich zu der Regelung in § 9 Abs. 3 letzter Satz (Wartepflicht des abbiegenden Fahrzeugführers gegenüber Fußgängern) verhalten. In der Praxis spielt diese Vorschrift keine Rolle. Sie kann gestrichen werden. Es gibt also insoweit keine besondere Vorfahrtregel mehr. Im Verhältnis der Fußgänger, die sich mit einem Fahrzeug auf der Fahrbahn bewegen, und den Fahrzeugführern gilt an Kreuzungen und Einmündungen der Grundsatz der gegenseitigen Verständigung.

Auch der Satz 1 des § 8 Abs. 3 ist entbehrlich. Es ist selbstverständlich, dass die Vorschriften über die Vorfahrt nur für Fahrzeuge gelten können sowie für die Verkehrsteilnehmer, die den Fahrzeugen gleichgestellt sind (§ 27 Abs. 1, § 28 Abs. 2).

Begr zur StVO-Neufassung v. 6.3.2013 (BR-Drs. 428/12): **Zu Abs. 1a und 2:** *Die Vorfahrtre-* 10a *gelung des Kreisverkehrs nach § 9a wird eingefügt, da die bisherige Regelung des § 9a zum Kreisverkehr als Ge- und Verbote für den Kreisverkehr in der Spalte 3 der Anlage 2 zum Zeichen 215 aufgenommen wurden, um eine „Doppelbewehrung" zu vermeiden (siehe auch Begründung zu § 2 Absatz 4)*. Dies umfasst auch das Haltverbot auf der Fahrbahn innerhalb des Kreisverkehrs. Daher wird § 9a (alt) aufgelöst. Im Übrigen wird Abs. 2 letzter Satz bürgerfreundlich und verständlicher formuliert.*

VwV zu § 8 Vorfahrt

Zu Absatz 1

Verkehrsregelung an Kreuzungen und Einmündungen 11

1   I. 1. Kreuzungen und Einmündungen sollten auch für den Ortsfremden schon durch ihre bauliche Beschaffenheit erkennbar sein. Wenn das nicht der Fall ist, sollten bei der Straßenbaubehörde bauliche Veränderungen angeregt werden.

2   2. Bei schiefwinkligen Kreuzungen und Einmündungen ist zu prüfen, ob für den Wartepflich- 11a tigen die Tatsache, daß er an dieser Stelle andere durchfahren lassen muß, deutlich erkennbar ist, und ob die Sicht aus dem schräg an der Straße mit Vorfahrt wartenden Fahrzeug ausreicht. Ist das nicht der Fall, so ist mit den Maßnahmen zu Nummer I S. 1 und II zu helfen; des öfteren wird es sich empfehlen, bei der Straßenbaubehörde eine Änderung des Kreuzungswinkels anzuregen.

3   II. Die Verkehrsregelung an Kreuzungen und Einmündungen soll so sein, daß es für den Ver- 12 kehrsteilnehmer möglichst einfach ist, sich richtig zu verhalten. Es dient der Sicherheit, wenn die Regelung dem natürlichen Verhalten des Verkehrsteilnehmers entspricht. Unter diesem Gesichtspunkt sollte, wenn möglich, die Entscheidung darüber getroffen werden, ob an Kreuzungen der Grundsatz „Rechts vor Links" gelten soll oder eine Regelung durch Verkehrszeichen vorzuziehen ist und welche Straße dann die Vorfahrt erhalten soll. Bei jeder Regelung durch Verkehrszeichen ist zu prüfen, ob die Erfaßbarkeit der Regelung durch Längsmarkierungen (Mittellinien und Randlinien, die durch retroreflektierende Markierungs-

---

* Abgedruckt unter § 2 Rn. 16e.

knöpfe verdeutlicht werden können) im Verlauf der Straße mit Vorfahrt verbessert werden kann.

13 4 1. Im Verlauf einer durchgehenden Straße sollte die Regelung stetig sein. Ist eine solche Straße an einer Kreuzung oder Einmündung mit einer Lichtzeichenanlage versehen oder positiv beschildert, so sollte an der nächsten nicht „Rechts vor Links" gelten, wenn nicht der Abstand zwischen den Kreuzungen oder Einmündungen sehr groß ist oder der Charakter der Straße sich von einer Kreuzung oder Einmündung zur anderen grundlegend ändert.

14 5 2. Einmündungen von rechts sollte die Vorfahrt grundsätzlich genommen werden. Nur wenn beide Straßen überwiegend dem Anliegerverkehr dienen (z. B. Wohnstraßen) und auf beiden nur geringer Verkehr herrscht, bedarf es nach der Erfahrung einer Vorfahrtbeschilderung nicht.

15 6 3. An Kreuzungen sollte der Grundsatz „Rechts vor Links" nur gelten, wenn
    a) die kreuzenden Straßen einen annähernd gleichen Querschnitt und annähernd gleiche, geringe Verkehrsbedeutung haben,
    b) keine der Straßen, etwa durch Straßenbahngleise, Baumreihen, durchgehende Straßenbeleuchtung, ihrem ortsfremden Benutzer den Eindruck geben kann, er befinde sich auf der wichtigeren Straße,
    c) die Sichtweite nach rechts aus allen Kreuzungszufahrten etwa gleich groß ist und
    d) in keiner der Straßen in Fahrstreifen nebeneinander gefahren wird.

16 7 4. Müßte wegen des Grundsatzes der Stetigkeit (Nummer 1) die Regelung „Rechts vor Links" für einen ganzen Straßenzug aufgegeben werden, weil für eine einzige Kreuzung eine solche Regelung nach Nummer 3 nicht in Frage kommt, so ist zu prüfen, ob nicht die hindernde Eigenart dieser Kreuzung, z. B. durch Angleichung der Sichtweiten, beseitigt werden kann.

17 8 5. Der Grundsatz „Rechts vor Links" sollte außerhalb geschlossener Ortschaften nur für Kreuzungen und Einmündungen im Verlauf von Straßen mit ganz geringer Verkehrsbedeutung gelten.

18 9 6. Scheidet die Regelung „Rechts vor Links" aus, so ist die Frage, welcher Straße die Vorfahrt zu geben ist, unter Berücksichtigung des Straßencharakters, der Verkehrsbelastung, der übergeordneten Verkehrslenkung und des optischen Eindrucks der Straßenbenutzer zu entscheiden. Keinesfalls darf die amtliche Klassifizierung der Straßen entscheidend sein.

10   a) Ist eine der beiden Straßen eine Vorfahrtstraße oder sind auf einer der beiden Straßen die benachbarten Kreuzungen positiv beschildert, so sollte in der Regel diese Straße die Vorfahrt erhalten. Davon sollte nur abgewichen werden, wenn die Verkehrsbelastung der anderen Straße wesentlich stärker ist oder wenn diese wegen ihrer baulichen Beschaffenheit dem, der sie befährt, den Eindruck vermitteln kann, er befände sich auf der wichtigeren Straße (z. B. Straßen mit Mittelstreifen oder mit breiter Fahrbahn oder mit Straßenbahngleisen).

11   b) Sind beide Straßen Vorfahrtstraßen oder sind auf beiden Straßen die benachbarten Kreuzungen positiv beschildert, so sollte der optische Eindruck, den die Fahrer von der von ihnen befahrenen Straße haben, für die Wahl der Vorfahrt wichtiger sein als die Verkehrsbelastung.

12   c) Wird entgegen diesen Grundsätzen entschieden oder sind aus anderen Gründen Mißverständnisse über die Vorfahrt zu befürchten, so muß die Wartepflicht entweder besonders deutlich gemacht werden (z. B. durch Markierung, mehrfach wiederholte Beschilderung), oder es sind Lichtzeichenanlagen anzubringen. Erforderlichenfalls sind bei der Straßenbaubehörde bauliche Maßnahmen anzuregen.

19 13 7. Bei Kreuzungen mit mehr als vier Zufahrten ist zu prüfen, ob nicht einzelne Kreuzungszufahrten verlegt oder gesperrt werden können. In anderen Fällen kann die Einrichtung von der Kreuzung wegführender Einbahnstraßen in Betracht kommen.

20 14 8. Bei der Vorfahrtregelung sind die Interessen der öffentlichen Verkehrsmittel besonders zu berücksichtigen; wenn es mit den unter Nummer 6 dargelegten Grundsätzen vereinbar ist, sollten diejenigen Kreuzungszufahrten Vorfahrt erhalten, in denen öffentliche Verkehrsmittel linienmäßig verkehren. Kann einer Straße, auf der eine Schienenbahn verkehrt, die Vorfahrt durch Verkehrszeichen nicht gegeben werden, so ist eine Regelung durch Lichtzeichen erforderlich; keinesfalls darf auf einer solchen Kreuzung die Regel „Rechts vor Links" gelten.

21 15 III. 1. Als Vorfahrtstraßen sollen nur Straßen gekennzeichnet sein, die über eine längere Strecke die Vorfahrt haben und an zahlreichen Kreuzungen bevorrechtigt sind. Dann sollte die Straße so lange Vorfahrtstraße bleiben, wie sich das Erscheinungsbild der Straße und ihre Verkehrsbedeutung nicht ändern. Bei der Auswahl von Vorfahrtstraßen ist der Blick auf das gesamte Straßennetz besonders wichtig.

16   a) Bundesstraßen, auch in ihren Ortsdurchfahrten, sind in aller Regel als Vorfahrtstraßen zu kennzeichnen.

17   b) Innerhalb geschlossener Ortschaften gilt das auch für sonstige Straßen mit durchgehendem Verkehr.

18   c) Außerhalb geschlossener Ortschaften sollten alle Straßen mit erheblicherem Verkehr Vorfahrtstraßen werden.

19   2. Im Interesse der Verkehrssicherheit sollten im Zuge von Vorfahrtstraßen außerhalb ge- 22 schlossener Ortschaften Linksabbiegestreifen angelegt werden, auch wenn der abbiegende Verkehr nicht stark ist. Linksabbiegestreifen sind um so dringlicher, je schneller die Straße befahren wird.

20   3. Über die Beschilderung von Kreuzungen und Einmündungen vgl. Nummer VI zu den Zei- 23 chen 205 und 206 (Randnummer 6), von Vorfahrtstraßen vgl. zu den Zeichen 306 und 307.

21   IV. Über die Verkehrsregelung durch Polizeibeamte und Lichtzeichen vgl. zu § 36 Abs. 2 und 4; 24 Rn. 3 ff. sowie Nummer IV zu den Nummern 1 und 2 zu § 37 Abs. 2; Rn. 12.

Übersicht

1. Die Regelung ist durch die StVO-Neufassung 2013 auch (zum Kreisverkehr Rn. 37 ff.) re- 25 daktionell überarbeitet worden. Dabei mag es sein, dass § 8 II S. 4 – nimmt man einmal die für ein Verbot wenig sachgerechte Verwendung des Passivs aus – etwas „bürgerfreundlicher" formuliert ist (Rn. 10a). Dies wird jedoch durch die auf geschlechtsindifferente Formulierung zielende, aber sprachlich und grammatikalisch völlig missglückte Fassung des II S. 3 beträchtlich entwertet. **Vorfahrt** hat mangels abweichender VZRegelung, wer von rechts gefahren kommt (I; Rn. 38), mit Fz aller Art (§ 24). Das mit dem Übergang vom ruhenden in den fließenden V verbundene **Anfahren vom Fahrbahnrand** vermittelt kein Vorfahrtsrecht, sondern fällt in den Regelungsbereich des § 10, der (vorrangig) den Schutz des fließenden V bezweckt, gleichgültig ob er von rechts oder links kommt (Zw BeckRS **17** 115666; Kurzwiedergabe in NZV **17** 488). Die **Vorfahrtregelung gilt** nur für das Verhältnis von Fz zueinander (BGH VersR **70** 328, Bay VRS **65** 154, Ce VM **75** 58) und für solche VT, die FzF gleichgestellt sind (zB Reiter, Viehtreiber, § 28 II; Begr Rn. 10). **Für Fußgänger mit Fahrzeugen** (zB mit geschobenen Fahrrädern, Mopeds, Krädern, Handwagen, Schubkarren) gilt § 8 nicht (Rn. 10), ebenso wenig für marschierende Kolonnen mangels polizeilicher Regelungen; erst nach dem Einrücken auf die Kreuzung erlangen sie das Vorrecht nach § 27. Kein Vorrang des Fußgängers, der ein Fahrrad schiebt oder Pferd führt (BGH VM **63** 3, NJW **58** 259 mAnm *Hartung,* Bay VRS **65** 154). Kein Vorfahrtfall daher, wenn ein wartepflichtiger Radf die VorfahrtStr zu Fuß überquert und erst in der neuen Fahrtrichtung wieder aufsteigt (BGH VersR **70** 328). Jedoch soll nach Br NJW-RR **18** 993 ein Anhalten, Absteigen und kurzfristiges Schieben des Rads in einer unübersichtlichen Abbiegesituation nichts an der Einordnung des Radf als FzF ändern (zw, s. auch BGH NJW **58** 259 mAnm *Hartung*); hilfsweise gelte § 1 II. § 8 gilt **nur für beiderseits öffentliche Straßen** (§ 1 Rn. 2, 13–16; BGH VM **72** 76), nicht im Verhältnis zu einmündenden Fußgängerwegen – auch nicht bei beschränkt zugelassenem FzV – (Bay VRS **71** 304, Schl NZV **93** 233) oder Grundstückseinfahrten (BGH VRS **12** 414, KG VRS **35** 458). Jedoch Vorfahrtfall bei sich kreuzenden Rad- und Fußwegen (Kar DAR **00** 307; Kar NZV **12** 437; LG Wuppertal NZV **16** 473). Ist unklar, ob von rechts her nur eine Einfahrt (Rn. 35) einmündet, so muss jeder Beteiligte § 1 beachten (Kö NJW **64** 311, Ol VM **67** 52). Unterschiedliche VDichte (BGH VM **72** 76, Kar VRS **44** 229), Gewohnheitsrecht oder Verwaltungsanordnungen ändern die Vorfahrt nach I nicht (BGH VRS **10** 413, Kö VRS **11** 301). Vorfahrt setzt grds. das Recht voraus, den betreffenden StrTeil zu befahren (Rn. 30; Fra DAR **99** 39). Vorfahrt besteht auch gegenüber den VT auf einer **für den Fahrverkehr gesperrten Straße** (Mü VersR **59** 215, aM Hb VM **62** 69), bei Sperrung für den Durchgangsverkehr, wie für einzelne VArten oder für alle Fz, wenn sie verkehrswidrig trotzdem befahren wird (BGH VRS **24** 175, Dü VRS **31** 457). Sie haben also zu warten, auch wenn sie von rechts kommen (aM Dü VersR **68** 905, Kar NZV **92** 189, aM auch Kar VRS **35** 154 jedenfalls bei nur teilweisem oder vorübergehendem VVerbot (als VRegel unpraktikabel)). Wer eine **EinbahnStr** verbotswidrig oder erlaubterweise (§ 35) gegenläufig befährt, muss warten (Rn. 30). Kein Vorfahrtsrecht auch für auf dem Gehweg fahrende Radf (Rn. 30). Denn ein Vorfahrtsrecht setzt begrifflich das – zumindest grds. bestehende – Recht des Fahrens voraus (BGH NJW **86** 2651, Ha VersR **87** 1246). Anders liegt es, wenn die EinbahnStr durch ZusatzZ zu Z 220 für gegenläufigen FahrradV freigegeben ist (vgl. Anl 2 Erläuterung zu lfd. Nr. 9.1 sowie § 41 Rn. 245l), sowie wenn sonst FzV in der betreffenden Fahrtrichtung zulässig ist. Daher ändert zB Beschränkung auf AnliegerV die Vorfahrt nicht (Ce ZfS **01** 492, Dü VRS **73** 299, Ha VersR **87** 1246). Maßgebend ist die Widmung für den öffentlichen Verkehr oder dessen Stattfinden unter Duldung durch den Berechtigten (§ 1 Rn. 13ff.), dann gelten die Vorfahrtregeln auch für PrivatStr und deren Kreuzungen und Einmündungen. Versenkter Bordstein: Rn. 35. Vertrauensgrundsatz: Rn. 49ff.

26   Dem **Fahrer** obliegt die Beachtung der Vorfahrtregeln. Bei mangelnder Einsicht des Busfahrers nach rechts in die vorfahrtberechtigte Str wegen der Bauart des Busses kann es ausreichen, wenn der Fahrer eine zuverlässige Auskunft von Fahrgästen über die VSituation auf der VorfahrtStr einholt (Bay VRS **60** 305). Jeder Kolonnenfahrer ist für die Vorfahrt selbst verantwortlich, unabhängig vom Vorausfahrenden (Kö VRS **8** 228, s. aber § 27).

27   **Wenn die Fahrlinien sich schneiden, berühren oder einander hemmend nähern,** kommt ein Vorfahrtfall in Betracht (Kar VRS **93** 102, Zw VRS **57** 310, Kö VRS **84** 426). Der Regelung in § 8 unterliegt daher auch der Fall, dass ein FzF aus wartepflichtiger Str in die bevorrechtigte Str und ein anderer aus der bevorrechtigten in die untergeordnete Str einbiegt , sofern sich der Wartepflichtige dem Berechtigten dabei zumindest hemmend nähert (BGH NJW **56** 1798, LG Sa NJW **13** 2767). Der Berechtigte muss zügig und unbehindert durchfahren können (BGH VM **65** 27, VersR **64** 1195, Bay VkBl. **66** 118, Mü VRS **30** 20, Ha VRS **30** 130, Br VRS **30** 172), auch noch in Kreuzungsnähe (KG VersR **77** 82, DAR **76** 240, Kö NZV **89** 437 (Kollision 30 m nach Einbiegen in VorfahrtStr)), wobei geringes Gaswegnehmen, Ausweichen (aM BGH VM **71** 67) und andere **unwesentliche Behinderungen** als unvermeidbar außer Betracht bleiben (KG NZV **00** 43, VM **96** 5). Dass sich der Wartepflichtige nach dem Einbiegen bereits vollständig auf der VorfahrtStr eingeordnet hat, schließt bei Kollision einen Vorfahrtsfall nicht aus (Bay VRS **29** 472, Stu VRS **97** 15). Könnte der Berechtigte mühelos überholen oder seine Fahrgeschwindigkeit derjenigen des vor ihm eingebogenen Wartepflichtigen anpassen, so ist seine Vorfahrt nicht verletzt, jedoch anders bei erheblicher Geschwindigkeitsdif-

ferenz (Bra VRS **82** 422, Mü VersR **73** 947, Ha VOR **73** 486). Bloßes achtloses Einfahren in die VorfahrtStr ohne fremde Beeinträchtigung verletzt § 8 nicht (Zw VM **80** 4). **Kein Vorfahrtfall** bei klarem, behinderungsfreiem Vorsprung des einen Fz (BGH VersR **57** 529, Ha VOR **74** 486) oder wenn der sonst Berechtigte die VorfahrtStr schon verlassen hat (Bay VRS **27** 230; s. aber Rn. 28). Nicht § 8, sondern § 9 V gilt, wenn der Berechtigte nach Inanspruchnahme seines Vorfahrtsrechts wendet und mit dem nun einfahrenden Wartepflichtigen kollidiert (KG NZV **04** 355). Kein Vorfahrtfall auch, wenn sich ein Fahrstreifen der wartepflichtigen Str als zusätzlicher rechter Fahrstreifen der VorfahrtStr fortsetzt und der Vorfahrtberechtigte auf diesen hinüberwechselt (Bay VRS **56** 114, s. Rn. 64; § 7 Rn. 17). Keine Vorfahrtverletzung, wenn der Wartepflichtige auf seiner rechten Fahrbahnseite noch vor dem Kreuzungsbereich kollidiert (Ha VRS **26** 462; s. Rn. 28).

1a. Den Vorfahrtbereich bilden das „Einmündungsviereck" und die linke Fahrbahnhälfte **28** der untergeordneten Str, dh die **gesamte Kreuzungsfläche** (BGH NJW **74** 949, BGHSt **34** 127 = NJW **86** 2651, KG NZV **02** 79, Ha NZV **98** 26), **in ganzer Fahrbahnbreite** (BGH VersR **75** 38, Kar VRS **103** 21, Jn DAR **00** 570, Ha NZV **98** 26, VRS **101** 81, Dü NZV **94** 328, Kö NZV **89** 437, KG VRS **85** 270), bei rechtwinkligen Kreuzungen begrenzt durch die Fluchtlinien beider Fahrbahnen einschließlich der Radwege (BGHSt **20** 238, **34** 127 = NJW **86** 2651, Fra VM **04** 37, DAR **88** 279, KG VRS **54** 255, Kar VRS **53** 301), bei **trichterförmiger Erweiterung** der bevorrechtigten Str einschließlich der Fläche bis zu den Endpunkten des Trichters (BGH NJW **71** 843, Bay VkBl. **71** 493, Ha NZV **97** 180, Dü VersR **76** 1181, Zw VRS **43** 222, Sa SVR **18** 254 (*Siegel*)), bei spitzwinkligen Einmündungen zumindest das Quadrat, das sich aus den Fluchtlinien der Fahrbahnbegrenzung ergeben würde, wenn die Einmündung rechtwinklig wäre (KG DAR **11** 394 (mit Abbildung)). Die Vorfahrt steht auch Benutzern von **Seitenstreifen** (Z 295) im Verhältnis zu anderen Strn zu, falls ihre allgemeinen Voraussetzungen gegeben sind. Das gilt etwa für den den Seitenstreifen nach § 2 IV S. 5 befugt benutzenden Radf (Ha NJW-RR **18** 1178) oder wenn ein OBus zum Erreichen der hinter der Einmündung außerhalb der eigentlichen Fahrbahn liegenden Haltestelle eine gestrichelte Fahrbahnbegrenzung überfahren muss (Fra r+s **13** 456). Diese Grundsätze gelten auch bei Kombination mit abknickender Vorfahrt (BGH NJW **74** 949, **83** 2939, Ba VRS **43** 402), einschließlich der Fahrbahn zur Weiterfahrt (Hb VM **68** 15). **Beim Abbiegen** umfasst der Vorfahrtbereich auch die rechte Fahrbahn der anderen Straße (KG DAR **78** 20, Ha VRS **26** 462), nicht auch der linken Fahrbahnseite der untergeordneten Str, in die eingebogen wird (KG VRS **85** 270, VM **84** 44, DAR **78** 20, Dü VRS **58** 269). Schneidet der linkseinbiegende Vorfahrtberechtigte jedoch die Kurve, indem er die für ihn linke Fahrbahnseite der untergeordneten Str befährt, so kann der Wartepflichtige, wenn er bei guter Übersicht bis zur Schnittlinie der Einmündung vorfährt, gegen § 1 II verstoßen, falls er sich auf solche Fahrweise des Berechtigten nicht einstellt (Fra DAR **88** 279 (zw), Ha NZV **98** 26). Bei **trichterförmig** erweiterter, vorfahrtberechtigter Einmündung hat der links abbiegende Berechtigte Vorfahrt auf der gesamten, bis zu den Endpunkten des Trichters erweiterten Fahrbahn der VorrechtsStr (BGHSt **20** 238 = NJW **65** 1772, VersR **63** 279, Ha NZV **98** 26, VersR **75** 1127, Fra NZV **90** 472). Münden zwei durch VZ wartepflichtige Straßen in einem kurzen gemeinsamen Stück in die VorfahrtStr ein, so hat der in eine dieser Straßen abbiegende Berechtigte Vorfahrt bis zur vollständigen Einordnung auf deren rechter Fahrbahn (Ha VRS **53** 412). Bei **platzartiger Fahrbahnerweiterung** hat, mangels Vorfahrtregelung durch VZ (Ha NZV **97** 180), Vorfahrt, wer von rechts in die erweiterte Fahrbahn einfährt. Eine durchgezogene Linie auf der VorfahrtStr (Ol DAR **68** 329) oder unterbrochene Leitlinien engen den Vorfahrtbereich nicht ein (BGH NJW **83** 2939, Ha NZV **97** 180 (jeweils abknickende Vorfahrt), Hb DAR **68** 250, LG Aachen ZfS **01** 251). Im Übrigen gilt das Vorfahrtsrecht auf der bevorrechtigten Str auch bei **vorschriftswidrigem Linksfahren** (Rn. 30), aber **nicht für Sperrflächen gem.** Z 298 (Ha VRS **59** 5, Dü DAR **80** 119; zu Sperrflächen § 41 Rn. 248o). Vorfahrtverletzung bei gefährdender oder behindernder Annäherung der Fahrlinien auch **außerhalb des Kreuzungsbereichs,** solange das Verhalten des Wartepflichtigen noch unmittelbar einwirkt (Rn. 27, 55; Kö VRS **94** 249, KG VersR **77** 82).

Die Vorfahrt besteht beim Abbiegen bis zum vollständigen (mit der ganzen Länge seines Fz) **29** Verlassen der VorfahrtStr (BGH NJW **14** 3097; Dü VersR **66** 1056), auch beim Rückwärtsfahren (BGH NJW **58** 672, BGHSt **13** 368 = NJW **60** 395, Kar VRS **55** 246, Dü DAR **84** 123), aber mit besonderer Rücksicht auf Wartepflichtige (Bay VM **66** 65, KG VRS **106** 343), wenn der Berechtigte alsbald nach Überqueren der anderen Straße in ein Grundstück (Bay VM **66** 65, BGHSt **13** 368 = NJW **60** 395) oder in die nicht bevorrechtigte Str einfahren will (BGH NJW

14 3097; s. aber Hb SVR **17** 220 (*Bachmor*)) oder wenn der Wartepflichtige schon auf der Kreuzung ist, dort aber anhält (Ce VRS **16** 150). Denn es gibt keinen Übergang der Vorfahrt auf den Wartepflichtigen (BGH VRS **4** 429; NJW **14** 3097), sondern nur deren Verlust, wenn sie streitig gemacht wird, weil sie nicht erzwungen werden darf (Rn. 47). Anhalten des Rückwärtsfahrenden auf Warnzeichen des an sich Wartepflichtigen kann Verzicht bedeuten (Ha VRS **52** 299).

30 **1b. Verkehrswidriges Verhalten des Berechtigten** beseitigt seine Vorfahrt grundsätzlich nicht (BGHSt **34** 127 = NJW **86** 2651, VRS **30**, 23, KG NZV **02** 79, Kö VRS **99** 322, Fra NZV **90** 472). Er verliert sie weder durch Unterlassen von WarnZ, noch durch unerlaubt schnelles Fahren (BGH DAR **86** 142, KG NZV **02** 79, Kö VRS **99** 322, Kar ZfS **86** 130, Stu DAR **89** 387 (aber uU Mitschuld), Nü ZfS **86** 65 (Mitschuld bei 30% Überschreitung verneint)) noch durch unerlaubtes Überholen (BGH VRS **11** 117, KG VersR **75** 909, Ha VM **75** 62) noch durch falsches Abbiegen nach links in engem Bogen (Kurvenschneiden; BGH VersR **66** 294, **64** 1195, Sa VRS **30** 229, Dü VRS **31** 475, Fra NZV **90** 472 (soweit der Wartepflichtige den Vorfahrtbereich – Einmündungsviereck und *linke* Fahrbahnhälfte der untergeordneten Str – befährt, s. Rn. 28)) noch dadurch, dass er zu weit links fährt (KG NZV **06** 202, Jn DAR **00** 570, Ha NZV **98** 26, Dü NZV **94** 328, Kö NZV **89** 437, VRS **66** 255) oder links von einer Fahrstreifenbegrenzung (Ol DAR **64** 142) noch durch falsche Richtungsanzeige (BGH DAR **66** 25, Ha NZV **03** 414, KG VM **93** 2, Dü VersR **76** 546, s. aber Rn. 52, 54). Nur bei Missbrauch des Vorfahrtsrechts (§ 1 II) trifft den Berechtigten ein Vorwurf (BGH VersR **77** 524). Wer allerdings verbotswidrig eine Str **in falscher Richtung** befährt (EinbahnStr, falsche Richtungsfahrbahn), hat niemals ein Vorfahrtsrecht, weil das fehlende Recht, die Str in dieser Richtung zu befahren, begrifflich ein Vorfahrtsrecht ausschließt (s Rn. 25; BGH NJW **86** 2651, **82** 334, Bay NStZ **86** 543, KG VM **90** 35, Fra VersR **82** 554). Keine Vorfahrt hat daher auch, wer aus für ihn gesperrter Str von rechts kommt (str, s. Rn. 25). Str, ob Vorfahrt haben kann, wer **verbotswidrig den linken Radweg** befährt (§ 2 IV S. 3). Man wird dies aus den gleichen Gründen wie bei Befahren einer EinbahnStr in falscher Richtung (zur Freigabe für gegenläufigen RadV Rn. 25) verneinen müssen (Br VersR **97** 765, Ce VRS **68** 471, Hb VersR **87** 106 (Kradf), *Hentschel* NJW **86** 1310; **aM** BGH NJW **86** 2651, krit *Weinberger* DNP **87** 189), weil Befahren eines Radwegs in verbotener Richtung dem Befahren einer EinbahnStr in verbotener Richtung nicht vergleichbar sei; wie BGH Fra VM **04** 37 (aber Mithaftung), Dü NZV **00** 506, Ha NZV **92** 364 (selbst bei Str mit begrüntem Mittelstreifen), **97** 123, ZfS **96** 284 (mit haftungsrechtlich unbefriedigender Konsequenz); Ha ZfS **18** 14 = NZV **17** 536 (*Lempp*): ²/₃ zulasten des Kf; Kar SVR **17** 460 (*Balke*)). Jedenfalls muss der Wartepflichtige mit Befahren des Radwegs in falscher Richtung rechnen und handelt schuldhaft, wenn er sich nicht darauf einstellt (Rn. 52). Kein Vorfahrtrecht des entgegen der Fahrtrichtung auf nicht fortgesetztem Radweg fahrenden Radf (Mü SVR **17** 463: 75% zulasten des Radf (*Balke*)). Auch Führer anderer Fz, die nicht berechtigt sind, den Radweg zu befahren, können begrifflich auf diesem kein Vorfahrtsrecht haben (aM Kö VersR **88** 834 (Kleinkraftrad)), ebenso wenig, wie einem den **Gehweg** befahrenden Radf jemals ein Vorfahrtsrecht zustehen kann (Ce MDR **01** 1236, Dü VersR **96** 1121, KG VM **90** 35, Ha VersR **87** 1246, AG Stralsund NZV **03** 290 (je Alleinhaftung), Fra DAR **99** 39); hier gilt für den Radf allein § 10. Auf Halten des Berechtigten an Bahnübergängen nach **Aufleuchten von Blinklicht oder LichtZ** iS von § 19 II Nr. 2 darf der Wartepflichtige nicht vertrauen (Kö VRS **62** 307), ebenso wenig idR auf Beachtung einer nahe gelegenen Fußgänger-LZA (BGH VersR **90** 739, Ha NZV **98** 246, Hb VRS **49** 394, Kö VRS **62** 307, Dü VersR **77** 85, Stu VRS **69** 304, aM Bay VRS **64** 385, Kö VersR **02** 1302, Ce VersR **86** 919, Ko VRS **42** 33), auf Beachtung solcher und sonstiger nicht den Verkehr im Verhältnis zu der betreffenden Einmündung regelnder LZA nur dann, wenn diese erkennbar und unmissverständlich vom Schutzbereich der LZA mitumfasst ist (Bay VRS **35** 383, Kö VRS **62** 307, Ha VM **73** 22; dazu auch Rn. 44).

31 **1c. Verzicht auf Vorfahrt** darf der Wartepflichtige nur annehmen, wenn der Berechtigte dies unmissverständlich anzeigt (BGH DAR **60** 137, Ha NZV **00** 415, KG VRS **106** 440, Ko NZV **93** 273, Sa VM **82** 4). Vertrauen auf Verzicht ist nur nach Verständigung gerechtfertigt (BGH VersR **77** 154, KG VRS **106** 440, Ko NZV **93** 273). An den Nachweis eines Vorfahrtverzichts sind **strenge Anforderungen** zu stellen (KG VRS **106** 440, Ha NZV **00** 415), die Beteiligten müssen sich nachweisbar verständigt haben, wozu missbräuchliches **Blinken mit den Scheinwerfern** (§ 16) nicht ausreicht, weil es missverständlich ist (KG VM **93** 67, Ko NZV **91** 428, **93** 273, MDR **00** 415, aM Ha NZV **88** 24). **Kein Verzicht** liegt in bloßem kurzem Abstoppen zwecks Umblicks oder verkehrsbedingtem Halten des Berechtigten (BGH VersR **66** 690, Kö DAR **57** 135), nicht in nur zögerlichem Fahrverhalten (KG VersR **73** 257), nicht darin,

dass der Berechtigte scharf rechts fährt und verlangsamt (Ha VRS **6** 397). Wer als Berechtigter anhält, zB weil er nach rechts hin wartepflichtig ist, verzichtet dadurch nicht auf die Vorfahrt nach links hin, sondern nur bei deutlicher Geste (Sa VM **82** 4, KG DAR **73** 157). Es müssen Umstände hinzutreten, die eindeutig zeigen, dass er gerade wegen des Wartepflichtigen angehalten hat; der Berechtigte darf nach solchem Anhalten nur mit besonderer Vorsicht in die kreuzende Straße einfahren; er muss dabei auf das Verhalten der Wartepflichtigen achten (BGH NJW **58** 259, KG DAR **73** 157). Ein Radf behält Vorfahrt, auch wenn er als Berechtigter mit Rücksicht auf andere bremst, sichtlich zögert oder sogar anhält und sich auf der Fahrbahn abstützt; Wartepflichtige müssen ihm durch ihr Verhalten anzeigen, dass sie ihn vorfahren lassen, es sei denn, er verzichtet durch deutliche Geste. Hatte der Berechtigte (aus einer T-Einmündung kommend) vor dem Abbiegen angehalten, so muss er berücksichtigen, dass dies von einem Wartepflichtigen **als Vorfahrtverzicht missdeutet** werden und diesen zum Durchfahren verleiten könnte (Ha VRS **58** 382, Sa VM **80** 70), desgl. überhaupt bei längerem Zögern des Berechtigten, der seinerseits in anderer Richtung wartepflichtig ist (Sa VM **82** 4). Ein **Verzicht auf Vorfahrt gilt** nur für den Verzichtenden, hat also keine Auswirkungen auf das Vorfahrtrecht anderer vorbeifahrender oder überholender VT, selbst wenn diese sich verkehrswidrig verhalten (vgl. BGH VRS **11** 171, Kö VersR **73** 1074, KG DAR **71** 237; NZV **06** 371; s. aber **E** 146), was auch beim Durchfahren einer Lücke (Hindurchtasten) im zweispurigen Kolonnenverkehr gilt (KG VM **92** 75, Mü VersR **67** 67 „Lückenrechtsprechung"; zusammenfassend *Hagspiel* NZV **13** 115). Allerdings muss der Vorbeifahrende damit rechnen, dass der eine solche Lücke ausnutzende VT nur unter Schwierigkeiten an der haltenden FzSchlange vorbei Einblick in den parallel verlaufenden Fahrstreifen nehmen kann; er darf sich der Lücke daher nur mit voller Aufmerksamkeit und unter Beachtung einer Geschwindigkeit nähern, die ihm notfalls ein sofortiges Anhalten ermöglicht (vgl. BGH VersR **69** 756; Ha NZV **14** 176; SVR **20** 186 (*Siegel*); Dü NJW-RR **17** 922). Bei der Haftungsverteilung ist falsches Überholen unter Überfahren durchgehender Linien (Z 295) zu gewichten (Mü SVR **19** 419 (*Siegel*) unter Bezugnahme auf BGH NZV **07** 354; dazu auch § 17 StVG Rn. 11). Einen Verzicht auf die Vorfahrt muss der Wartepflichtige **beweisen** (KG VM **80** 87). Die Wartepflicht entfällt ausnahmsweise, wenn alle Vorfahrtberechtigten gemäß § 11 I zweifelsfrei warten.

2. Auf Plätzen und anderen größeren Verkehrsflächen ohne Fahrbahneinteilung ist **31a** Verständigung nötig (§ 1 II; BGH NJW **63** 152 (Großmarkt), KG VRS **106** 343 (Betriebsgelände), Dü NZV **88** 231, Kö NZV **94** 438 (je Tankstelle), Dü DAR **00** 175, Ha VRS **99** 70, Fra ZfS **94** 5 (je Parkplatz ohne „Fahrbahnnetz"), Stu VM **73** 62, s. auch § 1 Rn. 5), weil weder Kreuzungen noch Einmündungen vorhanden sind. Dabei kann aber der Rechtsgedanke des Abs. I ergänzend Berücksichtigung finden (Kö NZV **94** 438). Auf **Parkplätzen** markierte Fahrspuren sind keine dem fließenden Verkehr dienenden Straßen und gewähren deshalb **keine Vorfahrt** (Dü DAR **00** 175, Ko DAR **99** 405, Kar VM **89** 7; Übersicht bei *Siegel* NJW **19** 2502), auch keinen Vorrang gegenüber dem Ausparkenden gem. § 10 (Ol VRS **63** 99, **82** 419, aM KG VM **84** 32 (Vorrang des durchgehenden Verkehrs)), so dass auch im Verhältnis zwischen ihnen Verständigungspflicht (§ 1) besteht, weil sie nur dem Suchverkehr nach Stellplätzen dienen (Ko VRS **48** 133), mag der von rechts Kommende vielleicht auch Vortritt erwarten (Sa NJW **74** 1099, ähnlich Stu VRS **45** 313). Die Vorfahrt- und Vorrangregeln gelten allenfalls dort, wo die angelegten Fahrspuren eindeutigen Straßencharakter haben und sich bereits aus ihrer baulichen Anlage ergibt, dass sie nicht dem Suchen von Parkplätzen dienen, sondern der Zu- und Abfahrt der Fz (Dü DAR **00** 175, Ce DAR **00** 216, Ol VRS **82** 419; KG NZV **10** 461; Ha NJW **15** 413; Sa DAR **14** 703; AG Fra DAR **14** 390 m teils zwAnm *Stuth, Siegel* SVR **12** 321; abw. wohl Nü NZV **14** 574 m krit Anm *Siegel* SVR **14** 466). Demgegenüber wollen Dü VRS **56** 294, VersR **17** 1100 (§ 8 I S. 1 analog); KG VM **77** 23, DAR **78** 20, Nü NJW **77** 1888, Ha DAR **76** 110, NJW **74** 1913, Br VM **75** 48 (ohne Vertrauen darauf), Ce VersR **75** 265 und *Bouska* VD **75** 185 im Verhältnis baulich oder sonstwie bezeichneter Fahrspuren (Wege) auf Parkplätzen untereinander Vorfahrtgrundsätze anwenden, weil bloße Verständigungspflicht nicht ausreiche (Dü VRS **56** 294). Mit Rücksicht auf Rangierende muss der die Fahrspuren zwischen den Parktaschen Befahrende **stets bremsbereit** sein (KG VRS **104** 24). 25 km/h sind jedenfalls zu schnell (OL VRS **63** 99, KG VRS **64** 104, VM **84** 32 (angemessen im Allgemeinen nicht mehr als 10 km/h), Ha NZV **13** 123). Auch auf Fahrspuren mit StrCharakter innerhalb von Parkplätzen kann Schrittgeschwindigkeit geboten sein (Mithaftung des Vorfahrtberechtigten; Fra NZV **01** 36; s. auch § 3 Rn. 16), nicht ohne Weiteres auch auf Betriebsgelände (KG VRS **109** 10) oder auf ZufahrtStr auf AB-Parkplätzen (Ha NJW **15** 413). Auf Parkplätzen ohne bezeichnete Fahrstreifen und Stellflächen gilt § 1, wobei vor allem das Ausfahren ermöglicht werden muss, um optimale Nutzung zu erreichen (Ha NJW **76** 2359). Da Parkplätze und Parkhäuser dem *ruhenden* V dienen (Ha VRS **99** 70, KG VRS **104** 24, **64** 104, 106), trifft der dort **rückwärts Ausparkende** nicht auf den durch § 9 V nach hM jedenfalls vorrangig geschützten (§ 9 Rn. 51) fließenden Verkehr, sondern auf Benutzer der Parkplatzfahrbahn, die gegenseitigen Rücksichtspflichten sind deshalb (verglichen mit den Pflichten aus den §§ 9, 10) erhöht und einander angenähert (BGH NJW **16** 1098; 1100; Ha VRS **99** 70, s. auch Ha NZV **13** 123 (Schadensteilung), Stu NJW-RR **90** 670, Kö MDR **95** 152, Sa DAR **14** 703; LG Sa DAR **13** 520, LG Heidelberg NZV **15** 299 (2 rückwärts fahrende Fz), *Freymann* DAR **18** 242), einen Vertrauensgrundsatz zugunsten des „fließenden" V gegenüber dem wartepflichtigen Ausfahrenden gibt es nicht (Dü VRS **61** 455, Stu NJW-RR **90** 670 (Haftung des rückwärts Ausparkenden zu ²/₃), Ol VRS **82** 419, Kö MDR **95** 152, VRS **96** 412; eingehend Ha NZV **13** 123; Sa NJW-RR **19** 1435 (hierzu auch § 17 StVG Rn. 29); s. aber LG Mü I NZV **12** 591 LG Limburg NZV **13** 547 und LG Sa NZV **14** 572 (je Alleinhaftung des Ausparkenden)). LG Wuppertal NJW-RR **15** 1307 lässt nach dem Rechtsgedanken des § 9 V den **Wendenden** alleine haften. **Zum Anscheinsbeweis** in solchen Fällen: § 9 Rn. 55 aE. Wenngleich § 10 für das Verhalten des Ausparkenden nicht gilt, ist jedoch der **Rechtsgedanke des § 10** bei der Beurteilung seiner Pflichten zu berücksichtigen (Ol VRS **63** 99, aM Ol VRS **82** 419), dies insbes. dann, wenn die Fahrspuren zwischen den Parkplätzen *Straßencharakter* haben und sich bereits aus ihrer baulichen Anlage ergibt, dass sie nicht dem Suchen von Parkplätzen dienen, sondern der Zu- und Abfahrt der Fz (KG NZV **10** 461, MDR **18** 1435; Ha NJW **15** 413), ebenfalls beim Verlassen eines durch eine Schranke begrenzten Parkbereichs, dies aber nicht mehr, wenn zwischen der Schranke und der Einmündung mehrere Meter liegen (KG MDR **18** 1435). Das Gleiche gilt für den Fall eines aus einer Tiefgarage auf eine Parkplatzerschließungsstraße Einfahrenden (LG Regensburg NZV **10** 254 (60 % zulasten des Einfahrenden)) sowie den Bereich einer Parkhauseinfahrt (Mü r+s **20** 476: Schadensteilung). Ausnahmsweise kann § 10 auch entsprechend (Kö VRS **96** 412) gelten, wenn nämlich die Fahrfläche zwischen den Parktaschen durch optische Abgrenzungen und Fahrstreifenbegrenzung in der Mitte als dem FahrV dienende Fahrbahn ausgestaltet ist (Kar VM **89** 7, Kö VRS **96** 412 (Haftung des Ausparkenden zu ³/₄)), nicht aber dann, wenn bei einem teilweise überdachten Großparkplatz die fraglichen Parkgassen gerade von der Überdachung ausgenommen sind (Nü NZV **14** 574). Nichts anderes gilt für die Sorgfaltspflichten des Aussteigenden **nach § 14** (s. dort Rn. 5, 9). Zu den Sorgfaltsregeln beim Befahren eines Werkparkplatzes, für den die StVO gelten soll, Kö DAR **80** 344. S. zum Ganzen auch *Stollenwerck* SVR **10** 237.

32 **3. Nur für Kreuzungen und Einmündungen** gilt die Vorfahrtregel nach § 8; das gilt grds. für Abs. I S. 1 und 2 gleichermaßen, wie auch die Begr (Rn. 2) zeigt (aM insoweit *Kürschner* NZV **92** 216, s. aber Anl 2 lfd. Nr. 2 Spalte 3 zu Z 205). Beschaffenheit und Kennzeichnung von Kreuzungen und Einmündungen: VwV Rn. 1 (Rn. 11). Nur wenn der kreuzende oder einmündende Weg *FahrV* gewidmet ist, handelt es sich um eine Kreuzung oder Einmündung iS von Abs. I (Dü NZV **88** 231). Die Vorfahrtregeln gelten daher nicht beim Einfahren in eine nur über abgesenkten Bordstein und Gehweg erreichbare Str; diese bildet keine Einmündung (Kar VersR **94** 362 mAnm *v. Rosenberg;* § 10 Rn. 2, 6a sowie § 9 Rn. 45). Die StrBenennung ist für den Kreuzungs- oder Einmündungsbegriff ohne Bedeutung (Ha VersR **79** 357, Kar VRS **55** 246). VZRegelungen sollen dem natürlichen psychologischen Verhalten der VT möglichst entsprechen, so dass Einmündungen von rechts möglichst die Vorfahrt zu nehmen ist, um den natürlichen VFluss nicht zu hemmen (VwV Rn. 5). Durchgehende StrStrecken sollen möglichst zügige Regelungen erhalten (VwV Rn. 4).

33 **Kreuzungen** sind die Schnittflächen zweier oder mehrerer sich schneidender Fahrbahnen verschiedener Str (Ha DAR **69** 279, Ba VRS **43** 402), die sich jenseits, uU seitlich versetzt, fortsetzen (BGH NJW **74** 949, Dü DAR **00** 175). Kreuzungsbereich: Rn. 28, 30. StrStücke außerhalb der Schnittflächen gehören nicht zur Kreuzung (Ha VkBl. **57** 79); doch kann es die Vorfahrt auch verletzen, wenn Fz *erst außerhalb der Kreuzung zusammenstoßen* (Rn. 55). Ob ein StrZug mehrere dicht nebeneinander liegende Straßen in einer einzigen Kreuzung quert, hängt von der Örtlichkeit ab (Hb DAR **73** 82).

34 **Einmündung** ist jedes Zusammentreffen von Str mit nur einer Fortsetzung (BGH NJW **74** 949, Dü DAR **00** 175), rechtwinklig oder schräg (Bay DAR **66** 250), oder auch platzähnlich (Kar VRS **55** 246). Sie sollten aus psychologischen Gründen (*Undeutsch* DAR **66** 321) und solchen des VFlusses keine Vorfahrt haben (Rn. 14). Wer in Richtung der einheitlichen Fortsetzung fährt, hat die Vorfahrtregeln zu beachten (BGH DAR **64** 223). Eine Einmündung bildet auch eine als Einbahnstr geregelte Fahrbahn derselben Str, die nach Umfahrung einer Grünfläche in die Gegenfahrbahn einmündet (KG VRS **59** 48). Wer beim Zufahren auf eine **StrGabel** bisher eine VorfahrtStr befuhr, muss darauf achten, in welchem Ast sie sich fortsetzt. Mündet eine Str in der Weise in eine andere, dass sie sich in zwei Äste gabelt, so gilt im Verhältnis des auf die Gabelung Zufahrenden zu dem aus einem der Äste Entgegenkommenden I S. 1 (rechts vor links; Ko VRS **62** 464, aM Bay VM **69** 81, wonach in solchen Fällen kein Vorfahrts- sondern ein Begegnungsfall vorliegt). Münden von derselben Seite her **zwei NebenStr an derselben Stelle** in die VorfahrtStr ein, so gilt im Verhältnis der auf die VorfahrtStr Zufahrenden rechts vor links, einerlei wie sie weiterfahren wollen (Stu NZV **94** 440, Kö VersR **92** 249). Hat sich bei um einige Meter getrennten Einmündungen der von der linken Zufahrt Kommende in die VorfahrtStr bereits eingegliedert, so hat er Vorfahrt (Kö VersR **92** 249, Br DAR **65** 179). Wer **als Wartepflichtiger vor einer breiten VInsel bereits nach links in die VorfahrtStr eingebogen ist,** hat nunmehr gegenüber solchen VT Vorfahrt, die aus der Gegenrichtung kommend auf einer durch diese Insel abgetrennten Fahrbahn nach rechts in die VorfahrtStr einbiegen (Bay DAR **78** 282, Dü VM **77** 5, aM *Kullik* DAR **85** 336).

Literatur: *Kullik,* Vorfahrtsregelung und Regelung des BegegnungsV an plangleichen VKnoten mit sog **34a** „Abbiegestreifen", DAR **85** 334.

Die Verschmelzung zweier Fahrstreifen zu einem gibt keine Vorfahrt iS von § 8 (§ 7 Rn. 18, 20). **34b** Laufen bisher baulich **getrennte Fahrbahnen derselben Straße** spitzwinklig zu einer Fahrbahn zusammen, so gilt § 8 nicht, aber mangels notwendiger Regelung durch VZ rechts vor links, soweit nicht § 7 IV eingreift. Das gilt nicht für denjenigen, der auf einer EinbahnStr mit zwei durch einen mehrere Meter breiten bepflanzten Grünstreifen getrennten Fahrbahnen unter Benutzung einer Mittelstreifenunterbrechung die linke Fahrbahn aufsucht, um dort in gleicher Richtung weiterzufahren (Hb VRS **68** 293; dann nach Hb aaO § 7 V, richtig wohl § 10, s. *Booß* VM **85** 44, weil der Mittelstreifendurchbruch ein „anderer StrTeil" ist). Einmündungen von Feld- und Waldwegen: Rn. 36. Einmündungen über versenkte Bordsteine: Rn. 35. Ausfahrten: Rn. 25, 35.

Einfädelungsstreifen dienen ausschließlich, soweit möglich, dem zügigen Einfädeln in den **34b** durchgehenden V, dieser hat stets Vortritt, auf der AB kraft § 18 III, auf anderen Str, weil Einfädelungsstreifen ihrer Zweckbestimmung nach nicht zu Kreuzungen (Einmündungen) gerechnet werden können (Kö VRS **62** 303, aM *Mühlhaus* DAR **75** 64). Zwar erstreckt sich das Vorfahrtsrecht (außerhalb von BAB und KraftfahrStrn, dort Sonderregelung des § 18 III) auch auf den Einfädelungsstreifen als Bestandteil der Gesamtfahrbahn, idR darf der den Einfädelungsstreifen zweckentsprechend benutzende Wartepflichtige aber mangels entsprechender Anzeichen darauf vertrauen, dass der fließende V auf den durchgehenden Fahrstreifen den Beschleunigungsstreifen für den einmündenden V freihalten werde.

Keine Einmündungen iS von § 8 sind **Ausfahrten,** die zwar dem öffentlichen V (aus Park- **35** plätzen, Tankstellen, Parkhäusern, Betriebshöfen) dienen, aber nicht dem durchgehenden (BGH VersR **85** 835, Ol ZfS **92** 332, Nau VRS **112** 199). Wer sie in Richtung der Str benutzt, muss sich nach § 10 (Einfahren) verhalten. Dazu gehören auch von der durchgehenden Str abzweigende erkennbar nur der Anschließung an den V dienende gemeinsame Zufahrten zu einer Häusergruppe (Bay VRS **65** 223, Fra VersR **92** 331). Keine Vorfahrt von Rechtseinmündungen, die über einen **abgesenkten Bordstein** herausführen. Nach § 10 S. 1 hat sich der über den abgesenkten Bordstein Einfahrende vielmehr so zu verhalten, dass eine Gefährdung anderer ausgeschlossen ist, dh, er hat dem fließenden V den Vorrang zu gewähren (§ 10 Rn. 6a). Die vor Änderung des § 10 durch ÄndVO v. 22.3.88 teilweise abw Rspr. ist überholt. Auf den Vorrang darf auch vertrauen, wer als Benutzer der durchgehenden Str die Bordsteineinmündung kennt (Ce VersR **77** 1032). Ausfahren durch eine Kolonnenlücke: § 10. Keine Einmündung ist eine durch gepflasterte Fortsetzung des Gehwegs von der Fahrbahn deutlich getrennte Zufahrt (Dü DAR **75** 187). Ausschließlich die sich dem herannahenden Kf bietenden **baulichen Verhältnisse,** nicht die VFrequenz, entscheiden über Einmündung oder Ausfahrt (§ 10 Rn. 5). Maßgebend ist unabhängig von Eigentumsverhältnissen und Widmung das sich dem VT bietende äußere Erscheinungsbild (§ 10 Rn. 5).

4. Feld- und Waldwege (Wiesen-, Sand- und Moorwege, Begr, und vergleichbare Pfade, **36** nicht auch Radwege) gewähren, außer untereinander (Zw VRS **45** 388), keine Vorfahrt (I Nr. 2). Hier müssen VZ nur aufgestellt werden, wenn Ortsfremde nach Örtlichkeit, Breite und Ausbau des Nebenwegs Zweifel haben können (Begr). Dann wird die Bezeichnung idR Amtspflicht sein. Der Begriff Feld- oder Waldweg richtet sich entgegen der hM (BGH NJW **76** 1317, Ha

NZV **14** 125, KG VM **99** 18, Mü VersR **81** 561, Dü VersR **81** 862, Kö VRS **66** 378, Ro VRS **112** 256: ausschließlich die VBedeutung des Wegs, also die Benutzung, zumindest überwiegend, zu land- oder forstwirtschaftlichen Zwecken und das Fehlen überörtlicher Bedeutung) allein nach dem **äußeren Anschein** (Beschaffenheit), nicht nach der VBedeutung (Ko VRS **69** 101, NZV **06** 308, Dü VRS **47** 61, *Schneider* DAR **76** 63, s. auch Begr Rn. 3). Die Verkehrsbedeutung wird den beteiligten VT vielfach nicht bekannt sein und ist daher für die rasch zu treffende Entscheidung über mögliche Wartepflicht kein geeignetes Kriterium (Ko VersR **03** 1454 (zu § 10 S. 1)). Feste Decke schließt allein die Eigenschaft als Feld- oder Waldweg nicht aus (BGH NJW **76** 1317, Fra VersR **92** 331, aM Ha VRS **49** 147, Zw VRS **45** 395, *Booß* VM **84** 62). Wer weiß, dass er einen durch VZ nur für land- und forstwirtschaftliche Fz freigegebenen Weg befährt, hat jedenfalls I S. 2 Nr. 2 zu beachten, auch wenn der Charakter des Wegs für Ortsunkundige nicht ohne Weiteres erkennbar ist (Fra VersR **92** 331). Zufahrtswege zu Einzelhäusern oder Häusergruppen sind idR keine Feldwege (BGH NJW **76** 1317, KG VM **99** 18, Dü VRS **73** 299), aber uU „Ausfahrten" (Rn. 35). Feldweg iS von I S. 2 Nr. 2 ist auch ein nur für AnliegerV freigegebener, mit Schranke versehener unbefestigter Parzellenweg in Kleingartengebiet (Br NJW-RR **91** 858). Wer nach Sachlage zweifeln muss, ob Feldweg oder Str, muss die strengere Sorgfalt beachten (BGH NJW **76** 1317, **77** 632) und sich auf Wartepflicht einrichten (Bay DAR **75** 190, Ha VRS **49** 147), andernfalls Mithaftung (Ko VRS **69** 101 (40 %)). Wer als Berechtigter aus einem dem Anschein nach unbedeutenden Nebenweg kommt, braucht erhöhte Sorgfalt (§ 1, KG VM **99** 18, Mü DAR **76** 104, Ro VRS **112** 256 (40 % Mithaftung); s. auch Ko NZV **06** 308 zur notwendigen Beachtung des von links kommenden Verkehrs an Kreuzung von Weinbergswegen).

37   **5. Kreisverkehr (Abs. 1a).** Die Vorschrift übernimmt den wesentlichen Regelungsgehalt von § 9a aF, gliedert jedoch die meisten Ge- und Verbote entsprechend dem Ziel der „Schilderwaldnovelle" und der StVO-Neufassung 2013 (s. aber Rn. 74b) in Anl 2 lfd. Nr. 8 Spalte 3 zu Z 215 aus (Rn. 10a). Vorfahrt im Kreisverkehr besteht nur dann, wenn nach Maßgabe des Ia an der Einmündung in den Kreis die VZ 215 und 205 angebracht sind. In allen anderen Fällen muss, wer sich im KreisV befindet, von rechts Kommende vorfahren lassen. Soweit allerdings ohne Beschilderung nach Ia weiterhin (näher 40. Aufl) bei den Einmündungen und entsprechend durch die Z 301, 306 im Kreisel dem KreisV Vorfahrt gewährt ist, gilt dies nach wie vor. Sofern entsprechend der bis zum 31.1.01 geltenden früheren VwV Rn. 12 (S. 3) zu Z 209–214 bei kleinen Kreisverkehren noch nur an den Einmündungen in den Kreis das „negative" VorfahrtZ (205) angebracht ist, nicht aber im Kreis das „positive" Z 301, ist dies problematisch; denn solche Regelung steht mit I S. 1 nicht in Einklang und gewährt daher dem im Kreis Fahrenden Vorfahrt nur als „Reflex" aus dem „negativen" VorfahrtZ (Rn. 45; *Kramer* VD **99** 156). Falls noch vorhanden, sollte eine Beschilderung gem. Ia vorgenommen werden. Zur OW Rn. 74b.

37a   **a) Anwendungsbereich.** Ia gilt nur für Kreisverkehre, an deren Einmündung die Kombination der VZ 215 (Kreisverkehr) und 205 (Vorfahrt gewähren!) nach Maßgabe von S. 1 angebracht ist. Fehlen VZ oder steht nur das Z 205 oder das Z 215, so gelten die allgemeinen Vorschriften, zB hinsichtlich der Fahrtrichtungsanzeige § 9 (§ 9 Rn. 19) und hinsichtlich der Vorfahrt (Rn. 37).

37b   **b) Vorfahrt.** Die Kombination der Z 205 und 215 gewährt dem V auf der Kreisfahrbahn Vorfahrt. Sie gebührt demjenigen, der die Z bereits passiert hat und sich im Kreis befindet, gegenüber denjenigen, die ihrerseits in den Kreisverkehr einbiegen, nach den konkreten Örtlichkeiten auch gegenüber dem Radf; zudem kann § 10 anzuwenden sein (Ha VRS **126** 13 (kein Verstoß des Vorfahrtberechtigten gegen § 1 II); s. auch § 10 Rn. 6 aE). Wer in den Kreis eingefahren ist, darf sich darauf verlassen, dass an den weiteren Einmündungen in den Kreis ebenfalls diese Z angebracht sind; selbst ihr Fehlen (Amtspflichtverletzung: Rn. 39) würde aber sein Vorfahrtsrecht nicht beseitigen (BGH VersR **76** 1317; Kar VersR **84** 1077 (zum Fall eines positiven Vorfahrtzeichens bei Fehlen eines entsprechenden negativen Zeichens an der einmündenden Str)). Bleibt offen, wer als erster in den Kreis eingefahren ist, so gilt bei Kollision ein **Anscheinsbeweis** für Vorfahrtverletzung desjenigen, in dessen Einmündungsbereich sich der Unfall ereignet hat (LG Sa NJW **15** 177 (dort auch zu denkbaren Ausnahmen); abw LG Detmold DAR **05** 222, hier bis 43. Aufl.). Nach Dr SVR **20** 268 (bei *Siegel*) kein Anscheinsbeweis bei Kollision außerhalb des Einmündungsbereichs, auch wenn feststeht, dass der Einfahrende erst nach dem Unfallgegner und unmittelbar vor dem Zusammenstoß mit erhöhter Geschwindigkeit auf die Kreisbahn eingebogen ist.

c) Fahrtrichtungsanzeige. Der Fahrtrichtungsanzeiger darf nicht benutzt werden (S. 2). Das **37c** Verbot trägt dem Umstand Rechnung, dass die Fahrtrichtungsanzeige beim Einbiegen in die zunehmend eingerichteten kleinen und kleinsten Kreisverkehre mit zT äußerst geringem Radius zu Missverständnissen führen kann. Bei derartigen Mini-Kreisverkehren ist das Setzen des „Blinkers" bei der Einfahrt in den und das Zurücknehmen des Blinkers im Kreisverkehrs sowie das erneute Setzen vor Verlassen des Kreisverkehrs kaum noch praktikabel und kann andere Verkehrsteilnehmer irritieren (Begr, VkBl. **01** 7; 40. Aufl. § 9a Rn. 2). Mü SVR **19** 62 (*Siegel*) nimmt einen Haftungsanteil von 25 % zulasten des irreführend Blinkenden gegenüber dem Wartepflichtigen an, wobei Letzterer aufgrund des Fahrverhaltens nicht mit einem Ausbiegen des Blinkenden rechnen konnte. Der Verkehrsalltag zeigt freilich, dass die Regelung von den VT vielfach nicht implementiert ist. Die Bußgelddrohung erscheint auch vor diesem Hintergrund übertrieben. Demgegenüber gilt beim Verlassen des Kreises die allgemeine Regelung über die Fahrtrichtungsanzeige; dh, der den Kreisverkehr Verlassende hat, weil er im Sinne des § 9 I S. 1 abbiegt, dies rechtzeitig und deutlich anzukündigen. Auch ansonsten gilt § 9 I (KG NZV **09** 498; s. auch § 9 Rn. 27). Für den Vorrang des RadV auf neben der Fahrbahn des Kreises verlaufenden Radwegen im Verhältnis zu aus dem Kreis Abbiegenden gilt § 9 III (§ 9 Rn. 39).

d) Haltverbot. Anl 2 lfd. Nr. 8 Spalte 2 Nr. 3 zu Z 215 enthält im Interesse des VFlusses ein **37d** Haltverbot innerhalb des Kreisverkehrs auf der Fahrbahn. S. dazu auch VGH Ma NZV **17** 101 (*Schubert*).

e) Verbot des Befahrens der Mittelinsel. Nach Anl 2 lfd. Nr. 8 Spalte 3 Nr. 2 zu Z 215 **37e** darf die Mittelinsel des Kreisverkehrs nicht überfahren werden. Das bei kleinen Kreisverkehren verbreitete Schneiden der durch die Kreisfahrbahn beschriebenen Kurve unter Mitbenutzung der Mittelinsel ist also grds. (Ausnahmen Rn. 37f.) verboten (s. auch Ha DAR **04** 90). Dies gilt auch dann, wenn eine Kennzeichnung der Mittelinsel durch eine Fahrbahnbegrenzung (Z 295) fehlt. Eine Verurteilung wegen Überfahrens der Mittelinsel ist in diesem Fall aber nur möglich, wenn diese unter Berücksichtigung der herrschenden Verkehrs-, Witterungs- und Beleuchtungsverhältnisse eindeutig erkennbar ist, nicht zB, wenn die Grenze zwischen der eigentlichen Fahrbahn und der Mittelinsel nur durch schlecht wahrnehmbare Unterschiede in der Pflasterung oder kaum das Niveau der Fahrbahn übersteigende Andeutungen von Flachbordsteinen nur zu erahnen ist. I Ü gilt auch im KreisV das **Rechtsfahrgebot** des § 2 (Ha DAR **04** 90).

Die Ausnahmebestimmung gem. Nr. 2 S. 2, 3 der Anl 2 lfd. Nr. 8 Spalte 3 zu Z 215 be- **37f** rücksichtigt, dass längere Fz, zB Busse, kleine Kreisverkehre oft nur unter Benutzung der Mittelinsel befahren können. Führern solcher Fz ist dies ausdrücklich erlaubt, wenn eine Gefährdung anderer VT ausgeschlossen ist. Das bedeutet, dass, soweit ein Ausnahmefall gegeben ist, der FzF beim Überfahren der Mittelinsel einem gesteigerten Sorgfaltsmaßstab unterliegt; er hat über die allgemein geforderte Sorgfalt hinaus ein Höchstmaß an Vorsicht obwalten zu lassen (**E 150**). Die Ausnahme gilt gemäß Nr. 2c Anl 2 lfd. Nr. 68 Spalte 3 zu Z 295 auch, wenn beim Befahren der Mittelinsel eine diese begrenzende durchgezogene Linie (Fahrbahnbegrenzung) überfahren werden muss.

Literatur: *Kramer*, Die Renaissance der Kreisverkehrsplätze ...,VD **99** 145. **37g**

6. Wo vorfahrtregelnde Verkehrszeichen fehlen, hat Vorfahrt, wer von rechts gefahren **38** kommt (I), auch mehrere Fz hintereinander zugleich. Wegen der Zunahme vorfahrtregelnder VZ tritt diese Grundregel an Bedeutung zurück. Bedeutsam bleibt sie idR nur noch bei beiderseits verkehrsarmen Straßen (VwV Rn. 6). Ungeregelte, nach rechts jeweils unübersichtliche Kreuzungen verpflichten den Berechtigten zu besonderer Beachtung der §§ 1, 3, vor allem zu angepasster Fahrgeschwindigkeit als nach rechts hin Wartepflichtiger (**„halbe Vorfahrt"**) und schützen damit insoweit auch den ihm gegenüber Wartepflichtigen, der als von links Kommender auf angepasste Fahrweise vertraut (BGHZ **14** 240, VersR **67** 283, BGHSt **17** 302, Kar DAR **96** 56, Sa VersR **81** 580, **00** 64, KG NZV **88** 65, Zw NZV **90** 476). Trifft außerorts eine Ortsverbindungsstraße mit einer (nach I bevorrechtigten) als gemeinsamer Geh- und Radweg (Z 240) gekennzeichneten und für landwirtschaftlichen V freigegebenen Str zusammen, so kann Nichtaufstellung klarstellender Beschilderung die Amtspflicht (§ 45 Rn. 54) verletzen (Mü DAR **13** 268). Den Berechtigten trifft nach Kar NZV **12** 229 kein Vorwurf, wenn er sich nicht unmittelbar vor der Kollision nach links umschaut; er muss auf evt. von rechts kommende Fz achten. Zu schnelles Heranfahren führt idR zu einer Mithaftung des Berechtigten zu 25 % (BGH VM **77** 91; Ha DAR **02** 508; KG NZV **10** 255), bei zusätzlichem Verstoß gegen das Rechtsfahrgebot gar zu 50 % (KG VRS **118** 84). Treffen Fz aus allen Richtungen ohne ausreichenden Vorsprung in der

Kreuzung zusammen, so müssen sie sich über Vorfahrt und Wartepflicht verständigen (§ 1; s. auch § 11 II; KG VM **90** 76). Vorfahrtregelung bei Ausfahrt aus **verkehrsberuhigtem Bereich** und Einfahrt in einen solchen: § 10 Rn. 6a, § 42 Rn. 181.

38a   **Literatur:** *Mühlhaus,* Zur Vorfahrt an VInseln, VD **72** 101, 161.

39   **7. Vorfahrt kraft Verkehrszeichen** verschaffen, und zwar je für sich allein (BGH NJW **77** 632), die Z 301 (Vorfahrt) und 306 (VorfahrtStr), aufgestellt auf der zu bevorrechtigenden Str, nicht auch die Z 401 (BundesStr) und 410 (EuropaStr). Das Z 301 gibt nur an der nächsten Kreuzung (Einmündung) Vorfahrt (Mü DAR **76** 104), das Z 306 dagegen bis zum nächsten Z 205, 206 oder 307 (Anl 3 lfd. Nr. 2 Spalte 3 zu Z 306; BGH NJW **77** 632, Ba VersR **77** 182), auch wenn es versehentlich nicht an jeder Kreuzung (Einmündung) steht (BGH NJW **76** 1317, Kar VersR **84** 1077, Mü DAR **76** 104). Schon aus Abschirmungsgründen (sonst Amtspflichtverletzung) müssen in der wartepflichtigen Str zwar stets auch die Z 205 oder 206 stehen (I Nr. 1). Jedoch beeinträchtigt ihr versehentliches Fehlen die durch die Z 301/306 für sich allein eingeräumte Vorfahrt in der bevorrechtigten Str nicht (BGH VersR **77** 58, NJW **76** 1317, Kar VersR **84** 1077, Dü VersR **76** 1180, Mü DAR **76** 104). Haftung wegen Fehlens entsprechender VZ in der untergeordneten Str bei abknickender Vorfahrt: § 45 Rn. 51. Stehen die Z 205 oder 206 versehentlich allein, so verpflichten sie dennoch zum Warten (Anhalten; Rn. 45). Ein Verkehrsspiegel ist kein amtliches VZ, sondern nur ein Hilfsmittel zur VSicherheit (Kar VersR **80** 1172); er weist allerdings darauf hin, dass das Einfahren für den einmündenden V erheblich erschwert ist (deswegen uU erhöhte BG und Mithaftung des Vorfahrtberechtigten: Sa NJW **10** 3104; LG Sa NZV **14** 30). Mit richtiger Beschilderung darf der Verkehr rechnen (BGH VRS **25** 53). Wer **fehlerhafte Zeichensetzung** (Fehlen negativer VorfahrtZ trotz Z 306) kennt, darf auf scheinbares Vorfahrtsrecht nicht vertrauen, sondern muss auf Verständigung fahren (Mü DAR **76** 104). Andererseits wird fehlerhafte Zeichensetzung den Ortsunkundigen, der ihr oder dem örtlichen Bild vertrauen muss, idR entschuldigen (BGH VRS **50** 169). Jede VZ-Regelung sollte *psychologischen und fahrtechnischen Bedürfnissen* entsprechen und Vorfahrt einräumen, wo die Örtlichkeit zügige Weiterfahrt ermöglicht und nahe legt, jedoch Warten vorschreiben, wo wegen der StrFührung oder aus anderen beachtlichen Gründen verlangsamt werden muss, sonst ist sie unfallfördernd (VwV Rn. 3 ff., Rn. 12–14).

40   **An der Kreuzung** oder Einmündung ist die Regelung geboten (I), innerorts also unmittelbar davor (Anl 2 lfd. Nr. 2 Erläuterung), außerorts wegen der größeren Fahrgeschwindigkeit 150–250 m davor (VwV Rn. 2 zu Z 205, 206). Doch sind auch VZ verbindlich, die noch deutlich und nicht irreführend kurz dahinter stehen (KG VRS **11** 217). Steht ein VZ nur in einer Fahrtrichtung, so gilt es in der Gegenrichtung nicht (Bay VRS **28** 117, Hb VkBl. **51** 91). Allgemeines über VZ: §§ 39–41. Anbringung der VZ: § 45.

41   **Die Regelung durch Verkehrszeichen gilt inner- wie außerorts** gleichermaßen. An Feld- oder Waldwegen sind vorfahrtregelnde VZ nur noch nötig, wenn örtliche oder bauliche Verhältnisse irreführen können (VwV zu Z 205, 206 Rn. 6).

42   Wer die VorfahrtStr befährt, hat **Vorfahrt gegenüber links und rechts** beim Geradeausfahren und Abbiegen in wartepflichtige Straßen (BGHSt **12** 320, NJW **59** 638): Beim Z 301 oder 306 hat auch Vorfahrt, wer erst wenige Meter vorher als Wartepflichtiger in die VorfahrtStr eingefahren ist (Ha VRS **52** 215, s. aber BGH NJW **74** 949 (abknickende Vorfahrt)). Das Z 205 verpflichtet zum Warten und verschafft dem Berechtigten Vorfahrt (Bay VM **78** 74, Bra VersR **74** 267). Die Z 205 (Vorfahrt gewähren) und 206 (Halt! Vorfahrt gewähren) regeln, wie die Wartepflicht auszuüben ist, untereinander sind sie gleichrangig, so dass insoweit rechts vor links gilt (BGH NJW **74** 949, Bay VM **78** 57, Ba VRS **43** 402). **Radwege** gehören zur Straße, auch wenn das VorfahrtZ zwischen Fahrbahn und Radweg steht (Hb DAR **63** 273), nicht aber solche, die vor der Kreuzung (Einmündung) einige m von der bevorrechtigten Str weggeführt, in die untergeordnete Str münden (Ha NZV **00** 468 mAnm *Bouska*), auch nicht die Gehwege, soweit sie etwa von Kindern unter 10 Jahren mit Fahrrädern befahren werden (§ 2 Rn. 29a; Dü VRS **63** 66). Ist ein zur Fahrtrichtung des FzVerkehrs links verlaufender Radweg durch VZ freigegeben, so kann zur Warnung des wartepflichtigen Verkehrs das ZusatzZ zu Z 205 gem. Anl 2 lfd. Nr. 2.1 angebracht werden. Das an einer SeitenStr vor einem Radweg stehende HaltZ (206) gilt auch für den in den Radweg der VorfahrtStr abbiegenden Radf (Ha VRS **16** 73).

43   **Bei abknickender Vorfahrt** werden durch vorfahrtregelnde VZ mit ZusatzZ zu Z 306 (Ba VersR **77** 182) zwei an einer Kreuzung/Einmündung zusammentreffende Str entsprechend der Hauptverkehrsrichtung zu einem bevorrechtigten StrZug zusammengefasst (Fra DAR **83** 81). Wer ihr folgt, muss dies rechtzeitig und deutlich ankündigen (lfd. Nr. 2.1 Anl 3 Spalte 3 Nr. 1;

§ 42 Rn. 181; BGHZ **44** 257 = NJW **66** 108, Ol DAR **99** 179). Wer eine nach rechts abknickende VorfahrtStr geradeaus verlässt, ist wartepflichtig gegenüber dem von rechts auf der VorfahrtStr herankommenden Verkehr (Ha VRS **51** 73, Ce VM **66** 39). Wer eine nach rechts abknickende VorfahrtStr nach links verlässt, hat Vorfahrt vor dem aus der gradlinigen Verlängerung seiner bisherigen Fahrtrichtung ihm Entgegenkommenden (Ha VRS **28** 54), ist aber wartepflichtig gegenüber Fz, die von rechts aus der VorfahrtStr kommen (Ha VM **70** 47, Ce VRS **29** 145). Auch wer bei links abknickender Vorfahrt geradeaus weiterfährt, hat vor von rechts Kommenden im gesamten, auch trichterförmigen, Kreuzungsbereich Vorfahrt, weil sich der Verkehr auf der VorfahrtStr sonst stauen könnte (BGHZ **56** 1 = NJW **71** 843, Hb VRS **35** 220). Auch bei abknickender Vorfahrt gilt für die beiden untergeordneten Schenkel untereinander rechts vor links, auch wenn einer mit Z 206 (Stopp!) bzw. Z 294 gekennzeichnet ist, der andere nur mit Z 205 (Vorfahrt gewähren; BGH NJW **74** 949, Bay VM **78** 57). Im Bereich der abknickenden Vorfahrt musste nach Einführung dieser Regelung zunächst wegen der für viele FzF anfangs bestehenden Schwierigkeiten mit falschen Fahrtrichtungsanzeigen gerechnet werden (Zw DAR **74** 166). Die Rspr. versagte dem davon betroffenen VT daher in solchen Fällen vormals den Vertrauensschutz hinsichtlich richtiger Blinkzeichen (Bay DAR **86** 126, **74** 302, Dü NJW **77** 1245, Zw MDR **75** 77). Dies ist jedoch heute nicht mehr gerechtfertigt (Ol DAR **99** 179, Zw VRS **80** 48; Ro NZV **11** 187 (70% zulasten des der VorfahrtStr Folgenden); abl *Berr* DAR **91** 69). Wer abknickender Vorfahrt folgt, ändert seine Fahrtrichtung, wenn sie geradeaus verlässt, ändert sie nicht, vielmehr ist der tatsächliche Verlauf der Str entscheidend; eine Pflicht zur Fahrtrichtungsanzeige besteht dann nicht (§ 9 Rn. 19). Wer eine nur in ihrem „natürlichen" Verlauf ohne Bezeichnung durch das ZusatzZ zu Z 306 abknickende VorfahrtStr geradeaus verlässt, ändert die Fahrtrichtung nicht und muss deshalb nicht blinken, folgt er dagegen der abknickenden Vorfahrt, so muss er Zeichen geben (Ha VRS **51** 141). Wer sein beabsichtigtes Abbiegen gemäß abknickender Vorfahrt nicht anzeigt, schafft erhöhte Gefahr und haftet überwiegend (Dü NJW **77** 1245). Zeitweilige **Regelung durch Pol oder LichtZ** hebt abknickende Vorfahrt solange auf (BGH VRS **30** 23).

Literatur: *Bouska,* Rechtsprobleme der „abknickenden Vorfahrt", DAR **61** 328.   **43a**

Lichtzeichen gehen der Vorfahrtregel vor (§ 37 I; Ha VRS **49** 455), sofern sie sich auf diesel-   **44** be StrStelle beziehen und intakt sind. Dh, Grün geht dem Z 205 vor (Ha VRS **23** 63). Jedoch kein Vorfahrtverlust durch Rotlicht an einer Engstelle hinter der Kreuzung mit Schild, bei Rot sei schon vor der Kreuzung anzuhalten (Bay VM **70** 67). Auf eine 40 m entfernte Rotampel der VorfahrtStr darf sich der Wartepflichtige nicht verlassen, er muss die gesamte VorfahrtStr beobachten (Ha VM **73** 22). Kein Vorfahrtverlust durch LichtZ, die nur eine **Fußgängerfurt** sichern (Ha NZV **01** 261, DAR **97** 277, Ce OLGR **06** 543 (jeweils aber Mithaftung des „Rotlichtfahrers" zu ²/₃), Kar VRS **100** 460; LG Bückeberg NZV **10** 471; s. auch Rn. 30), und kein Außerkraftsetzen des Z 205 (Vorfahrt gewähren) durch Grün zur Sicherung einer Furt (Bay VM **63** 89, Hb VM **75** 50). Die LichtZ einer von der Kreuzung/Einmündung entfernten Fußgängerampel ändern die Vorfahrt an der Kreuzung nicht (Ha NZV **98** 246, Stu VRS **57** 251), weswegen der aus einer Grundstücksausfahrt Einfahrende das Vorfahrtsrecht zu beachten hat (Ko NZV **07** 589). Auf abschirmendes Rot einer Fußgängerampel in der VorfahrtStr darf sich der Wartepflichtige idR nicht verlassen (Rn. 30). S. auch § 37 Rn. 15. Bei **Ampelausfall** gelten die allgemeinen Vorfahrtregeln, insbesondere die (regelmäßig für solche Fälle aufgestellten) vorfahrtregelnden VZ (einschr Kö VRS **59** 454: nur bei willentlichem Abschalten). Zeigt die LZA infolge eines Defekts ständig Grün, so wird der Fehler dem sich der Ampel nähernden FzF oft nicht erkennbar sein mit der Folge, dass es für ihn idR bei der Berechtigung bleibt, in den durch die LZA geschützten Bereich einzufahren (§ 37 II Nr. 1 S. 1; Kö VersR **66** 1060). Zur Pflicht, bei Ampelversagen, auf Vorrecht zu verzichten, § 11 Rn. 6. Bei infolge Versagens dauernd leuchtendem Rot darf nur äußerst vorsichtig in die Kreuzung eingefahren werden, weil mit Dauer-Grün des QuerV zu rechnen ist (§ 37 Rn. 50); die vorfahrtregelnde Beschilderung gilt dann nicht („extremer Misstrauensgrundsatz"; Kö VRS **59** 454, VersR **66** 1060 (selbst bei Weisung durch PolB, soweit dieser nicht den gesamten KreuzungsV regelt)). Befindet sich bei Ampelausfall ein an sich Wartepflichtiger schon auf der Kreuzung, so muss der Berechtigte darauf Rücksicht nehmen (Mü VersR **70** 232).

Abgeschirmt muss die durch VZ gewährte Vorfahrt (Rn. 39) allein schon aus Sicherheits-   **45** gründen durch die Z 205 oder 206 werden (BGH NZV **00** 412). Das zeigt auch die Fassung von I Nr. 1. Stehen die Letzteren versehentlich allein (sog „vereinsamtes" VZ 205/206), so verpflichten sie dennoch zu warten (anzuhalten) und „Vorfahrt" zu gewähren (BGH NJW **77** 632,

Bay VRS **58** 150, Kö VRS **86** 9, Mü DAR **76** 104). Kraft gebotener Wartepflicht (Haltepflicht) verschaffen sie, gleichsam als Reflex, der anderen Straße praktisch Vorfahrt, die dort jedoch nicht angezeigt ist und deshalb, weil sich derart Berechtigte bei Ortsunkundigkeit nach rechts hin für wartepflichtig halten werden, nur gemäß Verständigung praktiziert werden kann (BGH VersR **69** 832). Die Inanspruchnahme des nur scheinbaren Vorrechts auf Grund Erkennens des für den anderen geltenden Z 205 oder 206 wird idR nicht vorwerfbar sein (BGH VRS **15** 123, s. aber Bra NJW **56** 1650). Derart mangelhafte Beschilderung ist eine Amtspflichtverletzung.

46   Gefährlicher ist für Ortsunkundige der umgekehrte Fall bloßer Kennzeichnung als VorfahrtStr (Rn. 39) ohne die vorgeschriebene Abschirmung durch die Z 205/206, weil hier der Berechtigte (Rn. 39), idR auf Beachtung seiner Vorfahrt durch Wartepflichtige vertrauend und entsprechend fahrend, an der Kreuzung (Einmündung) auf für ihn von rechts kommende, ungewarnte VT trifft, die sich ihrerseits irrig für vorfahrtberechtigt halten (BGH VersR **77** 58, VRS **26** 253) und halten dürfen (BGH NZV **00** 412, Kar VersR **84** 1077). Auch hier liegt Amtspflichtverletzung vor (Kar VersR **84** 1077). Wer die fehlerhafte Beschilderung kennt, muss als Berechtigter den möglichen Irrtum der Wartepflichtigen berücksichtigen, als Wartepflichtiger die Vorfahrt einräumen.

47   **8. Pflichten des Vorfahrtberechtigten.** Auch der Berechtigte hat die §§ 1, 11 zu beachten und muss den Wunsch nach zügigem Fahren zurückstellen gegenüber Leben, Gesundheit und Eigentum der anderen VT (BGH VM **59** 8, Ko VRS **105** 414, Kö VersR **97** 465, 640, Ha VersR **89** 755; s. auch § 11 (besondere VLagen)). Er darf nicht regelwidrig fahren und kann sich dann nicht damit entlasten, er habe keinen Unfall voraussehen können (Kar VRS **100** 460, KG DAR **74** 297). Der **vorfahrtberechtigte Linksabbieger** muss in die für ihn rechte Fahrbahnhälfte der untergeordneten Straße abbiegen, ohne deren linke Fahrbahnhälfte zu schneiden (Rn. 28; Dü VRS **58** 269). Zwar darf der Vorfahrtberechtigte **vor Linkseinmündungen** noch **überholen** und dabei, mit Abstand zum linken Fahrbahnrand, die linke StrSeite mitbenutzen (BGH VersR **75** 38, Ha VRS **101** 81), auch wenn er die Einmündung nicht überblicken kann (Neust MDR **62** 842). Jedoch kann Mitschuld in Betracht kommen (Ha VM **75** 62, KG DAR **74** 297). Er darf nicht zum Überholen auf die Gegenfahrbahn ausscheren, wenn ein Wartepflichtiger von links kommend rechts einbiegt, weil diese Fahrbahnseite im Übrigen frei ist (Bay DAR **68** 189, **76** 108, Kö VRS **86** 33, aM Dü VRS **60** 416; s. Rn. 54a). Grundloses unfallursächliches Linksfahren des Berechtigten, das dem Entlastungsbeweis nach § 17 III StVG entgegensteht, kann seinen Ersatzanspruch mindern (Sa VM **77** 16). An nicht einsehbaren Einmündungen muss er den **Abstand zum Fahrbahnrand einhalten,** den ein Wartepflichtiger benötigt, um sich in die vorfahrtberechtigte Straße hineinzutasten (Rn. 58; BGH DAR **81** 86, Nü ZfS **98** 373 (hälftige Mithaftung)). Ist die Einmündung unübersichtlich, so kann der Berechtigte Anlass haben, mit Vorfahrtverletzung zu rechnen (Kö VersR **97** 640, Ce VersR **76** 345). Wer **von rechts aus einer Einmündung** in eine breite DurchgangsStr **einbiegt,** der nach den VwV eigentlich Vorfahrt gebührt, wird bei Unübersichtlichkeit mit Nichtbeachtung seiner Vorfahrt rechnen und diese mit besonderer Sorgfalt ausüben müssen. Erkennbar bestrittene **Vorfahrt** darf der Berechtigte **nicht erzwingen** (BGH VersR **63** 282, KG NZV **02** 79, Kö VersR **97** 465, Ha VRS **48** 136), erst recht nicht bei Zweifel über die Vorfahrt (BGH NJW **77** 632, Stu NZV **94** 440, Kar Justiz **73** 172), es sei denn, er konnte die Vorfahrtverletzung nicht rechtzeitig erkennen (BGH VersR **66** 164). Blind darf er sich auf fremde Wartepflicht nicht verlassen, er muss aufmerksam fahren, besonders, wenn er die Gefährlichkeit der Kreuzung kennt (Bra VRS **13** 286, Stu VM **59** 73), oder bei LZAusfall (Rn. 51a). Den Wartepflichtigen muss er möglichst beobachten (BGH VersR **59** 900 (keine Schreckzeit bei Unaufmerksamkeit), KG VM **63** 86, Ol MDR **59** 389), besonders Radf, die fremde Vorfahrt oft nicht genügend beachten (BGH VRS **6** 440), und Wartepflichtige, die sich in die bevorrechtigte Str „hineintasten" (Rn. 58; Ko VRS **105** 417). Zur Mitschuld des Berechtigten Rn. 70. Wer als Berechtigter eine **Kolonne links überholt,** muss nicht vor jeder Lücke so langsam fahren, dass er notfalls sofort anhalten kann (Kö VersR **73** 1074), aber mit ausreichendem seitlichem Abstand oder so langsam, dass ein Ausfahrender sich ungefährdet bis zum Überblick vortasten kann (Bay VM **88** 76, DAR **85** 234, KG VRS **105** 104, DAR **01** 399, Nü VersR **78** 1046, s. aber § 5 Rn. 34, 41). Dies gilt nicht auch bei einem einzelnen vor der Einmündung haltenden Fz (KG DAR **01** 399). Nach Dü MDR **80** 406 soll der Kolonnenüberholer vor jeder Lücke in der stehenden Kolonne mit einem Querfahrer rechnen und entsprechend anhaltebereit fahren müssen (s. dagegen Dü VersR **81** 556; Rn. 69). Auch Benutzer eines Sonderfahrstreifens für Busse oder Taxis sind beim Überholen von Kolonnen an Lücken im Einmündungsbereich zu besonderer Sorgfalt verpflich-

tet (KG NZV **92** 486 (Mithaftung)). **Langsam beweglichen VT** muss der Berechtigte ermöglichen, schon begonnenes Überqueren zu beenden (§ 11; Ko VRS **105** 414 (Traktor mit Anhängern), Hb VM **57** 67), wenn die Vorfahrt gegenüber schwer beweglichen Lastzügen an sich auch bestehen bleibt (BGH DAR **56** 328). „Halbe Vorfahrt": Rn. 38.

8a. Fahrgeschwindigkeit des Vorfahrtberechtigten. Dieser muss die VLage und vorge- **48** schriebene Höchstgeschwindigkeiten (§§ 3, 41) berücksichtigen. Doch darf er damit rechnen, dass nicht sichtbare Wartepflichtige seine Vorfahrt beachten (BGH VersR **77** 524, VM **66** 34, Mü VersR **78** 973, Kar VRS **30** 69) und braucht seine zulässige Fahrgeschwindigkeit daher mangels Gegenanzeige (BGH VM **66** 34) nicht zu vermindern (BGH VersR **77** 524, BGHSt **7** 118, BGH VRS **15** 346, KG NZV **02** 79, Kö VRS **90** 343), auch nicht hohe Geschwindigkeit („120"), doch ist eine Kollision dann für ihn kein unabwendbares Ereignis (§ 17 III StVG; BGH VersR **67** 883). Der Berechtigte muss nicht so langsam fahren, dass er vor einem von rechts her unvermutet auftauchenden Wartepflichtigen noch anhalten kann (Kö VersR **73** 1075). Vor Feld- und Waldwegen (Rn. 36) ist grds. kein Verlangsamen nötig. Wer als Berechtigter eine Kreuzung nicht überblicken kann, muss aber seine Fahrgeschwindigkeit auf plötzlich dort auftauchende Wartepflichtige einrichten (Ko VersR **93** 1169, Ce VersR **76** 345, Dü VM **71** 64). Wer als Berechtigter wegen eines Hindernisses die VorfahrtStr ganz links befahren muss, muss trotz seiner Vorfahrt an der Kreuzung so langsam fahren, dass er dort keinen sich **herantastenden Wartepflichtigen** anfährt (Ko VRS **46** 189). Der besonders sorgfältige Berechtigte wird vor unübersichtlichen Kreuzungen mit wartepflichtigen Fz rechnen, die sich langsam vortasten (Kö VRS **50** 114, KG VM **74** Nr. 93). **Bei Anhalt für Nichtbeachtung der Vorfahrt** muss der Berechtigte verlangsamen, notfalls zurückstehen (BGH VRS **4** 32, Ha VersR **89** 755, Kar VRS **30** 69; s. Rn. 47). Der nach links hin Vorfahrtberechtigte darf nur so schnell fahren, dass er nach rechts hin seine Wartepflicht erfüllen kann („halbe Vorfahrt"; Rn. 38). Konnte der Berechtigte die Kollision nur durch Beschleunigen zu vermeiden hoffen, darf ihm unterlassenes Bremsen nicht vorgeworfen werden (BGH DAR **56** 328). Wer **als Berechtigter zu schnell fährt,** kann mithaften (Rn. 69a).

9. Vertrauensgrundsatz. Vorfahrtverletzungen sind häufig und oft folgenreich. Der Vertrau- **49** ensgrundsatz spielt deshalb hier eine besondere Rolle.

Der Berechtigte darf idR auf Vorfahrtbeachtung vertrauen (BGH NJW **03** 1929, VersR **77** **50** 524, KG NZV **02** 79, VRS **104** 21, Kö NZV **89** 437, Kar NZV **12** 229), auch als besonders sorgfältiger Fahrer (§ 17 III StVG; BGH NJW **85** 2757, VersR **67** 283 (zu § 7 II StVG alt)), auch gegenüber nicht sichtbaren Wartepflichtigen (BGH NJW **85** 2757, KG NZV **02** 79, VRS **104** 21, Mü VersR **78** 973), soweit er mit angepasster Geschwindigkeit fährt (Rn. 48; BGHSt **7** 118, VM **66** 338, 1157, Kar VRS **30** 69 (anders VersR **77** 883)), dann – bei freier Sicht nach rechts – auch bei „halber" Vorfahrt (Rn. 38; BGH NJW **85** 2757, KG NZV **02** 79, Kar NZV **12** 229), wobei er sich nicht unmittelbar vor der Kollision nach links umschauen muss (Kar NZV **12** 229), auch als Linksabbieger (Mü VersR **67** 265), auch gegenüber Kf, welche soeben die AB verlassen ((Bay DAR **62** 190), obgleich diese häufig zu schnell fahren; er muss ohne Gegenanzeichen nicht verlangsamen (Sa VM **81** 4; s. Rn. 48). Er darf damit rechnen, dass eine EinbahnStr nicht gegenläufig befahren wird (Ha VRS **6** 159, Hb VRS **47** 453), dass auch ein rasch heranfahrender Wartepflichtiger anhalten und warten werde, solange das als möglich erscheint (BGH GA **65** 297, KG VersR **72** 466, Dü VRS **73** 299; Rn. 56) oder er nicht offensichtlich achtlos ist (Kar VOR **74** 64), dass der schon haltende Wartepflichtige nicht wieder anrollt (BGH VersR **63** 952, Br DAR **64** 133, Ol VersR **63** 296). Ein solches plötzliches Wiederanfahren wäre für ihn ein unabwendbares Ereignis (KG VM **71** 3). Auf breiter Str darf er uU auch dann noch auf Beachtung seines Vorfahrtsrechts vertrauen, wenn der von links kommende Wartepflichtige bis zur StrMitte langsam vorfährt (Rn. 62; Bay VRS **67** 137, Sa VM **72** 68), muss aber uU nochmals den Blick auf den Herannahenden richten (Sa OLGR **09** 394: 20% Mithaftung). Auf Vorfahrtbeachtung darf er auch rechnen, wenn der Wartepflichtige die VorfahrtStr nur schwer überblicken kann (BGH NJW **85** 2757 (Hecke), Dü VersR **77** 139), zumal sich die Übersichtlichkeit für ihn anders darstellen mag, es sei denn, die Kreuzung/Einmündung ist auch für ihn unübersichtlich (aM Sa VM **74** 60, abl *Booß*). Sieht der Berechtigte vor sich einen Lkw einbiegen, so muss er nicht damit rechnen, dass dieser nur das Zugfz eines (noch dazu ungekennzeichneten) Abschleppzugs sei (KG VRS **104** 21, Ha VersR **80** 685). Zur Einschränkung des Vertrauensgrundsatzes an sog „T-Einmündungen": Rn. 51.

Nicht vertrauen darf der Berechtigte auf Vorfahrtbeachtung bei eigener VWidrigkeit **51** (BGHSt **13** 172; **E** 136, § 1 Rn. 22), zB Überschreitung der zulässigen Höchstgeschwindigkeit

(Stu NZV **94** 194, KG VM **82** 94, Ol VersR **85** 1096), obgleich er auch dann die Vorfahrt behält (Rn. 30). Regelwidriges Linksfahren allein beseitigt den Vertrauensgrundsatz nicht, weil das Rechtsfahrgebot nicht den QuerV schützt (§ 2 Rn. 33; Kö VRS **66** 255). Kein Vertrauen auf Vorfahrtbeachtung, wenn die Umstände gegen Beachtung sprechen (BGH VM **66** 34, BGHSt **7** 118, **13** 173; Bay NZV **89** 121, Ha VersR **89** 755, Dü DAR **75** 330, VersR **81** 862, KG VM **83** 40, Kö VRS **66** 255), während die nur allgemeine Möglichkeit von Vorfahrtverletzungen das Vertrauen auf Beachtung nicht ausschließt (BGHSt **17** 301). Zu diesen Umständen gehören die **örtlichen Verhältnisse**, zB unklare Beschilderung, Glatteis, dichter Nebel, die Beschaffenheit eines Fahrbahntrichters, Zweifel über eine Einmündung als Einfahrt oder Feldweg (BGH NJW **77** 632, Bay NZV **89** 121, Nü DAR **89** 107, Dü VersR **81** 862, Stu VersR **83** 252, Ko VRS **69** 101), Umleitungen und Sperren bei Bauarbeiten (Stu VRS **29** 46), Zweifel über die Regelung bei Begegnung mit einem Fz aus einem optisch „untergeordnet" erscheinenden Fahrweg heraus (BGHZ **20** 290, Ce DAR **75** 273), längeres Zögern des Berechtigten vor dem Wiederanfahren wegen eigener Wartepflicht in anderer Richtung („halbe Vorfahrt", Sa VM **82** 4), ein kurzzeitig sichtversperrendes Hindernis (zB Müllwagen), das zum Vorbeitasten zwingt (Kö DAR **72** 193, VRS **43** 214, KG VM **77** 70, Stu VersR **80** 1078); erschwerte Sicht in die vorfahrtberechtigte Str auf Grund der allgemeinen örtlichen Verhältnisse erschüttert das Vertrauen in die Beachtung des Vorfahrtsrechts allein dagegen nicht (Rn. 50). Wer in die VorfahrtStr soeben erst einbiegt, darf auf Beachtung seiner (künftigen) Vorfahrt noch nicht vertrauen (Bay VRS **55** 456). Einmündungen von rechts her („T-Einmündungen") ist aus psychologischen Gründen die Vorfahrt zu nehmen (VwV Rn. 5, Rn. 14; Ko DAR **04** 272), wer sie befährt, darf auf Vorfahrt nicht vertrauen (BGHSt **17** 301, Bay NStZ **87** 548, Ko DAR **04** 272, *Möhl* DAR **73** 228; s. auch Kar NZV **12** 437 zum Zusammentreffen eines gemeinsamen Geh- und Radwegs mit einer Str).

51a   **Fremdes Verhalten** kann das Vertrauen in die Vorfahrt ebenfalls ausschließen, zB ist bei unklarer Lage mit Behinderung zu rechnen (Kar Justiz **73** 172, KG DAR **74** 297, VersR **75** 51, Kö VM **75** 7), bei erkennbar unsicherer Fahrweise oder Ablenkung (Kö VersR **97** 640), bei missverständlichem Zeichen von PolB, bei Versuchen Wartepflichtiger, bei starkem Verkehr auch geringe Lücken auf der VorfahrtStr auszunutzen (BGH VersR **76** 343), gegenüber einem offensichtlich unachtsamen Radf unmittelbar vor der VorfahrtStr (Kar VRS **46** 68), gegenüber Radf oder anderen Fz, welche bei Ampelausfall die VorfahrtStr kreuzen oder kreuzen wollen (BGH VRS **45** 168, Ha VersR **89** 755).

52   **Der Wartepflichtige** kann sich auf den Vertrauensgrundsatz nur beschränkt berufen (BGH NZV **96** 27, Bay DAR **75** 277, VM **75** 58, **79** 10, Fra NZV **90** 472). Er darf idR nur auf das Unterbleiben atypischer, grober Verstöße des Berechtigten vertrauen (Rn. 54a). Der Wartepflichtige darf nicht darauf vertrauen, dass eine durch VZ nur vorübergehend gesperrte, im Übrigen bevorrechtigte Str nicht verbotswidrig befahren werde (Kö VRS **66** 51; s. auch Rn. 25, 30). Da der Wartepflichtige häufig nicht erkennen kann, ob ein **Radweg** der vorfahrtberechtigten Str für beide Richtungen freigegeben ist (§ 2 IV S. 3, Z 237), insbesondere, wenn eine Kenntlichmachung durch VZ fehlt (§ 2 Rn. 67a), muss er idR mit RadV aus beiden Richtungen rechnen (BGHSt **34** 127 = NJW **86** 2651, Ha ZfS **96** 284, NZV **97** 123, NZV **99** 86, AG Kö VRS **65** 7, VRS **70** 334, KG VRS **68** 284, *Bouska* DAR **82** 111), ebenso mit Befahren des Radwegs entgegen der EinbahnStr-Richtung (aM Hb VRS **47** 453); ihn trifft daher ein Verschulden, wenn er es unterlässt, auf solche Radf zu achten (BGH NJW **82** 334 (bei Radwegbenutzung entgegen der EinbahnStr, weil häufig zu beobachtende Disziplinlosigkeit), Br VersR **97** 765 (Mithaftung des Kf zu ²/₃), Ha NZV **97** 123 (Mithaftung zu ²/₃), ZfS **96** 284 (Mithaftung des Kf zu ³/₄ gegenüber dem vorsätzlich verkehrswidrig fahrenden Radf!), NZV **99** 86, AG Köln NJW **82** 345, aM Hb VRS **47** 453). Verstoß kann – soweit nicht OW gem. § 8 angenommen wird (str, s. Rn. 30) – jedenfalls gem. § 1 II geahndet werden.

53   **Rechnen muss er** vor allem mit häufigen Verstößen Berechtigter (Dü VRS **50** 228), zB dass dieser vorschriftswidrig **nicht rechts fährt** oder sogar links (BGH VRS **10** 19, GA **65** 297, NZV **96** 27, Fra NZV **90** 472, Dü NZV **94** 328), dass er **schneller als erlaubt** fährt (KG DAR **00** 260, Kö ZfS **95** 250), auch außerorts (Ko DAR **73** 278), wobei sich das einzukalkulierende Maß der Überschreitung nicht generell festlegen lässt (Kö VM **60** 71), sondern von den Verhältnissen abhängt (BGH NJW **84** 1962). Daher können keine starren Zahlen gelten. UU müssen aber auch Geschwindigkeitsüberschreitungen um **mehr als 60 %** in Rechnung gestellt werden (BGH NJW **84** 1962 (100 %), DAR **86** 142, Schl VRS **80** 5 (mehr als 100 %), Kar ZfS **86** 130 (150 km/h innerorts), Stu DAR **89** 387, aM Ha DAR **65** 248, VRS **93** 253 (nicht 80 % innerorts)). Es kommt entscheidend auf die Erkennbarkeit der Überschreitung für den Wartepflichtigen an (Schl VRS **80** 5). Grundsätzlich darf jedoch der Wartepflichtige darauf vertrauen, dass sich kein Vorfahrtberechtigter aus nicht einsehbarer Position mit wesentlich überhöhter Geschwindigkeit nähert (Rn. 55; BGH VersR **66** 936, KG DAR **00** 260, Nü NZV **91** 353). Rechnen muss er damit, dass der Berechtigte eine überhohe Geschwindigkeit, die er hätte erkennen müssen, beibehalten werde (BGH VersR **66** 164), uU (aber nicht idR, s. Rn. 54a) auch, dass er **trotz Überholverbots überholt.** Darf auf der VorfahrtStr überholt werden, so darf sich der Wartepflichtige nicht auf Abschirmung durch einen Fußgängerüberweg verlassen (Dü VRS **50** 228) oder durch eine nicht zur Kreuzung/Einmündung gehörige **Ampel** (Rn. 30, 44). Der Wartepflichtige muss damit rechnen, dass der Berechtigte auf der VorfahrtStr nicht bereits an der vor der Einmündung befindlichen Haltelinie einer LZA anhalten, sondern erst vor der jenseits der Einmündung einen Überweg sichernden Rotampel (Bay VRS **58** 150). Rechnen muss er damit, dass der **abbiegende Berechtigte** nach links keinen weiten Bogen nimmt (Kö VRS **60** 61), insbesondere, wenn er aus einer trichterförmigen rechten Einmündung nach links abbiegt (BGH VersR **63** 279), dass der Berechtigte der vorgeschriebenen **Pfeilrichtung** (Z 297 zwischen Z 340) nicht folgen werde (Dü VM **72** 47). Auf Vorfahrtverzicht darf er nur bei klarer Verständigung bauen, und nur für jeden Berechtigten einzeln (Rn. 31).

Der Fahrtrichtungsanzeige des Berechtigten darf der Wartepflichtige vertrauen (BGH **54** VM **74** 67, KG NZV **90** 155, VersR **91** 934, Bay VRS **63** 289, Ha DAR **91** 270, VRS **61** 52, Dü NStZ **82** 117, Dr VersR **95** 234, Ol NZV **92** 454, Mü DAR **98** 474, Ko VRS **64** 297, Zw VRS **80** 48; str), auch wenn die vorher erkannte Anzeige in der letzten Annäherungsphase durch ein vorausfahrendes Kfz verdeckt wird (Bay VRS **59** 365), jedoch nicht blindlings (Hb DAR **75** 278, Ko VRS **64** 297; Dr NZV **15** 246), vor allem nicht bei abweichender Fahrweise des Berechtigten (Einordnen, Verlangsamen), auf die er achten muss (Ce DAR **04** 390, Ha NZV **03** 414, DAR **91** 270, KG NZV **90** 155, Stu VRS **46** 215), oder anderen dagegen sprechenden Umständen (Ha VRS **56** 378), sowie bei Mehrdeutigkeit der Fahrtrichtungsanzeige, zB bei Ankündigung des Wiedereinscherens nach Überholen, mehreren Abbiegemöglichkeiten (Ol NZV **92** 454, Ha VRS **61** 52, Kö DAR **78** 138), auch wenn dieser soeben unter Anzeige ein Hindernis umfahren hatte (Ha VRS **47** 59, KG VersR **75** 52). Soweit aber Zweifel in dieser Hinsicht nicht gerechtfertigt sind, darf auf das angekündigte Abbiegen vertraut werden, ohne dass **zusätzliche Anzeichen** zu verlangen wären (Ha VRS **61** 52, KG NZV **90** 155; aM: neben dem Fahrtrichtungsanzeiger zusätzliche Beweisanzeichen erforderlich, die in der Gesamtschau auf ein Abbiegen schließen lassen: Ha NZV **03** 414, Kar DAR **01** 128, KG VM **93** 2, Sa NJW-RR **09** 1611; Dü DAR **16** 648; Dr SVR **20** 305 bei *Balke*; *Kuhnke* NZV **19** 224; offen gelassen von Mü NZV **09** 457, LG Sa NJW **14** 235). Eine Problematik dieser Auffassung ist allerdings darin zu sehen, dass vergessenes Zurückstellen nach Überholen oder Abbiegen häufig und auch nach längerem Fahren von der gewollten Anzeige kaum zu unterscheiden ist (hierzu auch Dü DAR **16** 648). Letztlich dürften beide Anschauungen meist auf dasselbe Ergebnis hinauslaufen (*Siegel* SVR **18** 105; Übersicht bei *Rebler* NZV **20** 76). Immer ist dabei die Lage im Zeitpunkt des Einfahrens des Wartepflichtigen maßgebend (Mü NJW-Spezial **17** 745). Auch bei **abknickender Vorfahrt** darf nunmehr idR auf richtige Anzeige vertraut werden, Rn. 43.

Vertrauen darf der Wartepflichtige ohne vorherige Gegenanzeichen auch auf **ungestörten 54a Motorlauf** seines Fz (Neust DAR **57** 302) und auf richtiges Verhalten ihm gegenüber Wartepflichtiger (Bay VM **75** 58; s. aber Rn. 51). Er darf darauf vertrauen, dass Berechtigte sich **nicht grob verkehrswidrig** verhalten, also nicht außergewöhnliche Verstöße begehen (BGHSt **13** 173, **20** 238, KG DAR **78** 20, **74** 297, Bay DAR **75** 277, VRS **58** 152, Ko VRS **42** 440, Dü DAR **77** 161, Kar DAR **77** 248), vor allem, wenn sie noch nicht sichtbar sind (Rn. 55 BGHSt **20** 238), dass ihn ein linksabbiegender Berechtigter nicht auf seiner rechten Fahrbahn schneidet (KG VRS **54** 255, Mü VRS **59** 81), dass der Berechtigte den nötigen Abstand zum Fahrbahnrand hält (Sa VM **76** 40). Mit Vorfahrt aus der falschen Richtung einer EinbahnStr braucht er nicht zu rechnen (Hb VRS **47** 453), anders allenfalls bei ersichtlich (!) nur vorübergehend angebrachtem VZ (Sa VM **70** 47; s. auch Rn. 25, 30). Wer als Wartepflichtiger durch eine **Kolonnenlücke** auf die Gegenseite der VorfahrtStr fahren will, muss idR nicht mit Befahren des gesperrten (Z 295) Gleisbereichs in StrMitte rechnen (Bay VM **74** 33) und darf im Allgemeinen darauf vertrauen, dass ihm durch FzF, die die Kolonne überholen, das Vortasten ermöglicht wird (Bay VM **88** 76). Überschnelles Fahren des Berechtigten: Rn. 53. Der Wartepflichtige darf idR damit rechnen, dass **Überholverbote** und Fahrstreifenbegrenzungen auf der VorfahrtStr beachtet werden (Bay VM **74** 33, Br VRS **32** 473; Kar ZfS **20** 13 (Linkseinbieger, Alleinhaftung des auf der VorfahrtStr Fahrenden) krit. *Siegel* SVR **20** 263), dass ein Berechtigter, der **keine Fahrtrichtungsänderung anzeigt,** sich nicht einordnet und nicht verlangsamt, geradeaus weiterfahren werde (Bay VRS **63** 289, Ce VM **71** 72, VRS **41** 309). Der Wartepflichtige darf **beim Rechtsabbiegen** idR darauf vertrauen, dass von rechts kommende vorfahrtberechtigte Fz auf der rechten Fahrbahnhälfte bleiben und nicht plötzlich zum Überholen nach links ausscheren (BGH NJW **82** 2668, Bay DAR **76** 108, Dü VersR **02** 1168, Ha VRS **101** 81, Kö VRS **86** 33, s. Rn. 64, aM Dü VRS **60** 416, Ol VRS **78** 25, *Haarmann* NZV **93** 379), sofern kein FzF eine Überwechselabsicht auf den anderen Fahrstreifen anzeigt (Ha VRS **60** 141, *Maase* DAR **72** 323). Andernfalls wäre ihm bei starkem VAufkommen von rechts und freier Fahrbahn von links das Einbiegen häufig praktisch unmöglich. Anders aber, wenn wegen des StrVerlaufs die Sicht auf nachfolgende Fz durch das erste sich von rechts nähernde Fz verdeckt ist (BGH NZV **96** 27, abw Bay DAR **76** 108) oder wenn auf Grund der Umstände mit Fahrstreifenwechsel ohne Ankündigung zu rechnen ist (Ha VRS **60** 141 (Wechsel auf freien Fahrstreifen vor Rotlicht-Ampel)). Der Wartepflichtige darf auf Beachtung der **Beleuchtungspflicht** vertrauen (KG DAR **83** 82, Dü VRS **5** 317).

55   **10. Pflichten des Wartepflichtigen** (II S. 1, 2). Die Wartepflicht besteht **nur gegenüber sichtbaren Berechtigten,** also nicht, soweit diese auf Grund des StrVerlaufs (Kuppe, Kurve) noch nicht erkennbar sind (BGH NZV **94** 184, zust *Dannert* NZV **95** 132; VersR **84** 1147, **85** 246, Dü VersR **02** 1168, Kö NZV **99** 126, VRS **94** 249, Ha NZV **01** 171, **94** 277, Mü ZfS **97** 245, Ko VersR **89** 1310; Fra NJW-RR **16** 731; s. auch Rn. 53). Das Gleiche gilt bei fehlender Wahrnehmbarkeit aus anderen Gründen, zB Nebel (Schl NZV **94** 439), also immer dann, wenn sich der Wartepflichtige auf das **für den Berechtigten geltende Sichtfahrgebot** berufen kann. Wer bei dichtem Nebel ganz langsam in eine VorfahrtStr abbiegt, verhält sich gegenüber einem schnellfahrenden Berechtigten nicht fahrlässig (Ha VRS **7** 226, Ce VRS **27** 476, Nü DAR **89** 107). Ist der Berechtigte noch nicht zu sehen (Sicht 75 m bis Kurve), dann darf der Wartepflichtige idR zügig in die VorfahrtStr einbiegen (BGH NZV **94** 184, Ce VersR **79** 380; abw (Hineintasten); Kö NZV **99** 126). Im Hinblick auf das für etwaige Vorfahrtberechtigte geltende Sichtfahrgebot braucht er sich dann nicht eines Einweisers zu bedienen (BGH NZV **94** 184, Nü NZV **91** 353; Ausnahmen: Rn. 58). Die **Wartepflicht** gilt für die Kreuzungsfläche (Rn. 28, 29) und darüber hinaus bis zur vollständigen Einordnung des Wartepflichtigen auf der VorfahrtStr (Dü VersR **76** 1179), auch **wenn sich die Fahrlinien erst jenseits der Kreuzung berühren** (Bay VRS **25** 224, Kar VRS **103** 21, KG DAR **76** 240, Hb VRS **26** 143, Mü VRS **30** 20; s. auch Rn. 33). Erst mit richtiger Eingliederung in den QuerV ist die Wartepflicht erfüllt (Ce VersR **72** 468 (zu weites Rechtsabbiegen), Kö VRS **94** 249). Wartepflicht besteht auch, wenn der Wartepflichtige schon auf der Kreuzung ist, dort aber hält (Ce VM **58** 51), aber nicht mehr nach Beendigung des Einbiegens und Befahren der VorfahrtStr bei ausreichendem Vorsprung (BGH VersR **67** 178; Rn. 57). Ist der vorher Wartepflichtige bereits 100 m auf der VorfahrtStr gefahren, so behindert er deren Benutzer nicht mehr, dann idR auch nicht § 1 (Fra VRS **50** 134). Ist ein nach links abgebogener Radf auf der VorfahrtStr schon 25 m gefahren, bevor der „Berechtigte" ihn erreicht, so kann er die Vorfahrt nicht verletzt haben (BGH VersR **64** 653; s. auch Fra VRS **50** 134). Der Wartepflichtige muss idR **zügig abbiegen,** damit er den vorher etwa noch nicht sichtbaren Verkehr nicht beeinträchtigt (Ha NZV **94** 277, VRS **36** 444, Kö VRS **90** 343, Ko VRS **62** 305). Warten in der Mitte zwischen den beiden Fahrbahnhälften der VorfahrtStr: Rn. 62. Keine Wartepflicht, wenn bei **Verkehrsstockungen (§ 11)** alle Vorfahrtberechtigten zweifelsfrei warten, der Weg des Wartepflichtigen aber frei ist.

56   **10a. Deutlich auf Wartepflicht fahren** muss der Wartepflichtige, nämlich durch sein Fahrverhalten anzeigen, dass er warten werde (II S. 1). Er darf an die Vorfahrtstelle nicht forsch heranfahren und dann erst bremsen, sondern muss, wo nötig, rechtzeitig deutlich verlangsamen (Begr) und anhalten. Mäßige Geschwindigkeit bedeutet Fahren, das Anhalten ohne starkes Bremsen ermöglicht (Dü NZV **88** 111; aM möglicherweise Ha VOR **74** 61). Die Vorfahrt ist verletzt, wenn sich der Wartepflichtige so verhält, dass der Berechtigte Verletzungen befürchten muss und sich deshalb nunmehr unfallverhütend verhält (Ha DAR **00** 63, VRS **53** 294, Dü NZV **88** 111). Die Vorfahrt ist vor der Vorfahrtstelle zu beachten, nicht in ihr (Bay DAR **75** 277, Dü NZV **88** 111, KG VRS **26** 132, Ko VRS **73** 70). Denn auch der Berechtigte muss die Voraussetzungen der Vorfahrt rechtzeitig verlässlich abschätzen können (Bay VRS **24** 238). Durchfahren ohne Verlangsamung darf der Wartepflichtige nur, wenn ein Vorfahrtfall nach Lage ausgeschlossen ist. Wartepflichtverletzung auch, wenn der überhöht schnell fahrende Berechtigte stark bremsen muss (Ha VRS **50** 467, Ce VRS **49** 25, Kö VRS **31** 271). **An der Haltlinie** (Z 294; hierzu § 41 Rn. 248k) muss (Rn. 60), an der Wartelinie (Z 341) soll der Wartepflichtige anhalten, sonst dort, wo er auch abbiegenden Vorfahrtverkehr nicht behindert (Stu DAR **68** 337), jedoch ist geringfügiges Hineinragen in die VorfahrtStr unschädlich, wenn es niemand behindert oder verunsichert (Ha VRS **13** 374). Besteht dort keine ausreichende Übersicht, so ist dort anzuhalten, wo diese besteht. Wer bis zur Sichtlinie vorrollt, verletzt die Vorfahrt nicht, uU aber § 1 II, falls er erkennen kann, dass ihn ein Linksabbieger dort schneiden könnte (Dü VRS **58** 269). Die Sichtlinie kann sich durch länger andauernde Sichtbehinderung vorübergehend ändern (Kar VRS **43** 306). Besteht auf dem Mittelstreifen der VorfahrtStr ein Sichthindernis, so ist die Wartepflicht, unter Berücksichtigung des von links kommenden Verkehrs auf der VorfahrtStr, auf der **Durchfahrt des Mittelstreifens** dort zu erfüllen, wo der vorfahrtberechtigte Verkehr überblickt werden kann (Ha VRS **48** 59). Ist das Fz des wartepflichtigen Linksabbiegers länger als der Mittelstreifendurchbruch der VorfahrtStr, so darf er dort nicht warten (Kö DAR **76** 17; s. aber Rn. 62).

10b. Nach Abs. 2 S. 2 weder gefährden noch wesentlich behindern darf der Warte- **57** pflichtige den Berechtigten (Dü VRS **75** 413). Jedes Verschätzen, soweit zurechenbar, geht zulasten des Wartepflichtigen (Begr; Rn. 7; Kö DAR **75** 214, Ha VersR **80** 685, KG NZV **09** 344), wenn auch nicht jede Wartepflichtverletzung grobfahrlässig sein muss (Kö VersR **76** 71). Er darf nur weiterfahren, wenn gewiss ist, dass er keinen Berechtigten nennenswert behindert (KG NZV **99** 85, Kö VRS **81** 417), auch nicht durch Anfahren nach vorherigem Warten. Kommt kein bevorrechtigter Verkehr heran, so darf der „Wartepflichtige" in die VorfahrtStr einfahren. Der Berechtigte darf **weder gefährdet noch „besonders erheblich behindert"** werden (Begr); er darf nicht „gezwungen werden, Richtung oder Geschwindigkeit unvermittelt zu ändern" (Begr), kurzes Gaswegnehmen und (oder) geringes Ausbiegen ist ihm zuzumuten (Begr, Rn. 6; s. auch Rn. 27). Der Berechtigte wird nicht dadurch behindert, dass er den Wartepflichtigen kurz nach dem Abbiegen überholen muss (Ha VkBl. **57** 79) oder dass dieser ihn schon beim Abbiegen überholt (Ha VRS **25** 310). Damit anerkennt § 8 das VBedürfnis. **Vorfahrtverletzung** liegt vor, wenn sich die Fahrlinien nahe berühren (Bay VkBl. **66** 118), so dass dem Berechtigten wenig Spielraum bleibt (BGH VersR **64** 619: „keinerlei Spielraum") und er Kollision befürchtet (BGH VersR **63** 282, Bay VRS **26** 227, Nü VersR **65** 772, Kö DAR **63** 171), unsicher wird (BGH VersR **59** 792) und sich so verhält, wie es ihm in der Bedrängnis nötig erscheint (Ko VersR **75** 913), auch wenn sich später zeigt, dass es nicht nötig war (Bay VRS **24** 238, Fra VRS **29** 465, Br VRS **30** 72). Sieht der Wartepflichtige auf der VorfahrtStr (Z 306) in etwa 180 m Entfernung eine Straba halten, deren Gleisbereich er beim Sicheinordnen in die VorfahrtStr mitbenutzen muss, so darf er im Gleisbereich nicht warten und ihn allenfalls dann zum Sicheinordnen benutzen, wenn er die Fahrweise der Straba dadurch nicht wesentlich behindert (zutr *Booß* VM **79** 39 gegen Zw VRS **56** 469).

Bei beschränkter Sicht auf Vorfahrtberechtigte besteht nur in Ausnahmefällen die Pflicht **58** zur *Einweisung durch Hilfspersonen* (BGH NZV **94** 184 (zust *Dannert* NZV **95** 134), Bay NZV **90** 81, Dü VRS **60** 224; Fra NJW-RR **16** 731). Auch bei Nebel mit 40 m Sicht und stellenweisem Glatteis muss ein LkwF beim Linksabbiegen keinen Warnposten aufstellen, aber sorgfältig beobachten (Ha VRS **27** 19, Schl NZV **94** 439 (30 m Sicht, Mithaftung des Wartepflichtigen nur aus BG mit 30%)). Bei Unübersichtlichkeit und Schwerbeweglichkeit ist jedoch uU ein Warnposten notwendig (BGH VersR **65** 188, Fra VRS **97** 94, Ha VersR **80** 685). Daher kann der Führer eines langsamen Traktors mit Anhänger bei Nebel verpflichtet sein, vor dem Überqueren der vorfahrtberechtigten Str Warneinrichtungen aufzustellen (Ko VersR **89** 1310). Selbst bei Einsehbarkeit der bevorrechtigten Str auf 100 m und trotz des Sichtfahrgebots muss sich der Fahrer eines besonders langen und schwerfälligen Lastzuges uU (Dunkelheit) eines Warnpostens bedienen (§ 1 II; BGH VersR **84** 1147 (Haftung 7 : 3 zulasten des Lastzugf; krit *Dannert* NZV **95** 135), Bay VRS **61** 386), regelmäßig aber nicht bei klaren Sichtverhältnissen am Tage (BGH NZV **94** 184). IdR darf sich der Wartepflichtige bei Unübersichtlichkeit so in die VorfahrtStr **hineintasten,** dass er notfalls sofort anhalten kann (BGH DAR **81** 86, VersR **77** 524, Bay NZV **90** 81, KG NZV **02** 79, Ko VersR **93** 1169, Dü VRS **60** 224, Sa VM **77** 16). Wird ein Vorfahrtberechtigter sichtbar, so muss der Wartepflichtige sofort anhalten, wenn ein zügiges Freimachen des Einmündungsbereichs nicht möglich ist (BGH NZV **94** 184 (§ 1 II); Fra NJW-RR **16** 731; aM *Dannert* NZV **95** 136). Vortasten bedeutet **zentimeterweises Vorrollen** bis zum Übersichtpunkt mit sofortiger Anhaltemöglichkeit (BGH NJW **85** 2757, Ce ZfS **01** 492, Ha NZV **93** 477, Ko VersR **93** 1169, KG NZV **06** 369, **10** 511). Schrittgeschwindigkeit genügt dazu nicht (KG NZV **99** 85, **02** 79). Dabei muss er sich soweit wie möglich rechts halten, nicht des besseren Überblicks wegen weit links (§ 2; Ko NZV **15** 385 (andernfalls 50% Mithaftung bei trichterförmiger Einmündung); *Booß* VM **74** 70, aM KG VM **74** 69). Ist die VorfahrtStr wegen einer wartenden **FzKolonne** nicht einsehbar, so darf sich der Wartepflichtige vorsichtig durch eine frei gehaltene Lücke vortasten (Bay NZV **88** 77), muss aber notfalls sofort anhalten können (BGH VRS **28** 435, Ha VRS **40** 115). Bei **nur ganz vorübergehender Sichtsperre** kein Hineintasten, sondern Abwarten (BGH VersR **77** 524, Stu VM **69** 6, Bay NJW **69** 2296, Fra VersR **75** 957), so etwa bei sichtversperrenden Fz, die sich ihrerseits vortasten (KG VM **82** 65). **Kein Hineintasten** bei Unübersichtlichkeit, wenn der Wartepflichtige ein bevorrechtigtes Kfz kommen sieht oder am Lichtkegel erkennen müsste (Bay DAR **76** 82).

59   Auf infolge der **Vegetation am StrRand** (Buschwerk, hohes Gras) spät erkennbare vorfahrtberechtigte Einmündungen hat der Wartepflichtige seine Geschwindigkeit einzustellen (Fra NZV **90** 472). Nur wenn die *Gewissheit* besteht, dass er durch ein **sichtversperrendes neben ihm fahrendes Fz** (zB schwerer Lkw) gegenüber etwaigen Bevorrechtigten zuverlässig abgeschirmt ist, darf der Wartepflichtige in dessen „Schatten" ohne ausreichende Sicht in die bevorrechtigte Str einfahren (Bay VRS **70** 33). Zur **Sichtbeschränkung durch die Bauart** des geführten Fz Rn. 26.

60   **10c.** Bei **Stoppstraßen,** die ausschließlich durch Kennzeichnung mit Z 206 (Halt! Vorfahrt gewähren; dazu näher § 248) entstehen, genügt kurzes Anhalten (Ha VRS **31** 287, Dü VM **62** 35), der innere Vorgang des Beurteilens ist nicht zu prüfen. Zu halten ist *an der Haltlinie;* mangels dortiger Übersicht muss an der Sichtlinie erneut gehalten werden (Anl 2 lfd. Nr. 67 Spalte 3; § 41 Rn. 248, 248k). Der Wartepflichtige darf bis zur Fluchtlinie vorfahren, weshalb ein linksabbiegender Berechtigter ihn dort nicht schneiden darf (KG VRS **54** 255). **Fehlt eine Haltlinie,** so ist zu halten, wo die bevorrechtigte Str ausreichend weit eingesehen werden kann; das kann uU auch schon in einer gewissen Entfernung von der Fluchtlinie der Fall sein (Bay VRS **70** 51). Anfahren erst, wenn fremde Vorfahrt nicht beeinträchtigt wird. Haltgebot nach BGH NJW **52** 985 grds. auch, wenn vorher schon hinter dem Vordermann angehalten werden musste. Sind die Fahrbahnen der VorfahrtStr baulich getrennt (Parkplatz, Grünanlage), so gilt das HaltZ nur für die Fahrbahn, an der es steht (KG VRS **11** 373).

61   HaltZ sollten wie WechsellichtZ nur bei dringendem VBedürfnis angebracht werden (§§ 39 I, 45 IX). Sie dürfen nicht zu bloßen Fleißübungen der VT auf leerer Straße führen (**E** 122, 124).

62   **10d.** **Zügig und ohne vermeidbare Verzögerung überqueren** muss der Wartepflichtige die VorfahrtStr, wenn der überblickbare Teil frei ist, aber nur kurz (Fra VM **77** 32, Ce VersR **79** 380). Unnötiges Langsamfahren, zB im 2. Gang (Ha VRS **24** 146), kann die Vorfahrt verletzen, wenn der Berechtigte nicht vorbeikann (BGH VRS **15** 346). Ein offensichtliches Hängenbleiben des Wartepflichtigen auf der Kreuzung muss der Berechtigte berücksichtigen (Ha VersR **76** 372). Grundsätzlich darf der Wartepflichtige erst in die bevorrechtigte Str einfahren, wenn aus beiden Richtungen kein vorfahrtberechtigter V naht (Kar VersR **93** 123). **Sehr breite Fahrbahnen** darf der Wartepflichtige derart kreuzen, dass Berechtigte unbehindert davor oder dahinter vorbeifahren können, wobei er aber keine unklare Lage schaffen darf (Bay DAR **75** 277, Ha VRS **35** 219), uU darf er also bis zur Mitte fahren, wenn dem von rechts Kommenden auf seiner Fahrbahnseite genügend Platz zum Vorbeifahren bleibt (BGH VRS **23** 181, Bay VRS **67** 137), dies jedoch nur, wenn der in Aussicht genommene Warteplatz in der StrMitte nicht noch durch ein anderes wartendes Fz blockiert ist (Ko VRS **62** 305). Eine VorfahrtStr mit breitem Mittelstreifen darf er idR in Etappen überqueren (Bay DAR **75** 277, Kö VRS **26** 375, KG VM **66** 59).

63   **10e.** Wer sich als **Linksabbieger** vollständig in die VorfahrtStr eingeordnet hat, hat Vorfahrt vor einem erst nach dem Einordnungspunkt von rechts her kommenden Rechtsabbieger (Dü VersR **76** 1180). Hält sich der Linksabbieger auf der VorfahrtStr weiterhin links, so ist es ein Vorfahrtfall, wenn ein Berechtigter ihn dort alsbald rechts passiert (Bay VM **70** 4). Der nach links abbiegende Radf verletzt die Vorfahrt eines anderen Radf bereits, wenn dieser ausweichen muss (BGH VersR **71** 909). Wird aus einer durch einen **Mittelstreifen** in zwei Richtungsfahrbahnen geteilten Str in eine kreuzende, nicht vorfahrtberechtigte Str links eingebogen, so ist der Eingebogene, der sich bereits auf der kreuzenden Str am **Mittelstreifendurchbruch** befindet, gegenüber dem auf der anderen Richtungsfahrbahn sich nähernden V wartepflichtig, und zwar, soweit nicht schon nach § 9 III, jedenfalls nach § 8 I S. 1 (Ha VRS **29** 231). Biegt der Benutzer einer Str, die durch eine breite Mittelanlage in 2 gleichartige Fahrbahnen geteilt ist, nach links in eine bevorrechtigte Str ein, so erlangt er den VT gegenüber, die die andere gleichartige Fahrbahn in entgegengesetzter Richtung benutzen, Vorfahrt, weil sein in die bevorrechtigte Str eingebogenes Fz beim Kreuzen des Mittelstreifens den Benutzern der anderen Fahrbahn wie ein Fz erscheint, das auf der VorfahrtStr herangekommen ist (BGH NJW **60** 816, BGHSt **16** 19 = NJW **61** 1075,

Nü NZV **09** 290 aM *Kullik* DAR **85** 336), auch wenn die beiden Fahrbahnen durch breite Inseln getrennt sind (Bay VRS **25** 468, Hb VRS **24** 234). Befindet sich der auf einer durch Mittelstreifen geteilten Fahrbahn Wendende im Mittelstreifendurchbruch auf der kreuzenden Fahrbahn, so gelten im Verhältnis zu den ihm dort entgegenkommenden Fz nicht die Vorfahrtregeln, sondern die des § 9 (§ 9 Rn. 50; LG Berlin VersR **01** 78).

10f. Auch die **Wartepflicht des Rechtsabbiegers** besteht nur gegenüber bereits sichtbaren **64** Fz (Rn. 55), für später erst sichtbar werdende gelten die Begegnungsregeln (Bay DAR **76** 108). Der Rechtsabbieger darf nur abbiegen, wenn er den Vorfahrtverkehr nicht behindert, mag dieser geradeaus weiterfahren oder abbiegen (BGH VRS **11** 409, NZV **96** 27, Fra NZV **90** 472). Kein Rechtsabbiegen, solange er sich dadurch zu knapp vor einen Berechtigten setzen würde (Bay VM **63** 36, 69, Kar VersR **77** 673), es sei denn, dieser kann alsbald überholen (BGH VersR **61** 178), also idR nicht auf relativ schmaler VorfahrtStr oder bei Gegenverkehr dort. Vor allem muss die rechte Fahrbahn der VorfahrtStr für ihn frei sein. Wer ohne Vorfahrtverletzung abgebogen ist, aber behindernd langsam weiterfährt, kann allenfalls noch § 3 II verletzen (Ce VRS **36** 222). Wer als Wartepflichtiger nach rechts auf den rechten Fahrstreifen der VorfahrtStr abbiegen will, darf eine Lücke ausnutzen, wenn kein anderer Berechtigter anzeigt, auf den rechten Fahrstreifen überwechseln zu wollen (*Maase* DAR **72** 323). Wer als Wartepflichtiger auf den rechten Fahrstreifen der VorfahrtStr einbiegt, verletzt die Vorfahrt eines von links auf dem Überholstreifen herankommenden Berechtigten nur durch eine Fahrweise, die diesem objektiv Grund gibt, Behinderung zu befürchten (Ha VRS **55** 144). Setzt sich die wartepflichtige Straße (Z 205) nach der Einmündung als **selbstständiger rechter Fahrstreifen** (Z 295 oder 340) der VorfahrtStr fort, so darf der an sich Wartepflichtige zügig einfahren und mangels Gegenanzeichen damit rechnen, dass ihn die Benutzer der VorfahrtStr auf diesem Fahrstreifen nicht „schneiden" (Bay VRS **56** 114). **Von rechts kommenden Verkehr** (auf der anderen Seite der VorfahrtStr) muss der Wartepflichtige nur berücksichtigen, wenn dieser möglicherweise nicht rechts bleibt (Überholen, Linksabbiegen; BGH NZV **96** 27, NJW **82** 2668, Bay DAR **76** 108, Dü VersR **02** 1168, Ha VRS **30** 130, Kö VersR **92** 68 (Ausbiegen), VM **70** 40, str, s. Rn. 54a).

11. Auf Autobahnen und Kraftfahrstraßen haben die durchgehenden Fahrbahnen Vor- **65/66** fahrt (§ 18 III). Einfädelungsstreifen sind wartepflichtig (Rn. 34b, § 18 Rn. 17).

12. Zivilrecht. Amtspflichtverletzung, wenn innerorts einander kreuzende Straßen beide **67** als VorfahrtStr gekennzeichnet sind (BGH DAR **63** 130), oder bei einem zugewachsenen VZ „Vorfahrt gewähren" (BGH VersR **65** 1096), ebenso bei Fehlen eines „negativen" VorfahrtZ (Z 205, 206) bei Einmündung in eine VorfahrtStr (Rn. 39, 46). „Vereinsamtes" Z 205 (206): Rn. 45.

Haftung des Wartepflichtigen und etwaige Schadensverteilung mit Berechtigten ist im **68** Licht von II S. 2 zu sehen, der dem Wartepflichtigen die Folgen unrichtigen Verhaltens überwiegend auferlegt (Kö VRS **99** 249). Verschätzen geht zu dessen Lasten (Rn. 7, 57). Außerhalb des **Schutzzwecks** des § 8 liegen Gesundheitsschäden des Berechtigten infolge Aufregung, die nicht durch den Unfall, sondern durch das Verhalten des Wartepflichtigen nach dem Unfall ausgelöst wurde (BGHZ **107** 359 = NZV **89** 391; zust *v. Bar* JZ **89** 1071, *Dunz* JR **90** 115, abl *Börgers* NJW **90** 2535). Der Wartepflichtige hat den **Anschein** (E 157a) schuldhafter Vorfahrtverletzung gegen sich (BGH NJW **76** 1317, KG NZV **02** 79, **10** 511, Ha ZfS **01** 105, Kö VRS **99** 249, Ko NZV **93** 273, Stu NZV **94** 440). Das gilt jedoch nicht, wenn der wartepflichtige Rechtsabbieger nach dem Einbiegen auf der rechten Fahrbahnseite mit einem vorfahrtberechtigten Entgegenkommenden zusammenstößt (BGH NJW **82** 2668 (Haftung zu gleichen Teilen), Kö VersR **92** 68; s. Rn. 64, 54a). Der Anscheinsbeweis kann nur durch bewiesene Tatsachen entkräftet werden, zB solchen, aus denen folgt, dass der Berechtigte auch bei größter Sorgfalt nicht gesehen werden konnte (BGH VersR **64** 639, Mü ZfS **97** 245, Kö VRS **94** 249, VersR **78** 830, Nü VRS **87** 22, Stu VersR **82** 782, Schl VRS **80** 5, Fra VRS **80** 111), sowie durch den Nachweis von Tatsachen, aus denen sich die Möglichkeit eines **atypischen Geschehnisablaufs** ergibt (Kö VersR **81** 340 (Schleudern des Berechtigten gegen das bis zur Sichtlinie vorgezogene Fz des Wartepflichtigen), VRS **90** 343, **74** 109, Ko NZV **89** 1310 (überhöhte Geschwindigkeit und Nebel), KG VRS **65** 333), durch den Nachweis überhöhter Fahrgeschwindigkeit des Berechtigten (BGH DAR **86** 142, Ha ZfS **01** 105 (bei nur 10 % abgelehnt), Bra VRS **82** 422, Ce VersR **73** 1147, Stu VersR **82** 1175, s. dazu auch Rn. 53, 69a), des Fahrens ohne Beleuchtung bei Dunkelheit (KG DAR **83** 82) oder durch Hineintasten bei Unübersichtlichkeit (Dü VRS **47** 87; s. aber KG NZV **10** 511). Hat sich der wartepflichtige Rechtsabbieger auf der VorfahrtStr noch nicht ohne Behinderung Berechtigter eingeordnet, so spricht der Anschein der Vorfahrtverletzung gegen ihn (Kar VersR **77** 673). Bei Auffahren des auf der VorfahrtStr Fahrenden auf ein eingebogenes, wartepflichtiges Fz außerhalb des Einmündungsbereichs spricht der Anschein für Vorfahrtverletzung, wenn der Eingebogene die Normalgeschwindigkeit noch nicht erreicht hatte (Mü NZV **89** 438, KG NZV **04** 355), aber nicht nach Wenden des Berechtigten (Rn. 27). Anscheinsbeweis gegen den die Mittelinsel verbotswidrig Befahrenden (Rn. 37e, f) Befahrenden (LG Sa NZV **13** 38). Zum Anscheinsbeweis bei Unfall im **Kreisverkehr** Rn. 37b.

69   Bei Vorfahrtverletzung **tritt die BG des Berechtigten idR zurück** (KG NZV **02** 79, **10** 148, Ce ZfS **01** 492, Ha ZfS **01** 105, Kö VRS **90** 346, Sa NJW **13** 3659), uU auch erhöhte BG (Kar VersR **77** 673, Zw VersR **77** 1059, s. aber Kö NZV **91** 429), auch bei Überschreiten der AB-Richtgeschwindigkeit (Kö VM **98** 87), im Einzelfall selbst bei Überschreiten der zulässigen Höchstgeschwindigkeit durch den Berechtigten (Nü ZfS **86** 65 (um 30%), s. aber Rn. 69a). Auch die BG des soeben überholenden Berechtigten kann gegenüber der Vorfahrtverletzung des Wartepflichtigen außer Betracht bleiben (Hb VersR **76** 893). Den Schaden trägt auch allein, wer als Wartepflichtiger durch eine Lücke einer auf der VorfahrtStr befindlichen FzKolonne in diese einfährt und dabei mit einem diese Kolonne überholenden Fz kollidiert (Dü VersR **81** 556; s. aber Rn. 47). Der Radfahrer, der an einer Einmündung unter Missachtung der VZ 205 vom Radweg auf die Fahrbahn fährt, haftet bei einer Kollision mit einem Kfz allein (Kö NZV **08** 100). Auch bei Misslingen des Entlastungsbeweises gem. § 17 III StVG wird die Schuld des Wartepflichtigen idR Mithaftung des Berechtigten beseitigen (BGH VersR **63** 163: „kann"; KG VersR **70** 909, Ha VRS **31** 298, KG VersR **73** 1145, Ol VersR **73** 1127). Linksfahren des Berechtigten entlastet den Wartepflichtigen nicht, weil das Rechtsfahrgebot nicht seinen Schutz bezweckt (Ce VRS **52** 59, Sa VM **77** 16, Kar VersR **77** 673 (zw, s. Rn. 54a, § 2 Rn. 33); Nau BeckRS **11** 55245; aM KG DAR **06** 151, NZV **88** 65, Kö NZV **91** 429). Entsprechendes gilt für verbotswidriges Befahren einer AnliegerStr durch den Berechtigten (Ce ZfS **01** 492). Die **BG des Berechtigten** wird bei extremer Unvorsichtigkeit des Berechtigten und sehr geringer Schuld des Wartepflichtigen ins Gewicht fallen können (Kar VersR **77** 673), etwa wenn der Berechtigte nicht ausweicht, obwohl er dies gefahrlos kann (Ce VersR **68** 904). Überhöhte Geschwindigkeit des Berechtigten: Rn. 69a. Dagegen begründet geringe Mitschuld des Berechtigten nicht stets Mithaftung (KG VersR **72** 466). Bei mangelnder Aufmerksamkeit des Berechtigten (Rn. 47) kommt Mitschuld in Betracht (BGH VersR **65** 37, Ol VersR **63** 296, Stu NZV **94** 440, Kö VersR **97** 640). Mithaftung des Vorfahrtberechtigten zu 30% bei Verstoß gegen das Rechtsfahrgebot (Kö VRS **99** 249), zu 50% bei zu weit Linksfahren durch Kurvenschneiden beim Linksabbiegen (KG DAR **06** 151; s. aber § 2 Rn. 33), zu ¼ bei Verengung der Fahrbahn durch (vorfahrtberechtigten) langen Linienbus (LG Sa NJW **13** 2767). Mithaftung des Berechtigten zu 60%, der in einer infolge hohen Graswuchses schwer erkennbaren Einmündung links fährt (Fra NZV **90** 472), zu 50% bei Nichteinhalten der rechten Fahrbahnseite trotz schlecht einsehbarer untergeordneter Einmündung links (Stu VRS **97** 15), zu 25% bei erlaubtem Überholen auf der Gegenfahrbahn und Kollision mit dort Einbiegendem (erhöhte BG; Ha VRS **101** 81). Mithaftung des Berechtigten auch, wenn dieser erheblich zu spät auf eine Vorfahrtverletzung reagiert (Kö VRS **81** 417; s. auch Ha NZV **17** 282 *(Gutt)*). Stellt sich der Vorfahrtberechtigte bei LZA-Ausfall auf erkennbare Vorfahrtverletzung nicht ein, kommt Mithaftung von ⅓ in Betracht (Ha VersR **89** 755). Wer als Vorfahrtberechtigter einen eingeordneten Linksabbieger verbotswidrig noch links überholt und deshalb mit einem einbiegenden Wartepflichtigen kollidiert, ist mitschuldig (Ha VRS **48** 136). Wer auf Beachtung seines Vorfahrtsrechts gegenüber dem aus rechts einmündendem Feld- oder Waldweg kommenden Wartepflichtigen vertraut, kann überwiegend haften müssen (Ko VRS **69** 101 (60 : 40); s. Rn. 36). Bei **grob verkehrswidrigem Verhalten des Berechtigten** kann die Schuld des Wartepflichtigen ganz zurücktreten (Sa VRS **47** 49). Keine Haftung des Wartepflichtigen, der einen groben Verstoß des Berechtigten nicht erkennen konnte (Ha VRS **31** 298). Fährt der Berechtigte trotz Ankündigung des Abbiegens unversehens geradeaus weiter, haftet er uU allein (KG NZV **90** 155, VersR **91** 934, DAR **75** 41, Dü DAR **77** 161; s. aber Dr VersR **95** 234 (30% Mithaftung des Wartepflichtigen), Mü DAR **98** 474 (40%), Ha NZV **03** 414 (⅔), KG VM **93** 2 (Alleinhaftung des Wartepflichtigen, wenn nicht zusätzliche Umstände für Abbiegen sprechen; s. dazu Rn. 54)), ebenso bei Fahren ohne Beleuchtung trotz Dunkelheit (KG DAR **83** 82).

69a   Erhebliches **Zuschnellfahren** begründet, sofern es für den Schaden mitursächlich ist (KG VRS **107** 22, DAR **00** 260, **04** 524), beträchtliche **Mithaftung des Vorfahrtberechtigten** (KG VRS **104** 193, NZV **99** 85 (¾), **03** 481, DAR **04** 524 (½), Kö VRS **96** 344 (¼), ZfS **95** 250, Kar DAR **88** 26, VersR **87** 290 (⅖), Nü VersR **99** 247 (⅓), Stu DAR **97** 26, Ol DAR **94** 29 (je zu $^{1}/_{2}$), Schl NZV **93** 113 ($^{4}/_{5}$)) oder sogar Alleinhaftung (KG VM **82** 94, DAR **92** 433 (Überschreitung um 100 % und Verstoß gegen das Sichtfahrgebot), Stu NZV **94** 194 (78 % Überschreitung, Gefälle, nasse Fahrbahn, BerufsV), Ha VRS **93** 253 (80 % innerorts), LG Berlin VRS **107** 13 (Kradf, nahezu 100 %), AG Kö VRS **87** 95). Schadensquote von $^{2}/_{3}$ zu Lasten des Berechtigten bei Überschreiten der zulässigen Höchstgeschwindigkeit um mehr als 100 % und Benutzen der linken Fahrbahnhälfte (KG VRS **65** 333). Nach teilweise vertretener Ansicht sollen selbst geringfügige Geschwindigkeitsüberschreitungen durch den Berechtigten zu beachtlicher Mithaftung führen (Stu VersR **82** 782 ($^{1}/_{4}$ bei 105 statt zulässiger 100 km/h!), Kö VersR **92** 110 ($^{1}/_{4}$ bei 65 statt zulässiger 60 km/h), KG VRS **107** 22; s. dagegen Ha ZfS **01** 105 (Überscheiten um 10 %), Nü ZfS **86** 65 (keine Mitschuld trotz Überschreitung um 30 %); s. dazu auch Rn. 48). Missachtung der Vorfahrt „rechts vor links" rechtfertigt auch bei 45 km/h statt erlaubter 30 km/h nicht stets den Vorwurf grober Fahrlässigkeit (Dü VersR **97** 56). Zuschnellfahren bei sog „halber Vorfahrt": Rn. 38. Zu Kollisionen mit Linksabbieger s. § 9 Rn. 55.

Überfahren eines Stoppschildes ist nicht stets **grobfahrlässig** (Kö ZfS **05** 445, Br DAR **02** **70** 308, KG DAR **01** 211, Ha VersR **93** 826, Nü NJW-RR **96** 988). Nach einem Teil der Rspr. soll es *idR* grobfahrlässig iS von § 61 VVG (§ 81 II VVG 08) sein (Kö ZfS **02** 388, NZV **10** 200; LG Zw VersR **91** 804, Ha NZV **93** 480, Zw NZV **92** 76). Dies wird aber wie bei Rotlichtverstößen von den Umständen abhängen. Grobe Fahrlässigkeit jedenfalls bei zügigem Durchfahren des Wartepflichtigen, insbes aber bei Nichtbeachtung des Stoppschilds, obwohl zuvor durch andere VZ auf die Kreuzung und das Stoppschild hingewiesen wurde (Br DAR **02** 308, Zw NZV **92** 76, Ha NZV **93** 480, ZfS **98** 262, Ol r+s **97** 324, ähnlich Nü NJW-RR **96** 988), wenn es an einer „T-Einmündung" steht, auf die durch eine Tafel hingewiesen wird (Kö ZfS **05** 445), ferner, wenn es beidseitig aufgestellt war (Kar NZV **03** 420, Ha r+s **00** 54, Kö ZfS **02** 388) oder bei gelbem Blinklicht einer abgeschalteten LZA (Kö NZV **02** 374).

Wer sich bei Verletzung seiner Vorfahrt auf **unabwendbares Ereignis** (§ 17 III StVG) beruft, **71** muss nachweisen, dass auch ein besonders umsichtiger Kf den Unfall nicht hätte abwenden können (BGH NJW **76** 1317, VersR **64** 48). Auch bei sog „halber" Vorfahrt (Rn. 38) kann die Vorfahrtverletzung für den Berechtigten unabwendbar sein (BGH NJW **85** 2757). Unabwendbarkeit für den Berechtigten, wenn ein Wartepflichtiger so unklar fährt (Bremsen, dann Abbiegen), dass der Berechtigte stark bremsen muss und sich verletzt (BGH VersR **67** 779). Keine Unabwendbarkeit, wenn der Berechtigte die Unfallgefahr berücksichtigen konnte (Kö DAR **60** 136), zB Annäherung des Wartepflichtigen auf abschüssiger, durch Schneematsch glatter Str (Stu VersR **83** 252).

Zur **Haftung der vorfahrtberechtigten Straba** BGH VersR **67** 138. Schadensverteilung **72** zwischen wartepflichtigem Radf und Straba (Bahn 1/5): BGH VersR **67** 138.

13. Ausnahmen von den Vorfahrtregeln: Vortritt vor den Vorfahrtberechtigten haben *Sonder-* **73** *rechtsFz,* soweit sie nach § 35 I von den Vorschriften der StVO befreit sind, und WegerechtsFz (§ 38 I), weil die Anordnung, ihnen sogleich freie Bahn zu schaffen, auch den bevorrechtigten QuerV betrifft (*Schmidt* DAR **53** 57). Steht ein SonderrechtsFz verdeckend vor der Kreuzung, so ist es vorsichtig zu passieren, bis die Vorfahrtverhältnisse klar sichtbar werden (KG VM **77** 70). Unter den Voraussetzungen von § 35 I dürfen geschlossene **BW-Verbände** Vorrang beanspruchen (VkBl. **71** 538 = StVRL § 27 StVO Nr. 1; Geltung auch bei anderen Streitkräften: VkBl. **87** 282 = StVRL § 27 StVO), sonst sind sie wartepflichtig, nur darf der Verkehr sie nicht unterbrechen (§ 27).

14. Ordnungswidrig (§ 24 StVG) handelt, wer die Vorfahrt verletzt oder nicht rechtzeitig **74** durch sein Fahrverhalten anzeigt, dass er warten werde (§ 49 I Nr. 8 bzw. bei Verletzung der Z 205, 206 § 49 III Nr. 4; Rn. 74a). Unwesentliche Behinderung (kurzes Gaswegnehmen) ist als idR unvermeidbar hinzunehmen (Rn. 27, 58).

Die **Nichtbeachtung der Z 205, 206** ist spätestens seit der StVO-Neufassung 2013 **74a** (Rn. 10a) in § 49 III Nr. 4 iVm § 41 I und Anl 2 lfd. Nr. 2, 3 Spalte 3 Nr. 1 zu Z 205 und 206 geregelt und unterfällt § 49 I Nr. 8 daher nicht (aM (zum alten Recht) Dü NZV **91** 161, Zw VM **77** 43, KG VRS **26** 132, Ce VM **64** 7; s. aber schon zum Stoppschild Bay DAR **59** 50, Dü VM **65** 53). Dies entspricht dem Willen des VOGebers, der zur Entlastung des Normtexts und zur Vermeidung von Doppelbewehrungen eindeutige Ge- und Verbote in die Anl ausgegliedert und gesondert bewehrt hat (Rn. 10a). Kein Vorwurf gegen Wartepflichtigen bei StoppZ, das unrichtig aufgestellt oder kaum sichtbar ist (BGH VRS **5** 309).

Verletzung des dem im **Kreisverkehr** befindlichen FzF gem. I S. 1 (Rn. 37) oder gem. Ia S. 1 **74b** (Rn. 37a) gewährten Vorfahrtrechts ist als Verstoß gegen die sich aus § 8 ergebenden Pflichten ow (§ 49 I Nr. 8). Gleiches dürfte noch für das verbotswidrige Betätigen des Fahrtrichtungsanzeigers bei Einfahren in den Kreisverkehr (Ia S. 2) gelten können. Unterlassen der Fahrtrichtungsanzeige beim Verlassen des Kreisverkehrs ist ow gem. § 9 I S. 1 (§ 49a Nr. 9). Ansonsten sind Verstöße gegen die **Verhaltenspflichten im Kreisverkehr** im Wesentlichen in § 49 III Nr. 4 iVm § 41 I und Anl 2 lfd. Nr. 8 Spalte 3 Nr. 1 bis 3 zu Z 215 mit Geldbuße bewehrt. Hinsichtlich des Überfahrens der Mittelinsel im Kreisverkehr (Rn. 37 ff.) können bei Vorhandensein einer Fahrstreifenbegrenzung Verbotsverstöße gegen das zum Z 215 normierte Verbot (lfd. Nr. 8 Spalte 3 Nr. 2 S. 1) mit dem zum Z 295 normierten (lfd. Nr. 68 Spalte 3 Nr. 2b) zusammentreffen. Betroffen sind ferner das Einhalten der Fahrtrichtung und das Halten auf der Fahrbahn innerhalb des Kreisverkehrs.

74c   **Tatbestandsirrtum,** falls Umstände erkannt werden, die für die Vorfahrt bedeutsam sind. Irrtum über die Vorfahrtvorschriften ist **Verbotsirrtum** (BGH VRS **25** 53). Bei Irrtum über zweifelhaftes VZ wird idR Tatbestandsirrtum gegeben sein (eingehend zum Irrtum über VZ KK OWiG-*Rengier* § 11 Rn. 111 ff.). Ha DAR **58** 250 hält unvermeidbaren Verbotsirrtum für möglich. Im Zweifel muss der Kf die vorsichtigere Fahrweise wählen. Bei entschuldigtem Verbotsirrtum ist die Fahrweise eines wirklich Berechtigten zuzubilligen (BGH VRS **15** 123, Bra NJW **56** 1650, *Weigelt* DAR **58** 238). Entsprechend darf der Irrende auf seine vermeintliche Vorfahrt nicht vertrauen, wenn er ihre (vermeintliche) Nichtbeachtung erkennt oder erkennen muss (Ol DAR **60** 364). Wer die Vorfahrt beansprucht, behindert den Wartepflichtigen nicht iS von § 1 (Bay VM **66** 91), aber wohl doch, wenn er die Vorfahrt erzwingt oder behindernd zu erzwingen versucht (dann Verstöße einerseits gegen § 8 I, anderseits gegen §§ 1, 11 III).

75   Zur **Feststellung einer Vorfahrtverletzung** gehört die Darlegung der beiderseitigen Sichtverhältnisse und Geschwindigkeiten (keine Behinderung des Berechtigten, wenn er nur überhohe Geschwindigkeit herabsetzen muss; KG VRS **30** 383). Zur Begründung des Vorwurfs zu schnellen Heranfahrens des Wartepflichtigen müssen alle erforderlichen Tatsachen im Urteil festgestellt sein (Ha VRS **53** 59). Die Verteidigung des Wartepflichtigen, er habe den Berechtigten nicht sehen können, muss geprüft werden (Ha DAR **61** 91). Eine Vorfahrtverletzung an ganz anderem Ort als dem bezeichneten, wenn auch unter gleichen Umständen und Beteiligten, ist nicht dieselbe Tat iS von § 264 StPO (Neust VRS **27** 361).

76   Bei **Gefährdung, Behinderung oder Belästigung** des Berechtigten geht § 8 bzw. der Verstoß gegen Z 205, 206 dem § 1 vor (Spezialität), bei **Schädigung** besteht TE mit § 1 (Dü NZV **91** 161, VRS **74** 288, Ha VRS **74** 36). Fährt der Wartepflichtige so schnell, dass er die Vorfahrt nicht einräumen kann, so besteht **TE zwischen I und § 3 I,** weil Vorfahrtverletzung Geschwindigkeitsüberschreitung nicht voraussetzt (Bay NJW **86** 860, Ha VRS **53** 294).

77   **15. Strafrecht.** Zu § 229 StGB beim zu schnellen Heranfahren an Kreuzung §§ 222, 229 StGB Rn. 20. Zu Vorfahrtverletzung und **Nötigung** § 240 Rn. 7. Vorfahrtverletzung als StrVGefährdung: § 315c I Nr. 2a StGB, dort Rn. 29 ff.

Abbiegen, Wenden und Rückwärtsfahren

9 (1) [1]**Wer abbiegen will, muss dies rechtzeitig und deutlich ankündigen; dabei sind die Fahrtrichtungsanzeiger zu benutzen.** [2]**Wer nach rechts abbiegen will, hat sein Fahrzeug möglichst weit rechts, wer nach links abbiegen will, bis zur Mitte, auf Fahrbahnen für eine Richtung möglichst weit links, einzuordnen, und zwar rechtzeitig.** [3]**Wer nach links abbiegen will, darf sich auf längs verlegten Schienen nur einordnen, wenn kein Schienenfahrzeug behindert wird.** [4]**Vor dem Einordnen und nochmals vor dem Abbiegen ist auf den nachfolgenden Verkehr zu achten; vor dem Abbiegen ist es dann nicht nötig, wenn eine Gefährdung nachfolgenden Verkehrs ausgeschlossen ist.**

(2) [1]**Wer mit dem Fahrrad nach links abbiegen will, braucht sich nicht einzuordnen, wenn die Fahrbahn hinter der Kreuzung oder Einmündung vom rechten Fahrbahnrand aus überquert werden soll.** [2]**Beim Überqueren ist der Fahrzeugverkehr aus beiden Richtungen zu beachten.** [3]**Wer über eine Radverkehrsführung abbiegt, muss dieser im Kreuzungs- oder Einmündungsbereich folgen.**

(3) [1]**Wer abbiegen will, muss entgegenkommende Fahrzeuge durchfahren lassen, Schienenfahrzeuge, Fahrräder mit Hilfsmotor, Fahrräder und Elektrokleinstfahrzeuge auch dann, wenn sie auf oder neben der Fahrbahn in der gleichen Richtung fahren.** [2]**Dies gilt auch gegenüber Linienomnibussen und sonstigen Fahrzeugen, die gekennzeichnete Sonderfahrstreifen benutzen.** [3]**Auf zu Fuß Gehende ist besondere Rücksicht zu nehmen; wenn nötig, ist zu warten.**

(4) ¹Wer nach links abbiegen will, muss entgegenkommende Fahrzeuge, die ihrerseits nach rechts abbiegen wollen, durchfahren lassen. ²Einander entgegenkommende Fahrzeuge, die jeweils nach links abbiegen wollen, müssen voreinander abbiegen, es sei denn, die Verkehrslage oder die Gestaltung der Kreuzung erfordern, erst dann abzubiegen, wenn die Fahrzeuge aneinander vorbeigefahren sind.

(5) Wer ein Fahrzeug führt, muss sich beim Abbiegen in ein Grundstück, beim Wenden und beim Rückwärtsfahren darüber hinaus so verhalten, dass eine Gefährdung anderer Verkehrsteilnehmer ausgeschlossen ist; erforderlichenfalls muss man sich einweisen lassen.

(6) Wer ein Kraftfahrzeug mit einer zulässigen Gesamtmasse über 3,5 t innerorts führt, muss beim Rechtsabbiegen mit Schrittgeschwindigkeit fahren, wenn auf oder neben der Fahrbahn mit geradeaus fahrendem Radverkehr oder im unmittelbaren Bereich des Einbiegens mit die Fahrbahn überquerendem Fußgängerverkehr zu rechnen ist.

Begr zu § 9 ...

Auch § 9 wendet sich nur an den Fahrverkehr. 1/2

§ 11 der geltenden StVO verwendet den Begriff der Fahrtrichtungsänderung als eine Zusammenfassung 3 *dessen, was sie in § 8 Abs. 3 unter „Einbiegen in eine andere Straße" und unter „Einfahren (in ein Grundstück)" (§ 17 Abs. 1) versteht. An Stelle dieser drei Begriffe (Fahrtrichtungsänderung, Einbiegen, Einfahren), von denen sich keiner umfassender verwenden lässt, wird der des „Abbiegens" gesetzt.*

Zu Abs. 1: *Der Absatz bringt im Wesentlichen geltendes Recht. Allerdings verlangt er, abweichend von* 4 *§ 11 Abs. 1 StVO (alt), das Blinken auch dann, wenn weit und breit niemand im Weg ist. Das wird von umsichtigen Fahrern schon heute so geübt und hat den Vorzug, den Fahrer an automatische Betätigung des Blinkers zu gewöhnen.*

Eine gewisse sachliche Änderung liegt ferner darin, dass Linksabbiegern das Ausfahren eines weiten Bo- 5 *gens nicht mehr ausdrücklich befohlen wird ...*

Die Entwicklung geht andere Wege. Das Ausfahren des weiten Bogens würde stärkeren Verkehr selbst auf großräumigen Kreuzungen hemmen; auf engen Kreuzungen kämen die Fahrzeuge überhaupt nicht aneinander vorbei, so dass der Einzelne, in Zeiten des Spitzenverkehrs eine ganze Reihe von Fahrzeugen, warten müsste. Der Verkehr muss eben in solchen Fällen das Minus an gesetzlicher Regelung durch größere Vorsicht ausgleichen und tut es auch. Straßenbauer und Verkehrsbehörden gehen immer mehr dazu über, durch bauliche Maßnahmen oder durch Markierung von Leitlinien den Abbiegeverkehr in flachen Bogen über Kreuzungen zu lenken. Auch das wird je länger je mehr Einfluss auf die Fahrweise der Linksabbieger haben ... .

Satz 3 will das Problem lösen, wie sich die Vorschrift des § 2 Abs. 3 zu dem Gebot des Einordnens „bis 6 *zur Mitte" verhält. Die Rücksicht auf die Schienenbahn soll danach dann zurücktreten, wenn eine Schienenbahn noch nicht sichtbar herankommt.*

Der letzte Satz dient dem Schutz des nachfolgenden Verkehrs. Während die Pflicht zur Rückschau vor 7–10 *dem Einordnen heute schon völlig unbestritten ist, und eine nochmalige Rückschau (vor dem Abbiegen) nur für den Fall gefordert wird, dass die Verkehrslage sie erfordert (vgl. die Zusammenstellung der Rechtsprechung bei Floegel-Hartung 18. Aufl. 16b zu § 8 StVO), befreit die Verordnung nun, im Sicherheitsinteresse weitgehend, von der zweiten Rückschau nur für den Fall, dass eine Gefährdung nachfolgenden Verkehrs ausgeschlossen ist, z. B. beim Einordnen an den linken Fahrbahnrand ... .*

Zu Abs. 5: *Die Worte „darüber hinaus" verweisen auf die in den vorhergehenden Absätzen begründe-* 11 *ten Pflichten und machen deutlich, dass bei diesen besonders gefährlichen Fahrmanövern ein Übriges zu tun ist. Wie weit die „darüber hinaus" bestehenden Pflichten je nach den Umständen gehen können, wird durch die ausdrücklich erwähnte Pflicht, sich erforderlichenfalls einweisen zu lassen, aufgezeigt.*

Während das Gefährdungsverbot hier erwähnt werden muss, weil dafür strengere Anforderungen an Vorsicht und Aufmerksamkeit des Wartepflichtigen gestellt werden, als § 1 Abs. 2 verlangt („ausgeschlossen ist"; vgl. zu § 5 zu Absatz 2), kann von der Wiedergabe der übrigen in § 1 Abs. 2 enthaltenen Verbote abgesehen werden.

Begr zur ÄndVO v. 21.7.80 (VkBl. 80 514):

Zu Abs. 3 Satz 2: *Nach Maßgabe verkehrspolitischer Zielsetzung hat der Verordnungsgeber dem öf-* 11a *fentlichen Personennahverkehr Priorität vor dem Individualverkehr eingeräumt und das in mehreren Vorschriften der StVO verankert. Mit Rücksicht darauf ist auch der Eigenart der in § 9 Abs. 3 StVO behandelten Verkehrsart Rechnung getragen und den in gleicher Richtung fahrenden Schienenfahrzeugen Vorrang eingeräumt worden. Die gleiche Interessenlage wie bei Schienenfahrzeugen ist nach Einführung des Zeichens 245 auch für Linienomnibusse auf Sonderfahrstreifen gegeben ... .*

11b   **Begr** zur ÄndVO v. 22.3.88 (VkBl. **88** 221):

Zu Abs. 2: ... *Insbesondere bei starkem Fahrzeugverkehr auf der Fahrbahn wurden manche Radfahrer unsicher, wenn sie sich zwischen dem Fahrzeugverkehr zur Fahrbahnmitte einordnen sollten.*

Schon seit einigen Jahren wird deshalb in der Verkehrsaufklärung den Radfahrern empfohlen, „indirekt" nach links abzubiegen. Der Radfahrer soll zunächst die Fahrbahn der von rechts einmündenden Straße überqueren und sodann, wie ein Fußgänger, im rechten Winkel die Fahrbahn der Straße kreuzen, die er verlassen will. Die Möglichkeit des indirekten Linksabbiegens wird jetzt in die Verordnung übernommen. Verfehlt wäre es gewesen, den Radfahrern ein derartiges Verhalten beim Linksabbiegen in allen Fällen auch vorzuschreiben ... .

11c   **Begr** zur ÄndVO v. 19.3.92 (VkBl. **92** 186):

Zu Abs. 4 Satz 2: *Die Vorschrift bestimmt für das jeweilige Linksabbiegen zweier entgegenkommender Fahrzeuge das in der Praxis bereits häufig angewendete und in der ehemaligen StVO-DDR vorgeschriebene sogenannte tangentiale Abbiegen als Regelfall. Diese Form des Abbiegens hat sich für die Mehrzahl dieser Begegnungsfälle bewährt. Für Fälle, in denen diese Abbiegeform, z. B. aus Platzgründen ungeeignet ist, ist aber auch das Abbiegen nach der Vorbeifahrt zuzulassen.*

11d   **Begr** zur ÄndVO v. 7.8.97 (VkBl. **97** 688): **Zu Abs. 2 Satz 5:** *Folgeänderungen zur Benutzungspflicht für Radwege. Damit wird klargestellt, dass an Kreuzungen und Einmündungen einer vorhandenen Radwegeführung immer dann zu folgen ist (Verhaltenspflicht), wenn diese im Zuge eines Radweges markiert wurde. Auf die Kennzeichnung des Radweges mit Zeichen 237, 240 oder 241 oder die Freigabe für gegenläufigen Radverkehr kommt es insofern nicht an. Weiterhin wird damit klargestellt, dass mehrere Radwegeführungen (z. B. nur Wahlmöglichkeit für indirektes und direktes Abbiegen) markiert sein können.*

11e   **Begr** zur 46. ÄndVStVR v. 5.8.09 s. 41. Aufl.: **Begr** zur StVO-Neufassung v. 6.3.2013 (BR-Drs. 428/12) **Zu Abs. 2:** *Der bisherige S. 1 in § 9 II ist entbehrlich, weil der Radverkehr den Abbiegevorgang stets unter Beachtung des Gebotes „möglichst weit rechts zu fahren" nach § 2 I S. 1. Hs. durchzuführen hat. Die grundsätzliche Möglichkeit für Radfahrer auf der Fahrbahn abzubiegen, bleibt erhalten. Hierbei ist Abs. 1 S. 2 weiterhin zu beachten. Dies heißt, der nach links auf der Fahrbahn abbiegende Radfahrer hat sich beim direkten Linksabbiegen bis zur Mitte, auf Fahrbahnen für eine Richtung möglichst links einzuordnen, hat dabei aber stets rechts von dort ebenfalls eingeordneten Fz zu bleiben. Im Übrigen wird deutlicher gefasst, dass dem Radverkehr eine Alternative zum direkten Linksabbiegen eröffnet ist, für die sich die Bezeichnung „indirektes Linksabbiegen" entwickelt hat, obwohl es sich in diesem Fall nicht mehr um einen Abbiegevorgang, sondern eine Fahrbahnquerung handelt. Um dies zu verdeutlichen, wird nunmehr auf die Pflicht zur sorgfältigen Beachtung des übrigen Fahrzeugverkehrs aus beiden Richtungen ausdrücklich hingewiesen. Auch bei diesem „indirekten Linksabbiegen" bleibt der Radfahrer „Abbieger" im Sinne dieser Fahrverkehrsvorschrift und unterfällt solange nicht den für querende Fußgänger geltenden Vorschriften, bis er verkehrsbedingt absteigt. Erfordert die Verkehrslage ein Absteigen des Radfahrers, ist es aus Verkehrssicherheitsgründen erforderlich, den schiebenden Radfahrer dann wie einen Fußgänger zu behandeln mit der Folge, dass er zum Beispiel auch dem Geltungsbereich einer Lichtzeichenanlage für Fußgänger unterfällt. Dies ist auch aus Gründen der Verkehrssicherheit geboten, weil in der Regel gerade weniger erfahrene Radfahrer diese besondere Abbiegemöglichkeit nutzen. Erst nach dem Überqueren der Kreuzung werden schiebende Radfahrer mit dem Aufsteigen auf das Rad dann wieder zu Radfahrern. Eine Ergänzung der Vorschrift um diesen Sachverhalt ist an dieser Stelle aber entbehrlich, weil anderenorts bereits hinreichend geregelt (§ 37 II Nr. 6). Hinzu kommt, dass es sich bei § 9 um eine Fahrverkehrsvorschrift handelt. Ein abgestiegener Radfahrer fährt gerade nicht mehr im Sinne dieser Vorschrift. Von diesem „indirekten Abbiegen" hinter dem Kreuzungsbereich ist das Abbiegen über Radverkehrsführungen zu unterscheiden. Wird eine Radverkehrsführung im Kreuzungsbereich fortgeführt, darf sie dort nicht, hat man sich für das Abbiegen über diese entschlossen, wieder verlassen werden. Ihr ist im Kreuzungsbereich dann weiter zu folgen. Dies ist aus Sicherheitserwägungen wegen der Verlässlichkeit für den nachfolgenden bzw. überholenden Verkehr unerlässlich.*

11f   **Begr** zur ÄndVStVR v. 20.4.2020 (BR-Drs. 591/19) **zu Abs. 6:** *Die Anfügung des § 9 Absatz 6 neu soll bewirken, dass schwere Unfälle von Lkw und vergleichbaren Kfz von je über 3,5 t Gesamtmasse mit Rad Fahrenden beim Rechtsabbiegen verhindert werden. Noch immer ist die Zahl der im Straßenverkehr getöteten Rad Fahrenden auffallend hoch. ... Besondere Risiken birgt dabei der Abbiegevorgang. Diese Unfälle sind idR darauf zurückzuführen, dass Rad Fahrende vor oder während des Abbiegevorgangs vom jeweiligen Kraftfahrzeugführer übersehen werden - dies, obwohl eine örtliche oder situative Sichtbehinderung häufig nicht gegeben ist. Durch die Reduktion der Geschwindigkeit während des Abbiegevorgangs sollen die Zeitspanne, die der FzF zum Überblicken der Verkehrsfläche hat, verlängert und Folgen einer möglichen*

Kollision abgemindert werden. Gleichzeitig vergrößert sich eine mögliche Reaktionszeit von Betroffenen und Helfenden nach einer bereits erfolgten Kollision, so dass im Ergebnis mit sinkenden Unfallzahlen, zumindest jedoch mit einer Reduktion tödlicher Verkehrsunfälle, gerechnet werden kann. Für die Höhe der Schrittgeschwindigkeit wird auf die Vorgaben der Rspr. verwiesen. Hiernach ist unter Schrittgeschwindigkeit eine Geschwindigkeit in Höhe von 4 bis 7 km/h, maximal jedoch 10 km/h, zu verstehen (vgl. OLG Frankfurt/M., Urteil vom 19. Oktober 2017 – 22 U 124/15).

VwV zu § 9 Abbiegen, Wenden und Rückwärtsfahren

Zu Absatz 1

1   I. Wo erforderlich und möglich, sind für Linksabbieger besondere Fahrstreifen zu markieren. **12** Auf Straßen innerhalb geschlossener Ortschaften mit auch nur tageszeitlich starkem Verkehr und auf Straßen außerhalb geschlossener Ortschaften sollte dann der Beginn der Linksabbiegestreifen so markiert werden, daß Fahrer, die nicht abbiegen wollen, an dem Linksabbiegestreifen vorbeigeleitet werden. Dazu eignen sich vor allem Sperrflächen; auf langsamer befahrenen Straßen genügen Leitlinien.

2   II. Es kann sich empfehlen, an Kreuzungen Abbiegestreifen für Linksabbieger so zu markieren, **12a** daß aus entgegengesetzten Richtungen nach links abbiegende Fahrzeuge voreinander vorbeigeführt werden (tangentiales Abbiegen). Es ist dann aber immer zu prüfen, ob durch den auf dem Fahrstreifen für den nach links abbiegenden Gegenverkehr Wartenden nicht die Sicht auf den übrigen Verkehr verdeckt wird.

Zu Absatz 2

3   I. Als Radverkehrsführung über Kreuzungen und Einmündungen hinweg dienen markierte **13** Radwegefurten. Radverkehrsführungen können ferner das Linksabbiegen für den Radverkehr erleichtern. Das Linksabbiegen im Kreuzungsbereich kann durch Abbiegestreifen für den Radverkehr, aufgeweitete Radaufstellstreifen und Radfahrerschleusen gesichert werden. Das Linksabbiegen durch Queren hinter einer Kreuzung/Einmündung kann durch Markierung von Aufstellbereichen am Fahrbahnrand bzw. im Seitenraum gesichert werden.

4   II. Im Fall von Radverkehrsanlagen im Zuge von Vorfahrtstraßen (Zeichen 306) sind Radwege- **13a** furten stets zu markieren. Sie dürfen nicht markiert werden an Kreuzungen und Einmündungen mit Vorfahrtregelung „Rechts vor Links", an erheblich (mehr als ca. 5 m) abgesetzten Radwegen im Zuge von Vorfahrtstraßen (Zeichen 306) sowie dort nicht, wo dem Radverkehr durch ein verkleinertes Zeichen 205 eine Wartepflicht auferlegt wird. Die Sätze 1 und 2 gelten sinngemäß, wenn im Zuge einer Vorfahrtstraße ein Gehweg zur Benutzung durch den Radverkehr freigegeben ist.

5   III. Eigene Abbiegefahrstreifen für den Radverkehr können neben den Abbiegestreifen für den **13b** Kraftfahrzeugverkehr mit Fahrstreifenbegrenzung (Zeichen 295) markiert werden. Dies kommt jedoch nur dann in Betracht, wenn zum Einordnen

     1. an Kreuzungen und Einmündungen von gekennzeichneten Vorfahrtstraßen nur ein Fahrstreifen zu überqueren ist,

     2. an Kreuzungen und Einmündungen mit Lichtzeichenanlage nicht mehr als zwei Fahrstreifen zu überqueren sind oder

     3. Radfahrschleusen vorhanden sind.

6   IV. Bei aufgeweiteten Radaufstellstreifen wird das Einordnen zum Linksabbiegen in Fortsetzung einer Radverkehrsanlage dadurch ermöglicht, dass für den Kraftfahrzeugverkehr auf der Fahrbahn durch eine zusätzliche vorgelagerte Haltlinie (Zeichen 294) mit räumlichem und verkehrlichem Bezug zur Lichtzeichenanlage das Haltgebot angeordnet wird.

7   V. Bei Radfahrschleusen wird das Einordnen zum Linksabbiegen in Fortsetzung einer Radverkehrsanlage dadurch ermöglicht, dass dem Hauptlichtzeichen in ausreichendem Abstand vorher ein weiteres Lichtzeichen vorgeschaltet wird.

Zu Absatz 3

8   I. Der Radverkehr fährt nicht mehr neben der Fahrbahn, wenn ein Radweg erheblich (ca. 5 m) **14** von der Straße abgesetzt ist. Können Zweifel aufkommen oder ist der abgesetzte Radweg nicht eindeutig erkennbar, so ist die Vorfahrt durch Verkehrszeichen zu regeln.

9   II. Über Straßenbahnen neben der Fahrbahn vgl. Nummer VI zu Zeichen 201; Randnummer 11 **15** bis 13.

Übersicht

16 **1. Abbiegen.** § 9 erfasst alle Richtungsänderungen im fahrenden LängsV, also jede Fahrtrichtungsänderung, die aus dem gleichgerichteten V herausführt (Begr). Abbiegen bedeutet, die Fahrbahn seitlich verlassen (außer auf einen Park- oder Seitenstreifen) oder im Bogen die Gegenrichtung oder die andere StrSeite ansteuern (Bay VM **73** 43). Bloßer Fahrspurwechsel ist kein Abbiegen (Ha DAR **74** 195, KG NZV **94** 159). Das Abbiegen ist als Ganzes zu sehen, es beginnt daher (uU mit höchster Sorgfalt, **E** 150) bereits mit der Rückschaupflicht, dem Blinken und Einordnen, nicht erst mit dem Bogenfahren (aM Fra VersR **73** 845). Bloße Verlegung der Fahrbahnlinie beim Vorbeifahren: §§ 2, 6, beim Überholen: § 5. Kein Abbiegevorgang, außer bei VStille, kann ohne Rücksichtspflicht des Abbiegenden wie des Längs- und QuerV ablaufen. Der LängsV, entgegenkommend wie gleichgerichtet (III), hat Vorrang vor dem Abbieger (Rn. 39–43, 49). Dies ist ein wesentlicher Grundsatz (Stu VersR **80** 363). Die Pflichten des Abbiegers steigern sich, je nach dem Abbiegeziel, von erhöhter Vorsicht (Rückschau, Ankündigungspflicht, Einordnen) bis zur höchsten Sorgfalt, die Gefährdung anderer ausschließt (Rn. 11, 52, **E** 150). Je weniger erkennbar im FahrV das Abbiegeziel ist (Nebenweg, Grundstückseinfahrt, mehrere Einfahrten hintereinander), umso sorgfältiger muss sich der Abbieger verhalten (Dü DAR **74** 192, Ha VRS **15** 137). Die Abbiegevorschriften gelten auch für das Rückwärtsabbiegen. Richtungspfeile auf der Fahrbahn: Rn. 35, § 41 Rn. 248w. Richtungsänderung ist auch das Abbiegen in ein Grundstück (Kar VRS **47** 105). Fahren gemäß abknickender Vorfahrt ist kein Abbiegen iS von § 9 (Bay VRS **65** 233, DAR **86** 126) und erfordert daher Rechtsfahren (Bay VM **72** 49). Jedoch Pflicht zur Fahrtrichtungsanzeige (Rn. 19). Bei Wegegabeln ist anzeigepflichtig, wer aus einer der Gabelungen in die andere oder aus der gemeinsamen Verlängerung in eine der Gabelungen fährt, es sei denn, diese ist bei vernünftiger Verkehrsauffassung als Fortsetzung der bisherigen Fahrtrichtung anzusehen (BGH NJW **66** 108: s. auch Ha NJW-RR **17** 19). Bei mehreren Abzweigungen ist neben der Richtungsanzeige besondere Sorgfalt nötig (Dü VRS **18** 461).

16a **Literatur:** *Möhl,* Das Abbiegen nach geltendem und künftigem Recht, DAR **66** 197, 225.

2. Rechtzeitig und deutlich ankündigen muss der Abbieger sein Vorhaben, und zwar mit **17**
dem Fahrtrichtungsanzeiger (§ 54 StVZO; KG NZV **03** 182), sonst behelfsweise, damit alle Be-
teiligten sich danach richten können (Ha VRS **44** 46), auch bei an sich unerlaubtem Abbiegen
(Zw VM **77** 45, Bay NZV **90** 318). Das Zeichen richtet sich auch an verkehrsregelnde Beamte,
die es bei ihren Anweisungen berücksichtigen. Anzuzeigen sind auch durch VZ zwingend gebo-
tene Richtungsänderungen (zB durch Z 209; Ce VRS **52** 219). Deutlich ist das Zeichen, wenn
jeder Beteiligte es klar wahrnehmen kann (Stu DAR **55** 67). Auch die Straba muss das Abbiegen
anzeigen (§§ 40 III, 51 VIII BOStrab; Bay NJW **67** 407). Das Zeichen ist während der gesamten
Wartezeit vor dem Abbiegen so lange zu geben, bis die Abbiegeabsicht allgemein erkennbar ge-
worden ist. Sofort nach dem Abbiegen ist es zurückzunehmen.

Wer das **Abbiegen unterbricht,** muss das Zeichen zurücknehmen und erneut geben (KG **18**
VRS **17** 142 (sonst unklare Lage)). *Zweimaliges Abbiegen* kurz hintereinander erfordert besondere
Vorsicht (§ 1). Hier muss das Zeichen, mit deutlicher Unterbrechung, zweimal gegeben werden
(KG VM **79** 23). Der Blinker darf nicht ununterbrochen anzeigen, weil das nach dem ersten
Abbiegen missverstanden werden kann. Auch wer zunächst den Fahrstreifen wechseln und kurz
danach links abbiegen will, muss die Anzeige deutlich unterbrechen (Ko VOR **73** 489). Kein
deutliches Ankündigen des Linksabbiegens aus einem Überholvorgang, bei dem ununterbrochen
der linke Fahrtrichtungsanzeiger betätigt wird (Bay VRS **71** 380). I S. 1 schreibt die Benutzung
des Fahrtrichtungsanzeigers unabhängig davon vor, ob sich andere VT, an die sich die Ankündi-
gung richten könnte, in der Nähe befinden oder nicht (Begr; Ce VRS **52** 219). Bei Ausfall des
linken Blinkers des vorausfahrenden Anhängers hängt ein Schuldvorwurf gegen einen Links-
überholer davon ab, wann dieser den linken Blinker des Zugfz erkennen und ob er dann noch
gefahrlos zurückbleiben konnte (Zw VRS **48** 127). Ist der Fahrtrichtungsanzeiger verdeckt (La-
dung), so sind die Zeichen behelfsmäßig deutlich zu geben (Schl VM **56** 76), beim Fuhrwerk
jedoch nicht durch bloßes seitliches Hinausstrecken der Peitsche, weil das auch anderen Zwe-
cken dienen kann (KG DAR **38** 169).

Wer **abknickender Vorfahrt** (Z 306 mit ZusatzZ) folgt, muss das anzeigen (Anl 3 lfd. Nr. 2.1 **19**
Spalte 3 Gebot Nr. 1; Ko VRS **55** 294, Bay VM **72** 49, Ha VRS **51** 141, Ro NZV **11** 187). Zur
Geltung des Vertrauensgrundsatzes insoweit: § 8 Rn. 43. Wer die abknickende Vorfahrt geradeaus
weiterfährt, muss dies nicht anzeigen (Ha VM **74** 54, VRS **51** 73, 143, Zw DAR **74** 166, Bay
DAR **86** 126, aM *Möhl* NJW **63** 1096). Betätigt der Kf in solchen Fällen gleichwohl den Fahrt-
richtungsanzeiger, so verhält er sich nur dann verkehrswidrig, wenn er dadurch dem Gebot des
§ 1 II zuwiderhandelt (Ha VM **74** 54, aM Bay DAR **86** 126 („darf nicht"), Ol NZV **94** 26 und
uU Zw VRS **80** 48 („Verbot missverständlichen Zeichengebens") m abl Anm *Berr* DAR **91** 69).
Wird ein anderer Kf dadurch irritiert, kann er sich jedenfalls nicht nach § 17 III StVG entlasten
(Fra MDR **77** 671 (zu § 7 II StVG alt)). Wer eine nur im „natürlichen" Verlauf, ohne Bezeich-
nung durch das ZusatzZ zu Z 306, gekrümmte VorfahrtStr geradeaus verlässt, ändert die Fahrt-
richtung nicht und darf deshalb nicht blinken (Ha VRS **51** 141). Wer auf einer autobahnmäßig
ausgebauten BundesStr mit deutlicher rechter Fahrbahnbegrenzung vor einer rechts beginnen-
den schmalen Abzweigung links blinkt, weil er der BundesStr folgen will, schafft unklare Verhält-
nisse, weil er den Anschein des Fahrstreifenwechsels erweckt (Ko VersR **77** 1110). Der in einen
nicht durch VZ 215 und 205 gekennzeichneten Kreisverkehr (vgl. § 8 Ia) nach rechts
Einbiegende muss, obwohl er dem natürlichen StrVerlauf folgt (KG NZV **94** 159), RichtungsZ
geben (*Kramer* VD **99** 148), auch wenn Z 211 aufgestellt ist (*Harthun* DAR **71** 255), nicht zu
benutzende Ausfahrten ohne linke Fahrtrichtungsanzeige passieren (Ce VersR **80** 562) und hat
sein Ausfahren erneut anzuzeigen (Kö DAR **63** 388, KG VRS **114** 119, *Kramer* VD **99** 148). Bei
kleinsten, verkehrsinselartigen Kreisverkehren kann indessen die rechte Fahrtrichtungsanzeige
wegen der unmittelbar folgenden nächsten „Ausfahrt" zu gefährlichen Missverständnissen füh-
ren, so dass (wie bei Kreisverkehren nach § 8 Ia) nur das Verlassen des KreisV anzuzeigen ist
(*Kramer* VD **99** 148). KG VRS **65** 219, wonach das Verbleiben im KreisV mit mehreren Fahrstrei-
fen durch linke Fahrtrichtungsanzeige verdeutlicht werden dürfe, begegnet Bedenken, weil dies,
wie der entschiedene Fall zeigt, als Ankündigung des Fahrstreifenwechsels nach links (§ 7 IV
S. 2) missdeutet werden kann (§ 1 II). Im KreisV darf aus technischem Grund (Zurückstellen)
niemand darauf vertrauen, dass ein rechts blinkender Vorausfahrender die nächste Ausfahrt be-
nutzen werde (KG VM **79** 56). **Kreisverkehr mit VZ 215, 205:** § 8 Ia (s. dort Rn. 37 ff.). Auch
Kradf ohne Fahrtrichtungsanzeiger und **Radf** haben bis zur deutlichen Durchführung des Ab-
biegens Anzeigepflicht (BGH VRS **15** 462, Kö VRS **8** 73), der Handzeichen gebende Krad-
oder Radfahrer aber nicht mehr während des Abbiegens (Kö NJW **52** 950, Ha NZV **90** 26).
Hat der Kradbeifahrer das Zeichengeben übernommen, haftet er neben dem Fahrer (Ol

DAR **54** 134). Auf BlinkZ, die nicht offensichtlich auf Irrtum beruhen, darf idR vertraut werden (Dü VM **67** 6, s. auch § 8 Rn. 54). Bei paarweisem Rechtsabbiegen jedoch kein Vertrauen des Linksfahrenden in die Fahrtrichtungsanzeige des Rechtsfahrenden (KG VRS **69** 305). Der LängsV darf darauf vertrauen, dass der Linksabbieger seine Absicht rechtzeitig deutlich anzeigt (BGH VersR **66** 188).

20   **Rechtzeitig** ist das Zeichen, wenn sich der V auf das Abbiegen einstellen kann (BGH VersR **62** 1203, Bay NZV **90** 318, Brn VRS **106** 18, KG NZV **05** 413, VRS **114** 119, Dü VRS **89** 278). Dafür ist weniger die Entfernung zum Abbiegepunkt maßgebend, als vielmehr die Zeit zwischen Anzeigebeginn und Abbiegen unter Berücksichtigung der Fahrgeschwindigkeit (BGH VM **63** 11, Bay NZV **90** 318, KG NZV **05** 413, **06** 310). Wird das Zeichen zu früh und (oder) zu kurz gegeben, so kann das zu Irrtum führen. Anzeigen 80 m vor dem Abbiegen ist nicht verfrüht (Hb VM **66** 23), wenn es nicht nach der Örtlichkeit missverständlich ist. 5 s vor dem Abbiegen bei „30" reichen zusammen mit richtigem Einordnen aus (BGH VRS **25** 264; KG DAR **19** 83 für Rechtsabbieger). Reichen Schreckzeit plus Anhalteweg des Nachfolgers nicht aus, war das Zeichen verspätet gegeben (Ha VRS **17** 68), normale Reaktion vorausgesetzt. Wer sich auf mehrspuriger Fahrbahn als Linksabbieger besonders frühzeitig links einordnet, muss schon früher Zeichen geben, wenn er langsamer als zulässig fährt (Bay DAR **69** 53). Wer vor einer Kreuzung verkehrsbedingt anhalten muss, muss schon vor dem Anfahren anzeigen, ob er abbiegt (Ha VRS **17** 147). Auf rechtzeitiges Zeichengeben soll, weil es oft unterlassen wird, nicht vertraut werden dürfen (BGH VRS **31** 37, aM BGH VRS **6** 326, Ha VRS **34** 137 bei Linksblinken und Linkseinordnen). Wer das Linksabbiegen nicht anzeigt, kann sich nicht darauf berufen, der Überholer habe schon einen links blinkenden Hintermann unerlaubt überholt (Mü VRS **32** 88).

21   Abbiegen eines **Radfahrers** ohne Richtungszeichen ist grob verkehrswidrig (BGH DAR **52** 10, **54** 19, Bay VRS **4** 421). Völliges Zurücktreten der BusBG bei plötzlichem Linksabbiegen eines Radf unter Benutzung einer Fußgängerfurt bei Rot (KG VM **87** 22). Ein Kf braucht nicht darauf gefasst zu sein, dass ein Radf, der ihm auf der StrMitte entgegenkommt, plötzlich ohne Richtungsanzeige in eine Einfahrt abbiegt (BGH VersR **61** 423). Er darf idR darauf vertrauen, dass ein 12-jähriger entgegenkommender Radf nicht verkehrswidrig vor ihm links abbiegen werde (Ol VRS **66** 258). Überholen jugendlicher Radf: § 5 Rn. 40. Der Kf braucht nicht damit zu rechnen, ein Radf, der bei Dunkelheit auf einer LandStr links fährt, werde überraschend rechts abbiegen (BGH VRS **6** 294). Hat der Hintermann den abbiegenden Radf nicht bemerkt, so soll es unerheblich sein, dass dieser kein Zeichen gegeben hat (BGH VersR **67** 808, JZ **68** 103 mzustAnm *Deutsch*). Abbiegen von Radf iÜ: Rn. 38.

22   Rechtzeitiges Zeichengeben befreit nicht von den **weiteren Sorgfaltspflichten.** Der Abbieger muss sich außerdem rechtzeitig deutlich einordnen (Rn. 27, 31, 32), verlangsamen und vorher, meist zweimal, Rückschau halten (Rn. 24–26, 29, 48). Außerdem bestehen die Pflichten nach § 1. Wer das Linksabbiegen aufgibt, um den Hintermann noch links überholen zu lassen, muss seine Richtungsanzeige zurücknehmen (BGH VM **66** 1). Ist die Abbiegestelle des Vorausfahrenden nach der Örtlichkeit unklar, so muss dieser durch seine Fahrweise anzeigen, wo er abbiegen werde (rechtzeitige Bremsverzögerung außer Anzeige und Linkseinordnen; Kö VM **72** 63). Je weniger klar das Abbiegeziel für andere VT ist, umso größer sind die Anforderungen an die Sorgfalt des Abbiegenden (Brn VRS **106** 18). Ein in stark befahrene Str abbiegender überlanger Zug ist uU seitlich besonders zu sichern (Hb VM **61** 28), vor allem im Dunkeln (BGH VRS **19** 434, Kar VRS **46** 27).

23   Hat der Linksabbieger seine Absicht korrekt angezeigt, so muss sich **der nachfolgende Verkehr** darauf einstellen und bei richtigem Einordnen rechts überholen (§ 5), nötigenfalls warten (BGH VRS **37** 351). Durfte der Abbieger überzeugt sein, dass sich der nachfolgende V auf das Abbiegen eingerichtet habe, so trifft ihn keine Schuld (Ha DAR **74** 79). Wer Abbiegen anzeigt, aber geradeaus weiterfährt, verwirrt andere und muss dies durch besondere Sorgfalt ausgleichen (uU § 1; KG VRS **57** 173).

23a   **Literatur:** *Herwig,* Faktor Fahrzeug und Häufigkeit des Unterlassens der Richtungsanzeige, ZVS **69** 270. *Kramer,* Die Renaissance der Kreisverkehrsplätze …,VD **99** 145. *Kullik,* Der KreisV, PVT **01** 70.

24   **3. Rückschaupflicht besteht ausnahmslos** rechtzeitig vor dem Einordnen und neben der Ankündigungspflicht. I hat die Rückschaupflicht des Linksabbiegers verschärft, so dass es auf frühere Rspr. insoweit nicht mehr ankommt (Ko VRS **51** 454). Rückschau und Anzeige *verschaffen keinen Vorrang* gegenüber nahe aufgerücktem V Zur Rückschau ist der Außen- und Innenspiegel zu benutzen (Ko DAR **62** 339, Kö VRS **89** 432), unter Berücksichtigung des toten Win-

kels (Fr VersR **70** 1037; s. Rn. 25). Die Sichtverhältnisse aus seinem Kfz (toter Winkel) muss jeder Kf kennen und berücksichtigen (Fra VM **78** 94, Kö NZV **95** 74, KG VM **95** 51). Je länger das abbiegende Fz ist, umso größere Sorgfalt und Rücksicht auf den Verkehr ist notwendig (Dü VRS **64** 409). Keinesfalls darf sich der Linksabbieger zu knapp vor den auf der linken Fahrspur Fahrenden setzen (Bay NJW **64** 1632). Wer verspätet auf eine rechts gleichlaufende Abbiegespur einschwenkt, muss rechtzeitig zurückblicken und den nachfolgenden Verkehr berücksichtigen (Ha VRS **34** 304). Wer außerorts ohne Rückschau (bei im Übrigen ungeklärter Sachlage) links abbiegt, haftet überwiegend (Ko VRS **52** 324, Kö DAR **77** 192). Unterlassene Rückschau des Linksabbiegers erhöht dessen BG im Verhältnis zum Linksüberholer (Kö VersR **79** 166). Wer ohne Einordnen und Rückschau nach links in ein Grundstück abbiegt, haftet allein (Fra VersR **77** 772). Wer kurz nach dem Abbiegen nochmals abbiegen will, muss vorher erneut zurückschauen (Ha VRS **26** 457). Linksabbiegende Radf, die unmittelbar vorher noch links überholt werden, müssen berücksichtigen, dass hinter dem überholenden Kfz noch weitere folgen können.

Zweite Rückschau unmittelbar vor dem Abbiegen *nach links und rechts* (Dü VM **75** 80), in- **25** ner- wie außerorts ist in aller Regel geboten (Bay DAR **74** 303, Dü VM **75** 7). Der richtige Zeitpunkt der nach I S. 4 erforderlichen zweiten Rückschau bestimmt sich nach den konkreten Geschwindigkeits- und Abstandsverhältnissen (Ce VersR **86** 349). Die Regelung will allgemein zur zweiten Rückschau anhalten. Ausnahmen nur innerhalb enger Grenzen. *Keine Ausnahme* zB bei Überholverbot (Stu VM **78** 78; Dü DAR **18** 622; s. auch Fra VM **78** 94, Bay VRS **61** 382, VM **75** 45). Die Pflicht zur zweiten Rückschau vor dem Abbiegen verhütet Unfälle und überfordert nicht. Sie sollte deshalb möglichst uneingeschränkt gelten. I S. 4 sollte also eng auf die Fälle beschränkt werden, in denen eine Gefährdung des nachfolgenden V aus baulichen Gründen ausgeschlossen ist, nicht schon aus rechtlichen wie zB Z 295 (Ce VersR **86** 349, Bay VRS **58** 451, aM uU BGH NJW-RR **87** 1048), bei denen Ausnahmen (§ 35) und Verstöße nicht selten sind (Bay VRS **58** 451), ebenso jedenfalls in Fällen von Staubildung (Bay VRS **61** 382; krit *Janiszewski* NStZ **81** 473; anders jedoch Zw VM **77** 46, Ba VM **74** 76, KG VM **77** 55). Jedenfalls entfällt sie nur bei technischer Unmöglichkeit des Linksüberholtwerdens oder wenn dies besonders grob verkehrswidrig wäre und deshalb auch bei größter Sorgfalt nicht voraussehbar ist (Bay VRS **61** 382, Dü VRS **64** 409, Ko VRS **51** 455, Fra NZV **17** 438 (*Dürpisch*); aM Dü DAR **18** 622: nur bei Abwägung zu berücksichtigen, oder bei Gewissheit, dass der nachfolgende V das Abbiegen nach links erkannt hat und berücksichtigt (Ko VOR **73** 489, Dü VRS **95** 184). Zweite Rückschau ist nur entbehrlich, wenn jede Gefährdung nachfolgenden V und durch diesen ausgeschlossen ist (= höchste Sorgfaltsstufe, E 150). Inner- wie außerorts kommen dafür bei der Geräuschlosigkeit mancher Pkw (insbes. auch elektromotorbetriebener) und ihrer erheblichen Fahrgeschwindigkeit praktisch nur noch Fälle absoluter VStille in Betracht, außerdem diejenigen, in denen sich der Abbieger so weit links eingeordnet hat, dass er dort aus baulichen Gründen oder nur unter besonders grobem VVerstoß (Linksumfahren eines Fahrbahnteilers oder einer besonders abgesicherten Linksabbiegerspur) nicht versehentlich überholt werden kann (Bay VM **75** 45, VRS **47** 462). Der Linksabbieger muss bei nahe aufgerücktem Nachfolgeverkehr mit dem Abbiegen warten (Fra DAR **77** 81, Kö DAR **77** 192). Bei der zweiten Rückschau vor dem Linksabbiegen sind auch VT zu beachten, die sich auf der rechten Seite von hinten nähern (Bay VM **75** 45, KG VM **04** 61, Mü VersR **81** 560), wobei der „tote Winkel" nicht entlastet (Brn VRS **102** 28, Mü VersR **81** 560). Wer mit einem langen, hinten weit **ausschwenkenden Fz** (Ladung) abbiegt, muss sich äußerst sorgfältig verhalten (KG VRS **108** 190, VM **04** 61, Ko VRS **105** 418 (*Egge*); Ce NJW-RR **19** 217), auch nach links, wenn das FzHeck nach links ausschwenkt (KG VRS **107** 18 (Hinweis „Fz schwenkt aus" entlastet nicht), NZV **91** 193 (Bus), Ha NZV **94** 399 (Sattelauflieger)). Notfalls muss er Warnposten aufstellen (Stu DAR **74** 163, Kö VRS **48** 427). Wer erst nach links ausbiegen muss, um rechts abbiegen zu können, muss besonders sorgfältig auf den Verkehr achten (Kö VRS **48** 427, Bay NZV **91** 162) und ein von hinten herankommendes Fz rechts vorbeilassen (Sa VM **78** 95, Ol VersR **78** 1027, Dü DAR **76** 248), wenn das Abbiegen sonst nicht gefahrlos wäre, insbes. wenn er den linken Fahrtrichtungsanzeiger betätigt hatte (Ol NZV **93** 233). Mit äußerster Sorgfalt handelt ein Rechtsabbieger nicht, der das nicht berücksichtigt (Stu DAR **74** 163, Bay NZV **91** 162). Auch nach rechts müssen Rechtsabbieger vor dem Abbiegen nochmals zurückschauen, insbes. mit Rücksicht auf Zweiradfahrer zwischen Kfz und Bordstein (Br VM **76** 23, Bay NZV **91** 162), es sei denn, angesichts des zu geringen Abstands zum rechten Fahrbahnrand brauchte mit solchen nicht gerechnet zu werden (Bay VRS **60** 308, NZV **91** 162). Bloßes korrektes Einordnen und Zeichengeben befreit von der zweiten Rückschau nicht (Ha VersR **76** 1094, KG NZV **09** 38), weil unrichtiges Links-

wie Rechtsüberholen erfahrungsgemäß nicht selten ist und diese Erfahrung bei höchster Sorgfalt des Abbiegens nahezu stets zweite Rückschau erfordert. Kein Verstoß des eine Kolonne von ca 20 Fz anführenden Linksabbiegers jedoch, wenn Motorradfahrer grob verkehrswidrig mit überhöhter Geschwindigkeit und unter Umfahrung einer Verkehrsinsel die Kolonne überholt (LG Erfurt NZV **07** 307). Der höchst sorgfältige Abbieger wird unmittelbar vor dem Abbiegen ausnahmslos nochmals zurückschauen, ausgenommen er kann der rückwärtigen VLage völlig gewiss sein (wie zB in getrennt geführter Abbiegespur). Bei Pkw ist diese gesteigerte Pflicht relativ leicht erfüllbar, bei Lastzügen uU schwerer (Dü VRS **49** 29), was der V berücksichtigen muss, schwerer auch bei Radfahrern und solchen Kradf, die noch mit der Hand anzeigen und Gleichgewicht halten müssen. Auch bei ihnen kann eine zweite Rückschau uU unzumutbar sein, etwa bei sehr engen StrVerhältnissen. Auch darauf muss sich der nachfolgende Verkehr einstellen. Auf schmalen Straßen, die nur undeutliches Einordnen ermöglichen, können Linksabbieger uU auch nach der zweiten Rückschau zur weiteren Beobachtung des Nachfolgenden verpflichtet sein, besonders vor schwer erkennbaren Feldwegen (Fra VM **77** 46; KG NZV **09** 38), ebenso bei schwer erkennbarem Abbiegen mit langsamem Treckergespann (Ha NZV **93** 396).

26   Wer bei zweiter Rückschau erkennt, dass er als Linksabbieger noch links überholt werden soll, muss zurückstehen (Fra VM **77** 46, Dü VRS **64** 409, Kö VRS **89** 432) und warten, ohne sein Fz wieder nach rechts zu lenken (Ha VersR **82** 1055). Zum Ganzen *Krause* DAR **74** 208. *Lamby* DAR **94** 211.

27   **4. Rechtsabbieger** müssen sich so rechtzeitig möglichst weit rechts einordnen, dass sich der Folgeverkehr darauf einstellen kann (Ha NZV **91** 268). Vorherige Rückschau- und Ankündigungspflicht: Rn. 17 bis 21, 24, 25. Richtungspfeile auf der Fahrbahn (Z 297): § 41 Rn. 248n. **Gleichzeitiges Rechtsabbiegen in mehreren Fahrstreifen** (zum Ganzen weiterführend *Kuhnke* NZV **19** 223) ist trotz des Einordnungsgebots zulässig (Bay VRS **60** 391, KG DAR **05** 24, VRS **69** 305), bei entsprechender Fahrbahnbreite im Interesse besserer Ausnutzung des großstädtischen VRaums, soweit ohne Verstoß gegen das Verbot vermeidbarer Behinderung anderer möglich, uU sogar über das paarweise Abbiegen hinaus (dreispurig; so nach den konkreten Gegebenheiten, also nicht verallgemeinerungsfähig, KG NZV **89** 363; abl. *Kuhnke* NZV **19** 224); bei Sichtbehinderung auf einen Fußgängerüberweg jedoch nur mit großer Vorsicht (Dü VM **65** 54). Beim paarweisen Rechtsabbiegen darf die linke Reihe die rechte nicht einengen und muss ihr notfalls Vortritt lassen (BGH NZV **07** 185, Bay DAR **74** 304, KG DAR **05** 24, NZV **91** 194, VRS **69** 305 (auch wenn der rechts Fahrende entgegen zuvor erfolgter Fahrtrichtungsanzeige geradeaus weiterfährt)). Jedoch ist der sich am weitesten rechts Einordnende durch das Rechtsfahrgebot verpflichtet, die ihm mögliche rechte Spur einzuhalten und (§ 1 II) auf die auf der linken Abbiegespur befindlichen Fz zu achten (BGH NZV **07** 185; Mü NJW **18** 960; s. auch § 7 Rn. 16). Soweit dies nach KG NZV **09** 498 im Kreisverkehr entsprechend gelten soll, wenn auf der Fahrbahn Richtungspfeile mit empfehlendem Charakter aufgebracht sind, ist dies jedenfalls überholt (§ 41 Rn. 248n; BGH NJW **14** 1181; *Kuhnke* NZV **19** 226; abw hier bis 45. Aufl.). Hat eine vor Rot wartende Schlange an einer rechten Einmündung eine Lücke freigelassen, so darf ein Rechtsabbieger links überholen und durch die Lücke rechts abbiegen, sofern dies niemand beeinträchtigt (Dü VM **77** 78 (nur ganz ausnahmsweise bei einwandfreier Übersicht)). **Längere Fz** werden oft links ausbiegen müssen und können dann uU die linke Fahrbahnhälfte berühren. Dabei dürfen sie durch Ausscheren oder herausragende Ladung niemand gefährden (Bay VM **70** 66). Auch muss der FzF nach dem Linksausbiegen, bevor er sein Fz nach rechts lenkt, besonders sorgfältig prüfen, ob andere VT seine Absicht erkennen konnten (Ha NZV **91** 268). Wer als Busfahrer rechts abbiegen will, zunächst aber warten und einigen Abstand zum rechten Fahrbahnrand halten muss, darf sich beim Abbiegen, jedenfalls bei lebhaftem RadfahrV, nicht auf Blinker und rechten Rückspiegel verlassen, sondern muss den toten Winkel selber einsehen oder einsehen lassen (Ha DAR **73** 195). S. iÜ Rn. 28. Der Rechtsabbieger muss damit rechnen, dass ein rechts verlaufender „Mehrzweckstreifen" (Begr zu Z 295), den er überqueren muss, gleichlaufend befahren wird (Vorrecht des Längsverkehrs, Rn. 39 ff.).

28   **SchienenFz, FmH, Radf und ElektrokleinstFz,** die auf oder neben der Fahrbahn in gleicher Richtung fahren, haben Vorrang (III S. 1). Den Vorrang haben auch Radf, die einen Radweg, einen kombinierten Geh- und Radweg (Z 240, 241) oder einen für Radfahrer freigegebenen Gehweg (Z 239 mit ZusatzZ 1022-10) benützen. Das Gleiche gilt für Linienbusse und sonstige Fz auf ihnen vorbehaltenen Sonderfahrstreifen (III S. 2; Rn. 39) sowie auf gleicher Höhe befindliche geradeaus gehende Fußgänger (III S. 3; Rn. 43 und § 25). Der Rechtsabbieger darf sie nicht behindern, wenn sie sich vor oder auf gleicher Höhe mit ihm befinden oder nahe

aufgerückt sind (Kö VRS **59** 456). Der Bestimmung kommt nach Einfügung des § 5 VIII (Rechtsüberholen wartender Fz durch Radf und Mofaf) verstärkte Bedeutung zu. Dies bereitet namentlich LkwF technische Schwierigkeiten. Gleichwohl ist von dem wartenden LkwF zu verlangen, dass er sich entweder vor dem Rechtsabbiegen vergewissert, dass sich rechts neben seinem Fz keine Radf eingeordnet haben, etwa durch ständige Beobachtung des rechten Außenspiegels (bei den in § 56 II Nr. 2 StVZO genannten Kfz vor allem des Weitwinkel- B Nahbereichsspiegels auf der Beifahrerseite) während des Wartens (Ha VRS **73** 280, Bay VRS **74** 137 (zust *Janiszewski* NStZ **88** 122, Anm *Berr* DAR **88** 99), KG NZV **89** 122). Das gilt vor allem, wenn der Lkw unmittelbar links neben einem Radweg (Bay VRS **74** 137, KG NZV **89** 122) oder Seitenstreifen (Ha VRS **73** 280) wartet. Beim Abbiegen ist in solchen Fällen nach VI **Schrittgeschwindigkeit** einzuhalten (näher Rn. 28a). Die frühere Rspr, wonach der LkwF darauf vertrauen durfte, dass rechts neben ihm in den „toten Winkel" einfahrende Radf sein RichtungsZ beachten (Kö VRS **59** 425, Ha VRS **55** 349; wN 39. Aufl) ist überholt. Gleiches dürfte für Bay VRS **74** 137 zu gelten haben, wonach eine Pflicht zur ständigen Beobachtung des rechten Spiegels während des Wartens dann nicht bestehen soll, wenn Radf nur dadurch neben den Lkw gelangen können, dass sie sich in einen dazu an sich zu schmalen Raum zwischen Lkw und Fahrbahnrand drängen. Denn solche Verhaltensweisen von Radf sind nicht selten zu beobachten, weswegen der KF hiermit rechnen muss.

Der mit Wirkung vom 28.4.2020 eingefügte **Absatz 6** ordnet für die Führer von Lkw oder **28a** ähnlich schweren Kfz bei *innerörtlichem* Abbiegen **Schrittgeschwindigkeit** an, wenn auf oder neben der Fahrbahn mit geradeaus fahrendem Radverkehr oder im unmittelbaren Bereich des Einbiegens mit die Fahrbahn überquerendem Fußgängerverkehr zu rechnen ist. Das wird angesichts der innerorts herrschenden Verkehrsverhältnisse über die in Rn. 28 genannten Fälle hinaus eher die Regel als die Ausnahme sein. Jedoch existieren Fälle, in denen kein Rad- oder Fußverkehr vorhanden ist (Autobahnen, Kraftfahrstraßen, Verkehrsverbote) oder die von VI gemeinte Gefahrenlage nicht besteht, weil der rechtsabbiegende Verkehr durch eigene Lichtzeichen geregelt wird (Grüner Pfeil). Die in die Vorschrift aufgenommene Einschränkung steht vor diesem Hintergrund (Begr des BRats BR-Drs. 591/19 (B) S. 1). Der VOGeber bezeichnet als Schrittgeschwindigkeit 4–7, höchstens aber 10 km/h (Begr Rn. 11 f.). Ob dies in vollem Umfang zutrifft, ist zw (näher § 42 Rn. 181 zu Z 325.1/325.2; *König* DAR **20** 278). Im Rahmen des VI wird zu gelten haben, dass sich der Kf ganz im unteren Bereich der „normalen" Schrittgeschwindigkeit fortbewegen muss. Im Einzelfall kann es sogar geboten sein, dass er sich beim Abbiegen sehr langsam (zentimeterweise) vortastet (Mü NZV **89** 394, Br NZV **92** 35, KG VM **95** 51).

5. Der Linksabbieger muss rechtzeitig zurückschauen (Rn. 24, 25), das Abbiegen ankündi- **29** gen (Rn. 17–21), verlangsamen, sich nach links einordnen (Rn. 31–36), und nötigenfalls warten, um das Vorrecht des Längsverkehrs zu beachten (Rn. 39–43), alles sinnvoll kombiniert. Er darf erst abbiegen, nachdem er sich Gewissheit verschafft hat, dass er Nachfolgende nicht gefährdet (Brn VRS **102** 28). Vor dem Anfahren braucht der wartende LkwF nicht damit zu rechnen, dass sich ein verbotswidrig rechts überholender Radf unsichtbar vor seinem Fz eingeordnet hat (Ha NZV **01** 39). Der Linksabbieger braucht besondere (nicht „höchste") Sorgfalt (s. aber Kö DAR **77** 192). Er muss die linke Fahrbahn auf kürzestem Weg überqueren und schnellstmöglich wieder freigeben (Sa ZfS **03** 537, Ha VRS **76** 253, NZV **94** 318), um noch nicht sichtbaren GegenV nicht zu beeinträchtigen. Entgegenkommender Verkehr: Rn. 39. Wer als Linksabbieger aus einer EinbahnStr keine Übersicht hat, darf sich uU nicht vorher links einordnen oder muss sich einweisen lassen (Dü VersR **77** 139). Mit dem Einweiser muss der Fahrer ständig (Blick-)Verbindung haben (Ko VRS **58** 256). Der Linksabbieger muss Fußgänger berücksichtigen, die ihn etwa am zügigen Abbiegen über die Gegenfahrbahn hinweg hindern könnten (KG VM **76** 21); jedoch müssen sich auch Fußgänger in solchen Fällen kooperativ verhalten (§ 1). Pflichten gegenüber Nachfolgenden: Rn. 24, 25. Wer aus einer Kolonne nach links abbiegt, muss dies rechtzeitig anzeigen und bei langsamer Kolonnenfahrt mit Überholtwerden durch einspurige Kfz rechnen (KöVRS **44** 315). Pflichten gegenüber Entgegenkommenden: Rn. 39 ff.

Abzubiegen ist in verkehrsangemessener Weise unter gesteigerter Vorsicht (Begr). Der Links- **30** abbieger hat den Linksbogen so anzulegen, dass er § 1 beachtet und anschließend das Rechtsfahrgebot beachten kann (Bay DAR **76** 51, Zw VRS **48** 294). Er darf beim Abbiegen die gerade Linie nicht überfahren, welche die Mitte der verlassenen Straße am Beginn des Kreuzungsbereichs mit der Mitte der Straße nach dem Kreuzungsbereich verbindet, in welche abgebogen wird (Bay VRS **51** 373), auch nicht bei trichterförmig erweiterter Einmündung, aus der abgebogen wird (Fra NZV **90** 472, Ha NZV **98** 26). Ein *weiter Linksbogen* ist stets zu nehmen, wenn die Sicherheit es erfordert (Zw VRS **48** 294), zB beim Linksabbiegen in eine spitzwinklig einmündende Straße (Ha VRS **45** 457). Der Linksbogen muss so weit bleiben, dass von links kommender oder dort wartender Verkehr nicht beeinträchtigt wird (KG DAR **78** 20, Zw VRS **48** 294, Bay VRS **51** 373, Kö NZV **92** 279). Der vorfahrtberechtigte Linksabbieger muss einen weiten Bogen fahren, wenn er sonst einen entgegenkommenden Rechtsabbieger behindern würde (Dü VersR **79** 381, **76** 1181, Stu VRS **42** 438). Ist der Einblick nach links behindert, so ist der Linksbogen weiter zu nehmen und mit Sichtgeschwindigkeit zu fahren (§ 3; Bay DAR **76** 51, Dü VersR **76** 118), notfalls im Schritt (Kö VRS **51** 72). Beim Linksabbiegen in EinbahnStr braucht mangels Beeinträchtigung erlaubten Gegen- oder Überholverkehrs (§ 2 Rn. 33) kein weiter Bogen gefahren zu werden (Stu VRS **71** 302). Linksabbiegen auf kurvenreicher Straße setzt idR weite Linksbogen voraus, weil sonst der vorherige zweite Rückblick erschwert ist (Ha VRS **40** 68). Wer nach links in eine trichterförmig verbreitete Straße abbiegen will, muss den Mittelpunkt der Trichterbreite rechts umfahren, jedenfalls aber so, dass er unmittelbar auf die rechte Fahrbahn der angestrebten Straße gelangt (Bay VRS **59** 369, s. auch BGHSt **16** 255 = NJW **61** 2358). Das Rechtsfahrgebot (§ 2) bleibt auch für Linksabbieger im Trichter verbindlich (Fra NZV **90** 472). Der Wegfall des ausdrücklichen Gebots, weite Linksbogen zu fahren, zwingt außerdem zur Verständigung mit allen anderen Beteiligten. Kommt dem Linksabbieger ein Fz entgegen, dessen Fahrer ebenfalls erkennbar links abbiegen will, so muss er grundsätzlich vor der Fahrlinie des anderen („tangential") abbiegen. **Tangentiales Abbiegen** ist gem. IV S. 2 für den Regelfall vorgeschrieben. Es war auch vor Einfügung der Bestimmung ohnehin seit Jahrzehnten bewährter Brauch. Die Vorschrift hat diese Praxis legalisiert und bildet eine Ausnahme von der Regel des § 2 II (Rechtsfahrgebot). Nur wenn die VLage oder die Ausgestaltung der Kreuzung tangentiales Abbiegen nicht erlaubt, dürfen die einander begegnenden Linksabbieger umeinander herumfahren; wird in solchen Fällen trotzdem tangential abgebogen, so wird dies aber nicht als Verstoß gegen IV S. 2 ow sein (*Bouska* DAR **92** 283 (uU aber § 1 II)).

31   **5a. Einordnen bis zur Mitte,** nicht darüber hinaus (Ce VersR **80** 195), muss sich der Linksabbieger rechtzeitig und dabei verlangsamen, in EinbahnStr möglichst weit links, außer auf dem Linksabbiegen vorbehaltenen Fahrbahnteilen (Kö VRS **51** 453). Die Regel hält den V fließend, denn der nachfolgende V darf bei richtigem Linkseinordnen rechts überholen (§ 5). Das Einordnen muss unmissverständlich in klarer Fahrweise (Hb VM **66** 39), nicht abrupt (Sa VRS **46** 212) und rechtzeitig, nämlich möglichst frühzeitig geschehen (KG NZV **05** 413, Kö DAR **77** 192), in engen Str nicht zu früh, innerorts idR nicht früher als 100 m vor dem Abbiegen (Ha DAR **58** 225), „angemessen" vorher (Dü VM **62** 58), auf breiten Str, besonders wenn V nachfolgt, uU auch bis zu 500 m vorher (Bay VM **69** 1), doch dann auch mit frühem Zeichengeben (Bay VM **69** 1), auch außerorts, sofern sonst andere gefährdet werden (BGHSt **11** 357, NJW **58** 1245), und vor dem Abbiegen in ein Grundstück. Einordnen außerorts mit schnellem V erst 30 m vor der Abbiegestelle reicht nicht aus; idR ist eine mehrfach größere Entfernung erforderlich (Dü VersR **83** 40); ist dies wegen kurz zuvor erfolgten Einbiegens nicht möglich, ist der nachfolgende V erst vorbeizulassen (Dü VersR **83** 40). Besitzt die Fahrbahn einen durch Z 297 gekennzeichneten Fahrstreifen für Linksabbieger, müssen diese sich dort einordnen (Ko VRS **65** 464). S. i Ü: § 41 Rn. 248n. Das Einordnen entfällt nicht schon dann, wenn dadurch kein ausreichender Platz zum Rechtsüberholen durch Nachfolgende (§ 5 VII S. 1) geschaffen wird (Bay VRS **64** 57), sondern erst dann, wenn geringe Fahrbahnbreite es nicht deutlich erlaubt, dann ist scharf rechts eine VLücke abzuwarten. Bei 6,7 m Breite ist es deutlich möglich (Ha VRS **28** 228), ebenso bei 6 m (Bay VRS **64** 57). Kein Vorwurf, wenn dazu erst eine Messung nötig wäre (**E** 130; Ha DAR **60** 241).

32   Die **Fahrbahnmitte** bemisst sich nicht nach Berechnung, sondern so, wie sie sich im Verkehr darstellt (Hb VM **63** 70, Ha VM **66** 32, KG VersR **73** 234). Maßgebend ist die etwaige Fahrbahnkennzeichnung (Ha VM **66** 32), außer bei stellenweiser Schneeverengung; ihr Überfahren ist fahrlässig (Kö VersR **75** 543, Br VRS **28** 50), außer bei ganz geringfügigem Überfahren (BGH NJW **59** 1367, Mü VersR **66** 787). Naher Gegenverkehr darf durch Überfahren der Mitte nicht beirrt werden (Ce DAR **56** 102, Ha DAR **59** 51 (Straße 6 m breit)), oder gar behindert (BGH NJW **59** 1367). Ist bei Z 296 die unterbrochene Linie nur so entfernt worden, dass Reste sichtbar sind, so bleibt das Abbiegen erlaubt (Dü DAR **76** 214).

33   Bei **drei gleichgerichteten Fahrstreifen** (Z 340) Einordnen auf der linken Spur links (KG VM **66** 59, Hb VM **65** Nr. 125), auf Straßen mit insgesamt drei Fahrstreifen auf dem mittleren (Ha VM **66** 32, Hb VRS **27** 231), ein sehr langes Fz so weit links, dass das Abbiegen noch ge-

fahrlos möglich wird (nachfolgender Verkehr; KG VRS **31** 381). **Mehrstreifiges Aufreihen von Linksabbiegern** ist bei entsprechender Örtlichkeit zulässig, die Abbieger müssen beim Abbiegen Rücksicht aufeinander nehmen (Ha VRS **21** 290, AG Wiesbaden NJW-RR **03** 1678), rechts darf dann, wo paarweises Abbiegen nicht durch Fahrbahnmarkierung ausdrücklich vorgesehen ist, nicht überholt werden, vielmehr haben die eingeordneten Linksabbieger Vortritt (Bay VM **75** 18, 19); paarweises Linksabbiegen und Überholen: § 5 Rn. 67. Einbahnstr: Rn. 35. Will jemand sein Fz auf einem **links gelegenen Parkplatz** abstellen, so darf er sich erst zur Mitte einordnen, wenn er sicher ist, dort eine Parklücke zu finden (Ce VRS **21** 141).

Der **Entgegenkommende** darf darauf vertrauen, dass der Linksabbieger nur bis zur Fahr- 34 bahnmitte vorfährt (BGH VRS **61** 180, KG VM **85** 19), solange kein Anlass für das Gegenteil besteht (BGH VRS **29** 335, VersR **65** 899, Ha NZV **02** 367 (für den Abbiegenden schwer erkennbare eigene hohe Geschwindigkeit)). Der Linksabbieger braucht idR nicht damit zu rechnen, dass ein Entgegenkommender ohne erkennbaren Grund fast die Straßenmitte benutzt (BGH DAR **57** 106, Hb VRS **20** 307), es sei denn, er erkennt vorschriftswidrige Fahrweise oder hätte sie bei pflichtmäßiger Aufmerksamkeit erkennen können (Hb VRS **20** 307). Einordnen auf Schienen: Rn. 36. Zur Feststellung eines nachprüfbaren Sachverhalts gehört bei dem Vorwurf, sich nicht ordnungsmäßig eingeordnet zu haben, die Angabe, wie breit die Fahrbahn ist und wie der Fahrer gefahren ist, wie sein Abstand zur linken Bordsteinkante zuvor gewesen ist und wie sich dieser vor der Kreuzung geändert hat (KG VRS **23** 222).

In **Einbahnstraßen** hat sich der Linksabbieger möglichst weit links einzuordnen, soweit dies 35 andere nicht gefährdet (Neust DAR **60** 122, Stu NZV **94** 440). Auch hier ist mehrspuriges, vorsichtiges Linksabbiegen je nach den Umständen zulässig (Ha VRS **47** 389, **48** 59, Bay NJW **59** 2127). Auf „unechten" EinbahnStr mit Strabagegenverkehr müssen alle Fzf diesen berücksichtigen (BGH NJW **61** 1779, Bay NJW **61** 576, VRS **22** 226). Gegen Strabaverkehr in beiden Richtungen auf EinbahnStr: VwV Rn. 6 zu Z 220.

5b. Auf Schienen dürfen sich Linksabbieger nur einordnen, wenn keine Straba „sichtbar 36 herankommt" (Begr) und bei Berücksichtigung der VLage auch nicht alsbald herankommen kann (KG NZV **05** 416, VRS **106** 356, Hb VersR **74** 38, **92** 108; Brn NZV **09** 497); nur dann behindern sie kein Schienenfz. Ist rückwärts in näherer Entfernung, verglichen mit der vermutlichen Wartezeit des Abbiegers, keine Straba in Sicht, obwohl ein längerer Streckenteil überblickbar ist, so dürfen Linksabbieger das Gleis zum Einordnen mitbenutzen und dort bleiben, auch wenn später eine Straba herankommt (Dü VersR **73** 639, Ha NZV **91** 313). Bei **Auffahren** ist die Bahn dann allein verantwortlich (§ 17 StVG Rn. 44). Ist die rückwärts überblickbare Strecke nur kurz (Gleisknie), so wird das Gleis frei bleiben müssen (Ha VersR **92** 108). Folgt eine Straba nach, darf sich ein Linksabbieger (Einfahrender) nicht behindernd auf den Schienen einordnen; jedoch uU Mitschuld des auffahrenden StrabaF (BGH NJW **62** 860, DAR **76** 271, Kö VersR **71**, 1069, Hb VersR **76** 1139, Dü VersR **81** 784, Ha VersR **81** 961, Brn NZV **09** 497 (30% zulasten des StrabaF); s. auch § 17 StVG Rn. 44). Wer sich bei nachfolgender Straba kurz vor dieser zum Linksabbiegen auf den Schienen einordnet, aber warten muss, hat diese wieder zu verlassen oder geradeaus weiterzufahren (Ha VersR **72** 962, **81** 961). Vor allem darf niemand unvermittelt vor der Bahn auf die Gleise fahren (Br VersR **69** 929). Andernfalls entfällt jede Bahnhaftung (§ 17 StVG Rn. 44); der Behindernde hat deren Auffahren dann verschuldet, ohne dass für ihn ein Anscheinsbeweis gegen die auffahrende Straba streiten würde (Dü NZV **94** 28, Ha VRS **73** 338; LG Berlin NZV **12** 186). Kollisionsmitschuld des Linksabbiegers, der den Fahrbereich der entgegenkommenden Straba nicht ganz freilässt (Ha VersR **74** 1228). Stets muss der Bahn genügend lichter Raum zum Durchfahren bleiben (BGH DAR **76** 271, Hb VersR **68** 975), auch bei Fahrbahnverengung (Kar VRS **33** 381). Der Linksabbieger muss dem Gleisbereich so fernbleiben, dass der Strabaf keine Kollision befürchten muss (BGH DAR **76** 271). Müsste sich ein Linksabbieger wegen starken Gegenverkehrs auf Strabaschienen einordnen, so darf er die vorausfahrende Straba kurz vorher noch überholen (Br VersR **69** 929). Keinen Unterschied macht es, ob das Gleis nur gelegentlich befahren wird (Dü VM **61** 77). **Der StrabaF** muss den zur Durchfahrt nötigen Profilraum berücksichtigen (Dü VersR **74** 1111). Dass ihm jemand auf den Schienen vorausfährt, nötigt ihn (je nach Entfernung und Örtlichkeit) im Allgemeinen noch nicht zu starkem Bremsen (Hb VersR **71** 1177, Dü VersR **66** 764). Fährt ein Pkw in einiger Entfernung vor ihm auf die Schienen, so nötigt ihn dies nicht zu sofortiger Vollbremsung, wenn er mit rechtzeitigem Verlassen der Schienen rechnen kann (Ha NZV **91** 313). Der StrabaF darf sich darauf verlassen, dass niemand kurz vor der fahrenden Bahn das Gleis besetzt (BGH VersR **65** 885, Dü VRS **47** 384, **81** 14, NZV **94** 28), auch nicht bei Fahrbahnverengung (Dü VersR **66** 764, Bay

VRS **6** 55), auch dann nicht, wenn der andere Fahrer seine Abbiegeabsicht bereits angekündigt hat (Ha NJW-RR **18** 1427; Ce NJW-RR **19** 217).

37 **5c. Entgegenkommende Rechtsabbieger** haben Vortritt vor dem eingeordneten Linksabbieger (IV S. 1). Der Linksabbieger, der zwar gleichzeitig, aber in so großem Abstand von der rechten Bordkante abbiegt, dass er den entgegenkommenden Rechtsabbieger nicht hemmt, verletzt dessen Vorrecht nicht (Bay VRS **28** 230). Auf das Rechtsbleiben des Rechtsabbiegers darf er dabei aber nicht vertrauen (Hb DAR **68** 187, Kar DAR **97** 26). Wer nach links in eine mehrstreifige VorfahrtStr abbiegt, darf nicht darauf vertrauen, ein ihm entgegenkommender, vorfahrtberechtigter Rechtsabbieger werde nur in den für ihn rechten Fahrstreifen abbiegen (Bay VRS **55** 456). Zum Anscheinbeweis Rn. 55. IV S. 2 gilt nur für den Fall gemeinsamen Links- bzw. Rechtsabbiegens in dieselbe gemeinsame Fahrtrichtung. Die Bestimmung gilt dagegen nicht, wenn der entgegenkommende Rechtsabbieger über eine durch VInsel abgetrennte besondere Rechtsabbieger-Fahrbahn mit Z 205 in die QuerStr geleitet wird, auf der der Linksabbieger dann schon einige Meter bis zur Einmündung des entgegenkommenden Rechtsabbiegers zurückgelegt hat (§ 8 Rn. 34).

38 **6. Abbiegende Radfahrer** bleiben beim Rechtsabbiegen rechts eingeordnet. Beim Linksabbiegen auf der Fahrbahn haben sie sich rechts von anderen Linksabbiegern einzuordnen, vorausgesetzt, es ist ausreichend Raum dazu vorhanden, was sich nach Wegfall des II S. 1 aF nach der Begr (Rn. 11e) aus § 2 II Hs. 1 ergeben soll. Sehr klar ist die Gesetzeslage im Hinblick auf I S. 2 jedoch nicht. Man wird das nach der Begr Gewollte (und einzig Sinnvolle) bei gutem Willen in radverkehrsspezifischer Interpretation des Wortes „möglichst" unter Beachtung des Rechtsfahrgebots erreichen können. Radf dürfen andere Linksabbieger nicht rechts überholen, wenn nicht die Voraussetzungen des § 5 VIII gegeben sind (§ 5 Rn. 65). Andernfalls können sie die Fahrbahn hinter der Kreuzung oder Einmündung vom rechten Fahrbahnrand aus überqueren (II S. 1, 2). Bei diesem sog „indirekten Linksabbiegen" bleibt der Radf zunächst rechts, überquert die Kreuzung oder Einmündung und biegt erst dann nach links ab. Es handelt sich dabei in der Sache nicht um einen Abbiegevorgang, sondern um eine Fahrbahnquerung (zum Ganzen Begr, Rn. 11e). Gleichwohl bleibt der Radf beim indirekten Abbiegen „Abbieger" und unterliegt nicht etwa den für den QuerV oder querenden FußgängerV geltenden Regeln, es sei denn, er steigt vom Fahrrad ab und schiebt dieses; im letztgenannten Fall ist sein Verhalten nicht an § 9 zu messen. Wegen des geradeaus fahrenden V ist auf den V aus beiden Richtungen zu achten (II S. 2), dabei besonders sorgfältig auf nachfolgende Fz (I S. 4). Notfalls ist abzusteigen, mit den o. g. Folgen. Beide Möglichkeiten bestehen, woran die Streichung des II S. 1 aF nichts geändert hat (Rn. 11e), wahlweise, auch wenn genügend Raum zum Einordnen (rechts neben links abbiegenden Fz) zur Verfügung steht (Ol VersR **12** 1052). Entscheidet sich der Radf für ein Abbiegen aus der Fahrbahn heraus, so treffen ihn alle für den Abbiegenden auch sonst geltenden Pflichten (Ankündigung, doppelte Rückschau; Ol VersR **12** 1052). Der Radf darf sich auch dann vor dem Linksabbiegen auf der Fahrbahn einordnen, wenn Radwege vorhanden sind (Ha NZV **90** 26 mAnm *Hentschel;* Brn VersR **96** 517). Einer im Kreuzungsbereich fortgeführten *Radverkehrsführung* ist stets zu folgen (II S. 3), gleichgültig, um welche Art (dazu (VwV Rn. 3 ff., Rn. 13 ff.) es sich handelt (Begr, Rn. 11d; *Kettler* NZV **97** 500).

39 **7. Vorrang des entgegenkommenden und des gleichgerichteten Längsverkehrs** (III). GegenV aller Art, auch Radf, Mopeds und Mofas, muss der Linksabbieger ohne wesentliche Behinderung vor dem Abbiegen durchfahren lassen (Kar VRS **51** 376), der Rechtsabbieger, der sich nicht ganz rechts einordnen konnte, uU auch nachfolgende Fz; war er rechts eingeordnet, darf er erst abbiegen, wenn dies den rechts verlaufenden Radf- und FmH-Verkehr sowie SchienenFz und Fußgänger (Rn. 28) nicht behindert. Im Verhältnis zwischen einem VT, der in eine bevorrechtigte Str nach links einbiegen will, und einem entgegenkommenden VT gilt III auch dann, wenn die Fahrbahnen der nicht bevorrechtigten Str durch Verkehrsinseln getrennt oder gegeneinander versetzt sind (Nü NZV **09** 290; s. auch § 8 Rn. 63). **Bussonderfahrstreifen** (Z 245) gewähren berechtigten Benutzern (Linienomnibussen, Schulbussen, falls durch ZusatzZ zugelassen Taxen oder elektrobetriebene Fz, usw.; näher Anl 2 lfd. Nr. 25) Durchfahrvorrang vor dem *gleichgerichteten* (*Booß* VM **91** 21) abbiegenden Individualverkehr, links wie rechts. Sie dienen, wie die Straba, dem öffentlichen Nahverkehr und haben deshalb Rechts- wie Linksabbiegern gegenüber keine Wartepflicht, sondern dürfen ungehindert durchfahren. Unberechtigte Benutzer von Sonderfahrstreifen dürfen jedoch nicht kraft III S. 2 geradeaus durchfahren (KG VM **91** 20; **92** 75; VM **00** 78 (paralleles Abbiegen); VRS **118** 153). Sie verdunkeln die Sachlage.

Ihnen gegenüber muss der Abbiegeverkehr besondere Vorsicht zeigen (KG VRS **87** 411, 414). Sie behalten i Ü ihren Vorrang gem. III S. 1 (Stu DAR **95** 32, zust *Janiszewski* NStZ **95** 273; *Booß* VM **91** 21). Die von KG VM **91** 20, NZV **92** 486, VRS **87** 411 vertretene Gegenauffassung ist aufgegeben (KG NZV **08** 297). Wer die rechts **abknickende VorfahrtStr** geradeaus weiterfahrend verlässt, ist „Linksabbieger" iS von III (nicht von I, daher keine Anzeigepflicht), also gegenüber dem auf der VorfahrtStr „entgegen" kommenden V wartepflichtig (Ha VRS **51** 73). Entsprechendes („Rechtsabbieger" iS von III) gilt für den umgekehrten Fall des Geradeausfahrens bei links abknickender VorfahrtStr (Bay DAR **86** 126, Ol DAR **99** 126). Den Vorrang haben auch **entgegenkommende Radf, MopedF** und schwerer bewegliche Fz (Kö VRS **31** 229). III S. 1 gilt auch für Radf, die einen Radweg, einen kombinierten Geh- und Radweg (Z 240, 241) oder einen für Radf freigegebenen Gehweg (Z 239 mit ZusatzZ 1022-10) benützen. Der Linksabbieger muss demnach darauf achten, ob er etwa einen Radweg kreuzt und einen Radf am Durchfahren hindert; dass das Z für ihn nicht erkennbar ist, ändert daran nichts (Bay VRS **56** 48). Wegen der vorrangigen Bedeutung der Durchfahrregel gilt diese auch bei pflichtwidrigem Verhalten des Entgegenkommenden, etwa des (problemlos sichtbaren) entgegen der Fahrtrichtung fahrenden Radf (KG NZV **10** 254 (50% trotz mitwirkenden Alkohols beim Radf); Sa NZV **15** 435 (rückwärts in Grundstückseinfahrt einbiegender Lkw)). Kein Vorrang jedoch, wenn Radf verbotswidrig den Gehweg benutzen (KG VM **90** 35, Fra DAR **99** 39). Der Linksabbieger muss auch nicht damit rechnen, dass ihm ein Radf ohne Licht entgegenkommt (Kö VRS **31** 229); s. aber BGH NZV **05** 249 (§ 17 Rn. 14), wonach der **Vorrang des Entgegenkommenden gegenüber dem Linksabbieger** wegen der Gefahr folgenschwerer Unfälle sorgfältig zu beachten ist, vor allem bei erschwerten Bedingungen (zB Sichtbehinderung), was alle zumutbaren Anstrengungen erfordert, auch vorschriftswidrig fahrenden GegenV wahrzunehmen. Das „vereinsamte" VZ 206 (§ 8 Rn. 45) schließt den **Vorrang des Entgegenkommenden gegenüber dem Linksabbieger** nicht aus (BGH VersR **63** 660). Der GegenV darf grundsätzlich auf seinen Vorrang vertrauen (BGH NZV **05** 249; **12** 217), aber sich sein Vorrecht vor dem Linksabbieger nicht erzwingen, wenn er erkennen muss, dass es missachtet wird (BGH VersR **63** 633). Er ist von eigener Sorgfalt nicht freigestellt (Kö MDR **56** 165). Wer vor einer Rechtseinmündung anhält und aussteigt, muss einen entgegenkommenden Linksabbieger erst abbiegen lassen, bevor er wieder anfährt (Ha DAR **73** 24). Der eingeordnete Linksabbieger muss den gesamten entgegenkommenden GeradeausV durchfahren lassen (Kar VersR **74** 1209, VRS **51** 376, VRS **47** 464, Dü VM **74** 23), auch etwa zu weit links Fahrende (Kar VersR **78** 971). Mit Beibehaltung des Fahrstreifens durch entgegenkommende Fz darf er nicht rechnen (Ha NZV **95** 29). Die Wartepflicht besteht nur gegenüber erkennbarem GegenV, nicht gegenüber Fz, die wegen des StrVerlaufs (Biegung, Kuppe) noch gar nicht sichtbar sind (Sa ZfS **03** 537, Ha VRS **76** 253). Wer jedoch wegen eines Hindernisses den GegenV nicht sehen kann, muss sich beim Linksabbiegen wie ein Wartepflichtiger verhalten (Bay VRS **19** 312) und sich vorsichtig vortasten (BGH NZV **05** 249 (Pflanzenwuchs auf Mittelstreifen)), zB wegen entgegenkommender Linksabbieger (einschr insoweit, trotz III und § 5 VII S. 1, Ce NZV **94** 193). Keine Wartepflicht, wenn der Abbieger die Fahrbahn des Entgegenkommenden mit Gewissheit rechtzeitig sicher kreuzen kann (BGH VRS **18** 265). Ein einzelner Entgegenkommender, der ihm Vortritt einräumen will, entbindet ihn nicht von der Wartepflicht (Fall gefährdender Höflichkeit; Dü VM **73** 63 mkritAnm *Booß*, Sa NZV **92** 234, KG NZV **03** 182), auch nicht gegenüber solchen Entgegenkommenden, die unberechtigt einen Sonderfahrstreifen befahren (Z 245; KG VersR **82** 583 (betr. Wenden)). Lässt ein Geradeausfahrer dem Linksabbieger Vortritt, so gilt das nicht auch für den übrigen Längsverkehr (KG VM **74** 27). Der Vorrang besteht auch gegenüber der abbiegenden Straba (Bay DAR **65** 184). In Gegenrichtung stehende Fz muss der Linksabbieger nicht beobachten, ob sie etwa anfahren werden (Ha VRS **39** 233). Der Linksabbieger darf darauf vertrauen, dass ein Entgegenkommender, der sich auf einem Linkspfeil mit Z 295 eingeordnet hat, auch so abbiegen „werde (Ha VRS **48** 144). Der Führer eines entgegenkommenden Fz verliert sein Vorrecht gegenüber dem Linksabbieger, wenn er selbst durch Betätigen des linken Fahrtrichtungsanzeigers und Abbremsen zum Stillstand den Anschein erweckt, links abzubiegen (Dü DAR **81** 40). In Bezug auf *Vorrang*verzicht gelten die gleichen Grundsätze wie für Verzicht auf Vorfahrt (§ 8 Rn. 31). Linksabbieger müssen sich vor dem Abbiegen über die **Fahrgeschwindigkeit der Entgegenkommenden** vergewissern, mit nur mäßiger Geschwindigkeit dürfen sie nicht rechnen (BGH VRS **41** 426, Zw DAR **00** 312). Nach zT vertretener Ansicht sollen sie idR mit Verletzung der 50 km/h-Grenze innerorts um bis zu 60% durch den durchfahrenden Geradeausverkehr rechnen müssen (Ha VRS **46** 389, VM **71** 87 mkritAnm *Booß*, Kö VRS **41** 460, aM Ha DAR **71** 218, Fra VRS **34** 303). Welche Höhe möglicher Geschwindigkeitsüberschreitungen zu berücksichtigen ist, hängt von den Verhältnissen ab; soweit erkennbar, ist auch Überschreitungen um mehr als 60% Rechnung zu tragen (BGH NJW **84** 1962 (100%), Ko NJW-RR **04** 392 (40%), KG VM **01** 19). Der Entgegenkommende verliert durch Überschreitung der zulässigen Höchstgeschwindigkeit nicht seinen Vorrang (BGH NJW **03** 1929, Ha NZV **01** 520, **02** 367, KG VM **01** 19 (100% Überschreitung), Zw DAR **00** 312 (57% Überschreitung), Ko NJW-RR **04** 392), jedoch wird er relativiert, was im Rahmen des § 17 III StVG zu berücksichtigen ist (KG VM **01** 19 (²/₃ zulasten des 100% zu schnell Fahrenden); MDR **09** 681 (Schadensteilung bei Überschreitung um 20 km/h)). Lässt der Linksabbieger den Gegenverkehr nicht durchfahren, so trifft ihn *idR volle Haftung*. S. hierzu und ergänzend Rn. 55.

40 **Bei Grün** muss der Linksabbieger in die Kreuzung einfahren und abbiegen, sobald der Gegenverkehr (BGH NZV **92** 108, Kar VRS **51** 376) oder ein Grünpfeil (BGH NZV **92** 108, Hb VM **67** 54) es erlaubt, aber nicht blindlings (BGH VM **79** 9), sondern unter Beobachtung der allgemein erforderlichen Sorgfalt unter Berücksichtigung etwaiger Nachzügler (BGH NZV **92** 108). Wer die Kreuzung als Linksabbieger für den Längsverkehr räumen muss, der muss mit V von rechts mit fliegendem Start rechnen (BGH VRS **34** 358 (zu knapp eingestellte Ampel ist uU Milderungsgrund), Kö VRS **54** 101). Konnte er bis zum Beginn der nächsten Grünphase für den LängsV die Kreuzung nicht räumen, so muss ihm der entgegenkommende LängsV dies unter Verzicht des ihm sonst gem. III zustehenden Vorrangs ermöglichen (§ 11 II; Ha NZV **91** 31 (bei Kollision mangels Verständigung Haftung zu je ¹/₂)). Mit verdeckten Gelbdurchfahrern muss der Linksabbieger rechnen, auch noch mit solchen zu Beginn der Rotphase (BGH VM **79** 9, Ha VersR **80** 722, NZV **89** 191, KG VM **93** 67). Überhaupt muss er damit rechnen, dass Entgegenkommende bei Gelb oder sogar beginnendem Rot noch durchfahren (Dü VRS **104** 122, Ha VRS **89** 23). Die Wartepflicht des Linksabbiegers gegenüber entgegenkommenden Fz besteht daher grds. auch im Verhältnis zu solchen FzF des GegenV, die **verbotswidrig noch bei Rot in den Kreuzungsbereich einfahren** (KG NZV **91** 271, Dü VRS **104** 122, Ce NZV **94** 40, Ha NZV **01** 520; aM Hb VRS **58** 58; Zw VRS **66** 150; Jn NZV **16** 390 m krit Bspr *König* DAR **16** 362). Fehlt eine besondere LZA für Linksabbieger, so gilt für den bei Grün in die Kreuzung eingefahrenen, dort den GegenV abwartenden FzF keinerlei Ampelregelung (Dü VRS **59** 408), sondern Abs. III (Ha NZV **01** 520). Regelmäßig kann er nämlich dann die Phase der für den GegenV maßgeblichen LZA nicht kennen (von nicht erkennbaren Umständen kann die Zulässigkeit, die Fahrt fortzusetzen, aber niemals abhängen). Anderes gilt, wenn *sichere* Anzeichen dafür vorliegen, dass die LZA für den GegenV Rot zeigt (Bay DAR **75** 135; Ol DAR **64** 20, Dü VM **87** 11, Ha VRS **89** 23, Bra NZV **95** 408). Dazu genügt das Anfahren des QuerV (häufig schon bei Gelb) nicht, vor allem dann nicht, wenn der Linksabbieger nicht überblicken kann, welche Fz noch geradeaus durchfahren; denn aus dem Verhalten des QuerV lässt sich kein Vertrauen auf das des GegenV herleiten (BGH VM **79** 9, Dü VM **87** 11). Auch das Anhalten einiger Fz des GegenV reicht allein nicht, weil manche FzF sogleich bei Beginn der Gelbphase anhalten, andere noch bei „spätem" Gelb und sogar bei Rot durchfahren (Ha NZV **01** 520, Dü VM **87** 11, KG VM **93** 67, aM Bay DAR **75** 135, Hb VRS **58** 58). Anders, wenn weitere Umstände hinzukommen: neben dem Anhalten von Fz des GegenV bereits in Bewegung befindlicher QuerV und keine entgegenkommenden Fz auf den anhaltenden Fz noch freien Fahrstreifen (KG VRS **62** 261, VM **93** 67, Dü VM **87** 11, Ce NZV **94** 40). Auf Beachtung einer jenseits der Kreuzung oder Einmündung befindlichen **Fußgängerampel** durch den GegenV, die für beide Richtungen Rotlicht abstrahlt, wird sich der Linksabbieger verlassen dürfen (BGH NJW **82** 1756, aM Fra VRS **34** 303). Wer in der Kreuzung hängenbleibt (Motoraussetzer), muss sein weiteres Verhalten mit dem dann fahrberechtigten V abstimmen (KG VRS **58** 61). Ist das Linksabbiegen durch einen **Grünpfeil** geregelt, so ist es nur bei dessen Aufleuchten erlaubt, auch bei Grün für Geradeausfahrer ist zu warten (VG Hannover VRS **53** 398). Vertrauen auf Grünpfeil für Linksabbieger: § 37 Rn. 47. Wer als Linksabbieger bei Grünpfeil keine Kollision mit durchlaufendem V befürchten musste, dessen BG kann ganz zurücktreten (KG NJW **75** 695, DAR **74** 190). Denn der durchlaufende V muss dann Rot haben (Ol VM **66** 27, KG NJW **75** 695). Das soll nach KG VRS **62** 261 selbst dann gelten, wenn Grünpfeil fehlt, der Linksabbieger aber aus anderen Umständen den zutreffenden Schluss zieht, dass die LZA für den GegenV Rot zeigt (zw).

41 Wer als Entgegenkommender links **durch eine Kolonnenlücke** hindurch abbiegen will, muss sich anhaltebereit vortasten, um keinen Geradeausfahrer zu behindern (Dü VersR **80** 634, Bay VRS **60** 133). Er darf nicht darauf vertrauen, dass keine durch entgegenkommende Fz (Kolonne) verdeckten Moped- oder Radf am Fahrbahnrand/Radweg mit Vorrang geradeaus fahren, besonders, wenn eine in Gegenrichtung stockende Kolonne eine Einmündung für Linksabbieger frei-

lässt, im Zweifel muss er auch insoweit zurückstehen (aM *v. Blumenthal* VersR **75** 1160). Ist der trennende Mittelstreifen so bewachsen (Verletzung der VSicherungspflicht?), dass ein **Linksabbieger den GegenV nicht sehen kann,** so muss er sich mit größter Vorsicht hineintasten (KG VM **66** 41), bei vollständig fehlender Sicht aus baulichen Gründen sogar einweisen lassen (KG VM **85** 19). Verdeckt eine entgegenkommende Straba die Sicht, so ist damit zu rechnen, dass sie überholt werden könnte (Hb VkBl. **52** 163). Der durchgehende GegenV darf **auf Beachtung seines Vorrangs vertrauen** (Kar VRS **45** 112, KG VRS **61** 210), solange nichts dagegen spricht, Mitschuld aber bei überhöhter Fahrgeschwindigkeit oder Erkennbarkeit gefährdenden Abbiegens (BGH VersR **72** 459), bei erheblicher Geschwindigkeitsüberschreitung uU überwiegende Haftung (BGH NJW **84** 1962 (Überschreitung um 100%), s. Rn. 55). Auf SchnellverkehrsStr (nur auf diesen?) muss niemand damit rechnen, dass ein Entgegenkommender plötzlich links abbiegt (BGH VersR **66** 188), wohl aber, dass er sich zur Mitte einordnet (BGH NJW **59** 1367). Der StrabaF, der vor einer Bedarfshaltestelle bremst, aber weiterfährt, muss mit Missverständnis eines eingeordneten, entgegenkommenden Linksabbiegers rechnen (StuVRS **15** 273).

Auch beim **Rechtsabbiegen** kann es vorkommen, dass die Fahrlinie des LängsV gekreuzt **42** werden muss, zB wenn der Entgegenkommende auf der für ihn linken Seite einen Radweg benutzt. Auch hier hat der entgegenkommende Längsverkehr Vorrang, ebenso der in III genannte schon aufgerückte, gleichgerichtete LängsV auf oder neben der Fahrbahn. Wer als Rechtsabbieger einen Radweg kreuzt, muss dort den Radfahrern aus beiden Richtungen Vorrang lassen (Ce NRpfl **58** 165). Rechtsabbiegen nur ohne Beeinträchtigung des gleichgerichteten V (Überholen einer stehenden Kolonne und Rechtsabbiegen durch offengelassene Lücke, Dü VRS **52** 210). Wer mit einem Lkw gleich nach dem Anfahren rechts abbiegen will, muss auf rechts etwa aufgerückte Radf achten (Rn. 28), erst recht, wenn er wegen der FzLänge durch anfängliches Linksausbiegen eine unklare Lage geschaffen hat, notfalls muss er kurz anhalten (Ol DAR **57** 52; Rn. 25). Ist nachfolgender V schon nahe, muss die Straba mit dem Rechtsabbiegen warten; andernfalls muss der Längsverkehr bis zum Anhalten abbremsen (Bay NJW **67** 407). Ein Radweg an der Außenseite eines Verteilerkreises hat Vorrang (Kö VRS **25** 228). Verlässt ein Radf den abbiegenden Radweg, um auf der Fahrbahn geradeaus weiterzufahren, so besteht jedenfalls dann keine Anzeigepflicht, wenn er seine Fahrlinie nicht nach links verlegen muss; gegenüber Rechtsabbiegern hat er Vorrang (Dü VM **65** 92). Aus § 10 (von anderen StrTeilen auf die Fahrbahn einfahren) wird aber zu folgern sein, dass in solchen Fällen Anzeigepflicht (links) besteht, wenn der Radf nach links auf den rechten Fahrbahnrand hinüberlenken muss (s auch § 10 Rn. 6, 16). Radf neben der Fahrbahn: Rn. 13, 28, 39. Straba neben der Fahrbahn: § 41 Rn. 16–22 (VwV).

8. Auf Fußgänger, die geradeaus gehen oder entgegenkommen, muss der Abbieger links wie **43** rechts besondere Rücksicht nehmen, sie vorbeilassen und notfalls anhalten (III, Ha NZV **05** 94, Kö VRS **59** 456, *Bouska* VD **76** 108, 109), auch die Straba (Mü VRS **32** 249, s. aber § 11). Das gilt auch dann, wenn der Fußgänger aus Sicht des FzF längs der Fahrbahn eine Einmündung innerhalb der geschützten QuerungsStr überquert, selbst wenn die vom Fz befahrene Str sich nach der Einmündung nicht fortsetzt (sog. „T-Kreuzung"; Ha NZV **13** 190). Diese Pflicht besteht nicht erst gegenüber Fußgängern, die schon sichtbar sind, sondern stets dann, wenn mit solchen Fußgängern gerechnet werden muss (Bay VRS **65** 233, NZV **89** 281, Ha NZV **05** 94). Ist Mutter mit Kleinkind im Arm sichtbar, muss (erst recht) mit weiterem (uU verdecktem) Kleinkind gerechnet werden (Mü DAR **06** 394), gleichfalls, wenn Fußgänger im Bereich der Kreuzung mit Blickrichtung zur gegenüberliegenden StrSeite steht (Kar NZV **13** 544 (aber Schadensteilung)). Fußgänger brauchen nicht rückwärts auf abbiegende Fz zu achten (Hb VRS **10** 466, *Kuckuk* VersR **78** 1101). Jedoch dürfen sie beim Überqueren nicht zögern (§ 25). Verhalten sie sich ersichtlich unaufmerksam, so ist besondere Aufmerksamkeit und Vorsicht geboten (Kö VM **80** 67). Wer äußerst langsam nach links abbiegt, muss idR nicht damit rechnen, dass ein Fußgänger, der bereits auf der für den Kf linken Fahrbahnseite ist, erschrickt und zurückspringt (Kar VRS **46** 392). Die besondere Rücksichts- und Wartepflicht auch gegenüber Fußgängern anzunehmen, die die Fahrbahn nur nahe dem Kreuzungs- oder Einmündungsbereich überschreiten, ist bedenklich, weil solche Fußgänger unsorgfältig verhalten und dieses Verhalten auch nicht so typisch ist, dass allgemein damit gerechnet werden müsste; für solche Fußgänger gelten vielmehr die zu § 25 III entwickelten Regeln (*Greger* NZV **90** 411, aM KG VM **75** 1). Die Pflichten des III S. 3 bestehen auch gegenüber VT, die im FußgängerV besondere Fortbewegungsmittel iS von § 24 I (zB Greifreifenrollstühle) oder Krankenfahrstühle (§ 24 II) benutzen, sowie gegenüber den Gehweg befahrenden bis zu 10 Jahre alten Radf, die allerdings absteigen müssen (§ 2 V S. 3, dazu Bay NZV **89** 281 mAnm *Booß* VM **89** 68). III S. 3 gilt ferner gegenüber Inline-Skatern (§ 24 Rn. 6, Kar NZV **99** 44), wobei aber zu berücksichtigen ist, dass diese Bestimmung (wie auch § 2 V S. 3 zeigt) auf Fußgänger, also VT zugeschnitten ist, die sich mit Schrittgeschwindigkeit bewegen und nicht auf mit 15–20 km/h (*Vieweg* NZV **98** 3) herannahende VT. Die Pflichten nach III S. 3 bestehen nicht gegenüber Fußgängern, die auf der Fahrbahn Fahrzeuge mitführen (insoweit Verständigungspflicht, § 8 Rn. 10). Rücksicht auf Fußgänger bei abknickender Vorfahrt: § 42 II.

44   **9. Abbiegen in ein Grundstück** (V). Es gelten die allgemeinen Abbiegeregeln (BGH VersR **72** 459, KG VM **95** 51). Gefährdung muss dabei ausgeschlossen sein (Rn. 52, 53, **E** 150; Dü VersR **75** 429, Sa VM **78** 95, Ol VersR **78** 1027). V dient vorrangig dem Schutz des fließenden Verkehrs, ist aber angesichts des VT allgemein benennenden Wortlauts nicht darauf beschränkt (BGH NJW **18** 3095). Nach BGH aaO erfasst er auch den VT auf dem Grundstück, in das abgebogen wird (aM Dü NZV **88** 231, **93** 198, abl *Booß* VM **93** 28), und den aus dem Grundstück Ausfahrenden (aM Kar VRS **77** 45, Dü NZV **91** 392, Ha NZV **94** 154, LG Kar VM **03** 48). Er dient nach Mü DAR **05** 287 trotz § 10 auch dem Schutz eines vom Fahrbahnrand Anfahrenden. Wegen der ihm abverlangten äußersten Sorgfalt trägt der in ein Grundstück Abbiegende die Gefahr nahezu allein, bei Kollision mit durchgehendem V spricht der Anschein gegen ihn (Ha VersR **79** 266, Sa NZV **92** 234), nach Ha NZV **14** 125 aber nicht bei einer Kollision des Abbiegenden mit einem KRadf, der gerade eine kurze Kolonne überholt (ebenso Sa NZV **16** 82), und auch nicht beim Auffahren durch ein nachfolgendes Fz auf den Abbieger; vielmehr spricht der Anschein dann gegen den Auffahrenden (§ 4 Rn. 35; Dü NJW **15** 3586). Der Anschein wird nicht dadurch erschüttert, dass der (ordnungsgemäß) Überholende alkoholbedingt fahrunsicher ist (Mü NJW **15** 1892 mAnm *Geipel;* s. auch § 17 StVG Rn. 5). I Ü hat auch der Abbieger in ein Grundstück die Ankündigungs- und Einordnungspflicht, er muss idR zweimal zurückschauen (Ol VersR **78** 1027), den Vorrang des LängsV beachten (III), auch den der Radf (KG VM **95** 51 (Radweg)), und Rücksicht auf Fußgänger nehmen. Die Pflicht zu äußerster Vorsicht beginnt bereits mit der Rückschau, der Wahl der Fahrlinie, dem Zeichengeben und Verlangsamen zwecks Abbiegens, diese Vorgänge gehören zum einheitlichen Abbiegevorgang und lassen sich nicht in Vorbereitung und eigentliches Abbiegen trennen, wie Bra VM **76** 37 meint. Die Pflichten aus V gelten für alle Fz. In **verkehrsberuhigten Bereichen** (Z 325/326) gilt V nicht (LG Sa DAR **08** 216).

45   Der **Grundstücksbegriff** richtet sich nicht nach dem Eigentum und nach der Widmung für den öffentlichen V (§ 1 Rn. 13–16) nur insofern, als Grundstücke iS des § 9 alle VFlächen sind, die nicht dem fließenden Verkehr dienen (Dü NZV **88** 231, **93** 198; abl *Booß* VM **93** 28; nach Stu DAR **12** 93 jedenfalls dann, wenn sie außerhalb der Str liegen und nicht als deren Teil angesehen werden können). Die Unterscheidung ist funktionell bestimmt: Maßgebend ist, ob das Fz den fließenden V verlässt (Gegenteil bei § 10 StVO: Einfahren; Fra DAR **88** 243, aM Dü NZV **93** 360; eingehend Ha NZV **14** 262 (aber: erhöhte Gefahr im Rahmen von § 17 I, II StVG zu berücksichtigen)); denn dieser Vorgang, weniger die bloße FzBewegung auf einem Parkplatz oder anderen Grundstück, birgt die eigentliche Gefahr für den Abbieger und den übrigen Verkehr (Sa NZV **16** 82; KG VM **82** 8, Dü NZV **88** 231). Nach ihr muss sich daher auch die Unterscheidung und das Anwendungsgebiet der höchsten Sorgfalt gemäß V richten. Grundstücke sind: Vorplätze ohne besondere Ein- und Ausfahrt (Bra NJW **65** 1095), Parkstreifen außerhalb der Fahrbahn, deutlich von ihr getrennt (Ha VersR **76** 1094, Kö VRS **99** 39, aM Kö VRS **58** 222, Dü NZV **93** 360, KG VM **74** 35 mAnm *Booß;* **82** 8 (das aber V entsprechend anwendet), *Booß* VM **93** 28), öffentliche Parkplätze (Ce DAR **73** 306), Privatparkplätze, Zufahrt zu Übungsgelände auch bei gutem Ausbau (Ol VRS **33** 90), nicht dem fließenden V dienende Zufahrt zu einem Grundstück (Fra DAR **88** 243), Zufahrt zur Tankstelle (Stu DAR **56** 117, Dü NZV **88** 231, *Martin* JR **63** 193; aM LG Sa NZV **15** 247), Grünstreifen neben der Fahrbahn, AB-Parkplätze und der von der AB aus befahrbare Teil einer stillgelegten Ausfahrt als Halteplatz, ebenso Parkplätze an AutoStr. Verlassen der Fahrbahn und Einfahren in eine nur über abgesenkten Bordstein und Gehweg erreichbare Str ist Abbiegen in ein Grundstück (Kar VersR **94** 362). V gilt für das Ausfahren auf einen Mittelstreifen zwischen getrennten Fahrbahnen zwecks Parkens ohne Rücksicht auf dessen *Grundstücks*eigenschaft (KG VM **80** 44). **Feld- und Waldwege** sind keine Grundstücke iS von V (Nü DAR **01** 170, VersR **81** 288); die Umstände können aber gesteigerte, den in V normierten Pflichten gleichkommende Vorsicht erfordern (Brn VRS **02** 28, Nü DAR **01** 170, Nau NZV **09** 227, Stu VRS **121** 16). Einem Feld- und Waldweg kann ein Radwanderweg gleichstehen (Ha DAR **16** 265). Höchste Sorgfalt des Abbiegers: Rn. 52, 53.

46   **Rechtzeitig anzukündigen** (Rn. 20) durch Verlangsamen und Zeichengeben hat der Abbieger in ein Grundstück seine Absicht (I; KG ZfS **02** 519, Hb VersR **68** 504, Schl VM **65** 16).

Wer mit einem langen Fz bei ungünstiger Sicht in ein Grundstück abbiegen will, muss den V besonders sichern (Kö VM **63** 39, VRS **25** 312). Wer wegen seiner Ladung nach hinten nichts sieht und sich auch nicht nach links einordnen kann, muss sich einweisen lassen und eine verlässliche Auskunft ohne Zögern befolgen, bevor sich die VLage ändern kann (Dü VM **73** 72).

Rechtzeitig deutlich einordnen (Rn. 27, 31 ff.) muss sich der Abbieger (I; BGHSt **11** 296, **47** VRS **18** 95, KG ZfS **02** 519, Dü VersR **83** 40), damit der links Eingeordnete rechts überholt werden kann (Ha DAR **60** 23). Erlaubt die schmale Str kein Einordnen, so ist größte Sorgfalt unter Rückschau nötig. Abs. 5 enthält keine bloße „Schockvorschrift" mit Ankündigungsbedeutung, vielmehr muss der Linksabbieger in ein Grundstück jeden möglicherweise kollidierenden Folge- oder Gegenverkehr durch zweiten Umblick feststellen und berücksichtigen, Falschüberholer also uU vor dem Abbiegen durchfahren lassen (aM Schl VersR **79** 1036). Wer auf schmaler Str ohne die Möglichkeit des Rechtsüberholens nach links in ein Grundstück abbiegen will, muss nahe aufgerückten V, der sonst scharf bremsen müsste, vor dem Abbiegen erst überholen lassen (Kar VRS **47** 105). Wer nach rechts nicht in engem Bogen einfahren kann, darf nach links nur ausholen, wenn er keinen Hintermann beeinträchtigt (Stu NJW **61** 41). Wer erst nach links ausbiegen muss, um nach rechts in ein Grundstück abbiegen zu können, muss sich äußerst sorgfältig vergewissern, ob er etwa rechts überholt wird (Bay NZV **91** 162), insbesondere wenn er den linken Fahrtrichtungsanzeiger betätigt hatte (Sa VM **78** 95). Wer derart rückwärts in ein Grundstück abbiegen will, dass er zunächst zum linken Fahrbahnrand hinüberfährt, um dann zurückzusetzen, beginnt das Abbiegen in das Grundstück mit höchster Sorgfaltspflicht bereits mit dem Linkshinüberfahren, nicht erst mit dem Zurücksetzen, denn das einheitliche, insgesamt gefährliche Fahrmanöver kann nicht, noch dazu unter teilweise geringerer Sorgfaltsanforderung, in zwei angeblich unterschiedliche gefährliche Teile zerlegt werden (aM Ha VRS **57** 35).

Doppelte Rückschaupflicht (Rn. 25) hat der Abbieger in ein Grundstück, nämlich recht- **48** zeitig vor dem Einordnen und erneut vor dem Abbiegen (Bay NZV **91** 162, KG ZfS **02** 519, Ol VersR **78** 1027). Der Linksabbieger muss sich vergewissern, dass die Nachfolger sein Richtungszeichen verstanden haben (Hb VM **66** 40). Nach IS 4 ist nochmalige Rückschau vor dem Abbiegen nur dann nicht nötig, wenn Gefährdung des nachfolgenden Vs ausgeschlossen ist. Wem die StVO höchste Sorgfalt (**E** 150) auferlegt (Stu VM **72** 69, VRS **44** 149), dem kann die zweite Rückschau allenfalls in den in Rn. 25 bezeichneten Fällen erlassen sein (KG VRS **62** 95, Ha VersR **76** 1094 (BGHSt **15** 178, VersR **61** 188 sind durch Neufassung überholt); aM aber Ce OLGR **07** 129). Wer als PkwF rechtzeitig Rechtsabbiegen ankündigt, deutlich verlangsamt (bis zu „10") und mit nur 0,90 m Seitenabstand in ein Grundstück abbiegt, muss nicht nochmals zurückschauen und mit einem absolut unvernünftigen Rechtsüberholversuch eines Kradf nicht rechnen (Dü DAR **80** 157). Wer bei Rückschau oder 2. Rückschau als richtig eingeordneter Linksabbieger bemerkt, dass das Abbiegen einen nahe aufgerückten Überholer gefährden würde, muss diesen vorbeilassen (Schl VersR **74** 703).

Das **Vorrecht des beiderseitigen Längsverkehrs** (III, Rn. 28, 39, 40) auf oder neben der **49** Fahrbahn und der Fußgänger (Rn. 43) hat auch der in ein Grundstück Abbiegende zu beachten (KG VM **95** 51). Nach I darf er sich vorher auf längs verlegten Schienen nur einordnen, wenn kein Schienenfz sichtbar herankommt (Rn. 36; Kö VersR **71** 1069).

9a. Wenden ist das Umdrehen des Fz in die Gegenrichtung auf derselben Str (BGH NZV **02** **50** 376), gleichviel wie und zu welchem Zweck (aber nicht ungewolltes: BGH NZV **02** 376, Kö VRS **74** 139 (Schleudern)), auch ohne Fahrabsicht, in die Gegenrichtung (BGHSt **27** 233 = NJW **77** 2085, BGHSt **31** 71 = NJW **82** 2454, NZV **02** 376, Bay NZV **97** 489, **01** 526, Dü VM **91** 84, Ko DAR **86** 155, Kö VRS **74** 139). Denn der Wendevorgang selbst ist gefährlich, nicht das spätere Weiterfahren (aM Ce DAR **76** 111). Nach Dü ZfS **16** 196 beginnt das Wenden spätestens mit dem Einschlagen des Lenkrads. Das Wenden ist mit dem Erreichen der Gegenrichtung vollendet (Bay PVT **96** 255, Ce VM **83** 87), wobei sich das Fz endgültig in den fließenden V eingeordnet haben oder verkehrsgerecht am Fahrbahnrand oder an anderer Stelle ohne Einflussnahme auf das weitere Verkehrsgeschehen abgestellt worden sein muss (KG NZV **09** 597; **10** 513). Zu wenden ist an günstigster Stelle und auf die schonendste Art, bei starkem V ist stattdessen ein Umweg zu fahren (Ha VersR **01** 1169). Vor, an und hinter unübersichtlichen Stellen muss es unterbleiben (Ha VersR **01** 1169, Ce VRS **100** 289). Wenden unmittelbar hinter einer Kurve erhöht die BG (Kö VRS **57** 401). I S. 2 (Einordnen) gilt nicht; der Wendende darf vom rechten StrRand aus dazu ansetzen, wenn das nach Lage zweckmäßig ist (Schl VRS **53** 143, Dü VRS **64** 10). Wenden geschieht stets als Fahr-(Rangier-)Vorgang; es genügt, dass das Fz in die Gegenrichtung gedreht wird (Bay NJW **77** 1416, aM Ce DAR **76** 111, das Fahrabsicht in Gegenrichtung verlangt und verkennt, dass auch ein Umdrehmanöver auf der Standspur und dem anschließenden äußeren Grünstreifen der AB „auf der AB" stattfindet, mag es auch im Einzelfall ausnahmsweise weniger gefährlich für andere sein). Wenden nur bei Mitbenutzung der bisher befahrenen Fahrbahn (BGHSt **31** 71, aM KG VersR **76** 474). Daher **kein Wenden,** sondern zweifaches Linksabbiegen, wenn Kf von AB-Einfahrt über eine mehr als 100 m lange VerbindungsStr (Notfahrbahn) die AB-Ausfahrt erreicht und auf dieser zurückfährt (BGHSt **31** 71, Bay VRS **61** 146, aM Ce VM **80** 78). Einzelheiten in Bezug auf AB: § 18 Rn. 21. Kein Wenden auf der bisher befahrenen Str, wenn nicht nur eine Kreuzung (Einmündung) zum Wenden mitbenutzt, sondern nach dem Rechtsabbiegen in eine andere Str gewendet und dann nach links in die bisher befahrene Str abgebogen wird (Dü VRS **50** 232). Bei durch **Mittelstreifen** getrennten Fahrbahnen ist dessen Breite von Bedeutung. Ist die Gegenfahrbahn erreichbar, ohne dass zuvor, nach Einbiegen in den Mittelstreifendurchbruch, eine gewisse Strecke geradeaus gefahren wird, so ist Wenden (Abs. V) anzunehmen (Dü VRS **97** 269, Ha NZV **97** 438), insbesondere, wenn ein Anhalten in der Mittelstreifenunterbrechung nicht möglich wäre. Das gilt jedenfalls, wenn der Mittelstreifen schmaler als die Länge des wendenden Fz ist (BGHSt **31** 71, KG VM **81** 61). Ähnelt er dagegen baulich einer Kreuzung oder Einmündung in dem Sinn, dass bis zur Gegenfahrbahn nach dem Einbiegen in den Mittelstreifen erst eine Geradeausfahrt erforderlich ist, so gewinnt der Kf die Gegenfahrbahn nicht durch Wenden im Rechtssinn, sondern durch zweimaliges Linksabbiegen (wobei Ha NZV **97** 438, Dü VRS **97** 269 eine „nicht ganz unbedeutende" Strecke verlangen, ohne dies zu präzisieren). Dann gelten I–IV (KG ZfS **04** 505, VM **77** 55, DAR **75** 129, Ha NZV **97** 438, Kar VRS **60** 143 (jedenfalls bei Benutzung einer den Mittelstreifen kreuzenden bevorrechtigten Straße)). Die Gegenmeinung (*Booß* DAR **75** 36 und KG VM **75** 78) überzeugt nicht, weil ein durchbrochener breiter Mittelstreifen zugleich als Kreuzung (Einmündung) mit anderen Str dienen kann und dann kein überzeugender Grund für Ungleichbehandlung Kreuzender und „Wendender" besteht. Ohne Rücksicht auf die Breite des Mittelstreifens hat derjenige, der dem Wendenden aus einer dem Mittelstreifendurchbruch gegenüberliegenden Str entgegenkommt, den Vorrang (auch bei VZ 205!; Hb DAR **81** 327, LG Berlin VersR **01** 78, LG Kar DAR **00** 123). Wer zum Wenden mit ganzer FzLänge heranoder auf einen rechten Parkstreifen fährt und zunächst anhält, ist gemäß seiner Fahrweise Anfahrender nach § 10. Wenden derart, dass unter vollständigem Verlassen der Fahrbahn eine **Grundstücksausfahrt** benutzt wird, unterliegt den Regeln für Abbiegen in ein Grundstück und anschließendes Einfahren aus diesem in die Fahrbahn (§ 10 Rn. 5), denen für das Wenden nur, wenn die Fahrbahn nicht vollständig verlassen wird (BGH NZV **02** 375, Bay NZV **96** 161, Ko DAR **86** 155, Kö DAR **00** 120, KG VM **74** 19). Wenden erfordert **äußerste Sorgfalt** (E 150; Schl VRS **53** 143) gegenüber dem V aus beiden Richtungen (Dü ZfS **16** 196), was aber Berufung auf den Vertrauensgrundsatz nicht völlig ausschließt (Fra VM **76** 92, KG VRS **66** 152). Zur äußersten Sorgfalt des Wendenden gehört es, dass er nicht in der Nähe einer unübersichtlichen Kurve, sondern in gut überblickbaren Verkehrsbereichen wendet (Ce VRS **100** 289, Kö VersR **79** 678), und dass er, auch unter Benutzung von Parkraum, so wendet, wenn er auf der Fahrbahn niemanden gefährden kann (Ce VRS **100** 289, Sa MDR **05** 1287, Kö VRS **57** 7). Sind diese Erfordernisse erfüllt, so führt kurzzeitige Blockade der Str durch den Wendenden nicht zu seiner Haftung gegenüber dem Auffahrenden (Sa NZV **13** 489). Der Wendende trägt ansonsten aber idR die Hauptverantwortung (Sa VM **77** 23, Kö VersR **79** 41), was fremde Mitschuld nicht ausschließt (Rn. 52). Gegen ihn spricht der **Anschein** (BGH DAR **85** 316, KG NZV **09** 597; 598). Die Feststellung einer erheblichen Überschreitung der zulässigen Höchstgeschwindigkeit durch den mit dem Wendenden kollidierenden FzF kann den Anscheinsbeweis erschüttern (BGH DAR **85** 316). Jedoch muss der Wendende grundsätzlich auch mit Überschreitung der zulässigen Geschwindigkeit in gewissem Maße rechnen (Ce VRS **100** 289; Dü NZV **16** 429), nach Fra VM **76** 92 aber nicht mit im Rückspiegel nicht erkennbarem Zuschnellfahren des Berechtigten um 60 % innerorts (s. aber Rn. 39). *Kein Anschein* aber im Fall der Kollision des *Nachfolgenden* mit einem vorausfahrenden VT, der sich im linken Fahrstreifen befindet und zum Zwecke des Wendens durch einen Mittelstreifendurchbruch anhält, es sei denn, der Vorausfahrende ist zum Zweck des Wendens aus dem mittleren Fahrstreifen nach links gewechselt oder direkt vom Straßenrand angefahren (KG VRS **118** 168). Äußerste Sorgfalt erfordert idR Umblick, Rückschau nicht nur durch den Rückspiegel und ständige Beobachtung nach beiden Richtungen (Ko DAR **74** 276). Soweit Fz des fließenden V durch andere Fz verdeckt werden können, sind die Grundsätze über den „toten Winkel" heranzuziehen (§ 5 Rn. 43; KG VRS **66** 152). I Ü gelten die Grundsätze über das Abbiegen in ein Grundstück (Rn. 44 ff., 52) entsprechend (Dü NZV **06** 415). Wird eine

Einmündung benutzt, muss die Umschau auch den dortigen V einbeziehen. Wer mit einem Tanklastzug unter Benutzung einer Grundstückseinfahrt wenden will, muss unmittelbar vor dem Abbiegen nochmals auf rückwärtigen V achten (Ko VRS **42** 113). Aus dem Grundsatz äußerster Sorgfalt folgt nicht zwingend, dass auf verkehrsreichen Fahrbahnen nicht auch durch Zurücksetzen gewendet werden dürfte, maßgebend ist die Lage (KG VM **73** 16). Wer durch Linksabbiegen und Zurücksetzen wenden will, muss sich idR vorher zur StrMitte hin einordnen und das Abbiegen rechtzeitig anzeigen (Schl VRS **53** 143). Wer wenden will, muss fließenden V aus beiden Richtungen vorher vorbeilassen (III; Schl VRS **53** 143; Dü ZfS **16** 196) und darf ihn nicht mehr als unvermeidbar (§ 1) behindern. Verzichtet ein (oder mehrere) Entgegenkommender auf sein Vorrecht, so bleibt der Wendende anderen Entgegenkommenden gegenüber wartepflichtig, auch wenn diese unberechtigt einen durch Z 245 gekennzeichneten Sonderfahrstreifen (hierzu § 41 Rn. 248d) benutzen (KG VersR **82** 583). Im Dunkeln muss das Wenden uU unterbleiben, wenn es bei starkem V nicht zügig möglich ist (Ha VRS **24** 230). Solange sich der rückwärts Wendende auf Einweiser verlassen muss, ist er entlastet, wenn er keinen Grund hat, deren Verlässlichkeit anzuzweifeln (Dü VM **76** 91). Wer es beim Wenden darauf ankommen lässt, dass der V ausweichen werde, handelt grobfahrlässig (BGH VersR **60** 755). Auf der AB und auf KraftfahrStr ist Wenden ausnahmslos verboten: § 18 StVO, § 315c I Nr. 2 f. StGB. Wer einen Lastzug auf dunkler BundesStr wenden will, muss besondere Sicherungen treffen (Warnleuchten, Posten; BGH VRS **27** 117; Schl VM **63** 88). **Auf Wendeplätzen** haben bereits wendende Kfz Vortritt (AG Br VersR **74** 475). Wird in einer StichStr der V auf einem Wendeplatz baulich in die Gegenrichtung zurückgelenkt, so greift Abs. V nicht ein; jedoch kommt Anzeigepflicht wegen Linksabbiegens in Betracht, wenn dort mehrere Fahrtrichtungen möglich sind (vgl. Ce VRS **54** 367, Kö VRS **96** 345). Wenden s. auch § 41 Rn. 248n zu VZ 297.

Literatur: *Booß,* Zweifelsfragen zum Wenden auf Straßen mit zwei getrennten Richtungsfahrbahnen, **50a** DAR **75** 36. *Mühlhaus,* Das Wenden, DAR **77** 7.

9b. Rückwärtsfahren ist gewolltes Fahren in Heckrichtung (Bay NZV **97** 489, Ce VM **83** **51** 87, Stu NJW **76** 2223, VRS **58** 203, Kö VRS **74** 139, Dü VM **91** 84), nicht Vorwärtsfahren in falscher Richtung (s. auch § 18 Rn. 22a). Demgegenüber dürfte es entgegen der wohl hM (zB Dü VRS **81** 467; NZV **00** 303; BHHJ/*Burmann* Rn. 67) kein essentielles Begriffselement des Rückwärtsfahrens sein, dass der FzF den Rückwärtsgang einlegt; deswegen liegt Rückwärtsfahren vor, wenn er auskuppelt und das Fz unter *bewusster* Ausnutzung der Schwerkraft nach hinten abrollen lässt. Rückwärtsfahren ist nach Abs. 5 nur zulässig, wenn eine Gefährdung anderer ausgeschlossen ist (E 150; Kar VersR **77** 1012, Fra NJW **98** 548, Nü NZV **91** 67, Dü VRS **87** 47, Ha NZV **98** 372), gleichgültig, ob das Fz mit Rückfahrscheinwerfern ausgerüstet ist oder nicht (§ 52a StVZO Rn. 3). Die erhöhte Sorgfaltspflicht des V gilt auch für den rückwärts Abbiegenden (Sa VM **78** 51). Die Vorschrift regelt primär die besondere Sorgfaltspflicht gegenüber dem fließenden (deshalb idR rascheren) Verkehr (Stu NJW **04** 2255, Jn VRS **108** 294, Dr NZV **07** 152, Ko DAR **00** 84, Fra DAR **80** 247), schützt aber auch den Fußgänger V (Kö DAR **01** 222; s. auch Rn. 44). Sie gilt jedoch auf **Parkplätzen und in Parkhäusern,** in denen „fließender" V nicht stattfindet (§ 8 Rn. 31a), nur mit Einschränkungen anzuwenden (BGH NJW **17** 1175; Stu NJW **04** 2255, KG VRS **64** 104, Fra VRS **57** 207; s. aber Hb DAR **00** 41 und KG DAR **10** 330 sowie unten) und gilt auch nicht für das Rückwärtsrangieren innerhalb einer Parklücke am Fahrbahnrand im Verhältnis zu den parkenden Fz (Stu NJW **04** 2255, Ko DAR **00** 84), nach Jn VRS **108** 294 überhaupt nicht im Verhältnis zum ruhenden V (ebenso Dr NZV **07** 152 (Tankstellengelände)). Zum Anscheinsbeweis Rn. 55. Zur Tragweite des Maßstabs äußerster Sorgfalt beim Rückwärtsfahren Bay VRS **58** 396 und § 10 Rn. 10 ff. Vorherige und ständige Rückschau ist hier unerlässlich. Rückwärts zu fahren ist auf der rechten Fahrbahnseite iS des Vorwärtsfahrens, möglichst weit rechts, ständig bremsbereit, bei rückwärtigem Verkehr ist sofort anzuhalten (Bay VRS **31** 374). Der zurückstoßende Kf muss darauf achten, dass der Gefahrraum hinter dem Kfz frei ist und von hinten wie von den Seiten her freibleibt (Ol VRS **100** 432, Dü VRS **87** 47), er muss andernfalls sofort anhalten können; auf bloße Annäherungen an diesen Raum kann und muss er daneben nicht auch noch achten (Bay VM **77** 17). Auf eine Einparkhilfe darf er sich nicht vollständig verlassen (AG Mü NZV **08** 35). Nur überblickbarer und mit Gewissheit freier Raum darf rückwärts befahren werden, *sonst ist ein Einweiser erforderlich* und der Vertrauensgrundsatz gilt nicht (BGH VRS **31** 440, Ce VRS **50** 194, Kar VersR **77** 1012, NZV **88** 185, Ol VRS **100** 432 (toter Winkel hinter Lkw), Ha NZV **98** 372 (Sichtbehinderung durch Kopfstütze), Nü NZV **91** 67 (hinter Pkw befindliches Kind), Dü VRS **87** 47 (Lkw)), auch bei einem Omnibus (BGH VRS **15** 438), beim Rückwärtsfahren in eine Toreinfahrt (Mü VersR **60** 645), aus einem Grundstück auf die Fahrbahn (§ 10 Rn. 13) oder aus einer wartepflichtigen Str (Z 205) mangels Einsicht in die VorfahrtStr (KG VRS **69** 457). § 7 UVV Müllbeseitigung konkretisiert die Sorgfaltspflicht des § 9 V dahingehend, dass sich der Fahrer einweisen lassen muss, weswegen beim Auffahren des MüllFz auf einen wartepflichtigen Kf eine Haftungsverteilung von $^2/_3$ zu $^1/_3$ erfolgt (LG Sa DAR **17** 83). Gleiches gilt, wenn der Kf in einer Schreckreaktion seinerseits zurücksetzt und mit einem anderen Kfz kollidiert (LG Sa NJW **18** 1108). Kann sich der Kf nicht selbst überzeugen und hat er keinen Einweiser, so darf er nicht rückwärts fahren (BGH VRS **29** 275, Dü VRS **54** 219). Eine Hilfsperson haftet für höchste Sorgfalt straf- und zivilrechtlich (Dü VM **62** 12, BGH VRS **20** 161), aber neben dem Fahrer, der sich auch selbst vergewissern muss, dass er beim Zurückfahren niemanden gefährdet (BGH VersR **60** 635). Wer sein Fz rückwärts in einer **Haltverbotszone** anhält, um zurückzusetzen, verletzt dadurch nicht ein bestehendes Haltverbot (BGH DAR **63** 250, Ce VRS **20** 158, OVG Lüneburg VkBl. **05** 631, aM Ha DAR **64** 115 (auch das Rechtsfahrgebot)). Zum Rückwärtsfahren **auf der AB** § 18 Rn. 22. Wer rückwärts in einen **Parkplatz** (zur Frage der Geltung des § 9 V auf Parkplatzgelännden s. o) einfährt, muss sich ständig über den freien Raum vergewissern und auf Aussteigende achten (Mü VersR **60** 189). Da die Fahrstreifen von Parkplätzen und Parkhäusern als Einrichtungen, die nicht dem fließenden, sondern dem ruhenden V dienen, vorsichtig und bremsbereit zu befahren sind, ist das sich grundsätzlich aus V ergebende hohe Risiko des Rückwärtsfahrenden beim rückwärts Ausparkenden gegenüber dem an den Parktaschen Vorbeifahrenden geringer (BGH NJW **17** 1175; Fra VRS **57** 207, KG VRS **64** 104). Der auf Parkplätzen rückwärts Ein- oder Ausparkende muss stets mit anderen VT (Fz und Fußgängern) hinter seinem Fz rechnen (Ha VRS **99** 70). Zur Sorgfalt des Rückwärtsausparkenden gegenüber Benutzern der Parkplatzfahrbahn s. i Ü § 8 Rn. 31a, zum Anscheinsbeweis Rn. 55. **Auf Werkstatthöfen** (BGH VRS **9** 406), Werkstraßen und Baustellen gelten die Rückwärtsfahrregeln entsprechend (Kar VRS **48** 197, Hb VM **66** 27). Zurücksetzen, auch in privatem Hofraum, nur mit äußerster Sorgfalt, ggf. unter verlässlicher Einweisung (Dü VRS **54** 219, **55** 412, Ha VersR **78** 749). Der in eine **Richtungsfahrbahn** Einbiegende muss idR nicht mit entgegen der vorgeschriebenen Fahrtrichtung Rückwärtsfahrenden rechnen (KG VersR **93** 711). Rückwärtsfahren auf Richtungsfahrbahnen gegen die Fahrtrichtung über mehrere Meter zwecks Erreichens einer Parklücke ist (anders als bloßes Rückwärtseinparken; VGH Ma NZV **17** 101 mAnm *Schubert*) unzulässig (KG DAR **96** 366, Hb DAR **00** 41, Dü NJW-RR **18** 657; aM (selbst auf EinbahnStr) BHHJ/*Burmann* Rn. 67). Wer in eine EinbahnStr abbiegt, muss nicht mit plötzlichem Rückwärtsrollen eines dort ungeparkt haltenden (wartenden) Kfz rechnen (Ha VM **77** 95). Rückwärtsbewegung zwecks Einparkens ist auch in EinbahnStr zulässig (VGH Ma NZV **17** 101), jedoch kein Rückwärtsfahren über mehr als nur ganz kurze Strecken (§ 41 Rn. 248b (Z 220)). Wer rückwärts fährt, besonders auf einer EinbahnStr, wo dies niemand erwartet, muss den rückwärtigen Verkehr ständig äußerst sorgfältig beobachten und sofort anhalten können (Einparken), bei Unfall spricht der Anschein gegen ihn (Dü VRS **55** 412). Wer verbotswidrig eine EinbahnStr rückwärts in Gegenrichtung befährt, kann sich nicht auf den Vertrauensgrundsatz berufen (querende Fußgänger; Kö VRS **35** 181). **Ungewolltes Zurückrollen** ist nicht Rückwärtsfahren iS von V (Stu VM **73** 61, Dü NZV **00** 303, VRS **63** 471; LG Sa NZV **15** 244 (aber uU § 1 I)). Muss der Kf beim Anfahren mit Rückwärtsrollen rechnen, so muss er sich vorher vergewissern, dass dies niemanden schädigt (Sa VM **79** 12).

52   **9c. Ausgeschlossen** muss Gefährdung anderer VT beim Abbiegen in ein Grundstück, beim Wenden oder Rückwärtsfahren sein (V). § 9 fordert höchstmögliche Sorgfalt bzw. größtmögliche Vorsicht (**E** 150; Bay VRS **58** 451), beim Abbiegen neben den übrigen Abbiegepflichten (Rn. 16–43; Kar VRS **48** 196, Schl VM **73** 55, Stu VM **72** 69, VersR **76** 73, **78** 420, Ce DAR **73** 306, Fra VRS **51** 120), nicht nur im Verhältnis zum fließenden V, sondern auch gegenüber einem aus demselben Grundstück Ausfahrenden (BGH NJW **18** 3095; Kö VersR **92** 332, einschr Kö NZV **94** 321; s. Rn. 44). Ob der Abbieger in ein Grundstück äußerste Sorgfalt gewahrt hat, richtet sich nach allen darzulegenden Umständen (Ha DAR **74** 79). Diese Sorgfalt muss den gesamten entgegenkommenden wie nachfolgenden Verkehr einbeziehen. In aller Regel schließt sie Schreckzeit des Abbiegers aus (Schl VM **61** 62). Der Abbieger in ein Grundstück, Wendende, Rückwärtsfahrer *trägt die Verantwortung praktisch allein* (Sa MDR **05** 1287, Kö VersR **99** 993, Dü VersR **83** 40, NZV **92** 238, KG VM **91** 2, NZV **02** 230, Stu VRS **78** 420, Ha NZV **97** 438, LG Regensburg NZV **05** 49), fremde Mitschuld ausgenommen (Ce VRS **100** 289 (Geschwindigkeitsüberschreitung), Ko MDR **95** 475, Fra VRS **51** 120, Dü DAR **74** 192, VersR **82** 553). *Keine äußerste Sorgfalt* erbringt, wer sich nicht möglichst deutlich einordnet, nicht verlangsamt oder kein deutliches RichtungsZ gibt (BGH VersR **64** 681, Hb VM **66** 40), wer durch zu spätes Einordnen und Zeichengeben Auffahren des Nachfolgenden verursacht (Dü VersR **83** 40), wer vor dem Rechtseinbiegen nach vorherigem Linksausholen nicht mit Rechtsüberholtwerden durch Kradf rechnet (Bay NZV **91** 162), wer vor einer schwer erkennbaren Einfahrt seine Absicht nicht deutlich anzeigt (Kö DAR **58** 197, Ha DAR **60** 23), wer nach dem Einordnen wegen zu nahe aufgerückten Folgeverkehrs erst noch beschleunigt und dadurch eine unklare Lage schafft (BGH VersR **69** 900), wer mit einem Bus auf einer BundesStr ohne Warnposten wendet (Ko VRS **49** 31), wer im Dunkeln mit Lastzug wendet und quer zur Fahrbahn stecken bleibt (Ha VersR **04** 1618), wer den Verkehr durch Querstehen blockiert, weil er sich vorher keine Klarheit über die Einfahrmöglichkeit verschafft hat (Dü VRS **64** 10, aM Ha DAR **61** 285 (deutliche Sichtbarkeit innerorts auf 90 m)), Schuld des Blockierenden auch bei Unaufmerksamkeit des Auffahrenden (Kö DAR **66** 306; wohl Tatfrage; s. etwa Fra r+s **13** 355: 75% zulasten des überholenden Motorradfahrers bei guter Erkennbarkeit), wer im Dunkeln mit einem Lastzug längere Zeit zum Abbiegen braucht, ohne Sicherungsleuchten aufzustellen oder Warnlicht einzuschalten (Kö VRS **25** 312, Ha DAR **93** 347), wer als Abbieger überhöhte Fahrgeschwindigkeit anderer nicht berücksichtigt (Fra VM **76** 92; zur Höhe der zu berücksichtigenden Geschwindigkeitsüberschreitung Rn. 39). Sind hingegen alle Sorgfaltspflichten des Abbiegenden gewahrt, so kann dessen BG uU ganz zurücktreten (Fra NZV **15** 438 (Traktor)).

Gleicht eine StrEinmündung äußerlich einer Einfahrt, so ist äußerste Sorgfalt geboten **53** (Sa NZV **16** 82; Ol VM **67** 52). Nach Ansicht von Stu VersR **76** 73 erfordert **Unabwendbarkeit** (§ 17 III StVG) eine Umsicht, die über die höchste Sorgfalt gemäß der StVO noch hinausgeht.

10. Ordnungswidrig (§ 24 StVG) sind Verstöße gegen die Vorschriften über das Abbiegen, **54** Wenden und Rückwärtsfahren nach § 9 I, II S. 2 und 3 sowie III bis VI (§ 49 I Nr. 9). Linkseinordnen ohne Abbiegeabsicht verletzt § 2, bei Behinderung oder Belästigung anderer § 1, bei Gefährdung anderer § 9 I, bei deren Schädigung die §§ 1, 9 I in TE (Hb VM **66** 40). Abbiegen ohne Rückschau oder, wo erforderlich, ohne zweite Rückschau verletzt § 9 I. Nichteinordnen vor dem Abbiegen verletzt nur § 9, nicht auch § 2 (Ha VRS **31** 303). Bei fremder Behinderung oder Gefährdung tritt § 1 gegenüber § 9 zurück (KG VRS **63** 380, Dü NZV **89** 317), TE nur bei Schädigung (s. o). Wer ohne RichtungsZ abbiegt, handelt erst durch das Abbiegen ow (Bay DAR **61** 94). Vorzeitiges Anzeigen der Richtungsänderung verletzt bei Irreführung, Behinderung oder Gefährdung anderer § 1 (Ha VRS **17** 68), ebenso, wenn der Kf trotz des RichtungsZ geradeaus weiterfährt (Hb VRS **28** 196). Versehentlich unrichtiges Anzeigen ohne Nachteil ist in aller Regel belanglos. Wer sich vor FarbZ ohne Abbiegeabsicht **unrichtig einordnet** und dadurch behindert, verletzt § 1 (Schl VM **66** 28 (Verengung)). Jedoch muss der schuldlos unrichtig Eingeordnete nicht deshalb in falscher Richtung weiterfahren, weil er sonst behindert würde (Bay NJW **59** 1788). Geringe Schuld, falls Ortsfremder den Verkehr durch unrichtiges Einordnen versehentlich kurz behindert hat (Hb VM **65** 30), bei schlechter Wegweisung uU überhaupt keine. Wer kurz vor dem Abbiegen noch überholt und sich dann unter Verlangsamung einordnet, den Überholten aber nicht behindert, handelt nicht verkehrswidrig (BGH VRS **24** 15). Behinderndes Einordnen auf Gleise verletzt nur § 9 I; § 1 tritt zurück.

11. Zivilrecht (soweit nicht schon in den vorhergehenden Rn. mitbehandelt): Hat der durch **55** Verstoß eines anderen VT gegen Abs. 5 Geschädigte die zulässige Höchstgeschwindigkeit um 20% überschritten, haftet er zu ¼ mit (Kar VersR **82** 807). Bei **Kollision mit dem geradeaus fahrenden GegenV** haftet der Linksabbieger grds. allein (BGH NZV **05** 249, **07** 294, **12** 217; KG VRS **103** 412, Nü NZV **09** 290, Kö VRS **101** 352) oder jedenfalls ganz überwiegend (BGH NZV **05** 249), auch wenn das entgegenkommende Fz bei Grün in fliegendem Start an noch stehenden Fz rechts vorbei in den Einmündungsbereich einfährt (KG VM **82** 66). Linksabbiegen vor schnell herannahmendem LängsV lässt dessen etwaige Schuld und BG uU ganz zurücktreten (BGH VersR **64** 514, Ko NJW-RR **04** 392, Stu VersR **80** 363, Kö VRS **89** 352), auch bei Grün (BGH VersR **63** 633). Anders bei erheblicher (also nicht schon bei 5 km/h, Fra NZV **10** 508) Geschwindigkeitsüberschreitung (dazu schon Rn. 39; Ko NJW-RR **04** 392; KG NZV **10** 156 (L); **19** 425 krit *Lempp*), die sich aber *auf das Unfallgeschehen oder die Schwere der Unfallfolgen ausgewirkt haben muss*, andernfalls es bei der Alleinhaftung des Linksabbiegers verbleibt (Ha SVR **19** 346 (*Balke*)). Schadensteilung bei für den Linksabbieger erkennbarer Überschreitung um mehr als 50% außerorts (Zw DAR **00** 312). Jedoch überwiegende Mithaftung des überschnell Entgegenkommenden bei Kollision mit einem Linksabbieger, der die überhöhte Fahrgeschwindigkeit nicht erkennen konnte (BGH VersR **80** 943, NJW **84** 1962, Ha NZV **94** 318) oder der, zu langsam abbiegend, diesen bei Beginn des Abbiegens infolge des StrVerlaufs noch nicht sehen konnte (2 : 1; Ha VRS **76** 253; s. auch Brn NZV **10** 154). $^1/_3$ Mithaftung des Entgegenkommenden bei Überschreitung der innerörtlichen Höchstgeschwindigkeit von 50 km/h um 20 km/h (Ce MDR **97** 1120), $^2/_3$ Mithaftung bei 100 statt 50 km/h innerorts (KG VM **01** 19), sowie bei 80 km/h statt 50 km/h (KG NJW-RR **19** 992; krit *Lempp* NZV **19** 425), 70% bei Überschreitung in Verbindung mit Sichtbehinderung (Ha NZV **10** 28). **Alleinhaftung** bei Überschreiten um 30 km/h innerorts (Kar VersR **80** 1148), bei Überschreitung um 40 km/h (AG Ludwigshafen NZV **03** 45), bei Überschreitung um 100 % und zugleich 100 km/h innerorts (KG DAR **20** 652; krit *Siegel* SVR **20** 60). 20% Mithaftung eines wegen Kuppe schlecht sichtbaren entgegenkommenden Motorradfahrers (Brn NZV **09** 554). Alleinhaftung des Entgegenkommenden, wenn der Linksabbieger **bei grünem Abbiegepfeil** eingebogen ist (KG NZV **94** 31, **99** 512; DAR **19** 601); bleibt dies ungeklärt, Schadensteilung 1 : 1 (BGH NZV **92** 108, **96** 231, **97** 350; Fra NZV **00** 212; KG VRS **103** 412; Dü NZV **95** 311; Zw NZV **17** 80) wegen der im Rahmen von § 17 StVG geltenden Beweisgrundsätze (§ 17 StVG Rn. 31) und weil LichtZ die allgemeinen Vorrangregeln verdrängen (aM (2 : 1 zu Lasten des Linksabbiegers) KG NZV **91** 271, **94** 31, **95** 312, *Klimke* DAR **87** 321). Dagegen bleibt es bei der Alleinhaftung des Linksabbiegers, wenn bei Kreuzung *ohne Grünpfeil* ungeklärt bleibt, ob der GegenV bei Rot (oder jedenfalls verbotswidrig bei Gelb) gefahren ist (KG VM **87** 37, Ha NZV **89** 191, Ko VD **93** 135). Ist ein solcher Ampelverstoß des GegenV festgestellt, so kommt Mithaftung des Geradeausfahrenden gegenüber dem ohne Grünpfeil Abbiegenden in Betracht (Dü VRS **104** 122 (60 : 40 zu Lasten des Linksabbiegers), KG VM **84** 37 (1 : 1), **99** 91, Ha NZV **89** 191 (1 : 1), VRS **89** 23 (60 : 40 zu Lasten des Geradeausfahrenden)), ebenso gegenüber dem vor Aufleuchten des Grünpfeils Abbiegenden (KG VM **92** 82, Ce VRS **102** 325 ($^2/_3$: $^1/_3$ zu Lasten des Abbiegenden)). Wer bei Grün links abbiegt, aber durch einen Überweg aufgehalten wird, ist für seitliches Angefahrenwerden von rechts her nicht verantwortlich (Dü VRS **35** 311). *Ein Kf muss nicht damit rechnen, dass ein Radf* plötzlich ohne Zeichen links abbiegt, dass ein Kradf ohne Ankündigung links in einen Feldweg abbiegt (BGH VersR **57** 787). **Haftungsverteilung zwischen Abbieger und nachfolgendem V:** Wer ohne Rücksicht auf ein überholendes Fz plötzlich *links abbiegt*, kann den Schaden allein zu tragen haben (Nü NZV **03** 89, Ce MDR **05** 569, KG ZfS **02** 519, Fra NZV **00** 211). Jedoch nur überwiegende Haftung des grob verkehrswidrig links Abbiegenden bei Kollision mit einem trotz unklarer VLage Überholenden (KG VM **90** 52 ($^2/_3$), Bra DAR **93** 345 (60%)). Lässt sich nicht aufklären, ob ausnahmsweise Rechtsüberholen geboten war, so haftet bei Kollision der Linksabbiegende überwiegend (Ko VersR **78** 676, Ha NZV **93** 397). Schadenshalbierung zwischen Mopedf, der ohne Zeichen und deutliches Linkseinordnen links abbiegt, und einem Kf, der ihn überschnell von hinten anfährt (BGH VersR **70** 466), ebenso bei Nichtbeachten des Fahrtrichtungsanzeigers eines links Abbiegenden (Grundstück) durch Überholenden und Nichtbeachten des vom Überholenden gegebenen Hupsignals durch den Abbiegenden (KG VRS **62** 95). Schadensteilung bei Auffahren auf links abbiegendes Kfz bei Fahrlässigkeit beider Kf (Sa r+s **81** 100, KG NZV **93** 272, Schl VersR **96** 866), ebenso bei fehlender zweiter Rückschau des Linksabbiegers und Überholen durch Nachfolgenden trotz Überholverbots innerorts (Dü VRS **64** 409) oder bei unklarer VLage (KG VRS **95** 406, Kar NZV **99** 166, Kö VRS **96** 407, **99** 39 (Abbiegen in ein Grundstück)), bei Ausschwenken des FzHecks nach links während des Rechtsabbiegens und Kollision mit links Geradeausfahrendem, der dies nicht berücksichtigt (Ha NZV **94** 399, s. aber LG Mü I NZV **98** 74 (keine Haftung des abbiegenden Busf)). $^2/_3$-Haftung des ohne ausreichende zweite Rückschau links einbiegenden Führers eines landwirtschaftlichen Gespanns bei Kollision mit nachfolgendem Krad (Kö VRS **93** 277). Haftung des links Überholenden zu $^2/_3$, wenn er den eingeordneten, links blinkenden Abbieger nur rechts hätte überholen dürfen, dieser aber die zweite Rückschau unterlässt (Ko NZV **05** 413, KG NZV **93** 272). $^2/_3$-Haftung des in einer Rechtskurve eine Kolonne mit doppelter Geschwindigkeit Überholenden, der das Blinkzeichen eines Vorausfahrenden, in ein Grundstück Abbiegenden wegen des StrVerlaufs nicht sieht (Ha NZV **93** 313). Jedoch Alleinhaftung des ohne Fahrtrichtungsanzeige und rechtzeitiges Einordnen in ein Grundstück Abbiegenden bei Kollision mit ordnungsgemäß Überholendem (KG DAR **02** 557, NJW-RR **87** 1251, Ce VRS **89** 24). Alleinhaftung des mit hoher Geschwindigkeit herannahenden Kradf, der das BlinkZ des seiner Rückschaupflicht genügenden, links abbiegenden TraktorF schuldhaft übersieht (Nü VRS **88** 107), ebenso bei Kollision mit ordnungsgemäß abbiegendem Pkw und Geschwindigkeitsüberschreitung durch den Kradf (Dü NZV **98** 72) oder bei grob verkehrswidrigem Überholen unter Umfahrung einer Verkehrsinsel (LG Erfurt ZfS **07** 78). Haftungsverteilung 60 : 40 zu Lasten des mit einer Zgm mit 2 Anhängern ohne richtiges Einordnen und ohne Fahrtrichtungsanzeige **rechts Abbiegen-**

den bei Kollision mit zu schnell fahrendem, rechts überholendem Pkw (Fra VRS **78** 339). Keine Mithaftung *aus Verschulden* des durch einen Rechtsabbiegenden Geschädigten allein wegen unberechtigten Befahrens eines Sonderfahrstreifens (§ 41 Rn. 248d; KG VRS **87** 411, 414; s. aber KG VersR **16** 205 (Linksabbieger) und NJW-RR **18** 159); zur Haftungsverteilung in solchen Fällen i Ü KG VM **00** 78. Verhält sich der nach rechts in ein Grundstück Abbiegende korrekt, so haftet ein achtlos von hinten Auffahrender allein (KG DAR **76** 74). Gegenüber unvorhersehbarem grobem Verschulden des Pkwf tritt die BG eines nach links in ein Grundstück abbiegenden Lkw uU ganz zurück (Dü VersR **81** 68). Alleinhaftung eines den Linksabbieger und 6 hinter ihm fast zum Stehen gekommene Fz grob verkehrswidrig Überholenden (Fra NZV **89** 155). Wer mit einem langen, schwerfälligen Fz bei schlechter Sicht ohne Sicherung durch Warnposten in eine BundesStr abbiegt, kann sich nicht auf ein unabwendbares Ereignis berufen (Ha VRS **19** 462, Ol DAR **61** 310, Dü VM **62** 57). Wer sich unter solchen Umständen nicht in die Gegenfahrbahn hineintastet und Gegenverkehr nicht vorbeilässt, gegen den spricht **der Anschein** (BGH VersR **66** 1074, VM **67** 3). Kein Anscheinsbeweis gegen die Straba beim Auffahren auf einen Linksabbieger (Dü VersR **69** 334, Ha NZV **91** 313) oder gegen den, der auf einen Rechtsabbieger rückwärts seitlich auffährt (Ce NJW **66** 2020 (Grundstückseinfahrt)). Der Anschein spricht gegen den **Linksabbieger,** der mit einem ihn ordnungsgemäß Überholenden kollidiert (KG NZV **05** 413, **10** 470, DAR **02** 557, einschr OLGR Ce **08** 274), dies aber nicht, wenn der Überholer eine kleine Kolonne in einem Zug überholt und dann mit dem nach links abbiegenden Spitzenfahrzeug zusammenstößt (Sa NZV **16** 82; s. auch Rn. 44), der nicht blinkt (Sa VersR **75** 1132) oder der mit einem Entgegenkommenden in dessen Fahrbahn kollidiert (BGH NZV **05** 249, **07** 294, KG NZV **03** 182, Ko NJW-RR **04** 392, Ha VersR **96** 645, Stu VersR **80** 363), nicht jedoch, wenn ungeklärt ist, ob der Grünpfeil für Linksabbieger leuchtete (Ha NZV **90** 189). Gleiches gilt hinsichtlich des grds. gegen den Linksabbieger sprechenden Anscheinsbeweises gegenüber dem entgegenkommenden Rechtsabbieger (IV S. 1); bei Vorhandensein einer LZA für Linksabbieger geht diese vor (KG DAR **19** 601; dazu auch schon oben). Der Anscheinsbeweis ist erschüttert, wenn der Entgegenkommende trotz Dunkelheit ohne Licht fährt (Kö VRS **73** 179) oder wesentlich zu schnell (Sa ZfS **03** 537, Ol ZfS **95** 168) oder wenn der Entgegenkommende total betrunken gewesen ist (Brn NZV **10** 154). Hingegen vermag allein der Umstand, dass der Überholer ein kaum hörbares Pedelec fährt, den Anschein nicht zu erschüttern (Mü DAR **16** 137). Nach KG VersR **16** 302 $^1/_3$ Mithaftung des unzulässig den Bussonderstreifen Benutzenden (s. auch oben zum Rechtsabbieger und § 41 Rn. 248d). **Wenden:** Die BG eines im fließenden V mit dem Wendenden kollidierenden Motorrads tritt zurück, wenn der Wendende den V durch Querstehen blockiert, weil er sich vorher keine Klarheit verschafft hat (Dü VRS **64** 10; s. auch Kö VersR **99** 993, Ce OLGR **09** 542) oder weil er an unübersichtlicher Stelle gewendet hat (Ha VersR **01** 1169). Kein Mitverschulden eines zwei stehende FzKolonnen überholenden Kradf bei Kollision mit einem FzF, der unter Ausnutzung einer Lücke in der linken Kolonne wendet (aber Anrechnung der BG des Kradf; Mü DAR **81** 356). Anschein für Alleinschuld des unter Inanspruchnahme des benachbarten (gleichgerichteten) Fahrstreifens Wendenden bei Unfall mit ordnungsgemäß Überholendem (KG NZV **07** 306; s. auch Ko NJW-RR **20** 977 (Wenden auf BundesStr)). Wer um einen Pkw nur etwa 15 m vor dem nachfolgenden Lkw plötzlich wendet, so dass der Lkw notbremsen muss, soll nach KG DAR **72** 20 dennoch ein Auffahren des Lkw-Hintermannes auf den Lkw nur zum geringeren Teil verursacht haben; dies widerspricht jedoch der Pflicht zu äußerster Sorgfalt. Regelmäßiges Zurücktreten der BG des an der Kollision schuldlosen Kf, in dessen Fahrbahn der Wendende gerät (Rn. 52). Mit- oder Alleinhaftung des mit dem Überholer Kollidierenden jedoch zB bei mitursächlicher Geschwindigkeitsüberschreitung (KG NZV **02** 230). Bei **Kollision während des Zurücksetzens** spricht der Anschein für Verschulden des Rückwärtsfahrenden (KG VRS **108** 190, VM **88** 32; NZV **09** 393 (je Alleinhaftung)). Der Anschein spricht für Alleinschuld des rückwärts vom Parkstreifen in die Fahrbahn Einfahrenden bei Kollision mit dem fließenden V; idR keine Mithaftung des anderen in solchen Fällen (Fra VersR **82** 1079). Erhebliches Mitverschulden dessen, der sich in Kenntnis baldigen Zurücksetzens eines Lkw hinter diesen begibt (Ol VRS **100** 432 ($^2/_3$ Mithaftung)). Der Anscheinsbeweis spricht auch beim Rückwärtsfahren **auf öffentlich zugänglichen Parkplätzen** gegen den Rückwärtsfahrenden; dies gilt allerdings nicht, wenn nicht ausgeschlossen werden kann, dass ein Fz im Kollisionszeitpunkt bereits stand, als der andere – rückwärtsfahrende – Unfallbeteiligte in das Fz hineingefahren ist (BGH NJW **16** 1098 m krit Anm *Geipel*; NJW **16** 1100 und Anm *Engel*; DAR **16** 199; NJW **17** 1175; s. auch KG ZfS **11** 255; Ha NZV **13** 123; aM (überhaupt kein Anscheinsbeweis bei Parkplatzunfällen iSv § 8 Rn. 31a) LG Sa DAR **13** 520, *Freymann* DAR **13** 73; s. ferner *Freymann* DAR **18** 242). Schadensteilung, falls zwei rückwärts aus ihren Parkboxen ausfahrende Kfz zusammenstoßen (LG Bad Kreuznach ZfS 07 559).

Einfahren und Anfahren

10 ¹Wer aus einem Grundstück, aus einer Fußgängerzone (Zeichen 242.1 und 242.2), aus einem verkehrsberuhigten Bereich (Zeichen 325.1 und 325.2) auf die Straße oder von anderen Straßenteilen oder über einen abgesenkten Bordstein hinweg auf die Fahrbahn einfahren oder vom Fahrbahnrand anfahren will, hat sich dabei so zu verhalten, dass eine Gefährdung anderer Verkehrsteilnehmer ausgeschlossen ist; erforderlichenfalls muss man sich einweisen lassen. ²Die Absicht einzufahren oder anzufahren ist rechtzeitig und deutlich anzukündigen; dabei sind die Fahrtrichtungsanzeiger zu benutzen. ³Dort, wo eine Klarstellung notwendig ist, kann Zeichen 205 stehen.

1   **Begr zu § 10:** *Die geltende StVO fordert in ihrem § 17 mit Recht für das Ausfahren aus Grundstücken das Äußerste an Sorgfalt. Schon der Vorentwurf (DAR 1963 S. 29 ff.) sah vor, man dürfe nicht weniger von denen verlangen, die von anderen Straßenteilen auf die Fahrbahn einfahren. Das sind Fahrzeuge, die auf Gehwegen, Seitenstreifen oder von der Fahrbahn abgesetzten Parkplätzen gehalten haben oder die auf Straßen mit mehr als zwei Fahrbahnen einen Fahrbahnwechsel vornehmen. Auch ihnen ist im Interesse der Sicherheit des Verkehrs anzusinnen, sich erforderlichenfalls einweisen zu lassen ... Zu den von anderen Straßenteilen Einfahrenden gehören schließlich auch die Radfahrer, die von Radwegen oder Seitenstreifen auf die Fahrbahn einbiegen. Auch sie müssen mehr als besondere Rücksicht, wie sie bisher § 27 Abs. 3 StVO verlangt, nämlich das Äußerste an Sorgfalt aufbieten. Sie werden sich zwar kaum je einweisen lassen müssen; dafür haben sie dann eben bei Unübersichtlichkeit abzusitzen.*

2   *Die Verordnung geht noch weiter. Sie fordert dieses Äußerste an Sorgfalt auch von dem, der vom Fahrbahnrand anfahren will. Auch diese verschärften Anforderungen an den Fahrverkehr sind geboten, weil ein Schwerpunkt unfallträchtiger Fahrstreifenänderungen im plötzlichen Ausscheren nach links beim Anfahren liegt ...*

3   **Begr zur ÄndVO v. 21.7.80 (VkBl. 80 514):**

     Zu Satz 1: *In der StVO fehlt eine Regelung über das Verhalten des Fahrzeugführers, der einen gekennzeichneten, verkehrsberuhigten Bereich verlässt. Durch die vorgeschlagene Regelung wäre sichergestellt, dass niemand den verkehrsberuhigten Bereich unter Inanspruchnahme einer im Interesse der allgemeinen Verkehrssicherheit nicht wünschenswerten Vorfahrt verlassen kann. Anderenfalls müsste diese Regelung durch eine entsprechende Beschilderung ersetzt werden ... .*

3a   **Begr zur ÄndVO v. 22.3.88 (VkBl. 88 221):** *Nach geltendem Recht muss derjenige, der aus einem Grundstück usw. auf eine Straße einfährt, sich so verhalten, dass eine Gefährdung anderer Verkehrsteilnehmer ausgeschlossen ist. Von ihm wird also ein ganz besonderes Maß an Sorgfalt, das Äußerste an Sorgfalt, verlangt. Dies muss ferner nicht nur dann gelten, wenn jemand aus einem verkehrsberuhigten Bereich (Zeichen 325/326) hinausfährt, sondern auch dann, wenn jemand aus einem Fußgängerbereich hinausfährt. Denn auch aus diesen Bereichen kommen während der Ladezeiten Kraftfahrzeuge. Dasselbe gilt, wenn z. B. eine Wohnstraße, in der Anliegerverkehr zugelassen ist, über einen abgesenkten Bordstein auf eine andere Straße geführt wird.*

     Alle diese Fälle sind gleich zu behandeln. Die Ergänzung des § 10 trägt dem Rechnung.

     Zur Klarstellung wird bemerkt, dass in all diesen Fällen nicht der Grundsatz rechts vor links gilt, sondern dem Ausfahrenden die besondere Sorgfaltpflicht des § 10 gegenüber jeglichem Verkehr auf der Straße obliegt, in die er einfährt.

3b   **Begr zur ÄndVO v. 7.8.97 (VkBl. 97 688):** *Ausnahme von dem Grundsatz, dass Zeichen 205/206 nur an Kreuzungen und Einmündungen von Fahrbahnen zur Regelung der Vorfahrt aufgestellt werden (§ 8 Abs. 1). Davon soll nur im Einzelfall dort Gebrauch gemacht werden, wo besondere Umstände dies aus Gründen der Verkehrssicherheit dringend erfordern. Es soll dabei die negative Beschilderung mit Zeichen 205/206 (abweichend von BGH, Urteil vom 24. März 1988 – DAR S. 269) genügen, da die Zeichen nur die allgemeine Verhaltensregel des § 10 Satz 1 klarstellen und verdeutlichen sollen. Allerdings wird wegen des Vorrangs der Verkehrszeichenregelung (§ 39 Abs. 2) der Gefährdungsausschluss anderer abgeschwächt. Bereits deshalb ist eine zurückhaltende Anwendung angebracht.*

     Entscheidend ist der optische Gesamteindruck, die räumliche Nähe zur Vorfahrtstraße und die Gefahrenabwägung im Einzelfall.

Übersicht

1. Allgemeines. § 10, der durch die StVO-Neufassung 2013 nur redaktionell geändert wor- **4** den ist, regelt die gesteigerten Sorgfaltspflichten (Rn. 10 ff.) desjenigen, der sich in den fließenden Verkehr einreihen will, also des Einfahrenden (Rn. 4a ff.) und des Anfahrenden (Rn. 7 ff.). Die Vorschrift beinhaltet namentlich den Vorrang des fließenden Verkehrs (Rn. 8) und geht als Spezialregelung den Bestimmungen über die Vorfahrt (§ 8) vor, weswegen nicht etwa rechts vor links gilt (BHHJ/*Burmann* Rn. 2). Geschützt sind über den fließenden Verkehr (Begriff: § 142 StGB Rn. 69) hinaus nach dem eindeutigen Wortlaut der Vorschrift *alle* Teilnehmer am öffentlichen StrV (§ 1 Rn. 17 ff.; BGH NJW **18** 3095; KG VM **86** 86; Kar NZV **16** 184; *Mühlhaus* DAR **75** 238; aM Ha VRS **45** 461, KG VRS **107** 96, *Cramer* Rn. 23; einschr. Ha NZV **95** 72), also (insoweit im Grundsatz soweit ersichtlich nicht str.) zB auch Radf und Fußgänger auf Geh- und Radwegen (Rn. 4a, 14), jedoch nicht das neben einem in 2. Reihe Haltenden parkende Fz (LG Sa NZV **13** 594). Demgegenüber ist der Verkehr im nichtöffentlichen VRaum (§ 1 Rn. 13 ff.) nicht in den Schutzbereich einbezogen (s. aber § 8 Rn. 31a zu seiner entsprechenden Anwendung bei Aus- und Einparkvorgängen auf Parkplätzen). § 10 gilt auch im Verhältnis des Einfahrenden gegenüber einem auf der anderen StrSeite noch Einfahrenden (Rn. 10; aM hier bis 43. Aufl.).

2. Einfahren ist die Fahrbewegung aus einem Grundstück, einem Fußgängerbereich oder ei- **4a** nem verkehrsberuhigten Bereich (Rn. 3, 6a), aber auch über einen abgesenkten Bordstein auf eine öffentliche Str (insoweit Gegenstück zu § 9, Abbiegen in ein Grundstück), außerdem die Fahrbewegung von anderen, nicht dem FahrV dienenden StrTeilen, zB einer markierten Parkfläche (Ha VersR **78** 261), auf die dem durchgehenden Verkehr dienende Fahrbahn. Betroffen sind Fahrvorgänge. Demgemäß dürften Fußgänger, die zB Handwagen mitführen, ein Fahrrad oder (ohne Einsatz der Motorkraft) ein Moped schieben (s. auch § 23 Rn. 8, 10; § 316 StGB Rn. 2 ff., 6), nicht von § 10 erfasst sein (aM hier bis 39. Aufl). Je nach Gefährdungslage können sich jedoch aus § 1 ähnliche Sorgfaltspflichten ergeben (s. auch Schl VM **65** 29). Viehtreiben quer über die Straße: § 28. § 10 normiert für sämtlichen Einfahrvorgänge einheitliche Grundsätze. Deshalb ist (anders als bei § 9) im Rahmen des § 10 die Unterscheidung zwischen Grundstücken (§ 9 Rn. 45) und anderen StrTeilen entbehrlich (KG VM **83** 53). Zur Straße gehört beim Einfahren (etwa aus einem Grundstück) nicht nur die Fahrbahn, sondern (wie aus der abw Formulierung in der 2. Alt. von I S. 1 folgt) auch Geh- und Radweg (Rn. 4, 14). Bei äußerlich als Fahrwegen erscheinenden Flächen wird Zugehörigkeit zur Fahrbahn anzunehmen sein, solange nicht deutlich erkennbare bauliche Merkmale (Tore, Schilder) dagegen sprechen (*Möhl* VOR **73** 40, abw. Bay DAR **72** 219). Außerdem ergeben sich einige sachbedingte Unterschiede bei der Anzeigepflicht (Rn. 16). Der Vorgang des Einfahrens ist erst dann beendet, wenn sich das Fz endgültig in den fließenden V eingeordnet hat oder wenn es auf der Str wieder verkehrsgerecht abgestellt ist (Dü VRS **60** 420, Ce NZV **06** 309, Kö NZV **12** 540) und jede Auswirkung des Anfahrvorgangs auf das weitere Verkehrsgeschehen ausgeschlossen ist (KG VRS **113** 33, NZV **07** 359, **08** 413), nicht aber schon dann, wenn das ausfahrende Fz etwa 2 bis 3 Minuten in der Position gestanden hat, in der sich die Kollision ereignet hat (KG NZV **07** 359, VRS **114** 405). Zum Anscheinsbeweis Rn. 11.

5   **Aus einem Grundstück** (private Grundfläche, auf denen kein öffentlicher V stattfindet, Sa NZV **15** 492) fährt zB auf eine öffentliche Str ein, wer einen Hofraum verlässt (Kö VRS **21** 301 (Autobus), BGH VRS **20** 126) oder sonst ein nicht dem öffentlichen V dienendes Grundstück (Kar VRS **44** 229), etwa einen Tankstellenbereich (Ha VRS **34** 226, Kar VRS **77** 45, LG Kar VM **03** 48), eine Ausfahrt aus einem Altenheim (Mü v. 6.2.09, 10 U 4845/08, juris), eine Buszufahrt zum Busbahnsteig (Stu VersR **70** 846), ein Anwesen, einen Acker (Ha NZV **97** 267, KG VAE **39** 373), Grünstreifen, ein noch nicht freigegebenes Teilstück eines StrNeubaus (Fra NZV **94** 280) oder wer zwecks Wendens in eine Grundstückseinfahrt völlig zurückgesetzt hatte (BGH NJW **57** 100, VRS **22** 131, Kö DAR **00** 120, Ko DAR **86** 155 (E 59), aM KG VM **74** 19, das auf diesen Fall § 9 V anwendet). Maßgebend für die verkehrsrechtliche Einordnung als Str oder Ausfahrt *sind die äußerlich erkennbaren Merkmale* (BGH VersR **77** 58, NJW **87** 435, Bay VRS **65** 223, NZV **94** 279, Ko DAR **04** 272, Kö NZV **94** 279, VRS **85** 15, Br NJW-RR **91** 958, Sa VM **81** 70, Ol DAR **83** 31, teilweise abw BGH NJW-RR **87** 1237 (die nach außen in Erscheinung tretende Verkehrsbedeutung als nicht dem fließenden V dienender Zugang zu einem Grundstück), Ol ZfS **92** 332, s. § 8 Rn. 35). Im Zweifel ist Verständigung geboten (Kö VRS **85** 15). Ist nach dem Gesamtbild Täuschung zu besorgen, muss der Vorfahrtberechtigte äußerste Sorgfalt walten lassen; andernfalls gewichtiger Verursachungsbeitrag (BGH NJW **87** 435; Sa NZV **15** 492). Die Länge der Zufahrt ist für die Qualifikation als öffentliche Str oder Grundstücksausfahrt ohne Bedeutung (Sa VM **81** 70, Kö VRS **85** 15).

6   **Andere Straßenteile** gehören zur Straße im verkehrsrechtlichen Sinn, sie dienen jedoch nicht dem durchgehenden V (BGH VersR **85** 835, Sa NZV **15** 492, Bay VRS **65** 223, Stu VRS **69** 390, Kar VRS **55** 246), zB Parkstreifen neben der Fahrbahn (Ha VersR **78** 261, Kö VersR **86** 666), Parkplätze (Ce DAR **00** 216, Ha VersR **75** 1033, NZV **93** 436 (AB), KG VM **83** 53), Zufahrten zu Parkplätzen oder Parkhäusern (Dü VM **70** 69, Kar VM **89** 7, Nau VRS **112** 199), der Gehweg (Ha VRS **16** 387, Schl SchlHA **58** 344), wenn darauf geparkt worden war, die Seitenstreifen rechts und links (BGH VersR **63** 438), ein von der Fahrbahn abzweigender, parallel mit ihr verlaufender und später wieder in sie einmündender Fahrweg zu Häusern (Dü DAR **73** 301), eine 3 m breite, durch eine Rinne und einen abgesenkten Bordstein von der Fahrbahn abgetrennte Zuwegung, auch wenn als Sackgasse bezeichnet (Sa NZV **15** 492), eine von der Str abzweigende und wieder in sie einmündende, dem Schienen- und BusV vorbehaltene Wendeschleife (Dü VRS **63** 3), die Anschlussstellen der AB (§ 18). Entscheidend ist die *auf Grund äußerer Merkmale erkennbare Absonderung von den StrTeilen, die dem fließenden V dienen* (BGH NJW **87** 435, Sa NZV **15** 492, Kar VM **89** 7, Nau VRS **112** 199, Ro VRS **112** 335). Sie ist nicht schon dann gegeben, wenn eine Str nur für den AnliegerV freigegeben ist (Stu v 21.4.2010, 3 U 218/09, insoweit in DAR **10** 468 nicht abgedruckt; Kar DAR **15** 646). Bei täuschendem Gesamtbild muss der Vorfahrtberechtigte äußerste Sorgfalt walten lassen, darf sein Recht daher nicht durchsetzen (§ 1 II; Ro VRS **112** 335 (33 % des Vorfahrtberechtigten; zw., s. BGH NZV **08** 193); Sa NZV **15** 492 (Schadensteilung)). Daher ist grundsätzlich auch der für andere Fz nicht befahrbare parallel zur Fahrbahn verlaufende **Bahnkörper** innerhalb einer öffentlichen Straße, wenn er nicht dem durchgehenden Verkehr dient, ein anderer StrTeil iS von S. 1 (kein Vorrang der Straba gem. § 2 III; LG Bochum VM **84** 88, *Filthaut* NZV **92** 397, aM *Maur* NZV **90** 220). Die Einsehbarkeit des Bahnkörpers für andere VT ist kein gegen diese Qualifikation sprechendes Kriterium (so aber *Maur* NZV **90** 221); denn diese ist in den Fällen von § 10 S. 1 *idR* gegeben (*Filthaut* NZV **92** 397). Das dürfte auch dann nicht anders sein, wenn der besondere Bahnkörper durch Kreuzungen oder Einmündungen unterbrochen ist oder die Gleise am Ende des besonderen Bahnkörpers ohne Änderung der Fahrlinie in der Fahrbahn weitergeführt werden (aM AG Bonn 13 C 260/87). Aus einem anderen StrTeil fährt auch eine Straba in die Str ein, die aus einem i Ü nur Fußgängern vorbehaltenen Bereich in die Fahrbahn einmündet (LG Kar NZV **92** 241). Zum Ganzen s. auch § 19 Rn. 7. **Sonderfahrstreifen für Busse** (§ 2 Rn. 24) sind nicht andere StrTeile; insoweit gilt für den Fahrstreifenwechsel § 7 (LG Fra DAR **93** 393). Von einem anderen StrTeil iS von § 10 fährt aber auch der einen **Radweg** verlassende Radf auf die Fahrbahn (Begr Rn. 1; KG ZfS **02** 513, Kö VRS **96** 345, Dü VM **65** 99, Ha DAR **16** 265; Sa NJW-RR **14** 1056; abw Kö VRS **78** 349, das bei Verlassen des Radwegs und Aufsuchen der anderen StrSeite § 9 III entsprechend anwendet), auch dann, wenn der Radweg durch eine durchgehende weiße Linie von der Fahrbahn abgeteilt wird (Ha NJW-RR **16** 1043). Das gilt auch für Radwege einer vorfahrtberechtigten Str, die, vor einer Einmündung (Kreuzung) von der bevorrechtigten Str einige m weggeführt, in die untergeordnete Str münden (*Bouska* NZV **00** 469, abw Ha NZV **00** 468, das § 25 III anwenden will). Eine Ausnahme wird man ma-

chen müssen, wenn der Radf bei einer Unterbrechung oder am Ende eines Radwegs geradeaus weiterfährt (s auch Rn. 16; § 9 Rn. 42). Nicht anwendbar ist die Vorschrift, wenn ein Radweg über einen abgesenkten Bordstein auf einen dort beginnenden (wenige Meter langen) **Fahrradschutzstreifen** geführt wird (zutr KG SVR **19** 417 mAnm *Syrbe* (jedoch hälftige Mitschuld, weil beim Einfahren seitlicher Kontrollblick auf die Fahrbahn unterlassen wurde)). Vortritt auf **Parkplätzen:** § 8 Rn. 31a. Rückwärtsausfahren aus einer Parknische auf die Fahrbahn nur unter Beachtung der §§ 9 V, 10 (KG VersR **77** 1103).

Verkehrsberuhigte Bereiche (VZ 325.1, 325.2) sind rechtlich weder Grundstücke noch **6a** andere StrTeile iS von § 10, sondern VBereiche mit eigenen Verhaltensregeln (Anl 3 lfd. Nr. 12 Spalte 3 nebst Erläuterung). Aufgrund der gleichgelagerten Interessenlage sind sie hinsichtlich des Einfahrens in den fließenden V den Grundstücken und „anderen StrTeilen" gleichgestellt. Auch bei ihnen erfordert das Verlassen, also Einfahren in den fließenden V ein Zurückstehen unter Beachtung höchster Sorgfalt (**E** 150). Sie gewähren unter keinen Umständen Vorfahrt (§ 8). Die Teilnehmer des fließenden V, auch Fußgänger, haben Vortritt. Entsprechendes gilt für Fußgängerbereiche (VZ 242.1, 242.2). Abw Regelung durch VZ: Z 205. Aus einem verkehrsberuhigten Bereich auf eine Str wird auch eingefahren, wenn das Z 325.2 (Ende) nicht unmittelbar an der Einmündung (Fahrbahnrand) aus dem Bereich herausführenden Str, sondern bereits an der Fluchtlinie der Bebauung angebracht ist; in solchen Fällen ist entscheidend, ob das Einfahren in eine andere Str objektiv noch als Verlassen des verkehrsberuhigten Bereichs iS von § 10 erscheint, was idR zu bejahen ist, wenn das Z 325.2 nicht mehr als 30 m vor der Einmündung oder Kreuzung aufgestellt ist und keine konkreten Anhaltspunkte eine abweichende Beurteilung rechtfertigen (BGH NZV **08** 193, LG Gießen DAR **96** 25; s. aber Ha NStZ **97** 270 (J), LG Ko NJWE-VHR **98** 260; aM *Lamberz* NZV **10** 547). Jedoch muss der Vorfahrtberechtigte bei unklarem Gesamtbild besondere Sorgfalt walten lassen; bei Verstoß überwiegt Verursachungsbeitrag des Vorfahrtverletzers uU nicht (BGH NZV **08** 193). Vorfahrt bei Einfahren in verkehrsberuhigten Bereich: § 42 Rn. 181. Ob im **Fußgängerbereich** FzVerkehr durch ZusatzZ zugelassen ist, hat für § 10 keine Bedeutung (LG Kar NZV **92** 241). Zufahrten, die über einen **abgesenkten Bordstein** auf eine Str führen, sind von geringer VBedeutung, dienen insbesondere nicht dem fließenden V und sind daher Grundstücksausfahrten gleichgestellt, auch wenn sie keine solchen im Rechtssinne sind. Damit ist zugleich geklärt, dass FzF, die sie befahren, keine Vorfahrt zustehen kann, wenn sie eine andere Str über den abgesenkten Bordstein erreichen; § 8 I S. 1 (rechts vor links) gilt nicht (Begr Rn. 3a; Ko VersR **03** 1454, Zw VRS **82** 51, Ha **126** 13; zum Radf s. auch Rn. 6 aE). Das gilt unabhängig von der tatsächlichen VBedeutung der Zufahrt (Ko VersR **03** 1454). Auf die Breite oder Beschilderung mit einem StrNamen kommt es nicht an (Zw VRS **82** 51). Der Begriff des „abgesenkten Bordsteins" entspricht zwar grds. dem der „Bordsteinabsenkung" in § 12 III Nr. 5 (§ 12 Rn. 49). S. 1 gilt jedoch erst recht, wenn die Einmündung über einen *nicht* abgeflachten Bordstein führt (Zw VRS **82** 51, *Kürschner* NZV **89** 177), dies auch dann, wenn der Bordstein durchgehend niedrig, nicht aber dann, wenn eine Absenkung nicht mehr vorhanden ist (*Lamberz* NZV **10** 547). Zum umgekehrten Fall des Verlassens einer Str über einen Bordstein und Gehweg in eine in die Fahrbahn mündende Zufahrt iS von S. 1: § 8 Rn. 32, § 9 Rn. 45; Kar VersR **94** 362.

3. Das Anfahren vom rechten oder linken Fahrbahnrand aus ist das Inbewegungsetzen des **7** Fz nach nicht verkehrsbedingtem Halten (KG NZV **04** 637, LG Berlin NZV **04** 635) zwecks Wiedereingliederung in den Fahrverkehr, nicht bloßes Zurechtrücken in einer Parklücke ohne Wegfahrabsicht (aM KG VM **75** 92). Es steht dem Einfahren an Gefährlichkeit gleich und setzt daher wie jenes rechtzeitige Rückschau, Ankündigung (Rn. 15, 16) und äußerste Sorgfalt (**E** 150) voraus. Der Anfahrende muss Gewissheit haben, dass seine Fahrbahn frei ist (Rn. 10), vor allem beim schrägen Rückwärtsanfahren, bei dem fremde BG uU ganz zurücktreten kann (BGH VersR **63** 358), beim Anfahren vom linken StrRand aus (Ha VRS **16** 387), wobei der Gegenverkehr zu kreuzen ist, beim Hervorfahren hinter einem abgestellten Z (Ol MDR **57** 547), beim Anfahren, um sogleich nach links abzubiegen, weil das RichtungsZ als bloßes Einordnungszeichen verkannt werden kann (Dü VersR **72** 404, Bay VRS **70** 40, Dü VersR **87** 909) oder beim Anfahren eines Busses aus der Haltebucht ohne Sicht nach hinten (Hineintasten; Schl VM **67** 22 (doch hat der Bus ab Haltestelle im Linienverkehr Vorrang, § 20)). Wer trotz nachfolgenden Verkehrs nach links hin anfährt und die Fahrbahn sperrt, verursacht eine höhere BG als ein Fz des fließenden Verkehrs (Fra VersR **74** 92). Gegen die Pflicht zu äußerster Sorgfalt verstößt bei großer VDichte im Hinblick auf die unerlässliche gegenseitige Rücksichtnahme nicht, wer nach Richtungsanzeige anfährt, wenn der nachfolgende Verkehr noch weit genug entfernt ist, um sich darauf einzustellen (Bay DAR **58** 277); das gilt auch bei geringer Behinderung, Gaswegnahme erfordert (Hb DAR **56** 281 (Schrägstellen zwecks besseren Rückblicks), Hb VM **69** 14, Kö VRS **10** 223, Ha VRS **60** 469 (vorsichtiges Hineintasten, um Sicht zu gewinnen)). Allein aus der Verursachung einer Gefahrenlage durch das Anfahren kann kein Verstoß gegen die Pflichten aus § 10 abgeleitet werden (Ha VRS **60** 469). Der an sich vorrangige Verkehr muss dem Anfahrenden ermöglichen, eine ausreichend große Lücke zum Eingliedern auszunutzen (§ 11); jedoch genügen dazu 50 m bei „70" des Herankommenden nicht (Zw VRS **30** 317). Wer von links aus anfährt, darf sich nicht auf Rechtsfahren anderer verlassen. Er muss sich vergewissern und im Zweifel zurückstehen. Das **Wiederanfahren nach verkehrsbedingtem Anhalten** fällt nicht unter § 10, sondern unter § 1, aus dem sich aber gleich hohe Sorgfaltspflichten ergeben können (Rn. 10; Zw VM **77** 53, Bay DAR **84** 31, VRS **67** 461, KG VRS **106** 173). § 10 gilt auch nicht bei Anfahren eines in 2. Reihe erlaubtermaßen haltenden Müllfz; auch dieses richtet sich nach § 1 (Rn. 10; Dü VRS **64** 458), nach KG NZV **08** 625 nach § 35 VIII S. 1 (zw). Zu den Sorgfaltspflichten des anfahrenden FzF, der den **Raum unmittelbar vor dem Fz** nicht übersehen kann, § 1 Rn. 36.

8   **Der fließende Fahrbahnverkehr** hat Vorrang gegenüber den Benutzern nicht zur Fahrbahn gehörender Flächen (BGH VRS **56** 203, Kar VRS **44** 229, LG Kar VM **03** 48). Ob das im fließenden Verkehr befindliche Fz weiterfahren oder alsbald halten oder parken will, ist unerheblich (Zw VRS **51** 144, Ha DAR **97** 275), desgleichen, ob es seinerseits in das Grundstück einfährt, aus dem der Wartepflichtige ausfährt (Kar VRS **77** 45, Dü NZV **91** 392). Dem nach § 10 bevorrechtigten „fließenden" V ist auch ein mit laufendem Motor in 2. Reihe Müll ladendes Müllfz zuzurechnen (KG VM **01** 27, **83** 54, **96** 21; s. aber Dü DAR **00** 477 sowie Rn. 10). Der fließende Verkehr darf idR auf Beachtung seines Vorrangs vertrauen (BGH VRS **56** 203, Bay VRS **30** 128, KG DAR **04** 387, Kar VersR **75** 1034, Ha VRS **31** 294, DAR **95** 24, Hb VM **66** 39, LG Kar VM **03** 48), auch wenn der Anfahrende links blinkt, es sei denn, der Teilnehmer des fließenden Verkehrs war dem Anfahrenden erst kurz vorher sichtbar geworden (Bay VRS **31** 128). Dass der Auffahrende unberechtigt den Bussonderstreifen benützt (Z 245), ändert daran nichts (KG NJW-RR **18** 159). Er darf den Vorrang aber nicht erzwingen, muss mäßige Behinderung hinnehmen und das Ein- oder Anfahren erleichtern (§ 1 Rn. 7; zB durch Verlangsamen Rn. 7, 9). Mit unvermutetem Anfahren eines parkenden Fz braucht der Verkehr ohne besonderen Grund nicht zu rechnen (Bay DAR **66** 83, Dü VM **66** 69, LG Duisburg ZfS **02** 573), doch kann dies je nach Sachlage zum Zurückbleiben zwingen (Ha VRS **30** 126). Wer sich jedoch einem Linien- oder Schulbus an dessen Haltestelle nähert, muss mit dessen Anfahren nach Anzeige rechnen und ihm Vorrang geben (§ 20; Dü VM **64** 26, Ha VRS **31** 294, Sa VRS **24** 457). § 10 bestätigt diese Grundsätze der älteren Rspr. nicht ausdrücklich. Sie sind jedoch sachgemäß und waren dem VOGeber bekannt, weswegen davon auszugehen ist, dass er sie in seinen Willen aufgenommen hat.

9   **Rücksicht zu nehmen** im Rahmen der §§ 1, 11 hat trotz des grundsätzlichen Vorrangs der fließende (und unrichtig parkende; KG VM **80** 85) Verkehr auf den Ein- oder Anfahrenden (BGH VRS **56** 202, Stu VersR **78** 977, Mü VersR **74** 676 (seitlicher Abstand), Kar VersR **75** 1034) und mäßige Behinderung durch das Ein- oder Anfahren in Kauf zu nehmen (Kar VersR **75** 1034, KG DAR **61** 172, Ol DAR **61** 202), jedenfalls bei an sich ausreichend großer Einscherlücke (Rn. 7). Sonst käme bei dichtem Verkehr jedes Ein- oder Anfahren zum Erliegen, soweit nicht eine benachbarte Ampel für Lücken sorgt. Der fließende Verkehr darf den Vorrang daher nicht erzwingen und muss das Ein- und Anfahren durch Gaswegnehmen oder auch durch leichteres Abbremsen ermöglichen (Ol DAR **60** 366, Dü VM **64** 39, Mü VRS **84** 206). Andererseits verhält sich der Anfahrende nicht äußerst sorgfältig, der auf solche Rücksicht vertraut oder zu geringe Lücken ausnutzt und dadurch gefährlich kurze Abstände (§ 4) erzwingt. Das Ein- und Anfahren erfordert in besonderem Maß Zusammenwirken der Beteiligten. War der Hintermann beim Anfahren noch nicht genug entfernt und konnte er es rechtzeitig sehen, so kann jede ursächliche Schuld des Anfahrenden entfallen (BGH VM **57** 57). Wer den Anfahrenden überholt, muss seinen Seitenabstand darauf einrichten, dass dieser der ordentlichen Fahrlinie zustreben werde (Mü VersR **74** 676). Der fließende V muss im Hinblick auf noch nicht sichtbare Einfahrende so fahren, dass er rechtzeitig anhalten kann, auf schmaler Fahrbahn auf halbe Sichtstrecke (Bay VM **73** 17, 52, abw Kö VersR **64** 77). Innerorts sind „70" auf schmaler, unübersichtlicher OrtsStr grob verkehrswidrig (Ce VRS **51** 305). Das Einfahren aus einem Grundstück zwecks Linksabbiegens **durch eine Kolonnenlücke** hindurch ist idR so gefährlich, dass es unterbleiben muss, der Verkehr muss mit solchen Versuchen nicht rechnen (Ha NZV **06** 204, KG DAR **76** 213). Demgegenüber befürwortet Ha SVR **19** 299 (*Siegel*) bei gut sichtbaren breiten Grund-

stücksausfahrten (zB Gaststätten-, Marktparkplatzausfahrt) die Anwendung der sog. „Lücken-rechtsprechung" (§ 8 Rn. 31). Die Grundsätze über die Vorsichtsmaßnahmen beim Überholen einer stehenden FzKolonne, in der eine Lücke für den QuerV freigelassen ist (§ 8 Rn. 47, § 11 Rn. 6), gelten hier nicht, ebenso wenig vor solchen Lücken, die zugunsten parkender Fz zum Zwecke des Einfädelns freigehalten werden (Bay VRS **65** 152, KG NZV **06** 371). Auch Vor-fahrtStrBenutzer, die eine in Gegenrichtung stehende Kolonne mit Lücken (Tankstellenausfahrt) passieren, müssen jedoch dort ausreichend seitlichen Abstand einhalten oder so langsam fahren, dass ein Ausfahrender sich gefahrlos bis zum Überblick vortasten kann (Bay DAR **71** 221).

4. Ausgeschlossen sein muss Gefährdung anderer VT (Rn. 4), inbes. (aber nicht nur, s. **10** Rn. 4) des fließenden V durch den Ein- oder Anfahrenden. Von ihm wird äußerste Sorgfalt (E 150) gefordert (BGH VersR **85** 835, Bay VM **73** 51, Sa BA **04** 553, Ce NZV **91** 195, Kar DAR **77** 109, KG NZV **06** 369, VRS **68** 284, Dü VM **74** 6, Zw VRS **71** 220), auch nach nur kurzem Anhalten (Dü VM **78** 60), wobei die Anforderungen auch bei einem 15-jährigen MofaF nicht geringer sind (Sa NJW **18** 315). Der Ein- oder Anfahrende muss sich vergewissern, dass die Fahrbahn für ihn im Rahmen der gebotenen Sicherheitsabstände (§ 4) frei ist (Bay DAR **58** 278) und dass er niemand übermäßig behindert. Auch mit rückwärts fahrenden Fz muss er rech-nen, wo dies erlaubt ist (Kö NZV **94** 321). Die Verantwortung für die Sicherheit des Vorgangs trifft vor allem ihn (BGH VRS **56** 203, Kö DAR **06** 27, Schl VersR **79** 362, Kar VersR **75** 1034), was aber fremde Mitschuld nicht ausschließt (Bay VRS **45** 211, VM **76** 33, Kö DAR **06** 27, Hb NZV **92** 281, Ko VRS **48** 350), und zwar gegenüber dem Verkehr von rechts und links und, je nach Sachlage, dem nachfolgenden wie entgegenkommenden Verkehr bis zur vollen Eingliede-rung (Ha DAR **73** 24, Sa VRS **43** 64, Kö VersR **86** 666). Auf Beibehaltung des Fahrstreifens durch den fließenden V darf er sich nicht verlassen (KG DAR **04** 387, NZV **06** 369, **08** 413, NJW-RR **11** 26, Kö VersR **86** 666, LG Duisburg ZfS **02** 573 (Alleinhaftung)), auch nicht auf Befahren der rechten Fahrbahnseite (BGH NZV **91** 187, DAR **11** 696, Ce NZV **91** 195) oder Einhaltung der zulässigen Höchstgeschwindigkeit (Dü VersR **87** 909, Ce NZV **91** 195, Fra NZV **94** 280). Diese Pflicht zur höchsten Sorgfalt setzt Umblick, gegebenenfalls Rückschau und rechtzeitiges, deutliches Zeichengeben voraus (Rn. 16) und schließt Beachtung der Sichtverhält-nisse ein (Kar DAR **77** 109). Sie besteht in allen Fällen des Ein- und Anfahrens (Rn. 4–7). Beim Anfahren nach Halten oder (verbotenem) Parken in 2. Reihe kann aus § 1 ein gleich hohes Maß der Sorgfaltspflicht folgen (KG NZV **04** 637, VM **86** 68, **96** 21 (Müllfz), **01** 27). Auch die Sorg-faltspflichten von **anfahrenden SonderrechtsFz wie Müllfz** folgen aus § 1 (Rn. 7, Dü VM **78** 60; Kar SVR **19** 217 (womöglich unmittelbar aus § 10): Haftung zu 75 % aufseiten des MüllFz). Der Sorgfaltsmaßstab für Einfahrende schließt die Alleinverursachung durch den Teilnehmer am fließenden V nicht aus (Dü VM **79** 20, Ko VRS **48** 350, Bay VM **74** 53), vor allem nicht fremde atypische grobe Verstöße (Bay VM **74** 33, E 150). Die äußerste Sorgfaltspflicht gilt nach KG VRS **107** 96 nicht im Verhältnis zu einem VT, der Fz und Motor abgestellt hat und in der Tür seines Fz steht (s. aber Rn. 4). Sie gilt auch gegenüber einem auf der anderen StrSeite noch Ein-fahrenden (BGH NJW **18** 3095; Kar NZV **16** 184; Rn. 4; abw. Ha VRS **45** 461) und auch ge-genüber einem am Fahrbahnrand wartenden Fußgänger, der die Fahrbahn überqueren will (s. Rn. 4, 14; **aM** Ha NZV **95** 72). Ob der Parkplatz, aus dem eingefahren wird, öffentlich ist, ist für die notwendige äußerste Sorgfalt unerheblich (KG DAR **71** 292), jedoch uU Mithaftung des Vorfahrtberechtigten, weil bei zB bei Großparkplätzen auch vor Einkaufsmärkten erhöhte Auf-merksamkeit geboten ist (Nau VRS **112** 199). Ist ausnahmsweise zur Klarstellung das Z 205 (Vorfahrt gewähren) aufgestellt, so gilt für das Sorgfaltsverhalten § 8 II, der dann gem. § 39 III der (strengeren) Regel des § 10 vorgeht (Rn. 3b, *Bouska* DAR **97** 338).

Kommt es in unmittelbarem zeitlichen und räumlichen Zusammenhang mit Ein- bzw. Anfah- **11** ren zu einer Kollision mit dem fließenden Verkehr, so spricht der **Anschein** gegen den Einfah-renden (BGH DAR **11** 696; Ce NJW-RR **03** 1536, Sa NJW **15** 639, MDR **03** 506, KG NZV **96** 365, **98** 376, **07** 358, Ha VRS **72** 344, Kö NZV **12** 540, Mü NZV **90** 394, Ol ZfS **92** 332, Nau NZV **13** 394) und den vom Fahrbahnrand (Kö DAR **06** 27, Brn DAR **02** 307, KG VM **01** 27, VRS **114** 425, Fra VersR **99** 864) oder von einem Parkstreifen (Kö r+s **16** 312) aus Anfahrenden, und zwar auch gegenüber dem Fahrstreifenwechsler (KG NZV **08** 413), ebenso gegen den von der AB-Standspur auf den Fahrstreifen Einfahrenden (LG Gießen ZfS **00** 335 (Alleinhaftung)). Kein Anscheinsbeweis aber im Verhältnis zum ruhenden V (KG NZV **10** 343) oder dann, wenn nicht aufklärbar ist, ob anfahrender Bus (§ 20 V) den Blinker gesetzt hat (LG Sa NZV **13** 35). Eine Strecke von 10 bis 15 m nach dem Anfahren wahrt den räumlichen und zeit-lichen Zusammenhang mit dem Ein- bzw. Ausfahren (KG VRS **113** 33, NZV **08** 413; zum Abschluss des Einfahrens Rn. 4a). Fährt ein Radf plötzlich unachtsam vom Seitenstreifen auf die Fahrbahn, kann Haftung des Kf entfallen (BGH VersR **63** 438). Besonders erhöhte Sorgfaltspflicht besteht beim Einfahren **im Dunkeln** (BGH VM **56** 15), womöglich mit einem Zug (Kö DAR **63** 301), und beim **Rückwärtseinfahren** auf eine Str (BGH NJW **52** 796, Dü VM **66** 47, Ha DAR **62** 90; Kö NZV **12** 540). Wer durch eine Lücke in einer wartenden **Kolonne** einfährt, muss mit links vorfahrenden Fz rechnen (KG VM **65** 63, Ha VkBl. **67** 480, dazu Rn. 9). Der in eine **EinbahnStr** oder Richtungsfahrbahn (§ 2 I) Einfahrende muss nicht mit FahrV aus verbotener Richtung rechnen (Kö VRS **20** 230, Ol NZV **92** 487 (Alleinhaftung des anderen)), auch nicht mit unerlaubtem Rückwärtsfahren (KG VRS **60** 382, DAR **96** 366, Kö VersR **92** 332). Zur **Haftungsverteilung** bei Kollision des Einfahrenden mit dem fließenden V § 17 StVG Rn. 10, 18.

12   **Der Einfahrende** muss höchstmögliche Sorgfalt anwenden, darf aber grundsätzlich auf Beachtung der VRegeln durch den fließenden Verkehr vertrauen (Bay DAR **73** 250, VRS **45** 211, einschr Brn VRS **93** 28 (Rückwärtseinparken)), wie auch dieser auf Beachtung seines Vorrangs (Rn. 8). Der Einfahrende darf darauf vertrauen, dass der fließende Verkehr nicht schneller als auf Sicht fährt (Ce VRS **51** 305, Zw VRS **71** 220), mit häufigen Verstößen des Fahrverkehrs muss er aber rechnen, zB auch mit Geschwindigkeitsüberschreitungen (Rn. 10) oder dem Überfahren von Haltlinien (Hb VersR **77** 1033). Zur Frage, inwieweit mit Überschreitung der zulässigen Höchstgeschwindigkeit zu rechnen ist, s. iÜ § 8 Rn. 53. Wer aus einer Tankstelle nach rechts hin ausfährt, muss nicht mit überholendem Gegenverkehr auf der für diesen linken StrSeite rechnen (Bay DAR **68** 189).

13   Eines **Einweisers** (**E** 146) muss sich der aus einem Grundstück Einfahrende bedienen, wenn im Hinblick auf die örtlichen Verhältnisse selbst vorsichtiges Hineintasten in die Fahrbahn ohne Gefährdung des fließenden Verkehrs nicht möglich wäre (KG VM **01** 27, Mü NZV **90** 274, **94** 106). Dies ist aber nicht stets dann der Fall, wenn er die Fahrbahn nicht genügend überblicken kann, sondern nur in Ausnahmefällen (Bay NStZ **87** 548, Ce VRS **51** 305). Einweisung ist nur bei besonderer Sachlage nötig (Fra VM **76** 48, Zw VRS **71** 220), zB bei mangelnder Sichtmöglichkeit infolge der Besonderheiten des benutzten Fz (BGH NZV **91** 187 (Schaufellader)), dagegen auch bei sehr schmaler Straße nicht, wenn der Ausfahrende auch als Entgegenkommender (ohne einzubiegen) kein geringeres Hindernis wäre (Fahren auf Sicht; Bay VM **73** 51, Ce VRS **51** 305). Entscheidend sind immer die örtlichen Verhältnisse (Ha VRS **33** 467, Ce VM **69** 32). Insbesondere hängt die Pflicht zur Inanspruchnahme eines Einweisers auch davon ab, ob die Einfahrt für den fließenden V gut erkennbar ist, dieser also Fz rechtzeitig wahrnehmen kann, die sich in die Fahrbahn hineintasten (Ce VRS **51** 305, Bay VRS **61** 386, **68** 295, NStZ **87** 548, Fra VM **76** 48). Wenngleich auch für den Rückwärtsfahrenden diese Pflicht nur ausnahmsweise besteht (Ha VRS **33** 467, Bay VRS **68** 295, KG VM **87** 45), werden bei versperrter Sicht vor allem ihn die Verhältnisse oft dazu zwingen, sich einweisen zu lassen (Hb VM **66** 39, Ko VRS **67** 284, KG VM **87** 45) oder einen Warnposten hinzuzuziehen (Ha VRS **30** 233 (zur Warnung von Fußgängern)). Einweisen lassen muss sich idR, wer mit einem schwerfälligen oder langen Fz längere Zeit zum Einfahren braucht (Ba VersR **77** 821, Sa VM **80** 88, Ha VRS **38** 222, Ce VRS **51** 305, Dü VersR **96** 1386) oder wer bei Nebel (Mü VersR **66** 1082) oder Dunkelheit mit einem langen Fz oder Zug einfährt (BGH VersR **68** 1162 (Warnposten, Warnlampen), Dü VM **68** 95 (Zugm mit Anhänger), VersR **96** 1386 (Mähdrescher mit Anhänger), Br VRS **11** 72 (Warnposten mit Laterne), Ce DAR **61** 279, Ha VRS **25** 372, NZV **97** 267 (Traktor mit 2 Anhängern ohne seitliche Beleuchtung), Mü NZV **94** 106). Sonst muss er das Tageslicht abwarten (BGH VersR **68** 1162, Dü VM **68** 95). Wer zum Einfahren länger braucht (schweres Zugfz, Anhänger), ist uU auch bei übersichtlicher Straße zu besonderer Sicherung (Einweiser, Warnposten) verpflichtet (Sa VM **80** 88). Geringe Sichtweite wegen Straßenkrümmung oder Kuppe macht im Hinblick auf das Sichtfahrgebot für den fließenden V keinen Einweiser oder Warnposten erforderlich (Bay ZfS **85** 94, VRS **61** 386, Ol VRS **96** 14, Zw VRS **71** 220), anders bei ungünstigen Sichtverhältnissen, zB Dunkelheit (BGH VersR **84** 1147, s. aber Mü NZV **90** 274). Auch auf schneeglatter Straße und nur 35 m Sicht muss sich der Einfahrende nicht unbedingt einweisen lassen; denn der fließende Ortsverkehr muss den Wetter- und Sichtverhältnissen entsprechend langsam fahren (Bay VM **73** 17, s. aber KG VM **87** 46 (Hinzukommen von Sichtbehinderung durch parkende Fz)). Wer aus einem Parkplatz mit einem Lastzug mit Warnblinkern langsam (rund 20 s) nach links auf eine BundesStr einfährt, braucht nach Maßgabe der Sichtverhältnisse und der VDichte keinen Warnposten (Bay 6 St 194/71). Wer als Einfahrender wegen parkender Fz, Hecken, Zäune, Mauern ua Hindernisse wenig Überblick hat, darf sich ohne Einweiser **bis zum Sichtpunkt vortasten;** wird er trotz größter Sorgfalt angefahren, kann er schuldlos sein (Bay VRS **61** 384, ZfS **85** 94, NStZ **87** 548, aM ohne Begr Ce NZV **91** 195). Eines Einweisers muss er sich jedoch dann bedienen, wenn sich Mauer oder Zaun (nicht auch Fz!) unmittelbar am Fahrbahnrand befinden und die Ausfahrt verdecken (Bay VRS **61** 386, ZfS **85** 94). Geringe Sicht, Glätte und FzLänge können den vom rechten Parkstreifen her Einfahrenden uU zwingen, sich einweisen zu lassen (Ha DAR **70** 333). Soweit die eigene mögliche höchste Sorgfalt des Kf beim Einfahren reicht, bleibt er neben einem Einweiser verantwortlich, muss sich über dessen Warnbereitschaft auch bei eingespielter Zusammenarbeit also vorher vergewissern (Kö VRS **12** 298). Erst recht darf er sich nicht auf einen Fremden verlassen, soweit er selbst beobachten kann (Kö VRS **24** 398) und nur mangels eigener Beobachtungsmöglichkeit auf einen zuverlässigen Helfer (Ha DAR **58** 252, Bra DAR **56** 247 (Tankwart), Br VM **65** 7). Der Einweiser darf die Str, außer bei Gefahr, für den fließenden Verkehr nicht sperren oder zu sperren versuchen, weil dieser im Rahmen des § 1 Vorrang hat (Rn. 8, 9). Außer Sichtverbindung können Zurufe des Einweisers ausreichen (Ha DAR **62** 61).

Die erforderliche äußerste Sorgfalt schließt **Fußgänger auf dem Gehweg** ein (Dü VM **78** **14** 43, KG VRS **68** 284, aM AG Augsburg ZfS **01** 446 (abl *Diehl*); s. auch Rn. 4, 10), ebenso **Radwegbenutzer** (Dü VM **79** 20, KG VRS **68** 284, DAR **93** 257, Ha NJWE-VHR **98** 179 (Alleinhaftung des KfzF)), grundsätzlich auch solche, die unerlaubt den „linken" Radweg befahren (KG DAR **93** 257 (entgegen KG aber wohl keine „Vorfahrt", § 8 Rn. 30); Ha MDR **14** 1023 (aber $^1/_3$ Mitverschulden wegen Verstoßes gegen § 2 IV S. 2)). Äußerste Sorgfalt schließt auch die besondere Beachtung Rad fahrender Kinder auf dem Gehweg und den Gehweg rechtswidrig (auch in „Gegenrichtung") Befahrender ein (Dü VRS **63** 66, NZV **96** 119, KG DAR **93** 257, Hb NZV **92** 281 mAnm *Grüneberg,* LG Freiburg NZV **08** 101). Hälftige Mithaftung eines Radfahrers, der in Gegenrichtung und mit schadhafter Bremse den Gehweg befährt (LG Freiburg ZfS **07** 621). Rad fahrende bis zu 8-jährige fahren idR mit entwicklungsbedingtem Bewegungsdrang, so dass der Ein- oder Ausfahrende nicht mehr nur mit Fußgängergeschwindigkeiten rechnen darf. Im Verhältnis zu schnellfahrenden Kindern kann aber Mitschuld des Kindes in Betracht kommen, im Verhältnis zu rechtswidrig den Gehweg Befahrenden (vor allem in Einbahnstraßen in Gegenrichtung), uU sogar deren Alleinschuld (§ 2 Rn. 29). Je nach Örtlichkeit darf der aus einem Grundstück Einfahrende uU quer über den Radweg vor der Fahrbahn anhalten, falls der Radweg frei ist, um Überblick zu gewinnen, ein später heranahender Radwegbenutzer muss dann warten, der Einfahrende muss vor ihm nicht zurücksetzen (Dü VM **79** 20). Der rückwärts auf die Straße Einfahrende muss damit rechnen, dass Fußgänger noch hinter ihm vorbeigehen (Dü VM **78** 43, Ha VRS **30** 233, Hb VM **66** 39).

5. Umschau und Rückblick gehören beim Anfahren wie beim Einfahren von einem ande-**15** ren StrTeil aus zur gebotenen höchsten Sorgfalt, weil sich die Lage sonst nicht beurteilen lässt (Dü VM **78** 60, Ha VRS **46** 222, Ko VRS **38** 56), auch wenn das Anfahren ausnahmsweise nicht zur Verlegung der Fahrlinie nach links führt; denn ein Hintermann könnte alsbald rechts anhalten wollen (BGH VRS **13** 220, Zw VM **76** 88, Bay NJW **67** 1769, Ha DAR **61** 93). Rückschaupflicht: § 9 Rn. 24–26. Die Umschau bezieht sich beim An- wie Einfahren auf den Verkehr aus beiden Richtungen, auch auf heranahende Radf und Mopedf (Ha VRS **46** 222). Das gilt auch für in die Str einfahrende Radf (Hb NZV **17** 534 *(Bachmor);* 70 : 30 gegenüber unbeleuchtet heranfahrendem Radf). Besonders wichtig ist die Rückschau, wenn das RichtungsZ des Anfahrenden wegen der Nähe abzweigender Straßen mehrdeutig ist (Ce VRS **15** 136). Wer sich gleich nach dem Anfahren zur StrMitte einordnet und links abbiegen will, muss vorher nochmals zurückschauen (Dü VersR **70** 1161).

6. Rechtzeitig und deutlich anzukündigen sind An- wie Einfahren (dazu § 5 Rn. 46–49, **16** § 9 Rn. 17–20). Das gehört zur äußersten Sorgfalt, entbindet also nicht von ihr (Fr VersR **74** 92). Keine äußerste Sorgfalt beim Ausfahren aus einer Parklücke ohne Blinken, wenn zudem in Schräglage noch gewartet werden muss (KG VM **74** 75). Die Benutzung der Fahrtrichtungsanzeiger ist im Grundsatz ohne Einschränkung vorgeschrieben und gilt deshalb auch für Fälle, in denen die Fahrlinie nur wenig oder gar nicht verlegt wird (aM *Mühlhaus* DAR **75** 238). Der Einfahrende muss durch Blinken anzeigen, wohin er fahren will (Hb VM **66** 40), was freilich nur bei abknickender Fahrlinie und nur denjenigen VT erkennbar wird, denen der anzeigende Blinker zugewandt ist. In allen anderen Fällen (zB beim geradeaus weiterfahrenden Einfahrenden) muss die unzulängliche oder unmögliche Anzeige durch äußerste Umsicht des Einfahrenden ersetzt werden (Ce VRS **15** 136). Der Anfahrende darf sich nicht auf Beachtung seines RichtungsZ verlassen, zumal er den rückwärtigen Verkehr vorbeilassen muss. Er wird trotz rechtzeitigen Blinkens (Bay VRS **30** 128, VkBl. **66** 119) nochmals zurücksehen müssen, sonst keine äußerste Sorgfalt. Wer vom rechten StrRand her anfährt, aber sogleich rechts abbiegen will, muss zuerst links, dann sogleich rechts blinken. Auch der wieder anfahrende Linien- oder Schulbus muss trotz seines Vorrangs (§ 20) rechtzeitig links blinken. Ein Radf, der an einer Kreuzung den rechts abbiegenden Radweg verlässt und mit Vorrang (§ 9) geradeaus weiterfährt, muss jedenfalls dann kein Zeichen geben, wenn er seine Fahrlinie nicht nach links verlegen muss (s. auch Rn. 6), sonst aber wohl nach § 10 (§ 9 Rn. 42; Dü VM **65** 92 ist insoweit teilweise überholt).

17   **7. Ordnungswidrig** (§ 24 StVG) sind Verstöße gegen eine Vorschrift des § 10 über das Einfahren oder Anfahren (§ 49 I Nr. 10), soweit öffentlicher VRaum in Betracht kommt oder einbezogen ist. Wer beim Einfahren in den V noch auf nichtöffentlichem VGrund aus Unachtsamkeit mit einem anderen Fz kollidiert, verletzt nach Bay DAR **73** 109 jedenfalls § 1 II (Verstoß gegen § 10 offengelassen; sehr zw.: näher § 1 Rn. 18a). Ist zur Klarstellung Z 205 aufgestellt (S. 3), so ist Nichtbeachtung Vorfahrtverstoß (Rn. 10). Behinderung des fließenden V durch Ein- oder Anfahren: § 1 Rn. 40 ff.

18   **Literatur:** *Bouska,* Der „abgesenkte Bordstein" in der StVO, DAR **98** 385. *Kürschner,* Vorrangs- und Vorfahrtsprobleme ..., NZV **89** 174. *Ders,* Vorrang für in und aus Fußgängerbereichen fahrende Schienenbahnen ..., NZV **92** 215.

Besondere Verkehrslagen

11 (1) **Stockt der Verkehr, darf trotz Vorfahrt oder grünem Lichtzeichen nicht in die Kreuzung oder Einmündung eingefahren werden, wenn auf ihr gewartet werden müsste.**

(2) **Sobald Fahrzeuge auf Autobahnen sowie auf Außerortsstraßen mit mindestens zwei Fahrstreifen für eine Richtung mit Schrittgeschwindigkeit fahren oder sich die Fahrzeuge im Stillstand befinden, müssen diese Fahrzeuge für die Durchfahrt von Polizei- und Hilfsfahrzeugen zwischen dem äußerst linken und dem unmittelbar rechts daneben liegenden Fahrstreifen für eine Richtung eine freie Gasse bilden.**

(3) **Auch wer sonst nach den Verkehrsregeln weiterfahren darf oder anderweitig Vorrang hat, muss darauf verzichten, wenn die Verkehrslage es erfordert; auf einen Verzicht darf man nur vertrauen, wenn man sich mit dem oder der Verzichtenden verständigt hat.**

1   **Begr zu § 11:** *Den modernen Massenverkehr in Fluss zu halten, ist nur möglich, wenn jeder Einzelne sich auf die jeweilige Verkehrslage einstellt. Jedem ist daher aufgegeben, sein Augenmerk auch darauf zu richten, ob er nicht durch sein Verhalten dazu beitragen kann und muss, verwickelte Verkehrslagen zu entwirren. Da sich der Massenverkehr auf die Dauer nur durch Mithilfe aller aufrechterhalten lässt, bedarf es auch der Möglichkeit, grobe Störenfriede zur Rechenschaft zu ziehen. Bisher konnte lediglich auf Grund des allgemeinen Verbots vermeidbarer Behinderung eingeschritten werden. Richtig gesehen ist diese Regelung lückenhaft. Denn es ist jedenfalls zweifelhaft, ob VT, denen die Verordnung ausdrücklich Vorrang einräumt, dieses Verbot verletzen können. Die Rspr. hat zwar Vorfahrtberechtigte, die, auf ihr „Recht" pochend, einen Unfall herbeigeführt haben, wegen Verletzung des bisherigen § 1 bestraft. Dabei ging es aber jeweils um Schädigungstatbestände. Es ist schwerlich aus § 1 zu entnehmen, dass die Beanspruchung eines Vorrangs, welche die Behinderung Wartepflichtiger zur Folge hat, etwa verboten sein könnte. Denn der, dem der Vorrang im Interesse der Flüssigkeit des Verkehrs eingeräumt ist, behindert zwangsläufig den Wartepflichtigen, und zwar nach den Umständen durchaus vermeidbar. Er soll im Regelfall sogar behindern; denn der Verkehrsfluss würde schon in bedenklichem Maße gehemmt, wenn auch nur ein erheblicher Teil der mit Vorrang Ausgestatteten davon keinen Gebrauch machte. § 1 passt insoweit für Vorrangfälle nicht. Es ist daher notwendig, ausdrücklich zu normieren, dass auch VT, denen Vorrang eingeräumt ist, uU darauf verzichten müssen ...*

2   *Absatz 2* konkretisiert in gewissem Umfang den § 1 Abs. 1 ... . Beispielhaft sind auch folgende Verkehrssituationen: Ein an sich wartepflichtiger Lastzug ist auf eine nach beiden Seiten nur auf kurze Strecken übersehbare Straße bis zur Mitte eingefahren, um dann auf diese Straße nach links einzubiegen. Auf der von ihm blockierten Straßenseite sammelt sich eine Reihe von Fahrzeugen; wenn in diesem Augenblick einzelne Fahrzeuge von rechts herankommen, so haben sie zu warten, bis dieser Zug die Kreuzung freigemacht hat. Dasselbe gilt, wenn auf einer schmalen Straße ein Linksabbieger auf einzelne entgegenkommende, geradeaus fahrende Fahrzeuge warten müsste, und sich hinter ihm schon eine Fahrzeugschlange gebildet hat; dann haben die entgegenkommenden Fahrzeuge gegebenenfalls zu warten. Dasselbe gilt an Straßenengpässen. Aber auch Fußgänger oder Radfahrer, auf die von abbiegenden Fahrzeugen ja besondere Rücksicht*

---

* Jetzt Absatz 3.

zu nehmen ist, haben stehen zu bleiben, wenn die abbiegenden Fahrzeuge durch das ihnen vorgeschriebene Warten den Verkehrsfluss auf der anderen Straße behindern würden. Fußgänger müssen auch davon abgehalten werden, einen Fußgängerüberweg gerade dann zu betreten, wenn ein ganzer Pulk von Kraftfahrzeugen herankommt.

Ohne gegenseitige Rücksicht geht es in solchen Fällen nicht. Die Norm ist freilich in anderer Richtung **3** *gewollt eng gefasst. Die Formel „wenn die Verkehrslage es erfordert" will Fälle ausnehmen, in denen es nur zweckmäßig und nicht eindeutig geboten ist, auf den Vorrang zu verzichten. Nur wirkliche Störenfriede werden erfasst.*

Der zweite Hs. des Absatzes 2* ist notwendig. Fehlte er, so wäre jedenfalls problematisch, inwieweit der **4** *Vertrauensgrundsatz hier Geltung hat. Ihn in den hier behandelten Fällen einzuschränken, ist im Interesse der Sicherheit geboten. Im Übrigen zeigt der halbe Satz ausdrücklich, dass die Verordnung den Vertrauensgrundsatz im Prinzip nicht antasten will.*

Begr zur ÄndVO v. 19.3.92 (VkBl. **92** 186): **4a**

Zu Abs. 2: *Die Vorschrift dehnt die Verpflichtung zur Bildung einer freien Gasse auch auf Außerortsstraßen mit mehreren Fahrstreifen für eine Richtung aus. Eine Beschränkung dieser Verpflichtung nur auf Autobahnen trägt dem gestiegenen Verkehrsaufkommen nicht mehr Rechnung.*

Begr zur ÄndVO v. 30.11.16 (BR-Drs. 332/16) **zu Abs. 2:** *Seit Jahrzehnten ist in Deutschland* **4b** *beim Stocken des Verkehrs auf Autobahnen und Außerortsstraßen mit mindestens zwei Fahrstreifen für eine Richtung das Bilden der so genannten Rettungsgasse Pflicht. Dennoch kommt es in der Praxis immer wieder zu Problemen, da die derzeitige Regelung von den VT oft nicht zufriedenstellend praktiziert wird. Die Regelung wird deshalb vereinfacht. Damit wird den VT eine einprägsame und leicht verständliche Verhaltensregel zur Verfügung gestellt, die ein reibungsloses Bilden der Rettungsgasse ermöglichen soll. Zukünftig sollen Rettungskräfte behinderungsfrei und damit schneller zum Einsatzort gelangen. Der bislang verwendete unbestimmte Rechtsbegriff „Stockender Verkehr" wird nun eindeutig zur Verbesserung der Verständlichkeit der Vorschrift definiert und liegt vor bei stehenden Fahrzeugkolonnen oder wenn diese mit sehr geringer Geschwindigkeit (Schrittgeschwindigkeit) „dahinschleichen".*

1. Allgemeines. § 11, der durch die StVO-Neufassung 2013 nur redaktionell, aber insoweit **5** nicht zum Besseren hin geändert worden ist, beruht auf dem Gedanken ständiger Vorsicht und gegenseitiger Rücksichtnahme. I und III gebieten dem Vorrangberechtigten, durch Vorrangverzicht zur Entwirrung verwickelter VLagen beizutragen (Begr, Rn. 1, 2). Die Vorschriften sind Ausfluss der übergeordneten Grundregel (**E** 122–124), dass VRegeln nicht ins Gegenteil des Bezweckten umschlagen dürfen (§ 1 Rn. 6), und stellen deshalb keine Ausnahmevorschriften dar (Kar NZV **13** 188; aM Ha VRS **45** 395 (zu I)). Davon bleibt unberührt, dass die Vorschriften eng auszulegen sind (Ha VRS **45** 395; s. auch Rn. 6). Der Gedanke kommt auch in § 19 IV (dort Rn. 26) und in § 26 II (dort Rn. 23) zum Ausdruck. II beinhaltet ein Verhaltensgebot bei Verkehrsstockungen auf AB und bestimmten Außerortsstraßen, das durch die 1. StVOÄndV 2016 neugefasst worden ist.

2. Verkehrsstockung (Abs. 1). I normiert einen Spezialfall der allgemeinen Regel in III (Ha **6** NZV **88** 24, **93** 405). Der Verkehr kann sich so verdichten, dass auch von Vorrangberechtigten (Vorfahrt, Grün) gefordert werden muss, zur Entwirrung oder wenigstens nicht zur weiteren Verstopfung beizutragen (Rn. 5). Der Normbefehl lässt sich dabei nicht schon aus dem Behinderungsverbot des § 1 herleiten; denn Bevorrechtigte behindern andere idR schon durch Vorrangausübung (Begr, Rn. 1; BaySt **70** 166). Für die Notwendigkeit des Vorrangverzichts ist maßgebend, was die VLage *für jeden erkennbar unbedingt erfordert,* nicht also, was im Einzelfall zweckmäßig erscheinen kann; die Vorschrift soll nur *offensichtliche* Störenfriede erfassen (Begr, Rn. 1; Ha VRS **45** 395). Bei der Auslegung ist zu berücksichtigen, dass die Beurteilung für den Kf schwierig ist, weil der Abfluss der in einer Kreuzung Wartenden von für ihn nicht vorsehbaren Umständen (Panne, Ungeschicklichkeit, verspätetes Anfahren, störendes Vorkommnis im LängsV) abhängen kann. Auch im Fall von I (vgl. III Hs. 2 und zu Rn. 12) darf auf Verzicht nur nach Verständigung vertraut werden (Fra VRS **55** 64, Bay VRS **58** 150, Ha NZV **88** 24). Wo PolB den Verkehr durch Licht- oder HandZ regeln, wird nicht § 11 gelten, sondern die Sorgfaltspflicht der VT nach § 36 I.

Der Verkehr stockt iS von I, wenn die Kreuzung/Einmündung mit wartenden Fz in der be- **7** absichtigten Richtung (nicht auch mit solchen des QuerV: Ha NZV **93** 405) so überfüllt ist, dass sie diesen Bereich bei freier Fahrt mit einiger Gewissheit nicht alle werden verlassen können (KG VM **77** 24, VRS **48** 462, Dü NZV **94** 491, *Möhl* DAR **70** 231, *O. H. Schmitt* VOR **72** 46).

Ob der Verkehr stockt, richtet sich auch nach der bei der Ankunft beurteilbaren Frequenz des Fahrstreifens, der nach der Kreuzung befahren werden soll. Raum zum richtig eingeordneten Warten vorausgesetzt, kann die Beurteilung also für den Geradeausfahrenden anders als für den Links- oder Rechtsabbieger ausfallen. Erstreckt sich auf einer VorfahrtStr eine vor Rot oder aus anderem Grund haltende FzSchlange noch über die nächste zurückliegende Kreuzung oder Rechtseinmündung, so müssen Berechtigte ähnlich wie an Bahnübergängen (§ 19 IV) diesen Kreuzungs- oder Einmündungsbereich für den QuerV (geradeaus, Linksabbieger) freilassen, nicht aber auch für wartepflichtige Rechtsabbieger, die sich in die Schlange einordnen wollen (Ha NZV **88** 24). Diesen gegenüber muss nicht jeder Bevorrechtigte warten, nur weil er in Kolonne fährt. Es muss nur ab und zu Gelegenheit zum Einordnen gegeben werden (§ 1). Wer in einer vorfahrtberechtigten Kolonne fährt, darf Kreuzungen und Rechtseinmündungen also nur befahren, wenn er sie zügig passieren kann (*Meyer* JR **71** 32, **aM** Bay VRS **39** 457). Stockt der Verkehr auf der Kreuzung, so braucht ein dort Wartender nur gegenüber solchen Kfz zurückzusetzen, die mithilfe dieser Lücke in anderer Richtung weiterfahren könnten, und nur, wenn das Zurücksetzen niemanden beeinträchtigt (§ 1; Ko VRS **43** 215).

8 **Die bloße Möglichkeit** einer nach dem Einfahren entstehenden Stockung begründet nicht das Verbot des I (Dü NZV **94** 491). ZB keine Stockung, wenn auf geräumiger Kreuzung bereits mehrere Fz warten (meistens Abbieger) und Platz für weitere besteht, ohne dass Anhaltspunkte für späteres Zurückbleiben vorhanden sind (Br VM **76** 93, Dü DAR **73** 81, **89** 112). Entsprechendes gilt, wenn ein Abbieger bei dichtem Verkehr und Grün nur deshalb nicht weiterfahren kann, weil ein Vorausfahrender unvorhersehbar hängen bleibt (Bay VRS **56** 126). Auch das Einfahren und Warten mehrerer Linksabbieger in einer Kreuzung bis zum Abfluss des Längsverkehrs bleibt erlaubt (*Möhl* DAR **70** 231, *O. H. Schmitt* VOR **72** 48). Vorfahrt oder Grün erlauben nur dann keine Einfahrt, wenn der Kf sieht, dass er sie nicht rechtzeitig wieder verlassen kann (Rn. 6; Stu VRS **38** 378, Ha VRS **45** 395, Dü DAR **89** 112).

9 **3. Durchfahrt für Hilfsfahrzeuge (Abs. 2)** ist bei längerer Stockung auf der AB und auf außerörtlichen Str (Z 310, 311) mit mindestens zwei, nicht notwendig markierten (§ 7 Rn. 5; Begr zu § 18 IX (aF), VkBl. **88** 222f.) Fahrstreifen in eine Richtung (Begriff: § 7 I S. 2) durch Bildung einer „**Rettungsgasse**" für eine Richtung zu gewähren. Das Gebot setzt nicht schon bei kurzen Stockungen infolge Zähflüssigkeit ein. Voraussetzung ist Schrittgeschwindigkeit (dazu § 42 Rn. 181 zu Z 325.1/325.2) oder Stillstand. Die Durchfahrt wird dadurch gewährt, dass die Kf vom Beginn der Schlange (dem Hindernis) her zwischen dem äußerst linken und dem unmittelbar rechts daneben liegenden Fahrstreifen für eine Richtung eine freie Gasse bilden, damit ausreichender Raum für HilfsFz (Polizei, Krankenwagen usw) besteht. Ziel der Neuregelung ist eine Vereinfachung und bessere Verständlichkeit (Begr Rn. 4b; *Schubert* NZV **16** 401, 405; *Lippert* VD **16** 333). Hat ein Kfz die Fahrspur nicht vollständig geräumt, sondern ragt dessen Heck in die Rettungsgasse hinein, so Alleinhaftung bei einer Kollision mit einem mit Sonderrechten (§§ 35, 38) ausgestatteten EinsatzFz (Bra SVR **18** 428 *(Bachmor)*). Die „Gasse" darf keinesfalls zum „Vordrängeln" missbraucht werden. Bei Verletzung nicht nur OW (Rn. 13), sondern uU Straftat nach dem 2017 eingeführten § 323c II StGB.

10 **4. Vorrangverzicht bei untypischer Verkehrslage (Abs. 3).** *Erfordert* es die VLage (nicht also bei bloßer Zweckmäßigkeit), so sollen Vorrangberechtigte in sinnvoller Weise zurückstehen, also auf Weiterfahren oder anderweitigen Vorrang verzichten. III konkretisiert die Grundpflicht ständiger Vorsicht und gegenseitiger Rücksicht (Begr, Rn. 2; Rn. 5), indem er jeden verpflichtet, verwickelte Lagen durch angepasstes Verhalten mit zu entwirren oder sie jedenfalls nicht durch unvernünftiges Verhalten zu verstärken (BGH VersR **77** 154). Sicherheit geht starrer Regelanwendung vor (Dü VersR **77** 139). III ist nicht bußgeldbewehrt (Rn. 13). Jedoch kann Nichtbeachtung im Einzelfall andere VRegeln verletzen. Droht bei wörtlicher Regelbeachtung Gefahr, so ist sinnvolles Vermeiden der Gefahr, soweit möglich, sogar Pflicht (§ 1 II, **E** 122). Als letzter Ausweg zur Unfallvermeidung sind auch Verkehrswidrigkeiten in Kauf zu nehmen (Br VRS **3** 414, *Fuchs-Wissemann* DAR **95** 280).

11 **Einzelfälle:** S. zunächst die Beispiele der Begr (Rn. 2). III kann einen Radwegbenutzer uU zum Warten verpflichten, falls ein aus einem Grundstück Ausfahrender den Radweg versperren muss, weil er sonst keinen Überblick gewinnen kann (Dü VM **79** 20, s. auch § 10 Rn. 14). Steht auf der VorfahrtStr die rechte Kolonne still, so müssen sich links überholende Fz auf QuerV aus rechts frei gelassenen Lücken einrichten (Fra VersR **75** 957, Hb VM **68** 82). Stehen Fz zu nahe am Gleisbereich, so muss die Straba warten (§ 2 III). Fahren bei Betriebsschluss aus Großbetrieben große Radfahrergruppen aus, so muss der Verkehr dies berücksichtigen (§ 2 IV). Kommen in

einem unüberschaubaren Engpass Fz aneinander nicht vorbei, so muss der zurückfahren, dem es geringere Mühe macht. Der fließende Verkehr muss auf Ein- oder Anfahrende Rücksicht nehmen (§ 10 Rn. 9), ebenso der Vorfahrtverkehr auf lange wartende Wartepflichtige (§§ 8, 10). I, III verbieten es, in eine staubedingt blockierte ampelgeregelte Kreuzung bei eigenem Grünlicht einzufahren und sich vor ein hängengebliebenes Fahrzeug hineinzudrücken; Mithaftung zu $^2/_3$, wenn FzF von dessen Fahrer beim Anfahren übersehen wird (Kar NZV **13** 188). Zum „Nachzüglervorrang" s. § 37 Rn. 17 ff.). Bei Ampelversagen muss sich der Verkehr unter größter Vorsicht selbst helfen (§ 37). An verkehrsreichen Kreuzungen muss der nach Ampelversagen bevorrechtigte V dem QuerV für Zeitintervalle, die etwa einer Ampelphase entsprechen, das Passieren der Kreuzung durch Verzicht auf das eigene Vorrecht ermöglichen (Dü DAR **83** 379, krit *Fuchs-Wissemann* DAR **95** 281). Ist jeder von mehreren FzF jeweils einem anderen gegenüber wartepflichtig, so ist zur Entwirrung der Lage nach Verständigung einem die Fortsetzung der Fahrt zu ermöglichen (KG VM **90** 76; s. auch § 8 Rn. 38).

Der **Vertrauensgrundsatz** wird durch III Hs. 2 ausdrücklich eingeschränkt (Begr, Rn. 2; Stu **12** VRS **69** 390). Da III Hs. 1 stets regelwidrige VLagen betrifft, darf niemand auf Verzicht des Bevorrechtigten vertrauen, bevor er sich mit ihm verständigt hat. Ohne deutliche Erkennbarkeit darf ein Wartepflichtiger nicht darauf vertrauen, dass ein an sich Bevorrechtigter eine Einmündung zur Durchfahrt freilassen werde (Bay VRS **58** 153, VM **80** 49). Verständigen bedeutet Einigkeit über das weitere Verhalten. Vieldeutigkeit oder Unschlüssigkeit genügen nicht. Eindeutigkeit kann auch bei Betätigung der (ansonsten oft zu Missverständnissen Anlass gebenden) Lichthupe zu bejahen sein, sofern weitere Umstände hinzukommen (Ha NZV **88** 24 (Anhalten und bewusstes Lassen einer Lücke)).

5. Ordnungswidrig (§ 24 StVG) sind nur Verstöße gegen I und II (§ 49 I Nr. 11). Wegen der **13** komplexen Lage bei großer VDichte wird sich die Verfolgung von Verletzungen des I auf eindeutige Verstöße beschränken müssen (*O. H. Schmitt* VOR **72** 55; s. auch Rn. 5). Eine ausdehnende Interpretation über den in I geregelten Fall hinaus kollidiert mit dem Gesetzlichkeitsprinzip (Stu VRS **69** 304). Wäre, abgesehen von I, das Abweichen von einer Regel der Sicherheit dienlicher gewesen als starre Befolgung, so wird einem Kf die Befolgung doch nicht zum Vorwurf gereichen können (Bay JR **59** 390 mzustAnm *Hartung*). Wer gegen § 11 I verstößt und dadurch andere behindert, verletzt in TE auch § 1. Denn Behinderung ist kein Tatbestandsmerkmal des § 11. Verstoß gegen die Pflicht zur Bildung der Rettungsgasse ist nunmehr mit empfindlichen Sanktionen bewehrt (Nr. 50 ff. BKat: 200–320 €, 1 Monat FV). Vorsätzliche Behinderung von Rettungswilligen kann strafbar sein (§ 323c II StGB). III ist nicht bußgeldbewehrt, trotz der (nur didaktisch gemeinten) Wendungen „muss" und „darf".

6. Zivilrecht. Zur Haftungsverteilung bei Kreuzungsunfällen insbes. an LZA § 37 Rn. 61, § 9 **14** StVG Rn. 55.

Halten und Parken

12 (1) **Das Halten ist unzulässig**
1. **an engen und an unübersichtlichen Straßenstellen,**
2. **im Bereich von scharfen Kurven,**
3. **auf Einfädelungs- und auf Ausfädelungsstreifen,**
4. **auf Bahnübergängen,**
5. **vor und in amtlich gekennzeichneten Feuerwehrzufahrten.**

(2) **Wer sein Fahrzeug verlässt oder länger als drei Minuten hält, der parkt.**

(3) **Das Parken ist unzulässig**
1. **vor und hinter Kreuzungen und Einmündungen bis zu je 5 m von den Schnittpunkten der Fahrbahnkanten, soweit in Fahrtrichtung rechts neben der Fahrbahn ein Radweg baulich angelegt ist, vor Kreuzungen und Einmündungen bis zu je 8 m von den Schnittpunkten der Fahrbahnkanten,**
2. **wenn es die Benutzung gekennzeichneter Parkflächen verhindert,**
3. **vor Grundstücksein- und -ausfahrten, auf schmalen Fahrbahnen auch ihnen gegenüber,**
4. **über Schachtdeckeln und anderen Verschlüssen, wo durch Zeichen 315 oder eine Parkflächenmarkierung (Anlage 2 Nummer 74) das Parken auf Gehwegen erlaubt ist,**
5. **vor Bordsteinabsenkungen.**

(3a) [1]Mit Kraftfahrzeugen mit einer zulässigen Gesamtmasse über 7,5 t sowie mit Kraftfahrzeuganhängern über 2 t zulässiger Gesamtmasse ist innerhalb geschlossener Ortschaften

1. in reinen und allgemeinen Wohngebieten,

2. in Sondergebieten, die der Erholung dienen,

3. in Kurgebieten und

4. in Klinikgebieten

das regelmäßige Parken in der Zeit von 22.00 bis 06.00 Uhr sowie an Sonn- und Feiertagen unzulässig. [2]Das gilt nicht auf entsprechend gekennzeichneten Parkplätzen sowie für das Parken von Linienomnibussen an Endhaltestellen.

(3b) [1]Mit Kraftfahrzeuganhängern ohne Zugfahrzeug darf nicht länger als zwei Wochen geparkt werden. [2]Das gilt nicht auf entsprechend gekennzeichneten Parkplätzen.

(4) [1]Zum Parken ist der rechte Seitenstreifen, dazu gehören auch entlang der Fahrbahn angelegte Parkstreifen, zu benutzen, wenn er dazu ausreichend befestigt ist, sonst ist an den rechten Fahrbahnrand heranzufahren. [2]Das gilt in der Regel auch, wenn man nur halten will; jedenfalls muss man auch dazu auf der rechten Fahrbahnseite rechts bleiben. [3]Taxen dürfen, wenn die Verkehrslage es zulässt, neben anderen Fahrzeugen, die auf dem Seitenstreifen oder am rechten Fahrbahnrand halten oder parken, Fahrgäste ein- oder aussteigen lassen. [4]Soweit auf der rechten Seite Schienen liegen sowie in Einbahnstraßen (Zeichen 220) darf links gehalten und geparkt werden. [5]Im Fahrraum von Schienenfahrzeugen darf nicht gehalten werden.

(4a) Ist das Parken auf dem Gehweg erlaubt, ist hierzu nur der rechte Gehweg, in Einbahnstraßen der rechte oder linke Gehweg, zu benutzen.

(5) [1]An einer Parklücke hat Vorrang, wer sie zuerst unmittelbar erreicht; der Vorrang bleibt erhalten, wenn der Berechtigte an der Parklücke vorbeifährt, um rückwärts einzuparken oder wenn sonst zusätzliche Fahrbewegungen ausgeführt werden, um in die Parklücke einzufahren. [2]Satz 1 gilt entsprechend, wenn an einer frei werdenden Parklücke gewartet wird.

(6) Es ist platzsparend zu parken; das gilt in der Regel auch für das Halten.

Begr zu § 12 ...

1   **Zu Absatz 2:** ... *Was auf einer Parkverbotsstrecke unbedenklich gestattet werden kann, ist in Absatz 2 gesagt. Der Gesetzgeber darf sich, wenn er eine sachgerechte Lösung finden will, nicht darauf beschränken, bei der Parkdefinition eine obere zeitliche Grenze des Haltens zu ziehen. Denn auch das Verlassen des Fahrzeugs ist von Bedeutung. Überall, wo das Parken verboten ist, verlangt das Verkehrsinteresse auch bei kürzerem Halten einen jederzeit abfahrtbereiten Fahrzeugführer. Dass dieser, sobald das haltende Fahrzeug zum Hindernis wird, dann auch wirklich wegfahren muss, gehört zu jenen Selbstverständlichkeiten, die der Verkehrsgesetzgeber nicht aussprechen darf. Das ergibt sich aus § 1.*

Die Verordnung zieht die Zeitgrenze, bei der das Halten zum Parken wird, strikt bei 3 Minuten. Der Vorentwurf hatte flexibler von „wenigen Minuten" gesprochen. Mag solche Regelung auch eine der jeweiligen Örtlichkeit besser angepasste Handhabung der Vorschrift gestatten, so liegt es doch wohl im Interesse der Verkehrsteilnehmer, eine klare Regelung zu erhalten.

... Was unter dem Verlassen des Kraftfahrzeugs zu verstehen ist, das ist der ausgedehnten, sachlich zutreffenden Rechtsprechung zu § 35 StVO (alt) allgemein verständlich zu entnehmen.

2   **Zu Absatz 3:** ... **Zu Nr. 6:** *Das bisher in § 16 Abs. 1 Nr. 3 enthaltene Verbot wird sachgerecht konkretisiert. Die Bundesbahn strebt an Übergängen ein freies Sichtdreieck vom 50-m-Punkt an. Innerhalb geschlossener Ortschaften lässt sich wegen der Parkraumnot das Parkverbot nicht aufrechterhalten; erforderlichenfalls ist dort durch Verkehrszeichen abzuhelfen ...*

3   **Zu Absatz 4:** *Der Absatz bringt in Übereinstimmung mit dem Weltabkommen Vorschriften darüber, wo auf der Straße und wie dort zu parken und zu halten ist. Ob ein Seitenstreifen zum Parken geeignet ist, kann für den Verkehrsteilnehmer zweifelhaft sein. In solchen Fällen kann durch Aufstellung des Unterrichtungszeichens 388 das Notwendige gesagt werden. Es liegt im Interesse der Verkehrssicherheit, Fahrzeuge auch zu kurzem Halten, wie es der zweite Satz verlangt, an den Fahrbahnrand zu verweisen; das Halten „in zweiter Reihe" wird damit untersagt. Die Vorschrift darf freilich nur als Regelsatz aufgestellt werden, der Ausnahmen duldet. Wenn Verkehrslage und Örtlichkeit es zulassen, genügt es durchaus, „auf der rechten Seite" zu halten; dadurch wird zugleich häufig schwieriges Einordnen zwischen parkenden Fahrzeugen und stets das nicht ungefährliche Anfahren vom Fahrbahnrand (vgl. § 10) vermieden.*

Satz 3* übernimmt jegliches Recht; es dient lediglich der Klarstellung, wenn neben Halten auch das Parken ausdrücklich erwähnt wird.

Zu Absatz 5:** *Diese Vorschrift ist durch die herrschende Parkraumnot diktiert. Wie man vom Verkehr* **4** *verlangen muss, daß er sich in den Verkehrsfluss einfügt, so kann man ihn dazu verpflichten, auch beim Parken das Allgemeininteresse nicht zu vernachlässigen und nicht mit dem knappen Parkraum verschwenderisch umzugehen. Der Satz ist kein Programmsatz, sondern enthält ein durch § 24 StVG bußgeldbewehrtes Gebot (§ 49 Abs. 1 Nr. 12). Daß er sich nicht mehr konkretisieren läßt, braucht kaum gesagt zu werden. Der Pflichtbewußte weiß sehr wohl, wie er sich zu verhalten hat, derjenige, dem die erforderliche Verkehrgesittung fehlt, bedarf der Erziehung. Es ist sachgemäß, für den, der nicht parken (sondern nur halten) will, die Vorschrift nur als Regelsatz aufzustellen.*

Begr zu Abs. 3 Nr. 2 (VkBl. **75** 674): *Weder die Generalklausel des § 1 StVO noch das Verbot* **5** *des Parkens in zweiter Reihe (§ 12 Abs. 4 Satz 1) bietet für die Praxis eine ausreichende Handhabe, um das Parken an den Stellen zu verhindern, an denen es die Benutzung ausgewiesener Parkflächen unmöglich macht. Die vorgesehene Vorschrift will ... eine verständliche Regelung schaffen. Sie wirkt der unerwünschten Schilderanhäufung entgegen ...*

Begr zu Abs. 4a (VkBl. **75** 674): *Aus Gründen der Verkehrssicherheit ist das Parken auf der Fahr-* **6** *bahn entgegen der Fahrtrichtung, ausgenommen in Einbahnstraßen oder wenn rechts Schienen liegen, verboten. Die Ergänzung dient der Klarstellung, dass dies auch für das Parken auf Gehwegen gilt.*

Begr zur ÄndVO v. 21.7.80 (VkBl. **80** 516): **7**

Zu Abs. 3a: S. *Begr zu § 6 StVG ... Das Parkverbot wird beschränkt auf die reinen, allgemeinen und besonderen Wohngebiete, auf die Sondergebiete, die der Erholung dienen (z. B. Wochenendhausgebiete, Ferienhausgebiete, Campingplatzgebiete), auf Kurgebiete und Klinikgebiete.*
Diese Begriffe sind der Baunutzungsverordnung vom 15. September 1977 (BGBl. I S. 1763) entnommen. Sie sind dort auch näher definiert. Bei Auswahl der Gebiete, in denen das Parkverbot gelten soll, ist der Bundesminister für Verkehr von folgenden Erwägungen ausgegangen: Im Interesse des Schutzes der Nachtruhe der Wohnbevölkerung vor Lärm- und Abgasbelästigungen durch ankommende und abfahrende Lkw ist das Nachtparkverbot dort unerlässlich, wo die Wohn- und Erholungsfunktion eines Gebietes eindeutig im Vordergrund steht. Da sich auf der anderen Seite um einen nicht ganz unerheblichen Eingriff in den Gewerbebetrieb eines Unternehmers handelt, sollen die Gebiete vom Parkverbot ausgenommen sein, die nicht in erster Linie dem Wohnen oder der Erholung dienen, z. B. Kerngebiete, Gewerbegebiete, Industriegebiete, aber auch die sogenannten Mischgebiete. ...
Der Verordnungsgeber ist sich darüber im klaren, dass die Auslegung des unbestimmten Rechtsbegriffs „regelmäßig" nicht ganz einfach ist. Gleichwohl wurde auf eine Konkretisierung in der Verordnung verzichtet. Zur Verdeutlichung sei bemerkt, dass nicht gewollt ist, dem Parken im Einzelfall zu verbieten. Das wäre zu weitgehend. Nicht der Unternehmer soll getroffen werden, der selbst oder dessen Fahrer den Lkw ein- oder zweimal, dh in Ausnahmefällen, in den betroffenen Gebieten parkt. Das Parkverbot soll sich vielmehr auf den Unternehmer beziehen, der die Straße dadurch als Betriebshof missbraucht, dass er Nacht für Nacht oder an den Wochenenden, und damit regelmäßig, seinen Lkw dort parkt oder parken lässt. Dabei würde ein gelegentliches Aussparen einiger Nächte oder einiger Wochenenden der Regelmäßigkeit nicht entgegenstehen.
...

Zu Abs. 4 Satz 1: *Ebensowenig wie es hingenommen werden kann, dass auf einem in Fahrtrichtung* **8/9** *links gelegenen Seitenstreifen gehalten oder geparkt wird, kann dies auf einem Parkstreifen geduldet werden. Die Ergänzung stellt dies klar.*
Änderung durch den Bundesrat. Begr: Die Änderung dient der dringend notwendigen Klarstellung der in Rechtsprechung und Literatur strittigen Frage, ob sog. Parkstreifen, die entlang der Fahrbahn für das Parken von Fahrzeugen in Längsrichtung angelegt sind, unter die Vorschrift des § 12 Abs. 4 Satz 1 StVO fallen.
...

Begr zur ÄndVO v. 22.3.88 (VkBl. **88** 221): **10**

Zu Abs. 1 Nr. 8: *... Das Fehlen eines derartigen Haltverbots hat zu Schwierigkeiten in der Praxis, zu ärgerlichen Auseinandersetzungen mit Autofahrern und auch zu Behinderungen der Feuerwehr geführt. Es ist selbstverständlich, dass es für den Verkehrsteilnehmer erkennbar sein muss, dass es sich um eine Feuerwehrzufahrt handelt. Erforderlichenfalls ist ein entsprechendes Schild aufzustellen.*

---

* Jetzt Satz 4.
** Jetzt Abs. 6.

11　　**Zu Abs. 3b:** – *Begründung des Bundesrates –* … *Das Problem der Belästigung, insbesondere ein „Überwintern" von Wohnwagenanhängern sowie der Wegnahme von Parkraum, ist vor allem aus den Ballungsgebieten bekannt; dem sollte entgegengewirkt werden.*

12　　**Zu Abs. 5 und 6:** – *Begründung des Bundesrates – Angesichts der erheblichen Parkraumnot und der nicht eindeutigen, lediglich auf die Vorschriften über verbotene Behinderung (§ 1 Abs. 2) gestützten Rechtsprechung soll der Vorrang an einer Parklücke deutlich geregelt werden. Dabei gilt der Grundsatz, dass Vorrang an einer Parklücke derjenige hat, der sie zuerst unmittelbar, also nicht z. B. auf der gegenüberliegenden Fahrbahnseite, erreicht. Da in der Regel rückwärts einzuparken ist, muss der Berechtigte meist an der Parklücke vorbeifahren, um rückwärts einzuparken. Diese Situation wird nicht selten von nachfolgenden Fahrzeugen dazu benutzt, ihrerseits zu versuchen, in die Lücke einzufahren. Deshalb wird bestimmt, dass der Vorrang des Berechtigten bei Fahrbewegungen, die notwendig sind, um sachgerecht in die Parklücke einzufahren, erhalten bleibt.*

Ist eine Parklücke noch nicht vorhanden, bereitet sich jedoch erkennbar auf die Abfahrt vor und wartet unmittelbar an dieser Stelle ein anderes Fahrzeug, so soll der Fahrer dieses Fahrzeugs Vorrang beim Besetzen der Parklücke in gleicher Weise haben, als wenn die Parklücke bereits vorhanden wäre.

13/14　　**Begr** zur ÄndVO v. 19.3.92 (VkBl. **92** 186):

Zu Abs. 3 Nr. 9: *Städte und Kommunen richten vermehrt sogenannte Rollstuhlabsenkungen an Bordsteinkanten ein, um den Rollstuhlfahrern die Auf- und Abfahrt zu erleichtern. Diese Bordsteinabsenkungen werden leider häufig zugeparkt. Mit Ausnahme der 5-m-Zone an Straßenecken und an Aus- und Einfahrten kann dieses Parken bisher wegen mangelnder Rechtsgrundlagen nicht geahndet werden. Es wird daher gefordert, das Parken an allen abgesenkten Bordsteinen in der StVO zu verbieten.*

Zu Abs. 4 Satz 2: *In § 12 Abs. 4 Satz 2 StVO ist nur der zweite Hs. bußgeldbewehrt. Hält ein Fahrzeugführer auf einem Gehweg oder einem Radweg, ohne zu parken, so ist bisher strittig, ob dieses Verhalten geahndet werden kann. Durch die Änderung wird klargestellt, dass selbst dann, wenn der Regelfall des Halbsatzes 1 nicht zutrifft, jedenfalls auf der Fahrbahn gehalten werden muss, während andere Straßenteile nicht zum Halten benutzt werden dürfen.*

Zu Abs. 4 Satz 5: *Das Halten und Parken im Fahrraum von Schienenfahrzeugen ist bisher nur nach den allgemeinen Regeln des Verhaltensrechts (§ 1 Absatz 2 StVO) unzulässig. Ein ausdrückliches Verbot erscheint jedoch zweckmäßig. Die Vorschrift übernimmt die bisherige Regelung aus der ehemaligen StVO-DDR.*

15　　**Begr** zur ÄndVO v. 14.12.93 (VkBl. **94** 172):

Zu Abs. 1 Nr. 9: *Begründung des Bundesrats zu Buchstaben a, b:*
Im Interesse eines möglichst reibungslosen Taxiverkehrs müssen die rechtlichen Voraussetzungen für das Freihalten der Taxenstände von unberechtigt haltenden und parkenden Fahrzeugen verbessert werden.

Zu Abs. 4 Satz 3: *Begründung des Bundesrats zu Buchstabe c:*
Unter Berücksichtigung der Rechtsprechung zu dem Begriff des Ein- oder Aussteigens bei Zeichen 286 (eingeschränktes Haltverbot) soll es ermöglicht werden, dass Taxifahrer z. B. ältere oder behinderte Fahrgäste mit Gepäck in der Wohnung abholen oder in die Wohnung zurückbegleiten dürfen. Da damit das Fahrzeug verlassen wird, reicht dazu die bisherige Fassung der Vorschrift nicht aus.

15a　　**Begr** zur 46. ÄndVStVR v. 5.8.09: 41. Aufl. **Begr** zur StVO-Neufassung v. 6.3.2013 (BR-Drs. 428/12): *Zur Umbenennung von Beschleunigungs- und Verzögerungsstreifen vergleiche Begründung zu § 7a. Zur Vermeidung der „Doppelbewehrung" werden die mit Verkehrszeichen verbundenen Halt- und Parkverbote in den Anl 2 und 3 geregelt. § 12 ist deshalb wie folgt geändert:*
In § 12 I werden die Nr. 4, 6, 7 und 9 gestrichen und die Ge- und Verbote des Abs. 1 in die Spalte 3 neu der Anl 2 zu den Z 293, 283, 286, 290.1, 295, 296, 297, 299 und 229 eingefügt. Das Haltverbot zu Nr. 6f. des Abs. 1 befindet sich bereits bei § 37 Abs. 3 und kann in § 12 I gestrichen werden. Der Teil-Text zu Nr. 7 ist zu streichen und jeweils bei den Z 201, 205 und 206 einzufügen. Das Haltverbot der Nr. 7 „bis zu 10 m vor LZA …" wird bei § 37 in einem neuen Abs. 5 eingefügt. Die jeweiligen Nummern des Abs. 1 sind angepasst. Das Haltverbot „auf" Bahnübergängen kann nicht bei Z 201 eingefügt werden, weil das Andreaskreuz nicht den „Bahnübergang", sondern nur den Vorrang des Schienenverkehrs regelt; das Haltverbot bleibt deshalb in § 12 I Nr. 4 bestehen. Weiterhin wird Abs. 1a des § 12 gestrichen und der Text in die Spalte 3 der Anl 2 zum Z 245 eingefügt. In § 12 III werden die Nr. 4, 5, 6 und 8 gestrichen und die Ge- und Verbote des Abs. 3 in die Spalte 3 neu der Anl 2 und zu den Z 224,

306, 201, 295, 296, 314, 315 und 299 eingefügt. Die jeweiligen Nummern des Abs. 3 sind anzupassen. Ein Parkverbot links von der markierten Leitlinie für Schutzstreifen befindet sich in Anl 3 Nr. 3 zu Z 340.

VwV zu § 12 Halten und Parken

Zu Absatz 1

1 Halten ist eine gewollte Fahrtunterbrechung, die nicht durch die Verkehrslage oder eine Anord- **16** nung veranlaßt ist.

Zu Absatz 3 Nr. 1

2 Wo an einer Kreuzung oder Einmündung die 5-m-Zone ausreichende Sicht in die andere Straße **16a** nicht schafft oder das Abbiegen erschwert, ist die Parkverbotsstrecke z. B. durch die Grenzmarkierung (Zeichen 299) angemessen zu verlängern. Da und dort wird auch die bloße Markierung der 5-m-Zone zur Unterstreichung des Verbots ratsam sein.

Zu Absatz 3a

3 I. Die Straßenverkehrsbehörden sollten bei den Gemeinden die Anlage von Parkplätzen anre- **17** gen, wenn es für ortsansässige Unternehmer unmöglich ist, eigene Betriebshöfe zu schaffen. Bei Anlage derartiger Parkplätze ist darauf zu achten, daß von ihnen keine Störung der Nachtruhe der Wohnbevölkerung ausgeht.

4 II. Wirkt sich das regelmäßige Parken schwerer Kraftfahrzeuge oder Anhänger in anderen als **17a** den aufgeführten Gebieten, z. B. in Mischgebieten, störend aus, kommen örtliche, zeitlich beschränkte Parkverbote in Betracht (§ 45 Abs. 1).

Zu Absatz 4

5 Wo es nach dem äußeren Anschein zweifelhaft ist, ob der Seitenstreifen für ein auf der Fahrbahn **18** parkendes Fahrzeug fest genug ist, darf wegen Nichtbenutzung des Seitenstreifens nicht einge- schritten werden.

Übersicht

19   **1.** Die Vorschrift ist schon durch die „Schilderwaldnovelle" 2009 und dann, deren Regelungsgehalt inhaltlich vollständig übernehmend, durch die StVO-Neufassung 2013 (Rn. 15a) maßgebend umgestaltet worden. **Halten** ist jede *gewollte,* nicht durch die VLage oder eine Anordnung (§§ 36, 37, 38, 41) veranlasste Fahrtunterbrechung (VwV Rn. 1, s. Rn. 16; Kar NZV **03** 493, Dü VRS **98** 299, Kö VRS **92** 362) auf der Fahrbahn, uU auch auf Seitenstreifen (Fra NJW **88** 1803). **Kein Halten** (sondern nach II *Warten* und damit fließender V) ist danach das Anhalten*müssen* oder *Liegenbleiben* wegen wirklicher oder vermeintlicher Betriebsstörung (§ 15; Kö VM **74** 15; s. aber unten), auch nicht, wenn bis zum Eintreffen technischer Hilfe Besorgungen gemacht werden (KG VRS **66** 153), nicht das Warten bei Rot, Warnlichtanlage oder geschlossener Schranke (BGHSt **14** 149, DAR **60** 149, Kar NZV **03** 493, Dü DAR **60** 26) oder auf Weisung, das Warten vor LZA auch dann nicht, wenn der FzF nach Aufleuchten des Grünlichts infolge Unaufmerksamkeit zögert (Kö VRS **67** 289), nicht das verkehrsbedingte Abwarten des GegenV beim (auch unzulässigen) Abbiegen (Kö DAR **76** 139), nicht das Warten im FzStau vor Zufahrten zu Parkhäusern, Tankstellen uä (verkehrsbedingt durch das Warten des jeweiligen Vordermannes; *Berr/ H/Schäpe* 10, aM *Hauser* DAR **84** 272), auch nicht das Warten vor geschlossener Grenzabfertigungsanlage oder am Ende einer dort wartenden FzSchlange (Bay VRS **60** 146, Kar NZV **03** 493). **Halten ist** die Fahrtunterbrechung zum Ein- und Aussteigen, Be- und Entladen (zweckbedingtes Halten) ohne Rücksicht auf das Abstellen des Motors, ebenso das Warten bis zum Öffnen eines Einfahrttores bei Mitbenutzung der Fahrbahn (Kö DAR **57** 111). Ungewolltes Liegenbleiben wegen Betriebsstörung wird von dem Augenblick an (freiwilliges) Halten, in dem die Behebung des Fehlers oder Abschleppen möglich gewesen wäre (Fra NJW **88** 1803, Kö VM **74** 15). Liegenbleiben an einer Stelle, wo Halten oder Parken verboten ist, verpflichtet zur unverzüglichen Entfernung des Fz (OVG Münster NZV **00** 310 (in Großstädten idR innerhalb 1 Std.)). Die Zeit spielt für den Begriff des Haltens nur insofern eine Rolle, als der sein Fz Verlassende oder (auch zum Be- oder Entladen) länger als drei Minuten Haltende parkt (II – zeitbestimmtes Halten; BGHSt **28** 143, Bay VRS **55** 66, aM KG VRS **51** 384), so dass nunmehr auch die Parkvorschriften (III–VI) für ihn gelten. Das Halten setzt die Bewegung mit Fz voraus, zu denen die „besonderen Fortbewegungsmittel" (§ 24) nicht zählen. Halten und Parken werden nur in § 12 geregelt, nicht auch in § 2 (Ce VersR **76** 1068).

1a. Anzeige des Haltens (§ 11 I S. 1 alt) schreibt die StVO nicht mehr vor (Fra VRS **72** **20** 419). Rechtzeitiges und deutliches Aufleuchtenlassen der Bremslichter ist jedoch sachgerecht; auch mehrfaches Betätigen der Bremse zu diesem Zweck kann uU – etwa auf SchnellStr – geboten sein (§ 1), damit der nachfolgende V nicht durch überraschendes Anhalten gefährdet wird (BGH VersR **86** 489, Ha NZV **94** 28 (Halten auf freier Strecke wegen Taube)). Überholen kurz vor dem Anhalten ohne Anzeige ist grob verkehrswidrig (VGH Ka VRS **29** 392). Haltende oder parkende Kfz sind nicht nach § 15 zu sichern, bei schwerer Erkennbarkeit aber nach § 1; außerdem gilt § 17 (§ 15 Rn. 2, 3).

2. Haltverbote. § 12 normiert Haltverbote (nur noch) in I Nr. 1–5 und IV S. 5. Die durch **21** die Z 283, 286, 290.1, 293, 295, 297, 299, 229 angeordneten Haltverbote sind spätestens durch die StVO-Neufassung 2013 (Rn. 15a) aus der Vorschrift ausgegliedert worden (Rn. 28). Weitere Haltverbote enthält § 37 I S. 2 und V im Geltungsbereich von LZA. Auf der AB und den KraftfahrStr ist Halten und Parken außerhalb der bezeichneten Parkplätze verboten (§ 18). Jeder FzF muss auch unabhängig von VZ nach der Örtlichkeit, uU auch nach der VLage (abgestellte Fz) prüfen, ob er halten darf (Bay DAR **78** 190), etwa in Engstellen (§ 1 II); zB hält ein besonders sorgfältiger Kf (§ 17 III StVG) auf einer BundesStr an geeigneter Stelle außerhalb der Fahrbahn (Stu DAR **74** 298). Soweit Übersicht, Ausweichmöglichkeit, Zufahrt und Zugang zur Fahrbahn es erfordern, gelten Haltverbote für Fahrbahn und Seitenstreifen (Rn. 22, 24, 26–28, 30 ff., *Bouska* VD **73** 129). Haltverbote sind zugleich Parkverbote (KG VRS **51** 384, Stu VRS **71** 457, Kö VersR **90** 100) und gehen diesen vor. Im Bereich von Parkverboten darf gehalten (§ 12 II) werden, es sei denn, in unmittelbarer Nähe bestünde eine Parkmöglichkeit, dann kann ein Verstoß gegen § 1 II in Betracht kommen. Zur Frage, wann kurzes Halten an unverbotener Stelle § 1 II verletzt: Rn. 44 sowie § 1.

2a. Haltverbot an engen und an unübersichtlichen Straßenstellen (I Nr. 1). Die Vor- **22** schrift betrifft enge wie unübersichtliche Stellen, beide Merkmale brauchen nicht zusammenzutreffen (Dü JMBlNRW **83** 106). Sie dient der Sicherstellung ausreichenden Raums für den fließenden V (Dü NZV **90** 201, VRS **98** 299, VGH Ma DAR **02** 284). Wegen des Überblicks und der etwaigen Ausweichmöglichkeit gilt das Verbot auch für den Seitenstreifen (*Bouska* VD **73** 130). Eng ist eine StrStelle idR, wenn der zur Durchfahrt insgesamt freibleibende Raum für ein Fz höchstzulässiger Breite (§ 32 I Nr. 1 StVZO) zuzüglich 50 cm Seitenabstand bei vorsichtiger Fahrweise nicht ausreichen würde (Bay NJW **60** 1484, Dü NZV **90** 201, Ha NZV **95** 402, Nü NZV **07** 301, VG Berlin NZV **98** 224), ohne dass es dann auf die wirkliche Breite des behinderten Fz ankommt (BGH VersR **66** 365). Die Gegenfahrbahn ist dabei mitzurechnen, was andernfalls 8 m breite Str Engstellen wären (VG Mü NZV **91** 88). Nicht mitzurechnen ist jedoch eine auf der anderen Seite der Fahrbahn gekennzeichnete, nicht belegte Parkfläche (Dü VRS **98** 299). Die StrBreite im übrigen StrVerlauf ist ohne Bedeutung („StrStelle"; Ol VersR **66** 365). Die Engstelle kann baulich bedingt sein, zB durch eine VInsel oder durch Eishöcker oder Schneehaufen (Bay VRS **31** 129, Mü VersR **60** 569), durch abgestellte Fz (BGH VersR **66** 365, Ce VersR **76** 1068, Dü VM **65** 48 (dann Haltverbot für Hinzukommende, solange der Zustand dauert), Ha VRS **9** 226 (auf der anderen StrSeite verengend abgestelltes Fz)), selbst durch unerlaubt abgestellte oder parkende Fz (Kar VRS **45** 316). Bleiben 3,4 m zur Durchfahrt frei, so ist eine StrStelle nicht eng iS von I Nr. 1 (Bay VRS **59** 376). Auf Str mit beschränktem Fahrverkehr (Z 253) wird uU schmalerer Durchfahrraum ausreichen (Bay VRS **27** 232). Durch eine Trennlinie (Z 296 Fahrstreifen A) wird eine StrStelle nicht eng iS von I Nr. 1; Anl 2 lfd. Nr. 68 Spalte 3 Nr. 2 zu Z 296 schränkt dort nur das Parken ein (vgl. Sa VM **81** 84). Halten kann nach § 1 II unzulässig sein (s. aber Rn. 44). Das Anhalten auf einem Überholstreifen ist idR als gefährlich zu unterlassen (Dü VersR **74** 1112). Das Haltverbot ist streng auszulegen. Wer in steiler Engstelle versperrend hängen bleibt, muss sie durch Zurückstoßen alsbald freimachen, er darf nicht von dort aus zu Fuß liefern (Bay VRS **31** 129).

Unübersichtlich ist eine Stelle, wenn ungenügender Überblick es hindert, den V vollständig **23** zu überblicken und Gefahr zu vermeiden (Bay DAR **78** 190, Dü VM **88** 43), auch Kreuzungen/ Einmündungen (Ce VRS **32** 474, Dü JMBlNRW **83** 106), verdeckende Kuppen, auch wenn dort stehende Fz von beiden Seiten aus gut sichtbar sind (Bay VRS **35** 392). Darunter fällt auch Sichtverkürzung durch abgestellte Fz, Geräte, Bauzäune, ausgenommen bei ganz vorübergehender

Sichtbehinderung. Weitere Fälle: § 5 Rn. 34, 35. Zusätzliche Erschwernisse und Gefährdung durch haltende Fz sollen von an sich schon unübersichtlichen Stellen ferngehalten werden.

24   **2b. Im Bereich von scharfen Kurven** (I Nr. 2) ist jedes Halten auf Fahrbahnen oder Seitenstreifen unzulässig, weil Haltende dort unvermutete Hindernisse bilden können, auch bei Übersichtlichkeit. Kurve ist gekrümmter Straßenverlauf bezogen auf eine einheitliche Fahrbahn (Brn NJW **04** 961). Die Schnittstelle zweier Str an Einmündungen und Kreuzungen fallen nicht hierunter (Dü JMBlNRW **83** 106). Wendeschleifen am Ende einer Sackgasse („Wendehammer") sind nicht „Kurve" iS von Nr. 2, eine analoge Anwendung scheidet aus (Brn NJW **04** 961). Scharfe Kurven sind nicht nur solche mit geringer Überblickbarkeit und Fahren auf „halbe Sicht", sondern überhaupt solche mit geringem Radius, ohne dass Schleudergefahr bestehen muss (Ce NJW **60** 1485). „Im Bereich" scharfer Kurven gilt das Verbot, also für beide Fahrbahnseiten (BGH NJW **71** 474), und je nach Art und Beschaffenheit der Str bereits angemessen weit vor der Kurve, in ihr und ausreichend weit hinter ihr, bis keine Gefährdung durch verengendes Halten mehr in Betracht kommt.

25   **2c. Das Haltverbot auf Einfädelungsstreifen und auf Ausfädelungsstreifen** (I Nr. 3) dient dem ungefährdenden Beschleunigen zwecks Einfädelns in den durchgehenden V und dem entsprechenden Verzögern vor dem Ausfahren oder Abbiegen (Ko ZfS **05** 120). Beides darf nicht durch Hindernisse auf diesen Fahrstreifen behindert werden. Für Seitenstreifen gilt dies nicht. Für Seitenstreifen auf AB und KraftfahrStrn gilt das Haltverbot des § 18 VIII. Ein- und Ausfädelungsstreifen dienen dem Ein- bzw. Ausgliedern aus durchgehenden Fahrbahnen (§ 2 Rn. 25a). Das Haltverbot dient daher nicht dem Schutz des unter Überqueren der genannten Streifen auf die Fahrbahn Einfahrenden (Ko ZfS **05** 120).

26   **2d. Bahnübergänge** (I Nr. 4). Auch auf Bahnübergängen (§ 19) ohne Bahnvorrang, darf niemals gehalten werden, weil sonst die Gefahr besteht, dass der Übergang bei Bedarf nicht sofort freigemacht werden kann (Fra VersR **88** 295). Bei Stockung ist, soweit vorhanden, stets vor dem Andreaskreuz anzuhalten (§ 19 Rn. 20). Parken an Bahnübergängen: Rn. 50.

27   **2e. Feuerwehrzufahrten** (I Nr. 5). können ihren Zweck nicht erfüllen, wenn sie durch haltende oder parkende Fz blockiert sind. Vor und in solchen Zufahrten besteht daher Haltverbot, sofern sie durch ein amtliches, also auf Veranlassung der nach Landes- oder Gemeinderecht zuständigen Behörde, aufgestelltes Schild, gekennzeichnet sind (KG NZV **92** 291). Private Kennzeichnung genügt nicht (KG NZV **92** 291, Kö NZV **94** 121). Auf den baurechtlichen Hintergrund der Einrichtung der Feuerwehrzufahrt kommt es nicht an (KG NZV **92** 291). Das Haltverbot gilt auch gegenüber dem Grundstückseigentümer (*Vogel* NZV **90** 421). Freizuhalten ist die Zufahrt in einer Breite, die das ungehinderte Ein- und Ausfahren, auch von LöschFz, gewährleistet (*Hauser* VD **91** 199), nicht auch der Raum unmittelbar daneben (Ha MDR **98** 281). Ein Haltverbot auch gegenüber der Zufahrt entsprechend dem Parkverbot gegenüber von Grundstückseinfahrten auf schmalen Str besteht nicht. Wird dort geparkt, so gilt III Nr. 3. Das Halten *in* einer amtlich gekennzeichneten Feuerwehrzufahrt, die nicht öffentlicher VRaum ist, kann von I Nr. 5 nicht erfasst werden, weil Halten und Parken außerhalb öffentlichen VRaums in der StVO nicht geregelt ist (Rn. 58; Ha NZV **90** 440, Kö NZV **94** 121, *Vogel* NZV **90** 421). I Nr. 5 ist eine Ausdehnung auf sonstige Feuerwehrflächen nicht zugänglich, die nicht Zufahrt iS der Bestimmung sind (KG NZV **94** 407). Wer in einer Feuerwehrzufahrt iS von I Nr. 5 nicht nur hält, sondern parkt, verstößt zugleich gegen III Nr. 3 (*Vogel* NZV **90** 420).

27a   **Literatur:** *Vogel*, … Halten vor und in amtlich gekennzeichneten Feuerwehrzufahrten, NZV **90** 419. *Hauser*, Parkfreie Zonen zugunsten der Feuerwehr, VD **91** 198.

28   **3. Haltverbot durch Verkehrszeichen.** Mit der „Schilderwaldnovelle" und dies übernehmend der StVO-Neufassung 2013 wurden zur Vermeidung von doppelten Verboten die vormals in I Nr. 6 genannten Haltverbote durch VZ aus dem Normtext ausgegliedert und der Anl 2 zu § 41 I überantwortet. Gleiches geschah mit den Verboten nach I Nr. 4, 7 und 9 (Rn. 15a). Ob die Maßnahme eine substanzielle Verbesserung bewirkt hat, muss bezweifelt werden. Die wichtigsten Haltverbote durch VZ sind hier im Zusammenhang abgehandelt.

28a   **3a. Z 283/286.** Die Z 283/286 nebst dafür geltenden Grundsätzen und (wichtigsten) ZusatzZ sind nunmehr in den lfd. Nr. 61 ff. der Anl 2 normiert. Verstöße sind über § 41 I, § 49 III Nr. 4 bußgeldbewehrt (Rn. 61). Durch die Novelle (Rn. 15a) haben sie nunmehr auch amtlich die Bezeichnung „Absolutes" (Z 283) bzw. „Eingeschränktes" Haltverbot erhalten.

a) Gemeinsame Grundsätze. Z 283/286 gelten grds. *nur für die Fahrbahn,* zu der der Sei- 28b
tenstreifen nach $\S$ 2 I S. 2 nicht gehört (BVerwG NZV **93** 44; Ha VRS **47** 63, Jn NZV **08** 215;
zum Sonderfall eines temporären Haltverbots s. aber VGH Mü v. 27.8.07, 24 ZB 06.1689, juris),
einschließlich in den Gehweg eingeschnittener, von der Fahrbahn abgegrenzter Park- und Lade-
buchten (Bay VM **73** 54, Hb VRS **48** 297, Ha VRS **47** 63, KG DAR **12** 32), die gleichfalls zu
den Seitenstreifen gehören (*Bouska* VD **78** 17, 367). Jedoch erfassen sie (mit oder ohne) ZusatzZ
„In der Bucht" die Abbiegespur ins Parkhaus (vgl. Bay DAR **74** 166). Auf den Seitenstreifen
(dazu Rn. 58), einschließlich Park- und Ladebuchten, erstreckt das ZusatzZ gem. Anl 2 lfd.
Nr. 62.1, 63.1 das Haltverbot (Hb DAR **76** 305, Bay VRS **45** 141, *Bouska* VD **77** 165). Sind die
VZ 283/286 mit dem ZusatzZ gem. Anl 2 lfd. Nr. 62.2, 63.2 versehen, so ist das Halten (Parken)
nur auf diesem untersagt (vgl. das Verbot jeweils dort in Spalte 3 sowie Begr hierzu $\S$ 41
Rn. 245x). Um Missverständnisse zu vermeiden, sollte das ZusatzZ aber gleichwohl den Park-
streifen als solchen bezeichnen (VG Mü NZV **91** 488). Z 283/286, auch mit ZusatzZ, dürfen
für Gehwege nicht verwendet werden, weil sie sich nur an den Fahrverkehr wenden (BVerwG
NJW **04** 1815, OVG Lüneburg VkBl. **03** 650, *Bouska* DAR **72** 261). Sie entfalten dort keine
rechtliche Wirkung (VG Lüneburg VRS **104** 236). Eine Änderung stellt es dar, dass vorüberge-
hend aufgestellte Z 283, 286 bestehende VZ oder Markierungen aufheben, die das Parken erlau-
ben (Anl 2 lfd. Nr. 61 Spalte 3 Nr. 2; hierzu Begr $\S$ 41 Rn. 245w). Für die StrVB stellt dies eine
Erleichterung dar (*Schubert* DAR **10** 226, 230).

b) Geltungsbereich. Der Geltungsbereich von VerbotsZ muss so klar sein, dass jeder Kf 28c
beim Fahren weiß, was gefordert wird (BVerwG NJW **16** 2353; s. $\S$ 39 Rn. 31, 33). Das Haltver-
bot beginnt bei Z 283/286 für die StrSeite, auf der das Zeichen steht, und gilt bis zur nächsten
Kreuzung oder Einmündung auf derselben StrSeite (Anl 2 lfd. Nr. 61 Spalte 3 Nr. 1). Das Verbot
endet uU vorher, wenn sein erkennbarer Zweck nicht mehr fortbesteht (Bay NZV **93** 409 (idR
keine Fortgeltung nach Z 250 mit ZusatzZ)) oder wenn im Verlauf der Str angebrachte VZ oder
VEinrichtungen (zB Parkuhr, s. $\S$ 13) eine abw Regelung treffen (VG Meiningen DAR **01** 89).
Steht das VZ allein mit einem von der Fahrbahn wegweisenden Pfeil, so ist es mangels Gebots-
wirkung unbeachtlich (BVerwG VRS **49** 306; s. zur korrekten Anordnung Anl 2 lfd. Nr. 61 Spal-
te 3 Erläuterung). Auf VBedeutung oder Breite der Einmündung kommt es nicht an; mangels
Wiederholung des VZ endet das Haltverbot auch an einer über einen abgesenkten Bordstein
führenden Einmündung (Bay NZV **88** 154 (Begr zT durch $\S$ 10 nF überholt)). 100 m nach
HaltverbotsZ wird der Kf, wenn dazwischen keine Einmündung liegt, noch mit Haltverbot
rechnen und sich danach umsehen müssen (Dü VM **66** 47). Eine wirksame Ausdehnung des
durch Z 283/286 begründeten Haltverbots auch auf die andere StrSeite durch ZusatzZ ist nicht
möglich (Ha MDR **92** 278). Längere Verbotsstrecken können durch Pfeile auf dem VZ gekenn-
zeichnet werden (Anl 2 lfd. Nr. 61 Erläuterung). Die VZ sind in angemessenen Abständen zu
wiederholen, ungekennzeichnete Zwischenstrecken von 300 m sind zu lang (Ha JMBlNRW **63**
292). Über die Anfangs- und EndZ hinaus kann die Verbotsstrecke durch Pfeile nicht ausgedehnt
werden (Ce VRS **26** 74, Bay VM **76** 10, Dü VM **73** 24). Ist durch Pfeile ein EndZ angekündigt,
so wirkt das Verbot für Befahrer der bisherigen Verbotsstrecke nach Bay VRS **26** 62 auch über
Kreuzungen oder Einmündungen hinaus fort, an denen es nicht wiederholt ist. Auf GroßstadtStr
ohne haltende Fz ist mit Halt- oder Parkverboten zu rechnen und danach auszuschauen (Ha
VRS **29** 139).

c) Das absolute Haltverbot (Z 283) untersagt jedes, auch kürzestes, Halten. Untersagt ist, 29
ausgenommen Notfälle (**E** 117 ff.), auch Halten zum Ein- oder Aussteigen, das Halten von Taxen
(Hb VRS **14** 293) und das Halten zum Be- oder Entladen (Neust DAR **58** 55). Das ZusatzZ „aus-
genommen BauFz" berechtigt den Bauleiter zum Halten (Ce VRS **30** 232). Pfeile auf dem Zei-
chen: Rn. 28c. Wer im Haltverbot (Z 283) hält und dort schwer erkennbar ist, haftet für Auffahr-
unfälle (Ha VersR **78** 470). Das absolute Haltverbot dient auch dem Schutz die Fahrbahn
überquerender Fußgänger (BGH NJW **83** 1326, Kö NJW-RR **87** 478, Bay NZV **93** 409), nach
Mü NJW **85** 981 auch das eingeschränkte (zw, s. *Weber* DAR **84** 174, aM Schl NJW-RR **91** 34).
Gegenüber einer Grundstücksausfahrt bzw. Parkplätzen dient es auch dem Schutz Ein- und Aus-
fahrender (Kö NJW-RR **87** 478, AG Lörrach VersR **06** 384). Ob es dem Schutz des fließenden V
vor Auffahren auf haltende Fz dient, hängt von den Umständen ab, die zu seiner Anordnung führ-
ten (Bay NZV **89** 201). Nach hM ist Z 283 iVm ZusatzZ „Bauarbeiten" **kein SchutzG** zuguns-
ten des in den Arbeiten behinderten Bauunternehmers (BGH NJW **04** 356, AG Fra NJW-RR **90**
730, *Grüneberg* NJW **92** 947, *Janssen* NJW **95** 626), weil Zweck der zur Aufstellung des VZ er-
mächtigenden Bestimmung des $\S$ 45 (I, VI) Erleichterung des V sowie die Verhütung von VGefah-

ren ist (§ 45 Rn. 42) und es sich bei den durch das VZ bewirkten Vorteilen für den Bauunternehmer nur um einen Reflex der im Allgemeininteresse getroffenen Maßnahme handelt (aM LG Mü I NJW **83** 288, AG Waiblingen NZV **02** 272, *H.Weber* DAR **94** 251). Sonderrechte für **PostFz** („Universaldienstleister") zum kurzfristigen Halten zwecks Briefkastenentleerung: § 35 VIIa (dort Rn. 21a). Zu Ladezonen ohne Parkerleichterungen für Behinderte *Schubert* DAR **10** 226.

30   **d) Das eingeschränkte Haltverbot** (Z 286) ist eigentlich ein *Parkverbot,* denn es untersagt Halten auf der Fahrbahn über 3 Minuten (Anl 2 lfd. Nr. 63 Spalte 3 Nr. 1 zu Z 286), also Parken (II), ausgenommen zum Ein- und Aussteigen und zum Be- oder Entladen ohne vermeidbare Verzögerung. Diese vier erlaubten Zwecke berechtigen stets zum Halten ohne vermeidbare Behinderung (Rn. 38–41). Eine dem Inhalt des Z 286 widersprechende Einschränkung auf reine Ladetätigkeit durch ZusatzZ (Ladezone) ist rechtlich nicht möglich (*Huppertz* VD **98** 112). Länger als 3 Minuten dauerndes Halten zu anderem Zweck ist unerlaubt, zB vermeidbares Ausdehnen des Ein- oder Aussteigens oder Be- und Entladens (Bay NJW **67** 120), sobald der vertretbare Rahmen überschritten ist (Kö VM **62** 27), aber nicht schon von Anbeginn deshalb, weil Überschreitung geplant war (Stu VM **67** 95 (keine Gesinnungsahndung). Halten bis zu 3 Minuten, gleichgültig zu welchem Zweck, ist bei eingeschränktem Haltverbot erlaubt, soweit nicht andere Gründe (§ 1) entgegenstehen. Ladegeschäfte müssen allerdings ohne Verzögerung durchgeführt werden (Rn. 32). Das Z 286 wird in Großstädten zu häufig aufgestellt mit der Folge, dass es von den VT vielfach nicht mehr beachtet wird; sparsamere Verwendung empfiehlt sich (*Spoerer* VGT **84** 192). Durch ZusatzZ kann das Parken für **elektrisch betriebene Fz** erlaubt werden (Anl 2 lfd. Nr. 63.5 Spalte 3; s. auch § 3 EmoG Rn. 7). Gleiches gilt nach Anl 2 lfd. Nr. 63.6 Spalte 3 für **CarsharingFz.** Zum *Geltungsbereich* Rn. 28b, 28c, zum *Umfang des Schutzzwecks* Rn. 29. Mithaftung des verbotswidrig fahrbahnverengend im eingeschränkten Haltverbot Parkenden, wenn sein Fz beim Vorbeifahren gestreift wird (LG Nü-Fürth NZV **91** 434). Behördenausnahmen sind unzulässig (§ 45 Rn. 28).

31   **aa) Halten zum Ein- oder Aussteigen** muss sich darin einschließlich geringer Nebenverrichtungen erschöpfen, zB Warten auf den Fahrgast nicht länger als wenige Minuten (Ha VRS **36** 77), Benachrichtigung sofort bereiter Fahrgäste (Fra NJW **52** 675), Zimmernachfrage und Gepäckausladen vor dem Hotel. Ist mit dem Erscheinen des Fahrgasts in Kürze zu rechnen, darf das Warten auf ihn über 3 Minuten hinaus auch das Abholen in der Wohnung oder einen entsprechenden Zeitraum einschließen, den ein anderswo wartender Fahrgast ohne unnötige Verzögerung zum Erreichen des Fz und Einsteigen braucht (Bay VRS **57** 140 (6 Min noch erlaubt), *Bouska* VD **79** 125, *Berr/H/Schäpe* 81). Im Bereich des Z 286 darf auch über 3 Minuten hinaus gehalten werden, wenn zum Aussteigenlassen noch unvermeidbare Nebenverrichtungen gehören (KG VRS **59** 230 (Kind wird in Tagesstätte verbracht); *Bouska* VD **81** 113). Unerlaubtes Halten, wenn der Fahrer 10 Minuten weggeht, ebenso bei längerem Warten, weil die Fahrgäste säumen (Ce DAR **57** 277, Br VRS **7** 469), bei Warten auf unbestimmte Zeit (Ha NJW **59** 255), bei langwierigen Erkundigungen (Fra VM **61** 90), Verabredungen (Ha DAR **58** 339), oder Mitgehen des Fahrers zum Bahnhof (Kar VkBl. **60** 628). Denn wer sein Fz verlässt oder länger als 3 Minuten hält, der parkt (II). Die Frist wird auch für die Zeitdauer des Ein- oder Aussteigens durchschnittlichen Anhalt bieten, wenn sie darauf auch nicht unmittelbar zutrifft, wie sich aus der Nichtanwendbarkeit beim Be- und Entladen ergibt.

32   **bb) Halten zum Be- oder Entladen** ist für die notwendige Dauer erlaubt, muss aber ohne vermeidbare Verzögerung durchgeführt werden (Anl 2 lfd. Nr. 63 Spalte 3 Nr. 2 zu Z 286). Es darf durch ZusatzZ zeitlich beschränkt, aber nicht entgegen Anl 2 lfd. Nr. 63 Spalte 3 zu Z 286 ausgeschlossen werden. Be- oder Entladen setzt außerhalb des geschäftlichen Lieferverkehrs Güter von einiger Größe oder einigem Gewicht voraus, deren Tragen über weitere Strecke nicht zumutbar ist (Kar VM **75** 21, Ha VM **75** 21, Kg VRS **33** 314), zB Handgepäck (Ha DAR **53** 138), Gemüsekörbe (Br VRS **19** 151, DAR **60** 185), größere Pakete (Dü VRS **6** 315), auch bei Auflieferung bei der Post (Br VM **58** 5) oder bei nur einem einzigen Kunden (Neust DAR **60** 242, Ha VRS **20** 314), Hartgeld nur bei größerem Gewicht, nicht schon aus Sicherheitsgründen (Ha VM **75** 21, *Berr/H/Schäpe* 93, aM Kö VRS **21** 381). Im geschäftlichen Lieferverkehr lässt die Rspr. teilweise aber auch leichte Gegenstände ausreichen, zB Lesemappen (Ce VRS **10** 72), kleinere Pakete (BGH NJW **60** 54, Bay VM **66** 82, Br VM **63** 24) oder besonders hohen Wert oder Empfindlichkeit des Gutes (Kö VRS **21** 381), beim Verkaufsfahrer auf Lieferfahrt sogar bloße Nachfrage beim Kunden (Br DAR **58** 226). Zum **ZusatzZ „Lieferverkehr frei"** § 39 Rn. 31a.

33   Zum Be- oder Entladen rechnen übliche, damit unmittelbar verbundene **Nebenverrichtungen** (OVG Münster NZV **96** 87), wo bloße Übergabe an den Empfänger nicht ausreicht, zB bei

schweren Gütern Verbringen an den endgültigen Standort (Br VRS **31** 133), kurze Wartezeit zur Abnahme (Neust NJW **52** 1228), alles, was üblicherweise zum Liefern gehört, sofern es nicht überlange dauert (Bay VM **66** 82, Br VM **58** 5), zB zügiges Kaufen und Aushändigen, Bezahlen, Einfüllen, Kontrolle von Ware und Leergut, Nachbestellen und sofortiges Laden des Nachbestellten, Transport entladener Gegenstände zum Lagerort (Hb VM **60** 26). Der nötige Zeitaufwand hängt von Art und Gewicht des Guts ab und muss dem Üblichen entsprechen (Br VRS **23** 60, Dü VM **68** 86) und darf nicht verzögert durchgeführt werden (Rn. 32).

Kein Be- oder Entladen ist hiernach das Kaufen leichter Gegenstände (Br RdK **53** 85, Schl **34** SchlHA **43** 297, Ha VRS **4** 630, Ko DAR **57** 276), das Abholen eines verpackten Anzugs, das Überbringen einer Rolle Zeichenpapier (Kö VRS **8** 75; dazu BGH NJW **60** 54), das Abholen von Schließfachpost (Br VRS **15** 198), das Abliefern oder Abholen von Gerichtspost (Kar VM **75** 21), von Geld oder Schecks (KG VRS **33** 314), das Auf- und Einstellen eines Fernsehgeräts (Kö VM **69** 64), halbstündiges Warten auf Verpacken (Dü VM **68** 16), längeres Warten auf Annahmebereitschaft (Dü VM **69** 96), auf Warenprüfung (Neust VRS **9** 371), auf längere Kontrolle umfangreicher Lieferungen, auf Aussondern von Waren (Ha VRS **23** 75, Sa VRS **36** 229; s. aber Bay NJW **67** 120, VRS **32** 59), auf Abrechnen und Bezahlen (Dü VRS **23** 389), auf das Schlagen von Tannenbäumen zwecks Abtransports (Sa DAR **59** 136), Warten während geschäftlicher Besprechung und während des Anbietens (Br VRS **9** 228), überhaupt nicht Warten auf längere Nebenverrichtungen (Bay NJW **67** 120), oder 20 minütiges Auffüllen eines Automaten (Kö DAR **61** 346), überhaupt Warten, obwohl noch längere Zeit bis zum Laden vergehen wird (Kö VRS **6** 77), 15-minütiges Warten ohne Ladetätigkeit (Ha VRS **35** 394), weiteres Warten nach beendetem Laden (Ko DAR **69** 133), Waschen und Umziehen nach Beendigung der Ladetätigkeit (Dü DAR **91** 431). Gelegentliches Abholen von Gerät und Material am haltenden Werkstattwagen ist kein Entladen (Kö VRS **28** 59). Irrtum über den Begriff des Be- und Entladens kann Verbotsirrtum sein, weil der Begriff umständebezogen ist. Halten in zweiter Reihe: Rn. 40. Das Abstellen eines Sattelaufliegers auf Stelzen ist kein Entladen, sondern idR Parken eines Anhängers (*Thubauville* VM **96** 31, abw (in anderem Zusammenhang) Fra VM **96** 30). Allerdings kann das Abstellen des entladenen Lkw-Anhängers im Bereich des Z 286 während der Entladezeit des Motorwagens zum Ladegeschäft gehören (BGH NJW **71** 384; s. aber Kö VM **67** 96). Soweit Halten zum Ein- oder Aussteigen oder zum Be- oder Entladen zulässig und das Fz ordnungsgemäß aufgestellt ist (Rn. 38 bis 41), muss der Verkehr die unvermeidbare Behinderung hinnehmen, auch wenn anderswo entladen werden könnte (Br VRS **22** 309, Bay VRS **31** 129, Dü VM **62** 91). Vermeidbare Behinderung durch Nichtbenutzung anderer Haltemöglichkeiten verstößt für sich allein nicht gegen § 1, Ladegeschäfte verstoßen nur noch bei unsachgemäßer Aufstellung und Behinderung, Gefährdung oder Schädigung gegen § 1 (Dü VM **69** 14, Bay VM **66** 81; s. Rn. 38 ff.).

3b. Haltverbotszonen (Z 290.1, 290.2). Nur beide VZ gemeinsam ordnen ein Zonenhalt- **34a** verbot an (Bay VRS **57** 450, Dü NZV **96** 329). Seit 1990 (zum alten Recht 40. Aufl § 31 Rn. 248j) ist das eingeschränkte Haltverbot für eine Zone auch unter Zusatzregelung des Parkens mit Parkscheibe (oder Parkschein) möglich (vgl. Anl 2 lfd. Nr. 64 Spalte 3 Nr. 3 und 4 S. 1 zu Z 290.1: „*kann*"). Das Z 290.1 hat dann innerhalb der Zone auf allen öffentlichen VFlächen die Bedeutung des Z 286, verbietet also das Halten über 3 Minuten, ausgenommen zum Ein- oder Aussteigen sowie zum Be- oder Entladen (Anl 2 lfd. Nr. 64 Spalte 3 Nr. 1 zu Z 290.1). Die Beschilderung des Z 290.1 mit drei ZusatzZ stellt die Erkennbarkeit iS des Sichtbarkeitsgrundsatzes nicht in Frage (VGH Ma NZV **10** 533). Über die ausdrücklich genannten Zwecke hinaus darf auch bei Beschränkung des Parkens auf besonders gekennzeichneten Flächen außerhalb dieser Flächen länger als 3 Min gehalten (= geparkt) werden (*Bouska* DAR **92** 286). Das Zonenhaltverbot gilt für alle dem FahrV dienenden Flächen, außer für die Fahrbahn auch für Seitenstreifen, Parkstreifen, Park- und Ladebuchten und freie Plätze (Ce NZV **89** 202, *Bouska* VD **80** 215), es sei denn, durch VZ ist eine abw Regelung angeordnet (Anl 2 lfd. Nr. 64 Spalte 3 Nr. 2 zu Z 290.1), zB durch Z 314 (*Booß* VM **89** 84 abw Ce NZV **89** 202). Es erstreckt sich aber (wie Z 286) nicht auf Gehwege (BVerwG NJW **04** 1815, OVG Lüneburg VkBl. **03** 650, VG Lüneburg VRS **104** 236; zum Verbot des „Parkens" von Fahrrädern auf Gehwegen: Rn. 55). Durch ZusatzZ kann das Parken für **elektrisch betriebene Fz** erlaubt werden (lfd. Nr. 64.1 Anl 2 Spalte 3; s. auch § 3 EmoG Rn. 7). Gleiches gilt nach Anl 2 lfd. Nr. 64.2 Spalte 3 für **CarsharingFz**. Vor Grundstückseinfahrten, an die sich beiderseits Parkstreifen anschließen, verbietet es nach Sinn und Zweck nicht auch das Parken des Berechtigten (Bay DAR **92** 270). Der Sichtbarkeitsgrundsatz für VZ gilt bei Z 290.1 ausnahmsweise nicht (OVG Hb VRS **104** 476, OVG Lüneburg VkBl. **03** 650; § 41 Rn. 228). Zur Erlaubnis des Haltens und Parkens in Haltverbotszonen § 13 II (dort Rn. 11 ff.).

35   **3c. Auf Fußgängerüberwegen** und bis zu 5 m davor (Anl 2 lfd. Nr. 66 Spalte 3 zu **Z 293**) darf auch auf Seitenstreifen nicht gehalten werden, weil haltende Fz die Sicht auf Wartende verdecken können. Fußgängerüberwege iS der Anl 2 lfd. Nr. 66 Spalte 3 zu Z 293 sind nur solche, die durch Z 293 („Zebrastreifen") gekennzeichnet sind (§ 26 Rn. 9 f.). Das Verbot betrifft daher nicht das Halten und Parken im Bereich von Fußgängerfurten mit LZA (§ 37 Rn. 41). Dort kann jedoch § 37 V in Frage kommen (dort Rn. 39a; iÜ § 1 II; s. aber Rn. 44). Halten bedeutet jedes Stehenbleiben oder Abstellen aus anderen als verkehrsbedingten Gründen, ausgenommen also das Warten von Fz bei benutztem Überweg (BGH VRS **49** 243, *Breugst* NJW **64** 1359). Solch unzulässiges Halten auf oder vor dem Fußgängerüberweg ist unfallsächlich, wenn der andere Kf den Überweg sonst rechtzeitig erkannt hätte (Ha DAR **69** 216). Das Haltverbot betrifft auch die Straba, und zwar selbst an Haltestellen; eine abweichende Dienstanweisung befreit nicht (BGH VRS **49** 243) Halten *hinter* dem Überweg fällt nicht unter das Haltverbot (BGH VRS **49** 243), obwohl dies bei öffentlichen VMitteln gefährden kann (beschränkter Überblick, achtloses Verhalten von Fahrgästen). Demselben Sicherungszweck dient das Überholverbot bei vor Fußgängerüberwegen wartenden Fz (dazu § 26 Rn. 24). Ein Z 283 mit Beschränkung auf bestimmte Zeiten durch ZusatzZ in diesem Bereich ist widersprüchlich, ein Missverständnis durch VT nicht vorwerfbar (Bay VRS **64** 383).

35a   **3d. Bei Fahrbahn-, Fahrstreifenbegrenzung (Z 295, 296)** ist Halten nach Maßgabe von Anl 2 lfd. Nr. 68 Spalte 3 Nr. 2a zu Z 295 links von der Fahrbahnbegrenzungslinie unzulässig, sofern rechts ein Seitenstreifen oder Sonderweg (dazu Anl 2 Abschnitt 5 ab lfd. Nr. 16) vorhanden ist. Nach dem insoweit eindeutigen Gesetzestext werden durch dieses Verbot linksseitige Seitenstreifen und Sonderwege nicht erfasst (*Schubert* DAR **10** 226, 230). Zum Parkverbot bei einseitiger Fahrstreifenbegrenzung Anl 2 lfd. Nr. 69 Spalte 3 Nr. 2.

36   **3e. Wo Richtungspfeile auf der Fahrbahn gem. Z 297** zwischen Leitlinien (Z 340) oder Fahrstreifenbegrenzungen (Z 295) markiert und damit die Fahrtrichtungen an der folgenden Kreuzung oder Einmündung vorgeschrieben sind, darf im Bereich der Markierungen auf der Fahrbahn (Anl 2 lfd. Nr. 70 Spalte 3 Nr. 2 zu Z 297) nicht gehalten werden, auch nicht zum Ein- oder Aussteigen oder Be- oder Entladen. Halten würde das zügige Einordnen und Abbiegen erschweren, den Verkehr zu gefährlichem Fahrstreifenwechsel zwingen oder ihn ungebührlich aufhalten (Ha NZV **99** 291). Das Haltverbot gilt unabhängig von der Breite des Fahrstreifens und etwaiger Behinderung des V (Dü DAR **81** 329). Der Bereich, in dem das Halten verboten ist, beginnt frühestens mit dem ersten Pfeil, sofern gleichzeitig Leitlinien oder Fahrstreifenbegrenzungen markiert sind (Dü DAR **84** 158). Dass mehrere markierte Fahrstreifen vorhanden sind bzw. nebeneinander liegende Pfeile in unterschiedliche Richtung zeigen, ist nicht (mehr) erforderliche (*Schubert* DAR **10** 226, 230; Bay DAR **74** 305 ist daher zT überholt). S. erg. § 41 Rn. 248n.

36a   **3 f. Grenzmarkierungen für Haltverbote (Z 299)** bezeichnen, verlängern oder verkürzen vorgeschriebene Haltverbote (Anl 2 lfd. Nr. 73 Spalte 3 zu Z 299 Erläuterung). Näher Rn. 56a.

37   **3g. Verdeckendes Halten** ist verboten innerhalb 10 m vor LichtZ (§ 37 I S. 2, dort Rn. 6a) und den Z 201 (Dem Schienenverkehr Vorrang gewähren; Anl 2 lfd. Nr. 1 Spalte 3 Nr. 2 zu Z 201), 205 (Vorfahrt gewähren!; Anl 2 lfd. Nr. 2 Spalte 3 Nr. 2 zu Z 205) und 206 (Halt! Vorfahrt gewähren!; Anl 2 lfd. Nr. 3 Spalte 3 Nr. 2 zu Z 206). Mehr als 10 m vor solchen Zeichen besteht kein Haltverbot, innerhalb der 10 m-Strecke besteht es bei Sichthinderung auf das Zeichen, ggf. auch beim Halten auf Seitenstreifen. Anl 2 lfd. Nr. 2 Spalte 3 Nr. 2 zu Z 205 bzw. 206 sind SchutzG iS von § 823 II BGB (Kö VersR **90** 100 (zu § 12 I Nr. 7 aF)).

37a   **3h. Parkverbot an Bushaltestellen.** Bis zu 15 m vor und hinter Z 224 (Bushaltestelle; hierzu § 41 Rn. 248c) besteht Parkverbot; Gleiches gilt für die auf dem ZusatzZ angegebenen Zeiten auch an Haltestellen für Schulbusse (vgl. Anl 2 lfd. Nr. 14 Spalte 3 Erläuterung zu Z 224). Das vormals in § 12 Ia enthaltene Haltverbot für Taxen auf **Sonderfahrstreifen für Linienomnibusse** (Z 245) will der VOGeber in Anl 2 lfd. Nr. 25 Spalte 3 Nr. 2 iVm Nr. 3 normieren. Die Regelung ist erneut (vgl. 41. Aufl.) nicht geglückt. Im Hinblick auf die eindeutige Zielsetzung des VOGebers, der das Haltverbot des Ia sachlich unverändert übernehmen wollte und angesichts des andernfalls widersinnigen Ergebnisses, wird man Nr. 3 als Ausnahme (lediglich) zu Nr. 2 begreifen können, womit das kurzzeitige Haltrecht von Taxen nur besteht, wenn sie den Sonderstreifen überhaupt benützen dürfen. Das ansonsten für Taxen und die anderen in Nr. 2 genannten VT bestehende Haltverbot auf dem Sonderstreifen folgt aus einem Umkehrschluss zu

Nr. 3. Auch bei Erfüllung des Ausnahmetatbestands muss die Taxe unverzüglich Platz machen (§ 1), sofern sich ein Linienbus nähert.

3i. An Taxenständen (Z 229) dürfen, auch auf Seitenstreifen, nur betriebsbereite Taxen halten (Anl 2 lfd. Nr. 15 Spalte 3 zu Z 229; Hb VM **66** 64), kein als Taxi und Mietwagen zugelassener Pkw, dessen Fahrer keine FE zur Personenbeförderung hat (Ha VRS **21** 465). Durch das Haltverbot (vor 1994: Parkverbot) ist die Streitfrage obsolet, inwieweit Be- und Entladen erlaubt ist (dazu BGHSt **39** 119). Bei markierten Taxenhalteplätzen muss das Z 229 nicht unbedingt am Beginn des allgemeinen Parkverbots stehen (Ha VRS **50** 469). Ein ZusatzZ kann die Zahl der zugelassenen Taxen angeben oder Z 299 (Rn. 36a; Anl 2 lfd. Nr. 15 Spalte 3 Erläuterung zu Z 229) die Länge der Verbotsstrecke bezeichnen. S. ergänzend § 41 Rn. 248c. **37b**

3j. Im Fahrraum von Schienenfahrzeugen darf nicht gehalten werden (IV S. 5). Das Verbot erstreckt sich nicht nur auf den eigentlichen Gleisbereich, sondern („Fahrraum") auch auf den Raum daneben, soweit er von der Bahn benötigt wird. Der Bahn muss genügend lichter Raum zur Durchfahrt bleiben. Verkehrsbedingtes Anhalten und Warten ist nicht „Halten" iS von IV S. 5 (Rn. 19; Ha VRS **100** 438). Insoweit gelten § 2 III und § 9 I S. 3. **37c**

4. Möglichst auf dem rechten Seitenstreifen oder unter dessen Mitbenutzung ist zu halten, sonst jedenfalls auf der rechten Fahrbahnseite rechts (Kar VRS **48** 63, NZV **90** 189) und stets platzsparend. Seitenstreifen verlaufen in unterschiedlicher Länge, ohne Sonderwege zu sein, neben der Fahrbahn. Ist der Seitenstreifen ausreichend tragfähig, das Halten nicht nur ganz kurz und der Verkehr lebhaft, so muss er mitbenutzt werden. Bei Zweifel über die Tragfähigkeit besteht keine Benutzungspflicht. Der Ort des Haltens und Parkens richtet sich nur nach § 12 IV, nicht (auch) nach § 2 I (KG VRS **45** 66, *Mühlhaus* DAR **74** 30, aM Dü VRS **43** 381), es sei denn, ein Fz hätte in nennenswertem Umfang andere StrTeile als die Fahrbahn befahren (KG VRS **45** 66, *Bouska* DAR **72** 255, aM Ko VRS **45** 48). Mangels tragfähiger Seitenstreifen ist idR am äußersten **Fahrbahnrand** zu halten (BGHSt **17** 240 = NJW **62** 1405; *Booß* VM **74** 13; s. Rn. 13/14), parallel zum Fahrbahnrand, für den Fahrverkehr möglichst unbehindernd (Bay VRS **31** 129, Dü VM **66** 46, KG VM **56** 26), auch zum Be- oder Entladen (Schl DAR **62** 213, Ce VRS **15** 142), mit Pferdefuhrwerken in ausreichendem Abstand von Gehwegen (50 cm; Nü VersR **82** 174). Daraus, dass der Haltende die Fahrbahnmitte nicht überragt, folgt nicht schon, dass er „auf der rechten Fahrbahnseite rechts" steht; denn hierzu muss er sich, soweit der Raum reicht, soweit rechts wie möglich halten (aM KG NJW **77** 65). Busf haben an Haltestellen scharf rechts heranzufahren, dürfen dabei aber Fahrgäste nicht gefährden (Ha VRS **15** 61). Wer nicht scharf rechts oder auf der falschen StrSeite hält, gegen den spricht bei einem Auffahrunfall der Anschein der Ursächlichkeit (BGH VersR **69** 715). Rechter Fahrbahnrand: s. auch Rn. 58b. **Unbeleuchtete Kleinkrafträder**, FmH, Fahrräder, HandFz und unbespannte Fuhrwerke müssen auch bei erlaubtem Halten im Beleuchtungsfall von der Fahrbahn entfernt werden (§ 17 IV). Solche KleinFz werden stets anderwärts Platz finden. Dass rechts (benutzte) **Schienen** liegen, schließt Parken und Halten rechts außerhalb des Schienenbereichs bei Beachtung von Abs. IV S. 5 und § 1 II nicht aus. Links darf nur gehalten werden, wenn sonst Schienenfz behindert würden, nicht lediglich wegen Be- oder Entladens. In **EinbahnStr** (Z 220) darf scharf rechts oder scharf links gehalten werden (IV S. 4; Bay DAR **76** 277), auch bei Strabaverkehr in Gegenrichtung, ohne dessen Behinderung (BGHSt **16** 133, NJW **61** 1779, Bay NJW **61** 576). **38**

Lediglich **verkehrsbedingtes Warten** ist kein Halten (Rn. 16, 19) und geschieht daher in der Fahrlinie (BGHSt **19** 149, Bay VM **66** 52, Dü DAR **66** 26), auch in der Form des Nebeneinanderaufstellens, soweit zulässig (BGHSt **14** 149, Dü VM **58** 18). **39**

Halten in zweiter Reihe, links neben parkenden Fz, nicht aber neben anderen Hindernissen, zB Schneewällen (Bay VRS **64** 380), ist idR untersagt, denn Haltende müssen jedenfalls auf der rechten Fahrbahnseite rechts halten (IV S. 2; Begr), anders uU bei kurzem Halten wie beim Halten zum Ein- und Aussteigen oder zum Be- oder Entladen. Hinzunehmen nach § 1 ist es in Ausnahmefällen, je kürzer und dringlicher es ist (Ladegeschäfte bestimmter Art) und je weniger es den Verkehr behindert (Dü VM **88** 43, näher *Bouska* VD **79** 6). Halten in zweiter Reihe über 3 Minuten zwecks Ladegeschäfts ist vorschriftswidriges Parken (IV) und auch nicht durch Z 286 erlaubt (BGHSt **28** 143 = NJW **79** 224, *Bouska* VD **79** 4, aM KG NJW **77** 65). Unabweisbaren Interessen kann dadurch genügt werden, dass es 3 Minuten nicht übersteigt, ferner durch VZ oder Ausnahmegenehmigung nach § 46 (BGHSt **28** 143). Halten in zweiter Reihe nur, wenn das Interesse hieran gegenüber dem des fließenden V überwiegt (Bay DAR **76** 277, Hb VM **76** 79). Nur wenn Örtlichkeit oder VLage nicht entgegensteht (geringer V, breite Fahrbahn, gering **40**

behinderndes Durchfahren), darf ausnahmsweise in 2. Reihe gehalten werden, etwa ganz kurz (Bay VM **72** 52, KG VersR **80** 85), uU auch bei fehlender Haltemöglichkeit in Fahrzielnähe (KG VM **74** 13, VRS **51** 383). Jedoch sind sehr strenge Anforderungen zu stellen, die Bequemlichkeit des Einzelnen hat gegenüber dem Interesse des fließenden V zurückzustehen (*Hauser* DAR **84** 276). Nach LG Sa NZV **13** 594 schützt das Verbot auch den „zugeparkten" VT gegen Belästigungen und Gefährdungen (hilfsweise § 1 II). Unzulässig wird es sein, wenn in erreichbarer Nähe eine Parklücke oder andere Abstellmöglichkeit besteht (Bay VM **72** 52). Halten auf schmaler Fahrbahn „in zweiter Reihe" zwecks Lieferung ist jedenfalls dann unzulässig, wenn es stark behindert und sogar zum Mitbefahren des gegenüberliegenden Gehwegs zwingt (Dü VM **79** 7). Sieht sich ein Kf innerorts auffällig gewarnt, so ist baldiges Rechtsheranfahren und -halten, uU sogar in 2. Reihe, zwecks Nachschau sachgemäß (KG VM **73** 36). Um einen Gebrechlichen aufzunehmen, darf vorübergehend in 2. Reihe störend gehalten werden, jedoch nicht unter Mitbenutzung der anderen StrSeite (Sa VRS **46** 69). Bei nennenswerter Behinderung ist es unzulässig, ohne weitere Güterabwägung zugunsten von Liefertätigkeit. Diese beschränkt sich auf Fälle nur geringer Behinderung (Begr). Bei stärkerer Behinderung durchgehenden V ist dem, der halten will, schwierigeres, umständliches Einordnen in eine Lücke zuzumuten (Begr). Wer in 2. Reihe hält, muss sein Recht hierzu nachweisen (KG VM **80** 85). Halten in 2. Reihe zum Zweck des Rückwärtseinparkens ist grds. erlaubt (KG VM **85** 26). Sonderrechte für **PostFz** („Universaldienstleister") zum kurzfristigen Halten in 2. Reihe zwecks Briefkastenentleerung: § 35 VIIa (dort Rn. 21a).

40a   **Taxen** dürfen ausnahmsweise in 2. Reihe halten und in den engen Grenzen von IV S. 3 auch parken, also nur zum Zweck des Ein- oder Aussteigenlassens von Fahrgästen. Der Begriff ist hier in gleicher Weise zu verstehen wie bei Z 286 (Rn. 31). Dazu gehören kurzes, aber uU auch mehr als 3 Minuten dauerndes Warten auf Fahrgäste sowie notwendige Nebenverrichtungen wie Abrechnen und Ausladen des Gepäcks, auch Abholen in der Wohnung, im Hotel, Restaurant usw, also auch kurzes Verlassen des Fz (*Hentschel* NJW **94** 637). I Ü gilt § 1 II auch für Taxen.

41   **Mitbenutzung des Gehwegs** zum Halten und Be- oder Entladen sieht IV nicht vor, zumal Fz über 2,8 t (vgl. Anl 3 lfd. Nr. 10 Spalte 3 Nr. 1 Satz 1 zu Z 315) dessen Tragkraft übersteigen oder Schachtabschlüsse beschädigen könnten. Ist es nicht durch VZ 315 ausdrücklich erlaubt, so ist es (außer in notstandsähnlichen Fällen, KG VRS **45** 66) verboten, wie die Formulierung von IV S. 2 („Fahrbahnseite") ausdrücklich klarstellt (Rn. 13/14) und auch IVa ergibt. Verstoß gegen IV S. 2 Hs. 2 ist (anders als Hs. 1) bußgeldbewehrt (s. § 49 I Nr. 12). Gehweg: § 2 Rn. 29, § 25 Rn. 12. Gehweg parken Rn. 55.

42   **5. Parken (Abs. 2).** Parken ist als *Gemeingebrauch an öffentlichen Str* im Rahmen ihrer Widmung und der VVorschriften (*E* 50, *Berr/H/Schäpe* 582 ff.) überall erlaubt und nur durch die § 1 II, §§ 12, 13 sowie VerbotsZ eingeschränkt (BGH VRS **58** 225, Dü DAR **86** 157, Ha DAR **87** 158). Auch das Abstellen von *Zweirädern* ist grds. Parken im Rechtssinn (OVG Lüneburg VkBl. **03** 650, OVG Hb NZV **10** 222; VG Lüneburg VRS **104** 236, *Berr/H/Schäpe* 613). Jedoch gelten nicht alle in § 12 getroffenen Regelungen (einige dem Wortlaut nach, andere nach Sinn und Zweck) zB auch für Fahrräder (VG Lüneburg VRS **104** 236, *Berr/H/Schäpe* 615, *Kettler* NZV **03** 212; s. Rn. 55). Auch Parken auf Gehwegen ist keine Sondernutzung; seine Zulässigkeit richtet sich ausschließlich nach StrVRecht (Rn. 55; VG Berlin VRS **63** 234). Parken ist bei Bedarf grds. auf beliebige Zeit zulässig (BVerwG DAR **66** 193, OVG Münster NJW **05** 3162, Ha DAR **87** 158, Dü VRS **74** 285; krit *Kullik* PVT **88** 98, *Booß* VOR **74** 100), auch als Dauerparken nachts und feiertags (Laternengarage; BVerwG NJW **70** 962, *Walter* DÖV **83** 233), nicht jedoch mit jeweils zwecks Fahrens erst zu befestigendem rotem Kennzeichen (Bay VM **77** 17). Es ist *bundesrechtlich abschließend geregelt*, auch längeres Parken zugelassener und betriebsbereiter Kfz kann nur durch nach der StVO zulässige Maßnahmen beschränkt werden (BVerwG NJW **74** 761, DÖV **78** 886, VRS **40** 468, NJW **66** 1190). Eine landesrechtliche Regelung, die das regelmäßige FzEinstellen in Wohnungs- oder Arbeitsplatznähe zur Sondernutzung erklärt, ist daher nichtig (*E* 46, 49). Die in der StVO getroffenen Regelungen des Parkens sind grundgesetzkonform (BVerfG VRS **68** 1). Wer sein Fz ohne die Möglichkeit sofortigen Eingreifens und Wegfahrens verlässt (Bay DAR **76** 277, *Hauser* DAR **84** 273) oder länger als 3 Minuten hält, vom Einparken ab gerechnet, auch zum Ein- oder Aussteigen oder zum Be- oder Entladen, der parkt (Rn. 40; Bay VRS **55** 66). Zum Problem des Haltens zwecks Ladegeschäfts über 3 Minuten als Parken *Bouska* VD **77** 49, **78** 177, **79** 4 (dem BGH zust). Sein **Kfz verlässt** idR nicht, wer es nach dem Aussteigen so im Auge behält, dass er nötigenfalls sofort damit wegfahren kann (Dü VM **79** 7, Ce VRS **72** 80, Ol NZV **93** 491), anders aber, wenn andere Berechtigte dies nicht erkennen können (Behindertenparkplatz; Dü NZV **96** 161). Das Fz verlässt nicht, wer das Steuer einer anderen fahrbereiten Person übergibt (Ce VRS **72** 80; enger Dü DAR **95** 499 bei Benutzung von Flächen, die Parksonderberechtigten vorbehalten sind (Behindertenparkplatz)). Aussteigen auf weniger als 3 Minuten bei sofortiger Wegfahrbereitschaft macht das Halten nicht zum Parken (Bay VRS **51** 459). II will das Parken als Unterfall des Haltens und Hauptfall des ruhenden V umschreiben (Begr). Der ruhende V ist lediglich Unterbrechung des fließenden (BVerwGE **34** 320; Bay VM **77** 17). Durch die VLage, durch Anordnung (Rn. 16, 19) oder Panne *erzwungenes Warten* ist kein Parken, auch nicht, wenn der FzF, solange Weiterfahrt nicht möglich ist, sein Fz verlässt (Kar NZV **03** 493, Dü NZV **89** 81). Vorschriftsgerechtes Parken wird nicht dadurch unzulässig, dass später andere Parkende die Stelle unpassierbar machen (Dü VM **73** 78). An sich zulässiges Parken kann § 1 verletzen, wenn es dem Zweirichtungsverkehr keine zwei Fahrstreifen mehr lässt, obwohl in nächster Nähe günstiger geparkt werden konnte (Bay VM **70** 33: Parkbeginn ist maßgebend; s. aber Rn. 44).

Entscheidend für die Frage, ob Gemeingebrauch oder Sondernutzung vorliegt, ist der **Zweck** **42a** **der StrBenutzung** mit dem Fz; überwiegt der Verkehrszweck des im öffentlichen VRaum stehenden Fz, so handelt es sich um Gemeingebrauch und damit um Parken (Dü NZV **91** 40, OVG Hb VRS **98** 396), anders dagegen, wenn der öffentliche VRaum vorrangig für andere Zwecke in Anspruch genommen wird (OVG Münster NJW **05** 3162, DAR **01** 183). Das Abstellen eines **nicht zugelassenen oder abgemeldeten Fz** gehört nicht zum Gemeingebrauch (Bay VM **77** 17, OVG Münster NZV **04** 428) und ist deshalb im öffentlichen VRaum unzulässig. Abgestellt sind Fz, die aus dem Verkehr gezogen sind und daher aus der Geltung des StrVR herausfallen, entweder, weil sie nicht zugelassen oder nicht fahrbereit sind oder praktisch nicht als VMittel benutzt werden (BVerwG MDR **60** 533, VkBl. **70** 351; Bay VM **77** 17). Unzulässig ist daher das Abstellen *ausschließlich bzw. vorrangig zu Werbezwecken* (BVerwG DAR **66** 193, OVG Münster NJW **05** 3162 („mobile Litfasssäule"), OVG Hb VRS **107** 73, OVG Münster NZV **17** 576 mAnm *Rebler*; Dü NZV **91** 40, VG Fra NVwZ-RR **04** 375), auch bei gelegentlichem Standortwechsel mit eigener Kraft; eines *nicht betriebsfähigen Fz*, auch wenn zugelassen, eines Fz mit verkehrsbeeinträchtigendem Mangel zur späteren Reparatur (Ha VRS **41** 74). Parken eines vorschriftswidrigen, verkehrsunsicheren Fz, das (wenn auch ow) zum Fahren benutzt wird, ist keine Sondernutzung, insbes. kein Lagern von Abfall (Bay VRS **66** 227, aM *Dovarak* NVwZ **86** 103). Das Aufstellen von **Anhängern ohne ZugFz** ist grds. Parken und bei Beachtung der Vorschriften des § 12 erlaubt (BVerwG NJW **86** 337, VG Fra NVwZ-RR **04** 375), und zwar ohne einschränkende VZ-Regelung auch auf AB-Parkplätzen (Fra NStZ-RR **96** 250). Dies folgt aus IIIa und IIIb, die Regeln für das Parken von Anhängern enthalten (BVerwG NJW **86** 337, Kar VRS **65** 465 (Segelflugzeuganhänger)). Die gegenteilige Ansicht (zB Ko DAR **83** 302 (Wohnanhänger); wohl auch VG Ansbach DAR **16** 343 (L; Bootsanhänger ohne Kennzeichen)), ist jedenfalls seit Einfügung des IIIb überholt. Zu Beschränkungen durch VZ *Huppertz* VD **98** 232. Parken von Kfz-Anhängern ohne ZugFz für mehr als 2 Wochen ist gem. Abs. IIIb verboten (Rn. 60aa). Dient das Abstellen eines **Wohnmobils** in erster Linie dem Wohnen, so liegt kein Gemeingebrauch mehr vor (Bra VRS **61** 226, Schl VM **03** 4, *Berr/H/Schäpe* 596). Das Ruhen oder Übernachten in Wohnwagen/Campinganhängern im öffentlichen VRaum auf Reisen zum Zweck der Wiederherstellung der körperlichen Fahrtüchtigkeit ist erlaubter Gemeingebrauch, darüber hinaus aber genehmigungspflichtige Sondernutzung (Schl VM **03** 4, *Bouska* VD **78** 211, *Berr* 472 ff. sowie DAR **84** 253, DAR **90** 11). Soweit das Übernachten in Wohnmobilen dem ruhenden V zuzurechnen ist, kann es nicht durch Landesbestimmungen eingeschränkt werden (E **46** f.), was AG Eutin DAR **84** 263 übersieht (abl *Berr* DAR **84** 253). **Bereitstellung von Miet-Lkw** für Kunden auf der Str übersteigt den Gemeingebrauch, sofern es sich um betriebsbereite Fz handelt, deren möglichst baldige Inbetriebnahme durch den Kunden erstrebt wird (BVerwG NJW **82** 2332, VGH Mü BayVBl **79** 688, Dü NZV **91** 40, *Jagow* VD **81** 129, *Steiner* JuS **84** 7; aM Bay VRS **57** 318, hier bis 40. Aufl.; *Wendrich* DVBl **87** 50; s. auch *Mühlhaus* VD **70** 163, *Kullik* VD **70** 171; uU VHinderung nach § 32). Entsprechendes gilt für die Bereitstellung zugelassener Kfz mit dem **vorrangigen Zweck des Verkaufs** (Ko DAR **83** 302, *Bismark* BayVBl **83** 456; aM Bay VRS **63** 476, *Berr/H/Schäpe* 589, zw *Manssen* DÖV **01** 154 Fn 37), dies erst recht, wenn ein Fz in erster Linie am ruhenden V teilnimmt und lediglich während des Parkens mit einer Verkaufsofferte versehen ist (Ha DAR **87** 158, OVG Münster DAR **01** 183). Anders liegt es, wenn das Kfz nicht zugelassen ist oder in erheblicher Entfernung vom Wohnort des Betroffenen, in belebter Str und über längeren Zeitraum ohne erkennbaren verkehrsbezogenen Grund abgestellt ist (KG VRS **111** 452). Demgegenüber übersteigt das **Abstellen von Mietfahrrädern** auf dem Gehweg nicht den Gemeingebrauch (OVG Hb NZV **10** 222).

43   **Ausgenommen von den Parkverboten** des § 12 (Rn. 44–57), auch des Z 286 (Rn. 30 ff.), ist – weil er nicht im Rechtssinne „parkt" – gemäß II, wer wegfahrbereit bis zu 3 Minuten im Parkverbot hält. Maßgebend ist in solchen Fällen allein die Dreiminutengrenze, nicht der Zweck des Haltens; jedoch muss der Fahrer wegfahrbereit in FzNähe sein. Spätestens nach 3 Minuten muss er wegfahren (Begr). Be- oder Entladen über 3 Minuten wird von den Parkverboten erfasst (Ce NZV **91** 81).

44   **6. Parkverbote** (III bis IIIb enthalten abschließende Regelungen: Fra DAR **78** 83, KG VRS **65** 299) bestehen in den Fällen gemäß III Nr. 1 bis 5 (Rn. 45 ff.) und soweit Parken durch die VZ untersagt ist (Rn. 50 ff.), weil es dann erfahrungsgemäß den Verkehr gefährdet oder besonders behindern kann. Zur Herausnahme von Nr. 4–6 und 8s Rn. 15a. Selbstverständlich darf erst recht in Haltverboten (I) nicht geparkt werden (Dü VRS **98** 299). Neu eingeführt wurde das Parkverbot auf für Radf durch Z 340 markierten Schutzstreifen (§ 42 Rn. 181) Ein Parkverbot innerhalb verkehrsberuhigter Bereiche enthält Anl 3 lfd. Nr. 12 Spalte 3 Nr. 4 zu Z 325.1 (Rn. 57c). Außerdem ist Parken nach § 1 allgemein untersagt, wo es gefährdet oder mehr als unvermeidbar behindert oder belästigt (Bay DAR **78** 190, Ce VM **67** 53). Ausnahme: § 35 VI (Sonderrechte). Im Hinblick auf den umfangreichen Verbotskatalog sind an ein Halt- oder **Parkverbot nach § 1 II** strenge Anforderungen zu stellen (Bay VM **80** 84, Kö VRS **92** 282, VG Mü NZV **91** 88, *Berr/H/Schäpe* 628). Es ist daher auf wirkliche Ausnahmesituationen beschränkt (BGH VersR **86** 489, Bay VRS **64** 380, Kö VRS **60** 467). Durch Parken verursachtes Erfordernis des Ausweichens oder kurzen Anhaltens ist von anderen VT hinzunehmen (Kö VRS **60** 467). Haltverbotsstrecken, Beginn und Ende: Rn. 28b, 28c. Soweit Übersicht, Ausweichmöglichkeit, Zufahrt oder Zugang zur Fahrbahn es erfordern, gelten **Parkverbote des III** außer für die Fahrbahn auch für Seitenstreifen (Rn. 45–54, *Bouska* VD **73** 129). Da das Parken ein Unterfall des Haltens ist, gehen Haltverbote (I) den Parkverboten (III) vor. Ist die Str innerorts von ParkFz frei, muss der Kf nach HaltverbotsZ ausschauen (Rn. 28).

44a   Da polizeiliche **Weisungen** (§ 36) den VRegeln und VZ vorgehen, darf die Weisung auch ein an sich rechtmäßiges Verhalten, zB erlaubtes Parken, modifizieren, zB können erlaubt Parkende aus polizeilich vorrangigem Grund weg- oder an eine andere Stelle gewiesen werden. Umgekehrt darf ein Beamter vorübergehend Parken im Parkverbot gestatten.

45   **6a. Vor und hinter Kreuzungen und Einmündungen (III Nr. 1)** besteht Parkverbot auf Fahrbahnen und Seitenstreifen bis zu je 5 m von den Schnittpunkten der Fahrbahnkanten, um Übersicht und Abbiegen nicht zu behindern (BGH VRS **18** 206, Kö VRS **70** 468, Kar DAR **89** 113, OVG Münster VRS **99** 380). Mit Wirkung vom 28.4.2020 ist die Parkverbotsstrecke auf 8 m erweitert worden, sofern in Fahrtrichtung rechts neben der Fahrbahn ein **Radweg** baulich angelegt ist. Die Regelung beruht auf einem Vorschlag des BRats und zielt darauf ab, im Kreuzungsbereich mit Radwegen zur Verbesserung von Sichtfeldern für alle VT beizutragen (BR-Drs. S. 591/19 (B) S. 2 f.). Im Hinblick auf § 25 III S. 1 dient das Parkverbot des III Nr. 1 aber auch die Fahrbahn überguerenden Fußgängern (OVG Münster VRS **99** 380, aM Schl NJW-RR **91** 34). Bei **abgerundeten Einmündungen** mit bogenförmiger Bordsteinkante ist der gedachte Schnittpunkt maßgebend (Bay VRS **59** 377, **61** 463, Ha VRS **7** 227, Kar DAR **89** 113). III Nr. 1 gilt auch an Einmündungen mit besonders großen Einmündungsbögen, bei denen der gedachte Schnittpunkt der verlängerten Fahrbahnkanten mehr als 5 m vom Beginn des Bogens entfernt ist; dann verstößt das Parken am Beginn der Biegung nicht gegen III Nr. 1 (Bay VRS **59** 375, *Cramer* Rn. 69, *Rüth/Berr/Berz* Rn. 63, abw *Hermanns* NZV **03** 562). Das gilt uU sogar für das Parken in der Mitte des Bogens, wenn ein dort parkendes Fz mindestens 5 m vom gedachten Schnittpunkt der verlängerten Fahrbahnkanten entfernt ist (Bay VRS **59** 377); in diesen Fällen ist aber § 1 zu beachten. Maßgebend ist die tatsächliche, auch vorübergehend (Bauzaun!) bestehende Fahrbahnbegrenzung (Bay VRS **61** 463). Einmündung iS von III Nr. 1 setzt stets voraus, dass die Fahrbahnkante einen Winkel bildet; die von links abknickender VorfahrtStr geradeaus abzweigende Str ist keine Einmündung (Kar DAR **89** 113). Das Verbot betrifft auch Einmündungen von Str mit vollständiger FzSperre (Z 250), weil § 35 (Sonderrechte) zu beachten bleibt (Ol VRS **48** 146, Dü VM **88** 23 m Anm *Booß*). Bewirkt vorschriftswidriges Parken zu dicht an der Kreuzung Unübersichtlichkeit, so kommt Mitverursachung durch den Falschparker in Betracht (Fra VersR **74** 440, KG VersR **78** 140). Wer unerlaubt weniger als 5 m bzw. 8 m vor einer Einmündung/Kreuzung dicht vor einem geparkten Kfz parkt, darf nicht damit rechnen, dass dieses später nach hinten wird ausparken können (KG VRS **55** 228). Das Verbot gilt nicht für die der Einmündung gegenüberliegende StrSeite (Kar DAR **89** 113). Parken auf Kreuzungen verstößt nicht gegen III Nr. 1, sondern gegen IV S. 1 (KG NZV **91** 163).

6b. Parkflächenbenutzung (III Nr. 2) darf durch Parkende nicht ver- oder behindert wer- **46** den. Wer so parkt, dass eine gekennzeichnete Parkfläche (Z 314, 315, Parkstreifen oder -bucht, auch auf Gehweg, *Berr/H/Schäpe* 164) nicht ordnungsgemäß zum Ein- oder Ausparken benutzt werden kann, verletzt III Nr. 2 (Dü VRS **98** 299). Verhindert iS von Nr. 2 ist die Parkflächenbenutzung nicht erst bei Unmöglichkeit, sondern schon dann, wenn sie für weniger geschickte Kf mit so großen Schwierigkeiten verbunden ist, dass sie davon Abstand nehmen (Dü VRS **98** 299, Ha VRS **64** 231). III Nr. 2 ist nicht verletzt, wenn die Behinderung erst durch das Hinzukommen weiterer Fz entsteht (Dü VRS **64** 300, zw *Berr/H/Schäpe* 167). Eintritt einer konkreten Behinderung (dann § 1) ist nicht Voraussetzung für Verstoß gegen Nr. 2 (Dü VM **95** 95, Ha VRS **64** 231; s. Rn. 5). Zum Parken auf Parkflächenmarkierungen Rn. 56, zum Aufstellen auf Parkplätzen: Rn. 57.

6c. Vor Grundstückssein- und -ausfahrten (III Nr. 3) besteht Parkverbot, auf schmaler **47** Fahrbahn auch ihnen gegenüber und bei Behinderung dann auch auf den Seitenstreifen. Dies ist auch bei der Einrichtung einer Linienbus-Endhaltestelle zu beachten (OVG Saarlouis NJW **04** 2995). III Nr. 3 *ist Schutzgesetz zugunsten der Berechtigten* (Kar VRS **55** 249). Es schützt den Anlieger und dessen Besucher vor Behinderung oder Belästigung beim Aus- und Einfahren (Kar NJW **78** 274, Nü NJW **74** 1145, Bay NZV **94** 288, Kö DAR **83** 333, KG VRS **68** 297, Dü VRS **78** 367). Der Berechtigte darf vor seiner Einfahrt parken und anderen das Parken dort gestatten; denn das Verbot dient nur ihm selbst (Bay DAR **75** 221, **92** 270, Kö DAR **83** 333, Dü VRS **81** 379, NZV **94** 162). Parken darf dort auch, wer jederzeit bereit und fähig ist, die Einfahrt freizumachen (Ko DAR **59** 251 (Sitzenbleiben im Fz), Dü NZV **94** 288). Diese Grundsätze gelten auch bei Zonen-Haltverboten (Z 290, 292), wenn die Auslegung ergibt, dass die Anordnung der StrVB die Fläche vor einer Grundstückssein-/-ausfahrt ausgespart haben könnte, weil diese nach III Nr. 3 von der Allgemeinheit ohnehin nicht als Parkfläche genutzt werden darf (Bay DAR **92** 270). Anders liegt es für dafür nicht freigegebene **Gehwege** vor Grundstückseinfahrten (Verstoß gegen gegen IV, s. KG VRS **73** 473, Dü VRS **81** 375; VG Saarlouis ZfS **00** 275, *Rüth/Berr/Berz* 67; s. Rn. 55) und bei Haltverboten unter Z 286 iVm Zusatzzeichen „Parken in gekennzeichneten Flächen erlaubt", die der Flüssigkeit und Leichtigkeit des Verkehrs, also nicht den Interessen von Zufahrtsberechtigten dienen (Zw ZfS **20** 352 (Parken außerhalb dafür vorgesehener Parkbuchten vor gemieteter Garage)). **Der Begriff** der Grundstückssein- und -ausfahrt richtet sich nach den gesamten baulichen Umständen (KG VRS **68** 297). Einen versenkten Bordstein setzt er nicht voraus (BGH NJW **71** 851, enger Ce VM **69** 38; Grundstück: § 10 Rn. 5). Grundstücke iS von Nr. 3 können auch öffentliche VFlächen sein, die dem ruhenden V dienen; denn das Parkverbot vor Einfahrten will unbehindertes Ein- und Ausfahren sichern (*Hauser* VD **82** 342, s. auch Ce DAR **73** 306 (zu § 9 V), aM Schl VM **85** 30). Auch zB Zufahrten zu Tankstellen, Gaststättenparkplätzen uä gehören daher dazu. Gegen Nr. 3 verstößt auch, wer den V nicht behindert, weil niemand die Einfahrt benutzen will (Ce VM **69** 38, KG VRS **68** 297 (Feuerwehrzufahrt)), oder wer einen Ausfahrenden behindert, der das Grundstück widerrechtlich befährt (Ha MDR **69** 601), aber nicht vor einer offensichtlich jetzt unbenutzbaren „Einfahrt" (KG VRS **62** 142), wohl auch dann nicht, wenn die Unbenutzbarkeit nur dem Parkenden bekannt ist (KG VRS **62** 142). Beharrliches Blockieren der Ausfahrt kann nötigen (§ 240 StGB Rn. 32). Kurzparkzonen (Z 290.1 oder 314.1 mit ZusatzZ) gelten nicht für den unmittelbaren Bereich von Grundstückseinfahrten, die von parkenden Fz freizulassen sind und dem Berechtigten oder dem von diesem Ermächtigten zum Parken unbeschränkt offen stehen (*Bouska* VD **66** 65, s. aber oben). Für das Parken auf privaten, dem öffentlichen V nicht gewidmeten Flächen (Hof, Garagenzufahrt) gilt III Nr. 3 nicht (Fra DAR **75** 27, VG Stu DAR **99** 282). Maßgebend ist die Benutzbarkeit der Einfahrt, nicht der Benutzungsgrad (KG VRS **68** 297). Grundsätzlich besteht Parkverbot *in der Breite einer normalen Toreinfahrt* (OVG Münster DAR **05** 169), jedoch derart, dass das unbehinderte Ein- und Ausfahren unter den örtlichen Verhältnissen möglich sein muss (Kar Justiz **79** 237, OVG Br VRS **57** 230). Freizuhalten ist die Einfahrt in der Breite der Gebäudeöffnung, also idR auf etwa 3 m (Ol VRS **32** 153), bei breiteren Einfahrten, wie etwa bei Parkhäusern oder Doppelgaragen, in deren Breite (KG VRS **53** 302), während es bei einer *Garagenreihe* oder einem *Vorhof* genügen wird, wenn das Einfahren und Ausfahren dort parkender Fz ohne schwierige Fahrmanöver möglich bleibt (Kö VRS **25** 151, Fra NJW **69** 1074, *Berr/H/Schäpe* 180). Überlänge des GaragenFz oder andere außergewöhnliche Besonderheiten bleiben bei der Auslegung von Nr. 3 außer Betracht (Fra VRS **58** 368). Parkverbot besteht vor geradliniger Zufahrt über die Freifläche zur Einfahrt (Garage); ein Einfahrender braucht sich nicht auf andere Teile der Freifläche, die Zufahrt über Bürgersteig oder Nachbargrundstück verweisen zu lassen (Dü VRS **78** 367). Wer auf seinem Grundstück außer der Garagen- oder Hofeinfahrt einen *Fz-Stellplatz* einrichtet, schafft zusätzlichen Parkraum und hat Anspruch auf ausreichende Bewegungsfreiheit zum kenntlichen Stellplatz. Keinen Anspruch hat der Grundstückseigentümer darauf, dass weiterer StrRaum vor seiner Grundstücksfront von parkenden Fz freigehalten werde (OVG Münster DAR **05** 169). *Parken neben Ausfahrten,* wenn es III Nr. 3 entspricht, wird die Sicht und Bewegungsmöglichkeit des Ein- oder Ausfahrenden bei dichtem V zwar idR beeinträchtigen, muss bei Abwägung der beteiligten Interessen und nach § 1 aber als nahezu unvermeidlich hingenommen werden (Ko ZfS **05** 120, Kö DAR **60** 184, aM Kö VersR **71** 427).

47a   Der Begriff der **schmalen Fahrbahn** ist hinreichend bestimmt (König DAR **17** 657; zust. BVerwG NJW **19** 2252; aM VGH Ma DAR **17** 652 m abl Anm *König*). Schmal ist die Fahrbahn, wenn ein Fz von der Breite der Einfahrt bei beiderseitigem Parken nicht ohne schwieriges Rangieren ein- oder ausfahren kann (KG VRS **48** 464), wenn es bei Ausnutzung des nutzbaren VRaums (einschließlich Gehweg) mehr als nur mäßig rangieren müsste (Ha VM **78** 69, Sa NZV **94** 328, OVG Ko NJW **99** 3573; aM Kar VRS **55** 249 (Pkw muss ohne Rangieren ausfahren können)) bzw. wegen des Parkers auf der gegenüberliegenden StrSeite daran gehindert oder in erheblichem Maße behindert wird, in das Grundstück ein- oder von dort auszufahren (BVerwGE **37** 112; BVerwG NJW **19** 2252). Bei einer Fahrbahnbreite von 5,50 m liegt idR keine schmale Fahrbahn vor (BVerwG NJW **19** 2252). Mäßiges Rangieren ist dem durchschnittlich geübten Berechtigten zuzumuten, dreimaliges grds. nicht (Fra VRS **58** 368, OVG Ko NJW **99** 3573; VGH Ma VRS **104** 71 s. auch BayVGH, v. 2.8.2012, 11 ZB 12.199; diff BayVGH VRS **98** 157; VG Neustadt ZfS **02** 311; s. aber BayVGH v. 21.12.2005 – 11 CS 05.1329) Jedoch ist nach BVerwG NJW **19** 2252 (m Bspr *König* DAR **20** 371) ein dreimaliges Rangieren jedenfalls bei Anliegerstraße untergeordneter Bedeutung zumutbar. Die Zumutbarkeitsgrenze ist auch überschritten, wenn wegen des gegenüber Parkenden eine Ein- oder Ausfahrt nur unter Zuhilfenahme eines Einweisers gefahrlos möglich ist (*König* DAR **17** 657; zust. BVerwG NJW **19** 2252). Zur Frage eines Anspruchs des Anliegers auf Maßnahmen der VB **45** Rn. 28d. Abschleppen: Rn. 64 ff. Bei andauernder oder drohender Störung kommt Unterlassungsklage gemäß § 1004 BGB in Betracht (Kar NJW **78** 274). Ein Unterlassungsanspruch aus § 1004 BGB kann aber auch dann bestehen, wenn eine weniger als 3 Minuten dauernde Blockade in Frage steht (BGH NZV **11** 604).

48   **6d. Über Schachtdeckeln und andern Verschlüssen (III Nr. 4)** darf auf Gehwegen auch dann nicht geparkt werden, wenn es i Ü durch Z 315 (Rn. 55) oder Parkflächenmarkierung (Rn. 56) erlaubt ist (VkBl. **69** 516 (Begr); Kö VRS **72** 382).

49   **6e. Vor Bordsteinabsenkungen (III Nr. 5)** darf nicht geparkt werden. Die Vorschrift gilt nur für die Fahrbahn (*„vor"* Bordsteinabsenkungen; VG Schwerin DAR **98** 405, *Huppertz* DNP **94** 302), ist aber bereits dann verletzt, wenn das Fz teilweise auch auf dem Bordstein oder dem Gehweg steht (VG Schwerin DAR **98** 405). Ist der Bordstein auf längere Strecke flach oder das Fahrbahnniveau angehoben, so handelt es sich nicht um eine „Bordsteinabsenkung" (Kö DAR **97** 79, *Huppertz* DNP **94** 302). Das Verbot gilt vielmehr nur dort, wo ein vom übrigen Bordsteinverlauf deutlich abgegrenzter Bereich abgesenkt ist (Kö DAR **97** 79, *Berr/H/Schäpe* 246c). Nur diese Auslegung entspricht dem Begriff der „Absenkung" und dem Gesetzeszweck (Begr, Rn. 13/14; LG Paderborn NZV **03** 40, *Bouska* DAR **98** 385 (jeweils zu § 10)), wobei allerdings eine Eingrenzung auf nur etwa 1 PkwLänge (Kö DAR **97** 79) zu eng sein dürfte (*Huppertz* DAR **97** 505). Demgemäß sieht KG DAR **15** 534 (m Bspr *König* DAR **16** 362) unter Geltendmachung grundsätzlicher Bedenken gegen die Auffassung von Kö DAR **97** 79 und konkret mit Recht eine Absenkung über 20 m hinweg als parkverbotsbegründende Bordsteinabsenkung an. Ob die Absenkung die Zufahrt zu einer Grundstückseinfahrt bildet, ist ohne Bedeutung (*Hentschel* NJW **92** 2062). Die Regelung dient der erleichterten Auf- und Abfahrt von Rollstuhlfahrern (Begr, Rn. 13/14). Das an sich erlaubte Parken vor Grundstückseinfahrten durch den Berechtigten (Rn. 47) verstößt bei abgesenktem Bordstein gegen III Nr. 5, der für diesen Fall keine Ausnahme enthält (*Berr/H/Schäpe* 246d, *Huppertz* DNP **94** 302, *Lewin* PVT **94** 199, aM *Bouska* DAR **92** 284), jedoch wird weitestgehend von § 47 OWiG Gebrauch zu machen sein (*Hentschel* NJW **92** 2062).

49a   **Literatur:** *Huppertz,* Verbotswidriges Parken vor Bordsteinabsenkungen, DNP **94** 302. *Derselbe,* Parken vor Bordsteinabsenkungen, DAR **97** 504. *Lewin,* Parken vor Bordsteinabsenkungen, PVT **94** 193.

7. Parkverbote durch Verkehrszeichen werden außer durch sämtliche Haltverbote durch 50
die Z 224, 306, 201, 295, 296, 299, 314, 314.1, 315, 325.1 und 340 unter den dort bestimmten
Maßgaben begründet (Rn. 53–57c sowie § 42 Rn. 181 zu Z 340). Der Geltungsbereich ein-
schließlich des ZusatzZ muss klar und zweifelsfrei sein (Kö VRS **36** 462, Dr DAR **97** 160
(unklare Kombination mehrerer ZusatzZ)). Unklarheit geht nicht zulasten des Betroffenen
(Bay DAR **61** 259; s. § 39 Rn. 31a, 33, 34). Die genannten VZ verbieten auch die Fortset-
zung eines schon bestehenden Parkvorgangs, wenn sie *erst nach Beginn des Parkens* erkennbar oder
erst danach aufgestellt werden (BVerwG DAR **97** 119 mAnm *Berr;* zust *Hendler* JZ **97** 782, *Han-
sen/Meyer* NJW **98** 284; Entgegnung *Mehde* NJW **99** 767; Kö NZV **93** 406, OVG Hb DAR **04**
543, OVG Münster DAR **95** 377, VG Berlin DAR **01** 234, einschr VGH Ma DÖV **91** 163, *Bit-
ter/Konow* NJW **01** 1391; s. Rn. 61, 66, sowie § 41 Rn. 247). Ein Pannenfz muss schnellstmög-
lich aus dem Verbotsbereich entfernt werden (Rn. 19; Schl VM **65** 25). Parkverbote sind **zeitlich
oder sachlich beschränkbar,** doch nicht durch Ausnahmen, die das Verbot praktisch wieder
aufheben (BVerwG NJW **67** 1627) und nur im Rahmen von § 45, also zB nicht für einzelne
StrBenutzer, etwa Behörden, Konsuln oder andere Anlieger (näher: § 45 Rn. 28). Bewusstes Par-
ken im Bereich solcher angezeigter Ausnahmen ist bis zur erfolgreichen Anfechtung jedoch un-
zulässig (§ 41 Rn. 247). Parken an verbotener Stelle hebt nur mehr als normaler Behin-
derung auch gegen § 1 (Dü VM **64** 30). **Z 286** ist als Parkverbot auch zu beachten, wenn es für
eine nicht zur durchgehenden Fahrbahn gehörige Fläche gilt (Zw VRS **45** 468). Für von der
Fahrbahn deutlich getrennte, in den Gehweg eingeschnittene Park- und Ladebuchten gelten die
Z 283/286 nur bei deutlicher Einbeziehung durch ein ZusatzZ (Rn. 29, 30).

7a. An Haltestellenschildern (Z 224) besteht Parkverbot bis zu je 15 m vor und hinter ih- 51
nen (Anl 2 lfd. Nr. 14 Spalte 3 zu Z 224), des Zugangs der Fahrgäste wegen auch auf dem Sei-
tenstreifen. Die **Grenzmarkierung Z 299** kann das Verbot bezeichnen, verlängern oder ver-
kürzen (Rn. 36a, 56). Sie muss so lang sein, dass öffentliche VMittel an den StrRand heranfahren
können. Haltestellenschilder stationierter fremder Truppen begründen kein Parkverbot, da sie in
der StVO nicht enthalten sind (aM Br VRS **5** 62). Das Verbot gilt auch außerhalb der üblichen
Betriebszeiten (*Mühlhaus* VD **75** 2). Wird durch Halten (bis zu 3 Min, II) in der Parkverbotszone
das Erreichen der Haltestelle durch einen Omnibus behindert, kann Verstoß gegen § 1 vorliegen
(Ermöglichen des Abfahrens: § 20 V).

7b. Vor und hinter Andreaskreuzen (Z 201) muss der Überblick auf die Bahnstrecke 52
durch Parkverbote freigehalten werden (Anl 2 lfd. Nr. 1 Spalte 3 Nr. 3 zu Z 201), innerorts
(Z 310, 311) wegen des beschränkten Parkraums bis zu je 5 m vom Andreaskreuz, außerorts
gemäß dem von der Bahn angestrebten Sichtdreieck bis zu je 50 m (Begr), auch auf Seitenstrei-
fen.

7c. Das VZ Vorfahrtstraße (Z 306) untersagt gem. Anl 3 lfd. Nr. 2 Spalte 3 zu Z 306 au- 53
ßerorts (Z 310, 311) Parken solange, wie es Vorfahrt gewährt (Ko DAR **77** 325), nämlich bis
zum nächsten Z 205 (Vorfahrt gewähren!), 206 (Halt! Vorfahrt gewähren!), oder Z 307 (Ende der
VorfahrtStr), aber nur auf der Fahrbahn und soweit Parken nicht ausnahmsweise durch Z 314
erlaubt wird. Das VorfahrtZ 301 untersagt das Parken hingegen nicht. Wer außerorts an Z 205
oder 206 vorbei in eine andere Str abbiegt, muss damit rechnen, dass dies eine VorfahrtStr sein
könnte (Bay DAR **76** 277). Die Vorschrift dient dem Schutz des fließenden V in *beiden* Richtun-
gen (BGH VRS **72** 38). Sie gilt nicht bei geschlossener Bebauung ohne Z 310 (BGH VRS **72**
38).

7d. Fahrstreifenbegrenzung (Z 295) oder **einseitige Fahrstreifenbegrenzung (Z 296)** 54
bedingt ein Parkverbot auf der Fahrbahn, wenn zwischen dem parkenden Fz und der Linie nicht
ein Fahrstreifen von mindestens 3 m verbleibt (Anl 2 lfd. Nr. 68 Spalte 3 Nr. 1d zu Z 295, Anl 2
lfd. Nr. 69 Spalte 3 Nr. 2 zu Z 296). Ist die durchgezogene Linie als Fahrbahnbegrenzung ver-
wendet (Z 295), so darf links von ihr weder gehalten noch geparkt werden, soweit rechts von ihr
ausreichend befestigter StrRaum zum Halten und Parken verfügbar ist (Rn. 35a). Mit dieser
Maßgabe darf auch auf BundesStr geparkt werden, soweit es nicht gegen § 1 verstößt.

7e. Parken auf oder unter Mitbenutzung des Gehwegs ist nur gemäß **Z 315** (Begr § 42 55
Rn. 167) und außerdem über Parkflächenmarkierungen (Rn. 56) Fz mit zulässigem Gesamtge-
wicht bis zu 2,8 t erlaubt (vgl. IV S. 1, 2, Anl 3 lfd. Nr. 10 Spalte 3 Nr. 1 zu Z 315; Bay VM **75**
43, Kö VRS **102** 469, *Hauser* VD **91** 35, aM AG Langenfeld DAR **07** 532, *Seebald* NZV **90** 138).
Sonderberechtigungen für **elektrisch betriebene Fz** sind in lfd. Nr. 10 Anl 3 Spalte 3 Nr. 3

geregelt (vgl. auch § 3 EmoG Rn. 7). Ansonsten ist es verboten (näher unten), wird jedoch im Verkehrsalltag vielfach geduldet. Anfang und Ende von **Gehwegparkstrecken** dürfen durch zur Fahrbahn hin bzw. von ihr wegweisende weiße Pfeile auf dem Z 315 gekennzeichnet werden (Anl 3 lfd. Nr. 10 Spalte 3 Erläuterung Nr. 1). Nach Stu VRS **123** 179 wird eine durch Z 315 geschaffene Erlaubnis durch ein auf 15 m begrenztes Haltverbot lediglich unterbrochen, bezieht sich also auch auf einen dahinter befindlichen Gehweg. Beschränkung auf Menschen mit Behinderung: Rn. 60b. Parken mit Parkscheibe oder Parkschein kann durch ZusatzZ vorgeschrieben werden (Anl 2 lfd. Nr. 10 Spalte 3 Nr. 2a, 2b). Stets ausgenommen ist Parken über Schachtdeckeln und anderen Verschlüssen (Rn. 48). Ohne Z 315 ist das Gehwegparken auch dem Grundstückseigentümer im Bereich der eigenen Grundstücksausfahrt verboten (Fra DAR **84** 230 m abl Anm *Angersbach,* KG VRS **73** 473, Dü VRS **81** 379). Begriff des Gehwegs: § 25 Rn. 12. Abs. 4 verbietet dabei nicht das *Überfahren* des Gehwegs zum Parken auf unbebautem Grundstück (Hb DAR **85** 292). Das Z 315 ordnet an, wie parkende Fz aufzustellen sind (Anl 3 lfd. Nr. 10 Spalte 3 Nr. 1 S. 2). Nach hM zur Rechtslage vor der „Schilderwaldnovelle" 2009 untersagte das Z 315 auch **das Fahrbahnparken** (vgl. BGHSt **26** 348, KG VRS **53** 303, Kö VRS **72** 382, *Cramer* § 42 Anm C zu Z 315; aM *Harthun* DAR **71** 256, *Bouska* DAR **72** 258, *Lewin* PVT **96** 258). Der VOGeber dürfte die Problematik nunmehr im Sinne der hM gelöst haben, indem Anl 3 lfd. Nr. 10 Spalte 3 Nr. 1 S. 2 auch die auf dem Zeichen abgebildete Aufstellart vorschreibt; jedoch erscheint das Zusammenspiel zwischen S. 1 und S. 2 missglückt („Dann darf auch …" hat keinen rechten Bezug), was durch die vorgenommene, auch ihrerseits wenig geglückte Umformulierung des S. 1 (§ 42 Rn. 167) bedingt sein wird. *Parkflächenmarkierung auf dem Gehweg* durch parallel zur Bordsteinkante verlaufende weiße Linie ohne Z 315 enthält unstr kein Parkverbot auf der Fahrbahn (Kö VRS **72** 382; s. aber III Nr. 2). Erlaubtes Gehwegparken stets nur, außer auf EinbahnStr, auf dem rechten Gehweg (IVa, Rn. 6) und in Fahrtrichtung (Anl 3 lfd. Nr. 10 Spalte 3 Nr. 1 S. 2). **Soweit Gehwegparken verboten ist,** gilt dies auch für Eigentümer oder Pächter des Grundstücks, dessen Teil der Gehweg ist (Ko VRS **45** 48), anders aber, soweit die Duldung öffentlichen V durch den Eigentümer ohne Weiteres widerrufen werden könnte (Bay VRS **64** 140, Dü NZV **94** 490, Jn NZV **97** 448, VG Saarlouis ZfS **00** 275). Das Verbot des Gehwegparkens dient dem Schutz der Gehwegbenutzer, nicht dem Schutz von auf der Str vorbeifahrenden Kf (Kar NZV **12** 593). Kein Verstoß gegen das Verbot des Gehwegparkens, wenn ein an den Gehweg angrenzender, von diesem jedoch nicht erkennbar abgegrenzter Grundstücksteil zum Parken benutzt wird, der vom Eigentümer eigens zu diesem Zweck gepflastert wurde (Bay VRS **64** 140, KG NZV **92** 416). Richtlinien über Freigabe von Gehwegen zum Parken und Kennzeichnung solcher Flächen: VkBl. **60** 551. Ein Anspruch des Anliegers auf ermessensfehlerfreie Zulassung des Gehwegparkens vor seinem Betriebsgrundstück besteht nicht (BVerwG DÖV **80** 916). Solche Parkflächen sind von der Fahrbahn aus anzusteuern, nicht über den Gehweg (KG VRS **53** 303, Dü VM **69** 94), und auch hier gilt die 5 m-Grenze zur StrEcke (Rn. 45; Ha DAR **69** 25). Auch auf breiten Gehwegen ohne Fußgängerbehinderung ist die Mitbenutzung des Gehwegs außerhalb der Kennzeichnung durch Z 315 unzulässig (Dü VRS **43** 381, Ko VRS **45** 48, KG VRS **45** 66 (außer in notstandsähnlichen Fällen), auch nur mit den rechten Rädern (Bay VM **75** 43, *Hauser* VD **91** 35, aM insoweit *Mühlhaus* DAR **74** 34), auch zwischen Bäumen (Dü NZV **94** 372, Ha DAR **94** 409) oder auf einem gepflasterten Grünstreifen (BayVGH DAR **17** 480). Schwerbehinderung von 100 % begründet nach Dü DAR **82** 336 allein noch keine notstandsähnliche Situation. Das grundsätzliche Verbot des Parkens auf Gehwegen wird im Hinblick auf Platzbeanspruchung, fehlende Beweglichkeit und dem FußgängerV drohende Gefahren (Umstürzen) trotz § 17 IV S. 4 auch für **Motorräder** zu gelten haben (BayVGH DAR **17** 480 mAnm *Koehl* und *Schubert* NZV **17** 244 sowie Bspr *Weber* DAR **18** 109; OVG Lüneburg VkBl. **03** 650, Kö VRS **92** 362, *Berr/H/Schäpe* 339), nicht jedoch (soweit nicht § 1 entgegensteht, OVG Lüneburg VkBl. **03** 650) für **Fahrräder** (die nach Maßgabe von § 25 II S. 1 auch auf Gehwegen geschoben werden dürfen; OVG Lüneburg VkBl. **03** 650; VG Lüneburg VRS **104** 236, *Berr/H/Schäpe* 339, 616, *Kettler* NZV **03** 211, *Schulze-Werner* VD **06** 236), und zwar auch dann nicht, wenn es sich um **Mietfahrräder** handelt (OVG Hb NZV **10** 222; zum Gemeingebrauch Rn. 42a). Zum Problem der OW des Gehwegparkens *Seebald* DAR **78** 240, NZV **90** 138, des Abstellens von Fahrrädern auf Gehwegen § 41 Rn. 248c (zu Z 239), *Kettler* NZV **03** 209.

56 **7f. Parkflächenmarkierungen** erlauben das Parken, und zwar auf Gehwegen auch ohne Z 315 (Rn. 55), insoweit allerdings nur für Fz mit zulässiger Gesamtmasse bis 2,8 t (Anl 2 lfd. Nr. 74 Spalte 3 S. 1). Eine parallel zur Bordsteinkante verlaufende weiße Linie auf dem

Gehweg genügt (Kö VRS **72** 382). Parkflächenmarkierungen sind als VorschriftZ Verwaltungsak-te und an den Voraussetzungen des § 45 IX zu messen; eine Markierung, die ohne hinreichende Rechtfertigung Lkw vom Parken ausschließt, ist rechtswidrig (VG Schl NZV **07** 270, *Kettler* SVR **07** 158). Durch die bloße Aufschrift „Bus" in der markierten „Parktasche" ohne VZ mit ZusatzZ kann das Parken anderer Fz nicht wirksam untersagt werden (Zw VRS **68** 68). Entspre-chendes gilt für andere Zusätze (Fra NZV **93** 243 („Arzt")). Soweit Markierungen vorhanden sind, ist auf öffentlichen Parkplätzen diesen gemäß zu parken (Anl 2 lfd. Nr. 74 Spalte 3 Erläute-rung). Anl 2 lfd. Nr. 74 Spalte 3 S. 1 ist – anders als § 41 III Nr. 7 – eindeutig als Gebot ausgestal-tet und nach § 49 III Nr. 4 bußgeldbewehrt; demgemäß ist ein Parken entgegen der Parkflä-chenmarkierung (zB Überschreiten der Linien, Querparken, Parken über mehrere Parkboxen hinweg) auch bei nur geringfügigen Abweichungen verboten und ow; dem entgegenstehende ältere Rspr. (Nw 44. Aufl.) ist überholt (eingehend *Spies* DAR **17** 667, 670; abw hier bis 44. Aufl.). Parken zur Hälfte in einer markierten Parktasche, deren Parkuhr ordnungsgemäß be-dient wurde, und zur anderen Hälfte außerhalb ist Verbotsverletzung (abw noch Kö DAR **83** 333). Härten kann mit § 47 OWiG Rechnung getragen werden. Ist die Beachtung der Markie-rung wegen der FzGröße nicht möglich, darf nicht geparkt werden (*Hauser* DAR **90** 9). Parkflä-chenmarkierungen sind auch in öffentlichen Parkhäusern zu beachten (Kar NJW **78** 1277). Das Wort „Straßen" meint alle öffentlichen VFlächen, also auch Parkplätze abseits der Fahrbahn; Parkflächenmarkierungen sind daher zu beachten (Hb DAR **73** 251). Das Gebot betrifft nur das Wie des Abstellens von Fz innerhalb der Parkflächenmarkierung bzw. in unmittelbarem Zusam-menhang damit (*Spies* DAR **17** 667, 670). Hingegen statuiert es keine Ge- oder Verbote in Be-zug auf das **Parken außerhalb der markierten Parkflächen**; dieses kann aber durch sonstige Verbotszeichen, namentlich durch § 12 III Nr. 2 (Rn. 46), oder durch ZusatzZ verboten werden, wenn dieses klar und der Parkplatz, auf dem es gelten soll, deutlich abgegrenzt ist (Aufstellung auf allen Zufahrten (BGH NJW **80** 845; Bay NZV **92** 83, abw Dü VM **95** 95). Dabei kann auch eine zwischen zwei „Parkboxen" befindliche Restfläche als „gekennzeichnete Fläche" iS eines ZusatzZ erscheinen (Ha DAR **05** 523 (Z 283 mit Parkflächenmarkierung und ZusatzZ)).

7g. Grenzmarkierungen für Parkverbote (Z 299) bezeichnen, verlängern oder verkürzen **56a** vorgeschriebene Parkverbote (Rn. 36a; Anl 2 lfd. Nr. 73 Spalte 3 zu Z 299 mit Erläuterung). Sie begründen selber kein Halt- oder Parkverbot, sondern grenzen ein bestehendes nur räumlich ab (Bay NJW **78** 1277, VRS **62** 145, DAR **92** 270, Kar Justiz **79** 237, Kö DAR **83** 333, NZV **91** 484, Dü VM **88** 23 mAnm *Booß*). Damit dürfte ein verbotenes Halten oder Parken innerhalb der Markierung als Verstoß gegen das anderweitige Halt- oder Parkverbot und nicht als Verletzung des in Anl 2 lfd. Nr. 73 Spalte 3 zu Z 299 normierten Verbots zu ahnden sein. Soll die Markie-rung ein Parkverbot verlängern, so muss sie den eigentlichen Verbotsbereich mit einbeziehen (Bay VRS **62** 145, Kö NZV **91** 484, aM Kar Justiz **79** 237). Das VZ kann ein nach III Nr. 3 vor-geschriebenes Parkverbot (Toreinfahrt) seitlich verlängern (Bay VRS **62** 145, Kar Justiz **79** 237). Erstreckt es sich dabei über eine so große Länge, dass eine Zuordnung zum eigentlichen Park-verbot (Grundstücksausfahrt) nicht mehr erkennbar ist, so ist die Markierung unwirksam und nichtig (Kö NZV **91** 484).

7h. Parken (Z 314). Z 314 wird durch ein einschränkendes ZusatzZ zum VerbotsZ (Anl 3 **57** lfd. Nr. 7 Spalte 3 Nr. 2 zu Z 314), sofern die Einschränkung klar und sinnfällig ist (Kar VRS **59** 378, Br VRS **49** 65, Dü VM **88** 80; Bay VM **80** 27, NZV **92** 83, Kö DAR **91** 173 (Mithaftung des verbotswidrig auf LkwParkplatz parkenden PkwF bei Beschädigung durch Lkw)). Pfeile im Schild kennzeichnen Beginn und Ende des Parkplatzes (lfd. Nr. 7 Anl 3 Spalte 3 Erläuterung Nr. 1, 2). Die zur Fassung vor dem 1.7.92 ergangene Rspr. (zB Fra DAR **92** 231) ist überholt. Zum Auslegen von Parkschein, Parkscheibe, Parkausweis gilt das in Rn. 60b Gesagte sinngemäß. Es ist entsprechend den Markierungen zu parken, die anordnen, wie die Fz aufzustellen sind. **Parkplatzmarkierungen:** Rn. 56. Z 314 verbietet nicht, außerhalb der dadurch gekennzeich-neten Fläche zu parken (Dü VRS **64** 300; VM **88** 80). Bei ZusatzZ für Parksonderberechtigte dürfen andere Fz dort nicht parken, auch nicht zwecks Ladegeschäfts (Kar VM **80** 28, Kö VRS **88** 389). Zum durch die Ermächtigung gedeckten Umfang des Ausschlusses von Nicht-Bewohnern vom Parken § 45 Rn. 36. Parksonderberechtigten zugunsten von *Behinderten, Blinden, Bewohnern*: Rn. 60b. Das Z 314 mit ZusatzZ „Nur Omnibusse" ist eindeutig und wirk-sam, ohne das „nur" jedoch wegen Unverständlichkeit unwirksam (Kar VRS **59** 378). Ein Zu-satzZ „bei Veranstaltungen gebührenpflichtig" regelt mit hinreichender Klarheit, dass ab dem Zeitpunkt vor der Großveranstaltung Gebührenpflicht besteht, mit dem das Eintreffen von Be-suchern zu erwarten ist (Kö NZV **92** 200). Ein ZusatzZ „**ElektroFz** während des Ladevorgangs" (§ 45 Ig und dort Rn. 38d; § 39 X; s. auch zum vormaligen Recht VkBl. **11** 199) ist nach Kö NZV **14** 332 hinreichend klar und enthält nach Ha DAR **14** 596 auch dann einen wirksamen Verwaltungsakt, wenn eine Befugnisnorm für diese Bevorzugung von ElektroFz nicht bestehen sollte (näher **E** 52 und § 45 Rn. 36 sowie § 41 Rn. 247; aM AG Lüdinghausen DAR **15** 478; s. auch *Korsch* DAR **19** 191). Gleichfalls kann das verbotswidrig parkende Kfz abgeschleppt werden (VG Hb DAR **19** 222 mAnm *Koehl* sowie unten Rn. 64 a.E.). Die Rechtsfrage ist nach Inkrafttreten des EmoG (Buchteil 1a) überholt. Zu den Sonderberechtigungen für **elektrisch betriebene Fz sowie CarsharingFz** s. § 13 V und dort Rn. 12b. Verbotswidriges Parken von nicht bevorrechtigten Kfz rechtfertigt auch ohne Behinderung und ohne Einhaltung einer Wartezeit das Abschleppen (VG Gelsenkirchen bei *Koehl* SVR **20** 255).

57a **Öffentliche Parkplätze** sind die durch Z 314 bezeichneten Flächen, außerdem solche, die mit Duldung des Eigentümers üblicherweise zum Parken benutzt werden (§ 1 Rn. 13 ff.), zB der Parkplatz für Gäste einer Gastwirtschaft (BGHSt **16** 7, NJW **61** 1124), allgemein zugängliche Parkhausstellflächen (Kar VM **78** 12). Private FzBewachung auf öffentlichen VFlächen ist Sondernutzung und daher unzulässig (BVerwG VM **70** 70). Auf öffentlichem VGrund dürfen daher keine gebührenpflichtigen Parkplätze eingerichtet werden, Bewachung ist dort nur auf Wunsch des Benutzers zulässig (BVerwG VM **70** 70, *Bettermann, Blomeyer* MDR **57** 149, *Bouska* VD **70** 129). Ein Privatgrundstück kann zum Parken derart freigegeben werden, dass es während der Dienststunden nur Bediensteten offensteht (Bay VRS **41** 42). Eine widerruflich dem Verkehr überlassene Fläche darf wieder abgetrennt und als Behördenparkplatz verwendet werden (OVG Münster VRS **42** 397). Zur Verkleinerung eines dem öffentlichen V tatsächlich überlassenen Parkplatzes BVerwG NJW **74** 1916. Ist ein Parkplatz nur über den Gehsteig erreichbar, so darf dieser überquert werden (Mü NJW **51** 123). Geschwindigkeit auf Parkplätzen: § 8 Rn. 31a. Verstellte Einfahrt: Rn. 46, 47. Unwirksame Haftungsfreizeichnung des Parkplatzeigentümers: LG Hb VersR **67** 1163. Zur VSicherungspflicht und Haftung des Unternehmers auf einem Betriebsparkplatz BAG JZ **75** 675. Vorfahrt auf Parkplätzen: § 8 Rn. 31a. Zu Lärmstörungen durch einen öffentlichen Parkplatz *Wiethaup* DAR **73** 93.

57b **7i. Parkraumbewirtschaftungszonen (Z 314.1, Z 314.2)** Zu Beginn und Ende gilt das zu Z 290.1, 290.2 Gesagte (Rn. 34a) entsprechend. Die Vorschrift dient der „Lichtung des Schilderwaldes" (Begr § 42 Rn. 166). Bei getrennten Fahrbahnen können die Z auch einseitig wie eine Steckenbeschilderung eingesetzt werden (*Schubert* VD **09** 303). Auch in Parkbewirtschaftungszonen darf nicht entgegen den ZusatzZ geparkt werden, die die Parkerlaubnis zeitlich oder sachlich einschränken (lfd. Nr. 8 Anl 3 Spalte 3 Nr. 1). I Ü s. Rn. 57. Zu den Sonderberechtigungen für **elektrisch betriebene Fz sowie CarsharingFz** s. § 13 V und dort Rn. 12b.

57c **7j. In verkehrsberuhigten Bereichen (Z 325.1, 325.2)** gilt außerhalb gekennzeichneter Flächen ein Parkverbot (Anl 3 lfd. Nr. 12 Spalte 3 Nr. 4). Es dient nicht dem Zweck, ausreichenden Raum für den durchfahrenden KfzVerkehr zu gewährleisten, sondern der Freihaltung des Raums für Bewegung und Kommunikation sowie der Abwehr von Gefahren für Fußgänger und spielende Kinder (LG Sa NZV **15** 387; auch Rn. 63). Zu den Begriffen des Ein- und Aussteigens bzw. des Be- und Entladens Rn. 31 ff. Zum verkehrsberuhigten Bereich s. erg § 42 Rn. 181.

58 **8. Rechte Seitenstreifen** sind bei ausreichender Tragfähigkeit zum Parken zu benutzen (IV S. 1), nicht aber rechts verlaufende Radwege (Ce VRS **45** 469), Gehwege (Rn. 55) oder ersichtlich nur dem Gehen gewidmete Grundstücke (Ol VRS **25** 369). Seitenstreifen sind befahrbare Flächen unmittelbar neben der Fahrbahn (§ 2 Rn. 25), auch *Park- und Ladebuchten und -streifen* für den ruhenden V (IV S. 1; Bay VRS **68** 139, Kö VRS **102** 469, Dü VRS **75** 224, *Bouska* DAR **72** 255), nicht Flächen jenseits von Sonderwegen, Grünstreifen, die durch Anlage oder Bewuchs dem Verkehr offensichtlich entzogen oder durch unversenkte Bordsteine von Fahrflächen getrennt sind (Kö VRS **65** 156, Kar NZV **91** 39, Dü NZV **93** 161 m krit Anm *Kullik* PVT **93** 70; NZV **97** 189, *Hauser* DAR **84** 273). Parken außerhalb öffentlichen VRaums ist in der StVO nicht geregelt (Kö VRS **65** 156, Hb VM **88** 94, Kar NZV **91** 39, Dü NZV **93** 161, s. auch Rn. 58d, 61). Ein Trennstreifen zwischen Fahrbahn und Radweg, nicht durch eine Bordschwelle von der Fahrbahn getrennt, aber benutzbar und breit genug, muss auch bei Aufstellung des Z 283 ohne ZusatzZ zum Parken benutzt werden (Ce VRS **45** 469). Ist der Seitenstreifen zum Parken nicht breit genug, so verletzt der in die Fahrbahn hineinragende Parkende nicht § 12 (Sa VM **75** 60), aber Gebotsverstoß bei Z 283 (Ce VRS **45** 469). Das ZusatzZ „auf dem Seitenstreifen" zu Z 286 gilt auch für Parkbuchten als Teile des Seitenstreifens. Auf dem Seitenstreifen ist so scharf rechts wie möglich zu parken (Rn. 58c); teilweise Mitbenutzung der Fahrbahn bei ausreichendem Platz auf dem Seitenstreifen (Parkbucht) verstößt gegen IV S. 1 (Dü VRS **75** 224), erst recht das Parken vollständig neben dem Seiten-(Park-)streifen (KG NZV **90** 200), jedoch nicht bei nicht nur vorübergehender Unbenutzbarkeit, zB infolge lagernden Baumaterials (vgl. BayObLGSt **84** 121). Kein Verstoß gegen die Pflicht zur Benutzung des Seitenstreifens, wenn dieser zB durch die Anpflanzung von Straßenbäumen länger als die Länge des abgestellten Kfz unterbrochen ist und neben der Unterbrechung am Fahrbahnrand geparkt wird (Dü VRS **75** 224; KG VRS **60** 392; DAR **20** 396 mAnm *Rebler*). Ausnahmen von den Halt- und Parkverboten des Abs. IV: § 46 I Nr. 3.

Linke Seitenstreifen dürfen nur noch benutzt werden, wenn rechts auf der Fahrbahn Schienen liegen, in EinbahnStr (§ 12 IV S. 4) und wenn die linke Parkbucht zum Schräg- oder Querparken (ohne Rücksicht, in welcher Richtung schräg) eingerichtet ist, auch wenn ihre Tiefe dies erlaubt, entsprechende Parkleitlinien aber (noch) fehlen. Das Fahrbahnüberqueren zu solchen Parkflächen ist zulässig. Das Linksparken entgegen der Fahrtrichtung ist unzulässig, laut Begr (Rn. 6) aus Sicherheitsgründen, obgleich uU nicht ungefährliche Wendemanöver zum Parkstreifen hin erlaubt bleiben (Ol VM **78** 40, Ha DAR **74** 109). **58a**

Am rechten Fahrbahnrand ist zu parken (Kar VRS **48** 63), wenn Seitenstreifen fehlen oder nicht ausreichend tragfähig sind („sonst"), in EinbahnStr und auf ABParkplätzen, die von der Normalspur ableiten und später wieder in sie einmünden, auch links (Bay DAR **76** 277, NJW **62** 407, *Lütkes* MDR **63** 184), links auch, wenn rechts behindernd Schienen liegen (IV). Das Parken auf nicht am Fahrbahnrand gelegenen Fahrbahnteilen ist unzulässig (Rückschluss aus IV S. 1; KG VRS **62** 63, Dü VRS **72** 296). Nur durch Absperrgeräte (§ 43) gekennzeichnete Baustellenabgrenzungen bilden keinen Fahrbahnrand (anders bei Bauzäunen; KG VRS **62** 63; krit *Hauser* DAR **84** 274; Bay VRS **68** 139). Die Fahrbahn verengende Schneewälle können ihrerseits einen Fahrbahnrand bilden (Parken aber uU Verstoß gegen § 12 I Nr. 1 oder § 1 II; Bay VRS **64** 380). Rechter Fahrbahnrand ist auch der quer verlaufende Abschluss einer Sackgasse bei Parken in linker Fahrtrichtung (Bay VRS **63** 297). Dagegen verstößt Parken in Mittelstreifendurchlässen gegen IV S. 1 (KG VRS **72** 127), auch bei Durchlässen im Bereich von Einmündungen und Kreuzungen, weil diese keine selbstständigen Fahrbahnen, sondern Teil der Kreuzung (Einmündung) sind (KG NZV **91** 163). Am Fahrbahnrand zum Gehweg darf auch geparkt werden, wenn diese Stelle nur kurz ist und i Ü vollgeparkte Parkstreifen vorhanden sind (Bay VRS **59** 233). Zum Seitenabstand bei Parken mit Pferdefuhrwerken: Rn. 38. Kein erlaubtes Fahrbahnparken neben einer Parkbucht (Ha VRS **57** 367). Bei zwei oder mehr **baulich voneinander getrennten Fahrbahnen** (§ 2 Rn. 26, 27) mit VZRegelung ist nach denselben Grundsätzen scharf rechts zu parken, soweit zulässig, ebenso an **VInseln** (Begriff: Dü VM **67** 80, VRS **33** 315, Ce DAR **63** 362). An links vom Fahrstreifen liegenden VInseln darf, soweit Parken überhaupt erlaubt ist, nicht geparkt werden (Linksparken), auch nicht zwecks Abladens am Mittelstreifen (KG VersR **75** 1103), nie auf der StrMitte, auch nicht bei Schienen auf der linken und rechten StrSeite (Kar VRS **48** 63). IV S. 1 betrifft nur das Verhältnis zu anderen StrTeilen, besagt also nichts über die Zulässigkeit des Parkens außerhalb des öffentlichen VRaums (Stu VRS **63** 388). **Verkehrsberuhigte Bereiche** sind keine *Fahrbahnen* § 42 Rn. 181 Z 325.1, 325.2. IV gilt daher nicht (Kö NZV **97** 449). **58b**

Platzsparend ist bei jeder Aufstellungsweise zu parken (VI), idR parallel zur Fahrbahn (Rn. 58d), so scharf wie möglich rechts (bzw links), unter Ausnutzung ausreichend großer Parklücken bei teilweise belegtem oder teilweise unbenutzbarem Randstreifen (§ 1). Parkleitlinien sind zu beachten. Platzsparend parkt, wer den Abstand nach vorn, hinten und uU seitlich je nach Sachlage so gering wie möglich hält (Dü VM **73** 78), wobei der Zustand beim Einparken maßgebend ist und spätere Veränderungen hierüber uU täuschen können. Das Ausparken des jeweiligen FzTyps (unterschiedlicher Wendekreis) durch einen durchschnittlichen Fahrer muss möglich bleiben (KG VRS **55** 228), wozu bei griffigem Untergrund ein Gesamtabstand nach vorn und hinten von etwa 2 m ausreichen wird, bei Eiskrusten nicht (Ha DAR **62** 303). Hat der parkende Vordermann weniger Abstand als 1 m zu seinem Vordermann, so muss der Hinzukommende dies in etwa ausgleichen. Wer beim Parken zu einem abgestellten Fz ohne triftigen Grund mehr als 1 m, aber weniger als 7 m Abstand lässt, wird VI meist verletzen (Dü VM **73** 78). Einiges Manövrieren beim Wegfahren kann nötig sein, Kunstleistungen dürfen jedoch weder beim Zugang zum geparkten Fz vorausgesetzt werden (KG DAR **66** 305) noch beim Ausparken. Wer in diesem Sinn korrekt parkt, dem kann Nichtbenutzung nahe gelegener freier Parkflächen nicht vorgeworfen werden. **58c**

Schräg- oder Querparken ist nur ausnahmsweise, zur besseren Parkraumausnutzung (§ 12 VI) zB uU auf breiten Str (BGHSt **17** 240 = NJW **62** 1405, KG NZV **92** 249), und auf breiten **58d**

Parkstreifen ohne Hineinragen in die Fahrbahn erlaubt, unter Beachtung etwa vorhandener Aufstellmarkierungen und nur so, dass nicht zwei Stellflächen zugleich besetzt werden, jedoch muss es bei ungünstiger Aufstellung bereits parkender Fz auch hier auf günstigste Raumausnutzung ankommen (Rn. 58c). Beim Nebeneinanderparken ist beiderseits ein Zwischenraum von 70 cm zum nächsten Fz zum Aus- und Einsteigen geboten. Obwohl § 12 das **Quer- und Schrägparken** nicht ausdrücklich untersagt, wird IV S. 1, wonach „an den rechten Fahrbahnrand heranzufahren" ist, das grundsätzliche Gebot des Parallelparkens zu entnehmen sein (*Berr/H/Schäpe* 315 f., *Huppertz* VD **02** 214). Ausnahmen sind nur unter strengen Voraussetzungen möglich (*Berr/H/Schäpe* 317). Dies gilt auch für Motorräder (KG NZV **92** 249) und Pkw geringer Länge („Mikroklasse"; s. Ha, Beschluss vom 28.6.2016, III-3 RBs 210/16 (unveröffentlicht) m Bspr *Janeczek* NZV **20** 139; s. auch *Huppertz* VD **02** 213; weiter bei markiertem Seitenstreifen *Wagner* NZV **02** 257). Denn bei einer Reihe längs parkender Fz rechnet der fließende V nicht mit dem Verlassen einer Parklücke quer in die Fahrbahn hinein (Ha, Beschluss vom 28.6.2016, III-3 RBs 210/16), zumal der so Ausparkende seiner Pflicht nach § 10 S. 2 (Fahrtrichtungsanzeige) nicht nachkommen kann. Schienenverkehr in der Straße wirkt zusätzlich gefahrerhöhend und kann Querparken ausschließen (Ha, Beschluss vom 28.6.2016, III-3 RBs 210/16). Gegen Ausnahmen vom grundsätzlichen Verbot des Quer- und Schrägparkens *Hauser* DAR **84** 275. § 12 verbietet nicht Quer- oder Schrägparken unter Mitbenutzung nichtöffentlichen VRaums neben der Fahrbahn, soweit es platzsparend ist (Stu VRS **63** 388), oder unter Mitbenutzung des durch weiße Linie (ohne Z 315) zum Parken freigegebenen Gehwegs (Kö VRS **72** 382).

58e   **Literatur:** *Huppertz*, Klein-Pkw: Ein Smart parkt quer, VD **02** 213. *Wagner*, ... Die Zulässigkeit des Parkens quer zur Fahrtrichtung ..., NZV **02** 257.

59   Eine Parklücke entsteht erst mit der Freigabe durch den Benutzer. **Vortritt** hat, wer sie, unmittelbar einfahrbereit, zuerst erreicht **(V S. 1),** auch bei Rückwärts- Einrangieren (V S. 1, Hs. 2), nicht dessen Hintermann, dem es gelingt, zuerst vorwärts einzufahren. Auch durch andere Rangiermanöver, die zum Einparken erforderlich sind, geht der Vorrang dessen, der die Parklücke zuerst erreicht hat, nicht verloren, auch wenn er sich dabei von ihr zunächst entfernen muss. Allerdings muss er sie zuvor „unmittelbar" erreicht haben (*Fuchs-Wissemann* DAR **94** 147); wer sich auf der gegenüberliegenden StrSeite befindet, erfüllt diese Voraussetzung noch nicht. Ist die Parklücke noch besetzt, wird sie jedoch erkennbar alsbald frei werden, so hat der Wartende vor dem erst Hinzukommenden den Vortritt (V S. 2). Voraussetzung ist, dass der FzF, dessen Fz die Lücke noch besetzt hält, erkennbar Anstalten macht, diese zu verlassen; Warten in der bloßen Hoffnung, ein Platz werde demnächst frei werden, genügt nicht (Dü NZV **92** 199, *Fuchs-Wissemann* DAR **89** 54, *Berr/H/Schäpe* 605). Da V S. 2 nicht ow Verhalten honorieren will, kann er nicht demjenigen Vorrang einräumen, dessen Warten einen Bußgeldtatbestand erfüllt (*Fuchs-Wissemann* DAR **89** 54). Die Vorschrift des V gewährt nur dem FzF selbst Vorrang; andere Personen können diesem die Parklücke nicht „reservieren" (Bay NZV **95** 372).

60   **Parken in zweiter Reihe** neben Fz, die auf dem Seitenstreifen (Ha NZV **92** 115), am Fahrbahnrand oder teilweise am Fahrbahnrand parken (Bay VRS **64** 380), ist im Gegensatz zu kurzem, nicht behinderndem Halten (Rn. 40) nach IV S. 1 ausnahmslos unzulässig (Rn. 58b; BGHSt **28** 143 = NJW **79** 224, Dü VM **79** 7, Ha NZV **92** 115). Denn es dauert idR einige Zeit (s. auch Rn. 40). Soweit es, insbesondere in Ladefällen, den V nicht nennenswert behindern kann, kommt jedoch Absehen von Verfolgung nach § 47 OWiG in Frage (**E** 72, § 24 StVG Rn. 67; *Berr/H/Schäpe* 326). **Parken am Fahrbahnrand neben Fz,** die vollständig auf nicht dem FzVerkehr dienenden Flächen (zB Gehweg) stehen, ist kein Parken in 2. Reihe (Bay VRS **59** 233, **64** 380, Kö VRS **72** 382), kann jedoch gegen III Nr. 2 verstoßen (Kö VRS **72** 382, *Berr/H/Schäpe* 164; s. Rn. 46). Ladegeschäft: Rn. 32 ff. Haftungsfragen: Rn. 63.

60a   **Schwerfahrzeuge und schwerere Anhänger in geschützten Gebieten (IIIa).** IIIa enthält im Interesse der Einwohner der in ihr bezeichneten Gebiete räumliche, zeitliche und sachliche Parkbeschränkungen für Kfz mit zulässigem Gesamtgewicht über 7,5 t und KfzAnhänger über 2 t. Entscheidend ist das im FzSchein eingetragene zulässige Gesamtgewicht (Bay NZV **97** 530). Die Vorschrift gilt auch für SattelZgm ohne Auflieger, weil es gleichgültig ist, ob das zulässige Gesamtgewicht durch Ladung oder durch die Sattellast eines Aufliegers erreicht wird (Bay NZV **97** 530). Die Verbote des IIIa gelten innerorts für die in den Ziffern 1 bis 4 bezeichneten Gebiete, täglich für die bezeichneten Nachtstunden und außerdem sonn- und feiertags. Der *Feiertagsbegriff* ist wie in § 30 IV zu verstehen (*Berr/H/Schäpe* 276). Eine Begriffsbestimmung nach dem Feiertagsrecht der Länder würde zu unterschiedlichen Feiertagsbegriffen innerhalb der StVO führen (*Hauser* VD **82** 8). Wegen der Gewichtsbeschränkung für Anhänger bleiben die meisten Wohnwagen und Verkaufsanhänger parkberechtigt, weil sie nicht unter IIIa fallen (zum Parken von Anhängern s. u). Das Parkverbot knüpft nicht an den Begriff des besonderen Wohngebiets (§ 4a BaunutzungsVO) an, sondern an den Begriff *„reines und allgemeines Wohngebiet"* aus der BaunutzungsVO (Bay NZV **90** 282, Ha VRS **66** 53). Er ist für Fremde örtlich oft nicht erkennbar. Jedoch ist nur „regelmäßiges" Parken untersagt. Halter und Fahrer müssen sich bei der Absicht regelmäßigen Parkens bei der VB nach dem Verbotsbereich erkundigen. Dies ist ihnen zuzumuten (krit *Beck* DAR **80** 237). Nach Hinweis durch die Pol kann sich niemand mehr auf Unkenntnis berufen (*Bouska* VD **80** 205, *Berr* DAR **82** 314). Vielfach wird ein reines oder allgemeines Wohngebiet auf Grund der tatsächlichen Bebauung der betreffenden Str und der unmittelbaren Nachbarschaft als solches erkennbar sein (Ha VRS **66** 53). Kein Parkverbot nach IIIa jedoch, wenn das Gebiet im Bebauungsplan nicht als reines oder allgemeines Wohngebiet festgesetzt ist (§ 8 BBauG, § 1 III, 3, 4 BaunutzungsVO), wie aus den in IIIa Nr. 1 gebrauchten Begriffen folgt (Begr, Rn. 7; aM Bay NZV **90** 282, Ha VRS **66** 53, *Berr/H/Schäpe* 284, wonach allein das äußere Erscheinungsbild entscheidend sein soll). **Regelmäßig parkt,** wer nicht nur ab und zu (Begr), sondern mehrfach, wenn auch mit gelegentlichen Unterbrechungen, irgendwo in einer Schutzzone oder einer benachbarten parkt, etwa mangels eigener Abstellflächen oder bei der Wohnung des Fahrers oder Halters. Der Begriff setzt eine gewisse Häufigkeit voraus, aber nicht „fast jeden Tag". Wöchentlich einmal dürfte darunter fallen (Ha VRS **66** 53, *Berr/H/Schäpe* 288, *Berr* DAR **82** 314). Aber auch größere Abstände können bei ständiger Wiederholung zur Annahme von „Regelmäßigkeit" ausreichen (Ha VRS **66** 53). Gegensatz: gelegentlich (*Bouska* VD **80** 205). Parken solcher Fz nur in Ausnahmefällen bleibt zulässig (Begr). Kann in Härtefällen auch die VB keine Parkmöglichkeit bereitstellen, kommt uU eine Ausnahmegenehmigung in Betracht. **„Entsprechend gekennzeichnete Parkplätze"** iS der Ausnahmebestimmung des IIIa S. 2 sind nicht etwa solche, die nur durch Z 314 gekennzeichnet sind; vielmehr ist eine besondere Kennzeichnung erforderlich, aus der sich die Berechtigung ergibt (*Berr/H/Schäpe* 286, aM *Bouska* VD **80** 205).

Auch das Aufstellen von **Anhängern ohne ZugFz** im öffentlichen StrRaum ist im Rahmen des § 12 erlaubtes Parken, soweit diese Fz betriebsbereit sind (Rn. 42a). Werden Anhänger jedoch für Wochen und Monate (zB Überwintern von Wohnanhängern) aus dem V genommen und abgestellt, so kann auch von *ruhendem V* keine Rede mehr sein. IIIb S. 1 (Bußgeldbewehrung: § 49 Nr. 12) verbietet daher das Parken von KfzAnhängern ohne ZugFz, soweit es länger als 2 Wochen dauert, und zwar nicht etwa nur in den in IIIa genannten Gebieten, sondern an allen öffentlichen VFlächen, außer auf entsprechend gekennzeichneten Parkplätzen (dazu oben). Eine neue 2-Wochenfrist wird nach dem Normzweck nur dann in Lauf gesetzt, wenn ein neuer Parkvorgang anzuerkennen ist, insbesondere andere Kf in der Zwischenzeit dort einparken konnten; hingegen unterbricht das kurzfristige Herausziehen und anschließende Wiederabstellen des Anhängers am ursprünglichen Platz nicht (*Berr/H/Schäpe* 299; aM hier bis 40. Aufl). Wird der Parkplatz allerdings für die Dauer einer Fahrt für andere Fz freigegeben, so kann die Unterbrechung der 2-Wochenfrist entgegen *Fra* DAR **93** 305 nicht vom Zweck der Fahrt abhängen; auch wenn eine 30 minütige Fahrt nur der Umgehung des IIIb dient, beginnt die Frist von neuem (*Berr* DAR **93** 305; aM BHHJ/*Heß* Rn. 74). Bloßes Verbinden mit einem ZugFz ohne Standortveränderung unterbricht das Parken nicht (*Darr* NZV **89** 298, *Hauser* DAR **90** 10). Ein auf fahrzeugfremde Stützen (Steine, Holz) aufgebockter Wohnanhänger ist nicht betriebsbereit und parkt nicht im Rahmen des Gemeingebrauchs (*Hauser* DAR **90** 10). Das *Wohnen* im Wohnanhänger ist auch innerhalb der 2-Wochenfrist kein zulässiges Parken, sondern Sondernutzung (Rn. 42a).

Parksonderberechtigungen (ZusatzZ zu den Z 286, 314, 314.1 und 315). Durch die Zu- **60b** satzZ gem. Anl 2 lfd. Nr. 63.3 und 63.4 zu Z 286 sowie zu Z 290.1 (Anl 2 lfd. Nr. 64 Spalte 3 Nr. 3), 314 (Anl 3 lfd. Nr. 7 Spalte 3 Nr. 2c, d), 314.1 (Anl 3 lfd. Nr. 8 Spalte 3 Nr. 2) und 315 (Anl 3 lfd. Nr. 10 Spalte 3 Nr. 2c, d) können Parkflächen für **Schwerbehinderte, Blinde oder Bewohner mit Parkausweis** reserviert werden, auch mit zeitlicher Begrenzung (zB Parkschein; VGH Ma NZV **02** 54). Dabei ist die Parkerlaubnis nicht davon abhängig, dass der Behinderte das von ihm benutzte Fz selbst führt (Bay DAR **85** 355, *Berr/H/Schäpe* 553), weswegen das Auslegen des Ausweises bei Nichtbeförderung des Behinderten keine Identitätstäuschung beinhaltet, womit § 281 StGB ausscheidet (Stu DAR **14** 213 (jedoch uU OW nach § 49 III Nr. 4); Bspr *Metz* NZV **14** 503). Jedoch ist die Berechtigung des Behinderten nicht übertragbar (VG Berlin NZV **96** 48). Kennzeichnung einer Zone mit Beschilderungen wie etwa Z 286 mit Zusatz „Anwohnerparkgebiet" ist unwirksam; die Kennzeichnung muss vielmehr Anl 2 lfd. Nr. 63.3 und 63.4 zu Z 286 entsprechen (vgl. Dü NZV **96** 248 mAnm *Thubauville* VM **96** 69).

Zum veralteten ZusatzZ „Anwohner" 38. Aufl. Ein eingeschränktes Haltverbot mit Ausnahme für Bewohner mit Parkausweis gilt nach sinnvoller Regelauslegung nicht vor der Grundstücksausfahrt für den Berechtigten (Dü NZV **94** 162). Nach Ha DAR **09** 281 (zw) verbietet Z 315 mit ZusatzZ „Bewohner mit Parkausweis … frei" das Parken auf dem Gehweg durch Nichtinhaber des Ausweises nicht eindeutig (anders aber bei entsprechendem ZusatzZ, aber ohne „frei"). Zur Zulässigkeit einer Parkplatzreservierung für Bewohner in Str, die für Nichtanlieger gesperrt sind, *Fuchs-Wissemann* DAR **86** 307. Zu den Änderungen der VwV *Schubert* DAR **10** 226. **Benutzung entgegen dem ZusatzZ** verstößt gegen die jeweiligen Verbote und ist in § 49 III Nr. 4 bußgeldbewehrt. Sonderberechtigungen müssen am Kfz überprüft werden können. Deshalb ist der amtliche Parkausweis im oder am Kfz von außen gut lesbar anzubringen (Anl 2 lfd. Nr. 63.3 und 63.4 Spalte 3 je Nr. 2) sowie entsprechende Bestimmungen bei den anderen Z; s. hierzu ergänzend § 13 Rn. 11a). Wo genau der Ausweis anzubringen ist, ist nicht näher geregelt und durch Auslegung zu ermitteln. In der Begr heißt es dazu: *Die Parksonderberechtigung des angesprochenen Personenkreises muss für die Überwachungsorgane erkennbar sein* (s. auch VkBl. **80** 517, zu § 12 IV b aF). Gut lesbar angebracht ist der Ausweis danach jedenfalls nicht, wenn erst ein Absuchen des Fz erforderlich ist. IdR wird der Parkausweis hinter der Windschutz- oder Seitenscheibe dieses Erfordernis erfüllen, jedoch nicht dann, wenn der Ausweis mit der Vorderseite ausgelegt wird, weil dann die Art der Schwerbehinderung und das Merkzeichen nicht erkennbar sind (VGH Münster NZV **09** 412). Auslegen auf der Hutablage wurde von Kö NZV **92** 376 als ausreichend angesehen. Eine gut sichtbare feste Anbringung an der Windschutzscheibe genügt den Erfordernissen gleichfalls (*Schubert* DAR **10** 226, 231). Nichtanbringung durch einen Berechtigten ist zwar als solches nicht ow; jedoch gilt dann die Ausnahme vom eingeschränkten Haltverbot bzw. die Park-Ausnahmegenehmigung nicht (VGH Ma DAR **92** 273), so dass OW gem. § 49 III Nr. 4 gegeben ist. Zum Ganzen *Rebler* SVR **11** 51. Eingehend zur Beurteilung des Parkens auf Behindertenparkplätzen nach Straf- und OWRecht *Mitsch* NZV **12** 153.

60c   **Literatur:** *Berr*, Parkverbot in Wohngebieten und von Anhängern, DAR **82** 314. *Ders.*, Zur Zulässigkeit des Übernachtens in einem Wohnmobil …, DAR **84** 253. *Berr/Hauser/Schäpe*, Das Recht des ruhenden V. *Darr*, Das Anhängerparkverbot nach § 12 III b StVO, NZV **89** 297. *Fuchs-Wissemann*, Vorrang an Parklücken, DAR **89** 52. *Grüneberg*, Schadensersatzpflicht bei verkehrsbehindernd abgestellten Kfz, NJW **92** 945. *Hauser*, Parkerleichterungen für Behinderte, VD **89** 21, 32. *Ders.*, Wohnmobile und Wohnanhänger im ruhenden V, DAR **90** 9. *Schmitz*, Rechtmäßigkeit der bereichsbezogenen Einführung von Anwohnerparkrechten, NVwZ **88** 602. *Walter*, Die Gebührenpflicht der „Laternengarage" …, DÖV **83** 233. Lit zum Abschleppen falsch parkender Fz: Rn. 66.

61   **9. Ordnungswidrigkeit; Strafrecht.** Ow handelt, wer vorsätzlich oder fahrlässig eine Vorschrift über das Halten oder Parken nach I, III, IIIa S. 1, IIIb S. 1, IV S. 1, S. 2 Hs. 2, S. 3 oder 5 oder IV a bis VI verletzt (§ 49 I Nr. 12). Verstöße gegen durch VZ angeordnete Halt- oder Parkverbote sind (nur noch) nach § 49 III Nr. 4 oder 5 bußgeldbewehrt (Rn. 15a). Parken auf nicht ausreichend befestigtem Seitenstreifen (IV) ist nicht bußgeldbewehrt, auch nicht bei (bis 31.10.22 fortgeltenden, § 53 II Nr. 4) Z 388, weil kein VorschriftsZ (Kö VRS **65** 156). Wer parken will, muss in der Nähe auf VorschriftZ achten (Ha DAR **58** 338), auch wenn er gewendet hat (Br VRS **10** 375). Jedoch muss er nicht nach ihnen suchen (BVerwG NJW **16** 2353 und hierzu § 39 Rn. 33). Dauerparker müssen kontrollieren, ob Umstände eintreten, die ein zulässig begonnenes Parken verbieten und dieses ggf. beenden (Kö NZV **93** 406, Jn NZV **95** 289, OVG Hb DAR **04** 543), wobei die Anforderungen nicht überspannt werden dürfen (*Janiszewski* NStZ **95** 587). Bloße (nicht nahe liegende) *Möglichkeit einer VZÄnderung* verpflichtet idR nicht zur Entfernung des Fz vor Antritt einer Reise von wenigen Wochen (Kö NZV **93** 406 mAnm *Notthoff* ZfS **95** 81 (Überlassung der FzSchlüssel an Dritten nur, wenn zuverlässige Vertrauensperson zur Verfügung steht); s. auch *Janiszewski* NStZ **95** 587, abw OVG Hb DAR **04** 543 sowie Rn. 66). Wer seine Geschäftsräume zwecks Ladegeschäfts nur unter Verletzung von VVorschriften oder der baulichen Vführung erreichen kann, darf sich über diese nicht hinwegsetzen, sondern muss eine Erlaubnis oder Ausnahmegenehmigung erwirken (Kö VM **80** 47). Parkverstöße können auch durch **Unterlassen** begangen werden (Ha VRS **61** 130, Kö VRS **93** 406, Jn NZV **95** 289). **Teilnahme:** E 91–95. Außer dem Fahrer kann der Halter oder Weisungsberechtigte Täter sein, der unzulässiges Parken veranlasst oder trotz Kenntnis und Möglichkeit nicht verhindert oder beendet (Bay VM **63** 15, Dü VRS **61** 64, Kö VRS **47** 39, Ha VRS **47** 465, Stu VRS **30** 78, Kar DAR **05** 104). Wer das Steuer übernimmt, das Kfz aber im Parkverbot stehen lässt, wo der frühere Fahrer es geparkt hat, ist von nun an verantwortlich (Stu VRS **39** 373). Jedoch keine Pflicht des Halters, sich nach Benutzung des Fz durch eine andere Person darüber zu vergewissern, dass es ordnungsgemäß geparkt ist (Ha VRS **61** 131). Bei mehreren Haltern ist jeder von ihnen nach FzGebrauch für richtiges Parken allein verantwortlich (Kar VRS **58** 272, NJW **79** 2259). *Parken entgegen ZusatzZ zu Z 314, 315* ist ow gem. § 49 III Nr. 4 (s. Rn. 60b). I Ü geht § 12 anderen Vorschriften (zB § 2) als die spezielle vor (Kö VRS **50** 236, Ce VersR **76** 1068, Dü VRS **69** 56), TE mit § 1 aber bei VBehinderung oder -Gefährdung (Ha DAR **60** 239 (Abstellen von Lastfz in enger DurchgangsStr), aM Bay VM **66** 81 (§ 1)). Verstoß gegen § 1 II durch Parken: Rn. 44. Unerlaubtes Gehwegparken verletzt IV S. 1 (BVerwG NZV **93** 44, Dü VRS **82** 209, Kö VRS **71** 214, *Berr/H/Schäpe* 337 ff.; aM Ko VRS **45** 48, *Seebald* NZV **90** 138, wN 40. Aufl.). Halten auf Gehwegen ist gem. IV S. 2 Hs. 2 (§ 49 I Nr. 12) ow (Rn. 13/14). Gehwegbenutzung zum Halten und Parken ist idR vorsätzlich (Dü NZV **96** 251). Verstöße gegen das Z 315 durch Parken entgegen seiner bildlichen Anordnung über die Art der FzAufstellung und des Parkens von Fz über 2,8 t sind nunmehr gem. Anl 3 lfd. Nr. 10 Spalte 3 Nr. 1 zu Z 315 und § 49 III Nr. 5 bußgeldbewehrt, weil insoweit spezielle Maßgaben der Erlaubnis verletzt werden (s. auch Rn. 55). Entsprechendes gilt für Parken entgegen Parkflächenmarkierungen (Rn. 56). Parken in Fußgängerbereichen: § 2 Rn. 30. Da Verstoß gegen IIIa „Regelmäßigkeit" voraussetzt, sind mehrere Fälle des verbotswidrigen Parkens gem. IIIa nur *eine* Tat (Ha VRS **66** 53). Das Aufstellen eines Arbeitsfz auf dem Gehweg ist kein unerlaubtes Parken; es verletzt vielmehr § 32, wenn es unerlaubt geschieht (Ha VRS **59** 298), ebenso Abstellen eines betriebsunfähigen Fz (Dü VRS **74** 285). **Parken auf Grünanlagen,** die nicht dem öffentl. *Verkehr* dienen, kann nach landesrechtlichen oder kommunalen Bestimmungen ow sein (Dü NZV **97** 189; s. E 46). Behinderndes Parken außerhalb von Parkverboten verletzt § 1 (BGH VersR **66** 364, Dü VM **62** 91, Ce VM **67** 53, Sa VRS **21** 62 (störender Geruch); s. aber Rn. 44). **Rechtfertigender Notstand** (§ 16 OWiG) des verkehrsbehindernd parkenden Schulbusf: Kö VRS **64** 298. Bloßes polizeiliches Dulden rechtfertigt Parken im Verbotsbereich nicht (**E** 128; Hb DAR **66** 275). Halten unter *Mitbenutzung der anderen Fahrbahnhälfte* ist stets ow (BGHSt **28** 143 = NJW **79** 224). Halten ist auch an einer an sich erlaubten Stelle unzulässig, wenn es gefährdet oder mehr als unvermeidbar behindern kann (Bay DAR **78** 190; s. aber Rn. 44). Halten **„in zweiter Reihe"** verletzt IV S. 2 Hs. 1, ist aber nicht nach § 49 I Nr. 12, sondern nur als Verstoß gegen § 1 II bußgeldbewehrt (Bay DAR **78** 204, *Hauser* DAR **84** 276). Verbotenes Parken ist **DauerOW** (Bay DAR **71** 304, Jn DAR **06** 162), die nur einmal geahndet werden kann („ne bis in idem"). Fortsetzen unerlaubten Parkens (Parkuhr) trotz wirksam gewordener (§ 26 Rn. 29; s. aber Jn DAR **06** 162) Verwarnung, kann aber (nochmals) geahndet werden (Bay DAR **71** 304, Dü VRS **91** 129). Wird dem Betroffenen irrtümlich vorgeworfen, mit einem fremden, von einem anderen geführten Fz einen Parkverstoß begangen zu haben, so ist der am gleichen Ort zu gleicher Zeit begangene Parkverstoß mit dem eigenen Fz nicht dieselbe Tat iSv § 264 StPO (Bay VRS **67** 362). Werden im Rahmen der **Überwachung von Parkverstößen** Reifen mit Kreidestrichen markiert, so ist dies vom FzEigentümer zu dulden (VG Freiburg NZV **98** 47). Zur Überwachung durch Private § 26 StVG Rn. 2.

Zur Nötigung im „Streit um die Parklücke" § 240 StGB Rn. 27 ff. Das unberechtigte Anbringen einer Plakette („Arzt") am Kfz, um sich Parkerleichterung zu erschleichen, fällt nicht unter § 132a StGB (Bay NJW **79** 2359). **62**

10. Zivil- und Verwaltungsrecht. Haltverbot als SchutzG: Rn. 29, 37. Es haftet, wer ein negatives VorfahrtZ durch unzulässiges Halten verdeckt; jedoch Mitverschulden des Wartepflichtigen, der, obwohl die Umstände für die Möglichkeit eines solchen VZ sprechen, ohne Weiteres annimmt, es gelte „rechts vor links" (Kö VersR **90** 100). Wer Halten oder Liegenbleiben auf der AB an verbotener Stelle zu vertreten hat, haftet für Auffahren auch mangels Auf-Sicht-Fahrens des Auffahrenden (Kö VRS **37** 195). Mithaftung des verbotswidrig Haltenden bei Kollision mit dem fließenden V, wenn das Haltverbot dem fließenden V dient (Ha NZV **99** 291 (I Nr. 6d), LG Kar VRS **100** 387 (III Nr. 4)), wobei auch etwaige Fahrbahnverengung zu beachten ist (Fra NJW-Spezial **18** 331). Die BG eines haltenden Fz kann durch Halten auf der falschen StrSeite erhöht sein (Kar NZV **90** 189). Zweidrittelhaftung dessen, der mit einem Lkw im Dunkeln auf der linken StrSeite mit Abblendlicht hält, im Verhältnis zum auffahrenden GegenV (Sa VM **71** 96). Gegenüber achtlosem Auffahren auf ein geparktes Kfz (Unfallhilfe) kann geringe Schuld des unrichtig Parkenden ganz zurücktreten (Ko VersR **77** 1034). Keine Haftung des auf der linken Fahrbahnseite zwecks Hilfestellung gegenüber einem auf der Fahrbahn liegenden Betrunkenen haltenden FzF, wenn entgegenkommender Kf dem Fz ausweicht und den Betrunkenen überfährt, da Schaden außerhalb des Schutzzwecks der verletzten Norm (Jn NZV **09** 455). Wer unerlaubt in 2. Reihe hält und dadurch die Sicht des aus einer Grundstücksausfahrt in die Fahrbahn **63**

einbiegenden FzF behindert, verursacht den bei einer Kollision zwischen dem Ausfahrenden und dem fließenden V entstehenden Schaden adäquat mit (KG VM **80** 85). Entsprechendes gilt bei verkehrswidrigem, sichtbehinderndem Parken im Einmündungs- oder Kreuzungsbereich und dadurch bedingter Vorfahrtverletzung durch einen Dritten (Kar DAR **92** 220 (40%)). Zurücktreten der Pkw-BG, wenn der PkwF gegen eine ungesicherte, waagerecht in den VRaum ragende Ladeklappe eines verbotswidrig in 2. Reihe parkenden Lkw fährt (Ha NZV **92** 115 mzustAnm *Greger*). Der Mithaftung für einen durch Parken in 2. Reihe mitverursachten Unfall kann nicht mit dem Hinweis begegnet werden, der Unfall hätte sich auch bei zulässigem kurzem *Halten* in zweiter Reihe ereignen können (Ha NZV **91** 271). Mithaftung kraft BG bei Parken zwecks Entladens dicht neben einer Garagenausfahrt mit erheblicher Sichtbehinderung des Ausfahrenden, obwohl solches Parken erlaubt ist (Kö VersR **71** 427). Halten/Parken mit betriebswarmem Diesel und eingelegtem Rückwärtsgang kann die BG erhöhen (Bra VersR **76** 448). Eindrittelhaftung bei verbotswidrigem Abstellen eines Kfz gegenüber dieses streifenden KRadf (AG Fra ZfS **16** 377 mAnm *Diehl*). Keine Mithaftung des verbotswidrig auf Gehweg Parkenden, wenn verbotswidrig den Radweg befahrender Radfahrer gegen ein Hindernis prallt, weil er dem verbotswidrig geparkten Kfz ausweichen will; das Parkverbot will nicht den verbotswidrig fahrenden Radfahrer schützen (LG Nü-Fürth DAR **07** 709 mAnm *Köck*). Gleichfalls keine Mithaftung bei verbotswidrig in verkehrsberuhigtem Bereich Parken, weil Z 325.1 nicht dem Schutz des KfzV dient (Rn. 57c; LG Sa NZV **15** 387). RsprÜbersicht zur Mithaftung bei falschem Parken: *Berr* DAR **93** 418. VSicherungspflicht auf Parkplätzen: § 45 Rn. 51, 64.

64 Parken auf einem nicht öffentlichen Privatparkplatz ist **verbotene Eigenmacht** (BGH NJW **09** 2530, **12** 528 mwN, NZV **13** 75, NJW **14** 3727 mAnm *Gründler* DAR **14** 587; abw *Liebheit* DAR **14** 516 für Überschreiten der Parkzeit). Ein Unterlassungsanspruch nach § 862 I S. 2 BGB kann sich bei Störung durch einen Dritten nach Überlassen des Fz gegen den Halter als Zustandsstörer richten (BGH NZV **13** 75). Der Berechtigte darf sich der Störung auch gemäß § 859 BGB erwehren, wenn polizeiliche Maßnahmen unterbleiben (*Schünemann* DAR **97** 270), jedoch nicht durch Blockieren des rechtswidrig parkenden Fz (OVG Ko NJW **88** 929, OVG Saarlouis NZV **93** 336), auch nicht durch Verwendung einer sog Parkkralle (hierzu BGH NJW **17** 1487; *Metz* DAR **99** 392 (uU Nötigung), *Paal/Guggenberger* NJW **11** 1036), sondern indem er es sofort **abschleppen** lässt (OVG Saarlouis NZV **93** 336, AG Essen DAR **02** 131). Dabei ist die Bedeutung des Begriffs „sofort" in § 859 III BGB str. ZT wird der Begriff rein zeitlich verstanden ohne Rücksicht auf die Kenntniserlangung von der Besitzentziehung (*Schünemann* DAR **97** 267), während es nach aA genügt, dass der Berechtigte das Abschleppen veranlasst, sobald er nach den Umständen gegen die Besitzstörung vorgehen kann (LG Fra NJW-RR **03** 312 (so schnell wie objektiv möglich), NJW **84** 183, AG Mü DAR **93** 30 (2 bis 3 Std später)), uU erst bei Entdeckung am selben Abend (Kar Justiz **78** 71), nach zT vertretener Ansicht auch noch am folgenden Tag (LG Fra NJW-RR **03** 312, NJW **84** 183, AG Essen DAR **02** 131) oder gar nach 2 Tagen (AG Köpenick NZV **09** 609), nach AG Deggendorf DAR **84** 227, *Berr/H/Schäpe* 620, gem. §§ 858, 859 I BGB ohne die zeitliche Begrenzung des § 859 III (aM Br DAR **84** 224 (nur, solange der Parkende sein Fz noch nicht verlassen hat), AG Mü NJW **96** 853 (nicht mehr 7¹/₂ Std nach dem Abstellen des Fz), zum Ganzen auch MüKoBGB/*Joost* § 859 Rn. 14). Entgegen § 859 III BGB verlangen AG Fra NJW-RR **89** 83 und AG Berlin-Wedding NJW-RR **91** 353 zuvor angemessene Wartezeit (abl *Berr/H/Schäpe* 621, *Janssen* NJW **95** 626). Die Besitzwehr durch Abschleppen setzt konkrete Behinderung nicht voraus (BGH NJW **09** 2530; *Lorenz* NJW **09** 1025). Kostenerstattungsanspruch gegen den Parkenden aus § 823 II iVm § 858 BGB (BGH NJW **09** 2530, NJW **12** 528, NJW **14** 3727) sowie auch gegen den Halter: § 683 BGB (BGH NJW **09** 2530 mBspr *Stöber* DAR **09** 539; NJW **16** 2407; *Goering* DAR **09** 603, *Koch* NZV **10** 336; aM AG Darmstadt NJW-RR **03** 19). Das Abschleppunternehmen kann den Anspruch nach Abtretung gegen den Störer geltend machen (*Lorenz* NJW **09** 1025; aM *Woitkewitsch* MDR **05** 1023). Standgebühren sind nicht ersatzfähig, wenn Versetzen auf einen anderen Parkplatz möglich ist (AG Erkelenz NZV **07** 467). Es besteht auch Anspruch auf Personaleinsatzkosten eines von Eigentümer beauftragten Parkraumüberwachungsunternehmens, sofern diese im Zusammenhang mit der Vorbereitung des Abschleppens angefallen sind (BGH NJW **12** 528, **14** 3727 (visuelle Sichtung des Fz, Ausfindigmachen des Halters, Herbeirufen des AbschleppFz, reine Abschleppkosten)), nicht jedoch auf Ersatz allgemeiner Parkraumüberwachungskosten sowie die Kosten für die Bearbeitung und außergerichtliche Abwicklung des Schadensersatzanspruchs (BGH NJW **12** 528; **14** 3727; AG Mü DAR **07** 392 m krit Anm *Allmannsberger;* aM KG DAR **11** 323 (L), LG Berlin DAR **10** 645 mAnm *Lorenz;* LG Mü I DAR **11** 333). Der Anspruch steht unter dem Vorbehalt des Wirtschaftlichkeitsgebots; ein Maßstab ist die Ortsüblichkeit der geltend gemachten Kosten (BGH NJW **14** 3727 m Bspr *Koch* NJW **14** 3696: s. auch *dens.* NZV **16** 356). Auch kein Anspruch auf Fahrtkostenpauschale, sofern nicht dargetan ist, ob der Abschleppwagen wegen des konkreten Parkverstoßes angefahren ist (LG Mü I DAR **11** 333). Der Anspruch auf Rückzahlung überhöhter Abschleppkosten richtet sich auch dann gegen den gestörten Grundstücksbesitzer, wenn dieser seinen Schadensersatzanspruch gegen den Störer an das Abschleppunternehmen abgetreten hat (BGH NJW **12** 3373; s. aber auch BGH NJW **14** 3727). **Sperrendes Parken:** Wer ausfahrtversperrend parkt, verletzt ein Schutzgesetz (Nü NJW **74** 1145, *Grüneberg* NJW **92** 946, *Hauser* VD **82** 353), verletzt bei Blockieren eines Fz aber auch fremdes Eigentum iS von § 823 I BGB (AG Kö DAR **88** 98, *Dörner* DAR **79** 11, *Grüneberg* NJW **92** 945, s. auch BGHZ **55** 153 = NJW **71** 886 (Sperrung eines Schiffs)) und verwirkt dadurch Schadensersatz (§ 823 BGB). Die Einschränkungen gemäß § 859 II, III BGB liegen tatbestandlich nicht vor. Der Behinderte darf sich der verbotenen Eigenmacht gegen seine Besitzausübung mit der dazu ausreichenden Gewalt erwehren (§ 859 I BGB; VG Saarlouis NZV **91** 47), durch Abschleppenlassen auf Kosten des Störers dann, wenn mildere ausreichende Mittel (zB rasche Umfrage, Wegschieben, uU Benutzung öffentlicher VMittel oder einer Taxe) nicht in Betracht kommen. Der Behinderte ist nach den Grundsätzen der GoA berechtigt, das seine Garagenausfahrt versperrende Fz abschleppen zu lassen (Palandt/*Sprau* § 677 Rn. 6), mit Anspruch auf Aufwendungsersatz gem. § 683 BGB (BGH NJW **09** 2530; AG Essen DAR **02** 131, AG Fra NJW **90** 917, AG München DAR **81** 358, AG Neumünster DAR **87** 387 (Privatparkplatz), AG Tüb DAR **84** 231 (Lagerraum), *Grüneberg* NJW **92** 948 (Baustellenzufahrt); aM wegen fehlenden Interesses und mutmaßlichen Willens des Geschäftsherrn AG Br DAR **84** 224, AG Berlin-Wedding NJW-RR **91** 353, AG Hb DAR **08** 92, *Stöber* DAR **06** 486, **08** 72). Wer sich verbotener Eigenmacht durch Abschleppen des widerrechtlich parkenden Fz erwehrt, dem steht bis zur Erstattung der dadurch entstandenen Kosten grundsätzlich ein Zurückbehaltungsrecht an dem Fz zu (BGH NJW **12** 528; Stu VRS **78** 205; LG Mü I NZV **16** 482 (deswegen keine einstweilige Verfügung)). Zum Zurückbehaltungsrecht des Abschleppunternehmers bei Abschleppen in privatem Auftrag *Wien* DAR **01** 62 f., zur Schadensersatzpflicht bei einfahrtversperrendem Parken AG Charlottenburg ZfS **81** 1, *Grüneberg* NJW **92** 947 (nur gegenüber dem Grundstückseigentümer bzw. -besitzer), zur (fehlenden) Schadensersatzpflicht des Kfz-Halters LG Hb NJW **06** 1601, zur Schadensminderungspflicht gegenüber Falschparken (einfahrtversperrend) AG Schöneberg MDR **78** 493, *Hoffstetter* NJW **78** 256, *Dörner* DAR **79** 10, *Grüneberg* NJW **92** 947, AG Kar NJW **77** 1926, abw AG Heidelberg NJW **77** 1541. Eine zu restriktive Haltung der Ordnungsbehörden beim Zuparken von Grundstückseinfahrten beklagt *Stollenwerck* DAR **10** 666. Zum kostenpflichtigen Abschleppen eines Arbeitnehmerkfz vom Betriebshof LAG Dü Betr **77** 1754. Zum Schadensersatzanspruch des Straba-Betreibers bei Blockieren der Schienen durch Fz *Grüneberg* ZfS **91** 254, NJW **92** 948, AG Bonn NZV **92** 450. Zum längeren Abstellen eines ElektroFz an einer Ladesäule, nachdem der Fahrer festgestellt hat, dass eine Aufladung bei seinem Fz dort nicht möglich ist, AG Charlottenburg DAR **17** 151. Bei andauernder oder drohender Störung durch denselben Störer kommt auch Unterlassungsklage aus § 1004 BGB (BGH NZV **11** 604; Kar NJW **78** 274, AG Suhl DAR **02** 461, AG Augsburg DAR **08** 91, aM *Stöber* DAR **08** 72) oder aus § 862 I S. 2 BGB (BGH NJW **12** 3781; **16** 863 (jeweils Halter als Zustandsstörer) in Betracht. Zum Anspruch eines Bauunternehmers auf Erstattung der Abschleppkosten bei **Behinderung von Bauarbeiten** durch Parken trotz Haltverbots verneinend AG Fra NJW-RR **90** 730 (krit *Janssen* NJW **95** 625; s. auch Rn. 29). Zum Abschleppen von Kfz mit Verbrennungsmotor von **Sonderparkplätzen mit Lademöglichkeit für Elektro-Kfz** VG Hb DAR **19** 222 mAnm *Koehl*; *Maslaton* DAR **19** 187.

Bei **Gefahr für die öffentliche Sicherheit und Ordnung** darf die Pol uU das gefährdende 65 Fz entfernen lassen (Übersicht bei *Weber* DAR **19** 63). Ob Bedienstete sog kommunaler Parküberwachungen oder PolHostessen für derartige polizeiliche Maßnahmen zuständig sind, ist str (bejahend (für Bayern) *Jahn* NZV **89** 301, *Biletzki* NZV **96** 306, BayVBl **90** 428, *Perrey* BayVBl **00** 614, einschr VGH Mü NZV **90** 47, **92** 207, DÖV **90** 483, BayVBl **91** 433, *Pitschas/ Aulehner* BayVBl **90** 422 (Anordnung durch die Pol, jedoch bei genauer Kenntnis der örtlichen Verhältnisse auch auf Grund telefonischer Benachrichtigung durch solche Bedienstete ohne persönlichen Augenschein, krit hierzu *Jahn* NZV **89** 300, *Biletzki* NZV **96** 305, BayVBl **90** 424), verneinend VG Mü NZV **89** 327). Voraussetzung für die Abschleppanordnung ist Unaufschiebbarkeit der Maßnahme unter Beachtung des Übermaßverbots (**E 2**, VG Würzburg NVwZ-RR **89** 138, VG Berlin DAR **99** 90, *Bouska* DAR **83** 147). Die Maßnahme wird **unverhältnismäßig** sein, wenn der FzF ohne größere Nachforschungen in unmittelbarer Nähe erreichbar ist (BVerwG DAR **02** 470 (im entschiedenen Fall verneint), VGH Ka NZV **90** 408, OVG Hb

NJW **05** 2247, OVG Br DAR **85** 127, OVG Ko DAR **05** 291, **99** 421, OVG Saarlouis SVR **06** 235) oder die Entfernung des Fz durch ohne Schwierigkeiten mögliche Benachrichtigung des Halters erreicht werden kann (VG Gießen NJW **01** 2346 (Taxi)), zB wenn der nahe gelegene Aufenthaltsort auf einem Zettel angegeben ist, wobei Anwohnerparkausweis nach VG Hb NVwZ-RR **05** 37 nicht ausreichen soll (obwohl die Beendigung des störenden Zustands durch Abschleppauftrag vielfach wesentlich verzögert wird!). Unverhältnismäßigkeit uU, wenn nicht einmal der Versuch unternommen wird, den sich in unmittelbarer Nähe aufhaltenden FzF unter der unübersehbar im Fz zurückgelassenen Telefonnummer zu erreichen (VG Hb ZfS **01** 570 (abl *Haus*, aufgehoben durch OVG Hb NJW **01** 3647), *Schwabe* DVBl **02** 1561, VG Kar VM **02** 63 (kein Absehen von der nach dem VwVG B/W grundsätzlich erforderlichen Androhung des Zwangsmittels), einschr insoweit BVerwG NZV **02** 285, OVG Hb NJW **01** 3647, VRS **108** 470, VG Gießen NZV **04** 54, VG Berlin NZV **04** 55), anders, wenn sofortige Rückkehr zum Fz ausgeschlossen erscheint (VG Berlin DAR **02** 189, VGH Ma DAR **03** 329). Keine Pflicht der VB zur Ermittlung des nicht ohne Weiteres feststellbaren Aufenthaltsorts des FzF oder Halters (BVerwG DAR **02** 470, VGH Ka NVwZ-RR **99** 23, OVG Schl NVwZ-RR **03** 647, DAR **02** 330). Bewohner mit Parkausweis genießen bei unzulässigem Parken gegenüber Abschleppmaßnahmen keinen besonderen Schutz (VGH Ma NJW **03** 3363, VG Hb NVwZ-RR **05** 37). Unverhältnismäßigkeit, wenn die Parkdauer laut Parkschein erst 10 Minuten überschritten ist; die reguläre Parkdauer sollte abgewartet werden (VG Ma NZV **10** 535). Abschleppen auf einen (entfernten) Sammelplatz ist unverhältnismäßig, wenn Umsetzen auf benachbarte Parkfläche möglich ist (BVerwG DAR **02** 470). Abschleppen stets nur durch zuverlässige Abschlepper (BGH NJW **77** 628). Die **Rechtsgrundlage** ist dem Polizeiaufgabenrecht der Länder zu entnehmen (OVG Münster VRS **100** 234, *Fischer* JuS **02** 446, *Bouska* DAR **83** 147). Soweit spezielle landesgesetzliche Regelungen (wie etwa § 14 I HbSOG) fehlen, werden von der Rspr. als rechtliche Grundlage die polizeirechtlichen landesgesetzlichen Generalklauseln (VGH Ka NVwZ-RR **95** 29, VGH Mü DAR **83** 239, OVG Münster VRS **100** 234, NJW **81** 478, VG Freiburg DVBl **79** 745) oder auch die Vorschriften zur Sicherstellung nach den Landespolizeigesetzen angesehen (Bay NZV **92** 289, OVG Schl NVwZ-RR **03** 647, OVG Münster VRS **100** 234, NJW **82** 2277, *Köhler* BayVBl **84** 630, *Schwabe* NJW **83** 371, *Kierse* DAR **95** 400, jedenfalls bei Abschleppen zur polizeilichen Verwahrstelle: VGH Mü DAR **89** 154, DÖV **90** 483, NZV **90** 47, gegen Abschleppen als „Sicherstellung" *Steinhilber* NJW **83** 2429, VGH Ka NVwZ **87** 909, OVG Greifswald VRS **109** 151, OVG Lüneburg ZfS **94** 468, diff: VGH Mü NJW **84** 2962, NZV **92** 207 (keine Sicherstellung, wenn das Fz nicht in polizeilichem Gewahrsam bleibt), *Helle-Meyer/ Ernst* DAR **05** 496, offengelassen von OVG Münster NZV **90** 407). Die Rechtmäßigkeit des Abschleppens als **Ersatzvornahme** (VGH Ma NJW **03** 3363, DAR **03** 329, OVG Ko DAR **05** 291, OVG Schl NVwZ-RR **03** 647, OVG Hb VRS **108** 470) ist nach dem Vollstreckungsrecht der Länder zu beurteilen (BVerwG NJW **82** 348, ZfS **94** 189, OVG Greifswald VRS **109** 151, OVG Münster VRS **100** 234). Abschleppen im Wege der Ersatzvornahme ohne vorherige Androhung nach *PolG B/W:* VGH Ma NJW **90** 2270, DVBl **91** 1370, ZfS **95** 237, *BremPolG:* OVG Br DAR **85** 127, *HbVwVG:* OVG Hb PVT **90** 331, *SchlHVwG:* OVG Schl NVwZ-RR **03** 647, *PolG NRW:* VG Münster VRS **73** 319, *PVG Rh. Pfalz:* OVG Ko DÖV **86** 37, NVwZ **88** 658, *SOG Sa-Anh.:* OVG Magdeburg DAR **98** 403, *HessSOG:* VGH Ka NVwZ-RR **99** 23, Rechtslage in *Mecklenburg-Vorpommern:* OVG Greifswald VRS **109** 151 (§ 80 II Nr. 2 VwGO analog). Abschleppen im Wege **unmittelbarer Ausführung** (bei Fehlen einer Grundverfügung in Form eines VZ oder einer Parkuhr) nach HessSOG: VGH Ka NVwZ-RR **95** 29, **99** 23. **Sofortiges Abschleppen ist zulässig,** wenn besondere Umstände für sofortige Störungsbeseitigung sprechen. Es muss erforderlich und verhältnismäßig sowie für den Betroffenen zumutbar sein (BVerwG ZfS **94** 189, ZfS **14** 474 (Reisebus an Taxenstand), OVG Hb VRS **104** 468, OVG Münster NJW **98** 2465, VGH Ka NVwZ-RR **99** 23). Dabei darf die Behörde nach BVerwG NZV **02** 285, OVG Greifswald VRS **109** 151, VG Gießen NZV **04** 54 mit der Abschleppmaßnahme auch spezial- und **generalpräventive Zwecke** verfolgen (abl insoweit *Schwabe* DVBl **02** 1562; dezidiert gegen Abschleppen zu generalpräventiven Zwecken OVG Hb NJW **05** 2247 m Bspr *Waldhoff* JuS **06** 1042, OVG Hb DAR **12** 105; VG Hb NJW **11** 3051 (L)). Jedenfalls darf die Abschleppmaßnahme aber nicht allein auf eine negative Vorbildwirkung verbotswidrigen Parkens für andere gestützt werden (BVerwG NZV **93** 44, **02** 285, VGH Ma ZfS **95** 237, OVG Hb ZfS **03** 320, OVG Lüneburg ZfS **94** 468, s. aber BVerwG NZV **90** 205 (krit *Jahn* NZV **90** 379 f.), VGH Ka NZV **90** 408, VGH Mü BayVBl **91** 433, NZV **92** 207). Der Eintritt einer **konkreten Behinderung** anderer VT ist *nicht* Voraussetzung (BVerwG VRS **101** 239, OVG Hb ZfS **03** 320), rechtfertigt jedoch idR ein Abschleppen (BVerwG NZV **02** 285, OVG Hb ZfS **03**

320). Es ist eine Prognose zu treffen, ob möglicherweise mit dem Eintritt einer Behinderung zu rechnen ist, also eine gefahrgeneigte Situation heraufbeschworen werden kann (VGH Mü BayVBl 07 249 mAnm *Geiger* SVR 07 197). Beispiele: Ganz versperrter Gehweg: BVerwG NZV 93 44, 02 285, OVG Münster NJW 81 478, OVG Lüneburg ZfS 94 468; oder Radweg: OVG Hb VRS 99 381, VG Berlin NZV 93 368 (bei Behinderung von Radf auch teilweise Radwegblockierung, OVG Hb VRS 99 381; OVG Münster DAR 12 44); Blockieren einer StrEinmündung: OVG Berlin VM 82 64; Abstellen in einer durch Z 286 gekennzeichneten Feuerwehr-Bewegungszone: Dü VersR 82 246, BVerwG NZV 02 285, BayVGH BayVBl 91 433, VG Hb NVwZ-RR 05 37, VGH Ma (Z 283, „Brandschutzzone"); in einem durch Schilder gekennzeichneten Sicherheitsbereich vor einem Ministerium (BayVGH DAR 17 480 mAnm *Koehl*); auf einer als Taxistand gekennzeichneten Verkehrsfläche (BVerwG ZfS 14 474, OVG Hb VRS 111 231, VGH Mü BayVBl 07 249), Blockieren eines Sonderfahrstreifens für Linienbusse (Z 245): VGH Ka NJW 84 1197, ZfS 93 359; Fahrzeugabstellen in Fußgängerzone: BVerwG NZV 93 44, Bay NZV 92 289, OVG Greifswald DAR 15 715 mAnm *Koehl* (und zwar auch ohne Behinderung des FußgängerV); OVG Münster NZV 82 2277, VGH Mü NJW 84 2962 (zust *Köhler* BayVBl 84 630), NZV 90 47, OVG Ko NVwZ 88 658, VG Mainz NZV 13 56 (L; Motorroller), aber nicht in Nachtstunden ohne Fußgängerverkehr: OVG Lüneburg NVwZ-RR 89 647; Beeinträchtigung der Funktion eines verkehrsberuhigten Bereichs durch Parken außerhalb gekennzeichneter Flächen: OVG Münster VRS 94 159; unberechtigtes Parken auf Behindertenparkplatz: BVerwG NZV 02 285, VGH Ma DAR 03 329, VGH Mü NJW 96 1979, OVG Ko DAR 05 291, OVG Schl NVwZ-RR 03 647, OVG Münster NZV 00 310, OVG Magdeburg DAR 98 403, Busparkplatz: OVG Münster DAR 99 185, vor Bordsteinabsenkung: VG Schwerin DAR 98 405, auf Bewohnerparkplatz: VG Ma NJW 90 2270, VGH Ma ZfS 95 237, auch ohne konkrete Behinderung eines Berechtigten: VGH Mü NJW 89 245, VGH Ma ZfS 95 237, OVG Schl DAR 02 330, OVG Münster NZV 00 310; mehr als ½ stündiges Parken in zentral gelegener Ladezone in innerstädtischem Geschäftsviertel (VZ 286 mit Hinweis „Ladezone"): OVG Münster NJW 98 2465; verbotswidriges Parken über mehr als 1 Std: VG Gießen NZV 04 54; Sperren der Durchfahrt nach Bauzaunerrichtung: OVG Ko DÖV 86 37; Versperren einer Parkplatzausfahrt: OVG Ko NJW 86 1369; Parken entgegen I Nr. 1 an enger StrStelle: VG Berlin NZV 98 224; verbotswidriges Halten in wenig übersichtlichem Einmündungsbereich: VGH Ma NZV 90 286 mAnm *Jahn;* Parken im 5 m-Bereich einer Einmündung entgegen III Nr. 1: OVG Münster VRS 99 380; Hineinragen des Fz in die Fahrbahn. Auch in Fällen der genannten Art kann sofortiges Abschleppen jedoch dann unverhältnismäßig sein, wenn im konkreten Fall keine oder nur eine ganz vorübergehende Störung eintritt (VGH Mü NZV 90 47). Genügt zur Beseitigung der Verkehrsbehinderung die Entfernung eines von *mehreren* vorschriftswidrig parkenden Fz, so ist das Abschleppen mehrerer Fz ermessensfehlerhaft und rechtswidrig (VG Gelsenkirchen 8 K 192/83). Tritt eine VBehinderung erst durch das Parken zweier Fz ein, so ist nur der als zweiter Hinzukommende verantwortlich; werden, weil dies nicht feststellbar ist, beide abgeschleppt, so haftet der ordnungsgemäß als erster Parkende nicht für die Kosten (OVG Münster NZV 01 94). Im absoluten Haltverbot befindliche Fz können bei VGefährdung abgeschleppt werden, falls Halter oder Fahrer nicht umgehend erreichbar sind (OVG Lüneburg VRS 58 233), nach VGH Ka NVwZ-RR 95 29 stets, auch ohne Hinzutreten weiterer Umstände. In anderen Fällen unzulässigen Parkens und Abstellens ist berechtigter sofortiger Vollzug Voraussetzung (OVG Hb NJW 01 3647, OVG Münster DÖV 78 59, VRS 69 475), dessen Voraussetzungen aber zu Unrecht (Maßgebot, E 2) teilweise schon durch den **bloßen Parkverstoß** als erfüllt betrachtet werden (wie hier: BVerwG NZV 02 285, 93 44, VGH Mü NVwZ 88 657 (unzulässiges Gehwegparken ohne Behinderung, zust *Jahn* NZV 89 301), OVG Greifswald VRS 109 151, OVG Lüneburg NVwZ-RR 89 647, ZfS 94 468, VGH Ma ZfS 95 237, OVG Bre NZV 15 358; *Kottmann* DÖV 83 500, *Biletzki* NZV 96 305, **aM** BVerwG NJW 78 656, BayVBl 83 632, DAR 83 398 m abl Anm *Berr;* VGH Mü DAR 89 154 (Gehwegparken bei ca 4 m verbleibender Restbreite), OVG Br VRS 54 395, VGH Ka NZV 90 408, NVwZ-RR 99 23, OVG Schl DAR 01 475, OVG Münster NZV 90 407). Denn keineswegs jeder Formalverstoß beeinträchtigt bereits die öffentliche Sicherheit oder Ordnung (VGH Mü NVwZ 88 657, OVG Hb NJW 01 3647, *Berr* DAR 82 307, *Jahn* BayVBl 90 425, NZV 90 378; aM zB *Wiethaup* DAR 73 264), so sehr, dass Verwarnung oder Geldbuße nicht ausreichen (BVerwG NZV 93 44 (Gehwegparken), VG Freiburg NJW 00 2602 (bloßes Nichtauslegen des Bewohnerparkausweises)). Verstoß gegen das Übermaßverbot daher idR Abschleppen bei bloßem, auch mehrstündigem, Überschreiten der Parkzeit (**aM** BVerwG MDR 84 255, DAR 83 398 m abl Anm *Berr;* VGH Mü NJW 99 1130, OVG Hb DAR 82 306 (bei mehr als 3 Std, abl *Berr*), PVT 90 331 (bei mehr als 1 Std)).

Berechtigtes Abschleppen nach fast 30 stündigem Parken an unbetätigter Parkuhr, davon 15 Stunden während der Parkzeitbeschränkung (BVerwG VRS **74** 397). Zum Abschleppen, wenn das Fz *vor* der Aufstellung des HaltverbotsVZ geparkt wurde, s. Rn. 66, OVG Hb DAR **04** 543 (Kostenanspruch der VB). Berechtigtes Abschleppen aus Parkscheibenzone am folgenden Tag: VG Mü M 5870 XVII S. 28 bzw. 24 Stunden Überschreitung bei Parken am Parkscheinautomaten (VG Br SVR **09** 354). Gegen den Blockierer eines rechtswidrig auf einem Privatgrundstück parkenden Fz darf die Pol einschreiten, wenn er seinerseits als Berechtigter um mögliche polizeiliche Hilfe nicht nachgesucht hat (OVG Ko NJW **88** 929, OVG Saarlouis NZV **93** 366 (abl *Gornig* JuS **95** 208)). Zum Abschleppen von **Fahrrädern:** *Kettler* NZV **03** 209.

66   Anspruch auf Ersatz der **Abschleppkosten** nach den landesgesetzlichen Bestimmungen setzt Rechtmäßigkeit der Maßnahme voraus (VGH Mü NZV **90** 47, **92** 207, OVG Schl NVwZ-RR **03** 647, OVG Münster VRS **100** 234, OVG Br DAR **86** 159). Kein Abschleppkostenersatz bei nichtigem VZ (OVG Münster ZfS **07** 56, VG Aachen ZfS **06** 177, s. § 41 Rn. 246). Dabei kommt es nur auf die Wirksamkeit des Halt- oder Parkverbots an, nicht auch auf die Rechtmäßigkeit der VZ-Regelung (OVG Hb VRS **104** 474, s. § 41 Rn. 247). Heranziehung des Pol-Pflichtigen gem. PolG BW *nach pflichtgemäßem Ermessen* der Pol (VGH Ma DÖV **91** 163, DVBl **91** 1370), das unter Beachtung des Verhältnismäßigkeitsgebots auch ausgeübt werden muss (Hb NZV **10** 51 (SOG Hb: „*in der Regel*")). Gesetzliche Regelungen, die die Heranziehung des Eigentümers zu den Abschleppkosten vorsehen, verstoßen nicht ohne Weiteres gegen Art 14 GG (BVerwG NJW **92** 1908). Anspruch gegenüber dem FzEigentümer gem. SOG Hb nur, soweit es diesem möglich war, auf das Fz einzuwirken (OVG Hb NJW **92** 1909, abw insoweit OVG Br DAR **86** 159 für die Rechtslage in Br). Speziell zur Rechtslage in Hb: OVG Hb VRS **108** 470, in Hessen: VGH Ka NVwZ **88** 655, NZV **90** 408, NVwZ-RR **95** 29, VG Fra/M. NVwZ-RR **94** 90 (zu HessSOG nF), *Schild* NVwZ **85** 170, *Graulich* NVwZ **88** 604, *Dienelt* NVwZ **94** 664, in NRW: OVG Münster VRS **100** 234, in Sa-Anh: OVG Magdeburg DAR **98** 403. Ob Verwahrungsgebühren (ohne verwaltungsrechtliche Spezialregelung) analog §§ 689, 690 BGB geltend gemacht werden können, ist str. (bejahend VGH Ka DÖV **91** 699, verneinend VGH Ma NJW **07** 1376). Zivilrechtliche Ansprüche auf Ersatz von Standgebühren bestehen nicht (Dü DAR **14** 322). Eine für die Pol nicht erkennbare Notstandssituation des Störers im Zeitpunkt des Abstellens des Fz schließt seine Inanspruchnahme für die Abschleppkosten nicht aus (VG Saarlouis ZfS **00** 88). Wird der Abschleppvorgang abgebrochen, so ist die Kostenerhebung unverhältnismäßig, wenn unmittelbar darauf ein benachbartes Fz abgeschleppt wird (OVG Hb VRS **99** 381). Kosten **für eine Leerfahrt** sind dem vor dem eingeleiteten Abschleppvorgang erschienenen Störer ohne Weiteres zuzurechnen, wenn das AbschleppFz konkret für sein Fz angefordert worden ist, jedoch nicht dann, wenn das AbschleppFz ohne Einbußen für eine effektive Aufgabenerfüllung auf Kosten eines anderen Pflichtigen unmittelbar anderweitig eingesetzt werden kann (OVG Münster NJW **14** 568). Zum Verwaltungsrechtsweg bei Streit über durch behördliche Ersatzvornahme veranlasste Abschleppkosten OVG Münster NJW **80** 1974, VGH Ka VM **81** 15. Der Anspruch auf Erstattung von Abschleppkosten richtet sich gegen den Fahrer als Verhaltensverantwortlichen (VGH Mü NJW **84** 1196, BayVBl **87** 404, **89** 438 (vorrangig), OVG Ko NJW **86** 1369 (ausnahmsweise), OVG Br DAR **86** 159) oder gegen den Halter als Zustandsverantwortlichen (VGH Mü NJW **79** 2631, NVwZ **87** 912, BayVBl **87** 119 (jedenfalls bei Überlassung des Fz an einen anderen in Kenntnis früherer Parkverstöße durch diesen), BayVBl **87** 404, **89** 438 (subsidiär bei Nichterreichen eines Verhaltensstörers), VGH Ma ZfS **95** 437, OVG Ko NJW **86** 1369 (grundsätzlich), DAR **05** 291, OVG Hb NJW **92** 1909, OVG Br DAR **86** 159, VG Münster VRS **73** 319, VG Berlin NZV **01** 56 (bei im Ausland wohnendem FzF), *Wegmann* BayVBl **84** 685, *Kränz* BayVBl **85** 301, *Schwab* VD **86** 228 (wahlweise nach Ermessen)). Zur Frage Verantwortlichkeit des früheren Halters, der die Anzeigepflicht aus § 13 FZV nicht erfüllt hat, § 13 FZV Rn. 13. Da auch das Dauerparken im Grundsatz zulässig ist (§ 12 kennt keine zeitliche Höchstgrenze; BVerwG DAR **79** 251, VGH Ka NJW **97** 1023), ist eine Kostenerstattungspflicht des Abgeschleppten, der das Fz **vor Aufstellung des HaltverbotsZ** geparkt hat, für den Regelfall abzulehnen (VGH Ma DÖV **91** 163, *Berr* DAR **97** 120, diff *Perrey* VkBl. **00** 617). Die Rspr. hat diesen Grundsatz jedoch erheblich eingeschränkt. Danach ist die Kostenbelastung des FzHalters jedenfalls dann nicht unverhältnismäßig, wenn zwischen dem Aufstellen des VZ und dem Abschleppen des bis dahin ordnungsgemäß parkenden Fz eine Vorlaufzeit von **drei vollen Tage verstrichen sind** (BVerwG NJW **97** 1021; hierzu *Hansen/Meyer* NJW **98** 284, *Berr* DAR **97** 120, *Mehde* NJW **99** 767, *Hendler* JZ **97** 782; ebenso BVerwG NJW **18** 2910 (stundenscharfe Berechnung findet nicht statt) m krit Bspr *Weber* NZV **19** 399; VGH Ka NJW **97** 1023 mAnm *Michaelis* NJW **98** 122; OVG Bautzen NJW **09** 2552;

OVG Hb DAR **04** 543, VGH Ma NJW **07** 2058 m krit Anm *Weber* NZV **08** 263; VGH Mü DÖV **08** 732, s. auch OVG Hb DAR **95** 264 mAnm *Berr* (mindestens 3 Werktage und ein Sonn- oder Feiertag zwischen dem Aufstellen des VZ und seinem Wirksamwerden), OVG Münster DAR **95** 377, VM **96** 63 mAnm *Thubauville* (48 Stunden) sowie VGH Ma DVBl **91** 1370 (überklebtes HaltverbotsZ, bei dem mit alsbaldiger Änderung und Störungseintritt zu rechnen war); gegen abstrakte Festlegungen VG Sa ZfS **08** 417). Muss ein VT damit rechnen, dass eine mobile Haltverbotszone für Filmarbeiten mit Wochenbeginn wieder in Geltung gesetzt wird, bedarf es keiner Vorlaufzeit (OVG Hb NZV **08** 313). Zum Anspruch des Landes auf Ersatz des Aufwands für Tätigwerden eines PolB im Zusammenhang mit dem Abschleppen VGH Mü DAR **83** 239 (verneinend), OVG Hb VRS **72** 226 (bejahend). Keine Kostenersatzpflicht des Eigentümers eines gestohlenen Kfz, das die Pol auf einem öffentlichen Parkplatz auffindet und ohne Notwendigkeit sofortigen Vollzugs abschleppen lässt (OVG Münster NJW **78** 720). Zur Kostenerstattung für AbschleppFz, wenn das verkehrswidrig parkende Fz vor dessen Eintreffen entfernt wird, VGH Ka NJW **84** 1197, VGH Ma DAR **02** 473. Zur Kostentragung bei Abschleppen aus einem zugunsten Privater eingerichteten Haltverbotsbereich *Emde/Kreuter* NZV **94** 420. Zum Ersatzanspruch einer *Privatperson,* die ein in einer Haltverbotszone parkendes Fz abschleppen lässt, AG Schöneberg NJW **84** 2954.

Ein **Zurückbehaltungsrecht** wegen der Abschleppkosten steht der StrVB jedenfalls dann **66a** nicht zu, wenn das betreffende Landespolizeigesetz ein solches nicht ausdrücklich regelt (*Fischer* JuS **02** 449, *Würtenberger* DAR **83** 155, s. VGH Ka VM **81** 15). Dagegen wird ein Zurückbehaltungsrecht der das Abschleppen anordnenden Stelle in den Ländern überwiegend bejaht, deren Polizeigesetze es (wie zB § 14 III HbSOG) gestatten, die Herausgabe sichergestellter Sachen von der Erstattung der Sicherstellungs- und Verwahrungskosten abhängig zu machen (OVG Münster VRS **65** 317, OVG Magdeburg DAR **98** 403, OVG Hb NJW **07** 3513, *Wien* DAR **01** 61, *von Mallinckrodt* Polizei **83** 389 (abw zu PolG NRW aber LG Aachen VM **01** 15)). Danach scheitert das Zurückbehaltungsrecht nicht an dem zunächst noch fehlenden Leistungsbescheid (abw *Steinhilber* NJW **83** 2430). Es besteht wegen dessen aufschiebender Wirkung nicht, wenn der Betr. Wiederspruch gegen den Kostenbescheid eingelegt hat (VGH Ma NJW **20** 701). Soweit ein Zurückbehaltungsrecht der anordnenden Behörde anzuerkennen ist, kann es dem Betroffenen in deren Auftrag durch das Abschleppunternehmen mitgeteilt werden (OVG Münster VRS **65** 317, s. aber Dü NZV **99** 299, wonach jedenfalls das Einziehen der Kosten durch den Abschleppunternehmer unzulässige Rechtsausübung ist). Die Ausübung des Zurückbehaltungsrechts verstößt nur im Ausnahmefall gegen das Übermaßverbot, wenn Kostenpflichtiger die Kosten nicht begleichen kann und Fz aus zwingenden Gründen dringend und unverzüglich benötigt (OVG Hb NJW **07** 3513), nicht aber allein wegen (auch längerer) Dauer der Zurückbehaltung (VGH Ma NJW **20** 701). Die polizeiliche Abschleppanordnung eines verkehrswidrig geparkten Kfz ist im Verhältnis zum Halter und Fahrer **hoheitliche Amtsausübung,** während ihre Geschäfte mit dem Abschleppunternehmer privatrechtlicher Natur sind (BGH NJW **77** 628, NZV **93** 223, Kö VersR **84** 762, Dü VersR **97** 239). Lässt die Pol ein Fz im Rahmen der Eingriffsverwaltung (als Ersatzvornahme) abschleppen, so wird der von ihr beauftragte Abschleppunternehmer gewissermaßen als ihr „Erfüllungsgehilfe" tätig und handelt trotz Beauftragung auf privatrechtlicher Grundlage sowohl gegenüber dem Eigentümer als auch gegenüber anderen VT hoheitlich (BGH NZV **93** 223 (Bergung eines UnfallFz); iErg zust *Kreissl* NVwZ **94** 349; BGH NJW **14** 2577; Ha NJW **01** 375, aM zB Nü VersR **66** 1016). Für Schäden beim Abschleppen haftet dem FzEigentümer daher nur die anordnende Körperschaft (§ 839 BGB, Art 34 GG; BGH NJW **93** 1258, NJW **14** 2577; Ha NJW **01** 375, Sa NJW-RR **07** 681; anders noch BGH NJW **78** 2502 (§ 328 BGB), abw auch VGH Mü NJW **99** 1130). Amtshaftung der das Abschleppen anordnenden Stelle für schuldhaft durch den Unternehmer verursachte Schäden, die während der Verwahrung des Fz beim Abschleppunternehmer entstehen; denn mit der Ersatzvornahme entsteht ein öffentlich-rechtliche Verwahrungsverhältnis, auf das die Vorschriften des BGB analog anzuwenden sind (BGH NJW **14** 2577; *Lampert* NJW **01** 3526; aM Ha NJW **01** 375). Der Eigentümer des Fz ist nicht in den Schutzbereich des zwischen dem Verwaltungsträger und dem privaten Unternehmer geschlossenen Vertrags über das Abschleppen seines Fahrzeugs einbezogen (BGH NJW **14** 2577). Das Haltverbot durch VZ schützt nicht die Interessen des Abschleppunternehmers (§ 254 BGB; BGH NJW **78** 2502). Zur Haftung des Abschleppunternehmers *Würtenberger* DAR **83** 158.

Haftung für Beschädigungen des **verbotswidrig in Feuerwehranfahrtzone** abgestellten Fz **67** nur für grobe Fahrlässigkeit (§ 680 BGB; LG Mü I NJW **76** 898). Zur **Auflage an einen Gastwirt,** den Gehweg vor seinem Betrieb von Fz freizuhalten: Ha DVBl **75** 584. Ein **Anlie-**

** geranspruch** auf Zulassung des Gehwegparkens besteht nicht (BVerwG VRS 59 312). Zum **Vertragsstrafenanspruch** des Betreibers eines privaten Parkplatzes bei Verletzung der Parkbedingungen durch den FzF BGH NJW **16** 863; **20** 755 m abl Anm *Stöber* DAR **20** 204.

68   **11. Das Zeichen 401 – Bundesstraßennummernschild** – steht dem Zeichen 306 – Vorfahrtstraße – gleich.

Einrichtungen zur Überwachung der Parkzeit

13 (1) ¹An Parkuhren darf nur während des Laufens der Uhr, an Parkscheinautomaten nur mit einem Parkschein, der am oder im Fahrzeug von außen gut lesbar angebracht sein muss, für die Dauer der zulässigen Parkzeit gehalten werden. ²Ist eine Parkuhr oder ein Parkscheinautomat nicht funktionsfähig, darf nur bis zur angegebenen Höchstparkdauer geparkt werden. ³In diesem Fall ist die Parkscheibe zu verwenden (Absatz 2 Satz 1 Nummer 2). ⁴Die Parkzeitregelungen können auf bestimmte Stunden oder Tage beschränkt sein.

(2) ¹Wird im Bereich eines eingeschränkten Haltverbots für eine Zone (Zeichen 290.1 und 290.2) oder einer Parkraumbewirtschaftungszone (Zeichen 314.1 und 314.2) oder bei den Zeichen 314 oder 315 durch ein Zusatzzeichen die Benutzung einer Parkscheibe (Bild 318) vorgeschrieben, ist das Halten und Parken nur erlaubt

1. für die Zeit, die auf dem Zusatzzeichen angegeben ist, und,

2. soweit das Fahrzeug eine von außen gut lesbare Parkscheibe hat und der Zeiger der Scheibe auf den Strich der halben Stunde eingestellt ist, die dem Zeitpunkt des Anhaltens folgt.

²Sind in einem eingeschränkten Haltverbot für eine Zone oder einer Parkraumbewirtschaftungszone Parkuhren oder Parkscheinautomaten aufgestellt, gelten deren Anordnungen. ³Im Übrigen bleiben die Vorschriften über die Halt- und Parkverbote unberührt.

(3) ¹Die in den Absätzen 1 und 2 genannten Einrichtungen zur Überwachung der Parkzeit müssen nicht betätigt werden, soweit die Entrichtung der Parkgebühren und die Überwachung der Parkzeit auch durch elektronische Einrichtungen oder Vorrichtungen, insbesondere Taschenparkuhren oder Mobiltelefone, sichergestellt werden kann. ²Satz 1 gilt nicht, soweit eine dort genannte elektronische Einrichtung oder Vorrichtung nicht funktionsfähig ist.

(4) Einrichtungen und Vorrichtungen zur Überwachung der Parkzeit brauchen nicht betätigt zu werden

1. beim Ein- oder Aussteigen sowie

2. zum Be- oder Entladen.

(5) ¹Wer ein elektrisch betriebenes Fahrzeug im Sinne des Elektromobilitätsgesetzes oder ein Carsharingfahrzeug im Sinne des Carsharinggesetzes und der entsprechenden Länderregelungen führt, muss Einrichtungen und Vorrichtungen zur Überwachung der Parkzeit nicht betätigen, soweit dies durch bevorrechtigende Zusatzzeichen zu Zeichen 290.1, 314, 314.1 oder 315 angeordnet ist. ²Sind im Geltungsbereich einer Anordnung im Sinne des Satzes 1 Parkuhren oder Parkscheinautomaten aufgestellt, gelten deren Anordnungen. ³Im Übrigen bleiben die Vorschriften über die Halt- und Parkverbote unberührt.

1   **Begr zu § 13: Zu Absatz 1:** *Durch die Neufassung sollen zunächst zwei Streitfragen gelöst werden. Da die Parkzeit auf die Dauer des Laufs der Uhr beschränkt wird, ist die Ausnutzung der Restparkzeit erlaubt. Wenn der zweite Satz sagt, dass die längste auf der Uhr angegebene Parkzeit nicht überschritten werden dürfe, so ist es damit erlaubt, dann nachzuwerfen, wenn bei einer Uhr, die für mehrere Parkzeiten eingerichtet ist, die höchstzulässige Parkzeit noch nicht ausgenutzt worden ist … .*

   Zu Absatz 2: *Die Parkscheibe soll legalisiert werden. Ein Bedürfnis dazu ist anzuerkennen. Nur darf sie die Parkuhr, die sich bewährt hat, nicht verdrängen. Dort, wo der Parkraum so knapp ist, dass für einen kurzfristigen Umschlag der parkenden Fahrzeuge gesorgt werden muss, ist die Parkscheibe nicht verwendbar. Gewollt oder ungewollt ungenaue Einstellung der Scheibe auf den Zeiger – es geht um Millimeter – würde das auskalkulierte Parkumschlagprogramm durcheinander bringen. Eine wirksame Überwachung wäre in solchen Fällen nicht möglich. Wo nur eine Parkdauer von einer viertel oder einer halben Stunde erlaubt werden kann, lässt sich das Ziel bloß mit Hilfe der Parkuhr erreichen. Nur dort, wo man großzügig sein kann, und etwa nur das sogenannte Dauerparken, vor allem von Beschäftigten, die ihre Wagen von Ge-*

*schäftsbeginn am Morgen bis zum Geschäftsschluss am Abend vor ihrer Arbeitsstätte stehen lassen, unterbunden werden muss, genügt die Parkscheibe, um diesen Zweck zu erfüllen … . Außer im Bereich eines Zonenhaltverbots wird die Verpflichtung zur Verwendung der Parkscheibe auf Parkplätzen zugelassen, die durch Zeichen 314 mit entsprechendem Zusatzschild gekennzeichnet sind.*****

Begr zur ÄndVO v. 21.7.80 (VkBl. **80** 514): **Zu Abs. 1–3:** *Die StrVB sollen die Möglichkeit erhalten, die höchstzulässige Parkzeit auch mit Hilfe eines sogenannten Parkscheinautomaten zu überwachen. Sie werden zu prüfen haben, ob dies im Einzelfall sachgerecht ist. Der Vorteil dieses Automaten liegt darin, dass man anstelle vieler Parkuhren mit nur einer Einrichtung für eine Parkfläche auskommt (z. B. Erhaltung eines kulturhistorisch wertvollen Stadtbildes; Mehrfachnutzung eines Platzes als Park- und Marktplatz).* **2**

Begr zur ÄndVO v. 22.3.88 (VkBl. **88** 221 f.): **Zu Abs. 1:** *Die Änderung stellt klar, dass es nicht ausreicht, den Parkschein so im Auto zu platzieren, daß man ihn von außen sehen kann. Er muss vielmehr von außen auch „lesbar" sein … . (zu Satz 2 und 3): – Begründung des Bundesrats – Damit wird der Rspr. gefolgt (vgl. BGH, Beschl. v. 25.1.83 – VM S. 57), wonach das Parken an einer defekten Parkuhr nur für die auf der Uhr angegebene höchstzulässige Parkdauer erlaubt ist. Zur Kontrolle ist die Parkscheibe zu verwenden.* **3**

Begr zur ÄndVO v. 9.11.89 (VkBl. **89** 780): **Zu Abs. 2:** *– Begründung des Bundesrates – Die Verhaltensvorschriften des § 13 Abs. 2 werden der neuen Bedeutung der Zeichen 290, 292 angepasst. Dabei wird, in Übereinstimmung mit der Bedeutung des Zeichens 290 als eingeschränktes Haltverbot, künftig nicht mehr das „Parken", sondern das „Halten" geregelt. Gegenüber der bisherigen Rechtslage bringt dies keine Einschränkung der Möglichkeiten des ruhenden Verkehrs, weil das eingeschränkte Haltverbot nunmehr – zusätzlich zum zweckgebundenen Halten zum Ein- oder Aussteigen bzw. Be- oder Entladen – auch ein nicht zweckgebundenes Halten bis zu drei Minuten zulässt.*

Begr zur ÄndVO v. 28.11.07 (VkBl. **08** 4) **zu Abs. 3:** *… Da die technische Entwicklung… an der Parkbewirtschaftung nicht spurlos vorbei ging, trat am 12.2.05 die 11. AusnahmeVO zur StVO in Kraft. Diese ließ als Ergänzung zu den herkömmlichen Einrichtungen elektronische Einrichtungen und Vorrichtungen zur Parkraumbewirtschaftung zu. Entscheidender Vorteil der elektronischen Parkraumbewirtschaftung ist insbesondere die minutengenaue Abrechnung, die eine Prognose der zu erwartenden Parkzeit für den Parkenden entbehrlich macht. Aber auch der nicht mehr notwendige Gang zum Parkscheinautomaten und wieder zurück zum Fz sowie die wegfallende Suche nach dem passenden Kleingeld waren Grund dafür, dass die elektronische Parkraumbewirtschaftung in den letzten zwei Jahren von den Verkehrsteilnehmern angenommen wurde. Einer flächendeckenden Einführung der elektronischen Parkraumbewirtschaftung stand aber entgegen, dass die 11. AusnahmeVO zur StVO am 31.12.07 außer Kraft tritt und damit dauerhafte Investitionen von den Straßenverkehrsbehörden und der Industrie in solche Systeme vorerst gescheut wurden. Durch die Überführung als Dauerrecht in die StVO herrscht nun Rechtssicherheit, so dass sich der VOGeber in Zukunft eine vermehrte Investition in solche alternative Systeme zur elektronischen Parkraumbewirtschaftung verspricht. … Die elektronische Parkraumbewirtschaftung kann auch weiterhin Parkuhr, Parkscheinautomaten und Parkscheibe nicht ersetzen, da ansonsten der Gemeingebrauch der dem öffentlichen Verkehr gewidmeten Straßen in einem nicht hinnehmbaren Maß eingeschränkt würde. Materielle Änderungen ergeben sich durch die Überführung nicht.* **3a**

Begr zur StVO-Neufassung v. 6.3.2013 (BR-Drs. 428/12): **Zu Abs. 2:** *In § 13 wird die Parkraumbewirtschaftungszone eingeführt. Damit steht den Verkehrsbehörden ein flächenwirksames Instrument zur Regulierung des Parkdruckes zur Verfügung. Die Ausweisung dieser Zonen bietet insbesondere den Vorteil, dass lediglich Beginn und Ende der jeweiligen Zone zu beschildern sind (vgl. Nr. 8 und 9 der Anl 3), so dass eine Verringerung der Beschilderung in diesen Zonen erfolgen kann. Wegen der Auflösungen in § 12 erhält der letzte Satz des § 13 Abs. 2 die Fassung: „Im Übrigen bleiben die Vorschriften über die Halt- und Parkverbote unberührt." Darüber hinaus enthält die Regelung redaktionelle Änderungen.* **3b**

Begr zur ÄndVStVR v. 20.4.2020 (BR-Drs. 591/19) **zu Abs. 5:** *Bisher gibt es in der StVO keine Regelung zur Bevorrechtigung des Carsharing. In der Praxis besteht ein Bedürfnis, die Parkgebührenbefreiung für Carsharingfahrzeuge und für elektrisch betriebene Fz (letztere haben auf der Grundlage des EMoG bereits Bevorrechtigungsregelungen in Anl 3 der StVO erhalten, nicht aber im allgemeinen Teil der StVO) allein auf dem Parkscheinautomat durch Aufkleber zum Ausdruck bringen zu können. Für Carsharingfahrzeuge ist bisher noch keine Form der Parkgebührenbefreiung möglich. Für elektrisch betriebene Fz ist* **3c**

---

* Seit der MaßnVO v 27.11.75 (BGBl. I S. 2967) auch durch Z 315 (VBl **75** 674).

eine Parkgebührenbefreiung bislang ausschließlich durch Anordnung entsprechender Zusatz Z möglich. Hintergrund ist eine erhebliche Kostenreduzierung.

VwV zu § 13 Einrichtungen zur Überwachung der Parkzeit

Zu Absatz 1

4   1   I. Wo Parkuhren aufgestellt sind, darf das Zeichen 286 nicht angeordnet werden.

    2   II. Parkuhren und Parkscheinautomaten sind vor allem dort anzuordnen, wo kein ausreichender Parkraum vorhanden ist und deshalb erreicht werden muss, dass möglichst viele Fahrzeuge nacheinander für möglichst kurze genau begrenzte Zeit parken können.

5   3   III. Vor der Anordnung von Parkuhren und Parkscheinautomaten sind die Auswirkungen auf den fließenden Verkehr und auf benachbarte Straßen zu prüfen.

    4   IV. Parkraumbewirtschaftung empfiehlt sich nur dort, wo eine wirksame Überwachung gewährleistet ist.

    5   V. Über Parkuhren und Parkscheinautomaten in Haltverbotszonen vgl. Nummer II zu Zeichen 290.1 und 290.2, Randnummer 2.

       VI. Der Parkschein soll mindestens folgende, gut lesbare Angaben enthalten:

    6   1. Standort des Parkscheinautomaten

    7   2. Datum und

    8   3. Ende der Parkzeit.

6   9   VII. Für die Festlegung und die Höhe der Parkgebühren gelten die Parkgebührenordnungen (§ 6a Absatz 6 StVG).

Zu Absatz 2

7   10   I. Das Parken mit Parkscheibe darf nur in Haltverbotszonen (Zeichen 290.1) und Parkraumbewirtschaftungszonen (Zeichen 314.1) sowie in Verbindung mit Zeichen 314 oder 315 angeordnet werden. Zur Anordnung des Parkens mit Parkscheibe in Haltverbotszonen vgl. Nummer II zu Zeichen 290.1 und 290.2; Randnummer 2.

   11   II. Auf der Vorderseite der Parkscheibe sind Zusätze, auch solche zum Zwecke der Werbung, nicht zulässig.

Übersicht

8   **1. Parkuhren** sind Allgemeinverfügungen, nicht Verkörperung von Rechtsnormen (BVerfG NJW **65** 2395; abl *Hoffmann* NJW **66** 875, Hb DAR **89** 475, Dü ZfS **82** 127, VG Meiningen DAR **01** 89), die ein eingeschränktes Haltverbot aussprechen, verbunden mit dem Gebot des Wegfahrens bei Nichtvorliegen oder Wegfall der Voraussetzungen von I (Rn. 8a; zur polizeirechtlichen Problematik *Rupp* JuS **67** 165). An nicht laufenden Parkuhren darf zum Ein- oder Aussteigen und Be- oder Entladen gehalten werden (Rn. 9) außerdem in Zeitspannen, in denen das Haltverbot gemäß Uhraufschrift nicht gilt. Im Übrigen darf nur während des Laufs der Uhr bis zur Höchstparkdauer gehalten werden. Verlängerung der Parkzeit bis zur zugelassenen Höchstparkdauer durch Nachwerfen ist zulässig (Begr; Ce DAR **76** 305). Restparkzeit („während des Laufes der Uhr") darf ohne weiteres Einwerfen ausgenutzt werden (Begr). Parkflächenmarkierungen (Anl 2 lfd. Nr. 74) sind einzuhalten (s. aber § 12 Rn. 56) und dürfen nicht von außerhalb der Parkuhrflächen haltenden (parkenden) Fz eingeengt werden (§ 12 III Nr. 2 und § 1). Im Zwischenraum kein Parken (Bay NJW **62** 1686), jedoch gilt die Regelung auch ohne Leitlinien (Ce VRS **38** 361). Haben zwei Kleinfz im vorgeschriebenen Parkraum derselben Parkuhr ge-

meinsam Platz, so wäre es Raumverschwendung, wenn sie nicht gemeinsam parken dürften, denn der Sinn der Parkuhr ist Rationierung (*Berr/H/Schäpe* 398). Fz, die wegen ihrer Größe die einzelne Parkfläche überschreiten, dürfen nicht aufgestellt werden (*Hauser* DAR **90** 9). Ist die **Parkuhr defekt,** so ist eine Parkscheibe zu verwenden; es darf auch dann nur bis zur Höchstparkdauer geparkt werden (I S. 2, 3). Unbenutzbar ist sie, wenn nicht ordnungsgemäß eingeworfen werden kann oder der Zeiger bei Einwurf nicht anzeigt. Der Benutzer muss das Einwerfen versucht haben (BGH NJW **83** 1071). Wer kein geeignetes Geldstück hat, um die Uhr in Gang zu setzen, darf dort nicht parken (Ha NZV **06** 323, AG Lahr NJW **85** 3090, *Berr/H/Schäpe* 394, aM *Gern* NJW **85** 3058, *Allgaier* DAR **86** 306, s. auch Rn. 8a). Läuft die Parkuhr zu schnell, ist die richtige Zeitdauer maßgebend (Hb VM **69** 31). Ist das Uhrwerk mit Toleranz eingestellt, so dass der Zeiger mehr als die gewählte Parkzeit anzeigt, so endet die Parkzeit erst mit dem Stillstand der Uhr (Ce DAR **76** 305). Darüber hinaus steht dem Benutzer eine „Karenzzeit" nicht zu (Ha NJW **84** 746); anders jedoch, falls sie durch das Überwachungspersonal zugebilligt wird (Hb VM **69** 31). Zur Bedeutung des ZusatzZ „werktags" § 39 Rn. 31a. Ein durch VZ begründetes Haltverbot endet an einer im weiteren Verlauf der Str aufgestellten Parkuhr (VG Meiningen DAR **01** 89). Sind im Bereich von Parkuhren VZ 283 (Haltverbot) mit ZusatzZ aufgestellt, wonach das Haltverbot außerhalb der auf der Parkuhr verzeichneten Zeit gilt, so ist dies widersprüchlich (Ce VRS **65** 67). Vereinbarter Platztausch nach Ende der Höchstparkzeit ist auch bei Neueinwurf als Verstoß gegen das angeordnete Kurzparken unzulässig (Hb MDR **69** 244; aM *Cramer* 23, zw *Rutkowsky* NJW **69** 626). Andererseits darf der Kf nach Ablauf der Höchstparkzeit einen benachbarten, soeben frei werdenden Platz wieder auf Höchstdauer benutzen. Mit Recht stellt *Cramer* JurA **71** 365 darauf ab, ob inzwischen andere VT in die Stellfläche hätten einfahren können. Zu- und Abfahrten zu Parkflächen mit Parkuhren müssen freibleiben (§ 12 III Nr. 2; Dü VM **70** 48). Parkgebühren: § 6a VI StVG. Zur Bevorrechtigungen für elektrisch betriebene Fz § 3 EmoG Rn. 10f.

Parkscheinautomaten (I) sind amtliche VEinrichtungen (§ 43 I). Ihr Geltungsbereich muss **8a** durch VZ 314 oder 315 mit ZusatzZ „mit Parkschein" unmissverständlich gekennzeichnet sein. Sie sprechen ein modifiziertes Haltverbot aus, verbunden mit dem Gebot, bei Nichtvorliegen oder Wegfall der Voraussetzungen von I das Fz wegzufahren (BVerwG VRS **74** 397, VGH Ka NVwZ-RR **99** 23, OVG Hb VRS **100** 478). Geeignet sind sie vorwiegend für Parkplätze, aber auch für längere Parkstreifen. Haben mehrere Fz in einer markierten „Parktasche" Platz, so ist für jedes Fz ein Parkschein zu lösen (Ko DAR **04** 108, *Berr/H/Schäpe* 418). Der Parkschein kann auch dann iS von I S. 1 „gut lesbar" angebracht sein, wenn er durch die Heckscheibe gelesen werden kann (Bay VRS **90** 64); anderslautende Hinweise auf dem Schein sind unbeachtlich (s. auch § 12 Rn. 60b). Nachlösen über die Höchstparkzeit hinaus ist unzulässig (*Hauser* VD **82** 143). Für das Ende der Parkzeit ist ausschließlich die auf dem Parkschein ausgedruckte Zeit maßgebend; keine Addition bei gleichzeitigem Auslegen mehrerer Parkscheine (Br DAR **97** 454). Der Parkschein ist eine *Urkunde,* die die Entrichtung der Parkgebühr bestätigt (Kö NZV **01** 481). Ist der *Parkscheinautomat defekt,* so darf mit Parkscheibe bis zur Höchstparkdauer geparkt werden (I S. 2, 3). Ein (ansonsten funktionsfähiger) Parkscheinautomat ist jedoch nicht bereits defekt, wenn das Gerät eine ihrer Art nach (zB 50-Cent-Stück) grundsätzlich geeignete Münze nicht akzeptiert; der Betroffene muss verschiedene Münzen einwerfen (Ha NZV **06** 323, s. auch Rn. 8). Ist die Funktionstüchtigkeit jedoch in der Weise eingeschränkt, dass die Münzen für die gewünschte (kurze) Parkdauer nicht angenommen werden, so darf für diese Zeit unter Verwendung der Parkscheibe geparkt werden (Zw NZV **91** 362). Zum Abschleppen bei Überschreitung der Parkzeit § 12 Rn. 65.

1a. Zum **Ein- und Aussteigen, Be- und Entladen** darf auch an nicht laufender Parkuhr **9** und ohne Benutzung eines Parkscheinautomaten gehalten werden (IV), das allg. Haltverbot gilt insoweit nicht (Begr). Das Ein- und Aussteigen wird 3 Minuten übersteigen dürfen, schließt aber längeres Warten nicht ein. Be- und Entladen darf länger als drei Minuten dauern (Dü DAR **91** 432), ist aber ohne vermeidbares Zögern durchzuführen (§ 12 Rn. 32–34). Bei sachlicher Berechtigung darf es die Höchstparkdauer überschreiten (*Cramer* JurA **71** 364, *David* VD **82** 81, *Hauser* VD **82** 107, 139, *Berr/H/Schäpe* 412, aM *Bouska* DAR **72** 258). **Halten bis zu 3 Minuten** ohne die Zwecke des IV ist stets nur bei ordnungsgemäßer Betätigung der nach I bzw. II vorgeschriebenen Überwachungseinrichtung erlaubt (*Bouska* DAR **72** 258, *Berr/H/Schäpe* 412). Die abw Ansicht von Ol NZV **93** 491 („Halten" bedeute in II „Parken") unterstellt dem VOGeber die Verwendung ein und desselben Begriffs („Halten") mit unterschiedlichem Inhalt entgegen der Legaldefinition des § 12 II und ist seit der StVO-Neufassung 2013, nach der

Halten und Parken nun nebeneinander aufgeführt sind, gänzlich unhaltbar geworden. Dass Zuwiderhandlungen gegen das Haltverbot nicht wegen Verstoßes gegen die Verbote von Anl 3 lfd. Nr. 7 (zu Z 314) und 8 (zu Z 314.1) ow sind, weil dort nur auf das Parken abgestellt ist, steht nicht entgegen, sie sind ow gem. § 49 I Nr. 13. Gleichwohl laufen dieses verwirrende Nebeneinander und teils bestehende Doppelbewehrungen den Intentionen der StVO-Neufassung 2013 zuwider.

10   **1b.** Zu **Rechtsbedenken** gegen die Einrichtung der Parkuhr und des Parkscheinautomaten unter dem Aspekt des Übermaßverbots (**E** 6; BVerfGE **19** 349, **20** 155, 186, **21** 181): 32. Aufl. Die Rspr. sieht überwiegend den Grundsatz der Verhältnismäßigkeit durch die dem Kf auferlegte Pflicht zur Gebührenzahlung ausdrücklich als nicht verletzt an, weil die Parkuhr das wirksamere Mittel zur Beschleunigung des Umschlags der parkenden Fz bei knappem Parkraum und zur Beeinflussung der Wahl des VMittels sei (BVerwG NJW **80** 851, Bay NJW **78** 1274, VGH Mü BayVBl **94** 753, *Hauser* VD **82** 101; abw. mit der Begründung, dass Parkuhr, Automat und Parkscheibe in § 13 gleichwertig nebeneinander stünden, weswegen gem. dem Gebot des Mindesteingriffs die den VT weniger beeinträchtigende Parkscheibe zu wählen sei, VGH Ma NJW **78** 1278, Zw NZV **91** 362, *Hebrank* NVwZ **96** 977; zu umweltpolitischen Erwägungen *Holzkämper* DÖV **93** 477, *Jahn* NZV **94** 10, *Fechner* DVBl **97** 14, 39. Aufl). Zu Ausnahmen von der Gebührenpflicht § 46 Rn. 23.

11   **2. Parkscheiben** sind für den Bereich von Zonenhaltverboten (Z 290.1, 290.2), Parkraumbewirtschaftungszonen (Z 314.1 und 314.2; dazu § 12 Rn. 57b) und für Parkplätze (Z 314 oder 315 mit ZusatzZ) zugelassen. Zonenhaltverbote können nur durch die Z 290.1, 290.2 gemeinsam angeordnet werden (§ 12 Rn. 34a). Das Z 290.1 wird nur durch das Z 290.2 aufgehoben und gilt, anders als Z 286, nicht nur für die Fahrbahn, sondern auch für Seitenstreifen, Parkstreifen und alle anderen öffentlichen VFlächen (§ 12 Rn. 34a). Die allgemeinen Halt- und Parkverbote gelten auch in Bereichen, in denen mit Parkscheibe geparkt werden darf (II S. 3). Ist die Parkzeit bei **elektrisch betriebenen Fz** beschränkt, so ist der Nachweis durch Auslegen der Parkscheibe zu erbringen (lfd. Nr. 11 Anl 3 Spalte 3; vgl. auch § 3 EmoG Rn. 7). Die Pflicht zur Parkscheibenbenutzung gilt für alle Fz, nicht dagegen für „besondere Fortbewegungsmittel" (§ 24; Ko VRS **54** 302). Die Einführung von Parkbewirtschaftungszonen dient der Lichtung des „Schilderwaldes" (Rn. 3b; *Schubert* VD **09** 295).

11a   Die Parkscheibe **ist im Fz so anzubringen,** dass sie von außen einwandfrei ablesbar ist (II S. 1 Nr. 2). Ist dies gewährleistet, so ist es gleichgültig, ob die Scheibe vorn oder hinten, auf der dem Gehweg oder der Fahrbahn zugewandten FzSeite, ausgelegt ist (Nau NZV **98** 168). Entsprechende Anordnungen sind in Anl 2 lfd. Nr. 64 Spalte 3 Nr. 4 (seltsamerweise aber nicht in Nr. 3) zu Z 290.1, Anl 3 lfd. Nr. 7 Spalte 3 Nr. 2e zu Z 314, lfd. Nr. 8 Spalte 3 Nr. 3 zu Z 314.1 und lfd. Nr. 10 Spalte 3 Nr. 2e zu Z 315 getroffen, was den Intentionen der StVO-Neufassung widerspricht und nicht zur Rechtsklarheit beiträgt. Eine kleinere als nach Anl. 3 lfd. Nr. 11 (Bild 318) vorgesehene Parkscheibe genügt ausweislich der ausdrücklichen Bezugnahme in II S. 1 nicht (Brn v. 2.8.2011 – (2 Z) 53 Ss OWi 495/10 juris; NZV **12** 97 (L)). Der Kf braucht die Parkscheibe bei Dunkelheit nicht zu beleuchten. Der Kontrollierende muss sie aber anleuchten können. Beim Zonenhaltverbot muss das Z 290.1 an allen Zufahrten stehen. Maßgebend ist die auf den ZusatzZ zu Z 290.1, 314 (Parkplatz) oder 314.1 (Parkbewirtschaftungszone) bezeichnete erlaubte Parkzeit. Be- oder Entladen im Zonenhaltverbot kann nicht auf dessen Parkhöchstdauer beschränkt sein, es ist vielmehr durch die Ladedauer begrenzt (Bay DAR **79** 27, *Berr/H/Schäpe* 429, *Cramer* Rn. 25, JurA **71** 366).

12   **Einzustellen** ist die Parkscheibe auf den Strich der halben Stunde, die dem Parkbeginn folgt, so dass die volle Parkzeit zur Verfügung steht (II S. 1 Nr. 2). Als Masseneinrichtung zur Parkraumrationierung wird diese Vorschrift formal zu handhaben sein: wer versehentlich den Strich der laufenden halben Stunde einstellt, muss sich daran festhalten lassen; wer eine schon verstrichene halbe Stunde einstellt oder erst die übernächste, parkt unerlaubt. Wer auf einen Zwischenraum zwischen zwei Strichen einstellt, muss sich so behandeln lassen, als hätte er den nächstfolgenden Strich eingestellt. Wer drei auf unterschiedliche Ankunftszeiten eingestellte Parkscheiben auslegt, verhindert wirksame Kontrolle und parkt unerlaubt (Kö VRS **58** 154). Eine „Karenzzeit" nach Ablauf der Parkzeit steht dem Parkenden nicht zu (Ha NJW **84** 746). Sieht ein ZusatzZ zu Z 314 zwei zeitlich getrennte Kurzparkzeitabschnitte vor und beginnt das Parken während der freien Zeit, so ist der Zeiger der Parkscheibe zumindest auf den Strich der ersten halben Stunde nach Beginn des folgenden Kurzzeitabschnitts einzustellen, sofern dieser zum Parken beansprucht werden soll (ThürVerfGH NJW **13** 151; Bay NJW **78** 1275).

3. Elektronische Parkraumbewirtschaftung. III überführt die Regelungen der 11. Aus- **12a** nahmeVO zur StVO in Dauerrecht; zugelassen wird der Einsatz elektronischer Systeme zur Parkraumüberwachung, die eine minutengenaue Abrechnung ermöglichen (Rn. 3a). Das Gesetz gibt nicht vor, dass die entsprechenden Bereiche durch Zusatzzeichen zu kennzeichnen sind; andere Kundgebungen (zB Aufkleber auf Parkscheinautomat, Internet) genügen (*Schubert* DAR **08** 130; aM *Wohlfahrt* NJW **05** 2646). Gleichfalls nicht vorgegeben ist die Art der „Vorrichtungen"; außer Taschenparkuhr oder Mobiltelefon (Rn. 3a) ist deshalb auch die „Elektronische Parkscheibe" zulässig (zu deren Ausgestaltung VkBl. **13** 1046; StVRL § 13 StVO Nr. 1; *Lippert* VD **16** 243). Zur Erhebung personenbezogener Daten bedarf der Systembetreiber einer Einwilligungserklärung des VT, der von dem elektronischen Gerät (zB) Gebrauch machen will (*Marquardt* VD **05** 4). Bei einer Funktionsstörung des elektronischen Systems muss der VT die herkömmlichen Einrichtungen zur Parkzeitüberwachung (Parkscheinautomaten oder Parkuhren) betätigen (III S. 2).

4. Parkgebührenbefreiung für elektrisch betriebene und CarsharingFz (V). Der mit **12b** Wirkung vom 28.4.2020 eingeführte V enthält Regelungen zur Bevorrechtigung von elektrisch betriebenen Fz und des Carsharing. Insoweit werden die in § 3 V S. 1 und 2 EmoG (dazu § 3 EmoG Rn. 7) und § 3 III CsgG im „allgemeinen Teil" der StVO umgesetzt (Begr Rn. 3c). Das Nähere ergibt sich aus Anl 3 (zu § 42) lfd. Nr. 7 (zu Z 314) Spalte 3 Nr. 3 und 4, lfd. Nr. 8 (zu Z 314.1) Spalte 3 Nr. 4 und 5 sowie lfd. Nr. 10 (zu Z 315) Spalte 3 Nr. 3 und 4. Einbezogen sind entsprechende Länderregelungen (dazu BR-Drs. 591/19 (B) S. 4). Namentlich wird die Möglichkeit geschaffen, die Bevorrechtigung allein auf dem Parkscheinautomat durch Aufkleber zum Ausdruck bringen zu können, was der Kostenersparnis dient (Begr Rn. 3f.).

5. Ordnungswidrig (§ 24 StVG) sind Verstöße gegen die Vorschriften über Parkuhren, Park- **13** scheinautomaten, Parkscheiben oder die elektronische Parkraumbewirtschaftung (§ 49 I Nr. 13). Dies gilt auch für privat bewirtschaftete Parkhäuser, sofern dort öffentlicher V herrscht und die Überwachungseinrichtungen auf amtlicher Anordnung beruhen (§ 41 Rn. 247; *Fra* NZV **94** 408). Seit 1.4.13 spürbar erhöhte Regelsätze im BKat lfd. Nr. 63 ff. Irrtum über die Parkuhr als Verbotsirrtum: *Hb* DAR **67** 114. Wer die Parkzeit nach Verwarnung weiter überschreitet, ohne dass der verwarnende Beamte dies voraussehen konnte, kann wegen dieser Dauertat (nochmals) belangt werden (*Bay* DAR **71** 304). Wer bei Parkscheibengebot ohne Parkscheibe parkt, verletzt § 13 auch, wenn er sich an die zeitliche Beschränkung hält (*Bay* NJW **65** 60, *Dü* DAR **89** 392). Bloßes **Dulden** macht das der Behörde bekannte vorschriftswidrige Verhalten nicht rechtmäßig, solange keine Ausnahme durch bekanntgegebene behördliche Entschließung bewilligt ist; stillschweigende Genehmigung einer Ausnahme ist schon wegen § 46 III nicht möglich. Verbotsirrtum darüber wäre mangels Erkundigung vermeidbar. Keine **Strafbarkeit** wegen Betrugs oder Erschleichens von Leistungen bei Einwurf geringwertiger ausländischer Münzen, Metallscheiben oder ähnlicher Gegenstände (*Sa* VRS **75** 345, *Bay* NZV **91** 317, zust *Graul* JR **91** 435, *Berr/H/Schäpe* 394, aM *Gern/Schneider* NZV **88** 130, *Wenzel* DAR **89** 455). Auslegen eines bezüglich des Parkzeitendes verfälschten Parkscheins ist kein Betrug, aber Urkundenfälschung (*Kö* NZV **01** 481 mAnm *Hecker* JuS **02** 224). Abschleppen bei Parkzeitüberschreitung: § 12 Rn. 65.

Sorgfaltspflichten beim Ein- und Aussteigen

14 (1) **Wer ein- oder aussteigt, muss sich so verhalten, dass eine Gefährdung anderer am Verkehr Teilnehmenden ausgeschlossen ist.**

(2) ¹**Wer ein Fahrzeug führt, muss die nötigen Maßnahmen treffen, um Unfälle oder Verkehrsstörungen zu vermeiden, wenn das Fahrzeug verlassen wird.** ²**Kraftfahrzeuge sind auch gegen unbefugte Benutzung zu sichern.**

VwV zu § 14 Sorgfaltspflichten beim Ein- oder Aussteigen

Zu Absatz 2

1 Wenn der Führer eines Kraftfahrzeugs sich in solcher Nähe des Fahrzeugs aufhält, dass er jeder- **1–4** zeit eingreifen kann, ist nichts dagegen einzuwenden, wenn eine besondere Maßnahme gegen unbefugte Benutzung nicht getroffen wird. Andernfalls ist darauf zu achten, dass jede vorhandene Sicherung verwendet, insbesondere auch bei abgeschlossenem Lenkradschloss das Fahrzeug selbst abgeschlossen wird; wenn die Fenster einen Spalt offen bleiben oder wenn das Verdeck geöffnet bleibt, ist das nicht zu beanstanden.

Übersicht

5   **1.** Die Vorschrift ist durch die StVO-Neufassung 2013 nur redaktionell, freilich nicht zum Besseren, geändert worden. Dass hier der VT (überdies grammatikalisch anfechtbar) umschrieben wird, während er in einer Reihe anderer Vorschriften nach wie vor existiert (§ 1 Rn. 5), leuchtet nicht ein. **Ein- und Aussteigen** aus einem Fz, vor allem Kfz, darf niemanden gefährden (I). Unfälle durch unvorsichtiges Türöffnen sind häufig, aber nahezu immer vermeidbar (Begr). I schreibt höchste Sorgfalt (**E** 150) des Aus- oder Einsteigenden vor (Ha DAR **00** 64), so dass Unfälle hierbei, eigene wie fremde, häufig zulasten des Ein- oder Aussteigenden gehen (Rn. 8, 9). Die Sorgfaltsanforderungen des I gelten für die gesamte Dauer eines Ein- oder Aussteigevorgangs, also für alle Vorgänge, die in einem unmittelbaren zeitlichen und örtlichen Zusammenhang damit stehen, wozu auch das Anschnallen eines Kindes auf der Rückbank zu rechnen ist (Dü DAR **15** 85); beendet ist der Vorgang des Einsteigens erst mit dem Schließen der FzTür, der Vorgang des Aussteigens erst mit dem Schließen der FzTür und dem Verlassen der Fahrbahn (BGH NJW **09** 3791; KG NZV **08** 245, **10** 343. Entsprechend Kar NZV **12** 593 beginnt der Einsteigevorgang erst ab Öffnen der Tür. Die Vorschrift dient vorrangig **dem Schutz des fließenden V** (vgl. Fra NJW **09** 3038; LG Sa NZV **13** 594; krit *Siegel* SVR **12** 321), ist aber angesichts des VT allgemein benennenden Wortlauts nicht darauf beschränkt (vgl. BGH NJW **18** 3095; näher § 9 Rn. 44; § 10 Rn. 4). Einen Überraschungseffekt des Vorgangs für den V setzt die Anwendung der Norm nicht voraus; umfasst sind vielmehr *sämtliche* Aus- und Einsteigevorgänge (BGH NJW **09** 3791). Der Rechtsgedanke des § 14 gilt im Rahmen des § 1 II auch für Ein- und Ausparkvorgänge auf **öffentlich zugänglichen Parkplätzen** (§ 8 Rn. 31a; Kar NZV **11** 553; Dü NJW-RR **20** 728; LG Sa NZV **13** 594; unklar Ha NJW **09** 3038 m krit Anm *Hüpers* DAR **10** 268; LG Sa NZV **09** 501 (wohl direkte Anwendung)); zum Anscheinsbeweis in solchen Fällen Rn. 9.

6   Wer, was I nicht verbietet (Br NZV **08** 576), die **linke Wagentür öffnen** will, muss zunächst nach hinten beobachten; reicht der Rückblick nicht weit genug, darf er die Tür langsam spaltweise öffnen (Kö VM **92** 93, VRS **72** 293, KG DAR **06** 149, VM **90** 58 (bis zu 10 cm)), weiter erst, wenn mit Gewissheit niemand kommt (KG DAR **06** 149). Soweit (wie bei modernen Pkw idR) Beobachtung nach hinten auch ohne spaltweises Türöffnen möglich ist, ist auch dieses ohne vorherige Rückschau unzulässig (BGH DAR **81** 148). Türöffnen ohne vorherigen Rückblick ist unzulässig (Ha VRS **40** 60), auch bei möglicher Brandgefahr (KG VM **74** 96), auch bei Unkenntnis eines links der Tür befindlichen Radwegs (Kö VM **92** 93 (falsches Parken)). Rückspiegel und geöffnete Fenster sind zum Rück- und Umblick zu benutzen, bevor etwa die Tür geöffnet wird (Dü DAR **76** 215, KG VRS **32** 138, Ha DAR **66** 137). Bemerkt der Kf, dass von hinten ein Fz naht, so muss er dieses im Auge behalten und darf seine Tür nicht gefährdend öffnen (BGH NJW **71** 1095). Kein rasches und zu weites Öffnen ohne ausreichende vorherige Umschau (BGH VRS **19** 404, DAR **81** 148, Ce VRS **76** 105, 107), auch wenn der Kfz-Bug weiter von der Fahrbahnkante entfernt steht als das Heck; denn der Abstand des Vorbeifahrenden dient vor allem dem Schutz gegen Türöffnen (Bay VM **69** 94). Beim Halten nach schräg rechts darf, falls V von hinten nahe ist, die linke Tür zum Aussteigen oder Umblick nicht weiter als in einer Linie mit dem linken Wagenheck geöffnet werden. Auch auf GegenV ist zu achten (BGH

VersR **86** 1231, **87** 37, Ha DAR **00** 64). Herrscht FahrV auf der Fahrbahnseite des haltenden oder parkenden Kfz, so gehört es zur Gefahrminderungspflicht des nach links hin Aussteigenden, dass er die Tür nicht länger als unbedingt nötig offen lässt und sich dort auch nicht länger als notwendig aufhält (KG NZV **08** 245; **09** 502; aM wohl KG DAR **73** 156 und wohl auch Fra NZV **14** 455 (Schadensteilung, weil Tür schon länger geöffnet war)). Umfasst sind Situationen, in denen der Insasse eines Kfz sich in unmittelbarem Zusammenhang mit einem Ein- oder Aussteigevorgang bei geöffneter Tür in das Kfz beugt, um Gegenstände ein- oder auszuladen oder auch einem Kind beim Ein- oder Aussteigen zu helfen (BGH NJW **09** 3791; Br NZV **08** 575; Ha NZV **04** 408). Dann besteht erneute Vergewisserungspflicht über herannahenden V (Bay VRS **78** 60). Unnötig langes Offenlassen der Wagentür zur Fahrbahn, etwa zum Lüften beim Parken, kann gefährden oder belästigen (§ 1). I richtet sich an jeden FzInsassen, der FzF ist nicht verpflichtet, Fahrgäste auf ihre Pflicht gem. I besonders hinzuweisen (KG VM **86** 20), einem Kind muss er jedoch das Öffnen verbieten (Ha DAR **63** 306). Der zur Fahrbahn Ausgestiegene darf diese nicht plötzlich und ohne Umschau überqueren; mit Derartigem muss ein Kf nicht rechnen (Kö VM **80** 46, Ce NJW **57** 513). Kein Ein- oder Aussteigender darf den fließenden V vermeidbar behindern; dieser hat Vorrang (§ 1, Begr; Br DAR **63** 329). Zur Beachtung der Gebote des § 14 durch **SonderFz** iSv § 35 VI s. dort Rn. 13.

Türöffnen nach rechts unterliegt denselben strengen Regeln. Es kann Radf (Radweg oder 7 rechter Fahrbahnrand) und Fußgänger auf dem Gehweg gefährden (Ha NZV **00** 126, Mü VersR **96** 1036). Zum Radweg hin darf die Tür, wenn überhaupt, nur langsam und „zentimeterweise" geöffnet werden (Ha VM **70** 15). Ein Taxif muss den Fahrgast auf den Radweg hinweisen, wenn die Tür in diesen hineinragt (Bay NJW **61** 615, Kö VM **92** 93). Im Übrigen aber insoweit regelmäßig keine Garantenpflicht des Fahrers gegenüber dem rechts aussteigenden Mitfahrer (Mü VersR **96** 1036, Ha NZV **00** 126), nach Ha SVR **20** 299 (*Balke*) auch keine Hinweispflicht des Taxifahrers, der auf Anweisung des Fahrgasts in einer EinbahnStr links angehalten hatte. Auf Radwegen brauchen Radf nicht, um Unfällen durch vorschriftswidriges Türöffnen zu begegnen, Abstand von am Bordstein parkenden Pkw zu halten (Ha VM **70** 15). Das entbindet jedoch nicht von Rücksichtnahme (§ 1) aufVT auf der unmittelbar benachbarten Fahrbahn.

2. Vertrauen darf der fließende V nur darauf, dass Wagentüren nicht plötzlich weit geöffnet 8 werden (BGH DAR **81** 148, VRS **19** 404, **20** 122, Hb VersR **74** 267), und auch darauf, dass der FzF nicht auf die Fahrbahn springt (BGH NZV **07** 451 m Anm *Diehl* ZfS **07** 437). I Ü muss er mit spaltweisem Türöffnen rechnen und entsprechenden Seitenabstand einhalten, sofern das Fz nicht erkennbar leer ist (BGH DAR **81** 148, KG VRS **69** 98). Der notwendige Mindestabstand richtet sich nach den Umständen (VLage, Geschwindigkeit, StrBreite, beteiligte Fz), muss aber zumindest so bemessen sein, dass geringfügiges Öffnen der Wagentür noch möglich bleibt, wenn für den Vorbeifahrenden nicht mit Sicherheit erkennbar ist, dass sich im haltenden Fz und um das Fz herum keine Personen aufhalten (BGH VersR **81** 533; Sa VRS **37** 274; LG Sa NJW-RR **18** 540). Ein Abstand *von weniger als 50 cm* zu einem haltenden Pkw, in dem sich eine Person aufhält, ist jedenfalls idR zu knapp (KG VRS **69** 98, DAR **06** 149; NZV **09** 502); 50 cm werden aber meist genügen (KG NZV **10** 343, womöglich abw Ha SVR **17** 27 (*Balke*)). Wird er nicht eingehalten, so überwiegt das Verschulden des Vorbeifahrenden (Br NZV **08** 575 ($^1/_5$ zulasten einer Mutter, die ihr Kind bei geöffneter linker Tür anschnallt)), jedoch Schadensteilung bei sorgfaltswidrigem Aussteigen (Rn. 9; Ha SVR **17** 27 (*Balke*)). Bei dichtem V darf ein Radf jedoch ohne Mitschuld mit 35 cm Zwischenraum an einem parkenden Transporter vorbeifahren (Sa VM **73** 14). Mitschuld des Radf, der zu dicht neben einem haltenden, besetzten Kfz vorbeifährt (KG VM **72** 57, Mü VersR **96** 1036). Alleinhaftung des Radf, der infolge zu geringen Abstands gegen eine nur 10 cm geöffnete FzTür fährt (KG VM **90** 58). Keine Mitschuld des Radf, der an verbotswidrig teilweise auf dem Radweg haltendem Pkw vorbeifährt, ohne sich auf Türöffnen einzustellen (Kö VM **92** 93). Die **Darlegungs- und Beweislast** für eine ein Mitverschulden begründende Unterschreitung des Seitenabstands eines Radfahrers zu einem geparkten Pkw obliegt dem Pkw-Fahrer (Ce r+s **19** 286). Das Gebot äußerster Sorgfalt des I für den Aussteigenden wird ein Vertrauen in ausreichenden Seitenabstand des fließenden V weitgehend ausschließen (KG VRS **69** 98, aM noch Ha DAR **70** 212 zur aF). Kein Vertrauen darauf, dass das Anhalten eines MüllFz stets der Entsorgungstätigkeit dient und diese so lange dauert, dass Zeit zum Aussteigen zur Fahrbahnseite bleibt (KG NZV **09** 394). Bei **SonderFz** iSv § 35 VI erhöhte Aufmerksamkeit des herannahenden V (s dort Rn. 13). Stürzt ein Radf dicht neben der soeben geöffneten FzTür, so spricht der Anschein für Ursächlichkeit des Türöffnens (KG VM **72** 57). Bei einer Kollision des einparkenden Fz mit einer teilweise geöffneten Fahrzeugtür eines geparkten

Fz auf einem öffentlichen Parkplatz (s auch Rn. 5) idR Schadensteilung (Ha NJW **09** 3038 m krit Anm *Hüpers* DAR **10** 268; abw LG Sa NZV **09** 501: $^2/_3$ zulasten des Auffahrenden).

9   **3. Ausgeschlossen** (**E** 150) muss die Gefährdung, nicht notwendigerweise auch Behinderung (§ 1) anderer VT (Ha DAR **00** 64; zum VT Rn. 5) durch das Türöffnen und Ein- oder Aussteigen sein (Dü DAR **76** 215). Wer ein- oder aussteigt oder die Tür öffnen will, von innen wie von außen, hat den V vorher mit äußerster Sorgfalt zu beobachten und sich danach einzurichten. Naht V von hinten, der vor Beendigung des Ein- oder Aussteigens herangekommen sein kann, so bedingt äußerste Sorgfalt, dass so lange jedes Türöffnen unterbleibt (KG VRS **69** 98). Wer von hinten einen Radf kommen sieht, muss sich beim Türöffnen und Aussteigen so verhalten, dass ein Unfall ausgeschlossen ist, vor allem muss er den Radf bis zur Vorbeifahrt beobachten (Dü VM **73** 31). Auf Ausweichbewegungen anderer darf nicht vertraut werden, obwohl sie, soweit angängig, nach § 1 zu fordern sind. Wird beim Ein- oder Aussteigen anderer VT geschädigt, so spricht der **Beweis des ersten Anscheins** für fahrlässige Sorgfaltspflichtverletzung des Ein- bzw. Aussteigenden (BGH NJW **09** 3791; Ha DAR **00** 64, KG NZV **09** 394; 502: **10** 343), dies gilt jedoch nach Kar NZV **12** 593 mangels Beginn des Einsteigevorgangs (Rn. 5) nicht, wenn die Tür noch geschlossen ist. Überhaupt kann bei gewissenhaftem Ein-, Aussteigen und Verletzung gebotenen Seitenabstands abweichend zu entscheiden sein (Br NZV **08** 575; offen gelassen von BGH NJW **09** 3791). Der Anscheinsbeweis dürfte auch bei Ein- und Ausparkvorgängen auf einem öffentlichen Parkplatz zu gelten haben (Kar NZV **11** 553; Ha NJW **09** 3038; s. Rn. 5), dies jedoch dann nicht, wenn beide Fz stehen, weil dann kein typischer Geschehensablauf gegeben ist (Kar NZV **11** 553). Kommt es erst nach dem Aussteigen beim Weggehen zum Unfall, so beruht dieser nicht auf einer Verletzung von I (Rn. 5; *Booß* VM **86** 21, LG Berlin ZfS **01** 353 mAnm *Diehl*, abw KG VM **86** 20). Bei Sorgfaltsverstößen beim Ein- und Aussteigen idR **Alleinhaftung** des Ein- oder Aussteigenden; die einfache BG des Auffahrenden tritt dann zurück (Dü DAR **15** 85).

10   **4. Beim Verlassen des Fahrzeugs** (Kfz, Anhänger, Zug, Fuhrwerk) muss der Fahrer den rollenden Verkehr so sichern, dass niemand gefährdet werden kann. Wer sein Kfz aus den Augen lässt, verlässt es von diesem Zeitpunkt ab (KG VRS **59** 228). Verlassen iS von II ist das Fz immer, wenn sofortiges Eingreifen (zB gegen unbefugte Benutzung) nicht mehr möglich ist (Dü VRS **70** 379; Stu NZV **09** 191, 198). Kein Stehenlassen, wenn das Fz andere gefährden kann (Auffahren, Abrollen, unruhige Pferde). Maßgebend sind die Umstände des Einzelfalls. Der Gefahr des Anspringens eines noch betriebswarmen Dieselmotors infolge Anstoßes durch ein anderes Fz ist mittels Feststellbremse zu begegnen (Kö ZfS **94** 361 (andernfalls Haftung). Der Fahrer darf sich vom Fz erst entfernen, wenn er den V ausreichend gesichert und das Notwendige gegen mögliche Störung getan hat.

11   Beim Parken **im Gefälle** ist das Kfz uU außer durch die Handbremse auch anderweitig gegen Abrollen zu sichern (Gangeinlegen, Keil, Stein, Einschlagen der Vorderräder hangwärts; BGH NJW **62** 1164, 1971, Ko VRS **50** 336, AG Fra NZV **03** 242, *Mecklenbrauck* NZV **03** 387). Rollt ein Kfz ab, so spricht der Anschein für mangelnde Sicherung (Kö DAR **74** 299, LG Hanau NJW-RR **92** 1251, AG Fra NZV **03** 242). Zur Frage grober Fahrlässigkeit bei unbeabsichtigtem Wegrollen Rn. 20. Die in § 41 XIV StVZO bezeichneten Fz haben Unterlegkeile mitzuführen und zu benutzen. Beleuchtung stehender Fz: § 17. Bei Orkanwarnung besteht idR keine Pflicht zur Verwendung von Unterlegkeilen (vgl. BGH NJW **20** 2116; s. auch *Offenloch* DAR **20** 302)).

12   **Fuhrwerke** (von Tieren gezogene LandFz) dürfen bespannt unbeaufsichtigt im öffentlichen VRaum nur stehen bleiben, wenn das Gespann überhaupt ausreichend gesichert werden kann. Steht das Gespann neben der Straße auf dem Acker, so gilt § 14 ebenfalls, wenn VBeeinträchtigung möglich ist. Der Fahrer darf die Aufsicht über das Fz einem verlässlichen Dritten übertragen.

13   **5. Kraftfahrzeuge sind gegen Benutzung durch Unbefugte zu sichern** (II, SchutzG, s. Rn. 20). II S. 2 begründet eine Garantiepflicht gegen Rechtsbrecher (BGH VRS **56** 4, 6, OVG Ko DÖV **89** 173). Wer einen zuverlässigen Wächter bestellt oder selbst sofort eingreifen kann, braucht aber nicht noch weiter zu sichern (VwV; BGH VM **61** 10, Jn DAR **04** 144). Nach Ba VM **75** 6 soll der Zündschlüssel auch bei zuverlässiger Bewachung stets abzuziehen sein. Beobachtung von der Wohnung aus oder aus dem Friseurladen während des Haareschneidens genügt nicht (Schl VM **66** 56, 64). Wer sich am FzHeck zu schaffen macht, kann nicht sofort eingreifen und muss daher den Schlüssel abziehen (Jn DAR **04** 144 (Verstoß fahrlässig, aber nicht

grobfahrlässig)). Geschütztes Rechtsgut in II ist die Verkehrssicherung gegen KfzBenutzung durch Unbefugte, insbesondere solche ohne FE, s. auch Rn. 20.

Befindet sich das abgestellte Kfz unbewacht auf einer öffentlichen Verkehrs- oder doch jeder- **14** mann zugänglichen (privaten) Fläche, so sind **alle vorgeschriebenen und vorhandenen Sicherungen** zu betätigen (BGH VM **70** 15, Ce VD **07** 49, Dü VRS **70** 379, Kö NJW-RR **96** 601), auch bei Lkw (Zw VersR **80** 435) sowie bei PolFz, sofern PolB nicht § 35 I zur Seite steht (Ce VD **07** 49). Sicherungen: § 38a StVZO. Die vorgeschriebenen Sicherungen können unbefugte Benutzung nicht ganz ausschließen, sie aber erschweren (BGH NJW **81** 113). Fenster und Türen sind zu verschließen, der Zündschlüssel ist abzuziehen und das Lenkradschloss zu verriegeln (BGH VM **71** 75). Gegen spaltweit geöffnete Fenster hat die VwV (I) nichts einzuwenden (AG Norden DAR **86** 325). Verschließen des Lenkschlosses (BGH Betr **71** 233), der Fenster und Türen genügt (VwV; Rn. 1–4), anders, wenn dabei die FzSchlüssel im Wageninnern bleiben (BGH NJW **81** 113, Fra VersR **83** 464). Abziehen des Zündschlüssels allein genügt auch bei verschlossenen Türen nicht (BGHSt **17** 289 = NJW **62** 1579, Ha VRS **31** 283, Schl VM **66** 56, Ol NJW **66** 942), auch nicht bei Abstellen auf einem Privatgrundstück (BGH VersR **64** 300, Ol NJW **66** 942). Verschließen bei laufendem Motor genügt nicht (BGH VM **70** 15), auch nicht verschlossene Türen bei unverriegelter Lenkung (Hb MDR **70** 336; enger Ha VersR **73** 121, 242, **70** 313 (auch lediglich leichte Fahrlässigkeit möglich)). Liegt ein FzSchlüssel im Handschuhfach, so sind die übrigen Sicherungen idR nutzlos, weil diese Nachlässigkeit die unbefugte FzBenutzung erheblich erleichtert (BGH NJW **81** 113). Beim Taxi genügen bei geschlossener Trennscheibe verschlossene Vordertüren (Ol VRS **36** 316). In der verschlossenen **Garage** genügt Abziehen des Zündschlüssels (Hb DAR **61** 28, KG VRS **61** 244). Entsprechendes gilt für in gleicher Weise gesicherte **Hallen, Höfe** usw. (Nü VRS **66** 188). Im verschlossenem Hofraum müssen der Zündschlüssel abgezogen und die Türen versperrt werden, wenn Benutzung durch Personen mit Zutritt zu befürchten ist (Bay VRS **23** 76, VM **62** 44). Andernfalls sind die üblichen Sicherungsvorkehrungen am Fz bei Abstellen auf Privatgrund entbehrlich, soweit dieses dort auf andere Weise ausreichend vor fremder Benutzung geschützt ist (KG VersR **81** 244). Halbe Mitschuld des Fahrers, der das Kfz in einer bewachten Sammelgarage offen mit Zündschlüssel lässt, damit rangiert werden kann (KG VersR **68** 440). Bei einer **Tankstelle** darf das Kfz zum Waschen mit Einverständnis des Personals offen mit Schlüssel abgestellt werden, wenn dem Kunden keine abweichende Handhabung bekannt ist (Dü DAR **75** 328, BAG VersR **68** 266). Dagegen genügt nach dem Tanken beim Verlassen des Fz zum Bezahlen an der Kasse Einrasten des Lenkradschlosses ohne Verschließen der Türen nicht (KG VM **83** 60). Wer Fz und Schlüssel der **Werkstatt** zur Wartung übergibt, darf auch ohne Absprache auf sichere Verwahrung gegen Schwarzfahrt vertrauen (Dü VersR **76** 151), auch bei frei zugänglichem Werkstatthof (Kö VersR **73** 285). Solange Reparaturfz in einer Werkstatt noch nicht zum Abholen abgestellt sind, wird auf Betriebsgelände der Zündschlüssel stecken bleiben dürfen (BGH VM **71** 75, enger Br VersR **69** 524). Ohne konkreten Anlass muss der Kf bei kurzer Abwesenheit nicht damit rechnen, dass sich einer seiner **Mitfahrer** des steckengelassenen Schlüssels bedienen wird (BGH VersR **84** 1152, s. auch Rn. 17). Bleibt das Verdeck eines **Kabrioletts** geöffnet, was die VwV (Rn. 1–4) zulässt, so wird durch Abschließen der Tür keine nennenswerte weitere Sicherung erreicht, sie darf dann unterbleiben (*Müller* VD **03** 245); mit geschlossenem Verdeck ist das Fz dagegen ebenso zu sichern wie eine Limousine (Dü VRS **70** 379). Entsprechendes gilt für Fz mit abnehmbarem Dach. Wegen der Gefährlichkeit von Schwarzfahrten sind an die Sicherungspflicht strengste Anforderungen zu stellen (Zw VersR **80** 435). Ein völlig ungesichertes Fz kann uU im Rahmen **polizeilicher Gefahrenabwehr** auf Kosten des Verhaltens- oder Zustandsverantwortlichen abgeschleppt werden (OVG Ko DÖV **89** 173, VG Mü NZV **99** 487 (i Erg. abgelehnt)). Jedoch erscheint, wenn die Maßnahme dem Interesse des Eigentümers widersprechen könnte, Zurückhaltung geboten (*Hebeler* NZV **02** 161). Erscheint Sicherstellung zwecks Eigentumssicherung geboten, so muss der Eigentümer die damit verbundene Kostenbelastung hinnehmen (BVerwG NZV **00** 514, VGH Mü NJW **01** 1960 (Rechtmäßigkeit des Abschleppens bejaht), VG Mü NZV **99** 487, VG Stu NVwZ-RR **00** 591, VG Fra NJW **00** 3224 (Rechtmäßigkeit der Maßnahme je abgelehnt)). Die Sicherungspflicht gegen unbefugten Gebrauch schützt nicht das Interesse des Abschleppunternehmers bei schädigendem Abschleppen (BGH VersR **78** 1071).

Bei **Krafträdern** und Mopeds sind, da sie Kfz sind, dieselben strengen Anforderungen zu stel- **15** len. Abschließen der Zündung und Lenkung genügt (BGH NJW **59** 629, Ol DAR **60** 177). Wer auf bewachtem Parkplatz das Lenkschloss nicht sperrt, verletzt jedenfalls § 14 (gegen grobe Fahrlässigkeit aber Dü DAR **56** 47), ebenso bei ungesichertem Abstellen des Krads an einer Hauswand hinter anderen Rädern, die erst weggeräumt werden müssten. Bei kurzer Abwesenheit und geeigneter Aufsicht darf der Zündschlüssel stecken bleiben (Stu VkBl. **59** 275), anders bei Beauftragung eines Unbekannten (AG Siegen MDR **59** 666).

16   Wird ein beim **Lkw** vorhandenes, aber nicht vorgeschriebenes Lenkradschloss (§ 38a StVZO) nicht benutzt, so liegt darin keine versicherungsrechtliche grobe Fahrlässigkeit (BGH NJW **74** 48). Bei einem abgestellten **Trecker** ist die Andrehkurbel zu entfernen (BGH VRS **19** 411). Wird ein Trecker abschüssig abgestellt, so genügen Anziehen der Fußbremse und Einschalten eines Ganges nicht, wenn zu befürchten ist, dass Unbefugte diese Sicherungen unwirksam machen (Ce VRS **21** 253).

17   Verstoß gegen § 14, wenn der Kf den Zündschlüssel einem **Mitfahrer** überlässt, der keine FE hat, ohne Gewähr zu haben, dass dieser das Kfz nicht fährt (Kö DAR **57** 83, Ha NJW **83** 2456). Der Fahrer hat vorzusorgen, dass sein Kfz oder das ihm anvertraute Kfz nicht durch Personen ohne FE oder durch Fahrunsichere (Alkohol) gefahren wird (BGH VersR **71** 350, Ha NJW **83** 2456), er darf das Fz auch nicht für kurze Zeit in der „Obhut" betrunkener Fahrgäste lassen, ohne den Zündschlüssel mitzunehmen (BGH VM **58** 49). Der Lkwf soll bei Fahrtunterbrechung den Zündschlüssel vor einem Beifahrer sicher verwahren müssen, den er nicht näher kennt (BGH VM **60** 71).

18   **Schlüsselverwahrung** zur Verhinderung unbefugter FzBenutzung: § 7 StVG Rn. 55.

19   An die Sorgfalt des **Halters** werden strengste Anforderungen gestellt (Zw VersR **80** 435, Ol NZV **99** 294). Vorkehrungen gegen Benutzung durch jugendliche Familienangehörige: § 7 StVG Rn. 55.

20   **6.** Die Vorschrift ist auch von Bedeutung für den **Ausschluss der Haftbarkeit des Halters für Schwarzfahrten** (§ 7 III StVG). Schwarzfahrten bewirken besonders häufig Unfälle; daher ist das Sicherungsgebot des § 14 berechtigt (BGH Betr **71** 233, Ol NZV **99** 294). Ermöglicht der Kf entgegen § 14 eine Schwarzfahrt, so kann er nach § 823 BGB für einen Unfall haften müssen (BGH VersR **61** 446, Kö NJW **57** 346, KG VM **83** 60), auch bei Fluchtversuch vor der Pol (BGH NJW **81** 113). Wer sein Kfz als Halter nicht ausreichend sichert, haftet auch für Vorsatz bei der Schwarzfahrt (BGH NJW **71** 459). Für den angestellten Fahrer haftet der Halter (§ 831 BGB). Die Halterhaftung für Schwarzfahrt entfällt bei vorschriftsmäßiger Sicherung (§ 7 III StVG). § 14 ist **Schutzgesetz** (§ 823 II BGB; BGH NJW **81** 113, VRS **56** 6, Betr **71** 234, Jn DAR **04** 144, KG VM **92** 82, Zw VersR **80** 435), aber nur hinsichtlich des Schutzes vor den mit der KfzBenutzung durch Unbefugte verbundenen erhöhten Gefahren im StrV (Kar VRS **83** 34), nicht aber in Bezug auf Schäden, die der Schwarzfahrer erleidet (Ce VD **07** 49). Hinsichtlich des Schwarzfahrers deshalb auch keine Amtspflichtverletzung bei unzureichender Sicherung eines PolFz durch PolB; für Schäden am Fz Ausgleich nach den Regeln der gestörten Gesamtschuld (Ce VD **07** 49 (Haftungsanteil des Landes gegenüber trunkenem Schwarzfahrer 20%)). **Grobe Fahrlässigkeit (§ 61 VVG alt, § 81 II VVG 08),** wenn der Fahrer unbeabsichtigtes Rollen des Fz dadurch fördert, dass er es mit laufendem Motor abstellt, ohne die Handbremse zu betätigen oder den Wahlhebel in Position D zu bringen (Ha VersR **96** 225), wenn er ein Kfz im Gefälle abstellt, ohne die Handbremse zu betätigen und ohne den ersten Gang einzulegen (Dü ZfS **02** 438, Kar NJW-RR **07** 830 (10% Gefälle), zust *Mecklenbrauck* DAR **08** 89), anders, wenn sich ein Fz bei leichtem Gefälle wegen unzureichend angezogener Handbremse erst nach 10 Min in Bewegung setzt (Dü ZfS **01** 173; s. auch LG Kar NZV **08** 33). Grobe Fahrlässigkeit des Fahrers, wenn er das Fz auf einer städtischen Str mit laufendem Motor außer Sichtweite stehen lässt (Ko ZfS **04** 367), ebenso idR, wenn er im unverschlossenen Pkw den Zündschlüssel zurücklässt (Fra MDR **03** 632 (verneint bei Hilfeleistung), Ce VersR **86** 1013, Ha NZV **91** 195, VersR **98** 489, Ko r+s **08** 11) oder den steckenden Zündschlüssel im verschlossenen Kfz, wenn ein Öffnen der Lenkradsperre sonst nur schwer möglich wäre (LG Kö VersR **66** 331), oder den Schlüssel an einem serienmäßig eingerichteten „Versteck" am Fz zurücklässt (Nü NZV **95** 154), ebenso, wenn er das Lenkradschloss nicht einrasten lässt (Kö VersR **65** 1066, einschr Jn NJW-RR **96** 352), sowie bei offenem Stehenlassen mit steckendem Zündschlüssel vor der Werkstatt zur Reparatur (Ha VersR **82** 1137) oder außer Sichtweite auf ungesichertem Gelände vor Gewerbebetrieb (Ko ZfS **01** 122). Anders bei versehentlichem Zurücklassen des Schlüssels im Fz (Mü NJW-RR **94** 1446) sowie uU bei versehentlichem Steckenlassen im Kofferraumschloss (Dü NVersZ **99** 386 (Tiefgarage), abw Ha VersR **00** 1233 (Parkplatz)). Keine grobe Fahrlässigkeit nach Sa ZfS **08** 96, wenn das Kfz während kurzen Besuchs der Eltern in dörflich geprägter Umgebung unverschlossen und mit nicht eingerastetem Lenkradschloss abgestellt wird. Zurücklassen des Zündschlüssels im Fz beim Bezahlen an Tankstelle ist jedenfalls dann nicht grobfahrlässig,

wenn das Fz zwischen anderen „eingekeilt" ist und eine Person am Fz bleibt (Fra VersR 03 319). Abstellen fabrikneuer, unverschlossener Kfz mit Schlüssel im Handschuhfach im verschlossenen Werkhof kann hinsichtlich der Kaskoversicherung grobfahrlässig sein (Nü VersR 71 311). Zurücklassen des Fz auf frei zugänglichem Betriebsgelände und Einwerfen des FzSchlüssels in ungesicherten Außenbriefkasten ist grob fahrlässig, anders bei Briefkasten in der Eingangstür oder Hauswand (Ce NZV 05 479, Kö DAR 01 312). Keine grobe Fahrlässigkeit bei verschlossenen Türen und abgezogenem Zündschlüssel ohne Lenkschlossverriegelung in bewachtem Parkhaus (Kö VersR 68 561). Grob fahrlässig handelt, wer zwar Lenkung und Türen abschließt, den Schlüssel aber sichtbar im Kfz hängen lässt, auch wenn er sich angetrunken im Schlafteil des Fz aufhält (Hb VersR 71 165). Grobe Fahrlässigkeit, wenn ein Kfz nachts offen im verschlossenen Hotelhof mit dem Reserveschlüssel abgestellt wird (§ 61 VVG aF; Hb VersR 70 362). Verwahren des Zündschlüssels im Handschuhfach ist idR grobfahrlässig (Kar VersR 76 454, Kö VersR 96 1360 (Cabriolet)), auch im verschlossenen Handschuhfach (Ce VersR 80 425, Ha VersR 81 724, 84 151, aM BGH NJW 86 2838, diff Jn ZfS 99 23 (nur, wenn es für den Versicherungsfall mitursächlich ist)). Grobe Fahrlässigkeit bei Zurücklassen des Schlüssels in einem im Wagen verbliebenen Kleidungsstück (Fra ZfS 86 374) oder in der verschlossenen Mittelkonsole eines Cabriolets (Kar ZfS 96 458). Zum Schuldnachweis bei im Kfz zurückgelassenem FzSchlüssel BGH NJW 81 113. Keine grobe Fahrlässigkeit bei Zurücklassen des Zündschlüssels in einem nicht zugelassenen geringwertigen Fz, das auf einem gegen unbefugten Zutritt mit Stacheldraht besonders gesicherten Betriebshof für eine Nacht abgestellt wird, Fra VersR 82 566. Ablage des Schlüssels im verschlossenen Handschuhfach des verschlossen geparkten Kfz ist in der Kaskoversicherung grobfahrlässig (Ce VersR 80 425, Ha VersR 84 151, Fra VersR 88 1122), nicht dagegen stets, wenn ein besonderes Versteck im Wagen verwendet wird (LG Ravensburg VersR 83 948, Kö NZV 93 32), auch nicht bei Verstecken des Zweitschlüssels im Wohnmobil (Fra ZfS 83 311) oder bei Liegenlassen des Schlüssels auf einem Tisch während des Lüftens (Kar ZfS 07 92). Nicht grob fahrlässig ist das Zurücklassen des FzScheins im Handschuhfach des ordnungsgemäß verschlossenen Fz, weil der Versicherungsfall dadurch nicht gefördert wird (BGH VersR 96 621, Ha VersR 84 229, NZV 91 116, Fra DAR 84 150, Kö VersR 83 847, Kar ZfS 95 260, LG Stu MDR 92 1133, aM LG Mü I VersR 81 545, LG Dortmund ZfS 85 85). Entsprechendes gilt für das Zurücklassen des FzBriefs im Handschuhfach (Kö ZfS 04 221, *Lücke* r+s 95 286, *Rixecker* ZfS 00 209, aM Kö r+s 95 203, LG Stu MDR 92 1133). Der kaskoversicherte Eigentümer eines Motorrollers handelt nicht grobfahrlässig, wenn er diesen nachts auf der Str abstellt und das Vorderrad durch Abschließen der Lenkung blockiert (LG Berlin NJW 60 680).

Literatur: *Hebeler*, Die Sicherstellung von Kfz im Wege des Abschleppens …, NZV 02 158. *Hohenester*, 21 Die Sorgfaltspflichten des Kf beim Verlassen seines Fz, DAR 58 5. *Müller*, § 14 StVO: Vernachlässigte Verhaltenspflichten?, VD 03 237. *H. W. Schmidt*, Sicherung des verlassenen Kfz, DAR 66 124. *Schnitzerling*, Das Kfz auf und vor dem Privatgrundstück, DAR 62 229.

7. Ordnungswidrig (§ 24 StVG) handelt, wer beim Ein- oder Aussteigen oder Verlassen des 22 Fz eine der in § 14 bestimmten Pflichten verletzt (§ 49 I Nr. 14). Wer ein Kfz auf einem Privatgrundstück ungenügend gesichert verlässt, handelt ow, wenn er mit fremder Benutzung im Verkehr rechnen muss (BGHSt 15 357 = NJW 61 686). Bei Belassen eines ungesicherten Kfz auf der Straße muss der Fahrer uU auch mit tödlichem Unfall durch Unbefugte rechnen (BGH VRS 20 282). Die Sicherungspflicht des § 14 obliegt unterwegs immer dem Fahrer (Kö VRS 36 228 (es sei denn, der Halter fährt oder fährt mit)). (Alkoholbedingtes) Unterlassen von Sicherung gegen Abrollen kann § 315b StGB verletzen (Bereiten von Hindernissen), idR aber nicht (mehr) die §§ 315c I Nr. 1, 316 StGB; denn Vorgänge nach Abschluss der Fahrbewegung rechnen nach neuerer Rspr. nicht zum „Führen" des Fz (§ 316 StGB Rn. 3).

Liegenbleiben von Fahrzeugen

15 ¹Bleibt ein mehrspuriges Fahrzeug an einer Stelle liegen, an der es nicht rechtzeitig als stehendes Hindernis erkannt werden kann, ist sofort Warnblinklicht einzuschalten. ²Danach ist mindestens ein auffällig warnendes Zeichen gut sichtbar in ausreichender Entfernung aufzustellen, und zwar bei schnellem Verkehr in etwa 100 m Entfernung; vorgeschriebene Sicherungsmittel, wie Warndreiecke, sind zu verwenden. ³Darüber hinaus gelten die Vorschriften über die Beleuchtung haltender Fahrzeuge.

1. Die Vorschrift (**Begr:** VkBl. 70 809) betrifft nur **mehrspurige Fz,** die nicht ohne Weiteres 1 aus dem VBereich entfernt werden können. *Mehrspurig sind* Fz, bei denen an mindestens einer

Achse zwei Räder laufen. Umfasst sind mehrspurige Fz aller Art, also auch Fuhrwerke und An-
hänger (*Rüth/Berr/Berz* Rn. 3). *Einspurige Fz* (Fahrräder, KRäder, auch dann, wenn sie einen
Beiwagen führen) fallen hingegen nicht unter § 15. Sie müssen sofort von der Fahrbahn entfernt
oder an den Rand geschoben werden (§ 17 IV S. 4, § 23 II). § 15 gilt auch für *ausländische Fz*
(BGH VM **68** 89), und zwar auch für Privat-Fz von Angehörigen der ausländischen Streitkräfte;
Art 57 V des Zusatzabkommens zum Natotruppenstatut steht nicht entgegen (Ba VersR **81** 987).
Beleuchtungspflicht: § 17 IV S. 1–3. Warnblinklicht bei Stau: § 16 II S. 2. Sicherungspflicht nach
Unfall: § 34 I S. 1.

2   **2. Liegenbleiben** ist durch *Unfreiwilligkeit* geprägt (Ce OLGR **08** 147). Es ist gegeben, wenn
ein Fz auf der Fahrbahn wegen technischen Versagens, infolge Unfalls, Treibstoffmangels oder aus
sonstigen Gründen (starke Steigung, Glatteis, Schnee usw) gegen den Willen des FzF zum Halten
kommt oder der FzF nach einem gewollten Anhalten aus solchen Gründen nicht mehr weiter-
fahren kann (Zw VM **77** 43; Dü VM **74** 87, Stu DAR **82** 400, KG VRS **58** 61, Dü VRS **63** 70,
Ce OLGR **08** 147, BHHJ/*Hühnermann* Rn. 4). **Bsp:** Motor- (BGH VRS **40** 177, Kö VM **19** 15)
oder Getriebeschaden (BGH NJW-RR **87** 1235), Reifenwechsel (BGH VM **69** 41), Verstopfung
der Brennstoffleitung (BGH VM **68** 89), Benzinmangel (Kar VRS **49** 264, Ha VRS **57** 215), Un-
fall (Sa VM **74** 66), ausgefallene Zündanlage (Sa VM **74** 48), geplatzter Reifen (Ha VRS **47** 65).
Aufhebung der Fahrfähigkeit des Fz ist nicht erforderlich, weswegen das Merkmal erfüllt ist,
wenn wichtige Betriebseinrichtungen so beeinträchtigt sind, dass die weitere VTeilnahme unter
den bestehenden Verhältnissen andere gefährden würde (Zw VM **77** 43 (bejaht für Beleuch-
tungsausfall bei Dunkelheit; verneint für Dauerrot der Blinker)). Ein nach einem Unfall im
VRaum stehendes Kfz ist liegengeblieben, selbst wenn sich später Fahrfähigkeit herausstellt
(BGH VersR **77** 36). Liegenbleiben kann auch durch in der Person des FzF liegende Umstände
(zB Herzanfall) bedingt sein (KG VRS **58** 61, BHHJ/*Hühnermann* Rn. 4, *Rüth/Berr/Berz* Rn. 1,
Cramer JurA **71** 370). Liegenbleiben nur bei einem Zustand von gewisser Dauer; kein Liegen-
bleiben deshalb bei nur kurzer Verzögerung der Weiterfahrt, innerhalb derer zB nur wenige
Start- oder Rangierversuche erfolgen (KG VRS **58** 61, Schl NZV **92** 488). Abwürgen des Mo-
tors kann zu Liegenbleiben führen, falls mehrere Startversuche erfolglos bleiben (Dü VM **74** 87,
krit KG VRS **58** 61). Liegengeblieben ist nur ein stehendes Kfz, nicht schon ein solches, das
ohne Motorkraft noch ausrollt (Ko DAR **72** 219; s. aber BGH VM **73** 5 zum Ausrollen nach
Motorschaden). Allerdings ist schon beim ersten Anzeichen für Liegenbleiben (blockierender
Motor) sofort unter ausreichender VSicherung rechts heran- oder hinauszufahren (KG VM **74**
96, Sa VM **74** 48). Das Liegenbleiben dauert so lange, wie nach allen technischen Gegebenheiten
unvermeidlich; später ist es ein gewolltes Halten (Kö VM **74** 15). Liegenbleiben endet jedenfalls,
wenn das Fz wieder in Bewegung gesetzt wird, und zwar auch, falls es geschoben wird (Sa
VM **77** 75). **Kein Liegenbleiben** und deshalb auch keine Sicherungspflicht nach § 15 bei *hal-
tenden oder parkenden* Kfz; jedoch besteht bei schlechter Erkennbarkeit Beleuchtungspflicht nach
§§ 17, 1 II (BGH VersR **86** 489, NJW **75** 1834, Ce VM **72** 68, Ko DAR **77** 325; nach Stu
DAR **82** 400 analog § 15, zB Fz von Hilfeleistenden (AB, Dunkelheit)). Bei einem Stau hat der
Fahrer des jeweils letzten Kfz keine Sicherungspflicht nach § 15 (*Martin* VersR **72** 384); jedoch
wird er alsbald das Warnblinklicht einschalten (§ 16 Rn. 15). Wer vor einer geschlossenen Grenz-
abfertigung stundenlang warten muss, bleibt nicht liegen; denn ihn hindert lediglich eine admi-
nistrative, nicht verkehrsbedingte Maßnahme am Weiterfahren (aM beiläufig Bay VM **81** 12).
Zum Liegenbleiben auf der **AB s. auch** § 18 Rn. 24.

3   **3.** Nur wenn das Fz **nicht rechtzeitig als stehendes Hindernis erkannt werden kann,**
setzt die Sicherungspflicht ein. Das ist nach den Umständen des Einzelfalls (Sicht-, StrVerhältnis-
se, Standort des Fz) zu beurteilen (Ha DAR **74** 138; NZV **14** 573). Nicht rechtzeitige Erkenn-
barkeit wird insbesondere anzunehmen sein an unübersichtlichen Stellen, an Stellen, an denen
nicht oder nicht so (Schrägstellung (vgl. BGH VRS **11** 1), große Entfernung vom Fahrbahnrand,
Hineinragen in die Fahrbahn) gehalten werden darf, generell an Stellen, an denen der durchge-
hende V nicht mit stehenden Fz rechnet; bei Dunkelheit bzw. bei schlechten Witterungsverhältnissen
kommt es zusätzlich darauf an, ob die eigene Beleuchtungsanlage ausreicht (BHHJ/*Hühnermann*
Rn. 5, *Rüth/Berr/Berz* Rn. 4, 5). Kann das Fz bei einer Panne beiseitefahren oder -geschoben
werden, bildet es kein Hindernis, wenn es völlig außerhalb des VBereichs steht, es sei denn, Ar-
beiten am Fz beziehen den Fahrbahnrand mit ein. § 15 stellt auf *rechtzeitiges* Erkennen ab. Dem-
gemäß kommt den auf der Str üblicherweise gefahrenen Geschwindigkeiten maßgebende Be-
deutung zu; im Hinblick darauf, dass im Schnellverkehr (AB, KraftfahrStr) mit stehenden Fz idR
nicht gerechnet wird, wird die Sicherungspflicht dort früher eingreifen als im innerörtlichen V

(*Rüth/Berr/Berz* Rn. 4). Ob auf der **Standspur der AB** eine Sicherungspflicht besteht, ist im Einzelfall zu beurteilen; maßgebend sind ua Beschaffenheit der Str, Standort des Fz, Licht- und Sichtverhältnisse; Breite des Seitenstreifens, Zwischenraum zwischen linker Seite des Fz und rechtem Rand des rechten Fahrstreifens, Erkennbarkeit, Quelle für Irritationen (BGH NZV **10** 609; Ha VRS **47** 65, Dü VRS **58** 281; s. auch § 18 Rn. 24 f.).

4. Sicherungsmaßnahmen

a) Warnblinklicht (S. 1; § 53a StVZO) ist sofort (S. 1) und als erstes einzuschalten; sonst Ver- **4** stoß gegen § 15 (BGH VM **63** 51, Dü VM **74** 87, Sa VM **74** 70, Brn SP **08** 100). Ein Ausfall des Warnblinklichts durch Erschöpfung der Batterie ist in Betracht zu ziehen (BGH NJW-RR **88** 406). Das Warnblinklicht ist auch nach Aufstellen weiterer Zeichen (S. 2) eingeschaltet zu lassen (Hb VRS **61** 294). Vom Wiederanfahren ab braucht ein Kf nach Liegenbleiben seines Lkw das Warnblinklicht nicht mehr zu betätigen, wenn dies vorübergehend auch noch zweckmäßig sein mag (Br VersR **80** 1147). Sofern das Fz nicht über eine Warnblinkanlage verfügt, muss es mit den sonstigen zu seiner Ausrüstung vorgeschriebenen Mitteln gesichert werden. ZB bei einem Fuhrwerk kommen Warndreiecke oder Laternen in Betracht.

b) Warnzeichen (S. 2). Nach Einschalten des Warnblinklichts ist gem. S. 2 Hs. 1 „mindestens **5** ein auffällig wirkendes Zeichen" aufzustellen, wobei S. 2 Hs. 2 die Verwendung der vorgeschriebenen Sicherungsmittel anordnet und das Warndreieck beispielhaft erwähnt. Daraus ergibt sich zunächst, dass *nicht alle* Warnzeichen aufgestellt werden müssen, wenn das Mitführen mehrerer Warnzeichen vorgeschrieben ist; der Betroffene hat insoweit in gewissem Maße eine Wahlmöglichkeit, wobei er aber das am deutlichsten warnende verwenden sollte (*Rüth/Berr/Berz* Rn. 7; BGHSt **16** 89 (zur StVO aF) ist überholt). Das in Pkw mitzuführende *Warndreieck* (§ 53a StVZO), muss auch verwendet werden; die Benützung beliebiger anderer Zeichen genügt nicht (BHHJ/*Hühnermann* Rn. 6a). Kein Vorwurf wegen eines nicht aufgestellten Warndreiecks aber, wenn es nach den Umständen den Warnzustand nicht verbessert hätte (Kar DAR **02** 34 (Verkehr ist bereits durch anderes Warndreieck ausreichend gesichert), VersR **79** 1034 (Unfallfz steht gedreht mit leuchtenden Scheinwerfern), BGH NZV **10** 609 (hinreichende Erkennbarkeit eines vollständig auf der Standspur der AB stehenden Fz; auch Rn. 3 aE), Ha VRS **126** 136). Sind die in § 15 genannten Sicherungsmaßnahmen *nicht möglich*, so ist je nach Ausmaß der durch das Liegenbleiben verursachten Gefahr auf andere Weise zu warnen (Sa VM **74** 48, Fra ZfS **04** 303 (nachts unbeleuchtet auf der AB-Überholspur quer stehendes Fz); Ko SVR **16** 219 (Liegenbleiben auf der Mittelspur einer AB)). Denkbar ist die Aufstellung von Warnposten mit Fahne oder Lampe (*Rüth/Berr/Berz* Rn. 8). Hingegen ist das Aufstellen eines Plastikbierkastens mit vollen Flaschen hinter dem abgestellten Pannenfz zwecks Warnung unsachgemäß und gefährdend (Kö VersR **78** 771). Warneinrichtungen auf der Innenseite von Kofferraumdeckeln genügen gleichfalls nicht (BMV StV 7–8034 W/66), auch nicht auf etwa aufzustellenden Kraftstoffkanistern (VkBl. **64** 18). Die in S. 2 bezeichneten Sicherungsmittel beziehen sich *auf das liegengebliebene Fz.* Dementsprechend sind **Warnwesten**, womit auch S. 2 nicht etwa eine diesbezügliche Tragepflicht abgeleitet werden kann (näher § 53a StVZO Rn. 4).

Die Pflicht zur Aufstellung von Warnzeichen **ist unverzüglich zu erfüllen** (vgl. BGH **6** NJW **75** 1834; NJW-RR **87** 1235, VersR **68** 196, 199). Das beinhaltet zugleich, dass dem FzF ein gewisser Zeitraum eingeräumt werden muss, um die Pflicht zu erfüllen (Brn SP **08** 100). Jedoch darf er nicht abwarten, bis er zB durch Rauchentwicklung zum Aussteigen gezwungen wird (KG VM **74** 96), und sich auch nicht zuvor den Schaden besehen (vgl. Kö NJW **66** 933), ihn zu beheben versuchen (LG Neuruppin NZV **04** 527), zu versuchen, den Wagen wegzuschaffen (BGH VM **63** 81), oder sich nach einem Sich-Übergeben zuerst säubern (so – streng – Ha DAR **14** 30). Ein FzF, der von anderen auf einen Beleuchtungsmangel hingewiesen wird, muss das Warndreieck nicht aufstellen, solange er nicht weiß, ob er nicht sogleich weiterfahren kann (Bay VRS **70** 461). Entschuldbar kann es sein, wenn der verunglückte Kf nach Einschalten des Warnblinklichts das Warndreieck erst aufstellt, nachdem er sich mit anderen Unfallbeteiligten befasst hat (BGH VersR **77** 36, Nü VersR **76** 643), zB sich um den Unfallschock des Mitfahrers kümmert (BGH VersR **77** 36, Sa VM **74** 70).

Hinsichtlich des **Orts der Aufstellung** enthält § 15 keine spezifizierten Vorgaben. Das Warn- **7** zeichen muss gut sichtbar ausreichend weit hinter dem Pannenfz aufgestellt werden (BGH NJW-RR **87** 1235). Die Entfernung richtet sich nach der Geschwindigkeit des zu erwartenden Verkehrs. Bei schnellem Verkehr sind „etwa" 100 m Mindestentfernung nötig, auf der AB mindestens 150 m = 200 Schritte (Stu VRS **80** 181). Bewegliche rückwärtige Sicherungsmittel (Blinkleuchte) sind stets am rechten Fahrbahnrand aufzustellen, nicht auf der Fahrbahn (Kar DAR **02**

34, Sa VM **80** 40). Steht das Pannenfz in oder hinter einer Kurve, so gehört das WarnZ ausreichend weit vor die Kurve. Kann das Pannenfz so weit außerhalb von Fahrbahn und Randstreifen aufgestellt werden, dass die Fahrbahn auch bei Arbeiten am Fz nicht mitbenützt wird, braucht kein WarnZ aufgestellt zu werden. Wird das Warndreieck vom Verkehr zerstört, so muss der Kf den Verkehr anderweit vorläufig sichern (Blinken, Kofferraumdeckel öffnen, Ablegen ungefährdender Gegenstände neben der Fahrbahn; Sa VM **74** 48). uU ist auch der Gegenverkehr behelfsmäßig zu warnen. Vorbeifahren an liegengebliebenen Fz: § 6 Rn. 3, 4. Autobahn: § 18 Rn. 23–25. Die vorgeschriebenen Warnzeichen sind sofort aufzustellen und unmittelbar vor dem Weiterfahren wieder einzusammeln (BGH NJW **75** 1834).

8   **c) Nach S. 3** sind Fz neben diesen Sicherungsmaßnahmen **zu beleuchten,** und zwar unter den Voraussetzungen des § 17 und gemäß dieser Vorschrift. Sicherungsmaßnahmen und Beleuchtung stehen also nebeneinander (*Rüth/Berr/Berz* Rn. 8).

9   **5. Zivilrecht.** Nimmt der Kf pflichtwidrig zu wenig Treibstoff oder nicht die vorgeschriebenen Sicherungsmittel mit (§ 53a StVZO), so kann das auffahrursächlich sein (BGH DAR **58** 218, Ha VRS **16** 35). Die Sicherungsmittel sind leicht erreichbar mitzuführen (Stu DAR **58** 222 (AB)). Das Unterlassen gebotener Sicherung begründet den **Anschein** für Unfallursächlichkeit (BGH NJW **71** 431; **01** 149; Dü DAR **77** 186), der jedoch erschüttert ist, wenn Anhaltspunkte für eine Nachlässigkeit des Auffahrenden bestehen (Nü VRS **127** 61). Geschieht trotz ordnungsmäßiger Sicherung ein Unfall, so ist die abgesicherte Gefahr nicht mehr ursächlich (BGH VersR **69** 895, Jn VersR **98** 251; näher: E 103, 147). Wer das Warndreieck nicht sofort aufstellt, handelt schuldhaft (BGH NJW-RR **87** 1235; Ha DAR **14** 30 (50% Mithaftung)). Haftungsverteilung zwischen dem nachts auf AB nicht auf Sicht fahrenden Kf und dem dadurch verletzten Fahrer eines unbeleuchtet und ohne jede Warnung auf der Überholspur quer stehenden Fz $^3/_4$ zu $^1/_4$ zu Lasten des Liegengebliebenen (Fra ZfS **04** 303). In einem ähnlichen Fall, allerdings bei Tag, nimmt Brn SP **08** 100 gegenüber dem unter Verstoß gegen das Sichtfahrgebot zu schnell fahrenden KradF 60% zulasten des Liegengebliebenen an, dessen Fz auf der Überholspur der AB steht und das Warnblinklicht nicht eingeschaltet hat. Für die Zeit zwischen dem Zurückholen des Sicherungsmittels nach Behebung der Panne und dem Wiederabfahren kann der Kf nicht haften (BGH NJW **75** 1834, *Booß* VM **72** 53). Wer bei der Behebung einer Panne die Fahrbahn betreten muss, unterliegt dabei nicht den Regeln für Fußgänger (Jn VersR **98** 250 (AB)). Wer ein liegengebliebenes Kfz auf der Fahrbahn anschieben hilft, muss sich Fehler des Fahrers nicht zurechnen lassen (Sa VM **77** 75). Die nötige Sicherung ist, besonders nach einem AB-Unfall, so umsichtig vorzunehmen, dass der Sichernde dabei nicht selber zu Schaden kommt (sonst § 254 BGB; BGH VersR **77** 36, Ha NZV **94** 394). Die Berufung auf Unabwendbarkeit (§ 17 III StVG) kann versagt bleiben, wenn der Führer eines auf der AB liegengebliebenen, im Ausland zugelassenen Kfz von mehr als 3,5 t zulässigem Gesamtgewicht in Deutschland nicht vorsorglich die hier vorgeschriebene (§ 53a StVZO) Warnleuchte mitgeführt hat, um das Fz zu sichern (Stu VRS **80** 181). Bei eingeschaltetem Warnblinklicht muss bei Stillstand am rechten Fahrbahnrand nicht mit Zurücksetzen gerechnet werden (Jn NJW-RR **17** 1437).

10   **6. Ordnungswidrig** (§ 24 StVG) handelt, wer als FzF, uU aber auch als Beifahrer oder mitfahrender Halter, das liegengebliebene Fz nicht gemäß § 15 sichert und, wenn nötig, beleuchtet (§ 49 I Nr. 15, 17). Kein Schuldvorwurf gegen den Fahrer, der sich vor an sich dringend nötigen Sicherungsmaßnahmen erst vergewissert, ob Beteiligte verletzt sind (Rn. 6; BGH VersR **77** 36). Wer ein Fahrhindernis bereitet, dessen Mitverantwortlichkeit (**E** 147) endet erst, wenn nach ausreichender Sicherung wieder ein ordnungsgemäßer Zustand eingetreten ist (Kö VRS **45** 183). Keine analoge Anwendung der Bußgeldbestimmung auf unzureichende Sicherung eines nicht liegengebliebenen, sondern bewusst und gewollt abgestellten Fz (Dü VRS **63** 70 (aber eventuell § 1 II)). Ein liegenbleibendes Fz hält (parkt) nicht iS des § 12, der Fahrer verletzt diese Vorschrift daher nicht (§ 12 Rn. 19). **Strafvorschriften:** §§ 315b I Nr. 2, 315c I Nr. 2g StGB (dort Rn. 21).

Abschleppen von Fahrzeugen

15a (1) **Beim Abschleppen eines auf der Autobahn liegen gebliebenen Fahrzeugs ist die Autobahn (Zeichen 330.1) bei der nächsten Ausfahrt zu verlassen.**

(2) **Beim Abschleppen eines außerhalb der Autobahn liegen gebliebenen Fahrzeugs darf nicht in die Autobahn (Zeichen 330.1) eingefahren werden.**

(3) **Während des Abschleppens haben beide Fahrzeuge Warnblinklicht einzuschalten.**

(4) **Krafträder dürfen nicht abgeschleppt werden.**

Begr zur ÄndVO v. 21.7.80 (VkBl. **80** 514): 1

Zu den §§ 15a, 16 II Satz 2: *Das Abschleppen liegengebliebener Fahrzeuge mittels einer Behelfs-vorrichtung (Kabel, Seil usw.) auf Autobahnen ist im Hinblick auf die erhebliche Geschwindigkeitsdifferenz zwischen dem fließenden Verkehr und dem abgeschleppten Fahrzeug besonders gefährlich und sollte deshalb auf das unumgänglich notwendige Maß beschränkt werden. Die Ergänzung entspricht im Übrigen einer CEMT-Empfehlung.*

Begr zur ÄndVO v. 22.3.88 (VkBl. **88** 222): 1a

Zu Abs. 4: *Das Abschleppen von liegengebliebenen Krafträdern ist gefährlich. Ein entsprechendes Verbot wurde bisher aus einer entsprechenden Anwendung des § 23 Absatz 3 Satz 1 hergeleitet. Angesichts der Tatsache jedoch, dass die Vorschriften über das Abschleppen von Fahrzeugen in einem besonderen Paragraphen zusammengefasst sind, ist es aus rechtssystematischen Gründen notwendig, dieses Verbot ausdrücklich in die Abschleppvorschrift zu übernehmen.*

1. Allgemeine Grundsätze für das Verhalten beim Abschleppen. Die Vorschrift betrifft 2 nur das *Abschleppen,* nicht auch das *Schleppen. Abschleppen:* § 6 I S. 4 FeV, § 33 StVZO Rn. 19 ff. Die Führer des schleppenden und der Lenker des abgeschleppten Fz müssen vereinbaren, wie sie sich während des Schleppens verständigen werden (Ko VRS **42** 424, Ba VersR **60** 672). Der Ab-geschleppte muss sich der Fahrweise des Abschleppenden anpassen (weiches Bremsen; Ko VRS **42** 447). Auf einer Gefällstrecke muss der Fahrer des schleppenden Fz, wenn er beschleu-nigt, darauf gefasst sein, dass der Fahrer des geschleppten Fz Fehler macht (BGH VRS **15** 268). Beim Abschleppen muss der Fahrer des schleppenden Fz das geschleppte ständig im Rückspiegel beobachten; Abstimmung der Fahrweise ist unerlässlich (Ce DAR **61** 280). Die Abschleppvor-richtung muss den Umständen entsprechen (Schleppstange bei 8,4 t Schleppgewicht und länge-rem Schleppweg; Ha VRS **30** 137). **Fahrlässig** handelt, wer ohne jede Abschlepperfahrung auf schneeglatter Str ein mittels Seils abgeschlepptes Fz lenkt (Schl VRS **82** 259).

2. Das Abschleppverbot auf Autobahnen beruht auf der Schutzerwägung, Abschleppvor-gänge auf der AB wegen der dort üblichen hohen Fahrgeschwindigkeit auf das absolut Notwen-dige zu beschränken. Bleibt ein Kfz auf der AB liegen, ist es bei der nächsten Ausfahrt hinauszu-schleppen. I Ü sind alle Abschleppvorgänge von der AB (Z 330.1), nicht auch von den KraftfahrStr (Z 331.1), ausgeschlossen. Kein Einfahren in die AB zwecks bequemeren Abschlep-pens. Ob das liegengebliebene Fz mit allen Rädern auf der Fahrbahn rollt oder nur mit denen einer Achse, ist unerheblich (Schl VRS **64** 234). § 15a gilt für jedes abschleppende Kfz, für nicht-gewerbliche wie für gewerbliche Abschlepp- oder Pannenhilfsfz. Jedes Abschleppfz muss wäh-rend des Abschleppvorgangs **Warnblinklicht** betätigen. Gelbes Blinklicht ist daneben im Rah-men von § 38 III zulässig. Ist das Warnblinklicht beim Abschleppfz ausgefallen, bleibt das Abschleppen trotzdem zulässig, weil Instandsetzung auf oder neben der Fahrbahn gefährlich oder unmöglich sein kann, ebenso wie längeres Liegenbleiben im Verkehr. Die Pflicht zur Betätigung des Warnblinklichts besteht bei jedem Abschleppvorgang auch außerhalb der AB und für das abschleppende wie das Pannenfz. Bei eingeschaltetem Warnblinklicht sind Richtungsänderungen uU behelfsmäßig anzuzeigen, etwa durch kurzzeitiges Abschalten des Warnblinklichts und Setzen des Blinkers (Ha NZV **12** 73). **Das Abschleppen von Krafträdern** ist unzulässig (IV).

3. Ordnungswidrigkeit: § 49 I Nr. 15a. Verbotswidriges Abschleppen auf AB (I) ist für sich 4 allein nicht zugleich Verstoß gegen Verbot des Fahrens mit nicht zugelassenem Anhänger (Bay DAR **92** 362).

Literatur: s. § 33 StVZO Rn. 6 ff. 5

Warnzeichen

16 (1) **Schall- und Leuchtzeichen darf nur geben**
1. **wer außerhalb geschlossener Ortschaften überholt (§ 5 Absatz 5) oder**
2. **wer sich oder Andere gefährdet sieht.**

(2) ¹Wer einen Omnibus des Linienverkehrs oder einen gekennzeichneten Schulbus führt, muss Warnblinklicht einschalten, wenn er sich einer Haltestelle nähert und solange Fahrgäste ein- oder aussteigen, soweit die für den Straßenverkehr nach Landesrecht zuständige Behörde (Straßenverkehrsbehörde) für bestimmte Haltestellen ein solches Verhalten angeordnet hat. ²Im Übrigen darf außer beim Liegenbleiben (§ 15) und beim Abschleppen von Fahrzeugen (§ 15a) Warnblinklicht nur einschalten, wer Andere durch sein Fahrzeug gefährdet oder Andere vor Gefahren warnen will, zum Beispiel bei Annäherung an einen Stau oder bei besonders langsamer Fahrgeschwindigkeit auf Autobahnen und anderen schnell befahrenen Straßen.

(3) Schallzeichen dürfen nicht aus einer Folge verschieden hoher Töne bestehen.

(4) Keine Schallzeichen im Sinne der Absätze 1 und 3 sind akustische Fahrzeugwarnsysteme im Sinne der Artikel 3 Satz 2 Nummer 22, Artikel 8 und Anhang VIII der Verordnung (EU) Nr. 540/2014 des Europäischen Parlaments und des Rates vom 16. April 2014 über den Geräuschpegel von Kraftfahrzeugen und von Austauschschalldämpferanlagen sowie zur Änderung der Richtlinie 2007/46/EG und zur Aufhebung der Richtlinie 70/157/EWG (ABl. L 158 vom 27.5.2014, S. 131) in der jeweils geltenden Fassung.

1   Begr zu § 16

2   Zu Abs. 1: *Der Absatz begnügt sich damit, aus § 12 StVO (alt) den Rechtsgedanken zu übernehmen, dass jede Abgabe von Warnzeichen als missbräuchlich verboten ist, die nicht zur (erlaubten) Ankündigung des Überholens gestattet ist oder zur Warnung konkret gefährdeter Verkehrsteilnehmer geschieht. Dabei ist nicht mehr von der Gefahr durch das herannahende Fahrzeug die Rede, weil Warnzeichen u. U. auch aus einem haltenden Fahrzeug geboten sind, z. B. dann, wenn ein unachtsamer anderer Verkehrsteilnehmer aufzufahren droht. ...*

3   Zu Abs. 2: *Fahrzeugführer, deren Fahrzeuge mit Warnblinkanlage (§ 53a Abs. 4, § 72 Abs. 2 – zu § 53a Abs. 4 – StVZO) ausgerüstet sind, neigen zu deren übertriebenen Benutzung; deshalb sind eingehende Benutzungsvorschriften geboten.*

4   Zu Abs. 3: *Das Verbot muss bestehen bleiben, weil die Ausrüstungsvorschriften (hier: § 55 StVZO) nicht für Ausländer im internationalen Verkehr gelten, die deshalb mit ihren Mehrklanghupen zu uns einreisen dürfen.*

4a   Begr zur ÄndVO v. 18.7.95 (VkBl. **95** 531):

Zu Abs. 2 Satz 1: *Die Vorschrift legt fest, wann der Führer eines Schulbusses oder eines Linienbusses das Warnblinklicht im Interesse der Sicherheit der Fahrgäste dieser Beförderungsmittel einschalten muss. Dabei legen die Straßenverkehrsbehörden fest, für welche Haltestellen dies erfolgen soll. Näheres regelt die VwV-StVO.*

4b   Begr zur ÄndVO v. 7.8.97 (VkBl. **97** 689): **Zu Abs. 2 Satz 2:** – *Begründung des Bundesrates – Die wissenschaftliche Auswertung schwerer Unfälle auf Autobahnen hat ergeben, dass Fahrzeuge, die im Verhältnis zum allgemeinen Verkehrsablauf extrem langsam fahren, eine besondere Gefahr darstellen. Deshalb hat sich bei den Benutzern der Autobahn mit Recht die Übung herausgebildet, bei Annäherung an einen erkennbaren Stau Warnblinklicht einzuschalten. Dadurch werden nachfolgende Fahrzeuge wirksam gewarnt. Eine ähnliche Gefahrensituation besteht dann, wenn Fahrzeuge auf schnell befahrenen Straßen extrem langsam fahren, z. B. an Steigungen oder auf Grund technischer Probleme. Hier ist allerdings die Übung, Warnblinklicht einzuschalten, noch nicht verbreitet. Um die genannten Gefahren soweit möglich zu vermindern, sollen in § 16 Abs. 1 Nr. 2 StVO beide Sachverhalte als Beispiele aufgeführt werden, ohne dass dadurch die Vorschrift materiell verändert wird. Die beispielhafte Nennung ist geeignet, sachgerechtes Verhalten zu fördern. Ebenso besteht die Möglichkeit, diese Fälle im Rahmen der Ausbildung und Prüfung von Fahrerlaubnisbewerbern noch deutlicher als bisher zu behandeln.*

4c   Begr zur StVO-Neufassung v. 6.3.2013 (BR-Drs. 428/12): **Zu Abs. 2:** *Die vormaligen Vorschriften beinhalteten eine Aufgabenzuweisung an die Straßenverkehrsbehörden der Länder. Dies ist nach dem in der so genannten Föderalismusreform eingefügten Artikel 84 Absatz 1 Satz 7 Grundgesetz jedoch nicht mehr möglich, nach dem durch Bundesgesetz Gemeinden und Gemeindeverbänden Aufgaben (z. B. § 45 Ab 1f) nicht übertragen werden dürfen. Beispiel: Die bisherige Regelung des § 16 Abs. 2 S. 1 weist den nach Landesrecht zuständigen unteren Verwaltungsbehörden, mithin insbesondere auch Kommunen, Aufgaben zu. Die Tatsache, dass die Kreise und kreisfreien Städte auf Grund des Landesrechtes die unteren Verwaltungsbehörden sind, ist unerheblich, weil die sachliche Zuweisung durch die StVO unmittelbar erfolgt. Aus diesem Grund ist § 16 Abs. 2 S. 1 anzupassen, dass ausschließlich die nach Landesrecht zuständige Behörde (Straßenverkehrsbehörde) sachlich zuständig ist.*

VwV zu § 16 Warnzeichen

Zu Absatz 1 Nr. 2

1 Gegen mißbräuchliche Benutzung des Warnblinklichts ist stets einzuschreiten. Das ist immer der 5
Fall, wenn durch ein Fahrzeug der Verkehr nicht gefährdet, sondern nur behindert wird, z. B. ein
Fahrzeug an übersichtlicher Stelle be- oder entladen wird.

Zu Absatz 2

2 Die Straßenverkehrsbehörden haben sorgfältig zu prüfen, an welchen Haltestellen von Schulbus- 5a
sen sowie von Omnibussen des Linienverkehrs der Fahrer des Busses das Warnblinklicht einzu-
schalten hat. Maßgebliches Kriterium sind dabei die Belange der Verkehrssicherheit.

3 Dort, wo sich in der Vergangenheit bereits Unfälle zwischen Fahrgästen und dem Kraftfahrzeug-
verkehr an der Haltestelle ereignet haben, ist die Anordnung, das Warnblinklicht einzuschalten,
indiziert. Andererseits spricht das Nichtvorkommen von Unfällen, vor allem bei Vorhandensein
von Querungshilfen für Fußgänger (z. B. Fußgängerüberweg, Lichtsignalanlage) in unmittelbarer
Nähe der Haltestelle, gegen eine entsprechende Anordnung. Auch die Höhe des Verkehrsauf-
kommens, das Vorhandensein baulich getrennter Richtungsfahrbahnen, insbesondere bei mehr-
streifiger Fahrbahnführung, sowie die bauliche Ausgestaltung der Haltestelle selbst (z. B. Absperr-
gitter zur Fahrbahn) sind in die Entscheidung einzubeziehende Abwägungskriterien. Die Lage der
Haltestelle in unmittelbarer Nähe einer Schule oder eines Altenheimes spricht für das Einschalten
des Warnblinklichts. Unter Umständen kann es auch in Betracht kommen, das Einschalten des
Warnblinklichtes nur zu bestimmten Zeiten, gegebenenfalls auch für bestimmte Tagesstunden,
anzuordnen.

4 Maßgeblich für die Entscheidung, an welcher Haltestelle die Anordnung, das Warnblinklicht ein-
zuschalten, erforderlich ist, ist in jedem Fall die Sachkunde und die Ortskenntnis der Straßenver-
kehrsbehörden. Entsprechendes gilt für die Anordnung, in welcher Entfernung von der Haltestelle
das Warnblinklicht eingeschaltet werden soll.

5 Die Anordnung, wo das Warnblinklicht eingeschaltet werden muß, ist gegenüber den Busbetrei-
bern und den Fahrern der Busse auszusprechen.

1. Schall- und Leuchtzeichen darf nur geben, wer außerhalb geschlossener Ortschaft über- 6
holt (§ 5) oder sich oder andere („konkret") gefährdet sieht. Warnpflicht besteht, wenn sonst
Gefahr entstünde oder Gefahr sonst nicht beseitigt werden kann (§ 1, Begr zu § 16; Rn. 8–11).
Hupen, um einen anderen VT zur Freigabe der Fahrbahn zu veranlassen, ist nur unter den Vor-
aussetzungen von I Nr. 1 oder 2 erlaubt (Kö VRS **65** 468). Schall- und LeuchtZ stehen einander
gleich. Ein LeuchtZ darf nicht blenden. Längeres Aufblenden ist kein WarnZ und daher unzuläs-
sig, durch Blenden kann es gefährden und muss schon deshalb unterbleiben. § 16 betrifft alle VT,
soweit sie Warnvorrichtungen führen, auch die Bahn bei StrMitbenutzung (Bay VRS **14** 217). Ist
der Beteiligte schon gewarnt, so ist kein WarnZ mehr zulässig (Ol VRS **15** 353). Regelungen zu
Schallzeichen finden sich in §§ 55, 64a StVZO. **Abs. 5** nimmt akustische Fahrzeugwarnsyste-
me, mit denen Elektro- und Hybridfahrzeugen nach EU-Recht ausgestattet sein müssen, um
blinde und sehbehinderte Fußgänger sowie Radfahrer vor deren Annäherung zu warnen, aus
dem Anwendungsbereich des § 16 aus (eingehend BR-Drs. 591/19 S. 78 f.), Soweit zur Warnung
sachgemäß, ist die Lichthupe auch innerorts zulässig.

2. Wer überholt, darf, soweit nötig, Schall- und LeuchtZ geben, jedoch nur außerorts (§ 5 V). 7
Ist die AB-Normalspur frei, darf der Überholende kurz zur Freigabe der Überholspur auffordern,
Einschalten des Warnblinklichts ist nicht umfasst (Schl NJW-RR **20** 800; s. auch Rn. 3). Nicht-
freigabe verletzt § 2 (BGH VersR **68** 672, Ha VM **62** 58 *(Booß)*, DAR **62** 191, Bay VRS **62** 218).
WarnZ beim Überholen: § 5 Rn. 59, 60.

3. Wer sich oder andere gefährdet sieht (subjektives Element), gleichgültig wodurch, darf, 8
soweit nötig, ein WarnZ geben und muss es tun, wenn sich die Gefahr anders nicht beseitigen
lässt (Dü VRS **56** 2, Schl DAR **71** 273, Kar VRS **49** 210, Kö NZV **92** 33). **Beispiele:** Warn-
pflicht des Lastzugf, der sich bei Bremsversagen nur durch Befahren des Gehwegs retten kann
(Fra VRS **41** 32), bei gefährdendem Langsamfahren auf AB (Fra NJW **85** 1353; zum Einschalten
des Warnblinklichts: Rn. 15) sowie bei Langsamfahren aufgrund Motordefekts auf der AB (KG
NZV **09** 292 (Haftungsanteil des Vorausfahrenden gegenüber dem Auffahrenden $^2/_3$)). Wer sein
und ein anderes Kfz durch Kollision gefährdet sieht, muss WarnZ geben (§ 1; Schl VM **72** 67).
Fährt Kf links an verkehrsbedingt vor LZA haltender FzKolonne vorbei und überfährt er hierbei
verbotswidrig eine Sperrfläche, so muss er den von rechts aus einer Grundstücksausfahrt kom-
menden, mit seinem Pkw in einer Lücke auf der rechten Fahrspur stehenden VT, der erkennbar
durch die Lücke nach links einbiegen will und dabei nur nach rechts schaut, durch Schallzeichen
warnen (Ha NZV **06** 204). Ausgiebigeres Hupen bei einem unaufmerksam in Schlangenlinie
entgegenkommenden Radf (Kö VRS **50** 200), WarnZ vor Überholen eines zu weit links fahren-

den 10-jährigen Radf: § 5 Rn. 40. Wer im haltenden Fz bemerkt, dass er ein rangierendes Kfz gefährdet (und dieses ihn), aber kein WarnZ gibt, macht sich idR mitschuldig (abw uU Fra VRS **56** 45). Das Überqueren eines Fußgängerüberwegs begründet für sich allein keine Pflicht des StrabaF zur Abgabe eines WarnZ (Kö NZV **92** 32). **Nur bei Gefahr** für sich oder andere, also wenn ein VVorgang nach verständiger Beurteilung unmittelbar in Schaden umzuschlagen droht („konkrete" Gefahr), im Unterschied zu Vorgängen, die erfahrungsgemäß nicht selten zu Schäden führen, ist ein WarnZ zulässig, aus fahrendem wie stehendem Fz (bei Gefahr fremden Auffahrens, Begr), also zB nicht Warnblinklicht, um allgemein vor Glatteis zu warnen, wie auch II ergibt (Rn. 9), anders aber zwecks Warnung bei einer AB-Falschfahrt (§ 18). Ob Gefahr besteht, hat der Warnende von seinem Blickpunkt aus zeitlich rasch nach pflichtgemäßem Ermessen zu beurteilen (BR-Drs. 420/70 Nr. 6). Er darf im V mangels Gegenanzeichens erwarten, dass sich Erwachsene nicht völlig unbedacht verhalten. Bei am StrRand wartenden Fußgängern muss ohne besondere Anzeichen nicht mit Gefahr gerechnet werden (Bay NJW **78** 1491). Fußgänger, die von einer VInsel aus die Fahrbahn weiter überqueren wollen, brauchen nicht schon deshalb gewarnt zu werden, wenn sie dort abgewandt, aber ohne ein Anzeichen für Weitergehen stehen (Dü VersR **73** 40). Maßgebend sind die örtlichen und VVerhältnisse. Das **Betätigen der „Lichthupe"**, um Vorrangverzicht zu signalisieren, ist nach I unzulässig und ow (insoweit zumindest missverständlich BGH NJW **77** 1057, Ha NZV **88** 24). Reicht ein Schallzeichen nach der Gesamtlage nicht aus (auch nicht der Fahrtrichtungsanzeiger), so ist, soweit wirksamer, durch Lichthupe zu warnen und umgekehrt, uU sogar auch durch die Warnblinkanlage (Fra NJW **85** 1353); zu wählen ist, wofür oft nur ein Augenblicksentschluss in Betracht kommen wird, die wirksamste Art der Warnung (Sa VM **78** 51). Wer unnütz mit Lichthupe „warnt" (Blickverbindung), muss mit Missverständnis rechnen (BGH NJW **77** 1057, krit *Mühlhaus* VD **78** 1, *Kindermann* DAR **78** 173). Ein geistesgegenwärtiger Kf (§ 17 III StVG) verbindet, soweit bei Gefahr nötig, Hupen, Bremsen und Ausweichen miteinander (BGH DAR **66** 50, s. aber BGH VersR **75** 1121).

9 **4. Nur allgemein mögliche Gefährdung** genügt nach § 16 nicht, zB genügt nicht die allgemeine Möglichkeit, dass auf enger Straße Fußgänger auf die Fahrbahn treten könnten (Schl MDR **56** 504, s. Rn. 8).

10 **Andere Gefahren** als die beiden in I genannten berechtigen nach § 16 nicht zu WarnZ, wie aus I und der Begr hervorgeht. Jedoch gibt es **gefahrähnliche Lagen** an der Grenze von Gefahrfällen, die bei sinnvollem Verhalten zumindest nach § 1 zum Warnen verpflichten müssen. So hat ein schwerer Lkw in enger Kurve bei Mitbenutzung der Gegenfahrbahn vorsorglich zu warnen (BGH VersR **66** 541, Ol VM **66** 47, Ha VRS **39** 461, Dü VM **58** 33), sofern nicht sogar ein Warnposten nötig ist, ebenso bei Nebel, wenn nicht ganz rechts gefahren werden kann (Neust VRS **10** 170, Dü VM **66** 56), es sei denn, Motorgeräusch und Beleuchtung machen das Fz deutlich sichtbar und wahrnehmbar (aM Nü VM **61** 90). Ähnliches gilt für einen überbreiten Mähdrescher (Ha NZV **14** 213). Drohende Gefährdung anderer wird schon bei Einbiegen bei Nebel in eine VorfahrtStr mit einem schweren Kfz (Bus) angenommen werden dürfen (Dü VersR **73** 967). Der Busf, der beim Anfahren an der Haltestelle (§ 10 Rn. 7) etwaige Personen vor seinem Fz im „toten Winkel" nicht sehen kann, muss WarnZ geben (KarVersR **81** 579, Mü NZV **91** 389).

11 Die **Gefährdung von Eigentum und anderen Rechtsgütern** berechtigt nach § 16 nicht zu WarnZ („andere gefährdet"), aber nach § 1 (keinen anderen schädigen) und als Notwehr oder Nothilfe (**E** 113, 114). So darf ein Kf, der die Tür gefährlich geöffnet hält oder dessen Fz die Durchfahrt hindernd verengt, der aber selbst bei Durchfahrt nicht gefährdet werden kann, gemäß § 1 durch HupZ an verkehrsgerechtes Verhalten gemahnt werden.

12 **5. Rechtzeitig und deutlich** ist zu warnen, so dass sich der Verkehr auf den Vorgang einrichten kann (BGH VRS **6** 264, Dü DAR **56** 54). Je nach Lage ist zugleich mit dem WarnZ nachher oder schon vorher zu verlangsamen, uU so, dass sofortiges Anhalten möglich ist (BGH DAR **57** 152, Ha VRS **12** 368).

13 **6. Würde das Warnzeichen nichts nützen oder die Gefahr vergrößern** (Begr) bzw. erst schaffen, so ist es unzulässig (BGH VRS **22** 425), besonders wenn Fußgänger erschrecken oder unsicher werden könnten (BGH VM **56** 13 (Anhupen aus nächster Nähe)). S. Rn. 8 (Lichthupe). Tiere sind bei WarnZ unberechenbar, wenn Kühe oft auch ausweichen.

14 **7. Eine Folge verschieden hoher Töne** ist als WarnZ unerlaubt (III). Ausländer dürfen solche Hupen im StVO-Bereich nicht benutzen (Rn. 4). WarnZ gemäß § 16 müssen sie gleichwohl abgeben können.

8. Warnblinklicht muss eingeschaltet werden von Führern eines Linien- oder Schulbusses **15** nach Maßgabe von II S. 1; wenn ein Kfz unterwegs liegen bleibt, nach Maßgabe von § 15; allgemein, wenn der Kfzf nur so, nicht durch andere Warnzeichen, damit rechnen kann, Gefahr für sich oder andere abzuwenden (§ 1), insbesondere beim Abschleppen (§ 15a). **Linienbus- und Schulbusf** müssen das Warnblinklicht nur an bestimmten Haltestellen einschalten; um welche Haltestellen es sich handelt, wird den Busbetreibern von der StrVB (dazu auch Rn. 4c) bekannt gegeben. An diesen Haltestellen ist das Warnblinklicht nicht nur während des Fahrgastwechsels, sondern schon beim Annähern an die Haltestelle einzuschalten. Schulbus: § 20 Rn. 4. Der Busf „nähert" sich der Haltestelle, wenn er, für andere VT und wartende Fahrgäste erkennbar, unmittelbar die Haltestelle ansteuert; bei eingeschaltetem Warnblinklicht besteht dann Überholverbot (§ 20 III). Die StrVB kann (II S. 1: „soweit") eine bestimmte (oder ungefähre; *Bouska* DAR **95** 398) Entfernung festsetzen. Haltestelle: Z 224. Vor der Abfahrt darf der Busf das Warnblinklicht abschalten, wenn niemand mehr ein- oder aussteigt. Das Aussteigen ist idR mit dem Verlassen des Busses beendet (*Bouska* DAR **95** 398), jedenfalls mit dem Erreichen einer sicheren Position nach Verlassen des Busses (*Hentschel* NJW **96** 239); nach *D. Müller* VD **04** 187 erst nach etwa beabsichtigter StrÜberquerung. **In allen anderen Fällen** möglicher Gefahr darf das Warnblinklicht benutzt werden, wie nunmehr II S. 2 ausdrücklich klarstellt, auch zur Warnung vor Gefahren im StrBereich (Unfall, Hindernis; *Kö* VRS **68** 354, Bay DAR **86** 59). Von einem Verband von MilitärFz können Gefahren ausgehen, die das Einschalten von Warnblinklicht rechtfertigen oder sogar geboten erscheinen lassen (Ha DAR **91** 338; i Erg abl *Booß* VM **92** 17). Entsprechendes gilt für einen bei Dunkelheit mit 6 km/h fahrenden Bagger (Dü DAR **99** 543 (Mithaftung)). Die Fassung von II S. 2 (ÄndVO v. 7.8.97) nennt beispielhaft Annäherung an einen Stau und besonders langsames Fahren auf AB und SchnellStr. Eine Pflicht, auf diese Weise vor Stau zu warnen, besteht aber idR nicht (Zw NZV **98** 24, Ba DAR **07** 82 („künstlicher Stau")). Auch zur Warnung vor einem entgegenkommenden Falschfahrer darf Warnblinklicht eingeschaltet werden. Bei erlaubtem Halten in zweiter Reihe (§ 12 Rn. 40) kann nach II S. 2 nF („andere vor Gefahren warnen") uU Warnblinklicht zulässig sein (*Booß* VM **88** 43). IÜ ist übermäßige Verwendung jedoch zu vermeiden (Rn. 3) und grundsätzlich unzulässig, sofern allenfalls Behinderung des V gegeben ist, wobei unzulässiges Einschalten den FahrV nicht zu einer Verminderung der zulässigen Geschwindigkeit anzuhalten vermag (BGH NZV **07** 451).

9. Ausnahmen: § 46 II. Blaues und gelbes Blinklicht: § 38. **16**

10. Zivilrecht. Rechtzeitige WarnZ befreien den Kf nicht von weitergehenden Sorgfalts- **17** pflichten (BGH NJW **60** 1524). Ersatzpflicht, wenn ein Fußgänger wegen unangebrachter WarnZ verunglückt (BGH Fahrl **68** 412), uU aber Mitschuld des Fußgängers (BGH VersR **67** 348). Wer einen vorschriftsmäßig eingeordneten Abbieger durch unrichtige Warnzeichen verwirrt und zu unrichtiger Reaktion veranlasst, haftet (Ha DAR **61** 24). Keine erhöhte BG deshalb, weil ein Kf auf unvorhersehbares Überqueren der Fahrbahn durch Fußgänger nur mit Notbremsung oder Warnzeichen reagiert (BGH VM **75** 89). Keine Mithaftung des VT, der bei einem durch die Pol künstlich verursachten Stau die Warnblinkanlage nicht betätigt (Ba DAR **07** 82). Hingegen soll nach LG Memmingen DAR **07** 709 idR von Mithaftung wegen BG des Geschädigten anzunehmen sein, wenn er bei Annäherung an einen (gewöhnlichen) Stau die Warnblinkanlage nicht betätigt.

11. Ordnungswidrig (§ 24 StVG) handelt, wer entgegen § 16 WarnZ gibt (§ 49 I Nr. 16), **18** zB um jemand, der abgeholt wird, zu benachrichtigen oder um vor PolKontrollen (Radarmessung usw) zu warnen (Zw VRS **64** 454, Ce NZV **89** 405 (jedoch keine Bußgelderhöhung wegen Behinderung der Arbeit der Pol)). Nichteinschalten des Warnblinklichts durch Linien- oder Schulbusf gem. II S. 1 ist ow. Belästigendes, bedrängendes Hupen, um zum Weiterfahren zu veranlassen, nötigt den stehenden Vordermann nicht (Schl VM **74** 14, Dü NZV **96** 288). Nötigung durch dichtes Auffahren unter Abgabe von Schall- oder LichtZ: § 240 StGB Rn. 10 ff. Bei unzulässigem Lärm durch SchallZ tritt § 117 OWiG zurück (*Rüth* DAR **75** 10).

Beleuchtung

17 (1) ¹**Während der Dämmerung, bei Dunkelheit oder wenn die Sichtverhältnisse es sonst erfordern, sind die vorgeschriebenen Beleuchtungseinrichtungen zu benutzen.** ²**Die Beleuchtungseinrichtungen dürfen nicht verdeckt oder verschmutzt sein.**

(2) ¹Mit Begrenzungsleuchten (Standlicht) allein darf nicht gefahren werden. ²Auf Straßen mit durchgehender, ausreichender Beleuchtung darf auch nicht mit Fernlicht gefahren werden. ³Es ist rechtzeitig abzublenden, wenn ein Fahrzeug entgegenkommt oder mit geringem Abstand vorausfährt oder wenn es sonst die Sicherheit des Verkehrs auf oder neben der Straße erfordert. ⁴Wenn nötig ist entsprechend langsamer zu fahren.

(2a) ¹Wer ein Kraftrad führt, muss auch am Tag mit Abblendlicht oder eingeschalteten Tagfahrleuchten fahren. ²Während der Dämmerung, bei Dunkelheit oder wenn die Sichtverhältnisse es sonst erfordern, ist Abblendlicht einzuschalten.

(3) ¹Behindert Nebel, Schneefall oder Regen die Sicht erheblich, dann ist auch am Tage mit Abblendlicht zu fahren. ²Nur bei solcher Witterung dürfen Nebelscheinwerfer eingeschaltet sein. ³Bei zwei Nebelscheinwerfern genügt statt des Abblendlichts die zusätzliche Benutzung der Begrenzungsleuchten. ⁴An Krafträdern ohne Beiwagen braucht nur der Nebelscheinwerfer benutzt zu werden. ⁵Nebelschlussleuchten dürfen nur dann benutzt werden, wenn durch Nebel die Sichtweite weniger als 50 m beträgt.

(4) ¹Haltende Fahrzeuge sind außerhalb geschlossener Ortschaften mit eigener Lichtquelle zu beleuchten. ²Innerhalb geschlossener Ortschaften genügt es, nur die der Fahrbahn zugewandte Fahrzeugseite durch Parkleuchten oder auf andere zugelassene Weise kenntlich zu machen; eigene Beleuchtung ist entbehrlich, wenn die Straßenbeleuchtung das Fahrzeug auf ausreichende Entfernung deutlich sichtbar macht. ³Auf der Fahrbahn haltende Fahrzeuge, ausgenommen Personenkraftwagen, mit einer zulässigen Gesamtmasse von mehr als 3,5 t und Anhänger sind innerhalb geschlossener Ortschaften stets mit eigener Lichtquelle zu beleuchten oder durch andere zugelassene lichttechnische Einrichtungen kenntlich zu machen. ⁴Fahrzeuge, die ohne Schwierigkeiten von der Fahrbahn entfernt werden können, wie Krafträder, Fahrräder mit Hilfsmotor, Fahrräder, Krankenfahrstühle, einachsige Zugmaschinen, einachsige Anhänger, Handfahrzeuge oder unbespannte Fuhrwerke, dürfen bei Dunkelheit dort nicht unbeleuchtet stehen gelassen werden.

(4a) ¹Soweit bei Militärfahrzeugen von den allgemeinen Beleuchtungsvorschriften abgewichen wird, sind gelb-rote retroreflektierende Warntafeln oder gleichwertige Absicherungsmittel zu verwenden. ²Im Übrigen können sie an diesen Fahrzeugen zusätzlich verwendet werden.

(5) Wer zu Fuß geht und einachsige Zug- oder Arbeitsmaschinen an Holmen oder Handfahrzeuge mitführt, hat mindestens eine nach vorn und hinten gut sichtbare, nicht blendende Leuchte mit weißem Licht auf der linken Seite anzubringen oder zu tragen.

(6) Suchscheinwerfer dürfen nur kurz und nicht zum Beleuchten der Fahrbahn benutzt werden.

1   **Begr zu § 17**

Zu Absatz 1: *Der Absatz wendet sich an den fließenden wie an den ruhenden Verkehr und an alle Arten von Verkehrsteilnehmern, denen Beleuchtungseinrichtungen vorgeschrieben sind. Welche Beleuchtungseinrichtungen das sind, erfahren die Kraftfahrer, Radfahrer und Fuhrleute aus der StVZO, die Führer geschlossener Verbände aus § 27 und die Viehtreiber aus § 28.*

2   *Wenn die Verordnung an der bisherigen Formel der StVO (alt) (z. B. § 23 Abs. 1) „vom Hereinbrechen der Dunkelheit" nicht festhält und statt dessen „während der Dämmerung, bei Dunkelheit …" sagt, so soll damit nur deutlich gemacht werden, für welche Zeiten die Beleuchtung vorgeschrieben ist. Da die Dunkelheit in unseren Breitengraden nicht hereinbricht, sondern allmählich eintritt und weicht, erscheint eine solche Klarstellung als notwendig. Eine Rechtsänderung ist damit nicht beabsichtigt.*

3   *In Anlehnung an die Weltregeln wird die Vorschrift der Beleuchtung bei Tage („wenn die Witterung es erfordert" § 23 Abs. 1 alt) sachgerecht erweitert. Nicht nur die Witterung kann das erfordern, sondern auch sonstige Beeinträchtigung der Sicht, so z. B. örtliche Gegebenheiten, wie ein unbeleuchteter Tunnel.*

4   **Zu Absatz 2:** *Der erste Satz verlangt von den Kraftfahrern außerhalb wie innerhalb geschlossener Ortschaften unter den Voraussetzungen des Absatzes 1 Satz 1 beim Fahren stets die Benutzung mindestens des Abblendlichts. Zunächst konnte das nicht verlangt werden, weil die CEMT-Regeln entgegenstanden. Die Verkehrsübung war in den europäischen Ländern so verschieden, dass es in einigen Ländern freigestellt wurde, ob man während der Dämmerung oder auf beleuchteten Straßen mit Abblendlicht oder nur mit Standlicht fährt. Gerade das aber ist unter dem Gesichtspunkt der Verkehrssicherheit fast unerträglich. Fährt ein Kraftfahrzeug mit Abblendlicht und ein anderes in der Nähe mit Standlicht, so besteht die Gefahr, dass das letztere von anderen Verkehrsteilnehmern, insbesondere von querenden Fußgängern, gar nicht wahrgenommen wird. Ein solches Verkehrsbild verleitet auch zu Fehlschätzungen über die Fahrgeschwindigkeit der verschieden beleuchteten Fahrzeuge …*

Zu Absatz 3: *Auch dieser Absatz wendet sich nur an Kraftfahrer. Er bringt im Wesentlichen das, was* 5 *heute schon gilt. Das Weltabkommen erlaubt die Benutzung der Nebelscheinwerfer nicht bloß bei Nebel und Schneefall, sondern auch bei „starkem Regen". Da der Begriff „starker Nebel" in § 33 Abs. 4 StVO (alt) der Rechtsprechung Schwierigkeiten bereitet hat, wählt die Verordnung sachgerecht für alle drei Niederschlagsarten das praktikablere Kriterium der erheblichen Sichtbehinderung. Die Benutzungsvorschrift für Nebelschlussleuchten … ist ähnlich motiviert wie die für Warnblinklicht (§ 16 Abs. 2). Bei der Nebelschlussleuchte kommen überzeugende Sicherheitsgründe hinzu. Ihre Lichtstärke liegt an der Blendstörgrenze … Deshalb wird die durch Nebel gezogene Grenze der Sichtweite auf 50 m festgesetzt …*

Zu Absatz 5: *Der Inhalt des Paragraphen 24 Abs. 1, Abs. 2 und Abs. 5 StVO (alt) über die Beleuch-* 6 *tung von Fuhrwerken wird in die StVZO verwiesen und in Ausrüstungsvorschriften umformuliert …*

Aus der Begr zur MaßnVO 75 (VkBl. **75** 674):

Zu Abs. 4: *Das Parken von Fahrzeugen mit einem zulässigen Gesamtgewicht von mehr als 2,8 t** 7 *und von Anhängern ist gefahrenträchtiger als das Parken von Personenkraftwagen. Die genannten Fahrzeuge sind trotz verhältnismäßig guter Aufhellung durch die Straßenbeleuchtung oft erst auf geringe Entfernung erkennbar. Die Sicherheit … erfordert daher diese Beleuchtungsregel. Die Ergänzung stellt an die Führer der betroffenen Fahrzeuge auch keine übertriebenen Anforderungen. Sachgerecht wird die Vorschrift auf die auf der Fahrbahn haltenden Fahrzeuge beschränkt.*
Die Neufassung stellt klar, dass alle unbeleuchteten kleineren Fahrzeuge, die der Führer ohne große Schwierigkeiten von der Fahrbahn entfernen kann, bei Dunkelheit dort nicht stehen gelassen werden dürfen.

Begr zur ÄndVO v. 21.7.80 (VkBl. **80** 514): 8

Zu Abs. 4 Satz 3: *Die Ergänzung ist erforderlich, weil*
a) *aus dem bisherigen Wortlaut nicht klar hervorgeht, dass sich Satz 3 nur auf Fahrzeuge bezieht, die innerorts abgestellt sind,*
b) *damit die durch die Zulassung von retroflektierenden Warntafeln anstelle ‚eigener Lichtquelle' im Wege einer Verlautbarung des Bundesministers für Verkehr (vgl. VkBl. S. 264) geschaffene Rechtsunsicherheit beseitigt und weitergehende technische Entwicklungen der Beleuchtung ermöglicht werden.*

Begr zur ÄndVO v. 22.3.88 (VkBl. **88** 222): 9

Zu Abs. 2a: *Nach amerikanischen und schwedischen Untersuchungen kann die Verkehrssicherheit der Krafträder ganz wesentlich dadurch erhöht werden, dass sie auch bei Tage mit Abblendlicht fahren. Sie sind dann für den übrigen Verkehr eher erkennbar. Insbesondere geht die Zahl der Zusammenstöße mit dem entgegenkommenden abbiegenden Verkehr zurück.*
Die Europäische Konferenz der Verkehrsminister hat deshalb empfohlen, in der nationalen Gesetzgebung vorzusehen, dass Krafträder auch am Tage mit Abblendlicht fahren müssen (Empfehlung des Ministerrats vom 27.11.1980).
…

Zu Abs. 4a: *Wenn Militärfahrzeuge bei Manövern Sonderrechte nach § 35 StVO in Anspruch nehmen und bei Dunkelheit ohne Beleuchtung fahren, kann das insbesondere bei Panzern zu schweren Verkehrsunfällen führen. Durch eine Kennzeichnung mit gelb-roten retroreflektierenden Warntafeln, wie sie schon heute teilweise verwendet werden oder durch gleichwertige Absicherungen wird der Gefahr von Auffahrunfällen vorgebeugt.*

Begr zur ÄndVO v. 7.8.97 (VkBl. **97** 688): S. § 3 Rn. 10a.

Begr zur StVO-Neufassung v. 6.3.2013 (BR–Drs. 428/12): **Zu Abs. 2a:** *Im Zusammenhang* 9a *mit der Diskussion der Einführung von Fahren mit Licht am Tage für Pkw, Lkw und Busse hatten sich insbesondere die Motorradfahrer ablehnend positioniert, weil ein Verlust der Auffälligkeit der Motorradfahrer, die schon heute tagsüber mit Abblendlicht fahren müssen, befürchtet wurde, wenn alle mit Licht fahren. Die BASt hatte sich deshalb mit einem alternativen Signalbild für Motorradfahrer auseinandergesetzt und Alternativen aufgezeigt (Tagfahrleuchten). Ein entsprechender Vorschlag wurde von dem Weltforum für die Harmonisierung von kraftfahrzeugtechnischen Vorschriften bei der Europäischen Wirtschaftskommission der Vereinten Nationen (UNECE) angenommen (Änderung der ECE-Regelung Nr. 53 (Anbau Licht Krad) und Nr. 87 (Tagfahrleuchten)) und ist am 24.10.2009 in Kraft getreten. Dieser Vorschlag findet auch die Zustimmung der Motorradverbände. Dabei wurde er sowohl aus umweltpolitischen (weniger Kraftstoffverbrauch) als auch aus Verkehrssicherheitsgründen begrüßt. Damit ist es möglich, Krafträder der Kategorie L 3*

---

* Jetzt 3,5 t.

(Krafträder, falls sie einen Verbrennungsmotor haben, mit mehr als 50 ccm Hubraum oder die unabhängig vom Antrieb schneller als 45 km/h fahren) mit Tagfahrleuchten auszurüsten. Die StVO würde die alternative Nutzung von Tagfahrleuchten am Tage bei Krafträdern derzeit nicht erlauben und ist deshalb anzupassen. Tagfahrleuchten dürfen allerdings tagsüber nicht benutzt werden, wenn die Voraussetzungen des § 17 Abs. 1 vorliegen („während der Dämmerung, bei Dunkelheit oder wenn die Sichtverhältnisse es sonst erfordern"), da bei diesen Voraussetzungen am Tage stets das Abblendlicht zu benutzen ist. Dies wurde in der Änderung ausdrücklich klargestellt.

VwV zu § 17 Beleuchtung

Zu Absatz 1

10   1   Es ist zu beanstanden, wenn der, welcher sein Fahrzeug schiebt, Beleuchtungseinrichtungen durch seinen Körper verdeckt; zu den Beleuchtungseinrichtungen zählen auch die Rückstrahler (§ 49a Abs. 1 Satz 2 StVZO).

Zu Absatz 2

11   2   I. Es ist darauf hinzuwirken, daß der Abblendpflicht auch gegenüber Radfahrern auf Radwegen sowie bei der Begegnung mit Schienenfahrzeugen und gegenüber dem Schiffsverkehr, falls die Führer dieser Fahrzeuge geblendet werden können, genügt wird. Einzelner entgegenkommender Fußgänger wegen muß dann abgeblendet werden, wenn sie sonst gefährdet wären (§ 1 Abs. 2).

     3   II. Nicht nur die rechtzeitige Erfüllung der Abblendpflicht und die darauf folgende Pflicht zur Mäßigung der Fahrgeschwindigkeit sind streng zu überwachen; vielmehr ist auch darauf zu achten, daß nicht

     4   1. Standlicht vorschriftswidrig verwendet wird,

     5   2. Blendwirkung trotz Abblendens bestehen bleibt,

     6   3. die vordere Beleuchtung ungleichmäßig ist,

     7   4. Nebelscheinwerfer, Nebelschlußleuchten oder andere zusätzliche Scheinwerfer oder Leuchten vorschriftswidrig verwendet werden.

Zu Absatz 4

12   8   Andere zugelassene lichttechnische Einrichtungen zur Kennzeichnung sind Park-Warntafeln nach Anlage 4 Abschnitt 4. Einzelheiten über die Verwendung ergeben sich aus § 51c Abs. 5 StVZO. Die Park-Warntafeln unterliegen einer Bauartgenehmigung nach § 22a StVZO.

Zu Absatz 4a

     9   Machen Militärfahrzeuge, insbesondere Panzer, von den Sonderrechten nach § 35 Gebrauch und fahren ohne Beleuchtung, so sind sie mit gelb-roten retroreflektierenden Warntafeln oder gleichwertigen Absicherungsmitteln zu kennzeichnen.

Übersicht

1. Beleuchtungspflicht gilt unter den Voraussetzungen von I für alle VT des fließenden und **13** ruhenden Verkehrs (Kfz, Radf, Fuhrwerke, Viehtreiber, Verbände), für die Beleuchtungseinrichtungen vorgeschrieben sind (Begr). Verstöße bewirken erfahrungsgemäß leicht Unfälle (BGH NZV 05 249, Dü VersR 75 143, 72 377). Die Beleuchtungspflicht dient dem eigenen Schutz wie dem des fließenden und ruhenden Verkehrs (*Bouska* VD 73 315). Für fahrende Kfz gilt sie ausnahmslos, für ruhende Kfz überall, wo Kollision, auch mit Fußgängern (Dü VRS 14 376 (zu § 23 alt), *Bouska* VD 73 313; insoweit aM Kar NZV 00 86), möglich ist. Außer auf Fahrbahnen und Randstreifen gilt sie deshalb auch für solche Parkbuchten, wo nach örtlichen Verhältnissen Fahr- oder FußgängerV möglich ist (Stu VRS 44 369, *Bouska* VD 73 311), außerdem auf Gehwegen, auf welchen Parken erlaubt ist, auf als Fahrstreifen von der Fahrbahn abzweigenden Parkplätzen (Bay NJW 62 407, Hb VRS 32 121, *Lütkes* MDR 63 184), auf Verbindungsstreifen von AB-Anschlussstellen (Ha VRS 26 317), nicht aber auf gesonderten Abstellflächen neben durchgehenden Parkplätzen (*Bouska* VD 73 318); sie gilt sodann für gekennzeichnete oder als solche deutlich erkennbare Fahrflächen öffentlicher Parkplätze (*Bouska* VD 73 311), nicht aber auf den Abstellflächen öffentlicher Parkplätze inner- oder außerorts, ohne Rücksicht auf Leitlinien. Dort muss jeder Einfahrende mit parkenden, unbeleuchteten Fz rechnen, die den fließenden Verkehr nicht beeinträchtigen können (aM insoweit Stu VRS 44 369). Auf Privatparkplätzen außerhalb des öffentlichen Verkehrs besteht keine Beleuchtungspflicht (Stu VRS 44 369). Ein Fahrrad muss nur über die in § 67 iVm § 22 StVZO vorgeschriebenen Beleuchtungseinrichtungen verfügen, wenn es in Betrieb genommen wird, darf also geschoben werden (§ 67 StVZO Rn. 11). Zur Haftung bei Verstoß gegen die Beleuchtungspflicht beim Radfahren Rn. 38 und § 9 StVG Rn. 16). Verantwortlich für die Beleuchtung ist der Fahrer (§ 23), eine innerbetriebliche Anordnung tritt zurück (**E** 48; Dü VM 73 22). Beleuchtungseinrichtungen und -pflicht anderer VT: § 66a StVZO, §§ 27, 28 StVO. Zum Fahren mit Licht am Tag *Dauer* VD 06 255.

Der Verkehr darf mangels Gegenanzeichen **auf Beachtung der Beleuchtungspflicht ver-** **14** **trauen** (BGH NZV 05 249, VRS 22 137, Ha VRS 28 303, KG DAR 83 82), auch durch Radf trotz häufiger Verstöße (Kö VRS 31 229; *Blumberg* NZV 94 255; abw Bay VkBl. 57 607, Ol VRS 32 270 (Radf ohne Licht auf BundesStr)), nicht aber bei Dämmerung, solange viele Fz offensichtlich noch ohne Licht fahren (BGH NZV 05 249, Ha VRS 28 303) und nicht bei Verstoß gegen das Sichtfahrgebot (§ 3 I; BGH aaO; Ha r+s 19 221) oder sonstigem eigenem verkehrswidrigem Verhalten (Rn. 22; BGH aaO (Fehler beim Linksabbiegen)). Eine Schreckreaktion wegen Begegnung mit einem unbeleuchteten Kfz bei Dunkelheit wird idR nicht vorwerfbar sein (**E** 86). Zur Sicherung muss ein Zug uU auch seitlich beleuchtet werden (Hb VM 65 4). Zur Verwendung von Sicherungsleuchten, wenn ein Lkw nachts zwecks Einfahrens in ein Grundstück auf offener LandStr hält (Kö VRS 25 312). Sicherungspflicht beim Liegenbleiben: § 15.

1a. Vorgeschriebene lichttechnische Einrichtungen: §§ 17, 27, 28 StVO, §§ 49a, 50, 51, **15** 51a, b, 52, 53, 53b, 53c, d, 54b, 60 IV, 66a, 67 StVZO.

1b. Während der Dämmerung, bei Dunkelheit oder wenn die Sichtverhältnisse es **16** **sonst erfordern,** ist die vorgeschriebene Beleuchtung nötig (I). Dämmerung, Dunkelheit: auf genaue Definition oder Abgrenzung kommt es nicht an. Auch astronomische Daten geben allenfalls Anhaltspunkte. Maßgebend sind die Sichtverhältnisse. Daher ist Beleuchtung im Zweifel nötig, wenn das natürliche Licht Umriss und Ende des Fz für schnell fahrende VT auf größere Entfernung (300 m?) nicht mehr deutlich erkennen lässt (Ha VRS 28 303, Dü VersR 75 143), also bereits bei Zwielicht (Ha VRS 62 214). Maßgebend ist nicht der allgemeine Stand der Dämmerung, sondern die Sichtminderung am Ort des Fz (Dü VersR 70 1160). Nur bei besonders schwieriger Beurteilung wird ein Lichtgutachten einzuholen sein (Ko DAR 74 276). Beleuchtung ist bei beginnender Dämmerung spätestens einzuschalten, wenn nachfolgende Fz bereits beleuchtet sind, weil unbeleuchtete Fz vor beleuchteten schwerer wahrgenommen werden. Da deutliches Sehen bei Dämmerung schwieriger als bei Dunkelheit ist, wo die anderen VT beleuchtet sind (BGH VersR 59 513), ist Beleuchtung schon frühzeitig beim geringsten Zweifel einzuschalten (Ha VRS 62 214), nicht erst, wenn die meisten anderen VT beleuchtet fahren.

Fährt die übergroße Mehrzahl der Kf beleuchtet, außer bei Tageslicht, so ist das ein Indiz für die Notwendigkeit beleuchteten Fahrens (HaVM **73** 8).

17   Bei **unsichtigem Wetter** gilt im Grundsatz dasselbe, vor allem bei Nebel (Rn. 27) und starkem Regen oder Schneetreiben. Nebel mit geringen Sichtweiten erfordert Beleuchtung (Rn. 27), ebenso auch beim Durchfahren häufiger Nebelbänke (Abblendlicht, niemals Standlicht!). Ist die Sichtweite geringer als der doppelte Anhalteweg, so ist auch auf der AB Beleuchtung (Abblendlicht) einzuschalten (HaVRS **59** 379).

18   Auch die **örtlichen Verhältnisse** können Beleuchtungspflicht begründen, wenn die Sicht sonst zu schlecht ist, zB ein Tunnel oder dichter, hoher Wald (Begr).

> **Literatur:** *Aulhorn,* Der Dunkelheitsunfall, k + v **69** 70. *Bodmann,* Zur Bewertung der Beleuchtungsverhältnisse im nächtlichen StrV, k + v **69** 78. *Dauer,* Fahren mit Licht am Tag, VD **06** 255. *Eckert,* Der Fußgängerunfall in der Dunkelheit und seine Rekonstruktion, NZV **92** 474. *Füchsel/Förster,* Die Beleuchtung der Kfz und ihrer Anhänger, DAR **70** 10. *Fürst,* Der Dunkelheitsunfall, k + v **69** 91. *Gaisbauer,* Über den Begriff der Dunkelheit, VersR **67** 740. *Hartmann,* Sehen, Wahrnehmen und Erkennen im StrV, DAR **76** 326. *Hölcke,* VUnfälle während der Dämmerung, DRiZ **62** 17. *Kramer,* Pro und Contra zum Fahren mit Licht auch am Tag, VD **02** 279. *Maas,* Dämmerungszeit und Dämmerungshelligkeit im Zusammenhang mit der Beleuchtungspflicht, DAR **69** 29. *Oswald,* Die Beleuchtung der Kfz bei Nebel, Schnee und Regen, DAR **74** 295. *Schmidt-Clausen,* Das lichttechnische Gutachten bei Dunkelheitsunfällen, DAR **82** 3.

18a   **1c. Krafträder** müssen auch am Tag mit Abblendlicht oder mit Tagfahrleuchten fahren (IIa S. 1), weil sie dadurch für den übrigen V besser erkennbar sind (Rn. 9, 9a; BGH NZV **05** 249). Von einer Beleuchtungspflicht für alle Fz wurde bewusst abgesehen, weil die bessere Erkennbarkeit der Kräder dadurch wieder in Frage gestellt wäre. Zu den Gründen für die Ermöglichung von Tagfahrleuchten Begr Rn. 9a. Bei Dämmerung, Dunkelheit oder sonst schlechten Sichtverhältnissen genügen Tagfahrleuchten nicht (IIa S. 2). Die Beleuchtungspflicht des IIa gilt für alle motorisierten Zweiräder, also auch für Mopeds und Mofas (die gem. § 50 VIa StVZO mit einem Scheinwerfer für Dauerabblendlicht ausgerüstet sein müssen). Ausgenommen sind Leichtmofas, die nur Fahrradbeleuchtung haben (§ 67 StVZO, § 1 S. 1 LeichtmofaAusnVO). Gleiches gilt für als Fahrräder geltende (§ 1 III S. 3 StVG) Pedelecs.

18b   **1d. Militärfahrzeuge** sind uU von der Beleuchtungspflicht befreit (§ 35 I, V). Fahren sie abw von § 17 – etwa im Manöver – bei Dunkelheit ohne Beleuchtung (Panzer), so besteht erhöhte Unfallgefahr. Sie müssen daher in solchen Fällen mit gelbroten retroreflektierenden Tafeln oder gleichwertigen Absicherungsmitteln gesichert werden (IVa S. 1), die auch zusätzlich zu den Beleuchtungseinrichtungen verwendet werden dürfen (IVa S. 2).

19   **2. Nicht verdeckt oder verschmutzt** sein dürfen Rückstrahler und lichttechnische Einrichtungen, damit die Beleuchtung gut sichtbar ist. Vor allem nach längeren Fahrten bei Schmutzwetter oder auf schmutzigem Gelände (BauFz) ist das bedeutsam. Bei Verdeckung durch Anbaugeräte gilt die spezielle Vorschrift des § 53b IV StVZO (Bay VRS **70** 381). Eine Ausnahme vom Verdeckungsverbot gilt für Zgm und deren Anhänger bei Brauchtumsveranstaltungen nach Maßgabe von § 1 Ia der 2.VO über Ausnahmen von straßenverkehrsrechtlichen Vorschriften.

20   **3. Mit Abblendlicht oder Fernlicht** (soweit zulässig) ist zu fahren. III (Abblendlicht) dient vor allem der Erkennbarkeit des Fz, gemessen an der jeweiligen Fahrgeschwindigkeit. **Standlicht (Begrenzungsleuchten)** ist im Fahrbetrieb während der Dauer der Beleuchtungspflicht *unzulässig,* nicht auch zB bei Warten vor Rot, denn II untersagt nur das Fahren mit Standlicht, nicht auch das Warten (*Booß* VM **75** 86, *Knippel* DAR **76** 153, aM Kö VRS **49** 395), im Gegensatz zu anderen Ländern, die Standlicht noch erlauben oder sogar vorschreiben. Es ist jedoch gefährlich, weil es im gemischten V vom Abblendlicht überstrahlt werden kann (Rn. 27), auch lässt es schwer erkennen, ob ein Fz näher kommt und wie schnell (Ha VRS **42** 108). Außerdem ist es im Schnellverkehr, vor allem auf der AB, und erst recht bei Nebel unzureichend. Auch auf der AB kann es auf rechtzeitige Erkennbarkeit des Kfz von vorn ankommen (Einfahren, Unfall, Parkplatz; Bay NJW **70** 1141). Ausnahme: Standlicht neben Nebelscheinwerfern (Rn. 28).

21   **4. Fernlicht,** sonst von den VVerhältnissen abhängig, ist auf Straßen mit durchgehender, ausreichender Beleuchtung unzulässig (II). Wer ein Hindernis zu spät erkennt, weil er zulässiges Fernlicht nicht eingeschaltet hatte, muss sich dies im Schadensfall als Verschulden entgegenhalten lassen (Ha NZV **01** 348). Jedoch gibt es keine Pflicht, bei Dunkelheit auf Landstraßen *stets* mit Fernlicht zu fahren (Ha NZV **08** 411).

22   **5. Rechtzeitig abzublenden** ist, wenn ein Fz entgegenkommt oder mit geringem Abstand vorausfährt oder wenn die Sicherheit auf oder neben der Straße es sonst erfordert (II). Abblendlicht: § 50 StVZO. Rechtzeitig abgeblendet ist, wenn der Entgegenkommende nicht ins Schein-werferlicht gerät. Deshalb wird idR vor Kurven abzublenden sein, es sei denn, es kommt in na-her Entfernung niemand entgegen. Abzublenden ist auch, wenn der Entgegenkommende nicht abblendet (Ol DAR **54** 24). Abzublenden ist auch gegenüber Radf auf Radwegen, Schienenfz und Schiffen, soweit die Fahrer geblendet werden können (VwV Rn. 2), ebenso gegenüber Ver-bänden aller Art, gegenüber einzelnen Fußgängern, falls sie sonst gefährdet wären (VwV Rn. 2). Keine Blendung auf der AB bei hoch bepflanzten Mittelstreifen, wenn die Fz jeweils die rechten Fahrstreifen benutzen (Dü VM **65** 46), auch nicht bei gerader Trasse. Wer so unsachgemäß über-holt, dass er danach wegen Blendung abrupt bremsen muss und den Überholten dadurch schä-digt, ist nicht entschuldigt (Sa VRS **42** 37).

Blenden von rückwärts ist unerlaubt (II S. 3, E 114), doch nur bei Hinterherfahren mit un- 23 verändert geringem Abstand (Dü NJW **61** 1783, 1745 mAnm *Baumann,* Sa VRS **42** 37), nicht beim Überholen. Sicheres Überholen würde wegen der bei Abblendlicht gebotenen geringeren Fahrgeschwindigkeit (Rn. 26) sonst unmöglich werden. Daher muss es, soweit nicht GegenV geblendet wird, mit Fernlicht zulässig sein (Ha DAR **70** 132); darauf muss sich der Überholte einstellen (Ha DAR **61** 148, einschr BGH VersR **00** 736 (nur kurzes Aufblenden zu Beginn des Überholens)). Auch der Überholte braucht idR nicht aus Rücksicht auf den Überholer abzu-blenden (Bay NJW **64** 213), es sei denn, es kommt jetzt zum gleich bleibend nahen Hinterher-fahren. Zur Blendung erg § 3 Rn. 32 ff. *Maase,* Blendung von rückwärts, DAR **61** 9.

Abgeblendetes Licht reicht meist 50 m und darüber (BGH VRS **24** 287, **27** 40, Ha 24 DAR **93** 347). Im Zweifel muss die Reichweite individuell ermittelt werden. Die Mindestsicht-weite mit abgeblendeten Scheinwerfern nimmt mit dem senk- und waagerechten Abstand eines Gegenstandes von der Fahrbahn ab (BGH VRS **15** 276).

Auch Abblendlicht kann blenden (VwV Rn. 5), entweder wegen ungleichmäßiger Vorderbe- 25 leuchtung (VwV Rn. 6) oder wegen überlasteter Hinterachse ohne Niveauausgleich. Trotz Ab-blendens ist im Übrigen Blendung überempfindlicher Personen möglich. Einem geblendeten Kf kann bei besonderen Straßen- und VVerhältnissen verlängerte Reaktionszeit zustehen (BGH VRS **27** 107).

6. Die Fahrgeschwindigkeit (näher § 3) ist der verkürzten Sichtweite anzupassen. Bei Dun- 26 kelheit kann das Auge nur einen geringen Bruchteil der am Tage möglichen Informationen auf-nehmen (*Hartmann* DAR **76** 326). An der äußeren Hell/Dunkelgrenze der Scheinwerfer beträgt die Leuchtdichte und damit die Sehschärfe nur noch 5 % und weniger der Tageswerte (*Hartmann* DAR **76** 328). Die dämmerungsbedingte retinale Verzögerung (E 130) verlängert die Reaktions-zeit jedes Kf und muss durch langsameres Fahren ausgeglichen werden (II S. 4), idR durch Fah-ren auf Sicht (Begr). AB: § 18. Die Anpassung muss beendet sein, wenn der Kf das Ende der vor-her überblickten Strecke erreicht (BGH VRS **29** 417, Bay NJW **65** 1493). Mit Hindernissen, die nach dem Abblenden von der Seite her in die Fahrbahn geraten, muss er auch außerhalb der AB nicht rechnen (Bay VRS **24** 310, s. auch § 3 Rn. 25).

7. Erhebliche Sichtbehinderung durch Nebel, Schneefall oder Regen erfordert auch 27 am Tag Fahren mit Abblendlicht (III S. 1). Fahren bei Nebel oder stark unsichtigem Wetter mit Standlicht ohne Nebelscheinwerfer, ein grober, häufiger Fehler (Rn. 20), ist gefährlich und verboten, weil Standlicht zu spät erkannt wird (Bay VM **70** 34). Andererseits wird Schein-werferlicht vom Nebel reflektiert und lässt ihn als Wand erscheinen. Unter den Voraussetzungen des III S. 1 (erhebliche Sichtbehinderung) ist auch Fernlicht zwar nicht unzulässig, weil in § 17 nicht ausdrücklich verboten (Bay NJW **64** 1912 (zum sachlich gleichlautenden § 33 IV aF aM Ha NStZ **88** 266)), regelmäßig aber wohl unangebracht. Bei welcher Sichtweite die Voraus-setzungen des III S. 1 vorliegen, hängt von der Art der Straße ab (zulässige Geschwindigkeit, GegenV oder getrennte Fahrbahnen, Erlaubtsein des Überholens, innerorts oder außerorts usw; Ko VRS **64** 305). Gelegentliche Einschränkung der Sichtweite durch Spritzwasser des Voraus-fahrenden begründet nicht die Pflicht aus III S. 1 (Kö VRS **98** 321). Abblendlicht ist idR nötig auf der AB und auf KraftfahrStr bei weniger Sicht als etwa 150 m (Ce DAR **82** 28, nicht schon bei 150 m Sichtweite), auf anderen Straßen außerorts ab etwa 120 m (Ko VRS **64** 305: auf gut ausgebauter BundesStr außerorts schon bei 100 m), innerorts unter 70 m (*Bouska* VD **80** 13, andererseits Ce VRS **31** 387, Bay NJW **70** 1141). Ragt ein Fz erheblich über die Str-Mitte hinaus, so darf es bei erheblicher Sichtbehinderung nur fahren, wenn die vordere Seiten-beleuchtung des hinausragenden FzTeils vorschriftsmäßigem Abblendlicht gleichkommt (Ha VM **63** 95).

28 **7a. Nebelscheinwerfer** dürfen nur bei erheblicher Sichtbehinderung durch Nebel, Schneefall oder Regen (III S. 2) benützt werden und zwar neben Abblendlicht. Zwei Nebelscheinwerfer dürfen zusammen mit Standlicht benutzt werden, bei einspurigen Fz für sich allein. Im Abblendlicht geht die Wirkung von Nebelscheinwerfern leicht unter und verbessert die Sichtweite nicht wesentlich, anders als neben Standlicht (Begrenzungsleuchten). Der Gegenverkehr wird durch zwei Nebelscheinwerfer ebenso wie durch Abblendlicht gewarnt. Bei Nebelbänken dürfen Nebelscheinwerfer brennen, bis mit Sicherheit kein Nebel mehr auftreten wird (Schl VM **70** 88, Kar DAR **57** 249). Dabei ist einige Prüfzeit zuzubilligen (Sa DAR **62** 26).

29 **7b. Nebelschlussleuchten** (§ 53d StVZO) dürfen inner- und außerorts nur bei sehr starkem Nebel (Sicht unter 50 m) benutzt werden (III S. 5). Um Missbrauch zu verhindern, ist die geringe Sichtweite vorgeschrieben. Anhaltspunkte: Leitpfostenentfernung idR 50 m; 4 Striche des Z 340 auf Straßen, 3 Striche auf der AB entsprechen etwa 50 m. Die Lichtstärke der Nebelschlussleuchte liegt an der Blendstörgrenze. Sie darf daher nur benutzt werden, wenn sie den nachfolgenden Verkehr bei normalem Abstand nicht blendet und den Gegenverkehr nicht überstrahlt. Die Zulässigkeit sollte auf die Fälle dichten Schneetreibens und starken Regens ausgedehnt werden; vor allem auf AB führen dann Nässeschleier hinter den Fz dazu, dass deren Schlussleuchten erst auf kurze Entfernung erkennbar sind.

30 **8. Mit eigener Lichtquelle** zu beleuchten sind haltende Fz aller Art ausnahmslos überall, soweit sie verkehrsbedingt anhalten (Rn. 13), außerdem außerorts (IV), andere lichttechnische Einrichtungen und retroreflektierende Warntafeln genügen, außer im Falle des Abs. IVa (MilitärFz), außerorts nicht. Ferner innerorts alle auf der Fahrbahn haltenden Fz mit zulässigem Gesamtgewicht von mehr als 3,5 t und Anhänger gleich welchen Gewichts, auch wenn sie unzulässigerweise Radwege besetzen, endlich alle Kleinfz (IV S. 4), die pflichtwidrig nicht von der Fahrbahn und von Radwegen entfernt worden sind, Pkw innerorts nur, sofern die StrBeleuchtung das Fz nicht auf ausreichende Entfernung deutlich sichtbar macht (IV S. 2). Innerorts auf der Fahrbahn haltende Fz über 3,5 t (außer Pkw) und Anhänger dürfen und müssen vorn und hinten auf der Fahrbahn zugewandten Seite mit amtlich geprüften Warntafeln (Anl 4 lfd. Nr. 12 Z 630) gekennzeichnet sein (§ 51c StVZO), sofern sie nicht mit eigener Lichtquelle oder einer anderen zugelassenen lichttechnischen Einrichtung beleuchtet bzw. versehen sind. Für die Beleuchtungspflicht gelten strenge Anforderungen (BGH VersR **61** 851). Mondlicht ersetzt die vorgeschriebenen Beleuchtungsquellen nicht (Dü VM **57** 74). Auf Parkplätzen (außer AB) geparkte Fz aller Art dürfen unbeleuchtet sein (Rn. 13). AB-Parkplatz: Rn. 31.

31 **8a. Außerorts** muss jedes Fz, gleich welcher Art, ausnahmslos durch eigene Lichtquellen beleuchtet sein. Die eigene Beleuchtung muss nach vorn und hinten das Fz auf ausreichende Entfernung deutlich kenntlich machen. Zu benutzen sind die vorgeschriebenen Beleuchtungseinrichtungen, soweit intakt, notfalls mitzuführende Leuchten (§§ 49a, 66a StVZO). Für Ausfall aller eigenen Lichtquellen (zu denen die Innenbeleuchtung nicht zählt) wird man zumindest bei Lkw das Mitführen einer gebrauchsfertigen Laternenausrüstung und bei Halten auf der Fahrbahn deren sofortige Benutzung fordern müssen, und zwar neben dem Aufstellen des Warndreiecks bzw. der Warnleuchte in ausreichender Entfernung hinter dem Kfz/Anhänger (§ 1 II; aM Zw VM **77** 43). Andere Fz werden von der Fahrbahn zu entfernen sein, falls sie nicht anderweit verkehrssicher abgestellt werden können. Auch ein bei Dunkelheit geschobenes Moped ist zu beleuchten (Ce NJW **61** 1169, Sa VM **70** 55), anders bei Fahrrädern (Rn. 13). Auch auf durchgehenden AB-Parkplätzen durch Kfz eigene Einrichtungen zu beleuchten (Hb DAR **67** 196, Bay NJW **62** 407, Stu NZV **93** 436), ebenso abgestellte Anhänger (Hb DAR **67** 196). Wer bei Dunkelheit einen Anhänger auf der Straße abstellt, muss für andauernde ausreichende Beleuchtung durch eigene Lichtquelle und gereinigte Rückstrahler sorgen (BGH VM **71** 45). Wer unter den Voraussetzungen des § 17 auf dem Haltestreifen einer BundesStr parkt, muss sein Fz vorschriftsgemäß beleuchten (Dü VM **72** 48), auch bei Breitstrich-Abtrennung (Stu VRS **44** 369).

32 **8b. Innerorts** sind ganz oder teilweise auf der Fahrbahn haltende Fz von mehr als 3,5 t Gesamtgewicht (außer Pkw) und Anhänger, sowie dort nicht fortgeräumte Kleinfz (Rn. 30) mit eigener Lichtquelle zu beleuchten (s. aber Rn. 30, 35). Bei Pkw bzw. Fz bis 3,5 t einschließlich genügt ausreichende Straßenbeleuchtung (IV) bzw. Kenntlichmachung der Fahrbahnseite des Fz durch Parkleuchten oder andere zugelassene reflektierende Mittel, zB in amtlich genehmigter Bauart (Prüfzeichen) ausgeführte Park-Warntafeln gem. Anl 4 lfd. Nr. 12 Z 630 (Ce NZV **99** 469), und zwar auch auf Parkstreifen neben der Fahrbahn. Stets ist bei rechts stehendem Fz die

linke hintere FzBegrenzung deutlich zu kennzeichnen. Die Schlussleuchten müssen funktionieren (Ha VM **63** 96). IV S. 3 ist für Fz über 3,5 t und Anhänger gegenüber IV S. 2 speziell; daher genügt Park-Warntafel auch, wo zusätzliche StrBeleuchtung fehlt (Ce NZV **99** 469). Ob die OrtsStr Teil einer BundesStr ist, ist irrelevant (Ha DAR **64** 26). Das Fz darf nicht unbeleuchtet bleiben, wenn es später dunkel oder unsichtig wird (Hb VersR **62** 387, Stu VRS **21** 89). Kein Vertrauen darauf, dass die Witterung günstig bleibt (BGH NJW **53** 996).

Macht die Straßenbeleuchtung (nicht andere fremde Lichtquellen) den Pkw (bzw das Fz **33** bis zu 3,5 t) auf ausreichende Entfernung deutlich sichtbar, so ist Eigenbeleuchtung entbehrlich (IV S. 2). Ausschließlich auf die StrBeleuchtung kommt es jetzt an, helle Reklame, Schaufenster usw. reichen nicht aus. Die Straßenbeleuchtung muss für die ganze Dauer der Beleuchtungspflicht ausreichen. Innenbeleuchtung des Fz reicht nicht aus (Ha VRS **7** 390), auch nicht Anstrahlung durch andere Kfz (BGHSt **11** 389, VRS **15** 222, KG VRS **17** 285). Die StrBeleuchtung muss die Umrisse des Fz zumindest zur VSeite hin deutlich zeigen (KG VRS **17** 284, Hb VRS **32** 121, Ha VRS **13** 306), wenigstens auf 40 m (Hb VM **56** 6, Ce VRS **63** 72). Erkennbarkeit als Schatten auf nur 20 m ist zu wenig (Ha VRS **22** 56). Beleuchtung durch eine StrLaterne auf der anderen StrSeite uU genügt nicht (BGH VRS **19** 280). Auch vom Parkstreifen in die Fahrbahn hineinragende Großfz (Rn. 30) sind mit eigener Lichtquelle zu beleuchten (s. aber Rn. 30). Der Kf muss sich unterrichten, ob die StrBeleuchtung ausreichende Zeit brennt (Bra NJW **57** 1848).

9. Liegenbleibende Fahrzeuge sind nach Maßgabe der §§ 15 und 17 zu beleuchten und zu **34** sichern (BGH NJW-RR **88** 406), vor allem, wenn die eigenen Beleuchtungseinrichtungen ausfallen oder wenn das Fz durch seine Stellung den Verkehr ungewöhnlich behindert (Schrägstellung) oder wenn die FzBeleuchtung wegen der FzStellung schlecht oder nicht erkennbar ist (Neust VRS **15** 200). Wer den im Hinblick auf zu erwartende Erschöpfung der Batterie eintretenden Ausfall von Warnblinklicht und Beleuchtung nicht berücksichtigt, handelt fahrlässig (BGH NJW-RR **88** 406). Ein Kfz, das nachts auf der linken Fahrbahnseite liegenbleibt, muss das Signalbild nicht umstellen; es wird durch Abblendlicht nach vorn genügend gesichert (Bay NJW **56** 1041). Bei **Ausfall der FzBeleuchtung** ist die Fahrt zu unterbrechen und der Verkehr zu sichern (Zw VM **77** 43). Bei Ausfall einer Schlussleuchte auf einer BundesStr kann kurze Weiterfahrt zwecks Reparatur zulässig sein anders aber auf der AB, auf FernverkStr oder bei größerer Entfernung (Mü VersR **66** 858).

10. Das Stehenlassen unbeleuchteter Kleinfahrzeuge auf der Fahrbahn ist unzulässig **35** (Zw VRS **48** 298). Sie müssen unter den Voraussetzungen von IV schon bei Dämmerung oder anderer starker Sichtbehinderung von Fahrbahnen und Sonderwegen entfernt werden. Die Vorschrift betrifft nur die aufgezählten Fz, Krafträder, FmH, Fahrräder, Krankenfahrstühle, einachsige Zugmaschinen, einachsige Anhänger, Handfz und unbespanntes Fuhrwerk, auch beladen (Erntewagen). Auch kurzfristiges Belassen im Verkehr unter Aufsicht ist unzulässig, denn es würde die Gefahr nicht beseitigen. Die Vorschrift gilt auch auf geringer befahrenen Straßen. Pflichtwidrig nicht weggeräumte Kleinfz dieser Art sind mit eigener Lichtquelle zu beleuchten. Der Radf, der im Dunkeln eine Panne behebt, muss dies abseits von der Straße tun (Bay VRS **16** 307).

11. Von Fußgängern mitgeführte Handfahrzeuge und einachsige Zug- oder Ar- 36 beitsmaschinen sind gemäß V zu beleuchten. Ein Anhänger hinter einem unbeleuchteten, geführten Fahrrad muss vorschriftsmäßig beleuchtet sein (Ol VRS **25** 458). Zum Schieben von Fahrrädern Rn. 1. S. auch Rn. 13, 31.

12. Suchscheinwerfer (§ 52 StVZO) dürfen nur kurz und nicht zur Fahrbahnbeleuchtung **37** benutzt werden (VI). Das Anstrahlen eines PolFz, um es dem Fahrgast zu zeigen, soll nach KG VRS **36** 374 unerlaubt sein (§ 56 OWiG?).

13. Zivilrecht. IV (Beleuchtung haltender Fz) ist SchutzG (BGHZ **69** 895, Kar VersR **83** **38** 90). Stößt ein beleuchtetes Fz bei Dämmerung mit einem unbeleuchteten zusammen, so kann die BG des unbeleuchteten trotz Vorfahrtberechtigung überwiegen (KG DAR **83** 82). **Fährt ein Kf auf ein unbeleuchtetes Hindernis auf,** so spricht der **Anscheinsbeweis** für schuldhafte Fahrweise (BGH DAR **60** 16, NJW-RR **88** 406, Zw VersR **71** 575, Ha VersR **87** 491, Kar VersR **89** 302, *Weber* DAR **84** 173), nicht jedoch bei Hindernissen im Luftraum über der Fahrbahn (BGH VM **73** 5), auch nicht beim Auffahren auf ein Kfz, das in ein Grundstück einfährt (Ce NJW **66** 2020), oder bei Ablenkung durch gefährdende Art der Warnung (Zw VersR **71** 575). **Ursächlichkeit:** E 97 ff. Keine Unfallursächlichkeit mangelhafter Fremdbeleuchtung, wenn der Unfall auch bei ausreichender Beleuchtung geschehen wäre (Hb DAR **72** 188). Bei Beleuchtungsverstößen spricht der **Anschein** für Unfallursächlichkeit (BGH NZV **05** 249, VersR **64** 296, Fra NZV **06** 36, Dü DAR **76** 215, KG DAR **83** 82, Ha NZV **90** 312, Kö VRS **73** 176), auch gegen den, der im Dunkeln ein Fz mit verschmutzten Rückstrahlern am Fahrbahnrand abstellt (BGH VRS **21** 171, 328) oder außerorts sein haltendes Fz nur mit Parkleuchte sichert (Mü VersR **83** 1064: Mithaftung zu $^1/_2$ bei Auffahren eines von hinten kommenden Kf). Fehlt Sicherung, so muss der Sicherungspflichtige beweisen, dass es auch bei ausreichender Sicherung zum Auffahren gekommen wäre (BGH VersR **68** 646, Ha NZV **90** 312). Fall der Nichtursächlichkeit fehlender rückwärtiger Beleuchtung für einen Aufprallunfall: Bay VM **81** 10. Ursächlicher Zusammenhang zwischen dem Abstellen unbeleuchteter PanzerFz und Auffahren, wenn der Auffahrende die Fz nicht rechtzeitig sehen konnte (BGH VersR **61** 851). Fehlende Fuhrwerksbeleuchtung als Unfallursache: BGH VersR **62** 566. Verstoß gegen die Beleuchtungspflicht führt vielfach zu **überwiegender Haftung** oder Alleinhaftung (BGH NZV **05** 249). Haftungsverteilung 70 : 30 zu Lasten des grobfahrlässig ohne Beleuchtung fahrenden Mofafahrers bei Kollision mit entgegenkommendem, vor ihm links einbiegenden Pkw (Kö VRS **73** 176). Hingegen 30% Mitschuld (§ 254 BGB) des ohne Beleuchtung fahrenden **Radf,** der mit einem zwischen 2 parkenden Autos unvermittelt auf die Str fahrenden anderen Radf kollidiert (Hb ZfS **18** 78 mAnm *Diehl;* zur Abwägung bei Unfällen von Radf mit Kfz § 9 StVG Rn. 16). Alleinhaftung des bei Dunkelheit unbeleuchtet 65 km/h fahrenden Kradf bei Kollision mit entgegenkommendem Pkw (Ha VersR **99** 898). Haftungsverteilung bei Auffahren auf einen unbeleuchtet auf der AB stehenden Anhänger, der sich wegen verschlissener Anhängerkupplung unbemerkt vom ZugFz gelöst hat (Bra VersR **83** 157 ($^4/_5$: $^1/_5$ zugunsten des Auffahrenden)), bei Auffahren auf einen unbeleuchtet in die Fahrbahn ragenden Anhänger (Ha VersR **87** 491 ($^2/_3$: $^1/_3$ zugunsten des Auffahrenden), DAR **93** 247 (Alleinhaftung des Halters des Lkw mit Anhänger)), 70 : 30 zugunsten des nachts auf einen unbeleuchtet und in mehrfacher Hinsicht verbotswidrig auf einer Gemeindeverbindungsstraße abgestellten landwirtschaftlichen Anhänger Auffahrenden trotz Verstoßes des Auffahrenden gegen das Sichtfahrgebot (Nü NZV **07** 301). Wer bei Dunkelheit und Nebel auf einem unbeleuchteten Moped mitfährt, hat keinen Ersatzanspruch gegen den schuldhaft handelnden Fahrer (Sa VM **78** 62). Mitschuld ist zu prüfen, wenn unzureichende Beleuchtung Mitursache sein kann (BGH DAR **56** 78). Wer die Sicherungspflicht übernommen hat, kann mitverantwortlich sein, wenn ein unbeleuchteter Anhänger nachts auf einer BundesStr steht (BGH VersR **63** 1026). Ein Kfz fremder Streitkraft, das den deutschen Beleuchtungsvorschriften nicht genügt, ist besonders gesichert abzustellen (BGH VersR **66** 493). Die Erfahrung spricht nicht dafür, dass jemand wegen Blendung durch ein entgegenkommendes Kfz mit dem eigenen Kfz nach links gerät (Dü DAR **74** 74). S. auch § 17 StVG Rn. 9. Zur Haftungsverteilung bei einem (bloßen) Verstoß gegen § 23 I S. 4 s. dort Rn. 23b.

39   **14. Ausnahmen:** §§ 35, 46 II StVO, § 53c StVZO.

40   **15. Sanktion. Ordnungswidrig** (§ 24 StVG) handelt, wer gegen die Vorschriften über die Beleuchtung und gegen das Stehenlassen unbeleuchteter Fz im Verkehr (§ 17) verstößt und wer entgegen § 27 V (IV) als Führer eines geschlossenen Verbandes nicht dafür sorgt, dass der Verband die Beleuchtungsvorschrift des § 17 (ausgenommen IVa S. 2) befolgt (§ 49 I Nr. 17, II Nr. 1). Beleuchtungsausfall ist nicht vorwerfbar, wenn er während der Fahrt auftritt, ohne dass der FzF darauf hätte aufmerksam werden müssen (Dü ZfS **83** 95). Wer ein Fz bei Beleuchtung mit eigener Lichtquelle zurücklässt, muss dafür sorgen, dass sie funktionstüchtig bleibt (BGH VRS **15** 468, Ha VRS **4** 8, Schl SchlHA **58** 344). Abblendlicht am abgestellten Fz ist keine Belästigung (Ha DAR **63** 23). Ob bei einem Fz ein Scheinwerfer durch Panne so verstellt ist, dass er trotz Abblendens noch blendet, kann nur ein Sachverständiger beurteilen (Ol DAR **58** 244). Irrtum über Sichtweite bei Nebel ist Tatbestandsirrtum (Stu DAR **57** 167).

41   Gegen § 315c I Nr. 2g, III StGB verstößt, wer unter den dort genannten Voraussetzungen haltende oder liegen gebliebene Fz nicht auf ausreichende Entfernung kenntlich macht (s. dort Rn. 21) Bei Pflichtenkollision (**E** 119) kein Vorwurf, wenn der Pflichtige über die Versorgung der Verletzten die Gefahr weiterer Unfälle übersieht (Stu DAR **58** 222). **Rekonstruktion des Beleuchtungszustands** ist nach Unfällen häufig durch technisches Sachverständigengutachten möglich (*Frei-Sulzer* Krim **71** 291, *Benicke* DAR **89** 57, Verkehrsunfall **89** 234). Bei der Feststellung, ob eine Biluxbirne beim Unfall gebrannt hat, ist das Rasterelektronenmikroskop dem Lichtmikroskop idR überlegen (Kar VRS **50** 47, *Benicke* DAR **89** 64).

Autobahnen und Kraftfahrstraßen

18 (1) [1] Autobahnen (Zeichen 330.1) und Kraftfahrstraßen (Zeichen 331.1) dürfen nur mit Kraftfahrzeugen benutzt werden, deren durch die Bauart bestimmte Höchstgeschwindigkeit mehr als 60 km/h beträgt; werden Anhänger mitgeführt, gilt das Gleiche auch für diese. [2] Fahrzeug und Ladung dürfen zusammen nicht höher als 4 m und nicht breiter als 2,55 m sein. [3] Kühlfahrzeuge dürfen nicht breiter als 2,60 m sein.

(2) Auf Autobahnen darf nur an gekennzeichneten Anschlussstellen (Zeichen 330.1) eingefahren werden, auf Kraftfahrstraßen nur an Kreuzungen oder Einmündungen.

(3) Der Verkehr auf der durchgehenden Fahrbahn hat die Vorfahrt.

(4) *(weggefallen)*

(5) [1] Auf Autobahnen darf innerhalb geschlossener Ortschaften schneller als 50 km/h gefahren werden. [2] Auf ihnen sowie außerhalb geschlossener Ortschaften auf Kraftfahrstraßen mit Fahrbahnen für eine Richtung, die durch Mittelstreifen oder sonstige bauliche Einrichtungen getrennt sind, beträgt die zulässige Höchstgeschwindigkeit auch unter günstigsten Umständen

1. für
   a) Kraftfahrzeuge mit einer zulässigen Gesamtmasse von mehr als 3,5 t, ausgenommen Personenkraftwagen,
   b) Personenkraftwagen mit Anhänger, Lastkraftwagen mit Anhänger, Wohnmobile mit Anhänger und Zugmaschinen mit Anhänger sowie
   c) Kraftomnibusse ohne Anhänger oder mit Gepäckanhänger   80 km/h,
2. für
   a) Krafträder mit Anhänger und selbstfahrende Arbeitsmaschinen mit Anhänger,
   b) Zugmaschinen mit zwei Anhängern sowie
   c) Kraftomnibusse mit Anhänger oder mit Fahrgästen, für die keine Sitzplätze mehr zur Verfügung stehen   60 km/h,
3. für Kraftomnibusse ohne Anhänger, die
   a) nach Eintragung in der Zulassungsbescheinigung Teil I für eine Höchstgeschwindigkeit von 100 km/h zugelassen sind,
   b) hauptsächlich für die Beförderung von sitzenden Fahrgästen gebaut und die Fahrgastsitze als Reisebestuhlung ausgeführt sind,
   c) auf allen Sitzen sowie auf Rollstuhlplätzen, wenn auf ihnen Rollstuhlfahrer befördert werden, mit Sicherheitsgurten ausgerüstet sind,
   d) mit einem Geschwindigkeitsbegrenzer ausgerüstet sind, der auf eine Höchstgeschwindigkeit von maximal 100 km/h (Vset) eingestellt ist,
   e) den Vorschriften der Richtlinie 2001/85/EG des Europäischen Parlaments und des Rates vom 20. November 2001 über besondere Vorschriften für Fahrzeuge zur Personenbeförderung mit mehr als acht Sitzplätzen außer dem Fahrersitz und zur Änderung der Richtlinien 70/156/EWG und 97/27/EG (ABl. L 42 vom 13.2.2002, S. 1) in der jeweils zum Zeitpunkt der Erstzulassung des jeweiligen Kraftomnibusses geltenden Fassung entsprechen und
   f) an der vorderen Lenkachse nicht mit nachgeschnittenen Reifen ausgerüstet sind, oder
   g) für nicht in Mitgliedstaaten der Europäischen Union oder in Vertragsstaaten des Abkommens über den Europäischen Wirtschaftsraum zugelassene Kraftomnibusse, wenn jeweils eine behördliche Bestätigung des Zulassungsstaates in deutscher Sprache über die Übereinstimmung mit den vorgenannten Bestimmungen und über jährlich stattgefundene Untersuchungen mindestens im Umfang der Richtlinie 96/96/EG des Rates vom 20. Dezember 1996 zur Angleichung der Rechtsvorschriften der Mitgliedstaaten über die technische Überwachung der Kraftfahrzeuge und Kraftfahrzeuganhänger (ABl. L 46 vom 17.2.1997, S. 1) in der jeweils geltenden Fassung vorgelegt werden kann,   100 km/h.

(6) Wer auf der Autobahn mit Abblendlicht fährt, braucht seine Geschwindigkeit nicht der Reichweite des Abblendlichts anzupassen, wenn

1. die Schlussleuchten des vorausfahrenden Kraftfahrzeugs klar erkennbar sind und ein ausreichender Abstand von ihm eingehalten wird oder
2. der Verlauf der Fahrbahn durch Leiteinrichtungen mit Rückstrahlern und, zusammen mit fremdem Licht, Hindernisse rechtzeitig erkennbar sind.

(7) Wenden und Rückwärtsfahren sind verboten.

(8) Halten, auch auf Seitenstreifen, ist verboten.

(9) ¹Zu Fuß Gehende dürfen Autobahnen nicht betreten. ²Kraftfahrstraßen dürfen sie nur an Kreuzungen, Einmündungen oder sonstigen dafür vorgesehenen Stellen überschreiten; sonst ist jedes Betreten verboten.

(10) ¹Die Ausfahrt von Autobahnen ist nur an Stellen erlaubt, die durch die Ausfahrttafel (Zeichen 332) und durch das Pfeilzeichen (Zeichen 333) oder durch eins dieser Zeichen gekennzeichnet sind. ²Die Ausfahrt von Kraftfahrstraßen ist nur an Kreuzungen oder Einmündungen erlaubt.

(11) Lastkraftwagen mit einer zulässigen Gesamtmasse über 7,5 t, einschließlich ihrer Anhänger, sowie Zugmaschinen dürfen, wenn die Sichtweite durch erheblichen Schneefall oder Regen auf 50 m oder weniger eingeschränkt ist, sowie bei Schneeglätte oder Glatteis den äußerst linken Fahrstreifen nicht benutzen.

Begr zu § 18:

1–3   *Nach dem Weltabkommen unterscheidet sich die Autobahn von den Kraftfahrstraßen im Wesentlichen nur noch dadurch, dass jene kreuzungsfrei sein müssen, diese es nicht zu sein brauchen. Die Benutzungsvorschriften für beide Arten von Autostraßen sind dieselben. Die nationalen Gesetzgebungen sind hinsichtlich gewisser Zulassungsvorschriften (bauartbedingte Mindestgeschwindigkeiten) und bei der Anordnung von Höchstgeschwindigkeiten frei …*

4–9   **Zu Absatz 3:** *Die Vorfahrtregel des § 13 Abs. 5 (alt) wird auf Kraftfahrstraßen ausgedehnt. Die „durchgehende Fahrbahn" umfasst alle Fahrstreifen für den durchgehenden Verkehr einschließlich der sogenannten Kriechspuren, nicht aber die Beschleunigungsstreifen, die der zügigen Einfädelung des in die Autobahn einfahrenden Verkehrs dienen.*

10   **Begr zur ÄndVO v. 22.3.88 (VkBl. 88 222):**

    Zu Abs. 5: *– Begründung des Bundesrates – … Der Begrenzung der Höchstgeschwindigkeit auf 60 km/h in § 3 Abs. 3 Nr. 2 Buchstabe b StVO liegt der Gedanke zugrunde, dass eine höhere Geschwindigkeit auf normalen Außerortsstraßen die Verkehrssicherheit beeinträchtigen könnte. Diese Überlegungen treffen für autobahnähnliche Kraftfahrstraßen nicht zu.*

    Aus diesem Grund sollten derartig ausgebaute Kraftfahrstraßen, wenigstens was die zulässige Höchstgeschwindigkeit angeht, Autobahnen gleichgestellt werden …

    … das Wohnmobil als solches fällt unter keine der in § 18 Abs. 5 Satz 2 Nr. 1 bis 3 StVO genannten Fahrzeugarten. Es ist insbesondere kein Pkw. Deshalb unterliegt ein Wohnmobil bis zu einem zulässigen Gesamtgewicht von 2,8 t* mit Anhänger ebenfalls keiner Geschwindigkeitsbeschränkung. Die StVO enthält insoweit eine wohl unbeabsichtigte Lücke, die zu schließen ist. Es gibt keinen hinreichenden Grund, Wohnmobile mit Anhänger auf Autobahnen schneller fahren zu lassen als Personenkraftwagen mit Anhänger … .

11   **Zu Abs. 8:** *Es hat sich als notwendig erwiesen, klarzustellen, dass auch das Halten auf dem sogenannten Pannenstreifen der Autobahnen und Kraftfahrstraßen verboten ist. Diese sind keine Mehrzweckstreifen.*

12   **Begr zur ÄndVO v. 19.3.92:VkBl. 92 186; zur ÄndVO v. 25.10.94: BR–Drs. 782/94.**

    Begr zur ÄndVO v. 7.8.97 (VkBl. 97 688): S. § 3 Rn. 10a.

12a   **Begr zur ÄndVO v. 28.11.07 (VkBl. 08 4) zu Abs. 5 Nr. 3:** *Ziel der Änderung ist es, das Verfahren insbesondere für im Ausland zugelassene Kom, die auf Grund ihrer technischen Ausstattung auf AB eine Geschwindigkeit von maximal 100 km/h fahren können, zu vereinfachen. Um die Berechtigung einer derartigen Tempo 100-Zulassung zu bekommen, entfällt künftig für im Ausland zugelassene Kom sowohl die Vorführung bei einem amtlich anerkannten Sachverständigen in Deutschland als auch die bisher notwendige Erteilung einer Ausnahmegenehmigung nach § 46 II S. 1. Eine Tempo 100-Plakette muss – unabhängig davon, wo der Kom zugelassen ist – künftig nicht mehr an der Rückseite angebracht werden. Damit wird ein aufwändiges behördliches Verwaltungsverfahren in Deutschland hinfällig, bei gleichzeitiger Wahrung der Verkehrssicherheit. …*

    Die Neufassung gilt künftig sowohl für im Inland als auch für im Ausland zugelassene Kom. Damit entfällt für im Ausland zugelassene Kom die Beantragung einer Ausnahmegenehmigung nach § 46 II S. 1. Auf die Anbringung einer Tempo 100-Plakette auf der Rückseite des Kom kann in Zukunft verzichtet werden, da sie sich für Kontrollzwecke nicht als tauglich erwiesen hat. Die Echtheit der Plakette kann nur an dem Siegel der ausgebenden Zulassungsstelle erkannt werden. Wird der Kom bei einer Kontrolle aber nicht angehalten, ist weder mit Videotechnik noch auf einem Kontrollfoto einer automatischen Überwa-

---

* Jetzt 3,5 t.

chungsanlage das Siegel sichtbar. Die nun aufgezählten technischen Voraussetzungen sind – mit Ausnahme der Regelung betreffend nachgeschnittener Reifen – nur im Hinblick auf Kom aus nicht EU/EWR-Staaten erforderlich. Deutsche und in EU/EWR-Staaten zugelassene Kom müssen diese Voraussetzungen bereits heute erfüllen, um auf öffentlichen Straßen in Betrieb gesetzt zu werden.

Mit dem Wegfall der Tempo 100-Plakette und der Ausnahmegenehmigung nach § 46 II S. 1 können alle Kom, die die genannten Voraussetzungen erfüllen, ohne ein behördliches Verfahren in Deutschland zu durchlaufen, auf Autobahnen und autobahnähnlich ausgebauten Kraftfahrtstraßen 100 km/h fahren.

Insbesondere ist bezüglich der technischen Voraussetzungen noch auf Folgendes hinzuweisen:

zu a): Es ist sicherzustellen, dass der Bus nicht nur 100 km/h Höchstgeschwindigkeit fahren kann, sondern insgesamt von seiner Bauart auch dafür ausgelegt ist.

zu b) und c): Nach der Klasseneinteilung gemäß § 30d StVZO bzw. der Richtlinie 2001/85/EG sind dies Reisebusse (Klasse III) oder sog. „Kombibusse" (Überlandlinienbusse, Klasse II): vgl. dazu § 35a VI StVZO. Die genannten Busse müssen mit Sicherheitsgurten ausgerüstet sein; dies gilt auch für sog. „Kombibusse", wenn sie eine Genehmigung sowohl für Klasse III als auch für Klasse II haben.

Die Forderung nach Reisebestuhlung ergibt sich daraus, dass Busse > 3,5 t zul. Gesamtmasse (nur) mit Beckengurten ausgerüstet werden müssen und bei einem Frontalcrash bei den Insassen der sog. Klappmessereffekt eintritt. Hohe Rückenlehnen können dann als Aufprallkörper für die dahinter sitzenden Insassen genutzt werden.

Weiterhin soll sichergestellt werden, dass mitreisende Rollstuhlfahrer mit Sicherheitsgurten gesichert werden können und nicht nur – wie dies in Klasse I (Linienbusse) und Klasse II-Bussen üblich und genehmigungsfähig ist – durch gepolsterte Aufprallflächen.

zu e): Über diese Forderung sollen zB die durch die Richtlinie 2001/85/EG vorgeschriebenen Notausstiegssysteme (Öffnen der Fahrgasttüren in Notfällen, Nottüren, Notfenster, Notluken) bei Bussen aus Nicht-EU-/EWR-Staaten verlangt werden können.

Begr des Bundesrats zu Abs. 5 Nr. 3e: *Die vom VOGeber vorgesehene Fassung von § 18 V Nr. 3e StVO nF könnte im Falle einer Änderung der dort genannten EG-Richtlinie für Bestandsomnibusse aufwändige – oft wirtschaftlich nicht darstellbare – Nachrüstungen erforderlich machen. Um dies zu verhindern, wird eine Formulierung vorgeschlagen, nach der die jeweils zum Zeitpunkt der Erstzulassung des Kom geltende Fassung der EG-Richtlinie ausschlaggebend sein soll.*

Begr zur ÄndVO v. 26.3.2009 (BGBl. I S. 734) **zu Abs. 11** (BR–Drs. 87/09): *Mit dem Verbot* **12b** *... soll insbesondere dem bei extremen winterlichen StrVerhältnissen (Schneeglätte, Glatteis) auftretenden Missstand begegnet werden, dass Lkw und Zugmaschinen liegenbleiben und damit erhebliche VBehinderungen verursachen. Vor allem auf zweistreifigen Richtungsfahrbahnen kann so künftig verhindert werden, dass der nachfolgende Lkw-Verkehr an dem liegengebliebenen Lkw vorbeifährt und dann auf dem linken Fahrstreifen selbst liegenbleibt, die ganze Fahrbahn verstopft und kilometerlange Staus verursacht. Aber auch bei erheblichem Schneefall und Regen, wenn die Sichtweite weniger als 50 m beträgt (vgl. § 5 IIIa StVO), ist das Verbot einer Benutzung des äußerst linken Fahrstreifens notwendig, um gefährliche Überholvorgänge (Aquaplaning, schlechte Sicht) zu unterbinden.*

Begr zu § 53 Abs. 17*: *Kom, die vor dem Inkrafttreten der VO erstmals in den V gekommen sind* **12c** *und noch nicht über eine Tempo 100 km/h-Zulassung verfügen, könnten nach der Fassung des neuen § 18 V Nr. 3 keine Tempo 100 km/h-Zulassung mehr bekommen, da sie die technischen Anforderungen der Richtlinie 2001/85/EG vielfach nicht erfüllen könnten bzw. sich eine Nachrüstung wirtschaftlich nicht lohnen würde. Verfügen diese Kom aber bereits über eine Tempo 100 km/h-Zulassung genießt diese Bestandskraft. Folge wäre, dass nicht der technische Zustand des Kom über eine Tempo 100 km/h-Zulassung entscheiden würde, sondern der Zeitpunkt der Erteilung der Zulassung. Deshalb ist sowohl für im Inland als auch für im Ausland zugelassene Kom, die vor dem Inkrafttreten der VO erstmals in den Verkehr gekommen sind, das bisherige Erteilungsverfahren gem. § 18 V Nr. 3 (alt) bzw. § 46 II anzuwenden.*

VwV zu § 18 Autobahnen und Kraftfahrstraßen

1 Vgl. zu den Zeichen 330.1, 331.1, 333, zu den Zeichen 330.2 und 331.2 und zu den Zei- **13**
chen 330.1, 331.1, 330.2 und 331.2.

---

* Jetzt § 53 IIb.

Übersicht

13a

**Neunte Verordnung über Ausnahmen
von den Vorschriften der Straßenverkehrs-Ordnung
(9. Ausnahmeverordnung zur StVO)**

Vom 15. Oktober 1998 (BGBl. I 3171), zuletzt geändert am 31.8.2015 (BGBl. I 1474)

§ 1

[1]Abweichend von § 18 Abs. 5 Nr. 1 der Straßenverkehrs-Ordnung beträgt auf Autobahnen (Zeichen 330.1) und Kraftfahrstraßen (Zeichen 331.1) die zulässige Höchstgeschwindigkeit auch unter günstigsten Umständen für Personenkraftwagen mit Anhänger (Kombination) und für sonstige mehrspurige Kraftfahrzeuge mit einer zulässigen Gesamtmasse bis zu 3,5 t mit Anhänger (Kombination), für Kraftomnibus-Anhänger-Kombinationen jedoch nur, wenn der Kraftomnibus eine zulässige Gesamtmasse bis zu 3,5 t als Zugfahrzeug eine Tempo 100 km/h-Zulassung nach § 18 Abs. 5 Nr. 3 der Straßenverkehrs-Ordnung hat, 100 km/h, wenn

1. das Zugfahrzeug mit einem automatischen Blockierverhinderer ausgestattet und die zulässige Gesamtmasse des Anhängers ≤ X mal Leermasse des Zugfahrzeugs ist, dabei gelten folgende Bedingungen:
   a) für alle Anhänger ohne Bremse und für Anhänger mit Bremse, aber ohne hydraulische Schwingungsdämpfer: X = 0,3;
   b) für Wohnanhänger mit Bremse und hydraulischen Schwingungsdämpfern: X = 0,8;
   c) für andere Anhänger mit Bremse und hydraulischen Schwingungsdämpfern: X = 1,1, wobei als Obergrenze in jedem Fall der jeweils kleinere Wert der beiden folgenden Bedingungen gilt:
      aa) zulässige Gesamtmasse Anhänger ≤ zulässige Gesamtmasse Zugfahrzeug,
      bb) zulässige Gesamtmasse Anhänger ≤ zulässige Anhängelast;
   d) für Anhänger, die den Anforderungen des § 30a Abs. 2 der Straßenverkehrs-Zulassungs-Ordnung entsprechen, eine Erhöhung des Faktors nach Nummer 1 Buchstabe b auf X = 1,0 und nach Nummer 1 Buchstabe c auf X = 1,2, wenn
      aa) der Anhänger mit einer Zugkugelkupplung mit Stabilisierungseinrichtung für Zentralachsanhänger (gemäß ISO 11555-1 in der Fassung vom 1. Juli 2003*) oder

---

*Amtl. Anm.**: Als Fundstelle und Bezugsquelle der ISO-Norm 11555-1 gilt § 73 der Straßenverkehrs-Zulassungs-Ordnung mit folgendem Wortlaut:

*„§ 73
Technische Festlegungen*
Soweit in dieser Verordnung auf DIN- oder ISO-Normen Bezug genommen wird, sind diese im Beuth-Verlag GmbH, Burggrafenstr. 6, D-10787 Berlin, VDE-Bestimmungen auch im VDE-Verlag, Bismarckstr. 33, D-10625 Berlin, erschienen. Sie sind beim Deutschen Patentamt archivmäßig gesichert niedergelegt. "

bb) mit einem anderen Bauteil oder einer selbstständigen technischen Einheit ausgestattet ist, wodurch der Betrieb einer Kombination bis Tempo 120 km/h im Vergleich zur Nichtausstattung verbessert wird; nachgewiesen werden muss dies mit einem Teilegutachten nach Anlage XIX zur Straßenverkehrs-Zulassungs-Ordnung, einer Allgemeinen Betriebserlaubnis nach § 22 der Straßenverkehrs-Zulassungs-Ordnung oder einer Betriebserlaubnis nach § 20 oder § 21 der Straßenverkehrs-Zulassungs-Ordnung oder einem Nachtrag dazu;

2. im Falle einer nachträglichen Berichtigung der Fahrzeugpapiere des Anhängers ein amtlich anerkannter Sachverständiger oder Prüfer oder ein Prüfingenieur einer amtlich anerkannten Überwachungsorganisation mit einem Formblatt, das vom Bundesministerium für Verkehr und digitale Infrastruktur im Verkehrsblatt bekannt gegeben wird, einen Vorschlag für die Berichtigung nach § 13 Abs. 1 der Fahrzeug-Zulassungsverordnung in den Fällen der Nummer 1, ausgenommen Nummer 1 Buchstabe d Doppelbuchstabe bb, erstellt, oder, wenn eine Änderung nach Nummer 1 Buchstabe d Doppelbuchstabe bb vorliegt, er den vom Fahrzeugführer nach § 19 Abs. 4 Satz 1 Nr. 2 der Straßenverkehrs-Zulassungs-Ordnung mitzuführenden Nachweis erstellt und bestätigt, dass die Voraussetzungen dieser Verordnung vorliegen und dem Verfügungsberechtigten ein Informationsblatt für die Einhaltung der Bedingungen nach § 4 dieser Verordnung ausgehändigt worden ist;

3. die nach Landesrecht zuständige untere Verwaltungsbehörde auf der Grundlage einer Bestätigung nach Nummer 2 mit einem Eintrag in die Fahrzeugpapiere des Anhängers, im Falle des Satzes 2 auch des Zugfahrzeugs, die zulässige Höchstgeschwindigkeit einer Kombination unter Berücksichtigung der Bedingungen dieser Verordnung von 100 km/h bescheinigt;

4. die von der nach Landesrecht zuständigen unteren Verwaltungsbehörde gemäß § 5 ausgegebene und gesiegelte Tempo-100 km/h-Plakette an der Rückseite des Anhängers angebracht ist.

[2] Im Falle des Satzes 1 Nr. 1 Buchstabe d ist die Erhöhung der Faktoren auch zulässig, wenn das Zugfahrzeug mit einem speziellen fahrdynamischen Stabilitätssystem für den Anhängerbetrieb ausgestattet ist und eine Bestätigung des Herstellers für die in Satz 1 Nr. 1 Buchstabe d Doppelbuchstabe bb genannten Bedingungen vorliegt und dies in den Fahrzeugpapieren eingetragen ist.

§ 2

Der Bestätigung eines amtlich anerkannten Sachverständigen oder Prüfers oder eines Prüfingenieurs einer amtlich anerkannten Überwachungsorganisation nach § 1 Nr. 2 dieser Verordnung ist die Bestätigung einer in anderen Mitgliedstaaten der Europäischen Union oder der Türkei oder in anderen Vertragsstaaten des Abkommens über den Europäischen Wirtschaftsraum zugelassenen Stelle gleichwertig, wenn die der Bestätigung dieser Stellen zugrunde liegenden technischen Anforderungen, Prüfungen und Prüfverfahren denen der deutschen Stellen gleichwertig sind und die Bestätigung in deutscher Sprache erstellt wurde oder eine amtlich beglaubigte Übersetzung in deutscher Sprache vorgelegt und während der Fahrt mitgeführt und zuständigen Personen auf Verlangen zur Prüfung ausgehändigt wird.

§ 3

Die Reifen des Anhängers müssen zum Zeitpunkt der jeweiligen Fahrt, erkennbar am eingeprägten Herstellungsdatum, jünger als sechs Jahre und mindestens mit der Geschwindigkeitskategorie L (= 120 km/h) gekennzeichnet sein.

§ 4

Die Stützlast der Kombination ist an der größtmöglichen Stützlast des Zugfahrzeugs oder des Anhängers zu orientieren, wobei als Obergrenze in jedem Fall der kleinere Wert gilt.

§ 5

Die Ausführung der großen Tempo-100 km/h-Plakette nach § 1 Nr. 4 bestimmt sich nach § 58 Abs. 2 der Straßenverkehrs-Zulassungs-Ordnung.

§ 6

Bei allen Veränderungen, die dazu führen, dass den Anforderungen dieser Verordnung nicht mehr entsprochen wird, richtet sich die zulässige Höchstgeschwindigkeit nach der Straßenverkehrs-Ordnung.

§ 7

Bescheinigungen, die nach § 1 Nr. 5 in der bis zum 21. Oktober 2005 geltenden Fassung ausgestellt worden sind, behalten in Bezug auf die darin zum Anhänger der Kombination enthaltenen Angaben weiterhin ihre Gültigkeit.

§ 8

Diese Verordnung tritt am Tage nach der Verkündung in Kraft.

Begr: VkBl. **98** 1312; zur ÄndVO v. 23.3.01: VkBl. **01** 204; zur ÄndVO v. 27.10.03: VkBl. **03** 782; zur ÄndVO v. 7.10.05:VkBl. **05** 762; zur ÄndVO v. 15.4.2008:VkBl. **08** 331.

13b **Zwölfte Verordnung über Ausnahmen
von den Vorschriften der Straßenverkehrs-Ordnung (12. Ausnahmeverordnung zur StVO)**

Vom 18. März 2005 (BGBl. I 866), zuletzt geänd. durch VO v. 26.10.09 (BGBl. I 3678)

§ 1

Abweichend von § 18 Abs. 5 Satz 2 Nr. 1 der Straßenverkehrs-Ordnung beträgt die zulässige Höchstgeschwindigkeit für Kraftfahrzeuge mit einem zulässigen Gesamtgewicht von über 3,5 t bis 7,5 t, die im Fahrzeugschein als Wohnmobil bezeichnet sind, auf Autobahnen (Zeichen 330.1) und Kraftfahrstraßen (Zeichen 331.1) 100 km/h.

§ 2

Aus den Fahrzeugpapieren von im Ausland zugelassenen Wohnmobilen im Sinne des § 1 muss eindeutig zu ersehen sein, dass diese das zulässige Gesamtgewicht von 7,5 Tonnen nicht überschreiten.

§ 3

Diese Verordnung tritt am Tage nach der Verkündung in Kraft.

Begr: VkBl. **05** 364; **09** 719 (hierzu Rn. 19a).

14 **1. Autobahnen und Kraftfahrstraßen.** § 18 enthält gemeinsame Regeln für die Benutzung von AB (Z 330.1) und KraftfahrStr (Z 331.1), die sich im Wesentlichen nur dadurch unterscheiden, dass die AB kreuzungsfrei ist, wohingegen dies bei der Kraftfahrstr nicht zwingend notwendig ist (Rn. 1–3). Die Eigenschaft als AB oder KraftfahrStr wird ausschließlich durch die rechtsgestaltenden Z 330.1, 331.1 begründet und nicht begrifflich oder nach dem Ausbau der Str; Beginn und Ende richten sich demgemäß nach dem Standort der Z 330.1/330.2, 331.1/ 331.2 (Dü VRS **94** 232, Ha VRS **48** 65). AB-Nebenfahrbahnen wie die Zu- und Abfahrten an AB-Tankstellen und die Verbindungsfahrbahnen zwischen den Aus- und Einfahrten der Anschlussstellen, Verbindungsfahrbahnen zwischen der durchgehenden Fahrbahn und einem Parkplatz sowie dessen Ausfahrverbindung zur durchgehenden Fahrbahn, sind Bestandteile der AB, weil diese ABTeile zwischen den konstituierenden Z 330.1 und 330.2 liegen (Bay VRS **58** 154, Dü VRS **94** 232, *Booß* VM **79** 30, offengelassen v. Dü VM **79** 29). *Parkplätze, Tank- und Raststättengelände* gehören zwar zur AB, unterliegen jedoch jedenfalls nicht durchgehend den strengen Regeln des § 18 (BGHSt **47** 252 = NZV **02** 376, Bay VRS **58** 154, Fra VRS **57** 311, Ko NZV **94** 83, abl *Booß* VM **94** 16), weil sie jedenfalls zT anderen Zwecken als dem Schnellverkehr dienen (BHHJ/*Heß* Rn. 1).

14a Die **AB-Kriechspur** (§ 2 Rn. 63) ist kein Sonderweg, sondern Teil der Gesamtfahrbahn (BGHSt **30** 85 = NJW **81** 1968, Kö VRS **62** 303). „Schnelle" Kfz müssen sie nicht benutzen, VZ sind jedoch zu beachten (BGHSt **23** 128 = NJW **70** 62). Wegfall der Kriechspur: Rn. 17.

14b Die sog **Standspur** (rechter Seitenstreifen oder „Pannenstreifen", Begr zu VIII) gehört, wie auch der linke Randstreifen zum Grünstreifen hin, zur AB, ist jedoch, soweit nicht durch VZ 223.1 abw geregelt, nicht Bestandteil der Fahrbahn (§ 2 I S. 2; BGHSt **30** 85 = NJW **81** 1968, Fra VRS **46** 71, Kö VRS **50** 370, Ol VRS **60** 312, Dü VRS **68** 141, Ha VersR **91** 83, Ba DAR **08** 218 (L)). Der Fahrbahnbelag der Standspur entspricht oft demjenigen der übrigen AB, optische Trennung wird idR durch Z 295 (Fahrbahnbegrenzung) erreicht. Die Standspur dient nicht dem normalen FahrV. Zweck: KfzAbstellen bei Not- oder Unfällen (§ 16 OWiG; Ha VersR **91** 83, VRS **59** 228, Dü VRS **47** 214, Ol VRS **60** 312), bei Pannen ohne Weiterfahrmöglichkeit oder -recht (Rn. 23, 24), bei Kraftstoffmangel, überhaupt zwecks Sicherung bei Liegenbleiben (Bra ZfS **94** 197, Ba VersR **78** 256). Befahren der Standspur ist (soweit nicht durch Z 223.1 angeordnet) nur in Ausnahmefällen, stets mit äußerster Vorsicht (Mü NVZ **94** 399), zulässig, etwa, um PannenFz möglichst rasch und ohne unnötige Behinderung des fließenden V von der AB zu entfernen oder durch Pol- und RettungsFz (§ 35; BGHSt **30** 85 = NJW **81** 1968, Ol VRS **60** 312, *Seidenstecher* DAR **93** 83), soweit erforderlich auch zur Bildung einer freien Gasse zwischen den Fahrstreifen für HilfsFz (§ 11 II), sowie bei völlig irregulären Verhältnissen, zB Glatteis, Unfall oder entgegenkommendem Falschfahrer, nicht aber bei Stau auf der Fahrbahn der AB (LG Bochum NZV **16** 427). Trotz Trennung durch Z 295 gilt für die Standspur das Gebot Nr. 1a gem. Anl 2 lfd. Nr. 68 Spalte 3 nicht. Die Standspur ist kein Mehrzweckstreifen (Begr zu VIII; Rn. 11). Langsamfahrer (Panne) im DurchgangsV dürfen sie nicht mitbenutzen, Halten ohne zwingenden Grund ist unzulässig (VIII; Rn. 23), ebenso Rückwärtsfahren (VII; Ol VRS **60** 312, Dü VRS **68** 141, Ba DAR **08** 218 (L), s. auch Rn. 29). Soweit die frühere Rspr. die Standspur als Bestandteil der Richtungsfahrbahn ansah (zB BGHSt **30** 85), ist sie mit der Einfügung von § 2 I S. 2 durch die 12. StVO-ÄndVO v. 22.12.92 (BGBl. I S. 2482) gegenstandslos geworden. Das bedeutet, dass der Kf, der *unter Benutzung der Standspur Fz „überholt"*, die den regulären Fahrstreifen befahren, *nur gegen § 2 I, nicht aber auch gegen § 5 I verstößt* (§ 5 Rn. 66, s. auch Begr zur 12. StVO-ÄndVO, § 2 Rn. 16b). Ohne polizeiliche Weisung darf auch bei Stau an den Fahrstreifen nicht auf der Standspur an der stockenden Fz Kolonne vorbeigefahren werden, um die nächste Ausfahrt zu erreichen (BGHSt **30** 85 = NJW **81** 1968, Dü VRS **47** 214, *Bouska* VD **77** 205). Ein solches Verhalten kann zu erheblichen Gefahren für diejenigen führen, die ordnungsgemäß den Fahrstreifen benutzen und von diesem in die Ausfahrt einbiegen. Allgemein zum Seitenstreifen (Bankett): § 2 Rn. 25. An Eng- oder Baustellen kann die Standspur, durch VZ (Markierung, Markierungsknopfreihen) gekennzeichnet, **vorübergehend als Fahrstreifen** dienen (Bay DAR **79** 111). Auch soweit dies nicht durch VZ 223.1 geschieht, ist Benutzung dann jedenfalls nicht vorwerfbar (Verbotsirrtum; *Bouska* NZV **00** 29). Anordnung der Benutzung als Fahrstreifen: § 41 Rn. 248b (zu Z 223.1).

Literatur: *Bouska,* … Zur verkehrsrechtlichen Einordnung der sog „Standspur" …, VD **79** 43. *Hentschel,* **14c** Freigabe des Seitenstreifens als Fahrstreifen, NJW **02** 1238. *Mühlhaus,* Über die Standspur der AB, DAR **78** 162.

2. Zugelassene Fahrzeuge (Abs. 1). AB und KraftfahrStr dienen dem SchnellV. Zugelassen **15** sind Kfz, deren bauartbedingte Höchstgeschwindigkeit durch den FzSchein ausgewiesen mehr als 60 km/h beträgt; das gilt ebenso für Anhänger (I S. 1). Zugelassen ist also auch, wer die Mindestgeschwindigkeit erreichen kann, tatsächlich aber langsamer fährt (Dü DAR **59** 134). Jedoch kann dies gegen § 3 II verstoßen (näher Rn. 19). Außerdem ist dann erhöhte Aufmerksamkeit gegenüber dem SchnellV zu fordern (Mü VersR **62** 459). Wer wegen eines Defekts sehr langsam fahren muss, hat bei nächster Gelegenheit beiseite zu fahren, sonst haftet er bei Auffahrunfall (Kö NJW **65** 2310). Außerdem muss er äußerst rechts bleiben (Ce VersR **66** 966). Bei nächster Gelegenheit muss er ausfahren. Wer wegen Motorschadens verlangsamen muss, muss durch mehrfaches Antippen der Bremsen warnen (Lkw; BGH VM **73** 4). Auch zulassungsfreie Kleinkräder und Motorroller sind zugelassen, sofern sie die Mindestgeschwindigkeit bauartbedingt erbringen. Demgegenüber sind FmH ausgeschlossen. Soweit § 18 nicht Sonderregeln vorsieht, gelten die allgemeinen Regeln. Rechtsfahren: §§ 2, 7. Fahrstreifenfahren, Fahrstreifenwechsel, Wegfall eines Fahrstreifens, Fahrstreifenverengung: § 7. Allgemeine Fahrgeschwindigkeit: Rn. 19 und § 3. Abstand: § 4. Nebeneinanderfahren: §§ 7, 37, 42 VI. Parken: § 12. Richtlinien für AB-Wildschutzzäune: VkBl. **75** 478.

Höhe und Breite von Fahrzeug und Ladung (Abs. 1 S. 2) entsprechen den in § 22 II **15a** S. 1 vorgeschriebenen Maßen (4 m und 2,55 m). Daran haben sich auf allen AutoStr auch mit land- oder forstwirtschaftlichen Erzeugnissen beladene Fz zu halten. Die **Sonderregelung des I S. 3** für KühlFz (2,6 m Breite) beruht auf der in § 32 I Nr. 4 StVZO enthaltenen Regelung. Die **FerienreiseVO** verbietet in der Zeit vom 1.7. bis 31.8. Lkw-Verkehr auf bestimmten AB an allen Samstagen zwischen 7 und 20 Uhr. Sie ist verfassungskonform (§ 6 StVG Rn. 14).

3. Einfahren (Abs. 2) darf der Verkehr auf die AB nur an den gekennzeichneten Anschluss- **16** stellen (Z 330.1) und nur in der baulich gekennzeichneten, erlaubten Fahrtrichtung (Rn. 18a), nicht auf benutzbaren anderen Wegen, auch wenn dort kein VerbotsZ steht (Bay DAR **57** 21), weil das den durchgehenden Verkehr gefährden und das gefahrlose Einfädeln meist erschweren würde. Das Einfahren über einen auch vom allgemeinen StrNetz aus erreichbaren Raststättenbereich ist nach I allenfalls Gästen erlaubt, weil die von diesem Bereich aus benutzbaren ABZufahrten dem allgemeinen Verkehr nicht eröffnet und für die Aufnahme bloßen einfahrenden Durchgangsverkehrs nicht bestimmt sind. Erst recht darf nicht über das Raststättengelände auf die AB eingefahren werden, wenn die Zufahrt zu diesem nur für Zulieferer freigegeben ist (Z 250 mit ZusatzZ; Ko VRS **65** 468). Einfahren idR nur hintereinander (Hb NZV **00** 507), außer bei sehr ruhigem Durchgangsverkehr, weil sonst erhebliche Behinderungsgefahr entstehen kann (Ce VersR **73** 928, aM wohl Ha VersR **78** 674 mit zw Begr). Ein einfahrender Lastzug muss alsbald so weit wie möglich beschleunigen, um den fließenden Verkehr nicht zu gefährden oder zu behindern (Ce VersR **73** 352). Bei schlechter rückwärtiger Übersicht muss die Beschleunigungsspur voll ausgenutzt und an deren Ende notfalls eine ausreichende Lücke abgewartet werden (Fra VM **76** 15). Benutzer der durchgehenden Fahrstreifen müssen nicht mit unvermitteltem Einfahren vom Seitenstreifen aus kurz vor ihnen rechnen (Fra VM **75** 93). Der Einfahrende darf nicht in einem Zug sofort auf den Überholfahrstreifen fahren, sondern muss sich vor dem Überholen im Hinblick auf die hohen Geschwindigkeiten auf AB zunächst in den VFluss auf dem rechten Fahrstreifen einfügen, um sich unter Beachtung einer gesteigerten Sorgfaltspflicht in Ruhe über den nachfolgenden V zu orientieren (BGH NJW **86** 1044). Wer beim

Einfahren sofort auf den Überholstreifen und anderen Fz in den Weg fährt, ist idR allein verantwortlich (Ha NZV **92** 320, **94** 229; Nau NZV **08** 618), insbes. bei starkem Abbremsen (Ce VersR **79** 916). Ein ÜberholverbotsZ bei Z 331.1 (KraftfahrStr) gilt mindestens bis zur vollen Einordnung des Einfahrenden auf der durchgehenden Fahrbahn (Ha VRS **55** 62).

17   **4. Vorfahrt (Abs. 3)** vor dem Einfahrenden hat der durchgehende V auf der AB und den KraftfahrStr. Auf Beachtung darf er vertrauen (Kö VM **98** 87). Der einfahrende V ist wartepflichtig und darf nur so einfahren, dass er den durchgehenden V nicht gefährdet oder behindert (Ko VersR **94** 361, Kö NZV **06** 420, KG DAR **01** 399, Kar NZV **96** 319). Das Vorfahrtrecht besteht auch dann, wenn auf der durchgehenden Fahrbahn „Stopp-and-go-Verkehr" herrscht (Ha NStZ **18** 723; LG Essen, Beschluss v. 8.4.2013, 15 S. 48/13 juris) und wird auch nicht dann aufgehoben, wenn sich der Verkehr staut (**aM** Ha NStZ **18** 723 mablBspr *König* DAR **19** 369 f.). Durchgehende Fahrbahn: alle Fahrstreifen für durchgehenden V einschließlich der Kriechspuren (Begr). Bei freier Überholspur sollten Durchfahrende vorübergehend rechtzeitig und deutlich dorthin ausbiegen, um das Einfahren zu erleichtern (§ 11, Kö VRS **28** 143, Ko VersR **94** 361), jedoch nur, wenn eine Behinderung Überholender ausgeschlossen ist. Einfahrende dürfen darauf nicht vertrauen (Kö VRS **28** 143, Ko VersR **94** 361). Anschlussstellen zum Einfahren im Sinn dieser Regelung sind auch Ausfahrten aus ABParkplätzen (Schl VM **61** 84). Gemeinsame Verzögerungs- und Beschleunigungsstreifen in AB-Kreiseln gehören zum durchgehenden Verkehr und verschaffen Vorfahrt (Ha VkBl. **70** 188). Benutzer der **Kriechspur** (§ 2 Rn. 63) haben vor dem Einfahrenden Vorfahrt, wenn sie schon nahe an die Einfädelstelle herangekommen sind (Begr). Das ist besonders für Fz mit langem Bremsweg bedeutsam. Der Einfahrende darf nur Lücken benutzen, die entweder den durchgehenden V nicht zu wesentlichem Verlangsamen zwingen oder diesem ermöglichen, gefahrlos auf den Überholstreifen auszuweichen (Ko DAR **87** 158). Muss der durchgehende V vor dem Einfahrenden abbremsen, so hat dieser seine Wartepflicht verletzt (Ha VRS **99** 332, ZfS **93** 365, Kar NZV **96** 319, KG VRS **112** 187; NZV **08** 244). Wer in eine zu geringe Lücke zwischen einem AB-Stau und einem herannahenden Lastzug noch auf die Fahrbahn einfährt, trägt überwiegende Schuld (Kö VersR **73** 91). Die Vorfahrt des durchgehenden V ist besonders sorgfältig zu beachten, denn kann dieser, wenn er hinter dem Vorfahrtverletzer nicht nach Möglichkeit abbremst, mithaften müssen (Mü VersR **78** 651, KG VRS **112** 187) oder uU auch den Schaden allein zu tragen haben (Kar NZV **96** 319.) Am Ende der **Kriechspur** hat wiederum, wie aus ihrem Zweck folgt, der Schnellverkehr auf der Normalspur im Verhältnis zu ihr Vorrang (Bay VM **72** 51), auch wenn dies nicht durch VZ angeordnet ist; jedoch hat er soweit möglich das Zurückgliedern durch Linksausweichen zu ermöglichen (§ 11). Alle Einfahrenden müssen sich mit größter Sorgfalt eingliedern. Vom durchgehenden V ist auch ohne diesbezügliche Rechtspflicht zu erwarten, dass er das Einfahren durch rechtzeitiges deutliches Linksausbiegen fördert (§ 11; Ha VRS **99** 332, Kö VM **65** 23), jedoch nur, wenn dies mit Sicherheit niemand gefährdet oder behindert (Stu VRS **45** 437). Hierauf darf aber der Wartepflichtige selbst dann nicht vertrauen, wenn der Vorfahrtberechtigte den linken Fahrtrichtungsanzeiger betätigt (Ha ZfS **93** 365). Sog. **Verteilerfahrbahnen,** die im Bereich von ABKreuzen parallel zu den durchgehenden Fahrbahnen verlaufen, dienen im Verhältnis zu den tangential in sie einmündenden Zufahrten nicht iS von III dem durchgehenden V (Dü VRS **67** 375, NZV **89** 404: Verständigungspflicht (zust *Booß* VM **89** 95, *Bouska* NZV **00** 31)). **Einfädelungsstreifen** (§ 8 Rn. 34b) gehören nicht zu den „durchgehenden Fahrbahnen", von dort Einfahrende sind daher wartepflichtig (BGH NJW **86** 1044, Nau NZV **08** 25, Ko DAR **87** 158, Kar NZV **96** 319). Doch ist ihnen gegenüber Rücksicht zu üben, weil sie sonst nicht mit höherer Geschwindigkeit einfahren können. Einfahrende Lkw sind wegen Schwerfälligkeit und geringer Beschleunigungsfähigkeit auf Entgegenkommen der Vorfahrtberechtigten angewiesen, weswegen BG des vorfahrtberechtigten Auffahrenden nicht völlig zurücktritt (Ha NZV **93** 436 (20 %), KG VRS **112** 187 (30 %), Nau NZV **08** 25 (30 %)). Das Nichtausnutzen eines Einfädelstreifens (Beschleunigungsstreifens) beim Einfahren in die durchgehende Fahrbahn kann unfallursächlich sein (Ha VersR **75** 542). Wer vom Einfädelungsstreifen auf die durchgehende Fahrbahn mit solcher Geschwindigkeit und solchem Abstand vom Nachfolgenden einfährt, dass dieser nicht verlangsamen muss, weil die AB iÜ frei ist und der Abstand alsbald wieder größer wird, beeinträchtigt die Vorfahrt nicht (Abstand beim Einfahren halber Tachoabstand, Ha 3 Ss OWi 1110/72). Hat ein soeben langsam eingefahrener Lastzug die AB schon etwa 40 m auf der Normalspur befahren, so kommt idR auch gegenüber einem mit „140" auf 250 m Aufgerückten keine Vorfahrtsverletzung mehr in Betracht (Ha VRS **40** 297). Wer als zweiter FzF früher als der Vorausfahrende vom Einfädelungsstreifen auf den rechten Fahrstreifen nach links ausschert (s. aber Rn. 16), er-

langt ein Vorfahrtsrecht gegenüber dem auf dem Einfädelungsstreifen Verbleibenden (Bay VM **70** 60, Ko DAR **87** 158), muss aber mit dessen Einfädeln rechnen und uU zurückstehen (§ 11 III, Ol DAR **80** 343). Ihn trifft besondere Sorgfaltspflicht und bei Kollision Mitschuld (Ko DAR **87** 158, Ol DAR **80** 343 (Haftung zu ³/₄)). Zur Haftungsverteilung s. auch Rn. 30.

4a. Zeichengeben. Wer in die AB an einer Anschlussstelle einfährt, kommt aus einem ande- **18** ren StrTeil, ändert seine Fahrlinie nach links hin, braucht äußerste Sorgfalt (§ 10) und muss da- her links blinken (§ 10). Auch Einfädelungsstreifen sind *in diesem Sinn* andere StrTeile (s. iÜ aber § 8 Rn. 34b). Treffen zwei ABFahrbahnen in einer zusammen (Wartepflicht kraft VZ der von rechts kommenden Fahrbahn), so liegt weder Richtungsänderung noch Einfahren aus einem anderen StrTeil vor, so dass die §§ 9, 10 nicht gelten. Blinkpflicht besteht hier aber gem. § 7 V S. 2 vor Fahrstreifenwechsel. Vorher ist nach hinten zu beobachten, dabei der tote Winkel zu berücksichtigen und rechtzeitig zu blinken (Dü VM **73** 77). Zeichengeben bei Ausfahren: Rn. 28.

5. Fahrgeschwindigkeit (Abs. 5, 6). Innerorts darf auf der AB (nicht auf der KraftfahrStr) **19** schneller als 50 km/h gefahren werden; § 3 III Nr. 3 gilt insoweit nicht. Allgemein zur Fahrge- schwindigkeit, bei Glätte, schlechter Sicht, Nebel, Blendung, Unübersichtlichkeit, Fahrbahnhin- dernissen, über Geschwindigkeitsbeschränkungen durch VZ, AB-Richtgeschwindigkeit, Abstand zum Vordermann, Auffahrunfälle, Nötigung durch dichtes Aufschließen, behinderndes Langsam- fahren: §§ 3, 4 sowie zu § 240 StGB. Benutzung von Fahrstreifen mit unterschiedlicher Ge- schwindigkeitsbeschränkung: § 2 Rn. 40. Fahren mit Fern- und Abblendlicht: § 17 (zu VI Rn. 19b). Bei Platzregen und überhaupt **bei Nässe** oder wassergefüllten Spurrillen droht allen Kfz bei höherer Geschwindigkeit Wasserglätte (§ 3 Rn. 18), so dass sie große Abstände halten und angemessen langsam fahren müssen (Kö VRS **44** 276). Fahren mit „110" bei lediglich reg- nerischem Wetter ohne besondere Umstände muss nicht grobfahrlässig sein (Nü VersR **77** 659 (Kaskoversicherung)). Fahren mit 120 km/h auf regennasser AB bei Dunkelheit ist für sich allein kein schuldhaftes Verhalten (Kö VersR **82** 708); denn die besonderen Verhältnisse auf der AB erlauben auch bei Dunkelheit regelmäßig höhere Geschwindigkeiten als auf anderen Str (Fra ZfS **93** 45). Auch auf der AB darf aber idR niemand damit rechnen, dass sich keine oder nur ausreichend beleuchtete **Hindernisse auf der Fahrbahn** befinden (§ 3 Rn. 25, 27). Sichtge- schwindigkeit ist nötig, weil niemand darauf vertrauen darf, jenseits von Kuppen oder Kurven freie Fahrt zu haben (§ 3 Rn. 15; Ce VersR **75** 264, *Lippold* NZV **92** 63, s. aber Rn. 19b). **Fahr- geschwindigkeit an Unfallstellen:** § 3 Rn. 27. Korrektes **Langsamfahren** (s. auch Rn. 15) mit einem Lkw verpflichtet nicht, den übrigen Verkehr zu warnen („40–50"; Kar VersR **79** 776, **75** 668). Mit einem nachts auf einer Steigung mit nur 50 km/h fahrenden Lkw muss ein Kf rechnen (Fra NZV **01** 169). IÜ müssen aber ABBenutzer mit grundloser erheblicher Unter- schreitung der Mindestgeschwindigkeit des I S. 1 (60 km/h) nicht ohne Weiteres rechnen (Fra VersR **96** 1553 (35 km/h zu Orientierungszwecken)). Bei Gefahr des Auffahrens Nachfolgender sind WarnZ (insbesondere Warnblinkanlage) zu geben (Fra NJW **85** 1353 (20–30 km/h), VRS **86** 89 (Rundumleuchten bei Militärkolonne mit 15–25 km/h)). Besonders im Bereich von Überholverboten wird grundloses Langsamfahren stets gegen § 3 II, uU auch gegen § 1 versto- ßen (Rn. 15). Wer ohne anzuerkennenden Grund auf AB als PkwF nur 60 km/h fährt, handelt schuldhaft (AG Wilhelmshaven NZV **03** 181). Ein wegen Steigung nur 25 km/h fahrender LkwF kann Anlass haben, besonders auf den nachfolgenden Verkehr zu achten (Fra VersR **99** 771 (keine Entlastung nach § 17 III StVG bei Auffahrunfall)). Zur Mithaftung des auf der AB zu langsam Fahrenden § 3 Rn. 47. Fährt eine Militärkolonne (bei Dunkelheit) ungewöhnlich lang- sam, so ist der Verkehr ausreichend zu warnen (Warnblinken; Ce VersR **77** 454).

Abs. 5 S. 2 normiert Geschwindigkeitsbegrenzungen für bestimmte Arten von Kfz. Die **19a** Regelung der *auch* (nicht *„nur"*, vgl. BGH NJW **06** 896, 898) unter günstigsten Umständen zulässigen Höchstgeschwindigkeit der in V S. 2 bezeichneten Kfz auf der AB weicht von derjeni- gen für KraftfahrStr ab (Begr). Autobahnähnliche KraftfahrStr sind jedoch außerorts der AB gleichgestellt. Voraussetzung ist Trennung der Richtungsfahrbahnen durch Grünstreifen, Bord- steine, Leitplanken oder ähnliche Einrichtungen, durch die das Überfahren der Fahrbahnbegren- zung erschwert wird; Fahrstreifenmarkierungen, auch in Form einer Doppellinie, reichen für sich genommen nicht aus (Dü NStZ-RR **07** 214 (jedoch soll vermeidbarer Verbotsirrtum in Betracht kommen, zw), *Bouska* DAR **89** 164). **Lkw-Begriff:** § 21 Rn. 10. Die Eintragung im FzSchein ist nicht entscheidend (s. auch § 30 Rn. 10); V S. 2 Nr. 1 gilt daher, wenn das Fz trotz Eintragung als Pkw nach Bauart und Einrichtung zum Gütertransport bestimmt ist (Bay NJW **04** 306 (zust *Kramer* VD **03** 267, *Blümel* DAR **04** 39, abl *Zwiehoff* ZfS **05** 272), Ha NJW **06**

241, 245, Brn VRS **108** 377, Kar DAR **04** 715, Jn NJW **04** 3579, abw AG Freiburg NZV **04** 265
(aufgehoben), AG Elmshorn SVR **07** 275 (zu § 30 III)). Denn nur bei Zugrundelegung der tat-
sächlichen Eigenschaften und der konkreten Einsatzart eines Fz kann der Zweck der in § 18
getroffenen Geschwindigkeitsregelungen erreicht werden (Bay NJW **04** 306, Ha NJW **06** 241,
Kar DAR **04** 715 (alle zu den sog. „Sprintern")). Europarechtlich ist dies unbedenklich (EuGH
NJW **06** 2539 (hierzu **E** 15), zust *Marquardt* VD **06** 264). Irrtum ist Verbotsirrtum (Bay NJW **04**
306, Ha NJW **06** 241, 245, Kar DAR **04** 715, Jn NJW **04** 3579 (vermeidbarer Verbotsirrtum
jedenfalls nach FzUmbau)). Soweit unvermeidbarer Verbotsirrtum (**E** 157) abgelehnt wird (Bay
NJW **04** 306, Brn VRS **108** 377), erscheint dies jedenfalls für die Zeit vor Bekanntwerden von
Bay NJW **04** 306 sehr streng (s. auch Ha NJW **06** 241, Jn NJW **04** 3579, AG Freiburg NZV **04**
265, AG Elmshorn SVR **07** 275 (zu § 30 III; unvermeidbarer Verbotsirrtum bejaht), *Kramer*
VD **03** 270). Für **Wohnmobile** (die rechtlich weder Pkw noch Lkw sind) mit einem zulässigen
Gesamtgewicht von mehr als 3,5 t gilt grundsätzlich V S. 2 Nr. 1 (80 km/h). Nach Maßgabe von
§§ 1, 2 der 12. StVO-AusnahmeVO (Rn. 13b) dürfen sie aber, wenn sie 7,5 t zulässiges Gesamt-
gewicht nicht überschreiten, auf AB und KraftfahrStrn 100 km/h fahren. Die zunächst geltende
Befristung ist durch VO v. 26.10.09 aufgehoben worden, weil das Unfallgeschehen von schweren
Wohnmobilen unauffällig war (VkBl. **09** 719). Wohnmobile mit Anhänger: V S. 2 Nr. 1
(80 km/h). **Kombinationen** (Gespanne, also Pkw mit Anhänger, mehrspurige Kfz bis 3,5 t mit
Anhänger) dürfen nach Maßgabe der 9. StVO-AusnahmeVO (Rn. 13a, nunmehr unbefristet) auf
AB und KraftfahrStr 100 km/h fahren; an der Rückseite des Anhängers müssen gem. § 1 Nr. 4
der AusnVO Tempo-100-Plaketten angebracht sein. Vor Inkrafttreten der ÄndVO v. 7.10.05 am
22.10.05 nach der früheren Fassung von § 1 Nr. 5 und der Anl zur 9. StVO-AusnahmeVO von
der StrVB ausgestellte Bescheinigungen behalten in Bezug auf die darin enthaltenen Angaben
zum Anhänger der Kombination ihre Gültigkeit (VkBl. **05** 765). Für **Busse** (Kom) bis 3,5 t mit
Anhänger gilt die 100 km/h-Regelung der 9. StVO-AusnahmeVO nach deren § 1 nur, wenn
der Bus als Zugfz eine Tempo 100 km/h-Zulassung nach V S. 2 Nr. 3 hat. Nach Maßgabe von V
S. 2 Nr. 3 beträgt für die dort genannten Busse die AB-Höchstgeschwindigkeit 100 km/h. Über
die technische Eignung der einzelnen Kom für eine solche Geschwindigkeit unter Berücksichti-
gung der VSicherheit entscheidet die ZulB (§ 6 FZV; *Bouska* DAR **83** 263). Bei Vorliegen der
Eignung ist die Eintragung im FzSchein auf Verlangen des Halters vorzunehmen (Rechtsan-
spruch; Text der Eintragung: „Für 100 auf AB-geeig."; BMV – StV 11/36.17.06 –, VkBl. **84**
161). Bei wahlweise als Kom oder Lkw zugelassenen Fz kommt es auf die Art des Einsatzes bei
der konkreten Fahrt an (Bay VRS **101** 457). V S. 2 Nr. 3 ist seit 8.12.07 neugefasst, wobei die
Neuregelung wesentliche Verfahrensvereinfachungen für ausländische Kom erbringt; eine Aus-
nahmegenehmigung nach § 46 ist nicht mehr erforderlich, gleichfalls keine „100-Plakette"
(Begr Rn. 12a; Ko ZfS **07** 230 ist damit im Wesentlichen überholt). Für Alt-Fz, also solche, die
vor dem 8.12.07 in den V gebracht wurden, gilt die alte Regelung fort (§ 53 II Nr. 2, Begr,
Rn. 12b). Ausnahmegenehmigung durch die oberste Landesbehörde: § 46 II. Für selbstfahrende
Arbeitsmaschinen über 2,8 t ohne Anhänger gilt V S. 2 Nr. 1 (Dü VRS **98** 53).

19b   **Abs. 6** gilt nur für die AB, nicht für die nicht kreuzungsfreien Kraftfahrstr (Begr; Stu DAR **74**
189). Die Vorschrift enthält für das **Fahren mit Abblendlicht** keine Ausnahme (BGH NJW **84**
2412, **87** 1075, Fra ZfS **02** 425, Ha NZV **00** 369, Ba NZV **00** 49; Gesetzeskritik bei *Bohnert*
DAR **86** 11), sondern eine Eingrenzung des Sichtfahrgrundsatzes (§ 3): **a)** Der Kf muss ohne
besonderen Anlass (Dü VM **79** 69 (liegengebliebenes Fz)) nicht damit rechnen, dass zwischen
den klar erkennbaren Schlussleuchten des auf demselben Fahrstreifen (Kö NZV **93** 271) Voraus-
fahrenden und ihm bei ausreichendem Abstand (nicht auch bei 300 m und mehr, Schl VersR **95**
476) von der Seite her plötzlich ein Hindernis entsteht (BGH NJW **84** 2412, Ba NZV **00** 49
(nicht dagegen auch *vor* dem Vorausfahrenden)), etwa durch einen verbotswidrig auf der Fahr-
bahn gehenden Fußgänger (Mü NZV **93** 26). **b)** andere Lichtquellen (Scheinwerfer des Gegen-
verkehrs, kurzes Aufblenden, Mondschein, helle Fahrbahn, rückstrahlende Leiteinrichtungen)
können den Fahrbahnverlauf und Hindernisse auf der Fahrbahn, auch wenn niemand voraus-
fährt, uU schon auf erhebliche Entfernung deutlich zeigen und erlauben daher höhere Fahrge-
schwindigkeit.

20   **6. Überholen** darf nur, wer gewiss sein kann, dass, falls er dazu ausscheren muss (§ 5 Rn. 42),
Gefährdung des nachfolgenden V (§ 5 IV S. 1; Dü VersR **97** 334, Ko DAR **80** 182, Kar VRS **74**
166), auf KraftStr in allen Fällen des Überholens auch Gefährdung des GegenV (§ 5), ausge-
schlossen ist, und bei ausreichendem Geschwindigkeitsunterschied (§ 5 II). Zum „nachfolgenden
Verkehr" iS von § 5 IV S. 1 gehört (vgl. § 5 IV S. 4) nicht auch der soeben Überholte, den der

Überholer schneidet (so schon zu § 18 IV aF Zw VRS **53** 466). Geboten ist äußerste Sorgfalt des Überholenden (**E** 150, § 5, Kö VersR **78** 143). Eine nur leichte Behinderung (geringfügiges Abbremsen) hat der Nachfolgende trotz § 5 IV S. 1 uU hinzunehmen (§ 5 Rn. 42, dort zur Sorgfaltspflicht gegenüber dem Nachfolgenden). Wer bei Dunkelheit mit hoher Geschwindigkeit (zB „140") eine erheblich langsamere Kolonne überholt, muss besonders sorgfältig auf etwa Ausscherende achten (Dü VersR **78** 429), ist aber selbst bei Annäherungsgeschwindigkeit von 180 km/h nicht allgemein zum Verlangsamen verpflichtet (Bay VRS **59** 224, Ha DAR **71** 193, KG VM **85** 63, Kö VersR **78** 143). Mit plötzlichem Ausscheren auf geringe Entfernung muss er nicht rechnen (KG VRS **56** 264, Stu NZV **89** 437), auch nicht bei hoher Fahrgeschwindigkeit („170"; Ko VRS **42** 310), hat aber bei Erkennbarkeit solchen Verhaltens sofort zu verlangsamen (Stu NZV **89** 437, Kö VersR **91** 1301). Mit hohen Fahrgeschwindigkeiten von hinten Aufrückender muss ein Vorausfahrender rechnen (BGH NJW **86** 1044, Kö VersR **78** 143). Deshalb darf der Einfahrende nicht unmittelbar auf den Überholfahrstreifen wechseln (Rn. 16). **Anzeigepflicht** besteht vor dem Ausscheren, vor Fahrstreifenwechsel und vor dem Wiedereinscheren nach dem Überholen (§ 5 IV a) bzw. während längeren Überholens mehrerer Fz hintereinander. Auf zweispuriger AB ist Zweitüberholen unzulässig (§ 5). Der auf dem linken Fahrstreifen Überholende darf erst überholt werden, wenn er diesen vollständig verlassen hat (Fra VRS **88** 112). Der Kf muss sich vor dem Ausscheren auf den Überholfahrstreifen vergewissern, dass dieser vor ihm frei ist (Ha NJWE-VHR **96** 210). Auf der AB darf bei ausreichendem Geschwindigkeitsunterschied bei vollbesetztem rechtem Fahrstreifen auch überholen, wer zunächst noch keine Wiedereinscherlücke erkennt. Nach dem Überholen ist wieder **rechts einzuscheren** (§ 5 IV S. 3). Die Einscherlücke ist groß genug, wenn der Einscherende bei beibehaltener Fahrgeschwindigkeit etwa 10 s in ihr verbleiben kann (aM Kar VRS **55** 352 (20 s); die Einscherregel verdient jedoch strenge Beachtung, weil ihre korrekte Befolgung vorbildlich wirkt und weil sperrendes Linksfahren bei den hohen AB-Fahrgeschwindigkeiten gefährliche Aggressionen auslösen und zum verbotenen Rechtsüberholen verleiten kann). Übersteigt die Überholgeschwindigkeit diejenige des Überholten erheblich und ist die Lücke ausreichend, so muss der Überholer alsbald nach Erreichen des Sicherheitsabstands zum Überholten nach rechts einscheren, da der Abstand der VSicherheit genügt und sich außerdem sofort weiter zu vergrößern beginnt (aM Kar VRS **55** 352 (doppelter Abstand)). Wer bei unverminderter Geschwindigkeit alsbald wieder ausscheren müsste, muss nicht nach rechts einscheren, um sich überholen zu lassen (Kar VRS **55** 352). Ordnet sich der Überholer, obwohl möglich, nicht alsbald wieder nach rechts ein, so kann er sich vor späterem Zurückscheren über den nachfolgenden Verkehr auf dem rechten Fahrstreifen orientieren müssen (Bay NJW **75** 2076 mAnm *Booß*). Es ist links zu überholen. **Rechtsüberholen** von Kolonnen auf der AB: § 7 IIa, s. auch § 5 Rn. 64, § 7 Rn. 10 ff. Ein **Überholverbot** (Z 276) gilt nur zwischen Benutzern der Normalspur(en), verbietet dagegen nicht das Überholen eines die Standspur befahrenden Fz (Bay DAR **79** 111; s. aber Rn. 14b). Auf **abgehenden Fahrstreifen** ist es Abbiegern erlaubt, rechts zu überholen (§ 7 Rn. 3). Zu **Ausfädelungsstreifen** (früher Verzögerungs- oder Ausfahrstreifen genannt): § 7a Rn. 6. Zum Überholen auf **Einfädelungsstreifen** (vormals Beschleunigungsstreifen): § 7a Rn. 5. Der durchgehende V darf **nicht unter Benutzung anderer ABTeile** (Raststättengelände, Parkplätze) „überholt" werden (§ 5 Rn. 19a). **Kriechspuren** sind Teile der Gesamtfahrbahn (§ 2 Rn. 63) und dürfen daher nicht zum Überholen benutzt werden (Bay VM **72** 51).

Literatur: *Janiszewski,* Zur Zulässigkeit des Schnellerfahrens auf abgehenden Fahrstreifen, DAR **89** 410. **20a** *Mersson,* Zur Problematik des Rechtsüberholens, DAR **83** 280. *Seidenstecher,* Zur Unzulässigkeit des Rechtsüberholens auf dem Verzögerungsstreifen ..., DAR **89** 412.

7. Wenden und Rückwärtsfahren sind auf AB und KraftfahrStr verboten, weil sie gefährden (Bay VRS **58** 154), und führen unter den Voraussetzungen des § 315c StGB zur Strafbarkeit **21** (§ 315c StGB Rn. 19). Begriff des Wendens: § 9 Rn. 50. Das Wendeverbot gilt auch bei (vorübergehender) Vollsperrung eines AB-Teilstücks (Ha NZV **98** 40). Wendeverbot auch auf KraftfahrStr mit breitem Mittelstreifen und QuerV (Ha VRS **45** 256). Wenden auf einer KraftfahrStr kann jedoch uU relativ ungefährlich sein und dann eine niedrigere als die Katalogbuße rechtfertigen (Bay DAR **73** 307). Bei Wenden innerhalb einer AB-Baustelle mit „50"-Gebot hält Schl VM **74** 63 geringere Geldbuße für angebracht (zw: welche wirkliche Geschwindigkeit hatten Baustellen- und Gegenverkehr?). Unzulässig ist Wenden (§ 9) auf der bisherigen Fahrbahn wie das Überqueren des Grünstreifens (BGHSt **27** 233 = NJW **77** 2085, Bay VRS **52** 146) oder Befahren eines Notübergangs, auch ohne SperrZ (BGH VRS **6** 59, Bay DAR **53** 199), um zur Gegenfahrbahn zu gelangen. **Kein Wenden** iS von VII, wenn dazu die dem fließenden V dienenden Flächen einschließlich Verzögerungs- und Beschleunigungsstreifen sowie Ein- und Ausfahrten, mit den dazu gehörigen Seitenstreifen und Mittelstreifen, verlassen werden und die Gegenrichtung nach Durchfahren von Parkplätzen und anschließendem Einbiegen erreicht wird (BGHSt **47** 252 = NZV **02** 376, Stu VRS **99** 376 (Durchfahren zweier gegenüber liegender Parkplätze einer KraftfahrStr), aM Bay NZV **01** 526). Denn für die Definition des Wendens gilt nicht der straßenrechtliche Begriff der „Straße" (BGHSt **47** 252). Nach diesen Kriterien ist auch die Rspr. (zB Bay VRS **62** 143, Ko NZV **92** 406) überholt, nach der verbotenes Wenden angenommen wurde, wenn es unter Inanspruchnahme *eines* rechts oder links der Fahrbahn gelegenen Parkplatzes geschieht (näher 36. Aufl). Erst recht kein Wenden auf der KraftfahrStr, wenn dieses auf einer daneben befindlichen nicht öffentlichen Fläche geschieht (Dü DAR **83** 90 (aber Verstoß gegen X und II)). Verbotenes Wenden jedoch bei Inanspruchnahme eines zur Haltebucht erweiterten Seitenstreifens (Bay DAR **03** 128). Wer die AB-Einfahrt nach links verlässt und über eine mehr als 100 m lange VerbindungsStr (Notfahrbahn) die AB-Ausfahrt erreicht, um auf dieser zurückzufahren, wendet nicht, sondern biegt zweimal links ab (BGHSt **31** 71 = NJW **82** 2454, Bay VRS **61** 146, ähnlich Dü VRS **59** 380 für einen nur 13 m langen Notübergang; aM Ce VM **80** 78). Eine derartige Fahrweise ist gefährlich und widerspricht der erkennbaren VFührung auf AB, verstößt jedoch nach Bay VRS **63** 291 mangels besonderer VZ nicht gegen die StVO, auch nicht gegen Abs. X (zw, weil der so Fahrende die in Abs. X genannten VZ, die für ihn die Erlaubnis zum Verlassen der AB begründen, nicht passiert; *Hentschel* NJW **83** 1646). In Betracht kommt ggf. § 1. Wer auf ABKnoten nach verpasster Abbiegespur eine als Zufahrt von einem anderen AB-Teilstück dienende Verbindungstangente befährt, um wieder auf die verpasste Spur zu gelangen, wendet nicht (Fra VM **73** 46, VRS **45** 72; Rn. 22a). Abbiegen im spitzen Winkel in eine von rechts einmündende AB-Tangente ist nicht Wenden (Bay VRS **67** 142 (das aber ow „Ausfahren" iS von Abs. X annimmt)). Wer unter Benutzung einer Ausfahrt (Stu VRS **58** 203) oder nach Überfahren einer ununterbrochenen Linie, in gleicher Richtung weiterfahrend (Kö VRS **60** 221), die AB gegenläufig befährt („Geisterfahrer"), wendet nicht (AB-Falschfahrt: Rn. 22a). **Dagegen wendet,** wer vom Einfädelungsstreifen im Linksbogen über die durchgezogene Linie hinweg auf die Gegenfahrbahn fährt, um dort in Gegenrichtung zu fahren (Ko VRS **50** 135; einschr Bay VM **96** 60 für den Fall des Überquerens der durchgezogenen Richtungsfahrbahnen und Weiterfahren auf der gegenüberliegenden Ausfahrt; zw, weil im entschiedenen Fall offenbar auch Einfädelungs- und Ausfädeluungsstreifen Bestandteile der KraftfahrStr waren und diese Straßenteile dem fließenden V dienen). Verlust von Ladegut kann Wenden unter größter Vorsicht **rechtfertigen,** sofern es das sicherste Mittel zur Gefahrbeseitigung ist (Notstand; Kö DAR **56** 131). Auch wo es aus anderen Gründen notwendig ist (Baufz) oder wenn ein Fahrer versehentlich in die Gegenfahrbahn eingefahren ist, wird er unter größter Vorsicht wenden dürfen, wenn dies die am wenigsten gefährliche Maßnahme zur Beseitigung der von der Falschfahrt ausgehenden Gefahr ist (Kar VRS **65** 470 (i Erg zust *Hruschka* JZ **84** 241.1), Kö NZV **95** 160). Rückwärtiger Verkehr ist soweit möglich stets vorher zu sichern (Nü VersR **63** 276), zB durch Posten mit Warnlicht oder Warnflagge (Ha VM **61** 21, VRS **21** 388). Die Befürchtung, Mischbeton im Fz könne verhärten, rechtfertigt Wenden auf einer KraftfahrStr (Z 331.1) nicht (Zw VRS **57** 357). Wer auf einen unzulässigerweise Wendenden auffährt, muss sich in aller Regel seine BG nicht anrechnen lassen (Mü VersR **60** 188, Ko NZV **92** 406). Oft wird Wenden für den Auffahrenden ein unabwendbares Ereignis sein (BGH VRS **14** 89, VersR **57** 787, Ko MDR **59** 843). Grobe Fahrlässigkeit des Auffahrenden wird jedenfalls ausscheiden (BGH VersR **60** 802). Der **Anschein** spricht für Schuld dessen, der den Mittelstreifen überquert (Ko NZV **92** 406). Dieser haftet auch bei gerade noch vermiedener Kollision für einen Kollaps des Hintermanns (Nü VersR **63** 644).

22   Auch **Rückwärtsfahren** (= gewolltes Fahren in Heckrichtung; § 9 Rn. 51) auf AB wie KraftfahrStr ist unzulässig, weil damit eine Behinderung oder Gefährdung des nachfolgenden V verbunden ist (Dü VM **66** 71, VRS **37** 302). Alle Str zwischen den Z 330.1 und 330.2 (durchgehende Fahrbahnen wie Zu- und Abfahrten) gehören zur AB und unterliegen, mit Ausnahme des Tankstellen- und Raststättengeländes mit seinen Parkplätzen (Rn. 14, anders aber Zu- und Abfahrten: Ce VM **81** 28), dem Rückwärtsfahrverbot (Bay VRS **58** 154, Fra VRS **46** 71, Stu VRS **71** 459), ebenso auch die sog Standspur (Ol VRS **60** 312, Dü VRS **68** 141, **70** 35, Stu VRS **71** 459, Ba DAR **08** 218 (L), s. auch Rn. 29). Wer von der KraftfahrStr in eine Str, einen Weg oder ein Grundstück abbiegt und von dort rückwärts in die KraftfahrStr zurückfährt, um in Gegenrichtung weiterzufahren, verstößt gegen das Verbot des Rückwärtsfahrens (Bay NZV **96** 161). Wer versehentlich als Ausfahrender in eine AB-Einfahrt gerät und dies alsbald bemerkt, wird ausnahmsweise unter größter Vorsicht zurückstoßen dürfen (§ 16 OWiG), weil Falschfahren

in verbotener Richtung die Gefahr idR ebenso vergrößern würde wie Abstellen des Kfz auf dem Fahrstreifen (Rn. 29, Kö VRS **56** 63; AB-Falschfahrt: Rn. 22a).

Falschfahrt entgegen der vorgeschriebenen Richtung ist weder Wenden noch Rückwärts-   **22a** fahren iS von VII (Bay NZV **97** 489, VRS **67** 142, Stu VRS **58** 203, Kö VRS **60** 221, Ce VM **83** 87), aber Verstoß gegen § 2 I (Dü VM **91** 84) und zumeist § 1 II, unter den Voraussetzungen des § 315c I Nr. 2f. StGB (dort Rn. 20) oder des § 315b StGB (dort Rn. 21) auch strafbar. **Nur vorwärts** und nicht abweichend von den VZ und der Wegweisung durch die offensichtliche bauliche Gestaltung der AB-Knoten und -dreiecke darf die AB befahren werden. Die AB und KraftfahrStr mit ihren Ein- und Ausfahr- und Kreuzungssystemen einschließlich des Nebengeländes an Raststätten bilden zwischen den VZ 330.1/330.2 und 331.1/331.2 in sich geschlossene Einbahnsysteme (Bay VRS **58** 154, Stu VRS **52** 33, NJW **76** 2223, VRS **71** 459, Ko NZV **92** 406 (ausgenommen lediglich das Rangieren auf AB-Parkplätzen)), diese dürfen nur in der durch VZ und bauliche Gestaltung angeordneten Weise und Richtung befahren werden. Bei gemeldetem „Falschfahrer" ist scharf rechts zu fahren, jedes Überholen zu unterlassen und Betätigung der Warnblinkanlage gem. § 16 II S. 2 zulässig und angebracht. Verbindungsspuren zwischen Aus- und Einfahrten dürfen nicht rückwärts (Ce VM **80** 78) oder so befahren werden, dass Spitzen zwischen Fahrstreifen oder Sperrflächen durchfahren werden, um zur verpassten Ausfahrt zurückzugelangen (Bay VRS **58** 154, Ha DAR **73** 221, Fra VRS **45** 72, *Booß* VM **73** 46). Mit gegenläufigem Verkehr müssen ABBenutzer idR nicht rechnen (Fra VersR **78** 187; s. dazu „Untersuchungen zur Verhinderung von Falschfahrten auf AB", BASt 1981).

8. Abs. 8 verbietet das Halten auf der AB und den KraftfahrStr. In zwingenden Notfällen   **23** (Panne, Unfall, drohendes Hindernis, Fahruntüchtigkeit) kann es erlaubt sein (BGH NJW **75** 1024; 1834, Schl NZV **93** 109, Ce NRpfl **70** 46, Sa DAR **88** 382 (nicht wegen Kleintier auf der Fahrbahn), Ce SVR **08** 304 (nicht bei Anhalten zur Überprüfung der Ladung eines Lkw)), auch bei notwendiger Hilfeleistung (BGH VM **75** 89, Fra VersR **88** 750, Schl NZV **93** 109). Das Haltverbot schließt ein Parkverbot außerhalb der bezeichneten Parkplätze ein (Kö NJW **66** 934) und gilt ohne VZ oder Ankündigung für den gesamten AB-Bereich einschließlich der Anschlussstellen (BGHSt **18** 188 = NJW **63** 597, Fra DAR **01** 504, Stu VersR **78** 430), der Aus- und Einfädelungsstreifen (Kar DAR **02** 34; Dü DAR **19** 147, 150), der Zu- und Abfahrten an Parkplätzen (Bay VRS **59** 54) und der Seitenstreifen („Standspur"; Ha VersR **91** 83), ausgenommen AB-Teile, die der Sicherheit und Leichtigkeit des Verkehrs nicht dienen (Stichweg von Parkplatzzufahrt zum Raststättenhof; Bra VRS **32** 475; Ko NZV **94** 83 (Tankstellengelände), abl *Booß* VM **94** 16). Die ubiquitär zu beobachtende „Parkplatznot" von Lkw-Fahrern vermittelt nicht die Voraussetzungen des rechtfertigenden Notstands; vielmehr erweisen die durch Parkverstöße verursachten Unfälle die Berechtigung des Verbots (Dü DAR **19** 147, 150). Heftiger Regen berechtigt auch einen Kradf nicht zum Halten auf dem Seitenstreifen (Ce VersR **03** 658). **Beispiele berechtigten Anhaltens:** Betriebsunfähigkeit des Kfz (BGH VersR **61** 322), plötzlich vereiste Windschutzscheibe (Ce DAR **56** 16), abgesprungener Reifen, der von der Fahrbahn entfernt werden muss (Ce NRpfl **70** 46, Jn VersR **98** 250), herabgefallenes Koffergestell (BGH VRS **26** 325), nicht auszuschließender schwerer FzDefekt nach Unfall (Kar DAR **02** 34), Abwarten der Pol nach Unfall (BGH VersR **61** 330, Kar VRS **7** 415), notwendige Unfallhilfe (BGH NJW **01** 149 (Abschleppen eines PannenFz), NJW **75** 1834, Fra VersR **88** 750). Die Berechtigung besteht stets nur für die unbedingt notwendige Zeit (Ha VRS **28** 145).

Sofortige Verkehrssicherung ist bei unvermeidbarem Anhalten (ausgenommen Stau) erstes   **24** Gebot (BGH NJW **75** 1834, Fra VersR **88** 750 (Warndreieck)). Das gilt auch für den Pannenhelfer (Fra VersR **88** 750), es sei denn, er bildet kein zusätzliches Hindernis (BGH NJW **01** 149) oder die (zusätzliche) Sicherung ist nach den Gegebenheiten entbehrlich (BGH NZV **10** 609; § 15 Rn. 3, 4). Die Sicherung des Verkehrs geht einer Schadensbeseitigung vor (BGH VRS **15** 374, Ba VersR **78** 256, Fra VersR **88** 750). Sicherung bei **Liegenbleiben:** § 15 StVO, § 53a StVZO; Zw NZV **01** 387, Ha VRS **47** 65. Ist im Hinblick auf die Fahrbahnverhältnisse mit Schleudern anderer Fz zu rechnen, kann es schuldhaft sein, bei Notfall auf der Standspur im Kurvenbereich zu halten (Ha VersR **91** 83). Sicherung besteht außerdem im sofortigen Beiseitefahren vom rechten Fahrstreifen aus nach rechts vollständig, ohne Hineinragen in den Fahrstreifen (Ba VersR **78** 256, Kar NZV **14** 404), auf den Seitenstreifen (Begr; BGH VersR **68** 196, Kö NJW **66** 934, Ce NRpfl **70** 46, Fra VersR **88** 750, soweit er ausreichend befestigt ist (BGH VRS **15** 374), nicht auch auf eine nicht tragfähige Grasnarbe (BGH VersR **63** 1159, Ha MDR **60** 1012). Das gilt auch nach Unfall mit bedeutendem Schaden; aus § 34 II Nr. 2 (und aus § 142 I StGB) ergibt sich nichts Gegenteiliges (Zw NZV **01** 387; breite Ausführungen bei

Mitsch NZV **10** 225). Wer auf der Überholspur fahrunfähig wird, muss möglichst auf den Grün-
streifen (Mittelstreifen) ausweichen (BGH VM **67** 49, NZV **10** 293; Mü NZV **97** 231, Zw
NZV **01** 387), soweit wie möglich zur Leitplanke hin. Das von Zw NZV **01** 387 geforderte
Entfernen eines auf der Überholspur entgegen der Fahrtrichtung zum Stehen gekommenen Fz
über den rechten Fahrstreifen zur Standspur ohne polizeiliche Hilfe wird auf AB freilich zumeist
um ein Vielfaches gefährlicher sein als bestmögliche Sicherung bis zum Eintreffen der Pol.
Schuldhaft handelt, wer das havarierte Fz auf der Fahrbahn anhält, obwohl er es im Gefälle bis zu
einer vorher erkennbaren Abstellbucht rollen lassen könnte (BGH VRS **23** 92). Ist gesichertes
Anhalten rechts nicht möglich, aber in kurzer Entfernung voraus, so muss der Kf auch um den
Preis eines Felgenschadens dorthin fahren (BGH VersR **79** 323; NZV **10** 293). Ein liegengeblie-
benes Kfz muss so schnell wie technisch möglich flottgemacht oder von der AB entfernt werden,
sonst insoweit unerlaubtes Halten (VIII; Dü VRS **58** 281, Kö VM **74** 15). Wer mit Motorschaden
hängen bleibt, muss das Kfz von der Fahrspur schnellstens vollständig entfernen (Ba VersR **78**
256), uU auch durch Zurückrollen, selbst wenn das nicht ungefährlich ist (Bay 2 St 645/71
OWi). Ein auf der linken Spur der StadtAB in einer Linkskurve haltendes Löschfz ist durch
Blaulicht und FzBeleuchtung nach hinten nicht ausreichend gesichert, Warnlampen müssen bis
zur Abfahrt stehen bleiben (KG VRS **42** 91). Bildet sich rasch ein Stau, so hat der Fahrer des
jeweils auf ganz kurze Zeit letzten Kfz keine Sicherungspflicht gemäß § 15 (dort Rn. 2). Unter-
bleibt ausreichende Sicherung, so spricht der **Anschein** für den Auffahrenden, widerlegbar
durch den Nachweis von dessen Unachtsamkeit (BGH NJW **71** 431). Wer einen Lastzug ohne
zwingenden Grund mangelhaft gesichert auf der AB abstellt, verursacht Auffahren auch dann
adäquat, wenn der Auffahrende fahrlässig fährt (BGH VersR **61** 150). Wer auf der AB ˙schuldhaft
bewirkt, dass ein anderes Kfz halten muss, *haftet für Auffahrschaden* (BGH VersR **61** 330, **63** 342,
Dü VersR **78** 142), uU bei Mitschuld des mit Abblendlicht Auffahrenden (BGH VM **67** 49),
auch für Auffahren bei eigenem verschuldetem Liegenbleiben, wenn der Auffahrende nicht auf
Sicht gefahren war (Kö VM **69** 56), aber nicht für Schleudern und Auffahren dessen, der das
weithin sichtbare Hindernis zu spät bemerkt (Ha VRS **25** 58). Keine adäquate Unfallursache
setzt, wer sein PannenFz ordnungsgemäß gesichert rechts abstellt und dadurch einen Hinter-
mann nur zum Ausweichen auf die Überholspur nötigt (BGH VersR **61** 322).

25   Da Halten immer eine gewollte, nicht durch die VLage oder eine Anordnung gebotene Fahrt-
unterbrechung ist (§ 12 Rn. 19), verstößt **das Liegenbleiben** wegen Kraftstoffmangels und
ähnlicher Störungen (Reifenpanne) auch bei Vorhersehbarkeit **nicht gegen VIII** (Ha VRS **57**
215; *Bouska* VD **80** 307; *Janiszewski* NStZ **88** 546). In Betracht kommen aber § 15 oder 1 II (Ha
VRS **57** 215, DAR **61** 176) sowie § 23 II (dort Rn. 18, 28); bei Ursächlichkeit des Liegenblei-
bens infolge schuldhaft nicht vorhergesehener Betriebsstörung für Auffahrunfall kann auch
Strafbarkeit nach §§ 222, 229 StGB gegeben sein (Kö VRS **50** 110). Zur zivilrechtlichen Haf-
tung in solchen Fällen BGH VRS **20** 11, Ha NZV **94** 75.

26   **9. Durchfahrt für Hilfsfahrzeuge** ist bei längerer Stockung durch Bilden einer freien Gasse
zu gewähren. Diese Pflicht ist nunmehr gem. § 11 II nicht mehr auf AB und KraftfahrStr be-
schränkt (dazu § 11 Rn. 10). Zur vorschriftswidrigen Benutzung der Standspur bei Stockung s.
Rn. 14b.

27   **10. Fußgängerverbot (Abs. 9),** seit der StVO-Neufassung 2013 in geschlechtsneutraler
Formulierung des IX etwas skurril anmutend gefasst (das Verbot wird auch stehende Fußgänger
etwa nach Aussteigen erfassen sollen), für AB und KraftfahrStr: § 25 Rn. 20, 21. Bei Stockungen
ist Aussteigen zwecks Orientierung nur mit größter Vorsicht zur fahrstreifenabgewandten Seite
zulässig. Nur mit allergrößter Vorsicht ist auch das Betreten der Fahrbahn oder der Standspur in
Ausnahmefällen nach Unfällen, Pannen usw. zulässig, etwa um die Pol oder ABMeisterei zu be-
nachrichtigen (Mü NZV **94** 399, **97** 231) oder die notwendigen Sicherungsmaßnahmen zu
treffen (Rn. 24 eingangs). Ein Aussteigen zur Besichtigung eines (eher geringen) Schadens steht
in aller Regel in keinem vernünftigen Verhältnis zu den dadurch verursachten Gefahren (Kar
NZV **14** 404; zur Quote Rn. 30 aE).

28   **11. Das Ausfahren** aus der AB ist nur an den gem. **Abs. 10** bezeichneten Stellen erlaubt
(Z 333, Ausfahrttafel, Pfeilschild; Ha VRS **48** 65, *Booß* VM **73** 46), aus KraftfahrStr nur an Kreu-
zungen und Einmündungen. Innerhalb eines AB-Knotens, der einen ABStrang mit anderen ver-
bindet, jedoch nicht mit dem übrigen StrNetz, gibt es keine Ausfahrt im Sinn von Abs. X (Ha
VRS **48** 65, *Booß* VM **73** 46, aM Fra VM **73** 46, **84** 66, Bay VRS **67** 142 (wonach jedes Verlassen
der durchgehenden Fahrbahn „Ausfahren" sein soll, was doch dann auch für Zufahrten zu AB-

Parkplatzgelände gelten müsste)). Die Einfahrregeln gelten entsprechend (Rn. 16, 18). Wer ausfährt, ändert seine Fahrtrichtung und hat dies rechtzeitig durch **Rechtsblinken** anzuzeigen (§ 9; LG Berlin NZV **00** 45). Gabelt sich die AB in der Weise, dass von bisher vier Fahrstreifen zwei links und zwei rechts weitergeführt werden, so liegt kein Abbiegen iS von § 9 vor, gleichgültig, ob der linke oder rechte Ast der Gabel unter Beibehaltung des Fahrstreifens weiterbefahren wird. Andernfalls wäre Zeichen zu geben, das bei Befahren der beiden mittleren Fahrstreifen als Ankündigung eines Fahrstreifenwechsels missverstanden und zu erheblichen Störungen führen würde. Auf die **Ausfahrspur** muss sich der Kf so rechtzeitig einordnen, dass er niemanden beeinträchtigt (§ 1), nicht notwendigerweise schon an ihrem Beginn, keinesfalls mehr nach Beginn der durchgezogenen Trennlinie (Dü VM **76** 87). Wer seine Fahrgeschwindigkeit zu früh vor der Ausfahrt zu sehr herabsetzt („50"), erhöht seine BG und kann bei Kollision überwiegend verantwortlich sein (Ce VersR **75** 56). Unmittelbar vor dem Ausfahrbeginn (nicht des Ausfahrstreifens) muss der Ausfahrende so verlangsamt haben, dass er die Schnecke gefahrlos befahren kann (bewusstes Bremsen). Wer auf der AB-Ausfahrt stark verlangsamt und rechts herausfährt, darf nicht ohne VBeachtung wieder zur Mitte lenken (Nü VersR **66** 1085). Vorbeifahren mit „80" auf der Normalspur mit 1,5 m Abstand an einer auf der Ausfahrspur haltenden Kolonne ist richtig, mit plötzlichem Heraustreten aus der Kolonne muss dann niemand rechnen (Kö VRS **36** 197). Wer sich irrig und unwiderruflich zum Ausfahren eingeordnet hat, darf über das Verbindungsstück zur Einfahrt korrekt wieder einfahren. Bei Falschfahrt auf der Gegenfahrbahn kann das Verlassen unter Benutzung einer Einfahrt gem. § 16 OWiG gerechtfertigt sein (Bay DAR **92** 368).

11a. Zum Verbot **des Abs. 11** s. Rn. 12b. Das Verbot ist bußgeldbewehrt (§ 49 I Nr. 18; **28a** Rn. 29).

12. Ordnungswidrig (§ 24 StVG) sind Verstöße gegen die Vorschriften über die Benutzung **29** der AB und KraftfahrStr nach § 18 I bis III, V S. 2 (Höchstgeschwindigkeit), VI bis XI (§ 49 I Nr. 18). Benutzen der AB entgegen der vorgeschriebenen Fahrtrichtung: Rn. 22a. Wer den langsamen KolonnenV auf der mittleren Spur durch Anhalten behindert, um alsbald zwecks Ausfahrens in eine Lücke des auf der rechten Spur wartenden V zu gelangen, mag die §§ 3 II, 7 verletzen, § 18 VIII jedoch nicht (*Booß* VM **74** 23, **aM** Kö VM **74** 23, VRS **47** 57). V S. 2 Nr. 1 geht § 3 III Nr. 2 vor (Bay VRS **58** 432, Dü VRS **84** 302). Bei Gefährdung, Behinderung oder Belästigung des nach III Berechtigten geht § 18 III dem § 1 vor (Spezialität; Bay DAR **82** 245). III geht dem § 8 vor (Dü VRS **85** 112). Bloßes Anhalten in der Absicht des Wendens rechtfertigt nicht Ahndung als Verstoß gegen VII (Bay VRS **92** 37). Bei Verstoß gegen VIII ist TE mit § 23 Ia möglich (Dü NZV **08** 584). Rückwärtsfahren und Wenden können **ausnahmsweise gerechtfertigt sein** (§ 16 OWiG), so bei Zurücksetzen wegen eines FzDefekts beim Befahren des Beschleunigungsstreifens (Kö VRS **59** 53), wenn ein Stehenlassen des Fz gefährlicher wäre (Rn. 22; Kö VRS **56** 63), wenn gefährliches Ladegut beseitigt werden soll (Rn. 21; Kö DAR **56** 131), Wenden, um Geisterfahrt zu beenden (Rn. 21). Übelkeit der schwangeren Ehefrau rechtfertigt kein Rückwärtsfahren auf dem AB-Seitenstreifen, um die AB zu verlassen (Dü VM **80** 95), gleichfalls nicht das Aufsuchen verlorener Brieftasche (Dü NZV **92** 82; **E** 118) oder Wenden, um Aushärten des Betons zu vermeiden (Rn. 21). Rückwärtsfahren auf Seitenstreifen, Einfädelungs- und Ausfädelungsstreifen fällt, da Nebenfahrbahnen in Frage stehen (Rn. 14, 14b, 17, 22), unter Nr. 83.2 des BKat; FV deshalb nur bei besonderen erschwerenden Umständen (Ba DAR **08** 218 (L); s. auch Dü VRS **70** 35, Dü VRS **71** 459). **Nötigung** durch dichtes, bedrängendes Auffahren: § 240 StGB Rn. 10 ff.

13. Zivilrecht (soweit nicht schon in den anderen Anmerkungen erwähnt): Mitschuld des **30** überhöht schnell Fahrenden bei Kollision mit einem Einfahrenden (Ha VersR **80** 92). Erhöhte BG bei Ausscheren eines Lastzugs zwecks Überholens, weil er die AB-Überholspur für schnellere Fz vorübergehend sperrt (BGH VersR **71** 1063). Wer auf der AB verkehrsgefährdend anhält, um das vom Vordermann verlorene Reserverad zu bergen, besorgt dessen Geschäft (BGH VersR **70** 620). Wer die AB gegenläufig befährt, haftet für alle Folgen idR allein und kann den rechtmäßig Entgegenkommenden nicht deren Rechtsfahrpflicht entgegenhalten (Fra VersR **78** 187). Gerät ein Kfz über den Mittelstreifen hinweg auf die Gegenfahrbahn, so spricht der Anschein für Schuld, wenn technisches Versagen ausscheidet (§ 2 Rn. 74). Fahren mit **ungenügendem Abstand** im AB-Kolonnenverkehr ist schuldhaft (Nü VersR **72** 447). Auch im AB-Kolonnenverkehr spricht der Anschein gegen den von hinten Auffahrenden (Kö VersR **78** 143), außer bei Gegenbeweis oder Nachweis eines atypischen Verlaufs (§ 4 Rn. 17; Kö VersR **71** 945). Beim

Auffahren auf ein soeben vom **Einfädelungsstreifen** auf die durchgehende Fahrbahn einge-
schertes Fz durch ein Fz des durchgehenden V spricht der Anschein gegen den Einscherenden
(Ha VRS **99** 322, Ko VersR **94** 361, Kö NZV **06** 420, KG DAR **01** 399, NZV **08** 244; § 8
Rn. 68), es sei denn, der Bevorrechtigte hätte den Unfall vermeiden können (dann idR Scha-
densteilung; KG NZV **08** 244). Das gilt aber nicht, wenn der Vorfahrtberechtigte mit einem
Dritten kollidiert (Ausweichen; KG NZV **00** 43). Gleichfalls kein Anschein, wenn streitig, ob
eine Kollision auf einen Wechsel des einen Fz vom Einfädelungsstreifen auf die rechte Fahrbahn
oder auf ein Hinüberfahren des anderen Fz von der rechten Fahrbahn auf den Ausfädelungsstrei-
fen zurückzuführen ist (Fra NJW-RR **16** 1001). Alleinhaftung dessen, der vom **Ausfädelungs-
streifen** auf die durchgehende Fahrbahn fährt jedenfalls wegen § 1 II; Beweis des ersten An-
scheins (LG Sa NZV **12** 542). Zur Haftungsverteilung s. auch Rn. 17. Als Schädiger haftet auch,
wer den Schaden mittelbar durch eine von ihm zu vertretende Kettenreaktion anderer herbei-
führt (AB-Auffahrunfall; Dü DAR **77** 186). Bei einer Massenkarambolage (Nebel) kann es uU
unmöglich sein, die Unfallkausalität zwischen eingepferchten Fz durch Anscheinsbeweis zu er-
mitteln (Kö DAR **73** 190; Nü VersR **78** 1174; s. auch § 4 Rn. 17). Schadensschätzung bei unge-
klärtem Verlauf eines doppelten Auffahrunfalls: BGH NJW **73** 1283. Wer auf der AB auf einen
langsam bergauf fahrenden Lastzug von hinten auffährt, kann im Verhältnis zum Lastzugf Allein-
schuld haben (Zw VersR **73** 166). Wer seinen Lastzug infolge eines Fahrfehlers umwirft und alle
Fahrspuren sperrt, bleibt für einen Auffahrunfall mitverantwortlich, solange nicht nach allen
Umständen ausreichend gewarnt worden ist und der Verkehr nicht ordnungsgemäß steht (E 101,
103, 109, 110, 147; Kö VRS **45** 183). Zur Ursächlichkeit des Umkippens eines Lastzugs auf glat-
ter AB für eine Massenkollision Ce VersR **77** 258. Gegenüber der BG eines Lastzugs, der bei
Dunkelheit auf AB wendet, tritt die BG eines Pkw zurück, dessen Fahrer bei Abblendlicht die
Geschwindigkeit (Fahren auf Sicht) um nur 14 km/h überschreitet (Kö NZV **95** 400). Alleinhaf-
tung des unberechtigt auf der **Standspur** am FzStau Vorbeifahrenden, der mit einem nach Un-
fall Ausgestiegenen kollidiert (Mü NZV **94** 399) oder der die Standspur beim Auffahren als
„Verlängerung" des Einfädelungsstreifens missbraucht und mit einem dort berechtigt haltenden
Fz kollidiert (LG Gießen NZV **03** 576). Kein Mitverschulden dessen, der ein liegengebliebenes
Fz mit eingeschalteter Warnblinkanlage auf der Standspur zur nahe gelegenen Ausfahrt schiebt,
wenn ein anderes Fz von hinten auffährt (Bra NZV **01** 517, zw). 20 % Mithaftung des entgegen
IX ausgestiegenen Beifahrers, der von einem entweder zu schnell oder unaufmerksam fahrenden
FzF erfasst wird (Kar NZV **14** 404). Nach LG Ha DAR **13** 472 30 % Mithaftung eines entgegen
§ 18 VIII, aber womöglich polizeilich geduldet, auf dem Grünstreifen der Zufahrt zu einer Rast-
anlage abgestellten Lkw, auf den der ins Schleudern geratene Geschädigte aufprallt (angesichts
der täglich auf der AB zu beobachtenden Nöte von LkwFzF recht hart). Erhöhte BG bei **Über-
schreitung der AB-Richtgeschwindigkeit** § 3 Rn. 55c.

31 **14. Ausnahmen.** § 46 I, II. Ausnahme für bestimmte Busse hinsichtlich der Höchstgeschwin-
digkeit: Rn. 19.

Bahnübergänge

19 (1) ¹ Schienenfahrzeuge haben Vorrang

1. **auf Bahnübergängen mit Andreaskreuz (Zeichen 201),**
2. **auf Bahnübergängen über Fuß-, Feld-, Wald- oder Radwege und**
3. **in Hafen- und Industriegebieten, wenn an den Einfahrten das Andreaskreuz mit dem
   Zusatzzeichen „Hafengebiet, Schienenfahrzeuge haben Vorrang" oder „Industriegebiet,
   Schienenfahrzeuge haben Vorrang" steht.**

² **Der Straßenverkehr darf sich solchen Bahnübergängen nur mit mäßiger Geschwindigkeit
nähern.** ³ **Wer ein Fahrzeug führt, darf an Bahnübergängen vom Zeichen 151, 156 an bis
einschließlich des Kreuzungsbereichs von Schiene und Straße Kraftfahrzeuge nicht über-
holen.**

(2) ¹ **Fahrzeuge haben vor dem Andreaskreuz, zu Fuß Gehende in sicherer Entfernung
vor dem Bahnübergang zu warten, wenn**

1. **sich ein Schienenfahrzeug nähert,**
2. **rotes Blinklicht oder gelbe oder rote Lichtzeichen gegeben werden,**
3. **die Schranken sich senken oder geschlossen sind,**
4. **ein Bahnbediensteter Halt gebietet oder**

5. ein hörbares Signal, wie ein Pfeifsignal des herannahenden Zuges, ertönt.
²Hat das rote Blinklicht oder das rote Lichtzeichen die Form eines Pfeils, hat nur zu warten, wer in die Richtung des Pfeils fahren will. ³Das Senken der Schranken kann durch Glockenzeichen angekündigt werden.

(3) Kann der Bahnübergang wegen des Straßenverkehrs nicht zügig und ohne Aufenthalt überquert werden, ist vor dem Andreaskreuz zu warten.

(4) Wer einen Fuß-, Feld-, Wald- oder Radweg benutzt, muss sich an Bahnübergängen ohne Andreaskreuz entsprechend verhalten.

(5) ¹Vor Bahnübergängen ohne Vorrang der Schienenfahrzeuge ist in sicherer Entfernung zu warten, wenn ein Bahnbediensteter mit einer weiß-rot-weißen Fahne oder einer roten Leuchte Halt gebietet. ²Werden gelbe oder rote Lichtzeichen gegeben, gilt § 37 Absatz 2 Nummer 1 entsprechend.

(6) Die Scheinwerfer wartender Kraftfahrzeuge dürfen niemanden blenden.

Begr zu § 19 1

Zu Absatz 2: ... *Die Erwähnung der gelben und roten Lichtzeichen ist notwendig geworden, weil sie schon da und dort auch an Bahnübergängen von Eisenbahnen des öffentlichen Verkehrs statt des roten Blinklichts Verwendung finden. Neben Nummer 1 ist Nummer 4 deshalb so notwendig, weil es Fälle geben kann, in denen sich zwar ein Schienenfahrzeug noch nicht nähert, aber ein Bahnbediensteter auf Grund innerdienstlicher Anordnung bereits niemand mehr auf den Übergang lassen darf.*

Dagegen will die Verordnung ein Haltgebot nicht allein durch „hörbare Zeichen" (§ 3a Abs. 4 Buchst. b 2
StVO alt) aufrechterhalten, obwohl das Weltabkommen das vorsieht. Abgesehen davon, dass sich dann wohl in aller Regel „ein Schienenfahrzeug nähert", wird sonst nirgends im Straßenverkehrsrecht an akustische Zeichen allein ein Gebot geknüpft; das ist, nicht allein der Schwerhörigen wegen, unmöglich. Statt dessen wird der Verkehrsteilnehmer durch den letzten Satz dieses Absatzes belehrt, dass das Senken von Bahnschranken durch Glockenzeichen angekündigt werden kann. Kann dem Verkehrsteilnehmer nachgewiesen werden, dass er die Glockenzeichen trotz des Lärms seines Fahrzeugs gehört hat oder hätte vernehmen können, so hat er gewusst, dass sich ein Schienenfahrzeug nähert oder er hätte das wissen müssen. Die Rechtslage ist deshalb doch die gleiche wie sie das Weltabkommen vorsieht.

Zu Absatz 3: *Die Vorschrift ist neu, aber dringend erforderlich. Läßt man schwere Lastfahrzeuge mit* 3
den übrigen Fahrzeugen unmittelbar vor dem Andreaskreuz warten, so halten sie durch ihre Schwerfälligkeit die spätere Wiederanfahrt der angesammelten Fahrzeuge in unerträglicher Weise auf. Sie sollen daher weiter hinten warten. Diese Norm wird auf Bahnübergängen mit Blinklicht, Lichtzeichen oder Schranken beschränkt, weil sich Bahnübergänge ohne technische Sicherung nur auf Straßen von untergeordneter Verkehrsbedeutung finden und eine wesentliche Beeinträchtigung des Verkehrsflusses bei der Wiederanfahrt in solchen Fällen nicht zu besorgen ist ...

Zu Absatz 7: *§ 33 I S. 3 StVO (alt) verlangt nur das Abblenden. Je nach den Ortsverhältnissen, ins-* 4
besondere bei ansteigender Straße, können aber auch Abblendlichter blenden; dann verlangt die Neufassung das Abschalten der Scheinwerfer. „Niemand" dürfe geblendet werden, heißt: weder der Lokomotivführer noch der Gegenverkehr.

Zur „Schilderwaldnovelle" 2009 41. Aufl. **Begr** zur StVO-Neufassung v. 6.3.2013 (BR- 4a
Drs. 428/12:): **Zu Abs. 1 S. 3:** *Bei Annäherung an einen Bahnübergang ist mäßige Geschwindigkeit geboten, dh ein rechtzeitiges Anhalten ohne Gefahrenbremsung muss möglich sein. Da ein überholendes Fahrzeug eine deutlich höhere Geschwindigkeit haben muss als das überholte Fahrzeug (Differenzgeschwindigkeit), ist eine Annäherung an den Bahnübergang mit nur mäßiger Geschwindigkeit in diesem Falle regelmäßig nicht gegeben. Hinzu kommt die Tatsache, dass das überholte Fahrzeug in diesen Fällen die Sicht auf den Schienenweg versperrt. Aus Gründen der Verkehrssicherheit ist es daher erforderlich, das Überholen generell zu verbieten (Satz 3). Die bisherige Anordnung eines Überholverbots durch Verkehrszeichen wird hiermit entbehrlich. Dies wirkt der Überschilderung entgegen. Das nunmehr geregelte generelle Überholverbot bezieht sich ausschließlich auf die Fälle des Linksüberholens. Das Rechtsüberholen eines unter Zeichengebung nach links eingeordneten Linksabbiegers wird hierdurch nicht untersagt. Eine Konkretisierung des örtlichen Geltungsbereichs des Überholverbotes wird ergänzt.*

Zu Abs. 2 S. 1 Nr. 3, 4, 5: *Redaktionelle Änderung, da nunmehr mehrere Alternativen vorhanden sind. Da § 7 der Eisenbahnbetriebsordnung (EBO) (richtig: § 11 EBO) vorschreibt, dass bestimmte Bahnübergänge durch hörbare Signale der Eisenbahnfahrzeuge gesichert werden müssen, wird diese Sicherungsmethode in § 19 Abs. 2 durch die Einführung der Nr. 5 ergänzt.*

Zu Abs. 2 S. 2: *Redaktionelle Klarstellung, da das rote Lichtzeichen entsprechend der in Nr. 2 enthaltenen Aufzählung ergänzt wurde.*

Zu Abs. 3: *Nach der bisherigen Regelung des § 19 Abs. 3 mussten Lastkraftwagen mit einer zulässigen Gesamtmasse über 7,5 t und Züge vor Bahnübergängen bei roten oder gelben Blink- oder Lichtzeichen unmittelbar nach der einstreifigen Bake „warten". Das neu eingeführte generelle Überholverbot nach Abs. 1 S. 3 hätte zur Folge, dass Lastkraftwagen mit einer zulässigen Gesamtmasse über 7,5 t und Züge nicht mehr bis zum Bahnübergang aufschließen dürften. In der Praxis hat sich gezeigt, dass das Wartegebot für Kraftfahrzeuge über 7,5 t nicht zu einer Verbesserung der Verkehrsflüssigkeit vor Bahnübergängen geführt hat. Mit Einführung des Überholverbots nach Abs. 1 S. 3 ist das Wartegebot entbehrlich, da ansonsten der Rückstau über den Bahnübergangsbereich hinaus verlagert würde. Nunmehr darf der Verkehrsraum auch über die einstreifige Bake (80 m) hinaus bis zum Andreaskreuz genutzt werden.*

Zu Abs. 3 bis 7: *Redaktionelle Änderung. Umnummerierung wegen der Aufhebung des Absatzes 3, der nun wie dargestellt in Abs. 1 S. 3 enthalten ist.*

VwV zu § 19 Bahnübergänge

Zu Absatz 1

Sofern auf Straßen mit nur einem Fahrstreifen je Richtung das Überholverbot häufig missachtet werden sollte, ist seine Unterstützung durch die Anordnung einer einseitigen Fahrstreifenbegrenzung (Zeichen 296) in Betracht zu ziehen.

Übersicht

5   **1. Allgemeines.** § 19 enthält Kollisionsregelungen im Verhältnis von SchienenFz (Rn. 9) und StrV an Bahnübergängen. Seine Verhaltensvorschriften richten sich *nur an die Teilnehmer am StrV*, statuieren also gegenüber dem Führer des SchienenFz keine Gebote. Zu dessen Pflichten Rn. 31 f. In seinem Anwendungsbereich schließt § 19 die allgemeinen Verhaltensgebote der StVO über Vorfahrt und Vorrang aus (Rn. 10 ff.). Zur Lage an nicht bevorrechtigten Bahnübergängen Rn. 7. Soweit die Bahn am öffentlichen StrV teilnimmt, gelten grds. die allgemeinen Regeln. Sondervorschriften im Verhältnis des StrV zu *am StrV teilnehmenden* Schienenfz enthalten die § 2 III, § 5 VII S. 2, 3 und § 9 I, III (s. jeweils dort).

6   **2. Bahnübergänge** sind höhengleiche (also nicht Über- oder Unterführungen; § 1 II EBKrG) Kreuzungen von Schienenbahnen mit (öffentlichen, Rn. 8) Straßen, Wegen und Plätzen (vgl. § 11 I EBO, § 20 I BOStrab). Für das Merkmal der Kreuzung genügt es, wenn die Bahngleise an einer Seite des Übergangs auf besonderen Bahnkörpern verlegt sind (BGH VRS **18** 249, BGH VM **61** 10) oder wenn eine Straße an einer Einmündung auf Gleise stößt, ohne jenseits derselben fortgeführt zu werden, der Fahrverkehr jedoch die Bahngleise auf der weiteren

Fahrt in Anspruch nehmen muss (Kö VRS **12** 222; *Filthaut* NZV **92** 395). Keine Kreuzung ist gegeben, wenn (Straba-)Geleise schräg von der StrMitte zur StrSeite geführt sind (s. aber BGH VRS **10** 413, *Filthaut* NZV **92** 395). Kreuzungen sind bei der *Eisenbahn,* die wohl stets auf einem vom übrigen Verkehr unabhängigen Bahnkörper verkehrt, durchgehend dem Bahnverkehr zuzuordnen und stellen damit Bahnübergänge iS des Gesetzes dar (§ 11 I EBO). Demgegenüber sind für die Straba je nach Art des von ihr befahrenen Bahnkörpers differenzierte Regelungen getroffen. Teilnahme am StrV ist nach § 55 I S. 1 BOStrab gegeben, wenn sie auf einem *straßen- bündigen,* also mit Gleisen in Straßenfahrbahnen oder Gehwegflächen eingebetteten Bahnkörper (§ 16 IV S. 2 BOStrab) verkehrt. Kreuzungen mit dem StrV sind dann keine Bahnübergänge. Vielmehr unterliegt der FzF der Straba in vollem Umfang den für den StrV geltenden Verhal- tensgeboten namentlich über Vorrang und Vorfahrt (§ 55 I S. 2 BOStrab; Rn. 5; s. auch *Filthaut* NZV **92** 395). Verkehrt die Straba hingegen auf einem auf Grund seiner Lage oder Bauart vom übrigen Verkehr *„unabhängigen Bahnkörper"* (§ 55 III, § 16 IV bis VI BOStrab), so sind Kreuzun- gen mit Str (wie bei der Eisenbahn) Bahnübergänge (§ 20 I S. 2 BOStrab). Das Gleiche gilt dann, wenn sie auf einem zwar im öffentlichen VRaum liegenden, jedoch vom übrigen Verkehr durch Bordsteine, Leitplanken, Hecken, Baumreihen oder andere ortsfeste Hindernisse getrenn- ten *„besonderen Bahnkörper"* (§ 16 IV S. 3 BOStrab) verkehrt sowie bei Kreuzungen, an denen technische Sicherungen angebracht sind (§ 20 III, IV BOStrab). In beiden Fällen ordnet § 20 II BOStrab dem Bahnverkehr einen dem § 19 I S. 1 Nr. 1 StVO im Wesentlichen entsprechenden Vorrang ein. S. zum Ganzen auch LK-*König* § 315e StGB Rn. 5 ff. Zur Aufstellung des Andreas- kreuzes bei der Straba VwV zu Z 201 Rn. 9 ff.

Nicht bevorrechtigte Übergänge. Handelt es sich um einen mangels Aufstellung eines **7** Andreaskreuzes und auch sonst nicht durch I bevorrechtigten Bahnübergang, so besteht nur in den Fällen des V Bahnvorrang (Rn. 28). Andernfalls stellt sich die Einfahrt des vor (und nach) der Kreuzung auf einem unabhängigen Bahnkörper verkehrenden Schienenfz (Rn. 6) wie die Einfahrt aus einem Grundstück bzw. anderen StrTeil dar, weswegen der FzF den erhöhten Sorg- faltspflichten des § 10 unterliegt (vgl. Hb VM **65** 47, *Rüth/Berr/Berz* Rn. 4, *Booß* Anm. 4, *Filthaut* NZV **92** 395; s. auch § 10 Rn. 6). § 8 ist in solchen Fällen deswegen nicht anwendbar, weil keine Kreuzung von Str gegeben ist (Hb VM **65** 47, *Filthaut* NZV **92** 395). Die auf einem straßenbün- digen Bahnkörper verkehrende Straba nimmt ohnehin am StrV teil und unterliegt damit in vol- lem Umfang dessen Regeln. Bahn und Straße, auch BundesStr, sind dann gleichberechtigt. Vor- fahrt hat, sofern nicht VorfahrtZ (Z 205, 206, 301, 306, 307) aufgestellt sind, nach Maßgabe des § 8, wer von rechts kommt (Bay VM **59** 50; KG VM **98** 51, VRS **104** 35, Hb VM **65** 47, Ha VRS **27** 468). Stets sind die Sonderregelungen betreffend Schienenbahnen zu beachten (Rn. 5).

§ 19 betrifft nur Kreuzungen mit **öffentlichen (§ 1 Rn. 13 ff.) Straßen** (s. auch § 1 III **8** EBKrG). Für Kreuzungen mit *Privatwegen* ordnet § 11 III S. 1, 2 Nr. 3 EBO strikten Bahnvor- rang auch ohne Aufstellung eines Andreaskreuzes an. Regelungen zur Benutzung sind in § 62 III (S. 2) EBO getroffen (vgl. Bay DAR **72** 221, Kö NZV **97** 365). Andererseits gilt für das Ver- halten von VT an Bahnübergängen mit öffentlichen Str *ausschließlich* § 19 (Bay VRS **46** 58; VM **77** 65). Ein gleichwohl durch die Bahn wegen Nichtbeachtung geschlossener Schranken gegen einen VT erlassener Bußgeldbescheid wegen eines Verstoßes gegen § 62 III S. 2 EBO nach § 64b II Nr. 5 EBO ist jedoch nicht wegen schwerer Fehlerhaftigkeit nichtig (Bay VRS **46** 58).

Schienenfahrzeuge sind an Gleise gebundene Fz, die durch Motorkraft oder mechanisch **9** auf Schienen bewegt werden (LK-*König* § 315 StGB Rn. 11 f.). Praktisch relevant sind Eisen- bahnen und Straßenbahnen. Ob es sich um öffentliche oder private Bahnen handelt, spielt keine Rolle (Kö VRS **15** 49; *Cramer* Rn. 4).

3. Vorrang der Schienenfahrzeuge (Abs. 1 Satz 1). I S. 1 gewährt Schienenfz auf Bahn- **10** übergängen (Rn. 6) in drei enumerativ aufgezählten Fällen strikten Vorrang. Die Vorrangrege- lung durch das Andreaskreuz (I S. 1 Nr. 1; Rn. 11) hat dabei die größte praktische Bedeutung. I S. 1 Nr. 2 spricht Fälle an, in denen sich der Bahnvorrang schon nach dem äußeren Erschei- nungsbild quasi selbstverständlich ergibt (Rn. 12). I S. 1 Nr. 3 erbringt für Hafen- und Industrie- gebiete, in denen zahlreiche „Bahnübergänge" vorhanden sind, Erleichterungen für das Auf- stellen des Andreaskreuzes (Rn. 13). Zur Rechtslage bei *nicht bevorrechtigten* Bahnübergängen Rn. 7.

a) Das Andreaskreuz (Z 201) begründet nach **I S. 1 Nr. 1** (s. auch Anl 2 lfd. Nr. 1 Spalte 3 **11** Nr. 1 zu Z 201) den Bahnvorrang (BGH NJW **60** 2009, KG VM **98** 51, Bay VRS **48** 270). Die- ser geht jedem anderen vor (Rn. 5; Bay VM **59** 50, KG VM **98** 51) und gilt auch für die noch haltende Bahn nach dem Fahrgastwechsel (Dü NZV **89** 482). Das Andreaskreuz ist VorschriftZ.

Nichtbeachtung ist Sorgfaltsverletzung (BGH VM **58** 49) und ow (§ 49 III Nr. 4). Das Andreaskreuz ist für die Begründung des Vorrangs des I S. 1 Nr. 1 zwingend erforderlich. Der Bahnvorrang besteht daher nicht, wenn nur die GefahrZ 151, 156, 159, 162 (Anl 1 zu § 40) aufgestellt sind, wenn nur Schranken angebracht sind oder der Übergang zB durch einen Sperrbock mit UmleitungsZ gesichert ist (BHHJ/*Hühnermann* Rn. 7, 8).

12 **b) An Fuß-, Feld-, Wald- und Radwegen,** also unbedeutenden, häufig verkehrsarmen Nebenwegen hat die Bahn auch ohne Andreaskreuz Vorrang **(I S. 1 Nr. 2).** Der Geh- und Fahrverkehr auf solchen Wegen muss sich vor Bahnübergängen wie vor Andreaskreuzen verhalten (s. auch V und dazu Rn. 27). Die Eigenart als Nebenweg wird idR augenfällig sein; wo nicht, werden als Amtspflicht (Rn. 33) Andreaskreuze aufzustellen sein.

13 **c) In Hafen- und Industriegebieten** genügt die Aufstellung des Andreaskreuzes an den Einfahrten den Vorrang im gesamten Gebiet (I S. 1 Nr. 3; hierzu VwV Rn. 3 zu VZ 201). Die Vorschrift ist notwendig, weil Kreuzungen von Schiene und Str in solchen Gebieten idR keine Bahnübergänge im Rechtssinn (Rn. 6) sind (*Cramer* Rn. 12). Allerdings müssen die Gebiete öffentlichen Verkehrsraum (§ 1 Rn. 13 ff.) darstellen, andernfalls die StVO nicht gilt (*Cramer* Rn. 12).

14 **4. Mäßige Geschwindigkeit (Abs. 1 S. 2).** Nur mit mäßiger Geschwindigkeit darf sich der StrV dem Übergang nähern. Mäßig ist die Geschwindigkeit dann, wenn die Wartepflicht erfüllt werden kann, ohne dass eine Gefahrbremsung notwendig wird. Maßgebend sind die tatsächlichen Verhältnisse, namentlich die Art des Bahnübergangs (Rn. 15 ff.; Bay NJW **85** 1568, Stu VRS **80** 410), aber auch die sonstigen Umstände wie Übersichtlichkeit, Str-, Wetter-, Lichtverhältnisse usw. Bei Beschränkung der zulässigen Höchstgeschwindigkeit vor Bahnübergängen durch VZ darf sich der Kf dem Bahnübergang mangels besonderer Umstände mit der durch VZ zugelassenen Geschwindigkeit nähern (Bay DAR **81** 153, Schl DAR **85** 291). Entsprechendes gilt für die allgemein innerorts zugelassene Geschwindigkeit (Bay NJW **85** 1568, Schl DAR **85** 291).

15 **a) Vor ungesicherten Bahnübergängen** ist größte Aufmerksamkeit geboten (BGH VM **62** 8, Ko NZV **02** 184, Fra VersR **86** 707, Sa NZV **93** 31, Nau NZV **98** 326). Der Kf muss stets mit Bahnverkehr rechnen (Ol VRS **103** 354, Fra VersR **88** 295). Je unübersichtlicher die Strecke ist, desto größer muss die Vorsicht sein. Es ist dann so zu fahren, dass der Kf auf kürzeste Entfernung anhalten kann (Ol NZV **99** 419, VRS **103** 354, Fra VRS **12** 12), notfalls mit Schrittgeschwindigkeit (BGH VRS **21** 356, KG VM **98** 51, Ol NZV **99** 419, VRS **103** 354). UU muss der Kf vor dem Übergang anhalten und sich vergewissern (Bay VRS **5** 51, Ol NZV **99** 419, VRS **103** 354), im Extremfall (zB Nebel, starker Schneefall, Glatteis) auch den Motor abstellen, einen Beobachter aussenden (Schl VM **57** 43, Ha VRS **20** 218), sein Radiogerät abschalten und ein Einfahrsignal der Bahn am Übergang beachten (BGH NJW **52** 713), wenn er Pfeif- und Läutesignale sonst nicht hören kann (BGH VRS **13** 244). Einzige Ausnahme: klare Übersicht, dass sich kein Zug nähert. Wer an einem unbeschrankten Bahnübergang einen abfahrbereiten Zug stehen sieht, darf sich nicht darauf verlassen, dessen Abfahrt werde durch Warnposten angezeigt werden, auch wenn dies bisher geschehen ist (Ha VRS **41** 122).

16 **b) Auch gesicherten Bahnübergängen** darf sich der Kf nur mit mäßiger Geschwindigkeit nähern (Rn. 14), damit er in den Fällen des II an richtiger Stelle anhalten kann (Mü NZV **02** 43, Ha VRS **29** 49). Schranken und Halbschranken sind VEinrichtungen (§ 43), durch die die Bahn neben dem Andreaskreuz ihr Vorrecht anzeigt. Bei geöffneter, unbewegter Schranke darf der Kf mangels Gegenanzeichen darauf vertrauen, dass kein Zug kommt, auch bei Unübersichtlichkeit (BGH GA **58** 51; Ha NJW **16** 332; abw Bay VRS **18** 368). Mäßig wird bei Übergängen mit Blinklicht und Schranken idR nur weniger als „40" sein (Kö VRS **58** 455). Mit „50–60" darf der Kf nur fahren, wenn die Schranken offenstehen und keinerlei Anzeichen für ein bevorstehendes Schließen sprechen (Bay NJW **60** 1264; Ha NJW **16** 332). Der Fahrer eines langsamen Zugs (Kran) muss sich auch bei Polizeibegleitung uU vorher an den Bahnwärter wenden (BGH VersR **60** 1049).

17 Auf **Läutezeichen** (die die Bahn ausweislich II S. 3 nicht geben *muss*) muss der Kf achten. Sie fordern wie das Gelblicht der Verkehrsampel zwar nicht zum sofortigen Anhalten auf, weisen aber auf eine unmittelbar bevorstehende Sperrung des Bahnübergangs hin, auf die der Kf seine Geschwindigkeit einstellen muss (Bay VRS **62** 144, Ha VRS **29** 49). Er wird sich darauf verlassen können, dass ihm 3 sec zum Anhalten vor dem Andreaskreuz verbleiben, wenn das Läutesignal ertönt, bzw, dass er den Übergang noch gefahrlos überqueren kann, wenn es unmittelbar vor

Überqueren beginnt (BHHJ/*Hühnermann* Rn. 14). Langsame Fz müssen schon bei Beginn des Läutezeichens anhalten (*Rüth/Berr/Berz* Rn. 10). Um das Läutesignal wahrnehmen zu können, muss der Kf erforderlichenfalls das Fenster öffnen und das Radio ausschalten (vgl. Bay VRS **62** 144). Wer das Läutewerk nicht hören kann, muss seine Fahrgeschwindigkeit auf sofortiges Anhalten einrichten (Ce VRS **38** 307, Bay VRS **62** 144). Den Motor wird er nicht abschalten müssen (*Cramer* Rn. 19).

Bei mit automatischem **Warnlicht** gesichertem Übergang innerorts müssen 50 km/h nicht zu **18** schnell sein (Bay NJW **85** 1568, Schl DAR **85** 291 (abl *Booß* VM **86** 20)), auch nicht ohne Weiteres bei erkennbar außer Betrieb gesetzter LZA (Stu VRS **80** 410). Der Kf hat so zu fahren, dass er in kürzester Entfernung anhalten kann, jedenfalls solange er die Sicherungen des Übergangs nicht ausmachen kann (Ol NZV **99** 419, VRS **23** 150). Wenn dem Senken der Schranken ein rotes Blinklicht vorgeschaltet ist, kann ein Kf darauf vertrauen, dass ihm 3 Sec zum Halten vor dem Andreaskreuz zur Verfügung stehen (Kö VRS **58** 455).

5. Überholverbot (Abs. 1 S. 3). Durch die „Schilderwaldnovelle" 2009 und dies überneh- **19** mend die StVO-Neufassung 2013 (Rn. 4a) ist ein ausdrückliches Überholverbot an Bahnübergängen eingeführt worden. Der Bereich des Überholverbots wird durch die GefahrZ 151 („Bahnübergang") und 156 (Bahnübergang mit dreistreifiger Bake) bis einschließlich Kreuzungsstück eingegrenzt (s. auch Rn. 4a). Entsprechend dem Anliegen der Novelle werden hierdurch VZ eingespart. Wie schon vormals bei Sicherung durch das ÜberholverbotsZ 276 (dazu BGHSt **25** 293 = NJW **74** 1205, Ha VRS **46** 387, aM Bay VM **73** 17) darf niemand bei geschlossener Schranke an wartenden Fz vorbeifahren, auch nicht bei ausreichend breiter Fahrbahn. Das Vorbeifahren rechts an einem eingeordneten Linksabbieger wird durch das Verbot nicht berührt sein; nach der Begr (Rn. 4a) auch nicht dessen Überholen, was bereits im Text hätte Erwähnung finden sollen.

6. Wartepflicht (Abs. 2). II S. 1 gebietet das Warten vor dem Andreaskreuz (FzF) bzw. „in si- **20** cherer Entfernung", also nicht zwingend vor dem Andreaskreuz (Fußgänger) in den fünf dort bezeichneten Fällen. Die Wartepflicht ist streng auszulegen, denn sie will schon die Entstehung möglicherweise gefährdender Situationen verhindern (Bay DAR **72** 221). Die Sonderregelung in III (Rn. 26) geht vor. Die Haltgebote in II S. 1 Nr. 1–5 gelten auch für Fz im Bereich zwischen dem Andreaskreuz und der Schranke (Bra VRS **54** 222). II S. 2 enthält eine Ausnahme bei Vorhandensein eines roten Blinklichts in Form eines Pfeils. II S. 3 spricht ohne wesentlichen Regelungsgehalt das Glockenzeichen an (dazu auch Rn. 17).

a) Eine Bahn **nähert sich dann an (II S. 1 Nr. 1),** wenn sie vom Übergang nicht mehr so **21** weit entfernt ist, dass jede Beeinträchtigung des Schienenverkehrs durch Fz auf dem Übergang offensichtlich ausgeschlossen ist (Bay DAR **72** 221, VM **72** 58). Grob fahrlässig handelt, wer vor einem erkanntermaßen nahe herangekommenen Triebwagen noch durchfährt (Schl VRS **12** 15).

b) Blinklicht (II S. 1 Nr. 2). Das Wartegebot ist genauso strikt zu beachten wie das des II **22** S. 1 Nr. 3 (Schranken). Einen Bahnübergang bei rotem Blinklicht zu überqueren, wird deshalb selbst bei geringfügigem Versagen des Kf idR grob fahrlässig sein (BAG VRS **21** 156, Ol ZfS **90** 135, s. Fra VRS **70** 321), dies wegen der besonders hohen Anforderungen an die Aufmerksamkeit beim Überqueren eines Bahnübergangs auch bei Blendung oder Reflexion durch tief stehende Sonne (Ol ZfS **90** 135, Kö VRS **93** 40, abw Ha VersR **83** 465). Besondere Vorsicht des Kf ist geboten, wenn das Warnlicht durch Laub, Äste uä erkennbar verdeckt ist (Ha NZV **93** 28). Ist Halten vor dem Andreaskreuz nur durch Gewaltbremsung möglich, darf der Bahnübergang nach Aufleuchten des Lichtzeichens noch überquert werden (Bay DAR **81** 153, NJW **85** 1568, Kar VRS **62** 219). Zumutbar ist eine **mittelstarke Bremsung** (Bremsverzögerung 4 m/s²; Kar VRS **62** 219, Schl DAR **85** 291; Ce VRS **135** 37). Für eine Zuwiderhandlung gegen II S. 1 Nr. 2 sind Feststellungen über die Entfernung von der Haltelinie bzw. dem Andreaskreuz zu Beginn der Gelbphase und zu der gefahrenen Geschwindigkeit zu treffen, es sei denn, der Betr. hat die zulässige Höchstgeschwindigkeit überschritten oder die Haltlinie bereits bei Rotlicht erreicht (Ce VRS **135** 37; s. auch § 37 Rn. 24). Rotes Blinklicht bedeutet unbedingtes Haltgebot, auch noch, wenn der Zug passiert hat (Ha DAR **62** 59). Am Bahnübergang mit Warnlicht kann erhöhte BahnBG durch **grobe Fahrlässigkeit** des Kf uU als unfallsächlich zurücktreten (§ 17 StVG Rn. 42). Leuchtet an einem Bahnübergang das Warnlicht andererseits nicht auf, so darf der Verkehr mangels Übersicht darauf vertrauen, dass keine Bahn kreuzen wird (Bay NJW **75** 840, **85** 1568, aM Schl VM **65** 16). Lichtzeichenregelung nach II S. 2 ist auch an **Bahnübergängen ohne Bahnvorrang** zulässig (VI S. 2).

23   **c) Schranken (II S. 1 Nr. 3).** Halbschranken sind einbezogen. Die Wartepflicht setzt ein, sobald sich der erste Schrankenbaum zu senken beginnt (Fra VRS **44** 231). Wer beim Beginn des Senkens noch gefahrlos anhalten kann, muss es deshalb tun (Kö VRS **58** 455), auch wenn die Schranke ruckend niedergeht (Bay VRS **11** 69). Kann der Kf bei beginnendem Senken aber nicht mehr anhalten, so darf er durchfahren und darauf vertrauen, dass die Schranke nicht überraschend fällt (Dü VM **61** 72). Keine Schreckzeit, wenn das Z 150 (alt) aufgestellt ist (Schl VM **65** 48). Bei Anhalten der Schranke eindeutig zwecks Durchlassens (und nicht etwa wegen eines technischen Defekts) darf der Kf durchfahren, auch wenn das Anhalten unerlaubt war (Ha VRS **21** 368). Der FzF muss aber die Gewissheit haben, dass sich das Anhalten gerade auf ihn bezieht; andernfalls muss er warten (Kö VRS **17** 304). Wer wegen fehlerhaften Fahrens die Schranken durchbricht, handelt schuldhaft. Das Durchfahren einer unbeleuchteten Schranke muss aber nicht grob fahrlässig sein (BGH VersR **67** 132 (Schaden Kf ²/₃, Bahn ¹/₃)). Bei *aufgehender Schranke* darf der Kf mit Sorgfalt anfahren; den Stillstand der Schranken in der oberen Position muss er nicht abwarten (BGH VersR **61** 950, 1016, Schl VM **61** 76).

24   **d) Haltezeichen von Bahnbediensteten (II S. 1 Nr. 4)** lösen gleichfalls die Wartepflicht aus (s. auch Begr Rn. 1). Die Art des Haltezeichens ist nicht vorgeschrieben (anders VI). Das Haltezeichen muss aber eindeutig sein. Bei Dunkelheit ist durch geschwenktes Rotlicht zu warnen; Weißlicht kann irreführend sein (Ha VRS 31 379). Der Bahnbedienstete muss als solcher erkennbar sein; ist dies nicht der Fall, kann sein Verhalten aber auf Annäherung einer Bahn hindeuten und deswegen die Haltepflicht nach II S. 1 Nr. 1 begründen (*Cramer* Rn. 32).

24a   **e) Hörbare Signale (II S. 1 Nr. 5),** dh idR, aber nicht nur Pfeifsignale (vgl. § 11 VII–X, XVII EBO; s. auch Begr Rn. 2, 4a) gebieten das Warten. Sie sind bei bestimmten Kreuzungen durch § 11 EBO vorgeschrieben.

25   **7.** Die Vorschriften über **den Warteort bei Lkw über 7,5 t und Zügen (Abs. 3 aF)** ist durch die „Schilderwaldnovelle" 2009 bzw. die StVO-Neufassung 2013 aufgehoben worden (Rn. 4a). Sie ist auch für Bahnübergänge weggefallen, die mit dem „alten" Zeichen 150 gekennzeichnet sind (*Schubert* DAR **10** 226, 229).

26   **8. Zügiges Überqueren (Abs. 3).** FzF müssen den Bahnübergang zügig überqueren. Auch ohne Zugankündigung dürfen sie nicht auf dem Bahnübergang stehen bleiben (Kö NZV **90** 152). Bei stockendem, dichtem Verkehr über den Bahnübergang muss vermieden werden, dass bei Zugankündigung Fz im Gleisbereich anhalten. Daher darf nur einfahren, wer jenseits des Gleisbereichs *mit Gewissheit* genügend Platz zum Anhalten oder Weiterfahren hat (Fra VersR **88** 295, Ko OLGR **08** 302; Nau VRS **128**, 182), gerade auch bei beschränkter Sicht (Bay DAR **72** 221). IV ist insoweit eine Ausprägung des § 11 III. Nicht eingefahren werden darf zB, solange ein Fz oder VPosten jenseits des Übergangs die Fahrtrichtung sperrt (Ol VRS **15** 459). Kommt ein Fz wegen Defekts auf den Gleisen zum Stillstand, so dass der FzF des hinter ihm fahrenden Fz ebenfalls anhalten muss, so verstößt Letzterer nicht gegen IV (LG Limburg DAR **06** 330, s. auch Rn. 32). Bemerkt der Kf, dass er den Gleisbereich doch nicht zügig überqueren kann, so muss er ihn sofort räumen, auch wenn sich keine Bahn nähert (Ha VersR **73** 864). Wer mit einer Panne auf dem Übergang liegen bleibt, muss damit rechnen, dass jederzeit ein Zug kommen kann (BGH LM § 1 HaftpflG Nr. 5, Kö MDR **54** 38).

27   **9. „Entsprechendes Verhalten" (Abs. 4)** ist in den Fällen des I S. 2 Nr. 2 vorgeschrieben. Die Vorschrift kann sich nicht auf die Verhaltensvorschriften des I beziehen, weil sich diese unmittelbar an die Normadressaten des IV richten. Gemeint sind II S. 1 und III, wobei diese in dem Sinn entsprechend anzuwenden sind, dass der Normadressat in sicherer Entfernung warten muss (*Cramer* Rn. 42). In Hafen- und Industriegebieten gilt IV nach seinem eindeutigen Wortlaut nicht (aM *Cramer* Rn. 42 f.). Es gilt jedoch § 1.

28   **10. Wartepflicht an Bahnübergängen ohne Vorrang (Abs. 5).** Zu Vorrang und Vorfahrt bei nicht durch I bevorrechtigten Bahnübergängen Rn. 7. V S. 1 begründet in solchen Fällen eine Wartepflicht in sicherer Entfernung, wenn ein Bahnbediensteter in der dort beschriebenen Form Halt gebietet. Die Form ist besonders vorgeschrieben, weil der VT hier mit Weisungen von Bahnbediensteten idR nicht rechnet (Begr). Bei Haltgeboten in anderer Form hat der VT allerdings § 1 zu beachten. V S. 2 stellt klar, dass die Lichtzeichen nach II S. 1 Nr. 2 auch an nicht bevorrechtigten Übergängen gegeben werden können und dann dieselben Wirkungen auslösen.

29   **11. Blendungsverbot (Abs. 6).** Die Scheinwerfer wartender Kfz dürfen niemanden blenden, weder den FzF der Schienenbahn noch den Gegenverkehr. Nach der Örtlichkeit, nament-

lich bei ansteigender Str, genügt Abblenden uU nicht. Die Scheinwerfer dann ganz ausgeschaltet werden (Begr Rn. 4).

12. Pflichten des Bahnpersonals an Übergängen. Der **Lokführer,** der den Übergang 30 befährt, unterliegt, soweit Teilnahme am StrV gegeben ist, § 1 (BGH VRS **5** 304, Nü VersR **85** 891, Sa NZV **93** 31), sonst den allgemeinen Rücksichtspflichten bei erkennbar drohender Gefahr. Auf die Beachtung des Andreaskreuzes darf er aber vertrauen (Ha NJWE-VHR **97** 83), auch wenn die Warnlichtanlage ausgefallen ist (Ko VRS **84** 416). Der Strabaf, der auf besonderem Bahnkörper mit Vorrecht eine Straße kreuzt, darf auf das Vorrecht auch vertrauen, wenn er vorher an einer Bedarfshaltestelle nicht gehalten hat (Bay VkBl. **61** 609). Der Schienenbahnführer braucht bei Bahnvorrang nicht so langsam zu fahren, dass er vor einem Wartepflichtigen jederzeit anhalten kann (KG VM **98** 51, Nü VersR **85** 891, Sa NZV **93** 31). Er darf darauf vertrauen, dass Kfz mit noch hinreichendem Anhalteweg vor Rot anhalten (Ko VRS **48** 267, Kö VRS **93** 40). Allein wegen Zuschnellfahrens eines Kfz vor einem unbeschrankten Bahnübergang muss ein Triebwagen noch nicht verlangsamen (Ce VersR **77** 361). Nur wenn er bemerkt, dass ein StrFz nicht anhält, oder dies bemerken müsste, muss er versuchen, den Zusammenstoß zu vermeiden (BGH VersR **67** 1197 (unbeschrankt, 15 km/h), KG VM **98** 51, Sa NZV **93** 31). Auf Bestürzung kann er sich dabei nicht berufen (BGH VRS **21** 14). Die Strecke muss er ständig beobachten und seine Sicherheitsvorschriften einhalten (BGH VRS **7** 54, Nü VersR **85** 891). Nach Vorschrift hat er zu läuten und darf mangels Gegenzeichen auf Beachtung des Läutezeichens vertrauen (Kö MDR **54** 38). Muss nach den Umständen damit gerechnet werden, dass ein auf den Gleisen zum Stehen gekommenes Kfz diese nicht rechtzeitig verlassen wird, so entfällt der Bahnvorrang (§ 11 III; Kar VersR **92** 370).

Der **Schrankenwärter** muss die Schranke rechtzeitig schließen (BGH VRS **25** 197), nicht 31 nur nach seinem Zeitgefühl (BGH VRS **20** 58), wenn ihm für das Schließen und Öffnen auch ein Spielraum zusteht (BGH VRS **19** 405, 408). Bei belebtem Übergang darf er an sich gebotenes Schließen nicht für ein langsames Fz unterbrechen und nicht darauf vertrauen, er werde die folgende Kolonne noch anhalten können (BGH VRS **11** 430). Zu früh öffnen darf er die Schranke auch nicht (BGH VRS **25** 197). Auf mehrgleisigen Strecken darf er erst öffnen, wenn er weiß, dass auf dem anderen Gleis kein Zug und keine verspätete Durchfahrt gemeldet ist (BGH VRS **10** 105), und nicht schon, wenn der letzte Wagen noch auf dem Übergang ist, obwohl er dann mit vorzeitigem Losfahren eines Kf nicht rechnen muss (Ha VRS **13** 138).

13. Zivilrecht. Zu den Verhaltenspflichten des StrV s. zunächst die vorstehenden Rz. Grobe 32 Fahrlässigkeit: Rn. 21, 22, 23. Wenden auf einem Bahnübergang ist leichtfertig (Kö MDR **54** 38). Zu den Pflichten des Bahnpersonals Rn. 30 f. Das Schrankenbedienen gehört dabei zur VSicherungspflicht (Rn. 33) der Bahn (BGH VRS **6** 943, Bra VkBl. **54** 369), wobei der Schrankenwärter Verrichtungsgehilfe nach § 831 BGB ist (Ko VRS **9** 321). Zur **Betriebsgefahr** der Bahn und zu den Haftungsquoten: § 17 StVG Rn. 39 ff. Zur Haftung, wenn das Warnblinklicht, auf dessen Funktion ein Kf vertrauen darf, möglicherweise verspätet aufgeleuchtet hat, Stu VersR **79** 1129, KG VM **80** 56. Kommt ein Fz wegen Defekts auf den Gleisen zum Stillstand und lässt der hinter ihm fahrende FzF sein Fz im Schrankenbereich stehen, um zu helfen, so ist der FzF des ersten Fz dem des zweiten zum Schadensersatz verpflichtet, wenn das zweite Fz durch die sich schließenden Schranken beschädigt wird (LG Limburg DAR **06** 330). Die bevorrechtigte Straba haftet mit Ausnahme höherer Gewalt, auch bei verkehrsgerechtem Verhalten des Fahrers (BGH VersR **67** 138). Der **Anschein** spricht gegen den, der trotz rechtzeitig geschlossener Schranke vom Zug erfasst wird (BGH VRS **10** 22, Ce NZV **88** 22) oder auf einem sonst ordnungsgemäß gesicherten Übergang (Kö DAR **64** 111, Ko VRS **84** 416, Kö VM **98** 51). Zum Anscheinsbeweis für rechtsbedingtes Halten vor dem Bahnübergang Fra VersR **81** 841.

Verkehrssicherungspflicht der Bahn besteht nach § 14 EKrG, § 11 EBO auf Bahnübergän- 33 gen. § 14 EKrG ist hinsichtlich der Erhaltungslast (Kostentragung durch die Bahn, soweit Eisenbahnanlage) verfassungsgemäß (BVerwG VkBl. **75** 104). Neben der Bahn kann der Träger der Baulast der kreuzenden Str verkehrssicherungspflichtig sein (BGH NZV **94** 148 (Beschränkung der Sicht auf WarnZ durch Zweige)). Die Einzelheiten zu den Sicherungsmaßnahmen ergeben sich aus § 11 EBO. Die Sicherungsmaßnahmen sind späterer VSteigerung anzupassen (BGH NJW **54** 640, Fra VersR **88** 295). Beleuchtungspflicht: BGH VersR **67** 132. Eigenverantwortlich muss die Bahn prüfen, ob aufsichtsbehördlich angeordnete Maßnahmen (noch) genügen (BGH VRS **13** 244, **6** 92). Je gefährlicher der Übergang baulich ist, desto strengere Anforderungen sind zu stellen (BGH VersR **65** 84, Ol NZV **99** 419, Kö NZV **90** 152, Fra NZV **95** 443). Richtlinien über Abhängigkeit zwischen der technischen Sicherung von Bahnübergängen und der VRegelung an benachbarten StrKreuzungen und -einmündungen: VkBl. **72** 547, **77** 90, **84** 38 = StVRL Nr. 1.

34   **Kasuistik.** Führte Übersehen des Blinklichts schon mehrfach zu Unfällen, so sind durch die Bahn weitere Sicherungsmaßnahmen zu treffen (Ol NZV **99** 419). Verletzung der VSicherungspflicht, wenn der Fahrbahnrand auf dem Übergang nicht markiert und nicht abgeschrägt ist (Mü NZV **00** 207 (Steckenbleiben eines Kfz im Schotterbett nach Abkommen von der Fahrbahn bei Nebel)). Bei Zusammentreffen einer stark befahrenen StrKreuzung, die auch Linksabbiegen erlaubt, mit einem Bahnübergang, muss die Bahn trotz Beschrankung zusätzliche Sicherheitsvorkehrungen treffen (Kö NZV **90** 152). Verletzung der VSicherungspflicht der Bahn, wenn die Beschilderung nicht der (vorübergehend erhöhten) VBedeutung der Str entspricht (Mü NZV **00** 206), gleichfalls, wenn die Bahn gegen Verdecken des Warnlichts durch Laub oder Zweige keine Maßnahmen ergreift (BGH NZV **94** 146, Ha NZV **93** 28). Bei ganz unübersichtlichen, unbeschrankten Übergängen sind Warnposten nötig (Ha VRS **31** 379). Wird ein „Schlängelgitter" für Fußgänger erkennbar umgangen, muss die Bahn Vorkehrungen dagegen treffen (Nau NZV **98** 326).

35   **14. Ordnungswidrig** handelt, wer eine Vorschrift über das Verhalten an Bahnübergängen verletzt (§ 49 I Nr. 19a). Die sehr pauschale Bewehrung erfasst nur II S. 2 (Ausnahmebestimmung) und II S. 3 (nicht bewehrbare Bestimmung) nicht. Sonst sind die Verhaltensgebote durchgehend bußgeldbewehrt. Weitgehende Doppelbewehrung besteht mit § 49 III Nr. 4 (Gebote des Z 201 gem. Anl 2 lfd. Nr. 1 Spalte 3). Die Regelsätze bei Verstößen gegen I und II (BKat Nr. 89 ff.) sind in jüngster Vergangenheit mehrfach verschärft worden. Das nur vorsätzlich begehbare Umfahren geschlossener (Halb-)Schranken wurde in den neuen Abschnitt II (Nr. 244 f.) des BKat aufgenommen (dazu § 24 StVG Rn. 64, 65) und mit einem Regelsatz von 700 € sowie 3 Monaten FV (Kf) bzw. 350 € (Fußgänger, Radf, andere nicht motorisierte VT) versehen. Atypisch geringer wiegender Verstoß (Geldbuße 80 €, kein FV) bei gerade öffnender Schranke und noch nicht verblasstem Rotlicht (Nau SVR **17** 477 *(Krumm)*), nicht jedoch, wenn der Versuch, das Fz zurückzusetzen, wegen hinter dem Fz befindlicher anderer Fz misslingt (AG Dortmund NZV **18** 292 *(Deutscher)*). Neben I finden andere Bestimmungen über Vorfahrt und Vorrang keine Anwendung (Dü NZV **89** 482, Kö NZV **97** 365), neben II S. 1 Nr. 2 insbesondere auch nicht § 37 (Bay VRS **100** 465, Kö NZV **97** 365). TE mit Verstoß gegen § 37 allerdings, wenn die LZA sowohl den V auf den Schienen als auch die unmittelbar davor befindliche Einmündung oder Kreuzung schützt (Bay VRS **100** 465). Bei Gefährdung oder Verletzung TE mit § 1 (Kö NZV **97** 365). Praxishinweise zur den notwendigen Feststellungen bei *Krumm* NZV **10** 602.

36   **15. Strafrecht.** Ist die Bahn an Bahnübergängen nach § 19 I (namentlich durch Aufstellen von Andreaskreuzen) vom StrV abgeschirmt, so nimmt sie nicht iS von § 315d StGB am StrV teil, weswegen die §§ 315, 315a StGB gelten (§ 315d Rn. 4). Hauptfälle des § 315 StGB an Bahnübergängen sind das Hindernisbereiten durch Kfz auf den Schienen wegen Missachtung des Bahnvorrangs (zB nach Durchbrechen der Schranke, Einfahren trotz Warnzeichen; BGHSt **6** 219; BGH VRS **8** 272; Stu VRS **44** 33). Jedoch kann auch das zu schnelle Heranfahren eines Kf an einen Bahnübergang einen Eingriff in den Bahnverkehr darstellen (Ha VRS **15** 356; Dü NJW **71** 1850; str; zum Ganzen LK-*König* § 315 Rn. 35 f., 107). Greift § 315 StGB ein, so tritt § 19 StVO zurück (§ 21 OWiG). *Bei Teilnahme am StrV* (§ 315e Rn. 4) gelten die §§ 315b, 315c StGB. Nicht sachgemäßes Bedienen der Schranken kann § 315b StGB erfüllen (dort Rn. 8; BGH VRS **19** 452, **20** 58; Fra NJW **75** 840). Zur Geltung des § 315c I Nr. 2a StGB dort Rn. 8.

Öffentliche Verkehrsmittel und Schulbusse

20 (1) **An Omnibussen des Linienverkehrs, an Straßenbahnen und an gekennzeichneten Schulbussen, die an Haltestellen (Zeichen 224) halten, darf, auch im Gegenverkehr, nur vorsichtig vorbeigefahren werden.**

   (2) **Wenn Fahrgäste ein- oder aussteigen, darf rechts nur mit Schrittgeschwindigkeit und nur in einem solchen Abstand vorbeigefahren werden, dass eine Gefährdung von Fahrgästen ausgeschlossen ist. ²Sie dürfen auch nicht behindert werden. ³Wenn nötig, muss, wer ein Fahrzeug führt, warten.**

   (3) **Omnibusse des Linienverkehrs und gekennzeichnete Schulbusse, die sich einer Haltestelle (Zeichen 224) nähern und Warnblinklicht eingeschaltet haben, dürfen nicht überholt werden.**

(4) [1]**An Omnibussen des Linienverkehrs und an gekennzeichneten Schulbussen, die an Haltestellen (Zeichen 224) halten und Warnblinklicht eingeschaltet haben, darf nur mit Schrittgeschwindigkeit und nur in einem solchen Abstand vorbeigefahren werden, dass eine Gefährdung von Fahrgästen ausgeschlossen ist.** [2]**Die Schrittgeschwindigkeit gilt auch für den Gegenverkehr auf derselben Fahrbahn.** [3]**Die Fahrgäste dürfen auch nicht behindert werden.** [4]**Wenn nötig, muss, wer ein Fahrzeug führt, warten.**

(5) [1]**Omnibussen des Linienverkehrs und Schulbussen ist das Abfahren von gekennzeichneten Haltestellen zu ermöglichen.** [2]**Wenn nötig, müssen andere Fahrzeuge warten.**

(6) **Personen, die öffentliche Verkehrsmittel benutzen wollen, müssen sie auf den Gehwegen, den Seitenstreifen oder einer Haltestelleninsel, sonst am Rand der Fahrbahn erwarten.**

Begr zur ÄndVO v. 18.7.95 (VkBl. **95** 532): 1

Zu Abs. 1 bis 4: *Die Neufassung des § 20 Abs. 1 und 1a erfolgt im Interesse der Sicherheit sowohl der Fahrgäste in Schulbussen als auch in Omnibussen des Linienverkehrs.*

Schüler werden in Schul-, zumeist aber in Linienbussen zur Schule befördert. Darüber hinaus benutzen sie die Linienbusse auch in ihrer Freizeit. Die jungen Fahrgäste sind altersbedingt aber nicht in jedem Fall in der Lage, die Gefahren des Straßenverkehrs zutreffend einzuschätzen und sich insoweit richtig zu verhalten. Beim Erreichen bzw. beim Verlassen des Busses bringen sie nicht immer die erforderliche Achtsamkeit auf.

Nach der bisherigen Regelung sollte diesem Sachverhalt durch Anordnung einer „mäßigen Vorbeifahrgeschwindigkeit" an Schulbussen Rechnung getragen werden. Mit der neuen Verhaltensvorschrift soll die Zahl der verletzten und getöteten Schüler bei ihrer Beförderung in Schul- und in Linienbussen – bei letzteren war bisher lediglich ein „vorsichtiges Vorbeifahren" vorgeschrieben – weiter verringert werden.

Die angeordnete Schrittgeschwindigkeit gewährleistet in Gefahrensituationen ein sofortiges Anhalten durch den Kfz-Verkehr und trägt damit der Sicherheit aller Fahrgäste in Schul- und Linienbussen ausreichend Rechnung ... .

Begr zur ÄndVO v. 22.3.88 (VkBl. **88** 223): 2

Zu Abs. 5: *Der Vorrang vor dem übrigen Verkehr beim Abfahren von einer Haltestelle soll nicht nur den Linienbussen, sondern auch den Schulbussen zukommen. Auch diese fahren nach einem Fahrplan, und es ist gerechtfertigt, sie vor dem Individualverkehr zu bevorzugen.*

VwV zu § 20 Öffentliche Verkehrsmittel und Schulbusse

Zu Absatz 4

1 I. Vor der Festlegung von Haltestellen von Schulbussen sind von der Straßenverkehrsbehörde 3 neben Polizei und Straßenbaubehörde auch Schule, Schulträger und Schulbusunternehmer zu hören. Dabei ist darauf zu achten, daß die Schulbusse möglichst – gegebenenfalls unter Hinnahme eines Umwegs – so halten, daß die Kinder die Fahrbahn nicht überqueren müssen.

2 II. Es ist vorzusehen, daß Schulbusse nur rechts halten. Die Mitbenutzung der Haltestellen öffentlicher Verkehrsmittel ist anzustreben. 3a

1. Öffentliche Verkehrsmittel sind Straßenbahnen, Kraftomnibusse und Obusse, nicht Taxen. Straba sind Schienenbahnen, die ausschließlich oder überwiegend der Personenbeförderung im Orts- oder Nachbarschaftsbereich dienen (§ 4 PBefG). Beförderungsmittel, die am StrV nicht teilnehmen, scheiden für § 20 aus. Omnibusse sind nach Bauart und Einrichtung zur Beförderung von Personen bestimmte Kfz mit mehr als 8 Fahrgastplätzen (§ 30d I StVZO). Darunter fallen auch Oberleitungsomnibusse, weil im Rahmen des § 20 die auf dem StVG beruhende Begriffsbestimmung gilt und nicht die des § 4 (IV) PBefG (*Filthaut* NZV **96** 59, DAR **95** 277, *Hentschel* NJW **96** 239, aM *Seidenstecher* DAR **95** 427). LinienV ist eine zwischen bestimmten Ausgangs- und Endpunkten eingerichtete regelmäßige VVerbindung, auf der Fahrgäste an bestimmten Haltestellen ein- und aussteigen können (§ 42 PBefG). **Schulbusse** sind Fz, die für die Schülerbeförderung besonders eingesetzt und nach Maßgabe von § 33 IV BOKraft kenntlich gemacht sind. 4

2. Vorbeifahren an Haltestellen. Haltestellen: Z 224 (Straba und Linienbusse). Schulbushaltestelle: Z 224 mit ZusatzZ. § 20 I–IV gelten nur für öffentliche Haltestellen (Bay DAR **73** 332, Ha MDR **01** 387), nämlich für die durch diese beiden HaltestellenZ gekennzeichneten StrStellen in der ganzen Länge des jeweils haltenden Zuges (Obusses) einschließlich einiger Meter 5 davor und dahinter (Dü VM **70** 8, enger *D. Müller* VD **04** 183), bei Doppelhaltestellen nur für den StrTeil, an welchem öffentliche VMittel gerade halten, nicht für Fahrstreifenwechsel auf freier Strecke (Ha MDR **01** 387). Hält das VMittel rechts am Bordstein oder so nahe an diesem, dass nur links vorbeigefahren werden kann, so ist vorsichtig vorbeizufahren (I). Haltestellen an VInseln: Rn. 8. Nach Sa MDR **08** 261 wird die An- und Abfahrtphase vom Begriff des „Haltens" (noch) umfasst (zw., s. auch Rn. 17). Die Pflicht zu vorsichtigem Vorbeifahren gilt auch gegenüber gekennzeichneten Schulbussen, ferner gegenüber allen in I genannten VMitteln auch für den GegenV, soweit diesem nicht eine durch Mittelstreifen getrennte Richtungsfahrbahn zur Verfügung steht (*Bouska* DAR **95** 398, *Filthaut* NZV **96** 59). „Vorsichtiges" Vorbeifahren wird idR eine mäßige Geschwindigkeit voraussetzen, innerstädtisch jedenfalls nicht mehr als 30 km/h, uU aber auch weniger (KG DAR **19** 83). Ist mit unbesonnenem Hervortreten von Kindern zu rechnen, so kann, auch wenn die Voraussetzungen von I und IV nicht vorliegen, Schrittgeschwindigkeit geboten sein (Ol NZV **88** 103).

6   **Nur mit Schrittgeschwindigkeit** (zum Begriff § 42 Rn. 181 zu Z 325.1/325.2) darf an den in I genannten VMitteln rechts wie links („vorsichtig") vorbeigefahren werden, **wenn Fahrgäste ein- oder aussteigen,** weil diese erfahrungsgemäß nicht immer auf Fz achten (BGH VM **57** 69, Ce ZfS **88** 188, Fra JR **94** 77), obwohl sie dies müssen, auch von VInseln aus (BGH VRS **15** 466). Einsteigende müssen, solange keine Straba nahe herangekommen ist, das Vorrecht des Fahrverkehrs beachten, ebenso Fußgänger, die eine VInsel betreten oder verlassen. Das Gleiche gilt dann, wenn der Aus- und Einsteigevorgang bereits abgeschlossen ist (KG NZV **10** 202). Schrittgeschwindigkeit: § 42 Rn. 181 zu Z 325.1 sowie *Hentschel* NJW **96** 240. II gilt auch für Radf auf Radwegen (Begr), und zwar auch dann, wenn Fahrgäste zunächst einen Bürgersteig erreichen und erst anschließend einen Radweg passieren (KG NZV **15** 187 (80 % zulasten des Radf)). Je lebhafter der Fußgängerverkehr beim Ein- und Aussteigen ist, umso mehr Vorsicht ist geboten. **Eingeschaltetes Warnblinklicht** eines an einer Haltestelle haltenden Linien- oder gekennzeichneten Schulbusses verpflichtet auch ohne Fahrgastwechsel stets zu Schrittgeschwindigkeit beim Vorbeifahren, und zwar auch den GegenV auf derselben Fahrbahn (nicht bei Trennung der Richtungsfahrbahnen durch Mittelstreifen). Die erhöhte Sorgfaltspflicht beim Vorbeifahren besteht aber nur, solange das Warnblinklicht in Betrieb ist (Ol NZV **88** 103, NZV **91** 468 (jeweils Schulbus)). Die Verhaltensvorschriften der I–IV dienen nicht nur den Benutzern von Omnibussen, Straba, gekennzeichneten Schulbussen usw, sondern **allen Fußgängern,** die im räumlichen Bereich eines solchen Verkehrsmittels unachtsam die Fahrbahn überqueren; § 20 ist in diesem Umfang **SchutzG iS von § 823 II BGB** (§ 16 StVG Rn. 6; eingehend BGH NJW **06** 2110 mzustAnm *Schröder* SVR **06** 380; Ha NZV **10** 566 (Überqueren auf Querungshilfe: Haftungsverteilung ¹/₃ zu ²/₃ zulasten des Fußgängers); Ko NZV **14** 31 (25 % Mitverschulden des unachtsamen Schülers); ebenso schon Kö VRS **102** 436 mzustAnm *D. Müller* VD **04** 182; s. auch AG Prüm NJW-RR **07** 91, aM Ce ZfS **88** 188, LG Mü I NZV **00** 473 mzustAnm *Bouska;* hier bis 38. Aufl, s. auch Rn. 18). Hingegen erstreckt sich der Schutzzweck nicht auf Radf, die in mehr oder weniger großer Entfernung vom anhaltenden Bus eine Hauptstraße zum Linksabbiegen zu queren versuchen (Ol DAR **15** 94).

7   **3. Nähert sich** ein öffentliches VMittel oder ein gekennzeichneter Schulbus der Haltestelle, so greift die erhöhte Sorgfaltspflicht (II) bereits ein, sobald die Fahrgäste die Fahrbahn zwecks Einsteigens zu betreten beginnen (Ha MDR **74** 1018, KG NJW **63** 1065). Erfahrungsgemäß beachten sie den FahrV dann nicht mehr sorgfältig (BGH VRS **17** 43, Br VM **66** 7). Wer sich als Kf zugleich mit einer Straba einer Haltestelle nähert und den Vorausfahrenden bremsen sieht, muss mit überquerenden Fußgängern rechnen (Ha VRS **40** 439). Fahrgäste, die sich allzu früh auf der Fahrbahn aufstellen, handeln schuldhaft. Der FahrV muss auf sie Rücksicht nehmen, doch nicht nach dem Maßstab des § 20. Naht noch keine Straba, so gelten für die Sorgfalt des FahrV an Haltestellen die §§ 1, 3 I (BGH NJW **55** 510). Nähert sich ein Linien- oder gekennzeichneter Schulbus **mit eingeschaltetem Warnblinklicht** der Haltestelle, so darf er nicht mehr überholt werden (III; s. § 16 II S. 1). Das wird auch bei kurzer Unterbrechung des Annäherungsvorgangs durch verkehrsbedingtes Anhalten des Busses zu gelten haben, obwohl sich der Bus dann nicht mehr im Wortsinne „nähert" (*Bouska* DAR **95** 399, *Filthaut* NZV **96** 60, *Hentschel* NJW **96** 240). Wird das Warnblinklicht verfrüht eingeschaltet, so dass für andere FzF ein Zusammenhang mit einem bevorstehenden Halten noch nicht erkennbar ist, so fehlt es an den Voraussetzungen des III (sich „nähern"; § 16 Rn. 15). Verstoß gegen III ist bußgeldbewehrt (Rn. 17).

8   An **Haltestelleninseln** darf der Kf darauf vertrauen, dass Wartende und Aussteigende nicht unverhofft auf die Fahrbahn treten (BGH NJW **67** 981, VM **59** 9). Er muss sich angemessen

sorgfältig verhalten (Dü VM **74** 16). Doch gilt die strenge Regel des II nicht *(Bouska* DAR **95** 399).

4. Der **Seitenabstand** beim Vorbeifahren rechts am haltenden VMittel muss *während des Ein-* **9** *und Aussteigens von Fahrgästen* so bemessen sein, dass er Gefährdung ausschließt (Rn. 10), und zwar auf dem gesamten Vorbeifahrweg (Stu NJW **65** 644, Ce NJW **61** 2117). Das Gleiche gilt für das Vorbeifahren an Linienbussen und gekennzeichneten Schulbussen, die an einer Haltestelle **mit eingeschaltetem Warnblinklicht** halten (IV). Vorbeifahren an einem haltenden Linienbus oder gekennzeichneten Schulbus während des Fahrgastwechsels (II) mit **mindestens 2 m seitlichem Abstand** (Kö VRS **102** 436, Fra JR **94** 77 mAnm *Lampe,* Ol NZV **88** 103) oder so langsam, dass sofortiges Anhalten möglich ist (BGH JZ **69** 742, Bay DAR **73** 332, Fra JR **94** 77, KG DAR **76** 300), ebenso während eingeschalteten Warnblinklichts (IV). Muss auf schmaler Str an einem haltenden Bus (mit totem Winkel) vorbeigefahren und können 2 m seitlicher Abstand nicht eingehalten werden, so ist mit sofortiger Anhaltemöglichkeit vorbeizufahren (BGH VersR **73** 1045, Kö VRS **102** 436, Kar NZV **89** 393). Der Kf muss nicht damit rechnen, dass hinter einem haltenden, anfahrenden oder in Gegenrichtung haltenden Bus Personen unachtsam die Fahrbahn überqueren, aber damit, dass sie unvorsichtig hervortreten, um sich zu orientieren (BGH NJW **68** 1532, Ha VRS **47** 222, Stu VRS **40** 292, Bay VRS **40** 214, Kö VRS **64** 434), uU auch damit, dass Kinder und Jugendliche von rechts unachtsam die Fahrbahn überqueren (Ce NZV **91** 228). Wer mit zulässigen „60" an einem *in Gegenrichtung* haltenden Bus mit 5 m Seitenabstand vorbeifährt, verhält sich richtig, sofern er mit besonders verkehrsungewandten Fußgängern (Kindern, alten Leuten) nicht rechnen muss (Hb VRS **41** 261; s. aber § 3). 2 m Abstand vom in Gegenrichtung haltenden Bus sind idR ausreichend (Kö VRS **64** 434). Die strenge Regel des II S. 1 gilt hier nicht, weil nicht rechts vorbeigefahren wird, der FzVerkehr also nicht zwischen dem haltenden öffentlichen VMittel und dem Gehweg durchfährt (Ha NZV **95** 75).

5. Ausgeschlossen muss die Gefährdung in allen Fällen von II S. 1 und IV S. 1 sein. Der Kf **10** muss hinsichtlich Fahrgeschwindigkeit und Abstand die durchschnittlich erdenkliche Sorgfalt angewendet haben, näher: **E** 150. Dieser strenge Maßstab ist jedoch nur gerechtfertigt, wenn die übrigen Merkmale von II und IV nicht überdehnt werden (Rn. 9).

6. Anhalten und warten muss der Kf, wenn das Weiterfahren Fahrgäste, die ein- oder aus- **11** steigen, gefährden oder auch nur behindern würde. Das gilt nach II während des Ein- und Aussteigens an allen Haltestellen und darüber hinaus an den Haltestellen, an denen gem. § 16 II S. 1 Warnblinklicht eingeschaltet ist, schon ab dem Aufleuchten des Warnblinklichts. Das bedeutet andererseits nicht, dass Fußgänger, die dem Bus zustreben oder nach dem Verlassen einer Straba die Fahrbahn überschreiten, nicht auf den FahrV zu achten hätten. II S. 2 und IV S. 3 enthalten keine eigentliche Vorrangregelung *(Bouska* DAR **95** 399). Im Zweifel muss ein sorgfältiger Kf aber in solchen Fällen anhalten, wenn sogar Schrittfahren riskant wäre.

7. Abfahrende Omnibusse des Linienverkehrs und Schulbusse (Abs. 5). V enthält eine **12** Sonderregelung des Anfahrens, weil ein „einzelnes" Fz kein fahrplangebundenes Massenverkehrsmittel aufhalten soll (BGHSt **28** 218 = NJW **79** 1894, Dü VRS **82** 378). Omnibusse iS von V sind auch Oberleitungsomnibusse (Rn. 4; *Filthaut* DAR **84** 277). Begriffsbestimmung des LinienV: Rn. 4. Auch bezüglich der Schulbusse gilt Abs. 5 nur an gekennzeichneten Haltestellen. V räumt dem Bus in Abweichung von § 10 (Vorrang des fließenden Verkehrs) den Vorrang in der Weise ein, dass dieser das (rechtzeitig angezeigte) Abfahren ermöglichen (V S. 1) und dafür notfalls Warten hinnehmen muss (I S. 2; KG DAR **19** 83). Der Busf darf bei rechtzeitiger Anzeige des Abfahrens mit Beachtung durch den fließenden V, auch KolonnenV, rechnen (BGHSt **28** 218 = NJW **79** 1894 (bedenklich, weil dies bei auf 2 m aufgerichtete Fließverkehr zweifelhaft bleiben muss und auf Erzwingen des Vortritts hinausläuft); Bay NZV **90** 402, Dü DAR **90** 462, VRS **82** 378, *Filthaut* DAR **84** 279), auch durch Radf (KG NZV **09** 237), aber nicht *blindlings* darauf vertrauen (Dü VRS **65** 336, DAR **90** 462). Trotz seines Vortritts unterliegt der Linienbus der allgemeinen Sorgfaltspflicht (Br VersR **76** 545, Dü VRS **65** 156, **82** 378, DAR **90** 462), jedoch nicht der gesteigerten nach § 10 S. 1 (Fra VRS **54** 368, Dü DAR **90** 462, KG NZV **09** 237; aM Dü VM **74** 14). Er darf seinen Vorrang nicht erzwingen (BGHSt **28** 218 = NJW **79** 1894, Hb VersR **76** 1138, Dü VRS **65** 156, 336, *Filthaut* DAR **84** 280). Das Busvorrecht besteht auch, wenn er vom Fahrbahnrand abfahren will und dabei die linke Spur benutzen muss (Hb VersR **76** 1138, Dü VRS **82** 378); sonst gilt es nur für das Weiterfahren auf dem rechten Fahrstreifen. Das Anfahrvorrecht des Busf (V) gilt nicht auch für das sofortige Ansteuern des linken Fahrstreifens, dafür gilt § 7 V, der nahe aufgerückte Verkehr hat dort Vortritt (Bay VRS **58** 457,

Ha VRS **53** 377, Dü VRS **64** 409). Im Verhältnis zum Entgegenkommenden gilt das Vorrecht nicht (aM *Filthaut* DAR **84** 279, offengelassen von Kö VRS **64** 434). Muss der Bus beim Anfahren wegen Hindernisses auf der rechten Fahrbahnseite auf die Gegenfahrbahn ausweichen, so gilt § 6 S. 1. Das Vorrecht darf nicht gefährdend ausgeübt werden, wie etwa bei verspäteter oder Nichtanzeige (BGHSt **28** 218 = NJW **79** 1894, Bay NZV **90** 402, Dü VM **74** 14, VRS **60** 225, **65** 336, **82** 378, DAR **90** 462, Kö VRS **67** 59), zB nicht gegenüber einem nahe aufgerückten Pkw, der notbremsen müsste; vielmehr darf der Busf nur eine mittelstarke Bremsung (3–4 m/ sec²) erwarten (Kö VRS **67** 59, *Kürschner* NZV **89** 175). Zum Ganzen *Filthaut* DAR **84** 277; NZV **20** 63.

13   **8. Ein- und Aussteigen.** Fahrgäste müssen auf dem Gehweg, dem Seitenstreifen oder auf Haltesteleninseln, mangels dessen am Fahrbahnrand warten (VI). Vor Inseln darf der Kf darauf vertrauen, dass Wartende die Fahrbahn freilassen (BGH NJW **67** 981). Der Kf darf darauf vertrauen, dass an einer leeren Haltestelle wartende Fahrgäste, deren Verhalten er klar überblicken kann, ihn unbehindert vorbeifahren lassen (Ha VRS **40** 439). Ist die Bahn herangekommen, brauchen die Wartenden nicht bis zum Anhalten zu warten, ehe sie auf die Fahrbahn treten (BGH VM **55** 5). Der Busf darf an der Haltestelle dicht **an den Bordstein heranfahren,** uU muss er dabei Wartende jedoch warnen, wenn sie allzu dicht am Fahrbahnrand stehen (Sa VM **80** 88). Wer zu nahe der Bordsteinkante wartet und deshalb mit dem Bus kollidiert, hat einen erheblichen Schadensanteil selber zu tragen (Ha VersR **78** 876). **Auf- und Abspringen** während der Fahrt, auch wenn es sonst niemand gefährdet, schließt die Bahnhaftung idR aus (BGH VkBl. **56** 330), auch wenn versehentlich die Tür offensteht (BGH VRS **22** 249). Wer verbotswidrig aufspringt, haftet dafür, wenn er jemand dadurch zu Fall bringt (Stu VersR **62** 1117).

14–15   **Ausgestiegene Fahrgäste** und solche, die einsteigen wollen, müssen die Fahrbahn auf kürzestem Weg quer zur Fahrtrichtung mit Vorsicht und ohne Aufenthalt überschreiten (Mü NZV **91** 389, Ha NZV **95** 75 (zu § 25), Rn. 8, 9, 11).

16   **9. Zivilrecht.** § 20 ist SchutzG iS von § 823 II BGB in Bezug auf alle Fußgänger, die im räumlichen Bereich eines solchen Verkehrsmittels unachtsam die Fahrbahn überqueren (Rn. 6). Bei Zusammenstoß zwischen einem anfahrenden Linienbus und einem Fz, das im gleichgerichteten V das Vorfahrtrecht des V missachtet, erachtet AG Hb v. 10.10.06, 518 C 167/06, juris, eine Haftungsverteilung von ²/₃ (Kfz) zu ¹/₃ (Linienbus) für sachgerecht. Kein Anscheinsbeweis, falls Blinkersetzen durch Bus nicht aufklärbar ist (LG Sa NZV **13** 35 (Schadensteilung)).

17   **10. Ordnungswidrig** (§§ 24 StVG, 49 StVO) sind alle Zuwiderhandlungen gegen § 20 (§ 49 I Nr. 19b), seit 23.2.96 (ÄndVO v. 14.2.96, BGBl. I S. 216) auch Verstöße gegen III (Überholverbot). Das Überholen eines sich mit Warnblinklicht einer Haltestelle nähernden Linien- oder Schulbusses wurde vorher zunächst als Verstoß gegen III nicht von § 49 I Nr. 19b (*„an Haltestellen"* und *„haltenden Schulbussen"*) erfasst (*Seidenstecher* DAR **95** 428, *Bouska* DAR **95** 399) und konnte daher nur nach anderen Bestimmungen (§§ 1 II, 5 III Nr. 1) ow sein. Verstoß gegen II S. 2 setzt konkrete Behinderung voraus (Dü DAR **97** 408). Wer als Linienbusf ohne Rücksicht auf nahe aufgerückten FolgeV anfährt, verletzt uU §§ 1, 10 in TE (Dü VM **74** 14; s. aber Rn. 12).

18   **11. Strafrecht.** Verletzt der Kf unter Verstoß gegen das Gebot des § 20 IV beim Vorbeifahren an einem Schulbus einen *erwachsenen* Fußgänger, der in Höhe des Schulbusses die Fahrbahn überquert, so liegt dieser Erfolg nach der neueren Rspr. des BGH (Rn. 6) innerhalb des Schutzbereichs der verletzten Norm (**E** 100), mit der Folge, dass eine Bestrafung nach § 229 StGB in Betracht kommt (§§ 222, 229 StGB Rn. 20; aM noch Ha VRS **60** 38).

Personenbeförderung

21 (1) ¹**In Kraftfahrzeugen dürfen nicht mehr Personen befördert werden, als mit Sicherheitsgurten ausgerüstete Sitzplätze vorhanden sind.** ²**Abweichend von Satz 1 dürfen in Kraftfahrzeugen, für die Sicherheitsgurte nicht für alle Sitzplätze vorgeschrieben sind, so viele Personen befördert werden, wie Sitzplätze vorhanden sind.** ³**Die Sätze 1 und 2 gelten nicht in Kraftomnibussen, bei denen die Beförderung stehender Fahrgäste zugelassen ist.** ⁴**Es ist verboten, Personen mitzunehmen,**

1. auf Krafträdern ohne besonderen Sitz,

2. auf Zugmaschinen ohne geeignete Sitzgelegenheit oder

3. in Wohnanhängern hinter Kraftfahrzeugen.

(1a) [1]**Kinder bis zum vollendeten 12. Lebensjahr, die kleiner als 150 cm sind, dürfen in Kraftfahrzeugen auf Sitzen, für die Sicherheitsgurte vorgeschrieben sind, nur mitgenommen werden, wenn Rückhalteeinrichtungen für Kinder benutzt werden, die den in Artikel 2 Absatz 1 Buchstabe c der Richtlinie 91/671/EWG des Rates vom 16. Dezember 1991 über die Gurtanlegepflicht und die Pflicht zur Benutzung von Kinderrückhalteeinrichtungen in Kraftfahrzeugen (ABl. L 373 vom 31.12.1991, S. 26), der zuletzt durch Artikel 1 Absatz 2 der Durchführungsrichtlinie 2014/37/EU vom 27. Februar 2014 (ABl. L 59 vom 28.2.2014, S. 32) neu gefasst worden ist, genannten Anforderungen genügen und für das Kind geeignet sind.** [2]**Abweichend von Satz 1**

1. **ist in Kraftomnibussen mit einer zulässigen Gesamtmasse von mehr als 3,5 t Satz 1 nicht anzuwenden,**

2. **dürfen Kinder ab dem vollendeten dritten Lebensjahr auf Rücksitzen mit den vorgeschriebenen Sicherheitsgurten gesichert werden, soweit wegen der Sicherung anderer Kinder mit Kinderrückhalteeinrichtungen für die Befestigung weiterer Rückhalteeinrichtungen für Kinder keine Möglichkeit besteht,**

3. **ist**

   a) **beim Verkehr mit Taxen und**
   b) **bei sonstigen Verkehren mit Personenkraftwagen, wenn eine Beförderungspflicht im Sinne des § 22 des Personenbeförderungsgesetzes besteht,**

   auf Rücksitzen die Verpflichtung zur Sicherung von Kindern mit amtlich genehmigten und geeigneten Rückhalteeinrichtungen auf zwei Kinder mit einem Gewicht ab 9 kg beschränkt, wobei wenigstens für ein Kind mit einem Gewicht zwischen 9 und 18 kg eine Sicherung möglich sein muss; diese Ausnahmeregelung gilt nicht, wenn eine regelmäßige Beförderung von Kindern gegeben ist.

(1b) [1]**In Fahrzeugen, die nicht mit Sicherheitsgurten ausgerüstet sind, dürfen Kinder unter drei Jahren nicht befördert werden.** [2]**Kinder ab dem vollendeten dritten Lebensjahr, die kleiner als 150 cm sind, müssen in solchen Fahrzeugen auf dem Rücksitz befördert werden.** [3]**Die Sätze 1 und 2 gelten nicht für Kraftomnibusse.**

(2) [1]**Die Mitnahme von Personen auf der Ladefläche oder in Laderäumen von Kraftfahrzeugen ist verboten.** [2]**Dies gilt nicht, soweit auf der Ladefläche oder in Laderäumen mitgenommene Personen dort notwendige Arbeiten auszuführen haben.** [3]**Das Verbot gilt ferner nicht für die Beförderung von Baustellenpersonal innerhalb von Baustellen.** [4]**Auf der Ladefläche oder in Laderäumen von Anhängern darf niemand mitgenommen werden.** [5]**Jedoch dürfen auf Anhängern, wenn diese für land- oder forstwirtschaftliche Zwecke eingesetzt werden, Personen auf geeigneten Sitzgelegenheiten mitgenommen werden.** [6]**Das Stehen während der Fahrt ist verboten, soweit es nicht zur Begleitung der Ladung oder zur Arbeit auf der Ladefläche erforderlich ist.**

(3) [1]**Auf Fahrrädern dürfen Personen von mindestens 16 Jahre alten Personen nur mitgenommen werden, wenn die Fahrräder auch zur Personenbeförderung gebaut und eingerichtet sind.** [2]**Kinder bis zum vollendeten siebten Lebensjahr dürfen auf Fahrrädern von mindestens 16 Jahre alten Personen mitgenommen werden, wenn für die Kinder besondere Sitze vorhanden sind und durch Radverkleidungen oder gleich wirksame Vorrichtungen dafür gesorgt ist, dass die Füße der Kinder nicht in die Speichen geraten können.** [3]**Hinter Fahrrädern dürfen in Anhängern, die zur Beförderung von Kindern eingerichtet sind, bis zu zwei Kinder bis zum vollendeten siebten Lebensjahr von mindestens 16 Jahre alten Personen mitgenommen werden.** [4]**Die Begrenzung auf das vollendete siebte Lebensjahr gilt nicht für die Beförderung eines behinderten Kindes.**

Begr zur ÄndVO v. 22.3.88 (VkBl. **88** 223): **1**

Zu Abs. 1a: ... *Die Kinderhalteeinrichtungen sind amtlich genehmigt, wenn sie entsprechend der ECE-Regelung Nr. 44 gebaut, geprüft, genehmigt und gekennzeichnet sind. Die Eignung der Kinderhalteeinrichtungen zur Verwendung auf Vordersitzen ergibt sich aus der Genehmigung sowie der Einbauanweisung, die von den Herstellern den Kinderhalteeinrichtungen beizufügen ist ... .*

Begr zur ÄndVO v. 22.12.92 (BR-Drs. 786/92): **2**

Zu Abs. 1a: *Zu Satz 1. Die Vorschrift legt die allgemeine Sicherungspflicht für Kinder unter Verwendung amtlich genehmigter und für das Kind geeigneter Rückhalteeinrichtungen fest. Ab einer Körpergröße von 150 cm sind keine besonderen Rückhalteeinrichtungen für Kinder erforderlich; sie müssen dann mit dem Erwachsenen-Gurt gesichert werden (§ 21a Abs. 1 Satz 1 StVO).*

Zu Satz 3. Die Regelung stellt klar, dass eine Sicherungspflicht auf Rücksitzen auch für Kinder nur insoweit gefordert werden kann, als Befestigungsmöglichkeiten für Rückhalteeinrichtungen vorhanden und benutzbar sind. Für den Fall, dass bei Ausnutzung der Rückhalteeinrichtungen ausnahmsweise die Mit-

nahme eines weiteren Kindes möglich ist, sollte dies nicht untersagt werden. Dies entspricht auch der Regelung der Richtlinie 91/671/EWG. Es kommt hinzu, dass es sich schon aus technischen Gründen um seltene Fälle und dabei um kurze Beförderungsstrecken handeln dürfte.

2a   **Begr** zur ÄndVO v. 25.6.98 (VkBl. **98** 599): **Zu Abs. 1a Satz 2:** *Die nunmehr in Satz 2 enthaltene Neuregelung besteht darin, dass die Kindersicherungspflicht in speziellen Kinderrückhaltesystemen – die bisher uneingeschränkt alle Arten von Kraftfahrzeugen betraf – künftig nicht in Kraftomnibussen über 3,5 t zulässige Gesamtmasse gilt. Kinder sollen in diesen Kraftomnibussen vielmehr mit den vorhandenen Beckengurten gesichert werden. Die Verpflichtung hierzu ergibt sich aus § 21a Abs. 1 Satz 1 StVO.*

...

Der Überschlag des Kraftomnibusses ist der Unfalltyp, der die schwerwiegendsten Folgen für die Insassen hat. Auf Grund der Massenverhältnisse treten demgegenüber die Folgen eines Frontalaufpralls („Klappmessereffekt") zurück. Das Herausschleudern oder Umherschleudern kann durch die Sicherung mit dem Beckengut auch ohne Kinderrückhaltesystem wirkungsvoll verhindert werden, wenn das Kind mehr als ca. 10 kg wiegt und aufrecht sitzend befördert werden kann.

...

Für die Erstreckung der Ausnahme auch auf Kraftomnibusse bis einschließlich 3,5 t zulässige Gesamtmasse sowie auf andere Kfz über 3,5 t zulässige Gesamtmasse besteht keine Veranlassung, weil bei Ausrüstung mit Sicherheitsgurten diese in der Regel mit Dreipunktgurten erfolgen muss.

2b   **Begr** zur ÄndVO v. 22.12.05 (VkBl. **06** 39): **Zu Abs. 2:** *Der Mitnahme von Personen auf der Ladefläche oder in Laderäumen von Kraftfahrzeugen stehen wegen des Fehlens geeigneter Sitzgelegenheiten und Haltemöglichkeiten und der auf die Personen einwirkenden Kräfte durch Beschleunigung, Bremsverzögerung, Kurvenlaufverhalten der Fahrzeuge, Fahrbahnunebenheiten und bei Befahren von Gefäll- und Steigungsstrecken erhebliche Verkehrssicherheitsbedenken entgegen. Es ist kein Grund ersichtlich, die Mitnahme auf der Ladefläche von Kraftfahrzeugen anders zu behandeln, als die der generell untersagten Mitnahme von Personen auf der Ladefläche von Anhängern. Dabei ist die Ladefläche die Fläche des Fahrzeugs, die der Beförderung von Gütern und Gegenständen dient. Nicht erfasst werden von dem Verbot daher z. B. die hinteren „Standplätze" von Müllfahrzeugen. Nach Angaben des Zentralverbandes des Deutschen Baugewerbes und des Zentralverbandes des Deutschen Handwerks hat die Mitnahme von Personen auf der Ladefläche von Kraftfahrzeugen aber nach wie vor Praxisrelevanz, soweit die mitgenommenen Personen dort notwendige Arbeiten auszuführen haben oder es sich um die Beförderung von Baustellenpersonal innerhalb von Baustellen handelt. Diesem Umstand tragen die Ausnahmetatbestände Rechnung.*

2c   **Begr** zur ÄndVO v. 11.5.06 (VkBl. **06** 488): **Zu Abs. 1 (S. 1 bis 3):** *Abs. 1 S. 1: Nach deutschem Recht gibt es für Fahrzeuge der Klassen M1 und N1 bisher keine ausdrückliche Verpflichtung, nur so viele Personen zu befördern, wie Sicherheitsgurte vorhanden sind. Zwar fordert die Richtlinie 2003/20/EG dies nicht ausdrücklich; aus dem Sachzusammenhang ist der Artikel 6b aber so zu verstehen, dass nach Ablauf einer Frist, in der Ausnahmen erteilt werden können, dieser Grundsatz gilt. Dies liegt auch im Interesse der Verkehrssicherheit. Unfälle von Fahrzeugen, in denen die Zahl der Insassen über der mit Sicherheitsgurten ausgestatteten Zahl von Sitzplätzen lag, haben in der Vergangenheit zu schwer wiegenden Folgen für die Insassen geführt. Eine eindeutige Regelung dürfte die Akzeptanz dieser Regelung erhöhen. Die Straßenverkehrsbehörden können jedoch innerhalb des von der Richtlinie vorgesehenen Zeitraums (sechs Jahre ab dem 8. April 2003) Ausnahmen von diesem Grundsatz erteilen, um keine unzumutbaren Härten auftreten zu lassen. Allerdings muss bei der Entscheidung zwischen dem Interesse des Einzelnen und der allgemeinen Verkehrssicherheit abgewogen werden.*

Abs. 1 S. 2 dient der Klarstellung. In Kraftfahrzeugen, die keine vorgeschriebenen Gurte aufgrund der Tatsache haben, dass sie wegen ihres Alters noch nicht von der Ausrüstungsverpflichtung mit Sicherheitsgurten erfasst wurden (z. B. Oldtimer), dürfen nur so viele Personen befördert werden, wie Sitzplätze vorhanden sind. ...

Zu Abs. 1a S. 1: *Aufgrund europaweiter Harmonisierung ist nur noch eine Genehmigung nach der Regelung 44/03 der Wirtschaftskommission für Europa der Vereinten Nationen oder nach der Richtlinie 77/541/EWG und den nachfolgenden Änderungen dieser Regelung oder Richtlinie möglich. Von daher ist eine andere amtliche Genehmigung, wie sie bisher in der Straßenverkehrs-Zulassungs-Ordnung vorgesehen war, nicht mehr möglich.*

Zu Abs. 1a S. 3: *Die Änderung ist durch die Richtlinie 2003/20/EG bedingt, die nur noch erlaubt, dass ein drittes Kind im Alter von drei Jahren und darüber und mit einer Körpergröße von weniger als 150 cm durch einen Sicherheitsgurt für Erwachsene gesichert wird, wenn die Verwendung von zwei Kinderrückhalteeinrichtungen auf den Rücksitzen von Fahrzeugen der Klasse M1 und N1 aus Platzgründen die Verwendung einer dritten Kinderrückhalteeinrichtung nicht zulässt.*

Zu Abs. 1b: *Die Änderung ist durch die Richtlinie 2003/20/EG bedingt, die eine Beförderung von Kindern unter drei Jahren in nicht mit Gurten ausgerüsteten Fahrzeugen der Klassen M1, N1, N2 und N3 nicht gestattet, bzw. für Kinder ab drei Jahren eine Beförderung nur auf den Rücksitzen gestattet. Die Vorschrift gilt nicht für Kraftomnibusse (Klassen M2 und M3). Von dieser zwingend erforderlichen Anpassung der StVO an das EG-Recht wird nur eine geringe Fallzahl von Kraftfahrzeugen betroffen sein, da in Deutschland die Ausrüstung solcher Fahrzeuge mit Gurten spätestens seit Mitte der 70er Jahre in Pkw sowie sukzessive auch in Lkw vorgeschrieben worden ist. Die Regelung ist aus Verkehrssicherheitserwägungen erforderlich.*

Begr zur ÄndVO v. 18.12.06 (VkBl. **07** 23): **Zu Abs. 1a:** *Seit dem 1.4.93 gilt der Grundsatz* **2d** *des § 21 Abs. 1a Satz 1 Straßenverkehrs-Ordnung (StVO), dass Kinder bis zum vollendeten 12. Lebensjahr, die kleiner als 150 cm sind, in Kraftfahrzeugen auf Sitzen, für die Sicherheitsgurte vorgeschrieben sind, nur mitgenommen werden dürfen, wenn eine amtlich genehmigte und für Kinder geeignete Rückhalteeinrichtung benutzt werden. Dadurch sollte die Sicherung von Kindern in Kraftfahrzeugen (Kfz) verbessert werden. Für Taxis bestand bis zum 31.12.1997 eine Übergangsregelung in § 21 Abs. 1a Satz 2 StVO. Diese beschränkte die Pflicht auf regelmäßige Beförderungen von Kindern, da nicht in allen Taxis für alle Altersgruppen und für mehrere Kinder eine ausreichende Anzahl von Rückhalteeinrichtungen mitgeführt werden konnte. Es wurde die Erwartung gehegt, dass während der fünfjährigen Übergangszeit technische Lösungen entwickelt werden, die eine altersgerechte Sicherung aller Kinder zu jeder Zeit in Taxis sicherstellen können. Technische Lösungen, die Kinderrückhalteeinrichtungen unter dem Gesichtspunkt einer Platz sparenden Unterbringung in die vorhandenen Sitze im Taxi integrieren, konnten aber nur für die Gewichtsklassen I (9 bis 18 kg, ab ca. einem Alter von 9 Monaten bis 4 Jahren), II (15 bis 25 kg, ab ca. einem Alter von 3 bis 7 Jahren) und III (22 bis 36 kg, ab ca. einem Alter von 6 bis 12 Jahren) der maßgeblichen ECE-Regelung Nr. 44 entwickelt werden. Nach dem Auslaufen der Übergangsregelung in § 21 Abs. 1a Satz 2 StVO am 31.12.97 wurde daher die 7. Ausnahmeverordnung zur StVO erlassen, die die Verpflichtung, Kinder in Kfz mit geeigneten Rückhaltesystemen zu sichern, bei Taxis auf diese Gewichtsklassen und auf die Sicherung von zwei Kindern beschränkte. In der Erwartung, dass eine technische Lösung, integrierte Kinderrückhaltesysteme auch für die Gewichtsklassen 0 (weniger als 10 kg, bis zu einem Alter von ca. 9 Monaten) und 0+ (weniger als 13 kg, bis zu einem Alter von ca. 2 Jahren) zu entwickeln, in den nächsten Jahren gefunden werde, wurde die 7. AusnahmeVO zur StVO befristet. Da sich diese Erwartungen nicht erfüllten, wurde die 7. Ausnahmeverordnung zur StVO zweimal verlängert. Die 7. AusnahmeVO zur StVO läuft nun am 31.12.06 endgültig aus, technische Lösungen sind auch in den nächsten Jahren nicht zu erwarten. Dennoch haben sich die Regelungen der 7. AusnahmeVO zur StVO in der Praxis im Großen und Ganzen bewährt. Sowohl die Taxiunternehmer/-fahrer als auch die Fahrgäste, die mit Kindern in Taxis fahren, haben sich auf die bestehenden Regelungen eingestellt. Probleme, Beschwerden oder Unfälle, die auf eine mangelnde Kindersicherung in Taxis zurückzuführen sind, sind seit 1993 nicht bekannt geworden. Fahrten mit Kindern der Gewichtsklassen 0 und 0+ sind sehr selten. Außerdem wird bei diesen Fahrten von den Eltern in der Regel die eigene Kinderrückhalteeinrichtung (Babyschale) mitgebracht. Sollte dies ausnahmsweise nicht der Fall sein, werden geeignete Kinderrückhalteeinrichtungen für die Gewichtsklassen 0 und 0+ in den Taxizentralen vorgehalten und bei vorheriger Anmeldung von den Fahrern mitgebracht. Die Voraussetzungen für eine Überführung der 7. AusnahmeVO zur StVO in die StVO liegen damit vor. Die Überführung der bislang befristeten Ausnahme in die StVO wird zum Anlass genommen, eine Öffentlichkeitskampagne mit dem Ziel zu initiieren, zusammen mit den Taxi- und Verkehrssicherheitsverbänden für eine optimale Kindersicherung in Taxis zu werben. Auf eine nachhaltige Vermittlung der bestehenden Bestimmungen und Verantwortlichkeiten bei Taxiunternehmern/-fahrern und Eltern soll dabei besonders Wert gelegt werden.*

Zu Abs. 1 S. 4 Nr. 3: *Wohnanhänger sind unabhängig von der Anzahl der Achsen nicht dafür ausgelegt, Personen zu befördern. Geeignete Sicherungseinrichtungen für Personen sind in Wohnanhängern nicht vorhanden. Die Mitnahme von Personen in Wohnanhängern stellt daher generell eine besondere Gefahr dar, so dass auf die Nennung der Achsenzahl verzichtet werden kann. Durch die Verwendung des Begriffs „Wohnanhänger" wird klargestellt, dass das Beförderungsverbot nicht für Wohnmobile gilt, die – anders als Wohnanhänger – nicht nur dem Wohnen, sondern auch dem Befördern von Personen dienen können.*

Zu Abs. 1a: *Durch die Überführung der 7. AusnahmeVO zur StVO in § 21 Abs. 1a StVO werden die Sätze 2 und 3 des § 21 Abs. 1a durch den neuen Satz 2 ersetzt. Die Ausnahmen zu dem in Satz 1 formulierten Grundsatz werden jetzt in Satz 2 zusammengefasst und mit Gliederungsnummern strukturiert. Mit der Überführung wird auf die Bezugnahme auf die einschlägige ECE-Regelung Nr. 44 Revision 1 (Sonderdruck zum Verkehrsblatt Nr. B 3692) und die darin festgelegten Gewichtsklassen verzichtet* *und stattdessen auf eine allgemein verständliche Formulierung zurückgegriffen. Materielle Änderungen ergeben sich dadurch nicht; insbesondere muss weiterhin wenigstens für ein Kind eine Sicherung mit einer Rückhalteeinrichtung der Gewichtsklasse I (von 9 kg bis 18 kg) möglich sein. Grund für die Beschränkung ist insbesondere, dass amtlich genehmigte und geeignete Rückhalteeinrichtungen für Kinder mit einem Gewicht unter 9 kg nicht Platz sparend im Taxi vorgehalten werden können und in aller Regel von den Begleitpersonen selbst mitgebracht werden.*

Begr des Bundesrats: Grund für die Ausnahmeregelung beim Verkehr mit Taxis ist, dass dieser grundsätzlich der Beförderungspflicht nach dem Personenbeförderungsgesetz (PBefG) unterliegt und Kinder in Kraftfahrzeugen nur mit amtlich genehmigten und geeigneten Rückhalteeinrichtungen mitgenommen werden dürfen, die aber nicht in allen Taxis für alle Altersgruppen und in ausreichender Anzahl vorgehalten werden können. Ohne Ausnahmeregelung müssten Taxis auch die sperrigen Kinderrückhalteeinrichtungen (Babyschalen) für Kinder bis 9 kg mitführen. Dieses Problem taucht jedoch nicht nur beim Verkehr mit Taxis gemäß § 47 PBefG auf, sondern auch bei allen anderen mit Pkw durchgeführten Verkehren, bei denen die Beförderungspflicht nach § 22 PBefG gilt. Insbesondere Linienersatzverkehre, Anmeldelinienverkehre und die Verkehre mit Anrufsammeltaxis sind davon betroffen. Da für eine Ungleichbehandlung zwischen diesen Verkehren kein sachlicher Grund vorhanden ist, müssen auch diese Linienverkehre in den Genuss der Ausnahmeregelung kommen. Der Verordnungsentwurf ist deshalb entsprechend anzupassen. Auch zukünftig soll die Ausnahmeregelung des Satzes 2 Nr. 3 dann nicht gelten, wenn eine regelmäßige, dh planbare Beförderung von Kindern, die an sich der Sicherung in geeigneten Rückhalteeinrichtungen bedürfen, vorliegt. In solchen Fällen kann sich der Verkehrsunternehmer nämlich auf die Beförderung dieser Kinder einstellen, so dass es der Ausnahmeregelung nicht bedarf.

2e   **Begr zur StVO-Neufassung v. 6.3.2013 (BR-Drs. 428/12): Zu Abs. 3 S. 2 und 3:** *Fahrradanhänger werden vornehmlich zur Beförderung von Kleinkindern immer beliebter und gehören mittlerweile zum Verkehrsalltag. Bund und Länder hielten bisher ihren Einsatz im StrV in analoger Anwendung von § 21 III dann für vertretbar, wenn dieser unter Beachtung des Merkblatts für das Mitführen von Anhängern hinter Fahrrädern vom 6.11.99 (VkBl. 99 703) erfolgte. Zur Herstellung der Übereinstimmung mit den technischen Vorschriften und Anforderungen, und zur Gewährleistung der Rechtssicherheit wird die Regelungslücke nunmehr geschlossen. Die Änderung in S. 1 ist die sprachliche Anpassung an die neu angefügten S. 2 und 3.*

2f   **Begr zur ÄndVO v. 22.10.2014 (BR-Drs. 336/14): Zu Abs. 1a:** *Im Rahmen der UNECE-Aktivitäten zur Weiterentwicklung harmonisierter technischer Vorschriften für Kfz wurde eine neue UNECE-Regelung Nr. 129 für verbesserte Kinderrückhalteeinrichtungen erarbeitet. Diese Regelung ist am 9.7.2013 in Kraft getreten. Damit können danach genehmigte Kinderrückhalteeinrichtungen in den Handel gebracht werden. Mit der neuen Regelung wird die Anwendung von Kinderrückhalteeinrichtungen vereinfacht. Dazu werden sog. Universal-IsoFix-Systeme (genannt „i-Size") eingeführt. In § 21 Ia ist derzeit geregelt, welche Kinderrückhalteeinrichtungen angewendet werden können. Die Anforderungen basieren auf der EG-RL 91/671/EWG in der Fassung 2003/20/EG (Gurtrichtlinie). Danach dürfen ausschließlich Systeme verwendet werden, die der UN-Regelung Nr. 44 entsprechen. Durch die nunmehr durchgeführte Anpassung dürfen künftig sowohl die bisher bestehenden Kinderrückhaltesysteme nach der UNECE-Regelung Nr. 44 als auch Systeme nach der UNECE-Regelung 129 benutzt werden.*

2g   **Begr des BRates zur ÄndVStVR v. 20.4.2020 (BR-Drs. 591/19) zu Abs. 3 S. 1:** *Die Zulässigkeit der Mitnahme von über siebenjährigen Personen auf entsprechend gebauten und eingerichteten, ein- oder zweispurigen Fahrrädern soll in § 21 Abs. 3 StVO klargestellt werden. Diese Voraussetzungen zur Personenmitnahme können insbesondere Rikschas (s dazu Verlautbarung des BMVBW vom 24.6.2003, VkBl. S. 429) und bestimmte Lastenfahrräder erfüllen, die neben dem Transport von Gütern auch oder ausschließlich für den Transport von Personen gebaut sind und daher über entsprechende eigene Sitzgelegenheiten für jede Person verfügen. Damit wird einer Forderung entsprochen, die Eingang in den Bericht der Ad-hoc AG Radverkehrspolitik der Verkehrsministerkonferenz gefunden hat. Bereits gegenwärtig wird die in ihrem Wortlaut missverständliche Vorschrift des § 21 Abs. 3 StVO obergerichtlich einschränkend im Sinne der beantragten Änderungsregelung ausgelegt (vgl. OLG Dresden, Beschluss vom 11.10.2004, Ss OWi 460/04). ...*

VwV zu § 21 Personenbeförderung

Zu den Absätzen 1 und 2

3   **1**   „Besonderer Sitz" ist eine Vorrichtung, die nach ihrer Bauart dazu bestimmt ist, als Sitz zu dienen,
mag diese Zweckbestimmung auch nicht die ausschließliche sein. Geeignet ist eine Sitzgelegenheit nur dann, wenn man auf ihr sicher sitzen kann; bei Anhängern, die für land- oder forstwirtschaftliche Zwecke verwendet werden, kann das auch die Ladefläche sein.

Zu Absatz 1a

2 Geeignet sind Rückhalteeinrichtungen für Kinder, die entsprechend der UNECE-Regelung Nr. 44 **4** (BGBl. 1984 II S. 458, mit weiteren Änderungen) oder der UNECE-Regelung Nr. 129 (ABl. L 97 vom 29.3.2014, S. 21) gebaut, geprüft, genehmigt und entweder mit dem nach der UNECE-Regelung Nr. 44 oder Nr. 129 vorgeschriebenen Genehmigungszeichen oder mit dem nationalen Prüfzeichen nach der Fahrzeugteileverordnung gekennzeichnet sind. Dies gilt entsprechend für Rückhalteeinrichtungen für Kinder der Klasse 0 (geeignet für Kinder bis zu einem Gewicht von 9 kg), wenn für sie eine Betriebserlaubnis nach § 22 StVZO vorliegt.

3 Die Eignung der Rückhalteeinrichtungen für Kinder und deren jeweilige Verwendung auf Vordersitzen ergibt sich aus der Genehmigung sowie der Anweisung, die vom Hersteller der Rückhalteeinrichtung für Kinder beizufügen ist. So ist zum Beispiel bei Verwendung von Rückhalteeinrichtungen für Kinder nach der UNECE-Regelung Nr. 129 für Kinder bis zu einem Alter von 15 Monaten eine Beförderung nur entgegen der Fahrtrichtung oder seitlich gerichtet zur Fahrtrichtung möglich.

Zu Absatz 2 – aufgehoben –

3. VO über Ausnahmen von straßenverkehrsrechtlichen Vorschriften **5**

Vom 5. Juni 1990 (BGBl. I S. 999)

FNA 9232-1-1-9

geänd. durch Art. 1 Erste ÄndVO v. 22.12.1992 (BGBl. I S. 2480)

(Auszug)

§ 1

Abweichend von § 22a Abs. 1 Nr. 27 der Straßenverkehrs-Zulassungs-Ordnung brauchen besondere Rückhalteeinrichtungen für behinderte Kinder in Kraftfahrzeugen nicht in einer amtlich genehmigten Bauart ausgeführt zu sein, wenn

1. die Konstruktion dem Stand der Technik entspricht,

2. der Rückhalteeinrichtung eine Einbau- und Gebrauchsanweisung beigegeben ist, in der die Kraftfahrzeuge und Kraftfahrzeugtypen angegeben sind, für die sie verwendbar ist.

§ 2

Abweichend von § 21 Abs. 1a der Straßenverkehrs-Ordnung dürfen behinderte Kinder in Kraftfahrzeugen mitgenommen werden, wenn eine besondere Rückhalteeinrichtung im Sinne des § 1 benutzt wird und in einer ärztlichen Bescheinigung, die auf den Namen des behinderten Kindes ausgestellt ist, bestätigt wird, daß anstelle einer bauartgenehmigten Rückhalteeinrichtung nach § 22a Abs. 1 Nr. 27 der Straßenverkehrs-Zulassungs-Ordnung nur eine besondere Rückhalteeinrichtung verwendet werden kann. Die ärztliche Bescheinigung darf nicht älter als 4 Jahre sein. Sie ist mitzuführen und zuständigen Personen auf Verlangen zur Prüfung auszuhändigen.

Begr: VkBl. 90 445. Die 7. VO über Ausnahmen von den Vorschriften der StVO ist außer Kraft **5a** *getreten mit Ablauf des 31.12.06 (Rn. 2d). Begr zur 7. AusnVO: VkBl. 98 98, 03 3; zur ÄndVO v. 21.12.05: VkBl. 06 35.*

1. Allgemeines. § 21 enthält grundlegende Bestimmungen über die Personenbeförderung. **5b** Dabei betrifft I die Beförderung von Personen in Kfz und Wohnanhängern, Ia und Ib die Beförderung von Kindern in Kfz bzw. Fz, II die Personenbeförderung auf Ladeflächen sowie in Laderäumen und III die Personenbeförderung auf Fahrrädern. I–II sind in hohem Maße durch europarechtliche Vorgaben beeinflusst (Rn. 6 ff.). Die Bestimmungen werden ergänzt durch § 23 StVO sowie § 35a StVZO und das PBefG.

2. Personenbeförderung in Kfz und Wohnanhängern (Abs. 1). I S. 1 verknüpft für Kraft- **6** wagen (zu Krafträdern Rn. 7) die *höchstzulässige Zahl der mitgenommenen Personen* mit der Zahl der mit Sicherheitsgurten ausgerüsteten Sitze (vgl. § 35a StVZO). Vor Schaffung der Norm war die Überschreitung der Personenzahl gegenüber der im Kfz-Schein angegebenen Zahl der Sitzplätze nicht verboten (§ 23 Rn. 22). Verstöße gegen I S. 1 sind nunmehr bußgeldbewehrt (Rn. 15). Der VOGeber beruft sich für die Notwendigkeit des Verbots auf den Geist der EG-Richtlinie 2003/20 sowie auf Gründe der VSicherheit und verweist auf Ausnahmegenehmigungen (Rn. 13), die durch die StrVB zur Vermeidung unzumutbarer Härten in Übereinstimmung mit der EG-Richtlinie noch bis 8.4.09 getroffen werden können, dies allerdings nach strengen Maßstäben (Rn. 2c). Auch nach diesem Zeitpunkt werden Ausnahmebestimmungen nach § 46 nicht ausgeschlossen sein. Die Ausnahmebestimmung nach **I S. 2** betrifft Fz, die von der Ausrüstungsverpflichtung mit Gurten nicht erfasst werden, also vor allem Oldtimer (Rn. 2c; § 35a StVZO Rn. 7). Der Anwendungsbereich ist demnach gering. In einschlägigen Fällen ist die Zahl der Sitzplätze (unabhängig von der

Gurtpflicht) maßgebend. **I S. 3** stellt schließlich klar, dass das Verbot des I S. 1 nicht für die Perso-
nenmitnahme in Kom gilt, in denen die Beförderung stehender Fahrgäste zulässig ist (nach *Schu-
bert* DAR **06** 371 überflüssig).

6a   **Mitnahmeverbote (Abs. 1 S. 4).** In den in I S. 4 Nr. 1–3 bezeichneten Fällen ist die Mit-
nahme von Personen wegen der damit verbundenen Gefahren strikt verboten. Die Bestimmung
ist anders als I S. 1, 2 (Rn. 6) mit Geldbuße bewehrt (Rn. 15).

7   Auf **Krafträdern ohne besonderen Sitz** dürfen Personen nicht mitgenommen werden (I
S. 4 Nr. 1). Sitz ist eine Vorrichtung, die der Bauart nach zum Sitzen dient, wenn auch nicht
ausschließlich (VwV Rn. 1; BGHSt **16** 160 = NJW **61** 1828). § 61 I, II StVZO schreibt außer-
dem vor, dass für den Beifahrer beiderseits Fußstützen und ferner ein Handgriff vorhanden sein
müssen. Ein Verstoß allein dagegen ist jedoch nicht nach I S. 4 Nr. 1 iVm § 49, sondern nach
§§ 61, 69a III Nr. 27 StVZO) ahndbar. Ein nur auf das Schutzblech geschnalltes Kissen (Ol
DAR **57** 364) genügt nicht, gleichfalls nicht eine Kuhle zwischen dem Sitz und dem aufsteigen-
den Motorradtank (vgl. Ko OLGR **06** 759), das Bodenbrett eines Kraftrollers oder ein Gleisket-
tenschutz. I S. 4 Nr. 1 verbietet jedoch nur die Personenmitnahme auf einem Krad ohne beson-
deren Sitz. Ist hingegen ein Sitz vorhanden, wird die Person aber in gefährlicher Weise
transportiert (zB nicht auf dem *vorhandenen* Sitz), so ist der Normbefehl der Vorschrift wohl ent-
gegen der ganz hM nicht verletzt. Denn er spricht ein *Mitnahmeverbot* auf einem nicht hinrei-
chend ausgerüsteten Krad aus, nicht ein *Benutzungsgebot* des besonderen Sitzes. Die gegenteilige
Auffassung dürfte die Grenzen zulässiger Interpretation überschreiten. Jedoch kann sich der FzF
wegen Verstoßes gegen § 23 I S. 2 ahndbar machen (s. im Einzelnen dort Rn. 23), der Beifahrer
uU nach § 1 II (s. auch BHHJ/*Hühnermann* Rn. 2).

8   Auf **Zugmaschinen** *ohne geeignete Sitzgelegenheit* darf niemand mitgenommen werden **(I S. 4
Nr. 2),** zB nicht auf dem Schutzblech oder Kettenschutz (Ha VRS **2** 195). Geeignet ist eine
Sitzgelegenheit, wenn man auf ihr sicher sitzen kann (VwV Rn. 1). Auch Nr. 2 enthält kein Be-
nutzungsgebot (Rn. 7). Beförderung auf Anhängern von Zugm: Rn. 11.

9   **In Wohnwagen hinter Kraftfahrzeugen** darf niemand mitgenommen werden **(I S. 4
Nr. 3).** Seit 1.1.07 kommt es auf die Achsenzahl nicht mehr an (Begr Rn. 2d). *Wohnmobile,* die
auch dem Befördern von Personen dienen können, sind jedoch nicht unter den Begriff des
„Wohnanhängers" zu subsumieren (Rn. 2d).

9a   **3. Beförderung von Kindern in Kfz (Abs. 1a).** Kinder bis zum vollendeten 12. Jahr, die
kleiner als 150 cm sind, dürfen in Kfz auf allen Sitzen, für die Sicherheitsgurte vorgeschrieben
sind (§ 35a IV, V StVZO), grundsätzlich nur mitgenommen werden, wenn amtlich genehmigte,
geeignete Kinder-Rückhalteeinrichtungen benutzt werden (Ia S. 1). Die 1993 in Kraft getretene
Vorschrift setzte die EWG-Richtlinie v. 16.12.91 (ABl EG Nr. L 373 S. 26, geänd. durch ABl.
EU 2014 Nr. L 59 S. 32, 2014/37/EU; StVRL § 21 StVO Nr. 3) um (näher *Kramer* VD **03** 124).
Die Kinder-Rückhalteeinrichtung muss entsprechend der ECE-Regelung Nr. 44 (BGBl II
1984, 458) oder der neuen UNECE-Regelung Nr. 129 (Begr Rn. 2f.) gebaut, geprüft, geneh-
migt und durch Prüfzeichen gekennzeichnet sein (§ 22a I Nr. 27 StVZO). Geeignet ist sie nur,
wenn sie gem. der Einbauanweisung montiert ist (Begr). Etwa noch auf dem Markt befindliche,
nach der alten Regelung Nr. 44/02 genehmigte und nicht mehr den Sicherheitserfordernissen
entsprechende Einrichtungen dürfen nicht mehr verwendet werden (VkBl. **06** 490). In Kfz in-
tegrierte Rückhalteeinrichtungen für Kinder und Rückhalteeinrichtungen für Kinder bis zum
Alter von 15 Monaten müssen den Maßgaben des § 35a XII, XIII iVm Anhang StVZO entspre-
chen (s. auch VwV Rn. 2 und 3). Bis zu 12-jährige Kinder, die größer als 150 cm sind, müssen
vorgeschriebene Sicherheitsgurte für Erwachsene anlegen. Der FzF hat auch während der Fahrt
darauf zu achten, dass das Kind angeschnallt bleibt (AG Kö NZV **05** 598; s. aber Rn. 15). **Aus-
nahmestimmungen** enthält Satz 2. **S. 2 Nr. 1** betrifft die Beförderung von Kindern in **Kom**
mit mehr als 3,5 t Gesamtmasse; in diesen Fz genügt Sicherung mit vorhandenen Beckengurten
(§ 21a I). Der durch die ÄndVO v. 11.5.06 verschärfte **S. 2 Nr. 2 („Familienprivileg")** erlaubt
die Sicherung eines Kindes iS des S. 1 durch einen Sicherheitsgurt für Erwachsene nur noch
dann, wenn es sich um das dritte Kind handelt, das neben zwei anderen Kindern iS des S. 1 be-
fördert werden soll, die durch Rückhalteeinrichtungen gesichert sind, und wenn für eine weitere
Rückhalteeinrichtung kein Raum mehr zur Verfügung steht. Die Ausnahmebestimmung ist
demnach zB nicht erfüllt, wenn für die Rückhalteeinrichtung wegen der Beförderung von ei-
nem oder zwei Erwachsenen kein Platz mehr ist (*Schubert* DAR **06** 374). Für die gelegentliche
Mitnahme von Kindern **auf den Rücksitzen von Taxen** und anderen beförderungspflichtigen
Verkehren mit Pkw (insoweit auf Initiative des BR, Rn. 2d) gilt das Beförderungsverbot des S. 1

bei Nichtbenutzung von Kinder-Rückhalteeinrichtungen nur eingeschränkt. Nach **S. 2 Nr. 3** (sachlich aus der am 31.12.06 ausgelaufenen 7. AusnahmeVO übernommen, Rn. 2d) genügt das Mitführen von insgesamt zwei Rückhalteeinrichtungen der Gewichtsklassen I, II und III iS der ECE-Regelung Nr. 44 und die dadurch ermöglichte Sicherung von wenigstens zwei beförderten Kindern. Die Regelung geht davon aus, dass die Beförderung von mehr als zwei Kindern in Taxen selten ist. Im Hintergrund steht, dass Nachrüstungsmöglichkeiten für den großen Altbestand von Taxen nicht bestehen (*Albrecht* SVR **06** 46). Die ECE-Regelung Nr. 44 unterscheidet 5 Gewichtsklassen nach dem Körpergewicht des Kindes: 0 = weniger als 10 kg, 0$^+$ = weniger als 13 kg, I = 9 bis 18 kg, II = 15 bis 25 kg, III = 22 bis 36 kg. Die Ausnahmeregelung gilt aber nur für die gelegentliche, *nicht für regelmäßige* Kinderbeförderung. Um regelmäßige Beförderung handelt es sich vor allem, wenn Kinder überwiegend mit dem Taxi zB zur Schule oder zum Kindergarten gefahren werden (Begr, BR-Drs. 786/92 S. 5), auch wenn dies mit wechselnden Fz geschieht (Bay VerkMin PVT **93** 110, *Bormuth* DAR **93** 122). In Kfz, die nach dem Zulassungsverfahren für die Stationierungsstreitkräfte zugelassen sind, dürfen abw von Ia nach den Vorschriften der Heimatländer zugelassene Kinder-Rückhalteeinrichtungen benutzt werden (§ 1 der 5. StVOAusnV; BGBl. I **94** 623). **Behinderte Kinder** dürfen abw von Ia mitgenommen werden, wenn eine besondere Rückhalteeinrichtung iS von § 1 der 3. VO über Ausnahmen von straßenverkehrsrechtlichen Vorschriften (s. Rn. 5) benutzt wird (§ 2 der AusnahmeVO). Eine nicht mehr als 4 Jahre alte ärztliche Bescheinigung über die Notwendigkeit der Verwendung einer besonderen Rückhalteeinrichtung ist mitzuführen. Die Regelung trägt dem Umstand Rechnung, dass die Mitnahme behinderter Kinder auf den Rücksitzen insbesondere bei zweitürigen Fz Schwierigkeiten bereiten kann (Begr, VkBl. **90** 446). Eine Ausdehnung der Ausnahmevorschrift auf die Rücksitze und damit Anpassung an die Neufassung von § 21 Ia ist durch VO v. 22.12.92 (BGBl. I S. 2480) erfolgt (Rn. 5; Begr: VkBl. **94** 142). Zur Mitnahme eines Kleinkinds auf dem Beifahrersitz eines Lkw Kar VRS **50** 413. Zur Beförderung von Kindern in Wohnmobilen *Berr* 515 ff.

4. Beförderung von Kindern in Fz (Abs. 1b). Auch mit Ib ist EG-Recht umgesetzt worden (Rn. 2c). Danach ist die Beförderung von Kindern unter drei Jahren in nicht mit Gurten ausgerüsteten Fz nicht mehr und von Kindern ab drei Jahren nur auf den Rücksitzen gestattet, sofern sie kleiner als 150 cm sind (S. 1, 2). Das Gebot des S. 2 ist nicht mit Geldbuße bewehrt. Der Anwendungsbereich der Regelung wird im Hinblick auf die seit langem bestehende Gurtpflicht in Deutschland gering sein (Begr). Kom sind ausgenommen (S. 3). **10**

5. Personenbeförderung auf Ladeflächen und in Laderäumen (Abs. 2). Auf der Ladefläche und in Laderäumen von Kfz dürfen seit der am 1.1.06 in Kraft getretenen Neufassung des II S. 1 durch ÄndVO v. 22.12.05 (Rn. 2b), grundsätzlich keine Personen mehr mitgenommen werden. Wegen der mit einer solchen Beförderung verbundenen Gefahren hat der VO-Geber die Rechtslage weitgehend an die zu (seit langem verbotenen) Mitnahme auf Ladeflächen von Anhängern (Rn. 12) angeglichen. Ladefläche ist die Fläche zur Beförderung von Gütern und Gegenständen, weswegen die hinteren „Standplätze" auf MüllFz nicht erfasst werden (Begr). Das Beförderungsverbot gilt auch für rings umschlossene Ladeflächen mit Sitzen (Fra VM **68** 88). **II S. 2 erlaubt** die Mitnahme von Personen nur noch dann, wenn diese auf der Ladefläche oder im Laderaum arbeiten müssen. Es genügt zB nicht mehr, wenn sie bei oder nach der Lieferung Arbeiten auszuführen haben (zur alten Rechtslage Ko NJW **57** 1529). Beim KfzTransport auf der Ladefläche eines Pannenfz hat der Fahrer des transportierten Kfz keine Sicherungsaufgabe und darf deshalb nicht im beförderten Fz sitzen (Ha VRS **53** 384, VRS **56** 127). **Nach II S. 3** ist außerdem die Beförderung von *Baustellenpersonal* innerhalb von Baustellen erlaubt; die Bauwirtschaft hatte hierfür ein Bedürfnis angemeldet (Begr Rn. 2c). **II S. 6** (Verbot des Mitfahrens im Stehen, Rn. 12) gilt auch für die Beförderung in Fz. **11**

Auf Anhängern (aufgesattelte Anhänger: Rn. 11), auch solchen, die nicht von motorisierten Fz gezogen werden (Br DAR **81** 265), darf auf der Ladefläche gleichfalls niemand mitgenommen werden (Schleudergefahr), auch nicht auf Fahrradanhängern (Br DAR **81** 265, BHHJ/*Heß* Rn. 5, *Rüth/Berr/Berz* Rn. 10). Eine Analogie zu III in Bezug auf die Beförderung von Kindern unter 7 Jahren bei *Ausstattung des Anhängers mit Sitzen* erscheint wegen des eindeutigen Verbots des II S. 5 problematisch, der insoweit eine Ausnahme ausdrücklich nur für die dort genannten Anhänger macht (i Erg bejahend jedoch *Huppertz* PVT **93** 54, *Seidenstecher* NZV **94** 342, *Ternig* DAR **02** 108; verneinend wegen Sicherheitsbedenken *Kullik* PVT **92** 296, **93** 55). Lehnt man die Anwendbarkeit von II S. 4 schon wegen Fehlens des Merkmals „Ladefläche" bei solchen Anhängern ab (so *Huppertz* und *Seidenstecher* aaO), so müsste dies zur Erlaubnis der Beförderung **12**

auch älterer Personen auf Anhängern mit Sitzen führen (s. aber *Seidenstecher* NZV **94** 342). Das BMV geht offensichtlich von der Zulässigkeit der Kinderbeförderung in Fahrradanhängern aus, die mit geeigneten Sitzen und Rückhaltesystemen ausgestattet sind (BMV VkBl. **99** 703 (Merkblatt für das Mitführen von Anhängern hinter Fahrrädern)). Ausnahmen vom Beförderungsverbot auf Ladeflächen von Anhängern: Auf für *land- oder forstwirtschaftliche Zwecke* verwendeten Anhängern dürfen auf der Ladefläche Personen **(II S. 5)** mitgenommen werden, sofern sie „geeignete Sitzgelegenheiten" benutzen. Dazu genügt in diesem Fall die Ladefläche (VwV Rn. 1). Sitze müssen nicht fest eingebaut sein. **Mitfahren im Stehen** (auf der Ladefläche sowohl des ZugFz (Rn. 11) als auch des Anhängers) ist nur erlaubt, wenn es zur Begleitung der Ladung oder zur Arbeit auf der Ladefläche nötig ist **(II S. 6)**. Auf örtlichen Brauchtumsveranstaltungen dürfen unter den Voraussetzungen des § 1 III, IV der 2. VO über Ausnahmen von straßenverkehrsrechtlichen Vorschriften (s. § 3 FZV Rn. 8) auf Anhängern hinter land- oder forstwirtschaftlichen Zgm Personen auch stehend befördert werden.

13   **6. Aus anderen als den in II bezeichneten Gründen** dürfen Personen auf Ladeflächen nur mit besonderer Erlaubnis mitgenommen werden. Ausnahmenerteilung durch die StrVB: § 46 I Nr. 5a. I Ü können die in § 46 I S. 2 bezeichneten Dienststellen für die dort bezeichneten Dienstbereiche Ausnahmen bewilligen. Daneben tritt die allgemeine Ausnahmebefugnis der obersten Landesbehörden oder des BMV gemäß § 46 II.

14   **7. Personenbeförderung mit Fahrrädern (Abs. 3).** Auf Fahrrädern dürfen mit den in III S. 1–3 bezeichneten Ausnahmen keine Personen mitgenommen werden. Bei mehrsitzigen Tandems mit einem Fahrer je Sitz sind allerdings *beide Personen Fahrer* (arbeitsteiliges Führen; § 316 StGB Rn. 5) und werden nicht iS von III *mitgenommen* (abw *Kettler* NZV **04** 63). Mit Wirkung zum 28.4.2020 wurde der Erlaubnistatbestand des **III S. 1** aufgenommen. Danach dürfen mindestens 16-jährige FzF Personen ohne Altersbeschränkung mitnehmen, wenn die Fahrräder zumindest auch zur Personenbeförderung gebaut und eingerichtet sind. Betroffen sind sog. „**Fahrradtaxis**" („Velotaxis", „Rikschas") und bestimmte **Lastenfahrräder** (Begr Rn. 2g). Die vormals in diesem Zusammenhang diskutierten Streitfragen (vgl. insbes Dr NJW **05** 452 m krit Bspr *Kettler* NZV **04** 63; *D. Müller* VD **05** 143; *König/Seitz* DAR **06** 125; wNw 45. Aufl.) sind damit überholt. Nach **III S. 2** dürfen Fahrer ab 16 Jahren **Kinder unter 7 Jahren** auf besonderen Sitzen mitnehmen, wenn die Speichen des Rads so verkleidet sind (III S. 2), dass die Füße keinesfalls hineingeraten können (Begr). *Besonderer Sitz:* VwV Rn. 1 sowie Rn. 7. Bei Verstoß Ahndung nach § 23 I S. 2 (Rn. 7). Das Kind darf weder auf dem Rahmen sitzen noch auf der Lenkstange noch im Arm gehalten werden. Richtlinien für Kindersitze an Fahrrädern (VkBl. **80** 788 = StVRL § 30 StVZO Nr. 6). **III S. 3** lässt unter denselben altersmäßigen Voraussetzungen wie III S. 2 das Mitführen von Anhängern hinter Fahrrädern zu (Rn. 2e). III S. 4 enthält ohne Altersbegrenzung für das transportierte Kind eine Ausnahmebestimmung für behinderte (vgl. *Scheidler* NZV **10** 230: iS des § 2 I SGB IX) Kinder. Zuvor war der Einsatz solcher Fahrradanhänger hingenommen worden, sofern diese den Anforderungen des Merkblatts für das Mitführen von Anhängern hinter Fahrrädern vom 6.11.1999 (VkBl. **99** 703) genügte. Das sog. „Partybzw. Bierbike" (pedalbetriebene Partytheke, s. E 51) wäre an sich ein Fahrrad (*Huppertz* NZV **12** 23, 164; aM *Klenner* NZV **11** 234). Jedoch fehlt ihm wegen seines Bestimmungszwecks (Aufnahme von Alkohol) schon der Charakter als Verkehrsmittel (**E 51**).

15   **8. Ordnungswidrig** (§ 24 StVG) handelt, wer entgegen einer Vorschrift des I S. 1 oder 4, Ia S. 1, 2 Nr. 2, II S. 1, 4 oder 6, oder III S. 1 bis 3 Personen mitnimmt oder wer unterwegs unberechtigt (II S. 6) steht (§ 49 I Nr. 20). Auch Verstöße gegen I S. 1 sind durch die 54. ÄndVStVR v. 20.4.2020 (BGBl. I S. 814, 817) mit Wirkung zum 28.4.2020 mit Geldbuße bewehrt worden (*Mü* NStZ-RR **10** 289 mAnm *Sandherr* DAR **10** 654 ist insoweit überholt). Weiterhin nicht bußgeldbewehrt sind I S. 2 sowie Ib S. 2. **Normadressat** der bewehrten Ge- und Verbote ist mit Ausnahme des II S. 6 (s. u.) durchgehend *der FzF,* weswegen Sonderdelikte vorliegen. Demgemäß setzt die Ahndung etwaiger Verstöße eine Verletzung der Pflichten gerade durch ihn voraus. Unter der Prämisse, dass der FzF vorsätzlich handelt, können jedoch auch die ihrerseits vorsätzlich handelnden Mitgenommenen als Täter einer OW belangt werden (§ 14 I S. 2 OWiG; **E** 93–95). Der Gedanke der notwendigen Beteiligung steht dem schon deswegen nicht entgegen, weil § 21 nicht nur ihrem Schutz, sondern auch dem Schutz der VSicherheit dient. Greifen die Mitgenommenen in die Fahrweise ein, so sind sie FzF und können die Vorschriften selbst verletzen (Ol DAR **57** 364, **61** 309). Zur Verletzung von I S. 4 Rn. 7. Ow wegen Verstoßes gegen Ia ist sowohl die Sicherung von Kindern mit amtlich nicht genehmigten Rückhalteeinrichtungen als auch das Nicht*benutzen* (Ia S. 1) vorhandener, amtlich genehmigter Einrichtungen (s. auch Begr zu S. 1, Rn. 2; aM *Petersen* NZV **96** 393). Der FzF handelt ow, wenn er es pflichtwidrig (Rn. 9a) unterlässt, dafür Sorge zu tragen, dass das Kind angeschnallt bleibt (*König* DAR **14** 363; wohl auch AG Kö NZV **05** 598; **aM** Ha DAR **14** 150: OW nach § 21a I S. 1 iVm § 23 I S. 2; dazu § 21a Rn. 19, § 23 Rn. 22). Dabei ergibt sich der Fahrlässigkeitsvorwurf aber nicht ohne Weiteres, sondern es bedarf wie auch sonst des Beweises eines Sorgfaltsverstoßes des FzF, der nicht darin bestehen kann, keine einsamen Str benutzt oder keine Begleitperson mitgenommen oder sich nicht ständig umgesehen zu haben (*König* DAR **14** 363; **aM** Ha DAR **14** 150, AG Kö NZV **05** 598). Kinder handeln nicht vorwerfbar (§ 12 OWiG). **Normadressat des II S. 6** (Verbot des Stehens) ist hingegen nach dem insoweit eindeutigen Gesetzeswortlaut *der Mitge-nommene* (*Booß* Anm. 4; **aM** Bay VRS **65** 226 m abl Anm *Booß* VM **83** 65, BHHJ/*Hühnermann* Rn. 10). Allerdings kann der FzF bei doppeltem Vorsatz ebenso wie bei den anderen Ge- und Ver-boten (s. o.) als Täter nach § 14 OWiG belangt werden; daneben ist § 23 I S. 2 (s. dort § 23 Rn. 22) erfüllt (insoweit ebenso *Booß* Anm 4, BHHJ/*Hühnermann* Rn. 10; s. auch § 23 Rn. 22). Im Fall der Konkurrenz tritt der Auffangtatbestand des § 23 zurück (§ 23 Rn. 38). Die verbots-widrige Mitnahme von Kindern auf einem Motorrad darf nicht im Wege der „Selbstjustiz" ver-hindert werden; namentlich greift § 127 StPO nicht ein (Ko OLGR **06** 759). Für die Verletzung des § 21 kommt es auf Gefährdung des unerlaubt Beförderten nicht an (Ha VRS **7** 202).

9. Zivilrecht. SchutzG (§ 823 II BGB) ist § 21, soweit die Beförderten in Betracht kommen. **16** Für schuldhafte Verletzung der Beförderten haften Kfzf und -halter nach den allgemeinen Be-stimmungen (OGH NJW **50** 143, Kar VkBl. **51** 107). Gefahrerhöhung bei Mopedüberladung durch einen Beifahrer: BGH VersR **67** 493. Haftung zu gleichen Teilen zwischen dem Führer des Krads und dem Sozius, wenn jener ohne Warnung plötzlich stark beschleunigt und der Bei-fahrer wegen ungenügenden Festhaltens vom Krad fällt (KG VersR **96** 76). Mitschuld dessen, der auf einem Krad ohne Beifahrersitz mitfährt (Nü DAR **57** 267, Ba VersR **88** 585), jedoch nur, soweit der Verstoß ursächlich für den Eintritt des Schadens ist und zwischen diesem und dem Schaden ein Rechtswidrigkeitszusammenhang besteht (E 107). Eine Körperverletzung desjeni-gen, der einen seine Kinder ow auf dem Motorrad mitnehmenden Motorradfahrer an der Wei-terfahrt hindern will, fällt mangels Verhältnismäßigkeit nicht in den Schutzbereich der Haftungs-norm (Ko OLGR **06** 759). Zum Ganzen auch *Etzel* DAR **94** 301.

Sicherheitsgurte, Rollstuhl-Rückhaltesysteme, Rollstuhlnutzer-Rückhaltesysteme, Schutzhelme

21a (1) ¹**Vorgeschriebene Sicherheitsgurte müssen während der Fahrt angelegt sein; dies gilt ebenfalls für vorgeschriebene Rollstuhl-Rückhaltesysteme und vorge-schriebene Rollstuhlnutzer-Rückhaltesysteme.** ²**Das gilt nicht für**

1. *(aufgehoben)*

2. Personen beim Haus-zu-Haus-Verkehr, wenn sie im jeweiligen Leistungs- oder Auslie-ferungsbezirk regelmäßig in kurzen Zeitabständen ihr Fahrzeug verlassen müssen,

3. Fahrten mit Schrittgeschwindigkeit wie Rückwärtsfahren, Fahrten auf Parkplätzen,

4. Fahrten in Kraftomnibussen, bei denen die Beförderung stehender Fahrgäste zugelassen ist,

5. das Betriebspersonal in Kraftomnibussen und das Begleitpersonal von besonders be-treuungsbedürftigen Personengruppen während der Dienstleistungen, die ein Verlassen des Sitzplatzes erfordern,

6. Fahrgäste in Kraftomnibussen mit einer zulässigen Gesamtmasse von mehr als 3,5 t beim kurzzeitigen Verlassen des Sitzplatzes.

(2) ¹Wer Krafträder oder offene drei- oder mehrrädrige Kraftfahrzeuge mit einer bau-artbedingten Höchstgeschwindigkeit von über 20 km/h führt sowie auf oder in ihnen mitfährt, muss während der Fahrt einen geeigneten Schutzhelm tragen. ²Dies gilt nicht, wenn vorgeschriebene Sicherheitsgurte angelegt sind.

Begr (VkBl. **75** 675 ff.): **1**
… Es ist erwiesen, dass durch die Benutzung von Sicherheitsgurten die Zahl der Unfalltoten und Schwerverletzten erheblich gesenkt werden kann. … Maßgebende Unfallforscher sind der Ansicht, dass von 4 Autofahrern 2 noch am Leben und von 4 Schwerverletzten 3 nur leicht oder gar nicht verletzt wären, wenn sie Gurte getragen hätten ….

Die Verpflichtung zum Anlegen vorgeschriebener Sicherheitsgurte stellt keinen verfassungsrechtlich unzulässigen Eingriff in die allgemeine Handlungsfreiheit dar. Es steht außer Frage, dass der Gesetzgeber auch Vorschriften erlassen kann, die nur dem Schutz des Betroffenen dienen. Man denke hierbei z. B. an die Vorschriften über Personenbeförderung (§ 21). Danach dürfen keine Personen in einachsigen Wohnwagen mitgenommen werden; auf der Ladefläche von Anhängern dürfen grundsätzlich keine Personen befördert werden.

Bei der Anschnallpflicht kommt jedoch noch folgender Gesichtspunkt hinzu: Eine angeschnallte Person wird im Falle eines Unfalls nicht nur selbst vor Schaden bewahrt; sie ist vielmehr häufig in der Lage, noch sachgerecht zu reagieren. So kann u. U. eine weitere Schädigung dritter Personen vermieden werden. Ferner: Verletzungen können bei Autokollisionen auch dadurch verursacht oder verschlimmert werden, dass bei der Kollision ein Insasse gegen einen anderen geschleudert wird. Nach neueren amerikanischen Untersuchungen der Michigan-Universität war dies in 22 % von 4000 untersuchten Autozusammenstößen der Fall.

Die beabsichtigte Vorschrift dient also nicht nur dem Schutz der Betroffenen, sondern der Verkehrssicherheit allgemein …

In Übereinstimmung mit den geltenden oder beabsichtigten gesetzlichen Regelungen in der Schweiz und in Schweden sind bestimmte Ausnahmen von der Anlegepflicht vorgesehen, die den Bedürfnissen der Praxis Rechnung tragen. Die Taxifahrer und Mietwagenfahrer sind von der Anlegepflicht ausgenommen wegen der persönlichen Gefährdungen, denen sie in Ausübung ihres Berufes ausgesetzt sind. Schon wiederholt konnten Taxifahrer oder Mietwagenfahrer einem Anschlag auf ihr Leben nur dadurch entgehen, dass sie sich aus der geöffneten Tür fallen ließen.

Von Lieferanten oder Handelsvertretern im Haus-zu-Haus-Verkehr, die nur kürzeste Entfernungen in langsamer Fahrgeschwindigkeit zurücklegen, kann das jedes Malige Anlegen des Sicherheitsgurtes im Auslieferungsbezirk billigerweise nicht verlangt werden.

Bei Fahrten mit Schrittgeschwindigkeit kann auf die Pflicht zum Anlegen des Sicherheitsgurtes verzichtet werden.

Schutzhelme können die Folgen von Kraftradunfällen erheblich mindern und damit zur Erhaltung von Menschenleben beitragen. Die Verwendung eines geeigneten Kopfschutzes ist damit für Kraftfahrer von entscheidender Bedeutung. …

1a   **Begr** zur ÄndVO v. 28.2.85 (VkBl. **85** 228): *… Die Zweckmäßigkeit einer Helmtragepflicht für Mofa-Fahrer ist unbestritten. Das Verkehrssicherheitsprogramm 1984 der Bundesregierung (BTDrucksache 10/1449 S. 19 Nr. 34) spricht sich für diese Maßnahme aus, nachdem Untersuchungen des HUK-Verbandes und der Bundesanstalt für Straßenwesen ergeben haben, dass dadurch die Unfallfolgen erheblich reduziert werden können. 1982 sind 357 Mofa-Fahrer getötet, 7493 schwer und 15 094 leicht verletzt worden. Nach den genannten Untersuchungen haben Mofa-Fahrer in über 50 % der Unfälle auch Kopfverletzungen; bei einer 100%igen Helmtragequote würden sich die kopfbezogenen Unfallfolgen um ca. 25 % und der Anteil der Kopfverletzungen an tödlichen und schweren Unfallfolgen sogar um 70 % reduzieren.* …

1b   **Begr** zur ÄndVO v. 22.3.88 (VkBl. **88** 223): **Zu Abs. 1:** *– Begründung des Bundesrates – … Es ist nicht zu rechtfertigen, Taxi- und Mietwagenfahrer, wenn sie keine Fahrgäste befördern, bei der Gurtanlegepflicht anders zu behandeln als andere Kraftfahrer, die sich nicht angurten. Auf der Leerfahrt sind den Gefahren, die ihnen von Fahrgästen drohen können, nicht ausgesetzt. Deshalb sollte auf den Sicherheitsgewinn für den Fahrer nicht verzichtet und bei der Leerfahrt der Sicherheitsgurt angelegt werden.* …

Zu Abs. 2: *Bisher war die Art des Schutzhelms nicht vorgeschrieben. Inzwischen gibt es hierüber eine ECE-Regelung. Deren Einhaltung wird nunmehr zur Pflicht gemacht.* …

1c   **Begr** zur ÄndVO v. 22.12.92 (BR–Drs. 786/92): *… Die Auswertung der Unfallstatistiken hat gezeigt, dass Kinder bei Straßenverkehrsunfällen häufiger als Mitfahrer im Pkw (41 %) getötet werden als Fußgänger (36 %) oder als Radfahrer (19 %). Eltern schätzen dieses Risiko falsch ein. Die meisten Eltern sind der Auffassung, dass die Kinder beim Radfahren (ca. 56 %) und beim Spielen außer Haus (ca. 35 %) am stärksten gefährdet sind. Mit der Einführung einer allgemeinen Sicherungspflicht auch für Kinder wird deren Verletzungsrisiko spürbar verringert werden.* …

1d   **Begr** zur ÄndVO v. 25.6.1998 (BR–Drs. 328/98 S. 14): **Zu Abs. 1 S. 2 Nr. 4–6:** *Die Einführung weiterer Ausnahmen von der Gurtanlegepflicht trägt dem Umstand Rechnung, dass nach § 35a StVZO neuerdings auch bestimmte Busse mit Sicherheitsgurten ausgerüstet sein müssen. Diese Ausrüstungspflicht führt in Verbindung mit § 21a Abs. 1 Satz 1 StVO („Vorgeschriebene Sicherheitsgurte müssen während der Fahrt angelegt sein.") zugleich zu einer uneingeschränkten Gurtanlegepflicht. Diese Konsequenz ließe sich aber nicht in vollem Umfang vertreten:*

- *Problematisch ist zunächst der Fall, dass ein Bus, der der Ausrüstungsvorschrift der StVZO unterliegt, auf einer Fahrt mit zugelassenen Stehplätzen eingesetzt wird. Den Busreisenden auf einem Sitzplatz der bußgeldbewehrten Anschnallpflicht zu unterwerfen, während gleichzeitig stehende Fahrgäste befördert werden, wäre unverhältnismäßig. Daher ist für solche Fahrten der Katalog der Ausnahmen von der Anschnallpflicht um eine neue Nummer 4 zu erweitern. …*

- *Eine weitere Ausnahme von der Anschnallpflicht gewährt die neue Nummer 5 für das Betriebspersonal in Kraftomnibussen bei Fahrten, für die eine Anschnallpflicht gilt. Der moderne Reisebusverkehr würde erheblich an Attraktivität verlieren, wenn die heute zum Standard gehörenden Serviceleistungen wie das Servieren von Getränken am Platz und die individuelle Betreuung der Reisenden durch eine ausnahmslose Anschnallpflicht auch für das Betriebspersonal unterbunden würden.*

… Das Betriebspersonal ist im Fall eines Unfalls in gleichem Maß wie die Fahrgäste gefährdet. Die Ausnahme war daher auf diejenigen Fälle zu beschränken, die in Nummer 5 aufgeführt sind. Überlegt wurde des Weiteren, ob der Begriff „Betriebspersonal" durch den Terminus „Begleitpersonal" ersetzt werden sollte. Dies war abzulehnen, weil dann auch Personen erfasst worden wären, für die die Ausnahme von vornherein nicht zu rechtfertigen ist (Stadtführer, Reiseleiter u. ä.). Der Begriff „Betriebspersonal" hat auch den Vorteil, in der BOKraft definiert zu sein, was die Auslegung erleichtert. Hierunter fällt nämlich das im Fahrdienst (Anwendung des Ausnahmetatbestandes scheidet logisch aus) oder zur Bedienung von Fahrgästen eingesetzte Personal (§ 8 Abs. 1 BOKraft).

Begr zur ÄndVO v. 22.12.05 (VkBl. **06** 39): **Zu Abs. 1 S. 2 Nr. 2:** *Der Begriff des Lieferanten,* **1e** *der nach allgemeinem Sprachgebrauch eine Person ist, die Waren im Sinne eines Handelsgutes überbringt, greift für den Sinn und Zweck der Regelung zu kurz. Bereits nach der Begründung zur bislang geltenden Vorschrift war die Ausnahmeregelung getroffen worden, weil von „Lieferanten und Handelsvertretern im Haus-zu-Haus-Verkehr, die nur kürzeste Entfernungen in langsamer Fahrgeschwindigkeit zurücklegen, das jedesmalige Anlegen des Sicherheitsgurtes im Auslieferungsbezirk billigerweise nicht verlangt werden kann". Mit Blick auf den Regelungszweck kann es damit zunächst keinen Unterschied machen, ob die mittels Kfz gelieferten Sendungen im Rahmen des wirtschaftlichen Warenverkehrs oder aus anderen Gründen befördert werden. Nicht ausschlaggebend kann zudem sein, ob überhaupt eine Ware oder Sendung angeliefert oder abgeholt wird. Entscheidend ist vielmehr, ob in Ausübung einer bestimmten Tätigkeit nach jeweils sehr kurzen Fahrstrecken, die in der Regel mit nur geringen Geschwindigkeiten gefahren werden, immer wieder aus- und eingestiegen werden muss, so dass das An- und Ablegen des Sicherheitsgurtes infolge dieser kurzen Zeitabstände nicht zugemutet werden kann. So wird unter Anwendung des Opportunitätsgrundsatzes heute z. B. bereits das Nichtanlegen des Sicherheitsgurtes bei Schornsteinfegern im Haus-zu-Haus-Verkehr nicht verfolgt. Diese Praxis wird nunmehr rechtlich abgesichert.*

Nicht unter den Begriff des Haus-zu-Haus-Verkehrs und damit nicht unter den Ausnahmetatbestand fallen auch künftig die Fahrt hin zum Leistungs- oder Auslieferungsbezirk, die Fahrt zwischen solchen Bezirken oder die anschließende Fahrt weg von diesem Bezirk.

Zu Abs. 2: *Die Änderung dient lediglich der Erweiterung des Adressatenkreises auf die Führer von und* **1f** *Beifahrer in oder auf sog. Quads oder Trikes. Eine materielle Änderung der Vorschrift erfolgt dadurch nicht. Durch Aufnahme dieser Kfz-Typen in die StVO wird unabhängig von der FzArt bei einem Unfall das Verletzungsrisiko im Kopfbereich für die Benutzer der bisherigen Gepflogenheit entsprechend gemindert.*

Bisher wurden offene, kraftradähnliche dreirädrige Kraftfahrzeuge (z. B. Trikes – tricycles) oder offene vierrädrige Kfz (z. B. Quads – quadricycles) mit Einzelbetriebserlaubnis oder nationaler Allgemeiner Betriebserlaubnis zugelassen. Die Konstruktion dieser Fz ist idR kraftradähnlich mit Lenker, Kraftradsitzbank, Fußstützen usw., was bei Unfällen zu kraftradähnlichen Abläufen führt. Durch ihre nationale Einstufung meist als „Pkw offen" oder „Zugmaschine" unterlagen sie formal der Ausrüstungspflicht mit Sicherheitsgurten. Durch die offene, kraftradähnliche Konstruktion war aber weder ein sinnvoller Gurteinbau möglich, noch war ohne Knautschzone/Überrollschutz ein Passagierschutz zu gewährleisten. Deshalb wurden Ausnahmegenehmigungen nach § 70 StVZO erteilt, die zugleich als Grundlage zur Eintragung einer Helmtragepflicht in die Fahrzeugpapiere (Auflage aus Verkehrssicherheitsgründen) dienten. Da neuerdings eine erhebliche Anzahl dieser Fz in den Geltungsbereich der RahmenRL 2002/24/EG für zweirädrige oder dreirädrige Kfz fallen, können sie nunmehr eine EG-Typgenehmigung erhalten und stellen eine eigene EG-Fahrzeugklasse dar. Die Möglichkeit, durch eine in die Fahrzeugpapiere eingetragene Auflage die Schutzhelmtragepflicht durchzusetzen, ist nicht mehr gegeben. Diesem Umstand trägt die Ergänzung der FzKategorien Rechnung. Die Festlegung der Mindestgeschwindigkeit ist erforderlich, um z. B. zugelassene Kleintraktoren oder leichte Arbeitsmaschinen (Mähmaschinen etc.) bis 20 km/h nicht zu erfassen. Diese Änderungen machen die 6. Ausnahmeverordnung entbehrlich … .

Die Ersetzung des Begriffs „amtlich genehmigt" durch „geeignet" spiegelt ebenfalls die derzeit bereits geltende Rechtslage wieder. § 1 der 2. Ausnahmeverordnung zur StVO vom 19. März 1990 (BGBl. I

S. 550), geändert durch die erste Verordnung zur Änderung der 2. Ausnahmeverordnung vom 22. Dezember 1992 (BGBl. I S. 2481), lässt die Verwendung von Kraftrad-Schutzhelmen unbefristet zu, auch wenn sie nicht in amtlich genehmigter Bauart ausgeführt sind. Die Begründung des Verordnungsgebers hat nach wie vor Bestand (VkBl. 1990 S. 230), so dass es geboten ist, diese Regelung dauerhaft in die StVO zu übernehmen. Bislang wurde in der die Vorschrift begleitenden Verwaltungsvorschrift erläutert, was „geeignet" im Sinne der Vorschrift ist, obwohl Adressat der Verwaltungsvorschrift weder der Verkehrsteilnehmer, noch die Verkehrspolizeien der Länder sind. Diese Verwaltungsvorschrift wird ersatzlos gestrichen werden. Es bleibt aber nach wie vor dabei: Geeignet sind amtlich genehmigte Schutzhelme sowie Kraftrad-Schutzhelme mit ausreichender Schutzwirkung. Amtlich genehmigt sind Schutzhelme, die entsprechend der ECE-Regelung Nr. 22 (BGBl. 1984 II S. 746, mit weiteren Änderungen)* gebaut, geprüft, genehmigt und mit dem nach ECE-Regelung Nr. 22 vorgeschriebenen Genehmigungszeichen gekennzeichnet sind. Geeignet sind zudem Kraftrad-Schutzhelme mit ausreichender Schutzwirkung. Diese liegt z. B. bei Bauarbeiter-, Feuerwehr-, Radfahr- oder Stahlhelmen der Bundeswehr keineswegs vor. Die 2. Ausnahmeverordnung wird entsprechend entbehrlich … .

1g   **Begr** zur ÄndVO v. 22.10.2014 (BR-Drs. 336/14 S. 8): **Zu Abs. 1 S. 2 Nr. 1** (alt): *Bisher müssen sich Personen, die ein Taxi oder einen Mietwagen führen, sich während der Fahrgastbeförderung nicht anschnallen. Diese Ausnahmemöglichkeit wurde in den 70er Jahren eingeführt und basierte auf gewalttätigen Übergriffen auf Taxen- und Mietwagenfaher/innen …. Durch verschiedene Verbände wurde vorgetragen, dass mittlerweile die Zahl der Verkehrsunfälle eine weitaus größere Gefahr darstelle als die Gefahr durch Überfälle. Aus Verkehrssicherheitsgründen wird deshalb die bisherige Ausnahmemöglichkeit für Taxi- und Mietwagenfahrer/innen, sich während der Fahrt nicht anschnallen zu müssen, nicht mehr als sinnvoll angesehen und abgeschafft. Damit müssen sich auch Taxi- und Mietwagenfahrer/innen stets anschnallen.…*

1h   **Begr** zur ÄndVO v. 17.6.2016 (BR-Drs. 166/16): **Zu Abs. 1 Hs. 2:** *Gemäß Art. 2 der Richtlinie (EU) 91/671/EWG zur Angleichung der Rechtsvorschriften der Mitgliedstaaten über die Gurtanlegepflicht in Kfz mit einem Gewicht von weniger als 3,5 Tonnen, geändert durch die Richtlinie (EU) 2003/20/EG, sowie gemäß der Durchführungsrichtlinie 2014/37/EU über die Gurtanlegepflicht und die Pflicht zur Benutzung von Kinderrückhalteeinrichtungen in Kfz schreiben die Mitgliedstaaten vor, dass alle Insassen von am StrV teilnehmenden Fz der Klasse M1 die vorhandenen Sicherheitssysteme benutzen. Aus der Belegung des Rollstuhlplatzes mit einem im Rollstuhl sitzenden Fahrzeuginsassen folgt somit eine Anlegepflicht. Entsprechend wird die verhaltensrechtliche Verpflichtung zum Anlegen von Sicherheitsgurten erweitert auf vorgeschriebene Rollstuhl-Rückhaltesysteme und vorgeschriebene Rollstuhlnutzer-Rückhaltesysteme, welche mit der entsprechenden Ausrüstungsvorschrift korrespondiert, die mit der vorliegenden Verordnung in die StVZO eingeführt wird.*

VwV zu § 21a Sicherheitsgurte, Schutzhelme *– aufgehoben –*

8. AusnahmeVO zur StVO v. 20. Mai 1998 (BGBl. I S. 1130) – Auszug

1i   **§ 1**

    Abweichend von § 21a Abs. 2 der Straßenverkehrs-Ordnung vom 16. November 1970 (BGBl. I S. 1565, 1971 I S. 38), die zuletzt durch die Verordnung vom 7. August 1997 (BGBl. I S. 2028) geändert worden ist, brauchen die Führer von Krafträdern während der Fahrt keinen Schutzhelm zu tragen, wenn

1. das Kraftrad den Anforderungen der Anlage zu dieser Verordnung entspricht und
2. die vorhandenen Rückhaltesysteme angelegt sind.

    Begr (VkBl. 98 559): *Um den immer dichter werdenden Straßenverkehr in Ballungsgebieten wirksam zu bewältigen, wurde von der Industrie ein Kraftfahrzeug entwickelt, das die positiven Eigenschaften eines Personenkraftwagens – wie Sicherheit, Komfort, Wetterschutz und Emissionsverhalten – mit den Vorteilen eines motorisierten Einspurfahrzeugs – nämlich geringer Verkehrsflächenbedarf beim Fahren und Parken, geringe Anschaffungs- und Unterhaltskosten sowie geringer Kraftstoffverbrauch – vereint (im folgenden Alternativfahrzeug genannt). Bei diesem neuartigen Zweiradkonzept sitzt der Fahrer aufrecht wie auf einem Motorroller. Ein spezielles Rückhaltesystem in Verbindung mit einer Rahmenkonstruktion mit Überrollbügeln und ein Frontcrashelement bieten dem Fahrer im Kollisionsfall einen, dem Personenkraftwagen ähnlichen Überlebensraum. Bei angelegtem Rückhaltesystem soll deshalb das Tragen eines Schutzhelmes entbehrlich sein. …*

---

* *StVRL Nr. 3.*

Bei Vorliegen der konstruktiven Beschaffenheit eines Kraftrades entsprechend den Anforderungen der Anlage zu dieser Verordnung wird dem Fahrzeugführer beim Unfall ein dem Personenkraftwagen ähnlicher Überlebensraum zur Verfügung gestellt. Hat der Kraftradführer die vorhandenen Rückhaltesysteme angelegt, ist er insbesondere vor Kopfverletzungen so geschützt, dass das Tragen eines Schutzhelmes für ihn entbehrlich ist. Dem trägt diese Verordnung durch die Befreiung von der Schutzhelmtragepflicht des § 21a Abs. 2 der Straßenverkehrs-Ordnung Rechnung. …

Übersicht

1. Allgemeines. § 21a enthält die zentralen Gebote, während der Fahrt (Rn. 3) die vorge- **2** schriebene Sicherheitsgurte anzulegen (I S. 1; Rn. 4 ff.) und auf Krädern amtlich genehmigte Schutzhelme zu tragen (II S. 1; Rn. 14 ff.). Die Schutzwirkung von Sicherheitsgurten und Schutzhelmen ist nicht bestreitbar. Zweckmäßig ausgewählt, richtig angepasst und angelegt mindern jedenfalls Dreipunktgurte in Verbindung mit richtig konstruierten FzSitzen, mit Kopfstützen sowie Frontscheiben aus Sicherheitsglas in der großen Breite der Fälle die Verletzungsfolgen bei Kollisionen, weil sie erhebliche Teile der Bewegungsenergie aufnehmen (*Friedel* ua ÄrzteBl **86** 243, *Ernst/Brühning* ZVS **90** 2). Dem stehen Nachteile in überaus seltenen Ausnahmekonstellationen gegenüber (*Friedel* ua ÄrzteBl **86** 243: höchstens 0,5 bis 1 % der Fälle). Ähnliche Erwägungen gelten für Schutzhelme. Sie bieten Schutz gegen Kopfverletzungen, ohne dass mit ihrem Tragen zusätzliche Gefahren verbunden wären. Vor dem Hintergrund dieser augenfälligen Vorteile dienen die Gebote des § 21a nicht nur dem Gesundheitsschutz des Kf, sondern auch der Allgemeinheit (Sozialversicherungssysteme, Vermeidung des Einsatzes von Rettungsdiensten usw). Zudem wird die VSicherheit verbessert, weil der infolge Gurtanlegens oder Helmtragens handlungsfähig gebliebene FzF nach einem Unfall oft weitere Schäden abwenden kann (Begr, Rn. 1; BVerfG NJW **87** 180, BGH NJW **79** 1363, Ha NJW **85** 1790). Gleichwohl wurde bei der Einführung des § 21a im Jahre 1975 sowie bei der Einführung der Bußgeldbewehrungen 1980 (Schutzhelme) und 1986 (Anschnallpflicht) ein heftiger Streit namentlich unter dem Aspekt unzulässigen gesetzgeberischen Paternalismus (Verletzung der Handlungsfreiheit nach Art 2 I GG) geführt. Gegen §§ 21a, 49 I Nr. 20a gerichtete Verfassungsbeschwerden hat das BVerfG jedoch in sehr knapp begründeten Beschlüssen mit Recht verworfen (BVerfG NJW **82** 1276 (Schutzhelmtragepflicht)) bzw. gar nicht zur Entscheidung angenommen (BVerfG NJW **87** 180 (Anschnallpflicht); s. auch BGH NJW **79** 1363, Stu NJW **85** 3085; wNw 39. Aufl). Die Auseinandersetzungen um die Anlege- bzw. Tragepflicht (zu Befürwortern und Gegnern 38. Aufl) können mittlerweile als erledigt angesehen werden. § 21 wird ergänzt durch § 21 Ia und Ib für Kinder (§ 21 Rn. 9a, 10). Ausrüstungsvorschriften über Sicherheitsgurte enthält § 35a StVZO.

2. Während der Fahrt (Abs. 1 S. 1, Abs. 2 S. 1). Sowohl die Anschall- als auch die Schutz- **3** helmtragepflicht besteht *nur während der Fahrt*. „Fahrt" meint den Gesamtvorgang der Benutzung des Kfz als Beförderungsmittel, weswegen *auch kurzzeitige verkehrsbedingte Fahrtunterbrechungen umfasst sind* (BGH NJW **01** 1485, Ce NJW **06** 710 (LZA), KG VRS **70** 299, LG Hannover NJW-RR **89** 1510, *Janiszewski* NStZ **87** 274, *Kramer* VD **01** 121; aM Ce DAR **86** 28 (aufgegeben in NJW **06** 710), Dü VRS **72** 211, Ba VersR **85** 344, hier bis 38. Aufl, *Hentschel* NJW **01** 1471, jedenfalls in Bezug auf OW auch *Halm/Scheffler* DAR **01** 333). Diese hM, die sowohl mit Wortlaut als auch mit Sinn und Zweck der Vorschrift in Einklang steht, entspricht ersichtlich dem Verständnis des VOGebers vom Begriff der Fahrt (zu § 5 KG VRS **70** 299). Andernfalls hätte es auch der Ausnahmebestimmung in § 23 Ib Nr. 1 nicht bedurft. Die Anschnall- und Helmtragepflicht besteht demgemäß vom Beginn der Fahrt (Inbewegungsetzen des Fz, aber noch nicht dem Ansetzen dazu, Ba VRS **68** 333; s. auch § 316 StGB Rn. 3) und dauert bis zu deren Beendigung fort. Nicht verkehrsbedingtes Halten ist ausgenommen. ZB endet die Fahrt nach einem Unfall mit Aufprall auf eine Leitplanke; in solchen Fällen ist der FzF nach § 34 I Nr. 2 sogar zur Lösung des Gurts verpflichtet, um seinen Sicherungspflichten genügen zu können (BGH NJW **12** 2027). Nicht zu verkennen ist, dass verkehrsbedingte Halts in der Realität von Kf häufig für Verrichtungen genutzt werden, zu denen sie den Gurt lösen. In solchen, nicht denknotwendig stets gefährlichen Fällen wird eine Ahndung vielfach nicht notwendig sein (§ 47 OWiG; BHHJ/*Hühnermann* Rn. 2). Die haftungsrechtlichen Konsequenzen (vgl. BGH NJW **01** 1485) bleiben allerdings unberührt.

3a   **Literatur:** *Friedel ua,* Auswirkungen der Gurtanlegepflicht – Ärztliche Aspekte, ÄrzteBl **86** 243. *Hentschel,* Gurtanlegepflicht trotz Unterbrechung der Fahrt?, NJW **01** 1471. *Löhle,* Zu den Schutzwirkungen der Sicherungssysteme Airbag und Sicherheitsgurt …, DAR **96** 8. *Notthoff,* Anschnallpflicht für Kinder in Pkw, DAR **92** 292. *Sefrin,* Die Befreiung von der Gurttragepflicht …, Deutsches Ärzteblatt **83** 44. *Weber,* Nachweis der Kausalität zwischen Nichtanschnallen des KfzInsassen …, NJW **86** 2667. *Zimmer,* Der Sicherheitsgurt als Rückhaltesystem in Fz, Verkehrsunfall **85** 336. Weitere NW 39. Aufl.

4   **3. Anschnallpflicht (Abs. 1).** I S. 1 normiert die Gurtanlegepflicht für Kfz, für die Sicherheitsgurte vorgeschrieben sind (allgemein: Rn. 2, „während der Fahrt": Rn. 3). I S. 2 enthält Ausnahmebestimmungen für bestimmte Bewegungsvorgänge (Rn. 7 ff.). Sind diese Ausnahmetatbestände nicht erfüllt, so gilt die Anschnallpflicht, sofern nicht eine Ausnahmegenehmigung nach § 46 erteilt wird (Rn. 12 f.), *für alle Kf,* zB für Fahrlehrer (Kö VRS **69** 307), Krankenwagenfahrer (KG VRS **70** 294), Taxi- und Mietwagenfahrer (Rn. 8), Fahrgäste in Linien- und Reisebussen (Ha v. 14.5.2012, I-6 U 187/11, 6 U 187/11 bei *Filthaut* NZV **15** 265, 269 mwN) und auch für Frauen, da Anhaltspunkte für größere gesundheitl. Risiken nicht vorliegen (BGH VersR **81** 548; s. auch Rn. 12). Zur Sicherung von Kindern sind allerdings die Sonderbestimmungen nach § 21a Ia, Ib zu beachten (s. dort Rn. 9a, 10). Zum Problem des Entfallens der Anschnallpflicht ohne Ausnahmegenehmigung Rn. 13. Zur Frage der Hinweispflicht des FzF an seinen Mitfahrer, die Gurtpflicht zu erfüllen, Rn. 19.

5   **a) Vorgeschriebene** Sicherheitsgurte, seit 1984 auch solche für Rücksitze (aber keine Nachrüstungspflicht), müssen angelegt werden. I S. 1 knüpft an § 35a III–VII StVZO nebst Anhang zu dieser Vorschrift an (näher § 35a StVZO Rn. 7). Das Vorhandensein eines Airbag macht weder Sicherheitsgurte noch deren Anlegung entbehrlich (§ 35a StVZO Rn. 7). Vorgeschrieben und damit anzulegen sind auch Sicherheitsgurte *in ausländischen Kfz* nach Maßgabe der (früher in § 3 II IntVO aF eingestellten) Regelung des § 31d II StVZO (zw BHHJ/*Hühnermann* Rn. 3). Bei Beförderung von mehr Personen als Sitzplätze vorhanden sind, ist der Gurt nicht „vorgeschrieben" (*Sandherr* DAR **10** 654).

6   **b) Anlegen** ist nach ganz hM nicht schon dann erfüllt, wenn der Gurt im Gurtschloss verankert wird; vielmehr ist das Merkmal danach nur gegeben, wenn der Gurt *ordnungsgemäß* angelegt und auf diese Weise die durch § 35a StVZO erstrebte Rückhaltewirkung vollständig erfüllt wird (Ha NJW **86** 267, VRS **69** 460, DAR **08** 34, Ol DAR **86** 28, Dü NZV **91** 241). Nur diese Interpretation steht mit dem Normzweck in Einklang (zB Ol DAR **86** 28, Dü NZV **91** 241), ohne allerdings im Wortlaut des I S. 1 einen eindeutigen Ansatz zu finden. Im Hinblick auf die Bußgeldbewehrung, für die das Gesetzlichkeitsprinzip gilt, erscheint eine Klarstellung durch den VOGeber (zB „… *ordnungsgemäß* angelegt sein") wünschenswert. Bedauerlicherweise haben weder die „Schilderwaldnovelle" 2009 noch die StVO-Neufassung 2013 hieran etwas geändert. (Ordnungsgemäßes) Anlegen ist nach der Rspr. zB *nicht gegeben,* wenn der Schultergurt nicht fest am Körper anliegt, bei Automatikgurten mit der Hand körperfern gehalten (Ha NJW **86** 267) oder unter der Achsel hindurchgeführt wird (Ha VRS **69** 460, DAR **08** 34, Ol DAR **86** 28, Dü VRS **80** 291), gleichfalls nicht, wenn ein Statikgurt so lose getragen wird, dass er wirkungslos ist (KG VRS **62** 247; s. auch Rn. 20). *Beschädigte oder verschlissene* Gurte haben keine ausreichende Sicherungswirkung, ebenso solche, die nach einem Unfall überdehnt sind (vgl. AG Goslar DAR **84** 295). Bei Verwendung eines solchen Gurts während der Fahrt dürfte eine Ahndung als OW nach I S. 1 iVm § 49 die Grenzen zulässiger Auslegung jedoch überschreiten. Denn der

Betroffene hat einen (vorgeschriebenen) Sicherheitsgurt angelegt. Denkbar ist aber eine OW nach § 35a VII, § 69a III Nr. 7 StVZO, uU auch nach dem (subsidiären) § 23 I S. 2 StVO (s. dort Rn. 38). Einen funktionsunfähigen Gurt muss (kann) der FzInsasse nicht anlegen, weswegen I S. 1 nicht verletzt ist; erneut können aber § 35a VII, § 69a III Nr. 7 StVZO, § 23 StVO einschlägig sein (Bay NZV **90** 360). Mitfahren im Liegen befreit den Beifahrer nicht von der Anschnallpflicht (Kar VersR **85** 788, hierzu auch OVG Münster VRS **112** 235). Zur in I Hs. 2 vorgeschriebenen Sicherung mit Rollstuhl-Rückhaltesystemen und Rollstuhlnutzer-Rückhaltesystemen s. Rn. 1h und zu § 35 StVZO.

c) Ausnahmetatbestände (Abs. 1 S. 2 Nr. 2–6). Die Regelungen tragen namentlich dem 7 Übermaßgebot und dem Gedanken der Zumutbarkeit Rechnung, I S. 2 Nr. 1 auch Gefährdungsaspekten (Rn. 1). Sie sollten aufgrund der zentralen Bedeutung der Anschnallpflicht eng ausgelegt werden.

aa) I S. 2 Nr. 1 (weggefallen) Taxi- und Mietwagenfahrer s. Begr Rn. 1g 8

bb) Personen im Haus-zu-Haus-Verkehr (I S. 2 Nr. 2) sind nicht nur Überbringer von 9 Waren, sondern auch Personen, die Sachen anderer Art bringen oder abholen und dabei innerhalb eines bestimmten Bereichs das Fz nach Zurücklegen kürzester Entfernungen immer wieder verlassen müssen, wie zB Postzusteller, Amtsboten usw. (Bay NJW **87** 855). Nach der 2005 (Rn. 1e) neugefassten Vorschrift ist jedoch überhaupt nicht mehr maßgebend, ob Gegenstände angeliefert oder abgeholt werden. Entscheidend ist vielmehr, ob in Ausübung der Tätigkeit (zB Schornsteinfeger) nach jeweils *sehr kurzen* Fahrstrecken, die idR mit nur geringen Geschwindigkeiten gefahren werden, immer wieder aus- und eingestiegen wird, so dass das An- und Ablegen des Gurts infolge kurzer Zeitabstände nicht zumutbar erscheint (Begr, Rn. 1e). Fahrstrecken von jeweils mehr als 500 m überschreiten das zulässige Maß gewiss (Fra VRS **77** 302). Aber auch Strecken von 300 m werden idR nicht als sehr kurze Fahrstrecken angesehen werden können (Rn. 1, 1e; Dü NZV **91** 482, **92** 40). Die Befreiung gilt nur innerhalb des Bezirks, in dem die Fahrt laufend unterbrochen wird, nicht auch auf der Hin- und Rückfahrt (Bay NJW **87** 855, Dü NZV **91** 482).

cc) Bei Fahrten mit Schrittgeschwindigkeit braucht der Gurt nicht angelegt zu werden 10 **(I S. 2 Nr. 3).** Rückwärtsfahren und Fahren auf Parkplätzen sind dabei nur beispielhaft genannt (Stu VRS **70** 49, Dü VRS **72** 211). Auch für andere Fälle des Schrittfahrens können daher Ausnahmen anzuerkennen sein. Jedoch sollte ein enger Maßstab angelegt werden (Rn. 7). Gemeint sind Verkehrsvorgänge, die *von vornherein* nur auf das Fahren mit Schrittgeschwindigkeit angelegt und außerdem weniger gefahrenträchtig sind, weil sie sich abseits des fließenden Verkehrs oder im Übergangsbereich zwischen fließendem und ruhendem Verkehr abspielen (BGH NJW **01** 1485; KG VRS **70** 299). Nach AG Lüdinghausen NZV **16** 487 soll die Bestimmung eine Fahrt im Kreisverkehr zum Aufsuchen einer 5–10 m nach Ausgang des Kreisverkehrs gelegenen Apotheke erfassen (zw). Bei *verkehrsbedingtem* Schrittfahren, zB Fahren im Stau, gilt die Bestimmung nicht (Dü VRS **72** 211). Gleichfalls erlaubt sie nicht Schrittfahren über längere Strecken hinweg (Stu VRS **70** 49, KG VRS **70** 299). Zum Begriff der *Schrittgeschwindigkeit:* § 42 Rn. 181 zu Z 325.1.

dd) I S. 2 Nr. 4 bis 6 enthalten Ausnahmen von der Anschnallpflicht für bestimmte Fälle bei 11 **Fahrten in Kom.** Serviceleistungen iS von **I S. 2 Nr. 5** sind dabei nur solche, die ein Verlassen des Sitzplatzes notwendig machen, so das Bringen von Erfrischungen oder die Versorgung von Fahrgästen mit einem Medikament und ähnliche Dienste. Die Ausnahme gilt nur für das in Nr. 5 ausdrücklich genannte *Betriebspersonal* (hierzu Begr, Rn. 1d; § 8 I BOKraft: Personal, das im Fahrdienst oder zur Bedienung von Fahrgästen eingesetzt ist). Das Stehen des Stadtführers oder Reiseleiters während der Abgabe von Erläuterungen ist daher von der Ausnahme nicht umfasst (Begr, Rn. 1d). **I S. 2 Nr. 6** erlaubt Fahrgästen nur das *kurzzeitige* Verlassen des Platzes, etwa um den Platz zu wechseln, ein Gepäckstück zu öffnen, ein Getränk zu holen oder die Toilette aufzusuchen. Absolute Zeitangaben sind angesichts des wenig konturierten Begriffs und der genannten Zwecke nicht möglich, maßgebend vielmehr die konkreten Umstände. Verlassen des Platzes für ausgedehnte Unterhaltungen mit anderen Fahrgästen ist jedenfalls nicht zulässig. *Kinder bis zum 12. Lebensjahr:* § 21 Rn. 9a.

d) Ausnahmegenehmigungen von der Gurtanlegepflicht (soweit I S. 2 Nr. 1 bis 6 nicht zu- 12 treffen) sehen § 46 I S. 1 Nr. 5b und S. 3 vor. Nach VwV Rn. 93ff. zu § 46 Nr. 5b (§ 46 Rn. 13) sind Ausnahmen aus gesundheitlichen Gründen möglich sowie dann, wenn die Körpergröße weniger als 150 cm beträgt. Die VwV schließt jedoch eine Ausnahmegenehmigung in dort nicht genannten Fällen nicht strikt aus (VG Düsseldorf VM **81** 21 (Fahrlehrer), VG Fra NJW **89** 1234) und bindet die Gerichte als VwV ohnehin nicht. Richtlinien für Ausnahmegenehmigungen: VkBl. **76** 437 (= StVRL § 46 StVO Nr. 1), **86** 508 (= StVRL Nr. 1), Muster eines Ausweises über nach § 46 erteilte Ausnahmegenehmigung: VkBl. **86** 206, 558, **88** 183 (= StVRL § 46 StVO Nr. 5). An die Erteilung einer Ausnahmegenehmigung sind *strenge Anforderungen* zu stellen (BGHZ **119** 268 = NJW **93** 53; VG Augsburg DAR **01** 233; weiter Fra NJW **89** 1234). Eine Ausnahme aus gesundheitlichen Gründen kommt nur dann in Betracht, wenn bei Anlegen des Gurts ernsthafte Gesundheitsschäden zu besorgen sind; das ist nur selten der Fall, weil die meisten Hinderungsgründe durch geeignete Maßnahmen ausgeräumt werden können (BGH NJW **93** 53, BMV VkBl. **86** 508 = StVRL Nr. 1). Vielfach genügt eine spezielle Gurtbeschaffenheit, um körperlichen Besonderheiten gerecht zu werden (zB Gurtpolsterung bei Trägern von Herzschrittmachern, Herzkranken und Personen nach Brust- oder Bauchoperationen, Hosenträgergurt bei Menschen mit künstlichem Darmausgang (s. hierzu aber Fra NJW **89** 1234), Beckengurt bei Asthmatikern und schmerzempfindlichen Rheumatikern, spezielle Gurtschlösser bei Personen mit Fesselungsangst oder Zwangsneurosen; BMV VkBl. **86** 508). Depressive neurotische Persönlichkeitsentwicklung oder Unruhezustände und Vernichtungsgefühle sowie andere psychische oder physische Beeinträchtigungen, die infolge des Gurtanlegens auftreten, genügen grundsätzlich nicht (BGH NJW **93** 53). Auch atemabhängiges Druckgefühl nach Rippenbruch macht Gurtanlegen nicht ohne Weiteres unzumutbar (Fra VRS **73** 171), gleichfalls nicht Schwierigkeiten bei Gurtanlegen bei halbseitiger Lähmung nach Schlaganfall (OVG Lüneburg NJW **15** 1467). Die Befürchtung von Nachteilen des Gurtanlegens für Schwangere oder Träger von Herzschrittmachern ist aus medizinischer Sicht nicht begründet (*Sefrin* ÄrzteBl **83** 44, *Friedel ua* ÄrzteBl **86** 243, *Luff ua* ZVS **85** 121 (Schrittmacher)). Je nach Art der gesundheitlichen Beeinträchtigung kann die Ausnahmegenehmigung auch dann zu erteilen sein, wenn das Attest eine *zwingende* Notwendigkeit nicht *ausdrücklich* (vgl. VwV zu § 46 Rn. 97 S. 2 (§ 46 Rn. 13)) bescheinigt (VG Fra NJW **89** 1234). Bei unbehebbaren Dauerzuständen keine Befristung der Ausnahmegenehmigung (vgl. VwV zu § 46 Rn. 99 S. 2 (§ 46 Rn. 13)).

13   Ist das Gurttragen aus gesundheitlichen Gründen **unzumutbar,** so kann dies den Betroffenen *haftungsrechtlich* auch dann entlasten, wenn **keine Ausnahmegenehmigung** erteilt ist; Voraussetzung ist allerdings, dass dieser einen Anspruch auf Erteilung hat (Rn. 20, BGH NJW **93** 53; aM hier bis 39. Aufl.). *Ahndungsrechtlich* kann das Fahren ohne Gurt bei schweren Beeinträchtigungen und unbedingter Notwendigkeit der Fahrt nach § 16 OWiG gerechtfertigt sein. Ob der Gedanke der *Unzumutbarkeit normgemäßen Verhaltens* objektiv ordnungswidriges Verhalten erlauben kann, ist nicht abschließend geklärt (dazu Bay **87** 116; 130; Göhler/*Gürtler* vor § 1 Rn. 29; KK OWiG-*Rengier* vor § 15 Rn. 63 f.; strikt ablehnend für die Gurtanlegepflicht Dü NZV **91** 240). Näher liegt es, in einschlägigen Fälle auf § 47 OWiG zurückzugreifen (Göhler/*Gürtler* vor § 1 Rn. 29; KK OWiG-*Rengier* vor § 15 Rn. 63 f.).

14   **4. Schutzhelmtragepflicht (Abs. 2).** II S. 1 gebietet das Tragen von Schutzhelmen (allg: Rn. 2, „während der Fahrt": Rn. 3; zusammenfassend *Scholten* NJW **12** 2993). Nichttragen durch Kradf wie Beifahrer ohne triftigen Grund gesundheitlichen Art (Rn. 18) begründet Mitschuld (Rn. 23) und stellt uU auch eine Obliegenheitsverletzung in der Unfallversicherung dar (§ 9 StVG Rn. 17). Religiöse Kleidungsvorschriften entbinden nicht von der Helmtragepflicht (VG Freiburg VD **16** 54, dazu Rn. 18; *Kreutel* DAR **86** 41). Zur Frage der Hinweispflicht des FzF an seinen Mitfahrer, die Tragepflicht zu erfüllen, Rn. 19. **Radfahrer,** auch Fahrer von Elektrofahrrädern iSv § 1 III StVG, trifft keine Tragepflicht (näher Rn. 24). Zu anderen Elektrofahrrädern Rn. 15.

15   a) Die Vorschrift gilt für **Kräder mit bauartbedingter Höchstgeschwindigkeit von über 20 km/h.** Ausgenommen sind damit zB zugelassene Kleintraktoren und leichte Arbeitsmaschinen (zB Mähmaschinen) sowie Elektrokleinstfahrzeuge wie „Segways" oder E-Scooter (vgl. § 1 ekFV). Demgegenüber gilt die Tragepflicht für Mofafahrer (s. Rn. 1b), es sei denn, es handelt sich um Leichtmofas iS der Anlage zur Leichtmofa-AusnVO (§ 2 Leichtmofa-AusnVO, Buchteil **10**). Für **elektrounterstützte Fahrräder (Pedelecs)** iSv § 1 III StVG (§ 1 StVG Rn. 23–25) gilt die Tragepflicht nicht (§ 1 III S. 3 StVG), wohl aber für Elektrofahrräder, die die Voraussetzungen des § 1 III S. 1, 2 StVG nicht erfüllen (dort Rn. 26 f.; s. auch *Huppertz/Kern* ZVS **14** 44). Mit der am 1.1.06 in Kraft getretenen Neufassung des II S. 1 (Rn. 1e) wurden die Führer von „Trikes" und „Quads" (§ 3 FZV Rn. 14, 16) in die Schutzhelmtragepflicht einbezogen (im Einzelnen Begr, Rn. 1 f.). II S. 2 normiert *eine Ausnahme* für den Fall, dass vorgeschriebene Sicherheitsgurte angelegt sind (weitere Ausnahmen Rn. 18).

16   b) Vorgeschrieben sind **geeignete Schutzhelme.** Mit der Änderung (früher: „amtlich genehmigte") wurde der Regelungsgehalt von § 1 der 2. StVOAusnV v. 19.3.90 (BGBl. I S. 550)

unter Aufhebung derselben in II übernommen (Rn. 1e). Amtlich genehmigt und damit auch geeignet sind entsprechend der ECE-Regelung Nr. 22 (= StVRL Nr. 3) gebaute und mit Prüf-zeichen versehene Helme (Begr, Rn. 1f.). Bis auf Weiteres dürfen auch nicht genehmigte Schutzhelme verwendet werden, soweit sie ausreichende Schutzwirkung aufweisen (Begr, Rn. 1f.; s. auch Dü VRS **75** 226, VG Augsburg DAR **01** 233). *Ungeeignet sind* nach diesen Maß-stäben Helme irgendwelcher Art wie z B Bauarbeiterhelme (Dü VRS **75** 226), Feuerwehr-, Radfahrhelme oder Helme der Bundeswehr (Begr, Rn. 1f., VwV Rn. 1 (Rn. 1)), weswegen Fahrten mit solchen Helmen verboten sind. Ungeeignet ist ein Schutzhelm auch dann, wenn er zwar amtlich genehmigt (geeignet) ist, aber nicht für die Kopfgröße des Betroffenen passt oder andere seine Schutzwirkung beeinträchtigende Mängel aufweist.

c) II S. 1 gebietet das **Tragen** des Schutzhelms. Wie beim Merkmal des Anlegens des Sicher- **17** heitsgurts (Rn. 6) liest die ganz hM ein Gebot des *ordnungsgemäßen* Tragens in die Vorschrift hin-ein; danach sei zB die Fahrt mit nicht oder nicht ordnungsgemäß geschlossenem Kinnriemen ow (BHHJ/*Hühnermann* Rn. 8, *Kreutel* DAR **86** 40; s. aber Ha MDR **00** 1190 (Z)). Wie dort erscheint eine Klarstellung des Gewollten dringend notwendig (aM o. Begr *Scholten* NJW **12** 2993). Denn aus dem Wortlaut ergibt sich das Erfordernis nicht eindeutig.

d) Ausnahmen. Nach Maßgabe von § 1 der 8. AusnahmeVO zur StVO sind Führer von **18** Krädern, die den Anforderungen der Anlage zur AusnahmeVO entsprechen, von der Helmtrage-pflicht befreit (vgl. Rn. 1i). Soweit gesundheitliche Gründe (hierzu Rn. 12f.) das Tragen des Schutzhelms ausschließen, kann eine Ausnahmegenehmigung nach § 46 I S. 1 Nr. 5b erteilt wer-den (VwV Rn. 96 zu § 46 (§ 46 Rn. 13), BGH NJW **83** 1380, OVG Bln-Bbg v. 15.12.2015, OVG 1 B 14.13; einschr. VG Augsburg DAR **01** 233 (nur bei Angewiesensein auf das Krad und geringen Fahrstrecken)). Passt ein Helm wegen einer vom Betroffenen getragenen Brille nicht, so ist es diesem zuzumuten, sich eine geeignete Brille (zB Sportbrille) zu beschaffen und bis dahin auf das Motorradfahren zu verzichten (BGH NJW **83** 1380). Turbantragen als religiöse Pflicht (konkret eines Mitglieds der Religionsgemeinschaft der Sikhs) rechtfertigt grds. keine Ausnahme (VG Freiburg v. 29.10.2015, 6 K 2929/14; mitgeteilt in VD **16** 54 m zust Bspr *Muckel* JA **16** 313; abw im Grundsatz jedoch VGH Ma VRS **131** 41). Eine Reduzierung des behörd-lichen Ermessens auf Null kommt nur in Betracht, wenn dem Betroffenen ein Verzicht auf das Motorradfahren aus besonderen individuellen Gründen nicht zugemutet werden kann (BVerwG NJW **19** 3466; s. auch BVerwG NJW **17** 1691), was kaum je der Fall sein wird.

5. Ordnungswidrigkeit. I S. 1 und II S. 1 sind in § 49 I Nr. 20a seit vielen Jahren (s. Rn. 2) **19** in vollem Umfang bußgeldbewehrt. Die Bußgeldbewehrung ist verfassungskonform (Rn. 2). Dem Deliktscharakter nach handelt es sich um echte Unterlassungsdelikte (str., s. Göhler/*Gürtler* § 8 Rn. 1a). Zu auch durch die StVO-Neufassung 2013 nicht bereinigten Bedenken hinsichtlich der Auslegung einzelner Merkmale (Anlegen, Tragen, geeigneter Helm) s. Rn. 6, 16, 17. **Norm-adressaten** sind alle FzInsassen sowie die Beifahrer auf Krädern. Bei Mitnahme eines Mitfahrers, der gegen I S. 1 oder II S. 1 verstößt, kann **Beteiligung (§ 14 OWiG)** in Betracht kommen (Ha JMBlNRW **82** 212). Allerdings ist nach hM allein wegen des FzFührens noch keine Beteili-gung iS von § 14 OWiG anzunehmen, weil dadurch die Anschnall- bzw. Tragepflicht *begrün-det* werde (KG VRS **70** 294, 469, Bay NZV **93** 491, zust *Seidenstecher* VD **91** 134, näher *Bouska* DAR **84** 265, s. auch BMV VkBl. **86** 508 = StVRL Nr. 1). Dies erscheint wenig überzeugend. Denn das Fahren unter bewusster Tolerierung des Verstoßes stellt nach allgemeinen Regeln akti-ve psychische Unterstützung (in strafrechtlicher Terminologie Beihilfe) dar; um den Vorwurf zu vermeiden muss der FzF den Mitfahrer zum Anlegen des Gurts auffordern; nach einer erfolglo-sen Aufforderung muss er die Mitnahme allerdings nicht ablehnen (zutr. KK OWiG-*Rengier* § 14 Rn. 61; s. Rn. 20, im gleichen Sinn *Janiszewski* NStZ **86** 257). Nach Ha DAR **14** 150 soll der FzF nach I S. 1 iVm § 23 I S. 2 ordnungswidrig handeln, der in § 3 IIa genannte Personen (v. a. Kinder) nicht angegurtet mitnimmt; das erscheint verfehlt (*König* DAR **14** 363) Sedes materiae ist für Kinder § 21 Ia (näher § 21 Rn. 15). Eine spezialgesetzliche Hinweispflicht enthält § 8 IIa S. 2 BOKraft für den *Busfahrer* (bei Verstoß OW nach § 45 II Nr. 1 BOKraft). Keine vorwerfbare OW dessen, der sich zum Schlafen auf den Beifahrersitz gesetzt hat und den Fahrtbeginn nicht bemerkt (vgl. Ko VRS **68** 167, Ha NZV **98** 155, je zu § 254 BGB). Zum **Notstand** und zur Frage der Unzumutbarkeit normgemäßen Verhaltens Rn. 13. Verstoß gegen I und II ist **Dauer-OW** (Ro VRS **107** 461, Dü VRS **73** 387). Nach hM ist TE mit während der Fahrt begangenen anderen Verstößen gegen die StVO gegeben, wie zB mit Geschwindigkeitsverstößen oder mit Abstandsunterschreitungen (§ 24 StVG Rn. 58ff.). Nach Jn NStZ-RR **06** 319 eine prozessuale Tat bei Alkoholfahrt und Nichtanlegen des Sicherheitsgurts. Bei **fahrlässiger Tötung** (Körperverletzung) kann Nichtbenutzung des Gurts durch den Getöteten (Verletzten) uU Strafmilderungsgrund sein (Bay DAR **79** 81, Ha VRS **60** 32, abl. HK-*Jäger* Rn. 22 ff.).

20   **6. Zivilrecht.** Einen FzInsassen, der den vorgeschriebenen **Sicherheitsgurt** nicht anlegt, trifft grds. ein **Mitverschulden** (§ 254 I BGB, § 9 StVG) an den infolge der Nichtanlegung des Gurts erlittenen Unfallverletzungen; ausgenommen sind aber Fälle, in denen eine Gurtanlegegepflicht nicht besteht (BGH NJW **79** 1363 **82** 985, **93** 53, **01** 1485, Kar NZV **89** 470, Mü NJW-RR **99** 820). **Kein Mitverschulden** demnach, wenn einer der Ausnahmetatbestände nach I S. 2 Nr. 2–6 (Rn. 7–11) erfüllt ist oder wenn eine Ausnahmegenehmigung nach § 46 erteilt ist (Rn. 12) oder jedenfalls die Voraussetzungen für eine solche vorlagen (Rn. 13; BGHZ **119** 268 = NJW **93** 53). Kein Mitverschulden auch, wenn das Kfz im Unfallzeitpunkt weder aus- noch nachrüstungspflichtig war (BGH NJW **79** 1366, Sa NZV **99** 510; LG Kö DAR **08** 707 (Oldtimer)). Sind jedoch vorhandene, aber *noch nicht vorgeschriebene* Gurte nicht benutzt worden, so wird angesichts des inzwischen vorhandenen allgemeinen Bewusstseins über den Nutzen des Gurtanlegens nunmehr der Mitverschuldensvorwurf gerechtfertigt sein (Kar VRS **65** 96, Fra ZfS **86** 1, abw noch BGH VRS **56** 431, Sa VM **81** 70 bei Unfall vor 1976). Vor dem 1.8.84 (Inkrafttreten der Änderung von I S. 1, Anschnallpflicht auf Rücksitzen) noch kein Mitverschulden bei Nichtanschnallen auf dem Rücksitz, auch wenn das Fz entsprechend ausrüstungspflichtig war (Ko VersR **83** 568, Ce VersR **85** 787, *Weber* DAR **86** 162). Verstoß gegen die Anlegungspflicht durch einen Fahrgast in KOM führt zu Mithaftung (s. etwa Ha NJW-Spezial **12** 425: 70:30 zulasten des Halters des KOM bei Hochschleudern des Fahrgasts im Zug des zu schnellen Überquerens eines Bahnübergangs). In außergewöhnlichen Konstellationen groben Verkehrsverstoßes des Unfallgegners (Küssen der Beifahrerin) kann trotz Nichtanschnallens Alleinhaftung des Gegners eintreten (LG Sa NJW **12** 1456). **Mitfahrt** in einem vorschriftswidrig nicht mit Gurten ausgestatteten Fz rechtfertigt ebenfalls keinen Mitschuldvorwurf (BGH VRS **64** 107). Das Gleiche muss für die Mitfahrt auf einem Beifahrersitz gelten, dessen Gurt defekt ist (s. aber KG VM **87** 78), oder wenn ohne Verstoß gegen geltende Bestimmungen mehr Personen mitfahren als Sitzplätze und Gurte vorhanden sind (Kar NZV **99** 422 (Mitverschulden jedoch aus anderen Gründen bejaht, dazu § 23 Rn. 22), zw *Seidenstecher* VD **91** 135 f.). Kein Mitverschulden dessen, der sich zum Schlafen auf den Beifahrersitz gesetzt hat und den Fahrtbeginn nicht bemerkt (Ko VRS **68** 167, Ha NZV **98** 155; s. auch Rn. 26). **Sonst grds. Mitverschulden,** und zwar auch eines erst 15-jährigen (Ce VersR **83** 463). Nichtanschnallen während eines *verkehrsbedingten Halts* begründet Mitverschulden (Rn. 3; BGH NJW **01** 1485; abw noch Ce ZfS **81** 326). NichtNachstellen eines zu lockeren und daher wirkungslosen Statikgurtes ist wie Nichtanlegen zu behandeln (Rn. 6; KG VRS **62** 247, VM **84** 87), bei nur teilweiser Wirkungslosigkeit jedoch geringere Mithaftung als bei Nichtanschnallen (Sa VM **84** 23). Der Mitverschuldensvorwurf entfällt nicht deswegen, weil der Gurt infolge pflichtwidrigen Unterlassens einer Reparatur funktionsuntüchtig war (Fra ZfS **86** 1). Mitverschulden auch bei Nichtangurten in Ländern ohne entsprechende Pflicht (KG VM **82** 62).

21   **Nichtangurten** kann die durch denselben Unfall veranlassten Körperschäden unterschiedlich (oder überhaupt nicht) beeinflussen; deshalb kommen Mitschuldkürzungen nur hinsichtlich des **gerade dadurch veranlassten (Mehr-)Schadens** in Betracht (BGH NJW **80** 2125); maßgebend ist, ob die erlittenen Verletzungen nach der Art des Unfalls tatsächlich verhindert worden oder zumindest weniger schwerwiegend gewesen wären, wenn der Verletzte zum Zeitpunkt des Unfalls angeschnallt gewesen wäre (BGH NJW **79** 1363; **80** 2125, **12** 2027). Im Bereich gurtunabhängiger Verletzungen scheidet ein Mitschuldvorwurf aus (Schl VersR **80** 656, Ha VersR **97** 593). Stets ist demgemäß zu prüfen, ob ein angelegter Gurt nach Unfallart (zB bei hoher Geschwindigkeit) genützt hätte (BGH VersR **79** 528, Kö VersR **02** 908), in besonderen Fällen mag Nichtanschnallen keine Mitschuld begründen (BGHZ **74** 25 = NJW **79** 1363, Kar NZV **89** 470, **10** 80; *Schlund* DAR **79** 216). Kein Ersatz für Platzwunden auf der Stirn, die bei Angurtung vermieden worden wären (Ha VRS **59** 5). Bei *typischen* Verläufen können die Grundsätze des **Anscheinsbeweises** für den Schädiger streiten (BGH NJW **80** 2125, NZV **90** 386, Ba VersR **82** 1075, Kar VersR **85** 788, NZV **89** 470, Ha VM **86** 21, NZV **98** 155, Fra ZfS **86** 289, Ko ZfS **91** 294, Stu VRS **97** 18 (Helm)), krit *Ludolph* NJW **82** 2595; gegen ihn mit Recht *Weber* NJW **86** 2670). Auch für die Behauptung des Schädigers, der Verletzte sei nicht angeschnallt gewesen, kann der Anscheinsbeweis gelten, wenn Art und Ausmaß der Verletzungen bei Unfällen der festgestellten Art nach allgemeinen Erfahrungssätzen regelmäßig nur bei Nichtangeschnallten zu beobachten sind (BGH NZV **90** 386, Kö VersR **02** 908, Ko DAR **91** 294, Zw VRS **84** 177). Insbesondere schwere Gesichtsverletzungen können den Anscheinsbeweis begründen, dass der

Verletzte nicht angeschnallt war (Ba VersR **82** 1075, **85** 786, Fra ZfS **86** 289), ebenso der Umstand, dass ein FzInsasse aus dem sich überschlagenden Fz herausgeschleudert wurde (LG Fra NZV **05** 524). Dagegen spricht der Anschein idR nicht für Ursächlichkeit des Nichtanschnallens bei seitlichem Aufprall mit erheblicher Deformierung der FzSeite, wo der Verletzte saß (Ha VRS **76** 112), ebenso nicht bei Frontalkollisionen etwa ab „50" sowie bei Schrägkollisionen, beim Unterfahren und Überrolltwerden (Schl VersR **80** 656, Kar MDR **79** 845), namentlich wenn der Verletzte in den Airbag geprallt ist (Nau MDR **08** 1031).

Hilft der Anscheinsbeweis (Rn. 21) nicht, so hat der Schädiger die Voraussetzungen der 22 Mitschuld des Verletzten in vollem Umfang zu beweisen, desgleichen die Ursächlichkeit des Nichtanschnallens bzw. Nichttragens des Helms für die Verletzungen; verbleibende Zweifel gehen zu seinen Lasten (BGH NJW **80** 2125, VersR **81** 548, Kö VersR **02** 908, KG VRS **62** 247, VM **84** 87, **86** 35, Kar NZV **89** 470, krit *Landscheidt* NZV **88** 7, dazu *Weber* NJW **86** 2671 ff.). Der Nachweis wird auch mit Hilfe eines unfallmedizinischen Gutachtens oft schwierig sein (*Ludolph* NJW **82** 2595). Geringere Verletzungen des angeschnallten Fahrers können darauf hinweisen, dass die schwereren des nichtangeschnallten Beifahrers auf dem Nichtanschnallen beruhen (BGH NJW **80** 2125). Kann sich das Gericht nicht davon überzeugen, dass das Anschnallen zu insgesamt geringeren Verletzungen geführt hätte (§ 286 ZPO), so ist keine Mitschuld erwiesen (BGHZ **53** 256, KG VersR **79** 1032). Der Mitschuldvorwurf besteht nur in Höhe des nachweisbaren Gurtnutzens bei Berücksichtigung der jeweiligen Umstände (Schl VersR **80** 656, Kar MDR **79** 845). Für die Behauptung des Geschädigten, er würde angegurtet andere, ebenso schwere Verletzungen davongetragen haben, ist dieser beweispflichtig (Dü DAR **85** 59, Kar NZV **89** 470). FzSchäden werden durch das Gurtproblem wohl nur ausnahmsweise beeinflusst.

Nichttragen des Schutzhelms durch Kradf und deren Beifahrer begründet bei Unfällen 23 mit adäquater Kopfverletzung Mitschuld (BGH NJW **65** 1075, **83** 1380, Mü NJW **78** 324, VersR **81** 560, Sa VM **81** 70 (Mithaftung zu $^3/_{10}$), Br VersR **78** 469, Nü VRS **77** 23 (Mithaftung zu 30 %), Ko VRS **78** 414, Schl NZV **91** 233). Kein Mitschuldvorwurf aber allein wegen zu lockeren Kinnriemens (Ha MDR **00** 1190; s. aber Rn. 17). Bei Verletzungen, vor denen der Helm allgemein schützen soll, spricht der Anscheinsbeweis für Ursächlichkeit (BGH NJW **83** 1380, Nü VRS **77** 23), nicht aber, wenn kein typischer Geschehensablauf gegeben ist (BGH NJW **08** 3778 (Gesichtsverletzungen nach Unfall mit Quad; offener Helm wäre zulässig gewesen)). Die Grundsätze unter Rn. 21 f. können herangezogen werden. Mangels allgemeinen Verkehrsbewusstseins und Tragepflicht kein Verschulden gegen sich selbst bei **Nichttragen von Motorradschutzkleidung** (Dü MDR **20** 219; Nü DAR **13** 332 (Nichttragen von „Motorradschuhen"); ebenso Mü NJW **17** 2838 mAnm *Schroeder* für das Führen von Leichtkrafträdern; LG Heidelberg NZV **14** 466; LG Fra NJW **19** 531; aM Brn DAR **09** 649 mAnm *Miller*; LG Kö DAR **13** 382 mAnm *Hauser*; wohl auch *Scholten* DAR **13** 748, *Diehl* ZfS **13** 437).

Für Radf (zum Begriff des Fahrrads § 1 StVG Rn. 22) sowie für Elektrofahrräder isV § 1 III 24 S. 1, 2 StVG (dort Rn. 23–25; zu anderen Rn. 15) besteht keine Rechtspflicht zum Helmtragen. Auch mangels diesbezüglicher Verkehrsanschauung kein Mitverschulden des erwachsenen Radf, der keinen Schutzhelm trägt (BGH NJW **14** 2493 (jedenfalls bis zum Jahr 2011) mAnm *Kettler* und *Scholten* DAR **14** 522 sowie Bspr *Huber* NZV **14** 489; Ha NZV **01** 86, **02** 189, ZfS **18** 14 (jedenfalls 2013); LG Kiel NZV **19** 262 (jedenfalls 2017); s. auch Nü DAR **99** 507 (abl *Thubauville* VM **00** 20), ZfS **91** 40, Stu VRS **97** 18 sowie BGH NJW **79** 980; Ce NZV **14** 305; *Stadler* VD **13** 324; aM Schl DAR **13** 470: generell Mitverschulden (20 % trotz groben Verstoßes des Schädigers gegen § 14 StVO)). Das gilt jedenfalls dann, wenn er als „normaler" Radfahrer unterwegs ist, der sein Zweirad ohne sportliche Ambitionen als gewöhnliches Fortbewegungsmittel einsetzt (Dü NZV **07** 614 m Bspr *Kettler* NZV **07** 603; Sa NZV **08** 202). **Anders** soll es nach Dü NJW **07** 3075 (im Anschluss an MüKoBGB-*Oetker* § 254 Rn. 42; krit *Hufnagel* DAR **07** 458; gegen ihn *Mecklenbrauck* DAR **07** 646; bekräftigt durch Dü NZV **07** 614, ebenso Sa NZV **08** 202; Ce NZV **14** 305; offengelassen von BGH NZV **09** 177 mAnm *Schubert* sowie *Rebler* DAR **09** 386 und von BGH NJW **14** 2493; aM LG Ko DAR **11** 395) wegen ihrer besonderen Gefährdung **für Radsport treibende Radf** liegen, wobei die Kfz-BG (Traktor mit überbreitem Heuwender) wegen groben Eigenverschuldens sogar vollständig zurücktreten können soll (dazu *Kettler* NZV **07** 603: „Fehlurteil"). Diese Rspr. ist namentlich wegen der durch sie aufgeworfenen Abgrenzungsschwierigkeiten durchgreifenden Bedenken ausgesetzt (*Kettler* S. 151 f.; NZV **07** 603; insoweit auch *Schubert* DAR **08** 212; aM *Scholten* NJW **12** 2993, *Huber* NZV **14** 489). LG Bonn NZV **15** 395 überträgt dies auf die Fahrer von „Speed-Pedelecs" (Höchstgeschwindigkeit 40 km/h); jedoch besteht hier ohnehin Helmpflicht (Rn. 15). Gewiss kein Mitverschulden eines (11-jähriges) Kindes beim Radfahren auf Privatgelände (Dü NZV **07** 38 mzustAnm *Kettler* und Bspr *Hufnagel* DAR **07** 289; aM LG Krefeld NZV **06** 205 (Vorinstanz)). Mitverschulden setzt stets voraus, dass die eingetretenen Schäden durch das Helmtragen verhindert worden wären (BGH NZV **09** 177). Keine grobe Fahrlässigkeit, wenn ein Kind ohne Fahrradhelm im Kindersitz eines Fahrrads transportiert wird (Ce NJW **08** 2353). Zur gesetzlichen Tragepflicht in Österreich ZVS **06** 209, zu Bestrebungen innerhalb der VMK *Schubert* VD **11** 151; eingehend zum Ganzen *Scholten* SVR **12** 167, NJW **12** 2993.

25 **§ 254 BGB-Kürzungen** betreffen stets nur den durch Nichtanschnallen verursachten Kostenanteil bei Körper- und FzSchäden. Feste Quoten lassen sich nicht bilden; die Umstände des Einzelfalls (Unfallhergang, Verschulden des Schädigers, Ausmaß des Mitverschuldens des Geschädigten unter Berücksichtigung der Art der Verletzungen) sind entscheidend (BGH VRS **60** 94, KG VRS **62** 247, Kar NZV **89** 470, Ha VersR **97** 593 (Schadensverursachung durch absolut fahrunsicheren Kf), *Landscheidt* NZV **88** 9f., *Häublein* VersR **99** 163. *Händel* NJW **79** 2289). Wenn der Schädiger nur nach § 7 StVG haftet, kann die Mithaftung höher sein als bei Verschuldenshaftung (Kar NZV **90** 151, KG VM **90** 92). Je nach Ausmaß des Verursachungsbeitrags, BG und Schuldgrad sowie BG des Schädigers und Ausmaß der eigenen Sorgfalt des Geschädigten (§ 17 III StVG) kann sich der Mitschuldvorwurf milder darstellen oder auch ganz zurücktreten (BGH NZV **98** 148, Ha VersR **97** 593, Mü NJW-RR **99** 820, LG Stu NZV **04** 409, *Fuchs-Wissemann* DRiZ **83** 314, abw (nur bei Vorsatz) *Häublein* VersR **99** 166f.). Obwohl das Nichtanschnallen mehrere zugleich eintretende Körperschäden unterschiedlich beeinflussen kann, darf eine durchschnittlich angemessene einheitliche Mitschuldquote angenommen werden (BGH NJW **80** 2125, VRS **60** 94). Zur Kürzung bei Nichtanschnallen: *in Durchschnittsfällen:* 20 bis 25 % (KG VRS **57** 402, Ce DAR **79** 305, Mü DAR **79** 306, Dü ZfS **86** 130, abw *Häublein* VersR **99** 165f.), *bei schweren Verletzungen:* 30 % (Dü DAR **85** 59, krit *Häublein* VersR **99** 165 Fn 27; Sa VRS **72** 412, Kar NZV **90** 151). In Einzelfällen kann eine Mithaftungsquote von 50 % und mehr in Frage kommen (Fra VRS **73** 171), etwa bei besonders schwerem Verschulden des Verletzten gegen sich selbst (Mü VersR **85** 868 mAnm *Dunz* VersR **85** 1196 (Gesichtsverletzungen einer Kosmetikerin)) oder bei Haftung des Schädigers nur nach § 7 StVG (BGH VRS **60** 94, KG VRS **62** 247, Fra ZfS **86** 130), uU aber auch bei Deliktshaftung (KG VM **86** 35, LG Meiningen DAR **07** 708). Entsprechende Grundsätze, wenn der Beifahrer durch vorgebeugte Sitzhaltung (Suche im Fußraum) die Schutzfunktion des Sicherheitsgurts aufgehoben hat (Mü NJW-Spezial **18** 106: 40 %). Andererseits kann grobes Verschulden des Unfallverursachers die Verletzung der Anschnallpflicht ganz zurücktreten lassen (Kar NZV **10** 26 (Überschreiten der zulässigen Höchstgeschwindigkeit um 80 %; dem Geschädigten hätten bei Anschnallen ähnlich schwere Schäden gedroht), LG Sa NJW **12** 1456 (s. Rn. 20)).

26 Nichtanschnallen begründet idR **kein Verschulden iS des § 3 EFZG**, weil dies einen groben Verstoß gegen eigene Interessen voraussetzen würde (LAG Dü DAR **81** 94, *Frank* DAR **82** 118, *Kuckuk* Betr **80** 302; **aM** BAG NJW **82** 1013, LAG Berlin NJW **79** 2327, *Weber* DAR **83** 9), der selbst bei risikoreichen Sportarten wie zB Drachenfliegen verneint wird (BAG NJW **82** 1014). Unfallverursachung durch Gurtanlegen erst während der Fahrt ist nicht ohne Weiteres **grobfahrlässig** (§ 61 VVG (§ 81 II VVG 08); Sa VersR **84** 1185). **Der Fahrer kann dem Beifahrer für solche Verletzungen haften müssen,** die dieser dadurch erlitten hat, dass er nicht angeschnallt im Fz schlief und vor Fahrtantritt vom Fahrer nicht geweckt wurde (Kar VersR **85** 788; s. auch Rn. 20). Ihm obliegt die Fürsorgepflicht, für das Anschnallen seines alkoholisierten mitfahrenden Ehegatten zu sorgen (Fra ZfS **86** 289), nach Ha NZV **96** 33 (hierzu auch § 23 Rn. 22) überhaupt gegenüber alkoholisierten Insassen, wobei es keine Rolle spielt, ob der FzF selbst absolut fahrunsicher ist (ebenso Kar NJW **09** 2608).

27 Für **Gurtschäden** wird der Ersatzpflichtige (§ 7 StVG, § 823 BGB, Vertragshaftung) zu haften haben, weil sie, als bloßes Gurttrauma wie als Verschlimmerung durch den Gurt, aus jedenfalls zulässiger und statistisch überwiegend positiver Vorsorge in ursächlicher Verbindung mit dem Unfall erwachsen (aM *Allgaier* VersR **93** 676). Ein **Aufopferungsanspruch** gegen die BRep im Fall von Gurtschäden, für die kein Ersatzanspruch gegen Dritte besteht, soweit ohne den Gurt weder diese noch statt ihrer vergleichbare andere Schäden eingetreten wären, ist nicht gegeben; denn die nach § 21a I S. 1 gebotene Verhaltensweise dient ganz überwiegend dem Einzelnen selbst (*Greger/Zwickel* § 22 Rn. 84, *Schlund* VGT **78** 79, *Schwabe* NJW **83** 2370; aM *Müller* NJW **83** 593, *Allgaier* VersR **93** 676).

Ladung

22 (1) ¹Die Ladung einschließlich Geräte zur Ladungssicherung sowie Ladeeinrichtungen sind so zu verstauen und zu sichern, dass sie selbst bei Vollbremsung oder plötzlicher Ausweichbewegung nicht verrutschen, umfallen, hin- und herrollen, herabfallen oder vermeidbaren Lärm erzeugen können. ²Dabei sind die anerkannten Regeln der Technik zu beachten.

(2) ¹Fahrzeug und Ladung dürfen zusammen nicht breiter als 2,55 m und nicht höher als 4 m sein. ²Fahrzeuge, die für land- oder forstwirtschaftliche Zwecke eingesetzt werden, dürfen, wenn sie mit land- oder forstwirtschaftlichen Erzeugnissen oder Arbeitsgeräten beladen sind, samt Ladung nicht breiter als 3 m sein. ³Sind sie mit land- oder forstwirtschaftlichen Erzeugnissen beladen, dürfen sie samt Ladung höher als 4 m sein. ⁴Kühlfahrzeuge dürfen nicht breiter als 2,60 m sein.

(3) ¹Die Ladung darf bis zu einer Höhe von 2,50 m nicht nach vorn über das Fahrzeug, bei Zügen über das ziehende Fahrzeug hinausragen. ²Im Übrigen darf der Ladungsüberstand nach vorn bis zu 50 cm über das Fahrzeug, bei Zügen bis zu 50 cm über das ziehende Fahrzeug betragen.

(4) ¹Nach hinten darf die Ladung bis zu 1,50 m hinausragen, jedoch bei Beförderung über eine Wegstrecke bis zu einer Entfernung von 100 km bis zu 3 m; die außerhalb des Geltungsbereichs dieser Verordnung zurückgelegten Wegstrecken werden nicht berücksichtigt. ²Fahrzeug oder Zug samt Ladung darf nicht länger als 20,75 m sein. ³Ragt das äußerste Ende der Ladung mehr als 1 m über die Rückstrahler des Fahrzeugs nach hinten hinaus, so ist es kenntlich zu machen durch mindestens

1. eine hellrote, nicht unter 30 × 30 cm große, durch eine Querstange auseinandergehaltene Fahne,

2. ein gleich großes, hellrotes, quer zur Fahrtrichtung pendelnd aufgehängtes Schild oder

3. einen senkrecht angebrachten zylindrischen Körper gleicher Farbe und Höhe mit einem Durchmesser von mindestens 35 cm.

⁴Diese Sicherungsmittel dürfen nicht höher als 1,50 m über der Fahrbahn angebracht werden. ⁵Wenn nötig (§ 17 Absatz 1), ist mindestens eine Leuchte mit rotem Licht an gleicher Stelle anzubringen, außerdem ein roter Rückstrahler nicht höher als 90 cm.

(5) ¹Ragt die Ladung seitlich mehr als 40 cm über die Fahrzeugleuchten, bei Kraftfahrzeugen über den äußeren Rand der Lichtaustrittsflächen der Begrenzungs- oder Schlussleuchten hinaus, so ist sie, wenn nötig (§ 17 Absatz 1), kenntlich zu machen, und zwar seitlich höchstens 40 cm von ihrem Rand und höchstens 1,50 m über der Fahrbahn nach vorn durch eine Leuchte mit weißem, nach hinten durch eine mit rotem Licht. ²Einzelne Stangen oder Pfähle, waagerecht liegende Platten und andere schlecht erkennbare Gegenstände dürfen seitlich nicht herausragen.

Begr zur ÄndVO v. 11.12.00 (VkBl. 01 7): **Zu Abs. 2:** *Die Änderung zur Ladungsbreite beim* **1** *Transport land- oder forstwirtschaftlicher Arbeitsgeräte vollzieht die maximal zulässige Breite von 3 m für land- und forstwirtschaftliche Arbeits- oder Anbaugeräte gemäß § 32 Abs. 1 Nr. 2 StVZO nach. So wird der Transport von Arbeits- oder Anbaugeräten mit einer Breite von mehr als 2,55 m zur landwirtschaftlichen Arbeitsstelle erleichtert, die bislang nur in Längsrichtung verladen werden konnten. Aus Verkehrssicherheitsgründen muss es für die Arbeits- oder Anbaugeräte weiter bei der maximal zulässigen Höhe von 4 m bleiben. Die Änderung macht die redaktionelle Anpassung der ganzen Vorschrift notwendig.*

Zu Abs. 3: *... Satz 1 legt fest, dass dieses Verbot des Ladungsüberstandes nach vorn nur noch bis zu* **2** *einer Höhe von 2,5 m gilt. Bis zu dieser Höhe gebietet es die Verkehrssicherheit zum Schutze vorausfahrender Kraftfahrzeugführer, Fußgänger und Radfahrer, den Raum über der Fahrbahn freizuhalten.*

Unter dem Gesichtspunkt der Verkehrssicherheit ist es vertretbar, ab einer Höhe von 2,5 m einen geringfügigen Ladungsüberstand von bis zu 50 cm zuzulassen. Die Änderung in Satz 2 trägt dem Rechnung.

Zu Abs. 4: *Die Erweiterung der Länge von bislang höchstzulässigen 20 m auf 20,75 m für Fahrzeug* **3** *oder Zug samt Ladung vollzieht die Erweiterung der höchstzulässigen Länge von bislang 18 m auf 18,75 m in § 32 Abs. 4 S. 1 Nr. 4 iVm Abs. 7 StVZO nach.*

Begr zur ÄndVO v. 22.12.05 (VkBl. 06 39): **Zu Abs. 1:** *Mit der Änderung werden die Anforde-* **4–9** *rungen des § 22 Abs. 1 StVO an das verkehrssichere Verstauen der Ladung weiter präzisiert. Die mangelhafte Ladungssicherung gibt im Rahmen von Kontrollen im Güterkraftverkehr häufig Anlass zu Beanstandungen. Da gerade hier immer wieder eklatante Mängel bis hin zum Fehlen jeglicher Sicherung festgestellt werden, ist es neben einer besseren Schulung der Kraftfahrzeugführer erforderlich, den für den Ladevorgang* *verantwortlichen Personen in der Verordnung selbst durch die Aufzählung besonders gefahrenträchtiger Verkehrssituationen vor Augen zu führen, gegen welche Gefahren die Ladung zu sichern ist.*

Darüber hinaus wird nunmehr auch ausdrücklich in der Verordnung selbst auf die anerkannten Regeln der Ladungssicherungstechnik verwiesen. Das sachgerechte Verstauen und Sichern der Ladung erfordert die Beachtung der in der Praxis anerkannten Regeln des Speditions- und Fuhrbetriebes. Dies sind vor allem DIN- und EN-Normen sowie VDI-Richtlinien, gegenwärtig z. B. die VDI-Richtlinie 2700 „Ladungssicherung auf Straßenfahrzeugen ".

VwV zu § 22 Ladung

Zu Absatz 1

10   1   I. Zu verkehrssicherer Verstauung gehört sowohl eine die Verkehrs- und Betriebssicherheit nicht beeinträchtigende Verteilung der Ladung als auch deren sichere Verwahrung, wenn nötig Befestigung, die ein Verrutschen oder gar Herabfallen unmöglich machen.

     2   II. Schüttgüter, wie Kies, Sand, aber auch gebündeltes Papier, die auf Lastkraftwagen befördert werden, sind in der Regel nur dann gegen Herabfallen besonders gesichert, wenn durch überhohe Bordwände, Planen oder ähnliche Mittel sichergestellt ist, dass auch nur unwesentliche Teile der Ladung nicht herabfallen können.

     3   III. Es ist vor allem verboten, Kanister oder Blechbehälter ungesichert auf der Ladefläche zu befördern.

     4   IV. Vgl. auch § 32 Abs. 1.

11   **1. Allgemeines.** Die Vorschrift fasst die Regelungen über das Verstauen (I) und die Ausmaße (II–V) der Ladung (Rn. 12) zusammen. Sie gilt für alle Fz (§ 23 Rn. 11). Besondere Fortbewegungsmittel (§ 24) sind nicht umfasst, weil sie keine Fz iS der StVO darstellen (§ 24 Rn. 6). § 22 normiert keine unmittelbaren Vorgaben zur Art (zB Gefahrgut; dazu GGVS) oder zum Gewicht der Ladung (dazu § 34 StVZO). Durch beide Aspekte werden jedoch naturgemäß die Anforderungen an die Sicherheit der Verstauung maßgebend beeinflusst (Rn. 15). Die Ge- und Verbote des § 22 zielen vorrangig auf den Schutz der VSicherheit ab, dienen also nicht dem Schutz der Ladung oder des Fz selbst (vgl. *Cramer* Rn. 7), ohne dass der Schutzbereich aber auf den (öffentlichen) StrV (§ 1 Rn. 13 ff.) beschränkt wäre. Geschützt sind zB auch Häuser, Brücken, Durchfahrten oder VAnlagen sowie Personen, die sich im nichtöffentlichen VRaum befinden und durch die Beförderung der Ladung gefährdet oder geschädigt werden können (Ha VRS **27** 300, Dü NZV **90** 323, VRS **85** 373, Ce NStZ-RR **07** 215). Nicht im Schutzzweck liegt es freilich, wenn durch überbreiten Lkw eine AB-Brücke zerstört wird mit der Folge einer Sperrung der AB und in der weiteren Folge die Einnahmen einer AB-Rastanlage zurückgehen (BGH NJW **15** 1174). Konkrete Gefahren oder Verletzungen müssen jedoch nicht eintreten; die (bußgeldbewehrte) Bestimmung stellt demgemäß einen *abstrakten Gefährdungstatbestand* dar (Rn. 26). § 22 ist so aufgebaut, dass I die Verstauung und Sicherung (Rn. 14 ff.), II die Höchstmaße zu Höhe und Breite (Rn. 20 f.), III das Hinausragen der Ladung nach vorn (Rn. 22), IV das Hinausragen der Ladung nach hinten (Rn. 23) und V das seitliche Hinausragen der Ladung (Rn. 24) betreffen. Ausnahmen zu II normiert § 18 I S. 2, 3 bei Benutzung von AB und KraftfahrStr (Rn. 21). Vorschriften über die Personenbeförderung enthalten § 21 sowie § 23 I S. 1, 2. Regelungen über die Verantwortlichkeit für die Ladung enthalten § 23 I S. 1, 2 (FzF) und § 31 II StVZO (Halter) (**zum Normadressaten** Rn. 27–29).

12   **2. Ladung, Ladungseinrichtungen.** Ladung sind alle Gegenstände, die zum Zweck der Beförderung auf oder in ein Fz verbracht werden, soweit sie nicht zur FzAusrüstung (dazu Rn. 13) gehören (Bay DAR **94** 381 *(Bär)*, NZV **99** 479, Dü DAR **54** 191; Fra DAR **57** 192; Ha SVR **10** 276; *Cramer* Rn. 8). Maßgebend ist die Ladung in ihrem konkreten Zustand zum Zeitpunkt des Ladevorgangs und Transports (Ha v. 2.2.2006, 4 Ss OWi 32/06, juris). Ob die Beförderungsabsicht später wegfällt, ist nicht maßgebend (Bay DAR **94** 381 bei *Bär* (Schüttgutreste)). Auch auf den beabsichtigten Verbleib des Guts am Zielort kommt es nicht an (Bay NZV **99** 479). Gelegentlich am FzHeck befestigte, zu Ladezwecken mitgeführte Gabelstapler sind Ladung (Bay NZV **99** 479). Bei einer geladenen Arbeitsmaschine (zB Bagger) rechnen zur Ladung auch Lehmanhaftungen und sind demgemäß gegen Herabfallen zu sichern (Ha v. 2.2.2006, 4 Ss OWi 32/06, juris). Eine im Fußraum einer landwirtschaftlichen Zugmaschine mitgeführte und mit dem Fz dienendem Werkzeug befüllte Werkzeugkiste ist Ladung (Ha v. 3.2.2010, 3 RBs 7/10 (mitgeteilt in SVR **10** 276)). Inbegriffen ist Gepäck von Personen, nicht aber diese selbst (*Cramer* Rn. 8). Zur Ladung gehört auch **Vieh** aller Art. Es darf in Kfz nur befördert werden, wenn die über den Versand von Vieh erlassenen Anordnungen nachweisbar sind oder wenn solche Anord-

nungen nicht bestehen (Merkblatt über Aufbauten von Viehtransportfz und Fundstellen der Rechtsvorschriften:VkBl. **92** 615).

Nicht zur Ladung gehört die FzAusrüstung (s. o.) und Zubehörteile wie Reservekanister, **13** Ersatzrad usw. (zT aM *Huppertz* DNP **91** 215 (Mitführungspflicht als negatives Kriterium)). Für die Abgrenzung zur Fahrzeugausrüstung können die §§ 32–67 StVZO herangezogen werden (Ha SVR **10** 276). Keine Ladung sind, wie auch aus I hervorgeht, Spannketten, Planen, Geräte und sonstige Ladeeinrichtungen. Sie sind aber nach I wie die Ladung selbst zu sichern (Rn. 14). Hubladebühnen (vgl. § 53b V StVZO) sind keine sonstige Ladungseinrichtungen iS von I S. 1, sondern gehören zur Ausrüstung des Fz (LG Bonn VersR **04** 79; aM Ha NZV **92** 115 mAnm *Greger*); zu ihrer Sicherung Rn. 23. Ladung beinhaltet, dass die Gegenstände auf bzw. im Fz untergebracht sind (*Cramer* Rn. 8). Deswegen sind abgeschleppte Fz (Fra DAR **57** 192) oder nachlaufende TrägerFz für austauschbare Ladungsbrücken (VGH Mü Bay VkBl. **91** 243) keine Ladung. Das gilt auch dann, wenn zB ein gezogenes Förderband zT auf dem Fz aufliegt (*Cramer* Rn. 8). Austauschbare Ladungsträger, die Fz miteinander verbinden oder Zugkräfte übertragen, sind nach § 42 III S. 2 StVZO nicht Ladung, sondern FzTeile, unterliegen aber als solche den strengeren Vorschriften der StVZO (zur mittlerweile überholten Frage der Übergangsregelung in § 72 II StVZO einerseits Bay NZV **89** 284, andererseits Dü NZV **92** 84).

3. Verstauung, Sicherung (Abs. 1). Ladung sowie Geräte zur Ladesicherung sowie Lade- **14** einrichtungen (Rn. 13) sind verkehrssicher zu verstauen und zu sichern. Die Neufassung des I im Jahre 2005 steht vor dem Hintergrund in der Praxis immer wieder festgestellter, beträchtlicher Defizite und damit verbundener Gefahren (Rn. 4–9, s. auch *Albrecht* SVR **06** 43). I S. 1 benennt die durch sachgerechte Sicherung zu vermeidenden Folgen und führt beispielhaft besonders gefahrträchtige Situationen auf, denen die Sicherung auch standhalten muss, zB einer durch verkehrswidriges Verhalten eines Dritten erforderlich werdenden Notbremsung (Dü MDR **84** 945, NZV **90** 323, VRS **85** 373, Ko NZV **92** 163). Zu den bezeichneten Folgen muss es jedoch nicht kommen (abstrakter Gefährdungstatbestand; Rn. 11, 26).

Konkrete Handlungsanweisungen zur Art der Sicherungsmaßnahmen gibt I S. 1 nicht. De- **15** ren Auswahl hängt von der Art der Ladung und des zum Transport verwendeten Fahrzeugs im Einzelfall ab (Dü NZV **90** 323). I S. 1 wird jedoch insoweit durch **I S. 2 ergänzt,** wo nunmehr ausdrücklich der Grundsatz verankert ist, dass die in der Praxis anerkannten **Regeln der Technik** beachtet werden müssen (Begr Rn. 4–9). Gegenwärtig umfasst der Inhalt der *VDI-Richtlinie 2700 „Ladungssicherung auf Strfz"* die technisch anerkannten Beladungsregeln und ist deshalb allgemein zu beachten (Begr, Rn. 4–9; Bay NZV **03** 540, Dü NZV **90** 323, VRS **85** 373, Ko NZV **92** 163, Sa ZfS **06** 101, Ha SVR **09** 316 *(Krumm); Glembotzki/Kaps* VD **06** 105, *Egger* VD **79** 97; krit *Hillmann* ZfS **03** 389). Das war in der Rspr auch schon vor der Änderung anerkannt (Bay NZV **03** 540, Dü NZV **90** 323). Die Empfehlungen der RL beruhen auf besonders qualifizierten technischen Erfahrungssätzen, denen im Prozess die Bedeutung eines „objektivierten Sachverständigengutachtens" zukommt (Bay NZV **03** 540, Ko NZV **92** 163). Die RL ist jedoch kein Rechtssatz und unterliegt demgemäß der richterlichen Nachprüfung, ggf. unter Anhörung eines Sachverständigen (Bay NZV **03** 540, Ko NZV **92** 163; Ha v. 1.7.2008, 2 Ss OWi 494/08, juris). Es entlastet den Betroffenen grds., wenn er sich an die Empfehlungen hält; anders liegt es nur, wenn die Empfehlungen Mängel aufweisen, die dem Betroffenen bekannt sind oder bekannt sein müssen (vgl. Bay NZV **03** 540; s. auch Rn. 31). Im Einzelfall können auch unübliche Vorsichtsmaßnahme zu treffen sein (BGH VRS **10** 75). Gegen völlig achtloses fremdes Verhalten Dritter muss die Ladung aber nicht abgeschirmt werden (BayVM **74** 68 (gebündelte Stahlmatten)).

Jeder Lkwf muss wissen, dass **ungleichmäßige Verteilung** schwerer Lasten die Lenkfähigkeit **16** beeinträchtigt, die Schleudergefahr erhöht, das Bremsen erschwert, sogar zur Blockierung einzelner Räder führen kann, wobei der Bremskraftregler fehlerhafte Lastverteilung nicht ausgleichen kann (Ha VRS **20** 462, Sa ZfS **11** 151). Der gemeinsame Schwerpunkt der Ladung soll in der Mittellinie des Kfz möglichst niedrig liegen. Denn die Ladung drängt beim Bremsen nach vorn, beim Beschleunigen nach hinten, beim Kurvenfahren nach außen. Gegen die Vorderwand soll die Ladung abgestützt sein. Zur Ladungsverteilung auf Triebwagen und Anhänger § 42 StVZO und die dortigen Erläuterungen. Jede Ladung ist unter Berücksichtigung ihrer Eigenart und ggf. besonderen Verhältnissen der Fahrt (Kö VRS **8** 381 (schlechte Str)) **zu befestigen.** Lange Ladungsteile sind zu bündeln und fest zu verspannen. Schwere Teile sind reißfest gegen Rutschen und Kippen festzuspannen (Bra VersR **03** 1567). Eine Verschiebeplane stellt idR keine geeignete Sicherungsmaßnahme dar (AG Eggenfelden DAR **06** 165). Ist das Ladegut gegen Erschütterung empfindlich, muss der Fahrer die Befestigung in Abständen, zumindest nach holprigen Stellen prüfen (BGH VRS **17** 462). Bei hohen und schweren Lasten (Kippgefahr) kann ein Tieflader zu verwenden sein (BGH VRS **16** 192). **Langholz** ist durch Spannketten und Eisenklammern zu befestigen (Tüb VkBl. **51** 74). Weitere Befestigung ist erforderlich, wenn die Stämme glitschig sind (BGH VRS **10** 75).

17   **Kies- und Sandfahrzeuge** verursachen neben der möglicherweise gefährdenden StrVerschmutzung (§ 32) häufig erhebliche Gefahr durch fliegenden Sand und kleine Steine, die zur Zertrümmerung der Frontscheiben überholender und besonders entgegenkommender Kfz und zu Lackbeschädigungen führen. Durch die in der VwV Rn. 2 (Rn. 10) genannten Vorkehrungen ist sicherzustellen, dass auch das Herabfallen nur unwesentlicher Mengen verhindert wird. Schüttgüter müssen demgemäß ausgeglichen werden und dürfen nicht wesentlich höher als die Seitenborde sein (Dü NZV **92** 494). Bis zur Bordwandkante reichende Sand- oder Kiesladungen sind abzudecken, falls andere Sicherung nicht ausreicht (Kö VersR **88** 171; Ko ZfS **18** 170). Die Aufbauten müssen dicht und das Schüttgut gegen Verstreuen bedeckt sein (KG VRS **49** 295, Kö NZV **94** 484). Bloßes Befeuchten einer Sandladung genügt allenfalls bei ganz kurzer, langsamer Fahrt (Ha DAR **75** 249). Feuchte Abfälle dürfen nicht seitlich herausspritzen und andere behindern oder gefährden (Ol VRS **42** 59). Tropft bei Beförderung von nassem Kies Wasser auf die Str, so ist nicht § 22 I, sondern § 32 einschlägig (Bay VRS **30** 135).

18   **Dachlasten** und voll beladene Kofferräume verändern die Pkw-Fahreigenschaften wesentlich (Anzugsvermögen, Überholweg, Kurvenstabilität, Windempfindlichkeit, Brems- und Lenkeigenschaften), dies muss ein sorgfältiger Kf berücksichtigen. Zur Ladungssicherung auf Dachlastträgern, in KombiFz (§ 23 VIa StVZO aF) und Pkw-Anhängern *Bläsius* Verkehrsunfall **86** 337. Zur zulässigen Dachlast *Niklitsch* PVT **86** 71. Trotz Beachtung der Bedienungsanleitung nicht sichere Befestigung auf Fahrradträger muss nicht fahrlässig sein (Bra NZV **95** 406).

19   Das ausdrückliche Verbot der Verursachung **vermeidbaren Lärms** hatte eine Streitfrage geklärt (Begr). Neben dem sachgerechten Verstauen (Verwahren, Verteilen, Befestigen, Abdecken) sind bei Gefahr vermeidbaren Lärms besondere Vorkehrungen geboten, sofern Befestigen allein nicht ausreicht. Das Verbot des ungesicherten Beförderns von Kanistern oder Blechbehältern auf der Ladefläche gemäß VwV Rn. 3 (Rn. 10) dient wesentlich der Lärmverhinderung.

20   **4. Höchstmaße (Abs. 2).** Bis zu 2,55 m breit und 4 m hoch dürfen Fz und Ladung zusammen sein (II S. 1). Die Ausnahmebestimmung für die höchstzulässige Breite von KühlFz in II S. 4 dient der Harmonisierung mit § 32 I Nr. 4 StVZO. Kein Ladungsteil darf verkehrsgefährdend hinausragen (Ausnahme: Rn. 25). Falls doch, sind solche Teile bei den zulässigen Maßen einzurechnen. Richtlinien für Kenntlichmachung überbreiter/überlanger Strfz und bestimmter hinausragender Ladungen VkBl. **74** 2, **76** 477, **83** 23 = StVRL § 32 StVZO Nr. 1. Bei einem Lkw mit 4 m hohem Aufbau ist auch auf den Luftraum über der Fahrbahn zu achten (Ha VM **72** 13). Der Fahrer eines überbreiten beladenen Lastzugs kann mit Sicherung durch ein vorausfahrendes Begleitfz nicht rechnen, wenn die Verbindung zu ihm abgerissen ist (Bay VRS **17** 52). Ausnahmen für Großtransporte Rn. 25.

21   **Fahrzeuge bei Verwendung für land- oder forstwirtschaftliche Zwecke** dürfen bei Beladung mit land- oder forstwirtschaftlichen Erzeugnissen oder mit Arbeitsgeräten samt Ladung höher als 4 m, aber nicht breiter als 3 m sein (II S. 2, 3). Auf das Eigentum und die Haltereigenschaft kommt es nicht an. Zur Einbeziehung von Arbeitsgeräten in II S. 2 s. Begr (Rn. 1). Die Ausnahme setzt *unmittelbar* der Ausübung der Landwirtschaft dienende Tätigkeiten voraus, in aller Regel also Fahrten zwischen dem landwirtschaftlichen Betrieb und den Wirtschaftsflächen (Bay VM **86** 28). Die Höchstbreite gilt auch für Sitzbretter im forstwirtschaftlichen Holzfuhrbetrieb (Tüb DAR **52** 112). Für Transporte von land- oder forstwirtschaftlichen Erzeugnissen oder von Arbeitsgeräten außerhalb land- und forstwirtschaftlicher Zwecke (Händler, Fuhrunternehmer) gilt die Erleichterung nicht (Bay VM **86** 28), allgemein auch nicht für die Fz- und Zuglänge. Langholzfuhren (Rn. 16). Für Fahrten auf **AB und für KraftfahrStr** gelten die Ausnahmebestimmungen nicht (§ 18 I S. 2).

22   **5. Hinausragen nach vorn (Abs. 3).** Nach vorn gilt das Verbot des Hinausragens der Ladung über das ziehende Fz gem. III nur bis zu einer Ladungshöhe von 2,5 m. Denn die VSicherheit erfordert es zum Schutz vorausfahrender Kf, Fußgänger und Radfahrer, den Raum über der Fahrbahn nur bis zu dieser Höhe frei zu halten. Ab einer Höhe von 2,5 m ist ein geringfügiger Ladungsüberhang bis zu 50 cm zugelassen (Begr., Rn. 2).

23   **6. Hinausregen nach hinten (Abs. 4).** Nach hinten darf die Ladung ohne Rücksicht auf die Entfernung bis zu 1,5 m hinausragen, bei Beförderung bis zu 100 km bis zu 3 m, wobei

Wegstrecken außerhalb des Geltungsbereichs der StVO nicht zählen. Maßgebend ist die insgesamt geplante Strecke, vorzeitiger Abbruch ist ohne Einfluss (Ha VRS **61** 389, *Janiszewski* NStZ **81** 473). Dass das Hinausragen durch die zu geringe Länge der Ladefläche bedingt ist, setzt IV (trotz eines entsprechenden Zwecks der Bestimmung) nicht voraus (Bay NZV **99** 479). Auch bei Verwendung für land- oder forstwirtschaftliche Zwecke darf ein Fz oder Zug samt Ladung nicht länger als 20,75 m sein (IV S. 2). Ragt das äußerste Ende der Ladung bis zu 1 m über die Rückstrahler des Fz hinaus, so braucht es nicht besonders gekennzeichnet zu werden (vgl. IV S. 3). Bei ungleichmäßiger Länge ist der längste Ladungsteil maßgebend (Ol VRS **7** 317). Ragt das äußerste Ladungsende mehr als 1 m über die FzRückstrahler hinaus, so ist es nach Maßgabe von IV S. 3 besonders zu kennzeichnen (hellrote, gespreizte Fahne bestimmter Größe, hellrotes, pendelnd aufgehängtes Schild oder entsprechende zylindrische Körper, rote Leuchte, Rückstrahler). Diese besondere Sicherung muss andauern, solange sich das Fz mit der überstehenden Ladung im Verkehr befindet (Bay VRS **4** 146). Die bei Dunkelheit anzubringende rote Leuchte muss nicht pendeln (Ha VRS **22** 381). Befindet sich die rote Leuchte an der linken hinteren Runge des abgestellten Anhängers statt am äußersten überstehenden Ladungsende, so braucht der Auffahrende die Ursächlichkeit der unrichtigen Anbringung nicht zu beweisen (BGH DAR **56** 300). **Anbaugeräte und Hubladebühnen** sind wie in § 53b V StVZO vorgeschrieben zu sichern (LG Bonn VersR **04** 79; s. auch § 53b V StVZO Rn. 2, *Greger* NZV **92** 116; zur Hubladebühne s. auch Rn. 13). Bei „**Gigalinern**" darf die Ladung nicht nach hinten herausragen (§ 8 I LKWÜberlStVAusnV).

7. Seitliches Hinausragen (Abs. 5). Mehr als 40 cm seitlich hinausragende Ladung ist bei **24** eingeschränkter Sicht iS von § 17 I durch Leuchten gemäß V besonders zu kennzeichnen. Zu messen ist von den FzLeuchten ab, bei Kfz vom äußersten Rand der Lichtaustrittsfläche der Begrenzungsleuchten ab (V S. 1). Die Vorschrift erlaubt nur das Hinausragen gekennzeichneter größerer Ladungsteile. V S. 2 kann nach dem Wortlaut so verstanden werden, dass einzelne Stangen, Platten oder schlecht erkennbare Gegenstände auch bei Kennzeichnung nicht hinausragen dürfen. Das würde allerdings vorbehaltlich von Ausnahmegenehmigungen nach § 46 II auf ein Totalverbot für die genannten Gegenstände hinauslaufen, das vom VOGeber kaum gewollt sein dürfte.

8. Ausnahmen. § 46 I Nr. 5, II, § 47. Richtlinien für Ausnahmegenehmigungen für überlan- **25** ge, überbreite, überhohe oder überstehende Ladungen: VkBl. **69** 146. Zu einer „Sprachauflage" bei Großraumtransporten § 46 Rn. 26.

9. Ordnungswidrigkeiten. Alle in § 22 bezeichneten Zuwiderhandlungen sind bußgeldbe- **26** wehrt (§ 49 I Nr. 21). Wegen seines Charakters als abstraktes Gefährdungsdelikt sind Verstöße gegen § 22 auch ow, wenn niemand geschädigt, gefährdet behindert oder belästigt wird (Rn. 11; Bay VM **61** 34, VRS **24** 300, Ha VRS **27** 300, Dü NZV **92** 494). Treten die Folgen ein, so ist TE mit § 1 II gegeben (Rn. 32).

Normadressat sämtlicher Ge- und Verbote des § 22 ist zunächst **der FzF,** dem § 23 I S. 2 **27** die Verantwortung für die Vorschriftsmäßigkeit von Fz und Ladung ausdrücklich überträgt (s. dort Rn. 15, 22). Bei Verstößen gegen § 22 verdrängt die speziellere OW nach §§ 22, 49 I Nr. 21 den Auffangtatbestand des § 23 I S. 2 (§ 23 Rn. 9, 38; Dü VRS **67** 145). Das ist jedoch nur der Fall, wenn der FzF am Ladungsvorgang beteiligt ist (Rn. 28). Übernimmt er hingegen ein von anderen geladenes Fz, so haftet er aus § 23 I S. 2. Außerdem darf **der Halter** nach § 31 II StVZO die Inbetriebnahme des vorschriftswidrigen Fz weder anordnen noch zulassen. Das Gleiche gilt für seinen gesetzlichen oder gewillkürten Vertreter iS von § 9 OWiG (§ 31 StVZO Rn. 18). Bei Verletzung dieses Verbots gehen die speziell an den Halter gerichteten § 31 II, § 69a V Nr. 3 StVZO den §§ 22, 49 I Nr. 21 nach der Rspr. vor (§ 31 StVZO Rn. 18; Dü NZV **90** 323, Ha DAR **75** 249, Dü VRS **77** 369). Ist allerdings der Halter oder dessen Vertreter zugleich FzF, so ist nur § 22 bzw. § 23 anzuwenden (s. zur Parallelproblematik bei § 23 dort Rn. 38).

Normadressat des I kann nach einhelliger Rspr. über den FzF und Halter hinaus **jeder 28 sein,** der für die ordnungsgemäße Verstauung der Ladung verantwortlich ist; denn I richtet sich nicht an bestimmte Sonderpflichtige und sei selbstständig bußgeldgewehrt, wobei diese Bußgeldbewehrung im Hinblick auf die gesonderte Bewehrung des § 23 StVO und des § 31 II StVZO (s. o) überflüssig würde, wenn geeignete Täter nur der FzF und der Halter wären (vgl. Bay VRS **24** 300 (Belader; zu § 19 aF), Stu VRS **64** 308 (Leiter der Ladearbeiten), Ce NStZ-RR **07** 215 (Versender), s. auch BGH Betr **70** 1314 (zu § 17 KVO; Transportunternehmer); aM BHHJ/*Hühnermann* Rn. 3, 8, *Hillmann* ZfS **03** 389, *Köper* Transportrecht **11** 209: wegen § 412 I S. 2 HGB idR nur der Frachtführer). Der Rspr. ist zuzustimmen. § 22 ist kein Sonderdelikt, das über die § 23 I S. 2 StVO und § 31 II StVZO nur vom FzF bzw. Halter verwirklicht werden kann; zum Sonderdelikt wird die Vorschrift auch nicht im Frachtgewerbe über die zivilrechtliche Vorschrift des § 412 I S. 2 HGB (aM *Köper* Transportrecht **11** 209). Denn nach dem eindeutigen Wortlaut des I ist Normadressat derjenige, der belädt bzw. sichert. Etwaigen Härten (vgl. *Hillmann* ZfS **03** 389) ist im Rahmen des § 47 OWiG Rechnung zu tragen. Ein Eigenhändigkeitserfordernis ist der Vorschrift nicht zu entnehmen, weswegen nicht nur der selbst Hand anlegende Belader Täter ist (Bay VRS **24** 300), sondern auch etwa der Leiter der Ladearbeiten (Stu VRS **64** 308). Nicht-Beteiligte am Ladevorgang können sich nach allgemeinen Regeln als „Täter" iS des § 14 OWiG (**E** 93–95) ahndbar machen. Zudem kommt eine Aufsichtspflichtverletzung nach § 130 OWiG in Betracht. Davon bleibt unberührt, dass der VOGeber das unübersichtliche Gestrüpp von Verhaltenspflichten und Verantwortlichkeitsbestimmungen lichten sollte.

29   Die **II–V** haben im Gegensatz zu I **überhaupt keinen Normadressaten.** Sie enthalten nur Zustandsbeschreibungen, denen Fz und Ladung genügen müssen, ohne eine Person in die Pflicht zu nehmen (s. auch Empfehlungen des BMJ zur Ausgestaltung von Straf- und Bußgeldvorschriften im Nebenstrafrecht v. 16.7.99, BAnz. Nr. 178a). Die Bußgeldbewehrung des 49 I Nr. 21 läuft deshalb insoweit leer. Verstöße gegen II–V können damit *nur* als OW nach § 23 I S. 2 StVO und § 31 II StVZO geahndet werden. Die Beteiligung nicht Sonderpflichtiger im Rahmen des § 14 OWiG (**E** 93–95) bleibt möglich.

30   **Für die Vollendung** ist zu unterscheiden: I ist mit dem Abschluss der unzureichenden Sicherung vollendet (s. auch Ce NStZ-RR **07** 215; aM BHHJ/*Hühnermann* Rn. 9). Für Verstöße gegen II–V kommt es auf die nach den § 23 StVO und § 31 II StVZO (maßgebenden Zeitpunkte an, da sie überhaupt nur nach diesen Vorschriften ahndbar sind (Rn. 29). Das ist bei § 23 StVO wegen des Merkmals des FzF (§ 23 Rn. 10) der Beginn der Fahrt. § 31 II StVZO ist mit Vollendung der Merkmale des Anordnens oder Zulassens vollendet (§ 31 StVZO Rn. 18). Verstoß gegen IV S. 1, 2. Alt. ist bereits bei Beginn der Fahrt ow, nicht erst nach 100 km (Ha VRS **61** 389, Rn. 23).

31   Für Ladungssicherungsverstöße kommt I S. 2 iVm der VDI-RL 2700 (Rn. 15) für die **objektive und subjektive Pflichtwidrigkeit** maßgebende Bedeutung zu. Beides ist gegeben, wenn der Betroffene gegen die Richtlinie verstößt, weil er sich nicht die erforderlichen Kenntnisse verschafft hat. Das gilt auch dann, wenn er sich darauf beruft, die Richtlinie sei überholt, sofern die durch die von ihm durchgeführten Maßnahmen nicht der gleiche Sicherheitsstandard gewährleistet wird wie er bei Einhaltung der Richtlinien gegeben wäre (Bay NZV **03** 540). Andererseits handelt der Betroffene grundsätzlich nicht fahrlässig, wenn auch bei Einhaltung der Regeln keine hinreichende Sicherung gewährleistet ist; abweichend kann es (ausnahmsweise) zu beurteilen sein, wenn dem Betroffenen Mängel der Richtlinie bekannt sind oder hätten bekannt sein müssen oder aber aufgrund besonderer Umstände im konkreten Fall ein abweichendes Verhalten geboten ist, was der Betroffene zumindest hätte erkennen können (Bay NZV **03** 540). Hält sich der Betroffene bei der Verwendung eines Dachgepäckträgers für Fahrräder exakt an die Bedienungsanleitung, so wird es beim Laien zumeist schon an der objektiven Pflichtwidrigkeit fehlen, es sei denn, es sind für den Laien erkennbare konkrete Anhaltspunkte festgestellt, die die Verwendung des Produkts als ungeeignet erscheinen lassen (Bra NZV **95** 406).

32   **Konkurrenzen.** Zum schwierigen Konkurrenzverhältnis zu § 23 StVO und § 31 II StVZO: Rn. 27. TE mit § 1 II ist möglich (Dü NZV **92** 494), konkrete Gefahr bzw. Schaden muss dann jedoch (natürlich) festgestellt sein (§ 1 Rn. 39; *D. Müller/Köhler* SVR **06** 407). Gefährdung allein durch die Beschaffenheit der Ladung trotz richtigen Verstauens (Ce DAR **57** 245). Bleiben heruntergefallene Teile der Ladung verkehrsgefährdend auf der Str liegen, so TE mit § 32. Zum Abtropfen von Wasser Rn. 17. Bei zu hoher Ladung ist nur § 22 II gegeben, nicht auch § 32 StVZO (Bay **85** 118). Überladen: §§ 31, 34 StVZO.

33   **10. Zivilrecht.** Ladungssicherungsverstöße führen bei ausgelösten Schäden zur Schadensersatzpflicht nach § 823 I BGB, § 7 StVG (Kö VRS **88** 22; s. auch § 7 StVG Rn. 6), zB bei Herunterfallen der Ladung (Kö VRS **88** 22). Fällt Transportgut während der Fahrt auf die Str, so spricht der **Anschein** für eine Verletzung der Vorschriften zur ordnungsgemäßen Ladungssicherung (vgl. Mü DAR **16** 87 (auf Anhänger befindliches Winterdienst-Fz)). § 22 dürfte als SchutzG iS von § 823 II BGB anzusehen sein (s. Rn. 11). Die Weisung, einen Transport mit einem vorschriftswidrig beladenen Fz durchzuführen, bindet nicht (BGH VersR **79** 417). Branchenübliche Abweichung von den VDI-Richtlinien schließt grobe Fahrlässigkeit nicht aus (Sa ZfS **06** 101 (zu § 61 VVG aF)).

Sonstige Pflichten von Fahrzeugführenden

23 (1) ¹Wer ein Fahrzeug führt, ist dafür verantwortlich, dass seine Sicht und das Gehör nicht durch die Besetzung, Tiere, die Ladung, Geräte oder den Zustand des Fahrzeugs beeinträchtigt werden. ²Wer ein Fahrzeug führt, hat zudem dafür zu sorgen, dass das Fahrzeug, der Zug, das Gespann sowie die Ladung und die Besetzung vorschriftsmäßig sind und dass die Verkehrssicherheit des Fahrzeugs durch die Ladung oder die Besetzung nicht leidet. ³Ferner ist dafür zu sorgen, dass die vorgeschriebenen Kennzeichen stets gut lesbar sind. ⁴Vorgeschriebene Beleuchtungseinrichtungen müssen an Kraftfahrzeugen und ihren Anhängern auch am Tage vorhanden und betriebsbereit sein.

(1a) ¹Wer ein Fahrzeug führt, darf ein elektronisches Gerät, das der Kommunikation, Information oder Organisation dient oder zu dienen bestimmt ist, nur benutzen, wenn

1. hierfür das Gerät weder aufgenommen noch gehalten wird und

2. entweder

   a) nur eine Sprachsteuerung und Vorlesefunktion genutzt wird oder
   b) zur Bedienung und Nutzung des Gerätes nur eine kurze, den Straßen-, Verkehrs-, Sicht- und Wetterverhältnissen angepasste Blickzuwendung zum Gerät bei gleichzeitig entsprechender Blickabwendung vom Verkehrsgeschehen erfolgt oder erforderlich ist.

²Geräte im Sinne des Satzes 1 sind auch Geräte der Unterhaltungselektronik oder Geräte zur Ortsbestimmung, insbesondere Mobiltelefone oder Autotelefone, Berührungsbildschirme, tragbare Flachrechner, Navigationsgeräte, Fernseher oder Abspielgeräte mit Videofunktion oder Audiorekorder. ³Handelt es sich bei dem Gerät im Sinne des Satzes 1, auch in Verbindung mit Satz 2, um ein auf dem Kopf getragenes visuelles Ausgabegerät, insbesondere eine Videobrille, darf dieses nicht benutzt werden. ⁴Verfügt das Gerät im Sinne des Satzes 1, auch in Verbindung mit Satz 2, über eine Sichtfeldprojektion, darf diese für fahrzeugbezogene, verkehrszeichenbezogene, fahrtbezogene oder fahrtbegleitende Informationen benutzt werden. ⁵Absatz 1c und § 1b des Straßenverkehrsgesetzes bleiben unberührt.

(1b) ¹Absatz 1a Satz 1 bis 3 gilt nicht für

1. ein stehendes Fahrzeug, im Falle eines Kraftfahrzeuges vorbehaltlich der Nummer 3 nur, wenn der Motor vollständig ausgeschaltet ist,

2. den bestimmungsgemäßen Betrieb einer atemalkoholgesteuerten Wegfahrsperre, soweit ein für den Betrieb bestimmtes Handteil aufgenommen und gehalten werden muss,

3. stehende Straßenbahnen oder Linienbusse an Haltestellen (Zeichen 224).

²Das fahrzeugseitige automatische Abschalten des Motors im Verbrennungsbetrieb oder das Ruhen des elektrischen Antriebes ist kein Ausschalten des Motors in diesem Sinne. ³Absatz 1a Satz 1 Nummer 2 Buchstabe b gilt nicht für

1. die Benutzung eines Bildschirms oder einer Sichtfeldprojektion zur Bewältigung der Fahraufgabe des Rückwärtsfahrens oder Einparkens, soweit das Fahrzeug nur mit Schrittgeschwindigkeit bewegt wird, oder

2. die Benutzung elektronischer Geräte, die vorgeschriebene Spiegel ersetzen oder ergänzen.

(1c) ¹Wer ein Fahrzeug führt, darf ein technisches Gerät nicht betreiben oder betriebsbereit mitführen, das dafür bestimmt ist, Verkehrsüberwachungsmaßnahmen anzuzeigen oder zu stören. ²Das gilt insbesondere für Geräte zur Störung oder Anzeige von Geschwindigkeitsmessungen (Radarwarn- oder Laserstörgeräte). ³Bei anderen technischen Geräten, die neben anderen Nutzungszwecken auch zur Anzeige oder Störung von Verkehrsüberwachungsmaßnahmen verwendet werden können, dürfen die entsprechenden Gerätefunktionen nicht verwendet werden.

(2) Wer ein Fahrzeug führt, muss das Fahrzeug, den Zug oder das Gespann auf dem kürzesten Weg aus dem Verkehr ziehen, falls unterwegs auftretende Mängel, welche die Verkehrssicherheit wesentlich beeinträchtigen, nicht alsbald beseitigt werden; dagegen dürfen Krafträder und Fahrräder dann geschoben werden.

(3) ¹Wer ein Fahrrad oder ein Kraftrad fährt, darf sich nicht an Fahrzeuge anhängen. ²Es darf nicht freihändig gefahren werden. ³Die Füße dürfen nur dann von den Pedalen oder den Fußrasten genommen werden, wenn der Straßenzustand das erfordert.

(4) ¹Wer ein Kraftfahrzeug führt, darf sein Gesicht nicht so verhüllen oder verdecken, dass er nicht mehr erkennbar ist. ²Dies gilt nicht in Fällen des § 21a Absatz 2 Satz 1.

Begr zur ÄndVO v. 21.7.80:VkBl. **80** 514.

König 823

2   **Begr** zur ÄndVO v. 22.3.88 (VkBl. **88** 224): **Zu Abs. 2:** *Die Möglichkeit, liegengebliebene Zweiräder zu schieben, wird auf alle Krafträder ausgedehnt.*

3   **Begr** zur ÄndVO v. 11.12.00 (VkBl. **01** 8): **Zu Abs. 1:** *Die Änderung trägt dem Umstand Rechnung, dass nach der Einfügung des § 90a BGB Tiere nicht mehr unter den Begriff „Sachen" zu subsumieren sind.*

4   **Begr** zur ÄndVO v. 14.12.01 (VkBl. **02** 140, 142): **Zu Abs. 1b [nun 1c]:** … *Die Neuregelung soll der Intention des Gesetzgebers folgend, vor allem zur Sicherung einer erfolgreichen Bekämpfung von Geschwindigkeitsverstößen und anderen Verkehrszuwiderhandlungen beitragen. Sie soll verhindern, dass sich Kraftfahrer durch technische Vorkehrungen im Kraftfahrzeug Maßnahmen der Verkehrsüberwachung entziehen können. Darüber hinaus dient sie der Rechtsklarheit. …*

Nicht nur einzelne technische Geräte wie die derzeit am meisten verbreiteten Radarwarngeräte und Laserstörgeräte werden von dem Verbot erfasst, sondern auch andere technische Lösungen, die einen vergleichbaren Effekt erreichen. Das gilt insbesondere für die Verknüpfung der Warnung vor stationären Überwachungsanlagen mit modernen Zielführungssystemen; die entsprechenden Geräte geben die Warnung ebenfalls automatisiert und ortsbezogen ab. …

Im Interesse des Vollzugs wird neben dem tatsächlichen Betreiben auch das betriebsbereite Mitführen untersagt. Anderenfalls müsste für den Nachweis eines Verstoßes in jedem Einzelfall belegt werden, dass das Gerät tatsächlich betrieben worden ist; dies wäre nicht praktikabel. Durch die Beschränkung auf das betriebsbereite Mitführen erfolgt zugleich die Abgrenzung gegenüber dem gewerblichen Transport solcher Geräte, etwa im grenzüberschreitenden Güterverkehr, der nicht verboten werden soll.

5   **Begr** zur ÄndVO v. 6.10.17 (BR-Drs. 556/17): **Zu Abs. 1a, 1b [nun 1c] (technische Geräte):** *Nach dem DEKRA Verkehrssicherheitsreport 2016 hat eine im Sommer 2015 durchgeführte Umfrage unter 1.100 Autofahrern in Deutschland ergeben, dass über die Hälfte während der Fahrt das Telefon nutzt und 5 % davon ohne vorgeschriebene Freisprecheinrichtung. 22 % programmieren das Navigationsgerät während der Fahrt. Bei Meldung einer SMS oder Chatnachricht im Handy antworten 2 % der FzF mit Texteingabe während der Fahrt, 7 % bei Stop-and-Go-Verkehr oder beim kurzen Halt an der nächsten Ampel. Nur 5 % verzichten ganz auf solche Tätigkeiten. Junge FzF lassen sich dabei im Vergleich zu einem häufigeren Hantieren mit dem Smartphone verleiten. In einer Simulatorstudie der … BASt wurden Ausmaß, Einzelumstände und Auswirkungen bestimmter fahrfremder Tätigkeiten (Verfassen und Lesen von SMS, Eingeben von Telefonnummern sowie der Informationsabruf aus dem Internet via Smartphones) ermittelt (… Risikoabschätzung der Ablenkung durch fahrfremde Tätigkeiten … FE 82.376/2009). … Wesentliches Ergebnis: Das Lesen von längeren Texten, das Verfassen von Kurznachrichten und Emails sowie anspruchsvolle Internetaktivitäten während der Fahrt waren als kritisch zu bewerten, soweit sie visuell und manuell ohne Vorlesefunktion und Spracherkennung durchgeführt wurden. … Es lässt sich also festhalten: Werden Aufgaben mit hohen visuell-motorischen Anforderungen (längeres Lesen und Eingeben von längeren Texten) erledigt, wird die Leistung der Fahrer sowohl bei der Längs- und Querregelung stark beeinträchtigt, verbunden mit einer Zunahme bei der Häufigkeit von Fahrfehlern. Bei Wahrnehmung dieser Aufgaben mittels integrierter Bedienlösungen (Spracherkennung und Vorlesefunktion) verringert sich das Ausmaß der Beeinträchtigung deutlich. … Vielfache Untersuchungen (…) belegen mittlerweile eine die Verkehrssicherheit gefährdende Ablenkungswirkung fahrfremder Tätigkeiten insgesamt. Viele dieser Tätigkeiten können dabei allerdings als sozialadäquat bezeichnet werden, sodass es ein Übermaß darstellen würde, diese während der Fahrt zu untersagen. Dies gilt insbesondere für das Rauchen, Essen, Trinken, Radio-, CD-Hören und die Unterhaltung mit anderen Fahrzeuginsassen. Dies auch vor dem Hintergrund, dass es keine belastbaren statistischen Aussagen gibt, inwieweit solche Verhaltensweisen tatsächlich unfallursächlich geworden sind. Insoweit soll es daher dabei bleiben, dass für diese Verhaltensweisen weiter die Grundregel des § 1 StVO zur Anwendung kommt und auch unter Verkehrssicherheitsaspekten als ausreichend angesehen wird. …*

5a   **Zur Fassung der Abs. 1a und 1b:** … *Der neue Abs. 1a enthält statt dem bisherigen Verbot nunmehr ein Gebot, unter welchen Voraussetzungen eine Gerätenutzung zulässig ist. Der neu eingefügte Abs. 1b nennt Ausnahmen von diesen Anforderungen für bestimmte Fälle. Bislang ist das Annehmen eines Telefongesprächs durch Drücken einer Taste oder das Wischen über den Bildschirm eines Smartphones zu diesem Zweck erlaubt, soweit das Mobiltelefon nicht in die Hand genommen wird. Dabei soll es auch bleiben. Fahrer sind augenscheinlich im gewissen Maß in der Lage, Ob und Wie der Wahrnehmung dieser fahrfremden Tätigkeiten, die nur eine sehr kurze Zeit eine Blickabwendung und Bindung der Hände erfordern, der jeweiligen Fahrsituation anzupassen. Eine darüber hinausgehende Vielfachbeschäftigung der Hände soll aber auch künftig soweit es geht vermieden werden, die Hände sollen zur Bewältigung der Fahraufgaben grundsätzlich weiter zur Verfügung stehen.*

Neu ist, dass die Nutzung nicht nur weiterhin im Wege der Arretierung des Handys, oder unter Nutzung zB eines Knopfs im Ohr als Freisprecheinrichtung möglich ist, sondern darüber hinaus der technischen Entwicklung in diesem Segment umfangreich Rechnung getragen wird, um die auch bei Einhaltung des hand-held-Verbots mit der Benutzung einhergehenden verkehrssicherheitsgefährdenden Tätigkeiten weiter zu minimieren. Dies gewährleistet die Sprachsteuerung und Vorlesefunktion, mit der verbunden ist, dass der FzF sich visuell weiter auf das Fahrgeschehen konzentrieren kann, ein länger andauernder „Blindflug" so weitgehend verhindert wird. Andererseits akzeptiert der VOGeber seit jeher aber auch kurze Blickabwendungen, schreibt sie sogar vor, wie zB den Blick in den Rückspiegel etwa vor dem Abbiegen oder Überholen. Eine in zeitlicher Hinsicht vergleichbare Blickabwendung zur Bedienung des Geräts soll also ebenfalls weiter erlaubt bleiben. Geht die Nutzung des Gerätes über diese kurze Blickabwendung hinaus, ist dies allerdings verboten – solche Notwendigkeiten sind durch eine Vorlesefunktion oder Sprachsteuerung zu ersetzen. …

Eine konkrete Zeitvorgabe würde den Eindruck einer klaren, objektiv messbaren verordnungsrechtlichen Regelung auslösen, Verkehrs-, Straßen-, Sicht- und Wetterverhältnisse sind im Alltag aber fließend und relativ. So hängt die mögliche Geschwindigkeit bei der Bedienung der Fz- und/oder Infotainment-Systeme nicht nur von den technischen Voraussetzungen des Fz sondern auch von den tatsächlichen Rahmenbedingungen des Einzelfalls (zB gefahrene Geschwindigkeit, Verkehrsdichte) ab. Deshalb lässt sich ein der Verkehrssicherheit zuträglicher Verordnungstext nur durch die Verwendung von unbestimmten Rechtsbegriffen, bei deren Anwendung die konkreten Rahmenbedingungen Berücksichtigung finden können, und nicht durch die Einführung fester Zeitvorgaben herstellen. Die Blickabwendung vom Verkehrsgeschehen darf im fließenden V dabei nur so kurz wie möglich und beiläufig sein. Dabei können Einzelumstände im Verkehrsgeschehen auch bedeuten, dass in diesen speziellen Momenten eine Blickabwendung vom Verkehrsfluss gar nicht möglich ist. Der Rückgriff auf die genannten Verhältnisse entspricht iÜ einer bereits in der Praxis auch unter dem Gesichtspunkt der Bußgeldbewehrung bewahrten Aufzählung in § 3 I S. 2 StVO.

Unter Berücksichtigung der Empfehlungen des 55. VGT wird klargestellt, dass es für das Verbot der Ge- **5b** rätenutzung nicht nur darauf ankommt, ob das Gerät für die Benutzung grundsätzlich in der Hand gehalten werden muss, sondern ob es tatsächlich in der Hand gehalten wird. Hiermit soll eine Regelungslücke geschlossen werden für Fälle, in denen das Gerät in der Hand gehalten wird, obwohl dies nicht erforderlich wäre (vgl. auch OLG Stuttgart, Beschl. v. 25.4.2016 – 4 Ss 212/16). Entgegen der Empfehlungen des VGT bleibt die Voraussetzung, dass eine kurze Blickzuwendung zum Gerät und kurze Blickabwendung vom Verkehrsgeschehen erforderlich ist, als Alternative erhalten. Denn sollte es nur auf die tatsächliche Dauer ankommen, müsste von der Polizei eine längerfristige Blickabwendung beobachtet werden, was bei einer idR kurzen Vorbeifahrt oder gar auf einem Überwachungsfoto nicht möglich ist. Im Rahmen der Überwachung erfolgt seitens der Polizei zumeist lediglich eine Momentaufnahme. Eine tatsächliche Blickabwendung über mehrere Sekunden kann nur in seltenen Fällen nachgewiesen werden. Bei Abstellung auf die Erforderlichkeit der nur kurzen Blickabwendung bleibt das Lesen von Kurznachrichten oder die Nutzung anderer Multimediaangebote (zB. Internet, Fernsehen) verboten, da diese Tätigkeiten grundsätzlich eine längere Blickabwendung erfordern. In diesen Fällen ist die Beobachtung einer auch nur kurzen Blickabwendung seitens der Polizei für die Verfolgung grds. ausreichend. Soweit der Gegenstand nicht in die Hand genommen wird, wird ein Verstoß jedoch ohnehin nicht schwer nachweisbar sein.

… Die Beschränkung der Nutzung eines Head-up-Displays auf Daten, die der Verkehrssicherheit zu- **5c** träglich sind, fußt wiederum auf dem Gedanken, dass die Blickabwendung auf das förderliche Maß zu reduzieren ist. Das Zeigen von Verkehrszeichenanordnungen im Blickfeld und von fahrzeugseitigen Informationen zum Zustand des Fz sowie Informationen zum Fahrtweg erscheinen generell geeignet, um den FzF bei der sicheren Verkehrsteilnahme zu unterstützen. Unter fahrtbegleitenden Informationen ist die Angabe des Radiosenders oder des aktuell abgespielten Musiktitels zu verstehen. Das Ablesen dieser Informationen im Head-up-display erscheint – bei Einhaltung der in Abs. 1a S. 1 festgelegten Dauer des Blickes – weniger ablenkend, als wenn der FzF zum Ablesen seinen Blick stets auf das Autoradio in der Mittelkonsole richten muss. Weitergehende Daten dürften im Gegensatz dazu wiederum den Blick unnötig binden, was der Verkehrssicherheit abträglich wäre. Die Anzeige von Verkehrsüberwachungsmaßnahmen ist keine verkehrszeichen- oder fahrtbezogene Information. Diese Regelung bildet keine Ausnahme von Abs. 1c (vormals Abs. 1b), der unangetastet weiter bestehen bleibt. Die Vorschrift enthält iÜ einen technikoffenen Ansatz, um etwaige Neuentwicklungen ebenfalls erfassen zu können. Die Aufzählung der Geräte ist nicht abschließend. Unter die Geräte fallen zB sämtliche Handys, Smartphones, BOS- und CB-Funkgeräte und Amateurfunkgeräte, auch solche mit reinem push-to-talk-Modus, Tablet-Computer, Touchscreens, elektronische Terminplaner, Diktiergeräte, E-Book-Reader, MP3-Player, Personal Computer, DVD- und Blu-Ray-Player, CD-Rom-Abspielgeräte, Smartwatches, Walkman, Discman und Notebooks. Nicht erfasst sind atemalkoholgesteuerte Wegfahrsperren.

Der letzte Satz in Abs. 1a stellt einen deklaratorischen Hinweis bei Verwendung von in § 1a StVG ge- **5d** regelten hoch- oder vollautomatisierten Fahrfunktionen (während der Fahrzeugsteuerung durch das automatisierte System) dar. § 1b StVG erlaubt es, dass sich der FzF unter bestimmten Voraussetzungen während der Verwendung hoch- oder vollautomatisierter Fahrfunktionen gemäß § 1a StVG vom Verkehrsgeschehen und der Fahrzeugsteuerung abwenden darf. Er kann sich dann mit anderen, fahrfremden Tätigkeiten beschäftigen. Die Vorschrift findet nur auf solche hoch- oder vollautomatisierte Fahrfunktionen Anwendung, die die in § 1a StVG aufgeführten Voraussetzungen erfüllen, und auch nur für den Zeitraum der Verwendung der hoch- oder vollautomatisierten Fahrfunktionen.

5e   Die Ausgrenzung des Motorabschaltens über die Start-Stop-Funktion trägt dem Umstand Rechnung, dass solche verkehrsbedingten Anhaltevorgänge, bei denen es „gleich wieder los geht" und bei denen die Konzentration des FzF auf die Fahraufgabe weiter benötigt wird, nicht für eine untersagte Nutzung missbraucht werden sollen. Unter diese Ausgrenzung des automatischen Motorabschaltens fallen auch Elektrofahrzeuge, deren Motor im Stand in den Standby-Modus schaltet. Ausgenommen werden dagegen Linienbusse an Haltestellen (Zeichen 224), da für den Verkauf von Fahrscheinen oder das Erteilen von Auskünften häufig die Benutzung eines Bildschirms erforderlich ist. Dies nur bei abgeschaltetem Motor zu erlauben würde zu unnötigen Verzögerungen im Betriebsablauf des öffentlichen Personennahverkehrs führen. Auch ist das Stehen an der Bushaltestelle nicht vergleichbar mit zB dem Warten an einer roten Ampel, da der Busfahrer besser abschätzen kann, wann die Fahrt fortgesetzt werden kann.

Das Verbot der längeren Blickabwendung vom Verkehrsgeschehen und der Blickzuwendung zum Gerät gilt nicht für die Nutzung elektronischer Einpark- oder Rangierassistenten, sofern dies mit Schrittgeschwindigkeit erfolgt. In diesen Fällen darf auch über einen längeren Zeitraum ein Bildschirm oder das Head-updisplay betrachtet werden, um den Assistenten effektiv nutzen zu können.

6   **Zu Abs. 4:** Die Vorschrift gewährleistet geschlechtsneutral die Erkennbarkeit der das Kfz führenden Person während der Verkehrsteilnahme. Verdecken oder Verhüllen bedeutet, dass das Gesicht mit seinen ausschlaggebenden Zügen wie Auge, Nase, Mund nicht mehr erkennbar ist. Damit fallen weder reine Kopfbedeckungen, die das Gesicht freilassen (zB Hut, Mütze, Kappe, Kopftuch, Perücke) unter das Verbot, noch eine Gesichtsbemalung, -behaarung oder etwaiger Gesichtsschmuck (zB Tätowierung, Piercing, Karnevals- oder Faschingsschminke), noch die Sicht erhaltene oder unterstützende Brillen (zB Sonnenbrille), die nur geringfügige Teile des Gesichts umfassen, im Wesentlichen aber die Erkennbarkeit der Gesichtszüge nicht beeinträchtigen. Unter das Verbot fällt damit das Tragen von Masken, Schleiern und Hauben, die das ganze Gesicht oder wesentliche Teile des Gesichts verdecken. Dies stellt auch kein Übermaß dar, schließlich sind solche Gesichtsbedeckungen jederzeit ohne großen Aufwand auf- und absetzbar.

Von dem Verbot ist das Tragen von Schutzhelmen für Kradfahrer nicht erfasst. Ihr Schutzbedürfnis ist insofern vorrangig. Darunter kann auch ein Kälteschutz für das Gesicht getragen werden. Einsatzkräfte der Feuerwehr, die im Einsatz spezielle Ausrüstungsgegenstände wie Schutzhelme oder –masken tragen, die auch das Gesicht ganz oder wesentlich verdecken, sind bereits aufgrund von § 35 Abs. 1 StVO von dieser Vorschrift befreit, soweit das Tragen zur Erfüllung hoheitlicher Aufgaben dringend geboten ist. Dasselbe gilt für Mitarbeiter der anderen dort aufgezählten Hoheitsträger.

6a   **Begr** des BRates zur ÄndVStVR v. 20.4.2020 (BR-Drs. 591/19 (B) S. 6) **zu Abs. 1c S. 3:** Der mit der Verordnungsänderung beabsichtigte Vorstoß, künftig auch die Nutzung von technischen Geräten zu verbieten, die nicht ausdrücklich zur Anzeige oder zur Störung von Überwachungsmaßnahmen bestimmt sind, jedoch zu diesen Zwecken verwendet werden können, ist im Sinne einer effektiven Verkehrsüberwachung grundsätzlich positiv zu bewerten. Laut der Verordnungsbegründung wären von der vorgeschlagenen Regelung künftig allerdings auch Navigationssysteme umfasst, die auf Verkehrsüberwachungsmaßnahmen hinweisen, selbst wenn die entsprechende Funktion deaktiviert wird. Darüber hinaus würde die vorgeschlagene Regelung ausweislich der Begründung der Verordnung auch Mobiltelefone, auf denen sogenannte Blitzer-Apps installiert sind, umfassen. Diese dürften vom Fahrzeugführer nicht mitgeführt werden. Derart weitgehende Nutzungseinschränkungen erscheinen angesichts der weiten Verbreitung von Smartphones sowie auch zum Beispiel von Navigationsgeräten mit entsprechenden Funktionen unverhältnismäßig. Es wird daher vorgeschlagen, das vorgesehene Verbot auf die Nutzung der entsprechenden Gerätefunktionen (zB entsprechende Smartphone-Applikationen) zu begrenzen.

VwV zu § 23 Sonstige Pflichten des Fahrzeugführers
Zu Absatz 1

7   1   I. Bei Kraftwagen, die neben dem Innenspiegel nur einen Außenspiegel haben, ist gegen sichtbehinderndes Bekleben und Verstellen der Rückfenster mit Gegenständen einzuschreiten. Zu beanstanden ist das Fehlen eines zweiten Außenspiegels auch dann, wenn ein mitgeführter Anhänger die Sicht beim Blick in die Außen- oder Innenspiegel wesentlich beeinträchtigt. Auch der sichtbehindernde Zustand der Fenster (z.B. durch Beschlagen oder Vereisung) ist zu beanstanden.

8   2   II. Fußgänger, die Handfahrzeuge mitführen, sind keine Fahrzeugführer.

Übersicht

1. Allgemeines. § 23, der auch für außerdeutsche FzF gilt (Art 8 I IntAbk (**E** 16), Rn. 15; Kö **9** VRS **57** 381, KG VRS **69** 309), fasst in I, II und III die nicht in anderen Regelungen normierten („sonstigen") allgemeinen Verhaltens- und Sorgfaltspflichten des FzF zusammen und ist insofern Auffangbestimmung (Rn. 38; BGH NJW **74** 1663). Die später eingefügten Abs. 1a, b (Benutzungsverbot für technische Geräte) und Abs. 1c („Störgeräte") enthalten spezielle Verbote. Der umfängliche Pflichtenkatalog namentlich des I ist Ausdruck des Umstandes, dass erstrangiger Normadressat der StVO der FzF ist. Dies wiederum trägt der Tatsache Rechnung, dass der FzF mit dem Bewegen von Fz eine Gefahrenquelle für die Rechtsgüter anderer setzt, für deren Beherrschung nach allgemeinen Regeln in erster Linie er die Verantwortung trägt. Die Vorschrift füllt hinsichtlich der Verantwortlichkeit des FzF für den ordnungsgemäßen Zustand des Fz usw. jedoch nicht in Form einer Generalklausel sämtliche Lücken, die andere Vorschriften lassen. Sie ist nur anwendbar, wenn die dort im Einzelnen aufgeführten Ge- und Verbote verletzt sind. ZB (weitere Bsp. Rn. 12, 14, 37) verwirklicht § 23 mangels spezifischen Verbotstatbestands nicht, wer mit ungeeignetem Schuhwerk (BGH VM **57** 32, Ce NJW **07** 2505 (Birkenstock-Schuhe), Ba DAR **07** 340 (nach hinten offene Sandalen)) oder barfuß fährt (Ba NStZ-RR **07** 90); er begeht allenfalls eine OW nach § 209 SGB VII (Ba NStZ-RR **07** 90, DAR **07** 340, Ce NJW **07** 2505) und haftet uU wegen Sorgfaltsverstoßes nach § 1 II. Andererseits entspricht es dem Charakter als Auffangtatbestand, dass Spezialvorschriften vorgehen. Dies wird besonders relevant bei den Pflichten in Bezug auf die VSicherheit des Fz, der Ladung und Besetzung. Hier greifen vielfach die §§ 21, 22 StVO und §§ 30, 32 ff. StVZO ein und lassen für § 23 I S. 2 keinen großen Raum mehr (Rn. 15, 38). Die Gebote des I, II unterliegen nach der Rspr. strengen Anforderungen (zB Rn. 16; Bay VRS **46** 395, Ha VRS **74** 218, Dü VM **97** 21). Das Erfordernis jederzeitiger (körperlicher, geistiger und fahrerischer) *Eignung des FzF selbst* ist demgegenüber in §§ 31 I, 69a V Nr. 2 StVZO, §§ 2, 75 Nr. 1 FeV geregelt (s. im Einzelnen dort). Überschneidungen namentlich mit I S. 1 bestehen nicht. I S. 1 betrifft die Beeinträchtigung von Sicht und Gehör speziell durch Besetzung, Ladung usw. und geht insofern dem § 2 FeV vor (Rn. 38). Das allgemeine Pflichtenprogramm *des Halters* enthält § 31 II StVZO. Empfehlungen des AK V des 53. VGT (vgl. NZV **15** 120; hierzu auch *Schlanstein* VD **15** 875) und des AK II des 55. VGT (NZV **17** 76) zu einer Novellierung des § 23 hat der VOGeber in Bezug auf technische Geräte nunmehr aufgegriffen (Rn. 5 f., 30 ff.; s. auch *Kellner* SVR **17** 87; zur Ablenkung als Unfallursache allgemein *D. Müller* BA **16** 298; *Simon* NZV **17** 7).

10   2. Normadressat des § 23 **ist der Fahrzeugführer bzw.** in neuer Wortschöpfung seit der auf Geschlechtsneutralität bedachten StVO-Neufassung 2013 der oder die „Fahrzeugführende". Daran hat auch die aus demselben Grund erfolgte passivische Fassung des I S. 3 nichts geändert. Zur Auslegung des Begriffs des Fahrzeugführers können die zu den §§ 315c, 316 StGB und zu § 21 StVG entwickelten Grundsätze herangezogen werden (§ 316 StGB Rn. 2ff.; § 21 StVG Rn. 10 f.). Zum FzF bei Nutzung hoch- oder vollautomatisierter Fahrfunktionen § 1a StVG Rn. 14 f. Der Fußgänger mit HandFz ist kein FzF (Rn. 8; zum Mitführen von Fortbewegungsmitteln s. auch § 316 StGB Rn. 6). Zur Verantwortlichkeit des Lenkers eines abgeschleppten Fz: § 33 StVZO Rn. 27, § 21 StVG Rn. 11. Allgemeine Sorgfaltspflicht des FzF im Verkehr: § 1, des KfzF: § 2 StVG. Der Fahrer, auch der nur aushilfsweise fahrende (BGH VM **62** 8, NJW **59** 2062, Ha VRS **43** 426), ist unbeschadet der FzZulassung und regelmäßigen Pflichtuntersuchungen (§ 29 StVZO) verantwortlich für die Betriebssicherheit (BGH NJW **52** 233, VRS **8** 211). Bei *Fahrerwechsel* trifft die Verantwortlichkeit denjenigen, der gerade fährt (Mü VersR **66** 858) oder der den Betriebsvorgang beherrscht (BGH NJW **59** 1979), ohne Entlastungsmöglichkeit durch den pausierenden Beifahrer (BGHSt **1** 112, VRS **3** 161, Mü VersR **66** 858), anders bei Unterstützung durch den Beifahrer bei einem einzelnen VVorgang. Mängel hat der Fahrer dem Halter zu melden, falls er sie nicht selber behebt. Mitnahme einer Begleitperson ist nur unter besonderen Umständen nötig (BGH DAR **64** 322). Eine Begleitperson hat nur Pflichten bei VVorgängen, die der FzF allein nicht ohne Gefahr bewältigen kann, wobei sich der Fahrer idR (Tatfrage) nicht mit Störung durch einen Beifahrer entschuldigen kann (BGH VRS **33** 431). Fahrlehrer(anwärter) bei Ausbildungsfahrt: § 2 StVG Rn. 92 ff.; § 316 StGB Rn. 5 sowie unten Rn. 30a.

11   **3. Fahrzeuge** sind zur Ortsveränderung bestimmte Fortbewegungsmittel zwecks Beförderung von Personen oder Gütern (s. auch § 1 StVG Rn. 16; Bay NZV **00** 509). Andere sinngleiche Definitionen: „alle technischen Vorrichtungen zum ortsverändernden Fahren" (hier bis 39. Aufl); „Gegenstände, die zur Fortbewegung auf dem Boden bestimmt und geeignet sind" (BHHJ/*Heß* § 2 Rn. 3). Die in § 24 genannten „besonderen Fortbewegungsmittel" (Schiebe- und Greifreifenrollstühle, Rodelschlitten, Kinderwagen, Roller uä) erfüllen zwar die Begriffsbestimmung des Fz, werden jedoch namentlich wegen der von ihnen ausgehenden geringeren Gefahren durch § 24 aus dem FzBegriff der StVO ausdrücklich ausgenommen (§ 24 Rn. 6). Zu den Fz rechnen vor allem Kfz, auch Mofas (Hb VM **76** 39), Straba, Omnibusse, Fuhrwerke, (auch elektrisch betriebene oder unterstützte) Fahrräder, auch, und zwar als Fahrräder (§ 21 Rn. 14), „Party- bzw. Bierbikes", dh pedalbetriebene Partytheken (*Klenner* NZV **11** 234; *Huppertz* NZV **12** 23, 164), FmH, land- und forstwirtschaftliche fahrende Arbeitsgeräte, andere fahrende Arbeitsgeräte (Schneepflüge, Bagger, Straßenbaumaschinen, Kräne). Auch HandFz sind Fz, werden jedoch dem Fußgängerverkehr zugeordnet (Rn. 8; § 25 II). Luft- und WasserFz und Schienenbahnen *auf ausschließlich eigenem Gleiskörper* fallen nicht in den Bereich der StVO (s. aber § 19). Ein *Zug* ist eine Mehrheit verbundener Fz, bei Kfz also ein Zugfz mit einem Anhänger (Br NJW **63** 726). Zuglänge: § 32 StVZO. Mehrere Anhänger: § 32a StVZO. Anhänger hinter Omnibus oder SattelFz: § 32a StVZO. Abschleppen: § 33 StVZO Rn. 19 ff., Schleppen: § 33 StVZO Rn. 10 ff.

12   **4. Freie Sicht und unbeeinträchtigtes Gehör (Abs. 1 S. 1).** I S. 1 gebietet dem FzF für freie Sicht und unbeeinträchtigtes Gehör Sorge zu tragen. Unter Beachtung dieses Gebots hat er seinen Platz einzunehmen. Bei Kfz gewährleisten die Bauvorschriften die nötige Sicht vom Fahrerplatz aus bei Links- wie Rechtslenkung. Dass der Fahrer das Kfz vom Fahrersitz (§ 35a StVZO) aus lenkt, unterstellt die StVO. Jedoch ist weder in § 23 noch anderswo ein entsprechendes bußgeldbewehrtes Gebot normiert, weswegen der FzF, der das Kfz unter Beeinträchtigung der VSicherheit auf andere Weise lenkt, nur nach allgemeinen Regeln (insbesondere § 1 II) zivil-, straf- und bußgeldrechtlich haftet (Bay VRS **56** 194, AG Menden VM **00** 7 (Fahrlehrer lenkt mit Hilfe der Doppelbedienungseinrichtung vom Beifahrersitz aus)). Die zu befahrende Strecke muss bei jeder FzBewegung voll überblickbar sein, vorwärts wie rückwärts (Ko VRS **58** 256). Bei nur einem **Außenspiegel** dürfen Rückfenster nicht durch Ladung oder andere Gegenstände verstellt (Begr) sowie Fenster nicht mit Plaketten verklebt sein, die die Sicht einschränken (Begr und VwV). Behindert ein Anhänger die Sicht nach hinten, so ist ein zweiter Rückspiegel nötig (VwV). Der Innenspiegel muss stets benutzbar bleiben (Ha DAR **59** 55, Ol VRS **16** 297), es sei denn, die Unbenutzbarkeit (Gepäckstücke) werde durch einen zusätzlichen rechten Außenspiegel ausgeglichen (*Weigelt* DAR **59** 125). Die Höhe und Breite der Ladung (§ 22) darf nicht so beschaffen sein, dass die Sicht nach hinten unter Zuhilfenahme der Spiegel unmöglich ist (Ha VRS **19** 69). Davon vermag eine Ausnahmegenehmigung nach § 46 I Nr. 5 betreffend die Vorschriften über die Höhe, Länge und Breite von Fz und Ladung nicht zu befreien (Dü SVR **16** 183). **Verschmutzung der Windschutzscheibe** fördert Streulicht und damit Blendung (*Hartmann* DAR **76** 332). Es genügt nicht, nur etwa 40 cm der Windschutzscheibe zu enteisen oder an den Seitenfenstern nur ein Loch freizumachen (Br VRS **30** 226, NJW **66** 266). Ob die Sicht in solchen Fällen ausgereicht hat, kann das Gericht ohne Sachverständigen feststellen (BGH VRS **28** 362). Fahren mit vereister oder beschlagener Heckscheibe verstößt dann nicht gegen § 23, wenn zwei Außenspiegel ausreichende Sicht nach hinten gewähren (Kar DAR **86** 327, Dü VRS **80** 376). Zu § 2 IIIa s. dort Rn. 72c. Dem durch Fensterholme bedingten **toten Winkel** nach vorn (dazu *Straub* VersR **88** 1008) hat der Kf Rechnung zu tragen. Wer sich beim Lenken umdreht, sich im Kfz anderweit zu schaffen macht und deswegen die Fahrbahn nicht genügend beachtet, verletzt nicht I S. 1, handelt aber iS der Kaskoversicherung grobfahrlässig (Fra VersR **73** 610; näher § 3 Rn. 67).

Der FzF ist nach I S. 1 auch für **unbeeinträchtigtes Gehör** verantwortlich. Überlaute Be- **13** nutzung von Tonübertragungsgeräten oder Kopfhörern im Kfz schafft künstliche „Schwerhörigkeit" (Kö VRS **73** 148) und beeinträchtigt die VSicherheit, weil ein wichtiger Sinn für die Wahrnehmung von Geräuschen, die für das eigene Verhalten in der Gesamtschau der Eindrücke aus den Verkehrsabläufen von Bedeutung sein können (Begr VkBl. **80** 514), ausgeschaltet ist (LG Aachen VersR **92** 843 ($\frac{1}{3}$ Mithaftung bei Kollision mit SonderrechtsFz), *Bouska* VD **79** 317, *Corinth* PVT **93** 8). Das gilt zB für Warnsignale, fremdes Fahrgeräusch, Pannenanzeichen usw. Radf mit Kopfhörer („Walkman", MP 3-Player, Smartphone) verstoßen gegen I S. 1, sobald die Lautstärke des Geräts die akustische Wahrnehmung nicht nur ganz unwesentlich beeinträchtigt (Kö VRS **73** 148; aM *Rebler* DAR **09** 12, 20, freilich nur I S. 2 erwähnend). Es kann aber auch Ia S. 1 verletzt sein (Rn. 36 ff.). Nach- und Vorteile des Musikhörens bei Orts- und Überlandfahrten: VkBl. **71** 665; unter bestimmten Umständen wird die Fahrsicherheit beeinträchtigt (*Corinth* PVT **93** 8).

I S. 1 bezieht sich nur auf die Beeinträchtigung der Sicht und des Gehörs durch die dort be- **14** zeichneten Umstände. Gefährliche **Ablenkung von den Fahraufgaben** aus anderen Gründen erfasst er hingegen nicht (s auch Rn. 9; Bsp. in § 3 Rn. 67). Der Ablenkung durch technische Geräte sollen Ia, Ib (Rn. 30 ff.) entgegenwirken. **Rauchen** oder Anzünden einer Zigarette beim Fahren kann zu einer Sicherheitsbeeinträchtigung führen, ist aber grundsätzlich nicht verboten und ohne Hinzutreten besonderer Umstände in der Kaskoversicherung nicht grob fahrlässig (Stu VersR **86** 1119), auch nicht falsche Reaktion auf unvorhergesehenes Herunterfallen von Glut (KG VersR **83** 494) oder eine kurze Handbewegung, um ein Insekt zu verscheuchen (Ba NZV **91** 473). Fahren mit brennender Zigarette im Mund kann aber bei schwierigen VVerhältnissen grob fahrlässig sein (Dü NJW **80** 2262; im Einzelnen § 3 Rn. 67). **Freihändiges Fahren** durch Führer von Pkw und Lkw, selbst bei gleichzeitiger Inanspruchnahme beider Hände für andere Tätigkeiten während der Fahrt, ist zwar pflichtwidrig (§ 1 I) und bei dadurch verursachter Schädigung vielfach grob fahrlässig, aber für sich allein (ohne dadurch bewirkte Beeinträchtigung von Sicht oder Gehör) weder in § 23 (Rückschluss aus Ib und III) noch, soweit es nicht zu konkreter Gefährdung führt, durch § 1 II ausdrücklich verboten, insbesondere nicht ow iS von § 24 StVG (s auch Rn. 30). Zum „Hand-held-Verbot" Rn. 30, 32 f. Zu Reformbestrebungen Rn. 9.

5. Vorschriftsmäßigkeit und VSicherheit (Abs. 1 S. 2).

5. Vorschriftsmäßigkeit und VSicherheit (Abs. 1 S. 2). Vorschriftsmäßig müssen Fz, Zug, **15** Gespann, Ladung und Besetzung sein, außerdem darf die VSicherheit durch Besetzung und Ladung nicht beeinträchtigt werden. Das bußgeldbewehrte Gebot verletzt Art. 103 II GG nicht (Ba DAR **11** 212). Die Bau- und Betriebsvorschriften der StVZO (insbesondere §§ 30, 32 ff. StVZO) müssen gewahrt sein (Kö VM **88** 61), gleichfalls muss den Bestimmungen über die Personenbeförderung (§ 21) und die Ladung (§ 22) genügt sein (Begr). *Im Ausland zugelassene Fz* sind vorschriftsmäßig, wenn sie §§ 31d, 31e StVZO, § 20 III, § 21 FZV und Anh. 5 des Wiener Übereinkommens über den StrV (**E** 16) entsprechen (§ 20 FZV Rn. 14). Zu beachten ist, dass die bußgeldbewehrten Spezialvorschriften der StVZO sowie die §§ 21, 22 StVO dem § 23 vorgehen (Rn. 9, 38). Über das Merkmal der Vorschriftsmäßigkeit wird auch **die VSicherheit des Fahrzeugs** usw. gewährleistet. Denn auch ein den Bau- und Betriebsvorschriften der StVZO an sich entsprechendes Fz wird dann vorschriftswidrig, wenn es gefährdende Mängel aufweist (vgl. § 30 StVZO Rn. 2) oder unterwegs liegenbleiben kann (§ 15). Ein Kfz usw. ist demgemäß vorschriftsmäßig, wenn es entsprechend der StVZO gebaut und ausgerüstet und außerdem betriebssicher ist (Hb NJW **66** 1277, Schl VM **67** 13, Ce VkBl. **61** 997, Dü VRS **67** 289). *Die VSicherheit ist beeinträchtigt,* wenn durch Steigerung der normalen vom Fz ausgehenden Gefahr der Eintritt einer konkreten Gefahr für andere (auch beförderte Personen) wahrscheinlicher wird (Ba DAR **11** 212, Dü DAR **00** 223, Kö VM **88** 61).

16   Der FzF (auch der deutsche Fahrer bei den Stationierungsstreitkräften; Dü VM **59** 6) muss sich **vor Antritt der Fahrt** im Rahmen des ihm Möglichen und Zumutbaren von der Vorschriftsmäßigkeit und VSicherheit des Fz überzeugen (Ha VRS **74** 218, Stu NZV **91** 68, Dü VM **93** 23), auch wenn er das Fz zur weiteren Führung übernimmt (BGH VRS **29** 26), und zwar einschließlich des Abladens, da auch hierbei noch Schäden entstehen können (BGH VRS **29** 26). Vor Nutzung hoch- oder vollautomatisierter Fahrfunktionen muss er sich mit der Systembeschreibung vertraut machen (§ 1a StVG Rn. 8). Zu **Unterwegsmängeln** Rn. 24 ff. Die Gebote sind iS einer Schutzpflicht gegenüber den übrigen VT gegen erhöhte Gefahr ernst zu nehmen (BGH VersR **76** 147, Bay DAR **00** 223) und unterliegen nach der Rspr. strengen Anforderungen (Bay VRS **46** 395, Ha VRS **74** 218, Dü VM **97** 21). Verantwortlich ist der Fahrer für alle FzMängel, die er kennt oder bei zumutbarer Aufmerksamkeit kennen müsste (BGH VRS **8** 211, KG VRS **101** 291), zB weil er den Mangel bei zumutbarer Prüfung bemerkt hätte (Bay VRS **4** 623, KG VRS **5** 465, Ce VRS **39** 33). Das Maß der aufzuwendenden Sorgfalt hängt dabei maßgebend von Typ und Zustand des Fz und der Bedeutung der jeweiligen Funktion für die VSicherheit ab, wobei die Rspr. gelegentlich dazu neigt, die Anforderungen zu überspannen. Duldungs- und Mitwirkungspflicht des Fahrers bei Kontrollen: § 36 V StVO, § 31b StVZO. Zur Untersagung des Betriebs vorschriftswidriger Fz *Kreutel* Polizei **83** 335, *Geppert* DAR **88** 15. Wird ein Fz zur Überprüfung der VSicherheit durch die Pol sichergestellt, so haftet für Schäden der Staat (Amtshaftung; Mü VersR **95** 1054).

17   Der Käufer eines **neuen Kfz** darf nach Übergabedurchsicht auf Betriebssicherheit vertrauen, braucht also zB nicht die Radmuttern nachzusehen (Ha MDR **63** 216), anders bei Kauf eines sehr alten Fz von unbekannter Privatperson (Überprüfung durch Fachwerkstatt geboten; BGH NZV **95** 310, Ce VersR **97** 202), wie überhaupt bei Übernahme eines Fz älterer Bauart (Ol VRS **21** 354 (Lenkung, Bremsen)) oder bei erstmaliger Benützung eines gebrauchten Kfz (Dü VersR **70** 802). Bei verwahrlosten Kfz ist besondere Sorgfalt geboten (Kö VRS **14** 32). Wird das Fz **regelmäßig fachmännisch gewartet,** so darf sich der Fahrer hierauf verlassen, sofern ihm kein besonderer Mangel auffällt (BGH VersR **76** 147, Bay VRS **46** 395, VM **74** 53; sehr streng demgegenüber Ce VRS **37** 67 (Überprüfung des Bremszustands bei regelmäßig gewartetem Pkw)). Wartung durch die Betriebswerkstatt (Ol VRS **13** 378, VM **58** 6) oder einen KfzMeister genügt, es sei denn, der gleichwohl vorhandene Fehler ist für den Fahrer leicht bemerkbar (BGH NJW **64** 1631, Bay VRS **46** 395, VM **74** 53). Ein neuer Fahrer muss mit einem regelmäßig gewarteten Kfz nur Bremsversuche anstellen, andere Untersuchungen nur, wenn er mit einem verborgenen Mangel zu rechnen hat (Bay DAR **78** 199). Andererseits besteht erhöhte Sorgfaltspflicht bei einem älteren Fz, das nach Kenntnis des FzF lange nicht mehr gewartet worden ist (BGH VersR **66** 565 (Lenkungsschaden), Ha NZV **90** 36 (Bremsausfall)).

18   **Kasuistik:** Der Kf muss alle vorgeschriebenen FzEinrichtungen funktionell ausreichend benutzen können (BGHSt **15** 386 = NJW **61** 886, Ol VRS **16** 297). Die **Funktionsfähigkeit der Bremsanlage** ist für die VSicherheit von essentieller Bedeutung. Dementsprechend bestehen hohe Sorgfaltspflichten (Rn. 16). Das Gebot an LkwF, die gesamten Bremsscheiben jeweils vor Fahrtantritt durch einen Blick durch die Löcher in den Felgen auf Mängel zu sichten, würde die Pflichtenlage aber überspannen (Ce NZV **09** 617, Dü DAR **14** 475). Lastzug müssen allerdings vor Fahrtantritt Bremsproben machen; das Gleiche gilt, wenn sie unterwegs den Bremskraftregler umstellen (Ko VRS **51** 98, **41** 267, Sa VM **70** 96), und nach jeder längeren Fahrpause (Fra VersR **80** 196, LG Göttingen ZfS **92** 245). Nach Eingriffen in die Bremsanlage eines Kfz ist stets eine Bremsprobe erforderlich (BGH VRS **65** 140). Das unterwegs nötige gelegentliche Bremsen genügt zur Prüfung nicht (Ko VRS **51** 98). Führt Unterlassen zum Liegenbleiben (§ 15), so kann es für Auffahrunfälle ursächlich sein (BGH DAR **58** 218, Ha DAR **61** 176), jedoch nicht dann, wenn der Verkehr so sorgfältig gesichert worden ist, dass das Auffahren bei auch nur geringer Sorgfalt des Auffahrenden vermeidbar war (**E** 147). Bremsmängel unterwegs: Rn. 26. Den Verschluss von **Ersatzkanistern** muss der Fahrer nur aus besonderem Anlass vor der Fahrt prüfen (Dü VM **77** 22). Verwendung für den FzTyp nicht zugelassener **Reifen** ist vorschriftswidrig (Hb DAR **72** 16). Bei VUnsicherheit darf das Fz so lange nicht benutzt werden (KG VRS **49** 295). Gleiches gilt für die Benutzung von schadhaften Reifen, wobei zur Beurteilung die RL des BMV v. 8.2.01 (VkBl. **01** 91; dazu § 36 StVZO Rn. 5) herangezogen werden können (AG Lüdinghausen NZV **16** 587). Unzulässig großes **Lenkradspiel** bei GebrauchtFz zu erkennen, erfordert Erfahrung (BGH VersR **72** 267). Ein Lenkradspiel bis zu 5 cm reicht noch aus (BGH VersR **72** 267). Mit **Motorversagen** muss der Fahrer nur bei einem darauf hindeutendem An-

lass rechnen (Neust DAR **57** 302). Weiß er, dass der Motor beim Gaswegnehmen leicht stehen bleibt, darf er in lebhaftem Verkehr nicht fahren (Ampel). Ohne besonderen Anlass besteht keine Pflicht zur ständigen Beobachtung der Ölkontrolllampe (Ba VRS **72** 88). **Ausreichender Treibstoffvorrat** gehört nicht zur Vorschriftsmäßigkeit (Rn. 28). Bei handelsüblichem Dieseltreibstoff muss der Kf allenfalls bei extremem Klimaunterschied die VSicherheit prüfen (Kälteverdickung; BGH VM **68** 89). Zu störenden Paraffinausscheidungen bei Dieselmotoren *Seifert* PVT **80** 524.

Weitere Beispiele: Der Fahrer ist verantwortlich für geschlossene Wagentüren (Stu VM **68**   **19** 45, VRS **35** 307), für ordnungsgemäßes Verschließen der Plane eines Lkw (Kö VM **02** 43), für auf dem Dach oder der Dachplane des Fz oder Anhängers witterungsbedingt entstandene größere Eisplatten oder Eisstücke (Ba DAR **11** 212; dazu *König/Seitz* DAR **11** 361, 366; zusammenfassend *Kaps/Lipinski* VD **16** 43), für unverdeckte Fahrtrichtungsanzeiger (Schl VM **56** 76 (Ladung)), für den Reifenzustand, auch wenn der Halter Ordnungsmäßigkeit versichert hat (§ 36 StVZO; BGH NJW **62** 1523, Bra VRS **30** 300), für ordnungsmäßige Scheinwerfer und Scheinwerferstellung (Rn. 27), für richtiges Abblendlicht und funktionierende Schluss- und Bremsleuchten (Rn. 26, 27), für äußerlich erkennbare Mängel der Anhängerkupplung, ohne dass sie freilich zur Prüfung regelmäßig auseinandergebaut werden müsste (Ha VRS **21** 352), für mehr als nur behelfsmäßige Reparatur eines wiederholt schadhaften FzTeils (Nü VersR **61** 622). Dieselben Prüfpflichten gelten für Anhänger, besonders wenn sie lange nicht gewartete sind (BGH VM **60** 1, VRS **17** 388). Bei Anzeichen eines schwerwiegenden elektrischen Defekts am Lkw (Funkensprühen, selbstständiges Anfahren) darf der Kf nicht weiterfahren (Ha VM **73** 86). Ihm bekannte schwache Scheibenwischerleistung muss er beim Fahren berücksichtigen (Sa VM **71** 92).

Die Ladung muss verkehrssicher verstaut sein (§ 22). Betriebssicherheit in beladenem Zu-   **20** stand setzt voraus, dass das Kfz die Ladung unter normalen Umständen gefahrlos befördern kann (nicht bei Kopflastigkeit; Sa VM **76** 53). Dafür ist der Fahrer verantwortlich, auch wenn andere, die er nicht beaufsichtigt, das Fz beladen (Dü VM **67** 87), oder wenn er das Fz zur weiteren Führung übernimmt (BGH VRS **29** 26). Bei Lastzuganhängern soll der FzF sogar dann verantwortlich sein, wenn nur ein Sachkundiger den Verladefehler feststellen und beseitigen kann (Kö VRS **24** 74); jedoch sind an die Sorgfalt des Fahrers zwar strenge, aber keine unzumutbaren Anforderungen zu stellen (Rn. 16). Der FzF haftet für Mängel, die sich aufdrängen und für solche, die bei hinreichender Sorgfalt ohne spezielle Verladeerfahrung erkennbar sind. Überladen: § 34 StVZO, § 31 II StVZO. Vorschriftsmäßiges Verstauen befreit nicht von der allgemeinen Sorgfaltspflicht beim Fahren (veränderte Fahreigenschaften des Fz; s. auch Rn. 27). Bei *Beförderung eines Hundes* ist sicherzustellen, dass die sichere FzBeherrschung durch das Tier nicht beeinträchtigt wird (Nü NZV **90** 315, **98** 286, VM **94** 17 (jeweils grobe Fahrlässigkeit bei Mitführen eines Hundes ohne Sicherungsmaßnahmen)).

Radfahrer dürfen Gegenstände mitführen, die ihre Bewegungsfreiheit beim Fahren, das Zei-   **21** chengeben und andere Personen oder Sachen nicht beeinträchtigen, und zwar dann auch einhändig oder in einer Tasche an der Lenkstange (Neust VRS **5** 428, Ha NZV **92** 318), am zweckmäßigsten auf dem Gepäckträger. Das Mitführen einer durch Arbeitsgerät beschwerten fast 2 m langen Leiter ist mit den Sicherheitsbedürfnissen des modernen V nicht mehr vereinbar (aM noch Neust VRS **9** 472). Benutzung von Kopfhörern durch Radf: Rn. 13.

Personenbeförderung in Omnibussen: § 34a StVZO, auf Lkw-Ladeflächen: § 21. **Beset-**   **22** **zung** meint die *außer* dem Fahrer (Bay NJW **85** 2841, Ba NStZ-RR **07** 90, Ce NJW **07** 2505) im Kfz beförderten Personen (Bay DAR **79** 45), weswegen zB auch das Fahren eines Kradfahrers nur auf dem Hinterrad I S. 2 nicht erfüllt (Bay NJW **85** 2841; s. auch Rn. 37). Nicht vorschriftsmäßig ist die Besetzung, wenn sie die VSicherheit beeinträchtigt, zB durch Überzahl, Zustand oder die Art der Unterbringung der Mitfahrenden (Bay DAR **79** 45, Kö VM **88** 61). Nicht unter I S. 2 fällt dagegen vorschriftswidriges Verhalten beförderter Personen, soweit es nicht die VSicherheit beeinträchtigt, wie zB Nichtanlegen des Gurts (Bay NZV **93** 491, KG VRS **70** 297, 469 (TaxiF), Ha JMBlNRW **82** 212, *Janiszewski* NStZ **82** 505, *Bouska* DAR **84** 265; aM KG VM **82** 62 m abl Anm *Booß*, Ha NZV **96** 33, Kar NZV **99** 292, Ha DAR **14** 150 m. abl. Bspr. *König* DAR **14** 363; s. auch § 21 Rn. 15, § 21a Rn. 19). Beförderung von Personen im Kofferraum, die die Beine heraushängen lassen, beeinträchtigt die VSicherheit, auch wegen der Gefahr des Herausfallens und durch Ablenkung des Fahrers (Kö VM **88** 61). Im Rahmen des zulässigen Gesamtgewichts und der VSicherheit dürfen mehr Personen im Pkw mitfahren, als Sitzplätze im KfzSchein angegeben sind (Dü NJW **76** 683, Kar VM **81** 36, NZV **99** 422, Bay VRS **66** 280, Sa NZV **90** 161, *Seidenstecher* VD **91** 134). Durch Mitfahrer (Beifahrer) darf sich der Kf nicht ablenken lassen (BGH VRS **7** 68, *Bode* DAR **75** 86). Erkennbar Betrunkene oder Angetrunkene dürfen nur auf Rücksitzen mitfahren (BGHSt **9** 335, NJW **56** 1603, VRS **26** 34, Ha VRS **54** 197, VRS **48** 200, Kö NJW **67** 1240 (auf dem Nebensitz keine Schreckzeit), AG Hameln VersR **02** 776 (anspruchsausschließendes Mitverschulden des FzF bei Beförderung auf dem Beifahrersitz)), auch im Taxi (Ha VersR **77** 139), es sei denn, der Fahrer kann einer Belästigung sicher begegnen (Ha VRS **54** 197). Lit.: *Jagow* VD **87** 193. *Seidenstecher* VD **91** 133.

23   **Der Kraftradfahrer** darf Personen nur bei Vorhandensein eines besonderen Sitzes mitnehmen (§ 21 I S. 4 Nr. 1). Ist ein besonderer Sitz vorhanden, wird der Beifahrer aber in gefährlicher Weise transportiert, so greift nicht § 21, sondern § 23 (§ 21 Rn. 7). Verstoß gegen I S. 2, wenn ein Kind auf dem Schoß des Beifahrers mitgenommen wird (vgl. BGH NJW **61** 1828) oder auf einer Kuhle zwischen dem Sitz und dem aufsteigenden Motorradtank (vgl. Ko OLGR **06** 759; dazu auch Rn. 15, 16), gleichfalls, wenn ein Kind mitgenommen wird, das den Anforderungen nicht gewachsen ist (vgl. BHHJ/*Heß* § 21 Rn. 2) oder ein Angetrunkener (BGH DAR **60** 58), ebenso bei Ängstlichkeit und Ungeschicklichkeit des Beifahrers, die der Kradf durch vorsichtige Fahrweise ausgleichen muss (BGH VersR **63** 577). Beifahrer auf Krädern dürfen nicht im gefährlichen Damenreitsitz mitgenommen werden, sondern müssen mit dem Gesicht in Fahrtrichtung sitzen. Obwohl hierzu eine ausdrückliche Bestimmung (in § 21; s. *Booß* § 21 Anm 4) fehlt, ist ein solches Verhalten nach § 23 ahndbar, weil hierdurch die VSicherheit leidet (aM *Booß* § 21 Anm 4 (nur § 1 II)). Beifahrer müssen sich, vor allem bei zu erwartender Beschleunigung, ausreichend festhalten, wofür der FzF sorgen hat (KG NZV **96** 490). Er muss dem Umstand ferner durch seine Fahrweise Rechnung tragen (BGH NJW **51** 673).

23a   **6. Die vorgeschriebenen Kennzeichen sind nach Abs. 1 S. 3** bei fahrendem wie ruhendem Verkehr stets gut lesbar zu halten, unterwegs, solange es nach der Witterung möglich ist (spritzender Schmutz). Vor dem Führen eines fremden Kfz, auch mit FzSchein, muss sich der Fahrer vom Vorhandensein gestempelter amtlicher Kennzeichen überzeugen (Ha VRS **58** 64; s. § 10 FZV).

23b   **7. Nach Abs. 1 S. 4** hat der Fahrer bei Kfz und ihren Anhängern die **vorgeschriebenen lichttechnischen Einrichtungen** auch bei Tag betriebsfertig mitzuführen. Dafür ist er verantwortlich. Die Ausnahmevorschrift für Fälle, in denen kein FzBetrieb bei Beleuchtungspflicht (§ 17) zu erwarten ist, wurde durch die 52. ÄndVStVR v. 18.5.2017 (BGBl. I S. 1282) als nicht mehr zeitgemäß gestrichen (Begr des BRates in BR-Drs. 771/17 (Beschluss)). Für die Beleuchtung von Fahrrädern und Fahrradanhängern gelten §§ 67, 67a StVZO (s. dort). Auch tagsüber kann aus Witterungsgründen Beleuchtung des Fz vorübergehend nötig werden. Vorgeschriebene lichttechnische Einrichtungen: §§ 49a, 50–53, 53a–d, 54a, b, 60, 66a, 67, 67a StVZO. Zug- oder Arbeitsmaschinen an Holmen und HandFz: § 17 V. Ein den Unfall mitverursachendem Verstoß gegen § 53 IV S. 1 StVZO (s. dort Rn. 3) wiegt nicht so schwer wie eine Verletzung des § 17 IV (dort Rn. 38); Ha r+s **19** 221 gelangt zu einer Haftungsverteilung von 60% zulasten des Auffahrenden. Nicht für Beleuchtung mitverantwortlich sind Beifahrer bei Lkw und Krad (Mü VersR **66** 858) oder andere Hilfspersonen bei der Fahrt (Hb VRS **1** 296).

24   **8. Unterwegsmängel (Abs. 2).** Unterwegs auftretende, die VSicherheit wesentlich beeinträchtigende Mängel sind nach II Halbs. 1 sofort zu beseitigen, andernfalls das Fz auf kürzestem Weg aus dem Verkehr zu ziehen ist (Bay VM **88** 67, KG VRS **101** 291, Dü VRS **50** 238). Die Vorschrift umfasst alle motorisierten Zweiräder vom Mofa bis zum schweren Krad (Begr), enthält aber für Krafträder insoweit eine Erleichterung, als sie bei einer Panne geschoben werden dürfen (II Halbs. 2). *Verantwortlich für Behebung* ist der Fahrer, nicht auch der Beifahrer (Mü VersR **66** 858). Bemerkt der Kf eine gefährdende Betriebsstörung oder Anzeichen für eine solche, so muss er sofort beiseite fahren, anhalten und sie beheben oder beheben lassen, ebenso bei auffälligen Zurufen oder Zeichen anderer VT, die auf Mängel hindeuten (Ha VRS **31** 464, VM **66** 96). Wer das PannenFz auf der AB nicht unverzüglich auch von der Standspur entfernt, verstößt nicht gegen §§ 23, 49 I Nr. 22, weil II nur vor den Gefahren schützen will, die von verkehrsunsicheren Fz ausgehen (uU aber Verstoß gegen § 18 VIII; Fra VRS **58** 281).

25   II gewährt dem FzF ein „**Notrecht**" zur vorübergehenden Weiterbenutzung des mangelhaften Fz je nach Art (Gefährlichkeit) des Mangels (BGH VRS **65** 140, Bay DAR **84** 325). Soweit dieses Notrecht reicht, handelt der FzF nicht ow wegen Verstoßes gegen Beschaffenheitsvorschriften (Bay DAR **84** 325, VRS **69** 465), bei Ausübung des Notrechts ohne die im Hinblick auf den Mangel gebotene besondere Vorsicht auch nicht ow nach §§ 23, 49 I Nr. 22 (Bay DAR **84** 325). Mitbenutzung der AB ist dabei nur gemäß § 15a erlaubt (Abschleppen). Das Not-

recht gilt nur bei *unvorhersehbar* aufgetretenem Mangel (Hb VRS **50** 145, Stu NZV **94** 243). Diese Voraussetzung ist bei erneutem Auftreten eines zuvor unsachgemäß reparierten Mangels nicht gegeben (Dü VRS **69** 233). Unvorhersehbar sind nur Schadensumstände außerhalb verständiger Erwägung (nicht schlechte Bremsen; BGH VRS **37** 271). Wer sein ausgeliehenes Kfz mit abgefahrenen Reifen zurückerhält und alsbald damit fährt, kann sich nicht auf II berufen (Hb DAR **75** 279). Zum Notrecht bei Reifenpanne: § 36 StVZO. Vorhandene Prüfeinrichtungen muss der Kf aus Anlass unterwegs benutzen (Luftdruckmesser, Lenkungsspiel, Bremsversuch; BGH VRS **6** 298, VM **55** 25), bei Anzeichen für einen Mangel uU auch wiederholt (Bay DAR **55** 120). Kö Betr **72** 528 sieht in dem Wort „alsbald" anstatt bisher „unverzüglich" eine geringfügige Erweiterung des Notrechts. Ob und inwieweit ein solches Notrecht zum Weiterfahren zur nächsten Werkstatt besteht, hängt entscheidend von der Art des Mangels und der daraus entstehenden Beeinträchtigung der VSicherheit ab (Rn. 16; BGH VRS **65** 140, Bay DAR **84** 325, Dü VRS **69** 233).

Die **Bremswirkung** (§ 41 StVZO) ist während der Fahrt zu beobachten, besonders bei Lkw **26** (BGH VRS **22** 211, Fra VersR **80** 196). Ziehen die Bremsen ungleich, ist mit Bremsmangel und Ausbrechen des Fz bei Vollbremsung zu rechnen und entsprechend vorsichtig zu fahren (Dü VM **70** 78). Versagen beide Bremssysteme, ist die Weiterfahrt unzulässig (Ha VkBl. **67** 343). Kein Notrecht zur Werkstattfahrt bei Wirkungslosigkeit der Bremsanlage (BGH VRS **65** 140), auch nicht mit praktisch nicht mehr funktionstüchtiger Handbremse (Ha VRS **56** 135). Bei einem Omnibus muss in bergigem Gelände auch die Handbremse funktionieren (BGH VRS **10** 282), vor längerem Gefälle muss bei einem schweren Lkw oder Lastzug beachtet werden, ob der Luftdruck in den Bremsbehältern ausreicht (BGHSt **7** 307, VRS **8** 456, **6** 298). Versagen bei verkehrswidrigem Fahren die Bremsen, so beseitigt dies nicht den adäquaten Zusammenhang zwischen Fahrweise und Unfall (BGH VersR **65** 1048). Versagt das **Bremslicht,** darf nur weitergefahren werden, wenn bei notwendigem Verlangsamen oder Anhalten niemand gefährdet werden kann, idR also nur bei besonders ruhigem Verkehr. **Lenkungsmängel** unterwegs werden oft für mangelhafte Wartung sprechen (BGH VM **55** 25). Der Fahrer muss unverzüglich auf kürzestem Weg vorsichtig zur nächsten Werkstatt fahren (Ha VRS **5** 639, Schl VM **57** 74), ebenso, wenn überhaupt, bei **Kupplungsschaden,** besonders auf der AB (Bra VRS **16** 211 (uU ist Abschleppen nötig)). Versagen die **Scheibenwischer,** so hängt vorsichtiges Weiterfahren von Fahrgeschwindigkeit und Regendichte ab. Schwache Wischerleistung ist durch angepasstes Fahren auszugleichen (Sa VM **71** 92). Zu § 2 IIIa s. dort Rn. 72c. Bei Ausfall des **Fahrtrichtungsanzeigers** müssen AB und verkehrsdichte BundesStr verlassen werden, bis zur nächsten Reparaturgelegenheit sind WinkZ zu geben.

Erlischt die Beleuchtung, ist sofort möglichst beiseite zu fahren oder rechts anzuhalten und **27** zuerst der Verkehr zu sichern (§ 15; BGH VersR **64** 621, Mü VersR **66** 1082). Der Kf braucht damit idR nicht zu rechnen (KG VRS **39** 29, Bay DAR **55** 120, Ce VM **56** 54). Versagen des linken Scheinwerfers ist wegen irreführender Signalwirkung besonders gefährlich und wird ungesichertes Weiterfahren idR ausschließen (Dü VM **59** 82). Der Fahrer ist verantwortlich bei auffällig weitreichendem Abblendlicht oder wenn Entgegenkommende Blendung anzeigen (Kö VRS **16** 468), obwohl insoweit regelmäßige zuverlässige Überwachung genügt (Kar DAR **65** 108). Fällt die **rückwärtige Beleuchtung** aus, ist erst der Verkehr zu sichern, dann zu reparieren (BGH VersR **63** 342). Die Rücklichter dürfen nicht durch die Ladeklappe verdeckt (BGHSt **15** 386 = NJW **61** 888), schadhaft sein (BGHSt **10** 339, VRS **13** 297) oder ganz fehlen (Bay NJW **63** 1886), bei Ausfall erhöhte BG (Ol VRS **6** 89). Innerbetriebliche Regelungen, zB über die Beleuchtung abgestellter Kfz, beseitigen die Fahrerpflichten aus § 23 nicht (Ko VRS **58** 460, Dü VM **73** 22; s. Rn. 36). **Vereisung der Scheiben:** Rn. 7, 12. Die verstaute **Ladung** (§ 22) ist auch unterwegs zu beobachten (Kö VRS **8** 381), auch wenn der Kf ein anderweitig beladenes Fz (Dü VM **67** 87) zur weiteren Führung übernimmt (BGH VRS **29** 26). Langsamfahren eines **schadhaften Lkw** auf der AB: § 18 Rn. 14.

Wer **nicht ausreichend** tankt, besonders vor Nachtfahrten (BGH GA **59** 53, Kar NJW **75** **28** 838) oder vor ABFahrten (BGH VRS **15** 38, Ha DAR **61** 176), wer verkehrsgefährdend anhalten müsste (Kar VRS **49** 264), um den Reservetank umzuschalten (Ha VRS **36** 220), oder nicht auf festen Tankverschluss achtet (Ha DAR **66** 106), handelt fahrlässig und hat einen Auffahrunfall bei Liegenbleiben idR zu vertreten (Kar VRS **49** 264, Stu VRS **27** 269), außer bei ausreichender VSicherung (§ 15 Rn. 4 ff.). *Allein* durch Ausgehen des Treibstoffs unter nicht gefährdenden Umständen wird das Fz aber nicht vorschriftswidrig (Ce VRS **11** 227, Ha VRS **57** 215 (zust *Bouska* VD **80** 307), aM KG VRS **47** 315, *Dvorak* DAR **84** 313, *Huppertz* VD **99** 253). Dies gilt auch auf der AB, weil die Frage der Vorschriftsmäßigkeit eines Fz nicht von der Art der benutzten VWege, der Entfernung des Fahrtziels und der Dichte des Tankstellennetzes abhängen kann (einschr. Dü DAR **00** 223 (Verstoß gegen § 23 bejaht bei gefährdendem Liegenbleiben)). Unterwegs **auslaufendes Dieselöl** kann verschuldetes Liegenbleiben begründen, aber auch ein Hindernis mit Beseitigungspflicht (§ 32; BGH VRS **6** 439).

29   **Nicht verkehrsgefährdende Mängel** zwingen nicht zu sofortigem Verlassen des Verkehrs, doch sind sie nach Fahrtbeendigung zu beheben. Bei Auspuffschaden ist Weiterfahrt zur Werkstatt zulässig (Ha VkBl. **67** 343). Bei unterwegs auftretender Unbenutzbarkeit des Sicherheitsgurts darf die Fahrt fortgesetzt werden (Bay NZV **90** 360). Zu geringer **Luftdruck** der Reifen kann die VSicherheit des Fz erheblich beeinträchtigen (*Thumm* NZV **01** 59). Zur Frage der Fahrlässigkeit bezüglich eines dadurch verursachten Unfalls BGH VersR **83** 399, NZV **95** 310, Ce VRS **64** 322, Kar VersR **87** 1097, Ha ZfS **96** 409, *Weber* DAR **84** 171. Unterlassene Luftdruckprüfung begründet allein weder Haftung noch den Anschein für Schadensursächlichkeit zu geringen Drucks (Stu NZV **91** 68). Gerät ein Pkw wegen ungleichen Reifenluftdrucks ins Pendeln, so muss der Kf dies durch Langsamerfahren ausgleichen (Dü VersR **72** 282). Einen für das Kfz nicht zugelassenen Ersatzreifen darf der Kf nach einer Panne allenfalls dazu benutzen, das Kfz auf kürzestem Weg aus dem Verkehr zu ziehen und abzustellen, jedoch nicht für eine Fahrt zur Werkstatt (Ha VRS **55** 378). Wagenklima und VSicherheit: VkBl. **72** 61. **Fuhrwerkslenker** dürfen unter normalen Umständen bei verkehrsgewöhnten Pferden aufsitzen, auch auf BundesStr (Kar NJW **63** 498), anders nur, wenn sie ihre VPflichten vom Bock aus nicht erfüllen können (Kar NJW **62** 1064 (BundesStr mit dichtem LkwVerkehr)).

30   **9. Benutzungsverbot für Geräte der Kommunikations-, Informations- und Unterhaltungselektronik (Abs. 1a, 1b).** Die mit der 53. ÄndVStVR v. 6.10.2017 (BGBl. I S. 3549) eingeführten Ia und Ib haben das vormalige „Handybenutzungsverbot" (Ia aF) abgelöst. Sie enthalten ein Benutzungsverbot für eine breite Palette von elektronischen Geräten (zu hierdurch bedingten Gefahren wegen Ablenkung des FzF Begr Rn. 5). Im Blick auf die hochtechnisierte Ausrüstung moderner Kfz durch Assistenzsysteme sowie – noch in die Zukunft gerichtet – auf das (voll-) automatisierte Fahren kommt das Verbot nicht ohne eine Reihe von Ausnahmebestimmungen aus (Ia S. 5, Ib S. 1 Nr. 2, S. 3). Kurz gesagt dürfen die betroffenen Geräte (Rn. 31) während der Fahrt bei der Nutzung niemals in der Hand gehalten werden (Ia S. 1 Nr. 1); werden sie nicht in der Hand gehalten, dürfen sie nur unter Zuhilfenahme einer Sprachsteuerungs- oder Vorlesefunktion (Ia S. 1 Nr. 2a) oder unter kurzer, den Verkehrsverhältnissen angepasster Blickzuwendung zum Gerät (Ia S. 1 Nr. 2b) genutzt werden. Das „hand-held-Verbot nach Ia S. 1 Nr. 1, das wie auch die anderen Verbote für Führer von *Fz jeder Art* gilt (auch für Radf) gilt, will (weiterhin) gewährleisten, dass der FzF während der Benutzung beide Hände für die Bewältigung der Fahraufgabe frei behält (Begr, Rn. 5). Soweit die Nutzung elektronischer Geräte erlaubt ist, stellt der VOGeber dies – wie auch für andere gefährliche Verhaltensweisen während der Fahrt (Bsp. Rn. 12, 14) in die Eigenverantwortung des FzF (Begr Rn. 5). Ob die Neufassung zu einer Steigerung der Verfahrenszahlen und zur Stärkung der Rechtstreue im relevanten Bereich führen wird, bleibt abzuwarten. Hinsichtlich des „Handybenutzungsverbots" aF haben die Verfahrenszahlen in den letzten Jahren teils drastisch abgenommen (*D. Müller/Rebler* DAR **17** 49, 54), was aber nach dem Ergebnis mehrerer Untersuchungen nicht an mehr Rechtstreue in der fahrenden Bevölkerung liegt. Zu vermuten ist nachlassende polizeiliche Überwachung. Hinzu kommen Nachweisschwierigkeiten. Eine Beschlagnahme namentlich von Smartphones zwecks Auslesens der darauf gespeicherten Daten wird in aller Regel schon deswegen unverhältnismäßig sein, weil sich das weit ausgelegte Merkmal des Benutzens mit anderen Beweismitteln (Zeugenaussagen) beweisen lässt (s., teils zw, zu diesen Verfahrensfragen *Ternig/Lellmann* NZV **16** 454; hierzu auch *Wozny* VD **16** 235). Im Hinblick auf die völlige Umgestaltung der Verhaltensnormen sind Rspr. und Schrifttum zu den Vorgängerregelungen (dazu 44. Aufl.) weitestgehend überholt.

30a   **a) Normadressat** ist (nur) der FzF (Rn. 10). Es handelt sich um ein eigenhändiges Delikt (vgl. auch *Mitsch* NZV **11** 281 mit allenfalls theoretisch belangreichen Fragen der Beteiligung). Jedenfalls bei einem fortgeschrittenen Fahrschüler ist der nicht „händisch" in die Steuerung eingreifende Fahrlehrer deswegen (trotz § 2 XV S. 2 StVG) nicht FzF (BGHSt **59** 311 = NJW **15** 1124; ebenso schon Dü DAR **14** 40 m zust Bspr *König* DAR **14** 363; Vorlegung durch Kar DAR **14** 211 mBspr *König* aaO; aM noch Ba NJW **09** 2393 (abl *Heinrich* DAR **09** 402, zust *Scheidler* DAR **09** 403)). Bei einem noch nicht fortgeschrittenen Fahrschüler kann die Rechtsfrage nicht anders beurteilt werden (*König* DAR **14** 363; dazu auch § 316 StGB Rn. 5). Die Norm bezieht die Führer sämtlicher Fz ein, weswegen auch etwa Radf umfasst sind (Rn. 11, 30).

b) Zeitlicher Anwendungsbereich. Die Verhaltensregeln von Ia S. 1–3 gelten grds. während **30b** des gesamten Fz-Führens, dh sobald und solange „die Räder rollen", wobei vorübergehende verkehrsbedingte Halte einbezogen sind. Ausnahmen hiervon enthalten Ib S. 1 Nr. 1 und 3. An Haltestellen stehende **Straba und Linienbusse** sind durch Ib S. 1 Nr. 3 generell befreit (zu den Gründen für Linienbusse Begr Rn. 5, für Straba BRat in BR-Drs. 556/17 (Beschluss) S. 1). Praktisch wichtiger ist Ib S. 1 Nr. 1. Danach sind (auch verkehrsbedingt) stehende Fz ausgenommen, wobei aber bei Kfz hinzukommen muss, dass der Motor *vollständig ausgeschaltet ist.* Unter diesen Voraussetzungen will der VOGeber die Benutzung weiterhin erlauben, wobei er vor allem das Warten an einer LZA, an einer geschlossenen Bahnschranke oder im Stopp-and-go-Verkehr (Stau) im Auge hat (vgl. Begr Rn. 5). In bewusster Abweichung von der vormaligen Rechtslage (dazu Ha NJW **15** 183) gilt die automatische Motorabschaltung durch Start-Stopp-Funktion nicht als vollständiges Abschalten des Motors; Gleiches gilt für das Ruhen des elektrischen Antriebs bei einem elektrobetriebenen Kfz (Ib S. 2). Nutzt der FzF einen Halt für die Benutzung des elektronischen Geräts und hat er bei einem Kfz zuvor den Motor manuell abgeschaltet, so ist sein Verhalten nicht verboten und ahndbar (Kö DAR **19** 398; KG ZfS **18** 649; **20** 409; s. zur alten Rechtslage auch Ba NJW **06** 3732 mAnm *Ebner* SVR **07** 155, Ha VRS **113** 379), wozu aber nur Feststellungen zu treffen sind, wenn hierfür Anhaltspunkte bestehen oder sich der Betr. darauf beruft (vgl. KG ZfS **20** 409). Setzt er seine Fahrt danach verspätet fort, so kann uU eine OW nach § 1 II in Frage kommen (*Janker* NZV **06** 70, s. auch Ba NJW **06** 3732 und *Ebner* SVR **07** 155). Solange das Fz andererseits (auch bei ausgeschaltetem Motor im Stau, *Scheidler* DAR **12** 189) in Bewegung oder der Motor, etwa vor Rotlicht (Ce NJW **06** 710, Ha NStZ **06** 358), auch auf einem Seitenstreifen der AB (Dü NZV **08** 584 (außerdem Verstoß gegen § 18 VIII)) in Betrieb ist, ist die Benutzung untersagt und ow. Nach dem insoweit eindeutigen Wortlaut der Vorschrift ist die Ausnahmebestimmung auch dann nicht anwendbar, wenn sich der Kf unter solchen Vorzeichen im ruhenden V befindet (offen gelassen von Dü aaO).

c) Der Begriff des elektronischen Geräts, das der Kommunikation, Information oder Or- **31** ganisation dient, ist bewusst (Begr Rn. 5) denkbar weit gefasst, was aufgrund der rasenden Entwicklung in diesem Bereich sachgerecht erscheint (krit *Will* NJW **19** 1635). Ia S. 2 nennt beispielhaft Geräte der Unterhaltungselektronik oder Geräte zur Ortsbestimmung, wie Mobil- oder Autotelefone, Berührungsbildschirme, „tragbare Flachrechner", Navigationsgeräte (natürlich auch, falls eingebaut, KG VRS **135** 300), Fernseher, Abspielgeräte mit Videofunktion oder Audiorekorder. Die Begründung (Rn. 5) ergänzt die Palette in teils modernerem Sprachgebrauch ua um Smartphones, Smartwatches, Notebooks und Tablets. Geräte, die der Information iSv Wissensverschaffung dienen, sind auch der elektronische Taschenrechner (*König* DAR **19** 370; *Merz* SVR **19** 441; **aM** Ol NZV **18** 533 *(Pletter)*, *Will* NJW **19** 1635; nunmehr Vorlegung nach § 121 II GVG durch Ha DAR **19** 693), nach Bra BeckRS **19** 17320 und Ha DAR **19** 693 jedenfalls bei Speicherfunktion (ebenso AG Helmstedt NZV **20** 109), sowie ein mit einem Messwertspeicher versehener Laser-Entfernungsmesser (Kar DAR **18** 692 m krit Anm *Engelbrecht* und zust. Bspr *König* aaO). Hingegen unterfallen Geräte, die nur eine Hilfsfunktion erfüllen, den in der Vorschrift genannten Zwecken nicht *unmittelbar* dienen, dem Tatbestand nicht (*König* DAR **20** 371 f.). Aufnehmen und Halten eines Ladekabels oder einer „Powerbank" (externer Akku) erfüllen daher das Verbot nicht (vgl. Ha DAR **19** 362 m Bspr *König* DAR **20** 371 f.). Nicht maßgebend ist, ob das jeweilige Gerät beweglich oder fest im Fz eingebaut ist und ob es, wie etwa die Smartwatch oder auch eine batteriebetriebene „normale" Uhr, am Körper getragen wird. Der fest eingebaute Berührungsbildschirm **(Touchscreen)** ist in Ia S. 1 ausdrücklich und ohne Einschränkungen benannt. Nach Wortlaut („auch") und Normzweck kommt es deshalb nicht darauf an, welchen Zweck der FzF mit dessen Bedienung verfolgt, weswegen auch die Einstellung des Wischintervalls des Scheibenwischers tatbestandsmäßig ist (Kar DAR **20** 520 mAnm *Engelbrecht* und Bspr *Will* NZV **20** 441). Zur (un-)verträglichen Blickabwendung Rn. 33. Für gleichfalls umfasste **Funkgeräte** ist die in § 52 IV bestimmte Übergangsfrist bis zum 30.6.2020 mittlerweile abgelaufen (dazu Begr BR-Drs. 556/17). Berechtigte des BOS-Funks sind jedoch auch nach deren Ablauf vom Verbot des Ia S. 1 Nr. 1 befreit (§ 35 IX und dort Rn. 21a). Die Benutzung von **Videobrillen** ist nachvollziehbar generell untersagt (Ia S. 3). Demgegenüber erlaubt Ia S. 4 – *allerdings nur in den Grenzen des Ia S. 1 Nr. 2b* (dazu Rn. 33; vgl. Begr Rn. 5) – die Benutzung von Geräten mit Sichtfeldprojektion für fahrzeug-, verkehrszeichen- und fahrtbezogene sowie fahrtbegleitende Informationen. Gemeint sind sog. Head-Up-Displays, die zB die Geschwindigkeit oder Navigationsinformationen auf die Windschutzscheibe spiegeln. Sie existieren als an Brillenbügeln anbringbare Geräte auch für Radf und unterfallen nach der Sonderregelung in Ia S. 4 nicht etwa dem absoluten Verbot von Videobrillen. Der VOGeber rechnet die Angabe des Radiosenders oder des aktuell abgespielten Musiktitels zu den fahrtbegleitenden Informationen (Begr Rn. 5). Schwierig wird es allerdings, wenn (bei Radf) etwa auch Fitnessdaten (Puls) oder Anrufe eingeblendet werden.

31a   **Ausgenommene Nutzungen.** Der weite Umgriff des Begriffs bedingt die Notwendigkeit von Ausnahmebestimmungen. Ausdrücklich ausgenommen sind die im nunmehrigen (unveränderten) Ic eingestellten und dort verbotenen **Geräte zur Anzeige oder Störung von Verkehrsüberwachungsmaßnahmen** (Begr Rn. 5; näher Rn. 34–36). Die Anzeige von Verkehrsüberwachungsmaßnahmen fällt per se nicht unter den Erlaubnistatbestand nach Ia S. 4. Die OW wegen Verletzung des Ic geht einer etwaigen OW wegen Verstoßes gegen Ia (S. 4) vor (aM *Sprißler* DAR **17** 727). Hinsichtlich der Benutzung von elektronischen Geräten (nur) im Zuge der Verwendung **hoch- und vollautomatisierter Fahrfunktionen** verweist Ia S. 5 auf § 1b StVG. Die Einzelheiten sind dort erläutert (§ 1b Rn. 17). Von den Verboten nach Ia S. 1–3 nimmt I S. 1 Nr. 2 den bestimmungsgemäßen Betrieb einer **atemalkoholgesteuerten Wegfahrsperre** aus, soweit ein für den Betrieb bestimmtes Handteil aufgenommen und gehalten werden muss. Die Regelung greift nur, wenn das Handteil aufgenommen werden *muss*; wird es ohne Notwendigkeit aufgenommen, ist sie nicht erfüllt (zur ähnlichen Problematik des „Handyverbots" alter Fassung Stu DAR **16** 406 mAnm *Engelbrecht;* s. aber Kö NZV **17** 195 *(Krenberger)* m Bspr *König* DAR **17** 362). Rechtstechnisch nicht unbedenklich sind die Ausnahmetatbestände für die in Ib S. 3 Nr. 1 und 2 aufgeführten Geräte unter den dort bestimmten Maßgaben. Diese werden nur vom Gebot nach Ia S. 1 Nr. 2b (nur kurze Blickabwendung) ausgenommen, was bedeuten würde, dass sie der Bestimmung nach Ia S. 1 Nr. 2a (nur Sprachsteuerung oder Vorlesefunktion) unterliegen. Das ist jedoch offensichtlich sinnwidrig. In erweiternder Interpretation müssen die genannten Regelungen als umfassende Ausnahme verstanden werden. Demgemäß ist die Benutzung eines **Bildschirms oder einer Sichtfeldprojektion** zur Bewältigung der Fahraufgabe des Rückwärtsfahrens oder Einparkens auch bei mehr als nur kurzer Blickzuwendung erlaubt, soweit das Fz nur mit Schrittgeschwindigkeit bewegt wird (Ib S. 3 Nr. 1). Zur Schrittgeschwindigkeit § 42 Rn. 181 zu Z 325.1/325.2. Gleichfalls erlaubt ist die Benutzung elektronischer Geräte (**Rückfahrkameras**), die vorgeschriebene Spiegel ersetzen oder ergänzen (Ib S. 3 Nr. 2).

31b   **d) Maßgaben der Benutzung (Ia S. 1).** Der VOGeber hat die Regelung gegenüber der alten Rechtslage völlig neu strukturiert. In Ia S. 1 sind die Maßgaben geregelt, unter denen die einschlägigen Geräte (nur) benützt werden dürfen. Ob man deshalb mit der Begr (Rn. 5) von einem Gebotstatbestand sprechen kann, ist zw. Denn es ist eine reine Formulierungsfrage, ob man die Fassung wählt „darf nicht, wenn nicht" oder „darf nur, wenn". Beide Fassungen beinhalten selbstverständlich Verbotstatbestände. Nr. 1 und 2 müssen kumulativ gegeben sein („… genutzt wird *und*" – nicht „oder".

32   **aa) „Hand-held-Verbot" (Ia S. 1 Nr. 1).** Nach dem Willen des VOGebers (Begr Rn. 5) ist Nr. 1 als umfassendes Benutzungsverbot bei Halten der erfassten Geräte (neudeutsch „handheld-Verbot") zu begreifen. Wie nach der obergerichtlichen Rspr. zur Vorgängerregelung (dazu 44. Aufl.) wird dabei das Merkmal „Benutzen" weit auszulegen sein. Danach gilt das Verbot für alle Handhabungen bei der Bedienung von der Aufnahme des jeweiligen Geräts bis zum Beiseitelegen nach Abschluss der Benutzung (zur aF Ha NZV **07** 483, AG Ratzeburg NZV **05** 431). Allerdings verbietet die Vorschrift (weiterhin) nicht das Halten als solches, sondern *die Benutzung* bei gleichzeitigem Halten (Stu DAR **19** 217; Ce v. 7.2.2019, 3 Ss (OWi) 8/19; missverständlich Ol DAR **18** 577 (ausdrücklich korrigiert durch Ol DAR **19** 404), alle mit Bspr *König* DAR **19** 362, 370 f.; Ha NStZ **19** 531 m. Bspr *König* DAR **20** 372; s. auch *Will* NZV **19** 331). Damit bleibt es tatbestandslos, wenn der FzF das Gerät zum Zweck der Verlagerung (Stu, Ce aaO sowie zur aF Kö NZV **05** 547; Dü NZV **07** 95, Ha NJW **06** 2870; aM aber wohl AG Lüdinghausen NZV **14** 332 (Weglegen zur Vermeidung einer Blendung)) oder der Weiterreichung an den Beifahrer ergreift (zur aF Kö NJW **15** 361 mAnm *Krumm*). Benutzen ist aber das Bedienen der Funktionstasten zur Prüfung, ob das Gerät funktioniert (KG DAR **19** 631), gleichfalls das „Wegdrücken" eines Anrufs (Ha SVR **20** 317). Das Telefonieren mit zwischen Schulter und Ohr eingeklemmtem Mobiltelefon dürfte schon gegen das „Halteverbot" nach Ia S. 1 Nr. 1 verstoßen, weil das Gesetz (anders als der obige Begriff) kein *in-der-Hand* Halten verlangt (*König* DAR **19** 371; **aM** OLG Köln DAR **19** 398 m Bspr *König* DAR **20** 372; s. auch *Will* NZV **19** 331) und das Gerät ferner zuvor aufgenommen worden sein muss (44. Aufl.; zust *Janker* NZV **06** 70). Jedenfalls verletzt es aber Ia S. 1 Nr. 2 (vgl. AG Coesfeld DAR **18** 640 mAnm *Urbanzyk* und Bspr *König* DAR **19** 371). Gleiches gilt, wenn der Betr. auf seinem Notebook tippend (weiter-)

fährt (OLG Köln DAR **19** 398). Keine Benutzung, sondern eine nicht ahndbare Vorbereitungshandlung stellt es dar, wenn der FzF das Gerät aufnimmt, um es zum Laden anzuschließen (zur aF *König* DAR **16** 362; **aM** Ol DAR **16** 151 mAnm *Engelbrecht*). Naheliegend ist, dass „Benutzung" einen Zusammenhang mit der Bestimmung des jeweiligen Geräts zur Kommunikation, Information oder Organisation erfordert (s. zur aF Ha ZfS **08** 51; 44. Aufl). Im Blick auf die weitgefasste Gerätebestimmung ist damit jedoch keine wesentliche Einengung verbunden. Immerhin würde etwa der Einsatz als Schlagwerkzeug ausgeschlossen. Gleiches gälte für die (als abwegige Einlassung zu bezeichnende) Nutzung als „Wärme-Akku" für ein schmerzendes Ohr (vgl. Ha ZfS **08** 51). Ein Akku-Rasierer (vgl. Ha NZV **07** 96) unterfällt schon nicht dem Begriff des elektronischen Geräts iSv Ia S. 1. Ansonsten sind nach der Neufassung vielfältige Nutzungsarten einbezogen, ohne dass eine Verbindung zum Internet oder zum Telefonnetz zustande gekommen sein muss (zB Diktieren, Ablesen der Uhrzeit, Abfragen von Daten, wegen der Einbeziehung von Unterhaltungselektronik auch Hören von Musik, Fotografieren, Filmen (hierzu AG Castrop-Rauxel DAR **19** 282) usw.). Dü DAR **19** 395 sieht (zutr) die Feststellung als hinreichend an, dass die Betr. das Smartphone während der Einfahrt in den fließenden V in der Hand neben und in Höhe des Lenkrads, mithin im Sichtbereich, gehalten hat (krit. Anm *Staub*; ähnlicher Fall in KG DAR **19** 631). Anders als nach alter Rechtslage fällt auch das Halten von mobilen Freisprecheinrichtungen (Headset/Earset), bei denen es sich unzweifelhaft um elektronische Geräte iSv Ia S. 1 handelt, unter das Verbot (abw zur aF Ba NJW **08** 599, Stu NJW **08** 3369).

Wird das (mobile) Gerät bedient, *ohne es in die Hand zu nehmen,* ist Nr. 1 nicht erfüllt. Der **32a** VOGeber denkt insoweit vorrangig an das Annehmen eines Telefongesprächs durch Drücken einer Taste oder eine Wischgeste bei einem (liegenden) Smartphone (Begr Rn. 5). Umfasst wäre auch etwa das Bedienen eines (liegenden) Tablets oder Notebooks. Solche Handlungen werden jedoch nur in den Grenzen des Ia Nr. 2 sanktionslos hingenommen. Diese sind überschritten, wenn der FzF etwa mit seinem auf dem Schoß platzierten Notebook die Korrespondenz erledigt (vgl. Stu DAR **19** 103 mBspr *König* DAR **19** 372; teils abw Kö NZV **19** 373 *(Will))*. Desgleichen ist die Benutzung von im Fz fest eingebauten, also nicht in der Hand „haltbaren" Geräten wie stationären Navigationsgeräten, Autoradios, Fernsehern oder sonstigen Multi-Media-Geräten an den Maßgaben des Ia S. 2 Nr. 2 zu messen. Entsprechendes gilt für nicht in der Hand gehaltene, sondern am Armband getragene „Smartwatches" oder „normale" batteriebetriebene Uhren.

bb) Die Nutzung von **nicht gehaltenen/am Armband getragenen oder stationären 33 Geräten** (dazu Rn. 32a) ist nach Ia S. 1 Nr. 2a zulässig, wenn dabei eine Sprachsteuerung oder eine Vorlesefunktion verwendet wird. Die auch damit verbundene Ablenkung sieht der VOGeber als hinnehmbar an, weil so ein länger dauernder „Blindflug" weitgehend vermieden wird (Begr Rn. 5). Im Wesentlichen das Gleiche gilt für die Regelung in Ia S. 1 Nr. 2b, in der die Nutzung erlaubt wird, wenn hierfür nur eine kurze, den Straßen-, Verkehrs-, Sicht- und Wetterverhältnissen angepasste Blickzuwendung zum Gerät bei gleichzeitiger Blickabwendung vom Verkehrsgeschehen erfolgt oder erforderlich ist. Von Sekundenangaben zur „kurzen" Zeitspanne hat der VOGeber bewusst (und mit Recht) abgesehen, weil das noch erträgliche Maß nur nach den Verhältnissen im konkreten Fall bestimmt werden kann (krit *Agel* SVR **19** 408); hinzu kommen Nachweisschwierigkeiten etwa bei einer Vorbeifahrt eines PolFz (Begr Rn. 5; s. aber *Bouska/Leue* Rn. 8c unter Hinweis auf RL 2008/653/EG: längstens 2 Sek). Aus dem letztgenannten Grund wird die erste Variante („erfolgt") zumeist nicht nachweisbar sein. In den bisher entschiedenen Fällen (KG VRS **135** 300; Kar DAR **20** 520 mAnm *Engelbrecht*; hierzu schon Rn. 31) hätte schon der Nachweis der unter Blickabwendung erfolgten Bedienung des Navigationsgeräts bzw. Touchscreens ohne die Geständnisse der Betroffenen nicht geführt werden können. Schon „wenige Sekunden" sind namentlich bei Verkehrsdichte bzw. starkem Regen oder sonst widrigen Umständen und dann tatsächlich verursachtem Unfall zu lang (vgl. KG VRS **135** 300; Kar DAR **20** 520 mAnm *Engelbrecht*; *Will* NZV **20** 441, 446f.). Mit der zweiten Variante („erforderlich ist") sollen Tätigkeiten unabhängig von der tatsächlichen (bzw. tatsächlich nachweisbaren) Nutzungsdauer verboten werden, bei denen eine noch erträgliche kurze Blickabwendung schon nach ihrer Natur ausscheidet. Ausdrücklich genannt wird das Lesen von Kurznachrichten oder die Nutzung von Multimediaangeboten (zB Internet, Fernsehen). Nachweisschwierigkeiten werden aber auch insoweit bestehen (Begr Rn. 5).

10. Verwendungs-, Mitführverbot des Abs. 1c. Ic beruht auf der 2001 geschaffenen Er- **34** mächtigungsgrundlage des § 6 I Nr. 3i StVG. Zur Abgrenzung zu Ia s. Rn. 31a. Ic S. 1 untersagt die Verwendung und das betriebsbereite Mitführen von technischen Geräten, die **dazu be-**

stimmt sind, dem wirksamen Schutz gegen VÜberwachung zu dienen, insbesondere dem Zweck, sich Geschwindigkeitskontrollen zu entziehen (dazu Rn. 35 f.). Mit Wirkung vom 28.4. 2020 wurden solche Geräte aus dem Anwendungsbereich des Ic S. 1 ausgegliedert, die neben anderen Nutzungszwecken **auch** zur Anzeige oder Störung von Verkehrsüberwachungsmaßnahmen verwendet werden können (**„Mulitifunktionsgeräte"**) und in Ic S. 3 einem bloßen Verwendungsverbot unterstellt (dazu Rn. 35). **Verkehrsüberwachungsmaßnahmen** iS von Ic sind alle Maßnahmen der für die VÜberwachung zuständigen Stellen (§ 26 StVG Rn. 2) zur Feststellung von Zuwiderhandlungen gegen straßenverkehrsrechtliche Vorschriften (zB StVO, FZV, StVZO, FeV), nicht aber zB statistische Erhebungen oder VBeobachtungen zur Datengewinnung für wissenschaftliche Zwecke oder zur Vorbereitung von verkehrsregelnden Maßnahmen der StrVB.

35　　a) **Mitführverbot (Ic S. 1).** Ic S. 1 verbietet das betriebsbereite Mitführen aller technischen Geräte, **die dazu bestimmt sind,** Verkehrsüberwachungsmaßnahmen anzuzeigen oder zu stören. Ob sie den Zweck tatsächlich erfüllen, ist nicht maßgebend (Begr, Rn. 4). Darunter fallen vor allem sog Radarwarngeräte, „Gegenblitzgeräte" und Laserstörgeräte. Ic S. 2 enthält nur Beispiele zur Verdeutlichung, ist aber nicht abschließend. Als technische Geräte wird man im Hinblick auf die Weite dieses Begriffs (s. *Albrecht* DAR **06** 481) auch Reflektoren zur Störung von Blitzanlagen ansehen können (zur Frage der Sachbeschädigung Rn. 39). Nicht verboten sind Geräte, die lediglich *geeignet sind,* VÜberwachungen anzuzeigen. Andernfalls fielen auch Autoradios darunter, soweit zB in Rundfunksendungen Hinweise auf die Standorte konkreter Geschwindigkeitskontrollen erfolgen.

35a　　Untersagt sind nach Ic S. 1 der **Betrieb** und das **betriebsbereite Mitführen** eines verbotenen Geräts; auf die Absicht des Einsatzes kommt es nicht an. Betriebsbereit ist ein Gerät, wenn es in der Weise mitgeführt wird, dass es während der Fahrt jederzeit ohne größere technische Vorbereitungen eingesetzt werden kann (*Hentschel* NJW **02** 1238), zB montiert ist (VGH Mü DAR **08** 103). Kein tatbestandsmäßiges Mitführen ist gegeben, wenn es ohne eine solche Einsatzbereitschaft, etwa verpackt zu Verkaufszwecken, nur im Fz transportiert wird (Begr Rn. 4), wenn es funktionsuntüchtig, zB fehlerhaft ist, wenn sich kein Stromversorgungskabel (Adapter) im Fz befindet (vgl. VGH Mü DAR **08** 103, AG Lüdinghausen DAR **08** 407, aM VG Chemnitz v. 2.11.04, 3 K 1239/01, juris) oder wenn die erforderlichen Daten noch nicht eingepflegt sind (*Albrecht* DAR **06** 481). Dass das iÜ betriebsbereite Gerät nicht eingeschaltet oder der Stecker herausgezogen ist, ändert hingegen nichts am Verbot. Zur Verwendung von Gegenblitzanlagen und Reflektoren zwecks Störung von Verkehrsüberwachungsanlagen als strafbare Sachbeschädigung Rn. 39, zur Sittenwidrigkeit eines Kaufvertrags über ein Radarwarngerät BGH NJW **05** 1490.

36　　b) **Verwendungsverbot für Multifunktionsgeräte (Ic S. 3).** Nach ganz hM zur vormaligen Rechtslage waren in das Verbot des Ic S. 1 Geräte mit verschiedenen Funktionen einbezogen (v.a. Navigationsgeräte, Smartphones), von denen eine speziell zur Anzeige oder Störung von VÜberwachungen dient (vgl. BR-Drs. 751/01 S. 12; eingehend Ce NJW **15** 3733 mzwBspr *Sprißler* NZV **16** 160, hiergegen *König* DAR **16** 369; ebenso Ro DAR **17** 718 m erneut zwBspr *Sprißler* DAR **17** 727 und hiergegen *König* DAR **18** 366; dazu schon *Albrecht* SVR **05** 133; DAR **06** 481). Dies wollte der VOGeber in Ic S. 1 klarstellen (BR-Drs. 591/19 S. 5, 79 f.), Auf einen in (bewusster?) Verkennung der Rechtslage erfolgten Änderungsbeschluss des BRats (Begr Rn. 6a) ist in Ic S. 3 für Multifunktionsgeräte nunmehr statt eines *Mitführungs*verbots ein *Verwendungs*verbot eingeführt worden. Dafür werden insbes. in Bezug auf Smartphones wenig überzeugend Verhältnismäßigkeitserwägungen angeführt. Da eine unbewusste Installation einschlägiger, teils auch kostenpflichtiger Apps (zB „Blitzer.de", auch in der Pro-Version; s. auch *Kärger* DAR **11** 771) ebenso ausgeschlossen werden kann wie die geheime Vorbehalt, diese nicht zu benützen, bestehen in Bezug auf ein Mitführungsverbot keine gewichtigeren Verhältnismäßigkeitsbedenken als bei Geräten iSv Ic S. 1. Somit wurden durch die Änderung ohne Not eben die Beweisschwierigkeiten produziert, die der historische VOGeber gerade vermeiden wollte (Begr Rn. 4) und die im Bereich des Ia Schwierigkeiten bereiten (Rn. 32, 32a). Ein Verwenden der verbotenen Gerätefunktionen dürfte ungeachtet dessen nicht zw sein, wenn der Betroffene das Gerät am Armaturenbrett befestigt hat und die „Blitzer-App" bei aufgebauter GPS-Verbindung aufgerufen ist (vgl. Ce NJW **15** 3733; ebenso Ro DAR **17** 718 (je zur alten Rechtslage)), wobei es auch hier unerheblich ist, wenn der Betroffene behauptet, die „App" selbst habe nicht zuverlässig funktioniert, dh die „Blitzer" nicht sicher angezeigt (vgl. Ce NJW **15** 3733). Ein Verwenden liegt auch dann vor, wenn die Gerätefunktion vom Beifahrer zur Durchgabe der maßgebenden Informationen an den FzF aufgerufen wird. Ic S. 3 ist anders als Ia S. 1 und Ic S. 1 nicht als eigenhändiges Delikt formuliert.

11. Radfahrer und Kradf dürfen sich nicht an Fz anhängen, nicht freihändig fahren und die 37 Füße nicht von den Pedalen oder Fußrasten nehmen, es sei denn, schlechter Wegzustand erfordert es ausnahmsweise **(III)**. Die Vorschrift bezieht Krad- und KleinkradF ein (Begr). Schieben eines Fz durch einen Radf oder Kradf kann zwar die VSicherheit ähnlich beeinflussen wie Anhängen, wird aber von III S. 1 nicht erfasst; sprachlich bezeichnet „Anhängen" nämlich das Gegenteil von „Schieben". Eine Änderung der Bestimmung wäre wünschenswert. Zur Rechtmäßigkeit der Einwilligung in eine Körperverletzung in Fällen des Anhängens §§ 222, 229 StGB Rn. 26. Freihändigkeit bedeutet Loslassen der Lenkstange mit beiden Händen. Loslassen mit einer Hand ist nicht verboten und zB beim Zeichengeben oder Mitführen von Gegenständen mitunter nötig (KG VM **81** 88). Sofern der Radfahrer durch den Transport eines Gegenstands am Zeichengeben gehindert ist, kann uU I S. 2 erfüllt sein (BHHJ/*Heß* Rn. 28). Fahren eines Krads nur auf dem Hinterrad verletzt weder III noch I S. 2, evt. aber § 3 (BayVRS **69** 146).

12. Das Gesichtsverhüllungs- und -verdeckungsverbot (IV) ist mit der 53. StrVÄndVO 37a (Rn. 6, 30) eingeführt worden. IV S. 1 gewährleistet vorrangig die Erkennbarkeit des Kf (also nicht des Radf) während der Verkehrsteilnahme insbes. bei automatisierten Verkehrskontrollen, dient aber auch der Gewährleistung einer ungehinderten Rundumsicht (vgl. BVerfG ZfS **18** 230). Verboten ist das Tragen von Masken, Schleiern und Hauben, die das ganze Gesicht oder wesentliche Teile des Gesichts verdecken, wohingegen Kopfbedeckungen, die das Gesicht freilassen (Hut, Mütze, Kopftuch, Perücke), Gesichtsbemalungen oder -behaarung, Gesichtsschmuck (Tätowierung, Piercing, Karnevals- oder Faschingsschminke, Sonnenbrillen) weiterhin getragen werden dürfen (eingehend Begr Rn. 6). Zu den Problemen beim **Tragen von Gesichtsschutzmasken** zur Vermeidung von Infektionen mit Covid 19 auch bei Tragpflicht nach landesrechtlichen Regelungen *Rebler/Müller* NZV **20** 273; *Wilrich* SVR **20** 248; zu OW Rn. 38). Vom BMV und von Länderseite wird hierzu vertreten, dass das Verbot nicht erfüllt sei, wenn die Augenpartie freibleibt (vgl. *Wilrich* SVR **20** 248). Insoweit und in Härtefällen ansonsten kommt eine Ausnahmegenehmigung nach § 46 I in Betracht (dort Rn. 23). Bei Einsatzfahrten nach § 35 ist Befreiung möglich. Ob bei Berufung auf religiöse Gründe insoweit iVm der Auflage des Fahrtenbuchführens (§ 31a StVZO) eine Ermessensreduktion auf Null anzunehmen ist (so *Rebler* VD **18** 143; zur verfassungsrechtlichen Beurteilung auch *Schäler* NZV **18** 351), ist zw. **Schutzhelme für Kradf** sind unabhängig von einer Tragpflicht (*Schäler* NZV **18** 351)), von dem Verbot ausgenommen (IV S. 2; näher Begr Rn. 6). Für Angehörige von in § 35 genannten Organisationen gilt § 35 I.

13. Ordnungswidrigkeiten. Ow (§ 24 StVG) handelt, wer gegen die in § 49 I Nr. 22 be- 38 zeichneten Vorschriften des § 23 verstößt. *Normadressat* der Ge- und Verbote ist durchgehend der FzF (Rn. 9, 30a); es handelt sich demnach um ein Sonderdelikt, an dem sich freilich Nicht-Sonderpflichtige unter den Voraussetzungen des § 14 OWiG beteiligen können (**E** 93–95). Verstoß gegen Abs. 1a ist regelmäßig vorsätzlich (Jn NStZ-RR **05** 23. Ha NZV **07** 483), was im Schuldspruch zum Ausdruck zu bringen ist (Ba ZfS **19** 169). Deshalb wurde die OW in Abschnitt II des BKat aufgenommen (Nr. 246 ff.; Kraftfahrer 100–200 €, bei Schädigung oder Gefährdung mit einem Monat FV, Radfahrer 55 €; hierzu § 24 StVG Rn. 41a, 64). Das Gleiche ist für Verstöße gegen Abs. 1c geschehen (Nr. 247: 75 €). Vollends zu überzeugen vermag dies nicht (s. *Albrecht* DAR **06** 484 (zB überlassenes, MietFz)). Verstoß gegen das Verhüllungsverbot nach IV S. 1: 60 €. Bei länderrechtlich insbes. für Taxi- und Busfahrer angeordneter Maskenpflicht (Covid 19) wird, sofern man den Tatbestand als erfüllt ansieht (dazu Rn. 37a), kein Schuldvorwurf gemacht werden können (aM wohl *Rebler/Müller* NZV **20** 276); insoweit und ansonsten sind die Verfolgungsbehörden jedenfalls gehalten, von § 47 OWiG Gebrauch zu machen (vgl. *Wilrich* SVR **20** 248). Zur Verantwortlichkeit für nicht angeschnallte Mitfahrer Rn. 22. Zweiradfahren nur auf dem Hinterrad ist als solches nicht ow (Bay DAR **85** 263 (evt jedoch Verstoß gegen § 3 I S. 1)). Keine Befreiung von gesetzlichen Fahrerpflichten durch betriebliche Anordnungen; Abhängigkeit vom Arbeitgeber kann aber Milderungsgrund darstellen (Ko VRS **58** 460). Zur **inneren Tatseite** des Abs. 1 und 2 gehört, dass der Fahrer wusste oder bei gehöriger Sorgfalt hätte wissen müssen, dass das Fz nicht verkehrssicher war (Ol VRS **16** 297 (Rückspiegel)). Dagegen ist es unerheblich, ob die VSicherheit durch das Verhalten anderer gegen seinen Willen beeinträchtigt wird (Kö VM **88** 61 (Mitfahrer)). Fzführen durch Nichtgeeignete: § 31 I, § 69a V Nr. 2 StVZO, § 2 I, 75 Nr. 1 FeV, § 315c I Nr. 1, § 316 StGB. **Konkurrenzen:** Wer ein Fz in vorschriftswidrigem Zustand fährt, verletzt, soweit vorhanden, die einschlägige Sondervorschrift (insbesondere §§ 30, 32 ff. StVZO), nicht zugleich auch § 23 (BGH NJW **74** 1663, Bay VM **72** 25, DAR **74** 173, **92** 388, NZV **90** 360, Ce VM **76** 40, Kar VRS **47** 294, Ha VRS **74** 218, Dü DAR **86** 92, **90** 200, KG VRS **126** 154, abl *Bouska* VD **74** 230). Dies folgt aus seinem Charakter als Auffangtatbestand (Rn. 9). Der Charakter als Auffangtatbestand darf andererseits nicht dazu führen, dass § 23 in allen Fällen zur Anwendung kommt, in denen ein Verstoß gegen Vorschriften der StVZO zur FzBeschaffenheit nicht speziell in § 69a StVZO sanktioniert ist; denn der VO-Geber kann von einer Bußgeldbewehrung *bewusst* abgesehen haben, was einen Rückgriff auf § 23 I S. 2 ausschließen würde (*Janiszewski* NStZ **84** 406; gegen Dü VRS **67** 289 (fehlende Genehmigung für Rundumleuchte, § 52 IV StVZO)). Verhältnis zu § 21: dort Rn. 15, zu § 22: dort Rn. 27. TE, wenn jemand in verkehrsuntüchtigem Zustand mit einem nicht verkehrssicheren Fz am V teilnimmt (BGHSt **6** 229, Neust VRS **27** 28), wenn auf einer „Drogenfahrt" mit dem Handy telefoniert wird (§ 24 StVG Rn. 58a) oder wenn dieselbe Kontrolle mehrere technische Mängel am selben Fz aufdeckt (Fra VM **55** 37, Bay NJW **58** 1833). TE von Ia mit § 18 VIII: § 18 Rn. 29. Fährt der Halter sein Kfz selber, so geht § 23 dem § 31 II StVZO vor (Ha VRS **47** 467, Dü VM **73** 64, Ko VRS **63** 150, KG VRS **69** 309). Gehörbeeinträchtigung durch Geräte (zB Kopfhörer) verletzt nicht zugleich § 2 FeV; § 23 StVO ist insoweit speziell (Kö VRS **73** 148). Bei Mitnahme zu vieler Personen im Führerhaus verletzt nur der Fahrer § 23, wie § 49 I Nr. 22 ergibt.

39   **13. Strafrecht.** Seit Außerkrafttreten des § 15 FAG (hierzu BGHSt **30** 50 = NJW **81** 831; näher 34. Aufl) durch das TKG v. 25.7.96 (BGBl. I S. 1120) nicht (mehr) mit Strafe bedroht ist das gem. I c ow *Betreiben eines Radarwarngeräts* (LG Berlin DAR **97** 501, *Goll* PVT **96** 327, *Albrecht* DAR **99** 145, *Möller* NZV **00** 116, aM, freilich unter Überdehnung des Tatbestandsmerkmals des „Abhörens von Nachrichten" in § 89 TKG, LG Cottbus DAR **99** 466). Jedoch ist *Sicherstellung und Vernichtung* zur Gefahrenabwehr rechtmäßig (VGH Mü NZV **98** 520 (zust *Möller* NZV **00** 118); DAR **08** 103, VG Hannover ZfS **02** 160, VG Berlin ZfS **99** 544, DAR **00** 282, VG Hb VD **01** 239, VGH Ma VM **03** 8, VG Schl NZV **00** 103 (jedenfalls Sicherstellung)). Bei Entdeckung von Smartphones mit entsprechenden Apps (Rn. 35, 36) ist sie unverhältnismäßig; stattdessen käme Löschen der App in Betracht, was aber wegen der Neufassung des Ic S. 3 (Rn. 36) wohl nur noch bei Verstoß gegen das Verwendungsverbot möglich ist. Die Beeinträchtigung des Messfotos durch eine *Gegenblitzanlage bzw. Reflektoren* erfüllt als bloßes Verhindern einer zu Beweiszwecken verwendbaren technischen Aufzeichnung nicht den Tatbestand des § 268 StGB (Mü NJW **06** 2132, LG Flensburg DAR **00** 132, *Geppert* DAR **00** 106, aM AG Tiergarten DAR **99** 182, abl *Rahmlow* JR **00** 388). Der Betrieb von Reflektoren stellt jedoch nach Mü NJW **06** 2132 Sachbeschädigung nach § 303 StGB dar (abl. *Geppert* JK 1/07, StGB § 303, *Mann* NStZ **07** 271, der § 23 Ic freilich übersieht). Zur Verantwortlichkeit des Verkäufers von Radarwarngeräten etc hinsichtlich eines Verstoßes nach Ic *Albrecht* DAR **06** 485. Zu **§§ 222, 229 StGB** wegen Verstößen gegen § 23: § 222, 229 StGB Rn. 6.

40   **14. Zivilrecht.** Keine Mitschuld, wenn ein ungewöhnliches Motorgeräusch noch eine kurze Strecke fahrend abgehört wird (Kö NJW **65** 109). Führt verkehrswidriges Fahren zusammen mit einem verborgenen Mangel zum Unfall, so haftet der Fahrer bei gewöhnlichem Verschleiß (Nichtwartung!) oder wenn gerade ein solcher Mangel bei solchem Verstoß erfahrungsgemäß nicht auszuschließen ist (BGHSt **12** 75 = NJW **58** 1980). **Kein Anscheinsbeweis** gegen den Fahrer, wenn die verölte Handbremse zu schwach wirkt und ein Bremspedal aus ungeklärtem Grund klemmt (BGH VRS **11** 414). Gleichfalls kein Anschein gegen den Fahrer, falls während der Fahrt ein Reifen platzt (Ko NZV **14** 82) oder sich die Reifenkarkasse löst (LG Sa NZV **14** 85). Wer ein Fz im Dunkeln anhält, um auf Gefährdung wegen fehlender Schlussleuchte hinzuweisen, führt ein Geschäft des gewarnten Fahrers und der unfallbedrohten Hintermänner (Berufung auf § 680 BGB; BGH NJW **65** 1271). Telefonieren beim Fahren entgegen Ia kann Mitschuldvorwurf begründen (LG Kiel NZV **05** 477) und dürfte nunmehr (entgegen früherer Rechtslage, s. Kö ZfS **00** 545) grob fahrlässig sein, vor allem bei längerer Blickabwendung durch Greifen des Geräts oder Wählen (*Kärger* DAR **98** 268 f.) und bei hohen Geschwindigkeiten (Ko VersR **99** 503 (170 km/h), AG Berlin-Mitte NJW **05** 442 (Kurvenbereich), diff *Hufnagel* NJW **06** 3665) sowie durch Herunterbücken und Suchen des Handys im Fußraum bei erschwerten Bedingungen (Fra NVersZ **01** 322). Keine Haftung des FzF aus Verschulden, wenn der auf dem Beifahrersitz Beförderte infolge nicht ohne Weiteres erkennbarer starker Trunkenheit ins Steuer greift und dadurch zu Schaden kommt (AG Lübeck NZV **93** 316). Grobe Fahrlässigkeit (§ 61 VVG alt (§ 81 II VVG 08)) bei Beförderung eines erkennbar stark Betrunkenen auf dem Beifahrersitz (LG Frankenthal VersR **00** 721). **Gefahrerhöhung** ist die bewusste, gewollte Änderung der gefahrerheblichen Umstände (BGHZ **50** 385, NJW **75** 978, Nü ZfS **87** 180). Sie liegt vor (alle Rspr-Nw zu § 23 VVG alt) bei fortgesetztem wissentlichem Gebrauch eines nicht verkehrssicheren Fz (BGH VersR **77** 341, Kö VersR **75** 999, Ha NZV **88** 226, Nü ZfS **92** 202). Zur Gefahrerhöhung gehört Kenntnis vom mangelhaften Zustand des Kfz (BGH VersR **77** 341, **75** 1017, Dü DAR **04** 391, VersR **04** 1408, Kö VersR **90** 1226, Hb VersR **96** 1095). Kenntnis der gefahrerhöhenden Auswirkung des Mangels ist nicht erforderlich (Kö VersR **90** 1226). Willkürliche Gefahrerhöhung iS von § 23 VVG aF ist aber auch bei arglistiger Nichtkenntnis des gefahrerhöhenden Umstands gegeben (BGH VersR **69** 747, 987, **71** 558, Dü DAR **04** 391, VersR **04** 1408). Der Kenntnis verschließt sich arglistig nur, wer immerhin mit mangelhaftem Zustand rechnet, leichtfertige Gedankenlosigkeit in dieser Beziehung genügt nicht (BGH VersR **71** 407, 539). Er muss die Nachprüfung unterlassen, um sich einen Rechtsvorteil zu sichern (BGH VRS **63** 188, Kö VersR **90** 1226, ZfS **97** 306, Hb VersR **96** 1095, s. auch § 36 StVZO Rn. 12). Gefahrerhöhung bei wiederholter Überbesetzung eines Kleinkraftrads (BGH DAR **67** 246), bei Benutzung eines überschnellen Mopeds (BGH VersR **70** 412 (78 km/h)), eines auf 50 km/h Höchstgeschwindigkeit veränderten Mofas (Sa ZfS **90** 60), bei Weiterbenutzung, auch wenn das Kfz schon beim Versicherungsantrag wesentlich verkehrsunsicher war (BGH NJW **67** 1758, 2207, abl *Hohenester*). Drängt sich der wesentliche Mangel (Auswandern der Räder) auch dem unerfahrenen Kf auf, so spricht eine widerlegbare Vermutung für dessen Kenntnis vom gefahrerhöhenden Umstand (Kö VersR **75** 999, Sa ZfS **90** 60 (augenfällige Veränderungen an Mofa)). Gefahrerhöhung ist möglich bei mehrfachem erheblichem Überladen (Ha NZV **90** 315), bei fehlerhafter Ladeklappe, wenn der Halter diesen Zustand kennt (Fra VersR **70** 266), bei Überführung eines Anhängers mit schlechten Bremsen (Dü VersR **61** 991), überhaupt bei mangelhaftem Zustand der Bremsanlage (BGH VersR **86** 255; § 41 StVZO Rn. 8), bei antragswidriger Beförderung einer unzulässigen Personenzahl (BGH VersR **64** 156). Der Kaufvertrag über den Erwerb eines Radarwarngeräts ist nach § 138 I BGB nichtig, wenn der Kauf auf dessen Verwendung im Inland gerichtet ist (BGH NJW **05** 1490; **10** 610). Gleichwohl kann dem Erwerber ein Widerrufsrecht nach § 312d BGB zustehen (BGH NJW **10** 610).

Besondere Fortbewegungsmittel

24 (1) ¹Schiebe- und Greifreifenrollstühle, Rodelschlitten, Kinderwagen, Roller, Kinderfahrräder, Inline-Skates, Rollschuhe und ähnliche nicht motorbetriebene Fortbewegungsmittel sind nicht Fahrzeuge im Sinne der Verordnung. ²Für den Verkehr mit diesen Fortbewegungsmitteln gelten die Vorschriften für den Fußgängerverkehr entsprechend.

(2) Mit Krankenfahrstühlen oder mit anderen als in Absatz 1 genannten Rollstühlen darf dort, wo Fußgängerverkehr zulässig ist, gefahren werden, jedoch nur mit Schrittgeschwindigkeit.

Begr zur ÄndVO v. 22.3.88 (VkBl. **88** 224):   1

Durch die Aufnahme der Schiebe- und Greifreifenrollstühle, die als Ersatz für die Beine dienen, wird eine Erleichterung bei der Ausstattung dieser Fortbewegungsmittel erzielt. Eine vergleichbare Regelung wird in die StVZO aufgenommen.

Die neue Fassung des Absatzes 2 wird eine Erhöhung der Verkehrssicherheit für Rollstuhlfahrer ermöglichen. Diese Regelung bedeutet, dass die Rollstuhlfahrer (Fahrer von Krankenfahrstühlen nach der StVZO) rechtlich wie Fußgänger behandelt werden.

Dabei wird davon ausgegangen, dass es sich in der Regel um die Benutzung von nicht zulassungspflichtigen Rollstühlen (Krankenfahrstühlen) handelt, die mit Schrittgeschwindigkeit bewegt werden.

Begr zur StVO-Neufassung v. 6.3.2013 (BR-Drs. 428/12): **Zu Abs. 1:** *Die Ergänzung der Vor-*   2–4
schrift wurde im Lichte des Urteils des BGH … (…NZV 2002, 225 …) getroffen, das die nach wie vor überwiegende Einordnung der Inline-Skates als besondere Fortbewegungsmittel bekräftigt hat. Die Ergänzung fußt zudem auf den Ergebnissen eines von der BASt betreuten Forschungsprojektes „Nutzung von Inline-Skates im StrV“. Dem Abschlussbericht … ist zu entnehmen, dass sich die verkehrsrechtliche Einstufung der Inline-Skates als „besondere Fortbewegungsmittel“ als am besten geeignet erwiesen hat und der Sicherheitsaspekt es zudem gebietet, sie iVm § 25 auf die Fußgängerverkehrsflächen zu verweisen. Mit der Ergänzung der beispielhaft aufgezählten besonderen Fortbewegungsmittel um die Inline-Skates und der ausdrücklichen Erklärung der Anwendbarkeit der Fußgängerverkehrsvorschriften für diese Fortbewegungsmit-

tel in § 24 I wird künftig etwaigen Unsicherheiten, auf welchen Verkehrsflächen sich die Benutzer von Inli-
ne-Skates fortbewegen dürfen, begegnet. Damit verbleibt es grds. bei der heute schon bestehenden Rechtslage:
Inline-Skates sind keine Fz. Für Inline-Skater ist eine Benutzung der Fahrbahnen, die gemäß § 2 I Fz
vorbehalten ist, und eine Benutzung der Radwege als Sonderwege für eine bestimmte Fahrzeugart grund-
sätzlich ausgeschlossen. Nach § 25 I müssen Inline-Skater vorhandene Gehwege benutzen. Außerorts müs-
sen sie sich, soweit kein Gehweg vorhanden ist, am linken Fahrbahnrand fortbewegen, soweit dies zumutbar
ist. Die Vergleichbarkeit der Art der Fortbewegung mit Rollschuhen ist der mit Inline-Skates so ähnlich, dass
es für diese keiner weiteren wissenschaftlichen Untersuchung bedarf. Da sich Rollschuhe mittlerweile wieder
steigender Beliebtheit erfreuen, ist ihre Nennung an gleicher Stelle ebenfalls geboten.

VwV zu § 24 Besondere Fortbewegungsmittel

Zu Absatz 1

5   1   I. Solche Fortbewegungsmittel unterliegen auch nicht den Vorschriften der StVZO.

    2   II. Schieberollstühle sind Rollstühle mit Schiebeantrieb nach Nr. 2.1.1, Greifreifenrollstühle sind
           Rollstühle mit Greifreifenantrieb nach Nr. 2.1.2 der DIN 13240 Teil 1.

    3   III. Kinderfahrräder sind solche, die üblicherweise zum spielerischen Umherfahren im Vorschul-
           alter verwendet werden.

    4   IV. Zur Freigabe von Fahrbahnen, Seitenstreifen und Radwegen für Inline-Skates und Rollschu-
           he vgl. VwV zu § 31 Absatz 2.

Zu Absatz 2

5   Krankenfahrstühle sind Fahrzeuge.

6   **1. Besondere Fortbewegungsmittel** erfüllen an sich die Definition des Fz (§ 23 Rn. 11).
§ 24 gliedert sie jedoch ausdrücklich aus dem FzBegriff aus. Den besonderen Fortbewegungs-
mitteln ist gemeinsam, dass sie ohne wesentliche Gefährdung von Fußgängern dem Gehwegver-
kehr zugeordnet werden können (Mü VM **77** 38) und dass deren Benutzer bei Unterwerfung
unter die Regeln für Fz nicht nur den FzV behindern würden, sondern dass sie im FzV auch
erhöhten Gefahren ausgesetzt wären (BGHZ **150** 201 = NJW **02** 1955). Die in I bezeichneten
und die ihnen ähnlichen Fortbewegungsmittel sind idR geprägt durch geringe Größe, geringes
Eigengewicht und durch ihre bau- und benutzungsbedingte, relativ geringe Fahrgeschwindig-
keit. Sie werden, jedenfalls im öffentlichen Verkehr, zumeist nur mit Schrittgeschwindigkeit oder
wenig darüber bewegt (Kö VRS **87** 61) und oftmals ohne Steigerung der Bewegungsenergie
durch Schieben, Ziehen, Stoßen oder Abstoßen bewegt (Mü VM **77** 38). Die Fortbewegungs-
mittel iS des § 24 unterliegen nicht den Vorschriften der StVZO; sie brauchen keine Rückstrah-
ler zu führen und müssen nicht beleuchtet sein (VwV Rn. 1). Auf ihren etwaigen Transportinhalt
kommt es nicht an, auch nicht auf die Benutzungsart. Sie dürfen **nicht motorbetrieben sein,**
andernfalls sie als Kfz einzustufen sein können (Rn. 7 aE, 8a aE).

7   **a) Besondere Fortbewegungsmittel sind** zunächst die in I ausdrücklich bezeichneten
Schiebe- und Greifreifenrollstühle, Rodelschlitten, Kinderwagen, Roller (Stu VkBl. **59** 372),
auch wenn sie von Erwachsenen benutzt werden (Ol NZV **96** 464, zust *Janiszewski* NStZ **97**
270; Begr zu § 16 StVZO, VkBl. **03** 744), und Kinderfahrräder. *Kinderfahrräder* (auch mit Stützrä-
dern) sind nur solche Fahrräder, die für die Körpermaße von Kindern im Vorschulalter gebaut
sind und zum spielerischen Umherfahren benutzt werden (Kar NZV **91** 355). Von allen Fahrrä-
dern mit größeren Baumaßen, gleich wer sie benutzt, geht höhere Gefahr aus, weswegen sie als
Fz einzustufen sind (Dü VersR **75** 863, *Berr* DAR **92** 161). Fz und nicht besondere Fortbewe-
gungsmittel sind daher auch die sog BMX-Räder (*Mai* PVT **83** 282). Zur Gehwegbenutzung
von Fahrrädern durch Kinder unter 10 Jahren s. auch § 2 V (§ 2 Rn. 29a). *Roller* iS von I sind
auch die sog Miniroller („Kickboards", „Skooter"; näher § 16 StVZO Rn. 3). Falls Fahrräder
oder Roller motorisiert sind, ist § 24 nicht anwendbar. Sie unterliegen dann der Zulassungs-
(§ 16 StVZO Rn. 3), ggf. auch der FE-Pflicht (§ 4 FeV Rn. 5). Zu Elektrofahrrädern § 1 StVG
Rn. 23 ff.

8   **b) Inline-Skates** sowie (sonstige) Rollschuhe sind nunmehr ausdrücklich in I aufgeführt. Der
VOGeber hat sie in Übereinstimmung mit der hM (BGHZ **150** 201 = NJW **02** 1955, Ko DAR **01**
167, Kar NZV **99** 44, Ce NZV **99** 509; wN 40.Aufl) und mit Forschungsergebnissen (Rn. 2–4)
trotz erheblicher Abweichungen gegenüber den ansonsten in I bezeichneten Gegenständen, na-
mentlich der mit ihnen erreichbaren und in der Realität auch erzielten höheren Geschwindigkei-
ten (vgl. Ol NZV **00** 470 m Anm *Bouska*, *Grams* NZV **97** 67, *Seidenstecher* DAR **97** 105, *Schmid*
DAR **98** 9), nicht den Fz, sondern den Fortbewegungsmitteln zugeordnet. Dafür maßgebend ist

vor allem der Gedanke, dass „auf diese Weise … den für Inline-Skater bestehenden und von ihnen ausgehenden Gefahren derzeit noch am ehesten begegnet werden" kann (BGH NJW **02** 1955). Damit gelten für Inline-Skater die Regeln des Fußgängerverkehrs (Rn. 10).

c) Zu den in I genannten (Rn. 7) **ähnlichen Fortbewegungsmitteln** rechnen ua Skier, **8a** kleine Schiebkarren, kleine Handwagen (Kö VRS **87** 61) sowie als Kinderspielzeug hergestellte Dreiräder mit Elektroantrieb (bis 6 km/h; *Ternig* VD **01** 32). Dass sie in der Realität sowohl sportlichen als auch Fortbewegungszwecken dienen, steht nicht entgegen. Ähnliche Erwägungen gelten für **Skate-Boards** (Rollbretter). Auch sie sind Fortbewegungsmittel iS von § 24 (BHHJ/ *Heß* Rn. 3, *Scheffen* NZV **92** 387, *Jung* PVT **93** 78, *Grams* NZV **94** 173). Bei unzulässigem Motorantrieb (*Bouska* VD **77** 109) kann ein der Fortbewegung dienendes Rollbrett Kfz iS der StVO und StVZO sein, ohne dass eine Zulassung zum öffentlichen Verkehr vorgesehen wäre (*Grams* NZV **94** 172; zum „Hoverbaord" *Huppertz* NZV **16** 513).

2. Regeln des Fußgängerverkehrs (Abs. 1 S. 2). Die besonderen (und ähnlichen) Fort- **9** bewegungsmittel sind entsprechend nunmehr ausdrücklicher Regelung in I S. 2 dem Fußgängerverkehr zugeordnet. Sie sind deshalb auf dem Gehweg mitzuführen, nicht auf Fahrbahnen oder Seitenstreifen (Stu VkBl. **59** 372 (Kinderroller)). Wo Gehwege fehlen, haben Fußgänger mit ihnen außerorts idR äußerst links zu gehen, nur nach Maßgabe von § 25 I auch rechts. Fußgänger mit HandFz sind nicht FzF (§ 23 Rn. 8; Mü DAR **84** 89). Fortbewegungsmittel iS von § 24 dürfen auf EinbahnStr (Z 220) auch in Gegenrichtung bewegt oder mitgeführt werden, weil sie nicht Fz sind. Das Gleiche gilt nach Anl 2 lfd. Nr. 9 Spalte 3 („befahren") auch für Fußgänger, die Fz mitführen (§ 41 Rn. 245l).

Aus der Einordnung von **Inline-Skates** als Fortbewegungsmittel (Rn. 8) folgt, dass deren **10** Benützung als Fortbewegungsmittel dem Fußgängerverkehr unterworfen ist (Rn. 9). Die Benutzung von Fahrbahnen, deren Seitenstreifen und dem Fahrverkehr zugänglichen Plätzen ist Inline-Skatern deshalb grds. (§ 25 I; s. BGH NJW **02** 1955), die von Radwegen ist ihnen ausnahmslos untersagt. Erlaubt werden kann aber die Benutzung im Rahmen von **Sport und Spiel** nach § 31 II (dort Rn. 9). Skater müssen auf dem Gehweg, in der Fußgängerzone und den verkehrsberuhigten Bereichen unter Rücksichtnahme auf Fußgänger fahren, bei Gefährdung oder Behinderung von Fußgängern muss Schrittgeschwindigkeit eingehalten werden (§ 25 Rn. 12, 15, 16; Kar NZV **99** 44). Bei Begegnung eines Radfahrers mit einem Inline-Skater ergibt sich das Gebot des Rechtsausweichens aus § 1 (Ha r+s **01** 241; s. auch KG VM **07** Nr. 79 (gemeinsamer Rad- und Gehweg; keine einseitige besondere Rücksichtnahmepflicht des Radf); eingehend zu den gegenseitigen Pflichten Dü NZV **12** 129). Außerorts müssen sie nach § 25 I S. 2 grundsätzlich den linken Fahrbahnrand benützen (§ 25 Rn. 15). Dass der Zustand von Gehwegen den besonderen Sicherheitsbedürfnissen von Inline-Skatern Rechnung trägt, dürfen sie nicht erwarten (§ 45 Rn. 53, Stichwort Inline-Skater). Im Wesentlichen dieselben Grundsätze gelten für **Skate-Boards** (Rn. 8a). Es gilt das Benützungsverbot von Fahrbahnen usw.

Literatur: Schrifttum zur Einordnung von Inline-Skates 40. Aufl. Zur Neuregelung *Rebler* DAR **10** **10a** 174.

3. Krankenfahrstühle jeder Breite, Fahrgeschwindigkeit und Betriebsart und nicht in I ge- **11** nannte Rollstühle sind Fz (Bay DAR **00** 532) und dürfen daher die Fahrbahn benutzen. Abw von § 2 I dürfen sie jedoch nach § 24 II auch überall dort gefahren werden, wo FußgängerV zulässig ist, also auf Gehwegen, in Fußgängerbereichen oder auf Seitenstreifen. Sie müssen dann jedoch Schrittgeschwindigkeit einhalten. Auf Fahrbahnen und Seitenstreifen müssen sie rechts fahren. § 25 II gilt für die Benutzer von Krankenfahrstühlen nicht, denn diese werden nicht „mitgeführt". Zusammenfassend *Huppertz* VD **15** 13.

4. Ordnungswidrigkeit, soweit Fußgänger solche Kleinfortbewegungsmittel nicht auf Geh- **12** wegen oder entgegen § 25 II mitführen (§ 25. Unrichtiges Fahren mit Krankenfahrstühlen: §§ 2, 3, 24 II (§ 49 I Nr. 23).

Fußgänger

25 (1) ¹**Wer zu Fuß geht, muss die Gehwege benutzen.** ²**Auf der Fahrbahn darf nur gegangen werden, wenn die Straße weder einen Gehweg noch einen Seitenstreifen hat.** ³**Wird die Fahrbahn benutzt, muss innerhalb geschlossener Ortschaften am rechten oder linken Fahrbahnrand gegangen werden; außerhalb geschlossener Ortschaften muss am linken Fahrbahnrand gegangen werden, wenn das zumutbar ist.** ⁴**Bei Dunkelheit, bei**

schlechter Sicht oder wenn die Verkehrslage es erfordert, muss einzeln hintereinander gegangen werden.

(2) ¹Wer zu Fuß geht und Fahrzeuge oder sperrige Gegenstände mitführt, muss die Fahrbahn benutzen, wenn auf dem Gehweg oder auf dem Seitenstreifen andere zu Fuß Gehende erheblich behindert würden. ²Benutzen zu Fuß Gehende, die Fahrzeuge mitführen, die Fahrbahn, müssen sie am rechten Fahrbahnrand gehen; vor dem Abbiegen nach links dürfen sie sich nicht links einordnen.

(3) ¹Wer zu Fuß geht, hat Fahrbahnen unter Beachtung des Fahrzeugverkehrs zügig auf dem kürzesten Weg quer zur Fahrtrichtung zu überschreiten. ²Wenn die Verkehrsdichte, Fahrgeschwindigkeit, Sichtverhältnisse oder der Verkehrsablauf es erfordern, ist eine Fahrbahn nur an Kreuzungen oder Einmündungen, an Lichtzeichenanlagen innerhalb von Markierungen, an Fußgängerquerungshilfen oder auf Fußgängerüberwegen (Zeichen 293) zu überschreiten. ³Wird die Fahrbahn an Kreuzungen oder Einmündungen überschritten, sind dort vorhandene Fußgängerüberwege oder Markierungen an Lichtzeichenanlagen stets zu benutzen.

(4) ¹Wer zu Fuß geht, darf Absperrungen, wie Stangen- oder Kettengeländer, nicht überschreiten. ²Absperrschranken (Zeichen 600) verbieten das Betreten der abgesperrten Straßenfläche.

(5) Gleisanlagen, die nicht zugleich dem sonstigen öffentlichen Straßenverkehr dienen, dürfen nur an den dafür vorgesehenen Stellen betreten werden.

1–3   **Begr zu § 25**

Zu Absatz 1: *Der Absatz bringt kaum Neues. Wenn Fußgänger außerhalb geschlossener Ortschaften an den linken Fahrbahnrand nur dann verwiesen werden, wenn das „zumutbar" ist, so entspricht das der Interessenlage. Für den Fahrverkehr genügt es zu wissen, dass er auch auf der rechten Straßenseite mit (unbeleuchteten) Fußgängern zu rechnen hat; aus welchen Gründen diese sich dort und nicht links bewegen, ist für ihn gleichgültig. Zur Unterrichtung der Fußgänger die Ausnahmefälle deutlicher abzugrenzen, ist nicht möglich; dafür sind sie zu verschiedenartig. Es gibt zunächst Fälle der Unmöglichkeit: ein Blinder, dessen Hund auf Rechtsgehen dressiert ist; aber auch einem Gehbehinderten, dem wegen der Art seiner Körperschäden das Linksgehen schwerfällt, muss gestattet sein, rechts zu gehen. Vor allem aber ist es oft die Örtlichkeit, die das Linksgehen unzumutbar machen kann. So ist von Fußgängern z. B. nicht zu verlangen, entlang einer linksaufragenden Felspartie oder einer dort befindlichen Mauer in einer scharfen Linkskurve links zu gehen, wenn sie rechts bei Gefahr durch einen bloßen Schritt in einen danebenliegenden Acker die Straße verlassen können. Es ist auch mindestens sehr problematisch, ob solche Fußgänger, sobald die Mauer aufhört und sie nun auch links ins Freie ausweichen könnten, etwa verpflichtet wären, alsbald die Straßenseite zu wechseln, etwa auch dann, wenn sie nur eine kurze Strecke danach rechts die Straße verlassen wollen; das Verlangen einer solch doppelten Fahrbahnüberquerung wäre offenkundig verkehrsabträglich. Die Ausnahmefälle lassen sich also konkreter nicht abgrenzen. Es genügt, wenn der Fußgänger für das Abweichen von der Regel triftige und vernünftige Gründe hat. Die Lösung ist umso erträglicher, als es sich bei diesem Gebot um eine reine Schutznorm für die Fußgänger selbst handelt, die dem Fahrverkehr keine Erleichterung bringt …*

4   **Zu Absatz 3:** *Der Absatz übernimmt weithin § 37 Abs. 2 StVO (alt), will aber die Anforderungen an die Fußgänger im Interesse von deren Sicherheit noch etwas erhöhen. Mit dem zusätzlichen Gebot, die Fahrbahn „zügig" zu überschreiten, ist wohl nur etwas ausdrücklich gesagt, was heute schon gilt. Damit soll nur kürzer gesagt werden, was in § 37 Abs. 2 (alt) als „in angemessener Eile" bezeichnet wird. Die Eile muss den persönlichen Fähigkeiten und der Verkehrslage angemessen sein (so schon Müller zu dem inzwischen aufgehobenen § 37a StVO). Das weitere Gebot, die Fahrbahn nur an Kreuzungen oder Einmündungen, an Lichtzeichenanlagen innerhalb von Markierungen (sogenannten Fußgängerfurten) oder auf Fußgängerüberwegen zu überschreiten, wenn die Verkehrslage dies erfordert, ist ein dringendes Erfordernis der Verkehrssicherheit. Noch weitergehend Fußgänger in der Nähe von Fußgängerüberwegen stets auf diese zu verweisen, ist abzulehnen; ein solches Gebot hätte zwar eine gewisse erzieherische Bedeutung, erschiene aber in ruhigen Verkehrszeiten als überspannt.*

5–7   *Der Hauptanwendungsfall des letzten Satzes ist die Kreuzung, an der nicht alle Zufahrten für Fußgänger markiert sind. Hier muss dem Fußgänger unter Umständen ein Umweg zugemutet werden …*

8   **Begr** zur ÄndVO v. 6.10.17 (BR-Drs. 556/17): **Zu Abs. 3 S. 1 und 2:** *Das Ersetzen des Merkmals „Verkehrslage" durch konkretere Bezeichnungen verdeutlicht die Situationen, in denen das Überqueren der Fahrbahn für Fußgänger nur an den aufgezählten – nunmehr durch Fußgängerquerungshilfen ergänzten – Querungsstellen erlaubt ist. Dies ist der Fall, wenn es Verkehrsdichte, Fahrgeschwindigkeit, Sichtverhältnisse oder der Verkehrsablauf erfordern. Hierbei spielt insbesondere eine Rolle, ob größere Fahrzeuglücken ein gefahrloses Überqueren der Fahrbahn zulassen. Dies wird idR gegeben sein in Zonen mit* *abgesenkter Höchstgeschwindigkeit (Tempo 30-Zone), Fahrradstraßen, Straßen, für die ein umfassendes Verbot für den Fahrzeug- oder Kraftfahrzeugverkehr (ohne einschränkende Zusatzzeichen) angeordnet wurde und Sackgassen. Auf solchen verkehrsarmen Straßen ist ein Unterbinden des Querens der Fahrbahn im Verlauf der Straße idR per se nicht erforderlich. Die Änderung soll verdeutlichen, dass in solchen Situationen ein Überqueren auch im Straßenverlauf zulässig ist. Fußgängerzonen (Z 242.1) und verkehrsberuhigte Bereiche (Z 325.1) verfügen über keine Fahrbahn im engeren Sinne. Hier ist der Fußgängerverkehr überall möglich, die Regelungen bleiben unberührt.*

VwV zu § 25 Fußgänger

Zu Absatz 3

1 I. Die Sicherung des Fußgängers beim Überqueren der Fahrbahn ist eine der vornehmsten **9** Aufgaben der Straßenverkehrsbehörden und der Polizei. Es bedarf laufender Beobachtungen, ob die hierfür verwendeten Verkehrszeichen und Verkehrseinrichtungen den Gegebenheiten des Verkehrs entsprechen und ob weitere Maßnahmen sich als notwendig erweisen.

2 II. Wo der Fahrzeugverkehr so stark ist, daß Fußgänger die Fahrbahn nicht sicher überschreiten können, und da, wo Fußgänger den Fahrzeugverkehr unzumutbar behindern, sollten die Fußgänger entweder von der Fahrbahn ferngehalten werden (Stangen- oder Kettengeländer) oder der Fußgängerquerverkehr muß unter Berücksichtigung zumutbarer Umwege an bestimmten Stellen zusammengefaßt werden (z. B. Markierung von Fußgängerüberwegen oder Errichtung von Lichtzeichenanlagen). Erforderlichenfalls ist bei der Straßenbaubehörde der Einbau von Inseln anzuregen.

3 III. 1. Die Markierungen an Lichtzeichenanlagen für Fußgänger, sogenannte Fußgängerfurten, bestehen aus zwei in der Regel 4 m voneinander entfernten, unterbrochenen Quermarkierungen. Einzelheiten ergeben sich aus den Richtlinien für die Markierung von Straßen (RMS). Vgl. zu § 41 Abs. 1, Anlage 2 Abschnitt 9.

4 2. Wo der Fußgängerquerverkehr dauernd oder zeitweise durch besondere Lichtzeichen geregelt ist, sind Fußgängerfurten zu markieren. Sonst ist diese Markierung, mit Ausnahme an Überwegen, die durch Schülerlotsen, Schulweghelfer oder sonstige Verkehrshelfer gesichert werden, unzulässig.

5 3. Mindestens 1 m vor jeder Fußgängerfurt ist eine Haltlinie (Zeichen 294) zu markieren; nur wenn die Furt hinter einer Kreuzung oder Einmündung angebracht ist, entfällt selbstverständlich eine Haltlinie auf der der Kreuzung oder Einmündung zugewandten Seite.

6 IV. Über Fußgängerüberwege vgl. zu § 26. **10**

7 V. Wenn nach den dort genannten Grundsätzen die Anlage von Fußgängerüberwegen ausscheidet, der Schutz des Fußgängerquerverkehrs aber erforderlich ist, muß es nicht immer geboten sein, Lichtzeichen vorzusehen oder Über- oder Unterführungen bei der Straßenbaubehörde. In vielen Fällen wird es vielmehr genügen, die Bedingungen für das Überschreiten der Straße zu verbessern (z. B. durch Einbau von Inseln, Haltverbote, Überholverbote, Geschwindigkeitsbeschränkungen, Beleuchtung).

8 VI. Die Straßenverkehrsbehörde hat bei der Straßenbaubehörde anzuregen, die in § 11 Abs. 4 der Straßenbahn-Bau- und Betriebsordnung vorgesehene Aufstellfläche an den für das Überschreiten durch Fußgänger vorgesehenen Stellen zu schaffen; das bloße Anbringen einer Fahrstreifenbegrenzung (Zeichen 295) wird nur ausnahmsweise den Fußgängern ausreichenden Schutz geben.

Zu Absatz 5

9 Das Verbot ist bußgeldbewehrt durch § 63 Abs. 2 Nr. 1 der Straßenbahn-Bau- und Betriebsordnung; wenn es sich um Eisenbahnanlagen handelt, durch § 64b der Eisenbahn-Bau- und Betriebsordnung. **11**

Übersicht

12   **1. Normadressat** ist der Fußgänger. Dabei handelt es sich um VT, die sich zu Fuß von einem Ort an einen anderen bewegen (BVerwG NVwZ-RR **15** 771). Personen (auch Grundstückeigner, auf die die Reinigungspflicht abgewälzt ist), die sich zum Zweck der StrReinigung auf der Fahrbahn aufhalten, gehören nach BVerwG aaO (mAnm *Koehl* SVR **15** 395), wie § 35 VI S. 1, 2 zeigt, nicht dazu. Richtig dürfte sein, dass solche Personen schon eine VT sind (§ 1 Rn. 17, 18). **Wo Gehwege vorhanden sind,** wenn auch nur auf einer StrSeite (BGH NJW **57** 223, VM **64** 25 (Fußweg in Unterführung), VRS **17** 420, Stu VRS **37** 197), müssen Fußgänger sie inner- wie außerorts benutzen (I). **Inline-Skater** (§ 24 Rn. 8, 10) unterliegen im StrV den Regeln für Fußgänger (§ 24 I S. 2; s. dort Rn. 8, 8a), sie dürfen daher weder die Fahrbahn benutzen noch Radwege (Kar NZV **99** 44); auf Gehwegen müssen sie besondere Rücksicht auf Fußgänger nehmen (BGH NJW **02** 1955) und uU Schrittgeschwindigkeit einhalten, nämlich immer dann, wenn dies zum Schutz anderer Fußgänger nötig ist (Kar NZV **99** 44, Ce NZV **99** 509, *Kramer* VD **01** 256). **Gehwege** sind solche öffentlichen VFlächen, die zur Benutzung durch Fußgänger bestimmt und eingerichtet sowie durch Trennung von der Fahrbahn auf Grund ihrer Gestaltung (Pflasterung, Plattenbelag, Bordstein oder andere Trennlinie) äußerlich als solche erkennbar sind (Kö VRS **102** 469, Kar NZV **04** 271, DAR **00** 307, Dü VRS **82** 211, 363, NZV **94** 372, VersR **96** 1121, VRS **91** 309, Ha DAR **94** 409). Unbefestigtes, mit Bäumen bepflanztes Gelände am Rande ist Bestandteil des Gehwegs, wenn es nicht von der Fläche, die betreten werden darf, erkennbar abgegrenzt ist wie etwa durch Bepflanzung oder Stahlrohre (Kar NZV **04** 271, Kö VRS **93** 452, Dü NZV **94** 372). Kombinierter Geh- und Radweg: Z 240 (Anl 2 lfd. Nr. 19). Die Fahrbahn dürfen Fußgänger nur benutzen, wenn kein begehbarer Gehweg und auf keiner Seite ein gegenwärtig begehbarer Seitenstreifen vorhanden ist (Ha VM **72** 16, Dü VersR **72** 793), auf andere Möglichkeiten (Sommerweg, Pfad im Gelände) müssen sie sich nach dem klaren Wortlaut des § 25 I nicht verweisen lassen (str; s. Rn. 14). Gehwege pflegen baulich von der Fahrbahn deutlich abgegrenzt zu sein, vor allem durch Bordsteine, uU auch durch Randlinien. Auch Ortsfremden müssen sie bei Sorgfalt erkennbar sein. Für den Fz- (auch Anlieger-)Verkehr gesperrte Straßen stehen Gehwegen gleich. Mangelhafte Gehwege braucht der Fußgänger nicht zu benutzen, wenn das besonders mühevoll ist oder die Schuhe verdirbt (Schl VM **64** 8 (Kiesschotter)). Bankette sind zu benutzen, wenn sie als Gehweg vorgesehen und geeignet sind (BGH VRS **14** 296). Einbeziehung eines Sommerwegteils in die Fahrbahn macht den Rest nicht ohne Weiteres zum Gehweg (Ol DAR **57** 18). Auf dem Gehweg darf sich der Fußgänger vor Fahrverkehr sicher fühlen (Ha VRS **19** 358, Hb VM **59** 23): Ausnahme: § 2 V. Jedoch muss er, wie der Fahrverkehr (BGH VRS **13** 20 (Radf)), **Abstand zur Bordsteinkante** halten (§ 1; BGH NJW **65** 1708 (Mitverschulden bei Gehen am äußersten Gehwegrand ohne zwingenden

Grund), Hb VRS **17** 155, Dü VRS **67** 1 (Warten am Rande einer VInsel im Profilbereich der Straba, Alleinhaftung des Fußgängers); aM Dü NZV **92** 232 (Mitverschulden im Ergebnis aber wohl zu recht verneint)). Mit 25 cm in den Gehweg ragenden FzTeilen vorbeifahrender Fz braucht der Fußgänger jedoch idR nicht zu rechnen (Dü NZV **92** 232). Richtlinien zur sicheren Führung des FußgängerV: VkBl. **64** 223. Wer als Schädiger einem Fußgänger Nichtbenutzung des Gehwegs als Mitschuld vorwirft, muss Begehbarkeit des Gehwegs zur Unfallzeit nachweisen (Ce VersR **79** 451 (Schlackenweg)).

Begehbare Seitenstreifen sind in derselben Weise wie Gehwege zu benutzen, wo Gehwege **13** fehlen (BGH VRS **17** 420). Seitenstreifen (Bankette) sind StrTeile, die erkennbar nicht zur Fahrbahn gehören (s. I S. 2 sowie § 2 Rn. 25), aber nicht als Gehweg ausgebaut sind. Ungepflegte (unpassierbare) Seitenstreifen müssen nicht benützt werden (BGH VM **67** 33). Innerhalb des Seitenstreifens muss der Fußgänger nicht äußerst links gehen (Fra VRS **82** 255 (kein Mitverschulden)). Wer nachts außerorts trotz eines begehbaren Seitenstreifens 1,60 m neben dem Fahrbahnrand auf der Fahrbahn geht, handelt grob verkehrswidrig (Ha VersR **72** 308).

Literatur: *Greger,* Haftungsfragen beim Fußgängerunfall, NZV **90** 409. *Kielhorn,* Tödliche StrVUnfälle **13a** von Fußgängern, ZBlVM **72** 129. *Martin,* Vertrauensgrundsatz und Kinder im StrV, DAR **63** 117. *Mittelbach,* Kraftfahrer und Fußgänger, DAR **61** 244. *Schleiermacher,* Auffällige Beziehungen in der Statistik von Fußgängerunfällen, ZVS **71** 48. *Schnitzerling,* Die Gefährdung des Minderjährigen im StrV …, DAR **72** 318. *Weis,* Strafrechtliche Haftung bei VUnfällen von Fußgängergruppen, NJW **61** 1662.

1a. Am äußeren Fahrbahnrand ist zu gehen, wo begehbare Gehwege oder Seitenstreifen **14** fehlen, **innerorts** nach Wahl links oder rechts (I S. 3), beim Rechtsgehen aber unter besonders sorgfältiger VBeachtung (BGH VersR **67** 257). Denn auf der Fahrbahn hat der Fahrverkehr Vorrang (BGH VRS **32** 206). Überhaupt ist bei jeder Fahrbahnbenutzung, auch am äußersten Rand, der **Fahrverkehr zu beachten,** auch wenn er gering ist (BGH VRS **6** 87, Ha VRS **19** 129), besonders bei Regen oder Dunkelheit (BGH DAR **63** 193). Nachts muss ein Fußgänger vor Fz rechtzeitig zur äußersten Fahrbahnseite ausweichen, bei drohender Gefährdung auch auf den Randstreifen (BGH VersR **72** 258, Dü VersR **75** 1052, Ha VersR **85** 357, NZV **95** 483 (auch außerorts, andernfalls Mitverschulden, s. Rn. 15)). Wer innerorts am äußersten Rand geht, muss vor einem langsamen Kfz nicht beiseite treten, er darf darauf vertrauen, dass der Kf gehörigen Abstand (§ 5 IV) hält (Ol DAR **62** 256). Ist lebhafter Verkehr oder wird überholt, so kann er uU auch einmal beiseite treten müssen (BGH VRS **32** 206, Dü VersR **75** 1052, Ce DAR **84** 124 mAnm *Berr* (Erkennbarkeit der Gefährdung durch ein von hinten nahendes Fz)), doch darf der Fahrverkehr darauf nicht vertrauen. Nach BGH DAR **60** 72 und Ha VM **72** 16 soll aus Gründen der VSicherheit uU sogar ein begehbarer Pfad neben der Straße benutzt werden müssen (ebenso *Greger* NZV **90** 411 unter Hinweis auf § 1 II; jedoch geht § 25 insoweit als speziellere Regelung vor). Diese Auffassung widerspricht I S. 2, der zur Benutzung des Fahrbahnrands berechtigt (Rn. 12). Ausweichen bei begegnenden Fz: Rn. 15. Sind **Gehstreifen unbenutzbar** (Eis, hoher Schnee, Krusten), so darf der Fußgänger auf der Fahrbahn gehen (BGH NZV **95** 144), muss sich aber so verhalten, dass ein Fz nicht seinetwegen bremsen muss (BGH VM **63** 1). Dann sind Fahrverkehr wie Fußgänger zu äußerster Sorgfalt und Rücksichtnahme verpflichtet (BGH NZV **95** 144, Sa VRS **23** 302). Fahrgeschwindigkeit bei Fußgängern auf der Fahrbahn: § 3. Mit entgegenkommenden Fußgängern braucht der Kf nur im Bereich des Fahrbahnrands zu rechnen (Bay VRS **60** 384). Kf müssen nicht damit rechnen, dass ein Fußgänger vom Fahrbahnrand **plötzlich auf die Fahrbahn** tritt (BGH VRS **32** 437, Bay VRS **55** 183, Kö VRS **56** 29, Ha NZV **99** 374, Dü VersR **76** 152), idR auch nicht zwischen stehenden Fz hervor (Ha NZV **93** 314 (FzStau)), uU jedoch mit seitlichem Ausweichen vom Bankett oder Grasstreifen, um am Fahrbahnrand weiterzugehen (BGH NZV **89** 265 mAnm *Kääb*). Wer unmittelbar vor einem Bus achtlos die Fahrbahn betritt, kann auch bei erhöhter BusBG den Schaden allein tragen müssen (Dü VersR **73** 40). Gehen Fußgänger innerorts verkehrswidrig, so muss der Kf deshalb nicht mit weiteren derartigen Verstößen rechnen (Stu VRS **37** 197). Wer ein defektes Kfz auf der Fahrbahn anschieben hilft, unterliegt nicht § 25 (Sa VM **77** 75; *Bender* MDR **60** 462).

1b. Außerorts besteht Linksgehpflicht, soweit zumutbar (I S. 3). Der links gehende Fuß- **15** gänger kann sich auf den FahrV (GegenV) besser einstellen und ist deshalb idR dort weniger gefährdet. Die Vorschrift schützt den Fußgänger- wie FahrV (BGH NJW **57** 1526, VRS **32** 206). Geschlossene Ortschaft: § 3. Es ist äußerst links zu gehen, es sei denn, die Str ist hinreichend breit und der FahrV nicht dicht (BGH VRS **11** 89, VersR **64** 633 (nachts)). Läufer („Jogger") sind „Fußgänger" und unterliegen den Bestimmungen des § 25; sie verhalten sich verkehrsgerecht, wenn sie außerorts am linken Fahrbahnrand laufen (Kö VRS **65** 169 (kein Mitverschulden bei Unfall mit entgegenkommendem Krad)). Entsprechendes gilt für Rollschuhfahrer und Inline-Skater (§ 24 Rn. 8, 10; BGH NJW **02** 1955, Ha NJW-RR **14** 411; *Wiesner* NZV **98** 180, VGT 98 NZV **98** 146, aM Ol NZV **00** 470 (abl *Bouska*), *Vogenauer* VersR **02** 1486 (weil „immer" iS von I S. 3 unzumutbar)). Das Linksgehgebot *verpflichtet den Fußgänger nicht grds. zum Platzmachen,* wenn ein Fz grundlos allzu scharf rechts fährt (BGH VRS **16** 186, 270, 276, VersR **62** 1086 (nachts)). Ein entgegenkommender Fußgänger muss idR nicht auf die Grasnarbe ausweichen (Kö VRS **50** 193), auch nicht nachts, wenn er dunkel gekleidet ist (Mü VersR **08** 799 (kein Anscheinsbeweis für Mitverschulden, wenn Fußgänger alkoholisiert ist) mAnm *Uyanik*). Überhaupt braucht derjenige, der ordnungsgemäß am Fahrbahnrand geht, grundsätzlich begegnenden Fz nicht von der Fahrbahn weg Platz zu machen, er darf auf ausreichenden Abstand vertrauen (BGH VersR **67** 706). Auch nachts auf unbeleuchteten Strn hat er zwar auf Fz Rücksicht zu nehmen, es trifft ihn jedoch keine *allgemeine* Pflicht zum Beiseitetreten und Abwarten (BGH DAR **60** 72, Ce VersR **70** 187, Kö VRS **65** 169). UU kann er allerdings verpflichtet sein, auszuweichen und Fz vorbeizulassen, vor allem **bei erkennbar drohender Gefährdung,** wenn dies gefahrlos und ohne Schwierigkeiten möglich ist (BGH VersR **72** 258, Ha DAR **01** 166, In NJW **18** 77). Dies gilt zB auch, wenn die Sicht bei Dunkelheit zusätzlich durch Regen oder Nebel stark beeinträchtigt ist (Ce VersR **70** 187, Mü VersR **70** 628, Ha VersR **85** 357). Ungeordnet gehende **Personengruppen** aller Art gelten nicht als geschlossene Verbände und haben deshalb bei Zumutbarkeit äußerst links zu gehen, uU auch scharf links hintereinander (BGH VRS **27** 40, **32** 206). Ist Raum für unbehinderte FzBegegnung, dürfen Fußgänger auch nebeneinander gehen. Bei guter Begehbarkeit sind Seitenstreifen zu benutzen (OlVM **68** 87).

16   **Ist Linksgehen außerorts unzumutbar,** so darf der Fußgänger rechts gehen. Das gilt auch für Inline-Skater (BGH NJW **02** 1955 (linker Fahrbahnrand uneben)). Beispiele: Begr (Rn. 1–3). Es müssen nach allen Umständen triftige, vernünftige Gründe dafür bestehen, rechts zu gehen. Solche Umstände sind zB: Unmöglichkeit des Zurücktretens von der Fahrbahn (Felswand, Mauer, Abgrund, Graben), Körperbehinderung (Oberschenkelamputierte, Blinde; *Booß* VM **60** 11, BMV VkBl. **58** 515). Auch in unübersichtlichen Kurven ohne genügend Ausweichmöglichkeit nach links oder ohne Übersicht über den entgegenkommenden Fahrverkehr, der sich an solchen Stellen äußerst rechts halten muss, darf äußerst rechts gegangen werden (BGH VM **64** 84). Wer aus triftigem Grund rechts gehen durfte, muss nicht bei geänderten Verhältnissen alsbald wieder nach links zurückkehren. Er muss nicht fortwährend, um sich „anzupassen", die Fahrbahn überqueren (Begr), es sei denn, Linksgehen wäre auf längere Strecke wieder möglich.

17   Verkehrswidrig geht, wer sich mehrere Meter **vom Fahrbahnrand entfernt** hält oder gar achtlos auf der Fahrbahnmitte (Bay DAR **59** 19). Wer andere Fußgänger zur Mitte hin „überholt", muss alsbald danach wieder zum Rand gehen und während des Überholens besonders auf Fz achten (BGH VRS **6** 264), ebenso wer eine Fahrbahnverengung (Baustelle) passiert (BGH VersR **62** 89).

18   Gemäß dem Linksgehgebot außerorts müssen Kf damit rechnen, dass ihnen auf ihrer Fahrbahnseite **Fußgänger entgegenkommen,** sie müssen auf sie besondere Rücksicht nehmen, dürfen sie nicht abdrängen, sondern müssen notfalls zur Mitte hin ausweichen oder anhalten. Der Anschein spricht gegen den, der einen am rechten Fahrbahnrand entgegenkommenden Fußgänger anfährt, es sei denn, er war unvorhersehbar geblendet (BGH VRS **50** 15). Der vorschriftsmäßig beleuchtete Kradf braucht nicht damit zu rechnen, dass ihm auf der StrMitte ein Fußgänger entgegenkommt (Ha VRS **16** 122). IdR mindestens *1 m* Seitenabstand zu entgegenkommenden Fußgängern (Kö VRS **50** 193, Ko VRS **41** 115), bei höherer Fahrgeschwindigkeit mehr. Hält der mäßig schnell fahrende PkwF von einem ihm zügig entgegenkommenden rüstigen Fußgänger, 70 cm Abstand, so muss er mit falscher Reaktion nicht rechnen (BGH VRS **30** 101). Doch wird der Kf auch weiterhin darauf gefasst sein müssen, dass Fußgänger *auf der Fahrbahn rechts gehen* (Ko VRS **41** 115), weil er meist nicht überblicken kann, ob sie nicht Grund dazu haben (Zw VRS **44** 275). Beim Vorbeifahren an rechts willkürlich „geordnet" gehenden Halbwüchsigen, auf deren Achtlosigkeit nichts hindeutet, können bei 50 km/h 1,20 m Seitenabstand ausreichen (Kö VRS **47** 182). Mindestabstand von 1 m zu einem achtlosen Fußgänger auf der Fahrbahn (Sa VM **79** 87). Wer ein unklares Hindernis auf der Fahrbahn sieht, muss damit rechnen, dass dies ein Mensch sein könne (BGHSt **10** 3, VRS **12** 54). Der geblendete Kf muss mit Menschen auf der Fahrbahn rechnen (BGH VRS **32** 266). Zum **Überholen von Fußgängern** § 5 IV S. 3 und dort Rn. 55.

19   **Einzeln hintereinander gehen** müssen bei Dunkelheit, schlechter Sicht oder dichtem Verkehr alle Fußgänger, soweit sie die Fahrbahn mitbenutzen (I), und zwar inner- wie außerorts und

ohne Rücksicht auf die erlaubte Gehseite. Doch wird der Fahrverkehr, so wichtig diese Regel auch ist, darauf nicht vertrauen dürfen.

2. Die Autobahn dürfen Fußgänger, von Notfällen abgesehen, aus VGründen nicht betreten **20** (§ 18 IX), außer dienstlich. Für die ABParkplätze gilt das Verbot nicht (Stu VM **61** 90 mAnm *Booß*). Kommt auf der AB ein Fußgänger winkend entgegen, so muss der Kf verlangsamen (BGH VRS **26** 325).

Kraftfahrstraßen (Z 331.1) dürfen Fußgänger nicht betreten, Radf nicht befahren, aber an **21** Kreuzungen und Einmündungen zügig überqueren (§ 18 IX, § 25).

3. Überschreiten der Fahrbahn (III) fordert von Fußgängern erhöhte Sorgfalt (Begr, **22** Rn. 5–7, Rn. 33). Sicherheitsanweisungen an die Pol: VwV Rn. 1. Vor und beim Überschreiten ist der Fahrverkehr zu beachten (Rn. 33). Es muss zügig und rechtwinklig zur Fahrtrichtung geschehen (Rn. 41, 42). Wo der Fußgänger die Fahrbahn überquert, steht ihm frei, ausgenommen den Fall dichteren Verkehrs (III S. 2: „wenn die VDichte usw. es erfordern"; Rn. 43–45). Er muss nicht die schmalste Stelle aussuchen (Ce NJW **56** 1044), oder eine VInsel. Überschreiten der Fahrbahn 50 m neben einer Fußgänger-LZA unter Überqueren eines bepflanzten, durch Leitplanken gesicherten Mittelstreifens kann grobfahrlässig sein (Mü DAR **01** 407, KG VRS **104** 1 (25 m)). Mit verkehrswidrigem Fahren braucht der Fußgänger idR nicht zu rechnen (BGH NJW **66** 1211). Näher zu den *Pflichten des Fußgängers* beim Überschreiten der Fahrbahn Rn. 33 ff. Fz sollen *an überquerenden Fußgängern möglichst hinten vorbeifahren* (BGH VRS **17** 276, **29** 437, **59** 165, VersR **65** 1054, NJW **87** 2377, KG VRS **69** 417, VM **89** 23), vor allem wenn diese von rechts kommen (BGH VM **73** 3, KG VRS **69** 417), außer auf EinbahnStr, wo auch links gefahren wird (Ha DAR **60** 360) oder der von links kommende Fußgänger noch weit links ist. Dass ein Kf nicht hinter einem überquerenden Fußgänger vorbeigefahren ist, ist ihm nicht vorzuwerfen, wenn dies hätte irritieren können (Dü DAR **76** 190). Der Versuch, noch knapp vor dem Fußgänger vorbeizukommen, kann zu dessen Schreckreaktion führen (BGH GA **55** 367, VM **69** 91, VRS **59** 165). Wer hinter dem Fußgänger vorbeifährt, muss ihn beobachten (Ce VRS **37** 300). Mit schwerhörigen Fußgängern muss kein Kf rechnen (Bra VRS **30** 447); jedoch wird uU Achtlosigkeit zur Vorsicht mahnen.

Auf **gebrechliche, betagte, unbeholfene, unsichere oder unachtsame Leute** muss der V, **23** auch nach Blickkontakt (Hb VRS **57** 187), besondere Rücksicht nehmen, weil sie sich nicht oder nur schwer anpassen können oder sich achtlos verhalten (vgl. § 3 IIa; BGH VRS **17** 204, **20** 326, KG VRS **70** 463). Insoweit kein Vertrauensgrundsatz (Kö VRS **52** 276, Kar NJW-RR **87** 1249, s. aber § 3 Rn. 29a). Doch ist VUnsicherheit nur bei *offensichtlich* hohem Alter oder Gebrechlichkeit vorauszusetzen, nicht zB schon bei jeder alten Frau (BGH VRS **17** 204, Hb VM **66** 44, Ce VRS **41** 392), aber bei jedem erkennbaren Anzeichen von Unsicherheit (Kö VRS **52** 276, BGHZ **20** 336, Hb VM **66** 44). Auch bei älteren Fußgängern braucht aber nicht stets mit verkehrswidrigem Überqueren der Fahrbahn gerechnet zu werden; die Umstände sind maßgebend (Bay VRS **65** 461, krit *Krümpelmann, Lackner*-F 303). Wer einen Fußgänger zügig und achtlos kreuzen sieht, muss sich auf Unaufmerksamkeit und Schreckreaktion einstellen (Dü VM **70** 38). Auf Fußgänger auf der Fahrbahn, die sich offensichtlich verkehrswidrig verhalten (Pullover über den Kopf gezogen), ist äußerste Rücksicht zu nehmen (Ko VRS **42** 278), desgleichen auf Fußgänger, der auf der Fahrbahnmitte Zeitung liest und auf Hupen nicht reagiert (KG DAR **09** 333). Weicht ein Kf vor einem die Fahrbahn unachtsam betretenden Fußgänger nach links aus, so ist ihm daraus idR kein Vorwurf zu machen (Zw VersR **72** 593).

Auch auf **Betrunkene** und Angetrunkene muss der Verkehr jede mögliche Rücksicht neh- **24** men (vgl. § 3 IIa; BGH VRS **21** 341), notfalls anhalten (Ce DAR **57** 73) und auf verkehrswidriges Verhalten beim Überschreiten der Fahrbahn gefasst sein (BGH VRS **18** 52, **60** 429, **68** 897, VM **68** 89). Doch müssen Anzeichen für Angetrunkenheit sprechen (Dü NZV **94** 70). Ein Kf muss die Wirtshausheimkehrer vom Vormittag des Osterfeiertags nicht für angetrunken halten (BGH VRS **18** 123), auch nicht einen nächtlichen Fußgänger nur wegen Gasthausnähe (BGH VM **76** 9, Ha NZV **99** 374) oder freitags Nacht („Zahltag"; KG VM **87** 40), anders nach Kö VRS **75** 87 samstags Nacht zur Sperrstundenzeit, anders auch, wenn in der Nacht nach Fastnacht ein Fußgänger auf der Fahrbahn steht (BGH VM **65** 25). **Zurücktreten der BG:** § 9 StVG Rn. 13 ff. **Mitschuld betrunkener Fußgänger:** § 9 StVG Rn. 15.

An einer **Menschengruppe** auf der Fahrbahn ist besonders vorsichtig vorbeizufahren (BGH **25** VersR **60** 737 (Theater), Kö VRS **99** 401 (Jugendliche)). Kein Vertrauensgrundsatz: Kö VRS **52** 186. Bei mehreren Fußgängern, die die Fahrbahn überqueren wollen, muss sich der Kf nach dem achtlosesten richten (Sa VM **75** 13).

26   **Besondere Rücksicht ist auf Kinder zu nehmen,** weil sie sich infolge Unerfahrenheit dem StrV nicht anpassen können (§ 3 IIa). Die Abgabe von WarnZ mit der Hupe ist ein geeignetes Mittel zur Gefahrenabwehr (Sa VM **82** 69). *Kleineren Kindern* erscheinen parkende Autos wegen ihrer geringen Augenhöhe hoch, sie haben geringe Körperbeherrschung und neigen zu Spontanreaktionen, vermischen Realität und Phantasie; sie können sich kaum konzentrieren (*Limbourg* VGT **01** 40), können Geräusche schlecht orten und trennen, Fahrgeschwindigkeiten nicht schätzen (Schl NZV **03** 188). Es muss mit jeder Unbesonnenheit gerechnet werden (BGH VRS **4** 128, Ha VersR **98** 898, Stu NZV **92** 196, Ko VRS **48** 201, Dü VRS **63** 257, Sa VRS **80** 164, Schl VRS **75** 282; *Limbourg* VGT **98** 211, *Scheffen* DAR **91** 124). Trotz § 3 IIa muss der Kf aber nur dann besondere Vorkehrungen (zB Verringerung der Geschwindigkeit) zur Gefahrenabwehr treffen, wenn das Verhalten der Kinder und die Situation *den Eintritt einer Gefahr befürchten lassen* (BGH NZV **01** 35, NJW **86** 184, VersR **92** 890, Ol VRS **87** 17, Ha NZV **01** 302). Von *Schulkindern* mit zunehmendem Alter kann erwartet werden, dass sie ihr Verhalten auf die Gefahren des V einstellen (Ha NZV **90** 473 (8 1/2 Jahre), Bay DAR **89** 114 (10 Jahre), Hb NZV **90** 71, Ha VRS **80** 261 (12 Jahre)). Ein Kf braucht nicht damit zu rechnen, dass ein 10-Jähriger trotz Beobachtung des V plötzlich auf die Fahrbahn tritt (Bay DAR **89** 114, Ce NZV **05** 261, Ha NZV **96** 70 (13-Jähriger)). Der Möglichkeit plötzlicher Fahrbahnüberquerung durch ein 10 1/2-Jähriges Kind muss aber durch rechtzeitiges Verlangsamen begegnet werden, wenn dieses startbereit, quer zur Fahrbahn auf dem Fahrradsattel sitzend, nur auf die gegenüberliegende StrSeite blickt (Ol DAR **04** 706, Ha VersR **96** 906). Droht verkehrswidriges Verhalten eines 9-Jährigen, so muss ein Kf warnen und notfalls sehr langsam fahren (Dü VM **76** 55). Bei einem 8-Jährigen, der auf der Fahrbahnmitte kurz verhält, darf nicht auf Stehenbleiben und Abwarten vertraut werden (Stu VRS **59** 260). Ohne Anhaltspunkte muss nicht damit gerechnet zu werden, dass ein 8 1/2-Jähriger blindlings auf die Fahrbahn läuft (Dü VM **76** 61, Ce VersR **87** 360), ebenso bei 8-Jährigem (KG NJW-RR **87** 284) oder 9-Jährigem (Kar VersR **86** 770, Stu NZV **92** 196), anders uU bei Kindergruppe (Rn. 28) auf dem Gehweg im Bereich einer das Überqueren erleichternden VInsel (Ha NZV **00** 259). S. aber § 1 Rn. 24.

27   Beim Vorbeifahren an **Kleinkindern** muss der Kf jederzeit anhalten können und darf sie nicht aus den Augen lassen (Ko VRS **48** 201, Ha NZV **91** 194, Schl NZV **95** 24). Rollt ein Ball auf die Fahrbahn, so muss ein Kf darauf gefasst sein, dass jemand dem Ball nachläuft (BGH VRS **18** 45, MDR **60** 239). Beobachten Kleinkinder vom Gehweg aus ein Reklameluftschiff, muss mit einem Laufen auf die Fahrbahn gerechnet werden (Ha VRS **17** 436, Sa VRS **36** 218). Ein 10-Jähriger ist nicht mehr Kleinkind in diesem Sinn (BGH VM **63** 1, Ba NZV **93** 268). Dass unbeaufsichtigte kleine Kinder unüberlegt handeln, muss jeder Kf mit äußerster Vorsicht berücksichtigen (WarnZ, Verlangsamung, § 3 IIa; BGH VRS **21** 4, **23** 445 NJW **68** 249, Kö VersR **82** 154, Kö VRS **70** 373, Schl VRS **75** 282), besonders bei Kindergruppen auf beiden Fahrbahnseiten (BGHZ **63** 89, Ol VRS **87** 17). Der **Vertrauensgrundsatz** gilt gegenüber ersichtlich verkehrserfahrenen Kindern (Dü VRS **63** 66, Fra VersR **84** 1093) auch nach Einfügung des § 3 IIa (§ 1 Rn. 24), aber nicht gegenüber unbehüteten Kleinkindern (BGH VRS **46** 114, Kö VRS **70** 373, *Pardey* ZfS **02** 267 f.), zB nicht bei einem 6-jährigen Kind an der Fahrbahnkante (Kö VRS **34** 113, Ha VM **73** 70), auch nicht bei zwar schulpflichtigen, aber unter 8 Jahre alten an der Fahrbahn wartenden Kindern (Dü VRS **63** 257, Kar VRS **71** 62). Gibt ein 8-jähriges Kind dem abbiegenden Kf ein Freizeichen, so muss dieser nicht befürchten, das Kind werde sich jetzt unachtsam verhalten (BGH VRS **4** 175). Wer auf schmaler Str (5,5 m) mit „50" fährt, muss nicht damit rechnen, dass sich von 2 einem Schaufenster zugewandten Kindern (10 und 5 Jahre) das kleinere plötzlich umdreht und auf die Fahrbahn läuft (Zw VRS **41** 113). Nur gegenüber Kleinkindern soll die Versagung des Vertrauensgrundsatzes keiner besonderen Begr bedürfen (Hb VersR **76** 945; s. aber Rn. 26). Fehlt jedes Anzeichen für eine VWidrigkeit, so soll nach Sa VRS **47** 343 ausnahmsweise der Vertrauensgrundsatz auch bei kleineren Kindern gelten (s aber Rn. 26). *Warnzeichen „Kinder":* § 40 Rn. 102. Besondere Vorsicht und uU ein WarnZ ist nötig, wenn ein unbeaufsichtigtes 7-jähriges Kind unaufmerksam abgewandt neben der Fahrbahn steht (BGH VersR **68** 475). Besondere Umstände können es ausnahmsweise notwendig machen, das Kind auch während des Vorbeifahrens noch seitlich im Auge zu behalten (BGH VersR **92** 202). Auf ein *abgewandt stehendes oder in Fahrtrichtung laufendes Kind* muss sich ein Kf sofort einstellen (WarnZ, Verlangsamung; Kö VersR **78** 853, KG VersR **79** 137, Ha VersR **79** 653, Kö VRS **70** 373; s. aber Ha VM **86** 22: keine Warnpflicht bei abgewandt stehendem 8 1/2-Jährigem). Läuft ein 8-jähriges Kind anstatt auf dem Gehweg auf dem Radweg neben der Fahrbahn her, muss der Kf mit Unbesonnenheit rechnen und warnen (Ha VRS **45** 428). Zur **Aufsichtspflicht** über kleinere Kinder: Rn. 32a.

Kindergruppen (7–10 Jahre) neigen zu unberechenbarem Verhalten; besonders sorgfältiges 28 Vorbeifahren ist geboten (BGH DAR **68** 244, Ha NZV **00** 259, Kar VersR **83** 252, Ol VersR **94** 116, Schl NZV **95** 24). Bei Scharen von Schulkindern beiderseits und Reifglätte höchstens „15" und mehr als 1 m seitlicher Abstand (Dü VM **68** 79). Bei einer bewegten Kindergruppe 40 m voraus ist WarnZ und Bremsbereitschaft nötig (Kar VRS **35** 212). Ein Kf muss damit rechnen, dass ein kleines Kind aus einer Gruppe größerer plötzlich über die Straße zu anderen Kindern läuft (Schl SchlHA **59** 55), dass, nachdem eines von zwei Kindern die Str in Richtung einer anderen Kindergruppe überquert hat, das andere folgen wird (Ol VRS **87** 17). Dem Kf, der sich auf enger Straße einer Kindergruppe nähert, die er durch SchallZ gewarnt hat, ist Reaktionszeit zuzubilligen, wenn aus der 5 bis 6 m vom Fahrbahnrand entfernten Gruppe plötzlich ein Kind auf die Fahrbahn zuläuft (BGH VersR **59** 615). Beachtet von zwei 10-Jährigen am Bordstein an einer Übergangsstelle nur einer den Verkehr, so muss sich der Kf auf Hinüberlaufen einrichten (Kö VM **74** 47). Ist von mehreren Kindern eines verkehrswidrig über die Fahrbahn gelaufen, ist mit weiteren VWidrigkeiten zu rechnen (KG VersR **74** 368).

Besondere Vorsicht ist in der Nähe von **Schulen** erforderlich, wenn sich die Kinder auf dem 29 Schulweg befinden, da sie dann abgelenkt sind und zu Unbesonnenheiten neigen (Bra DAR **56** 303, Ol VM **66** 39, Mü VersR **84** 395). Auch in Schulnähe und trotz Z 136 braucht jedoch mit unachtsamem Überqueren der Str durch einen sich unauffällig verhaltenden 10-Jährigen nicht gerechnet zu werden (Bay DAR **83** 241 *(Rüth)*). Auch in der Nähe einer ihm bekannten Schule bei Schulbeginn muss ein Kf nicht mit achtlosem Kreuzen einer BundesStr durch einen vorher verdeckten Radf rechnen (Ha VRS **35** 271). Stehen nach Schulschluss 8- bis 9-jährige Kinder beisammen, so muss ein Kf darauf gefasst sein, dass eines plötzlich über die Str läuft (Dü VM **65** 70, Ol DAR **04** 706 (10½ Jahre mit Rad)). Ein PkwF handelt aber nicht ohne Weiteres fahrlässig, wenn er mit „40 bis 50" an einer Schule vorbeifährt, obwohl 3 oder 4 Schüler auf dem Gehweg stehen (Dü NJW **65** 2401). Andererseits können mehr als 20 km/h bei Vorbeifahren an Schülergruppen (10–12 Jahre) auf dem Gehweg an Schulen zu schnell sein (Mü VersR **84** 395). Die Pflicht, auf Kinder Rücksicht zu nehmen, gilt auch für die *Straba* und geht der Pflicht vor, zum reibungslosen Verkehr beizutragen (Dü VM **59** 3). Bei Annäherung an eine Gruppe von Kindern, die aus einem Schulgebäude kommen, muss die Straba mit Schrittgeschwindigkeit und WarnZ fahren (BGH VersR **61** 908). Der *(Schul-)Bus,* der auf einen Platz mit wartenden Kindern fährt, muss Schritt fahren und anhalten, sobald Kinder in den toten Winkel geraten (Kö VersR **73** 847, Ko NJW **77** 60), uU Mitschuld von Kindern. Drängen sich Kinder dem herannahenden Schulbus entgegen, so kann Annäherung an die Haltestelle mit Schrittgeschwindigkeit geboten sein (Kö VersR **90** 434: 13 km/h zu schnell!; VRS **89** 93, s. auch BGH VersR **80** 270). Keine allgemeine Pflicht des LinienbusF jedoch, sich mit Schrittgeschwindigkeit der Haltestelle zu nähern, weil sich unter den Wartenden auch Schüler befinden (Kö VRS **89** 93). Werden nebenherlaufende Kinder durch einen Bus unmittelbar gefährdet, so muss der Busf anhalten; kann er die Gefährdung nicht bemerken, so werden an einer Haltestelle (Schulbus) Schutzgitter anzubringen sein (Ko NJW **77** 60). Zur Sorgfaltspflicht des Schulbusf, der vor der Haltestelle anhält und danach bei wartenden Kindern zur Haltestelle vorfahren muss, s. auch Ko VRS **50** 198. An Kindern, die einen Kindergarten verlassen, ist im Schritt mit sofortiger Anhaltemöglichkeit vorbeizufahren (Stu VersR **79** 1039).

Mit der Achtlosigkeit **spielender Kinder,** besonders kleinerer, muss der Kf rechnen (BGH 30 VersR **70** 286, MDR **61** 42, NZV **88** 102, KG VersR **75** 770), sofern sie bemerkbar sind (Rn. 31). Er darf sie nicht aus den Augen lassen und muss jederzeit halten oder ausweichen können (Dü VersR **77** 160, Sa VRS **70** 106, Kö MDR **66** 325). In für den DurchgangsV gesperrten Str in der Nähe einer Siedlung muss sich der Kf darauf einrichten, dass spielende Kinder sich plötzlich verkehrswidrig verhalten (BGH VersR **67** 607, VM **55** 39). Auf in Fahrbahnnähe rollschuhfahrende Kinder ist besonders zu achten (Fra VersR **84** 1093; s. auch Rn. 32). Umfährt ein PkwF auf schmaler Str ein parkendes Auto, so dass er bis dicht an den linken Bordstein fahren muss, und befinden sich dort spielende Kinder, so muss er so verlangsamen, dass er notfalls sofort halten kann (Sa VRS **30** 52). Befinden sich spielende Kinder auf der Fahrbahn oder am Fahrbahnrand, so sind WarnZ und Verlangsamung nötig (BGH VRS **12** 326, Ha VRS **51** 101 (auch bei 10-Jährigen)), nicht aber bei auf dem Gehweg spielenden größeren Kindern (mindestens 12–13-Jährige) ohne konkrete Anhaltspunkte für verkehrswidriges Verhalten (BGH NJW **82** 1149). Dagegen können mehr als 20 km/h bei Vorbeifahren an 8-Jährigen in Fahrbahnnähe spielenden Kindern zu schnell sein (Ha NZV **88** 102). Auf schmaler, ruhiger Str muss der Kf auch Kinder auf den Gehwegen im Auge behalten (BGH VersR **74** 138). Bei **Kindern von 6 bis 7 Jahren** ist vorsichtige Fahrweise auch geboten, wenn sie sich am Fahrbahnrand befinden (BGH VRS **26**

348, KG VM **97** 52, Fra VM **01** 86 (7¹/₂ Jahre, 50 km/h innerorts zu schnell)). Besondere Vorsicht gegenüber Kindern, die um die Wette laufen (BGH VRS **18** 358).

31   Damit, dass ein **bisher unsichtbares Kind** plötzlich auf die übersichtliche Fahrbahn läuft, braucht ein Kf nur bei triftigem Grund zu rechnen (BGH NJW **85** 1950, NZV **90** 227, Schl VersR **99** 334, Kö DAR **01** 510), auch bei Geschwindigkeitsbegrenzungen auf 30 km/h (Schl VRS **97** 100), etwa wenn er weiß, dass an bestimmter verdeckter Stelle Kinder zu spielen pflegen (Ce VM **67** 23). Keine Vorwerfbarkeit daher, wenn sich der Kf nicht darauf eingestellt hat, dass 7,5 m hinter einem Bus ein bis dahin nicht sichtbar gewesenes Kind im Laufschritt die Fahrbahn überquert (Kar DAR **84** 18). Ein Kf muss ohne Anhalt (s. u) nicht damit rechnen, dass ein Kind plötzlich aus einer Grundstücksausfahrt auf die Fahrbahn läuft oder fährt (BGH NZV **90** 227, Ol NZV **90** 153) oder hinter einem eingezäunten Vorgarten (Ha DAR **56** 23) oder zwischen parkenden Fz unversehens hervortritt (BGH NJW **85** 1950, Kö DAR **01** 510, Dü VRS **72** 29, KG VM **97** 52 (trotz Z 136), Ha NZV **91** 194, Nau NZV **13** 244), auch nicht bei spielenden Kindern auf der anderen StrSeite (Kar VRS **38** 187), anders uU in Wohnsiedlungen, wo Kinder häufig achtlos spielen (BGH VM **70** 74, Sa VRS **70** 106 (über 30 km/h zu schnell), Ha NZV **88** 102, s. aber Ha DAR **89** 148 (48 km/h nicht beanstandet)). Auf unbesonnenes Hervortreten eines Kindes zwischen parkenden Fz muss sich der Kf jedoch einstellen, wenn er ein quer in die Fahrbahn ragendes Kinderfahrrad sieht (BGH VersR **81** 1054, VersR **84** 67), wenn Personen am Fz auf die Möglichkeit eines in FzNähe befindlichen Kindes hindeuten (Mü VRS **93** 256) oder er das Kind zuvor auf dem Gehweg gesehen hatte (Ha NZV **91** 194). Auch in ländlichen Gegenden braucht ein Kf nicht ohne Weiteres darauf gefasst zu sein, dass ein Kind auf die Fahrbahn läuft (BGH VRS **20** 132), so nicht auf schmaler WeinbergStr aus dichtem Gebüsch hervor (Kar VersR **67** 195). Läuft ein Kind in dörflicher Gegend über die Str (Roller), wird der Kf mit weiteren Kindern rechnen müssen (Kö VM **69** 6). Wer als Kf ein *Rad fahrendes Kind* den Gehweg befahren sieht, vor allem unter riskanten Umständen (FußgängerV, Hindernisse auf schmalem Gehweg), muss seine Fahrweise anpassen (Dü VersR **78** 768, Ha NZV **91** 152). Kommen ihm auf dem (schmalen) rechten Gehweg 2 unter 8 Jahre alte Kinder mit Kinderfahrrädern entgegen, die sich einer Haltestelle mit dort auf dem Gehweg wartender Person nähern, so muss er damit rechnen, dass eines der Kinder auf die Fahrbahn gerät (BGH NJW **86** 184, Stu VRS **74** 401). Kommt ihm auf seiner Fahrbahnseite am Fahrbahnrand ein 13-jähriger Radf entgegen, der zuvor den Gehweg befahren hatte, muss er sich darauf einstellen, dass dieser vor ihm auf die andere (richtige) Fahrbahnseite wechseln werde, wo andere Kinder fahren (Ha NZV **00** 167). Ein Kf, dem auf dem Gehweg ein Neunjähriger im Go-Cart entgegengefahren kommt, muss nicht damit rechnen, dass der Junge unvermittelt auf die Fahrbahn und ihm in den Weg fahren werde (Stu VRS **42** 31).

32   Auf sich verkehrsmäßig benehmende **Halbwüchsige** auf dem Gehweg, braucht der Kf idR keine besondere Rücksicht zu nehmen (BGH VRS **46** 114, Ha VRS **80** 261, Kar VRS **46** 122). Der Grundsatz besonderer Rücksicht gilt nicht, wenn gute Gründe dafür bestehen, das Kind sei einer bestimmten VLage gewachsen (BGH VM **62** 64). Der Kf, der eine Gruppe größerer (mindestens 12–13-jähriger) Kinder auf dem Gehweg wahrnimmt, muss nur dann mit verkehrswidrigem, unvorsichtigem Verhalten rechnen und vorbeugende Maßnahmen treffen, wenn konkrete Umstände befürchten lassen, eines der Kinder werde unversehens auf die Fahrbahn laufen (BGH NJW **82** 1149, Hb NZV **90** 71, s. aber Ha NZV **93** 397). Von einem 12-jährigen Gymnasiasten kann umsichtiges, verkehrsgerechtes Verhalten erwartet werden (Mü VersR **84** 395, Ha VersR **90** 986). Mit plötzlichem Überqueren der Fahrbahn durch einen 12-jährigen parallel zur Fahrbahn auf dem Gehweg laufenden Jungen muss ein Kf nicht ohne Weiteres rechnen (Ha VRS **80** 261). Bei einem 12-jährigen Mädchen auf einer BundesStr auf dem Schulweg kann angenommen werden, dass es nicht mehr verkehrsunerfahren ist (BGH VRS **24** 47). Dass ein Schulkind auf dem Grünstreifen auf ein vorsorgliches WarnZ nicht deutlich reagiert, nötigt nicht zu der Annahme, es könne unvermittelt auf die Fahrbahn treten (Ol DAR **63** 194). Doch muss der Kf auch bei größeren Kindern darauf gefasst sein, dass sie bei Ablenkung plötzlich auf die Fahrbahn laufen (BGH VRS **46** 114, **24** 200, Hb NZV **90** 71). Bewegen sich in Fahrbahnnähe rollschuhlaufende 12-jährige Kinder auf die Fahrbahn zu, ohne auf Hupzeichen zu reagieren, muss sich der Kf auf die Notwendigkeit des Anhaltens oder Ausweichens einstellen (Stu VM **77** 25, s. auch Dü VersR **78** 768).

32a   Der **Aufsicht eines Erwachsenen** über ein Kleinkind darf der Kf idR vertrauen (BGHSt **9** 92, NJW **56** 800, VRS **10** 381, Bay RS **47** 53, KG NZV **03** 483). Er muss nicht befürchten, ein Kind in Begleitung Erwachsener werde plötzlich auf die Straße laufen (BGH VersR **92** 890, KG NZV **03** 483, Kö VRS **28** 266) oder nach Warten in der Fahrbahnmitte plötzlich von den Erwachsenen weglaufen, um die Fahrbahn vollends zu überqueren (Kar VersR **82** 450, Stu NZV

92 185). Nach Ba NJW **12** 1820 (m krit Anm *Werkmeister*) kommt den Eltern hinsichtlich des ihrem Kind entstandenen Schadens das Haftungsprivileg gem. § 1664 I, § 277 BGB zugute, wenn sie ihr Kind im StrV nicht durch ein verkehrswidriges Verhalten als Kraftfahrer schädigen (ebenso Ha NZV **94** 68; Kar NZV **08** 511; NJW **12** 3043; aM Stu VersR **80** 952; offengelassen von BGH NJW **04** 2892; zum Ganzen auch *Lang* NZV **13** 161, 214; *Heß/Burmann* NJW-Spezial **14** 9). Zum Ersatzanspruch des Kf gegen den Aufsichtspflichtigen eines 7-Jährigen, dem er ausweicht, wobei er verunglückt (Ce DAR **76** 73). Die Eltern verletzen ihre Aufsichtspflicht, wenn sie nicht stets in der Lage sind zu verhindern, dass ihr sie begleitendes 2-jähriges Kind auf die Fahrbahn läuft (Dü VersR **92** 1233), ebenso, wenn sie ein 4-jähriges Kind auf dem Gehweg einer verkehrsreichen VorfahrtStr unbeaufsichtigt mit Murmeln spielen lassen (KG VM **89** 52), ihm gestatten, auf dem Roller fahrend, einen verkehrsreichen Fußgängerüberweg zu überqueren (Ha NZV **95** 112), oder einem 2$^{1}/_2$-jährigen Kind das unbeaufsichtigte Spielen auf Str (Gehweg) mit lebhaftem Fz- und FußgängerV gestatten (Fra ZfS **93** 116) oder ein im Radfahren geübtes 6-jähriges Kind in Spielstraße (dazu § 42 Rn. 181 zu Z 325.1/325.2) unbeaufsichtigt Rad fahren lassen (Ha NZV **01** 42, AG Mönchengladbach NZV **12** 387 m Bspr *Wittmann* NZV **12** 371). Außerhalb von besonders gefährlichen Situationen genügt es auch bei einem 2-jährigen Kind, wenn die Aufsichtsperson jederzeit eingreifen kann; ständiges an der Hand Halten ist nicht erforderlich (Sa NJW **07** 1888 (zw.), krit *Bernau* DAR **07** 651, LG Kö NJW **07** 2563). Keine Aufsichtspflichtverletzung, wenn die Eltern ein 6-jähriges Kind nach den ersten Wochen nicht weiterhin auf dem Schulweg begleiten (AG Gummersbach MDR **86** 237, Ce NJW-RR **88** 216), den 4$^{1}/_2$ und 6$^{1}/_2$ Jahre alten Geschwistern den gemeinsamen Heimweg vom 150 m entfernten Kindergarten gestatten (Kar DAR **89** 25), ein 5$^{1}/_2$-jähriges Kind auf einer wenig befahrenen Str im dörflichen Bereich nicht begleiten (AG Prüm NJW-RR **07** 91) oder auf einem Parkplatz 1,5 m hinter einem 4-jährigen Kind auf einem Kinderfahrrad gehen (LG Ol NZV **11** 33). Nach AG Fra NJW-RR **97** 1314 keine Aufsichtspflichtverletzung der Eltern, wenn sie einem 6-Jährigen den Schulbesuch mit dem Fahrrad gestatten (abw AG Traunstein NZV **05** 261, s. auch § 2 Rn. 66). Ein 8-jähriges Kind bedarf jedenfalls idR beim Radfahren im öffentlichen StrV auf dem Schulweg oder anderen ihm bekannten Wegen nicht mehr der Überwachung durch die Eltern (Ol DAR **05** 343), desgleichen in verkehrsberuhigtem Bereich nahe der elterlichen Wohnung (LG Sa NZV **15** 386). Aus der durch § 828 II BGB eingeführten eingeschränkten Haftung für Kinder unter 10 Jahren ist keine verschärfte Haftung der Eltern wegen Aufsichtspflichtverletzung herzuleiten (Ol DAR **05** 343, *Bernau* NZV **05** 234). Der Aufsicht eines 13-Jährigen über ein Kleinkind darf ein Kf nur vertrauen, wenn er ausreichender Beaufsichtigung gewiss sein darf (Bay VM **74** 45). Dass ein 4-jähriges Kind an der Hand eines 11-Jährigen ruhig auf dem Gehweg einer Dorfstraße geht, rechtfertigt nicht das Vertrauen, es werde auch dort bleiben (BGH VersR **61** 614). Zur Aufsichtspflicht gegenüber einem 5$^{1}/_2$-jährigem Kind auf Spielplätzen BGH NJW **09** 1952; 1954 mAnm *Bernau* DAR **09** 390. Bei öffentlicher Aufsicht (Schule, städtischer Kindergarten usw.) kommt dem Geschädigten auch im Rahmen von Amtshaftungsansprüchen nach § 839 BGB, Art. 34 GG die Beweislastregelung nach § 832 I S. 2 BGB zugute (BGH NJW **13** 1233 mBspr. *Förster* NJW **13** 1201 und Anm *Bernau* NZV **13** 237 unter Aufgabe von BGHZ **13** 25; ebenso schon Ko DAR **12** 704). Übersicht bei *Bernau* DAR **12** 174, **15** 192, **18** 429. Älteres Schrifttum 44. und 39. Aufl.

3a. Beachtung des Fahrverkehrs durch Fußgänger vor und beim Überschreiten der **33** Fahrbahn nach beiden Richtungen ist geboten (III S. 1). Außerhalb von Fußgängerüberwegen hat der **FzV grundsätzlich Vorrang,** weil die Fahrbahn in erster Linie dem FzV dient (BGH NJW **00** 3069, **84** 50, Fra NZV **01** 218, KG NZV **03** 483, VRS **104** 1, Kö ZfS **93** 258, Ba VersR **92** 1531, Ol NZV **94** 26) und nur besonders sorgfältig überquert werden darf (BGH NJW **00** 3069, **84** 50, Bay NJW **78** 1491, KG VRS **107** 27, **104** 1, VM **99** 11, Ha VRS **82** 12, Kö ZfS **93** 258, Ba VersR **92** 1531). Dass Fußgänger sich vorher umschauen, bezeichnet die Begr als selbstverständlich. Wer die Fahrbahn überschreiten will, darf idR **auf Abbiegeanzeigen vertrauen,** auch hinter Kreuzungen und Einmündungen (KG VRS **57** 173). Wegen der Dauer des Fahrbahnüberschreitens muss er jedoch auch Kfz mit Abbiegeanzeige weiterhin beachten (KG VRS **57** 173). Niemand darf eine Fahrbahn betreten, ohne sich **vorher nach links** (bei EinbahnStr in Fahrtrichtung, Rn. 36) **zu vergewissern,** dass kein Fz naht (BGH VersR **64** 168, KG NZV **03** 483, Ba VersR **92** 1531). Ist die Fahrbahn nach links hin unübersichtlich (Linkskurve), so kann es mangels entgegenstehender Umstände geboten sein, auch nach dem Betreten der Fahrbahn weiterhin zunächst noch nach links zu sehen, s. den allerdings abweichend liegenden Fall BGH VRS **59** 163. Damit, dass Kfz von links aus einer Kurve überschnell herankommen, muss der überquerende Fußgänger nicht rechnen (BGH VRS **59** 165). Umblick ist geboten, auch bei Grün (Rn. 35; BGH NJW **66** 1211, VRS **31** 3). Auf den bevorrechtigten Fahrverkehr ist Rücksicht zu nehmen, also **bei Annäherung eines Fz zu warten** (BGH NJW **00** 3069, Ha NZV **03** 181, VersR **66** 877, KG VRS **104** 1, VM **99** 50, Kö ZfS **93** 258). Kurz vor einem Kfz darf ein Fußgänger die Fahrbahn nicht zu überqueren versuchen; darauf darf der Kf vertrauen (KG VRS **107** 27, VersR **72** 104, Mü VersR **86** 6). Auch der nach links hin Ausgestiegene darf die Fahrbahn nicht achtlos überqueren; damit braucht niemand zu rechnen (Ce NJW **57** 513), auch nicht damit, dass jemand im Dunkeln **unvermittelt auf die Fahrbahn springt** (BGH VRS **19** 282; s. auch Rn. 14), gleichfalls nicht nach einer soeben beendeten Veranstaltung (BGH VRS **35** 117). Der Fußgänger darf sich **hinter einem haltenden Fz hervor** vorsichtig orientieren (Bay VRS **40** 214, Kö VRS **41** 368), muss aber auf etwaiges Zurücksetzen achten (Fra VM **59** 6). Wer die Straße vor einer haltenden Straba überschreitet, muss auf Fahrverkehr von links achten, auch wenn noch ausgestiegen wird (BGH VRS **4** 494). Wer vor einem haltenden Lkw hervortritt, muss auf möglicherweise vorbeifahrende/überholende Fz achten (Kö VRS **96** 335). Wer verkehrsunsicher ist, sollte die Straße nur auf Überwegen, an VInseln oder Ampeln überschreiten. Ein rüstiger Fußgänger darf 200 m vor einem Kfz eine 6,30 m breite vereiste Straße überschreiten (Bay DAR **65** 82). Auch der **Strabaf** darf damit rechnen, dass Fußgänger auf den Gleisen auf den Fahrverkehr achten (BGH VRS **25** 251, **20** 331). Stehenbleiben auf Gleisen ist erhöht schuldhaft (Fra VRS **51** 81). Die Sorgfaltspflichten beim Überschreiten der Fahrbahn gelten auch für das **Überschreiten von Radwegen** (Ce NZV **03** 179, Ha NZV **99** 418, *Janiszewski* NStZ **85** 115; s. auch § 41 Rn. 248c); darauf darf der Radf vertrauen (Dü NZV **07** 614). Fußgänger, die die Fahrbahn nicht mit besonderer Vorsicht überqueren, trifft Mitschuld (Rn. 53). *Grobe Fahrlässigkeit* des Fußgängers beim Überschreiten der Fahrbahn: Rn. 53.

34   Bleibt ein Erwachsener **auf der Fahrbahn stehen** und sieht er zum Fz hin, so darf der Kf idR annehmen, er werde ihn vorbeifahren lassen (BGH VM **58** 31, VRS **26** 28, Dü VM **76** 59, Ha VRS **42** 202, Fra ZfS **85** 317, KG VRS **70** 463, VM **93** 85, Stu VRS **66** 92), wenn nichts dagegen spricht; doch gehört dazu zumindest auf schmalerer Fahrbahn Blickverbindung, sonst ist WarnZ und Verlangsamen nötig (Kö VRS **45** 432, KG VersR **68** 259). Verharrt ein Fußgänger, der das Kfz kommen sieht, nach dem Überqueren von drei Fahrstreifen, so darf der Kf annehmen, er werde ihn vorbeilassen (Ha VRS **35** 24). IdR darf ein Kf nur auf breiten Fahrbahnen und klarem Verhalten des Fußgängers unter Blickverbindung damit rechnen, dass dieser auf der Fahrbahnmitte das Vorbeifahren abwartet (Ha VRS **59** 260). Bei Blickverbindung mit einem auf der Fahrbahnmitte verkehrsgerecht wartenden Fußgänger darf der Kf idR auf dessen Abwarten vertrauen (BGH NJW **77** 1057, KG VM **93** 85), anders uU bei einer Personengruppe (Rn. 25). Die Fahrgeschwindigkeit ist möglicher Unbesonnenheit des in der Mitte stehen gebliebenen Fußgängers anzupassen (BGH VersR **68** 848, NJW **60** 831, Ha VersR **00** 1515, KG VM **93** 85), auch ist ein angemessener Seitenabstand einzuhalten (BGH NJW **62** 25, KG VM **93** 85). Bleibt ein Fußgänger außerorts auf einer Bundesstraße auf der Mitte der linken Fahrbahn stehen, obwohl er zum Überqueren der Fahrbahn genügend Zeit hatte, so gilt der Vertrauensgrundsatz nicht; der Kf muss dann seine Geschwindigkeit deutlich herabsetzen und darf nicht mit 80 km/h am Fußgänger vorbeifahren (Ro VersR **06** 1703). Die Lichthupe ist meist ein missverständliches und deshalb gefährliches Verständigungszeichen (§ 16 Rn. 8). Zwar ist feste Blickverbindung nicht stets möglich, aber kurzes Stutzen des Fußgängers reicht nicht aus, nur deutliches Verharren gibt dem Vertrauensgrundsatz zugunsten des Kf Raum (Kö VRS **52** 276, KG VRS **70** 463). Stehenbleiben auf der Fahrbahn ist nämlich oft auch nur eine plötzliche Reaktion und erlaubt keinen Schluss auf weiteres verkehrsgerechtes Verhalten (Ha VRS **16** 287), vor allem nicht, wenn zwei Fz zugleich auf den Stehengebliebenen zukommen, die vor und hinter ihm vorbeifahren wollen (Ol VRS **15** 289). Tritt ein überquerender Fußgänger vor dem nahenden Kfz zwei Schritte zurück, darf der Kf idR annehmen, er dürfe vorbeifahren, aber nicht, wenn er den Fußgänger vorher durch Lichthupe und „Kompressorhorn" erschreckt hat (Ko VRS **41** 184). Bei unklarem Stehenbleiben auf der Fahrbahn (betagt, eifriges Gespräch) muss der Kf notfalls sofort anhalten können (Kö VRS **35** 179). Bei einem auf der Fahrbahnmitte stehenden, erkennbar hochbetagten Fußgänger ist auch nach Blickkontakt noch mit falscher Reaktion zu rechnen (Hb DAR **79** 335 (78 Jahre), Kar NJW-RR **87** 1249 (71 Jahre)). Verhält ein 8-jähriges Kind kurz auf der Fahrbahnmitte, so ist sein weiteres Verhalten idR ungewiss (Ha MDR **80** 598).

35   Beim **Umspringen auf Grün** oder auf ein entsprechendes FreigabeZ muss der Fußgänger mit Vorsicht queren; doch muss er nicht mit Nachzüglern rechnen (BGH NJW **66** 1211). Wer beim Umspringen auf Rot noch auf der Fahrbahn ist, muss beschleunigt, aber umsichtig weiter-

gehen (§ 37 II Nr. 5; s. § 37 Rn. 35). Verhalten an Fußgängerfurten mit LZA, s. auch Rn. 44 sowie § 37 Rn. 16.

Spätestens **ab Straßenmitte** muss der Fußgänger **nach rechts sehen** (Sa NJW **10** 2525). Von **36** rechts kommende Fz darf er im Weiterfahren nicht behindern, auch nicht zu anderem Fahren nötigen (BGH DAR **57** 235, Ha NZV **03** 181), und sich nicht darauf verlassen, dass sie hinter ihm vorbeifahren (Ha DAR **58** 339, abw Dü VRS **83** 100). Ist die Straße schmal, muss er warten, bis weder von links noch von rechts ein Fz kommt (BGH NJW **84** 50, Ha NZV **03** 181). Wer als Fußgänger, zusammen mit gleichgerichtetem Querverkehr, die Fahrbahn an einer Kreuzung bis zur Mitte überquert hat, darf sich darauf verlassen, dass er nicht von links her angefahren wird (BGH VRS **34** 18). Wer von rechts her die Mitte bereits überschritten hat, muss nicht mehr damit rechnen, ein von links kommendes Fz werde noch vor ihm vorbeifahren wollen, obwohl die Fahrbahn hinter dem Fußgänger frei ist (BGH VRS **17** 276) oder unter Missachtung einer durchgehenden Linie (Mü VersR **95** 1596). Hat ein Fußgänger eine breite Straße von rechts her bereits bis über die Mitte hinaus überquert, so darf ein Kf mit ausreichendem Seitenabstand (1,5 m) hinter ihm vorbeifahren (Ha VRS **56** 27). **Auf EinbahnStr** müssen Fußgänger von vornherein in Fahrtrichtung sehen (BGH VRS **23** 333, VersR **62** 1012, Kö VRS **34** 436, Ba VersR **71** 136). Wer eine EinbahnStr überschreitet, braucht auf Verkehr aus der Gegenrichtung nicht gefasst zu sein (Nü VersR **61** 644, KG VRS **108** 417 (durch Mittelstreifen getrennte Fahrbahn)).

Wer eine breite, belebte Straße so überschreitet, dass er, soweit es der von links kommende **37** Verkehr gestattet, **zunächst bis zur Mitte geht** und dort wartet, bis er auch die andere Fahrbahnhälfte überqueren kann, verhält sich richtig (BGH VersR **66** 873, NJW **60** 2255, Nü DAR **01** 170, Mü NZV **94** 188). Das kann auf innerörtlicher, beleuchteter Str uU auch bei Dunkelheit gelten (Hb VRS **87** 249, Kö VRS **92** 241). Damit muss auf breiten Fahrbahnen ein Kf rechnen und darauf darf er vertrauen, sofern er sicher ist, dass der Fußgänger ihn gesehen hat (ausreichender Seitenabstand; s. Rn. 39). Auf außerörtlichen schmalen Str mit höherer zulässiger Geschwindigkeit (70 km/h) darf dagegen bei Dunkelheit nicht in der Mitte gewartet werden (BGH NJW **84** 50), vor allem nicht, wenn sie schlecht ausgeleuchtet sind, auch nicht am Tage bei belebter BundesStr, die nur durch Überklettern von Leitplanken betreten werden kann (Kar VRS **74** 86). Verkehrswidrig ist das Warten des Fußgängers *in* einem markierten Fahrstreifen, vor allem bei hoher VDichte (Ha NZV **97** 123). Wer auf einer nur 6 m breiten Str, ein Fahrrad führend, in der Mitte stehen bleiben muss, verhält sich nicht verkehrsgerecht (Ha NZV **03** 181). Etappenweises Überqueren einer innerörtlichen, nur ca 7 m breiten Fahrbahn bei Dunkelheit kann grobfahrlässig sein (Ha VRS **78** 5 (Nässe, künstliche Beleuchtung, dunkle Kleidung)). Wer die Straße **in einer Dunkelzone** (Mitte zwischen zwei Leuchten) überquert und demgemäß im Scheinwerferlicht schwer zu erkennen ist, muss besonders sorgfältig auf den Fahrverkehr achten; denn die Wirkung der Dunkelzone darf nicht als allgemein bekannt vorausgesetzt werden (BGH VersR **61** 856, 996, NJW **84** 50). Vorsicht ist besonders bei nächtlichem Überqueren einer BundesStr geboten (BGH VRS **15** 432). Der Fußgänger muss damit rechnen, dass dem herannahenden langsamen Kfz **verdeckte Überholer** folgen könnten, (BGH NJW **84** 50, Hb VM **60** 20), selbst wenn Überholen dort verboten ist (BGH VersR **56** 571). Wer ein Fahrrad 50 m von einer Ampelfurt entfernt durch vor Rot wartende FzReihen schiebt und dabei übersieht, dass von links her ein Kraftrad überholen könnte, verhält sich fahrlässig, denn dieser Vorgang ist häufig (*Booß* VM **79** 70, aM KG VM **79** 70).

3b. Umgekehrt ist auch der Fahrverkehr trotz Vorrangs dem überquerenden Fuß- **38** **gänger Rücksicht schuldig** (BGH VersR **69** 1115, Mü r+s **86** 6, KG VRS **74** 257). Er muss die gesamte Fahrbahnbreite zwecks rechtzeitigen Erkennens querender Fußgänger beobachten (Nü DAR **01** 170, Kö VRS **92** 241, Dr NZV **99** 293, KG NZV **88** 104) und außerorts, wo Gehwege fehlen, auf Fußgänger achten, die auf dem Bankett gehen (BGH NZV **89** 265) oder sich dort aufhalten (BGH NZV **99** 242), ebenso auf am Fahrbahnrand wartende „auf der Stelle laufende" Jogger (Kö VersR **02** 1167). Auf beobachtete oder bei genügender Sorgfalt wahrnehmbare Unachtsamkeit oder VSchwäche muss er sich durch rücksichtsvolle Fahrweise einstellen (Rn. 23; Kö VRS **52** 276, 186, Dü VersR **77** 160, Ha VM **70** 7 (Überqueren durch mehrere Fußgänger zugleich), Mü r+s **86** 6, KG VRS **74** 257). Bei starkem Regen ist auf Fußgänger auf der Fahrbahn besondere Rücksicht zu nehmen (Dü VM **75** 70). Wer innerorts eine stehende Kolonne auf der Gegenfahrbahn überholt, muss mit überquerenden Fußgängern rechnen, die nur auf den GegenV achten (Kö VersR **02** 1167, KG DAR **78** 107, VRS **49** 262, Mü VersR **96** 1506). Halten Fz auf einem von mehreren Fahrstreifen an, so muss ein Kf, der diese überholt, damit rechnen, dass dies geschieht, um einem Fußgänger das Überqueren der Fahrbahn zu ermöglichen (KG VRS **62** 326 (Haftung des Kf zu ²/₃)). Wer innerorts erheblich zu schnell fährt, verunsichert überquerende Fußgänger und muss auch mit Zurückspringen von der Fahrbahnmitte aus rechnen (Ha VRS **59** 114). Ein in Überraschung zurückspringender Fußgänger muss nicht unbedingt Mitschuld haben (BGH VersR **70** 818). Mit der Schreckwirkung von HupZ oder seines Fahrgeräusches auf den Fußgänger muss er je nach Lage rechnen (BGH VersR **67** 348). Bei sonst verkehrsfreier Fahrbahn gewöhnlicher Breite darf sich ein Kf nicht darauf verlassen, dass ein von links überquerender Fußgänger auf der Fahrbahnmitte seine Vorbeifahrt abwarten werde (Ol VRS **42** 436). Dass ein auf der StrMitte verharrender Fußgänger weiterhin stehen bleiben werde, darf ein Kf annehmen (Rn. 34). Es besteht kein Erfahrungssatz, dass Fußgänger auf HupZ hin stehen bleiben oder zurücktreten (BGH VRS **27** 346). Bei Dunkelheit können sie sich leicht verschätzen (BGH VRS **38** 44, NJW **87** 2377). Mit Unaufmerksamkeit ist zu rechnen, wenn jemand mit einem schweren Sack auf die Fahrbahn zugeht (Ha VRS **32** 119). Will der Kf hinter einem **von links kommenden Fußgänger** vorbeifahren, so muss er damit rechnen, dass dieser meint, das Fz fahre auf ihn zu, und zurückspringt (Kö VRS **28** 264, Ha VRS **29** 191, Dü VersR **79** 649, KG VM **85** 68). Solches Linksvorbeifahren wird idR falsch sein (BGH VersR **70** 818). Ein Kf, der ein auf dem mittleren von 3 Fahrstreifen einer Richtungsfahrbahn fahrendes Fz links überholt, muss damit rechnen, dass ein von links gekommener, auf dem mittleren Fahrstreifen verharrender Fußgänger umkehren werde (KG VM **82** 36). Auf schmaler Straße darf ein Kf nicht darauf vertrauen, ein von links kommender und bisher nur nach links blickender Fußgänger werde rechtzeitig noch nach rechts schauen (Bay VRS **25** 460).

39 Im Übrigen darf der Kf **auf verkehrsgemäßes Verhalten Erwachsener beim StrÜberqueren mangels Gegenanzeichen vertrauen** (Ha VRS **56** 27, Kö VRS **91** 264, Stu VRS **66** 92, Mü r+s **86** 6, KG VM **93** 85). Ein Kf darf idR darauf vertrauen, dass ein wartender Fußgänger die Fahrbahn nicht achtlos überquert, jedoch nur, wenn er mit angepasster Geschwindigkeit fährt (Bay VRS **58** 221 (zu schnell vor dem Ortsendeschild)). Außerorts darf der Kf mit achtsamem Fahrbahnüberqueren durch Fußgänger rechnen, seine Bremspflicht beginnt, sobald er unachtsames Verhalten bemerken muss (Kö VRS **59** 118). Vertrauen darf der Fahrverkehr darauf, dass wartende Fußgänger bei FzAnnäherung nicht auf die Fahrbahn treten (Bay NJW **78** 1491), auch nicht von einer rechts verlaufenden Parkbucht aus (Kö VRS **56** 29, Ha NZV **99** 418), nicht an Fußgängerfurten bei Ampelausfall (Ol VRS **69** 252) oder wenige m hinter einer für den FahrV Grün zeigenden LZA (KG VRS **104** 1), dass ein Fußgänger die Straße mit nötiger Vorsicht betritt und überquert (BGH NJW **66** 1211, Bay VRS **58** 221, KG VM **99** 11), dass Fußgänger eine FernVStr nicht ohne Beachtung des Fahrverkehrs überqueren (BGH VRS **26** 203, KG VRS **83** 98), dass sie nicht aus nächster Nähe von der Seite her im Scheinwerferlicht auftauchen (BGH VRS **25** 47, NZV **89** 265, Br DAR **63** 253, Stu VRS **40** 292), nicht gedankenlos oder plötzlich vor das Kfz laufen (BGH VersR **64** 826, **62** 638, VRS **20** 129, **23** 177, 373, Kö VRS **52** 186, **91** 264, Bra VRS **30** 447, KG VRS **70** 463), auch nicht nachts vorher nicht sichtbare betrunkene (Kö VRS **99** 163), dass sie beim Durchqueren zweier FzKolonnen zwischen diesen nicht stehen bleiben (Bay VM **70** 4), aus einem sichtversperrenden Hauseingang nicht blindlings auf die Fahrbahn treten (BGH NJW **61** 1622), nicht plötzlich hinter einem haltenden und von diesem verdeckten Fz auf die Fahrbahn laufen (Ol VersR **81** 289 (Milchsammelwagen)), zwischen parkenden Kfz hindurch nicht ohne Umblick auf die Fahrbahn treten (Ce DAR **02** 309, Kö VRS **52** 186, KG VRS **83** 98), auch nicht in Kleinstädten (BGH VRS **30** 192, Ha VRS **30** 77), auch nicht zwischen verkehrsbedingt wartenden Fz (Dü VRS **72** 29). Dass Fußgänger zwischen parkenden Fz bis zum benutzbaren Fahrstreifen vortreten und sich orientieren, ist zweckmäßig und zwingt den Kf noch nicht zur Annahme unachtsamen Weitergehens (Bay DAR **71** 109, Kö VRS **41** 368). Der Kf darf idR darauf vertrauen, dass ein HupZ aus genügender Entfernung beachtet wird (BGH GA **56** 293, Ha VRS **12** 368). Ohne Anhaltspunkt muss kein Kf damit rechnen, dass ein abgewandt stehender Erwachsener sich plötzlich umdreht und rasch auf die Fahrbahn tritt (Stu DAR **71** 332). Wer mit seitlichem Abstand von 1,3 m an einem zwischen den Rädern eines Treckers stehenden Fußgänger vorbeifährt, muss nicht damit rechnen, dass ihm der Fußgänger plötzlich vor den Kühler läuft (Ba VersR **79** 475). Hat ein Fußgänger die Fahrbahn von links mehr als zur Hälfte überquert, so braucht ein Kf ohne eine besonderen Anhalt nicht mit Umkehr und Zurückgehen zu rechnen (Bay DAR **72** 163, KG DAR **86** 323; s. aber Rn. 38). Er darf aber nicht im Vertrauen darauf, der Fußgänger werde die andere StrSeite schon noch rechtzeitig erreichen, mit unverminderter Geschwindigkeit weiterfahren (Ko NZV **12** 177 (80 % zulasten des Kf)). Der Kf braucht nicht damit zu rechnen, dass in der Fahrbahnmitte wartende Fußgänger plötzlich loslaufen, um die Fahrbahn vollends zu überqueren (Rn. 34; Kar VersR **82** 450, Fra ZfS **85** 317). Der Strabaf darf darauf vertrauen, dass ein

Fußgänger nicht ungeachtet seiner Signale achtlos auf das Gleis tritt (BGH VersR **61** 475, Fra VRS **51** 81). **Kein Vertrauensgrundsatz** gegenüber Fußgängern, die sich offensichtlich nicht umsehen (Ko VRS **42** 278, KG VRS **69** 417); dann ist mit Weitergehen zu rechnen und sofort zu bremsen (KG VRS **69** 417 (Haftung des Kf zu ½)).

Der Kf verletzt die Sorgfalt, wenn er so schnell fährt, dass **spritzender Straßenschmutz** 40 Fußgänger besudelt (§ 1 Rn. 34).

3c. Zügig ist die Fahrbahn zu überschreiten, ohne vermeidbares Zögern (Begr), mit der in- 41 dividuell zumutbaren Eile (BGH GA **56** 293, KG VRS **107** 27). Alter, Körperzustand und VVerhältnisse sind zu berücksichtigen. Betont langsames Gehen ist ow, doch darf der Kf keine schnellere Gangart verlangen (Hb VM **55** 8). Eine schmale Str ist grundsätzlich in einem Zuge zu überqueren, wenn gewährleistet ist, dass weder von links noch von rechts nahende Fz behindert werden (Ha NZV **03** 181). Im Übrigen verstößt durch den V veranlasstes Stehenbleiben auf der Fahrbahn nicht gegen III S. 1 (Rn. 37; Ha NZV **98** 372, Nü DAR **01** 170). Durch den Verkehr nicht bedingter Aufenthalt auf der Fahrbahn ist unzulässig (BGH VM **58** 26). Sehr Gehbehinderte werden nach Möglichkeit Fußgängerüberwege benutzen (Rn. 43, 44). Auch achtlos zu schnelles Überqueren ist ow (Rn. 33).

3d. Auf dem kürzesten Weg quer zur Fahrtrichtung ist die Fahrbahn zu überqueren (III 42 S. 1), nicht sehr schräg (BGH GA **56** 293, KG VRS **107** 27, Kö DAR **78** 17). Die Beurteilung darf aber nicht kleinlich sein. Zur Schuldabwägung nach Überfahren eines angetrunkenen Fußgängers, der die Fahrbahn im Bereich einer unübersichtlichen Kurve schräg überquert (Kö DAR **78** 17).

3e. Bei dichterem Verkehr („wenn die Verkehrsdichte, Fahrgeschwindigkeit, Sichtverhält- 43 nisse oder der Verkehrsablauf es erfordern"; III S. 2) darf die Fahrbahn nur an Kreuzungen und Einmündungen, innerhalb der Markierungen von LZA (Rn. 44), auf Fußgängerquerungshilfen oder Fußgängerüberwegen (Rn. 45) überschritten werden, nicht mehr auf anderen StrTeilen. Diese Regel bündelt den Fußgängerübergangsverkehr zu den Zeiten dichteren Fahrverkehrs an bestimmten Stellen und schaltet dadurch auf den übrigen Strecken Gefahr aus (näher Begr Rn. 8; Ha VRS **49** 297). Sicherheitsanweisungen an die Polizei: VwV Rn. 1. Mit der Ersetzung des vormals verwendeten Begriffs „VLage" durch konkretere Bezeichnungen soll der Normbefehl in Übereinstimmung mit dem schon bisher herrschenden Interpretation verdeutlicht werden (Begr Rn. 8; vgl. Kö DAR **78** 17; offen gelassen von BGH DAR **77** 98). Welche Möglichkeit der Fußgänger zum Überqueren benutzt, steht ihm an sich frei (Mü NZV **94** 188). Sind an **Kreuzungen oder Einmündungen** jedoch Fußgängerüberwege eingerichtet, so muss er sie benutzen (III S. 3). Auf verkehrsarmer Str braucht jedoch nicht der nächste Fußgängerüberweg aufgesucht zu werden (Begr, Rn. 8; BGH VersR **61** 84, VRS **19** 401). Das wäre bei ruhigem Verkehr überspannt (Begr). III S. 2 greift ein, wenn der Fahrverkehr so stark ist, dass der Fußgänger bei korrektem Verhalten erhebliche Zeit auf eine Lücke warten müsste (BGH VersR **69** 1115: wenn Überqueren „bedrohlich" wäre; KG VM **89** 61: wenn es mit besonderen Schwierigkeiten und Gefahren verbunden wäre). „An Kreuzungen" ist auch dann noch gegeben, wenn die Fußgängerfurt einige Meter vom eigentlichen Kreuzungsbereich abgesetzt ist (BGH NStZ-RR **18** 154; Bay VRS **34** 300; bis zu 10 m vor der Kreuzung; s. auch Ce VRS **32** 63. 15 m daneben sind nicht mehr „an" der Kreuzung/Einmündung (KG VersR **78** 450; offen gelassen von BGH VRS **52** 245). Wer an einer Kreuzung quert, muss nicht rückwärts auf abbiegenden Verkehr achten, dieser ist zur Rücksicht verpflichtet und muss notfalls halten (§ 9 III; Hb VRS **10** 466, Ol NJW **66** 1236). Unter den Voraussetzungen von III S. 2, 3 darf die Str nicht 30 m neben einem Fußgängerüberweg überquert werden (vgl. BGH VRS **26** 327, KG VersR **63** 837, Ha VRS **49** 297) oder 40 m entfernt vom nächsten Ampelübergang (BGH NJW **00** 3069 (39–43 m), KG VM **89** 61, VRS **104** 1, **83** 98 (33,5 m); NZV **09** 343). Das Überqueren belebter StadtStr 50 m von einem Ampelübergang entfernt zwischen parkenden und haltenden Fz hindurch ist verkehrswidrig (KG DAR **78** 107). Wer als Fußgänger innerorts bei Dunkelheit und lebhaftem Verkehr die Fahrbahn 20 m neben dem Ampelübergang überquert, kann seinen Schaden anteilig oder allein tragen müssen (KG VRS **57** 9, Fra VersR **79** 920). Ein zusätzlicher Weg von 200 m (LZA 100 m entfernt) ist dem Fußgänger idR nicht zuzumuten (Hb VRS **87** 249). Fußgängerüberwege an Kreuzungen sind auch zu benutzen, wenn dann uU eine Fahrbahn mehr überquert werden muss (KG VM **69** 17). Bei Dunkelheit und besonders schlechter Sicht sind Ampelübergänge oder Fußgängerüberwege zu benutzen, wenn dies keinen größeren Umweg erfordert (BGH DAR **77** 98, KG DAR **77** 70, VM **82** 16, Ce DAR **90** 179 (Mithaftung zu ⅔)). Liegen mehrere Kreuzungen/Einmündungen so dicht beisammen, dass ein Ampelübergang oder Fußgängerüberweg zwischen ihnen nur wenige m von beiden entfernt ist, so liegt er „an" jeder der Kreuzungen/Einmündungen und ist deshalb ausschließlich zu benutzen, die kurze Strecke zwischen dem Übergang und jeder der Kreuzungen/Einmündungen zum Überschreiten dagegen nicht (Bay VM **72** 21 (die Länge der Entscheidung zeigt Regelundeutlichkeit, so dass die innere Tatseite wohl hätte verneint werden sollen)). Das Gebot des III S. 2, 3, die Fahrbahn unter den dort genannten Umständen nur an bestimmten Stellen zu überqueren, gilt nicht für **Radwege** (KG VM **84** 94; abl *Janiszewski* NStZ **85** 115). Zu den beiderseitigen Pflichten an Fußgängerüberwegen: § 26.

44   **3f. An Lichtzeichenanlagen** ist die Str nur bei Grün innerhalb der Markierungen zu überqueren, III S. 3 (VwV Rn. 2), und zwar stets, nicht nur, wenn die VLage es erfordert (BGH NZV **90** 150). Wer außerhalb der Markierung der LZA oder des Fußgängerüberwegs geht, aber in deren Nähe, hat trotzdem die FarbZ oder Zeichen der PolB zu befolgen. Hat der Fußgänger Grün, so braucht er mit schnellfahrenden Nachzüglern nicht zu rechnen (Rn. 35), muss aber auf solche achten. Der FahrV muss damit rechnen, dass Fußgänger die Übergangsmarkierungen nicht genau einhalten (Kar VM **75** 56 (dann aber Mitschuld)). Auch bei Grün müssen Fußgänger in der Furt auf abbiegende Kfz achten, sonst uU Mitschuld (Ha VersR **78** 380), was jedoch nicht bedeutet, dass der Fußgänger beim Überqueren ständig darauf achten muss, ob der FahrV seinen Vorrang respektiert (Dr NZV **16** 181). Etwaige Mitschuld kann gegenüber der BG des einbiegenden Kfz zurücktreten, zB zu spätes Reagieren auf einbiegenden Bus (KG VM **81** 75). Wer bei Grün alsbald achtlos die Fahrbahn betritt, ohne den FahrV zu berücksichtigen, handelt unsorgfältig (BGH NJW **60** 2235). Eine offensichtlich für Fußgänger bestimmte Ampel ist auch zu beachten, wenn das Fußgängersymbol fehlt oder der VwV nicht genau entspricht (Dü VRS **17** 296). Keine Mitschuld, wenn der Fußgänger die Markierung auf der dem herannahenden V abgewandten Seite der Fußgängerfurt nicht beachtet (BGH NZV **90** 150), anders jedoch uU bei Kollision mit *abbiegendem* Fz, wenn diesem ein Verstoß gegen § 9 III S. 3 zur Last gelegt wird (s. aber Kö VersR **75** 477 (Mitschuld bei 3–5 m außerhalb der Markierung verneint)). Das Vorbeifahren der Straba mit 25–30 km/h und Warnzeichen an einer **Fußgängerinsel** im Zuge eines Ampelüberganges ist idR zulässig (Fra VersR **76** 1135). Auf VInseln darf ein Fußgänger nicht gefährlich nahe am Bordstein stehen (Fra VersR **76** 1135). Ampelübergänge sollen stets als Fußgängerfurten ausgebildet sein, nie als Fußgängerüberwege (Z 293), weil deren Regeln während des Ampelbetriebs nicht gelten. Druckknopf-Ampeln: § 37 Rn. 35.

45   **4. Fußgängerüberwege:** § 26. Wer die Straße an einer Kreuzung oder Einmündung überquert, hat sie stets zu benutzen, auch bei ruhigem V (III S. 3). Außerhalb dieser Bereiche wird der Fußgänger jedoch bei ruhigem V nicht auf sie verwiesen (Rn. 43), weil das Überspannung wäre (Begr Rn. 5–7). Hierbei spielt eine Rolle, ob größere Fz-Lücken ein gefahrloses Überqueren zulassen, etwa in Tempo 30-Zonen, FahrradStr, Str, für die ein umfassendes Verbot für den Fzoder KfzV angeordnet wurde, und Sackgassen; auf solchen verkehrsarmen Str ist ein Unterbinden des Querens der Fahrbahn im Verlauf der Str idR nicht erforderlich (Begr, Rn. 8). Beampelte Fußgängerüberwege: Rn. 44 und § 26 Rn. 12.

46   **5. Fußgänger mit Fahrzeugen oder sperrigen Gegenständen** (II) haben kein Wahlrecht zwischen Fahrbahn oder Gehweg (Begr). Fußgänger mit „besonderen Fortbewegungsmitteln" (§ 24) sind schlicht Fußgänger. Schiebe- und Greifreifenrollstühle, Rodelschlitten, Kinderwagen, Roller und ähnliche Gegenstände sind keine Fz iS der StVO (§ 24) und dürfen daher nur dort auf der Fahrbahn mitgeführt werden, wo der Fußgänger sie mangels Gehwegs oder begehbaren Seitenstreifens benutzen muss, und auf der Gehseite, die er zu benutzen hat (Rn. 14–19). Mit **Krankenfahrstühlen** und solchen Rollstühlen, die nicht in § 24 I genannt sind, darf der Gehweg im Schritt benützt werden (§ 24 II), jedoch, wie daraus hervorgeht, wahlweise auch die Fahrbahn, dann aber stets der rechte Fahrbahnrand (II). Unbenutzbare Fz iS der StVO und sperrige Gegenstände sind im Interesse des Fahrverkehrs auf Gehwegen und Seitenstreifen mitzuführen (Abs. I), wenn dies die anderen Fußgänger nicht „erheblich behindert", wenn der Gehweg (Seitenstreifen) nur schmal und (oder) stark begangen ist. Trifft dies nicht zu, so ist das Mitführen auf dem Gehweg oder Seitenstreifen Pflicht und Fahrbahnbenutzung unzulässig. **Pflicht zur Gehwegbenutzung** besteht auch, wenn ab und zu dort Fußgängern ausgewichen werden muss. Die Vorschrift ist sinnvoll als Entlastung des Fahrverkehrs zu verstehen, solange dies den Fußgängern zugemutet werden kann. Kinderwagen, Kinderroller sind daher stets auf dem Gehsteig (Seitenstreifen) zu schieben, Fahrräder, Mopeds, Kräder, Schiebkarren, kleine Handwagen nur mangels erheblicher Behinderung des Fußgängerverkehrs. Bei allen Fz iS der StVO und sperrigen Gegenständen kommt es nur noch auf das Merkmal der erheblichen Behinderung der Fußgänger auf dem Gehweg an.

Behindern mitgeführte sperrige Gegenstände den Fußgängerverkehr auf dem Gehweg **47** (Seitenstreifen), so ist die Fahrbahn zu benutzen, und zwar die gebotene Gehseite (Rn. 14–19, 46). Dabei kann das Mitführen des sperrigen Gegenstands (Leiter, Stange, Sportgerät) das an sich gebotene Linksgehen außerorts wegen Gefahr ausschließen.

Behindern mitgeführte Fahrzeuge iS der StVO, vor allem geschobene Fahrräder, den **48** Gehweg- oder Seitenstreifenverkehr, so ist zwingend ausschließlich der rechte Fahrbahnrand zu benutzen (II S. 2; Ha VRS **28** 45), bei Fahrverkehr hintereinander (Bay VRS **25** 452). Das Linksgehgebot für Fußgänger außerorts gilt insoweit nicht.

Einbahnstraßen (Z 220) ohne Gehweg durften mit Fortbewegungsmitteln iS des § 24 I **49** schon bislang auch in Gegenrichtung benutzt werden. spätestens seit der StVO-Neufassung 2013 dürfen nunmehr auch Fz in Gegenrichtung mitgeführt werden (vgl. Anl 2 lfd. Nr. 9 Spalte 3: „FzF", „befahren" bzw. „FzVerkehr"); vormalige entgegenstehende Rspr. (Ce NJW **61** 1169, Ha VRS **28** 45) ist überholt.

Fußgänger mit Fahrzeugen, die links abbiegen wollen (§ 9), dürfen sich auf der Fahr- **50** bahn abweichend von der allgemeinen Regel nicht links einordnen, weil sie, rechts von der StrMitte wartend, mehr als Fz gefährdet wären und VHindernisse bilden würden (II). Sie müssen aber die Richtungsänderung anzeigen.

6. Absperrungen (Stangen- und Kettengeländer, § 43), soweit amtlich angebracht, dürfen **51** Fußgänger nicht überschreiten und die von Absperrschranken (§ 43) eingefassten Flächen nicht betreten (IV).

7. Gleisanlagen auf besonderem Bahnkörper, die nicht zugleich dem öffentlichen Verkehr **52** dienen, dürfen nur an den vorgesehenen, besonders kenntlichen Stellen betreten werden (V), um die Gefahr des Bahnbetriebs zu verringern (Begr). Bei Überschreiten an unerlaubter Stelle kann jede Haftung für die BG der Bahn entfallen (BGH VersR **63** 874, **64** 88 mAnm *Böhmer*). Auch Kf brauchen mit solchen Überschreitungen nicht zu rechnen (Kö VRS **29** 31).

8. Zivilrecht. Zivilrechtliche Fragen werden nachfolgend nur erörtert, soweit sie nicht wegen **53** des Zusammenhangs schon in den vorstehenden Rn. oder bei § 9 StVG behandelt werden. Wer mit angepasster Geschwindigkeit auf Sicht fährt und beim plötzlichen Auftauchen eines Fußgängers von der Seite sofort reagiert, handelt ohne Verschulden (Ha VRS **82** 12). § 25 ist **SchutzG** iS von § 823 II BGB (LG Kar VRS **6** 165). **Mitverschulden** eines Fußgängers setzt nicht regelwidriges Verhalten voraus (§ 9 StVG Rn. 5). Wer zu spät vor einem Kfz sein Fahrrad über die Straße schiebt, ist bei Dunkelheit mitschuldig (BGH VersR **65** 294). Mitschuld bei Fahrbahnbenutzung anstatt des Gehwegs (BGH VRS **18** 85, VersR **68** 1092, Ol VRS **72** 410), auch bei Gehwegwechsel auf die andere StrSeite und trotz Rückstrahlern an den Schuhabsätzen (BGH VersR **64** 1203). Mitschuld dessen, der außerorts auf der unrichtigen Seite geht (Zw VersR **68** 905). Fußgänger, die die Fahrbahn nicht mit besonderer Vorsicht überqueren, trifft Mitschuld (KG VM **01** 10, VRS **104** 1, Ba VersR **92** 1531, Ko VRS **64** 250, Kar VRS **78** 329). Wer die Fahrbahn bei besonders ungünstiger Sicht überquert, ist mitschuldig, wenn er ohne „größeren" Umweg einen Ampelübergang hätte benutzen können (KG VM **01** 10, VersR **77** 1162, Ce DAR **90** 179). Mitschuld bei Überschreiten der Fahrbahn an der breitesten Stelle, wenn die Breite wenige m entfernt nur einen Bruchteil beträgt (Ol NZV **94** 26 (5,6 m statt 25 m)). Erhebl. Mitverschulden dessen, der ohne zwingenden Grund am äußersten Rand des Gehwegs geht und angefahren wird (BGH VRS **28** 362, NJW **65** 1708). Mitschuld verletzter Fußgänger: § 9 StVG Rn. 13–15. **Schadensverteilung** 60 : 40 zu Lasten eines vorher nicht wahrnehmbaren die Fahrbahn bei Rot überquerenden Kindes (Hb VersR **81** 558). Das Mitverschulden eines iS von § 3 IIa schutzbedürftigen Fußgängers kann geringer zu veranschlagen sein (Fra NZV **01** 218). Wer quert, ohne zuerst nach links zu sehen, auf unechter EinbahnStr nach beiden Seiten, muss seinen Schaden allein tragen (BGH VersR **66** 1142). Ein grob unachtsam überquerender Fußgänger, zB an einer Kreuzung bei Rot (BGH VersR **61** 357), kann seinen Schaden allein zu tragen haben (§ 9 StVG Rn. 13) oder jedenfalls zur Hälfte (Ce VersR **77** 1131) bzw. anteilig (Kö DAR **78** 17). Hat sich ein Kf gegenüber einem unvorsichtigen Fußgänger ausreichend sorgfältig verhalten, so kann seine BG ganz zurücktreten (§ 9 StVG Rn. 13). Wer mit Abblendlicht zu schnell ist und einen Fußgänger anfährt, kann Alleinschuld haben (BGH VersR **60** 348). Haftungsanteile bei Kollision eines den Radweg unachtsam überschreitenden Fußgängers mit zu schnell fahrendem Radf (KG VM **84** 94 (²/₃ : ¹/₃ zu Lasten des Radf)), Ha NJW-RR **18** 408 (Schadensteilung)), bei Kollision eines zwischen parkenden Fz hervortretenden Fußgängers mit zu schnell fahrendem Radf (Kar VRS **78** 329 (hälftig)). Näher zu Haftungsfragen beim Fußgängerunfall: *Greger* NZV **90** 409 mit tabellarischer RsprÜbersicht zur Haftungsabwägung. Das Betreten der Fahrbahn ohne Beachtung des FzV ist idR **grob fahrlässig** (KG VM **01** 10; NZV **09** 343). Grobe Fahrlässigkeit dessen, der in der Rotphase der für ihn geltenden Fußgängerampel plötzlich auf die Fahrbahn tritt (KG VersR **08** 795), der kurz vor einem nahenden Fz die Fahrbahn zu überqueren versucht (KG VRS **107** 27, Ce MDR **04** 994), der achtlos mit gesenktem Kopf auf die Fahrbahn tritt (BGH VersR **64** 846) oder den Blick nach rechts vor dem Überqueren unterlässt (Ha NZV **93** 314), der eine in unmittelbarer Nähe befindliche LZA-geregelte Fußgängerfurt nicht benutzt (KG VRS **104** 1), der bei dunklem, unsichtigem Wetter auf dem knapp 1 m breiten Streifen zwischen Fahrbahn und Straßagleis (Fra VersR **70** 1162) oder nachts bei Regen und spiegelnder Fahrbahn in dunkler Kleidung in der Mitte einer nur ca 7 m breiten Str Fz abwartet (Ha VRS **78** 5). Leichtfertig handelt, wer als Fußgänger die Fahrbahn im Dunkeln so überquert, dass er für den FahrV verdeckt ist und diesen auch selber teilweise nicht sieht (KG VM **78** 56), der bei Dunkelheit mit dunkler Kleidung, ohne auf Fz zu achten, die Fahrbahn überquert (Ha VRS **80** 256), der bei Dunkelheit, aus dem Wald kommend, achtlos seinem Hund auf die Fahrbahn nachläuft (Kö VRS **89** 105) oder nachts betrunken, in dunkler Kleidung trotz vorhandenen Gehwegs auf der Fahrbahn geht (Nü VRS **104** 200). **Zur Amtshaftung für Schülerlotsen** Kö VersR **68** 676, abl *Martens* NJW **70** 1029.

54 Der **Anscheinsbeweis** (**E** 157a) spricht gegen den Fußgänger, der mit 1,95‰ BAK (reaktionsgestört) die Straße überquert (Ha VersR **77** 762, **68** 86; s. aber § 9 StVG Rn. 15), gegen den Fußgänger, der von einem von links kommenden Kfz auf dessen rechter Fahrbahnseite angefahren wird (BGH NJW **53** 1066, **54** 185, Dü DAR **77** 268, *Greger* NZV **90** 413, einschr BGH VM **57** 64, Fra VM **57** 67), gegen den, der die Fahrbahn betritt, um diese mit seinem Fahrrad vom rechten Rand aus zu überqueren (Ha NJW-RR **08** 1349), gegen den, der unter Verstoß gegen III die Fahrbahn betritt, dies jedoch nicht, wenn nur eingeschränkte Sichtmöglichkeiten des Fußgängers bestehen (Sa NJW **10** 2525; Ha NZV **17** 142 *(Lempp)*), gegen den, der ohne besondere Umstände nur wegen eines herankommenden Kfz erschrickt und hinfällt (BGH VersR **74** 196 (Mitschuld)), gegen den Kf, der bei Dunkelheit und schlechter Sicht einen Fußgänger am StrRand anfährt (BGH VM **76** 189, Mü VersR **70** 628), nicht jedoch, wenn dieser betrunken war (Mü VersR **87** 317 (1,67‰)), gegen den Kf, der bei Dunkelheit mit einem Fußgänger kollidiert, den er bei Beachtung des Gebots des Fahrens auf Sicht hätte sehen müssen (BGH VersR **83** 1039 (Fußgänger überquert die Fahrbahn von links), KG VRS **69** 417 (Fußgänger hat schon 5 m auf der Fahrbahn zurückgelegt), Kö ZfS **93** 258, Hb VRS **87** 249).

55 **Kein Anscheinsbeweis** spricht gegen den Fahrer, wenn ein Fußgänger überraschend auf die Fahrbahn tritt (BGH DAR **68** 239) oder stets gegen den Kf nur deswegen, weil der Fußgänger die Fahrbahn von links überquert hat (KG VM **89** 61) oder gegen den Radf, wenn ein Fußgänger bei Morgendämmerung so unvermittelt quert, dass auch aufmerksame Fahrer kollidiert wären (BGH VersR **68** 804) oder gegen den Fußgänger, der erst nach Überschreiten der Str-Mitte auf breiter Fahrbahn von links angefahren wird (BGH VRS **19** 401) oder gegen den außerorts links Gehenden, der von vorn angefahren wird (aM Mü VersR **66** 620). Zum Anscheinsbeweis, wenn ein Fußgänger im Dunkeln am rechten Fahrbahnrand angefahren wird, BGH VersR **67** 257. Da bei verkehrserfahrenen **Kindern** – mit Einschränkung – auf verkehrsgerechtes Verhalten mangels entgegenstehender konkreter Anhaltspunkte auch nach Einfügung von Abs. IIa in § 3 vertraut werden darf (Bay NJW **82** 346), spricht der Anschein bei Unfällen mit solchen Kindern nicht grundsätzlich gegen den Kf (Kar VersR **86** 770, im Ergebnis ebenso Ha NJW-RR **87** 1250, aM AG Kö NJW **82** 2008, VersR **84** 767, VRS **72** 256). Zur eingeschränkten Haftung von **Kindern unter 10 Jahren** gegenüber dem motorisierten V s. § 828 II BGB (dessen Kommentierung nicht Gegenstand des vorliegenden Buches ist), soweit sich jene Bestimmung auf die Mithaftung nach § 9 StVG auswirkt, s. dort Rn. 12.

56 **9. Ausnahmen:** § 46 I Nr. 2, II.

57 **10. Ordnungswidrig** (§ 24 StVG) handelt, wer gegen § 25 I–IV verstößt (§ 49 I Nr. 24). Verstoß gegen Abs.V: Rn. 11. Zum Fahrbahngehen eines Fußballfans (Borussia Dortmund) auf dem Weg zum Stadion AG Dortmund NZV **17** 243 *(Siegert-Paar)* m Bspr *König* DAR **18** 362). Geht ein Ausländer auf der unrichtigen Fahrbahnseite, so kann er wegen eines Verbotsirrtums in den ersten Monaten seines Hierseins entschuldigt sein (Ha DAR **58** 307). Der Vorwurf, einen **Fußgänger fahrlässig überfahren** zu haben, setzt die Feststellung voraus, dass sich der Fuß-

gänger so lange erkennbar auf der Fahrbahn befunden hat, dass der Unfall bei gehöriger Sorgfalt des Kf vermeidbar gewesen wäre (Zw VRS **48** 94). Berücksichtigung des Mitverschuldens eines ohne zwingenden Grund am äußersten Gehwegrand gehenden Fußgängers bei der Strafzumessung im Rahmen von § 222 StGB: BGH VRS **28** 362.

Fußgängerüberwege

26 (1) ¹An Fußgängerüberwegen haben Fahrzeuge mit Ausnahme von Schienenfahrzeugen den zu Fuß Gehenden sowie Fahrenden von Krankenfahrstühlen oder Rollstühlen, welche den Überweg erkennbar benutzen wollen, das Überqueren der Fahrbahn zu ermöglichen. ²Dann dürfen sie nur mit mäßiger Geschwindigkeit heranfahren; wenn nötig, müssen sie warten.

(2) Stockt der Verkehr, dürfen Fahrzeuge nicht auf den Überweg fahren, wenn sie auf ihm warten müssten.

(3) An Überwegen darf nicht überholt werden.

(4) Führt die Markierung über einen Radweg oder einen anderen Straßenteil, gelten diese Vorschriften entsprechend.

Begr zur ÄndVO v. 22.3.88 (VkBl. **88** 224):   **1**

Zu Abs. 1 Satz 1: *Durch diese Ergänzung der Vorschrift werden die Rollstuhlfahrer in die Regelung für Fußgänger einbezogen (vgl. auch zu Nr. 19).*

Zu Abs. 1 Satz 2: *Durch die Änderung wird klargestellt, dass ein Kfz dann mit mäßiger Geschwindigkeit an einen Fußgängerweg heranfahren muss, wenn ein Fußgänger den Übergang erkennbar überschreiten will …*

Zu Abs. 3: *– Begründung des Bundesrates – Die bisherige Regelung, nach der ein Überholen in bestimmten Fällen zulässig war, hat zu gefährlichen Situationen und teilweise schweren Unfällen geführt. Im Interesse der Verkehrssicherheit an Überwegen ist ein generelles Überholverbot angebracht.*

VwV zu § 26 Fußgängerüberwege

	I. Örtliche Voraussetzungen	**2**
1	1. Fußgängerüberwege dürfen nur innerhalb geschlossener Ortschaften und nicht auf Straßen angelegt werden, auf denen schneller als 50 km/h gefahren werden darf.	**3**
2	2. Die Anlage von Fußgängerüberwegen kommt in der Regel nur in Frage, wenn auf beiden Straßenseiten Gehwege vorhanden sind.	
3	3. Fußgängerüberwege dürfen nur angelegt werden, wenn nicht mehr als ein Fahrstreifen je Richtung überquert werden muß. Dies gilt nicht an Kreuzungen und Einmündungen in den Straßen mit Wartepflicht.	
4	4. Fußgängerüberwege müssen ausreichend weit voneinander entfernt sein; das gilt nicht, wenn ausnahmsweise zwei Überwege hintereinander an einer Kreuzung oder Einmündung liegen.	
5	5. Im Zuge von Grünen Wellen, in der Nähe von Lichtzeichenanlagen oder über gekennzeichnete Sonderfahrstreifen nach Zeichen 245 dürfen Fußgängerüberwege nicht angelegt werden.	
6	6. In der Regel sollen Fußgängerüberwege zum Schutz der Fußgänger auch über Radwege hinweg angelegt werden.	
7	II. Verkehrliche Voraussetzungen	**4**
	Fußgängerüberwege sollten in der Regel nur angelegt werden, wenn es erforderlich ist, dem Fußgänger Vorrang zu geben, weil er sonst nicht sicher über die Straße kommt. Dies ist jedoch nur dann der Fall, wenn es die Fahrzeugstärke zuläßt und es das Fußgängeraufkommen nötig macht.	
	III. Lage	**5**
8	1. Fußgängerüberwege sollten möglichst so angelegt werden, daß die Fußgänger die Fahrbahn auf dem kürzesten Wege überschreiten.	
9	2. Fußgängerüberwege sollten in der Gehrichtung der Fußgänger liegen. Wo Umwege für Fußgänger zum Erreichen des Überwegs unvermeidbar sind, empfehlen sich z. B. Geländer.	
10	3. Bei Fußgängerüberwegen an Kreuzungen und Einmündungen ist zu prüfen, ob es nicht ausreicht, über die Straße mit Vorfahrt nur einen Fußgängerüberweg anzulegen. Bei Einbahnstraßen sollte dieser vor der Kreuzung oder Einmündung liegen. An Kreuzungen und	

Einmündungen mit abknickender Vorfahrt darf ein Fußgängerüberweg auf der bevorrechtigten Straße nicht angelegt werden.

11   4. Vor Schulen, Werksausgängen und dergleichen sollten Fußgänger nicht unmittelbar auf den Fußgängerüberweg stoßen, sondern durch Absperrungen geführt werden.

12   5. Im Zuge von Straßen mit Straßenbahnen ohne eigenen Bahnkörper sollen Fußgängerüberwege nicht angelegt werden. Fußgängerüberwege über Straßen mit Schienenbahnen auf eigenem Bahnkörper sollen an den Übergängen über den Gleisraum mit versetzten Absperrungen abgeschrankt werden.

6 13 IV. Markierung und Beschilderung

1. Die Markierung erfolgt mit Zeichen 293.

14   Auf Fußgängerüberwege wird mit Zeichen 350 hingewiesen. In wartepflichtigen Zufahrten ist dies in der Regel entbehrlich.

7 V. Beleuchtung

15   Die Straßenverkehrsbehörden müssen die Einhaltung der Beleuchtungskriterien nach den Richtlinien für die Anlage und Ausstattung von Fußgängerüberwegen (R-FGÜ) gewährleisten und gegebenenfalls notwendige Beleuchtungseinrichtungen anordnen (§ 45 Absatz 5 Satz 2).

7a VI. Richtlinien

16   Das Bundesministerium für Verkehr und digitale Infrastruktur gibt im Einvernehmen mit den zuständigen obersten Landesbehörden Richtlinien für die Anlage und Ausstattung von Fußgängerüberwegen (R-FGÜ) im Verkehrsblatt bekannt.

8   1. Allgemeines. Die Vorschrift ist durch die StVO-Neufassung 2013 redaktionell mit dem Ziel der Geschlechtsneutralität geändert worden; Ergebnis ist, dass sie in I S. 1 kaum noch lesbar erscheint; „Fahrende von Krankenfahrstühlen" hat es im bisherigen Sprachgebrauch wohl nicht gegeben. Die in § 26 für das Verhalten an Fußgängerüberwegen (Rn. 9 ff.) normierten Ge- und Verbote richten sich ausschließlich an den FzVerkehr und wollen die Sicherheit des Fußgängers schützen; sie bezwecken nicht auch den Schutz die VorfahrtStr überquerender Fz (KG DAR **74** 235 *(Darkow)*). I S. 1 gewährt namentlich Fußgängern Vorrang (Rn. 12 ff.). I S. 2 (Gebot mäßiger Geschwindigkeit, ggf. warten) sichert den Vorrang ab (Rn. 20 f.). II will (als Ausprägung des § 11 III) gewährleisten, dass der Überweg frei, also benutzbar bleibt (Rn. 23). Die Regelung wird ergänzt durch das Haltverbot des Z 293 gem. Anl 2 lfd. Nr. 66 (§ 12 Rn. 35). III verbietet das besonders gefahrenträchtige Überholen an Überwegen (Rn. 24). § 26 wird überlagert von dem sich aus der Grundregel des § 1 ergebendem Prinzip gegenseitiger Rücksichtnahme, aus dem sich auch für den Überwegbenutzer Verhaltenspflichten am Überweg ergeben (Rn. 22). Die Verpflichtung des Fußgängers, Überwege zu benutzen, ergibt sich aus § 25 III (dort Rn. 15).

9   2. Fußgängerüberweg. Fußgängerüberwege iS von § 26 entstehen *ausschließlich* durch Anbringung des Z 293 (Zebrastreifen) auf der Fahrbahn (Bay NJW **68** 313, Ha NJW **69** 440, Dü VRS **78** 140). Fußgängerfurten ohne Zebrastreifen sind demgemäß auch bei Ampelausfall keine Fußgängerüberwege (Kö VRS **51** 72, Hb VRS **45** 398, VM **74** 16, Dü VRS **78** 140). Daran ändert auch das Vorhandensein der Z 134 oder 350 nichts. Das GefahrZ 134 allein ist nämlich nur ein WarnZ (Bay NJW **68** 313, Ha NJW **69** 440), das Z 350 ein nicht konstitutives HinweisZ (zu seiner Bedeutung für das Überholverbot des III: Rn. 20). Zu ampelgesicherten Überwegen Rn. 11. Anlage von Fußgängerüberwegen, örtliche und verkehrliche Voraussetzungen, Lage, Markierung, Beschilderung, Beleuchtung: VwV Rn. 17 (Rn. 2 ff.). Richtlinien für Anlage und Ausstattung von Fußgängerüberwegen (R-FGÜ 2001):VkBl. **01** 474 = StVRL Nr. 1.

10   a) Es gilt der **Sichtbarkeitsgrundsatz** (§ 39 Rn. 32–34). Fußgängerüberwege müssen deshalb so markiert sein, dass sie rechtzeitig einwandfrei erkennbar sind (s. auch BGH NJW **71** 1213), und zwar in ihrer ganzen Breite, nicht nur hinsichtlich der äußersten Streifen (KG bei *Darkow* DAR **78** 89). Maßgebend ist das Bild, das der herankommende nicht ortskundige Kf hat. Ist das Zebramuster so abgefahren, dass objektiv Zweifel möglich sind, so besteht deshalb auch für Ortskundige kein Fußgängerüberweg (BGH VRS **41** 307, Bay VRS **40** 215, Ha VRS **39** 340, Fra NJW **68** 312, *Bouska* VD **71** 277). Entsprechendes gilt bei Unkenntlichkeit wegen Schnees oder Verschmutzungen (*Booß* VM **80** 6, *Knippel* DAR **80** 243; **aM** Ol VRS **58** 285). Jedoch obliegt dem Kf besondere Sorgfalt (§ 1), wenn er Zebrastreifenreste entdeckt (Ko VRS **46** 450, DAR **73** 50) oder (als Ortskundiger) weiß, dass solche Reste vorhanden bzw. durch Schmutz, Schnee etc. verdeckt sind. Der Fahrverkehr darf dann auf Beachtung seines Vorrangs nur vertrauen, wenn zuverlässig feststeht, dass Fußgänger nicht auf die Fahrbahn treten werden (Bay VM **72** 4, VRS **40** 215, Ha VRS **39** 340).

b) Wo **Lichtzeichen** den Verkehr regeln, gilt § 26 nicht, es gelten nach § 37 I, II Nr. 2 nur **11** die FarbZ der LZA (Ha NZV **96** 449, Kö VM **80** 68; wohl auch BGH DAR **15** 702; zw. hingegen BGH NZV **08** 528 m Bspr *König* NZV **08** 492; aM Ko VM **76** 12; s. auch § 315c StGB Rn. 15). Mit dem Z 293 bezeichnete Überwege gelten während des Betriebs der LichtZ demnach als nicht vorhanden (Hb VRS **45** 398). Ist die Ampelanlage hingegen ausgefallen oder aus sonstigen Gründen nicht in Betrieb, so gilt wieder § 26. Zu den Verhaltenspflichten an LZA § 25 Rn. 44, § 37 Rn. 16, 35.

3. Vorrang (Abs. 1 S. 1). Der vorschriftsmäßig gekennzeichnete Fußgängerüberweg **12** (Rn. 9 f.) gewährt Fußgängern und Rollstuhlfahrern (Rn. 14) Vorrang, sofern sie erkennbar die Fahrbahn überqueren wollen (Rn. 16 f.). FzF müssen ihn ermöglichen (Rn. 18–21). Jedoch hat auch der Überwegbenützer Sorgfaltspflichten zu beachten (Rn. 22). Für FzF von Schienenbahnen gilt der Vorrang nicht (Rn. 13). IV bezieht ausdrücklich die Fälle ein, in denen die Markierung über einen Radweg oder einen anderen Straßenteil führt.

a) Gegenüber Schienenfahrzeugen besteht der Fußgängervorrang an Zebrastreifen nicht. **13** Als Massenverkehrsmittel sollen sie möglichst unbehindert bleiben. Außerdem ist ihr Bremsweg zu lang. Daher dürfen Fußgänger einen Überweg erst benutzen, wenn die Straba erkennbar zum Halten abbremst (Br VM **65** 5). Trotz des Vortritts muss der Strabaf aber vor nicht einsehbaren Fußgängerüberwegen entweder unter geringfügiger Geschwindigkeitsermäßigung läuten oder deutlich verlangsamen (BGH NJW **76** 2014, Dü VersR **83** 861). Dies gilt jedoch nicht in gleichem Maße in den Fällen, in denen ein Fußgängerüberweg einen besonderen Bahnkörper kreuzt (Dü VersR **83** 861).

b) Persönlicher Schutzbereich. Der Vorrang gebührt in erster Linie Fußgängern. Schiebe- **14** und Greifreifenrollstühle sind Fußgängern gleichgestellt (§ 24 I). Nach § 24 II rechnen jedoch auch Benutzer anderer Rollstühle und von Krankenfahrstühlen zum Fußgängerverkehr, weswegen der Vorrang auch für sie gilt. Fußgänger, die ein *Fahrrad mitführen* (schieben), haben gleichfalls Vorrang. Das gilt entgegen KG NZV **05** 92 nicht dann, wenn sie den Fußgängerüberweg mit einem Fuß auf dem Pedal „rollend" überqueren (Ha r+s **19** 535). Denn dann liegt Fahrzeugführen vor (LK-*König* § 315c Rn. 103). Wer den Überweg auf dem Rad fahrend überquert, hat gewiss keinen Vorrang (Ha NZV **93** 66; **96** 449; r+s **19** 535; Dü NZV **98** 296, AG Wetzlar NZV **11** 28 (Alleinhaftung des Radfahrers); *Hentschel* NJW **88** 1124, *Grüneberg* NZV **97** 420; aM Dü MDR **87** 1029). Gleiches gilt naturgemäß für Pedelecs (Ha NJW-RR **18** 861). Nach Jn NZV **05** 192 darf der Fußgängerüberweg überhaupt nicht von Radf befahren werden, was zw ist, weil sich der StVO kein entsprechendes Verbot entnehmen lässt (*Rebler* DAR **09** 12, 21). In Fällen des „fahrenden" Querens des Übergangs liegt ein (gravierender) Verstoß gegen § 10 (dort Rn. 6) vor (Ha NJW-RR **18** 861). Entscheidend ist die Fußgängereigenschaft zu dem Zeitpunkt, in dem sich für den FzF die Pflichten des § 26 ergeben. Deswegen soll es nach Stu VRS **74** 186 (zu § 315c StGB) unerheblich sein, ob der am Überweg auf dem Rad sitzende Fußgänger die Fahrbahn dann doch fahrend überquert (zw.; näher liegt der Rückgriff auf § 1).

c) Räumlicher Schutzbereich. Überwege werden häufig ungenau und einige Meter daneben **15** begangen; der Kf muss dies berücksichtigen (Kar VRS **44** 370, **45** 140, Stu VRS **41** 265). Der Fußgängerschutzbereich des Z 293 reicht mindestens 4 m seitlich über die Markierung hinaus (Ha VRS **54** 223). 14 Schritte neben dem Überweg ist ein Fußgänger allerdings außerhalb des Überwegbereichs (Ko VRS **49** 140), ebenso bei 6–8 m (Bay NJW **78** 1491). Ein Kf muss idR nicht damit rechnen, dass ein Fußgänger 9 m neben dem Überweg zwischen Autos hindurch unaufmerksam schnell die Fahrbahn betritt (Kar VRS **45** 140).

d) Erkennbarkeit. Die Absicht des Fußgängers oder Rollstuhlfahrers, den Überweg jetzt zu **16** benutzen, muss für den FahrV objektiv erkennbar sein. Maßgebend ist das Gesamtverhalten des Fußgängers; einer ausdrücklichen, an den FzF gerichteten Anzeige bedarf es nicht (BGH NJW **65** 1236, Schl VM **76** 38, KG NZV **92** 40). Kf müssen daher auch mit durch Fz verdeckten Fußgängern, auch Rollstuhlfahrern, rechnen. Anders liegt es bei solchen, die aus baulichen Gründen niemand vorhersehen kann (*Mühlhaus* DAR **70** 199), zB aus einer SeitenStr kommenden (Ce VM **75** 71). Der Fußgänger hat beim geringsten Zweifel Vorrang (Schl VM **76** 38, Ha DAR **81** 154, KG NZV **92** 40, Dü DAR **98** 318), nicht nur bei offensichtlicher Benutzungsabsicht (aM Hb VM **66** 55), weswegen sich stets Verständigung durch Blickverbindung und Handzeichen empfiehlt, nicht durch die missverständliche Lichthupe. Sofortige Benutzungsabsicht ist bereits anzunehmen, wenn ein Fußgänger zügig auf den Überweg zugeht oder dort wartet (Kö DAR **75** 17, Schl VM **76** 38, KG NZV **92** 40, Kar NZV **92** 330, Dü DAR **98** 318), dies auch dann, wenn er dabei nach rechts sieht, anstatt auf den herannahenden Verkehr (Ha GA **74** 249, KG NZV **92** 40). Hingegen genügt zügiges Gehen in einiger Entfernung rechtwinklig zum Überweg (parallel zur Fahrbahn) nicht (Stu DAR **14** 536, SVR **17** 305 *(Siegel)*; Kar NZV **92** 330, Hb VM **70** 79, Ha DAR **81** 154), auch nicht, wenn sich der Fußgänger dabei dem Überweg nähert (Ce VM **88** 13, Kar NZV **92** 330), weswegen Kf mit dem plötzlichen Überschreiten des Überwegs nicht rechnen müssen (Ha ZfS **04** 446, DAR **81** 154). Wer sich rechtwinklig zum Überweg stehend zu einer Kinderkarre hinabbeugt, gibt keine Überquerungsabsicht zu erkennen (Hb VRS **59** 300). I ist verletzt, wenn der Kf weiterfährt, weil er die deutliche Anzeige eines Schulkinds, den Überweg benutzen zu wollen, aus Unachtsamkeit nicht wahrnimmt (OlVRS **58** 286).

17　　**Verzicht** des Fußgängers ist möglich, nach § 11 II uU sogar geboten, falls ansonsten der Verkehrsfluss unzumutbar beeinträchtigt würde (*Rüth/Berr/Berz* Rn. 9). Der Verzicht muss allerdings *eindeutig sein* (Ha VRS **51** 309). Bloßes Kopfnicken genügt nicht (Ol ZfS **81** 388), desgleichen nicht kurzes Verharren (BGH VRS **38** 278, s. auch BGH NJW **65** 1236, Kö DAR **75** 17), ebenso wenig das Zurückkehren auf den Gehweg beim Herannahen eines Fz (Bay VRS **62** 466). Unwirksam ist der Verzicht, wenn er vom Kf durch forsches Heranfahren erzwungen wird (Dü DAR **82** 407, KG NZV **92** 40). Wer als Fußgänger auf dem Zebrastreifen nur stehen bleibt, weil ein Kfz rasch herannaht, verzichtet nicht auf sein Vorrecht, sondern will sich nur schützen (Ha VRS **56** 380). Verharrt ein Fußgänger auf der Mittelinsel und wartet bereits ein Kfz, so ist idR anzunehmen, dass er sich nur vergewissern will, ob alle Kfz anhalten (Ha VRS **51** 309). Der angezeigte Verzicht eines Fußgängers gilt nicht auch für andere; ausgenommen sind Kleinkinder, deren Verhalten der Verzichtende erkennbar beherrscht (Dü DAR **82** 407).

18　　**f) Pflichten des Kf.** Der Kf muss das Überqueren ermöglichen. I S. 2 gebietet ihm zu diesem Zweck ausdrücklich, (nur) bei erkennbarem Überschreitenswillen (Rn. 16 f.) mit mäßiger Geschwindigkeit heranzufahren und wenn nötig zu warten (Rn. 20 f.). Jedoch existieren ungeschriebene weitere Sorgfaltspflichten (Rn. 19).

19　　**aa)** Es sind beide Enden des Überwegs **zu beobachten** (BGHSt **36** 200), die beiderseitigen Gehwegzonen (Fra VM **77** 77), der Überweg und Passanten in dessen Nähe (Kar VRS **45** 40, Ce VM **75** 71, 72, Ha DAR **81** 154). Versperrt ein parkendes Fz die Sicht auf den Überweg, oder wird er in Gegenrichtung soeben befahren, so muss der Kf von beiden Seiten mit achtlosen Benutzern rechnen; er darf sich nicht auf den Vertrauensgrundsatz berufen (Ko VRS **44** 99, Kar VRS **44** 370, **45** 40, Ha DAR **60** 363, VRS **32** 377). Auch ein besonders sorgfältiger Kf muss aber nicht damit rechnen, dass nicht sichtbare Erwachsene einen Überweg achtlos betreten (BGH VersR **68** 356, Ce VM **88** 13, aM Kö VersR **66** 836). Wer den Überweg nicht vollständig überblicken kann, muss sich so verhalten, als ob Fußgänger ihn begehen wollten (Stu VRS **41** 265; s. auch Rn. 20). Hält ein Bus unmittelbar hinter einem Fußgängerüberweg, so ist die Lage so gefährlich, dass sich Kf an den Überweg nur herantasten dürfen (Kö VRS **41** 368). Auch bei Grün an der vorausliegenden Kreuzung darf der Kf einen markierten Fußgängerüberweg davor nur bei völliger Übersichtlichkeit befahren (Bay VM **75** 91).

20　　**bb) Mit mäßiger Geschwindigkeit (I S. 2)** ist an Fußgängerüberwege heranzufahren, sobald die Absicht der Überquerung erkennbar (Rn. 16) ist („dann", Begr Rn. 1), *nicht stets* (Kar NZV **92** 330, Stu DAR **14** 536 mAnm *Kabus;* ebenso zum alten Recht zB Ha VM **72** 70 m abl Anm *Booß*). Wer trotz am Überweg wartender Fußgänger nicht mäßig schnell heranfährt, kann die Wartepflicht nicht mehr erfüllen und zwingt so die bevorrechtigten Fußgänger zum Warten, behindert sie also in aller Regel (abw uU Dü VRS **56** 64). Die Art des Heranfahrens, idR mit deutlicher Verlangsamung, muss dem Fußgänger zeigen, dass ihm das Vorrecht belassen wird (Kar VRS **45** 40), und es soll dem Kf rechtzeitiges Anhalten ermöglichen (Dü VM **66** 64, Ha VRS **31** 462). Welche Geschwindigkeit „mäßig" ist, richtet sich nach der Beobachtungsmöglichkeit, der Breite der Fahrbahn, dem Fußgängerverkehr und der Fahrlinie (Ce VM **75** 71). Mäßig schnell fährt heran, wer ohne scharfes Bremsen sofort anhalten kann (Ha VRS **51** 310, Dü VM **67** 56, DAR **74** 160; Ce VRS **39** 234, Kö VRS **41** 111). Im Bereich von Schulen (Ko VRS **62** 335) oder bei besonders ungünstigen Verhältnissen (zB Sonnenblendung; Dü VM **67** 80, **77** 77) kann Schrittgeschwindigkeit geboten sein. Heranfahren mit „40" erlaubt kein rechtzeitiges Anhalten (KG VersR **77** 1008, Dü VM **74** 37, DAR **74** 160). „25" sind idR mäßig (Fra DAR **68** 247), auch „30" (Schl VM **76** 38), vor allem wenn der Fußgänger den Überweg überraschend betritt (Fra DAR **68** 247). „50" sind zu hoch, wenn dem Überweg mehrere Fußgänger zustreben und auf der anderen StrSeite ein abfahrbereiter Bus steht (BGH VersR **66** 269). Schrittgeschwindigkeit ist dann idR aber zulässig (Dü VM **67** 80). Die Pflicht zur Einhaltung geringer Geschwindigkeit vor Fußgängerüberwegen kann sich auch aus der Grundregel des § 3 I ergeben. Wer den

Überweg mit den angrenzenden Gehwegzonen nicht überblicken kann, darf nur sofort anhalte-bereit an ihn heranfahren (Rn. 19; Fra VM **77** 77, Kar VOR **73** 501), auch wenn sichtbare Fuß-gänger dem Kfz Vortritt einräumen (Ha VRS **54** 223). Die Fahrgeschwindigkeit muss verdeckte Fußgänger berücksichtigen (KG VRS **36** 202, Dü VersR **69** 380, MDR **69** 392).

cc) Notfalls warten (I S. 2) muss der FahrV, wenn Fußgänger, die den Vorrang ausüben, **21** sonst beeinträchtigt, zB erschreckt oder verwirrt würden, namentlich ältere oder gebrechliche Personen (Schl VM **76** 38). Sieht der Kf, dass Fußgänger den Überweg betreten (BGH NJW **66** 1211, Dü VRS **84** 306) oder sonst durch ihr Gesamtverhalten Benutzungsabsicht anzeigen, so muss er sofort anhalten, es sei denn, er kann bei normalem Weitergehen der Fußgänger vorsich-tig weiterfahren, entweder bei langem oder bei in der Mitte geteiltem Überweg (VInsel) oder sonst nach Verständigung. Ausweichen und vor dem Fußgänger in einem Bogen Vorbeifahren genügt nicht, wenn der Fußgänger dadurch verunsichert oder behindert wird (Dü VRS **84** 306; Jn VRS **122** 123). Bei langen Überwegen und von links kommenden Fußgängern muss nicht jedes Durchfahren behindernd wirken (Ol VRS **58** 286, Kö VRS **64** 310, Dü VRS **84** 309, DAR **93** 273). Beeinflusst das Befahren eines bereits betretenen Fußgängerüberwegs den Fuß-gänger ausnahmsweise überhaupt nicht, so ist § 26 nicht verletzt (Dü VRS **59** 381, NZV **93** 39, VRS **84** 306, **88** 211, Stu VRS **61** 67, Kö VRS **64** 310, Ce NZV **92** 122, KG NZV **92** 40, Ha DAR **95** 501, ZfS **96** 276). Dies gilt umso mehr, wenn der Fußgänger die Fahrbahn noch gar nicht betreten hat (Dü VRS **64** 460, Ha DAR **95** 501). Dagegen soll der FzF nach Dü VRS **84** 307 stets schon dann gegen I verstoßen, wenn seine Weiterfahrt den Fußgänger nur zu besonde-rer Aufmerksamkeit veranlasst (Vorbeifahren in 2,5 m Abstand). Anhalten muss auch, wer in einer Kolonne fährt (rechtzeitige deutliche Bremsanzeige nach hinten). Anders liegt es, wenn wegen zu nahe aufgerückten Nachfolgers die Gefahr eines Auffahrunfalls besteht; dann ist das Durch-fahren jedenfalls dann nach § 16 OWiG gerechtfertigt, wenn der Überwegbenutzer nur behin-dert wird (*Rüth/Berr/Berz* Rn. 15). Der Überschreitenswillige muss in solchen Fällen auf seinen Vorrang verzichten (Rn. 22).

g) Pflichten des Überwegbenützers. Fußgänger dürfen ihren Vorrang weder erzwingen **22** noch achtlos auf den Überweg treten (KG bei *Darkow* DAR **74** 235). Bevorrechtigte Fußgänger sollen durch ihr Vorrecht nicht ganze Autopulks aufhalten, wenn sie keinen besonderen Grund zur Eile haben (§ 11 III; s. dort Begr., Rn. 2). An Fußgängerüberwegen besteht auch für den Fußgänger kein Vertrauensgrundsatz (Ce NZV **01** 79, Hb DAR **66** 251, Ha VRS **49** 397, VersR **69** 139, **aM** BGH NJW **66** 1211). Der Überwegbenutzer hat den FahrV mit Sorgfalt zu beachten (Ce NZV **01** 79, KG VersR **77** 1008), besonders im Dunkeln bei Regen (Kar VersR **71** 177). Er darf sich nicht bedingungslos darauf verlassen, dass ihm FzF den Vorrang einräumen werden (Ce NZV **01** 79), und muss sich daher nach links und rechts umsehen und bei erkenn-barer Gefährdung durch nahe Fz warten (BGH NJW **82** 2384, VRS **65** 94). Ist ein mit 50 km/h fahrendes Fz noch 70 m entfernt, so darf er jedoch davon ausgehen, dass ihm das Überqueren ermöglicht werde (BGH NJW **82** 2384). Führt der Fußgängerüberweg über einen Mittelstrei-fen, so muss ein Fußgänger auch vor dem Betreten der Gegenfahrbahn die nötige Sorgfalt zei-gen (KG VersR **77** 1008). **Angemessen schnell** („zügig") sind Fußgängerüberwege zu bege-hen. Die Regel des § 25 III gilt auch hier. Doch behält auch der aus Gebrechlichkeit oder Vorsatz (zu) langsam gehende Fußgänger das Vorrecht. Er verstößt, wenn er zügiger gehen könn-te, gegen § 25.

Literatur: *Hoppe,* Kraftfahrer und Fußgänger am Zebrastreifen, DAR **68** 173. *Mühlhaus,* Verhalten an **22a** Fußgängerüberwegen, DAR **70** 197. *H. W. Schmidt,* Verhalten an Fußgängerüberwegen, DAR **67** 100.

4. Nach Abs. 2 freizuhalten ist der Fußgängerüberweg bei stockendem Verkehr (Schlange) **23** von wartenden Fz, damit Fußgänger ihn weiterhin benutzen können. Diese Regel, die sich vor-mals auch aus § 1 ergab, entspricht § 11 III (besondere VLagen). Jedoch wird auf den Überweg gefahren werden dürfen, wenn er vermutlich noch mit ganzer FzLänge oder nahezu ganz pas-siert werden kann (Ol VRS **58** 286, O. H. Schmitt VOR **62** 46). Bei zu spätem Bemerken der Stockung muss der FzF, falls gefahrlos möglich, ggf. zurücksetzen, um dem Fußgänger das Über-schreiten zu ermöglichen (*Rüth/Berr/Berz* Rn. 17).

5. Überholverbot (Abs. 3). Überholen ist an Fußgängerüberwegen strikt verboten (Begr., **24** Rn. 1). Das Überholverbot besteht nur im Bereich des eigentlichen Überwegs, dh, soweit keine VZ 350 aufgestellt sind, auf der entsprechenden Fahrbahnmarkierung (Zebrastreifen), andernfalls ab dem Z 350. Ein vorher begonnener Überholvorgang muss bis dahin beendet sein. Ist dies nicht möglich, so ist er abzubrechen. Das GefahrZ 134 steht *vor* dem Fußgängerüberweg und löst das Überholverbot des III noch nicht aus; jedoch wird ein sorgfältiger Kf zwischen Z 134 und dem Fußgängerüberweg nicht überholen (*Bouska* DAR **89** 164). III gilt nicht für die Straba, dient vielmehr nur der Erfüllung der Wartepflicht des (sonstigen) FahrV nach I (BGH NJW **76** 2014, s. auch Rn. 13). Haltende Fz werden nicht überholt (§ 5 Rn. 18). Sie verdecken jedoch meist einen Teil des Überwegs, so dass das Vorbeifahren an ihnen besondere Vorsicht voraussetzt. Eine an den Verkehrsbedürfnissen orientierte Auslegung wird ergeben, dass bei Stau auf einem von mehreren Fahrstreifen der freie Fahrstreifen äußerst vorsichtig weiter befahren werden darf (= Überholen; *Bouska* DAR **89** 164).

25 **6. Haltverbot.** Z 293; 12 Rn. 35.

26 **7. Zivilrecht.** Es gehört zur VSicherungspflicht, den Zebrastreifen in ordnungsgemäßem Zustand zu halten; ist das nicht möglich, so muss der VSicherungspflichtige ihn aufheben (BGH NJW **71** 1213 (unkenntlich gewordener Zebrastreifen)). Zeichen eines Schülerlotsen am Zebrastreifen entlasten den Kf nicht von der erforderlichen Sorgfalt (Dü VM **69** 15). Stößt ein angetrunkener Kf auf dem Zebrastreifen mit einem Fußgänger zusammen, so soll der Anschein für alkoholbedingte Unaufmerksamkeit des Kf sprechen (Ha VersR **65** 863). Den Fußgänger, der trotz nahe an den Fußgängerüberweg herangefahrenen Fz sein Vorrecht erzwingen will (Rn. 22), trifft ein Mitverschulden (BGH VRS **65** 94). Keine Mitschuld des Fußgängers auf einem beleuchteten Überweg, den ein unbeleuchtetes Kfz dort anfährt (KG DAR **69** 323) oder eines Fußgängers, der durch ein mit 50 km/h fahrendes Fz auf beleuchtetem Fußgängerüberweg angefahren wird, das bei Betreten der Fahrbahn noch 70 m entfernt war (BGH NJW **82** 2384). Zur Mitschuld von Fußgängern s. auch § 9 StVG.

27 **8. Ordnungswidrigkeit.** § 49 I Nr. 24b sowie lfd. Nr. 66 Anl 2 Spalte 3 (Haltverbot; dazu § 12 Rn. 35). Das Vorhandensein und die Erkennbarkeit des Zebrastreifens (Rn. 10) müssen vom Tatrichter festgestellt werden (Bay NJW **68** 313). OW wegen Verstoßes gegen I setzt nach einhelliger Rspr. ferner voraus, dass das Befahren des Überwegs einen bevorrechtigten Fußgänger behindert, belästigt oder sonst beeinträchtigt hat (Rn. 21; Ha VRS **48** 148, DAR **95** 501, Kö VRS **64** 310, Ce NZV **92** 122, Dü NZV **93** 39, DAR **00** 176, VRS **84** 309). Erschrecken, Verwirren oder gar Gefährden des Fußgängers ist hingegen nicht vorausgesetzt (Dü VRS **84** 306). Zu Beweisfragen *Krumm* DAR **09** 171. § 1 II tritt, da schon vom Tatbestand gefordert, bei bloßer Behinderung zurück (Fra DAR **68** 247, KG VRS **35** 287, DAR **67** 223, Ko VOR **73** 503, VRS **46** 154), nicht aber bei Gefährdung oder Schädigung (zT aM wohl *Rüth/Berr/Berz* Rn. 28). Mitschuld des Fußgängers ist stets zu prüfen (KG VRS **36** 202) und wird sich ggf. ahndungsmindernd auswirken bis hin zur Einstellung nach § 47 OWiG.

28 **9. Strafrecht.** § 315c I Nr. 2c StGB: falsches Fahren an Fußgängerüberwegen (dort Rn. 15). Gefährdender, vorschriftswidriger Zustand der Markierung Z 293 kann strafrechtliche Haftung des verantwortlichen Bediensteten nach §§ 222, 229 StGB begründen (*Bouska* VD **71** 281). Belästigendes Hupen, damit der vor dem Überweg wartende Vordermann weiterfährt, ist keine Nötigung (§ 240 StGB Rn. 33).

Verbände

27 (1) ¹**Für geschlossene Verbände gelten die für den gesamten Fahrverkehr einheitlich bestehenden Verkehrsregeln und Anordnungen sinngemäß.** ²**Mehr als 15 Rad Fahrende dürfen einen geschlossenen Verband bilden.** ³**Dann dürfen sie zu zweit nebeneinander auf der Fahrbahn fahren.** ⁴ **Kinder- und Jugendgruppen zu Fuß müssen, soweit möglich, die Gehwege benutzen.**

(2) **Geschlossene Verbände, Leichenzüge und Prozessionen müssen, wenn ihre Länge dies erfordert, in angemessenen Abständen Zwischenräume für den übrigen Verkehr frei lassen; an anderen Stellen darf dieser sie nicht unterbrechen.**

(3) ¹**Geschlossen ist ein Verband, wenn er für andere am Verkehr Teilnehmende als solcher deutlich erkennbar ist.** ²**Bei Kraftfahrzeugverbänden muss dazu jedes einzelne Fahrzeug als zum Verband gehörig gekennzeichnet sein.**

(4) ¹**Die seitliche Begrenzung geschlossen reitender oder zu Fuß marschierender Verbände muss, wenn nötig (§ 17 Absatz 1), mindestens nach vorn durch nicht blendende Leuchten mit weißem Licht, nach hinten durch Leuchten mit rotem Licht oder gelbem Blinklicht kenntlich gemacht werden.** ²**Gliedert sich ein solcher Verband in mehrere deutlich voneinander getrennte Abteilungen, dann ist jede auf diese Weise zu sichern.** ³**Eigene Beleuchtung brauchen die Verbände nicht, wenn sie sonst ausreichend beleuchtet sind.**

(5) **Wer einen Verband führt, hat dafür zu sorgen, dass die für geschlossene Verbände geltenden Vorschriften befolgt werden.**

(6) **Auf Brücken darf nicht im Gleichschritt marschiert werden.**

VwV zu § 27 Verbände

Zu Absatz 1

1   Abweichend von den (nur sinngemäß geltenden) allgemeinen Verkehrsregeln ist darauf hinzuwir-   1
ken, daß zu Fuß marschierende Verbände, die nach links abbiegen wollen, sich nicht nach links
einordnen, sondern bis zur Kreuzung oder Einmündung am rechten Fahrbahnrand geführt wer-
den.

Zu Absatz 2

2   Leichenzügen und Prozessionen ist, soweit erforderlich, polizeiliche Begleitung zu gewähren.   2
Gemeinsam mit den kirchlichen Stellen ist jeweils zu prüfen, wie sich die Inanspruchnahme stark
befahrener Straßen einschränken läßt.

Zu Absatz 3

3   Bei geschlossenen Verbänden ist besonders darauf zu achten, daß sie geschlossen bleiben; bei   3
Verbänden von Kraftfahrzeugen auch darauf, daß alle Fahrzeuge die gleichen Fahnen, Drapierun-
gen, Sonderbeleuchtungen oder ähnlich wirksamen Hinweise auf ihre Verbandszugehörigkeit füh-
ren.

Zu Absatz 4

4   Bedarf ein zu Fuß marschierender Verband eigener Beleuchtung, so ist darauf zu achten, daß die   4
Flügelmänner des ersten und des letzten Gliedes auch dann Leuchten tragen, wenn ein Fahrzeug
zum Schutze des Verbandes vorausfährt oder ihm folgt.

1. Geschlossener Verband ist eine geordnete, einheitlich geführte und als Ganzes erkennba-   5
re Personen- oder FzMehrheit (bei Radf ab 16 Radf). Maßgebend sind einheitliche Führung,
geschlossene Bewegung, bei Fz, außer Radf, auch einheitliche Kennzeichnung (Wimpel, Schil-
der, FzArt und -farbe, uU Beleuchtung) und Fahren mit vorgeschriebenem Abstand, weil die
geschlossene Gliederung bei ihnen sonst nicht ohne Weiteres erkennbar ist (Bay VM **74** 67, Kar
NZV **91** 154). Im Rahmen der StVO ist er wie *ein* VT zu behandeln mit der Folge, dass zB
nach berechtigtem Einfahren in eine Kreuzung oder Passieren einer Einmündung durch das
erste Fz der Kolonne die einzelnen dem Verband angehörigen Fz trotz nunmehr auftauchender
bevorrechtigter VT (rechts vor links, VZ- oder LZA-Regelung) nicht wartepflichtig werden (Mü
VRS **72** 170, Kar NZV **91** 154, LG Verden NZV **89** 324, LG Rottweil VersR **86** 1246 (Links-
abbiegen des Verbands bei später nahendem GegenV), *Riecker* VersR **82** 1034). Jedoch dürfen
FzF im Verband nicht blind dem Vorausfahrenden folgen und das Verbandsvorrecht erzwingen
(Kar NZV **91** 154). Ein geschlossener Verband kann auch aus wenigen Fz bestehen (Nü
VersR **78** 1045, Kar NZV **91** 154, LG Verden NZV **89** 324 (mindestens 3)). Solange der Zu-
sammenhang der Kfz erkennbar ist (Kennzeichnung, FzTyp, Abstände), ist der Verband geschlos-
sen und unterliegt den Regeln des § 27, wie ihn der übrigen V zum Überho-
len oder Durchqueren freihält, wie II es vorschreibt (Ha DAR **91** 338, LG Verden NZV **89** 324
(30 m Abstand), Kar NZV **91** 154 (100 m Abstand), *Riecker* VersR **79** 236, aM Nü VersR **78**
1045). Nach KG DAR **07** 84 müssen die einzelnen Fz zueinander einen so geringen Abstand
einhalten, dass sie den erforderlichen Sicherheitsabstand gerade erreichen oder nur geringfügig
überschreiten; mehrere PolFz, die innerorts mit ca 35 km/h in einem Abstand von fast 50 m
hintereinander fahren, stellen danach keinen für den QuerV erkennbaren Verband dar. Weitere
Bsp: geführte Kinder- und Jugendgruppen, Schulklassen, die mangels Gehwegs geordnet zu Fuß
die Fahrbahn benutzen müssen (bei vorhandenen Gehwegen sind diese zu benutzen, dann kein
geschlossener Verband). Mehr als 15 Radf, die geordnet auf der Fahrbahn fahren, dürfen nach I
S. 3 zu zweit nebeneinander fahren. Anders als nach § 2 IV S. 1 (dort Rn. 70) verbleibt es nach
dem eindeutigen Gesetzeswortlaut im Rahmen des § 27 bei dieser Begrenzung. Der Verkehr darf
nicht (konkret) behindert werden (§ 2 Rn. 70). Bei dichtem Verkehr ist den Radf das Ausein-
derziehen zur Einerreihe zuzumuten. Auf Radwegen gelten Radf stets als Einzelpersonen. Da
das Verbandsvorrecht andere VRegeln zurückdrängt, muss die Verbandszugehörigkeit jedes ein-
zelnen Fz unmissverständlich erkennbar sein, ohne weitere Überlegungen zu erfordern, einheit-
liche Bauweise und Abblendlicht bei Tage reichen nicht aus (Bay VM **74** 67 m abl Anm *Booß*).
Eine FzKolonne bei Stauung ist kein geschlossener Verband (Schl VM **63** 46). Bilden sich größe-
re Lücken im Verband, so entfällt das Merkmal des geschlossenen Verbandes und Querfahren ist
zulässig, sonst würde der V übermäßig behindert (aM Dü VersR **69** 1027 (allein Kennzeichnung

maßgebend)). Ein einzelnes dem Verband nachfahrendes Fz, hat kein Vorrecht. S. § 35 (Sonderrechte).

5a   **Literatur:** *Bouska,* Vorrang von Verbänden ..., VD **71** 313. *Riecker,* Das „Kolonnenvorrecht" der Bundeswehr, VersR **82** 1034. *Schweinoch,* Zum Vorrecht geschlossener Verbände ..., DAR **61** 265.

6   **2. Die allgemeinen Verkehrsregeln** und polizeilichen Anordnungen und Weisungen gelten für geschlossene Verbände sinngemäß (Begr), vor allem die §§ 2, 3, 5, 6, 8 bis 12, 15, 17 bis 19, 20, 26, 36 ff. Ein marschierender Verband, der links abbiegen soll, ordnet sich vorher nicht nach links ein, da das nicht deutlich möglich wäre; er wird bis zum Abbiegen auf der rechten Fahrbahnseite geführt und biegt nach RichtungsänderungsZ ab (Begr), anders ein FzVerband. Vorfahrt steht Verbänden grundsätzlich nur nach den allgemeinen Regeln des § 8 zu (s. aber Rn. 7). Ausfahren eines Verbandes überbreiter Kfz von der AB in eine Bundesstraße: BGH VRS **44** 12. Demonstrationszüge müssen die VRegeln beachten, soweit diese die Versammlungsfreiheit nicht beengen, sonst gilt das VersammlG (*Bleckmann-Hilf,* Demonstration und StrV, 1970 S. 37).

7   **3. Unterbrechungsverbot** (II). Geschlossene Verbände (ausgenommen Wegerechtsfz; § 35), Leichenzüge und Prozessionen haben weder Vorrecht noch Vorrang, doch darf der übrige Fahr- wie Gehverkehr sie nicht unterbrechen und nur in freigelassenen Zwischenräumen passieren. Niemand darf das Durchfahren oder Durchgehen also erzwingen. Nur insoweit besteht ein Verbot, ihre einheitliche Bewegung zu hemmen. Beachtet der Verkehr das Hemmungsverbot nicht, darf der Verband es nicht erzwingen (Ol VM **71** 5). Wer sich beim Überholen eines fahrenden Verbands wegen GegenV vorübergehend in eine Lücke einordnen muss, hemmt oder behindert ihn nicht. Eine geschlossen über die Str geführte Schulklasse darf nicht durchfahren werden (Dü VM **58** 15 (wohl nur auf § 1 zu stützen)). Leichenzug ist die Gesamtheit der Personen und Fz, die dem Verstorbenen das Trauergeleit geben (Bestattung, Überführung). Prozessionen sind rituelle Umzüge der Geistlichkeit und Gemeindemitglieder aus festlichen Anlässen um Kirchen oder auf öffentlichen Str. Andere Umzüge fallen nicht unter § 27, auch nicht als geschlossene Verbände und nicht kraft gesonderter PolVorschrift, weil für solche gem. der erschöpfenden StVO kein Raum ist. Zum Vorrang geschlossener militärischer und nichtmilitärischer Verbände § 1 StrVerkSiV (BGBl. I **80** 1795). Verhalten gegenüber geschlossenen BW-Verbänden: VkBl. **71** 538 = StVRL Nr. 1, **87** 282 = StVRL Nr. 2 (Geltung auch gegenüber amerikanischen, britischen, belgischen, niederländischen und kanadischen Streitkräften). Demonstrationen: Rn. 6.

8   Bei längeren Verbänden usw. haben die Verbandsführer (V) oder die Polizei (bei Leichenzügen und Prozessionen) **angemessene Zwischenräume freizuhalten.** Diese Lücken dienen dem Überholtwerden wie dem Querverkehr (II). Das gilt sinngemäß auch, wenn die Polizei Umzüge leitet, die nicht unter § 27 fallen. Selbsthilfe des übrigen Verkehrs ist gefährlich und unzulässig. Ist der Verband auseinandergerissen und als solcher nicht mehr ohne Weiteres erkennbar (Rn. 5), so entfällt das Hemmungsverbot (LG Verden NZV **89** 324). Zur Haftungsverteilung bei Kollision innerhalb der Kolonne mit einem anderen Kfz Nü VersR **78** 1045.

9   **4. Der Verbandsführer** (Aufsichtsführende) ist für Beachtung sämtlicher Regeln des § 27 verantwortlich (Rn. 12), bei Leichenzügen und Prozessionen idR die Pol. Der Verbandsführer ist für die VSicherheit bei Beachtung der VVorschriften verantwortlich (Ol VM **71** 5), seine Hilfspersonen hat er nach Zuverlässigkeit auszuwählen und zu überwachen (Ol VM **71** 5).

10   **5. Brücken** (Fahr- wie Fußgängerbrücken) dürfen nicht stabilitätsgefährdend schwingen, daher ist auf ihnen Marschmusik mit Gleichschritt unzulässig (VI, Begr).

11   **6. Beleuchtung.** Unter den Voraussetzungen des § 17 (bei Dämmerung, Dunkelheit oder wenn die Sicht es sonst erfordert) sind marschierende oder reitende Verbände vorn durch weiße, hinten durch rote Leuchten oder gelbes Blinklicht so zu kennzeichnen, dass ihre seitliche Begrenzung deutlich sichtbar ist. Diese Leuchten sind also jeweils vom vorderen und hinteren linken und rechten Flügelmann (Reiter) auf der verkehrszugewandten Seite zu tragen, auch wenn ein Leit- oder Warnfz vorausfährt (VwV Rn. 4). Rückstrahlende Armbinden, andere WarnZ, geschwenkte Taschenlampen genügen allein nicht. Marschiert der Verband in deutlich getrennten Abteilungen (= mehrere Verbände), so ist jede Abteilung so zu beleuchten. Beleuchtung ist nur entbehrlich, wenn der Verband auf der gesamten Strecke durch andere Lichtquellen deutlich und rechtzeitig sichtbar beleuchtet ist. Neben den vorgeschriebenen Leuchten sind weitere Kennzeichnungsmittel zugelassen.

12   **7. Ordnungswidrig** (§§ 24 StVG, 49 StVO) handelt der Verbandsführer in den in § 49 II Nr. 1 bezeichneten Fällen, der Führer einer Kinder- oder Jugendgruppe, der diese entgegen § 27

I nicht den Gehweg benutzen lässt (§ 49 II Nr. 2), wer entgegen § 27 VI auf Brücken gemein-schaftlich mit anderen im Gleichschritt marschiert (§ 49 I Nr. 24) und wer entgegen II einen geschlossenen Verband unterbricht (§ 49 II Nr. 1a). In anderen Fällen handeln Verbandsangehöri-ge nicht ow, weil § 49 dies nicht vorsieht.

Tiere

28 (1) ¹**Haus- und Stalltiere, die den Verkehr gefährden können, sind von der Straße fernzuhalten. ²Sie sind dort nur zugelassen, wenn sie von geeigneten Personen be-gleitet sind, die ausreichend auf sie einwirken können. ³Es ist verboten, Tiere von Kraft-fahrzeugen aus zu führen. ⁴Von Fahrrädern aus dürfen nur Hunde geführt werden.**

(2) ¹**Wer reitet, Pferde oder Vieh führt oder Vieh treibt, unterliegt sinngemäß den für den gesamten Fahrverkehr einheitlich bestehenden Verkehrsregeln und Anordnungen. ²Zur Beleuchtung müssen mindestens verwendet werden:**

1. **beim Treiben von Vieh vorn eine nicht blendende Leuchte mit weißem Licht und am Ende eine Leuchte mit rotem Licht,**

2. **beim Führen auch nur eines Großtieres oder von Vieh eine nicht blendende Leuchte mit weißem Licht, die auf der linken Seite nach vorn und hinten gut sichtbar mitzu-führen ist.**

Begr zu § 28:VkBl. **70** 814.   1

VwV zu § 28 Tiere

Zu Absatz 1

1   I. Die Halter von Federvieh sind erforderlichenfalls dazu anzuhalten, die notwendigen Vorkeh-   2
       rungen zur Fernhaltung ihrer Tiere von der Straße zu treffen.

2   II. Wenn Hunde auf Straßen mit mäßigem Verkehr nicht an der Leine, sondern durch Zuruf und   3
       Zeichen geführt werden, so ist das in der Regel nicht zu beanstanden.

3   III. Solange Beleuchtung nicht erforderlich ist, genügt zum Treiben einer Schafherde in der Regel   4
       ein Schäfer, wenn ihm je nach Größe der Herde ein Hund oder mehrere zur Verfügung ste-
       hen.

1. Haus- und Stalltiere. Verkehrsverbot. Zu den Haus- und Stalltieren gehören alle übli-   5
cherweise oder individuell in Europa in Stall oder Haus gehaltenen Tiere, auch Federvieh (Hausgeflügel), aber nicht Tauben und Katzen, weil sich diese nicht dauernd einsperren lassen (Begr; Ol MDR **58** 604). Hunde sind Haustiere (Ko DAR **99** 505, Dü VM **86** 96).

1a. Von der Straße fernzuhalten sind Haus- und Stalltiere (Rn. 5), die den Verkehr gefähr-   6
den können. Wo das zutrifft, müssen Tierhalter die Halteplätze genügend hoch einzäunen (VwV Rn. 1). Weidetiere: § 17 StVG. Auf einer DorfStr, zumal bei Dunkelheit, braucht niemand mit führerlosen Pferden zu rechnen (BGH VersR **62** 45). Koppeltiere, die auf ungeklärte Weise in den Verkehr gelangen: Hb MDR **69** 73. Haftungsfragen: § 17 StVG Rn. 34.

1b. Zugelassen im Verkehr sind Haus- und Stalltiere (Rn. 5) bei ausreichender Beaufsichti-   7
gung, also idR nicht autoscheue Pferde, ungerittene oder übernervöse Reitpferde. Nicht ver-kehrsgewohnte Rennpferde müssen im StrV transportiert oder geführt werden (Ha VM **71** 56). Die Einwirkungsmöglichkeiten richten sich nach der Art des Tiers, müssen aber mit Gewissheit bestehen. Die Aufsichtsperson muss insbesondere nach Erfahrung, Geschicklichkeit und Kraft geeignet sein. Bei nur unzulänglicher Aufsicht ist das Tier im Verkehr nicht zugelassen (Sonntags-reiter auf ungebärdigem Pferd, kleines Kind, das mit einem Hund spielt). Ein 13-Jähriger ist nicht grds. ungeeignet, einen Hund zu führen (Fra NZV **03** 486). Bei Kutschern darf die VB das Eignungszeugnis eines Arztes oder Sachverständigen einholen. Ungeeigneten kann das Tierfüh-ren untersagt oder unter Auflage erlaubt werden (§ 3 FeV). Die StrVB hat angemessene (Ver-hältnismäßigkeit) Maßnahmen zu treffen (Scheuklappen, Hilfszügel, Beißkörbe, Warntafeln an „Schlägern"). Angemessen ist jeweils die am wenigsten beeinträchtigende, noch ausreichende Maßnahme (keine Verwendung als Reit-, aber als Spannpferd). Untersagung weiterer Verwen-dung kommt nur äußerstenfalls in Betracht.

Zugtiere werden idR durch Zügel vom Fz oder Sattel aus gelenkt, bei ganz ruhigen Pferde-   8
oder Ochsengespannen uU auch durch Zuruf im Nebenhergehen.

Strengste Anforderungen an Pferdehalter hinsichtlich Auswahl und Beaufsichtigung des   9
Fahrers und der Gerätschaften (BGH VersR **61** 346). Pferdeführer müssen links vom Tier gehen,

2 Pferde dürfen sie ungekoppelt nicht führen, gekoppelt bis zu 4 Pferde (Begr). Ein Reiter kann nur 2 Handpferde führen, mehr kann er weder vom Sattel aus noch abgesessen sicher beisammenhalten. An Fuhrwerken darf rechts am Zugpferd oder hinten am Fz ein kurz angekoppeltes Tier mitgeführt werden. Saugfohlen dürfen nicht unangekoppelt gehen, Sommer- oder Reitwege sind zu benutzen (Z 238), sonst die Fahrbahn. Pferde dürfen nicht getrieben werden. Ein Kf darf mit verkehrsgewohnten Zugtieren rechnen, jedoch nicht bei unangeschirrten Pferden (BGH VRS **20** 255, VersR **61** 346). Schafe: VwV Rn. 3 und Rn. 12.

10 **Hunde,** wenn auf Zuruf gehorsam, brauchen unbeschadet spezieller landesgesetzlicher Regelungen auf Straßen mit mäßigem Verkehr idR nicht an der Leine geführt zu werden (VwV Rn. 2; Bay VRS **72** 366, Kö NZV **03** 485, Fra NZV **03** 486, Ko DAR **99** 505, Mü DAR **99** 456). Eine entsprechende Verpflichtung ergibt sich weder aus § 28 noch aus § 1 StVO (BGHSt **37** 366 = NZV **91** 277). Die nach I S. 2 erforderliche Einwirkungsmöglichkeit ist nur gegeben, solange sich der Hund im Blickfeld der Begleitperson befindet (Bay VRS **72** 366). Dann braucht ein solcher Hund nicht zurückgerufen oder festgehalten zu werden, weil ein Radf naht (vgl. Br VRS **23** 41), anders bei schwerhörigem (Mü HRR **39** 418) oder bissigem Hund (Br VRS **24** 461). Das Verhalten des Hunds in der Vergangenheit ist für die Beurteilung seiner VSicherheit entscheidend (Dü VRS **68** 144, Bay VRS **74** 360). Auch wenn man einen Hund gefahrlos über die Straße schicken kann, kann der Verkehr es verbieten, ihn frei zurückzurufen (Kö VRS **24** 143). Hat sich ein Hund losgerissen und ist über die Fahrbahn gelaufen, so kann es Verschulden begründen, ihm nicht zu folgen, sondern nur zu versuchen, ihn zurückzurufen (Ha DAR **00** 406). Lässt der Halter den Hund entgegen I S. 2 ohne Begleitung im öffentlichen VRaum herumlaufen, kann er für Unfallfolgen strafrechtlich verantwortlich sein (Dü VM **86** 96). Ein Jagdhund darf nicht auf Suche geschickt werden, wenn er ohne Einwirkungsmöglichkeit auf die Straße laufen könnte (Ol DAR **62** 212, Ba NJW-RR **90** 735). Gemeindesatzungen über das Anleinen von Hunden: E 46.

11 In ländlichen Gegenden wird der Kf mit **Geflügel** auf der Straße rechnen müssen (AG Winsen MDR **58** 604, AG Bramsche MDR **58** 515; s. auch VwV Rn. 1), uU auch mit Enten (Ol DAR **61** 344).

12 Für **Schafherden** außerhalb der Beleuchtungszeit genügt idR ein Schäfer mit, je nach Größe der Herde, ausgebildeten Hunden (VwV Rn. 3). Der Schafhalter muss geprüfte Hütehunde verwenden (Ol DAR **57** 16). S. auch Rn. 16.

12a **Literatur:** *Asmus,* Viehtreiben im StrV, DAR **63** 161. *H. W. Schmidt,* Hunde im StrV, DAR **62** 232. *Derselbe,* Weidesicherung und StrV, DAR **65** 174. *Stollenwerk,* Tiere im StrV, DNP **95** 189.

13 **2.** Von **Kraftfahrzeugen und Fahrrädern** aus ist jedes Tierführen untersagt, sowohl angebunden als auch von Hand oder gar durch Mitlaufen lassen auf Zuruf (I). Es verträgt sich nicht mit dem Lenken des Fz, kann Tierquälerei und VGefährdung durch das mitlaufende Tier sein (§ 1 TierSchG; Begr). Einzige Ausnahme: Führen von Hunden durch Radf (I S. 4). Größere, schnell laufende Hunde dürfen von Fahrrädern aus geführt werden, soweit mit dem TierSchG vereinbar (Kö NZV **03** 485).

14 **3.** Die **Verkehrsregeln und Anordnungen für den Fahrverkehr** gelten für Reiter, Pferdeführer, Treiber und Viehführer sinngemäß (II). Sie müssen deshalb die Fahrbahn und, soweit Sonderwege bezeichnet sind (Z 238), ausschließlich diese benutzen. Von Gehwegen sind sie ausgeschlossen. Feld- und Waldwege, die gleichzeitig, wenn auch beschränkt, zum Fahren mit mehrspurigen Fz dienen, dürfen auch Reiter benutzen (§ 2 I), ebenso durch bloße Benutzung entstandene Pfade, wenn sie nicht offensichtlich dem Fußgängerverkehr vorbehalten sind (s. VkBl. **73** 770). Landesrechtliche Regelungen des Reitens im Walde: E 46. Auf Reitwegen ist Pferdeführen erlaubt (Z 238).

15 An **allgemeinen Verkehrsregeln** (außer Anordnungen, § 36) kommen in Betracht: die Grundregel (§ 1), die Vorschriften über Benutzung der Fahrbahn (§ 2), soweit keine Reitwege bestehen, das Einhalten der äußersten Seite (§ 2), das Abbiegen (§ 9), die Benutzung der rechten Fahrbahn, das Anzeigen der Richtungsänderung (§ 9), das Einordnen bei besondere VLagen (§ 11), das Ein- und Anfahren (§ 10), etwa beim Reiten, aber auch beim Viehtreiben (Mü VRS **84** 206). Für die Beleuchtung gilt II. Nach Streichung des § 8 III durch ÄndVO v. 22.3.88 (§ 8 Rn. 10) kann es nicht mehr zw sein, dass auch die Vorfahrtregeln des § 8 für die in II genannten VT wie zB Reiter gelten (so schon vormals *Rüth/Berr/Berz* Rn. 16). Reiter auf öffentlichen Waldwegen müssen die Gangart so wählen, dass sie niemanden behindern oder gefährden (Bay VM **71** 53). Eine Ausnahme normiert hinsichtlich des Z 250 (Verbot für Fz aller Art) Anl 2 lfd. Nr. 28 Nr. 2 S. 2 (hierzu § 41 Rn. 248e).

Beim **Viehtreiben** hat der Treiber auf den Verkehr, dieser auf die Herde Rücksicht zu neh- **16** men (§ 1; Mü VRS **84** 206: Alleinhaftung des FzF trotz Verstoßes des Treibers gegen § 10). Die Zahl der Treiber richtet sich nach den Umständen wie insbes. Zahl der Tiere, Weglänge, Art und Breite der Straße, Tageszeit, VDichte, uU StrFührung (Bay VRS **57** 211). Einige Behinderungen über kürzere Strecke muss der FahrV zumindest auf NebenStr in Kauf nehmen (Bay VRS **57** 211). Kann das Treiben nach den Umständen den Verkehr gefährden, sind an die Zahl der Trei- ber, die Art und Zeit des Treibens strengere Anforderungen zu stellen als bei nur ganz vorüber- gehender Behinderung (Bay VRS **57** 211). Ausreichende Beaufsichtigung nach vorn und hinten ist nötig. Auf ländlichen OrtsStr genügen für 10 Kühe 2 Treiber (Nü VersR **68** 285, 458 *(Schmidt)*, Ce VRS **9** 412). Bei nicht schwieriger VLage genügen für 8 Kühe 3 Treiber (Schl VM **61** 84). Kinder können größeres Vieh idR nicht sicher treiben. 13-Jährige aus der Landwirt- schaft können geeignete Treiber sein (Bay VRS **57** 211). Viehtreibrahmen hinter Schleppern: § 46 Rn. 14 (VwV). Bei VBehinderung ist auf dem Sommerweg zu treiben (Ol DAR **57** 16). Auf der Fahrbahn müssen Treiber ausreichend einwirken können (Ol VRS **3** 417). Ist die Benut- zung der gesamten StrBreite durch eine Schafherde unvermeidbar, so ist für ausreichende und rechtzeitige Warnung des Gegenverkehrs zu sorgen (Bay NZV **89** 482). Entlang einer Fahrstrei- fenbegrenzung (Z 295, 296) darf in aller Regel kein Vieh getrieben werden, ist es unvermeidlich, müssen Warner vorgeschickt werden (Begr). Für das Viehtreiben quer über die Straße gelten die §§ 1, 10 (Bay DAR **73** 110). Es ist äußerste Sorgfalt (**E** 150) geboten, um den Verkehr zu war- nen, uU müssen die Tiere einzeln geführt werden, wenn der Fahrverkehr sonst gefährdet werden kann (Bay DAR **73** 110, VRS **44** 366). Über das Sichtfahrgebot hinaus braucht sich der Kf auch in ländlichen Gegenden nicht auf die Möglichkeit einer auf seiner Fahrbahnhälfte entgegen- kommenden Viehherde einzustellen (Bay DAR **82** 242 *(Rüth)*).

4. Zu **beleuchten** sind geführte Pferde und getriebenes Vieh entsprechend II (Begr). Be- **17** leuchtungszeit: § 17. Die Mindestbeleuchtung ist in II S. 2 getrennt für das Treiben und Führen vorgeschrieben. Die Beleuchtungspflicht gilt auch für Schafherden, so dass zum Tragen der zwei- ten Leuchte dann eine weitere Person nötig ist, auch beim Treiben quer über eine BundesStr (Fra VM **62** 60). II gilt auch beim Zusammenkoppeln verschiedenartiger größerer Tiere. Die vorgeschriebenen Leuchten müssen von den Treibern so getragen werden, dass die Begrenzung des Viehtriebs nach links für den Fahrverkehr von vorn und hinten deutlich erkennbar ist (Bay DAR **73** 110). Treiben vorschriftswidrigen oder nicht beleuchteten Viehs kann einen Anscheins- beweis begründen (BGH VersR **59** 805). Großtiere sind auch exotische Tiere (Begr). Die Be- leuchtungspflicht der Reiter ergibt sich jetzt aus § 1 (Begr). Die Beleuchtungsvorschrift des II Nr. 1 regelt nur den Längsverkehr durch Viehtrieb, nicht auch das Treiben quer über die Straße (Bay DAR **73** 110, Ko ZfS **88** 200). Ein im Dunkeln quer über die Fahrbahn geführtes Großtier muss beiderseits ausreichend beleuchtet sein (KG VM **78** 56, Ko ZfS **88** 200).

5. Verstoß gegen § 28 kann zur **Haftung** für Schäden führen; die Vorschrift ist SchutzG iS **18** von § 823 II BGB (Fra NZV **03** 486, Mü MDR **00** 393). Verstoß gegen HandanleinVO be- gründet Anscheinsbeweis (Ha NZV **08** 564; LG Tübingen NJW-RR **15** 1246) **Tierhalterhaf- tung:** § 833 BGB. Unfälle zwischen Kfz und Tier: § 17 StVG Rn. 33 ff.

6. Ordnungswidrigkeit (§§ 24 StVG, 49 StVO). Tierhalter und Verantwortliche: § 49 II **19** Nr. 3, Reiter, Tierführer und -treiber: § 49 II Nr. 4.

Übermäßige Straßenbenutzung

29 (1) *(aufgehoben)*

(2) ¹**Veranstaltungen, für die Straßen mehr als verkehrsüblich in Anspruch genommen werden, insbesondere Kraftfahrzeugrennen, bedürfen der Erlaubnis.** ²**Das ist der Fall, wenn die Benutzung der Straße für den Verkehr wegen der Zahl oder des Verhaltens der Teil- nehmenden oder der Fahrweise der beteiligten Fahrzeuge eingeschränkt wird; Kraftfahr- zeuge in geschlossenem Verband nehmen die Straße stets mehr als verkehrsüblich in An- spruch.** ³**Veranstaltende haben dafür zu sorgen, dass die Verkehrsvorschriften sowie etwaige Bedingungen und Auflagen befolgt werden.**

(3) ¹**Einer Erlaubnis bedarf der Verkehr mit Fahrzeugen und Zügen, deren Abmessun- gen, Achslasten oder Gesamtmassen die gesetzlich allgemein zugelassenen Grenzen tat- sächlich überschreiten.** ²**Das gilt auch für den Verkehr mit Fahrzeugen, deren Bauart den Fahrzeugführenden kein ausreichendes Sichtfeld lässt.**

1   **Begr** zur ÄndVO v. 22.3.88 (VkBl. **88** 224):

     Zu Abs. 3: *Hier wird klargestellt, dass trotz einer Ausnahmegenehmigung nach § 70 StVZO es einer Erlaubnis nach § 29 Abs. 3 StVO nicht bedarf, wenn im Einzelfall die nach den §§ 32 und 34 StVZO zulässigen Abmessungen, Achslasten oder Gewichte tatsächlich nicht überschritten werden.*

VwV zu § 29 Übermäßige Straßenbenutzung

Zu Absatz 1

1a   1   I. Rennen sind Wettbewerbe oder Teile eines Wettbewerbes (z. B. Sonderprüfung mit Renncharakter) sowie Veranstaltungen zur Erzielung von Höchstgeschwindigkeiten oder höchsten Durchschnittsgeschwindigkeiten mit Kraftfahrzeugen (z. B. Rekordversuch). Auf die Art des Starts (gemeinsamer Start, Gruppen- oder Einzelstart) kommt es nicht an.
         Indizien für das Vorliegen eines Wettbewerbs sind die Verwendung renntypischer Begriffe, die Beteiligung von Sponsoren, gemeinsame Start-, Etappen- und Zielorte, der nahezu gleichzeitige Start aller Fahrzeuge, Startnummern, besondere Kennzeichnung und Werbung an den Fahrzeugen sowie vorgegebene Fahrtstrecken und Zeitnahmen (auch verdeckt) und die Verbindung zwischen den einzelnen Teilnehmern bzw. zwischen den Teilnehmern und dem Veranstalter (per Funk, GPS o. ä.). Die Einhaltung der geltenden Verkehrsregeln oder das Fahren im Konvoi widerspricht dem Renncharakter nicht.

     2   II. Das Verbot gilt auch für nichtorganisierte Rennen.

     3   III. Zur Ausnahmegenehmigung vgl. § 46 Abs. 2 Satz 1 und Satz 3, 2. Hs. StVO sowie VwV zu § 46 Abs. 2.

Zu Absatz 2

1b   I. Erlaubnispflichtige Veranstaltungen

         1. Motorsportliche Veranstaltungen

     4   Mit erteilter Ausnahmegenehmigung nach Absatz 1 in Verbindung mit § 46 Abs. 2 wird ein Rennen nach Absatz 1 zur erlaubnispflichtigen Veranstaltung nach Absatz 2.

     5   Darüber hinaus sind nicht genehmigungsbedürftige motorsportliche Veranstaltungen dann erlaubnispflichtig, wenn 30 Kraftfahrzeuge und mehr am gleichen Platz starten oder ankommen oder

     6   unabhängig von der Zahl der teilnehmenden Fahrzeuge, wenn wenigstens eines der folgenden Kriterien gegeben ist:
         – vorgeschriebene Durchschnitts- oder Mindestgeschwindigkeit,
         – vorgeschriebene Fahrtzeit (auch ohne Bewertung der Fahrtzeit),
         – vorgeschriebene Streckenführung,
         – Ermittlung des Siegers nach meistgefahrenen Kilometern,
         – Durchführung von Sonderprüfungen,
         – Fahren im geschlossenen Verband.

     7   Ballon-Begleitfahrten, Fahrten mit Motorschlitten, Stockcarrennen, Autovernichtungs- oder Karambolagerennen sowie vergleichbare Veranstaltungen dürfen nicht erlaubt werden.

     8   Eine Veranstaltung nach Randnummer 4 erfordert die Sperrung der in Anspruch genommenen Straßen für den allgemeinen Verkehr. Dies kommt nur für Straßen mit untergeordneter Verkehrsbedeutung in Betracht und setzt eine zumutbare Umleitungsstrecke voraus.

         2. Weitere Veranstaltungen

     9   Erlaubnispflichtig sind
         a) Radrennen, Mannschaftsfahrten und vergleichbare Veranstaltungen,
         b) Radtouren, wenn mehr als 100 Personen teilnehmen oder wenn mit erheblichen Verkehrsbeeinträchtigungen (in der Regel erst ab Landesstraße) zu rechnen ist,

    10   c) Volkswanderungen und Volksläufe, wenn mehr als 500 Personen teilnehmen oder das überörtliche Straßennetz (ab Kreisstraße) beansprucht wird,

    11   d) Umzüge bei Volksfesten u. ä., es sei denn, es handelt sich um ortsübliche Prozessionen und andere ortsübliche kirchliche Veranstaltungen sowie kleinere örtliche Brauchtumsveranstaltungen.

    12   e) Nicht erlaubnispflichtig sind Versammlungen und Aufzüge im Sinne des § 14 des Versammlungsgesetzes.

         II. Allgemeine Grundsätze

    13   Die Erlaubnisbehörde ordnet alle erforderlichen Maßnahmen an und knüpft die Erlaubnis insbesondere an folgende Auflagen und Bedingungen:

    14   1. Veranstaltungen sollen grundsätzlich auf abgesperrtem Gelände durchgeführt werden. Ist eine vollständige Sperrung wegen der besonderen Art der Veranstaltung nicht erforderlich und nicht verhältnismäßig, dürfen nur Straßen benutzt werden, auf denen die Sicherheit oder Ordnung des allgemeinen Verkehrs nicht beeinträchtigt wird. Zu Rennveranstaltungen vgl. Randnummern 4 und 8.

    15   2. Die Erlaubnispflicht erstreckt sich auch auf Straßen mit tatsächlich öffentlichem Verkehr; für deren Benutzung ist zusätzlich die Zustimmung des Verfügungsberechtigten erforderlich.

16   3. Auf das Erholungs- und Ruhebedürfnis der Bevölkerung ist besonders Rücksicht zu neh-
      men. Veranstaltungen, die geeignet sind, die Nachtruhe der Bevölkerung zu stören, dürfen
      für die Zeit von 22.00 bis 6.00 Uhr nicht erlaubt werden.

17   4. Eine Erlaubnis darf nur Veranstaltern erteilt werden, die die Gewähr dafür bieten, dass die
      Veranstaltung entsprechend den Bedingungen und Auflagen der Erlaubnisbehörde abge-
      wickelt wird. Diese Gewähr bietet ein Veranstalter in der Regel nicht, wenn er eine erlaub-
      nispflichtige Veranstaltung ohne Erlaubnis durchgeführt oder die Nichtbeachtung von Be-
      dingungen und Auflagen einer erlaubten Veranstaltung zu vertreten hat.

18   5. Die Erlaubnisbehörde hat sich vom Veranstalter schriftlich seine Kenntnis darüber bestäti-
      gen zu lassen, dass die Veranstaltung eine Sondernutzung im Sinne des § 8 des Bundes-
      fernstraßengesetzes bzw. der entsprechenden Bestimmungen in den Straßengesetzen der
      Länder darstellt. In der Erklärung ist insbesondere die straßenrechtli-
      chen Erstattungsansprüche zu bestätigen, wonach der Erlaubnisnehmer alle Kosten zu er-
      setzen hat, die dem Träger der Straßenbaulast durch die Sondernutzung entstehen. Das
      zuständige Bundesministerium gibt ein Muster einer solchen Erklärung nach Anhörung der
      obersten Landesbehörden im Verkehrsblatt bekannt. Diese ist bei allen Veranstaltungen
      mit der Antragstellung zu verlangen. Im Übrigen bleiben die gesetzlichen Vorschriften über
      die Haftpflicht des Veranstalters unberührt. Hierauf ist im Erlaubnisbescheid hinzuweisen.

19   6. In den Erlaubnisbescheid ist zudem aufzunehmen, dass der Straßenbaulastträger und die
      Erlaubnisbehörde keinerlei Gewähr dafür übernehmen, dass die Straßen samt Zubehör
      durch die Sondernutzung uneingeschränkt benutzt werden können und den Straßenbau-
      lastträger im Rahmen der Sondernutzung keinerlei Haftung wegen Verletzung der Verkehrs-
      sicherungspflicht trifft.

20   7. Die Erlaubnisbehörde hat den Abschluss von Versicherungen zur Abdeckung gesetzlicher
      Haftpflichtansprüche (vgl. Randnummer 18) mit folgenden Mindestversicherungssummen
      zu verlangen:
21   – Bei Veranstaltungen mit Kraftwagen und bei gemischten Veranstaltungen
       500 000 € für Personenschäden (für die einzelne Person mindestens 150 000 €),
       100 000 € für Sachschäden,
       20 000 € für Vermögensschäden;
22   – bei Veranstaltungen mit Motorrädern und Karts
       250 000 € für Personenschäden (für die einzelne Person mindestens 150 000 €),
       50 000 € für Sachschäden,
       5000 € für Vermögensschäden;
23   – bei Radsportveranstaltungen, anderen Veranstaltungen mit Fahrrädern (Randnummer 9)
       und sonstigen Veranstaltungen (Randnummer 10)
       250 000 € für Personenschäden (für die einzelne Person mindestens 100 000 €),
       50 000 € für Sachschäden,
       5000 € für Vermögensschäden.

24   8. Unabhängig von Nummer 7 muss bei motorsportlichen Veranstaltungen, die auf nicht
      abgesperrten Straßen stattfinden, für jedes Fahrzeug der Abschluss eines für die Teilnah-
      me an der Veranstaltung geltenden Haftpflichtversicherungsvertrages mit folgenden Min-
      destversicherungssummen verlangt werden:
      – bei Veranstaltungen mit Kraftwagen 1 000 000 € pauschal.
      – bei Veranstaltungen mit Motorrädern und Karts 500 000 € pauschal.

25   9. Es ist darauf hinzuweisen, dass bei Rennen und Sonderprüfungen mit Renncharakter
      Veranstalter, Fahrer und Halter für die Schäden, die durch die Veranstaltung an Personen
      und Sachen verursacht worden sind, nach Maßgabe der gesetzlichen Bestimmungen über
      Verschuldens- und Gefährdungshaftung herangezogen werden. Haftungsausschlussver-
      einbarungen sind zu untersagen, soweit sie nicht Haftpflichtansprüche der Fahrer, Beifah-
      rer, Fahrzeughalter, Fahrzeugeigentümer sowie der Helfer dieser Personen betreffen. Dem
      Veranstalter ist ein ausreichender Versicherungsschutz zur Deckung von Ansprüchen aus
      vorbezeichneten Schäden aufzuerlegen. Mindestversicherungssummen sind:
26   – für jede Rennveranstaltung mit Kraftwagen
       500 000 € für Personenschäden pro Ereignis,
       150 000 € für die einzelne Person,
       100 000 € für Sachschäden,
       20 000 € für Vermögensschäden;
27   – für jede Rennveranstaltung mit Motorrädern und Karts
       250 000 € für Personenschäden pro Ereignis,
       150 000 € für die einzelne Person,
       50 000 € für Sachschäden,
       10 000 € für Vermögensschäden.
28   Außerdem ist dem Veranstalter der Abschluss einer Unfallversicherung für den einzelnen
      Zuschauer in Höhe folgender Versicherungssummen aufzuerlegen:
      15 000 € für den Todesfall,
      30 000 € für den Invaliditätsfall (Kapitalzahlung je Person).
29   Hierbei muss sichergestellt sein, dass die Beträge der Unfallversicherung im Schadensfall
      ohne Berücksichtigung der Haftungsfrage an die Geschädigten gezahlt werden. In den

Unfallversicherungsbedingungen ist den Zuschauern ein unmittelbarer Anspruch auf die Versicherungssumme gegen die Versicherungsgesellschaften einzuräumen.

30 Dem Veranstalter ist ferner aufzuerlegen, dass er Sorge zu tragen hat, dass an der Veranstaltung nur Personen als Fahrer, Beifahrer oder deren Helfer teilnehmen, für die einschließlich etwaiger freiwilliger Zuwendungen der Automobilklubs folgender Unfallversicherungsschutz besteht:
7500 € für den Todesfall,
15 000 € für den Invaliditätsfall (Kapitalzahlung je Person).
Die Nummern 7 und 8 bleiben unberührt.

31 10. Bei Bedarf ist im Streckenverlauf, insbesondere an Gefahrenstellen, der Einsatz zuverlässiger, kenntlich gemachter Ordner (z. B. durch Armbinden oder Warnwesten) aufzuerlegen. Diese sind darauf hinzuweisen, dass ihnen keine polizeilichen Befugnisse zustehen und dass sie den Weisungen der Polizei unterliegen.

32 11. Soweit es die Art der Veranstaltung zulässt, ist zudem zu verlangen, Anfang und Ende der Teilnehmerfelder durch besonders kenntlich gemachte Fahrzeuge (Spitzen- und Schlussfahrzeug) oder Personen anzuzeigen.

33 12. Dem Veranstalter kann aufgegeben werden, in der Tagespresse und in sonst geeigneter Weise rechtzeitig auf die Veranstaltung hinzuweisen.

34 13. Im Erlaubnisbescheid ist darauf hinzuweisen, dass die Teilnehmer an einer Veranstaltung kein Vorrecht im Straßenverkehr genießen und, ausgenommen auf gesperrten Straßen, die Straßenverkehrsvorschriften zu beachten haben.

III. Erlaubnisverfahren

35 1. Allgemeines
a) Für das Verfahren werden im zuständigen Bundesministerium nach Anhörung der zuständigen obersten Landesbehörden Formblätter (z. B. für die Erklärungen) herausgegeben und im Verkehrsblatt veröffentlicht.

36 b) Autorennen, Motorradrennen und Sonderprüfungen mit Renncharakter betreffende Anträge sind nur zu bearbeiten, wenn zugleich Gutachten von Sachverständigen insbesondere die Geeignetheit der Fahrtstrecken und die gebotenen Sicherungsmaßnahmen betreffend vorgelegt werden. Streckenabnahmeprotokolle von bundesweiten Motorsportdachorganisationen (z. B. DMSB, DAM und DASV) sind Gutachten in diesem Sinne.

37 c) Es sind die Polizei, die Straßenverkehrsbehörden, die Behörden der Straßenbaulastträger, die Forstbehörden und die Naturschutzbehörden zu hören, soweit ihr Zuständigkeitsbereich berührt wird. Werden Bahnstrecken höhengleich (Bahnübergänge) gekreuzt, sind die betroffenen Eisenbahninfrastrukturunternehmen anzuhören.

38 d) Werden Forderungen von den nach Buchstabe c gehörten Stellen erhoben, sollen diese im Erlaubnisbescheid durch entsprechende Bedingungen und Auflagen berücksichtigt werden. Forderungen des Straßenbaulastträgers und des Eisenbahninfrastrukturunternehmens sind zwingend zu berücksichtigen. Können Behörden oder die Erstattung von Aufwendungen für besondere Maßnahmen aus Anlass der Veranstaltung verlangen, so hat sich der Antragsteller schriftlich zu deren Erstattung zu verpflichten (vgl. Rn. 18). Eine vom Straßenbaulastträger geforderte Sondernutzungsgebühr ist im Erlaubnisbescheid gesondert festzusetzen.

39 e) Die Erlaubnis soll erst dann erteilt werden, wenn die beteiligten Behörden und Stellen gegen die Veranstaltung keine Bedenken geltend gemacht haben.

2. Rennen mit Kraftfahrzeugen
40 a) Rennen nach Nr. I zu Abs. 1 (Rn. 1) dürfen nur auf abgesperrten Straßen erlaubt werden.

41 b) Bevor die Erlaubnis erteilt wird, müssen
– die Ausnahmegenehmigung von § 29 Abs. 1,
– das Gutachten (Rn. 36) über die Eignung der Strecke für das Rennen und
– der Nachweis des Abschlusses der in den Nummern II.7, 8 und 9 (Rn. 20 ff.) genannten Versicherungen vorliegen.
Ein Gutachten ist entbehrlich bei Wiederholung eines Rennens auf gleicher Strecke. Dann genügt eine rechtsverbindliche Erklärung des Gutachters (vgl. Rn. 36), dass sich die Strecke seit der letzten rennbedingten Streckenabnahme weder in baulicher noch in rennmäßiger Hinsicht verändert hat.
c) Die Erteilung der Erlaubnis ist insbesondere an folgende Bedingungen und Auflagen zu knüpfen:
aa) zur Vorbereitung/Durchführung des Rennens
42 – Dem Rennen hat ein Training vorauszugehen, das Teil des Wettbewerbs ist; das gilt nicht für Sonderprüfungen mit Renncharakter.
43 – Beginn und Ende des Rennens sind bekannt zu geben, damit die erforderlichen Sicherheitsmaßnahmen der zuständigen Behörden oder Stellen eingeleitet und wieder aufgehoben werden können.
44 – Vor und während des Rennens ist eine Verbindung mit der Polizeieinsatzleitung herzustellen und zu halten. Besondere Vorkommnisse während des Rennens sind dieser Einsatzleitung sofort bekannt zu geben. Dabei ist zu berücksichtigen,

dass der Veranstalter für die Sicherheit der Teilnehmer, Sportwarte und Zuschauer innerhalb des Sperrbereichs zu sorgen hat. Die Polizei hat lediglich die Aufgabe, verkehrsregelnde Maßnahmen außerhalb des Sperrbereichs – soweit erforderlich – zu treffen, es sei denn, dass ausnahmsweise (z. B. weil die Zuschauer den Anordnungen der Ordner nicht nachkommen) auf ausdrückliche Weisung ihres Leiters ein Einsatz innerhalb des Sperrbereichs erforderlich ist.

45 – Auf Verlangen ist eine Lautsprecheranlage um die Rennstrecke aufzubauen und während des Rennens in Betrieb zu halten; diese Anlage und andere vorhandene Verständigungseinrichtungen müssen der Polizei zur Verfügung gestellt werden, falls das im Interesse der öffentlichen Sicherheit oder Ordnung notwendig ist.

46 – Entlang der Absperrung ist eine ausreichende Zahl von Ordnern vorzuhalten. Umfang, Art und Beschaffenheit der Sicherungen ergeben sich aus den örtlichen Verhältnissen. Dabei sind die Auflagen im Gutachten (vgl. Rn. 36) zu beachten. Insbesondere sind die bei der Abnahme der Rennstrecke festgesetzten Sperrzonen abzugrenzen, zu beschildern und mit eigenen Kräften zu überwachen.

47 – Es ist ein Sanitätsdienst mit den erforderlichen Ärzten, Unfallstationen und Krankentransportwagen einzurichten. Zudem ist für ausreichenden Feuerschutz zu sorgen und die notwendigen hygienischen Anlagen sind bereitzustellen.

48 – Vor dem Start des Rennens ist die Rennstrecke durch den Veranstalter freizugeben.

49 – Die Rennstrecke darf während des Wettbewerbs nicht betreten werden. Ausgenommen davon sind Sportwarte mit besonderem Auftrag der Rennleitung und Personen, die von der Rennleitung zur Beseitigung von Ölspuren und sonstigen Hindernissen sowie für den Sanitäts- und Rettungsdienst eingesetzt werden; sie müssen eine auffällige Warnkleidung tragen.

50 – Die Fahrzeuge der Rennleitung sind deutlich kenntlich zu machen.

bb) zu den an dem Rennen teilnehmenden Fahrern und Fahrzeugen

51 – Die Fahrer müssen eine gültige anerkannte Fahrerlizenz (z. B. des DMSB, DAM, DASV oder einer vergleichbaren ausländischen Organisation) besitzen und an dem Pflichttraining (vgl. Rn. 42) teilgenommen haben.

52 – Die Rennfahrzeuge dürfen nur im verkehrssicheren Zustand an dem Rennen teilnehmen. Dazu sind sie durch Sachverständige insbesondere hinsichtlich der Fahrzeugteile, die die Verkehrssicherheit beeinträchtigen können, zu untersuchen.

3. Sonstige motorsportliche Veranstaltungen
Die Erteilung der Erlaubnis ist insbesondere an folgende Bedingungen und Auflagen zu knüpfen:
a) zur Vorbereitung/Durchführung der Veranstaltung

53 – Jedem Teilnehmer ist eine Startnummer zuzuteilen, die deutlich sichtbar rechts oder links am Fahrzeug anzubringen ist. Von dieser Auflage kann abgesehen werden, wenn die Art der Veranstaltung diese Kennzeichnung entbehrlich macht. Die Startnummernschilder dürfen erst bei der Fahrzeugabnahme (vgl. Rn. 60) angebracht und müssen nach Beendigung des Wettbewerbs oder beim vorzeitigen Ausscheiden sofort entfernt werden.

54 – Der Abstand der Fahrzeuge beim Start darf eine Minute nicht unterschreiten.

55 – Im Rahmen einer Veranstaltung dürfen je 30 km Streckenlänge je eine, insgesamt jedoch nicht mehr als fünf Sonderprüfungen mit Renncharakter auf öffentlichen Straßen durchgeführt werden. Der Veranstalter kann nach Maßgabe landesrechtlicher Vorschriften abseits öffentlicher Straßen weitere Sonderprüfungen mit Renncharakter abhalten. Sonderprüfungsstrecken auf öffentlichen Straßen dürfen in der Regel während einer Veranstaltung nur einmal durchfahren werden.

56 – Kontrollstellen dürfen nur abseits von bewohnten Grundstücken an geeigneten Stellen eingerichtet werden. Der allgemeine Verkehr darf durch die Kontrollstellen nicht beeinträchtigt werden.

57 – Die Fahrzeugbesatzung muss aus mindestens zwei Personen bestehen, wenn die Art der Veranstaltung (z. B. Suchfahrt) dies erfordert. Bei Wettbewerben, die ohne Fahrerwechsel über mehr als 450 km geführt werden oder die mehr als acht Stunden Fahrzeit erfordern, muss eine Zwangspause von mindestens 30 Minuten eingelegt werden.

58 – Die Fahrzeiten sind unter Berücksichtigung der Straßenverhältnisse so zu bemessen, dass jeder Teilnehmer in der Lage ist, die Verkehrsvorschriften zu beachten. Der Veranstalter hat die Teilnehmer zu verpflichten, Bordbücher oder -karten auf Verlangen der Polizeibeamten zur Eintragung festgestellter Verstöße gegen straßenverkehrsrechtliche Bestimmungen auszuhändigen. Bei Feststellung solcher Eintragungen sind die betreffenden Teilnehmer aus der Wertung zu nehmen.

b) zu den an der Veranstaltung teilnehmenden Fahrern und Fahrzeugen

59 – Es dürfen nur solche Fahrer zum Start zugelassen werden, die eine gültige Fahrerlaubnis besitzen und nachweisen können, dass ihr Fahrzeug ausreichend versichert ist.

60   – Fahrzeuge, die nicht den Vorschriften der StVZO entsprechen oder nicht für den öffentlichen Verkehr zugelassen sind, sind von der Teilnahme auszuschließen. Werden nach dem Start Veränderungen an Fahrzeugen vorgenommen oder werden während der Fahrt Fahrzeuge verkehrs- oder betriebsunsicher, führt dies unverzüglich zum Ausschluss aus dem Wettbewerb.

     4. Radrennen, Mannschaftsfahrten und vergleichbare Veranstaltungen

61   a) Sie sollen möglichst nur auf Straßen mit geringer Verkehrsbedeutung erlaubt werden.

62   b) Die Zahl der zur Sicherung der Veranstaltung erforderlichen Begleitfahrzeuge ist im Erlaubnisbescheid festzulegen, sie sind besonders kenntlich zu machen.

63   c) Die jeweiligen Streckenabschnitte müssen in der Regel vom übrigen Fahrverkehr freigehalten werden. Dies ist entweder durch Sperrungen oder durch Weisungen der Polizei sicherzustellen.

     5. Sonstige Veranstaltungen

64   a) Volkswanderungen, Volksläufe und Radtouren sollen nur auf abgelegenen Straßen (Gemeindestraßen, Feld- und Waldwegen) zugelassen werden.

65   b) Vom Veranstalter ist ausreichender Feuerschutz (wegen evtl. Waldbrandgefahr), die Vorhaltung eines Sanitätsdienstes und von hygienischen Anlagen zu verlangen.

66   c) In der Regel ist zu verlangen, dass die Teilnehmer in Gruppen starten.

Randnummern 67–78 nicht belegt

Zu Absatz 3 Großraum- und Schwerverkehr

1c   79   I. Unbeschadet des Erfordernisses einer Erlaubnis nach § 29 Absatz 3 Satz 1 (vgl. dazu Rn. 80) bedürfen Fahrzeuge und Fahrzeugkombinationen, deren Abmessungen, Achslasten oder Gesamtmassen die nach den §§ 32 und 34 StVZO zulässigen Grenzen überschreiten oder bei denen das Sichtfeld (§ 35b Absatz 2 StVZO) eingeschränkt ist oder von denen das Kurvenlaufverhalten (§ 32d StVZO) nicht eingehalten wird, einer fahrzeugtechnischen Ausnahmegenehmigung nach § 70 Absatz 1 Nummer 1 oder 2 StVZO.

80   II. Einer Erlaubnis nach § 29 Absatz 3 bedürfen Fahrzeuge und Fahrzeugkombinationen, die einer fahrzeugtechnischen Ausnahmegenehmigung im Sinne der Nummer I bedürfen und die diese Grenzen tatsächlich überschreiten. Erlaubte Abweichungen von den Grenzen der StVZO, Geltungsbereich und Geltungsdauer der Erlaubnis müssen von der fahrzeugtechnischen Ausnahmegenehmigung gedeckt sein, innerhalb des Geltungsbereichs und der Geltungsdauer der Ausnahmegenehmigung nach § 70 StVZO liegen (vgl. dazu Rn. 79). Die Geltungsdauer der Erlaubnis nach § 29 Absatz 3 darf dabei einen Zeitraum von drei Jahren nicht überschreiten.

81   Die Erteilung einer Erlaubnis nach § 29 Absatz 3 ersetzt nicht das Erfordernis einer Ausnahmegenehmigung nach § 46 im Übrigen (z. B. bei bestehenden Durchfahrtverboten oder Transporten an Sonn- und Feiertagen).

     III. Eine Erlaubnis nach § 29 Absatz 3 ist nicht erforderlich,

82   1. wenn Fahrzeuge und Fahrzeugkombinationen nur aufgrund ihrer Ladung die Abmessungen nach § 18 Absatz 1 Satz 2 oder § 22 Absatz 2 bis 4 überschreiten; diese bedürfen einer Ausnahmegenehmigung nach § 46 Absatz 1 Nummer 5,

83   2. wenn eine konstruktiv vorgesehene Verlängerung oder Verbreiterung des Fahrzeugs oder der Fahrzeugkombination (z. B. durch Ausziehen der Ladefläche oder Ausklappen oder Anstecken von Konsolen) nicht oder nur teilweise erfolgt und das Fahrzeug in diesem Zustand den Bestimmungen des § 32 StVZO entspricht oder

84   3. bei einem Fahrzeug, dessen Zulassung wegen der Überschreitung zulässiger Achslasten und Gesamtmassen einer Ausnahmegenehmigung nach § 70 StVZO bedarf, im Verkehr dann aber die tatsächliche Gesamtmasse und die tatsächlichen Achslasten die in § 34 StVZO festgelegten Grenzen nicht überschreitet.

     IV. Voraussetzungen der Erlaubnis

     1. Eine Erlaubnis darf nur erteilt werden, wenn

85   a) der Verkehr nicht – wenigstens zum größten Teil der Strecke – auf der Schiene oder auf dem Wasser möglich ist oder wenn durch einen Verkehr auf dem Schienen- oder Wasserweg unzumutbare Mehrkosten (auch andere als die reinen Transportmehrkosten) entstehen würden und

86   b) für den gesamten Fahrtweg Straßen zur Verfügung stehen, deren baulicher Zustand durch den Verkehr nicht beeinträchtigt wird und für deren Schutz keine besonderen Maßnahmen erforderlich sind, oder wenn wenigstens die spätere Wiederherstellung der Straßen oder die Durchführung jener Maßnahmen, vor allem aus verkehrlichen Gründen, nicht zu zeitraubend oder zu umfangreich wäre.

     2. Eine Erlaubnis darf außerdem nur für den Transport folgender Ladungen erteilt werden:

87   a) einer unteilbaren Ladung; unteilbar ist eine Ladung, wenn ihre Zerlegung aus technischen Gründen unmöglich ist oder unzumutbare Kosten verursachen würde; als unteilbar gelten auch das Zubehör eines Kranes und die Gewichtsstücke eines Eichfahrzeuges;

88   b) einer aus mehr als einem Teil bestehenden Ladung, wenn die Teile aus Festigkeitsgründen nicht als Einzelstücke befördert werden können und diese unteilbar sind (dies ist durch eine Bestätigung eines amtlich anerkannten Sachverständigen mit Fachverstand für das Ladungsgut oder eines Prüfingenieurs einer amtlich anerkannten Überwachungsorganisation mit Fachverstand für das Ladungsgut nachzuweisen); für den Transport abmontierter Räder selbstfahrender Arbeitsmaschinen, wenn sich dadurch die Abmessungen des erlaubten Transports nicht vergrößert und die nach § 34 StVZO zulässigen Achslasten und Gesamtmassen eingehalten werden;

89   c) mehrerer einzelner unteilbarer Teile, die je für sich wegen ihrer Länge, Breite oder Höhe die Benutzung eines Fahrzeugs mit einer Ausnahmegenehmigung nach § 70 StVZO erfordern und unteilbar sind, jedoch unter Einhaltung der nach § 34 StVZO zulässigen Gesamtmasse und Achslasten;

90   d) Zubehör zu unteilbaren Ladungen; es darf 10 % der Gesamtmasse der Ladung nicht überschreiten und muss in dem Begleitpapier mit genauer Bezeichnung aufgeführt sein.

91   3. Eine Erlaubnis darf weiterhin erteilt werden für die Überführung eines unbeladenen Fahrzeugs oder einer unbeladenen Fahrzeugkombination, dessen oder deren tatsächliche Abmessungen, Achslasten, Gesamtmasse oder Kurvenlaufverhalten die nach den §§ 32, 34 und 35b StVZO zulässigen Grenzen überschreiten oder bei dem oder der das Sichtfeld nach § 35b Absatz 2 StVZO eingeschränkt ist.

92   4. Hat der Antragsteller oder die transportdurchführende Person vorsätzlich oder grob fahrlässig zuvor einen erlaubnispflichtigen Verkehr ohne die erforderliche Erlaubnis durchgeführt oder gegen die Bedingungen und Auflagen einer Erlaubnis verstoßen, so soll ihm oder ihr für einen angemessenen Zeitraum keine Erlaubnis mehr erteilt werden.

93   5. Haben Absender und Empfänger Gleisanschlüsse, ist die Erteilung einer Erlaubnis nur zulässig, wenn nachgewiesen ist, dass eine Schienenbeförderung nicht möglich oder unzumutbar ist. Von dem Nachweis darf nur in dringenden Fällen abgesehen werden.

V. Das Verfahren für die Erteilung einer Erlaubnis

94   1. Erklärung des Antragstellers
Die Erlaubnisbehörde hat sich vom Antragsteller schriftlich seine Kenntnis darüber bestätigen zu lassen, dass
a) ein Großraum- oder Schwertransport eine Sondernutzung im Sinne des § 8 des Bundesfernstraßengesetzes und der entsprechenden straßenrechtlichen Vorschriften der Länder darstellt; in der Erklärung ist insbesondere die Kenntnis der straßenrechtlichen Erstattungsansprüche zu bestätigen, wonach der Antragsteller alle Kosten zu übernehmen hat, die dem Träger der Straßenbaulast durch die Sondernutzung entstehen;
b) der Träger der Straßenbaulast und die Straßenverkehrsbehörde keinerlei Gewähr dafür übernehmen, dass die Straßen samt Zubehör durch die Sondernutzung uneingeschränkt benutzt werden können; den Träger der Straßenbaulast oder denjenigen, der im Auftrag des Trägers der Straßenbaulast die Straße verwaltet, trifft im Rahmen der Sondernutzung keinerlei Haftung wegen Verletzung der Verkehrssicherungspflicht.

95   2. Für Großraum- oder Schwertransporte können Einzelerlaubnisse oder Dauererlaubnisse erteilt werden. Sie sind unter dem Vorbehalt des Widerrufs zu erteilen.

96   a) Einzelerlaubnis
Die Einzelerlaubnis ist auf höchstens drei Monate zu befristen und kann im Rahmen der zeitlichen Gültigkeit einmal um drei Monate verlängert werden. Zulässig ist die Erlaubnis eines Transportumlaufs: Leerfahrt (Standort oder Firmensitz des Fahrzeugs zum Beladeort) mit anschließender Lastfahrt (vom Belade- zum Zielort) und abschließender Leerfahrt (vom Zielort zurück zum Firmensitz). Je Bescheid ist nur ein zusammenhängender Fahrtweg zulässig. In einen Bescheid können höchstens fünf baugleiche Fahrzeugkombinationen aufgenommen werden. Als baugleich gelten Fahrzeugkombinationen, deren Maße (Länge, Breite, Höhe), Kurvenlaufverhalten, Sichtfeld, Gesamtmassen, Achslasten und Achsabstände übereinstimmen.

97   b) Dauererlaubnis
Eine Dauererlaubnis kann für bestimmte Fahrtwege oder flächendeckend erteilt werden. Sie darf nur erteilt werden, wenn polizeiliche Maßnahmen zur Verkehrssicherung oder -regelung nicht erforderlich sind. Polizeiliche Maßnahmen sind stets erforderlich, wenn Ermessensentscheidungen vor Ort getroffen werden müssen oder bei sonstigen schwierigen Straßen- oder Verkehrsverhältnissen. In einen Bescheid können höchstens fünf baugleiche Fahrzeugkombinationen aufgenommen werden. Zur Baugleichheit vgl. Rn. 96.

98   aa) Streckenbezogene Dauererlaubnis
Die Dauererlaubnis ist auf Fahrten zwischen bestimmten Orten zu beschränken.
Bis zu einer tatsächlichen Gesamtmasse von 60t oder einer Achslast von weniger als 12 t können in einem Bescheid bis zu fünf Fahrtwege festgelegt werden. Die Fahrauflagen (Anlage 3 des Bescheides) sind dann im Erlaubnisbescheid getrennt nach Fahrtweg fahrtwegteilchronologisch zu gliedern. Bei höherer Gesamtmasse oder Achslast kann nur ein Fahrtweg genehmigt werden.

99   bb) Flächendeckende Dauererlaubnis
            Eine Dauererlaubnis kann für alle Straßen im Zuständigkeitsbereich der Erlaubnis-
            behörde und der benachbarten Erlaubnisbehörden erteilt werden. Für Straßenver-
            kehrsbehörden mit kleinen räumlichen Zuständigkeitsbereichen und für bestimmte
            qualifizierte Straßen können die obersten Landesbehörden Sonderregelungen tref-
            fen.

100   Für eine Überschreitung bis zu den in Nummer V.4.f (Rn. 109 ff.) genannten Abmessungen,
Achslasten und Gesamtmassen (anhörfreier Bereich) kann eine allgemeine Dauererlaubnis
für den gesamten Geltungsbereich der StVO erteilt werden. Neben den nach Landesrecht
zuständigen Erlaubnisbehörden kann auch die Verwaltungsbehörde, die nach § 70 Absatz 1
Nummer 1 StVZO eine Ausnahmegenehmigung von den Vorschriften der §§ 32 und 34 StVZO
erteilt, innerhalb der Anhörfreigrenzen nach Nummer V.4.f (Rn. 109 ff.) zugleich eine allgemei-
ne Dauererlaubnis erteilen. Entsprechendes gilt, wenn das Sichtfeld (§ 35 Absatz 2 StVZO)
eingeschränkt ist.
Zur Gewährleistung der Standsicherheit und Dauerhaftigkeit der Brückenbauwerke im
Zuge von Bundesfernstraßen ist eine flächendeckende Dauererlaubnis unter Einschluss
der Brücken im Zuge von Bundesfernstraßen nur für Kranfahrzeuge bis 48t und für andere
Fahrzeuge oder Fahrzeugkombinationen bis 60t möglich. Alle Bauwerke, für die im Rah-
men der flächendeckenden Dauererlaubnis das Befahren nicht erlaubt werden kann, sind
in einer Liste („Negativliste") aufzuführen. Die Negativliste muss hinsichtlich der Anzahl der
aufgelisteten Bauwerke überschaubar und nachvollziehbar sein. In der Negativliste sind
die Bauwerke nach Straßenzügen zu ordnen und innerhalb einer Straße fortlaufend aufzu-
führen. Trotz Negativliste müssen im Bundesfernstraßennetz noch ausreichend Strecken
zur Verfügung stehen, welche die Erteilung einer flächendeckenden Dauererlaubnis recht-
fertigen.

      3. Antragsdaten

101   In dem Antrag müssen der beabsichtigte Fahrtweg und mindestens folgende tatsächliche
technische Daten angegeben sein:

102   Länge, Breite, Höhe, zulässige und tatsächliche Gesamtmasse, zulässige und tatsächliche
Achslasten, Anzahl der Achsen, Achsabstände, Anzahl der Räder je Achse, Art und Be-
zeichnung der Ladung und Angaben zur Unteilbarkeit der Ladung, Abmessungen und
Gewicht der Ladung, bauartbedingte Höchstgeschwindigkeit des Transports, amtliche
Kennzeichen und Fahrzeugidentifikationsnummern von Zugfahrzeugen und Anhängern
und Kurvenlaufverhalten sowie die Bodenfreiheit.

103   Die Angaben zum Achsbild sind entbehrlich, wenn die Gesamtmasse, Achslasten und
Achsabstände nach § 34 StVZO nicht überschritten sind.

      4. Anhörverfahren

104   a) Außer im anhörfreien Bereich nach Nummer V.4.f (Rn. 109 ff.) hat die zuständige Erlaub-
         nisbehörde für den beantragten Fahrtweg die nach § 8 Absatz 6 des Bundesfernstraßen-
         gesetzes oder nach den entsprechenden straßenrechtlichen Vorschriften der Länder zu
         beteiligenden Straßenbaulastträger und, wenn Bahnstrecken höhengleich (Bahnüber-
         gänge) gekreuzt oder nicht höhengleich (Überführungen) überfahren bzw. (Unterführun-
         gen) unterfahren oder Bahnanlagen berührt (Unterschreitung eines Sicherheitsabstandes)
         werden, auch die Eisenbahninfrastrukturunternehmen zu hören. Des Weiteren ist auch die
         Wasserstraßen- und Schifffahrtsverwaltung des Bundes (WSV) anzuhören, soweit Kreu-
         zungsbauwerke mit einer Bundeswasserstraße (Über- oder Unterführungen) genutzt wer-
         den und die WSV Baulastträger ist. Geht die Fahrt über den Zuständigkeitsbereich einer
         Erlaubnisbehörde hinaus, so sind außerdem die Straßenverkehrsbehörden zu hören,
         durch deren Zuständigkeitsbereich der Fahrtweg führt; diese verfahren für ihren Zustän-
         digkeitsbereich nach Satz 1. Die Polizei ist in den Fällen, in denen polizeiliche Maßnahmen
         (vgl. Rn. 97, 134 ff.) in Betracht kommen, anzuhören.

105   b) Ist die zeitweise Sperrung einer Autobahn oder einer Richtungsfahrbahn einer Autobahn
         erforderlich, bedarf es der Zustimmung der nach Landesrecht zuständigen Behörde.
         Den beteiligten Behörden sind die in Nummer V.3 (Rn. 102 und 103) aufgeführten tech-
         nischen Daten des Fahrzeugs oder der Fahrzeugkombination mitzuteilen.

106   c) Geht die Fahrt über das Gebiet eines Landes hinaus, so ist unter Mitteilung der in
         Nummer V.3 (Rn. 102 und 103) aufgeführten technischen Daten des Fahrzeugs oder der
         Fahrzeugkombination die Zustimmung der nach Landesrecht zuständigen Behörde ein-
         zuholen, durch deren Zuständigkeitsbereich die Fahrt in den anderen Ländern jeweils
         zuerst geht. Diese Behörden führen entsprechend Nummer V.4.a (Rn. 104) ein Anhör-
         verfahren durch und fassen die Stellungnahmen zu einer Stellungnahme des Landes
         zusammen. In einer Zustimmung sind etwaige Bedingungen und Auflagen fahrtwegteil-
         chronologisch getrennt nach Last- und Leerfahrt zu gliedern. Die Stellungnahme und
         die Zustimmung sind bei Einzelerlaubnissen grundsätzlich für einen Zeitraum von drei
         Monaten und bei Dauererlaubnissen für einen Zeitraum von drei Jahren abzugeben.
         Eine zeitliche Begrenzung auf einen kürzeren Zeitraum ist besonders zu begründen. Die
         Zustimmung darf nur mit der Begründung versagt werden, dass die Voraussetzungen
         nach Nummer IV.1.b (Rn. 86) in ihrem Zuständigkeitsbereich nicht vorliegen.

107   d) Führt die Fahrt nur auf kurzen Strecken in ein anderes Land, so genügt es, statt mit der
         dortigen nach Landesrecht zuständigen Behörde unmittelbar mit der örtlich zuständi-

gen Straßenverkehrsbehörde und der örtlichen Straßenbaubehörde des Nachbarlandes Verbindung aufzunehmen und Einvernehmen herzustellen.

108   e) Jede Änderung eines Antrages oder Bescheides erfordert eine erneute Anhörung der betroffenen Stellen. Ausgenommen hiervon sind Änderungen von Kennzeichen bei Verwendung baugleicher Fahrzeuge.

109   f) Von dem in Nummer V.4 (Rn. 104 ff.) angeführten Anhörverfahren ist abzusehen, wenn folgende tatsächliche Abmessungen, Achslasten und Gesamtmassen im Einzelfall nicht überschritten werden und Zweifel an der Geeignetheit des Fahrtweges, insbesondere der Tunnelanlagen und der Tragfähigkeit der Brücken, nicht bestehen:

Höhe über alles	4 m
Breite über alles	3 m

110   Länge über alles:

– Einzelfahrzeuge (ausgenommen Sattelanhänger)	15 m
– Sattelkraftfahrzeuge	20 m
– Züge	23 m
– wenn das Kurvenlaufverhalten des Sattelkraftfahrzeugs in einer Teilkreisfahrt eingehalten wird (§ 32d StVZO)	23 m

111   Achslasten

– Einzelachsen	11,5 t
– Doppelachsen	
Achsabstand: 1,0 m bis weniger als 1,3 m	17,6 t
1,3 m bis 1,8 m	20,0 t

112   Gesamtmasse

– Einzelfahrzeuge	
Fahrzeuge mit zwei Achsen	18,0 t
(ausgenommen Sattelanhänger)	
Kraftfahrzeuge mit drei Achsen	27,5 t
Anhänger mit drei Achsen	25,0 t

113   Kraftfahrzeuge mit zwei Doppelachsen, deren Mitten mindestens 4,0 m voneinander entfernt sind
sowie

Sattelzugmaschinen und Zugmaschinen mit mehr als drei Achsen	33,0 t
– Fahrzeugkombinationen	
(Züge und Sattelkraftfahrzeuge)	
mit drei Achsen	29,0 t
mit vier Achsen	38,0 t
mit mehr als vier Achsen	41,8 t

114   Dies gilt auch, wenn das Sichtfeld des Fahrzeugführers (§ 35b Absatz 2 StVZO) eingeschränkt ist.

Betreiber der Schienenwege sind erst ab einer Länge von über 25,00 m, einer Breite von über 3,50 m oder einer Höhe von über 4,50 m oder einer Achslast von über 12 t zu hören.

Auf die Anhörung kann verzichtet werden, wenn der Antragsteller im Rahmen des Antragsverfahrens den Nachweis geführt hat, dass ein Überqueren des höhengleichen Bahnübergangs mit dem vorgesehenen Fahrzeug oder der vorgesehenen Fahrzeugkombination gefahrlos und ohne Beeinträchtigungen möglich ist. Von der Anhörung kann ebenfalls abgesehen werden, wenn nachgewiesen werden kann, dass mit baugleichen Fahrzeugen oder Fahrzeugkombinationen bereits entsprechende Transporte sicher durchgeführt wurden. In diesen Fällen reicht eine Information der Erlaubnis- und Genehmigungsbehörde an den Betreiber des Schienennetzes über die Erlaubniserteilung aus.
Zu den Fahrauflagen vgl. Rn. 146.

115   5. An den Nachweis der Voraussetzungen der Erlaubniserteilung nach Nummer VI. (Rn. 85 ff.) sind strenge Anforderungen zu stellen. Zum Verlangen von Sachverständigengutachten vgl. § 46 Absatz 3 Satz 2. Die Erteilungsvoraussetzungen dürfen nur dann als amtsbekannt behandelt werden, wenn in den Akten dargelegt wird, worauf sich diese Kenntnis gründet. Der für die Fahrzeug und Fahrzeugkombinationen gültige fahrzeugtechnische Genehmigungsbescheid nach § 70 Absatz 1 Nummer 1 oder 2 StVZO ist beizufügen (vgl. Rn. 80).

116   a) Die Erlaubnisbehörde hat, wenn es sich um einen Verkehr über einen Fahrtweg von mehr als 250 km handelt, nach Nummer V.4 ein Anhörverfahren vorgeschrieben ist und eine Gesamtbreite von 4,20 m oder eine Gesamthöhe von 4,80 m (jeweils von Fahrzeug und Ladung) nicht überschritten wird, sich vom Antragsteller nachweisen zu lassen, dass eine Schienenbeförderung oder eine gebrochene Beförderung Schiene/Straße nicht möglich ist oder unzumutbare Mehrkosten verursachen würde.

117   b) Die Erlaubnisbehörde hat, wenn es sich um einen Verkehr über einen Fahrtweg von mehr als 250 km handelt und eine Gesamtbreite von 4,20 m oder eine Gesamthöhe von 4,80 m (jeweils von Fahrzeug und Ladung) oder eine Gesamtmasse von 72 t überschritten wird, sich vom Antragsteller nachweisen zu lassen, dass eine Beförderung auf dem Wasser oder eine gebrochene Beförderung Wasser/Straße nicht möglich ist oder unzumutbare Mehrkosten verursachen würde.

118   c) In geeigneten Fällen kann die Erlaubnisbehörde die Bescheinigung auch für Transporte
       mit weniger als 250 km Fahrtweg verlangen. Ein Nachweis nach Buchstabe b ist nicht
       erforderlich, wenn ein Transport auf dem Wasserweg offensichtlich nicht in Betracht
       kommt.

VI. Inhalt des Erlaubnisbescheides
       1. Allgemeines
119   Der Fahrtweg ist festzulegen, wenn nach Nummer V.4 (Rn. 104 ff.) ein Anhörverfahren
       vorgeschrieben ist. Dabei müssen sämtliche Möglichkeiten des gesamten Straßennetzes
       bedacht werden. Eine Beeinträchtigung des Verkehrsflusses in den Hauptverkehrszeiten
       ist zu vermeiden. Dabei soll der Fahrtweg so festgelegt werden, dass vor Ort eine Ermes-
       sensentscheidung zur Verkehrsregelung nicht erforderlich ist.
120   Soweit es die Sicherheit oder Ordnung des Verkehrs oder der Schutz der Straßeninfra-
       struktur erfordert, sind die erforderlichen Auflagen zu erteilen und Bedingungen zu stellen.
       Die im Anhörverfahren mitgeteilten Bedingungen oder Auflagen sind getrennt nach Last-
       und Leerfahrt fahrtwegteilchronologisch zusammenzustellen.

       2. Bedingungen und Auflagen
121   a) Kenntnisnahmebescheinigung
       Wird der Transport nicht durch den Antragsteller (Bescheidinhaber) selbst durchgeführt,
       muss die durchführende Person oder das durchführende Unternehmen vor Beginn des
       Transportes in einer Bescheinigung bestätigen, dass der Inhalt des Bescheids ein-
       schließlich der Bedingungen und Auflagen zur Kenntnis genommen wurde. Diese Be-
       scheinigung ist beim Antragsteller mindestens ein Jahr aufzubewahren und zuständigen
       Behörden auf Anfrage auszuhändigen. Eine Kopie der Bescheinigung ist beim Transport
       mitzuführen und auf Verlangen zuständigen Personen auszuhändigen. Es genügt des-
       sen digitalisierte Form auf einem Speichermedium, wenn diese derart mitgeführt wird,
       dass sie bei einer Kontrolle auf Verlangen zuständigen Personen lesbar gemacht wer-
       den kann.
122   b) Begleitung durch Verwaltungshelfer
       Für alle im Vorhinein planbaren und regelbaren Streckenabschnitte mit Standardsituatio-
       nen und -fällen, bei denen vor Ort keine Ermessensentscheidung der Polizei zur Ge-
       währleistung eines sicheren und flüssigen Verkehrsablaufs in Abhängigkeit des jeweili-
       gen Verkehrsgeschehens erforderlich ist, kann die Polizeibegleitung entfallen. Für diese
       Fälle gilt: Es kann eine im Vorhinein getroffene verkehrsrechtliche Anordnung der für
       diesen Streckenabschnitt zuständigen Straßenverkehrsbehörde in den Erlaubnis-
       scheid als Bestimmung aufgenommen werden, welche dem Erlaubnisinhaber (oder
       dem den Transport durchführenden Unternehmen oder der den Transport durchführen-
       den Person) für den jeweils betreffenden Streckenabschnitt das Visualisieren von Ver-
       kehrszeichen vorschreibt (Auflage). Diese Auflage ist dann mit der weiteren Auflage zu
       verbinden, dass der Bescheidinhaber (oder die den Transport durchführende Person
       oder das den Transport durchführende Unternehmen) als Verwaltungshelfer der Stra-
       ßenverkehrsbehörde oder ein von diesem (oder diesen) beauftragter und namentlich der
       Straßenverkehrsbehörde benannter Unternehmer als Verwaltungshelfer der Straßen-
       verkehrsbehörde die von der Straßenverkehrsbehörde erlassene verkehrsrechtliche Anord-
       nung entsprechend der im Vorhinein getroffenen verkehrsrechtlichen Anordnung mit ei-
       nem oder mehrere Begleitfahrzeugen mit Wechselverkehrszeichen-Anlage zu
       visualisieren hat. Dem Verwaltungshelfer der Straßenverkehrsbehörde steht kein eigen-
       ständiges Ermessen zu. Rn. 121 gilt für die Begleitung durch Verwaltungshelfer ent-
       sprechend.
123   In Fällen der Rn. 122 kann ein oder können mehrere Begleitfahrzeuge mit einer nach hin-
       ten oder nach hinten, vorn und seitlich wirkenden Wechselverkehrszeichen-Anlage ange-
       ordnet werden, wenn der Gegenverkehr, der nachfolgende Verkehr oder der Querverkehr
       durch das Zeigen von Verkehrszeichen angehalten oder auf andere Art und Weise be-
       schränkt oder beeinflusst werden muss. Entsprechendes gilt
       – bei einer Durchfahrt unter einem Überführungsbauwerk oder durch sonstige feste Stra-
         ßenüberbauten, wenn der Transport nur in abgesenktem Zustand erfolgen kann oder
       – wenn im Richtungsverkehr aufgrund der Masse des Transportes nur eine Einzelfahrt,
         Fahrt im Alleingang oder die Fahrt unter Ausschluss von sonstigem Lkw-Verkehr über
         Brücken mit einer Geschwindigkeit von maximal 5 km/h durchgeführt werden darf.
       Zur Ausrüstung der Fahrzeuge vgl. Rn. 132.
124   c) Fahrtunterbrechung
       Es ist als Auflage vorzuschreiben, dass die Fahrt bei erheblicher Sichtbehinderung
       durch Nebel, Schneefall oder Regen oder bei Schneeglätte, Schneematsch, Eis, Reif-
       glätte oder Glatteis zu unterbrechen und der nächstgelegene geeignete Platz zum Par-
       ken aufzusuchen und das Fahrzeug zu sichern ist.
125   d) Kenntlichmachung
       Die Auflage, das Fahrzeug oder die Fahrzeugkombination besonders kenntlich zu ma-
       chen, ist in der Regel geboten, beispielsweise durch Verwendung von Kennleuchten mit
       gelbem Blinklicht (§ 38 Absatz 3) oder durch Anbringung weiß-rot-weißer Warntafeln am
       Fahrzeug oder an der Fahrzeugkombination selbst oder an einem begleitenden Fahr-

zeug. Auf die „Richtlinien für die Kenntlichmachung überbreiter und überlanger Straßenfahrzeuge sowie bestimmter hinausragender Ladungen" wird verwiesen.

126   e) Abfahrtkontrolle
Außerdem ist die Auflage aufzunehmen, dass durch die transportdurchführende Person oder das transportdurchführende Unternehmen vor Fahrtantritt zu prüfen ist, ob die im Erlaubnisbescheid festgelegten Abmessungen eingehalten werden.

127   f) Sachverständigengutachten
Transporte mit einer Gesamtmasse von mehr als 100 t (ausgenommen Autokrane, selbstfahrende Arbeitsmaschinen, Eichfahrzeuge und andere Fahrzeuge jeweils ohne Ladung) dürfen nur durchgeführt werden, wenn unmittelbar vor Fahrtantritt durch einen amtlich anerkannten Sachverständigen oder Prüfer mit Fachverstand für das Fahrzeug, die Fahrzeugkombination und das Ladungsgut oder einen Prüfingenieur einer amtlich anerkannten Überwachungsorganisation mit Fachverstand für das Fahrzeug, die Fahrzeugkombination und das Ladungsgut die Einhaltung der im Erlaubnisbescheid genannten Abmessungen, Gesamtmasse, Achslasten, die Lastverteilung und die Ladungssicherung entsprechend den anerkannten Regeln der Technik geprüft wurden. Die Feststellungen sind durch ein Gutachten nachzuweisen. Dieses ist beim Transport mitzuführen.

128   g) Sachverständigengutachten
Bei wiederkehrenden Transporten, bei denen das gleiche Fahrzeug oder die gleiche Fahrzeugkombination oder ein baugleiches Fahrzeug oder eine baugleiche Fahrzeugkombination eingesetzt und die gleiche Ladung oder die gleiche Ladungsart transportiert werden und ein beanstandungsfreies Erstgutachten nach Nummer VI.2.f (Rn. 127) vorliegt, ist ab dem zweiten Transport ein Gutachten eines amtlich anerkannten Sachverständigen oder Prüfers mit Fachverstand für das Fahrzeug, die Fahrzeugkombination und das Ladungsgut oder eines Prüfingenieurs einer amtlich anerkannten Überwachungsorganisation mit Fachverstand für das Fahrzeug, die Fahrzeugkombination und das Ladungsgut, der die Übereinstimmung des Transports mit dem beanstandungsfreien Erstgutachten nach Kontrolle des Transports bestätigt, ausreichend. Die Bestätigung und das Erstgutachten sind beim Transport mitzuführen.

129   Prüfung des Fahrtweges
Unmittelbar vor der Durchführung des Verkehrs ist in eigener Verantwortung zu prüfen, ob der genehmigte Fahrtweg für die Durchführung des Transportes tatsächlich geeignet ist.

3. Besondere Auflagen für anhörpflichtige Transporte
a) Beifahrer oder private Begleitfahrzeuge

130   Es kann auch in anderen Fällen als in den Rn. 122 und 123 genannten geboten sein, einen Beifahrer, weiteres Begleitpersonal oder private Begleitfahrzeuge mit oder ohne Wechselverkehrszeichen-Anlage vorzuschreiben.

131   Begleitfahrzeuge mit nach hinten oder mit nach hinten, vorn und seitlich wirkender Wechselverkehrszeichen-Anlage sind gemäß „Merkblatt über die Ausrüstung von privaten Begleitfahrzeugen zur Absicherung von Großraum- und Schwertransporten" auszurüsten.

132   Ein Begleitfahrzeug mit einer nach hinten wirkenden Wechselverkehrszeichen-Anlage darf in diesen Fällen nur vorgeschrieben werden, wenn wegen besonderer Umstände zur Verdeutlichung der Gefahr, die mit dem Großraum- und Schwertransport einhergeht, das Zeigen von Zeichen 101 geboten erscheint. Zudem ist dies erforderlich, um die allgemeinen Verhaltensregeln zum Überholen und Vorbeifahren an solchen Transporten zu verdeutlichen (Zeichen 276, 277).

133   Ein Begleitfahrzeug mit einer nach hinten wirkenden Wechselverkehrszeichen-Anlage ist anzuordnen, wenn der Transport auf
aa) Autobahnen und Straßen, die wie eine Autobahn ausgebaut sind,
– bei zwei oder mehr Fahrstreifen plus Seitenstreifen je Richtung die Breite über alles von 4,50 m oder
– bei zwei Fahrstreifen ohne Seitenstreifen je Richtung die Breite über alles von 4,00 m oder
bb) außerhalb von Autobahnen und Straßen, die wie eine Autobahn ausgebaut sind, die Breite von 3,50 m
überschreitet.
cc) Dies gilt ebenfalls für Straßen, auf denen der Sicherheitsabstand von 10 cm unter Überführungsbauwerken nicht eingehalten werden kann. Und bei Überschreitung einer Länge von 27,00 m, soweit sich Kreisverkehre im Streckenverlauf befinden.

134   b) Polizei
Polizeiliche Begleitung oder polizeiliche Maßnahmen (vgl. Rn. 97) sind nur erforderlich, wenn der Einsatz von Begleitfahrzeugen nach Nummer VI.2.b (Rn. 122 und 123) oder nach Nummer VI.3 (Rn. 130 bis 133) nicht ausreicht. Das kann insbesondere der Fall sein wenn

135   aa) auf der Autobahn oder auf Straßen, die wie eine Autobahn ausgebaut sind, der Verkehr auf der Gegenfahrbahn oder der Gegenverkehr angehalten werden muss oder

136   bb) auf anderen Straßen bei sonstigen außergewöhnlichen Straßen- oder Verkehrsverhältnissen eine Breite über alles von 3,50 m überschritten wird und die oben genannten Begleitfahrzeuge ein sicheres Anhalten oder Passieren des Gegenverkehrs nicht gewährleisten können oder

137   cc) bei sonstigen schwierigen Straßen- oder Verkehrsverhältnissen, soweit in diesen Fällen nicht der Verkehr durch im Vorhinein planbare Verkehrszeichenanordnungen der örtlich zuständigen Straßenverkehrsbehörden wirksam sicher und geordnet geregelt werden kann, insbesondere wenn eine Ermessensentscheidung der Polizei vor Ort in Abhängigkeit der jeweiligen Situation erforderlich ist.

138   Sofern eine polizeiliche Begleitung oder polizeiliche Maßnahme (vgl. Rn. 97) erforderlich ist, ist der Transport frühzeitig, mindestens 48 Werktagsstunden vor Fahrtantritt, bei allen im Bescheid genannten Polizeidienststellen anzumelden.

c) Fahrzeitbeschränkungen

139   Eine Fahrzeitbeschränkung darf nur angeordnet werden, wenn nach Nummer V.4 (Rn. 104) ein Anhörverfahren vorgeschrieben ist und wenn bei Transporten auf Grund der Abmessungen, der Geschwindigkeit oder wegen der Fahrauflagen eine Beeinträchtigung des übrigen Verkehrs zu erwarten ist. Liegen diese Voraussetzungen vor, soll die Benutzung

140   aa) von Autobahnen und Straßen, die wie eine Autobahn ausgebaut sind,
– von Samstag 6.00 Uhr bis Sonntag 22.00 Uhr und, falls diese starken Berufsverkehr aufweisen, von Montag bis Freitag von jeweils 6.00 Uhr bis 9.00 Uhr und von jeweils 16.00 Uhr bis 19.00 Uhr und
– von Gründonnerstag 22.00 Uhr bis Dienstag nach Ostern 6.00 Uhr und von Freitag 22.00 Uhr vor Pfingsten bis Dienstag danach 6.00 Uhr nicht erlaubt werden. Gegebenenfalls kommt auch ein Verbot der Autobahnbenutzung an anderen Feiertagen (z. B. Weihnachten) sowie an den Tagen davor und danach in Betracht. Eine Zulassung ist dort in der Regel in verkehrsarmen Zeiten von 22.00 Uhr bis 6.00 Uhr möglich.

141   bb) von anderen Straßen
– von Samstag 6.00 Uhr bis Sonntag 22.00 Uhr und bei
– starkem Berufsverkehr in der Regel auch werktags von 6.00 Uhr bis 9.00 Uhr und von 16.00 Uhr bis 19.00 Uhr nicht erlaubt werden.

142   Transporte mit erheblichen Abmessungen können in Absprache mit den dafür zuständigen Stellen ausnahmsweise auch tagsüber erlaubt werden. Es gilt das Prinzip „Sicherheit vor Leichtigkeit des Verkehrs".

143   Ist die Sperrung einer Autobahn, einer Fahrbahn einer Autobahn oder die teilweise Sperrung einer Straße mit erheblichem Verkehr notwendig, so ist das in der Regel nur in der Zeit von 22.00 Uhr bis 6.00 Uhr zu erlauben.

144   Um einen reibungslosen Ablauf des Großraum- und Schwerverkehrs sicherzustellen, kann die zuständige Polizeidienststelle im Einzelfall von der im Erlaubnisbescheid festgesetzten zeitlichen Beschränkung eine Abweichung zulassen, wenn es die Verkehrslage erfordert oder gestattet.

145   Zur Gewährleistung eines sicheren und geordneten Verkehrsablaufs ist es erforderlich, dass bei anhörpflichtigen Transporten während des gesamten Transports eine Person anwesend ist, die sich hinreichend in der deutschen Sprache verständigen kann, insbesondere mit begleitenden Polizeibeamten.

4. Besondere Auflagen für die Kreuzung von Bahnübergängen im anhörungsfreien Bereich

146   Beim Überqueren des Bahnübergangs im anhörungsfreien Bereich ist bei Bedarf durch Zuwarten auf eine Lücke im Verkehrsfluss sicherzustellen, dass im Bereich des Bahnübergangs auf einer Länge von 50m vor und hinter dem Bahnübergang kein Gegenverkehr stattfindet. Die Querung des Bahnübergangs darf nur im Alleingang unter Ausschluss des gesamten Gegenverkehrs erfolgen. Das Überqueren des Bahnübergangs muss mit einer Mindesträumgeschwindigkeit von 20 km/h ohne Rangieren erfolgen. Beim Befahren des Bahnübergangs an elektrifizierten Strecken muss sichergestellt sein, dass sich keine Personen auf dem Fahrzeug befinden, noch Gegenstände, Fahrzeugteile (z. B. Antennen) oder Landungsteile über die zugelassene Fahrzeughöhe von 4,50 m hinausragen. Auch etwaige Begleitfahrzeuge dürfen auf dem Bahnübergang nicht zum Stehen kommen.

147   VII. Sonderbestimmungen für Autokrane, selbstfahrende Arbeitsmaschinen und Eichfahrzeuge

Die Vorschriften in Nummer IV.1.a (Rn. 85) sind nicht anzuwenden.
Die Vorschriften über Fahrzeitbeschränkungen in Nummer VI.3.d (Rn. 139 ff.) sind nicht anzuwenden, wenn eine Gesamtmasse von 54t nicht überschritten wird.
Im Übrigen gelten die Vorschriften in den Nummern I bis VI.

148   Im Übrigen gelten die Vorschriften in den Nummern I bis VI.

2   **1. Rennen mit Kfz** sind im öffentlichen VRaum verboten (§ 315d StGB). Durch das 56. StRÄndG v. 30.9.17 (BGBl. I S. 3532) wurde das im weggefallenen I ursprünglich enthaltene Verbot in die Strafvorschrift übernommen. Es handelt sich nach Meinung des GGebers nunmehr um ein Verbot mit Erlaubnisvorbehalt, was durch die beispielhafte Aufnahme des Kfz-Rennens in II verdeutlicht werden soll (BT-Drs. 18/12964 S. 8). Ob dies zutrifft, ist freilich

zweifelhaft. Am Charakter eines wegen der grundsätzlichen Gefährlichkeit und Sozialschädlichkeit von Kfz-Rennen auf öffentlichen Str vorgesehenen Verbots mit Befreiungsvorbehalt kann sich schwerlich etwas ändern, wenn eine StVO-Verhaltensregel ohne inhaltliche Änderungen durch ein Strafbarkeitsverdikt ersetzt wird (LK-*König* § 315d Rn. 13). Begriff des Kfz: § 1 StVG Rn. 14 ff. Auch Rennen mit anderen Fz können unter II fallen (s. auch VwV Rn. 6 ff.; unten Rn. 4 ff.). Auf *nichtöffentliche* Straßen (Rennbahnen) bezieht sich II nicht (zu einem Sicherheitstraining auf dem Hockenheimring BGH NJW 08 1591; s. auch Stu NZV 09 235), wohl jedoch auf Strecken, die zugleich als Rennstrecken dienen. **Rennen sind** Wettbewerbe oder Teile eines Wettbewerbs ohne Rücksicht auf Streckenlänge, also auch bei Kurzstreckenprüfungen, oder Veranstaltungen, bei denen *die Höchstgeschwindigkeit zumindest mitbestimmend ist* (VwV Rn. 1; BGHZ **154** 316 = NZV **03** 321, BVerwG NZV **97** 372, Jn DAR **05** 43, Bra NZV **95** 38, Nü NZV **08** 300 (zu § 2b AKB aF), Ha NZV **13** 403, Ol DAR **17** 93). Dass die Beteiligten im eigentlichen Sinn einen Sieger ermitteln wollen, ist kein essentielles Begriffselement des „Rennens" (Ha NZV **13** 403, Ol DAR **17** 93 mAnm *Plate* und Bspr *König* DAR **17** 362; s. auch § 315d StGB Rn. 4). Umfasst sind motorsportl. organisierte (BVerwG NZV **97** 372; krit *Krampe* DAR **97** 377), aber auch nicht organisierte Rennen („wilde"; VwV Rn. 2; Ha NZV **97** 515; Ba NZV **11** 208; Ha NZV **13** 403, Ol DAR **17** 93). Beispiele sind Geschicklichkeitsfahrten, Zuverlässigkeits- oder Leistungsprüfungsfahrten, Motorradrennen (Jn DAR **05** 43), auch wenn die Teilnehmer einzeln oder pulkweise abgelassen werden (Kar VRS **66** 56, OVG Münster DAR **96** 369), Rekordversuche einzelner Kfz, auch sog Sprintprüfungen (Dü VM **01** 5, Bra NZV **95** 38), Sternfahrten als Zeitfahren. Maßgebend sind die Fahrregeln., uU auch ohne vorherige Absprache (Ha NZV **97** 367; 515), nicht aber bei ganz unbedeutendem Einfluss auf das wesentlich von der Geschicklichkeit abhängende Ergebnis (Ha NZV **89** 312 (Funksignalsuchfahrt, „Fuchsjagd")). Rennen iS von II ist auch ein Wettbewerb, bei dem die höchste Durchschnittsgeschwindigkeit bei der Zurücklegung der Strecke zwischen Start und Ziel ermittelt wird (VwV Rn. 1; BGHZ **154** 316, Kar VRS **66** 56 (Rallye mit Start in Dänemark und Ziel in Spanien), Kö NZV **07** 75). Der Hinweis des Veranstalters, dass die VRegeln einzuhalten seien, ist für die rechtl. Einordnung eines Wettbewerbs als Rennen bedeutungslos (VwV Rn. 1 II; Kar VRS **66** 56; s. auch § 315d StGB Rn. 4). Dü DAR **76** 305 hält eine Orientierungsfahrt von etwa 6 Kfz unter Beachtung aller VRegeln bei Verbot des Zuschnellfahrens unter Zeitkontrolle, ohne dass es auf die *Geschwindigkeit* ankommt, für genehmigungspflichtig, ohne darzutun, inwiefern Zahl, Verhalten oder Fahrweise der Teilnehmer sich von der üblichen und erlaubten StrBenutzung unterscheiden; der Hinweis auf die (seinerzeitigen) VwV reicht zur Begr nicht aus, soweit die VwV über § 29 II hinausgeht (**E** 4a). Bei Rallyes unterliegen nur die Fahrtstrecken dem Verbot (und bedürfen dann insoweit einer Erlaubnis), auf denen eine Wertung erfolgt (OVG Münster DAR **96** 369). Zuverlässigkeitsfahrten zur Erprobung des Dauerbetriebs von Kfz sind keine Rennen (RGZ **130** 162). (Weitere) Indizien für die Annahme des Renncharakters in VwV Rn. 1 II. Ist eine Erlaubnis (Rn. 3) erteilt, so haben Rennteilnehmer keinerlei Vorrechte im Verkehr. Auch motorsportl. Veranstaltungen ohne Renncharakter können unter II fallen (VwV Rn. 4–7).

Zuständig für die Erteilung der Erlaubnis (VwV Rn. 3) ist die oberste Landesbehörde **3** (§ 46 II s. 1, 3; BVerwG NZV **97** 372; krit *Thubauville* VM **98** 22, OVG Münster DAR **96** 369). Allgemeine Grundsätze: VwV Rn. 13 ff., Erlaubnisverfahren: VwV Rn. 35 ff. Auf eine Genehmigung des Rennens besteht schon im Blick auf § 315d StGB weiterhin kein Rechtsanspruch (vgl. BVerwG VRS **53** 236). Aus demselben Grund sind an die Erlaubnis weiterhin strenge Anforderungen zu stellen (vgl. OVG Münster VM **94** 55 m abl Anm *Seidenstecher* DAR **95** 95; gegen zu repressive Rspr. *Ronellenfitsch* DAR **95** 246 f.). Andererseits widerspräche eine generelle Ablehnung aus grundsätzlichen, jede Rennveranstaltung betreffenden Erwägungen der bei der Ermessensausübung gebotenen Abwägung im Einzelfall (OVG Münster DAR **96** 369). Die Erlaubnis setzt auch nicht voraus, dass ein dringendes öffentliches Interesse an der Durchführung der Veranstaltung besteht (BVerwG 3 C 2.97 (insoweit in NZV **97** 372 nicht abgedruckt)). Bei der Ermessensentscheidung ist der Schutz der Anlieger durch Auflagen sicherzustellen (BVerwG VRS **53** 236). Die Interessen Erholungssuchender gehen dem Interesse des um eine Genehmigung nachsuchenden Rennveranstalters idR vor (BVerwG NZV **94** 374; einschr. *Ronellenfitsch* DAR **95** 247). Die Versagung der beantragten Erlaubnis kann auch auf Gründe des Naturschutzes gestützt werden (OVG Lüneburg DVBl **96** 1441, VG Freiburg NZV **89** 207). Versagung der Genehmigung aus Gründen der Gefährlichkeit und des Landschaftsschutzes kann auch dann ermessensfehlerfrei sein, wenn bisher jahrelang für die gleiche Veranstaltung Genehmigungen erteilt wurden (OVG Lüneburg ZfS **92** 142, OVG Münster VM **94** 55; krit *Ronellenfitsch* DAR **95** 246).

4   **2. Veranstaltungen als Sondernutzung** öffentlicher VFlächen (nicht auf nichtöffentlichen, OVG Münster NVwZ-RR **16** 83 m Bspr *Stollenwerk* VD **17** 298) sind erlaubnispflichtig (II). Sondernutzung: E 51. II S. 2 regelt die Grenze des noch Verkehrsüblichen abschließend (Dü VM **77** 20). Kraft ausdrücklicher Vorschrift nehmen Kfz im geschlossenen Verband (§ 27) die Straße stets mehr als verkehrsüblich in Anspruch (Erlaubnispflicht: VwV Rn. 5 ff.). Zum Begriff der Veranstaltung gehört ein gewisser organisatorischer Aufwand und Umfang (Hb VM **62** 49, s. auch Kar NZV **12** 348), dessen Wirkungen den allgemeinen Verkehr stören. Merkmale sind nach II die Zahl der Teilnehmer einschließlich der Zuschauer (*Ronellenfitsch* DAR **95** 245), das Verhalten der Teilnehmer oder die Fahrweise der beteiligten Fz, zB bei Sportveranstaltungen, Schaustellungen, Jahrmärkten und anderen Märkten. Zur Genehmigungspflicht von Wallfahrten *Rebler* BayVBl **02** 661, zu Autokorsos *Rebler* VD **10** 246. Dass die Veranstaltung mit der Benutzung zu Verkehrszwecken zusammenhängt, ist also nicht erforderlich; vielmehr fallen auch „stationäre" Veranstaltungen unter II (BVerwG NZV **89** 325; aM Kar VRS **53** 472, *Manssen* DÖV **01** 157). Hierher gehören auch öffentliche Veranstaltungen mit Rollbrettern (§ 31). Filmaufnahmen auf Str sind erlaubnispflichtig (Hb VRS **15** 371). Motorzuverlässigkeitsfahrten auf öffentlichen Str mit Kontrollposten und Zeitnahme fallen unter II S. 1 (Dü VRS **56** 356). Radfahrveranstaltungen: VwV Rn. 9, 10. Durch die Erlaubniserteilung kann die VB nicht zugleich eine verschuldensunabhängige Veranstalterhaftung begründen (Kö VersR **92** 470). Anbringung notwendiger VZ und VEinrichtungen: § 45 V.

5   Keine Veranstaltung iS von § 29 sind öffentliche Versammlungen und Aufmärsche im Freien (§§ 14 ff. VersammlG; BVerwG NZV **89** 325); sie sind lediglich anmeldepflichtig und können nur bei Gefahr für die öffentliche Sicherheit und Ordnung verboten werden. Die Entscheidung, ob und ggf. unter welchen Auflagen ein AB-Abschnitt für eine Versammlung (Fahrraddemonstration) frei gegeben wird, trifft die Versammlungsbehörde nach Versammlungsrecht nach Beteiligung der ansonsten für die Erteilung einer Sondernutzungserlaubnis bzw. einer Erlaubnis nach § 29 II S. 1 zuständigen Behörden (VGH Ka NJW **09** 312; abw OVG Lüneburg NZV **95** 332: Fahrradkorso auf AB schlechthin unzulässig; s. auch OVG Münster NJW **18** 1118 (L); hierzu *Scheidler* DAR **09** 380, NZV **15** 166). Auch das Aufstellen eines Propagandastands kann jedoch nach II erlaubnispflichtig sein (BVerwG NZV **89** 325, aM Kar VRS **53** 472). Bloßes verkehrserhebliches Verhalten Einzelner ist nicht schon eine Veranstaltung, es kann aber gegen § 33 (VBeeinträchtigung) verstoßen.

6   **Ausnahmen:** VwV. Erlaubnisverfahren, Bedingungen und Auflagen: VwV Rn. 42 ff. Formblätter für nach VwV erforderlichen Veranstaltererklärungen VkBl. **12** 729, 730. Die **Erlaubniserteilung** ist nicht allein deswegen fehlerhaft, weil die Veranstaltung mit gewissen Beeinträchtigungen für die Anlieger verbunden ist (eingeschränkte Anfahrmöglichkeit, Lärm, Abgase; VG Ko DAR **92** 394). Kosten bei Mitwirkung von StrBauB im Erlaubnisverfahren: *Rott* VD **75** 53.

7   **2a. Sorgfaltspflicht des Veranstalters.** Veranstalter ist, wer die Veranstaltung vorbereitet, organisiert oder eigenverantwortlich ins Werk setzt, der geistige und praktische Urheber, der Planer und Veranlasser; Tätigkeiten *nur während der Durchführung* genügen nach zw. Auffassung von Kar DAR **11** 273 nicht (können aber als Beteiligung nach § 14 OWiG ahndbar sein; Rn. 11; näher LK-StGB/*König* § 315d Rn. 15). KfzRennen auf öffentlichen Str, die eigens für die Veranstaltung gesperrt werden, bedürfen besonderer Sicherungsvorkehrungen (BGH VM **82** 17). Der Veranstalter muss kompetent und zuverlässig sein. Er hat für Beachtung der VVorschriften und etwaiger Bedingungen und Auflagen zu sorgen (II). Er kann eine juristische Person sein (Ha DAR **75** 51). Veranstalter und Rennleiter haften den Zuschauern, die durch ein wegen unterlassener Sicherungsmaßnahmen von der Bahn abkommendes Fz verletzt werden (BGH NJW **75** 533). Neben dem Sportwart haftet auch der Vereinsvorsitzende, wenn er mit der Durchführung von Auflagen befasst gewesen ist oder bemerkt hat, dass die Auflagen bei der Veranstaltung unbeachtet bleiben (Ha DAR **75** 51). Verantwortlich für Anordnung und Einhaltung der besonderen Sicherungsvorkehrungen sind alle mit Genehmigung, Veranstaltung und Durchführung in irgendeiner Weise befassten Personen (BGH VM **82** 17). Veranstaltender Radsportverein und dessen für die Organisation eines Radrennens verantwortlicher 1. Vorsitzender haften aus Verletzung der VSicherungspflicht, wenn die Absicherung der Rennstrecke unzureichend ist (Fra NZV **05** 41, Ha NZV **00** 256), wenn nicht für ausreichenden Streckendienst gesorgt ist (Stu VRS **67** 172) oder gegen Regelverstöße nicht eingeschritten wird (Kö VersR **92** 470). Der Ausrichter ist für die Ausschaltung solcher Gefahren verantwortlich, die über das mit dem Rennen unvermeidliche Risiko hinausgehen (Ha NZV **00** 256). Die Zuschauer sind vor den mit dem Rennen verbundenen typischen Gefahren zu schützen, soweit möglich und zumutbar (Stu VersR **87** 1153).

Die VSicherungspflicht obliegt dem Veranstalter auch gegenüber den *Teilnehmern* des Rennens (Fra NZV **05** 41, Kar VersR **86** 662, Ha NZV **00** 256), allerdings nur, soweit Gefahren zu begegnen ist, die über die dem Rennsport typischerweise innewohnenden Gefahren hinausgehen (BGH VersR **86** 705). Amtspflichtverletzung der PolB, die bei einem StRadrennen das Rennfeld nicht abredegemäß vor dem an sich bevorrechtigten QuerV der übergeordneten Str abschirmen (Ha NZV **08** 566 (auch gegenüber Einzelfahrern; dann aber uU Mitverschulden)). Kein Mitverschulden des Radsportlers, der bei einem StRennen dort vorhandene, für den normalen V angebrachte geschwindigkeitsbegrenzende VZ nicht beachtet (Ha NZV **00** 256). Grobe Fahrlässigkeit des Rennleiters, der ein beim Training liegengebliebenes Kfz nicht alsbald von der Piste entfernen lässt (KG DAR **77** 295). Grobe Fahrlässigkeit kann der Rennleiter auch gegenüber anderen Rennteilnehmern nicht abbedingen (KG DAR **77** 295). Gerät ein RennFz in die Zuschauer, so haftet das genehmigende Land höchstens aus Amtspflichtverletzung, nicht wegen Verletzung der VSicherungspflicht (BGH VersR **62** 618). Die **Teilnehmer** genehmigter Veranstaltungen haften nach StVO/StVG auch auf abgesperrten Str (RGZ **150** 73, Ko NJW-RR **94** 1369, Kar NJW-RR **14** 692). **Haftung untereinander** idR *nur für schuldhaftes, regelwidriges Verhalten*, i Ü (stillschweigender) Haftungsverzicht (BGHZ **154** 316 (Autorennen), BGH NJW **08** 1591, Zw VRS **94** 1366; Fra NJW **20** 2277 m. Anm. *Born* (je Rad-Trainingsfahrt); näher § 16 StVG Rn. 9). Zu einem (ausdrücklichen) Haftungsausschluss in AGB Kar NJW-RR **14** 692 und § 16 StVG Rn. 9. Diese Grundsätze können grds. entsprechend für ungenehmigte („wilde") Rennen gelten (Ha NZV **97** 515, LG Duisburg NJW-RR **05** 105), dies jedoch allenfalls dann, wenn sich die Teilnehmer zumindest konkludent auf Regeln geeinigt haben, Versicherungsschutz besteht und wie auch sonst kein grober Verstoß gegeben ist (Kar NJW **12** 3448; näher § 16 StVG Rn. 9). Einem Zuschauer, der die Absperrung auf öffentlicher Str durchbrochen hat, muss der Rennfahrer wenn möglich ausweichen und darf seine Gewinnaussicht nicht über das fremde Leben stellen. Zur Anwendbarkeit der Ausschlussklausel des § 2b Nr. 3b AKB (= A-1–5 AKB 08; s. §§ 4 Nr. 4, 5 I KfzPflVV) bei polizeilich genehmigter Rallye BGH VersR **76** 381 (dazu *Bentlage* VersR **76** 1118; s. auch Nü NZV **08** 300) oder bei einem Fahrtraining auf einer Rennstrecke Kö NZV **07** 75.

3. Groß- und Schwerverkehr auf öffentlichen Str ist erlaubnispflichtig, jetzt im Rahmen **8** der authentischen Definition von III (instruktive Arbeitshilfe zum Ganzen bei *Rebler* SVR **12** 299; s. auch *dens.* SVR **14** 87, 121; **16** 161; sowie Die Genehmigung der Durchführung vom Großraum- und Schwertransporten, Diss Erlangen-Nürnberg, 2014). Im V dürfen Großraum- und SchwerFz nur mit (streckenbezogener) Erlaubnis gemäß III eingesetzt werden. Gegen europäisches Recht verstößt dies nicht (Ba NZV **07** 638). Zuständige Behörde für die Erlaubniserteilung nach III: § 44 IIIa, § 47 I S. 3. Antragsteller und Transporteur müssen nicht identisch sein, Inhaber der Erlaubnis kann auch werden, wer den Transport nicht selbst durchführt (OVG Münster VRS **83** 298 („Genehmigungs-Service")). Erlaubnisverfahren für Schwertransporte, Nachrechnen von Brücken: VkBl. **04** 39 = StVRL Nr. 5. III bezieht die Kfz ein, deren Führer bauartbedingt kein ausreichendes Sichtfeld haben (III S. 2), zB gewisse Bagger und Kranwagen (Begr). Werden die nach den §§ 32, 34 StVZO zulässigen Grenzen überschritten oder wird die Vorschrift über Kurvenläufigkeit (§ 32d StVZO) nicht eingehalten, so ist eine Ausnahmegenehmigung nach § 70 StVZO nötig, die jedoch (fahrzeugbezogen) nur die *allgemeine* VZulassung betrifft und die (streckenbezogene) Erlaubnis nach III S. 1 für den Einsatz des Fz im konkreten Fall (mit örtlichen und zeitlichen Maßgaben, s. VwV Rn. 119 ff.) nicht ersetzen kann (vgl. Ba NZV **07** 638, Schl DAR **16** 93; *Rebler* NZV **04** 450, SVR **12** 299). Wird die Ausnahmegenehmigung nach § 70 StVZO nur iVm Genehmigung nach III erteilt, so stellt Letzteres entgegen Ba NZV **07** 638 (s. auch Rn. 11) keine selbstständige, den Bestand der Genehmigung nach § 70 StVZO unberührt lassende Auflage dar, sondern eine Bedingung (*Rebler/Borzym* SVR **08** 133; *Rebler* SVR **08** 148; s. auch Schl DAR **16** 93). Ist nur die Ladung zu breit, zu hoch oder ragt sie nach vorn oder hinten vorschriftswidrig hinaus, so genügt anstatt der Ausnahmegenehmigung nach § 70 StVZO eine Ausnahmegenehmigung nach § 46 I Nr. 5 in Bezug auf § 18 I, § 22 (VwV Rn. 82). III schützt die StrDecken gegen Überbelastung. Die Maße und Gewichte gemäß der StVZO (§§ 32, 34) gelten als unbedenklich. Erlaubnispflicht nach III nur, wenn das tatsächliche Fz-Gesamtgewicht die allgemein zugelassene Grenze überschreitet, wie die Fassung des III ausdrücklich klarstellt (Begr Rn. 1; so schon für die vor dem 1.10.88 geltende Fassung Ha VRS **54** 304). Eine Erlaubnis nach III darf nur erteilt werden, wenn nachgewiesenermaßen eine unteilbare Ladung zu befördern ist oder das Sonderfz überführt werden muss oder wenn von mehreren Frachtstücken bereits jedes für sich allein nur in einem Großraumfz befördert werden kann, nicht aber, wenn das Sonderfz konkurrenzwidrig zum Großtransport teilbarer Güter verwendet wird (*Klewe* VD **78** 377). Kann ein Transport nach Art und Beschaffenheit besondere VGefahr bewirken, sind **Sicherheitsanweisungen** des Unternehmers nötig (BGH VRS **10** 252). Polizeibegleitung nur ausnahmsweise in den in der VwV Rn. 134–137 genannten Fällen. Sie begründet grundsätzlich keine Amtspflichten gegenüber dem Transportunternehmen (Ko SP **12** 136; *Rebler* SVR **12** 299; s. auch BGH VersR **61** 438). Richtlinien für Großraum- und Schwertransporte VkBl. **92** 199, **03** 786. Merkblatt über die Ausrüstung von privaten BegleitFz zur Absicherung von Großraum- und Schwertransporten VkBl. **15** 404. Zum Transport von Maibäumen *Rebler* VD **16** 67.

9   Voraussetzungen der Erlaubnis, Verfahren, Anhörung von Behörden, Erlaubnisbescheid, Bedingungen, Auflagen, Dauererlaubnis: VwV. Sie bezweckt, durch verschärfte Genehmigungspraxis einen wesentlichen Teil der Schwer- und Großtransporte im Fernverkehr auf Bahn und Binnenschiff zu verlagern und die verbleibenden vom Stoßverkehr (Berufs- und Reiseverkehr) fernzuhalten (Ha VRS **54** 304). Erlaubniserteilung erfolgt im Interesse der Allgemeinheit, nicht zB der Speditionsfirma, weswegen **Amtshaftung** nach § 839 BGB ausscheidet, wenn der Transportweg für den Transport nicht geeignet war (Mü v. 29.6.96 – 1 U 6856/94; Ko SP **12** 136; *Rebler* SVR **12** 299). Zur Erlaubniserteilung für Beförderung mehrerer einzelner Ladungsstücke Stu VRS **62** 220. Örtliche Zuständigkeit für Erlaubnisse: § 47. Zur Zuständigkeit für die Erlaubniserteilung (§ 44 IIIa) *Saller* VD **90** 150.

91   **Literatur:** *Rebler,* Die Genehmigung der Durchführung vom Goßraum- und Schwertransporten, Diss Erlangen-Nürnberg, 2014; *Saller,* Die Sicherung von Großraum- und Schwertransporten ..., PVT **95** 291. *Schulz/Saller,* Schlichte Überladung oder Fahren ohne Zulassung?,VD **05** 324.

10   **4. Ausnahmen.** S. oben und §§ 35, 46. Die Erlaubnisbescheide sind mitzuführen (§ 46 III S. 3), jedoch genügt das Mitführen fernkopierter Bescheide bzw. entsprechender Nachweise (§ 46 III S. 4).

11   **5. Ordnungswidrig** (§ 24 StVG) handelt, wer entgegen § 29 II eine unerlaubte Veranstaltung durchführt oder als Veranstalter entgegen § 29 II S. 3 nicht dafür sorgt, dass die in Betracht kommenden VVorschriften oder Auflagen befolgt werden (§ 49 II Nr. 6), und wer entgegen § 29 III ein dort genanntes Fz oder einen dort genannten Zug führt (§ 49 II Nr. 7). Wer zwar nicht als Veranstalter auftritt, aber als Sportleiter die Endkontrolle der Zuverlässigkeitsfahrt vornimmt (oder das Rennen in anderer Weise fördert), ist Beteiligter (Dü VRS **56** 365; Kar DAR **11** 273). Die Straftat nach § 315d I Nr. 1 StGB geht der vorsätzlichen OW vor; hingegen ist eine Fahrlässigkeitstat denkbar (§ 315d StGB Rn. 10, 17). Wer an einem Rennen (Rallye) iS von II als sog „Co-Driver" teilnimmt, ist an der OW des FzF iS des § 14 OWiG beteiligt (Kar VRS **66** 56). Zur Beteiligung an Veranstaltungen s. auch KK OWiG-*Rengier* § 14 Rn. 65, Göhler/*Gürtler* § 14 Rn. 10d. Normadressat von III ist, wie § 49 II Nr. 7 zeigt, *nur der FzF* (Bay VRS **58** 458, Bay VRS **92** 440, Dü NZV **90** 321, Ko VRS **76** 395). Ein (unzutr.; s. aber Rn. 8) auf einen Verstoß gegen § 70 StVZO gestützter Bußgeldbescheid rechtfertigt eine Verurteilung wegen Verstoßes nach § 29 III, da derselbe Lebenssachverhalt zugrunde liegt (Ba NZV **07** 638). Zur Rechtfertigung des Fahrers eines Schwertransports, der entgegen der Auflage ohne Beifahrer fährt, weil er sonst seinen Arbeitsplatz gefährdet glaubt, Ol NJW **78** 1869. Beteiligung an einer OW gemäß III: Bay VRS **58** 458, Bay VRS **92** 440, Ko VRS **76** 395, Dü NZV **90** 321. TE zwischen Verstoß gegen III und Zuwiderhandlung gegen die Bestimmungen der StVZO über Abmessungen, Achslasten und Gesamtgewichte ist möglich (Bay VRS **92** 440, s. Rn. 8). Ist eine Ausnahmegenehmigung nach § 70 II StVZO in Bezug auf Abmessungen und Gewichte erteilt, wird aber eine tageszeitliche Beschränkung der Erlaubnis nach III missachtet, so liegt nicht zugleich ein Verstoß gegen §§ 32, 34 StVZO vor (AG Brühl DAR **97** 412).

Umweltschutz, Sonn- und Feiertagsfahrverbot

30 (1) ¹**Bei der Benutzung von Fahrzeugen sind unnötiger Lärm und vermeidbare Abgasbelästigungen verboten. ²Es ist insbesondere verboten, Fahrzeugmotoren unnötig laufen zu lassen und Fahrzeugtüren übermäßig laut zu schließen. ³Unnützes Hin- und Herfahren ist innerhalb geschlossener Ortschaften verboten, wenn Andere dadurch belästigt werden.**

(2) **Veranstaltungen mit Kraftfahrzeugen bedürfen der Erlaubnis, wenn sie die Nachtruhe stören können.**

(3) [1]An Sonntagen und Feiertagen dürfen in der Zeit von 0.00 bis 22.00 Uhr zur geschäftsmäßigen oder entgeltlichen Beförderung von Gütern einschließlich damit verbundener Leerfahrten Lastkraftwagen mit einer zulässigen Gesamtmasse über 7,5 t sowie Anhänger hinter Lastkraftwagen nicht geführt werden. [2]Das Verbot gilt nicht für

1. kombinierten Güterverkehr Schiene-Straße vom Versender bis zum nächstgelegenen geeigneten Verladebahnhof oder vom nächstgelegenen geeigneten Entladebahnhof bis zum Empfänger, jedoch nur bis zu einer Entfernung von 200 km,

1a. kombinierten Güterverkehr Hafen-Straße zwischen Belade- oder Entladestelle und einem innerhalb eines Umkreises von höchstens 150 Kilometern gelegenen Hafen (An- oder Abfuhr),

2. die Beförderung von
    a) frischer Milch und frischen Milcherzeugnissen,
    b) frischem Fleisch und frischen Fleischerzeugnissen,
    c) frischen Fischen, lebenden Fischen und frischen Fischerzeugnissen,
    d) leicht verderblichem Obst und Gemüse,

3. die Beförderung von Material der Kategorie 1 nach Artikel 8 und Material der Kategorie 2 nach Artikel 9 Buchstabe f Ziffer i der Verordnung (EG) Nr. 1069/2009 des Europäischen Parlaments und des Rates vom 21. Oktober 2009 mit Hygienevorschriften für nicht für den menschlichen Verzehr bestimmte tierische Nebenprodukte und zur Aufhebung der Verordnung (EG) Nr. 1774/2002 (Verordnung über tierische Nebenprodukte) (ABl. L 300 vom 14.11.2009, S. 1; L 348 vom 4.12.2014, S. 31),

4. den Einsatz von Bergungs-, Abschlepp- und Pannenhilfsfahrzeugen im Falle eines Unfalles oder eines sonstigen Notfalles,

5. den Transport von lebenden Bienen,

6. Leerfahrten, die im Zusammenhang mit Fahrten nach den Nummern 2 bis 5 stehen,

7. Fahrten mit Fahrzeugen, die nach dem Bundesleistungsgesetz herangezogen werden. Dabei ist der Leistungsbescheid mitzuführen und auf Verlangen zuständigen Personen zur Prüfung auszuhändigen.

(4) Feiertage im Sinne des Absatzes 3 sind
Neujahr;
Karfreitag;
Ostermontag;
Tag der Arbeit (1. Mai);
Christi Himmelfahrt;
Pfingstmontag;
Fronleichnam, jedoch nur in Baden-Württemberg, Bayern, Hessen, Nordrhein-Westfalen, Rheinland-Pfalz und im Saarland;
Tag der deutschen Einheit (3. Oktober);
Reformationstag (31. Oktober) in Brandenburg, Bremen, Hamburg, Mecklenburg-Vorpommern, Niedersachsen, Sachsen, Sachsen-Anhalt, Schleswig-Holstein und Thüringen;
Allerheiligen (1. November), jedoch nur in Baden-Württemberg, Bayern, Nordrhein-Westfalen, Rheinland-Pfalz und im Saarland;
1. und 2. Weihnachtstag.

Begr zur ÄndVO v. 22.3.88 (VkBl. **88** 224): 1–4

Zu Abs. 3: In Anlehnung an die Ausnahmeregelung in der Ferienreise-Verordnung vom 13. Mai 1985 (BGBl. I S. 774) werden jetzt auch der kombinierte Verkehr Schiene-Straße, Beförderung von frischer Milch, frischem Fleisch, frischen Fischen, leicht verderblichem Obst und Gemüse sowie die damit im Zusammenhang stehenden Leerfahrten und Fahrten mit Fahrzeugen, die nach dem Bundesleistungsgesetz herangezogen werden, vom Sonn- und Feiertagsfahrverbot ausgenommen. Für diese Transporte wurden bisher Ausnahmegenehmigungen erteilt. Durch den Wegfall wird in erheblichem Umfang die Verwaltung entlastet. Mehr als 50 000 Ausnahmegenehmigungen im Jahr werden dadurch entbehrlich. Diese StVO-Änderung dient der Verwaltungsvereinfachung.

Im Übrigen werden auch weiterhin in dringenden Fällen Einzel- oder Dauerausnahmegenehmigungen erteilt, z. B. zur Aufrechterhaltung des Betriebes öffentlicher Versorgungseinrichtungen sowie Lebendviehtransporte zur Versorgung der Bevölkerung mit frischem Fleisch.

Begr Zur ÄndVO v. 19.3.92:VkBl. **92** 186; zur ÄndVO v. 18.7.95:VkBl. **95** 532. 5

Begr zur ÄndVO v. 7.8.97 (VkBl. **97** 689): **Zu Abs. 3:** *Es besteht kein sachlicher Grund, den kombinierten Verkehr Hafen – Straße, also von und zu den Seehäfen und Häfen der Binnenwasserstraßen,* *anders als den kombinierten Verkehr Schiene – Straße zu behandeln. Die Entfernungsangabe – 150 km Luftlinie im Umkreis um den Binnen- bzw. Seehafen – trägt dabei den Festlegungen gemeinsamer Regeln im kombinierten Güterverkehr zwischen den Mitgliedstaaten der EU Rechnung (Richtlinie 92/106/ EWG).*

6a   **Begr** zur ÄndVO v. 6.10.2017: BR-Drs. 556/17.

VwV zu § 30 Umweltschutz und Sonntagsfahrverbot

Zu Absatz 1

6   1   I. Unnötiger Lärm wird auch verursacht durch

    1. unnötiges Laufenlassen des Motors stehender Fahrzeuge,

2   2. Hochjagen des Motors im Leerlauf und beim Fahren in niedrigen Gängen,

3   3. unnötig schnelles Beschleunigen des Fahrzeugs, namentlich beim Anfahren,

4   4. zu schnelles Fahren in Kurven,

5   5. unnötig lautes Zuschlagen von Wagentüren, Motorhauben und Kofferraumdeckeln.

6   II. Vermeidbare Abgasbelästigungen treten vor allem bei den in Nummer 1 bis 3 aufgeführten Ursachen auf.

Zu Absatz 2

7   7   I. Als Nachtzeit gilt die Zeit zwischen 22.00 und 6.00 Uhr.

8   II. Nur Veranstaltungen mit nur wenigen Kraftfahrzeugen und solche, die weitab von menschlichen Behausungen stattfinden, vermögen die Nachtruhe nicht zu stören.

9   III. Die Polizei und die betroffenen Gemeinden sind zu hören.

Zu Absatz 3

8   10   Vom Sonn- und Feiertagsfahrverbot erfasst ist die geschäftsmäßige oder entgeltliche Beförderung von Gütern mit Lkw (gewerblicher Güterverkehr) einschließlich der damit verbundenen Leerfahrten. Hierunter fällt auch der Werkverkehr nach § 1 Absatz 2 des Güterkraftverkehrsgesetzes (GüKG). Anhänger (z. B. Wohnwagen oder Pferdeanhänger), die ausschließlich zu Sport- und Freizeitzwecken und weder gewerblich noch entgeltlich hinter Lastkraftwagen geführt werden, unterfallen nicht dem Sonn- und Feiertagsfahrverbot. Dies gilt auch für Fahrten mit Oldtimer-Lastkraftwagen zu Oldtimerveranstaltungen, soweit keine gewerblichen Zwecke verfolgt werden und diese nicht entgeltlich erfolgen.

11   Lastkraftwagen im Sinne des Sonn- und Feiertagsfahrverbotes sind Kraftfahrzeuge, die nach Bauart und Einrichtung zur Beförderung von Gütern bestimmt sind. Sattelkraftfahrzeuge zur Lastenbeförderung sind Lastkraftwagen in diesem Sinne; selbstfahrende Arbeitsmaschinen wie Bagger, Betonpumpen, Teermaschinen, Autokrane, Eichfahrzeuge oder Mähdrescher fallen nicht darunter.

12   Vom Sonn- und Feiertagsfahrverbot sind weiterhin nicht betroffen Zugmaschinen, die ausschließlich dazu dienen, andere Fahrzeuge zu ziehen, ferner Zugmaschinen mit Hilfsladefläche, deren Nutzlast nicht mehr als das 0,4fache der zulässigen Gesamtmasse beträgt. Das Sonn- und Feiertagsfahrverbot gilt ebenfalls nicht für Kraftfahrzeuge, bei denen die beförderten Gegenstände zum Inventar der Fahrzeuge gehören (z. B. Ausstellungs-, Film- oder Fernsehfahrzeuge, bestimmte Schaustellerfahrzeuge und Fahrzeuge zur Beschickung von Märkten, soweit es sich um mobile Verkaufsstände handelt, jeweils auch mit Anhänger).

9   **1. Veranstaltungen mit Kraftfahrzeugen** zur Nachtzeit (22 bis 6 Uhr, VwV Rn. 7), sind nach II erlaubnispflichtig, soweit sie die allgemeine Nachtruhe stören können. Veranstaltung: § 29 Rn. 4. Störung der Nachtruhe, Anhörung der Polizei und der betroffenen Gemeinden: VwV Rn. 8, 9. Schon wenn die Möglichkeit der Störung der Nachtruhe mehr als einiger weniger Personen besteht, ist Erlaubnispflicht gegeben. Der Schutz der Nachtruhe geht motorsportlichen Veranstaltungen zur Nachtzeit idR vor.

10   **2. Sonn- und Feiertagsfahrverbot.** Es handelt sich um ein repressives Verbot mit Befreiungsvorbehalt (BGHSt **62** 114 = NJW **17** 2292; Dü v. 8.1.2020, IV-2 RBs 185/19; zu Ausnahmen Rn. 15). Normadressat ist nach der mit Wirkung zum 19.10.2017 erfolgten Neufassung **nur noch der FzF** („*dürfen … nicht geführt werden*"; zutr. Dü v. 8.1.2020, IV-2 RBs 185/19; s. auch Rn. 16). Dass der VOGeber mit der Änderung klarstellend nur den ruhenden V ausnehmen wollte (BR-Drs. 556/17 S. 29), vermag daran angesichts des eindeutigen Gesetzeswortlauts nichts zu ändern (Dü aaO). Das Verbot gilt, wie nunmehr in III ausdrücklich klargestellt, nur für den gewerblichen Güterverkehr (Begr, BR-Drs. 556/17 S. 14f., 29), einschließlich des Werkverkehrs für eigene Zwecke (VwV Rn. 10; BRat in BR-Drs. 556/17 (Beschluss) S. 2). Die grundgesetzkonforme (BVerfG NJW **56** 1673 (zu § 4a aF)) Regelung beschränkt den StrSchwerverkehr an Sonn- und gesetzlichen Feiertagen zugunsten des Personenverkehrs und des gleichmäßigen Vflusses sowie im Interesse der Lärm- und Abgasverringerung (OVG Münster NZV **95** 43). **Begriff des Lastkraftwagens**: § 21 Rn. 10, VwV Rn. 11. Die Eintragung im FzSchein ist nicht entscheidend (Bay NZV **97** 449, Ha NZV **97** 323 (aber möglicherweise unvermeidbarer Verbotsirrtum: Dü NZV **91** 483, aM (entgegen hM) AG Elmshorn SVR **07** 275 („Sprinter"-Klasse); hierzu § 18 Rn. 19). Das Verbot betrifft alle öffentlichen Str, auch SattelFz zur Güterbeförderung, LeerFz und Züge, ferner alle Anhänger ohne Rücksicht auf das Gewicht des ziehenden Lkw (Fra DAR **83** 332) und Zgm mit Hilfsladefläche, deren Nutzlast 40% der zulässigen Gesamtmasse übersteigt (s. VwV Rn. 12; Ce VM **87** 71; Dü NZV **91** 483). „Minisattelzüge", deren Gesamtmasse unter 7,5 t liegt, fallen nicht unter III (AG Siegen NZV **13** 565 mAnm *Huppertz*). Zgm mit geringerer Hilfsladefläche gelten nicht als Lkw iS von III (Bay NZV **97** 530 (abw Bay VM **73** 76, jedoch aufgegeben in Stellungnahme v. 12.5.87 an Ce VM **87** 71)). Zgm ohne eigene Transportfläche, die lediglich dazu eingerichtet sind, andere Fz (Anhänger) zu ziehen, sind keine Lkw (Rn. 8, *Huppertz* NZV **05** 351), auch wenn sie im FzSchein als solche bezeichnet sind (Dü NZV **91** 483, Kö NZV **94** 164). Das gilt zB auch für SattelZgm ohne Sattelanhänger (Bay DAR **93** 369). Anhänger hinter Lkw sind auch Wohnwagen (Wohnanhänger; Stu VM **81** 56, s. BMV VkBl. **80** 678 = StVRL Nr. 1), die jedoch wie auch andere Anhänger ausgenommen sind, soweit sie ausschließlich zu Sport- und Freizeitzwecken geführt und keine gewerblichen oder entgeltlichen Zwecke verfolgt werden (VwV Rn. 10). Wohnmobile sind keine Lkw (*Berr* 1, 533). Feiertäglicher Gütertransport mit Fz unter 7,5 t ohne Anhänger beschränkt, bei denen der Fahrlärm und der wirtschaftliche Anreiz zur Benutzung geringer sind. Ein Kfz unter 2,8 t, das sich konstruktiv als Lkw darstellt und nicht nach Art der früheren Kombinationsfz (§ 23 VIa StVZO aF) in einen Pkw verwandelt werden kann, ist ein Lkw iS von III, auch wenn es mehrere Sitzplätze aufweist, und fällt beim Mitführen eines Anhängers unter III (Ha VRS **47** 469, Bay NZV **97** 449).

2a. Feiertage iS von § 30 sind außer den Sonntagen ausschließlich alle in IV bezeichneten **11** Tage. Die Liste enthält alle bundesgesetzlichen oder kraft übereinstimmenden Landesrechts gebotenen Feiertage (Begr). Anderweitige landesrechtliche Feiertagsregelung wäre unerheblich, maßgebend bliebe IV.

2b. Ausgenommen vom Feiertagsfahrverbot sind die Fz des StrDienstes der öffentlichen **12** Verwaltungen (§ 35 VI), außerdem der kombinierte GüterV Schiene-Straße und Hafen-Straße nach Maßgabe von III S. 2 Nr. 1, 1a, die in Nr. 2 genannten Beförderungen bestimmter frischer oder leicht verderblicher Lebensmittel einschließlich der damit in Zusammenhang stehenden Leerfahrten (Nr. 7), wobei nach Ce DAR **16** 661 nicht erforderlich ist, dass sowohl die Lastfahrt als auch die damit in Zusammenhang stehende Leerfahrt am Sonn- bzw. Feiertag durchgeführt wird, sowie schließlich Fahrten mit Fz, die nach dem BundesleistungsG herangezogen werden. Die Voraussetzungen für die Ausnahme sind nur erfüllt, wenn es sich bei den in III S. 2 Nr. 2a) bis d) aufgeführten Gegenständen um Produkte handelt, deren baldiger Transport wegen ihrer geringen Haltbarkeit notwendig ist (OVG Lüneburg NRpfl **97** 270; Ce NZV **17** 492 (*Rebler*)). Liste des BMV im III S. 2 Nr. 2 fallenden Produkten: VkBl. **98** 844 = StVRL Nr. 2. Quark ist kein Milcherzeugnis iSv § 1 I MilchErzV, sondern Käse iS der KäseV und unterfällt III S. 2 Nr. 2a deshalb nicht (Ce NStZ-RR **17** 357). Die Entfernungsangabe in III S. 2 Nr. 1 betrifft nicht die Luftlinie, sondern Straßenkilometer (Bay NStZ-RR **98** 247). Die Ausnahmeregelung in III S. 2 Nr. 1 greift nicht ein, wenn vom Entladebahnhof über einen Umweg ein Zwischenlager, etwa der Wohnort oder Betriebssitz des Spediteurs, angefahren und die Fahrt von dort zum Empfänger fortgesetzt wird (Bay NStZ-RR **98** 247: jedenfalls bei dadurch bedingtem Überschreiten der 200 km-Entfernung). Die Streckenbegrenzungen in III S. 2 Nr. 1 und 1a verstoßen weder gegen die Wettbewerbsfreiheit noch gegen den Gleichheitsgrundsatz (OVG Münster NZV **95** 43 (zu III S. 2 Nr. 1)). Beförderung der in III S. 2 Nr. 2 genannten Produkte iS der Ausnahmeregelung liegt nicht schon dann vor, wenn solche Produkte zu anderen Gütern zugeladen werden; vielmehr muss die Fahrt in erster Linie der Beförderung von Lebensmitteln gem. III S. 2 Nr. 2 dienen (RundErl VerkMin NRW III C 2–22–30 v. 23.5.89: Zuladung anderer Güter bis höchstens 10% des Ladungsvolumens). Ausgenommen sind ferner Kfz, bei denen die beförderten Güter das Inventar bilden (Ausstellungs- und Filmfz, VwV Rn. 12). III S. 2 Nr. 3 betrifft den Transport seuchenbefallener Tiere, wohingegen der Transport von Gülle nicht hierunter fällt (Begr, BR-Drs. 556/17 S. 30). III S. 2 Nr. 4 befreit Abschlepp-, Bergungs- und Pannenhilfsdienste, nicht aber Fahrzeugtransporte sonstiger Art, nunmehr schon in der StVO vom FV (näher Begr, BR-Drs. 556/17 S. 30). Zu III S. 2 Nr. 5: BR-Drs. 556/17 S. 31.

13   **3.** Das **Lärmverbot** (I) betrifft nur „unnötiges", über sachgemäße Benutzung hinausgehendes Lärmen (Bay VM **74** 34, Kö VRS **56** 471, Ko VRS **47** 444), im öffentlichen StrV, sonst uU § 117 OWiG (Bay VM **76** 51), von Fz aller Art, nicht dagegen Geräuschverstärkung durch technisch sachgerechte, wenn auch im Einzelfall gegen andere Vorschriften der StVO verstoßende Benutzung (Bay VRS **65** 300 (Überschreiten der zulässigen Höchstgeschwindigkeit)). Die Vorschrift bedient sich in nicht unbedenklicher Weise allgemeiner Begriffe. Einzelfälle: Laufenlassen des Motors bei stehendem Fz ohne technischen Grund (Bay VM **74** 34, KG VRS **63** 390, Kö VRS **72** 384), „Hochjagen" des Motors im Leerlauf und beim Fahren in niedrigen Gängen (Kö VRS **56** 471), überschnelles Beschleunigen beim Anfahren, aber nach Meinung des Gesetzgebers auch sonst, Kurvenquietschen, wie es auftritt, wenn die Profiltiefe der Reifen für die Kurvengeschwindigkeit zu gering ist, „unnötig" lautes Zuschlagen von Türen und anderen FzVerschlüssen (VwV Rn. 1 ff.). Die Bedenklichkeit dieser Kriterien ergeben schon Begriffe wie „unnötig", „zu schnelles Beschleunigen" und „Hochjagen". Wird die Vorschrift nicht zurückhaltend angewendet, so kann sie unbeabsichtigt schikanös wirken (Ko VRS **46** 158). **Unnötig** ist eine Lärmbelästigung, die bei der Benutzung des Fz über das bei sachgerechter Nutzung notwendige Maß hinaus entsteht; maßgeblich ist insoweit, ob die konkrete Beeinträchtigung die Schwelle der Zumutbarkeit überschreitet, wobei Zeugenaussagen genügen, mithin keine Lärmschutzmessungen erforderlich sind (VG Kar SVR **19** 315; MüKo–SVR/*Sauthoff* Rn. 1, 3). Unnötiges Lärmen kann darin bestehen, dass ein innerörtlicher Platz in belästigender Fahrweise umrundet wird, etwa bei Abbremsen vor Kurven und vollem Gasgeben beim Beschleunigen (Ko VRS **47** 444). „Kurvenquietschen" (Kö VRS **63** 379). Wer ohne Schalldämpfer oder mit defektem Auspuff weithin hörbar knallend fährt, außer zur Werkstatt oder um das Kfz aus dem Verkehr zu nehmen, lärmt unnötig (aM wohl Zw VRS **53** 56). Ob die Geräuschverursachung „unnötig" ist, hängt von einer Abwägung der Interessen des Verursachers und etwaiger Lärmbetroffener unter Berücksichtigung der örtlichen und zeitlichen Gegebenheiten ab (Bay VRS **63** 219, **66** 295 (Warmlaufenlassen), Kö VRS **72** 384; Kar SVR **19** 315). Den Tatbestand erfüllt, wer in den Abend- und Nachstunden (ua) laute Gasstöße abgibt, mit laut aufheulendem Motor und durchdrehenden Reifen im Innenstadtbereich fährt, etwa um sich und sein Fz zu präsentieren (sog. „Autoposing", dazu VG Kar SVR **19** 315). Wenn gegen technisch nicht erforderliches **Laufenlassen der Motoren** stehender Fz eingeschritten wird, besonders von Dieselmotoren beim Ladegeschäft, so ist das zu begrüßen. Ergreift ein Firmeninhaber keine ausreichenden Maßnahmen gegen unnötiges störendes Laufenlassen der Motoren ihn beliefernder Lkw, so steht dem hierdurch gestörten Nachbarn ein Unterlassungsanspruch nach § 1004 I S. 2 BGB zu (BGH Zeitschrift für Lärmbekämpfung **82** 64). Bei unnötigem Laufenlassen genügt auch schon geringer Lärm (BGHSt **26** 340 = NJW **76** 1699). Bei leisem Leerlaufgeräusch kommt es auf alle Umstände (Geräuschkulisse) an (BGHSt **26** 340). Bei I S. 1 und 2 kommt es auf Belästigung bestimmter Personen nicht an (BGHSt **26** 340), das Verhalten muss aber belästigen können (BGHSt **26** 340, Ha VRS **48** 149). Betriebsbedingtes kurzes Laufen im Stand (wenig über 1 min) ist kein unnützes Lärmen (Ko VRS **46** 158, Bay VM **74** 34). Laufenlassen des Taxidieselmotors auf einige Minuten, um das Fz zu heizen, auf einem Taxenstandplatz mit erheblichem Lärm verletzt § 30 nicht (Bay VRS **63** 219; Fra VM **77** 19). Nächtliches Laufenlassen eines LkwDieselmotors in einer WohnStr zwecks Füllens des Bremsdruckluftbehälters wird nur unter besonderen Umständen zulässig sein, wenn Auffüllen zu anderer Zeit oder an nicht störenden Orten unzumutbar ist (Dü VRS **47** 381, ähnl Bay VRS **66** 295 (vor 7 Uhr)). Lärm durch Lautsprecherbetrieb an Krädern oder Fahrrädern: § 33 Rn. 5, 14. Zu Autokorsos *Rebler* VD **10** 246.

13a   **Abgasbelästigung** ist untersagt, soweit unnützes Laufenlassen des Motors andere durch Abgas belästigen „kann" (BGHSt **26** 340 = NJW **76** 1699) und insoweit über konkretes Belästigen hinaus, das bereits kraft § 1 II unzulässig war und weiterhin ist (KG VRS **63** 390, Kö VRS **72** 384). Das Vorliegen von Umständen, die das Laufenlassen als *geeignet* erscheinen lassen, andere zu belästigen, genügt. Ob ein die Möglichkeit des Belästigtwerdens bereits darin liegen kann, dass das Abgas in solchen Fällen nur die Luft verschlechtert oder dass jederzeit Personen hinzukommen können, ist offen und wird Tatfrage sein müssen. Ein besserer aktiver Schutz gegen vermeidbare Abgase liegt in flüssiger VRegelung durch gut geregelte Grüne Wellen und sorgfältig ausgewogene Ampelschaltung. Laufenlassen eines Taximotors zum Zweck des Heizens: Rn. 13. Laufenlassen eines Lkw-Motors bei kurzem, aber länger als 1 min dauerndem Verlassen des Fz mit Gefahr der Abgasbelästigung, um das FzInnere warm zu halten, ist dagegen „unnötig" iS von I S. 2 (KG VRS **63** 390), ebenso während des Parkens bei 10° Außentemperatur (Kö VRS **72** 384).

14   Das bußgeldbewehrte (Rn. 16) **Verbot „unnützen" Hin- und Herfahrens** innerorts bei Belästigung anderer (I S. 3) ist unter dem Aspekt der Ermächtigungsgrundlage des § 6 StVG

problematisch (AG Cochem VM **86** 47: nicht gedeckt) und liegt hinsichtlich des Bestimmtheitsgebots an der Grenze des Vertretbaren (Art 103 II GG: s. aber *Metz* NZV **19** 170). Jedoch ist der weitere Spielraum bei Bußgeldbestimmungen zu beachten (dazu Göhler/*Gürtler* § 3 Rn. 5). Die Vorschrift will nicht jede unnütze Fahrt (auch mit Fahrrädern) verbieten, sondern das „Hin- und Herfahren", also das mehrmalige Befahren derselben Straßen ohne Ziel (Kö VRS **56** 471; *Rüth/Berr/Berz* Rn. 5; *Metz* NZV **19** 170). Sieht man das Merkmal (ua) bei Fahrten als erfüllt an, in denen das Fahren alleiniger oder ganz im Vordergrund stehender Zweck ist (*Metz* NZV **19** 173), tritt es in offensichtlicher Spannung mit dem Prinzip der VFreiheit sowie des erlaubten Gemeingebrauchs und sieht sich zB mit der Frage konfrontiert, wie das Auf- und Abfahren zum Zweck des Erlernens des Radfahrens oder zur Körperertüchtigung ausgegrenzt werden kann (vgl. *Rüth/Berr/Berz* Rn. 5; *Metz* NZV **19** 170). Wer sich, allein oder gemeinsam mit anderen, bei ruhigem oder dichtem Verkehr gemäß den VRegeln und VZ bewegt, verhält sich aber rechtmäßig und belästigt durch seine VTeilnahme nicht im Rechtssinn. Einziger VZweck ist Ortsveränderung von Personen und Gütern, was auch beim Spazierenfahren oder bei sportlicher Betätigung der Fall ist (BVerwG VRS **40** 396). Behördliche Nützlichkeitsbeurteilung ist über den Rahmen von § 6 StVG hinaus ausgeschlossen (*Cramer* Rn. 16; s. aber *Metz* NZV **19** 170), ausgenommen Fälle vorübergehender Sicherheits- oder Ordnungsgefährdung. Das berücksichtigt die (jedoch ältere) Rspr. zu I S. 3 wohl nicht hinreichend (zB Stu VRS **43** 311, Ha VRS **46** 396, **48** 149, offengelassen von Kö VRS **56** 471, s. aber AG Cochem VM **86** 47). Jedenfalls setzt ein Verstoß die Feststellung einer konkreten Belästigung voraus (Stu VRS **43** 311, Br DAR **97** 282), die bei dem in diesem Ausmaß relativ neuartigen Phänomen des **Motorrad- und Autoposings** gegeben sein kann (dazu auch Rn. 13, 16). Vermeidbare Belästigung/Behinderung anderer, auch von Anliegern, bleibt ow. Die in I S. 3 gemeinten VVorgänge lassen sich in drei Gruppen erfassen: **a)** Radfahrergruppen umkreisen ständig Häuserblocks oder Plätze; die dadurch bewirkte VVerdichtung ist nicht verbietbar, gegen Fahrverstöße greift § 2 IV und ggf. § 1 II ein; ein Lärmproblem entsteht hier meist nicht; **b)** bei vermeidbarem, belästigendem Fahrgeräusch (s. Stu VRS **43** 311; VG Kar SVR **19** 315, dazu Rn. 13) durch einen einzigen Kf greifen die § 30 I S. 1, § 1 II ein, bei frisiertem Motor/Auspuff auch die §§ 30 I, 69a III Nr. 1 StVZO; **c)** übermäßiges Fahrgeräusch allein wegen VVerdichtung ist nicht verbietbar, Abhilfe nur durch lenkende oder beschränkende Maßnahmen möglich (s. auch *Cramer* 16: nur bei vermeidbarer Belästigung). Der Beschränkung von I S. 3 auf geschlossene Ortschaften ist nicht zu entnehmen, dass Lärmbelästigungen durch „unnützes" Hin- und Herfahren **außerorts** erlaubt wären (Bay DAR **01** 84).

4. Ausnahmen. § 46 I Nr. 7, II und hierzu dortige VwV Rn. 101 ff. An die Befreiung vom **15** Sonn- und Feiertagsverbot ist ein strenger Maßstab anzulegen; (regelmäßig vorliegende) wirtschaftliche oder wettbewerbliche Gründe allein genügen nicht, andernfalls die gesetzlichen Fahrverbote unterlaufen würden (OVG Münster NZV **95** 43; VG Lüneburg Urteil vom 17.4.02, 5 A 18/01 juris; VG Wiesbaden NZV **09** 56 (L)). Die Pflicht zur Zollabfertigung stellt keine Besonderheit dar, der regelmäßige Schiffsverkehr nach Übersee ebenfalls nicht (VG Wiesbaden NZV **09** 56 (L)). Zu den (fehlenden) Voraussetzungen für eine landesweite Ausnahme betreffend den Transport von Zuckerrüben eingehend OVG Magdeburg v. 8.12.06, 1 M 234/06, juris. Bei unterschiedlicher Feiertagsregelung in den Ländern kann die Ausnahme vom Sonntagsfahrverbot (III) auch für bestimmte Str oder Strecken erteilt werden. Die allgemeine Ausnahme für Kfz im österreichischen Durchgangsverkehr zwischen Salzburg und Lofer, soweit ein bestimmter deutscher Straßenzug benutzt wird (VO v. 25.7.56 (betreffend § 4a alt), BAnz **56** Nr. 145 S. 1) wurde durch VO v. 25.9.92, BAnz **92** Nr. 186 S. 8077, mit Wirkung v. 3.10.92 aufgehoben.

5. Ordnungswidrigkeit. § 49 I Nr. 25. Seit der mit Wirkung zum 19.10.2017 erfolgten **16** Neufassung des III S. 1 (dazu schon Rn. 10), stellt die Verbotsverletzung ein eigenhändiges Delikt dar, das nur vom FzF begangen werden kann; der Fahrzeughalter oder ein von ihm beauftragter Fahrzeugdisponent kann damit nur als Beteiligter iSv § 14 I S. 1 OWiG belangt werden, wobei die Ahndung „doppelt" vorsätzliches Verhalten voraussetzt (Dü v. 8.1,2020, IV-2 RBs 185/19, BeckRS **20** 5344). Frühere Rspr, die auch den Halter als Normadressaten ansah (Bay VRS **70** 471; Ha BeckRS **13** 11324) ist damit überholt. Angesichts dessen, dass III S. 1 ein repressives Verbot mit Befreiungsvorbehalt darstellt (Rn. 10), begründet eine etwaige Fehlvorstellung über das Verbot lediglich einen den Vorsatz nicht tangierenden (vermeidbaren) Verbotsirrtum, wobei jedoch in aller Regel schon ein Irrtum ausgeschlossen sein wird (Dü BeckRS **20** 5344). Bei Verstößen ist sicherzustellen, dass das Fz die Fahrt während der Sperrzeit nicht fortsetzt. Bei landesrechtlicher Abschaffung eines der in IV genannten Tage als gesetzlicher Feiertag (Rn. 11) wird uU unvermeidbarer Verbotsirrtum in Frage kommen. Ow ist auch das Nichtmitführen oder

Nichtaushändigen des Leistungsbescheids in Fällen der Heranziehung nach dem BundesleistungsG. I S. 1 geht § 1 II vor (Ha VRS **48** 149, s. aber Bay DAR **01** 84 (das bei Lärmbelästigung OW gem. § 1 II angenommen hat)). I S. 1 und 3 können in TE stehen (Ha VRS **48** 149). § 117 OWiG tritt als bloßer Auffangtatbestand trotz seiner höheren Bußgeldandrohung zurück (Göhler/*Gürtler* § 117 Rn. 17). Ausländische Fz sind während der Sperrzeiten an der Grenze zurückzuweisen. I S. 3 ist im Hinblick auf § 6 StVG problematisch (Rn. 14). Gleichwohl wurden die Regelsätze (auch) hinsichtlich Verstößen gegen I S. 1 und 3 durch die 54. ÄndVStVR v. 20.4. 2020 (BGBl. I S. 814) drastisch erhöht (von 10 auf 80 € bzw. 20 auf 100 €, Nr. 117, 118 BKat) um dem in diesem Ausmaß neuen sog. Motorrad- und Auto-Posing (dazu auch Rn. 13) entgegenzuwirken (Begr des BRats BR-Drs. 591/19 (B) S. 43). Zur Frage etwaiger Nichtigkeit dieser Änderungen s. § 25 StVG Rn. 19a.

Sport und Spiel

31 (1) ¹**Sport und Spiel auf der Fahrbahn, den Seitenstreifen und auf Radwegen sind nicht erlaubt.** ²**Satz 1 gilt nicht, soweit dies durch ein die zugelassene Sportart oder Spielart kennzeichnendes Zusatzzeichen angezeigt ist.**

(2) ¹**Durch das Zusatzzeichen**

wird das Inline-Skaten und Rollschuhfahren zugelassen. ²**Das Zusatzzeichen kann auch allein angeordnet sein.** ³**Wer sich dort mit Inline-Skates oder Rollschuhen fortbewegt, hat sich mit äußerster Vorsicht und unter besonderer Rücksichtnahme auf den übrigen Verkehr am rechten Rand in Fahrtrichtung zu bewegen und Fahrzeugen das Überholen zu ermöglichen.**

1 **Begr** zu § 31:VkBl. **70** 815.

2 **Begr** zur StVO-Neufassung v. 6.3.2013 (BR-Drs. 428/12). *Die Umformulierung des Abs. 1 dient der Konkretisierung. Als die Spielart kennzeichnendes Zusatzzeichen kann z. B. das ZusatzZ 1010-10 (Symbol Kind mit Ball) aufgestellt werden. So lassen sich nach wie vor so genannte „Spielstraßen" ausweisen.*

Das Forschungsvorhaben „Nutzung von Inline-Skates im StrV" der BASt hatte zudem ergeben, dass die Nutzung der Inline-Skates im StrV „flächenhaft" nur geringe Bedeutung besitzt und überwiegend zu Sport-, Fitness- und Freizeitzwecken sowie an relativ wenigen Aufkommensschwerpunkten erfolgt. Da die strikte Zuweisung der Inline-Skater auf die Fußgängerverkehrsflächen insbesondere an solchen Aufkommensschwerpunkten (wie Parks und Naherholungsgebiete etc.) erfahrungsgemäß dort zu Unzuträglichkeiten führt, wo Gehwege mit Feinkies oder Sand belegt sind und parallel ein asphaltierter Radweg oder eine Fahrbahn mit nur geringem (Kraft-) Fahrzeugverkehr verläuft, ist es für solche Fälle zudem vertretbar, den Straßenverkehrsbehörden die Möglichkeit zu eröffnen, das Skaten auch auf Radwegen und Fahrbahnen ausdrücklich zuzulassen. Dies erfordert zunächst eine Ergänzung der genannten Verkehrsflächen um die Radwege (vgl. § 31 I) mitsamt eines speziellen ZusatzZ, vgl. Abs. 2.

Durch die zusätzliche Festlegung besonderer Sorgfaltspflichten in Abs. 2 wird künftig auch auf solchen Verkehrsflächen ein gefahrloses Miteinander von Fz und Inline-Skatern gewährleistet. Zudem wird durch die bereits 2009 in Kraft getretene begleitende Verwaltungsvorschrift die Öffnung der Radwege auf die Fälle einer ausreichenden Breite des Radweges, der FahrradStr und der durch Z 250 gekennzeichneten Fahrbahnen auf das Vorliegen allenfalls geringen Kraftfahrzeugverkehrs beschränkt, wobei bei letzteren die zugelassene Höchstgeschwindigkeit zu dem nicht über 30 km/h liegen darf.

Soll das Inline-Skaten auf nicht benutzungspflichtigen Radwegen erlaubt werden, so reicht die Anbringung des entsprechenden ZusatzZ aus. Zwar muss sich ein ZusatzZ stets auf ein darüber angebrachtes Verkehrszeichen beziehen. Das Erfordernis der Bindung eines ZusatzZ an ein „Hauptverkehrszeichen" würde in diesen Fällen jedoch dazu führen, dass entweder eine Freigabe solcher Radwege für das Inline-Skaten ausscheidet oder aber umgekehrt Radfahrer allein wegen der Sportbedürfnisse von Inline-Skatern in eine Benutzungspflicht der Radwege eingebunden würden, selbst wenn dafür die Voraussetzungen fehlen. Da auch ZusatzZ Verkehrszeichen sind (vgl. § 39 III S. 1), muss es in diesen Fällen genügen, die Zulassung von Inline-Skatern durch ein isoliertes ZusatzZ anzuzeigen. Dabei hat das ZusatzZ die Bedeutung,

dass der Baulastträger die Geeignetheit der Strecke für Inline-Skater geprüft hat und die StrVB deren ver-
kehrliche Unbedenklichkeit dokumentiert. In diesem Zusammenhang wird darauf hingewiesen, dass außer
dem Zusatz Z „Inline-Skater frei" in Wintersportorten auch das Zusatzzeichen 1010-11 mit dem Zusatz
„frei" für den Wintersport angeordnet werden kann.

VwV zu § 31 Sport und Spiel 3

Zu Absatz 1

1 Auch wenn Spielplätze und sonstige Anlagen, wo Kinder spielen können, zur Verfügung stehen,
muss geprüft werden, wie Kinder auf den Straßen geschützt werden können, auf denen sich Kin-
derspiele erfahrungsgemäß nicht unterbinden lassen.

Zu Absatz 2

2 I. Die Anordnung des Zusatzzeichens mit dem Sinnbild eines Inline-Skaters und dem Wortzu-
satz „frei" kommt vor allem an Aufkommensschwerpunkten des Inline-Skatens/Rollschuhfah-
rens in Betracht, wenn die Beschaffenheit (Belag und Breite) der Fußgängerverkehrsanlage
für diese besonderen Fortbewegungsmittel (vgl. § 24) nicht geeignet ist. Soll ein nicht benut-
zungspflichtiger Radweg für das Fahren mit Inline-Skates/Rollschuhen freigegeben werden,
kann das Zusatzzeichen allein ohne ein entsprechendes „Hauptverkehrszeichen" angeordnet
werden.

3 II. Radwege müssen ausreichend breit sein, um auch in Stunden der Spitzenbelastung ein ge-
fahrloses Miteinander von Radfahrern und Inline-Skatern/Rollschuhfahrern zu gewährleisten.

4 III. Auf Fahrbahnen und Fahrradstraßen darf der Kraftfahrzeugverkehr nur gering sein (z. B. nur
Anliegerverkehr). Die zugelassene Höchstgeschwindigkeit darf nicht mehr als 30 km/h betra-
gen.

1. Die Vorschrift sucht den notwendigen Ausgleich zwischen den Gefahren des wachsenden 4
Verkehrs und der Spielplatznot der Jugend, zu deren gesundem Aufwachsen ausreichende Spiel-
und Sportmöglichkeiten gehören. § 31 dürfte die Grenzen im Prinzip richtig ziehen.

2. § 31 ordnet ein allgemeines **Sport- und Spielverbot mit Erlaubnisvorbehalt** auf der 5
Fahrbahn und den Seitenstreifen einschließlich der Fahrbahnen und Seitenstreifen außerorts
sowie auf Radwegen an, weil Sport und Spiele dort behindernd und gefährdend wären. Die Vor-
schrift gilt nicht für Gehwege, dort ist auch behinderndes Spielen erlaubt, jedoch kein gefähr-
dendes (§ 1 II; *Seidenstecher* DAR **97** 106).

3. Sport. Dazu gehören vor allem Mannschaftsspiele und gewertete Sportübungen (Bay 6
DAR **01** 84). Die Freigabe von Str und Plätzen ist auf das unbedingt Notwendige und auf ver-
kehrsarme Flächen zu beschränken. Ausnahmen werden ausschließlich durch VZ angeordnet, zB
auf durch Z 250 für den FzV gesperrten Str durch Z 101 mit Zusatz Z „Sport", „Wintersport".
Rodeln ist im StrBereich idR nur gemäß durch Zusatz Z angezeigten Erlaubnissen zulässig, au-
ßer- wie innerorts. Wo die Benutzung von Skiern oder Schlitten ortsüblich ist (Wintersportplät-
ze), darf jeder sie auch auf öffentlichen Str benützen, soweit das nicht durch VZ mit Zusatz Z
untersagt ist (BR-Drs. 428/70 Nr. 14). Es kann auch das Zusatz Z 1010-11 („Wintersport frei")
angeordnet werden (Rn. 2). Bei Teilnahme am öffentlichen StrV (§ 1 Rn. 13 ff.) ist der Skifahrer
bzw. Rodler VT und unterliegt den allgemeinen Vorschriften der StVO (Mü VM **84** 46 (Rod-
ler)), im „freien Gelände" hingegen den für den Sport geltenden Regelungswerken (BHHJ/
Hühermann Rn. 8). Wer als Kf auf abschüssiger Straße abfahrenden Rodelschlitten begegnet, muss
ihnen ausweichen oder anhalten, braucht aber, wenn das Rodeln nicht ausdrücklich erlaubt ist,
seinem Fz keinen Warnposten vorauszuschicken (Mü VM **84** 46 mAnm *Booß*). Auf Gehwegen
und in Fußgängerzonen außerhalb zugelassenen Lieferverkehrs (aM *Jung* PVT **93** 79, *Seidenste-*
cher DAR **97** 106, *Wendrich* NZV **02** 215) dürfen **Skate-Boards** (s. auch § 24 Rn. 10) als Spiel-
und Sportgerät mit geringer Bewegungsgeschwindigkeit, also allenfalls behindernd, benutzt wer-
den, nicht jedoch mit erheblicher Bewegungsgeschwindigkeit, zB auch im Gefälle, weil dies
andere VT in aller Regel gefährdet (§ 1 II). Organisierte Rollbrettveranstaltungen auf öffentli-
chen VFlächen: § 29. *Grams,* NZV **94** 172. *Lauton* PVT **77** 334.

4. Spiel. Grds. gilt für Fahrbahnen und Seitenstreifen inner- wie außerorts ein Spielverbot 7
mit Erlaubnisvorbehalt. Die Kinder müssen vor VGefahr geschützt werden, der Verkehr vor kind-
licher Unbesonnenheit und Gefährdung durch Spielen auf den Str. Das Spielverbot betrifft auch
Erwachsene und Jugendliche und, wo keine Erlaubnis angezeigt ist, alle Str mit einiger Verkehrs-
frequenz. Auf Gehwegen innerorts sind Spiele nach § 1 II zu beurteilen.

Die VB sollen, soweit irgend möglich, Spielplätze schaffen, wo sich die Jugend ungefährdet 8
bewegen kann. Soweit das nicht möglich ist und es sich nicht um ruhige WohnStr handelt, ist zu

prüfen, ob SpielStr eingerichtet werden können (Z 250 mit ZusatzZ 1010-10 (Symbol Kind mit Ball)). Hat eine solche an sich geeignete Str zu viel Verkehr, so ist zu prüfen, ob das Z 136 aufzustellen und Geschwindigkeitsbeschränkung anzuordnen ist. In Sackgassen kann das Z 357 mit ZusatzZ in Betracht kommen. Auf durch VZ bezeichneten SpielStr dürfen Kinder überall spielen. Kf, soweit überhaupt zugelassen, müssen dort stets (ohne Vertrauen auf verkehrsgerechtes Verhalten) mit dem Auftauchen bisher nicht sichtbarer Kinder rechnen (Bra DAR **63** 353, Kö VRS **36** 360).

9   **5. Inline-Skates (Abs. 2).** Mit der „Schilderwaldnovelle" und dies übernehmend der StVO-Neufassung 2013 (Rn. 2–4) haben Inline-Skates eine eingehende Regelung erfahren. Zu Inline-Skates als besondere Fortbewegungsmittel nach § 24 s. dort Rn. 8 und 10. Die Zulassung erfolgt durch das in II bezeichnete ZusatzZ, das – anders als ZusatzZ normalerweise – auch allein stehen kann (II S. 2; Rn. 2–4). Zur Aufstellung des ZusatzZ VwV Rn. 2 ff. (Rn. 5). II S. 3 normiert die zentrale Sorgfaltspflichten (s. erg. § 24 Rn. 10).

      6. Weitere Ausnahmen. § 46 I Nr. 8, II. Zuständigkeit: § 47.

10   **7. Ordnungswidrig** (§ 24 StVG) handelt, wer entgegen I S. 1 auf der Fahrbahn, den Seitenstreifen oder auf Radwegen Sport treibt oder spielt oder bei der Fortbewegung mit Inline-Skates oder Rollschuhen die Verhaltensgebote des II S. 3 verletzt (§ 49 I Nr. 26). Verletzt der Betroffene beide TB, wird TE anzunehmen sein. Eingezogen werden können Rollbretter u. Ä. bei ow Verwendung nicht (§ 22 OWiG, § 24 StVG), bei Gefahr im Verzug ist aber polizeiliche Sicherstellung möglich.

Verkehrshindernisse

32 (1) ¹**Es ist verboten, die Straße zu beschmutzen oder zu benetzen oder Gegenstände auf Straßen zu bringen oder dort liegen zu lassen, wenn dadurch der Verkehr gefährdet oder erschwert werden kann.** ²**Wer für solche verkehrswidrigen Zustände verantwortlich ist, hat diese unverzüglich zu beseitigen und diese bis dahin ausreichend kenntlich zu machen.** ³**Verkehrshindernisse sind, wenn nötig (§ 17 Absatz 1), mit eigener Lichtquelle zu beleuchten oder durch andere zugelassene lichttechnische Einrichtungen kenntlich zu machen.**

(2) **Sensen, Mähmesser oder ähnlich gefährliche Geräte sind wirksam zu verkleiden.**

1/2   *Begr* zur ÄndVO v. 22.3.88 (VkBl. **88** 224): *Bisher mussten Hindernisse auf der Fahrbahn entweder durch Leuchten mit rotem Licht oder, falls sich das Hindernis nicht über die gesamte Breite der Fahrbahn erstreckt, mit einem gelben Licht kenntlich gemacht werden. Die Verordnung verlangt nunmehr entweder eine eigene Lichtquelle oder andere zugelassene lichttechnische Einrichtungen. Hier kommt insbesondere die weiß-rot-schraffierte vollreflektierende Warntafel in Betracht.*

VwV zu § 32 Verkehrshindernisse

Zu Absatz 1

3   1   I. Insbesondere in ländlichen Gegenden ist darauf zu achten, daß verkehrswidrige Zustände infolge von Beschmutzung der Fahrbahn durch Vieh oder Ackerfahrzeuge möglichst unterbleiben (z. B. durch Reinigung der Bereifung vor Einfahren auf die Fahrbahn), jedenfalls aber unverzüglich beseitigt werden.

4   2   II. Zuständige Stellen dürfen nach Maßgabe der hierfür erlassenen Vorschriften die verkehrswidrigen Zustände auf Kosten des Verantwortlichen beseitigen.

5   3   III. Kennzeichnung von Containern und Wechselbehältern
         Die Aufstellung von Containern und Wechselbehältern im öffentlichen Verkehrsraum bedarf der Ausnahmegenehmigung durch die zuständige Straßenverkehrsbehörde.

     4   Als „Mindestvoraussetzung" für eine Genehmigung ist die sachgerechte Kennzeichnung von Containern und Wechselbehältern erforderlich.

     5   Einzelheiten hierzu gibt das Bundesministerium für Verkehr und digitale Infrastruktur im Einvernehmen mit den zuständigen obersten Landesbehörden im Verkehrsblatt bekannt.

6   **1. Allgemeines.** § 32 dient dem Schutz des Verkehrs (s. auch Rn. 28) vor verkehrswidrigen (bzw. -fremden) Zuständen (vgl. I S. 2). Zu diesem Zweck verbietet I S. 1, sich überschneidend (Rn. 9), die Beschmutzung (Rn. 10), Benetzung (Rn. 11) sowie das Bringen und Liegenlassen von Gegenständen auf Str (Rn. 12 ff.), sofern dadurch der V abstrakt gefährdet oder erschwert wird (Rn. 17 f.). Die Norm enthält demgemäß abstrakte Gefährdungstatbestände (Rn. 17, 29). I

S. 2 gebietet dem Verursacher und jedem sonstigen für solche Zustände Verantwortlichen (Rn. 7) deren unverzügliche Beseitigung und bis dahin Kenntlichmachung (Rn. 20 ff.). II gibt Sonderpflichten für per se gefährliche Geräte vor (Rn. 26). Zum Verhältnis zum Landesrecht Rn. 29.

2. Normadressat. Die Verbote des I S. 1 richten sich an jedermann, auch an Personen, die **7** nicht VT sind (BVerwG NJW **15** 2056). Wer den verkehrsfremden Zustand unmittelbar und schuldhaft herbeiführt, ist Täter und damit sowohl haftungs- als auch bußgeldrechtlich verantwortlich (E 90; BVerwGE **14** 304, Schl NJW **66** 1269; Ha VRS **52** 375, VRS **30** 225, Ce NRpfl **70** 46). Das ist bei Hindernissen aufgrund des Einsatzes von Fz meist der FzF, so etwa bei verlorener Ladung, verlorenem Reifen (Ce NRpfl **70** 46), Verursachung einer Ölspur (Rn. 11, 22). Der „unmittelbare Täter" ist damit zugleich auch Adressat der in I S. 2, 3 niedergelegten Pflichten. Nach allgemeinen Regeln ist der Adressatenkreis jedoch nicht auf ihn beschränkt. Verantwortlich (auch iS von § 14 OWiG) kann ferner sein, wer dessen Handlungen veranlasst, sie begleitet und ggf. zu überwachen hat usw. Verantwortlich sein können zB der Halter, Besteller oder Anlieger, uU unter Ausschluss weiterer Fahrerverantwortlichkeit (Ha VRS **52** 375 (bestimmungsgemäßes Abstellen von Containern und Übernahme der Verantwortung durch andere)), der Unternehmer (Stu VRS **67** 485), der etwa das Fz so voll laden lässt, dass Gegenstände herabfallen müssen (Ha VRS **9** 214), der Beauftragte des Unternehmers iS von § 9 OWiG, der Eigentümer (BGH VRS **20** 337 (abgeladener Sand)), bei Fahrbahnverschmutzungen nach Ernteeinsatz der Auftraggeber des Ernteeinsatzes (Ce OLGR **07** 43), beim Kabelziehen der Vorarbeiter (Hb VM **58** 30, Ha VRS **41** 396), beim Vermessen der Messtruppleiter (KG VRS **13** 472) oder auch der Einheitsführer der Bundeswehr (Schl NJW **66** 1269). Sind danach mehrere Verantwortliche vorhanden, so ist jeder für die erforderlichen Maßnahmen verantwortlich (Rn. 20).

3. Der räumliche Schutzbereich ist auf die (öffentliche; § 1 Rn. 13 ff.) Str beschränkt. Zur **8** Str gehören außer der Fahrbahn auch Seitenstreifen sowie Rad- und Gehwege (BGH VRS **20** 337, Dü NVwZ **01** 1191, NJW **95** 2172). Einbezogen ist der Luftraum über der Grundfläche, weswegen in den Luftraum über der Str hineinragende (Kabel, Seile, Markisen, Automaten, Werbeträger) oder eindringende (zB Flüssigkeiten) Gegenstände tatbestandsrelevant sein können (Rn. 15).

4. Verbote des Abs. 1 S. 1. Zur Vorgängervorschrift des § 32 (§ 41 aF) hatte die Rspr. **9** Schmutz (vgl. BGH NJW **54** 594) und (insoweit nicht unstr) Flüssigkeiten (vgl. BGH NJW **58** 1450 (Vorlagebeschluss)) als potentiell verkehrsbehindernde „Gegenstände" iS der Vorschrift anerkannt. Die StVO 1970 hat diese Rspr. durch Aufnahme der beiden weiteren Merkmale ausdrücklich bestätigt (Begr). Benetzen und Beschmutzen sind deshalb im Prinzip nur Spezialfälle der 3. Tatvariante. Das beinhaltet für die Praxis, dass zwischen den Merkmalen nicht strikt unterschieden werden muss, zumal die Abgrenzung (etwa zwischen Verschmutzen und Benetzen bei feuchten Massen) schwierig sein kann. Im Anschluss an BGHZ **12** 245 wird mitunter formuliert, die Vorschrift beziehe sich nur auf Hindernisse, mit denen der VT „im Allgemeinen nicht zu rechnen" brauche. Damit kann jedoch nicht gemeint sein, dass I S. 1 auf Hindernisse, mit denen man rechnen muss, von vornherein unanwendbar ist (i. Erg. auch *HK-Jäger* Rn. 3). Im Hinblick darauf, dass der VT im Verkehr stets mit allem Möglichen rechnen muss, wäre dies ein viel zu vager Maßstab. Zudem würde dann zB bei erwartbaren, aber gefährlichen Verschmutzungen durch landwirtschaftlichen Verkehr (Rn. 19, 21) auch die Beseitigungs- und Sicherungspflicht nach I S. 2, 3 nicht bestehen. Das kann nicht gewollt sein. Der Aspekt spielt jedoch bei der Frage der Vermeidbarkeit (Rn. 19) und der Zumutbarkeit (Rn. 21) eine Rolle. In allen Varianten muss die Gefährdung oder Erschwerung des Verkehrs hinzukommen. Geringfügige Beeinträchtigungen sind demnach ausgegliedert (Rn. 18). Der Schwerpunkt des Verbots ruht darin, hinreichende Vorsorge zu treffen, damit keine verkehrsfremden Zustände entstehen (*HK-Jäger* Rn. 24; zB Ha VRS **30** 225 (richtiger Tankverschluss)).

a) Beschmutzen: Verschmierungen der Fahrbahn durch Ackerschmutz bzw. Ackererde (Ha **10** VRS **30** 225, Schl VM **55** 44, Ol VRS **34** 244, Kö VersR **96** 207), Verursachung einer nassen, spiegelglatten Kleischicht nach Viehtransport (BGH NZV **07** 352), von Erdverschmierungen durch PanzerFz (Stu NJW **59** 2065), Hinterlassen von breiigen Rückständen und Schlamm auf der Fahrbahn (Ha DAR **64** 26), einer Lehmverunreinigung nach Ernteeinsatz (BGHZ **12** 124, Schl NZV **92** 31, Ce OLGR **07** 43) oder von Viehkot (Kö VM **68** 79).

b) Benetzen: Verursachung einer Ölspur (BGH NJW **58** 1450, Dü VM **77** 22, Ba VRS **72** **11** 88), von der Ladung abtropfendes Wasser (Bay VRS **30** 135) oder Befeuchtung der Fahrbahn mit Wasser in der Nähe von Kühltürmen (Kö VkBl. **56** 701) wegen der Gefahr der Glatteisbildung oder der Sichtbehinderung, mit Lehm vermischtes, von der Ladung abtropfendes Wasser wegen Glättegefahr, ggf. auch Sichtbehinderung (Ha VRS **21** 232, OVG Lüneburg VRS **14** 224), gleichfalls Seifenschaum ohne Glättebildung wegen der Gefahr des Erschreckens mit der Folge gefährlicher Ausweich- und Bremsmanöver (Dü VRS **77** 303). **Kein verbotswidriges Benetzen** (Beschmutzen) liegt nach Stu VRS **54** 147 vor, wenn ein schlüpfriges Bindemittel als notwendige Maßnahme zur Durchführung von Straßenausbesserungsarbeiten aufgebracht wird; denn hierdurch entstehe kein *verkehrsfremder* Zustand (zw).

12   **c) Sonstige Gegenstände:** Auf der Fahrbahn verlorene Ersatzreifen (Ce NRpfl **70** 46), abgestellte Baumaschinen (Ko NJW **61** 2021, Kö VRS **27** 64), Baugerüste und -geräte, ein Bagger an ungesicherter Stelle (Kö VRS **27** 64), eine Seilwinde (Ko VRS **72** 128), Baumaterial aller Art (BGH VRS **20** 337, Ha VRS **27** 63, Kö VRS **63** 76, Stu VersR **67** 485, Fra NJW **66** 1040, OVG Münster VRS **21** 478, Ol VRS **12** 135 (Container), Dü NJWE-VHR **96** 161), Sand (Ko DAR **02** 269), eine verlorene Pflugschar (Ko VersR **77** 627), auf der Fahrbahn liegen gebliebenes Wild nach Kollision mit Fz (übersehen von LG Sa NZV **10** 569, das § 1 II anwenden will; *Baum* PVT **91** 139), Leitern zum Obstpflücken, Abrollsteine (VkBl. **49** 129), zerkleinertes Holz (Stu VersR **61** 646), ein umgeworfener Telegrafenmast (Nü DAR **61** 336), Aufstellen betriebsunfähiger oder abgemeldeter Kfz auf der Str oder zu verkehrsfremden Zwecken, zB Reklame (Bay NJW **56** 961, VRS **57** 60, KG VRS **22** 223, Ko VRS **62** 145, Zw VRS **72** 130, Dü VRS **74** 285, DAR **96** 415 (Krad), VGH Mü VkBl. **65** 669, s. auch BVerwG NJW **66** 1190 (dazu § 33 I)), mit der Folge von Parkbehinderung anderer (Kar VRS **59** 153), Abschrankung eines bisher dem V gewidmeten Grundstücks (Bay VRS **20** 441, NZV **92** 455), Betonpfosten zur Sicherung vor Gefahren (BVerwG NJW **15** 2056) oder Sperrung eines nicht gewidmeten Wegs, auf dem öffentlicher V geduldet war, durch Flatterleinen (VGH Mü NuR **05** 463). Wohnwagenaufstellung ohne ZugFz: § 12 Rn. 42a, 60aa.

13   **Keine Hindernisse** iS von § 32 sind betriebsfähige, *nicht zu verkehrsfremden* Zwecken auf der Str stehende oder in diese hineinragende Fz oder FzTeile (Kar NZV **00** 86, Dü DAR **82** 29). Desgleichen nicht mit Panne oder durch Unfall liegengebliebene Fz; jedoch ist nach § 15 der Verkehr zu sichern (BGH VM **61** 23, Mü VersR **60** 187). Ein über das Niveau der umgebenden Fahrbahn hinausragender Kanaldeckel fällt, da zur Str gehörend, nicht unter I (Bay VM **76** 75, VRS **51** 387).

14   **Sog StrRückbau** durch Fahrbahnverengung (Dü VersR **96** 518), fest in die Fahrbahndecke eingebaute Aufpflasterungen oder Fahrbahnschwellen verletzen § 32 nicht, weil sie keinen *verkehrsfremden* Zustand (Rn. 9) verursachen, wobei Aufpflasterungen usw. Teil der Fahrbahn sind (Ko MDR **00** 451, VGH Ma NZV **92** 462, OVG Lüneburg VM **97** 55, aM wohl *Gall* NZV **91** 135). Das Gleiche gilt für Sperrpfosten iS von § 43 zur Verhinderung verbotenen KfzV (Ro DAR **01** 408, LG Stralsund VRS **101** 17) und für Warnschwellen (§ 43 Rn. 21a). Dagegen kann die **„Möblierung" von Fahrbahnen** mit Blumenkübeln, Betonhindernissen oder das Aufbringen transportabler, etwa aus Metallteilen zusammengesetzter Fahrbahnschwellen zum Zweck der Verkehrsberuhigung grds. ein Hindernis iS von § 32 I darstellen (Fra NZV **91** 469, Dü NJW **93** 865, *Greger/Zwickel* § 13 Rn. 71f., *Stollenwerk* VersR **95** 21, *Hentschel* NJW **90** 683, **92** 1080, **95** 632, *Berr* DAR **91** 281, 283, **92** 377; s. auch BVerwG NJW **15** 2056; **aM** Dü NJW **96** 731, Sa MDR **99** 1440, OVG Münster 13 B 3506/92 (Blumenkübel in geschwindigkeitsbeschränkter Zone), Ha NZV **94** 400 (Blumenkübel auf der Fahrbahn *ohne* gleichzeitige Geschwindigkeitsbegrenzung durch VZ); zusammenfassend *Landscheidt/Götker* NZV **95** 92). I S. 1 erscheint insoweit eindeutig und lässt keine Ausnahme für *gewollte* VBehinderung zum Zwecke der VBeruhigung zu (**aM** Ha NZV **94** 400). Jedoch sind Blumenkübel uä in verkehrsberuhigten Bereichen zulässig (§ 42 Rn. 181 (Z 325.1/325.2)), gleichfalls Blumenkübel auf Sperrflächen (VZ 298; Dü NJW **93** 865, OVG Saarlouis ZfS **02** 364). Betonpoller auf Gehwegen, um das Parken zu verhindern, sind jedenfalls dann keine Hindernisse iS von I, wenn sie keine „Stolperfallen" für Fußgänger bilden (vgl. Dü NJW **95** 2172). Die Ausstattung öffentlicher Parkplätze mit Blumenkübeln zur Begrenzung von Park- und Fahrflächen verstößt nicht gegen § 32 (Ko DAR **80** 357), kann aber, falls diese beim Rangieren nur schlecht sichtbare Hindernisse bilden, eine Verletzung der VSicherungspflicht darstellen. Zu Verkehrsschleusen (Bus-, Traktorschleuse) *Donath* NZV **13** 324. Zur Haftung wegen Verletzung der VSicherungspflicht § 45 Rn. 53.

15   **Hindernisse im Luftraum über der Fahrbahn** können nach ganz hM relevant sein (Rn. 8; Übersicht bei *Herbst* NZV **18** 261), zB ein in den schmalen Gehsteig ragender Warenautomat (Bay VM **69** 4), sofern nicht Geringfügigkeit (Rn. 18; Bay VRS **36** 464), eine in die Fahrbahn ragende Markise (Ha VRS **17** 309), ein in die Fahrbahn ragendes Förderband (Ha VRS **17**

309), eine über die Fahrbahn gespannte Messschnur (KG VRS **51** 388), eine quer zum Verlauf eines für Radf zugelassenen Wegs gespannte „Slackline" (Gurtband für Balanceübungen; Kar MDR **19** 987), ein mit weniger als 4 m lichter Höhe (Fahrzeughöhe) durchhängendes Kabel (Ha VRS **41** 396), Überqueren einer Str mit langer Gerüststange ohne genügende Sicherung (BGH VRS **26** 166). Nach Dü NJW **61** 2224 eine von einer nassen Kiesladung ausgehende Dunstwolke, weil auch Flüssigkeiten „Gegenstände" seien (Rn. 9) und der Gegenstand nicht auf die Fahrbahn gebracht werden müsse; ebenso für Rauchschwaden Ko DAR **65** 334 (s. auch Rn. 18). Zum „Auf-die-Str-Bringen" Rn. 16.

d) Die Gegenstände usw. müssen **auf die Str gebracht werden;** die diesbezügliche bloße **16** Gefahr (auch einer Beschmutzung, Benetzung) genügt nicht (vgl. Tüb VkBl. **50** 255). Dem Begriff des „Auf-die-Straße-Bringens" von Gegenständen wird durch die hM letztlich die Bedeutung bloßen Verursachens des regelwidrigen Zustands beigemessen. Gerade für Gegenstände, die Gefahren nicht *auf* der Str, sondern im Luftraum *über* der Str verursachen (Rn. 15), erscheint dies sehr weitgehend und dürfte zumindest an der Grenze noch zulässiger Auslegung liegen. Der Variante des **„Liegenlassens"** kommt im Hinblick auf I S. 2 keine eigenständige Bedeutung zu. Auf Rn. 20 ff. wird verwiesen.

e) **Gefährdung oder Erschwerung.** Die Tathandlungen (Rn. 9 ff.) müssen eine Gefährdung **17** oder Erschwerung des Verkehrs verursachen *können.* Demgemäß ist eine konkrete Gefährdung oder Erschwerung *nicht* erforderlich; es genügt, dass sie abstrakt droht, also mit einiger Wahrscheinlichkeit zu erwarten ist bzw. „nicht ganz unwahrscheinlich ist" (BVerwG DAR **74** 55, NJW **15** 2056; Bay DAR **78** 278, Ce NJW **79** 227, Dü VRS **52** 377, **77** 303, Kar VRS **53** 472, KG VRS **51** 388, Ko VRS **62** 145, **72** 128, Zw VRS **72** 130, Dü VRS **74** 285, Fra NZV **91** 469, OVG Münster NJW **75** 989). ZB die Autowäsche bei Temperaturen unter dem Gefrierpunkt ist daher schon dann verboten, wenn das über die Fahrbahn laufende Wasser gefrieren kann, sich aber tatsächlich kein Glatteis bildet (*Cramer* Rn. 11).

Durch die Formel werden **geringfügige Behinderungen** ausgegrenzt (Begr; s. auch **18** Rn. 17). Vom Haustier (Hund) auf dem Gehweg abgelegter Kot fällt deshalb wohl nicht unter I, obgleich Ausgleiten möglich ist (vgl. Ce NJW **79** 227 (Gehweg mit geringem FußgängerV)). Erkennt man zB eine Dunstwolke überhaupt als tatbestandsrelevant an (Rn. 15, 16), so muss von ihr eine sichtbehindernde Wirkung von einigem Gewicht ausgehen (Dü NJW **61** 2224). Die mit einer rechtzeitig erkennbaren Feldberieselung kurze Sichtbehinderung genügt nicht (Dü DAR **77** 188), auch nicht der einzelne Ölfleck (*Meier* NZV **09** 170). Das Belegen eines Parkplatzes durch ein nicht zugelassenes Kfz kann den V erschweren (Dü VM **75** 69, VG Br NVwZ-RR **00** 593), gleichfalls Propagandaständer (Kar DÖV **76** 535 (klargestellt VRS **53** 472)) oder eine Vielzahl geplanter Informationsstände auch geringer Größe (VGH Ma v. 11.3.05, 5 S. 2421/03, juris). S. iÜ die Judikatur unter Rn. 9 ff.

f) **Die Vermeidbarkeit des verkehrsfremden Zustands** mit zumutbaren Maßnahmen **19** dürfte ungeschriebenes Tatbestandsmerkmal sein (vgl. Fra VRS **35** 223; *Cramer* Rn. 12). Der Aspekt wird namentlich bei Verschmutzungen (Rn. 10) relevant, die beim **Verkehr von landwirtschaftlichen Fz und von BauFz** entstehen. Weil die Reinigung des Fz vor Einfahrt in die Str nicht immer möglich ist, könnten Verunreinigungen der Fahrbahn in solchen Fällen nur durch völliges Unterlassen der Fahrt vermieden werden. Das kann nicht verlangt werden (s. auch VwV Rn. 1; Rn. 1: „... sollten *möglichst* unterbleiben"). Demgemäß ist I S. 1 nicht verwirklicht bei der im Rahmen des Üblichen liegenden Verschmutzung auf Wirtschaftswegen (Dü VersR **81** 659, Kö VersR **96** 207) oder auf Str dörflichen Charakters, die vornehmlich dem Verkehr mit landwirtschaftlichen Fahrzeugen dienen (Ko VersR **71** 745, Sa VM **79** 56, Ce OLGR **07** 43). Da der hierdurch verursachte Zustand gleichwohl verkehrsfremd ist, besteht jedoch die Beseitigungspflicht und die Pflicht der Kenntlichmachung nach I S. 2 auch dann (Rn. 20 ff.; zB Ko VersR **71** 745, Sa VM **79** 56; s. auch VwV Rn. 1 (Rn. 1)), wobei für Zeit und Art der durchzuführenden Maßnahmen der Umfang der Verschmutzungen, die von ihnen ausgehenden Gefahren, die Art der Straße und der Gedanke der Zumutbarkeit maßgebend sind (Rn. 22 f.). Braucht der VT nach der Art der Str (AB) mit Verschmutzungen solcher Art nicht zu rechnen, so muss uU die Fahrt auf dieser Str ganz unterbleiben, falls gefährliche Verschmutzungen bei deren Durchführung unvermeidbar sind (vgl. Mü VersR **66** 1082, *Cramer* Rn. 13, s. auch BGHZ **12** 124).

5. **Beseitigung/Kenntlichmachung (Abs. 1 S. 2, 3).** I liegt eine Art Stufenmodell **20** zugrunde. Erste Pflicht ist es, regelwidrige Zustände erst gar nicht entstehen zu lassen (I S. 1). Gelingt dies nicht, tritt die Pflicht zur unverzüglichen Beseitigung ein (I S. 2). Daneben tritt

zugleich das Gebot, das Hindernis bis zur Beseitigung in ausreichender Weise kenntlich zu machen (I S. 2, 3). Dieses Gebot entfällt aber, wenn die Beseitigung sofort möglich ist. Normadressat ist der Verantwortliche (Rn. 7). Es entlastet ihn nicht, wenn für die Beseitigung andere Störer, die Polizei oder sonstige Stellen verpflichtet sind (BGH VersR **57** 109, Ko DAR **02** 269, Fra VM **61** 69).

21   **a) Die unverzügliche Beseitigung** des verkehrswidrigen Zustands gebietet I S. 2 dem Verantwortlichen (Rn. 7). Unverzüglich bedeutet ohne schuldhaftes Zögern. Generelle Vorgaben für Zeitpunkt und Art der zu fordernden Maßnahmen lassen sich nicht statuieren. Entscheidend sind die konkreten Gegebenheiten, wie zB Art und Umfang des Gegenstands (der Verschmutzung), davon ausgehende Gefahren, Art und Dichte des Verkehrs usw. So kann es namentlich bei üblichen Verschmutzungen von Wirtschaftswegen durch landwirtschaftlichen Verkehr (s. schon Rn. 19) ausreichen, wenn nach Arbeitsschluss gereinigt wird (zB Ko VersR **71** 745). Wöchentlich dreimalige Fahrbahnreinigung während der Rübenernte kann genügen (Fra VersR **78** 158), wenn nicht das Ausmaß der Verschmutzung zusätzliche Maßnahmen erforderlich macht (Schl NZV **92** 31). Desgleichen wird innerhalb gekennzeichneter Baustellen während der Bauzeit die durchlaufende Fahrbahn nur besenrein zu halten sein, vollständige tägliche Entfernung eines Schmutzfilms kann nicht erwartet werden (Sa VM **74** 63, Dü DAR **01** 401). Dagegen gelten auf Bundesstr, auf denen mit solchen Verschmutzungen nicht ohne Weiteres zu rechnen ist, erhöhte Anforderungen (vgl. BGHZ **12** 245, Mü VersR **66** 1082; s. auch Rn. 19). Namentlich vor Gefahren (zB wegen Glättebildung) muss jedenfalls gewarnt werden (Rn. 23).

22   **b)** Die Beseitigungspflicht gilt (wie bei jedem Unterlassungsdelikt) nur im Rahmen des **Möglichen und Zumutbaren** (BGH VRS **20** 337, Ha DAR **64** 26, Ba VRS **72** 88; st. Rspr.). Fehlt es daran, wie zB beim Hinterlassen einer Ölspur durch einen Kf (Ha VRS **30** 225, Fra DAR **55** 282, Ba VRS **72** 88), beim Transport von Schmutzmassen (Fra VRS **35** 224), bei festgesetztem Lehm, der nur mittels Hochdruckreinigers und Abspülens durch Wasser beseitigt werden könnte (Ce OLGR **07** 43, s. auch BGH NZV **07** 352 (festgefahrene Kleieschicht)) oder bei Transport einer Masse, die während der Fahrt breiig wird und abfließt (Ha DAR **64** 26), so muss der Verantwortliche sofort warnen (Rn. 23). Zu den im Einzelnen zu beseitigenden Zuständen s. die Judikatur unter Rn. 9 ff.

23   **c) Sofortige Kennzeichnungspflicht** in ausreichender Weise tritt ein, wenn das Hindernis nicht sogleich beseitigt werden kann (Rn. 20; Begr; Dü DAR **01** 401). Verpflichtet ist auch hier der für das Hindernis Verantwortliche (Rn. 7). Die Pflicht besteht ebenso wie die Beseitigungspflicht nur im Rahmen des Möglichen und Zumutbaren und kann deswegen ausnahmsweise auch entfallen (Ba VRS **72** 88 (Motorradfahrer im dichten Verkehr); Ha DAR **64** 26). Kenntlichmachung kann entsprechend § 15 erfolgen (Warndreieck an richtiger Stelle, ggf. Beleuchtung). Ausreichend kenntlich gemacht ist das Hindernis, wenn sich der V rechtzeitig darauf einstellen kann (BGH NJW **55** 1837, Hb VM **58** 30). Z 123 genügt bei Verschmutzung nicht (BGH VersR **75** 714). Kann Unrat nach Viehtrieb nicht sofort entfernt werden, so ist ein WarnZ aufzustellen (BGH NJW **62** 34), und zwar, von unwesentlicher Verschmutzung abgesehen, auf allen Str. Bei starker Verschmutzung mit Schleudergefahr ist neben VZ 114 durch ZusatzZ auf die verschmutzte Fahrbahn hinzuweisen (Schl NZV **92** 31). Bei einem befahrbaren Wirtschaftsweg für landwirtschaftliche Zwecke ist höhere Verschmutzung hinzunehmen, der Benutzer muss seine Fahrweise darauf einstellen (Rn. 19, 21; Dü VersR **73** 945, Kar VersR **73** 972, Kö VersR **96** 207).

24   **d) Nach Abs. 1 S. 3** ist unter den Voraussetzungen des § 17 I **Beleuchtung** durch eigene Lichtquelle oder Kenntlichmachung durch andere lichttechnische Einrichtungen (Warnblinklicht; Schl NZV **92** 31) geboten, zB durch weiß-rote vollreflektierende Warntafeln (Fra VRS **82** 282). Diese Verpflichtung gilt nicht nur für bewegliche Hindernisse, sondern auch für VHindernisse, die zur VBeruhigung auf der Fahrbahn eingerichtet werden (LG Ko DAR **91** 456).

25   **e)** Unberührt bleibt die **polizeirechtliche Befugnis**, ein Hindernis auf Kosten des Verpflichteten zu entfernen (VwV Rn. 2) oder die Fortsetzung der OW durch Beseitigungsanordnung aufgrund sicherheitsrechtlicher Generalklausel zu unterbinden (VGH Mü NuR **05** 463). Zur Beseitigung auf Kosten des Verpflichteten BGHZ **65** 354 = NJW **76** 619, VGH Ma ZfS **02** 203 (Ölspur), VG Br NVwZ-RR **00** 593, BGHZ **65** 384 sowie näher § 7 StVG Rn. 27. Verwaltungsrechtliche Beseitigungspflicht: § 7 III BFernStrG (OVG Münster VkBl. **72** 288). Abschleppen und Verschrotten eines schrottreifen Fz ist rechtmäßig (VGH Ka NJW **99** 3650, LG Duisburg VersR **82** 177 (seit 2 Jahren abgestelltes Fz ohne gültige Kennzeichen nach vergeblichem

Versuch der Eigentümerfeststellung)). Bemerkt die Pol ein Hindernis (Ölspur), so muss auch sie den Verkehr alsbald sichern (Ce VersR **63** 48). Den Verantwortlichen entlastet dies freilich nicht (Rn. 20). Zum Ganzen auch *Huttner* NZV **98** 56.

6. Gefährliche Geräte (Abs. 2) sind auf Straßen wirksam zu verkleiden. II erfasst alle ge- **26** fährlichen Geräte; die in II aufgeführten Geräte sind nur Beispiele („*ähnliche* …"; Begr). II ist Ausfluss der allgemeinen VSicherungspflicht (Bay DAR **78** 278). „Ähnlich gefährliche Geräte" sind solche, die wegen ihrer Konstruktion und/oder Transportart gefährliche, auch stumpfe Verletzungen bewirken können (Bay DAR **78** 278), wie zB eine ungeschützte Bootsschraube (Bay DAR **78** 278) oder ein „Ährenteiler" (Spitzen von Holmteilen beiderseits von Mähbalken; Ha VRS **48** 385). Die Pflicht besteht auch bei Zulassung als selbstfahrendes Arbeitsgerät (Kö VRS **15** 292 (Mähbalken)). Dazu in Widerspruch steht Bay VRS **70** 381, wonach die Anwendung der Vorschrift auf die Ladung und mitgeführte Gegenstände beschränkt ist, während gefährliche Zubehörteile eines Fz (an der Rückseite einer Zugmaschine angebauter Dreischarpflug) ausschließlich an § 30c StVZO zu messen seien. Dies steht mit dem Wortlaut und Normzweck des II nicht in Einklang und widerstreitet auch dem Charakter der Vorschrift als Ausfluss der VSicherungspflicht (*Janiszewski* NStZ **86** 258). Als Sicherung sind Futterale oder Umwicklungen zu verwenden, die vorstehende Haspel am Mähdrescher reicht als Schutzvorrichtung nicht aus (Ha VRS **48** 385).

7. Ausnahmen. § 46 I Nr. 8 (dazu BVerwG NJW **15** 2056; *Zilsdorf* SVR **20** 251, 252 f. **27** mwN), II, § 35 (Sonderrechte). Mindestanforderungen an die Kennzeichnung von Containern bei Ausnahmeerteilung: VkBl. **82** 186, **84** 23 sowie VwV Rn. 3 ff. (Rn. 5); krit. zu Jahresgenehmigungen betreffend Container *Zilsdorf* SVR **20** 251, 253. Kein Anspruch auf Erteilung einer Sondernutzungserlaubnis zwecks Aufstellens eines Containers für Altkleidersammlung (VG Dü NVwZ **01** 1191). Zur Aufstellung von Informationsständen VGH Ma v. 11.3.05, 5 S. 2421/03, juris. Über Ausnahmegenehmigung bei beeinträchtigenden Baustellen *Rott* VD **72** 107. Örtliche Zuständigkeit: § 47.

8. Zivilrecht. § 32 ist SchutzG iS von § 823 II BGB (BGH VRS **20** 337, NZV **07** 352, Ce **28** NJW **79** 227, Dü NJWE-VHR **96** 161, Ba VRS **72** 88, Fra NZV **91** 469, VRS **82** 282). Er schützt die VSicherheit, nicht spielende Kinder vor umherliegenden Gegenständen (Dü NJW **57** 1153, LG Ulm MDR **59** 302). VSicherungspflicht beim StrBau: § 45, bei Schaffung von Hindernissen zur „VBeruhigung": § 45. Amtspflichtverletzung der Pol, falls sie ein gefährliches Hindernis auf der AB nicht selbst beseitigt, sondern abwartet, bis der StrWärter dies tut (Fra VersR **04** 1561). Beruht bei mehreren Verantwortlichen die Haftung des ersten gegenüber dem Geschädigten nur darauf, dass er eine von einem zweiten Verantwortlichen bewusst geschaffene Gefahrenlage nicht alsbald beseitigt hat, dann hat der zweite Verantwortliche idR keinen Ausgleichsanspruch gegen den ersten (BGH VRS **59** 91). Ortsübliches, vorübergehendes Stehenlassen einer Mülltonne auf dem Gehweg im Rahmen der Entsorgung verstößt nicht gegen die VSicherungspflicht (Ha NZV **91** 152 (mehr als 2 Std)). Der Tierhalter haftet für Kotverschmutzung nach Viehtrieb nach § 32, nicht aber aus § 833 BGB (LG Kö MDR **60** 924). Hingegen Tierhalterhaftung, wenn ein überfahrenes Tier auf der Fahrbahn liegenbleibt und zur Ursache eines Ausweichunfalls wird (Ce VersR **80** 430). Mithaftung des FzF bei verschmutzter Str nicht schon deswegen, weil der FzF die StrStelle als gefährliche kennt; vielmehr sind konkrete Feststellungen erforderlich, dass er die Rutschgefahr wegen Verschmutzung hätte erkennen können (BGH NZV **07** 352). Mithaftung des Bushalters zu 1/4 bei Unfall durch Schleudern infolge erkennbar verschmutzter Fahrbahn und bei nicht ausreichendem Abbremsen (Schl NZV **92** 31). Haftungsverteilung 1:1 bei Unfall nach Fahrbahnverschmutzung durch Ernteeinsatz (Ce OLGR **07** 43). Haftungsverteilung 3:2 zu Lasten eines PkwF, der auf einen ungenehmigt und ungesichert auf beleuchteter Fahrbahn abgestellten Container auffährt (Dü NJWE-VHR **96** 161). Wegen überwiegenden Verschuldens des Eigentümers kein Anspruch gegen die Gemeinde, die ein 2¹⁄₂ Monate auf der Str abgestelltes UnfallFz verschrotten lässt (LG Duisburg VersR **83** 471; näher *Biletzki* NJW **98** 282).

9. Ordnungswidrig handelt, wer einer Bestimmung des § 32 zuwiderhandelt (§ 49 I Nr. 27). **29** Zum Normadressaten Rn. 7. Die Vorschrift normiert abstrakte Gefährdungsdelikte (Rn. 6, 17). Verstoß gegen II ist echtes Unterlassungsdelikt. Sämtliche Tatbestandsvoraussetzungen sind festzustellen. Das gilt auch für die (möglichen und zumutbaren) Maßnahmen (vgl. Rn. 22), die der Betroffene hätte ergreifen müssen, um den Zustand zu verhindern bzw. zu beseitigten (Ha DAR **64** 26). Soweit FzWaschen § 32 verletzt, ist eine entsprechende **örtliche VO** ungültig, die das FzReinigen im öffentlichen VRaum verbietet (Dü VRS **77** 303). Eine Zuwiderhandlung gegen § 32 kann zugleich auch als ungenehmigte Sondernutzung nach landesrechtlichen Bestimmungen geahndet werden, weil diese Bestimmungen, anders als das StrVR, nicht der Abwehr von Gefahren für den StrV dienen (**E** 1, 49; BGHSt **47** 181 = NZV **02** 193, Kar NJW **76** 1360; anders die früher wohl herrschende Rspr, zB Dü VM **75** 69, Kö VRS **63** 78, wN 38. Aufl). Dies hat praktische Bedeutung auch deswegen, weil für die konkurrierende OW die kurze Verjährung nach § 26 StVG nicht gilt. TE mit § 1 II bei konkreter Gefährdung (Dü VM **77** 22, Ha VRS **52** 376, KG VRS **51** 390).

30   **10. Strafrecht.** Bei Hinzutreten eines konkreten Gefahrerfolgs für Leib oder Leben sowie für fremde Sachgüter von bedeutendem Wert besteht Strafbarkeit nach § 315b StGB (s. dort Rn. 10).

30a   **Literatur:** *Franzheim,* Strafrechtliche Verantwortlichkeit für durch StrRückbau verursachte Unfälle, NJW **93** 1837. *Landscheidt/Götker,* Veränderungen der Fahrbahn durch Aufstellen von Blumenkübeln ..., NZV **95** 91. *Scheidler,* Die rechtliche Verantwortung für übermäßige StrVerschmutzungen, DAR **14** 481; *Weigelt,* Hindernisse auf der Fahrbahn, DAR **60** 226. *Wiederhold,* Verunreinigung der Fahrbahn durch Vieh, VD **84** 154.

Verkehrsbeeinträchtigungen

33 (1) [1]Verboten ist

1. der Betrieb von Lautsprechern,

2. das Anbieten von Waren und Leistungen aller Art auf der Straße,

3. außerhalb geschlossener Ortschaften jede Werbung und Propaganda durch Bild, Schrift, Licht oder Ton,

wenn dadurch am Verkehr Teilnehmende in einer den Verkehr gefährdenden oder erschwerenden Weise abgelenkt oder belästigt werden können. [2]Auch durch innerörtliche Werbung und Propaganda darf der Verkehr außerhalb geschlossener Ortschaften nicht in solcher Weise gestört werden.

(2) [1]Einrichtungen, die Zeichen oder Verkehrseinrichtungen (§§ 36 bis 43 in Verbindung mit den Anlagen 1 bis 4) gleichen, mit ihnen verwechselt werden können oder deren Wirkung beeinträchtigen können, dürfen dort nicht angebracht oder sonst verwendet werden, wo sie sich auf den Verkehr auswirken können. [2]Werbung und Propaganda in Verbindung mit Verkehrszeichen und Verkehrseinrichtungen sind unzulässig.

(3) Ausgenommen von den Verboten des Absatzes 1 Satz 1 Nummer 3 und des Absatzes 2 Satz 2 sind in der Hinweisbeschilderung für Nebenbetriebe an den Bundesautobahnen und für Autohöfe die Hinweise auf Dienstleistungen, die unmittelbar den Belangen der am Verkehr Teilnehmenden auf den Bundesautobahnen dienen.

1   **Begr** zu § 33:VkBl. **70** 816.

Begr zur ÄndVO v. 6.8.05 **(zu Abs. 3):** VkBl. **05** 649.

VwV zu § 33 Verkehrsbeeinträchtigungen

Zu Absatz 1 Nr. 1

2   1   Lautsprecher aus Fahrzeugen erschweren den Verkehr immer.

Zu Absatz 1 Nr. 2

3   2   Das Ausrufen von Zeitungen und Zeitschriften wird den Verkehr nur unter außergewöhnlichen Umständen gefährden oder erschweren.

Zu Absatz 2

4   3   I. Schon bei nur oberflächlicher Betrachtung darf eine Einrichtung nicht den Eindruck erwecken, daß es sich um ein amtliches oder sonstiges zugelassenes Verkehrszeichen oder eine amtliche Verkehrseinrichtung handelt. Verwechselbar ist eine Einrichtung auch dann, wenn (nur) andere Farben gewählt werden.

   4   II. Auch Beleuchtung im Umfeld der Straße darf die Wirkung der Verkehrszeichen und Verkehrseinrichtungen nicht beeinträchtigen.

   5   III. Wenn auf Grundstücken, auf denen kein öffentlicher Verkehr stattfindet, z. B. auf Fabrik- oder Kasernenhöfen, zur Regelung des dortigen Verkehrs den Verkehrszeichen oder Verkehrseinrichtungen gleiche Einrichtungen aufgestellt sind, darf das auch dann nicht beanstandet

werden, wenn diese Einrichtungen von einer Straße aus sichtbar sind. Denn es ist wünschenswert, wenn auf nichtöffentlichem Raum sich der Verkehr ebenso abwickelt wie auf öffentlichen Straßen.

Zu Absatz 3:

6   I. Die Hinweise auf Dienstleistungen erfolgen durch Firmenlogos der Anbieter von Serviceleis-   **4a**
tungen. Sie sind durch § 33 Absatz 3 straßenverkehrsrechtlich zugelassen und werden von
der Straßenbaubehörde als Zusätze zu den amtlichen Hinweisschildern angebracht.

7   II. Hinsichtlich der Beschaffenheit, Gestaltung und Anbringung solcher Zusätze sind die Vorschriften der Richtlinien für die wegweisende Beschilderung auf Autobahnen (RWBA) entsprechend zu beachten. Die Schilder richten sich nach der Breite der Ankündigungstafel und haben eine Höhe von 800 mm.

8   III. Hinsichtlich der Größe und Anzahl der auf dem Schild erscheinenden Firmenlogos gelten die Vorschriften der Richtlinie für die wegweisende Beschilderung auf Autobahnen (RWBA) für grafische Symbole entsprechend.

1. Verkehrsbeeinträchtigungen durch Lautsprecherbetrieb (Rn. 6), das gewerbliche Anbie- **5**
ten von Waren und Leistungen aller Art auf der Str (Rn. 7; beides inner- wie außerorts) und
außerorts jede Werbung und Propaganda (Bild, Schrift, Licht, Ton; Rn. 8) untersagt § 33 I
S 1 für den Fall, dass sie verkehrsgefährdende oder -erschwerende Wirkung haben können
(Rn. 9 f.). Die bußgeldbewehrte (Rn. 14) Norm ist damit abstraktes Gefährdungsdelikt (VGH
Ma VBlBW **05** 391). Ausgenommen von dem Verbot des I S. 1 Nr. 3 sind nach III in gewissem
Umfang Hinweise auf Dienstleitungen für Nebenbetriebe an den AB und für Autohöfe (Rn. 11,
13). Ferner sind Ausnahmegenehmigungen möglich (§ 46 I Nr. 9, 10, II; Rn. 13). Ob ein allgemeines Werbeverbot mit Art 5 GG in Einklang steht, ist noch offen (BVerfG NJW **76** 559). § 33
schließt landesrechtliche Vorschriften aus anderen Gesichtspunkten als denen der VSicherheit
nicht aus (Dü NJW **75** 1288, Hb DAR **84** 325 (Lärmbekämpfung bei Lautsprecheranlage an
Krad), Bay NZV **88** 188). Eine landesrechtliche Bauerlaubnis hat keinen Einfluss auf die Vereinbarkeit einer Anlage mit § 33, enthält insbesondere keine Ausnahmebewilligung in Bezug auf
diese Bestimmung (OVG Fra/O NZV **97** 53). Allerdings kann die eingehende Erörterung der
Vereinbarkeit eines Vorhabens mit § 33 im Baugenehmigungsverfahren Vertrauenswirkung entfalten; die Nichtbeteiligung der für die Ausnahmegenehmigung zuständigen Behörde ändert
daran nichts (VGH Mü BayVBl **06** 220 mAnm *Jäde*).

1a. Der Betrieb von Lautsprechern, also Schalltrichtern *mit* elektrischem Verstärker (OVG **6**
Münster VkBl. **72** 539) wird auch dann von I S. 1 Nr. 1 erfasst, wenn er aus einem Grundstück
heraus auf den öffentlichen VRaum einwirkt. I S. 1 Nr. 1 ist auch insoweit mit Art 5 und 8 GG
vereinbar, als schon die Möglichkeit der Belästigung von VT (Rn. 9) zum Verbot politischer
Lautsprecherwerbung ausreicht (BVerwG VRS **57** 68, OVG Münster VkBl. **72** 539, Dü NZV **90**
282, Ha NJW **76** 2172). Geht die Störungswirkung eines bei einer Demonstration mitgeführten
Lautsprechers über die von der Kundgebung ohnedies verursachte Störung nicht hinaus, so
greift das Verbot nicht ein (BVerwG VRS **57** 68, VG Schl DÖV **91** 256). § 15 VersammlG (bzw
die korrespondierenden Landesgesetze) verdrängt die Erlaubnispflicht nach § 33 jedenfalls dann,
wenn die Versammlung oder deren Vorbereitung ohne Lautsprecher undurchführbar wäre (Kar
VRS **51** 391, s. auch BVerwG VRS **57** 68; *Scheidler* DAR **09** 380; abw VGH Ka NJW **09** 312).
Zu Ausnahmen Rn. 13.

1b. Das Verbot des unmittelbares Anbieten von Waren und Leistungen auf der Str ist **7**
durch § 6 StVG gedeckt und verletzt Art 12 GG nicht (BVerwG NJW **74** 1781, NZV **94** 126,
OVG Münster VRS **41** 472), auch nicht Art 5 III GG, soweit es sich um Produkte aus dem Bereich der Kunst handelt (BVerwG VRS **60** 398). *Anbieten* ist jede Kundgabe der Bereitschaft zur
Warenlieferung oder Leistungserbringung, gleichgültig wer diese Kundgabe veranlasst (BVerwG
NJW **74** 1781, Bay VRS **54** 75, OVG Münster VRS **41** 472) und ob die Ware sofort ausgehändigt werden kann (OVG Berlin VM **66** 78). *„Auf der Straße"* umfasst wesentliches Hineinwirken
in den öffentlichen VRaum von einem Standort neben der Str her (BVerwG NZV **94** 126, Bay
VM **73** 25, VGH Ka NVwZ-RR **92** 3). Jedoch ist der erforderliche Zusammenhang bei einem
100 m neben der Str befindlichen Verkaufsstand zumindest zweifelhaft, zumal, wenn am Verkaufsort selbst (ausreichend) Kfz-Stellplätze vorhanden sind (VGH Ma DÖV **07** 663). I S. 1 Nr. 2
hindert verwaltungsrechtliche Benutzungsregelungen nicht, die sich nicht vorwiegend auf VTeilnahme (Sicherheit und Leichtigkeit des V) beziehen, zB über Gemüsehandel auf öffentlichen
VFlächen (Ha NJW **77** 687) oder Sondernutzung durch Eisverkauf aus Kfz (Stu VRS **67** 60).

8   **1c. Wirtschaftswerbung und Propaganda** aller (auch nicht gewerblicher) Art sind *außerorts* unzulässig, weil sie nach Ansicht des Gesetzgebers dort den V zu sehr beeinträchtigen würden. Innerorts sind sie nur verboten, soweit sie den außerörtlichen V zumindest erschweren könnten (I S. 2; OVG Münster VRS **48** 389), zB Werbung für Diskothek durch Lichtstrahlen am Himmel (VGH Mü BayVBl **96** 343 (12 × 9 m große Werbeprismenanlage auf 20 m hohem Pylon in AB-Nähe; OVG Fra/O NZV **97** 53). Ansonsten ist das Bedürfnis nach Wirtschaftswerbung innerorts so stark, dass das Gesetz keine Einschränkung vorsieht; der V muss hier stets mit ablenkenden Einwirkungen rechnen. Die Werbung auf abgestellten Anhängern fällt unter das Verbot (vgl. VG Ansbach v. 26.10.98, AN 10 S. 98.01585,01585; juris). Hingegen ist die Werbung auf *fahrenden* Fz nicht durch I S. 1 Nr. 3 verboten (vgl. BVerfG NJW **76** 559). Die Vorschrift untersagt nur, dies aber ausnahmslos, für den StrV abträgliche Werbung (BVerwG NJW **74** 1781). Das wird bei der sog. „Entscheidungswerbung" (zB Hinweise auf konkrete Verkaufsmöglichkeiten) idR der Fall sein; bei der sog. „Erinnerungswerbung" nicht unbedingt (OVG Münster NZV **93** 248; *Huppertz/Rebler* S. 316; Bsp. aus der Rspr: Rn. 10). Die Zulässigkeit von Werbeanlagen außerorts richtet sich abschließend nach I S. 1 Nr. 3 (VGH Mü BayVBl **75** 79, **96** 343). § 6 I Nr. 3g StVG hindert Landesrecht über Außenwerbung innerorts nicht (BVerfG NJW **72** 859; OVG Münster NJW **65** 267, OVG Sa ZfS **13** 480 (L)).

9   **2. Nur bei möglicher Verkehrsgefährdung oder -erschwerung** durch Ablenkung oder Belästigung von VT sind die in I S. 1 Nr. 1–3 aufgeführten Handlungen verboten. Erforderlich, aber auch genügend ist die **abstrakte Gefahr einer Beeinträchtigung der Sicherheit und Leichtigkeit des V;** sie liegt vor, wenn angesichts des jeweiligen Verhaltens oder Zustands nach generalisierender Betrachtung mit hinreichender Wahrscheinlichkeit eine Störung aufzutreten pflegt (BVerwGE **35** 326, BVerwG NZV **94** 126, OVG Münster NZV **00** 310, Bay NZV **88** 188, Dü NZV **90** 282, BayVGH BayVBl **75** 79; **96** 343: DAR **16** 104 mAnm *Koehl*; OVG Lüneburg SchlHA **80** 46, VG Ol NVwZ-RR **08** 467, VGH Ma VM **74** 12, VBlBW **05** 391, OVG Fra/O NZV **97** 53, *Rebler* BayVBl **03** 233). Der Eintritt konkreter Gefahr ist danach nicht erforderlich (eingehend BVerwGE **35** 326, st Rspr).

10   **Beispiele:** *Lautsprechereinsatz* (I S. 1 Nr. 1; dazu schon Rn. 6) wird vielfach abstrakt gefährlich iS von Rn. 9 sein (vgl. OVG Lüneburg SchlHA **80** 46, VG Ol NVwZ-RR **08** 467, s. auch VwV Rn. 1, die § 33 allerdings nicht ausdehnen kann, BVerwG MDR **70** 533). Zum Einsatz im Rahmen der Wahlwerbung Rn. 13. *Waren- oder Leistungsangebot* nach I S. 1 Nr. 2 (dazu schon Rn. 7) kann sowohl den FahrV als auch den FußgängerV beeinträchtigen (Bay VRS **54** 75, Br NJW **76** 1359). Bei breitem Aufstellen von Kisten mit Waren auf dem Gehsteig kann dies der Fall sein (Ha VRS **17** 463), gleichfalls bei Verteilen von Werbezetteln (BVerwGE **35** 319) und beim Aufbau einer Vielzahl von Informationsständen in einer Fußgängerzone (VGH Ma VBlBW **05** 391; zur Frage des Gemeingebrauchs s. auch BGH NJW **79** 1610 sowie E 50, 51). Abstrakte Gefahr ist in aller Regel zu verneinen bei Kfz, das mit einem Verkaufszettel aufgestellt ist (Bay VRS **54** 75, KG VRS **34** 383; s. auch Bay DÖV **77** 905), jedenfalls bei Aufstellung im Rahmen des Gemeingebrauchs (Hb VRS **42** 449) oder bei bloßer Verkaufsbereitschaft eines fliegenden Händlers ohne störendes Anpreisen (**aM** Kö VRS **43** 471) sowie bei einem fliegenden Zeitungsstand (**aM** Kö MDR **68** 947). Das Ausrufen von Zeitungen, Zeitschriften und Extrablättern ist idR nicht beeinträchtigend (VwV Rn. 2; Br NJW **76** 1359), soweit doch, wird eher die Nachricht als das Ausrufen der mögliche Erschwerungsgrund sein; Art 5 GG ist dabei zu beachten. Zur Erlaubnispflichtigkeit der Straßenverteilung politischer Schriften *Crombach* DVBl **77** 277. *Werbung und Propaganda* nach I S. 1 Nr. 3 (dazu schon Rn. 8): Werbeanlagen mit blinkendem oder farbigem Licht sind unzulässig (VkBl. **62** 112, OVG Fra/O NZV **97** 53), ebenso 40 m hohe Prismenwerbeanlage in 130 m Abstand von der AB (OVG Münster NZV **00** 310), 18 qm großes Werbeschild 113 m neben vielbefahrener AB (BayVGH DAR **16** 104), Werbetafel von 5 m mal 2,5 m 40 m neben Bundesstr (VG Augsburg v. 11.10.05, 3 K 04.01597,01597; juris) oder eine „Mega-Light-Anlage" (VG Gelsenkirchen BauR **05** 1813). Zur Zulässigkeit einer unbeleuchteten Werbeschrift innerhalb der AB-Schutzzone in unmittelbarer Nähe eines AB-Knotens OVG Münster VRS **55** 471.

11   **3. III ermöglicht auf Bundesautobahnen** Hinweise auf Dienstleistungen in der Hinweisbeschilderung für Nebenbetriebe an den AB und für Autohöfe, die unmittelbar den Belangen der VT dienen. Die im Jahr 2005 getroffene Neuregelung ermöglicht rechtzeitige Information über die Art der angebotenen Dienstleistungen und verhindert verkehrsgefährdenden DurchgangsV auf bewirtschafteten Rastanlagen (Begr VkBl. **05** 649). Die Hinweise werden auf Zusatztafeln mit dem jeweiligen Firmenlogo an den Hinweisschildern bewirtschafteter Rastanlagen an

AB und Autohöfen angebracht (VwV zu III: Rn. 4a sowie VkBl. **07** 115). Die Ausnahmeregelung gilt nicht für andere Bundesfernstraßen.

Literatur: *Nedden,* Der Handel auf den öffentlichen Strn, NJW **56** 81. *Pappermann,* Die Verteilung politischen Werbematerials auf öffentlichen Str, NJW **76** 1341. *Rebler,* Die Behandlung von Werbeanlagen im öffentlichen StrRaum, BayVBl **03** 233. *Schmidt-Tophoff,* Die VMittelreklame, DÖV **68** 313. *Ders.,* Reklame und VSicherheit, DVBl **62** 461. *Steinberg,* Meinungsfreiheit und StrNutzung, NJW **78** 1898. *Stollenwerk,* Häufung von Werbeanlagen im StrV, VD **04** 97. **11a**

4. Schutz der Verkehrszeichen und -einrichtungen (II). Amtliche VZ und -einrichtungen dürfen nur nach Maßgabe von § 45 von den dort bezeichneten Behörden aufgestellt und angebracht werden. Jedoch ist es erwünscht, dass der V auch auf privaten Grundstücken nach den allgemeinen VRegeln abläuft und durch entsprechende Zeichen beeinflusst wird. Sie dürfen aber nicht so verwendet werden, dass sie sich auf den öffentlichen V auswirken (Begr; II). Maßgebend ist, ob die privaten Zeichen den amtlichen (§§ 40–43) gleichen, nach Art, Farbe, Größe oder Anbringung mit ihnen verwechselt werden oder sie sonst in ihrer VWirkung beeinträchtigen können (BVerwG VRS **17** 239, VGH Ma VM **82** 14; zu VZ an privaten Einfahrten s. Begr). Nicht auf die Sichtbarkeit von der Str her kommt es an, sondern darauf, ob das Zeichen den V stören kann (OVG Sa ZfS **13** 480 (L)); Beispiel: Begr, VwV Rn. 4, zu II), weil es bei oberflächlichem Sehen missverstanden werden kann. Auch Beleuchtung im Umfeld der Str kann VZ oder -einrichtungen beeinträchtigen (VwV Rn. 4). Die *Möglichkeit* der Beeinträchtigung genügt (Rn. 9; OVG Münster VRS **15** 79: zw OVG Sa ZfS **13** 480 (L)). Das an der Einmündung eines Privatwegs in eine BundesStr privat aufgestellte Z 250 wird den V idR beeinflussen (Ce VM **77** 24). Ob Verwechslungs- oder Beeinträchtigungsgefahr besteht, ist Tatfrage; maßgebend ist das Gesamtbild des flüchtigen Betrachters (VGH Ka VM **70** 75, Ko VRS **66** 222). Große Werbetafel als Beeinträchtigung eines VerbotsZ: VGH Ka VM **76** 67. Farblich und grafisch von VZ völlig abweichende, jedoch in Form von VZ gestaltete private Wegweiser unterliegen nicht dem Verbot des II (VGH Ma VM **82** 14). Gelbe Rundumleuchten an Gaststätteneingang können uU zur Verwechslung mit Blinklichtanlagen (Verkehrseinrichtungen gem. § 43 I) führen (Ko VRS **66** 222 (das allerdings auf Verwechslungsgefahr mit Rundumlicht nach § 52 IV StVZO abstellt, auf den sich § 33 II nicht bezieht)). Landesrechtliche Generalklauseln über Gefahrabwehr bleiben unberührt (OVG Münster NJW **65** 267). Werbung und Propaganda aller Art an („in Verbindung mit") amtlich aufgestellten VZ und VEinrichtungen ist unzulässig, weil sie den V verunsichern könnte. Doch dürfen, wo diese Gefahr nicht besteht, Modelle und Abbildungen der VZ in Verbindung mit Werbung verwendet werden. Zur Anbringung eines Zusatzschilds mit der Internetadresse einer Gemeinde unter einem Ortsschild *Kralik* KommunalPraxis BY **05** 17. **12**

Literatur: *Bouska,* Verwendung amtlicher VZ an der Nahtstelle zwischen privaten und öffentlichen VFlächen, VD **77** 353. *Kralik,* Ortstafeln und werbende Zusätze, KommunalPraxis BY **05** 17; *Welt,* Untersagung farbiger Lichtreklame-Anlagen wegen Farbübereinstimmung mit VZ? BB **65** 1210. **12a**

5. Ausnahmen von II sind über III (dazu Rn. 11) hinaus möglich (Begr). Rechtsgrundlage ist § 46 I Nr. 9, 10, II (örtliche Zuständigkeit: § 47). Es gelten strenge Voraussetzungen (BVerwG VRS **49** 77, OVG Münster VkBl. **72** 539). Eine Ausnahme vom Verbot des Warenanbietens auf öffentlichen Str wird nur in Betracht kommen, wenn das Anbieten den Normzweck des VSchutzes nicht nennenswert beeinträchtigt (VGH Ma VD **79** 155; BayVGH DAR **16** 104). Dies wird allerdings kaum je der Fall sein, weil damit die abstrakte Gefährdung des V, deren Ausschluss die Vorschrift gerade bezweckt, in Kauf genommen würde (VG Ansbach VM **99** 71). Wird die Ausnahme erteilt, so ersetzt sie zugleich eine nach BFStrG erforderliche Sondernutzungserlaubnis (VGH Ka NVwZ-RR **92** 3). Lautsprecherübertragung von Schallzeichen iS von § 16 darf nicht genehmigt werden (Dü NZV **90** 282). Sonstiger Lautsprechereinsatz ist bei Veranstaltung „von außergewöhnlicher Bedeutung oder aus höherwertigen Gründen" wie zB Katastrophenschutz zulässig (OVG Münster VkBl. **72** 539). Außerhalb der Zeiten unmittelbarer Wahlvorbereitung muss den Parteien keine Sondernutzungserlaubnis zur Aufstellung von Plakatständern im innerörtlichen VRaum erteilt werden (BVerwGE **56** 56, VGH Ma VBlBW **05** 391), desgleichen nicht für Lautsprechereinsatz (vgl. VG Ol NVwZ-RR **08** 467). In der „heißen" Wahlkampfphase können VBeeinträchtigungen hingegen hinzunehmen sein (OVG Ko NJW **69** 1501 (6 Wochen vor der Wahl); VGH Ma VBlBW **05** 391, VG Ol NVwZ-RR **08** 467 s. auch OVG Bln-Brn NZV **20** 158 (*Koehl*)). Ausnahmegenehmigung für Lautsprechereinsatz (Megaphon) jedenfalls nicht allein deswegen, weil er der Meinungskundgabe dienen soll (BVerwG VRS **49** 77, OVG Münster VkBl. **72** 539). **13**

14   **6. Ordnungswidrigkeit** (§ 24 StVG): § 49 I Nr. 28. § 23 III Nr. 2 des WegeG Hb (Feilbieten von Fz zum Verkauf auf öffentlichen Wegen) tritt gemäß Art 31 GG hinter § 33 I Nr. 2 StVO zurück (Hb VRS **42** 447). Jedoch schließt eine Zuwiderhandlung gegen § 33 die gleichzeitige Anwendung landesrechtlicher Bestimmungen über die Ahndung ungenehmigter Sondernutzung nicht aus (BGH NZV **02** 193). § 117 OWiG tritt als Auffangtatbestand trotz seiner höheren Bußgeldandrohung zurück (Göhler/*Gürtler* § 117 Rn. 17). Bei verkehrsbeeinträchtigendem Lärm geht § 33 entsprechenden Ländernormen (LärmVO, ImmSchG) vor (Ha NJW **75** 1897 (zu § 2 LärmbekämpfungsVO alt), Hb DAR **84** 325 (zu § 2 LärmVO Hb)).

Unfall

34 (1) Nach einem Verkehrsunfall hat, wer daran beteiligt ist,

1. unverzüglich zu halten,

2. den Verkehr zu sichern und bei geringfügigem Schaden unverzüglich beiseite zu fahren,

3. sich über die Unfallfolgen zu vergewissern,

4. Verletzten zu helfen (§ 323c des Strafgesetzbuchs),

5. anderen am Unfallort anwesenden Beteiligten und Geschädigten
   a) anzugeben, dass man am Unfall beteiligt war und
   b) auf Verlangen den eigenen Namen und die eigene Anschrift anzugeben sowie den eigenen Führerschein und den Fahrzeugschein vorzuweisen und nach bestem Wissen Angaben über die Haftpflichtversicherung zu machen,

6. a) so lange am Unfallort zu bleiben, bis zugunsten der anderen Beteiligten und Geschädigten die Feststellung der Person, des Fahrzeugs und der Art der Beteiligung durch eigene Anwesenheit ermöglicht wurde oder
   b) eine nach den Umständen angemessene Zeit zu warten und am Unfallort den eigenen Namen und die eigene Anschrift zu hinterlassen, wenn niemand bereit war, die Feststellung zu treffen,

7. unverzüglich die Feststellungen nachträglich zu ermöglichen, wenn man sich berechtigt, entschuldigt oder nach Ablauf der Wartefrist (Nummer 6 Buchstabe b) vom Unfallort entfernt hat. Dazu ist mindestens den Berechtigten (Nummer 6 Buchstabe a) oder einer nahe gelegenen Polizeidienststelle mitzuteilen, dass man am Unfall beteiligt gewesen ist, und die eigene Anschrift, den Aufenthalt sowie das Kennzeichen und den Standort des beteiligten Fahrzeugs anzugeben und dieses zu unverzüglichen Feststellungen für eine zumutbare Zeit zur Verfügung zu halten.

(2) Beteiligt an einem Verkehrsunfall ist jede Person, deren Verhalten nach den Umständen zum Unfall beigetragen haben kann.

(3) Unfallspuren dürfen nicht beseitigt werden, bevor die notwendigen Feststellungen getroffen worden sind.

1   **Begr** (VkBl. **75** 676): *Durch das 13. StrRÄndG ist der § 142 StGB reformiert und in § 6 Abs. 1 Nr. 4a StVG die Ermächtigung geschaffen worden, das Verhalten nach einem Verkehrsunfall umfassend zu regeln. Nachdem § 142 StGB nunmehr das strafwürdige Verhalten genau beschreibt, ist es erforderlich, in Entsprechung dazu dem Verkehrsteilnehmer positiv im Einzelnen aufzuzeigen, wie er sich nach einem Verkehrsunfall zu verhalten hat. …*

2   **1. Das Verhalten der Beteiligten nach Unfällen,** nicht auch unbeteiligter Personen (Kar NJW **85** 1480), regelt § 34 (Rechtsgrundlage: § 6 I Nr. 4a StVG) durch Aufstellung eines selbstständigen Pflichtenkatalogs im Anschluss an § 142 StGB. Die durch die StVO-Neufassung 2013 in geschlechtsneutrale Form gebrachte Vorschrift kann sprachlich als besonders abschreckendes Beispiel solchen Bestrebens gelten. Es steht zu hoffen, dass hierdurch keine Interpretationsschwierigkeiten produziert worden sind. Der Unfallbegriff ist derselbe wie in § 142 StGB (Kar VRS **54** 462), setzt also Fremdschaden voraus (Ce VRS **69** 394). Bei Anfahren von herrenlosem Wild gilt uU die Sicherungspflicht nach § 32 (dort Rn. 12). Nach einem VUnfall (§ 142 StGB) muss jeder Beteiligte (II, § 142 StGB) sofort halten (zum Halten auf AB und KraftfahrStr § 18 Rn. 24), den V sichern, jedoch nur im Rahmen des Zumutbaren (Stu VRS **113** 86), sich über die Unfallfolgen vergewissern, Verletzten helfen (§ 323c StGB), sich den anderen Beteiligten oder Geschädigten, nicht bloßen Hilfswilligen, als Beteiligter vorstellen, auf Verlangen seine Person und das Bestehen der Haftpflichtversicherung durch Belege nachweisen, die nötigen Feststellun-

gen am Unfallort abwarten, nach vergeblichem Warten Namen und Anschrift am Unfallort hinterlassen, endlich nach berechtigtem oder entschuldigtem Sichentfernen oder nach Sichentfernen nach ausreichendem Warten die nötigen Feststellungen durch Mitteilung an die Berechtigten oder an eine nahe gelegene PolDienststelle ermöglichen, außerdem darf er in keinem dieser Fälle Unfallspuren vor den notwendigen Feststellungen verwischen oder beseitigen. Das Entfernen des unfallbeteiligten, unbeschädigten Fz fällt nicht unter III (Stu NZV **92** 327). Auch III wendet sich nur an Unfallbeteiligte (Kar NJW **85** 1480). § 34 will aufzeigen, wie sich ein VT nach einem VUnfall zu verhalten hat, er bezweckt nicht, den nur bei Vorsatz eingreifenden § 142 StGB dahin zu ergänzen, dass auch fahrlässiges Nichtbemerken des Unfalls als OW geahndet wird (Bay VRS **56** 205). Trotz des Wortlauts des § 49 I Nr. 29 **genügt daher fahrlässige Unkenntnis des Unfalls nicht;** der Täter muss zumindest damit rechnen und in Kauf nehmen, dass sich ein VUnfall ereignet hat (BGHSt **31** 55 mAnm *Hentschel* JR **83** 216, Bay VRS **56** 205, **61** 154, Hb NZV **09** 301, *Spiegel* DAR **83** 193, *Kraatz* NZV **11** 321; aM Ol VRS **57** 62; *Mitsch* NZV **08** 217). Ein Schaden von 613 € ist nicht geringfügig, sondern so erheblich, dass der Geschädigte vor dem Beiseitefahren zumindest die Feststellung des Unfallstandorts seines Fz abwarten darf (Kö DAR **79** 226 (1200 DM)).

2. Das Verhältnis der Vorschrift zu § 142 StGB richtet sich danach, dass § 34 teils Hilfs- **3** pflichten für andere Pflichten vorsieht, teils solche, die sich mit Begehungsweisen der Unfallflucht völlig decken oder decken können, teils darüber hinausgehende. Demgemäß sind **nicht bußgeldbewehrt** (§ 49 I Nr. 29): die Vergewisserungspflicht (I Nr. 3; Kar VM **78** 20), die Pflicht, Verletzten zu helfen (I Nr. 4), weil § 323c StGB vorgeht, die bloße Wartepflicht am Unfallort (I Nr. 6a) und die Pflicht, in gewissen Fällen nachträgliche Feststellungen zu ermöglichen (I Nr. 7; Bay DAR **79** 233). Die Vergewisserungspflicht ist bloße Hilfspflicht zur Klärung des Unfallbegriffs; alle hier angeführten Pflichten dienen der Unterrichtung der Beteiligten über richtiges Verhalten. Ihr rechtliches Verhältnis zu Vorschriften des StGB ist mangels Bußgeldbewehrung ohne Bedeutung.

Stets zurücktretend gegenüber § 142 StGB verhalten sich mehrere andere Pflichtverstöße. **4** Eine OW tritt zurück, wenn eine Handlung gleichzeitig Straftat und OW ist (§ 21 OWiG). Auszugehen ist hierbei davon, welches konkrete Verhalten als Straftat abgeurteilt wird. Gegenüber § 142 StGB tritt hiernach zurück die Pflicht, nach einem VUnfall sofort zu halten (I Nr. 1; § 142 StGB Rn. 24–26, 32; LG Flensburg DAR **78** 279), die Wartepflicht (Kar VM **78** 20), die Versäumung der Vorstellungspflicht (I Nr. 5a, b; § 142 StGB Rn. 11, 33–38, 45, 48); uU, je nach rechtlicher Beurteilung bei § 142 StGB (dort Rn. 37), das pflichtwidrige Beseitigen von Unfallspuren vor den nötigen Feststellungen (Rn. 5). Bei Absehen von Strafe gem. § 142 IV StGB gilt § 21 II OWiG (Ahndung als OW möglich, Göhler/*Gürtler* § 21 Rn. 27, *Bönke* NZV **00** 131, *Böse* StV **98** 513).

Tatmehrheit mit § 142 StGB kann vorliegen bei Nichtsicherung des Verkehrs und Nichtbei- **5** seitefahren bei geringfügigem Schaden (I Nr. 2), weil § 142 solche Pflichten nicht umfasst, uU bei Sichentfernen nach ausreichendem Warten ohne Feststellungen oder bei Nichthinterlassen von Name und Anschrift am Unfallort (I Nr. 6b), endlich in den Fällen der Spurenbeseitigung vor den notwendigen Feststellungen (III), sofern man nicht annimmt, dass die Vorstellungspflicht, soll sie Sinn haben, von vornherein die Pflicht einschließt, alles unverändert zu lassen (zw, s. § 142 StGB Rn. 37; Rn. 33: Rolle als Beteiligter, 34: korrektes Sichausweisen, 35–37: Ermöglichen der FzFeststellung und der Art der Beteiligung). Nimmt man dies an, so treten Verstöße gegen III hinter § 142 StGB zurück.

Sonderrechte

35 (1) **Von den Vorschriften dieser Verordnung sind die Bundeswehr, die Bundespolizei, die Feuerwehr, der Katastrophenschutz, die Polizei und der Zolldienst befreit, soweit das zur Erfüllung hoheitlicher Aufgaben dringend geboten ist.**

(1a) Absatz 1 gilt entsprechend für ausländische Beamte, die auf Grund völkerrechtlicher Vereinbarungen zur Nacheile oder Observation im Inland berechtigt sind.

(2) Dagegen bedürfen diese Organisationen auch unter den Voraussetzungen des Absatzes 1 der Erlaubnis,

1. wenn sie mehr als 30 Kraftfahrzeuge im geschlossenen Verband (§ 27) fahren lassen wollen,

2. im Übrigen bei jeder sonstigen übermäßigen Straßenbenutzung mit Ausnahme der nach § 29 Absatz 3 Satz 2.

(3) Die Bundeswehr ist über Absatz 2 hinaus auch zu übermäßiger Straßenbenutzung befugt, soweit Vereinbarungen getroffen sind.

(4) **Die Beschränkungen der Sonderrechte durch die Absätze 2 und 3 gelten nicht bei Einsätzen anlässlich von Unglücksfällen, Katastrophen und Störungen der öffentlichen Sicherheit oder Ordnung sowie in den Fällen der Artikel 91 und 87a Absatz 4 des Grundgesetzes sowie im Verteidigungsfall und im Spannungsfall.**

(5) Die Truppen der nichtdeutschen Vertragsstaaten des Nordatlantikpaktes sowie der Mitgliedstaaten der Europäischen Union ausgenommen Deutschland sind im Falle dringender militärischer Erfordernisse von den Vorschriften dieser Verordnung befreit, von den Vorschriften des § 29 allerdings nur, soweit für diese Truppen Sonderregelungen oder Vereinbarungen bestehen.

(5a) **Fahrzeuge des Rettungsdienstes sind von den Vorschriften dieser Verordnung befreit, wenn höchste Eile geboten ist, um Menschenleben zu retten oder schwere gesundheitliche Schäden abzuwenden.**

(6) [1] Fahrzeuge, die dem Bau, der Unterhaltung oder Reinigung der Straßen und Anlagen im Straßenraum oder der Müllabfuhr dienen und durch weiß-rot-weiße Warneinrichtungen gekennzeichnet sind, dürfen auf allen Straßen und Straßenteilen und auf jeder Straßenseite in jeder Richtung zu allen Zeiten fahren und halten, soweit ihr Einsatz dies erfordert, zur Reinigung der Gehwege jedoch nur, wenn die zulässige Gesamtmasse bis zu 2,8 t beträgt. [2] Dasselbe gilt auch für Fahrzeuge zur Reinigung der Gehwege, deren zulässige Gesamtmasse 3,5 t nicht übersteigt und deren Reifeninnendruck nicht mehr als 3 bar beträgt. [3] Dabei ist sicherzustellen, dass keine Beschädigung der Gehwege und der darunter liegenden Versorgungsleitungen erfolgen kann. [4] Personen, die hierbei eingesetzt sind oder Straßen oder in deren Raum befindliche Anlagen zu beaufsichtigen haben, müssen bei ihrer Arbeit außerhalb von Gehwegen und Absperrungen auffällige Warnkleidung tragen.

(7) Messfahrzeuge der Bundesnetzagentur für Elektrizität, Gas, Telekommunikation, Post und Eisenbahn (§ 1 des Gesetzes über die Bundesnetzagentur) dürfen auf allen Straßen und Straßenteilen zu allen Zeiten fahren und halten, soweit ihr hoheitlicher Einsatz dies erfordert.

(7a) [1] Fahrzeuge von Unternehmen, die Universaldienstleistungen nach § 11 des Postgesetzes in Verbindung mit § 1 Nummer 1 der Post-Universaldienstleistungsverordnung erbringen oder Fahrzeuge von Unternehmen, die in deren Auftrag diese Universaldienstleistungen erbringen (Subunternehmer), dürfen abweichend von Anlage 2 Nummer 21 (Zeichen 242.1) Fußgängerzonen auch außerhalb der durch Zusatzzeichen angeordneten Zeiten für Anlieger- und Anlieferverkehr benutzen, soweit dies zur zeitgerechten Leerung von Briefkästen oder zur Abholung von Briefen in stationären Einrichtungen erforderlich ist. [2] Ferner dürfen die in Satz 1 genannten Fahrzeuge abweichend von § 12 Absatz 4 Satz 1 und Anlage 2 Nummer 62 (Zeichen 283), Nummer 63 (Zeichen 286) und Nummer 64 (Zeichen 290.1) in einem Bereich von 10 m vor oder hinter einem Briefkasten auf der Fahrbahn auch in zweiter Reihe kurzfristig parken, soweit dies mangels geeigneter anderweitiger Parkmöglichkeiten in diesem Bereich zum Zwecke der Leerung von Briefkästen erforderlich ist. [3] Die Sätze 1 und 2 gelten nur, soweit ein Nachweis zum Erbringen der Universaldienstleistung oder zusätzlich ein Nachweis über die Beauftragung als Subunternehmer im Fahrzeug jederzeit gut sichtbar ausgelegt oder angebracht ist. [4] § 2 Absatz 3 in Verbindung mit Anhang 3 Nummer 7 der Verordnung zur Kennzeichnung der Kraftfahrzeuge mit geringem Beitrag zur Schadstoffbelastung vom 10. Oktober 2006 (BGBl. I S. 2218), die durch Artikel 1 der Verordnung vom 5. Dezember 2007 (BGBl. I S. 2793) geändert worden ist, ist für die in Satz 1 genannten Fahrzeuge nicht anzuwenden.

(8) **Die Sonderrechte dürfen nur unter gebührender Berücksichtigung der öffentlichen Sicherheit und Ordnung ausgeübt werden.**

(9) **Wer ohne Beifahrer ein Einsatzfahrzeug der Behörden und Organisationen mit Sicherheitsaufgaben (BOS) führt und zur Nutzung des BOS-Funks berechtigt ist, darf unbeschadet der Absätze 1 und 5a abweichend von § 23 Absatz 1a ein Funkgerät oder das Handteil eines Funkgerätes aufnehmen und halten.**

1   **Begr** zur ÄndVO v. 22.3.88 (VkBl. **88** 224):

Zu Abs. 5a: *Die Ergänzung des Satzes 1 ermöglicht z. B. auch Sonderrechtsfahrten mit Blutkonserven. Die Vorschriften des § 38 werden entsprechend angepasst.*
Bisher können Einsatzfahrzeuge des Rettungsdienstes Sonderrechte nur in Anspruch nehmen, wenn sie blaues Blinklicht und Einsatzhorn benutzen. Das bedeutet, dass z. B. in der Nacht bei geringem Verkehr

ein Rettungsfahrzeug im Einsatz nur dann schneller als erlaubt fahren darf, wenn es blaues Blinklicht und Einsatzhorn benutzt. Eine Inanspruchnahme der Sonderrechte nur mit Blaulicht ist nicht zulässig.

Durch die vorgesehene Änderung wird es möglich, dass Fahrzeuge des Rettungsdienstes, wenn höchste Eile geboten ist, um Menschenleben zu retten, Sonderrechte in Anspruch nehmen können, ohne das Einsatzhorn zu benutzen. Blaues Blinklicht allein darf nach § 38 Abs. 2 nur an der Einsatzstelle verwendet werden.

Zu Abs. 6: *Die Regelung des Satzes 1 zur Absicherung der Fahrzeuge wird dem technischen Stand angepasst.*

§ 35 Abs. 6 beschränkt das zulässige Gesamtgewicht der Fahrzeuge, die zur Gehwegreinigung eingesetzt werden dürfen, auf 2,8 t. Der Zweck dieser Vorschrift besteht darin, Schäden an unterirdisch verlegten Leitungen zu verhindern. Dieser Zweck wird auch dann erreicht, wenn zwar schwerere Fahrzeuge zum Reinigen der Gehwege eingesetzt werden, deren Bodendruck aber nicht größer ist als bei einem vergleichbaren 2,8 t-Fahrzeug.

Die Ergänzung des Absatzes 6 trägt dieser Überlegung Rechnung.

Begr zur ÄndVO v. 19.3.92 (VkBl. **92** 187):

Zu Abs. 1a: *Bei dieser Änderung handelt es sich um eine Umsetzung des Schengener Zusatzübereinkommens in Bezug auf die zur Nacheile berechtigten Beamten der Vertragsstaaten dieses Übereinkommens.*

Begr zur ÄndVO v. 11.12.00 (VkBl. **01** 9): **Zu Abs. 1a:** *Die Änderung trägt dem Umstand Rechnung, dass in internationalen Verträgen über polizeiliche Zusammenarbeit die Gewährung von Vorrechten im Straßenverkehr über die Nacheile hinaus auch bei der Observation vorgesehen ist.*   2

Der Kreis der berechtigten Beamten ergibt sich aus dem jeweiligen völkerrechtlichen Vertrag. Dazu können neben Polizeibeamten auch Beamte des Zollfahndungsdienstes gehören … .

Zu Abs. 7: *Bislang umfasst Absatz 7 Satz 1 potenziell alle Postunternehmen, die Universaldienstleistungen nach dem Postgesetz (PostG) erbringen. Das PostG sieht die Auferlegung von Grundversorgungspflichten nur für den Fall vor, dass das in § 11 PostG umschriebene Mindestangebot an Postdienstleistungen nicht bereits durch den Markt erbracht wird oder zu erwarten ist, dass entsprechende Leistungsstörungen eintreten werden. Eine entsprechende Grundversorgungspflicht ist aber bisher keinem Unternehmen auferlegt worden.*

Mithin geht die geltende Fassung des § 35 Abs. 7 Satz 1 entweder ins Leere oder führt bei extensiver Auslegung zu der nicht vertretbaren Konsequenz, dass alle Postdienstleister Sonderrechte im Straßenverkehr in Anspruch nehmen könnten.

Sonderrechte im Straßenverkehr werden durch § 35 StVO aber nur Institutionen zugestanden, die hoheitlich tätig sind (Polizei, Feuerwehr) oder die hoheitliche Aufgaben erfüllen (Rettungsdienst). Privaten Dienstleistern standen hingegen nie Sonderrechte im Straßenverkehr zu. Würden solche eröffnet, könnten entsprechende Forderungen anderer Wirtschaftsbereiche kaum mehr abgelehnt werden, ohne den Anschein der Willkür zu erwecken. Die Vielzahl der dann potenziell Sonderberechtigten wäre wegen der damit einhergehenden Beeinträchtigung des allgemeinen Verkehrs nicht hinnehmbar.

Die Streichung des Satz 1 in Absatz 7 trägt diesem Umstand Rechnung. Für die Messfahrzeuge der Regulierungsbehörde für Telekommunikation und Post muss es auch künftig im Hinblick auf ihre hoheitliche Tätigkeit bei den Sonderrechten im Straßenverkehr bleiben. Die in der Neuregelung erfolgte redaktionelle Anpassung verfolgt diesen Zweck.

Begr zur StVO-Neufassung v. 6.3.2013 (BR-Drs. 428/12): **Zu Abs. 7:** *Die Vorschrift muss an die geltende Rechtslage angepasst werden und nunmehr die ehemalige Regulierungsbehörde für Telekommunikation und Post als Bundesnetzagentur für Elektrizität, Gas, Telekommunikation, Post und Eisenbahnen benennen.*

Zu Abs. 7a *(Auszug): Der staatliche Handlungsauftrag zielt auf die Gewährleistung einer flächendeckenden Grundversorgung durch Sicherung der aus Sicht der Benutzer angemessenen und ausreichenden Dienstleistung. Gemeint sind das Anbieten und Erbringen der Dienste nach §§ 11 ff. PostG iVm der PUDLV, die Inhalt und Umfang des Universaldienstes festlegt. Die postalischen Grundversorgungsleistungen beziehen sich auf alle Universaldienste nach § 1 Abs. 1 Nr. 1 bis 3 PUDLV: Briefsendungen mit einem Gewicht bis zu 2000 g, Pakete bis zu 20 kg sowie Zeitschriften und Zeitungen. Bei der Briefbeförderung wird dabei durch § 2 Nr. zudem das Qualitätsmerkmal festgelegt, dass mit einer Ausnahme im Jahresdurchschnitt mindestens 80 % an dem ersten auf den Einlieferungstag folgenden Werktag ausgeführt werden müssen.*

Mit Stand 31.1.2010 gibt es bundesweit über 2500 Lizenznehmer im Postbereich. Von diesen Lizenzen machen aber nur 840 Unternehmen tatsächlich Gebrauch. Briefkästen oder eigenständige stationäre

Einrichtungen mit integrierter Abgabemöglichkeit im öffentlichen Verkehrsraum halten nur vereinzelte Unternehmen vor. Ehemals eigenbetriebene Filialen des marktbeherrschenden Postdienstunternehmens Deutsche Post AG wurden und werden in partnerbetriebene Filialen (i. d. R. im Einzelhandel) umgewandelt. Auch die Wettbewerber stellen ihre Dienstleistungen i. d. R. mit Partnern des Einzelhandels auf Privatgelände bereit. Der Einzelhandel ist mehrheitlich mittlerweile ebenfalls daran ausgerichtet, Parkraum für die Kunden bereitzustellen. Diese Entwicklung wird ausdrücklich begrüßt und ist für den Verkehrsteilnehmer auch erforderlich. Für Pakete, Zeitungen und Zeitschriften besteht ein so enges Zeitfenster hingegen nicht. Vor diesem Hintergrund ist es geboten, für Briefsendungen ein von den Anlieger- und Anlieferverkehrszeiten unabhängiges Abholen und ein zügiges Entleeren von Briefkästen zu ermöglichen.

Vor dem Hintergrund dieser Entwicklung hin zu einer zunehmenden Verlagerung von Einrichtungen, die Postdienstleistungen erbringen, außerhalb des öffentlichen Verkehrsraumes ist nunmehr auch unter Verkehrssicherheitsaspekten (das Gefährdungspotenzial zu Lasten anderer Verkehrsteilnehmer ist damit ebenfalls rückläufig) eine Wiederaufnahme der Sonderrechte für Postunternehmen zur Erfüllung des hoheitlichen Auftrags des Bundes zumindest in Bezug auf die Briefsendungen erforderlich und sachgerecht.

Die Inanspruchnahme dieser Sonderrechte ist zur Verhinderung von Missbrauch und angesichts des grundsätzlichen Ausnahmecharakters der Vorschrift nachzuweisen durch die sichtbare Auslage des Nachweises der Erbringung der Universaldienstleitung (§ 5 PostG) oder zusätzlich bei Unterbeauftragung eines Subunternehmens hinter an der Windschutzscheibe. Ausnahmen von der Kennzeichnungspflicht nach § 2 I der Verordnung zur Kennzeichnung der Kraftfahrzeuge mit geringem Beitrag zur Schadstoffbelastung sollen für die in Frage kommenden Fahrzeuge nicht gelten. Durch diese Auslagepflicht wird eine neue Informationspflicht für die Wirtschaft begründet. Der Aufwand hierfür und die daraus ggf. sich ergebenden Kosten sind aber als marginal einzustufen.

VwV zu § 35 Sonderrechte

Zu den Absätzen 1 und 5

2a   1   I. Bei Fahrten, bei denen nicht alle Vorschriften eingehalten werden können, sollte, wenn möglich und zulässig, die Inanspruchnahme von Sonderrechten durch blaues Blinklicht zusammen mit dem Einsatzhorn angezeigt werden. Bei Fahrten im Geschlossenen Verband sollte mindestens das erste Kraftfahrzeug blaues Blinklicht verwenden.

       2   II. Das Verhalten geschlossener Verbände mit Sonderrecht
Selbst hoheitliche Aufgaben oder militärische Erfordernisse rechtfertigen es kaum je und zudem ist es mit Rücksicht auf die öffentliche Sicherheit (Absatz 8) auch dann wohl nie zu verantworten, daß solche geschlossenen Verbände auf Weisung eines Polizeibeamten (§ 36 Abs. 1) nicht warten oder Kraftfahrzeugen, die mit blauem Blinklicht und Einsatzhorn (§ 38 Abs. 1) fahren, nicht freie Bahn schaffen.

Zu Absatz 2

2b   3   I. Die Erlaubnis (§ 29 Abs. 2 und 3) ist möglichst frühzeitig vor Marschbeginn bei der zuständigen Verwaltungsbehörde zu beantragen, in deren Bezirk der Marsch beginnt.

       4   II. Die zuständige Verwaltungsbehörde beteiligt die Straßenbaubehörden und die Polizei. Geht der Marsch über den eigenen Bezirk hinaus, so beteiligt sie die anderen zuständigen Verwaltungsbehörden. Berührt der Marsch Bahnanlagen, so sind zudem die Bahnunternehmen zu hören. Alle beteiligten Behörden sind verpflichtet, das Erlaubnisverfahren beschleunigt durchzuführen.

       5   III. Die Erlaubnis kann auch mündlich erteilt werden. Wenn es die Verkehrs- und Straßenverhältnisse dringend erfordern, sind Bedingungen zu stellen oder Auflagen zu machen. Es kann auch geboten sein, die Benutzung bestimmter Straßen vorzuschreiben.

       6   IV. Wenn der Verkehr auf der Straße und deren Zustand dies zulassen, kann eine Dauererlaubnis erteilt werden. Sie ist zu widerrufen, wenn der genehmigte Verkehr zu unerträglichen Behinderungen des anderen Verkehrs führen würde.

Zu Absatz 3

2c   7   In die Vereinbarungen sind folgende Bestimmungen aufzunehmen:

            1. Ein Verkehr mit mehr als 50 Kraftfahrzeugen in geschlossenem Verband (§ 27) ist möglichst frühzeitig – spätestens 5 Tage vor Marschbeginn – der zuständigen Verwaltungsbehörde anzuzeigen, in deren Bezirk der Marsch beginnt. Bei besonders schwierigen Verkehrslagen ist die zuständige Verwaltungsbehörde berechtigt, eine kurze zeitliche Verlegung des Marsches anzuordnen.

       8   2. Ein Verkehr mit Kraftfahrzeugen, welche die in der Vereinbarung bestimmten Abmessungen und Gewichte überschreiten, bedarf der Erlaubnis. Diese ist möglichst frühzeitig zu beantragen. Auflagen können erteilt werden, wenn es die Verkehrs- oder Straßenverhältnisse dringend erfordern. Das Verfahren richtet sich nach Nummer II zu Absatz 2 (Rn. 4).

Zu Absatz 4

9 Es sind sehr wohl Fälle denkbar, in denen schon eine unmittelbar drohende Gefahr für die öffent- **2d**
liche Sicherheit oder Ordnung einen jener Hoheitsträger zwingt, die Beschränkungen der Sonder-
rechte nicht einzuhalten. Dann darf das nicht beanstandet werden.

Zu Absatz 5

10 I. Das zu Absatz 2 Gesagte gilt entsprechend.   **2e**

11 II. In Vereinbarungen über Militärstraßen nach Artikel 57 Abs. 4 Buchstabe b des Zusatzab-
kommens zum NATO-Truppenstatut (BGBl. 1961 II S. 1183), zuletzt geändert durch Artikel 2
des Gesetzes vom 28. September 1994 (BGBl. 1994 II S. 2594), in der jeweils geltenden Fas-
sung, sind die zu Absatz 3 erwähnten Bestimmungen (Rn. 7 und 8) aufzunehmen.

12 III. Die Truppen können sich der zuständigen militärischen Verkehrsdienststelle der Bundeswehr
bedienen, welche die erforderliche Erlaubnis einholt oder die erforderliche Anzeige übermit-
telt.

Zu Absatz 6

13 I. Satz 1 gilt auch für Fahrzeuge des Straßenwinterdienstes, die zum Schneeräumen, Streuen **2f**
usw. eingesetzt sind.

14 II. Die Fahrzeuge sind nach DIN 30 710 zu kennzeichnen.

15 III. Nicht gekennzeichnete Fahrzeuge dürfen die Sonderrechte nicht in Anspruch nehmen.

16 IV. Die Warnkleidung muß der EN 471 entsprechen. Folgende Anforderungsmerkmale der
EN 471 müssen hierbei eingehalten werden.

17 1. Warnkleidungsausführung (Absatz 4.1) mindestens die Klasse 2 gemäß Tabelle 1,

18 2. Farbe (Absatz 5.1) fluoreszierendes Orange-Rot oder fluoreszierendes Gelb gemäß Tabel-
le 2,

19 3. Mindestrückstrahlwerte (Absatz 6.1) die Klasse 2 gemäß Tabelle 5.

20 Warnkleidung, deren Warnwirkung durch Verschmutzung, Alterung oder Abnahme der
Leuchtkraft der verwendeten Materialien nicht mehr ausreicht, darf nicht verwendet werden.

Übersicht

1. Sonderrechte stehen unter den in § 35 geregelten Voraussetzungen zu: den Rettungs- **3**
dienstFz (auch schon bei der Hinfahrt zum Gefährdeten), der Bundeswehr, der BundesPol, der
Feuerwehr, den Organen des Katastrophenschutzes, der Pol, dem Zolldienst (I) sowie den auf
Grund völkerrechtlicher Vereinbarungen zur Nacheile oder zur Observation (Begr Rn. 2) im
Inland berechtigten ausländischen Polizeibeamten (Ia, dazu Rn. 1, 2). Welche Beamten die Son-
derrechte nach § 35 Ia in Anspruch nehmen dürfen, ist dem jeweiligen völkerrechtlichen Vertrag
zu entnehmen (dazu *D. Müller* SVR **10** 325). Als Ausnahmevorschrift ist § 35 *eng auszulegen* (Stu
NZV **02** 410). Fz der Unfallforschung fallen nicht unter die Regelung (Ce NJW-RR **11** 1322).
Zur **Feuerwehr** gehören die Feuerschutzpolizei, die freiwillige Feuerwehr (Stu NZV **02** 410)
und die freiwilligen Pflicht- und Werkfeuerwehren. Aufgabe der Feuerwehren ist idR außer
Brandlöschung auch Rettung von Menschen, Bergen von Habe und Hilfe bei sonstigen Not-
fällen (BGHZ **37** 336 = NJW **62** 1767, VkBl. **72** 29, KG VRS **32** 291, Bay VRS **65** 227). Bei

Vorliegen eines konkreten Einsatzbefehls wird ein Angehöriger der Feuerwehr grds, soweit zur Gefahrenabwehr „dringend geboten" (I), auch auf der zur Durchführung des Einsatzes erforderlichen Fahrt mit privatem Pkw zur Feuerwehrstation oder Sammelstelle Sonderrechte in Anspruch nehmen dürfen, wenn die übrigen Voraussetzungen vorliegen (Stu NZV **02** 410, zust *Jäcksch* NZV **02** 412, *Kullik* PVT **02** 105, *D. Müller* SVR **11** 321; abl *Otto* NZV **02** 522, *Kullik* NZV **94** 61, *Dickmann* NZV **03** 220; zu Haftungsfragen Rn. 23), im Hinblick auf das Fehlen von Einsatzhorn und Blinklicht jedoch nur besonders zurückhaltend (Stu NZV **02** 410: nur mäßige Geschwindigkeitsüberschreitung; insoweit krit *Jäcksch* NZV **02** 412, einschr. Fra StVE 6: nur mit speziellem FeuerwehrFz), anders aber bei bloßer Vorbereitung eines zu erwartenden Einsatzes (Rn. 5). Im Grundsatz stehen der Feuerwehr die Sonderrechte auch auf Rück- und Übungsfahrten zu (BGHZ **20** 290 = NJW **56** 1633; Nau DAR **18** 631; s. aber Rn. 5, 6, 8; *Hartung* NJW **56** 1625). Eine Befugnis, wegen einer Feuerwehrübung eine öffentliche Str durch Aufstellen der VZ 250 oder 600 zu sperren, verleiht Abs. 1 nicht (VGH Mü v. 13.9.05, 11 CS 05.987, juris). Soweit Fz der in I genannten Institutionen im Rettungsdienst eingesetzt sind (insbes. „Feuerwehr-Notarzt"), gilt I, nicht Va (Bay VRS **65** 227, *Cimolino/Dickmann* NZV **08** 118); jedoch sind hinsichtlich der Voraussetzungen von Sonderrechten die Maßgaben des Va zu beachten (*Klenk* NZV **10** 593; verfassungsrechtliche Bedenken gegen die Ungleichbehandlung des Rettungsdienstes bei *Lehmann* NZV **11** 228). Zu den **RettungsdienstFz (Va)** gehören alle Fz, die ihrer Bestimmung nach der Lebensrettung und der Abwendung von schweren gesundheitlichen Schäden dienen, auch wenn sie private Halter haben (BGH NJW **92** 2882, Kö VRS **59** 382; Dü NZV **10** 267). Trotz unterschiedlicher Definition in den Rettungsdienstgesetzen der Länder (OVG Münster NZV **00** 514) ergibt sich aus Inhalt und Zweck von V a, dass es sich um Fz zur Rettung bei Notfällen handeln muss (s. auch § 52 StVZO Rn. 6). Dazu rechnet auch ein Krankentransportwagen bei einem Transport eines lebensgefährlich an Tbc Erkrankten (vgl. LG Coburg NZV **10** 204 mAnm *Beck*). Sonderrechte auch für das nur mit einem Fahrer besetzte NotarztFz (zum Feuerwehrnotarzt oben), das ein mit Notarzt besetztes RettungsdienstFz begleitet („Rendevous-System"; AG Gotha NZV **20** 104 (*Dickmann*); *Cimolino/Dickmann* NZV **08** 118; *Nimis* NZV **09** 582, dort auch zu weiteren Sonderfällen; enger *Klenk* NZV **10** 593). Fz der organisierten örtlichen Ersten Hilfe werden umfasst sein, weil es auf die Bestimmung ankommt (*Beck* NZV **09** 324). Der Begriff **Polizei in I** ist weit auszulegen. Darunter fallen alle Dienststellen und Beamten, die nach den Polizeiaufgabengesetzen oder auf Grund anderer Bestimmungen Polizeiaufgaben hoheitlicher Art zu erfüllen haben, zB auch die BundesPol, uU auch Vollzugsbeamte der Ordnungsämter als OrtsPolB und Hilfspolizeibeamte, denen nach LandesG (zB POG Rh/Pf) polizeiliche Befugnisse zustehen (s. aber Rn. 5). Zur Pol zählen auch die Jagd-, Forst- und Fischereiaufseher (*Kullik* NZV **94** 59). Bei ihnen ist jedoch das Übermaßverbot (Rn. 5, 6, 8) besonders bedeutsam. Pol iS von I sind auch Steuerfahnder, soweit sie polizeiliche Befugnisse ausüben (§ 404 AO, KG VRS **63** 148, Ce VRS **74** 220). Die BundesPol als Bahnpolizei ist nur auf Bahnbetriebsgrundstücken zuständig, nicht auf Grundstücken, die der Bahn nur gehören (Ce VRS **27** 440). Das Vorrecht des I steht auch dem PolB zu, der außerhalb der Dienstzeit einschreitet (Ha VRS **20** 378, Stu NZV **92** 123, AG Siegen VM **96** 40). Geschlossener Verband: § 27. WegerechtsFz, Krankenwagen: § 38. Polizeiliche Zeichen und Weisungen (§ 36) gehen stets vor.

4 § 35 **befreit nur von StVO-Pflichten,** ändert die VRegeln und -gebote jedoch nicht, zB nicht die Vorfahrt. Er schränkt die Rechte anderer jedoch zugunsten des SonderrechtsFz ein, so dass Sonderrechtsinhaber unter Anwendung größtmöglicher Sorgfalt (Abs. 8) jene Rechte „missachten" dürfen (BGHZ **63** 327 = NJW **75** 648, s. auch *Pießkalla* NZV **07** 438; stattdessen für eine differenzierende Auslegung des VIII in Bezug auf die einzelnen Verkehrspflichten *Müller* NZV **15** 428). Unter den Voraussetzungen des Abs. 1 stehen dem FzF die Sonderrechte (Befreiung von den Vorschriften der StVO) auch zu, wenn das Fz weder Horn noch Blaulicht führt oder wenn diese nicht betätigt werden (KG NZV **03** 481, VRS **108** 417, Kö NZV **96** 237, Dü VM **75** 70, NZV **10** 267; *Bouska* VD **79** 161), zB wo das Einsatzhorn die Aufgabenerfüllung gefährden würde (abw KG VRS **56** 241, Dü VRS **63** 3; zur „stillen Anfahrt" eingehend *Wozny* VD **19** 31; 59); nur die Inanspruchnahme *des Wegerechts* setzt gem. § 38 I Einsatz beider Warnvorrichtungen voraus. IdR ist Nichtbeachtung von VRegeln, soweit zulässig, im Sicherheitsinteresse aber durch Blaulicht und Einsatzhorn anzuzeigen (VwV Rn. 1, OVG Lüneburg ZfS **97** 397). I befreit aber uU auch von der Vorschrift des § 38 II über die Benutzung von blauem Blinklicht allein (KG VRS **68** 299). Verhältnis geschlossener Verbände mit Sonderrecht zu WegerechtsFz und gegenüber Weisungen von PolB: VwV Rn. 2. Befreiung von der allgemeinen Sorgfaltspflicht des § 1 oder des § 11 kommt allenfalls in Betracht, soweit der übrige Verkehr nur belästigt oder behindert wird, **nicht aber gefährdet oder gar geschädigt** (Nü NZV **01** 430, Bra NZV **90** 198, Stu NZV **92** 123, KG NZV **92** 456, Ko VersR **81** 1136, *Kullik* NZV **94** 58, BHHJ/*Heß* Rn. 14). Soweit BGH VRS **32** 321 (mAnm *Deutsch* JZ **67** 639) mit der Annahme einer Befreiung vom allgemeinen Gefährdungsverbot sowie Ce VRS **61** 287, Bay VM **83** 9, KG VRS **68** 299 mit der Befreiung vom Schädigungsverbot weitergehen, ist dem nicht zu folgen. Vielmehr hat auch der Sonderrechtsfahrer die Pflicht, andere VT vor Schäden zu bewahren (BGH VersR **63** 662), auch bei Verfolgung von Straftaten (VG Fra/O vom 23.6.05, 2 K 1055/00, juris). In Katastrophenfällen mag es vielleicht anders liegen (BGH VRS **32** 321), uU kommt § 16 OWiG in Betracht. Keine Gefährdung anderer bei Geschwindigkeitskontrollen (Kö VRS **32** 468), auch nicht mit Blaulicht und Horn (§ 38). Das Übermaßverbot wird fremde Schädigung kaum jemals rechtfertigen. In Betracht kommen wird vor allem: Schnellerfahren als sonst erlaubt (Ha VRS **20** 378), Nichteinhaltung der Wartepflicht, Rechtsüberholen, Linksfahren, Nichtbeachtung von LichtZ, Fahren entgegen einem Fahrverbot, Halten und Parken im Haltverbot, auf Grünflächen, faktische Sperrung einer Str während eines Feuerwehreinsatzes (BayVGH v. 13.9.05, 11 CS 05.987, juris;), Sperrung einer Str durch Z 250 (OVG Sachsen-Anhalt BeckRS **14** 52741; aM *Müller* SVR **19** 361, dort auch zur Sperrung durch Z 262 bis 266), Benutzung des Seitenstreifens einer AB auch dann, wenn Rettungsgasse gebildet war (Fra DAR **16** 330). Ob Verfolgung mit Blaulicht und Horn zu riskanter Fahrweise berechtigt, hängt vom Gewicht des Verdachts und den VVerhältnissen ab (Kar NJW **61** 2362. *Weigelt,* DAR **60** 286). Zum Verhältnis der Sonderrechte des § 35 zur straßenrechtlichen Sondernutzung *Eiffler* NZV **00** 319.

1a. Nur soweit es zur Erfüllung hoheitlicher Aufgaben dringend geboten ist, besteht **5** das Sonderrecht gemäß I, und auch dann nur unter gebührender Berücksichtigung der öffentlichen Sicherheit und Ordnung (Rn. 8). Eine Dienstfahrt allein genügt nicht, sondern die öffentliche Aufgabe muss, abgesehen von gewissem sachlichem Gewicht, bei Beachtung der VRegeln oder einzelner VRegeln nicht, nicht ordnungsgemäß oder nicht so schnell wie zum allgemeinen Wohl erforderlich erfüllt werden können („dringend geboten"; Kö VM **77** 52, KG VRS **63** 148, Fra DAR **16** 330; *Riecker* VersR **82** 1034). Davon hängt der jeweilige Umfang der Befreiung von den Vorschriften der StVO ab (Ha DAR **91** 338). Gewicht, Bedeutung und die Frage der Aufschiebbarkeit der Dienstaufgabe sind gegen die Folgen bei etwaiger Nichtbeachtung einer VRegel in der jeweiligen Lage unterwegs abzuwägen (KG NZV **00** 510 (Observierung einer Person), Ba VM **76** 94, Ce VRS **74** 220). Sofortige Erfüllung der Dienstaufgabe muss vom richtig verstandenen Gemeininteresse aus wichtiger sein als der etwaige Nachteil bei Regelnichtbeachtung (Stu NZV **92** 123). Bei bloßen **Übungsfahrten** bevorrechtigter Institutionen (selbst soweit sie als Erfüllung hoheitlicher Aufgaben anzusehen sind) wird es an diesem Erfordernis vielfach fehlen, zB bei der faktischen Sperrung einer Str während einer Feuerwehrübung (BayVGH v. 13.9.05, 11 CS 05.987, juris; s. aber Nau DAR **18** 631). Daran scheitert die Inanspruchnahme von Sonderrechten auch, wenn die Dienstaufgabe ohne Nachteil später oder bei Beachtung der StVO ebenso erfüllt werden kann. Deshalb steht das Sonderrecht vor allem in dringenden Not- oder Eilfällen bei entsprechend vorrangiger öffentlicher Aufgabe zu, zB zur Beseitigung größerer Gefahr, zur Lebensrettung, zur Abwendung schweren Schadens, bei der **Verfolgung von OW** idR nur, wenn dies niemand gefährdet oder schädigt (Rn. 8, enger AG Tiergarten DAR **65** 182), also zB nicht, wenn der Opportunitätsgrundsatz die Verfolgung nicht erfordert. Das **Sonderrecht besteht nicht,** um einen Zeugen unter fremder Gefährdung (Durchfahren bei Rot) rechtzeitig zum Gericht zu bringen (Dr DAR **01** 214) oder eine Sportmannschaft zum Stadion, einen Sportler ins Funkhaus, einen Politiker oder Staatsgast rechtzeitig zum Empfang oder Flugplatz, oder bei einem bloßen Ausflug der Feuerwehr im Gegensatz zur Einsatzfahrt oder der Fahrt zur Rückkehr zum Depot, sofern ein Folgeeinsatz ansteht (*D. Müller* SVR **06** 250), in aller Regel auch nicht, um einem gefährdend schnell, ohne Sicherheitsabstand oder sonst regelverletzend fahrenden DienstFz hinterher- oder vorausfahrend durch riskante Fahrmanöver den Weg zu „bahnen". Keine Sonderrechte für Fahrten, die nicht unmittelbar hoheitlichen oder Rettungsaufgaben dienen, sondern nur deren Vorbereitung (AG Groß-Gerau NZV **92** 333 (nicht beanstandet v. Fra NZV **92** 334); zust *Göhler* NStZ **93** 72, abl *Kullik* NZV **94** 59, 61, krit *Dickmann* NZV **03** 221; Fra StVE 6; s. aber Rn. 3). Zur Beurteilung, ob das Abweichen von den Regeln der StVO in diesem Sinne „dringend geboten" ist, steht dem FzF ein **Beurteilungsspielraum** zu (Ce VRS **74** 220, Stu NZV **92** 123, Fra ZfS **95** 85, KG VersR **98** 780, NZV **00** 510). Beim Aufstellen des SonderrechtsFz trotz Haltverbots hat die VSicherheit bei minderen Aufgaben mehr Vorrang als bei bedeutungsvollen (KG VM **77** 70). Zu § 35 bei Geschwindigkeitskontrollen aus links parkenden Fz der unteren StrVB *Debus* NZV **06** 561. Beim

Abstellen eines PolFz durch wegen Sachbeschädigung zum Einsatzort gerufenen PolB wird das durch § 14 verfolgte Sicherungsinteresse vor unbefugter FzBenutzung Vorrang haben (Ce VD **07** 49, s. auch § 14 Rn. 20). Der Sonderrechtsfahrer muss sich nach dem Inhalt des Fahrbefehls und der ihm bekannten Lage richten. Ob für die Fahrer eines **Rettungsdienstes höchste Eile iS von Va** (der eine Spezialregelung zum rechtfertigenden Notstand nach § 34 StGB, § 16 OWiG darstellt; s. *Klenk* NZV **10** 593) geboten ist, richtet sich nach dem Einsatzbefehl und dessen Glaubwürdigkeit, nicht nach späterer objektiver Betrachtung, die der EinsatzFz nicht anstellen konnte (Kö VRS **59** 382; Ha NJW-RR **18** 989; OVG Lüneburg ZfS **97** 397). Nach Va kann auch der Transport von Blutkonserven, Organen oder medizinischem Material die Inanspruchnahme von Sonderrechten rechtfertigen, wenn dieser unmittelbar den genannten Zwecken dient (Begr, Rn. 1; OVG Lüneburg ZfS **97** 397). Das „Räumen" einer Kreuzung durch ein den mit einem Notarzt besetzten RTW begleitendes NotarzteinsatzFz kann zulässig sein (*Nimis* NZV **09** 582 mwN; *Klenk* NZV **10** 593; zum Rendezvous-System s. auch Rn. 3). Ist höchste Rettungseile geboten oder darf der Fahrer hierauf jedenfalls nach den Umständen verständigerweise schließen, so darf er auch dann mit Blaulicht und Einsatzhorn fahren, wenn aus besonderen Gründen kein formeller Einsatzbefehl hierfür vorliegt (Bay VRS **59** 385 (hierzu *D. Müller* VD **06** 199); s. auch Dü NZV **10** 267). Am hoheitlichen Charakter der Fahrt ändert sich in solchen Fällen auch dann nichts, wenn die Einsatzfahrt objektiv nicht erforderlich war (KG VM **89** 77). Wer das Sonderrecht missbräuchlich beansprucht, handelt widerrechtlich und haftet straf- wie zivilrechtlich (Dü VersR **71** 185, *D. Müller* SVR **06** 250). Der VT darf nicht nachprüfen, ob das Sonderrecht befugt beansprucht wird (Ha NJW-RR **18** 989), außer bei offensichtlicher Widerrechtlichkeit (zB freiwillige Feuerwehr auf Vergnügungsfahrt).

6   **Gerichtlich nachprüfbar** ist, ob das Fz überhaupt in den Kreis der Sonderrechtsträger nach I fällt, ob es eine vorrangig dringende öffentliche Aufgabe erfüllt hat, ob das Sonderrecht zu fremder Gefährdung berechtigte, ob das Abweichen von einer VRegel ermessensmissbräuchlich war (KG VersR **98** 780, Ba VM **76** 94). Der Sonderrechtsträger muss unter Benennung konkreter Tatsachen die Voraussetzungen höchster Eile darlegen und beweisen, wobei die Vorlage des Einsatzprotokolls nicht genügt (Ha NJW-RR **18** 989; s. auch Dü NZV **92** 489). Soweit das Übermaßverbot (Rn. 8) mitspricht, besteht stets Nachprüfbarkeit, denn es bestimmt die Grenzen der behördlichen Befugnis im Einzelfall verfassungskräftig.

7   **1b. Die nichtdeutschen Truppen des Nordatlantikpakts** haben mit allen ihren Fz die StVO zu beachten, außer im Fall dringenden militärischen Erfordernisses (V), doch auch dann unter Berücksichtigung der öffentlichen Sicherheit und Ordnung (VIII; BGH NZV **90** 112). Von § 29 (übermäßige StrBenutzung) sind sie nur im Rahmen von Sonderregelungen oder Vereinbarungen befreit. Die Regelung ist mit Wirkung vom 28.4.2020 auf Truppen der nichtdeutschen EU-Mitgliedstaaten erweitert worden (eingehend Begr BR-Drs. 591/19 S. 80). Für diese Truppen regelt sich die StrBenutzung nach dem **Nato-Truppenstatut** 1951 (BGBl **61** II 1190) mit Zusatzvertrag 1959 (BGBl **61** II 1215). Der Vertrag sichert den stationierten Streitkräften und ihren Mitgliedern samt zivilem Gefolge die Benutzung der öffentlichen VWege zu. Deutschland erkennt die Fahrerlaubnisse und Führerscheine der Truppenangehörigen nebst zivilem Gefolge der Entsendestaaten an oder erteilt den bezeichneten Personen deutsche Fahrerlaubnisse zur Führung von Dienst- und PrivatFz. Alle bezeichneten Personen haben die deutschen VRegeln zu beachten. Die Fahrer von TruppenFz, nicht Personen des zivilen Gefolges, dürfen nur bei dringendem militärischem Erfordernis unter Berücksichtigung der öffentlichen Sicherheit und Ordnung, soweit unvermeidbar, von VRegeln abweichen (Art 57 IVa ZA). Art 57 IVa ZA verdrängt die deutschen VVorschriften (BGH NZV **90** 112). StrBenutzung mit übergroßen oder überschweren Kfz und Anhängern (§ 29 III) ist nur gemäß Vereinbarung mit den StrVB zulässig, außerhalb solcher Vereinbarungen nur bei Unglücksfällen, Katastrophen oder „im Falle des Staatsnotstandes" (Art 57 IV b ZA). Die Pflicht, selbstgeschaffene VGefahren wieder abzuwenden, trifft auch die verbündeten Streitkräfte (BVerwGE **14** 304, BVerwG JZ **66** 785). Diese können sich zwar bei der Erfüllung der ihnen obliegenden Sicherungsaufgabe Dritter bedienen, bleiben aber verkehrssicherungspflichtig, soweit die Aufgabe von dritter Seite nicht ausreichend erfüllt wird (BGH NZV **90** 112). Blaulicht und gelbes Rundumlicht vor überbreitem Panzer (3,75 m) mit über 1 m nach innen versetzten Scheinwerfern auf 7,5 m breiter Str bei Dunkelheit reicht nicht aus (BGH NZV **90** 112). Ob dringende militärische Erfordernisse gebieten, von VVorschriften abzuweichen, entscheidet die militärische Dienststelle (Bay NJW **60** 1070. *Bouska* DAR **63** 291. *Kodal* DAR **56** 229). Vereinbarungen über MilitärStr: VwV Rn. 7 f. Zur Frage eines Weisungsrechts von BW-Feldjägern oder ausländischer MilitätPol § 36 Rn. 17.

1c. Nur gemäß dem auch den Gesetzgeber bindenden **Übermaßverbot** (**E** 2) und unter Be- **8** rücksichtigung der öffentlichen **Sicherheit und Ordnung** (VIII) dürfen die Sonderrechte beansprucht werden. Dabei zwingt das absolut vorrangige Übermaßverbot zur Wahl des jeweils am geringsten in die VOrdnung eingreifenden, andere weder gefährdenden noch gar schädigenden Mittels. Auch Gesichtspunkte der Wahrung der öffentlichen Ordnung werden übrigens fremde Gefährdung kaum und Schädigung nie rechtfertigen können und die öffentliche Sicherheit, zB bei der Verbrechensbekämpfung, allenfalls ganz ausnahmsweise (Rn. 4). Die Ansicht, VIII „konkretisiere" das Übermaßverbot abschließend, also einengend, verkennt dessen Verfassungsrang als Teil des Rechtsstaatsprinzips (**E** 2). Sonderrechte dürfen **nur unter größtmöglicher Sorgfalt** wahrgenommen werden (BGH NJW **75** 648, Nü VRS **103** 321, KG VRS **108** 417, VersR **89** 268, Schl VersR **96** 1096, Kar VRS **72** 83). Es ist abzuwägen, welches Maß an Wagnis nach Dienstzweck und VLage zulässig ist (Ba VM **76** 94). Das Vorrecht rechtfertigt idR nicht das Durchfahren bei Rot mit einem begleiteten Schwertransport (Kar VersR **74** 38). Über **fremden Vorrang** darf sich der Wegerechtsfahrer nur hinwegsetzen, wenn er nach ausreichender Ankündigung sieht, dass der Verkehr ihm Vorrang einräumt (BGH NJW **71** 616, Jn DAR **00** 65, Fra VersR **81** 239, Ha VersR **82** 250, KG VM **89** 77, VersR **89** 268, VRS **82** 412, NZV **92** 456, Dü NZV **92** 489, Bra NZV **90** 198). Daher darf er nicht „drauflosfahren" (KG VM **89** 77), nicht in eine unübersehbare Lage hinein, ohne anhalten zu können (Kö VRS **9** 373 (Löschfz)), nicht ohne rechtzeitiges WarnZ (BGH VRS **9** 305), nicht bei Glatteis mit 40 km/h in eine Kreuzung bei Rot (KG VM **85** 77, s. auch unten), nicht bei auf Grün umspringendem Ampelsignal einen Linksabbieger überholen, der ihn (mangels Signalhorn) evt. nicht bemerkt hat (KG NZV **08** 147 (wegen Verletzung 2. Rückschau des Abbiegers 50%)). Je mehr der Sonderrechtsfahrer von VRegeln abweicht, umso höhere Anforderungen sind an seine Sorgfalt zu stellen (KG VRS **108** 417, NZV **08** 147; 149), umso mehr muss er WarnZ geben und sich vergewissern, dass der Verkehr sie befolgt (BGH VRS **36** 40, VersR **74** 577, KG NZV **03** 126, VRS **105** 174, **100** 329, Dü NZV **92** 489). Besonders bei regelmäßigem Verkehr darf der Vorrechtsfahrer nicht auf allgemeine Berücksichtigung seines Vortritts vertrauen, er muss sich hiervon überzeugen (Nü VersR **77** 64, Dü VersR **88** 813). **Weiterfahrt bei Rot** nur bei Gewissheit, dass der Verkehr hierauf eingestellt hat (BGH NJW **75** 648, Bay VM **83** 9, Nü NZV **01** 430, VRS **103** 321, Ha VersR **97** 1547, KG VRS **105** 174, NZV **92** 456, **08** 149, Dü VM **89** 77, Bra NZV **90** 198), andernfalls Mithaftung des Halters des WegerechtsFz (Ha VersR **97** 1547, KG VM **89** 77 (jeweils zu ²/₃), **88** 321 (zu ³/₄), **81** 95 (Alleinhaftung), NZV **08** 149 (Alleinhaftung, Blaulicht bei nicht rechtzeitig und nicht lange genug eingeschaltetem Signalhorn), Nü DAR **00** 69 (Alleinhaftung, Blaulicht ohne Einsatzhorn), Schl VersR **96** 1096 (60%); Nau NJW-RR **09** 1187 (80%)). Innerorts wird der Wegerechtsfahrer darauf vertrauen dürfen, dass Kfz, die das EinsatzFz mit Blaulicht und Horn wahrnehmen müssen und noch ausreichend weit entfernt sind, ihn durchfahren lassen (Kö DAR **77** 324). In aller Regel darf nur die Rücksicht auf Behinderung oder Belästigung des Verkehrs zurücktreten (§ 1; s. Rn. 4). Auch stationierte **Streitkräfte** müssen VGefahr vermeiden (BVerwGE **14** 304). Nehmen überbreite Fz mehr als eine Fahrbahnseite ein, so ist die Straße entweder für den allgemeinen Verkehr zu sperren, oder an den einmündenden Straßen sind Warnposten aufzustellen, Sicherung durch Rundumlicht am Anfang und Ende der Kolonne genügt nicht (Mü VersR **76** 1165). Bei Manöverfahrten des Bundeswehr befreit **1** von den Vorschriften der StVO, soweit dringende militärische Notwendigkeit dies erfordert (Ha DAR **91** 338 (was entgegen Ha bei Rückfahrt nach beendetem Manöver idR zu verneinen sein wird, Booß VM **92** 19)). Unter den Voraussetzungen von § 35 I dürfen BW-Verbände (§ 27) an Kreuzungen, Einmündungen und Engstellen unter ausreichender Warnung Vorrang beanspruchen (VkBl. **71** 538). Auch die Vorrangbeanspruchung durch militärische FzVerbände unterliegt jedoch den Einschränkungen des VIII (Mü VRS **72** 170, *Janiszewski* NStZ **87** 404). Die Abwägung nach VIII ist gerichtlich nachprüfbar.

2. Eine Erlaubnis bleibt unter den organisatorischen und sachlichen Voraussetzungen des I **9** erforderlich bei jeder übermäßigen StrBenutzung (§ 29) und bei Kolonnen von mehr als 30 Kfz im geschlossenen Verband (Abs. II iVm § 27). Erlaubnisverfahren, Dauererlaubnis, Bedingungen, Auflagen: VwV Rn. 3 ff. Kolonnen bis zu 30 Fz benutzen die Straße nach der Fassung von II nicht übermäßig.

Auch die **Bundeswehr** darf Straßen nur im Rahmen des Gemeingebrauchs nutzen, sonst **10** bedarf sie grundsätzlich der Erlaubnis (II). Im Rahmen von Vereinbarungen darf sie für den Militärverkehr ausgebaute und freigegebene Straßen auch ohne Erlaubnis nutzen (III). BW-Vereinbarungen: VwV Rn. 7. Richtlinien hierfür (VkBl. **59** 90, **65** 319). Sie betreffen ein Fernstraßensystem, das der BW Bewegungsfreiheit verschafft, und Straßen zwischen Garnisonsorten, die der Truppe die Bewegung zwischen Werkstätten, Unterbringungs- und Übungsplätzen ermöglichen. Darüber hinausgehende Benutzung öffentlicher Wege (Manöver uä) nur gegen Entschädigung (BundesLeistungsG). Sperrbefugnisse der BW: § 2 UZwGBw mit AV (VMBl **65** 381). Ausübung der BW-Sonderrechte, VMBl **59** 387, **60** 77. *Haeger* NJW **61** 764.

11 **3. Unglücksfälle, Katastrophen, Störung der öffentlichen Sicherheit oder Ordnung, Spannungs- und Verteidigungsfall, Abwehr von Gefahren für den Bestand des Bundes.** In diesen Fällen dürfen die Sonderrechte gemäß I ohne die Beschränkungen in II, III ausgeübt werden (IV). Übermäßige StrBenutzung und Großkolonnen sind hier also ohne Erlaubnis oder Vereinbarung unbeschränkt zulässig. Abweichen von der StVO auch hier nur unter Berücksichtigung der öffentlichen Sicherheit und Ordnung (VIII). Geschlossener Verband: § 27. Abwehr von Gefahren für den Bestand des Bundes: Art 91, Art 87 IV GG. VRegelung und Objektschutz durch die Streitkräfte im Spannungs- und Verteidigungsfall: Art 87a III GG.

12 **4. Wegerechtsfahrzeuge. Anzeigen des Vorrechts:** § 38 StVO. WegerechtsFz: Abs. Va (RettungsdienstFz) und § 52 III, § 55 StVZO. WegerechtsFz nicht in I genannter Organisationen dürfen das Vorrecht des Fahrens mit Blaulicht und Horn ausüben (Warnung) und sind unter den Voraussetzungen von Va von den Vorschriften der StVO befreit (§ 38 Rn. 10). Kennzeichnung von AltFz bei ärztlicher Hilfe § 46 Rn. 19.

13 **5. Straßenwartungsfahrzeuge, Müllabfuhr, Warnkleidung.** Alle in VI bezeichneten Wartungs- und ReinigungsFz sind durch rot-weiße Warnmarkierungen zu kennzeichnen (VwV Rn. 14 ff.). Nur bei entsprechender Kennzeichnung dürfen sie, soweit die Verwendung dies erfordert (dh in räumlich-zeitlichem Zusammenhang mit der Aufgabe stehend und diese erleichternd, mithin nicht erst dann, wenn die Einhaltung der in der StVO für alle Fz geltenden Vorschriften eine Aufgabenerfüllung unmöglich machen würde, Sa NJW **13** 3659), ohne Beachtung der VRegeln, jedoch unter Beachtung von § 1 (Hb VM **57** 17 (Straßenbeleuchtung), Ko VersR **94** 1320), überall und in jeder Richtung fahren und halten (VI, Begr). Lediglich auffällige anderweitige Kennzeichnung (orangefarbener Anstrich und gelbe Rundumleuchte) genügt nicht (Ol VM **80** 52). Das Hineinragen eines mit Warnanstrich versehenen BauFz in die Fahrbahn um 0,50 m auf übersichtlicher Strecke ist nicht pflichtwidrig (Ko VersR **80** 239). VI befreit im Rahmen von VIII vom Haltverbot gem. Z 283 (KG VM **77** 70). In aller Regel werden Randstreifen (Bankette) im Rechtsfahren abzuräumen sein, im Linksfahren entgegen der Fahrtrichtung nur, wenn ganz besondere Umstände dies erfordern (weniger eng uU Ba VM **76** 94). Eine allgemeine Befreiung von den VVorschriften im Umfang des I gewährt VI nicht (Ko VersR **94** 1320, Jn DAR **00** 65). StrDienstFz sind nach § 8 wartepflichtig und müssen auch bei Rot (§ 37) warten, weil ihr Einsatz ein Abweichen von der Wartepflicht nicht fordert (Jn DAR **00** 65). Ein nach Aufleuchten von Grün begonnener Kehrvorgang im Kreuzungsbereich darf aber auch dann beendet werden, wenn die LZA inzwischen erneut umgeschaltet hat und nunmehr dem QuerV freie Fahrt gewährt (Jn DAR **00** 65, Dü VersR **82** 656). Bei Halten eines StrDienstFz auf der linken Seite in unübersichtlicher Kurve hält Ha r+s **17** 607 Schadensteilung für angemessen. Von den Geboten des § 14 befreit VI BaustellenFz nicht; jedoch muss der Vorbeifahrende auch mit unvorsichtig weitem Türöffnen im Arbeitseinsatz rechnen und dem durch großzügigen Seitenabstand Rechnung tragen (LG Sa NZV **14** 412 (Mithaftung des Vorbeifahrenden zu $^1/_3$); s. auch unten zu MüllFz). Auch **Fz im StrWinterdienst** fallen unter VI (VwV Rn. 13). Befahren des linken AB-Fahrstreifens mit nur 15 km/h durch SchneeräumFz mit Rundumleuchte erfordert keine zusätzlichen Sicherungsmaßnahmen (Bra NZV **02** 176); diese sind jedoch wie der Fall zeigt zu empfehlen. **Anlagen im StrRaum** iS von VI S. 1 sind nicht nur solche mit unmittelbarer Bedeutung für den Verkehr, sondern zB auch Abwasser- und Versorgungsleitungen sowie im Boden verlegte Kabel; VI gilt daher unter den übrigen Voraussetzungen von S. 1 auch zB für Fz der Wasser-, Gas-, Stromversorgungsunternehmen und der Telekommunikation. **MüllFz** sind nur die zur Abfallentsorgung eingesetzten Fz der öffentlich-rechtlichen Entsorgungsträger oder Dritter, denen die Abfallentsorgungspflichtung des öffentlich-rechtlichen Entsorgungsträgers übertragen worden ist, mithin nicht etwa gewerbliche Unternehmer, die sich im Sammeln von Schrott o.Ä. betätigen (BVerwG NJW **14** 328). Nach Sinn und Zweck des VI wird der Begriff „Müll" aber weit auszulegen sein und nicht nur unverwertbaren Abfall, sondern auch andere von den Haushalten der Entsorgung zugeführte Stoffe umfassen (gelbe Müllsäcke oder -tonnen), die einer Wiederverwertung zugeführt werden können (Sa NZV **13** 395). An einsammelnden Fz der Müllabfuhr ist langsam und mit ausreichendem Zwischenraum vorbeizufahren (Ha VRS **35**

58, Dü VRS **64** 458, Zw VM **82** 6), idR mit Schrittgeschwindigkeit oder 2 m Mindestabstand (Ha NJW-RR **88** 866, LG Münster ZfS **02** 422). Die Pflichten aus § 14 (dort Rn. 6 f.) treffen auch Insassen von MüllFz; jedoch ist der herannahenden V zu besonderer Aufmerksamkeit verpflichtet (Brn VRS **117** 336: Schadensteilung bei unaufmerksam aussteigendem Müllwerker und Vorbeifahren in zu geringem (hierzu § 1 Rn. 36) Abstand). Ihnen ist, auch im Hinblick auf zu erwartendes Anfahren, besondere Aufmerksamkeit zu widmen (KG VM **96** 21). Zu den Sorgfaltspflichten des rückwärtsfahrenden MüllFz § 9 Rn. 51 und des wieder anfahrenden MüllFz § 10 Rn. 8, 10. An die Fahrer von MüllFz sind auch hinsichtlich ihres Verantwortungsgefühls besondere Anforderungen zu stellen; der Geschäftsherr muss sie über die erheblichen Gefahren ihrer Tätigkeit belehren und laufend auf ihre besondere Eignung überprüfen (Dü VersR **71** 573). Bei der Abwägung hinsichtlich des Sonderrechts fällt Müllabfuhr als bedeutungsvolle Aufgabe ins Gewicht (KG DAR **76** 268). Verdeckende Aufstellung eines Müllfz vor einer Kreuzung mit Z 206 kann uU rechtmäßig sein (KG VersR **77** 723 (aber Mithaftung aus BG)). **Fz zur Gehwegreinigung** sind an die Gesamtgewichtsgrenze von VI S. 1 und 2 gebunden, die Führer solcher Fz haben sicherzustellen, dass dabei weder die Gehwege noch darunter liegende Versorgungsleitungen beschädigt werden (VI S. 3).

Auffällige Warnkleidung müssen außerhalb von Gehwegen und Absperrungen alle Perso- **14** nen tragen, die bei den in VI bezeichneten Fz tätig sind oder die Straßen und StrAnlagen beaufsichtigen, Müllwerker, auf die der Verkehr stets Rücksicht zu nehmen hat, und Bedienstete der StrReinigung. Warnkleidung muss bei jeder Witterung und unter allen Sichtverhältnissen auffällig wirken, um hinreichend zu sichern (zB rückstrahlendes Orange, VwV Rn. 18, s. Rn. 2a), übliche Berufskleidungsfarben, zB Weiß, reichen dazu nicht aus (Dü VM **75** 8, *Booß* VM **75** 8, *Berr* DAR **84** 12, zur Warnwestenpflicht *Dauer* VD **05** 283). Arbeiten nahe beim vorschriftsmäßig gekennzeichneten Wartungsfz entbinden nicht von der Pflicht zum Tragen von Warnkleidung (Ha VM **58** 71 (Weichenreinigen)).

6. Messfahrzeuge der „Regulierungsbehörde für Telekommunikation" (VII). Nach **15** der Neufassung von VII durch ÄndVO v. 11.12.00 dürfen nur *Messfahrzeuge* der Bundesnetzagentur (dazu Rn. 2a) Sonderrechte in Anspruch nehmen, indem sie auf allen Straßen und Straßenteilen zu allen Zeiten fahren und halten dürfen, soweit ihr hoheitlicher Einsatz dies erfordert. Besondere Kennzeichnung der privilegierten Fz ist nicht Voraussetzung.

Nur soweit es der hoheitliche Einsatz erfordert, steht das Sonderrecht zu, und zwar stets **16** unter Berücksichtigung der öffentlichen Sicherheit und Ordnung (VIII; Ha NZV **95** 402, LG Mü I NJW-RR **04** 238). Maßstab ist das auf die jeweilige Dienstaufgabe ausgerichtete, gerichtlich insoweit nachprüfbare Ermessen. Das Erfordernis ist zB bei Befahren des Geh- oder Radweges mit Kfz erfüllt, wenn das andernfalls in kürzesten Abständen notwendige Einordnen in den fließenden V zu erheblichen Schwierigkeiten und Gefahren führen würde (LG Bielefeld VersR **81** 938).

Auf allen Straßen und Straßenteilen im Rahmen des Unumgänglichen steht das Son- **17** derrecht zu, also auch auf Geh- und anderen Sonderwegen (für Fz bis zu 2,8 t), auf für den Fahrverkehr gesperrten StrFlächen (Z 250, Fußgängerzonen). Zur Berechtigung, mit PostFz auch dem KfzVerkehr entwidmete Str zu befahren (BVerwG NZV **89** 445 („autofreie Ferieninsel")). Näher zum Verhältnis der Sonderrechte des § 35 zum StrRecht *Lorenz* DÖV **90** 517.

Ohne zeitliche Beschränkung steht es zu, es befreit daher die bezeichneten MessFz auch **18** vom Lkw-Sonn- und Feiertagsverbot (§ 30 III).

Auf das Fahren und Halten (Parken) ist i Ü das Sonderrecht beschränkt, alle anderen **19** VRegeln sind einzuhalten. Es befreit vor allem von Halt- und Parkbeschränkungen, auch von etwaigen Sperrzeiten beim Halten und Parken (§ 12). Die Befreiung betrifft die Z 250, 251, 253, 286, 290, 299, nicht zB die Z 262 bis 277, aber zB, bei Beachtung von VIII, auch den Bereich des Z 283. In zweiter Reihe darf, wenn anders nicht möglich, bei nur geringer Behinderung kurz gehalten werden (AG Tiergarten VersR **74** 508 (dann auch kein Verstoß gegen § 1)). Bei Unvermeidbarkeit dürfen Fz bis zu 2,8 t mit besonderer Vorsicht auch Geh- und andere Sonderwege benutzen.

Keine Befreiung besteht zB vom Rechtsfahr-, Rechtspark- und -haltegebot, von den allge- **20** meinen Geschwindigkeitsbeschränkungen, von § 1, den Überhol- und Vorfahrtregeln, von der Pflicht zur äußersten Sorgfalt beim Einfahren, Anfahren und Abbiegen in Grundstücke (Kö 7 U 122/74). Das Fahren gegen den Einbahnverkehr oder fahrbahnverengendes Parken oder Halten bei Dunkelheit wird idR VIII verletzen.

21   **Die öffentliche Sicherheit und Ordnung** setzt auch dem Sonderrecht nach VII Grenzen und ist gebührend zu berücksichtigen (vgl. Rn. 8). Das setzt sorgfältige Abwägung voraus, denn jedes Abweichen von VRegeln fordert erhöhte Sorgfalt (Dü VRS **64** 458). Ordnungswidrig ist das Gefährden von Sachen, zB des Gehwegs durch zu schwere Last, das unnötige Behindern von Bauarbeiten, gefährdend jedes Fahren, Halten oder Parken, das Dritte schädigen oder vermeidbar behindern kann, idR auch zeichenverdeckendes Halten oder Parken, überhaupt Nichtbeachtung der in § 12 I Nr. 1 bis 4, § 37 III sowie in Z 297 und 299 (hierzu § 41 Rn. 248n und 248q) bezeichneten Sachlagen. Vermeidbare Behinderung oder Belästigung ist unzulässig, soweit verständigerweise vorhersehbar, während unvermeidbare geringe Behinderungen oder Belästigungen hingenommen werden müssen. Verstöße gegen diese Grundsätze machen das Verhalten rechtswidrig.

21a   **7.** Hinsichtlich Fz von **Postunternehmen** („Universaldienstleistern") hat die StVO-Neufassung 2013 die unter dem Aspekt des Gleichheitssatzes unbefriedigende, durch eine Ausnahmegenehmigung zugunsten der Post AG (und ihrer Subunternehmen) geprägte Rechtslage (41. Aufl. Rn. 15 mwN) mit der für alle Anbieter geltenden **Sonderregelung in VIIa** bereinigt (dazu ausführlich Begr Rn. 2a). Diese sind unter den Voraussetzungen und im Umfang des VIIa von Ge- und Verboten beim Befahren von Fußgängerzonen und beim Parken im Umkreis von Briefkästen befreit, soweit dies zur zeitgerechten Leerung der Briefkästen bzw. mangels anderweitiger Parkmöglichkeiten für die Leerung von Briefkästen erforderlich ist. Die Inanspruchnahme der Sonderrechte steht auch hier unter dem Vorbehalt, dass Belange der öffentlichen Sicherheit und Ordnung nicht entgegenstehen (Rn. 16). Zudem normiert VIIa S. 3 eine Kennzeichnungspflicht zur Verhinderung von Missbrauch (Rn. 2a). VIIa S. 4 betrifft die Auslagepflicht in Bezug auf die Schadstoffbelastung (näher Begr Rn. 2a).

21b   **8. BOS-Funk.** IX stellt sicher, dass Berechtigte des BOS-Funks gem. § 4 der BOS-Funkrichtlinie (Bek. d. BMI v. 7.9.2009 – B5–670 001/1) auch nach Ablauf der in § 52 IV bestimmten Übergangsfrist entgegen § 23 Ia S. 1 Nr. 1 als Alleinfahrer während der Fahrt ein Funkgerät in der Hand bedienen dürfen. Die Regelung ist erforderlich geworden, weil der Kreis der zum BOS-Funk Berechtigten nicht vollständig mit dem in I und Va bezeichneten deckungsgleich ist. Namentlich die Verfassungsschutzbehörden des Bundes und der Länder sind von I, Va nicht erfasst, nutzen aber berechtigterweise den BOS-Funk (im Einzelnen Begr, BR-Drs. 556/17 S. 32f.). Zur Problemlage beim Funken iRv Dienstwagen- und Dienstmotorradfahrten *Wozny* VD **19** 311.

22   **9. Ordnungswidrig** (§ 24 StVG, § 49 StVO) handelt, wer entgegen VI S. 1, 2 oder 3 auf Gehwegen mit Fz über 2,8 t bzw. 3,5 t bei zu hohem Reifendruck reinigt oder dabei die Vermeidung von Schäden nicht sicherstellt (§ 49 IV Nr. 1), wer entgegen VI S. 4 keine auffällige Warnkleidung trägt (§ 49 IV Nr. 1a), wer entgegen § 35 VIII Sonderrechte ausübt, ohne die öffentliche Sicherheit und Ordnung gebührend zu berücksichtigen (§ 49 IV Nr. 2), dann – soweit Abs. 1 eingreift – nicht auch OW wegen Verstoßes gegen andere Vorschriften der StVO (Bay VM **83** 9, KG VRS **68** 299, NZV **00** 510 mAnm *D. Müller* VD **01** 203). Wer dagegen Sonderrechte unbefugt ausübt (sich anmaßt), oder seinen Beurteilungsspielraum überschreitet und deswegen ein nicht bestehendes Sonderrecht ausübt, fällt, soweit § 49 den Tatbestand ausdrücklich bezeichnet, unter die verletzte StVO-Vorschrift (*D. Müller* VD **01** 206). Unverschuldeter Verbotsirrtum über das Sonderrecht: Ha VRS **19** 198. Die Verletzung des § 35 bzw. der verletzten StVO-Regel kann unter dem Aspekt von §§ 222, 229 StGB **Strafbarkeit** auslösen (*Pießkalla* NZV **07** 438), in seltenen Ausnahmefällen (aM wohl *Pießkalla* aaO) auch eine solche nach § 315c StGB.

23   **10. Zivilrecht.** Einhaltung der VVorschriften ist **Amtspflicht** des KfzF und des Streifenführers bei Einsatzfahrten gegenüber jedem VT (KG VRS **56** 241, VM **82** 37, Ol VersR **63** 1087). Bei einem Unfall der Feuerwehr auf Dienstfahrt können Ansprüche auch nach § 839 BGB, Art 34 GG entstehen (BGH VersR **58** 688). Gleiches gilt für Einsatzfahrten von Feuerwehrangehörigen mit Privat-Kfz (*Bernstrauch* NZV **20** 243). Einsatzfahrt eines KatastrophenschutzFz ist hoheitliche Tätigkeit, Haftung nach § 839 BGB, Art 34 GG neben § 7 StVG (KG VM **82** 37). Bei schuldhaft ermöglichter missbräuchlicher Fahrt uU Amtshaftung (Dü VersR **71** 185). Zur Amtshaftung bei nicht durch § 35 gedecktem Verstoß gegen § 14 II s. dort Rn. 20. Nichtbeachtung dienstlicher Anweisung oder Befehle über das Verhalten im StrV begründet Amtspflichtverletzung (Mü VersR **76** 1165). Städtische Müllabfuhr als hoheitliche oder privatrechtliche Tätigkeit: § 16 StVG Rn. 17. Anwendbarkeit von § 839 I S. 2 BGB bei schuldhafter Schadensverursachung unter Inan-

spruchnahme von Sonderrechten: § 16 StVG Rn. 20. Die Befreiung von der Beachtung deutscher Vorschriften berührt die Haftung der Natotruppe nicht (Mü VersR **76** 1165). Wer sich auf ein Sonderrecht des die Fahrbahn eines bevorrechtigten Pkw kreuzenden UnfallrettungsFz beruft, muss die seine Vorfahrt begründenden Umstände beweisen (BGH NJW **62** 1767, KG VRS **105** 174). Vor dem Durchfahren einer Kurve auf enger Str muss die Besatzung eines Panzers den GegenV **wirksam warnen** (Schl NZV **93** 113). Wird vor einem Verband überbreiter Kfz ausreichend gewarnt, so muss der GegenV auch unter übersichtlichen Verhältnissen damit rechnen, dass solche Fz beim Abbiegen in eine BundesStr vorübergehend die andere Fahrbahn einengen (BGH VersR **73** 35). Zur **anteiligen Haftung** bei Kollision des bei Rot durchfahrenden EinsatzFz Fra VersR **79** 1127, KG VRS **105** 107, VM **82** 37, Jn SVR **07** 299, Dü NJW **18** 1694. Mit einem (selbst im Einsatz befindlichen) PolFz, das mit einer Geschwindigkeit von über 80 km/h in die Kreuzung einfährt, muss der sich sorgfältig in die Kreuzung hineintastende EinsatzF nicht rechnen (KG NZV **09** 142). Konnte der Vorfahrtberechtigte blaues Blinklicht und Einsatzhorn nicht wahrnehmen, kommt Alleinhaftung des Halters des EinsatzFz in Frage (KG VersR **89** 268). Die BG des SonderrechtsFz kann völlig zurücktreten, wenn ein FzF kurz vor dessen Herannahen unverhofft den Fahrstreifen wechselt (Dü VersR **88** 813). Gleiches gilt, wenn der auf den Seitenstreifen einer AB Wechselnde mit einem dort mit mäßiger Geschwindigkeit zu einem Unfall fahrenden PolFz kollidiert; dass eine Rettungsgasse gebildet war, ändert daran nichts (Fra DAR **16** 330). Dass ein **verfolgender Streifenwagen** verunglückt, hat ein mit 120 km/h Flüchtender zu vertreten (Nü VM **80** 45, dazu § 16 StVG Rn. 5, § 142 StGB Rn. 78). Ein Unfall des verfolgenden PolWagens ist durch den Verfolgten nur adäquat verursacht, wenn die Rechtsverletzung durch den Verfolgten noch andauert, nicht auch bei bloßem Überfahren von Rot, wenn gegen den Verfolgten ein Steckbrief besteht (Dü VersR **70** 713). Kein Schadensersatzanspruch bei Schädigung durch das verfolgende PolFz, wenn der Geschädigte die Verfolgung herausgefordert hat und das Verhalten der PolB rechtmäßig war (Ce VRS **100** 248). Zu den Anforderungen an den Idealfahrer bei Inanspruchnahme von Sonderrechten § 17 Rn. 22. Zur Haftung bei rechtmäßigem Verhalten nach §§ 59, 60 ASOG Berlin KG NZV **05** 417.

II. Zeichen und Verkehrseinrichtungen

Zeichen und Weisungen der Polizeibeamten

36 (1) [1]Die Zeichen und Weisungen der Polizeibeamten sind zu befolgen. [2]Sie gehen allen anderen Anordnungen und sonstigen Regeln vor, entbinden den Verkehrsteilnehmer jedoch nicht von seiner Sorgfaltspflicht.

(2) An Kreuzungen ordnet an:

1. Seitliches Ausstrecken eines Armes oder beider Arme quer zur Fahrtrichtung: „Halt vor der Kreuzung".
Der Querverkehr ist freigegeben.
Wird dieses Zeichen gegeben, gilt es fort, solange in der gleichen Richtung gewinkt oder nur die Grundstellung beibehalten wird. Der freigegebene Verkehr kann nach den Regeln des § 9 abbiegen, nach links jedoch nur, wenn er Schienenfahrzeuge dadurch nicht behindert.

2. Hochheben eines Arms:
„Vor der Kreuzung auf das nächste Zeichen warten",
für Verkehrsteilnehmer in der Kreuzung: „Kreuzung räumen".

(3) Diese Zeichen können durch Weisungen ergänzt oder geändert werden.

(4) An anderen Straßenstellen, wie an Einmündungen und an Fußgängerüberwegen, haben die Zeichen entsprechende Bedeutung.

(5) [1]Polizeibeamte dürfen Verkehrsteilnehmer zur Verkehrskontrolle einschließlich der Kontrolle der Verkehrstüchtigkeit und zu Verkehrserhebungen anhalten. [2]Das Zeichen zum Anhalten kann auch durch geeignete technische Einrichtungen am Einsatzfahrzeug, eine Winkerkelle oder eine rote Leuchte gegeben werden. [3]Mit diesen Zeichen kann auch ein vorausfahrender Verkehrsteilnehmer angehalten werden. [4]Die Verkehrsteilnehmer haben die Anweisungen der Polizeibeamten zu befolgen.

Begr zu § 36

1 **Zu Absatz 1:** *Weisungen und Zeichen der Polizeibeamten unterscheiden sich grundsätzlich dadurch, dass jene sich nur an einzelne bestimmte Verkehrsteilnehmer richten (Einzelverfügung), diese aber an alle, die es angeht (Allgemeinverfügung). Die Unterscheidung ist nötig, weil nach Absatz 3 die Weisungen den Zeichen der Polizeibeamten vorgehen sollen. Da beide Arten von Anordnungen praktisch ineinander überge-hen, will die Verordnung Klarheit dadurch schaffen, dass sie allein bestimmte Handbewegungen der Polizei-beamten in Absatz 2 als sogenannte Zeichen herausstellt. Alle übrigen Anordnungen der Polizeibeamten sind sonach Weisungen. Sie können sowohl durch Winken als auch durch Zuruf oder Pfeifen gegeben werden und müssen nur deutlich genug sein, um rechtliche Bedeutung zu erlangen.*

2–9 *Satz 2 klärt das Verhältnis dieser Weisungen und Zeichen zu anderen Anordnungen und sonstigen Re-geln. Was der Polizeibeamte anordnet, soll „allen" anderen Anordnungen und Regeln vorgehen. Anordnun-gen sind sowohl die durch die allgemeinen Verkehrsregeln gegebenen wie die folgenden Sonderanordnungen; sonstige Regeln finden sich gleichfalls in den allgemeinen Verkehrsregeln, aber auch unter den Richtzeichen (z. B. das positive Vorfahrtzeichen). Dass auch die Zeichen und Weisungen der Polizeibeamten Anordnun-gen sind, ergibt das Wort „andere" …*

10 **Begr** zur ÄndVO v. 19.3.92 (VkBl. **92** 187):

Zu Abs. 5: *Für eine effiziente Überwachung durch die Polizei und für die Sicherheit der Polizeibeam-ten ist es erforderlich, dass Verkehrsteilnehmer auch von einem nachfolgenden Polizeifahrzeug angehalten werden können. Hierdurch werden lange Verfolgungsfahrten und riskante Überholmanöver bei der Verfolgung von Straftätern vermieden. Die neue Regelung verringert die bei dem bisherigen Verfahren auftretenden Ge-fahren für die anhaltenden Polizeibeamten, die eventuellen Straftätern z. B. im Scheinwerferlicht ausgesetzt waren … . **Ergänzende Begr** des BRates zu Satz 1: Die Änderung soll klarstellen, dass die Polizei berechtigt ist, auch ohne konkreten Anlass eine Verkehrskontrolle zu dem Zweck durchzuführen, die Fahr-tüchtigkeit von Fahrzeugführern festzustellen. Dies hat insbesondere Bedeutung für Kontrollen zur Feststel-lung von Fahrzeugführern, die durch Alkoholgenuss fahruntüchtig sind. Eine Verpflichtung der kontrollierten Verkehrsteilnehmer, etwa an einem Atemalkoholtest aktiv mitzuwirken oder eine Blutentnahme (§ 81a StPO) ohne konkreten Verdacht zu dulden, wird dadurch nicht begründet.*

VwV zu § 36 Zeichen und Weisungen der Polizeibeamten

Zu Absatz 1

1   I. Dem fließenden Verkehr dürfen nur diejenigen Polizeibeamten, die selbst als solche oder   **11** deren Fahrzeuge als Polizeifahrzeuge erkennbar sind, Zeichen und Weisungen geben. Das gilt nicht bei der Verfolgung von Zuwiderhandlungen.

2   II. Weisungen müssen klar und eindeutig sein. Es empfiehlt sich, sie durch Armbewegungen zu geben. Zum Anhalten kann der Beamte eine Winkerkelle benutzen oder eine rote Leuchte schwenken.

Zu den Absätzen 2 und 4

3   I. Ist der Verkehr an Kreuzungen und Einmündungen regelungsbedürftig, so sollte er vorzugs-   **12** weise durch Lichtzeichenanlagen geregelt werden; selbst an besonders schwierigen und überbelasteten Kreuzungen werden Lichtzeichenanlagen im allgemeinen den Anforderungen des Verkehrs gerecht. An solchen Stellen kann es sich empfehlen, Polizeibeamte zur Überwachung des Verkehrs einzusetzen, die dann erforderlichenfalls in den Verkehrsablauf eingreifen.

4   II. Wenn besondere Verhältnisse es erfordern, kann der Polizeibeamte mit dem einen Arm „Halt"   **13** anordnen und mit dem anderen abbiegenden Verkehr freigeben.

5   III. Bei allen Zeichen sind die Arme so lange in der vorgeschriebenen Haltung zu belassen, bis   **14** sich der Verkehr auf die Zeichen eingestellt hat. Die Grundstellung muß jedoch bis zur Abgabe eines neuen Zeichens beibehalten werden.

6   IV. Die Zeichen müssen klar und bestimmt, aber auch leicht und flüssig gegeben werden.   **14a**

Zu Absatz 5

7   I. Verkehrskontrollen sind sowohl solche zur Prüfung der Fahrtüchtigkeit der Führer oder der   **15** nach den Verkehrsvorschriften mitzuführenden Papiere als auch solche zur Prüfung des Zustandes, der Ausrüstung und der Beladung der Fahrzeuge.

8   II. Straßenkontrollen des Bundesamtes für den Güterverkehr (§ 12 Abs. 1 und 2 GüKG) sollen in   **16** Zusammenarbeit mit der örtlich zuständigen Polizei durchgeführt werden.

Übersicht

1. Zu befolgen sind die Zeichen und Weisungen der PolB von allen VT in dieser Eigenschaft **17** (Ha MDR **76** 781), auch von Fußgängern außerhalb bezeichneter Übergänge, aber noch innerhalb der Kreuzungsbereiche (Bay VRS **17** 297), oder von Schienen-FzF im allgemeinen VBereich (Neust DAR **52** 44). Die Weisung muss **erkennbar von einem PolB** ausgehen (Ha JZ **72** 372). Sind PolB in Zivil nicht als solche deutlich erkennbar, so muss die Weisung nicht befolgt werden, Herausstrecken einer Kelle aus einem als solches nicht kenntlichen PolFz genügt nicht (Bay VRS **48** 232). Im fließenden V müssen Beamte, die Zeichen und Weisungen erteilen, durch Kleidung oder durch ihr PolFz erkennbar sein (VwV Rn. 1; Sa VRS **47** 387). Weisungen darf jeder für den allgemeinen V zuständige Beamte erteilen, auch bei innerdienstlicher Unzuständigkeit (Ha JZ **72** 371). Sie sind nicht allein deswegen unwirksam, weil sie gegen interne VwV verstoßen, also zunächst zu befolgen (Bay DAR **75** 137). Es genügt, dass die Weisung zwecks VRegelung gegeben und vom PolB nach pflichtgemäßem Ermessen für erforderlich gehalten wird (Ha VRS **54** 70). Nur nichtige oder rechtlich oder tatsächlich unausführbare Weisungen brauchen nicht befolgt zu werden (Ha VRS **54** 70, *Bouska* DAR **84** 35). Die Weisung, Glassplitter zu durchfahren, ist allenfalls bei polizeilichem Notstand rechtmäßig, andernfalls nichtig und muss nicht befolgt werden; jedoch muss der Kf auf Weisung beiseitefahren (Kö NJW **79** 2161, zw *Stelkens* NJW **80** 2174). Telefonische Weisung genügt, wenn sie erkanntermaßen von der Pol ausgeht (Ha JZ **72** 372, zw *Möhl* JR **72** 431, abl *Booß* VM **72** 71). *Verkehrshelfer* (zB Schülerlotsen) sind nicht Beamte; ihre Zeichen sind warnende Hinweise (Dü VRS **36** 30). Sie haben keine obrigkeitlichen Befugnisse (§ 42 Rn. 164–179). Nichtbefolgen ihrer Hinweise ist nicht ow (*Bormuth* NZV **92** 298). Die Nichtbeachtung von Zeichen oder Weisungen von *BW-Posten* zur VWarnung oder Vorrangregelung ist für sich allein nicht ow (VkBl. **71** 538 = StVRL § 27 StVO Nr. 1). Jedoch kann sie gegen eine andere Vorschrift verstoßen. *BW-Feldjäger* üben keine verkehrsregelnde Funktion aus und haben keine Weisungsbefugnis im zivilen StrV. Das Gleiche gilt für *ausländische MilitärPol* (s. VkBl. **87** 282 = StVRL § 27 StVO Nr. 2), auch in überwiegend oder ausschließlich von Angehörigen der Truppe und ihren Familien bewohnten Gebieten außerhalb militärischer Bereiche; jedoch empfiehlt sich die Beachtung von Warnsignalen und Hinweisen bei StrBenutzung durch Militär-FzKolonnen sowie bei Unfällen und Gefahr.

17a   **Literatur:** *Bouska,* Weisungen der Pol nach § 36 StVO, DAR **84** 33. *Dvorak,* Polizeiliches Haltegebot zur VKontrolle ..., JR **82** 446. *Geppert,* Zur Einführung verdachtsfreier Atemalkoholkontrollen aus rechtlicher Sicht, *Spendel*-F S. 655. *Kullik,* Kontrollbefugnisse der Pol im StrV, BA **88** 360. *Weigelt,* Kein blinder Gehorsam gegenüber PolB, DAR **61** 11.

18   **1a. Die Zeichen der PolB** richten sich stets an alle VT, die es angeht, weil sie am gerade zu regelnden VVorgang teilnehmen (Allgemeinverfügung; Begr). Darin unterscheiden sie sich von individuellen Weisungen, die ein zuständiger PolB aus triftigem Grunde überall im Verkehr an einzelne VT oder Gruppen von solchen im Rahmen von § 6 StVG geben darf. Nur zwei Zeichen sieht die StVO vor, deren Nichtbeachtung ow ist, nämlich das seitliche Ausstrecken eines oder beider Arme (II Nr. 1, Rn. 22) und das Hochheben eines Armes (II Nr. 2, Rn. 23). Individuelle Weisungen (Rn. 19, 20) gehen diesen Zeichen vor (Begr).

19   **1b. Weisungen** richten sich stets an einzelne VT oder klar begrenzte Gruppen von solchen (Begr), regeln eine konkrete Lage (BVerwG DAR **75** 250, Kö VRS **57** 143, **64** 59, Ha VRS **52** 208, Dü DAR **94** 330) und unterscheiden sich dadurch von den Zeichen (Rn. 18), denen sie vorgehen. Eine Weisung ist ein nach § 80 II VwGO sofort vollziehbarer Verwaltungsakt (Dü DAR **80** 378). Sie kann in beliebiger Form ergehen, unmittelbar oder durch Zuruf, Wink, Pfiff, eindeutige Handbewegung (Begr), muss jedoch deutlich anordnen, was geschehen soll (Kö VM **77** 53), wobei Unklarheit nicht zulasten des Betroffenen geht (Kö VM **77** 54, Kar VM **96** 8). Maßgebend ist ihr erkennbarer Inhalt, bezogen auf die Sachlage. Die Weisung muss *unmittelbar einen VVorgang regeln* wollen (BGHSt **32** 248 = NJW **84** 1568, BVerwG DAR **75** 250, Ha MDR **76** 781, Kö VRS **64** 59, Ko VRS **71** 70, Dü VM **86** 72, *Janiszewski* NStZ **83** 513, *Bouska* DAR **84** 33), auch des ruhenden Verkehrs (Br VkBl. **59** 260, Kö VRS **20** 300) und wenn der Betroffene danach einen geringen Umweg fahren muss (Ha VRS **54** 70). Nach hM meint § 36 I *nur unmittelbar verkehrsregelnde Verfügungen,* nicht dagegen solche Anordnungen, die nur die Beseitigung oder Verhütung eines vorschriftswidrigen Zustands oder Verhaltens bezwecken (BVerwG VM **75** 75, Ha DAR **78** 27, Dü DAR **94** 330, Ko VRS **61** 68, Kö VRS **67** 62, *Bouska* DAR **84** 33, aM Ha VRS **52** 208 (Aufforderung zur Unterlassung belästigenden Parkens), Ha VRS **46** 397 (Anordnung, die Fahrt wegen Überschreitung der Tageslenkzeit nicht fortzusetzen); Stu NJW **84** 1572 (Anhalten eines Kf, um Geschwindigkeitsüberschreitung zu beenden)). **Keine Weisung** iS von § 36 I ist daher die Aufforderung, ein abgestelltes Fz zu verschließen (Ce VM **66** 94), die gesperrte Fläche einer Str zu verlassen (Ha DAR **78** 27) oder die Auflagen einer Ausnahmegenehmigung einzuhalten (Kö VRS **67** 62), auch nicht die Weisung einer Streifenwagenbesatzung, die ergeht, um ein rascheres Eintreffen am Einsatzort zu ermöglichen (Stu VRS **61** 223 (Nichtbefolgen möglicherweise aber Verstoß gegen § 1 II); krit Anm *Dvorak* PVT **83** 38). Keine Weisung iS von I, wenn sich der PolB ersichtlich auf einen bloßen Hinweis beschränken, aber keine Anordnung treffen will (Ce VM **66** 166, Ol VM **56** 35 (Hinweis auf VSperre, die zu beachten sei)). Ein bloßes HupZ kann keine Weisung sein (Dü VM **65** 46). Die Weisung, ein Kfz heranzufahren, ersetzt keine FE (Bay VM **62** 9). **Beispiele für Weisungen:** Die im Hinblick auf zu erwartendes VAufkommen vorausschauend erteilte Anordnung, an bestimmter Stelle nicht zu parken (Dü VRS **60** 150) und ähnliche Anordnungen die zugleich mit der Beseitigung eines vorschriftswidrigen Zustands, vor allem auch zur Verhütung einer zu erwartenden daraus resultierenden Behinderung oder Gefährdung des Verkehrs getroffen werden (s. auch *Bouska* DAR **84** 33), die Aufforderung, ein den fließenden V behinderndes Fz wegzufahren (Dü NZV **94** 330), auch Weisungen, die zur Beseitigung einer andauernden Beeinträchtigung der VSicherheit ergehen wie Untersagen der weiteren VTeilnahme durch fahrunsicheren Fahrer oder mit verkehrsunsicherem Fz (BGHSt **32** 248 = NJW **84** 1568, *Dvorak* Polizei **84** 242). Nach § 3 II darf ein Langsamfahrer zum angemessenen Schnellerfahren angewiesen werden. Haltgebot nach V: Rn. 24. Die Weisung muss von einem **zuständigen PolB** ausgehen, also nicht von einem BahnpolB außerhalb des Bahnbereichs (Ce NJW **67** 944, VRS **32** 150). Weisungen können nachträglich nicht gerichtlich nachgeprüft werden, weder auf Notwendigkeit noch auf Zweckmäßigkeit; auch wer sie für rechtswidrig hält, muss sie idR zunächst angepasst befolgen (Bay VRS **48** 232, Dü VM **67** 72, Br VkBl. **59** 260), anders nur bei Nichtigkeit oder Unausführbarkeit der Weisung (Dü DAR **80** 378). Die Ablehnung der Weisung beiseite zu fahren, kann wegen erheblicher Interessenverletzung nach § 16 OWiG gerechtfertigt sein (Kö VRS **57** 143). Zur Rechtswidrigkeit der Weisung eines Außendienstmitarbeiters der StrVB, aus Gründen der Gefahrenabwehr ein nach StVO zulässiges Parken zu beenden, *Dvorak* PVT **84** 402.

1c. Vorgehen müssen die Zeichen und Weisungen der PolB allen „anderen Anordnungen 20 und sonstigen Regeln", wenn sie ihren Zweck erreichen sollen (I S. 2). Allgemeine VRegeln, Sonderregeln und auch die VZ treten daher insoweit zurück (Begr; Ha VRS **23** 63, Fra DAR **65** 331), erst recht innerbetriebliche Vorschriften des Kf (Kö VM **75** 86 (Busunternehmen)). So etwa kann der zuständige PolBeamte gestatten, eine EinbahnStr in Gegenrichtung zu befahren, oder untersagen, an sonst erlaubter Stelle zu parken.

1d. Stets sinngemäß sind Zeichen und Weisungen vom Kf oder Halter zu befolgen, ange- 21 passt und ungefährdend (Dü VersR **74** 1112, VM **86** 72). Sie entbinden nicht von eigener Sorgfaltspflicht (I; KG VM **80** 7, Ha DAR **73** 277). Nicht befolgt wird eine erkennbar wegen gestörten VFlusses durch Schaulustige erteilte Aufforderung zur Weiterfahrt bei erneutem Anhalten nach wenigen 100 m (Dü VM **86** 72). Zeigt sich, dass ein Zeichen oder eine Weisung der Lage offensichtlich nicht entspricht, sondern gefährden könnte, so ist es sinngemäß zu befolgen oder durch anderes verkehrsgerechtes Verhalten zu ersetzen (Dü VersR **74** 1112). Auf spezielles Einwinken darf der Abbieger nicht vertrauen (KG DAR **74** 238 *(Darkow)*). Eine polizeiliche Weisung (das Kfz zurückzusetzen) entbindet den Kf nur dann von eigener Sorgfalt, ob dies gefahrlos möglich sei, wenn er nach den Umständen gewiss sein kann, dass der PolB dies gewährleistet (Bay VRS **59** 234). Wer auf polizeiliche Weisung in belästigender oder gefährdender Weise anhält, kann § 1 II verletzen (Kö VRS **59** 462). Auch auf WarnZ von Verkehrshelfern (Schülerlotsen; Rn. 17) ist sinngemäß zu reagieren.

2. Das Haltzeichen (Abs. 2) ist das erste der beiden einzigen in § 36 vorgesehenen polizei- 22 lichen Zeichen. Es besteht im seitlichen Ausstrecken eines oder beider Arme quer zur Fahrtrichtung und bedeutet „Halt vor der Kreuzung (Einmündung, Überweg)", soweit Fz noch nicht in sie eingefahren sind. Zugleich ist der Querverkehr dadurch freigegeben; er fährt in eigener Verantwortung, nicht auf Anordnung (Begr) weiter oder biegt nach den Regeln des § 9 ab, solange er Schienenfz dadurch nicht stört (II Nr. 1). Die Regelung gilt für andere StrStellen (Einmündungen, Fußgängerüberwege) entsprechend (II, IV) und kann durch Weisungen (Rn. 19), auch eines zweiten Beamten, ergänzt werden (Begr), zB bei verstopfter Kreuzung im Stoßverkehr (§ 11). Hält ein Eingreifposten im Stoßverkehr den entgegenkommenden Verkehr durch Hochheben des Armes an und weist er einen Linksabbieger zum Verlassen der Kreuzung an, so darf sich dieser hierauf trotz seiner grundsätzlichen Sorgfaltspflicht auch dann verlassen, wenn er nicht den gesamten entgegenkommenden Geradeausverkehr überblicken kann (KG VM **76** 90). Das HaltZ gibt dem Querverkehr Erlaubnis, nicht Anweisung zum Weiterfahren (Rn. 21), doch verhält sich nur verkehrsgerecht, wer diesen nicht durch Zögern oder sinnwidriges Verharren stört (§§ 1, 3 II). Nach links darf nur ohne Störung des Längsverkehrs, auch der Schienenfz, abgebogen werden (§ 9). Daher werden Linksabbieger bis zur Kreuzungsmitte vorfahren und dort nach Abreißen des Längsverkehrs auf der freigegebenen Straße abbiegen. Das HaltZ gilt, solange der Beamte in derselben Richtung winkt oder seine Grundstellung beibehält.

3. Das Achtungszeichen besteht im Hochheben eines Arms. Die Begr bezeichnet es als 23 Zwischenbefehl, weil es VT außerhalb des Kreuzungsbereichs anweist, vor diesem das nächste Zeichen abzuwarten, während VT in der Kreuzung diese verlassen müssen. Das Achtungszeichen gilt außer an Kreuzungen auch an anderen StrStellen (II, IV) und kann durch Weisungen ergänzt werden (III).

4. Anhalten zur Verkehrskontrolle und Verkehrserhebungen (Abs. 5) dürfen PolB die 24 VT. Die ganz hM sieht Abs. 5 als durch § 6 I Nr. 3 StVG gedeckt an, weil die Regelung wegen Geringfügigkeit und kurzzeitiger Dauer des Eingriffs nur die allgemeine Handlungsfreiheit (Art. 2 I GG) tangiert (zB *Epping/Hillgruber* BeckOK GG Art 2 Rn. 87). Hingegen sieht *Barczak*

(NZV **10** 698) schwerlich überzeugend eine Beeinträchtigung von Art. 2 II S. 2, 3, Art. 104 I GG, zu der § 6 I Nr. 3 StVG nicht ermächtige, wobei auch Art. 19 I S. 2 GG nicht gewahrt sei; würde man dem folgen, wären *verdachtsunabhängige* VKontrollen nach geltendem Recht unzulässig. VKontrollen dienen der Sicherheit oder Ordnung des StrV (Fahrtüchtigkeit, FzPapiere, Betriebssicherheit; Stu VRS **59** 464). V erfasst Weisungen und Zeichen zwecks Anhaltens an fahrende Fz und solche an haltende Fz zwecks Stehenbleibens (Ce VRS **17** 150, VM **61** 76). Anhalteweisung kann auch das Verfolgen unter Verwendung von Blaulicht und Einsatzhorn sein (Kö VRS **67** 295). Auch diese HaltZ sind sinnvoll und angepasst zu befolgen (Bay VRS **4** 620, Kö VRS **37** 306) durch Anhalten an nächster, geeigneter Stelle, nicht zB durch gefährdendes, abruptes Bremsen (Ha DAR **73** 277). Verkehrskontrolle: VwV Rn. 7. Kontrollen müssen das Übermaßverbot berücksichtigen, sich also im Wesentlichen auf Stichproben beschränken (s. aber *Legat* BA **88** 374). Sie sind aber auch ohne konkreten Anlass zulässig (Rn. 10). Außer bei Gefahr im Verzug darf die Pol zur Absicherung von Kontrollen keine VZ aufstellen; dennoch aufgestellte sind jedoch zu beachten (Stu VRS **59** 464). Anhalten nur wegen Verdachts auf Straftat oder OW, also zwecks Verfolgung von Straftaten oder OW, ist durch § 6 StVG nicht gedeckt und nur kraft StPO und Polizeirechts zulässig (BGHSt **32** 248 = NJW **84** 1568, Ha VRS **51** 226, Zw VM **81** 83, Kö VRS **67** 293, *Janiszewski* NStZ **83** 513). Ob und ggf. unter welchen Voraussetzungen Anhalten **wegen einer konkreten VStraftat oder VOW** Weisung nach I, V wird, wird unterschiedlich beurteilt. Für Annahme einer bußgeldbewehrten Weisung in solchen Fällen: Zw VM **81** 83, Ha VRS **65** 230, NStZ **83** 513, Dü VRS **73** 387, NZV **96** 458 (krit *Seier/Rohlfs*), *Dvorak* JR **82** 448, *Bouska* DAR **84** 33; **aM** Kö VRS **59** 462, **64** 59, Ko VRS **71** 70, Bay VRS **72** 132, Ce DAR **12** 644; *Albrecht* DAR **03** 541, *Janiszewski* NStZ **83** 513, wohl auch *Rebler/Müller* SVR **17** 1). Richtig dürfte sein: Dient das Anhaltegebot *ausschließlich* der Ahndung einer zuvor begangenen VOW, so handelt es sich weder um eine Weisung nach I noch um Anhalten „zur Verkehrskontrolle" (BGHSt **32** 248 = NJW **84** 1568). Das ist auch dann nicht anders, wenn die PolB auch die mitzuführenden Papiere kontrollieren; die Maßnahme wird hierdurch nicht zur vorbeugenden Verkehrskontrolle iS von V (Bay NJW **87** 1094; Ce DAR **12** 644; *Geppert, Spendel*-F 663, aM Dü VRS **73** 387, NZV **96** 458 m krit Anm *Seier/Rohlfs; Janiszewski* NStZ **83** 514, *Hentschel* NStZ **84** 271, hier bis 41. Aufl). Dem fließenden Verkehr dürfen nur Beamte Zeichen und Weisungen geben, die *durch Uniform* oder Polfz erkennbar sind (VwV Rn. 1; Sa VRS **47** 387). Ein kontrollierender uniformierter PolB muss sich nicht noch gesondert ausweisen (Sa VM **75** 63). Bedienstete kommunaler Ordnungsbehörden fallen grds. nicht unter den Begriff des PolB iS von I S. 1 (*Albrecht* DAR **03** 541, SVR **05** 133). Eine im Rahmen einer Kontrolle durchgeführte informatorische Befragung zwingt noch nicht zur Belehrung nach § 136 StPO, auch iVm § 46 I OWiG (KG NZV **09** 572). Zur Frage einer Anhaltebefugnis solcher Personen auf anderweitiger Rechtsgrundlage *Albrecht* DAR **03** 541. Anhalten von Fz durch **Beauftragte des Bundesamtes für Güterverkehr:** § 12 GüKG, VkBl. **05** 99 = StVRL Nr. 2.

25   **Polizeiliche Anhaltezeichen** bei VKontrollen sind individuell zu vollstreckende Verfügungen (§ 113 StGB), ihre Durchsetzung ist eine Vollstreckungshandlung (BGHSt **25** 313 = NJW **74** 1254, Ce NJW **73** 2215, Dü NZV **96** 458). Kontrollierende PolB haben kraft Amtspflicht für verkehrssichere Aufstellung jedes angehaltenen Kfz zu sorgen (LG Wuppertal VersR **80** 1034). Gefährdende Durchführung der Kontrolle ist Amtspflichtverletzung auch hinsichtlich der Kosten eines ergebnislosen Verfahrens auf Grund einer auf die Kontrolle gestützten Anzeige (BGH VRS **16** 167; Sa NZV **16** 365 (im konkreten Fall nicht bewiesen)). Weisungen zwecks Kontrolle dürfen nicht gefährden; deshalb ist das Stoppen auf einer Überholspur als gefährlich idR zu unterlassen (Dü VersR **74** 1112). Das AnhalteZ kann auch durch technische Einrichtungen am PolFz, und zwar auch gegenüber vorausfahrenden VT, zB durch Leuchtschrift auf dem Fz, Lautsprecher usw, gegeben werden (Rn. 10). Wird ein Kf aus 100 m Entfernung durch deutliches Kellenschwenken zum Anhalten aufgefordert, obwohl er vorher zulässigerweise abbiegen will, so muss er dort anhalten, wo dies gefahrlos möglich ist, jedoch in Sichtweite des PolB (*Booß* VM **77** 54, abw Kö VRS **53** 215). Wer zur Kontrolle aus der Nähe zum Anhalten aufgefordert wird, muss anhalten und sich kontrollieren lassen, erforderlichenfalls eine angemessene Zeit warten (Kö VRS **67** 293). Er darf weder weiterfahren noch vor dem PolB abbiegen noch wenden und zurückfahren (Bay NJW **78** 1537, aM Fra VRS **54** 451) und für den Fall, dass der Kf das HaltZ vorwurfsfrei übersehen durfte, weil er sich auf die VLage beim Abbiegen zu konzentrieren hatte (s. auch Dü VRS **55** 379). Je nach Lage genügt es, in Sicht- oder Rufweite des PolB anzuhalten (Kö VM **77** 54, aM *Huppertz* PVT **90** 49 im Hinblick auf V S. 4). Ob die weitergehende deutliche Weisung zum Heranfahren bis zum PolB nach V zu befolgen ist, ist zw (offen gelassen von Bay NJW **78** 1537), dürfte aber trotz V S. 4 zu verneinen sein (so für die frühere Fassung *Booß* VM **77** 54, Ko VRS **61** 68, aM Kö VM **77** 53). Denn **weitergehende Weisungen** als die zum Anhalten und die unmittelbar mit der Durchführung der Kontrolle erforderlichen Anweisungen sind durch V nicht gedeckt, so zB nicht die Aufforderung zu wenden und dem PolB zu folgen (Ko VRS **61** 68), zwecks Blutprobenentnahme zum Streifenwagen zu gehen (Ko VRS **61** 392) oder auf die andere StrSeite zum PolFz zu fahren (Kö VRS **64** 59, BHHJ/*Hühnermann* Rn. 4, 12). Dagegen hat der zum Zwecke der Verkehrskontrolle angehaltene FzF solchen **Anweisungen gem. Abs. V S. 4** nachzukommen, die unmittelbar der Ermöglichung der Kontrolle dienen. Dazu gehört etwa die Anweisung auszusteigen, um dem PolB die Überprüfung des Fz oder der VTüchtigkeit des FzF zu ermöglichen (Dü NZV **96** 458 mAnm *Seier/Rohlfs;* für den Fall eines Straftat- oder OWVerdachts s. aber o), oder die Aufforderung, Beleuchtungseinrichtungen zu Überprüfungszwecken zu betätigen, nicht aber das Ersuchen, im Rahmen von Verkehrserhebungen Angaben zu machen. V ermächtigt nicht zur Anordnung von Blutentnahmen ohne konkreten Verdacht und verpflichtet nicht zur Mitwirkung an einem Atemalkoholtest (Rn. 10; *Geppert, Spendel*-F 664 ff., *Hentschel* NJW **92** 2064, *Salger* DRiZ **93** 313). Die Mitwirkung an Umfrageaktionen bei Verkehrserhebungen ist freiwillig. S. im Übrigen zu den Mitwirkungs- und Duldungspflichten des Fahrers bei Kontrollen: § 31b StVZO. Zur **Untersagung des Betriebs vorschriftswidriger Fz** durch die Pol *Kreutel*, Polizei **83** 335, *Dvorak*, Polizei **84** 240.

5. Zivilrecht. Wer als PolB einen Kf durch Zeichen zum Befahren einer unübersichtlichen 26 Kreuzung veranlasst, muss ihm das Befahren ermöglichen und andere Fz uU stoppen (BGH VersR **61** 253). Amtshaftung bei polizeilicher Weisung zur Weiterfahrt trotz erkennbarer Gefahrenlage (Kö NZV **93** 64 (Nichtberücksichtigung roten LichtZ durch PolB)). Wer auf einen am Fahrbahnrand stehenden, als solchen erkennbaren PolB zufährt, der mit der Winkerkelle Zeichen gibt, muss damit rechnen, dass die Winkerkelle in die Fahrbahn hineinragt und seine Fahrweise durch Verzögerung und entsprechenden Seitenabstand darauf einrichten (Sa NJW-RR **16** 143). Zur Amtshaftung für Verkehrshelfer (Schülerlotsen) Kö NJW **68** 655 (abl *Martens* NJW **70** 1029). Zur Amtshaftung für WarnZ eines PolB bei Glatteis BGH VersR **66** 447.

6. Ordnungswidrig (§ 24 StVG) handelt, wer entgegen I bis IV ein Zeichen oder eine Wei- 27 sung oder entgegen V S. 4 ein Haltgebot oder eine zur Ermöglichung einer VKontrolle oder -erhebung dienende Anweisung (Rn. 25) nicht befolgt (§ 49 III Nr. 1). Die Einfügung des Hinweises auf Satz 4 des § 36 Abs. V in § 49 III Nr. 1 ist zwar missverständlich, weil S. 4 nur das Befolgen von Anweisungen, S. 1 aber das Anhalten regelt; aus der ausdrücklichen Erwähnung des Haltgebots folgt aber, dass die „Anweisung" anzuhalten bußgeldbewehrt bleibt (*Hentschel* NJW **92** 2064, *Geppert, Spendel*-F 661, 670). Nichtbefolgung einer Weisung ist nur im Bereich der Betätigung als VT ow, nicht aus Gründen der allgemeinen Strafverfolgung (Rn. 24; BGHSt **32** 248 = NJW **84** 1568, Kö VRS **53** 473, VM **81** 39, Ha MDR **76** 781, VRS **51** 226, Zw VM **81** 83). Kann der VT nach den Umständen (Zivilstreife) eine polizeiliche Weisung nicht als solche erkennen, so ist er schuldlos (Bay DAR **75** 137). Jedoch genügt Fahrlässigkeit (Ha VM **69** 47). Der Fahrer eines haltenden Fz, der, anstatt – wie ihm von der Pol aufgegeben – zu wenden, dem PolFz zu folgen und an anderer Stelle zwecks Ahndung einer OW zu halten, lediglich wegfährt, handelt weder nach I noch nach V ow, ebenso wenig, wer der Aufforderung, sich zwecks Entnahme einer Blutprobe zum Streifenwagen zu begeben, nicht nachkommt (Rn. 25). Irrtum über den Sinn eines Handzeichens ist Tatbestandsirrtum (Kö VRS **26** 107), über die Rechtmäßigkeit des Zeichens Verbotsirrtum (Ha VRS **5** 634). TE des Verstoßes gegen § 36 mit demjenigen gegen die Vorschriften der StVO oder StVZO, auf deren Beachtung die Weisung gerichtet war (Ha VRS **7** 221). Zur Notwendigkeit auch der Berufsangabe nach VOWen: Bay VRS **57** 53, Ce VRS **53** 458. Zeichen von BW-Feldjägern oder -Posten: Rn. 17. Warnung anderer vor einer VKontrolle verletzt keine Vorschrift (§ 1 Rn. 40), sofern sie nicht behindert, sonst § 1 (dort Rn. 40, sowie § 3 Rn. 59). Warnung vor PolKontrolle, Radarmessung usw. mittels Lichthupe: § 16 Rn. 18.

7. Strafrecht. Der Versuch, den Halt gebietenden VPosten umzufahren, kann versuchte vor- 28 sätzliche Tötung sein (§§ 212, 211 StGB; zB BGH VRS **16** 202, **61** 262). Zu Straftaten des Widerstands nach § 113 StGB zB Ha NJW **73** 1240, Ko DAR **80** 348, Fra DAR **72** 48, ferner § 315b StGB Rn. 32. Zufahren auf kontrollierenden PolB ist nur noch bei Schädigungsvorsatz gefährlicher Eingriff in den StrV (§ 315b StGB Rn. 18).

Wechsellichtzeichen, Dauerlichtzeichen und Grünpfeil

37 (1) [1]Lichtzeichen gehen Vorrangregeln und Vorrang regelnden Verkehrszeichen vor. [2]Wer ein Fahrzeug führt, darf bis zu 10 m vor einem Lichtzeichen nicht halten, wenn es dadurch verdeckt wird.

(2) [1]Wechsellichtzeichen haben die Farbfolge Grün – Gelb – Rot – Rot und Gelb (gleichzeitig) – Grün. [2]Rot ist oben, Gelb in der Mitte und Grün unten.

1. [1]An Kreuzungen bedeuten:
Grün: „Der Verkehr ist freigegeben".
[2]Er kann nach den Regeln des § 9 abbiegen, nach links jedoch nur, wenn er Schienenfahrzeuge dadurch nicht behindert.
[3]Grüner Pfeil: „Nur in Richtung des Pfeils ist der Verkehr freigegeben".
[4]Ein grüner Pfeil links hinter der Kreuzung zeigt an, dass der Gegenverkehr durch Rotlicht angehalten ist und dass, wer links abbiegt, die Kreuzung in Richtung des grünen Pfeils ungehindert befahren und räumen kann.
[5]Gelb ordnet an: „Vor der Kreuzung auf das nächste Zeichen warten".
[6]Keines dieser Zeichen entbindet von der Sorgfaltspflicht.
[7]Rot ordnet an: „Halt vor der Kreuzung".
[8]Nach dem Anhalten ist das Abbiegen nach rechts auch bei Rot erlaubt, wenn rechts neben dem Lichtzeichen Rot ein Schild mit grünem Pfeil auf schwarzem Grund (Grünpfeil) angebracht ist. [9]Durch das Zeichen

wird der Grünpfeil auf den Radverkehr beschränkt.
[10]Wer ein Fahrzeug führt, darf nur aus dem rechten Fahrstreifen abbiegen. [11]Soweit der Radverkehr die Lichtzeichen für den Fahrverkehr zu beachten hat, dürfen Rad Fahrende auch aus einem am rechten Fahrbahnrand befindlichen Radfahrstreifen oder aus straßenbegleitenden, nicht abgesetzten, baulich angelegten Radwegen abbiegen. [12]Dabei muss man sich so verhalten, dass eine Behinderung oder Gefährdung anderer Verkehrsteilnehmer, insbesondere des Fußgänger- und Fahrzeugverkehrs der freigegebenen Verkehrsrichtung, ausgeschlossen ist.
[13]Schwarzer Pfeil auf Rot ordnet das Halten, schwarzer Pfeil auf Gelb das Warten nur für die angegebene Richtung an.
[14]Ein einfeldiger Signalgeber mit Grünpfeil zeigt an, dass bei Rot für die Geradeaus-Richtung nach rechts abgebogen werden darf.

2. An anderen Straßenstellen, wie an Einmündungen und an Markierungen für den Fußgängerverkehr, haben die Lichtzeichen entsprechende Bedeutung.

3. Lichtzeichenanlagen können auf die Farbfolge Gelb – Rot beschränkt sein.

4. [1]Für jeden von mehreren markierten Fahrstreifen (Zeichen 295, 296 oder 340) kann ein eigenes Lichtzeichen gegeben werden. [2]Für Schienenbahnen können besondere Zeichen, auch in abweichenden Phasen, gegeben werden; das gilt auch für Omnibusse des Linienverkehrs und nach dem Personenbeförderungsrecht mit dem Schulbus-Zeichen zu kennzeichnende Fahrzeuge des Schüler- und Behindertenverkehrs, wenn diese einen vom übrigen Verkehr freigehaltenen Verkehrsraum benutzen; dies gilt zudem für Krankenfahrzeuge, Fahrräder, Taxen und Busse im Gelegenheitsverkehr, soweit diese durch Zusatzzeichen dort ebenfalls zugelassen sind.

5. [1]Gelten die Lichtzeichen nur für zu Fuß Gehende oder nur für Rad Fahrende, wird das durch das Sinnbild „Fußgänger" oder „Radverkehr" angezeigt. [2]Für zu Fuß Gehende ist die Farbfolge Grün – Rot – Grün; für Rad Fahrende kann sie so sein. [3]Wechselt Grün auf Rot, während zu Fuß Gehende die Fahrbahn überschreiten, haben sie ihren Weg zügig fortzusetzen.

6. [1]Wer ein Rad fährt, hat die Lichtzeichen für den Fahrverkehr zu beachten. [2]Davon abweichend sind auf Radverkehrsführungen die besonderen Lichtzeichen für den Radverkehr zu beachten. [3]An Lichtzeichenanlagen mit Radverkehrsführungen ohne besondere Lichtzeichen für Rad Fahrende müssen Rad Fahrende bis zum 31. Dezember 2016 weiterhin die Lichtzeichen für zu Fuß Gehende beachten, soweit eine Radfahrerfurt an eine Fußgängerfurt grenzt.

(3) [1]Dauerlichtzeichen über einem Fahrstreifen sperren ihn oder geben ihn zum Befahren frei.
[2]Rote gekreuzte Schrägbalken ordnen an:
„Der Fahrstreifen darf nicht benutzt werden".
[3]Ein grüner, nach unten gerichteter Pfeil bedeutet:
„Der Verkehr auf dem Fahrstreifen ist freigegeben".
[4]Ein gelb blinkender, schräg nach unten gerichteter Pfeil ordnet an:
„Fahrstreifen in Pfeilrichtung wechseln".

(4) Wo Lichtzeichen den Verkehr regeln, darf nebeneinander gefahren werden, auch wenn die Verkehrsdichte das nicht rechtfertigt.

(5) Wer ein Fahrzeug führt, darf auf Fahrstreifen mit Dauerlichtzeichen nicht halten.

Begr zur ÄndVO v. 21.7.80: VkBl. **80** 518. **Begr** zur ÄndVO v. 22.3.88 (VkBl. **88** 225):

Zu Abs. 2 Nr. 6 (Begr des Bundesrats): *Radwege werden häufig unmittelbar neben einer Fuß-* **1** *gängerfurt angeordnet. In diesen Fällen ist es aus Gründen der Verkehrssicherheit nicht vertretbar, dass für Radfahrer die Lichtzeichen für den Kfzverkehr gelten, die idR eine längere Grünphase haben als die für Fußgänger. Wenn Radfahrer bei „Rot für Fußgänger" noch die Straße überqueren, üben sie eine unerwünschte Sogwirkung auf Fußgänger aus. Außerdem besteht die Gefahr, dass abbiegende Kraftfahrer sich an dem „Rot für Fußgänger" orientieren und dabei den Vorrang von Radfahrern nicht beachten. …*

Begr zur ÄndVO v. 19.3.92: VkBl. **92** 187. **1a**

Begr zur ÄndVO v. 14.12.93 (VkBl. **94** 172): **Zu Abs. 2 Nr. 1 Sätze 8 bis 10:** *… Die* **1b** *Grünpfeil-Regelung gilt gegenwärtig auf Grund der VO über die vorübergehende Weiterverwendung des grünen Pfeilschildes an Lichtzeichenanlagen vom 20. 12 91 (BGBl. I S. 2391) in den neuen Bundesländern und im Land Berlin. Eine dort durchgeführte Untersuchung der BASt hat festgestellt, dass die Leistungsfähigkeit bei Einsatz der Schilder an geeigneten Knotenpunkten nicht unwesentlich erhöht wird.* …

Sicherheitsbedenken bestehen bei Anbringung der Schilder an dafür geeigneten Knotenpunkten nicht. Die Untersuchung der BASt hatte in den neuen Bundesländern wesentliche Beeinträchtigungen der Sicherheit für Fußgänger und Fahrzeuge nicht nachweisen können, ebenso wenig negative Folgen für die Verkehrsunfallentwicklung … Ein zusätzlicher Sicherheitsgewinn wird mit der Einführung des ausdrücklichen Haltgebotes vor dem Abbiegen erwartet, da der Fahrzeugführer in stärkerem Maße als beim Rechtsabbiegen, das ohne Fahrtunterbrechung erfolgt, die freigegebenen Verkehrsrichtungen beobachten kann und muss.

Das Übereinkommen über Straßenverkehrszeichen vom 8. November 1968 sowie das europäische Zusatzübereinkommen vom 1. Mai 1971 (BGBl. II 1977 S. 809; BGBl. II 1979 S. 923) stehen der Regelung nicht entgegen.

Hauptvoraussetzung für das Rechtsabbiegen bei Lichtzeichen Rot ist das an der Lichtzeichenanlage angebrachte Schild mit grünem Pfeil auf schwarzem Grund. Weitere Voraussetzung ist, dass beim Abbiegen der Fußgänger- und Fahrzeugverkehr der freigegebenen Verkehrsrichtungen nicht behindert wird und eine Gefährdung ausgeschlossen ist … .

Fußgänger und Fahrzeugführer müssen sich darauf verlassen können, dass bei freigegebener Verkehrsrichtung die Fahrbahn gefahrlos überquert oder befahren werden kann.…

Begr des BRates: *Das Rechtsabbiegen bei Rot ist ein atypischer Verkehrsvorgang, der eine gesteigerte Sorgfaltspflicht des Abbiegenden erfordert. Infolgedessen muss der Gefährdungsausschluss gegenüber dem Mitverkehr, ähnlich wie beim Wenden oder Rückwärtsfahren, stärker ausgeprägt sein, und zwar z. B. auch gegenüber den Rad- oder Mofafahrern, denen nach § 5 Abs. 8 StVO ausdrücklich das Rechtsüberholen gestattet ist … .*

Begr zur ÄndVO v. 14.12.01: **Zu Abs. 3:** VkBl. **02** 142, 143 f. **1c**

Begr zur StVO-Neufassung v. 6.3.2013 (BR-Drs. 428/12): **Zu Abs. 1 und S. 2 neu:** *Redak-* **1d** *tionelle Änderung, vgl. Austausch der Bezeichnung Verkehrsschild durch Verkehrszeichen. Das gestrichene Haltverbot des § 12 I Nr. 7 vor Lichtzeichen ist nunmehr in dem neuen S. 2 normiert. Zur Normierung des Haltverbots in S. 2 siehe Begründung zu § 12 lit. a.**

Zu Abs. 2 Nr. 4: *In der „Schilderwaldnovelle" wurde eine Erweiterung des Berechtigtenkreises bei Befahren von durch Z 245 gekennzeichneten Bussonderfahrstreifen vorgenommen. Gleichsam ist eine Änderung in dieser Vorschrift als Folgeregelung vorzusehen.*

---

* S. dort Rn. 15a.

Zu Abs. 2 Nr. 6: ... *Auf Grund der Neuregelung in § 37 II Nr. 6 S. 2 ist eine Umrüstung von Lichtzeichen für Radfahrer erforderlich. Weil die Nachrüstung insbesondere in Großstädten mit einem erheblichen Aufwand verbunden ist, auch wenn lediglich die Streuscheiben ausgetauscht werden müssen, wird eine Übergangsfrist bis 31.12.2016 eingeräumt. In der Freien und Hansestadt Hamburg z. B. sind nach einer Schätzung ca. 1000 der rund 1700 Hamburger Lichtzeichenanlagen mit ca. 10 000 bis 15 000 Signalgebern von der Maßnahme betroffen. Daher ist ein Umrüstungszeitraum von mindestens drei Jahren vorzusehen.*

Die Ergänzung verdeutlicht die bereits bestehende Rechtslage für den Fall, dass die Radwegefurt nicht an eine Fußgängerfurt grenzt und keine gesonderten Lichtzeichen für den Fahrradverkehr vorhanden sind. Erforderlich ist, dass die Fußgängersignale in Fällen, wo keine Lichtzeichen für Radfahrer vorhanden sind und die Radwegefurt an eine Fußgängerfurt grenzt, durch das Symbol „Radverkehr" ergänzt werden. Die Straßenverkehrsbehörden müssen bei der Einmündung von Radwegefurten, meist mit vorgelagerter Haltlinie, darauf achten, dass der Radverkehr auch dann signaltechnisch abgesichert geführt wird, wenn weder das Hauptsignal für den Kraftfahrzeugverkehr zu sehen, noch ein besonderes Radfahrsignal vorhanden ist. Durch Veränderung der Masken an den Fußgängersignalen (Kombination der Symbole „Radverkehr" und „Fußgänger") ist zu gewährleisten, dass der Radfahrer sich dann nach diesen Signalen richtet. Die Kombination des Signalträgers mit den Symbolen „Radverkehr" und „Fußgänger" gilt dann auch als „besonderes Lichtzeichen für Radfahrer" i. S. d. § 37 II Nr. 6. Befindet sich die Radverkehrsführung neben der Fahrbahn einer Einmündung oder am kurzen Arm der T-Kreuzung, sind die für den Fahrverkehr geltenden Lichtzeichen nicht zu beachten, auch wenn in dem Bereich keine besonderen Lichtzeichen für Radfahrer oder Fußgänger (Übergangsregelung bis zum 31.12.2016) vorhanden sind, wenn Radfahrer weder den Fahr- noch den Fußgängerverkehr kreuzen.

Zu Abs. 5: ... *Das gestrichene Haltverbot des § 12 I Nr. 6 f. befindet sich nunmehr in diesem Absatz. Dort, wo Dauerlichtzeichen die Fahrstreifen „bewirtschaften" besteht Haltverbot. Hierbei ist es gleich, ob der Fahrstreifen durch Dauerlichtzeichen mit rot gekreuzten Schrägbalken gesperrt, mit grünen Pfeilen frei gegeben oder mit gelben Pfeilen zu wechseln ist. Ohne Haltverbote wäre die verkehrstechnische Regelung nicht realisierbar, weil vor jedem Signalwechsel der Dauerlichtzeichenanlage zuerst die Fahrstreifen bzw. Fahrbahn von haltenden oder parkenden Fz frei zu machen wäre.*

1e **Begr** zur ÄndVStVR v. 20.4.2020 (BR–Drs. 591/19) **zu Abs. 2 Nr. 1:** *Mit der Änderung wird ein Zusatz Z zur Anordnung des Grünpfeils ausschließlich für Rad Fahrende in die StVO übernommen. Das Zusatz Z ermöglicht es Rad Fahrenden, von einem Schutzstreifen, einem Radfahrstreifen oder einem baulich angelegten Radweg während einer Rotphase rechts abzubiegen, soweit die Verkehrslage dies zulässt. Radfahrer, die nicht auf der Fahrbahn, sondern auf einem am rechten Fahrbahnrand befindlichen Radfahrstreifen, der nicht Teil der Fahrbahn ist, oder auf einem begleitenden nicht abgesetzten baulich angelegten Radweg fahren, sollen ebenfalls von der derzeitigen Grünpfeilregelung profitieren können (Rechtsabbiegen bei Rot nach vorherigem Anhalten) kommen können, was durch die Erweiterung erreicht wird.*

2 VwV zu § 37 Wechsellichtzeichen, Dauerlichtzeichen und Grünpfeil

1 Die Gleichungen der Farbgrenzlinien in der Farbtafel nach DIN 6163 Blatt 5 sind einzuhalten.

Zu Absatz 1

2 So bleiben z. B. die Zeichen 209 ff. „Vorgeschriebene Fahrtrichtung" neben Lichtzeichen gültig, ebenso die die Benutzung von Fahrstreifen regelnden Längsmarkierungen (Zeichen 295, 296, 297, 340).

Zu Absatz 2

3 I. Die Regelung des Verkehrs durch Lichtzeichen setzt eine genaue Prüfung der örtlichen Gegebenheiten baulicher und verkehrlicher Art voraus und trägt auch nur dann zu einer Verbesserung des Verkehrsablaufs bei, wenn die Regelung unter Berücksichtigung der Einflüsse und Auswirkungen im Gesamtstraßennetz sachgerecht geplant wird. Die danach erforderlichen Untersuchungen müssen von Sachverständigen durchgeführt werden.

4 II. Wechsellichtzeichen dürfen nicht blinken, auch nicht vor Farbwechsel.

5 III. Die Lichtzeichen sind rund, soweit sie nicht Pfeile oder Sinnbilder darstellen. Die Unterkante der Lichtzeichen soll in der Regel 2,10 m und, wenn die Lichtzeichen über der Fahrbahn angebracht sind, 4,50 m vom Boden entfernt sein.

6 IV. Die Haltlinie (Zeichen 294) sollte nur soweit vor der Lichtzeichenanlage angebracht werden, daß die Lichtzeichen aus einem vor ihr wartenden Personenkraftwagen noch ohne Schwierigkeit beobachtet werden können (vgl. auch III S. 3 zu § 25; Rn. 5). Befindet sich z. B. die Unterkante des grünen Lichtzeichens 2,10 m über einem Gehweg, so sollte der Abstand zur Haltlinie 3,50 m betragen, jedenfalls über 2,50 m. Sind die Lichtzeichen wesentlich höher an-

gebracht oder muß die Haltlinie in geringerem Abstand markiert werden, so empfiehlt es sich, die Lichtzeichen verkleinert weiter unten am gleichen Pfosten zu wiederholen.

Zu den Nummern 1 und 2

7   I. An Kreuzungen und Einmündungen sind Lichtzeichenanlagen für den Fahrverkehr erforderlich,

1. wo es wegen fehlender Übersicht immer wieder zu Unfällen kommt und es nicht möglich ist, die Sichtverhältnisse zu verbessern oder den kreuzenden oder einmündenden Verkehr zu verbieten,

8   2. wo immer wieder die Vorfahrt verletzt wird, ohne daß dies mit schlechter Erkennbarkeit der Kreuzung oder mangelnder Verständlichkeit der Vorfahrtregelung zusammenhängt, was jeweils durch Unfalluntersuchungen zu klären ist,

9   3. wo auf einer der Straßen, sei es auch nur während der Spitzenstunden, der Verkehr so stark ist, daß sich in den wartepflichtigen Kreuzungszufahrten ein großer Rückstau bildet oder einzelne Wartepflichtige unzumutbar lange warten müssen.

10   II. Auf Straßenabschnitten, die mit mehr als 70 km/h befahren werden dürfen, sollen Lichtzeichenanlagen nicht eingerichtet werden; sonst ist die Geschwindigkeit durch Zeichen 274 in ausreichender Entfernung zu beschränken.

11   III. Bei Lichtzeichen, vor allem auf Straßen, die mit mehr als 50 km/h befahren werden dürfen, soll geprüft werden, ob es erforderlich ist, durch geeignete Maßnahmen (z. B. Blenden hinter den Lichtzeichen, übergroße oder wiederholte Lichtzeichen, entsprechende Gestaltung der Optik) dafür zu sorgen, daß sie auf ausreichende Entfernung erkennbar sind. Die Wiederholung von Lichtzeichen links von der Fahrbahn, auf Inseln oder über der Straße zu erwägen, weil nur rechts stehende Lichtzeichen durch voranfahrende größere Fahrzeuge verdeckt werden können.

12   IV. Sind im Zuge einer Straße mehrere Lichtzeichenanlagen eingerichtet, so empfiehlt es sich in der Regel, sie aufeinander abzustimmen (z. B. auf eine Grüne Welle). Jedenfalls sollte dafür gesorgt werden, daß bei dicht benachbarten Kreuzungen der Verkehr, der eine Kreuzung noch bei „Grün" durchfahren konnte, auch an der nächsten Kreuzung „Grün" vorfindet.

13   V. Häufig kann es sich empfehlen, Lichtzeichenanlagen verkehrsabhängig so zu schalten, daß die Stärke des Verkehrs die Länge der jeweiligen Grünphase bestimmt. An Kreuzungen und Einmündungen, an denen der Querverkehr schwach ist, kann sogar erwogen werden, der Hauptrichtung ständig Grün zu geben, das von Fahrzeugen und Fußgängern aus der Querrichtung erforderlichenfalls unterbrochen werden kann.

14   VI. Lichtzeichenanlagen sollten in der Regel auch nachts in Betrieb gehalten werden; ist die Verkehrsbelastung nachts schwächer, so empfiehlt es sich, für diese Zeit ein besonderes Lichtzeichenprogramm zu wählen, das alle Verkehrsteilnehmer möglichst nur kurz warten läßt. Nächtliches Ausschalten ist nur dann zu verantworten, wenn eingehend geprüft ist, daß auch ohne Lichtzeichen ein sicherer Verkehr möglich ist. Solange die Lichtzeichenanlagen, die nicht nur ausnahmsweise in Betrieb sind, nachts abgeschaltet sind, soll in den wartepflichtigen Kreuzungszufahrten gelbes Blinklicht gegeben werden. Darüber hinaus kann es sich empfehlen, negative Vorfahrtzeichen (Zeichen 205 und 206) von innen zu beleuchten. Solange Lichtzeichen gegeben werden, dürfen diese Vorfahrtzeichen dagegen nicht beleuchtet sein.

15   VII. Bei der Errichtung von Lichtzeichenanlagen an bestehenden Kreuzungen und Einmündungen muß immer geprüft werden, ob neue Markierungen (z. B. Abbiegestreifen) anzubringen sind oder alte Markierungen (z. B. Fußgängerüberwege) verlegt oder aufgehoben werden müssen, ob Verkehrseinrichtungen (z. B. Geländer für Fußgänger) anzubringen oder ob bei der Straßenbaubehörde anzuregende bauliche Maßnahmen (Verbreiterung der Straßen zur Schaffung von Stauraum) erforderlich sind

16   VIII. Die Schaltung von Lichtzeichenanlagen bedarf stets gründlicher Prüfung. Dabei ist auch besonders auf die sichere Führung der Abbieger zu achten.

17   IX. Besonders sorgfältig sind die Zeiten zu bestimmen, die zwischen dem Ende der Grünphase für die eine Verkehrsrichtung und dem Beginn der Grünphase für die andere kreuzende Verkehrsrichtung liegen. Die Zeiten für Gelb und Rot-Gelb sind unabhängig von dieser Zwischenzeit festzulegen. Die Übergangszeit Rot und Gelb (gleichzeitig) soll für Kraftfahrzeugströme eine Sekunde dauern, darf aber nicht länger als zwei Sekunden sein. Die Übergangszeit Gelb richtet sich bei Kraftfahrzeugströmen nach der zulässigen Höchstgeschwindigkeit in der Zufahrt. In der Regel beträgt die Gelbzeit 3 s bei zul. V = 50 km/h, 4 s bei zul. V = 60 km/h und 5 s bei zul. V = 70 km/h. Bei Lichtzeichenanlagen, die im Rahmen einer Zuflussregelungsanlage aufgestellt werden, sind abweichend hiervon für Rot mindestens 2 s und für die Übergangssignale Rot und Gelb (gleichzeitig) bzw. Gelb mindestens 1 s zu wählen. Bei verkehrsabhängigen Lichtzeichenanlagen ist beim Rücksprung in die gleiche Phase eine Alles-Rot-Zeit von mindestens 1 s einzuhalten, ebenso bei Fußgänger-Lichtzeichenanlagen mit der Grundstellung Dunkel für den Fahrzeugverkehr. Bei Fußgänger-Lichtzei-

chenanlagen soll bei Ausführung eines Rücksprungs in die gleiche Fahrzeugphase die Mindestsperrzeit für den Fahrzeugverkehr 4 s betragen.

18   X. Pfeile in Lichtzeichen

1. Solange ein grüner Pfeil gezeigt wird, darf kein anderer Verkehrsstrom Grün haben, der den durch den Pfeil gelenkten kreuzt; auch darf Fußgängern, die in der Nähe den gelenkten Verkehrsstrom kreuzen, nicht durch Markierung eines Fußgängerüberwegs Vorrang gegeben werden. Schwarze Pfeile auf Grün dürfen nicht verwendet werden.

19   2. Wenn in einem von drei Leuchtfeldern ein Pfeil erscheint, müssen auch in den anderen Feldern Pfeile gezeigt werden, die in die gleiche Richtung weisen. Vgl. X S. 6.

20   3. Darf aus einer Kreuzungszufahrt, die durch ein Lichtzeichen geregelt ist, nicht in allen Richtungen weitergefahren werden, so ist die Fahrtrichtung durch die Zeichen 209 bis 214 vorzuschreiben. Vgl. dazu Nummer III zu den Zeichen 209 bis 214 (Randnummer 3). Dort, wo Mißverständnisse sich auf andere Weise nicht beheben lassen, kann es sich empfehlen, zusätzlich durch Pfeile in den Lichtzeichen die vorgeschriebene Fahrtrichtung zum Ausdruck zu bringen; dabei sind schwarze Pfeile auf Rot und Gelb zu verwenden.

21   4. Pfeile in Lichtzeichen dürfen nicht in Richtungen weisen, die durch die Zeichen 209 bis 214 verboten sind.

22   5. Werden nicht alle Fahrstreifen einer Kreuzungszufahrt zur gleichen Zeit durch Lichtzeichen freigegeben, so kann auf Pfeile in den Lichtzeichen dann verzichtet werden, wenn die in die verschiedenen Richtungen weiterführenden Fahrstreifen baulich so getrennt sind, daß zweifelsfrei erkennbar ist, für welche Richtung die verschiedenen Lichtzeichen gelten. Sonst ist die Richtung, für die die Lichtzeichen gelten, durch Pfeile in den Lichtzeichen zum Ausdruck zu bringen.

23   Hierbei sind Pfeile in allen Lichtzeichen nicht immer erforderlich. Hat z. B. eine Kreuzungszufahrt mit Abbiegestreifen ohne bauliche Trennung ein besonderes Lichtzeichen für den Abbiegeverkehr, so genügen in der Regel Pfeile in diesen Lichtzeichen. Für den anderen Verkehr sollten Lichtzeichen ohne Pfeile gezeigt werden. Werden kombinierte Pfeile in solchen Lichtzeichen verwendet, dann darf in keinem Fall gleichzeitig der zur Hauptrichtung parallel gehende Fußgängerverkehr freigegeben werden (vgl. XI; Rn. 27 ff.).

24   6. Wo für verschiedene Fahrstreifen besondere Lichtzeichen gegeben werden sollen, ist die Anbringung der Lichtzeichen besonders sorgfältig zu prüfen (z. B. Lichtzeichenbrücken, Peitschenmaste, Wiederholung am linken Fahrbahnrand). Wo der links abbiegende Verkehr vom übrigen Verkehr getrennt geregelt ist, sollte das Lichtzeichen für den Linksabbieger nach Möglichkeit zusätzlich über der Fahrbahn angebracht werden; eine Anbringung allein links ist in der Regel nur bei Fahrbahnen für eine Richtung möglich, wenn es für Linksabbieger lediglich einen Fahrstreifen gibt.

25   7. Wo der Gegenverkehr durch Rotlicht aufgehalten wird, um Linksabbiegern, die sich bereits auf der Kreuzung oder Einmündung befinden, die Räumung zu ermöglichen, kann das diesen durch einen nach links gerichteten grünen Pfeil, der links hinter der Kreuzung angebracht ist, angezeigt werden. Gelbes Licht darf zu diesem Zweck nicht verwendet werden.

26   8. Eine getrennte Regelung des abbiegenden Verkehrs setzt in der Regel voraus, daß für ihn auf der Fahrbahn ein besonderer Fahrstreifen mit Richtungspfeilen markiert ist (Zeichen 297).

XI. Grünpfeil

27   1. Der Einsatz des Schildes mit grünem Pfeil auf schwarzem Grund (Grünpfeil) kommt nur in Betracht, wenn der Rechtsabbieger Fußgänger- und Fahrzeugverkehr der freigegebenen Verkehrsrichtungen ausreichend einsehen kann, um die ihm auferlegten Sorgfaltspflichten zu erfüllen. Es darf nicht verwendet werden, wenn

28   a) dem entgegenkommenden Verkehr ein konfliktfreies Abbiegen nach links signalisiert wird,

29   b) für den entgegenkommenden Linksabbieger der grüne Pfeil gemäß § 37 Abs. 2 Nr. 1 Satz 4 verwendet wird,

30   c) Pfeile in den für den Rechtsabbieger gültigen Lichtzeichen die Fahrtrichtung vorschreiben,

31   d) beim Rechtsabbiegen Gleise von Schienenfahrzeugen gekreuzt oder befahren werden müssen,

32   e) der freigegebene Fahrradverkehr auf dem zu kreuzenden Radweg für beide Richtungen zugelassen ist oder der Fahrradverkehr trotz Verbotes in der Gegenrichtung in erheblichem Umfang stattfindet und durch geeignete Maßnahmen nicht ausreichend eingeschränkt werden kann,

33   f) für das Rechtsabbiegen mehrere markierte Fahrstreifen zur Verfügung stehen oder

34   g) die Lichtzeichenanlage überwiegend der Schulwegsicherung dient.

35   2. An Kreuzungen und Einmündungen, die häufig von seh- oder gehbehinderten Personen überquert werden, soll die Grünpfeil-Regelung nicht angewandt werden. Ist sie ausnahmsweise an Kreuzungen oder Einmündungen erforderlich, die häufig von Blinden oder

Sehbehinderten überquert werden, so sind Lichtzeichenanlagen dort mit akustischen oder anderen geeigneten Zusatzeinrichtungen auszustatten.

36   3. Für Knotenpunktzufahrten mit Grünpfeil ist das Unfallgeschehen regelmäßig mindestens anhand von Unfallsteckkarten auszuwerten. Im Falle einer Häufung von Unfällen, bei denen der Grünpfeil ein unfallbegünstigender Faktor war, ist der Grünpfeil zu entfernen, soweit nicht verkehrstechnische Verbesserungen möglich sind. Eine Unfallhäufung liegt in der Regel vor, wenn in einem Zeitraum von drei Jahren zwei oder mehr Unfälle mit Personenschaden, drei Unfälle mit schwerwiegendem oder fünf Unfälle mit geringfügigem Verkehrsverstoß geschehen sind.

37   4. Der auf schwarzem Grund ausgeführte grüne Pfeil darf nicht leuchten, nicht beleuchtet sein oder nicht retroreflektieren. Das Schild hat eine Breite von 250 mm und eine Höhe von 250 mm.

Zu Nummer 2

38   Vgl. für verengte Fahrbahn Nummer II zu Zeichen 208 (Rn. 2); bei Festlegung der Phasen ist sicherzustellen, daß auch langsamer Fahrverkehr das Ende der Engstelle erreicht hat, bevor der Gegenverkehr freigegeben wird.

Zu Nummer 3

39   Die Farbfolge Gelb-Rot darf lediglich dort verwendet werden, wo Lichtzeichenanlagen nur in größeren zeitlichen Abständen in Betrieb gesetzt werden müssen, z. B. an Bahnübergängen, an Ausfahrten aus Feuerwehr- und Straßenbahnhallen und Kasernen. Diese Farbfolge empfiehlt sich häufig auch an Wendeschleifen von Straßenbahnen und Oberleitungsomnibussen. Auch an Haltebuchten von Oberleitungsomnibussen und anderen Linienomnibussen ist ihre Anbringung zu erwägen, wenn auf der Straße starker Verkehr herrscht. Sie oder Lichtzeichenanlagen mit drei Farben sollten in der Regel da nicht fehlen, wo Straßenbahnen in eine andere Straße abbiegen.

Zu Nummer 4

40   I. Vgl. Nummer X S. 6 bis 8 zu den Nummern 1 und 2; Rn. 24 bis 26.

41   II. Besondere Zeichen sind die der Anlage 4 der Straßenbahn-Bau- und Betriebsordnung aufgeführten. Zur Markierung vorbehaltener Fahrstreifen vgl. zu Zeichen 245.

Zu Nummer 5

42   I. Im Lichtzeichen für Fußgänger muß das rote Sinnbild einen stehenden, das grüne einen schreitenden Fußgänger zeigen.

43   II. Lichtzeichen für Radfahrer sollten in der Regel das Sinnbild eines Fahrrades zeigen. Besondere Lichtzeichen für Radfahrer, die vor der kreuzenden Straße angebracht werden, sollten in der Regel auch Gelb sowie Rot und Gelb (gleichzeitig) zeigen. Sind solche Lichtzeichen für einen abbiegenden Radfahrverkehr bestimmt, kann entweder in den Lichtzeichen zusätzlich zu dem farbigen Sinnbild des Fahrrades ein farbiger Pfeil oder über den Lichtzeichen das leuchtende Sinnbild eines Fahrrades und in den Lichtzeichen ein farbiger Pfeil gezeigt werden.

Zu Nummer 6

44   Zur gemeinsamen Signalisierung des Fußgänger- und Radverkehrs gilt Folgendes: In den roten und grünen Lichtzeichen der Fußgängerlichtzeichenanlage werden jeweils die Sinnbilder für Fußgänger und Radfahrer gemeinsam gezeigt oder neben dem Lichtzeichen für Fußgänger wird ein zweifarbiges Lichtzeichen für Radfahrer angebracht; beide Lichtzeichen müssen jeweils dieselbe Farbe zeigen. Vgl. im Übrigen zur Signalisierung für den Radverkehr die Richtlinien für Lichtsignalanlagen (RiLSA).

Zu Absatz 3

45   I. Dauerlichtzeichen dürfen nur über markierten Fahrstreifen (Zeichen 295, 296, 340) gezeigt werden. Ist durch Zeichen 223.1 das Befahren eines Seitenstreifens angeordnet, können Dauerlichtzeichen diese Anordnung und die Anordnungen durch Zeichen 223.2 und Zeichen 223.3 unterstützen, aber nicht ersetzen (vgl. Nummer V zu den Zeichen 223.1 bis 223.3; Rn. 5).

46   II. Die Unterkante der Lichtzeichen soll in der Regel 4,50 m vom Boden entfernt sein.

47   III. Die Lichtzeichen sind an jeder Kreuzung und Einmündung und erforderlichenfalls auch sonst in angemessenen Abständen zu wiederholen.

48   IV. Umkehrstreifen im besonderen
Wird ein Fahrstreifen wechselweise dem Verkehr der einen oder der anderen Fahrtrichtung zugewiesen, müssen die Dauerlichtzeichen für beide Fahrtrichtungen über allen Fahrstreifen gezeigt werden. Bevor die Fahrstreifenzuweisung umgestellt wird, muss für eine zur Räumung des Fahrstreifens ausreichende Zeit das Zeichen gekreuzte rote Balken für beide Richtungen gezeigt werden.

Übersicht

3   **1. Allgemeines.** Die Vorschrift regelt die Vorrang gebenden (Rn. 5) LichtZ abschließend. Das ortsfest eingesetzte gelbe Blinklicht (§ 38 III) dient lediglich der Warnung (Rn. 10, 14; § 38 Rn. 13). § 37 unterscheidet zwischen den an LZA verwendeten WechsellichtZ (II; Rn. 7–36) und DauerlichtZ (III; Rn. 37). Der Grünpfeil als nicht leuchtendes Pfeilschild (II Nr. 1 S. 8 bis 10) ist weder Wechsel- noch DauerlichtZ (Rn. 22, 23). IV erlaubt das Nebeneinanderfahren, wo LichtZ den Verkehr regeln (Rn. 39). Die VwV (vor Rn. 3) richten sich sämtlich an die VB und entfalten für die Gerichte keine Verbindlichkeit, sind jedoch als Ausdruck des Willens des VOGe-bers bei der Auslegung der Verhaltensgebote zu beachten (näher **E** 5).

4   **2. Rechtsnatur.** LichtZ iS von § 37 sind nach ganz hM Verwaltungsakte in Form von Allge-meinverfügungen (Begr; BGHSt **20** 128, BGH NJW **87** 1945, BVerwG VRS **33** 149, Ce NZV **99** 244, im Einzelnen § 41 Rn. 247). Die Verwaltungsentscheidung liegt dabei für jede einzelne der von der LZA ausgestrahlten Allgemeinverfügungen bereits in ihrer Programmierung und wird den Adressaten durch das LichtZ lediglich bekanntgegeben (§ 41 Rn. 247; BGH NJW **71** 2222; **87** 1945). Verfassungsrechtlich ist die Regelung unbedenklich (Hb VRS **24** 193).

3. Vorrang (Abs. 1 S. 1). LichtZ geben Vorrang vor den allgemeinen Vorrangregeln, den   5 Vorrang regelnden VZ und den Farbmarkierungen (BGH NJW **75** 1330, Kö VRS **72** 212, Stu VRS **52** 216; KG VRS **57** 402; zu den anderen Rn. 6). Den Zeichen und Weisungen der PolB stehen sie allerdings nach (§ 36). *Vorrangregeln* einschließlich der dazu entwickelten RsprGrundsätze sind zB: § 5 (Vortritt beim Überholen), § 6 S. 1 (Vortritt bei Verengung und Dauerhindernissen), § 8 (Vorfahrt; Bay VM **66** 36), § 9 III, IV (Vorrang des gleichgerichteten Verkehrs gegenüber Abbiegern), wobei ein grüner Pfeil auch dem (iÜ verkehrsgerecht) Wendenden Vorrang vor dem Entgegenkommenden gewährt (LG Berlin DAR **00** 409), § 10 S. 1 (Vorrang des fließenden Verkehrs), § 26 (Vorrang des Fußgänger auf Überwegen), theoretisch auch § 18 III (Vorfahrt des durchgehenden AB-Verkehrs), § 19 I (Vorrang der Schienenbahnen), § 20 II, IV (Fußgänger-„Vorrang" an Haltestellen, s. aber § 20 Rn. 11). *Vorrangregelnde VZ* sind die Halt- und Wartegebote Z 201 (Andreaskreuz), 205 (Vorfahrt gewähren!, auch mit ZusatzZ „Verlauf der VorfahrtStr"), das allerdings nicht durch eine Ampel aufgehoben wird, die 35 m vor der Kreuzung eine Fußgängerfurt sichert (Bay VRS **26** 58; § 8 Rn. 30), 206 (Halt! Vorfahrt gewähren!), 208 (Dem Gegenverkehr Vorfahrt gewähren!) und die RichtZ 301 (Vorfahrt), 306 (VorfahrtStr), auch mit ZusatzZ „Verlauf der VorfahrtStr", 308 (Vorrang vor dem Gegenverkehr). *Vorrangregelnde Fahrbahnmarkierungen* sind die Z 293 (Fußgängerüberweg) und 294 (Haltlinie).

VZ und Regeln, die **keinen Vorrang regeln,** bleiben hingegen von I unberührt. Beispiele   6 sind die VZ über vorgeschriebene Fahrtrichtungen (Z 209, 211, 214, 220, 222), die Fahrbahnlängsmarkierungen (Z 295–297, 340; VwV Rn. 2; BHHJ/*Hühnermann* Rn. 2), Überholverbote (BGH NJW **75** 1330 (zu § 276)), Geschwindigkeitsbeschränkungen und die allgemeine Sorgfaltspflicht des § 1, aus der uU die Verständigungspflicht folgt.

3a. Das früher in § 12 I Nr. 7 geregelte **Haltverbot** findet sich nunmehr in I S. 2 (zu den   6a Gründen § 12 Rn. 15a und oben Rn. 1d). Das zum verdeckenden Halten in § 12 Rn. 37 Gesagte gilt hier entsprechend. Zum Haltverbot nach Abs. 5 s. Rn. 39a.

4. Wechsellichtzeichen (Abs. 2). WechsellichtZ sind die zwischen Grün, Gelb und Rot   7 wechselnden LichtZ einer LZA (s. auch Bay NZV **96** 81). Sie werden dort eingesetzt, wo mehrere VStröme einander berühren oder schneiden, vor allem an Kreuzungen (II Nr. 1), Einmündungen (II Nr. 2), Engstellen, Markierungen für Fußgängerverkehr, Bahnübergängen und uU an gefährlichen Grundstücksausfahrten. Die zulässigen Lichtsignale sind abschließend in II geregelt (KG VRS **47** 317). Die LichtZ sind auch bei mechanischer Auslösung durch Bodenschwellen oder Knopfdruck an Fußgängerfurten zu beachten (BGHSt **20** 128, Ce VRS **15** 219). Zulässigkeit von WechsellichtZ, Verkehrsabhängigkeit, Schaltung, Abstimmung (grüne Welle), Phasenregelung: VwV Rn. 3 ff. Richtlinien für Signalanlagen 1992 (RiLSA 1992): VkBl. **92** 356, **94** 602, **99** 409.

a) Schutzbereich. Jede LZA regelt nur die Kreuzung (Einmündung), an der sie angebracht   8 ist, nicht auch eine 20 m weiter liegende (KG VM **73** 7, Kö NZV **97** 269). Zwei durch Mittelstreifen getrennte Richtungsfahrbahnen gehören aber zu derselben Kreuzung (Kö NZV **97** 269 (20 m breiter Mittelstreifen)). Ob ein StrZug mehrere dicht nebeneinander liegende Straßen in einer einzigen Kreuzung quert, hängt von der Örtlichkeit ab (Hb DAR **73** 82). Zu dem durch die LZA geschützten Bereich gehört der gesamte Kreuzungs- und Einmündungsbereich und dabei nicht nur die eigentliche Fahrbahn, sondern auch parallel verlaufende Randstreifen oder Parkstreifen sowie Geh- und Radwege (Bay NZV **94** 80, Kö VRS **67** 232, Kar NZV **89** 158, Dü NZV **98** 41 aM Dü DAR **94** 247 (nur die Fahrbahn); s. Rn. 9), nach Ha NStZ-RR **02** 250 und NZV **13** 512 auch der Bereich in einer Entfernung von 10–15 Metern hinter der LZA. Geschützt ist bei Kreuzungen *jedenfalls der innerhalb vorhandener Haltelinien liegende Verkehrsraum* (Fra VM **87** 14, Dü NZV **98** 41). Einen Rotlichtverstoß begeht, wer eine LZA gezielt umfährt und dann bei fortdauerndem Rotlicht wieder in den geschützten Bereich einfährt (Dü NZV **93** 243, Kar NZV **89** 158); falls der geschützte Bereich hingegen nicht tangiert ist, liegt uU ein Verstoß gegen § 2 I vor (Rn. 9 sowie § 2 Rn. 73). Je nach den örtlichen Gegebenheiten kann eine mittig über der Fahrbahn befindliche LZA für den baulich getrennten Radweg unbeachtlich sein, wenn auf diesem darüber hinaus keine Haltlinie angebracht ist (Ha VRS **107** 134). Die *besonderen LZA für Radwege* gelten nach der Neufassung von II Nr. 6 nur noch für Radf *auf* Radverkehrsführungen (Rn. 36). Die den Fahrbahnverkehr regelnde Ampel gilt nicht für jemanden, der sein Moped (wegen Aussetzens des Motors) auf dem Gehweg schiebt und nach erneutem Startversuch weiterfährt (Dü VRS **59** 235).

9   **Einzelfälle.** Wird die Ampel durch Ausweichen auf den Gehweg gezielt umgangen, so bleibt der FzF in dem durch die LZA geschützten Bereich (Rn. 8) und verstößt gegen II Nr. 1 S. 7 (Kö VRS **61** 291, Dü VRS **63** 75 (auch nach Abbiegen), Ha NStZ-RR **02** 250, Kar NZV **89** 158, aM Dü DAR **94** 247), ebenso bei Ausweichen über den Radweg (Dü VRS **68** 377) oder Tankstellengelände zwecks Umfahrens der LZA bei fortdauerndem Rot und Wiedereinfahren in den geschützten Bereich (Bay NZV **94** 80 (aber nicht, falls FzF zum Tanken eingefahren ist und dann bemerkt, dass die Tankstelle bereits geschlossen hat)). Die Ampelsignale betreffen nur Fz im Kreuzungs- oder Einmündungsbereich (Rn. 8), das Umfahren *außerhalb des durch die LZA geschützten Bereichs* verletzt § 37 nicht, uU aber andere Vorschriften, namentlich § 2 (Bay VRS **61** 289, Ha VRS **103** 135, NZV **07** 428, Dü DAR **84** 156 (Umfahren des Einmündungsbereichs über Gehweg vor der Ampel, eine daran anschließende Fläche und Abbiegen in die einmündende Str über deren Gehweg), NZV **93** 243 (zulässiges Abbiegen vor der LZA, Wenden und Einbiegen in die zuvor befahrene Str), **98** 41, Kar NZV **89** 158, Kö DAR **85** 229 (Umfahren über Tankstellengelände und anschließendes Abbiegen in QuerStr), Ol NJW **85** 1567; **aM** (auch nicht § 2): BGH NJW **85** 2540; Ha NZV **13** 512 mAnm *Sandherr;* s. auch § 2 Rn. 73), aber auch § 2 nicht, wenn zum Umfahren nur Fahrflächen benutzt werden (dann § 1 möglich; § 2 Rn. 73). Bei Ausweichen über öffentlichen Parkplatz hängt Verstoß gegen § 2 davon ab, ob die Fläche ausschließlich Parkzwecken dient (Bay VRS **61** 289, OW abgelehnt von Ol NJW **85** 1567 bei Durchfahrt durch Kundenparkplatz).

10   **b) Rechtswidrigkeit, Wirksamkeit.** Sind WechsellichtZ undeutlich, irreführend oder gefährdend („feindliches Grün"), so sind sie ohne Rücksicht auf rechtmäßiges Verhalten der für die VB handelnden Person rechtswidrig (BGH NJW **87** 1945; näher Rn. 59). Eine ständig auf Rot geschaltete LZA mit der Funktion eines Verbots der Einfahrt (Z 267) ist weder WechsellichtZ iS von II noch DauerlichtZ iS von III; Missachtung daher kein Verstoß gegen § 37 (Bay NZV **96** 81 m abl Anm *Friehoff;* Jn NZV **97** 86). WechsellichtZ dürfen nicht blinken (VwV Rn. 4). Eine Ampel mit gelbem Sekundenblinklicht vor Dauergelb und folgendem Rot ist irreführend, weswegen einem Kf nicht vorgeworfen werden kann, er habe das bevorstehende Umschalten schon mit beginnendem Dauergelb bemerken müssen (Bay VM **74** 45). Bei der Farbfolge Gelb/Rot oder Grün/Gelb/Rot darf dem Gelb kein gelbes Blinklicht vorgeschaltet sein, weil ortsfestes gelbes Blinklicht (§ 38 III) nur Warnfunktion außerhalb des regulären Ampelbetriebs hat (§ 38 Rn. 13; Kö DAR **77** 332). Eine Ampel, die vor Gelb zunächst gelb blinkt, ist zwar vorschriftswidrig, aber nicht nichtig und deshalb zu beachten (Ha VRS **50** 316).

11   **c) Sinnvoll und verkehrsangepasst** sind die WechsellichtZ zu befolgen (BGH VRS **5** 586), wie auch die Zeichen und Weisungen der PolB (§ 36), unter Beachtung der Grundregeln der §§ 1, 11 (BGH DAR **53** 238, Bay DAR **68** 83, VM **66** 36). II Nr. 1 S. 6 begründet keine selbstständige Sorgfaltspflicht über § 1 hinaus (KG DAR **74** 190). *Nicht leuchtende Bedarfsampeln* (Druckknopf – II Nr. 3: Gelb – Rot) für den kreuzungs- und einmündungsfreien DurchgangsV verpflichten für sich allein nicht zur Geschwindigkeitsreduzierung (Dü NZV **02** 90). Wer als Kf in eine Kreuzung einfährt, während die Regelung durch PolB soeben durch Wiederinbetriebnahme der Ampeln ersetzt wird, muss mit in der Kreuzung verbliebenen Fz des QuerV rechnen und darf die Kreuzung auch nur mit besonderer Vorsicht wieder verlassen (KG VRS **59** 331). Zu den Pflichten beim Anfahren Rn. 13 ff., beim Einfahren Rn. 17 ff., zu Fußgängern: Rn. 16, 35.

12   **5. Farbfolge (Abs. 2).** Die Farbfolge ist durch II festgelegt. Sie trägt auch farbenblinden VT Rechnung. Rot ist stets oben. II lässt nur noch Rot/Gelb zu, um auf den Wechsel auf Grün besser vorzubereiten und den Verkehr flüssiger zu halten. Die Kombinationen Grün/Gelb oder blinkendes Grün bzw. gelbes Blinklicht (Ha VRS **50** 318; s. auch Rn. 10) zur Vorbereitung auf Gelb sind unzulässig, die dazu ergangene Rspr. ist gegenstandslos (BGH NJW **61** 780).

13   **6. Grün bedeutet:** Der Verkehr ist in der geregelten Richtung freigegeben **(Nr. 1 S. 1).** Auch nach dem Vorbeifahren am LichtZ darf nur in der freigegebenen Richtung weitergefahren werden (Ha VRS **54** 71). Bei links und rechts *versetzt aufgestellten Ampelmasten* erlaubt Grün des ersten nicht Durchfahren bei Rot des zweiten (Ha VRS **53** 474). Die Rechtslage ist wie beim FreifahrtZ des § 36. Der Verkehr darf weiterfahren, uU auch abbiegen, jedoch in eigener Verantwortung unter Beachtung der Verkehrslage (BGH VersR **75** 858 (Fußgänger), Dü VM **76** 38, Ol NJW **66** 1236) und mit angepasster Geschwindigkeit (Rn. 14 ff.; Sa VRS **44** 456, Kö VRS **45** 358). Wer bei Grün Haltelinie und LZA passiert hat, muss dennoch vor dem durch die Flucht-

oder Fahrlinien gebildeten Kreuzungsraum anhalten, wenn er die Fahrt infolge **stockenden Verkehrs** nicht zügig fortsetzen kann und muss bei beginnendem QuerV damit rechnen, dass die LZA für seine Fahrtrichtung inzwischen auf Rotlicht umgeschaltet hat ("unechter Nachzügler"; Ha NZV **05** 411, Hb DAR **01** 217 m abl Anm *Burghart,* NZV **94** 330, Dü NZV **97** 481, Ko NZV **98** 465 (unter Aufgabe von VRS **68** 419), Kö VRS **72** 212). Auch ansonsten darf trotz Grün nicht in eine Kreuzung usw. einfahren, wer sieht, dass er sie nicht wieder rechtzeitig wird verlassen können (§ 11; Ol DAR **96** 404, Stu VRS **38** 378). Das Gleiche gilt, wenn die Ampel ungewöhnlich weit vor der durch die Fluchtlinien gebildeten Kreuzung steht und der vom FzF zu beachtende Querverkehr anfährt (Kö NZV **97** 269, Ha VRS **49** 455).

Solange die Ampel Grün zeigt, darf der Kf grds. **die zulässige Geschwindigkeit** fahren, **14** muss also seine Geschwindigkeit nicht darauf einstellen, dass er innerhalb der Gelbphase (dazu Rn. 24 ff.) anhalten kann; das gelbe Signalzeichen gebietet erst dann ein Tätigwerden, wenn es erscheint (BGH NJW **05** 1940, Kar VM **75** 61, Ol NZV **08** 471; wspr. BHHJ/*Hühnermann* Rn. 4, 5). Das ist auch dann nicht anders, wenn einige m vor der LZA ein ortsfestes, gelbes Blinklicht ("Vorampel") angebracht ist (Rn. 10, § 38 Rn. 13; BGH NJW **05** 1940). Ausnahmen gelten für *Fz mit längerem Bremsweg;* sie haben bei Annäherung an eine LZA ggf. bereits in der Grünphase ihre Geschwindigkeit so weit unter die zulässige Höchstgeschwindigkeit zu reduzieren, dass sie innerhalb der Gelbphase zum Halten kommen können (Dü VRS **65** 62 (mit Stahl beladener Lkw), VRS **57** 144, NZV **94** 408 (je Straba), Ol NZV **08** 471 (Gefahrguttransport; Viehtransport)). Entsprechendes kann *bei widrigen StrVerhältnissen* zu gelten haben (Dü DAR **92** 109). Eine *unübersichtliche Kreuzung* darf auch bei Grün nur vorsichtig mit Anhaltebereitschaft durchfahren werden, weil mit Nachzüglern zu rechnen ist (Ha NJW-RR **17** 478; Kö NZV **97** 269, Ol DAR **96** 404, Zw VersR **81** 581). Auf der anderen Seite darf mangels besonderer Umstände vor Grün *weder wesentlich verlangsamt noch angehalten werden;* andernfalls Behinderung Nachfolgender (§§ 1, 3 II; Dü DAR **92** 109, VRS **65** 62, VM **76** 39, KG VRS **47** 316).

Der bei Grün Anfahrende darf darauf vertrauen, dass der **Querverkehr** Rot hat und stillsteht **15** (BGH NZV **92** 108, Kö NZV **96** 237, KG VM **81** 47, Dü VersR **76** 1180, Kar VRS **50** 196). Je weiter der Farbwechsel auf Grün zurückliegt, umso mehr darf der bei Grün An- oder Durchfahrende auf freie Kreuzung ohne weitere Linksabbieger aus dem QuerV der vorhergehenden Phase vertrauen (Kö VRS **88** 25, Br VM **76** 93). Wer Grün hat, muss nicht mit noch seitlich in die Kreuzung Einfahrenden rechnen (BGH NJW **71** 1407, **77** 1394, NZV **92** 108) und nicht mit Fußgängern, die entgegen Rot unvermittelt vor ein Fz treten (Hb VersR **81** 558, Kar VRS **51** 434). Das gilt auch dann, wenn eine nach ihrer baulichen Erscheinung nicht als ausschließlich den Fußgängerüberweg regelnde LZA aus Sicht des bevorrechtigten Kf vor einer Einmündung oder Kreuzung angebracht ist und sich aus dessen Sicht auch auf den QuerV bezieht; dass sich der V im rechts daneben liegenden Fahrstreifen gestaut hat, steht nicht entgegen (KG NZV **10** 148). Zur "Abschirmung" des QuerV durch Fußgängerampeln § 8 Rn. 44.

Wer an einer Kreuzung bei Grün anfährt, **muss auf Fußgänger achten,** die die Fahrbahn **16** noch überschreiten (II Nr. 5 S. 3; Kö MDR **59** 488, Sa VM **80** 28). Doch muss er ohne Anzeichen nicht damit rechnen, dass jemand bei Rot noch auf die Fahrbahn (bzw. die Gleise) tritt (Fra VersR **76** 1135, Nw VRS **34** 114, **68** 321 (auch nicht, wenn sich in einer wartenden Fußgängergruppe 12- bis 14-jährige Kinder befinden)). Wer sich bei Grün einer Fußgängerfurt nähert, muss seine Geschwindigkeit nicht im Hinblick auf Fußgänger herabsetzen, die die Fahrbahn bei Rot überqueren und vorher nicht zu sehen waren (Hb VersR **81** 558; s. auch § 25 Rn. 35, 44). Fußgängerüberwege gelten bei Ampelregelung als nicht vorhanden (I; § 26 Rn. 11); deswegen braucht der Kf bei Grün nicht verlangsamt (§ 26 I S. 2) an den Übergang heranzufahren (Bay NJW **67** 406). Bemerkt er, dass trotz des für diesen geltenden Rotlichts ein Fußgänger die Fahrbahn betreten will, so muss er allerdings seine Geschwindigkeit vermindern, ggf. abbremsen (KG VM **77** 39 mAnm *Booß*). Grün an Kreuzung befreit nicht von der Sorgfalt beim Befahren eines vorher liegenden markierten Fußgängerwegs (Bay VM **75** 91). Der bei Grün in die Kreuzung Einfahrende darf zunächst auf eine mögliche naheliegende Gefahr achten (Fußgänger), erst danach auch auf das Verhalten der bei Rot Wartepflichtigen (Kar VRS **50** 196, VersR **78** 968).

Nach dem Anfahren bei Grün ist alsbald auf ausreichenden Abstand zum Vorausfahrenden **17** zu achten (KG VersR **79** 234, VRS **56** 241). Grün entbindet nicht von der Sorgfaltspflicht. vielmehr muss der an sich Bevorrechtigte nach § 11 III ggf. auf seinen Vorrang verzichten. Hieraus, teils auch iVm § 1 II sowie § 11 I, leitet die hM den sog. **Nachzüglervorrang** bzw. das Vorrecht des Kreuzungsräumers ab (vgl. KG ZfS **12** 18 (unberechtigte Kritik an dieser Entscheidung hier 45. Aufl.); KG DAR **19** 619; ZfS **20** 372; s. auch, teils zu früheren Rechtszuständen, BGH NJW **77** 1394, NZV **92** 108, VersR **76** 858, Kö NZV **97** 269, Mü VersR **76** 268; zum Ganzen

Wern JurisPK StVR § 37 Rn. 35; *Müther* JurisPK StVR § 11 Rn. 13; abl zu einem echten „Vorrecht" des Nachzüglers mit beachtlichen Gründen *Kuhnke* NZV **19** 503). Der bei Grün Anfahrende darf jedenfalls nicht auf freie Kreuzung vertrauen (KG VRS **106** 165, Mü VersR **75** 268). Er muss Nachzüglern das Verlassen ermöglichen und auf sie Rücksicht nehmen (BGH NJW **71** 1407, **77** 1394, KG NZV **03** 43, Dü VRS **71** 261, Kö VRS **72** 212, Zw VersR **81** 581; aM *Booß* VM **93** 35), auch solchen in Mitteldurchbrüchen (BGH NJW **71** 1407, **77** 1394, Kö NZV **97** 269, KG VRS **48** 462), jedoch nicht auch denen, die zwar die LZA passiert haben, sich aber noch nicht im eigentlichen Kreuzungsbereich befinden („unechte Kreuzungsräumer"; Ha NZV **05** 411, Dü NZV **97** 481, Ko NZV **98** 465 (unter Aufgabe von Ko VRS **68** 419), Kö VRS **72** 212, KG ZfS **20** 372;s auch Rn. 13). Bei Missachtung des „Nachzüglervorrangs" idR überwiegende Verursachung: Rn. 61. Kein Nachzüglervorrang besteht für den in der Kreuzung Wendenden (KG ZfS **04** 505, VM **85** 44).

18   Kann der Kf übersehen, dass Nachzügler nicht behindert werden, darf er unmittelbar nach dem Umschalten auf Grün mit **fliegendem Start** (Ha NZV **05** 411, KG DAR **03** 515) in die Kreuzung einfahren (KG VM **85** 44), jedoch nicht, wenn diese unübersichtlich ist (BGH VM **68** 58, Dü VRS **71** 261), sonst Mitschuld (Bay VRS **34** 42, Stu VRS **33** 376, Kö NZV **97** 269 (Mithaftung zu ²/₃); Kar NZV **12** 276 (Teilung)), auch wenn der von rechts Kommende bei Gelb nicht angehalten hat (Stu VM **67** 78, KG VRS **39** 266, Schl VersR **76** 674). Wer bei Grün „fliegend" in die Kreuzung einfährt, kann sich nicht auf den Vertrauensgrundsatz berufen (BGH NJW **61** 1576, Bay VRS **20** 153, KG DAR **03** 515, Zw VersR **81** 581, Schl VersR **75** 674, Kö VRS **54** 101). Zwar muss er nicht mit verbotswidrigem QuerV rechnen (BGHZ **56** 150, Kar VRS **51** 434, Hb VM **65** 51, Mü DAR **68** 268), aber mit Nachzüglern (KG DAR **03** 515, Ha NZV **03** 573 (80 % Mithaftung bei überhöhter Geschwindigkeit), Dü VRS **71** 261, Kar VersR **76** 96), auch solchen, die unberechtigt in die Kreuzung gelangt sind (Zw VersR **81** 581, Schl VersR **75** 674).

19   **Wer im Kreuzungsbereich aufgehalten worden ist,** hat ihn bei Farbwechsel vorsichtig (Stu VRS **27** 464, Dü VersR **87** 468) und unter sorgfältiger Beachtung des einsetzenden Gegen- oder Querverkehrs (§ 11) mit Vorrang (Rn. 17) zu verlassen (BGH NJW **77** 1394, Dü VRS **71** 261, Kö VRS **72** 212, KG VM **93** 21, Ha NJW-RR **17** 478), anders wenn er den eigentlichen Kreuzungsbereich noch nicht erreicht hat (Rn. 18). Je länger er im Kreuzungsbereich aufgehalten wird, umso mehr muss er mit Phasenwechsel und anfahrendem QuerV rechnen (KG DAR **03** 515). Er darf dann nicht anfahren, wenn er sich nicht vergewissert hat, dass eine Kollision mit einfahrenden Fz ausgeschlossen ist (BGH NJW **71** 1407, KG DAR **09** 92 (L)). Zögern im Kreuzungsbereich kann zur Mithaftung (uU auch Alleinhaftung) des Nachzüglers führen (Rn. 61). Bevorrechtigter Nachzügler ist auch, wer in der vorausgegangenen Grünphase als entgegenkommender Linksabbieger in der Kreuzung aufgehalten worden ist (KG VM **83** 84). Stehenbleiben von vorausfahrenden Fz trotz Grün bewirkt unklare Lage und verpflichtet zu besonderer Sorgfalt (Ha VRS **47** 107). Wer in einer weiträumigen Kreuzung trotz Grün aufgehalten wird, muss damit rechnen, dass Fußgänger, sobald sie Grün erhalten, die Fahrbahn alsbald betreten (Kar VRS **48** 386). Wer in eine weiträumige Kreuzung bei Grün zu langsam einfährt, muss damit rechnen, dass der jenseits kreuzende inzwischen Grün erhält, und sich auf Anhalten einrichten; jedoch müssen die Fußgänger ihm das Verlassen der Kreuzung ermöglichen (Dü VM **66** 54, KG VRS **32** 218, Ol NJW **66** 1236, Ce VersR **67** 289). Wer bei Grün an eine **Fußgängerfurt** heranfährt, aber aufgehalten wird, muss bei Rot vor der Markierung warten; befindet er sich bereits auf dieser, darf er mit aller Vorsicht weiterfahren (Ha VRS **57** 451).

20   Bei Grün muss der **Linksabbieger** entgegenkommenden Geradeausverkehr durchfahren lassen (§ 9 Rn. 40), mit Durchfahren bei Rot muss er bei diesem noch rechnen (§ 9 Rn. 40). Wer mit fliegendem Start bei Grün an noch stehenden Fz in den Einmündungsbereich einfährt, muss nicht mit noch entgegenkommenden Linksabbiegern rechnen (KG VM **82** 66). Beim Zusammentreffen von Fz mit **Grün aus verschiedenen Richtungen,** vor allem beim Weiterfahren in derselben Richtung gilt § 1 (Verständigungspflicht), nicht § 8 I (wegen § 37 I; s. aber Dü VersR **76** 1180).

21   **7. Der grüne Pfeil (Nr. 1 S. 4** („Diagonal-Grünpfeil), S. 12 (Signalgeber mit Grünpfeil)) erlaubt Weiterfahrt nur in der angezeigten Richtung und untersagt sie in allen anderen Richtungen (BGH NZV **98** 119, Br VRS **37** 305, Ha VRS **54** 72, NZV **98** 255). Befindet sich der Grünpfeil 30 m von der Kreuzung entfernt, so hat er diese die Fahrtrichtung einschränkende Wirkung nicht, weil das Merkmal „An Kreuzungen" iS von Nr. 1 S. 1 und 3 nicht gegeben ist; es handelt sich dann um eine LZA „an anderen Straßenteilen" iS von II Nr. 2 (Bay NJW **83**

2891). Gibt ein Farbpfeil das Linksabbiegen frei, so muss der entgegenkommende Geradeausverkehr solange gesperrt sein; andernfalls Amtspflichtverletzung (BGH NJW 72 1806, NZV 92 108, Ol VM 66 27, Ha NZV 90 189; VwV Rn. 18). Darauf darf der Linksabbieger vertrauen (BGH NZV 92 108, Bay VRS 58 149, Kö VRS 108 86, KG DAR 94 153, NZV 91 271, Schl VersR 84 1098, Ha NZV 90 189, einschr. KG NZV 94 31), desgleichen auf gesperrten QuerV (Bay VRS 58 147), weswegen die besonderen Sorgfaltspflichten nach § 9 III nicht bestehen (Zw NZV 17 80). Er darf aber nicht blindlings abbiegen, sondern nur unter Beobachtung der im V allgemein erforderlichen Sorgfalt (Nr. 1 S. 6; BGH NZV 92 108, VM 79 9). Erkennt er jedoch weder Nachzügler noch eine drohende Rotdurchfahrt, so darf er im Vertrauen auf freie Kreuzung abbiegen (KG VRS 59 365, Dü NZV 95 311). Das gilt auch bei durch Kfz verstellter Sicht auf den GegenV (BGH NZV 92 108). Bei Grünpfeil darf in dieser Richtung mit zulässiger Geschwindigkeit gefahren werden, ohne Rücksicht auf etwaigen Farbwechsel (Ha VRS 41 75). Zum grünen Pfeilschild nach Nr. 1 S. 8 bis 10 Rn. 22 f. Haftungsfragen: § 9 Rn. 55.

8. Der **Grünpfeil als nicht leuchtendes Pfeilschild (Nr. 1 S. 8–10)** übernimmt im We- **22** sentlichen den Inhalt der GrünpfeilVO der ehemaligen DDR. Wegen Sicherheitsbedenken (abw *Vock* NZV 92 173, freilich unter Bezugnahme auf Untersuchungen aus dem Jahr 1975), aber auch mit Blick auf die schwierige Rezeption des FzF sowie die Ahndungspraxis (*Schulz-Arenstorff* NZV 08 67; hierzu Rn. 41) wird die Vorschrift kritisiert (*Seidenstecher* NZV 91 315, 92 345, VD 93 153, *Bouska* DAR 91 164, 92 282). Der VOGeber hat vormals (VkBl. 91 7) ihre Beibehaltung abgelehnt und wollte das Zusatzschild möglichst „schnell und überall … entfernen". Entgegen der Begr (Rn. 2) dürfte die Grünpfeilregelung auch im Widerspruch zum ÜbStrV v. 8.11.68 (E 16) stehen (*Seidenstecher* NZV 94 96, *Bouska* DAR 92 283, aM *Albrecht* DAR 94 90). Sie läuft jedenfalls dem Gebot internationaler Harmonisierung der Verhaltensvorschriften im StrV zuwider. Gestaltungsmerkmale: BMV VkBl. 94 294 = StVRL Nr. 2. Mit Wirkung vom 28.4.2020 ist die Grünpfeilregelung auf **Radfahrer** erstreckt worden, die nicht auf der Fahrbahn, sondern auf einem am rechten Fahrbahnrand befindlichen Radfahrstreifen, der nicht Teil der Fahrbahn ist, oder auf einem begleitenden nicht abgesetzten baulich angelegten Radweg fahren (Begr Rn. 1d), Ferner ist das ZusatzZ zur Anordnung des Grünpfeils ausschließlich für Radfahrer in die StVO übernommen worden; diese dürfen von einem Schutzstreifen, einem Radfahrstreifen oder einem baulich angelegten Radweg während einer Rotphase rechts abbiegen, soweit die Verkehrslage dies zulässt (Begr Rn. 1d).

Der **Grünpfeil ist** weder Wechsel- noch DauerlichtZ iS von § 37 (*Lewin* PVT 91 117) und **23** steht dem LichtZ „grüner Pfeil" (II S. 5) nicht gleich. Er erlaubt das Rechtsabbiegen trotz Rotlicht zeigender LZA. Bei LZA vor KreisV lässt er aber nicht das Einbiegen in den Kreis mit anschließender Weiterfahrt im Kreis zu, sondern nur sofortiges Ausfahren bei der ersten Möglichkeit (KG NZV 94 159, 02 159). Der FzF muss zuvor angehalten haben. Hierdurch soll erreicht werden, dass der FzF in stärkerem Maße die freigegebenen VRichtungen beobachten kann als beim Abbiegen ohne Fahrtunterbrechung. Für das Anhalten gelten ähnliche Maßstäbe wie für das Halten beim Stoppschild (Z 206). Zu halten ist dort, wo der Schutz der durch die LichtZ-Regelung bevorrechtigten VT (Fußgänger, Radf, QuerV) gewährleistet ist, also zB vor einer Fußgängerfurt (Kar NZV 04 654, VG Berlin NZV 97 327), bei Kreuzungen und Einmündungen ohne querende Radweg- oder Fußgängerfurt dort, wo der V der freigegebenen Richtungen zu übersehen ist. Auch wenn dies nicht schon an der Haltlinie der Fall ist, wird diese nach dem eindeutigen Wortlaut von Anl 2 lfd. Nr. 67 Spalte 3 zu Z 294 nicht überfahren werden dürfen, so dass zweimaliges Anhalten notwendig ist (vgl., je zur alten Rechtslage, *Minjoth* DAR 05 237; aM KG NZV 97 199, *Schulz-Arenstorff* NZV 08 67; 40. Aufl). Das Abbiegen mit Grünpfeil ist nur auf dem äußersten rechten Fahrstreifen erlaubt. Der FzF hat sich so zu verhalten, dass eine Behinderung oder Gefährdung anderer VT ausgeschlossen ist, insbesondere des Fußgänger- und von FzV der freigegebenen Richtung. Gefordert ist demgemäß eine über die allgemeine Sorgfaltspflicht des § 1 StVO hinausgehende äußerste Sorgfalt (E 150).

9. Gelb ordnet an, an der Haltlinie (Kar VRS 107 292, Kö VM 77 6, NJW 77 819) das **24** nächste FarbZ abzuwarten **(Nr. 1 S. 5),** entweder Rot (Halt) oder Grün (Verkehr freigegeben). Steht Rot bevor, so muss der Kf anhalten, der dies noch mit normaler Betriebsbremsung (3,5 bis 4 m/s^2) tun kann (BGH NJW 05 1940, NZV 12 217; Bay VRS 70 384, Ha NZV 03 574, KG VRS 67 63, Br VRS 79 38, Dü NJW 18 1694), und zwar an der Haltelinie, andernfalls vor der Ampel, auch wenn eine „Räumampel" im Kreuzungsbereich für Linksabbieger noch Grün zeigt (Ha VRS 51 147), spätestens aber vor dem eigentlichen Kreuzungsbereich (Kö VM 77 6, NJW 77 819, Stu NJW 61 2361, Kar DAR 75 220, Ha VersR 75 757, Bay DAR 74 174, Zw

VRS **48** 460). Auch bei erheblich zurückliegender Ampel und Haltlinie (Z 294) ist bei Gelb, wenn gefahrlos möglich, spätestens vor dem Kreuzungsbereich anzuhalten (Ce VRS **55** 70), weil Durchfahren in solchen Fällen wegen der größeren Entfernung zwischen Ampel und Kreuzungsbereich erhöhte Gefahr für den QuerV brächte (Ha DAR **16** 652 (Sattelzug)). Dabei darf ein Kf mit ausreichender Gelbphase nach Maßgabe der Richtlinien für Lichtsignalanlagen rechnen (Ce DAR **77** 220, *Menken* NJW **77** 794, aM Kö NJW **77** 819), weil sich sein Anhalteweg sonst überraschend verkürzt (Rn. 25). Die Richtlinien (VwV Rn. 17; VkBl. **92** 356, **94** 602) sehen bei zulässiger Fahrgeschwindigkeit von „50, 60, 70" eine Gelbphase von 3, 4 bzw. 5 s nach Grün bei zumutbarer mittlerer Bremsverzögerung (bei „70" 3 m/s², sonst 3,5 m/s²) vor, deren schalttechnische Beachtung der Kf unterstellen darf und auf die er sich einzustellen hat (Br VRS **79** 38). Hiernach betragen die Anhaltewege bei zusätzlich 1 s Reaktions-, Bremsenansprech- und Schwellzeit 42, 56 bzw. 83 m. Soweit diese Anhaltewege bis spätestens zum Kreuzungsbereich ausreichen, **darf und muss der Kf bremsen** und dann anhalten; auf ausreichenden Abstand nach hinten muss er nicht achten, weil für diesen der Nachfolger verantwortlich ist (BGH NZV **92** 157, KG VM **83** 13, Fra DAR **72** 83, Bay VRS **60** 381, Ha DAR **63** 309, Kö VRS **56** 118, Dü NZV **92** 201, Kar VM **96** 8, AG Hildesheim NJW **08** 3365; nach Zw VRS **48** 460 sogar bei Gefährdung). Das gilt selbst dann, wenn er die Gelbphase übersehen hat und bei Rot noch vor Erreichen der Kreuzung anhält (Bay VRS **60** 381). Wer bei Beginn der Gelbphase nach seiner Geschwindigkeit und Annäherung vor der Kreuzung hingegen nicht mehr anhalten kann, hat keinen zwingenden Grund zum plötzlichen Bremsen (KG VM **83** 13, Dü DAR **75** 303). Zu an sich zulässiger Normalbremsung bei Gelb in der verkehrsfeindlichen Absicht, den Nachfolgenden auffahren zu lassen, § 315b StGB Rn. 12. Notstand durch dicht aufgeschlossenen Nachfolgenden: Rn. 43. Eine 3 s-Gelbphase reicht bei zulässiger Höchstgeschwindigkeit von 50 km/h jedenfalls zum gefahrlosen Anhalten vor der Haltlinie aus (Br VRS **79** 38). Zum Verhältnis der Fahrgeschwindigkeit zur verkürzten Gelbphase Ha VRS **57** 146.

25　Reicht der Bremsweg **bei mittlerem Bremsen bis zum Kreuzungsbereich nicht aus,** wäre vielmehr starkes oder sogar Gewaltbremsen mit Blockierspur (gefährdendes Bremsen) nötig, so darf der Kf unter Beachtung des QuerV zügig und vorsichtig durchfahren (BGH NJW **05** 1940, NZV **92** 157, Kar VM **107** 292, Ha NZV **03** 574, KG NZV **92** 251, VersR **08** 797, Br VRS **79** 38). UU kann er dann sogar zwecks Vermeidung von Unfällen zur Weiterfahrt verpflichtet sein (KG VM **89** 37). Ein als „Vorampel" 150 m vor der LZA installiertes gelbes Blinklicht verpflichtet nicht zu einer Reduzierung der iÜ trotz LZA angemessenen Geschwindigkeit (Rn. 14). Keine Anhaltepflicht bei „50" und nur 20 m vor Gelb (Ko VRS **55** 147). Wer mit „40" erst 10 m vor der Ampel Gelb erhält, darf durchfahren und kann außerdem nicht bei Rot durchgefahren sein (Kö VRS **55** 295). Bei „50" darf mit 3 s Gelbphase gerechnet werden (Ce DAR **77** 220, Kö VRS **33** 456, KG VRS **67** 63); bei erlaubten „70" und 65 m Annäherung will Kö NJW **77** 819 eine Gelbphase von 3,26 s noch ausreichen lassen (str, *Grosser* Verkehrsunfall **85** 7). Nur 2 s Gelb erlauben bei großer Annäherung mit 50 km/h idR kein Anhalten vor Rot mehr (Kö VRS **52** 148). Ein Rotverstoß wird dann nicht vorwerfbar sein (*Menken* NJW **77** 794).

26　**Für Verkehrsteilnehmer in der Kreuzung** kann Gelb keine Bedeutung haben, weil sie es nicht sehen können (Begr zur ÄndVO v. 21.7.80, VkBl. **80** 518). Wer die Kreuzung als Linksabbieger verlässt, hat etwaigen QuerV von rechts mit fliegendem Start zu beachten (kein Vertrauensgrundsatz); jedoch ist zu knapp eingestellte Ampel uU ein Milderungsgrund (BGH VRS **34** 358). VT, die inzwischen Grün haben, haben den Nachzüglervorrang zu beachten (Rn. 17).

27　**10. Rot ordnet an,** Halt vor der Kreuzung **(Nr. 1 S. 7),** und zwar ohne Rücksicht darauf, ob mit erlaubtem QuerV zu rechnen ist (Ce NRpfl **96** 129). Wer beim Aufleuchten von Rot die Haltlinie bereits überfahren hat, muss, soweit noch gefahrlos möglich, dennoch vor dem Kreuzungsbereich anhalten (Ha VRS **48** 68, Kö NZV **98** 297, Ce VM **83** 12); andernfalls Rotlichtverstoß (Rn. 41). Schützt die LZA die Kreuzung und eine davor befindliche Fußgängerfurt, so verstößt gegen Nr. 1 und 2, wer zwar vor der Kreuzung, aber nach Einfahren in den Bereich der Fußgängerfurt hält, weil auch diese zu dem durch die LZA geschützten VRaum gehört (Bay VRS **67** 150, Ce NRpfl **96** 129; s. auch Rn. 29), anders nach Ce ZfS **97** 355, solange andere Fahrstreifen derselben Fahrbahn noch Grün haben und die Fußgängerfurt daher durch Rot gesperrt ist (zw; abw AG Celle VM **00** 23). Wer sich einer LZA nähert, darf nicht so dicht hinter einem Fz herfahren, dass ihm die Sicht auf die LZA genommen wird und er den Phasenwechsel auf Rot nicht sehen kann (Kö VRS **61** 152). Zur Verminderung der Geschwindigkeit von Fz mit längerem Bremsweg Rn. 14. Regelt die LZA den V an einer Engstelle, so soll der FzF mangels

Haltelinie bei Rot an der Ampel vorbei fahren und vor Erreichen der Engstelle abbiegen dürfen, wenn der GegenV dadurch nicht behindert wird (Bay DAR **82** 245 (bei *Rüth* mit berechtigter Kritik)). Einzelne geradeaus Fahrende dürfen bei Rot auch auf Strabaschienen halten (KG VM **59** 44), Abbieger nicht, weil sie bei Grün erst den Gegenverkehr durchfahren lassen müssen und die Straba behindern würden (§ 9 I). Auf den Schutz durch Rot darf sich der QuerV idR verlassen (Kö NJW **67** 785), auch Fußgänger (KG DAR **76** 159, aM bei weiträumiger Kreuzung KG VRS **32** 218). Zum Umfahren des Rotlichts Rn. 8 f.

Dauerrot bei Ampeldefekt enthält kein absolutes Weiterfahrverbot, jedoch sind äußerste **28** Vorsicht und Rücksichtnahme auf den QuerV geboten (Kö VRS **59** 454, Ha NStZ **99** 518). Nach Ha NStZ **99** 518 (zust *Schulte* DAR **99** 515) darf aber ein Funktionsfehler erst nach „erheblich" längerem Zeitraum als 3 Minuten Rotlichtdauer angenommen werden; die irrige Annahme eines Ampeldefekts ist Tatbestandsirrtum (Ha NStZ **99** 518; AG Dortmund NZV **17** 196 (*Staub*)), der Fahrlässigkeit unberührt lässt (Rn. 42). Bei derart ungewöhnlich' langer Rotphase sollte allerdings ein Hinweis für Ortsunkundige durch ZusatzZ erfolgen (VSicherungspflicht). Pflicht zum Verzicht des Bevorrechtigten bei Ampelversagen: § 11 Rn. 6. Weist ein PolB bei gestörtem Rotlicht (Dauerlicht) zum Überqueren der Kreuzung an, ist wegen zu erwartendem QuerV besondere Vorsicht geboten (Kö VersR **66** 1060).

Ein **Schild vor einer Ampel** „Bei Rot bitte hier halten" ist kein GebotsZ (Ha VRS **49** 220). **29** Auch wenn die entsprechende Aufforderung durch das ZusatzZ Nr. 1012-35 (also durch Verkehrszeichen, s. § 39 II S. 2) erfolgt, ist Nichtbeachtung nicht als solche bußgeldbewehrt (LG Berlin ZfS **01** 8 (uU aber § 1 II oder Anl 2 lfd. Nr. 67 Spalte 3 zu Z 294 „Haltlinie", falls diese in Bezug auf ihre Entfernung von dem durch die LZA geschützten Bereich diesem zugeordnet werden kann), LG Berlin NZV **00** 472, *Hentschel* NJW **92** 2064, *Kullik* PVT **94** 33, **98** 53, *Huppertz* PVT **96** 79). Das Gleiche gilt für die Wartelinie, wobei sich allerdings ein Verstoß „leicht" haftungsverschärfend auswirken kann (Ce NJW-RR **07** 22; LG Berlin NZV **00** 472; § 42 Rn. 181 (zu Z 304)). **Vor Überwegen** bedeutet Rot: Halt vor dem Überweg bzw. vor der dazugehörigen Haltlinie (Rn. 27; Stu VRS **52** 216, Dü VRS **78** 140). Ist eine weitere Haltlinie an einer vor dem Übergang befindlichen Einmündung oder Kreuzung angebracht, so ist an dieser zu halten (Ha NZV **92** 409), soweit sie zweifelsfrei der LZA zuzuordnen ist (*Kullik* PVT **94** 36). Rechtsabbiegen trotz Rotlichts bei **grünem Pfeilschild:** Rn. 23.

11. Schwarzer Pfeil auf Rot (Nr. 1 S. 11) ordnet Halt für die angegebene Richtung an **30** (BGH NZV **98** 119, Zw NZV **97** 324, Ha VRS **54** 71, Kö VRS **38** 151, Dü VM **68** 14). Der Zweck der Pfeilregelung besteht darin, die Weiterfahrt generell nur in bestimmter Richtung zu erlauben, vorausgesetzt, der Lichtpfeil ist grün; ist er rot, so soll zudem auch die Fortbewegung in seine Richtung, folglich das Befahren der Kreuzung überhaupt, verboten sein (BGH NZV **98** 119). Wer bei Grün für den GeradeausV in die Kreuzung einfährt und erst dort den Fahrstreifen wechselt, um in die durch Rotlicht gesperrte Richtung abzubiegen, verstößt, wenn es sich nicht um eine LZA nach Nr. 4 handelt (dazu Rn. 33 f.), gegen Nr. 1 S. 11 (KG VRS **73** 75). Entsprechendes gilt für den umgekehrten Fall (Zw NZV **97** 324). Wer trotz des Rotlichts in die gesperrte Richtung abbiegt, um dann jedoch nach Umfahren einer VInsel wieder in die Geradeausspur einzubiegen, handelt ow (Kö VRS **56** 472). Wer auf einer durch Z 297 gekennzeichneten Abbiegerspur bei Rot für den abbiegenden V (Pfeil) geradeaus weiterfährt, verstößt nicht gegen § 37, sondern gegen Anl 2 lfd. Nr. 70 Spalte 3 Gebot Nr. 1 zu Z 297, es sei denn, es handelt sich um eine LZA nach Nr. 4 (BGH NZV **98** 119, Bay DAR **81** 241 (*R*), dazu *Hentschel* NJW **89** 1842). Rote Pfeile statt schwarzer Pfeile auf Rot sind seit 1.1.06 nicht mehr gültig (§ 53 XII aF).

Schwarze Pfeile auf Gelb (Nr. 1 S. 11) ordnen für die angegebene Richtung Warten an. **31** Gelbe Pfeile statt schwarzer Pfeile auf Gelb sind seit 1.1.06 nicht mehr gültig (§ 53 XII aF). Gelb blinkende, schräg abwärts gerichtete Pfeile ordnen den rechtzeitigen Wechsel von künftig gesperrten Fahrstreifen auf weiterführende an, zB wenn über Umkehrstreifen rote gekreuzte Schrägbalken folgen (III) oder vor sonstigen Dauerverengungen, zB Tunneleinfahrten. Schwarze Pfeile auf Grün sind unzulässig (VwV Rn. 18).

12. Die Farbfolge Gelb-Rot (Nr. 3) ist bei Übergängen von Eisen- und Straßenbahnen **32** zulässig, um für die meiste Zeit Dauergrün zu vermeiden (Begr). Weitere Verwendungsmöglichkeiten: VwV Rn. 39. Hier erscheint Gelb nicht nach Grün, sondern unvermittelt. Das kann dafür sprechen, dem Kf eine um die Überraschungszeit verlängerte Reaktionszeit beim Übergang auf Rot zuzubilligen (*Bowitz* DAR **80** 15).

33   **13. Nach Nr. 4 S. 1 sind LichtZ für markierte Fahrstreifen** (Z 295, 296, 340) zulässig. Voraussetzung ist Fahrstreifenmarkierung wie vorgeschrieben (s. auch VwV Rn. 26). Sind gleichgerichtete, markierte Fahrstreifen in dieser Weise mit eigenen LichtZ versehen, so hat jeder Kf das seines Fahrstreifens zu beachten, gleichgültig wie er später weiterfahren will (Bay NZV **01** 311, VRS **65** 301, Kö VRS **56** 472, ZfS **01** 318, *Rüth/Berr/Berz* Rn. 47). Verbietet schon der iS von II Nr. 4 einer Abbiegespur zugeordnete grüne Pfeil die Weiterfahrt in einer anderen als der angezeigten Richtung und damit auch die Geradeausfahrt, so muss dies erst recht gelten, wenn der Abbiegestreifen durch schwarzen Pfeil auf Rot (oder roten Pfeil) gesperrt ist (BGH NZV **98** 119, aM Dü DAR **88** 100, Ha VM **97** 29 m krit Anm *Thubauville,* dazu *Hentschel* NJW **89** 1842). Benutzt der FzF bewusst zum Zweck der Umgehung einen Fahrstreifen, für den eine diesem zugeordnete LZA Grün zeigt, um im Einmündungs- oder Kreuzungsbereich, statt der vorgeschriebenen Richtung zu folgen, in den durch Rot gesperrten Fahrstreifen für eine andere Richtung zu wechseln, so liegt ein Rotlichtverstoß vor, wie auch sonst bei bewusstem Umfahren der LZA (Rn. 8 f.; BGH NZV **98** 119, Bay NZV **96** 120; Ha Verkehrsrecht aktuell **05** 193; KG NZV **10** 361). Das gilt nach Bay NZV **00** 422 (mAnm *Herrmann* NZV **01** 386) selbst dann, wenn der Entschluss, in die gesperrte Richtung zu fahren, erst im Kreuzungsbereich gefasst wird (ebenso Kö NZV **16** 192). Wechselt ein FzF hinter der Haltlinie, aber noch vor Erreichen der Kreuzung vom durch Rot gesperrten in den freigegebenen Fahrstreifen, um dessen Fahrtrichtung zu folgen, so wird kein Verstoß gegen II Nr. 4, sondern ein solcher gegen Z 297 vorliegen (vgl. Ce ZfS **94** 306). Die LichtZ gelten auch dann nur für denjenigen Fahrstreifen, dem sie zugeordnet sind, wenn sie in Pfeilform die Richtung angeben (Bay NJW **83** 2891).

34   **Nach Nr. 4 S. 2 Hs. 1** sind besondere Zeichen für **Schienenbahnen und Linienomnibusse** auf eigenen Fahrstreifen zulässig und durch § 6 I Nr. 3 StVG gedeckt (KG VRS **47** 316, *Fromm* VM **72** 7, *Booß* VM **72** 7, *Marschall* DAR **73** 283; aM Dü DAR **71** 276, *Harthun* DAR **71** 177). Die besonderen LichtZ sind in Anl 4 zur BOStrab aufgeführt (VwV Rn. 41). Zuwiderhandlung: Rn. 41. Sie gelten nach Nr. 4 S. 2 Hs. 2 bei Mitbenutzung durch gekennzeichnete Fz des Schüler- und Behindertenverkehrs sowie Taxis und andere Fz bei Gestattung durch ZusatzZ (dazu Anl 2 lfd. Nr. 25 Spalte 3 Nr. 1, 2 zu Z 245) auch für diese (s. auch Begr Rn. 1d). Für FzF, die den Sonderfahrstreifen unberechtigt benutzen, gelten hingegen nicht die besonderen LichtZ, sondern diejenigen für den allgemeinen FzV auf den übrigen Fahrstreifen (Bay DAR **05** 288, VRS **67** 436, Hb VRS **100** 205). Denn die besonderen LichtZ sind, anders als im Fall des II Nr. 4 S. 1, nicht bestimmten Fahrstreifen, sondern nach II Nr. 4 S. 2 bestimmten Fz (Schienenbahn, Bus, Taxi) zugeordnet (aM Dü VRS **68** 70). Die besonderen Zeichen der Straba (LinsenZ, BOStrab) gehen im Kreuzungsbereich ebenso wie farbige WechsellichtZ vorrangregelnden VZ vor (Rn. 5; Hb VersR **67** 814). Weißlicht für Busfahrstreifen ist zulässig; erlischt das Weißlicht, so muss der Busf anhalten, sofern das ohne Gefahrbremsung möglich ist (Dü VM **76** 48) und soweit nicht eine für alle Fahrstreifen geltende Grünphase die Weiterfahrt erlaubt (LG Mainz NZV **95** 33).

35   **14. Fußgänger- und Radfahrer-Lichtzeichen (II Nr. 5, 6)** zeigen entsprechende Sinnbilder (Nr. 5 S. 1; s. auch § 25 Rn. 44). Form der LichtZ: VwV Rn. 42, 43. **a) Fußgänger-LichtZ** haben nur die Farbfolge Grün-Rot-Grün. Rot bedeutet hier: Halt vor dem Überweg (Stu VRS **52** 216). Daher haben Fußgänger, die bei Grün mit dem Überqueren der Fahrbahn begonnen haben, mit Vorsicht zügig weiterzugehen (Nr. 5 S. 3; BGH NZV **91** 114, KG VM **77** 39). Darauf hat der FahrV Rücksicht zu nehmen (§ 25). Wird ein überquerender Fußgänger von Rot überrascht und kann er die Fahrbahn auch bei angemessener Eile nicht mehr ganz überschreiten, so muss er aber auf einer Mittelinsel verharren (Sa VM **80** 28, s. aber Ol NJW **66** 1236, 2026 m krit Anm *Ganschezian-Finck*). Gehbehinderte werden breite Fahrbahnen ohne Mittelinseln zweckmäßigerweise nur zu Beginn der Grünphase betreten (Begr), ohne dass aber spätes Betreten rechtswidrig wäre. Der Verkehr schuldet Alten und Gebrechlichen jede Rücksicht (§ 3 IIa). Biegt der FzF bei Grün ab und überschreitet der Fußgänger bei Grün den Übergang, so gilt der Fußgängervorrang nach § 9 III S. 2 (Kö VRS **59** 456; Dr NZV **16** 181; s. auch § 25 Rn. 44). Verhalten des FzV: Rn. 16. Überqueren der Fahrbahn im Allgemeinen: §§ 25 (Fußgänger), 26 (Fußgängerüberwege). Ampelfurten (rechtlich zu unterscheiden von den Fußgängerüberwegen nach § 26) schützen nur Fußgänger, nicht auch kreuzende wartepflichtige Kfz (Kar NStZ-RR **01** 278, KG VersR **77** 377). Anders liegt es jedoch dann, wenn sie unmittelbar im Kreuzungsbereich aufgestellt sind (Rn. 56). Im Bereich einer Fußgängerampel, die nur nach Druckknopfbetätigung Grün zeigt, sonst dagegen ständig auf Rot geschaltet ist, gilt II Nr. 1 iVm Nr. 2 uneingeschränkt. Daraus folgt, dass an diesen Stellen die Fahrbahn nur nach Betätigen der Anlage

überquert werden darf. Anders bei LZA, die ohne Druckknopf-Betätigung kein Rotlicht zeigen, sondern dunkel sind. Bei *Ampelausfall an Fußgängerfurten* gilt § 25 III (Ol VRS **69** 252 (Vorrang des fließenden V); s. § 25 Rn. 33, 39), an *Fußgängerüberwegen* (Z 293) wieder Z 293 und § 26 (Kö DAR **75** 17).

b) Die Regelung für RadfahrerLichtZ (II Nr. 6), die auch für die Führer von 36 ElektrokleinstFz gilt (§ 13 S. 1 eKFV), ist durch die „Schilderwaldnovelle" und dies übernehmend sowie ergänzend durch die StVO-Neufassung 2013 (vgl. Rn. 1d) novelliert worden. S. 1 bringt zum Ausdruck, dass Radf grds. die LichtZ für den FahrV zu beachten haben. S. 2 enthält eine Ausnahmebestimmung für LZA mit Radverkehrsführung, also *markierten Radwegefurten* (VwV Rn. 3 S. 1 zu § 9 II) *mit* besonderen Lichtzeichen. S. 3 enthält nunmehr die Übergangsregelung für Radverkehrsführungen *ohne* besondere Lichtzeichen, die den StrVB Zeit lässt, entsprechende Masken anzubringen (Begr Rn. 1d). Stets ist Voraussetzung eine deutliche Markierung der Radwegfurt auf der kreuzenden Fahrbahn (unterbrochene weiße Linie), andernfalls keine „Radwegfurt" (krit *Felke* DAR **88** 75). Falls vorhanden gelten die besonderen LichtZ für Radf. Das bedeutet, dass die LZA das Symbol „Radverkehr" allein oder in Kombination mit dem Symbol „Fußgänger" aufweisen muss (Rn. 1d). Benützt der Radf statt des Radwegs die Fahrbahn neben dem Radweg, so hat er die für den FahrV geltenden LichtZ zu beachten (II Nr. 6 S. 1); denn die Ausnahmebestimmung des Nr. 6 S. 2 gilt nur für Radf *auf* Radverkehrsführungen. Die gegenteilige hM (Kö VM **87** 53, Ce VRS **67** 294, hier bis 40. Aufl; s. aber *Kettler* S. 83; *Rebler* DAR **09** 12, 21) erscheint nach der Neufassung nicht mehr haltbar. *Ohne besondere LichtZ* für Radf mussten – insoweit also zuvor ein Zeitablauf überholt – *auf* Radverkehrsführungen bis zu dem in S. 3 bestimmten Zeitpunkt (31.12.16) allerdings weiterhin die LichtZ für Fußgänger beachten. Auf einem gemeinsamen Geh- und Radweg gilt nach II Nr. 6 S. 1 das Lichtzeichen für den FahrV. Eine etwa vorhandene gemeinsame Furt für Radf und Fußgänger (VwV Nr. II Rn. 2 zu Z 240) dürfte nicht als „Radverkehrsführung" angesehen werden können. Befindet sich die Radverkehrsführung neben der Fahrbahn einer Einmündung oder am kurzen Arm der T-Kreuzung, sind die für den FahrV geltenden LichtZ nicht zu beachten, auch wenn keine besonderen LichtZ für Radfahrer oder Fußgänger (S. 3) vorhanden sind, wenn Radfahrer weder den Fahr- noch den Fußgängerverkehr kreuzen (Begr Rn. 1d). Sehr klar ist die Rechtslage auch nach der Neufassung nicht (s. auch *Kettler* NZV **09** 16, 18); vom Opportunitätsprinzip (§ 47 OWiG) sollte großzügig Gebrauch gemacht werden (s. schon 40. Aufl. Rn. 58).

15. Dauerlichtzeichen (Abs. 3). DauerlichtZ über markierten Fahrstreifen sperren Fahr- 37 streifen oder lassen den Verkehr in der freigegebenen Richtung zu. Sie gehen Vorrangregeln, Vorrang regelnden VZ und Fahrbahnmarkierungen vor (Rn. 5). Anwendung ist vorgesehen bei sog. Umkehrstreifen (wechselweise Freigabe für die eine oder andere Richtung) auf Str, auf denen zu bestimmten Zeiten einseitiger Richtungsverkehr stark überwiegt (Stoßverkehr), außerdem bei vollständiger Sperrung einzelner Fahrstreifen zwecks Wartung (Tunnel) oder bei Unfällen (Begr) und schließlich als unterstützende Maßnahme bei Anordnung des Befahrens des Seitenstreifens durch Z 223.1 (VwV Rn. 48). Dient das DauerlichtZ der Sperrung eines Fahrstreifens in beiden Richtungen (Dü VRS **63** 70), können zusätzliche eine bestimmte VArt ausnehmen, zB öffentliche VMittel (Bay VRS **54** 73). *Rote Schrägbalken* ordnen hier an: Die Spur darf nicht gefahren, davor darf nicht gehalten werden. Die gesperrte Fahrspur ist dann der Benutzung von VT vollständig entzogen. Für nicht gesperrte andere Fahrspuren angeordnete Geschwindigkeitsbeschränkungen gelten nicht für die gesperrte Fahrspur (näher § 3 Rn. 45a; zur Sanktionierung unten Rn. 51). Ein *grüner, nach unten gerichteter Pfeil* ordnet an: Diese Spur ist freigegeben und eigenverantwortlich zu benutzen, wenn auch im Vertrauen auf die Freigabe. Solche DauerlichtZ sind nur über markierten Fahrstreifen (Z 295, 296, 340) zulässig (VwV Rn. 45). Anbringungsweise: VwV Rn. 46 ff. Farb- und Symbolwechsel findet bei wechselweiser Freigabe nur bei Umstellung eines Fahrstreifens statt. Vor der Umstellung sind ausreichend lange nach beiden Richtungen zugleich gekreuzte rote Balken zu zeigen, bis der Verkehr aus der künftig gesperrten Richtung abgeflossen ist (VwV Rn. 48). Erst dann darf die Fahrspur auf der anderen Seite durch den grünen Pfeil geöffnet werden.

16. Ausnahmen: § 46 II. Vorrang vor Grün haben SonderrechtsFz unter den Voraussetzungen 38 des § 35 I, und WegerechtsFz (§ 38 I), weil ihnen vor allem auch der QuerV freie Bahn schaffen, sein Durchfahrrecht bei Grün also zurückstellen muss (*Schmidt* DAR **73** 57), beide jedoch ohne Vertrauen hierauf, weil feststehen muss, dass alle anderen VT die WarnZ bemerkt haben und beachten.

39   **17. Nebeneinander fahren (Abs. 4)** dürfen Kfz auch bei geringem Verkehr, wo LichtZ inner- wie außerorts den Verkehr regeln. Die Vorschrift sanktioniert die schon vor ihrem In-Kraft-Treten gepflogene Übung, dass sich bei gleichgerichteten Fahrstreifen oder ausreichend breiter rechter Fahrbahn ein Fz bei Rot links oder rechts neben ein schon wartendes setzt und dann „gestaffelt" weiterfährt (Begr; Fra NJW **66** 2421, **67** 406). Sie gilt auch für KRäder. Fahrbahnmarkierung wird die Regel sein, ist aber nicht Voraussetzung. Soweit LichtZ für mehrstreifigen Verkehr gelten, nämlich vom Einflussbereich der ersten Ampel bis zur letzten, darf die Kf idR den Fahrstreifen frei wählen, also auch den linken Richtungsfahrstreifen benutzen (BGH NJW **75** 1330, Dü VM **76** 96). Nach dem Ende der ampelgeregelten Strecke gilt wieder das Rechtsfahrgebot (§ 2), gleichfalls bei ausgeschalteten Ampeln, sofern nicht § 7 erfüllt ist. IV enthält zwar keine ausdrückliche *Überholregelung*, lässt Rechtsüberholen im Flüssigkeitsinteresse aber auch außerorts zu (BGHSt **25** 298, Bay NJW **80** 1115; zum Problem: § 5 Rn. 64). Das Z 276 (KfzÜberholverbot) schließt Nebeneinanderfahren mit Überholen aus, denn es geht der allgemeinen Regel des § 37 IV vor (§ 39 III; s. § 5 Rn. 36).

39a   **18. Haltverbot (Abs. 5).** V übernimmt nach der Begr (Rn. 1d sowie § 12 Rn. 15a) das vormals in § 12 I Nr. 6 f. normierte Haltverbot für durch DauerLichtZ „bewirtschaftete" Fahrstreifen. Ganz richtig ist das wohl nicht (vgl. *Schubert* DAR **10** 226, 229). Seit der Schilderwaldnovelle bestehende Unstimmigkeiten (s. 41. Aufl.) sind durch die StVO-Neufassung 2013 bereinigt worden (s. auch Begr Rn. 1d).

40   **19. Ordnungswidrigkeiten.** Verstöße gegen die Verhaltensgebote und -verbote an WechsellichtZ und DauerlichtZ sowie über das Rechtsabbiegen mit Grünpfeil sind in § 49 III Nr. 2 bußgeldbewehrt. Rotlichtverstöße bilden einen Schwerpunkt der Spruchtätigkeit der Gerichte (Prüfungsschema für den Verteidiger bei *Krumm* NJW **16** 380). Zu unterscheiden sind der „einfache" und der qualifizierte Rotlichtverstoß. Vom qualifizierten Rotlichtverstoß spricht man dann, wenn der BKat einen höheren Regelsatz der Geldbuße sowie Fahrverbot androht. Die Fragen zur Anordnung eines FV sind des Zusammenhangs wegen hier mit erörtert (Rn. 52–56).

41   **a) Rotlichtverstoß.** Der Rotlichtverstoß ist nicht schon mit dem Überfahren einer etwa vorhandenen Haltlinie vollendet; vielmehr setzt er grds. voraus, dass die Fluchtlinie der Kreuzung bzw. Einmündung überfahren wird, weil erst dann der geschützte QuerV beeinträchtigt wird (allg. M; s. schon Rn. 27; BGH NZV **98** 119, NJW **99** 2978, Br DAR **02** 225; zur Berechnung der Rotlichtdauer beim qualifizierten Verstoß s. aber Rn. 50). Im Urteil genügt hierfür die Bezugnahme auf in der Akte befindliche Lichtbilder nach § 267 I S. 3 StPO (Br NZV **10** 42; zu § 267 I S. 3 StPO: § 24 StVG Rn. 76). Wer bei Rot im Raum bis zur Fluchtlinie der Kreuzung/Einmündung hält, handelt ow nach Anl 2 lfd. Nr. 67 Spalte 3 zu Z 294 iVm § 49 III Nr. 5, ggf. auch nach § 1 II (Bay NZV **94** 200, ZfS **94** 467, Kö NZV **95** 327, Ha VRS **85** 464, Ol NZV **93** 446, Ce ZfS **94** 306). Anders liegt es allerdings, wenn der FzF in eine vor der Kreuzung befindliche **ampelgesicherte Fußgängerfurt** einfährt; dann ist der Rotlichtverstoß bereits mit Überfahren der Haltlinie vollendet (Rn. 27). Zum Verstoß gegen II Nr. 1 S. 11 (Schwarzpfeil auf Rot) Rn. 30. Zum LichtZ für markierte Fahrstreifen nach II Nr. 4 Rn. 33. Zum ZusatzZ Nr. 1012-35: Rn. 29. Zum Umfahren einer LZA als Rotlichtverstoß oder Verstoß gegen § 2: Rn. 8, 9. Zum Rotlichtverstoß bei Dauerrot Rn. 28. Zur Berechnung der Rotlichtdauer Rn. 50. Rotlichtverstoß, wenn der FzF auf einem markierten Fahrstreifen nach II Nr. 4 in eine Kreuzung einfährt, obwohl die LZA (pfeilförmiges oder volles) Rot zeigt, und er anschließend in der Richtung eines durch Grünlicht freigegebenen anderen Fahrstreifens weiterfährt (BGH NZV **98** 119). Das Gleiche gilt, wenn der FzF, der auf seinem Fahrstreifen Grün hat (II Nr. 4), zunächst auf der freigegebenen Geradeausspur weiterfährt, dann aber entgegen Z 297 (Geradeauspfeil) links abbiegt (BGH NZV **98** 119 (obiter dictum); aM Ha VRS **51** 149, Bay VRS **64** 148 (nur Verletzung der Pfeilregelung)). Verstoß gegen die besonderen LichtZ für Straba, Bus oder Taxi ist ow gem. II Nr. 4 S. 2 iVm Anl 4 zur BOStrab u. § 49 I Nr. 2 StVO (Kö DAR **01** 87). Verstöße gegen die *Grünpfeilregelung* (Rn. 22 f.) sind ow, zB Rechtsabbiegen aus einem anderen als dem rechten Fahrstreifen, Nichtbeobachtung der äußersten Sorgfalt und darauf beruhende Behinderung oder Gefährdung des Fz- oder FußgängerV der freigegebenen Richtung; bei Verletzung oder Sachschaden TE mit § 1 II. Abbiegen ohne vorgeschriebenes Anhalten (II Nr. 1 S. 8) wird nach BKatV nicht als Verstoß gegen S. 8, sondern gegen S. 7 (Nichtbeachten des Rotlichts) geahndet (KG NZV **95** 199, VG Berlin NZV **97** 327, *Minjoth* DAR **05** 237; aM *Schulz-Arenstorff* NZV **08** 67: Anl 2 lfd. Nr. 67 zu Z 294 iVm § 49 III Nr. 4).

b) Vorsatz, Fahrlässigkeit. Es gelten die allgemeinen Regeln. Für eine Verurteilung wegen **42** Vorsatztat muss der FzF zumindest mit Rotlicht gerechnet und den Verstoß billigend in Kauf genommen haben. Dafür muss festgestellt werden, mit welcher Geschwindigkeit er sich der Ampel genähert hat und in welcher Entfernung von der Haltelinie er das dem Rotlicht vorausgehende Gelblicht bemerkt hat; kein Vorsatz, wenn er im Zeitpunkt des Tatentschlusses nicht mehr in der Lage gewesen ist, rechtzeitig anzuhalten (KG NZV **01** 441). Schon längeres Andauern der Rotphase rechtfertigt nicht die Feststellung von Vorsatz (KG VRS **107** 214), auch nicht der Umstand, dass der Kf jederzeit verkehrsgerecht hätte bremsen können; denn er kann darauf vertraut haben, „es gerade noch zu schaffen" (KG DAR **06** 158). Für die Annahme von Vorsatz genügt entgegen Ce NZV **01** 354 (abl *Scheffler* BA **01** 469, *Wrage* NZV **02** 196, *Korte* NStZ **02** 584) auch nicht allein schon der Umstand, dass das Übersehen des Rotlichts auf Ablenkung durch verbotenes Telefonieren beruhte. *Fahrlässigkeit* erfordert mangels besonderer Umstände jedenfalls bei innerörtlichem Rotlichtverstoß keine besonderen Feststellungen (Jn DAR **06** 225). Übersehen der LZA ist Tatbestandsirrtum, lässt aber Fahrlässigkeit unberührt (§ 11 I S. 2 OWiG). Das Gleiche gilt für die Fehlvorstellung, die LZA zeige Dauerrot (Rn. 28). S. auch Rn. 55.

c) Rechtfertigung. Allgemein: E 117 f. Gefährdung durch dicht aufgeschlossenen Nachfol- **43** genden und damit verbundene Gefahr eines Auffahrunfalls kann Durchfahren bei Rot uU nach § 16 OWiG rechtfertigen (Dü NZV **92** 201), nicht aber ohne Weiteres das bloße schnelle Annähern eines Nachfolgenden ohne Hinzutreten weiterer Gefahrenmomente (KG NZV **93** 362). Zudem muss eine Gefährdung anderer VT ausgeschlossen sein (**E** 117; Ha NJW **77** 1892, KG NZV **93** 362). Plötzliche Kolik rechtfertigt jedenfalls kein Querverkehr kein Rechtsabbiegen bei Rot (Ha VRS **53** 365), uU aber (falls Gefährdung ausgeschlossen) Beförderung einer für eine Operation notwendigen Blutkonserve (Ha NJW **77** 1892). Unter Berücksichtigung der Str- und Witterungsverhältnisse, der Ladung oder Besetzung (Glätte, Fahrgäste) zu hohe Geschwindigkeit (Rn. 14) rechtfertigt nicht Durchfahren bei Rot (Dü DAR **92** 109). Nach Ha DAR **94** 409 ist Notstand oder rechtfertigende Pflichtenkollision denkbar, wenn der FzF einen Sonderfahrstreifen befährt, der an seinem Ende mit Dauerrotlicht gesichert ist, das nur von Busfahrern per Funk auf „Grün" umgeschaltet werden kann, sofern ein Wechseln oder Zurücksetzen in die normale Spur mit größeren Gefahren verbunden ist als ein Überfahren der Ampel bei Rotlicht; liegt unberechtigte Nutzung des Sonderfahrstreifens vor, gelten für den Betroffenen indessen ohnehin die LichtZ des allgemeinen Verkehrs (Rn. 34). Die Vorstellung, die Vermutung eines Auffahrens des Hintermanns rechtfertige Durchfahren bei Rot, ist Irrtum über die Reichweite eines Rechtfertigungsgrundes (Erlaubnisirrtum) und lässt den Vorsatz unberührt (KG NZV **93** 362).

d) Feststellung des Rotlichtverstoßes. Zur Feststellung der Identität des FzF: § 24 StVG **44** Rn. 76 f. Grundsätzlich sind Feststellungen dazu nötig, wo sich der Kf beim Umspringen auf Rot befand, insbes., wie weit er von der Haltelinie entfernt war (KG DAR **05** 634, VRS **113** 300) und ob er unter Berücksichtigung der zulässigen Geschwindigkeit und der Dauer der Gelbphase noch gefahrlos hätte anhalten können (s. auch schon Rn. 42; KG DAR **05** 634, Kar NZV **09** 201, Hb DAR **93** 395, Jn NZV **99** 304, Br VRS **79** 38 (nicht auch Entfernung beim Umschalten auf Gelb), Kö VM **84** 83; zusammenfassend Fra ZfS **20** 410). Sowohl beim qualifizierten als auch beim „einfachen" Rotlichtverstoß sind solche Feststellungen bei **innerörtlichem** Verstoß allerdings idR entbehrlich, weil dort von einer zulässigen Höchstgeschwindigkeit von 50 km/h und einer Gelbphase von 3 Sekunden Dauer (Rn. 24 f.) ausgegangen werden kann (Ha VRS **91** 67, NZV **02** 577, Hb DAR **95** 500, Dü NZV **96** 81, KG NZV **16** 490, DAR **16** 214; abw womöglich Kar NZV **09** 201, KG VRS **113** 300). Es genügt dann die Feststellung, der FzF habe die Haltelinie bei Rot passiert und sei in den Kreuzungsbereich eingefahren (Ha VRS **91** 67). Anders liegt es jedoch (auch innerorts), wenn das Urteil von „kurzer Gelbphase" ausgeht; dann ist Ampelschaltplan erforderlich (Jn DAR **06** 164). Sind Feststellungen erforderlich (insbes. außerörtliche Verstöße), genügt die Entfernungsschätzung (auch) durch PolB idR nicht (vgl. KG VRS **67** 63 sowie Rn. 45).

aa) Für den Beweis des Rotlichtverstoßes können neben den Ergebnissen von Überwa- **45** chungsanlagen (Rn. 46 ff.) auch **Zeugenaussagen sowie das Geständnis des FzF** herangezogen werden. Entsprechendes gilt grds. auch für den qualifizierten Rotlichtverstoß infolge Überschreitens der Rotlichtdauer von 1 s (Rn. 53 ff.). *Schätzungen der Rotlichtdauer durch Zeugen* reichen nach der bisweilen allerdings sehr strengen obergerichtlichen Rspr. häufig nicht aus (Bay NZV **02** 518, Ro VRS **109** 27, Kö NJW **04** 3439, DAR **12** 271, Dü DAR **20** 46, Ha NZV **98** 169, KG DAR **96** 503, Jn NZV **99** 304, Sa ZfS **16** 352; Ha NStZ-RR **18** 26 („3–5 s" mit viel eigener Beweiswürdigung von Ha); s. aber Dü VRS **93** 462). Im Bereich *bis zu 2 s* genügt auch Zählen („21, 22, …") idR nicht (Bay NZV **95** 497, Ha NZV **01** 177, DAR **96** 415; aM Dü VRS **93** 462, Kö VRS **106** 214). Anders liegt es uU bei *gezielter* Überwachung, wenn hinzutretende Umstände die Schätzung erhärten und bei Zählen über diesen Bereich hinaus (Dü DAR **03** 85, NZV **00** 134, Ha DAR **08** 35, NZV **10** 44; Brn DAR **99** 512) oder wenn konkrete Fakten die Schätzung bestätigen (Kö NJW **04** 3439, KG NZV **02** 50 (Phasenwechsel der zugehörigen Fußgänger-LZA, Anfahren des QuerV), Hb DAR **05** 165, Ha NZV **02** 577 (das Beiziehung des Schaltplans verlangt), Ce DAR **12** 35; KG VRS **129** 279 (je *keine* Beiziehung des Schaltplans erforderlich); Jn DAR **06** 225 (Zeuge hält wegen Umschaltens auf Rot an, Betr. passiert ihn geraume Zeit später); Ba NZV **16** 195 (Ampel schaltet kurz nach Überfahren der Haltlinie auf grün)). Feststellung schon länger als 1 s andauernder Rotphase auf Grund der Entfernung des Fz zur Haltlinie beim Phasenwechsel setzt Angaben im Urteil über die Geschwindigkeit voraus (Kö NJW **04** 3439, NZV **93** 119, **95** 327). Auch Messung mittels Armbanduhr im Messbereich bis 2 s begegnet Bedenken (KG VRS **107** 214, NZV **95** 240, Ha ZfS **00** 513). Messung **mit geeichter Stoppuhr** ist hingegen anerkannt. Bei Feststellung qualifizierten Rotlichtverstoßes (Rn. 53) Abzug von 0,3 s zum Ausgleich eventueller Reaktionsverzögerung bei der Bedienung zuzüglich eines weiteren Abzugs zum Ausgleich etwaiger Gangungenauigkeit, („Verkehrsfehlergrenze") in Höhe des Doppelten der Eichfehlergrenze (nach dem insoweit noch beachtlichen § 33 IV S. 1 EichO aF; entspricht der Summe der kleinsten Skaleneinheit der Uhr und 0,5 ‰ der gemessenen Zeit) der Stoppuhr notwendig, was im Urteil auszuführen ist im Einzelnen KG VRS **133** 141; s. auch BayObLG ZfS **20** 25). Messung mit (ungeeichter) Stoppuhr eines Smartphones ist auch nach Inkrafttreten des MessEG nicht unverwertbar; jedoch sind dann konkrete Feststellungen zur verwendeten Stoppuhr zu treffen, wobei ein Abzug von 0,3 s nicht genügen wird (BayObLG ZfS **20** 25). Ebenso wie bei Geschwindigkeitsüberschreitungen (§ 3 Rn. 57; dort auch zur Kritik am Erfordernis des „qualifizierten" Geständnisses) kann der Rotlichtverstoß, auch der qualifizierte, auf ein „qualifiziertes" **Geständnis** des FzF gestützt werden (Fra NStZ-RR **03** 314; s. aber KG VRS **113** 296). Die Mitteilung des Messverfahrens ist dann entbehrlich (Rn. 49).

46   **bb)** Zumeist werden Rotlichtverstöße jedoch mit einer **automatischen Rotlichtkamera** festgestellt. Sie ist nach allg M ein zulässiges Beweismittel (KG NZV **92** 251, Ha VRS **84** 51, Kar NZV **93** 323, Hb DAR **95** 500). Ihre Rechtsgrundlage ist, da anlassbezogene Verfolgungsmaßnahme, § 100h I S. 1 Nr. 1 StPO iVm § 46 I OWiG (im Einzelnen § 3 Rn. 57). Von zentraler Bedeutung ist ihr Einsatz beim Beweis des qualifizierten Rotlichtverstoßes wegen Überschreitens der Rotlichtdauer von 1 s (Rn. 53 ff.). Zum maßgebenden Zeitpunkt des Beginns der Rotlichtdauer Rn. 50. Zu den notwendigen Feststellungen im Urteil Rn. 49.

47   **(1)** Rotlichtüberwachungskameras **unterliegen der Eichpflicht** (§§ 31, 37 MessG, § 1 I Nr. 12a, II Nr. 1 MessEV; zum alten Recht; Kar VRS **85** 467). Ist das mit der Kamera gekoppelte Zeitmessgerät nicht geeicht oder ist die Eichgültigkeitsdauer überschritten (zu deren Berechnung § 3 Rn. 59, § 24a StVG Rn. 17), so bleiben die Lichtbilder mit eingeblendeter Zeit seit Beginn der Rotphase verwertbar; jedoch ist ein Sicherheitsabschlag vorzunehmen (KG NZV **92** 251 (0,2 s), Ha NZV **93** 361, **93** 492, Kar NZV **93** 323, VRS **85** 467, Ce NZV **96** 419). Für die Bemessung des Sicherheitsabschlags wird ein Sachverständiger hinzuzuziehen sein (Ha NZV **93** 361; *Löhle/Beck* DAR **00** 3).

48   **(2)** Da es für den Beginn der Rotlichtdauer auf das Überfahren der Haltlinie ankommt (Rn. 50), der erste Messpunkt der Rotlichtüberwachungsanlage aber idR hinter der Haltlinie liegt, muss die Zeit zwischen Überschreiten der Haltlinie und Erreichen des Messpunkts abgezogen werden, um den FzF nicht zu benachteiligen. Dies wird von einigen Überwachungskameras automatisch berücksichtigt, von anderen aber nicht. Hierzu gilt nach Bra NJW **07** 391 (auf der Grundlage von Auskünften der PTB; Bspr *Krumm* SVR **07** 286) Folgendes: **1.** Alle spätestens seit 2004 von der PTB zugelassenen Geräte müssen die dem Betroffenen vorwerfbare Rotzeit automatisch ermitteln, weshalb kein zusätzlicher Abzug erforderlich ist. **2.** Bei früher zugelassenen Geräten ist die Fahrzeit von der angezeigten Rotzeit zu subtrahieren, die das Fz vom Überfahren der Haltlinie bis zu der Position benötigt, die auf dem (ersten) Messfoto abgebildet ist. **3.** Bei den Geräten Traffipax TraffiPhot II, Rotlichtüberwachungsanlage von Truvelo Deutschland und Multfot ist zusätzlich zum Abzug unter Ziff. 2 eine weitere gerätespezifische Toleranz von 0,2 s zu berücksichtigen. Zu Technik und Fehlerquellen bei den Geräten Traffipax III, Multanova Multaflot und Multanova MultastarC *Buck ua* DAR **11** 748.

49   **(3)** Die automatische Rotlichtüberwachung ist ein **standardisiertes Verfahren.** Wie allgemein bei standardisierten Verfahren (im Einzelnen § 3 Rn. 56b) kann sich das Urteil grds. auf die

Mitteilung des verwendeten Gerätetyps beschränken; sind Messtoleranzen zu berücksichtigen (Rn. 48) so müssen auch diese mitgeteilt werden, sofern die Rotlichtzeit auch nach Abzug des für den Betroffenen günstigsten Toleranzwerts von 0,4 s beim qualifizierten Rotlichtverstoß nicht wenigstens 1 s Sekunde angedauert hat (Bay DAR **94** 123, Br DAR **02** 225, Dü DAR **03** 86, Kar NJW-RR **06** 1167; Fra NZV **08** 588; Br NZV **10** 42). Über die genannten Angaben hinaus verlangen Ha SVR **07** 270 (zust *Ebner*), Dr DAR **02** 82; Schl ZfS **14** 413 und Dü DAR **17** 594 (jedenfalls) für die automatische Rotlichtüberwachung mit dem Gerät Traffiphot III; dass die Entfernung der (1.) Induktionsschleife von der Haltelinie und soweit vorhanden auch die Entfernung einer 2. Induktionsschleife von der ersten sowie der jeweils auf den 2 Messfotos eingeblendeten Messzeiten mitgeteilt werden (zw). Mit konkret behaupteten Messfehlern muss sich der Tatrichter auseinandersetzen. Nach Bra NZV **06** 219 kein qualifizierter Rotlichtverstoß, wenn die Gelbphase bei zulässiger Höchstgeschwindigkeit von 60 km/h nicht 4 s (Rn. 24), sondern 3 s umfasst und Betroffener um 1,29 s überschreitet (Abzug von 1 s im Hinblick auf Vertrauensschutz wegen VwV). Bei einem Geständnis des FzF (Rn. 45) können die Mitteilungen unterbleiben (Fra NStZ-RR **03** 314; näher § 3 Rn. 56b, 57). Zur Bezugnahme auf die Fotos § 3 Rn. 56b.

e) Maßgebender Zeitpunkt. Für die Berechnung der Rotlichtdauer von mindestens 1 s **50** (qualifizierter Rotlichtverstoß Rn. 40, 52) ist grds. das Überfahren der Haltlinie ausschlaggebend (BGHSt **45** 135 = NJW **99** 2978, Bay NZV **95** 497, Ha NZV **02** 577, Dü NJW **04** 3439, Kö NZV **98** 472 KG NZV **15** 203 (dort auch zu den Anforderungen an Zeugenaussagen), Stu NZV **97** 450). Bei Fehlen einer Haltlinie ist auf das Einfahren in den geschützten Bereich abzustellen (Bay NZV **95** 497, Ha ZfS **01** 232, NStZ-RR **96** 216, Dü NZV **00** 134, DAR **97** 322; **aM** Kar NZV **95** 289, Dü DAR **97** 116, VRS **93** 462, Kö VRS **98** 389 (Vorbeifahren an der LZA)).

f) Geldbuße. Regelsätze für Rotlichtverstoß sind in Nr. 130 ff. BKat normiert, für Radf **51** (Nr. 132a ff.). Bei Bußgeldbemessung für Durchfahren bei Gelb darf nicht ohne besondere Begr der für die Nichtbeachtung von Rot vorgesehene Katalogsatz zugrunde gelegt werden (Hb VRS **58** 397). Die in der BKatV normierten Rechtsfolgen gelten auch für auf Gelb – Rot beschränkte Bedarfsampeln (II Nr. 3; Ha DAR **05** 642). Bei Verstoß gegen II Nr. 4 S. 2 (besondere LichtZ) können die für Rotlichtverstöße geltenden Sätze der BKatV entsprechend herangezogen werden (Kö DAR **01** 87). Eine zusätzliche Erhöhung der Geldbuße wegen besonders langer Rotlichtdauer (im konkreten Fall 7 Sekunden) stellt einen Verstoß gegen das Doppelverwertungsverbot (§ 46 III StGB) dar; die erhöhte abstrakte Gefahr bei Rotlichtdauer von über einer Sekunde ist bereits vom VOGeber berücksichtigt (vgl. KG NZV **10** 584). Bei einem Verstoß gegen III S. 2 (gesperrter Fahrstreifen) kann die Höhe der gefahrenen Geschwindigkeit eine Sanktionierung oberhalb des Regelsatzes und ein FV ohne Regelanordnung rechtfertigen (Ce DAR **19** 689 m Bspr *König* DAR **20** 370; hierzu auch Rn. 37 sowie § 3 Rn. 45a).

g) Fahrverbot. FV ist in den Fällen der Nr. 132.1, 132.2; 132.3 BKat vorgesehen (qualifi- **52** zierter Rotlichtverstoß; Rn. 40). Hauptfall ist der Rotlichtverstoß bei schon länger als 1 s dauernder Rotphase an WechsellichtZ (Nr. 132.3; nach 132.3.1, 2 BKat höhere Geldbuße bei Gefährdung und Verletzung). Seine Feststellung unterliegt erhöhten Anforderungen (Rn. 45, 48 f.). Ebenfalls qualifizierter Rotlichtverstoß ist (ohne das Erfordernis länger dauernder Rotphase) der Rotlichtverstoß mit Gefährdung oder Sachbeschädigung nach Nr. 132.1 und 2 BKat (dazu Rn. 56). Gewiss keine Notwendigkeit der Pflichtverteidigerbestellung wegen drohenden FV und behaupteter Gefahr des Existenzverlusts (LG Stu ZfS **13** 233 m gleichwohl krit Anm *Burhoff* VRR **13** 233, s. auch *Krenberger* ZfS **13** 69).

aa) Rotlichtdauer über 1 s. Das FV ist dann indiziert, dh idR zu verhängen (§ 25 StVG **53** Rn. 19 ff.). Die (qualifizierte) Überschreitung stellt eine sog. „doppelrelevante" Tatsache dar, weswegen der Bußgeldrichter bei einem auf den Rechtsfolgenausspruch beschränkten Einspruch gegen den Bußgeldbescheid hierzu keine Feststellungen mehr treffen darf (KG VRS **131** 175 m Bspr *König* DAR **18** 373; aM noch KG VRS **129** 25; hier bis 44. Aufl.). Ein Regelfall kann auch dann vorliegen, wenn der FzF bei verkehrsbedingtem Halt nach Überfahren der Haltlinie nach erneuter, mindestens 1 s andauernder Rotphase weiterfährt (BGH NJW **99** 2978, Stu DAR **03** 574 (FV jedoch abgelehnt; hierzu Rn. 54); aM Kö NZV **98** 297). Die Indizwirkung gilt während des gesamten Zeitraums ab 1 s, weswegen Einfahren in die „Spätphase" nicht entlastet (Dü NZV **96** 117: erhöhte abstrakte Gefahr durch die lange Dauer der Rotlichtphase bereits berücksichtigt).

54   **(1)** Trotz Regelfalls kein FV anzuordnen ist bei **atypischem Rotlichtverstoß.** Er ist gegeben, wenn aufgrund von Besonderheiten selbst eine abstrakte Gefahr für andere VT *völlig ausgeschlossen ist* (BayObLGSt **96** 188; DAR **02** 173/174; DAR **05** 349, NZV **97** 320; i.Erg. nunmehr ebenso, jedoch den Topos der abstrakten Gefahr abl., andererseits für die Rechtsfolgenbemessung (um die es ausschließlich geht) das Fehlen konkreter Gefahr für beachtlich haltend KG DAR **20** 395). Beispiele sind ampelgeregelte einspurige VFührung in Engstellen wie bei Baustellen-LZA (Kö NZV **94** 41, 330, Dü NZV **95** 35, Ha NZV **94** 369, Ce VM **96** 67) oder an nur einspurig befahrbarer Brücke (Ol NZV **95** 119), dies allerdings nicht, wenn an schon haltenden Fz vorbeigefahren werden muss (Dü VRS **98** 47), oder bei Einfahrt in eine AB-Zufahrt mit mäßiger Geschwindigkeit ohne Fußgänger- oder FahrradV sowie Kfz-Querverkehr (KG NZV **16** 442). Nach Stu DAR **03** 574 (hierzu auch Rn. 53) atypischer Rotlichtverstoß auch dann, wenn sich in dem Bereich, in den der FzF einfährt, niemand aufhalten darf (Wiederanfahren, während für Fußgänger Rotlicht angezeigt wird), ebenso KG NZV **10** 361. Zu den erforderlichen Feststellungen bei Baustellenampel Zw ZfS **18** 290. **Kein atypischer Rotlichtverstoß,** wenn im Einzelfall andere VT (QuerV, Fußgänger) nicht (konkret) gefährdet waren. Die gegenteilige Rspr. (zB Ha SVR **06** 312 (Fußgänger-LZA, kein Fußgänger vorhanden, verkehrsarme Zeit); ähnlich Dü DAR **20** 48; Brn ZfS **03** 471 (ländliche Gemeinde zur Nacht), KG NZV **01** 311 (QuerV nicht vorhanden), KG VRS **113** 300 (Rechtsabbiegen nach Anhalten); DAR **14** 395 (vorsichtiges Einfahren nach Querenlassen von Fußgängern ohne Gefährdung anderer); Rspr. aufgegeben durch KG DAR **20** 395, s. auch schon KG NZV **16** 594) relativiert die Indizwirkung des BKat und stellt sie im Erg. der subjektiven Disposition des FzF anheim (Bay DAR **05** 349, **02** 77, NZV **03** 350, **97** 320, Dr DAR **02** 522; i. Erg. nunmehr auch KG DAR **20** 394; s. ferner AG Dortmund NZV **17** 540 *(Staub)).* Der indizierte grobe Verstoß entfällt auch nicht ohne Weiteres bei einer nur Gelb und Rot zeigenden Fußgänger-LZA (Bay NZV **97** 84). Jedoch wird in den betroffenen Fällen oft Nichtanordnung des FV aus subjektiven Gründen in Betracht kommen (Rn. 55).

55   **(2)** Von der Anordnung eines FV ist abzusehen, falls es an dem für das FV erforderlichen *subjektiv* groben Verstoß fehlt (§ 25 StVG Rn. 14, 20), also in den Fällen des **Augenblicksversagens.** Kein grober Verstoß uU bei „**Frühstart**", also dann, wenn der FzF nach anfänglichem Warten durch Grünlicht eines für ihn nicht maßgebenden LichtZ oder durch andere Umstände abgelenkt wird und zu früh anfährt (Kar NJW **03** 3719 (jedenfalls bei erneutem Halt nach wenigen Metern), Kö NZV **94** 330, VRS **98** 389, Ha DAR **95** 501, Dü NZV **00** 91, DAR **96** 107, VRS **95** 432, AG Fra NZV **08** 371). Unter Aufgabe bisheriger milderer Rspr. liegt nach Kar DAR **19** 215 auch beim „Frühstart" grds. ein grober Pflichtverstoß vor, darf also das FV nur unter besonderen Umständen (zB sofortiges Anhalten, uU „Mitzieheffekt") unterbleiben. KG DAR **19** 394 beschränkt den entlastenden Mitzieheffekt auf Konstellationen, in denen der FzF zunächst rechtstreu angehalten hat („Sogwirkung"). Nach (sehr uneinheitlicher) Rspr. aber dann kein Absehen vom FV, wenn abstrakte Gefährlichkeit besteht (Ba DAR **08** 596; NJW **09** 3736 mAnm *Sandherr;* DAR **09** 654; KG VRS **114** 60; KG DAR **19** 394 Ha DAR **10** 30 mAnm *Sandherr;* s. aber § 25 Rn. 20; krit. zum Maßstab der abstrakten Gefahr *Sandherr* aaO; s. aber *König/Seitz* DAR **10** 361, 363), an der es zB fehlen kann, wenn das missachtete Rotlicht nicht dem Schutz des QuerV dient, sondern ausschließlich den Verkehrsfluss regeln will (Ba NJW **09** 3736). Entsprechend liegt es beim **„Mitzieheffekt",** falls also der FzF dem anderen FzF folgt, ohne das weiterhin geltende Rotlicht zu beachten (Dü VRS **96** 386, VRS **97** 447, KG NZV **02** 50). Das kann selbst bei dadurch verursachter (weil oftmals zufälliger) Gefährdung oder Sachbeschädigung gelten (Ha VRS **98** 392, NZV **95** 82, Kar NZV **10** 412 mAnm *Sandherr;* einschr Bay DAR **96** 103, Ha DAR **96** 469, Dü VRS **96** 141 (jeweils nur bei Ausschluss einer Gefährdung des QuerV), Ol NZV **93** 408, **94** 38 (wonach die ein FV notwendig machende besondere Verantwortungslosigkeit vom Ampelschaltplan abhängt), Ha NJW **97** 2125 (Erhöhung der Buße auf das 4 fache nicht beanstandet); enger Bay DAR **03** 233, Dü NZV **96** 117, Ha NStZ-RR **98** 117; s. erg Rn. 56). Kein Absehen vom FV aber bei Weiterfahrt ohne Halt (Bay NZV **02** 517) oder bei „Frühstart", wenn der Irrtum auf Ablenkung durch Telefonieren beruht (Dü NZV **98** 335), desgleichen bei Irritation durch das weiß leuchtende Bussignal (II Nr. 4 S. 2, KG VRS **99** 210) oder dann, wenn sich der FzF durch ein wegen Defekts liegengebliebenes Fz hat ablenken lassen (Kar NZV **07** 213). Kein FV uU bei völligem **Übersehen** einer nur schwer wahrnehmbaren LZA (Bay DAR **03** 280, NZV **94** 287, Dü NZV **93** 409) oder bei Übersehen der LZA nach Passierenlassen von Fußgängern in gedanklicher Suche nach einem Parkplatz (Stu NStZ-RR **00** 279), nicht aber, falls ortskundiger Taxif auf gerader Strecke bei Dunkelheit mit unverminderter Geschwindigkeit eine bereits seit Minuten Rotlicht zeigende LZA überfährt, weil er diese überhaupt nicht wahrgenommen hat (Ha DAR **06** 521). Kein Augenblicksversagen bei Verwechslung einer Fußgängerampel mit der für den fließenden V maßgebenden LZA (Ba ZfS **16** 50). Bei Irritation durch Sonneneinwirkung und ungebremstem Zufahren auf die LZA idR kein Augenblicksversagen (Kar DAR **97** 29, Ce NZV **96** 327, Ha NZV **99** 302), anders uU, falls FzF wegen der Blendung gebremst und sich vorsichtig verhalten hat, wobei zur Tatsache der Blendung und zum Verhalten des Betroffenen auf Grund der Blendung *immer* nähere Feststellungen zu treffen sind (Ha VRS **91** 383). Kein FV uU bei Anhalteschwierigkeiten wegen spiegelglatter Fahrbahn (Dr DAR **98** 280), dies jedenfalls dann, wenn die Verkennung der StrGlätte auf leichter Fahrlässigkeit beruht (KG VRS **113** 296: nur dann), nicht aber, falls schmierige Str wegen einsetzenden Regens absehbar war (KG DAR **16** 393). Nach Dü VRS **90** 149 kein FV uU bei Schrittgeschwindigkeit zu verkehrsarmer Zeit (zw.; s. auch Rn. 54). Ko DAR **94** 287 lässt Ablenkung durch Adressensuche als Augenblicksversagen durchgehen (ebenso Ha DAR **05** 463), Hb NZV **95** 163 Irritation aufgrund Einschüchterung eines Taxif durch Fahrgäste; demgegenüber mit Recht streng KG **128** 302 bei Ablenkung durch „plötzlich abbiegenden Motorradfahrer". Nichterkennen des Rotlichts infolge zu dichten Auffahrens auf ein vorausfahrendes Fz bei Annäherung an eine LZA entschuldigt nicht (Kö VRS **61** 152). Überschreitung der zulässigen Höchstgeschwindigkeit begründet die Vorwerfbarkeit des Rotlichtverstoßes (BGH NZV **05** 409, Kö VM **84** 83, Br VRS **79** 38). Zum Absehen vom FV in Fällen des **Irrtums** sowie von **Notstandssituationen** § 25 StVG Rn. 24.

bb) Auch Gefährdung oder Verletzung entfaltet Indizwirkung (Rn. 52). Erforderlich ist **56** konkrete Gefahr iS von § 1 Rn. 35, weswegen die Notwendigkeit des Bremsens für die Annahme qualifizierten Rotlichtverstoßes nicht ausreicht (KG NZV **10** 584). Gegeben sein muss der Schutzzweckzusammenhang zwischen Verkehrsverstoß und eingetretener Unfallfolge (Ko NZV **07** 589, Kar NStZ-RR **01** 278). Daran fehlt es, wenn der aus einer Grundstücksausfahrt Einfahrende verletzt wird, weil die LZA nicht seinen Schutz bezweckt (Ko NZV **07** 589; Ha NJW **10** 3790). Der Rotlichtverstoß kann aber zur Erhöhung der BG führen (§ 17 Rn. 18). Eine *Fußgängerampel* dient grds. nicht dem Schutz des eine Vorfahrtsstraße kreuzenden QuerV, sondern vornehmlich des Fußgängerverkehrs; anders liegt es jedoch, wenn sie unmittelbar im Kreuzungsbereich aufgestellt ist (Ha DAR **97** 277, Kar NStZ-RR **01** 278; Ce DAR **12** 34). Bei Schädigung nach Rotlichtverstoß kann *Mitverschulden des Geschädigten* ein FV entbehrlich machen (Ce NZV **94** 40, Kar NStZ-RR **01** 278).

20. Zivilrecht. Ob die StrVB Ampeln anbringt, ist idR Ermessensfrage, nicht aber, wenn an- **57** dernfalls Gefahr entstehen kann (BGH VersR **67** 602). Ampeln sind sachgemäß und unfallverhütend aufzustellen und zu betreiben (Br VersR **77** 530, Dü VersR **77** 455, 823). Jeder VT darf auf verkehrsgerechte und ungefährdende Phasierung vertrauen (Dü VersR **77** 455, 823). Eine wegen einer Baustelle nötige Umphasierung darf auch unter ungünstigen Umständen keinen VT gefährden (Dü VersR **77** 455). Eine vom Bauunternehmer ungenehmigt aufgestellte LZA ist nichtig und unbeachtlich (§ 41 Rn. 247; Ha VRS **52** 150). Eine „fußgängerfreundlichere" Ampelschaltung zur gewollten Behinderung des FahrV, um ihm die Innenstadt zu verleiden, ist nicht durch § 6 StVG gedeckt. Zur Unfallrekonstruktion durch Auswertung von Verkehrsrechnerdateien *Dembsky/Nugel* DAR **17** 724.

Ordnungsgemäße Einrichtung, Anbringung, richtige Programmierung und Schaltung der **58** LZA sind Amtspflicht der StrVB (BGH NJW **72** 1806, VersR **90** 739, Ha NZV **01** 379, Fra VM **84** 30). Unterhaltung der eingerichteten Anlage, technische Wartung und Vorsorge gegen Funktionsstörungen sind Gegenstand der VSicherungspflicht (BGH VersR **84** 759, NJW **87** 1945, Fra VM **84** 30, Zw NZV **89** 311, *Rinne* NVwZ **03** 9). Dazu gehören auch Maßnahmen zur Gewährleistung der Standfestigkeit des Ampelmasts (Ko NZV **94** 192 (Verdrehen durch Wind)). Die Pflicht zur Unterhaltung von LZA ist in NRW hoheitlich geregelt (Kö VM **77** 52), ebenso in Rheinl/Pfalz (Zw NZV **89** 311, Ko NZV **94** 192). Nicht bei jeder Änderung der Phasenfolge besteht die Amtspflicht der StrVB, hierauf besonders hinzuweisen (Fra VM **84** 30). Haftung gem. §§ 823, 839 BGB setzt Schuld voraus (BGH NJW **71** 2220, VRS **43** 81, *Jox* NZV **89** 134), auch bei unrichtiger Ampelaufstellung, Versagen (Dü MDR **76** 842) oder unrichtiger Schaltung (Dü VersR **76** 1180, Ce VersR **82** 76). Für Beweislastumkehr zu Lasten der StrVB bei Unfall auf Grund unrichtiger Signale VGT 1988 sowie *Jung* VGT **88** 74.

Mangels Verschuldens keine Haftung aus Verletzung der VSicherungspflicht bei **„feindli-** **59** **chem" Grün,** wenn entsprechende Sicherungseinrichtung vorhanden und Wartungsvertrag geschlossen war (Ce VersR **82** 76). Für die Beweisführung maßgebend sind die Umstände des Einzelfalls; uU können Zeugenaussagen ausreichen (Kar NZV **14** 266, Ha NZV **03** 577, Ce

NZV **99** 244). Anders kann es im Fall doppelter elektronischer Sicherung der Phasensteuerung und durch Sachverständigen bestätigter ordnungsgemäßer Funktion liegen (LG Dr VersR **07** 1385 m Bspr *Schwake* VersR **07** 1620). „Feindliches" Grün auch, falls auf der untergeordneten Str Grün leuchtet, auf der bevorrechtigten Straße die LZA jedoch ausgeschaltet ist (Kar NZV **14** 266), nicht auch bei gleichzeitigem Dauerlicht Rot und Rotgelb, weil diese Phasen Fahren nicht erlauben (Dü VersR **89** 57). Nach den Ordnungsbehörden- und PolVerwaltungsgesetzen der Länder Haftung ohne Verschulden bei feindlichem Grün als „rechtswidriger Maßnahme" (BGH NJW **87** 1945 (NRW; zust. *Peine* JZ **87** 824, *Jox* NZV **89** 135 f.), Ha DAR **03** 520 (NRW), Zw NZV **89** 311 (Rh/Pf), Ce NZV **99** 244 (Nds)). Fehlt eine landesrechtliche Haftungsgrundlage, so kommt Haftung aus **enteignungsgleichem Eingriff** in Frage, im Rahmen derer nicht sämtliche adäquat verursachten Schäden zu ersetzen sind, sondern eine am Substanzverlust orientierte angemessene Entschädigung in Geld gewährt wird, bei der die BG des geschädigten Fz grundsätzlich in Ansatz zu bringen ist (Kar NZV **93** 187, NZV **14** 266; *Greger/Zwickel* § 18 Rn. 6). Unterlässt der Betreiber einer quarzuhrgesteuerten Baustellen-LZA die erforderliche tägliche Überprüfung, so spricht **der Anscheinsbeweis** dafür, dass „feindliches" Grün auf der Unterlassung beruht (Kö NZV **92** 364). Keine Amtspflichtverletzung, wenn bei einer Fußgänger-LZA nach Ende der Grünphase die für den FzVerkehr geltenden LichtZ für die verschiedenen Richtungen zeitversetzt auf Grün schalten (BGH VersR **90** 739 m krit Anm *Menken* NZV **91** 148).

60   Grün für Fußgängerfurt ist nicht Amtspflichtverletzung, wenn sich in der Mitte der Str eine Straba-Haltestelle befindet und ein gelbes Warnlicht das Nahen einer Straba anzeigt (Ha NZV **01** 379), anders, wenn eine mit LZA ausgestattete Fußgängerfurt über Bahngleise führt und vor dem trotz Grünlichts der Fußgänger-LZA möglichen Herannahen einer Straba nicht durch besonderes (nur beim Nahen der Straba leuchtendes) Signal gewarnt wird (Kö VM **01** 76). Eine „70 er"-Grüne Welle bis kurz vor einem beampelten Bahnübergang gefährdet (BGH DAR **77** 16). Der Pflicht zur Unterhaltung der Ampelanlage ist genügt, wenn sie regelmäßig gewartet wird, doppelte Signalgeber besitzt und bei Ausfall aller Rotlichter automatisch auf gelbes Blinklicht schaltet (Kö DAR **77** 323). Fehlerhafte Handbedienung ist Amtspflichtverletzung (KG bei *Darkow* DAR **74** 225). Amtspflicht eines PolB ist es, im Rahmen der Gefahrenabwehr die Beseitigung einer LZA-Störung zu veranlassen, auf sie findet das Haftungsprivileg des § 839 I S. 2 BGB Anwendung (BGH VersR **84** 759).

60a   **Literatur:** *Berger,* Mängel der Ampelregelung haftungsrechtlich, VersR **72** 715. *Bull,* Ampelversagen als Schicksalsschläge?, DÖV **71** 305. *Füchsel,* Ersatzpflicht der StrVB bei gestörter Signalanlage, DAR **69** 197. *Heuß,* Haftung bei fehlerhafter Anzeige von VAmpeln, VersR **62** 689. *Jox,* Zur Haftung bei fehlerhafter Ampelschaltung, NZV **89** 133. *Jung,* Die Haftung der öffentlichen Hand bei VUnfällen, VGT **88** 69. *Ossenbühl,* Enteignungsgleicher Eingriff und Gefährdungshaftung im öffentlichen Recht, JuS **71** 575.

61   Das Haltgebot des II Nr. 1 S. 7 dient auch dem Schutz des entgegenkommenden Linksabbiegers (BGH NJW **81** 2301). Haftungsverteilung bei Kollision zwischen Linksabbieger und geradeaus fahrendem GegenV an LZA-gesicherter Kreuzung: § 9 Rn. 55. Wer bei Rot durchfährt und mit einem Kfz kollidiert, das bei Rot/Gelb in die Kreuzung gelangt ist, haftet zu $^3/_4$ (KG VRS **57** 3). Haftungsverteilung von $^1/_4$ zu Lasten des mit „fliegendem Start" bei Grün in die Kreuzung Einfahrenden und $^3/_4$ zu Lasten des vorschriftswidrig die Kreuzung noch befahrenden Nachzüglers im QuerV (Zw VersR **81** 581), zu 80% zu Lasten des mit fliegendem Start schnell Fahrenden bei Kollision mit berechtigtem Nachzügler (Ha NZV **03** 573). Bei Missachtung des Nachzüglervorrangs idR überwiegende Verursachung (KG VRS **106** 165 ($^2/_3$), VM **93** 35, abl *Booß,* DAR **78** 48; Kar NZV **13** 188) oder sogar Alleinschuld (KG VRS **106** 165, DAR **03** 515, VM **93** 21, Dü VRS **71** 261, VersR **87** 468). Räumt der Nachzügler die Kreuzung nicht mit der gebotenen Sorgfalt, so haftet er mit (Kö NZV **97** 269 ($^1/_3$), KG VM **81** 75 ($^1/_3$), DAR **03** 515 ($^1/_2$), **93** 21 (uU Alleinhaftung); NZV **10** 568 ($^1/_3$)). Bei Kreuzungsunfall mit ungeklärter LZA-Schaltung kommt idR Schadensteilung in Betracht (KG VM **85** 53; bei Kollision mit Linksabbieger: § 9 Rn. 55). Ohne diesbezügliche Anhaltspunkte muss kein Gutachten betreffend einen Schaltungsfehler (feindliches Grün) eingeholt werden (KG NZV **09** 460). Alleinhaftung des bei Rot durchfahrenden Kf gegenüber einem Fußgänger, der bei Grün nur nicht nach links gesehen hat (KG VersR **76** 1047), gegenüber dem bei Grünpfeil vor ihm links Abbiegenden (KG VM **86** 62), überhaupt regelmäßig gegenüber dem in dieselbe Kreuzung bei Grün Einfahrenden (KG VM **86** 62). Alleinhaftung des vorschriftswidrig in die Kreuzung noch einfahrenden Nachzüglers gegenüber dem bei Grün Anfahrenden (Ko NZV **98** 465, Hb DAR **01** 217). Haftungsverteilung von $^1/_3$ zu $^2/_3$ zwischen dem bei „spätem Gelb" oder „frühem Rot" einfahrenden Geradeausfah-

rer und dem vor Aufleuchten des Grünpfeils abbiegenden Linksabbieger (KG DAR **09** 92 (L)). Wer als Fußgänger trotz Rot die stark befahrene Fahrbahn überquert, haftet allein; fremde BG tritt zurück (Kö VersR **76** 1095, Br VersR **81** 735), anders uU bei Kradf mit extrem hoher Beschleunigung (KG VM **86** 34).

Eine **Straba** kann die ihr sonst gebührende Rücksichtnahme nicht in Anspruch nehmen, **62** wenn sie eine Kreuzung verkehrswidrig bei Rotlicht überquert (BGH VersR **64** 164). Keine äußerste Sorgfalt des StrabaF, der bei nur kurzer Grünphase anfährt, ohne Kfz im Schienenbereich zu beachten (Ce VersR **67** 289). Für eine Signalanlage, die der Straba nahezu zusammen mit Linksabbiegern freie Geradeausfahrt gibt, haftet der StrabaUnternehmer bei Kollision allein (Signalanlage als Teil der Gesamtanlage; Kar VersR **79** 60). Von den Kosten einer Lichtsignalanlage mit Straba- Sondersignalen hat der StrabaUnternehmer nur die durch seine StrSondernutzung veranlassten zu tragen (BVerwG VersR **80** 347).

In der Rspr. zu § 61 VVG alt (§ 81 II VVG 08) wird überwiegend angenommen, dass das **63** Durchfahren bei Rotlicht *idR* (auch bei Ortsunkundigen) **grobfahrlässig** ist (Ce SVR **07** 27, Ko NZV **04** 255, Jn VersR **04** 463, Fra VersR **01** 1276, Kar NJW-RR **04** 389, Kö NZV **03** 138, Ha VersR **02** 603, ZfS **02** 82 (je für den konkreten Fall verneint), Nü ZfS **94** 216, aM Sa VersR **83** 28, KG VersR **75** 1041, Mü DAR **84** 18). Dies unterliegt **tatrichterlicher Würdigung** und wird von den Umständen abhängen (BGH VersR **03** 364 Hb DAR **05** 86, Dü VersR **92** 1086, Nü NJW-RR **96** 986). Dass Rotlichtverstoß nicht stets grob fahrlässig ist, wird von BGH VersR **03** 364 ausdrücklich betont (ebenso Ro ZfS **03** 356, *Römer* NVersZ **01** 539). Nach LG Münster NJW **10** 240 beträgt die Quote in einem nicht durch Besonderheiten geprägten Fall 50 % (ebenso LG Duisburg, mitgeteilt in SVR **10** 307).

Grobe Fahrlässigkeit **ist zB zu bejahen** bei Nichtbeachten trotz schon länger währender **64** Rotzeit (BAG NZV **90** 66, Stu NZV **92** 322 (jeweils ca 6 s), BGH NZV **92** 402; LG Münster NJW **10** 240). Grobfahrlässig ist das Nichtbeachten des Rotlichts infolge Ablenkung durch Telefonieren (BAG NZV **99** 164 (zu § 15 II AKB)), durch im Fz lärmende Kinder (Kö ZfS **01** 318) oder wegen persönlicher Sorgen (Jn VersR **04** 463). Grobe Fahrlässigkeit eines Kf, der mit 30 km/h auf eine 40 m entfernte Rot zeigende LZA zufährt und mit gleichbleibender Geschwindigkeit trotz des Rotlichts in die Kreuzung fährt (Kar VersR **83** 76), der sich bei Wechsel auf Gelb 50 m vor der LZA entschließt, mit 60 km/h noch durchzufahren (Dü VersR **93** 432), der wegen zu hoher Geschwindigkeit und mangelnder Beachtung von VZ vor der LZA nicht mehr rechtzeitig bremsen kann (Hb VersR **84** 377), der seine Aufmerksamkeit Gegenständen auf dem Beifahrersitz zuwendet und dadurch die LZA übersieht (BAG NVersZ **00** 136), sich zur Orientierung auf Hinweisschilder konzentriert (Ro ZfS **03** 356), der bei günstigsten Verhältnissen drei die Kreuzung sichernde Ampeln und eine Vorampel nicht wahrnimmt (Ha NJW-RR **87** 609), der nachts zu verkehrsarmer Zeit das schon einige Sec leuchtende Rotlicht nicht beachtet (LG Mü I ZfS **85** 213). Irritation durch starke Sonneneinstrahlung entlastet nach wohl überwiegender Ansicht nicht von grober Fahrlässigkeit (dazu auch schon Rn. 55; Kö ZfS **04** 523, Ha NZV **98** 467, ZfS **99** 200, Dr VersR **96** 577; abw Kö NVersZ **99** 331, Mü DAR **84** 18, Fra VersR **93** 826, *Römer* VersR **92** 1189).

Grobe Fahrlässigkeit **kann zB zu verneinen sein** bei Nichtbeachten kurz nach Phasenwechsel, **65** sofern nicht besonders grobe Unaufmerksamkeit (Ha NJW-RR **87** 609, Hb DAR **86** 328, Kar ZfS **90** 134, *Rocke* VGT **87** 112). Auch völliges Übersehen der LZA muss nicht stets grobfahrlässig sein, vor allem *bei schwer erkennbarer oder verdeckter LZA und bei überraschend eintretender schwieriger VSituation* (BGH VersR **03** 364, NJW **14** 3234 (zur Ausschlussklausel in einem Kfz-Mietvertrag); Kö DAR **07** 647). Neben mangelnder Aufmerksamkeit können auch physikalisch, physiologisch und psychologisch begründete Kommunikationsstörungen beim Übersehen einer LZA eine Rolle spielen (*Lewrenz* VGT **89** 23f.). Grobe Fahrlässigkeit kann auch bei Kf zu verneinen sein, der bei Rot anhält oder bremst, dann jedoch infolge unbewusster Fehlreaktion (zB Irreführung durch nicht maßgebliche LZA) trotz fortdauernden Rotlichts an- bzw. weiterfährt (Frühstart: Rn. 55; BGH VersR **03** 364, Mü NZV **96** 116, Jn VersR **97** 961, Ha NZV **94** 442 (verneint bei Ablenkung durch Fußgänger-LZA *quer* zur Fahrtrichtung), Fra DAR **92** 432, Kö MDR **98** 594, Ko NZV **04** 255 (Hupsignal), einschr. Hb DAR **05** 86, Ha ZfS **00** 346, Kö ZfS **02** 293, *Römer* VersR **92** 1190, aM Kar NJW-RR **04** 389, Stu MDR **99** 1384, Kö ZfS **01** 550). Das gilt aber nicht für den, der, ohne nochmals auf die LZA zu achten, nur auf Grund eines Hupsignals losfährt (Ha ZfS **01** 416, s. aber Ha NZV **05** 95).

21. Überleitungsbestimmungen für die neuen Bundesländer s. 39. Aufl. **66**

Blaues Blinklicht und gelbes Blinklicht

38 (1) [1]Blaues Blinklicht zusammen mit dem Einsatzhorn darf nur verwendet werden, wenn höchste Eile geboten ist, um Menschenleben zu retten oder schwere gesundheitliche Schäden abzuwenden, eine Gefahr für die öffentliche Sicherheit oder Ordnung abzuwenden, flüchtige Personen zu verfolgen oder bedeutende Sachwerte zu erhalten. [2]Es ordnet an:
„Alle übrigen Verkehrsteilnehmer haben sofort freie Bahn zu schaffen."

(2) Blaues Blinklicht allein darf nur von den damit ausgerüsteten Fahrzeugen und nur zur Warnung an Unfall- oder sonstigen Einsatzstellen, bei Einsatzfahrten oder bei der Begleitung von Fahrzeugen oder von geschlossenen Verbänden verwendet werden.

(3) [1]Gelbes Blinklicht warnt vor Gefahren. [2]Es kann ortsfest oder von Fahrzeugen aus verwendet werden. [3]Die Verwendung von Fahrzeugen aus ist nur zulässig, um vor Arbeits- oder Unfallstellen, vor ungewöhnlich langsam fahrenden Fahrzeugen oder vor Fahrzeugen mit ungewöhnlicher Breite oder Länge oder mit ungewöhnlich breiter oder langer Ladung zu warnen.

1/2   **Begr** zur ÄndVO v. 22.3.88 (VkBl. **88** 225): *Die Ergänzung ermöglicht z. B. auch Fahrten mit Blutkonserven unter Einsatzbedingungen.*

3   **Begr** zur ÄndVO v. 19.3.92 (VkBl. **92** 187):

Zu Abs. 2: *Die gegenwärtige Rechtslage lässt die Verwendung des blauen Blinklichts allein bei Einsatzfahrten nicht zu.*
In der Praxis ist jedoch für Rettungsdienste, Feuerwehr sowie Polizei die Möglichkeit, das blaue Blinklicht alleine benutzen zu dürfen (z. B. Nachtzeit, einsatztaktische Gründe), sinnvoll. Für diesen Fall ist allerdings das Wegerecht nicht gegeben.

Zu Abs. 3: *Die Vorschrift dient der Klarstellung, dass gelbes Blinklicht auch stationär eingesetzt werden kann.*

VwV zu § 38 Blaues Blinklicht und gelbes Blinklicht

Zu den Absätzen 1 bis 3

4   1   Gegen missbräuchliche Verwendung von gelbem und blauem Blinklicht an damit ausgerüsteten Fahrzeugen ist stets einzuschreiten.

Zu Absatz 3

5   2   I. Gelbes Blinklicht darf auf der Fahrt zur Arbeits- oder Unfallstelle nicht verwendet werden, während des Abschleppens nur, wenn der Zug ungewöhnlich langsam fahren muß oder das abgeschleppte Fahrzeug oder seine Ladung genehmigungspflichtige Übermaße hat. Fahrzeuge des Straßendienstes der öffentlichen Verwaltung dürfen gelbes Blinklicht verwenden, wenn sie Sonderrechte (§ 35 Abs. 6) beanspruchen oder vorgebaute oder angehängte Räum- oder Streugeräte mitführen.

6   3   II. Ortsfestes gelbes Blinklicht sollte nur sparsam verwendet werden und nur dann, wenn die erforderliche Warnung auf andere Weise nicht deutlich genug gegeben werden kann. Empfehlenswert ist vor allem, es anzubringen, um den Blick des Kraftfahrers auf Stellen zu lenken, die außerhalb seines Blickfeldes liegen, z. B. auf ein negatives Vorfahrtzeichen (Zeichen 205 und 206), wenn der Kraftfahrer wegen der baulichen Beschaffenheit der Stelle nicht ausreichend klar erkennt, dass er wartepflichtig ist. Aber auch auf eine Kreuzung selbst kann so hingewiesen werden, wenn diese besonders schlecht erkennbar oder aus irgendwelchen Gründen besonders gefährlich ist. Vgl. auch Nummer VI zu § 37 Abs. 2 Nr. 1 und 2; Rn. 14. Im gelben Blinklicht dürfen nur schwarze Sinnbilder für einen schreitenden Fußgänger, ein Fahrrad, eine Straßenbahn, einen Kraftomnibus, einen Reiter oder ein schwarzer Pfeil gezeigt werden.

7   4   III. Fahrzeuge und Ladungen sind als ungewöhnlich breit anzusehen, wenn sie die gesetzlich zugelassenen Breiten überschreiten (§ 32 Abs. 1 StVZO und § 22 Abs. 2).

8   **1. Blaues Blinklicht und Einsatzhorn zusammen** bedeuten für andere VT, auch für Fußgänger (Rn. 11), „höchste Eile und größte Gefahr" (I), auch wenn diese Voraussetzungen im Einzelfall objektiv nicht vorliegen. Sie müssen dann sofort freie Bahn schaffen. Normadressaten sind alle VT, auch nach den VRegeln, zB bei Grün (KG VersR **76** 193), an sich bevorrechtigte (BGHZ **63** 327 = NJW **75** 648). Die Regelung betrifft die Wegerechtsfz. Einsatzhorn: § 55 StVZO. Mit blauem Rundumblinklicht ausgerüstete Fz: § 52 III StVZO. Beide Zeichen dürfen zusammen nur verwendet werden, wenn höchste Eile geboten ist, um Menschenleben zu retten oder schwere gesundheitliche Schäden abzuwenden (Begr Rn. 1/2), eine Gefahr für die öffentli-

che Sicherheit oder Ordnung abzuwenden, flüchtige Personen zu verfolgen oder bedeutende Sachwerte zu erhalten (Ko DAR **59** 334, Dü NZV **92** 489). Missbrauch: VwV Rn. 1. Transport eines Zeugen zum gerichtlichen Termin fällt nicht unter Abs. 1 (Dr DAR **01** 214). Ob die genannten Voraussetzungen vorliegen, richtet sich nach dem Grundsatz der Verhältnismäßigkeit (**E** 2) von Wegerechtsausübung und Zweck (*Leibholz/Rinck/Hesselberger*, GG Art 20 Rn. 776). Missbrauch ist widerrechtlich (hierzu auch *D. Müller* VD **06** 199). Doch muss die anordnende Dienststelle die Inanspruchnahme des Wegerechts oft auf Grund des vorläufigen Meldungsbildes anordnen, ohne die Dringlichkeit im Einzelnen schon voll übersehen zu können (Bra VRS **19** 230). Insoweit ist sachgemäße Vorwegbeurteilung maßgebend. Ob die Voraussetzungen im Einzelfall vorgelegen haben, ist gerichtlich nachprüfbar (s. aber Rn. 11), und im Schadensfall vom Wegerechtsfahrer zu beweisen (Dü NZV **92** 489, KG VRS **100** 329). Nichtvorliegen der Voraussetzungen muss sich der Schädiger im Schadensersatzprozess entgegenhalten lassen (Dr DAR **01** 214).

Literatur: *Krumme,* Sonderrecht und Wegerecht der Feuerwehr bei Übungsfahrten, DAR **75** 151. **8a** *D. Müller,* … Rechtsprobleme beim Wegerecht, VD **02** 368. *Pießkalla,* Zur Fahrlässigkeitsstrafbarkeit nach §§ 223 … StGB bei Unfällen im Rahmen von Einsatzfahrten, NZV **07** 438. *Ternig,* Sonderrechte und Wegerechte nach §§ 35, 38 StVO VD **06** 183.

Nur beide Warnvorrichtungen zusammen schaffen Vorrecht (Kö NZV **96** 237, KG **9** NZV **06** 307, Dü VersR **17** 704 (Schadensteilung bei Nichterweislichkeit), BayVGH BayVBl **97** 374). Die Beweislast dafür, dass beides eingeschaltet war, trifft den Halter des Rettungswagens (Nau NJW **12** 1232; Dü VersR **17** 704). Nach VG Potsdam NZV **12** 311 (mAnm *Beck*) soll Nichtbetätigung des Blaulichts sogar grobe Fahrlässigkeit begründen und den Durchgriff des Dienstherrn auf den Beamten ermöglichen, was sehr streng erscheint. Jedoch mahnt Blaulicht ohne Einsatzhorn immerhin zur Vorsicht (Rn. 12). Die Regelung in § 38 besagt aber nicht, dass im Einsatz befindlicher Pol ohne Blinklicht und Einsatzhorn entgegen einer konkreten Aufforderung freie Bahn verweigert werden dürfte (Stu VRS **61** 223 (evt Verstoß gegen § 1 II)).

Das Wegerechtsfahrzeug **bleibt grds. an die Verkehrsregeln gebunden,** nur dürfen andere **10** VT, die freie Bahn schaffen müssen, ihren Vortritt, zB bei Grün (KG DAR **76** 15, VM **89** 77, VersR **89** 268, Ha DAR **96** 93) oder bei Vorfahrt (Ol VersR **77** 1162) ausnahmsweise nicht wahrnehmen (BGH NJW **75** 648, Ha VRS **19** 198, KG VRS **24** 70, Ce DAR **05** 283, NJW **70** 432). Befreiung von den Vorschriften der StVO nur unter den Voraussetzungen des § 35 I, Va (OVG Lüneburg ZfS **97** 397). Der Einsatzfahrer schuldet dem Verkehr Rücksicht (Dü VersR **88** 813), uU muss er sich beim Linksabbiegen bei Rot vortasten (KG NZV **03** 126, **92** 456, Dü VersR **75** 266), bei Einfahren in unübersichtliche Kreuzung während der Rotphase Schrittgeschwindigkeit fahren (KG NZV **03** 126, VRS **105** 174, Ha DAR **96** 93, VersR **97** 1547, Kö VersR **85** 372, s. auch Nau DAR **13** 468). Über fremden Vorrang darf sich der Wegerechtsfahrer nur hinwegsetzen, wenn er nach ausreichender Ankündigung sieht, dass der Verkehr ihm Vorrang einräumt (§ 35 Rn. 8). 10 Sek vor Einfahren in Kreuzung ist idR rechtzeitig (KG NZV **08** 149). Nach vorübergehendem Aussetzen des Einsatzhorns muss er damit rechnen, dass andere VT Verzicht auf das Vorrecht annehmen (KG VM **81** 95, NZV **08** 149). Nur wenn der Vorrechtsfahrer nach den Umständen annehmen darf, dass alle VT seine Zeichen wahrgenommen haben, darf er mit freier Bahn rechnen (BGH VRS **28** 208, VersR **63** 662, Nü NZV **01** 430, KG NZV **03** 126, **08** 149, VRS **100** 329, Dü NZV **92** 489, Ha DAR **96** 93, Jn SVR **07** 299, s. aber Stu VRS **32** 291 sowie § 35 Rn. 8). Er muss den VT eine gewisse Zeit einräumen, um auf die Zeichen zu reagieren (KG NZV **03** 126, DAR **03** 376, VRS **105** 174, VGH Mü BayVBl **97** 374). Der Vorrechtsfahrer darf annehmen, dass Fz in der Nähe (50 m) die Zeichen wahrnehmen (BGH NJW **59** 339, KG VRS **100** 329). Schaffen alle VT ersichtlich freie Bahn, so darf das WegerechtsFz auch bei Rot oder wartepflichtig machenden VZ durchfahren und auf freie Durchfahrt vertrauen (BGH NJW **75** 648, KG VRS **100** 329, Fra VersR **81** 239, OVG Hb DAR **01** 470). Krankenwagen dürfen zur Rettung mit Blaulicht und Horn fahren (§ 35; Dü VRS **73** 945), bei anzunehmender Leibes- oder Lebensgefahr auch schon auf der Hinfahrt zum Kranken oder Verunglückten. Rechtsüberholen kurz nach Einschalten des Einsatzhorns kann fahrlässig sein, weil das Horn die Vorausfahrenden idR zum scharfen Rechtsfahren veranlassen wird (KG VM **77** 55). Will der Wegerechtsfahrer Grün abwarten, so führt Blaulicht irre und ist deshalb missbräuchlich (KG DAR **76** 78). Kennzeichnung von Arztfz bei ärztlicher Hilfe: VwV Rn. 146 zu § 46, s. dort Rn. 19. Zu den Anforderungen an den Idealfahrer bei Inanspruchnahme von Sonderrechten § 17 Rn. 22.

11   **Sofort freie Bahn** haben alle VT auf die Zeichen hin zu schaffen, auch Fußgänger (Ha NJWE-VHR **98** 233), ohne Prüfung der Berechtigung (KG NZV **06** 307, VM **98** 90, VRS **100** 329, Kar VersR **74** 39, Kö VRS **67** 295), so dass sie das VorrechtsFz möglichst nicht behindern. Das Gebot, freie Bahn zu schaffen, gilt unabhängig davon, ob die objektiven Voraussetzungen für die Verwendung von Blinklicht und Einsatzhorn auch tatsächlich gegeben waren (KG VM **82** 37, 41 mAnm *Booß;* **85** 77, NZV **98** 27, Kö VRS **67** 295, Dü NZV **92** 489; Ha NJW-RR **18** 989), es sei denn, es liegt offensichtlich missbräuchlicher Verwendung vor (KG VM **82** 41; Ha NJW-RR **18** 989). Alle Fz, in Bewegung oder haltend, müssen beiseite oder rechts heran oder scharf rechts ganz langsam fahren, nötigenfalls (aber nicht immer, Kö VRS **67** 295) anhalten, bis sie beurteilen können, ob sie das Vorrechtsfz behindern (Bay VRS **16** 393, Dü VersR **88** 813, NZV **92** 489, Ha ZfS **99** 55, Fra NZV **13** 396), auch wenn das WegerechtsFz noch nicht sichtbar ist (Dü VersR **85** 669). Bleibt die beabsichtigte Fahrtrichtung unklar, ist zu warten (KG VM **81** 87). Wer nicht ausmachen kann, woher das Vorrechtsfz kommt, darf an Ort und Stelle anhalten und sich zunächst orientieren (BGH NJW **62** 797, VRS **22** 191). Der VT hat **so lange zu warten,** bis eine künftige Störung des Fahrwegs des EinsatzFz durch ihn ausgeschlossen ist; verlässt er seine neutrale Position zu früh (Ha NJW-RR **09** 1183) oder fährt er gleichwohl in die Kreuzung ein (Fra r+s **13** 304), so verstößt er gegen I und kann zu 100 % haften. Nutzung der Unordnung zum „Vordrängeln" ist grob rücksichtslos (AG Kö DAR **17** 277). Beim Beiseitefahren sind Fahrgeschwindigkeit und Beweglichkeit des Vorrechtsfz zu berücksichtigen (Bay VRS **16** 393). Ein Fahrverhalten, das andere schädigen könnte, ist dabei zu vermeiden (KG VM **89** 78), was etwa bei nicht veranlasstem starkem Abbremsen gegeben sein kann (KG NZV **10** 203). In eine Kreuzung oder Einmündung darf nur abbiegen, wer sich vergewissert hat, dass das WegerechtsFz nicht von dort kommt (Dü NZV **92** 489, Ha VersR **97** 1547). Ungewöhnlicher Fahrweise anderer VT in Erfüllung ihrer Pflicht aus I S. 2 ist durch Vorsicht und Bremsbereitschaft zu begegnen (Dü VersR **87** 1140). Abrupter Fahrstreifenwechsel unter Verstoß gegen § 7 V führt jedoch trotzdem zur Alleinhaftung des Fahrstreifenwechslers (LG Bonn NZV **13** 81). Bildung einer Gasse für HilfsFz: § 11 II. Wer auf einer EinbahnStr links fährt, wird dort bleiben dürfen, wenn rechts genügend Platz zum Vorbeifahren ist (Dü VM **60** 39, VersR **88** 813). FzF müssen dafür Sorge tragen, dass sie das Einsatzhorn hören können (KG NZV **92** 456). Wer mit starkem Innengeräusch fährt und deshalb das Einsatzhorn nicht hören kann, muss dies durch besondere Aufmerksamkeit ausgleichen (Nü VersR **77** 64). Der Vorrang mehrerer Vorrechtsfz untereinander lässt sich nicht regeln und hängt von den Umständen ab (Begr). S. § 35 (Sonderrechte).

12   **2. Blaues Blinklicht allein** gewährt keinen Vorrang (Rn. 9) und darf nur als WarnZ in den in II bezeichneten Fällen verwendet werden (KG NZV **06** 307); dazu gehören nunmehr auch Einsatzfahrten (Rn. 3). Die VT müssen nicht damit rechnen, dass ein EinsatzFz nur mit blauem Blinklicht ohne Betätigung des Einsatzhorns bei Rot durchfahren wird (KG VRS **56** 241, Kö NZV **96** 237), deswegen haftet der Halter des Rettungswagens uU allein (Nau NJW **12** 1232). Ausrüstung mit blauem Blinklicht: § 52 III StVZO. Gibt blaues Blinklicht auch keinen Vorrang, so mahnt es doch zu erhöhter Vorsicht (BGH VM **69** 43, Ko DAR **04** 146, KG VRS **104** 355 (Herabsetzung der Geschwindigkeit), Kö NZV **96** 237, Dü VersR **78** 744). Da von einem haltenden Fz ausgehendes Blaulicht vor allem auch vor Unfallstellen warnt (II; Dü VersR **95** 232), ist dort mit Hindernissen oder Verletzten auf der gesamten Fahrbahnbreite zu rechnen, die Geschwindigkeit daher erheblich zu verringern, (Ko DAR **04** 146). Wer in eine so gesicherte Unfallstelle hineinfährt und eine Kollision herbeiführt, handelt grob fahrlässig (Ko DAR **04** 146). Einem Kf, dessen gesamte Aufmerksamkeit durch den Blick nach vorn in Anspruch genommen wird, ist kein Vorwurf zu machen, wenn er ein hinter ihm fahrendes PolFz mit Blaulicht (ohne Einsatzhorn) nicht bemerkt (Kar VRS **72** 83). Befreiung von der Vorschrift des II: § 35 Rn. 4.

13   **3. Gelbes Blinklicht** ist ein GefahrZ (III). Nur die in § 52 IV StVZO bezeichneten Fz dürfen es führen. Es darf ausschließlich in den in III bezeichneten Fällen verwendet werden. Verwendung auf Fahrt; Missbrauch: VwV Rn. 1 III ist keine Ausrüstungsnorm. Doch werden aus Betriebsgründen ungewöhnlich langsam fahrende Kfz meist nach § 52 IV StVZO mit gelbem Blinklicht auszurüsten sein (*List* VD **71** 37). Gelbes Blinklicht gibt kein Vorrecht. Gezeigt darf es nur werden, wenn das Fz zu seinem Sonderzweck gemäß III verwendet wird, von Abschleppwagen zB nicht auf der Fahrt zur Bergungsstelle, aber während der Bergung, bei der Rückfahrt nur, soweit III zutrifft (ungewöhnliches Langsamfahren, überbreites, überlanges oder sonst übergroßes Fz). Es warnt nur vor den Gefahren, die von dem Fz und den von diesem aus durchgeführten Arbeiten ausgehen (Dü VRS **82** 94; DAR **17** 463) und veranlasst andere VT zu besonderer Sorgfalt (Ko VRS **105** 417, KG VM **93** 27), ohne hierdurch eine unklare Verkehrslage zu begründen oder den FzF von besonderen Sorgfaltspflichten wie § 9 V zu befreien (Dü DAR **17** 463). Ortsfestes gelbes Blinklicht (VwV Rn. 14 zu § 37, zu § 38 Rn. 2 f.) hat nur Warnfunktion und geht den allgemeinen Regeln und VZ nicht vor, sondern mahnt zu deren Beachtung (BGH NJW **05** 1940, Kö NZV **02** 374). Auch als „Vorampel" hat es keinen Einfluss auf die sich aus § 37 ergebenden Verhaltenspflichten (§ 37 Rn. 14).

4. Ordnungswidrig (§ 24 StVG) handelt, wer entgegen § 38 I, II oder III S. 3 blaues Blink- **14** licht zusammen mit dem Einsatzhorn oder allein oder gelbes Blinklicht verwendet, oder entgegen § 38 I S. 2 nicht sofort freie Bahn schafft (§ 49 III Nr. 3). Die Sanktionen bei einem Verstoß gegen § 38 I S. 2 sind auch unter dem Eindruck des Verhaltens von VT bei einem schweren Busunglück auf der BAB 9 im Jahr 2017 beträchtlich verschärft worden (240 bzw. 320 € mit 1 Monat FV, Nr. 135 ff. BKat; hierzu *Schubert* NZV **18** 23). Bei vorsätzlicher Behinderung von Hilfeleistenden kann § 323c II StGB verwirklicht sein. Nichtbeachten des LichtZ setzt zumindest Fahrlässigkeit voraus. Von schwerhörigen oder tauben VT muss erwartet werden, dass sie ihr Verhalten nach der erkennbaren Reaktion der übrigen VT einrichten (Rn. 11).

Verkehrszeichen

39 (1) Angesichts der allen Verkehrsteilnehmern obliegenden Verpflichtung, die allgemeinen und besonderen Verhaltensvorschriften dieser Verordnung eigenverantwortlich zu beachten, werden örtliche Anordnungen durch Verkehrszeichen nur dort getroffen, wo dies auf Grund der besonderen Umstände zwingend geboten ist.

(1a) Innerhalb geschlossener Ortschaften ist abseits der Vorfahrtstraßen (Zeichen 306) mit der Anordnung von Tempo 30-Zonen (Zeichen 274.1) zu rechnen.

(1b) Innerhalb geschlossener Ortschaften ist abseits der Vorfahrtstraßen (Zeichen 306) mit der Anordnung von Fahrradzonen (Zeichen 244.3) zu rechnen.

(2) ¹Regelungen durch Verkehrszeichen gehen den allgemeinen Verkehrsregeln vor. ²Verkehrszeichen sind Gefahrzeichen, Vorschriftzeichen und Richtzeichen. ³Als Schilder stehen sie regelmäßig rechts. ⁴Gelten sie nur für einzelne markierte Fahrstreifen, sind sie in der Regel über diesen angebracht.

(3) ¹Auch Zusatzzeichen sind Verkehrszeichen. ²Zusatzzeichen zeigen auf weißem Grund mit schwarzem Rand schwarze Sinnbilder, Zeichnungen oder Aufschriften, soweit nichts anderes bestimmt ist. ³Sie sind unmittelbar, in der Regel unter dem Verkehrszeichen, auf das sie sich beziehen, angebracht.

(4) ¹Verkehrszeichen können auf einer weißen Trägertafel aufgebracht sein. ²Abweichend von den abgebildeten Verkehrszeichen können in Wechselverkehrszeichen die weißen Flächen schwarz und die schwarzen Sinnbilder und der schwarze Rand weiß sein, wenn diese Zeichen nur durch Leuchten erzeugt werden.

(5) ¹Auch Markierungen und Radverkehrsführungsmarkierungen sind Verkehrszeichen. ²Sie sind grundsätzlich weiß. ³Nur als vorübergehend gültige Markierungen sind sie gelb; dann heben sie die weißen Markierungen auf. ⁴Gelbe Markierungen können auch in Form von Markierungsknopfreihen, Markierungsleuchtknopfreihen oder als Leitschwellen oder Leitborde ausgeführt sein. ⁵Leuchtknopfreihen gelten nur, wenn sie eingeschaltet sind. ⁶Alle Linien können durch gleichmäßig dichte Markierungsknopfreihen ersetzt werden. ⁷In verkehrsberuhigten Geschäftsbereichen (§ 45 Absatz 1d) können Fahrbahnbegrenzungen auch mit anderen Mitteln, insbesondere durch Pflasterlinien, ausgeführt sein. ⁸Schriftzeichen und die Wiedergabe von Verkehrszeichen auf der Fahrbahn dienen dem Hinweis auf ein angebrachtes Verkehrszeichen.

(6) ¹Verkehrszeichen können an einem Fahrzeug angebracht sein. ²Sie gelten auch während das Fahrzeug sich bewegt. ³Sie gehen den Anordnungen der ortsfest angebrachten Verkehrszeichen vor.

(7) Werden Sinnbilder auf anderen Verkehrszeichen als den in den Anlagen 1 bis 3 zu den §§ 40 bis 42 dargestellten gezeigt, so bedeuten die Sinnbilder:

| Kraftwagen und sonstige mehrspurige Kraftfahrzeuge | Kraftfahrzeuge mit einer zulässigen Gesamtmasse über 3,5 t, einschließlich ihrer Anhänger, und Zugmaschinen, ausgenommen Personenkraftwagen und Kraftomnibusse | Radverkehr |

Fahrrad zum Transport
von Gütern oder Personen
– Lastenfahrrad

Fußgänger

Reiter

Viehtrieb

Straßenbahn

Kraftomnibus

Personenkraftwagen

Personenkraftwagen oder
Krafträder mit Beiwagen, die
mit mindestens drei Personen
besetzt sind – mehrfachbe-
setzte Personenkraftwagen

Personenkraftwagen
mit Anhänger

Lastkraftwagen mit An-
hänger

Wohnmobil

Kraftfahrzeuge und Züge, die
nicht schneller als 25 km/h
fahren können oder dürfen

Krafträder, auch mit Bei-
wagen, Kleinkrafträder und
Mofas

Mofas

Einsitzige zweirädrige Klein-
krafträder mit elektrischem
Antrieb, der sich auf eine bau-
artbedingte Geschwindigkeit von
nicht mehr als 25 km/h selbst-
tätig abregelt – E-Bikes –

Elektrokleinstfahrzeug im
Sinne der Elektrokleinst-
fahrzeuge-Verordnung
(eKFV)

Gespannfuhrwerke

(8) Bei besonderen Gefahrenlagen können als Gefahrzeichen nach Anlage 1 auch die
Sinnbilder „Viehtrieb" und „Reiter" und Sinnbilder mit folgender Bedeutung angeordnet
sein:

Schnee- oder Eisglätte

Steinschlag

Splitt, Schotter

Bewegliche Brücke

Ufer

Fußgängerüberweg

Amphibienwanderung

**Unzureichendes
Lichtraumprofil**

Flugbetrieb

(9) [1]Die in den Anlagen 1 bis 4 abgebildeten Verkehrszeichen und Verkehrseinrichtungen können auch mit den im Verkehrszeichenkatalog dargestellten Varianten angeordnet sein. [2]Der Verkehrszeichenkatalog wird vom Bundesministerium für Verkehr und digitale Infrastruktur im Verkehrsblatt veröffentlicht.

(10) [1]Zur Bevorrechtigung elektrisch betriebener Fahrzeuge kann das Sinnbild

als Inhalt eines Zusatzzeichens angeordnet sein. [2]Zur Unterstützung einer Parkflächenvorhaltung für elektrisch betriebene Fahrzeuge kann das Sinnbild zusätzlich auf der Parkfläche aufgebracht sein. [3]Elektrisch betriebene Fahrzeuge sind die nach § 9a Absatz 2 und 4, jeweils auch in Verbindung mit Absatz 5, der Fahrzeug-Zulassungsverordnung gekennzeichneten Fahrzeuge.

(11) [1]Zur Parkbevorrechtigung von Carsharingfahrzeugen kann das Sinnbild

Carsharing

als Inhalt eines Zusatzzeichens zu Zeichen 314 oder 315 angeordnet sein. [2]Carsharingfahrzeuge sind Fahrzeuge im Sinne des § 2 Nummer 1 und des § 4 Absatz 1 und 2 des Carsharinggesetzes, in denen die Plakette

deutlich sichtbar auf der Innenseite der Windschutzscheibe anzubringen ist.

Begr zur ÄndVO v. 21.7.80: VkBl. **80** 514; zur ÄndVO v. 22.3.88: VkBl. **88** 225.   **1**

Begr zur ÄndVO v. 19.3.92 (VkBl. **92** 187):   **2**

Zu Abs. 2a *(jetzt Abs. 6)*: *Die Ergänzung … wurde notwendig, da die StVO im Grundsatz davon ausgeht, daß Verkehrszeichen auf eine Standort und/oder auf eine feste Strecke bezogen angeordnet und die Verkehrszeichen hierfür ortsfest aufgestellt werden. Die vorgesehene Ergänzung ist für die Anordnung von Verkehrszeichen auf Fz bei der Firmenbegleitung von Großraum- und Schwertransporten erforderlich. Einsätze entsprechender beweglicher Verkehrszeichen durch die Polizei werden denkbar; in Baustellenbereichen werden sie bereits eingesetzt.*

Begr zur ÄndVO v. 7.8.97 (VkBl. **97** 689): **Zu Abs. 1:** – Begr des BRates – *In … Deutsch-*   **3**
land war in der zurückliegenden Zeit ein zunehmender Trend zur Regelung aller Verkehrssituationen durch

Verkehrszeichen festzustellen. Sie gehört inzwischen zu den Ländern mit der höchsten Verkehrszeichendichte. Diese übermäßige Beschilderung im StrV führt zu einer allgemeinen Überforderung und Ablenkung der VT sowie zu Akzeptanzproblemen bei der Beachtung von Verkehrsvorschriften. Zugleich hat dies zu einer unerwünschten Abwertung der grundlegenden gesetzlichen Verhaltensvorschriften im StrV im Bewußtsein der VT und damit zu einer Minderung der Bereitschaft zu einer eigenverantwortlichen Beurteilung der Verkehrssituation und der sich daraus ergebenden Verhaltensweise geführt. Die Verkehrsministerkonferenz hatte daher am 21./22. 3 1996 beschlossen, daß eine effektive Reduzierung der Verkehrszeichenbeschilderung vor allem aus Gründen der Verkehrssicherheit dringend geboten sei. Der neue Absatz 1 von § 39 trägt dem Rechnung. Er verdeutlicht den VT die vorrangige Bedeutung der allgemeinen und besonderen Verhaltensvorschriften und daraus folgend die Subsidiarität der Verkehrszeichenanordnung. Zugleich verweist er auf die Verpflichtung der Kraftfahrer zum eigenverantwortlichen Verhalten im StrV.

4   **Begr** zur ÄndVO v. 11.12.00 (VkBl. **01** 9): **Zu Abs. 1a:** *Die Änderung ist Teil mehrerer Neuregelungen zu den Tempo 30-Zonen, durch die dieser durch Verkehrszeichen angeordneten zonenbezogenen Höchstgeschwindigkeit ein größeres Gewicht beigemessen wird. ...*

Durch die Änderung wird hervorgehoben, dass der FzF abseits der Vorfahrtstraßen grundsätzlich mit der Anordnung von Tempo 30-Zonen rechnen muss. Der FzF kann sich damit kaum mehr darauf berufen, dass er eine konkrete Tempo 30 km/h-Anordnung übersehen habe. Die Neuregelung dient zudem der Rechtssicherheit. § 39 I weist die VT darauf hin, dass sie örtliche Anordnungen durch Verkehrszeichen nur dort antreffen werden, wo dies auf Grund der besonderen Umstände „zwingend geboten" ist. Da die Anordnung von Tempo 30-Zonen nicht nur zur Sicherheit und Ordnung des Verkehrs, sondern z. B. auch zur Unterstützung einer geordneten städtebaulichen Entwicklung erfolgen kann, werden etwaige Rechtsunsicherheiten, ob auch in diesen Fällen eine Zonen-Anordnung als „zwingend geboten" im Sinne der Vorschrift anzusehen ist, ausgeschlossen.

4a   **Begr** zur ÄndVO v. 22.12.05 (VkBl. **06** 39): **Zu Abs. 2 (*jetzt teils Abs. 4*):** *Die Änderung gewährleistet eine einheitliche Begriffsbestimmung. ... Soweit die Verwendung einer Trägertafel durch die die Vorschrift begleitende VwV auf eine Kombination von in der Regel mindestens zwei Verkehrszeichen gleichzeitig beschränkt wird, ist dies im Wesentlichen der zu beachtenden Tendenz geschuldet, zunehmend einzelne Verkehrszeichen mit einer Trägertafel zu versehen, ohne dass dafür nachvollziehbare Gründe erkennbar wären. Eine Aufbringung eines einzelnen Verkehrszeichens auf einer Trägertafel bleibt auf die Fälle des Vorliegens ungünstiger Bedingungen (z. B. schlechter Kontrast zum Umgebungshintergrund) beschränkt. Einer gesonderten Erwähnung von ZusatzZ in der Vorschrift bedarf es nicht (vgl. § 39 II S. 2 StVO).*

Begr des BRates: *In den letzten Jahren sind im Straßenbild in zunehmendem Maß besonders auffällig gestaltete Verkehrszeichen, z. B. Streckenverbote, auf Trägertafeln festzustellen. Dementsprechend wird von Seiten der Bevölkerung auch vermehrt die Anordnung dieser auffällig gestalteten Verkehrszeichen gefordert, um z. B. im Einzugsbereich von Krankenhäusern, Schulen oder Kindergärten den Beachtungsgrad von Ge- und Verboten zu erhöhen. Die StVO enthält bislang noch keine Vorgaben zur Farbe der Trägertafeln. Die auffälligen Verkehrszeichen wurden daher bisher häufig auf gelb-grün fluoreszierenden Trägertafeln aufgebracht. Die Mehrheit der Länder und auch der Bund haben die Verwendung der gelb-grün fluoreszierenden Trägertafeln ... abgelehnt und aus wohl erwogenen Gründen für die im ursprünglichen Verordnungsentwurf enthaltene Festschreibung der Farbe „weiß" in der StVO votiert.*

Wissenschaftliche Untersuchungen zur Entstehung von Gewöhnungseffekten haben gezeigt, dass sich Menschen an veränderte Umweltbedingungen gewöhnen. So wurde z. B. in einer Studie von Meseberg (Dissertation an der TU Darmstadt) aus dem Jahre 1997 festgestellt, dass Fluoreszenzfarben zwar auffälliger sind und daher generell eine höhere Warnwirkung als herkömmliche Farben haben, bei häufiger Verwendung oder auch bei vermehrter Wahrnehmung (z. B. bei häufigem Vorbeifahren) aber Gewöhnungseffekte auftreten.

Den – wenn überhaupt – nur kurzfristig positiven Effekten am Aufstellort stünde ein nicht hinnehmbarer Sicherheitsverlust für anderenorts mit herkömmlichen Verkehrszeichen geschützte Verkehrsteilnehmer gegenüber. Durch eine „Zwei-Klassen-Gesellschaft" der ohnehin bereits hervorgehobenen Verkehrszeichen auf Trägertafeln bei Verwendung fluoreszierender Farbe einerseits und herkömmlicher Farbe andererseits könnten die Verkehrsteilnehmer zu dem Trugschluss verleitet werden, dass herkömmliche Verkehrszeichen nicht so wichtig und daher in geringerem Maße zu beachten seien. Eine Gefährdung der Verkehrssicherheit durch einen Bedeutungsverlust der nicht besonders auffällig gestalteten Verkehrszeichen kann aber nicht akzeptiert werden.

4b   **Begr** zur ÄndVO v. 10.10.06 (BGBl. I S. 2218): **Begr** des BRates **zu Abs. 2 S. 3 (*jetzt Abs. 3 S. 2*)** (BR-Drucks 162/06 (Beschluss), s. dazu zunächst § 41 Rn. 245e): *Die farbliche Gestaltung widerspricht der allgemeinen Regelung des § 39 II S. 3 StVO, wonach auf ZusatzZ die Zeichnungen* *schwarz sind. Dies ist hier jedoch mit Blick auf die im fließenden Verkehr erforderliche schnelle Wahrnehmbarkeit sowie die Bestimmtheit erforderlich. Nur so kann sichergestellt werden, dass auch ein Ortsunkundiger die Bedeutung ohne weitere Überlegung sofort eindeutig erkennen kann. Deshalb wird auch die allgemeine Regelung des § 39 II S. 3 StVO angepasst. Gleichzeitig wird damit die bereits jetzt farbige Gestaltung der Zusatzzeichen 1040-32 „Parkscheibe 2 Stunden", 1040-33 „Parken mit Parkscheibe in gekennzeichneten Flächen 2 Stunden", 1052-30 „Streckenverbot für den Transport von gefährlichen Gütern auf Straßen" und 1052-31 „Streckenverbot für Fahrzeuge mit Wasser gefährdender Ladung" (vgl. Katalog der Verkehrszeichen 1992) gesetzlich verankert. Die gezeigte bildliche Darstellung ist nur beispielhaft; es können auch weniger Plaketten gezeigt werden. Die Größe der dargestellten Plaketten hat sich an der Wahrnehm- und Lesbarkeit im Einzelfall zu orientieren (vgl. Nr. 1.3 des Teil 1 des Katalogs der Verkehrszeichen 1992).*

Zur 46. ÄndVStVR v. 5.8.09 41. Aufl. **Begr** zur VO zur Neufassung der StVO v. 6.3.2013 **4c** (BRDruck s. 428/12). **Allgemein** *(Auszug): ... Die gleichsam vorgenommenen Änderungen der StVO greifen die Änderungen der so genannten „Schilderwaldnovelle" vom 5. August 2009 (BGBl. I S. 2631) auf, da nicht ausgeschlossen werden kann, dass sich Gerichte in Ordnungswidrigkeitenverfahren auf den Verstoß gegen Art 80 Ab 1 S. 3 GG berufen und die geänderten Vorschriften damit nicht zur Anwendung kommen lassen. Die „Schilderwaldnovelle" wird aber nicht inhaltsgleich übernommen. Als Beispiel wird ... auf die Streichung des § 53 IX verwiesen, der nunmehr beibehalten wird. Die Anzahl der bei Beibehaltung der Streichung tatsächlich auszutauschenden Verkehrszeichen wurde unterschätzt.*

Weiteres Beispiel ist die Überarbeitung der Ge- und Verbote zu den in die Anlagen 1 bis 4 verschobenen Verkehrszeichen im Lichte des § 49 Abs. 3, wonach nur Verstöße gegen ein durch Vorschrift- oder Richtzeichen angeordnetes Ge- oder Verbot eine Ordnungswidrigkeit darstellen.

Schließlich wird die ehemals in § 41 II enthaltene Möglichkeit, Vorschriftzeichen mit besonderen Verkehrszeichen zu versehen, beibehalten. Dies ist ua erforderlich, weil es bei der Möglichkeit verbleiben soll, Halt- und Parkverbote auch nur für Seitenstreifen anzuordnen, die nicht Teil der Fahrbahn sind (§ 2 I S. 2). Auch veranlassen Erfahrungen des Bundesamtes für Güterverkehr bei Anhaltekontrollen zB eine notwendige Erweiterung des Geltungsbereichs der Z 277 mit besonderen ZusatzZ. ...

Die Akzeptanz und Eindeutigkeit von Verkehrsregeln sind Grundvoraussetzungen für die Sicherheit des StrV. Der Schwerpunkt liegt bei den allgemeinen Verkehrsregeln der StVO, dem StrRaum als dafür primärer Informationsquelle und der Eigenverantwortung der VT. Daher ist es geboten, über die „Grundausstattung" einer Str hinaus den VT nur dort, wo es zwingend ist, weitergehende Informationen durch Verkehrszeichen zukommen zu lassen, und eine Reizüberflutung durch eine Beschränkung auf das Wesentliche zu vermeiden. Insbesondere ist eine Verunsicherung der VT durch eine „Überbeschilderung" von Verkehrszeichen zu vermeiden. Mit der „Schilderwaldnovelle" sind insbesondere die §§ 39 ff. überprüft worden, ob sie für die zuständigen Behörden eine ausreichende Hilfestellung bieten, bei der Anordnung von Verkehrszeichen nach dem Grundsatz „so viel wie nötig, so wenig wie möglich" zu verfahren. Diese Hilfestellung soll es den Behörden ermöglichen, vor Ort systematisch zu überprüfen, ob ein Verkehrszeichen überflüssig sind und diese Schilder ohne Beeinträchtigung von Verkehrssicherheit und Verkehrsablauf entfernt werden können. Dies leistet einen Beitrag zur Verbesserung der Sicherheit im StrV. Einem Übermaß an Reglementierung soll dies entgegen wirken. Ein Übermaß an Reglementierung vermindert die Bereitschaft der VT, Regeln und Vorschriften zu befolgen und ist dem individuellen verantwortungsbewussten Verkehrsverhalten abträglich. Die Gelegenheit der umfangreichen inhaltlichen Änderung wird genutzt, um die StVO durch eine klare Gliederung für den Anwender leichter lesbar zu machen. Durch die einheitliche Zusammenfassung der Verkehrszeichen in neu geschaffenen Anlagen und deren einheitliche Aufteilung wird es dem VT des Weiteren ermöglicht, sich unmittelbar mit den wesentlichen für die Teilnahme am StrV erforderlichen Zeichen schnell und umfassend zu befassen und die notwendigen Informationen für eine sichere Teilnahme am Verkehr zu erlangen. Klar strukturierte Vorschriften dienen damit der Sicherheit und Leichtigkeit des Verkehres.

... Durch die Streichung mehrerer Verkehrszeichen (Z 150, 153, 353, 380, 381 und 388), die Verschiebung nur selten angeordneter Gefahrzeichen (künftig nur noch als Sinnbilder in § 39 enthalten, deren Anordnung als Gefahrzeichen ist nur im Ausnahmefall weiter möglich) und den Verzicht auf Untervarianten von Verkehrszeichen in den Anlagen beschränkt sich die StVO auf die für den StV notwendigen Verkehrszeichen. So werden die Behörden der Länder beim Abbau des „Schilderwaldes" unterstützt. ...

... Im Zusammenhang mit der Streichung von Verkehrszeichen in der StVO wird berücksichtigt, dass die Anzahl möglicher Verkehrszeichen nicht allein zu einer inflationären Anordnung führt. Verantwortlich sind insbesondere Inhalt, Auslegung und Umsetzung der jeweils zugehörigen VwV. Diese Regelungen wurden bereits 2009 – sofern nicht notwendig – gestrichen oder auf das Wesentliche beschränkt. Die Straffung und Vereinfachung der Vorschriften fördert die Entbürokratisierung und Deregulierung von Vorschriften gegenüber dem VT, da durch konsequente Umsetzung der verschlankten Anordnungsbestimmungen nur noch die wirklich notwendigen Verkehrszeichen im Straßenverkehrsraum präsentiert werden.

Zu Abs. 2–6: *Abs. 2 S. 3 „regelmäßig rechts" dient dem Ziel des Abbaus des „Schilderwaldes". Oftmals ist die Anordnung eines Verkehrszeichens ausreichend, vornehmlich rechts. Die Wortwahl „regelmäßig" lässt in begründeten Einzelfällen Abweichungen zu, vgl. VwV-StVO zu §§ 39–43, Rn. 28, zB die Kennzeichnung besonders gefährlicher Straßenstellen. Der bisherige Abs. 2 S. 1 und der bisherige Abs. 3 S. 1 werden zusammengefasst. Der Grundsatz des Vorrangs der Regelungen durch Verkehrszeichen vor den allgemeinen Verkehrsregeln wurde mit der Definition des Begriffes „Verkehrszeichen" zwecks besserer Übersichtlichkeit zusammengefasst, vgl. Abs. 2. Die Einfügung des Abs. 2 S. 4 ermöglicht zB die in der Praxis bereits anzutreffende unterschiedliche Anordnung von Geschwindigkeiten je Fahrstreifen. Die Ergänzung des Satzes 3 im Abs. 3 um das Wort „unmittelbar" soll den VT verdeutlichen, dass sich die Regelung des ZusatzZ nur auf das direkt darüber angebrachte Verkehrszeichen bezieht. In begründeten Fällen stehen ZusatzZ auch unmittelbar über dem Verkehrszeichen, zB zu Z 205. Der bisherige Abs. 2 S. 5 und 6 wird zu Abs. 4. Durch das Wort „Leuchten" in S. 2 des Abs. 4 soll verdeutlicht werden, dass die Zeichen nicht durch „Lichter", sondern mittels „technischer Leuchten" (meist Dioden oder Glasfasertechnik) erzeugt werden.*

Weiterhin wurde die Bedeutung von Markierungen, Markierungsknopfreihen und anderer Fahrbahnbegrenzungen in den neuen Abs. 5 aufgenommen. Zur Klarstellung wurden auch Markierungen von Radverkehrsführungen mit aufgenommen, wobei durch die gewählte Formulierung deutlich wird, dass nicht die Radverkehrsführung als solche, sondern die entsprechende Markierung die Bedeutung eines Verkehrszeichens hat. Die Wiederholung des Wortes „vorübergehende" in S. 3 des Abs. 5 soll Zweifel beseitigen, dass auch „gelbe Leitschwellen oder Leitborde" weiße Markierungen aufheben.

Die Ergänzung um die Worte „Schriftzeichen und" in S. 8 des Abs. 5 soll klar stellen, dass auch Schriftzeichen keine selbständigen Ge- oder Verbote enthalten, zB Schriftzeichen „BUS" auf Z 224 oder 245. Gleiches gilt für Verkehrszeichen auf der Fahrbahn. Hierzu wird auf die Begründung zur Streichung des § 41 Abs. 1 verwiesen. Darüber hinaus wird für den VT aus Gründen der Stadtraumgestaltung klar gestellt, dass in verkehrsberuhigten Geschäftsbereichen Fahrbahnbegrenzungen auch mit anderen Mitteln als Markierungen dargestellt sein können. Sie entfalten dann die gleiche Wirkung.

4d   **Zu Abs. 7** *In Absatz 7 werden die Anlagen 1 bis 3 zu den §§ 40–42 ausdrücklich genannt. Dies trägt der neuen Systematik der StVO Rechnung, in welcher die Verkehrszeichen aus dem Verordnungstext in die Anlagen verschoben wurden.*

Zum Sinnbild „Gespannfuhrwerke": *Das in letzter Zeit wieder zu beobachtende vermehrte Aufkommen von Kutschen und anderen Fz, die von Tieren gezogen werden, macht es erforderlich, das Sinnbild „Gespannfuhrwerke" in die StVO aufzunehmen. Vornehmlich in Gebieten mit hohem touristischem Aufkommen sind derartige Fuhrwerke (zB Pferdekutschen oder -droschken) zu beobachten, aber auch beim individuellen oder gewerblichen Gütertransport in verschiedenen Bereichen (zB Brauereien, Biolandwirtschaft). Das Sinnbild „Gespannfuhrwerke" kann als ZusatzZ zB als Ausnahme zum Durchfahrverbot in historischen Altstädten dienen.*

Zu Abs. 8 – Sinnbilder: *Um auch für die Öffentlichkeit den Anspruch auf eine „Lichtung des Schilderwaldes" deutlich zu machen, sind die in der StVO verankerten Verkehrszeichen auf das unumgänglich notwendige Maß zu reduzieren. Andererseits ist nicht zu verkennen, dass für bestimmte wichtige örtliche Bedürfnisse auch seltener anzutreffende Verkehrszeichen weiterhin notwendig sein können. Um beiden Maßgaben Rechnung zu tragen, werden die Gefahrzeichen in Anl 1 der StVO gestrichen, die nur selten angeordnet werden. Die selten anzutreffenden Sinnbilder stehen aber weiterhin zur Verfügung, in dem sie in den neuen Abs. 8 des § 39 überführt werden („Steinschlag", „Schnee- und Eisglätte", „Ufer", „Splitt, Schotter", „bewegliche Brücke", „Flugbetrieb" und „Fußgängerüberweg"). Hinzu kommen die Sinnbilder „Viehtrieb" und „Reiter", die in Abs. 7 aufgeführt sind, aber auch bei besonderen Gefahrenlagen angeordnet werden können. Hierbei wird den für den StrV zuständigen Behörden in einer VwV-StVO zu § 39 eine vorrangige Prüfungspflicht auferlegt, ob vor der spezifischen Gefahr nicht auch mit Z 101 und einem geeigneten ZusatzZ gewarnt werden kann.*

Zu Abs. 9: *Zur Wahrung des Ausschließlichkeitsgrundsatzes, dh der VT hat lediglich die Verkehrszeichen und Verkehrseinrichtungen zu beachten, die Gegenstand der StVO oder einer Verkehrsblattverlautbarung des für den Verkehr zuständigen Ministeriums sind (siehe hierzu BGHSt 26, 348), ist es erforderlich, einen entsprechenden Verweis auf den Verkehrszeichenkatalog und die dort dargestellten Varianten aufzunehmen und auf den Veröffentlichungsort hinzuweisen, damit jeder Verkehrsteilnehmer von den entsprechenden Verkehrszeichen oder Verkehrseinrichtungen Kenntnis erlangen kann.*

4e   **Begr** *zur ÄndVO v. 15.9.15 (BR-Drs. 254/15)* **Zu Abs. 10:** *Bisher gibt es in der StVO noch kein Sinnbild für elektrisch betriebene Fz. Das Elektromobilitätsgesetz legt fest, welche Fz als elektrisch betriebene Fz zu klassifizieren sind und welche elektrisch betriebenen Fz Bevorrechtigungen erhalten dür-*

fen. Eine Kennzeichnung im Inland zugelassener Kfz erfolgt nach § 9a FZV durch Einführung eines E-Kennzeichens. Ausländische Kfz können die Privilegierungen in Anspruch nehmen, wenn sie gemäß § 9a FZV mit einer Plakette versehen sind.

Begr zur ÄndVO v. 30.11.16 (BR-Drs. 332/16) **zu Abs. 7:** *E-Bikes iS dieser Änderung sind* **4f** *einsitzige zweirädrige Kleinkrafträder mit elektrischem Antrieb, der sich bei einer Geschwindigkeit von mehr als 25 km/h selbsttätig abschaltet. Darunter fallen zum einen einspurige Fz, die sich mit Hilfe des Elektroantriebs durch einen Drehgriff oder Schaltknopf mit einer Geschwindigkeit von bis zu 25 km/h fahren lassen, auch ohne dass der Fahrer gleichzeitig in die Pedale tritt. Sie sind nicht zulassungs- aber versicherungspflichtig, benötigen daher ein Versicherungskennzeichen. Dazu zählen auch Kleinkrafträder bis 45 km/h der Klasse L1e der EU VO 168/2013, wenn ihre Bauart Gewähr dafür bietet, dass die Höchstgeschwindigkeit auf ebener Strecke auf höchstens 25 km/h beschränkt ist. Für eine bundeseinheitliche Beschilderung zur Freigabe geeigneter Radwege für E-Bikes im o. g. Sinn wird den zuständigen StrVB der Länder im Verkehrszeichenkatalog (VzKat) ein neues ZusatzZ mit Piktogramm („E-Bikes frei") zur Verfügung gestellt werden. Die neuen ZusatzZ sollen im innerörtlichen Verkehr auf Hauptverkehrsstraßen angeordnet werden dürfen. Die zuständigen Behörden können die neuen ZusatzZ „E-Bikes frei" zur Freigabe geeigneter Radwege unter den gleichen Voraussetzungen wie das ZusatzZ „Mofas frei" anordnen: Trennung des Verkehrs wegen zu hoher Differenzgeschwindigkeiten zur Sicherheit und Leichtigkeit des V. Für dieses ZusatzZ ist zunächst die Aufnahme eines Sinnbildes erforderlich. Die Sinnbilder Mofa und E-Bike können auch auf einem ZusatzZ vereint werden. Auch dafür wird ein entsprechendes ZusatzZ im VzKat zur Verfügung gestellt.*

Begr zur ÄndVStVR v. 20.4.2020 (BR-Drs. 591/19) **zu Abs. 1b:** *Der neu in § 39 eingefügte* **4g** *Absatz 1b macht VT auf die Möglichkeit, außerhalb von Vorfahrtsstraßen Fahrradzonen vorzufinden, aufmerksam. Dies ist erforderlich, um das Zonenbewusstsein als Pendant zur Anordnungsbefugnis für die Straßenverkehrsbehörden in dieser Vorschrift gerichtet an den VT auszubilden.*

Zu Abs. 7 (Sinnbilder): Lastenfahrrad: *Mit der Änderung wird ein Sinnbild „Lastenfahrrad"* **4h** *eingeführt, welches künftig Gegenstand von Zusatzzeichen werden kann, zB zur Anordnung spezieller Ladezonen oder von Parkflächen für Lastenfahrräder. Damit wird der starken Zunahme von Lastenfahrrädern vor allem im städtischen Raum innerhalb der letzten Jahre Rechnung getragen.*

Mehrfach besetzte Pkw: *Das Sinnbild soll als Grundlage eines Zusatzzeichens die Freigabe des Bussonderfahrstreifens für Personenkraftwagen oder Krafträder mit Beiwagen, die mit mindestens drei Personen besetzt sind, ermöglichen. Die Änderung dient der Umsetzung der in der Erläuterung Nummer 2 zu Zeichen 245 der Anlage 2 zu § 41 Absatz 1 neu geschaffenen Ausnahmeregelung für entsprechende Fahrzeuge.*

Wohnmobile: *Wohnmobile sind Kfz mit besonderer Zweckbestimmung. Es besteht ein Bedürfnis, zB spezielle Wohnmobilparkplätze auszuweisen. Dazu bedarf es eines eigenen Sinnbildes.*

ElektrokleinstFz: *Die Einführung des Sinnbildes „Elektrokleinstfahrzeuge" erfolgt im Nachgang zur Verordnung über die Teilnahme von Elektrokleinstfahrzeugen am Straßenverkehr. So kann das Sinnbild Inhalt eines Zusatzzeichens werden, um Elektrokleinstfahrzeuge im Sinne der Verordnung auf andere Verkehrsflächen als durch die Verordnung zugewiesen zulassen zu können. Eines freitextlichen Zusatzzeichens bedarf es dazu dann nicht mehr.*

Zu Abs. 10 S. 2: *Die Ergänzung um die Möglichkeit der Hervorhebung von Parkflächen für elek-* **4i** *trisch betriebene Fz mittels Sinnbild und/oder Umrandung soll den StrVB als Klarstellung dienen, dass sie über eine dahingehende Anordnungsbefugnis verfügen. Da der Elektromobilität eine herausgehobene Bedeutung zukommt, soll durch die Möglichkeit der signifikanten Hervorhebung der vorgehaltenen Parkflächen bei anderen VT eine höhere Aufmerksamkeit erzeugt werden. Indem die entsprechend markierten Stellplätze weniger durch Falschparker blockiert werden, wird auch Parksuchverkehr vermindert. Die Umrandung der Parkfläche erfolgt gemäß der laufenden Nummer 74 der Anlage 2 zu § 41 Absatz 1 StVO.*

Zu Abs. 11: *Mit der Einfügung wird das Sinnbild für Carsharingfahrzeuge in die StVO eingepflegt.* **4j** *Das Carsharinggesetz (CsgG) legt fest, welche Fz als Carsharingfahrzeuge zu klassifizieren sind und damit Bevorrechtigungen erhalten dürfen. Ergänzt wird dies für die Vollzugsbehörden durch die Auslegung bzw. Anbringung eines Carsharingausweises mit aufgebrachter Plakette. Seine Ausgestaltung richtet sich nach der VwV-StVO. Durch Einstellung des Sinnbildes in § 39 ist künftig die Anordnung entsprechender Zusatzzeichen zur Parkbevorrechtigung des Carsharing möglich. Zudem wird die Möglichkeit der Hervorhebung von Parkflächen mittels Sinnbild und Leitlinie (Zeichen 340) klargestellt.*

Zu §§ 39 bis 43 Allgemeines über Verkehrszeichen und Verkehrseinrichtungen

5   1   I. Die behördlichen Maßnahmen zur Regelung und Lenkung des Verkehrs durch Verkehrszeichen und Verkehrseinrichtungen sollen die allgemeinen Verkehrsvorschriften sinnvoll ergänzen. Dabei ist nach dem Grundsatz zu verfahren, so wenig Verkehrszeichen wie möglich anzuordnen. Bei der Straßenbaubehörde ist gegebenenfalls eine Prüfung anzuregen, ob an Stelle von Verkehrszeichen und Verkehrseinrichtungen vorrangig durch verkehrstechnische oder bauliche Maßnahmen eine Verbesserung der Situation erreicht werden kann.

2   Verkehrszeichen, die lediglich die gesetzliche Regelung wiedergeben, sind nicht anzuordnen. Dies gilt auch für die Anordnung von Verkehrszeichen einschließlich Markierungen, deren rechtliche Wirkung bereits durch ein anderes vorhandenes oder gleichzeitig angeordnetes Verkehrszeichen erreicht wird. Abweichungen bedürfen der Zustimmung der obersten Landesbehörde.

3   Verkehrszeichen dürfen nur dort angebracht werden, wo dies nach den Umständen geboten ist. Über die Anordnung von Verkehrszeichen darf in jedem Einzelfall und nur nach gründlicher Prüfung entschieden werden; die Zuziehung ortsfremder Sachverständiger kann sich empfehlen.

4   1. Beim Einsatz moderner Mittel zur Regelung und Lenkung des Verkehrs ist auf die Sicherheit besonders Bedacht zu nehmen.
Verkehrszeichen, Markierungen, Verkehrseinrichtungen, sollen den Verkehr sinnvoll lenken, einander nicht widersprechen und so den Verkehr sicher führen.
Die Wahrnehmbarkeit darf nicht durch Häufung von Verkehrszeichen beeinträchtigt werden.

5   2. Die Flüssigkeit des Verkehrs ist mit den zur Verfügung stehenden Mitteln zu erhalten. Dabei geht die Verkehrssicherheit aller Verkehrsteilnehmer der Flüssigkeit des Verkehrs vor. Der Förderung der öffentlichen Verkehrsmittel ist besondere Aufmerksamkeit zu widmen.

6   6   II. Soweit die StVO und diese Allgemeine Verwaltungsvorschrift für die Ausgestaltung und Beschaffenheit, für den Ort und die Art der Anbringung von Verkehrszeichen und Verkehrseinrichtungen nur Rahmenvorschriften geben, soll im einzelnen nach dem jeweiligen Stand der Wissenschaft und Technik verfahren werden, den das Bundesministerium für Verkehr und digitale Infrastruktur nach Anhörung der zuständigen obersten Landesbehörden im Verkehrsblatt erforderlichenfalls bekanntgibt.

III. Allgemeines über Verkehrszeichen

7   7   1. Es dürfen nur die in der StVO abgebildeten Verkehrszeichen verwendet werden oder solche, die das Bundesministerium für Verkehr und digitale Infrastruktur nach Anhörung der zuständigen obersten Landesbehörden durch Verlautbarung im Verkehrsblatt zulässt.
Die Formen der Verkehrszeichen müssen den Mustern der StVO entsprechen.
Mehrere Verkehrszeichen oder ein Verkehrszeichen mit wenigstens einem Zusatzzeichen dürfen gemeinsam auf einer weißen Trägertafel aufgebracht werden. Die Trägertafel hat einen schwarzen Rand und eine weißen Kontraststreifen. Zusatzzeichen werden jeweils von einem zusätzlichen schwarzen Rand gefasst. Einzelne Verkehrszeichen dürfen nur auf einer Trägertafel aufgebracht sein, wenn wegen ungünstiger Umfeldbedingungen eine verbesserte Wahrnehmbarkeit erreicht werden soll.

8   8   2. Allgemeine Regeln zur Ausführung der Gestaltung von Verkehrszeichen sind als Anlage zu dieser Verwaltungsvorschrift im Katalog der Verkehrszeichen in der aktuellen Ausgabe (VzKat) ausgeführt.

9   Gefahrzeichen können spiegelbildlich dargestellt werden (die einzelnen Varianten ergeben sich aus dem VzKat),

10   a) wenn dadurch verdeutlicht wird, wo die Gefahr zu erwarten ist (Zeichen 103, 105, 117, 121) oder

11   b) wenn sie auf der linken Fahrbahnseite wiederholt werden (Zeichen 117, 133 bis 142); die Anordnung von Gefahrzeichen für beide Fahrbahnseiten ist jedoch nur zulässig, wenn nach den örtlichen Gegebenheiten nicht ausgeschlossen werden kann, dass Verkehrsteilnehmer das nur rechts befindliche Gefahrzeichen nicht oder nicht rechtzeitig erkennen können.

9
12   3. Größe der Verkehrszeichen
a) Die Ausführung der Verkehrszeichen und Verkehrseinrichtungen ist auf das tatsächliche Erfordernis zu begrenzen; unnötig groß dimensionierte Zeichen sind zu vermeiden.

13   b) Sofern in dieser Vorschrift nichts anderes bestimmt wird, erfolgt die Wahl der benötigten Verkehrszeichengröße – vor dem Hintergrund einer sorgfältigen Abwägung – anhand folgender Tabellen:

Verkehrszeichen	Größe 1 (70 %)	Größe 2 (100 %)	Größe 3 (125 bzw. 140 %)
Ronde (ø)	420	600	750 (125 %)
Dreieck (Seitenl.)	630	900	1260 (140 %)
Quadrat (Seitenl.)	420	600	840 (140 %)
Rechteck (H × B)	630 × 420	900 × 600	1260 × 840 (140 %)

Maße in mm

Zusatzzeichen	Größe 1 (70 %)	Größe 2 (100 %)	Größe 3 (125 %)
Höhe 1	231 × 420	330 × 600	412 × 750
Höhe 2	315 × 420	450 × 600	562 × 750
Höhe 3	420 × 420	600 × 600	750 × 750

Maße der Zusatzzeichen in mm

14   c) Größenangaben für Sonderformen (z. B. Zeichen 201 „Andreaskreuz"), die in dieser Vorschrift nicht ausgeführt werden, sind im VzKat festgelegt.

15   d) In der Regel richtet sich die Größe nach der am Aufstellungsort geltenden zulässigen Höchstgeschwindigkeit:
Größen der Verkehrszeichen für Dreiecke, Quadrate und Rechtecke

Geschwindigkeitsbereich (km/h)	Größe
20 bis weniger als 50	1
50 bis 100	2
mehr als 100	3

Größen der Verkehrszeichen für Ronden

Geschwindigkeitsbereich (km/h)	Größe
0 bis 20	1
mehr als 20 bis 80	2
mehr als 80	3

16   e) Auf Autobahnen und autobahnähnlich ausgebauten Straßen ohne Geschwindigkeitsbeschränkung werden Verbote und vergleichbare Anordnungen zunächst durch Verkehrszeichen der Größe 3 nach den Vorgaben des VzKat angekündigt, Wiederholungen erfolgen bei zweistreifigen Fahrbahnen in der Regel in der Größe 2.

17   f) Kleinere Ausführungen als Größe 1 kommen unter Berücksichtigung des Sichtbarkeitsgrundsatzes nur für den Fußgänger- und Radverkehr sowie die Regelungen des Haltens und Parkens in Betracht. Das Verhältnis der vorgeschriebenen Maße soll auch dann gegeben sein. Im Übrigen sind bei allen Verkehrszeichen kleine Abweichungen von den Maßen zulässig, wenn dies aus besonderen Gründen notwendig ist und die Wahrnehmbarkeit und Lesbarkeit der Zeichen nicht beeinträchtigt.

17a   g) Die Größe von Zonenzeichen, z. B. Zeichen 270.1, sollte sich nach dem darauf enthaltenen Hauptzeichen richten.

18   4. Die Ausführung der Verkehrszeichen darf nicht unter den Anforderungen anerkannter Gütebedingungen liegen. **10**

19   5. Als Schrift ist die Schrift für den Straßenverkehr gemäß DIN 1451, Teil 2 zu verwenden. **11**

20   6. Die Farben müssen den Bestimmungen und Abgrenzungen des Normblattes „Aufsichtsfarben für Verkehrszeichen – Farben und Farbgrenzen" DIN 6171 entsprechen. **12**

21   7. Verkehrszeichen, ausgenommen solche für den ruhenden Verkehr, müssen rückstrahlend oder von außen oder innen beleuchtet sein. Das gilt auch für Verkehrseinrichtungen nach § 43 Abs. 3 Anlage 4 und für Zusatzzeichen. Werden Zusatzzeichen verwendet, müssen sie wie die Verkehrszeichen rückstrahlend oder von außen oder innen beleuchtet sein. Hinsichtlich lichttechnischer Anforderungen wird auf die EN 12 899-1 „Ortsfeste, vertikale Straßenverkehrszeichen" sowie die einschlägigen Regelwerke der Forschungsgesellschaft für Straßen- und Verkehrswesen (FGSV) verwiesen. **13**

22   Ein Verkehrszeichen ist nur dann von außen beleuchtet, wenn es von einer eigenen Lichtquelle angeleuchtet wird.

23   Verkehrszeichen können auch lichttechnisch erzeugt als Wechselverkehrszeichen in Wechselverkehrszeichengebern dargestellt werden. Einzelheiten enthalten die „Richtlinien für Wechselverkehrszeichen an Bundesfernstraßen (RWVZ)" und die „Richtlinien für Wechselverkehrszeichenanlagen an Bundesfernstraßen (RWVA)", die das Bundesministerium für Verkehr und digitale Infrastruktur im Einvernehmen mit den zuständigen obersten Landesbehörden im Verkehrsblatt bekannt gibt.

24   8. Die Verkehrszeichen müssen fest eingebaut sein, soweit sie nicht nur vorübergehend aufgestellt werden. Pfosten, Rahmen und Schilderrückseiten sollen grau sein. **14**

25   Strecken- und Verkehrsverbote für einzelne Fahrstreifen sind in der Regel so über den einzelnen Fahrstreifen anzubringen, dass sie dem betreffenden Fahrstreifen zweifelsfrei zugeordnet werden können (Verkehrszeichenbrücken oder Auslegermaste).

26   Muss von einer solchen Anbringung abgesehen werden oder sind die Zeichen nur vorübergehend angeordnet, z. B. bei Arbeitsstellen, sind die Ge- oder Verbotszeichen auf einer Verkehrslenkungstafel (Zeichen 501 ff.) am rechten Fahrbahnrand anzuzeigen (vgl. VwV zu den Zeichen 501 bis 546 Verkehrslenkungstafeln, Randnummer 7). Insbesondere außerhalb geschlossener Ortschaften sollen die angeordneten Ge- oder Verbotszeichen

durch eine gleiche Verkehrslenkungstafel mit Entfernungsangabe auf einem Zusatzzeichen angekündigt werden.

27   Bei den Zeichen 209 bis 214 und 245 reicht eine Aufstellung rechts neben dem Fahrstreifen, für den sie gelten, aus.

15 28   9. Verkehrszeichen sind gut sichtbar in etwa rechtem Winkel zur Fahrbahn rechts daneben anzubringen, soweit nicht in dieser Verwaltungsvorschrift anderes gesagt ist.

29   a) Links allein oder über der Straße allein dürfen sie nur angebracht werden, wenn Missverständnisse darüber, dass sie für den gesamten Verkehr in einer Richtung gelten, nicht entstehen können und wenn sichergestellt ist, dass sie auch bei Dunkelheit auf ausreichende Entfernung deutlich sichtbar sind.

30   b) Wo nötig, vor allem an besonders gefährlichen Straßenstellen, können die Verkehrszeichen auf beiden Straßenseiten, bei getrennten Fahrbahnen auf beiden Fahrbahnseiten aufgestellt werden.

31   c) Verkehrszeichen können so gewölbt sein, dass sie auch seitlich erkennbar sind, wenn dies nach ihrer Zweckbestimmung geboten erscheint und ihre Sichtbarkeit von vorn dadurch nicht beeinträchtigt wird. Dies gilt insbesondere für die Zeichen 250 bis 267, nicht jedoch für vorfahrtregelnde Zeichen.

16 32   10. Es ist darauf zu achten, dass Verkehrszeichen nicht die Sicht behindern, insbesondere auch nicht die Sicht auf andere Verkehrszeichen oder auf Blinklicht- oder Lichtzeichenanlagen verdecken.

17   11. Häufung von Verkehrszeichen

33   Weil die Bedeutung von Verkehrszeichen bei durchschnittlicher Aufmerksamkeit zweifelsfrei erfassbar sein muss, sind Häufungen von Verkehrszeichen zu vermeiden. Es ist daher stets vorrangig zu prüfen, auf welche vorgesehenen oder bereits vorhandenen Verkehrszeichen verzichtet werden kann.

34   Sind dennoch an einer Stelle oder kurz hintereinander mehrere Verkehrszeichen unvermeidlich, muss dafür gesorgt werden, dass die für den fließenden Verkehr wichtigen besonders auffallen. Kann dies nicht realisiert werden oder wird ein für den fließenden Verkehr bedeutsames Verkehrszeichen an der betreffenden Stelle nicht erwartet, ist jene Wirkung auf andere Weise zu erzielen (z. B. durch Übergröße oder gelbes Blinklicht).

35   a) Am gleichen Pfosten oder sonst unmittelbar über- oder nebeneinander dürfen nicht mehr als drei Verkehrszeichen angebracht werden; bei Verkehrszeichen für den ruhenden Verkehr kann bei besonderem Bedarf abgewichen werden.

36   aa) Gefahrzeichen stehen grundsätzlich allein (vgl. Nummer I zu § 40; Randnummer 1).
37   bb) Mehr als zwei Vorschriftzeichen sollen an einem Pfosten nicht angebracht werden. Sind ausnahmsweise drei solcher Verkehrszeichen an einem Pfosten vereinigt, dann darf sich nur eins davon an den fließenden Verkehr wenden.

38   cc) Vorschriftzeichen für den fließenden Verkehr dürfen in der Regel nur dann kombiniert werden, wenn sie sich an die gleichen Verkehrsarten wenden und wenn sie die gleiche Strecke oder den gleichen Punkt betreffen.

39   dd) Verkehrszeichen, durch die eine Wartepflicht angeordnet oder angekündigt wird, dürfen nur dann an einem Pfosten mit anderen Verkehrszeichen angebracht werden, wenn jene wichtigen Zeichen besonders auffallen.

40   b) Dicht hintereinander sollen Verkehrszeichen für den fließenden Verkehr nicht folgen. Zwischen Pfosten, an denen solche Verkehrszeichen gezeigt werden, sollte vielmehr ein so großer Abstand bestehen, dass der Verkehrsteilnehmer bei der dort gefahrenen Geschwindigkeit Gelegenheit hat, die Bedeutung der Verkehrszeichen nacheinander zu erfassen.

18 41   12. An spitzwinkligen Einmündungen ist bei der Aufstellung der Verkehrszeichen dafür zu sorgen, dass Benutzer der anderen Straße sie nicht auf sich beziehen, auch nicht bei der Annäherung; erforderlichenfalls sind Sichtblenden oder ähnliche Vorrichtungen anzubringen.

19 42   13. a) Die Unterkante der Verkehrszeichen sollte sich, soweit nicht bei einzelnen Zeichen anderes gesagt ist, in der Regel 2 m über Straßenniveau befinden, über Radwegen 2,20 m, an Schilderbrücken 4,50 m, auf Inseln und an Verkehrsteilern 0,60 m.

43   b) Verkehrszeichen dürfen nicht innerhalb der Fahrbahn aufgestellt werden. In der Regel sollte der Seitenabstand von ihr innerhalb geschlossener Ortschaften 0,50 m, keinesfalls weniger als 0,30 m betragen, außerhalb geschlossener Ortschaften 1,50 m.

20 44   14. Sollen Verkehrszeichen nur zu gewissen Zeiten gelten, dürfen sie sonst nicht sichtbar sein. Nur die Geltung der Zeichen 224, 229, 245, 250, 251, 253, 255, 260, 261, 270.1, 274, 276, 277, 283, 286, 290.1, 314, 314.1 und 315 darf statt dessen auf einem Zusatzzeichen, z. B. „8–16 h", zeitlich beschränkt werden. Vorfahrtregelnde Zeichen vertragen keinerlei zeitliche Beschränkungen.

21 45   15. Besteht bei Verkehrszeichen an einem Pfosten kein unmittelbarer Bezug, ist dies durch einen Abstand von etwa 10 cm zu verdeutlichen.

22   16. Zusatzzeichen im Besonderen
46   a) Sie sollten, wenn irgend möglich, nicht beschriftet sein, sondern nur Sinnbilder zeigen. Wie Zusatzzeichen auszugestalten sind, die in der StVO oder in dieser Vorschrift nicht

erwähnt, aber häufig notwendig sind, gibt das Bundesministerium für Verkehr und digitale Infrastruktur nach Anhörung der zuständigen obersten Landesbehörden im amtlichen Katalog der Verkehrszeichen (VzKat) im Verkehrsblatt bekannt. Abweichungen von dem in diesem Verzeichnis aufgeführten Zusatzzeichen sind nicht zulässig; andere Zusatzzeichen bedürfen der Zustimmung der zuständigen obersten Landesbehörde oder der von ihr bestimmten Stelle.

47   b) Mehr als zwei Zusatzzeichen sollten an einem Pfosten, auch zu verschiedenen Verkehrszeichen, nicht angebracht werden. Die Zuordnung der Zusatzzeichen zu den Verkehrszeichen muss eindeutig erkennbar sein (§ 39 Absatz 3 Satz 3).

48   c) Entfernungs- und Längenangaben sind auf- oder abzurunden. Anzugeben sind z.B. 60 m statt 63 m, 80 m statt 75 m, 250 m statt 268 m, 800 m statt 750 m, 1,2 km statt 1235 m.

IV. Allgemeines über Markierungen   23

49   1. Markierungen sind nach den Richtlinien für die Markierung von Straßen (RMS) auszuführen. Das Bundesministerium für Verkehr und digitale Infrastruktur gibt die RMS im Einvernehmen mit den zuständigen obersten Landesbehörden im Verkehrsblatt bekannt.

50   2. Die auf den fließenden Verkehr bezogenen Markierungen sind retroreflektierend auszuführen.   24

51   3. Markierungsknöpfe sollen nur dann anstelle der Markierungslinien verwendet werden,   25
wenn dies aus technischen Gründen zweckmäßig ist, z.B. auf Pflasterdecken.

52   4. Dagegen können Markierungen aller Art durch das zusätzliche Anbringen von Markierungsknöpfen in ihrer Wirkung unterstützt werden; geschieht dies an einer ununterbrochenen Linie, dürfen die Markierungsknöpfe nicht gruppenweise gesetzt werden. Zur Kennzeichnung gefährlicher Kurven und zur Verdeutlichung des Straßenverlaufs an anderen unübersichtlichen Stellen kann das zusätzliche Anbringen von Markierungsknöpfen auf Fahrstreifenbegrenzungen, auf Fahrbahnbegrenzungen und auf Leitlinien nützlich sein.   26

53   5. Markierungsknöpfe müssen in Grund und Aufriss eine abgerundete Form haben. Der Durchmesser soll nicht kleiner als 120 mm und nicht größer als 150 mm sein. Die Markierungsknöpfe dürfen nicht mehr als 25 mm aus der Fahrbahn herausragen.

54   6. Nach Erneuerung oder Änderung einer dauerhaften Markierung darf die alte Markierung nicht mehr sichtbar sein, wenn dadurch Zweifel über die Verkehrsregelung entstehen könnten.

55   7. Durch Schriftzeichen, Sinnbilder oder die Wiedergabe eines Verkehrszeichens auf der Fahrbahn kann der Fahrzeugverkehr lediglich zusätzlich auf eine besondere Verkehrssituation aufmerksam gemacht werden. Von dieser Möglichkeit ist nur sparsam Gebrauch zu machen. Sofern dies dennoch in Einzelfällen erforderlich sein sollte, sind die Darstellungen ebenfalls nach den RMS auszuführen.

56   8. Pflasterlinien in verkehrsberuhigten Geschäftsbereichen (vgl. § 39 Absatz 5 letzter Satz) müssen ausreichend breit sein, in der Regel mindestens 10 cm, und einen deutlichen Kontrast zur Fahrbahn aufweisen.

V. Allgemeines über Verkehrseinrichtungen   27

57   Für Verkehrseinrichtungen gelten die Vorschriften der Nummern I, III 1, 2, 4, 5, 6, 10 und 13 sinngemäß.

VwV zu § 39 Verkehrszeichen

Zu Absatz 1

1   Auf Nummer I zu den §§ 39 bis 43 wird verwiesen; Rn. 1.   28

Zu Absatz 2

2   Verkehrszeichen, die als Wechselverkehrszeichen aus einem Lichtraster gebildet werden (sogenannte Matrixzeichen), zeigen die sonst schwarzen Symbole, Schriften und Ziffern durch weiße Lichter an, der sonst weiße Untergrund bleibt als Hintergrund für die Lichtpunkte schwarz. Diese Umkehrung für Weiß und Schwarz ist nur solchen Matrixzeichen vorbehalten.   29

Zu Absatz 5   30

Vorübergehende Markierungen

3   I. Gelbe Markierungsleuchtknöpfe dürfen nur in Kombination mit Dauerlichtzeichen oder Wechselverkehrszeichen (z.B. Verkehrslenkungstafel, Wechselwegweiser) angeordnet werden. Als Fahrstreifenbegrenzung (Zeichen 295) sollte der Abstand der Leuchtknöpfe auf Autobahnen 6 m, auf anderen Straßen außerorts 4 m und innerorts 3 m betragen. Werden gelbe Markierungsleuchtknöpfe als Leitlinie angeordnet, muss der Abstand untereinander deutlich größer sein.

4   II. Nach den RSA können gelbe Markierungen oder gelbe Markierungsknopfreihen auch im Sockelbereich von temporär eingesetzten transportablen Schutzwänden als Fahrstreifenbegrenzung angebracht werden.

30a Zu Absatz 8

1   Vor Anordnung eines Gefahrzeichens mit einem Sinnbild aus § 39 Absatz 8 ist zu prüfen, ob vor der besonderen Gefahrenlage nicht mit dem Zeichen 101 und einem geeigneten Zusatzzeichen gewarnt werden kann.

Übersicht

31   1. Allgemeines zu Verkehrszeichen. VZ dienen der sicheren, flüssigen VFührung (VwV Rn. 1 ff. zu §§ 39 bis 43), bergen aber (bei gut gemeinten Absichten der StrVB) die Gefahr der Überreglementierung in sich (zu weitgehend verkehrszeichenlosen, „shared spaces" genannten Gemeinschaftsstraßen bzw. Begegnungszonen MüKo-StVR/*Steiner* § 45 Rn. 54; *Kettler* NZV **10** 169, **12** 17; krit *Durner* SVR **13** 81). Mit dem Anspruch, den „Schilderwald" effektiv zu lichten, ist deshalb die „Schilderwaldnovelle" (41. Aufl.) angetreten (dazu *Wagner/Lohmann* DAR **09** 600; *Schubert* VD **09** 157; 235; 295), die, nunmehr unter dem Aspekt der Ermächtigungsgrundlage rechtsförmlich „repariert", den wesentlichen Inhalt der Neufassung der StVO 2013 ausgemacht hat (Rn. 4c). Rechtsnatur von VZ: § 41 Rn. 247. Einzelheiten: §§ 40–42. Die VRegelung geschieht nur durch VZ und VEinrichtungen (§ 45 Rn. 41) gemäß Anordnung der StrVB (§ 45 Rn. 42). Art der Anbringung und Ausgestaltung der VZ: § 45 Rn. 43. Beschaffen, Anbringen, Unterhalten, Betrieb der VZ und VEinrichtungen: § 45 Rn. 44. Zulässig sind nach Abs. 7 bis 11 nur in der StVO einschließlich der Anl 1 bis 4 zu §§ 40 bis 43 vorgesehene oder im VzKat (vgl. IX) vom BMV im VkBl. zugelassene **VZ und Sinnbilder („Ausschließlichkeitsgrundsatz";** BGHSt **26** 348, OVG Münster Betr **70** 1878, OVG Berlin-Brn DAR **20** 156; KG VRS **65** 299, Kö NZV **90** 483; VwV Rn. 7 ff. zu §§ 39 bis 43; dort Näheres über Formen und Muster, Maße, Übergröße, Verkleinerung, Schrift, Farben, Beleuchtung, rückstrahlend, Anbringung, Sichtbarkeit, Notwendigkeit, ZusatzZ, Häufung, Kombination, Sinnbilder; zur Bedeutung einzelner Sinnbilder s. Begr Rn. 4d, 4h, 4j), was aber für ZusatzZ nicht in gleicher Weise gilt, Rn. 31b). Dass die StVO die VZ und VEinrichtungen abschließend regelt (s. auch **E** 6; Rn. 4d), schließt sinn- und zweckgerechte *Auslegung* der Einzelregelung nicht aus (BGHSt **26** 348; dazu auch OVG Berlin-Brn DAR **20** 156). Das im VzKat nicht vorgesehene VZ „Tempo 10-Zone" ist danach kein zulässiges Verkehrszeichen (OVG Berlin-Brn DAR **20** 156; s. auch § 45 Rn. 30; abw. aber nun BReg in BT-Drs. 19/23223 S. 4, wonach der VZKat ein solches Z bereits kennen soll). „PhantasieZ": § 41 Rn. 246. Maße der VZ einschließlich der Varianten: **VzKat 2017** (abgedruckt nach dem VwV zu den VZ). Bei Übergrößen wie Verkleinerungen ist das Maßverhältnis einzuhalten. Die Verwendung sog. Matrixzeichen (auch durch Fernsteuerung wandelbare Zeichen mit technisch notwendiger Farbumkehr) ist zulässig (IV S. 2), jedoch nur bei Erzeugung der Zeichen durch Licht. Verbindlich sind auch solche VZ, die nicht unmittelbar in der StVO enthalten sind, sich jedoch aus in dieser vorgesehenen Elementen zusammensetzen oder bloße spiegelbildliche *Abwandlungen* darstellen und in dieser Form vom BMV formell verlautbart sind (zB das Z 104 oder das Z 250 mit einem Sinnbild gemäß § 39), nicht aber zB **Verkehrszeichen auf der Fahrbahn** wie ein auf den Boden gemaltes VZ 237 oder 239; es ist lediglich geeignet, auf ein entsprechendes VZ hinzuweisen (V S. 8; Bay DAR **84** 236 (*Rüth*)). Geringe Abweichungen beeinflussen die Gültigkeit des VZ nicht (Bay VRS **71** 309, **72** 306: s. aber § 41 Rn. 246). Die Darstellung mehrerer VZ auf einer *gemeinsamen Trägertafel* lässt IV S. 1 zu; diese VZ entfalten die gleiche Wirkung wie solche auf einzelnen Schildern (Bay NZV **01** 220). Die Aufbringung eines einzelnen VZ auf einer Trägertafel soll nur im Ausnahmefall in Betracht kommen (Begr, Rn. 4a). Die Trägertafel muss weiß sein, um Abstumpfungseffekte zu vermeiden (Begr des BRats, Rn. 4a). **Markierungen:** Abs. 5 S. 1 bis 3 sowie VwV zu §§ 39 bis 43 Rn. 49 ff. und Rn. 4c. In Abs. 5 S. 1 klargestellt ist, dass nicht die Radverkehrsführung als solche, sondern die entsprechende Markierung die Bedeutung eines Verkehrszeichens hat (Begr,

Rn. 4c). Abs. 5 S. 7 stellt klar, dass in verkehrsberuhigten Geschäftsbereichen Fahrbahnbegrenzungen auch mit anderen Mitteln als Markierungen dargestellt sein können; sie entfalten dann die gleiche Wirkung (Begr, Rn. 4c). Ein Verkehrsspiegel ist kein VZ, sondern ein Sicherheitshilfsmittel (Kar VersR **80** 1172; Sa NJW **10** 3104). Im öffentlichen VRaum dürfen VZ **nur auf Anordnung der zuständigen StrVB** aufgestellt werden (Brn VRS **93** 28). Diese ist bei einer Genehmigung eines durch einen Bauunternehmer eingereichten Verkehrszeichenplans gegeben; dass das VZ durch den Unternehmer aufgestellt wird, führt nicht zur Nichtigkeit (BVerwG NJW **16** 2353 mAnm *Kümper*). Durch Unbefugte aufgestellte VZ *sind nichtig* (Kö VRS **92** 282). Das gilt etwa für die Anbringung durch Private ohne Genehmigung der zuständigen VB (Brn VRS **93** 28), zB einen Gastwirt (Ha VkBl. **65** 15), durch den Betreiber eines Supermarkts für den Supermarktparkplatz (*Stollenwerck* SVR **10** 237) oder durch einen Bauunternehmer (VG Berlin NZV **90** 258), anders aber, wenn die VB der Anbringung durch einen Bauunternehmer wenigstens zugestimmt hat (BVerwG NJW **70** 2075, s. auch oben zu BVerwG NJW **16** 2353) oder die Aufstellung von der Anordnung der StrVB zwar abweicht, aber von der Pol (in Überschreitung ihrer sachlichen Zuständigkeit) veranlasst wurde (Bay VRS **61** 138) oder wenn die Abweichung nur unwesentlich ist (OVG Münster NZV **01** 279). Nichtig sind VZ ferner bei Aufstellung durch eine unzuständige Behörde (Bay NJW **65** 1973 (Flurbereinigungsamt), DAR **84** 121 (Forstverwaltung)), so zB auch ein vom StrBauamt aufgestelltes VZ nur zur Sicherung von VKontrollen vor Zustimmung der StrVB (Fra NJW **68** 2072). S. zu Fällen der Nichtigkeit näher7 § 41 Rn. 247.

Zusatzzeichen sind Verkehrszeichen (III S. 1; zusammenfassend *Metz* NZV **18** 60). Sie müssen grds. weiß mit schwarzem Rand sein (III S. 2; Rn. 22a, 23, VzKat 2017; s. auch Bay VRS **71** 309, **72** 306). Jedoch gilt dies nicht mehr uneingeschränkt (III S. 2, *„soweit nichts anderes bestimmt ist"*); zu den Gründen: Rn. 4b sowie § 41 Rn. 245e. ZusatzZ können beliebige Anordnungen durch Zeichen oder Aufschriften enthalten (Kar VM **80** 28; Ol VRS **130** 82), müssen aber (wie jedes VZ) **hinreichend klar und widerspruchsfrei** sein (BGHSt **27** 318; Bay VRS **68** 287, **69** 64, NZV **39** 38; **92** 83, Kar VM **80** 28, Ce VRS **53** 128; Kö NZV **14** 332), vor allem bei Kombination mehrerer ZusatzZ (Rn. 36; Dr DAR **97** 160). ZusatzZ sind idR **unmittelbar unter dem zugehörigen VZ** anzubringen, auch gemeinsam mit diesem auf *einer* Tafel (III S. 3; insoweit ist Bay VRS **71** 309, **72** 306 überholt); bei Zeichenhäufung am selben Pfosten muss ihre Zuordnung deutlich erkennbar sein (BVerwG NJW **08** 315 [Mautausweichverkehr]; s. auch Rn. 36]; Bay VM **78** 29). Für den ruhenden V gelten wie allgemein bei VZ weniger strenge Anforderungen (Rn. 36). Ein unter mehreren VZ angebrachtes ZusatzZ bezieht sich nur auf das unmittelbar darüber befindliche VZ, wie aus III S. 3 folgt (BVerwG NJW **03** 1408, Bay NZV **01** 220, NJW **03** 2253, OVG Hb VRS **104** 468, Ba DAR **12** 475 (bei Irrtum aber uU kein FV); s. auch Begr Rn. 4c; aM *D. Müller* VD **04** 124;). Die (sprachlich wenig geglückte) Neufassung von III S. 3 ist dem Umstand geschuldet, dass ZusatzZ gelegentlich auch (unmittelbar) über dem VZ angebracht sind, zB bei Z 205 (vgl. Begr Rn. 4c). Ein von einem VVerbot befreiendes ZusatzZ behält seine Gültigkeit für den, der es kennt, auch wenn es *unleserlich* geworden ist (Schl VM **87** 3 mAnm *Booß*). Zur fehlenden isolierten Anfechtbarkeit des ZusatzZ 1022-10 („Radfahrer frei") VGH Mü VRS **117** 381 mAnm *Geiger* SVR **10** 31.

Die StVO und ihre Anlagen führen die ZusatzZ (anders als „Hauptverkehrszeichen", Rn. 31) **nicht abschließend auf;** durch VwV zur StVO (VwV Rn. 46, Rn. 22a) kann diese Rechtslage nicht eingeschränkt werden (BGH VRS **54** 151, Bay NZV **92** 83, Dü VM **93** 43, VGH Ma VRS **107** 149, OVG Münster NZV **97** 414, aM Dü VM **95** 95 mAnm *Thubauville; dazu Cramer* DAR **86** 207, *Bouska* DAR **92** 287). In der StVO und ihren Anlagen nicht enthaltene ZusatzZ sind im amtlichen Katalog der VZ (VzKat; abgedruckt nach VwV zu den VZ) aufgeführt; Abweichungen bedürfen der Zustimmung der obersten Landesbehörde bzw. der von ihr bestimmten Stelle (VwV Rn. 46, s. Rn. 22). Man kann die ZusatzZ grob einteilen in solche *mit* (beschränkende oder befreiende ZusatzZ; dazu Rn. 31c) und *ohne* konstitutive Wirkung (allgemeine ZusatzZ). Letztere sollen nur das Motiv der StrVB für die Anbringung des Bezugszeichens (zB Geschwindigkeitsbeschränkung, Haltverbot) zum Ausdruck bringen. Jedoch wird unterschiedlich beurteilt, ob sie für die Auslegung der jeweiligen Anordnung heranzuziehen sind (dazu Rn. 31d).

ZusatzZ mit konstitutiver Wirkung. Beispiele sind: **Bei Nässe:** im Einzelnen § 3 Rn. 45 ff. Werktag iS des ZusatzZ **„werktags"** ist auch der Samstag (Ha NZV **02** 245, Dü DAR **91** 310, Hb DAR **84** 157, AG Rosenheim DAR **96** 70, zw *Ortbauer* DAR **95** 463), es sei denn, er ist ausdrücklich ausgenommen (s. Z 1042-38). **„Mo–Fr"** gilt nicht auch für gesetzliche „Wochentag-Feiertage" wie Oster-, Pfingstmontag, Karfreitag usw. (*Janker* NZV **04** 120; *Metz* NZV **18** 62; *König* DAR **20** 182; **aM** Brn DAR **13** 711 (mit ZusatzZ „Kinder") mBspr *König*

31a

31b

31c

DAR **14** 368; DAR **20** 208; Sa DAR **20** 216; beide mit Bspr. *König* DAR **20** 182), erst recht nicht dann, wenn ein ZusatzZ „Schule", „Schulweg" oder „Kindergarten" angebracht ist (Rn. 39d). Das ZusatzZ Nr. 1026-35 **„Lieferverkehr frei"** gestattet nur den Transport von Waren zu und von den im gesperrten Bereich liegenden Geschäften oder von Waren durch Gewerbetreibende an Private im Rahmen der Geschäftsausübung (BVerwG NZV **94** 125), nicht das Abholen und Bringen von Fahrgästen durch ein Reisebüro (Dü VRS **67** 151) oder ein Taxi (Ba ZfS **18** 587), nicht die Ablieferung von Geld durch Bankkunden an eine Bank (OVG Lüneburg VM **81** 54 mAnm *Booß*), nicht privaten Transport von Kleidung oder Wäsche zur Reinigung bzw. Wäscherei (KG VRS **62** 65), nicht das Abholen von Anwaltspost (Kö NZV **19** 49 (*Rinio*), nicht das Abholen und Bringen von Fahrgästen durch Taxifahrer (Ba ZfS **18** 587), überhaupt nicht die Zufahrt zu Geschäften durch Kunden (krit *Booß* VM **81** 55). **„Linienverkehr"** (Nr. 1026-32) liegt nur bei fahrplanmäßigen Fahrten vor, nicht bei Leerfahrten. Begriffsbestimmung i Ü: §§ 42, 43 PBefG. Der Zusatz gestattet die Durchfahrt unabhängig davon, ob das Befahren der Str im Rahmen des Fahrplans notwendig ist (Kö VRS **85** 143). **„Landwirtschaftlicher Verkehr"** iS von ZusatzZ Nr. 1026-36 umfasst auch die Jagdausübung (eingehend Ce DAR **15** 587). Hingegen ist hobbygärtnerische Landbestellung nicht inbegriffen (OVG Münster DAR **02** 474). Der Zusatz **„Forstbetrieb"** entspricht inhaltlich dem Z Nr. 1026-37 (Bay VRS **61** 392). Ein ZusatzZ **„Zufahrt zu den markierten Parkplätzen"** erlaubt nicht das Verweilen in dem gesperrten Bereich, um abzuwarten, ob gelegentlich ein Parkplatz frei werde (Ce VRS **74** 66), anders aber wohl, wenn ein bestimmter Parkplatz gerade geräumt wird. Dagegen untersagt das ZusatzZ 1028-33 („Zufahrt bis … frei") nicht ohne Weiteres das Parken im Zufahrtbereich (Dü VM **93** 43). Nur **Pkw oder Lkw** kennzeichnende ZusatzZ (zB Nr. 1024-10, −11, −12) gelten nicht auch für Wohnmobile (Schl NZV **91** 163, KG NZV **92** 162, s. nunmehr das gesonderte Sinnbild in VII). ZusatzZ 1024-10 (Pkw) umfasst nicht auch Pkw mit Wohnanhänger, anders jedoch Nr. 1024-11 – Pkw mit Anhänger (*Berr* 800). Z 1049-13 gilt auch für Wohnmobile über 3,5 t (Bay NZV **97** 405). Zum ZusatzZ **„E-Bikes"** s. Rn. 4f. Gemeint sind weder ein § 1 III StVG als Fahrräder eingestufte Pedelecs noch S-Pedelecs (Kleinkrafträder); betroffen sind vielmehr elektrobetriebene zweirädrige, einsitzige Fz, die auch ohne Pedalkraft 25 km/h erreichen, deren Bauart aber gewährleistet, dass diese Geschwindigkeit nicht überschritten wird, weswegen sie letztlich Mofas gleichstehen (§ 1 StVG Rn. 22; *Bouska/Leue* Rn. 12a; krit *Huppertz* VD **16** 329). Zum Inhalt von **ZusatzZ zu Z 250** (ua **„Anlieger frei"** s. § 41 Rn. 248e.

31d **ZusatzZ ohne konstitutive Wirkung.** Allgemeine ZusatzZ geben nur das Motiv der StrVB für die Anbringung eines durch VZ angeordneten Ge- oder Verbots an; konstitutive Bedeutung für die Wirksamkeit oder Reichweite wird ihnen nicht beigemessen. Beispiele sind das ZusatzZ „Lärmschutz", das daher nicht den Anforderungen an ZusatzZ unterliegt (Sa NZV **89** 159). Gleiches gilt für **„Luftreinhaltung"** (Stu NZV **98** 422). Das einen **Baumunfall** darstellende ZusatzZ enthält lediglich einen Hinweis, dass an der Stelle Baumunfälle drohen und dass die Beschränkung der zulässigen Höchstgeschwindigkeit der Gefahrenabwehr dient (Ol NZV **16** 488). Jedoch erscheint nicht zw, dass auch allgemeine ZusatzZ für die Auslegung des jeweiligen Gebots herangezogen können und müssen (*König* DAR **20** 182). So konnte das unter einem Z 274 (zulässige Höchstgeschwindigkeit) angebrachte frühere ZusatzZ 1007-30 (**„Schnee-oder Eisglätte"**, Sinnbild Schneeflocke) vom Kraftfahrer nur so verstanden werden, dass die Geschwindigkeitsbegrenzung bei Glätte oder zumindest abstrakter Glättegefahr gilt, nicht aber auch bei sommerlichen Temperaturen (vgl. Schl OLGSt StVO § 39 Nr. 1; **aM** MüKoStVR/*Kettler* Rn. 27; *Metz* NZV **18** 63; wohl auch Ha NZV **14** 534 m krit Anm *Kulhanek* (freilich war die konkrete Entscheidung ungeachtet der Streitfrage richtig, es handelte sich um eine Fahrt im Januar bei einem elektronisch gesteuerten VZ, s. *König* DAR **15** 368f.)). Ein beschränkendes ZusatzZ „Mo-Fr" (dazu Rn. 31c) iVm ZusatzZ **„Schule", „Schulweg"** oder **„Kindergarten"** enthält nach dem objektiven Erklärungsgehalt einen Dispens für gesetzliche Wochentag-Feiertage (vgl. AG Wuppertal NStZ-RR **14** 257 [„Schule"]; *König* DAR **20** 182; **aM** Brn DAR **20** 208; s. auch Sa DAR **20** 216).

32 **Deutlich sichtbare Anbringung** gehört zur Gültigkeit des VZ (BGH VersR **65** 1096 (VSicherungspflicht!), Bay VRS **16** 197, Stu VersR **78** 1075, VRS **95** 441). Haftung des VSicherungspflichtigen bei schuldhafter Nichtbeseitigung der Sichtbarkeitsbeeinträchtigung des VZ (Jn VM **98** 71; näher zum Sichtbarkeitsgrundsatz Rn. 33 sowie § 41 Rn. 247). Das VZ gilt für die Richtung, in der es aufgestellt ist (Ce DAR **00** 578, Ol NRpfl **95** 135). VZ sind so anzubringen und VZ-Kombinationen so zu gestalten, dass auch ein Ortsunkundiger ihre Bedeutung ohne weitere Überlegung sofort eindeutig erkennen kann (Rn. 33; Bay VM **78** 28). An die Befestigung sind höchste Anforderungen zu stellen (Kö DAR **65** 211). Hat der Sicherungspflichtige nicht für genügende Sichtbarkeit des VZ gesorgt, so haftet er (BGH VRS **29** 339 (Verletzung der Wartepflicht)). Sind behelfsmäßige VZ mehrfach missbräuchlich entfernt worden, muss der Sicherungspflichtige sie fest verankern (Kar VersR **76** 95). Notwendigerweise lose aufgestellte VZ sind behelfsmäßig zu befestigen (Dü VM **66** 47) und je nach Örtlichkeit (Vergnügungsviertel) und Umständen (Wochenende) streng zu überwachen (Kö VM **67** 13). **Aufstellungsmängel** bei Wahrnehmbarkeit des VZ beeinträchtigen seine Geltung nicht (Ha VRS **29** 139 (parallel zur Str anstatt quer, jenseits des Gehwegs statt am Fahrbahnrand, Tatfrage), Bay VRS **40** 379, Stu VersR **78** 1075). Ein unbefugt aus Sicht gedrehtes VZ bleibt objektiv gültig; jedoch bei Verstoß uU Verneinung der inneren Tatseite (Ha JMBlNRW **71** 166). Wird ein bewegliches VZ (Haltverbot) von Unbefugten so umgedreht, dass der fließende Verkehr es nicht erkennen kann, so ist ein Verstoß nur dem vorzuwerfen, der diesen Eingriff kennt (wohl auch Ha VM **71** 6; aM OVG Münster DAR **97** 366 (abl *Hentschel* NJW **98** 652), VG Mü DAR **90** 193, wonach der VT verpflichtet sein soll, sich über den Inhalt zu informieren (zust *Hauser* DAR **91** 326)). VZ sind außerhalb ihres gesetzlich definierten Geltungsbereichs unzulässig und unbeachtlich, es sei denn, ihre Nichtbeachtung könnte andere behindern oder gefährden (Verständigung nötig). VZ auf Privatgrundstücken ohne öffentlichen Verkehr: § 33 Rn. 12. Größen- oder Befestigungsabweichungen beeinträchtigen die rechtliche Geltung idR nicht (VwV Rn. 12 ff.; Bay VM **71** 23, KG VRS **12** 128, s. aber Dü VM **66** 15 (zu kleines Z 205)), auch nicht geringfügige Abweichungen, die den Sinngehalt nicht berühren (Bay VRS **40** 379). Unwirksam sind **unkenntlich gewordene VZ,** die beim Fahren mit beiläufigem Blick nicht mehr richtig erfasst werden können (Ol VRS **35** 250 (verrostete weiße Fläche), Bay VRS **46** 307, Kö NZV **93** 406, VRS **31** 305, Dü JMBlNRW **82** 43, OVG Münster DAR **05** 169 (Z 299); dazu *Härlein* NZV **89** 257; *Richter* DAR **16** 167), wobei die Umstände entscheiden, vor allem die Beurteilung im Fahren oder Halten. Dies gilt auch bei vorübergehender, etwa witterungsbedingter Unkenntlichkeit (Bay JZ **84** 683 (verschneit), Stu VRS **95** 441 (Zweige); Ha NZV **11** 94 (Baum- und Buschbewuchs)); die darauf beruhende Unkenntnis seines Inhalts kann den VT nach § 1 aber zu besonderer Vorsicht verpflichten (Bay NJW **84** 2110). Ein vorübergehend nicht erkennbares VZ entfaltet seine Wirksamkeit nach Erkennbarwerden, also auch seine etwaige Gebots- oder Verbotswirkung (Kö NZV **93** 406). Phantasiezeichen sind nichtig, § 41 Rn. 246.

Auf **ordnungsmäßige Beschilderung** darf der VT **vertrauen** und muss daher nicht nach 33 VZ suchen (KG DAR **57** 81). Beim Zeichenaufstellen haben die StrVB auf den heutigen SchnellV und ohne übermäßige Anforderungen auf den „durchschnittlichen VT" abzustellen (BGH NJW **70** 1126, Ha NZV **01** 379). VEinrichtungen und VZ müssen so beschaffen sein, dass ihre Anordnungen bei zumutbarer Aufmerksamkeit vom durchschnittlichen VT (BVerwG NJW **08** 2867) im Fahren **durch beiläufigen Blick erfasst,** verstanden und befolgt werden können (BGH NJW **66** 1456, BVerwG NJW **08** 2867, Bay VM **78** 29, NJW **84** 2112, VGH Mü DAR **07** 223 m Bspr *Rebler* BayVBl **07** 230 (je Mautausweichverkehr, s. Rn. 36); Brn VRS **102** 336, Dü DAR **97** 283, Stu VRS **95** 441, Ha PVT **94** 332), ohne irrezuführen (BGH NJW **66** 1456), ohne jeden auch nur optischen Widerspruch zu einer anderen Lenkungsmaßnahme (BGH NZV **00** 412; VwV Rn. 4 zu §§ 39 bis 43). Dabei sind an die Erkennbarkeit von VZ für den fließenden V höhere Anforderungen zu stellen als an solche für den ruhenden (BVerwG NJW **16** 2353 mAnm *Kümper;* OVG Münster DAR **05** 169; OVG Hb NZV **09** 525; VGH Ma NZV **10** 533). Im ruhenden V kann sich der VT nämlich auch noch beim Abstellen und Verlassen des Fz ohne Gefährdung anderer Klarheit über das Vorhandensein und/oder den Inhalt eines Halt- oder Parkverbots verschaffen; eine einfache Umschau, nicht jedoch eine anlasslose Nachschau (Abschreiten der Str in beide Richtungen) nach dem Abstellen des Fz, ob ein Halt- oder Parkverbot besteht, gehört deshalb zu der nach § 1 erforderlichen Sorgfalt des FzF (BVerwG NJW **16** 2353; abw OVG Berlin-Bbg DAR **15** 712 (Vorinstanz) mAnm *Koehl*).

Unklarheit bei VZ oder Schildern (s. auch Rn. 31a) verletzt die Amtspflicht (Kar VersR **78** 34 1173) und geht nicht zu Lasten des VT (Bay VM **78** 29, Ha DAR **05** 523, PVT **94** 332, Kar VersR **78** 1173, Sa VRS **47** 387, *Booß* VM **73** 87). Jedoch halt dieser im Zweifel das vorsichtigere Verhalten zu wählen (Stu VRS **36** 134, KG NZV **99** 85 (i Erg zw)). Eine unklare Regelung kann unvermeidbaren Verbotsirrtum begründen (Bay VM **78** 29, Sa VRS **47** 387), jedoch auch Tatbestandsirrtum (näher § 24 StVG Rn. 34). Stehen vor einer weiträumigen Kreuzung mehrere VZ, von denen eines in der Kreuzung wiederholt wird, so hebt dies die übrigen nicht auf (Stu VRS **36** 134).

Die VZ sind als Schilder **idR rechts anzubringen** (II S. 3; Ha VRS **107** 134), was auch der 35 „Lichtung des Schilderwalds" dienen soll (Rn. 4c), uU aber auch links oder auf beiden StrSeiten

(VwV Rn. 28 ff. zu §§ 39 bis 43; Bay VRS **16** 197), bei Geltung nur für einzelne Fahrstreifen über diesen (II S. 4) und niemals überhäuft (VwV Rn. 1, 4, 33 zu §§ 39 bis 43; s. Rn. 36). Bei nur einem Fahrstreifen je Richtung genügt idR Aufstellung auf der rechten Seite (BGH Betr **70** 2265). Ein rechts aufgestelltes VZ ist verbindlich, auch wenn es außerdem auch links hätte stehen sollen (Dü VM **70** 69, NZV **91** 204). *In der Regel* 2 m über dem Boden soll das VZ angebracht sein (VwV Rn. 42 zu §§ 39–43), Abweichungen sind unschädlich, wenn die Wahrnehmbarkeit nicht beeinträchtigt wird (Brn VRS **102** 336). Sind VZ auf einem stehenden oder fahrenden Fz angebracht (zB bei Baustellen-, Arbeits-, PolFz, bei Großraumtransporten), so gehen sie ortsfest angebrachten VZ vor (VI S. 3).

36   **Mehr als drei VZ** zugleich überschreiten die individuelle Wahrnehmungsgrenze, verzögern die Reaktion und können dadurch gefährdend wirken (*Undeutsch* DAR **66** 324; s. aber *Spoerer* VGT **84** 189, *Latzel* PVT **93** 165, wonach auch 3 VZ gleichzeitig nicht von allen VT erfasst werden können). VwV Rn. 35 begrenzt die Zahl demgemäß grds. auf drei. Jedenfalls im ruhenden V ist die Beschilderung eines VZ mit drei ZusatzZ hinnehmbar (VGH Ma NZV **10** 533). Bei mehreren räumlich überlappenden Haltverbotszonen mit unterschiedlichen Geltungszeiten müssen nicht alle je mit ZusatzZ versehen sein, die die unterschiedlichen Verbotszeiträume und -modalitäten in ihrer Gesamtheit verlautbaren (OVG Hb NZV **09** 524; OVG Bln-Bbg NJW **18** 3470). Zu sieben übereinander angebrachten Z betreffend den MautausweichV BVerwG NJW **08** 2867, BayVGH DAR **07** 223 mBspr *Rebler* BayVBl **07** 230, hierzu § 41 Rn. 248 f. (zu Z 253). Mit der zugelassenen höheren Fahrgeschwindigkeit muss die Zahl der VZ relativ abnehmen. Bei mehreren VZ am selben Pfosten ist ein Irrtum darüber, zu welchem Zeichen ein Zusatzzeichen gehört, nur unter besonderen Umständen vorwerfbar (Bay VM **78** 29, abw Bay NJW **03** 2253, dazu auch Rn. 31a).

37   Jeder VT darf damit rechnen, dass **verkehrserhebliche Anordnungen** *durch VZ* getroffen werden; andere Schilder muss er nur lesen, wenn sie schon äußerlich offensichtlich etwas Verkehrserhebliches enthalten können (Bay VM **70** 67: Schild: „bei Rot vor der Kreuzung halten!"; dazu § 37 Rn. 50). Beachtung angefochtener VorschrZ: § 41 Rn. 247. Jeder VT muss die Bedeutung der wesentlichen VZ kennen (BGH VersR **69** 832), auch die Fußgänger im Verhältnis zum FahrV, sonst bei Ursächlichkeit der Unkenntnis Schuld oder Mitschuld (**E** 141a, 142). **Zurückhaltende Verwendung von VZ** gebietet, an den VT gerichtet I. Dem entspricht, an die StrVB gerichtet, § 45 IX, wonach Anordnungen durch VZ nur dort zu treffen sind, wo dies zwingend geboten ist (s. im Einzelnen § 45 Rn. 49b ff.). Die Bestimmungen des I und des § 45 IX S. 1 gelten grundsätzlich für *alle* VZ (bzw VEinrichtungen), zB auch solche, die den ruhenden V betreffen (*Kettler* NZV **02** 62), nach Sinn und Zweck der Regelung (Begr, Rn. 3) aber in erster Linie für VZ, die Verhaltensvorschriften begründen, und wohl nicht für solche, deren Inhalt und Zweck offensichtlich von dem Erfordernis des I nicht abhängen kann, wie etwa bei manchen RichtZ (insoweit einschr *Kettler* NZV **02** 64). Jedoch kann nicht nur die VSicherheit, sondern auch die im Interesse der Leichtigkeit und Flüssigkeit erforderliche **Ordnung des Verkehrs** (§ 45 I S. 1) diese Regelung durch VZ gebieten, zB durch Entmischung (Radwegbenutzung; *Bouska* NZV **01** 320). Freilich kann zB der Verzicht von vorfahrtregelnden Zugunsten der allgemeinen Vorfahrtregel (rechts vor links) den VFluss erheblich beeinträchtigen oder etwa das Fehlen von ÜberholverbotsZ an gefährlichen Stellen trotz eines sich schon aus § 5 ergebenden Verbots beim Kf zu einer falschen Einschätzung führen und die Bereitschaft zu gefährlichem Überholen fördern.

37a   **Ia** enthält hinsichtlich der Aufstellung von **VZ 274.1 (Tempo 30-Zonen)** einen Hinweis ohne eigentlichen konkreten Regelungsgehalt. Er soll nach der Begr (Rn. 4) die begrüßenswerte Einschränkung von verkehrsbeschränkenden VZ teilweise wieder zurücknehmen und in der Weise konstitutiv wirken, dass sich eine Prüfung des nach I vorgeschriebenen Erfordernisses erübrige (*Kramer* DAR **01** 104), was der Wortlaut freilich nicht ergibt (s. iÜ § 45 Rn. 37). Für die **Beurteilung des Verschuldens** bei Übersehen des VZ lässt sich Ia nur sehr eingeschränkt instrumentalisieren, weil zum einen ein Kf VZ ohnehin immer zu rechnen ist und zum anderen Ia an dem Regel-Ausnahme-Verhältnis zwischen dem unangetastet gebliebenen Grundsatz des § 3 III Nr. 1 und der Beschränkung der danach geltenden 50 km/h-Regel durch VZ nichts ändern kann (*Hentschel* NJW **02** 726, abw *Kramer* DAR **01** 105, VD **01** 52). Jedoch kommt in Ia iVm § 45 Ic zum Ausdruck, dass ein „Zonenbewusstsein" nicht erforderlich ist (näher § 45 Rn. 37).

37b   Ähnlich wie Ia enthält der mit Wirkung zum 28.4.2020 eingeführte **Ib** eine Art von an den VT gerichteten Programmsatz hinsichtlich des Vorhandenseins von **Fahrradzonen** (Z 244.3). Die Regelung steht im Zusammenhang mit der parallel dazu in § 45 I i aufgenommen Anordnungsbefugnis der StrVB (dazu § 45 Rn. 8g, 38f). Irritierenderweise meint die Begr (Rn. 4g), die

Vorschrift sei zur Ausbildung eines „Zonenbewusstseins" (dazu Rn. 37a, § 45 Rn. 37, 38f) erforderlich. Hinsichtlich der Sinnhaftigkeit gilt das in der vorstehenden Rn. Gesagte entsprechend.

Mit **Zeichenänderung** muss gerechnet werden (BGH NJW **70** 1126, Brn VRS **102** 336). **38** Jedoch muss sie deutlich sein (BGH NJW **70** 1126 (Vorfahrtänderung)). In solchen Fällen empfehlen sich deutliche Hinweistafeln (VwV Rn. 1 zu § 41; § 41 Rn. 1; *Ganschezian-Finck* NJW **70** 1843). Bei Änderung der Vorfahrtregelung kann das Unterlassen besonderer Hinweise zu Haftung der StrVB führen (LG Marburg DAR **97** 279, s. auch BGH NJW **70** 1126 (im Erg. wegen auffälligen Verhängens der alten VZ verneint), einschr Brn VRS **102** 336 (nur wenn Umfang des VAufkommens, Unübersichtlichkeit, Schnelligkeit des Verkehrs Unaufmerksamkeit nahe legen)). Wird eine langjährig bestehende Verkehrsführung geändert, so kann die StrVB uU verpflichtet sein, die Anwohner besonders darauf hinzuweisen (LG Bonn NZV **93** 34 (Umkehrung einer EinbahnStr-Richtung)).

Die Regelung zur Bevorrechtigung bestimmter **elektrobetriebener Fz in X** ist durch die **38a** 50. ÄndVStVR v. 15.9.2015 (BGBl. I S. 1573) eingefügt und durch die 54. ÄndVStVR v. 20.4.2020 (BGBl. I S. 814) mit Wirkung vom 28.4.2020 erweitert worden. Wegen der Einzelheiten s. Rn. 4e sowie § 45 Rn. 38d.

Der mit der 54. ÄndVStVR v. 20.4.2020 (BGBl. I S. 814) mit Wirkung vom 28.4.2020 aufge- **38b** nommene **XI** betrifft die **Parkbevorrechtigung von Carsharingfahrzeugen.** Zum Regelungsgrund Begr Rn. 4j. Die Anordnungsbefugnis der StrVB ist in § 45 I h geregelt (s. dort Rn. 38e).

Deutschland ist dem Europäischen **Übereinkommen über Straßenmarkierungen** vom **39** 13.12.57 (BGBl II 1962 841) beigetreten; es ist am 3.4.63 in Kraft getreten (BGBl II 1963 1293). Seinen Vorschriften ist in der StVO entsprochen. Richtlinien für die Markierung von Strn: VkBl. **93** 667 (= StVRL § 41 StVO Nr. 7). Alle Brücken werden mit militärischen **Tragfähigkeitsschildern** versehen (runde Schilder auf gelbem Grund, schwarze Aufschriften). Für den zivilen Verkehr haben sie keine Bedeutung (VkBl. **56** 706). S. dazu auch VkBl. **60** 377 (Mustervereinbarung über militärische Straßen- und Brückenbeschilderung) sowie VkBl. **83** 13 = StVRL Nr. 2 (Befahren von Brücken durch GleiskettenFz im KolonnenV).

2. § 39 enthält keine bußgeldbewehrten Regelungen. Maßgebend sind insoweit die übrigen **40** StVO-Vorschriften sowie die durch die einzelnen VZ angeordneten Ge- und Verbote. Soweit VZ in der StVO weder unmittelbar noch als Varianten vorgesehen sind, erlauben sie keine OW-Sanktion. Als zu den Gesamtumständen des jeweiligen VVorgangs gehörig können sie jedoch je nach Inhalt zivil- oder strafrechtlich bedeutsam sein.

3. Überleitungsbestimmungen für die neuen Bundesländer: 40. Aufl. **41**

Gefahrzeichen[*]

40 (1) **Gefahrzeichen mahnen zu erhöhter Aufmerksamkeit, insbesondere zur Verringerung der Geschwindigkeit im Hinblick auf eine Gefahrsituation (§ 3 Absatz 1).**

(2) [1] **Außerhalb geschlossener Ortschaften stehen sie im Allgemeinen 150 bis 250 m vor den Gefahrstellen.** [2] **Ist die Entfernung erheblich geringer, kann sie auf einem Zusatzzeichen angegeben sein, wie**

(3) **Innerhalb geschlossener Ortschaften stehen sie im Allgemeinen kurz vor der Gefahrstelle.**

(4) **Ein Zusatzzeichen wie**

kann die Länge der Gefahrstrecke angeben.

(5) **Steht ein Gefahrzeichen vor einer Einmündung, weist auf einem Zusatzzeichen ein schwarzer Pfeil in die Richtung der Gefahrstelle, falls diese in der anderen Straße liegt.**

---

[*]Varianten s. Katalog der Verkehrszeichen (VzKat 2017), BAnz v 29.5.2017; abgedruckt nach VwV zu den VZ; s. auch § 39 Rn. 31.

(6) **Allgemeine Gefahrzeichen ergeben sich aus der Anlage 1*Abschnitt 1.**

(7) **Besondere Gefahrzeichen vor Übergängen von Schienenbahnen mit Vorrang ergeben sich aus der Anlage 1* Abschnitt 2.**

VwV zu § 40 Gefahrzeichen

1   1   I. Gefahrzeichen sind nach Maßgabe des § 45 Absatz 9 Satz 4 anzuordnen. Nur wenn sie als Warnung oder Aufforderung zur eigenverantwortlichen Anpassung des Fahrverhaltens nicht ausreichen, sollte stattdessen oder bei unabweisbarem Bedarf ergänzend mit Vorschriftzeichen (insbesondere Zeichen 274, 276) auf eine der Gefahrsituation angepasste Fahrweise hingewirkt werden; vgl. hierzu I zu den Zeichen 274, 276 und 277.

2   2   II. Die Angabe der Entfernung zur Gefahrstelle oder der Länge der Gefahrstrecke durch andere als die in Absatz 2 und 4 bezeichneten Zusatzzeichen ist unzulässig.

Begr zu § 40:

3–85   **Zu Absatz 2 bis 5:** *Die Entfernung zur Gefahrenstelle wird z. B. mit 100 m angegeben. Zu der Länge der Strecke, für die die Gefahr besteht, wird die Entfernung zur Gefahrstelle hinzugerechnet und diese Gesamtstrecke auf dem Zusatzschild, wie es im Absatz 4 gezeigt wird, angegeben. Auch das ist weltweit vereinbart.*

86   **Zu Absatz 6:** *Es folgen die verkleinerten Abbildungen der Gefahrzeichen. Von der Wiedergabe der Maße wurde abgesehen. Darüber enthält das weltweite Verkehrszeichenabkommen eingehende Empfehlungen (Art. 6 Abs. 4 Buchst. c: kleine, normale, große und sehr große Maße). Sie werden, soweit angebracht, als Weisungen an die Behörden in die VwV übernommen. Die abgebildeten Gefahrzeichen sind ausnahmslos weltweit vereinbart. Für die Reihenfolge gab die Bedeutsamkeit der einzelnen Zeichen kein brauchbares Kriterium ab. Vorausgestellt sind die Schilder, die vor Gefahren aus den Straßenverhältnissen, es folgen die, die vor Gefahren, die von außen drohen, warnen.*

87   **Zu Zeichen 101:** *Es ist zwar erwünscht, daß die Gefahr auf einem Zusatzschild näher bezeichnet wird; das kann aber schon deshalb nicht immer verlangt werden, weil vor allem bei vorübergehender Gefahr, z. B. an Unfallstellen oder bei Katastrophen, die eingesetzten Beamten die erforderlichen Zusatzschilder nicht stets zur Hand haben. In der VwV wird angeordnet, daß keines der übrigen amtlichen Gefahrzeichen durch das allgemeine Gefahrzeichen ersetzt werden darf.*

88   *In den gezeigten Zusatzschildern sind die Aufschriften durch Sinnbilder ersetzt. Es ist zweckmäßig, dem Zusatzschild Wintersport daneben die Bedeutung zu geben, daß hier Wintersport erlaubt sei.*

89   **Zu Zeichen 102:** *Der Verkehrsteilnehmer wird besser unterrichtet und damit dient es auch der Verkehrssicherheit, wenn das Zeichen künftig, entsprechend der Weltregelung, nur vor Kreuzungen und Einmündungen warnt, an denen die Vorfahrt des von rechts Kommenden zu beachten ist. Vor Kreuzungen und Einmündungen mit besonderer Vorfahrtregelung warnen andere Zeichen, wie schon der Text zu den Zeichen 205, 206 und 301 dartut.*

90   **Zu Zeichen 103 und 105:** *Die beiden Zeichen und ihre zwei Gegenstücke sind im Weltabkommen vorgesehen. In der VwV wird ausdrücklich gesagt werden, daß es nur die vier Kurvenzeichen gibt. Es ist also untersagt, den Versuch zu unternehmen, den näheren Verlauf der Kurve durch Variationen der Pfeilrichtung kenntlich zu machen. Das wäre der Verkehrssicherheit abträglich nicht bloß, weil ein genaues Nachzeichnen des Verlaufs kaum möglich wäre, und zudem damit für das Fahrverhalten, insbesondere die einzuhaltende Geschwindigkeit, noch nicht alles gesagt wäre; hierfür sind vielmehr auch die Sichtverhältnisse in der Kurve wie auch die Kurvenlage von wesentlicher Bedeutung.*

91   **Zu Zeichen 108 und 110:** *Sie unterscheiden sich nur dadurch, daß im Zeichen „Gefälle" die Zahlen schräg abwärts stehen, im Zeichen „Steigung" dagegen schräg aufwärts. Wirklich mißlich ist das nicht, weil das Gelände in aller Regel keinen Zweifel läßt, was der Fahrzeugführer zu erwarten hat.*

92   **Zu Zeichen 112:** *Es ist zweckmäßig, dieses Zeichen nicht nur zur Warnung vor einzelnen Unebenheiten zu verwenden, sondern auch vor einer Fahrbahn in schlechtem Zustand. Im zweiten Fall muß die Länge der Gefahrstrecke auf einem Zusatzschild angegeben werden.*

93   **Zu Zeichen 114:** *Das Zeichen mit seiner bisherigen Bedeutung „Schleudergefahr" ärgert den Verkehrsteilnehmer, wenn er ihm bei trockenem Wetter an ersichtlich gut ausgebauten Straßen begegnet. Dieser Ärger gibt dem Fahrzeugführer Anlaß, das Zeichen eben auch dann nicht ernst zu nehmen, wenn er allen Grund hat, das zu tun. Das Zeichen erhält daher den Namen „Schleudergefahr bei Nässe oder Schmutz".*

---

* Abgedruckt im Anschluss an § 53; danach VwV zu den VZ.

Die VwV wird ausdrücklich die Verwendung des Zeichens dort verbieten, wo Schleudergefahr nicht wegen Nässe entstehen kann, sondern wegen der Anlage oder der Führung der Straße; in solchen Fällen, wird dort gesagt werden, ist mit anderen Mitteln zu helfen, z. B. durch Aufstellung des Zeichens „Kurve" oder durch Geschwindigkeitsbeschränkung.

Zu Zeichen 113, 116,* **124:** *Bisher wurde auf Gefahren durch Glätte, durch hochfliegenden Splitt oder Schotter und durch Stau durch Zusatzschild zum Zeichen 101 hingewiesen. Da diesen Gefahrhinweisen immer mehr Bedeutung zukommt, sollen diese Gefahren durch „Gefahrzeichen" des § 40 zum Ausdruck gebracht werden. Die vorgesehenen Gefahrzeichen sind im Wiener Übereinkommen über Straßenverkehrszeichen vorgesehen.* **94–98**

Zu Zeichen 151: *Es soll nur noch an Übergängen von Schienenbahnen mit Vorrang verwendet werden. Dadurch wird seine Bedeutung sachgemäß erhöht. Vor Industriegleisen wird künftig nur noch durch das Zeichen 101 mit einer Aufschrift auf einem Zusatzschild, wie Industriegleis, gewarnt werden oder durch Zeichen 112.* **99**

Begr *zur ÄndVO v.* 7.8.97 *(VkBl.* **97** 689)**: Zu Abs. 1:** – *Begründung des BRates* – *Durch die generelle, auf alle Verkehrszeichen bezogene Regelung in § 39 Abs. 1 und § 45 Abs. 9 (neu) ist der lediglich auf Gefahrzeichen bezogene Satz 2 von § 40 Abs. 1 entbehrlich geworden.* **100**

Zur 46. ÄndVStVR 09: 41. Aufl. **Begr** zur StVO-Neufassung v. 6.3.2013 (BR-Drs. 428/12)**: 100a** S. zum Ziel der Lichtung des „Schilderwalds" und dessen Umsetzung zunächst § 39 Rn. 4c und vor den Anlagen.

Zu Abs. 1: *Die Konkretisierung der an Gefahrzeichen geknüpften allgemeinen Verhaltenspflichten trägt zu einem restriktiveren Einsatz von Vorschriftzeichen bzw. Verkehrszeichenkombinationen bei. Der allgemeine Hinweis, sich auf die Gefahr einzurichten, wird konkreter formuliert, es wird die Verringerung der Geschwindigkeit gefordert. Damit erübrigen sich Gefahrzeichen überall dort, wo eine Verringerung der Geschwindigkeit im Hinblick auf die bevorstehende Gefahrensituation nicht zwingend erforderlich ist.*

Zu Abs. 2, 4, 5: *Das Wort „Zusatzschild" wird entsprechend der grundsätzlich neuen Bezeichnung „Verkehrszeichen" durch das Wort „Zusatzzeichen" ersetzt.*

Zu Abs. 6, 7: *Die vormals in diesen Abs. 6 und 7 enthaltenen Verkehrszeichen sind nunmehr in der Anl 1 enthalten. Nicht in die Anlage übernommen, sondern in einem neuen Abs. 8 des § 39 eingebettet werden die Sinnbilder „Steinschlag", „Schnee- und Eisglätte", „Ufer", „Splitt, Schotter", „bewegliche Brücke", „Flugbetrieb" und „Fußgängerüberweg". Durch die Einführung des neuen Abs. 8 des § 39 wird den für den Straßenverkehr zuständigen Behörden ermöglicht, Gefahrzeichen mit den vorgenannten Sinnbildern anzuordnen. Gleiches gilt für die in Abs. 7 befindlichen Sinnbilder „Reiter" und „Viehtrieb". Vergleiche dazu die Begründungen zu § 39. Im Übrigen bleibt es bei der bisherigen Aufteilung in allgemeine und besondere Gefahrzeichen. Die Gefahrzeichen nach Anl 1 sind für besondere Gefahrenlagen nicht abschließend (vgl. § 39 Abs. 8).*

Zu Zeichen 101: *Das vormalige Zusatz Z 1052-38 (schlechter Fahrbahnrand) und das Z 388 werden gestrichen, da dem VT der Bedeutungsgehalt des GefahrZ mit warnender Funktion des Zusatz Z und insbesondere die unterschiedliche Ausgestaltung der einzelnen Zusatz Z nicht verständlich sind. Denn das vormalige Zusatz Z 1010-11 erlaubte Wintersport in Verbindung mit dem GefahrZ 101 wird in § 31, der sich auch mit der möglichen Zulassung anderer Sport- und Spielarten im öffentlichen Verkehrsraum befasst, geregelt.* **100b**

Zu Zeichen 103, 105, 121: *Sprachliche Änderung durch allgemeine Formulierung „Kurve".* **100c**

Zu Zeichen 114: *Durch die Änderung wird dem Umstand Rechnung getragen, dass es infolge spezifischer Materialien Fahrbahnoberflächen gibt, bei denen der Kraftschlusswert bei Nässe übermäßig vermindert ist und dies auch Rutschgefahren birgt.* **100d**

Zu Zeichen 123: *Da das Zeichen auch bei Arbeitsstellen gezeigt wird, die nicht Baustellen sein müssen, erhält das Z 123 auch die Bezeichnung „Arbeitsstelle".* **100e**

Zu Zeichen 138: *Es wird generell auf Radfahrer hingewiesen, nicht nur auf – wie bisher – „kreuzende" Radfahrer.* **100f**

Zu Zeichen 150, 151, 153 und 156: *Angesichts der außergewöhnlichen Gefahrensituation, die unabhängig von einer technischen Sicherung an allen Bahnübergängen gegeben ist, erscheint es sinnvoll, ein* **100g**

---

* Beide nunmehr § 39 VIII; s. Rn. 100a.

einheitlich gestaltetes Verkehrszeichen zu verwenden. Es ist insbesondere kein Erfordernis ersichtlich, auf eine vorhandene Beschrankung speziell hinzuweisen, zumal ein solcher Hinweis ggf. auch dazu führen kann, durch das Vertrauen auf diese technische Sicherung die gebotene Aufmerksamkeit zu vernachlässigen. Im Gegensatz zum Z 150 ist das Z 151 sowohl aus sich heraus verständlich als auch wesentlich besser geeignet, das Gefahrenpotenzial an Bahnübergängen zum Ausdruck zu bringen. Daher wird das Zeichen 150 aus der StVO herausgenommen. … Folgeänderung aus der Streichung der Z 150 und 153. Mit der sprachlichen Umstellung zu den Z 156, 159 und 162 wird die gewollte Regelung verständlicher.

101   **Gefahrzeichen** sollen vor allem VT warnen, die mit den örtlichen Verhältnissen nicht vertraut sind (Kö MDR **58** 425). Sie sind Ausfluss der Sicherungspflicht des Trägers der StrBaulast (§ 45) gegenüber allen VT und Anliegern (BGH NJW **66** 1456), auch solchen, die die Str zwar zweckgerecht, aber verkehrswidrig benutzen (BGH NJW **66** 1456 (nicht zugelassenes Kfz)). Von wem, wo und wie GefahrZ aufzustellen sind, richtet sich auch nach § 45 (Fra VersR **68** 1046). Wie allgemein bei VZ ist Zurückhaltung geboten (§ 39 I); § 45 IX S. 2 enthält für die Aufstellung Sonderregelungen (dort Rn. 49d). Zwischen VT und Sicherungspflichtigen gilt kein Vertrauensgrundsatz (Ol VRS **31** 161). Vor Besonderheiten der Str, die ein sorgfältiger Kf mit beiläufigem Blick erfasst, muss nicht gewarnt werden (BGH VRS **18** 10; näher § 45 Rn. 51), auch nicht bei offensichtlich nur beschränkter Benutzbarkeit eines Wegs (BGH VersR **61** 162; Nü VM **62** 21). Ist auf einer BundesStr und LandStr 1. Ordnung bei regelmäßigem Viehtrieb sofortige Unratentfernung nicht gesichert, muss gewarnt werden (BGH NJW **62** 34; zu Hindernissen § 32). Die GefahrZ müssen unmissverständlich sein und ausreichend weit vor dem Hindernis stehen (II–IV; Kar VRS **3** 86, Kö VersR **66** 857). Auf DurchgangsStr darf der Kf mit Warnung vor besonderer Gefahr rechnen (BGH VRS **18** 268), nach vorausgegangenen GefahrZ uU je nach Sachlage auch mit weiteren (BGH VersR **60** 235). Linksanbringung: VwV Rn. 29 zu §§ 39 bis 43 und Schl VM **64** 23. Die sich aus GefahrZ für den Kf ergebenden **Verhaltenspflichten** lassen sich nicht generell festlegen, sondern sind je nach Art der angezeigten Gefahr unterschiedlich (Dü VRS **60** 265). Der Kf muss sich aber auf die Gefahr einstellen und die gebotenen Vorkehrungen treffen, bevor sie sich tatsächlich für ihn erkennbar konkretisiert (Dü VRS **60** 265). Bei ordnungsgemäß angebrachten GefahrZ kommt idR keine Schreckzeit in Betracht (BGH VRS **15** 276). Sicherung der Bahnübergänge: § 19. Zur Verhütung von Unglücksfällen dienende *WarnZ iS von § 145 StGB* sind, sachgemäße Verwendung vorausgesetzt (§ 40 I), nicht schon alle diejenigen WarnZ der StVO, bei denen die im VZ bezeichneten Umstände ohnedies ersichtlich sind, sondern nur die, bei denen ein nach § 145 StGB tatbestandsmäßiger Eingriff eine Gefahrsteigerung bewirkt, zB idR die Z 101, 114, 115, 117, 128, 129, 136, 151, 153–162. Rechtsnatur der VZ: § 41 Rn. 247.

101a   **Seit der 46. ÄndVStVR** und dies übernehmend und ausbauend der **StVO-Neufassung 2013** (Rn. 100a) sind die GefahrZ im Wesentlichen in die Anl 1 ausgegliedert (VI, VII). Ausgenommen sind die durch diese VO in § 39 VIII eingestellten Sinnbilder, die allerdings nur noch in besonderen Ausnahmefällen verwendet werden sollen (Rn. 100a und § 39 Rn. 4d). Die Kommentierung erfolgt aus drucktechnischen Gründen gleichwohl hier. Bei den einzelnen Gefahrzeichen wird mit Fußnoten hierauf verwiesen.

102   **VZ 101** (Gefahrstelle) mahnt auch Vorfahrtberechtigte zur allgemeinen Wachsamkeit (keine Schreckzeit; BGH RdK **54** 140). Wo sich erfahrungsgemäß schon bei geringem Bodenfrost Glatteis bildet (hoher Grundwasserspiegel), ist zu warnen (BGH VersR **60** 930), an erfahrungsgemäß besonders glatteisgefährdeten Stellen auch auf der AB (BGH NJW **62** 1767 (unzulängliche Beschilderung)), doch nur vor dem gefährdenden StrStück wie etwa Wald, Brücke (BGH VersR **62** 1082). Rechtzeitig erkennbare Fernstraßenbrücken sind stets frostgefährdet, wie jeder Kf wissen muss; daher besteht dort weder Streu- noch Warnpflicht (BGH NJW **70** 1682). Zur Streupflicht § 45 Rn. 56 ff. (62, 63). Ein ZusatzZ zum GefahrZ 101 stellt nur klar, aber gebietet nichts (Dü VersR **74** 389). Eine generelle Herabsetzung der zulässigen Geschwindigkeit gebietet das Z demgemäß nicht (Sa NZV **12** 483; s. aber Ha NJW-RR **09** 1185 zum ZusatzZ „Radfahrer kreuzen"). ● Das **Z 102** (Kreuzung) mahnt zu besonderer Vorsicht gegenüber kreuzendem Verkehr (BGH VRS **23** 348), hat auf bestehende Vorfahrtregeln keinen Einfluss (Bay VRS **71** 304), verdeutlicht aber eine Wartepflicht nochmals besonders (Ko OLGR **06** 281). Der Kf darf darauf vertrauen, dass schlecht sichtbare Kreuzungen außerorts gekennzeichnet sind (BGH VM **72** 76). ● **Z 103:** Gefährliche Kurven sind zu kennzeichnen, sonst Amtspflichtverletzung (Kö DAR **79** 165). Bei Ortsdurchfahrten, in denen bei Nässe und Schmutz Schleudergefahr besteht, genügen idR die WarnZ 103, 114 (Ba VersR **81** 66). ● Das **Z 112** (unebene Fahrbahn) ersetzt die baldige Beseitigung der Querrinne nicht. Bei Bodenwellen mit Schleudereffekt muss

das Z 112 uU mit einer Geschwindigkeitsbeschränkung kombiniert werden, die eine Gefährdung ausschließt (Schl VersR **80** 1150). ● **Z 114:** Gefährliche Stellen auf einer DurchgangsStr sind durch ein WarnZ vor ihrem Beginn (zB vor einem Waldstück) zu kennzeichnen (Fra VersR **76** 1138). Die Kombination des Z 114 mit Z 274 schränkt die Geschwindigkeitsbegrenzung nicht auf die Fälle von Nässe oder Schmutz ein; Z 114 weist vielmehr zusätzlich (auch bei Einhaltung der Höchstgeschwindigkeit) auf Schleudergefahr hin. Wer trotz des Z 114 bei Nässe schleudert, hat den Anschein gegen sich (BGH VersR **71** 439). ● Fahrbahnverengung ist durch die **Z 120, 121** zu kennzeichnen, wenn sonst Gefahr droht (BGH NJW **58** 1436). ● Bei **Z 123** hat der Kf in erster Linie auf die Bauarbeiter zu achten, nicht diese auf den FahrV (Kar VRS **48** 196). Das Z 123 warnt idR nicht ausreichend vor Fahrbahnverschmutzung und befreit auch nicht davon, solche zu beseitigen (BGH VersR **75** 714). Es ist auch mit ZusatzZ 1006/32 („Rollsplitt") ungeeignet, davor zu warnen, dass sich Bitumen von der Str lösen könnte (Jn NZV **06** 248). ● Das **Z 136 (Kinder)** zeigt nur die häufige Anwesenheit von Kindern an, es schließt das Vertrauen auf deren sachgerechtes Verhalten nicht schlechthin aus (§ 1 Rn. 24, § 25 Rn. 27; BGH NZV **94** 149, KG VM **97** 52, **98** 84, Hb VersR **76** 945, Ha NZV **96** 70) und hat hinsichtlich des KfVerhaltens gegenüber von ihm wahrgenommenen Kindern keine Bedeutung (Ha NZV **96** 70). Es warnt nicht vor nur denkbarer abstrakter Gefahr (VStille), sondern nur beim Hinzutreten weiterer Umstände, vor allem vor möglichem plötzlichem Betreten der Fahrbahn durch Kinder (BGH NZV **94** 149, Bay VRS **59** 219). Es schreibt keine bestimmte Höchstgeschwindigkeit vor (Kar GA **70** 313, VRS **78** 166, Kö VersR **89** 206, KG VM **98** 84 (s. aber § 3 IIa)), doch muss der Kf so vorsichtig fahren, dass er kein Kind gefährdet, das plötzlich auf die Fahrbahn tritt (BGH VRS **42** 362, NZV **94** 149, Ha VRS **59** 145, KG VersR **80** 928, Mü VersR **84** 395, Kar VRS **78** 166), was je nach Örtlichkeit und Umständen auch Herabsetzung der Geschwindigkeit erfordern kann (BGH NZV **94** 149, Kö VersR **89** 206). Mit plötzlichem Auftauchen von Kindern auf der Fahrbahn ist hier stets zu rechnen und daher anhaltebereit zu fahren (BGH VRS **42** 362, NZV **94** 149, Hb DAR **80** 184, KG VM **97** 52, **98** 84, Kö VersR **79** 166, **89** 206, Ko VRS **48** 465), und zwar grds. ohne Rücksicht auf die Tageszeit (BGH NZV **94** 149), aber wohl nicht mit spielenden Kindern bei bereits völliger Dunkelheit (Fra VersR **82** 152; offengelassen von BGH NZV **94** 149). Im Bereich von Schulen an Fußgängerüberwegen muss der FzF bei Z 136 so fahren, dass er auch bei Kindern, die er vorher nicht sehen konnte und die achtlos im Laufschritt auf die Str treten, rechtzeitig anhalten kann (Ko VRS **62** 335). Soweit bei Z 136 mit Kindern auf der Fahrbahn zu rechnen ist, wird keine Schreckzeit zugebilligt (BGH VRS **33** 350, NZV **94** 149, KG VM **97** 52, **98** 84). Die durch Z 136 gekennzeichnete Schutzzone umfasst die Strecke zwischen den für beide Fahrtrichtungen aufgestellten VZ, hängt i Ü von Art und Ausdehnung der gefährlichen Stelle (Schul-, Kindergartengelände usw) ab und erstreckt sich idR nach dem erkennbaren Ende dieses Bereichs noch auf eine Strecke, die der Entfernung zwischen dem VZ und dem Beginn der Gefahrstelle entspricht (Kar VRS **71** 62). Schädigung eines die Fahrbahn überquerenden Erwachsenen fällt nicht in den Schutzbereich des VZ 136 (KG VM **98** 84). ● **Z 138** verlangt auch ohne erkennbare Gefahr neben erhöhter Aufmerksamkeit des Kf eine der Möglichkeit plötzlichen Kreuzens der Fahrbahn durch Radf angepasste Geschwindigkeit (Dü VRS **60** 265, Ol VRS **71** 172; Ha NZV **09** 391). Z 138 iVmit einem Hinweisschild „WRadwanderweg" ist irreführend und kann den Schuldvorwurf hinsichtlich verbotenen Fahrens auf dem Gehweg entfallen lassen (Jn DAR **11** 37). ● **Z 142:** Es mahnt, bestimmte Gefahrumstände zu berücksichtigen, die hier sehr wahrscheinlich vorliegen. Der Kf muss dem Fahrbahnrand erhöhte Aufmerksamkeit widmen und sich auf rasche Reaktion einrichten sowie seine Geschwindigkeit anpassen, wobei allerdings eine generelle Höchstgeschwindigkeit nicht festgelegt werden kann (BGH NZV **89** 390, Kö DAR **76** 48, KG NZV **93** 313; dazu auch § 3 Rn. 28). Kein Ausweichen vor Kleinwild, wenn dies Personen gefährden könnte (LG Verden VRS **55** 421, *Baum* PVT **91** 138; s. auch § 4 Rn. 11).

Ordnungswidrigkeit. Nichtbeachtung von GefahrZ ist für sich allein nicht ow (KG VRS **25** 363). **103**

Vorschriftzeichen*

41 (1) **Wer am Verkehr teilnimmt, hat die durch Vorschriftzeichen nach Anlage 2** angeordneten Ge- oder Verbote zu befolgen.**

---

* Varianten s. Katalog der Verkehrszeichen (VzKat 2017), BAnz v 29.5.2017; abgedruckt nach VwV zu den VZ; s. auch § 39 Rn. 31.
** Anlagen abgedruckt im Anschluss an § 53; dort auch VwV zu den einzelnen VZ.

(2) ¹Vorschriftzeichen stehen vorbehaltlich des Satzes 2 dort, wo oder von wo an die Anordnung zu befolgen ist. ²Soweit die Zeichen aus Gründen der Leichtigkeit oder der Sicherheit des Verkehrs in einer bestimmten Entfernung zum Beginn der Befolgungspflicht stehen, ist die Entfernung zu dem maßgeblichen Ort auf einem Zusatzzeichen angegeben. ³Andere Zusatzzeichen enthalten nur allgemeine Beschränkungen der Gebote oder Verbote oder allgemeine Ausnahmen von ihnen. ⁴Die besonderen Zusatzzeichen zu den Zeichen 283, 286, 277, 290.1 und 290.2 können etwas anderes bestimmen, zum Beispiel den Geltungsbereich erweitern.

VwV zu § 41 Vorschriftzeichen

1   1   I. Bei Änderungen von Verkehrsregeln, deren Missachtung besonders gefährlich ist, z. B. bei Änderung der Vorfahrt, ist für eine ausreichende Übergangszeit der Fahrverkehr zu warnen.

2   2   II. Wenn durch Verbote oder Beschränkungen einzelne Verkehrsarten ausgeschlossen werden, ist dies in ausreichendem Abstand vorher anzukündigen und auf mögliche Umleitungen hinzuweisen.

3   3   III. Für einzelne markierte Fahrstreifen dürfen Fahrtrichtungen (Zeichen 209 ff.) oder Höchst- oder Mindestgeschwindigkeiten (Zeichen 274 oder 275) vorgeschrieben oder das Überholen (Zeichen 276 oder 277) oder der Verkehr (Zeichen 245 oder 250 bis 266) verboten werden.

4   4   IV. Soll die Geltung eines Vorschriftzeichens auf eine oder mehrere Verkehrsarten beschränkt werden, ist die jeweilige Verkehrsart auf einem Zusatzzeichen unterhalb des Verkehrszeichens sinnbildlich darzustellen. Soll eine Verkehrsart oder sollen Verkehrsarten von der Beschränkung ausgenommen werden, ist der sinnbildlichen Darstellung das Wort „frei" anzuschließen.

5–200   **Aus der Begr zu § 41:** … *Unter den Schildern werden im Prinzip die reinen Gebotszeichen vorangestellt; die Zeichen gemischten Charakters folgen und den Schluß bilden die reinen Verbotszeichen. Darüber hinaus werden diese Gruppen im Absatz 2 (jetzt: Anl 2) nach sachlichen Gesichtspunkten unterteilt. Gebotszeichen sind Warte- und Haltgebote (Nummer 1), die Zeichen für vorgeschriebene Fahrtrichtung (Nummer 2) und vorgeschriebene Vorbeifahrt (Nummer 3). Zeichen mit Mischcharakter sind die Haltestellenzeichen (Nummer 4) und die Zeichen für Sonderwege (Nummer 5). Verbotszeichen sind unterteilt in Verkehrsverbote (Nummer 6), in Streckenverbote (Nummer 7) und in Haltverbote (Nummer 8) …*

201   **Zu Zeichen 205:** *Das Zeichen, das bisher die Bezeichnung „Vorfahrt achten!" hatte, ist mit Rücksicht auf die Schwierigkeiten, die die Rechtsprechung mit dem sogenannten vereinsamten Dreieckszeichen hat, „aufgewertet" worden. Das Zeichen ordnet nunmehr in Übereinstimmung mit dem Weltabkommen an, daß Vorfahrt zu „gewähren" sei. Die bisherige Regelung, die die Gültigkeit des Gebots von zureichender Doppelbeschilderung abhängig gemacht hat, kann nicht aufrechterhalten werden; praktisch wird es auch übrigens in Zukunft nur solche Doppelbeschilderung geben. Die neue Regelung sichert besser.*

202   **Zu Zeichen 206:** *Auch hier wird, wie bei Zeichen 205, das Gebot „Vorfahrt achten!" zu dem Gebot „Halt! Vorfahrt gewähren!" erweitert.*

203   *Das Ankündigungszeichen fällt als einziges aus dem System, wonach Zeichen und Ankündigungszeichen gleich sein müssen. Es ist international vereinbart und muß außerhalb wie innerhalb geschlossener Ortschaften so aussehen. Die Entfernungsangabe auf dem Zusatzschild ist nur ein Beispiel; die sonst übliche Diktion (wie „100 m") mußte hier aus redaktionellen Gründen wegbleiben.*

204   **Zu Zeichen 209 bis 214:** *Die Zeichen 209 und 211 erhalten zur Verdeutlichung zweierlei „Namen"; diese besagen, daß die Zeichen 209 und 214 schon vor der Stelle stehen, an der abzubiegen ist, u. U. sogar erheblich vor ihr, das Zeichen 211 an oder hinter ihr.*

205   **Zu Zeichen 220:** *Das Zeichen des Weltabkommens enthält eine Inschrift nicht; es ist aber gestattet, die Beschriftung „Einbahnstraße" einzufügen. Davon wird Gebrauch gemacht, weil sich so den an die Inschrift gewohnten deutschen Verkehrsteilnehmern besser klarmachen läßt, was das Zeichen bedeutet.*

206–208   **Zu Zeichen 222:** *Um deutlich zu machen, daß ein schräg abwärts weisender Pfeil eine andere Bedeutung hat als die in andere Richtungen weisenden, ist dieses Zeichen von den Zeichen 209 bis 214 deutlich abgesetzt worden. Die Namensänderung verdeutlicht es.*

209   **Zu Zeichen 229:** *Das Weltabkommen bringt kein Zeichen „Taxenstand". Das Zeichen hält sich aber im System jenes Abkommens und ist durch die Aufschrift auch Ausländern verständlich.*

210   **Zu Zeichen 237 bis 241:** *Nach den Erläuterungen über den Standort der Zeichen und über zulässige Varianten folgen zunächst unter a) bis c) die durch sie gegebenen Anordnungen. Dann folgt eine Erlaubnis.*

211   *Es erscheint geboten, dem Fußgänger auf einem gemeinsamen Rad- und Gehweg als schwächerem Verkehrsteilnehmer gegenüber dem Fahrrad und dem motorisierten Zweiradfahrer den Vorrang einzuräumen. Die Änderung entspricht auch einer Forderung des 17. Deutschen Verkehrsgerichtstags … Damit soll insbe-*

sondere das Geschwindigkeitsverhalten in Fußgängerbereichen entsprechend den Erfordernissen der Verkehrssicherheit geregelt werden (VkBl. 80 518).

Daß Pferde auf Reitwegen geführt werden dürfen, ist nicht selbstverständlich. 212

Zu Zeichen 242, 243: *– Begründung des Bundesrates – ...* 212a
Die Kennzeichnung eines Fußgängerbereichs mit zonenwirksamen Verkehrszeichen erscheint sinnvoll. Dies hätte den Vorteil, daß statt zahlreicher einzelner Verkehrszeichen nach Zeichen 241 entsprechend dem Sichtbarkeitsprinzip nur Beginn und Ende einer Fußgängerzone gekennzeichnet werden müßten ... (VkBl. 88 225).

Zu Zeichen 250 bis 264: *Bei den Verkehrsverboten ist kaum etwas geändert.* 213
Die Bemerkung, das Verbot des Zeichens 250 gelte nicht für Tiere, ist notwendig, weil nach § 28 Abs. 2 214
für den Tierverkehr die für den gesamten Fahrverkehr einheitlich bestehenden Anordnungen sinngemäß gelten. Hier soll er durch das Verbot nicht betroffen werden.

Unter den anderen Verkehrsarten, von denen in a) hinter den Zeichen 251 und 253 die Rede ist, werden 215
auch ... Reiter erwähnt; das Zeichen 250 kann also auch für andere Verkehrsarten als den Fahrzeugverkehr erforderlichenfalls verwendet werden.

Die Sattelkraftfahrzeuge müssen, obwohl sie Lastkraftwagen sind (vgl. zu § 3 Abs. 3 zu Nr. 2), bei Zei- 216
chen 263 erwähnt werden, das verlangt die Eigenart ihrer technischen Konstruktion.

Zu Zeichen 261: *In zunehmendem Maße wird es nötig, die Beförderung kennzeichnungspflichtiger* 216a
gefährlicher Güter auf Brücken oder in Tunneln zu verbieten. Die Einführung dieses neuen Verbotszeichens ist erforderlich, da mit dem bisherigen Instrumentarium der StVO nicht auszukommen ist ...

Zu Zeichen 268: *Das Zeichen ist dem weltweiten Abkommen entnommen. Es kann in den Alpen,* 217
aber auch in Mittelgebirgen von Nutzen sein.

Zu Zeichen 269: *– Begründung des Bundesrates – Nach der Richtlinie für Trinkwasserschutzgebiete* 218
„DVGW-LAWA-Arbeitsblatt W 101" ist der Transport wassergefährdender Stoffe in der Schutzzone II und damit auch in der Schutzzone I gefährlich und in der Regel nicht tragbar. Dementsprechend enthalten die Rechtsverordnungen für die Festsetzung von Wasserschutzgebieten regelmäßig Verbote für Transporte wassergefährdender Stoffe in der Schutzzone II.

Eine solche Beschilderung ist derzeit nach der StVO nicht möglich. Der Sinngehalt des Zeichens 269 sollte daher in einem generellen Verbot des Transports wassergefährdender Stoffe bestehen; durch Zusatzbeschilderung könnte dann eine höhere Ladung zugelassen werden (VkBl. 88 226) ...

Zu Zeichen 270: *Auf Grund des § 40 des Bundes-Immissionsschutzgesetzes sind die Länder er-* 218a
mächtigt, Verordnungen zur Verhinderung schädlicher Umwelteinwirkungen bei austauscharmen Wetterlagen (Smog-Verordnungen) zu erlassen, durch die der Kraftfahrzeugverkehr in festzulegenden Sperrgebieten zeitlich beschränkt oder verboten werden kann.

Diese Verkehrsverbote werden nur wirksam, wenn entsprechende Zeichen der Straßenverkehrs-Ordnung nach Bekanntgabe einer austauscharmen Wetterlage durch die hierfür zuständigen Behörden aufgestellt sind.

Es war erwogen worden, für diese Maßnahme des Zeichen 250 StVO mit Zusatzschild (etwa „Berechtigte Kraftfahrzeuge nach Maßgabe der Smog-Verordnung frei" oder ähnlich) zu verwenden. Wegen des Sichtbarkeitsgrundsatzes hätten diese Zeichen 250 aber in den Sperrgebieten der Smog-Verordnungen an jeder Kreuzung und Einmündung wiederholt werden müssen. Dieser Aufwand erschien unangemessen hoch. Zweckmäßiger war deshalb die Einführung eines neuen, das Verkehrsverbot für einen ganzen Bezirk festlegenden Zeichens. Es ähnelt in seiner Auswirkung dem Zeichen 290, braucht also nur an den Zufahrten zu den Smog-Gebieten aufgestellt zu werden. Seine Ausgestaltung ist so, daß sie auch für den Ausländer verständlich ist (VkBl. 76 472).

Sperrbezirke und Ausnahmevorschriften werden in den landesrechtlichen Smog-Verordnungen festgelegt. Um unterschiedlichen Besonderheiten der Länder gerecht zu werden, wurde die neue Formulierung des erläuternden Textes gewählt (VkBl. 88 226).

(Zur Ergänzung durch Hinweis auf Luftverunreinigungen:)
Die Ergänzung wurde notwendig, um das Zeichen 270 auch in den Fällen des § 40 Abs. 2 Bundes-Immissionsschutzgesetz anwenden zu können.

Zu Zeichen 272: *Mit dem bisherigen Zeichen für das erlaubte Linksabbiegen (weißer Pfeil auf run-* 218b
dem blauen Schild) ist kein Verbot des Wendens verbunden. Eine flüssige und sichere Verkehrsführung verlangt aber immer wieder ein entsprechendes Wendeverbot. Das Richtzeichen ist im Wiener Übereinkommen über Straßenverkehrszeichen vorgesehen (VkBl. 92 188).

218c   **Zu Zeichen 273:** *Die Tragfähigkeit von Brücken ist nach ... DIN 1072 festzulegen. In Anbetracht des zulässigen Gesamtgewichts für Lastzüge und Sattelkraftfahrzeuge von 38 t werden manche Brücken, ... dann überbeansprucht, wenn sich mehrere 38-t-Fahrzeuge dicht hintereinander auf solchen Brücken befinden ...*

219   **Zu Zeichen 274 bis 282:** *Die diese Zeichen zusammenfassende Nummer 7 erhält die Überschrift „Streckenverbote". Der Begriff ist neu, aber wohl ohne weiteres verständlich; es handelt sich um Verbote, die für eine bestimmte Strecke gelten, für die „Verbotsstrecke", wie sie im Text genannt wird. Im Vorentwurf waren, an sich sachgerecht, hier auch die nunmehr unter der folgenden Nummer 8 erwähnten Haltverbote eingereiht. Die Notwendigkeit, sie, übrigens wie im Weltabkommen, besonders zu behandeln, ergibt sich daraus, daß die Bedeutung beider Schildergruppen, namentlich die Strecken, für die sie Verbote anordnen, verschieden sind und deshalb ein gemeinsamer Text nur noch schwer lesbar wäre.*
Soweit die Schilder neu sind, sind sie dem Weltabkommen entnommen.

220   **Zu Zeichen 274:** *Durch das Zeichen werden entsprechend Satz 2 alle in § 3 Abs. 3 zugelassenen Höchstgeschwindigkeiten heraufgesetzt, auch die der Nummer 2. Doch dürfen die Fahrzeuge, denen durch Vorschriften der StVZO eine Höchstgeschwindigkeit vorgeschrieben ist, diese auch unter den Voraussetzungen des Satzes 2 nicht überschreiten.*

220a   **Zu Zeichen 274.1 und 274.2:** ...
– *Die Anordnung von geschwindigkeitsbeschränkten Zonen kommt insbesondere in Wohngebieten in Betracht. Daneben gibt es jedoch weitere schutzwürdige Bereiche, wie z. B. Kurgebiete, Schulzentren etc., in denen Zonen-Geschwindigkeits-Beschränkungen ebenfalls sinnvoll sind. Die Formulierung der Verordnung schließt dies nicht aus.*
– *Die Anordnung stützt sich in der Regel auf alle in der Verordnung genannten Gründe (Sicherheit der Ordnung des Verkehrs, Schutz der Bevölkerung vor Lärm und Abgasen, Unterstützung einer geordneten städtebaulichen Entwicklung). Die Verordnung differenziert daher bei der Forderung nach Einvernehmen zwischen Straßenverkehrsbehörde und Gemeinde nicht nach dem jeweils im Vordergrund stehenden Motiv für eine Zonenanordnung, sondern stellt darauf ab, daß die Einrichtung geschwindigkeitsbeschränkter Zonen regelmäßig Auswirkungen auf alle drei genannten Bereiche hat. Den Gemeinden wird damit kein gegenüber dem bisherigen Zustand (Zonengeschwindigkeits-Verordnung) erweitertes Mitspracherecht eingeräumt.*
– *Die „angemessene Berücksichtigung der Belange des öffentlichen Personennahverkehrs" bedeutet keinesfalls, daß z. B. Bussen in Tempo-30-Zonen eine höhere Fahrgeschwindigkeit zugestanden werden soll (VkBl. 89 783).*

221   **Zu Zeichen 275:** *Das Verhältnis dieses Gebots zu dem des § 3 Abs. 1 Satz 1 klärt der Text. Das Zeichen ist, weltweit vereinbart, für uns neu. ... Ein beschränktes Bedürfnis für solche Möglichkeit, einen gleichmäßigen Verkehrsfluß zu erzwingen, ist anzuerkennen.*

222   **Zu Zeichen 277:** *Dieses Zeichen aus dem Weltabkommen zu übernehmen, ist schon darum ratsam, weil dadurch die namentlich auf Autobahnen bekannten, Ausländern nur schwer verständlichen Riesenplakate entbehrlich werden.*

223   **Zu Zeichen 278 bis 281:** *Die vier neuen Verkehrszeichen für das Ende von Verbotsstrecken zu übernehmen, ist geboten, weil die jetzt übliche Beschilderung durch Wiederholung des Verbotszeichens mit dem Zusatzschild „Ende" nicht mehr zulässig ist.*

224   **Zu Zeichen 282:** *Schwierigkeiten sind daraus nicht zu besorgen, daß das bisherige Zeichen nach Bild 21a der Anlage zur StVO (alt) leicht abgeändert nun eine erweiterte Bedeutung haben soll.*

225   **Zu Zeichen 283 und 286:** *So sehen gemäß dem Weltabkommen künftig die bisher so genannten Haltverbots- und Parkverbotszeichen aus.*

226   *Mit der Vorschrift, daß Ladegeschäfte ohne Verzögerung durchzuführen seien, wird geltendes Recht übernommen. Oben ist zu § 12 schon dargelegt, daß die zweckbeschränkte Halteerlaubnis ohne Rücksicht auf die Dauer des Ladegeschäfts gegeben werden muß. Vor allem in sogenannten Ladestraßen muß aber dafür gesorgt werden, daß die Verrichtung nicht über Gebühr verzögert wird.*

226a   *Bisher darf im eingeschränkten Haltverbot nur zum Ein- und Aussteigen oder zum Be- oder Entladen gehalten werden. Es ist – mit Recht – kritisiert worden, daß auch ein kurzfristiges Halten aus anderen Gründen nicht zulässig ist. Es sei nicht einzusehen, daß im Bereich des eingeschränkten Haltverbots zwar ein Möbelwagen beim Be- oder Entladen stundenlang dort stehen dürfe, daß es aber verboten sei, ein oder zwei Minuten dort zu halten, um einen Blick in den Autoatlas zu werfen, u. ä. Die Bedeutungsänderung des eingeschränkten Haltverbots zieht daraus die Folgerung, daß auch im eingeschränkten Haltverbot bis zu 3 Minuten gehalten werden darf.*

Auch dies steht in Übereinstimmung mit den internationalen Übereinkommen über den Straßenverkehr (Artikel 1 Buchstabe k) und über Straßenverkehrszeichen (Artikel 1 Buchstabe i) vom 8. November 1968 (VkBl. 88 226).

Zu a) bis c) hinter Zeichen 286: *Daß die Haltverbote nur auf der Straßenseite gelten, auf der die* **227** *Schilder stehen, ist eine hervorhebenswerte Eigenart dieser Schilder. Im Gegensatz zu den Streckenverboten sollen die Haltverbote im Prinzip nur bis zur nächsten Kreuzung oder bis zur nächsten Einmündung auf der gleichen Straßenseite gelten.*

Zu Zeichen 290 und 292: *Dieses Zonenhaltverbot bricht mit dem für alle anderen Schilder gelten-* **228** *den Sichtbarkeitsgrundsatz, der dem modernen Verkehrsrecht zugrunde liegt. ...*

Die Ergänzung entspricht einem Beschluß des Bund-Länder-Fachausschusses für den Straßenverkehr und die Verkehrspolizei vom 8./9. März 1979 und dient der Klarstellung, daß das Zeichen 290 StVO für alle tatsächlich öffentlichen Verkehrsflächen innerhalb des Zonenbezirks gilt (VkBl. 80 518).

Zu Bild 291: *Die Europäische Konferenz der Verkehrsminister hat sich für den Bereich der CEMT-* **229** *Länder auf eine einheitliche Parkscheibe für die CEMT-Länder geeinigt (CEMT-Ministerratsempfehlung vom 30./31. Mai 1979; vgl. VkBl.-Verlautbarung vom 24. November 1981, S. 447) (VkBl. 88 226) ...*

Zu Zeichen 294: *Hier wird das Weltrecht übernommen.* **230/231**

Zu Zeichen 295: *Hier muß schon durch die Überschrift darauf hingewiesen werden, daß die ununter-* **232** *brochene Linie verschiedene Bedeutung hat, je nachdem sie den Fahrbahnrand markiert oder sonstwo auf der Fahrbahn angebracht ist.*

Der neue Name „Fahrstreifenbegrenzung" ist international festgelegt. Da die beigegebene Skizze nur ei- **233** *nen der Anwendungsfälle wiedergibt und da auch das Charakteristische dieser Längsmarkierung noch der Unterstreichung bedarf, sind ihrer Bedeutung einige erläuternde Sätze vorausgeschickt.*

Daß auch die Verordnung nur weiße Fahrbahnmarkierungen kennt, ist schon im ersten Satz dieses Para- **234** *graphen vorausgeschickt. Die Linie verläuft in der Regel längs und ist im Gegensatz zur Leitlinie (Zeichen 340) nicht unterbrochen. Ihre Breite ist nicht mehr angegeben. Daraus ergibt sich, daß künftig nicht bloß, wie bisher, der 10 bis 15 cm breite Dünnstrich, sondern auch der 50 cm breite Dickstrich die Bedeutung einer Fahrstreifenbegrenzung haben soll.*

Durch die Nennung der hauptsächlichen Anwendungsfälle wird klargestellt, daß die Linie sich nicht bloß, **235** *wie in der Skizze, in der Fahrbahnmitte befinden kann, sondern auch sonst auf der Fahrbahn.*

Die erste Anordnung gibt ein schon bestehendes Verbot wieder. Dem Weltabkommen entsprechend soll **236** *aber nicht bloß, wie bisher, das Berühren der Linie durch die Räder verboten sein, sondern schon das Fahren über die Linie. Danach müssen sich Fahrzeuge soweit von ihr entfernt halten, daß sich auch die seitlich über die Räder hinausragende Karosserie oder Ladung nicht über der Linie befindet.*

Begrenzt die Linie den Fahrbahnteil für den Gegenverkehr, so gebietet sie, was in der geltenden StVO **237** *nicht ausdrücklich gesagt ist, daß nur rechts von ihr gefahren werden darf. Fehlte diese Anordnung, so wäre z. B. nicht einmal derjenige faßbar, der sich etwa beim Überholen auf der linken Fahrbahnhälfte befindet und trotz des Beginns einer ununterbrochenen Linie die Überholung fortsetzt. Die ununterbrochene Linie zwingt erst so zum Abbruch des Überholmanövers.*

Das folgende Parkverbot ist ebenfalls dringend. Hier verbietet das Weltabkommen jedes Halten. Das er- **238** *scheint als zu weitgehend. Wird durch solches nur kurzes Halten der Verkehr behindert, greift § 1 Abs. 2 ein.*

Da nach dem Weltabkommen die Fahrbahnrandlinie im Gegensatz zur bisherigen deutschen Regelung **239** *uneingeschränkt überquert werden darf, ist die Möglichkeit eröffnet, den sogenannten Mehrzweckstreifen zu sanktionieren. ... Diesen Mehrzweckstreifen sollen neben parkenden Fahrzeugen und neben Fußgängern und Radfahrern alle langsamen Fahrzeuge, also nicht etwa gewöhnliche Lastkraftwagen, benutzen. ...*

Zu Zeichen 296: *Die Verordnung bemüht sich, die Bedeutung der Markierung deutlicher als bisher* **240** *herauszustellen. In der üblichen Gesetzessprache könnte man sich einfacher so ausdrücken, für die Fahrtrichtung A sei diese Markierung eine Fahrstreifenbegrenzung, für die Fahrtrichtung B eine Leitlinie.*

Zu Zeichen 297: *Pfeile allein sind, wie der Text zunächst klarstellt, reine Verkehrslenkungsmittel.* **241** *Nur wenn sie zwischen Leitlinien oder Fahrstreifenbegrenzungen angebracht sind, die die einzelnen Fahrstreifen für die gleiche Richtung markieren, enthalten sie das Gebot über das Verhalten an der nächsten Kreuzung oder Einmündung. Gerade dort darf der durch die Markierung bis dahin geordnete Verkehr keinesfalls durcheinander geraten.*

Zu Zeichen 298: *Da die ununterbrochenen Begrenzungslinien der Sperrflächen nicht notwendiger-* **242** *weise längs verlaufen, könnte zweifelhaft sein, ob das Verbot, sie zu überqueren, auch auf sie zutrifft. Es wird daher ausdrücklich ausgesprochen.*

243   **Vor Zeichen 299 (Nr. 7):** *Parkflächen werden auf verschiedene Weise markiert. Ein Gebot, beim Aufstellen der Fahrzeuge sich nach ihren Abgrenzungslinien zu richten, kann nur an genügend deutliche Markierung geknüpft werden; lediglich dort, wo die Bedeutung der Markierung sich schon aus der Aufstellung eines Parkplatzschildes oder einer Parkuhr ergibt, können auch weniger deutliche Markierungen genügen. Der letzte Satz ist zweckmäßig, um klarzustellen, daß das besonders wichtige Verbot des Überquerens ununterbrochener Linien hier nicht gilt.*

244   **Zu Zeichen 299:** *Die Zick-Zack-Markierung des Zeichens 299 bezeichnet, verlängert oder verkürzt bisher nur vorgeschriebene Parkverbote. Sie hat sich als außerordentlich wirksam erwiesen. Die Verwendung dieser Zick-Zack-Markierung wird daher jetzt auf Haltverbote ausgedehnt (VkBl. 88 227).*

245   **Begr** zur ÄndVO v. 7.8.97 (VkBl. 97 689): **Zu Zeichen 205:** *Der Einschub erfolgt im Interesse der Verbesserung der Sicherheit der Fahrradfahrer. Er verdeutlicht dem Kraftfahrzeugverkehr, daß er an dieser Stelle mit kreuzendem bzw. gegengerichtetem Radverkehr zu rechnen hat.*

  Zu Zeichen 244 und 245: *Zur Förderung des Radverkehrs wird das Instrument der Fahrradstraße eingeführt. ... Dort gelten grundsätzlich alle allgemeinen Vorschriften über die Benutzung von Fahrbahnen, wie Geschwindigkeit (§ 3), Abstand (§ 4), Überholen (§ 5), Vorfahrt (§ 8), Halten und Parken (§ 12) und Fußgänger (§ 25). Fahrradstraßen kommen nur für bestimmte Straßenstrecken in Betracht, auf denen der Radverkehr die vorherrschende Verkehrsart ist oder dies alsbald zu erwarten ist. Fahrradstraßen sind nur für untergeordnete Straßen, nicht aber für Hauptverkehrsstraßen oder Sammelstraßen des Kraftfahrzeugverkehrs geeignet.*

  Zu Zeichen 245: *Ist der Sonderfahrstreifen breit genug und der Verkehr mit Linienomnibussen nicht besonders dicht, so bestehen keine Bedenken, auch den Radverkehr auf dem Sonderfahrstreifen zuzulassen. Die Benutzung des Sonderfahrstreifens ist dann in das Ermessen des einzelnen Radfahrers gestellt (Benutzungsmöglichkeit).*

245a   **Begr** zur ÄndVO v. 11.12.00 (VkBl. 01 10): **Zu Zeichen 220:** *Seit dem 1.9.1997 dürfen bestimmte Einbahnstraßen versuchsweise bis zum 31.12.2000 für den gegenläufigen Radverkehr geöffnet werden. Die bisher mit der Versuchsregelung in den Kommunen gewonnenen positiven Erfahrungen rechtfertigen es schon jetzt, eine weitere Befristung nicht mehr vorzusehen.*

  Zu Abs. 2 Nr. 6: *Das Zusatzzeichen „Freistellung vom Verkehrsverbot nach § 40 Abs. 2 BImSchG bezog sich bislang auf die §§ 40 ff. des Bundesimmissionsschutzgesetzes (BImSchG) (sog. Ozonregelung). Diese Vorschriften sind mit Ende des Jahres 1999 ausgelaufen. Die Anordnung von Ausnahmen von Verkehrsverboten für Kraftfahrzeuge wegen ihres hohen Standards bei der Schadstoffreinigung läuft damit ins Leere. Sie kann vor allem nicht mehr an die im Anhang zu § 40c Abs. 2 BImSchG aufgeführten Kraftfahrzeuge anknüpfen. Dasselbe gilt für die Ausnahmeregelung aus betrieblichen Gründen und bei Fahrten zu besonderen Zwecken, die sich auf die §§ 40d, 40e BImSchG beziehen.*

  ...

  Eine Vorabregelung des Teilbereichs betreffend Ausnahmen auf Grund des Standards bei der Schadstoffreinigung könnte die Gesamtregelung mit derzeit noch nicht abzusehenden Folgen präjudizieren. Aus diesem Grund soll die Anordnung von Ausnahmen vorläufig weiterhin an den Anhang zu § 40c Abs. 2 BImSchG anknüpfen.

245b   **Begr** zur ÄndVO v. 14.12.01 (VkBl. 02 144): **Zu Abs. 2 Nr. 3a:** *– Begr des Bundesrates – ... Zwar hat die Bundesrepublik Deutschland als Träger der Straßenbaulast nach ihrer Leistungsfähigkeit die Bundesfernstraßen in einem dem regelmäßigen Verkehrsbedürfnis genügenden Zustand zu bauen, zu unterhalten, zu erweitern oder sonst zu verbessern. Das geschieht auch. Allerdings können diese langfristig zu planenden und mit hohen Kosten verbundenen Maßnahmen nicht überall mit der Verkehrsentwicklung Schritt halten. Die vorübergehende Nutzung des Seitenstreifens als Fahrstreifen ist damit quasi eine Notmaßnahme bis zum bedarfsgerechten Ausbau. Im Hinblick auf die Sicherheitsrelevanz des Seitenstreifens muss dies sorgfältig geprüft werden. Die damit verbundenen Nachteile können nur dann in Kauf genommen werden, wenn die mit der Seitenstreifenfreigabe verbundene Leistungssteigerung des Autobahnquerschnitts zu einer spürbaren Verbesserung des Verkehrsflusses führen kann. Nach bisherigem Kenntnisstand führt das in gewisser Weise auch zu einem Sicherheitsgewinn, weil dann z. B. Auffahrunfälle an Stauenden entfallen. Die vorübergehende Seitenstreifenfreigabe macht deshalb für jeden Autobahnabschnitt eine sorgfältige Überprüfung und Abwägung aller Belange notwendig.*

  Eine solche Anordnung kommt in der Regel nur bei überdurchschnittlich belasteten Autobahnen in Betracht, bei denen häufig wegen dichten Verkehrsaufkommens nachhaltige Störungen im Verkehrsfluss auftreten und diese mit der vorübergehenden Freigabe des Seitenstreifens als Fahrstreifen verhindert oder spürbar vermindert werden können. Die Anordnung setzt selbstverständlich voraus, dass der Seitenstreifen ebenso wie die Fahrstreifen zum ungehinderten Befahren durch mehrspurige Kraftfahrzeuge geeignet ist und dem vor allem straßenbauliche Belange wie die auf Dauer mangelnde Tragfähigkeit des Seitenstreifens, die uneinheitliche Querneigung der Fahrbahnoberfläche nicht entgegenstehen. Notwendige bauliche Maßnahmen an Knotenpunkten wie die Anlage neuer Beschleunigungs- und Verzögerungsstreifen und im Streckenverlauf wie der Bau von ausreichenden Nothaltebuchten sind vorher durchzuführen.

Um den vorübergehenden Charakter der Freigabe des Seitenstreifens zu unterstreichen, wurde darauf verzichtet, die Fahrbahnbegrenzungslinie (Zeichen 295) durch eine andere Markierung zu ersetzen. Denn der Seitenstreifen soll dem Grunde nach erhalten bleiben. Er wird nur zeitweise bei Vorliegen besonderer Umstände ausnahmsweise als Fahrstreifen genutzt. Den Verkehrsteilnehmern wird ausdrücklich gesagt, dass sie mit dem durch Zeichen 223.1 StVO angeordneten Befahren des Seitenstreifens die Fahrbahnbegrenzungslinie wie eine Leitlinie (Zeichen 340 StVO) überfahren dürfen. Auf dem als Fahrstreifen genutzten Seitenstreifen gelten während dieser Zeit die Vorschriften über die Benutzung von Fahrbahnen, namentlich das Rechtsfahrgebot. . . .

Begr zur ÄndVO v. 22.12.05 **Zu Abs. 2 Nr. 6:** VkBl. 06 36, s. § 45 Rn. 8.   245c

Zur 10. AusnahmeVO zur StVO s. 38. Aufl und Rn. 248.   245d

Begr zur ÄndVO v. 10.10.06 (BR–Drs. 162/06): **Zu Z 270.1 und 270.2:** *Werden auf der*   245e
Grundlage des § 40 I BImSchG iVm der 35. VO zur Durchführung des BImSchG Verkehrsverbote in einer Zone ausgesprochen, so ist es erforderlich, dass die StrVB diese Verkehrsverbote durch Verkehrszeichen anordnen können. Daher wird für diese Zwecke ein eigenes Verkehrszeichen eingeführt. Dabei wird auf das bisherige Z 270 zurückgegriffen, das bereits im Zusammenhang mit der Ozonproblematik in die StVO aufgenommen wurde und daher in der Bevölkerung bereits bekannt ist. Da verkehrsrechtliche Anordnungen zur Bekämpfung des Ozons wegen Wegfalls der diesbezüglichen Rechtsgrundlagen nicht mehr getroffen werden können, ist es möglich, dem bisherigen Z 270 einen neuen Regelungsgehalt zuzumessen. Da das Z 270.1 flächenhaften Anordnungen dient, ist das Zeichen an den jeweiligen Einfallstraßen des Gebietes aufzustellen. Durch Z 270.2 ist das Ende der Verbotszone zu kennzeichnen.

Da die 35. VO zur Durchführung des BImSchG eine Kennzeichnung von Kfz mit Plaketten vorsieht, ist es erforderlich, durch Zusatzzeichen Regelungen treffen zu können, mit denen weniger umweltschädliche Fz von den Verkehrsverboten ausgenommen werden können. Daher ist vorgesehen, dass auf Zusatz Z die Plaketten dargestellt werden, die die entsprechend gekennzeichneten Fz vom Verkehrsverbot ausnehmen.

Begr des BRats (BR–Drs. 162/06 (Beschluss)): *Das 1976 zur Kennzeichnung des Verkehrsverbotes in den durch die VO zur Verhinderung schädlicher Umwelteinwirkungen bei austauscharmen Wetterlagen (Smog-Verordnungen) festgelegten Sperrgebieten eingeführte Z 270 konnte in neuerer Zeit nur dazu genutzt werden, in bestimmten Straßen oder Gebieten ein Verkehrsverbot zur Einhaltung von Immissionswerten für Schadstoffe, die nicht EG-rechtlich, sondern in einer Rechtsverordnung nach § 48a Abs. 1a BImSchG geregelt sind, anzuordnen (vgl. § 40 Abs. 2 BImSchG, Anlage 2 (zu B. Art 1 zu Nr. 3) der BT-Drs 14/8450 vom 6.3.02). Mit der Änderung wird es ermöglicht, das Zeichen auch in Gebieten zu verwenden, in denen von den zuständigen Straßenverkehrsbehörden Verkehrsverbote auf Grundlage des § 40 Abs. 1 BImSchG anzuordnen sind, weil ein Luftreinhalte- oder Aktionsplan nach § 47 I oder II BImSchG dies vorsehen.*

Von diesen Verboten sollen gekennzeichnete Kfz mit geringem Beitrag zur Schadstoffbelastung ganz oder teilweise ausgenommen werden können. Dazu wird das Zusatz Z „Freistellung vom Verkehrsverbot nach § 40 I BImSchG" eingeführt. Dieses Zusatzzeichen muss gerade bei der Verwendung in Ballungsräumen mit deren massenhaftem Verkehr auch für Ortsunkundige in ihrer inhaltlichen Bedeutung hinreichend klar und bestimmt sein. Eine nur verbale Beschreibung in der Verordnung reicht dazu nicht aus. Die Gestaltung des Zusatz Z lehnt sich an dem ebenfalls in der StVO verankerten Zusatzzeichen „Freistellung vom Verkehrsverbot nach § 40 II BImSchG" an. Auf dem Zusatzzeichen sind alle Plaketten der ausgenommenen Kfz in der jeweils zutreffenden Farbe darzustellen. Es kann von einem FzF nicht verlangt werden, zu wissen, welche Bedeutung andere Plaketten haben. Beispielsweise kann nicht erwartet werden, dass ein ortsfremder Urlauber oder Besucher im fließenden städtischen Verkehr ad hoc wissen muss, ob er beispielsweise mit „seiner" roten (2) Plakette ansonsten bei einem mit der weißen (1) oder der gelben (3) Plakette gekennzeichneten Sperrbezirk fahren darf. . . . (s. erg. § 39 Rn. 4b).

Das Zusatz Z stellt von dem Verkehrsverbot alle nach § 3 I der Verordnung zur Kennzeichnung der Kfz mit geringem Beitrag zur Schadstoffbelastung gekennzeichneten Kfz frei, solange und soweit das kennzeichnungspflichtige Kfz auch mit der vom Zusatz Z bildlich dargestellten Plakette gekennzeichnet ist.

Das Zusatz Z stellt weiter alle Kfz frei, welche nach Anhang 3 (zu § 2 III) . . . der VO zur Kennzeichnung der Kfz mit geringem Beitrag zur Schadstoffbelastung nicht der Kennzeichnung unterliegen. Das ist notwendig, weil das Verkehrsverbot des Z 270.1 den (gesamten) V mit Kfz, und damit auch die nicht kennzeichnungspflichtigen Kfz, erfasst. Die Regierungsvorlage ist in der Begr zu § 1 II der Verordnung zur Kennzeichnung der Kfz mit geringem Beitrag zur Schadstoffbelastung irrig der Annahme, mit dem Verzicht auf die Kennzeichnung wäre gleichzeitig eine Ausnahme vom Verkehrsverbot des Z 270.1 verbunden. Dem ist nur so, wenn es auch hier ausdrücklich gesagt wird. Insofern darf beispielsweise auf die Regelungen zum Wintersmog (§ 40 I BImSchG (alt) iVm § 45 I f StVO) und zur Sicherung von Bahnübergängen (das Andreaskreuz (Z 201 StVO) ist sowohl im Eisenbahnrecht als auch im StVRecht verankert) verwiesen werden. Wie sich die (Straßen-)VT zu verhalten haben, ergibt sich vorrangig aus dem StVRecht. Es ist davon auszugehen, dass die insoweit betroffenen Fahrzeugführer im Rahmen der Verkehrsüberwachung das Vorliegen dieser gesetzlichen „Ausnahme" glaubhaft machen können.

Das Zusatzzeichen stellt im Übrigen alle Kfz frei, welche nach § 1 III der VO zur Kennzeichnung der Kfz mit geringem Beitrag zur Schadstoffbelastung nicht gekennzeichnet oder in einer zu niedrigen Schadstoffgruppe eingeteilt sind, aber im öffentlichen Interesse vom Verkehrsverbot des § 40 I BImSchG ausnahmsweise nach § 40 III S. 2 BImSchG zugelassen sind. Soweit die Zulassung durch die zuständigen Behörden, und nicht durch die Polizei, erfolgt, soll in der Regel die ausnahmsweise Zulassung zur Erleichterung der Verkehrsüberwachung glaubhaft gemacht werden können; dies geschieht sinnvollerweise durch eine schriftliche, auch elektronische, Zulassung. Die Bestimmung der zuständigen Behörde erfolgt durch die Länder. Dagegen offen bleiben kann, ob darüber hinaus die Erteilung von Ausnahmegenehmigungen auf Grundlage des § 46 I S. 1 Nr. 11 StVO (Ausnahme vom Verbot des Z 270.1) durch die StrVB alleine möglich ist. Die Klärung dieser Frage kann der Abstimmung auf Ebene der zuständigen Bund-Länder-Fachausschüsse überlassen werden.

245f   Zur 46. ÄndVStVR v. 5.8.09 s. 41. Auflage. **Begr** zur StVO-Neufassung v. 6.3.2013 (BR-Drs. 428/12): **Zu § 41 und Anl allgemein** (s. zunächst § 39 Rn. 4c sowie vor den Anlagen): *Die in den bisherigen Abs. 3 und 4 des § 41 enthaltenen Gebote, Verbote und Erläuterungen werden zur besseren Übersicht in Form von Anl 2 ausgegliedert.* **Zu Abs. 1:** *Die in § 41 Abs. 1 enthaltene Formulierung dient der Rechtsbereinigung, weil seit der Entscheidung des BGH vom 4. Dezember 1964 (NJW 1965, 308ff.) unstreitig ist, dass Ge- und Verbote auch Gegenstand von Verkehrszeichen sein können. Auch das BVerwG hat bereits mehrfach entschieden, dass Vorschriftszeichen einen Verwaltungsakt in Form einer Allgemeinverfügung darstellen (z. B. BVerwG 3 C 32.09 Urteil vom 25. September 2010, DAR 2011, S. 39). Die jeweiligen Ge- und Verbote ergeben sich unmittelbar aus den Verkehrszeichen. Die Verkehrszeichen des bisherigen § 41 sind nunmehr in der Anl 2 zu § 41 enthalten. Abs. 2 legt an den Verkehrsteilnehmer gerichtet fest, wo Vorschriftzeichen zu erwarten sind.* **Zu Abs. 2:** *Die bisherigen Regelungen in S. 1 und 2 (ua über regelmäßig rechts stehende Verkehrszeichen) werden aus systematischen Gründen in § 39 Abs. 2 S. 3 und 4 übernommen. Der Klammerzusatz des S. 2 war dabei entbehrlich, Fahrstreifen können nur durch Z 295, 296 und 340 markiert werden. Der S. 3 bleibt im Wesentlichen unverändert und wird zum neuen S. 1, die Änderungen sind rein redaktioneller Art. Der bisherige S. 4 wurde S. 2 und zum vorherigen unbestimmten Rechtsbegriff „nötig" konkretisiert (Gründe der Leichtigkeit und Sicherheit des Verkehrs). Der bisherige Hinweis auf § 40 Abs. 2 galt beispielhaft und war damit entbehrlich. Die bisherige Regelung in Abs. 2 S. 5 wird in S. 3 überführt. Es bleibt der Möglichkeit, Vorschriftzeichen in ihrem Bedeutungsgehalt allgemein zu beschränken oder allgemeine Ausnahmen von ihnen zuzulassen. Auch bei der Möglichkeit der Anordnung von besonderen ZusatzZ verbleibt es. Diese sind explizit bei den Verkehrszeichen aufgeführt und damit abschließend. Die Änderungen im Klammerzusatz dienen zunächst der Rechtsbereinigung, weil hinter Z 237 und 250 keine besonderen ZusatzZ mehr aufgeführt sind. Zu Z 250 wird auf § 31 Abs. 1 mit seiner Begründung verwiesen. Es verbleiben die Möglichkeiten, die Parkverbotsregelungen auch auf den Seitenstreifen zu erweitern oder nur für den Seitenstreifen vorzusehen, der nicht Teil der Fahrbahn ist. Hinzu kommt die nunmehr bestehende Möglichkeit, Z 277 mit Hilfe des neuen ZusatzZ 1061 auf Kraftomnibusse und Pkw mit Anhänger auszudehnen und auf eine zulässige Gesamtmasse ab 2,8 t. Dies ist ua für die Anhaltekontrollen des BAG notwendig und entspricht dem für diese Zwecke erarbeiteten Regelbeschilderungsplan. Der ehemalige Abs. 4 befindet sich nunmehr im Wesentlichen in § 39 Abs. 5. ... Ergänzend wird darauf hingewiesen, dass eine redaktionelle Anpassung des ehemaligen Abs. 4 der nunmehr differenzierteren Darstellung von Verkehrseinrichtungen in der Anl 4 zu § 43 geschuldet ist.*

245g   **Zu Zeichen 205 und 206:** *Redaktionelle Überarbeitung des bisherigen unter § 41 Ab 2 Nr. 1b StVO enthaltenen Verordnungstextes. Das ZusatzZ 1000-32 steht nunmehr unter der lfd. Nr. 3.2 zu Z 206. Im Übrigen vgl. Begründung zu § 12.*

245h   **Zu Zeichen 215:** *Der vormalige § 9a Abs. 2 wurde nunmehr zu Z 215 in der Form eines Ge- und Verbots eingefügt.*

245i   **Zu Zeichen 220 mit ZusatzZ:** *Das für die Öffnung des RadV in Gegenrichtung vorgesehene ZusatzZ 1000-32 wird aus systematischen Gründen und zum Zwecke der Einheitlichkeit und Bürgerfreundlichkeit entsprechend dem ZusatzZ zu Zeichen 206, lfd. Nr. 3.2 angepasst. In 2009 wurden bereits in der VwV-StVO die Voraussetzungen für die Öffnung von Einbahnstraßen für den Radverkehr in die Gegenrichtung erleichtert. Z 220 bezieht sich nur auf den Fahrzeugverkehr. Fußgänger, die Fahrzeuge (Fahrräder, Mofas, Anhänger) führen, dürfen die Fahrbahn von Einbahnstraßen in Gegenrichtung benutzen.*

Das Zusatz Z beinhaltet aus Sicherheitsgründen des Radverkehrs die Pflicht, als VT beim Einbiegen in und im weiteren Verlauf einer Einbahnstraße auf entgegen kommenden Radverkehr zu achten. Zur Vermeidung von Rechtsunsicherheiten und die dadurch möglicherweise verursachte Missachtung von vorfahrtberechtigtem Radverkehr mit schwerwiegenden Folgen wird auf die beim Vorbeifahren an einer solchen Straße geltende Regelung „Rechts vor Links" ausdrücklich hingewiesen, da grundsätzlich – in den Fällen ohne Zusatz- schild „Freigabe für gegenläufigen Radverkehr" – der geradeaus fahrende VT nicht mit einem aus einer Einbahnstraße in entgegen gesetzter Fahrtrichtung kommenden Radfahrer zu rechnen braucht.

Zu Zeichen 229: *Austausch des Wortes „betriebsbereit" durch „Zur Fahrgastbeförderung bereit gehal-* **245j** *tene Taxen" in Angleichung an das Personenbeförderungsgesetz (PBefG).*

Zu Zeichen 237 bis 241: *Sprachliche Anpassung der Bildunterschriften an den Verwendungszweck* **245k** *(Kennzeichnung von Sonderwegen). Die bisherige Vorschrift über ein durch Treten fortbewegtes Mofa (§ 41 Abs. 2 Nr. 5b) hat keine Praxisrelevanz mehr und wird daher ersatzlos gestrichen.*

Zu Zeichen 237: *Hier war die Regelung des § 2 Abs. 4 S. 6 als Ausnahme zu den Ge- und Verbo-* **245l** *ten zu verankern, um einen Widerspruch zwischen Zeichen 237 und § 2 Ab 4 S. 6 zu vermeiden.*

Zu Zeichen 238: *Beim Führen von Pferden sind aus Verkehrssicherheitsgründen künftig generell* **245m** *Reitwege zu benutzen. Ausnahme hiervon besteht bei Z 250 (siehe Ge- und Verbot zu Z 250 Nr. 1).*

Zu Zeichen 239, 240, 241, 242.1 und 242.2: *Bis zur „Schilderwaldnovelle" war bei Z 239 und* **245n** *242 die höchstzulässige Geschwindigkeit für durch Zusatz Z zugelassenen Fahrzeugverkehr „Schritt- schwindigkeit". Gegenstand der „Schilderwaldnovelle" war die Aufgabe der Schrittgeschwindigkeit für den Fahrzeugverkehr, wenn er bei Gehwegen (Z 239) oder Fußgängerzonen (Z 242) durch Zusatz Z zugelassen wurde. Stattdessen hatte der FzV seine Geschwindigkeit an den Fußgängerverkehr anzupassen. Ziel war eine Vereinheitlichung der Maßgaben zu sämtlichen Sonderwegen. Zudem wurde der Forderung von Radfahrerver- bänden Rechnung getragen, dass die Einhaltung der Schrittgeschwindigkeit durch Radf schwer möglich (Schwanken) sei. Auf Gehwegen und in Fußgängerzonen muss stets (zB nachts im Bereich von Gaststätten) mit plötzlich auftretendem Fußverkehr gerechnet werden. Hinzu kommt, dass Bund und Länder zB eine Fla- nierzone nach Schweizer Vorbild mit der Begründung abgelehnt haben, dass eine damit einhergehende Ge- schwindigkeit von 20 km/h sich aus Verkehrssicherheitsgründen nicht mit einem Vortrittsrecht für Fußgänger vereinbaren lasse. Gleiches gilt für die Ausübung von Sport und Spiel, die dort nicht verboten sind. Auch für verkehrsberuhigte Bereiche wurde in der „Schilderwaldnovelle" die Schrittgeschwindigkeit beibehalten. Zumin- dest für Fußgängerverkehrsflächen wird deshalb aus Gründen der Verkehrssicherheit zum Schutze der Fußgän- ger an der Schrittgeschwindigkeit festgehalten. Gehwege und Fußgängerbereiche sind in erster Linie für den Fußgängerverkehr bestimmt. Die ausnahmsweise Zulassung von Fz rechtfertigt es, dem FzF besondere Ver- pflichtungen zum Schutz der Fußgänger aufzuerlegen, dies gilt auch für eine unter allen Umständen zu beach- tende Höchstgeschwindigkeit. Radf können entscheiden, ob sie diese Alternative dem Fahren auf der Fahrbahn vorziehen. In den anderen Fällen bleibt es bei den Änderungen der „Schilderwaldnovelle". Das Zitat des § 25 Abs. 1 S. 1 stellt sicher, dass Fußgänger bei den Z 240 und 241 nicht als andere VT eingestuft werden. Der Standort dieser Klarstellung in der Erläuterung stellt sicher, dass Zuwiderhandlungen allein als Verstoß gegen § 25 I S. 1 geahndet werden können. Bei Z 241 wird klargestellt, dass die Radwegebenutzungspflicht nur für den getrennten Radweg besteht. Die übrigen Änderungen führen zu einer Vereinheitlichung der Vorschriften.*

Zu Zeichen 244.1/244.2: *Der unbestimmte Rechtsbegriff einer „mäßigen Geschwindigkeit" wird* **245o** *durch die Festlegung einer maximalen Höchstgeschwindigkeit von 30 km/h ersetzt. Die Ergänzung der Vor- schrift durch die ggf. erforderliche Verringerung der Geschwindigkeit von Kfz und Anpassung an den Radver- kehr dient dem Schutz des Radfahrers und der Förderung der Attraktivität des Radverkehrs in städtischen Bereichen.*

Begr des BRates: *Nach dem Wortlaut der Vorschrift dürfte eine so gekennzeichnete Fahrradstraße kein Fußgänger benutzen, falls Fußgängerverkehr nicht durch Zusatz Z ausdrücklich erlaubt ist. Der Intention des VO-Gebers, die Zahl der angeordneten VZ zu verringern, läuft diese Regelung zuwider. Um zwar Fuß- gänger V generell zu ermöglichen, den übrigen Fahrzeug V aber nur durch Zusatz Z zuzulassen, muss das Wort „Fahrzeugverkehr" eingefügt werden. Es bleibt damit grundsätzlich beim Inhalt der „Schilderwaldno- velle".*

Zu Zeichen 245: *Die Änderung der Bildunterschrift bei Z 245 dient der Klarstellung. Mit diesem* **245p** *Zeichen wird ein Sonderfahrstreifen für Busse angeordnet. Der Schüler- und Behindertenverkehr galt bereits nach der die Vorschrift bislang begleitenden allgemeinen VwV als Linienverkehr (vgl. §§ 42, 43 PBefG); dies wird nunmehr in der Verordnung selbst geregelt, da diese Einstufung sich an den VT richtet. Umfasst wird neben der Schüler- und Behindertenbeförderung auch die Beförderung zum und vom Kindergarten. Die*

Kennzeichnung richtet sich nach § 33 IV BOKraft, bzw. § 1 II BOKraft iVm § 1 Nr. 4 Buchstabe d, g und i der VO über die Befreiung bestimmter Beförderungsfälle von den Vorschriften des PBefG.

Nach wie vor wird die zusätzliche Öffnung der Sonderfahrstreifen für Taxen und den Fahrradverkehr durch ZusatzZ ermöglicht. Die Änderung dient der Klarstellung. Die Zulassung von Krankenfahrzeugen durch ZusatzZ dient der Gleichstellung mit Taxen, die auch häufig Patienten befördern.

Künftig können auch Busse im Gelegenheitsverkehr (vgl. §§ 48, 49 PBefG) durch ZusatzZ zugelassen werden. Dies dient der Förderung des umweltfreundlichen Verkehrsmittels „Bus" bei Stadtrundfahrten, Ausflugsfahrten, Ferienziel-Reisen etc. gegenüber dem Individualverkehr. Eine generelle Freigabe der Bussonderfahrstreifen für den Gelegenheitsverkehr wäre mit dessen Sinn und Zweck der Anordnung, Störungen des Linienverkehrs zu vermeiden und dessen geordneten und zügigen Betriebsablauf mit Taktfahrplänen zu gewährleisten, hingegen nicht zu vereinbaren. Nur vor Ort kann beurteilt werden, wie stark der Sonderfahrstreifen durch die Omnibusse des Linienverkehrs bereits belegt ist und ob noch Raum für die Zulassung weiterer Omnibusverkehrs verbleibt. Zur Anpassung des § 37 II Nr. 4 vgl. an dieser Stelle.

245q Zur lfd. Nr. 26, 28, 30 (Einleitung zu den Verkehrsverboten), zu Zeichen 250, 253:
Die nachfolgenden Verbote betreffen sowohl den fließenden als auch den ruhenden Verkehr. Damit diese Verdeutlichung auch für die Verkehrsteilnehmer zum Ausdruck kommt, genügt die Benutzung allein des Wortes „Verkehr" nicht, da dies schon der bisherigen Wortwahl entspricht. Gerade sie hat in der Rechtsprechung zu unterschiedlichen Auslegungen bei der Frage geführt, ob Verkehrsverbote auch den ruhenden Verkehr erfassen (vgl. Hentschel/König/Dauer, Straßenverkehrsrecht, 40. Auflage 2009, § 41 Straßenverkehrs-Ordnung, Rn. 248e m.w.N.). Die Klarstellung gewährleistet, dass auch die im ruhenden Verkehr festgestellten Verstöße bußgeldbewehrt sind und dass gegebenenfalls auch eine Kostentragungspflicht des Halters nach § 25a Straßenverkehrsgesetz besteht. Das Wort „Verkehrsteilnahme" ist insoweit eindeutiger und dient der Einheit der Rechtsordnung, nachdem seit dem 1. Februar 2009 auch in Nummer 153 Abschnitt I BKatV in der Spalte „Tatbestand" zur Erfassung des ruhenden Verkehrs eine entsprechende Formulierung aufgenommen worden ist („am Verkehr teilgenommen").

Zeichen 250: *Das Verkehrsverbot gilt nicht für Reiter, Führer von Pferden sowie Treiber oder Führer von Vieh. Verbände bzw. Gespanne sind hiervon nicht ausgenommen.*

Zeichen 253: *Die Vorschrift wurde an die Inhalte des Bundesfernstraßenmautgesetzes angepasst (z.B. Mautpflicht beginnt ab 12 t, Ausnahmen in § 1 Absatz 2 BFStrMG).*

245r Zu Zeichen: 264, 265 und 266: *Die Ergänzung der Bildunterschrift wurde zur Klarstellung erforderlich und im Lichte der Systematik der Verkehrszeichen sowie der h. M. (z.B. Brandenburgisches OLG, Urteil v. 13.3.2008, 12 U 145/07, König in Hentschel/König/Dauer, Straßenverkehrsrecht, Kommentar, 40. Aufl. § 41 Rn. 248) getroffen, dass die Gesamtbreite des Fahrzeugs einschließlich z.B. Außenspiegel und nicht die im Fahrzeugschein eingetragene Breite bei Anordnung dieses Verkehrszeichens maßgeblich ist. Gleiches gilt für die Gesamthöhe und Gesamtlänge der Fahrzeuge. Solche Zeichen werden vor dem Hintergrund begrenzter Straßen- bzw. Platzverhältnisse erforderlich. Etwas Anderes gilt hingegen z.B. bei § 18 Abs. 1 und § 22 Abs. 2. Hier gilt § 32 Abs. 2 StVZO vor dem Hintergrund, dass die Infrastruktur in Deutschland grundsätzlich auf die StVZO-konformen Fahrzeuge ausgelegt ist und bei der Feststellung der Abmessungen gewisse Einrichtungen (bei der Breite nach ISO-Normen z.B. Spiegel) nicht berücksichtigt werden.*

245s Zu Zeichen 267: *Eine Konkretisierung ist erforderlich, da der Begriff „Straße" in der StVO nicht legaldefiniert ist und damit nicht nur die Fahrbahn, sondern jeden benutzbaren Verkehrsraum erfassen kann, so auch Parkflächen, Brücken, Tunnel, Dämme, Böschungen. Um Missverständnisse zu vermeiden, ist klar zu regeln, dass es um eine Beziehung zur Fahrbahn und deren Richtung geht, die von Fahrzeugen benutzt wird.*

245t Zu Zeichen 269: *Die Begrenzung des Z 269 auf „20 Liter" erfolgt aus folgenden Erwägungen: Das Verbot nach dem vormaligen Z 269 bezog sich auf jegliche wassergefährdende Ladung ohne Gewichts- oder Literbeschränkung, so dass auch der Transport einer Dose Lackfarbe mit einem Fahrrad bei der alten Fassung des Z 269 untersagt wäre. Infolgedessen war hier eine Grenze anzugeben. Das Z 269 i.d.F. von 1971 hatte eine Literbegrenzung von 3000 l. Nach der damaligen amtlichen Begründung erfolgte die Grenzziehung nach Anhörung von Sachverständigen, die u.a. die Größe der auf dem Markt befindlichen Tankfahrzeuge und die zu Aufräumungsarbeiten vorhandenen Geräte berücksichtigt haben, die sich mit internationalem Vorschlag decke. Als wassergefährdend galten seinerzeit vor allem Erdöl, Benzin, Dieselkraftstoff, Petroleum, Heizöl und Teeröl, aber auch Säuren und Laugen. Infolge der Erweiterung wassergefährdender Stoffe wurde 1988 die Literbegrenzung gestrichen, weil auch Kleinstmengen, z.B. von Giften, bereits das Grundwasser beeinträchtigen können. In der Begründung wurde darauf hingewiesen, dass nach*

---

* Abgedruckt unter § 37 Rn. 1d.

den RL für Trinkwasserschutzgebiete „DVGW-LAWA-Arbeitsblatt W 101" der Transport wassergefähr-
dender Stoffe in der Schutzzone II und damit auch in der Schutzzone I gefährlich und i. d. R. nicht tragbar
sei. Dementsprechend enthalten die RVO für die Festsetzung von Wasserschutzgebieten regelmäßig Verbote
für Transporte wassergefährdender Stoffe in der Schutzzone II. Eine solche Beschilderung sei derzeit nach der
StVO nicht möglich. Der Sinngehalt des Z 269 sollte daher in einem generellen Verbot des Transports was-
sergefährdender Stoffe bestehen; durch Zusatzbeschilderung könnte dann eine höhere Ladung zugelassen
werden (VkBl. 1988, 226). Wassergefährdende Stoffe und Gefahrgüter sind zwar im Wesentlichen iden-
tisch; allerdings gibt es auch wassergefährdende Stoffe, die keine Gefahrgüter i. S. d. GGVSEB darstellen,
z. B. Motoröle mit hohem Flammpunkt. Die Kennzeichnungspflicht der GGVSEB orientiert sich an fol-
genden Mengen: 0, 20, 333 oder 1000 l., jeweils bezogen auf bestimmte Stoffe. In den RVO für Schutz-
zonen wird meist der Anliegertransport von wassergefährdenden Stoffen erlaubt, i. d. R. Heizöl.

Eine Mengenbegrenzung oder Ausnahme für bestimmte Stoffe durch Zusatzschild hätte zu ei-
nem höheren Schilder- und Verwaltungsaufwand geführt. Eine Abstimmung mit den Wasserhaus-
haltsbehörden der Kommunen in jedem Einzelfall wäre erforderlich gewesen. Mit der Begrenzung
des Z 269 auf „20 Liter" bedarf es keines im vorgenannten Sinne höheren Beschilderungs- und
Verwaltungsaufwandes. Es besteht durch die Begrenzung auf 20 l ein geringes Risiko, weil Feuer-
wehren stets Ölbindemittel in dieser Menge mitführen, um auslaufende Treibstoffe zu binden.

Zu Zeichen 270.1: *Die Änderung der bisherigen Bezeichnung des § 40 Abs. 1 BImSchG als* **245u**
„Grundlage" in „auf Grund" wird zur Verdeutlichung der Rechtslage vorgenommen und folgt einem Er-
gebnisbericht der … Bund- Länder-Arbeitsgruppe, die beauftragt war zu klären, ob § 40 Abs. 1 S. 1
BImSchG eine Rechtsgrund- oder Rechtsfolgenverweisung auf die straßenverkehrsrechtlichen Vorschriften
darstellt. Die Arbeitsgruppe teilt die Auffassung der Rspr. (VG Berlin, Urteil v. 9.12.2009, 11 A 299.08
u. a., VG Düsseldorf, Urteil v. 8.12.2009, 3 K 3720/09, OVG Berlin-Brandenburg, Beschluss v.
8.12.2009, OVG 11 S. 50.09, VG Köln, Urteil v. 9.10.2009, 18 K 5493/07, VG Hannover, Urteil v.
4.12.2008, 4 B 5288/08, VG Hannover, Beschluss v. 4.12.2008, 4 B 5288/08), die von einer Rechts-
folgenverweisung im BImSchG ausgeht. Aus systematischen Gründen fließen die straßenverkehrsrechtlichen
Belange bereits auf der Stufe der Erstellung des Luftreinhalteplans oder Plans für kurzfristig zu ergreifende
Maßnahmen im Rahmen des Einvernehmens zwischen den Umweltbehörden und den Straßenbau- und
Straßenverkehrsbehörden nach § 47 Abs. 4 BImSchG ein. Die StrVB ist bei der Durchführung der in den
Plänen enthaltenen Maßnahmen dann an die Vorgaben des Plans gebunden.

Im Rahmen des Einvernehmens auf der Ebene der Planerstellung sind sämtliche Belange des speziellen
Ordnungsrechts zu berücksichtigen. Ausnahmen nach § 46 StVO sind damit möglich, müssen in die Pla-
nerstellung aber ebenfalls Eingang finden. Entsprechende Öffnungsklauseln bei der Planerstellung können
damit den Besonderheiten des Straßenverkehrsrechts Rechnung tragen.

Die übrigen Umstrukturierungen und Umformulierungen zu dem Zeichen und Zusatzzeichen dienen
ebenfalls der Klarstellung zum Zwecke der Verdeutlichung dieser Rechtslage. Sie wurden in Ergänzung des
neuen Absatzes 1f. in § 45 vorgenommen. § 1 Abs. 2 der 35. BImSchV lässt es zu, dass Ausnahmerege-
lungen allgemein durch Allgemeinverfügung (vgl. § 35 S. 2 VwVfG) getroffen werden können. Jedenfalls
wird in der Begründung zur Ersten Verordnung zur Änderung der 35. BImSchV (siehe Teil A der BR-Drs
819/07 vom 14.11.2007) ausdrücklich diese Möglichkeit angesprochen. Darüber hinaus sind mit dem
Ziel einer Vereinheitlichung von Ausnahmen für die sog. Umweltzonen nunmehr auch Kraftfahrzeuge von
dort genannten Menschen mit Behinderungen vom Verbot der Verkehrsteilnahme ausgenommen. Diese Er-
gänzung dient auch der systematischen Gleichstellung mit den Ausnahmen zu den Haltverboten nach
Z 283, 286 durch Zusatz Z 1020-11. Darüber hinaus dient die Ergänzung der Verwaltungsvereinfachung
und dem Bürokratieabbau, da in der Praxis bisher Personen mit solchen Behinderungen durch Allgemeinver-
fügung der Länder von dem Verkehrsverbot ausgenommen wurden. Solche Verfügungen werden damit künftig
nicht mehr erforderlich sein.

Zu Zusatzzeichen zu Zeichen 277, lfd. Nummern 54.1 und 54.2: *Die Einführung der* **245v**
besonderen Zusatz Z der lfd. Nr. 54.1 und 54.2 wird dem neuen Regelbeschilderungsplan des Bundes-
amtes für Güterverkehr (BAG) gerecht, der diese Zeichenkombination zusammen mit dem Z 277 zur
Ankündigung von Fahrzeugkontrollen des BAG vorsieht. Mit diesem Zeichen wird das Überholverbot auch
auf Fz mit einer zulässigen Gesamtmasse von über 2,8 t ausgedehnt. Darüber hinaus werden durch Zu-
satz Z 1061-11 auch Busse und Pkw mit Anhängern erfasst, soweit diese ab einer Gesamtmasse von 2,8 t
ebenfalls unter den Regelungsbereich der Fahrpersonalverordnung (§ 1 Abs. 1 Nr. 1 FPersV) fallen.

Zur Erläuterung (lfd. Nummer 61 zu Zeichen 283 und 286: *Nr. 2 des Erläuterungstextes* **245w**
stellt sicher, dass vorübergehend angeordnete Haltverbote zugleich das durch fest angebrachte Verkehrszeichen
oder Markierungen erlaubte Parken aufheben. Damit bedarf es keiner zusätzlichen Anordnung von Zu-

satz Z bzw. von vorübergehenden Markierungen. So genannte „mobile" Verkehrszeichen (bei den beweglichen Verkehrszeichen handelt es sich gerade nicht um fest installierte Verkehrszeichen, die durch Zusatz Z zeitlich befristet sind) gehen damit wiederum den allgemeinen Regelungen des Vorranges von Verkehrszeichen und Markierungen (§ 39 Abs. 2 S. 1 und Abs. 5 S. 1) vor.

245x   **Zu lfd. Nummern 62.2, 63.2 und 63.3:** *Die vormals nur im Fließtext enthaltene Möglichkeit der Anordnung des Zusatz Z zu den Z 283 und 286, welches das Halt- und Parkverbot auf den Seitenstreifen beschränkt, wird in die Anlage nun bildlich eingestellt. Dies ist bürgerfreundlich und erforderlich, weil es sich um ein besonderes Zusatz Z handelt, dessen Aufzählung durch Verankerung beim Hauptverkehrszeichen abschließend ist. Das Halt- bzw. Parkverbot gilt eigentlich nur für die Fahrbahn, der Seitenstreifen ist nicht Teil der Fahrbahn (§ 2 Abs. 1 S. 2 StVO). Die Ergänzung zu Nr. 63.3 ist zur Anpassung der StVO an die 45. VO zur Änderung straßenverkehrsrechtlicher Vorschriften (vgl. BR-Drucksache 87/09 (Beschluss)) erforderlich.*

245y   **Zu Zeichen 290.1 und 290.2:** *Sprachliche Anpassung an die Zonenverkehrszeichen 270.1/ 270.2, 274.1/274.2. Durch die Neufassung der Erläuterung wird klargestellt, dass die bei Z 286 mögliche Freistellung von Bewohnern auch innerhalb einer so gekennzeichneten Zone möglich ist.*

245z   **Zu Zeichen 294:** *Die Markierung verpflichtet in Verbindung mit Zeichen 206 oder den weiteren aufgeführten Halt- oder Warteboten an der Haltlinie zu halten. Bei Bedarf ist noch mal an der „Sichtlinie" anzuhalten (verkehrsbedingtes Halten).*

245aa   **Begr** zur ÄndVStVR v. 20.4.2020 (BR-Drs. 591/19 S, 92 f.) zu **Zeichen 277.1:** *Durch das neu eingeführte Zeichen 277.1 werden die bestehenden Überholverbote für Kfz jedweder Art (Zeichen 276 und Zeichen 277) durch den Sonderfall des Verbots des Überholens von einspurigen Fahrzeugen durch mehrspurige Kfz ergänzt. Das Verbot soll angeordnet werden, wo dies aufgrund der besonderen örtlichen Verhältnisse aus Verkehrssicherheitsgründen erforderlich ist, insbesondere an besonders gefahrenträchtigen Fahrbahnabschnitten, Engstellen sowie Gefäll- und Steigungsstrecken. Das Überholen von Fahrrädern und sonstigen einspurigen Fahrzeugen durch mehrspurige Kraftfahrzeuge weist aufgrund der unterschiedlichen Größen und Geschwindigkeiten beider Fahrzeuge eine grundsätzliche Gefährlichkeit auf. Treten weitere Umstände, wie zB eine besonders gefahrenträchtige Fahrbahnbeschaffenheit hinzu, kann aufgrund des abermals gestiegenen Risikos ein gänzliches Verbot des Überholens angezeigt sein. ...*

Übersicht

246   **1. Vorschriftzeichen** enthalten Ge- oder Verbote für alle von ihnen erfassten VT; deren Kreis kann je nach Art des Zeichens begrenzt sein. Gebots- und Verbots Z gebieten dem Zuwiderhandelnden auch, den verbotswidrigen Zustand, zB unerlaubtes Parken, wieder zu beenden (BVerwG ZfS **94** 189, NJW **97** 1021; VGH Ma NJW **03** 3363, DAR **03** 329, VM **04** 7, VGH Mü DÖV **90** 483, OVG Hb VRS **108** 470, OVG Schl NVwZ-RR **03** 647, DAR **02** 330, OVG Münster NZV **93** 407, OVG Magdeburg DAR **98** 403, Kö NZV **93** 406, diff. *Hansen/Meyer* NJW **98** 284). Da ein Verbots Z von seinem Standort ab zu befolgen ist, muss es auch **sofort und aus sich selbst heraus verständlich** sein (BGHSt **25** 299 = NJW **74** 1205, **75** 1330, Ha VRS **107** 134). Allgemeines über VZ und Markierungen bei § 39. Ausnahmen von Vorschrift Z können nur in den durch die §§ 40, 41 vorgeschriebenen Formen angeordnet werden, sachlich nur im Rahmen von § 45. Ein VZ mit eindeutig umschriebener Bedeutung (zB mit bloßer Wegweiserfunktion) kann nicht durch den offensichtlich abweichenden Willen der StrVB zu einem Vorschrift Z werden (Bay VM **80** 27 (zu § 42 IV Z 314 Nr. 3 aF)). Vorschrift Z **müssen eindeutig sein,** auch für den durchschnittlichen Kf bei zumutbarer Aufmerksamkeit während des Fahrens (BGHSt **27** 318, Bay VM **78** 29, Dü NZV **96** 329). Maßgebend ist, wie sich das Gebots- oder VerbotsZ darbietet, nicht die etwaige Kenntnis eines VT, was die VB mit ihm bezweckt (Dü DAR **76** 214). Dem Erfordernis der Eindeutigkeit entspricht es nicht, wenn Fahrbahnmarkierungen nach Aufhebung nicht deutlich entfernt worden sind (Dü VersR **81** 960). Zweifel über die Zeichenregelung gehen nicht zu Lasten des VT (Bay VM **78** 29). Ist ein VorschriftZ, vom Benutzer her gesehen, zweckmäßig, gut sichtbar und nicht irreführend aufgestellt, so ist es auch verbindlich, wenn nicht jeder Anbringungsvorschrift genügt ist (BGH NJW **66** 1456, Ha VRS **30** 76). Ausschließlich sachliche Zuständigkeit zur Aufstellung von VZ: §§ 44, 45. Regelung **ausschließlich durch in der StVO vorgesehene VZ** und VEinrichtungen: § 45, Stu NZV **01** 274. Ungültig (nichtig) sind daher in der StVO nicht vorgesehene Zeichen, Sinnbilder oder Schilder (Phantasiezeichen; Bay VM **71** 23, Hb VRS **48** 297, Dü VM **73** 79, KG VRS **65** 299 (ausgenommen ZusatzZ (§ 39 Rn. 31a) und Übergrößen (VwV zu §§ 39 bis 43 Rn. 12 ff.)), zB ein gem. § 53 nicht mehr gültiges Z 274 mit Zusatz „km" (Stu NZV **01** 274, aM AG Ce DAR **01** 137), ein Schild mit der Aufschrift „Schrittgeschwindigkeit" (Ha NJW **53** 1886), bei Kombination auch hinsichtlich des, allein betrachtet, vorschriftsgemäßen Teils (Bay VM **71** 23) oder ein von einem Umzugsunternehmen (wenngleich im Prinzip befugt) auf einer in der Firmenfarbe des Unternehmens gehaltenen und mit dem Firmenlogo versehenen Trägertafel angebrachtes, verkleinertes VZ 283, das demgemäß den Eindruck einer Werbung erweckt (VG Aachen ZfS **06** 177, bestätigt durch OVG Münster ZfS **07** 56). Geringfügige Abweichungen sind unschädlich, § 39 Rn. 31. Ungültig sind auch ohne **Anordnung der StrVB** aufgestellte VZ (§ 39 Rn. 31 sowie unten Rn. 247). Eine Baufirma darf nur die nach Anordnung der zuständigen Behörde vorgeschriebenen VZ wirksam aufstellen, keine anderen, mögen solche auch zweckmäßig sein (Zw VRS **51** 138, VG Berlin NZV **90** 248; s. auch § 39 Rn. 31). Ab Billigung durch die zuständige Behörde kann auch ein an sich unbefugterweise aufgestelltes VZ verbindlich sein (BVerwGE **35** 343 Bay VRS **53** 220; § 39 Rn. 31). VorschriftZ werden nicht allein dadurch unwirksam, dass ein ZusatzZ nicht der StVO entspricht (Inhaltsfrage; § 39 Rn. 31; Bay VM **73** 53). ZusatzZ müssen eindeutig gefasst sein (§ 39 Rn. 31a). Verbotszeichen, auch solche mit Zusatztafeln, sind nur rechtswirksam, wenn sie die durch sie verkörperte Anordnung klar und zweifelsfrei ausdrücken, was für Z 314 mit ZusatzZ Omnibus verneint worden ist (Kar VRS **59** 378, Dü NZV **96** 329), bejaht (wenngleich mit Recht für unzweckmäßig und bedenklich erachtet) aber für Z 276 mit ZusatzZ 1048-12 „dürfen überholt werden" (Bay VRS **68** 287; aM Vorinstanz, weil das zulässige Gesamtgewicht des zu überholenden Lkw vom Nachfolgenden vielfach nicht sicher beurteilt werden könne). Wer nach der Sachlage triftigen Grund hat, mit einem Gebots- oder VerbotsZ zu rechnen (zB Verlassen einer Str mit Streckenverbot über abzweigenden Weg und später Fortsetzung auf derselben Str oder Wenden), muss sich über die Rechtslage vergewissern (BGHSt **11** 10, Ha VRS **57** 137, **50** 75, OVG Münster NZV **90** 407), woran es aber mangels konkreter Umstände im Fall des Wendens fehlen kann (Ce DAR **00** 578, Ol NRpfl **95** 135; s. aber Rn. 249). Auch wer aus einem Grundstück ausfährt, braucht sich idR (anders bei Ein- und Ausfahrt an getrennten Str) ohne Erkundigung nur nach den für ihn sichtbaren oder bei der Herfahrt sichtbar gewesenen VZ zu richten (Ha VM **72** 96). VT dürfen sich darauf verlassen, dass Gebots- und VerbotsZ idR **rechts stehen** (§ 39 Rn. 35; *Booß* VersR **75** 453), jedoch gelten auch Zeichen, die wahrnehmbar anderweit angebracht sind, zB bei Bauarbeiten nur links. § 39 II S. 3 betrifft nicht die Fahrbahnseite, sondern die Stelle im Verhältnis zur Fahrtrichtung, an der die Anordnung zu befolgen ist (BGH NJW **05** 2923, Dü NZV **91** 204 (gedachte quer zur Fahrbahn verlaufende Linie)). Zur Verhütung von Unglücksfällen dienende VerbotsZ (§ 145 StGB) sind VZ nicht allein wegen ihrer Ordnungsfunktion, sondern nur, wenn ein tatbestandsmäßiger Eingriff zu gefahrerhöhendem Verhalten von VT führen kann (s. auch § 40 Rn. 101), wie zB bei den Z 201, 205, 206, 209–214, 220, 222, 237–239, 250, 251–267, 268, 269, 274, 276, 283, 295, 296, bei den RichtZ die Z 308, 310, 330, 331, 354, 394, 454, 460, 500, bei den GefahrZ (§ 40 Rn. 101). Veränderung des Inhalts eines VZ (Z 274) ist keine Urkundenfälschung (Kö NZV **99** 134 m krit Anm *Dedy*).

VorschriftZ sind verwaltungsrechtliche **Allgemeinverfügungen** und der Verwaltungsklage **247** unterworfen, die jedem zusteht, dessen Handlungsfreiheit sie beschränken (BVerwGE **27** 181 = NJW **67** 1627, BVerwG NZV **04** 52, **93** 284 (Busspur), NJW **97** 1021, BVerwG NJW **16** 2353; BGHSt **20** 125 = NJW **65** 308, Bay DAR **00** 172, Ko DAR **99** 419, Dü DAR **99** 82, Stu NZV **01** 274, VGH Ka NJW **99** 2057, BayVGH VRS **82** 388, VGH Ma NZV **97** 532, OVG Hb NZV **03** 351, *Manssen* NZV **92** 466 f.; aM VGH Mü NJW **78** 1988, **79** 670, *Obermayer* NJW **80** 2386 (Anordnungen der VB seien Rechtsnormen) sowie *Schwabe* NVwZ **94** 630 in Bezug auf Z 242, das keine Allgemeinverfügung enthalte, sondern nur einen Hinweis auf ein *wegerechtliches*

Benutzungsverbot; s. aber § 49 III Nr. 4). Die Aufstellung eines VZ als Verwaltungsakt kann durch die zuständige Behörde grundsätzlich wirksam zugesichert werden (BVerwG NZV **95** 244). Der durch das VZ verkörperte Verwaltungsakt *wird durch Bekanntgabe in Form der Aufstellung des VZ wirksam* (BVerwGE **102** 316 = BVerwG NJW **97** 1021; NJW **16** 2353 mAnm *Kümper*; VGH Ka NJW **99** 1651, OVG Hb VRS **104** 476, Stu NZV **01** 274, aM Bay VM **76** 10; plastisch MüKo-StVR/*Kettler* § 39 Rn. 3 sowie *Kettler* NZV **16** 446, wonach das „Blech-Zeichen" lediglich die Bekanntgabe darstellt, der Verwaltungsakt hingegen in Verwaltungsakte enthalten ist). Ein VT wird davon betroffen, sobald er in den Wirkungsbereich des VZ gelangt und von dem VZ Kenntnis nehmen *kann* (**Sichtbarkeitsgrundsatz;** BVerwGE **102** 316; **130** 383; **138** 21; BVerwG NJW **16** 2353; BGHSt **20** 125 = NJW **65** 308, Bay NJW **84** 2110, Stu VRS **95** 441, VGH Mü VRS **82** 388, VGH Ma ZfS **95** 437, *Geißler* DAR **99** 349, *Bitter/Konow* NJW **01** 1388). Zur wirksamen Bekanntgabe des Verwaltungsakts durch VZ genügt Aufstellung in einer Weise, die dem Adressaten die Wahrnehmung bei Zugrundelegung des Sorgfaltsmaßstabs des § 1 ermöglicht (BVerwG NJW **97** 1021 mAnm *Hansen/Meyer* NJW **98** 284 und Erwiderung *Mehde* NJW **99** 767; BVerwG NJW **16** 2353 mAnm *Kümper;* OVG Münster NZV **90** 407, Kö NZV **93** 406), wobei im ruhenden V geringere Anforderungen gelten als im fließenden (§ 39 Rn. 33). Die durch das VZ begründete Anordnung gilt auch für den, der das VZ kennt, in seinen Wirkungsbereich aber von einer Stelle aus gelangt, an der es nicht angebracht ist (Bay VRS **69** 461, **73** 76, Kar DAR **03** 182), sowie grds. auch für den, der sich *bereits bei Aufstellen des VZ* in dessen Wirkungsbereich befand (BVerwG NJW **97** 1021 (zust *Hendler* JZ **97** 782), BVerwG NJW **16** 2353; Kö NZV **93** 406, OVG Hb DAR **04** 543; einschr VGH Ma DÖV **91** 163, *Bitter/Konow* NJW **01** 1391 f., *Ronellenfitsch* SVR **04** 164; s. auch § 12 Rn. 52). I Ü kennt die StVO auch Ausnahmen von dem für VZ grds. geltenden Sichtbarkeitsgrundsatz (KG VRS **74** 141), zB Z 242, 270.1, 274.1, 290.1, 325.1 (s. Rn. 218a, 228). Zur gebotenen Nachschau § 39 Rn. 33. Wer ein Fz innerhalb einer durch VZ gekennzeichneten **Zone** übernimmt, ist nicht verpflichtet, Nachforschungen nach ihm nicht bekannten Zonen-VZ (zB Z 274.1) anzustellen (Dü DAR **97** 283; s. auch Ha SVR **06** 142 und hierzu Rn. 249). Die in Gebots- oder VerbotsZ verkörperten Verwaltungsakte dürfen durch *Verwaltungszwang ohne vorherige Androhung* unmittelbar durchgesetzt werden (BVerwG NJW **78** 656, OVG Br DAR **77** 276; zur Ersatzvornahme durch Abschleppen verbotswidrig parkender Fz § 12 Rn. 65 ff.). Eine durch Gebots- oder VerbotsZ angeordnete Regelung gilt bis zur Entfernung des VZ; diese ist ein kraft Gesetzes sofort vollziehbarer Verwaltungsakt (VGH Ma NJW **78** 1279 (Entfernung des Z 229), VGH Mü BayVBl **87** 372, VRS **82** 388). Ein VZ, dessen Aufstellung befristet angeordnet worden ist, bleibt mangels Entfernung nach Ablauf der Frist verbindlich, auch wenn die Anordnung nicht verlängert worden ist (Dü VRS **63** 257, VG Meiningen DAR **01** 89). VorschrZ sind nur bei offensichtl. Willkür oder Sinnwidrigkeit (zB EinbahnstrRegelung in Sackgasse; Kö NZV **90** 483, VRS **92** 282, Dü DAR **99** 282) oder bei objektiver Unklarheit, die sich durch Auslegung nicht beheben lässt (Bay DAR **00** 172, VM **78** 29, NZV **89** 38, Ha VRS **107** 134, Kö VRS **62** 310, NZV **92** 200, KG NZV **90** 441, Dü NZV **91** 204, DAR **99** 82), **nichtig** und damit unbeachtlich. Ansonsten sind sie nur **anfechtbar und bis zur Beseitigung zu befolgen** (BVerwG NJW **67** 1627, OVG Hb VRS **104** 476, Bay VRS **68** 287, Kö VM **72** 94, Dü NZV **91** 204, DAR **99** 82, Ko DAR **81** 126, NZV **95** 39, KG VRS **107** 217, NZV **90** 441; s. auch den Anwendungsfall unter § 12 Rn. 57). Die Fälle nichtiger Verwaltungsakte schränkt § 44 VwVfG dahin ein, dass der Akt an einem besonders schwerwiegenden Fehler leidet und dies bei verständiger Würdigung aller Umstände offenkundig ist (Bay DAR **00** 172). Ein VA ist nichtig und unbeachtlich, wenn sich die Fehlerhaftigkeit bei Kenntnis aller für sein Zustandekommen wesentl. Tatsachen ohne Weiteres aufdrängt (Zw VRS **51** 138). Ein VZ, das in deutlichem Widerspruch zu einem anderen, denselben StrBereich betreffenden steht, ist nichtig (Z 250 nach vorherigem Hinweis auf Parkplatz durch Z 314; Kö VRS **62** 310; oder Z 250 mit ZusatzZ „Anlieger frei" in einer Richtung, hingegen Z 250 in der anderen Richtung ohne ZusatzZ, Kar DAR **15** 646). Nichtig sind VZ, die nicht auf Anordnung der zuständigen StrVB aufgestellt worden sind (§ 39 Rn. 31). Nichtig sind PhantasieZ, die die StVO nicht vorsieht (Rn. 246), außer bei geringfügiger Abweichungen, zB sachl. bedingter Größenabweichung oder abweichender, aber für den Verkehr ausreichender Aufstellung oder Befestigung. Keine Nichtigkeit auch eines in vorgesehener Größe und Gestaltung auf einer weißen Tafel angebrachten VZ (Dü VRS **61** 467; näher § 39 Rn. 31). Die StVO kennt nur weiße (§ 39 V S. 2) und im Fall des § 39 V S. 3, 4 gelbe Markierungen oder Markierungsleuchtknöpfe; andersfarbige sind unbeachtlich (BVerwG NZV **93** 246), auch zB blaue, obwohl sie zweckmäßig sein können (zB bei Z 315). Anforderungen an Markierungsleuchtknöpfe: BMV VkBl. **01** 487 = StVRL Nr. 9. **Anfechtungsberechtigt (§ 42 II VwGO)** ist jeder, dessen Bewegungsfreiheit das VZ beschränkt, auch wenn er es zunächst befolgt hat (BVerwG NZV **04** 52, **93** 284, OVG Br VRS **66** 232, VGH Ka NZV **97** 135, NJW **99** 2057, VG Schleswig NZV **07** 270 (Parkflächenmarkierung; zust *Kettler* SVR **07** 158, s. auch § 12 Rn. 56); *Lorz* DÖV **93** 137 f.), vor allem also VT und Anlieger (BVerwG NZV **95** 165, VGH Ka VRS **83** 229, VGH Mü DAR **96** 112), ohne Rücksicht darauf, ob ein VT von der durch das VZ getroffenen Regelung regelmäßig oder nachhaltig betroffen wird (BVerwG NZV **04** 52, zust *Kettler* NZV **04** 541, abw OVG Hb NZV **03** 351 mablAnm *Dederer*). Hinsichtlich eines VZ zur Anordnung einer Umweltzone (Rn. 248g; § 45 Rn. 29) ist nur anfechtungsberechtigt, wer über ein Kfz verfügt, das vom Verkehrsverbot betroffen sein kann (VG Mü DAR **09** 167). Zu den Anfechtungsmöglichkeiten betreffend die Einrichtung von Umweltzonen *Rebler/Scheidler* SVR **09** 449, 453. Nach OVG Br VRS **66** 232 soll bereits die Anordnung der Aufstellung des VZ anfechtbar sein. Nach VG Dü NZV **17** 591 (zust *Schubert*) ist eine juristische Person als Halterin mehrerer Kfz nicht klagebefugt hinsichtlich einer Beschränkung der Durchfahrthöhe (Z 600-40, Z 250 mit ZusatzZ 1022-10), weil nicht VT (dazu § 1 Rn. 17, zw.). Mangels eines den Radf belastenden Ge- oder Verbots besteht gegen die Einrichtung von **Schutzstreifen für Radf** (Z 340, dazu § 45 Rn. 49g) keine Klagebefugnis für Radf (OVG Lüneburg DAR **18** 579 mkritAnm *Kettler*), nach AG Kö jedoch Klagebefugnis für Kf (VG Köln BeckRS **14** 56540; *Rebler* NZV **19** 110).

Die Anfechtungsfrist (§§ 70 II, 58 II S. 1 VwGO) beginnt, was nunmehr durch das BVerwG **247a** abschließend entschieden ist (BVerwG NJW **11** 246; zuvor noch offen BVerwGE **102** 316 = NJW **97** 1021; BVerwG NJW **04** 698 mAnm. *Kettler* NZV **04** 541; NJW **80** 1640; aM – mit forschen Formulierungen – VGH Ma JZ **09** 738 (aufgehoben durch BVerfG NJW **09** 3642 mAnm *Weber* NZV **10** 165) m abl Anm *Bitter/Goos*), nicht mit dem Aufstellen des VZ, sondern erst, wenn der VT erstmals in den Wirkungsbereich des VZ gelangt (so zuvor auch schon OVG Hb NZV **03** 351, OVG Lüneburg NJW **07** 1609; VGH Ka NZV **08** 423; BayVGH DAR **15** 603; zum erhöhten Sorgfaltsmaßstabe bei Anordnung einer Tempo 30-Zone BayVGH DAR **15** 600; *Dederer* NZV **03** 318, *Bitter/Konow* NJW **01** 1386, *Bitter* NZV **03** 304, *Bitter/Goos* JZ **09** 740; *Ronellenfitsch* SVR **04** 164; *Rebler* DAR **10** 450; *Kettler* SVR **10** 293; aM VGH Ka NJW **99** 1651, **99** 2057 (abl *Rinze* NZV **99** 399); VGH Ma JZ **09** 738; *Stelkens* NJW **10** 1184). Maßgebend ist die Bekanntgabe an den VT, nicht eine (nicht ausgeführte) Anordnung gegenüber der Straßenbehörde (OVG Münster VRS **137** 54). Allerdings wird die Frist **nicht erneut ausgelöst,** wenn sich der VT dem VZ ein weiteres Mal gegenübersieht (BVerwG NJW **11** 246; insoweit krit *Kettler* DAR **11** 42). Maßgebend für den Bestand des VZ ist das sachliche Verwaltungsrecht einschließlich der StVO. Zu prüfen ist: Anordnung durch die zuständige Behörde (§ 45); Zulässigkeit des VZ nach der StVO; Abwägung der beachtlichen Interessen des Anfechtenden mit den beachtlichen VInteressen (Maßgebot); Beachtung der Rechtsgrundsätze der Sicherheit und Leichtigkeit des Verkehrs (§ 45; BVerwG NJW **67** 1627) und Vorliegen der anderen in § 45 genannten Voraussetzungen (*Manssen* NZV **92** 468, *Geißler* DAR **99** 350). Nur innerhalb dieses Rahmens wird in Betracht kommen, ob das VorschrZ im gegebenen Zusammenhang zweckgerecht ist. Können zB nach den VUmständen in überschaubarer Zukunft Schadensfälle eintreten, die sich durch eine einheitl. Konzeption mit Linksabbiegeverbot vermeiden lassen, so kann ein Linksanlieger dieses behördliche Ermessen nicht mit Erfolg angreifen (OVG Br VRS **59** 317). Auch wer (insbes als Anlieger) eine Verletzung seiner Rechte durch die Aufhebung einer durch VZ getroffenen VRegelung geltend machen kann, ist anfechtungsberechtigt (OVG Münster NZV **97** 414). Widerspruch und Klage gegen ein VZ haben **keine aufschiebende Wirkung** (BVerwG NZV **04** 52, **88** 38, OVG Saarlouis VM **03** 46, OVG Br DAR **77** 276, OVG Münster NZV **94** 414, VGH Ma Justiz **74** 103, NZV **94** 207, VGH Mü BayVBl **87** 372, NZV **92** 166, OVG Hb VRS **104** 477, OVG Saarlouis ZfS **92** 106). Die Anordnung aufschiebender Wirkung ist aus Gründen der VSicherheit nur ausnahmsweise zulässig (VGH Ma Justiz **74** 103, NZV **95** 45, OVG Münster VRS **39** 392), zB bejaht von VGH Ka NZV **97** 135 bei rechtswidriger Kennzeichnung eines Stadtviertels als Bewohnerparkzone. Vorbeugender Rechtsschutz im Wege einstw. Anordnung nur im Ausnahmefall bei andernfalls entstehenden unzumutbaren Nachteilen (VGH Ma NZV **94** 207). VorschriftZ verkörpern Schutzgesetze iS von § 823 II BGB (BGH VersR **72** 558, Fra VM **71** 85). Sie können bestimmte Personen uU rechtlich begünstigen; ihre Änderung oder Entfernung unterliegt jedoch nicht den Grundsätzen über den **Widerruf** rechtlich begünstigender Verwaltungsakte (BVerwG DÖV **77** 105). Bringt die StrVB ein im Interesse eines Anliegers angebrachtes, anderweitig entferntes VerbotsZ (hier Z 286) nicht wieder an, so ist dies kein Widerruf eines begünstigenden VAs; vielmehr muss Verpflichtungsklage erhoben werden (OVG Münster NJW **77** 597; dazu BVerwG VRS **52** 316. *Rott* VD **78** 207).

247b   **Literatur:** *Bitter/Konow,* Bekanntgabe und Widerspruchsfrist bei VZ, NJW **01** 1386. *Dederer,* Rechtsschutz gegen VZ, NZV **03** 314. *Fritz,* Die Rechtsnatur der VZ, Diss. Kiel 1966. *Haarkötter,* Die Rechtsnatur der durch amtliche VZ getroffenen Anordnungen, Diss. Frankfurt 1966. *Hansen/Meyer,* Bekanntgabe von Verkehrsschildern, NJW **98** 284. *Lorz,* Der Rechtsschutz einfacher VT gegen VZ und andere verkehrsbehördliche Anordnungen, DÖV **93** 129. *Manssen,* Öffentlichrechtlich geschützte Interessen bei der Anfechtung von VZ, NZV **92** 465. *Mehde,* Bekanntgabe von VSchildern …, NJW **99** 767. *Obermayer,* Das Dilemma der Regelung eines Einzelfalles nach dem VwVfG, NJW **80** 2386. *Podlech,* Die Rechtsnatur der VZ und die öffentlich-rechtliche Dogmatik, DÖV **67** 740. *Renck,* Die Rechtsnatur von VZ, NVwZ **84** 355. *Ronellenfitsch,* Dauerthema Verkehrszeichen, SVR **04** 161. *Scheffler,* Müssen unsichtbare VZ erahnt werden?, NZV **99** 363. *Stern,* Die Bindungswirkung von VZ im Ordnungswidrigkeitsverfahren, *R. Lange*-F 859.

248   **2. Rechtsprechung** in der Nummernfolge der VZ gemäß Anl 2 zu § 41 (zu den VZ einschließlich Ge- und Verboten sowie Erläuterungen s. im Einzelnen dort; die Kommentierung ist aus drucktechnischen Gründen hier aufgeführt; hierauf wird in Anl 2 in Fußnoten verwiesen): • **Z 205 (Vorfahrt gewähren!).** Das VZ räumt der anderen Str schlechthin Vorfahrt ein ohne Rücksicht darauf, wo dort die Z 301/306 stehen (Bay VM **78** 74). Es muss auf der rechten Fahrbahnseite stehen, sonst uU Amtspflichtverletzung (Dü VersR **69** 261). Vorfahrtregelnde VZ sind so aufzustellen, dass auch Ortsunkundige ihre Bedeutung ohne nähere Überlegung sofort erkennen (Bay DAR **73** 82). Untereinander sind Z 205 und 206 gleichrangig, dh Z 205 gewährt kein Vorrecht gegenüber einer mit Z 206 versehenen Einmündung (§ 8 Rn. 43). Steht das Z 205 mit ZusatzZ „Straßenbahn" (Sinnbild) an Wendeschleifen und ähnlichen Gleisanlagen, so geht es auch der Regel des § 10 S. 1 vor (BGH NZV **88** 58, *Kürschner* NZV **92** 215, aM LG Kar NZV **92** 241). Entsprechendes gilt für Z 205 am Ende von verkehrsberuhigten Bereichen, Fußgängerbereichen usw. iS von § 10 S. 3. Würde man die insoweit in Z 205 getroffene Regelung nur auf Einmündungen und Kreuzungen beziehen, so hätte es ihrer nicht bedurft. Der Gegenmeinung ist zuzugeben, dass der Begriff „Vorfahrt" in solchen Fällen nicht zutrifft *(Vorrang).* • **Z 206 (Halt! Vorfahrt gewähren.)** verpflichtet zur Prüfung der VLage und schützt auch überquerende Fußgänger (Dü VersR **78** 744). Von der Haltlinie (Z 294) aus muss diese Prüfung möglich sein. Steht kurz hinter dem Z 205 (Vorfahrt beachten) das Z 206 (Stop), so kann kein Zweifel bestehen, dass dieses zu beachten ist (Sa VRS **47** 387, 472). Dem Z 206 ist durch kurzes Anhalten genügt; wer danach vorfahrtverletzend weiterfährt, verletzt nunmehr die Gebot Nr. 1 gem. Anl 2 lfd. Nr. 3 zum Z 206 (anders noch Fra VRS **39** 460). Grober Verstoß zB bei zügiger Weiterfahrt oder wenn das Z 206 an unübersichtlicher Stelle steht (Ha VRS **51** 294; einschr Dü DAR **88** 102). Das Urteil muss das grobe Nichtbeachten bei Ahndung als OW nachprüfbar belegen (Ha VRS **51** 294, Dü DAR **88** 102). Überfahren eines Stoppschilds ist nicht stets grobfahrlässig (§ 8 StVO Rn. 70). Das Übersehen des am linken Fahrbahnrand stehenden Z 206 ist bei lebhaftem Verkehr idR nicht vorwerfbar (KG VM **77** 70.) S. auch § 8 Rn. 60. • **Z 208 (Vorrang des Gegenverkehrs)** verschafft dem Gegenverkehr unbehindertes Vorrecht (Bay VRS **31** 224, Sa VM **69** 72), auch einspurigen Fz (Sa VM **76** 38, Ko VRS **48** 142) und uU Fußgängern, auch wenn der Wartepflichtige die Engstelle früher als der Berechtigte erreicht (Bay VRS **26** 315). Das Gebot ist verletzt, wenn sich der Wartepflichtige so verhält, dass der Berechtigte den Vortritt nicht gefahrlos ausüben kann (Ko VRS **48** 143, Bay VRS **25** 365) bzw. wenn nicht gewiss ist, dass der GegenV wird behindert wird (Brn NJW-RR **17** 862 (entgegenkommende Motorradkolonne); Ba ZfS **14** 377 mAnm *Diehl*). Die Wartepflicht gilt auch dann, wenn sich der Bevorrechtigte der Engstelle mit unzulässig hoher Geschwindigkeit nähert, sofern er bei der Einfahrt des Wartepflichtigen auf dem übersehbaren Teil der vor diesem liegenden Fahrbahn erkennbar war (Ba ZfS **14** 377).

248a   • **Z 209** ist kein AnkündigungsZ *(Booß* VM **73** 88) und regelt nur die Weiterfahrt (vgl. Anl 2 zu lfd Nr. 5–7), hindert aber nicht das Einfahren in ein Grundstück am VZ in anderer Richtung (Fra VRS **46** 64). Soweit es nicht nach § 39 II S. 4 einem bestimmten markierten Fahrstreifen zugeordnet ist, gilt es für die gesamte Fahrbahn (Dü NZV **91** 204). Schreibt es Fahrtrichtung nach links vor, so ist Wenden nicht grds. verboten (anders Z 214, s. dort; s. auch Z 297). Kriechspurbenutzung ist keine Fahrtrichtungsänderung und darf deshalb durch die VZ 209, 211 nicht angeordnet werden (aM Ha DAR **73** 275), sondern nur durch Z 275 *(Booß* VM **73** 88). Das Z 209 darf mit einer Ampelanlage (anstatt eines unzulässigen Grünpfeils) so verbunden werden, dass jeder aufmerksame VT es rechtzeitig erkennen kann (Br VersR **80** 680). • **Z 211 (Hier rechts)** untersagt nicht, nach dem Abbiegen zu wenden und entgegengesetzt zu fahren (KG VM **60** 17). Abzubiegen ist vor dem Z 211 (Ha VM **64** 53). • Das **Z 214** untersagt das Wenden; jedoch verletzt das bloße Linkseinordnen nicht das Gebot nach Anl 2 zu lfd. Nr. 5–7, sondern das Rechtsfahrgebot (KG VRS **55** 219). Das Gebot verletzt, wer im Kreuzungsbereich nach rechts ausbiegt, dann aber umkehrt und die bisherige Fahrtrichtung kreuzen will (Ha VRS **48** 235), er darf, soweit erlaubt, erst in klarer Entfernung vom Kreuzungsbereich wenden. ● **Z 215 (Kreis-verkehr)** entfaltet nur rechtliche Wirkungen (§ 8 Ia), wenn es unter Z 205 angebracht ist. Es muss an allen Zufahrten zum KreisV stehen (VwV Rn. 3 zu Z 215). Einzelheiten: § 8 Rn. 37–37 f.

● **Z 220 (Einbahnstraße):** Es muss an *allen* Kreuzungen und Einmündungen angebracht 248b sein (VwV zu Z 220 Rn. 1), sonst Amtspflichtverletzung (Fra VersR **88** 914). Bei geringer VBe-lastung und höchstzulässiger Geschwindigkeit bis 30 km/h kann bei ausreichender Breite unter den Voraussetzungen (VwV Rn. 4 ff. zu Z 220) **FahrradV in entgegengesetzter Richtung** kann durch ZusatzZ zu Z 220 (Anl 2 lfd. Nr. 9.1 Spalte 2) bzw. zu Z 267 (Anl 2 lfd. Nr. 41.1 Spalte 2 (*Radfahrer frei*)) zugelassen werden. Die Zulassung ist durch die „Schilderwaldnovelle" und dies übernehmend durch die StVO-Neufassung 2013 (Rn. 245 f. ff.) erleichtert worden (*Scheidler* NZV **10** 230; abl noch Empfehlung des 31. VGT, NZV **93** 103). Zulassung setzt jeden-falls heute nicht mehr Erforderlichkeit voraus (aM zum früheren Recht VG Lüneburg SVR **07** 436; s. aber *Kettler* ebd.). StrabaVerkehr auf EinbahnStr in beiden Richtungen ist nicht mehr zulässig; das dürfte trotz Streichung der VwV Rn. 6 zu Z 220 aF (40. Aufl Rn. 61) weiterhin gelten. Soweit solche „unechten" EinbahnStr (*David* VD **97** 224) noch bestehen und die Straba weiterhin in Gegenrichtung verkehrt, ist auf den GegenV in geeigneter Weise hinzuweisen, sonst Amtspflichtverletzung (Kar VersR **82** 1156). I Ü ist keine Einschränkung durch Zusätze zulässig (Kar VM **76** 16). Das Mitführen von Fz auf der Fahrbahn in Gegenrichtung ist nunmehr zulässig (§ 25 Rn. 49), auf dem Gehweg nur, soweit es Fußgänger nicht wesentlich behindert (§ 1 II). Eine EinbahnStr in verkehrter Richtung zu befahren, bedeutet meist grobes Verschulden (Nü VersR **61** 644, KG VRS **60** 382). Verbotswidriges Befahren einer EinbahnStr in falscher Rich-tung auch, wenn zwar Z 267 fehlt, das Einfahren aber durch andere Z untersagt ist (Z 295, Z 222; Fra VersR **82** 554). Rückwärtsfahren entgegen der vorgeschriebenen Richtung ist grds. verboten (§ 9 Rn. 51; Ha VM **77** 95, Kar VM **78** 13, Kö VersR **92** 332, aM BHHJ/*Hühnermann* § 9 Rn. 67). Unzulässig auch Rückwärtsfahren, um zu parken (Sa VM **76** 64, KG VRS **60** 382 (10–15 m)), das Rückwärtseinparken unter ständiger Rückwärtsbeobachtung bei sofortiger An-haltebereitschaft ist jedoch erlaubt (Fra VersR **73** 968, Ha VM **77** 95, Kar VM **78** 13). Befindet sich Z 220 nicht *gegenüber* einer Parkplatzausfahrt, sondern 15–20 m versetzt, so kann der FzF, der die Ausfahrt verlässt, davon ausgehen, dass für die entgegengesetzte Richtung bis zur nächs-ten Einmündung keine Einbahnregelung besteht, wenn auch dort das Zeichen fehlt (Ko DAR **81** 95), zumal die VwV Rn. 2 zu Z 220 Anbringung *gegenüber* der Parkplatzausfahrt emp-fiehlt. Keine Verletzung der VRegelungspflicht, wenn das Z 220 nicht auch an Tankstellenaus-fahrten wiederholt wird, der EinbahnStr-Charakter sich jedoch für den Ausfahrenden aus ande-ren VEinrichtungen ergibt (BGH VersR **85** 838). Wird eine EinbahnStr vorübergehend zur SackStr (Bauarbeiten), so gilt das Z 220 solange nicht (Bay VM **76** 10). ● **Z 222 (Rechts vor-bei):** das VZ ordnet nur Rechtsvorbeifahren am Standort an, nicht auch die Fahrtrichtung da-nach (Bay DAR **78** 193). ● **Z 223.1–223.3 (Seitenstreifen befahren):** Das Z 223.1 schafft die Rechtsgrundlage für eine temporäre Anordnung des Befahrens des Seitenstreifens wie einen Fahrstreifen, etwa zum Zweck der Stauvermeidung, vor allem auf AB. Die Zeichen werden als WechselVZ für bestimmte Tageszeiten und stets in Kombination mit Geschwindigkeitsbegren-zung auf 100 km/h (VwV Rn. 4 zu Z 223.1) aktiviert, zu denen wegen hohen VAufkommens eine erhebliche Beeinträchtigung des VAblaufs zu erwarten ist (VwV Rn. 1; BMV, Umnutzung des Standstreifens für den fließenden V, VkBl. **02** 691 = StVRL Nr. 11). Das VZ gibt den Seiten-streifen nicht nur frei, sondern ordnet dessen Befahren als rechten Fahrstreifen an (Anl 2 lfd. Nr. 11 Spalte 3 Gebot Hs. 2). Im Geltungsbereich des Z 223.1 entspricht der Seitenstreifen rechtlich dem rechten Fahrstreifen; es gelten somit die Regeln der § 2 (Rechtsfahrgebot) und § 7 (Fahrstreifenbenutzung). Die den Seitenstreifen von der eigentlichen Fahrbahn trennende Fahrbahnbegrenzung gilt als Leitlinie und darf nach beiden Seiten überfahren werden (s. zu Z 295). Fortsetzung der Fahrt auf dem Seitenstreifen nach Passieren des Z 223.2 (Seitenstreifen nicht mehr befahren) ist Verstoß gegen die Fahrbahnbenutzungspflicht (§ 2 I), soweit nicht Be-nutzung nach Maßgabe von Anl 2 lfd. Nr. 68 Spalte 3 Nr. 3 zu Z 295 erlaubt ist; insbesondere auf AB darf die Standspur dann nicht mehr befahren werden (§ 18 Rn. 14b). Das Z 223.3 (Sei-tenstreifen räumen) entspricht inhaltlich etwa dem gelb blinkenden, schräg nach unten gerichte-ten Pfeil als Dauerlichtzeichen (§ 37 III S. 4). Gegenüber § 7 IV (Reißverschlussverfahren) ist die durch Z 223.3 getroffene Anordnung daher jedenfalls insoweit speziell, als der Fahrstreifenwech-sel nicht erst „unmittelbar vor Beginn der Verengung", also vor dem Z 223.2 vorzunehmen ist, sondern sobald der Verkehr auf dem links verlaufenden Fahrstreifen dies zulässt. Erfordert die Verkehrsdichte zunächst ein Weiterbefahren des Seitenstreifens zwischen den Z 223.3 und 223.2, muss dem FzF jedoch spätestens dort das Einscheren nach links gem. § 7 IV ermöglicht werden

(*Hentschel* NJW **02** 1238). Die Aufstellung des Z 223.1 auf einer BAB im Nahbereich einer Anschlussstelle (weniger als 400 m) zur Absicherung einer Baustelle ist unzulässig; deswegen Schadensersatzanspruch des VT aus Amtspflichtverletzung, der dem Z folgt und dadurch im unmittelbaren Bereich der Anschlussstelle einen Unfall verursacht (Ce DAR **06** 267).

248c • **Z 224 (Haltestelle):** Das Z 224 muss auf das Anliegerrecht abgestimmt sein (VGH Mü VRS **56** 72). Eine Bushaltestelle darf eine Grundstückseinfahrt nicht beeinträchtigen (VGH Mü VRS **56** 72, OVG Saarlouis NJW **04** 2995). Dass das Z 224 ein Verbotszeichen ist, kann nach Inkrafttreten der „Schilderwaldnovelle" (Rn. 245 f.) nicht mehr zw sein (ebenso zur Lage nach altem Recht Bay VRS **55** 69; OVG Münster VRS **57** 396, aM VGH Mü VRS **56** 72); näher: § 12 Rn. 37a. Ausnahmebestimmung für Taxen in Bussonderfahrstreifen in Anl 2 lfd. Nr. 25 Spalte 3 Nr. 3 zu Z 245. Ausschließliche Schulbus-Haltestellen sind, soweit aus Sicherheitsgründen erforderlich, unter Ausschluss anderer Kennzeichnungen durch das Z 224 mit ZusatzZ 1042-36 (Schulbus) mit Betriebszeit zu kennzeichnen (Anl 2 lfd. Nr. 14 Erläuterung S. 2). • **Z 229 (Taxenstand):** Das Warten von Taxen auf Standplätzen ist unentgeltlicher Gemeingebrauch (BGH NJW **69** 791; VG Freiburg NJW **78** 660). Ist der Platz von einer Gruppe von Taxiunternehmern gemietet worden, so können andere Unternehmer aus dem Z 229 kein Benutzungsrecht herleiten (BGH NJW **69** 791. *Sigl* VD **71** 161, *Bouska* VD **72** 65). Haltverbot: § 12 Rn. 37b. • **Z 237 (Radweg):** S. v. a. § 2 Rn. 67ff., dort auch zur Benutzungspflicht. Mofaf sind innerorts ohne ausdrückliche Zulassung durch ZusatzZ von Radwegen ausgeschlossen. Trotz Streichung der diesbezüglichen Ausnahmevorschrift durch die „Schilderwaldnovelle" und dies übernehmend die StVO-Neufassung 2013 dürfte es ihnen aber weiterhin *erlaubt sein,* auf dem Radweg zu fahren, wenn sie das Mofa ohne Motorkraft mit Pedalbetätigung befahren; die Streichung ist wegen fehlender Praxisrelevanz erfolgt (Rn. 245k). Eine Benutzungspflicht besteht aber nicht mehr. Gleiches gilt, wenn ein ZusatzZ (Anl 2 lfd. Nr. 16 Spalte 3 Nr. 3 zu Z 237) die Benutzung durch Mofas erlaubt (*Bouska* DAR **89** 165). Zum ZusatzZ E-Bikes § 39 Rn. 31a. Durch Z 237 gekennzeichnete Sonderwege können durch ZusatzZ auch für andere FzArten zugelassen werden (hierzu Anl 2 lfd. Nr. 16 Spalte 3 Nr. 3 zu Z 237); alle FzF müssen danach Rücksicht nehmen und erforderlichenfalls die Geschwindigkeit an den RadV anpassen. Beim Überschreiten von Radwegen durch Fußgänger gilt § 25 III (dort Rn. 33). Ein ZusatzZ zur Freigabe für Mofas berechtigt nicht zur Radwegbenutzung mit einem Kleinkrad (Kö VM **74** 60 mAnm *Booß*). Nach VwV Rn. 3 zu Z 237, 240 und 241 ist das Ende des Sonderwegs grds. zu kennzeichnen, es sei denn, dieses ist zweifelsfrei erkennbar (zur früheren Vorschriftenlage 40. Aufl sowie Dü MDR **78** 1025, Ha NVwZ-RR **99** 619). • **Z 239 (Gehweg):** Durch ZusatzZ zugelassener FahrV darf in Fußgängerbereichen nur im Schritt fahren, auch LastFz und Radf, um Gefahr möglichst auszuschließen (vgl. Anl 2 lfd. Nr. 18 Spalte 3 Nr. 3 S. 2 zu Z 239; eingehend Begr Rn. 245n). So kommt den Belangen der Fußgänger beim ZusatzZ 1022 **(„Radfahrer frei"),** das dem Radverkehr nur ein Benutzungsrecht auf dem Gehweg eröffnet, besonderes Gewicht zu (Ce SVR **20** 265 bei *Siegel* (Alleinhaftung des Radf)). Zum Begriff der Schrittgeschwindigkeit § 42 Rn. 181 Z 325.1/325.2. Nicht die Fußgänger müssen die Fz, über ihre Pflichten gemäß § 1 II hinaus, „durchfahren lassen", also beiseitetreten, sondern die Fahrer müssen auf die Fußgänger jede Rücksicht nehmen, sie im Schritt umfahren, sie dürfen sie nicht durch Klingeln erschrecken, ggf. müssen sie vorübergehend anhalten oder absteigen. Wird durch ZusatzZ zu Z 239 die Benutzung eines Fußgängerbereichs (nur) zu bestimmten Zwecken erlaubt, so verstößt auch der *Verbleib* (Parken) mit dem Fz gegen das Benutzungsverbot (Anl 2 lfd. Nr. 18 Spalte 3 Nr. 1 zu Z 239), wenn der erlaubte Zweck nicht verfolgt wird bzw. nicht erreichbar ist (Ce VRS **74** 66). Das Z 239 mit dem ZusatzZ „Abstellen von Fahrrädern (Symbol) max. 15 Min" darf nur aufgestellt werden, wenn die Örtlichkeit eine solche Regelung zur Klarstellung der verkehrsrechtlichen Situation erfordert, woran es in aller Regel fehlen wird (VG Lüneburg NJW **06** 1609; zust *Kettler* SVR **06** 277, *Schulze-Werner* VD **06** 236, s. auch § 12 Rn. 55). Zur Fußgängerzone i Ü: § 2 Rn. 30. • **Z 240 (Gemeinsamer Fuß- und Radweg):** Es besteht Radwegebenutzungspflicht (Anl 2 lfd. Nr. 19 Spalte 3 Nr. 1; s. auch § 2 Rn. 67ff.). Besondere Regeln für den BegegnungsV zwischen Radf und Fußgänger auf gemeinsamem Fuß- und Radweg enthält die StVO nicht; jedoch schuldet der ZweiradF dem Fußgänger Rücksichtnahme (§ 1 II; Nü NZV **04** 358, Ol NZV **04** 360, Dü NZV **07** 614). Den Radf treffen auf gemeinsamem Fuß- und Radweg höhere Sorgfaltspflichten als den Fußgänger (Ol NZV **04** 360, Fra NZV **13** 388, LG Hannover NZV **06** 200 (Fahren auf Sicht, s. auch § 3 Rn. 15)); diese können ihn zur Herstellung von Blickkontakt, Verständigung und notfalls Schrittgeschwindigkeit zwingen (Ol NZV **04** 360). Radf haben auf kombinierten Geh- und Radwegen keinen Vorrang, Fußgänger dürfen den gemeinsamen Fuß- und Radweg vielmehr auf der ganzen Breite benutzen und dort auch stehenbleiben (Fra NZV **13** 388, LG Hannover NZV **06** 200 (je Alleinschuld des Radf)). Sie müssen aber Radf vorbeifahren lassen. Dabei müssen die Radf jede Gefährdung vermeiden und mit Unaufmerksamkeiten oder Schreckreaktionen rechnen (KG VM **77** 72; Hb BeckRS **19** 28888 = SVR **20** 220 bei *Siegel* (nicht angeleinter Hund; Mitschuld des Radf $^1/_3$)). Nach schwerlich überzeugender Auffassung von Nü DAR **19** 331 soll für einen mit 15 bis 20 km/h von hinten heranfahrenden und einen Fußgänger im Abstand von 75 cm überholenden **Pedelecfahrer** keine situationsunabhängige Pflicht bestehen, Fußgänger zB durch Klingelzeichen auf sich aufmerksam zu machen oder sich ihnen nur mit Schrittgeschwindigkeit anzunähern. Zu erhöhten Sorgfaltspflichten des Fahrers eines **Segways** hingegen zutr. Ko DAR **20** 36. Fußgängerverkehr ist keine „andere Verkehrsart", was sich sowohl aus dem Klammerzusatz „(§ 25 I S. 1)" als auch aus dem Gebot Nr. 3 gem. Anl 2 lfd. Nr. 19, 20 Spalte 3 zu Z 240/241 ergibt; eine Verletzung der Gehweg-Benutzungspflicht wird nach § 25 I S. 1 geahndet (Erläuterung zu Z 240/241; s. Begr; Rn. 245n). Nach Kar NZV **12** 437 gilt „rechts vor links" beim Zusammentreffen mit einer Str (dort auch zur Auslegung des „gemeinsamen Geh- und Radwegs). ● **Z 241 (Getrennter Fuß- und Radweg):** Die Radwegbenutzungspflicht gilt nach Anl 2 lfd. Nr. 20 Spalte 3 Nr. 1 zu Z 240/241 für den getrennten Radweg (s. auch § 2 Rn. 67a ff.). Ist anderer FahrV zugelassen, so bezieht sich dies auf den getrennten Radweg (Nr. 3 zu Z 241). Rücksichtnahmepflichten von Radfahrern gegenüber Fußgängern (und umgekehrt) können auf lediglich farblich getrennten Rad- und Fußwegen aus § 1 II folgen; sie können den Radfahrer jedenfalls dann zu erheblicher Reduzierung der Fahrgeschwindigkeit zwingen, wenn sich das abstrakte Gefährdungspotential solchen BegegnungsV zu einer kritischen VSituation verdichtet (BGH NZV **09** 177 m krit Anm *Schubert; s. auch* Ol NZV **04** 360). Eingehend zu Haftungsanteilen bei Begegnungsunfall zwischen Radf und Fußgänger in solchen Fällen: BGH NZV **09** 177. S. auch zu Z 240 aE.

● **Z 242.1/242.2 (Fußgängerbereich):** Z 242.1 gestattet die Benutzung des Fußgängerbe-   **248d** reichs nur Fußgängern und verbietet sie zugleich allen anderen VT, auch Radf, soweit nicht FzV durch ZusatzZ zugelassen ist (Anl 2 lfd. Nr. 21 Spalte 3 Nr. 1). Mitführen von Fahrrädern (Schieben) ist erlaubt (§ 2 Rn. 29). Fahrer von Krankenfahrstühlen und Rollstuhlfahrer stehen Fußgängern gleich (§ 24 I, II; dort Rn. 7). Das Verbot gilt für alle öffentlichen VFlächen innerhalb des Zonenbereichs zwischen den Z 242.1 und 242.2; der Sichtbarkeitsgrundsatz (dazu Rn. 228, 247) gilt also nicht. Soweit FzV durch ZusatzZ zugelassen ist, dürfen Fußgänger weder behindert noch gar gefährdet werden; die FzF müssen Schrittgeschwindigkeit (Anl 2 lfd. Nr. 21 Spalte 3 Nr. 2 zu Z 242.1 iVm Nr. 2 zu Z 239; s. auch Rn. 248c zu Z 239; zum Begriff der Schrittgeschwindigkeit § 42 Rn. 181 zu Z 325.1/325.2) einhalten und, soweit nötig, warten. Während der durch ZusatzZ bezeichneten Dauer zugelassenen FzVerkehrs dürfen Fz grds. auch parken (Zw VRS **80** 380). Durch ZusatzZ gewährte Ausnahmen sind eng auszulegen; zugelassener LieferV muss daher den Fußgängerbereich auf dem kürzest möglichen Weg durchfahren (Bay NZV **91** 164), andernfalls OW (Rn. 249). Allerdings rechnet es zum „LieferV", in der Fußgängerzone zur Ausstellung von Werbeplakaten befindliche Schaukästen zu reinigen und mit neuen Werbeplakaten zu bestücken, weswegen der Betroffene nicht außerhalb parken und die Plakate zu Fuß hineintragen muss (Jn VRS **123** 235). Wer aus einem Fußgängerbereich auf die Fahrbahn einfahren will, hat sich gem. § 10 zu verhalten (§ 10 Rn. 6a). Vorübergehende Ausnahmeregelung für Geldtransporte im Auftrag der Kreditinstitute oder der Deutschen Bundesbank im Rahmen der Einführung des Euro: 38. Aufl, Rn. 245d. Zum Fußgängerbereich i Ü: § 2 Rn. 30, § 45 Rn. 28b. ● **Z 244.1//244.2 (Fahrradstraße)** bezeichnen einen Sonderweg (§ 2 Rn. 28) und schließen andere Fz als Fahrräder und ElektrokleinstFz (nicht aber Fußgänger, vgl. Rn. 245o), soweit nicht durch (ggf. gemeinsam für mehrere Verkehrsarten geltendes) Spalte 3 Nr. 1 S. 3 zum Überqueren der Fahrradstraße an Kreuzungen dient der Vermeidung zusätzlicher Beschilderung und Erschwernisse (BR-Drs. 591/19 (B) S. 16 f.). ZusatzZ zugelassen, von der Benutzung aus (Anl 2 lfd. Nr. 23 Spalte 3 Nr. 1 zu Z 244.1). Alle Fz (auch Radf) dürfen maximal 30 km/h fahren (Anl 2 lfd. Nr. 23 Spalte 3 Nr. 2 S. 1 zu Z 244.1 (zum früheren Begriff der *mäßigen* Geschwindigkeit Kar NZV **07** 47; *Bouska* DAR **97** 338). Das Z 244.1 erlaubt das Nebeneinanderfahren von Radf (Anl 2 lfd. Nr. 23 Spalte 3 Nr. 3 zu Z 244.1). Auch hier gilt allerdings die Grundregel des § 1 I der gegenseitigen Rücksicht und des § 1 II, zB gegenüber Fußgängern und dem durch ZusatzZ erlaubten FzVerkehr (*Hentschel* NJW **98** 346). Hinsichtlich anderer Fz gilt das Rücksichtnahmegebot nach Anl 2 lfd. Nr. 23 Spalte 3 Nr. 2 S. 2 und 3, wonach der RadV weder gefährdet noch behindert werden darf und Kf wenn nötig die Geschwindigkeit weiter verringern müssen. Auch sonst gelten die Vorschriften über Vorfahrt und Fahrbahnbenutzung (Anl 2 lfd. Nr. 23 Spalte 3 Nr. 4 zu Z 244.1), insbes. (abgesehen vom erlaubten Nebeneinanderfahren) über das Rechtsfahrgebot, aber auch die Bestimmungen über Geschwindigkeit, Abstand, Überholen, Fußgänger usw. Fehlen Gehwege, so gilt für

Fußgänger § 25 I S. 2–4. • **Z 244.3//244.4 (Fahrradzone)** In Fahrradzonen gelten dieselben Verhaltensregeln wie in Fahrradstraßen (Anl 2 lfd. Nr. 24.1 Spalte 3). Auf die vorstehenden Ausführungen kann daher Bezug genommen werden. Anderer Verkehr als Radverkehr und ElektrokleinstFz ist nur nach gesonderter Freigabe durch ein ZusatzZ zulässig. • **Z 245 (Bussonderfahrstreifen):** Ein Sonderstreifen für Busse entsteht nur durch das Z 245, nicht bereits durch die Beschriftung „Bus" (Bay VRS **59** 236, Dü NZV **98** 41), die allein ein Befahren auch bei unterschiedlichem Fahrbahnbelag und Abgrenzung durch Nagelreihe nicht verbietet (Bay VRS **63** 296). Der Sonderstreifen soll (vgl. VwV zu Z 245 Rn. 16), muss aber nicht zwingend durch Fahrstreifenbegrenzung abgetrennt sein (LG Mainz VRS **88** 181). Als Streckenverbot endet er auch dann nicht ohne Weiteres an der nächsten Einmündung, wenn das Z entgegen der VwV (Rn. 15) nicht wiederholt wird (LG Mainz VRS **88** 181). Der Schüler- und BehindertenV ist umfasst, gleichfalls die Beförderung vom und zum Kindergarten; Taxen, Fahrrad, sowie der Verkehr mit „Gelegenheitsbussen" (zB Reisebus) und elektrisch betriebenen Fz (dazu § 3 EmoG Rn. 8) kann durch ZusatzZ erlaubt werden (Begr; Rn. 245p). Zum mit Ausnahmegenehmigung des BMV zugelassenen ZusatzZ „Fahrgemeinschaften" *Johannisbauer* NZV **19** 619. Das Z 245 dient dem flüssigen Linien- (bzw Taxi- oder Fahrrad-)Verkehr (vgl. VwV Rn. 2 zu Z 245). Z 245 ist daher kein SchutzG zugunsten anderer VT, zB bei Kollision mit verbotswidrig den Sonderfahrstreifen benutzendem Pkw (KG VersR **82** 583, **91** 20, NZV **92** 486, Ha NZV **01** 428; abw nunmehr KG VersR **16** 205 unter Hinweis auf § 1 I und II). Zur Haftungsverteilung zwischen Abbieger und unbefugtem Sonderstreifen-Benutzer § 9 Rn. 55, hierzu auch KG NJW-RR **18** 159. Vorrangfragen: § 9 Rn. 39, Haltverbot: § 12 Rn. 37a.

248e   • **Abschnitt 6 Verkehrsverbote (Z 250–261, 262–266, 270.1).** In Anl 2 Spalte 3 lfd. Nr. 26, zu lfd. Nr. 36–40 und lfd. Nr. 44 ist nunmehr ausdrücklich normiert, dass die jeweiligen Verbote die Verkehrsteilnahme umfassen, wozu außer dem Fahrverkehr **der ruhende V** gehört. Damit ist für alle davon betroffenen Verbote die Streitfrage zum früheren Recht, ob parkende Fz vor Beginn der Sperrzeit aus dem gesperrten Bereich entfernt werden müssen (bejahend: Kö VM **77** 47, Ha **48** 229, Kar VRS **54** 309, Dü NZV **92** 85 (zust *Janiszewski* NStZ **92** 274), OVG Münster VRS **71** 467, *Booß* VM **81** 24, *Bouska* VD **77** 105, Bick NZV **92** 86; verneinend BGHSt **34** 194 = NJW **87** 198 (abl *Janiszewski* NStZ **87** 116); Kar VM **77** 19 (aufgegeben: VRS **54** 309), NZV **09** 521, VGH Ka VM **81** 22 (abl *Booß*), Dr NZV **96** 80) durch den VOGeber eindeutig geklärt (Ha NZV **14** 52); auch Verstöße im ruhenden V mit etwaiger Kostentragungspflicht des Halters nach § 25a StVG sind bußgeldbewehrt (eingehend Begr Rn. 245q; s. auch *Stollenwerk* VD **11** 239). Von einem Teil der Verkehrsverbote (Z 250, 251, 253, 255, 260) können elektrisch betriebene Fz durch ZusatzZ ausgenommen werden (Anl. 2 lfd Nr. 27.1; dazu § 3 EmoG Rn. 9). **Z 250 (Verbot für Fz aller Art):** Das VZ betrifft, wo es zeitlich unbeschränkt gilt, jedes Einfahren und Parken im Sperrbezirk. Abzweigungen, die nur über die gesperrte Str erreichbar sind, werden ohne besonderes VZ mitumfasst (Bay VRS **69** 461). Soweit Ladegeschäft erlaubt ist, gelten die Grundsätze wie zu § 12 (Ha VM **75** 21; s. § 12 Rn. 32 ff.). Die gesperrte Str bleibt öffentlich, es gelten die Vorfahrtsregeln (Neust JR **57** 433). Zu beachten bleibt, dass FahrV herauskommen kann (BGH VRS **24** 175). Die Zweifelsfrage, ob das Verbot auch für **Reiter** gilt (hierzu 40. Aufl), ist durch die „Schilderwaldnovelle" und dies übernehmend die StVO-Neufassung 2013 (Rn. 245q) beantwortet: Führer von Pferden (und von Vieh) werden vom Verbot nicht erfasst (Anl 2 lfd. Nr. 28 Spalte 3 Nr. 1 S. 2 zu Z 250). KRäder und Fahrräder (Anl 2 lfd. Nr. 28 Spalte 3 Nr. 2 zu Z 250) sowie ElektrokleinstFz (§ 12 I eKFV) dürfen (nur) geschoben werden. Nach Mü NZV **14** 360 keine Haftung des Fußgängers, der in „faktischer Fußgängerzone" (Theatervorplatz mit Z 250) nach hinten auf die Fahrbahn tritt und von einem verbotswidrig Radfahrenden angefahren wird, mit der Folge eines Sturzes. Eine Zufahrtsperre auch für **Anlieger** ist uU mit dem GG vereinbar (Ha DAR **58** 73). Bei ZusatzZ „Nur für Anlieger": SchutzG bezüglich der Anlieger nur, wenn speziell diese geschützt werden sollen und nicht nur VErleichterung bezweckt ist (BGH NJW **70** 421, Kö VersR **82** 154). Das **ZusatzZ „Anlieger frei"** hat dieselbe Bedeutung wie das Schild „Anliegerverkehr frei" (Zw NJW **89** 2483); es erlaubt nicht nur eigentlichen Anliegern die Durchfahrt, also Personen mit durch rechtliche Beziehung zu den Grundstücken begründeter Anliegereigenschaft, sondern auch den Verkehr mit ihnen und damit die Zufahrt zu ihrem Grundstück (BVerwG NJW **00** 2121, Zw NJW **89** 2483). Anlieger sind auch unmittelbar Nutzungsberechtigte (Zw VM **78** 38, Dü NZV **92** 85). Anlieger ist auch, wer von der gesperrten Str aus einen Bach und durch dessen Windungen bedingte schmale Geländestreifen bis zu seinem Grundstück hin überqueren muss (Zw VM **78** 38). Zum in der StVO nicht definierten Anliegerbegriff: BVerwG NJW **00** 2121, *Jäger* DAR **96** 471. Ob eine Str für den DurchgangsV oder für Kfz mit Ausnahme der Anlieger gesperrt ist, macht keinen Unterschied, in beiden Fällen dürfen Dritte zu den Anliegern fahren (Bay VM **78** 75, VRS **69** 64, Ha VRS **55** 382, Zw NJW **89** 2483), jedoch nur, wenn das aufgesuchte Grundstück einen Ein- oder Zugang zur gesperrten Str hat (Ha VRS **52** 304). Ziel oder Ausgangspunkt müssen an der gesperrten Str liegen; ob der Anlieger auch auf anderem Weg erreichbar ist, ist ohne rechtliche Bedeutung (Bay DAR **75** 250 (Bahnhof)). AnliegerV ist die erlaubte Zufahrt zu Grundstücken mit Zugang zur gesperrten Str (Ha VRS **52** 304, Dü VM **93** 43, zust *Booß*), es sei denn, die Zufahrt zu ihnen ist rechtlich überhaupt gesperrt (Ha DAR **74** 81). Maßgebend für das Ein- oder Ausfahren muss die gewollte Beziehung zu einem Anlieger oder Anliegergrundstück sein (Ha VM **69** 47). Befugter AnliegerV muss nicht den kürzesten Weg wählen (Br DAR **60** 268, Schl VRS **9** 58, Dü NZV **92** 85). Besucher müssen nach Beendigung ihres Besuchs den nur für Anlieger freigegebenen Bereich verlassen; weiteres Parken nach ursprünglich erlaubter Nutzung der VFläche ist ow (Dü NZV **92** 85 mzustAnm *Bick*). Das ZusatzZ „Anwohner frei" besagt im *StrV* dasselbe wie „Anlieger frei" (Bay DAR **81** 18, VRS **69** 64, Dü NZV **92** 85; aM *Booß* VM **81** 9). **Beispiele:** Aufsuchen eines Automaten in der Sperrzone (AG Dillingen MDR **68** 605), eines dort bauenden Bauunternehmers (Bay VRS **27** 381), das Einfahren, um mit ausdrücklicher oder stillschweigender Duldung des Anliegers ein dort liegendes Grundstück zu benutzen (BGH NJW **65** 1870, Zw NJW **89** 2483 (Baggersee)) oder um zum Fischwasser zu gelangen (Fischereierlaubnisschein, Pacht; Zw VRS **54** 311, Kö VRS **25** 367, *Drossé* DAR **86** 269, aM *Ce* VRS **25** 364). **Nicht zum erlaubten Anliegerverkehr** gehört es, wenn von einem Punkt außerhalb der Sperrstrecke ein anderer Punkt außerhalb dieser Strecke durch die gesperrte Str erreicht werde soll (Zw VRS **45** 388, Ha VRS **53** 310, Br DAR **60** 268, Ol NJW **64** 606, einschr. BVerwG NJW **00** 2121) oder bloße Ausübung eines Gemeingebrauchs (Schl VM **65** 37), zB das Befahren einer gesperrten ForstStr zwecks späteren Skilaufs (Bay DAR **69** 106, VM **69** 35; s. aber BGH NJW **65** 1870) oder Zufahrt zu einem Gebäude, dessen Einfahrt in einer anderen Str liegt (Kö VRS **17** 387). Das **ZusatzZ „Ausgenommen Taxen und Linienbusse"** bezieht Mietwagen nicht ein (Schl VM **76** 24). **„Krankenfahrzeuge frei"** umfasst allein spezielle KrankenFz der im Gesundheitsdienst und Krankendienst tätigen Einrichtungen (Krankenanstalten, Rotes Kreuz, Bundeswehr usw), nicht aber private Kfz, zB Pkw, mit denen Kranke oder Menschen mit Behinderung befördert werden (Ko VRS **70** 302). ZusatzZ Nr. 1026-38 **„Landwirtschaftlicher Verkehr frei"** stellt nicht auf bestimmte FzArten oder Halter ab, sondern auf den landwirtschaftlichen Zweck der Wegbenutzung, schließt daher die Benutzung durch landwirtschaftlichen Fachberater mit Privat-Pkw zu entsprechendem Zweck nicht aus (Bay VRS **62** 381), das Befahren durch Elektrizitätswerkspersonal zum Zweck der Reparatur eines Hochspannungsmasts dagegen auch dann, wenn auch die Stromversorgung eines landwirtschaftlichen Betriebes betroffen ist (Ko VRS **68** 234). Das Befahren muss dem Zweck der Bewirtschaftung iS landwirtschaftlicher Erzeugung tierischer oder pflanzlicher Art dienen (Kö DAR **86** 298). Bewirtschaftung eines Binnengewässers im Rahmen der Fischerei ist in diesem Sinne als „landwirtschaftliche" Tätigkeit anzusehen (*Drossé* DAR **86** 271), nicht jedoch bloßes Sport- oder Hobby-Angeln (Kö DAR **86** 298 mAnm *Drossé* NStZ **87** 82; Bay DAR **89** 362). Auf das Fahrtziel kommt es nicht an, landwirtschaftlich darf die i Ü gesperrte Str also auch zur bloßen Durchfahrt benutzen (Ce NZV **90** 441). Das ZusatzZ **„Ausgenommen Forstwirtschaft"** u Ä erlaubt auch Fahrten, die der Jagdausübung dienen. Der forstwirtschaftliche AnliegerV ist jedenfalls im StrV (ZusatzZ) keine Unterart des landwirtschaftlichen, dessen Freigabe schließt also den forstwirtschaftlichen V nicht ein (Bay DAR **78** 283). Zum Inhalt sonstiger ZusatzZ s. § 39 Rn. 31a ff. Wer dem Z 250 zuwider einfährt, **haftet nach § 823 BGB** nur für Unfälle innerhalb des rechtlichen Schutzbereichs des VZ (BGH VersR **70** 159, NJW **70** 421). Verantwortlichkeit für eine Körperverletzung nur, wenn das Befahren zu der Gefahr führt, der die Sperrung entgegenwirken soll (§§ 222, 229 StGB Rn. 20 f.). Nach LG Sa NZV **12** 487 begründet verbotswidriges Befahren und dortiger Unfall wegen nicht hinreichend gesicherter Baustelle zwar noch nicht per se Mitschuld, jedoch ist der Kf zu besonderer Vorsicht gehalten und haftet bei deren Verletzung im Rahmen des § 254 BGB, § 9 StVG.

- **Z 251 (Verbot für Kraftwagen und sonstige mehrspurige Kfz):** Zu den mehrspurigen Kfz gehören zB Zgm (Begr VkBl. **88** 225), nicht dagegen Kräder mit Beiwagen. Das ZusatzZ „Traktor" betrifft jetzt Kfz, die nicht schneller als 25 km/h fahren können (§ 3 II S. 1 Nr. 2a FZV). Ausnahme durch ZusatzZ für bestimmte Kfz bei VVerbot aus Gründen der Luftverunreinigung: Rn. 86d. Ist das Durchfahrverbot zusätzlich mit Verkehrseinrichtungen gekennzeichnet (Schranken, Leitbaken, Leitschwellen und Leitborde, s. § 43 III), was etwa dem Befahren von nicht (mehr) für Lkw geeigneten Brücken entgegenwirken soll, so droht **Nr. 250a BKat** 500 € Geldbuße und 2 Monate FV an. Bei drei Fahrstreifen vermögen am linken Fahrbahnrand aufge- **248f** stellte Leitbaken die Qualifizierung für den jeweils gesperrten mittleren und rechten Fahrstreifen nicht zu bewirken; liegen die Voraussetzungen vor, so wäre eine Bebußung unverhältnismäßig, wenn der Betroffene zu dem Zeitpunkt, zu dem ihn der Normbefehl erreicht, über keine rechtmäßige Handlungsalternative mehr verfügt und das Befahren der besonders gekennzeichneten Straßenfläche demnach nicht mehr verkehrsgerecht vermeiden kann (Kö BeckRS **18** 26049, unzutreffend wiedergegeben und kommentiert von *Krumm* NZV **19** 211). Zum Vorsatz AG Tiergarten NZV **19** 649 (*Krumm*). Befreiung für ElektrokleinstFz durch ZusatzZ ist möglich (§ 12 II eKFV, s. dort). ● **Z 253 (Verbot für Kfz über 3,5 t):** Die Kombination der ZusatzZ „DurchgangsV" und „7,5 t" beschränkt das aus Z 253 folgende VVerbot nach Maßgabe von auf den DurchgangsV mit NutzFz mit zulässigem Gesamtgewicht von mehr als 7,5 t und dient dem Schutz der Wohnbevölkerung vor den durch Ausweichen auf nicht mautpflichtige Straßen verursachten Immissionen **„Mautausweichverkehr"** (zur Anordnung § 45 Rn. 49i). Die Schilderkombination ist auf den MautausweichV beschränkt. Lediglich für Zwecke des § 40 I BImSchG wird sie gleichfalls herangezogen werden können. Die Kombination mit einer geringeren Gewichtsgrenze (zB 3,5 t) ist nicht zulässig. Zur unzulässigen Häufung von 7 übereinander angebrachter Z s. § 39 Rn. 33, 36. Bekanntgabe durch VZ erforderlich (§ 45 Rn. 41). Die grundsätzliche Widmung einer Str auch für den DurchgangsV ist von der Regelung nicht betroffen. Nicht zum DurchgangsV gehört der regionale WirtschaftsV innerhalb eines Umkreises von 75 km vom ersten Beladeort nach Maßgabe der in Anl 2 lfd. Nr. 30.1 Spalte 3 Nr. 2b Erläuterung enthaltenen Ausnahmeregelung. Wird der Umkreis überschritten, endet die Privilegierung (Fra NZV **12** 606 (L)). Darunter fallen auch Leerfahrten im Zusammenhang mit dem GüterkraftV (Begr, § 45 Rn. 8). Weitere Ausnahmen enthält die Regelung für nicht mautpflichtige Fz und für Fahrten auf ausgewiesenen Umleitungsstrecken. Zur Frage der Ausnahme nach § 46 BVerwG NJW **08** 2867. Nach Fra v. 27.11.2009, 2 Ss-OWi 164/09 (mitgeteilt in SVR **10** 270) sind Fahrten, die dem Erreichen oder dem Verlassen eines im Verbotsbereich gelegenen Grundstücks dienen, uneingeschränkt privilegiert (Anl 2 lfd. Nr. 30.1 Spalte 3 Nr. 2a); keine einschränkende Auslegung dahingehend, dass die Privilegierung nur dann greift, wenn der VT den Verbotsbereich auf dem Weg von oder zu dem Grundstück auf dem kürzestmöglichen Weg passiert. Nachzuweisen ist der Zielort durch die Frachtpapiere (Fra NZV **12** 606 (L)). ● **Z 254 (Verbot für Radfahrer und ElektrokleinstFz iS der eKFV)** kann zur Abwendung von Gefahren bei schmaler Fahrbahnbreite und hoher Verkehrsbelastung gerechtfertigt sein (§ 45 IX; VG Stu bei *Stollenwerk* VD **07** 12), unterliegt aber den strengen Voraussetzungen des § 45 IX S. 2 (dort Rn. 28a), die bei einer Fahrbahnbreite von 5,50 m, dem Vorhandensein öffentlicher Einrichtungen, beim spitzwinkligen Queren von Straba-Gleisen (30%) und bei hoher Verkehrsbelastung noch nicht gegeben sind (VGH Ma NZV **11** 460). ● **Z 255 (Verbot für Kräder, auch mit Beiwagen)** s. bei Z 260. ● **Z 260 (Verbot für Kfz)** verbietet nach Kar NZV **09** 521 (mAnm *Köpke* DAR **09** 341) weder das Schieben von Krafträdern im gesperrten Verkehrsbereich, noch deren Halten oder Parken. Die Entscheidung dürfte, jedenfalls was das Halten und Parken anbelangt, durch Gesetzesänderung überholt sein (Rn. 248e eingangs). Befreiung für ElektrokleinstFz durch ZusatzZ ist möglich (§ 12 II eKFV, s. dort). ● **Z 261 (Verbot für kennzeichnungspflichtige Kfz mit gefährlichen Gütern).** Richtlinien für die Anordnung von verkehrsregelnden Maßnahmen für den Transport gefährlicher Güter auf Straßen: VkBl. **87** 857. ● **Z 262 (Tatsächliches Gewicht)** ist auf allen Teilen der Sperrstrecke zu beachten (BGHSt **11** 7). Die ausnahmsweise erfolgte Freigabe für landwirtschaftliche Anlieger bezieht sich nur auf Benutzung für landwirtschaftliche Zwecke, nicht zB auch für forstwirtschaftliche Zwecke eines Anliegerlandwirts (Bay DAR **78** 283). Militärische Tragfähigkeitsschilder an Brücken: § 39 Rn. 39. ● **Z 264 und 265 (Breite, Höhe):** Die angegebenen Maße beziehen sich, wie auch aus ihrer amtlichen Bezeichnung hervorgeht, auf die *tatsächliche* Breite bzw. Höhe, nicht auf die in der der ZB I (vormals FzSchein) angegebenen; das ist nunmehr in Anl 2 lfd. Nr. 36–40 Spalte 3 sowie in Ge- oder Verbot zu Z 266. ausdrücklich bestimmt (hierzu mwN auch Begr Rn. 245r. § 32 Rn. 2). Der eine höhere Bebußung mit FV indizierenden **Nr. 250a BKat** (dazu schon oben zu Z 251) ist nicht anwendbar bei unmittelbar an einer Infrastruktureinrichtung durch Schilder angebrachten rot-weißen Markierungen; insoweit handelt es sich nur um Leitmale iSv Anl 4 zu § 43 III lfd. Nr. 10 (Z 627) und damit um eine Einrichtung zur Kennzeichnung von dauerhaften Hindernissen oder sonst gefährlichen Stellen an Bauwerken, Bauteilen und Gerüsten iSv § 41 I iVm Anl 2 lfd. Nr. 39 (Z 265), die über § 49 III Nr. 4 bußgeldbewehrt ist (Bay DAR **20** 392 mAnm *Wirsching*). Das Abstellen auf die tatsächliche Breite bedeutet, dass solche Fz (auch Pkw), deren Breite einschließlich der Außenspiegel (ausdrücklich Erläuterung zu Z 264) zB 2 m (häufig für die linke Spur an AB-Baustellen) übersteigt, die linke Fahrbahn uU nicht mehr benützen dürfen, was dem Vernehmen nach durch die Pol zunehmend geahndet wird. Das Verbot des Z 265 ist SchutzG iS von § 823 II BGB; es dient auch dem Eigentumsschutz der infolge Missachtung geschädigten VT und des Eigentümers des Fz, dessen Fahrer das VZ nicht beachtet (BGH NZV **05** 457). Der FzF eines 3,08 m hohen Wohnmobils, der unter Missachtung dreier VZ in eine Brückenunterführung einfährt und dadurch sein Fz beschädigt, handelt grob fahrlässig, soweit nicht schuldmindernde Umstände von erheblichem Gewicht vorliegen; kein Augenblicksversagen (Ol DAR **06** 213; s. auch LG Hagen NZV **13** 37). RsprÜbersicht zu Schäden an Miet-Lkw wegen „Hängenbleibens" (zu geringe Durchfahrtshöhe) bei *Kärger* DAR **07** 169, s. auch *Nugel* DAR **13** 484. RL zur Kennzeichnung von Ingenieurbauwerken mit beschränkter Durchfahrtshöhe über Str:VkBl. **00** 337 = StVRL Nr. 8.

• **Z 267 (Verbot der Einfahrt)** steht dort, wo Einfahren untersagt, Gegenverkehr aber zu- 248g
gelassen ist (Kar VM **76** 16). Es untersagt jedes Fortbewegen an ihm vorbei mit Fz in der gesperrten Richtung, zum Fahren wie zum Parken hinter dem Zeichen (Kar VM **76** 16), auch rückwärts oder auf dem Gehweg (Hb VRS **30** 382). Auch Linksabbiegen in mit Z 267 Str beschilderte Str ist mit Blick auf den nachfolgenden V sorgfaltswidrig (KG NZV **10** 470). Das VZ ist unwirksam, wenn es schräg steht, so dass es nur Linksabbieger sehen (Bay VM **69** 29). Ist **FahrradV und ElektrokleinstFz** (s. auch § 12 II eKFV) zugelassen, so ist das ZusatzZ gem. Anl 2 lfd. Nr. 41.1 (Radverkehr und ElektrokleinstFz iS der eKFV frei) angebracht (s. auch Rn. 248b); dass der Ausnahmetatbestand ein „Ge- oder Verbot" darstellen könnte (so nunmehr Anl 2 lfd. Nr. 41.1 Spalte 3), leuchtet nicht ein. Verbotenes Einfahren in EinbahnStr trotz Fehlens von Z 267: Rn. 248b. Zum Begriff Fahrbahn in Anl 2 lfd. Nr. 41 s. Begr Rn. 245s. • **Z 268 (Schneeketten)** ist ein Gebotszeichen und vom Standort ab ausnahmslos zu befolgen, auch bei vorerst belagfreier Straße. Es soll gewährleisten, dass Antriebsräder nicht durchdrehen und das Kfz im Gefälle nicht rutscht. Zu führen haben Schneeketten nur mehrspurige Kfz, und zwar nur auf den Antriebsrädern (*Bouska* VD **78** 13). • **Z 269 (Verbot für Fz mit wassergefährdender Ladung)** ist nunmehr auf den Transport von mehr als 20 l eingeschränkt, weil andernfalls bereits der Transport von 1 l Lack untersagt wäre (eingehend Begr Rn. 245r). Das Verbot bringt nicht nur in der Nähe von Talsperren ein entsprechendes Verbot deutlich zum Ausdruck (Kö NJW **68** 464). Zu Jauche und Gülle als wassergefährdende Stoffe *Lippert* VD **11** 331. Richtlinien für die Aufstellung des VZ: VkBl. **87** 857; **88** 576 = StVRL Nr. 3. • **Z 270 (Smog):** Aufgehoben durch VO v. 10.10.06 (KennzVO). Hierzu Begr, Rn. 245e. Zum Z 270 (alt) 38. Aufl. Verkehrsverbote bei erhöhten Ozonkonzentrationen: Buchteil **11.** • **Z 270.1, 270.2 („Umweltzone"):** Zur Fassung eingehend Begr Rn. 245u. Zur KennzVO betreffend die Feinstaubbelastung Rn. 245e, § 39 Rn. 4b, § 45 Rn. 29, § 47 StVZO Rn. 7a. Das Verkehrsverbot verletzt wegen der Ausnahmen ua für Oldtimer nicht den Gleichheitsgrundsatz nach Art. 3 GG (Ha NZV **14** 52) und umfasst nunmehr *eindeutig* auch das Halten und Parken in der Verbotszone (Ha NZV **14** 52; Dü DAR **20** 468 mAnm *Brand;* s. auch VerfGH Bln DAR **14** 191 mAnm *Sandherr;* ebenso zur vormaligen Rechtslage: AG Tiergarten DAR **08** 409, *Albrecht* SVR **09** 81, 84; aM AG Fra NJW **09** 3737; AG Br DAR **10** 33 mAnm *Miller;* 40. Aufl.; *Koch* NZV **14** 385 (unter unzutreffendem Hinweis darauf, dass das Kfz auch geschoben werden dürfe, s. nur die Ausnahmebestimmung Anl 2 lfd. Nr. 28 Spalte 3 Nr. 2 und hierzu oben Rn. 248e eingangs; *Sandherr* DAR **08** 409; *Ilussi* NZV **09** 483; s. auch § 25a StVG Rn. 5). Dass das Streckenverbot den ruhenden V einbezieht (und dies auch soll), ist gewiss (näher § 41 Rn. 248e). Schon im Hinblick darauf, dass Kfz nur in den allerseltensten Fällen ohne Wirkung der Motorkraft in die Zone eingefahren werden, bestehen vor dem Hintergrund des Zwecks, Feinstaubemissionen zu vermeiden, in einer notwendig generalisierenden Regelung keine Bedenken dagegen, das Halten und Parken einzubeziehen. Dass das Fz zu diesem Zeitpunkt nichts emittiert, ist deshalb irrelevant. Dementsprechend könnte der beim Fahren gesehene Betroffene auch nicht damit gehört werden, er sei mit abgeschaltetem Motor eingefahren. Jedenfalls nach neuer Rechtslage OW auch dann, wenn die Plakette nicht mitgeführt wird (abw zur alten Rechtslage *Benneter* DAR **10** 489); das Merkmal „ausgestattet sind" nach Anl. 2 lfd Nr. 46 Spalte 3 ist in diesem Sinn zu interpretieren. Bußgeldbewehrt ist es auch, wenn das auf der Plakette ausgewiesene Kennzeichen, etwa weil nach Ummeldung noch das Kennzeichen des Vorbesitzers angegeben ist, nicht mit dem aktuellen Kennzeichen des Fz übereinstimmt (Ha NZV **14** 52 unter Hinweis auf § 3 II der 35. BImSchV („des jeweiligen Fz"); aM *Koch* NZV **14** 432; abw zur alten Rechtslage AG Augsburg VD **11** 322). Allerdings sollte in solchen Fällen vom Opportunitätsprinzip (§ 47 OWiG) Gebrauch gemacht werden. Ausnahmen für bestimmte Betroffene: § 1 II der 35. BImSchV; § 46 I Nr. 11 dürfte daneben nicht mehr anwendbar sein (*Rebler/Scheidler* NVwZ **10** 98 m Nw aus der Rspr); für eine Personenmehrheit durch ZusatzZ oder Allgemeinverfügung (Anl 2 lfd. Nr. 44 Spalte 3 Nr. 2; insoweit krit. *Rebler/Scheidler* SVR **09** 449, 453 f., NVwZ **10** 98) s. Begr Rn. 245u. Die Belas-

tung des Bewohners einer Umweltzone durch das Verkehrsverbot ist grundsätzlich zum Schutz der Umwelt und der menschlichen Gesundheit erforderlich (OVG NRW NVwZ **09** 1317 (70% Gehbehinderung)). **Zum Vorsatz** AG Magdeburg NZV **19** 108 *(Krenberger)*). Zur Anfechtungsberechtigung Rn. 247. ● **Z 272 (Wendeverbot)** untersagt nur das Wenden, nicht auch das Abbiegen (*Bouska* DAR **91** 163). ● **Z 273 (Unterschreiten des Mindestabstands)** umfasst auch den ruhenden V (Rn. 248e eingangs), weswegen das Verbot gewiss auch bei Staus und Stockungen gilt; der Wortlaut der Anl 2 lfd. Nr. 48 Satz 1 („voraus*fahrenden* Kfz") steht dem nicht entgegen.

248h   ● **Z 274 (zulässige Höchstgeschwindigkeit):** § 3   Rn. 45 ff.   ● **Tempo 30-Zone (Z 274.1/274.2):** Beide Z zusammen ordnen eine Tempo 30-Zone oder (in verkehrsberuhigten Geschäftsbereichen, § 45 Rn. 38) eine Zone mit noch niedrigerer Geschwindigkeit an (§ 45 I d, Anl 2 lfd Nr. 50 Spalte 3 Erläuterung zu Z 274.1), dies allerdings nicht durch das in StVO und VzKat 2017 nicht vorgesehene VZ „Tempo 10-Zone", dazu § 39 Rn. 31, § 45 Rn. 38). Der für die meisten VZ herrschende Sichtbarkeitsgrundsatz gilt hier ausnahmsweise nicht; das Z 274.1 braucht (und darf) daher innerhalb der Zone nicht wiederholt zu werden. Die Z dürfen nur innerhalb geschlossener Ortschaften aufgestellt werden (§ 45 Ic S. 1). Im Hinblick auf die Nichtgeltung des Sichtbarkeitsgrundsatzes ist die Beachtung der VwV Rn. 2 zu Z 274.1, 274.2 besonders wichtig. Bei zu großer Zonenausdehnung (mehrere km), insbesondere zusätzl. Fehlen äußerer Merkmale (Aufpflasterungen, Fahrbahnverengungen) ist einem Kf, der irrig annimmt, die Zone bereits verlassen zu haben, uU kein Vorwurf zu machen (Dü DAR **97** 283, *Bouska* DAR **89** 442). Zu den Voraussetzungen der Anordnung einer Tempo 30-Zone s. i Ü § 45 Rn. 37. Zum Schuldvorwurf Rn. 247, 249. ● **Z 275 (Vorgeschriebene Mindestgeschwindigkeit):** § 3 Rn. 45b, 47.

248i   ● **Z 276, 277:** § 5 Rn. 36 ff.

248j   ● **Z 283/286 (Haltverbot):** § 12 Rn. 28 ff. **Z 290.1 (Haltverbotszone):** § 12 Rn. 34a, 47, 60b; § 13 Rn. 1, 11a.

248k   ● **Z 294 (Haltlinie)** ergänzend zu anderen Halt- und Wartegeboten oder polizeilichen Zeichen oder Weisungen ist ein VorschriftZ (Bay VRS **58** 150, Hb VM **67** 79). Nur in Verbindung mit den in Anl 2 lfd. Nr. 67 Spalte 3 genannten Anordnungen erlangt die Haltlinie Bedeutung. Andernfalls ist sie unbeachtlich, zB, sofern sie einer nicht in Funktion befindlichen LZA zugeordnet ist (*Bouska* NZV **00** 498, *Minjoth* DAR **05** 235). „An" der Haltlinie bedeutet unmittelbar vor ihr (Kö NZV **98** 297, Dr VM **98** 54). Haltlinien auf benachbarten Fahrstreifen sind unbeachtlich (Dü VRS **94** 371). Hat ein Kf schon hinter einem Vordermann angehalten und ließ sich die VLage auf der VorfahrtStr von dort aus zweifelsfrei überblicken, so wird er an der Haltlinie nicht nochmals anhalten müssen, weil deren einziger Sinn dann erfüllt ist (**E** 122, 124). Ist die Haltlinie irrig so angebracht, dass noch keine ausreichende Sicht besteht, so ist nach dem eindeutigen Wortlaut von Anl 2 lfd. Nr. 67 Spalte 3 an der tatsächlichen Sichtlinie nochmals zu halten, also zweimaliges Anhalten geboten (*Bouska* VD **76** 219; 269; aM hier bis 40 Aufl), andernfalls OW wegen Verstoßes gegen die genannten Gebote (§ 49 III Nr. 4). Hinter die OW wegen eines Rotlichtverstoßes tritt die OW des Überfahrens der Haltlinie zurück (BGHSt **45** 2978 = NJW **99** 2978).

248l   ● **Z 295 („durchgehende Linie")** ist auch durch eine gleichmäßig dichte Markierungsknopfreihe (VwV Rn. 51 zu §§ 39–43; Anforderungen an Markierungsleuchtknöpfe: VkBl. **01** 487 = StVRL Nr. 9) und (als Fahrstreifenbegrenzung gegenüber dem Gegenverkehr) als Doppellinie darstellbar. Sind Knopfmarkierungen undeutlich, weil sie einer unterbrochenen Linie (Z 340) ähnlich sehen, so geht dies nicht zu Lasten des VT (Kö VRS **18** 463), ebenso nicht undeutliche Reste der Linie im Kurvenbereich (Ha DAR **63** 310). Eine abgefahrene und daher nicht ausreichend erkennbare Fahrstreifenbegrenzung ist ohne rechtliche Bedeutung (Sa VM **81** 37). Die durchgehende Linie darf, auch zwecks Linksabbiegens (Schl VM **61** 36, Ha VRS **16** 136, Dü VRS **26** 140), weder befahren noch überquert werden (Anl 2, lfd. Nr. 68 Verbot Nr. 1a; Jn DAR **01** 323, Ha VRS **48** 65, Ko VRS **48** 71). Links von ihr darf, wenn sie den Fahrbahnteil für den GegenV abgrenzt, grds. nicht vorbeigefahren werden (Anl 2 lfd. Nr. 68 Nr. 1b; Jn DAR **01** 323, Ha VRS **21** 67, Dü VM **61** 68, Ko VRS **48** 71). Anders liegt es in Ausnahmefällen, wenn mit alsbaldiger Behebung eines Hindernisses nicht zu rechnen, Weiterfahrt auf andere Weise nicht möglich und Gefährdung des GegenV ausgeschlossen ist (Ha VRS **21** 67, Dü VRS **63** 61, Bay VRS **70** 55). LkwAufbauten oder Ladung dürfen über sie nicht hinausragen (BGH NJW-RR **87** 1048, Stu NZV **91** 393, Ha DAR **92** 31), es sei denn, die ordnungsgemäß verstaute Ladung würde sonst rechts den Verkehr gefährden, jedoch keinen Gegenverkehr (Ha NJW **59** 2323, Schl VM **67** 48). Sie begründet **kein Überholverbot**, kann sich aber wie ein solches auswirken (vgl. BGH NJW **75** 312; NJW-RR **87** 1048; Ha DAR **01** 309; KG NZV **98** 376; Dü VRS **62** 302; Kö VRS **64** 292; Mü r+s **19** 285). Wer links von einer Fahrstreifenbegrenzung oder auf dieser überholt und ohne Überfahren oder Berührung der Trennlinie nicht überholen könnte, verletzt deswegen nicht in jedem Fall § 5 III und auch nicht § 2 (Ha DAR **92** 31, Ko VM **72** 69). Erreicht ein Kf die Linie beim Überholen, so muss er es abbrechen (Nau VRS **100** 173, Schl VM **65** 71). Als Fahrstreifenbegrenzung gegenüber dem GegenV und als Fahrbahnbegrenzung des Sonderwegs für den Gegenverkehr (Anl 2 lfd. Nr. 68 Nr. 1b) dient sie dem **Schutz des GegenV** (Jn DAR **01** 323. Stu NZV **07** 533; Mü r+s **19** 285), sichert nur diesen, nicht auch den, der überholen will (Dü DAR **76** 214, einschr KG VRS **113** 402; krit *Weber* DAR **88** 193), bzw. den nachfolgenden V (Ha VRS **126** 136). Trifft Verstoß gegen § 5 III Nr. 1 (gegenüber QuerV) mit Verstoß gegen die Ge- oder Verbote des Z 295 zusammen. so darf nicht unter Bezug auf Nr. 19.1, 19.1.1 BKat auf FV erkannt werden (Stu NZV **07** 533). **Trennt Z 295 gleichgerichtete Fahrstreifen**, so darf, wenn es berechtigterweise (Hindernis) nach links überquert wurde, links von ihr weitergefahren werden (Bay VRS **70** 55 (zu Z 296)). Die durchgehende Trennlinie zwischen zwei gleichgerichte- ten Fahrstreifen schafft (als Fahrstreifenbegrenzung, Anl 2 lfd. Nr. 68 Erläuterung Nr. 1) keine getrennten Fahrbahnen und erlaubt für sich allein also nach Maßgabe von § 7 das Schnellerfahren rechts oder links (Überholen), jedoch nicht das Überqueren; bei Z 276 jedoch unzulässiges Überholen auch, wenn kein Fahrstreifenwechsel stattfindet (Kö NZV **92** 415, aM Dü NJW **80** 1116, wonach kein Überholen im Rechtssinn vorliegt; krit *Hentschel* NJW **80** 1077; ebenso (kein Überholen) Sa NZV **92** 234 für Schnellerfahren auf Busspur). Wird durch Z 223.1 das **Befahren des Seitenstreifens angeordnet**, so verliert die links am Seitenstreifen verlaufende durchgezo- gene Linie ihre Eigenschaft als Fahrbahnbegrenzung, gewinnt dann aber nicht die Bedeutung einer Fahrstreifenbegrenzung, sondern die einer Leitlinie iS Z 340 (Anl 2 lfd. Nr. 68 Spalte 3 Nr. 3a), darf also nach beiden Seiten, auch zum Überholen, überfahren werden. Als **Fahrbahnbe- grenzung** durfte die durchgehende Linie nach der Rspr. zum alten, dies freilich erlaubenden Recht (vgl. § 41 II Nr. 3b aF) nach rechts überfahren werden (Ce VRS **63** 381, Ha VRS **48** 65, Ko VRS **48** 71, Dü VRS **72** 296, Kö NZV **92** 415). Das Verbot nach Anl 2 lfd. Nr. 68 Nr. 1a be- zieht die Fahrbahnbegrenzung jedoch ein. Danach darf die Fahrbahnbegrenzung nur bei Vorlie- gen der in Nr. 3 normierten Ausnahmen (Z 223.1, dahinterliegende liegende, nicht anders er- reichbare Parkstände, Grundstückszufahrten) überfahren werden. Damit sind nicht sämtliche Fälle legitimen und notwendigen Überfahrens der Linie erfasst (s. etwa § 18 Rn. 14b, Kö NZV **92** 415, 416). Man wird sich in solchen Konstellationen uU mit dem Gesichtspunkt verkehrsrichtigen Verhaltens (E 122 bis 124; § 1 Rn. 9) behelfen und das formal verbotene Verhalten als erlaubt ansehen können, soweit die notwendige Vorsicht beachtet wird. Andernfalls bleibt nur § 47 OWiG. Zum Überfahren der Begrenzung der Mittelinsel eines KreisV iS von § 8 Ia § 8 Rn. 37e. Mit der 54. ÄndVStVR v. 20.4.2020 (BGBl. I S. 814, 819) ist der Anwendungsbereich des Z 295 auf die Kennzeichnung des Verlaufs von Sonderwegen erstreckt worden (Anl 2 lfd. Nr. 68 Nr. 1b, 3c, und dazu Begr des BRates BR-Drs. 591/19 S. 19f.). Als Begrenzung eines Sonderwegs kenn- zeichnet sie den Verlauf des für den Radverkehr bestimmten Teils des Sonderwegs (Anl 2 lfd. Nr. 68 Erläuterung Nr. 3). Teilt die durchgehende Linie einen durch Z 237 gekennzeichneten rechts verlaufenden **Radweg** optisch als Sonderweg von der dem übrigen FzV verbliebenen Fahrbahn ab, so gilt ein **Haltverbot** (Anl 2 lfd. Nr. 68 Nr. 2a; Kö VRS **71** 223 ist überholt). Der durch Z 295 getrennte **Seitenstreifen** ist (soweit nicht das Befahren gem. § 223.1 angeordnet ist) nicht Bestandteil der Fahrbahn. Die frühere gegenteilige Rspr. ist durch § 2 I S. 2 überholt. Der Seiten- streifen dient den in Anl 2 lfd. Nr. 68 Gebot Nr. 1c genannten langsamen Fz (Ha VM **72** 15, Dü VRS **69** 456), trotz § 2 IV S. 5 auch Mofas (*Bouska* DAR **89** 162), die dort dem übrigen stocken- den V auch vorfahren dürfen. Anderen Fz ist die Benutzung grds. verwehrt (§ 2 I S. 1; *Booß* VM **82** 53); anders zB Radf, § 2 IV S. 4, bei Z 223.1 oder in Fällen des § 5 VI zum Zweck des Überholen- lassens. Lkw und Wohnmobile dürfen (und sollten) durch Ausweichen auf den Seitenstreifen Schnelleren das Überholen ermöglichen (§ 5 VI S. 2, 3). Wird ein Überholverbot gem. Z 276, 277 durch „Überholen" auf dem Seitenstreifen umgangen, so stellt dies zwar kein verbotenes Rechts- überholen (§ 5 I) im Rechtssinn dar (§ 5 Rn. 19a), verstößt aber gegen § 2 I (§ 5 Rn. 66). Lang- same Fz, die den Seitenstreifen benutzen, dürfen auch im Bereich von Überholverboten gem. Z 276, 277 durch Fz auf der Fahrbahn „überholt" werden; denn ein eigentliches Überholen liegt nicht vor, weil der Seitenstreifen nicht Bestandteil der Fahrbahn ist (§ 2 I S. 2; s. auch § 5 Rn. 16c). Nimmt jedoch ein Kfz, gleichgültig mit welcher Fahrgeschwindigkeit, den Seitenstreifen und zugleich einen Fahrbahnteil in Anspruch, so gilt für Fahrbahnbenutzer das Überholverbot (§ 5 Rn. 66), höchstens könnte sich dann fragen, ob ein solches Verbot sinnvoll ist, soweit ohne Befah- ren des durchgehenden Mittelstrichs überholt werden könnte.

• **Z 296 (einseitige Fahrstreifenbegrenzung)** dient zwei verschiedenen Zwecken: **a)** Es **248m** grenzt an unübersichtlichen Stellen vom GegenV ab, der seinerseits Übersicht hat und deshalb seine grundsätzliche Überholmöglichkeit behalten soll. Hier darf die durchgehende Linie in der unübersichtlichen Fahrtrichtung weder befahren noch nach links hin überquert werden; Linksfahrende müssen an ihrem Beginn sofort nach rechts fahren und dort bleiben, weil sonst anstatt der Schutzwirkung Gefahr entstünde (Bay VM **76** 83). **b)** Trennt es mehrere gleichgerichtete Fahrstreifen vor dem Wegfall des rechten (Kriechspur), so schützt es dessen Benutzer beim Sicheinordnen nach links hin dadurch, dass die Benutzer des linken Fahrstreifens auf der Verbotsstrecke wegen der durchgehenden Linie dort bleiben müssen (Bay VM **76** 83, *Bouska* VD **76** 271). Z 296 darf nur von der Seite der unterbrochenen Linie her überfahren werden (Anl 2 lfd. Nr. 69 Spalte 3 Nr. 1, 3 zu Z 296; Ol VM **68** 23), außerdem von links oder rechts her, um sich wieder einzuordnen, von dem, der sie unberechtigterweise überfahren hatte. Ist beim Z 296 die unterbrochene Linie nur unvollkommen entfernt, so dass Reste von ihr verbleiben, so bleibt Abbiegen erlaubt (Dü DAR **76** 214).

248n   • **Z 297: Richtungspfeile auf der Fahrbahn** unmittelbar vor einer Kreuzung (Einmündung) schreiben die künftige Fahrtrichtung *auf der folgenden Kreuzung oder Einmündung* zwingend vor, wenn zwischen ihnen Fahrstreifenbegrenzungen (Z 295) oder Leitlinien (Z 340) angebracht sind (Anl 2 lfd. Nr. 70 Spalte 3 Nr. 1 zu Z 297; BGH NJW **14** 1181 (bei Verletzung: Alleinhaftung); Ha VRS **48** 144,; *Booß* NJW **75** 1666, Schl VM **66** 28); mit einem Verstoß gegen das Fahrtrichtungsbeibehaltungsgebot des Z 297 muss grds. nicht gerechnet werden (Ha NJW-RR **19** 990 (Alleinhaftung des aus „selbstsüchtigen Motiven" gebotswidrig Fahrenden); LG Sa NJW-RR **19** 145). Andernfalls bilden sie Empfehlungen (KG DAR **05** 24; **09** 92; s. aber Kar NJW **75** 1666), deren Nichtbeachtung nicht ow ist, aber § 1 verletzen kann (Dü VM **72** 47). Sie begründen weder Vorrang- noch besondere Sorgfaltsregeln (KG DAR **05** 24). Zum **Haltverbot** gem. Anl 2 lfd. Nr. 70 Spalte 3 Nr. 2 zu Z 297: § 12 Rn. 36). Sind gleichgerichtete Fahrstreifen durch Leitlinien getrennt, aber nur einer mit einem Richtungspfeil gekennzeichnet, so besteht lediglich eine Empfehlung, keine Richtungsanordnung (Bay DAR **74** 305). Sonst ist auf der folgenden Kreuzung (Einmündung) die Fahrtrichtung gemäß den Pfeilen zu nehmen; wer dem Geradeaus- oder dem Rechtspfeil zu folgen hat, darf deshalb im Kreuzungsbereich nicht wenden, anders der, der (unter Beachtung fremden Vortritts) dem Linkspfeil zu folgen hat (Dü VRS **54** 465, *Bouska* VD **74** 157, *Mühlhaus* DAR **77** 10, aM *Booß* DAR **75** 38, *Kullik* DAR **78** 70). Richtungspfeile untersagen vorsichtiges Überholen nicht (KG VRS **33** 220, Br VM **93** 42). Auch Weiterfahrt entgegen der durch Z 297 vorgeschriebenen Richtung beim Überholen ist nicht für sich allein zugleich ein falsches Überholen (Dü NZV **96** 208). Überholen unter Benutzung eines für den GegenV durch Z 297 gekennzeichneten Fahrbahnteils: § 5 Rn. 37. Wer noch *vor* Erreichen der Kreuzung den seiner Fahrtrichtung zugeordneten Fahrstreifen aufsucht, verstößt nicht gegen Anl 2 lfd. Nr. 70 Spalte 3 Nr. 1 zu Z 297 (vgl. Bay NJW **83** 2891, Br VM **93** 42, Dü VM **95** 46, aM Kar NJW **75** 1666 bei verspätetem Einordnen). Weiterfahren in Pfeilrichtung ist auch geboten, wenn nicht mehrere Pfeile hintereinander angebracht sind, wenn rechts von einem Pfeil keine Markierung, sondern nur die Bordsteinkante ist (wie in Z 297; dazu *Harthun* DAR **71** 256). Die Erlaubnis des Rechtsüberholens von Linksabbiegern (Anl 2 lfd. Nr. 70 Spalte 3 Erläuterung S. 2 zu Z 297) gilt erst, wenn der Linksabbieger sich vollständig auf den mit Richtungspfeilen nach links versehenen Fahrstreifen eingeordnet hat (§ 5 Rn. 67). Ist Gefährdung ausgeschlossen, so darf der gem. Z 297 eingeordnete Linksabbieger durch einen anderen Linksabbieger noch rechts überholt werden (Kö VRS **46** 219; s. aber *Mersson* DAR **83** 282). **Z 297.1** Pfeilmarkierungen empfehlen, sich rechtzeitig für die gewünschte Fahrtrichtung einzuordnen; sie können auch das Ende eines Überholstreifens ankündigen (Begr; vgl. auch Anl 2 lfd Nr. 71 zu Z 297.1).

248o   • **Z 298: Sperrflächen** sind Bestandteil der Fahrbahn (Dü VM **90** 38, NZV **90** 241, *Booß* VM **90** 60) und gliedern, zB durch Eröffnung einer Abbiegespur, den fließenden V (Kö NZV **90** 483 (Z 298 auf dem ruhenden V dienenden Flächen aber jedenfalls nicht nichtig)). Die gesamte Fläche ist zu markieren (Kar VM **76** 16). Markierungen, die nicht dem Z 298 entsprechen, zB durchkreuztes Rechteck, entfalten nicht die rechtlichen Wirkungen der Anl 2 lfd. Nr. 72 Spalte 3 zu Z 298 (KG VRS **65** 297, Stu VRS **74** 222). Sperrflächen dürfen von Fz nicht benutzt werden (Anl 2 lfd. Nr. 72 Spalte 3; Zw NJW **66** 683, Kö VRS **92** 282), es sei denn, sie entsprächen nicht der Kennzeichnung nach Z 298 (Kar VM **81** 36). Soweit außer dem GegenV auch andere VT auf die Beachtung der Sperrflächen vertrauen dürfen und ihr Verhalten darauf einstellen, dient das Z 298 auch deren Schutz (BGH NZV **92** 150, Ha NZV **06** 204, Kö NZV **90** 72). Da Sperrflächen nicht befahren werden dürfen (s. o; Ha VRS **59** 5, Dü DAR **80** 217), verhindern sie uU das Überholen; wer sie dazu benutzt, verletzt jedoch nicht allein dadurch ohne Weiteres § 5, sondern das Verbot des Z 298 (BGH NJW-RR **87** 1048, Ha VRS **54** 458), jedoch auch § 5 I bei Rechtsüberholen (§ 5 Rn. 19a). Darüber hinaus begründen Sperrflächen die gleichen Gebote und Verbote wie Z 295 (Rn. 248l; LG Ol DAR **93** 437). Die Sperrfläche ist kein für Fußgänger zugewiesener Bereich, weswegen keine VSicherungspflicht wie für Gehwege oder Fußgängerzonen besteht; das gilt auch, wenn sich die Sperrfläche in der Nähe eines Gesundheitszentrums befindet (Fra NZV **08** 159 (Sturz wegen versenkten Kanaldeckels), aM *Bruns* NZV **08** 123). Durch unterbrochene Linien entsprechend Z 340 dürfen Sperrflächen, wie Z 298 zeigt, nicht umgrenzt werden, geschieht dies, dann sind sie unbeachtlich. Sollen sie das Linksabbiegen aus Grundstücken ermöglichen, so müssen sie in ganzer FzBreite unterbrochen sein. Schmalere Unterbrechung wird als unbenutzbar gelten müssen (*Kullik,* DAR **79** 31). Eine offensichtlich zur Trennung zweier Fahrstreifen angebrachte Sperrflächenmarkierung wird, wenn durch spätere Verengung einer der Fahrstreifen unbefahrbar wird, sinnwidrig und damit unbeachtlich (KöVRS **92** 282).

• **Z 299 Grenzmarkierung für Halt und Parkverbote** (Anl 2 lfd. Nr. 73): § 12 Rn. 56a. **248p**
• **Parkflächenmarkierungen** (Anl 2 lfd. Nr. 74 Spalte 3): § 12 Rn. 56.

3. Ordnungswidrigkeit. Verstöße gegen die in der Anl 2 enthaltenen Ge- und Verbote sind **249** nunmehr in § 49 III Nr. 4 (iVm § 41 I, II) bußgeldbewehrt. Zu den damit verbundenen Zielen vgl. vor Anl 1. Geahndet wird nicht die Nichtbeachtung eines VZ, sondern das durch das VZ gegebenen Ge- oder Verbots. Demgemäß muss dessen Bestehen bei widersprüchlichen oder sinnwidrig erscheinenden VZ festgestellt werden (Z 280 bei einer 3 m weiterlaufenden durchgehenden Linie Z 295; Kar VRS **47** 134). Im Zweifel muss der Kf der strengeren Regel genügen (Sa VRS **47** 387, 472). Wird ein VorschrZ wegen Änderung der Verhältnisse durch ein anderes ersetzt, so liegt ein ZeitG vor, weswegen die Möglichkeit der Ahndung bestehen bleibt (**E** 43). Die wesentlichen VZ muss jeder kennen (BGH VersR **69** 832). **Nur schuldhafte Verstöße** gegen die Ge- und Verbote sind ow. Es existiert kein Erfahrungssatz des Inhalts, dass ordnungsgemäß und gut sichtbar aufgestellte VZ nicht übersehen werden könnten, Nichtbeachtung daher stets vorsätzlich wäre (Schl DAR **92** 311, Bay DAR **96** 288). Bei der Beurteilung des Schuldmaßstabs muss berücksichtigt werden, dass die vorhandene Informationsmenge die Kapazität der Informationsaufnahme beim Kf häufig übersteigt (*Cohen* ZVS **95** 75, einschr. *Schneider* PVT **95** 225). Geringe Schuld, wenn jemand nach Gewöhnung an die alte Regelung ein neu aufgestelltes VZ übersieht (Tatfrage; LG Dortmund DAR **63** 24, dazu § 39 Rn. 38). Bei **schlechter Sichtbarkeit** eines VZ kann auch Fahrlässigkeit entfallen (BGH VRS **5** 309, Stu VRS **95** 441), ebenso bei Nichtwahrnehmbarkeit infolge versperrter Sicht durch andere Fz (Brn DAR **00** 79 (haltender Lkw), Dü VRS **103** 25 (Überholen)). Ordnungsgemäß aufgestellte VZ gelten auch für denjenigen VT, der dort in die Verbotsstrecke einfährt, wo man keines der VZ sieht, der sie aber kennt (Rn. 247). Ihm ist jedoch kein Vorwurf zu machen, wenn er sich trotz früheren Befahrens der Strecke nicht an das Verbot erinnert (Bay VRS **73** 76). Auch ist niemand verpflichtet, sich nach durch VZ getroffenen Streckenverboten zu erkundigen, die dort, wo er in die betreffende Str eingefahren ist, nicht wiederholt sind (Ha VM **72** 96; s. aber § 3 Rn. 56b). Erst recht trifft ihn kein Vorwurf, wenn ein veränderliches Wechsel-VZ (zB Geschwindigkeit auf AB) geändert wurde, *nachdem* er es passiert hat (*Thubauville* VM **98** 75, *Hentschel* NJW **99** 690; **aM** Bay NZV **98** 386); andernfalls Vernachlässigung des Sichtbarkeitsgrundsatzes (Rn. 247, *Scheffler* NZV **99** 364), wenn der FzF die von ihm gar nicht wahrnehmbare, zwischenzeitlich erfolgte Änderung unter Orientierung am Fahrverhalten der anderen Kf beachten müsste (nach Bay aaO trotz Einhaltens der ihm bekannten Begrenzung FV!). Keine Erkundigungspflicht des ortsunkundigen Kf, der in einer Tempo 30-Zone die Fahrt antritt, in die er als Beifahrer (oder Fußgänger) gelangt ist, weil der Beifahrer (Fußgänger) nicht Adressat des VZ ist und als solcher auch keine Pflicht zur Wahrnehmung hat; Fahrlässigkeit kann aber gegeben sein, wenn die baulichen und räumlichen Gegebenheiten dem Kf die Erkenntnis aufdrängen, dass er sich innerorts innerhalb einer allgemein regulierten Geschwindigkeitszone befinden könnte (Ha SVR **06** 192 *(Krumm)*). Nach Ha NZV **15** 455 (m abl Anm *Kulhanek* und zust Bspr *König* DAR **16** 362) auch keine Erkundigungspflicht nach etwaigem Streckenverbot (Überholverbot, Geschwindigkeitsbeschränkung) nach Fahrerwechsel auf einem Parkplatz, hinter dessen Ausfahrt das Streckenverbot nicht wiederholt wird; jedoch uU Vorwerfbarkeit, falls neuer Fahrer über Ortskenntnis verfügt (s. aber o.). Ausnahmen vom Sichtbarkeitsgrundsatz bei VZ: Rn. 247. **TM** beim Durchfahren mehrerer Sperrstrecken (Bay DAR **57** 271). **Irrtum** über Vorschriften oder bei Vorschriftenwechsel: **E** 156, 157. Tatbestandsirrtum bei Annahme, ein (gültiges) VZ sei unbeachtlich (Bay DAR **00** 172), das VZ sei von einer unzuständigen Behörde aufgestellt (aM Stu VRS **26** 378). Verbotsirrtum bei der Annahme, ein VZ sei nur bei Verkündung gültig (Stu VRS **26** 378), oder beim Vertrauen auf anwaltliche Auskunft über die Bedeutung (Fra DAR **65** 159), gleichfalls bei Vertrauen auf die Ansicht eines Amtsgerichts (Ha VRS **29** 357; dazu § 24 StVG Rn. 35). Vermeidbarer Verbotsirrtum, ein durch (nicht rechtskräftiges) VG-Urteil für rechtswidrig erklärtes VZ brauche nicht befolgt zu werden (Ko NZV **95** 39). Kein unvermeidbarer Verbotsirrtum dessen, der entgegen Z 239 mit ZusatzZ eine Fußgängerzone in dem Bewusstsein befährt, möglicherweise Unrecht zu tun, aber darauf vertraut, dass seine falsche Rechtsauffassung zur Bedeutung des ZusatzZ richtig sei (Dü VRS **67** 151). Verkennt der Kf, dass sich ZusatzZ „Bus" o. Ä. nur auf das unmittelbar darüber angebrachte Überholverbot, nicht aber auf die darüber befindliche Geschwindigkeitsbegrenzung bezieht, liegt *entgegen der herrschenden Rspr* (Bay NJW **03** 2253, Ba NJW **07** 3081, StraFo **16** 116; v 27.1. **17**, 3 Ss OWi 50/17 m Bspr. *König* DAR **17** 367; AG Landau DAR **05** 702; hier bis 43. Aufl) kein vermeidbarer Verbotsirrtum, sondern Tatbestandsirrtum vor (KK-OWiG-*Rengier* § 11 Rn. 111; *Sternberg-Lieben* StraFo **16** 118). Die praktische Bedeutung der Rechtsfrage ist freilich gering (*König* DAR **17** 367). Zu weiteren Irrtümern über den Bedeutungsgehalt von VZ § 24 StVG Rn. 34, KK-OWiG-*Rengier* § 11 Rn. 109 ff. Befahren eines Fußgängerbereichs (Z 242.1) unterfällt § 49 III Nr. 4 (Dü VRS **67** 151, abw zum vormaligen Recht *Schwabe* NVwZ **94** 632: nur *wegerechtliche* Ahndung).

250 Da eine durch VZ als sofort vollziehbaren Verwaltungsakt getroffene Regelung bis zur Entfernung des VZ gilt und daher **auch bei Anfechtbarkeit zu befolgen** ist (anders bei Nichtigkeit; Rn. 247), kann eine durch Nichtbeachtung begangene OW nach Aufhebung des VZ durch die VB oder das VG nach Widerspruch bzw. Klage des Betroffenen noch geahndet werden. Die spätere Aufhebung lässt die Ahndbarkeit der vorher erfolgten Zuwiderhandlung unberührt (BGHSt **23** 86 = NJW **69** 2023, BVerwG NZV **04** 52, Ko DAR **99** 419, Kö VM **72** 94, Dü VM **72** 6). Der Widerspruch hat keine aufschiebende Wirkung (Bay VRS **35** 195; s. auch Rn. 247). Nach aM soll ein Zuwarten bis zur Entscheidung über den Widerspruch oder die Anfechtung sachgerecht sein, weil nach einer daraufhin erfolgenden Aufhebung des VZ kein Ahndungsbedürfnis mehr bestehe (*Stern* Lange-F 859, *Schreven* NJW **70** 155, *Strauß* DAR **70** 92, *Krause* JuS **70** 221, *Janicki* JZ **68** 94, *Schmaltz* JZ **68** 661, *Schenke* JR **70** 449).

Richtzeichen

42 (1) ¹**Richtzeichen geben besondere Hinweise zur Erleichterung des Verkehrs.** ²**Sie können auch Ge- oder Verbote enthalten.**

(2) **Wer am Verkehr teilnimmt, hat die durch Richtzeichen nach Anlage 3* angeordneten Ge- oder Verbote zu befolgen.**

(3) ¹**Richtzeichen stehen vorbehaltlich des Satzes 2 dort, wo oder von wo an die Anordnung zu befolgen ist.** ²**Soweit die Zeichen aus Gründen der Leichtigkeit oder der Sicherheit des Verkehrs in einer bestimmten Entfernung zum Beginn der Befolgungspflicht stehen, ist die Entfernung zu dem maßgeblichen Ort auf einem Zusatzzeichen angegeben.**

1–144 **Aus der Begr** zur MaßnVO 75 (VkBl. **75** 678) und zur ÄndVO v. 29.7.80 (VkBl. **80** 514):

145 *Zu den Z 306/307:* Nicht überall ist es erforderlich, am Ende einer Vorfahrtstraße das Zeichen 307 und die Zeichen 205 oder 206 aufzustellen. Aus Sicherheitsgründen kann von der Aufstellung der Zeichen 205 oder 206 aber nur in ganz bestimmten Ausnahmefällen abgesehen werden. Die VwV wird hierzu das Erforderliche sagen …

146 *Zu Z 314:* Parkscheinautomaten können sowohl auf Plätzen mit einem übersehbaren und auch zweifelsfrei zu bezeichnenden Geltungsbereich als auch für bestimmte Straßenzüge oder bestimmte Teile von Stadtgebieten Verwendung finden. In beiden Fällen ist es erforderlich, daß der Geltungsbereich jeweils für Benutzer erkennbar abgegrenzt wird. Dies soll dadurch erreicht werden, daß in diesen Fällen bundeseinheitlich Zeichen 314/315 StVO mit einem entsprechenden Zusatzschild verwendet wird.

147 *Zu Z 325/326:* Zu den einzelnen Verhaltensvorschriften:

Zu 1. Diese Vorschrift hebt die Differenzierung der einzelnen Straßenteile nach Benutzungsarten (Gehweg, Radweg, Fahrbahn) auf. Es ist klar, daß eine solche Regelung ohne eine erhebliche bauliche Umgestaltung der Straße nicht möglich ist. Dies wäre im Interesse der Verkehrssicherheit nicht zu verantworten.

Zu 2. Der Begriff „Fahrzeugverkehr" stellt klar, daß hiermit nicht nur Kraftwagen gemeint sind. Auch Radfahrer, Mofas und Mopeds müssen Schritt fahren. Der Begriff „Schrittgeschwindigkeit" deckt sich mit dem in § 24 Abs. 2 aufgeführten gleichnamigen Begriff. Es ist dies eine sehr langsame Geschwindigkeit, die der eines normal gehenden Fußgängers entspricht; sie muß jedenfalls wesentlich unter 20 km/h liegen.

Zu 3. Hier wird im Ergebnis der Vorrang des Fußgängers – vor dem Fahrzeugverkehr – normiert. Dies kommt in der Formulierung zum Ausdruck „wenn nötig, müssen sie (die Fahrzeuge) warten". Dieselbe Formulierung findet sich in § 9 Abs. 3, § 20 Abs. 1, Abs. 1a und 2 sowie in § 26 Abs. 1.

---

* Abgedruckt im Anschluss an § 53; dort auch VwV zu den einzelnen VZ.

Zu 4. *Diese Vorschrift soll verhindern, daß die Fußgänger einen unangemessenen Gebrauch von ihrem Vorrang machen.*

Zu 5. *Die zum Parken bestimmten Flächen innerhalb des verkehrsberuhigten Bereichs brauchen nicht durch Parkplatzschilder gekennzeichnet zu sein. Es genügt auch eine Bodenmarkierung (§ 41 Abs. 3 Nr. 7) oder, wenn dies ausreichend deutlich möglich ist, eine besondere Art der Pflasterung (VkBl. 80 519).*

Aus der Begr zur 9. StVO-ÄndVO v. 22.3.88 (VkBl. **88** 219):

Zu Z 340: *Die Neufassung des Buchstaben f entspricht der Rechtsprechung (OLG Frankfurt VRS 63* **148** *S. 386). Danach ist das Rechtsüberholen im Bereich der fahrstreifengegliederten Vorwegweiser für zulässig erklärt worden ...*

Es kann dahingestellt bleiben, ob die StVO in der geltenden Fassung in diesem Fall das Rechtsüberholen gestattete. Auf jeden Fall ist dem OLG Frankfurt dahin zu folgen, daß eine solche Regelung zweckmäßig ist. Sie wird deshalb jetzt in die StVO übernommen.

Aus der Begr zur 11. StVO-ÄndVO v. 19.3.92 (VkBl. **92** 186): **149**

Zu Zeichen 356: *Verkehrskadetten werden von der Deutschen Verkehrswacht in vielen Städten des Landes NRW und mit zunehmender Tendenz auch in anderen Bundesländern eingesetzt. Dabei handelt es sich um junge Menschen im Alter von 14 bis 20 Jahren, die die Polizei bei der Verkehrsregelung anläßlich von Großveranstaltungen unterstützen. Der Verkehrskadett darf weder den Verkehr auf öffentlichen Straßen lenken noch den Verkehr auf öffentlichen Straßen und Kreuzungen anstelle der Polizei regeln.*

Im Vergleich dazu hat auch der Schülerlotse keinerlei obrigkeitliche Befugnisse. Der Schülerlotse ist als ein Verkehrshelfer für die Schüler auf dem Schulweg an der ihm zugewiesenen Einsatzstelle anzusehen.

Beide Arten von Verkehrshelfern haben keine polizeilichen Befugnisse; sie weisen lediglich auf verkehrsrechtliche Pflichten und auf ein Verkehrsgeschehen hin. Dies ist zulässig und verstößt nicht gegen die Regeln der StVO.

Begr zur ÄndVO v. 7.8.97 (VkBl. **97** 690): **Zu Abs. 6 Nr. 1g** (verändert eingegangen in **150** Anl 3 lfd. Nr. 22 Spalte 3 Erläuterungen zu Z 340): *Häufig reicht die vorhandene Verkehrsfläche nicht aus, um Radwege baulich einzurichten oder durch Abmarkierung entsprechender Flächen von der Fahrbahn auszuweisen. Deshalb wird zugelassen, im jeweils rechten Randbereich der Fahrbahn in geeigneten Fällen für den Radverkehr Schutzstreifen abzumarkieren. Davon soll zunächst nur innerorts Gebrauch gemacht werden, weil für Außerortsstraßen noch umfangreiche Forschungsarbeiten abgewartet werden sollen. Eine Regelung enthält die VwV-StVO.*

Der Radverkehr muß dann entsprechend dem Rechtsfahrgebot (§ 2 Abs. 2 Satz 3) den Schutzstreifen benutzen. Der Kraftfahrzeugverkehr wird solche Schutzstreifen von sich aus meiden und sich mehr auf den Fahrstreifen bewegen; er kommt damit seiner Verpflichtung, möglichst weit rechts zu fahren, nach. Für Ausweichvorgänge im Begegnungsverkehr kann der Schutzstreifen durch den Kraftfahrzeugverkehr mitbenutzt werden, wenn auch unter besonderer Vorsicht. Die Abmarkierung solcher Schutzstreifen setzt deshalb aus Gründen der Verkehrssicherheit voraus, daß sich solche Ausweichvorgänge auf eher seltene Fälle beschränken. Auch muß der ruhende Verkehr auf den Schutzstreifen ausgeschlossen (z. B. Zeichen 283) werden können.

Aus der Begr zur StVO-Neufassung v. 6.3.2013 (BR–Drs. 428/12) (s. zunächst § 39 Rn. 4c)

Allgemein: *... Die vormals in den Abs. 2 bis 8 enthaltenen Gebote, Verbote und Erläuterungen wer-* **151** *den zur besseren Übersicht in Form einer Anlage (Anl 3) ausgegliedert. Die in der Anl geschaffenen Abschnitte orientieren sich an der Absatzunterteilung des bisherigen § 42 StVO mit Ausnahme des bisherigen Abs. 8. In diesem waren Wegweisung, Umleitungsbeschilderung und sonstige Verkehrsführung unübersichtlich geregelt. Mit Schaffung der Anl 3 wird die Gelegenheit genutzt, durch die neu geschaffenen Abschnitte 10, 11 und 12 der Anl 3 (zu § 42 Abs. 2) die Wegweisung (Abschnitt 10), die Umleitungsbeschilderung (Abschnitt 11) und die sonstige Verkehrsführung (Abschnitt 12) voneinander zu trennen. Die neue Struktur ermöglicht, sämtliche Verkehrszeichen mit ihren Geboten, Verboten und Erläuterungen auf einen Blick zu erfassen.*

Die Konkretisierung des Begriffs „Anordnung" durch „Ge- oder Verbote" in Abs. 1 und die ausdrückliche Klarstellung der Verhaltenspflichten in Abs. 2 trägt der neuen Systematik, der Wortwahl in der Anl und der gleichsam getroffenen Darstellung der Ordnungswidrigkeiten in § 49 Abs. 3 Nr. 5 (neu) Rechnung. So werden die Pflichten für den VT bürgerfreundlich verdeutlicht und gleichsam unterstrichen, dass Richtzeichen den Verkehr im Allgemeinen nur durch Hinweise erleichtern sollen; eine Ordnungswidrigkeit bei Nichtbeachtung eines Zeichens daher in diesen Fällen allein durch einen Verstoß gegen § 1 begründet ist.

Abs. 6 S. 1 und Nr. 3 wurden zwecks Bündelung in § 39 Abs. 5 verschoben.

Aufgehobene VZ:

152   **Zu § 42 VII Z 316:** *Das Z ist eine Variante des Z 314. Es enthält keine verbindliche Verhaltensanweisung für den Verkehrsteilnehmer. Daher wird das Zeichen in den Verkehrszeichenkatalog (VzKat) verlagert.*

153   **Zu § 42 VII Z 317:** *Das Zeichen ist eine Variante des Z 314. Es enthält keine verbindliche Verhaltensanweisung für den Verkehrsteilnehmer. Daher wird das Zeichen in den Verkehrszeichenkatalog (VzKat) verlagert.*

154   **Zu § 42 VII Z 353:** *Das Z 220 reicht zur Kennzeichnung von Einbahnstraßen aus, zumal die Aufstellung bei Bedarf auch so erfolgen kann, dass es auch seitlich erkennbar ist. Die Verzichtbarkeit des Z 353 wird auch daran deutlich, dass es in einigen Regionen nicht oder nur äußerst selten Verwendung gefunden hat. Daher dürfte das Z 353 vielen VT überhaupt nicht bekannt sein. Darüber hinaus kann dieses Zeichen auch zu einer Verwechselungsgefahr mit dem Z 209-30 (vorgeschriebene Fahrtrichtung geradeaus) führen.*

155   **Zu § 42 VII Z 355:** *Das Zeichen enthält keine verbindliche Verhaltensanweisung für den VT. Daher wird das Zeichen in den VzKat verlagert.*

156   **Zu § 42 VII S. 7 Z 359:** *Das Zeichen enthält keine verbindliche Verhaltensanweisung für den Verkehrsteilnehmer. Daher wird das Zeichen in den VzKat verlagert.*

157   **Zu § 42 VII Z 375, 376, 377:** *Die Zeichen sind als Varianten im VzKat enthalten.*

158   **Zu§ 42 VII Z 380 und 381:** *Es besteht kein Bedarf für ein spezielles Verkehrszeichen „Richtgeschwindigkeit". In der Verkehrspraxis findet das Zeichen daher kaum Verwendung. Eine Streichung der Zeichen empfiehlt sich auch wegen der durch die Farbgebung möglichen Verwechslungsgefahr mit dem Zeichen 275 (vorgeschriebene Mindestgeschwindigkeit).*

159   **Zu § 42 VII Z 388:** *Auf Grund der starken Ähnlichkeit und der damit gegebenen Verwechselungsgefahr mit dem ZusatzZ 1052-38 (schlechter Fahrbahnrand) bestand oft Unklarheit über die konkrete Bedeutung des Z 388. Im Bedarfsfall kann stattdessen mit einem ZusatzZ zu Z 101 auf einen nicht befahrbaren Seitenstreifen hingewiesen werden. Vergleiche hierzu insbesondere die Begründung zu Z 101.*

160   **Zu § 42 VIII Z 435 und 436:** *In der Erläuterung zu Z 434 ist nunmehr aufgeführt, dass die Zielangaben in einer Richtung auch auf separaten Tafeln gezeigt werden können. Damit werden die Zeichen 435 und 436 als eigenständige Zeichen in der StVO entbehrlich.*

Begr zu Zeichen gem. Anl 3

161   **Zu Z 301:** *Die bisherigen Sätze 2 und 3 gemäß § 42 Abs. 2 zum Standort des Zeichens innerhalb bzw. außerhalb geschlossener Ortschaften werden nicht übernommen, sondern sind in veränderter Form in der VwV zu Z 301 verankert. Der Ort der Anbringung eines Verkehrszeichens ist für die anordnende Behörde von Bedeutung, der Informationsgehalt würde den VT hingegen überfordern. Daher ist ausschließlich der wesentliche Bedeutungsgehalt zur Vorfahrt in der Erläuterung zu Z 301 geregelt.*

162   **Zu Z 306:** *Die Parkverbotsregelung aus dem bisherigen § 12 Abs. 3 Nr. 8a ist nunmehr unmittelbar als Ge- und Verbot zu Z 306 geregelt.*

163   **Zu Z 308 StVO:** *Der Aufstellungsort dieses Zeichens ist in der VwV-StVO zu Zeichen 308 verankert.*

164   **Zu Z 310/311:** *Der obere Teil des Zeichens ist gelb nicht weiß; so sieht es auch die RWB vor. Die Regelung, dass der obere Teil des Z. 311 weiß sei, wenn die Ortschaft, auf die hingewiesen wird, zu derselben Gemeinde wie die soeben durchfahrene Ortschaft gehört, ist nach RWB nicht vorgesehen. Hiernach sind die Ortstafeln nach Z 310 und 311 immer gelb. Deshalb ist der 3. Satz der Erläuterung ersatzlos zu streichen.*

165   **Zu Z 314:** *Der bisherige § 42 Abs. 4 wird insgesamt neu gefasst und ist je nach Bedeutungsgehalt aufgeteilt nach Ge- oder Verbot oder Erläuterungen zu Z 314 enthalten. Die Neufassung findet auch vor dem Hintergrund statt, dass eine sprachliche Angleichung der Anordnungsmöglichkeiten von ZusatzZ bei Z 314 und 315 erforderlich war, da Gerichte (z. B. das Oberverwaltungsgericht für das Land Nordrhein-Westfalen) eine vom Verordnungsgeber nicht beabsichtigte Differenzierung zwischen den beiden Zeichen angenommen haben. Die Ergänzung ist auch zur Anpassung der StVO an die 45. VO zur Änderung straßenverkehrsrechtlicher Vorschriften (vgl. BR-Drs 87/09 (Beschluss)) erforderlich. In dieser Änderungsverordnung ist der Personenkreis, der Behindertenparkplätze benutzen darf, erweitert worden. Es erscheint sachgerecht, die entsprechenden Anpassungen nicht nur bei Z 314, sondern auch bei Z 315 vorzunehmen.*

Zu Z 314.1 und 314.2: *Durch die Einführung dieser beiden Verkehrszeichen wird den Verkehrsbe-* **166** *hörden ein flächenwirksames Anordnungsmittel zur Regulierung des Parkdruckes zur Verfügung gestellt. In diesen Zonen kann auf eine aufwendige Beschilderung verzichtet werden, da Verkehrszeichen nur am Beginn und am Ende der Zone aufgestellt werden müssen.*

Zu Z 315 Nr. 1: *Die bisherige Formulierung erlaubt das Parken mit einem zulässigen Gesamtgewicht* **167** *bis zu 2,8 t. Damit konnte das in der Erlaubnis enthaltene Verbot, dass Fahrzeuge mit einem zulässigen Gesamtgewicht über 2,8 t auf Gehwegen nicht geparkt werden dürfen, nur abgeleitet werden. Der Verkehrsteilnehmer muss aber erkennen, gegen welche konkrete Pflicht er verstößt. Daher war der Verstoß aktiv zu formulieren. Die Ergänzung ist auch zur Anpassung der StVO an die 45. Verordnung zur Änderung straßenverkehrsrechtlicher Vorschriften (vgl. BR-Drs 87/09 (Beschluss)) erforderlich. In dieser Änderungsverordnung ist der Personenkreis, der Behindertenparkplätze benutzen darf, erweitert worden. Es erscheint sachgerecht, die entsprechenden Anpassungen nicht nur bei Zeichen 314, sondern auch bei Zeichen 315 vorzunehmen.*

Zu Z 316, 317. *Das Zeichen ist eine Variante des Zeichens 314. Es enthält keine verbindliche Ver-* **168** *haltensanweisung für den Verkehrsteilnehmer. Daher wird das Zeichen in den Verkehrszeichenkatalog (VzKat) verlagert.*

Zu Bild 318: *Die bisher als Bild 291 in die StVO enthaltene Parkscheibe wird aus systematischen* **169** *Gründen in die Anl 3 zu § 42 Abs. 2 (Abschnitt 3 „Parken") übernommen.*

Zu Z 325.1 und 325.2: *Die Änderungen in der Nummerierung dienen der systematischen Verein-* **170** *heitlichung der Bezeichnung von Verkehrszeichen. Insoweit wird das bisherige Z 326 zu 325.2.*

Zu Z 330.1, 330.2, 331.1, 331.2 und 333: *Die Änderungen in der Nummerierung dienen der* **171** *systematischen Vereinheitlichung der Bezeichnung von Verkehrszeichen. Das bisherige Z 334 wird zu 330.2, das bisherige Z 336 wird zu 331.2.*

Zu Z 342 (Begr *zur ÄndVStVR v. 20.4.2020 (BR-Drs. 591/19 S. 95): Die Änderung normiert* **171a** *die durch die Länder bereits praktizierte Möglichkeit, durch entgegengesetzt zur Fahrrichtung angeordnete Dreiecke auf eine Wartepflicht infolge einer Rechts-vor-links-Regelung aufmerksam zu machen. Darüber hinaus soll die Markierung Kfz bei entsprechender Anordnung durch die Z 205 oder 206 auf vor- fahrtberechtigten Radverkehr hinweisen, der zB einem Radschnellweg folgend die eigene Fahrbahn quert oder im Zuge einer vorfahrtberechtigten Straße auf einem baulich angelegten Radweg geführt wird. Diese visuelle Unterstützung der Vorfahrtberechtigung eignet sich besonders für Radwege mit Zwei-Richtungsverkehr.*

Zu Z 350.1/350.2 (Begr *zur ÄndVStVR v. 20.4.2020 (BR-Drs. 591/19 S. 94): Mit der...* **171b** *Änderung wird ein neues Verkehrszeichen „Radschnellweg" eingeführt. Es ist angelehnt an das zur Kennzeichnung von Autobahnen oder Kraftfahrstraßen bereits in der Praxis anzutreffende Verkehrszeichen und soll eine generelle Kennzeichnung von Radschnellwegen unabhängig von der Fahrbahnbeschaffenheit, zB bei sandigem Untergrund, ermöglichen. ... Der Verkehrsflächenzuweisung allein für den Radverkehr muss eine straßenrechtliche Entsprechung vorausgehen. ... Begr des BRates (BR-Drs. 591/19 S. 27): ... Anstatt des vorgeschlagenen Verkehrszeichens mit Regelungsgehalt wird ein Hinweiszeichen für erforderlich, aber auch ausreichend erachtet. Die gegebenenfalls erforderliche Anordnung von Ge- und Verboten kann durch die bestehenden Verkehrszeichen erfolgen.*

Zu Z 450: *Das Zeichen stand ursprünglich in § 42 VIII unter dem Ordnungspunkt „Wegweisung auf* **172** *Autobahnen". Da das Zeichen aber nicht ein Wegziel beinhaltet, war es nach Abschnitt 7 der Anlage 3 unter den Abschnitt „Autobahnen und Kraftfahrstraßen" zu verschieben. Anpassung der Erläuterung an geltende Rechtslage Richtlinien für die wegweisende Beschilderung auf Autobahnen (RWBA).*

Zu Z 340: *Es wird ein Parkverbot auf Fahrradschutzstreifen eingeführt. Dieses war in der vormaligen* **173** *Regelung des § 42 Abs. 6 Nr. 1g nicht enthalten. Dies führte dazu, dass Radfahrer den ruhenden Verkehr umfahren mussten und damit auf die Fahrbahnmitte gerieten. Dieses beeinträchtigt die Verkehrssicherheit und die Leichtigkeit des Verkehrs. Dort, wo aus Verkehrssicherheitsgründen das Umfahren nicht vertretbar ist, wird derzeit in der Praxis das Z 283 (Haltverbot) angeordnet. Durch ein generelles Parkverbot auf Schutzstreifen können zudem im Interesse der sparsamen Beschilderung Haltverbotszeichen eingespart werden. Das Aufbringen des Sinnbildes gewährleistet eine bessere Erkennbarkeit. Die Ergänzung beseitigt einen Widerspruch zur VwV-StVO zu § 2 Abs. 4.*

Zu Z 350: *Der vormalige Text zu Z 50 war zu streichen, da dieser keine Verhaltensregelungen für den* **174** *VT beinhaltet. Es war lediglich der Anbringungsort des Zeichens enthalten. Dies ist nunmehr in der VwV-StVO zu Z 350 geregelt.*

175   **Zu Z 357:** *Mit dem neuen Erläuterungstext zu Z 357 „Durchlässige Sackgasse" wird ein weiterer Beitrag zur Erhöhung der Attraktivität des Radverkehrs geleistet, indem dieser zur Vermeidung von Umwegen direkt auch durch eine durchlässige Sackgasse fahren darf. In den Fällen, in denen eine Sackgasse nur für Fußgänger durchlässig ist, wird dem Radverkehr durch die Anordnung des Z 357 mit dem integrierten Piktogramm für Fußgänger ein unnötiges Einfahren in die Sackgasse erspart.*

176   **Zu lfd. Nummern 28 und 29:** *Die Streichung zum VzKat erfolgt vor dem Hintergrund, dass dieser Teil der VwV-StVO ist und nur durch das Bundesministerium für Verkehr, Bau und Stadtentwicklung veröffentlicht wird.*

177   **Zu Z 386.1:** *Die Änderung dient der systematischen Vereinheitlichung der Bezeichnung von V erkehrszeichen.*

178   **Zu Z 386.2/386.3:** *Es ist sachgerecht, zumindest die Hauptvarianten des vormaligen Verkehrszeichens 386 im Verordnungstext aufzuführen. Hierzu gehören auch die Zeichen „Touristische Route" sowie „Touristische Unterrichtungstafel".*

179/180   **Zeichen 390:** *Anpassung der Bezeichnung des Zeichens aufgrund der Änderung durch das Gesetz zur Neuregelung mautrechtlicher Vorschriften für Bundesfernstraßen mit der neuen Bezeichnung „Bundesfernstraßenmautgesetz". Vergleiche auch Begründung zu § 45 Abs. 9.*

181   **1. Richtzeichen** sollen den Verkehr in der Regel nur durch Hinweise erleichtern (I S. 1). Insoweit ist Nichtbeachtung nur bei Verstoß gegen § 1 StVO ow (BGH VM **54** 1, Ha VRS **14** 127). RichtZ ohne Anordnungscharakter sind keine Verwaltungsakte (VG Dü NZV **90** 288). RichtZ können jedoch auch bußgeldbewehrte (II iVm Anl 3 und § 49 III Nr. 5) Ge- und Verbote enthalten (I S. 2). Betroffen sind vor allem die RichtZ 306 (VorfahrtStr), die ZusatzZ zu den Z 306 oder 314 (Parkplatz) und die RichtZ 315 (Parken auf Gehwegen), 325.1 (Verkehrsberuhigter Bereich) und 340 (Leitlinie). Rspr. zu den VZ des § 42, nach der Reihenfolge geordnet (weitere Nw zu Kommentierungen bei den einzelnen StVO-Bestimmungen sind in der Anl 3 in Fn zum jeweiligen Z aufgeführt): • **Z 301 (Vorfahrt):** Zur Vorfahrt kraft VZ s. § 8 Rn. 11 ff., 39–46 sowie Fn zu Z 301, 306. Wird die Vorfahrtregelung einer BundesStr wegen Bauarbeiten kurzfristig geändert, so ist zwar keine besondere Warnung nötig (§ 39 Rn. 38, aM LG Bra NJW **69** 880), jedoch empfehlen sich auffällige Hinweistafeln (*Ganschezian-Finck* NJW **70** 1843). • **Z 306 (Vorfahrtstraße):** Es gewährt Vorfahrt im ganzen StrVerlauf bis zum nächsten Z 205, 206 oder 307, auch wenn es nicht an jeder Kreuzung (Einmündung) steht (Anl 3 lfd. Nr. 2 Spalte 3 zu Z 306; BGH DAR **76** 76, Mü DAR **76** 104, Bay DAR **76** 277, Ba VersR **77** 182). Unübersichtliche zusammentreffende Str dürfen nicht beide Vorfahrt gewähren (BGH VkBl. **67** 84). Auch ein nur links stehendes Z 306 gilt (KG VersR **75** 452). **ZusatzZ für abknickende Vorfahrt:** Die Pflicht zur Rücksichtnahme gegenüber Fußgängern (Anl 3 lfd. Nr. 2.1 Spalte 3 Nr. 2) gilt auch, soweit jene zwar noch nicht erkennbar sind, jedoch mit ihnen zu rechnen ist (Bay VRS **65** 233). Soweit Bay VRS **65** 233 das Gebot entgegen seinem Wortlaut nicht anwenden will, wenn die durch das ZusatzZ gekennzeichnete VorfahrtStr deutlich erkennbar in der Weise ihrem natürlichen Verlauf folgt, dass auch ohne das ZusatzZ nicht von einem Abbiegen gesprochen werden könnte, dürfte dies auch wg. der Abgrenzungsschwierigkeiten der VSicherheit widersprechen (abl auch *Janiszewski* NStZ **83** 549). S. i Ü § 8 Rn. 43. **Haltverbot** nach Anl 3 lfd Nr. 2 Spalte 3 Nr. 1 zu Z 306: § 12 Rn. 53. • **Z 307 (Ende der Vorfahrtstraße):** Das Z muss nicht stets aufgestellt sein, wenn die VorfahrtStr endet, innerorts ist es entbehrlich (VwV Rn. 8 S. 2 zu Z 306 und 307). • **Z 308:** s. Anl 2 lfd. Nr. 4 zu Z 208. • **Z 310 (Ortstafel):** Sie gibt keine Anordnung an den VT (Ol NJW **69** 2213, aM OVG Lüneburg VRS **51** 313). Jedoch beginnt hier namentlich die innerörtliche Geschwindigkeitsbegrenzung nach § 3 (Anl 3 zu lfd. Nr. 5 und 6 Spalte 3; s. insbes. § 3 Rn. 50 ff.). Gegen den Text der Tafel kann der Bürger nicht per verwaltungsgerichtlicher Klage vorgehen (OVG Lüneburg VRS **51** 313). Zur Anbringung der Internetadresse an einer Ortstafel § 33 Rn. 12. • **Z 311:** Als Orts(end)tafel ist seit dem 1978 nur noch das Z 311 zulässig. • **Z 314 (Parken), 314.1/314.2 (Parkraumbewirtschaftungszone):** § 12 Rn. 57–57b. • **Z 315 (Parken auf Gehwegen):** § 12 Rn. 55. • **Z 325.1/325.2: Verkehrsberuhigte Bereiche** sind öffentliche VFlächen als Aufenthalts- und Bewegungsraum für alle VArten und VT, soweit sie zugelassen sind. Ihre Einrichtung bedarf keiner besonderen straßenrechtlichen Verfügung (§ 45 Rn. 35). Sie sind auch im Rahmen eines Bebauungsplans zulässig, wobei sich der Satzungsgeber in tatsächlicher Hinsicht an den Voraussetzungen für eine derartige Anordnung durch die StrVB zu orientieren hat (VGH Ma BauR **06** 1271). Der sonst bewährte und im Sicherheitsinteresse wichtige Trennungsgrundsatz der VArten

gilt hier nicht, auch keine Gleichberechtigung der zugelassenen VArten. Vielmehr haben die Fußgänger Vortritt mit der Pflicht (§ 1, Anl 3 lfd. Nr. 12 Spalte 3 Nr. 2 und 3), den etwaigen FahrV nicht unnötig zu behindern (s. auch Ha NZV **01** 42). Dieser hat nur untergeordnete Bedeutung. Auch das Umherfahren mit Kinderfahrrädern ist erlaubt (Ha NZV **01** 42, AG Mönchengladbach NZV **12** 387, beide mit Verneinung einer Verletzung der Aufsichtspflicht, s. § 25 Rn. 32a)). Alle Fz, also auch Radf (Ha DAR **01** 458), haben ausnahmslos Schritt zu fahren (Anl 3 lfd. Nr. 12 Spalte 3 Nr. 1). Der Begriff der **Schrittgeschwindigkeit** wird in der Rspr. unterschiedlich bestimmt. Entgegen Kar ZfS **18** 353 existiert keine „gefestigte Rspr" (eingehend *Junghans* ZfS **18** 126). Ein Teil der Rspr. und des Schrifttums legt unter Berufung auf den Wortsinn die durchschnittliche Fußgängergeschwindigkeit (4 bis 7 km/h) zugrunde (so Kar NZV **04** 421; Kö VRS **68** 382, Brn DAR **05** 570, Stu VRS **70** 49 (zu § 21a), *Filthaut* NZV **96** 59, *D. Müller* VD **04** 184, *Berr* DAR **82** 138). Andere (Ha VRS **6** 222, Nau ZfS **17** 654 (Bspr *König* DAR **18** 366); wohl auch Ha NJW **20** 351 m Bspr *König* DAR **20** 278)) ziehen die äußerste Grenze bei 10 km/h, dies freilich ohne belastbare Begründung (dazu *König* aaO). Geschwindigkeiten bis zu rund 15 km sind gehend (durch Spitzensportler) erreichbar (dazu Ha NJW **20** 351; Nau ZfS **17** 654), ohne dass sich dem Gesetz eine Maßgeblichkeit gerade des „Durchschnitts" entnehmen ließe (s. auch *Junghans* ZfS **18** 128). Ferner werden Geschwindigkeiten um 15 km/h vom Kf subjektiv als „Schrittgeschwindigkeit" empfunden (Ha NZV **92** 484; Fra v. 19.10.2017, 22 U 124/15; s. auch BGH NJW **88** 58 zu 12 km/h auf der AB sowie BayVGH v. 20.6.2011, 11 ZB 10.1353 Rn. 12 zu einem „zwischen 10 und deutlich weniger als 20 km/h liegenden Tempo"). Hinzu kommt, dass Größen zwischen 4 und 10 km/h mit manchem Tacho nicht zuverlässig messbar sind und Radf bei „Fußgängergeschwindigkeit" unsicher werden und zu schwanken beginnen (dazu auch § 41 Rn. 245n). Es wird deshalb auch vertreten, dass die Geschwindigkeit jedenfalls deutlich unter 20 km/h liegen müsse (LG Aachen ZfS **93** 114, AG Leipzig DAR **05** 703, *Händel* DNP **82** 255, *Geißler* DAR **99** 347), was grds. in Einklang mit der Anschauung des historischen VOGebers steht (Rn. 147). Insgesamt spricht mehr dafür, dass der Begriff keine feste Größe bezeichnet, die ohne Weiteres mit einem VZ 274 „7 km/h" bzw. „10 km/h" gleichgesetzt werden könnte. Vor dem Hintergrund des Bestimmtheitsgebots sollte im Bußgeldverfahren bei „reinen" Geschwindigkeitsüberschreitungen auf die äußerste Grenze von 15 km/h abgestellt werden (*König* DAR **20** 278; abw. 45. Aufl.). Zur Schrittgeschwindigkeit s. auch § 41 Rn. 245n. Nach LG Dortmund DAR **06** 281 ist **das Überholen** eines (fahrenden) Kfz durch ein anderes wegen des Gebots der Schrittgeschwindigkeit per se ausgeschlossen (s. auch LG Sa DAR **08** 216). Wer aus technischen Gründen wegen Steigung eine Str im verkehrsberuhigten Bereich nicht mit der zulässigen Höchstgeschwindigkeit befahren kann, muss auf das Durchfahren in dieser Richtung verzichten (Stu VRS **73** 221). Eine Pflicht des FzF, sich auf plötzlich auftauchende Personen einzustellen, kann in verkehrsberuhigten Bereichen auch schon bestehen, wenn eine noch nicht erkennbare Gefahr für Fußgänger, insbesondere Kinder, aufgrund der Umstände zu befürchten ist (Kar NZV **04** 421, Fra DAR **99** 543, *Fuchs-Wissemann* DAR **99** 42, 544). Für FzF gilt der Grundsatz Rechts vor Links (*Berr* DAR **82** 138), auch im Verhältnis des von anderen öffentlichen Fahrbahnen in den verkehrsberuhigten Bereich *Einfahrenden* zu dem in diesem bleibenden FzF, weil insoweit eine dem § 10 S. 1 entsprechende Regelung fehlt. Nicht gilt er für den, der von seinem privaten Grund auf die verkehrsberuhigte Fläche tritt; dieser hat die allgemeine Sorgfalt zu beachten (Hb OLGR **05** 343). An Ausfahrten aus dem verkehrsberuhigten Bereich gilt die Vorfahrtsregelung des § 8 I S. 1 nicht; hier hat sich der FzF vielmehr so zu verhalten, dass eine Gefährdung anderer VT ausgeschlossen ist; es gilt § 10 (Anl 3 lfd Nr. 13 Spalte 3 Erläuterung; § 10 Rn. 6a), so dass Fußgänger, die die Ausfahrt queren, Vorrang haben (*Berr* DAR **82** 138, *Bouska* VD **80** 204). Der **Sichtbarkeitsgrundsatz** (dazu § 41 Rn. 247, 228) gilt innerhalb des Bereichs nicht (KG VRS **74** 142). Die Einrichtung verkehrsberuhigter Wohnbereiche ist in erster Linie Sache des StrBaulastträgers (s. aber § 45 Rn. 35). Der Beruhigungszweck kann außer durch bauliche Maßnahmen auch durch Fahrbahnmarkierungen und nicht ortsfeste Gestaltungen erreicht werden. Blumenkübel, Sitzbänke u Ä auf den Verkehrsflächen verkehrsberuhigter Bereiche sind nicht iS von § 32 (§ 32 Rn. 8; Dü NJW **93** 865, LG Aachen ZfS **93** 114, *Steiner* NVwZ **84** 205, *Bouska* VGT **88** 287, *Geißler* DAR **99** 348), weil diese Flächen nicht Str mit in erster Linie dem V dienenden *Fahrbahnen* sind (Kö NZV **97** 449, s. aber § 45 Rn. 35). Anstelle von Parkplatzschildern können Parkflächen auch durch Bodenmarkierungen oder wechselnde Pflasterung gekennzeichnet werden (*Berr* DAR **82** 139). Verkehrsberuhigte Bereiche können auch einzelne Str oder StrAbschnitte sein. Denn ihre Voraussetzungen können nach Größe, Eigenart, Bewohnerzahl und VVerhältnissen unterschiedlich zu beurteilen sein.

181a   • **Z 330.1/330.2 (AB); Z 331.1/331.2 (Kraftfahrstraße):** Z 330.1, 331.1 müssen am Anfang der AB bzw. Kraftfahrstraße aufgestellt sein, Aufstellung an anderer Stelle mit Zusatz genügt nicht (vgl. Kar VRS **60** 227). Kein Anspruch einer Gemeinde, auf den AusfahrtZ genannt zu werden, auch nicht auf ermessensfehlerfreie Entscheidung insoweit; ebenso wenig bei Z 449 u Ä (OVG Ko DÖV **86** 36). Z 330.2 (Ende der Autobahn) enthält nicht die Anordnung einer Geschwindigkeitsbeschränkung (Dü VRS **64** 460). • **Z 340 (Leitlinie):** Anforderungen an Markierungsleuchtknöpfe: VkBl. **01** 487 = StVRL § 41 StVO Nr. 9. Wird der Verkehr nicht gefährdet oder niemand behindert, darf sie überfahren werden (Anl 3 lfd. Nr. 22 Spalte 3 Nr. 1; BGH VersR **61** 536, Bra VM **76** 37), auch als Abgrenzung des Beschleunigungsstreifens durch den links vor ihr fahrenden FzF (Mü NZV **93** 26). Zum Fall fahrtechnischer Unmöglichkeit, rechts der Leitlinie zu bleiben (Bus bei Durchfahren von Kehren): Bay VRS **61** 141. Fahren bei mehreren markierten Fahrstreifen in einer Richtung: § 7, Rechtsüberholen auf Ausfahrstreifen § 7a. Z 340 bei drei Fahrstreifen für eine Richtung außerorts: § 7 Rn. 8. Markiert die Leitlinie einen **Schutzstreifen für Radfahrer** rechts am Fahrbahnrand, so müssen Radf wegen des Rechtsfahrgebots auf diesem fahren, dies allerdings nicht, sofern der Schutzstreifen nur unter Selbstgefährdung befahren werden kann (§ 2 Rn. 69; zur Anordnung von Schutzstreifen § 45 Rn. 28a). Anders als ein durch Z 295 abgetrennter und durch Z 237 gekennzeichneter Radfahrstreifen (= Radweg) ist der Schutzstreifen kein Sonderweg (§ 2 Rn. 28; *Janker* DAR **06** 69) und auch kein Seitenstreifen (§ 2 I S. 2), sondern Bestandteil der Fahrbahn (KG VersR **11** 1199, AG Berlin-Mitte NZV **12** 381, *Janker* DAR **06** 69). Andere Fz sind daher nicht völlig von der Benutzung ausgeschlossen; vielmehr dürfen sie die Leitlinie zum Schutzstreifen überfahren, aber nur „bei Bedarf" und ohne Gefährdung des Radverkehrs (Anl 3 lfd. Nr. 22 Spalte 3 Nr. 2 (wobei man nur aus dem Zusammenhang schließen kann, dass Nr. 2 andere Fz als Fahrräder betrifft); *Janker* DAR **06** 71), zB zum Ausweichen im BegegnungsV (Begr Rn. 180), um einen Linksabbieger zu überholen (§ 5 VII S. 1) oder um an verkehrsbedingt haltenden VT vorbeizufahren (AG Berlin-Mitte NZV **12** 381 (volle Haftung eines das Vorfahrtrecht verletzenden Radf)). Jedoch keine allgemeine Benutzung durch andere Fz; andernfalls verlöre die Einrichtung ihren Sinn (*Bouska* DAR **97** 339), wobei die Formulierung „*bei Bedarf*" freilich unklar und mehrdeutig ist (*Hentschel* NJW **98** 346). Keine Benutzung zB durch Kradf, um FzKolonnen zu überholen oder im FahrstreifenV gem. § 7; denn der Schutzstreifen ist kein Fahrstreifen (§ 7 I S. 2). Anl 3 lfd. Nr. 22 Spalte 3 Nr. 3 normiert ein Haltverbot, damit Radf nicht zum Ausweichen hin zur Fahrbahnmitte gezwungen werden und um Haltverbotsschilder einzusparen (Begr, Rn. 173). Durch Nr. 3 S. 2 ist nunmehr zum Ausdruck gebracht, dass das Haltverbot nicht für Fahrräder und ElektrokleinstFz gilt (abw. die aF, dazu 45. Aufl.). Das Haltverbot dient dem Radverkehr, nicht dem Schutz vorbeifahrender Kf (Kar NZV **12** 593). OW bei Nichtbenutzung durch Radf oder unerlaubter Benutzung durch andere FzF: Rn. 182. Die Anordnung von Schutzstreifen unterliegt nicht (mehr) den strengen Voraussetzungen des § 45 IX S. 2 (§ 45 Rn. 28a). In Tempo 30-Zonen sind sie nicht zulässig (§ 45 Ic S. 3). • **Z 341 (Wartelinie)** hat empfehlenden Charakter (Anl 3 lfd. Nr. 23 Spalte 3). Es handelt sich demgemäß nicht um ein verbindliches Gebot iS der StVO, wobei das Überfahren aber (leicht) haftungsverschärfend wirken kann, wenn dadurch eine Fehlreaktion provoziert wird (Ce NJW-RR **07** 22). • **Z 342 („Dreieckmarkierung")** Die mit der 54. ÄndVStVR v. 20.4.2020 (BGBl. I S. 814, 820) eingeführte Markierung zielt darauf ab, auf bevorrechtigten Radverkehr (kreuzender Fahrradschnellweg, Radweg) besonders hinzuweisen (im Einzelnen Begr Rn. 171a sowie Anl 3 (zu § 42 II)) lfd. Nr. 23.1 Spalte 3). • **Z 350.1/350.2 (Fahrradschnellweg)** Das mit der 54. ÄndVStVR v. 20.4.2020 (BGBl. I S. 814, 821) eingeführte Z dient der Kennzeichen des Sonderwegs „Fahrradschnellweg" (dazu Begr Rn. 171b und Anl 3 (zu § 42 II)) lfd. Nr. 24.1, 24.2). • **Z 380 (Richtgeschwindigkeit):** Aufgehoben durch 46. ÄndVStVR v. 5.8.09 bzw. StVO-Neufassung 2013 (Begr, Rn. 158). Richtgeschwindigkeiten scheinen nach Zahl und Schwere unfallvermindernd zu wirken (*Lamm/Klöckner* ZVS **72** 3; s. auch *Jagusch* NJW **74** 881). • **Z 385 (Ortshinweistafel):** Vorgeschriebene Ortsgeschwindigkeit endet auch beim Z 385, das nur außerhalb geschlossener Ortskerne stehen darf (Dü VM **73** 85; s. aber Ha VkBl. **64** 58). • **Z 392 (Zollstelle):** Das Z dient als Hinweis, nicht als Haltgebot (aM noch Bay VRS **15** 462). • **Z 390, 391 (Maut):** Neu aufgenommen durch 46. ÄndVStVR v. 5.8.09 (VkBl. **09** 534), weil das RichtZ Außenwirkung für den VT entfaltet, wofür die bisherige Möglichkeit durch Verlautbarung des BMV nicht genügte (*Schubert* VD **09** 295, 303). S. auch Rn. 179/180 • **Z 394 (Laternenring):** Fehlt das VZ, so darf die Laterne nachts nicht gelöscht werden (Bay VRS **12** 456), auch nicht bei Löschungsbeschluss des Gemeinderats, aber vor Kennzeichnung (Bay VRS **12** 456). Andere Leuchtkörper als StrLaternen sind nicht kennzeichnungspflichtig, so nicht Lampen an einer ZugangsStr zur Bahn-Verladerampe (Ol VRS **25** 294). • **Z 432 (Bahnhof):** Unternehmenswegweiser sind nur zulässig, sofern sonst mit Fehlleitung erheblichen Betriebsverkehrs zu rechnen wäre (*Stollenwerk* VD **99** 9), nur insoweit dürfen bei der Ermessensentscheidung auch wirtschaftliche Gesichtspunkte des Unternehmens berücksichtigt werden (OVG Münster, VRS **56** 472). Das Z muss im Einklang mit der übrigen VRegelung stehen, darf zB nicht zur Benutzung von für den DurchgangsV gesperrten Str verleiten (BVerwG NJW **00** 2121, 2123). • **Z 438:** Zur Ermessensabwägung der StrVB bei Aufstellung von Vorwegweisern OVG Münster DVBl **77** 259,VRS **52** 238. *Ecke ua* ZVS **74** 123.

2. Ordnungswidrig (§ 24 StVG) handelt, wer vorsätzlich oder fahrlässig einem durch **182** RichtZ gegebenen Ge- oder Verbot zuwiderhandelt (§ 49 III Nr. 5; s. Rn. 181). S. erg. § 41 Rn. 249. Nichtbenutzung des Schutzstreifens (Z 340) durch Radf verstößt gegen § 2 II (*Janker* DAR **06** 70, 72). Benutzung durch andere FzF entgegen Anl 3 lfd. Nr. 22 Spalte 3 Nr. 2 (nicht „nur bei Bedarf") dürfte im Hinblick auf die unklare, mehrdeutige Formulierung (Rn. 181a zu Z 340) unter dem Aspekt des Bestimmtheitsgebots nicht gem. § 49 III Nr. 5 ahndbar sein (zust *Janker* DAR **06** 72), anders bei Gefährdung (Nr. 2 S. 2); zudem kann es andere Tatbestände erfüllen, etwa bei Überholen (§ 5) unter Benutzung des Schutzstreifens. Unachtsamer Wechsel vom Fahrstreifen auf den Schutzstreifen ist kein „Fahrstreifenwechsel" (Rn. 181a) und verstößt daher nicht zugleich gegen § 7 V.

Verkehrseinrichtungen

43 (1) ¹Verkehrseinrichtungen sind Schranken, Sperrpfosten, Absperrgeräte sowie Leiteinrichtungen, die bis auf Leitpfosten, Leitschwellen und Leitborde rot-weiß gestreift sind. ²Leitschwellen und Leitborde haben die Funktion einer vorübergehend gültigen Markierung und sind gelb. ³Verkehrseinrichtungen sind außerdem Absperrgeländer, Parkuhren, Parkscheinautomaten, Blinklicht- und Lichtzeichenanlagen sowie Verkehrsbeeinflussungsanlagen. ⁴§ 39 Absatz 1 gilt entsprechend.

(2) Regelungen durch Verkehrseinrichtungen gehen den allgemeinen Verkehrsregeln vor.

(3) ¹Verkehrseinrichtungen nach Absatz 1 Satz 1 ergeben sich aus Anlage 4.* ²Die durch Verkehrseinrichtungen (Anlage 4 Nummer 1 bis 7) gekennzeichneten Straßenflächen darf der Verkehrsteilnehmer nicht befahren.

(4) Zur Kennzeichnung nach § 17 Absatz 4 Satz 2 und 3 von Fahrzeugen und Anhängern, die innerhalb geschlossener Ortschaften auf der Fahrbahn halten, können amtlich geprüfte Park-Warntafeln verwendet werden.

VwV zu § 43 Verkehrseinrichtungen (Anlage 4)

Zu Absatz 1

1	Auf Nummer I zu den §§ 39 bis 43 (Rn. 1) wird verwiesen.	1
2	Schranken, Sperrpfosten und Absperrgeländer sind nur dann als Verkehrseinrichtung anzuordnen, wenn sie sich regelnd, sichernd oder verbietend auf den Verkehr auswirken.	

Zu Absatz 3 Anlage 4 Abschnitt 1

3	I. Die Sicherung von Arbeitsstellen und der Einsatz von Absperrgeräten erfolgt nach den Richtlinien für die Sicherung von Arbeitsstellen an Straßen (RSA), die das Bundesministerium für Verkehr und digitale Infrastruktur im Einvernehmen mit den zuständigen obersten Landesbehörden im Verkehrsblatt bekannt gibt.	2

Zu Absatz 3 Anlage 4 Abschnitte 2 und 3

5	I. Leitplatten werden angeordnet bei Hindernissen auf oder neben der Fahrbahn. Statt Leitplatten können auch Leitbaken (Zeichen 605) verwendet werden. Die Zeichen sind so aufzustellen, dass die Streifen nach der Seite fallen, auf der an dem Hindernis vorbeizufahren ist.	3
6	II. Richtungstafeln sind nur dann anzuordnen, wenn der Fahrer bei der Annäherung an eine Kurve den weiteren Straßenverlauf nicht rechtzeitig sehen kann oder die Kurve deutlich enger ist, als nach dem vorausgehenden Straßenverlauf zu erwarten ist. Die Anordnung in aufgelöster Form (Zeichen 625) ist vorzuziehen.	
7	III. Zu Leitmalen vgl. Richtlinien für die Kennzeichnung von Ingenieurbauwerken mit beschränkter Durchfahrtshöhe über Straßen.	
8	IV. Leitpfosten sollen nur außerhalb geschlossener Ortschaften angeordnet werden.	

---

* Abgedruckt im Anschluss an § 53; dort auch VwV zu den einzelnen VZ.

Anlage 4 Abschnitt 4

4–11   9   Die Park-Warntafeln müssen nach § 22a StVZO bauartgenehmigt und mit dem nationalen Prüfzeichen nach der Fahrzeugteileverordnung gekennzeichnet sein.

12   **Begr** zu § 43 … **Zu Absatz 3: Zu Nummer 1:** *Die Schranken an Bahnübergängen werden zu amtlichen Verkehrseinrichtungen bestimmt. Deshalb wird sich die bisherige Rechtsprechung, die die Schrankenbedienung nicht als hoheitliche Aufgabe ansieht, nicht aufrechterhalten lassen, zumal der Schrankenwärter auch sonst bahnpolizeiliche Befugnisse hat …*

13   **Begr** zur ÄndVO v. 22.3.88 (VkBl. **88** 228): **Zu Absatz 1:** *Die Aufnahme des „Sperrpfosten" bei den Verkehrseinrichtungen ist aus Kosten- und Rechtsgründen notwendig.* **Zu Absatz 3:** *Die Absperrschranken erhalten senkrechte Schraffen. Sie sind dadurch vielseitiger und kostensparender einsetzbar. Die Absperrgeräte und die Leiteinrichtungen erhalten aus Gründen der Verwaltungspraktikabilität Nummern.* **Zu Absatz 4:** *Zur Sicherung von auf der Fahrbahn haltenden Fahrzeugen, insbesondere von Anhängern, sind bereits (VkBl. 1980 S. 737) Park-Warntafeln eingeführt worden. Sie werden jetzt aus Rechtsgründen in die StVO übernommen.*

14   **Begr** des BRats zur ÄndVO v. 28.11.07 (VkBl. **08** 4) **zu Abs. 3 Nr. 2:**[*] *Der Einsatz von überfahrbaren Warnschwellen im StrRaum zusammen mit der Absperrtafel verspricht einen Sicherheitsgewinn für die VT und die im StrR tätigen Arbeitskräfte. Durch den Einsatz von zusätzlichen Warnschwellen kann unter Berücksichtigung der jeweiligen örtlichen und verkehrlichen Situation die VSicherheit an Arbeitsstellen von kürzerer Dauer (Tagesbaustellen) erheblich verbessert werden. Es kommt nicht selten zu Auffahrunfällen auf SicherungsFz mit angehängter/montierter Absperrtafel (Z 615, 616) ua mit zT erheblichen Beschädigungen und Verletzungen. Warnschwellen, vor der Absperrtafel auf die Fahrbahn aufgebracht, sollen FzF ergänzend zu den bisher im Vorfeld der Tagesbaustelle üblichen optischen Sicherungsmaßnahmen (Verkehrszeichen und Verkehrseinrichtungen) mechanisch vor der Tagesbaustelle „wachrütteln". Insbesondere soll der VT mit den überfahrbaren Warnschwellen darauf aufmerksam gemacht werden, dass sich auf dem von ihm befahrenen Fahrstreifen unmittelbar vor ihm ein Hindernis (hier eine mit Absperrtafel abgesperrte Arbeitsstelle) befindet, er deshalb den StrRaum nicht befahren darf und kann (§ 43 III Nr. 2) und deshalb der Absperrtafel (Signalbild: gelber Blinkpfeil links/rechts bzw. gelbes Blinkkreuz und Z 222 „vorgeschriebene Vorbeifahrt") folgend unter Beachtung von § 7 V auf einen anderen Fahrstreifen wechseln muss. Der Fahrstreifenwechsel muss deshalb nicht zwingend vor den überfahrbaren Warnschwellen erfolgen. Die überfahrbaren Warnschwellen fordern auch nicht zu einem vorzeitigen Fahrstreifenwechsel auf, wenn das Reißverschlussverfahren nach § 7 IV anzuwenden ist, beispielsweise durch das Zusatzschild „Reißverschluss erst in … m" zur Einengungstafel (vgl. VkBl. **01** 47). Trotz insoweit eindeutiger Beschilderung, die auf den Fahrstreifenwechsel hinweist, kommt es vor, dass unachtsame Fahrer die Aufforderung nicht befolgen. Um zu verhindern, dass diese Fahrer in die Arbeitsstelle hineinfahren, werden diese beim Überfahren der Warnschwellen mechanisch gewarnt, ohne dass hierbei das Fz beschädigt wird. Sie haben regelmäßig noch genügend Raum und Zeit, vor der Absperrtafel den Fahrstreifen zu wechseln oder im Extremfall noch rechtzeitig vor der Absperrtafel zum Halten zu kommen. Die Warnschwellen sind damit auch keine VHindernisse nach § 32 StVO. Warnschwellen werden seit Jahren in den Niederlanden mit Erfolg eingesetzt. Ausgehend von den in den Niederlanden gemachten positiven Erfahrungen mit Warnschwellen wurde ein Forschungsprojekt im Auftrag der Bundesanstalt für Straßenwesen von der RWTH Aachen (Einsatz neuer Methoden zur Sicherung von Arbeitsstellen kürzerer Dauer der RWTH Aachen vom Mai 2004) durchgeführt. Die Ergebnisse waren positiv und haben zu der Empfehlung geführt, Warnschwellen auch in Deutschland einzuführen. Praxistests in Deutschland haben gezeigt, dass sich die Warnschwellen schnell und unproblematisch verlegen und wieder abbauen lassen. Auch das Überfahren der Warnschwellen durch verschiedene FzArten (zB Lkw, Pkw, Motorräder) hat sich als unproblematisch erwiesen. Die positiven Erfahrungen einiger Länder bei Tests mit Warnschwellen, erfolgreich verlaufende Versuche bei der RWTH Aachen sowie die langjährige Einsatzpraxis von Warnschwellen in den Niederlanden bilden damit eine ausreichende Grundlage für deren Einführung.*

Begr zur StVO-Neufassung v. 6.3.2013 (BR–Drs. 428/12):

15   **Zu Abs. 1:** *Es erfolgte eine Konkretisierung zur besseren Verständlichkeit der Vorschrift. Verkehrseinrichtungen wirken sich regelnd, sichernd oder verbietend auf den Verkehr aus. Je nach Wirkung sind sie daher unterschiedlich farblich zu gestalten. Die farbliche Hervorhebung solcher Einrichtungen ist stets geboten, soweit solche Einrichtungen ein Ge- oder Verbot enthalten. Haben sie einen rein hinweisenden Charakter, kann auf diese farbliche Hervorhebung verzichtet werden. Dem Umstand ihrer nur vorübergehenden Bedeutung trägt die hier im Zusammenhang mit § 39 Abs. 5 S. 3 stehende Farbe gelb Rechnung.*

---

[*] Jetzt Anl 4 zu lfd. Nr. 1–7 Spalte 3 Nr. 3.

Zu Abs. 3: *Die vormals in dem Abs. 3 enthaltenen Erläuterungen werden zur besseren Übersicht in* **16** *Form von Anlagen ausgegliedert. Ausnahme: Das Verbot durch Absperrgeräte abgesperrte Straßenflächen zu befahren, wurde nicht mit den Erläuterungen in die Anlage ausgegliedert, dort dann als Ge- oder Verbot verankert, sondern verbleibt im § 43.*

Die neue Struktur ermöglicht sämtliche Verkehrseinrichtungen mit den dazugehörigen Erläuterungen auf einen Blick bürgerfreundlich zu erfassen. Auch die entsprechende Vorschrift in 49 Abs. 3 Nr. 6 trägt dieser Besonderheit Rechnung.

1. Verkehrseinrichtungen sind, soweit sie Gebots- oder Verbotswirkung entfalten, verwal- **17** tungsrechtliche Allgemeinverfügungen wie VorschriftZ (§ 41 Rn. 247; OVG Saarlouis VM **03** 46). Absperrgeräte sind Absperrschranken, fahrbare Absperrtafeln, Leit-(Warn-)Baken und Leitkegel in der durch § 43 und Anl 4 festgelegten Form, keine anderen Geräte und auch nicht Leiteinrichtungen. Diese können angebracht werden, der Verkehr darf auf ihr Vorhandensein aber nicht vertrauen, zumal I S. 4 sparsame Verwendung vorsieht, nämlich nur, wo besondere Umstände diese zwingend gebieten. Die Regelung von I S. 1, IV iVm Anl 4 ist abschließend; Poller fallen nicht darunter (VG Ko VD **10** 116). Leitplanken dienen der Sicherung, sie sind keine Sperreinrichtungen (VGH Ka VM **78** 76). Richtlinien für passive Schutzeinrichtungen an Str: VkBl. **89** 489 = StVRL Nr. 2 m. Erg. VkBl. **96** 377 = StVRL Nr. 3; Einsatz von Schutzplankenpfostenummantelungen (SPU) auf BundesfernStr: VkBl. **97** 424 = StVRL Nr. 4; Technische Lieferbedingungen für Stahlschutzplanken: VkBl. **00** 62. Zu Warnschwellen Rn. 14 sowie *Schubert* DAR **08** 130. UU besteht Anspruch auf Anordnung einer Verkehrseinrichtung (VG Würzburg NZV **10** 111 (Sackgasse mit rechtswidrigem Schleichverkehr); s. auch § 45 Rn. 29). Fehlen von Leitpfosten auf Str von geringer VBedeutung verletzt idR nicht die VSicherungspflicht (Ce VRS **78** 9). Pfeilzeichen auf Leitpfosten als Hinweise auf Notrufsäulen: VkBl. **80** 795 = StVRL Nr. 1. Sperrgeräte müssen die gesamte Sperrzone abschranken, mindestens Beginn und Ende, notfalls aber auch seitlich (Kar VM **76** 16). Zur Absperrung von Radwegen in gesamter Breite KG VM **81** 38.

2. Ordnungswidrig (§ 24 StVG) handelt, wer vorsätzlich oder fahrlässig entgegen § 43 III **18** S. 2 durch Absperrgeräte abgesperrte StrFlächen befährt (§ 49 III Nr. 6). Entgegen den Intentionen der „Schilderwaldnovelle" und – dies übernehmend – der StVO-Neufassung 2013 ist das (bußgeldbewehrte) Verbot des Befahrens gekennzeichneter Straßenflächen in der StVO und nicht in Anlage 4 angeordnet (dazu Begr Rn. 16), wobei sich aber in Anl 4 zu lfd. Nr. 1 bis 7 Spalte 3 ein entsprechendes Verbot findet, das allerdings nicht in § 49 bewehrt ist. Zu der 500 € Geldbuße und 2 Monate FV anordnenden **Nr. 250a BKat** (Verletzung von Z 251 oder Z 265 bei zusätzlicher Missachtung von Verkehrseinrichtungen nach Anl 4 Nr. 1 bis 4) s. § 41 Rn. 248f zu den genannten Zeichen. Wer bei Erneuerung von StrMarkierungen Leitkegel umfährt, handelt ow. Vorsätzliche Beschädigung von Leit-, Warn- und Schutzeinrichtungen: §§ 145 II, 304, uU auch § 315b StGB. Zum Ganzen auch *Händel* DAR **76** 57.

III. Durchführungs-, Bußgeld- und Schlussvorschriften

Sachliche Zuständigkeit

44 (1) ¹Zuständig zur Ausführung dieser Verordnung sind, soweit nichts anderes bestimmt ist, die Straßenverkehrsbehörden. ²Nach Maßgabe des Landesrechts kann die Zuständigkeit der obersten Landesbehörden und der höheren Verwaltungsbehörden im Einzelfall oder allgemein auf eine andere Stelle übertragen werden.

(2) ¹Die Polizei ist befugt, den Verkehr durch Zeichen und Weisungen (§ 36) und durch Bedienung von Lichtzeichenanlagen zu regeln. ²Bei Gefahr im Verzug kann zur Aufrechterhaltung der Sicherheit oder Ordnung des Straßenverkehrs die Polizei an Stelle der an sich zuständigen Behörden tätig werden und vorläufige Maßnahmen treffen; sie bestimmt dann die Mittel zur Sicherung und Lenkung des Verkehrs.

(3) ¹Die Erlaubnis nach § 29 Absatz 2 und nach § 30 Absatz 2 erteilt die Straßenverkehrsbehörde, dagegen die höhere Verwaltungsbehörde, wenn die Veranstaltung über den Bezirk einer Straßenverkehrsbehörde hinausgeht, und die oberste Landesbehörde, wenn die Veranstaltung sich über den Verwaltungsbezirk einer höheren Verwaltungsbehörde hinaus erstreckt. ²Berührt die Veranstaltung mehrere Länder, ist diejenige oberste Landesbehörde zuständig, in deren Land die Veranstaltung beginnt. ³Nach Maßgabe des Landesrechts kann die Zuständigkeit der obersten Landesbehörden und der höheren Verwaltungsbehörden im Einzelfall oder allgemein auf eine andere Stelle übertragen werden.

(3a) ¹Die Erlaubnis nach § 29 Absatz 3 erteilt die Straßenverkehrsbehörde, dagegen die höhere Verwaltungsbehörde, welche Abweichungen von den Abmessungen, den Achslasten, den zulässigen Gesamtmassen und dem Sichtfeld des Fahrzeugs über eine Ausnahme zulässt, sofern kein Anhörverfahren stattfindet; sie ist dann auch zuständig für Ausnahmen nach § 46 Absatz 1 Nummer 2 und 5 im Rahmen einer solchen Erlaubnis. ²Dasselbe gilt, wenn eine andere Behörde diese Aufgaben der höheren Verwaltungsbehörde wahrnimmt.

(4) Vereinbarungen über die Benutzung von Straßen durch den Militärverkehr werden von der Bundeswehr oder den Truppen der nichtdeutschen Vertragsstaaten des Nordatlantikpaktes oder der Mitgliedstaaten der Europäischen Union ausgenommen Deutschland mit der obersten Landesbehörde oder der von ihr bestimmten Stelle abgeschlossen.

(5) Soweit keine Vereinbarungen oder keine Sonderregelungen für ausländische Streitkräfte bestehen, erteilen die höheren Verwaltungsbehörden oder die nach Landesrecht bestimmten Stellen die Erlaubnis für übermäßige Benutzung der Straße durch die Bundeswehr oder durch die Truppen der nichtdeutschen Vertragsstaaten des Nordatlantikpaktes oder der Mitgliedstaaten der Europäischen Union ausgenommen Deutschland; sie erteilen auch die Erlaubnis für die übermäßige Benutzung der Straße durch die Bundespolizei, die Polizei und den Katastrophenschutz.

1   **Begr** zur ÄndVO v. 22.3.88 (VkBl. **88** 228):

Zu Abs. 1: – *Begründung des Bundesrates – Anpassung an § 44 Abs. 3 Satz 3 StVO. Hier ist für die Fälle des § 44 Abs. 3 Satz 1 StVO ausdrücklich bestimmt, dass „nach Maßgabe des Landesrechts" die Zuständigkeit der höheren Verwaltungsbehörde auf eine andere Stelle übertragen werden kann. Als Umkehrschluss ist zu entnehmen, dass dies in den Fällen des § 44 Abs. 1 Satz 2 StVO nicht möglich sein soll. Es ist nicht erkennbar, warum hier eine Beschränkung der Zuständigkeiten gegeben sein soll.*

1a   **Zu Abs. 3a:** *Es handelt sich um eine Klarstellung der Zuständigkeiten.*

1b   **Begr** zur StVO-Neufassung v. 6.3.2013 (BR–Drs. 428/12): **Zu Abs. 1:** *Satz 2 entfällt, da sich das Weisungsrecht nach den landesrechtlichen Vorschriften richtet.*

2   **VwV zu § 44 Sachliche Zuständigkeit**

1   I. Zur Bekämpfung der Verkehrsunfälle haben Straßenverkehrsbehörde, Straßenbaubehörde und Polizei eng zusammenzuarbeiten, um zu ermitteln, wo sich die Unfälle häufen, worauf diese zurückzuführen sind, und welche Maßnahmen ergriffen werden müssen, um unfallbegünstigende Besonderheiten zu beseitigen. Hierzu sind Unfallkommissionen einzurichten, deren Organisation, Zuständigkeiten und Aufgaben Ländererlasse regeln. Für die örtliche Untersuchung von Verkehrsunfällen an Bahnübergängen gelten dabei wegen ihrer Besonderheiten ergänzende Bestimmungen.

2   II. Das Ergebnis der örtlichen Untersuchungen dient der Polizei als Unterlage für zweckmäßigen Einsatz, den Verkehrsbehörden für verkehrsregelnde und den Straßenbaubehörden für straßenbauliche Maßnahmen.

3　III. Dazu bedarf es der Anlegung von Unfalltypensteckkarten oder vergleichbarer elektronischer Systeme, wobei es sich empfiehlt, bestimmte Arten von Unfällen in besonderer Weise, etwa durch die Verwendung verschiedenfarbiger Nadeln, zu kennzeichnen. Außerdem sind Unfallblattsammlungen zu führen oder Unfallstraßenkarteien anzulegen. Für Straßenstellen mit besonders vielen Unfällen oder mit Häufungen gleichartiger Unfälle sind Unfalldiagramme zu fertigen. Diese Unterlagen sind sorgfältig auszuwerten; vor allem Vorfahrtunfälle, Abbiegeunfälle, Unfälle mit kreuzenden Fußgängern und Unfälle infolge Verlustes der Fahrzeugkontrolle weisen häufig darauf hin, dass die bauliche Beschaffenheit der Straße mangelhaft oder die Verkehrsregelung unzulänglich ist.

4　IV. Welche Behörde diese Unterlagen zu führen und auszuwerten hat, richtet sich nach Landesrecht. Jedenfalls bedarf es engster Mitwirkung auch der übrigen beteiligten Behörden.

5　V. Wenn örtliche Unfalluntersuchungen ergeben haben, dass sich an einer bestimmten Stelle regelmäßig Unfälle ereignen, ist zu prüfen, ob es sich dabei um Unfälle ähnlicher Art handelt. Ist das der Fall, so kann durch verkehrsregelnde oder bauliche Maßnahmen häufig für eine Entschärfung der Gefahrenstelle gesorgt werden. Derartige Maßnahmen sind in jedem Fall ins Auge zu fassen, auch wenn in absehbarer Zeit eine völlige Umgestaltung geplant ist.

Zu Absatz 1

6　Müssen Verkehrszeichen und Verkehrseinrichtungen, insbesondere Fahrbahnmarkierungen, aus technischen oder wirtschaftlichen Gründen über die Grenzen der Verwaltungsbezirke hinweg einheitlich angebracht werden, sorgen die zuständigen obersten Landesbehörden oder die von ihnen bestimmten Stellen für die notwendigen Anweisungen.

Zu Absatz 2

Aufgaben der Polizei

7　I. Bei Gefahr im Verzug, vor allem an Schadenstellen, bei Unfällen und sonstigen unvorhergesehenen Verkehrsbehinderungen ist es Aufgabe der Polizei, auch mit Hilfe von Absperrgeräten und Verkehrszeichen den Verkehr vorläufig zu sichern und zu regeln. Welche Verkehrszeichen und Absperrgeräte im Einzelfall angebracht werden, richtet sich nach den Straßen-, Verkehrs- und Sichtverhältnissen sowie nach der Ausrüstung der eingesetzten Polizeikräfte.

8　Auch am Tage ist zur rechtzeitigen Warnung des übrigen Verkehrs am Polizeifahrzeug das blaue Blinklicht einzuschalten. Auf Autobahnen und Kraftfahrstraßen können darüber hinaus zur rückwärtigen Sicherung besondere Sicherungsleuchten verwendet werden.

9　II. Einer vorherigen Anhörung der Straßenverkehrsbehörde oder der Straßenbaubehörde bedarf es in den Fällen der Nummer I nicht. Dagegen hat die Polizei, wenn wegen der Art der Schadenstelle, des Unfalls oder der Verkehrsbehinderung eine länger dauernde Verkehrssicherung oder -regelung notwendig ist, die zuständige Behörde zu unterrichten, damit diese die weiteren Maßnahmen treffen kann. Welche Maßnahmen notwendig sind, haben die zuständigen Behörden im Einzelfall zu entscheiden.

1. Sachlich zuständig zur Ausführung der StVO sind, soweit nichts anderes bestimmt ist, die　**3** StrVB (I). Sie haben alle Ausführungsmaßnahmen zu treffen, die nicht anderen Behörden zugewiesen sind (VSicherung, VBeobachtung, Aufstellung und Unterhaltung der VZ). Hinsichtlich des Weisungsrechts verweist I S. 2 nunmehr auf Landesrecht. Der BRat hat sich insoweit in einer Entschließung für die Beibehaltung der bundeseinheitlichen Normierung des Weisungsrechts ausgesprochen und die BReg zur Prüfung bei der nächsten Änderung der StVO aufgefordert (BR-Drs. 428/12 (Beschluss)). Dies ist bislang nicht erfolgt. Die fachaufsichtliche Weisung ist nur dann als Verwaltungsakt anfechtbar, wenn sie Außenwirkung entfaltet, etwa indem sie in den Bereich der kommunalen Selbstverwaltung eingreift (BVerwG NZV **95** 243; krit *Steiner* NZV **95** 211 f.). Unfallstatistik, örtliche Untersuchung der VUnfälle, Unfallsteckkarten, Unfallblätter, Unfallstraßenkarteien, Kollisionsdiagramme, Entschärfung von Gefahrstellen: VwV u **E** 158 ff. Für Vollstreckung der durch VorschrZ gegebenen Anordnungen (Ersatzvornahme) ist die für ihre Aufstellung zuständige Behörde zuständig (VGH Ma VM **04** 7, OVG Br DAR **77** 278). § 44 gilt auch für die Zuständigkeit bei der Untersagung des Betriebs von Anlagen, die gegen § 33 verstoßen (OVG Fra/O NZV **97** 53. *David* VD **78** 161).

Die **Straßenverkehrsbehörden** bestimmt das Landesrecht (I).　**4**

2. Zeichen und Weisungen (§ 36) zur VRegelung zu geben, steht der Pol zu, ebenso das　**5** Bedienen der LichtZAnlagen (§ 37). Polizei: PolBehörde wie Einzelbeamte (Begr, Zw NZV **89** 311, VGH Ma NZV **03** 301). LZA-Bedienung (II S. 1) betrifft nicht auch die Einrichtung und Programmierung von LZA (Zw NZV **89** 311).

3. In Gefahrfällen (II) kann und muss die Pol im Rahmen ihrer öffentlichen Schutzaufgabe　**6** im Interesse von Sicherheit oder Ordnung von sich aus geeignete vorläufige Maßnahmen treffen (Ha NZV **93** 192 (Ölspur auf der Fahrbahn)), und die zuständige Behörde davon alsbald verständigen: VwV Rn. 7 ff. An Schadensstellen und bei Unfällen sind das vor allem Maßnahmen der Sicherung und VLenkung. II konkretisiert die allgemeine Polizeiklausel für den StrVBereich (Stu VRS **59** 464). Die Wahl der Mittel ist freigestellt, jedoch ist das mildeste, ausreichende erreichbare Mittel zu wählen (Übermaßverbot, **E** 2). Endgültige Maßnahmen kann nur die zuständige Behörde treffen. Zur Verbindlichkeit polizeilich aufgestellter VZ an Kontrollstellen ohne Gefahr in Verzug Stu Justiz **80** 340. Für das Entfernen verkehrswidrig parkender Fz scheidet II S. 2 als Rechtsgrundlage aus, weil die Befugnis der Pol insoweit nicht weiter gehen kann als die der StrVB, *an deren Stelle* sie nach II S. 2 tätig wird; eine entsprechende Befugnis ist der StrVB aber in § 45 nicht eingeräumt (*Cramer* Rn. 29, BHHJ/*Hühnermann* Rn. 3, *Perrey* BayVBl **00** 610, aM BGH VersR **78** 1070, *Biletzki* NZV **96** 304). Abschleppen von Fz als polizeiliche Maßnahme: § 12 Rn. 65, 66.

6a   **Literatur:** *Laub,* Allgemeines Polizeirecht und VerkehrsR …, SVR **06** 281. *Kaube,* Die Anordnungspflicht von Notbaumaßnahmen, VD **99** 149.

7   **4. Übermäßige Straßenbenutzung. Schutz der Nachtruhe** (III). S. §§ 29, 30. Zur Erteilung der Erlaubnis für die dort bezeichneten Veranstaltungen ist die StrVB zuständig, bei überbezirklichen Veranstaltungen je nach Erstreckung nach Maßgabe von III die höhere oder die oberste LandesB. Zuständig ist jetzt stets die für den Veranstaltungsbeginn zuständige oberste LandesB, weil überregionale Veranstaltungen oft mehrere Schwerpunkte haben (Begr). Zuständigkeit für Großraum- und Schwertransporte: IIIa; zur Zuständigkeit in NW: OVG Münster VRS **83** 298. Zur Erlaubnis für Tiefladeanhänger BVerwG DVBl **66** 408. Zuständigkeit bei übermäßiger StrBenutzung durch BW- oder StationierungstruppenV, soweit keine Benutzungsvereinbarungen mit der BW oder Sonderregelungen für stationierte Truppen bestehen, und bei übermäßiger StrBenutzung durch Pol, BundesPol und Katastrophenschutz: V. Sonderregelung für ausländische Streitkräfte: § 35.

8   **5. Vereinbarungen über Militärverkehr. Sonderregelungen für stationierte fremde Streitkräfte.** IV, V und § 35 IV will die untere VB von der Zuständigkeit für solche Vereinbarungen ausschließen (Begr). Erweiterung von IV und V auf Truppen der Mitgliedstaaten der EU (außer Deutschland) durch 54. ÄndVStrV mit Wirkung zum 28.4.2020.

Verkehrszeichen und Verkehrseinrichtungen

45 (1) ¹Die Straßenverkehrsbehörden können die Benutzung bestimmter Straßen oder Straßenstrecken aus Gründen der Sicherheit oder Ordnung des Verkehrs beschränken oder verbieten und den Verkehr umleiten. ²Das gleiche Recht haben sie

1. zur Durchführung von Arbeiten im Straßenraum,

2. zur Verhütung außerordentlicher Schäden an der Straße,

3. zum Schutz der Wohnbevölkerung vor Lärm und Abgasen,

4. zum Schutz der Gewässer und Heilquellen,

5. hinsichtlich der zur Erhaltung der öffentlichen Sicherheit erforderlichen Maßnahmen sowie

6. zur Erforschung des Unfallgeschehens, des Verkehrsverhaltens, der Verkehrsabläufe sowie zur Erprobung geplanter verkehrssichernder oder verkehrsregelnder Maßnahmen.

(1a) Das gleiche Recht haben sie ferner

1. in Bade- und heilklimatischen Kurorten,

2. in Luftkurorten,

3. in Erholungsorten von besonderer Bedeutung,

4. in Landschaftsgebieten und Ortsteilen, die überwiegend der Erholung dienen,

4a. hinsichtlich örtlich begrenzter Maßnahmen aus Gründen des Arten- oder Biotopschutzes,

4b. hinsichtlich örtlich und zeitlich begrenzter Maßnahmen zum Schutz kultureller Veranstaltungen, die außerhalb des Straßenraums stattfinden und durch den Straßenverkehr, insbesondere durch den von diesem ausgehenden Lärm, erheblich beeinträchtigt werden,

5. in der Nähe von Krankenhäusern und Pflegeanstalten sowie

6. in unmittelbarer Nähe von Erholungsstätten außerhalb geschlossener Ortschaften,

wenn dadurch anders nicht vermeidbare Belästigungen durch den Fahrzeugverkehr verhütet werden können.

(1b) ¹Die Straßenverkehrsbehörden treffen auch die notwendigen Anordnungen

1. im Zusammenhang mit der Einrichtung von gebührenpflichtigen Parkplätzen für Großveranstaltungen,

2. im Zusammenhang mit der Kennzeichnung von Parkmöglichkeiten für schwerbehinderte Menschen mit außergewöhnlicher Gehbehinderung, beidseitiger Amelie oder Phokomelie oder mit vergleichbaren Funktionseinschränkungen sowie für blinde Menschen,

2a. im Zusammenhang mit der Kennzeichnung von Parkmöglichkeiten für Bewohner städtischer Quartiere mit erheblichem Parkraummangel durch vollständige oder zeitlich beschränkte Reservierung des Parkraums für die Berechtigten oder durch Anordnung der Freistellung von angeordneten Parkraumbewirtschaftungsmaßnahmen,

3. zur Kennzeichnung von Fußgängerbereichen und verkehrsberuhigten Bereichen,

4. zur Erhaltung der Sicherheit oder Ordnung in diesen Bereichen sowie

5. zum Schutz der Bevölkerung vor Lärm und Abgasen oder zur Unterstützung einer geordneten städtebaulichen Entwicklung.

²Die Straßenverkehrsbehörden ordnen die Parkmöglichkeiten für Bewohner, die Kennzeichnung von Fußgängerbereichen, verkehrsberuhigten Bereichen und Maßnahmen zum Schutze der Bevölkerung vor Lärm und Abgasen oder zur Unterstützung einer geordneten städtebaulichen Entwicklung im Einvernehmen mit der Gemeinde an.

(1c) ¹Die Straßenverkehrsbehörden ordnen ferner innerhalb geschlossener Ortschaften, insbesondere in Wohngebieten und Gebieten mit hoher Fußgänger- und Fahrradverkehrsdichte sowie hohem Querungsbedarf, Tempo 30-Zonen im Einvernehmen mit der Gemeinde an. ²Die Zonen-Anordnung darf sich weder auf Straßen des überörtlichen Verkehrs (Bundes-, Landes- und Kreisstraßen) noch auf weitere Vorfahrtstraßen (Zeichen 306) erstrecken. ³Sie darf nur Straßen ohne Lichtzeichen geregelte Kreuzungen oder Einmündungen, Fahrstreifenbegrenzungen (Zeichen 295), Leitlinien (Zeichen 340) und benutzungspflichtige Radwege (Zeichen 237, 240, 241 oder Zeichen 295 in Verbindung mit Zeichen 237) umfassen. ⁴An Kreuzungen und Einmündungen innerhalb der Zone muss grundsätzlich die Vorfahrtregel nach § 8 Absatz 1 Satz 1 („rechts vor links") gelten. ⁵Abweichend von Satz 3 bleiben vor dem 1. November 2000 angeordnete Tempo 30-Zonen mit Lichtzeichenanlagen zum Schutz der Fußgänger zulässig.

(1d) In zentralen städtischen Bereichen mit hohem Fußgängeraufkommen und überwiegender Aufenthaltsfunktion (verkehrsberuhigte Geschäftsbereiche) können auch Zonen-Geschwindigkeitsbeschränkungen von weniger als 30 km/h angeordnet werden.

(1e) ¹Die Straßenverkehrsbehörden ordnen die für den Betrieb von mautgebührenpflichtigen Strecken erforderlichen Verkehrszeichen und Verkehrseinrichtungen auf der Grundlage des vom Konzessionsnehmer vorgelegten Verkehrszeichenplans an. ²Die erforderlichen Anordnungen sind spätestens drei Monate nach Eingang des Verkehrszeichenplans zu treffen.

(1f) Zur Kennzeichnung der in einem Luftreinhalteplan oder einem Plan für kurzfristig zu ergreifende Maßnahmen nach § 47 Absatz 1 oder 2 des Bundes-Immissionsschutzgesetzes festgesetzten Umweltzonen ordnet die Straßenverkehrsbehörde die dafür erforderlichen Verkehrsverbote mittels der Zeichen 270.1 und 270.2 in Verbindung mit dem dazu vorgesehenen Zusatzzeichen an.

(1g) Zur Bevorrechtigung elektrisch betriebener Fahrzeuge ordnet die Straßenverkehrsbehörde unter Beachtung der Anforderungen des § 3 Absatz 1 des Elektromobilitätsgesetzes die dafür erforderlichen Zeichen 314, 314.1 und 315 in Verbindung mit dem dazu vorgesehenen Zusatzzeichen an.

(1h) ¹Zur Parkbevorrechtigung von Carsharingfahrzeugen ordnet die Straßenverkehrsbehörde unter Beachtung der Anforderungen der §§ 2 und 3 des Carsharinggesetzes die dafür erforderlichen Zeichen 314, 314.1 und 315 in Verbindung mit dem dazu vorgesehenen Zusatzzeichen mit dem Carsharingsinnbild nach § 39 Absatz 11 an. ²Soll die Parkfläche nur für ein bestimmtes Carsharingunternehmen vorgehalten werden, ist auf einem weiteren Zusatzzeichen unterhalb dieses Zusatzzeichens die Firmenbezeichnung des Carsharingunternehmens namentlich in schwarzer Schrift auf weißem Grund anzuordnen.

(1i) ¹Die Straßenverkehrsbehörden ordnen ferner innerhalb geschlossener Ortschaften, insbesondere in Gebieten mit hoher Fahrradverkehrsdichte, Fahrradzonen im Einvernehmen mit der Gemeinde an. ²Die Zonen-Anordnung darf sich weder auf Straßen des überörtlichen Verkehrs (Bundes-, Landes- und Kreisstraßen) noch auf weitere Vorfahrtstraßen (Zeichen 306) erstrecken. ³Sie darf nur Straßen ohne Lichtzeichen geregelte Kreuzungen oder Einmündungen, Fahrstreifenbegrenzungen (Zeichen 295), Leitlinien (Zeichen 340) und benutzungspflichtige Radwege (Zeichen 237, 240, 241 oder Zeichen 295 in Verbindung mit Zeichen 237) umfassen. [4]An Kreuzungen und Einmündungen innerhalb der Zone muss grundsätzlich die Vorfahrtregel nach § 8 Absatz 1 Satz 1 („rechts vor links") gelten. [5]Die Anordnung einer Fahrradzone darf sich nicht mit der Anordnung einer Tempo 30-Zone überschneiden. [6]Innerhalb der Fahrradzone ist in regelmäßigen Abständen das Zeichen 244.3 als Sinnbild auf der Fahrbahn aufzubringen.

(2) [1]Zur Durchführung von Straßenbauarbeiten und zur Verhütung von außerordentlichen Schäden an der Straße, die durch deren baulichen Zustand bedingt sind, können die nach Landesrecht für den Straßenbau bestimmten Behörden (Straßenbaubehörde) – vorbehaltlich anderer Maßnahmen der Straßenverkehrsbehörden – Verkehrsverbote und -beschränkungen anordnen, den Verkehr umleiten und ihn durch Markierungen und Leiteinrichtungen lenken. [2]Für Bahnübergänge von Eisenbahnen des öffentlichen Verkehrs können nur die Bahnunternehmen durch Blinklicht- oder Lichtzeichenanlagen, durch rotweiß gestreifte Schranken oder durch Aufstellung des Andreaskreuzes ein bestimmtes Verhalten der Verkehrsteilnehmer vorschreiben. [3]Für Bahnübergänge von Straßenbahnen auf unabhängigem Bahnkörper gilt Satz 2 mit der Maßgabe entsprechend, dass die Befugnis zur Anordnung der Maßnahmen der nach personenbeförderungsrechtlichen Vorschriften zuständigen Technischen Aufsichtsbehörde des Straßenbahnunternehmens obliegt. [4]Alle Gebote und Verbote sind durch Zeichen und Verkehrseinrichtungen nach dieser Verordnung anzuordnen.

(3) [1]Im Übrigen bestimmen die Straßenverkehrsbehörden, wo und welche Verkehrszeichen und Verkehrseinrichtungen anzubringen und zu entfernen sind, bei Straßennamensschildern nur darüber, wo diese so anzubringen sind, wie Zeichen 437 zeigt. [2]Die Straßenbaubehörden legen – vorbehaltlich anderer Anordnungen der Straßenverkehrsbehörden – die Art der Anbringung und der Ausgestaltung, wie Übergröße, Beleuchtung fest; ob Leitpfosten anzubringen sind, bestimmen sie allein. [3]Sie können auch – vorbehaltlich anderer Maßnahmen der Straßenverkehrsbehörden – Gefahrzeichen anbringen, wenn die Sicherheit des Verkehrs durch den Zustand der Straße gefährdet wird.

(4) Die genannten Behörden dürfen den Verkehr nur durch Verkehrszeichen und Verkehrseinrichtungen regeln und lenken; in dem Fall des Absatzes 1 Satz 2 Nummer 5 jedoch auch durch Anordnungen, die durch Rundfunk, Fernsehen, Tageszeitungen oder auf andere Weise bekannt gegeben werden, sofern die Aufstellung von Verkehrszeichen und -einrichtungen nach den gegebenen Umständen nicht möglich ist.

(5) [1]Zur Beschaffung, Anbringung, Unterhaltung und Entfernung der Verkehrszeichen und Verkehrseinrichtungen und zu deren Betrieb einschließlich ihrer Beleuchtung ist der Baulastträger verpflichtet, sonst der Eigentümer der Straße. [2]Das gilt auch für die von der Straßenverkehrsbehörde angeordnete Beleuchtung von Fußgängerüberwegen.

(6) [1]Vor dem Beginn von Arbeiten, die sich auf den Straßenverkehr auswirken, müssen die Unternehmer – die Bauunternehmer unter Vorlage eines Verkehrszeichenplans – von der zuständigen Behörde Anordnungen nach den Absätzen 1 bis 3 darüber einholen, wie ihre Arbeitsstellen abzusperren und zu kennzeichnen sind, ob und wie der Verkehr, auch bei teilweiser Straßensperrung, zu beschränken, zu leiten und zu regeln ist, ferner ob und wie sie gesperrte Straßen und Umleitungen zu kennzeichnen haben. [2]Sie haben diese Anordnungen zu befolgen und Lichtzeichenanlagen zu bedienen.

(7) [1]Sind Straßen als Vorfahrtstraßen oder als Verkehrsumleitungen gekennzeichnet, bedürfen Baumaßnahmen, durch welche die Fahrbahn eingeengt wird, der Zustimmung der Straßenverkehrsbehörde; ausgenommen sind die laufende Straßenunterhaltung sowie Notmaßnahmen. [2]Die Zustimmung gilt als erteilt, wenn sich die Behörde nicht innerhalb einer Woche nach Eingang des Antrags zu der Maßnahme geäußert hat.

(7a) Die Besatzung von Fahrzeugen, die im Pannenhilfsdienst, bei Bergungsarbeiten und bei der Vorbereitung von Abschleppmaßnahmen eingesetzt wird, darf bei Gefahr im Verzug zur Eigensicherung, zur Absicherung des havarierten Fahrzeugs und zur Sicherung des übrigen Verkehrs an der Pannenstelle Leitkegel (Zeichen 610) aufstellen.

(8) [1]Die Straßenverkehrsbehörden können innerhalb geschlossener Ortschaften die zulässige Höchstgeschwindigkeit auf bestimmten Straßen durch Zeichen 274 erhöhen. [2]Außerhalb geschlossener Ortschaften können sie mit Zustimmung der zuständigen obersten Landesbehörden die nach § 3 Absatz 3 Nummer 2 Buchstabe c zulässige Höchstgeschwindigkeit durch Zeichen 274 auf 120 km/h anheben.

(9) [1]Verkehrszeichen und Verkehrseinrichtungen sind nur dort anzuordnen, wo dies auf Grund der besonderen Umstände zwingend erforderlich ist. [2]Dabei dürfen Gefahrzeichen nur dort angeordnet werden, wo es für die Sicherheit des Verkehrs erforderlich ist, weil auch ein aufmerksamer Verkehrsteilnehmer die Gefahr nicht oder nicht rechtzeitig erkennen kann und auch nicht mit ihr rechnen muss. [3]Insbesondere Beschränkungen und Verbote des fließenden Verkehrs dürfen nur angeordnet werden, wenn auf Grund der besonderen örtlichen Verhältnisse eine Gefahrenlage besteht, die das allgemeine Risiko einer

Beeinträchtigung der in den vorstehenden Absätzen genannten Rechtsgüter erheblich übersteigt. [4] Satz 3 gilt nicht für die Anordnung von

1. Schutzstreifen für den Radverkehr (Zeichen 340),
2. Fahrradstraßen (Zeichen 244.1),
3. Sonderwegen außerhalb geschlossener Ortschaften (Zeichen 237, Zeichen 240, Zeichen 241) oder Radfahrstreifen innerhalb geschlossener Ortschaften (Zeichen 237 in Verbindung mit Zeichen 295),
4. Tempo 30-Zonen nach Absatz 1c,
5. verkehrsberuhigten Geschäftsbereichen nach Absatz 1d,
6. innerörtlichen streckenbezogenen Geschwindigkeitsbeschränkungen von 30 km/h (Zeichen 274) nach Absatz 1 Satz 1 auf Straßen des überörtlichen Verkehrs (Bundes-, Landes- und Kreisstraßen) oder auf weiteren Vorfahrtstraßen (Zeichen 306) im unmittelbaren Bereich von an diesen Straßen gelegenen Kindergärten, Kindertagesstätten, allgemeinbildenden Schulen, Förderschulen, Alten- und Pflegeheimen oder Krankenhäusern.
7. Erprobungsmaßnahmen nach Absatz 1 Satz 2 Nummer 6 zweiter Hs.,
8. Fahrradzonen nach Absatz 1i.

[5] Satz 3 gilt ferner nicht für Beschränkungen oder Verbote des fließenden Verkehrs nach Absatz 1 Satz 1 oder 2 Nummer 3 zur Beseitigung oder Abmilderung von erheblichen Auswirkungen veränderter Verkehrsverhältnisse, die durch die Erhebung der Maut nach dem Bundesfernstraßenmautgesetz hervorgerufen worden sind. [6] Satz 3 gilt zudem nicht zur Kennzeichnung der in einem Luftreinhalteplan oder einem Plan für kurzfristig zu ergreifende Maßnahmen nach § 47 Absatz 1 oder 2 des Bundes-Immissionsschutzgesetzes festgesetzten Umweltzonen nach Absatz 1f.

(10) Absatz 9 gilt nicht, soweit Verkehrszeichen angeordnet werden, die zur Förderung der Elektromobilität nach dem Elektromobilitätsgesetz oder zur Förderung des Carsharing nach dem Carsharinggesetz getroffen werden dürfen.

Begr zur ÄndVO v. 22.3.88 (VkBl. **88** 228): **Zu Abs. 4:** *Klarstellung, dass auch die Verkehrsbe-* **1–3** *schränkungen bei Smog-Alarm durch Rundfunk, Fernsehen, Tageszeitungen oder auf andere Weise bekanntgegeben werden dürfen.*

Begr zur ÄndVO v. 9.11.89 (VkBl. **89** 783f.): **Zu Abs. 1c:** *... Die Zonen dürfen nicht zu groß* **4** *werden, damit Kraftfahrer das Fahren mit niedriger Geschwindigkeit akzeptieren und die Fußwege zu den am Rande der Zone verlaufenden Bus- und Straßenbahnlinien nicht zu lang werden.*
Straßen mit dominierender Verbindungsfunktion oder stärkerer Verkehrsbelastung sowie im Allgemeinen auch längere Straßenabschnitte mit Bus- oder Straßenbahnlinien sollen nicht in Tempo-30-Zonen einbezogen werden. ...

Begr zur ÄndVO v. 7.8.97 (VkBl. **97** 690): **Zu Abs. 9:** – Begründung des Bundesrates – *Ne-* **5** *ben der Änderung des § 39 bedarf es auch einer korrespondierenden Ergänzung des § 45 durch einen neuen Absatz 9. Auf die Begründung zu § 39 I und § 43 I S. 2 (neu) wird verwiesen. Während die genannten Normen an die Verkehrsteilnehmer adressiert sind, verpflichtet der neue Absatz 9 von § 45 die zuständigen Behörden, bei der Anordnung von Verkehrszeichen und Verkehrseinrichtungen restriktiv zu verfahren und stets nach pflichtgemäßem Ermessen zu prüfen, ob die vorgesehene Regelung durch Verkehrszeichen und/oder Verkehrseinrichtungen deshalb zwingend erforderlich ist, weil die allgemeinen und besonderen Verhaltensregeln der Verordnung für einen sicheren und geordneten Verkehrsablauf nicht ausreichen.*

Begr zur ÄndVO v. 11.12.00 (VkBl. **01** 6): **Zu Abs. 1c:** *Nachdem mehr als 10 Jahre durchweg* **6** *positive Erfahrungen mit der Anordnung von Tempo 30-Zonen gewonnen werden konnten, wird nunmehr dem Wunsch der Kommunen nach Reduzierung des bislang hohen Anforderungsniveaus für die Einrichtung von Tempo 30-Zonen Rechnung getragen.*
Die gesetzliche Innerortshöchstgeschwindigkeit nach § 3 Abs. 3 Nr. 1 der Straßenverkehrs-Ordnung (StVO) bleibt unverändert 50 km/h. Die Möglichkeit, abseits der Hauptverkehrsstraßen Tempo 30-Zonen einzurichten, wird jedoch wesentlich erleichtert. Gleichzeitig wird ein Beitrag zur einheitlichen Rechtsanwendung geleistet, indem die wesentlichen Voraussetzungen und Ausschlusskriterien für die Anordnung solcher Zonen in den Verordnungsrang erhoben werden (§ 45 Abs. 1c (neu) StVO). ...
Auch künftig wird der weit überwiegende Anteil der innerörtlichen Verkehrsleistungen auf Straßen mit der gesetzlichen Höchstgeschwindigkeit 50 km/h nach § 3 Abs. 3 Nr. 1 StVO erbracht werden. Gemessen an der Länge des innerörtlichen Straßennetzes kann aber künftig der Anteil, der mit einer Tempo 30-Zonen-Anordnung verkehrsberuhigt ist, überwiegen. Dies erfordert zusätzlich zu den Regelungen in § 45 Abs. 1c (neu) StVO eine Klarstellung in § 39 Abs. 1a (neu) StVO. ...

Der Einfluss der Kommunen auf die straßenverkehrsbehördliche Anordnung wird gestärkt. Zwar bleibt es in der StVO bei der bisherigen Regelung, dass die Anordnung nur im Einvernehmen mit der Kommune von der Straßenverkehrsbehörde vorgenommen werden kann. Ein zunächst von den Kommunalen Spitzenverbänden verfolgtes „kommunales Antragsrecht", das eine Anordnungspflicht der Straßenverkehrsbehörde zur Folge gehabt hätte, konnte nicht aufgenommen werden, da es sich bei der Straßenverkehrs-Ordnung um Bundesrecht handelt, das die Bundesländer als eigene Angelegenheit ausführen (Art. 84 Abs. 1 GG). In der Verwaltungsvorschrift zu § 45 Abs. 1c (neu) wird jedoch klar gestellt, dass einem auf Tempo 30-Zonen-Anordnung gerichteten Antrag der Kommunen zu entsprechen ist, wenn die einschlägigen Maßgaben der Verordnung und der entsprechenden Verwaltungsvorschrift erfüllt sind oder mit der Anordnung erfüllt werden können.

Die Kraftfahrzeugführer werden künftig die Straßen in Tempo 30-Zonen deutlich von Straßen außerhalb solcher Zonen unterscheiden können. Die Anordnung von Zeichen 274.1 wird durch die grundsätzliche Vorfahrtregel „rechts vor links", das ausnahmslose Fehlen von Lichtzeichen geregelten Kreuzungen und Einmündungen, Fahrstreifenbegrenzungen und Leitlinien sowie benutzungspflichtigen Radverkehrsanlagen unterstützt. Bauliche Veränderungen (Einengungen, Schwellen etc.) dürfen hingegen künftig nicht mehr erwartet werden. Statt dessen sollen erforderliche Verengungen des Fahrbahnquerschnitts durch Markierung von Parkständen und Sperrflächen ausreichen.

(VkBl. 01 1): Die bisher in Absatz 1b Nummer 3 enthaltene Zuständigkeit der Straßenverkehrsbehörden hinsichtlich der Anordnung von geschwindigkeitsbeschränkten Zonen wird entsprechend der in Teil 1 „Allgemeines" dargestellten Erwägungen nunmehr in einem gesonderten Absatz geregelt. Zugleich wird in der Straßenverkehrs-Ordnung selbst durch negative Abgrenzung klar gestellt, dass eine Tempo 30-Zonen-Anordnung innerhalb geschlossener Ortschaften nur für nicht klassifizierte Straßen in Betracht kommt, da Bundes-, Landes- und Kreisstraßen wegen ihrer Bestimmung für den überörtlichen Verkehr nicht Gegenstand gemeindlicher Verkehrsberuhigungsmaßnahmen sein können. Soweit im Einzelfall, insbesondere auf Kreisstraßen, aus Gründen der Verkehrssicherheit oder des Immissionsschutzes eine Absenkung der zulässigen Höchstgeschwindigkeit unter 50 km/h erforderlich ist, steht mit der Möglichkeit der streckenbezogenen Anordnung durch Zeichen 274 ein ausreichendes Instrument zur Verfügung.

Der Ausschluss weiterer Vorfahrtstraßen ist erforderlich, um insbesondere in größeren Gemeinden und Städten ein leistungsfähiges Hauptverkehrsstraßennetz zu erhalten, auf dem der weit überwiegende Anteil des innerörtlichen Verkehrs erbracht wird. Sätze 3 und 4 enthalten zusätzliche Kriterien der Abgrenzung, die im Interesse des Verkehrsablaufs und der Rechtsklarheit für den kraftfahrenden Verkehrsteilnehmer erforderlich sind.

Weitere Kriterien für die Einrichtung von Tempo 30-Zonen sollen wie bisher in den Verwaltungsvorschriften geregelt werden.

Zu Abs. 1a Nr. 4b: *Kulturelle Veranstaltungen außerhalb des Straßenraums können nach geltendem Recht nicht ausreichend vor den vom Straßenverkehr ausgehenden Beeinträchtigungen geschützt werden. Bei herausragenden lärmsensiblen kulturellen Veranstaltungen (Musik- oder Theaterdarbietungen, insbesondere auf Freilichtbühnen) kann es aber im Einzelfall im öffentlichen Interesse angezeigt sein, die vom Straßenverkehr ausgehenden Beeinträchtigungen (Verkehrslärm) durch örtlich und zeitlich eng begrenzte Verkehrsbeschränkungen oder -verbote, vor allem durch Umleitungen des Schwerverkehrs zu mindern oder zu verhindern, wenn den Beeinträchtigungen anders nicht begegnet werden kann.*

7   **Begr** zur ÄndVO v. 14.12.01 (VkBl. **02** 140): **Zu Abs. 1b:** *Die Neuregelung füllt ebenfalls die durch Gesetz vom 19. März 2001 (BGBl. I S. 386) geänderte Verordnungsermächtigung des § 6 Abs. 1 Nr. 14 StVG aus. Damit wurde die Voraussetzung dafür geschaffen, über das bisherige Anwohnerparken hinaus auch großräumigere Bereiche mit Parkvorrechten für die Wohnbevölkerung zuzulassen, wenn dem Parkraummangel für die ansässige Wohnbevölkerung wegen fehlender privater Stellplätze und hohen „Parkdrucks" durch nicht quartiersansässige Pendler oder Besucher nur durch eine entsprechende Anordnung abgeholfen werden kann. ...*

Der Verordnungsgeber ist bei der Neuregelung auch weiterhin von den in der Begründung zur Einführung der gesetzlichen Ermächtigung zum Anwohnerparken im Jahr 1980 angeführten Erwägungen ausgegangen (vgl. VkBl. 80 S. 244). Es bleibt unverändert wesentliches Ziel der Parkvorberechtigung für Bewohner, der Abwanderung aus das Stadtumland entgegen zu wirken, die auch dadurch gefördert wird, dass auf Grund eines Mangels an Stellflächen für ein privates Kraftfahrzeug bei hohem allgemeinem „Parkdruck" kein ausreichender Parkraum in Wohnungsnähe zur Verfügung steht.

Die Neuregelung des An-/künftig Bewohnerparkens trägt der Intention des Gesetzgebers Rechnung. Sie eröffnet maßgeschneiderte Lösungen für die jeweilige örtliche Situation, indem sie die unterschiedlichsten Anordnungen – angefangen von kleinräumigen bis hin zu weiträumigeren Anordnungen von Parkvorrechten für die Wohnbevölkerung – rechtlich absichert. Sie schafft damit auch für dicht bebaute (Groß-)Stadtquartiere bei bestehendem Parkraummangel einen zufrieden stellenden Ausgleich zwischen den unterschiedlichen Gruppen, die Parkraum in Anspruch nehmen. ...

In der Verwaltungsvorschrift wird der „Prozent-Vorgabe" des Bundesrates allerdings lediglich zeitlich begrenzt auf werktags von 9.00 bis 18.00 Uhr gefolgt. In der übrigen Zeit dürfen nicht mehr als 75 Prozent der zur Verfügung stehenden Parkfläche für Bewohner reserviert werden. Die vorgenommene Abweichung ist möglich, weil die Länder diese Lösung mehrheitlich zur Erfüllung der Vorgabe des Bundesrates als ausreichend erachten. Es besteht Einvernehmen, dass der höchste Bedarf für Bewohnerparkplätze im Allgemeinen in der Zeit nach den Kernarbeitszeiten, mithin in den Abend- und Nachtstunden, liegt, in denen der Parkraumbedarf von Pendlern und Besuchern geringer ist. Daher ist eine prozentual höhere Reservierung des Parkraums für Bewohner zur Abend- und Nachtzeit angemessen. ...

Bislang konnte die „Kennzeichnung von Parkmöglichkeiten für Anwohner" nur in der Weise erfolgen, dass Anwohner (durch Zusatzschild begrenzt auf bestimmte Tageszeiten) entweder von angeordneten eingeschränkten Haltverboten frei gestellt werden oder durch Zeichen 314/315 erlaubtes Parken auf Anwohner beschränkt wird, mithin eine „Reservierung" öffentlichen Parkraumes für die Berechtigten unter gleichzeitigem Ausschluss anderer Parkraumsuchender erfolgte. Die Neuregelung sichert nunmehr auch diese „Misch-Regelung" rechtlich ausdrücklich ab (§ 45 Abs. 1b Satz 1 Nr. 2a 2. Alternative (neu) StVO). ...

Vor allem in Innenstadtbereichen von Großstädten hat die Praxis aber gezeigt, dass die Voraussetzung für die Anordnung einer Parkvorberechtigung für die Wohnbevölkerung auch in einem Quartier vorliegen kann, dessen Größe die ortsangemessene Ausdehnung des Bewohnerparkbereiches eigentlich übersteigt. Für diesen Fall ist es geboten, in der begleitenden Verwaltungsvorschrift die Aufteilung des Gebietes in mehrere Bereiche mit Bewohnerparkrechten künftig ausdrücklich zuzulassen. Die Bereiche müssen dann aber unterschiedlich (durch Nummern oder Buchstaben) ausgewiesen werden. Damit wird das Parkvorrecht für berechtigte Bewohner auf ein abgegrenztes Quartier beschränkt. So wird klargestellt, dass der Verordnungsgeber nur auf konkrete Einzelmaßnahmen im Interesse der jeweils in dem Bereich wohnenden Bewohner abzielt.

Diese Ergänzung war erforderlich, weil das Bundesverwaltungsgericht in seiner genannten Entscheidung festgestellt hatte, dass die mosaikartige, flächendeckende Überspannung der ganzen Innenstadt in einer Großstadt durch Parkvorberechtigungszonen nicht von der Ermächtigungsgrundlage des § 6 Abs. 1 Nr. 14 StVG (a. F.) gedeckt ist. ...

Begr zur ÄndVO v. 22.12.05 (VkBl. **06** 36): **Zu Abs. 9 S. 3:** *Mit Einführung der Autobahnmaut* **8** *für schwere Nutzfahrzeuge durch das Autobahnmautgesetz für schwere Nutzfahrzeuge (ABMG) vom 1.1.05 hat der Schwerlastverkehr mit Fahrzeugen über 12 t zulässiger Gesamtmasse nach Hinweisen von Bund und Ländern auf Bundesstraßen, Landes- und Kreisstraßen auf bestimmten Strecken oder Streckenabschnitten zugenommen. Es handelt sich dabei um schwere Nutzfahrzeuge, welche vorher erkennbar die Autobahn benutzt haben und nun auf das nachgeordnete Straßennetz ausweichen.*

Die nach § 1 IV ABMG mögliche Bemautung von Ausweichstrecken reicht als Instrument zur Bewältigung des Problems nicht aus. Diese Regelung gilt nur für Bundesstraßen, nicht aber für das nachgeordnete Straßennetz. Bei Bemautung der Ausweichstrecken sind daher weitere Ausweichverkehre auf dieses nachgeordnete Straßennetz zu befürchten. Ferner würde durch eine Bemautung auch der regionale Wirtschaftsverkehr mit zusätzlichen Kosten belastet; Wettbewerbsverzerrungen würden damit ausgelöst.

Die Anlieger, insbesondere in den Ortsdurchfahrten von Bundesstr, Landes- und Kreisstr, werden durch den um den Ausweichverkehr erhöhten Verkehr jedoch sofort und unnötig mit zusätzlichen Lärm- und Abgasimmissionen belastet. Zudem steigt die von den Bundesstraßen, Landes- und Kreisstraßen zu bewältigende Verkehrsbelastung und damit auch die Verkehrsdichte zum Teil stark an und hat ungünstige Auswirkungen auf Verkehrsablauf und Verkehrsverhalten.

Es ist daher sachgerecht, das bisherige Instrumentarium der StrVB zu ergänzen, um diese seit dem 1.1.05 bestehende Situation hinreichend durch verkehrsrechtliche Anordnungen zu entschärfen.

Es muss daher Ziel sein, den überörtlichen Durchgangsverkehr mit schweren Nutzfahrzeugen von mehr als 12 t zulässiger Gesamtmasse aus Gründen der Ordnung des Verkehrs – insbesondere auch zum Schutz der Wohnbevölkerung an Ortsdurchfahrten – und zur Verbesserung des Verkehrsablaufs und des Verkehrsverhaltens im nachgeordneten Straßennetz – zumindest an herausragenden Stellen – nicht ausweichen zu lassen. Wenn nötig, ist dieser Verkehr vom nachgeordneten Straßennetz, z. B. vor „sensiblen" Ortsdurchfahrten, wieder auf die Autobahn zu leiten. Nur auf diese Weise können die Belastungen, denen die Straßenanlieger ausgesetzt sind, sowie die negativen Auswirkungen auf den Verkehrsablauf und das Verkehrsverhalten auf diesen Straßen verringert werden. Auch die Eingriffe in das Wirtschaftsleben sind unter Abwägung der Interessen der Wohnbevölkerung und der ansässigen Betriebe zumutbar. Die Regionaltransporte, die schon bisher nicht auf die Autobahn ausweichen mussten, werden nicht belastet, da sie von der Regelung ausgenommen sind. ...

Zu § 41 Abs. 2 Nr. 6: *Zunächst wird klargestellt, dass im Sinne einer einheitlichen und allgemein bestimmten Regelung als Maßnahme zur Vermeidung des Mautausweichverkehrs mit schweren Nutzfahrzeugen von mehr als 12 t zulässiger Gesamtmasse nur ein Verkehrsverbot mit Z 253 mit dem Zusatzzeichen „Durchgangsverkehr" sowie dem Zusatzzeichen „12 t" angezeigt werden darf.*

Das Zusatzzeichen „Durchgangsverkehr" ermöglicht es zum Einen, den überörtlichen Durchgangsverkehr mit Lkw am vorzeitigen Verlassen der Autobahn zu hindern und damit auf der Autobahn zu belassen; derartige Zeichen können dazu an ausgewählten Autobahnanschlussstellen aufgestellt werden. Zum Anderen wird es ermöglicht, den überörtlichen Durchgangsverkehr im nachgeordneten Straßennetz zu ausgewählten „sensiblen" Ausweichstrecken wieder auf die Autobahn zu leiten; dies kommt im Zuge herausragender Ausweichstrecken an geeigneten Stellen, z. B. vor Ortsdurchfahrten, in Betracht. Im Übrigen ist bei der Verwendung dieser Schilderkombination im nachgeordneten Straßennetz zwingend eine geeignete Wegweisung bis zur nächstgelegenen geeigneten Autobahnanschlussstelle erforderlich.

Die Widmung der Bundesstr, Landes- und Kreisstr für den Durchgangsverkehr bleibt weiterhin unangetastet. An dem grundsätzlichen Gemeingebrauch am Straßenraum ändert sich nichts. Dies wird insbesondere durch die Definition des Durchgangsverkehrs sichergestellt. So werden insbesondere Verkehre, die auf die Nutzung des Straßenraums aufgrund der notwendigen Erschließungsfunktion der Straße angewiesen sind, und Lieferverkehre nicht als Durchgangsverkehr im Sinne der Vorschrift bezeichnet.

Eine weitere Ausnahme zur Sicherstellung des Gemeingebrauchs nimmt den regionalen Wirtschaftsverkehr vom Geltungsbereich aus. Da Durchgangs V im Sinne der Vorschrift nicht vorliegt, wenn gewerblicher Güterkraftverkehr in einem Gebiet innerhalb eines Umkreises von 75 km vom ersten Beladeort der Fahrt des Fahrzeuges betrieben wird, bleibt insbesondere der ungehinderte Verkehr zwischen benachbarten Gemeinden bzw. benachbarten Landkreisen unberührt. Dies gilt auch für Leerfahrten, die im Zusammenhang mit Beförderungen des Güterkraftverkehrs nach § 1 I des Güterkraftverkehrsgesetzes durchgeführt werden.

Freigestellt von den Verboten bleiben ferner alle Fz, die gemäß § 1 II ABMG nicht der Mautpflicht unterliegen sowie Fahrten, die auf verkehrsrechtlich ausgewiesenen Umleitungsstr durchgeführt werden.

Zu § 45 Abs. 9 S. 3: *Da das nach geltendem Recht zur Verfügung stehende verkehrsrechtliche Instrumentarium zur wirksamen Eindämmung von Mautausweichverkehren in einigen Fällen nicht ausreicht, ist es geboten, in § 45 IX StVO eine speziell für Mautausweichverkehre definierte abgesenkte Eingriffsschwelle einzufügen, die den Straßenverkehrsbehörden verkehrsbeschränkende oder -verbietende Maßnahmen bereits dann erlauben, wenn dadurch die erheblichen Auswirkungen veränderter Verkehrsverhältnisse, die durch die Erhebung von Maut nach dem Autobahnmautgesetz hervorgerufen sind, beseitigt oder abgemildert werden können. Aufgrund der Formulierung ist sichergestellt, dass die Wohnbevölkerung erheblichen Belästigungen ausgesetzt sein muss, die auf Mautausweichverkehre zurückzuführen sind. An den hohen Eingriffsschwellen des § 45 IX StVO für die anderen in Absatz 1 genannten Fallgruppen wird festgehalten.*

Der Vorteil für die Straßenverkehrsbehörde besteht insbesondere darin, dass der mit einer solchen Anordnung verbundene Verwaltungsaufwand im Vergleich zu den sonst in Betracht zu ziehenden Befugnisnormen der StVO geringer ist. So wird z. B. keine Lärmberechnung oder keine Abgasmessung vorausgesetzt. Selbstverständlich ist aber, dass vor Anordnung verkehrsbeschränkender oder -verbietender Maßnahmen vorher auf der Ausweichstrecke insbesondere die Verkehrsbelastung und die Verkehrsstrukturen erhoben werden und auf dieser Grundlage die Auswirkungen auf die Umwelt und die Gesundheit der Anlieger abgeschätzt, der Verkehrsablauf und das Verkehrsverhalten betrachtet sowie die wirtschaftlichen Belange abgeklärt werden.

8a   **Begr** zur ÄndVO v. 22.12.05 (VkBl. **06** 39): **Zu Abs. 7a** *Arbeiten von Pannendienstleistern sind meist mit Gefahren verbunden, weil sie idR ohne verkehrslenkende und -regelnde Maßnahmen der Polizei im Bereich des fließenden Verkehrs durchgeführt werden. Auch wenn sich die Mehrzahl der VT beim Annähern an eine Pannenstelle vorsichtig verhält, kommt es doch immer wieder zu Gefährdungssituationen durch unkonzentrierte, unvorsichtige oder unerfahrene VT. Dieser Gefahr trägt die Befugnis zur Selbstsicherung, zur Sicherung eines Havaristen sowie zur sicheren Vorbeiführung des Verkehrs an einer Pannenstelle durch das Aufstellen von Leitkegeln (Z 610) Rechnung. In den „Richtlinien über die Mindestanforderungen an Bauart oder Ausrüstung von PannenhilfsFz" (VkBl. **97** 472) ist heute bereits eine Pflicht zur Ausrüstung der EinsatzFz über 3,5 t zGG und alle Kastenwagen mit 5 Leitkegeln festgelegt. Zudem wird das Aufstellen von Leitkegeln durch die Besatzung anerkannter PannenhilfsFz iS von § 52 IV Nr. 2 StVZO heute bereits unter Anwendung des Opportunitätsgrundsatzes toleriert (vgl. auch Berufsgenossenschaftliche Information für Sicherheit und Gesundheit bei der Arbeit, BGI 800, vom 1. 4 01). Durch die Änderung wird diese Praxis nunmehr rechtlich abgesichert. Die berufsgenossenschaftliche Informationsschrift erwähnt zudem eine Reihe anderer SpezialFz. Hierzu zählen z. B. Lkw für Fahrzeugbeförderung, selbstfahrende Arbeitsmaschinen, Abschleppwagen, Berge- und KranFz, Mobilautokräne. Auch hier muss die Möglichkeit zur ordnungsgemäßen Absicherung der Einsatzstelle gegeben sein.*

Der Begriff „Pannenstelle" ist umfassend zu verstehen und kann im Einzelfall auch eine Unfallstelle erfassen.

Begr zur ÄndVO v. 28.11.07 (VkBl. **08** 4) **zu Abs. 1e:** *Mit der Änderung des § 40 BImSchG im* **8b** *Jahr 2002 ist die Ermächtigung der Landesregierungen zum Erlass von Smog-VO entfallen. Die bereits auf dieser Grundlage von den Ländern erlassenen Smog-VO wurden aufgehoben oder besitzen keine praktische Relevanz mehr. Absatz 1 f. kann daher aufgehoben werden.*

Begr zur StVO-Neufassung v. 6.3.2013 (BR–Drs. 428/12): **Zu Abs. 1 f. (neu):** *Nach § 40* **8c** *Abs. 1 BImSchG beschränkt oder verbietet die zuständige Straßenverkehrsbehörde den Kraftfahrzeugverkehr nach Maßgabe der straßenverkehrsrechtlichen Vorschriften, soweit ein Luftreinhalteplan oder ein Plan für kurzfristig zu ergreifende Maßnahmen nach § 47 Abs. 1 oder 2 BImSchG dies vorsehen. Bei dieser Regelung handelt es sich um eine Rechtsfolgenverweisung. Abs. 1 f. trägt diesem Umstand Rechnung.*

Zu Abs. 3a: *Für Z 386 regelt der bisherige § 45 Abs. 3a, dass die StrVB nur im Einvernehmen mit der obersten StrVB des Landes oder der von ihr beauftragten Stelle die Aufstellung des Z 386 erlässt. Die neu eingeführten Z 386.1, 386.2 und 386.3 sind Alternativen zu Z 386.1 (vormals Z 386). Erlässt die StrVB die Anordnung zur Aufstellung eines der Alternativzeichen hat dieses auch im Einvernehmen mit der obersten StrVB des Landes oder der von ihr beauftragten Stelle wie beim vormaligen Z 386 stattzufinden. Wegen der größeren Nähe der örtlichen StrVB zu den Fremdenverkehrsverbänden ist der Zustimmungsvorbehalt der obersten Landesbehörde für touristische Verkehrszeichen beizubehalten; er muss aber nicht in der Rechtsverordnung selbst stehen. Die Interessenlage der obersten StrVB des Landes lässt sich auch durch die an die StrVB gerichteten Allgemeinen VwV zur StVO schützen, indem dort an diese gerichtet eine Pflicht zur Einvernehmensherstellung verankert wird. Daher wurde Abs. 3a des § 45 bereits mit der letzten Änderung der VwV-StVO in die VwV zu § 45 verschoben.* [*]

Zu Abs. 9 S. 2: *Eines der wesentlichen Ziele der „Schilderwaldnovelle" ist die Förderung des Radverkehrs. Dazu wird auf die allgemeine Begründung verwiesen. Dazu gehört auch, den Behörden vor Ort größere Spielräume bei der Anlage von Radverkehrsanlagen einzuräumen. Mit diesem Ziel ist es nicht vereinbar, das Erfordernis der strengen Voraussetzungen dieser Vorschrift an die Anordnung eines Schutzstreifens zu stellen, mit dem ein grundsätzliches Überfahrverbot der Leitlinie einhergeht, was sich beschränkend auf den fließenden Verkehr auswirkt. Gleiches gilt auch für die Anordnung von Fahrradstraßen, mit denen ein grundsätzliches Benutzungsverbot für andere Fahrzeugführer und eine generelle Geschwindigkeitsbeschränkung einhergehen. Diese Verkehrszeichenanordnungen werden daher nach dem Vorbild der Tempo 30-Zonen oder der Zonen-Geschwindigkeitsbeschränkungen von S. 2 ausgenommen.*

Begr zur ÄndVO v. 15.9.15 (BR–Drs. 254/15): **Zu Abs. 1g:** *Durch die Vorschrift werden auf* **8d** *Grundlage des § 3 Abs. 4 EmoG die Voraussetzungen für die Anordnung des Parkens für elektrisch betriebene Fz geschaffen.*

Begr zur ÄndVO v. 30.11.16 (BR–Drs. 332/16): **Zu Abs. 9:** *In Abs. 1 Nr. 5 wird die hohe Hür-* **8e** *de (z. B. Nachweis einer Unfallhäufungsstelle bzw. eines Unfallschwerpunktes zum Beleg des erheblichen Übersteigens des allgemeinen Risikos einer Beeinträchtigung der in den Absätzen genannten Rechtsgüter) für die streckenbezogene Anordnung von Tempo 30 auf HauptverkehrsStr im unmittelbaren Bereich der abschließend aufgezählten sensiblen Bereichen mit Zugang zur Str abgesenkt. Dies stellt ein Novum dar. HauptverkehrsStr (innerörtlich klassifizierte Str (Bundes-, Landes- und Kreisstr) sowie Vorfahrtstr (Z 306)) dienen in erster Linie dem weiträumigen Verkehr, was keine Einbeziehung solcher Str in die gemeindliche Verkehrsberuhigung durch Tempo 30-Zonen zulässt.*

Die Absenkung erfolgt vor folgendem Hintergrund: Kinder sind bis zum Abschluss ihrer Verkehrserziehung – die Radfahrprüfung findet u. a. idR erst zum Ende der Grundschulausbildung statt – altersbedingt noch nicht in der Lage, allgemeine Gefahren des StrV und hier insbesondere Geschwindigkeiten herannahender Fz richtig einzuschätzen. Dies belegen zahlreiche wissenschaftliche Studien. Dass Kinder insbes. an Kindergärten, Kindertagesstätten und Grundschulen vermehrt anzutreffen sind, steht außer Frage. Liegen Kindergärten, Kindertagesstätten und Grundschulen abseits der Hauptverkehrsstr, können sie heute bereits in den Genuss der erleichterten Anordnung von Tempo 30-Zonen kommen. Dies gilt aber nicht, wenn sie an Hauptverkehrsstr gelegen sind. Dann müssen die StrVB nach geltendem Recht besondere örtliche Verhältnisse nachweisen, die eine Gefahrenlage bedingen, die das im StrV allgemein anzutreffende Risiko einer Beeinträchtigung der Verkehrssicherheit erheblich übersteigt, um die Geschwindigkeit streckenbezogen absenken zu können. Derzeit sind dafür bislang z. B. Nachweise für Unfallraten erforderlich, die ca. 30 % über denen bei vergleichbaren Strecken anderenorts liegen. Angesichts der Vielzahl von anzutreffenden Kindern

---

[*]Vgl.VwV Rn. 11a zu § 45.

und ihrer nicht vorhersehbaren Verhaltensweisen bis zu einem gewissen Alter ist die besondere Örtlichkeit (Kindergarten, Kindertagesstätte und Grundschule) und Gefahrenlage dort auch ohne einen solchen aufwendigen Nachweis naheliegend.

Als „sensible" Bereiche erfasst sind von der Neuregelung insgesamt allgemeinbildende Schulen, weil auch dort erfahrungsgemäß vor allem in den unteren Altersklassen ein unachtsames Verkehrsverhalten vermehrt noch anzutreffen ist. Ältere Kinder und Jugendliche die mit dem Rad zur Schule fahren, bewegen sich dort zudem im „Pulk", sind als VT oft abgelenkt und einer gewissen Gruppendynamik ausgesetzt. Als Grundlage für die Festlegung allgemeinbildender Schulen kann der Beschluss der Kultusministerkonferenz vom 10.5.2001 („Weiterentwicklung des Schulwesens in Deutschland seit Abschluss des Abkommens zwischen den Ländern der Bundesrepublik Deutschland zur Vereinheitlichung auf dem Gebiete des Schulwesens vom 28.10.1964 i.d.F. vom 14.10.1971) zugrunde gelegt werden.

Erfasst werden auch Kinderkrippen oder Großtagespflege (für Kinder bis 3 Jahre), Kindergärten (für 3- bis 6-jährige Kinder) sowie Hort oder Schulhort, den die Grundschulkinder vor Schulbeginn und nach Schulende besuchen können. Je nach Bundesland werden z T auch nur Ganztagseinrichtungen (für jegliches Vorschulalter) oder Einrichtungen, die Betreuung für alle drei Altersgruppen (Kinderkrippe, Kindergarten, Hort) umfassen, Kindertagesstätte genannt.

Der Patienten- und Besuchsverkehr im Umfeld von Krankenhäusern führt zu einer Kumulation des Fußgänger- und Fahrzeug V. Dabei ist auch zu berücksichtigen, dass die Patienten und Besucher durch den Krankenhausbesuch körperlich und seelisch beeinträchtigt sein können, mit der Folge mangelnder Aufmerksamkeit für den V. Hinzu kommen erforderliche Notfalltransporte mit Sonderrechten, die es ebenso in einen sicheren Gesamtablauf zu integrieren gilt.

Zusammenfassend kann festgestellt werden, dass die Kumulation der vorstehend dargestellten Problemstellungen vorzugsweise an Krankenhäusern auftritt, insbesondere dann, wenn diese in zentraler innerstädtischer Lage angesiedelt sind. Viele, im Sinne der Verkehrssicherheit negative Faktoren treffen hier aufeinander und sind in Kombination geeignet, negative Wirkungen auf die Verkehrssicherheit auszustrahlen. Die Reduktion der Geschwindigkeit bietet die Möglichkeit, diese an sich nicht vermeidbaren Faktoren in der Kumulation und in ihren negativen Wirkungen abzuschwächen.

Nicht zum Tragen kann die Absenkung der Anordnungshürde jedoch für solche Einrichtungen kommen, die nicht mit unmittelbarem Zugang zur Hauptverkehrsstr ausgestattet sind, sondern sich auf einem abseits gelegenen Gelände befinden.

Mit der vorgesehenen Änderung wird die im geltenden Recht vorgesehene hohe Hürde für die streckenbezogene Anordnung von Tempo 30 auf den genannten Str abgesenkt. Aufgrund der Funktion der Str dienen solche Str in erster Linie dem weiträumigen Verkehr, was regelmäßig keine generelle geringere Geschwindigkeit als Tempo 50 zulässt. Die Möglichkeit der Schaffung der Anordnungsmöglichkeit von Tempo 30 auf diesen Straßen vor den genannten sensiblen Bereichen ist aber vor dem Hintergrund, dass der genannte Personenkreis besonders schützenswert ist, im Einzelfall durchaus geboten, ohne dass es dieses konkreten Nachweises eines erheblichen übersteigenden Gefahrenbereichs in dieser Konsequenz bedarf.

Sofern also durch die Anordnung einer streckenbezogenen Geschwindigkeitsbegrenzung ein zusätzlicher Sicherheitsgewinn zu den meist vorhandenen besonderen Sicherheitseinrichtungen zu erwarten ist, sollte von dieser Möglichkeit dann auch Gebrauch gemacht werden können.

Die Änderung lässt Abs. 9 Satz 1 unberührt. Mit der Änderung ist damit kein Automatismus verbunden, dass Tempo 30 vor solchen Einrichtungen stets anzuordnen ist. Es ist daher weiterhin eine Einzelfallprüfung erforderlich. In diesem Zusammenhang ist z.B. zu berücksichtigen, dass das Hauptverkehrsstraßennetz auf das zügige Vorankommen im Straßennetz ausgelegt ist. ²/₃ des innerstädtischen Verkehrs finden auf den Hauptverkehrsstr statt. Ein Ausweichen auf das Wohnumfeld abseits dieser Hauptverbindungsachsen muss weiterhin vermieden werden. Unerwünscht bleibt nach wie vor der Schleichverkehr durch Wohngebiete. So ist z.B. auch zu berücksichtigen, dass Navigationsgeräte oftmals die schnellste Route errechnen. Die Reisezeit ist also ein wichtiger Faktor für die Attraktivität des Hauptstraßennetzes. Hinzu kommt, dass im nachgeordneten Streckennetz grundsätzlich keine lichtzeichengeregelten Kreuzungen und Einmündungen zu verzeichnen sind.

Auch sind negative Auswirkungen auf den ÖPNV (zB Taktfahrplan) zu berücksichtigen und in die Gesamtabwägung mit einzubeziehen. Die streckenbezogene Anordnung ist zudem so zu wählen, dass die Beschränkung für alle VT einsichtig bleibt und bevorrechtigte Wege/Überquerungen im Umfeld sinnvoll einbezogen werden. Der abgesenkte Geschwindigkeitsbereich ist dabei idR auf den unmittelbaren Bereich der Einrichtung auf insgesamt 300 m Länge zu begrenzen. Die beiden Fahrtrichtungen müssen dabei nicht gleich behandelt werden.

Die Einrichtung einer streckenbezogenen Geschwindigkeitsbegrenzung sollte sich in erster Linie auf die tatsächlich benutzten Eingänge erstrecken. Andere relevante Bereiche, wie etwa Nebeneingänge zu zB Turnhallen, sind in die Gesamtbetrachtung mit einzubeziehen. Die Anordnungen sind zudem soweit möglich auf die Öffnungszeiten zu beschränken. Dies erhöht die Einsichtigkeit der Beschränkung und die Akzeptanz der Anordnung. Dies gilt ins- besondere für den Schülerverkehr. Nähere Vorgaben zur Anordnung der stre- ckenbezogenen Höchstgeschwindigkeit für diese Fälle werden in einer Allgemeinen Verwaltungsvorschrift zu Zeichen 274 festgelegt.

Zu den sonstigen Änderungen in diesem Absatz: Beim Straßenverkehrsrecht handelt es sich um privile- gienfeindliches besonderes Polizei- und Ordnungsrecht, das die Sicherheit und Leichtigkeit des Verkehrs gewährleisten soll, indem im Wesentlichen der Gefahrenabwehr und der Unfallverhütung Rechnung getragen wird. Alle Ermächtigungsgrundlagen zur Änderung der StVO außerhalb des StVG aus Gründen der Ge- fahrenabwehr können im Abs. 9 verbleiben; hingegen Privilegierungen müssen an einer anderen Stelle veran- kert werden. Denn für solche Anordnungen kann insgesamt der besondere Verhältnismäßigkeitsgrundsatz „so wenige Verkehrszeichen wie möglich, so viele wie wegen der besonderen Gefahrenlage nötig" nicht zur An- wendung kommen. Dafür muss es einen neuen Abs. 10 geben.

Begr des BRates (BR-Drs. 332/16 (Beschluss)) **zu Abs. 9 S. 4 Nr. 3:** *Die Änderung zielt … auf eine Ergänzung der abschließenden Aufzählung in Abs. 9 S. 4 um die Anordnung der Benutzungs- pflicht von baulich angelegten Radverkehrsanlagen außerorts und die Anordnung von benutzungspflichtigen Radfahrstreifen innerorts ab. Infolge der außerorts zulässigen Höchstgeschwindigkeiten (hier sind Geschwin- digkeiten bis zu 100 km/h üblich) besteht außerorts auch ohne Nachweis einer ungefähr 30-prozentigen höheren Gefahrenlage idR per se die Notwendigkeit, infolge der hohen Differenzgeschwindigkeiten Radf vom übrigen weitaus schnelleren Kfz-V auf der Fahrbahn zur Wahrung eines sicheren flüssigen Verkehrsab- laufs zu trennen. Insoweit besteht eine vergleichbare Situation, wie sie im Entwurf bei den sensiblen Ein- richtungen Kindergarten etc. unterstellt wird. Dies gilt auch für die Radfahrstreifen innerorts. Bei Bedarf reichen dort Schutzstreifen für eine sichere Führung des RadV nicht aus. Für sie ist keine tatsächliche Min- destbreite vorgegeben, sie dürfen bei Notwendigkeit von anderen Kfz-Teilnehmern überfahren werden und für sie gilt lediglich ein Parkverbot. Zur Eindämmung des Schilderwaldes und zur Gewährleistung einer noch sicheren Führung des RadV (Radfahrstreifen müssen mindestens 1,50 breit, einschließlich Breite des Z 295 sogar 1,85 m breit sein, und sie dürfen als Sonderwege für den RadV nicht von anderen VT be- fahren werden) ist es daher geboten, auch für diese keinen Nachweis einer überhöhten Gefahrenlage zu erbringen. Dies gilt zumindest für HauptverkehrsStr. …*

Begr zur ÄndVO v. 30.11.16 (BR-Drs. 332/16): **Zu Abs. 10:** *Hier handelt es sich um Verkehrs- zeichen, die zur Bevorrechtigung der Elektromobilität angeordnet werden, für die systematisch ein eigenstän- diger Absatz zu schaffen ist.* **8f**

Begr zur ÄndVStVR v. 20.4.2020 (BR-Drs. 591/19) **zu Abs. 1i:** *Die Regelung ermöglicht den StrVB, Fahrradzonen anzuordnen. Fahrradzonen stellen eine flächenmäßige Erweiterung der nur strecken- mäßig anzuordnenden Fahrradstraßen dar und dienen der Sicherheit und Leichtigkeit des Radverkehrs. Hinsichtlich der konkreten Anordnungsvoraussetzungen orientiert sich die Regelung an der für die Anord- nung von Tempo 30-Zonen geltenden Bestimmungen. Infolge der Abkehr von der generellen Innerorts- höchstgeschwindigkeit kann es sich nur um Str handeln, die nicht Teil des Hauptverkehrsstraßennetzes sind, auf denen ca. 2/3 des innerörtlichen Verkehrs abgewickelt werden und bei denen es sich infolge ihrer Ver- kehrsfunktion zur Abwicklung des überörtlichen Verkehrs um klassifizierte Str oder wesentliche innerörtliche Verbindungsstraßen handelt. Wegen des fehlenden Sichtbarkeitsprinzips (keine regelmäßige Wiederholung des VZ „Fahrradstraße") ist zur Verdeutlichung des Zonenbewusstseins innerhalb der Fahrradzone in re- gelmäßigen Abständen das Z 244.3 als Sinnbild auf der Fahrbahn aufzubringen.* **8g**

Zu Abs. 9 S. 4 Nr. 7: *… Um den Ländern einen größeren Handlungsspielraum zu eröffnen, wird zunächst die derzeitige Erprobungsklausel in § 45 Abs. 1 S. 2 Nr 6 zweiter Hs. wie folgt erweitert: Die neue Nr. 7 des § 45 Abs. 9 S. 4 nimmt Verkehrsversuche nach § 45 Abs. 1 S. 2 Nr. 6 zweiter Hs. von der Regelung des § 45 Abs. 9 S. 3 aus. Beschränkungen des fließenden Verkehrs im Rahmen der Erprobung verkehrsregelnder oder -sichernder Maßnahmen bedürfen damit nicht mehr des Nachweises und einer auf- wendigen Begründung einer besonderen örtlichen Gefahrenlage (nach der Rspr. eine um ca. 2/3 gesteigerte Gefahrenlage) für eines der in § 45 genannten Rechtsgüter. Verkehrsversuche nach § 45 Abs. 1 S. 2 Nr. 6 zweiter Hs. sind trotz dieser Neuregelung auch weiterhin ausschließlich im Rahmen des geltenden Rechts, das heißt, nur mit den Mitteln der StVO möglich. Eine weitergehende Öffnung des Straßenverkehrsrechts für zeitlich und örtlich begrenzte Verkehrsversuche bedarf einer Änderung auf Gesetzesebene, die derzeit geprüft wird.* **8h**

Begr des BRates zu **Abs. 9 S. 4 Nr. 8:** *Fahrradzonen dürfen sich zwar nicht mit Tempo-30-Zonen überschneiden. Es liegt aber auf der Hand, dass Fahrradzonen eine vergleichbare Wirkung haben werden. Sie fördern den Radverkehr und dienen verstärkt der Verkehrsberuhigung und Verkehrsvermeidung in Form von* **8i**

Kfz. Je mehr Rad Fahrende Fahrradzonen befahren, umso mehr stellen sich künftig Fragen insbesondere zur Neuaufteilung des öffentlichen Straßenraums. Es ist zu erwarten, dass sie ebenso wie die erstmals 1985 zunächst nur versuchsweise eingeführten Tempo-30-Zonen die künftige städtebauliche Entwicklung in den Gemeinden beeinflussen werden. Zur Förderung dieser Entwicklung, auch im Interesse des Klimaschutzes, sowie aufgrund der rechtlich parallelen Ausgestaltung ist es geboten, die Anordnungsvoraussetzungen hinsichtlich der Vorgaben des § 45 Abs. 9 S. 4 StVO den Tempo-30-Zonen gleichzustellen.

VwV zu § 45 Verkehrszeichen und Verkehrseinrichtungen

Zu Absatz 1 bis 1e

9   1   I. Vor jeder Entscheidung sind die Straßenbaubehörde und die Polizei zu hören. Wenn auch andere Behörden zu hören sind, ist dies bei den einzelnen Zeichen gesagt.

10   2   II. Vor jeder Entscheidung sind erforderlichenfalls zumutbare Umleitungen im Rahmen des Möglichen festzulegen.

11   3   III. 1. Die Straßenverkehrsbehörde bedarf der Zustimmung der obersten Landesbehörde oder der von ihr bestimmten Stelle zur Anbringung und Entfernung folgender Verkehrszeichen:

4   a) auf allen Straßen der Zeichen 201, 261, 269, 275, 279, 290.1, 290.2, 330.1, 330.2, 331.1, 331.2, 363, 460 sowie des Zusatzzeichens „abknickende Vorfahrt" (Zusatzzeichen zu Zeichen 306),

5   b) auf Autobahnen, Kraftfahrstraßen und Bundesstraßen:
der Zeichen 250, auch mit auf bestimmte Verkehrsarten beschränkenden Sinnbildern, wie der Zeichen 251 oder 253 sowie der Zeichen 262 und 263,

6   c) auf Autobahnen, Kraftfahrstraßen sowie auf Bundesstraßen außerhalb geschlossener Ortschaften:
der Zeichen 276, 277, 280, 281, 295 als Fahrstreifenbegrenzung und 296,

7   d) auf Autobahnen und Kraftfahrstraßen:
der Zeichen 209 bis 214, 274 und 278,

8   e) auf Bundesstraßen:
des Zeichens 274 samt dem Zeichen 278 dann, wenn die zulässige Höchstgeschwindigkeit auf weniger als 60 km/h ermäßigt wird.

9   2. Die obersten Landesbehörden sollten jedenfalls für Straßen von erheblicher Verkehrsbedeutung, die in Nummer 1 Buchst. b bis e nicht aufgeführt sind, entsprechende Anweisungen geben.

10   3. Der Zustimmung bedarf es nicht, wenn jene Maßnahmen zur Durchführung von Arbeiten im Straßenraum oder zur Verhütung außerordentlicher Schäden an den Straßen getroffen werden oder durch unvorhergesehene Ereignisse wie Unfälle, Schadenstellen oder Verkehrsstauungen, veranlaßt sind.

11   4. Die Straßenverkehrsbehörde bedarf der Zustimmung der obersten Landesbehörde oder der von ihr beauftragten Stelle außerdem für die Anordnung des Schildes nach § 37 Abs. 2 Nr. 1 Satz 8 („Grünpfeil").

11a   5. Die Straßenverkehrsbehörde bedarf der Zustimmung der obersten Landesbehörde oder der von ihr dafür beauftragten Stelle zur Anordnung der Zeichen 386.1, 386.2 und 386.3. Die Zeichen werden durch die zuständige Straßenbaubehörde aufgestellt.

12   12   IV. Die Straßenverkehrsbehörde bedarf der Zustimmung der höheren Verwaltungsbehörde oder der von ihr bestimmten Stelle zur Aufstellung und Entfernung folgender Verkehrszeichen auf allen Straßen:
der Zeichen 293, 306, 307 und 354 sowie des Zusatzzeichens „Nebenstrecke".

13   13   V. Die Straßenverkehrsbehörde bedarf der Zustimmung der obersten Landesbehörde oder der von ihr bestimmten Stelle zur Anordnung von Maßnahmen zum Schutz der Bevölkerung vor Lärm und Abgasen. Das Bundesministerium für Verkehr und digitale Infrastruktur gibt im Einvernehmen mit den zuständigen obersten Landesbehörden „Richtlinien für straßenverkehrsrechtliche Maßnahmen zum Schutz der Bevölkerung vor Lärm (Lärmschutz-Richtlinien-StV)" im Verkehrsblatt bekannt.

13a   14   VI. Der Zustimmung bedarf es in den Fällen der Nummern III bis V nicht, wenn und soweit die oberste Landesbehörde die Straßenverkehrsbehörde vom Erfordernis der Zustimmung befreit hat.

14   15   VII. Unter Landschaftsgebieten, die überwiegend der Erholung der Bevölkerung dienen, sind z. B. Naturparks zu verstehen.

14a   16   VIII. Maßnahmen zum Schutz kultureller Veranstaltungen (z. B. bedeutende Musik- oder Theaterdarbietungen insbesondere auf Freilichtbühnen) kommen nur in Betracht, wenn diese erheblich durch vom Straßenverkehr ausgehende Lärmemissionen beeinträchtigt werden. Insbesondere kann sich für die Dauer der Veranstaltung eine Umleitung des Schwerverkehrs empfehlen.

17 IX. Parkmöglichkeiten für schwerbehinderte Menschen mit außergewöhnlicher Gehbehinderung, **15** beidseitiger Amelie oder Phokomelie oder mit vergleichbaren Funktionseinschränkungen sowie für blinde Menschen.
Der begünstigte Personenkreis ergibt sich aus Nummer II 1, 2 und 3 Buchstabe a und b zu § 46 Abs. 1 Nr. 11 (Randnummern 129 bis 135).

18 Wegen der Ausgestaltung der Parkplätze wird auf die DIN 18024-1 „Barrierefreies Bauen, Teil 1: Straßen, Plätze, Wege, öffentliche Verkehrs- und Grünanlagen sowie Spielplätze; Planungsgrundlagen" verwiesen.

19 1. a) Parkplätze, die allgemein dem erwähnten Personenkreis zur Verfügung stehen, kommen, gegebenenfalls mit zeitlicher Beschränkung, insbesondere dort in Betracht, wo der erwähnte Personenkreis besonders häufig auf einen derartigen Parkplatz angewiesen ist, z. B. in der Nähe von Behörden, Krankenhäusern, Orthopädischen Kliniken.

20 b) Zur Benutzung von speziell durch Verkehrszeichen gekennzeichneten Parkplätzen für schwerbehinderte Menschen berechtigt der EU-einheitliche Parkausweis, den das zuständige Bundesministerium im Verkehrsblatt bekannt gibt.

21 c) Die Kennzeichnung dieser Parkplätze erfolgt in der Regel durch die Zeichen 314 oder 315 mit dem Zusatzzeichen „Rollstuhlfahrersymbol".

22 Ausnahmsweise (§ 41 Absatz 3 Nummer 7) kann eine Bodenmarkierung „Rollstuhlfahrersymbol" genügen.

23 2. a) Parkplätze für bestimmte schwerbehinderte Menschen des oben erwähnten Personenkreises, z. B. vor der Wohnung oder in der Nähe der Arbeitsstätte, setzen eine Prüfung voraus, ob

24 – ein Parksonderrecht erforderlich ist. Das ist z. B. nicht der Fall, wenn Parkraummangel nicht besteht oder der schwerbehinderte Mensch in zumutbarer Entfernung eine Garage oder einen Abstellplatz außerhalb des öffentlichen Verkehrsraums hat,

25 – ein Parksonderrecht vertretbar ist. Das ist z. B. nicht der Fall, wenn ein Halteverbot (Zeichen 283) angeordnet wurde,

26 – ein zeitlich beschränktes Parksonderrecht genügt.

27 b) (weggefallen)

28 c) Die Kennzeichnung dieser Parkplätze erfolgt durch die Zeichen 314, 315 mit dem Zusatzzeichen („Rollstuhlfahrersymbol") mit Parkausweis Nr. ... .

29 X. Sonderparkberechtigung für Bewohner städtischer Quartiere mit erheblichem Parkraummangel (Bewohnerparkvorrechte) **16**

1. Die Anordnung von Bewohnerparkvorrechten ist nur dort zulässig, wo mangels privater Stellflächen und auf Grund eines erheblichen allgemeinen Parkdrucks die Bewohner des städtischen Quartiers regelmäßig keine ausreichende Möglichkeit haben, in ortsüblich fußläufig zumutbarer Entfernung von ihrer Wohnung einen Stellplatz für ihr Kraftfahrzeug zu finden.

30 2. Bewohnerparkvorrechte sind vorrangig mit Zeichen 286 oder Zeichen 290.1 mit Zusatzzeichen „Bewohner mit Parkausweis ... frei", in den Fällen des erlaubten Gehwegparkens mit Zeichen 315 mit Zusatzzeichen „nur Bewohner mit Parkausweis ..." anzuordnen. Eine bereits angeordnete Beschilderung mit Zeichen 314 (Anwohnerparkvorrecht nach altem Recht) bleibt weiter zulässig. Werden solche Bewohnerparkvorrechte als Freistellung von angeordneten Parkraumbewirtschaftungsmaßnahmen angeordnet (vgl. Nummer 6), kommen nur Zeichen 314, 315 in Betracht. Die Bezeichnung des Parkausweises (Buchstabe oder Nummer) auf dem Zusatzzeichen kennzeichnet zugleich die räumliche Geltung des Bewohnerparkvorrechts.

31 3. Die Bereiche mit Bewohnerparkvorrechten sind unter Berücksichtigung des Gemeingebrauchs (vgl. dazu Nummer 4), des vorhandenen Parkdrucks (vgl. dazu Nummer 1) und der örtlichen Gegebenheiten festzulegen. Dabei muss es sich um Nahbereiche handeln, die von den Bewohnern dieser städtischen Quartiere üblicherweise zum Parken aufgesucht werden. Die maximale Ausdehnung eines Bereiches darf auch in Städten mit mehr als 1 Mio. Einwohnern 1000 m nicht übersteigen. Soweit die Voraussetzungen nach Nummer 1 in einem städtischen Gebiet vorliegen, dessen Größe die ortsangemessene Ausdehnung eines Bereiches mit Bewohnerparkvorrechten übersteigt, ist die Aufteilung des Gebietes in mehrere Bereiche mit Bewohnerparkvorrechten (mit verschiedenen Buchstaben oder Nummern) zulässig.

32 4. Innerhalb eines Bereiches mit Bewohnerparkvorrechten dürfen werktags von 9.00 bis 18.00 Uhr nicht mehr als 50 %, in der übrigen Zeit nicht mehr als 75 % der zur Verfügung stehenden Parkfläche für die Bewohner reserviert werden. In kleinräumigen Bereichen mit Wohnbebauung, in denen die ortsangemessene Ausdehnung (vgl. Nummer 3) wesentlich unterschritten wird, können diese Prozentvorgaben überschritten werden, wenn eine Gesamtbetrachtung der ortsangemessenen Höchstausdehnung wiederum die Einhaltung der Prozent-Vorgaben ergibt.

33 5. Für die Parkflächen zur allgemeinen Nutzung empfiehlt sich die Parkraumbewirtschaftung (Parkscheibe, Parkuhr, Parkscheinautomat). Nicht reservierte Parkflächen sollen möglichst gleichmäßig und unter besonderer Berücksichtigung ansässiger Wirtschafts- und Dienst-

leistungsunternehmen mit Liefer- und Publikumsverkehr sowie des Publikumsverkehrs von freiberuflich Tätigen in dem Bereich verteilt sein.

34   6. Bewohnerparkvorrechte können in Bereichen mit angeordneter Parkraumbewirtschaftung (vgl. zu § 13) auch als Befreiung von der Pflicht, die Parkscheibe auszulegen oder die Parkuhr/den Parkscheinautomat zu bedienen, angeordnet werden. Zur Anordnung der Zusatzzeichen vgl. Nummer 2.

35   7. Bewohnerparkausweise werden auf Antrag ausgegeben. Einen Anspruch auf Erteilung hat, wer in dem Bereich meldebehördlich registriert ist und dort tatsächlich wohnt. Je nach örtlichen Verhältnissen kann die angemeldete Nebenwohnung ausreichen. Die Entscheidung darüber trifft die Straßenverkehrsbehörde ebenfalls im Einvernehmen mit der Stadt. Jeder Bewohner erhält nur einen Parkausweis für ein auf ihn als Halter zugelassenes oder nachweislich von ihm dauerhaft genutztes Kraftfahrzeug. Nur in begründeten Einzelfällen können mehrere Kennzeichen in dem Parkausweis eingetragen oder der Eintrag „wechselnde Fahrzeuge" vorgenommen werden. Ist der Bewohner Mitglied einer Car-Sharing-Organisation, wird deren Name im Kennzeichenfeld des Parkausweises eingetragen. Das Bewohnerparkvorrecht gilt dann nur für das Parken eines von außen deutlich erkennbaren Fahrzeugs dieser Organisation (Aufschrift, Aufkleber am Fahrzeug); darauf ist der Antragsteller schriftlich hinzuweisen.

36   8. Der Bewohnerparkausweis wird von der zuständigen Straßenverkehrsbehörde erteilt. Dabei ist das Muster zu verwenden, das das Bundesministerium für Verkehr und digitale Infrastruktur im Verkehrsblatt bekannt gibt.

17 37 XI. Tempo 30-Zonen

1. Die Anordnung von Tempo 30-Zonen soll auf der Grundlage einer flächenhaften Verkehrsplanung der Gemeinde vorgenommen werden, in deren Rahmen zugleich das innerörtliche Vorfahrtstraßennetz (Zeichen 306) festgelegt werden soll. Dabei ist ein leistungsfähiges, auch den Bedürfnissen des öffentlichen Personennahverkehrs und des Wirtschaftsverkehrs entsprechendes Vorfahrtstraßennetz (Zeichen 306) sicherzustellen. Der öffentlichen Sicherheit und Ordnung (wie Rettungswesen, Katastrophenschutz, Feuerwehr) sowie der Verkehrssicherheit ist vorrangig Rechnung zu tragen.

38   2. Zonen-Geschwindigkeitsbeschränkungen kommen nur dort in Betracht, wo der Durchgangsverkehr von geringer Bedeutung ist. Sie dienen vorrangig dem Schutz der Wohnbevölkerung sowie der Fußgänger und Fahrradfahrer. In Gewerbe- oder Industriegebieten kommen sie daher grundsätzlich nicht in Betracht.

39   3. Durch die folgenden Anordnungen und Merkmale soll ein weitgehend einheitliches Erscheinungsbild der Straßen innerhalb der Zone sichergestellt werden:

40   a) Die dem fließenden Verkehr zur Verfügung stehende Fahrbahnbreite soll erforderlichenfalls durch Markierung von Senkrecht- oder Schrägparkständen, wo nötig auch durch Sperrflächen (Zeichen 298) am Fahrbahnrand, eingeengt werden. Werden bauliche Maßnahmen zur Geschwindigkeitsdämpfung vorgenommen, darf von ihnen keine Beeinträchtigung der öffentlichen Sicherheit oder Ordnung, keine Lärmbelästigung für die Anwohner und keine Erschwerung für den Buslinienverkehr ausgehen.

41   b) Wo die Verkehrssicherheit es wegen der Gestaltung der Kreuzung oder Einmündung oder die Belange des Buslinienverkehrs es erfordern, kann abweichend von der Grundregel ‚rechts vor links' die Vorfahrt durch Zeichen 301 angeordnet werden; vgl. zu Zeichen 301 Vorfahrt Rn. 4 und 5.

42   c) Die Fortdauer der Zonen-Anordnung kann in großen Zonen durch Aufbringung von ‚30' auf der Fahrbahn verdeutlicht werden. Dies empfiehlt sich auch dort, wo durch Zeichen 301 Vorfahrt an einer Kreuzung oder Einmündung angeordnet ist.

43   4. Zur Kennzeichnung der Zone vgl. zu den Zeichen 274.1 und 274.2.

44   5. Die Anordnung von Tempo 30-Zonen ist auf Antrag der Gemeinde vorzunehmen, wenn die Voraussetzungen und Merkmale der Verordnung und dieser Vorschrift vorliegen oder mit der Anordnung geschaffen werden können, indem vorhandene aber nicht mehr erforderliche Zeichen und Einrichtungen entfernt werden.

45   6. Lichtzeichenanlagen zum Schutz des Fußgängerverkehrs, die in bis zum Stichtag angeordneten Tempo 30-Zonen zulässig bleiben, sind neben den Fußgänger-Lichtzeichenanlagen auch Lichtzeichenanlagen an Kreuzungen und Einmündungen, die vorrangig dem Schutz des Fußgängerquerungsverkehrs dienen. Dies ist durch Einzelfallprüfung festzustellen.

45a XII. Vor der Anordnung von Verkehrsverboten für bestimmte Verkehrsarten durch Verkehrszeichen, wie insbesondere durch Zeichen 242.1 und 244.1, ist mit der für das Straßen- und Wegerecht zuständigen Behörde zu klären, ob eine straßenrechtliche Teileinziehung erforderlich ist. Diese ist im Regelfall notwendig, wenn bestimmte Verkehrsarten auf Dauer vollständig oder weitestgehend von dem durch die Widmung der Verkehrsfläche festgelegten verkehrsüblichen Gemeingebrauch ausgeschlossen werden sollen.
Durch Verkehrszeichen darf kein Verkehr zugelassen werden, der über den Widmungsinhalt hinausgeht.

Zu Absatz 1g Parkbevorrechtigungen für elektrisch betriebene Fahrzeuge

45b I. Sollen für elektrisch betriebene Fahrzeuge in einem Gemeindegebiet oder in Stadtteilen flächendeckend Parkbevorrechtigungen geschaffen werden, so sind vor der Anordnung zumindest für das jeweilige Gebiet verkehrliche Auswirkungen zu berücksichtigen (z. B. durch ein Stellplatz-Konzept), um ein möglichst gleichmäßiges Netz von Stellplätzen, das dem tatsächlichen Bedarf insbesondere an Ladestationen Rechnung trägt, zu gewährleisten. Parkprivilegien sollen insbesondere an Verkehrsknotenpunkten eingerichtet werden, wo der Anschluss an den ÖPV, Carsharing oder andere umweltfreundliche Verkehrsmittel erleichtert wird. Dabei geht die Gewährleistung eines sicheren und flüssigen Verkehrsablaufs aller Verkehrsteilnehmer der Bevorrechtigung vor. In diesem Zusammenhang ist insbesondere die Verträglichkeit der Bevorrechtigung mit den Anforderungen des Öffentlichen Personennahverkehrs zu berücksichtigen. In dem Konzept sind sowohl Stellflächen an Ladestationen als auch nicht stationsbasierte Stellflächen zu berücksichtigen. Die Ausweisung von Stellflächen kommt insbesondere in Innenstadtlagen in Betracht.

45c II. Parkbevorrechtigungen für elektrisch betriebene Fahrzeuge sind mit Zeichen 314, 315 mit Zusatzzeichen anzuordnen. Sind Parkraumbewirtschaftungsmaßnahmen mit Zeichen 314.1 und 315.1 angeordnet, können elektrisch betriebene Fahrzeuge von diesen mit Zusatzzeichen freigestellt werden.

45d III. Die Erlaubnis zum Parken von elektrisch betriebenen Fahrzeugen soll tagsüber zeitlich beschränkt werden. Die maximale Parkdauer an Ladesäulen soll tagsüber in der Zeit von 8 bis 18 Uhr vier Stunden nicht überschreiten.

Zu Absatz 2

Zu Satz 1

46 I. Die Straßenverkehrsbehörde ist mindestens zwei Wochen vor der Durchführung der in Satz 1 **18** genannten Maßnahmen davon zu verständigen; sie hat die Polizei rechtzeitig davon zu unterrichten; sie darf die Maßnahmen nur nach Anhörung der Straßenbaubehörde und der Polizei aufheben oder ändern. Ist von vornherein mit Beschränkungen oder Verboten von mehr als drei Monaten Dauer zu rechnen, so haben die Straßenbaubehörden die Entscheidung der Straßenverkehrsbehörden über die in einem Verkehrszeichenplan vorgesehenen Maßnahmen einzuholen.

47 II. Schutz gefährdeter Straßen

1. Straßenbau- und Straßenverkehrsbehörden und die Polizei haben ihr Augenmerk darauf zu richten, daß frostgefährdete, hitzegefährdete und abgenutzte Straßen nicht in ihrem Bestand bedroht werden.

48 2. Für Verkehrsbeschränkungen und Verkehrsverbote, welche die Straßenbaubehörde zum Schutz der Straße außer wegen Frost- oder Hitzegefährdung erlassen hat, gilt Nummer I entsprechend. Die Straßenverkehrsbehörde darf Verkehrsbeschränkungen und Verkehrsverbote, welche die Straßenbaubehörde zum Schutz der Straße erlassen hat, nur mit Zustimmung der höheren Verwaltungsbehörde aufheben oder einschränken. Ausnahmegenehmigungen bedürfen der Anhörung der Straßenbaubehörde.

49 3. Als vorbeugende Maßnahmen kommen in der Regel Geschwindigkeitsbeschränkungen (Zeichen 274) und beschränkte Verkehrsverbote (z. B. Zeichen 262) in Betracht. Das Zeichen 274 ist in angemessenen Abständen zu wiederholen. Die Umleitung der betroffenen Fahrzeuge ist auf Straßen mit schnellerem oder stärkerem Verkehr in der Regel 400 m vor dieser durch einen Vorwegweiser, je mit einem Zusatzzeichen, das die Entfernung, und einem zweiten, das die betroffenen Fahrzeugarten angibt, anzukündigen. Auf Straßen, auf denen nicht schneller als 50 km/h gefahren wird, genügt der Vorwegweiser; auf Straßen von geringerer Verkehrsbedeutung entfällt auch er.

50 4. Für frostgefährdete Straßen stellt die Straßenbaubehörde alljährlich frühzeitig im Zusammenwirken mit der Straßenverkehrsbehörde und der Polizei einen Verkehrszeichenplan auf. Dabei sind auch Vertreter der betroffenen Straßenbenutzer zu hören. Auch die technischen Maßnahmen zur Durchführung sind rechtzeitig vorzubereiten. Die Straßenbaubehörde bestimmt bei eintretender Frostgefahr möglichst drei Tage zuvor den Tag des Beginns und der Beendigung dieser Maßnahmen, sorgt für rechtzeitige Beschilderung, teilt die Daten der Straßenverkehrsbehörde und der Polizei mit und unterrichtet die Öffentlichkeit.

Zu Satz 3

51 I. Dazu müssen die Bahnunternehmen die Straßenverkehrsbehörde, die Straßenbaubehörde **19** und die Polizei hören. Das gilt nicht, wenn ein Planfeststellungsverfahren vorausgegangen ist.

52 II. Für Übergänge anderer Schienenbahnen vgl. Nummer VI zu Zeichen 201; Randnummer 11 ff.

Zu Absatz 3

53 I. Zu den Verkehrszeichen gehören nicht bloß die in der StVO genannten, sondern auch die **20** nach Nummer III 1 zu den §§ 39 bis 43 (Rn. 6) vom Bundesministerium für Verkehr und digitale Infrastruktur zugelassenen Verkehrszeichen.

54 II. Vor der Entscheidung über die Anbringung oder Entfernung jedes Verkehrszeichens und jeder Verkehrseinrichtung sind die Straßenbaubehörden und die Polizei zu hören, in Zweifelsfällen auch andere Sachverständige. Ist nach § 5b StVG ein Dritter Kostenträger, so soll auch er gehört werden.

55 III. Bei welchen Verkehrszeichen die Zustimmung nicht übergeordneter anderer Behörden und sonstiger Beteiligter einzuholen ist, wird bei den einzelnen Verkehrszeichen gesagt.

56 IV. Überprüfung der Verkehrszeichen und Verkehrseinrichtungen

1. Die Straßenverkehrsbehörden haben bei jeder Gelegenheit die Voraussetzungen für einen reibungslosen Ablauf des Verkehrs zu prüfen. Dabei haben sie besonders darauf zu achten, daß die Verkehrszeichen und die Verkehrseinrichtungen, auch bei Dunkelheit, gut sichtbar sind und sich in gutem Zustand befinden, daß die Sicht an Kreuzungen, Bahnübergängen und Kurven ausreicht und ob sie sich noch verbessern läßt. Gefährliche Stellen sind darauf zu prüfen, ob sie sich ergänzend zu den Verkehrszeichen oder an deren Stelle durch Verkehrseinrichtungen, wie Leitpfosten, Leittafeln oder durch Schutzplanken oder durch bauliche Maßnahmen ausreichend sichern lassen. Erforderlichenfalls sind solche Maßnahmen bei der Straßenbaubehörde anzuregen. Straßenabschnitte, auf denen sich häufig Unfälle bei Dunkelheit ereignet haben, müssen bei Nacht besichtigt werden.

57 2. a) Alle zwei Jahre haben die Straßenverkehrsbehörden zu diesem Zweck eine umfassende Verkehrsschau vorzunehmen, auf Straßen von erheblicher Verkehrsbedeutung und überall dort, wo nicht selten Unfälle vorkommen, alljährlich, erforderlichenfalls auch bei Nacht. An den Verkehrsschauen haben sich die Polizei und die Straßenbaubehörden zu beteiligen; auch die Träger der Straßenbaulast, die öffentlichen Verkehrsunternehmen und ortsfremde Sachkundige aus Kreisen der Verkehrsteilnehmer sind dazu einzuladen. Bei der Prüfung der Sicherung von Bahnübergängen sind die Bahnunternehmen, für andere Schienenbahnen gegebenenfalls die für die technische Bahnaufsicht zuständigen Behörden hinzuzuziehen. Über die Durchführung der Verkehrsschau ist eine Niederschrift zu fertigen.

58 b) Eine Verkehrsschau darf nur mit Zustimmung der höheren Verwaltungsbehörde unterbleiben.

59 c) Die zuständigen obersten Landesbehörden sorgen dafür, daß bei der Verkehrsschau überall die gleichen Maßstäbe angelegt werden. Sie führen von Zeit zu Zeit eigene Landesverkehrsschauen durch, die auch den Bedürfnissen überörtlicher Verkehrslenkung dienen.

60 V. Den obersten Landesbehörden wird empfohlen, in Übereinstimmung mit den Fern- und Nahzielverzeichnissen für die wegweisende Beschilderung an Bundesfernstraßen entsprechende Verzeichnisse für ihre Straßen aufzustellen.

61 VI. Von der Anbringung von Gefahrzeichen aus Verkehrssicherheitsgründen wegen des Straßenzustandes sind die Straßenverkehrsbehörde und die Polizei unverzüglich zu unterrichten.

Zu Absatz 5

21 62 Wer zur Unterhaltung der Verkehrszeichen und Verkehrseinrichtungen verpflichtet ist, hat auch dafür zu sorgen, daß diese jederzeit deutlich sichtbar sind (z.B. durch Reinigung, durch Beschneiden oder Beseitigung von Hecken und Bäumen).

Zu Absatz 6

22 63 I. Soweit die Straßenbaubehörde zuständig ist, ordnet sie die erforderlichen Maßnahmen an, im übrigen die Straßenverkehrsbehörde. Vor jeder Anordnung solcher Maßnahmen ist die Polizei zu hören.

64 II. Straßenverkehrs- und Straßenbaubehörde sowie die Polizei sind gehalten, die planmäßige Kennzeichnung der Verkehrsregelung zu überwachen und die angeordneten Maßnahmen auf ihre Zweckmäßigkeit zu prüfen. Zu diesem Zweck erhält die Polizei eine Abschrift des Verkehrszeichenplans von der zuständigen Behörde.

65 III. Die Straßenbaubehörden prüfen die für Straßenbauarbeiten von Bauunternehmern vorgelegten Verkehrszeichenpläne. Die Prüfung solcher Pläne für andere Arbeiten im Straßenraum obliegt der Straßenverkehrsbehörde, die dabei die Straßenbaubehörde, gegebenenfalls die Polizei zu beteiligten hat.

66 IV. Der Vorlage eines Verkehrszeichenplans durch den Unternehmer bedarf es nicht

1. bei Arbeiten von kurzer Dauer und geringem Umfang der Arbeitsstelle, wenn die Arbeiten sich nur unwesentlich auf den Straßenverkehr auswirken,

67 2. wenn ein geeigneter Regelplan besteht oder

68 3. wenn die zuständige Behörde selbst einen Plan aufstellt.

Zu Absatz 7

23 69 I. Zur laufenden Straßenunterhaltung gehört z.B. die Beseitigung von Schlaglöchern, die Unterhaltung von Betonplatten, die Pflege der Randstreifen und Verkehrssicherungsanlagen, in der Regel dagegen nicht die Erneuerung der Fahrbahndecke.

70   II. Notmaßnahmen sind z. B. die Beseitigung von Wasserrohrbrüchen und von Kabelschäden.

Zu Absatz 8

71   Die Zustimmung der höheren Verwaltungsbehörde oder der von ihr bestimmten Stelle ist erforder-   24
lich. Nummer VI zu Absatz 1 bis 1e (Rn. 14) gilt auch hier.

Zu Absatz 9

72   Auf Nummer I zu den §§ 39 bis 43 (Rn. 1) wird verwiesen.   25

Übersicht

26 **1.** § 45 (mit zu enger amtlicher Überschrift und sehr unübersichtlichem Aufbau; zu Dogmatik und Struktur weiterführend MüKoStVR/*Steiner* § 45 Rn. 13 ff.) regelt die **straßenverkehrsrechtlichen Befugnisse** der StrVB zu verkehrsrechtlichen Anordnungen. Ferner normiert er Sonderzuständigkeiten für StrBauB und (nur) hinsichtlich der Bahnübergänge der Bahnunternehmen, außerdem bestimmte Pflichten der Baulastträger oder der StrEigentümer sowie bei Bauarbeiten der Bauunternehmer. Die zuständige VB darf die Befugnis, den V beschränkende, verbietende oder umleitende VZ aufzustellen, nicht für den Bedarfsfall je nach VLage an Private oder Gemeindebedienstete delegieren; auf Grund solcher Delegierung aufgestellte VZ sind rechtsfehlerhaft, aber nicht nichtig, und daher zu befolgen (VGH Mü VRS **82** 386, NZV **94** 206; näher § 39 Rn. 31; § 41 Rn. 246 f.). Maßnahmen gem. § 45 setzen die Notwendigkeit dauerhafter („statischer", nicht „dynamischer", situationsbedingter) Regelung voraus (BayVGH NZV **94** 206). Wesentlicher Oberbegriff für Eingriffsmöglichkeiten der beteiligten Behörden ist trotz vielfacher Erweiterungen der Vorschrift nach wie vor die Sicherheit oder Ordnung des StrV (I S. 1). Neben ihr bestehen jedoch weitere ausdrückliche Ermächtigungen (s. § 6 StVG): zur VSicherung bei Arbeiten im StrRaum (I S. 2 Nr. 1), zur Verhütung außerordentlicher StrSchäden (I S. 2 Nr. 2), zwecks Lärm- und Abgasschutzes der Wohnbevölkerung über denjenigen der Anlieger hinaus (I S. 2 Nr. 3, Ib S. 1 Nr. 5), zwecks Gewässer- und Heilquellenschutz gegen schädigende StrVEinwirkungen (I S. 2 Nr. 4), zwecks Arten- und Biotopschutzes (Ia Nr. 4a), zur Unterstützung von Maßnahmen zum Schutz der öffentlichen Sicherheit auch außerhalb von Verkehrsabläufen (I S. 2 Nr. 5), zur Unterstützung von Maßnahmen zur Erforschung der StrVUnfälle, des VVerhaltens, von VAbläufen, zur Erprobung sichernder oder verkehrsregelnder Maßnahmen (I S. 2 Nr. 6), zum Schutz von Erholungs- und Heilbereichen gegen vermeidbare Belästigungen durch den FahrV (Ia), zur Erhebung besonderer Parkgebühren (Ib S. 1 Nr. 1), Zuteilung von Parkmöglichkeiten und Sonderparkberechtigungen (Ib S. 1 Nr. 2; Ih zur Förderung des Radverkehrs) und zur Unterstützung geostädtebaulicher Entwicklung (Ib S. 1 Nr. 5).

26a Die zulässigen Maßnahmen bestehen in der VRegelung durch VZ und VEinrichtungen, in VBeschränkungen, -umleitungen und -verboten (I S. 1). Die Ermächtigungen der StrVB bezwecken idR die abgewogene Regelung der beteiligten Interessen in verkehrsrechtlicher Beziehung und nur innerhalb dieses Rahmens auch diejenigen Einzelner (Rn. 28a). § 45 gilt auch auf privaten Flächen, soweit es sich um **öffentlichen VRaum** handelt (tatsächlich-öffentliche Wege, § 1 Rn. 13 f.; VGH Ka VM **89** 55). VBeschränkungen müssen namentlich dem **Übermaßverbot, der Eigentumsgarantie, dem Grundrecht auf freie Persönlichkeitsentfaltung auch durch Ausübung des Gemeingebrauchs** und dem Grundrecht der Berufsfreiheit standhalten (BVerwG NJW **81** 184, BayVGH BayVBl **86** 755, MüKoStVR/*Steiner* § 45 Rn. 1, 5 ff;. *Steiner* DAR **94** 344 ff., *Röthel* NZV **99** 65). Als beschwerende Eingriffe sind sie nur zulässig, soweit weniger weitgehende Maßnahmen nicht ausreichen (**E** 2; BVerwG NJW **01** 3139, **99** 184, NZV **93** 284, NJW **07** 3015, VGH Ka VD **04** 47 (Überholverbot), BayVGH DAR **84** 62 (AB-Geschwindigkeitsbegrenzung auf 80 km/h), BayVBl **86** 754 (Verbot für Motorräder), OVG Münster VRS **62** 154; OVG Lüneburg VM **17** Nr. 74 (Sperrung eine Brücke)). Wenig überzeugend freilich OVG Münster NVwZ-RR **19** 17, das eine Streckensperrung für Motorräder mit der Begründung in Zweifel zieht, dass die Verlegung von Leitschwellen als milderes Mittel nicht geprüft worden sei (abl. *Schubert* NZV **19** 655). Darüber hinaus ist IX zu beachten (im Einzelnen Rn. 49b ff.). Die Beantwortung der Frage, ob eine mildere Maßnahme gegenüber einer weitergehenden gleich wirksam ist, unterliegt nicht dem Ermessen der VB (BVerwG DAR **99** 184, **01** 424). Das Übermaßverbot ist verletzt, wenn die Sicherheit und Leichtigkeit des V durch weniger weitgehende Maßnahmen gewährleistet werden können (BVerwG NJW **01** 3139), zB, wenn im Hinblick auf eine Minderheit sich verkehrswidrig verhaltender Störer innerhalb einer bestimmten Gruppe von VT eine VBeschränkung gegen die gesamte Gruppe gerichtet wird, bevor mildere Mittel (Überwachung) ausgeschöpft sind (VGH Ka VD **04** 47, BayVGH BayVBl **86** 754). Einwände von Betroffenen gegen ein VorschriftZ (Z 226 alt) sind gegenüber den öffentlichen Belangen gewichtet abzuwägen; der Betroffene hat auch dann Verwaltungsrechtsschutz, wenn die VB die Einwendungen bereits vorbeschieden hatte (OVG Münster VRS **57** 396). Das Ermessen der StrVB kann nicht rechtswirksam durch eine einem Anlieger gemachte Zusicherung beschränkt werden (OVG Lüneburg NJW **85** 1043, aM OVG Münster NZV **94** 48). StrVB: § 44. Die Anordnung eines VVerbots durch das Landratsamt als StrVB verletzt das gemeindliche Selbstverwaltungsrecht nicht (BVerwG NJW **76** 2175). Das Verbot oder Gebot entsteht durch die Anordnung der StrVB; für die VT verbindlich wird es jedoch erst durch die Aufstellung des entsprechenden gültigen VZ (§ 41 Rn. 247).

2. Nur für bestimmte Straßen oder Straßenstrecken sind Anordnungen nach I, Ia und **27** Ib zulässig (VG Ko DAR **93** 310), für einen bestimmten VBereich oder Ortsteil nur, wenn eine der Ermächtigungen sie für die Gesamtheit dieser Bereiche rechtfertigt (BVerwG VRS **46** 237) und die Voraussetzungen der Beschränkung für jede im betroffenen Ortsteil befindliche Str vorliegen (BVerwG VRS **63** 232 (Kurort); NZV **00** 342). I und Ia ermächtigen nur zu Beschränkungen hinsichtlich **begrenzter, konkreter örtlicher VSituationen,** um besonderen, situationsbezogenen und im Verhältnis zu anderen Streckenabschnitten erhöhten Gefahren bzw. Belästigungen zu begegnen (BVerwG NZV **96** 86, VG Mü DAR **05** 652, MüKoStVR / *Steiner* § 45 Rn. 14; *Ronellenfitsch* DAR **84** 13, *Steiner* DAR **94** 341), uU auch auf längeren Strecken, jedoch nur, wenn diese Voraussetzungen, abw vom Regelfall, auf der gesamten Strecke erfüllt sind (BVerwG NZV **96** 86 (116 km AB), OVG Ko NZV **95** 123). I und Ia bilden daher in aller Regel keine geeignete Rechtsgrundlage für flächendeckende Sperrungen zwecks Erreichung einer „autofreien Innenstadt" (*Hermes* DAR **93** 93 f., *Lorz* DÖV **93** 138, *Jahn* NZV **94** 9). Beschränkungen mittels VZ durch einzelne Länder, die für (nahezu) das gesamte StrNetz des Landes oder als generelles Tempolimit auf AB eingerichtet werden, sind durch § 45 nicht gedeckt und als Umgehung der Gesetzgebungskompetenz des Bundes auf dem Gebiet des StrVRechts (**E** 46) jedenfalls anfechtbar (§ 41 Rn. 247; BVerwG NZV **96** 86; OVG Ko NZV **95** 123; VG Ko DAR **93** 310, *Jaxt* NJW **86** 2228, *Bouska* DAR **89** 442). Zu großräumigen StrBenutzungsverboten (= „Fahrverboten") wegen Schneefalls *Brosche* DVBl **79** 718: Allgemeinverfügungen zwecks Gefahrabwehr (dazu I S. 2 Nr. 5; Rn. 31).

3. Generalklausel (I S. 1). Soweit nach I S. 1 **aus Gründen der Sicherheit oder Ord- 28 nung des Verkehrs** Anordnungen zulässig sind, müssen sie sich streng in diesem Rahmen halten (BVerwG VRS **46** 237, VM **71** 33, OVG Münster VRS **56** 472), also aus diesem Grund notwendig sein (BVerwG NJW **71** 1419, NZV **93** 284, OVG Ko NZV **95** 123), sonst sind sie nach dem Übermaßverbot unzulässig (BVerwG NJW **67** 1627). Die Begriffe Sicherheit und Ordnung gelten nach dem eindeutigen Gesetzeswortlaut nicht kumulativ, sondern alternativ (s. auch *Booß* VM **72** 7), wenngleich sie in der Rspr. nicht selten nebeneinander genannt werden (zB BVerwG NJW **93** 1729). „Gründe der Sicherheit" rechtfertigen Maßnahmen, mit denen Gefahren für den StrV entgegengewirkt werden soll (*Bachmeier / Müller / Starkgraff / Rebler* Rn. 5), im Grundsatz aber auch Gefahren, die von ihm ausgehen (MüKoStVR / *Steiner* Rn. 16). Erhebliche Störungen der Flüssigkeit und Leichtigkeit des V reichen aus, um Maßnahmen aus Gründen der Ordnung des V zu rechtfertigen (OVG Br VRS **98** 53, VGH Ka VRS **104** 71). Die Leichtigkeit (Ordnung) des V ist zB beeinträchtigt, wenn durch parkende Fz die Nutzung einer Grundstücksausfahrt erheblich behindert wird (VGH Ka VRS **104** 71). Nur wenn die besonderen örtlichen Verhältnisse zu einer Steigerung des allgemeinen Risikos einer Beeinträchtigung führen, sind Verbote oder Beschränkungen zulässig (Rn. 28a), insbes. also nicht zum Zweck der Zurückdrängung des motorisierten Individualverkehrs durch „Schikanierung" (*Arndt* VGT **76** 327) oder zur Förderung der Bereitschaft, Fahrräder zu benutzen (OVG Br VRS **98** 52). I S. 1 schützt nicht die Sicherheit oder Ordnung allgemein, sondern ermächtigt nur zur Abwehr und Beseitigung von Störungen des *Verkehrs* (OVG Schl VM **92** 85 (zust *Steiner* NJW **93** 3162): deshalb keine verkehrsbeschränkenden Maßnahmen zum Schutz der Bausubstanz von Gebäuden; BayVGH DAR **99** 112, aM OVG Münster VRS **97** 149 (zum Verhältnis zwischen I S. 1 und I S. 2 Nr. 3)), s. aber zB I S. 2 Nr. 5 (Rn. 31). Beschränkungen des IndividualV, die auch stadtplanerischen Absichten oder der Förderung des öffentlichen Nahverkehrs dienen sollen, sind im Hinblick auf IX (dazu Rn. 49b ff.) allenfalls dann durch I gedeckt, wenn jedenfalls straßenverkehrsbezogene Gründe vorliegen, die für sich allein die Voraussetzungen des I erfüllen (BVerwG NJW **81** 184, zust *Steiner* NJW **93** 3162, Dü VRS **69** 45, KG NZV **90** 441, OVG Br NZV **91** 125). Andere als die aufgezeigten Gründe rechtfertigen keine Beschränkung nach I (BVerwG NJW **67** 1627). Die StrVB neigen zT zu einer extensiven Anwendung von I zwecks Durchsetzung allgemeiner verkehrspolitischer Ziele zu Lasten des privaten FzV mit der Folge, dass Beschränkungen mitunter nicht von I und IX gedeckt sind (VG Berlin NZV **01** 395 (Parkraumbewirtschaftung zwecks Verdrängung des PkwVerkehrs), *Lorz* DÖV **93** 138, *Steiner* NJW **93** 3165; *Hentschel* NJW **98**

347 f.). Dass (allein) eine durch den Landtag aufgenommene Empfehlung seines Petitionsausschusses keine Maßnahme nach I rechtfertigt, versteht sich von selbst (VGH Ma DAR **16** 341 mAnm *Koehl;* VGH Ma DAR **10** 152). Die VFlüssigkeit ist möglichst zu erhalten, steht jedoch unter dem Vorbehalt der VSicherheit (VwV zu den §§ 39 bis 43 Rn. 5; OVG Lüneburg VRS **55** 311). Die beschränkende Maßnahme ist durch I S. 1 gedeckt, wenn sie zur Wiederherstellung oder Verbesserung der Flüssigkeit und Leichtigkeit des V in innerstädtischen Ballungsgebieten notwendig und geeignet ist (BVerwG NZV **93** 284 mAnm *Lorz* NZV **93** 1165 (Busspur), VRS **59** 306, OVG Br NZV **91** 125, VGH Ka VRS **85** 157). Die StrVB muss den Verkehr durch sachgemäße und deutliche VEinrichtungen **vor Gefahr schützen,** jedoch darf sie die Aufmerksamkeit der VT voraussetzen (IX S. 2; Fra VersR **76** 691). Erforderlich ist solche Sicherung, die ein verständiger, umsichtiger, in vernünftigen Grenzen vorsichtiger Mensch für ausreichend halten darf (BGH VersR **76** 149). Ist zB die beschränkte Eignung eines Wiesenwegs für den FahrV offensichtlich, so darf ein Hinweis hierauf fehlen (Fra VersR **79** 58). Näher zur VSicherungspflicht: Rn. 51 ff. Mögen Anlieger, ebenso wenig wie andere VT, auch nicht Anspruch auf eine bestimmte Maßnahme haben, so können sie sich doch auf das Übermaßverbot berufen (BVerwG VRS **46** 237, OVG Ko VwRspr. **71** 960) und haben die **Anfechtungsklage** (OVG Münster VRS **57** 396, NJW **67** 1630, VGH Ka VRS **85** 150, VG Br NZV **92** 335; VGH Ka VM **73** 91 (Anfechtung Z 220 wegen Verstoßes gegen I und das Übermaßverbot); BayVGH DAR **84** 62 (AB-Geschwindigkeitsbegrenzung)). Parkverbote in kleineren Gemeinden sind nicht deshalb anfechtbar, weil in Großstädten uU auch in engen Straßen geparkt werden darf (VGH Ka VM **70** 75). VBeschränkungen aus Gründen der Sicherheit oder Ordnung können stets nur den Gesamtverkehr oder eine gesetzlich bestimmte VArt betreffen; bestimmte VT dürfen dadurch **nicht privilegiert werden** (E 52), weswegen bevorzugte Zuteilung öffentlichen Parkraums an Behörden oder Anlieger zum Nachteil des Gesamtverkehrs grds. unzulässig ist (BVerwG NJW **67** 1627, NJW **73** 71 (KonsulatsFz), NZV **98** 427 (Anwohner), E 52). Ausnahmen: Abs. 1b Nr. 2, 1i und Abs. 10. Die abweichende Ansicht (zB Bay NJW **66** 682) versteht unter Sicherheit oder Ordnung des Verkehrs auch Verwaltungsinteressen verkehrsfremder Art. Jedoch können öffentliche VFlächen teilentwidmet und Sonderzwecken vorbehalten werden. Ausnahmen für die Postunternehmen: § 35 VII, für Schwerbehinderte und Ärzte: §§ 12, 46. Solange auf privatem oder verwaltungseigenem Boden öffentlicher Fahrverkehr (§ 1) stattfindet, gelten dieselben Grundsätze. Eine Parkausnahme zugunsten einer fremden Botschaft ist aus diesem Grund unzulässig und auch völkerrechtlich nicht gerechtfertigt (BVerwG NJW **71** 1419, OVG Münster Betr **70** 1972).

28a   **Beschränken, verbieten oder umleiten** dürfen die StrVB den Verkehr aus den aufgezeigten Gründen durch VZ oder -einrichtungen (Rn. 41). Anhörungspflicht vor Anordnung: VwV Rn. 1. Umleitungen: VwV Rn. 2. Zustimmungserfordernis der obersten LandesB oder höheren VB zur Anbringung oder Entfernung bestimmter VZ: VwV Rn. 3 ff. und 12. Die Zustimmungserfordernisse sollen verhindern, dass beschränkende Anordnungen nur nach örtlichen Interessen ohne Rücksicht auf den Gesamtverkehr ergehen. Anordnungen nach I S. 1 setzen wie alle sicherheitsrechtlichen Anordnungen eine **konkrete Gefahr** für die von der Norm geschützten Rechtsgüter voraus. Eine solche ist anzunehmen, wenn mit hinreichender Wahrscheinlichkeit Schadensfälle zu befürchten sind (BVerwG NZV **96** 86, BayVGH VRS **97** 227, OVG Münster VRS **112** 223). Die Rechtsgrundlage des I S. 1 für VBeschränkungen wird **durch IX** ergänzt und modifiziert, aber nicht ersetzt (Rn. 49b, 49e). IX S. 1 bestimmt (als Grundregel), dass VZ und VEinrichtungen aufgrund besonderer Umstände zwingend erforderlich sein müssen (Subsidiarität; dazu Rn. 49b). Beschränkungen des *fließenden* V müssen gem. IX S. 3 zusätzlich im Hinblick auf die **Besonderheiten der örtlichen Verhältnisse** und einer **das allgemeine Risiko erheblich überschreitenden Gefahrenlage notwendig** sein (dazu allgemein Rn. 49e; BVerwG NJW **01** 3139, **07** 3015 (je Geschwindigkeitsbeschränkung), NJW **11** 246 (Lkw-Überholverbot); **11** 1527 (Radwegbenutzungspflicht); VGH Ka NJW **99** 2057, OVG Br VRS **98** 53, OVG Hb NZV **00** 346, OVG Münster VM **03** 69 (Geschwindigkeitsbegrenzung gegen Lärm), MüKoStVR/*Steiner* § 45 Rn. 17). Hierfür ist notwendig, aber auch ausreichend eine hinreichend konkretisierte Gefahr; Schadensfälle müssen nicht mit an Sicherheit grenzender Wahrscheinlichkeit zu erwarten sein (BVerwG NJW **01** 3139, **11** 246; 1527). Ausgenommen von dieser strengen Regelung (nicht jedoch von den Anforderungen des IX S. 1, näher Rn. 49 f.) sind die in IX S. 4–6 abschließend aufgeführten Bereiche (hierzu Rn. 49g ff.). Auch die Anordnung der **Radwegbenutzungspflicht** durch Z 237, Z 240 und Z 241 (§ 2 Rn. 67 ff.) ist nach herrschender Rspr. grundsätzlich an IX S. 3 zu messen (BVerwG NJW **11** 1527 mzustAnm *Kettler* NZV **11** 365 und krit Anm *Rebler* **11** 118; BayVGH DAR **10** 40 (L) m abl Anm *Rebler* und zust Anm

Kettler; VGH Ma DAR **10** 152 (L) mAnm *Schubert,* **11** 280 (L), VG Schl NZV **05** 221; VG Hb NZV **02** 288 mAnm *Kettler,* VG Berlin NZV **01** 317; VG Schl VRS **130** 93; eingehend *Bachmeier/Müller/Starkgraff/Rebler* Rn. 95). Diese Rspr. ist jedoch durch IX S. 4 Nr. 3 (hierzu Rn. 49g) für die Anordnung von Radwegen *außerhalb* geschlossener Ortschaften (Z 237, 240, 241) und für Radfahrstreifen *innerhalb* geschlossener Ortschaften (Z 237 iVm Z 295) überholt. Sie bleibt demgemäß gültig für die *innerörtliche* Anordnung der Radwegebenutzungspflicht. Die eine bauliche Errichtung eines Radwegs anzeigenden technischen Regelwerke reichen dabei für die (innerörtliche) Anordnung genauso wenig hin wie die Vermeidung von Erschwernissen, die, wie langsamere VT auf der Str, nur die normalen Gegebenheiten des StrV widerspiegeln (vgl. BayVGH DAR **10** 40 (L); zur Berücksichtigung der ERA 2010 s. auch OVG Sachsen SVR **19** 154; OVG Greifswald NZV **20** 381 (je *Koehl*)). Die Benutzungspflicht für einen nicht den Mindestanforderungen der VwV entsprechenden (innerörtlichen) Radweg darf aber jedenfalls dann angeordnet werden, wenn die Mitbenutzung der Fahrbahn durch Radf zu einer im Verhältnis zu der auf besonderen örtlichen Verhältnissen beruhenden Gefahr iS von IX S. 3 nochmals deutlich gesteigerten Gefährdung der Radf selbst führen würde, ein Radweg vorhanden ist, dessen Benutzung zumutbar ist und ein Ausbau des vorhandenen Radwegs wegen der örtlichen Gegebenheiten nicht ohne Weiteres möglich ist (BVerwG NJW **12** 3048; BayVGH ZfS **11** 416; s. aber VG Hannover NZV **17** 42 mAnm *Kettler*). Hingegen ist es ermessensfehlerhaft, Radf trotz starken Gefälles mit der Erwägung auf einen gemeinsamen Geh- und Radweg zu verweisen, dass Radf ungeachtet des Gefälles stets so langsam führen, dass Fußgänger nicht gefährdet würden (OVG Greifswald NZV **20** 381 (*Koehl*)). Nach VG Schl NZV **17** 86 reicht allein der Charakter als Schulweg nicht aus. Zur Anordnung von Schutzstreifen für Radf (Z 340) und von Fahrradstraßen (Z 244.1) s. Rn. 49g, zur Anordnung von Fahrradzonen Rn. 38 f. Die Gefahr muss auf **besondere örtliche Verhältnisse** zurückzuführen sein. Verkehrsrechtswidriges Verhalten von (ungeduldigen) Kf ist hierunter nicht subsumierbar, weswegen hierauf eine Radwegbenutzungspflicht nicht gestützt werden kann (VG Schl NZV **17** 86 mAnm *Kettler*). Die Voraussetzung kann zB bei einem AB-Abschnitt gegeben sein, der als innerstädtische SchnellStr dient und auf dem unterschiedliche VStröme in kurzen Abständen zusammengeführt und getrennt werden oder auf dem in dichter Folge zahlreiche Zu- und Abfahrten mit einer Vielzahl von Hinweisschildern eingerichtet sind (BVerwG NJW **01** 3139). Die überdurchschnittliche Belastung eines AB-Abschnitts während der Hauptreisezeit rechtfertigt ein Lkw-Überholverbot (OVG Schl Nord-ÖR **06** 300; aM VG Schl VRS **109** 202), nicht ohne Weiteres aber die Erwägung, dass Steigungs- und Gefällstrecken geeignet sind, Unfälle hervorzurufen (VGH Ma ZfS **08** 171 (lediglich abstrakte Gefahrenlage)). Das Verbot für den Radverkehr (Z 254) auf einer vielbefahrenen Str, auf der Radf links von einem Bussonderfahrstreifen und rechts von 2 Fahrstreifen fahren müssten, ist von IX S. 3 gedeckt; die ERA (dazu VwV Rn. 13 zu § 2) gebieten keine andere Bewertung (VG Dü NZV **17** 400 *(Schubert)*). Zur Sperrung einer mittelalterlichen Altstadt für Gespannfuhrwerke BayVGH SVR **10** 390 *(Koehl)*. **Erhebliche Risikoüberschreitung** iS von IX S. 3 setzt nicht die Ermittlung einer konkreten Prozentzahl in Bezug auf die Unfallhäufigkeit voraus, vielmehr genügt die Feststellung einer gegenüber durchschnittlichen Verhältnissen deutlich erhöhten Zahl (BVerwG NJW **01** 3139). Ob auf vergleichbaren AB-Abschnitten ähnliche oder andere Unfallzahlen auszumachen sind, ist nicht maßgebend (BVerwG NJW **07** 3015). Die Voraussetzung ist nach OVG Hb NZV **00** 346 jedenfalls erfüllt, wenn die Unfallhäufigkeit auf einer bestimmten AB-Strecke die durchschnittliche Unfallhäufigkeit auf dem gesamten AB-Netz um $^1/_3$ übersteigt. Auch vor Einfügung des IX getroffene Beschränkungen und Verbote des fließenden V sind nicht rechtmäßig, wenn sie dieser Bestimmung nicht entsprechen (VGH Ka NJW **99** 2057, *Bouska* VGT **99** 144, *Kettler* NZV **02** 291). Die auf AB häufig in kurzen Abständen wechselnden Geschwindigkeitsbeschränkungen entsprechen den Anforderungen von IX vielfach nicht (*Kullik* PVT **03** 70). Für die Einrichtung von Zonen-Geschwindigkeitsbeschränkungen gelten gem. IX S. 3 insoweit weniger strenge Anforderungen (Rn. 37).

Eine an die VT gerichtete Anordnung muss **zur Zweckerfüllung geeignet** sein; sie ist ungeeignet und rechtsfehlerhaft, wenn sie nicht durch rechtmäßiges Verhalten der VT befolgt werden kann oder rechtswidriges Verhalten geradezu provoziert (OVG Br VRS **66** 232). Die beschränkende Anordnung muss das Übermaßverbot beachten (Rn. 26) und die Interessen der Betroffenen berücksichtigen (BVerwG DVBl **61** 247, OVG Münster VRS **57** 396, BGH VkBl. **64** 613, VGH Mü BayVBl **87** 372), zB auch das Interesse an der Nutzung des eigenen Grundstücks (OVG Br NZV **91** 125). Bei der Ermessensentscheidung, wie der Verkehr zu regeln ist (welche VZ aufzustellen oder VEinrichtungen anzubringen sind), sind gem. den Rechtsgrundsätzen für gestaltende Verwaltungsentscheidungen (BVerwGE **34** 301) die beteiligten **Inte-

28b

ressen gegeneinander abzuwägen (BVerwG VRS **63** 232, NZV **93** 284, VGH Mü BayVBl **87** 372, VGH Ka VRS **85** 160, OVG Münster NZV **96** 87, 293, OVG Br NZV **91** 125, OVG Schl VM **99** 19, *Steiner* NJW **93** 1362, *Manssen* NZV **92** 469, abw OVG Br ZfS **83** 379). Das Maß der Sicherungsmaßnahmen richtet sich nach dem, was die VSicherheit gebietet und was dem Sicherungspflichtigen billigerweise zugemutet werden kann (KG VRS **55** 103, Ba VersR **79** 262). Bei jeder beabsichtigten VBeschränkung ist über die Wirkung auf die Betroffenen zu berücksichtigen, zB die Wirkung einer Fahrbeschränkung auf das VAufkommen in anderen Straßen, die den unterbundenen Verkehr aufnehmen müssen. Das Interesse des Einzelnen an Zeitgewinn hat bei aus Gründen der VSicherheit erfolgten AB-Geschwindigkeitsbeschränkungen zurückzustehen (OVG Schl VM **99** 19 mAnm *Thubauville*, VG Schl NZV **91** 127). Zur Abwägung bei Anordnung einer Geschwindigkeitsbeschränkung auf AB-Gefällstrecke BVerwG VM **75** 65. Solange die Verbindung zwischen Grundstück und öffentlichem Wegenetz gewährleistet ist, muss der Anlieger verkehrsbeschränkende Regelungen vor seinem Grundstück hinnehmen (BVerwG VRS **60** 399, NVZ **94** 125 (zust *Peine* JZ **94** 522), OVG Br NZV **91** 125, OVG Saarlouis ZfS **96** 358, VGH Ma ZfS **93** 395, s. auch Rn. 28b). Der Grundsatz der Verhältnismäßigkeit ist verletzt, wenn die VSicherheit oder -leichtigkeit durch weniger weitgehende Anordnungen erreicht werden kann (Rn. 26) oder wenn die Interessen Einzelner von der Beschränkung Betroffener die der Allgemeinheit überwiegen (BVerwG VRS **63** 232).

28c   **In Betracht kommen** Beschränkungen für bestimmte VArten (Fz, bestimmte Kfz, Schienenfz, Fahrräder, Reiter, Einrichtung von Sonderwegen, Sperrung des Durchgangsverkehrs), auf Zeit oder dauernd (bestimmte Tage oder Tageszeiten, z. B. während der Nachtstunden; OVG Ko DAR **85** 391), Sperrung eines Fahrstreifens für Fz zugunsten der Straba (OVG Br NZV **91** 125), Sperrung an Feiertagen, abweichende Regelungen für gerade und ungerade Tage oder für bestimmte Vorgänge (Parkzonen, Aufstellung von Parkuhren, Überholverbote, EinbahnV, Geschwindigkeitsbeschränkung, Halt- und Parkverbote). Durch **Sperrung einzelner Straßen** können ganze Ortsteile im Rahmen des Übermaßverbots auch für Anlieger für bestimmte Arten des FahrV gesperrt werden (BVerwG NJW **81** 184, OVG Lüneburg DAR **73** 54, *Krämer* NVwZ **83** 336). Zum Mautausweichverkehr Rn. 49i. Zur Berechtigung der Dauersperre eines Wegs für gewerbliche Kfz wegen VUnsicherheit BVerwG VRS **56** 300. Zur StrSperrung vor dem Fällen eines gefährlich überhängenden Baums Fra VRS **56** 81. Zur Sperrung einer AB-Strecke wegen Nebels und zur Frage eines Amtshaftungsanspruchs bei unterlassener Sperrung *Fuchs-Wissemann* DAR **85** 303. Die Rechtmäßigkeit der **Anordnung einer EinbahnStr** infolge einer StrVerengung durch bauliche Veränderung hängt nicht davon ab, ob auch die zu Grunde liegende (nach StraßenR zu beurteilende) straßenbauliche Maßnahme rechtmäßig ist (OVG Hb NVwZ-RR **07** 496; OVG Münster VRS **112** 223). Ist ein **zeitlich beschränktes Fahrverbot (Z 250)** zur Gewährleistung der Sicherheit und Ordnung ausreichend, so ist es rechtswidrig, soweit es darüber hinausgeht (OVG Münster VRS **62** 154, BayVGH BayVBl **86** 754 (generelle Sperre einer Bergstrecke für Motorräder), s. aber BayVGH ZfS **18** 475 und Rn. 32). Völliger Ausschluss bisher zugelassener VArten von bestimmten Straßen oder StrZügen, die zusammen auch einen geschlossenen Ortsbereich bilden können (zB bei Einrichtung von Fußgängerzonen) kann straßenrechtlich auf **Teileinziehung der VFläche** hinauslaufen (E **49**, BVerfG NJW **85** 371, VGH Ma NZV **91** 85, VGH Ka VRS **83** 229, NVwZ-RR **93** 389, *Cosson* DÖV **83** 536, *Steiner* VGT **94** 114 f.). Zur Abgrenzung straßenrechtlicher und straßenverkehrsrechtlicher Kompetenz in solchen Fällen VGH Ma NJW **82** 402, VGH Mü VRS **97** 229, VG Stu NZV **89** 46, *Manssen* DÖV **01** 153, *Krämer* NVwZ **83** 336, *Dannecker* DVBl **99** 145 f. Das StrVRecht allein ist keine geeignete rechtliche Grundlage zur Einschränkung des Widmungsumfangs durch die StrVB (VGH Ma NZV **91** 85, **95** 45, VGH Ka VRS **83** 229, NVwZ-RR **93** 389, VGH Mü DAR **96** 112, VRS **117** 381 mAnm *Geiger* SVR **10** 31; OVG Lüneburg VRS **68** 476, OVG Münster NVwZ-RR **98** 627 (629), Dü VRS **69** 48). Außer dem Grundsatz der Verhältnismäßigkeit ist daher auch **straßenrechtliche Zulässigkeit** Voraussetzung. Insoweit unterliegt die Einrichtung von Fußgängerzonen *straßenrechtlichen* Kompetenzen (Teilentwidmung; BVerwG VM **76** 65, VGH Ma NZV **91** 85, *Steiner* JuS **84** 5, s. auch Rn. 35). Zwar dürfen die *Landes*StrVB Anordnungen gem. § 45 auch auf *Bundes*Str treffen, jedoch steht die VFunktion der Str dabei nicht zu ihrer Disposition (*Steiner* DAR **94** 342, 347); bei Beschränkung widmungsgemäßer Nutzung von BundesStr müssen die Anordnungsgründe daher ein besonderes Gewicht haben (*Steiner* DAR **94** 342 f.). Faktische Widmungserweiterung durch eine straßenverkehrsrechtliche Maßnahme iS von § 45 I S. 1 (Sperrung mit gleichzeitiger Ausnahme für eine Verkehrsart, für die keine Widmung besteht) ist unzulässig (VGH Ma NJW **84** 819, Dü VRS **69** 48). Zum Verhältnis straßen*verkehrs*rechtlicher Maßnahmen gem. § 45 zum Straßenrecht bei widmungsrechtlichen Auswirkungen *Steiner* JuS **84** 4, *Dannecker* DVBl **99** 145. Widmungsbeschränkung von OrtsStr auf eine Fußgängerzone ist zulässig, soweit der beschränkt fortbestehende **Anliegergebrauch** noch angemessene Nutzung der Anliegergrundstücke erlaubt (BVerwG NJW **75** 1528, näher *Wendrich* DVBl **73** 475). Aus dem eigentumsrechtlichen Schutz des Anliegergebrauchs folgt nicht notwendig die Gewährleistung der Erreichbarkeit des Grundstücks mit dem Kfz, sofern eine Verbindung zum öffentlichen StrNetz überhaupt besteht (BVerwG NZV **94** 125; **95** 122, OVG Münster VRS **109** 378; *Peine* JZ **94** 522), erst recht nicht die Gewährleistung möglichst bequemer Art der Zufahrt (VGH Ma DAR **02** 284; OVG Saarlouis NJW **14** 2137 (L)). Das Recht auf Anliegergebrauch steht der Beseitigung von Parkmöglichkeiten in unmittelbarer Nähe des Grundstücks nicht entgegen (BVerwG NJW **83** 770 (Schaffung einer Fußgängerzone), DÖV **85** 791, ZfS **92** 249, NZV **93** 284, OVG Münster VRS **109** 380, OVG Br VRS **66** 232), auch nicht der Einrichtung eines Sonderfahrstreifens für Linienbusse, sofern die Zufahrt durch entsprechende Fahrbahnmarkierung gestattet bleibt (BVerwG NZV **93** 284, BayVGH VM **84** 27, VGH Ka VRS **85** 157). Erleichterungen von beschränkenden Maßnahmen kommen bereits bei erschwerter Zufahrt zur öffentlichen Str in Betracht, denn der Wert eines Grundstücks oder Geschäfts kann durch Umwandlung einer FahrStr in eine Fußgängerzone erheblich gemindert werden (OVG Lüneburg VM **79** 77). Teilentwidmung in eine Fußgängerzone mit zeitlichem LieferfahrV schließt Erweiterung der Zufahrt aus Gründen der Existenzerhaltung eines Anliegers (ZusatzZ) insoweit aus, als dadurch die Teilentwidmung faktisch aufgehoben würde (BVerwG NJW **82** 840, s. aber OVG Lüneburg VM **79** 77). Bei Sicherung der Belieferung innerhalb einer Kurzone (Borkum) kann das allgemeine Wohl uU sogar ein saisonales Fahrverbot für Anlieger rechtfertigen (BVerwG NJW **80** 354). Abs. 1 S. 1 ist keine geeignete Grundlage für VBeschränkungen im Zusammenhang mit der Einrichtung von **Fahrradparkplätzen** im Interesse einer Förderung des Verzichts auf das Kfz zugunsten des Fahrrads (Rn. 32, OVG Br VRS **98** 53, VG Lü NJW **06** 1609).

Ob die in I genannten Gründe vorliegen, unterliegt in vollem Umfang **verwaltungsgerichtlicher Nachprüfung** (BVerwGE **37** 118, OVG Br VRS **66** 232, ZfS **83** 379, VG Schl VRS **109** 207, VG Saarlouis ZfS **01** 287, VG Berlin NZV **91** 366, *Lorz* DÖV **93** 137 f.); hinsichtlich des Ob und Wie des Eingreifens besteht dagegen ein nur beschränkt nachprüfbarer Ermessensspielraum (BVerwG NJW **81** 184, OVG Schl VM **92** 85, OVG Münster NVwZ-RR **98** 627, VG Saarlouis ZfS **01** 287). Die Lenkungsmöglichkeiten gemäß § 45 **sind auf den Schutz der Allgemeinheit abgestellt** (BVerwG VRS **60** 399, NJW **87** 1096, NZV **89** 486, VGH Ma DAR **02** 284, VRS **104** 71, VGH Ka NJW **93** 1090, OVG Lüneburg VkBl. **04** 181, OVG Münster VM **03** 69, OVG Schl VM **01** 6). Sie schützen daneben nur in geringem Umfang auch die **Belange Einzelner,** soweit deren geschützte Individualinteressen berührt werden (BVerwGE **37** 112, DAR **03** 44, VGH Mü NZV **99** 269, VGH Ka VRS **83** 229, NJW **93** 1090, VGH Ma NZV **90** 406, OVG Schl VM **01** 6, VG Saarlouis ZfS **01** 287), und zwar soweit diese durch Einwirkungen des StrV in einer Weise beeinträchtigt werden, die das nach allgemeiner Anschauung zumutbare Maß übersteigt (VGH Ma DAR **02** 284, VRS **104** 71, OVG Münster VM **03** 69). Nur in diesem Umfang kann ausnahmsweise ein Anspruch auf ermessensfehlerfreie Entscheidung gegeben sein, ob und ggf. welche Maßnahmen zu treffen sind (BVerwGE **37** 112, BVerwG DAR **03** 44, NJW **87** 1096, NZV **89** 486, BayVGH VD **13** 280 (uneingeschränktes Haltverbot in StichStr), VGH Ma DAR **02** 284, VRS **104** 71, VGH Ka VM **77** 95 (Behinderung der Garagenbenutzung durch parkende Fz), NJW **89** 2767 (Lärmschutz), VM **91** 24, VGH Ma NZV **97** 532 (Abgase, Lärm), BayVGH NZV **91** 87 (Zugang zur Garage), NZV **99** 269 (Lärmschutz), OVG Lüneburg VkBl. **04** 181, OVG Schl VM **01** 6 (Lärmschutz), OVG Münster NZV **96** 293 (Anliegerklage gegen Einrichtung einer LZA), NZV **97** 132 (Bewohnerparkausweis), VM **03** 69, VRS **112** 223 (Schutz vor Lärm und Abgasen), OVG Saarlouis ZfS **02** 361, VG Saarlouis ZfS **01** 287 (je Maßnahmen gegen Parken vor dem Haus eines Rollstuhlfahrers)). Soweit der Schutz vor Lärm und Abgasen betroffen ist, kommt den Grenzwerten nach § 2 I der 16. BImSchV besondere Bedeutung zu, wobei Dringlichkeit der Maßnahme und vermehrte Lärmbelastung gegeneinander abzuwägen sind (OVG Münster VRS **112** 223). Regelmäßig besteht dagegen ein solcher Anspruch des Anliegers nicht (BVerwG Buchholz **44** 2. 151, § 45 StVO Nr. 9 (Zulassen des Gehwegparkens), Nr. 10 (Beseitigung eines eingeschränkten eines eingeschränkten Haltverbots), OVG Br ZfS **83** 379, VGH Ka VM **91** 24 (Einrichtung einer Parkmöglichkeit für Lkw in Firmennähe), BVerwG NJW **19** 2252; VGH Ma DAR **02** 284, **17** 652 mAnm *König*; OVG Ko NJW **99** 3573; BayVGH DAR **98** 207; v. 21.12.2005, 11 CS 05.1329; vom 2.8.2012; VG Bra SVR **07** 35 mAnm *Geiger* (je Einrichtung eines Haltverbots im Bereich einer Ausfahrt); s. auch § 12 Rn. 47a). Demgegenüber wird teilweise bei schutzwürdigem Interesse an der Ausgestaltung einer Verkehrssituation uU auch ein Anspruch eines Einzelnen auf eine *bestimmte Anordnung* anerkannt (BVerwG NJW **87** 1096, OVG Lüneburg NJW **85** 2966 (Einrichtung einer LZA), OVG Münster NZV **96** 87 (zur Gewährleistung des Anliegergebrauchs), VG Neustadt ZfS **02** 311). Soweit eine Individualisierung ausgeschlossen ist, gilt dieser Ausschluss auch gegenüber Gemeinden (BVerwG NVwZ **83** 610). Zur Zulässigkeit einer vorbeugenden Unterlassungsklage eines Anliegers gegen eine Umleitung (VGH Mü NZV **93** 207).

29 **4. Arbeiten im StrRaum, Verhütung außerordentlicher StrSchäden, Lärm- und Abgasschutz der Wohnbevölkerung (I S. 2 Nr. 1–3).** Diese Zwecke, die wie die übrigen im Katalog von I S. 2 und Ia genannten neben dem des I S. 1 stehen (OVG Schl VM **92** 85), rechtfertigen angemessen abgewogene VBeschränkungen (Rn. 26). Zu I S. 2 Nr. 1, 2 MüKoStVR/ *Steiner* § 45 Rn. 28. Maßnahmen nach **I S. 2 Nr. 3** unterliegen den einschränkenden Voraussetzungen **des IX S. 1, 3.** Soweit Geschwindigkeitsbeschränkungen zum Schutz gegen übermäßigen VLärm und gegen Abgase nicht ausreichen, müssen die StrVB für bestimmte VArten auch sperren können, sofern der V zumutbar umgeleitet werden kann (BR-Drs. 420/70 Nr. 23b), auch für bestimmte Tageszeiten, etwa die Nachtstunden. Dabei sind zwar die Auswirkungen auf andere Str zu berücksichtigen; die Rechtmäßigkeit einer verkehrsberuhigenden Maßnahme hängt jedoch nicht davon ab, dass alle davon berührten Str gleich stark belastet sind (VGH Ma NZV **89** 87). Zur Interessenabwägung bei Nachtfahrverbot VGH Mü BayVBl **87** 372, *Steiner* DAR **94** 341. Sperrung eines Taxistandplatzes während der Nacht bei Einrichtung eines in der Nähe gelegenen Ausweich-Standplatzes zum Schutz vor Lärm ist nicht ermessensfehlerhaft (OVG Ko DAR **85** 391). I S. 2 Nr. 3 rechtfertigt nur Maßnahmen gegen Kfz, nicht zB Geschwindigkeitsbeschränkungen für Straba, wie aus § 6 I Nr. 3d StVG folgt (BVerwG NZV **00** 309). Bei der Ermessensausübung ist auch die Ausnahmeregelung in § 46 Ia für ElektroFz (dort Rn. 23) zu beachten (*Engelmann* SVR **18** 87). **Schutz der Wohnbevölkerung:** VGH Ka NJW **89** 2767, VG Mü NZV **93** 286 (früher: in Wohngebieten); erfasst werden alle VFlächen, nicht nur Wohnstraßen (OVG Münster NVwZ-RR **98** 627), von denen unzumutbarer Lärm und unzumutbare Abgasemission für Anwohner ausgehen kann, zB auch an Wohngebiete angrenzende Zubringer- und Entlastungsstraßen, jedoch unter billiger Abwägung mit dem Interesse des fließenden Verkehrs (BVerwG NZV **00** 386). Die Entscheidung ist in das pflichtgemäße Ermessen der VB gestellt (BVerwG NZV **00** 386, VGH Ka NJW **89** 2767, OVG Münster NVwZ-RR **98** 627). Bei der Entscheidung, ob und ggf. in welcher Weise der Lärmimmission entgegenzuwirken ist, hat die VB dem besonderen Anliegen der Wohnruhe und dem hohen Rang der Gesundheit Rechnung zu tragen (OVG Münster VkBl. **81** 220). Zu dieser Abwägung bei AB *Bouska* VD **80** 219. Abzuwägen ist zwischen der Funktion der Straße (AB, BundesStr) im Rahmen der Freizügigkeit des Verkehrs einerseits und dem Schutz der Wohnbevölkerung andererseits (VGH Ka NJW **89** 2767, OVG Münster NVwZ-RR **98** 627), wobei IX zu beachten ist (VGH Ka NJW **99** 2057). Zur Verkehrsberuhigung s. erg. Rn. 35. Einrichtung von *Tempo 30-Zonen:* Rn. 37, von verkehrsberuhigten Geschäftsbereichen: Rn. 38. Rechtsfehlerhaft ist eine Geschwindigkeitsbeschränkung auf AB aus Lärmschutzgründen, wenn gewichtige für eine geringere Beschränkung sprechende Belange unberücksichtigt blieben (VGH Mü DAR **84** 62). Begrenzung auf 80 km/h aus Gründen des Lärm- und Abgasschutzes ist nicht deswegen rechtsfehlerhaft, weil AB-Planung abgeschlossen war, bevor die Wohnbebauung bis dicht an die AB geplant war (VGH Mü DAR **84** 62). Die Begriffe „beschränken" und „verbieten" lassen sachliche und zeitliche Differenzierung zu und erfordern sie. I S. 2 Nr. 3 setzt keine bestimmten Schallpegel voraus, sondern gewährt Schutz vor solchen Lärmbelästigungen, die unter Berücksichtigung der Belange des Verkehrs ortsüblich nicht zumutbar sind (BVerwG NJW **00** 2121, VM **86** 90, VGH Mü BayVBl **87** 372, VGH Ka NJW **89** 2767, OVG Münster VM **03** 69, NVwZ-RR **98** 627; VG Br DAR **16** 344). Liegen diese vor, so dürfen Maßnahmen nicht deswegen abgelehnt werden, weil sie wegen bevorstehender Umbauarbeiten als Folge eines bereits weit fortgeschrittenen Planfeststellungsverfahrens zeitlich begrenzt wären (OVG Münster VRS **110** 63). Kein Anspruch auf Schutzmaßnahmen bei Überschreitung eines bestimmten Schallpegels (BVerwG NZV **94** 244, VGH Mü NZV **99** 269, VRS **103** 40, OVG Münster VM **03** 69). Lärmschutz-Richtlinien-StrV (VkBl. **90** 258, **92** 208) bieten lediglich ein Indiz (BVerwG NZV **94** 244, VGH Mü NZV **99** 269, *Stehr* NVwZ **06** 645). Beschränkungen der widmungsgemäßen Nutzung einer **BundesStr** durch LandesStrVB nach I S. 2 Nr. 3 setzen eine besonders schwerwiegende Lärmbelästigung voraus (OVG Münster VM **03** 69, NVwZ-RR **98** 627 (629), MüKo StVR/*Steiner* § 45 Rn. 31; *Steiner* DAR **94** 343; zum MautausweichV Rn. 49i), nach VGH Ka NVwZ-RR **06** 832 (krit *Krohn* ZUR **06** 250) bei einem Verkehrsverbot für den Lkw-Fernverkehr dergestalt, dass die Lärm- und

Abgasimmissionen eine relevante Gesundheitsgefährdung der Wohnbevölkerung auslösen müssen. Lärm, der nicht unmittelbar vom KfzV ausgeht, wird von I S. 2 Nr. 3 nicht erfasst (VGH Mü DAR **96** 112 (Bahn), OVG Münster VRS **97** 149 (Straba)). Die Ermächtigungsnorm (§ 6 I Nr. 3d StVG) betrifft nur *durch Kfz* verursachte Immissionen. Kein jahreszeitlich uneingeschränktes Verbot für Motorräder auf einer 50 m von der Bebauung entfernt verlaufenden BundesStr an Sonn- und Feiertagen aus Gründen des Lärmschutzes, wenn die Werte dieser Richtlinien nicht erreicht werden (VG Mü M 1564 VI S. 84). Lärm- und Abgasschutz ist, außer nachts, uU auch ganztägig zulässig (§ 6 I Nr. 3d StVG). Die Lärm- und Abgasschutzvorschriften dienen beschränkt auch dem Individualschutz (Rn. 28a) und können (unter den Voraussetzungen des IX) einen Anspruch auf ermessensfehlerfreie Entscheidung der VB begründen (BVerwG NZV **94** 244, VGH Ka NJW **89** 2767, VGH Mü NZV **99** 269, VRS **103** 40, OVG Münster VM **03** 69, Rn. 28a), der sich uU zu einem Anspruch auf verkehrsregelndes Einschreiten verdichten kann (VGH Ka VRS **105** 386. 400), was etwa dann der Fall ist, wenn in einer Sackgasse rechtswidriger Schleichverkehr größeren Ausmaßes stattfindet (VG Würzburg NZV **10** 111). Auch soweit **Ozon** durch KfzAbgase mitverursacht wird, kann I S. 2 Nr. 3 für VBeschränkungen ganz unabhängig von der Frage des Verhältnisses zu den Bestimmungen des BImSchG schon deswegen nicht als Grundlage dienen, weil diese Bestimmung flächendeckende Beschränkungen nicht erlaubt (Rn. 27) und Beschränkungen innerhalb begrenzter Gebiete wegen der Verbreitung dieses Gases über große Entfernungen eine völlig ungeeignete Maßnahme wäre (BVerwG DAR **99** 469, aM VG Fra NVwZ-RR **97** 92); i Ü ist Ozon kein Abgas iS von I S. 2 Nr. 3 (BVerwG DAR **99** 469, s. auch Rn. 31). Zur Anordnung von Umweltzonen (I f.) s. Rn. 38b. Hinsichtlich Anordnungen betreffend **Feinstaub** geht § 40 BImSchG vor (Buchteil **11**; s. auch Rn. 31 aE). Zu Ausnahmen für „Altautos" BayVGH NZV **10** 327.

5. Schutz der Gewässer und Heilquellen (I S. 2 Nr. 4). Die Bestimmung beruht auf der 30 inzwischen gestrichenen Ermächtigungsnorm des § 6 I Nr. 5 StVG, die den Gewässerschutz *bei der Beförderung wassergefährdender Stoffe"* im StrV betraf. Durch den Wegfall von § 6 I Nr. 5 StVG (alt) wird der Fortbestand der Bestimmung nicht berührt (§ 6 StVG Rn. 2). VBeschränkungen zum Schutz von Gewässern bei Beförderung wassergefährdender Stoffe sind demnach von I S. 2 Nr. 4 grds. gedeckt, sofern aufgrund der besonderen örtlichen Voraussetzungen eine Gefahr für die Schutzgüter besteht (MüKoStVR/*Steiner* § 45 Rn. 33). Begr: VkBl. **70** 825. „Gewässer": § 1 WHG. S. das Z 354 (Wasserschutzgebiet).

6. Maßnahmen zur Erhaltung der öffentlichen Sicherheit (I S. 2 Nr. 5). Die Bestim- 31 mung ermöglicht VBeschränkungen nicht nur im Interesse des Verkehrs, sondern auch zum Schutz von Rechtsgütern außerhalb des V (BVerwG DAR **03** 44, **99** 471). Zur öffentlichen Sicherheit gehören außer der VSicherheit auch Maßnahmen außerhalb des Verkehrsbereichs, aber mit verkehrsbeeinflussenden Mitteln, nämlich der allgemeinen polizeilichen Prävention, wie zB bei einer Fahndung, bei Wetterkatastrophen oder Maßnahmen zum Objektschutz (StrSperrung). I S. 2 Nr. 5 ermächtigt zB auch zur Anordnung von Haltverboten zur Verhinderung von Bombenanschlägen durch abgestellte Kfz (§ 6 StVG Rn. 22 f.; BVerwG NZV **93** 44 (unter Hinweis auf § 6 I Nr. 17 StVG)) oder zur Anordnung flächendeckender Fahrverbote bei außergewöhnlichen naturbedingten Verhältnissen (Begr VkBl. **80** 519) und bildet damit unmittelbar eine Grundlage für notwendige Beschränkungen im Interesse der Erhaltung der öffentlichen Sicherheit (VG Mü NZV **93** 286, VG Göttingen NZV **95** 126; einschr. OVG Schl VM **92** 85). Eine dauernde Sperrung einer Str zu Zwecken des Objektschutzes, die einer Entwidmung bzw. Teilentziehung gleichkäme, ermöglicht die Vorschrift nicht (Rn. 28b); ist sie gewollt, so muss im Wege des Straßenrechts vorgegangen werden (VG Mü v. 11.10.06, M 23 K 05.4173, juris). Die Bestimmung berechtigt zu VBeschränkungen auch zum Schutz der Gesundheit (BVerwG DAR **99** 471) oder des Eigentums, etwa von Anliegern (BVerwG DAR **03** 44 (Erschütterung eines Gebäudes durch SchwerV)). Landesrechtliche VBeschränkungen zur Vermeidung schädlicher Umwelteinwirkungen: E 47. Für Ozonbekämpfung durch VBeschränkungen, etwa flächendeckende oder landesweite Geschwindigkeitsbeschränkungen oder Fahrverbote bietet I S. 2 Nr. 5 keine Rechtsgrundlage, weil dieses Ziel außerhalb des durch die Ermächtigung des § 6 I Nr. 17 StVG begrenzten Schutzzwecks dieser *straßenverkehrsrechtlichen* Norm liegt (BVerwG DAR **99** 469, aM BayVGH NZV **94** 87, VG Mü NZV **93** 286, VG Göttingen NZV **95** 126, *Schmidt* NZV **95** 51 f.; zu I S. 2 Nr. 3 Rn. 29). Verkehrsverbote bei erhöhten Ozonkonzentrationen waren bundesrechtlich durch die am 31.12.99 außer Kraft getretenen §§ 40a bis 40e, 62a BImSchG geregelt. Verkehrsbeschränkende Maßnahmen nach § 40 BImSchG: Rn. 38b und Buchteil **11**, Maßnahmen zur Reduzierung der Feinstaubbelastung: Rn. 29 aE.

32   **7. Verkehrsdienliche Forschung, Erprobung verkehrlicher Maßnahmen (I S. 2 Nr. 6).**
Die Sonderermächtigung ist erforderlich, weil Beschränkungen zu solchen Zwecken nicht un-
mittelbar der VSicherheit oder -ordnung dienen. Voraussetzung ist das Vorliegen (nicht die Ver-
mutung, BayVGH DAR **07** 223) einer konkreten Gefahr für die in § 45 genannten Schutzgüter;
nicht insoweit dürfen Zweifel bestehen, sondern nur in Bezug auf die geeigneten Maßnahmen
(OVG Münster NZV **96** 214; VG Neustadt NZV **11** 366). IdR wird es sich um kurz befristete
Maßnahmen handeln müssen (VG Ko DAR **93** 310). Nicht erforderlich ist *im Fall der 1. Alt.*
(Erforschung des Unfallgeschehens usw) rechtliche Zulässigkeit der zur Erforschung getroffenen
Maßnahme als endgültige Regelung (OVG Münster NZV **96** 214). Daher kann hier mangels
Verknüpfung mit der endgültigen Regelung die Erforschung auch die Eignung straßenrechtli-
cher Maßnahmen erkunden (VGH Ma NZV **95** 45 (9½-monatige Erprobung gebilligt), abw
VG Stu NZV **89** 46). *Im Fall der 2. Alt.* von I S. 2 Nr. 6 muss die Erprobung geeignet und erfor-
derlich sein, um das hinreichend bestimmte Ziel einer im Rahmen der Widmung möglichen
verkehrsrechtlichen Regelung zu verfolgen (BayVGH ZfS **18** 475 (befristete StrSperrung für
Motorräder)); bezieht sie sich ausschließlich auf eine straßenrechtliche Maßnahme, so ist I S. 2
Nr. 6 keine geeignete Grundlage (VGH Ma NZV **95** 45, VG Stu NZV **89** 46). Eine Beschrän-
kung ist nach I S. 2 Nr. 6 nur dann rechtmäßig, wenn sie auch als endgültige Maßnahme recht-
mäßig wäre (VGH Ma NZV **95** 45, OVG Münster NJW **96** 2049; VG Lü NJW **06** 1609 (unzu-
lässige Aufstellung eines VZ zur Verhinderung von „Fahrradparkplätzen"), hierzu auch Rn. 32,
§ 41 Rn. 248c (zu Z 239)). Die Bewertung hat die VB in eigener fachlich fundierter verkehrs-
planerischer Prüfung vorzunehmen, nicht auf Grund von Bürgerinitiativen oder -protesten
(OVG Saarlouis VM **03** 46; VG Neustadt NZV **11** 366). Eine VBeschränkung kann uU gleichzei-
tig auf I S. 1 und auf I S. 2 Nr. 6 gestützt werden (VGH Ma NZV **89** 87). Verkehrsversuche nach
I S. 2 Nr. 6, Hs. 2 sind gem. IX S. 4 Nr. 7 von den strengen Voraussetzungen **des IX S. 3 befreit**
(Rn. 8h, 49f, 49g).,

33   **8. Schutz der Erholungsgebiete, -orte und -stätten, der Kurorte, Arten- und Bio-
topschutz, Anstaltsschutz, Schutz kultureller Veranstaltungen (Ia).** Auch insoweit sind
Beschränkungen gemäß I durch die StrVB zulässig, jedoch nur hinsichtlich anders nicht ver-
meidbarer Belästigungen durch den Fahrverkehr. Die Beschränkung muss das einzig mögliche,
zumutbare Schutzmittel sein. Geschützt sind auch die Erholungsuchenden in bestimmten Land-
schaftsgebieten (Naturparks, Landschaftsschutzgebiete; Begr und Rn. 15 VwV; VGH Mü NZV
02 147). Zur Absperrung einer Str im Interesse Erholung suchender Fußgänger VGH Ka VM **81**
72. Das Verbot des Radfahrens in einem Waldgebiet setzt nach IX S. 2 eine qualifizierte Gefah-
renlage voraus; fehlt sie, kann Art. 141 III S. 1 der bayerischen Verfassung verletzt sein (BayVGH
DAR **15** 603). In Kurzonen sind Beschränkungen auch bei niedrigem Dauer-, aber hohem Spit-
zengeräusch zulässig (OVG Lüneburg GewA **79** 275). Keine Rechtsbedenken gegen Nachtfahr-
verbote (Ce NJW **67** 743), in Kurorten auch für ganze Ortsteile, wenn nur dadurch Belästigun-
gen durch den FzV vermieden werden können (BVerwG VRS **63** 232). Insgesamt wird es hier
vor allem auf Lärm- und Abgasdrosselung, auf Geschwindigkeitsbeschränkungen und beschränk-
te oder völlige Fahrverbote ankommen. Nur soweit andere Mittel nicht zur Verfügung stehen,
kommen VBeschränkungen (etwa Umleitung des SchwerV) auch zum Schutz kultureller Veran-
staltungen (Musik-, Theaterveranstaltungen im Freien) in Betracht (Ia Nr. 4b; Begr, Rn. 6). Ein
HupverbotsZ sieht die StVO nicht vor, Hupenlärm verletzt jedoch die §§ 1, 30.

34   **9. Einrichtung gebührenpflichtiger Parkplätze für Großveranstaltungen (Ib S. 1
Nr. 1).** Die StrVB dürfen die notwendigen straßenverkehrsrechtlichen Anordnungen bei der
Einrichtung solcher Parkplätze treffen. Das Problem einer straßenrechtlichen Umwidmung von
VFlächen zum gegen Gebühren nutzbaren öffentlichen Parkplatz erschien wegen möglicher
Kollision mit dem StrVR über den ruhenden Verkehr zweifelhaft. Deshalb ermächtigt Ib S. 1
Nr. 1 dazu, nutzbare Parkflächen (Parkplätze, Parkstreifen) anlässlich von Großveranstaltungen
gebührenpflichtig zu machen. Abs. 1b S. 1 Nr. 1 ermächtigt auch zur Gebührenerhebung für die
Zeit vor Beginn der Veranstaltung, in der mit dem Eintreffen von Besuchern zu rechnen ist (Kö
NZV **92** 200).

35   **10. Kennzeichnung von Parksonderrechten für Bewohner, von Fußgängerbereichen
und verkehrsberuhigten Bereichen einschließlich deren Sicherheit und Ordnung,
Lärm- und Abgasschutz der Bevölkerung, Unterstützung städtebaulicher Entwick-
lung (Ib S. 1 Nr. 2–5).** Soweit hierbei in den Umfang der wegerechtlichen Widmung einge-
griffen wird, setzt die Kennzeichnung durch die StrVB zuvor entsprechende wegerechtliche Ver-

fügungen voraus (BVerwG NJW **82** 840, NZV **98** 427, *Manssen* DÖV **01** 153, *Steiner* JuS **84** 4 (je Fußgängerbereich), *Randelzhofer* DAR **87** 242, *Hillgruber* VerwA **98** 97, 101 (Bewohnerparkzone, s. aber Rn. 36)). I Ü kommt der StrVB über bloße vollziehende Funktion hinaus auch inhaltliche Mitentscheidungsbefugnis zu (*Steiner* NVwZ **84** 202, *Randelzhofer* DAR **87** 241, aM zB *Dannecker* DVBl **99** 150). Die StrVB ordnet die Maßnahmen im Einvernehmen mit der Gemeinde an (Ib S. 2). Die Anordnung bleibt aber staatliche Angelegenheit ohne Bindung an Wünsche der Gemeinde, der lediglich ein Vetorecht gegen unerwünschte Anordnungen zusteht (BVerwG NZV **94** 493). Anspruch der Gemeinde auf ermessensfehlerfreie Entscheidung der StrVB nur, soweit sie wegen ihrer Planungshoheit in den Schutzbereich des Ib S. 1 Nr. 5 („städtebauliche Entwicklung") einbezogen ist (BVerwG NZV **94** 493, **95** 243). Auch Ib S. 1 Nr. 5 ermächtigt nicht zu flächendeckenden VBeschränkungen (Rn. 27; *Steiner* NJW **93** 3163). Kein Anspruch des Einzelnen auf Einrichtung eines verkehrsberuhigten Bereichs (VGH Ma NVwZ-RR **09** 508). Hingegen kann ein Anspruch des Anliegers eines (eingerichteten) verkehrsberuhigten Bereichs auf zusätzliche verkehrsrechtliche Maßnahmen zur tatsächlichen Verkehrsberuhigung bzw. zur Reduzierung des Durchgangsverkehrs bestehen (VG Ko NJW **11** 3049). **Fußgängerbereiche** sind idR straßenrechtlich zu Gehbereichen, uU mit Sonderfahrverkehr, umzustufen (*Meins* BayVBl **83** 641, *Randelzhofer* DAR **87** 242, *Dannecker* DVBl **99** 146; s. auch Rn. 28b). Bei Fußgängerbereichen genügt das Z 242 mit entsprechenden Halt- oder Parkverboten. In derartigen Sonderbereichen gilt I S. 1 ebenfalls. In **verkehrsberuhigten Bereichen** dauert der Fahrverkehr an (allgemeiner Mischverkehr); es gilt die Regelung gemäß Z 325.1/ 325.2. Einer Widmungsbeschränkung oder Umstufung bedarf es daher regelmäßig nicht (*Steiner* NVwZ **84** 203, *Geißler* DAR **99** 347, aM *Randelzhofer* DAR **87** 243 wegen des Nachrangs der Fz gegenüber Fußgängern). Unzulässig ist die Einrichtung verkehrsberuhigter Bereiche, wenn damit in erster Linie allgemein der Individual-Kfz-V getroffen werden soll (*Randelzhofer* DAR **87** 244). Es ist darauf zu achten, dass zulässige Maßnahmen zur Verkehrsberuhigung nicht zu einer andere Gebiete unzumutbar belastenden Verlagerung des V führen (s. aber Rn. 29), ferner darauf, dass nicht Feuerwehr und Straßendienst Fz in einer ihren Einsatzzweck gefährdenden Weise behindert werden. Verkehrsberuhigung darf außerhalb der durch Z 325.1/325.2 gekennzeichneten Bereiche nicht durch Verbringen von Hindernissen (zB Betongegenstände verschiedener Art, Blumenkübel usw) gefördert werden (str); dies verstößt gegen § 32 StVO (dort Rn. 8) und kann bei dadurch verursachter Gefährdung § 315b I Nr. 2 StGB erfüllen (dort Rn. 10) und bei Schädigung zum Schadensersatz verpflichten (Ce DAR **91** 25 mAnm *Berr, Fra* NZV **91** 469, *Franzheim* NJW **93** 1837). Zum verkehrsberuhigten Bereich iS von Z 325.1/325.2 im Besonderen § 42 Rn. 181 mit Lit-Nachweisen. VBeschränkungen im Interesse der VSicherheit oder -ordnung obliegen der StrVB. Die Vorschrift in Ib S. 1 Nr. 4, beruhend auf § 6 I Nr. 15 StVG, stellt klar, dass die StrVB auch in Sonderbereichen sachlich gebotene Anordnungen durch VZ treffen dürfen, näher: *Bouska* VGT **88** 275. Die Parkmöglichkeiten für **Schwerbehinderte** mit außergewöhnlicher Gehbehinderung, beidseitiger Amelie oder Phokomelie, vergleichbaren Funktionseinschränkungen sowie für blinde Menschen regelt und kennzeichnet die StrVB selbstständig. Den Betroffenen steht ein Recht auf ermessensfehlerfreie Entscheidung zu (OVG Hb DAR **12** 416 (L)).

Die Einrichtung einer **Sonderparkzone für Bewohner** bedarf keiner straßenrechtlichen 36 Teilentziehung (OVG Münster VRS **72** 391, VG Münster NJW **85** 3092; MüKoStVR/*Steiner* § 45 Rn. 40; zw im Hinblick auf den Entzug des VRaums für Nichtbewohner: *Manssen* DÖV **01** 156; aM daher zB *Hillgruber* VerwA **98** 101). Der Begriff „Sonderparkberechtigung" in der VwV Rn. 29ff. soll übertriebenen Hoffnungen auf künftige ausgedehnte „Parksonderrechte" entgegenwirken (VkBl. **80** 523). Ib Nr. 2a ist in Bezug auf Bewohnerparkplätze durch § 6 I Nr. 14 StVG gedeckt (BVerwG NZV **98** 427, VGH Ka VRS **87** 475 (zur aF)). Die durch Abs. 1b S. 1 Nr. 2a ermöglichte Privilegierung der Bewohner verstößt nicht gegen Art 3 GG (BVerwG NZV **98** 427). Der vollständige Ausschluss vom Parken in einer Str zugunsten von Bewohnern ist auch ohne zeitliche oder örtliche Einschränkung durch § 6 I Nr. 14 StVG gedeckt (VGH Mü NZV **95** 501, OVG Ko NVwZ-RR **95** 357, Dü VRS **63** 377, **69** 45, *Cosson* MDR **84** 105, aM *Wilde* MDR **83** 540 unter Hinweis auf § 6 I Nr. 14 StVG: „Beschränkung"; jedoch wird das Parken *beschränkt,* indem es nur für Bewohner gestattet bleibt, weswegen sich die Regelung innerhalb der Ermächtigung hält). Nur in **städtischen Quartieren mit erheblichem Parkraummangel** ist die Anordnung von Bewohner-Parkzonen zulässig. Seit der Ersetzung des Begriffs des Anwohners in § 6 I Nr. 14 durch den des „Bewohners städtischer Quartiere" ist der VOGeber jetzt (zur Rechtslage vor dem 31.12.01: 40. Aufl.) ermächtigt, auch großflächigere Bereiche zugunsten der Bewohner zu privilegieren. Mit der durch ÄndVO v. 14.12.01 in Abs. 1b

S. 1 eingefügten Nr. 2a hat er von dieser Ermächtigung Gebrauch gemacht. Weiterhin ist aber zu beachten, dass dem Ausnahmecharakter einer solchen Regelung (BVerwG NZV **98** 429) bei der Einrichtung von Bewohnerparkzonen Rechnung getragen wird (*Engelbrecht* VGT **01** 188). Eine damit unvereinbare Erstreckung des Bewohnerparkens auf große Teile einer Stadt, deren **Ausdehnung mehr als 1000 m** beträgt (Begr zu § 6 I Nr. 14, BR-Drs. 751/01 S. 7), oder auf großflächigere, zwar dem Bewohnerbegriff noch entsprechende Bereiche, in denen aber in den Tageszeiten des wesentlichen Besucher- und Pendlerverkehrs **mehr als 50 % des Parkraums** durch Reservierung nur den Bewohnern zur Verfügung stünde (BR-Drs. 321/00 (Beschluss) – S. 5), wäre rechtlich nicht gedeckt, würde im Ergebnis zu einer weitgehenden Aussperrung motorisierter Besucher aus den Städten führen, missbräuchliche Inanspruchnahme der Parkmöglichkeiten durch die privilegierten Personen fördern (BVerwG NZV **98** 427), den *Ausnahmecharakter* der getroffenen Regelung in sein Gegenteil verkehren (BVerwG NZV **98** 427) und widerspräche der grundsätzlichen Privilegienfeindlichkeit des StrVRechts (**E** 52; BVerwG NZV **98** 427; MüKoStVR/*Steiner* § 45 Rn. 39). Der BR hatte die BReg in seiner Stellungnahme zum ÄndEntwurf zu § 6 I Nr. 14 (BR-Drs. 321/00 (Beschluss) S. 5, s. § 6 StVG Rn. 22c) aufgefordert, die 50 %-Quote in der StVO und in der VwV ausdrücklich festzuschreiben. Diese Forderung ist zwar im Text des Abs. 1b S. 1 Nr. 2a unberücksichtigt geblieben, hat aber im Wesentlichen in die VwV (Rn. 16, dort Rn. 32) Eingang gefunden, wonach werktags von 9 bis 18 Uhr nicht mehr als 50 %, in der übrigen Zeit nicht mehr als 75 % der Parkfläche Bewohnern vorbehalten bleiben dürfen, mit der Einschränkung, dass nach Maßgabe von VwV Rn. 32 für **kleinräumige Bereiche** Überschreitungen dieser Zahlen möglich sein sollen. Bei der Berechnung dieser Quoten dürfen nur dem öffentlichen V gewidmete Flächen berücksichtigt werden. Die vollständige Reservierung des Parkraums für Bewohner in einem nur 2 oder 3 Str (entsprechend dem früheren „Anwohner"-Begriff) umfassenden Gebiet ist grds. von Abs. 1b S. 1 Nr. 2a (§ 6 I Nr. 14 StVG) gedeckt. Soweit die genannte Mindestquote für nicht bevorrechtigte Parkplatzsuchende gewahrt ist, können auch **mehrere Bewohnerparkbereiche** mit einer Ausdehnung von insgesamt mehr als 1000 m eingerichtet werden, die dann aber mit unterschiedlichen Kennzeichnungen (Buchstaben, Nummern) zu versehen sind, mit der Maßgabe, dass die jeweilige Sonderparkberechtigung dann nur für den jeweiligen Bereich gilt (Begr, Rn. 7). I Ü besteht die Möglichkeit nach Abs. 1b S. 1 Nr. 2a nur für in dem betreffenden Bereich *Wohnende,* nicht für dort nur Arbeitende (BVerwG NZV **95** 122, **98** 427). Das Fz muss vom Bewohner dauernd genutzt werden, braucht aber nicht auf ihn zugelassen zu sein (VGH Mü NZV **95** 501). Die Sonderparkerlaubnis darf (und sollte zweckmäßigerweise) befristet werden (VG Münster NJW **85** 3092, näher VwV Rn. 29 ff. (Rn. 16); Muster: dort Rn. 36; abgedruckt in VkBl. **02** 147 = StVRL § 42 StVO Nr. 16). Bewohnerparkausweis bei Fz einer Car-Sharing-Organisation: VwV Rn. 35 (Rn. 16). Zweiter Bewohnerparkausweis bei Familien-Car-Sharing: VG Berlin NZV **03** 53. Zur Gebührenerhebung: § 6a StVG Rn. 16. Die Sonderparkberechtigung kann den Bewohnern durch **Reservierung** von Parkraum (HaltverbotsZ mit ZusatzZ „Bewohner mit Parkausweis … frei", VwV (Rn. 16) Rn. 30) oder durch **Freistellung von angeordneten Parkraumbewirtschaftungsmaßnahmen** (zB Parkschein) eingeräumt werden (Anl 2 ldf. Nr. 7 Spalte 3 Nr. 2). In den Fällen der sog Mischregelung, in denen die Bewohner durch entsprechendes ZusatzZ von der Parkraumbewirtschaftung freigestellt sind, scheidet das Kriterium einer Mindestquote für nicht bevorrechtigte Parkraumsuchende aus. **Kein Rechtsanspruch** für Bewohner auf Einrichtung oder Erhaltung von Parkplätzen oder gar reservierten Parkplätzen nahe der Wohnung, (BVerwG ZfS **92** 249, DAR **88** 391 mAnm *Berr* (verkehrsberuhigter Bereich), VGH Ka NJW **93** 1090, OVG Ko NJW **95** 1043 (bei Aufhebung der Bewohner-Sonderparkberechtigung aber Interessenabwägung), anders uU bei Ermessensreduzierung auf Null (OVG Münster NZV **97** 132, s. auch Rn. 28b). Der VB steht ein Regelungsspielraum zu, in dessen Rahmen sie auch die Vergabe von Sonderparkberechtigungen auf Bewohner mit Hauptwohnsitz beschränken darf (VGH Ka NJW **93** 1091, OVG Münster NZV **97** 132), nach VG Freiburg SVR **06** 235 (mAnm *Geiger*) uU sogar muss, wenn die Zahl der Bewohner mit Parkausweis die Zahl der festgesetzten Bewohnerparkplätze wesentlich, zB um mehr als das Dreifache übersteigt. Kein Anspruch auf Erteilung zweier Parkausweise für dasselbe Auto in Bezug auf mehrere Personen zum Zwecke des privaten Carsharing (OVG Bln v. 21.5.03, 1 B 1.02), Wegfall freier Parkmöglichkeiten zum Nachteil der Klientel eines Freiberuflers durch Sonderparkzone für Bewohner stellt keine Verletzung von dessen Anliegerrechten dar (VGH Ka NJW **93** 1090, OVG Ko NVwZ-RR **95** 357). Rechtsanwälte haben keinen Anspruch auf Parkberechtigung vor dem innerstädtischen Gerichtsgebäude (VG Berlin NJW **11** 1622). Eine Umgehung des Abs. 1b S. 1 Nr. 2a iS einer Ausdehnung auf andere Personengruppen durch Ausnahmegenehmigungen für alle einer solchen Gruppe Zugehörigen ist unzulässig (VGH Ka VRS **87** 475).

Die Vorschrift in Ib S. 1 Nr. 5 beruht auf § 6 I Nr. 15 StVG und betrifft daher nur **Lärm- und Abgasschutz** in den dort genannten Fußgänger- und verkehrsberuhigten Bereichen (BVerwG DAR **99** 469). Soweit die StrVB die geordnete **städtebauliche Entwicklung** unterstützen sollen, erfüllen sie nicht nur mehr ordnungsrechtliche Verkehrsaufgaben, sondern planende (VGH Ka NJW **93** 1091, krit *Dannecker* DVBl **99** 145). Allerdings setzt eine Anordnung nach Ib S. 1 Nr. 5 zur Unterstützung städtebaulicher Entwicklung das Vorhandensein eines städtebaulichen Konzepts voraus (BVerwG NZV **94** 493, VGH Ma NZV **96** 253; VRS **117** 387), zumindest iS einer allgemeinen Zielvorgabe (*Steiner* NJW **93** 3163). Eine Geschwindigkeitsbeschränkung auf 30 km/h auf einer innerörtlichen, dem DurchgangsV dienenden Str kann nur dann auf Ib S. 1 Nr. 5, 2. Alt. gestützt werden, wenn ein Konzept darüber vorliegt, auf welchen anderen Str dieser V fließen soll (BVerwG NZV **94** 493, VGH Ma NZV **96** 253). Die Vorschrift bietet keine Ermächtigung für Parkbeschränkungen zugunsten der Elektromobilität (Ha VRS **126** 148; s. hierzu auch § 12 Rn. 57 sowie unten Rn. 38d.

10a. Zonen-Geschwindigkeitsbeschränkungen (Ic, Id). Tempo 30-Zonen (§ 41 **37** Rn. 248h Z 274.1/274.2) können in geschlossenen Ortschaften nach Maßgabe von Ic eingerichtet werden. Niedrigere Geschwindigkeitsbeschränkungen sind möglich (Id S. 2, dazu Rn. 38). Trotz des auf eine gebundene Entscheidung hindeutenden Wortlauts des Ic steht der StrVB Ermessensspielraum zu, den sie auch auszufüllen hat (VGH Mü KommunalPraxis BY **06** 150; VGH Ma NJW **16** 3798). Die Anordnung kann auf verschiedene in I, Ia, Ib genannte Zwecke (zB Sicherheit und Ordnung des V, Schutz der Wohnbevölkerung vor Lärm und Abgasen, städtebauliche Entwicklung) gestützt werden (VG Ol ZfS **04** 387; zur Anordnung aus Lärmschutzgründen eingehend *Suslin/Zilsdorf* NZV **20** 407; s. näher Rn. 29), auch auf eines der in Ib genannten Ziele allein (BVerwG NZV **95** 165). Die Neufassung von I c durch ÄndVO v. 11.12.00 ändert nichts daran, dass die Einrichtung einer Tempo 30-Zone nur dann im Einklang mit § 45 steht, wenn einer der in I, Ia, oder Ib genannten Zwecke (zB Sicherheit und Ordnung des Verkehrs, Schutz vor Lärm und Abgasen, städtebauliche Entwicklung) die Maßnahme erforderlich macht (OVG Lü NJW **07** 1609; *Bouska* NZV **01** 29, aM *Rebler* NZV **06** 113). Dies wird freilich in aller Regel gegeben sein (MüKoStVR/*Steiner* § 45 Rn. 51). Den Zielen von I (Sicherheit oder Ordnung des V) darf die Einrichtung einer geschwindigkeitsbeschränkten Zone niemals widersprechen (BVerwG NZV **95** 165; MüKoStVR/*Steiner* § 45 Rn. 51). Von den Beschränkungen des IX S. 3 sind Tempo 30-Zonen nach IX S. 4 Nr. 4 ausgenommen (BVerwG NVwZ-RR **18** 12; OVG Lü NJW **07** 1609; VG Ol ZfS **04** 387; VGH Ma NJW **16** 3798; MüKoStVR/*Steiner* § 45 Rn. 51). Jedoch setzt die Anordnung von Tempo 30 Zonen *entgegen einem Teil der Rspr. und Lit,* die IX S. 3 als Spezialregelung gegenüber IX S. 1 und § 39 I betrachtet (BVerwG NJW **11** 246, 248; 1527, 1529; VGH Ma NJW **16** 3798; MüKoStVR/*Steiner* § 45 Rn. 74; unklar GVR/*Koehl* § 45 Rn. 45), nach IX S. 1 voraus, dass die Maßnahme auf Grund der besonderen Umstände zwingend erforderlich ist (vgl. BVerwG NVwZ-RR **18** 12; näher Rn. 49 f.). Unabhängig von dem jeweils in erster Linie verfolgten Zweck erfolgt die Anordnung gem. Ic S. 1 durch die StrVB im **Einvernehmen mit der Gemeinde** (Rn. 35; *Jahn* NZV **90** 213), der insoweit eine klagefähige Rechtsposition gegenüber der StrVB zukommt, und zwar nach VGH Ma DVBl **94** 348 (mAnm *Steiner*) auch auf Berücksichtigung ihrer örtlichen Planung (einschr. *Jahn* NZV **94** 215). Nach der VwV Rn. 44 (Rn. 17) muss die StrVB einem Antrag der Gemeinde entsprechen, wenn die Voraussetzungen von Ic und die Maßgaben der VwV erfüllt sind oder erfüllt werden können. Eine Widmungsbeschränkung ist nicht erforderlich (MüKoStVR/*Steiner* § 45 Rn. 51; *Steiner* DAR **89** 403). **Nicht zulässig** ist die Einrichtung von Tempo 30-Zonen nach Ic S. 3 auf Str mit durch Lichtzeichen geregelten Kreuzungen oder Einmündungen sowie solchen mit Fahrstreifenbegrenzungen (durchgezogene Linie, Z 295), Leitlinien (Z 340) und benutzungspflichtigen Radwegen. An Kreuzungen und Einmündungen innerhalb der Tempo 30-Zone muss grundsätzlich die Vorfahrtregel des § 8 I S. 1 („rechts vor links") gelten. Jedoch bleiben vor dem 1.11.00 angeordnete Tempo 30-Zonen mit LZA zum Schutz von Fußgängern zulässig (krit *Engelbrecht* VGT **01** 183). Str mit wesentlicher Verkehrsbedeutung wie zB Ortsdurchfahrten und Hauptverbindungsstraßen zu wichtigen Einrichtungen (Bahnhof) eignen sich nicht zur Einbeziehung in eine geschwindigkeitsbeschränkte Zone (VwV Rn. 38). Ein weitgehend einheitliches Erscheinungsbild (VwV Rn. 39 ff.) muss dem Kf das Bewusstsein vermitteln, sich innerhalb der Zone zu befinden. Anders als nach früherer Rechtslage ist jedoch ein sog. **„Zonenbewusstsein"** (im Einzelnen BVerwG NZV **95** 165) nicht mehr erforderlich; vielmehr vermittelt sich dem Kf das notwendige Bewusstsein dadurch, dass die Voraussetzungen des I c erfüllt sind (OVG Lü NJW **07** 1609, VGH Ma NJW **16** 3798; VG Ol ZfS **04** 387, aM hier bis 38. Aufl, *Bouska* NZV **01** 29); dies kommt auch in § 39 Ia (dort Rn. 37a, 37b) zum Ausdruck (VGH Ma NJW **16** 3798; vgl. *Kramer* VD **01** 52).

37a   Zu übertriebenem **„Straßenrückbau"** s. 43. Aufl. Rn. 37a.

38   **Verkehrsberuhigte Geschäftsbereiche** (Id). Grundsätzlich ist in geschwindigkeitsbegrenzten Zonen die Geschwindigkeit auf 30 km/h zu beschränken (§ 41 Rn. 248h (Z 274.1/274.2)). Die Anordnung einer niedrigeren Zonengeschwindigkeit ist für verkehrsberuhigte Geschäftsbereiche möglich. Soweit in zentralen Bereichen mit hohem Fußgängeraufkommen auch eine solche Geschwindigkeit zu hoch ist, die Einrichtung eines verkehrsberuhigten Bereichs (Schrittgeschwindigkeit) jedoch wegen der Bedeutung als Geschäftsgebiet nicht vertretbar ist, kann auch eine niedrigere Geschwindigkeit angeordnet werden (Id S. 2; „Tempo 20-Zone, VzKat 2017 Unternr Z 274.1, 2), allerdings nicht durch nach StVO und VzKat nicht vorgesehenes VZ „Tempo 10-Zone" (§ 39 Rn. 31; OVG Berlin-Brn DAR **20** 156). Anordnungen nach Id unterliegen nicht den strengen Voraussetzungen nach IX S. 3, wohl aber denen des IX S. 1 (im Einzelnen Rn. 49 f.). Die Anordnung kann, ebenso wie die Einrichtung einer geschwindigkeitsbeschränkten Zone nach Abs. 1b S. 1 Nr. 3, auf die in I, Ia, Ib genannten Gründe gestützt werden (dazu BMV VkBl. **90** 146 = StVRl Nr. 6, *Berr* ZAP F 9 S. 1095). Zur schilderfreien sog. Begegnungszone („shared space") s. § 39 Rn. 31 sowie MüKoStVR/*Steiner* § 45 Rn. 54.

38a   **10b. Maut** (Ie). Ie schafft die Ermächtigungsgrundlage für die zum Betrieb von mautgebührenpflichtigen Strecken erforderlichen Verkehrszeichen und Verkehrseinrichtungen (Z 390, 391). Zum Mautausweichverkehr Rn. 49i.

38b   **10c. Umweltzonen** (If). Die durch die StVO-Neufassung 2013 geschaffene Vorschrift setzt die §§ 40, 47 BImSchG für die StVO um (s. Begr Rn. 8c). Danach ordnet die StrVB zur Kennzeichnung der in einem Luftreinhalteplan oder einem Plan für kurzfristig zu ergreifende Maßnahmen nach § 47 I, II BImSchG festgesetzten Umweltzonen die Verkehrsverbote gem. Z 270.1 und 270.2 (dazu § 41 Rn. 245) iVm ZusatzZ an. Namentlich wegen eines Verstoßes gegen das Zitiergebot hinsichtl. dieser Anordnung hielt das BMVI die Neufassung der StVO für geboten (BRDrs 428/12 Vorblatt und mehrfach). Rechtsgrundlage für die Anordnung von Umweltzonen ist § 40 BImSchG, der eine Rechtsfolgenverweisung auf § 45 normiert (MüKo StVR/*Steiner* § 45 Rn. 56). Bei Anfechtung der Anordnung der Umweltzone, wird die Rechtmäßigkeit des für sich nicht durch den Einzelnen anfechtbaren Luftreinhalteplans inzident geprüft; für die Rechtmäßigkeit des Plans kommt es dabei grds. auf den Zeitpunkt der behördlichen Entscheidung an, wobei aber nachträgliche Erkenntnisse naheliegend schon im Anfechtungsprozess zu berücksichtigen sind (vgl. BVerwG DAR **13** 95; vorgehend OVG Lüneburg ZfS **11** 654 (L)). Zur Würdigung der Umweltzone Berlin OVG Berlin DAR **12** 157. Zur Rechtslage nach Inkrafttreten des 8. BImSchGÄndG und der 39. BImSchV *Scheidler* DAR **10** 562. Zur KennzVO § 47 StVZO Rn. 1c, 6a, 7a. Zur Bestimmtheit bei der Einrichtung von Umweltzonen *Hellriegel/Hermanns* DAR **07** 629; zum Verhältnismäßigkeitsgrundsatz *Brenner* DAR **08** 262 f.

38c   **„Diesel-FV"**. In zwei aufsehenerregenden Entscheidungen (BVerwG NJW **18** 2067 (Luftreinhalteplan Stu) und NJW **18** 2074 (Luftreinhalteplan Dü)) hat das BVerwG aus Art. 23 I UAbs. 2 der RL 2008/50/EG die Verpflichtung hergeleitet, zur schnellstmöglichen Einhaltung der Stickstoffdioxid-Grenzwerte nach der 39. BImSchV gem. § 40 I BImSchG, § 1 II der 35. BImSchV auch ohne Erlass von VOen nach § 40 III BImSchG Verkehrsverbote für bestimmte Diesel-Kfz anzuordnen. Zwar biete die auf Umweltzonen beschränkte Regelung in If (dazu Rn. 38b) hierfür keine Ermächtigung. Die Befugnis könne aber entweder aus einer unionskonformen Auslegung oder aus einem aus Unionsrecht resultierenden Anwendungsverbot entgegenstehender Regelungen abgeleitet werden, weswegen die für Umweltzonen geltenden Z 270.1 und 270.2 mit geeigneten ZusatzZ kombiniert werden könnten. Für Streckenverbote ergäben sich dabei aus dem Verhältnismäßigkeitsgebot geringere Anforderungen als für zonale Verbote. Letztere dürften nur phasenweise eingeführt werden (zB Euro-4-Diesel-Fz, Benziner Euro 3 und jeweils darunter ohne Übergangsfrist, Euro-5-Diesel-Fz nicht vor 1.9.2019). Besonderen Härten könne mit Ausnahmen nach § 46 I Nr. 11 Rechnung getragen werden. Die Entscheidungen haben im Schrifttum vielfach Zustimmung erhalten (zB *Schink/Fellenberg* NJW **18** 2016; *Kümmel* NVwZ **18** 894; *Franzius* NuR **18** 433; *Will* NZV **18** 393; **19** 17). Jedoch lässt der leichthändige Umgang mit offensichtlich nicht passenden bzw. fehlenden rechtlichen Handhaben im nationalen Recht ein ungutes Gefühl zurück (überzeugend *Brenner* DAR **18** 52; 71 gegen VG Dü NVwZ **17** 899; s. auch *Engelmann* SVR **18** 330), ist das BVerwG in der Sache doch an die Stelle des GGebers getreten (vgl. auch *Will* NZV **19** 17). Wenig überzeugend erklärt VGH Ma DAR **19** 339 (mablAnm *Brenner*) die Regelung zur Verhältnismäßigkeit von FV in § 47 IVa S. 1 BImSchG kurzerhand für europarechtswidrig. Anforderungen an die Verhältnismäßigkeitsprüfung im Einzelfall (zonales FV im Umkreis von Fra): VGH Kassel NZV **19** 200 mAnm *Roth*. Übersicht über Rspr. nach BVerwG und rechtspolitische Entwicklungen bei *Scheidler* DAR **19** 17; zur Anordnung von Umweltzonen s. *dens.* DAR **19** 348.

10d. Elektrisch betriebene Fz (I g). Die Regelung ermächtigt die StrVB, unter Beachtung **38d** des § 3 EMoG (s. dort) zur Bevorrechtigung elektrisch betriebener Fz die Z 314, 314.1 und 315 iVm dem dazu vorgesehenen ZusatzZ (s. § 39 X) anzuordnen (s. § 12 Rn. 57). Zu Beschilderungsproblemen *Korsch* DAR **19** 191. S. auch § 39 Rn. 4e sowie oben Rn. 8d. Die Anordnung von VZ zur Förderung der Elektromobilität ist durch Abs. 10 von den strengen Voraussetzungen des Abs. 9 ausgenommen (dazu Begr Rn. 8e; s. auch Rn. 49k).

10e. Carsharing (Ih). Die durch die 54. ÄndVStVR v. 20.4.2020 (BGBl. I S. 814) mit Wir- **38e** kung vom 28.4.2020 eingeführte Vorschrift erlaubt es der StrVB auf der Grundlage des § 3 III CsgG, Parkflächenreservierung für Carsharingfahrzeuge anzuordnen (im Einzelnen Begr BR-Drs. 591/19 S. 85). Es besteht die Möglichkeit der Reservierung für Fz nur eines bestimmten Carsharingunternehmens, wobei die Firmenbezeichnung nicht auf dem ZusatzZ und auch nicht auf der Parkfläche, sondern auf einem weiteren ZusatzZ anzubringen ist. Zum Sinnbild nach § 39 XI s. dort Rn. 38b, zu den Z 314, 314.1 und 315 s. § 13 V und dort Rn. 12b. Anordnungen nach I h sind gem. Abs. 10 von den strengen Voraussetzungen des Abs. 9 befreit (s. Rn. 49k).

10f. Fahrradzonen. Die gleichfalls durch die 54. ÄndVStVR v. 20.4.2020 (BGBl. I S. 814) **38f** mit Wirkung vom 28.4.2020 eingeführte Vorschrift erlaubt es der StrVB, Fahrradzonen anzuordnen. Fahrradzonen stellen eine flächenmäßige Erweiterung der nur streckenmäßig anzuordnenden Fahrradstraßen dar und dienen der Sicherheit und Leichtigkeit des Radverkehrs (Begr Rn. 8g). Die Vorschrift orientiert sich an Ic (Tempo 30-Zone), womit die dazu entwickelten Maßstäbe herangezogen werden können (Rn. 37). Wie dort sind Str (Bundes-, Landes- und KreissStr) ausgenommen, die zur Abwicklung des überörtlichen Verkehrs dienen. Überschneidungen mit Tempo 30-Zonen sind nicht zulässig (Ii S. 5). Ii S. 6, wonach innerhalb der Zone in regelmäßigen Abständen das Z 244.3 als Sinnbild auf der Fahrbahn aufgebracht werden soll (Begr Rn. 8g) zielt darauf, beim VT ein „Zonenbewusstsein" herbeizuführen (Begr Rn. 8g). Zum Zonenbewusstsein s. aber Rn. 37 sowie § 39 Rn. 37a, 37b. Die Anordnung von Fahrradzonen ist gem. IX S. 4 Nr. 8 von den strengen Voraussetzungen des IX S. 3 befreit (dazu Rn. 8i, 49f, 49g).

11. Maßnahmen der Straßenbaubehörden (II). Zur Durchführung von StrBauarbeiten **39** und zur Verhütung außerordentlicher, zustandsbedingter StrSchäden dürfen die StrBauB, vorbehaltlich vorrangiger Maßnahmen der StrVB (VGH Ka VM **78** 76), im Rahmen von II eingreifen und den Verkehr zu diesem Zweck lenken, beschränken, verbieten und umleiten, vor allem durch Absperrungen und VZ oder VEinrichtungen, nicht aber zB durch Leitplanken (VGH Ka VM **78** 76), und nicht zur Sicherung von VKontrollen (Fra NJW **68** 2072). Ein Überholverbot auf einer Brücke aus Gründen der Statik darf nicht auf der Grundlage des Abs. 2 auf den sich anschließenden Bereich ausgedehnt werden (VGH Ka VD **04** 47). Etwa bei Frostaufbrüchen oder Fahrbahnschäden anderer Art dürfen die StrBaubehörden Geschwindigkeitsbeschränkungen anordnen, ebenso Gewichtsbeschränkungen, Straßenabschnitte sperren und den Verkehr oder einzelne VArten, etwa den Lastverkehr, umleiten. Bei der Zustandsgefährdung handelt es sich um vorläufige Maßnahmen, bis die Straße wieder verkehrssicher ist. Sie besteht, wenn Bauzustand und Oberflächen- oder Unterbaubeschaffenheit der Straße den Verkehr beeinträchtigen oder bei Weiterbenutzung außergewöhnliche Schäden befürchten lassen (FM **59** 73, s. VwV Rn. 46 ff.). Richtlinien für VBeschränkungen bei Frostschäden an BundesStr: VkBl. **63** 618. Verständigung der StrVB: VwV Rn. 46.

12. Für Bahnübergänge von Eisenbahnen des öffentlichen V (s. § 3 I AEG) kann nur die **40** Bahn ein bestimmtes Verhalten der VT vorschreiben, und nur durch Blinklicht- und LZA, Schranken und Andreaskreuze **(II S. 4).** Beschaffung, Aufstellung und Unterhaltung dieser VZ und -einrichtungen obliegen der Bahn. Anhörung von StrVB und Pol: VwV Rn. 50. Für die übrigen WarnZ und Warnbaken bleibt die StrVB zuständig (III), Beschaffung, Aufstellung und Unterhaltung obliegen dem Träger der StrBaulast (§ 14 EKrG). Die Anordnungsbefugnis von Sicherungsmaßnahmen bei Bahnübergängen **von Straba auf unabhängigen Bahnkörpern**

(§ 20 BOStrab) ist nach II S. 3 (ÄndVO v. 16.12.16, BGBl. I S. 2938) nunmehr der Technischen Aufsichtsbehörde der Straßenbahnunternehmen übertragen, womit insoweit eine Gleichstellung mit der Lage bei Eisenbahnen des öffentlichen V erreicht ist (dazu BR-Drs. 646/16 Vorblatt und S. 67). Außerhalb von II S. 3 ist für Übergänge anderer Schienenbahnen weiterhin die StrVB zuständig (III).VSicherungspflicht der Bahn an höhengleichen Übergängen: § 19.

41   **13. Nur durch Verkehrszeichen- und -einrichtungen** (§§ 37 ff.; Anl. 1–3) dürfen die zuständigen Behörden den V regeln und lenken **(II S. 4, IV)**, nicht durch andere, in Verkündungsblättern verlautbarte Rechtsnormen. Landesrechtliche VVorschriften neben der StVO sind unzulässig (**E** 46, 47); deswegen ist kein Rückgriff auf allg. Regeln zur Bekanntgabe von Verwaltungsakten möglich (BVerwG NJW **08** 2867 zum MautausweichV). Sachlich sind Anordnungen durch VZ oder -einrichtungen Gebote oder Verbote (OVG Lüneburg VRS **55** 311). Landeszentralß können VRegelungen nur durch StrVB im Rahmen von § 45 bewirken. Zu den in § 45 bezeichneten Behörden gehört die Pol nicht (§ 44 II; Begr). Erst die vom aufgestellten VZ ausgehenden Ge- oder Verbote sind als Verwaltungsakte verbindlich, nicht bereits die vorhergehende behördliche Entschließung (OVG Münster VRS **57** 396). Bei zwingenden Gründen außerverkehrlicher Art, zB Unwetterkatastrophen, welche und soweit diese die klassische Bekanntgabe straßenverkehrsrechtlicher Anordnungen durch VZ oder -einrichtungen ausschließen, dürfen solche Anordnungen in Abweichung vom Sichtbarkeitsgrundsatz (§ 39 Rn. 32 f.; § 41 Rn. 247; MüKoStVR/*Steiner* § 45 Rn. 64) auf jede andere taugliche Weise, zB durch die Medien bekanntgemacht werden, jedoch nur für die Dauer des Ausnahmezustands (IV mit I S. 2 Nr. 5). Auch Anordnungen auf diesem Weg sind Verwaltungsakte. Zuwiderhandlungen gegen durch die Medien nach IV Hs. 2 bekanntgegebene den V verbietende oder beschränkende Anordnungen ist bußgeldbewehrt (§ 49 III Nr. 7). Ausnahmen von den Anordnungen nach IV: § 46 I Nr. 11. Rechtsquellen allgemein: **E** I. Schutz der WarnZ, Sperreinrichtungen, Leiteinrichtungen: § 145 II, § 304, ggf. auch § 316b StGB.

42   **14. Wo und welche Verkehrszeichen und -einrichtungen** anzubringen oder zu entfernen sind, bestimmen gem. **III** die StrVB (BGHZ **91** 489, **90** 739, NJW **04** 356, NZV **00** 412, Dü VersR **90** 423, VGH Ma NZV **95** 86 (Entfernung von Andreaskreuzen)). StrVB: § 44. Diese tragen die Verantwortung, soweit nicht höhere Behörden zuständig sind. Ihre Anordnungen gehen nach II S. 1 denen der StrBauB vor (VGH Ka VM **78** 76, OVG Münster VRS **56** 472). Keine Mitverantwortung des StrBaulastträgers (BGH NZV **00** 412, Dü VersR **90** 423), dem auch nicht die Pflicht obliegt, die Anordnungen der StrVB auf Zweckmäßigkeit zu überprüfen (BGH NZV **00** 412, Brn VRS **102** 336, 341). In Ausnahmefällen kann der StrBaulastträger aus dem Gesichtspunkt der VSicherungspflicht gehalten sein, bei der StrVB auf Änderung der VRegelung durch VZ hinzuwirken (BGH NZV **00** 412, Brn VRS **102** 336). Private Richtungsangaben (Hinweis auf Geschäftslokal) sind keine VZ oder VEinrichtungen iS von III (VGH Ma VM **82** 14). Ein von der StVO vorgesehenes, von einer unzuständigen Behörde aufgestelltes VZ wird mit Zustimmung der zuständigen StrVB wirksam (Stu VRS **26** 378 (gerichtliche Prüfungspflicht)). Die **Verkehrsregelungspflicht** (zur Amtshaftung bei deren Verletzung s. Rn. 43, 51) betrifft die Erleichterung des Verkehrs und die Verhütung von Verkehrsgefahren durch VZ und Verkehrseinrichtungen (BGH NJW **04** 356, VersR **90** 739, Jn VM **98** 71, *Rinne* NVwZ **03** 9), soweit notwendig und zumutbar; sie erstreckt sich nicht auch auf solche Gefahren, die vom VT bei gebotener Aufmerksamkeit ohne Weiteres erkannt und durch verkehrsgerechtes Verhalten abgewendet werden können (BGH VersR **88** 697, Stu VersR **89** 627). Das Ermessen der StrVB über die Anbringung von VZ und VEinrichtungen ist inhaltlich durch die Erfordernisse der Sicherheit des V eingeschränkt; soweit diese inhaltlichen Grenzen des Ermessens gewahrt sind, scheidet Amtspflichtverletzung aus (BGH EBE **90** 131). Der Anlieger kann bei Einrichtung einer Bushaltestelle durch VZ nicht die Prüfung von Alternativstandorten verlangen, die nicht mit dem genehmigten Fahrplan vereinbar wären (VGH Ma NZV **95** 333). Richtlinien für verkehrslenkende Aufgaben der StrVB VkBl. **68** 239. Verkehrsschau, Anhörungspflicht und spätere Überprüfung der Anordnungen:VwV Rn. 54 ff.

43   **15. Die Art der Anbringung, Ausgestaltung** (Übergröße, Beleuchtung) der VZ und -einrichtungen regeln, soweit nicht von der StrVB vorgeschrieben (VwV), die StrBauB (III S. 2). Ob und wie Leitpfosten anzubringen sind (§ 43), bestimmt die StrBauB wegen des baulichen Charakters dieser Leiteinrichtung allein (Begr). GefahrZ darf sie anbringen, soweit der StrZustand die Sicherheit gefährdet (III S. 3; Ha NZV **05** 256). Benachrichtigung der StrVB und Pol bei Aufstellung von GefahrZ: VwV Rn. 61. Bei gefährlichen StrStellen ist das Aufstellen ausrei-

chender WarnZ im Rahmen der *Verkehrsregelungspflicht* stets **Amtspflicht** (Dü VersR **63** 50, NJW-RR **94** 1443, Ol VM **66** 27, Stu VersR **89** 627, Jn VM **98** 71), auch gegenüber Anliegern und VT (BGH VersR **65** 516, Nü VM **62** 21), selbst wenn sie sich verkehrswidrig verhalten (BGH NJW **66** 1456), soweit die Gefahr auch bei Sorgfalt nicht rechtzeitig ohne Weiteres erkennbar ist (BGH VersR **65** 316). Warnpflicht besteht auch, wenn etwa bei ausgelaufenem Öl noch andere die Gefahr beseitigen müssen (BGH VersR **64** 925, Ce VersR **63** 48). Bei Änderung von VZ kann es in Ausnahmefällen Amtspflicht sein, die Anlieger auf die Änderung hinzuweisen (§ 39 Rn. 38). Die Anbringung sachgerechter VZ, besonders an schwierigen Stellen, ist Amtspflicht gegenüber allen VT (Dü VersR **90** 423). Jedoch haften diese bei mangelnder Sorgfalt bei Schaden mit (Dü VersR **76** 51). **Deutliche Erkennbarkeit der Gefahr macht WarnZ entbehrlich** (IX S. 3; BGH VersR **65** 516 (schweres Kfz auf gering befestigtem Bankett), BGH VRS **60** 251 (erkennbar unübersichtliche, aber durch VZ 205 gekennzeichnete Einmündung in Vorfahrtstraße), Dü VRS **8** 107 (deutliche Rutschgefahr bei Pflasterwechsel), Ol VRS **15** 322 (Aufhören des Seitenstreifens ohne Fahrbahnverengung), Stu VersR **89** 627 (auf Grund der übrigen Gegebenheiten deutlich geänderte Verkehrsführung)). Das Ende einer Straße ist zu kennzeichnen, wenn die Gefährlichkeit des Weiterfahrens nicht ohne Weiteres ersichtlich ist (BGH NJW **59** 575), auch die geringe Höhe von Unterführungen (Ko VRS **6** 98) oder eine innerörtliche Kurve mit gewölbtem Blaubasaltpflaster (BGH VRS **16** 338 (Zeichen „Schleudergefahr")). „Gefährliche Stelle" in dem Sinne, dass VZ-Anbringung ohne verbleibendes Ermessen der StrVB *notwendig* ist, nur dann, wenn wegen nicht rechtzeitig erkennbarer Besonderheiten der StrVerhältnisse Unfallgefahr auch für einen sorgfältigen VT naheliegt (BGH VRS **60** 251). **Verstoß gegen die VRegelungspflicht,** wenn Fahrbahnmarkierungen, die wegen einer Baustelle erforderlich geworden sind, nach Beendigung der Arbeiten nicht ausreichend entfernt werden und zur Verwirrung des Kf führen (Dü VersR **81** 960). Haftung des Landes, wenn Wildwechsel nicht bezeichnet sind (Stu DAR **65** 49).

16. Beschaffen, Anbringen, Unterhalten, Betrieb, Beleuchten der VZ und -einrichtungen einschließlich der Beleuchtung von Fußgängerüberwegen obliegt dem Baulastträger (Jn VM **98** 71), sonst dem StrEigentümer (V). Deutliche, nicht irreführende Anbringung: § 39. Beleuchtung der Zebrastreifen: Begr zu Abs. 5. Der Baulastträger hat auch für gute Sichtbarkeit der VZ und -einrichtungen zu sorgen (Jn VM **98** 71), sie also zu reinigen und verdeckenden Bewuchs zu entfernen (VwV Rn. 62). Kosten: § 5b StVG und EKrG 1971 (BGBl. I S. 337). Die Zweckmäßigkeit von Aufstellungsanordnungen der StrVB oder StrBauB hat der Baulastträger nicht nachzuprüfen (Bay VRS **26** 380, Neust VRS **13** 227). Laternen, die nachts gelöscht werden, hat der Träger der Beleuchtungspflicht durch Z 394 zu kennzeichnen, sonst Haftung. Die Aufgabenverteilung in § 45 berührt die Rechtsgrundlagen der einschlägigen Behördenpflichten nicht (BGH NJW **65** 2104). Abs. 5 S. 3 (Übertragung der Pflichten nach S. 1 auf die Gemeinde) trägt dem Umstand Rechnung, dass Veranstaltungen nach § 29 II oft an Sonntagen stattfinden (Begr VkBl. **94** 173). **44**

17. Baustellenregelung (VI). Wer als Bauunternehmer (Rn. 47) auf öffentlicher Str Arbeiten ausführt oder ausführen lässt, muss den V ausreichend sichern. VI ist Ausfluss der VSP an StrBaustellen (vgl. MüKo-SVR/*Steiner* Rn. 66). Die Regelung unterscheidet zwischen der behördlichen Anordnung der VSicherung und der Ausführungspflicht des Bauunternehmers (BR-Drs. 420/70 Abs. 23d). Der Bauunternehmer hat unter Vorlage von VZ-Plänen Anordnungen gem. VI zur VSicherung einzuholen. Anzuzeigen sind alle Baumaßnahmen, die sich auf den V auswirken, auch wenn sie nur zum Absperren zwingen und keine GebotsZ erfordern (Ha JMBlNRW **74** 9). Schriftform ist zweckmäßig, aber nicht zwingend vorgeschrieben (Jn VRS **105** 454). Anhörung der Pol und Überwachung der VSicherung: VwV Rn. 63ff. Die Arbeiten dürfen erst begonnen werden, nachdem der Verkehrszeichenplan von der StrVB oder StrBauB genehmigt und deren Anordnung vom Bauunternehmer ausgeführt worden sind (vgl. BVerwG NJW **16** 2353 mAnm *Kümper*; BGH VersR **77** 544, Ha DAR **73** 251). (Stu VRS **54** 147). VorschriftZ (hier Z 286), die dem Bauunternehmer nicht genehmigt worden sind, darf er nicht wirksam aufstellen, auch nicht bei sachlicher Erforderlichkeit (Zw VM **77** 4). Der Bauunternehmer muss sich vergewissern, welche VZ er aufzustellen hat und was sie bedeuten (Kar VersR **76** 668). Bloße Zustimmung der StrVB zu den Maßnahmen des Bauunternehmers genügt nicht, doch sind dessen VZ zu befolgen, soweit sonst Gefahr entstünde (BVerwG NJW **70** 2075; näher § 39 Rn. 31, § 41 Rn. 246f.). Die Billigung unzureichender Maßnahmen durch die StrVB entlastet die den Bau unmittelbar Durchführenden nicht (BGH VersR **77** 544). **45**

45a   VBeschränkungen durch **VZ und VEinrichtungen** kann nur die zust. Behörde anordnen. Diese handelt insoweit aufgrund ihrer Amtspflicht, die nicht mit entlastender Wirkung auf den Bauunternehmer übertragen werden kann (BGH NJW **74** 453). Der Bauunternehmer darf die Anordnungen nur durchführen und dabei nicht von ihnen abweichen, sonst sind von ihm aufgestellte VorschrZ nichtig (Bay VRS **53** 219; VGH Ma VD **10** 113), auch wenn sie als sachgemäß erscheinen (Zw VRS **51** 138, Ha DAR **62** 58), anders nur bei unwesentlichen Abweichungen (§ 39 Rn. 31; § 41 Rn. 246 f.). Aus dem Umstand, dass der Bauunternehmen bei Anbringung der VZ keinen eigenen Entscheidungsspielraum hat, folgt nach neuer Rspr. des BGH, dass dieser **als Verwaltungshelfer und damit als Beamter im haftungsrechtlichen Sinne** handelt; seine persönliche Haftung gegenüber einem durch ein Verkehrsschild Geschädigten scheidet daher gemäß Art. 34 S. 1 GG aus (Grundsatzentscheidung in BGH DAR **19** 513 mAnm *Engel*; so zuvor schon Ha DAR **16** 26 mAnm *Engel*; zust auch *Itzel* jurisPR-BGHZivilR 15/**19** Anm. 3; BeckOGK/*Dörr* § 839 BGB Rn. 61; BGH NJW **74** 453 und daran anknüpfende Rspr, zB Kar NJW-RR **17** 986, sind damit überholt). Ob dies auch für in der behördlichen Anordnung nicht ausdrücklich geregelte Kontrollmaßnahmen der Baustellensicherung gilt, hat der BGH offengelassen (BGH DAR **19** 513, 515 Rn. 21). Insoweit sollten jedoch keine anderen Maßstäbe anzulegen sein (vgl. auch BGH NJW **14** 3580, 3481). Zur Pflicht, die Anordnungen der Behörde zu befolgen, gehört auch die Beseitigung von Absperrungen und Kennzeichnungen nach Ablauf einer etwa gesetzten Frist; bei Fortsetzung der Bauarbeiten ist Fristverlängerung zu beantragen (Dü VRS **63** 474).

45b   **Inhalt und Ausführung der Anordnungen:** Begr. Inhaltlich sind die **Richtlinien für die Sicherung von Str-Arbeitsstellen (RSA):** VkBl. **95** 221, **96** 445, **00** 247 = StVRL Nr. 13 zu beachten. Art und Ausmaß der aus Gründen der VSicherung gebotenen Maßnahmen werden jedoch nicht abschließend durch die RSA, sondern durch das den konkreten örtlichen Verhältnissen innewohnende Gefahrenpotential bestimmt; die Einhaltung der RSA allein lässt deshalb nicht den Schluss zu, dass der VSicherungspflichtige die von den Verkehrsflächen ausgehenden Gefahren in geeigneter und zumutbarer Weise ausgeräumt hat (BGH NJW **14** 2104, Kar VersR **06** 855). Umgekehrt ergibt sich allein aus den nicht drittschützenden RSA kein Anspruch auf zusätzliche Sicherungen, etwa auf Einrichtung eines Notwegs für Fußgänger bei Fußweg auf der gegenüberliegenden Seite (BGH NJW **14** 2104). Anordnungen, die nicht VVerbote oder -beschränkungen sowie die Anbringung von VZ oder VEinrichtungen betreffen, werden von VI nicht erfasst, ein Verstoß gegen sie ist nicht gem. § 49 IV Nr. 3 ow (Bay VRS **61** 158). Geschwindigkeitsbeschränkungen sollen sich möglichst auf die Arbeitsdauer beschränken (Begr). VZPläne, Nur vor unvermuteter und auch bei Sorgfalt nicht erkennbarer Gefahr ist zu warnen (Rn. 46; Ba VersR **79** 262 (wegen Aufweichung dick bestreute Fahrbahn), Dü DAR **83** 356). Auf Baustellen sind die Sicherungseinrichtungen, zB VZ, Sperreinrichtungen und deren Beleuchtung regelmäßig zu kontrollieren (Br VersR **79** 1126 (AB), Ha DAR **02** 351). Beauftragung des Bauunternehmers mit VZKontrollen während der Bauzeit entbindet den Sicherungspflichtigen nicht von eigener regelmäßiger Prüfung (Kar VersR **76** 95). Die sicherungspflichtige Behörde haftet für ausreichende Maßnahmen (BGH VRS **18** 10). Auf **neu anzulegende, noch gesperrte Str** bezieht sich die Vorschrift nur hinsichtlich der Absperrungen (Zw VRS **32** 62, Fra VersR **73** 548), doch ist auf faktisch befahrenen Str vor überraschender Gefahr auch vorher schon zu warnen (Bay VRS **26** 35).

46   **Ausmaß und Art der Sicherung** richten sich nach den Umständen des Einzelfalls (dazu schon Rn. 45b), zB nach der Art und dem Stadium des Bauvorhabens sowie Art und Umfang des Verkehrs (Kar VRS **79** 344), ferner nach Ausmaß und Art der von der Baustelle ausgehenden Gefahr, insbesondere nach **Erkennbarkeit der Gefahr** (Dü DAR **83** 356, Kar VRS **79** 344, VersR **06** 855 (s. Rn. 45 aE)). Innerhalb einer StrBaustelle besteht Warnpflicht nur vor solchen besonderen Gefahren, die der sorgfältige Kf auch nicht durch beiläufigen Blick erkennt (Mü VersR **77** 939). Innerhalb einer deutlich erkennbaren Baustelle muss nicht jede Unebenheit besonders gekennzeichnet sein, es sei denn, sie wäre unerkennbar (Ha NZV **99** 84, Ol VRS **29** 373, Dü MDR **62** 52 (Fußgänger), Kö VersR **69** 619, KG NJW **76** 1270, VRS **65** 167 (Bodenwelle bei Asphaltierungsarbeiten), Ko VersR **76** 739 (erhöhte Kanaldeckel), Kar VersR **71** 1022). Bei offensichtlich baubedingter Fahrbahnunebenheit kann die Aufstellung des WarnZ 112 genügen (Ha VersR **78** 64). Frisch verfülltes Bitumen in Straßenloch ist bei hochsommerlichen Temperaturen eine Gefahrenquelle (Ablösungsgefahr), vor der besonders gewarnt werden muss; Z 123 (Baustelle) genügt auch mit Zusatz 1006/32 („Rollsplitt") hierfür nicht (Jn NZV **06** 248 (aber Mitverschulden)). Kennzeichnung eines Niveauunterschieds, der etwa Bordsteinhöhe entspricht, durch „Flatterband" zum Schutz von Fußgängern genügt idR (Dü VersR **96** 1166). Der

Umfang der VSicherungspflicht im Baustellenbereich ist iÜ durch die notwendigerweise mit den Arbeiten verbundenen Einschränkungen des V begrenzt (Kö NJW-RR **90** 862 (Fahrbahnverschmutzung)). Eine Baugrube auf einem Radweg ist durch Absperrschranken iS von § 43 zu sichern; Baken genügen nicht (KG VM **81** 38), ggf. auch durch einen Bauzaun (Kar VersR **06** 855; hierzu auch Rn. 45 aE). Bei einer Baugrube in der Straßenmitte sind Warnbaken mit Signalleuchten erforderlich; Z 123 und 121 sowie ein Überholverbot und Höchstgeschwindigkeit von 30 km/h (Z 274, 276) genügen nicht (KG NZV **10** 355). Bei Arbeiten auf den in der Str verlegten Strabagleisen kann Aufstellung von Leitbaken (Z 605) in Abständen von 10 m ausreichen (Dü NZV **97** 437). Auch bei Arbeiten nur auf Seitenstreifen ist die Fahrbahn sachgerecht zu sichern (Sa VM **70** 39). Selbst eine den eigentlichen StrKörper überhaupt nicht berührende Baustelle verpflichtet zu Vorkehrungen gegen solche Gefahren, die wegen der besonderen StrFührung von ihr ausgehen können, zB durch die Baustelle hervorgerufene Unklarheit über den StrVerlauf (BGH NJW **82** 2187). Der Bauunternehmer muss bei einer Ampelreparatur außer dem warngekennzeichneten Arbeitsfz auch Absperrkegel aufstellen (KG DAR **77** 191). Der Sicherungspflichtige hat **Kontrollen der veranlassten Sicherungsmaßnahmen** durchzuführen, deren Abstände von den Umständen abhängen (Dü NZV **97** 437, Brn NZV **01** 373 (auf AB auch nachts)). Die Befahrbarkeit und Tragfestigkeit von Kanaldeckeln, die während der Bauarbeiten vorübergehend befahren werden, muss gewährleistet sein (Ha VersR **77** 970). Umleitungsschilder entbinden nicht von der Sicherungspflicht. Geringe Fahrerschwerungen, wie in Baustellenbereichen oft unvermeidlich, muss der Bauunternehmer nicht beseitigen (Nü VersR **75** 545). **Halbseitige Sperrung** einer belebten Straße erfordert besondere Regelung des FahrV, wenn der Beginn der Sperrstrecke nicht deutlich erkennbar ist (Fra VersR **64** 1252). Der Bauunternehmer kann hier auf den FahrV aus beiden Richtungen besonders hinweisen müssen (KG VersR **78** 766). Lange, seitlich befahrene Baustellen sind am Anfang, am Ende und längs zu kennzeichnen (BGH VRS **22** 251). Ist zwar erkennbar, dass eine StrBaustelle nur einseitig befahrbar ist, der Fahrspurverlauf aber nicht, so muss dieser gegenüber dem gesperrten Fahrbahnteil deutlich abgegrenzt werden (Fra VM **73** 47 (seitlich aufgetragener Fahrbahnkleber ohne seitliche Absperrung)). Warnung vor einem in der Fahrbahnmitte einer LandStr aufgestellten Teerbehälter durch einen Leitkegel reicht allein nicht (Ol NZV **92** 405). Sand- und Splitthaufen auf der Fahrbahn sind besonders zu kennzeichnen (Ce VersR **59** 859, Ol VRS **12** 135). Bei Dampf- oder Rauchentwicklung durch Abladen heißer Stoffe im Baustellenbereich von einem Lkw hat der LkwF unabhängig von der VSicherungspflicht des Bauunternehmers sein Fz entsprechend § 15 StVO zu sichern (Dü VRS **63** 248). Der **AB-Verkehr** ist rechtzeitig zu warnen, 320 m ab Sicht auf das erste WarnZ genügen (Kö VersR **66** 857). Zur seitlichen Absperrung gegenüber der befahrenen ABSpur genügt auch bei Nebel alle 25 m ein rotweißer Pfahl, nachts mit gelben Laternen, anfangs alle 25 m, dann alle 50 m, weiterhin alle 75 m (BGH VersR **66** 266). Zur Sperrung des linken Fahrstreifens der AB durch kurzfristige oder bewegliche Baustelle BGH VersR **81** 733. An die **Baustellenbeleuchtung** sind strenge Anforderungen zu stellen (Nü VersR **62** 1191); die allgemeine Arbeitsbeleuchtung genügt nicht (BGH VM **59** 29). Baustellen auf viel befahrenen Straßen sollen durch elektrische Warnlampen und rückstrahlende Baken gesichert sein, Lampen sind häufig zu kontrollieren (Br VersR **79** 126, Kö VersR **73** 1076). Auch an halbfertigen Kreuzungen sind VInseln durch zweckmäßige Beleuchtung und Leitlinien abzusichern (Ha VersR **78** 160).

Bauunternehmer sind die für den Bau und die Bauausführung Verantwortlichen (Zw **47** VRS **32** 62), nicht deren Auftraggeber, aber auch zB Unternehmer, denen die in VI genannten Aufgaben vom Bauunternehmer zur eigenverantwortlichen Wahrnehmung übertragen wurden (Dü VRS **87** 53). Bedient sich ein Postunternehmen eines Arbeiters eines StrBaumeisters, so ist Bauunternehmer das Postunternehmen (Ha VRS **17** 153). Neben dem Bauleiter trifft die Pflicht zur Baustellensicherung auch den örtlichen Bauführer (BGH NZV **97** 390). Bestellt der Bauunternehmer einen örtlichen Bauführer, so ist dadurch seine Verantwortlichkeit für die VSicherung nicht beseitigt (BGH NJW **82** 2187). Die Pflicht zu Sicherungsmaßnahmen endet, sobald er nicht mehr die tatsächliche Herrschaft über die Baustelle ausübt (Schl MDR **82** 318, Ha NJW-RR **87** 1507, VersR **93** 1369), besteht also auch nach Abschluss der eigentlichen Arbeiten bis zum endgültigen Abbau der Baustelle fort (Ce VersR **89** 157, Kö NZV **95** 22), dauert jedoch über diesen Zeitpunkt hinaus fort, wenn sich die Baustelle in verkehrsunsicherem Zustand befindet. Der Bauunternehmer hat eigenverantwortlich weitere zur Gefahrenabwehr erforderliche Maßnahmen zu ergreifen, soweit die behördlich angeordneten nicht ausreichen (Dü DAR **83** 356).

Haftungsfragen: Bei Ausführung der Anordnungen des StrBaulastträgers, insbes. bei der An- **48** bringung von VZ, handelt der **Bauunternehmer als Verwaltungshelfer** und damit als Beamter im haftungsrechtlichen Sinne (Rn. 45a). Für Klagen wegen hierbei verübter Schädigungen sind damit die Länder, Städte oder Gemeinden, nicht aber der Bauunternehmer passiv legitimiert. **VI ist SchutzG** (§ 823 II BGB) für den fließenden V (BGH VersR **74** 780 (zu § 3 IIIa alt), aM LG Traunstein NJW **00** 2360). Der Schaden muss aus der Gefahr erwachsen sein, die die Vorschrift abwehren will; bezweckt ist Schutz gegen VHindernisse an der Baustelle, nicht gegen einen platzenden, schleudernden Druckluftschlauch (BGH VersR **74** 780; zw, weil Baugerät in Frage steht). Nach Amtshaftung haftet die für Arbeiten gesetzlich zuständige Gemeinde bei falscher Aufstellung oder Sicherung von StrBaugerät (BGH VersR **64** 661). Die ABVerwaltung haftet für ungenügende rückwärtige Sicherung eines Arbeitsfz, das bei schlechter Sicht äußerst links auf der AB fährt (BGH VersR **65** 716, Ha VRS **29** 212). Keine Ursächlichkeit fehlender Warnlampen, wenn Unbekannte die Sperre entfernt haben und möglicherweise auch die Warnlampen entfernt haben würden (Ha NJW **59** 1551, VRS **17** 422). Bei ordnungsgemäß abgesperrter Baustelle und verwahrten Werkzeugen braucht der Bauunternehmer idR nicht damit zu rechnen, dass Kabeldiebe durch das Aufrichten einer Kabeltrommel den Verkehr gefährden (KG VM **72** 43). Trotz mangelhafter Baustellensicherung keine Haftung, wenn der Unfall durch eine den Str- und Sichtverhältnissen unangepasste Fahrweise verschuldet wurde (BGH NJW **82** 2187).

49   **18. Fahrbahneinengung wichtiger Straßen** (VII). Bei VorfahrtStr und Verkehrsumleitungen, deren Fahrbahn durch Baumaßnahmen eingeengt wird, ist nach Maßgabe von VII die vorherige Zustimmung der StrVB nötig. Planfeststellungsverfahren, laufende StrUnterhaltung, Notmaßnahmen: VwV Rn. 69f. Die Vorschrift dient dem möglichst unbehinderten Verkehrsfluss, nicht der Beurteilung geplanter Baumaßnahmen durch die StrVB. Diese haben Übersicht über alle Umleitungen ihres Bezirks und sollen verhindern, dass unabgestimmt Baumaßnahmen den Verkehr zu stark behindern. Ausgenommen sind die laufende StrUnterhaltung, weil sie idR weniger umfangreiche Arbeiten bedingt, bei denen die Pol den Verkehr regeln kann, und Notmaßnahmen, welche die öffentliche Versorgung gewährleisten (Wasserrohrbrüche, Kabelschäden).

49a   **18a. Im Pannenhilfsdienst, bei Bergungsarbeiten** und bei der Vorbereitung von Abschleppmaßnahmen dürfen bei Gefahr im Verzug zur Eigensicherung, zur Absicherung des havarierten Fz und zur Sicherung des übrigen V an der Pannenstelle (auch eine Unfallstelle) Leitkegel (Z 610) aufgestellt werden. Mit der durch ÄndVO v. 22.12.05 eingeführten Regelung soll den Gefahren Rechnung getragen werden, die den in den genannten Bereichen tätigen Personen drohen; teils wird damit eine bereits zuvor gebräuchliche Praxis rechtlich abgesichert, Begr. Rn. 8a.

49b   **18b. „Subsidiaritätsgrundsatz" (IX).** Die 1997 auf Initiative des BRates eingeführte (Rn. 5) und durch die 1. StVOÄndVO 2016 (Rn. 8d, e) neugefasste sowie wesentlich erweiterte Vorschrift des IX will eine Vermehrung des „Schilderwalds" vermeiden. Normadressat ist vorrangig die StrVB, wohingegen die korrespondierende Norm des § 39 I an den VT gerichtet ist (§ 39 Rn. 3). IX gilt für sämtliche Befugnisnormen des § 45, hat aber besondere Bedeutung für die „Generalklausel" des I S. 1 (Rn. 28). Er enthält Vorgaben, die namentlich die Befugnisnormen des I ergänzen, aber nicht ersetzen (BayVGH Beschl. v. 25.7.**11**, 11 B 11.921; v. 21.12.**11**, 11 ZB 11.1841), weswegen Anordnungen nach I „iVm IX" ergehen (MüKoStVR/*Steiner* Rn. 74). S. 1 bestimmt, dass VZ und VEinrichtungen nur bei zwingender Erforderlichkeit angeordnet werden dürfen (dazu Rn. 49c). S. 2 ordnet eine zurückhaltende Anordnung speziell von GefahrZ an (dazu Rn. 49d). Kernstück des IX ist aber S. 3, der einen besonders strengen Maßstab für den fließenden V betreffende Beschränkungen und Verbote vorschreibt und *in seinem Anwendungsbereich* IX S. 1 (sowie § 39 I) verdrängt (dazu Rn. 49e). Die S. 4 bis 6 nehmen wichtige Bereiche des fließenden V aus dieser Regelung aus; jedoch sind Anordnungen nach S. 4 bis 6 dann wieder an IX S. 1 zu messen (dazu Rn. 49f ff.). Trotz der zwingend anmutenden Formulierungen des IX bleibt es dabei, dass Ermessensentscheidungen in Frage stehen, wobei jedoch im Rahmen des S. 3 das Entschließungsermessen idR reduziert ist, aber Ermessen hinsichtlich der Wahl der Mittel besteht (BVerwG NJW **01** 3139; **11** 246; MüKoStVR/*Steiner* Rn. 74). Die Norm wirft in ihrer Begrifflichkeit und ihrem Zusammenspiel mit den jeweiligen Befugnisnormen nicht geringe Interpretationsschwierigkeiten auf (s. auch MüKoStVR/*Steiner* Rn. 74).

49c   **a) S. 1** bestimmt, dass VZ und VEinrichtungen nur angeordnet werden dürfen, wenn dies aufgrund besonderer Umstände **„zwingend erforderlich" ist.** Dies wird von der Rspr, die Begr des BRates aufgreifend (Rn. 5), etwas tautologisch dahin interpretiert, dass die Anordnung die zur Gefahrenabwehr unbedingt erforderliche und allein in Betracht kommende Maßnahme sein muss, wohingegen es an den Voraussetzungen fehlt, wenn die allgemeinen und besonderen Verkehrsregeln der StVO mit hinreichender Wahrscheinlichkeit einen sicheren und geordneten Verkehrsverlauf gewährleisten (BVerwG NVwZ-RR **18** 12; BayVGH Beschl. v. 25.7.**11**, 11 B 11.921; v. 21.12.**11**, 11 ZB 11.1841; VGH Mannheim NJW **16** 3798; VG Sa DAR **11** 281; Bachmeier/Müller/Starkgraff/*Rebler* Rn. 86). Dass das neue Recht statt auf das „Gebotensein" auf die „Erforderlichkeit" abstellt, hat keine sachliche Änderung bewirkt (BVerwG NVwZ-RR **18** 12).

b) S. 2 enthält eine **Sonderregel für Gefahrzeichen**. Angesichts der Formulierung und des **49d** Standorts nach S. 1 dürften nicht nur nach III S. 3 angebrachte GefahrZ angesprochen, sondern generell GefahrZ iSv § 40 (aM Bachmeier/Müller/Starkgraff/*Rebler* Rn. 96). Unklar ist, ob die Norm lediglich das allgemein für die Anordnung von VZ geltende zwingende Erfordernis nach S. 1 erläutert, wofür die Eingangsworte sprechen könnten (*Dabei dürfen* ...), oder ob eine eigenständige, den S. 1 vollständig verdrängende Regelung gegeben ist (so MüKoStVR/*Steiner* Rn. 74). Nähme man Letzteres an, so wäre die Frage aufgeworfen, ob wegen des Fehlens des Wortes „zwingend" (erforderlich) ein geringerer Maßstab bzw. wegen der gesonderten Aufführung der Sicherheit des V eine modifizierte Sichtweise gelten soll. Letztlich wird der erstgenannten Interpretation der Vorzug zu geben sein. Die Bedeutung der Frage dürfte freilich gering sein.

c) Praktisch herausragende Bedeutung hat S. 3, der für **Beschränkungen und Verbote des 49e fließenden Verkehrs** eine qualifizierte Gefahrenlage voraussetzt. Einer durch das BVerwG ständig gebrauchten Formel entspricht es, dass die Rechtsgrundlage des I (S. 1) für VBeschränkungen und -verbote durch IX S. 3 modifiziert, nicht aber ersetzt wird (BVerwG NJW **01** 3139, **07** 3015, **11** 246; 1527). Anders als womöglich vom BRat intendiert werden die darin enthaltenen Merkmale demgemäß nicht als besondere Ausformung des Übermaßverbots, sondern iS von in die jeweilige Befugnisnorm hineinzulesende zusätzliche Tatbestandsvoraussetzungen interpretiert (dazu Bachmeier/Müller/Starkgraff/*Rebler* Rn. 89). *In ihrem Anwendungsbereich* **verdrängt** die Gefahrformel des S. 3 die Regelungen nach IX S. 1, 2 und § 39 I (st. Rspr., s. etwa BVerwG NJW **11** 246, 1527; VGH Mannheim NJW **16** 3798; MüKoStVR/*Steiner* Rn. 75; s. aber Rn. 49 f.). Seltsamerweise ist durch die 1. StVOÄndV 2016 das Einleitungswort **„insbesondere"** in die Neufassung übernommen worden. Nimmt man das ernst, so würde S. 3 auch für Bereiche außerhalb des fließenden V Geltung beanspruchen. Das ist jedoch ersichtlich nicht gemeint (Bachmeier/Müller/Starkgraff/*Rebler* Rn. 88). Nicht eindeutig erscheint auch, ob der Begriff **„fließender Verkehr"** in Abgrenzung zum ruhenden V verwendet wird oder ob (in einem weiteren Sinn) Hindernisse für den Verkehrsfluss gemeint sind (Bachmeier/Müller/Starkgraff/*Rebler* Rn. 90). Der Standpunkt des BVerwG insbes. zur Radwegbenutzungspflicht (Rn. 28a, 49g) legt nahe, dass die Rspr. die weitere Anschauung vertritt. Jedenfalls ausgenommen ist das Halten und Parken (Bachmeier/Müller/Starkgraff/*Rebler* Rn. 90). Für die **in S. 3 bezeichnete Gefahrenlage** ist erforderlich, aber auch ausreichend eine das allgemeine Risiko deutlich übersteigende Wahrscheinlichkeit des Schadenseintritts, mithin eine konkrete Gefahr, die auf besonderen örtlichen Verhältnissen beruht; eine an Sicherheit grenzende Wahrscheinlichkeit der Gefahrrealisierung ist hingegen nicht notwendig (BVerwG NJW **11** 246; 1527). Dabei muss eine konkrete Prozentzahl der Unfallhäufigkeit von der StrVB nicht ermittelt werden; vielmehr genügen deutlich erhöhte Zahlen (BVerwG NJW **01** 3139; **11** 246; zu den Anforderungen bei Sperrung einer Brücke OVG Lüneburg VM **17** Nr. 74 = ZfS **17** 660 (L)).

IX S. 4–6 nehmen in abschließender Aufzählung bestimmte Bereiche aus dem Erfordernis **49f** der qualifizierten Gefahrlage (IX S. 3) aus. Damit ist jedoch kein Automatismus iS generell zulässiger Anordnung von Verboten und Beschränkungen verbunden. Vielmehr ist **eine Einzelfallprüfung erforderlich**, für die ua die *einschränkenden Voraussetzungen nach IX S. 1 (und § 39 I)* gelten (so eindeutig Begr Rn. 8e zu IX S. 4 Nr. 6; „jedenfalls seit der Neufassung" nunmehr auch BVerwG NVwZ-RR **18** 12; VG Berlin bei *Koehl* SVR **20** 375 („Pop up-Radweg"); in diesem Sinne schon für die vormalige Rechtslage hier bis 44. Aufl. Rn. 37; *Bouska* NZV **01** 27; *Hornof* VD **16** 325; **aM** jedoch die bislang wohl hM überwiegend zur (freilich *insoweit* nicht wesentlich anderen) vormaligen Rechtslage: OVG Lüneburg, NJW **07** 1609; VGH Ma NJW **16** 3798; MüKoStVR/*Steiner* Rn. 75; Bachmeier/Müller/Starkgraff/*Rebler* Rn. 95; wohl auch BVerwG NJW **11** 246). IX S. 3, der eine gegenüber IX S. 1 (Rn. 49c) erhöhte Gefahrenlage voraussetzt (Rn. 49e), verdrängt IX S. 1 *in seinem Anwendungsbereich*. Von diesem (zutreffenden) Standpunkt aus lässt sich auch schwerlich überzeugend begründen, dass *außerhalb* des Anwendungsbereichs des IX S. 3 der für die Anordnung *sämtlicher* VZ geltende IX S. 1 gerade für Beschränkungen des fließenden V (für die ansonsten erhöhte Anforderungen gelten) gar keine Geltung mehr beanspruchen soll.

49g **aa)** Die erleichterte Anordnung von **Schutzstreifen für den Radverkehr** durch Z 340 (IX S. 4 Nr. 1; dazu § 2 Rn. 69, § 42 Rn. 181a) und von **Fahrradstraßen** durch Z 244.1 (IX S. 4 Nr. 2) war schon im alten Recht enthalten (hierzu Begr, Rn. 8c; Ol DAR **18** 579; abw. für das alte Recht VG Saarlouis DAR **11** 280 mAnm *Schubert*; s. auch zum Verkehrsverbot für Radf nach Z 254 § 41 Rn. 248 f.). Eine Klagebefugnis gegen die Einrichtung von Schutzstreifen besteht für Radf nicht (§ 41 Rn. 247). Nach VG Hannover ist die Anordnung einer Fahrradstraße in einer gesondert angeordneten Tempo 30-Zone mit einer - wegen des zugelassenen ruhenden V verbleibenden - Fahrgasse mit etwa 3 bis 3,45 m Breite bei gleichzeitig mit ZusatzZ zugelassenem und nicht auf Anlieger beschränktem Zweirichtungsverkehr von Kfz wegen der Nichtgewährleistung des erforderlichen seitlichen Mindestsicherheitsabstands zu entgegenkommenden Radf nicht zwingend erforderlich iSv IX S. 1 (BeckRS **19** 17830 mBspr *Koehl* SVR **19** 340, zw). Mit der 1. StVOÄndV 2016 sind auf Initiative des BRates die **Benutzungspflicht für Radwege** *außerhalb* geschlossener Ortschaften (Z 237, 240, 241) und für Radfahrstreifen *innerhalb* geschlossener Ortschaften (Z 237 iVm Z 295) einbezogen worden (IX S. 4 Nr. 3; hierzu eingehend Begr des BRates Rn. 8e). Die Rspr. des BVerwG (NJW **11** 1527), die die Anordnung der Radwegebenutzungspflicht uneingeschränkt an IX S. 2 aF (= IX S. 3 des geltenden Rechts) gemessen hat, und der dazu bestehende Meinungsstreit (dazu Rn. 28a) ist damit weitgehend überholt (s. aber zur *innerörtlichen* Anordnung der Radwegebenutzungspflicht BVerwG NJW **12** 3048 sowie Rn. 28a). Zu einer defizitären Begründung der Anordnung von „Pop up-Radwegen" in Berlin, VG Berlin bei *Koehl* SVR **20** 375. Zu **Tempo 30-Zonen** nach Ic (IX S. 4 Nr. 4) s. Rn. 37, zu **verkehrsberuhigten Geschäftsbereichen** nach Id (IX S. 4 Nr. 5) s. Rn. 38, zu **Maßnahmen nach If (IX S. 4 Nr. 6)** s. Rn. 38b, zu Erprobungsmaßnahmen (IX S. 4 Nr. 7) s. Rn. 8g, 32, zu Fahrradzonen (IX S. 4 Nr. 8) s. Rn. 8g, 8i, 38f.

49h **bb)** Kernstück der 1. StVOÄndV 2016 ist die **erleichterte Anordnung von streckenbezogenen Geschwindigkeitsbeschränkungen** von 30 km/h auf Str des überörtlichen V (Bundes-, Landes- und KreisStr) und auf weiteren VorfahrtStr (Z 306) gem. **IX S. 4 Nr. 6** (hierzu auch *Hornof* VD **16** 320; VD **17** 339). Entsprechend dem eindeutigen Wortlaut ist für die Einordnung als Str des überörtlichen V iSv Ic S. 2 Alt. 1 die Klassifizierung als Bundes-, Landes- oder KreisStr maßgeblich, weswegen es auf das tatsächliche Verhältnis von Durchgangs- und AnliegerV nicht ankommt (BVerwG NVwZ-RR **18** 12). Sie gilt im unmittelbaren Bereich von an diesen Str gelegenen Kindergärten, Kindertagesstätten, allgemeinbildenden Schulen, Förderschulen, Alten- und Pflegeheimen oder Krankenhäusern und dient in erster Linie dem Schutz von Kindern, Jugendlichen sowie älteren Personen; daneben wird den besonderen Verhältnissen im Bereich von Krankenhäusern Rechnung getragen. Die in der Vorschrift genannten Einrichtungen sind in der Begr eingehend beschrieben; darauf kann verwiesen werden (Rn. 8e; s. auch *Schubert* NZV **16** 401). Die Regelung ist abschließend. Erforderlich ist in allen Fällen **ein unmittelbarer Zugang** der jeweiligen Einrichtung zur HauptverkehrsStr, auf dessen Umfeld sich die Anordnung beschränken sollte (Begr). Sie sollte möglichst durch die Öffnungszeiten der Einrichtung begrenzt werden (Begr). XI S. 1 bleibt unberührt (Begr; s. auch Rn. 49 f.), weswegen die Anordnung nicht automatisch getroffen werden darf, sondern eine Einzelfallprüfung unter Beachtung namentlich des IX S. 1 voraussetzt (Rn. 49 f.).

49i **cc)** Eine von den strengen Voraussetzungen des IX S. 3 (nicht jedoch von denen des IX S. 1, s. Rn. 49 f.) abw Regelung enthält **IX S. 5** für den **„Mautausweichverkehr",** soweit dadurch die Wohnbevölkerung erheblichen Beeinträchtigungen ausgesetzt ist; die Bestimmung ermächtigt zu VBeschränkungen (Kombination von ZusatzZ zu Z 253; hierzu § 41 Rn. 248 f.) auf nicht mautpflichtigen Str durch schwere NutzFz (im Einzelnen Begr, Rn. 8, *Albrecht* SVR **06** 41, s. auch *Stehr* NVwZ **06** 645, *Rebler* NZV **06** 122). Die Beschilderung stellt die Behörde vor kaum lösbare Probleme (§ 39 Rn. 33, 36; *Geiger* SVR **08** 235). Ist das Verbot wegen lückenhafter Beschilderung von vornherein nicht vollziehbar, so ist es ungeeignet und unverhältnismäßig (BayVGH DAR **07** 223, Rn. 46). Die Auswirkungen müssen mautbedingt sein; allgemeine Maßnahmen zur Verkehrsausdünnung werden durch die Norm nicht gedeckt. Jedoch schadet es nicht, wenn damit auch bisheriger DurchgangsV (vor Einführung der Autobahnmaut), also insbes. sog. „Abkürzungsverkehr", gezwungen sein kann, die AB oder andere freie Strecken zu benützen (VG Ansbach ZfS **06** 717). Die Behörde ist nicht darauf beschränkt, nur den mautfluchtbedingten MehrV herauszufiltern (BVerwG NJW **08** 2867). Erheblichkeit ist gegeben bei einer deutlich über dem allgemeinen Steigerungsraten liegenden Zunahme des SchwerlastV und dadurch verursachten Konsequenzen für Verkehrsablauf und Verkehrsverhalten und/oder die Lärm-

und Abgassituation für die Wohnbevölkerung in Ortsdurchfahrten. Belegt werden muss die Steigerung (Vorher-Nachher-Vergleich). Lärmbelastung ist dann erheblich, wenn sie „wesentlich" iS von § 1 II S. 1 Nr. 2, S. 2 der 16. BImSchV ist, wobei Zunahme unterhalb der Wahrnehmbarkeitsschwelle von 3 db genügen kann, falls zuvor schon unzumutbare Situation; ansonsten ist Erheblichkeit gegeben bei Erhöhung des Beurteilungspegels um mindestens 3 dB(A), auf mindestens 70 dB(A) am Tag oder mindestens 60 dB(A) in der Nacht oder weiterer Erhöhung eines Beurteilungspegels von mindestens 70 dB(A) am Tag oder 60 dB(A) in der Nacht (BVerwG NJW **08** 2867; **12** 1608; VG Ansbach ZfS **06** 717; MüKoStVR/*Steiner* Rn. 77; Bachmeier/Müller/Starkgraff/*Rebler* Rn. 95). Lärmmessungen uÄ sind nach der Begr (Rn. 8) nicht erforderlich (BVerwG NJW **08** 2867; abw. VGH Ka NVwZ-RR **06** 832 (zu I S. 3), s. Rn. 29, zw VGH Mü DAR **07** 223, Rn. 37). Bei Vorliegen der Voraussetzungen setzt sachgerechte Bewertung weiter voraus, dass die wirtschaftlichen Nachteile der vom Durchfahrverbot betroffenen Unternehmen der sich durch den Mautfluchtverkehr ergebenden Zusatzbelastung für die Anwohner gegenübergestellt werden; dabei ist eine bestehende Lärmvorbelastung ebenso zu berücksichtigen wie das Ausmaß der durch das Durchfahrverbot zu erwartenden Verbesserung der Immissionssituation (BVerwG NJW **12** 1608). Herangezogen werden können die Ergebnisse der Modellberechnungen des Bundes (s. BT-Drs. 16/209) und der automatischen und manuellen Zählstellen (abrufbar von den Homepages der Innenministerien der Länder). Beruht die Prognose der zu erzielenden Lärmminderung allerdings auf unzutreffenden Anknüpfungstatsachen, so ist die Entscheidung ermessensfehlerhaft (OVG Br DAR **11** 600). Es entscheiden die örtlichen Verhältnisse. Eine zusätzliche Verkehrsbelastung von unter 2 Lkw des relevanten Mautausweichverkehrs nachts genügt jedenfalls nicht (BayVGH DAR **07** 223, Rn. 47, s. aber VG Ansbach ZfS **06** 717 (Zunahme um 16% genügt)). Vollzugsprobleme werden sich wohl auch in Bezug auf die Ausnahmetatbestände nach Anl 2 lfd. Nr. 30.1 Spalte 3 (§ 41 Rn. 248 f.) ergeben.

dd) Zu **Maßnahmen nach If (IX S. 6)** s. Rn. 38b. **49j**

ee) Die Anordnung von VZ zur Förderung der **Elektromobilität** nach dem EmoG gem. Ig **49k** (dazu Rn. 38d) ist **durch X** gänzlich vom Anwendungsbereich des IX ausgenommen (dazu Begr Rn. 8 f.). Die Regelung ist durch die 54. ÄndVStVR v. 20.4.2020 (BGBl. I S. 814) mit Wirkung vom 28.4.2020 auf Maßnahmen zur Förderung des **Carsharing** gem. Ih (dazu Rn. 38e) erstreckt worden (Begr BR-Drs. 591/19 S. 87).

19. Ordnungswidrig (§ 24 StVG, § 49 VI Nr. 3) handelt, wer entgegen VI mit Arbeiten be- **50** ginnt, ohne zuvor Anordnungen eingeholt zu haben oder diese Anordnungen nicht befolgt oder LZA nicht bedient, auch wer nach Ablauf einer von der Behörde gesetzten Frist für die Dauer von Absperrungen oder Kennzeichnungen diese Maßnahmen aufrecht erhält (Dü VRS **63** 474), wenn die Befristung in der behördlichen Anordnung unmissverständlich zum Ausdruck kommt (Stu NZV **93** 447). Wer als VT ein gemäß § 45 aufgestelltes VZ oder eine VEinrichtung nicht beachtet, verstößt im Rahmen von § 45 gegen die entsprechenden Ge- und Verbote des jeweiligen VZ. Mangels Ausnahmegenehmigung gelten gemäß § 45 aufgestellte VZ auch gegenüber VT, die privat- oder verwaltungsrechtlich Anspruch auf Wegbenutzung haben (Stu NJW **57** 1686). Zu ordnungs- und strafrechtlichen Aspekten im Zusammenhang mit der Baustellensicherung *Berr* DAR **84** 12 ff.

20. Die **Verkehrssicherungspflicht** ist die Pflicht (Rn. 54), den VT vor den Gefahren zu **51** schützen, die ihm bei zweckentsprechender Benutzung öffentlicher VFlächen aus deren *Zustand* entstehen (BGH VRS **60** 251, Kö DAR **02** 315, Ha DAR **02** 351, VersR **01** 1575, Sa NZV **98** 284), diese insoweit möglichst gefahrlos zu gestalten und zu erhalten (§ 823 BGB; BGHZ **60** 54, NZV **91** 385, NJW **06** 610, **07** 1683, **08** 3775, **10** 1967, **13** 48, **14** 2104). Sie kann aber uU auch Berücksichtigung nahe liegenden Fehlverhaltens mit umfassen (BGH NJW **78** 1629 (Schwimmbad), NJW **07** 1683 (unter Brücke aufgestellter, in Brand geratener Heuwagen), Ha DAR **02** 351, Nau NZV **98** 326, Dü VersR **98** 1021 mAnm *Jaeger*), insbesondere von Kindern (Mü VersR **88** 961 (Rn. 52)), und sich uU auch auf Gefahren erstrecken, die durch vorsätzliche Eingriffe Dritter verursacht werden (Ko DAR **02** 269). Sie besteht spätestens ab Verkehrsfreigabe (Kar VersR **79** 165), auch auf Privatstraßen (Dü VersR **83** 544). Der VSicherungspflichtige muss in geeigneter und objektiv zumutbarer Weise (*nur*, s. auch BGH NJW **06** 610, **07** 1683) alle die Gefahren beseitigen und nötigenfalls vor ihnen warnen, die ein sorgfältiger Benutzer **bei zweckentsprechender Inanspruchnahme des VWegs nicht oder nicht rechtzeitig erkennen** kann (BGH NZV **89** 390, NJW **80** 2194, DAR **12** 572, NJW **13** 48, **14** 2104, **20** 3106, Stu NJW-RR **04** 104, Ro DAR **01** 408, Ce DAR **01** 212, Dr NZV **02** 92, Bra NVwZ-RR **03** 755), zB bei besonderer Auswirkung von Glätte (Ko VersR **79** 628). Der zu gewährleistende

Schutz erstreckt sich dabei grds. auch auf unbefugte Wegebenutzer (vgl. BGH NJW **66** 1456, Dr NJW-RR **07** 1619, Ko NZV **12** 482; Ha NZV **14** 129; abw Ha NZV **15** 446 für Betretungs- und Durchfahrverbote im Baustellenbereich), jedoch nicht über die Widmung hinaus. *Ohne Rücksicht auf die Erkennbarkeit* kann der Umstand, dass der VT der Gefahr nicht ausweichen kann (BGH DAR **12** 572 (zum BlnStrG); abw für B/W Stu NZV **14** 356 (L)), oder die **Gefahr besonders schwerer Unfallfolgen** Abhilfemaßnahmen fordern (Ha NZV **02** 129). Zu treffen sind grundsätzlich alle Maßnahmen, die zur Abwehr derjenigen von der Str ausgehenden Gefahren erforderlich und geeignet sind, mit denen der VSicherungspflichtige nach dem Inhalt der Widmung bei zweckentsprechender StrBenutzung rechnen muss (BGH NZV **91** 385). Bei vom VSicherungspflichtigen selbst geschaffenen Gefahrenlagen gilt ein besonders strenger Maßstab (Ha NZV **02** 129). Der Vertrauensgrundsatz (§ 1 Rn. 20) gilt im Verhältnis der VSicherungspflichtigen zum VT nicht (BGH NZV **94** 148, Fra NJW-RR **94** 1115). Die **Verkehrsregelungspflicht** ist dagegen die Amtspflicht (§ 839 BGB, Art 34 GG; Rn. 43; BGH NJW **04** 356, Ha NZV **01** 379, *Rinne* NVwZ **03** 9), den V durch VZ und VEinrichtungen möglichst gefahrlos zu lenken, soweit dies gem. IX zwingend erforderlich ist (Rn. 42; BGH VersR **85** 835, **88** 697, **90** 739, DAR **19** 513; Stu VersR **89** 627, Ha NZV **95** 275, Dü NJW-RR **94** 1443). Sie obliegt den StrVB (III) und im Zuge von Straßenbauarbeiten den Straßenbaubehörden (II S. 1, 4; BGH DAR **19** 513). Das unterlassene Aufstellen eines zur Gefahrenabwehr notwendigen VZ verletzt sowohl die VSicherungs- als auch die VRegelungspflicht (Mü NVwZ **93** 505 (Haftung des VSicherungspflichtigen und VRegelungspflichtigen als Gesamtschuldner), s. aber BGH NZV **00** 412). Die VSicherungspflicht folgt nach hM nicht aus der Baulast, sondern aus dem Recht, über den StrKörper zu verfügen, das nicht identisch sein muss mit dem StrEigentum. Wer durch Widmung öffentlichen V eröffnet, muss dafür sorgen, dass dieser sicher ablaufen kann, und dass der StrZustand, soweit wie technisch möglich und zumutbar, niemanden gefährdet. Der **Umfang der VSicherungspflicht** richtet sich nach dem VBedürfnis (BGHZ **108** 273 = NZV **89** 390, VersR **75** 812, NJW **14** 2104, Ce DAR **01** 212, Ha NZV **00** 169) gemäß dem Umfang der Widmung (Jn NZV **05** 192, Ro DAR **00** 311, **01** 408), der nicht ohne Weiteres der Beschilderung (Verbot für schwere Fz) entsprechen muss (BGH VersR **89** 847). VBedeutung, Art und Häufigkeit der Benutzung spielen eine wesentliche Rolle (Bra NVwZ-RR **03** 755, NZV **02** 563). Gelegentliche Benutzung über die erkennbar beschränkte Widmung hinaus erweitert die VSicherungspflicht nicht (BGH VersR **89** 847, Jn NZV **05** 192). Steht der Weg der Allgemeinheit zur Verfügung und ist das Befahren mit dem Fz vom Nutzungszweck umfasst (Fahrrad), so schadet geringe Nutzungsfrequenz nicht (BGH NJW **20** 3106). Die öffentlichrechtliche Amtspflicht zur Sorge für die VSicherheit (im StrBau) entspricht inhaltlich der allgemeinen VSicherungspflicht (BGH NJW **79** 2043, BGHZ **60** 54, VersR **81** 733, Mü NJW-RR **90** 1121). Sie umfasst die Pflicht, den Verkehr, *soweit zumutbar* (BGH VersR **76** 149, NJW **08** 3778, **14** 2104 Stu NZV **03** 572, Dr NZV **02** 92, Ce DAR **01** 212, Brn NZV **01** 373, Jn DAR **01** 311, NZV **05** 578 (Räum- und Streupflicht), Ha VersR **01** 1575, Ko VRS **104** 421, *Burmann* NZV **03** 21, *Rinne* NVwZ **03** 12), möglichst gefahrlos zu gestalten und vor unvermuteten, nicht ohne Weiteres erkennbaren Gefahrstellen zu sichern, zumindest zu warnen (BGH VersR **66** 583, **20** 3106, Dr NZV **02** 92, Ha NZV **93** 192, Nau DAR **98** 18; zum Aspekt „leerer Kassen“ *Herber* NZV **11** 161). Die VSicherungspflicht erstreckt sich auch auf benachbarte Flächen und nicht zur Str gehörende Sachen, etwa Bäume und Sträucher, soweit aus ihnen Gefahren für die StrBenutzer entstehen können (BGH NZV **94** 148, Ko NVwZ-RR **05** 276, Nau VRS **100** 261, Dr VRS **100** 263, Dü NJW-RR **94** 1443, Brn DAR **99** 403). Ihr ist genügt, wenn die Str (Parkplatzzufahrt) bei ausreichender Aufmerksamkeit des Benutzers sicher benutzbar ist (Kar VersR **79** 141, Dü NJW-RR **93** 597). Maßgebend sind Art und VBedeutung der Str oder des sonstigen VWegs (BGH VersR **63** 38, **64** 727, Kar VersR **77** 971, Dü VersR **93** 1029, Ko MDR **99** 39). Alle erdenklichen Sicherungen gegen Unaufmerksamkeit brauchen nicht angebracht zu werden (Stu NZV **03** 572, Ro DAR **01** 408, Dü VersR **66** 298, Kö VersR **92** 630). Die Beseitigung einer Gefahr, die nur bei verkehrswidrigem Verhalten entsteht, ist keine Anerkennung einer entsprechenden VSicherungspflicht (Jn NZV **05** 192). Die Pflicht zum Tätigwerden kann bei Gefahren entfallen, die ein sorgfältiger VT rechtzeitig erkennen und auf die er sich ohne Weiteres einrichten kann (s. auch IX S. 3; BGH VersR **83** 39, Stu NZV **03** 572 (für Radf erkennbarer Fahrbahnriss), Ro DAR **01** 408, Ko MDR **92** 1127, Dü NJW-RR **93** 597, VersR **93** 1029, Ha NZV **98** 500 (Niveauunterschied zwischen Rad- und Gehweg), **93** 67 (erkennbarer „Knick“ quer zur Fahrbahn), Nau NZV **95** 231 (deutlich erkennbar buckliges Natursteinpflaster), LG Ro MDR **05** 396 (Schlaglöcher auf Radweg)), nicht aber, wenn keine Ausweichmöglichkeit besteht (BGH DAR **12** 572; NJW **20** 3106 (Stacheldraht)). Der Plattenbelag eines dem öffentlichen V zugänglichen Vorplatzes muss Kfz ausreichend tragen können (Kar VersR **78** 770). Das Nichteinhalten technischer Bauvorschriften, die dem Abschluss von Bauverträgen zugrunde liegen, begründet allein nicht die Verletzung der VSicherungspflicht (Fra VersR **84** 473 (Ausbesserung bituminöser Fahrbahndecken)). Bei geringer StrBreite muss der Sicherungspflichtige mit Ausweichen auf den Seitenstreifen rechnen und diesen in gefahrlosem Zustand halten bzw. vor dort unerkennbarer Gefahr warnen (Kar VersR **78** 573, 675). Als Mindestanforderung muss der Sicherungspflichtige die Str oder den Weg **regelmäßig angemessen auf Gefahren überprüfen** (Fra DAR **84** 19, Ha NJW-RR **92** 1442 (Parkstreifen), besonders Schnellstraßen (BGH VRS **45** 81). Nach Sa NJW **17** 2689 (Anm *Mergner*) müssen innerörtliche Str monatlich kontrolliert werden; bei verkehrswidrigem Zustand über einen Monat hinaus Vermutung, dass der Gefahrenzustand bei ordnungsgemäßer Kontrolle erkannt worden wäre. Fallen witterungsbedingt akute Maßnahmen zur VSicherung an (zB Beseitigung von Herbstlaub auf kombiniertem Rad-/Gehweg, zur Räum- und Streupflicht Rn. 56ff.), darf sich die verkehrssicherungspflichtige Gemeinde aber nicht auf die Durchführung der turnusmäßigen Dienste beschränken, wenn diese zur Sicherung nicht ausreichen (Ha NZV **06** 550). Mangels bekannter besonders gefährlicher Umstände ist der VSicherungspflicht durch regelmäßige Überwachung des StrZustands genügt (Oberflächenwasser bei Tauwetter; Dü VersR **80** 776). Maßgebend für etwa notwendige Maßnahmen ist die objektive Unfallhäufung an bestimmten StrStellen, woraus eine Rechtspflicht zur sorgfältigen Erfassung solcher Unfallstellen folgt (BGH VkBl. **73** 898). Aber auch ohne vorausgegangene Unfälle ist vor Gefahren zu warnen, die unerwartet aus der Beschaffenheit der Str erwachsen (Fra DAR **84** 19 (Überflutungsgefahr)). Besonders nach Arbeiten, die die Standfestigkeit des StrKörpers beeinträchtigen können, muss der VSicherungspflichtige die Tragfähigkeit prüfen (BGH NJW **73** 277). **Hinweise** auf Gefahren **durch kompetente Stellen** (Pol) begründen idR die Pflicht, jedenfalls vorsorglich vor den Gefahren zu warnen (Nü VM **01** 28). Ausreichende Sicherung gegen unbegleitete blinde Fußgänger kann idR nicht gefordert werden (KG VersR **73** 1146).

Der Schutz muss für **Kinder und Jugendliche** ausreichen (BGH FRZ **63** 244, Mü VersR **88** 961, Dü NJW-RR **94** 1443), aber nicht für Fahranfänger bei gut erkennbarem, vorübergehendem StrSchaden, den jeder andere gut meistert (Schl VersR **69** 527). Sieht man einer **ländlichen VerbindungsStr** nach ihrer Beschaffenheit ihre geringe VBedeutung an, so stellt die VSicherungspflicht geringere Anforderungen (BGH VersR **65** 260, Kar VersR **77** 971). Ist ein **unbefestigter Waldweg** für SchwerlastV offensichtlich ungeeignet, so haftet der Sicherungspflichtige für Unfälle solcher Art auch nicht, wenn er außer dem Lkw-FahrverbotsZ kein WarnZ aufstellt und das gelegentliche Befahren durch schwere Lkw geduldet hat (BGH VersR **71** 1061, Kar VersR **75** 957, Stu MDR **76** 44). Wer einen ersichtlich ungenügend befestigten Weg befährt, muss ihn so hinnehmen (Kar VersR **75** 957 (Lastzug), Stu VersR **76** 395, OLGR Nau **07** 224 (Wald- und Wiesenweg in Naturpark)). Gleiches gilt für Radf (Dü NZV **09** 33). Jedoch muss nicht mit schwer erkennbarer Sperrung mit Stacheldraht gerechnet werden (BGH NJW **20** 3106). Zur VSicherungspflicht auf **Wanderwegen** Nü MDR **76** 222, auf Wald-(Feld-)wirtschaftswegen Dü VersR **97** 639, *Oswald* DAR **74** 266. Zwischen den VT und VSicherungspflichtigen gilt der **Vertrauensgrundsatz** nicht (BGH NJW **80** 2194, Ol VRS **31** 161).

Einzelfragen, möglichst alphabetisch geordnet: **Abhänge, Abbrüche, Rampen** neben benutzten VFlächen sind zu sichern (BGH VersR **66** 562, **68** 399, Kar VersR **73** 355 (Abhang an Parkplatz), BGH VersR **63** 950 (Stützmauer zum Bach, keine Mitschuld eines bejahrten Fußgängers), BGH VersR **59** 711 (Geländer an Brückenrampe), Dü VersR **71** 967 (Steilabhang)), bei einem StrGrundstück nicht durch den Eigentümer, sondern durch den VSicherungspflichtigen (BGHZ **24** 124 = NJW **57** 1065). Erst recht ist zumindest Warnung durch VZ notwendig, wo die Fahrbahn sich in einer absteigenden Treppe fortsetzt (abw Ko DAR **02** 168 bei enger Gasse). Bei Abbruch einer Brücke genügen Aufstellen mehrerer VZ 250 und bewegliche Sperrbake nicht (Ha DAR **01** 273). Geneigte Rampen (Kinderwagenspur) auf öffentlichen Treppen müssen sich, besonders wenn sich die Rampe rechts befindet, schon auf den ersten Blick deutlich von den Treppen abheben (Ce VersR **77** 671). **Ampelversagen:** § 37 Rn. 58ff. Ein **Arbeitsgerüst** unter einer Eisenbahnbrücke, gegen das ein Kfz bei Dunkelheit stößt, legt den Anscheinsbeweis für Schuld des Sicherungspflichtigen nahe (Kar VersR **64** 1082). Ein Arbeitsgerüst auf einem Gehweg ist uU durch Absperrmaßnahmen zu sichern (Nü NZV **92** 31 (jedoch überwiegende Haftung des Fußgängers, der zur Umwegvermeidung durch den Gerüstrahmen steigt und dabei stürzt)). **Aufpflasterungen:** s. *Unebenheiten.* Vor Benutzern von Grundstücks-**Ausfahrten,** auch nicht erkennbaren, muss der für die öffentliche Straße Sicherungspflichtige nicht warnen, wohl aber uU der für die Ausfahrt Sicherungspflichtige (Dü VersR **78** 851). **Bankette,** von der Fahrbahn deutlich unterschieden, brauchen nicht die gleiche Tragfähigkeit aufzuweisen wie die Fahrbahn (BGH DAR **05** 210, VersR **89** 847, Nü DAR **04** 150, Bra NZV **02** 563) und müssen zumindest bei untergeordneten Straßen für Lkw nicht befahrbar sein (Bra NZV **02** 563, Ha VersR **73** 379). Sie brauchen nicht so beschaffen zu sein, dass sie mit derselben Geschwindigkeit befahren werden können wie die Fahrbahn (BGH DAR **05** 210). Ein unbefestigtes Bankett, das sich von der Fahrbahn deutlich abhebt, bedarf keiner Sicherung durch Kennzeichnung oder Warnung (BGH VersR **89** 847, **64** 617, Bra NZV **02** 563), auch nicht, wenn eine rechzeitig erkennbare Unebenheit ein zusätzliches Hindernis bildet (Dü VersR **81** 358 (Betonplatte)), bei Str mit geringer VBedeutung auch nicht bei Schneefall (Ce VRS **78** 9). Warnung vor einem hervorragenden Kanaldeckel kann geboten sein (Jn DAR **99** 71). Ist bei schmaler Fahrbahn LkwVerkehr zulässig, so müssen die Bankette so befestigt sein, dass ein Lkw ein Hindernis bei Sorgfalt umfahren kann (BGH VersR **69** 280, Kar VersR **78** 573, 675, Nü DAR **04** 150 (Ausnahme: überschwere Fz), Nü DAR **13** 580 (Unterspülung eines sonst abgeteerten und abgeschotterten Banketts)), anders, wenn die mangelnde Standfestigkeit (schmaler Grasstreifen neben Böschung) ohne Weiteres erkennbar ist (BGH VersR **89** 847, Bra NZV **02** 563). Bei nicht ausreichend tragfähigem Seitenstreifen auf OrtsStr (Schachtabdeckung) sind SchwerFz zu warnen (Mü VersR **80** 293). Der Seitenstreifen neben einem Radweg muss so beschaffen sein, dass ein Radf, der kurzfristig auf ihn ausweicht, nicht stürzt (Ce VersR **88** 857). Der Kf, der das Bankett benutzt, handelt, sofern es erkennbar tief abgesetzt war, idR auf eigene Gefahr; er darf es nur mit Vorsicht befahren (BGH DAR **05** 210, NJW **57** 1396, Brn VRS **102** 188, Dü VersR **94** 574). Daher kein Verstoß gegen die VSicherungspflicht bei Nichtbeseitigen oder Nichtbeleuchtung eines ca $^1\!/_2$ m hohen Erdhaufens auf dem Bankett oder Unterlassen eines Hinweises darauf (Ba VersR **81** 960) oder bei fehlender Warnung vor auf unbefestigtem Bankett aufgestellten 20 cm hohen, weiß gestrichenen Metallpfählen (Brn VRS **102** 188, s. aber Rn. 51 sowie Jn DAR **99** 71, wonach das Bankett auch zum Fahren mit höheren Geschwindigkeiten geeignet sein muss). Erhöhte Anforderungen an die Standfestigkeit des Banketts, mindestens aber an Warnung vor dem Befahren sind uU an schmalen, kurvenreichen Straßen zu stellen, die von schweren Kfz viel befahren werden (BGH VersR **62** 574, Kar VersR **78** 675, Ko VersR **64** 1255, Ce VRS **78** 9). Die Grenze zwischen Fahrbahn und Bankett muss deutlich sein (BGH VRS **14** 105), auch die Markierung der Begrenzung zwischen Gehsteig und Fahrbahn, wenn der Gehsteig durch eine breite, nicht beleuchtete Grundstückseinfahrt unterbrochen war (BGH VersR **62** 665). Dass die Grenze zwischen Gehsteig und Bankett auch bei Schnee markiert wird, kann nicht erwartet werden (Bay VersR **61** 716). Aufstellen von sog Lübecker Hüten auf dem schmalen zwischen Mittelstreifen und Überholspur der AB verlaufenden Randstreifen verletzt nicht die VSicherungspflicht, weil dieser Randstreifen nicht für den Normalfall zum Befahren bestimmt ist (Kö VersR **66** 834). Keine Verletzung der VSicherungs- oder VRegelungspflicht bei fehlender Warnung vor deutlich erkennbarem Höhenunterschied zwischen Fahrbahnrand und stellenweise bis zu 6 cm tiefer liegendem Bankett (BGH DAR **05** 210, Ha VersR **83** 466, Stu VersR **90** 323 mAnm *Berr* DAR **90** 140, Ce VRS **78** 9 (10 cm bei erkennbar unbefestigtem Bankett)). Nichtauffüllen einer 15 m langen, 14 cm tiefen Kante zwischen Fahrbahn und Bankett auf einer KreisStr kann die VSicherungspflicht verletzen (Schl NZV **95** 153), ebenso fehlender Warnhinweis auf 15 cm hohe Kante zwischen zu tief liegendem Bankett einer nur ca 5 m breiten Fahrbahn (Ha NZV **05** 43). Keine VSicherungspflicht auf zwar innerörtlicher, aber fast ländlicher Str, die Höhendifferenz von 6 cm zwischen Fahrbahnrand und Nebengelände auszugleichen (Dü VersR **82** 858) oder Maßnahmen zu ergreifen, wenn Baumstämme auf einem bewachsenen Streifen neben einem landwirtschaftlichen Weg durch Unkraut überwuchert sind (Kar DAR **89** 464).

Baustellen sind zu sichern (Rn. 45–48). Im Baustellenbereich ist eine dünne Sandschicht auf der Fahrbahn von den VT hinzunehmen (Kö NJW-RR **90** 862). Ein Splitthaufen im StrRaum ist zu beleuchten (Ce VersR **65** 1083). Kurzfristige Ablagerung gut erkennbaren Baumaterials tagsüber auf untergeordnetem Wirtschaftsweg verletzt dagegen nicht die VSicherungspflicht (Dü NJW-RR **93** 597). Wer auf dem Gehweg Steine ablagert, haftet dafür, dass sie nicht auf die Fahrbahn geraten (Kö VersR **74** 1186). Auf der AB gehört Splittentfernen zur VSicherungspflicht des Landes; eine links fahrende Kehrmaschine (3 m hoch, leuchtend bemalt, Rundumleuchten, Warnflagge) braucht auf übersichtlicher Strecke keine besondere Sicherung (BGH VersR **66** 589). Bei Rollsplittresten auf der Fahrbahn kann ein GefahrZ mit Zusatzschild „Rollsplitt" genügen (Ko MDR **97** 832). Das verkehrssicherungspflichtige Land muss die Sichtbarkeit von VZ überwachen, die vor Rollsplitt auf einer Baustelle warnen (Ko NJWE-VHR **96** 70 (tägliche Kontrolle bei lose aufgestelltem VZ), s. auch Rn. 46). Vorzeitiges Entfernen der Warnhinweise ist pflichtwidrig (Ce MDR **00** 769). Vor erkennbarem Rollsplitt auf innerörtlicher Fahrbahn mit höchstzulässigen 50 km/h braucht idR nicht gewarnt zu werden (Mü ZfS **85** 2). Kontrolle von lose aufgestellten Warnbaken zur Leitung des Verkehrs in AB-Baustellenbereich in Intervallen von 6 Std ist idR ausreichend (Brn VersR **98** 912). Auf noch unausgebauter Straße in einem Neubaugebiet, nur von BauFz und Anliegern benutzt, besteht eingeschränkte Verkehrssicherungspflicht, Benutzer müssen dort mit Gefahr rechnen und die Straße so benutzen, wie sie sich darbietet (Sa VersR **72** 207, Dü VersR **93** 1029). Zur Einrichtung eines Notwegs Rn. 45 aE. Unebenheiten im Baustellenbereich, s. *Unebenheiten.* Str**Beleuchtung** ist innerorts auch in kleinen Gemeinden während der ortsüblichen Zeiten nötig (Neust VRS **5** 565, Ol MDR **58** 604); außerorts sind nur Gefahrenstellen auszuleuchten, soweit zur VSicherung notwendig (*Berz* DAR **88** 3). Zur Beleuchtungspflicht und deren Überprüfung Mü VersR **76** 740. Schaltet die Gemeinde nachts Laternen ab, die nicht das Z 394 tragen, so haftet sie (BGH VersR **62** 256, 632 mAnm *Venzmer).* Innerörtliche Gehwege sind, wo Hindernisse bei Dunkelheit nicht ausreichend erkennbar sind, grundsätzlich zu beleuchten (Ha NZV **05** 525). Keine Verletzung der VSicherungspflicht jedoch bei unterlassener Gehwegbeleuchtung, wo Ausweichen auf einen parallel verlaufenden, beleuchteten Gehweg zumutbar ist (Ha NZV **05** 525, s. auch *Berz* DAR **88** 2, **95** 350). Bei Str von erheblicher VBedeutung müssen Kabel mehr als 4 m hoch angebracht sein (Kö NZV **95** 22; s. auch *StrBäume).*

Bepflanzung, besonders von Mittelstreifen innerorts, darf die Sicht nicht behindern (KG VM **66** 41), auch nicht an AB-Einfahrten, auf kreisförmigen Inseln in Kreuzungen oder am Fahrbahnrand (Dü NJW-RR **94** 1443). Vor dem Mähen muss der Boden nicht zentimeterweise abgesucht werden, um das Hochschleudern kleiner Steine auszuschließen (Stu DAR **02** 516, **03** 462), jedoch sind geeignete Maßnahmen gegen Schäden zu treffen (Auffangbehälter, Verwendung spezieller Rasenmäher, Warnvorrichtungen, Sperrung; BGH NZV **03** 125, LG Ko DAR **03** 526). Die Anforderungen dürfen aber nicht überspannt werden; namentlich bei außerörtlichen Arbeiten an langen StrAbschnitten, sind Maßnahmen wie die StrSperrung oder das Aufspannen von Planen unzumutbar (Ce VersR **07** 1006, s. auch Ro NJ **08** 464 mAnm *Lühmann).* Eine Hecke auf dem Mittelstreifen zwischen getrennten Fahrbahnen muss der VSicherungspflichtige an Durchfahrten so niedrig halten, dass sie die Sicht nicht behindert (BGH NJW **80** 2194). Die Sicht auf Warnanlagen an Bahnübergängen darf nicht durch Zweige eingeschränkt werden (BGH NZV **94** 146). Sichtbehindernder hoher Graswuchs an StrBöschungen und -gräben ist durch rechtzeitiges Mähen zu verhindern (Ko VRS **76** 251). Schutz einer Grünanlage neben der Fahrbahn durch Steine verstößt nicht gegen die VSicherungspflicht, wenn FzF nur durch Überfahren des Fahrbahnrandes zu Schaden kommen können (Ha NZV **96** 493). **Bordsteine** zur Abgrenzung der Fahrbahn gegen Rad- oder Gehwege sind vielfach gefährdend zu hoch und, anstatt abgerundet, scharfkantig, sogar teilweise an AusfallStr mit zugelassener höherer Fahrgeschwindigkeit. Die Bordsteinkante darf keine gefährdenden Löcher oder Lücken haben (Ce VersR **74** 810). Kantsteine nahe der Fahrbahn müssen bewuchsfrei und deutlich erkennbar gehalten werden (Ha VersR **77** 970). Mit Niveauunterschied zwischen Radweg und durch Kantsteine von diesem getrenntem Gehweg muss ein Radf rechnen (Ha NZV **98** 500, Ce NZV **01** 346). Beim Überqueren einer Fahrbahn muss ein Fußgänger mit einem Bordstein auf der anderen Fahrbahnseite rechnen, keine Haftung des VSicherungspflichtigen bei ungenügender Ausleuchtung der Bordsteinkante (LG Görlitz VersR **98** 1122). Mit 4 cm Höhenunterschied zwischen zwei Bordsteinen muss ein Fußgänger rechnen (Ko MDR **99** 421). S. auch Parkbox. Die VSicherungspflicht gebietet nicht besondere Maßnahmen, wenn 16 cm vom Fahrbahnrand auf der **Böschung** ein grasüberwachsener Stein hervorragt (Nü NZV **91** 390).

Bushaltestellen sind stolperfrei auszubauen (BGH VersR **70** 179, **73** 346). Die Vorschriften gegen **Dachlawinen** (hierzu *Hugger/Schulz* DAR **11** 284) richten sich nicht nach der Ortsüblichkeit, sondern nach der Erforderlichkeit (Dachneigung, -größe, Material der Dacheindeckung, zB etwaige Glasur, *Hugger/Stallwanger* DAR **05** 667; LG Ko VersR **74** 892). Eine etwaige örtliche Übung wie zB das Anbringen von Schneefanggittern ist aber für die Frage, ob das Unterlassen bestimmter Maßnahmen einen Pflichtverstoß darstellt, mit zu berücksichtigen (Kar NJW **83** 2946, Ha NJW-RR **87** 412). Bei außergewöhnlichen Schnee- und Wetterverhältnissen sind die Dächer gegen Schneelawinen außerdem regelmäßig zu beobachten (Ce VersR **80** 1028, *Birk* NJW **83** 2915). In Städten und größeren Orten in gewöhnlich schneereichen Gebieten werden auf den Hausdächern zu vielbenutzten Straßen hin Schneegitter gegen Dachlawinen anzubringen (Mü VersR **72** 1176, AG Schönau MDR **00** 583, *Hugger/Stallwanger* DAR **05** 666) und Warnschilder aufzustellen sein (LG Ulm NZV **06** 589). Soweit in schneearmen Gebieten Fanggitter auf Hausdächern nicht üblich sind, besteht idR auch keine Pflicht des Eigentümers zur Beseitigung des Schnees vom Dach, zur Aufstellung von Warnstangen oder zu besonderen Hinweisen (Kö VersR **88** 1244, Ha NJW-RR **87** 412, Stu MDR **83** 316, Kar NJW **83** 2946, Dü NZV **14** 273, Nau DAR **11** 708; *Birk* NJW **83** 2913, aM Dü VersR **78** 545). Außergewöhnliche Witterungsverhältnisse können allerdings auch außergewöhnliche Maßnahmen gegen die Gefahr herabfallenden Schnees erforderlich machen (Ce VersR **82** 775, 979, Jn MDR **08** 1100 (Abschlagen des Schnees, Dachräumung), *Schlund* DAR **94** 50). Der Schneelawinengefahr von 17 m hohem Turm über BundesStr ist zu begegnen (Ko DAR **87** 86). Ob und ggf. welche Vorkehrungen zu treffen sind, richtet sich nach den Umständen des Einzelfalls, wobei die Witterungsverhältnisse, Lage des Hauses, Verkehrsaufkommen und Dachneigung bedeutsam sind (Stu MDR **83** 316, Kar NJW **83** 2946, Sa VersR **85** 299, Dr DAR **97** 492, *Maaß* DAR **83** 316, *Birk* NJW **83** 2913). In erster Linie hat sich der FzF selbst dadurch vor Schaden zu bewahren, dass er sein Fz an Stellen mit Dachlawinengefahr nicht abstellt (Ha NZV **04** 34, Sa VersR **85** 299, Kö VersR **88** 1244). Zur Mitschuld bei einem im Dachlawinenbereich geparkten Kfz BGH VRS **59** 241, AG Schönau MDR **00** 583, Nau DAR **11** 708; *Hugger/Stallwanger* DAR **05** 667, *Schlund* DAR **94** 52. Eine BG des durch Dachlawine beschädigten parkenden Fz wird idR keine Rolle spielen (§ 7 StVG Rn. 13, *Hugger/Stallwanger* DAR **05** 668, *Weber* DAR **81** 173.) Zumutbare Vorkehrungen gegen herabfallende Eiszapfen werden vielfach nicht möglich sein (Ce NJW-RR **88** 663, s. aber AG Darmstadt DAR **80** 276). Vor **Dampf und Qualm** haben Bahn und andere Sicherungspflichtige die AB-Benutzer zu warnen (BGH VersR **59** 1030). Bevor eine StrDrehbrücke geöffnet wird, muss sichergestellt sein, dass sich im Schrankenbereich keine Fußgänger befinden (BGH VRS **54** 104). Ladenbetreiber obliegt eine Pflicht, **Einkaufswagen** gegen Wegrollen in den StrV zu sichern (Ha NJW **16** 505 = ZfS **16** 15 mAnm *Diehl*).

Ist die **Fahrbahn** statt mit technisch bekannten griffigen Mischungen rutschgefährlich belegt, so kommt Verletzung der VSicherungspflicht in Betracht. Merkblatt über StrGriffigkeit und VSicherheit bei Nässe: VkBl. **69** 748 (*Wendrich* NZV **01** 504: „völlig überholt"; s. NZV **02** 112). S. jedoch Merkblatt zur Bewertung der Straßengriffigkeit bei Nässe FGSV-Nr. 401 Ausgabe 2012 und hierzu Ha ZfS **16** 260 mAnm *Diehl*. Glatte Fahrbahnen sind rutschfest zu machen; bis dahin ist durch WarnZ auf die Gefahr hinzuweisen (BGH VersR **68** 1090; Ha ZfS **16** 260 (Sturz eines KRadf)), Warnung allein genügt nicht (BGH VersR **68** 1090). Überstreichen von Richtungspfeilen mit Farbe, die zu erhöter Glätte führt, verletzt die VSicherungspflicht (Ha DAR **99** 70). Bei Nässe völlig ungefährliche StrDecken gibt es kaum (BGH MDR **60** 32 (gemeint ist wohl eine Fahrbahn mit dünner Wasserschicht)). Auf AB-ähnlich ausgebauter BundesStr mit technisch veralteter Fahrbahn verpflichten Wasseransammlungen bei Regen und Häufung von Aufschwimmunfällen zu Geschwindigkeitsbeschränkung oder Warnung (Nü VM **82** 10). (Angeblich) Fehlende Griffigkeit der Fahrbahn im Kreisverkehr führt jedenfalls dann nicht zur Haftung, wenn Kradf die Stelle unter Verletzung des Rechtsfahrgebots befährt (Ha NZV **09** 453). Nach Abdeckung von infolge Hitze aufgeweichten Teerflächen mit grobem Splitt genügt Aufstellen eines Z 101 (LG Weiden VRS **17** 405). Sandstreuung auf aufgeweichter Teeroberfläche ist nach Ba VersR **79** 262 ohne Warnung und Sicherung hinzunehmen. Das Gleiche soll gelten, wenn mit Teerbelag ausgebesserte Stellen der Fahrbahn durch sommerliche Hitze weich geworden sind (Ba VersR **70** 845 (abzulehnen, da vermeidbare Gefährdung durch unzulängliche Mischung)). Nach Jn NZV **06** 248 ist bei frisch mit Bitumen gefülltem Straßenloch aber besondere Warnung erforderlich wegen Ablösungsgefahr bei Hitze. Den aus einer Ölspur entstehenden Gefahren ist durch wirksame Maßnahmen zu begegnen, Abdecken mit Granulat in einer Kurve ohne Warnung reicht nicht aus (Ha NZV **93** 192). Rollsplitt, s. unter *Baustellen*. Innerorts muss die Fahrbahnbegrenzung durch einen beiläufigen Blick erfassbar sein (BGH VersR **57** 777). **Fahrbahnschwellen:** *Unebenheiten.*

Ein **Fußweg** darf idR ohne besondere Vorkehrung in die Fahrbahn einmünden (Ce VRS **23** 414). Bei Fußwegen in Grünanlagen ist die VSicherungspflicht nicht auf den eigentlichen Weg beschränkt, sie erstreckt sich auch auf unmittelbar angrenzende Flächen, die erfahrungsgemäß betreten werden (Kö VersR **92** 71). Wer auf schmalem **Gehweg** am hellen Tag beim Ausweichen vor Mülltonnen ohne ersichtliche Ursache hinfällt, hat keinen Ersatzanspruch (Ko VersR **72** 1129). Gut erkennbare Hindernisse auf Gehwegen wie Blumenkübel, Poller u Ä sind idR keine die Haftung des VSicherungspflichtigen begründende Gefahrenquelle (Dü VersR **91** 927); wie bei Unebenheiten (s. dort) wird zu berücksichtigen sein, wie stark auf Grund der örtlichen Gegebenheiten mit Ablenkung der Fußgänger zu rechnen ist. Haftung aus Verletzung der VSicherungspflicht jedoch, wenn solche Gegenstände wegen zeitweiliger Abschaltung der StrBeleuchtung nicht mehr erkennbar sind (Ha NZV **07** 576 (aber ²/₃ Mitverschulden des Fußgängers)) oder mangels ausreichender Befestigung auf die Fahrbahn geraten (Brn DAR **99** 403). Unebenheiten auf Gehwegen s. *Unebenheiten.* Auf Rutschgefahr bei nassem Laub muss sich der Fußgänger einstellen (Nü NZV **94** 68, Fra MDR **97** 841, KG VersR **06** 947). Jedoch muss die verkehrssicherungspflichtige Gemeinde uU gefährlichen (schmierigen) Belag aufgrund Herbstlaubs auf kombiniertem Rad-/Gehweg analog zur Räum- und Streupflicht (Rn. 56 ff.) auch außerhalb üblicher Dienstzeiten entfernen (Rn. 51; Ha NZV **06** 550). Eine Baumscheibe bzw. Baumschutzscheibe, die sich optisch von der angrenzenden Pflasterung abhebt, dient idR nicht als Gehfläche, weshalb ein Fußgänger, der eine solche Scheibe betritt, mit durch das Baumwachstum bedingten Unebenheiten, Verschiebungen und Niveauunterschieden zur Pflasterung rechnen muss (Sa NJW-RR **16** 919). Reinigungsintervall hinsichtlich Laub auf Zuwegungen auf Klinikgelände nur in den Grenzen der Zumutbarkeit (Schl NZV **14** 353) **Glatteisbildung** bei Kühltürmen: BGH VersR **85** 641, Kö VkBl. **56** 701, NZV **95** 111. Räum- und Streupflicht: Rn. 56 ff. Vor einem **Hausvorsprung,** der in 2,65 m Höhe in den Luftraum des befahrbaren Banketts ragt, muss nicht gewarnt werden (Bra VersR **62** 1068). **Hecke:** s. *Bepflanzung.*

  Hindernisse zwecks „Verkehrsberuhigung" (Fahrbahnverengung, Aufpflasterung, Schwellen usw), soweit überhaupt zulässig (Rn. 35), müssen nicht nur zweckdienlich sein, sie dürfen vor allem keine Quelle der VGefährdung bilden (BGH NZV **91** 385, Kö DAR **02** 315, Ha NZV **92** 483, NJW **96** 733, Dü VersR **95** 537 (Blumenkübel auf dem Seitenstreifen), VersR **96** 518, Sa NZV **98** 284 („Kölner Teller"), Fra MDR **03** 739 (Verletzung der VSicherungspflicht verneint bei „Kölner Teller" mit 1 m Abstand vom Fahrbahnrand), LG Kaiserslautern VM **97** 8 (Betonpflöcke als Eckbegrenzung einer Bepflanzung), AG Fulda NVwZ-RR **04** 477 (27 cm hoher Stein als Randmarkierung einer Grünanlage), LG Lübeck DAR **06** 282 (mit Granitsteinen eingefasstes Pflanzbeet)). Hindernisse verletzen die VSicherungspflicht, wenn der von ihnen ausgehenden Gefahr nicht durch WarnZ und sichernde VEinrichtungen begegnet wird (Nü NZV **90** 433; Ha NZV **10** 353; AG Mü DAR **10** 208 mAnm *Watzlawik* (je Poller; nach Ha aaO allerdings Mitverschulden des FzF, der sich über Durchfahrverbot hinwegsetzt), Ce DAR **91** 25 mAnm *Berr;* NZV **91** 353, Ha NJW **96** 733 (Blumenbeet mit Bordstein), LG Ko DAR **91** 456 (je Blumenkübel), *Berr* DAR **91** 282). Eine auf einem für Radf freigegebenen Promenadenweg gut sichtbare, quer angebrachte Reihe Metallpfosten zur Verhinderung verbotenen KfzV ist grds. nicht zu beanstanden (Ro DAR **01** 408, LG Stralsund VRS **101** 17). Jedoch kann ein auf einer Gefällestrecke mitten auf einem Fuß- und Radweg aufgestellter, im Dunkeln im Hinblick auf die Umgebung schwer wahrnehmbarer Sperrpfosten eine abhilfebedürftige Gefahrenquelle bilden (Ha NZV **02** 129), ebenso eine nur durch Absperrschranke und VZ 250 gesicherte, quer über einen Radweg gelegte Rohrleitung (Ha DAR **02** 351). Entsprechendes gilt nach Ha NZV **09** 450 für graue Metallketten zwischen Metallpfosten zur Sperrung der Fußgängerzone einer Innenstadt; volle (Amts-)Haftung, falls Radf, der die Fußgängerzone mitternächtlich zulässig befährt, über eine solche Kette stürzt, wobei etwaige Überschreitung der Schrittgeschwindigkeit § 254 BGB nicht begründen soll (abw Jn NZV **05** 192, falls Verkehrsfläche nur dem FußgängerV dient). Verletzung der VSicherungspflicht bei quer über einen für die Nutzung durch Radfahrer zugelassenen Weg gespannten, nicht auffällig gekennzeichnetem **Stacheldraht** (BGH NJW **20** 3106 (keine Mitschuld des Radf); *Koehl* SVR **20** 219). Nach Dü NJW **96** 731 sollen Sicherungs- und Warnmaßnahmen bei einem Blumenkübel auf Sperrfläche (Z 298) bei zulässiger Höchstgeschwindigkeit von 30 km/h entbehrlich sein (abl mit Recht *Greger/Zwickel* § 13 Rn. 72). Von mehreren in Frage kommenden Einrichtungen ist gem. dem Verhältnismäßigkeitsgebot bei Eignung stets die den FzV weniger stark behindernde Möglichkeit zu wählen (BGH NZV **91** 385 („geringste Eingriffsintensität"), Ha NZV **92** 483), zB „optische Bremsschwelle" oder Aufpflasterung mit sanft ansteigender Rampe statt Fahrbahnschwelle (s. auch *Unebenheiten*). Vor ferngesteuerten, sich aus dem Boden erhebenden Pollern ist besonders zu warnen (Brn DAR **04** 389, Nü NZV **14** 177). Die Einfahrt verbietende VZ reichen zur VSicherung bei derartigen Hindernissen nicht aus (Ha NJW-RR **99** 753). FzBeschädigung durch hydraulisch angehobenen Poller als „rechtswidrige Maßnahme" nach den Ordnungsbehörden- und PolVerwaltungsgesetzen (Kö NZV **04** 95, Dü VersR **97** 1234 (§ 39 Ib OBG NRW), LG Bonn VD **04** 223; aM nun Nau DAR **12** 523). Auf der Fahrbahn eingerichtete Mittelinseln müssen ausreichend kenntlich gemacht werden, vor allem neu eingerichtete vor der Bepflanzung (Warnbaken, Beleuchtung usw), andernfalls Haftung für Unfälle aus Verletzung der VSicherungspflicht (LG Aachen VersR **92** 1242). VZ 222 (Rechts vorbei) wird jedoch in der Rspr. grds. als ausreichend erachtet (Dü VersR **89** 208, Ko NZV **05** 257). Verkehrswege (Fahrbahn, Radweg, Gehweg) müssen nicht den besonderen Bedürfnissen von **Inline-Skatern** (vgl. § 24 Rn. 8, 10) entsprechen (Ko VRS **104** 421, DAR **01** 167, Ce NZV **99** 509). Entsprechendes gilt für sog Skiroller (Bra NZV **05** 581). Auf freigegebenen Straßen dürfen **Kanaldeckel** nicht wesentlich hervorragen (BGH JZ **79** 812, Ha VersR **79** 1033), 1,5 cm sind unwesentlich (Dü VersR **83** 250). 5 cm im Baustellenbereich auf abgefräster Fahrbahn mit Warnung durch VZ sind nicht zu beanstanden (Kar VRS **79** 344), auf unfertiger BauStr in Neubaugebiet bei Erkennbarkeit auch nicht 10 cm und mehr (Ko VersR **93** 1246 (10 cm), Dü VersR **93** 1029 (40 cm)). Fahrbahnanhebung von 7 cm um Kanaldeckel in NebenStr von geringer VBedeutung ist ebenfalls kein Verstoß gegen VSicherungspflicht (Dü VersR **85** 397). Kanaldeckel dürfen nicht einbrechen (BVerwG NJW **61** 1495, BGH VersR **65** 483, Ha VersR **77** 970, Stu VersR **64** 1275. Beweislast der verkehrssicherungspflichtigen Gemeinde dafür, dass die unterbliebene regelmäßige Kontrolle für Schäden nach Einbruch eines brüchigen Kanaldeckels nicht ursächlich ist (Fra VersR **81** 1185). Kanaldeckel dürften nicht wesentlich über den Gehweg hinausragen (BGH VRS **12** 407, VersR **54** 746, **67** 1155, KG VersR **77** 37, NJW **76** 1270, Ko VersR **76** 739, Mü ZfS **87** 354). UU können auch um nur 2 cm und weniger über das Fahrbahnniveau herausragende Kanaldeckel verkehrswidrig sein, wenn sie in besonderer Weise geeignet sind, *Fußgänger* zu gefährden (Kar MDR **84** 54, s. aber Ha NJW-RR **87** 412 (*idR* nur bei über 2 cm)). Nach Kar VersR **93** 332 (mAnm *Gaisbauer* VersR **93** 849) bedarf auf wenig befahrener Sackgasse ein 4 bis 5 cm erhöhter Kanaldeckel keiner besonderen Sicherung gegenüber dem FußgängerV. Zum Sturz eines Fußgängers wegen versenkten Kanaldeckels auf Sperrfläche mit Z 298: § 41 Rn. 2480. S. auch unter „Unebenheiten". Alleinhaftung des Kf, der über einen ersichtlich hoch herausragenden Kanaldeckel fährt, weil er die Bodenfreiheit seines Kfz überschätzt, Ko VersR **76** 1163. Gullys, s. *Unebenheiten*. Eine im Ort einmündende SeitenStr darf die Überhöhung der **Kurve** außen durchbrechen, Bra VRS **12** 8. Nicht abgerundete und nicht versenkte **Leitplanken**enden (dazu: VkBl. **89** 489 = StVRL § 43 Nr. 2, VkBl. **96** 377 = StVRL § 43 Nr. 3, VkBl. **97** 424 = StVRL § 43 Nr. 4) sind mit der VSicherungspflicht nicht vereinbar (Ce NZV **90** 432).

Zu hoher Randstein in (öffentlicher) **Parkbox** ist keine Verletzung der VSicherungspflicht, die es nicht gebietet, das „Überhangparken" von (tiefergelegten) Pkw zu ermöglichen oder vor Gefahren solchen Überhangparkens zu warnen; zudem verdrängende Mitschuld (BGH NZV **14** 450 m krit Anm *Kappus* DAR **14** 583; aM Ha NZV **08** 405). Auf **Parkplätzen** hängt der Umfang der VSicherungspflicht von ihrem allgemeinen Zustand und den örtlichen Verhältnissen ab. Sie erstreckt sich auf den Schutz von Fußgängern, die als Fahrer oder FzInsassen den Parkplatz benützen müssen (Jn MDR **06** 1289 (gelockerte Gehwegplatte), s. auch Rn. 64 zur Streupflicht). Bei erkennbar provisorischen Parkplätzen ohne festen Untergrund muss der Kf Hindernisse hinnehmen (Ko VersR **82** 780, s. auch LG Bonn NZV **07** 575). Mit aufgeweichtem Teerbelag auf einem Parkstreifen muss bei sommerlicher Hitze gerechnet werden (Dü NJWE–VHR **96** 69). Auf baumbestandenen öffentlichen Parkplätzen ist Überwachung der Bäume erforderlich (Mü DAR **85** 25, Umfang: s. *Straßenbäume*). Der Fußgänger muss auf solchen Parkplätzen auch mit größeren Niveauunterschieden rechnen (Dü NJW-RR **95** 1114, Ha DAR **04** 525). Stürzt eine querschnittsgelähmte Person auf einem eingerichteten und als solchen gekennzeichneten Behindertenparkplatz wegen unzureichender Pflasterung, so kann die Versagung eines Schadensersatzanspruchs wegen Mitverschuldens gegen Art. 3 III S. 2 GG verstoßen (BVerfG DAR **16** 646). Bei Schädigung des Kfz eines Wohnungseigentümers auf dem Parkplatz (Gemeinschaftseigentum) aufgrund unzureichender Überwachung von Bäumen durch einen vom Verband beauftragten Unternehmen ist nicht der Verband, sondern das Unternehmen passiv legitimiert (BGH NJW **20** 1798 mAnm *Danner* DAR **20** 329). **Radwege** müssen so gestaltet sein, dass ihr Verlauf auch bei Dunkelheit erkennbar bleibt (Ce VM **00** 60). Niveauunterschied zum benachbarten Fußweg, s. *Bordsteine*. Zur Streupflicht auf Radwegen Rn. 59, 61. Zu schmierigem Belag aufgrund Herbstlaubs s. *Gehweg* und Rn. 51. In Schneekatastrophenfällen braucht vor Fahrbahnverengungen infolge **Schneeverwehungen** oder geräumten **Schnees** nicht durch Schilder gewarnt zu werden, Schl VersR **81** 581. **Schwellen** s. Unebenheiten. Einrichtungen auf der Fahrbahn zur **Sperrung** einer Str dürfen keine Gefahr bilden, etwa durch fehlende reflektierende Flächen oder mangelnde Beleuchtung, Ha NZV **00** 160. Ein **Splitt**haufen auf einer OrtsStr muss beleuchtet sein, BGH VersR **60** 626. Splitt- und Granulatansammlungen am Fahrbahnrand nach winterlichem Streuen, die eine Gefahr für Radf bilden, sind zu beseitigen, sobald mit erneuter Glätte nicht mehr zu rechnen ist, Ha NZV **89** 235. **Seitenstreifen, s.** *Bankette*. Vorsorge gegen **Steinschlag** nur bei nahe liegender Gefahr (BGH NJW **68** 246, Ko DAR **03** 522, Jn DAR **01** 166, Zw VersR **90** 401). Das Aufstellen des VZ 115 genügt dann nicht (Zw VersR **90** 401, *Rinne* NVwZ **03** 14). Welche Sicherungsmaßnahmen erforderlich sind, hängt auch vom Grad der Steilheit und Entfernung des Hangs von der Fahrbahn ab (Jn DAR **01** 166). Die VSicherungspflicht umfasst nicht auch die Vorsorge gegen herabfallende Steine, die auf angrenzenden Privatgrundstücken lagern (Dü NJW-RR **88** 1057). Gegen durch Mäharbeiten hochgeschleuderte Steine muss durch Schutzplanen oder Schutzplanken gesichert werden (BGH NZV **13** 588; Brn DAR **12** 578; s. auch § 17 StVG Rn. 25).

Wer wegen fehlerhaft verlegter **Straßenbahnschienen** geschleudert sein will, muss den ursächlichen Zusammenhang beweisen (Ha VRS **8** 410). Mit dem Überwechseln von StrabaSchienen in die Fahrbahn muss der Kf rechnen, Warnzeichen sind daher regelmäßig nicht erforderlich (Ha VersR **81** 389). Vor Gefahren durch in der Fahrbahn verlegten, abbiegenden Schienen wird durch Geschwindigkeitsbegrenzung auf 30 km/h mit erläuterndem Zusatzschild und GefahrZ 101 ausreichend gewarnt (Ha NZV **05** 256). Auch nach Einstellung des StrabaBetriebs haftet der Unternehmer für Verkehrssicherheit der verbleibenden Gleisbettung (Schl VersR **70** 870).

Straßenbäume (§ 41 Rn. 248l zu Z 295) sollten nur noch in ausreichender Entfernung vom StrKörper angepflanzt werden. Gefahren schaffende Neuanpflanzung unmittelbar am Fahrbahnrand kann aber nur in Ausnahmefällen Verstoß gegen die VSicherungspflicht sein (*W. Schneider* VR **07** 743, s. auch *Otto* NZV **02** 74, aM *Manssen* NZV **01** 152). Wo sie die Fahrbahn säumen, brauchen sie nicht entfernt zu werden (Ha NZV **05** 371, *Manssen* NZV **01** 151), außer bei besonderer Gefahr, wenn Kennzeichnung nicht ausreicht. Trotz erhöhter Gefahr von Astbruch auch im gesunden Zustand keine Beseitigungspflicht zB hinsichtlich Pappeln oder Kastanien an Str oder im Bereich von öffentlichen Parkplätzen (BGH NJW **14** 1588; Ko NZV **98** 378; Kar DAR **11** 30 mAnm *Bergmann;* aM Sa DAR **11** 32). Keine VSicherungspflicht in Bezug auf die Beseitigung von Zweigen, die über die Mittelleitplanke in den Bereich der Grünfläche neben der Fahrbahn einer AB ragen, da eine solche Grünfläche nicht zur Benutzung durch Fz vorgesehen ist (§ 2 Rn. 25, Kar DAR **07** 335 m abl Anm *Woesch*). Der Verkehr hat sich auf solche Verhältnisse einzustellen (BGH NZV **04** 248; **14** 1588). Entsprechendes gilt hinsichtlich herabfallender Eicheln (Ha NZV **10** 297). Zur StrVSicherungspflicht gehört auch die Sorge für die **Standfestigkeit** von StrBäumen einschließlich der Sicherung gegen Windbruch und Windwurf (BGH NZV **93** 386, Dr VRS **100** 263, Kö DAR **93** 351, Ha NZV **05** 371, **04** 140, Brn MDR **02** 93, NZV **98** 25, VRS **102** 341; Ce NZV **10** 86), sowie der Sicherung gegen herabfallende Äste (Ha VRS **105** 92, Brn VRS **102** 341). Bäume (Wald) an der Straße müssen fachgerecht überwacht werden (BGH VRS **46** 91, Ha NZV **05** 371, Kö VersR **90** 287, **92** 1370). VSicherungspflichtig ist bei Waldgrundstücken in erster Linie der Waldbesitzer (Nutzungsberechtigte, Fra NVwZ **83** 699) oder Eigentümer als Verfügungsberechtigter (BGH VRS **46** 91). Die Pflicht des StrBaulastträgers zur StrBaumschau besteht unabhängig vom Grundeigentum (Ol VersR **80** 778). Er hat als Hoheitsträger nach § 839 BGB, Art. 34 GG für pflichtwidriges Handeln eines von ihm mit der Baumkontrolle beauftragten Sachverständigenbüros einzustehen (Kö DAR **17** 583). Schon bei der Anlage zur Str hin sind Gefahren durch Windwurf und Windbruch zu berücksichtigen (Fra NVwZ **83** 699 (Wald); RsprÜberblick: *Orf* NZV **97** 201). Keine Pflicht zur Überprüfung von Waldbäumen zum Schutz unzulässigerweise im Wald parkenden Ausflugsverkehrs (Ko VersR **90** 1409). Der Sicherungspflichtige muss Gesundheit, Standfestigkeit und äußeren Zustand binnen angemessener Zeitabstände prüfen (Ha NZV **04** 140, ZfS **97** 203, Fra VersR **93** 988, Kö VersR **92** 1370, DAR **17** 583), idR zweimal jährlich (Ha NZV **05** 371, **04** 140, VRS **105** 92, Dü VersR **97** 463, Dr VRS **100** 263, Brn MDR **02** 93, VRS **102** 341; offengelassen von BGH NZV **04** 248; krit *Otto* VersR **04** 878, *Hötzel* VersR **04** 1237). Ob eine strikt einzuhaltende Pflicht zu halbjährlicher Kontrolle statuiert werden kann, ist jedoch zw (für die differenzierten Intervalle nach der FLL Baumkontrollrichtlinie *Bauer/Braun/Hünnekes* DAR **08** 109; aM *Fürstenberg* DAR **07** 293). Bei einem Rundweg für Wanderer und Radf genügt jährliche Kontrolle (Ce NZV **13** 129). Der Sicherungspflichtige ist aber mangels dabei erkennbarer konkreter Anzeichen für Gefahr zu eingehender Prüfung idR nicht verpflichtet (Dü VersR **83** 61, Mü DAR **85** 25, Kö ZfS **91** 7, VersR **92** 1370, Dü VersR **92** 467, Fra VersR **93** 988, Brn DAR **99** 168, Ha VersR **98** 188 (Anm *Breloer*), ZfS **97** 203, NZV **06** 250) und braucht bei Waldrändern nicht jeden einzelnen Baum nach abgestorbenen Ästen abzusuchen (Fra VersR **88** 519, s. aber Kö VersR **90** 287). Soweit Art und Höhe der Baumkrone ausreichende Kontrolle vom Boden aus nicht erlauben, sind Ferngläser oder Hubwagen einzusetzen (Ko DAR **02** 218). Sichtprüfung aus einem 20 km/h fahrenden Fz genügt idR nicht (Ha NZV **05** 372). Besondere Aufmerksamkeit hat krankheitsgefährdeten Arten zu gelten (Zw DAR **92** 302: Ulme) sowie, falls bei Kanalbauarbeiten Mindestabstand zum Stammfuß der Bäume nicht eingehalten wurde (Dü NZV **07** 572). Verdächtige Umstände bei der regelmäßigen Baumschau verpflichten zu näherer Prüfung, zB trockenes Laub, trockene Äste (Dr VRS **100** 263, Fra ZfS **89** 153, Ha DAR **03** 117, VersR **98** 188, Kö VersR **92** 1370, Brn NZV **98** 25), Faulstellen, Nass-Saftfluss und Pilzbefall (Ha NZV **04** 140), Rinden- und Schnittwunden im Hinblick auf Pilzbefall (Brn DAR **99** 168),

Stammschäden (Ha VRS **105** 92; NZV **15** 598), starke Schrägstellung (Ko ZfS **93** 113) oder andere Abweichungen vom Normalbild, insbesondere bei hohem Alter (Kö ZfS **91** 7, Fra VersR **93** 988). Totholz ist zu entfernen (Dr VRS **100** 263) und kann, soweit Prüfung vom Boden wegen des Standorts des Baums oder dichter Belaubung nicht ausreicht, genauere Kontrolle mittels Hubbühne erforderlich machen (Brn VRS **102** 341, DAR **00** 304). Verletzung der Sicherungspflicht, wenn Gefährdungsanzeichen verkannt oder übersehen (BGH VersR **74** 89, Ko ZfS **93** 113) oder Mängel nach Erkennen nicht unverzüglich beseitigt werden (Dr VRS **100** 363). Die Beweislast für die Erkennbarkeit des Baumschadens bei Baumschau trifft den Geschädigten (BGH NZV **04** 248, Ol VRS **53** 410). Zum Schutz vor Baumgefahr brauchen die StrWärter keine Spezialkenntnisse, doch muss die Dienstanweisung erläutern, worauf sie besonders zu achten haben (BGH NJW **65** 815). Abbrechen trockener Äste oder morscher Bäume (Ce VRS **7** 418, Kö VersR **63** 733, Dü VersR **83** 61, *Schmidt* DAR **63** 266). Auch bei städtischen Bäumen mit Baumscheiben von nur geringem Radius ist lange Trockenheit allein kein Anlass, ohne äußere Anzeichen mit dem Abbrechen von Ästen zu rechnen (Dü VersR **96** 249). Ständige Überwachung ist in dieser Hinsicht bei unbedeutenden Verbindungs- und Feldwegen nicht zu fordern (BGH VRS **16** 248, Mü VersR **59** 927). Keine Pflicht zur Warnung vor **Eisbruch** bei erkennbar dick vereisten Ästen (Ko NZV **99** 165).

Eine generelle Verpflichtung, den **StrRaum über der Fahrbahn** bis zur maximalen FzHöhe von 4 m (§ 32 StVZO) von Ästen freizuhalten, besteht nicht (Ro MDR **05** 31, Ce VersR **05** 1702, Mü VersR **03** 1676, Kö NZV **91** 426, Schl NZV **94** 71, Ha VersR **95** 1206, Dü VersR **96** 602, Dr VersR **97** 336, Nau DAR **98** 18, VRS **100** 261). Die Rspr. hierzu ist mangels allgemein anerkannter Kriterien sehr unterschiedlich: Innerorts muss der Luftraum „in angemessener Höhe" frei von Baumästen sein, Mitschuld dessen, der einen gefährlichen Zustand (Ast 2,3 m über dem Boden) kennen muss (KG VRS **39** 408 (die Entscheidung betrifft eine NebenStr, Mitschuldannahme daher wohl zu billigen)). Wesentlich sind VBedeutung, Fahrbahnbreite, sowie Höhe und Erkennbarkeit von Baumästen (Ce VersR **05** 1702). Beim Befahren von Wohn- und Nebenstraßen von geringer VBedeutung muss der Fahrer eines hohen Kfz auch selbst auf Baumäste im Luftraum über der Fahrbahn achten (Ro MDR **05** 31, Kö VRS **59** 222 (Kollision eines MöbelFz mit 3,6 m hohem Ast), Schl NZV **94** 71, Ha VersR **95** 1206), erst recht auf Feldwegen (Mü VersR **03** 1676), beim Ausweichen uU auch mit niedrigen Ästen außerhalb des Fahrbahnluftraums (Schl VersR **77** 1037). Auf Str mit erheblicher VBedeutung, insbesondere BundesStr und städtischen AusfallStr muss der Luftraum idR mindestens bis zur maximal zulässigen FzHöhe frei sein (Ro MDR **05** 31, Ce VersR **05** 1702, Kö NZV **91** 426, **95** 22, Dr VersR **97** 336). Bei Str mit VBedeutung muss jedenfalls vor einem in 3,40 m Höhe in den Luftraum über der Fahrbahn ragenden Baumstamm durch VZ gewarnt werden (Ha NZV **92** 185 (Mithaftung des LkwF zu ¹/₂)). Wo mit 4 m hohen Lastfz zu rechnen ist (Ortsdurchfahrt, Industrie- oder Gewerbegebiet), muss auch der Luftraum in solcher Höhe frei von Hindernissen sein, dass rechts gefahren werden kann (Dü VersR **74** 1114, Kö NZV **95** 22, Zw VersR **95** 111, einschr Brn VersR **95** 1051, aM Dü VersR **89** 273 für innerstädtische Str mit lebhaftem LkwVerkehr). Nach KG VersR **73** 187 haftet der Sicherungspflichtige auf einer städtischen Str zumindest für Anliegerverkehr für freien Luftraum über der Fahrbahn über 3 m hinaus (Kollision eines Möbeltransportaufbaus mit einem StrBaum; *Wiethaup* VersR **73** 402). Auf Bäume, die sich zur Fahrbahn neigen, oder Äste, soweit Entfernung nicht zumutbar ist, die aber gefährden können, ist auf LandStr durch WarnZ hinzuweisen (Nau VRS **100** 261, Ol MDR **64** 1004). Der Sicherungspflichtige hat auch sichtbehindernde Äste zu entfernen (Ha NZV **93** 28, verdecktes Warnlicht an Bahnübergang). Überblick zu Haftungsfragen bei Bäumen: *W. Schneider* VersR **07** 743. Zur Unfallhaftung bei wissenschaftlichen **StrBauversuchen** eines Hochschulinstituts BGH NJW **73** 1650. **Trimmpfad:** zur Sicherungspflicht Dü VersR **79** 650. Ein **unbefestigter Forstweg** am Hang ist vom Benutzer in dem bestehenden Zustand hinzunehmen (Ko VersR **04** 257) und wird von Lkw auf eigene Gefahr benutzt (BGH VersR **64** 323). Damit, dass ein stark längs- und quergeneigter Holzabfuhrweg wegen Verschlammung zeitweise unbenutzbar sein kann, muss der Holzfahrer rechnen (Stu VersR **80** 726). Bei einem Waldweg besteht VSicherungspflicht des Waldbesitzers allenfalls für atypische Gefahren, wozu Stufen nicht gehören (Dü NZV **09** 33).

Unebenheiten der Fahrbahn und des Gehwegs, sofern sie beträchtlich sind (BGH VkBl. **61** 234, VersR **66** 290 (Unfallhäufung), DAR **12** 572, Mü ZfS **87** 354), sind zu beseitigen (zu Schlaglöchern *Bergmann* DAR **11** 228). Bis dahin besteht Warnpflicht, soweit sie nicht ohne Weiteres erkennbar sind (Rn. 51; Mü MDR **58** 843, Ce DAR **84** 290, Ha NVwZ **97** 414 (Bodenwelle), Brn VersR **96** 478, 517; LG Aachen NZV **16** 323 (18 cm hohe Bodenwelle auf AB; jedoch Schadensteilung bei tiefer gelegtem Ferrari und 200 km/h Geschwindigkeit)). Nach Sa

DAR 18 26 monatliche Kontrollpflicht für innerörtliche Str und Vermutung der Entdeckung von länger währenden StrSchäden bei Einhaltung der Kontrollpflicht. Keine Haftung aus Verletzung der VSicherungspflicht jedoch bei Schlaglöchern geringer Tiefe (Bra NVwZ-RR 03 755 (2 cm)) oder bei Nichtbeseitigung einer gut erkennbaren Bodenwelle auf landwirtschaftlichem Wirtschaftsweg (Dü VersR 91 1419) oder eines 12 cm tiefen Lochs auf einer Str, die im Wesentlichen als landwirtschaftlicher Wirtschaftsweg dient (Dü VersR 97 639). Die *VSicherungspflicht für die Fahrbahn* muss (jedenfalls außerhalb von Fußgängerüberwegen und Fußgängerfurten) nur den Anforderungen des FzVerkehrs entsprechen, nicht denen querender Fußgänger (Ha NZV 05 258). Sog „Elefantenhaut" (Netzrisse) zeigt die Gefahr der Ablösung von Stücken der Fahrbahndecke an und erfordert auf Str mit hohem VAufkommen häufigere als nur wöchentliche Kontrolle (Ha NZV 05 193, 06 251). Ein Kf braucht nicht mit einer unter einer Wasserlache verborgenen quer verlaufenden Schwelle von 19 cm im Fahrbahnbelag zu rechnen (Jn DAR 03 69), auch nicht mit Schlagloch von 20 cm auf stark befahrener DurchgangsStr, und zwar auch nicht bei Warnschildern für schlechten StrZustand und Geschwindigkeitsreduzierung (Ce NZV 07 596 (aber 50% Mitverschulden); Ko NZV 08 580 (AB); Sa DAR 10 23 (Scheitelpunkt der Kurve einer abschüssigen Str)). Mit 10 cm tiefen Schlaglöchern auf AB muss auch im Baustellenbereich mit Geschwindigkeitsbegrenzung auf 60 km/h nicht gerechnet werden (Nü DAR 96 59), anders bei innerörtlicher, ersichtlich noch im Bau befindlicher, durch VZ 123 (Baustelle) gekennzeichneter Str (LG Trier NJW-RR 03 1605) sowie im Baustellenbereich einer dort unbefestigten städtischen Str mit 30 km/h zulässiger Höchstgeschwindigkeit (Ro DAR 00 311). Haftung des Landes für nicht hinreichende Sicherheit einer provisorischen Schachtabdeckung auf Standspur der AB (Ha NZV 14 351). Vor einer für Kradf gefährlichen Längskante einer 4,5 cm tiefen Auffräsung der Fahrbahndecke wird allein durch VZ 112 nicht ausreichend gewarnt (Ko VRS 104 241). Eine scharfkantige Spurrille in Längsrichtung kann wegen Sturzgefahr für Kradf eine sicherungsbedürftige Gefahrenquelle sein (Ha NZV 06 197). Die Vereinbarkeit von **Fahrbahnschwellen** außerhalb verkehrsberuhigter Bereiche (Z 325.1, 326.1; Schrittgeschwindigkeit!) mit der VSicherungspflicht ist zumindest zw (*Berr* DAR 89 70, 91 283, 92 377, *Kuhn* VersR 90 28), wird aber von der Rspr. grundsätzlich bejaht (Ko MDR 00 451, Dü NJWE-VHR 97 94). Zumeist werden unter Beachtung des Verhältnismäßigkeitsprinzips weniger einschneidende und gefährdende Einrichtungen ausreichen (s. oben *Hindernisse*). Jedenfalls müssen Schwellen, Aufpflasterungen und ähnliche VHindernisse auf der Fahrbahn so beschaffen sein, dass sie mit der zulässigen Geschwindigkeit schadlos passiert werden können (Kö VersR 92 826 (zust *Berr* DAR 92 377), Ha NZV 93 231, VersR 94 698, Mü VersR 94 700, Dü VersR 96 602, abw VGH Ma NZV 92 462, Dü NJW 93 1017, Ce MDR 00 156 (krit *Peglau* MDR 00 453)). VZ 112 allein, 100 m vor einer Aufpflasterung, reicht bei zulässiger Höchstgeschwindigkeit von 30 km/h nicht (Ko MDR 00 451). Anbringen einer Fahrbahnschwelle auf Parkplatzzufahrt ohne Hinweisschild kann zur Haftung führen (LG Sa ZfS 91 79). Einrichtung knapp 20 cm hoher Schwellen auf der Fahrbahn kombiniert mit VZ 112 (unebene Fahrbahn) und 274 (30 km/h) gefährdet und verletzt die VSicherungspflicht (LG Aurich DAR 89 69), ebenso Aufpflasterungen von mehr als 10 cm Höhe (Kö ZfS 92 187, VersR 92 826 (Alleinhaftung der Gemeinde)). Bei innerstädtischen Str, die ohne Beschränkung dem allgemeinen V gewidmet sind und daher von allen nach der StVZO zugelassenen Fz befahren werden dürfen, ist der Benutzung durch Fz mit geringer Bodenfreiheit Rechnung zu tragen (BGH NZV 91 385 (unter Aufhebung von Ha NZV 90 352 m krit Anm *Berr* DAR 90 461 und abl Anm *Gall* NZV 91 135), Kö ZfS 92 187, Mü VersR 94, 700, Dü VersR 96 602, Ha NZV 92 483, 93 231, VersR 94 698 (umklappbarer Sperrpoller, aM Ha NJW 90 2474, VGH Ma NZV 92 462, Dü NJW 93 1017, dazu *Hentschel* NJW 92 1081). Können auf solchen Str Fahrbahnschwellen auch mit Schrittgeschwindigkeit nicht von allen zugelassenen Fz gefahrlos überfahren werden, so haftet der VSicherungspflichtige für daraus entstehende Schäden (BGH NZV 91 385 (anders aber uU bei durch VZ gekennzeichneten verkehrsberuhigten Bereichen oder Fußgängerbereichen), Ha NZV 92 483 (Haftung bei 7,3 cm hoher, 1,4 cm breiter Schwelle)). Grds. sind auch in verkehrsberuhigten Bereichen Fahrbahnschwellen so zu gestalten, dass der zugelassene V bei der gebotenen Schrittgeschwindigkeit nicht zu Schaden kommt (Ha NZV 93 231 (wonach aber mehr als 8 km/h nicht mehr soll als Schrittgeschwindigkeit angesehen werden können) und dass Zweiradf nicht gefährdet werden (Ha NZV 90 352 (mindestens 80 cm Abstand vom Bordstein), Kö VersR 93 1545 (60 cm Abstand für ausreichend erachtet), näher *Berr* DAR 91 283 ff.). Verletzung der VSicherungspflicht, wenn bei Aufbringen sog „Kölner Teller" auf die Fahrbahn kein ausreichend breiter Streifen für Radf frei gehalten wird (Sa NZV 98 284). Haftung für elektronisch ausfahrbare Poller (Sa MDR 12 905). Gefährlichkeit einer flachen, etwa 20 cm tiefen, breiten

Querrinne im StrBelag besonders für schwere Fz und bei wiederholten Unfällen (BGH VersR **71** 475).

Der Belag von **Gehwegen** (zu Unebenheiten auf Gehwegen *Spitzlei* NZV **16** 556) muss so beschaffen sein, dass er mit normalem Schuhwerk bei durchschnittlicher Aufmerksamkeit begangen werden kann (Mü VersR **89** 862), wobei der Fußgänger bei innerstädtischem Gehweg die Augen nicht ständig nach unten zu richten hat (BGH VersR **07** 1087). Der Gehweg muss nicht den Bedürfnissen von Inline-Skatern entsprechen (s. *Inline-Skates*). Auf geringe Unebenheiten auf Straße, Gehweg und Privatgrundstücken muss sich ein Fußgänger einstellen (Hb VersR **78** 470, Ha VersR **86** 349, NJW-RR **87** 412, Ce VersR **89** 157, Schl VersR **89** 627, Ko MDR **92** 1127, Dü VersR **93** 1416, **97** 186, Dr VersR **97** 593; Sa NZV **16** 329 (erhöhte Sorgfaltspflicht eines Joggers bei Dunkelheit)), ebenso auf Erhebungen im Plattenbelag im Wurzelbereich von Bäumen (Dü VD **98** 23, Ko DAR **01** 167 (Inline-Skates)), sowie uU auf Frostaufbrüche am Gehwegrand (Ko MDR **99** 39). Art und Ausmaß, insbesondere die Höhe des Niveauunterschiedes sowie die Örtlichkeit sind entscheidend (Ha NJW-RR **87** 412, **92** 1442, Kö ZfS **92** 75, NJW-RR **94** 350, Dü VersR **93** 1416, **95** 1440, NJW-RR **95** 1114, Fra NJW-RR **94** 348). Ohne konkreten Anlass keine Pflicht zur Untersuchung von Gehwegplatten auf Hohlräume (Ro NZV **98** 325). Je mehr Fußgänger von der Beobachtung des Gehweges abgelenkt werden (Geschäfte uä), desto mehr ist ihre Unaufmerksamkeit zu berücksichtigen (Mü ZfS **87** 354, Ce VersR **89** 157, MDR **98** 1031, Kö VersR **92** 630, Dü VersR **96** 603, Ko MDR **99** 39). An das Pflaster eines Nebenstraßengehwegs sind geringere Anforderungen zu stellen (Ol VRS **6** 82, Fra NJW-RR **94** 348), als an das einer HauptgeschäftsStr (Ha NJW-RR **87** 412). Scharfkantige Niveauunterschiede von mehr als 2 cm im Gewegbelag brauchen idR nicht hingenommen zu werden (Ha NJW-RR **92** 1442, Kö ZfS **91** 256), anders bei erkennbar holprigem Belag (Ha NJW-RR **87** 412, NZV **95** 484, Nau VM **96** 86). Entsprechendes kann uU für deutlich von der Fahrbahn abgesetzte Parkstreifen gelten (Ha NJW-RR **92** 1442). Auch Gehwegunebenheiten von nicht mehr als 2 cm können uU Ansprüche gegen die VSicherungspflichtigen begründen, wenn dieser die Unebenheit durch unsachgemäße Baumaßnahmen selbst geschaffen hat (Schl MDR **03** 29) oder wenn der Gesamteindruck des Belags schwer erkennbare Kanten nicht vermuten lässt (Ha NJW-RR **05** 254). Nach aM sind Unebenheiten bis 2,5 cm auf Gehwegen idR ungefährlich (Ce VersR **89** 157). In Fußgängerzonen sind strengere Anforderungen zu stellen (Ol MDR **86** 411, Dü VersR **96** 603, LG Essen VD **05** 332 (Verletzung der VSicherungspflicht bei 3 cm herausragendem Pflasterstein), *Berr* DAR **91** 282). Verletzung der VSicherungspflicht bei scharfkantiger, 5 cm hoher „Stolperkante" am Übergang zwischen dem geschotterten und dem gepflasterten Teil eines Gehweges (Ha NZV **97** 43). Eine 13 cm hohe längs verlaufende Kante auf einem Gehweg ist im Hinblick auf zeitlich ungünstige Sichtverhältnisse (Dunkelheit) zu markieren (Ha NZV **04** 142, Schadensersatzpflicht bei Unfall am Tage jedoch verneint). Haftung nach fortgeltendem *DDR-Recht* (Rn. 54) abgelehnt bei 5 cm Niveauunterschied auf erkennbar nicht verkehrssicherem Gehweg: LG Magdeburg VersR **94** 1366, Nau VM **96** 86 (6 cm). Vertiefung von 8–10 cm auf Spazierweg im Kurpark ist zu beseitigen oder zu sichern (Ha NZV **04** 141). Wer auf unebenem Gehweg stürzt, muss gefährliche Vertiefung beweisen, auf Anschein kann er sich nicht berufen (Fra VersR **79** 58). Gehwegplatten dürfen nicht hochkippen (Bra VersR **66** 961). *Bordsteine*, s. dort. *Kanaldeckel*, s. dort. Gitterroste über Schächten in einer Kaufhauspassage sind gegen unbefugtes Abheben zu sichern (BGH VersR **76** 149). Zu weite, wenn auch den DIN-Vorschriften entsprechende Kanalrostschlitze im vielbenutzten Gehwegbereich können gefährden (Dü VersR **78** 768). Auf Wassereinlaufroste *(Gullys)* am Fahrbahnrand einer Str ohne Gehwege, die wenige cm tiefer liegen, muss ein Fußgänger selbst achten (Schl MDR **98** 104). Zur Beweislast bei fehlender Gullyabdeckung Ce VersR **04** 860.

Niveauunterschiede im **Straba-Gleisbereich** bei Fußgängerüberwegen (Ce VRS **69** 409, Bordsteinkante zwischen den Gleisen). Strabagleise 4 cm über Fahrbahnniveau bei Kopfsteinpflaster auf AltstadtStr verletzen nicht die VSicherungspflicht (Mü ZfS **90** 295, LG Essen NZV **06** 252, Fußgängerüberweg). Außerhalb von Fußgängerüberwegen und Fußgängerfurten müssen die Fahrbahn überschreitende Fußgänger Fahrbahnunebenheiten in stärkerem Maße hinnehmen als auf Gehwegen (Ce NZV **89** 72, Kar VersR **93** 332 mAnm *Gaisbauer* VersR **93** 849, Jn NZV **98** 71). Wo starker FußgängerV (Gehen im „Pulk") eine ausreichende Beobachtung des Bodens ausschließt, hat der VSicherungspflichtige in höherem Maße auf Niveauunterschiede zu achten (Kö NJW-RR **94** 350 (4–5 cm im Straba-Gleisbereich)). Gullys mit breiten längs verlaufenden Öffnungen dürfen keine Gefahr für **Radfahrer** bilden (BGH VersR **83** 39, Ha NZV **06** 35, ZfS **91** 41, s. aber Stu VersR **03** 876 (Rennrad)). I Ü müssen Radf auf Vertiefungen einer erkennbar beschädigten Fahrbahndecke selbst achten (Stu NZV **03** 572, Ko

DAR **01** 460). Wer mit einem Rennrad mit zügiger Geschwindigkeit fährt, muss auf geringfügige Unebenheiten selbst achten (Bra NVwZ-RR **03** 755, Dü VersR **93** 1125). Ein quer zur Fahrtrichtung verlaufender Spalt vor einer Werkseinfahrt, in dem der schmale Reifen eines Rennrads versinken kann, verletzt die VSicherungspflicht nicht (Ko NZV **12** 482). Radf müssen mit unter herabgefallenem Laub verborgenen Unebenheiten rechnen (Dü NJWE-VHR **97** 286), ebenso mit Asphaltrissen und -aufwerfungen durch Baumwurzeln auf durch Bäume gesäumten Radwegen (Bra NZV **02** 95) sowie auf Str in erkennbar schlechtem Zustand mit unter Pfützen verborgenen Schlaglöchern (Dr NZV **02** 92). Das Gleiche gilt für durch Frost verfestigte Spurrillen auf zuvor aufgeweichtem, unbefestigtem Fuß- und Radweg (Ce NZV **05** 472). Weist der Radweg erkennbar zahlreiche Schlaglöcher auf, bedarf es keiner Warnung (LG Ro MDR **05** 396). Hingegen soll nach Ha NZV **15** 393 eine 5 cm hohe Kante auf einem unbeleuchteten Uferweg mit Schild „Benutzung auf eigene Gefahr" Haftung begründen (aber 50% Mitverschulden des Radf wegen Nichtbeachtung Sichtfahrgebot). Eine Feldheckabsperrung („Ziehharmonika-Feldheck" mit Stacheldrähten) auf einsamem Feldweg kann VSicherungspflichtverletzung begründen, weil nach den geänderten Verhältnissen stets mit Mountainbike-Fahrern zu rechnen ist (Schl DAR **18** 150, zu BGH NJW **20** 3106 s. o. bei Hindernissen). Keine Haftung für Schäden aus nicht vorhersehbaren Hitzeaufbrüchen auf Beton-AB (Ha ZfS **97** 8), anders bei Untätigkeit trotz bekannter Hitzeschäden in der Umgebung (Ce DAR **84** 290). Haftung für gefährliche Frostaufbrüche (BGH VersR **60** 235), ungesicherte (BGH VersR **60** 235, LG Augsburg ZfS **91** 404) oder unbeleuchtete (BGH VersR **57** 202). Zur Fahrermitschuld bei Kollision mit hohem Frostaufbruch Stu VersR **72** 868. Frostaufbrüche an StrabaSchienen von 2 m Länge sind alsbald zu beseitigen (Ol MDR **58** 843), ebenso andere Vertiefungen neben kreuzenden Schienen, nicht erst zusammen mit der nächsten planmäßigen Ausbesserung (BGH VRS **20** 164), auch schlecht erkennbare Vertiefung neben Strabagleisen (BGH VRS **20** 164). Hingegen verletzen Spurrillen auf einem Bahnübergang nicht die VSicherungspflicht (Nau NJW **15** 1396). Ganz unerhebliche Unebenheiten bleiben außer Betracht (Mü VersR **62** 240 (ausgefüllter, aber noch nicht asphaltierter Kabelgraben), Fra VersR **84** 394 (flache Mulden in der Fahrbahndecke)). Nach Probebohrung zur Prüfung des Erdreichs genügen die üblichen Kontrollgänge nicht, vielmehr sind spezielle Maßnahmen zur Überwachung (ordnungsgemäßes Verfüllen des Bohrlochs, Nachsacken des Erdreichs?) erforderlich (Dü VersR **82** 1076). Für die VFlächen *verkehrsberuhigter Bereiche* gelten, weil sie keine „Fahrbahnen" sind, bezüglich Unebenheiten (Aufpflasterungen, Schwellen) abweichende Grundsätze (Dü VersR **89** 1196).

Bei **Unterführungen** mit bogenförmiger Decke (unterschiedlich hoch), deren Höhe schwer abschätzbar ist, sind idR Warnhinweise erforderlich (Stu NZV **04** 96). Auch auf unbedeutender GemeindeStr ist die VSicherungspflicht verletzt, wenn eine Unterführung von weniger als 4,50 m nicht durch VZ 265 gekennzeichnet ist, Ba VersR **94** 1470. Bei der Höhenangabe auf Z 265 ist ein Sicherheitszuschlag zu berücksichtigen (LG Osnabrück NZV **04** 534 (weniger als 20 cm zu gering). I Ü kein Grundsatz, dass der Luftraum bis zur höchstzulässigen FzHöhe frei sein müsste (Stu NZV **04** 96), s. auch *Straßenbäume*. **Verkehrsspiegel** sind keine amtlichen VEinrichtungen (Stu NZV **94** 194), sie müssen weder beheizt noch auf Beschlagen, Verschneien oder Vereisen überwacht werden (Fra NJW-RR **89** 344). Jedoch nach Sa NJW **10** 3104 uU Haftung bei Substanzschäden oder dauernder Beeinträchtigung der Funktion. **Verkehrszeichen** müssen nur dann durch „Rüttelprobe" auf ihre Standfestigkeit überprüft werden, wenn Anhaltspunkte für Schäden vorhanden sind (Nü NZV **97** 308, DAR **00** 408 mAnm *Thubauville* VM **00** 94; hierzu und zum Ganzen *Petershagen* NZV **11** 528). Jedoch ist visuelle Kontrolle in mehrmonatigen Abständen notwendig; diese kann nicht von einem 40 km/h fahrenden Fz aus erfolgen (Nü DAR **00** 408). Vorübergehend aufgestellte VSchilder müssen nicht fest eingebaut oder angekettet werden (Hb NZV **99** 376). Jedoch müssen bewegliche VSchilder auch bei Sturm sicher sein, Sturmwarnungen muss der VSicherungspflichtige beachten (LG Berlin NZV **04** 524, NVwZ-RR **99** 362, AG Wiesbaden ZfS **08** 433; s. aber Ko NVwZ-RR **04** 322 (Haftung bei Orkan abgelehnt)). Sie dürfen nicht so dicht am Fahrbahnrand aufgestellt werden, dass sie für den FzV eine Gefahr bilden (AG Eilenburg ZfS **02** 169).

Nennenswerte **Verschmutzung der Fahrbahn** hat außer dem VSicherungspflichtigen auch der Verursacher alsbald zu beseitigen (Ackerschmutz, Dünger, Viehtrieb; hierzu § 32). Zu *Baustellen* s. dort. Geringfügige Reste von Glaspartikeln und Abstreumaterial in den Vertiefungen der Fahrbahndecke nach Unfall sind als im Toleranzbereich liegend hinzunehmen (Ko DAR **01** 362), gleichfalls kleine Steinchen und Sand (Brn NZV **08** 568). Erkannter **Wasser**gefahr muss der Kf Rechnung tragen (LG Ma VersR **67** 46). Haftung im Rahmen der Zumutbarkeit auch für entwässerte Fahrbahn (BGH VersR **68** 555 (Rohrverstopfung), Dü VersR **69** 643), jedoch kein Anscheinsbeweis dafür, dass eine Wasserlache nach einem Wolkenbruch auf Konstruktionsmangel oder unzulänglicher Wartung beruhe (BGH VersR **61** 806, Mü VersR **62** 995). Haftung des VSicherungspflichtigen, wenn dieser Überflutungsgefahr infolge mangelhafter Überwachung nicht erkannt hat (Fra DAR **84** 19, Ha VersR **01** 507). Größere Wasserlachen nach Regen und Schneeschmelze müssen technisch verhindert werden; zumindest ist Warnung erforderlich (Ha DAR **02** 313, VersR **01** 507, Mü VersR **80** 197). VZ „80 bei Nässe" genügt auf AB zur Warnung vor tiefer Wasserlache nicht (Brn ZfS **01** 102). Mängel der Entwässerung einer LandStr, die immer wieder auffallen, müssen sachkundig beseitigt werden (BGH VkBl. **73** 898, VersR **70** 545). Überflutung einer HauptStr von einem Feldweg her muss der VSicherungspflichtige durch ein Entwässerungssystem möglichst verhindern (Sa VM **73** 59). Behördenhaftung für die Folgen von StrUnterspülung (Ko VersR **73** 41 (§ 823 BGB)). Über **Wildwechsel** muss sich die StrVB unterrichten und Stellen mit hoher Wilddichte oder häufigen Unfällen durch Wild kennzeichnen (BGHZ **108** 273 = NZV **89** 390, Ce VersR **67** 382, LG Stade DAR **04** 528), nicht schon bei weniger als 1 Wildunfall pro Jahr und km (Bra NZV **98** 501 (zu § 40 I S. 2 aF)). In waldigem Gelände muss der Kf auch ohne Warnung durch VZ mit Wild rechnen (LG Coburg DAR **02** 129). Wildschutzzäune muss weder der Baulastträger noch der VSicherungspflichtige errichten (BGHZ **108** 273, VGH Ka VkBl. **73** 851, Fra VRS **75** 82). Richtlinien für AB-Wildschutzzäune, VkBl. **85** 453, **05** 354 = StVRL Nr. 2, sowie VkBl. **92** 147 = StVRL Nr. 45 (WSchuZR – Zustimmung des BMV).

54 **21. Verletzung der Verkehrssicherungspflicht.** Der VSicherungspflicht kann privatrechtlich als Fiskus oder hoheitsrechtlich genügt werden (BGHZ **60** 54, 59, **52** 325, BGH NJW **14** 3580; Fra DAR **04** 701, Ko NVwZ-RR **05** 276, Ha VersR **01** 1575). Die öffentlichrechtliche Amtspflicht zur Sorge für die VSicherheit entspricht inhaltlich der allgemeinen VSicherungspflicht (BGH NJW **80** 2195, VersR **81** 733, KG DAR **01** 497). IdR richten sich Ersatzansprüche wegen ihrer Verletzung nach den §§ 823 ff. BGB (str; BGHZ **60** 54, **9** 373, **54** 165, NJW **71** 43, **73** 460, VRS **34** 81, BVerfGE **14** 304, **35** 334, Hb MDR **64** 147, KG VersR **73** 187, Fra VersR **93** 988), hinsichtlich des § 823 BGB also beschränkt auf Ansprüche aus der Verletzung der dort bezeichneten absoluten Güter (BGHZ JZ **76** 606, NJW **73** 464, KG DAR **01** 497). Hat die verantwortliche Körperschaft die Erfüllung der Verkehrssicherungspflicht zur hoheitsrechtlichen Aufgabe gemacht (BGHZ **60** 54), so haftet sie gemäß § 839 BGB, Art 34 GG, aber nicht über den Rahmen von § 823 I BGB hinaus, also nicht auch für Vermögensschäden (BGHZ **66** 398, KG DAR **01** 497). Die Beweislast hinsichtlich der Ursächlichkeit der Pflichtverletzung für den Schaden trägt der Anspruchsteller (BGH NZV **04** 248). Bei Sturz eines Fußgängers im unmittelbaren Bereich einer gefährlichen Stelle spricht der **Anschein** für deren Ursächlichkeit (BGH NJW **05** 2454). Zum Anscheinsbeweis hinsichtlich der Ursächlichkeit für den Schaden **E** 157a. Landesrechtlich kann die VSicherungspflicht jedoch auch einer öffentlichen Körperschaft als öffentliche Pflicht zugewiesen werden (BGHZ **60** 58, **40** 379, NJW **71** 43, **73** 460, JZ **76** 606, Fra VersR **93** 988). Die Länder haben die VSicherungspflicht in ihren Straßen- und Wegegesetzen überwiegend als hoheitliche Aufgabe ausgestaltet (Übersicht: *Kodal-Herber* Kap. 42 Rn. 7). Trifft die Körperschaft daraufhin die erforderlichen organisatorischen Maßnahmen, so haftet sie bei Verletzung ausschließlich nach Amtshaftungsgrundsätzen (Art 34 GG, § 839 BGB), BGHZ **60** 62, NJW **71** 43), die als Sonderregelung die Haftung nach allgemeinen Regeln meist ausschließen (BGHZ **34** 99, NJW **71** 43). Die Subsidiaritätsklausel in § 839 I S. 2 BGB greift bei Verletzung der hoheitlich obliegenden VSicherungspflicht nicht ein, weil verkehrssichere Straßen zum unfallfreien VAblauf ebenso wichtig sind wie die Beachtung der VRegeln (§ 16 StVG Rn. 20). **Rspr. zu Landesrecht:** B/WStrG: Stu VersR **03** 876 (Amtspflicht), BayStrWG: BGH VersR **91** 665, Mü VersR **02** 455 (hoheitliche Ausgestaltung der VSicherungspflicht), BrnStrG: Brn DAR **04** 389, MDR **02** 93, VersR **98** 912 (Amtspflicht), HessStrG: BGH NJW **67** 1325, Fra ZfS **83** 129 (Streupflicht hoheitlich), DAR **04** 701, VersR **93** 988 (VSicherungspflicht privatrechtlich), StrWG M-V: LG Stralsund VRS **101** 17, LG Ro MDR **05** 39 (Amtspflicht), NdsStrG idF 1980: BGHZ **60** 54 = NJW **73** 460, NZV **04** 248, 03 570, NJW-RR **90** 1500, Ce VersR **01** 1440; NZV **10** 86 (Sicherung von StrBäumen hoheitlich); StrWG NRW (1961/83): BGHZ **112** 74 = VersR **90** 1148, NZV **94** 148, Ha NZV **93** 192, VersR **01** 1575, Dü NJW **96** 731 (Amtspflicht), RhPfalzStrG: BGH NZV **95** 144, Ko VRS **104** 241, NVwZ-RR **05** 276 (VSicherungspflicht hoheitlich ausgestaltet), SächsStrG: Dr NZV **02** 92, VersR **97** 593, VRS **100** 263 (hoheitliche Aufgabe), StrG Sa-Anh: Nau DAR **98** 18, VRS **100** 261 (Amtspflicht), Schl-Holst StrWG: BGH VersR **85** 973 (StrReinigung ist hoheitliche Tätig-

keit), Schl NZV **95** 153 (VSicherungspflicht Amtspflicht), ThürStrG: Jn DAR **99** 71, VM **98** 71 (Amtspflicht), NZV **06** 248. In Berlin ist die VSicherungspflicht grundsätzlich öffentlich-rechtlich ausgestaltet (§ 7 VI S. 1 BerlStrG; BGHZ **123** 102 = NZV **93** 386, BGH DAR **12** 572, KG VRS **84** 403, s. auch Rn. 56). Als Überwachungspflicht bleibt die VSicherungspflicht auch bei Übertragung auf eine andere Behörde bestehen (Dü MDR **59** 302). In den **neuen Ländern** war hinsichtlich des Umfangs der VSicherungspflicht in Bezug auf Beseitigung von StrSchäden und in Bezug auf Warnung vor solchen Schäden zunächst dem insgesamt noch unbefriedigenden StrZustand in diesen Ländern Rechnung zu tragen (KG VRS **84** 403, NZV **93** 108, Nau NZV **95** 231, VM **96** 86, Dr VersR **97** 593, Jn NZV **98** 71, LG Halle VersR **96** 385, LG Berlin NZV **96** 603, LG Bautzen DAR **99** 26, *Rinne* NVwZ **03** 13, *Uecker* NZV **92** 300). Haftung für Schäden durch Schlaglöcher jedoch, wenn gebotener Hinweis durch WarnZ unterblieb (LG Leipzig NZV **94** 235, LG Chemnitz DAR **98** 144). Mittlerweile ist der Straßenzustand dem in den „alten" Ländern oftmals überlegen. Im Hinblick darauf gelten dieselben Maßstäbe wie in den alten Ländern (Brn bei *Herber* NZV **11** 161, 165). Der Hinweis auf „leere Kassen" allein wird nicht tragen (vgl. BGH DAR **12** 572, *Herber* aaO). Soweit Beseitigung von Schäden noch nicht möglich ist, sind jedenfalls ausreichende Warnhinweise zu verlangen (*Staab* VersR **03** 693). Auch in den neuen Ländern darf der Kf grundsätzlich darauf vertrauen, dass sein Fz nicht auf der Fahrbahndecke aufsetzt (Dr DAR **99** 122) oder auf einer neu gebauten AB in eine auf Grund Konstruktionsfehlers entstandene tiefe Wasserlache gerät, vor der nicht gewarnt wird (Brn ZfS **01** 102). Haftung auch bei 12 cm tiefem Schlagloch auf AB: LG Halle DAR **99** 28. Nach Brn NZV **97** 479, LG Dr DAR **94** 327 kann bei stark belasteter Strecke wöchentliche Überprüfung auf Schlaglöcher geboten sein. Zur Haftung bei Einschaltung privater Betreiber *H. Müller* VersR **06** 326.

22. Träger der Verkehrssicherungspflicht ist bei öffentlichen Str derjenige, der die von der **55** Str ausgehende Gefahrenlage durch Zulassung des öffentlichen V geschaffen hat und in der Lage ist, auf diese Gefahrenlage einzuwirken (BGH NJW **67** 246, NZV **94** 148, Ce VersR **89** 1194). Das ist ohne Rücksicht auf Eigentum und Kostenträgerschaft, wer die Str verwaltet, weil er allein für ordnungsgemäßen Zustand sorgen kann (BGH NJW **67** 246, Ce VRS **98** 260, *Arndt* DRiZ **82** 371), grundsätzlich, soweit er die Verfügungsgewalt über die Str besitzt, der Träger der StrBaulast (BGHZ **99** 249 = NJW **87** 1945, Ha NZV **00** 169, Ce VersR **01** 1440, VRS **98** 260, Brn DAR **99** 403, Dü VersR **96** 602, Nau VRS **100** 261, Jn VM **98** 71), aber nicht stets, dh in Ausnahmefällen müssen StrBaulastträger und VSicherungspflichtiger nicht identisch sein (BGH NZV **94** 148, Ce VersR **89** 1194). Bei Verschiedenheit von StrBaulastträger und der die Str verwaltenden Körperschaft obliegt dem Träger der Verwaltung die VSicherungspflicht (BGH NJW **67** 246, Ce VersR **89** 1194). VSicherungspflichtig sind auf öffentlichen Str außerhalb der Ortsdurchfahrten idR die Länder, bei BundesStr und der AB (trotz Baulast des Bundes) kraft Auftragsverwaltung (Art 90 II GG; BGH VersR **81** 733, DAR **19** 513; Mü VersR **02** 455, Ce VersR **89** 246, Fra VersR **93** 988), in NRW die Landschaftsverbände (BGH VersR **85** 641, Kö VersR **66** 834). Das Gleiche gilt, wenn das Land die tatsächliche Verfügungsmacht über eine im Eigentum des Bundes stehende Str aufgrund einer freiwilligen Verwaltungsvereinbarung mit dem Bund übernommen und in dieser Eigenschaft nach einer Baumaßnahme den Verkehr wieder zugelassen hat (BGH DAR **06** 264). LandesStrG: Rn. 54, 56. Träger der VSicherungspflicht für Ortsdurchfahrten: § 5 II, IIa FStrG und *Kodal-Tegtbauer* Kap. 14 Rn. 19 ff., *-Herber* Kap. 42 Rn. 18, Stu VersR **90** 323. Bei Ortsdurchfahrten von BundesStr in Gemeinden mit mehr als 80 000 Einwohnern ist die Gemeinde Trägerin der VSicherungspflicht (BGH VRS **12** 249 (hinsichtlich der dort abweichend angegebenen Einwohnerzahl überholt durch FStrG)). I Ü ist jeder, der Gefahrenquellen auf der Str schafft, zur Sicherung des V durch entsprechende Vorkehrungen zur Verhütung von Schäden verpflichtet, zB, wer Bauarbeiten ausführt (Rn. 45; Kar VRS **79** 344) oder der Kraftwerkbetreiber (Glätte durch Kühltürme; Kö NZV **95** 111). Die sicherungspflichtige Gemeinde kann den Geschädigten nicht an den Bauunternehmer verweisen (LG Münster MDR **66** 586). Wird ein Bauunternehmer mit der Sicherung einer Baustelle betraut, so entledigt sich die Behörde dadurch idR nicht völlig ihrer eigenen VSicherungspflicht (BGH NJW **82** 2187, Dü VersR **93** 1125, Ha ZfS **98** 455, NZV **99** 84, Jn NZV **06** 248, Kar VersR **06** 855, s. auch Rn. 45). Bei Verschiedenheit der Träger der Unterhaltungs- und Verwaltungspflicht haftet der Letztere (BGH NJW **67** 246). Die VSicherungspflicht bleibt als Überwachungspflicht des Pflichtigen auch bestehen, wenn er sie übertragen hat (Dü MDR **59** 302, Ko NJWE-VHR **96** 70, Kar VersR **06** 855). Der StrMeister ist bei Erfüllung der VSicherungspflicht gesetzlicher Vertreter des Landes, nicht Verrichtungsgehilfe (BGH VRS **15** 81, Bay VkBl. **55** 619, Kar VkBl. **59**

550). Obliegt die Sicherungspflicht mehreren Personen, so trifft sie alle gemeinsam (Ha DAR **72** 22).

55a   Literatur: *Berr,* VSicherungspflichten in geschwindigkeitsbeschränkten Bereichen, DAR **91** 281. *Burmann,* Die VSicherungspflicht für den StrV, NZV **03** 20. *Edenfeld,* Grenzen der VSicherungspflicht, VersR **02** 272. *Gaisbauer,* Die VSicherungspflicht ... gegen das Abrutschen von Schnee vom Dach, VersR **71** 199. *Hötzel,* VSicherungspflicht für Bäume ..., VersR **04** 1234. *Hugger/Stallwanger,* Dachlawinen – VSicherungspflicht und Haftung, DAR **05** 665. *Jahn,* Das Verhältnis zwischen der VSicherungspflicht und der StrUnterhaltungspflicht, NJW **64** 2041. *Ders.,* Die Haftungsgrundlage bei Verletzung der VSicherungspflicht auf öffentlichen Str, JuS **65** 165. *Kärger,* VSicherungspflichten im StrV ..., DAR **03** 5. *Kleinewefers/Wilts,* Die VSicherungspflicht auf öffentlichen Str, VersR **65** 397. *Krell,* Die technische Ausgestaltung der StrVSicherungspflicht, VGT **82** 207. *Lang,* Die Haftung der öffentlichen Hand bei VUnfällen, VersR **88** 996. *Landscheidt/Götker,* StrVSicherungspflichten der Gemeinde, NZV **95** 89. *Maaß,* ... VSicherungspflicht ... bei sog. Dachlawinen, DAR **83** 313. *Manssen,* Der Schutz von Leben und körperlicher Unversehrtheit im StrV im Hinblick auf Baumunfälle, NZV **01** 149. *H. Müller,* Private Betreiber und die Amtspflicht zur StrVSicherung, VersR **06** 326. *Nedden,* Die VSicherungspflicht der Länder und Gemeinden auf öffentlichen Str, BB **67** 1230. *Rinne,* StrVRegelungs- und strVSicherungspflicht in der ... Rspr. des BGH, NVwZ **03** 9. *Schlund,* Die Dachlawine als Haftungstatbestand im Rahmen der VSicherungspflicht, DAR **94** 49. *Staab,* Der StrZustand und die VSicherungspflicht der öffentlichen Hand ..., VersR **03** 689. *Stollenwerk,* VBeruhigung und VSicherungspflicht, VersR **95** 21. *Tidow,* Die StrVSicherungspflicht in der Rspr. der Zivilgerichte, VGT **82** 207. *Tscherich,* Der Waldbaum auf der Str ..., VersR **03** 172. *Vollmer,* Haftungsbefreiende Übertragung von VSicherungspflichten, JZ **77** 371. *Walldorf,* Die VSicherungspflicht auf öffentlichen Str, VersR **65** 1030.

56   **23. Die Räum- und Streupflicht** ist Teil der VSicherungspflicht, kann aber auch aus der Pflicht zur polizeimäßigen Reinigung folgen (BGH VersR **84** 890, NZV **97** 169; DAR **19** 680) und ist auch in diesem Fall mit der aus der allgemeinen VSicherungspflicht abgeleiteten Pflicht zum Schutz der VT vor Gefahren deckungsgleich (BGH NZV **98** 199). Grundvoraussetzung für die Räum- und Streupflicht auf Str oder Wegen ist **allgemeine Glätte** und nicht nur einzelne Glättestellen (BGH VersR **82** 299, NJW **09** 3302, **12** 2727; NJW-RR **17** 858; DAR **19** 680). Eine Gemeindesatzung über den Straßenreinigungs- und Winterdienst muss nach dem Grundsatz gesetzeskonformer Auslegung regelmäßig so verstanden werden, dass keine Leistungspflichten begründet werden, die über die Grenze der so bestimmten allgemeinen VSicherungspflicht hinausgehen (BGH NJW-RR **17** 858). Reinigungspflicht bei schmierigem Belag aufgrund Laubdecke auf kombiniertem Geh-/Radweg kann gleichstehen (Ha NZV **06** 550; hierzu Rn. 51, Rn. 53 (Gehweg)). Sie trifft an sich den Sicherungspflichtigen, ist aber landesrechtlich für **Ortschaften** meist anders geregelt, so zB in NRW durch das StrReinG als Amtspflicht (BGH VersR **88** 1047, BGHZ **112** 74 = VersR **90** 1148, NZV **92** 315, Ha NZV **04** 645, NVwZ-RR **01** 798), für Bayern durch das StrWG als Amtspflicht (BGH VersR **91** 665, Bay VersR **91** 666), desgleichen in Berlin (BGH NJW **14** 3580; KG DAR **01** 497; s. aber KG VRS **62** 161: privatrechtlich), in Brn durch das BrnStrG als hoheitliche Aufgabe (Brn VersR **05** 243), in Hb durch das WegeG als Amtspflicht (Hb NJW **88** 3212), in Hessen durch das HessStrG als Amtspflicht (BGH NZV **98** 199, Fra NZV **05** 638, NJW **88** 2546), desgl. in Niedersachsen durch das NdsStrG (BGH NZV **03** 570, Ce MDR **05** 273, VersR **03** 1413, Ol MDR **03** 454) und Thüringen (ThStrG; Jn NZV **02** 319, nicht als hoheitliche Tätigkeit dagegen in Sachsen (Dr VersR **96** 1428, s. aber Dr NZV **01** 80). Die in § 52 NdsStrG den Gemeinden auferlegte Reinigungs- und Streupflicht ist Amtspflicht der Gemeinde (BGH DAR **65** 49, Bra VersR **89** 95), ebenso in Rh/Pfalz (BGH VersR **84** 890, **85** 568, NZV **93** 387, **95** 144, **97** 169) und in NRW hinsichtlich der festgesetzten Ortsdurchfahrten (Kö MDR **66** 586, Dü VersR **88** 274). Pflichtig ist in RhPfalz bei Bestehen einer Verbandsgemeinde die Ortgemeinde (BGH VersR **84** 890, NZV **97** 169). Außerorts obliegt die Streupflicht dem StrBaulastträger (Ko NZV **94** 108). Eine landesgesetzlich geregelte „polizeiliche" Reinigungspflicht steht nicht neben der dem Träger der StrBaulast obliegenden allgemeinen VSicherungspflicht, sondern verdrängt diese (BGH NZV **97** 169, Ce VersR **98** 604). Beauftragt die Gemeinde mit der Wahrnehmung ein privates Unternehmen, so wird dieses bei hoheitlicher Aufgabenerfüllung als Verwaltungshelfer tätig, weswegen die Gemeinde hinsichtlich des Anspruchs aus § 839 BGB, Art 34 GG passiv legitimiert ist (BGH NJW **14** 3580).

57   Soweit den **Gemeinden** hiernach die Räum- und Streupflicht obliegt, haben sie die erforderlichen organisatorischen Maßnahmen zu treffen und den Winterdienst zu überwachen (**Streuplan;** Ha NZV **03** 235, VersR **78** 547, Ba VersR **79** 262). **Inhalt und Umfang** der Räum- und Streupflicht bestimmen sich nach den Umständen des Einzelfalls (Art und Bedeutung des VWegs, Gefährlichkeit, VAufkommen usw) im Rahmen des Zumutbaren (BGHZ **112** 74, VersR **91** 665, NZV **03** 570, **98** 199, **95** 144, NJW **12** 2727; DAR **19** 680; Bay VersR **91** 666;

s. auch Rn. 64; zur Auslegung einer Satzung s. Rn. 56). Zu denkbaren Auswirkungen der „Winterreifenpflicht" (§ 2 IIIa) auf den Umfang des Winterdienstes *Bittner* VersR **07** 462. Streuen gemäß einem sachgemäßen Streuplan reicht aus (Ha VersR **80** 684). Fehlt im Streuplan die Streuregelung für besonders gefährliche StrStellen, so liegt darin ein Mangel, der Haftung ohne Entlastungsmöglichkeit begründet (BGH VRS **23** 324). Für Blitzeis ist keine Notfallregelung erforderlich (Mü NZV **10** 358). Die Streumenge muss den örtlichen Verhältnissen entsprechen (Reifglätte abwechselnd mit Eisglätte; Dü VersR **80** 360). Bei auf Grund Schneeräumung entstehender Glätte ist zu streuen (Kar NJW-RR **90** 1504). Vorbeugendes Streuen ist idR nicht geboten (Fra VersR **87** 204; Kar NJW-RR **09** 386; s. auch Rn. 61), anders aber, falls Eintreten von Glätte sicher zu erwarten und die vorbeugende Maßnahme Erfolg versprechend ist (Ha VersR **82** 171, NZV **06** 587). Aus dem Streuplan, einer bloßen Vorsorgemaßnahme, ergibt sich für sich allein kein Anspruch auf Streuen (Jn ZfS **01** 11, Kar VersR **79** 358, Ko VersR **83** 568, Ha VersR **93** 1285, Hb NZV **89** 235). Hat die Gemeinde die erforderlichen Maßnahmen getroffen, verletzen aber ihre Beamten schuldhaft ihre Amtspflicht, für Durchführung oder Beaufsichtigung zu sorgen, so haftet die Gemeinde nach Art 34 GG, § 839 BGB (BGHZ **27** 278, **32** 352 = NJW **60** 1810, VersR **63** 1047, Stu NJW **59** 2065, Kö VersR **65** 906, Dü VersR **88** 274). Die neben einer Reinigungspflicht der Anlieger bestehende Aufsichtspflicht der Gemeinde ist Amtspflicht iS von § 839 BGB (Rn. 58; BGH VersR **65** 68, NJW **66** 2311). Bei Überwälzung der Streupflicht ist strenge Überwachung der Handhabung geboten (Fra VersR **80** 51). Hat anstelle der pflichtigen Gemeinde der Landschaftsverband eine Ortsdurchfahrt ständig gestreut und die Gemeinde ihren Streuplan darauf eingestellt, so kann der Verband haften müssen (BGH VersR **73** 825).

Überwälzung der Streupflicht auf Anlieger durch die Gemeinde ist, auch gewohnheits- **58** rechtlich (BGH VersR **69** 377), möglich (BGH NJW **67** 246, Schl NJW-RR **04** 171, Dr NZV **01** 80, Ce NZV **04** 643, VersR **98** 604, Mü VersR **92** 591 (Schienengrundstück)). Aufgrund der erwähnten Gesetze oder von Gewohnheitsrecht ist die Streupflicht durch Ortsstatut oder PolVO meist auf die Anlieger abgewälzt. Jedoch besteht eine **Überwachungspflicht** der Gemeinde, andernfalls Amtshaftung eintreten kann (BGH NJW **66** 2311, **92** 2476; Fra VersR **80** 51), sofern Geschädigter beweist, dass bei Wahrnehmung der Überwachungspflicht, das Schadensereignis also verhindert worden wäre (Ha NZV **09** 453). Die Gemeinde kann allerdings keine Räum- und Streupflichten überwälzen, die über die Erfordernisse der sie selbst treffenden allgemeinen VSicherungspflicht hinausgehen (Rn. 56; BGH NJW-RR **17** 858). Die Pflicht der Anlieger beschränkt sich im Zweifel auf das Räumen und Bestreuen der Fußwege (BGH VRS **21** 12, Ha VkBl. **52** 368) und nur, soweit zumutbar (Nü MDR **01** 390, Ba NJW **75** 1787), jedoch ist auch die Übertragung der Reinigungs- und Räumpflicht bis zur Mitte der Fahrbahn zulässig (OVG Bln-Bbg SVR **15** 151). Auch die Verpflichtung des Grundstückseigentümers zur winterlichen Sicherung *aller* an das Grundstück angrenzenden Gehwege ist verfassungskonform, vorausgesetzt, dass die tatsächliche und rechtliche Möglichkeit besteht, von den mehreren Strn einen Zugang zum Grundstück zu schaffen (BVerwG NJW **88** 2121). Die den Anliegern obliegende Streu- und Räumpflicht erstreckt sich auch auf solchen Schnee, den beim Räumen der Str durch den Winterdienst der Gemeinden auf den Gehweg gelangt (Bay BayVBl **82** 636). Bei Übertragung der Räum- und Streupflicht auf die Anlieger haften diese stets aus § 823, nicht aus § 839 BGB; ebenso haftet in diesen Fällen die Gemeinde für Verletzung der Streupflicht, soweit sie selbst Anliegerin ist, niemals aus Amtspflicht, sondern gem. § 823 BGB (BGH NZV **92** 315). Die Ortssatzung muss den Pflichtenumfang so genau beschreiben, dass beim Anlieger darüber keine Zweifel aufkommen können (Schl NJW-RR **04** 171, Ha VersR **01** 652, Kö VersR **88** 827). Ungenaue Angabe des Pflichtenumfangs bei Abwälzung der Winterwartung auf die Anlieger in der Satzung ist Amtspflichtverletzung (Kö VersR **88** 827). Besteht nach der Satzung die Verpflichtung zum Streuen ab einer bestimmten Uhrzeit, so erfüllt der Anlieger seine Pflicht, wenn er zu dieser Zeit mit dem Streuen beginnt (Schl NJW-RR **04** 171). Hat der nach Ortsstatut streupflichtige Anlieger das Streuen mit behördlicher Zustimmung (Ce VersR **98** 604) öffentlich-rechtlich einem anderen übertragen, so haftet er nicht wegen vernachlässigter Aufsichtspflicht (BGH NJW **72** 1321, KG NJW **68** 605). Die deliktische Einstandspflicht des Übernehmenden besteht auch dann, wenn der Vertrag mit dem primär VSicherungspflichtigen nicht wirksam zustande gekommen ist, der Übernehmende die Pflichten aber faktisch ausübt (BGH NJW **08** 1440; Schl NZV **12** 545). Art und Umfang der Streupflicht der Anlieger in NRW: BGH NJW **67** 2199. Zur Streupflicht der Eigentümer angrenzender Schienengrundstücke Bay DÖV **76** 178. Der Streupflichtige muss einen privatrechtlich Beauftragten streng überwachen (BGH VersR **75** 42). Wer wegen Krankheit nicht streuen kann, muss rechtzeitig einen Helfer beauftragen (BGH VersR **70** 182).

59   **Gehwege** mit nicht nur unbedeutendem V müssen gestreut werden (BGH NZV **03** 570). Dabei genügt es, einen Streifen zu bestreuen, der für 1 bis 2 Personen nebeneinander ausreicht (BGH NZV **03** 572, Nü MDR **01** 390, Ba NJW **75** 1787, *Schmid* NJW **88** 3182, abw Ce VRS **98** 323); an Fußgängerüberwegen muss jedoch eine Verbindung bis zum Fahrbahnrand geschaffen werden (Kö VersR **89** 101). Der gestreute Streifen muss zwei Fußgängern erlauben, vorsichtig aneinander vorbeizugehen (1 m–1,20 m; BGH NZV **03** 572, Nü MDR **01** 390, Ba NJW **75** 1787) und auf dem Gehweg deutlich sichtbar sein. Auch bei Fußgängerzonen genügt Streuen eines Streifens im Mittelbereich (Kar VersR **83** 188). Solange ein eisfreier Gehstreifen vorhanden ist, muss der Streupflichtige nicht daneben noch streuen (Schl VersR **73** 677). Streuung mit Hobelspänen genügt nicht (Ha NZV **15** 304). Zur Abwälzung der Streupflicht hinsichtlich des Gehwegs Rn. 58. An **öffentlichen Bushaltestellen** ist der Gehweg am Fahrbahnrand zu streuen; dabei darf sich kein Streupflichtiger auf einen anderen verlassen (Busunternehmer; BGH Betr **67** 1543). Besondere Sorgfalt ist den für Fußgänger bestimmten Steigen eines Busbahnhofs zu widmen (BGH NZV **93** 387, NZV **95** 144, Ha VersR **06** 134 (jedenfalls an Haltestelle vor Veranstaltungsort nach der sicherungspflichtigen Gemeinde bekannter Sonderveranstaltung), NZV **05** 526 (Freihalten von allen Glattstellen erforderlich)). IdR keine Streupflicht auf Gehwegen außerorts (BGH NZV **95** 144, Jn DAR **99** 262). In NRW besteht Streupflicht auf Gehwegen nur innerhalb der geschlossenen Ortslage (Dü VersR **89** 626). Verbleiben kleine Eisbuckel, so kann daraus kein Ersatzanspruch hergeleitet werden (Ha VersR **64** 1254, *Riedmaier* VersR **90** 1325). Einen schmalen Eisstreifen oder vereinzelte Glättestellen infolge Tropfeisbildung auf dem Gehsteig braucht der Pflichtige nicht dauernd abzustumpfen, wenn er den Gehweg iU genügend breit verkehrssicher hält (KG VersR **66** 855, Ha NJWE-VHR **96** 44). Besteht nur stellenweise Glätte, so muss binnen angemessener Zeit dort gestreut werden (Ha VersR **78** 1122). **Innerstädtische Gehwege** müssen nur gestreut werden, wenn sie verkehrswichtig sind (Ha NZV **04** 645, VersR **93** 1285, abw Jn NZV **05** 578 (ausgenommen nur entbehrliche Wege)). Verkehrswichtig in diesem Sinne sind nur solche mit notwendiger Erschließungsfunktion (Ha NZV **04** 645). Keine Streupflicht der Gemeinde bei unwichtigen Fußwegen am Ortsrand (Bay VersR **67** 758). Ein nur Fußgängern vorbehalteter mit Betonplatten gepflasterter, beleuchteter Verbindungsweg muss nicht schon um 8.50 Uhr gestreut sein, vor allem nicht, wenn ein gefahrloser Weg vorhanden ist (Ha VersR **82** 450). Auch außerhalb der in der Satzung bestimmten Zeiten ist ein Gehweg jedoch in den Nachtstunden zu streuen, soweit mit starkem FußgängerV zu rechnen und dies zumutbar ist (BGH VersR **85** 973), andernfalls nicht, auch nicht generell zwischen 6.00 und 22.00 Uhr (Mü NZV **10** 358). Parkwege ohne Erschließungsfunktion für bebaute Grundstücke brauchen nicht gestreut zu werden; entsprechende Hinweisschilder sind nicht erforderlich (Dü VersR **89** 1090).

59a   Ein lückenloser Schutz des FußgängerV vor winterlicher Glätte ist nicht geboten (BGH EBE **91** 39, NZV **93** 387, NJW **12** 2727, DAR **16** 83; Ha VersR **01** 1575, Jn DAR **99** 262). Keine Pflicht zur Ergreifung besonderer Maßnahmen, um der erhöhten Gefahr von Eisbildung auf **Kanaldeckeln** zu begegnen (Mü MDR **01** 156). Innerorts sind auf der Fahrbahn nur die belebten, im Rahmen des Verkehrsbedürfnisses unentbehrlichen **Fußgängerüberwege** zu streuen, aber auch diejenigen, die nicht als solche besonders gekennzeichnet sind (BGH VersR **91** 665, NZV **03** 570, **95** 144, **93** 387, DAR **16** 83; Bay VersR **91** 666, Nü NZV **93** 231, Ha NZV **03** 235, Jn NZV **02** 319), und zwar morgens rechtzeitig zum Beginn des Berufsverkehrs (Fra VersR **95** 45), notfalls mehrfach am Tag (uU alle 3 Stunden; BGH VersR **87** 989). Nur an solchen Stellen sind auch durch Schneeräumung entstehende **Schneewälle** zu beseitigen (Nü NZV **93** 231). Bei nicht belebten Fahrbahnstellen, die von Fußgängern zum Überqueren benutzt werden, besteht nur in Ausnahmefällen bei besonderer Gefährlichkeit uU Streupflicht (BGH VersR **85** 568 (Gefälle), **91** 665 (abgelehnt bei Gehwegsperrung mit Hinweisschild auf den gegenüberliegenden Gehweg); DAR **16** 83). Diese Grundsätze gelten auch in Schleswig-Holstein, ohne dass dem § 45 II S. 1 StrWG SH entgegenstehen würde (BGH DAR **16** 83). Bei Verwendung von Splitt ist eine festgefahrene Schneedecke vorher zu entfernen (Dü VersR **90** 319). Eine Stadt muss einen regelmäßig benutzten **Abkürzungsweg** über den Marktplatz, der unbeleuchtet ist, auch bei Dunkelheit nicht streuen (BGH VersR **63** 661). Außerörtliche **Radwege** müssen idR nicht gestreut werden (BGH NZV **95** 144, *Bittner* VersR **04** 441), innerörtliche *jedenfalls* nur in dem Umfang, der auch für Fahrbahnen gilt (BGH NZV **03** 570; Ol MDR **03** 454), also nur an verkehrswichtigen und gefährlichen Stellen (Rn. 61; *Bittner* VersR **04** 441) und regelmäßig nicht auch zum Schutz von Fußgängern (Kö NVwZ-RR **00** 653). Auf Radwegen ist Verwendung abstumpfender Mittel ausreichend (*Jordan* VGT **89** 96). Soweit Räum- und Streupflicht besteht, gelten gegenüber Radf keine höheren Anforderungen als gegenüber dem KfzV (BGH NZV **03** 570, Ce VRS **100** 8). Bei einem **kombinierten Rad- und Gehweg,** der nur im Hinblick auf seine Gehwegeigenschaft der Räum- und Streupflicht unterliegt, ist diese erfüllt, wenn den Belangen der Fußgänger Genüge getan ist (BGH NZV **03** 570 mAnm *Bittner* VersR **04** 440).

Hat eine Gemeinde nach Absprache mit der staatlichen StrBauverwaltung ihren Arbeitern **60** aufgetragen, auch die **Ortsdurchfahrt** einer BundesStr zu streuen, und ist entsprechend verfahren worden, so besteht insoweit Streupflicht der Gemeinde auch gegenüber den VT (BGH NJW **59** 34). Bloße **Übung** soll eine solche Pflicht den VT gegenüber nicht begründen können (Neust MDR **59** 842).

Die **Fahrbahn innerorts** ist nur an verkehrswichtigen (insoweit einschr für NRW Dü **61** VersR **88** 274, Ha NJW-RR **89** 611, abw aber BGHZ **112** 74 = VersR **90** 1148, Kö VersR **89** 1091) *und* gefährlichen Stellen von Schnee zu räumen und bei Glätte zu streuen (BGHZ **112** 74, VersR **91** 665, NZV **95** 144, **98** 199, Ce VersR **03** 1413, Mü VersR **94** 983, Stu VersR **90** 323, Brn VersR **95** 1439, Dr VersR **96** 1428, Jn DAR **99** 262, ZfS **01** 11, Palandt/*Sprau* § 823 Rn. 226, *Geigel/Wellner* **14** Rn. 148). Allerdings ist hierbei die Ortstafel (VZ 310), die nur straßenverkehrsrechtliche Bedeutung hat, nicht entscheidend (Kö VersR **85** 789). Die Aufnahme der Örtlichkeit in den Streuplan der Gemeinde ist ohne Bedeutung (Brn VersR **95** 1439, LG Kö VersR **02** 1436). **Verkehrswichtig** sind insbes die wichtigen Aus- und EinfallStr, DurchgangsStr und HauptverkehrsStr mit bedeutendem VAufkommen (BGHZ **112** 74, Ce VersR **03** 1413, Jn ZfS **01** 11, LG Gera NZV **05** 639). Ob OrtsStr zu bestreuen sind, auch abschüssige, richtet sich vor allem auch nach ihrer VBedeutung (Kar VersR **79** 358, VRS **69** 163, Stu NJW **87** 1831). Keine Streupflicht auf innerörtlichen verkehrsunwichtigen Str (Mü ZfS **83** 161, NJW-RR **90** 1121, Fra NJW **88** 2546), anders aber uU im Kreuzungs- und Einmündungsbereich unmittelbar vor verkehrswichtigen Str, um den V auf dieser zu schützen (Hineinrutschen; Stu NJW **87** 1831, Mü VersR **92** 1371, abw Jn ZfS **01** 11, Fra NJW **88** 2546, Sa MDR **06** 1345 (weil einer zügigen Erledigung der Streupflicht hinderlich), *Schmid* NJW **88** 3180). Keine Streupflicht auf verkehrsunwichtiger, in erster Linie dem Parken dienender Wohnstraße (Ko VersR **83** 568, Dr VersR **96** 1428), idR auch nicht innerhalb 30 km/h-Zone (Hb VersR **89** 45). Häufiges Befahren von Omnibussen macht AnliegerStr nicht zur verkehrswichtigen Str (Ha NZV **09** 453). UU können aber selbst Str in verkehrsberuhigten Bereichen, bezogen auf Fußgänger und Radf, verkehrswichtig sein (Ha NZV **93** 394). **Gefährlich** sind verkehrswichtige StrStellen, an denen Änderung der Fahrtrichtung oder der Geschwindigkeit, Bremsen oder Ausweichen durch Kf notwendig sind (BGHZ **112** 74, BGH VersR **85** 189, Nü NZV **04** 641, Ol MDR **03** 454, Mü VersR **94** 983, Kö VersR **89** 1091, Ha NZV **93** 394, Brn VersR **95** 1439), ferner unübersichtliche Kreuzungen und Einmündungen, uU enge Kurven, starkes Gefälle (Ce VersR **03** 1413, Jn ZfS **01** 11), i Ü nur Fahrbahnstellen, die zu nicht erkennbarer Glätte neigen (Nü NZV **04** 641, Ce VersR **03** 1413, Hb NJW **88** 3212, Sa VersR **74** 202), nicht ohne Weiteres jede Kreuzung oder Einmündung (Nü NZV **04** 641, Ce VersR **89** 158, Kar VersR **89** 158). Eine besonders gefährdete Stelle besteht nicht, wo jeder sorgfältige Kf nach den Umständen mit Glätte rechnen muss (Zw VersR **79** 1039, Kö VersR **85** 789), anders uU, wenn starke VBelastung bei äußerst langsamem Fahren infolge der Glätte zu Verkehrsstau und damit zusätzlichen Risiken führt (Ce NJW **89** 3287 (Einmündung)). In Kreuzungs- und Einmündungsbereichen sind nach Dü VersR **88** 274 die Stellen der Fahrbahn, an denen Fußgänger diese überqueren müssen, auch dann zu streuen, wenn die Str von geringer Verkehrsbedeutung ist. Eine über bebautes Ortsgebiet auf Brücken hinführende Stadt-AB mit dem Z 311 an den Zufahrtsrampen liegt außerorts, so dass nur besonders gefährliche Stellen zu bestreuen sind (Dü VersR **79** 57). Gemeindliche Streupflicht besteht idR **nicht vorbeugend,** dies vielmehr nur bei auf Grund konkreter Umstände zu befürchtender Glättegefahr (BGH VersR **85** 189, **74** 910, Ha NZV **06** 587, Mü VersR **94** 983, Kö VersR **97** 506; Kar NJW-RR **09** 386). Ist nicht mit Glätte zu rechnen, braucht die Gemeinde nicht zu prüfen, ob an einzelnen Stellen aus unvorhergesehenen Gründen entgegen der Erwartung doch StrGlätte aufgetreten ist (Ha VersR **82** 806). Auf Fahrbahnen innerörtlicher PrivatStr des öffentlichen V (StadtreinigungsG Bln) richtet sich die Streupflicht nach den Umständen, gefährliche und verkehrswichtige Stellen sind zu streuen (BGH NJW **75** 444). Parkende Fz dürfen beim Streuen umfahren werden (Stu VersR **70** 454), auch genügt Streuen in der Breite des Streufz (Stu VersR **70** 454). Ist am Unfalltag kein Schnee gefallen, so kann sich eine Haftung daraus ergeben, dass am Vortag gebotenes gewesenes Streuen unterblieben ist (BGH VersR **63** 1047). Bei Streuen mit **abstumpfendem Splitt** anstelle auftauender Mittel können Kontrollen und erforderlichenfalls erneutes Streuen notwendig sein (LG Hb 6 O 229/86). Regelmäßig werden jedoch auftauende Mittel erforderlich sein, um der Streupflicht zu genügen (*Jordan* VGT **89** 94). Zur Verwendung von Splitt statt Salz in Naturschutzgebieten Mü VersR **92** 72. Die Pflicht, die Fahrbahn innerorts zu streuen, besteht auch gegenüber Radf (BGH NZV **03** 572, NJW **65** 100). Radwege: Rn. 59.

62 **Außerorts** sind die Fahrbahnen **nur an unerkennbar besonders gefährlichen Stellen zu streuen** (BGH NZV **95** 144, VersR **87** 934, Bra NZV **06** 586, Mü VersR **94** 983, Ha NVwZ-RR **01** 798, Kö VersR **87** 695, Hb NJW **88** 3212, Nü NZV **91** 311, s. aber Kar VersR **80** 538, Zw VersR **79** 1039), wobei auch die Verkehrsbedeutung eine entscheidende Rolle spielt (Mü ZfS **84** 353, **85** 1, Nü NZV **91** 311). Besonders gefährlich in diesem Sinn sind nur Stellen, die wegen nicht rechtzeitig erkennbarer Beschaffenheit die Möglichkeit eines Unfalls auch bei sorgfältigem Fahren nahe legen (BGH VersR **87** 934, Brn VersR **05** 243, Ha NVwZ-RR **01** 798, Mü ZfS **83** 161, Kö VersR **86** 1128). Nach Nü NZV **91** 311 ist eine Gefällestrecke von 12% stets in diesem Sinne besonders gefährlich. Nicht dazu gehören bei Frost idR rechtzeitig erkennbare Brücken im Zug einer BundesStr (Dü VersR **79** 57). Straßenbrücken gelten nicht als besonders gefährlich iS der Streupflicht, denn inzwischen ist den VT die Glatteisbildung auf Brücken allgemein bekannt (BGH NJW **70** 1682 (AB); aM Dü VersR **77** 745), nicht ohne Weiteres auch Brückendurchfahrten (BGH NJW **66** 1162, **63** 37, VersR **62** 1182, Stu VersR **61** 983, Kar VersR **61** 1064, Kö VersR **65** 906, Dü VersR **66** 740). Keine Streupflicht, wenn sich Glatteis auf kurvenreicher, leicht abfallender Strecke einer BundesStr im Mittelgebirge bei wechselndem Waldbestand infolge Nebels bildet (BGH NJW **63** 37, Hb NJW **88** 3212), gleichfalls nicht auf spiegelglattem Einmündungsbereich einer Nebenstraße in schneeglatte BundesStr (Bra NZV **06** 586). Dass die Stelle im Streuplan als besonders gefährliche Stelle gekennzeichnet ist, indiziert für sich allein nicht die Streupflicht (Kö DAR **90** 346 mAnm *Berr*). § 9 III StrWG NRW empfiehlt nur Streuen außerorts nach Möglichkeit und ist kein SchutzG (BGH VersR **73** 249). Mit einzelnen nicht gestreuten Stellen muss idR gerechnet werden (Dü VersR **75** 1009). Wird eine an sich nicht besonders gefährliche Stelle dennoch regelmäßig gestreut, so kann sich eine Streupflicht aus dem Umstand ergeben, dass aus dem für VT unerwarteten Unterlassen eine besondere Gefahrenlage entstehen würde (Brn VersR **05** 243).

63 **Für Bundesautobahnen und Bundesstraßen** bestimmt § 3 BFernStrG, dass die Träger der StrBaulast nach besten Kräften bei Schnee und Eisglätte räumen und streuen sollen. Streupflicht besteht aber nur an durch Glatteis besonders gefährdeten Stellen (BGH VRS **18** 166, Stu VkBl. **60** 131) und sie setzt bei anhaltendem Schneefall erst innerhalb angemessener Frist nach dem Aufhören ein (Nü VersR **63** 293). Der Ausfahrtbereich einer Schnellstr außerorts ist besonders gefährliche, streupflichtige Stelle (BGH VRS **57** 330). Beim Fahren erkennbare FernstrBrücken (AB) begründen weder Warn- noch Streupflicht; denn jeder kennt ihre Frostgefährdung (BGH NJW **70** 1682, Dü VersR **65** 992, Kar VersR **80** 538, Mü ZfS **85** 1). Stadtautobahn: Rn. 61.

64 Bei **ausreichendem Streuen** kann nicht noch verlangt werden, dass der Sicherungspflichtige jedes Mal auch Tropfeis beseitigt (BGH VersR **63** 946) oder den Gehweg auf kleine, glatte Tauwasserstellen hin untersucht (Kar VersR **76** 346). Nach dem Streuen kann je nach Witterung noch das Abstumpfen überfrierender Glätte in Betracht kommen (Dü VersR **79** 426). Zum Umfang der Streupflicht s. auch Rn. 57. Bei Glätte müssen auch öffentliche **Parkplätze** bestreut werden, wenn sie belebt sind und außerdem von den FzInsassen auf nicht nur ganz unwesentliche Entfernungen als Fußgänger benutzt werden müssen (BGH NJW **66** 202, DAR **19** 680; Ha NZV **04** 646, Jn DAR **01** 80, Kar VersR **89** 45, Ce MDR **05** 273, NJW-RR **89** 1419, *Berr* DAR **89** 453). Vollständige Eisbeseitigung ist nicht Pflicht (KG VersR **65** 1105), insbes. nicht Streuen bis in jede Parkbucht (Fra ZfS **83** 129). Das gilt auch für von einem Wirtschaftsunternehmen für seine Kundschaft unterhaltene Parkplätze (Ko NJW **12** 1667). Strenge Maßstäbe gelten für Gaststätten- (BGH NJW **85** 482) und Einkaufsmarktparkplätze (BGH DAR **19** 680), auch dies aber nur im Rahmen der Zumutbarkeit. So kann ständiges Räumen und Streuen großer Parkflächen mit ständigem Fzwechsel, wobei zwischen den parkenden Fz ein maschinelles Streuen nicht möglich ist, auch zur Vermeidung einzelner Glättestellen nicht erwartet werden (BGH DAR **19** 680 m Bspr *Heinrichs*). Zur Streupflicht auf Parkuhrplätzen Dü VersR **78** 63. Bei **Tankstellen** besteht idR keine Räum-, sondern nur Streuen des Bereichs genügt, in dem Fz- und FußgängerV stattfindet (Ha ZfS **84** 33). Keine Streupflicht des Tankstelleninhabers nach Betriebsschluss, auch nicht bei Münzautomat (Stu NJW **69** 1966).

65 Die Streupflicht hat **zeitliche und örtliche Grenzen,** da nicht überall gleichzeitig geräumt und gestreut werden kann (BGHZ **112** 74; NZV **93** 387, Bay NJW **55** 105, Jn ZfS **01** 11, Ko DAR **99** 547, KG VersR **60** 41, Schl MDR **60** 226, Dü VersR **82** 101, Mü NVwZ-RR **92** 6). IdR hat die Streupflicht vor der Schneeräumung Vorrang, gleichzeitige Erfüllung beider Pflich-

ten kann von den Gemeinden im Allgemeinen nicht verlangt werden (Dü VersR **82** 101). Es braucht erst mit Beginn des allgemeinen Tages- und Berufsverkehrs gestreut zu werden (BGH VersR **85** 271, Ha NZV **03** 235, NVwZ-RR **01** 798 (jedenfalls nicht vor 6 Uhr), Kö VersR **67** 506), jedoch rechtzeitig vor Einsetzen des Hauptberufsverkehrs (BGH VersR **85** 271 (idR zwischen 7 und 8 Uhr), **87** 989, Dü VersR **88** 274). An Sonn- und Feiertagen muss nicht vor 9 Uhr gestreut werden (Ol DAR **02** 128, Kö VersR **97** 506, Ha VersR **88** 693). Die Streupflicht endet abends mit dem Aufhören des allgemeinen Tagesverkehrs (BGH VersR **84** 890, Jn ZfS **01** 11, Ha VersR **01** 1575). Nächtlichen Streudienst muss die Gemeinde nicht einrichten (BGH NJW **64** 814, Kar VersR **87** 1225, Kö VersR **90** 321), auch nicht an besonders gefährlichen Stellen (Fra DAR **12** 703). Amtspflichtverletzung, wenn mittags noch nicht gestreut ist (Ce VersR **75** 1009). Ist nach dem Ortsstatut „bis 8 Uhr" zu streuen, so kommt ein Verstoß für 7.15 Uhr nur unter besonderen Umständen in Betracht (Ce VersR **66** 67). Legt eine Gemeindesatz früheren Beginn oder späteres Ende der Streupflicht fest, so begründet dies nach Jn NZV **09** 599 keinen Anspruch des Einzelnen darauf, dass sie dieser überobligationsmäßig übernommenen Aufgabe nachkommt. Gemeindliche Streupflicht besteht an gefährlichen Stellen von HauptverkehrsStr bis etwa 20 Uhr (Jn ZfS **01** 11, Kar VersR **69** 191). Ha NZV **06** 587 zieht die Grenze bei 22 Uhr. Keine Fahrbahnstreupflicht innerorts zur „Nachtzeit" trotz sehr frühen Berufsverkehrs (Ha DAR **71** 15 m krit Anm *Maase,* der auf den Beginn des Berufsverkehrs abstellt). Droht Glatteis im Berufsverkehr, so kann der Sicherungspflichtige schon gegen 5 Uhr morgens zu Kontrollfahrten verpflichtet sein (Dü VersR **79** 773). Organisationen mit ausgedehntem Streubereich haben angemessenen Zeitraum (Nü VersR **64** 1180, Ce VersR **66** 67, BGH VersR **87** 989), je nach den Umständen (BGH VRS **9** 250). Keine verschuldete Streupflichtverletzung, wenn ein sachgemäß organisierter Streudienst die Gefahr noch nicht bannen konnte (Dü VersR **77** 745). Eine Stadt muss nach Glatteis angemessene Zeit zum Streuen haben (Mü VersR **94** 983). Maß, Umfang und Zeit der Streupflicht richten sich nach den Bedürfnissen (BGHZ **112** 74, Kö NJW **53** 1631, Zw VersR **77** 1135). $^1/_2$ bis $^3/_4$ Std bleibt im Rahmen (BGH VersR **57** 756). Streuen von *Gehwegen* zur Nachtzeit: Rn. 59.

Die **Streupflicht entfällt** grds, wenn Schneefall die Wirkung sehr bald wieder aufheben würde **66** (BGH NJW **85** 482, VersR **87** 989, Sa VersR **00** 985, Nau MDR **00** 520, Fra ZfS **87** 35, Stu VersR **90** 323, Mü NVwZ-RR **92** 6, *Schmid* NJW **88** 3180), was vom Streupflichtigen zu beweisen ist (Rn. 67; Ha NZV **05** 526). Nutzloses Streuen während anhaltenden Eisregens mit sich ständig erneuernder Glättebildung ist nicht erforderlich (BGH NJW **85** 482, NZV **93** 387, Ce NZV **04** 643, Ol VersR **01** 117, Sa VersR **00** 985, Brn MDR **00** 159, Mü ZfS **00** 10, Ha VersR **97** 68, ZfS **98** 6, *Schmid* NJW **88** 3180), Streupflicht anschießend erst nach angemessener Wartezeit (Brn MDR **00** 159, Ce NZV **04** 643, Sa VersR **00** 985). Anhaltender oder drohender neuer Schneefall befreit jedoch in Ausnahmefällen bei besonderer Glätte nicht vom Streuen oder Nachstreuen (BGH NJW **85** 482, NZV **93** 387, Sa VersR **00** 985). Bei leichtem Schneefall muss nicht in kurzem Abstand nachgestreut werden (KG NJW **70** 2110). Frischer Schnee muss nur bei Glättegefahr geräumt werden und erst nach angemessener Wartefrist nach Aufhören des Schneefalls (Schl VersR **75** 431, Nau MDR **00** 520). Der Streupflichtige muss im Rahmen des Zumutbaren auf neue Glätte achten, wie oft, ist Tatfrage, viertelstündliche Kontrolle ist idR unzumutbar (BGH Betr **70** 2217). Außergewöhnliche Glätte kann **mehrmaliges Streuen** erfordern (BGH VersR **68** 1161, NZV **93** 387, Sa VersR **00** 985, Ha VersR **84** 194), uU tagsüber stündlich (Fra VersR **69** 740).

Die eine Streupflicht begründenden Umstände **muss der Geschädigte beweisen** (BGH **67** NZV **05** 578; NJW **09** 3302; Ha NZV **16** 527). Bei Glatteisunfällen, die sich *innerhalb* der Zeit *pflichtwidrig verletzter* Streupflicht ereignet haben, spricht **der Anschein** für Ursächlichkeit des unterlassenen Streuens (BGH NJW **84** 432, NZV **05** 578; NJW **09** 3302; NZV **13** 534, Fra NZV **05** 638 (nicht gestreuter Fußgängerüberweg), Ce NJW-RR **04** 1251, KG DAR **01** 497, Nü MDR **01** 390). In diesem Fall muss der Pflichtige beweisen, dass Streuen nutzlos gewesen wäre, zB bei Schneefall (BGH NZV **05** 578; NJW **85** 484; DAR **66** 48; Sa VersR **00** 985, KG DAR **01** 497; Rn. 66). Bei Unfall *nach Ende der Streupflicht* muss der Geschädigte Ursächlichkeit unterlassenen Streuens innerhalb der zeitlichen Grenzen der Streupflicht beweisen (KG VersR **93** 1369). Rutschen eines Kfz auf gestreuter Straße ist kein Anscheinsbeweis für mangelhaftes Streuen (Kar VersR **70** 822, *Riedmaier* VersR **90** 1325). Überhaupt bildet ein Glätteunfall allein keinen Anscheinsbeweis für Streupflichtverletzung (BGH NZV **13** 534, Ce VRS **105** 407). Bleibt unaufgeklärt, ob das Glatteis erst unmittelbar vor dem Unfall aufgetreten ist, so ist der Schuldbeweis nicht geführt (Dü MDR **61** 1013).

Wie weit **Mitschuld** die Haftung ausschließen kann, richtet sich nach bürgerlichem Recht **68** (KG DAR **01** 497, Stu MDR **57** 675, Schl VkBl. **60** 514, Kö VRS **21** 2). Ein die Haftung des

Verkehrssicherungspflichtigen *ausschließender,* weit überwiegender Verursachungsbeitrag des Geschädigten kann dabei nur angenommen werden, wenn dessen Handeln von ganz besonderer, schlechthin unverständlicher Sorglosigkeit gekennzeichnet ist (BGH NZV **13** 534: s. auch Brn DAR **13** 640). Auf Glätte muss sich der Kf bei winterlichem Wetter einstellen, notfalls Schritt fahren oder einen sichereren Weg wählen (Kar NZV **89** 147). Halbe Mithaftung des Geschädigten, der eine ungestreute Glättestelle, obwohl er nach den Umständen hätte warten müssen, erkannterweise befahren hat (Dü VersR **68** 806, 973) oder der sich auf erkennbare Glätte nicht eingestellt hat (KG DAR **01** 497). Mithaftung des Geschädigten zu ²/₃, der auf ungestreuter abschüssiger Str infolge zu hoher Geschwindigkeit in eine Kreuzung hineinrutscht, obwohl er schon am Vorabend Glätte dort festgestellt hatte (Kar NZV **89** 147). Wer bei Befahren einer Kuppe auf glatter Fahrbahn infolge nicht angepasster Geschwindigkeit mit einem zuvor nicht sichtbaren verunglückten Fz auf der Gefällestrecke kollidiert, kann den Schaden allein zu tragen haben (Ha VersR **82** 171). Aus Eisfreiheit darf im Winter nicht gefolgert werden, die Straße werde überall eisfrei sein (Ba VersR **66** 370, BGH NJW **66** 1162). Anspruchausschließendes grobes Mitverschulden eines **Radf,** der eine gefährlich glatte, leicht abfallende, kurvige FahrradStr befährt (LG Osnabrück VD **05** 21). Mithaftung eines Fußgängers, der bei Ausführung einer ohne Weiteres aufschiebbaren Tätigkeit auf ungestreutem Gehweg stürzt (Dü VM **92** 1418 (Mülleimerentleerung), Ha NZV **99** 127 (Zurücktreten der Haftung des Streupflichtigen bei vermeidbarer Gehwegbenutzung trotz extremer Glätte)), in Kenntnis der Gefährlichkeit des Gehwegs diesen anstelle eines ungefährlicheren Wegs benutzt (Ol VersR **01** 117, Ha NZV **04** 646 (Parkplatz)), LG Darmstadt ZfS **00** 528 (keine Haftung des Streupflichtigen)) oder die eisglatte Wegstrecke ein zweites Mal geht, obwohl dies vermeidbar gewesen wäre (Mü VersR **04** 251, LG Ol VersR **06** 520 (keine Haftung des Streupflichtigen bei Benutzung glatten Wegs, der vom Streupflichtigen gerade geräumt wird, zust *Sitz*)). Andererseits kein allgemeiner Grundsatz, dass bei Glatteisstürzen von Fußgängern stets Mitschuld gegeben ist (Brn DAR **13** 640; s. auch Br NZV **14** 181). Zur Abwägung bei Begehen pflichtwidrig nicht geräumter Fußgängerzone BGH NZV **13** 534. Zur Mithaftung bei schmierigem Belag aufgrund Laubdecke Rn. 51, 53; Ha NZV **06** 550.

69   **Literatur zur Räum- und Streupflicht:** *Arndt,* Die Streupflicht für Straßen in der Rspr. des BGH, DRiZ **73** 11. *Berr,* Zur Streupflicht auf Parkplätzen, DAR **89** 453. *Bittner,* Winterdienst zugunsten von FahrradF, VersR **04** 440. *Hitpaß/Kappus,* Winterdienst & Co, NJW **13** 565, Die Streupflicht zwischen VSicherung und Umweltschutz, VGT **89** 67. *Michaelis,* Gemeindliche Satzungen zur Bestimmung der Wegereinigungspflicht?, DVBl **65** 897. *Schlund,* Streupflicht als VSicherungspflicht, DAR **88** 6. *Schmid,* Der Umfang der Räum- und Streupflicht auf öffentlichen Strn und Wegen, NJW **88** 3177. *Tidow,* Die StrVSicherungspflicht in der Rspr. der Zivilgerichte, VGT **82** 207, 216 ff.

Ausnahmegenehmigung und Erlaubnis

46 (1) ¹Die **Straßenverkehrsbehörden können in bestimmten Einzelfällen oder allgemein für bestimmte Antragsteller Ausnahmen genehmigen**

1. **von den Vorschriften über die Straßenbenutzung (§ 2);**

2. **vom Verbot, eine Autobahn oder eine Kraftfahrstraße zu betreten oder mit dort nicht zugelassenen Fahrzeugen zu benutzen (§ 18 Absatz 1 und 9);**

3. **von den Halt- und Parkverboten (§ 12 Absatz 4);**

4. **vom Verbot des Parkens vor oder gegenüber von Grundstücksein- und -ausfahrten (§ 12 Absatz 3 Nummer 3);**

4a. **von der Vorschrift, an Parkuhren nur während des Laufens der Uhr, an Parkscheinautomaten nur mit einem Parkschein zu halten (§ 13 Absatz 1);**

4b. **von der Vorschrift, im Bereich eines Zonenhaltverbots (Zeichen 290.1 und 290.2) nur während der dort vorgeschriebenen Zeit zu parken (§ 13 Absatz 2);**

4c. **von den Vorschriften über das Abschleppen von Fahrzeugen (§ 15a);**

5. **von den Vorschriften über Höhe, Länge und Breite von Fahrzeug und Ladung (§ 18 Absatz 1 Satz 2, § 22 Absatz 2 bis 4);**

5a. **von dem Verbot der unzulässigen Mitnahme von Personen (§ 21);**

5b. **von den Vorschriften über das Anlegen von Sicherheitsgurten und das Tragen von Schutzhelmen (§ 21a);**

6. **vom Verbot, Tiere von Kraftfahrzeugen und andere Tiere als Hunde von Fahrrädern aus zu führen (§ 28 Absatz 1 Satz 3 und 4);**

7. **vom Sonn- und Feiertagsfahrverbot (§ 30 Absatz 3);**

8. vom Verbot, Hindernisse auf die Straße zu bringen (§ 32 Absatz 1);

9. von den Verboten, Lautsprecher zu betreiben, Waren oder Leistungen auf der Straße anzubieten (§ 33 Absatz 1 Nummer 1 und 2);

10. vom Verbot der Werbung und Propaganda in Verbindung mit Verkehrszeichen (§ 33 Absatz 2 Satz 2) nur für die Flächen von Leuchtsäulen, an denen Haltestellenschilder öffentlicher Verkehrsmittel angebracht sind;

11. von den Verboten oder Beschränkungen, die durch Vorschriftzeichen (Anlage 2), Richtzeichen (Anlage 3), Verkehrseinrichtungen (Anlage 4) oder Anordnungen (§ 45 Absatz 4) erlassen sind;

12. von dem Nacht- und Sonntagsparkverbot (§ 12 Absatz 3a).

[2] Vom Verbot, Personen auf der Ladefläche oder in Laderäumen mitzunehmen (§ 21 Absatz 2), können für die Dienstbereiche der Bundeswehr, der auf Grund des Nordatlantik-Vertrages errichteten internationalen Hauptquartiere, der Bundespolizei und der Polizei deren Dienststellen, für den Katastrophenschutz die zuständigen Landesbehörden, Ausnahmen genehmigen. [3] Dasselbe gilt für die Vorschrift, dass vorgeschriebene Sicherheitsgurte angelegt sein oder Schutzhelme getragen werden müssen (§ 21a).

(1a) [1] Die Straßenverkehrsbehörden können zur Bevorrechtigung elektrisch betriebener Fahrzeuge allgemein durch Zusatzzeichen Ausnahmen von Verkehrsbeschränkungen, Verkehrsverboten oder Verkehrsumleitungen nach § 45 Absatz 1 Nummer 3, Absatz 1a und 1b Nummer 5 erste Alternative zulassen. [2] Das gleiche Recht haben sie für die Benutzung von Busspuren durch elektrisch betriebene Fahrzeuge. [3] Die Anforderungen des § 3 Absatz 1 des Elektromobilitätsgesetzes sind zu beachten.

(2) [1] Die zuständigen obersten Landesbehörden oder die nach Landesrecht bestimmten Stellen können von allen Vorschriften dieser Verordnung Ausnahmen für bestimmte Einzelfälle oder allgemein für bestimmte Antragsteller genehmigen. [2] Vom Sonn- und Feiertagsfahrverbot (§ 30 Absatz 3) können sie darüber hinaus für bestimmte Straßen oder Straßenstrecken Ausnahmen zulassen, soweit diese im Rahmen unterschiedlicher Feiertagsregelung in den Ländern (§ 30 Absatz 4) notwendig werden. [3] Erstrecken sich die Auswirkungen der Ausnahme über ein Land hinaus und ist eine einheitliche Entscheidung notwendig, ist das Bundesministerium für Verkehr und digitale Infrastruktur zuständig; die Ausnahme erlässt dieses Bundesministerium durch Verordnung.

(3) [1] Ausnahmegenehmigung und Erlaubnis können unter dem Vorbehalt des Widerrufs erteilt werden und mit Nebenbestimmungen (Bedingungen, Befristungen, Auflagen) versehen werden. [2] Erforderlichenfalls kann die zuständige Behörde die Beibringung eines Sachverständigengutachtens auf Kosten des Antragstellers verlangen. [3] Die Bescheide sind mitzuführen und auf Verlangen zuständigen Personen auszuhändigen. [4] Bei Erlaubnissen nach § 29 Absatz 3 und Ausnahmegenehmigungen nach § 46 Absatz 1 Nummer 5 genügt das Mitführen fernkopierter Bescheide oder von Ausdrucken elektronisch erteilter und signierter Bescheide sowie deren digitalisierte Form auf einem Speichermedium, wenn diese derart mitgeführt wird, dass sie bei einer Kontrolle auf Verlangen zuständigen Personen lesbar gemacht werden kann.

(4) Ausnahmegenehmigungen und Erlaubnisse der zuständigen Behörde sind für den Geltungsbereich dieser Verordnung wirksam, sofern sie nicht einen anderen Geltungsbereich nennen.

Begr zur MaßnVO 75:VkBl. **75** 679. 1

Begr zur ÄndVO v. 22.3.88:VkBl. **88** 228.

Begr zur StVO-Neufassung v. 6.3.2013 (BR-Drs. 428/12): **Zu Abs. 3 S. 4:** *Das neue Verfah-* 2 *rensmanagement für die Durchführung des Verfahrens zur Erlaubnis von Großraum- und Schwertransporten (VEMAGS) stellt ein internet-basiertes Verwaltungsverfahren dar. Hier werden u. a. Anhörung sowie Vorbereitung, Ausführung und Zustellung der Erlaubnisbescheide auf elektronischem Wege vorgenommen. Lief dieses Verfahren bislang nur im Probebetrieb, soll es in den Regelbetrieb überführt werden. Dazu ist u. a. eine Gleichstellung papiergebundener mit elektronischen Bescheiden erforderlich. Wesentlich ist, dass die Authentizität gewahrt bleibt. Dies wird im Wege der elektronischen Signatur gewährleistet.*

Begr zur ÄndVO v. 15.9.2015 (BR-Drs. 254/15): **Zu Abs. 1a:** *Durch die Vorschrift werden auf* 2a *Grundlage des § 3 Abs. 4 EmoG die Voraussetzungen für die Anordnung von Ausnahmemöglichkeiten von Zufahrtbeschränkungen oder Durchfahrtverboten für elektrisch betriebene Fahrzeuge geschaffen.*

Zu § 46 Ausnahmegenehmigung und Erlaubnis

Allgemeines über Ausnahmegenehmigungen

3   1   I. Die Straßen sind nur für den normalen Verkehr gebaut. Eine Ausnahmegenehmigung zu erteilen, ist daher nur in besonders dringenden Fällen gerechtfertigt. An den Nachweis solcher Dringlichkeit sind strenge Anforderungen zu stellen. Erteilungsvoraussetzungen dürfen nur dann als amtsbekannt behandelt werden, wenn in den Akten dargetan wird, worauf sich diese Kenntnis gründet.

2   II. Die Sicherheit des Verkehrs darf durch eine Ausnahmegenehmigung nicht beeinträchtigt werden; sie ist erforderlichenfalls durch Auflagen und Bedingungen zu gewährleisten. Auch Einbußen der Flüssigkeit des Verkehrs sind auf solche Weise möglichst zu mindern.

3   III. Die straßenrechtlichen Vorschriften über Sondernutzungen sind zu beachten.

4   IV. Hat der Inhaber einer Ausnahmegenehmigung die Nichtbeachtung von Bedingungen und Auflagen zu vertreten, so soll ihm grundsätzlich keine neue Ausnahmegenehmigung erteilt werden.

5   V. Vor der Erteilung einer Ausnahmegenehmigung sollen die beteiligten Behörden gehört werden, wenn dies bei dem Zweck oder dem Geltungsbereich der Ausnahmegenehmigung geboten ist.

6   VI. Dauerausnahmegenehmigungen sind auf höchstens drei Jahre zu befristen. Sie dürfen nur widerruflich erteilt werden.

Zu Absatz 1

Zu Nummer 1

4   7   Aus Sicherheitsgründen werden in der Regel Bedingungen oder Auflagen geboten sein.

Zu Nummer 2

5   8   Sofern die Ausnahmegenehmigung sich auf dort nicht zugelassene Fahrzeuge bezieht, gilt Nummer VI 2a zu § 29 Abs. 3.

Zu Nummer 4

6   9   Die betroffenen Anlieger sind zu hören.

Zu Nummer 4a und 4b

7   10   I. Ohnhänder (Ohnarmer) erhalten eine Ausnahmegenehmigung, um an Parkuhren und Parkscheinautomaten gebührenfrei und im Zonenhaltverbot bzw. auf Parkplätzen mit zeitlicher Begrenzung ohne Benutzung der Parkscheibe zu parken.

11   II. Kleinwüchsige Menschen mit einer Körpergröße von unter 1,39m und darunter erhalten eine Ausnahmegenehmigung, um an Parkuhren und Parkscheinautomaten gebührenfrei zu parken.

12   III. Nummer III zu § 46 Abs. 1 Nr. 11 gilt entsprechend.

Zu Absatz 1 Nummer 5

8   13   I. Fahrzeuge und Fahrzeugkombinationen, die aufgrund ihrer Ladung die Abmessungen des § 18 Absatz 1 oder § 22 Absatz 2 bis 4 überschreiten, bedürfen einer Ausnahmegenehmigung. Bei Überschreiten der Maße und Massen nach den §§ 32 bis 34 StVZO bedürfen diese Fahrzeuge zusätzlich einer Ausnahmegenehmigung nach § 70 Absatz 1 Nummer 1 StVZO und einer Erlaubnis nach § 29 Absatz 3 (vgl. zu § 29 Absatz 3; Rn. 79 ff.). Die Verwaltungsvorschriften zu § 29 Absatz 3 gelten entsprechend mit folgenden Besonderheiten.

II. Voraussetzungen der Ausnahmegenehmigung

9   14   1. Eine Ausnahmegenehmigung setzt neben der Einhaltung der Anforderungen der Rn. 85 sowie Rn. 86 der VwV zu § 29 Absatz 3 voraus, dass
a) die Beschaffung eines Spezialfahrzeugs für den Transport unmöglich oder unzumutbar ist und
b) die Ladung nach vorn nicht über 1 m hinausragt.

15   2. Neben den in den Rn. 87 und 88 der VwV zu § 29 Absatz 3 genannten Ladungen darf die Ausnahmegenehmigung ferner für den Transport mehrerer einzelner Teile, die je für sich mit ihrer Länge, Breite oder Höhe über den in der Zulassungsbescheinigung Teil I (Anlage 5 zu § 11 Fahrzeug-Zulassungsverordnung – FZV) festgelegten Abmessungen des Fahrzeugs oder der Fahrzeugkombination hinausragen und unteilbar sind, erteilt werden. Beiladung ist gestattet, soweit Gesamtmasse und Achslasten die nach § 34 StVZO zulässigen Werte nicht überschreiten.

III. Das Verfahren für die Erteilung der Ausnahmegenehmigung

10   16   1. Antragsdaten
Aus dem Antrag müssen mindestens folgende technische Daten des Fahrzeuges oder der Fahrzeugkombination einschließlich der Ladung ersichtlich sein: Länge, Breite und Höhe des Fahrzeuges oder der Fahrzeugkombination, Art der Ladung und Angaben zur Unteil-

barkeit der Ladung, Abmessungen und Gewicht der Ladung, bauartbedingte Höchstgeschwindigkeit des Transports, amtliche Kennzeichen, Fahrzeugidentifikationsnummern von Zugfahrzeugen und Anhängern.

17　2. Anhörverfahren
Die Rn. 104 ff. der VwV zu § 29 Absatz 3 gelten entsprechend mit der Besonderheit, dass von dem angeführten Anhörverfahren abzusehen ist, wenn folgende Abmessungen im Einzelfall nicht überschritten werden:

18	a) Höhe (Fahrzeug/Fahrzeugkombination und Ladung)	4 m
19	b) Breite (Fahrzeug/Fahrzeugkombination und Ladung)	3 m
20	c) Länge (Fahrzeug/Fahrzeugkombination und Ladung)	22,75 m
21	d) Hinausragen der Ladung nach hinten	4 m
22	e) Hinausragen der Ladung über die letzte Achse	5 m
23	f) Hinausragen der Ladung nach vorn	1 m

24　3. An den Nachweis der Voraussetzungen der Erteilung einer Ausnahmegenehmigung nach Nummer II sind strenge Anforderungen zu stellen. Die Rn. 115 bis 118 zu § 29 Absatz 3 gelten entsprechend.

IV. Der Inhalt des Genehmigungsbescheides　　　　　**11**

25　1. Rn. 119 ff. der VwV zu § 29 Absatz 3 gelten entsprechend mit der Besonderheit, dass
26　2. von der Fahrzeitbeschränkung abzusehen ist, wenn Transporte mit Fahrzeugen oder Fahrzeugkombinationen durchgeführt werden, deren zulässige Höchstgeschwindigkeit 80 km/h beträgt und diese Geschwindigkeit transportbedingt eingehalten werden kann, sofern die in Nummer III.2 (Rn. 19 ff.) aufgeführten Abmessungen nicht überschritten werden. Erforderlichenfalls ist vorzuschreiben, dass sich solche Fahrzeuge wie Züge nach § 4 Absatz 2 StVO zu verhalten haben.

27　3. Ragt die Ladung mehr als 50 cm nach vorn hinaus, so ist die Auflage zu erteilen, die Ladung durch eine rotweiß gestreifte Schutzvorrichtung zu sichern, die bei Dunkelheit blendfrei zu beleuchten ist. Soweit möglich, ist dazu eine mindestens 50 cm lange Schutzkappe über das vordere Ende der Ladung zu stülpen und so zu befestigen, dass die Ladung nicht nach vorn verrutschen kann.

28　4. Ragt die Ladung nach hinten hinaus, sind folgende Auflagen zu erteilen:
a) Die Ladung, insbesondere deren hintere Enden, sind durch Spannmittel oder sonstige Vorrichtungen ausreichend zu sichern.
b) Es darf nur abgebogen werden, wenn das wegen des Ausschwenkens der Ladung ohne Gefährdung, insbesondere des nachfolgenden Verkehrs oder des Gegenverkehrs, möglich ist.
c) Besteht die Gefahr, dass die Ladung auf der Fahrbahn schleift, so ist ein Nachläufer vorzuschreiben. Auf die „Richtlinien für Langmaterialzüge mit selbstlenkendem Nachläufer" wird verwiesen.

29　V. Im Übrigen sind die Verwaltungsvorschriften zu § 29 Absatz 3 entsprechend anzuwenden.

30　Rn. 31 bis Rn. 92 (weggefallen).

12　Zu Nummer 5b
93　I. Ausnahmen von der Anlegepflicht
Von der Anlegepflicht für Sicherheitsgurte können Personen im Ausnahmewege befreit werden, wenn
94　– das Anlegen der Gurte aus gesundheitlichen Gründen nicht möglich ist oder
95　– die Körpergröße weniger als 150 cm beträgt.

96　II. Ausnahmen von der Schutzhelmtragepflicht
Von der Schutzhelmtragepflicht können Personen im Ausnahmewege befreit werden, wenn das Tragen eines Schutzhelmes aus gesundheitlichen Gründen nicht möglich ist.

97　III. Voraussetzungen
Die in Nummer I und II genannten Voraussetzungen gesundheitlicher Art sind durch eine ärztliche Bescheinigung nachzuweisen. In der ärztlichen Bescheinigung ist ausdrücklich zu bestätigen, daß der Antragsteller aufgrund des ärztlichen Befundes von der Gurtanlege- bzw. Helmtragepflicht befreit werden muß. Die Diagnose braucht aus der Bescheinigung nicht hervorzugehen.

98　IV. Geltungsdauer und Auflagen
Die Ausnahmegenehmigungen sind widerruflich und befristet zu erteilen.
99　Soweit aus der ärztlichen Bescheinigung keine geringere Dauer hervorgeht, ist die Ausnahmegenehmigung in der Regel auf ein Jahr zu befristen. Dort, wo es sich um einen attestierten nichtbesserungsfähigen Dauerzustand handelt, ist eine unbefristete Ausnahmegenehmigung zu erteilen.

Zu Nummer 6
13　100　Gegen das Führen von Rindvieh in Viehtriebrahmen hinter Schleppern bestehen keine grundsätzlichen Bedenken. In der Ausnahmegenehmigung ist die zulässige Geschwindigkeit auf weniger als 5 km/h festzusetzen. Die Zahl der zu führenden Tiere ist festzulegen.

14 Zu Nummer 7

101   I. Voraussetzung der Genehmigung

1. Eine Einzelgenehmigung darf nur unter folgenden Voraussetzungen erteilt werden:

102   a) In dringenden Fällen, z. B. zur Versorgung der Bevölkerung mit leichtverderblichen Lebensmitteln, zur termingerechten Be- oder Entladung von Seeschiffen, zur Aufrechterhaltung des Betriebes öffentlicher Versorgungseinrichtungen; wirtschaftliche oder wettbewerbliche Gründe allein rechtfertigen eine Genehmigung keinesfalls,

103   b) für Güter, zu deren Beförderung keine Fahrzeuge bis zu 7,5t zulässiges Gesamtgewicht verfügbar sind,

104   c) für Güter, deren fristgerechte Beförderung nicht wenigstens zum größten Teil der Strecke auf der Schiene möglich ist, sofern es sich um eine Beförderung über eine Straßenstrecke von mehr als 100 km handelt und

105   d) für grenzüberschreitenden Verkehr, wenn die deutschen und ausländischen Grenzzollstellen zur Zeit der voraussichtlichen Ankunft an der Grenze Lastkraftwagenladungen abfertigen können.

106   2. Eine Dauerausnahmegenehmigung darf nur erteilt werden, wenn außerdem die Notwendigkeit regelmäßiger Beförderung feststeht.

107   II. Das Verfahren

1. Vom Antragsteller sind folgende Unterlagen zu verlangen:
a) Fracht- und Begleitpapiere,

108   b) falls es sich um eine Beförderung über eine Straßenstrecke von mehr als 100 km handelt, eine Bescheinigung der für den Versandort zuständigen Güterabfertigung über die Unmöglichkeit der fristgerechten Schienenbeförderung,

109   c) für grenzüberschreitenden Verkehr ein Nachweis über die Abfertigungszeiten der Grenzzollstelle für Ladungen auf Lastkraftwagen,

110   d) Kraftfahrzeug- und Anhängerschein. Für ausländische Kraftfahrzeuge, in deren Zulassungspapieren zulässiges Gesamtgewicht und Motorleistung nicht eingetragen sind, ist eine entsprechende amtliche Bescheinigung erforderlich.

111   2. Eine Dauerausnahmegenehmigung darf nur erteilt werden, wenn der Antragsteller die Dringlichkeit der Beförderung durch eine Bescheinigung der Industrie- und Handelskammer nachweist oder sonst glaubhaft macht.

112   III. Inhalt der Genehmigung
Für den Genehmigungsbescheid ist ein Formblatt zu verwenden, das das Bundesministerium für Verkehr und digitale Infrastruktur nach Anhörung der obersten Landesbehörden im Verkehrsblatt bekanntgibt.

113   1. Der Beförderungsweg braucht nur festgelegt zu werden, wenn das aus verkehrlichen Gründen geboten ist.

114   2. Für grenzüberschreitenden Verkehr ist die Beförderungszeit so festzulegen, daß das Kraftfahrzeug an der Grenze voraussichtlich zu einem Zeitpunkt eintrifft, an dem sowohl die deutsche als auch die ausländische Grenzzollstelle zur Abfertigung von Ladungen besetzt ist.

115   3. Die für die Beförderung zugelassenen Güter sind einzeln und genau aufzuführen.

Zu Nummer 9

15 116 Von dem Verbot verkehrsstörenden Lautsprecherlärms dürfen Ausnahmen nur genehmigt werden, wenn ein überwiegendes Interesse der Allgemeinheit vorliegt.

Zu Nummer 10

16 117 Gegen die Erteilung einer Ausnahmegenehmigung für Werbung auf Flächen von Leuchtsäulen bestehen in der Regel keine Bedenken; Gründe der Sicherheit oder Leichtigkeit des Straßenverkehrs werden kaum je entgegenstehen.

Zu Nummer 11

Ausnahmegenehmigungen für schwerbehinderte Menschen

17 118   I. Parkerleichterungen

1. Schwerbehinderten Menschen mit außergewöhnlicher Gehbehinderung kann gestattet werden,

119   a) an Stellen, an denen das eingeschränkte Haltverbot angeordnet ist (Zeichen 286, 290.1), bis zu drei Stunden zu parken. Antragstellern kann für bestimmte Haltverbotsstrecken eine längere Parkzeit genehmigt werden. Die Ankunftszeit muss sich aus der Einstellung auf einer Parkscheibe (§ 13 Absatz 2 Nummer 2, Bild 318) ergeben,

120   b) im Bereich eines Zonenhaltverbots (Zeichen 290.1) die zugelassene Parkdauer zu überschreiten,

121   c) an Stellen, die durch Zeichen 314 und 315 gekennzeichnet sind und für die durch ein Zusatzzeichen eine Begrenzung der Parkzeit angeordnet ist, über die zugelassene Zeit hinaus zu parken,

122   d) in Fußgängerzonen, in denen das Be- oder Entladen für bestimmte Zeiten freigegeben ist, während der Ladezeiten zu parken,

123   e) an Parkuhren und bei Parkscheinautomaten zu parken, ohne Gebühr und zeitliche Begrenzung,

124   f) auf Parkplätzen für Bewohner bis zu drei Stunden zu parken,

125   g) in verkehrsberuhigten Bereichen (Zeichen 325.1) außerhalb der gekennzeichneten Flächen ohne den durchgehenden Verkehr zu behindern, zu parken,

126   sofern in zumutbarer Entfernung keine andere Parkmöglichkeit besteht. Die vorgenannten Parkerleichterungen dürfen mit allen Kraftfahrzeugen in Anspruch genommen werden.

127   Die höchstzulässige Parkzeit beträgt 24 Stunden.

128   2. Die Berechtigung ist entweder durch den EU-einheitlichen Parkausweis für behinderte Menschen (vgl. Nummer IX 1 Buchstabe b zu § 45 Absatz 1 bis 1e) oder durch einen besonderen Parkausweis, den das zuständige Bundesministerium im Verkehrsblatt bekannt gibt, nachzuweisen. Der Ausweis muss gut sichtbar hinter der Windschutzscheibe angebracht sein.

II. Voraussetzungen der Ausnahmegenehmigung

129   1. Als schwerbehinderte Menschen mit außergewöhnlicher Gehbehinderung sind solche Personen anzusehen, die sich wegen der Schwere ihres Leidens dauernd nur mit fremder Hilfe oder nur mit großer Anstrengung außerhalb ihres Kraftfahrzeuges bewegen können.

130   Hierzu zählen:
Querschnittsgelähmte, doppeloberschenkelamputierte, doppelunterschenkelamputierte, hüftexartikulierte und einseitig oberschenkelamputierte Menschen, die dauernd außerstande sind, ein Kunstbein zu tragen, oder nur eine Beckenkorbprothese tragen können oder zugleich unterschenkel- oder armamputiert sind sowie andere schwerbehinderte Menschen, die nach versorgungsärztlicher Feststellung, auch auf Grund von Erkrankungen, dem vorstehend angeführten Personenkreis gleichzustellen sind.

131   2. Schwerbehinderten Menschen mit außergewöhnlicher Gehbehinderung, die keine Fahrerlaubnis besitzen, kann ebenfalls eine Ausnahmegenehmigung (Nummer I 1; Randnummer 118 ff.) erteilt werden.

132   In diesen Fällen ist den schwerbehinderten Menschen eine Ausnahmegenehmigung des Inhalts auszustellen, dass der sie jeweils befördernde Kraftfahrzeugführer von den entsprechenden Vorschriften der StVO befreit ist.

133   3. Die Randnummern 118 bis 132 sind sinngemäß auch auf die nachstehend aufgeführten Personengruppen anzuwenden:

134   a) Blinde Menschen;

135   b) Schwerbehinderte Menschen mit beidseitiger Amelie oder Phokomelie oder mit vergleichbaren Funktionseinschränkungen, wobei die zeitlichen Begrenzungen, die eine Betätigung der Parkscheibe voraussetzen, nicht gelten;

136   c) Schwerbehinderte Menschen mit den Merkzeichen G und B und einem Grad der Behinderung (GdB) von wenigstens 80 allein für Funktionsstörungen an den unteren Gliedmaßen (und der Lendenwirbelsäule, soweit sich diese auf das Gehvermögen auswirken);

137   d) Schwerbehinderte Menschen mit den Merkzeichen G und B und einem GdB von wenigstens 70 allein für Funktionsstörungen an den unteren Gliedmaßen (und der Lendenwirbelsäule, soweit sich diese auf das Gehvermögen auswirken) und gleichzeitig einem GdB von wenigstens 50 für Funktionsstörungen des Herzens oder der Atmungsorgane;

138   e) Schwerbehinderte Menschen, die an Morbus Crohn oder Colitis ulcerosa erkrankt sind, wenn hierfür ein GdB von wenigstens 60 vorliegt;

139   f) Schwerbehinderte Menschen mit künstlichem Darmausgang und zugleich künstlicher Harnableitung, wenn hierfür ein GdB von wenigstens 70 vorliegt.

III. Das Verfahren

140   1. Der Antrag auf Ausnahmegenehmigung ist bei der örtlich zuständigen Straßenverkehrsbehörde zu stellen.

141   2. Die Dauerausnahmegenehmigung wird für maximal fünf Jahre in stets widerruflicher Weise erteilt.

142   3. Die Ausnahmegenehmigung soll in der Regel gebührenfrei erteilt werden.

143   IV. Inhalt der Genehmigung
Für den Genehmigungsbescheid ist ein bundeseinheitliches Formblatt zu verwenden, welches das zuständige Bundesministerium im Verkehrsblatt bekannt macht (vgl. Randnummer 128).

144   V. Geltungsbereich
Die Ausnahmegenehmigungen gelten für das ganze Bundesgebiet.

Parkerleichterungen für Ärzte

145   I. Ärzte handeln bei einem „rechtfertigenden Notstand" (§ 16 des Gesetzes über Ordnungswidrigkeiten) nicht rechtswidrig, wenn sie die Vorschriften der StVO nicht beachten.   **18**

146 II. Ärzte, die häufig von dieser gesetzlichen Ausnahmeregelung Gebrauch machen müssen, erhalten von der zuständigen Landesärztekammer ein Schild mit der Aufschrift
„Arzt – Notfall –
Name des Arztes...
Landesärztekammer",
das im Falle von I gut sichtbar hinter der Windschutzscheibe anzubringen ist.

Zu Nummer 12

19 147 Eine Ausnahmegenehmigung soll grundsätzlich erteilt werden, wenn die Betroffenen über keine eigenen Betriebshöfe oder Abstellflächen verfügen und sich solche Möglichkeiten auch nicht in zumutbarer Weise beschaffen können und wenn sich zugleich keine Parkplätze mit Abstellerlaubnis in der näheren Umgebung befinden und auch nicht geschaffen werden können.

Zu Absatz 1a Ausnahmen von Verkehrsbeschränkungen, Verkehrsverboten oder Verkehrsumleitungen

20 148 Bei der Bevorrechtigung geht die Gewährleistung eines sicheren und flüssigen Verkehrsablaufs aller Verkehrsteilnehmer vor. Vor jeder Entscheidung über eine Bevorrechtigung von elektrisch betriebenen Fahrzeugen sind die Straßenbaubehörden und die Polizeien zu hören. Die Straßenverkehrsbehörde bedarf der Zustimmung der obersten Landesbehörde oder der von ihr bestimmten Stelle, wenn von einer Anordnung von Maßnahmen zum Schutz der Bevölkerung vor Lärm und Abgasen elektrisch betriebener Fahrzeuge ausgenommen werden sollen. Der Zustimmung bedarf es nicht, wenn und soweit die oberste Landesbehörde die Straßenverkehrsbehörde vom Erfordernis der Zustimmung befreit hat.

Zu Absatz 2

21 149 Die zuständigen obersten Landesbehörden oder die von ihnen bestimmten Stellen können von allen Bestimmungen dieser Allgemeinen Verwaltungsvorschrift Abweichungen zulassen.

Zu Absatz 3

Zu Satz 3

22 150 Es genügt nicht, wenn eine beglaubigte Abschrift oder eine Ablichtung des Bescheides mitgeführt wird.

23 **1. Ausnahmen** von bestimmten Vorschriften der StVO durch die StrVB sind im Rahmen von I Nr. 1 bis 12 aus sachlich vertretbaren Gründen zulässig, und zwar in bestimmten Einzelfällen oder allgemein für bestimmte Antragsteller (eingehende Darstellung bei MükoStVR/ *Sauthoff* Rn. 1 ff.). Neu eingefügt sind die Ausnahmemöglichkeiten **für ElektroFz** in Ia (dazu Begr Rn. 2a sowie § 3 EmoG Rn. 8 f.; § 45 Rn. 29; MüKo-StVR/*Sauthoff* § 46 Rn. 146a, 146b; nach *Engelmann* NZV **18** 563 nicht durch § 3 IV Nr. 3 EmoG gedeckt). Der VT, für den die Ausnahmegenehmigung gilt, muss bestimmt (nicht bloß bestimmbar) sein (BVerwG NZV **94** 244, NJW **08** 2867 (unzulässig: Ausnahmegenehmigung für Gewerbetreibenden *und dessen „Kunden"*); OVG Ko NJW **85** 2045 (Besucher eines StrAnliegers); VG München SVR **19** 114 bei *Friedrich* (Urlauberparkausweise für Übernachtungsgäste im bayerischen Oberland)). Zuständigkeit: § 47 II. Die Erlaubnis spricht aus, dass keine verwaltungsrechtlichen Hindernisse bestehen. Zum Inhalt einer Ausnahmegenehmigung gem. I Nr. 11 Dü VRS **71** 71. Die Erlaubnis (Ausnahmebewilligung) setzt Gründe voraus, die das öffentliche Interesse an dem Verbot überwiegen, von dem dispensiert werden soll; sie darf das Schutzgut der Vorschrift nicht wesentlich beeinträchtigen (VGH Mü NZV **98** 390, VG Bra NZV **01** 140, VG Augsburg DAR **01** 233, *Tettinger* NZV **98** 486). Die mit dem Verbot verfolgten öffentlichen Belange sind unter Beachtung des Grundsatzes der Verhältnismäßigkeit gegen die besonderen Interessen des Antragstellers **abzuwägen** (BVerwG NZV **94** 244, VRS **73** 308, VGH Mü NZV **98** 390, OVG Münster VRS **99** 316, DAR **96** 369, VG Augsburg DAR **01** 233). Durch die Ausnahmegenehmigung uU eintretende Beeinträchtigungen von Anliegerinteressen sind zu berücksichtigen (Ol NZV **89** 22, VGH Mü NZV **98** 390). Anhörung der beteiligten Behörden vor Erteilung der Ausnahmegenehmigung ist geboten, wenn deren Zweck oder Geltungsbereich es erfordert (VwV Rn. 29 f., Pol, StrBauB), zB zum Schutz der Str. Soweit Ausnahmen von Verboten bereits nach § 16 OWiG gerechtfertigt sind, kann eine Ausnahmegenehmigung nach § 46 nicht erteilt werden (BVerwG NJW **88** 2317 (Anfahren einer Apotheke in dringenden Fällen)). Unzulässig ist eine Ausnahmegenehmigung, die einen für den VT gefährlichen und unerträglichen Zustand schafft oder aufrechterhält (VGH Ka VM **79** 55). Wen eine VRegelung daran hindert, seine Geschäftsräume mit geeignetem Kfz zu erreichen, der muss sich um eine Ausnahmegenehmigung bemühen (Kö VRS **59** 47). Die StrVB können den Katalog des I nicht ausdehnen. Die §§ 1, 11 bleiben stets zu beachten. Einzelheiten zum Ausnahmekatalog: VwV. Str ist, ob der Ermessensspielraum der VB zunächst jedenfalls das Vorliegen von Umständen voraussetzt, die einen Ausnahmefall begründen

(so VGH Ma NZV **91** 485), oder ob das Bestehen einer Ausnahmesituation erst im Rahmen der Ermessensentscheidung zu prüfen ist (so BVerwG NZV **97** 372, OVG Münster VRS **99** 316, DAR **96** 369). Jedenfalls dürfen Ausnahmegenehmigungen nur bei **besonderer Dringlichkeit unter strengen Anforderungen** an den Nachweis der Ausnahmevoraussetzungen erteilt werden (VwV Rn. 1; BVerwG NJW **74** 1781, VGH Mü NZV **98** 390) und nur, wenn das genehmigte Verhalten den Verkehr weder erschweren noch gefährden kann (BVerwG NJW **74** 1781, VG Berlin VM **97** 87). Dabei ist die VSicherheit durch Bedingungen oder Auflagen zu berücksichtigen (VwV Rn. 2). **Rspr. zum Ausnahmekatalog:** Keine Ausnahme von der Radwegbenutzungspflicht nur im Hinblick auf allgemeine, jeden Radf in gleicher Weise treffende Nachteile (VG Berlin NZV **89** 167). Keine Ausnahme vom Feiertagsfahrverbot für Lkw *allein* aus wirtschaftlichen oder wettbewerbsrechtlichen Gründen; dem FzEinsatz im grenzüberschreitenden V kann bei der Ermessensausübung Gewicht zukommen, ohne allerdings allein auszureichen (OVG Münster NZV **95** 43, VG Wiesbaden NVwZ-RR **08** 782 (termingerechte Beladung von regelmäßig verkehrenden Seeschiffen)). Die Erlaubnis nach I Nr. 8 ist eine freie Erlaubnis, sie muss nicht bei Vorliegen bestimmter Voraussetzungen erteilt werden (OVG Münster VRS **48** 389). Die Ausnahmegenehmigung vom allgemeinen FV für Kfz auf nicht dem KfzV gewidmeten Str setzt keine verwaltungsrechtliche Sondernutzungserlaubnis voraus (OVG Münster VRS **99** 316, VGH Ka NZV **91** 405, NVwZ-RR **92** 2; aM VGH Mü BayVBl **71** 273). Der besondere Vorrang der Fußgängersicherheit in Fußgängerzonen wird vielfach einer Dauerausnahmegenehmigung zum Befahren mit Kfz entgegenstehen (VGH Mü NZV **98** 390). Eine derartige Ausnahmegenehmigung setzt besondere Dringlichkeit nach strengem Maßstab voraus (OVG Münster VRS **99** 316). Es ist rechtlich nicht zu beanstanden, dass zwar für das Befahren eines Fußgängerbereichs durch Taxen eine Ausnahmegenehmigung erteilt, eine solche für Mietwagen aber versagt wird (VG Bra NZV **01** 140). Die wesentliche Erhöhung des Risikos eines Überfalls auf Geldtransporte kann die Erteilung einer Ausnahmegenehmigung für das Befahren eines Fußgängerbereichs rechtfertigen (OVG Münster VRS **99** 316, VGH Ka NZV **91** 405). Zur Ausnahmegenehmigung für Anlieger bei FV in Kurorten BVerwG VRS **52** 306, **73** 308, OVG Lüneburg DAR **73** 54. Die Versagung der Ausnahmegenehmigung zum Befahren der einzigen ZufahrtStr mit schweren Lkw kann als enteignungsgleicher Eingriff anzusehen sein (BGH NJW **75** 1880). Kein Anspruch eines privaten Paketzustelldienstes auf Ausnahme von Halt- und Parkverboten (OVG Münster NZV **94** 86). Eine Ausnahmegenehmigung nach I Nr. 5 befreit nicht von der Einhaltung des § 23 I (freie Sicht; s. § 23 Rn. 12). Ausnahmen von der **Gurtanlege- und Schutzhelmpflicht:** § 21a Rn. 12, 18, vom **Verhüllungsverbot** (§ 23 IV) dort Rn. 37a, hinsichtlich Atemschutzmasken in Bezug auf Covid 19 s. *Rebler/Müller* NZV **20** 277 f. **Ärzte:** Unter den Voraussetzungen des § 16 OWiG ist Nichtbeachtung einer VRegel auch ohne Ausnahmegenehmigung gesetzlich gerechtfertigt. VwV Rn. 146 sieht für Notstandsfälle ein „Notstandsschild" zur Glaubhaftmachung vor, das die Pol nicht bindet. Weitergehende Ausnahmegenehmigungen, abgestellt etwa auf Unzumutbarkeit anderweitigen Parkens, sind zulässig. Zur gegenseitigen Gewährung von **Parkerleichterungen** für Schwerbehinderte in den CEMT-Staaten bei Benutzung amtlicher Ausweise (VkBl. **79** 844 = StVRL Nr. 3). EU-einheitlicher Ausweis betreffend Parkerleichterungen für Schwerbehinderte mit außergewöhnlicher Gehbehinderung sowie für Blinde: VkBl. **00** 625 = StVRL Nr. 8. Muster des Genehmigungsbescheids für Schwerbehinderte nach § 46: VkBl. **96** 76 = StVRL Nr. 2. Parkerleichterungen können vom Berechtigten nur mit dem Fz in Anspruch genommen werden, das dieser jeweils gerade benutzt, um den Zielort seines geschäftlichen oder privaten Anliegens zu erreichen; hingegen besteht auch dann kein Anspruch auf die Erteilung einer 2. Ausnahmegenehmigung, wenn er auf einer Wegstrecke zum Zielort 2 Kfz benutzt (VG Bra v. 8.2.06, 6 A 340/05, juris). Zum Ganzen: *Hauser* VD **83** 2. *Bouska* VD **76** 233. *Stollenwerk* VD **98** 64. Zuständig ist die StrVB (s. schon eingangs), nicht etwa das Versorgungsamt; jedoch Bindung an die förmliche Beurteilung der Behinderung durch das Versorgungsamt (*Dahm* NZV **15** 482). Eine Ausnahmegenehmigung nach I Nr. 8 (Befreiung von § 32) ist auch gegenüber Nicht-VT möglich; § 46 III S. 3 steht nicht entgegen (BVerwG NJW **15** 2056). Bei Erteilung einer Ausnahmegenehmigung nach I Nr. 11, VwV Rn. 118 ff. ist die StrVB an die förmlichen Feststellungen des Versorgungsamts im Rahmen eines Verwaltungsakts gebunden, nicht jedoch an im Wege der Amtshilfe abgegebene Stellungnahmen (OVG NRW DAR **11** 654; zust *Dahm* NZV **12** 163; VG Fra NZV **14** 191 m Bspr *Dahm* NZV **14** 153; s. auch OVG NRW NZV **11** 27 („aG-light")). Die Zuerkennung des Merkzeichens „aG" unterliegt dabei strengen Anforderungen; bloße Schwierigkeiten beim Aussteigen aus dem Fz genügen nicht (LSG Halle DAR **13** 345, zust *Dahm* NZV **13** 426). Ob eine beidseitiger Amelie oder Phokomelie vergleichbare Funktionseinschränkung iSv VwV Rn. 135 vorliegt, unterliegt voller gerichtlicher Überprüfung (VG Fra NZV **14** 191 (Contergan-Geschädigter)). Kein Rechtsanspruch auf Parksondererlaubnis gem. I Nr. 4a, 4b für nicht behinderten Anwohner bei 1 km entferntem Dauerparkplatz (VGH Mü NZV **92** 503). Rechtsanwälte haben keinen Anspruch auf Parkberechtigung vor dem innerstädtischen Gerichtsgebäude (VG Berlin NJW **11** 1622). Zur Erteilung und zum Widerruf von Ausnahmegenehmigungen zum Parken für Handwerksbetriebe *Rebler* NZV **02** 109. Zum Anwohnerparken mit Ausnahmegenehmigungen *Tettinger* NZV **98** 481. Übersicht über Länderregelungen zu Parkerleichterungen für Schwerbehinderte bei *Schubert* StVO aktuell S. 477aff. Zu Ausnahmegenehmigungen nach I Nr. 9, 10 **(Lautsprechereinsatz, Werbung):** § 33 Rn. 13. **Bloßes Dulden** vorschriftswidrigen Verhaltens ist keine gültige Ausnahmegenehmigung, wie sich bereits aus III ergibt. Erteilt ist eine Ausnahmegenehmigung erst mit der förmlich ausgedrückten behördlichen Entschließung, wobei offen bleiben kann, ob hierfür nur die Schriftform ausreicht. Kosten für Amtshandlungen im StVO-Vollzug bei Gemeindezuständigkeit: *Rott* VD **78** 291, **79** 83. Eine Ausnahmegenehmigung darf widerrufen werden, wenn sachliche Abwägung des Interesses des Betroffenen mit den öffentlichen Belangen dies rechtfertigt (OVG Lüneburg NJW **79** 1422).

24 **2. Auf Ladeflächen und in Laderäumen von Lkw dürfen Personen** nur im Rahmen von § 21 mitgenommen werden. Davon können die StrVB Ausnahmen bewilligen (§ 21 Rn. 2c, 6). Ebenso die in § 46 I S. 2 bezeichneten Dienststellen für ihre Dienstbereiche. Auch sie müssen dabei die allgemeine VSicherheit und die Sicherheit der Beförderten gewährleisten (zB Stehverbot, bei mehr als 8 Personen fest eingebaute Sitze).

25 **3. Ausnahmen von allen Vorschriften der StVO** durch die obersten Landesbehörden oder das BMV sind im Rahmen von II für bestimmte Einzelfälle oder allgemein für bestimmte Antragsteller zulässig (**E** 128). Entsprechendes gilt gem. VwV Rn. 148 für alle Bestimmungen der VwV. Auch von der Bestimmung des § 35 Va (Sonderrechte für RettungsFz) kann eine Ausnahme erteilt werden (OVG Münster NZV **00** 514). II bezweckt, besonderen Ausnahmen Rechnung zu tragen, die bei strikter Rechtsanwendung nicht hinreichend berücksichtigt werden könnten (BVerfG VM **76** 43). Zuständig sind die obersten Landesbehörden ausnahmslos für Ausnahmen vom Verbot von Rennveranstaltungen nach § 29 I (§ 46 II S. 3 Hs. 2), sonst, soweit sich die Ausnahmegenehmigung nicht auf ein anderes Land auswirkt. II S. 3, Hs. 2 ist eine reine Zuständigkeitsregelung; für die Bewertung im Rahmen des Ermessens kann daraus nichts hergeleitet werden (BVerwG NZV **97** 372). Das BMV ist zuständig, wenn die Ausnahmegenehmigung über ein Land hinauswirkt und (so dass?) eine einheitliche Entscheidung notwendig ist (II S. I Hs. 1). Vorher hört es die obersten Landesbehörden an. Seine Entscheidung ergeht, soweit die Länder für die Ausführung der StVO zuständig sind, nicht durch Verwaltungsakt, sondern ausschließlich **durch VO** (II S. 3 Hs. 2 und dazu Begr BR-Drs. 591/19 S. 88 zu Buchst. a). Entsprechende Regelung in § 70 StVZO.

26 **4. Widerrufsvorbehalt, Bedingungen, Auflagen und Befristung** sind bei Ausnahmegenehmigungen zu Erlaubnissen gemäß I, II zulässig (III). Eine „Sprachauflage" zu einer Ausnahmegenehmigung für Großtransporte (ständige Anwesenheit einer sachkundigen Person mit deutschen Sprachkenntnissen) ist zur Gewährleistung der VSicherheit geeignet, erforderlich und angemessen; sie verstößt nicht gegen den Gleichheitssatz oder gegen Unionsrecht (VGH Ma NZV **18** 522 mAnm *Rebler*). Die Befristung dient der VB zur Kontrolle des Fortbestehens der Ausnahmegründe; bei unverändert Sachlage kann nach Fristablauf immer wieder erneut eine Ausnahmegenehmigung erteilt werden (BVerwG NZV **94** 244). Nichtbeachtung einer Auflage macht die Ausnahmegenehmigung nicht unwirksam (BGH VersR **61** 1044). Kann die Nichtbefolgung von Auflagen zu Schädigungen von Anliegern führen, so ist die Einhaltung streng zu kontrollieren (Ol NZV **89** 22 (Hausschäden durch schwere Fz)).

27 **4a. Mitzuführen sind die Originalbescheide,** nicht nur beglaubigte Abschriften oder Ablichtungen (III S. 3, 4; VwV Rn. 150). Nur bei Erlaubnissen nach § 29 III und Ausnahmegenehmigungen nach I Nr. 5 genügt gem. III S. 4 das Mitführen fernkopierter Bescheide oder dort bezeichneten anderen Nachweise (hierzu Begr, Rn. 2; zur OW s. Rn. 29). Verlust des Bescheids oder Nichtmitführen beeinträchtigt die Gültigkeit der Ausnahmegenehmigung nicht.

28 **Zuständigen Personen** ist der Bescheid auf Verlangen zur Prüfung auszuhändigen (Bediensteten der StrVB, der Polizei, des Zollgrenzdienstes), III S. 3. Der Bedienstete hat sich als solcher auszuweisen. Er muss nicht Beamter sein. Dass der Bescheid auf Verlangen auszuhändigen ist, setzt keinen OW-Verdacht voraus. Zu prüfen ist vielmehr nach pflichtgemäßem Ermessen des Bediensteten und seiner Behörde. Der Bedienstete darf Fz zwecks Prüfung anhalten, da die Vor-

schrift sonst nur auf dem Papier stünde. Aushändigen bedeutet, zur Kontrolle, und nur zu dieser, übergeben. Der Bedienstete muss den Bescheid prüfen und sich Aufzeichnungen machen können (Dü VM **67** 23; s. §§ 4 FeV, 24 StVZO). Vorzeigepflicht bei örtlichem und zeitlichem Zusammenhang auch noch nach der Fahrt (Bay VRS **3** 278, Ha VRS **24** 464), nicht mehr hingegen 1 Stunde später (Dü VM **69** 16).

5. Ordnungswidrig (§ 24 StVG) handelt, wer entgegen § 46 III eine vollziehbare Auflage **29** seiner Ausnahmegenehmigung oder Erlaubnis nicht befolgt (§ 49 IV Nr. 4) oder wer den Bescheid darüber schuldhaft nicht mitführt oder dem zuständigen Bediensteten auf dessen Verlangen nicht prüfungsfähig aushändigt (§ 49 IV Nr. 5). Soweit in § 49 IV Nr. 5 auch das Nicht-Sichtbarmachen bußgeldbewehrt ist, findet dies in der Gebotsnorm keine Entsprechung. Der Normbefehl betrifft insoweit das Mitführen eines im Prinzip lesbaren digitalen Bescheids und nicht das Sichtbarmachen durch den Betroffenen. Die Bewehrung geht damit insoweit ins Leere. Bloße Empfehlungen und Hinweise auf die Grundregeln des § 1 sind keine Auflagen iS von III S. 1 (Dü VRS **78** 312). Täter können auch der Halter oder die ihm gem. § 9 OWiG gleichgestellten Personen sein (Bay VRS **65** 398, Dü NZV **90** 321). Auch Beteiligung nach § 14 OWiG ist möglich (Dü NZV **90** 321). Andere OW-Tatbestände sieht § 49 nicht vor (Ko VRS **58** 460).

6. Sonderrechte von Fz des StrBaus, der StrUnterhaltung und -reinigung und der Müllab- **30** fuhr: § 35.

[Fassung ab 1.1.2021]

Örtliche Zuständigkeit

47 (1) ¹Die Erlaubnisse nach § 29 Absatz 2 und nach § 30 Absatz 2 erteilt für eine Veranstaltung, die im Ausland beginnt, die nach § 44 Absatz 3 sachlich zuständige Behörde, in deren Gebiet die Grenzübergangsstelle liegt. ²Diese Behörde ist auch zuständig, wenn sonst erlaubnis- und genehmigungspflichtiger Verkehr im Ausland beginnt. ³Die Erlaubnis nach § 29 Absatz 3 erteilt die Straßenverkehrsbehörde, in deren Bezirk der erlaubnispflichtige Verkehr beginnt, oder die Straßenverkehrsbehörde, in deren Bezirk der erlaubnispflichtige Verkehr endet; im Fall einer flächendeckenden Erlaubnis wird die Erlaubnis nach § 29 Absatz 3 von der Straßenverkehrsbehörde erteilt, in deren Bezirk die den Transport durchführende Person ihren Wohnort oder Sitz oder das den Transport durchführende Unternehmen seinen Sitz hat. ⁴Befindet sich der Wohnort oder der Sitz im Ausland, so ist die Behörde zuständig, in deren Bezirk erstmalig von der Erlaubnis Gebrauch gemacht wird.

(2) Zuständig sind für die Erteilung von Ausnahmegenehmigungen

1. nach § 46 Absatz 1 Nummer 2 für eine Ausnahme von § 18 Absatz 1 die Straßenverkehrsbehörde, in deren Bezirk auf die Autobahn oder Kraftfahrstraße eingefahren werden soll. Wird jedoch eine Erlaubnis nach § 29 Absatz 3 oder eine Ausnahmegenehmigung nach § 46 Absatz 1 Nummer 5 erteilt, ist die Verwaltungsbehörde zuständig, die diese Verfügung erlässt;

2. nach § 46 Absatz 1 Nummer 4a für kleinwüchsige Menschen sowie nach § 46 Absatz 1 Nummer 4a und 4b für Ohnhänder die Straßenverkehrsbehörde, in deren Bezirk der Antragsteller seinen Wohnort hat, auch für die Bereiche, die außerhalb ihres Bezirks liegen;

3. nach § 46 Absatz 1 Nummer 4c die Straßenverkehrsbehörde, in deren Bezirk der Antragsteller seinen Wohnort, seinen Sitz oder eine Zweigniederlassung hat;

4. nach § 46 Absatz 1 Nummer 5 die Straßenverkehrsbehörde, in deren Bezirk der zu genehmigende Verkehr beginnt oder die Straßenverkehrsbehörde, in deren Bezirk der zu genehmigende Verkehr endet; im Fall einer flächendeckenden Ausnahmegenehmigung die Straßenverkehrsbehörde, in deren Bezirk die den Transport durchführende Person ihren Wohnort oder Sitz oder das den Transport durchführende Unternehmen seinen Sitz hat. ²Befindet sich der Wohnort oder der Sitz im Ausland, so ist die Behörde zuständig, in deren Bezirk erstmalig von der Genehmigung Gebrauch gemacht wird;

5. nach § 46 Absatz 1 Nummer 5b die Straßenverkehrsbehörde, in deren Bezirk der Antragsteller seinen Wohnort hat, auch für die Bereiche, die außerhalb ihres Bezirks liegen;

6. nach § 46 Absatz 1 Nummer 7 die Straßenverkehrsbehörde, in deren Bezirk die Ladung aufgenommen wird oder, im Falle einer flächendeckenden Ausnahmegenehmigung, die Straßenverkehrsbehörde, in deren Bezirk die den Transport durchführende Person ihren Wohnort oder Sitz oder das den Transport durchführende Unternehmen seinen Sitz hat.

[2] Diese sind auch für die Genehmigung der Leerfahrt zum Beladungsort zuständig, ferner dann, wenn in ihrem Land von der Ausnahmegenehmigung kein Gebrauch gemacht wird oder wenn dort kein Fahrverbot besteht. [3] Befindet sich der Wohnort oder der Sitz im Ausland, so ist die Behörde zuständig, in deren Bezirk erstmalig von der Genehmigung Gebrauch gemacht wird;

7. nach § 46 Absatz 1 Nummer 11 die Straßenverkehrsbehörde, in deren Bezirk die Verbote, Beschränkungen und Anordnungen erlassen sind, für schwerbehinderte Menschen jedoch jede Straßenverkehrsbehörde auch für solche Maßnahmen, die außerhalb ihres Bezirks angeordnet sind;

8. in allen übrigen Fällen die Straßenverkehrsbehörde, in deren Bezirk von der Ausnahmegenehmigung Gebrauch gemacht werden soll.

(3) Die Erlaubnisse für die übermäßige Benutzung der Straße durch die Bundeswehr, die in § 35 Absatz 5 genannten Truppen, die Bundespolizei, die Polizei und den Katastrophenschutz erteilen die höhere Verwaltungsbehörde oder die nach Landesrecht bestimmte Stelle, in deren Bezirk der erlaubnispflichtige Verkehr beginnt.

1   **Begr** zur ÄndVO v. 22.3.88: VkBl. **88** 228. **Begr** zur ÄndVO v. 26.3.09 BR-Drs. 87/09 **zu Abs. 2 Nr. 7. Begr** zur ÄndVStVR v. 20.4.2020 BR-Drs. 591/19 S. 88 f.; Begr des BRates BR-Drs. 591/19 (B) S. 13 f.

VwV zu § 47 Örtliche Zuständigkeit

Zu Absatz 1 und Absatz 2 Nr. 1

2   1   Über Anträge auf Dauererlaubnis und Dauerausnahmegenehmigung sollte in der Regel diejenige Straßenverkehrsbehörde entscheiden, in deren Bezirk der Antragsteller seinen Wohnsitz, seinen Sitz oder eine Zweigniederlassung hat. Will diese Behörde das Verfahren abgeben, so hat sie das eingehend zu begründen und über den Antragsteller ausführlich zu berichten.

3   Der erlaubnispflichtige V beginnt dort, wo der Sondertransport erstmals in den öffentlichen VRaum gelangt. In den übrigen Fällen sind Sitz oder Zweigniederlassung des Antragstellers maßgebend. Bei flächendeckenden Erlaubnissen bzw. Ausnahmegenehmigungen ist seit 1.1.2021 (54. ÄndVStVR v. 20.4.2020 (BGBl. I S. 814, 817)) der Wohnort der den Transport durchführenden Person bzw. der Sitz des den Transport durchführenden Unternehmens maßgebend. Sonderregelungen bestehen für Personen, die ihren Wohnsitz oder Sitz im Ausland haben (eingehende Kritik an den Neuregelungen bei *Herbst* NZV **20** 217). „Anordnungen erlassen sind" in II Nr. 7 heißt: dort bestehen, gelten, dort zu beachten. Firmen haben ihren Sitz nicht notwendigerweise am Wohnort des Inhabers, sondern dort, von wo aus die Geschäfte betrieben werden. Antragsteller kann eine juristische Person oder ein Personenverband sein (Verein, §§ 21 ff. BGB, Gesellschaft nach HGB, GmbHG und AktG, Genossenschaften usw), eine Einzelfirma (§ 17 HGB) oder auch eine Verwaltungsdienststelle (OVG Münster VRS **83** 298). Bei ihnen kommt es für die örtliche Zuständigkeit auf Sitz, Niederlassung, Zweigniederlassung oder Dienstsitz an, auf den Ort, an dem sich die Leitung der juristischen Person, Firma oder Dienststelle dauernd befindet. Antragsteller ist, wer die behördliche Maßnahme im eigenen Namen (OVG Münster VRS **83** 298) begehrt, ohne Rücksicht darauf, ob er selbst Inhaber der Erlaubnis werden kann (OVG Münster VRS **83** 298).

Verkehrsunterricht

48 Wer Verkehrsvorschriften nicht beachtet, ist auf Vorladung der Straßenverkehrsbehörde oder der von ihr beauftragten Beamten verpflichtet, an einem Unterricht über das Verhalten im Straßenverkehr teilzunehmen.

Begr zu § 48:

1   *... Dass die Vorschrift verfassungsmäßig ist und durch die Ermächtigung gedeckt wird, ist ständige Rechtsprechung. Dass die Maßnahme sinnvoll sein, in einem angemessenen Verhältnis zu dem festgestellten Verkehrsverstoß stehen muss und keinesfalls schikanös oder willkürlich sein darf, ist unbestritten. Als Strafnorm enthielt § 6 (alt) eine zulässige Spezifizierung des Tatbestandes (BVerfassG 23.5.67 VerkMitt. 1967 Nr. 86). Nun bußgeldbewehrt (§ 49 Abs. 4 Nr. 6), enthält die Vorschrift einen „bestimmten Tatbestand" im Sinne des § 24 StVG. Die Fassung des § 6 (alt) wird deshalb beibehalten.*

VwV zu § 48 Verkehrsunterricht

1 I. Zum Verkehrsunterricht sind auch Jugendliche von 14 Jahren an, Halter sowie Aufsichts- 2 pflichtige in Betrieben und Unternehmen heranzuziehen, wenn sie ihre Pflichten nicht erfüllt haben.

2 II. Zweck der Vorschrift ist es, die Sicherheit und Ordnung auf den Straßen durch Belehrung 3 solcher, die im Verkehr Fehler begangen haben, zu heben. Eine Vorladung ist daher nur dann sinnvoll und überhaupt zulässig, wenn anzunehmen ist, dass der Betroffene aus diesem Grund einer Belehrung bedarf. Das trifft in der Regel nicht bloß bei Personen zu, welche die Verkehrsvorschriften nicht oder nur unzureichend kennen oder beherrschen, sondern auch bei solchen, welche die Bedeutung und Tragweite der Vorschriften nicht erfaßt haben. Gerade Mehrfachtäter bedürfen in der Regel solcher Einwirkung. Aber auch schon eine einmalige Verfehlung kann sehr wohl Anlaß zu einer Vorladung sein, dies vor allem dann, wenn ein grober Verstoß gegen eine grundlegende Vorschrift vorliegt, oder wenn der bei dem Verstoß Betroffene sich trotz Belehrung uneinsichtig gezeigt hat.

3 III. Die Straßenverkehrsbehörde soll in der Regel nur Personen zum Verkehrsunterricht heranzie- 4 hen, die in ihrem Bezirk wohnen. Müssen Auswärtige unterrichtet werden, so ist die für deren Wohnort zuständige Straßenverkehrsbehörde zu bitten, Heranziehung und Unterrichtung zu übernehmen.

4 IV. Der Verkehrsunterricht kann auch durch Einzelaussprache erteilt werden, wenn die Betroffe- 5 nen aus wichtigen Gründen am allgemeinen Verkehrsunterricht nicht teilnehmen können oder ein solcher nicht stattfindet.

5 V. Die Vorladung muß die beruflichen Verpflichtungen der Betroffenen berücksichtigen. Darum 6 kann es unter Umständen zweckmäßig sein, den Unterricht auf einen Sonntag festzusetzen; dann sind die Unterrichtszeiten mit den kirchlichen Behörden abzustimmen; Betroffene, die sich weigern oder nicht erscheinen, dürfen dafür nicht zur Verantwortung gezogen werden und sind auf einen Werktag oder einen Samstag umzuladen.

1. Verkehrsunterricht. § 48 bezweckt bessere VSicherheit durch Belehrung (VwV Rn. 2). Er 7 ist nicht unproblematisch, weil er die Möglichkeit zwangsweiser Erwachsenenerziehung voraussetzt, denn als Strafe wäre die Maßnahme unzulässig (§ 24 StVG). Jede Strafwirkung muss bei ihrer Auslegung daher vermieden werden. Mit dem GG war die sachgleiche Vorschrift des § 6 StVO (alt) vereinbar (BVerfGE **22** 21, BVerwG NJW **58** 1249). Das Gleiche gilt für § 48 (BayVGH NZV **91** 207; Beschl. v. 25.10.2012 – 11 ZB 12.985, BeckRS **12** 59075; abl *Geiger* DAR **76** 324, *Forsthoff,* Festschrift 45. DJT 53–57). Die Vorschrift richtet sich neben dem Delinquenten auch gegen den Halter oder dessen Beauftragten (VGH Ka VM **75** 76).

Literatur: *Beck,* Anordnung des VUnterrichts, DAR **93** 405. *Böcher,* Das „Was" und „Wie" einer effekti- 7a ven VBeratung, ZVS **69** 71,155. *Brune,* Fragen zu § 6 StVO (= § 48 n. F.), DAR **59** 314. *Mühlhaus,* VUnterricht für VSünder, VOR **73** 95. *Müller,* Stellenwert und Voraussetzungen des VUnterrichts, VD **01** 259; *ders.* Der VUnterricht - ein vergessenes kommunales Präventionsmodell?, DAR **19** 70; . *Rebler,* Der VUnterricht zum Erhalt der Sicherheit, VD **05** 297. *Stollenwerk,* Anordnung zur Teilnahme am VUnterricht …, VD **94** 211.

2. Der Verkehrsunterricht darf **keine Strafe** sein (Rn. 7). Dem hat die Auslegung zu entspre- 8 chen (BayVGH NZV **91** 207). Eine Vorladung ist nur zulässig, wo der Verkehrsunterricht sinnvoll der Sicherheit dienen kann (BVerwG NJW **71** 261, VGH Ka VM **74** 58), nicht nur als Freizeitbeschränkung, die auf Strafe hinausliefe. Das trifft nur zu, wo der Betroffene über etwas belehrt werden kann, das er nicht weiß, nicht versteht, in seiner Tragweite oder Bedeutung nicht begreift oder vergessen hat (VwV Rn. 2; s. auch Rn. 9) und wenn die erzieherische Wirkung der Geldbuße nicht ausreicht (BayVGH NZV **91** 207). Der Unterricht soll die Kenntnis der VVorschriften vertiefen oder auffrischen oder die möglicherweise schwerwiegenden Folgen von Verstößen vor Augen führen (BVerwG NJW **71** 261 mAnm *von Brunn* NJW **71** 636; VGH Ka VM **74** 58). Sinnvoll ist die Vorladung nur, wenn einer der Unterrichtszwecke bei dem Betroffenen erreichbar ist (VGH Ka VM **74** 58), woran es aber nicht schon dann fehlt, wenn sich der Betroffene selbst als unbelehrbar bezeichnet (BayVGH NJW **15** 649). Nach häufigen gleichartigen Verstößen kommt es weniger auf Regelkenntnis, als auf Stärkung des Verantwortungsbewusstseins an (VGH Ka VM **75** 76). Außerdem ist pädagogisch zweckmäßige Belehrung vorauszusetzen, und die Maßnahme muss im verständigen Verhältnis zum Verstoß stehen (Begr; BVerwG NJW **71** 261; Bay DAR **69** 167). Der Zweck, dem Betroffenen im Interesse der VSicherheit Regelkenntnis beizubringen, muss erreicht werden können (BVerfGE **22** 21). Bei einem vorsätzlichen Verstoß trifft dies allenfalls zu, wenn dem Betroffenen die Einsicht in die Notwendigkeit der Beachtung einer bestimmten Vorschrift überzeugend vermittelt werden kann. In Betracht kommen werden vor allem wiederholte oder grobe Regelverstöße (VwV Rn. 2;

BayVGH NZV **91** 207). Zeigt sich der Betroffene berechtigter Belehrung unzugänglich, so kann aber ein einmaliger, nicht ganz unerheblicher Verstoß genügen (OVG Br DAR **61** 95; BayVGH NJW **15** 649). Unter den erwähnten Voraussetzungen kann auch eine Geschwindigkeitsüberschreitung die Vorladung rechtfertigen (VG Mü DAR **65** 166) oder auch ein Parkverstoß (BayVGH NJW **15** 649 (renitenter Taxifahrer); VG Mü v. 19.11.09, M 23 K 09.3571 (renitente Porschefahrerin)).

9   **Für unzulässig** wird die Vorladung zT gehalten, wenn der Betroffene (zB erfahrener Anwalt) die Vorschrift genau kennt (*Müller* VD **01** 263) und die möglichen Folgen ihrer Verletzung nach Beruf, Erfahrung und Fahrpraxis überblickt (OVG Ko NJW **65** 1733). Jedoch kann sie auch bei solchen Personen sinnvoll sein, sofern sie sich der Folgen ihres Verhaltens nicht im Klaren sind oder zu erkennen gegeben haben, dass erforderliches Verantwortungsbewusstsein fehlt (BayVGH Beschl. v. 25.10.2012 – 11 ZB 12.985, BeckRS **12** 59075 (im Verkehrsrecht tätiger Volljurist)). Die StrVB muss den Bildungsstand und die Fahrpraxis des Betr. nicht aufklären (BayVGH KommPraxBay **18** 27; *Koehl* SVR **18** 298). Die Vorladung ist unzulässig bei einem Verstoß gegen eine bekannte Vorschrift nur aus Unachtsamkeit oder aus Gründen, die mit der Kenntnis der VRegeln nichts zu tun haben (BVerfGE **22** 21) oder wegen „Unbotmäßigkeit" bei einer Radarkontrolle (OVG Ko VRS **35** 316). Das Bestreben, eine fahrlässig begangene erhebliche Geschwindigkeitsüberschreitung in einem günstigen Licht erscheinen zu lassen, rechtfertigt nicht ohne Weiteres VUnterricht (BayVGH NZV **91** 207).

10   Die Begehung von VVerstößen **muss feststehen** (VGH Ka VM **75** 77, *Müller* VD **01** 260). Sie ist Tatbestandsmerkmal und im Bußgeldverfahren ggf. zu prüfen (*Mühlhaus* VOR **73** 112, *Janiszewski* Rn. 802, aM Kar NJW **72** 2097). Das Gericht entscheidet, ob der Verstoß die Vorladung rechtfertigt (Neust DAR **62** 24). Verteidigungsvorbringen darf nicht zum Nachteil des Betroffenen verwendet werden (OVG Ko DAR **68** 192).

11   **3. Durch Vorladung** wird die Teilnahmepflicht am Unterricht begründet (BVerfGE **22** 21), nicht durch den VVerstoß. Sie setzt eine Entschließung der StrVB (Rn. 13) und deren Zustellung (zwecks Nachweises) oder Bekanntgabe an den Betroffenen durch den von der StrVB Beauftragten voraus. Die Entschließung steht unübertragbar nur der Behörde zu. Die Vorladung ist als Verwaltungsakt gerichtlich nachprüfbar, (BVerfGE **22** 21, Kar NJW **72** 2097, Dü VM **65** 91). Die Anfechtung hat aufschiebende Wirkung (§ 80 I S. 1 VwGO), wobei aber in der Praxis idR sofortige Vollziehbarkeit angeordnet wird, weil der Erziehungseffekt bei zeitnaher Reaktion besser erreichbar ist (*Koehl* SVR **18** 298). Vorgeladen werden kann auch der Halter oder im Betrieb Aufsichtspflichtige, der VVorschriften nicht beachtet oder zur Nichtbeachtung zumindest fahrlässig beigetragen hat (VwV Rn. 1), ebenso Jugendliche ab 14 Jahren (VwV Rn. 1).

12   Der **Zeitpunkt des VUnterrichts** muss die Berufspflichten des Betroffenen berücksichtigen (VwV Rn. 5) und wird daher auch sonn- oder feiertags liegen können (VwV Rn. 5), jedoch nur im Rahmen des Maßgebots und ohne Erzwingungsmöglichkeit (VwV Rn. 5; aM Ha DAR **57** 81 entgegen Art 4 II GG (Vorladung für Sonntag zur Kirchzeit)). Zur Vorladungsgebühr *Rott* VD **70** 265.

13   **4. Zuständig** für die Entschließung (Rn. 11) zur Vorladung ist die StrVB, nicht der Amtsrichter (Ko DAR **72** 50), nicht der Amtsvorsteher oder die OrtspolB, und auch kein von der StrVB Beauftragter (Rn. 11). Dieser darf lediglich vorladen. Auf Teilnahme am Unterricht darf ein Jugendrichter nur im Rahmen einer Vollstreckungsanordnung (§ 98 I OWiG) erkennen (Kö VM **76** 36).

14   **5. Ordnungswidrig** (§ 24 StVG) handelt, wer entgegen § 48 einer Vorladung zum Unterricht nicht folgt (§ 49 IV Nr. 6), dh trotz ordnungsgemäßer Vorladung zum Unterricht nicht erscheint. Aktive Teilnahme kann nicht erzwungen werden. OW nach § 48 nur bei Nichtbefolgung einer **vollziehbaren,** also unanfechtbar gewordenen oder für sofort vollziehbar erklärten Vorladung (Kar NJW **72** 2097, *Mühlhaus* VOR **73** 108, aM Bay DAR **69** 167, *Bouska* VD **69** 257). Dies folgt aus den allgemeinen Regeln des OWRechts. Danach ist nur ein vollziehbarer Verwaltungsakt mit Geldbuße bewehrbar. In neueren Bußgeldbestimmungen wird dies explizit zum Ausdruck gebracht. Zum Tatbestand der OW nach §§ 48, 49 IV Nr. 6 gehören also nach richtiger Auffassung sowohl die Begehung des der Entschließung nach § 48 zugrunde liegenden VVerstoßes (Rn. 10) als auch die Vollziehbarkeit der Vorladung (BHHJ Rn. 5). Zum Verfahren bei Widerspruch gegen die Vorladung OVG Br DAR **75** 54. Anordnung sofortiger Vollziehung setzt ein *besonderes* öffentliches Interesse an der Vollziehung voraus; dieses muss über das allgemeine öffentliche Interesse nach strengem Maßstab hinausgehen (VGH Ka VM **74** 58). Bei of-

fensichtlich aussichtslosen Rechtsmitteln geht das öffentliche Interesse an sofortiger Vollziehung vor (VGH Ka VM **74** 58). Auch wer zurzeit des Unterrichts keine FE hat, weil sie ihm entzogen worden ist, muss teilnehmen (aM Neust DAR **62** 24), da jeder VT die wesentlichen VVorschriften kennen muss. **Unmittelbarer Zwang** zur Teilnahme bei Nichtzahlung des Zwangsgelds ist gegenüber der Pflicht zur Teilnahme an einem lediglich mehrstündigen Unterricht stets ein Verstoß gegen das Übermaßverbot; Ersatzzwangshaft (von bis zu 5 Tagen!) soll dagegen nach OVG Br VRS **43** 157, 160 als das mildere Zwangsmittel zulässig sein. Beide Entscheidungen nehmen als unbestreitbar an, die rechtskräftig gewordene Vorladung müsse auch mit Zwangshaft durchgesetzt werden können. Keine wägt Sinn, Bedeutung, Durchführung und Dauer des angeordneten Unterrichts, bei dem geistig mitzuarbeiten überdies nicht angeordnet werden kann, gegen das Übergewicht der Inhaftnahme nachprüfbar ab.

Ordnungswidrigkeiten

49 (1) Ordnungswidrig im Sinne des § 24 des Straßenverkehrsgesetzes handelt, wer vorsätzlich oder fahrlässig gegen eine Vorschrift über

1. das allgemeine Verhalten im Straßenverkehr nach § 1 Absatz 2,

2. die Straßenbenutzung durch Fahrzeuge nach § 2 Absatz 1 bis 3a, Absatz 4 Satz 1, 4, 5 oder 6 oder Absatz 5,

3. die Geschwindigkeit nach § 3,

4. den Abstand nach § 4,

5. das Überholen nach § 5 Absatz 1 oder 2, Absatz 3 Nummer 1, Absatz 3a bis 4a, Absatz 5 Satz 2, Absatz 6 oder 7,

6. das Vorbeifahren nach § 6,

7. das Benutzen linker Fahrstreifen nach § 7 Absatz 3a Satz 1, auch in Verbindung mit Satz 2, Absatz 3b, Absatz 3c Satz 3 oder den Fahrstreifenwechsel nach § 7 Absatz 5,

7a. das Verhalten auf Ausfädelungsstreifen nach § 7a Absatz 3,

8. die Vorfahrt nach § 8,

9. das Abbiegen, Wenden oder Rückwärtsfahren nach § 9 Absatz 1, Absatz 2 Satz 2 oder 3, Absatz 3 bis 6,

10. das Einfahren oder Anfahren nach § 10 Satz 1 oder Satz 2,

11. das Verhalten bei besonderen Verkehrslagen nach § 11 Absatz 1 oder 2,

12. das Halten oder Parken nach § 12 Absatz 1, 3, 3a Satz 1, Absatz 3b Satz 1, Absatz 4 Satz 1, 2 zweiter Hs., Satz 3 oder 5 oder Absatz 4a bis 6,

13. Parkuhren, Parkscheine oder Parkscheiben nach § 13 Absatz 1 oder 2,

14. die Sorgfaltspflichten beim Ein- oder Aussteigen nach § 14,

15. das Liegenbleiben von Fahrzeugen nach § 15,

15a. das Abschleppen nach § 15a,

16. die Abgabe von Warnzeichen nach § 16,

17. die Beleuchtung und das Stehenlassen unbeleuchteter Fahrzeuge nach § 17 Absatz 1 bis 4, Absatz 4a Satz 1, Absatz 5 oder 6,

18. die Benutzung von Autobahnen und Kraftfahrstraßen nach § 18 Absatz 1 bis 3, Absatz 5 Satz 2 oder Absatz 6 bis 11,

19. das Verhalten

   a) an Bahnübergängen nach § 19 Absatz 1 Satz 1 Nummer 2 oder 3, Satz 2, Satz 3 oder Absatz 2 Satz 1, auch in Verbindung mit Satz 2 oder Absatz 3 bis 6 oder

   b) an und vor Haltestellen von öffentlichen Verkehrsmitteln und Schulbussen nach § 20,

20. die Personenbeförderung nach § 21 Absatz 1 Satz 1 oder 4, Absatz 1a Satz 1, auch in Verbindung mit Satz 2 Nummer 2, Absatz 2 Satz 1, 4 oder 6 oder Absatz 3 Satz 1 bis 3,

20a. das Anlegen von Sicherheitsgurten, Rollstuhl-Rückhaltesystemen oder Rollstuhlnutzer-Rückhaltesystemen nach § 21a Absatz 1 Satz 1 oder das Tragen von Schutzhelmen nach § 21a Absatz 2 Satz 1 bis 3,

21. die Ladung nach § 22,

22. sonstige Pflichten des Fahrzeugführers nach § 23 Absatz 1, Absatz 1a Satz 1, auch in Verbindung mit den Sätzen 2 bis 4, Absatz 1c, Absatz 2 erster Hs., Absatz 3 oder Absatz 4 Satz 1,

23. das Fahren mit Krankenfahrstühlen oder anderen als in § 24 Absatz 1 genannten Rollstühlen nach § 24 Absatz 2,

24. das Verhalten

   a) als zu Fuß Gehender nach § 25 Absatz 1 bis 4,
   b) an Fußgängerüberwegen nach § 26 oder
   c) auf Brücken nach § 27 Absatz 6,

25. den Umweltschutz nach § 30 Absatz 1 oder 2 oder das Sonn- und Feiertagsfahrverbot nach § 30 Absatz 3 Satz 1 oder 2 Nummer 7 Satz 2,

26. das Sporttreiben oder Spielen nach § 31 Absatz 1 Satz 1, Absatz 2 Satz 3,

27. das Bereiten, Beseitigen oder Kenntlichmachen von verkehrswidrigen Zuständen oder die wirksame Verkleidung gefährlicher Geräte nach § 32,

28. Verkehrsbeeinträchtigungen nach § 33 Absatz 1 oder 2 oder

29. das Verhalten nach einem Verkehrsunfall nach § 34 Absatz 1 Nummer 1, Nummer 2, Nummer 5 oder Nummer 6 Buchstabe b – sofern in diesem letzten Fall zwar eine nach den Umständen angemessene Frist gewartet, aber nicht Name und Anschrift am Unfallort hinterlassen wird – oder nach § 34 Absatz 3,

verstößt.

(2) Ordnungswidrig im Sinne des § 24 des Straßenverkehrsgesetzes handelt auch, wer vorsätzlich oder fahrlässig

1. als Führer eines geschlossenen Verbandes entgegen § 27 Absatz 5 nicht dafür sorgt, dass die für geschlossene Verbände geltenden Vorschriften befolgt werden,

1a. entgegen § 27 Absatz 2 einen geschlossenen Verband unterbricht,

2. als Führer einer Kinder- oder Jugendgruppe entgegen § 27 Absatz 1 Satz 4 diese nicht den Gehweg benutzen lässt,

3. als Tierhalter oder sonst für die Tiere Verantwortlicher einer Vorschrift nach § 28 Absatz 1 oder Absatz 2 Satz 2 zuwiderhandelt,

4. als Reiter, Führer von Pferden, Treiber oder Führer von Vieh entgegen § 28 Absatz 2 einer für den gesamten Fahrverkehr einheitlich bestehenden Verkehrsregel oder Anordnung zuwiderhandelt,

5. (aufgehoben)

6. entgegen § 29 Absatz 2 Satz 1 eine Veranstaltung durchführt oder als Veranstaltender entgegen § 29 Absatz 2 Satz 3 nicht dafür sorgt, dass die in Betracht kommenden Verkehrsvorschriften oder Auflagen befolgt werden, oder

7. entgegen § 29 Absatz 3 ein dort genanntes Fahrzeug oder einen Zug führt.

(3) Ordnungswidrig im Sinne des § 24 des Straßenverkehrsgesetzes handelt ferner, wer vorsätzlich oder fahrlässig

1. entgegen § 36 Absatz 1 bis 4 ein Zeichen oder eine Weisung oder entgegen Absatz 5 Satz 4 ein Haltgebot oder eine Anweisung eines Polizeibeamten nicht befolgt,

2. einer Vorschrift des § 37 über das Verhalten an Wechsellichtzeichen, Dauerlichtzeichen oder beim Rechtsabbiegen mit Grünpfeil zuwiderhandelt,

3. entgegen § 38 Absatz 1, 2 oder 3 Satz 2 blaues Blinklicht zusammen mit dem Einsatzhorn oder allein oder gelbes Blinklicht verwendet oder entgegen § 38 Absatz 1 Satz 2 nicht sofort freie Bahn schafft,

4. entgegen § 41 Absatz 1 ein durch Vorschriftzeichen angeordnetes Ge- oder Verbot der Anlage 2 Spalte 3 nicht befolgt,

5. entgegen § 42 Absatz 2 ein durch Richtzeichen angeordnetes Ge- oder Verbot der Anlage 3 Spalte 3 nicht befolgt,

6. entgegen § 43 Absatz 3 Satz 2 eine abgesperrte Straßenfläche befährt oder

7. einer den Verkehr verbietenden oder beschränkenden Anordnung, die nach § 45 Absatz 4 zweiter Hs. bekannt gegeben worden ist, zuwiderhandelt.

(4) Ordnungswidrig im Sinne des § 24 des Straßenverkehrsgesetzes handelt schließlich, wer vorsätzlich oder fahrlässig

1. dem Verbot des § 35 Absatz 6 Satz 1, 2 oder 3 über die Reinigung von Gehwegen zuwiderhandelt,

1a. entgegen § 35 Absatz 6 Satz 4 keine auffällige Warnkleidung trägt,

2. entgegen § 35 Absatz 8 Sonderrechte ausübt, ohne die öffentliche Sicherheit und Ordnung gebührend zu berücksichtigen,

3. entgegen § 45 Absatz 6 mit Arbeiten beginnt, ohne zuvor Anordnungen eingeholt zu haben, diese Anordnungen nicht befolgt oder Lichtzeichenanlagen nicht bedient,

4. entgegen § 46 Absatz 3 Satz 1 eine vollziehbare Auflage der Ausnahmegenehmigung oder Erlaubnis nicht befolgt,

5. entgegen § 46 Absatz 3 Satz 3, auch in Verbindung mit Satz 4, die Bescheide, Ausdrucke oder deren digitalisierte Form nicht mitführt oder auf Verlangen nicht aushändigt oder sichtbar macht,

6. entgegen § 48 einer Vorladung zum Verkehrsunterricht nicht folgt oder

7. entgegen § 50 auf der Insel Helgoland ein Kraftfahrzeug führt oder mit einem Fahrrad fährt.

Begr zu § 49: *Die in § 24 Abs. 1 StVG geforderte Verweisung auf einen bestimmten Tatbestand ge-* **1** *schieht ausreichend durch stichwortartige Angaben über den Gegenstand des paragraphenmäßig zitierten Ge- oder Verbots. Wo nötig, wird durch Angabe von Absatz, Satz oder Nummer noch weiter konkretisiert. So wird durch das „Stichwort" in Verbindung mit der in bezug genommenen Gesetzesstelle der Tatbestand der Ordnungswidrigkeit zweifelsfrei bestimmt. Deshalb wird der Normadressat in der Regel nur da genannt, wo Zweifel möglich sind. … Zur Erleichterung der Handhabung wird der notgedrungen umfangreiche Katalog in Absätze unterteilt. Innerhalb der Absätze wird nach der Paragraphenfolge geordnet …*

Begr zur StVO-Neufassung v 6.3.2013 (BRDrucks 428/12): *… Die vormals in den §§ 41–43* **2** *enthaltenen Gebote, Verbote und Erläuterungen werden zur besseren Übersicht in Form von Anlagen ausgegliedert. Diese Ausgliederung erfordert auch Änderungen des § 49. In § 49 Abs. 1 N r 2 sind § 2 Abs. 4 S.2 bis 4 von der Bewehrung ausgenommen, da die in den vorgenannten Vorschriften enthaltenen Ge- und Verbote durch die Vorschriftszeichen 237, 240 und 241 der Anl 2 zu § 41 angeordnet werden und eine Zuwiderhandlung gegen die durch diese Vorschriftszeichen angeordneten Ge- oder Verbote bereits nach § 49 Abs. 3 Nr. 5 bewehrt ist (siehe auch Begründung zu § 2 Abs. 4). In § 49 Abs. 1 Nr. 1 wird § 5 Abs. 3 Nr. 2 von der Bewehrung ausgenommen, da der Verstoß gegen die durch Z 276, 277 angeordneten Überholverbote bereits nach § 49 Abs. 3 Nr. 5 bewehrt ist. Nach dem vormaligen § 49 Abs. 3 Nr. 4 handelte ordnungswidrig, wer entgegen § 41 eine durch ein Vorschriftzeichen gegebenen Anordnung nicht befolgt. Der Sanktionsvorschrift wäre in dieser Form nach der Umstrukturierung von § 41 nicht mehr zu entnehmen, welche Ge- und Verbote im Einzelnen betroffen sind. Selbiges gilt für die Umstrukturierung des § 42. Aus der Spalte „Gebote und Verbote" der Anlagen ergeben sich nunmehr die konkreten Handlungen, die der Bewehrung zuzuführen waren. Die Auffangvorschriften des sachlich-rechtlichen Teils genügen den Anforderungen, die an zu bewehrende Tatbestände zu stellen sind. Daher ist es ausreichend, dass die in Bezug zu nehmenden Anlagen und Nummern in den Bußgeldtatbeständen soweit wie möglich zusammengefasst werden. Diese Systematik wurde in § 43 durchbrochen, dem wurde in Absatz 3 Nr. 6 Rechnung getragen.*

Weiterhin wurde § 49 StVO dahingehend geändert, dass Verweise auf die bewehrten sachlich-rechtlichen Vorschriften konkretisiert wurden. Durch die Konkretisierung wurden insbesondere Verweisungen auf nicht bewehrbare Ausnahmeregelungen aus den Bußgeldtatbeständen herausgenommen. Betroffen sind die Bestimmungen in § 49 Abs. 1 Nr. 7, 10, 17, 19, 20, 22 und 28. Durch Ergänzung des § 31 wurde in § 49 Abs. 1 Nr. 26 für den neuen Tatbestand des § 31 Abs. 2 eine Bewehrung geschaffen. Die Anpassungen in Abs. 4 Nummer 5 sind die Folge der Erweiterung des § 46 Abs. 3 in Bezug auf die Ausdrucke und digitalisierten Bescheide.

Weiterhin erfolgt eine Anpassung der Vorschrift an den geänderten § 9 Abs. 2. Schließlich wurde die „Doppelbewehrung" bei § 19 Abs. 1 Satz 1 Nr. 1 beseitigt.

Begr des BRates zur ÄndV v. 22.10.2014 (BR-Drs. 336/14 (Beschluss)): **Zu Abs. 1 Nr. 2:** **2a** *Seit Inkrafttreten der neu erlassenen StVO im April 2013 fehlt es an einer Rechtsgrundlage zur Ahndung des Befahrens eines linksseitig angelegten Radweges ohne Beschilderung (Z 237, 240, 241 oder Zusatz Z „Radverkehr frei") bei gleichzeitig rechtsseitig in zulässiger Richtung vorhandenem nicht benutzungspflichtigen, baulich getrennten Radweg oder Seitenstreifen…. Das Befahren von Radwegen in nicht zulässiger Richtung ist ein oft vorkommendes Fehlverhalten mit hohem Unfallrisiko und Gefahrenpotential. Die vorgeschlagene Ergänzung dient somit der konsequenten Verfolgung dieser Verkehrsverstöße.*

Die einzelnen OW sind **bei den jeweiligen Vorschriften** erläutert. Grundsätze zum **mate-** **3** **riellen OWRecht und zum Verfahrensrecht** finden sich bei § 24 StVG, teils auch bei den einschlägigen Regelungen der StVO (etwa bei § 3, 4, 37 zu den jeweiligen Messmethoden). Zum Anliegen der durch die „Schilderwaldnovelle" und dies übernehmend und ausbauend die StVO-Neufassung 2013 vorgenommenen Neustrukturierung s. Begr, Rn. 2. Ob die Neuordnung in Form der Ausgliederung der Ge- und Verbote gem. VZ in die Anl 1–3 rechtsstaatlich geboten war oder auch nur besserer Übersichtlichkeit dient, ist überaus zw. Eher hat man den Eindruck, dass Zusammengehöriges auseinandergerissen wurde. Die notwendig gewordene neue Form der Zitierung, die nunmehr durch die selbst gestellte Pflicht, „Absatz" und „Nummer" im Gesetzestext auszuschreiben noch ergänzt worden ist, bläht künstlich auf und wirkt sich als Last aus. Rechtsförmlich bedenkliche Pauschalbewehrungen (vgl. etwa § 8 Rn. 74b; § 19 Rn. 35, § 21a Rn. 6, 16, 17, 19; § 22 Rn. 26 ff.), Mehrfachbewehrungen (vgl. etwa § 8 Rn. 74a; § 22 Rn. 26 ff.) und Bewehrungen von Ausnahmebestimmungen (s etwa § 7a Rn. 7, § 19 Rn. 35) existieren i Ü nach wie vor (s bei den einzelnen Vorschriften). Ua bei § 43 III S. 2, § 49 III Nr. 6 wurde der Ansatz nicht durchgehalten. Die Bußgeldbewehrung in IV Nr. 5 geht teilweise ins Leere (§ 46 Rn. 29). I Nr. 19a enthält einen sinnentstehenden Kommafehler (Komma fehlt nach „auch iVm S. 2").

4   Überleitungsbestimmungen für die **neuen Bundesländer:** 40. Aufl.

Sonderregelung für die Insel Helgoland

50 Auf der Insel Helgoland sind der Verkehr mit Kraftfahrzeugen und das Radfahren verboten.

1   **Ordnungswidrigkeit:** § 49 IV S. 7 StVO, § 24 StVG.

Besondere Kostenregelung

51 Die Kosten der Zeichen 386.1, 386.2 und 386.3 trägt abweichend von § 5b Absatz 1 des Straßenverkehrsgesetzes derjenige, der die Aufstellung dieses Zeichens beantragt.

1   (VkBl. **88** 228): *Von Seiten des Bundesrechnungshofes wird eine besondere Kostenregelung für die Aufstellung des Zeichens 386 gefordert. Die Kosten sollen auf die Initiatoren (z. B. Fremdenverkehrswirtschaft) abgewälzt werden. Dies ist nach § 5b Abs. 3 StVG möglich.*
   Zur Klarstellung wird bemerkt, dass unter Kosten die Kosten für Beschaffung, Anbringung, Unterhaltung und Entfernung der Verkehrszeichen zu verstehen sind.

2   **Begr StVO–Neufassung** v. 6.3.2013 (BR–Drs. 428/12): *Für Z 386 regelt der bisherigen § 51, dass die Kosten die Initiatoren (zB Fremdenverkehrswirtschaft) zu tragen haben. Die neu eingeführten Z 386.2 und 386.3 sind Alternativen zu Z 386.1 (vormals Z 386). Wählt ein Initiator eine der Alternativzeichen muss ihn die besondere Kostenregelung wie bei dem vormaligen Z 386 ebenfalls treffen. Die Kostenabwälzung ist auch nach § 5b III StVG möglich. Zur Klarstellung wird angemerkt, dass – wie für das vormalige Z 386 – unter Kosten die Kosten für Beschaffung, Anbringung, Unterhaltung und Entfernung der Verkehrszeichen zu verstehen sind.*

Übergangs- und Anwendungsbestimmungen

52 (1) Mit Ablauf des 31. Dezember 2026 sind nicht mehr anzuwenden:

1. § 39 Absatz 10,
2. § 45 Absatz 1g,
3. § 46 Absatz 1a,
4. Anlage 2 Nummer 25 Spalte 3 Nummer 4 sowie Nummer 25.1, 27.1, 63.5 und 64.1,
5. Anlage 3 Nummer 7 Spalte 3 Nummer 3, Nummer 8 Spalte 3 Nummer 4, Nummer 10 Spalte 3 Nummer 3 und Nummer 11 Spalte 3.

(2) ¹Abweichend von § 2 Absatz 3a Satz 1 darf der Führer eines Kraftfahrzeuges dieses bis zum Ablauf des 30. September 2024 bei Glatteis, Schneeglätte, Schneematsch, Eisglätte oder Reifglätte auch fahren, wenn alle Räder mit Reifen ausgerüstet sind, die unbeschadet der allgemeinen Anforderungen an die Bereifung

1. die in Anhang II Nummer 2.2 der Richtlinie 92/23/EWG des Rates vom 31. März 1992 über Reifen von Kraftfahrzeugen und Kraftfahrzeuganhängern und über ihre Montage (ABl. L 129 vom 14.5.1992, S. 95), die zuletzt durch die Richtlinie 2005/11/EG (ABl. L 46 vom 17.2.2005, S. 42) geändert worden ist, beschriebenen Eigenschaften erfüllen (M+S Reifen) und
2. nicht nach dem 31. Dezember 2017 hergestellt worden sind.

²Im Falle des Satzes 1 Nummer 2 maßgeblich ist das am Reifen angegebene Herstellungsdatum.

(3) § 2 Absatz 3a Satz 3 Nummer 2 ist erstmals am ersten Tag des sechsten Monats, der auf den Monat folgt, in dem das Bundesministerium für Verkehr und digitale Infrastruktur dem Bundesrat einen Bericht über eine Felduntersuchung der Bundesanstalt für Straßenwesen über die Eignung der Anforderung des § 2 Absatz 3a Satz 3 Nummer 2 vorlegt, spätestens jedoch ab dem 1. Juli 2020, anzuwenden.

(4) § 23 Absatz 1a ist im Falle der Verwendung eines Funkgerätes erst ab dem 1. Juli 2020 anzuwenden.

Begr zur ÄndVO v. 15.9.2015 (BR-Drs. 254/15): *Die Vorschrift regelt, dass mit dem Außerkrafttreten des EmoG auch die Voraussetzungen für die Anordnungen von darauf basierenden Bevorrechtigungen außer Kraft treten.* **1**

Begr zur ÄndVO v. 18.5.2017 (BR-Drs. 771/17) zu Abs. 2: *Über die Übergangsbestimmungen wird die in § 36 StVZO beschriebene neue Reifenkennzeichnung (Alpine-Symbol" = Bergpiktogramm mit Schneeflocke) in abgestuften Zeitschritten eingeführt. Während einer Übergangszeit (bis max. 30. September 2024) können „M+S"-Reifen weiterhin bei den in § 2 Absatz 3a beschriebenen Wetterbedingungen verwendet werden, wenn diese bis zum 31. Dezember 2017 produziert wurden. Dies lässt sich an Hand des auf der Reifenseitenwand aufgebrachten Herstellungsdatums in Form einer vierstelligen Zahl identifizieren. Die Zahl 5217 steht dabei für die Herstellung in der letzten Kalenderwoche im Jahr 2017. Damit soll erreicht werden, dass Bürgerinnen und Bürger, die vor Inkrafttreten der neuen Reifenkennzeichnung einen entsprechenden Reifen gekauft haben, diesen bei winterlichen Wetterverhältnissen zeitlich befristet für einen angemessenen Nutzungszeitraum verwenden können. Bereits ab Inkrafttreten dieser Verordnung haben die Betroffenen die Möglichkeit hinsichtlich der Anschaffung neuer Reifen für winterliche Wetterverhältnisse entsprechend zu disponieren. Insofern erscheint eine Übergangsfrist bis zum 30. September 2024 für die Nutzung von Reifen mit einer Kennzeichnung nach § 36 Absatz 4 Satz 3 angemessen.* **2**

Begr des BRates (BR-Drs. 771/17 (Beschluss)) zu Abs. 3: *Im Hinblick auf die Ausrüstungspflicht für Lenkachsen mit Winterreifen (Neuregelung) bedarf es einer hinreichenden Übergangsfrist, damit Reifenhersteller und Unternehmen genügend Zeit für die Umstellung erhalten. Daher sieht der Antrag vor, dass § 2 Absatz 3a Satz 3 Nummer 2 StVO (Ausrüstung der vorderen Lenkachsen) spätestens ab dem 1. Juli 2020 anzuwenden ist. Diese Regelung ist jedoch gegebenenfalls ab einem früheren Zeitpunkt anwendbar: Sie gilt bereits ab dem ersten Tag des sechsten Monats, nachdem das BMVI den Bundesrat einen Bericht über eine Felduntersuchung des BASt vorgelegt hat, der die Eignung der Anforderung in § 2 Absatz 3a Satz 3 Nummer 2 StVO bestätigt. Aufgrund der in der Verordnung verankerten Übergangsvorschriften können Fahrzeugbereifungen nach aktuellem Rechtsstand (Altregelungen) noch bis in das Jahr 2024 weiterverwendet werden. Aufgrund des Artikels 1 Nummer 1 der Verordnung sowie Ziffer 1 der Ausschussempfehlungen (neu von der Winterreifenpflicht befreite Fahrzeuge) ist eine schnelle Inkraftsetzung der Verordnung, mit Ausnahme der Lenkachsenpflicht für schwere Fahrzeuge, sinnvoll.*

Die Regelung **in I** trägt der zeitlichen Begrenzung der Geltungsdauer des EmoG gemäß § 8 EmoG Rechnung (s. hierzu die dortigen Erläuterungen). **3**

Zu **II und III:** § 2 Rn. 72a. **3a**

Zu IV (Übergangsvorschrift betreffend Funkgeräte im Anwendungsbereich des § 23 Ia) s. § 23 Rn. 31. **4**

Inkrafttreten, Außerkrafttreten

53 (1) Diese Verordnung tritt am 1. April 2013 in Kraft.

(2) Die Straßenverkehrs-Ordnung vom 16. November 1970 (BGBl. I S. 1565; 1971 I S. 38), die zuletzt durch Artikel 1 der Verordnung vom 1. Dezember 2010 (BGBl. I S. 1737) geändert worden ist, tritt mit folgenden Maßgaben an dem in Absatz 1 bezeichneten Tag außer Kraft:

1. Verkehrszeichen in der Gestaltung nach der bis zum 1. Juli 1992 geltenden Fassung behalten weiterhin ihre Gültigkeit.

2. Für Kraftomnibusse, die vor dem 8. Dezember 2007 erstmals in den Verkehr gekommen sind, ist § 18 Absatz 5 Nummer 3 in der vor dem 8. Dezember 2007 geltenden Fassung weiter anzuwenden.

3. Zusatzzeichen zu Zeichen 220, durch die nach den bis zum 1. April 2013 geltenden Vorschriften der Fahrradverkehr in der Gegenrichtung zugelassen werden konnte, soweit in einer Einbahnstraße mit geringer Verkehrsbelastung die zulässige Höchstge-

schwindigkeit durch Verkehrszeichen auf 30 km/h oder weniger beschränkt ist, bleiben bis zum 1. April 2017 gültig.

4. Die bis zum 1. April 2013 angeordneten Zeichen 150, 153, 353, 380, 381, 388 und 389 bleiben bis zum 31. Oktober 2022 gültig.

5. Bereits angeordnete Zeichen 311, die im oberen Teil weiß sind, wenn die Ortschaft, auf die hingewiesen wird, zu derselben Gemeinde wie die zuvor durchfahrene Ortschaft gehört, bleiben weiterhin gültig.

VwV zu § 53 Inkrafttreten

1   1   Die bisherigen Regeln dieser Verwaltungsvorschrift zu § 37 „Wechsellichtzeichen, Dauerlichtzeichen und Grünpfeil" zu Absatz 2 zu den Nummern 1 und 2 IX behalten auch nach der bis zum 1. Juli 1992 geltenden Fassung dieser Vorschrift ihre Gültigkeit, jedoch längstens bis zum 31. Dezember 2005. Neue Lichtsignalanlagen sind nach dem 1. Juli 1992 nach den neuen Regeln auszuführen.

2   **Begr** zur StVO-Neufassung v. 6.3.2013 (BR-Drs. 428/12): *Rechtsbereinigung, nach Ablauf der Übergangsfristen können die Regelungen aufgehoben werden.* **Zu Abs. 2 :** *Die Übergangsregelungen sollen sicherstellen, dass der Austausch der Schilder im Rahmen der laufenden Instandhaltung erfolgen kann, so dass gesonderte, kostenintensive Umbeschilderungsmaßnahmen vermieden werden können.*

Für das Z 389 müssen die gleichen Übergangsvorschriften gelten wie für das zielgleiche Z 388. Die Z 311 konnten bislang im oberen Bereich weiß sein, wenn die Ortschaft, auf die hingewiesen wird, zu derselben Gemeinde wie die zuvor durchfahrene Ortschaft gehört. Künftig ist diese Gestaltungsmöglichkeit nicht mehr möglich. Die weiße Einfärbung wird in Übereinstimmung mit den Richtlinien für die wegweisende Beschilderung außerhalb von Autobahnen (RWB) und der VwV-StVO abgeschafft. Aus Gründen der Kostenersparnis bleiben die Verkehrszeichen solange stehen, bis sie abgängig sind.

3   In den **neuen Ländern** ist die StVO am 1.1.1991 in Kraft getreten (Anl I Kap. XI B Nr. 14a zum Einigungsvertrag). Überleitungsbestimmungen (zB zu §§ 3, 12, 37, 39–43) s. 41. Aufl.

4   **VZ,** die nach einer der Bestimmungen des § 53 nur **noch befristet gültig** sind, verlieren nach Ablauf der Frist ihre Wirksamkeit, sind danach unbeachtlich, gleichgültig, welche der unterschiedlichen Formulierungen („wirksam", „gültig", „Bedeutung" usw) in den verschiedenen Absätzen des § 53 gewählt wurde (Stu NZV **01** 274).

5   Anders als die 46. ÄndVStVR v. 5.8.09 (VkBl. **09** 534 – „Schilderwaldnovelle") ist § 53 IX S. 1 aF in II Nr. 1 übernommen worden (zur Nichtübernahme mwN 41. Aufl; *Schubert* DAR **10** 285, NZV **11** 369, *Lippert* VD **10** 91 (ein im Wesentlichen aus abgebildeten VZ bestehender Aufsatz)). Nach der Formulierung von II Nr. 1 („nach der bis zum 1. Juli 1992 geltenden Fassung") ist der Stichtag 1.7.1992 selbst nicht mit erfasst, weswegen der Stand 30.6.1992 maßgebend ist, mithin der Stand vor Inkrafttreten der 11. StVOÄndVO v. 19.3.1992 (BGBl. I S. 678) am 1.7.1992. VZ, die an diesem Stichtag gültig waren, behalten damit ihre Wirksamkeit, dies wohl einschließlich der VZ, deren Gültigkeit nach der 11. StVOÄndVO mittlerweile an sich geendet hat. § 53 IX S. 2 aF *(„Ab dem 1. Juli 1992 dürfen jedoch nur noch Verkehrszeichen und Verkehrseinrichtungen mit den neuen Symbolen angeordnet und aufgestellt werden.")* ist nicht übernommen, weswegen sich ua die (wohl zu bejahende) Frage stellt, ob die betroffenen „alten" VZ weiter angeordnet und aufgestellt werden dürfen. Sehr stimmig erscheint dies alles nicht. Zu II Nr. 2: § 18 Rn. 12b, 19a.

Anlagen 1 bis 4 zu den §§ 40–43 StVO

Begr zur Neufassung der StVO v. 6.3.2013 (BR-Drs. 428/12). **Zu den Anlagen allgemein:**

Die bisher im fließenden Text der StVO eingebetteten Verkehrszeichen werden in einer bürgerfreundlich dargestellten tabellarischen Form in einzelne Anlagen überführt. Die vormals im Text enthaltenen Ge- und Verbote sind nunmehr in einer eigenen Spalte für den Verkehrsteilnehmer erkennbar. Es ist für den Verkehrsteilnehmer als Adressat einfacher, die entsprechenden Ge- und Verbote zu erkennen, was zu einer höheren Akzeptanz und Befolgung führt. Die Anlage 1 wurde in Abschnitt 1 und Abschnitt 2 unterteilt. Abschnitt 1 enthält die Allgemeinen Gefahrzeichen und Abschnitt 2 enthält die Besonderen Gefahrzeichen.

Die Anlage 2 wurde in Abschnitte unterteilt. Die Abschnitte orientieren sich in ihrer Einteilung an der Einteilung des bisherigen § 41 Absatz 2 und Absatz 3. Die Regelungen der „vorübergehenden Markierungen", die bisher in § 41 Absatz 4 geregelt sind, werden nun in § 39 geregelt.

Die Anlage 3 wurde in Abschnitte unterteilt. Die Abschnitte orientieren sich im Wesentlichen in ihrer Einteilung an der Einteilung der bisherigen Absätze 2 bis 7 des § 42. Hinsichtlich des bisherigen Absatzes 8, der die Wegweisung, Umleitungsbeschilderung und sonstige Verkehrsführung in einem Absatz regelte, wurde die Neununterteilung in Abschnitten dahingehend genutzt, dass Wegweisung, Umleitungsbeschilderung und sonstige Verkehrsführung nunmehr in eigenständigen Abschnitten wieder zu finden sind. In Anlage 4 finden sich die Verkehrseinrichtungen und Erläuterungen wieder, die im bisherigen § 43 Absatz 3 geregelt waren.

Anlage 1*)
(zu § 40 Absatz 6 und 7)

Allgemeine und Besondere Gefahrzeichen

Abschnitt 1. Allgemeine Gefahrzeichen (zu § 40 Absatz 6)

1	2	3
lfd.Nr.	Zeichen	Erläuterungen
1	Zeichen 101[1]) Gefahrstelle	Ein Zusatzzeichen kann die Gefahr näher bezeichnen.
2	Zeichen 102[2]) Kreuzung oder Einmündung	Kreuzung oder Einmündung mit Vorfahrt von rechts
3	Zeichen 103[3]) Kurve	
4	Zeichen 105[4]) Doppelkurve	
5	Zeichen 108[5]) Gefälle	

---

*) Die Allgemeinen Verwaltungsvorschriften zu den jeweiligen Verkehrzeichen sind im Anschluss an die Anlage 4 zur StVO abgedruckt.
[1]) Begr zu Z 101: § 40 Rn. 87 f., 100b; Erläuterungen: § 40 Rn. 102.
[2]) Begr zu Z 102: § 40 Rn. 89; Erläuterungen: § 40 Rn. 102.
[3]) Begr zu Z 103: § 40 Rn. 90, 100c; Erläuterungen: § 40 Rn. 102.
[4]) Begr zu Z 105: § 40 Rn. 90, 100c.
[5]) Begr zu Z 108: § 40 Rn. 91.

lfd.Nr.	Zeichen	Erläuterungen
6	Zeichen 110[6] Steigung	
7	Zeichen 112[7] Unebene Fahrbahn	
8	Zeichen 114[8] Schleuder- oder Rutschgefahr	Schleuder- oder Rutschgefahr bei Nässe oder Schmutz
9	Zeichen 117 Seitenwind	
10	Zeichen 120[9] Verengte Fahrbahn	
11	Zeichen 121 Einseitig verengte Fahrbahn	

[6] Begr zu Z 110: § 40 Rn. 91.
[7] Begr zu Z 112: § 40 Rn. 92; Erläuterungen: § 40 Rn. 102.
[8] Begr zu Z 114: § 40 Rn. 93, 100d; Erläuterungen: § 40 Rn. 102.
[9] Kommentierung: § 40 Rn. 102.

lfd.Nr.	Zeichen	Erläuterungen
12	Zeichen 123[10] Arbeitsstelle	
13	Zeichen 124 Stau	
14	Zeichen 125 Gegenverkehr	
15	Zeichen 131 Lichtzeichenanlage	
16	Zeichen 133 Fußgänger	
17	Zeichen 136[11] Kinder	

[10] Begr zu Z 123: § 40 Rn. 100e; Erläuterungen: § 40 Rn. 102.
[11] Erläuterungen: § 40 Rn. 102.

lfd.Nr.	Zeichen	Erläuterungen
18	Zeichen 138[12] Radverkehr	
19	Zeichen 142[13] Wildwechsel	

Abschnitt 2. Besondere Gefahrzeichen
vor Übergängen von Schienenbahnen mit Vorrang (zu § 40 Absatz 7)[14]

lfd.Nr.	Zeichen	Erläuterungen
20	Zeichen 151[14] Bahnübergang	
21	Zeichen 156[14] Bahnübergang mit dreistreifiger Bake	Bahnübergang mit dreistreifiger Bake etwa 240 m vor dem Bahnübergang. Die Angabe erheblich abweichender Abstände kann an der dreistreifigen, zweistreifigen und einstreifigen Bake oberhalb der Schrägstreifen in schwarzen Ziffern erfolgen.
22	Zeichen 159 Zweistreifige Bake	Zweistreifige Bake etwa 160 m vor dem Bahnübergang

[12] Begr zu Z 138 § 40 Rn. 100 f; Erläuterungen: § 40 Rn. 102.
[13] Erläuterungen: § 40 Rn. 102.
[14] Begr zu den Z 151 und 156 und zum Wegfall der Z 150 und 153: § 40 Rn. 100g, 1; Erläuterungen § 19 Rn. 19.

lfd.Nr.	Zeichen	Erläuterungen
23	Zeichen 162 Einstreifige Bake	Einstreifige Bake etwa 80 m vor dem Bahnübergang

Vorschriftzeichen

Abschnitt 1. Wartegebote und Haltgebote

1	2	3
lfd.Nr.	Zeichen und Zusatzzeichen	Ge- oder Verbote, Erläuterungen

1	Zeichen 201[1]
	
	Andreaskreuz
		Ge- oder Verbot
		1. Wer ein Fahrzeug führt, muss dem Schienenverkehr Vorrang gewähren.
		2. Wer ein Fahrzeug führt, darf bis zu 10 m vor diesem Zeichen nicht halten, wenn es dadurch verdeckt wird.
		3. Wer ein Fahrzeug führt, darf vor und hinter diesem Zeichen
		   a) innerhalb geschlossener Ortschaften (Zeichen 310 und 311) bis zu je 5 m,
		   b) außerhalb geschlossener Ortschaften bis zu je 50 m
		   nicht parken.
		4. Ein Zusatzzeichen mit schwarzem Pfeil zeigt an, dass das Andreaskreuz nur für den Straßenverkehr in Richtung dieses Pfeils gilt.
		
		Erläuterung
		Das Zeichen (auch liegend) befindet sich vor dem Bahnübergang, in der Regel unmittelbar davor. Ein Blitzpfeil in der Mitte des Andreaskreuzes zeigt an, dass die Bahnstrecke eine Spannung führende Fahrleitung hat.

2	Zeichen 205[2] Vorfahrt gewähren.	**Ge- oder Verbot** 1. Wer ein Fahrzeug führt, muss Vorfahrt gewähren. 2. Wer ein Fahrzeug führt, darf bis zu 10 m vor diesem Zeichen nicht halten, wenn es dadurch verdeckt wird. **Erläuterung** Das Zeichen steht unmittelbar vor der Kreuzung oder Einmündung. Es kann durch dasselbe Zeichen mit Zusatzzeichen, das die Entfernung angibt, angekündigt sein.
2.1		**Ge- oder Verbot** Ist das Zusatzzeichen zusammen mit dem Zeichen 205 angeordnet, bedeutet es: Wer ein Fahrzeug führt, muss Vorfahrt gewähren und dabei auf Radverkehr und Elektrokleinstfahrzeuge im Sinne der eKFV von links und rechts achten. **Erläuterung** Das Zusatzzeichen steht über dem Zeichen 205.

---

* Die Allgemeinen Verwaltungsvorschriften zu den jeweiligen Verkehrszeichen sind im Anschluss an die Anlage 4 zur StVO abgedruckt.
  [1] Erläuterungen bei § 19 Rn. 6, 11, 13; § 12 Rn. 15a, 37, 52.
  [2] Begr zu Z 205: § 41 Rn. 201, 245g. Erläuterungen § 41 Rn. 248; § 2 Rn. 67b, § 4 Rn. 16, § 8 Rn. 32, 37–37f, 39–43, 44–46, 64, 69, 74, 74a, 76, § 9 Rn. 37, 50, § 10 Rn. 10, 17, § 12 Rn. 37, 53, § 19 Rn. 7, § 39 Rn. 32, § 45 Rn. 43, § 315c Rn. 10.

lfd.Nr.	Zeichen und Zusatzzeichen	Ge- oder Verbote, Erläuterungen
2.2		**Ge- oder Verbot** Ist das Zusatzzeichen zusammen mit dem Zeichen 205 angeordnet, bedeutet es: Wer ein Fahrzeug führt, muss der Straßenbahn Vorfahrt gewähren. **Erläuterung** Das Zusatzzeichen steht über dem Zeichen 205.
3	Zeichen 206[3] Halt. Vorfahrt gewähren.	**Ge- oder Verbot** 1. Wer ein Fahrzeug führt, muss anhalten und Vorfahrt gewähren. 2. Wer ein Fahrzeug führt, darf bis zu 10 m vor diesem Zeichen nicht halten, wenn es dadurch verdeckt wird. 3. Ist keine Haltlinie (Zeichen 294) vorhanden, ist dort anzuhalten, wo die andere Straße zu übersehen ist.
3.1	STOP 100 m	**Erläuterung** Das Zusatzzeichen kündigt zusammen mit dem Zeichen 205 das Haltgebot in der angegebenen Entfernung an.
3.2		**Ge- oder Verbot** Ist das Zusatzzeichen zusammen mit dem Zeichen 206 angeordnet, bedeutet es: Wer ein Fahrzeug führt, muss anhalten und Vorfahrt gewähren und dabei auf Radverkehr und Elektrokleinstfahrzeuge im Sinne der eKFV von links und rechts achten. **Erläuterung** Das Zusatzzeichen steht über dem Zeichen 206.
Zu 2 und 3		**Erläuterung** Das Zusatzzeichen gibt zusammen mit den Zeichen 205 oder 206 den Verlauf der Vorfahrtstraße (abknickende Vorfahrt) bekannt.
4	Zeichen 208[4] Vorrang des Gegenverkehrs	**Ge- oder Verbot** Wer ein Fahrzeug führt, hat dem Gegenverkehr Vorrang zu gewähren.

---

[3] Begr § 41 Rn. 202, 203, 245g; Erläuterungen § 41 Rn. 248; § 8 Rn. 42, 60 sowie bei § 9 Rn. 39, § 12 Rn. 37.
[4] Erläuterungen zu Z 208: § 41 Rn. 248; s. auch § 315c StGB Rn. 8, 69.

Abschnitt 2. Vorgeschriebene Fahrtrichtungen

lfd.Nr.	Zeichen und Zusatzzeichen	Ge- oder Verbote, Erläuterungen
zu 5 bis 7		**Ge- oder Verbot** Wer ein Fahrzeug führt, muss der vorgeschriebenen Fahrtrichtung folgen. **Erläuterung** Andere als die dargestellten Fahrtrichtungen werden entsprechend vorgeschrieben. Auf Anlage 2 laufende Nummer 70 wird hingewiesen.
5	Zeichen 209[5] Rechts	
6	Zeichen 211[6] Hier rechts	
7	Zeichen 214[7] Geradeaus oder rechts	
8	Zeichen 215[8] Kreisverkehr	**Ge- oder Verbot** 1. Wer ein Fahrzeug führt, muss der vorgeschriebenen Fahrtrichtung im Kreisverkehr rechts folgen. 2. Wer ein Fahrzeug führt, darf die Mittelinsel des Kreisverkehrs nicht überfahren. Ausgenommen von diesem Verbot sind nur Fahrzeuge, denen wegen ihrer Abmessungen das Befahren sonst nicht möglich wäre. Mit ihnen darf die Mittelinsel und Fahrbahnbegrenzung überfahren werden, wenn eine Gefährdung anderer am Verkehr Teilnehmenden ausgeschlossen ist. 3. Es darf innerhalb des Kreisverkehrs auf der Fahrbahn nicht gehalten werden.

---

[5] Begr § 41 Rn. 204; Erläuterungen § 41 Rn. 248a.
[6] Begr § 41 Rn. 204; Erläuterungen § 41 Rn. 248a.
[7] Begr § 41 Rn. 204; Erläuterungen § 41 Rn. 248a.
[8] Begr § 41 Rn. 245h; Erläuterungen § 41 Rn. 248a, § 8 Rn. 37–37 f.

lfd. Nr.	Zeichen und Zusatzzeichen	Ge- oder Verbote, Erläuterungen
9	Zeichen 220[9] Einbahnstraße Einbahnstraße	**Ge- oder Verbot** Wer ein Fahrzeug führt, darf die Einbahnstraße nur in Richtung des Pfeils befahren. **Erläuterung** Das Zeichen schreibt für den Fahrzeugverkehr auf der Fahrbahn die Fahrtrichtung vor.
9.1[10]		**Ge- oder Verbot** Ist Zeichen 220 mit diesem Zusatzzeichen angeordnet, bedeutet dies: Wer ein Fahrzeug führt, muss beim Einbiegen und im Verlauf einer Einbahnstraße auf Radverkehr und Elektrokleinstfahrzeuge im Sinne der eKFV entgegen der Fahrtrichtung achten. **Erläuterung** Das Zusatzzeichen zeigt an, dass Radverkehr in der Gegenrichtung zugelassen ist. Beim Vorbeifahren an einer für den gegenläufigen Radverkehr freigegebenen Einbahnstraße bleibt gegenüber dem ausfahrenden Radfahrer der Grundsatz, dass Vorfahrt hat, wer von rechts kommt (§ 8 Absatz 1 Satz 1) unberührt. Dies gilt auch für den ausfahrenden Radverkehr. Mündet eine Einbahnstraße für den gegenläufig zugelassenen Radverkehr in eine Vorfahrtstraße, steht für den aus der Einbahnstraße ausfahrenden Radverkehr das Zeichen 205.

Abschnitt 3. Vorgeschriebene Vorbeifahrt

lfd. Nr.	Zeichen und Zusatzzeichen	Ge- oder Verbote, Erläuterungen
10	Zeichen 222[11] Rechts vorbei	**Ge- oder Verbot** Wer ein Fahrzeug führt, muss der vorgeschriebenen Vorbeifahrt folgen. **Erläuterung** „Links vorbei" wird entsprechend vorgeschrieben.

Abschnitt 4. Seitenstreifen als Fahrstreifen, Haltestellen und Taxenstände

lfd. Nr.	Zeichen und Zusatzzeichen	Ge- oder Verbote, Erläuterungen
Zu 11 bis 13		**Erläuterung** Wird das Zeichen 223.1, 223.2 oder 223.3 für eine Fahrbahn mit mehr als zwei Fahrstreifen angeordnet, zeigen die Zeichen die entsprechende Anzahl der Pfeile.
11	Zeichen 223.1[12] Seitenstreifen befahren	**Ge- oder Verbot** Das Zeichen gibt den Seitenstreifen als Fahrstreifen frei; dieser ist wie ein rechter Fahrstreifen zu befahren.

---

[9] Begr zu Z 220 § 41 Rn. 205, 245i; Erläuterungen § 41 Rn. 248b, § 2 Rn. 32, 67, § 5 Rn. 70, § 9 Rn. 35, 51, § 12 Rn. 38, § 45 Rn. 28a, § 25 Rn. 49.
[10] S. Fn bei Z 220.
[11] Begr § 41 Rn. 206–208; Erläuterungen § 41 Rn. 248b.

lfd.Nr.	Zeichen und Zusatzzeichen	Ge- oder Verbote, Erläuterungen
11.1	Ende in .... m	**Erläuterung** Das Zeichen 223.1 mit dem Zusatzzeichen kündigt die Aufhebung der Anordnung an.
12	Zeichen 223.2 Seitenstreifen nicht mehr befahren	**Ge- oder Verbot** Das Zeichen hebt die Freigabe des Seitenstreifens als Fahrstreifen auf.
13	Zeichen 223.3 Seitenstreifen räumen	**Ge- oder Verbot** Das Zeichen ordnet die Räumung des Seitenstreifens an.
14	Zeichen 224[13)] Haltestelle	**Ge- oder Verbot** Wer ein Fahrzeug führt, darf bis zu 15 m vor und hinter dem Zeichen nicht parken. **Erläuterung** Das Zeichen kennzeichnet eine Haltestelle des Linienverkehrs und für Schulbusse. Das Zeichen mit dem Zusatzzeichen „Schulbus" (Angabe der tageszeitlichen Benutzung) auf einer gemeinsamen weißen Trägerfläche kennzeichnet eine Haltestelle nur für Schulbusse.
15	Zeichen 229[14)] Taxenstand	**Ge- oder Verbot** Wer ein Fahrzeug führt, darf an Taxenständen nicht halten, ausgenommen sind für die Fahrgastbeförderung bereitgehaltene Taxen. **Erläuterung** Die Länge des Taxenstandes wird durch die Angabe der Zahl der vorgesehenen Taxen oder das am Anfang der Strecke aufgestellte Zeichen mit einem zur Fahrbahn weisenden waagerechten weißen Pfeil und durch ein am Ende aufgestelltes Zeichen mit einem solchen von der Fahrbahn wegweisenden Pfeil oder durch eine Grenzmarkierung für Halt- und Parkverbote (Zeichen 299) gekennzeichnet.

[12)] Erläuterungen zu Z 223.1–3: § 41 Rn. 248 b.
[13)] Erläuterungen § 41 Rn. 248c, § 12 Rn. 37a, 50, 51, § 20 Rn. 5.
[14)] Begr zu Z 229: § 41 Rn. 209, 245j; Erläuterungen § 41 Rn. 248c, § 12 Rn. 37b.

Abschnitt 5. Sonderwege

lfd.Nr.	Zeichen und Zusatzzeichen	Ge- oder Verbote, Erläuterungen
16	Zeichen 237[15)] Radweg	**Ge- oder Verbot** 1. Der Radverkehr darf nicht die Fahrbahn, sondern muss den Radweg benutzen (Radwegbenutzungspflicht). 2. Anderer Verkehr darf ihn nicht benutzen. 3. Ist durch Zusatzzeichen die Benutzung eines Radwegs für eine andere Verkehrsart erlaubt, muss diese auf den Radverkehr Rücksicht nehmen und der andere Fahrzeugverkehr muss erforderlichenfalls die Geschwindigkeit an den Radverkehr anpassen. 4. § 2 Absatz 4 Satz 6 bleibt unberührt.
17	Zeichen 238 Reitweg	**Ge- oder Verbot** 1. Wer reitet, darf nicht die Fahrbahn, sondern muss den Reitweg benutzen. Dies gilt auch für das Führen von Pferden (Reitwegbenutzungspflicht). 2. Anderer Verkehr darf ihn nicht benutzen. 3. Ist durch Zusatzzeichen die Benutzung eines Reitwegs für eine andere Verkehrsart erlaubt, muss diese auf den Reitverkehr Rücksicht nehmen und der Fahrzeugverkehr muss erforderlichenfalls die Geschwindigkeit an den Reitverkehr anpassen.
18	Zeichen 239 Gehweg	**Ge- oder Verbot** 1. Anderer als Fußgängerverkehr darf den Gehweg nicht nutzen. 2. Ist durch Zusatzzeichen die Benutzung eines Gehwegs für eine andere Verkehrsart erlaubt, muss diese auf den Fußgängerverkehr Rücksicht nehmen. Der Fußgängerverkehr darf weder gefährdet noch behindert werden. Wenn nötig, muss der Fahrverkehr warten; er darf nur mit Schrittgeschwindigkeit fahren. **Erläuterung:** Das Zeichen kennzeichnet einen Gehweg (§ 25 Absatz 1 Satz 1), wo eine Klarstellung notwendig ist.
19	Zeichen 240 Gemeinsamer Geh- und Radweg	**Ge- oder Verbot** 1. Der Radverkehr darf nicht die Fahrbahn, sondern muss den gemeinsamen Geh- und Radweg benutzen (Radwegbenutzungspflicht). 2. Anderer Verkehr darf ihn nicht benutzen. 3. Ist durch Zusatzzeichen die Benutzung eines gemeinsamen Geh- und Radwegs für eine andere Verkehrsart erlaubt, muss diese auf den Fußgänger- und Radverkehr Rücksicht nehmen. Erforderlichenfalls muss der Fahrverkehr die Geschwindigkeit an den Fußgängerverkehr anpassen. 4. § 2 Absatz 4 Satz 6 bleibt unberührt.

[15)] Begr zu Z 237–241 § 41 Rn. 210–212, 245k bis 245n; Erläuterungen § 41 Rn. 248c; § 2 Rn. 28, 66–67b.

lfd.Nr.	Zeichen und Zusatzzeichen	Ge- oder Verbote, Erläuterungen
		Erläuterung:
		Das Zeichen kennzeichnet auch den Gehweg (§ 25 Absatz 1 Satz 1).
20	Zeichen 241 Getrennter Rad- und Gehweg	**Ge- oder Verbot** 1. Der Radverkehr darf nicht die Fahrbahn, sondern muss den Radweg des getrennten Rad- und Gehwegs benutzen (Radwegbenutzungspflicht). 2. Anderer Verkehr darf ihn nicht benutzen. 3. Ist durch Zusatzzeichen die Benutzung eines getrennten Geh- und Radwegs für eine andere Verkehrsart erlaubt, darf diese nur den für den Radverkehr bestimmten Teil des getrennten Geh- und Radwegs befahren. 4. Die andere Verkehrsart muss auf den Radverkehr Rücksicht nehmen. Erforderlichenfalls muss anderer Fahrzeugverkehr die Geschwindigkeit an den Radverkehr anpassen. 5. § 2 Absatz 4 Satz 6 bleibt unberührt. **Erläuterung:** Das Zeichen kennzeichnet auch den Gehweg (§ 25 Absatz 1 Satz 1).
21	Zeichen 242.1[16] **ZONE** Beginn einer Fußgängerzone	**Ge- oder Verbot** 1. Anderer als Fußgängerverkehr darf die Fußgängerzone nicht benutzen. 2. Ist durch Zusatzzeichen die Benutzung einer Fußgängerzone für eine andere Verkehrsart erlaubt, dann gilt für den Fahrverkehr Nummer 2 zu Zeichen 239 entsprechend.
22	Zeichen 242.2 **ZONE** Ende einer Fußgängerzone	
23	Zeichen 244.1[17] **Fahrradstraße** Beginn einer Fahrradstraße	**Ge- oder Verbot** 1. Anderer Fahrzeugverkehr als Radverkehr sowie Elektrokleinstfahrzeuge im Sinne der eKFV darf Fahrradstraßen nicht benutzen, es sei denn, dies ist durch Zusatzzeichen erlaubt. Die freigegebenen Verkehrsarten können auch gemeinsam auf einem Zusatzzeichen abgebildet sein. Das Überqueren einer Fahrradstraße durch anderen Fahrzeugverkehr an einer Kreuzung zum Erreichen der weiterführenden Straße ist gestattet. 2. Für den Fahrverkehr gilt eine Höchstgeschwindigkeit von 30 km/h. Der Radverkehr darf

[16] Begr zu Z 242 f: s. Fn bei Z 237; Erläuterungen § 41 Rn. 248d, 247, 249, § 2 Rn. 30, § 10 Rn. 6a.
[17] Begr zu Z 244.1, 2 § 41 Rn. 245; Begr zu Z 244.1, 244.2 § 41 Rn. 245o; Erläuterungen § 41 Rn. 248d.

lfd.Nr.	Zeichen und Zusatzzeichen	Ge- oder Verbote, Erläuterungen
		weder gefährdet noch behindert werden. Wenn nötig, muss der Kraftfahrzeugverkehr die Geschwindigkeit weiter verringern. 3. Das Nebeneinanderfahren mit Fahrrädern ist erlaubt. 4. Im Übrigen gelten die Vorschriften über die Fahrbahnbenutzung und über die Vorfahrt.
24	Zeichen 244.2 Ende einer Fahrradstraße	
24.1	Zeichen 244.3 Beginn einer Fahrradzone	**Ge- oder Verbot** 1. Anderer Fahrzeugverkehr als Radverkehr sowie Elektrokleinstfahrzeuge im Sinne der eKFV darf Fahrradzonen nicht benutzen, es sei denn, dies ist durch Zusatzzeichen erlaubt. Die freigegebenen Verkehrsarten können auch gemeinsam auf einem Zusatzzeichen abgebildet sein. 2. Für den Fahrverkehr gilt eine Höchstgeschwindigkeit von 30 km/h. Der Radverkehr darf weder gefährdet noch behindert werden. Wenn nötig, muss der Kraftfahrzeugverkehr die Geschwindigkeit weiter verringern. 3. Das Nebeneinanderfahren mit Fahrrädern und Elektrokleinstfahrzeugen im Sinne der eKFV ist erlaubt. 4. Im Übrigen gelten die Vorschriften über die Fahrbahnbenutzung und über die Vorfahrt.
24.2	Zeichen 244.3 Ende einer Fahrradzone	
25	Zeichen 245[18] Bussonderfahrstreifen	**Ge- oder Verbot** 1. Anderer Fahrverkehr als Omnibusse des Linienverkehrs sowie nach dem Personenbeförderungsrecht mit dem Schulbus-Schild zu kennzeichnende Fahrzeuge des Schüler- und Behindertenverkehrs dürfen Bussonderfahrstreifen nicht benutzen. 2. Mit Krankenfahrzeugen, Taxen, Fahrrädern und Bussen im Gelegenheitsverkehr darf der Sonderfahrstreifen nur benutzt werden, wenn dies durch Zusatzzeichen angezeigt ist.

[18] Begr zu Z 245 § 41 Rn. 245, 245p; Erläuterungen § 41 Rn. 248d, § 9 Rn. 39, § 12 Rn. 37a.

lfd.Nr.	Zeichen und Zusatzzeichen	Ge- oder Verbote, Erläuterungen
		3. Taxen dürfen an Bushaltestellen (Zeichen 224) zum sofortigen Ein- und Aussteigen von Fahrgästen halten. 4. Mit elektrisch betriebenen Fahrzeugen darf der Bussonderfahrstreifen nur benutzt werden, wenn dies durch Zusatzzeichen angezeigt ist.
25.1		**Ge- oder Verbot** Mit diesem Zusatzzeichen sind elektrisch betriebene Fahrzeuge auf dem Bussonderfahrstreifen zugelassen.

Abschnitt 6. Verkehrsverbote

lfd.Nr.	Zeichen und Zusatzzeichen	Ge- oder Verbote, Erläuterungen
26[19]		**Ge- oder Verbot** Die nachfolgenden Zeichen 250 bis 261 (Verkehrsverbote) untersagen die Verkehrsteilnahme ganz oder teilweise mit dem angegebenen Inhalt. **Erläuterung** Für die Zeichen 250 bis 259 gilt: 1. Durch Verkehrszeichen gleicher Art mit Sinnbildern nach § 39 Absatz 7 können andere Verkehrsarten verboten werden. 2. Zwei der nachstehenden Verbote können auf einem Schild vereinigt sein.
27		**Ge- oder Verbot** Ist auf einem Zusatzzeichen eine Masse, wie „7,5 t", angegeben, gilt das Verbot nur, soweit die zulässige Gesamtmasse dieser Verkehrsmittel einschließlich ihrer Anhänger die angegebene Grenze überschreitet.
27.1		**Ge- oder Verbot** Mit diesem Zusatzzeichen sind elektrisch betriebene Fahrzeuge von Verkehrsverboten (Zeichen 250, 251, 253, 255, 260) ausgenommen.
28	Zeichen 250[20] Verbot für Fahrzeuge aller Art	**Ge- oder Verbot** 1. Verbot für Fahrzeuge aller Art. Das Zeichen gilt nicht für Handfahrzeuge, abweichend von § 28 Absatz 2 auch nicht für Reiter, Führer von Pferden sowie Treiber und Führer von Vieh. 2. Krafträder und Fahrräder dürfen geschoben werden.
29	Zeichen 251[21] Verbot für Kraftwagen	**Ge- oder Verbot** Verbot für Kraftwagen und sonstige mehrspurige Kraftfahrzeuge

---

[19] Begr § 41 Rn. 213–216; 245q; Erläuterungen § 41 Rn. 248e, 248g, § 45 Rn. 28a, 29.
[20] S. zunächst Fn zu lfd. Nr. 26. Begr § 41 Rn. 248q; Erläuterungen § 41 Rn. 248e, § 31 Rn. 6, 8, § 25a StVG Rn. 5.
[21] S. zunächst Fn zu lfd. Nr. 26. Erläuterungen § 41 Rn. 248 f.

lfd.Nr.	Zeichen und Zusatzzeichen	Ge- oder Verbote, Erläuterungen
30	Zeichen 253[22] Verbot für Kraftfahrzeuge über 3,5 t	**Ge- oder Verbot** Verbot für Kraftfahrzeuge mit einer zulässigen Gesamtmasse über 3,5 t, einschließlich ihrer Anhänger, und für Zugmaschinen. Ausgenommen sind Personenkraftwagen und Kraftomnibusse. **Erläuterung** Das Zeichen kann in einer Überleitungstafel oder in einer Verschwenkungstafel oder in einer Fahrstreifentafel integriert sein. Dann bezieht sich das Verbot nur auf den jeweiligen Fahrstreifen, für den das Verbot angeordnet ist.

30.1	Durchgangs-
	verkehr
	
	7,5 t
		Ge- oder Verbot
		Wird Zeichen 253 mit diesen Zusatzzeichen angeordnet, bedeutet dies:
		1. Das Verbot ist auf den Durchgangsverkehr mit Nutzfahrzeugen, einschließlich ihrer Anhänger, mit einer zulässigen Gesamtmasse ab 7,5 t beschränkt.
		2. Durchgangsverkehr liegt nicht vor, soweit die jeweilige Fahrt
		  a) dazu dient, ein Grundstück an der vom Verkehrsverbot betroffenen Straße oder an einer Straße, die durch die vom Verkehrsverbot betroffene Straße erschlossen wird, zu erreichen oder zu verlassen,
		  b) dem Güterkraftverkehr im Sinne des § 1 Absatz 1 des Güterkraftverkehrsgesetzes in einem Gebiet innerhalb eines Umkreises von 75 km, gerechnet in der Luftlinie vom Mittelpunkt des zu Beginn einer Fahrt ersten Beladeorts des jeweiligen Fahrzeugs (Ortsmittelpunkt), dient; dabei gehören alle Gemeinden, deren Ortsmittelpunkt innerhalb des Gebietes liegt, zu dem Gebiet, oder
		  c) mit im Bundesfernstraßenmautgesetz bezeichneten Fahrzeugen die nicht der Mautpflicht unterliegen, durchgeführt wird.
		3. Ausgenommen von dem Verkehrsverbot ist eine Fahrt, die auf ausgewiesenen Umleitungsstrecken (Zeichen 421, 442, 454 bis 457.2 oder Zeichen 460 und 466) durchgeführt wird, um besonderen Verkehrslagen Rechnung zu tragen.
		
		Erläuterung
		Diese Kombination ist nur mit Zeichen 253 zulässig.

---

[22] S. zunächst Fn zu lfd. Nr. 26. Begr § 41 Rn. 248q; Erläuterungen § 41 Rn. 248f; § 39 Rn. 36, § 45 Rn. 28a.

lfd.Nr.	Zeichen und Zusatzzeichen	Ge- oder Verbote, Erläuterungen
31	Zeichen 254[23] Verbot für Radverkehr	**Ge- oder Verbot** Verbot für den Radverkehr und den Verkehr mit Elektrokleinstfahrzeugen im Sinne der eKFV
32	Zeichen 255 Verbot für Krafträder	**Ge- oder Verbot** Verbot für Krafträder, auch mit Beiwagen, Kleinkrafträder und Mofas
33	Zeichen 259 Verbot für Fußgänger	**Ge- oder Verbot** Verbot für den Fußgängerverkehr
34	Zeichen 260[24] Verbot für Kraftfahrzeuge	**Ge- oder Verbot** Verbot für Krafträder, auch mit Beiwagen, Kleinkrafträder und Mofas sowie für Kraftwagen und sonstige mehrspurige Kraftfahrzeuge
35	Zeichen 261[25] Verbot für kennzeichnungspflichtige Kraftfahrzeuge mit gefährlichen Gütern	**Ge- oder Verbot** Verbot für kennzeichnungspflichtige Kraftfahrzeuge mit gefährlichen Gütern

[23] S. zunächst Fn zu lfd. Nr. 26. Erläuterungen § 41 Rn. 248f.
[24] S. zunächst Fn zu lfd. Nr. 26; Erläuterungen § 41 Rn. 248f.
[25] S. zunächst Fn zu lfd. Nr. 26; Begr zu Z 261 § 41 Rn. 216a. Erläuterungen § 41 Rn. 248f.

lfd.Nr.	Zeichen und Zusatzzeichen	Ge- oder Verbote, Erläuterungen
zu 36 bis 40[26]		**Ge- oder Verbot** Die nachfolgenden Zeichen 262 bis 266 verbieten die Verkehrsteilnahme für Fahrzeuge, deren Maße oder Massen, einschließlich Ladung, eine auf dem jeweiligen Zeichen angegebene tatsächliche Grenze überschreiten. **Erläuterung** Die angegebenen Grenzen stellen nur Beispiele dar.
36	Zeichen 262[27] 5,5t Tatsächliche Masse	**Ge- oder Verbot** Die Beschränkung durch Zeichen 262 gilt bei Fahrzeugkombinationen für das einzelne Fahrzeug, bei Sattelkraftfahrzeugen gesondert für die Sattelzugmaschine einschließlich Sattellast und für die tatsächlich vorhandenen Achslasten des Sattelanhängers. **Erläuterung** Das Zeichen kann in einer Überleitungstafel oder in einer Verschwenkungstafel oder in einer Fahrstreifentafel integriert sein. Dann bezieht sich das Verbot nur auf den jeweiligen Fahrstreifen, für den das Verbot angeordnet ist.
37	Zeichen 263 8t Tatsächliche Achslast	**Erläuterung** Das Zeichen kann in einer Überleitungstafel oder in einer Verschwenkungstafel oder in einer Fahrstreifentafel integriert sein. Dann bezieht sich das Verbot nur auf den jeweiligen Fahrstreifen, für den das Verbot angeordnet ist.
38	Zeichen 264[28] 2m Tatsächliche Breite	**Erläuterung** Die tatsächliche Breite gibt das Maß einschließlich der Fahrzeugaußenspiegel an. Das Zeichen kann in einer Überleitungstafel oder in einer Verschwenkungstafel oder in einer Fahrstreifentafel integriert sein. Dann bezieht sich das Verbot nur auf den jeweiligen Fahrstreifen, für den das Verbot angeordnet ist.
39	Zeichen 265[29] 3,8m Tatsächliche Höhe	**Erläuterung** Das Zeichen kann in einer Überleitungstafel oder in einer Verschwenkungstafel oder in einer Fahrstreifentafel integriert sein. Dann bezieht sich das Verbot nur auf den jeweiligen Fahrstreifen, für den das Verbot angeordnet ist.

---

[26] S. Fn zu lfd. Nr. 26.
[27] S. zunächst Fn zu lfd. Nr. 26; Erläuterungen § 41 Rn. 248f.
[28] S. zunächst Fn zu lfd. Nr. 26. Begr § 41 Rn. 245r; Erläuterungen § 41 Rn. 248f.
[29] S. zunächst Fn zu lfd. Nr. 26. Begr § 41 Rn. 245r; Erläuterungen § 41 Rn. 248f.

lfd.Nr.	Zeichen und Zusatzzeichen	Ge- oder Verbote, Erläuterungen
40	Zeichen 26629) ←10m→ Tatsächliche Länge	**Ge- oder Verbot** Das Verbot gilt bei Fahrzeugkombinationen für die Gesamtlänge.
41	Zeichen 267³⁰⁾ Verbot der Einfahrt	**Ge- oder Verbot** Wer ein Fahrzeug führt, darf nicht in die Fahrbahn einfahren, für das Zeichen angeordnet ist. **Erläuterung** Das Zeichen steht auf der rechten Seite der Fahrbahn, für die es gilt, oder auf beiden Seiten dieser Fahrbahn.
41.1	frei	**Ge- oder Verbot** Durch das Zusatzzeichen zu dem Zeichen 267 ist die Einfahrt für den Radverkehr und Elektrokleinstfahrzeuge im Sinne der eKFV zugelassen.
42	Zeichen 268³¹⁾ Schneeketten vorgeschrieben	**Ge- oder Verbot** Wer ein Fahrzeug führt, darf die Straße nur mit Schneeketten befahren.
43	Zeichen 269³²⁾ Verbot für Fahrzeuge mit wassergefährdender Ladung	**Ge- oder Verbot** Wer ein Fahrzeug führt, darf die Straße mit mehr als 20 l wassergefährdender Ladung nicht benutzen.

---

[30] S. zunächst Fn zu lfd. Nr. 26. Begr § 41 Rn. 245s; Erläuterungen § 41 Rn. 248g, 248b.
[31] S. zunächst Fn zu lfd. Nr. 26. Erläuterungen § 41 Rn. 248g.
[32] S. zunächst Fn zu lfd. Nr. 26. Begr zu Z 269 § 41 Rn. 218, 245t.

lfd.Nr.	Zeichen und Zusatzzeichen	Ge- oder Verbote, Erläuterungen
44	Zeichen 270.1[33] **Umwelt** **ZONE** Beginn einer Verkehrsverbotszone zur Verminderung schädlicher Luftverunreinigungen in einer Zone	**Ge- oder Verbot** 1. Die Teilnahme am Verkehr mit einem Kraftfahrzeug innerhalb einer so gekennzeichneten Zone ist verboten. 2. § 1 Absatz 2 sowie § 2 Absatz 3 in Verbindung mit Anhang 3 der Verordnung zur Kennzeichnung der Kraftfahrzeuge mit geringem Beitrag zur Schadstoffbelastung vom 10. Oktober 2006 (BGBl. I S. 2218), die durch Artikel 1 der Verordnung vom 5. Dezember 2007 (BGBl. I S. 2793) geändert worden ist, bleiben unberührt. Die Ausnahmen können im Einzelfall oder allgemein durch Zusatzzeichen oder Allgemeinverfügung zugelassen sein. 3. Von dem Verbot der Verkehrsteilnahme sind zudem Kraftfahrzeuge zur Beförderung schwerbehinderter Menschen mit außergewöhnlicher Gehbehinderung, beidseitiger Amelie oder Phokomelie oder mit vergleichbaren Funktionseinschränkungen sowie blinde Menschen ausgenommen. **Erläuterung** Die Umweltzone ist zur Vermeidung von schädlichen Umwelteinwirkungen durch Luftverunreinigungen in einem Luftreinhalteplan oder einem Plan für kurzfristig zu ergreifende Maßnahmen nach § 47 Absatz 1 oder 2 des Bundes-Immissionsschutzgesetzes festgesetzt und auf Grund des § 40 Absatz 1 des Bundes-Immissionsschutzgesetzes angeordnet. Die Kennzeichnung der Umweltzone erfolgt auf Grund von § 45 Absatz 1 f.
45	Zeichen 270.2 **ZONE** Ende einer Verkehrsverbotszone zur Verminderung schädlicher Luftverunreinigungen in einer Zone	
46	**frei** Freistellung vom Verkehrsverbot nach § 40 Absatz 1 des Bundes-Immissionsschutzgesetzes	**Ge- oder Verbot** Das Zusatzzeichen zum Zeichen 270.1 nimmt Kraftfahrzeuge vom Verkehrsverbot aus, die mit einer auf dem Zusatzzeichen in der jeweiligen Farbe angezeigten Plakette nach § 3 der Verordnung zur Kennzeichnung der Kraftfahrzeuge mit geringem Beitrag zur Schadstoffbelastung ausgestattet sind.

[33] S. zunächst Fn zu lfd. Nr. 26. Begr zu Z 270 § 41 Rn. 245; Begr zu Z 270.1/270.2: 245u; Erläuterungen § 41 Rn. 248g, § 39 Rn. 4b, § 45 Rn. 29, § 25a StVG Rn. 5.

lfd.Nr.	Zeichen und Zusatzzeichen	Ge- oder Verbote, Erläuterungen
47	Zeichen 272[34)] Verbot des Wendens	**Ge- oder Verbot** Wer ein Fahrzeug führt, darf hier nicht wenden.
48	Zeichen 273[35)] Verbot des Unterschreitens des angegebenen Mindestabstandes	**Ge- oder Verbot** Wer ein Kraftfahrzeug mit einer zulässigen Gesamtmasse über 3,5 t oder eine Zugmaschine führt, darf den angegebenen Mindestabstand zu einem vorausfahrenden Kraftfahrzeug gleicher Art nicht unterschreiten. Personenkraftwagen und Kraftomnibusse sind ausgenommen.

Abschnitt 7. Geschwindigkeitsbeschränkungen und Überholverbote[36)]

lfd.Nr.	Zeichen und Zusatzzeichen	Ge- oder Verbote, Erläuterungen
49	Zeichen 274[37)] Zulässige Höchstgeschwindigkeit	**Ge- oder Verbot** 1. Wer ein Fahrzeug führt, darf nicht schneller als mit der jeweils angegebenen Höchstgeschwindigkeit fahren. 2. Sind durch das Zeichen innerhalb geschlossener Ortschaften bestimmte Geschwindigkeiten über 50 km/h zugelassen, gilt das für Fahrzeuge aller Art. 3. Außerhalb geschlossener Ortschaften bleiben die für bestimmte Fahrzeugarten geltenden Höchstgeschwindigkeiten (§ 3 Absatz 3 Nummer 2 Buchstabe a und b und § 18 Absatz 5) unberührt, wenn durch das Zeichen eine höhere Geschwindigkeit zugelassen ist. **Erläuterung** Das Zeichen kann in einer Fahrstreifentafel oder einer Einengungstafel oder einer Ausweitungstafel integriert sein. Dann bezieht sich die zulässige Höchstgeschwindigkeit nur auf den jeweiligen Fahrstreifen, für den die Höchstgeschwindigkeit angeordnet ist.
49.1		**Ge- oder Verbot** Das Zusatzzeichen zu dem Zeichen 274 verbietet Fahrzeugführenden, bei nasser Fahrbahn die angegebene Geschwindigkeit zu überschreiten.

[34)] Begr zu Z 272 § 41 Rn. 218b.
[35)] Begr zu Z 273 § 41 Rn. 218c.
[36)] Begr zu Z 274–282 § 41 Rn. 219, die in ihrem sachlichen Gehalt fortgilt.
[37)] Begr zu Z 274 § 41 Rn. 220; Erläuterungen § 3 Rn. 45 ff.

lfd.Nr.	Zeichen und Zusatzzeichen	Ge- oder Verbote, Erläuterungen
50	Zeichen 274.1[38] **30 ZONE** Beginn einer Tempo 30-Zone	**Ge- oder Verbot** Wer ein Fahrzeug führt, darf innerhalb dieser Zone nicht schneller als mit der angegebenen Höchstgeschwindigkeit fahren. **Erläuterung** Mit dem Zeichen können in verkehrsberuhigten Geschäftsbereichen auch Zonengeschwindigkeitsbeschränkungen von weniger als 30 km/h angeordnet sein.
51	Zeichen 274.2 **30 ZONE** Ende einer Tempo 30-Zone	
52	Zeichen 275[39] **30** Vorgeschriebene Mindestgeschwindigkeit	**Ge- oder Verbot** Wer ein Fahrzeug führt, darf nicht langsamer als mit der angegebenen Mindestgeschwindigkeit fahren, sofern nicht Straßen-, Verkehrs-, Sicht- oder Wetterverhältnisse dazu verpflichten. Es verbietet, mit Fahrzeugen, die nicht so schnell fahren können oder dürfen, einen so gekennzeichneten Fahrstreifen zu benutzen. **Erläuterung** Das Zeichen kann in einer Fahrstreifentafel oder einer Ausweitungstafel integriert sein. Dann bezieht sich die vorgeschriebene Mindestgeschwindigkeit nur auf den jeweiligen Fahrstreifen, für den die Mindestgeschwindigkeit angeordnet ist.
Zu 53 und 54		**Ge- oder Verbot** Die nachfolgenden Zeichen 276 und 277 verbieten Kraftfahrzeugen das Überholen von mehrspurigen Kraftfahrzeugen und Krafträdern mit Beiwagen. Ist auf einem Zusatzzeichen eine Masse, wie „7,5 t" angegeben, gilt das Verbot nur, soweit die zulässige Gesamtmasse dieser Kraftfahrzeuge, einschließlich ihrer Anhänger, die angegebene Grenze überschreitet. Soll mehrspurigen Kraftfahrzeugen und Krafträdern mit Beiwagen das Überholen von einspurigen Fahrzeugen verboten werden, ist Zeichen 277.1 angeordnet.

---

[38] Begr zu Z 274.1/274.2 § 41 Rn. 220a; Erläuterungen § 41 Rn. 248h, 247, 249, § 39 Rn. 37, § 45 Rn. 37–38; § 3 Rn. 45; § 25 StVG Rn. 20.
[39] Begr zu Z 275 § 41 Rn. 221; Erläuterungen § 3 Rn. 45b, 47, § 41 Rn. 248a.

lfd.Nr.	Zeichen und Zusatzzeichen	Ge- oder Verbote, Erläuterungen
53	Zeichen 276[40] Überholverbot für Kraftfahrzeuge aller Art	
54	Zeichen 277[40] Überholverbot für Kraftfahr- zeuge über 3,5 t	**Ge- oder Verbot** Überholverbot für Kraftfahrzeuge mit einer zulässigen Gesamtmasse über 3,5 t, einschließlich ihrer Anhänger, und für Zugmaschinen. Ausgenommen sind Personenkraftwagen und Kraftomnibusse.
54.1[40a]	**2,8 t**	**Ge- oder Verbot** Mit dem Zusatzzeichen gilt das durch Zeichen 277 angeordnete Überholverbot auch für Kraftfahrzeuge über 2,8 t, einschließlich ihrer Anhänger.
54.2	**auch**	**Ge- oder Verbot** Mit dem Zusatzzeichen gilt das durch Zeichen 277 angeordnete Überholverbot auch für Kraftomnibusse und Personenkraftwagen mit Anhänger.
54.3	**↑2km↑**	**Erläuterung** Das Zusatzzeichen zu dem Zeichen 274, 276 oder 277 gibt die Länge einer Geschwindigkeitsbeschränkung oder eines Überholverbots an.
54.4	Zeichen 277.1 Verbot des Überholens von einspurigen Fahrzeugen für mehrspurige Kraftfahrzeuge und Krafträder mit Beiwagen	**Ge- oder Verbot** Wer ein mehrspuriges Kraftfahrzeug führt, darf ein- und mehrspurige Fahrzeuge nicht überholen.

[40] Begr zu Z 277 § 41 Rn. 222; Erläuterungen zu den Z 276, 277: § 5 Rn. 36 ff., § 18 Rn. 20; Streckenverbote: § 3 Rn. 45a, 45b.
[40] Begr zu Z 277 § 41 Rn. 222; Erläuterungen zu den Z 276, 277: § 5 Rn. 36 ff, § 18 Rn. 20; Streckenverbote: § 3 Rn. 45a, 45b.
[40a] Begr zu ZusatzZ gem. lfd. Nr. 54.1, 54.2 § 41 Rn. 245v.

lfd.Nr.	Zeichen und Zusatzzeichen	Ge- oder Verbote, Erläuterungen
55[41]		**Erläuterung** Das Ende einer streckenbezogenen Geschwindigkeitsbeschränkung oder eines Überholverbots ist nicht gekennzeichnet, wenn das Verbot nur für eine kurze Strecke gilt und auf einem Zusatzzeichen die Länge des Verbots angegeben ist. Es ist auch nicht gekennzeichnet, wenn das Verbotszeichen zusammen mit einem Gefahrzeichen angebracht ist und sich aus der Örtlichkeit zweifelsfrei ergibt, von wo an die angezeigte Gefahr nicht mehr besteht. Sonst ist es gekennzeichnet durch die Zeichen 278 bis 282.
56	Zeichen 278[41] Ende der zulässigen Höchstgeschwindigkeit	**Erläuterung** Das Zeichen kann in einer Fahrstreifentafel oder einer Einengungstafel oder Ausweitungstafel integriert sein. Dann bezieht sich das Zeichen nur auf den jeweiligen Fahrstreifen, für den die zulässige Höchstgeschwindigkeit vorher angeordnet worden war.
57	Zeichen 279 Ende der vorgeschriebenen Mindestgeschwindigkeit	**Erläuterung** Das Zeichen kann in einer Fahrstreifentafel oder einer Einengungstafel integriert sein. Dann bezieht sich das Zeichen nur auf den jeweiligen Fahrstreifen, für den die vorgeschriebene Mindestgeschwindigkeit vorher angeordnet worden war.
58	Zeichen 280 Ende des Überholverbots für Kraftfahrzeuge aller Art	
59	Zeichen 281 Ende des Überholverbots für Kraftfahrzeuge über 3,5 t	

---

[41] Begr zu den Z 278–282 § 41 Rn. 223; Erläuterungen zum Streckenverbot § 3 Rn. 45a, 45b.

lfd.Nr.	Zeichen und Zusatzzeichen	Ge- oder Verbote, Erläuterungen
59.1	Zeichen 281.1 Ende des Verbots des Über-holens von einspurigen Fahr-zeugen für mehrspurige Kraftfahrzeuge und Kraftä-der mit Beiwagen	
60	Zeichen 282 Ende sämtlicher strecken-bezogener Geschwindig-keitsbeschränkungen und Überholverbote	**Erläuterung** Das Zeichen kann in einer Fahrstreifentafel oder einer Ausweitungstafel integriert sein. Dann bezieht sich das Zeichen nur auf den jeweiligen Fahrstreifen, für den die streckenbezogenen Geschwindigkeitsbeschränkungen und Überhol-verbote vorher angeordnet worden waren.

Abschnitt 8. Halt- und Parkverbote[42]

lfd.Nr.	Zeichen und Zusatzzeichen	Ge- oder Verbote, Erläuterungen
61[42a]		**Ge- oder Verbot** 1. Die durch die nachfolgenden Zeichen 283 und 286 angeordneten Haltverbote gelten nur auf der Straßenseite, auf der die Zeichen angebracht sind. Sie gelten bis zur nächsten Kreuzung oder Ein-mündung auf der gleichen Straßenseite oder bis durch Verkehrszeichen für den ruhenden Verkehr eine andere Regelung vorgegeben wird. 2. Mobile, vorübergehend angeordnete Haltverbo-te durch Zeichen 283 und 286 heben Verkehrs-zeichen auf, die das Parken erlauben. **Erläuterung** Der Anfang der Verbotsstrecke kann durch einen zur Fahrbahn weisenden waagerechten weißen Pfeil im Zeichen, das Ende durch einen solchen von der Fahrbahn wegweisenden Pfeil gekenn-zeichnet sein. Bei in der Verbotsstrecke wiederhol-ten Zeichen weist eine Pfeilspitze zur Fahrbahn, die zweite Pfeilspitze von ihr weg.
62	Zeichen 283[43] Absolutes Haltverbot	**Ge- oder Verbot** Das Halten auf der Fahrbahn ist verboten.

---

[42] Begr zu den Z 283, 286: § 41 Rn. 225–227; 245s; Erläuterungen § 12 Rn. 28 ff., 35, 50, 56, 58, 65, 68; § 35 Rn. 13.
[42a] Begr zur Erläuterung § 41 Rn. 245w.
[43] S. Fn bei Abschnittsüberschrift.

lfd.Nr.	Zeichen und Zusatzzeichen	Ge- oder Verbote, Erläuterungen
62.1		**Ge- oder Verbot** Das mit dem Zeichen 283 angeordnete Zusatzzeichen verbietet das Halten von Fahrzeugen auch auf dem Seitenstreifen.
62.2[43a)]	**auf dem Seitenstreifen**	**Ge- oder Verbot** Das mit dem Zeichen 283 angeordnete Zusatzzeichen verbietet das Halten von Fahrzeugen nur auf dem Seitenstreifen.
63	Zeichen 286[44)] Eingeschränktes Haltverbot	**Ge- oder Verbot** 1. Wer ein Fahrzeug führt, darf nicht länger als drei Minuten auf der Fahrbahn halten, ausgenommen zum Ein- oder Aussteigen oder zum Be- oder Entladen. 2. Ladegeschäfte müssen ohne Verzögerung durchgeführt werden.
63.1		**Ge- oder Verbot** Mit dem Zusatzzeichen zu Zeichen 286 darf auch auf dem Seitenstreifen nicht länger als drei Minuten gehalten werden, ausgenommen zum Ein- oder Aussteigen oder zum Be- oder Entladen.
63.2	**auf dem Seitenstreifen**	**Ge- oder Verbot** Mit dem Zusatzzeichen zu Zeichen 286 darf nur auf dem Seitenstreifen nicht länger als drei Minuten gehalten werden, ausgenommen zu Ein- oder Aussteigen oder zum Be- oder Entladen.
63.3[45)]		**Ge- oder Verbot** 1. Das Zusatzzeichen zu Zeichen 286 nimmt schwerbehinderte Menschen mit außergewöhnlicher Gehbehinderung, beidseitiger Amelie oder Phokomelie oder mit vergleichbaren Funktionseinschränkungen sowie blinde Menschen, jeweils mit besonderem Parkausweis Nummer …, vom Haltverbot aus. 2. Die Ausnahme gilt nur, soweit der Parkausweis gut lesbar ausgelegt oder angebracht ist.
63.4[46)]	**Bewohner** mit Parkausweis Nr. IIIIIIIII **frei**	**Ge- oder Verbot** 1. Das Zusatzzeichen zu Zeichen 286 nimmt Bewohner mit besonderem Parkausweis vom Haltverbot aus. 2. Die Ausnahme gilt nur, soweit der Parkausweis gut lesbar ausgelegt oder angebracht ist.
63.5		**Ge- oder Verbot** Durch das Zusatzzeichen zu Zeichen 286 wird das Parken für elektrisch betriebene Fahrzeuge innerhalb der gekennzeichneten Flächen erlaubt.

[43a)] Begr § 41 Rn. 245x.
[44)] S. Fn bei Abschnittsüberschrift.
[45)] Erläuterungen § 12 Rn. 60b.
[46)] S. bei Fn 45.

lfd.Nr.	Zeichen und Zusatzzeichen	Ge- oder Verbote, Erläuterungen
63.6		**Ge- oder Verbot** Durch das Zusatzzeichen zu Zeichen 286 wird das Parken für Carsharingfahrzeuge (§ 39 Absatz 11) innerhalb der gekennzeichneten Flächen erlaubt.
64	Zeichen 290.1[47)] Beginn eines Eingeschränkten Haltverbots für eine Zone	**Ge- oder Verbot** 1. Wer ein Fahrzeug führt, darf innerhalb der gekennzeichneten Zone nicht länger als drei Minuten halten, ausgenommen zum Ein- oder Aussteigen oder zum Be- oder Entladen. 2. Innerhalb der gekennzeichneten Zone gilt das eingeschränkte Haltverbot auf allen öffentlichen Verkehrsflächen, sofern nicht abweichende Regelungen durch Verkehrszeichen oder Verkehrseinrichtungen getroffen sind. 3. Durch Zusatzzeichen kann das Parken für Bewohner mit Parkausweis oder mit Parkschein oder Parkscheibe (Bild 318) innerhalb gekennzeichneter Flächen erlaubt sein. 4. Durch Zusatzzeichen kann das Parken mit Parkschein oder Parkscheibe (Bild 318) innerhalb gekennzeichneter Flächen erlaubt sein. Dabei ist der Parkausweis, der Parkschein oder die Parkscheibe gut lesbar auszulegen oder anzubringen.
64.1		**Ge- oder Verbot** Durch das Zusatzzeichen zu Zeichen 290.1 wird das Parken für elektrisch betriebene Fahrzeuge innerhalb der gekennzeichneten Flächen erlaubt.
64.2		**Ge- oder Verbot** Durch das Zusatzzeichen zu Zeichen 290.1 wird das Parken für Carsharingfahrzeuge (§ 39 Absatz 11) innerhalb der gekennzeichneten Flächen erlaubt.
65	Zeichen 290.2 Ende eines eingeschränkten Haltverbots für eine Zone	

[47)] Begr zu Z 290 und 292 (entspricht Z 290.1/290.2): § 41 Rn. 228, zur Neufassung: § 41 Rn. 245y;. Erläuterungen § 12 Rn. 34a, 47, 60b; § 13 Rn. 11, 11a.

Abschnitt 9. Markierungen

lfd.Nr.	Zeichen und Zusatzzeichen	Ge- oder Verbote, Erläuterungen
66	Zeichen 293[48)] Fußgängerüberweg	**Ge- oder Verbot** Wer ein Fahrzeug führt, darf auf Fußgängerüberwegen sowie bis zu 5 m davor nicht halten.
67	Zeichen 294[49)] Haltlinie	**Ge- oder Verbot** Ergänzend zu Halt- oder Wartegeboten, die durch Zeichen 206, durch Polizeibeamte, Lichtzeichen oder Schranken gegeben werden, ordnet sie an: Wer ein Fahrzeug führt, muss hier anhalten. Erforderlichenfalls ist an der Stelle, wo die Straße eingesehen werden kann, in die eingefahren werden soll (Sichtlinie), erneut anzuhalten.

68	Zeichen 295[50)]
	
	Fahrstreifenbegrenzung, Begrenzung von Fahrbahnen und Sonderwegen
		Ge- oder Verbot
		
		1. a) Wer ein Fahrzeug führt, darf die durchgehende Linie auch nicht teilweise überfahren.
		   b) Trennt die durchgehende Linie den Teil der Fahrbahn oder des Sonderwegs für den Gegenverkehr ab, ist rechts von ihr zu fahren.
		   c) Grenzt sie einen befestigten Seitenstreifen ab, müssen außerorts landwirtschaftliche Zug- und Arbeitsmaschinen, Fuhrwerke und ähnlich langsame Fahrzeuge möglichst rechts von ihr fahren.
		   d) Wer ein Fahrzeug führt, darf auf der Fahrbahn nicht parken, wenn zwischen dem abgestellten Fahrzeug und der Fahrstreifenbegrenzungslinie kein Fahrstreifen von mindestens 3 m mehr verbleibt.
		2. a) Wer ein Fahrzeug führt, darf links von der durchgehenden Fahrbahnbegrenzungslinie nicht halten, wenn rechts ein Seitenstreifen oder Sonderweg vorhanden ist.
		   b) Wer ein Fahrzeug führt, darf die Fahrbahnbegrenzung der Mittelinsel des Kreisverkehrs nicht überfahren.
		   c) Ausgenommen von dem Verbot zum Überfahren der Fahrbahnbegrenzung der Mittelinsel des Kreisverkehrs sind nur Fahrzeuge, denen wegen ihrer Abmessungen das Befahren sonst nicht möglich wäre. Mit ihnen darf die Mittelinsel überfahren werden, wenn eine Gefährdung anderer am Verkehr Teilnehmenden ausgeschlossen ist.
		3. a) Wird durch Zeichen 223.1 das Befahren eines Seitenstreifens angeordnet, darf die Fahrbahn-

---

[48)] Begr § 12 Rn. 15a; Erläuterungen: § 12 Rn. 35, § 26 Rn. 9, 11, 15; § 37 Rn. 5, 35.
[49)] Begr § 41 Rn. 230/231, 245z; Erläuterungen: § 41 Rn. 248k, § 8 Rn. 56; § 37 Rn. 23.
[50)] Begr § 41 Rn. 232–239; 245h; Erläuterungen: § 41 Rn. 248l, § 2 Rn. 73, § 5 Rn. 35, 38, 66, § 6 Rn. 6, § 8 Rn. 37e, 37 f, § 12 Rn. 35a, 36, 54, § 18 Rn. 14b, § 28 Rn. 16, § 37 Rn. 33, 37.

lfd.Nr.	Zeichen und Zusatzzeichen	Ge- oder Verbote, Erläuterungen
		begrenzung wie eine Leitlinie zur Markierung von Fahrstreifen einer durchgehenden Fahrbahn (Zeichen 340) überfahren werden. b) Grenzt sie einen Sonderweg ab, darf sie nur überfahren werden, wenn dahinter anders nicht erreichbare Parkstände angelegt sind oder sich Grundstückszufahrten befinden und das Benutzen von Sonderwegen weder gefährdet noch behindert wird. c) Die Linie zur Begrenzung von Fahrbahnen oder Sonderwegen darf überfahren werden, wenn sich dahinter eine nicht anders erreichbare Grundstückszufahrt befindet. **Erläuterung** 1. Als Fahrstreifenbegrenzung trennt das Zeichen den für den Gegenverkehr bestimmten Teil der Fahrbahn oder mehrere Fahrstreifen für den gleichgerichteten Verkehr von einander ab. Die Fahrstreifenbegrenzung kann zur Abtrennung des Gegenverkehrs aus einer Doppellinie bestehen. Die Doppellinie kann voneinander abgesetzt aufgebracht sein, dann kann der verbleibende Zwischenraum in grüner Farbe ausgefüllt sein, was weder einen Mittelstreifen noch eine bauliche Trennung darstellt. 2. Als Fahrbahnbegrenzung kann die durchgehende Linie auch einen Seitenstreifen oder Sonderweg abgrenzen. 3. Als Begrenzung eines Sonderwegs kennzeichnet sie den Verlauf des für den Radverkehr bestimmten Teils des Sonderwegs.
69	Zeichen 296[51] Fahrstreifen B Fahrstreifen A Einseitige Fahrstreifenbegrenzung	**Ge- oder Verbot** 1. Wer ein Fahrzeug führt, darf die durchgehende Linie nicht überfahren oder auf ihr fahren. 2. Wer ein Fahrzeug führt, darf nicht auf der Fahrbahn parken, wenn zwischen dem parkenden Fahrzeug und der durchgehenden Fahrstreifenbegrenzungslinie kein Fahrstreifen von mindestens 3 m mehr verbleibt. 3. Für Fahrzeuge auf dem Fahrstreifen B ordnet die Markierung an: Fahrzeuge auf dem Fahrstreifen B dürfen die Markierung überfahren, wenn der Verkehr dadurch nicht gefährdet wird.
70	Zeichen 297[52] Pfeilmarkierungen	**Ge- oder Verbot** 1. Wer ein Fahrzeug führt, muss der Fahrtrichtung auf der folgenden Kreuzung oder Einmündung folgen, wenn zwischen den Pfeilen Leitlinien (Zeichen 340) oder Fahrstreifenbegrenzungen (Zeichen 295) markiert sind. 2. Wer ein Fahrzeug führt, darf auf der mit Pfeilen markierten Strecke der Fahrbahn nicht halten (§ 12 Absatz 1).

---

[51] Begr § 41 Rn. 240; Erläuterungen s. Fn bei Z 295 sowie § 41 Rn. 248 m, § 9 Rn. 32, § 12 Rn. 22, 54.
[52] Begr § 41 Rn. 241; Erläuterungen § 41 Rn. 248n, § 5 Rn. 37, 38, 68, 70, § 7 Rn. 14, § 8 Rn. 53, § 12 Rn. 36, § 37 Rn. 30, 41.

lfd.Nr.	Zeichen und Zusatzzeichen	Ge- oder Verbote, Erläuterungen
		Erläuterung Pfeile empfehlen, sich rechtzeitig einzuordnen und in Fahrstreifen nebeneinander zu fahren. Fahrzeuge, die sich eingeordnet haben, dürfen auch rechts überholt werden.
71	Zeichen 297.1[53)] Vorankündigungspfeil	**Erläuterung** Mit dem Vorankündigungspfeil wird eine Fahrstreifenbegrenzung angekündigt oder das Ende eines Fahrstreifens angezeigt. Die Ausführung des Pfeils kann von der gezeigten abweichen.
72	Zeichen 298[54)] Sperrfläche	**Ge- oder Verbot** Wer ein Fahrzeug führt, darf Sperrflächen nicht benutzen.
73	Zeichen 299[55)] Grenzmarkierung für Halt- oder Parkverbote	**Ge- oder Verbot** Wer ein Fahrzeug führt, darf innerhalb einer Grenzmarkierung für Halt- oder Parkverbote nicht halten oder parken. **Erläuterung** Grenzmarkierungen bezeichnen, verlängern oder verkürzen ein an anderer Stelle vorgeschriebenes Halt- oder Parkverbot.
74[56)]	Parkflächenmarkierung	**Ge- oder Verbot** Eine Parkflächenmarkierung erlaubt das Parken; auf Gehwegen aber nur Fahrzeugen mit einer zulässigen Gesamtmasse bis zu 2,8 t. Die durch die Parkflächenmarkierung angeordnete Aufstellung ist einzuhalten. Wo sie mit durchgehenden Linien markiert ist, darf diese überfahren werden. **Erläuterung** Sind Parkflächen auf Straßen erkennbar abgegrenzt, wird damit angeordnet, wie Fahrzeuge aufzustellen sind.

[53)] Begr § 41 Rn. 248n. S. i Ü bei Fn zu Z 297.
[54)] Begr § 41 Rn. 242; Erläuterungen § 41 Rn. 248o, § 2 Rn. 73, § 8 Rn. 28.
[55)] Begr § 41 Rn. 244; Erläuterungen § 12 Rn. 36a, 51, 56a.
[56)] Erläuterungen § 12 Rn. 56.

Anlage 3*)
(zu § 42 Absatz 2)

Richtzeichen

Abschnitt 1. Vorrangzeichen

1	2	3
lfd. Nr.	**Zeichen und Zusatzzeichen**	**Ge- oder Verbote, Erläuterungen**
1	Zeichen 301[1]) Vorfahrt	**Ge- oder Verbot** Das Zeichen zeigt an, dass an der nächsten Kreuzung oder Einmündung Vorfahrt besteht.
2	Zeichen 306[2]) Vorfahrtstraße	**Ge- oder Verbot** Wer ein Fahrzeug führt, darf außerhalb geschlossener Ortschaften auf Fahrbahnen von Vorfahrtstraßen nicht parken. Das Zeichen zeigt an, dass Vorfahrt besteht bis zum nächsten Zeichen 205 „Vorfahrt gewähren.", 206 „Halt. Vorfahrt gewähren." oder 307 „Ende der Vorfahrtstraße".
2.1		**Ge- oder Verbot** 1. Wer ein Fahrzeug führt und dem Verlauf der abknickenden Vorfahrtstraße folgen will, muss dies rechtzeitig und deutlich ankündigen; dabei sind die Fahrtrichtungsanzeiger zu benutzen. 2. Auf den Fußgängerverkehr ist besondere Rücksicht zu nehmen. Wenn nötig, muss gewartet werden. **Erläuterung** Das Zusatzzeichen zum Zeichen 306 zeigt den Verlauf der Vorfahrtstraße an.
3	Zeichen 307 Ende der Vorfahrtstraße	**Ge- oder Verbot** Wer ein Fahrzeug führt, darf außerhalb geschlossener Ortschaften auf Fahrbahnen von Vorfahrtstraßen nicht parken. Das Zeichen zeigt an, dass Vorfahrt besteht bis zum nächsten Zeichen 205 „Vorfahrt gewähren.", 206 „Halt. Vorfahrt gewähren." oder 307 „Ende der Vorfahrtstraße".

---

*) Die Allgemeinen Verwaltungsvorschriften zu den jeweiligen Verkehrzeichen sind im Anschluss an die Anlage 4 zur StVO abgedruckt.
   [1]) Begr § 42 Rn. 161; Erläuterungen § 8 Rn. 37, 39, 42; § 12 Rn. 53; § 37 Rn. 5, § 42 Rn. 181.
   [2]) Begr § 42 Rn. 145, 162; Erläuterungen: § 8 Rn. 39, 43, 57; § 9 Rn. 19, § 12 Rn. 53, § 42 Rn. 181.

lfd.Nr.	Zeichen und Zusatzzeichen	Ge- oder Verbote, Erläuterungen
4	**Zeichen 308**[3] Vorrang vor dem Gegenverkehr	**Ge- oder Verbot** Wer ein Fahrzeug führt, hat Vorrang vor dem Gegenverkehr.

Abschnitt 2. Ortstafel

lfd.Nr.	Zeichen und Zusatzzeichen	Ge- oder Verbote, Erläuterungen
zu 5 und 6		**Erläuterung** Ab der Ortstafel gelten jeweils die für den Verkehr innerhalb oder außerhalb geschlossener Ortschaften bestehenden Vorschriften.
5	**Zeichen 310**[4] **Wilster** **Kreis Steinburg** Ortstafel Vorderseite	Die Ortstafel bestimmt: Hier beginnt eine geschlossene Ortschaft.
6	**Zeichen 311** Schotten ↑ 6 km **Wilster** Ortstafel Rückseite	Die Ortstafel bestimmt: Hier endet eine geschlossene Ortschaft.

Abschnitt 3. Parken

lfd.Nr.	Zeichen und Zusatzzeichen	Ge- oder Verbote, Erläuterungen

7	**Zeichen 314**[5]
	
	P
	
	Parken
		Ge- oder Verbot
		1. Wer ein Fahrzeug führt, darf hier parken.
		2. a) Durch ein Zusatzzeichen kann die Parkerlaubnis insbesondere nach der Dauer, nach Fahrzeugarten, zugunsten der mit besonderem Parkausweis versehenen Bewohner oder auf das Parken mit Parkschein oder Parkscheibe beschränkt sein.
		   b) Ein Zusatzzeichen mit Bild 318 (Parkscheibe) und Angabe der Stundenzahl schreibt das Parken mit Parkscheibe und dessen zulässige Höchstdauer vor.
		   c) Durch Zusatzzeichen können Bewohner mit Parkausweis von der Verpflichtung zum Parken mit Parkschein oder Parkscheibe freigestellt sein.
		   d) Durch ein Zusatzzeichen mit Rollstuhlfahrersinnbild kann die Parkerlaubnis beschränkt sein

---

[3] Begr § 42 Rn. 163, 181.
[4] Begr zu den Z 310, 311: § 42 Rn. 164; Erläuterungen § 3 Rn. 50, 51 § 42 Rn. 181, § 45 Rn. 61.
[5] Begr zu Z 314 § 42 Rn. 146, 165; Erläuterungen: § 12 Rn. 46, 53, 57–57b, 60a, 60b, 61; § 13 Rn. 8a, 9, 11, 12, 12b.

lfd.Nr.	Zeichen und Zusatzzeichen	Ge- oder Verbote, Erläuterungen
		auf schwerbehinderte Menschen mit außergewöhnlicher Gehbehinderung, beidseitiger Amelie oder Phokomelie oder mit vergleich-baren Funktionseinschränkungen sowie auf blinde Menschen.

e) Die Parkerlaubnis gilt nur, wenn der Parkschein, die Parkscheibe oder der Parkausweis gut lesbar ausgelegt oder angebracht ist.

f) Durch Zusatzzeichen kann ein Parkplatz als gebührenpflichtig ausgewiesen sein.

3. a) Durch Zusatzzeichen kann die Parkerlaubnis zugunsten elektrisch betriebener Fahrzeuge beschränkt sein.

b) Durch Zusatzzeichen können elektrisch betriebene Fahrzeuge von der Verpflichtung zum Parken mit Parkschein oder Parkscheibe freigestellt sein. Sind Parkscheinautomaten aufgestellt, kann die Freistellung auch allein am Automaten angegeben sein.

c) Durch Zusatzzeichen kann die Parkerlaubnis für elektrisch betriebene Fahrzeuge nach der Dauer beschränkt sein. Der Nachweis zur Einhaltung der zeitlichen Dauer erfolgt durch Auslegen der Parkscheibe. Die Parkerlaubnis gilt, wenn die Parkscheibe gut lesbar ausgelegt oder angebracht ist.

4. a) Durch Zusatzzeichen kann die Parkerlaubnis zugunsten von mit einem Carsharingausweis versehenen Carsharingfahrzeugen beschränkt sein. Eine Beschränkung auf Fahrzeuge nur eines Carsharingunternehmens oder auf bestimmte Carsharingunternehmen ist nach Maßgabe des Carsharinggesetzes zulässig. Die Beschränkung erfolgt durch die Angabe der entsprechenden Firmenbezeichnung in schwarzer Schrift auf weißem Grund auf einem weiteren Zusatzzeichen. Die Parkerlaubnis gilt nur, wenn der Carsharingausweis im Fahrzeug gut lesbar ausgelegt oder angebracht ist.

b) Durch Zusatzzeichen können Carsharingfahrzeuge von der Verpflichtung zum Parken mit Parkschein oder Parkscheibe freigestellt sein. Sind Parkscheinautomaten aufgestellt, kann die Freistellung auch allein am Automaten angegeben sein.

Erläuterung

1. Der Anfang des erlaubten Parkens kann durch einen zur Fahrbahn weisenden waagerechten weißen Pfeil im Zeichen, das Ende durch einen solchen von der Fahrbahn wegweisenden Pfeil gekennzeichnet sein. Bei in der Strecke wiederholten Zeichen weist eine Pfeilspitze zur Fahrbahn, die zweite Pfeilspitze von ihr weg.

2. Das Zeichen mit einem Zusatzzeichen mit schwarzem Pfeil weist auf die Zufahrt zu größeren Parkplätzen oder Parkhäusern hin. Das Zeichen

lfd.Nr.	Zeichen und Zusatzzeichen	Ge- oder Verbote, Erläuterungen
		kann auch durch Hinweise ergänzt werden, ob es sich um ein Parkhaus handelt.
8	Zeichen 314.1[6] **P** **ZONE** Beginn einer Parkraum-bewirtschaftungszone	**Ge- oder Verbot** 1. Wer ein Fahrzeug führt, darf innerhalb der Parkraumbewirtschaftungszone nur mit Parkschein oder mit Parkscheibe (Bild 318) parken, soweit das Halten und Parken nicht gesetzlich oder durch Verkehrszeichen verboten ist. 2. Durch Zusatzzeichen können Bewohner mit Parkausweis von der Verpflichtung zum Parken mit Parkschein oder Parkscheibe freigestellt sein. 3. Die Parkerlaubnis gilt nur, wenn der Parkschein, die Parkscheibe oder der Parkausweis gut lesbar ausgelegt oder angebracht ist. 4. a) Durch Zusatzzeichen kann die Parkerlaubnis zugunsten elektrisch betriebener Fahrzeuge beschränkt sein. b) Durch Zusatzzeichen können elektrisch betriebene Fahrzeuge von der Verpflichtung zum Parken mit Parkschein oder Parkscheibe freigestellt sein. Sind Parkscheinautomaten aufgestellt, kann die Freistellung auch allein am Automaten angegeben sein. c) Durch Zusatzzeichen kann die Parkerlaubnis für elektrisch betriebene Fahrzeuge nach der Dauer beschränkt sein. Der Nachweis zur Einhaltung der zeitlichen Dauer erfolgt durch Auslegen der Parkscheibe. Die Parkerlaubnis gilt nur, wenn die Parkscheibe gut lesbar ausgelegt oder angebracht ist. 5. a) Durch Zusatzzeichen kann die Parkerlaubnis zugunsten von mit einem Carsharingausweis versehenen Carsharingfahrzeugen beschränkt sein. Eine Beschränkung auf Fahrzeuge nur eines Carsharingunternehmens oder auf bestimmte Carsharingunternehmen ist nach Maßgabe des Carsharinggesetzes zulässig. Die Beschränkung erfolgt durch die Angabe der entsprechenden Firmenbezeichnung in schwarzer Schrift auf weißem Grund auf einem weiteren Zusatzzeichen. Die Parkerlaubnis gilt nur, wenn der Carsharingausweis im Fahrzeug gut lesbar ausgelegt oder angebracht ist. b) Durch Zusatzzeichen können Carsharingfahrzeuge von der Verpflichtung zum Parken mit Parkschein oder Parkscheibe freigestellt sein. Sind Parkscheinautomaten aufgestellt, kann die Freistellung auch allein am Automaten angegeben sein. **Erläuterung** Die Art der Parkbeschränkung wird durch Zusatzzeichen angezeigt.

---

[6] Begr zu Z 314.1 § 42 Rn. 166; Erläuterungen s. Fn bei Z 314.

lfd.Nr.	Zeichen und Zusatzzeichen	Ge- oder Verbote, Erläuterungen
9	Zeichen 314.2 Ende einer Parkraum- bewirtschaftungszone	
10	Zeichen 315[7] Parken auf Gehwegen	**Ge- oder Verbot** 1. Wer ein Fahrzeug führt, darf auf Gehwegen mit Fahrzeugen mit einer zulässigen Gesamtmasse über 2,8 t nicht parken. Dann darf auch nicht entgegen der angeordneten Aufstellungsart des Zeichens oder entgegen Beschränkungen durch Zusatzzeichen geparkt werden. 2. a) Durch ein Zusatzzeichen kann die Parkerlaubnis insbesondere nach der Dauer, nach Fahrzeugarten, zugunsten der mit besonderem Parkausweis versehenen Bewohner oder auf das Parken mit Parkschein oder Parkscheibe beschränkt sein. b) Ein Zusatzzeichen mit Bild 318 (Parkscheibe) und Angabe der Stundenzahl schreibt das Parken mit Parkscheibe und dessen zulässige Höchstdauer vor. c) Durch Zusatzzeichen können Bewohner mit Parkausweis von der Verpflichtung zum Parken mit Parkschein oder Parkscheibe freigestellt sein. d) Durch ein Zusatzzeichen mit Rollstuhlfahrer-sinnbild kann die Parkerlaubnis beschränkt sein für schwerbehinderte Menschen mit außergewöhnlicher Gehbehinderung, beidseitiger Amelie oder Phokomelie oder mit vergleichbaren Funktionseinschränkungen sowie für blinde Menschen. e) Die Parkerlaubnis gilt nur, wenn der Parkschein, die Parkscheibe oder der Parkausweis gut lesbar ausgelegt oder angebracht ist. 3. a) Durch Zusatzzeichen kann die Parkerlaubnis zugunsten elektrisch betriebener Fahrzeuge beschränkt sein. b) Durch Zusatzzeichen können elektrisch betriebene Fahrzeuge von der Verpflichtung zum Parken mit Parkschein oder Parkscheibe freigestellt sein. Sind Parkscheinautomaten aufgestellt, kann die Freistellung auch allein am Automaten angegeben sein. c) Durch Zusatzzeichen kann die Parkerlaubnis für elektrisch betriebene Fahrzeuge nach der Dauer beschränkt sein. Der Nachweis zur Einhaltung der zeitlichen Dauer erfolgt durch Auslegen der Parkscheibe. Die Parkerlaubnis

[7] Begr § 42 Rn. 167; Erläuterungen § 12 Rn. 41, 48, 55, 56, 60b, 61 § 13 Rn. 12b.

lfd.Nr.	Zeichen und Zusatzzeichen	Ge- oder Verbote, Erläuterungen
		gilt nur, wenn die Parkscheibe gut lesbar ausgelegt oder angebracht ist. 4. a) Durch Zusatzzeichen kann die Parkerlaubnis zugunsten von mit einem Carsharingausweis versehenen Carsharingfahrzeugen beschränkt sein. Eine Beschränkung auf Fahrzeuge nur eines Carsharingunternehmens oder auf bestimmte Carsharingunternehmen ist nach Maßgabe des Carsharinggesetzes zulässig. Die Beschränkung erfolgt durch eine zusätzliche Angabe der entsprechenden Firmenbezeichnung in schwarzer Schrift auf weißem Grund auf einem weiteren Zusatzzeichen. Die Parkerlaubnis gilt nur, wenn der Carsharingausweis gut lesbar im Fahrzeug ausgelegt oder angebracht ist. b) Durch Zusatzzeichen können Carsharingfahrzeuge von der Verpflichtung zum Parken mit Parkschein oder Parkscheibe freigestellt sein. Sind Parkscheinautomaten aufgestellt, kann die Freistellung auch allein am Automaten angegeben sein. **Erläuterung** 1. Der Anfang des erlaubten Parkens kann durch einen zur Fahrbahn weisenden waagerechten weißen Pfeil im Zeichen, das Ende durch einen solchen von der Fahrbahn wegweisenden Pfeil gekennzeichnet sein. Bei in der Strecke wiederholten Zeichen weist eine Pfeilspitze zur Fahrbahn, die zweite Pfeilspitze von ihr weg. 2. Im Zeichen ist bildlich dargestellt, wie die Fahrzeuge aufzustellen sind.
11	Bild 318[8] Parkscheibe	**Ge- oder Verbot** Ist die Parkzeit bei elektrisch betriebenen Fahrzeugen beschränkt, so ist der Nachweis durch Auslegen der Parkscheibe zu erbringen.

Abschnitt 4. Verkehrsberuhigter Bereich

12	Zeichen 325.1[9] Beginn eines verkehrsberuhigten Bereichs	**Ge- oder Verbot** 1. Wer ein Fahrzeug führt, muss mit Schrittgeschwindigkeit fahren. 2. Wer ein Fahrzeug führt, darf den Fußgängerverkehr weder gefährden noch behindern; wenn nötig, muss gewartet werden. 3. Wer zu Fuß geht, darf den Fahrverkehr nicht unnötig behindern.

[8] Begr § 42 Rn. 169.
[9] Begr § 42 Rn. 147, 170; Erläuterungen § 42 Rn. 181; § 2 Rn. 30, 45, § 9 Rn. 44, § 10 Rn. 6a, § 12 Rn. 44, 57c, 58b, § 45 Rn. 35, 53; § 315b StGB Rn. 8.

lfd.Nr.	Zeichen und Zusatzzeichen	Ge- oder Verbote, Erläuterungen
		4. Wer ein Fahrzeug führt, darf außerhalb der dafür gekennzeichneten Flächen nicht parken, ausgenommen zum Ein- oder Aussteigen und zum Be- oder Entladen.
		5. Wer zu Fuß geht, darf die Straße in ihrer ganzen Breite benutzen; Kinderspiele sind überall erlaubt.
13	Zeichen 325.2 Ende eines verkehrsberuhigten Bereichs	**Erläuterung** Beim Ausfahren ist § 10 zu beachten.

Abschnitt 5. Tunnel

14	Zeichen 327 Tunnel	**Ge- oder Verbote** 1. Wer ein Fahrzeug führt, muss beim Durchfahren des Tunnels Abblendlicht benutzen und darf im Tunnel nicht wenden. 2. Im Falle eines Notfalls oder einer Panne sollen nur vorhandene Nothalte- und Pannenbuchten genutzt werden.

Abschnitt 6. Nothalte- und Pannenbucht

15	Zeichen 328 Nothalte- und Pannenbucht	**Ge- oder Verbot** Wer ein Fahrzeug führt, darf nur im Notfall oder bei einer Panne in einer Nothalte- und Pannenbucht halten.

Abschnitt 7. Autobahnen und Kraftfahrstraßen

16	Zeichen 330.1[10] Autobahn	**Erläuterung** Ab diesem Zeichen gelten die Regeln für den Verkehr auf Autobahnen.
17	Zeichen 330.2 Ende der Autobahn	

[10] Begr zu den Z 330–333 § 42 Rn. 171; Erläuterungen § 42 Rn. 181; § 3 Rn. 54a, § 7 Rn. 9, § 15a Rn. 3, § 18 Rn. 14, 16, 22, 22a.

lfd.Nr.	Zeichen und Zusatzzeichen	Ge- oder Verbote, Erläuterungen
18	**Zeichen 331.1** Kraftfahrstraße	**Erläuterung** Ab diesem Zeichen gelten die Regeln für den Verkehr auf Kraftfahrstraßen.
19	**Zeichen 331.2** Ende der Kraftfahrstraße	
20	**Zeichen 333** Ausfahrt Ausfahrt von der Autobahn	**Erläuterung** Auf Kraftfahrstraßen oder autobahnähnlich ausgebauten Straßen weist das entsprechende Zeichen mit schwarzer Schrift auf gelbem Grund auf die Ausfahrt hin. Das Zeichen kann auch auf weißem Grund ausgeführt sein.
21	**Zeichen 450**[11] 200 m Ankündigungsbake	**Erläuterung** Das Zeichen steht 300 m, 200 m (wie abgebildet) und 100 m vor einem Autobahnknotenpunkt (Autobahnanschlussstelle, Autobahnkreuz oder Autobahndreieck). Es steht auch vor einer bewirtschafteten Rastanlage. Vor einem Knotenpunkt kann auf der 300 m-Bake die Nummer des Knotenpunktes angezeigt sein.

Abschnitt 8. Markierungen

22	**Zeichen 340**[12] Leitlinie	**Ge- oder Verbot** 1. Wer ein Fahrzeug führt, darf Leitlinien nicht überfahren, wenn dadurch der Verkehr gefährdet wird. 2. Wer ein Fahrzeug führt, darf auf der Fahrbahn durch Leitlinien markierte Schutzstreifen für den Radverkehr nur bei Bedarf überfahren, insbesondere um dem Gegenverkehr auszuweichen. Der Radverkehr darf dabei nicht gefährdet werden. 3. Auf durch Leitlinien markierten Schutzstreifen für den Radverkehr darf nicht gehalten werden. Satz 1 gilt nicht für Fahrräder und Elektrokleinstfahrzeuge im Sinne der eKFV.

[11] Begr § 42 Rn. 172.
[12] Begr § 42 Rn. 148, 150, 173; Erläuterungen § 2 Rn. 67, 69, § 7 Rn. 8–9a, 21, § 42 Rn. 181a, 182; § 7a Rn. 1, 3, 4, § 9 Rn. 33, § 12 Rn. 36, 44, 50, § 41 Rn. 248l, 248n, 248o, § 45 Rn. 37.

lfd.Nr.	Zeichen und Zusatzzeichen	Ge- oder Verbote, Erläuterungen
		Erläuterung Der Schutzstreifen für den Radverkehr ist in regelmäßigen Abständen mit dem Sinnbild „Radverkehr" auf der Fahrbahn gekennzeichnet.
23	Zeichen 341[13)] Wartelinie	**Erläuterung** Die Wartelinie empfiehlt dem Wartepflichtigen, an dieser Stelle zu warten.
23.1	Zeichen 342 Haifischzähne	**Erläuterung** Die Markierung hebt eine Wartepflicht infolge einer bestehenden Rechts-vor-links-Regelung abseits der Bundes-, Landes- und Kreisstraßen sowie weiterer Hauptverkehrsstraßen und eine durch Zeichen 205 oder 206 angeordnete Vorfahrtberechtigung des Radverkehrs im Zuge von Kreuzungen oder Einmündungen von Radschnellwegen hervor. Im Fall dieser Vorfahrtberechtigung des Radverkehrs sind die Markeirungen auf beiden Seiten entlang der Fahrbahnkanten des Radschnellwegs mit den Spitzen in Richtung des wartepflichtigen Verkehrs anzuordnen.

Abschnitt 9. Hinweise

lfd.Nr.	Zeichen und Zusatzzeichen	Ge- oder Verbote, Erläuterungen
24	Zeichen 350[14)] Fußgängerüberweg	
24.1	Zeichen 350.1 Radschnellweg	**Erläuterung** Das Zeichen steht an Radschnellwegen. Es dient der Unterrichtung über den Beginn von Radschnellwegen und der Führung von Radschnellwegen an Knotenpunkten.
24.2	Zeichen 350.2 Ende des Radschnellwegs	

13) Erläuterungen § 42 Rn. 181.
14) Begr § 42 Rn. 174; Erläuterungen § 26 Rn. 9, 24.

lfd.Nr.	Zeichen und Zusatzzeichen	Ge- oder Verbote, Erläuterungen
25	**Zeichen 354** Wasserschutzgebiet	
26	**Zeichen 356** Verkehrshelfer	
27	**Zeichen 357**[15] Sackgasse	**Erläuterung** Im oberen Teil des Verkehrszeichens kann die Durchlässigkeit der Sackgasse für den Radverkehr und/oder Fußgängerverkehr durch Piktogramme angezeigt sein.
zu 28 und 29		**Erläuterung** 1. Durch solche Zeichen mit entsprechenden Sinnbildern können auch andere Hinweise gegeben werden, wie auf Fußgängerunter- oder -überführung, Fernsprecher, Notrufsäule, Pannenhilfe, Tankstellen, Zelt- und Wohnwagenplätze, Autobahnhotel, Autobahngasthaus, Autobahnkiosk. 2. Auf Hotels, Gasthäuser und Kioske wird nur auf Autobahnen und nur dann hingewiesen, wenn es sich um Autobahnanlagen oder Autohöfe handelt.
28	**Zeichen 358** Erste Hilfe	

[15] Begr § 42 Rn. 175.

lfd.Nr.	Zeichen und Zusatzzeichen	Ge- oder Verbote, Erläuterungen
29	Zeichen 363 **Polizei** Polizei	
30	Zeichen 385[16)] **Weiler** Ortshinweistafel	
zu 31 und 32		**Erläuterung** Die Zeichen stehen außerhalb von Autobahnen. Sie dienen dem Hinweis auf touristisch bedeutsame Ziele und der Kennzeichnung des Verlaufs touristischer Routen. Sie können auch als Wegweiser ausgeführt sein.
31	Zeichen 386.1[17)] **Burg Eltz** Touristischer Hinweis	
32	Zeichen 386.2[18)] **Deutsche Weinstraße** Touristische Route	
33	Zeichen 386.3 Rheinland Touristische Unterrichtungstafel	**Erläuterung** Das Zeichen steht an der Autobahn. Es dient der Unterrichtung über touristisch bedeutsame Ziele.
34	Zeichen 390[19)] **MAUT** Mautpflicht nach dem Bundesfernstraßenmautgesetz	

[16)] Erläuterungen: § 42 Rn. 181.
[17)] Begr § 42 Rn. 177.
[18)] Begr zu den Z 386.2 und 386.3 § 42 Rn. 178.
[19)] Begr zu Z 390 § 42 Rn. 179.

lfd.Nr.	Zeichen und Zusatzzeichen	Ge- oder Verbote, Erläuterungen
35	Zeichen 391 **MAUT** Mautpflichtige Strecke	
36	Zeichen 392 **ZOLL** **DOUANE** Zollstelle	
37	Zeichen 393 **D** 50 100 130 Informationstafel an Grenzübergangsstellen	
38	Zeichen 394 Laternenring	**Erläuterung** Das Zeichen kennzeichnet innerhalb geschlossener Ortschaften Laternen, die nicht die ganze Nacht leuchten. In dem roten Feld kann in weißer Schrift angegeben sein, wann die Laterne erlischt.

Abschnitt 10. Wegweisung

1. Nummernschilder

39	Zeichen 401 **35** Bundesstraßen	
40	Zeichen 405 **48** Autobahnen	

lfd.Nr.	Zeichen und Zusatzzeichen	Ge- oder Verbote, Erläuterungen
41	Zeichen 406 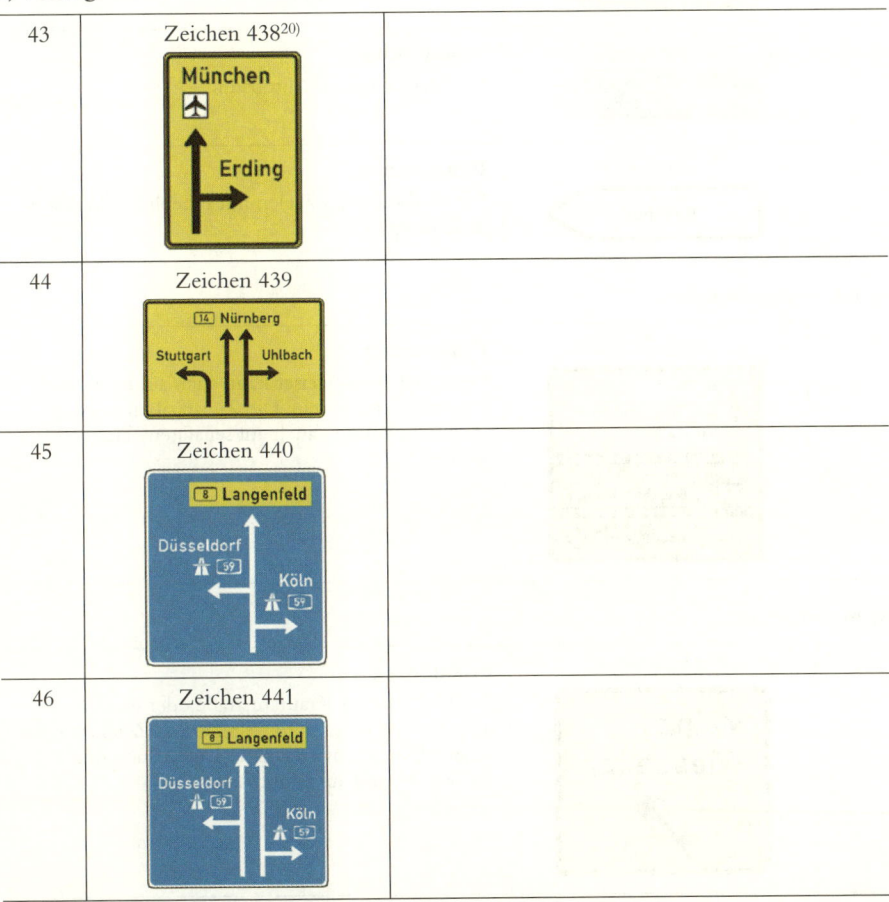 Knotenpunkte der Autobahnen	**Erläuterung** So sind Knotenpunkte der Autobahnen (Autobahnausfahrten, Autobahnkreuze und Autobahndreiecke) beziffert.
42	Zeichen 410 Europastraßen	

2. Wegweiser außerhalb von Autobahnen

a) Vorwegweiser

43	Zeichen 438[20]	
44	Zeichen 439	
45	Zeichen 440	
46	Zeichen 441	

---

[20] Erläuterungen § 42 Rn. 181.

b) Pfeilwegweiser

lfd.Nr.	Zeichen und Zusatzzeichen	Ge- oder Verbote, Erläuterungen
zu 47 bis 49		**Erläuterung** Das Zusatzzeichen „Nebenstrecke" oder der Zusatz „Nebenstrecke" im Wegweiser weist auf eine Straßenverbindung von untergeordneter Bedeutung hin.
47	Zeichen 415 **[233] Dorsten 28 km Bottrop 14 km**	**Erläuterung** Pfeilwegweiser auf Bundesstraßen
48	Zeichen 418 **Hildesheim 49 km Elze 31 km**	**Erläuterung** Pfeilwegweiser auf sonstigen Straßen
49	Zeichen 419 **Eichenbach**	**Erläuterung** Pfeilwegweiser auf sonstigen Straßen mit geringerer Verkehrsbedeutung
50	Zeichen 430 Berlin [2]	**Erläuterung** Pfeilwegweiser zur Autobahn
51	Zeichen 432[21] **Bahnhof**	**Erläuterung** Pfeilwegweiser zu Zielen mit erheblicher Verkehrsbedeutung

c) Tabellenwegweiser

52	Zeichen 434	**Erläuterung** Der Tabellenwegweiser kann auch auf einer Tafel zusammengefasst sein. Die Zielangaben in einer Richtung können auch auf separaten Tafeln gezeigt werden.

d) Ausfahrttafel

53	Zeichen 332.1 **Mainz Wiesbaden**	**Erläuterung** Ausfahrt von der Kraftfahrstraße oder einer autobahnähnlich ausgebauten Straße. Das Zeichen kann innerhalb geschlossener Ortschaften auch mit weißem Grund ausgeführt sein.

---

[21] Erläuterungen § 42 Rn. 181.

e) Straßennamensschilder

lfd.Nr.	Zeichen und Zusatzzeichen	Ge- oder Verbote, Erläuterungen
54	Zeichen 437	**Erläuterung** Das Zeichen hat entweder weiße Schrift auf dunklem Grund oder schwarze Schrift auf hellem Grund. Es kann auch an Bauwerken angebracht sein.

3. Wegweiser auf Autobahnen

a) Ankündigungstafeln

lfd.Nr.	Zeichen und Zusatzzeichen	Ge- oder Verbote, Erläuterungen
zu 55 und 58		**Erläuterung** Die Nummer (Zeichen 406) ist die laufende Nummer der Autobahnausfahrten, Autobahnkreuze und Autobahndreiecke der gerade befahrenen Autobahn. Sie dient der besseren Orientierung.
55	Zeichen 448 Düsseldorf -Benrath 1000m	**Erläuterung** Das Zeichen weist auf eine Autobahnausfahrt, ein Autobahnkreuz oder Autobahndreieck hin. Es schließt Zeichen 406 ein.
56		**Erläuterung** Das Sinnbild weist auf eine Ausfahrt hin.
57		**Erläuterung** Das Sinnbild weist auf ein Autobahnkreuz oder Autobahndreieck hin; es weist auch auf Kreuze und Dreiecke von Autobahnen mit autobahnähnlich ausgebauten Straßen des nachgeordneten Netzes hin.
58	Zeichen 448.1 Autohof	**Erläuterung** 1. Mit dem Zeichen wird ein Autohof in unmittelbarer Nähe einer Autobahnausfahrt angekündigt. 2. Der Autohof wird einmal am rechten Fahrbahnrand 500 bis 1000 m vor dem Zeichen 448 angekündigt. Auf einem Zusatzzeichen wird durch grafische Symbole der Leistungsumfang des Autohofs dargestellt.

b) Vorwegweiser

lfd.Nr.	Zeichen und Zusatzzeichen	Ge- oder Verbote, Erläuterungen
59	Zeichen 449 [3] Montabaur Diez Wallmerod 500 m	

c) Ausfahrttafel

| 60 | Zeichen 332

 Mainz
 Wiesbaden | |

d) Entfernungstafel

| 61 | Zeichen 453

 [1] [E37]
 Köln 106 km
 Dortmund 24 km
 [44] Kassel 161 km | **Erläuterung**
 Die Entfernungstafel gibt Fernziele und die Entfernung zur jeweiligen Ortsmitte an. Ziele, die über eine andere als die gerade befahrene Autobahn zu erreichen sind, werden unterhalb des waagerechten Striches angegeben. |

Abschnitt 11. Umleitungsbeschilderung

1. Umleitung außerhalb von Autobahnen

a) Umleitungen für bestimmte Verkehrsarten

62	Zeichen 442 Vorwegweiser	**Erläuterung** Vorwegweiser für bestimmte Verkehrsarten
63	Zeichen 421	**Erläuterung** Pfeilwegweiser für bestimmte Verkehrsarten
64	Zeichen 422	**Erläuterung** Wegweiser für bestimmte Verkehrsarten

b) Temporäre Umleitungen (z. B. infolge von Baumaßnahmen)

lfd.Nr.	Zeichen und Zusatzzeichen	Ge- oder Verbote, Erläuterungen
65		**Erläuterung** Der Verlauf der Umleitungsstrecke kann gekennzeichnet werden durch
66	Zeichen 454 Umleitung	**Erläuterung** Umleitungswegweiser oder
67	Zeichen 455.1 U ↑	**Erläuterung** Fortsetzung der Umleitung
zu 66 und 67		**Erläuterung** Die Zeichen 454 und 455.1 können durch eine Zielangabe auf einem Schild über den Zeichen ergänzt sein. Werden nur bestimmte Verkehrsarten umgeleitet, sind diese auf einem Zusatzzeichen über dem Zeichen angegeben.
68		**Erläuterung** Die temporäre Umleitung kann angekündigt sein durch Zeichen 455.1 oder
69	Zeichen 457.1 Umleitung	**Erläuterung** Umleitungsankündigung
70		**Erläuterung** jedoch nur mit Entfernungsangabe auf einem Zusatzzeichen und bei Bedarf mit Zielangabe auf einem zusätzlichen Schild über dem Zeichen.
71		**Erläuterung** Die Ankündigung kann auch erfolgen durch
72	Zeichen 458 Stuttgart A-Dorf B-Dorf 80m	**Erläuterung** eine Planskizze
73		**Erläuterung** Das Ende der Umleitung kann angezeigt werden durch
74	Zeichen 457.2 Umleitung	**Erläuterung** Ende der Umleitung oder

lfd.Nr.	Zeichen und Zusatzzeichen	Ge- oder Verbote, Erläuterungen
75	Zeichen 455.2	**Erläuterung** Ende der Umleitung

2. Bedarfsumleitung für den Autobahnverkehr

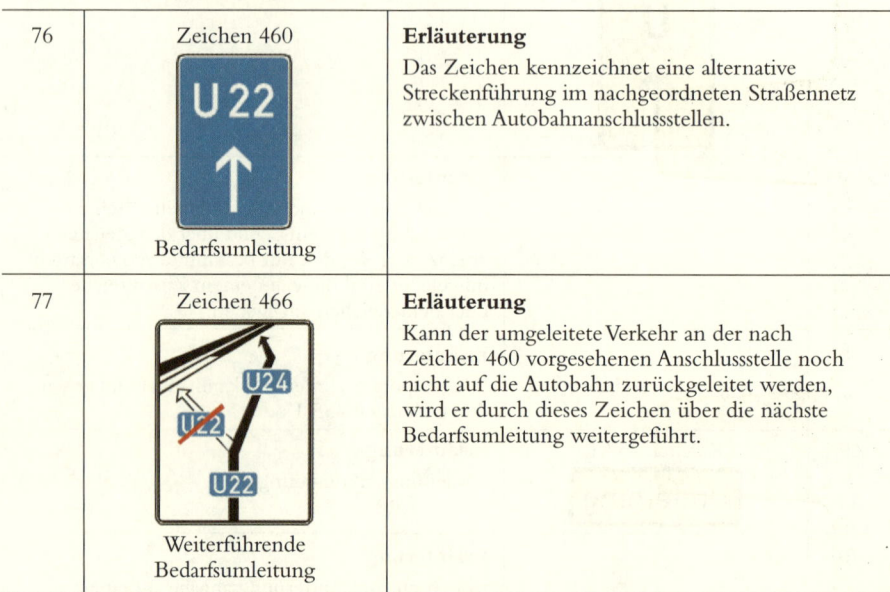

lfd.Nr.	Zeichen und Zusatzzeichen	Ge- oder Verbote, Erläuterungen
76	Zeichen 460 Bedarfsumleitung	**Erläuterung** Das Zeichen kennzeichnet eine alternative Streckenführung im nachgeordneten Straßennetz zwischen Autobahnanschlussstellen.
77	Zeichen 466 Weiterführende Bedarfsumleitung	**Erläuterung** Kann der umgeleitete Verkehr an der nach Zeichen 460 vorgesehenen Anschlussstelle noch nicht auf die Autobahn zurückgeleitet werden, wird er durch dieses Zeichen über die nächste Bedarfsumleitung weitergeführt.

Abschnitt 12. Sonstige Verkehrsführung

1. Umlenkungspfeil

lfd.Nr.	Zeichen und Zusatzzeichen	Ge- oder Verbote, Erläuterungen
78	Zeichen 467.1 Umlenkungspfeil	**Erläuterung** Das Zeichen kennzeichnet Alternativstrecken auf Autobahnen, deren Benutzung im Bedarfsfall empfohlen wird (Streckenempfehlung).
79	Zeichen 467.2	**Erläuterung** Das Zeichen kennzeichnet das Ende einer Streckenempfehlung.

2. Verkehrslenkungstafeln

lfd.Nr.	Zeichen und Zusatzzeichen	Ge- oder Verbote, Erläuterungen
80		**Erläuterung** Verkehrslenkungstafeln geben den Verlauf und die Anzahl der Fahrstreifen an, wie beispielsweise:
81	Zeichen 501 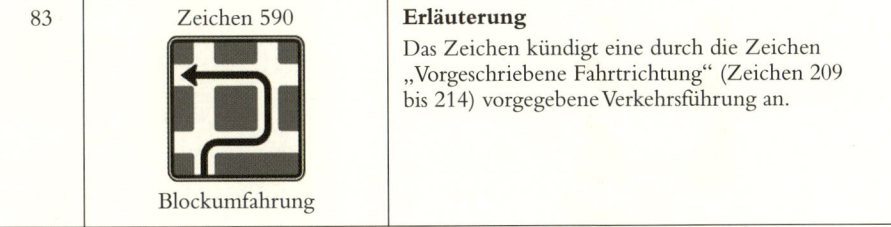 Überleitungstafel	**Erläuterung** Das Zeichen kündigt die Überleitungen des Verkehrs auf die Gegenfahrbahn an.
82	Zeichen 531 Einengungstafel	
82.1	Reißverschluss erst in........m	**Erläuterung** Bei Einengungstafeln wird mit dem Zusatzzeichen der Ort angekündigt, an dem der Fahrstreifenwechsel nach dem Reißverschlussverfahren (§ 7 Absatz 4) erfolgen soll.

3. Blockumfahrung

lfd.Nr.	Zeichen und Zusatzzeichen	Ge- oder Verbote, Erläuterungen
83	Zeichen 590 Blockumfahrung	**Erläuterung** Das Zeichen kündigt eine durch die Zeichen „Vorgeschriebene Fahrtrichtung" (Zeichen 209 bis 214) vorgegebene Verkehrsführung an.

Anlage 4*⁾
(zu § 43 Absatz 3)

Verkehrseinrichtungen

Abschnitt 1. Einrichtungen zur Kennzeichnung von Arbeits- und Unfallstellen oder sonstigen vorübergehenden Hindernissen

1	2	3
lfd.Nr.	Zeichen und Zusatzzeichen	Ge- oder Verbote, Erläuterungen
1	Zeichen 600 Absperrschranke	
2	Zeichen 605 Leitbake Pfeilbake Schraffenbake	
3	Zeichen 628 Leitschwelle mit mit Pfeilbake Schraffenbake	
4	Zeichen 629 Leitbord mit mit Pfeilbake Schraffenbake	
5	Zeichen 610 Leitkegel	

---

*⁾ Die Allgemeinen Verwaltungsvorschriften zu den jeweiligen Verkehrzeichen sind im Anschluss an die Anlage 4 zur StVO abgedruckt.

lfd.Nr.	Zeichen und Zusatzzeichen	Ge- oder Verbote, Erläuterungen
6	Zeichen 615 Fahrbare Absperrtafel	
7	Zeichen 616 Fahrbare Absperrtafel mit Blinkpfeil	
zu 1 bis 7		**Ge- oder Verbot** Die Einrichtungen verbieten das Befahren der so gekennzeichneten Straßenfläche und leiten den Verkehr an dieser Fläche vorbei. **Erläuterung** 1. Warnleuchten an diesen Einrichtungen zeigen rotes Licht, wenn die ganze Fahrbahn gesperrt ist, sonst gelbes Licht oder gelbes Blinklicht. 2. Zusammen mit der Absperrtafel können überfahrbare Warnschwellen verwendet sein, die quer zur Fahrtrichtung vor der Absperrtafel ausgelegt sind.

Abschnitt 2. Einrichtungen zur Kennzeichnung von dauerhaften Hindernissen oder sonstigen gefährlichen Stellen

8	Zeichen 625 Richtungstafel in Kurven	Die Richtungstafel in Kurven kann auch in aufgelöster Form angebracht sein.
9	Zeichen 626 Leitplatte	

lfd.Nr.	Zeichen und Zusatzzeichen	Ge- oder Verbote, Erläuterungen
10	Zeichen 627 Leitmal	Leitmale kennzeichnen in der Regel den Verkehr einschränkende Gegenstände. Ihre Ausführung richtet sich nach der senkrechten, waagerechten oder gewölbten Anbringung beispielsweise an Bauwerken, Bauteilen und Gerüsten.

Abschnitt 3. Einrichtung zur Kennzeichnung des Straßenverlaufs

| 11 | Zeichen 620

 Leitpfosten
 (links)   (rechts) | Um den Verlauf der Straße kenntlich zu machen, können an den Straßenseiten Leitpfosten in der Regel im Abstand von 50 m und in Kurven verdichtet stehen. |

Abschnitt 4. Warntafel zur Kennzeichnung von Fahrzeugen und Anhängern bei Dunkelheit

| 12 | Zeichen 630

 Parkwarntafel | |

Allgemeine Verwaltungsvorschrift zur Straßenverkehrs-Ordnung (VwV-StVO)

Vom 26.1.2001

(BAnz. S. 1419, ber. S. 5206)
Zuletzt geändert durch ÄndVwV vom 22.5.2017 (BAnz AT 29.5.2017 B8)

(Auszug)

Zu §§ 39 bis 43 Allgemeines über Verkehrszeichen und Verkehrseinrichtungen

1   I. Die behördlichen Maßnahmen zur Regelung und Lenkung des Verkehrs durch Verkehrszeichen und Verkehrseinrichtungen sollen die allgemeinen Verkehrsvorschriften sinnvoll ergänzen. Dabei ist nach dem Grundsatz zu verfahren, so wenig Verkehrszeichen wie möglich anzuordnen. Bei der Straßenbaubehörde ist gegebenenfalls eine Prüfung anzuregen, ob an Stelle von Verkehrszeichen und Verkehrseinrichtungen vorrangig durch verkehrstechnische oder bauliche Maßnahmen eine Verbesserung der Situation erreicht werden kann.

2   Verkehrszeichen, die lediglich die gesetzliche Regelung wiedergeben, sind nicht anzuordnen. Dies gilt auch für die Anordnung von Verkehrszeichen einschließlich Markierungen, deren rechtliche Wirkung bereits durch ein anderes vorhandenes oder gleichzeitig angeordnetes Verkehrszeichen erreicht wird. Abweichungen bedürfen der Zustimmung der obersten Landesbehörde.

3   Verkehrszeichen dürfen nur dort angebracht werden, wo dies nach den Umständen geboten ist. Über die Anordnung von Verkehrszeichen darf in jedem Einzelfall und nur nach gründlicher Prüfung entschieden werden; die Zuziehung ortsfremder Sachverständiger kann sich empfehlen.

4   1. Beim Einsatz moderner Mittel zur Regelung und Lenkung des Verkehrs ist auf die Sicherheit besonders Bedacht zu nehmen.
     Verkehrszeichen, Markierungen, Verkehrseinrichtungen sollen den Verkehr sinnvoll lenken, einander nicht widersprechen und so den Verkehr sicher führen.
     Die Wahrnehmbarkeit darf nicht durch Häufung von Verkehrszeichen beeinträchtigt werden.

5   2. Die Flüssigkeit des Verkehrs ist mit den zur Verfügung stehenden Mitteln zu erhalten. Dabei geht die Verkehrssicherheit aller Verkehrsteilnehmer der Flüssigkeit des Verkehrs vor. Der Förderung des öffentlichen Verkehrsmittel ist besondere Aufmerksamkeit zu widmen.

6   II. Soweit die StVO und diese Allgemeine Verwaltungsvorschrift für die Ausgestaltung und Beschaffenheit, für den Ort und die Art der Anbringung von Verkehrszeichen und Verkehrseinrichtungen nur Rahmenvorschriften geben, soll im Einzelnen nach dem jeweiligen Stand der Wissenschaft und Technik verfahren werden, den das Bundesministerium für Verkehr und digitale Infrastruktur nach Anhörung der zuständigen obersten Landesbehörden im Verkehrsblatt erforderlichenfalls bekanntgibt.

     III. Allgemeines über Verkehrszeichen

7   1. Es dürfen nur die in der StVO abgebildeten Verkehrszeichen verwendet werden oder solche, die das Bundesministerium für Verkehr und digitale Infrastruktur nach Anhörung der zuständigen obersten Landesbehörden durch Verlautbarung im Verkehrsblatt zulässt.
     Die Formen der Verkehrszeichen müssen den Mustern der StVO entsprechen.
     Mehrere Verkehrszeichen oder ein Verkehrszeichen mit wenigstens einem Zusatzzeichen dürfen gemeinsam auf einer weißen Trägertafel aufgebracht werden. Die Trägertafel hat einen schwarzen Rand und einen weißen Kontraststreifen. Zusatzzeichen werden jeweils von einem zusätzlichen schwarzen Rand gefasst. Einzelne Verkehrszeichen dürfen nur auf einer Trägertafel aufgebracht sein, wenn wegen ungünstiger Umfeldbedingungen eine verbesserte Wahrnehmbarkeit erreicht werden soll.

8   2. Allgemeine Regeln zur Ausführung der Gestaltung von Verkehrszeichen sind als Anlage zu dieser Verwaltungsvorschrift im Katalog der Verkehrszeichen in der aktuellen Ausgabe (VzKat) ausgeführt.

9   Gefahrzeichen können spiegelbildlich dargestellt werden (die einzelnen Varianten ergeben sich aus dem VzKat),

10   a) wenn dadurch verdeutlicht wird, wo die Gefahr zu erwarten ist (Zeichen 103, 105, 117, 121) oder

11   b) wenn sie auf der linken Fahrbahnseite wiederholt werden (Zeichen 117, 133 bis 142); die Anordnung von Gefahrzeichen für beide Fahrbahnseiten ist jedoch nur zulässig,

wenn nach den örtlichen Gegebenheiten nicht ausgeschlossen werden kann, dass Verkehrsteilnehmer das nur rechts befindliche Gefahrzeichen nicht oder nicht rechtzeitig erkennen können.

3. Größe der Verkehrszeichen

12   a) Die Ausführung der Verkehrszeichen und Verkehrseinrichtungen ist auf das tatsächliche Erfordernis zu begrenzen; unnötig groß dimensionierte Zeichen sind zu vermeiden.

13   b) Sofern in dieser Vorschrift nichts anderes bestimmt wird, erfolgt die Wahl der benötigten Verkehrszeichengröße – vor dem Hintergrund einer sorgfältigen Abwägung – anhand folgender Tabellen:

Verkehrszeichen	Größe 1 (70 %)	Größe 2 (100 %)	Größe 3 (125 bzw.140 %)
Ronde (Ø)	420	600	750 (125 %)
Dreieck (Seitenl.)	630	900	1260 (140 %)
Quadrat (Seitenl.)	420	600	840 (140 %)
Rechteck (H × B)	630 × 420	900 × 600	1260 × 840 (140 %)

Maße in mm

Zusatzzeichen	Größe 1 (70 %)	Größe 2 (100 %)	Größe 3 (125 %)
Höhe 1	231 × 420	330 × 600	412 × 750
Höhe 2	315 × 420	450 × 600	562 × 750
Höhe 3	420 × 420	600 × 600	750 × 750

Maße der Zusatzzeichen in mm

14   c) Größenangaben für Sonderformen (z. B. Zeichen 201 „Andreaskreuz"), die in dieser Vorschrift nicht ausgeführt werden, sind im VzKat festgelegt.

15   d) In der Regel richtet sich die Größe nach der am Aufstellungsort geltenden zulässigen Höchstgeschwindigkeit:
Größen der Verkehrszeichen für Dreiecke, Quadrate und Rechtecke

Geschwindigkeitsbereich (km/h)	Größe
20 bis weniger als 50 50 bis 100 mehr als 100	1 2 3

Größen der Verkehrszeichen für Ronden

Geschwindigkeitsbereich (km/h)	Größe
0 bis 20 mehr als 20 bis 80 mehr als 80	1 2 3

16   e) Auf Autobahnen und autobahnähnlich ausgebauten Straßen ohne Geschwindigkeitsbeschränkung werden Verbote und vergleichbare Anordnungen zunächst durch Verkehrszeichen der Größe 3 nach den Vorgaben des VzKat angekündigt, Wiederholungen erfolgen bei zweistreifigen Fahrbahnen in der Regel in der Größe 2.

17   f) Kleinere Ausführungen als Größe 1 kommen unter Berücksichtigung des Sichtbarkeitsgrundsatzes nur für den Fußgänger- und Radverkehr sowie die Regelungen des Haltens und Parkens in Betracht. Das Verhältnis der vorgeschriebenen Maße soll auch dann gegeben sein. Im Übrigen sind bei allen Verkehrszeichen kleine Abweichungen von den Maßen zulässig, wenn dies aus besonderen Gründen notwendig ist und die Wahrnehmbarkeit und Lesbarkeit der Zeichen nicht beeinträchtigt.

17a   g) Die Größe von Zonenzeichen, z. B. Zeichen 270.1, sollte sich nach dem darauf enthaltenen Hauptzeichen richten.

18   4. Die Ausführung der Verkehrszeichen darf nicht unter den Anforderungen anerkannter Gütebedingungen liegen.

19   5. Als Schrift ist die Schrift für den Straßenverkehr gemäß DIN 1451, Teil 2 zu verwenden.

20   6. Die Farben müssen den Bestimmungen und Abgrenzungen des Normblattes „Aufsichtsfarben für Verkehrszeichen – Farben und Farbgrenzen" DIN 6171 entsprechen.

21   7. Verkehrszeichen, ausgenommen solche für den ruhenden Verkehr, müssen rückstrahlend oder von außen oder innen beleuchtet sein. Das gilt auch für Verkehrseinrichtungen nach § 43 Absatz 3 Anlage 4 und für Zusatzzeichen. Werden Zusatzzeichen verwendet, müssen sie wie die Verkehrszeichen rückstrahlend oder von außen oder innen beleuchtet sein. Hinsichtlich lichttechnischer Anforderungen wird auf die EN 12899-1 „Ortsfeste,

vertikal Straßenverkehrszeichen" sowie die einschlägigen Regelwerke der Forschungsgesellschaft für Straßen- und Verkehrswesen (FGSV) verwiesen.

22   Ein Verkehrszeichen ist nur dann von außen beleuchtet, wenn es von einer eigenen Lichtquelle angeleuchtet wird.

23   Verkehrszeichen können auch lichttechnisch erzeugt als Wechselverkehrszeichen in Wechselverkehrszeichengebern dargestellt werden. Einzelheiten enthalten die „Richtlinien für Wechselverkehrszeichen an Bundesfernstraßen (RWVZ)" und die „Richtlinien für Wechselverkehrszeichenanlagen an Bundesfernstraßen (RWVA)", die das Bundesministerium für Verkehr und digitale Infrastruktur im Einvernehmen mit den zuständigen obersten Landesbehörden im Verkehrsblatt bekannt gibt.

24   8. Die Verkehrszeichen müssen fest eingebaut sein, soweit sie nicht nur vorübergehend aufgestellt werden. Pfosten, Rahmen und Schilderrückseiten sollen grau sein.

25   Strecken- und Verkehrsverbote für einzelne Fahrstreifen sind in der Regel so über den einzelnen Fahrstreifen anzubringen, dass sie dem betreffenden Fahrstreifen zweifelsfrei zugeordnet werden können (Verkehrszeichenbrücken oder Auslegermaste).

26   Muss von einer solchen Anbringung abgesehen werden oder sind die Zeichen nur vorübergehend angeordnet, z. B. bei Arbeitsstellen, sind die Ge- oder Verbotszeichen auf einer Verkehrslenkungstafel (Zeichen 501 ff.) am rechten Fahrbahnrand anzuzeigen (vgl. VwV zu den Zeichen 501 bis 546 Verkehrslenkungstafeln, Randnummer 7). Insbesondere außerhalb geschlossener Ortschaften sollen die angeordneten Ge- oder Verbotszeichen durch eine gleiche Verkehrslenkungstafel mit Entfernungsangabe auf einem Zusatzzeichen angekündigt werden.

27   Bei den Zeichen 209 bis 214 und 245 reicht eine Aufstellung rechts neben dem Fahrstreifen, für den sie gelten, aus.

28   9. Verkehrszeichen sind gut sichtbar in etwa rechtem Winkel zur Fahrbahn rechts daneben anzubringen, soweit nicht in dieser Verwaltungsvorschrift anderes gesagt ist.

29   a) Links allein oder über der Straße allein dürfen sie nur angebracht werden, wenn Missverständnisse darüber, dass sie für den gesamten Verkehr in einer Richtung gelten, nicht entstehen können und wenn sichergestellt ist, dass sie auch bei Dunkelheit auf ausreichende Entfernung deutlich sichtbar sind.

20   b) Wo nötig, vor allem an besonders gefährlichen Straßenstellen, können die Verkehrszeichen auf beiden Straßenseiten, bei getrennten Fahrbahnen auf beiden Fahrbahnseiten aufgestellt werden.

31   c) Verkehrszeichen können so gewölbt sein, dass sie auch seitlich erkennbar sind, wenn dies nach ihrer Zweckbestimmung geboten erscheint und ihre Sichtbarkeit von vorn dadurch nicht beeinträchtigt wird. Dies gilt insbesondere für die Zeichen 250 bis 267, nicht jedoch für vorfahrtregelnde Zeichen.

32   10. Es ist darauf zu achten, dass Verkehrszeichen nicht die Sicht behindern, insbesondere auch nicht die Sicht auf andere Verkehrszeichen oder auf Blinklicht- oder Lichtzeichenanlagen verdecken.

33   11. Häufung von Verkehrszeichen

Weil die Bedeutung von Verkehrszeichen bei durchschnittlicher Aufmerksamkeit zweifelsfrei erfassbar sein muss, sind Häufungen von Verkehrszeichen zu vermeiden. Es ist daher stets vorrangig zu prüfen, auf welche vorgesehenen oder bereits vorhandenen Verkehrszeichen verzichtet werden kann.

34   Sind dennoch an einer Stelle oder kurz hintereinander mehrere Verkehrszeichen unvermeidlich, muss dafür gesorgt werden, dass die für den fließenden Verkehr wichtigen besonders auffallen. Kann dies nicht realisiert werden oder wird ein für den fließenden Verkehr bedeutsames Verkehrszeichen an der betreffenden Stelle nicht erwartet, ist jene Wirkung auf andere Weise zu erzielen (z. B. durch Übergröße oder gelbes Blinklicht).

35   a) Am gleichen Pfosten oder sonst unmittelbar über- oder nebeneinander dürfen nicht mehr als drei Verkehrszeichen angebracht werden; bei Verkehrszeichen für den ruhenden Verkehr kann bei besonderem Bedarf abgewichen werden.

36   aa) Gefahrzeichen stehen grundsätzlich allein (vgl. Nummer I zu § 40, Randnummer 1).

37   bb) Mehr als zwei Vorschriftzeichen sollen an einem Pfosten nicht angebracht werden. Sind ausnahmsweise drei solcher Verkehrszeichen an einem Pfosten vereinigt, dann darf sich nur eins davon an den fließenden Verkehr wenden.

38   cc) Vorschriftzeichen für den fließenden Verkehr dürfen in der Regel nur dann kombiniert werden, wenn sie sich an die gleichen Verkehrsarten wenden und wenn sie die gleiche Strecke oder den gleichen Punkt betreffen.

39   dd) Verkehrszeichen, durch die eine Wartepflicht angeordnet oder angekündigt wird, dürfen nur dann an einem Pfosten mit anderen Verkehrszeichen angebracht werden, wenn jene wichtigen Zeichen besonders auffallen.

40   b) Dicht hintereinander sollen Verkehrszeichen für den fließenden Verkehr nicht folgen. Zwischen Pfosten, an denen solche Verkehrszeichen gezeigt werden, sollte immer ein so großer Abstand bestehen, dass der Verkehrsteilnehmer bei der dort gefahrenen Geschwindigkeit Gelegenheit hat, die Bedeutung der Verkehrszeichen nacheinander zu erfassen.

41 12. An spitzwinkligen Einmündungen ist bei der Aufstellung der Verkehrszeichen dafür zu sorgen, dass Benutzer der anderen Straße sie nicht auf sich beziehen, auch nicht bei der Annäherung; erforderlichenfalls sind Sichtblenden oder ähnliche Vorrichtungen anzubringen.

42 13. a) Die Unterkante der Verkehrszeichen sollte sich, soweit nicht bei einzelnen Zeichen anderes gesagt ist, in der Regel 2 m über Straßenniveau befinden, über Radwegen 2,20 m, an Schilderbrücken 4,50 m, auf Inseln und an Verkehrsteilern 0,60 m.

43 b) Verkehrszeichen dürfen nicht innerhalb der Fahrbahn aufgestellt werden. In der Regel sollte der Seitenabstand von ihr innerhalb geschlossener Ortschaften 0,50 m, keinesfalls weniger als 0,30 m betragen, außerhalb geschlossener Ortschaften 1,50 m.

44 14. Sollen Verkehrszeichen nur zu gewissen Zeiten gelten, dürfen sie sonst nicht sichtbar sein. Nur die Geltung der Zeichen 224, 229, 245, 250, 251, 253, 255, 260, 261, 270.1, 274, 276, 277, 283, 286, 290.1, 314, 314.1 und 315 darf stattdessen auf einem Zusatzzeichen, z. B. „8–16 h", zeitlich beschränkt werden. Vorfahrtregelnde Zeichen vertragen keinerlei zeitliche Beschränkungen.

45 15. Besteht bei Verkehrszeichen an einem Pfosten kein unmittelbarer Bezug, ist dies durch einen Abstand von etwa 10 cm zu verdeutlichen.

16. Zusatzzeichen im Besonderen

46 a) Sie sollten, wenn irgend möglich, nicht beschriftet sein, sondern nur Sinnbilder zeigen. Wie Zusatzzeichen auszugestalten sind, die in der StVO oder in dieser Vorschrift nicht erwähnt, aber häufig notwendig sind, gibt das Bundesministerium für Verkehr und digitale Infrastruktur nach Anhörung der zuständigen obersten Landesbehörden im amtlichen Katalog der Verkehrszeichen (VzKat) im Verkehrsblatt bekannt. Abweichungen von dem in diesem Verzeichnis aufgeführten Zusatzzeichen sind nicht zulässig; andere Zusatzzeichen bedürfen der Zustimmung der zuständigen obersten Landesbehörde oder der von ihr bestimmten Stelle.

47 b) Mehr als zwei Zusatzzeichen sollten an einem Pfosten, auch zu verschiedenen Verkehrszeichen, nicht angebracht werden. Die Zuordnung der Zusatzzeichen zu den Verkehrszeichen muss eindeutig erkennbar sein (§ 39 Absatz 3 Satz 3).

48 c) Entfernungs- und Längenangaben sind auf- oder abzurunden. Anzugeben sind z. B. 60 m statt 63 m, 80 m statt 75 m, 250 m statt 268 m, 800 m statt 750 m, 1,2 km statt 1235 m.

IV. Allgemeines über Markierungen

49 1. Markierungen sind nach den Richtlinien für die Markierung von Straßen (RMS) auszuführen. Das Bundesministerium für Verkehr und digitale Infrastruktur gibt die RMS im Einvernehmen mit den zuständigen obersten Landesbehörden im Verkehrsblatt bekannt.

50 2. Die auf den fließenden Verkehr bezogenen Markierungen sind retroreflektierend auszuführen.

51 3. Markierungsknöpfe sollen nur dann anstelle der Markierungslinien verwendet werden, wenn dies aus technischen Gründen zweckmäßig ist, z. B. auf Pflasterdecken.

52 4. Dagegen können Markierungen aller Art durch das zusätzliche Anbringen von Markierungsknöpfen in ihrer Wirkung unterstützt werden; geschieht dies an einer ununterbrochenen Linie, dürfen die Markierungsknöpfe nicht gruppenweise gesetzt werden. Zur Kennzeichnung gefährlicher Kurven und zur Verdeutlichung des Straßenverlaufs an anderen unübersichtlichen Stellen kann das zusätzliche Anbringen von Markierungsknöpfen auf Fahrstreifenbegrenzungen, auf Fahrbahnbegrenzungen und auf Leitlinien nützlich sein.

53 5. Markierungsknöpfe müssen in Grund und Aufriss eine abgerundete Form haben. Der Durchmesser soll nicht kleiner als 120 mm und nicht größer als 150 mm sein. Die Markierungsknöpfe dürfen nicht mehr als 25 mm aus der Fahrbahn herausragen.

54 6. Nach Erneuerung oder Änderung einer dauerhaften Markierung darf die alte Markierung nicht mehr sichtbar sein, wenn dadurch Zweifel über die Verkehrsregelung entstehen könnten.

55 7. Durch Schriftzeichen, Sinnbilder oder die Wiedergabe eines Verkehrszeichens auf der Fahrbahn kann der Fahrzeugverkehr lediglich zusätzlich auf eine besondere Verkehrssituation aufmerksam gemacht werden. Von dieser Möglichkeit ist nur sparsam Gebrauch zu machen. Sofern dies dennoch in Einzelfällen erforderlich sein sollte, sind die Darstellungen ebenfalls nach den RMS auszuführen.

56 8. Pflasterlinien in verkehrsberuhigten Geschäftsbereichen (vgl. § 39 Absatz 5 letzter Satz) müssen ausreichend breit sein, in der Regel mindestens 10 cm, und einen deutlichen Kontrast zur Fahrbahn aufweisen.

V. Allgemeines über Verkehrseinrichtungen

57 Für Verkehrseinrichtungen gelten die Vorschriften der Nummern I, III 1, 2, 4, 5, 6, 10 und 13 sinngemäß.

Zu § 39 Verkehrszeichen

Zu Absatz 1

1 Auf Nummer I zu den §§ 39 bis 43 wird verwiesen.

Zu Absatz 2

2 Verkehrszeichen, die als Wechselverkehrszeichen aus einem Lichtraster gebildet werden (sogenannte Matrixzeichen), zeigen die sonst schwarzen Symbole, Schriften und Ziffern durch weiße Lichter an, der sonst weiße Untergrund bleibt als Hintergrund für die Lichtpunkte schwarz. Diese Umkehrung für Weiß und Schwarz ist nur solchen Matrixzeichen vorbehalten.

Zu Absatz 5

Vorübergehende Markierungen

3 I. Gelbe Markierungsleuchtknöpfe dürfen nur in Kombination mit Dauerlichtzeichen oder Wechselverkehrszeichen (z. B. Verkehrslenkungstafel, Wechselwegweiser) angeordnet werden. Als Fahrstreifenbegrenzung (Zeichen 295) sollte der Abstand der Leuchtknöpfe auf Autobahnen 6 m, auf anderen Straßen außerorts 4 m und innerorts 3 m betragen. Werden gelbe Markierungsleuchtknöpfe als Leitlinie angeordnet, muss der Abstand untereinander deutlich größer sein.

4 II. Nach den RSA können gelbe Markierungen oder gelbe Markierungsknopfreihen auch im Sockelbereich von temporär eingesetzten transportablen Schutzwänden als Fahrstreifenbegrenzung angebracht werden.

Zu Absatz 8

5 Vor Anordnung eines Gefahrzeichens mit einem Sinnbild aus § 39 Absatz 8 ist zu prüfen, ob vor der besonderen Gefahrenlage nicht mit dem Zeichen 101 und einem geeigneten Zusatzzeichen gewarnt werden kann.

Zu § 40 Gefahrzeichen

1 I. Gefahrzeichen sind nach Maßgabe des § 45 Absatz 9 Satz 4 anzuordnen. Nur wenn sie als Warnung oder Aufforderung zur eigenverantwortlichen Anpassung des Fahrverhaltens nicht ausreichen, sollte stattdessen oder bei unabweisbarem Bedarf ergänzend mit Vorschriftzeichen (insbesondere Zeichen 274, 276) auf eine der Gefahrsituation angepasste Fahrweise hingewirkt werden; vgl. hierzu I zu den Zeichen 274, 276 und 277.

2 II. Die Angabe der Entfernung zur Gefahrstelle oder der Länge der Gefahrstrecke durch andere als die in Absatz 2 und 4 bezeichneten Zusatzzeichen ist unzulässig.

Zu Zeichen 101 Gefahrstelle

1 I. Das Zeichen darf nicht anstelle der Zeichen 102 bis 151 dauerhaft verwendet werden.

2 II. Vor Schienenbahnen ohne Vorrang darf nur durch dieses Zeichen samt einem Zusatzzeichen z. B. mit dem Sinnbild „Straßenbahn" (1048-19) oder dem Sinnbild aus Zeichen 151 gewarnt werden, bei nicht oder kaum benutzten Gleisen auch durch Zeichen 112.

Zu Zeichen 102 Kreuzung oder Einmündung mit Vorfahrt von rechts

1 Das Zeichen darf nur angeordnet werden vor schwer erkennbaren Kreuzungen und Einmündungen von rechts, an denen die Vorfahrt nicht durch Vorfahrtzeichen geregelt ist. Innerhalb geschlossener Ortschaften ist das Zeichen im allgemeinen entbehrlich.

Zu den Zeichen 103 Kurve und 105 Doppelkurve

1 I. Die Zeichen sind nur dort anzuordnen, wo die Erforderlichkeit einer erheblichen Reduzierung der Geschwindigkeit in einem Kurvenbereich nicht rechtzeitig erkennbar ist, obwohl Richtungstafeln aufgestellt sind (vgl. Nummer II VwV zu § 43 Absatz 3 Anlage 4 Abschnitte 2 und 3, Randnummer 6).

2 II. Es dürfen nur die im Katalog der Verkehrszeichen aufgeführten Varianten der Zeichen 103 und 105 angeordnet werden. Eine nähere Darstellung des Kurvenverlaufs auf den Zeichen ist unzulässig.

3 III. Mehr als zwei gefährliche Kurven im Sinne der Nummer 1 sind durch ein Doppelkurvenzeichen mit einem Zusatzzeichen, das die Länge der kurvenreichen Strecke angibt, anzukündigen. Vor den einzelnen Kurven ist dann nicht mehr zu warnen.

Zu den Zeichen 108 Gefälle und 110 Steigung

1 Die Zeichen dürfen nur dann angeordnet werden, wenn der Verkehrsteilnehmer die Steigung oder das Gefälle nicht rechtzeitig erkennen oder wegen besonderer örtlicher Verhältnisse oder des Streckencharakters die Stärke oder die Länge der Neigungsstrecke unterschätzen kann. Die Länge der Gefahrstrecke kann auf einem Zusatzzeichen angegeben werden.

Zu Zeichen 112 Unebene Fahrbahn

1 I. Das Zeichen ist nur für sonst gut ausgebaute Straßen und nur dann anzuordnen, wenn Unebenheiten bei Einhaltung der jeweils zulässigen Höchstgeschwindigkeit oder der Richtgeschwindigkeit auf Autobahnen eine Gefahr für den Fahrzeugverkehr darstellen können.

2 II. Es ist empfehlenswert, die Entfernung zwischen dem Standort des Zeichens und dem Ende der Gefahrstelle anzugeben, wenn vor einer unebenen Fahrbahn von erheblicher Länge gewarnt werden muss.

3 III. Vgl. auch Nummer II zu Zeichen 101; Randnummer 2.

Zu Zeichen 113 Schnee- oder Eisglätte

(aufgehoben)

Zu Zeichen 114 Schleuder- oder Rutschgefahr bei Nässe oder Schmutz

1 I. Das Zeichen ist nur dort anzuordnen, wo die Gefahr nur auf einem kurzen Abschnitt besteht. Besteht die Gefahr auf längeren Streckenabschnitten häufiger, ist stattdessen die zulässige Höchstgeschwindigkeit bei Nässe zu beschränken. Innerhalb geschlossener Ortschaften ist das Zeichen in der Regel entbehrlich.

2 II. Vor der Beschmutzung der Fahrbahn ist nur zu warnen, wenn die verkehrsgefährdende Auswirkung schwer erkennbar ist und nicht sofort beseitigt werden kann; vgl. Nummer I zu § 32 Absatz 1; Randnummer 1.

Zu den Zeichen 115, 117, 133 bis 144

(aufgehoben)

Zu Zeichen 115 Steinschlag

(aufgehoben)

Zu Zeichen 117 Seitenwind

(aufgehoben)

Zu den Zeichen 120 und 121 Verengte Fahrbahn

1 Verengt sich die Fahrbahn nur allmählich oder ist die Verengung durch horizontale und vertikale Leiteinrichtungen ausreichend gekennzeichnet, bedarf es des Zeichens nicht. Innerhalb geschlossener Ortschaften sollen die Zeichen nur bei Baustellen angeordnet werden.

Zu Zeichen 123 Arbeitsstelle

1 Zur Ausführung von Straßenarbeitsstellen vgl. Richtlinien für die Sicherung von Arbeitsstellen an Straßen (RSA).

Zu Zeichen 125 Gegenverkehr

1 Das Zeichen ist nur dann anzuordnen, wenn eine Fahrbahn mit Verkehr in einer Richtung in eine Fahrbahn mit Gegenverkehr übergeht und dies nicht ohne Weiteres erkennbar ist.

Zu Zeichen 128 Bewegliche Brücke

(aufgehoben)

Zu Zeichen 129 Ufer

(aufgehoben)

Zu Zeichen 131 Lichtzeichenanlage

1 Das Zeichen ist innerhalb geschlossener Ortschaften nur anzuordnen, wenn die Lichtzeichenanlage für die Fahrzeugführer nicht bereits in so ausreichender Entfernung erkennbar ist, dass ein rechtzeitiges Anhalten problemlos möglich ist. Außerhalb geschlossener Ortschaften ist das Zeichen stets in Verbindung mit einer Geschwindigkeitsbeschränkung vor Lichtzeichenanlagen anzuordnen; vgl. III. zu Zeichen 274.

Zu Zeichen 133 Fußgänger

Das Zeichen ist nur dort anzuordnen, wo Fußgängerverkehr außerhalb von Kreuzungen oder Einmündungen über oder auf die Fahrbahn geführt wird und dies für den Fahrzeugverkehr nicht ohne Weiteres erkennbar ist.

Zu den Zeichen 133 bis 144

(aufgehoben)

Zu Zeichen 134 Fußgängerüberweg

(aufgehoben)

Zu Zeichen 136 Kinder

1 I. Das Zeichen darf nur angeordnet werden, wo die Gefahr besteht, dass Kinder häufig ungesichert auf die Fahrbahn laufen und eine technische Sicherung nicht möglich ist. Die Anord-

nung des Zeichens ist in Tempo-30-Zonen in der Regel nicht erforderlich (vgl. Nummer XI zu § 45 Absatz 1 bis 1e).

2   II. Vgl. auch zu § 31; Randnummer 1.

Zu Zeichen 138 Radfahrer

1   Das Zeichen ist nur dort anzuordnen, wo Radverkehr außerhalb von Kreuzungen oder Einmündungen die Fahrbahn quert oder auf sie geführt wird und dies für den Kraftfahrzeugverkehr nicht ohne Weiteres erkennbar ist.
Vgl. III zu den Zeichen 237, 240 und 241.

Zu Zeichen 140 Viehtrieb, Tiere

(aufgehoben)

Zu Zeichen 142 Wildwechsel

1   I. Das Zeichen darf nur für Straßen mit schnellem Verkehr für bestimmte Streckenabschnitte angeordnet werden, in denen Wild häufig über die Fahrbahn wechselt. Diese Gefahrstellen sind mit den unteren Jagd- und Forstbehörden sowie den Jagdausübungsberechtigten festzulegen.

2   II. Auf Straßen mit Wildschutzzäunen ist das Zeichen entbehrlich.

Zu Zeichen 144 Flugbetrieb

(aufgehoben)

Zu den Zeichen 151 bis 162 Bahnübergang

1   I. Die Zeichen sind außerhalb geschlossener Ortschaften in der Regel für beide Straßenseiten anzuordnen.

2   II. In der Regel sind die Zeichen 156 bis 162 anzuordnen. Selbst auf Straßen von geringer Verkehrsbedeutung genügt das Zeichen 151 allein nicht, wenn dort schnell gefahren wird oder wenn der Bahnübergang zu spät zu erkennen ist.

3   Innerhalb geschlossener Ortschaften genügt das Zeichen 151, wenn nicht schneller als 50 km/h gefahren werden darf und der Bahnübergang gut erkennbar ist.

Zu § 41 Vorschriftzeichen

1   I. Bei Änderungen von Verkehrsregeln, deren Missachtung besonders gefährlich ist, z. B. bei Änderung der Vorfahrt, ist für eine ausreichende Übergangszeit der Fahrverkehr zu warnen.

2   II. Wenn durch Verbote oder Beschränkungen einzelne Verkehrsarten ausgeschlossen werden, ist dies in ausreichendem Abstand vorher anzukündigen und auf mögliche Umleitungen hinzuweisen.

3   III. Für einzelne markierte Fahrstreifen dürfen Fahrtrichtungen (Zeichen 209 ff.) oder Höchst- oder Mindestgeschwindigkeiten (Zeichen 274 oder 275) vorgeschrieben oder das Überholen (Zeichen 276 oder 277) oder der Verkehr (Zeichen 245 oder 250 bis 266) verboten werden.

4   IV. Soll die Geltung eines Vorschriftzeichens auf eine oder mehrere Verkehrsarten beschränkt werden, ist die jeweilige Verkehrsart auf einem Zusatzzeichen unterhalb des Verkehrszeichens sinnbildlich darzustellen. Soll eine Verkehrsart oder sollen Verkehrsarten von der Beschränkung ausgenommen werden, ist der sinnbildlichen Darstellung das Wort „frei" anzuschließen.

Zu Zeichen 201 Andreaskreuz

1   I. Die Andreaskreuze sind in der Regel möglichst nahe, aber nicht weniger als 2,25 m vor der äußeren Schiene aufzustellen.

2   II. Andreaskreuze sind am gleichen Pfosten wie Blinklichter oder Lichtzeichen anzubringen. Mit anderen Verkehrszeichen dürfen sie nicht kombiniert werden.

3   III. Wo in den Hafen- und Industriegebieten den Schienenbahnen Vorrang gewährt werden soll, müssen Andreaskreuze an allen Einfahrten angeordnet werden. Vorrang haben dann auch Schienenbahnen, die nicht auf besonderem Bahnkörper verlegt sind. Für Industriegebiete kommt eine solche Regelung nur in Betracht, wenn es sich um geschlossene Gebiete handelt, die als solche erkennbar sind und die nur über bestimmte Zufahrten erreicht werden können.

IV. Weitere Sicherung von Übergängen von Schienenbahnen mit Vorrang

4   1. Wegen der ständig zunehmenden Verkehrsdichte auf den Straßen ist die technische Sicherung der bisher nicht so gesicherten Bahnübergänge anzustreben. Besonders ist darauf zu achten, ob Bahnübergänge infolge Zunahme der Verkehrsstärke einer technischen Sicherung bedürfen. Anregungen sind der höheren Verwaltungsbehörde vorzulegen.

5   2. Auf die Schaffung ausreichender Sichtflächen an Bahnübergängen ohne technische Sicherung ist hinzuwirken. Wo solche Übersicht fehlt, ist die zulässige Höchstgeschwindig-

keit vor dem Bahnübergang angemessen zu beschränken. Das Zeichen 274 ist über den ein- oder zweistreifigen Baken (Zeichen 159 oder 162) anzubringen.

6   3. Dort, wo Längsmarkierungen angebracht sind, empfiehlt es sich, auch eine Haltlinie (Zeichen 294), in der Regel in Höhe des Andreaskreuzes zu markieren. Zur Anordnung einer einseitigen Fahrstreifenbegrenzung (Zeichen 296) vgl. zu § 19 Absatz 1.

7   4. Vgl. auch zu den Zeichen 151 bis 162.

8   5. Bevor ein Verkehrszeichen oder eine Markierung angeordnet oder entfernt wird, ist der Betreiber des Schienennetzes zu hören.

    V. Straßenbahnen und die übrigen Schienenbahnen (Privatanschlussbahnen)

9   1. Über die Zustimmungsbedürftigkeit der Aufstellung und Entfernung von Andreaskreuzen vgl. Nummer III zu § 45 Absatz 1 bis 1e; Randnummer 3 ff. Außerdem sind, soweit die Aufsicht über die Bahnen nicht bei den obersten Landesbehörden liegt, die für die Aufsicht zuständigen Behörden zu beteiligen; sind die Bahnen Zubehör einer bergbaulichen Anlage, dann sind auch die obersten Bergbaubehörden zu beteiligen.

10   2. Der Vorrang darf nur gewährt werden, wenn eine solche Schienenbahn auf besonderem oder unabhängigem Bahnkörper verlegt ist, dies auch dann, wenn der besondere Bahnkörper innerhalb des Verkehrsraums einer öffentlichen Straße liegt. Eine Schienenbahn ist schon dann an einem Übergang auf besonderem Bahnkörper verlegt, wenn dieser an dem Übergang endet. Ein besonderer Bahnkörper setzt mindestens voraus, dass die Gleise durch ortsfeste, körperliche Hindernisse vom übrigen Verkehrsraum abgegrenzt und diese Hindernisse auffällig kenntlich gemacht sind; abtrennende Bordsteine müssen weiß sein.

11   VI. 1. Straßenbahnen auf besonderem oder unabhängigem Bahnkörper, der nicht innerhalb des Verkehrsraums einer öffentlichen Straße liegt, ist in der Regel durch Aufstellung von Andreaskreuzen der Vorrang zu geben. An solchen Bahnübergängen ist schon bei mäßigem Verkehr auf der querenden Straße oder wenn auf dieser Straße schneller als 50 km/h gefahren wird, die Anbringung einer straßenbahnabhängigen, in der Regel zweifarbigen Lichtzeichenanlage (vgl. § 37 Absatz 2 Nummer 3) oder von Schranken zu erwägen. Auch an solchen Bahnübergängen über Feld- und Waldwege sind Andreaskreuze dann erforderlich, wenn der Bahnübergang nicht ausreichend erkennbar ist; unzureichende Übersicht über die Bahnstrecke kann ebenfalls dazu Anlass geben.

12   2. a) Liegt der besondere oder unabhängige Bahnkörper innerhalb des Verkehrsraums einer Straße mit Vorfahrt oder verläuft er neben einer solchen Straße, bedarf es nur dann eines Andreaskreuzes, wenn der Schienenverkehr für den kreuzenden oder abbiegenden Fahrzeugführer nach dem optischen Eindruck nicht zweifelsfrei zu dem Verkehr auf der Straße mit Vorfahrt gehört. Unmittelbar vor dem besonderen Bahnkörper darf das Andreaskreuz nur dann aufgestellt werden, wenn so viel Stauraum vorhanden ist, dass ein vor dem Andreaskreuz wartendes Fahrzeug den Längsverkehr nicht stört. Wird an einer Kreuzung oder Einmündung der Verkehr durch Lichtzeichen geregelt, muss auch der Straßenbahnverkehr auf diese Weise geregelt werden, und das auch dann, wenn der Bahnkörper parallel zu einer Straße in deren unmittelbarer Nähe verläuft. Dann ist auch stets zu erwägen, ob der die Schienen kreuzende Abbiegeverkehr gleichfalls durch Lichtzeichen zu regeln oder durch gelbes Blinklicht mit dem Sinnbild einer Straßenbahn zu warnen ist.

13   b) Hat der gleichgerichtete Verkehr an einer Kreuzung oder Einmündung nicht die Vorfahrt, ist es nur in Ausnahmefällen möglich, der Straßenbahn Vorrang zu gewähren.

Zu Zeichen 205 Vorfahrt gewähren.

1   I. Ist neben einer durchgehenden Fahrbahn ein Fahrstreifen vorhanden, welcher der Einfädelung des einmündenden Verkehrs dient, ist das Zeichen am Beginn dieses Fahrstreifens anzuordnen. Vgl. Nummer I zu § 7 Absatz 1 bis 3; Randnummer 1. An Einfädelungsstreifen auf Autobahnen und Kraftfahrstraßen ist das Zeichen im Regelfall nicht erforderlich (vgl. § 18 Absatz 3).

2   II. Über Kreisverkehr vgl. zu Zeichen 215.

3   III. Nur wenn eine Bevorrechtigung der Schienenbahn auf andere Weise nicht möglich ist, kann in Ausnahmefällen das Zeichen 205 mit dem Zusatzzeichen mit Straßenbahnsinnbild (1048-19) angeordnet werden, insbesondere wo Schienenbahnen einen kreisförmigen Verkehr kreuzen oder wo die Schienenbahn eine Wendeschleife oder ähnlich geführte Gleisanlagen befährt. Für eine durch Zeichen 306 bevorrechtigte Straße darf das Zeichen mit Zusatzzeichen nicht angeordnet werden.

Zu Zeichen 206 Halt. Vorfahrt gewähren.

    I. Das Zeichen 206 ist nur dann anzuordnen, wenn

1   1. die Sichtverhältnisse an der Kreuzung oder Einmündung es zwingend erfordern,

2   2. es wegen der Örtlichkeit (Einmündung in einer Innenkurve oder in eine besonders schnell befahrene Straße) schwierig ist, die Geschwindigkeit der Fahrzeuge auf der anderen Straße zu beurteilen, oder

3   3. es sonst aus Gründen der Sicherheit notwendig erscheint, einen Wartepflichtigen zu besonderer Vorsicht zu mahnen (z. B. in der Regel an der Kreuzung zweier Vorfahrtstraßen).

4   II. Zusätzlich ist im Regelfall eine Haltlinie (Zeichen 294) dort anzubringen, wo der Wartepflichtige die Straße übersehen kann. Bei einem im Zuge der Vorfahrtstraße (Zeichen 306) verlaufenden Radweg ist die Haltlinie unmittelbar vor der Radwegefurt anzubringen.

Zu den Zeichen 205 und 206 Vorfahrt gewähren. und Halt. Vorfahrt gewähren.

1   I. Die Zeichen sind unmittelbar vor der Kreuzung oder Einmündung anzuordnen.

2   II. Die Zeichen sind nur anzukündigen, wenn die Vorfahrtregelung aufgrund der örtlichen Gegebenheiten (Straßenverlauf, Geschwindigkeit, Verkehrsstärke) anderenfalls nicht rechtzeitig erkennbar wäre. Innerhalb geschlossener Ortschaften ist die Ankündigung in der Regel nicht erforderlich. Außerhalb geschlossener Ortschaften soll sie 100 bis 150 m vor der Kreuzung oder Einmündung erfolgen. Die Ankündigung erfolgt durch Zeichen 205 mit der Entfernungsangabe auf einem Zusatzzeichen. Bei der Ankündigung des Zeichens 206 enthält das Zusatzzeichen neben der Entfernungsangabe zusätzlich das Wort „Stop".

3   III. Das Zusatzzeichen mit dem Sinnbild eines Fahrrades und zwei gegenläufigen waagerechten Pfeilen (1000-32) ist anzuordnen, wenn der Radweg im Verlauf der Vorfahrtstraße für den Radverkehr in beide Richtungen freigegeben ist.

4   IV. Wo eine Lichtzeichenanlage steht, sind die Zeichen in der Regel unter oder neben den Lichtzeichen am gleichen Pfosten anzubringen.

5   V. Nur wo eine Straße mit Wartepflicht in einem großräumigen Knoten eine Straße mit Mittelstreifen kreuzt und für den Verkehrsteilnehmer schwer erkennbar ist, dass es sich um die beiden Richtungsfahrbahnen derselben Straße handelt, ist zusätzlich auf dem Mittelstreifen eines der beiden Zeichen aufzustellen.

6   VI. Jede Kreuzung und Einmündung, in der vom Grundsatz „Rechts vor Links" abgewichen werden soll, ist sowohl positiv als auch negativ zu beschildern, und zwar sowohl innerhalb als auch außerhalb geschlossener Ortschaften. Ausgenommen sind Ausfahrten aus verkehrsberuhigten Bereichen (Zeichen 325.1, 325.2) sowie Feld- und Waldwege, deren Charakter ohne Weiteres zu erkennen ist. Straßeneinmündungen, die wie Grundstückszufahrten aussehen sowie Einmündungen von Feld- oder Waldwegen können einseitig mit Zeichen 205 versehen werden.

7   VII. Zusatzzeichen „abknickende Vorfahrt"
Über die Zustimmungsbedürftigkeit vgl. Nummer III 1 Buchstabe a zu § 45 Absatz 1 bis 1 e, Randnummer 4; über abknickende Vorfahrt vgl. ferner zu den Zeichen 306 und 307 und Nummer III zu Zeichen 301; Randnummer 3.

Zu Zeichen 208 Dem Gegenverkehr Vorrang gewähren.

     I. Das Zeichen ist nur dann anzuordnen, wenn

1   1. bei einseitig verengter Fahrbahn dem stärkeren Verkehrsfluss abweichend von § 6 Vorrang eingeräumt werden muss oder

2   2. bei beidseitig verengter Fahrbahn für die Begegnung mehrspuriger Fahrzeuge kein ausreichender Raum vorhanden und der Verengungsbereich aus beiden Fahrtrichtungen überschaubar ist. Welcher Fahrtrichtung der Vorrang einzuräumen ist, ist auf Grund der örtlichen Verhältnisse und der beiderseitigen Verkehrsstärke zu entscheiden.

3   II. Am anderen Ende der Verengung muss für die Gegenrichtung das Zeichen 308 angeordnet werden.

4   III. In verkehrsberuhigten Bereichen ist auf die Regelung stets, in geschwindigkeitsbeschränkten Zonen in der Regel zu verzichten.

Zu den Zeichen 209 bis 214 Vorgeschriebene Fahrtrichtung

1   I. In Abweichung von den abgebildeten Grundformen dürfen die Pfeilrichtungen dem tatsächlichen Verlauf der Straße, in die der Fahrverkehr eingewiesen wird, nur dann angepasst werden, wenn dies zur Klarstellung notwendig ist.

2   II. Die Zeichen „Hier rechts" und „Hier links" sind hinter der Stelle anzuordnen, an der abzubiegen ist, die Zeichen „Rechts" und „Links" vor dieser Stelle. Das Zeichen „Geradeaus" und alle Zeichen mit kombinierten Pfeilen müssen vor der Stelle stehen, an der in eine oder mehrere Richtungen nicht abgebogen werden darf.

3   III. In Verbindung mit Lichtzeichen dürfen die Zeichen nur dann angebracht sein, wenn für den gesamten Richtungsverkehr ein Abbiegever- oder -gebot insgesamt angeordnet werden soll. Sie dürfen nicht nur fahrstreifenbezogen zur Unterstützung der durch die Fahrtrichtungspfeile oder Pfeile in Lichtzeichen vorgeschriebenen Fahrtrichtung angeordnet werden.

4   IV. Vgl. auch Nummer IV zu § 41; Randnummer 4 und über die Zustimmungsbedürftigkeit Nummer III 1 Buchstabe d zu § 45 Absatz 1 bis 1 e; Randnummer 7.

Zu den Zeichen 215 Kreisverkehr

1   I. Ein Kreisverkehr darf nur angeordnet werden, wenn die Mittelinsel von der Kreisfahrbahn abgegrenzt ist. Dies gilt auch, wenn die Insel wegen des geringen Durchmessers des Kreisverkehrs von großen Fahrzeugen überfahren werden muss. Zeichen 295 als innere Fahrbahnbegrenzung ist in Form eines Breitstrichs auszuführen (vgl. RMS).

2   II. Außerhalb geschlossener Ortschaften ist der Kreisverkehr mit Vorwegweiser (Zeichen 438) anzukündigen.

3   III. Die Zeichen 205 und 215 sind an allen einmündenden Straßen anzuordnen. Ist eine abweichende Vorfahrtregelung durch Verkehrszeichen für den Kreisverkehr erforderlich, ist Zeichen 209 (Rechts) anzuordnen.

4   IV. Die Anordnung von Zeichen 215 macht eine zusätzliche Anordnung von Zeichen 211 (Hier rechts) auf der Mittelinsel entbehrlich. Außerhalb geschlossener Ortschaften empfiehlt es sich, auf baulich angelegten, nicht überfahrbaren Mittelinseln gegenüber der jeweiligen Einfahrt vorrangig Zeichen 625 (Richtungstafel in Kurven) anzuordnen.

5   V. Wo eine Straßenbahn die Mittelinsel überquert, darf Zeichen 215 nicht angeordnet werden. Der Straßenbahn ist regelmäßig Vorfahrt zu gewähren; dabei sind Lichtzeichen vorzuziehen.

6   VI. Der Fahrradverkehr ist entweder wie der Kraftfahrzeugverkehr auf der Kreisfahrbahn zu führen oder auf einem baulich angelegten Radweg (Zeichen 237, 240, 241). Ist dieser baulich angelegte Radweg eng an der Kreisfahrbahn geführt (Absatzmaß max. 4–5 m), so sind in den Zufahrten die Zeichen 215 (Kreisverkehr) und 205 (Vorfahrt gewähren) vor der Radfahrerfurt anzuordnen. Ist der baulich angelegte Radweg von der Kreisfahrbahn abgesetzt oder liegt der Kreisverkehr außerhalb bebauter Gebiete, ist für den Radverkehr Zeichen 205 anzuordnen.

7   VII. Zur Anordnung von Fußgängerüberwegen auf den Zufahrten vgl. R-FGÜ.

Zu Zeichen 220 Einbahnstraße

1   I. Das Zeichen 220 ist stets längs der Straße anzubringen. Es darf weder am Beginn der Einbahnstraße noch an einer Kreuzung oder Einmündung in ihrem Verlauf fehlen. Am Beginn der Einbahnstraße und an jeder Kreuzung ist das Zeichen dergestalt anzubringen, dass es aus beiden Richtungen wahrgenommen werden kann.

2   II. Bei Einmündungen (auch bei Ausfahrten aus größeren Parkplätzen) empfiehlt sich die Anbringung des Zeichens 220 gegenüber der einmündenden Straße, bei Kreuzungen hinter diesen. In diesem Fall soll das Zeichen in möglichst geringer Entfernung von der kreuzenden Straße angebracht werden, damit es vom kreuzenden Verkehr leicht erkannt werden kann.

3   III. Geht im Verlauf eines Straßenzuges eine Einbahnstraße in eine Straße mit Gegenverkehr über, s. zu Zeichen 125.

4   IV. 1. Beträgt in Einbahnstraßen die zulässige Höchstgeschwindigkeit nicht mehr als 30 km/h, kann Radverkehr in Gegenrichtung zugelassen werden, wenn

5   a) eine ausreichende Begegnungsbreite vorhanden ist, ausgenommen an kurzen Engstellen; bei Linienbusverkehr oder bei stärkerem Verkehr mit Lastkraftwagen muss diese mindestens 3,5 m betragen,

6   b) die Verkehrsführung im Streckenverlauf sowie an Kreuzungen und Einmündungen übersichtlich ist,

7   c) für den Radverkehr dort, wo es orts- und verkehrsbezogen erforderlich ist, ein Schutzraum angelegt wird.

8   2. Das Zusatzzeichen 1000-32 ist an allen Zeichen 220 anzuordnen. Wird durch Zusatzzeichen der Fahrradverkehr in der Gegenrichtung zugelassen, ist bei Zeichen 267 das Zusatzzeichen 1022-10 (Sinnbild eines Fahrrades und „frei") anzubringen. Vgl. zu Zeichen 267.

Zu Zeichen 222 Rechts vorbei

1   I. Das Zeichen ist anzuordnen, wo nicht zweifelsfrei erkennbar ist, an welcher Seite vorbeizufahren ist.

2   II. Wenn das Zeichen angeordnet wird, ist in der Regel auf eine Kenntlichmachung der Hindernisse durch weitere Verkehrszeichen und Verkehrseinrichtungen zu verzichten. Die zusätzliche Anordnung von Zeichen 295 ist außerorts vor Inseln erforderlich, innerorts kann sie sich außerhalb von Tempo-30-Zonen empfehlen.

3   III. Kann an einem Hindernis sowohl rechts als auch links vorbeigefahren werden, verbietet sich die Anordnung des Zeichens. In diesen Fällen kommt die Anordnung von Leitplatten (Zeichen 626) und/oder von Fahrbahnmarkierungen in Betracht.

Zu den Zeichen 223.1 bis 223.3 Befahren eines Seitenstreifens als Fahrstreifen

1   I. Die Zeichen dürfen nur für die Tageszeiten angeordnet werden, zu denen auf Grund der Verkehrsbelastung eine erhebliche Beeinträchtigung des Verkehrsablaufs zu erwarten ist. Sie

sind deshalb als Wechselverkehrszeichen auszubilden. Die Anordnung darf nur erfolgen, wenn der Seitenstreifen von den baulichen Voraussetzungen her wie ein Fahrstreifen (vgl. § 7 Abs. 1 Satz 2 StVO) befahrbar ist. Vor jeder Anordnung ist zu prüfen, ob der Seitenstreifen frei von Hindernissen ist. Während der Dauer der Anordnung ist die Prüfung regelmäßig zu wiederholen.

2 II. Die Zeichen sind beidseitig anzuordnen. Die Abmessung der Zeichen beträgt 2,25 m × 2,25 m.

3 III. Das Zeichen 223.1 soll durch ein Zusatzzeichen „Seitenstreifen befahren" unterstützt werden. Das Zusatzzeichen soll dann zu jedem Zeichen angeordnet werden.

4 IV. Das Zeichen 223.1 darf nur in Kombination mit einer Beschränkung der zulässigen Höchstgeschwindigkeit (Zeichen 274) auf nicht mehr als 100 km/h angeordnet werden. Zusätzlich empfiehlt sich bei starkem Lkw-Verkehr die Anordnung von Zeichen 277.

5 V. Das Zeichen 223.1 ist je nach örtlicher Situation in Abständen von etwa 1000 bis 2000 m aufzustellen. Die Standorte sind mit einer Verkehrsbeeinflussungsanlage abzustimmen. Im Bereich einer Verkehrsbeeinflussungsanlage können die Abstände zwischen zwei Zeichen vergrößert werden.

6 VI. Das Zeichen 223.2 ist in der Regel im Bereich einer Anschlussstelle anzuordnen. Wenigstens 400 m vorher ist entweder Zeichen 223.3 oder 223.1 mit dem Zusatz „Ende in … m" anzuordnen. Die Anordnung von Zeichen 223.1 mit dem Zusatz „Ende in … m" empfiehlt sich nur, wenn der befahrbare Seitenstreifen in einer Anschlussstelle in den Ausfädelungsstreifen übergeht und nur noch vom ausfahrenden Verkehr benutzt werden kann. Zeichen 223.3 soll durch ein Zusatzzeichen „Seitenstreifen räumen" unterstützt werden.

7 VII. Im Bereich von Ausfahrten ist die Nutzung des Seitenstreifens als Fahrstreifen in der Wegweisung zu berücksichtigen. Vorwegweiser und Wegweiser sind dann fahrstreifenbezogen als Wechselwegweiser auszuführen.

8 VIII. Zur Markierung vgl. zu Zeichen 295 Nummer 2 (lfd. Nummer 68 der Anlage 2).

9 IX. Die Zeichen können durch Dauerlichtzeichen unterstützt werden. Dies empfiehlt sich besonders für Zeichen 223.2; vgl. Nummer I zu § 37 Abs. 3; Randnummer 45.

Zu Zeichen 224 Haltestelle

1 I. Abweichend von Nummer III 3b) zu §§ 39 bis 43; Randnummer 13 darf das Zeichen einen Durchmesser von 350 bis 450 mm haben.

2 II. Auch Haltestellen für Fahrzeuge des Behindertenverkehrs können so gekennzeichnet werden.

3 III. Über die Verkehrsbedienung und die Linienführung sowie den Fahrplan mit Angabe der Haltestellen wird von der nach dem Personenbeförderungsrecht zuständigen Behörde entschieden. Über die Festlegung des Ortes der Haltestellenzeichen vgl. die Straßenbahn-Bau- und Betriebsordnung und die Verordnung über den Betrieb von Kraftfahrunternehmen im Personenverkehr.

4 IV. Im Orts- und Nachbarorts-Linienverkehr gehört zu dem Zeichen ein Zusatzzeichen mit der Bezeichnung der Haltestelle (Haltestellenname). Darüber hinaus kann die Linie angegeben werden.
Bei Bedarf können dazu das Symbol der Straßenbahn und/oder des Kraftomnibusses gezeigt werden.

5 V. Schulbushaltestellen werden mit einem Zusatzzeichen „Schulbus (Angabe der tageszeitlichen Benutzung)" gekennzeichnet.

6 VI. Auch andere Haltestellen können insbesondere bei erheblichem Parkraummangel mit einem Zusatzzeichen, auf dem die tageszeitliche Benutzung angegeben ist, gekennzeichnet werden.

7 VII. Soweit erforderlich, kann der Anfang und das Ende eines Haltestellenbereichs durch Zeichen 299 gekennzeichnet werden.

Zu Zeichen 229 Taxenstand

1 I. Das Zeichen darf nur angeordnet werden, wo zumindest während bestimmter Tageszeiten regelmäßig betriebsbereite Taxen vorgehalten werden.

2 II. Für jedes vorgesehene Taxi ist eine Länge von 5 m zugrunde zu legen. Die Markierung durch Zeichen 299 empfiehlt sich nur, wenn nicht mehr als fünf Taxen vorgesehen sind. Dann ist das Zeichen 229 nur am Anfang der Strecke aufzustellen.

Zu den Zeichen 237, 240 und 241 Radweg, gemeinsamer und getrennter Geh- und Radweg

1 I. Zur Radwegebenutzungspflicht vgl. zu § 2 Absatz 4 Satz 2; Randnummer 8 ff.

2   II. Zur Radverkehrsführung vgl. zu § 9 Absatz 2; Randnummer 3 ff.

3   III. Wo das Ende eines Sonderweges zweifelsfrei erkennbar ist, bedarf es keiner Kennzeichnung. Ansonsten ist das Zeichen mit dem Zusatzzeichen „Ende" anzuordnen.

4   IV. Die Zeichen können abweichend von Nummer III 3 zu den §§ 39 bis 43; Randnummer 12 ff. bei baulich angelegten Radwegen immer, bei Radfahrstreifen in besonders gelagerten Fällen, in der Größe 1 aufgestellt werden.

Zu Zeichen 237 Radweg

1   Zur Radwegebenutzungspflicht und zum Begriff des Radweges vgl. zu § 2 Absatz 4 Satz 2; Randnummer 8 ff.

Zu Zeichen 238 Reitweg

1   Der Klarstellung durch das Zeichen bedarf es nur dort, wo die Zweckbestimmung eines Straßenteils als Reitweg sich nicht aus dessen Ausgestaltung ergibt.

Zu Zeichen 239 Gehweg

1   I. Der Klarstellung durch das Zeichen bedarf es nur dort, wo die Zweckbestimmung des Straßenteils als Gehweg sich nicht aus dessen Ausgestaltung ergibt. Soll ein Seitenstreifen den Fußgängern allein vorbehalten werden, so ist das Zeichen zu verwenden.

2   II. Die Freigabe des Gehweges zur Benutzung durch Radfahrer durch das Zeichen 239 mit Zusatzzeichen „Radfahrer frei" kommt nur in Betracht, wenn dies unter Berücksichtigung der Belange der Fußgänger vertretbar ist.

3   III. Die Beschaffenheit und der Zustand des Gehweges sollen dann auch den gewöhnlichen Verkehrsbedürfnissen des Radverkehrs (z. B. Bordsteinabsenkung an Einmündungen und Kreuzungen) entsprechen.

Zu Zeichen 240 Gemeinsamer Geh- und Radweg

1   I. Die Anordnung dieses Zeichens kommt nur in Betracht, wenn dies unter Berücksichtigung der Belange der Fußgänger vertretbar und mit der Sicherheit und Leichtigkeit des Radverkehrs vereinbar ist und die Beschaffenheit der Verkehrsfläche den Anforderungen des Radverkehrs genügt.

2   II. An Lichtzeichenanlagen reicht im Regelfall eine gemeinsame Furt für Fußgänger und Radverkehr aus.

Zu Zeichen 241 Getrennter Rad- und Gehweg

1   I. Die Anordnung dieses Zeichens kommt nur in Betracht, wenn die Belange der Fußgänger ausreichend berücksichtigt sind und die Zuordnung der Verkehrsflächen zweifelsfrei erfolgen kann. Zur Radwegebenutzungspflicht vgl. zu § 2 Absatz 4 Satz 2; Randnummer 8 ff.

2   II. An Lichtzeichenanlagen ist in der Regel auch eine Führung der Fußgänger durch eine Fußgängerfurt (vgl. Nummer III zu § 25 Abs. 3) erforderlich. Zur Lichtzeichenregelung vgl. zu § 37 Abs. 2 Nr. 5 und 6.

Zu den Zeichen 242.1 und 242.2 Beginn und Ende eines Fußgängerbereichs

1   I. Die Zeichen dürfen nur innerhalb geschlossener Ortschaften angeordnet werden. Fahrzeugverkehr darf nur nach Maßgabe der straßenrechtlichen Widmung zugelassen werden.

2   II. Auf Nummer XI zu § 45 Absatz 1 bis 1e wird verwiesen.

Zu Zeichen 244.1 und 244.2 Beginn und Ende einer Fahrradstraße

1   I. Fahrradstraßen kommen dann in Betracht, wenn der Radverkehr die vorherrschende Verkehrsart ist oder dies alsbald zu erwarten ist.

2   II. Anderer Fahrzeugverkehr als der Radverkehr darf nur ausnahmsweise durch die Anordnung entsprechender Zusatzzeichen zugelassen werden (z. B. Anliegerverkehr). Daher müssen vor der Anordnung die Bedürfnisse des Kraftfahrzeugverkehrs ausreichend berücksichtigt werden (alternative Verkehrsführung).

Zu Zeichen 245 Bussonderfahrstreifen

1   Durch das Zeichen werden markierte Sonderfahrstreifen den Omnibussen des Linienverkehrs sowie des Schüler- und Behindertenverkehrs vorbehalten.

2   I. Der Sonderfahrstreifen soll im Interesse der Sicherheit oder Ordnung des Verkehrs Störungen des Linienverkehrs vermeiden und einen geordneten und zügigen Betriebsablauf ermöglichen. Er ist damit geeignet, den öffentlichen Personenverkehr gegenüber dem Individualverkehr zu fördern (vgl. Nummer I 2 letzter Satz zu den §§ 39 bis 43; Randnummer 5).

3   II. 1. Die Anordnung von Sonderfahrstreifen kommt dann in Betracht, wenn die vorhandene Fahrbahnbreite ein ausgewogenes Verhältnis im Verkehrsablauf des öffentlichen Personenverkehrs und des Individualverkehrs unter Berücksichtigung der Zahl der beförderten

Personen nicht mehr zulässt. Auch bei kurzen Straßenabschnitten (z. B. vor Verkehrsknotenpunkten) kann die Anordnung von Sonderfahrstreifen gerechtfertigt sein. Die Anordnung von Sonderfahrstreifen kann sich auch dann anbieten, wenn eine Entflechtung des öffentlichen Personenverkehrs und des Individualverkehrs von Vorteil ist oder zumindest der Verkehrsablauf des öffentliche Personennahverkehrs verbessert werden kann.

4   2. Vor der Anordnung des Zeichens ist stets zu prüfen, ob nicht durch andere verkehrsregelnde Maßnahmen (z. B. durch Zeichen 220, 253, 283, 301, 306, 421) eine ausreichende Verbesserung des Verkehrsflusses oder eine Verlagerung des Verkehrs erreicht werden kann.

5   3. Sonderfahrstreifen dürfen in Randlage rechts, in Einbahnstraßen rechts oder links, in Mittellage allein oder im Gleisraum von Straßenbahnen sowie auf baulich abgegrenzten Straßenteilen auch entgegengesetzt der Fahrtrichtung angeordnet werden.

6   4. Die Sicherheit des Radverkehrs ist zu gewährleisten. Kann der Radverkehr nicht auf einem gesonderten Radweg oder Radfahrstreifen geführt werden, sollte er im Benehmen mit den Verkehrsunternehmen auf dem Sonderfahrstreifen zugelassen werden. Ist das wegen besonderer Bedürfnisse des Linienverkehrs nicht möglich und müsste der Radverkehr zwischen Linienbus- und dem Individualverkehr ohne Radfahrstreifen fahren, ist von der Anordnung des Zeichens abzusehen.

7   5. Werden Krankenfahrzeuge, Fahrräder, Busse im Gelegenheitsverkehr oder elektrisch betriebene Fahrzeuge zugelassen, dürfen auf dem Sonderfahrstreifen keine besonderen Lichtzeichen (§ 37 Absatz 2 Nummer 4 Satz 2, 2. Hs.) für den öffentlichen Personenverkehr (Anlage 4 der BOStrab) gezeigt werden, es sei denn, für diese Verkehre werden eigene Lichtzeichen angeordnet.

8   6. Taxen sollen grundsätzlich und elektrisch betriebene Fahrzeuge dürfen auf Sonderfahrstreifen zugelassen werden, wenn dadurch der Linienverkehr nicht wesentlich gestört wird. Satz 1 gilt nicht für Sonderfahrstreifen im Gleisraum von Schienenbahnen. Insbesondere für den Übergang des Sonderfahrstreifens zum allgemeinen Verkehrsraum gilt für die Zulassung von elektrisch betriebenen Fahrzeugen auf diesen Sonderfahrstreifen, dass die Gewährleistung eines sicheren und flüssigen allgemeinen Verkehrsablaufs stets vorgeht.

9   7. Gegenseitige Behinderungen, die durch stark benutzte Zu- und Abfahrten (z. B. bei Parkhäusern Tankstellen) hervorgerufen werden, sind durch geeignete Maßnahmen, wie Verlegung der Zu- und Abfahrten in Nebenstraßen, auf ein Mindestmaß zu beschränken.

10   8. Sonderfahrstreifen ohne zeitliche Beschränkung in Randlage dürfen nur dort angeordnet werden, wo kein Anliegerverkehr vorhanden ist und das Be- und Entladen, z. B. in besonderen Ladestraßen oder Innenhöfen, erfolgen kann. Sind diese Voraussetzungen nicht gegeben, sind für die Sonderfahrstreifen zeitliche Beschränkungen vorzusehen.

11   9. Zur Befriedigung des Kurzparkbedürfnisses während der Geltungsdauer der Sonderfahrstreifen sollte die Parkzeit in nahegelegenen Nebenstraßen beschränkt werden.

12   10. Sonderfahrstreifen im Gleisraum von Straßenbahnen dürfen nur im Einvernehmen mit der Technischen Aufsichtsbehörde nach § 58 Absatz 3 der Straßenbahn-Bau- und Betriebsordnung angeordnet werden.

13   11. Die Zeichen sind auf die Zeiten zu beschränken, in denen Linienbusverkehr stattfindet. Dies gilt nicht, wenn sich der Sonderfahrstreifen in Mittellage befindet und baulich oder durch Zeichen 295 von dem Individualverkehr abgegrenzt ist. Dann soll auf eine zeitliche Beschränkung verzichtet werden. Die Geltungsdauer zeitlich beschränkter Sonderfahrstreifen sollte innerhalb des Betriebsnetzes einheitlich angeordnet werden.

14   12. Die Anordnung von Sonderfahrstreifen soll in der Regel nur dann erfolgen, wenn mindestens 20 Omnibusse des Linienverkehrs pro Stunde der stärksten Verkehrsbelastung verkehren.

15   III. 1. Zur Aufstellung vgl. Nummer III 8 zu §§ 39 bis 43. Das Zeichen ist an jeder Kreuzung und Einmündung zu wiederholen. Zur Verdeutlichung kann die Markierung „BUS" auf der Fahrbahn aufgetragen werden.

16   2. Ist das Zeichen zeitlich beschränkt, ist der Sonderfahrstreifen durch eine Leitlinie (Zeichen 340) ansonsten grundsätzlich durch eine Fahrstreifenbegrenzung (Zeichen 295) zu markieren. Auch Sonderfahrstreifen ohne zeitliche Beschränkung sind dort mit Zeichen 340 zu markieren, wo ein Überqueren zugelassen werden muss (z. B. aus Grundstücksein- und -ausfahrten). Die Ausführung der Markierungen richtet sich nach den Richtlinien für die Markierung von Straßen (RMS).

17   3. Sonderfahrstreifen in Einbahnstraßen entgegen der Fahrtrichtung, die gegen die Fahrbahn des entgegengerichteten Verkehrs baulich abzugrenzen sind, sollen auch am Beginn der Einbahnstraße durch das Zeichen kenntlich gemacht werden. Es kann sich empfehlen, dem allgemeinen Verkehr die Führung des Busverkehrs anzuzeigen.

König

18   4. Kann durch eine Markierung eine Erleichterung des Linienverkehrs erreicht werden (Fahrstreifen in Mittellage, im Gleisraum von Straßenbahnen oder auf baulich abgesetzten Straßenteilen), empfiehlt es sich, auf das Zeichen zu verzichten.
Die Voraussetzungen für die Einrichtung eines Sonderfahrstreifens gelten entsprechend.

19   5. Die Flüssigkeit des Verkehrs auf Sonderfahrstreifen an Kreuzungen und Einmündungen kann durch Abbiegeverbote für den Individualverkehr (z. B. Zeichen 209 bis 214) verbessert werden. Notfalls sind besondere Lichtzeichen (§ 37 Absatz 2 Nummer 4) anzuordnen. Die Einrichtung von Busschleusen oder die Vorgabe bedarfsgerechter Vor- und Nachlaufzeiten an Lichtzeichenanlagen wird empfohlen.

20   6. Ist die Kennzeichnung des Endes eines Sonderfahrstreifens erforderlich, ist das Zeichen mit dem Zusatzzeichen „Ende" anzuordnen.

21   IV. Die Funktionsfähigkeit der Sonderfahrstreifen hängt weitgehend von ihrer völligen Freihaltung vom Individualverkehr ab.

Zu Zeichen 251 Verbot für Kraftwagen

Das Zeichen kann zur Gewährleistung der sicheren Befahrbarkeit der Infrastruktur, insbesondere sanierungsbedürftiger Brücken, vor oder während der Bauphase zur Aufrechterhaltung der Befahrbarkeit der Brücke zumindest für Teilmengen des Verkehrs zusammen mit einem die Gesamtmasse beschränkenden Zusatzzeichen zur Gewährleistung eines geringstmöglichen Eingriffs in den Verkehr angeordnet werden. Bei einer Anordnung des Zeichens nach Satz 1 ist die Straßenfläche zusätzlich durch Verkehrseinrichtungen (Anlage 4 lfd. Nummer 1 bis 4 zu § 43 Absatz 3, Leitbake, Leitschwelle, Leitbord und gegebenenfalls Absperrschranke zur Höhenbeschränkung für besonders hohe und damit große Fahrzeuge) zu kennzeichnen, um die tatsächliche Befahrbarkeit nur für den zugelassenen Kraftfahrzeugverkehr zu verdeutlichen. Im unmittelbaren Zulauf empfiehlt sich zudem die Aufbringung von überfahrbaren Warnschwellen zwecks Ausschluss eines fahrlässigen Übersehens der Verkehrszeichen und -einrichtungen. Die Sätze 2 und 3 gelten nicht, soweit das Zeichen 251 aus anderen als den in Satz 1 genannten Gründen oder ohne ein die Gesamtmasse beschränkendes Zusatzzeichen angeordnet wird. Mit der Anordnung des Durchfahrtverbotes geht in diesem Fall stets ein räumlich weit gestaffeltes Hinweis- und Umleitungskonzept für den ausgeschlossenen Verkehr einher. Es empfiehlt sich zudem, das Verbot im Vorhinein rechtzeitig medial zu begleiten.

Zu Zeichen 250 Verbot für Fahrzeuge aller Art

(aufgehoben)

Zu den Zeichen 250 bis 253

(aufgehoben)

Zu Zeichen 261 Verbot für kennzeichnungspflichtige Kraftfahrzeuge mit gefährlichen Gütern

1   I. Gefährliche Güter sind die Stoffe und Gegenstände, deren Beförderung auf der Straße und Eisenbahn nach § 2 Nummer 9 der Gefahrgutverordnung Straße und Eisenbahn (GGVSE) in Verbindung mit den Anlagen A und B des Europäischen Übereinkommens über die internationale Beförderung auf der Straße (ADR) verboten oder nur unter bestimmten Bedingungen gestattet ist. Die Kennzeichnung von Fahrzeugen mit gefährlichen Gütern ist in Kapitel 5.3 zum ADR geregelt.

2   II. Das Zeichen ist anzuordnen, wenn zu besorgen ist, daß durch die gefährlichen Güter infolge eines Unfalls oder Zwischenfalls, auch durch das Undichtwerden des Tanks, Gefahren für das Leben, die Gesundheit, die Umwelt oder Bauwerke in erheblichem Umfang eintreten können. Hierfür kommen z. B. Gefällestrecken in Betracht, die unmittelbar in bebaute Ortslagen führen. Für die Anordnung entsprechender Maßnahmen erläßt das Bundesministerium für Verkehr und digitale Infrastruktur im Einvernehmen mit den obersten Landesbehörden Richtlinien, die im Verkehrsblatt veröffentlicht werden.

Zu den Zeichen 262 bis 266

1   Die betroffenen Fahrzeuge sind rechtzeitig auf andere Straßen umzuleiten (Zeichen 421 und 442)

Zu den Zeichen 264 und 265

1   I. Bei Festlegung der Maße ist ein ausreichender Sicherheitsabstand zu berücksichtigen.

2   II. Muß das Zeichen 265 bei Ingenieurbauwerken angebracht werden, unter denen der Fahrdraht einer Straßenbahn oder eines Oberleitungsomnibusses verlegt ist, so ist wegen des Sicherheitsabstandes der Verkehrsunternehmer zu hören.

3   III. Siehe auch Richtlinien für die Kennzeichnung von Ingenieurbauwerken mit beschränkter Durchfahrtshöhe über Straßen.

Zu Zeichen 267 Verbot der Einfahrt

1   Für Einbahnstraßen vgl. zu Zeichen 220.

Zu Zeichen 268 Schneeketten sind vorgeschrieben

1   Das Zeichen darf nur zu den Zeiten sichtbar sein, in denen Schneeketten wirklich erforderlich sind.

Zu Zeichen 269 Verbot für Fahrzeuge mit wassergefährdender Ladung

1   I. Das Zeichen ist nur im Benehmen mit der für die Reinhaltung des Wassers zuständigen Behörde anzuordnen.

2   II. Wassergefährdende Stoffe sind feste, flüssige und gasförmige Stoffe, insbesondere

3   – Säuren, Laugen,

4   – Alkalimetalle, Siliciumlegierungen mit über 30 Prozent Silicium, metallorganische Verbindungen, Halogene, Säurehalogenide, Metallcarbonyle und Beizsalze,

5   – Mineral- und Teeröle sowie deren Produkte,

6   – flüssige sowie wasserlösliche Kohlenwasserstoffe, Alkohole, Aldehyde, Ketone, Ester, halogen-, stickstoff- und schwefelhaltige organische Verbindungen,

7   – Gifte,

8   die geeignet sind, nachhaltig die physikalische, chemische oder biologische Beschaffenheit des Wassers nachteilig zu verändern.

9   III. Vgl. auch zu Zeichen 354 und über die Zustimmungsbedürftigkeit Nummer III 1a zu § 45 Abs. 1 bis 1e.

10   IV. Auf die zu Zeichen 261 erwähnten Richtlinien wird verwiesen.

Zu Zeichen 272 Wendeverbot

1   Nummer III zu Zeichen 209 bis 214; Randnummer 3 gilt entsprechend.

Zu Zeichen 273 Verbot des Fahrens ohne einen Mindestabstand

Das Zeichen darf dort angeordnet werden, wo Überbeanspruchungen von Brücken oder sonstigen Ingenieurbauwerken mit beschränkter Tragfähigkeit dadurch auftreten können, dass mehrere schwere Kraftfahrzeuge dicht hintereinander fahren. Die Anordnung kommt ferner vor Tunneln in Betracht, bei denen das Einhalten eines Mindestabstandes aus Verkehrssicherheitsgründen besonders geboten ist. In der Regel ist die Länge der Strecke durch Zusatzzeichen anzugeben.

Zu Zeichen 274 Zulässige Höchstgeschwindigkeit

1   I. Geschwindigkeitsbeschränkungen aus Sicherheitsgründen sollen auf bestehenden Straßen angeordnet werden, wenn Unfalluntersuchungen ergeben haben, dass häufig geschwindigkeitsbedingte Unfälle aufgetreten sind. Dies gilt jedoch nur dann, wenn festgestellt worden ist, dass die geltende Höchstgeschwindigkeit von der Mehrheit der Kraftfahrer eingehalten wird. Im anderen Fall muss die geltende zulässige Höchstgeschwindigkeit durchgesetzt werden. Geschwindigkeitsbeschränkungen können sich im Einzelfall schon dann empfehlen, wenn aufgrund unangemessener Geschwindigkeiten häufig gefährliche Verkehrssituationen festgestellt werden.

II. Außerhalb geschlossener Ortschaften können Geschwindigkeitsbeschränkungen nach Maßgabe der Nummer I erforderlich sein,

2   1. wo Fahrzeugführer insbesondere in Kurven, auf Gefällstrecken und an Stellen mit besonders unebener Fahrbahn (vgl. aber Nummer I zu § 40; Randnummer 1), ihre Geschwindigkeit nicht den Straßenverhältnissen anpassen; die zulässige Höchstgeschwindigkeit soll dann auf diejenige Geschwindigkeit festgelegt werden, die vorher von 85 % der Fahrzeugführer von sich aus ohne Geschwindigkeitsbeschränkungen, ohne überwachende Polizeibeamte und ohne Behinderung durch andere Fahrzeuge eingehalten wurde,

3   2. wo insbesondere auf Steigungs- und Gefällstrecken eine Verminderung der Geschwindigkeitsunterschiede geboten ist; die zulässige Höchstgeschwindigkeit soll dann auf diejenige Geschwindigkeit festgelegt werden, die vorher von 85 % der Fahrzeugführer von sich aus ohne Geschwindigkeitsbeschränkungen, ohne überwachende Polizeibeamte und ohne Behinderung durch andere Fahrzeuge eingehalten wurde,

4   3. wo Fußgänger oder Radfahrer im Längs- oder Querverkehr in besonderer Weise gefährdet sind; die zulässige Höchstgeschwindigkeit soll auf diesen Abschnitten in der Regel 70 km/h nicht übersteigen.

4a   Liegt zwischen zwei Geschwindigkeitsbeschränkungen auf einer einbahnigen Landstraße ohne Überholfahrstreifen nur ein kurzer Streckenabschnitt (unter 600 Meter) und wäre deshalb ein Überholvorgang infolge der geringen Überholstrecke mit erheblichen Risiken verbunden, so kommt zur Verstetigung des Verkehrsflusses eine Absenkung der Geschwindigkeit auch zwischen den beiden in der Geschwindigkeit beschränkten Streckenabschnitten in Betracht. Die Anordnung der abgesenkten Geschwindigkeit in diesem Bereich setzt voraus, dass die Anordnung eines Überholverbotes als milderes Mittel für diesen Abschnitt nicht ausreicht.

5   III. Außerhalb geschlossener Ortschaften ist die zulässige Höchstgeschwindigkeit vor Lichtzeichenanlagen auf 70 km/h zu beschränken.

6   IV. Das Zeichen soll so weit vor der Gefahrstelle aufgestellt werden, dass eine Gefährdung auch bei ungünstigen Sichtverhältnissen ausgeschlossen ist. Innerhalb geschlossener Ortschaften sind im Allgemeinen 30 bis 50 m, außerhalb geschlossener Ortschaften 50 bis 100 m und auf Autobahnen und autobahnähnlichen Straßen 200 m ausreichend.

7   V. Vor dem Beginn geschlossener Ortschaften dürfen Geschwindigkeitsbeschränkungen zur stufenweisen Anpassung an die innerorts zulässige Geschwindigkeit nur angeordnet werden, wenn die Ortstafel (Zeichen 310) nicht rechtzeitig, im Regelfall auf eine Entfernung von mindestens 100 m, erkennbar ist.

8   VI. Auf Autobahnen und autobahnähnlichen Straßen dürfen nicht mehr als 130 km/h angeordnet werden. Nur dort darf die Geschwindigkeit stufenweise herabgesetzt werden. Eine Geschwindigkeitsstufe soll höchstens 40 km/h betragen. Der Mindestabstand in Metern zwischen den unterschiedlichen Höchstgeschwindigkeiten soll das 10-fache der Geschwindigkeitsdifferenz in km/h betragen. Nach Streckenabschnitten ohne Beschränkung soll in der Regel als erste zulässige Höchstgeschwindigkeit 120 km/h angeordnet werden.

9   VII. Das Zeichen 274 mit Zusatzzeichen „bei Nässe" soll statt des Zeichens 114 dort angeordnet werden, wo das Gefahrzeichen als Warnung nicht ausreicht.

10   VIII. Innerhalb geschlossener Ortschaften kommt eine Anhebung der zulässigen Höchstgeschwindigkeit auf höchstens 70 km/h grundsätzlich nur auf Vorfahrtstraßen (Zeichen 306) in Betracht, auf denen benutzungspflichtige Radwege vorhanden sind und der Fußgängerquerverkehr durch Lichtzeichenanlagen sicher geführt wird. Für Linksabbieger sind Abbiegestreifen erforderlich.

11   IX. Zur Verwendung des Zeichens an Bahnübergängen vgl. Nummer IV 2 zu Zeichen 201; Randnummer 5 und an Arbeitsstellen vgl. die Richtlinien für die Sicherung von Arbeitsstellen an Straßen (RSA), die das Bundesministerium für Verkehr und digitale Infrastruktur im Einvernehmen mit den obersten Landesbehörden im Verkehrsblatt bekannt gibt.

12   X. Geschwindigkeitsbeschränkungen aus Gründen des Lärmschutzes dürfen nur nach Maßgabe der Richtlinien für straßenverkehrsrechtliche Maßnahmen zum Schutz der Bevölkerung vor Lärm (Lärmschutzrichtlinien – StV) angeordnet werden. Zur Lärmaktions- und Luftreinhalteplanung siehe Bundes-Immissionsschutzgesetz.

13   XI. Innerhalb geschlossener Ortschaften ist die Geschwindigkeit im unmittelbaren Bereich von an Straßen gelegenen Kindergärten, -tagesstätten, -krippen, -horten, allgemeinbildenden Schulen, Förderschulen für geistig oder körperlich behinderte Menschen, Alten- und Pflegeheimen oder Krankenhäusern in der Regel auf Tempo 30 km/h zu beschränken, soweit die Einrichtungen über einen direkten Zugang zur Straße verfügen oder im Nahbereich der Einrichtungen starker Ziel- und Quellverkehr mit all seinen kritischen Begleiterscheinungen (z. B. Bring- und Abholverkehr mit vielfachem Ein- und Aussteigen, erhöhter Parkraumsuchverkehr, häufige Fahrbahnquerungen durch Fußgänger, Pulkbildung von Radfahrern und Fußgängern) vorhanden ist. Dies gilt insbesondere auch auf klassifizierten Straßen (Bundes-, Landes- und Kreisstraßen) sowie auf weiteren Vorfahrtstraßen (Zeichen 306). Im Ausnahmefall kann auf die Absenkung der Geschwindigkeit verzichtet werden, soweit etwaige negative Auswirkungen auf den ÖPNV (z. B. Taktfahrplan) oder eine drohende Verkehrsverlagerung auf die Wohnenbenstraßen zu befürchten ist. In die Gesamtabwägung sind dann die Größe der Einrichtung und Sicherheitsgewinne durch Sicherheitseinrichtungen und Querungshilfen (z. B. Fußgängerüberwege, Lichtzeichenanlagen, Sperrgitter) einzubeziehen. Die streckenbezogene Anordnung ist auf den unmittelbaren Bereich der Einrichtung und insgesamt auf höchstens 300 m Länge zu begrenzen. Die beiden Fahrtrichtungen müssen dabei nicht gleich behandelt werden. Die Anordnungen sind, soweit Öffnungszeiten (einschließlich Nach- und Nebennutzungen) festgelegt wurden, auf diese zu beschränken.

Zu den Zeichen 274.1 und 274.2 Tempo-30-Zone

1   I. Vgl. Nummer XI zu § 45 Absatz 1 bis 1e.

2   II. Am Anfang einer Zone mit zulässiger Höchstgeschwindigkeit ist Zeichen 274.1 so aufzustellen, dass es bereits auf ausreichende Entfernung vor dem Einfahren in den Bereich wahrgenommen werden kann. Dazu kann es erforderlich sein, dass das Zeichen von Einmündungen oder Kreuzungen abgesetzt oder beidseitig aufgestellt wird. Abweichend von Nummer III 9 zu §§ 39 bis 43; Randnummer 28 empfiehlt es sich, das Zeichen 274.2 auf der Rückseite des Zeichens 274.1 aufzubringen.

3   III. Das Zeichen 274.2 ist entbehrlich, wenn die Zone in einen Fußgängerbereich (Zeichen 242.1) oder in einen verkehrsberuhigten Bereich (Zeichen 325.1) übergeht. Stattdessen sind die entsprechenden Zeichen des Bereichs anzuordnen, in den eingefahren wird.

4   IV. Zusätzliche Zeichen, die eine Begründung für die Zonengeschwindigkeitsbeschränkung enthalten, sind unzulässig.

Zu Zeichen 275 Vorgeschriebene Mindestgeschwindigkeit

1   I. Das Zeichen darf nur fahrstreifenbezogen, niemals aber auf dem rechten von mehreren Fahrstreifen, angeordnet werden.

2   II. Die vorgeschriebene Mindestgeschwindigkeit muss bei normalen Straßen-, Verkehrs- und Sichtverhältnissen unbedenklich sein.

3   III. Innerhalb geschlossener Ortschaften dürfen die Zeichen nicht angeordnet werden.

4   IV. Die Anordnung kann insbesondere auf drei- oder mehrstreifigen Richtungsfahrbahnen von Autobahnen aus Gründen der Leichtigkeit des Verkehrs in Betracht kommen.

Zu Zeichen 276 Überholverbot

1   I. Das Zeichen ist nur dort anzuordnen, wo die Gefährlichkeit des Überholens für den Fahrzeugführer nicht ausreichend erkennbar ist.

2   II. Wo das Überholen bereits durch Zeichen 295 unterbunden ist, darf das Zeichen nicht angeordnet werden.

3   III. Außerhalb geschlossener Ortschaften ist das Zeichen in der Regel auf beiden Straßenseiten aufzustellen.

4   IV. Zur Verwendung des Zeichens an Gefahrstellen vgl. Nummer I zu § 40; Randnummer 1.

Zu Zeichen 277 Überholverbot für Kraftfahrzeuge über 3,5 t

1   I. Das Zeichen soll nur auf Straßen mit erheblichem und schnellem Fahrverkehr angeordnet werden, wo der reibungslose Verkehrsablauf dies erfordert. Das kommt z. B. an Steigungs- und Gefällstrecken in Frage, auf denen Lastkraftwagen nicht mehr zügig überholen können; dabei ist maßgeblich die Stärke und Länge der Steigung oder des Gefälles; Berechnungen durch Sachverständige empfehlen sich.

2   II. Bei Anordnung von Lkw-Überholverboten auf Autobahnen und autobahnähnlich ausgebauten Straßen ist ergänzend Folgendes zu beachten:

    1. Bei Anordnung von Lkw-Überholverboten auf Landesgrenzen überschreitenden Autobahnen müssen die Auswirkungen auf den im anderen Bundesland angrenzenden Streckenabschnitt berücksichtigt werden.

3   2. Auf Autobahnen empfehlen sich LKW-Überholverbote an unfallträchtigen Streckenabschnitten (z. B. an Steigungs- oder Gefällstrecken, Ein- und Ausfahrten oder vor Fahrstreifeneinziehung von links).

4   3. Auf zweistreifigen Autobahnen können darüber hinaus Überholverbote – auch z. B. auf längeren Strecken – in Betracht kommen, wenn bei hohem Verkehrsaufkommen durch häufiges Überholen von Lkw die Geschwindigkeit auf dem Überholstreifen deutlich vermindert wird und es dadurch zu einem stark gestörten Verkehrsfluss kommt, durch den die Verkehrssicherheit beeinträchtigt werden kann.

5   4. Unter Beachtung des Grundsatzes der Verhältnismäßigkeit kann das Überholverbot auf Fahrzeuge mit einem höheren zulässigen Gesamtgewicht als 3,5 t beschränkt werden, insbesondere an Steigungsstrecken. Wenn das Verkehrsaufkommen und die Fahrzeugzusammensetzung kein ganztägiges Überholverbot erfordern, kommt eine Beschränkung des Überholverbots auf bestimmte Tageszeiten in Betracht. Von dem Überholverbot können auf Autobahnen und Kraftfahrstraßen Wohnmobile mit einer zulässigen Gesamtmasse über 3,5 t bis 7,5 t auf Steigungsstrecken ausgenommen werden, auf denen der durch die 12. Ausnahmeverordnung zur StVO eingeräumte Geschwindigkeitsvorteil besonders zum Tragen kommt.

6   III. Aufgrund der bei Überholmanövern in Tunneln von LKW ausgehenden Gefahr sollte in Tunneln mit mehr als einem Fahrstreifen in jeder Richtung ein LKW-Überholverbot angeordnet werden. Von einer Anordnung des Zeichens kann abgesehen werden, wenn nachgewiesen wird, dass hiervon keine negativen Auswirkungen auf die Verkehrssicherheit ausgehen.

Zu den Zeichen 274, 276 und 277

1   I. Die Zeichen sind nur dort anzuordnen, wo Gefahrzeichen oder Richtungstafeln (Zeichen 625) nicht ausreichen würden, um eine der Situation angepasste Fahrweise zu erreichen. Die Zeichen können dann mit Gefahrzeichen kombiniert werden, wenn

2   1. ein zusätzlicher Hinweis auf die Art der bestehenden Gefahr für ein daran orientiertes Fahrverhalten im Einzelfall unerlässlich ist oder

3   2. aufgrund dieser Verkehrszeichenkombination eine Kennzeichnung des Endes der Verbotsstrecke entbehrlich wird (vgl. Erläuterung zu den Zeichen 278 bis 282).

4   II. Gelten diese Verbote für eine längere Strecke, kann die jeweilige Länge der restlichen Verbotsstrecke auf einem Zusatzzeichen 1001 angegeben werden.

5   III. Die Zeichen 274, 276 und 277 sollen hinter solchen Kreuzungen und Einmündungen wiederholt werden, an denen mit dem Einbiegen ortsunkundiger Kraftfahrer zu rechnen ist. Wo in-

nerhalb geschlossener Ortschaften durch das Zeichen 274 eine Geschwindigkeit über 50 km/h zugelassen ist, genügt dagegen dessen Wiederholung in angemessenen Abständen. Grundsätzlich richten sich die Abstände, in denen die Zeichen zu wiederholen sind, nach den jeweiligen Verkehrsverhältnissen und der Verkehrssituation. Auf Autobahnen empfiehlt es sich in der Regel, die Zeichen nach 1 000 m zu wiederholen.

6   IV. Vgl. auch Nummer IV zu § 41; Randnummer 4 und über die Zustimmungsbedürftigkeit Nummer III 1 c und e zu § 45 Absatz 1 bis 1 e; Randnummer 6 und 8.

Zu den Zeichen 274 bis 282

(aufgehoben)

Zu den Zeichen 278 bis 282 Ende der Streckenverbote

(aufgehoben)

Zu Zeichen 283 Absolutes Haltverbot

1   I. Das Haltverbot darf nur in dem Umfang angeordnet werden, in dem die Verkehrssicherheit, die Flüssigkeit des Verkehrs oder der öffentliche Personennahverkehr es erfordert. Deshalb ist stets zu prüfen, ob eine tages- oder wochenzeitliche Beschränkung durch Zusatzzeichen anzuordnen ist.

2   II. Befindet sich innerhalb einer Haltverbotsstrecke eine Haltestelle (Zeichen 224), ist ein Zusatzzeichen, das Linienomnibussen das Halten zum Fahrgastwechsel erlaubt, überflüssig.

Zu Zeichen 286 Eingeschränktes Haltverbot

1   I. Das Zeichen ist dort anzuordnen, wo das Halten die Sicherheit und Flüssigkeit des Verkehrs zwar nicht wesentlich beeinträchtigt, das Parken jedoch nicht zugelassen werden kann, ausgenommen für das Be- und Entladen sowie das Ein- und Aussteigen. Das Verbot ist in der Regel auf bestimmte Zeiten zu beschränken (z. B. „9–12 h" oder „werktags").

2   II. Durch ein Zusatzzeichen können bestimmte Verkehrsarten vom Haltverbot ausgenommen werden.

3   III. Zum Bewohnerbegriff vgl. Nummer X 7 zu § 45 Absatz 1 bis 1 e; Randnummer 35.

4   IV. Zur Bevorrechtigung von elektrisch betriebenen Fahrzeugen wird auf die VwV zu § 45 Absatz 1g verwiesen. Zeichen 286 soll nur in begründeten Einzelfällen angeordnet werden.

Zu den Zeichen 283 und 286

1   I. Den Anfang einer Verbotsstrecke durch einen zur Fahrbahn weisenden Pfeil zu kennzeichnen, ist zumindest dann zweckmäßig, wenn wiederholte Zeichen aufgestellt sind oder das Ende der Verbotsstrecke gekennzeichnet ist. Eine Wiederholung innerhalb der Verbotsstrecke ist nur angezeigt, wenn ohne sie dem Sichtbarkeitsprinzip nicht Rechnung getragen würde.

2   II. Das Ende der Verbotsstrecke ist zu kennzeichnen, wenn Verbotszeichen wiederholt aufgestellt sind oder wenn die Verbotsstrecke lang ist. Das gilt nicht, wenn die Verbotsstrecke an der nächsten Kreuzung oder Einmündung endet oder eine andere Regelung für den ruhenden Verkehr durch Verkehrszeichen unmittelbar anschließt.

3   III. Verbotszeichen mit Pfeilen sind im spitzen Winkel zur Fahrbahn anzubringen.

Zu den Zeichen 290.1 und 290.2 Beginn und Ende eines eingeschränkten Haltverbots für eine Zone

1   I. Die Zeichen sind so aufzustellen, dass sie auch für den einbiegenden Verkehr sichtbar sind, ggf. auf beiden Straßenseiten.

2   II. Soll das Kurzzeitparken in der gesamten Zone oder in ihrem überwiegenden Teil zugelassen werden, sind nicht Zeichen 290.1, 290.2, sondern Zeichen 314.1, 314.2 anzuordnen.

Zu Bild 291 Parkscheibe

(aufgehoben)

Zu Anlage 2 Abschnitt 9 Markierungen

Vgl. § 39 und VwV zu den §§ 39 bis 43, insbesondere Randnummer 49 ff.

Zu Zeichen 293 Fußgängerüberweg

Vgl. zu § 26.

Zu Zeichen 295 Fahrstreifenbegrenzung und Fahrbahnbegrenzung

Zu Nummer 1 Fahrstreifenbegrenzung

1   I. Das Zeichen ist zur Trennung des für den Gegenverkehr bestimmten Teils der Fahrbahn in der Regel dann anzuordnen, wenn die Straße mehr als einen Fahrstreifen je Richtung aufweist. In diesen Fällen ist die Fahrstreifenbegrenzung in der Regel als Doppellinie auszubil-

den. Auf Straßen mit nur einem Fahrstreifen je Richtung ist das Zeichen nur dann anzuordnen, wenn das Befahren des für den Gegenverkehr bestimmten Teils der Fahrbahn aus Verkehrssicherheitsgründen nicht zugelassen werden kann. In diesen Fällen soll zuvor eine Leitlinie von ausreichender Länge angeordnet werden, deren Striche länger sein müssen als ihre Lücken (Warnlinie). Die durchgehende Linie ist dort zu unterbrechen, wo das Linksab- und -einbiegen zugelassen werden soll. Soll das Linksab- oder -einbiegen nur aus einer Fahrtrichtung zugelassen werden, ist an diesen Stellen die einseitige Fahrstreifenbegrenzung (Zeichen 296) anzuordnen.

2   II. Zeichen 295 ist außerdem anzuordnen, wenn mehrere Fahrstreifen für den gleichgerichteten Verkehr vorhanden sind, ein Fahrstreifenwechsel jedoch verhindert werden soll. Die Fahrstreifen müssen dann mindestens 3 m breit sein.

3   III. In den übrigen Fällen reicht eine Abgrenzung vom Gegenverkehr durch eine Leitlinie (Zeichen 340) aus.

4   IV. Wegen der Zustimmungsbedürftigkeit vgl. Nummer III 1c zu § 45 Absatz 1 bis 1 e; Randnummer 6.

Zu Nummer 2 Fahrbahnbegrenzung

5   Außerhalb geschlossener Ortschaften ist auf Straßen zumindest bei starkem Kraftfahrzeugverkehr der Fahrbahnrand zu markieren.

Zu Zeichen 297.1 Vorankündigungspfeil

1   I. Aus Gründen der besseren Erkennbarkeit für den Kraftfahrer wird empfohlen, zur Ankündigung des Endes eines Fahrstreifens eine abweichende Ausführung des Pfeils zu verwenden. Diese gibt das Bundesministerium für Verkehr und digitale Infrastruktur nach Anhörung der zuständigen obersten Landesbehörden im Verkehrsblatt bekannt.

2   II. Auf Nummer IV zu §§ 39 bis 43 Allgemeines über Verkehrszeichen und Verkehrseinrichtungen wird verwiesen.

Zu Anlage 2 lfd. Nummer 74 Parkflächenmarkierungen

1   I. Eine Parkflächenmarkierung ist an Parkuhren vorzunehmen und überall dort, wo von der vorgeschriebenen Längsaufstellung abgewichen werden soll oder das Gehwegparken ohne Anordnung des Zeichens 315 zugelassen werden soll. Die erkennbare Abgrenzung der Parkflächen kann mit Markierungen, Markierungsknopfreihen oder durch eine abgesetzte Pflasterlinie erfolgen. In der Regel reicht eine Kennzeichnung der Parkstandsecken aus.

2   II. Das Parken auf Gehwegen darf nur zugelassen werden, wenn genügend Platz für den unbehinderten Verkehr von Fußgängern gegebenenfalls mit Kinderwagen oder Rollstuhlfahrern auch im Begegnungsverkehr bleibt, die Gehwege und die darunter liegenden Leitungen durch die parkenden Fahrzeuge nicht beschädigt werden können und der Zugang zu Leitungen nicht beeinträchtigt werden kann sowie die Bordsteine ausreichend abgeschrägt und niedrig sind. Die Zulassung des Parkens durch Markierung auf Gehwegen ist dort zu erwägen, wo nur wenigen Fahrzeugen das Parken erlaubt werden soll; sonst ist die Anordnung des Zeichens 315 ratsam.

Zu Zeichen 299 Grenzmarkierung für Halt- und Parkverbote

1   I. Vgl. zu § 12 Absatz 3 Nummer 1; Randnummer 2.

2   II. Die Markierung kann auch vor und hinter Kreuzungen oder Einmündungen überall dort angeordnet werden, wo das Parken auf mehr als 5 m verboten werden soll. Sie kann ferner angeordnet werden, wo ein Haltverbot an für die Verkehrssicherheit bedeutsamen Stellen verlängert werden muss, z. B. an Fußgängerüberwegen. Die Markierung ist nicht an Stellen anzuwenden, an denen sich Halt- und Parkverbote sonst nicht durchsetzen lassen.

3   III. Bei gesetzlichen Halt- oder Parkverboten reicht es in der Regel aus, nur den Beginn und das Ende bzw. den Bereich der Verlängerung durch eine kombinierte waagerechte und abgeknickte Linie zu markieren.

Zu Nummer 9

(aufgehoben)

Zu Absatz 4

(aufgehoben)

Zu § 42 Richtzeichen

Zu Zeichen 301 Vorfahrt

1   I. Das Zeichen steht unmittelbar vor der Kreuzung oder Einmündung.

2   II. An jeder Kreuzung und Einmündung, vor der das Zeichen steht, muss auf der anderen Straße das Zeichen 205 oder das Zeichen 206 angeordnet werden.

König 1157

3   III. Das Zusatzzeichen für die abknickende Vorfahrt (hinter Zeichen 306) darf nicht zusammen mit dem Zeichen 301 angeordnet werden.

4   IV. Das Zeichen ist für Ortsdurchfahrten und Hauptverkehrsstraße nicht anzuordnen. Dort ist das Zeichen 306 zu verwenden. Im Übrigen ist innerhalb geschlossener Ortschaften das Zeichen 301 nicht häufiger als an drei hintereinander liegenden Kreuzungen oder Einmündungen zu verwenden. Sonst ist das Zeichen 306 zu verwenden. Eine Abweichung von dem Regelfall ist nur angezeigt, wenn die Bedürfnisse des Buslinienverkehrs in Tempo-30-Zonen dies zwingend erfordern.

5   V. Über Kreisverkehr vgl. zu Zeichen 215.

Zu den Zeichen 306 und 307 Vorfahrtstraße und Ende der Vorfahrtstraße

1   I. Innerhalb geschlossener Ortschaften ist die Vorfahrt für alle Straßen des überörtlichen Verkehrs (Bundes-, Landes- und Kreisstraßen) und weitere für den innerörtlichen Verkehr wesentliche Hauptverkehrsstraßen grundsätzlich unter Verwendung des Zeichens 306 anzuordnen (vgl. zu § 45 Absatz 1 bis 1e).

2   II. Das Zeichen 306 steht in der Regel innerhalb geschlossener Ortschaften vor der Kreuzung oder Einmündung, außerhalb geschlossener Ortschaften dahinter.

3   III. An jeder Kreuzung und Einmündung im Zuge einer Vorfahrtstraße muss für die andere Straße das Zeichen 205 oder Zeichen 206 angeordnet werden; siehe aber auch § 10.

4   IV. 1. Das Zeichen 306 mit dem Zusatzzeichen „abknickende Vorfahrt" ist immer vor der Kreuzung oder Einmündung anzubringen. Über die Zustimmungsbedürftigkeit vgl. Nummer III 1 Buchstabe a zu § 45 Absatz 1 bis 1e; Randnummer 4.

5   2. Die abknickende Vorfahrt ist nur anzuordnen, wenn der Fahrzeugverkehr in dieser Richtung erheblich stärker ist als in der Geradeausrichtung. Der Verlauf der abknickenden Vorfahrt muss deutlich erkennbar sein (Markierungen, Vorwegweiser).

6   3. Treten im Bereich von Kreuzungen oder Einmündungen mit abknickender Vorfahrt Konflikte mit dem Fußgängerverkehr auf, ist zum Schutz der Fußgänger das Überqueren der Fahrbahn durch geeignete Maßnahmen zu sichern, z. B. durch Lichtzeichenregelung für die Kreuzung oder Einmündung oder Geländer.

7   V. Wird eine weiterführende Vorfahrtstraße an einer Kreuzung oder Einmündung durch Zeichen 205 oder 206 unterbrochen, darf das Zeichen 307 nicht aufgestellt werden. Zeichen 306 darf in diesem Fall erst an der nächsten Kreuzung oder Einmündung wieder angeordnet werden.

8   VI. Endet eine Vorfahrtstraße außerhalb geschlossener Ortschaften, sollen in der Regel sowohl das Zeichen 307 als auch das Zeichen 205 oder das Zeichen 206 angeordnet werden. Innerhalb geschlossener Ortschaften ist das Zeichen 307 entbehrlich. Anstelle des Zeichens 307 kann auch das Zeichen 205 mit Entfernungsangabe als Vorankündigung angeordnet werden.

Zu den Zeichen 301 bis 308

(aufgehoben)

Zu Zeichen 308 Vorrang vor dem Gegenverkehr

1   Das Zeichen steht vor einer verengten Fahrbahn. Am anderen Ende der Verengung muss das Zeichen 208 angeordnet werden (Vgl. zu Zeichen 208, Randnummer 3).

Zu den Zeichen 310 und 311 Ortstafel

1   I. Die Zeichen sind ohne Rücksicht auf Gemeindegrenze und Straßenbaulast in der Regel dort anzuordnen, wo ungeachtet einzelner unbebauter Grundstücke die geschlossene Bebauung auf einer der beiden Seiten der Straße für den ortseinwärts Fahrenden erkennbar beginnt. Eine geschlossene Bebauung liegt vor, wenn die anliegenden Grundstücke von der Straße erschlossen werden.

2   II. Die Zeichen sind auf der für den ortseinwärts Fahrenden rechten Straßenseite so anzuordnen, dass sie auch der ortsauswärts Fahrende deutlich erkennen kann. Ist das nicht möglich, ist die Ortstafel auch links anzubringen.

3   III. Die Ortstafel darf auch auf unbedeutenden Straßen für den allgemeinen Verkehr nicht fehlen.

4   IV. Das Zeichen 310 nennt den amtlichen Namen der Ortschaft und den Verwaltungsbezirk. Die Zusätze „Stadt", „Kreisstadt", „Landeshauptstadt" sind zulässig. Die Angabe des Verwaltungsbezirks hat zu unterbleiben, wenn dieser den gleichen Namen wie die Ortschaft hat (z. B. Stadtkreis). Ergänzend auch den höheren Verwaltungsbezirk zu nennen, ist nur dann zulässig, wenn dies zur Vermeidung einer Verwechslung nötig ist. Andere Zusätze sind nur zulässig, wenn es sich um Bestandteile des amtlichen Ortsnamens oder Titel handelt, die auf Grund allgemeine kommunalrechtlicher Vorschriften amtlich verliehen worden sind.

5   V. Das Zeichen 311 nennt auf der unteren Hälfte den Namen der Ortschaft oder des Ortsteils, die oder der verlassen wird. Angaben über den Verwaltungsbezirk sowie die in Nummer IV genannten zusätzlichen Bezeichnungen braucht das Zeichen 311 nicht zu enthalten. Die

obere Hälfte des Zeichens 311 nennt den Namen der nächsten Ortschaft bzw. des nächsten Ortsteiles. An Bundesstraßen kann stattdessen das nächste Nahziel nach dem Fern- und Nahzielverzeichnis gewählt werden. Unter dem Namen der nächsten Ortschaft bzw. des nächsten Ziels ist die Entfernung in ganzen Kilometern anzugeben.

6 VI. Durch die Tafel können auch Anfang und Ende eines geschlossenen Ortsteils gekennzeichnet werden. Sie nennt dann am Anfang entweder unter dem Namen der Gemeinde den des Ortsteils in verkleinerter Schrift, z. B. „Stadtteil Pasing", „Ortsteil Parksiedlung" oder den Namen des Ortsteils und darunter in verkleinerter Schrift den der Gemeinde mit dem vorgeschalteten Wort: „Stadt" oder „Gemeinde". Die zweite Fassung ist dann vorzuziehen, wenn zwischen den Ortsteilen einer Gemeinde eine größere Entfernung liegt. Die erste Fassung sollte auch dann, wenn die Straße nicht unmittelbar dorthin führt, nicht gewählt werden.

7 VII. Gehen zwei geschlossene Ortschaften ineinander über und müssen die Verkehrsteilnehmer über deren Namen unterrichtet werden, sind die Ortstafeln für beide etwa auf gleicher Höhe aufzustellen. Deren Rückseiten sind freizuhalten.

8 VIII. Andere Angaben als die hier erwähnten, wie werbende Zusätze, Stadtwappen, sind auf Ortstafeln unzulässig.

Zu Zeichen 314 Parken

1 I. Das Zeichen ist bei der Kennzeichnung von Parkplätzen im Regelfall an deren Einfahrt anzuordnen.

2 II. Zur Kennzeichnung der Parkerlaubnis auf Seitenstreifen oder am Fahrbahnrand ist es nur anzuordnen, wenn
3 a) 3 dort das erlaubte Parken durch Zusatzzeichen beschränkt werden soll oder
b) für Verkehrsteilnehmer nicht erkennbar ist, dass dort geparkt werden darf, und eine Parkflächenmarkierung nicht in Betracht kommt.

4 III. Als Hinweis auf größere öffentlich oder privat betriebene Parkplätze und Parkhäuser ist es nur dann anzuordnen, wenn deren Zufahrt für die Verkehrsteilnehmer nicht eindeutig erkennbar ist, aber nur im unmittelbare Bereich dieser Zufahrt. Durch zwei weiße dachförmig aufeinander zuführende Schrägbalken über dem „P" kann angezeigt werden, dass es sich um ein Parkhaus handelt. Nicht amtliche Zusätze im unteren Teil des Zeichens mit der Angabe „frei", „besetzt" oder der freien Zahl von Parkständen bzw. Stellplätzen sind zulässig.

5 IV. Durch Zusatzzeichen mit dem Sinnbild eines Fahrrades kann auf Parkflächen für Fahrräder hingewiesen werden.

6 V. Zur Bevorrechtigung von elektrisch betriebenen Fahrzeugen wird auf die VwV zu § 45 Absatz 1g verwiesen.

Zu Zeichen 314.1 und 314.2 Parkraumbewirtschaftungszone

1 Das Zeichen ist dann anzuordnen, wenn in einem zusammenhängenden Bereich mehrerer Straßen ganz oder überwiegend das Parken nur mit Parkschein oder mit Parkscheibe zugelassen werden soll. Die Art des zulässigen Parkens ist durch Zusatzzeichen anzugeben. Innerhalb der Zone kann an einzelnen bestimmten Stellen das Halten oder Parken durch Zeichen 283 oder 286 verboten werden. Vgl. auch Nummer II zu den Zeichen 290.1 und 290.2; Randnummer 2.

Zu Zeichen 315 Parken auf Gehwegen

1 I. Das Parken auf Gehwegen darf nur zugelassen werden, wenn genügend Platz für den unbehinderten Verkehr von Fußgängern gegebenenfalls mit Kinderwagen oder Rollstuhlfahrern auch im Begegnungsverkehr bleibt, die Gehwege und die darunter liegenden Leitungen durch die parkenden Fahrzeuge nicht beschädigt werden können und der Zugang zu Leitungen nicht beeinträchtigt werden kann.

2 II. Im Übrigen vgl. II zu Parkflächenmarkierungen (lfd. Nummer 74 der Anlage 2).

3 III. Zur Bevorrechtigung von elektrisch betriebenen Fahrzeugen wird auf die VwV zu § 45 Absatz 1g verwiesen.

Zu Zeichen 317 Wandererparkplatz

(aufgehoben)

Zu Bild 318 Parkscheibe

1 Einzelheiten über die Ausgestaltung der Parkscheibe gibt das Bundesministerium für Verkehr und digitale Infrastruktur im Einvernehmen mit den zuständigen obersten Landesbehörden im Verkehrsblatt bekannt.

Zu den Zeichen 325.1 und 325.2 Verkehrsberuhigter Bereich

1 I. Ein verkehrsberuhigter Bereich kann für einzelne Straßen oder Bereiche in Betracht kommen. Die Straßen oder Bereiche dürfen nur von sehr geringem Verkehr frequentiert werden und sie müssen über eine überwiegende Aufenthaltsfunktion verfügen. Solche Straßen oder Bereiche können auch in Tempo 30-Zonen integriert werden.

2   II. Die mit Zeichen 325.1 gekennzeichneten Straßen oder Bereiche müssen durch ihre besondere Gestaltung den Eindruck vermitteln, dass die Aufenthaltsfunktion überwiegt und der Fahrzeugverkehr eine untergeordnete Bedeutung hat. In der Regel wird ein niveaugleicher Ausbau für die ganze Straßenbreite erforderlich sein.

3   III. Zeichen 325.1 darf nur angeordnet werden, wenn Vorsorge für den ruhenden Verkehr getroffen ist.

4   IV. Zeichen 325.1 ist so aufzustellen, dass es aus ausreichender Entfernung wahrgenommen werden kann; erforderlichenfalls ist es von der Einmündung in die Hauptverkehrsstraße abzurücken oder beidseitig aufzustellen.

5   V. Mit Ausnahme von Parkflächenmarkierungen sollen in verkehrsberuhigten Bereichen keine weiteren Verkehrszeichen angeordnet werden. Die zum Parken bestimmten Flächen sollen nicht durch Zeichen 314 gekennzeichnet werden, sondern durch Markierung, die auch durch Pflasterwechsel erzielt werden kann.

Zu Zeichen 327 Tunnel

1   I. Das Zeichen ist an jeder Tunneleinfahrt anzuordnen. Bei einer Tunnellänge von mehr als 400 m ist der Name des Tunnels und die Tunnellänge mit „... m (km)" anzugeben. In der Regel erfolgt dies durch Angabe im Zeichen unterhalb des Sinnbildes. Bei einer Tunnellänge von weniger als 400 m ist die Angabe des Namens nur notwendig, wenn besondere Umstände dies erfordern.

2   II. Bei einem Tunnel von mehr als 3000 m Länge ist alle 1000 m die noch zurückzulegende Tunnelstrecke durch die Angabe „noch ..." anzuzeigen.

3   III. Das Zeichen kann zusätzlich in ausreichendem Abstand vor dem Tunnel mit dem Hinweis „Tunnel in ... m" in dem Zeichen oder durch Zusatzzeichen 1004 angeordnet werden.

Zu Zeichen 328 Nothalte- und Pannenbucht

1   I. Das Zeichen steht am Beginn einer Nothalte- und Pannenbucht. Bei besonderen örtlichen und verkehrlichen Gegebenheiten kann Zeichen 328 aus als Vorankündigung in ausreichendem Abstand (z. B. in Tunnel ca. 300 m) vor einer Nothalte- und Pannenbucht aufgestellt werden; dann ist zum Zeichen 328 das Zusatzzeichen 1004 („in ... m") anzubringen.

2   II. Hinsichtlich der Anordnung des Zeichens Notrufsäule (Zeichen 365-51) wird auf die Richtlinien für die Ausstattung und den Betrieb von Straßentunneln (RABT) verwiesen.

Zu Zeichen 330.1 Autobahn

1   I. Das Zeichen ist sowohl am Beginn der Autobahn als auch an jeder Anschlußstellenzufahrt aufzustellen. In der Regel muß es am Beginn der Zufahrt aufgestellt werden.

2   II. Das Zeichen darf auch an Straßen aufgestellt werden, die nicht als Bundesautobahnen nach dem Bundesfernstraßengesetz gewidmet sind, wenn diese Straßen für Schnellverkehr geeignet sind, frei von höhengleichen Kreuzungen sind, getrennte Fahrbahnen für den Richtungsverkehr haben und mit besonderen Anschlußstellen für die Zu- und Ausfahrten ausgestattet sind. Voraussetzung ist aber, dass für den Verkehr, der Autobahnen nicht befahren darf, andere Straßen, deren Benutzung zumutbar ist, und für die Anlieger anderweitige Ein- und Ausfahrten zur Verfügung stehen.

Zu Zeichen 330.1, 331.1, 330.2 und 331.2

1   Über die Zustimmungsbedürftigkeit vgl. Nummer III 1 a zu § 45 Absatz 1 bis 1 e; Randnummer 4. Ist die oberste Landesbehörde nicht zugleich oberste Landesbehörde für den Straßenbau, muss auch diese zustimmen.

Zu Zeichen 330.2 und 331.2 Ende der Autobahn und Kraftfahrstraße

1   I. Das jeweilige Zeichen ist am Ende der Autobahn oder der Kraftfahrstraße und an allen Ausfahrten der Anschlussstellen anzuordnen, wobei eine Vorankündigung in aller Regel entbehrlich ist.

2   II. Das jeweilige Zeichen entfällt, wenn die Autobahn unmittelbar in eine Kraftfahrstraße übergeht oder umgekehrt. Dann ist stattdessen Zeichen 330.1 oder 331.1 anzuordnen.

Zu Zeichen 331.1 Kraftfahrstraße

1   I. Voraussetzung für die Anordnung des Zeichens ist, dass für den Verkehr, der Kraftfahrstraßen nicht befahren darf, andere Straßen, deren Benutzung zumutbar ist, zur Verfügung stehen.

2   II. Das Zeichen ist an allen Kreuzungen und Einmündungen zu wiederholen.

Zu Zeichen 332 Ausfahrt von der Autobahn

(aufgehoben)

Zu Zeichen 332.1 Ausfahrt von der Kraftfahrstraße

Vgl. Nummer III VwV zu den Zeichen 332, 448, 449 und 453; Randnummer 4.

Zu den Zeichen 332 und 333

(aufgehoben)

Zu Zeichen 333 Ausfahrt von der Autobahn

1 Außerhalb von Autobahnen darf das Zeichen nur an einer autobahnähnlich ausgebauten Straße (vgl. Nummer II zu Zeichen 330.1; Randnummer 2) angeordnet werden. Dann hat das Zeichen entweder einen gelben oder – sofern es Zeichen 332 in weiß mit Zielen gemäß Zeichen 432 folgt – weißen Grund. Die Schrift und der Rand sind schwarz.

Zu Zeichen 334 Ende der Autobahn

(aufgehoben)

Zu den Zeichen 330, 332 bis 334 und 448 bis 453

(aufgehoben)

Zu Zeichen 336 Ende der Kraftfahrstraße

(aufgehoben)

Zu den Zeichen 330, 331, 334 und 336

(aufgehoben)

Zu Anlage 3 Abschnitt 8 Markierungen

1 Vgl. § 39 und VwV zu den §§ 39 bis 43.

Zu Zeichen 340 Leitlinie

1 I. Der für den Gegenverkehr bestimmte Teil der Fahrbahn ist in der Regel durch Leitlinien (Zeichen 340) zu markieren, auf Fahrbahnen mit zwei oder mehr Fahrstreifen für jede Richtung durch Fahrstreifenbegrenzungen (Zeichen 295). Die Fahrstreifenbegrenzung sollte an Grundstückszufahrten nur dann unterbrochen werden, wenn andernfalls für den Anliegerverkehr unzumutbare Umwege oder sonstige Unzuträglichkeiten entstehen; wenn es erforderlich ist, das Linksabbiegen zu einem Grundstück zuzulassen, das Linksabbiegen aus diesem Grundstück aber verboten werden soll, kommt gegebenenfalls die Anbringung einer einseitigen Fahrstreifenbegrenzung (Zeichen 296) in Frage. Fahrstreifenbegrenzungen sind nicht zweckmäßig, wenn zu gewissen Tageszeiten Fahrstreifen für den Verkehr aus der anderen Richtung zur Verfügung gestellt werden müssen. Vgl. § 37 Absatz 3.

2 II. Schutzstreifen für Radfahrer

   1. Die Leitlinie für Schutzstreifen ist im Verhältnis Strich/Lücke 1:1 zu markieren und auf vorfahrtberechtigten Straßen an Kreuzungen und Einmündungen als Radverkehrsführung fortzusetzen.

3 2. Auf die Markierung einer Leitlinie in Fahrbahnmitte ist zu verzichten, wenn abzüglich Schutzstreifen der verbleibende Fahrbahnanteil weniger als 5,50 m breit ist.

4 3. Zu Schutzstreifen vgl. auch zu Nummer I 5 zu § 2 Absatz 4 Satz 2.

5 III. Leitlinien sind nach den Richtlinien für die Markierung von Straßen (RMS) auszuführen. Vgl. zu Markierungen (Anlage 3).

6 IV. Vgl. auch Nummer I zu § 7 Absatz 1 bis 3.

Zu Zeichen 341 Wartelinie

Die Wartelinie darf nur dort angeordnet werden,

1 1. wo das Zeichen 205 anordnet: „Vorfahrt gewähren.",

2 2. wo Linksabbieger den Gegenverkehr durchfahren lassen müssen,

3 3. wo vor einer Lichtzeichenanlage, vor dem Zeichen 294 oder vor einem Bahnübergang eine Straße oder Zufahrt einmündet; in diesen Fällen ist die Anordnung des Zusatzzeichens „bei Rot hier halten" im Regelfall entbehrlich.

Zu § 42 Abs. 6 Nr. 3 Schriftzeichen und Wiedergabe von Verkehrsschildern auf der Fahrbahn

(aufgehoben)

Zu Zeichen 350 Fußgängerüberweg

1 Das Zeichen darf nicht in Kombination mit anderen Zeichen aufgestellt werden.

Zu Zeichen 353 Einbahnstraße

(aufgehoben)

Zu Zeichen 354 Wasserschutzgebiet

1 I. Es ist an den Grenzen der Einzugsgebiete von Trinkwasser und von Heilquellen auf Straßen anzuordnen, auf denen Fahrzeuge mit wassergefährdender Ladung häufig fahren. In der Re-

gel ist die Länge der Strecke, die durch das Wasserschutzgebiet führt, auf einem Zusatzzeichen (§ 40 Abs. 4) anzugeben.

2   II. Nummer I zu Zeichen 269 gilt auch hier.

3   III. Vgl. auch Nummer II zu Zeichen 269.

4   IV. Es empfiehlt sich, das Zeichen voll retroreflektierend auszuführen.

Zu Zeichen 355 Fußgängerunter- oder -überführung

(aufgehoben)

Zu Zeichen 356 Verkehrshelfer

1   I. Verkehrshelfer sind Schülerlotsen, Schulweghelfer oder andere Helfer für den Fußgängerverkehr.

2   II. An Lichtzeichenanlagen und Fußgängerüberwegen ist das Zeichen nicht anzuordnen.

Zu Zeichen 357 Sackgasse

1   I. Das Zeichen ist nur anzuordnen, wenn die Straße nicht ohne Weiteres als Sackgasse erkennbar ist.

2   II. Ist die Durchlässigkeit einer Sackgasse für Radfahrer und Fußgänger nicht ohne Weiteres erkennbar, ist im oberen Teil des Zeichens je nach örtlicher Gegebenheit ein Sinnbild für „Fußgänger" oder „Fahrrad" in verkleinerter Ausführung in das Zeichen zu integrieren.

Zu Zeichen 358 Erste Hilfe

1   I. Das Zeichen zeigt stets das rote Kreuz ohne Rücksicht darauf, wer den Hilfsposten eingerichtet hat.

2   II. Es darf nur verwendet werden zum Hinweis auf regelmäßig besetzte Posten.

Zu Zeichen 359 Pannenhilfe

(aufgehoben)

Zu Zeichen 363 Polizei

1   Das Zeichen darf nur für Straßen mit einem erheblichen Anteil ortsfremden Verkehrs und nur dann angeordnet werden, wenn die Polizeidienststelle täglich über 24 Stunden besetzt oder eine Sprechmöglichkeit vorhanden ist.

Zu den Zeichen 375 bis 377 Autobahnhotel usw.

(aufgehoben)

Zu den Zeichen 380 Richtgeschwindigkeit und Zeichen 381 Ende der Richtgeschwindigkeit

(aufgehoben)

Zu Zeichen 385 Ortshinweistafel

1   Das Zeichen ist nur dann anzuordnen, wenn der Name der Ortschaft nicht bereits aus der Wegweisung ersichtlich ist.

Zu Zeichen 386.1, 386.2 und 386.3 Touristischer Hinweis, touristische Route und touristische Unterrichtungstafel

1   I. Touristische Beschilderungen mit den Zeichen 386.1 bis 386.3 dürfen nur äußerst sparsam angeordnet werden. Durch sie darf die Auffälligkeit, Erkennbarkeit und Lesbarkeit anderer Verkehrszeichen nicht beeinträchtigt werden. Die Zeichen 386.2 und 386.3 dürfen nicht zusammen mit anderen Verkehrszeichen aufgestellt werden.

2   II. Die Zeichen 386.1 und 386.2 können neben einer kennzeichnenden auch eine wegweisende Funktion erfüllen. Als Wegweiser soll Zeichen 386.2 nur dazu eingesetzt werden, den Verlauf touristischer Routen zu kennzeichnen, dem Prinzip von Umleitungsbeschilderungen entsprechend.

3   III. Im Hinblick auf die Anordnung touristischer Beschilderung sollen die touristisch bedeutsamen Ziele und touristischen Routen unter Beteiligung von Interessenvertretern des Tourismus und anderen interessierten Verbänden von der Straßenverkehrsbehörde festgelegt werden. Zu beteiligen sind von Seiten der Behörden vor allem die Straßenbaubehörde, die für den Tourismus zuständige Behörde, die Denkmalbehörde, die Forstbehörde.

4   IV. Die Ausgestaltung und Aufstellung der Zeichen richtet sich nach den Richtlinien für touristische Beschilderung (RtB). Die Fundstelle gibt das zuständige Bundesministerium bekannt.

Zu Zeichen 388 Seitenstreifen nicht befahrbar

(aufgehoben)

Zu Zeichen 390.1 Mautpflicht nach dem Bundesfernstraßenmautgesetz

1 I. Die Anordnung des Verkehrszeichens ist nur an den der Mautpflicht unterliegenden Straßenabschnitten erforderlich, welche nicht unmittelbar an eine Bundesautobahn oder mittelbar über eine andere mautpflichtige Bundesstraße an eine Bundesautobahn angebunden sind oder unmittelbar oder mittelbar an solche anschließen („Insellage").

2 II. Das Zeichen ist beidseitig am Beginn der mautpflichtigen Strecke und zusätzlich ca. 800 m vor der letzten Ausfahrt vor Beginn der mautpflichtigen Strecke mit dem Zusatzzeichen 1004 unter Angabe der Entfernung bis zum Beginn der mautpflichtigen Strecke anzuordnen. Die Anordnung an einmündenden oder kreuzenden Straßen kann zusätzlich mit der entsprechenden Richtungsangabe durch Zusatzzeichen 1000 versehen werden. Das Zusatzzeichen 1004 gibt dann die Entfernung bis zum Entscheidungspunkt an.

3 III. Zur besseren Orientierung bei der Annäherung an den Beginn einer mautpflichtigen Strecke kann das Zeichen in verkleinerter Form in den Pfeilen der Vorwegweiser Zeichen 438, 439 oder Zeichen 440, 449 dargestellt werden. Dabei richtet sich die Ausführung auch für Zeichen 440, 449 nach den RWB.

Zu Zeichen 390.2 Ende der Mautpflicht nach dem Bundesfernstraßenmautgesetz

1 I. Die Anordnung des Verkehrszeichens ist dort erforderlich, wo die Mautpflicht nach dem Bundesfernstraßenmautgesetz endet.

2 II. Das Zeichen ist am Ende der mautpflichtigen Strecke einmal am rechten Fahrbahnrand anzuordnen. Die Anordnung an einmündenden oder kreuzenden Straßen kann zusätzlich mit der entsprechenden Richtungsangabe durch Zusatzzeichen 1000 versehen werden. Das Zusatzzeichen 1004 gibt dann die Entfernung bis zum Entscheidungspunkt an.

Zu Zeichen 391 Mautpflichtige Strecke

1 I. Die Anordnung des Verkehrszeichens kommt nur für Straßenabschnitte von Bundesfernstraßen in Betracht, deren Bau, Erhaltung, Betrieb und Finanzierung Privaten nach Maßgabe des Fernstraßenbauprivatfinanzierungsgesetzes (FStrPrivFinG) zur Ausführung übertragen wurden und sofern für die Benutzung dieser Straßenabschnitte eine Gebühr oder ein Entgelt von dem Privaten erhoben wird.

2 II. Das Zeichen ist beiderseitig am Beginn der mautpflichtigen Strecke aufzustellen, bei der es sich um Brücken, Tunnel und Gebirgspässe im Zuge von Bundesautobahnen oder Bundesstraßen oder mehrstreifigen Bundesstraßen mit getrennten Fahrbahnen für den Richtungsverkehr mit Kraftfahrzeugen handeln kann. Zusätzlich ist das Zeichen ca. 800 m vor der letzten Ausfahrt vor Beginn der mautpflichtigen Strecke mit dem Zusatzzeichen 1004 unter Angabe der Entfernung bis zum Beginn der mautpflichtigen Strecke anzuordnen. Die Anordnung an einmündenden oder kreuzenden Straßen ist zusätzlich mit der entsprechenden Richtungsangabe durch Zusatzzeichen 1000 zu versehen. Das Zusatzzeichen 1004 gibt dann die Entfernung bis zum Entscheidungspunkt an.

3 III. Zur besseren Orientierung bei der Annäherung an den Beginn einer mautpflichtigen Strecke kann das Zeichen in verkleinerter Form in den Pfeilen der Vorwegweiser Zeichen 438, 439 oder Zeichen 440, 449 dargestellt werden. Dabei richtet sich die Ausführung auch für Zeichen 440, 449 nach den RWB.

Zu Zeichen 392 Zollstelle

1 Das Zeichen sollte in der Regel 150 bis 250 m vor der Zollstelle aufgestellt werden. Die Zollbehörden sind zu hören.

Zu Zeichen 393 Informationstafel an Grenzübergangsstellen

(aufgehoben)

Zu Zeichen 394 Laternenring

1 Ringe und Schilder sind 70 mm hoch, Schilder 150 mm breit.

Zu Anlage 3 Abschnitt 10 Wegweisung

1 I. Die Wegweisung soll den ortsunkundigen Verkehrsteilnehmer über ausreichend leistungsfähige Straßen zügig, sicher und kontinuierlich leiten. Hierbei sind die tatsächlichen Verkehrsbedürfnisse und die Bedeutungen der Straßen zu beachten. Eine Zweckentfremdung der Wegweisung aus Gründen der Werbung ist unzulässig.

2 II. Die Ausgestaltung und Aufstellung der wegweisenden Zeichen richten sich nach den Richtlinien für wegweisende Beschilderung außerhalb von Autobahnen (RWB) und den Richtlinien für wegweisende Beschilderung auf Autobahnen (RWBA). Das Bundesministerium für Verkehr und digitale Infrastruktur gibt die RWB und RWBA im Einvernehmen mit den zuständigen obersten Landesbehörden im Verkehrsblatt bekannt.

Zu den Zeichen 401 und 410

(aufgehoben)

Zu Zeichen 405 Nummernschild für Autobahnen

(aufgehoben)

Zu Zeichen 406 Nummernschild für Knotenpunkte der Autobahnen

(aufgehoben)

Zu den Zeichen 415 bis 442 Wegweiser außerhalb von Autobahnen

12 Für Bundesstraßen gibt das Bundesministerium für Verkehr und digitale Infrastruktur das Bundesstraßenverzeichnis heraus. Es enthält u. a. die Fern- und Nahziele der Bundesstraßen sowie die Entfernungen benachbarter Ziele auf der Bundesstraße. Das Bundesstraßenverzeichnis sowie die entsprechenden Verzeichnisse der obersten Landesbehörden für die übrigen Straßen sind bei der Auswahl der Ziele zu beachten.

Zu den Zeichen 421 und 442

(aufgehoben)

Zu den Zeichen 421, 422, 442 und 454 bis 466 Umleitungsbeschilderung

1 I. Umleitungen, auch nur von Teilen des Fahrverkehrs, und Bedarfsumleitungen sind in der Regel in einem Umleitungsplan festzulegen. Die zuständige Behörde hat sämtliche beteiligten Behörden und die Polizei, gegebenenfalls auch die Bahnunternehmen, Linienverkehrsunternehmen und die Versorgungsunternehmen zur Planung heranzuziehen. Dabei sind die Vorschriften des Straßenrechts, insbesondere des § 14 des Bundesfernstraßengesetzes und die entsprechenden Vorschriften der Landesstraßengesetze zu berücksichtigen. Bei allen in den Verkehrsablauf erheblich eingreifenden Umleitungsplänen empfiehlt es sich, einen Anhörungstermin anzuberaumen.

2 II. Die Ausgestaltung und Aufstellung der Umleitungsbeschilderung richtet sich nach den Richtlinien für Umleitungsbeschilderungen (RUB). Das Bundesministerium für Verkehr und digitale Infrastruktur gibt die RUB im Einvernehmen mit den zuständigen obersten Landesbehörden im Verkehrsblatt bekannt.

Zu Zeichen 432 Wegweiser zu Zielen mit erheblicher Verkehrsbedeutung

1 I. Ziele mit erheblicher Verkehrsbedeutung können sein:
   – Ortsteile (z. B. Parksiedlung, Zentrum, Kurviertel),
   – öffentliche Einrichtungen (z. B. Flughafen, Bahnhof, Rathaus, Messe, Universität, Stadion),
   – Industrie- und Gewerbegebiete,
   – Erholungs- und Freizeitgebiete oder -einrichtungen

2 II. Zu anderen Zielen darf nur dann so gewiesen werden, wenn dies wegen besonders starken auswärtigen Zielverkehrs unerlässlich ist und auch nur, wenn allgemeine Hinweise wie „Industriegebiet Nord" nicht ausreichen. Die Verwendung von Logos oder anderen privaten Zusätzen ist nicht zulässig (Vgl. VwV zu Anlage 3 Abschnitt 10 Wegweisung; Randnummer 1).

3 III. Bei touristisch bedeutsamen Zielen ist vorzugsweise eine Beschilderung mit Zeichen 386.1 vorzunehmen, sofern die Richtlinien für touristische Beschilderung (RtB) dies zulassen.

Zu Zeichen 434

1 In dem Zeichen kann durch Einsätze auf Verkehrszeichen hingewiesen werden, die im weiteren Verlauf der Strecke gelten. Dafür wird das entsprechende Verkehrszeichen verkleinert zentral auf dem jeweiligen Pfeilschaft dargestellt. Die Ausführung entspricht den Vorgaben der RWB.

Zu Zeichen 437 Straßennamensschilder

1 I. Die auf die gezeigte Weise aufgestellten Straßennamensschilder sind beiderseits zu beschriften.

2 II. Die Zeichen sollen für alle Kreuzungen und Einmündungen und müssen für solche mit erheblichem Fahrverkehr angeordnet werden.

Zu Zeichen 438 Vorwegweiser

(aufgehoben)

Zu Zeichen 440 Vorwegweiser zur Autobahn

(aufgehoben)

Zu den Zeichen 438 bis 441

1 In den Zeichen kann durch Einsätze auf Verkehrszeichen hingewiesen werden, die im weiteren Verlauf der Strecke gelten. Dafür wird das entsprechende Verkehrszeichen verkleinert zentral auf dem jeweiligen Pfeilschaft dargestellt. Die Ausführung entspricht den Vorgaben der RWB.

Zu Zeichen 442 Vorwegweiser für bestimmte Verkehrsarten

1 Das Zeichen 442 kann mit Entfernungsangabe auf einem Zusatzzeichen auch den Beginn einer Umleitung kennzeichnen.

Zu den Zeichen 332, 448, 449 und 453 Wegweiser auf Autobahnen

1   I. 1. Auf Autobahnen darf nur in den Zeichen 332 und 449 auf folgende Ziele hingewiesen werden:
– Flughäfen, Häfen,
– Industrie- und Gewerbegebiete, Plätze für Parken und Reisen (P+R), Güterverkehrszentren,
– Einrichtungen für Großveranstaltungen (z. B. Messe, Stadion, Multifunktionsarena),
– Nationalparks.

2   2. Voraussetzung ist, dass eine Wegweisung zu diesen Zielen aus Gründen der Verkehrslenkung dringend geboten ist.

3   II. Zur Begrenzung der Zielangaben vgl. RWBA.

4   III. Auf autobahnähnlich ausgebauten Straßen sind die Zeichen 332, 448, 449 und ggf. 453 gemäß den Richtlinien für die wegweisende Beschilderung außerhalb von Autobahnen (RWB) auszuführen.

Zu Zeichen 448.1 Autohof

1   I. Die Abmessung des Zeichens beträgt 2,0 m × 2,8 m.

     II. Zeichen 448.1 ist nur anzuordnen, wenn folgende Voraussetzungen erfüllt sind:

2   1. Der Autohof ist höchstens 1 km von der Anschlussstelle entfernt.

3   2. Die Straßenverbindung ist für den Schwerverkehr baulich und unter Berücksichtigung der Anliegerinteressen Dritter geeignet.

4   3. Der Autohof ist ganzjährig und ganztägig (24 h) geöffnet.

5   4. Es sind mindestens 50 Lkw-Stellplätze an schwach frequentierten (DTV bis 50 000 Kfz) und 100 Lkw-Stellplätze an stärker frequentierten Autobahnen vorhanden. Pkw-Stellplätze sind davon getrennt ausgewiesen.

6   5. Tankmöglichkeit besteht rund um die Uhr; für Fahrzeugreparaturen werden wenigstens Fachwerkstätten und Servicedienste vermittelt.

7   6. Von 11 bis 22 Uhr wird ein umfassendes Speiseangebot, außerhalb dieser Zeit werden Getränke und Imbiss angeboten.

8   7. Sanitäre Einrichtungen sind sowohl für Behinderte als auch für die besonderen Bedürfnisse des Fahrpersonals vorhanden.

9   III. Die Abmessung des Zusatzzeichens beträgt 0,8 m × 2,8 m, die der in einer Reihe anzuordnenden grafischen Symbole 0,52 m × 0,52 m. Sollen mehr als 4 (maximal 6) Symbole gezeigt werden, sind diese entsprechend zu verkleinern.

10   IV. Das Zusatzzeichen enthält nur grafische Symbole für rund um die Uhr angebotene Leistungen. Es dürfen die Symbole verwendet werden, die auch das Leistungsangebot von bewirtschafteten Rastanlagen beschreiben (vgl. RWBA 2000, Kap. 8.1.2). Zusätzlich kann auch das Symbol „Autobahnkapelle" verwendet werden, wenn ein jederzeit zugänglicher Andachtsraum vorhanden ist. Zur Verwendung des Symbols „Werkstatt" vgl. RWBA 2000, Kap. 15.1 (5).

11   V. Die Autohof-Hinweiszeichen, deren Aufstellung vor der Aufnahme des Zeichens 448.1 (Autohof) in die StVO erfolgte und deren Maße nicht den Vorgaben (2,0 m × 2,8 m) entsprechen, sind bis zum 1. Januar 2006 gegen die entsprechenden Zeichen auszutauschen.

Zu Zeichen 449 Vorwegweiser auf Autobahnen

     (aufgehoben)

Zu Zeichen 450 Ankündigungsbake

     (aufgehoben)

Zu Zeichen 453 Entfernungstafel

     (aufgehoben)

Zu Zeichen 454 Umleitungswegweiser

     (aufgehoben)

Zu Zeichen 455 Numerierte Umleitung

     (aufgehoben)

Zu den Zeichen 454 und 455.1

1   I. Das Zeichen 454 oder 455.1 muss im Verlauf der Umleitungsstrecke an jeder Kreuzung und Einmündung angeordnet werden, wo Zweifel über den weiteren Verlauf entstehen können.

2   II. Zusätzliche Zielangaben sind nur anzuordnen, wo Zweifel entstehen können, zu welchem Ziel die Umleitung hinführt.

3   III. Das Zeichen 455.1 kann im Verlauf der Umleitungsstrecke anstelle von Zeichen 454 ange-
ordnet werden. Wo eine Unterscheidung mehrerer Umleitungsstrecken erforderlich ist, kann
es mit einer Nummerierung versehen werden.

4   IV. Das Zeichen 455.1 kann als Vorwegweiser wie auch als Wegweiser eingesetzt werden.

5   V. Zum Einsatz als Ankündigung einer Umleitung siehe VwV zu Zeichen 457.1 und 458.

Zu den Zeichen 455.2 und 457.2 Ende der Umleitung

1   Das Zeichen ist dann anzuordnen, wenn das Ende der Umleitungsstrecke nicht aus der folgenden
Wegweisung erkennbar ist.

Zu den Zeichen 457 bis 469

(aufgehoben)

Zu den Zeichen 457.1 und 458

1   I. Größere Umleitungen sollten immer angekündigt werden, und zwar in der Regel durch die
Planskizze.

2   II. Kleinere Umleitungen auf Straßen mit geringer Verkehrsbedeutung bedürfen der Ankündi-
gung nur, wenn das Zeichen 454 oder 455.1 nicht rechtzeitig gesehen wird.

3   III. Bei Umleitungen für eine bestimmte Verkehrsart ist in Zeichen 458 das entsprechende Ver-
kehrszeichen nach § 41 Absatz 1 (Anlage 2) anstatt Zeichen 250 anzuzeigen.

Zu Zeichen 460 Bedarfsumleitung

(aufgehoben)

Zu Zeichen 467.1 Umlenkungspfeil

1   I. Das Zeichen wird entweder zusätzlich oder in den Schildern gezeigt, die der Ankündigung,
Vorwegweisung, Wegweisung und Bestätigung einer empfohlenen Umleitungsstrecke die-
nen. Sie sind zusätzlich zur blauen Autobahnwegweisung aufgestellt.

2   II. Die Umlenkungsbeschilderung zeigt den Umlenkungspfeil und etwaige schwarze Symbole
und Aufschriften auf weißem Grund.

3   III. Der umzulenkende Verkehr wird am Beginn der Umlenkung durch entsprechende Ziele und
den orangefarbenen Umlenkungspfeil geführt. Im Verlauf der Umlenkungsroute brauchen die
Ziele nicht erneut ausgeschildert zu werden. Der Umlenkungspfeil als Leitsymbol übernimmt
die weitere Wegführung.

4   IV. Bei Überschneidungen von umgelenkten Routen kann es zweckmäßig sein, die Routen regi-
onal zu numerieren. Die Nummer kann in schwarzer Schrift in dem Pfeilzeichen eingesetzt
werden.

5   V. Einzelheiten werden in den „Richtlinien für Wechselverkehrszeichen an Bundesfernstraßen
(RWVZ)" festgelegt, die das Bundesministerium für Verkehr und digitale Infrastruktur im Ein-
vernehmen mit den zuständigen obersten Landesbehörden im Verkehrsblatt bekanntgibt.

Zu den Zeichen 501 bis 546 Verkehrslenkungstafeln

1   1. Verkehrslenkungstafeln umfassen Überleitungstafeln (Zeichen 501 und 505), Verschwen-
kungstafeln (Zeichen 511 bis 515), Fahrstreifentafeln (Zeichen 521 bis 526), Einengungstafeln
(Zeichen 531 bis 536), Aufweitungstafeln (Zeichen 541 bis 546), Trennungstafeln (Zeichen
533) und Zusammenführungstafeln (Zeichen 543 und 544). Die Zeichen sind im amtlichen
Katalog der Verkehrszeichen (VzKat) dargestellt.

2   2. Verkehrslenkungstafeln werden 200 m vor dem Bezugspunkt aufgestellt. Abweichend davon
beträgt der Abstand zum Bezugspunkt auf Straßen innerhalb geschlossener Ortschaften mit
einem Fahrstreifen pro Richtung zwischen 50 und 100 m. Bei Straßen innerhalb und außer-
halb geschlossener Ortschaften mit mehr als einem Fahrstreifen pro Richtung wird eine wei-
tere Verkehrslenkungstafel etwa 400 m vor dem Bezugspunkt angeordnet. Auf Straßen mit
baulich getrennten Richtungsfahrbahnen sind Verkehrslenkungstafeln beidseitig der Fahr-
bahn aufzustellen.

3   3. Der Abstand zum Bezugspunkt ist durch ein Zusatzzeichen (Zeichen 1004 „Entfernungsan-
gabe") anzuzeigen.

4   4. Fahrstreifentafeln können mit dem Zusatzzeichen Zeichen 1001 „Länge einer Strecke" verse-
hen werden. Sie sind dann in Abständen von 1000 bis 2000 m zu wiederholen.

5   5. Den Einsatz von Verkehrslenkungstafeln bei Arbeitsstellen an Straßen regeln die RSA.

6   6. Die Standardgröße beträgt 1600 × 1250 mm (Höhe × Breite). Bei einer Aufstellung innerorts
kann das Maß auf 70 % der Standardgröße verringert werden (1120 × 875 mm).

7   7. Verkehrslenkungstafeln können fahrstreifenbezogene verkehrsrechtliche Anordnungen bein-
halten. Die Vorschriftzeichen werden verkleinert zentral auf dem Pfeilschaft dargestellt. Lie-
gen die Pfeile dicht nebeneinander, werden Vorschriftzeichen vertikal versetzt dargestellt. Die
Ausführung entspricht den Vorgaben der RWB. Gilt die gleiche verkehrsrechtliche Anordnung

für benachbarte Fahrstreifen, ist nur ein Vorschriftzeichen auf den Pfeilschäften darzustellen. Ein Vorschriftzeichen, dass für mehr als zwei Fahrstreifen gilt, wird nicht auf der Tafel angezeigt.

Katalog der Verkehrszeichen
(VzKat)

In der Fassung der Bekanntmachung vom 22.5.2017 (BAnz. AT Nr. 29.5.2017 B 8)
(VkBl. 2017 S. 565)

– Auszug –

Teil 7
Zusatzzeichen nach § 39 Absatz 3 StVO, § 41 Absatz 2 StVO

Zeichen 1000
Richtungsangaben durch Pfeile

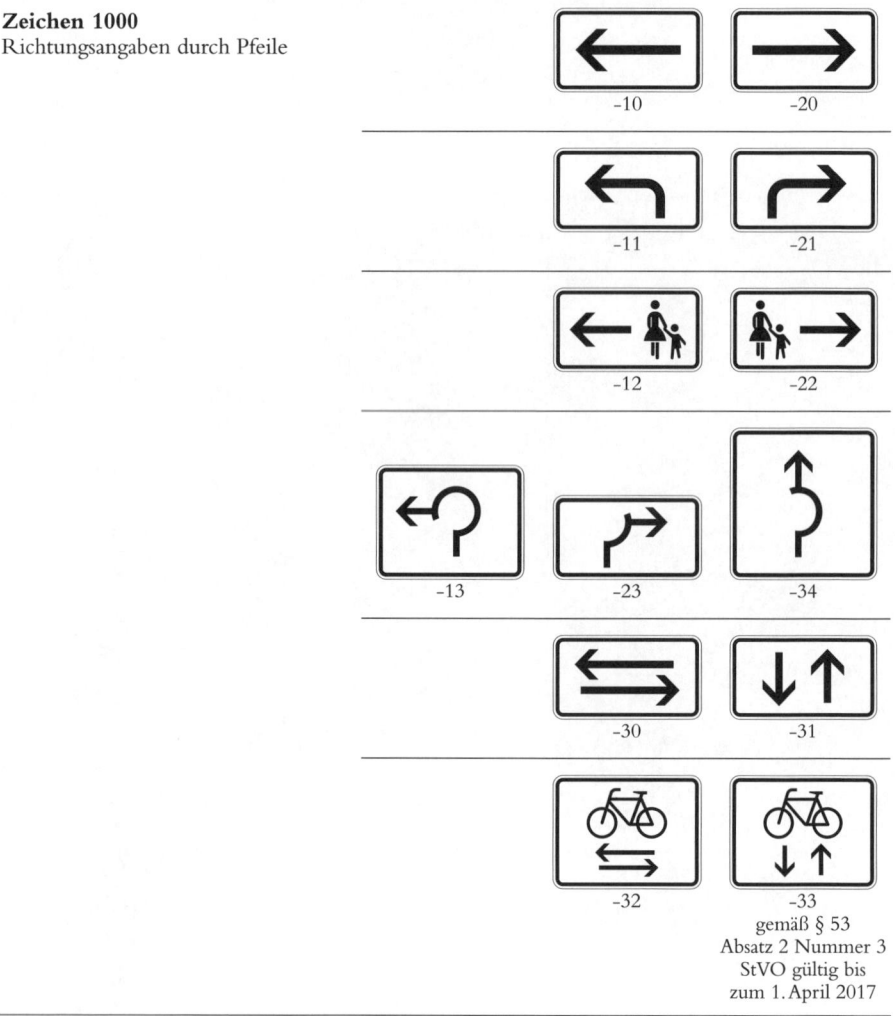

gemäß § 53
Absatz 2 Nummer 3
StVO gültig bis
zum 1. April 2017

Zeichen 1001
Länge einer Strecke

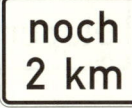 

-33   -32   -30

Unternummer Z 1001
30: auf … m
31: auf … km

gemäß VwV-StVO in Tunneln   32: noch … m
                                       33: noch … km

Unternummer Z 1001
in Verb. m. Fahrstreifentafeln
(Zeichen 521 ff.)
34: auf … m
35: auf … km

500 × 1250

auf 24km	auf 800m
-35	-34

Zeichen 1002
Verlauf der Vorfahrtstraße

Unternummer Z 1002 –
an Kreuzungen
10: von unten nach links
11: von oben nach links
20: von unten nach rechts
21: von oben nach rechts

-10

Unternummer Z 1002 –
an Einmündungen
12: von unten nach links, Einmündung von oben
13: von unten nach links, Einmündung von rechts
14: von oben nach links, Einmündung von unten
22: von unten nach rechts, Einmündung von oben
23: von unten nach rechts, Einmündung von links
24: von oben nach rechts, Einmündung von unten

-12

Zeichen 1004
Entfernungsangaben

Unternummer Z 1004 –
30: Entfernungsangabe in m*) †)
31: Entfernungsangabe in km
32: Stop in 100 m

-32   -30

Zeichen 1005
Entfernungsangaben
mit verbalem Zusatz

500 × 1250

Reißverschluss erst in 200m

Unternummer Z 1005 –
30: Reißverschluss erst in „… m"
      (in Verb. mit Einengungstafel Zeichen 531 ff.)

-30

Zeichen 1006
Hinweis auf Gefahren
durch Sinnbild

-30   -31

---

*) In Verb. m. Verkehrslenkungstafeln (Zeichen 501 ff.) auch in 500 x 1250.
†) Nur volle 50er.

Zeichen 1007
Hinweis auf Gefahren
durch verbale Angabe

Ölspur	Rauch	Rollsplitt
-30	-31	-32

Baustellen-ausfahrt	Straßen-schäden	Verschmutzte Fahrbahn
-33	-34	-35

Spreng-arbeiten	Ausfahrt	Baustellen-verkehr
-36	-37	-38

fehlende Fahrbahn-markierung	Unfall	Hoch-wasser
-39	-50	-51

neuer Fahrbahn-belag	Spurrinnen	Links-abbieger
-52	-53	-54

Skiabfahrt kreuzt	Skiwander-weg kreuzt	Kuppe
-55	-56	-57

Polizei-kontrolle	Ende Seitenstreifen in 200m	Seitenstreifen nicht befahrbar
-58	-59	-60

Anordnung auch in
Verbindung mit
Zeichen 274,
möglichst mit
Zeitabgabe

NEBEL	Zufahrt
-61	-62

Ausführung nach
RWVZ 1997

Zeichen 1008
Hinweis auf geänderte Vorfahrt,
Verkehrsführung oder besondere
Verkehrsregelung

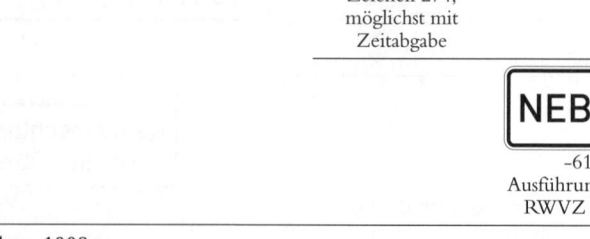
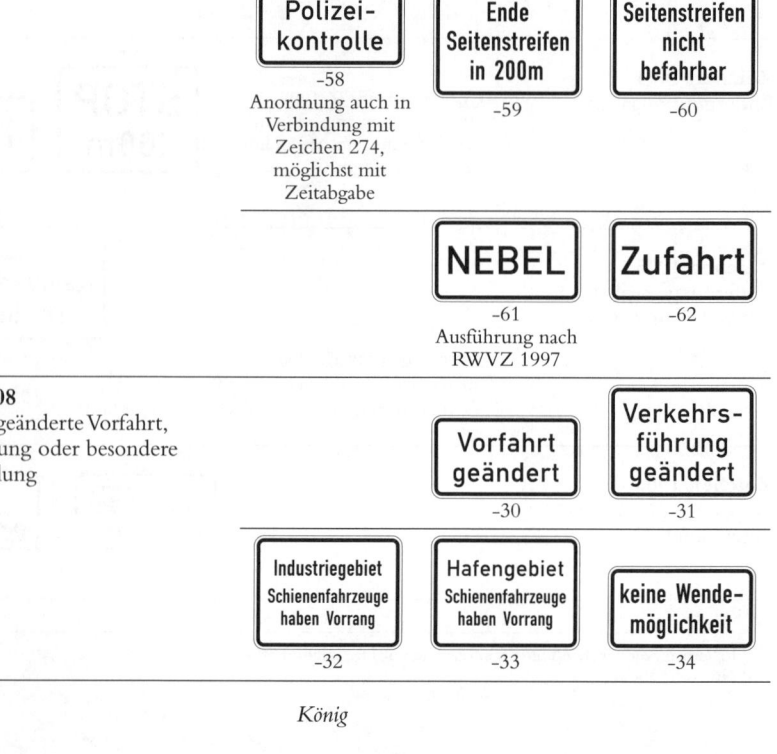

Vorfahrt geändert	Verkehrs-führung geändert
-30	-31

Industriegebiet Schienenfahrzeuge haben Vorrang	Hafengebiet Schienenfahrzeuge haben Vorrang	keine Wende-möglichkeit
-32	-33	-34

Zeichen 1010
Hinweis durch Sinnbild

-10   -11   -12

-13   -14

Ausführung nach
RWBA

-15

-50   -51*)   -52¹⁾

-53   -54   -55

-56¹⁾   -57¹⁾   -58¹⁾

-59¹⁾   -60¹⁾   -61

-62¹⁾   -63¹⁾   -64

-65¹⁾   -66
Nach EmoG   -67¹⁾

Zeichen 1012
Hinweis durch verbale Angabe

Ladezone	Ende	Radfahrer absteigen
-30	-31	-32

keine Mofas	Grüne Welle bei XX km/h	bei Rot hier halten
-33	-34	-35

---

*) Kann auch Teil eines beschränkenden Zusatzzeichen nach § 41 Absatz 2 StVO sein.

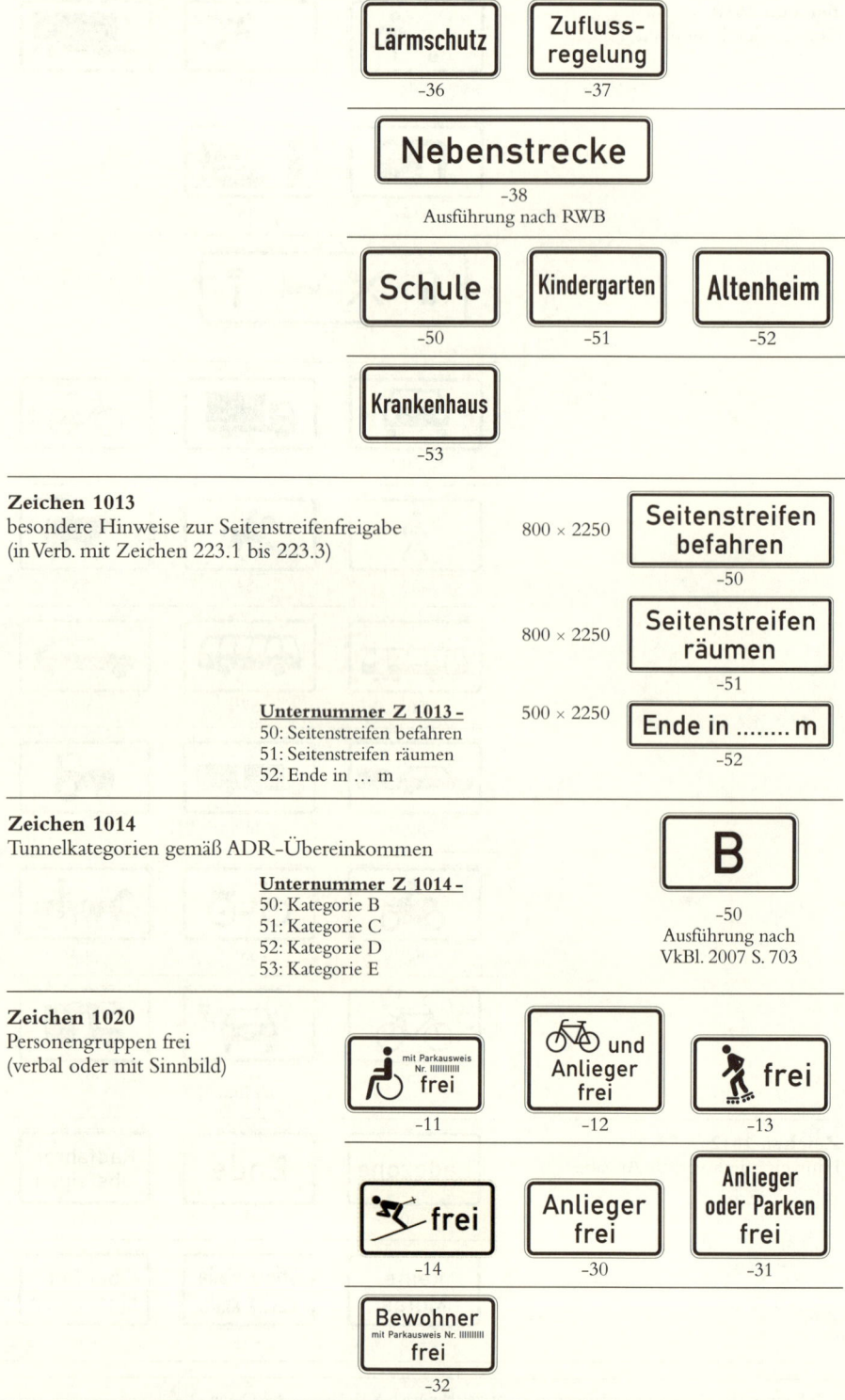

Lärmschutz	Zuflussregelung
–36	–37

Nebenstrecke
–38
Ausführung nach RWB

Schule	Kindergarten	Altenheim
–50	–51	–52

Krankenhaus
–53

Zeichen 1013
besondere Hinweise zur Seitenstreifenfreigabe
(in Verb. mit Zeichen 223.1 bis 223.3)

800 × 2250   Seitenstreifen befahren –50

800 × 2250   Seitenstreifen räumen –51

Unternummer Z 1013 –
50: Seitenstreifen befahren
51: Seitenstreifen räumen
52: Ende in … m

500 × 2250   Ende in .... m –52

Zeichen 1014
Tunnelkategorien gemäß ADR-Übereinkommen

Unternummer Z 1014 –
50: Kategorie B
51: Kategorie C
52: Kategorie D
53: Kategorie E

B –50
Ausführung nach
VkBl. 2007 S. 703

Zeichen 1020
Personengruppen frei
(verbal oder mit Sinnbild)

mit Parkausweis Nr. IIIIIIIIII frei	und Anlieger frei	frei
–11	–12	–13

frei	Anlieger frei	Anlieger oder Parken frei
–14	–30	–31

Bewohner
mit Parkausweis Nr. IIIIIIIIII
frei
–32

Zeichen 1022
einspurige Fahrzeuge frei

Zeichen 1024
mehrspurige Fahrzeuge frei

Zeichen 1026
besondere Fahrzeuge
und Transportgüter frei
(verbale Angabe)

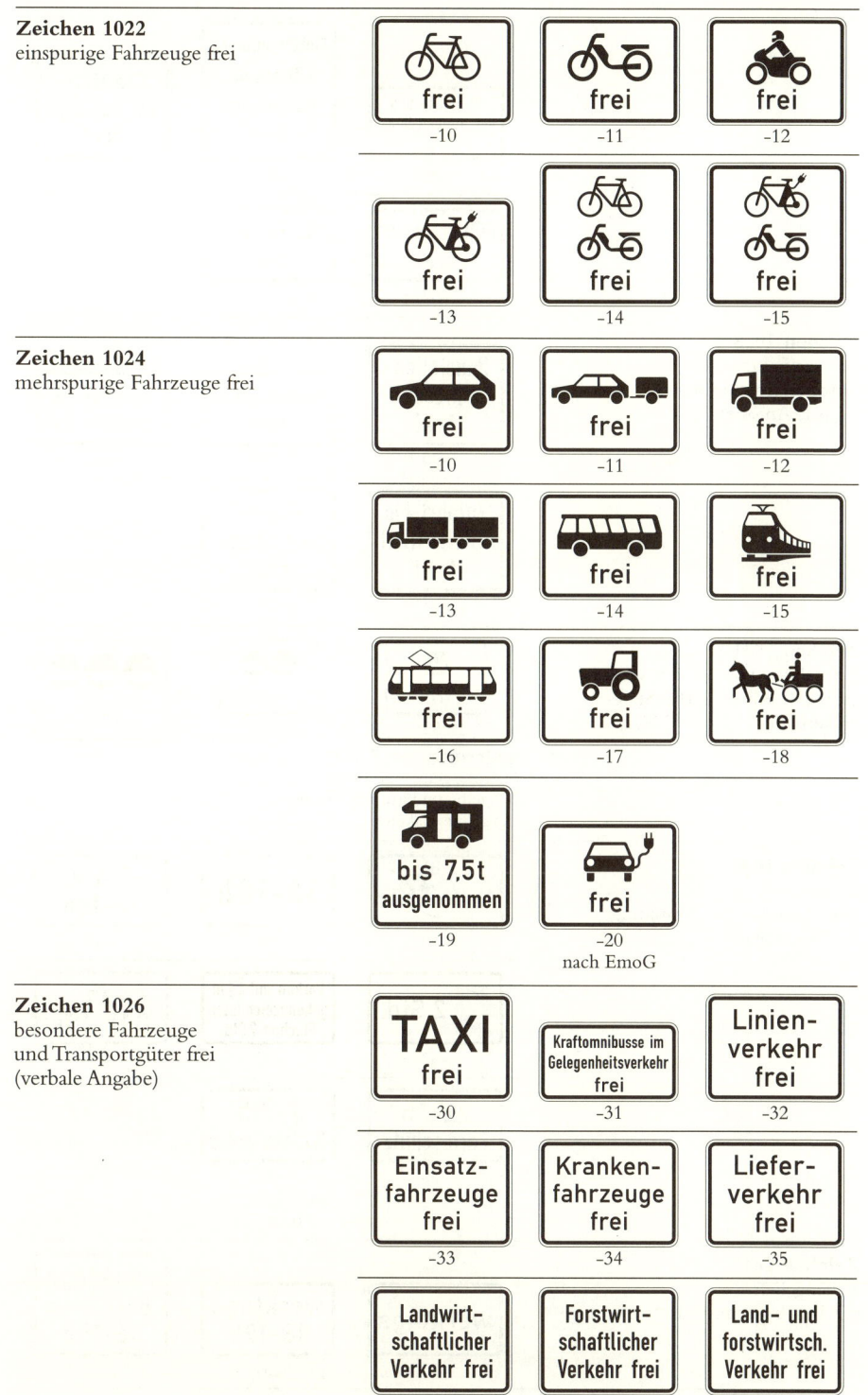

Betriebs- und Versorgungsdienst frei –39	Elektrofahrzeuge während des Ladevorgangs frei –60*⁾	Elektro- fahrzeuge frei –61¹⁾
Gülletransport frei –62	E-Bikes frei –63	

Zeichen 1028
sonstige Fahrzeug-,
Personengruppen frei
(verbale Angabe)

Baustellen- fahrzeuge frei –30	bis Baustelle frei –31	Anlieger bis Baustelle frei –32
Zufahrt bis IIIIIIIIIIIIIII frei –33	Fähr- benutzer frei –34	

Zeichen 1031
Freistellung vom Verkehrsverbot
nach § 40 Absatz 1 BImSchG
(in Verb. mit Zeichen 270.1)

● frei –52	●● frei –51	●●● frei –50

Unternummer Z 1031–
50: rote, gelbe und grüne Plakette
51: gelbe und grüne Plakette
52: grüne Plakette

Zeichen 1040
Zeitangaben
Stunden ohne Beschränkung
auf Wochentage

10–16h –10	16–18 h –30	8–11h 16–18 h –31
P 2 Std. –32	Parken mit ⬛ in gekennzeichneten Flächen 2 Std. –33	ab 8.11. 18 h –34
22–6h Lärmschutz –35	7–15h Schulweg –36 zu Zeichen 101 oder 274	

Zeichen 1042
Zeitangaben
mit Beschränkung auf Wochentage

werktags –30	werktags 18–19h –31	werktags 8³⁰–11³⁰h 16–18 h –32

---

*⁾ nach StVG.

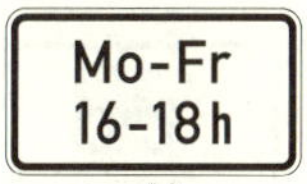

		6-22h an Sonn- und Feiertagen
Mo-Fr 16-18h	Di,Do,Fr 16-18h	
-33	-34	-35

Schulbus werktags 7-9h 11-13h außer samstags	 Parken Sa und So erlaubt	 werktags außer samstags
-36	-37	-38

Straßen- reinigung am 23.07. 16-18h	 Sa und So	 Sa, So und an Feiertagen
-50	-51	-52

werktags
7-15 h
Schulweg

-53
zu Zeichen 101
oder 274

Zeichen 1044
Personengruppen

♿	 ♿ mit Parkausweis Nr. IIIIIIIIII	♿ XX Parkstände
-10	-11	-12

Bewohner
mit Parkausweis
Nr. IIIIIIIIII

-30

Zeichen 1046
einspurige Fahrzeuge

Als beschränkende Zusatzzeichen nach § 41 Absatz 2 StVO können für einspurige Fahrzeuge die
Zeichen 1010-52, 1010-62, 1010-63 und 1010-65 angeordnet werden.

Zeichen 1048
mehrspurige Fahrzeuge

-14	-15	-18

-20

Als beschränkende Zusatzzeichen nach § 41 Absatz 2 StVO können für mehrspurige Fahrzeuge außerdem
die Zeichen 1010-51, 1010-56, 1010-57, 1010-58, 1010-59, 1010-60 und 1010-67 angeordnet werden.

Zeichen 1049
sonstige oder mehrere
mehrspurige Fahrzeuge

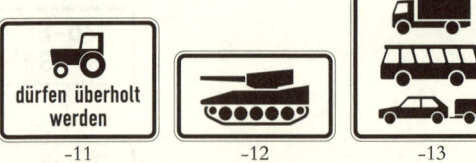

−11   −12   −13

Als beschränkendes Zusatzzeichen nach § 41 Absatz 2 StVO kann für sonstige oder mehrere mehrspurige Fahrzeuge außerdem Zeichen 1010-61 angeordnet werden.

Zeichen 1050
Fahrzeuge
(verbale Angabe)

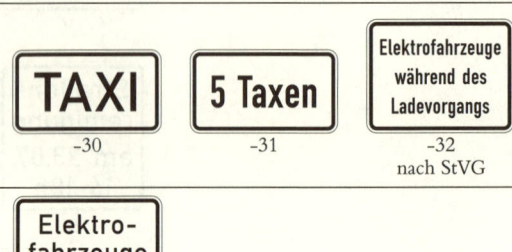

−30   −31   −32
nach StVG

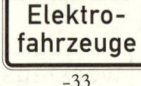

−33
nach StVG

Zeichen 1052
Fahrzeuge mit besonderer Ladung

−30   −31

Zeichen 1053
sonstige Beschränkungen

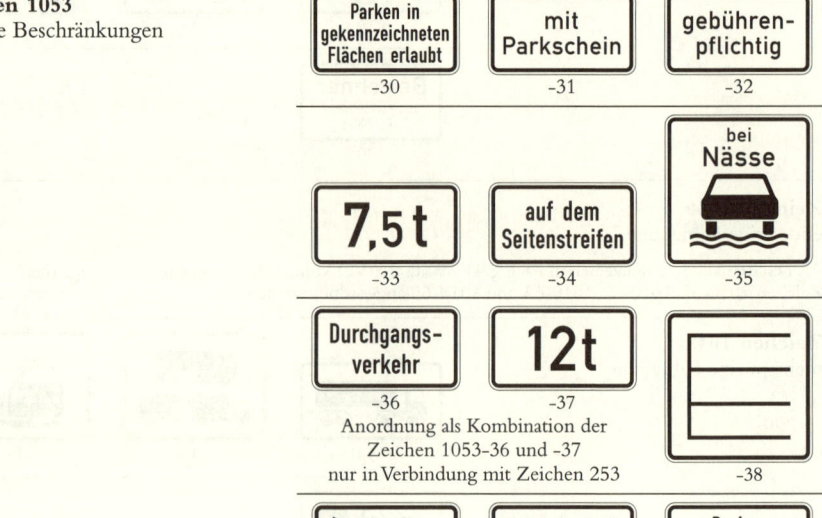

Parken in gekennzeichneten Flächen erlaubt	mit Parkschein	gebühren-pflichtig
−30	−31	−32

7,5 t	auf dem Seitenstreifen	bei Nässe 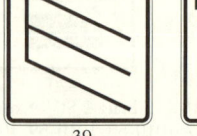
−33	−34	−35

Durchgangs-verkehr	12t	
−36	−37	−38

Anordnung als Kombination der
Zeichen 1053-36 und −37
nur in Verbindung mit Zeichen 253

	nur innerhalb gekenn-zeichneter Parkflächen	Parken mit Parkschein in gekenn-zeichneten Flächen
−39	−52	−53

Zeichen 1060
erweiternde Zusatzzeichen

　　　　　　　　　　　-31　　　　　　　　　-32　　　　　　　　-33
　　　　　　　　　　　　　　　　　　　　　　　　　　Anordnung nur in
　　　　　　　　　　　　　　　　　　　　　　　　　　　Verbindung
　　　　　　　　　　　　　　　　　　　　　　　　　mit Zeichen 277

Anhang: Komplettübersicht

Zusatzzeichen nach § 39 Absatz 3 StVO

Nr.:	Bezeichnung:

Allgemeine Zusatzzeichen

Nr.	Bezeichnung
1000	Richtungsangaben durch Pfeile
1000-10	Richtung, linksweisend
1000-11	Richtung der Gefahrstelle, linksweisend
1000-12	Fußgänger Gehweg gegenüber benutzen, linksweisend
1000-13	Umleitungsbeschilderung Dreiviertelkreis
1000-20	Richtung, rechtsweisend
1000-21	Richtung der Gefahrstelle, rechtsweisend
1000-22	Fußgänger Gehweg gegenüber benutzen, rechtsweisend
1000-23	Umleitungsbeschilderung Viertelkreis
1000-30	Beide Richtungen, zwei gegengerichtete waagerechte Pfeile
1000-31	Beide Richtungen, zwei gegengerichtete senkrechte Pfeile
1000-32	Radverkehr kreuzt von links und rechts
1000-33	Radverkehr im Gegenverkehr
1000-34	Umleitungsbeschilderung Halbkreis
1001	Länge einer Strecke
1001-30	Auf ... m
1001-31	Auf ... km
1001-32	noch ... m
1001-33	noch ... km
1001-34	auf ... m (verbal)
1001-35	auf ... km (verbal)
1002	Verlauf der Vorfahrtstraße
1002-10	Verlauf der Vorfahrtstraße an Kreuzungen – von unten nach links
1002-11	Verlauf der Vorfahrtstraße an Kreuzungen – von oben nach links
1002-12	Verlauf der Vorfahrtstraße an Einmündungen – von unten nach links, Einmündung von oben
1002-13	Verlauf der Vorfahrtstraße an Einmündungen – von unten nach links, Einmündung von rechts
1002-14	Verlauf der Vorfahrtstraße an Einmündungen – von oben nach links, Einmündung von unten
1002-20	Verlauf der Vorfahrtstraße an Kreuzungen – von unten nach rechts
1002-21	Verlauf der Vorfahrtstraße an Kreuzungen – von oben nach rechts
1002-22	Verlauf der Vorfahrtstraße an Einmündungen – von unten nach rechts, Einmündung von oben
1002-23	Verlauf der Vorfahrtstraße an Einmündungen – von unten nach rechts, Einmündung von links
1002-24	Verlauf der Vorfahrtstraße an Einmündungen – von oben nach rechts, Einmündung von unten
1004	Entfernungsangaben
1004-30	Entfernungsangabe in m
1004-31	Entfernungsangabe in km
1004-32	Stop in 100 m
1005	Entfernungsangaben mit verbalem Zusatz
1005-30	Reißverschluss erst in ... m
1006	Hinweis auf Gefahren durch Sinnbild
1006-30	Schleudergefahr für Wohnwagengespanne an Gefällestrecken mit starkem Seitenwind auf Autobahnen
1006-31	Unfallgefahr
1007	Hinweis auf Gefahren durch verbale Angabe
1007-30	Ölspur
1007-31	Rauch
1007-32	Rollsplitt
1007-33	Baustellenausfahrt
1007-34	Straßenschäden
1007-35	Verschmutzte Fahrbahn
1007-36	Sprengarbeiten
1007-37	Ausfahrt
1007-38	Baustellenverkehr
1007-39	Fehlende Fahrbahnmarkierung
1007-50	Unfall
1007-51	Hochwasser
1007-52	Neuer Fahrbahnbelag
1007-53	Spurrinnen
1007-54	Linksabbieger
1007-55	Skiabfahrt kreuzt

Nr.:	Bezeichnung:
1007-56	Skiwanderweg kreuzt
1007-57	Kuppe
1007-58	Polizeikontrolle
1007-59	Ende Seitenstreifen in 200 m
1007-60	Seitenstreifen nicht befahrbar
1007-61	Nebel
1007-62	Zufahrt
1008	Hinweise auf geänderte Vorfahrt, Verkehrsführung oder besondere Verkehrsregelung
1008-30	Vorfahrt geändert
1008-31	Verkehrsführung geändert
1008-32	Industriegebiet Schienenfahrzeuge haben Vorrang (zu Zeichen 201 StVO)
1008-33	Hafengebiet Schienenfahrzeuge haben Vorrang (zu Zeichen 201 StVO)
1008-34	Keine Wendemöglichkeit
1010	Hinweise durch Sinnbild
1010-10	Erlaubt Kindern auch auf der Fahrbahn und dem Seitenstreifen zu spielen
1010-11	Wintersport erlaubt
1010-12	Kennzeichnung von Parkflächen, auf denen Anhänger auch länger als 14 Tage parken dürfen
1010-13	Kennzeichnung von Parkflächen, auf denen Wohnwagen auch länger als 14 Tage parken dürfen
1010-14	Information Rollende Landstraße
1010-15	Information Leistungsumfang (zu Z 448.1)
1010-50	Kraftwagen und sonstige mehrspurige Fahrzeuge
1010-51	Kraftfahrzeuge mit einer zulässigen Gesamtmasse über 3,5 t, einschließlich ihrer Anhänger, und Zugmaschinen, ausgenommen Personenkraftwagen und Kraftomnibusse
1010-52	Radverkehr
1010-53	Fußgänger
1010-54	Reiter
1010-55	Viehtrieb
1010-56	Straßenbahn
1010-57	Kraftomnibus
1010-58	Personenkraftwagen
1010-59	Personenkraftwagen mit Anhänger
1010-60	Lastkraftwagen mit Anhänger
1010-61	Kraftfahrzeuge und Züge, die nicht schneller als 25 km/h fahren können oder dürfen
1010-62	Krafträder, auch mit Beiwagen, Kleinkrafträder und Mopeds
1010-63	Mofas
1010-64	Gespannfuhrwerk
1010-65	E-Bikes
1010-66	Elektrisch betriebene Fahrzeuge
1010-67	Wohnmobile
1012	Sonstige Hinweise durch verbale Angaben
1012-30	Ladezone
1012-31	Ende
1012-32	Radfahrer absteigen
1012-33	Keine Mofas
1012-34	Grüne Welle bei xx km/h
1012-35	Bei Rot hier halten
1012-36	Lärmschutz
1012-37	Zuflussregelung
1012-38	Nebenstrecke
1012-50	Schule
1012-51	Kindergarten
1012-52	Altenheim
1012-53	Krankenhaus
1013	Besondere Hinweise zur Seitenstreifenfreigabe
1013-50	Seitenstreifen befahren
1013-51	Seitenstreifen räumen
1013-52	Ende in ... m
1014	Tunnelkategorie gemäß ADR-Übereinkommen
1014-50	Tunnelkategorie gemäß ADR-Übereinkommen – B
1014-51	Tunnelkategorie gemäß ADR-Übereinkommen – C
1014-52	Tunnelkategorie gemäß ADR-Übereinkommen – D
1014-53	Tunnelkategorie gemäß ADR-Übereinkommen – E

Zusatzzeichen nach § 41 Absatz 2 StVO

Nr.: Bezeichnung:

Zusatzzeichen mit Ausnahmen („frei")

1020	Personengruppen frei
1020-11	Schwerbehinderte mit Parkausweis Nr. ... frei
1020-12	Radverkehr und Anlieger frei
1020-13	Inline-Skaten und Rollschuhfahren zugelassen
1020-14	Wintersport frei
1020-30	Anlieger frei
1020-31	Anlieger oder Parken frei
1020-32	Bewohner mit Parkausweis Nr. ... frei
1022	Einspurige Fahrzeuge frei
1022-10	Radverkehr frei
1022-11	Mofas frei
1022-12	Krafträder, auch mit Beiwagen, Kleinkrafträder und Mofas frei
1022-13	E-Bikes frei
1022-14	Radverkehr und Mofas frei
1022-15	E-Bikes und Mofas frei
1024	Mehrspurige Fahrzeuge frei
1024-10	Personenkraftwagen frei
1024-11	Personenkraftwagen mit Anhänger frei
1024-12	Kraftfahrzeuge mit einer zulässigen Gesamtmasse über 3,5 t, einschließlich ihrer Anhänger, und Zugmaschinen, ausgenommen Personenkraftwagen und Kraftomnibusse frei
1024-13	Lastkraftwagen mit Anhänger frei
1024-14	Kraftomnibus frei
1024-15	Schienenbahn frei
1024-16	Straßenbahn frei
1024-17	Kraftfahrzeuge und Züge, die nicht schneller als 25 km/h fahren können oder dürfen frei
1024-18	Gespannfuhrwerke frei
1024-19	Wohnmobile mit einer zulässigen Gesamtmasse bis 7,5 t ausgenommen
1024-20	Elektrisch betriebene Fahrzeuge frei
1026	Besondere Fahrzeuge und Transportgüter frei (verbale Angabe)
1026-30	Taxi frei
1026-31	Kraftomnibusse im Gelegenheitsverkehr frei
1026-32	Linienverkehr frei
1026-33	Einsatzfahrzeuge frei
1026-34	Krankenfahrzeuge frei
1026-35	Lieferverkehr frei
1026-36	Landwirtschaftlicher Verkehr frei
1026-37	Forstwirtschaftlicher Verkehr frei
1026-38	Land- und forstwirtschaftlicher Verkehr frei
1026-39	Betriebs- und Versorgungsdienst frei
1026-60	Elektrofahrzeuge während des Ladevorgangs frei
1026-61	Elektrofahrzeuge frei
1026-62	Gülletransport frei
1026-63	E-Bikes frei
1028	Sonstige Fahrzeug-, Personengruppen frei (verbale Angabe)
1028-30	Baustellenfahrzeuge frei
1028-31	Bis Baustelle frei
1028-32	Anlieger bis Baustelle frei
1028-33	Zufahrt bis ... frei
1028-34	Fährbenutzer frei
1031	Freistellung vom Verkehrsverbot nach § 40 Absatz 1 BImSchG
1031-50	Freistellung vom Verkehrsverbot nach § 40 Absatz 1 BImSchG – rote, gelbe und grüne Plakette
1031-51	Freistellung vom Verkehrsverbot nach § 40 Absatz 1 BImSchG – gelbe und grüne Plakette
1031-52	Freistellung vom Verkehrsverbot nach § 40 Absatz 1 BImSchG – grüne Plakette

Beschränkende Zusatzzeichen

1040	Zeitangaben ohne Beschränkung auf Wochentage
1040-10	Wintersport erlaubt, zeitlich beschränkt (10–16 h)
1040-30	Zeitliche Beschränkung (16–18 h)
1040-31	Zeitliche Beschränkung (8–11 h, 16–18 h)
1040-32	Parkscheibe 2 Stunden
1040-33	Parken mit Parkscheibe in gekennzeichneten Flächen 2 Stunden
1040-34	Ab Zeitpunkt

Nr.:	Bezeichnung:
1040-35	Lärmschutz (mit Zeitangabe)
1040-36	Schulweg iVm zeitlicher Begrenzung (zu Z 101 oder 274)
1042	Zeitangaben mit Beschränkung auf Wochentage
1042-30	Zeitliche Beschränkung (werktags)
1042-31	Zeitliche Beschränkung (werktags 18–19 h)
1042-32	Zeitliche Beschränkung (werktags 8:30–11:30 h, 16–18 h)
1042-33	Zeitliche Beschränkung (Mo–Fr, 16–18 h)
1042-34	Zeitliche Beschränkung (Di, Do, Fr, 16–18 h)
1042-35	Zeitliche Beschränkung (6–22 h an Sonn- und Feiertagen)
1042-36	Schulbus (tageszeitliche Benutzung)
1042-37	Parken Sa und So erlaubt
1042-38	Werktags außer samstags
1042-50	Straßenreinigung (mit Zeit- und Datumsangabe)
1042-51	Sa und So
1042-52	Sa, So und an Feiertagen
1042-53	Schulweg iVm zeitlicher Begrenzung an Werktagen (zu Z 101 oder 274)
1044	Personengruppen
1044-10	Nur Schwerbehinderte mit außergewöhnlicher Gehbehinderung und Blinde
1044-11	Nur Schwerbehinderte mit Parkausweis Nr. …
1044-12	Nur Schwerbehinderte mit außergewöhnlicher Gehbehinderung und Blinde, mit Anzahl der Parkstände
1044-30	Nur Bewohner mit Parkausweis Nr. …
1048	Mehrspurige Fahrzeuge
1048-14	Nur Sattelkraftfahrzeuge
1048-15	Nur Sattelkraftfahrzeuge und Lastkraftwagen mit Anhänger
1048-18	Nur Schienenbahnen
1048-20	Nur Personenkraftwagen mit Anhänger und Kraftfahrzeuge mit einer zulässigen Gesamtmasse über 3,5 t, einschließlich ihrer Anhänger, und Zugmaschinen, ausgenommen Personenkraftwagen und Kraftomnibusse
1049	Sonstige oder mehrere mehrspurige Fahrzeuge
1049-11	Kraftfahrzeuge und Züge, die nicht schneller als 25 km/h fahren können oder dürfen, dürfen überholt werden
1049-12	Nur militärische Kettenfahrzeuge
1049-13	Nur Lkw (Zeichen 1010-51), Kraftomnibus (Zeichen 1010-57) und Pkw mit Anhänger (Zeichen 1010-59)
1050	Fahrzeuge (verbale Angabe)
1050-30	Taxi
1050-31	Taxen
1050-32	Elektrofahrzeuge während des Ladevorgangs
1050-33	Elektrofahrzeuge
1052	Fahrzeuge mit besonderer Ladung
1052-30	Nur kennzeichnungspflichtige Kraftfahrzeuge mit gefährlichen Gütern
1052-31	Nur Fahrzeuge mit wassergefährdender Ladung
1053	Sonstige Beschränkungen
1053-30	Parken in gekennzeichneten Flächen erlaubt
1053-31	Mit Parkschein
1053-32	Gebührenpflichtig
1053-33	Massenangabe – 7,5 t
1053-34	Auf dem Seitenstreifen
1053-35	Bei Nässe
1053-36	Durchgangsverkehr
1053-37	Massenangabe – 12 t
1053-38	Querparken als Sinnbild
1053-39	Schrägparken als Sinnbild
1053-52	Nur innerhalb gekennzeichneter Parkflächen
1053-53	Parken mit Parkschein in gekennzeichneten Flächen

Erweiternde Zusatzzeichen

1060	Erweiternde Zusatzzeichen
1060-31	Haltverbot auch auf dem Seitenstreifen
1060-32	Auch Kraftomnibusse und PKW mit Anhängern (im Bereich von LKW-Kontrollen)
1060-33	Massenangabe – 2,8 t

3. Verordnung über die Zulassung von Personen zum Straßenverkehr (Fahrerlaubnis-Verordnung – FeV)

Vom 13.12.2010 (BGBl. I S. 1980)

FNA 9231-1-19

zuletzt geändert durch 54. VO zur Änd. straßenverkehrsrechtlicher Vorschriften vom 20.4.2020
(BGBl. I S. 814)

(Auszug)

Inhaltsübersicht

7. Fahrerlaubnisprüfung (zu § 16 Absatz 2, § 17 Absatz 2 und 3) – *hier nicht abgedruckt*
7a. Fahrerschulung (zu § 6a Absatz 3 und 4) – *hier nicht abgedruckt*
7b. [Fahrerschulung für das Führen von Krafträdern der Klasse A1] – *hier nicht abgedruckt*
8. Allgemeiner Führerschein, Dienstführerschein, Führerschein zur Fahrgastbeförderung (zu § 25 Absatz 1, § 26 Absatz 1, § 48 Absatz 3) – *hier nicht abgedruckt*
8a. Muster des Vorläufigen Nachweises der Fahrerlaubnis (VNF) (zu § 22 Absatz 4 Satz 7) – *hier nicht abgedruckt*
8b. Muster der Prüfungsbescheinigung zum „Begleiteten Fahren ab 17 Jahre" (zu § 48a) – *hier nicht abgedruckt*
8c. Muster eines Internationalen Führerscheins nach dem Internationalen Abkommen über Kraftfahrzeugverkehr vom 24. April 1926 (zu § 25b Absatz 2) – *hier nicht abgedruckt*
8d. Muster eines Internationalen Führerscheins nach dem Übereinkommen über den Straßenverkehr vom 8. November 1968 (zu § 25b Absatz 3) – *hier nicht abgedruckt*
8e. Umtausch vor dem 19. Januar 2013 ausgestellter Führerscheine (zu § 24a Absatz 2 Satz 1) – *hier nicht abgedruckt*
9. Verwendung von Schlüsselzahlen für Eintragungen in den Führerschein (zu § 25 Absatz 3)
10. Dienstfahrerlaubnisse der Bundeswehr (zu den §§ 26 und 27) – *hier nicht abgedruckt*
11. Staatenliste zu den Sonderbestimmungen für Inhaber einer ausländischen Fahrerlaubnis (zu § 31) – *hier nicht abgedruckt*
12. Bewertung der Straftaten und Ordnungswidrigkeiten im Rahmen der Fahrerlaubnis auf

Probe (§ 2a des Straßenverkehrsgesetzes) (zu § 34)
13. Bezeichnung und Bewertung der im Rahmen des Fahreignungs-Bewertungssystems zu berücksichtigenden Straftaten und Ordnungswidrigkeiten (zu § 40)
14. Voraussetzungen für die amtliche Anerkennung als Träger von Begutachtungsstellen für Fahreignung (zu § 66 Absatz 2) – *hier nicht abgedruckt*
14a.Voraussetzungen für die amtliche Anerkennung als Träger einer unabhängigen Stelle für die Bestätigung der Eignung der eingesetzten psychologischen Testverfahren und -geräte und für die Begutachtung dieser Träger durch die Bundesanstalt für Straßenwesen (zu § 71b) – *hier nicht abgedruckt*
15. Voraussetzungen für die amtliche Anerkennung als Träger von Kursen zur Wiederherstellung der Kraftfahreignung (zu § 70 Absatz 2) – *hier nicht abgedruckt*
15a.Voraussetzungen für die amtliche Anerkennung als Träger einer unabhängigen Stelle für die Bestätigung der Geeignetheit von Kursen zur Wiederherstellung der Kraftfahreignung und für die Begutachtung dieser Träger durch die Bundesanstalt für Straßenwesen (zu § 71a Absatz 3) – *hier nicht abgedruckt*
16. Rahmenplan für die Durchführung der verkehrspädagogischen Teilmaßnahme des Fahreignungsseminars (zu § 42 Absatz 2) – *hier nicht abgedruckt*
17. Inhalte der Prüfung im Rahmen der Qualitätssicherung der Fahreignungsseminare und Einweisungslehrgänge (zu § 43a Nummer 3 Buchstabe a) – *hier nicht abgedruckt*
18. Teilnahmebescheinigung gemäß § 44 FeV (zu § 44 Absatz 1) – *hier nicht abgedruckt*

Vorbemerkung

Das Fahrerlaubnisrecht war bis 1998 im Abschnitt A der StVZO (Buchteil **5**) geregelt. Mit der **1** VO über die Zulassung von Personen zum Straßenverkehr und zur Änderung straßenverkehrsrechtlicher Vorschriften vom 18.8.1998 (BGBl. I S. 2214, Begr BR-Drs. 443/98, 443/98 (Beschluss), VkBl. **98** 1049) wurde es aus der StVZO ausgegliedert und mit bisher in Verwaltungsvorschriften und Richtlinien enthaltenen Bestimmungen in der **Fahrerlaubnis-Verordnung (FeV)** zusammengefasst, die am 1.1.1999 in Kraft trat. Die **Anlagen 3, 4, 4a, 12 und 13 zur FeV** sind im Anschluss an die FeV **abgedruckt.** Die bis dahin noch in der Verordnung über den internationalen Kraftfahrzeugverkehr (IntVO) enthaltenen fahrerlaubnisrechtlichen Bestimmungen wurden mit der 4. VO zur Änderung der FeV und anderer straßenverkehrsrechtlicher Vorschriften vom 18.7.08 (BGBl. I S. 1338, Begr VkBl. **08** 564) in die FeV übernommen; die IntVO wurde mit Wirkung vom 30.10.08 aufgehoben (BGBl. I S. 1373). Die FeV wurde einschließlich aller seit 1998 erfolgter Änderungen als FeV v. 13.12.10 (BGBl. I S. 1980) neu erlassen, um mögliche Verstöße gegen das Zitiergebot des Art 80 I S. 3 GG zu heilen und eine rechtssichere Textfassung zu schaffen („AblöseVO", Begr BR-Drs. 531/10 S. 173). Dabei sollten keine inhaltliche Änderungen vorgenommen werden. Gleichwohl versehentlich bei der Neuverkündung erfolgte kleinere Änderungen sind in der Folgezeit korrigiert worden.

Die FeV basiert auf der RL 2006/126/EG des Europäischen Parlaments und des Rates v. **2** 20.12.2006 über den Führerschein (Neufassung), ABlEU Nr. L 403 v. 30.12.06 S. 18, der **3. EU-Führerschein-Richtlinie** (StVRL § 6 FeV Nr. 7). Die RL 91/439/EWG des Rates vom 29.7.1991 über den Führerschein, ABl Nr. L 237 v. 24.8.91 S. 1, die **2. EU-Führerschein-Richtlinie,** wurde mWv 19.1.13 aufgehoben (Art 17 I der 3. EG-FS-RL).

Die **3. EU-FS-RL** brachte im Wesentlichen die folgenden **Neuerungen** mit sich: Die in den **3** EU-Mitgliedstaaten noch vorhandenen mehr als 110 verschiedenen FS-Muster sollen durch ein

FS-Muster ersetzt werden, das für seit 19.1.13 neu auszustellende FS ausschließlich zu verwenden ist. Die FS werden nur noch befristet, maximal bis zu 15 Jahren, ausgestellt. FS nach alten Mustern sind bis spätestens 19.1.33 in dann befristete FS nach neuem Muster umzutauschen. Für Kleinkrafträder (Fz bis 25 km/h bauartbedingter Höchstgeschwindigkeit ausgenommen) wurde die FEKlasse AM eingeführt. Der Grundsatz des stufenweisen Zugangs zur Motorrad-FE wurde durch neue Klasseneinteilung und Altersregelungen verankert. Für Fahrprüfer wurden erstmals Mindestanforderungen und die Pflicht zur regelmäßigen Weiterbildung festgelegt. Für den **Zwangsumtausch** aller bis 18.1.2013 ausgegebenen **unbefristeten Führerscheine** in befristete Führerscheine nach dem einheitlichen EU-Muster bis spätestens 19.1.2033 wurde die gesetzliche Rechtsgrundlage mit dem Gesetz zur Änderung des StVG und des KfSachvG v. 2.12.10 (BGBl. I S. 1748) geschaffen (§ 2 I S. 4, § 6 I Nr. 1 Buchst. b und x StVG). Die Einzelheiten des obligatorischen Umtausches wurden mit ÄndVO v. 11.3.2019 (BGBl. I S. 218) in § 24a II und Anlage 8e FeV festgelegt.

I. Allgemeine Regelungen für die Teilnahme am Straßenverkehr

Grundregel der Zulassung

1 Zum Verkehr auf öffentlichen Straßen ist jeder zugelassen, soweit nicht für die Zulassung zu einzelnen Verkehrsarten eine Erlaubnis vorgeschrieben ist.

1   **1. Grundsatz der Verkehrsfreiheit.** § 1 geht von dem Grundsatz allgemeiner VFreiheit aus, mit drei Einschränkungen: VFreiheit besteht nicht, soweit für einzelne VArten eine Erlaubnis vorgeschrieben ist; verkehrsschwache Personen müssen den Mangel ausgleichen (§ 2); wer sich als ungeeignet erweist (Beweislast bei der VB), kann im Verkehr bei Benutzung von Fzen oder Tieren beschränkt oder davon ausgeschlossen werden (§§ 3, 46).

2   **2. Verkehr** ist hier nur der öffentliche StrV (§ 1 StVO), die Benutzung öffentlicher VFlächen in den Grenzen des Gemeingebrauchs (**E** 49, 50).

3   **3. Öffentliche Straßen:** §§ 1 StVO, 1 StVG.

4   **4. Zugelassen** zum öffentlichen StrV ist jedermann (VT, § 2) ohne besondere Einschränkungen: §§ 2, 3.

5   **5. Besondere Erlaubnis für die Zulassung zu einzelnen Verkehrsarten.** Eine besondere VErlaubnis brauchen Straßenbahnen (§ 2 I Nr. 1 PBefG) und Kraftfahrzeuge: § 3 FZV. Die §§ 4 bis 47 regeln die Zulassung von Personen zum Führen von Kfzen, § 48 die Fahrgastbeförderung mit Kfzen.

Eingeschränkte Zulassung

2 (1) [1] Wer sich infolge körperlicher oder geistiger Beeinträchtigungen nicht sicher im Verkehr bewegen kann, darf am Verkehr nur teilnehmen, wenn Vorsorge getroffen ist, dass er andere nicht gefährdet. [2] Die Pflicht zur Vorsorge, namentlich durch das Anbringen geeigneter Einrichtungen an Fahrzeugen, durch den Ersatz fehlender Gliedmaßen mittels künstlicher Glieder, durch Begleitung oder durch das Tragen von Abzeichen oder Kennzeichen, obliegt dem Verkehrsteilnehmer selbst oder einem für ihn Verantwortlichen.

(2) [1] Körperlich Behinderte können ihre Behinderung durch gelbe Armbinden an beiden Armen oder andere geeignete, deutlich sichtbare, gelbe Abzeichen mit drei schwarzen Punkten kenntlich machen. [2] Die Abzeichen dürfen nicht an Fahrzeugen angebracht werden. [3] Wesentlich sehbehinderte Fußgänger können ihre Behinderung durch einen weißen Blindenstock, die Begleitung durch einen Blindenhund im weißen Führgeschirr und gelbe Abzeichen nach Satz 1 kenntlich machen.

(3) **Andere Verkehrsteilnehmer dürfen die in Absatz 2 genannten Kennzeichen im Straßenverkehr nicht verwenden.**

1   **Begr** VkBl. **98** 1060.

Begr zur ÄndVO v. 18.7.08, BGBl. I S. 1338 (VkBl. **08** 565): Zur Ersetzung des Wortes *Mängel* durch das Wort *Beeinträchtigungen* in **Abs. 1 S. 1:** *Insbesondere behinderte Menschen sind von der defizitorientierten Bezeichnung „Mangel" betroffen. Der Begriff „Mangel" sollte nicht in Bezug auf Menschen verwendet werden. Nicht nur im täglichen Sprachgebrauch sondern auch in den Regelungen des Bürgerlichen Gesetzbuches wird dieser Begriff verwendet, um den Mangel an einer Sache auszudrücken.*

Zur Ersetzung der Wörter *Blinde Fußgänger* durch die Wörter *Wesentlich sehbehinderte Fußgänger* in **Abs. 2 S. 3:** *Die Regelung in § 2 entspricht dem früheren § 3 StVZO und wurde in einer Zeit eingeführt, als es die heutigen Definitionen von „Blindheit", „hochgradiger Sehbehinderung" und „wesentlicher Sehbehinderung" noch nicht gab. Die heute in Deutschland geltende gesetzliche Begriffsbestimmung für „Blindheit" (AHP Nr. 23: Visus bis 0,02) ist enger als die internationale Klassifizierung der WHO (ICD. 10: Visus bis 0,5). Im deutschen Sozialrecht werden die „blinden" mit den „hochgradig sehbehinderten" Menschen fast überall gleichgestellt. So sind sämtliche Blindenhilfsmittel (weißer Langstock sowie der Blindenführhund und das dazugehörige Mobilitätstraining) nach dem Hilfsmittelverzeichnis der GKV-Spitzenverbände ohne Unterschied auch den hochgradig sehbehinderten Versicherten zu gewähren. Demnach nehmen schon heute auch Personen, die nicht im Sinne des Gesetzes „blind" sind, mit den Verkehrsschutzzeichen im Sinne des § 2 am Verkehr teil. Zur Vermeidung von Rechtsunsicherheit wird der Personenkreis daher auf die „wesentlich sehbehinderten Fußgänger" erweitert.*

1. § 2 betrifft die **verkehrsschwachen Personen,** für deren Teilnahme am StrV Schutzmaß- **1a** nahmen erforderlich sind. § 2 ist verfassungskonform, s. Ce NRpfl **62** 263 (zu § 2 StVZO alt). Maßnahmen gegen ungeeignete FzF: §§ 3, 46, 47.

2. Körperliche oder geistige Beeinträchtigungen. Gemeint sind nicht Beeinträchtigun- **2** gen iS der Ungeeignetheit zum Führen von Kfz (§§ 2, 3 StVG, 69 StGB), sondern körperliche Beeinträchtigungen, die die Sicherheit, sich im Verkehr zu bewegen, vermindern. Es geht um aktuelle Fahrtüchtigkeit iS einer persönlichen Fahrfähigkeit, nicht um Fahreignung iSv § 2 II S. 1 Nr. 3, IV StVG. Rein äußerliche Behinderung der eigenen und der VSicherheit entscheidet. Beispiele: Blindheit, Gelähmtheit, Schwachsinn höheren Grades, Geisteskrankheit, Neigung zu epileptischen Anfällen, vorübergehende Sehbehinderung, nicht abgeklungene Krankheitsfolgen, Übermüdung. Ob ein Gipsverband sicheres FzFühren ausschließt, hängt von den Umständen ab, s. *Rothardt-Habel* DAR **93** 275. Bei allen, auch vorübergehenden, körperlichen Beeinträchtigungen hängt die Fahreignung von Art und Umfang der Funktionseinbuße im konkreten Fall und von ihrer Kompensationsmöglichkeit ab, *Pluisch* NZV **95** 175. Mängel bei KfzFührern und Einfluss des Alters auf deren VSicherheit: § 2, 3 StVG. Für angetrunkene Fußgänger gilt § 2. Wer infolge einer BAK von 1,98‰ verkehrsuntüchtig ist, darf sich nicht als Fußgänger im StrV bewegen (Ha NZV **99** 374, 20.9.17 VM **18** 26, Jn NJW **18** 77). Zum Alkoholeinfluss auf Fußgänger: § 316 StGB Rn. 116. KfzFühren unter Alkoholeinfluss: §§ 24a StVG, 315c, 316 StGB.

3. Verkehrsunsicherheit. Die körperliche oder geistige Beeinträchtigung muss derart sein, **3** dass der Betroffene dem Verkehr ohne Hilfe oder Ausgleichsvorkehrung nicht gewachsen ist. Ein Fußgänger, der wegen an Blindheit grenzenden Augenleidens bei Dunkelheit einen Radf nicht rechtzeitig erkennen kann, vermag sich beim Überschreiten der Fahrbahn nicht sicher zu bewegen, KG VRS **10** 304. Kopfhörerbenutzung durch einen musikhörenden Fahrer, s. § 23 StVO Rn. 13, 38.

Der Kf muss Schwankungen seiner Leistungsfähigkeit ständig beobachten und berücksichti- **4** gen, BGH NJW **74** 948, zB Sehschwächen, Nü VersR **76** 643, auch vor Fahrtantritt, s. E 141. Über biologische Rhythmus- und Leistungskurven und gegenläufige Einschlafgefahr am Steuer, *Müller-Limmroth* DAR **68** 302. Ein vegetativ-labiler Kf mit Blutdruck auf „niedrig-normalem" Niveau kann, außer bei Einfluss von Alkohol oder Beruhigungsmitteln, eine Bewusstseinstrübung vorher bemerken, Ha VRS **51** 355, NJW **76** 2307. Persönliche Fahrfähigkeit s. auch **E** 141, § 31 StVZO Rn. 10. Die Einnahme bestimmter Medikamente, *Händel* PVT **95** 43, vor allem aber Medikamentenmissbrauch, kann fahruntüchtig machen, s. Ha VRS **52** 194. Unfall beim Fahren nach überstandenem Herzinfarkt entgegen ärztlicher Weisung, LG Heilbronn VRS **52** 188. *Müller-Limmroth/Schneble*, Neue Erkenntnisse zur Leistungsfähigkeit des Kf, BA **78** 226, s. auch *Müller-Limmroth* VGT **77** 16. Kf-Leistungsminderung durch aktives und passives Rauchen, *Schmidt* ZVS **74** 109.

Übermüdung (s. auch § 9 StVG Rn. 23) (nicht schon Ermüdung geringeren Grades) führt **5** meist zu fehlerhafter Fahrweise, BGH DAR **56** 106, VRS **10** 282, s. *Zulley/Popp* VGT **04** 71, und verletzt dann die Sorgfaltspflicht, BGH VRS **5** 210, Ha NJW **53** 1077, DAR **53** 160. Wer sich nicht (mehr) fahrtüchtig fühlt (Übermüdung), muss das Steuer abgeben (auch Amtspflicht), Ce VersR **80** 482. Der körperliche Leistungstiefstand (Kurve) liegt idR nachts zwischen 2 und 3 Uhr (größte Gefahr des Einschlafens und von Fehlreaktionen), *Müller-Limmroth* DAR **68** 296, 302. **Grobe Fahrlässigkeit** idR nur, wenn sich der Kf über typische Ermüdungsursachen oder deutliche Ermüdungsvorzeichen hinwegsetzt, BGH NJW **74** 948, VersR **77** 619, Ce DAR **02** 310, Dü NZV **01** 81, Fra MDR **98** 215, Ko NVersZ **98** 122, Ol NZV **99** 212. Vorzeichen des

Einschlafens müssen nicht stets so deutlich sein, dass ihre Nichtbeachtung sogar grobfahrlässig wäre, s. BGH NJW **74** 948, Mü DAR **94** 201, Fra MDR **98** 215, Ha NZV **98** 210, s. aber Fra NZV **93** 32. Fahren trotz Übermüdung ist grobfahrlässig, wenn der Kf nach den Umständen damit rechnen musste, Fra NZV **93** 32, Nü ZfS **87** 277, Ce VersR **69** 118, Kö VersR **66** 530, LG Stendal NJW-RR **03** 748, etwa auch nach erheblicher Überschreitung der höchstzulässigen Lenkzeit, Kö VersR **88** 1078, bei langer, nächtlicher AB-Fahrt nach Arbeitstag und nur 4 Std Schlaf, LG Mü I NZV **97** 523. Bei langer Fahrt muss der Kf der Ermüdung vorbeugen (Pausen, Körperbewegung, Lüftung), s. *Zulley/Popp* VGT **04** 74, bei Ermüdungserscheinungen während des Fahrens Gesicht und Füße durch Frischluft abkühlen, s. *Müller-Limmroth* BA **78** 236. Eindämmern auf der AB bei überschnellem Fahren wird idR grobfahrlässig sein, Kö VersR **66** 530, Beweis der Erkennbarkeit vorausgesetzt. Wer tagsüber gearbeitet hat und gegen Mitternacht nach nur 1 Stunde Schlaf eine mehrstündige Nachtfahrt macht, muss mit Übermüdung rechnen, Ce VersR **62** 843.

6   Hinsichtlich der **Wahrnehmbarkeit eigener Übermüdung** war die Rspr. zunächst zurückhaltend: Übermüdung sei nicht stets voraussehbar und daher stets zu prüfen, Zw VRS **35** 371, es gebe zur Wahrnehmbarkeit keinen Erfahrungssatz, BGH NJW **74** 948, LG Rostock DAR **01** 410, vor allem nicht bei besonderer Monotonie, Ce DAR **67** 109, s. *Zulley/Popp* VGT **04** 68. Für plötzlichen, vorher nicht wahrnehmbaren Ausfall der Aufmerksamkeit sei der Kf nur bei Gesundheitsmängeln verantwortlich, die er kannte oder hätte kennen müssen, BGH VRS **14** 441. Zur Beurteilung, ob ein Kf ungewarnt von Übermüdung überfallen werden kann, fehle die gerichtliche Sachkunde, BGH VRS **14** 361, Ha VRS **25** 214. Dem Einnicken am Steuer gehen jedoch, abgesehen von Medikamentwirkungen, idR wahrnehmbare Anzeichen voraus, BaySt **03** 100 = DAR **03** 527, Fra NZV **93** 32, Ha NZV **98** 210, LG Mü I NZV **97** 523, LG Stendal NJW-RR **03** 748 (Erfahrungssatz), *Zulley/Popp* VGT **04** 70f. Nach Ansicht von BGH VRS **38** 144, NJW **70** 520 kann ein gesunder, ausgeruhter Mensch ohne Alkohol-, Narkotika- oder Medikamenteinwirkung beim Fahren nicht ohne vorherige Anzeichen einnicken, auch nicht bei Herzleistungsschwäche, Hypotonie und Infekten, außer bei Narkolepsie. Zurückhaltender aber anscheinend *Böcher*, ZVS **70** 104 („im Allgemeinen" sei Einschlafen am Steuer „normalerweise" voraussehbar, außer bei Krankheitsfolge oder Medikamenteinfluss) und *Lewrenz*, k + v. **70** 57 (bisher seien keine Tatsachen bekannt, die dafür sprechen, dass ein Kf bevorstehendes Einnicken nicht rechtzeitig bei sich bemerke). Zur Tagesmüdigkeit auf Grund nächtlicher Schlafstörungen (Schlafapnoe-Syndrom), *Böhning* NZV **97** 142.

7   Einschlafen am Steuer ist an sich kein Ausschließungsgrund iS der AVB-Unfall oder Kasko, auch kein gefahrerhöhender Umstand (§§ 23, 26 VVG), Mü VersR **64** 83, KG VersR **65** 558, aM Nü VersR **63** 470, Mü VersR **63** 1044, Gefahrerhöhung aber bei ständiger Überbeanspruchung (Übermüdung) des Fahrers, Ce VersR **69** 118, Kö VersR **97** 306. Gefahrerhöhung bei durch Schlafentzug und Alkoholkonsum ausgelöstem epileptischen Anfall nur bei Weiterbenutzung des Fzs in Kenntnis der gefahrerhöhenden Umstände, Nü NVersZ **99** 437. Der Geschäftsherr muss Vorsorge gegen Übermüdung seiner Kf zur Entlastung beweisen, BGH VRS **21** 328, VersR **61** 1015. Haftung bei Unfall in Übermüdung: § 9 StVG Rn. 23. Unfallbedingte Teilamnesie ist kein Indiz für Übermüdung vor dem Unfall, Dü VM **78** 15.

7a   **Literatur:** *Böhning,* Das Schlafapnoe-Syndrom – ein wenig beachtetes Unfallrisiko, NZV **97** 142. *Gaisbauer,* Zusammenwirken von Alkohol und Übermüdung …, NJW **68** 191. *Händel,* Der alte Mensch als Teilnehmer am StrV, DAR **85** 210. *Hell,* Auftreten und Prävention von Müdigkeitsunfällen im StrV, VGT **04** 55. *Müller-Limroth,* Fehlverhalten des Autofahrers aus der Sicht des Mediziners und Physiologen, DAR **68** 293. *Pluisch,* Das Führen von Kfzen bei vorübergehender Körperbehinderung, NZV **95** 173. *Pohl,* Die menschliche Leistungsfähigkeit als Risikofaktor im StrV, Verkehrsunfall **84** 9. *O.* und *L. Prokop,* Zum Problem des Einschlafens am Steuer, Deutsche Zeitschrift für die gesamte gerichtliche Medizin Bd. 45 (1956), 523. *Theda,* Versicherungsschutz bei Übermüdung eines KfzFahrers, VP **68** 105. *Zulley/Popp,* Einschlafen am Steuer, VGT **04** 65.

8   **4. Eingeschränkte Zulassung.** Teilnahme am Verkehr: § 1 StVO. Wer sich nicht sicher im Verkehr bewegen kann, darf daran ohne Ausgleich nicht teilnehmen. Erfasst ist jedes verkehrserhebliche Verhalten, das körperlich unmittelbar auf den Verkehr einwirkt, Bay DAR **67** 142 (Drehung eines Baggerauslegers auf öffentlicher Straße).

9   **5. Ausgleich der Verkehrsschwäche.** VSchwache sollen weder sich noch andere gefährden. FzFührer müssen nötigenfalls Vorrichtungen am Fz anbringen, die ihre körperlichen Beeinträchtigungen ausgleichen. Wer führerscheinpflichtige Kfz im StrV führen will, wird im Zulassungsverfahren (§§ 4ff.) geprüft. Verfahren bei späteren Mängeln: § 46. Verantwortlich dafür, dass der

Verkehrsschwache nicht ohne die erforderliche Vorsorge (Rn. 10) am StrV teilnimmt, ist in erster Linie er selbst (Abs. 2 S. 2). Verletzung der Vorsorgepflicht ist ordnungswidrig (§ 75 Nr. 1 FeV, 24 StVG).

Literatur: *Bender,* Zur Auslegung des § 2 StVZO, DAR **60** 127 (zu § 2 StVZO alt). **9a**

6. Beispiele für Vorsorgemaßnahmen gibt Abs. 2: Im Gegensatz zu § 2 StVZO alt sind **10** aber nur noch Armbinden, Abzeichen, Blindenstock und Blindenhund ausdrücklich genannt. Auf weitere Einzelheiten verzichtet die Bestimmung, weil sich Art und Ausmaß der erforderlichen Vorsorgemaßnahmen nach den Umständen des Einzelfalls richten. In Frage kommen jedoch nach wie vor auch die in § 2 II StVZO (alt) genannten Hilfsmittel wie künstliche Gliedmaßen und Begleitung durch eine Hilfsperson, ferner zB Hörapparate, BGH NJW **57** 1400 und technische Einrichtungen am Kfz. Die Abzeichen dürfen nicht an Fzen angebracht sein (Abs. 2 S. 2). Die in Abs. 2 S. 3 genannten Verkehrsschutzzeichen können nicht nur von blinden, sondern auch von wesentlich sehbehinderten Fußgängern genutzt werden.

7. Ahndung von Verstößen. Untaugliche Fußgänger und Reiter fallen unter Abs. 1, ebenso **11** alle FzF bei möglicher, aber unterlassener Vorsorge bei sich (zB vergessene Fahrbrille) oder am Fz (zB Bedienungserleichterung), denn insoweit ist Abs. 1 Spezialvorschrift gegenüber § 31 I StVZO. Kommen Vorsorgemaßnahmen nicht in Betracht (zB bei Übermüdung), so ist TE zwischen § 2 I FeV und § 31 I StVZO anzunehmen. Zuwiderhandlungen gegen § 2 sind, soweit nicht § 316 StGB eingreift, ow (§§ 75 Nr. 1, 2 FeV, 24 StVG). Verstoß gegen Abs. 1 setzt keine konkrete Gefährdung voraus, BGH VRS **7** 68. Der Betroffene muss sich bewusst oder fahrlässig nicht bewusst gewesen sein, trotz des Mangels am Verkehr teilzunehmen. Zur Frage des Vorsatzes bei Fahren trotz Übermüdung, Ce VersR **80** 482. TE mit § 1 StVO ist möglich. Wer verkehrsuntüchtig mit einem Fz, das nicht verkehrssicher ist oder nicht den Vorschriften über die Beschaffenheit entspricht, am Verkehr teilnimmt, begeht diese OWen in TE, BGHSt **6** 229, DAR **54** 215. Missbrauch der für Körperbehinderte bestimmten Abzeichen (Abs. 3) ist ow (§§ 75 Nr. 2 FeV, 24 StVG). Zur Blutprobenentnahme bei Fußgängern *Nimtz* DAR **08** 429.

Einschränkung und Entziehung der Zulassung

3 (1) ¹**Erweist sich jemand als ungeeignet oder nur noch bedingt geeignet zum Führen von Fahrzeugen oder Tieren, hat die Fahrerlaubnisbehörde ihm das Führen zu untersagen, zu beschränken oder die erforderlichen Auflagen anzuordnen. ²Nach der Untersagung, auf öffentlichen Straßen ein Mofa nach § 4 Absatz 1 Satz 2 Nummer 1 oder ein Kraftfahrzeug nach § 4 Absatz 1 Satz 2 Nummer 1b zu führen, ist die Prüfbescheinigung nach § 5 Absatz 4 Satz 1 unverzüglich der entscheidenden Behörde abzuliefern oder bei Beschränkungen oder Auflagen zur Eintragung vorzulegen. ³Die Verpflichtung zur Ablieferung oder Vorlage der Prüfbescheinigung besteht auch, wenn die Entscheidung angefochten worden ist, die zuständige Behörde jedoch die sofortige Vollziehung ihrer Verfügung angeordnet hat.**

(2) **Rechtfertigen Tatsachen die Annahme, dass der Führer eines Fahrzeugs oder Tieres zum Führen ungeeignet oder nur noch bedingt geeignet ist, finden die Vorschriften der §§ 11 bis 14 entsprechend Anwendung.**

Begr (BR-Drs. 443/98 S. 237 = VkBl. **98** 1061): *§ 3 gilt für Personen, die kein fahrerlaubnispflich-* **1** *tiges Kraftfahrzeug führen, sondern in anderer Weise am Straßenverkehr teilnehmen, z. B. für Fahrrad- und Mofafahrer und Lenker von Fuhrwerken. … Der Eignungsbegriff ist im Straßenverkehrsgesetz selbst (§ 2 Abs. 4 StVG) definiert.*

Begr zur ÄndVO v. 18.7.08 **zu Abs. 1 S. 2 und 3** (BR-Drs. 302/08 (Beschluss) S. 1 f. = **2** VkBl. **08** 566): *Die Untersagung, auf öffentlichen Straßen ein Mofa zu führen, wird gemäß § 28 Abs. 3 Nr. 4 StVG im Verkehrszentralregister (VZR) gespeichert, so dass die Polizei bei Kontrollen die Fahrberechtigung überprüfen kann. Ein Problem besteht jedoch darin, dass die Fahrerlaubnisbehörde rechtlich keine Möglichkeit hat – entsprechend § 47 – die Untersagung durch Einziehung der Mofa-Prüfbescheinigung zu vollstrecken. Die Prüfbescheinigung ist zwar keine Fahrerlaubnis und dient nur zum Nachweis, dass die Prüfung bestanden wurde. Nach § 5 Abs. 4 Satz 2 ist sie aber beim Führen des Mofas mitzuführen und zuständigen Personen zur Prüfung auszuhändigen. Durch das Vorweisen der Prüfbescheinigung erwecken die Betreffenden bei Kontrollen den Eindruck, sie seien (noch) fahrberechtigt. Durch die Ergänzung kann dies weitgehend unterbunden werden.*

3–9   *Um zu verhindern, dass eine Ersatz-Prüfbescheinigung für Personen ausgestellt wird, denen das Führen von Mofas untersagt wurde, holt die prüfende Stelle nach § 5 Abs. 1 Satz 3, Abs. 4 Satz 1 auf Kosten des Betreffenden eine Auskunft aus dem VZR ein oder lässt sich einen VZR-Auszug vorlegen, der nicht älter ist als zwei Wochen.*

10   **1. Anwendungsbereich.** § 3 regelt die Maßnahmen, die die FEB gegen Personen zu ergreifen hat, die zum Führen von **fahrerlaubnisfreien Fz,** auch Kfz, oder **Tieren** (s. § 28 StVO) ungeeignet oder nur noch eingeschränkt („bedingt") geeignet sind, um die sichere Teilnahme der betroffenen Personen am StrV zu gewährleisten und Gefahren von Dritten abzuwenden. Auch wenn der Wortlaut missverständlich von Fahrzeugen allgemein spricht, gilt die Norm nicht für Personen, die fahrerlaubnispflichtige Kfz führen (Begr Rn. 1), denn die Zulassung zum Führen von erlaubnispflichtigen Kfz unterliegt speziellen Regelungen; die Entziehung der Fahrerlaubnis ist dort in § 46 FeV geregelt (VGH Mü 9.8.16 11 ZB 16.880 = VM **17** 13). Von § 3 ist das Führen von nicht motorisierten Fz (zB Fahrräder, Fuhrwerke) und der Verkehr mit fahrerlaubnisfreien Kfz (zB Mofas, Elektrokleinstfahrzeuge iSv § 1 I eKFV, Fahrräder mit elektromotorischer Tretunterstützung iSv § 1 III StVG) umfasst (VGH Mü 21.2.19 – 11 CS 18.2277 DAR **19** 220, 19.8.19 – 11 ZB 19.1256 BA **19** 418, 17.1.20 – 11 B 19.1274 DAR **20** 159). Die Norm gilt auch für Elektrorollstühle, auch wenn ihre Benutzung sich üblicherweise auf den Fußgängerbereich beschränkt (vgl. VG Stu 6.4.16 7 – K 3756/14 SVR **16** 398). Sie ermächtigt nicht zu behördlichen Maßnahmen gegen Fußgänger, die ungeeignet oder nur noch eingeschränkt geeignet zur Teilnahme am StrV sind. Sie gilt auch nicht für Fz wie Inline-Skates und Roller, die nach § 24 I S. 1 StVO keine Fz iSd StVO sind und für die nach § 24 I S. 2 StVO die Vorschriften für den Fußgängerverkehr entsprechend gelten (BVerwG NJW **13** 2696, VGH Mü BA **12** 338). § 3 gilt auch für ausländische VTeilnehmer. § 3 findet nur bei fehlender oder eingeschränkter *Eignung,* nicht bei fehlender oder eingeschränkter *Befähigung* Anwendung.

10a   Umstritten ist, ob § 3 über eine hinreichende **gesetzliche Ermächtigung** verfügt. Als Grundlage kommt nur § 6 I Nr. 1 Buchst. y StVG in Betracht. Weitere gesetzliche Regelungen bestehen darüber hinaus nicht. In der Rspr. wird bisher die Auffassung vertreten, diese Norm sei grundgesetzkonform, da Inhalt, Zweck und Ausmaß hinreichend bestimmt seien (OVG Lüneburg NJW **08** 2059, offen gelassen von VGH Mü 17.1.20 – 11 B 19.1274 DAR **20** 159 (Revision anhängig BVerwG 3 C 5.20)). Nach einer im Schrifttum vertretenen Ansicht reiche sie dagegen nicht aus, weil sich die Voraussetzungen und der Umfang der möglichen Beschränkungen der allgemeinen Handlungsfreiheit aus § 6 I Nr. 1 Buchst. y StVG nicht so klar und für den Bürger erkennbar ergeben, dass damit dem rechtsstaatlichen Gebot der Normenklarheit entsprochen werde (*Rebler/Müller* DAR **14** 690 (695)).

11   **2. Ungeeignetheit oder bedingte Eignung.** Es gilt der Eignungsbegriff des § 2 IV StVG (Begr Rn. 1, OVG Lüneburg DAR **12** 161, *Rebler/Müller* DAR **14** 690), allerdings mit der Einschränkung, dass für die Anwendung von § 3 nur solche Mängel relevant sind, die sich auf das Führen von nicht fahrerlaubnispflichtigen Fz oder Tieren beziehen (*Geiger* SVR **07** 161). Die Ungeeignetheit oder bedingte Eignung zum Führen von Fz oder Tieren bestimmt sich somit grundsätzlich nach den Vorschriften, die auch für das Führen fahrerlaubnispflichtiger Kfz gelten, nämlich nach § 3 I iVm § 2 IV StVG, § 46 iVm § 11 I FeV (VGH Mü 27.3.06 11 ZB 06.41, 20.3.08 11 CS 07.2188). **§§ 11–14** finden gem. II **entsprechende Anwendung,** soweit sie ihrem Inhalt nach nicht das Führen eines fahrerlaubnispflichtigen Kfz voraussetzen (BVerwG NJW **13** 2696, OVG Lüneburg NJW **08** 2059, VGH Ka NJW **11** 1753, OVG Ko NJW **12** 3388, OVG Weimar DAR **12** 721, VGH Mü BA **12** 338, VG Neustadt BA **16** 284). Entsprechend anwendbar ist damit nach II iVm § 11 I S. 2 auch **Anl 4** zu §§ 11, 13 und 14 (OVG Hb VRS **109** 210 (213), VG Hannover 21.12.07 9 B 4217/07, VG Mü 19.2.08 M 6b S 08.278, VG Neustadt BA **16** 284, 5.7.18 3 L 767/18, *Kalus* VD **11** 250), jedenfalls soweit sich Mängel auch auf das Führen von nicht fahrerlaubnispflichtigen Fz oder Tieren beziehen (OVG Ko NJW **11** 3801, OVG Lüneburg DAR **12** 161, *Geiger* SVR **07** 161, *Rebler/Müller* DAR **14** 690). Hinsichtlich des Sehvermögens ist § 12 iVm Anl 6 entsprechend anwendbar (VGH Mü 20.3.08 – 11 CS 07.2188). Gutachtensanordnung nach §§ 11 III S. 1 Nr. 9, 13 S. 1 Nr. 2 Buchst. d, 14 II Nr. 1 kann nicht allein auf erfolgte Untersagung des Führens fahrerlaubnisfreier Fz gestützt werden, da sie Entziehung der Fahrerlaubnis voraussetzen. Auch zur Klärung der Frage, ob ein Verbot des Führens fahrerlaubnisfreier Fz wieder aufzuheben ist, können diese Normen nach Auffassung des VGH Mü nicht zur Grundlage einer Gutachtensanordnung gemacht werden (VGH Mü 17.1.20 – 11 B 19.1274 DAR **20** 159 (Revision anhängig BVerwG 3 C 5.20)).

3. Vorbereitung der Entscheidung. Da §§ 11–14 entsprechend anwendbar sind (II, **12** Rn. 11), kann zur Klärung von Eignungszweifeln die Beibringung der dort vorgesehenen **Gutachten** angeordnet werden. Der FEB müssen **konkrete Tatsachen** bekannt sein, die entweder ohne weitere Überprüfung den Schluss auf Nichteignung zulassen (§ 11 VII) oder Anlass für eine Eignungsüberprüfung sind. Auch Mitteilungen der Polizei nach § 2 XII StVG können Anlass für die Überprüfung der Eignung zum Führen fahrerlaubnisfreier Fz oder Tiere sein (§ 2 StVG Rn. 85 f.). Zu den nach II entsprechend anwendbaren Vorschriften gehört auch § 11 X – Kurs zur Wiederherstellung der Eignung (VG Neustadt NJW **05** 2471). Werden Tatsachen bekannt, die begründete Zweifel an der Eignung des FzF wecken, ist die FEB verpflichtet, weitere Ermittlungen über die Eignung anzustellen; I S. 1 räumt ihr insoweit **kein Entschließungsermessen** ein (OVG Weimar DAR **12** 721). Weigert sich der Betr ohne ausreichenden Grund, sich untersuchen zu lassen oder bringt er das geforderte Gutachten nicht fristgerecht bei, hat die FEB – auch bei fahrerlaubnisfreien Fz – auf seine Nichteignung zu schließen (II iVm § 11 VIII, OVG Weimar DAR **12** 721, VG Augsburg 11.3.13 Au 7 K 13.249, VG Neustadt BA **16** 284, näher § 11 Rn. 51 ff.). Ist bei der gerichtlichen Überprüfung der Untersagung des Führens fahrerlaubnisfreier Fz die Anlasstat bereits getilgt, kann die Untersagung nach Auffassung des VGH Mü dann aber nicht mehr auf § 11 VIII gestützt werden (VGH Mü 17.1.20 – 11 B 19.1274 DAR **20** 159 (Revision anhängig BVerwG 3 C 5.20)).

Aus der **Anordnung der Beibringung eines Gutachtens** muss sich eindeutig ergeben, ob **13** die FEB nur die Eignung des Betroffenen für zweifelhaft hält, fahrerlaubnisfreie Fz oder Tiere im StrV zu führen, oder auch die Kraftfahreignung (VGH Mü BayVBl **08** 724, OVG Lüneburg NZV **12** 149). Ist die Fragestellung insoweit unklar, ist die Beibringungsanordnung fehlerhaft, so dass bei Nichtvorlage des Gutachtens Schluss auf Nichteignung gem. II iVm § 11 VIII S. 1 ausscheidet. Die **Anordnung ein Gutachten beizubringen** und sich untersuchen zu lassen, ist nach hM als bloße Aufklärungsanordnung **nicht gesondert anfechtbar** (§ 11 Rn. 25).

Hat eine Person mit einer **BAK von 1,6 ‰ oder mehr** als **Fahrradfahrer** am StrV teilge- **14** nommen, ergeben sich daraus nicht nur Zweifel an der Eignung zum Führen von Kfz, sondern auch an der Eignung zum Führen fahrerlaubnisfreier Fz (BVerwG NJW **13** 2696, VGH Mü BayVBl **08** 724, SVR **11** 187, BA **12** 338, 19.8.19 – 11 ZB 19.1256 BA **19** 418, VGH Ka NJW **11** 1753, OVG Bautzen BA **11** 182, BA **15** 58, OVG Berlin BA **11** 184, OVG Ko NJW **12** 3388 (Aufgabe von OVG Ko NJW **10** 457), OVG Weimar DAR **12** 721, VG Neustadt NJW **05** 2471, VG Mü DAR **10** 656, VG Augsburg 11.3.13 Au 7 K 13.249, *Rebler/Müller* DAR **14** 690). Eine Differenzierung danach, ob der Radfahrer eine **FE besitzt** oder nicht, ist im Hinblick auf das vom alkoholisierten Radfahrer ausgehende Gefahrenpotenzial nicht gerechtfertigt (BVerwG NJW **13** 2696, VGH Mü BA **12** 338, OVG Bautzen BA **15** 58, VG Augsburg 11.3.13 Au 7 K 13.249). Die zunächst vom OVG Ko vertretene Auffassung, wegen der geringeren Betriebsgefahr eines Fahrrades sei es nur dann verhältnismäßig, einem Fahrradfahrer, der nicht im Besitz einer FE ist, die Beibringung eines medizinisch-psychologischen Gutachtens entsprechend § 13 S. 1 Nr. 2 Buchst. c aufzugeben, wenn sich eine naheliegende und schwerwiegende, an die Risiken bei auffällig gewordenen FEInhabern heranreichende Gefährdung des StrV durch den Radfahrer aus den konkreten Umständen des Einzelfalles herleiten lässt (OVG Ko NJW **10** 457), wird inzwischen vom OVG Ko nicht mehr vertreten (OVG Ko NJW **12** 3388).

Ob Alkoholgenuss und das Führen eines fahrerlaubnisfreien Fz hinreichend sicher getrennt **15** werden können, ist bei einer Person, die als **Kraftfahrer alkoholauffällig** geworden ist, nur zu prüfen, wenn die Gesamtumstände zu der begründeten Annahme Anlass geben, auch im Hinblick auf fahrerlaubnisfreie Fz bestehe die Gefahr des Alkoholmissbrauchs (OVG Ko NJW **11** 3801).

4. Maßnahmen. Steht der Eignungsmangel fest, ist die FEB zum Einschreiten nach I S. 1 **16** verpflichtet; I S. 1 räumt ihr **kein Entschließungsermessen** ein (OVG Lüneburg NJW **08** 2059, OVG Weimar DAR **12** 721, VG Augsburg 11.3.13 Au 7 K 13.249). Die FEB hat aber **Auswahlermessen** bezüglich Art und Umfang der zu treffenden Maßnahme auszuüben (VGH Mü 27.3.06 11 ZB 06.41, SVR **11** 187, OVG Lüneburg NJW **08** 2059, OVG Ko NJW **10** 457, NJW **12** 3388, OVG Weimar DAR **12** 721, s. auch OVG Br NJW **90** 2081 zu § 3 I StVZO aF, *Rebler/Müller* DAR **14** 690). Es liegt in ihrem Ermessen, ob sie der Gefahr durch Untersagung oder Beschränkung des Führens von Fz begegnet oder geeignete Auflagen anordnet, wobei sie den Grundsatz der Verhältnismäßigkeit und den Vorrang des jeweils geeigneten milderen Mittels zu beachten hat (OVG Ko NJW **12** 3388, OVG Weimar DAR **12** 721, *Geiger* SVR **07** 161 (163)). Bei erwiesener Ungeeignetheit wird allerdings idR eine Beschränkung des Führens von

Fz oder die Anordnung von Auflagen nicht ausreichend sein, um den Verkehr vor der Gefahr zu schützen (OVG Ko NJW **12** 3388, VG Ansbach 3.1.20 – 10 S 19.02347 BeckRS 2020, 228). Reicht ein milderes Mittel nicht aus, so muss die FEB das FzFühren bei erwiesener Ungeeignetheit untersagen (VG Neustadt NJW **05** 2471).

17   Wenn die Nichteignung gem. II iVm § 11 VIII S. 1 wegen **Nichtvorlage** eines zu Recht angeordneten **Gutachtens** feststeht, ist das Auswahlermessen im Hinblick auf die Untersagung des Führens von fahrerlaubnisfreien Fz auf Null reduziert, da das Gutachten auch dazu dient, zu klären, ob **bedingte Eignung** vorliegt und demzufolge Beschränkung oder Auflagen reichen (VGH Mü DAR **10** 483, BA **12** 338, VGH Ka NJW **11** 1753, OVG Berlin BA **11** 184, VGH Ma NJW **12** 3321, OVG Ko NJW **12** 3388, OVG Weimar DAR **12** 721, VG Mü DAR **10** 656, VG Neustadt 3.9.12 3 K 331/12, VG Augsburg 11.3.13 Au 7 K 13.249, VG Ansbach 3.7.14 AN 10 K 13.01882, *Kalus* VD **09** 312).

18   **4a. Untersagung oder Beschränkung des Führens.** Die FEB kann dem Ungeeigneten oder nur noch bedingt Geeigneten untersagen, Fz oder Tiere im Verkehr zu führen oder das Recht hierzu (§ 1) beschränken. Das Übermaßverbot ist maßgebend (OVG Br NJW **90** 2081 (zu § 3 I StVZO alt), OVG Ko NJW **12** 3388). Das Verbot, ein fahrerlaubnisfreies Fz im öffentlichen Verkehr zu fahren, setzt zwingend die Ermessensprüfung voraus, ob der erstrebte Sicherungszweck auch durch ein milderes Mittel erreichbar ist, etwa durch ein sachlich, zeitlich oder örtlich eingeschränktes Verbot (OVG Br VRS **59** 398, NJW **90** 2081 (jeweils zu § 3 I StVZO alt), VG Stu 6.4.16 7 K 3756/14 = SVR **16** 398). Die Maßnahme kann sich auch auf das Führen von Fz oder Tieren bestimmter Art beschränken.

19   **Trunkenheitsfahrt mit einem Fahrrad** kann die Untersagung des Führens von Fahrrädern bzw. von fahrerlaubnisfreien Fz rechtfertigen (VGH Ka NJW **11** 1753, OVG Lüneburg NZV **12** 149, OVG Ko NJW **12** 3388, VG Neustadt NJW **05** 2471, VG Mü 19.2.08 M 6b S 08.278, VG Augsburg 11.3.13 Au 7 K 13.249). Das **Führen eines Mofas unter Alkoholeinfluss** kann die Untersagung des Führens fahrerlaubnisfreier Fz rechtfertigen (VG Stade NJW **87** 147 zu § 3 I StVZO alt). Gelegentlicher **Cannabiskonsum** bei mangelndem Vermögen der Trennung zwischen Konsum und Führen eines Mofas (OVG Hb VRS **109** 210, VGH Mü 27.3.06 11 ZB 06.41, 1.9.08 11 CS 08. 1188) oder eines Fahrrades (OVG Lüneburg NJW **08** 2059) rechtfertigt die Untersagung des Führens fahrerlaubnisfreier Kfz.

20   Einem Verkehrsteilnehmer, der bislang nur **fahrerlaubnispflichtige Kfz** in einem eignungsausschließenden Zustand geführt hat, kann die Nutzung fahrerlaubnisfreier Fz, ggf. auch eines Fahrrads, nur dann verboten werden, wenn er gerade auch ungeeignet zum Führen von fahrerlaubnisfreien Fz ist und nach den Umständen des Einzelfalles Anlass zu der begründeten Annahme besteht, er werde in überschaubarer Zukunft ein fahrerlaubnisfreies Fz im Zustand der Nichteignung führen und zu einer konkreten Gefahr für andere Verkehrsteilnehmer werden (OVG Ko NJW **11** 3801, OVG Lüneburg DAR **12** 161).

21   **4b. Anordnung von Auflagen.** Statt eines Verbots muss die FEB Teilnahme am Verkehr als Führer von Fz oder Tieren davon abhängig machen, dass bestimmte Auflagen erfüllt werden, falls das ausreicht, den Verkehr vor Gefahr zu schützen (OVG Br NJW **90** 2081 zu § 3 I StVZO alt). Nach dem Grundsatz der Verhältnismäßigkeit sind nur Maßnahmen aufzuerlegen, die erforderlich sind, den Schutz zu gewährleisten. Die Art der Auflage hängt von der Art des Eignungsmangels ab.

22   **4c. Die Maßnahme der FEB** nach I S. 1 ist ein **VA**. Da es sich bei der Untersagung des Führens fahrerlaubnisfreier Fahrzeuge um einen **Dauerverwaltungsakt** handelt, ist bei der gerichtlichen Überprüfung auf den Zeitpunkt der letzten mündlichen Verhandlung abzustellen (VGH Mü 17.1.20 – 11 B 19.1274 DAR **20** 159 (Revision anhängig BVerwG 3 C 5.20)). Die Anordnung der **sofortigen Vollziehung** darf wegen der Abwehr von Gefahren für Leben und Gesundheit anderer VTeilnehmer regelmäßig erfolgen und in allgemeiner Form mit der Ungeeignetheit des Betroffenen begründet werden (OVG Hb VRS **109** 210). Die Anordnung der sofortigen Vollziehung ist aber nur so weit zulässig, wie dies nach dem festgestellten Sachverhalt erforderlich ist (OVG Lüneburg NZV **89** 43 zu § 3 I StVZO aF).

23   **5. Zuständig** ist die FEB (§ 73). Bei VTeilnehmern ohne Wohn- oder Aufenthaltsort im Inland ist jede FEB zuständig, allerdings nur für Maßnahmen, die das Recht zum Führen von *Kfz* betreffen (§ 73 III). Die Maßnahme der FEB gilt nicht nur für ihren örtlichen Zuständigkeitsbereich, sondern für das gesamte Inland (§ 73 II S. 3).

6. Nach Erlass eines **Verbots,** ein Mofa oder ein Kfz iSv § 4 I S. 2 Nr. 1b im StrV zu führen, **24** ist die **Prüfbescheinigung** (§ 5 IV S. 1) unverzüglich der entscheidenden Behörde **abzuliefern,** nach der Verfügung von Beschränkungen oder Auflagen ist sie unverzüglich zur Eintragung bei der Behörde vorzulegen (I S. 2). Dies gilt in Parallele zu § 47 I S. 2 auch im Falle der Anfechtung der Verfügung, wenn die sofortige Vollziehung angeordnet wurde (I S. 3), allerdings ebenso wie bei § 47 I S. 2 nur dann, wenn ausdrücklich auch die mit der Verfügung verbundene Anordnung der Ablieferung oder Vorlage der Prüfbescheinigung für sofort vollziehbar erklärt wurde (näher dazu § 47 Rn. 19). Diese Verpflichtungen wurden eingeführt, damit bei Verkehrskontrollen nicht trotz eines Verbots der Anschein erweckt werden kann, zum Führen von Mofas oder Kfz iSv § 4 I S. 2 Nr. 1b berechtigt zu sein (Begr Rn. 2). Damit nach Ablieferung nicht eine Ersatz-Prüfbescheinigung durch die Stelle ausgestellt wird, die die Prüfung durchgeführt hat, sollte diese sich durch Auskunft aus dem FAER (Übermittlung zulässig nach § 30 I Nr. 3 StVG) oder durch Vorlage eines FAER-Auszugs vergewissern, dass dem Betroffenen das Führen von Mofas oder Kfz iSv § 4 I S. 2 Nr. 1b nicht verboten wurde (s. Begr Rn. 3–9).

7. Datenspeicherung und –übermittlung. Unanfechtbare und sofort vollziehbare Verbote **25** und Beschränkungen, ein fahrerlaubnisfreies Fz zu führen, werden in das **FAER** eingetragen (§ 28 III Nr. 4 StVG, § 59 I Nr. 11 FeV). Die Tilgungsfrist beträgt 5 Jahre (§ 29 I S. 2 Nr. 2 Buchst. c StVG). Sie beginnt (erst) 5 Jahre nach Ablauf oder Aufhebung des Verbots oder der Beschränkung (§ 29 V S. 2 StVG). Krit zu den Tilgungsvorschriften VGH Mü 17.1.20 – 11 B 19.1274 DAR **20** 159. Die Daten dürfen u. a für Verkehrskontrollen übermittelt werden (§ 30 III StVG, § 60 IV FeV). Verbote und Beschränkungen, ein Fz zu führen, dürfen auch in den **örtlichen FERegistern** gespeichert werden (§ 50 II Nr. 2b StVG, § 57 Nr. 22 FeV); für die Löschung gelten die gleichen Regeln wie für das FAER (§ 61 III S. 1 StVG).

8. Ordnungswidrigkeit: §§ 75 Nr. 3 FeV, 24 StVG. **26**

II. Führen von Kraftfahrzeugen

1. Allgemeine Regelungen

Erlaubnispflicht und Ausweispflicht für das Führen von Kraftfahrzeugen

4 (1) ¹Wer auf öffentlichen Straßen ein Kraftfahrzeug führt, bedarf der Fahrerlaubnis. ²Ausgenommen sind

1. einspurige Fahrräder mit Hilfsmotor – auch ohne Tretkurbeln –, wenn ihre Bauart Gewähr dafür bietet, dass die Höchstgeschwindigkeit auf ebener Bahn nicht mehr als 25 km/h beträgt (Mofas); besondere Sitze für die Mitnahme von Kindern unter sieben Jahren dürfen jedoch angebracht sein,

1a. Elektrokleinstfahrzeuge nach § 1 Absatz 1 der Elektrokleinstfahrzeuge-Verordnung,

1b. zweirädrige Kraftfahrzeuge der Klasse L1e-B und dreirädrige Kraftfahrzeuge der Klassen L2e-P und L2e-U nach Artikel 4 Absatz 2 Buchstabe a und b der Verordnung (EU) Nr. 168/2013 des Europäischen Parlaments und des Rates vom 15. Januar 2013 über die Genehmigung und Marktüberwachung von zwei- oder dreirädrigen und vierrädrigen Fahrzeugen (ABl. L 60 vom 2.3.2013, S. 52) oder nicht EU-typengenehmigte Fahrzeuge mit den jeweils gleichen technischen Eigenschaften, wenn ihre Bauart Gewähr dafür bietet, dass die Höchstgeschwindigkeit auf ebener Bahn auf höchstens 25 km/h beschränkt ist,

2. motorisierte Krankenfahrstühle (einsitzige, nach der Bauart zum Gebrauch durch körperlich behinderte Personen bestimmte Kraftfahrzeuge mit Elektroantrieb, einer Leermasse von nicht mehr als 300 kg einschließlich Batterien jedoch ohne Fahrer, einer zulässigen Gesamtmasse von nicht mehr als 500 kg, einer bauartbedingten Höchstgeschwindigkeit von nicht mehr als 15 km/h und einer Breite über alles von maximal 110 cm),

3. Zugmaschinen, die nach ihrer Bauart für die Verwendung land- oder forstwirtschaftlicher Zwecke bestimmt sind, selbstfahrende Arbeitsmaschinen, Stapler und andere Flurförderzeuge jeweils mit einer durch die Bauart bestimmten Höchstgeschwindigkeit von nicht mehr als 6 km/h sowie einachsige Zug- und Arbeitsmaschinen, die von Fußgängern an Holmen geführt werden.

(2) ¹Die Fahrerlaubnis ist durch eine gültige amtliche Bescheinigung (Führerschein) nachzuweisen. ²Beim Führen eines Kraftfahrzeuges ist ein dafür gültiger Führerschein mitzuführen und zuständigen Personen auf Verlangen zur Prüfung auszuhändigen. ³Der Internationale Führerschein oder der nationale ausländische Führerschein und eine mit diesem nach § 29 Absatz 2 Satz 2 verbundene Übersetzung ist mitzuführen und zuständigen Personen auf Verlangen zur Prüfung auszuhändigen.

(3) ¹Abweichend von Absatz 2 Satz 1 kann die Fahrerlaubnis auch durch eine andere Bescheinigung als den Führerschein nachgewiesen werden, soweit dies ausdrücklich bestimmt oder zugelassen ist. ²Absatz 2 Satz 2 gilt für eine Bescheinigung im Sinne des Satzes 1 entsprechend.

1   **Begr** zur ÄndVO v. 7.8.02 **zu Abs. 1 S. 2 Nr. 2** (BR–Drs. 497/02 S. 57, 60 = VkBl. **02** 888, 889): *Die Regelungen zum Führen von motorisierten Krankenfahrstühlen werden aus Verkehrssicherheitsgründen und im Interesse der Leichtigkeit des Verkehrs neu gefasst. Für behinderte oder gebrechliche Personen werden Krankenfahrstühle bis 15 km/h mit Elektroantrieb unter den näher geregelten Voraussetzungen künftig von der Fahrerlaubnispflicht und auch von der Pflicht zum Erwerb einer Prüfbescheinigung ausgenommen. Bisher galt diese Erleichterung nur für Krankenfahrstühle bis 10 km/h. Den Mobilitätsinteressen behinderter Personen wird damit entsprochen. Die bisher für andere Krankenfahrstühle bis 25 km/h geltende Fahrerlaubnisfreiheit wird aufgehoben, da derartige Kraftfahrzeuge in der Praxis sowohl ein Erscheinungsbild eines Pkw besitzen als auch entsprechende Bedienungs- und Fahreigenschaften wie Pkw aufweisen ...*

2   *... Die bisherigen Regelungen haben dazu geführt, dass in der Praxis „Pkw-artige" Kraftfahrzeuge in Verkehr gebracht wurden. Das Fahrverhalten und die zum Führen erforderlichen Fertigkeiten und Kenntnisse dieser Kraftfahrzeuge rechtfertigen keinen Verzicht auf die Fahrerlaubnis. Auch im Interesse der Leichtigkeit des Verkehrs ist die Neufassung der bisherigen Regelungen geboten. Solche langsam fahrenden von Pkw nicht zu unterscheidenden Fahrzeuge können zu erheblichen Beeinträchtigungen und Gefährdungen (z. B. beim Überholen; besondere Gefahr von Auffahrunfällen) des fließenden Verkehrs in Städten und Ballungsräumen, aber auch im ländlichen Bereich auf Bundes- und Landstraßen führen.*

Begr zur VO v. 25.4.06 **zu Abs. 1 S. 2 Nr. 2** (BR-Drs. 811/05 (Beschluss) S. 24 = VkBl. **06** 3 616): *Durch die Änderung wird die fahrerlaubnisrechtliche Definition an die zulassungsrechtliche Definition motorisierter Krankenfahrstühle in § 2 Nr. 13 der Fahrzeug-Zulassungsverordnung angepasst. Die Vorgabe, dass motorisierte Krankenfahrstühle eine Heckmarkierungstafel nach der ECE-Regelung 69 oben an der Fahrzeugrückseite aufweisen müssen, ist fahrerlaubnisrechtlich nicht gefordert. Dies ist eine Frage des Zulassungsrechts und dort ausreichend berücksichtigt (vgl. § 4 Abs. 4 der Fahrzeug-Zulassungsverordnung).*

Begr zur ÄndVO v. 7.1.11 **zu Abs. 2 S. 1** (BR-Drs. 660/10 S. 49 = VkBl. **11** 110): *Nach Ar-* 4 *tikel 7 Abs. 2 der (3. EG-FS-)Richtlinie haben ab dem 19. Januar 2013 ausgestellte Führerscheine nur noch eine begrenzte Gültigkeit von 15 Jahren. Einzelheiten für ein geregeltes Umtauschverfahren ... stehen noch nicht fest. Den Fahrerlaubnisinhabern soll aber bereits jetzt deutlich gemacht werden, dass sie künftig für eine erforderliche Neuerteilung des Führerscheins verantwortlich sind. Daher ist eine Klarstellung des § 4 Abs. 2 Satz 1 geboten. Von der Regelung sind nur diejenigen Personen betroffen, die von ihrer Fahrerlaubnis auch tatsächlich Gebrauch machen und ihre Fahrerlaubnis bei Bedarf durch den Führerschein nachweisen können müssen.*

Begr zur ÄndVO v 16.4.14 **zu Abs. 1 S. 2 Nr. 1b** (BR-Drs. 78/14 S.54 = VkBl. **14** 427): *Bisher* 5 *wurden Kleinkrafträder (bbH ≤ 45 km/h) national nach einer Drosselung auf ≤ 25 km/h als KKR MOFA BIS 25 KM/H unter der Schlüsselnummer 24/1200 oder als MOFA unter der Schlüsselnummer 29/2500 beschrieben. Die letztere Schlüsselnummer ist auslaufend seit 2007 und die Umschlüsselung eines EU-typgenehmigten Kleinkraftrades (L1e) auf eine nationale Schlüsselnummer ist nicht zulässig. Das bedeutet, dass solche Kleinkrafträder zwar gedrosselt werden dürfen, sie aber ihre EG-Schlüsselung als Zweirädrige Kleinkrafträder mit einer bauartbedingten Höchstgeschwindigkeit von bis zu 45 km/h (L1e) in den Fahrzeugpapieren beibehalten. Lediglich die Angabe der bbH von 25 km/h und die Einsitzigkeit sowie ggf. eine ergänzende Eintragung zeigen, dass das Kleinkraftrad quasi als Mofa gedrosselt worden ist. Dies könnte zu Missverständnissen führen, da der Begriff „Mofa" bzw. „Fahrrad mit Hilfsmotor" nicht mehr auftaucht. Fahrerlaubnisrechtlich sind die L1e-Kleinkrafträder mit einer bauartbedingten Höchstgeschwindigkeit von bis zu 25 km/h von der Führerscheinpflicht der 3. EU-Führerscheinrichtlinie ausgenommen. Insofern dürfen solche gedrosselten Kleinkrafträder auch weiterhin mit einer Mofa-Prüfbescheinigung gefahren werden. Zur Klarstellung soll die Begrifflichkeit in § 4 Absatz 1 Nummer 1 eingefügt werden.*

Begr zur ÄndVO v. 21.12.16 **zu Abs. 1 S. 2 Nr. 1b** (BR-Drs. 253/16 S. 28): *... Definition* 6 *von Kleinkrafträdern bis 45 km/h der Klasse L1e-B wird an neue europäische Rechtsgrundlagen angepasst. Außerdem wird von der nach Artikel 4 Absatz 2 der Richtlinie 2006/126/EG geschaffenen Möglichkeit Gebrauch gemacht, auch dreirädrige Kraftfahrzeuge unabhängig von ihrer Zweckbestimmung mit einer bauartbedingten Höchstgeschwindigkeit von bis zu 25 km/h von der Klasse AM auszunehmen.*

1. Regelungsgegenstand. Die Norm wiederholt die bereits in § 2 I S. 1 StVG statuierte 7 Fahrerlaubnispflicht für Kfz im öff StrV und nimmt auf der Grundlage von § 6 I Nr. 1 Buchst. a StVG bestimmte Kfz von dieser Pflicht aus. Weiter wird die schon in § 2 I S. 3 StVG normierte Verpflichtung, eine bestehende Fahrerlaubnis durch einen Führerschein nachzuweisen, wiederholt und näher ausgeführt. Unklar ist, auf welcher gesetzlichen Ermächtigung die II, III normierten Mitführ- und Aushändigungspflichten sowie die Gleichstellung bestimmter Bescheinigungen mit dem Führerschein beruhen. In Betracht kommt bei großzügiger Auslegung allenfalls § 6 I Nr. 3 Buchst. c StVG (Verhalten).

2. Fahrerlaubnispflicht. Eine Fahrerlaubnis (FE) benötigt, wer auf öff Straßen Kfz führt (§ 2 8 I S. 1 StVG, § 4 I S. 1 FeV). Näher § 2 StVG Rn. 21 ff. Kfz: § 1 StVG Rn. 14 ff., öff Straßen: § 1 StVG Rn. 30, § 1 StVO Rn. 2, 13 ff., Führen: § 2 StVG Rn. 28. Die FE wird auf Antrag durch die gem. § 73 zuständige FEB für bestimmte FEKlassen erteilt. Das Erteilungsverfahren ist in §§ 21 ff. näher geregelt. Im Ausland erteilte FE berechtigen unter bestimmten Voraussetzungen zum Führen von Kfz in Deutschland (§§ 28 ff.).

3. Ausgenommen von der Fahrerlaubnispflicht sind die in I S. 2 Nr. 1–3 genannten Kfz. 9 Außerdem wird für die in § 1 III StVG beschriebenen Fahrräder mit elektromotorischer Tretunterstützung keine FE benötigt, da sie gem. der Fiktion des § 1 III StVG nicht als Kfz gelten. **Fahrerlaubnisfreiheit** bedeutet, dass die betreffenden Kfz im öff StrV geführt werden dürfen, ohne dass die Befähigung zum Führen von Kfz (§ 2 V StVG) durch Erwerb einer Fahrerlaubnis nachgewiesen sein muss. Für das Führen der Fz gem. I S. 2 Nr. 1 und 1b ist allerdings eine **Prüfbescheinigung** nach § 5 IV S. 1 erforderlich, wenn der Fahrer keine FE hat (§ 5 I S. 2) oder nach dem 31.3.65 geboren worden ist (§ 76 Nr. 3). Die Anforderungen dafür sind jedoch wesentlich geringer als die für den Erwerb einer Fahrerlaubnis. Zu Ausnahmen von der Fahrerlaubnispflicht § 2 StVG Rn. 27. Für das Führen fahrerlaubnisfreier Kfz im öff StrV muss Kraftfahreignung (§ 2 IV StVG) zwar nicht nachgewiesen werden, aber gegeben sein. Ansonsten muss die FEB Untersagung aussprechen oder bei bedingter Eignung das Führen fahrerlaubnisfreier Kfz beschränken oder Auflagen anordnen (§ 3).

10 **a) Mofas** sind fahrerlaubnisfrei (I S. 2 Nr. 1), erforderlich ist aber eine Prüfbescheinigung nach § 5 IV S. 1 (§ 5 I S. 1). Sie sind **fahrerlaubnisrechtlich definiert** als einspurige Fahrräder mit Hilfsmotor mit oder ohne Tretkurbeln, deren bauartbedingte Höchstgeschwindigkeit auf ebener Bahn nicht mehr als 25 km/h beträgt. Führen technische Veränderungen an einem Mofa dazu, dass diese Begriffsmerkmale nicht mehr erfüllt werden, zB indem eine höhere Geschwindigkeit erreicht wird, entfällt die Fahrerlaubnisfreiheit (Bay 9.8.84 RReg 2 St 154/84 VRS **67** 373, *Huppertz* DAR **15** 289 (294)).

11 Das **frühere Merkmal der Einsitzigkeit** wurde durch ÄndVO v. 21.12.16 (BGBl. I S. 3083) aus Gründen der Gleichbehandlung gestrichen, da es entsprechend EU-Vorgaben auch für das Kfz iSv I S. 2 Nr. 1b nicht eingeführt worden ist (Begr BR-Drs. 253/16 S. 28). Besondere **Sitze** für die **Mitnahme von Kindern** unter 7 Jahren dürfen „jedoch" angebracht sein (I S. 2 Nr. 1 Hs. 2). Diese Regelung stammt noch aus der Zeit, als die Fahrerlaubnisfreiheit von Mofas davon abhing, dass sie einsitzig waren, also außer dem Fahrersitz über keine weiteren Sitze verfügten. Da § 21 I S. 4 Nr. 1 StVO verbietet, Personen auf Krafträdern ohne besonderen Sitz mitzunehmen, wurde durch Einfügung des Halbsatzes zu den Kindersitzen in die Vorgängervorschrift durch StVZOÄndVO v. 16.11.70 bestimmt, dass besondere Kindersitze dem Merkmal der Einsitzigkeit des Mofa nicht entgegenstehen, da das Bedürfnis gesehen wurde, wenigstens Kinder unter 7 Jahren mitnehmen zu können (Begr VkBl. **70** 830). Diese Regelung ist heute obsolet, da Einsitzigkeit nicht mehr Bestandteil der Definition des Mofas ist. Besondere Sitze für die Mitnahme von Kindern unter 7 Jahren dürfen wie bei jedem Kraftrad angebracht sein. Auch für Mofas gilt die allgemeine Regelung, wonach bei der Mitnahme eines Kindes unter 7 Jahren zwar kein Beifahrersitz, aber ein besonderer Sitz für die Mitnahme von Kindern vorhanden sein und durch Radverkleidungen oder gleich wirksame Einrichtungen dafür gesorgt sein muss, dass die Füße des Kindes nicht in die Speichen geraten können (§ 35a IX S. 2 StVZO).

12 Bei dem Mofa handelt sich um eine **Unterart des zweirädrigen Kfz der Klasse L1e-B** iSd Art 4 II Buchst. a iVm Anh I der VO (EU) Nr. 168/2013 vom 15.1.13 über die Genehmigung und Marktüberwachung von zwei- oder dreirädrigen und vierrädrigen Fz (AblEU Nr. L 60 v. 2.3.13 S. 52). Das **EU-Recht** lässt es zu, Mofas **von der Fahrerlaubnispflicht auszunehmen,** weil zweirädrige Kfz mit einer bauartbedingten Höchstgeschwindigkeit von bis zu 45 km/h iSd Art 1 II Buchst. a der früheren Richtlinie 2002/24/EG v. 18.3.02 über die Typgenehmigung für zweirädrige oder dreirädrige Kfz (AblEU Nr. L 124 v. 9.5.02 S. 1), entspricht heute Art 4 II Buchst. a iVm Anh I der VO (EU) Nr. 168/2013, nach Art 4 II der 3. EU-FS-RL nicht der FEKlasse AM unterfallen, wenn ihre bauartbedingte Höchstgeschwindigkeit nicht mehr als 25 km/h beträgt.

13 Für das Führen von Mofas im öff StrV ist **keine Fahrerlaubnis** erforderlich (I S. 2 Nr. 1), wohl aber eine **Prüfbescheinigung** nach § 5 IV (§ 5 I S. 1). Die Prüfbescheinigung wird nicht benötigt, wenn der Fahrer Inhaber einer FE einer beliebigen FEKlasse ist (§ 5 I S. 2). Eine im Ausland erteilte FE reicht aus, wenn sie im Inland zum Führen von Kfz berechtigt (§ 5 I S. 2). Weder Prüfbescheinigung noch Fahrerlaubnis sind erforderlich, wenn der Fahrer vor dem 1.4.80 das 15. Lebensjahr vollendet hat (§ 76 Nr. 3), also vor dem 1.4.1965 geboren worden ist.

14 Das **Mindestalter** für das Führen eines Mofas beträgt 15 Jahre (§ 10 III S. 1). Wird ein Kind unter 7 Jahren auf einem Mofa mitgenommen, muss der FzF mindestens 16 Jahre alt sein (§ 10 IV); Verstoß ist ow (§ 75 Nr. 8).

15 Mofas sind **zulassungsrechtlich** zweirädrige Kleinkrafträder iSv § 2 Nr. 11 Buchst. a FZV. Sie sind zulassungsfrei (§ 3 I S. 1 Nr. 1 Buchst. d FZV), benötigen zum Betrieb im öff StrV aber eine Typ- oder Einzelgenehmigung (§ 4 I FZV). Sie sind versicherungspflichtig (§ 1 PflVG) und müssen ein gültiges Versicherungskennzeichen nach § 26 FZV führen (§ 4 III S. 1 FZV). Fahrer und Mitfahrer müssen während der Fahrt geeignete Schutzhelme tragen (§ 21a II S. 1 StVO).

16 Für **Leichtmofas** iSd Leichtmofa-AusnahmeVO (Buchteil **11**) gelten fahrerlaubnisrechtlich keine Besonderheiten. Sie sind Mofas iSv I S. 2 Nr. 1 und damit fahrerlaubnisfrei. Erforderlich ist eine Prüfbescheinigung, sofern der FzF keine FE hat. Wenn der FzF vor dem 1.4.1965 geboren worden ist, sind weder Prüfbescheinigung noch FE erforderlich (§ 76 Nr. 3). Da die bauartbedingte Höchstgeschwindigkeit nicht mehr als 20 km/h betragen darf, muss kein Schutzhelm getragen werden.

b) Elektrokleinstfahrzeuge nach § 1 I der Elektrokleinstfahrzeuge-Verordnung (eKFV) sind 17
fahrerlaubnisfrei (I S. 2 Nr. 1a). Fahrerlaubnisfreiheit besteht nur, wenn das Fz den Kriterien des
§ 1 I eKFV genügt (näher siehe dort, Buchteil 7). Von I S. 2 Nr. 1a sind auch die früher nach I
S. 2 Nr. 1a aF von der Fahrerlaubnispflicht ausgenommenen selbstbalancierenden Stehroller
(Segways) umfasst, soweit sie den heutigen Anforderungen von § 1 I eKFV entsprechen.

Für das Führen von Elektrokleinstfahrzeugen iSv § 1 I eKFV im öff StrV ist **keine Fahrer-** 18
laubnis erforderlich (I S. 2 Nr. 1a). Auch eine Prüfbescheinigung nach § 5 IV S. 1 wird nicht
benötigt. Die frühere Regelung, dass für das Führen eines fahrerlaubnisfreien Segway mindestens
die Berechtigung zum Führen eines Mofas nachzuweisen war (§ 3 MobHV aF), ist seit Inkraft-
treten der eKFV und dem gleichzeitigen Außerkrafttreten der früheren MobHV am 15.6.2019
ersatzlos entfallen. Für das Führen von Segways, die den Anforderungen von § 1 I eKFV genü-
gen, muss seit dem 15.6.2019 nicht die Berechtigung zum Führen eines Mofas nachgewiesen
werden. – Den Vermieter eines Segway trifft nur eine begrenzte zivilrechtliche Pflicht zur Ein-
weisung in die Funktionsweise dieses Fahrzeugs (LG Bonn NJW **18** 319).

Das **Mindestalter** für das Führen eines Elektrokleinstfahrzeugs nach § 1 I eKFV beträgt **14** 19
Jahre (§ 3 eKFV). Das ansonsten für das Führen fahrerlaubnisfreier Kfz geltende Mindestalter
von 15 Jahren (§ 10 III S. 1 FeV) gilt hier nicht (§ 10 III S. 2 Buchst. a FeV). Das Mindestalter
für das Führen fahrerlaubnisfreier Segways von früher 15 Jahren ist mit Inkrafttreten der eKFV
und des § 10 III S. 2 Buchst. a FeV am 15.6.2019 auf 14 Jahre herabgesetzt worden.

Für Elektrokleinstfahrzeuge, die nicht den Anforderungen von § 1 I eKFV entsprechen, zB 20
weil sie eine Gesamtbreite von mehr als 0,7 m oder eine bbH von weniger als 6 km/h oder
mehr als 20 km/h haben, gilt die Fahrerlaubnisfreiheit nicht. Da Elektrokleinstfahrzeuge Kfz sind
(§ 1 II StVG, § 1 I eKFV), ist dann eine Fahrerlaubnis erforderlich, um sie im öffentlichen Stra-
ßenverkehr fahren zu dürfen. Für das Mindestalter gelten dann die allgemeinen Bestimmungen
und nicht die Spezialregelung des § 3 eKFV.

c) Zweirädrige Kfz der **Klasse L1e-B** und **dreirädrige Kfz** der **Klassen L2e-P** und **L2e-** 21
U und nicht EU-typgenehmigte Fz mit den jeweils gleichen technischen Eigenschaften mit
bbH bis 25 km/h sind fahrerlaubnisfrei (I S. 2 Nr. 1b), erforderlich ist aber eine Prüfbeschei-
gung nach § 5 IV S. 1 (§ 5 I S. 1). Es handelt sich um gedrosselte **zwei- und dreirädrige**
Kleinkrafträder mit einer bbH bis 25 km/h, die im Falle von Fremdzündungsmotoren über
einen Hubraum von bis zu 50 cm³ und im Falle von Elektromotoren über eine maximale
Nenndauerleistung von bis zu 4 kW verfügen. Dreirädrige Fz der Klasse L2 e-P sind ausgelegt
für die Beförderung von Personen, dreirädrige Fz der Klasse L2 e-U sind ausschließlich ausgelegt
für die Beförderung von Gütern mit offener oder geschlossener Ladefläche. Dreirädrige Fz der
Klasse L2e haben höchstens 2 Sitzplätze einschl des Fahrersitzes. Bei dreirädrigen Fz kann im
Falle von Selbstzündungsmotoren das Hubvolumen bis zu 500 cm³ betragen. Die fahrerlaubnis-
rechtlich relevanten technischen Eigenschaften nicht EU-typgenehmigter Fz sind in der Begr
zur Änderung von § 4 I S. 2 Nr. 1b durch ÄndVO v. 11.3.19 (BGBl. I S. 218) in einer Tabelle
zusammengestellt (BR-Drs. 600/18 S. 20).

Das **EU-Recht** lässt es zu, Kfz gem. I S. 2 Nr. 1b **von der Fahrerlaubnispflicht auszu-** 22
nehmen, weil zwei- und dreirädrige Kfz mit einer bauartbedingten Höchstgeschwindigkeit von
bis zu 45 km/h iSd Art 1 II Buchst. a der früheren Richtlinie 2002/24/EG v. 18.3.02 über die
Typgenehmigung für zweirädrige oder dreirädrige Kfz (AblEU Nr. L 124 v. 9.5.02 S. 1), ent-
spricht heute Art 4 II Buchst. a iVm Anh I der VO (EU) Nr. 168/2013, nach Art 4 II der 3. EU-
FS-RL nicht der FEKlasse AM unterfallen, wenn ihre bauartbedingte Höchstgeschwindigkeit
nicht mehr als 25 km/h beträgt.

Bis 27.12.16 waren nur gedrosselte zweirädrige Kleinkrafträder der Klasse L1e fahrerlaubnis- 23
frei. Die ausdrückliche Nennung dieser Fz in der Aufzählung der fahrerlaubnisfreien Fz war
durch ÄndVO v. 16.4.14 (BGBl. I S. 348) eingefügt worden, weil keine geeignete Schlüssel-
nummer mehr zur Verfügung stand, um die Fz in den FzPapieren eindeutig so zu bezeichnen,
dass die Fahrerlaubnisfreiheit erkennbar wird (Begr Rn. 5). Durch ÄndVO v. 21.12.16 (BGBl. I
S. 3083) wurde die Bestimmung in der Terminologie angepasst und um gedrosselte Kleinkrafträ-
der bis 25 km/h erweitert (Begr Rn. 6). Durch ÄndVO v. 11.3.19 (BGBl. I S. 218) wurde klar-
gestellt, dass auch vergleichbare Fz, die nicht über eine EU-Typgenehmigung verfügen, von die-
ser Vorschrift erfasst sind (Begr BR-Drs. 600/18 S. 20).

Für das Führen von Kfz gem. I S. 2 Nr. 1b im öff StrV ist **keine Fahrerlaubnis** erforderlich (I 24
S. 2 Nr. 1b), wohl aber eine **Prüfbescheinigung** nach § 5 IV (§ 5 I S. 1). Die Prüfbescheinigung
wird nicht benötigt, wenn der Fahrer Inhaber einer FE einer beliebigen FEKlasse ist (§ 5 I S. 2).

Eine im Ausland erteilte FE reicht aus, wenn sie im Inland zum Führen von Kfz berechtigt (§ 5 I S. 2). Eine Prüfbescheinigung oder FE ist nicht erforderlich, wenn der Fahrer vor dem 1.4.1980 das 15. Lebensjahr vollendet hat (§ 76 Nr. 3), also vor dem 1.4.1965 geboren worden ist.

25   Das **Mindestalter** für das Führen von Fz nach I S. 2 Nr. 1b beträgt 15 Jahre (§ 10 III S. 1). Der FzF muss mindestens 16 Jahre alt sein, wenn ein Kind unter 7 Jahren mitgenommen wird (§ 10 IV); Verstoß ist nicht ow.

26   Kfz gem. I S. 2 Nr. 1b sind **zulassungsrechtlich** zwei- und dreirädrige Kleinkrafträder iSv § 2 Nr. 11 Buchst. a und b FZV. Sie sind zulassungsfrei (§ 3 II S. 1 Nr. 1 Buchst. d FZV), benötigen zum Betrieb im öff StrV aber eine Typ- oder Einzelgenehmigung (§ 4 I FZV). Sie sind versicherungspflichtig (§ 1 PflVG) und müssen ein gültiges Versicherungskennzeichen nach § 26 FZV führen (§ 4 III S. 1 FZV). Fahrer und Mitfahrer müssen während der Fahrt geeignete Schutzhelme tragen (§ 21a II S. 1 StVO).

27   **d) Motorisierte Krankenfahrstühle** sind **fahrerlaubnisfrei** (I S. 2 Nr. 2). Dies ist europarechtlich zulässig, weil die Mitgliedstaaten Spezialfahrzeuge für Behinderte von der Fahrerlaubnispflicht ausnehmen können (Art 4 V S. 1 der 3. EU-FS-RL). Eine Prüfbescheinigung nach § 5 IV S. 1 ist nicht erforderlich. Nach im Fahrerlaubnis- und Zulassungsrecht übereinstimmender **Legaldefinition** sind motorisierte Krankenfahrstühle einsitzige, nach der Bauart zum Gebrauch durch körperlich behinderte Personen bestimmte Kfz mit Elektroantrieb, einer Leermasse von nicht mehr als 300 kg einschließlich Batterien jedoch ohne Fahrer, einer zulässigen Gesamtmasse von nicht mehr als 500 kg, einer bauartbestimmten Höchstgeschwindigkeit von nicht mehr als 15 km/h, und einer Breite über alles von maximal 110 cm (§ 4 I S. 2 Nr. 2 FeV, § 2 Nr. 13 FZV). Die Definition ist abschließend. Alle genannten Merkmale müssen kumulativ vorhanden sein. Die Aufzählung der Merkmale in dem Klammerzusatz von I S. 2 Nr. 2 bzw. in § 2 Nr. 13 FZV nach dem Doppelpunkt ist die Legaldefinition. Die Bezeichnung *motorisierte Krankenfahrstühle* ist nicht Bestandteil der Legaldefinition, sondern der Gegenstand, auf den sie sich bezieht.

28   **Vorgeschichte.** Bei Schaffung der FeV 1999 wurden motorisierte Krankenfahrstühle ohne Einschränkung der Antriebsart bis 25 km/h den Mofas gleichgestellt. Sie waren fahrerlaubnisfrei, erforderlich war aber eine Prüfbescheinigung. Der VOGeber hatte dabei die Erwartung, dass es durch die damalige Definition ausgeschlossen war, Klein-Pkw unter den Begriff Krankenfahrstühle einzuordnen (Begr zur VO v. 18.8.98, BGBl. I S. 2214, BR-Drs. 443/98 S. 215 = VkBl. 98 1052). Diese Erwartung hat sich nicht erfüllt. In der Folgezeit wurden zunehmend Klein-Pkw unter Berufung auf die Fahrerlaubnisfreiheit nach § 4 I S. 2 Nr. 2 FeV aF durch nicht behinderte Personen in Gebrauch genommen, die ihre FE zB nach Alkoholproblemen verloren hatten oder aus anderen Gründen nicht im Besitz einer FE waren (*Weibrecht* NZV 02 554). In der Rspr. wurden damals kontroverse Auffassungen zu der Frage vertreten, ob derartige Klein-Pkw als Krankenfahrstühle iSv § 4 I S. 2 Nr. 2 aF anzusehen und damit fahrerlaubnisfrei waren oder nicht (näher dazu: bis 45. Aufl § 4 FeV Rn. 7). Die Vorschrift wurde daraufhin durch ÄndVO v. 7.8.02 (BGBl. I S. 3267) so geändert, dass nunmehr nur noch elektrobetriebene Krankenfahrstühle bis 15 km/h von der Fahrerlaubnispflicht und auch von der Pflicht zum Erwerb einer Prüfbescheinigung ausgenommen werden (Begr Rn. 1–2). Die Übergangsbestimmungen (§ 76 Nr. 2) lassen allerdings unter bestimmten Voraussetzungen noch die Nutzung von motorisierten Krankenfahrstühlen alten Rechts mit Verbrennungsmotor und höheren Geschwindigkeiten zu (dazu Rn. 31).

29   **Motorisierte Krankenfahrstühle** sind fahrerlaubnisfrei, wenn sie als Fahrzeug die Begriffsmerkmale nach I S. 2 Nr. 2 erfüllen. Die Fahrerlaubnisfreiheit hängt nicht davon ab, ob der Krankenfahrstuhl von einer körperlich behinderten Person gefahren wird (vgl. BVerwG 31.1.02 3 C 39/01 NJW 02 2335 zu I S. 2 Nr. 2 aF). Das **äußere Erscheinungsbild** des Fz ist unerheblich. Es muss insbes kein „Stuhl mit Rädern" sein, denn auch nach der Rechtsänderung durch ÄndVO v. 7.8.02 (BGBl. I S. 3267) ist in der Legaldefinition allgemein von einem **Kfz** die Rede, ohne dass eine Spezifizierung hinsichtlich des äußeren Erscheinungsbildes vorgenommen wird. Auch aus dem Umstand, dass der VOGeber die in I S. 2 Nr. 2 und § 2 Nr. 13 FZV abschließend definierten Fahrzeuge als (motorisierte Kranken-)*Fahrstühle* bezeichnet, kann nicht geschlossen werden, dass sie auch tatsächlich wie „fahrende Stühle" aussehen müssen (vgl. VGH Mü 8.5.01 11 B 99.3454 NZV 01 444 zu I S. 2 Nr. 2 aF). Nicht die Namensgebung, sondern nur die in der Legaldefinition genannten Merkmale bestimmen, was unter einem motorisierten Krankenfahrstuhl zu verstehen ist (vgl. *Schäpe* DAR 99 426 (428) zu I S. 2 Nr. 2 aF).

30   Für das Vorliegen eines fahrerlaubnisfreien **motorisierten Krankenfahrstuhls** ist somit allein entscheidend, ob die in der Legaldefinition, also in dem Klammerzusatz in I S. 2 Nr. 2, enthaltenen Elemente gegeben sind. Es muss sich um ein Landfahrzeug handeln, das durch Maschinen-

kraft bewegt wird, ohne an Bahngleise gebunden zu sein (§ 1 II StVG), und das bestimmten technischen Kriterien genügt. Darüber hinaus muss es nach seiner **Bauart** zum **Gebrauch** durch **körperlich behinderte Personen bestimmt** sein. Dies ist das entscheidende Abgrenzungskriterium zu anderen Kfz, die den in I S. 2 Nr. 2 beschriebenen technischen Anforderungen entsprechen. Dieses Merkmal ist restriktiv auszulegen, da es sich bei I S. 2 Nr. 2 um eine Ausnahmevorschrift handelt. Das BVerwG hat zu der früheren, bis 1.9.02 geltenden Fassung der Norm die Auffassung vertreten, es müsse genügen, dass das als motorisierter Krankenfahrstuhl in den Verkehr gebrachte Kfz für die Benutzung durch Behinderte und Gebrechliche *geeignet* ist, weil allein schon wegen der Vielfalt der in Betracht zu ziehenden Behinderungen bzw. Gebrechlichkeiten Versuche von vornherein zum Scheitern verurteilt wären, klare und abgrenzbare Kriterien zu entwickeln, die auf das Ziel eines umfassend „behindertengerechten" Fz ausgerichtet sind (BVerwG 31.1.02 3 C 39/01 NJW **02** 2335 zu I S. 2 Nr. 2 aF). Diese Interpretation kann der Auslegung des Begriffs *nach der Bauart zum Gebrauch durch körperlich behinderte Personen bestimmt* nach heutiger Rechtslage nicht zugrunde gelegt werden, denn nach dem klaren Wortlaut und der eindeutig erkennbaren Regelungsabsicht des VOGebers (Begr Rn. 1) sollen nur Krankenfahrstühle für körperlich behinderte Menschen von der Fahrerlaubnispflicht befreit sein, nicht aber jedes Elektro-Kfz, das den übrigen technischen Kriterien des I S. 2 Nr. 2 genügt und für die Benutzung durch körperlich behinderte Personen nur *geeignet* ist. Entscheidend ist damit **die sich aus der Bauart ergebende Zweckbestimmung,** ob also eine Fahrzeugkonstruktion und Ausstattung vorliegen, die speziell auf die Bedürfnisse körperlich Behinderter abstellen (vgl. *Schäpe* DAR **99** 426 (429)) zu I S. 2 Nr. 2 aF). Dafür spricht auch, dass die Fahrerlaubnisfreiheit von motorisierten Krankenfahrstühlen europarechtlich nur zulässig ist, soweit es sich um „besondere Kfz", hier um Spezialfahrzeuge für Behinderte, handelt (Art 4 V S. 1 der 3. EU-FS-RL).

Durch die **Übergangsvorschriften** (dazu *Huppertz* DAR **14** 162) werden frühere fahrerlaubnisrechtliche Besitzstände gewahrt: Inhaber einer Prüfbescheinigung nach § 5 IV in der bis 1.9.02 geltenden Fassung dürfen motorisierte Krankenfahrstühle nach § 4 I S. 2 Nr. 2 in der bis 1.9.02 geltenden Fassung bis 25 km/h führen, ohne Inhaber einer FE zu sein (§ 76 Nr. 2 S. 1). Diese Personen dürfen auch motorisierte Krankenfahrstühle bis 30 km/h mit höchstens 2 Sitzen führen, wenn diese bis 30.6.99 erstmals in den Verkehr gekommen sind und durch körperlich gebrechliche oder behinderte Personen benutzt werden (dazu VG Saarlouis 27.5.10 10 K 242/09, und außerdem motorisierte Krankenfahrstühle iSd Vorschriften der DDR, diese bis 28.2.91 erstmals in den Verkehr gekommen sind (§ 76 Nr. 2 S. 1). Motorisierte Krankenfahrstühle nach § 4 I S. 2 Nr. 2 in der bis 1.9.02 geltenden Fassung bis 10 km/h, die bis 1.9.02 erstmals in den Verkehr gekommen sind, dürfen ohne FE und ohne Prüfbescheinigung nach § 5 IV in der bis 1.9.02 geltenden Fassung geführt werden (§ 76 Nr. 2 S. 2). | **31**

Das **Mindestalter** für das Führen von motorisierten Krankenfahrstühlen beträgt 15 Jahre | **32** (§ 10 III S. 1). Für das Führen motorisierter Krankenfahrstühle iSv I S. 2 Nr. 2 mit einer bbH von nicht mehr als 10 km/h durch behinderte Menschen gilt das Mindestalter von 15 Jahren nicht (§ 10 III S. 2 Buchst. b); insoweit gibt es kein Mindestalter. Soweit nach Art der Behinderung die Fähigkeit, sich sicher im Verkehr zu bewegen, beeinträchtigt ist, ist gem. § 2 I Vorsorge zu treffen. Die FEB hat ggf. im Einzelfall Auflagen anzuordnen, das Führen des Krankenfahrstuhls zu beschränken oder zu untersagen (§ 3 I S. 1 FeV).

Motorisierte Krankenfahrstühle sind **zulassungsfrei** (§ 3 II S. 1 Nr. 1 Buchst. e iVm § 2 Nr. 13 | **33** FZV), benötigen zum Betrieb im öff StrV aber eine Typ- oder Einzelgenehmigung (§ 4 I FZV). Sie sind versicherungspflichtig (§ 1 PflVG) und müssen ein gültiges Versicherungskennzeichen nach § 26 FZV führen (§ 4 III S. 1 FZV). Motorisierte Krankenfahrstühle müssen zum Betrieb im öff StrV mit einer **Heckmarkierungstafel** nach der ECE-Regelung 69 (VkBl. **03** 229, StVRL § 53 StVZO Nr. 10) oben an der Fahrzeugrückseite ausgerüstet sein (§ 4 IV S. 2 FZV). Fehlt diese, hat dies keinen Einfluss auf die Fahrerlaubnisfreiheit des Fz, denn seit der Änderung der Definition des motorisierten Krankenfahrstuhls durch Art 8a Nr. 1 der VO v. 25.4.06 (BGBl. I S. 988, Begr Rn. 3) ist das Vorhandensein der Heckmarkierungstafel nicht mehr Bestandteil der fahrerlaubnisrechtlich maßgeblichen Begriffsbestimmung. – Für motorisierte Krankenfahrstühle mit einer bauartbedingten Höchstgeschwindigkeit von nicht mehr als 6 km/h gelten die Regelungen der FZV nicht (§ 1 FZV). Sie sind auch nicht versicherungspflichtig (§ 2 I Nr. 6 Buchst. a PflVG).

e) **Zugmaschinen** mit einer durch die Bauart bestimmten Höchstgeschwindigkeit von nicht | **34** mehr als 6 km/h, die nach ihrer Bauart **für die Verwendung land- oder forstwirtschaftlicher Zwecke bestimmt** sind, sind fahrerlaubnisfrei (I S. 2 Nr. 3), eine Prüfbescheinigung nach § 5 IV S. 1 ist nicht erforderlich. Zugmaschinen sind Kfz, die nach ihrer Bauart überwiegend zum Ziehen von Anhängern bestimmt und geeignet sind (vgl. § 2 Nr. 14 FZV). Was für das Fahrerlaubnisrecht unter land- oder forstwirtschaftlichen Zwecken zu verstehen ist, wird in § 6 V abschließend definiert, dazu § 6 Rn. 66. Die zulassungsrechtliche Definition der land- oder forstwirtschaftlichen Zugmaschine (§ 2 Nr. 16 FZV) ist hier nicht einschlägig, denn die FZV findet auf Zugmaschinen iSv I S. 2 Nr. 3 keine Anwendung (§ 1 FZV). Außerdem sind die land- oder forstwirtschaftlichen Zwecke in dem für das Fahrerlaubnisrecht maßgeblichen § 6 V weiter gefasst als in § 2 Nr. 16 FZV. Die Fz müssen nur nach ihrer Bauart für die Verwendung land- oder forstwirtschaftlicher Zwecke bestimmt sein. Ob sie auch tatsächlich für diese Zwecke verwendet werden, ist unerheblich. Das Mindestalter für das Führen fahrerlaubnisfreier Zugmaschinen beträgt 15 Jahre (§ 10 III S. 1).

35   **f) Selbstfahrende Arbeitsmaschinen** mit einer durch die Bauart bestimmten Höchstgeschwindigkeit von nicht mehr als 6 km/h sind fahrerlaubnisfrei (I S. 2 Nr. 3), eine Prüfbescheinigung nach § 5 IV S. 1 ist nicht erforderlich. Selbstfahrende Arbeitsmaschinen sind Kfz, die nach ihrer Bauart und ihren besonderen, mit dem Fz fest verbundenen Einrichtungen zur Verrichtung von Arbeiten, jedoch nicht zur Beförderung von Personen oder Gütern bestimmt und geeignet sind (§ 2 Nr. 17 Hs. 1 FZV, dazu § 2 FZV Rn. 20, § 3 FZV Rn. 11). Unter den Begriff fallen auch selbstfahrende **Futtermischwagen** (§ 2 Nr. 17 Hs. 2 FZV). Dies sind Kfz, die der Aufnahme, der Verarbeitung, der Vermischung, dem Transport und der Rationierung von Futtermittel dienen (dazu § 2 FZV Rn. 20a, § 6 FeV Rn. 17, 56). Das Mindestalter für das Führen fahrerlaubnisfreier selbstfahrender Arbeitsmaschinen beträgt 15 Jahre (§ 10 III S. 1).

36   **g) Stapler und andere Flurförderfahrzeuge** mit einer durch die Bauart bestimmten Höchstgeschwindigkeit von nicht mehr als 6 km/h sind fahrerlaubnisfrei (I S. 2 Nr. 3), eine Prüfbescheinigung nach § 5 IV S. 1 ist nicht erforderlich. Der Begriff **Flurförderfahrzeuge** ist der **Oberbegriff**, wie aus der Formulierung „Stapler und andere Flurförderfahrzeuge" (s. auch § 6 I S. 1 zu FEKl L) deutlich wird. Bei Schaffung der FeV war zunächst nur von Flurförderfahrzeugen die Rede. Durch ÄndVO v. 7.8.02 (BGBl. I S. 3267) wurden Stapler dann ausdrücklich eingefügt, weil diese damals teilweise der Fahrzeugart Lkw zugeordnet wurden und es in der Praxis Unklarheiten bezüglich der erforderlichen Fahrerlaubnis gab. Durch die gesonderte Ausweisung der Stapler wurde klargestellt, dass diese fahrerlaubnisrechtlich unter die Fahrzeugart Flurförderfahrzeuge fallen (Begr BR-Drs. 497/02 S. 60 = VkBl. 02 889).

37   Im Straßenverkehrsrecht gibt es keine Lagaldefinition des **Begriffes Flurförderfahrzeuge**. Es handelt sich um nicht schienengebundene Förderfahrzeuge für den Transport von Gütern, die zu ebener Erde eingesetzt werden. In der Vorschrift 68 der Deutschen Gesetzlichen Unfallversicherung (Unfallverhütungsvorschrift Flurförderzeuge) v. 1.7.1995 idF v. 1.1.1997, § 2, heißt es: „Flurförderzeuge ... sind Fördermittel, die ihrer Bauart nach dadurch gekennzeichnet sind, dass sie 1. mit Rädern auf Flur laufen und frei lenkbar, 2. zum Befördern, Ziehen oder Schieben von Lasten eingerichtet ... sind. Flurförderzeuge mit Hubeinrichtung ... sind zusätzlich ... dadurch gekennzeichnet, dass sie 1. zum Heben, Stapeln oder In-Regale-Einlagern von Lasten eingerichtet sind und 2. Lasten selbst aufnehmen und absetzen können." Es muss sich um **Kfz** handeln, auch wenn dies nicht ausdrücklich in I S. 2 Nr. 3 gesagt wird, denn sonst wäre eine Regelung zur Fahrerlaubnisfreiheit entbehrlich. **Stapler** sind Flurförderfahrzeuge mit Hubeinrichtung. Sie sind zulassungsrechtlich definiert als Kfz, die nach ihrer Bauart für das Aufnehmen, Heben, Bewegen und Positionieren von Lasten bestimmt und geeignet sind (§ 2 Nr. 18 FZV, dazu § 2 FZV Rn. 21, § 3 FZV Rn. 11). Das Mindestalter für das Führen fahrerlaubnisfreier Flurförderfahrzeuge einschließlich Stapler beträgt 15 Jahre (§ 10 III S. 1).

38   **h) Einachsige Zug- und Arbeitsmaschinen**, die **von Fußgängern an Holmen** geführt werden, sind fahrerlaubnisfrei (I S. 2 Nr. 3), eine Prüfbescheinigung nach § 5 IV S. 1 ist nicht erforderlich. **Zugmaschinen** sind Kfz, die nach ihrer Bauart überwiegend zum Ziehen von Anhängern bestimmt und geeignet sind (§ 2 Nr. 14 FZV). **Arbeitsmaschinen** sind Kfz, die nach ihrer Bauart und ihren besonderen, mit dem Fz fest verbundenen Einrichtungen zur Verrichtung von Arbeiten, jedoch nicht zur Beförderung von Personen oder Gütern bestimmt und geeignet sind (vgl. § 2 Nr. 17 Hs. 1 FZV). Eine bauartbestimmte Höchstgeschwindigkeit ist nicht festgelegt. Die Maschinen müssen aber **fußgängergeführt** sein, wodurch sich automatisch ergibt, dass die Fz nur mit geringer Geschwindigkeit bewegt werden. Das Mindestalter für das Führen dieser Fz beträgt 15 Jahre (§ 10 III S. 1).

39   **i) Fahrräder mit elektromotorischer Tretunterstützung** bis 25 km/h, auch mit tretunabhängiger Anfahr- oder Schiebehilfe bis zu 6 km/h, sind fahrerlaubnisfrei, weil sie von dem Begriff des Kfz iSd StVG ausgenommen sind (§ 1 III S. 1, 2 StVG). Eine Prüfbescheinigung nach

§ 5 IV S. 1 ist nicht erforderlich. Näher zu diesen Fz § 1 StVG Rn. 23-25. Ein Mindestalter für das Führen dieser Fz gibt es nicht.

4. Die zum Führen von fahrerlaubnispflichtigen Kfz im öff StrV nötige Fahrerlaubnis (FE) ist **40** durch einen **Führerschein** nachzuweisen (II S. 1, § 2 I S. 3 StVG). Der Führerschein (FS) ist die amtliche Bescheinigung über die Fahrerlaubnis (II S. 1 § 2 I S. 3 StVG). Die Fahrerlaubnis kann alternativ auch durch eine **andere Bescheinigung** (Vorläufiger Nachweis der Fahrerlaubnis, Prüfungsbescheinigung zum Begleiteten Fahren ab 17) nachgewiesen werden (III S. 1). Zu **unterscheiden** ist das **materielle Recht**, fahrerlaubnispflichtige Kfz im öff StrV führen zu dürfen (Fahrerlaubnis) und das **Dokument**, das die Erteilung dieses Rechts amtlich bescheinigt (Führerschein oder andere Bescheinigung); zu ihrem Verhältnis Rn. 47.

a) Der **Führerschein** ist die amtliche Bestätigung, dass der darin bezeichneten Person eine **41** Fahrerlaubnis in dem genannten Umfang erteilt worden ist (BGH 21.12.72 4 StR 561/72 NJW **73** 474, Dü 26.5.99 5 Ss 420/98 NZV **00** 177, OVG Weimar 24.2.05 2 EO 1087/03 VRS **109** 314). Er ist eine **öffentliche Urkunde** (BGH 26.2.87 1 StR 698/86 BGHSt **34** 299 = NJW **87** 2243, BGH 24.10.90 3 StR 196/90 BGHSt **37** 207 = NJW **91** 576, Dü NZV **00** 177, OVG Weimar VRS **109** 314). Der Führerschein **beurkundet,** dass der darin genannte Berechtigte mit der Person identisch ist, der die FEB die Fahrerlaubnis erteilt hat, und dass sie dieser die Erlaubnis erteilt hat (BGH NJW **91** 576, Dü NZV **00** 177, Ha 27.4.87 4 Ss 240/87 NStZ **88** 26). Darin erschöpft sich aber auch die Beweiswirkung des Führerscheins. Dieser beweist insbes nicht zu öffentlichem Glauben, dass sein Inhaber die Voraussetzungen für die Erteilung der Fahrerlaubnis erfüllt hat und dass der Führerschein ihm zu Recht ausgestellt worden ist (Dü NZV **00** 177). Der Führerschein beweist auch nicht zu öffentlichem Glauben, dass die im Führerschein enthaltenen personenbezogenen Daten richtig sind (VGH Mü 5.11.09 11 C 08.3165 BeckRS 2011, 46045, s. auch § 21 Rn. 31).

Der **allgemeine Führerschein** wird nach Muster 1 Anl 8 ausgestellt (§ 25 I S. 1). Es handelt **42** sich um den Kartenführerschein nach der europarechtlichen Vorgabe des Art 1 iVm Anh I der 3. EU-FS-RL. Daneben gibt es **Dienstführerscheine** der BW (§ 26 I S. 3 iVm Muster 2 Anl 8) sowie der Bundespolizei und der Polizeien der Länder (§ 26 I S. 3 iVm Muster 3 Anl 8). Der Führerschein zur Fahrgastbeförderung (§ 48 III S. 1 iVm Muster 4 Anl 8) bescheinigt nicht die Erteilung einer Fahrerlaubnis, sondern lediglich die Erteilung der zusätzlichen Erlaubnis zur Fahrgastbeförderung nach § 48. Seit 19.1.13 werden Führerscheine nur noch **befristet** mit einer Gültigkeit von 15 Jahren ausgestellt (§ 24a I S. 1).

Führerscheine, die nach **früheren Mustern** oder nach den Vorschriften der DDR ausgestellt **43** worden sind, auch solche der Nationalen Volksarmee der DDR, bleiben zunächst gültig (§ 76 Nr. 13 S. 1). Da alle Führerscheine in der EU bis zum 19.1.2033 die Anforderungen der 3. EU-FS-RL zu erfüllen haben (Art 3 III der 3. EU-FS-RL), müssen aber **alle vor dem 19.1.2013 ausgestellten FS** gem. § 24a II S. 1 iVm Anl 8e in der dort vorgeschriebenen zeitlichen Abfolge in neue, dann befristete FS **umgetauscht** werden (näher § 24a Rn. 12 ff.).

Die Fahrerlaubnis kann abweichend von II S. 1 auch durch eine **andere Bescheinigung** als **44** den FS nachgewiesen werden, soweit dies ausdrücklich bestimmt oder zugelassen ist (III S. 1). Dies kann ein **Vorläufiger Nachweis der Fahrerlaubnis** (VNF, § 22 IV S. 6 iVm Anl 8a) oder eine **Prüfungsbescheinigung zum Begleiteten Fahren ab 17** (§ 48a III S. 1 Nr. 1 iVm Anl 8b) sein, die insoweit dem Führerschein gleichgestellt sind (Begr zur ÄndVO v. 2.10.15, BGBl. I S. 1674, BR-Drs. 338/15 S. 19 = VkBl. **15** 672). Der Begriff *Prüfungsbescheinigung* (§§ 22 IV S. 6, 48a III S. 1, VI) darf nicht mit dem *Begriff Prüfbescheinigung* (§ 5 IV S. 1), früher auch Mofa-Prüfbescheinigung, verwechselt werden.

Die **Personalangaben im Führerschein** müssen der Sachlage bei der Fahrerlaubniserteilung entsprechen. Während Geburtsdatum und –ort unveränderliche Daten sind, können sich **45** Name und Vorname ändern. Eine Pflicht des FS-Inhabers, **Änderungen** bei der FEB zu melden und im Führerschein vornehmen zu lassen, besteht nicht. Die Bestimmung des § 25 II S. 1, wonach bei Änderung der Angaben auf dem FS ein neuer FS auszufertigen ist, trägt nur dem Umstand Rechnung, dass handschriftliche Eintragungen auf Kartenführerscheinen nicht möglich sind (Begr zu § 25 II, BR-Drs. 443/98 S. 277 = VkBl. **98** 1078). Um Zweifel auszuschließen, ist es bei Namensänderung allerdings zweckmäßig, den Führerschein berichtigen zu lassen.

Eine Regelung der Frage, in wessen **Eigentum** der Führerschein, die VNF und die Prüfungs- **46** bescheinigung bF17 stehen, gibt es nicht. Anders als für Personalausweise (§ 4 II Personalausweis G), Pässe (§ 1 IV S. 1 Hs. 2 PassG) und eID-Karten (§ 3 II eID-Karte-Gesetz) ist nicht normiert, dass diese Dokumente Eigentum der Bundesrepublik Deutschland sind. Sie können nach

Ablauf der Gültigkeit auf Wunsch bei dem Betr verbleiben (§ 25 V S. 2). Zum Schicksal des FS nach Tod des Inhabers s. *Schäler* SVR **16** 441.

47   **Funktion von Führerschein und gleichgestellter Bescheinigung.** Mit Aushändigung des Führerscheins oder der Prüfungsbescheinigung nach Anl 8a (VNF) oder 8b (bF17) wird die Fahrerlaubnis erteilt (§ 22 IV S. 6, § 48a III S. 1 Nr. 1, 2 iVm § 22 IV S. 6). Der weitere Bestand der Fahrerlaubnis hängt dann jedoch nicht von dem fortdauernden Besitz des Führerscheins oder der Prüfungsbescheinigung ab (BGH 7.4.66 II ZR 12/64 NJW **66** 1216). Die Auffassung, der Besitz des FS sei Grundvoraussetzung für den (Fort-)Bestand der FE (OVG Mgd 20.11.15 3 L 102/15 NZV **16** 597), ist nicht richtig. FS und Prüfungsbescheinigung haben in der Zeit nach Erteilung der FE vielmehr ausschließlich die Funktion einer amtlichen Bescheinigung, durch die die FE nachgewiesen werden kann. Kommen FS oder Prüfungsbescheinigung abhanden, werden sie beschädigt oder vernichtet, oder läuft ihre Gültigkeit ab, so hat dies keine Auswirkungen auf den Bestand der FE.

48   **b) Nachweispflicht.** § 2 I S. 3 StVG, § 4 II S. 1 FeV schreiben vor, dass eine bestehende Fahrerlaubnis durch eine (gültige) amtliche Bescheinigung nachzuweisen ist. Nach dieser allgemein und ohne Einschränkungen formulierten Vorgabe besteht eine **allgemeine Pflicht aller Inhaber einer Fahrerlaubnis**, ständig über einen **gültigen Führerschein** zu verfügen, gleich ob sie Kfz im öff StrV führen oder nicht. Eine solche Pflicht ergibt sich auch aus § 25 IIIa S. 1, IV S. 1, wonach ein neuer Führerschein zu beantragen ist, wenn der bisherige in seiner Gültigkeit abgelaufen, abhandengekommen oder vernichtet worden ist, sofern der Fahrerlaubnisinhaber nicht auf seine Fahrerlaubnis verzichtet. Hinzu kommt die Umtauschpflicht für vor dem 19.1.2013 ausgestellte Führerscheine nach § 24a II S. 1, die jeweils nach Ablauf der sich aus Anlage 8e ergebenden Umtauschfristen ihre Gültigkeit verlieren (§ 24a II S. 2).

49   Es könnte allerdings fraglich sein, ob der Normgeber diese unbedingte Pflicht einführen wollte, denn der Wortlaut jedenfalls von §§ 4 II S. 1, 25 IIIa S. 1, 24a II und die amtlichen Begründungen dazu fallen auseinander. Durch ÄndVO v. 7.1.11 (BGBl. I S. 3) ist das Wort *gültig* in II S. 1 eingefügt worden. Dadurch sollte den FEInhabern deutlich gemacht werden, dass sie künftig dafür verantwortlich sind, die seit 19.1.13 nur noch mit einer Gültigkeit von 15 Jahren ausgestellten Führerscheine bei Ablauf zu erneuern (Begr Rn. 4). Der VOGeber hatte dabei deutlich gemacht, dass davon nur diejenigen Personen betroffen seien, die von ihrer Fahrerlaubnis auch tatsächlich Gebrauch machen und ihre Fahrerlaubnis bei Bedarf durch den Führerschein nachweisen können müssen (Begr Rn. 4). Die Begründung zur Einfügung von § 25 IIIa durch ÄndVO v. 7.1.11 (BGBl. I S. 3) lautet: *Will der Fahrerlaubnisinhaber, dessen Führerscheindokument abgelaufen ist, auch weiterhin von seiner Fahrerlaubnis Gebrauch machen, so hat er künftig nach Ablauf des Führerscheindokumentes einen neuen Führerschein zu beantragen.* (BR-Drs. 660/10 S. 62 = VkBl. **11** 113). Der VOGeber hatte nach der Begründung also auch hier nur diejenigen Personen im Blick, die von ihrer Fahrerlaubnis tatsächlich Gebrauch machen wollen. Die Äußerungen des Normgebers bei Einführung von §§ 4 II S. 1, 25 IIIa S. 1 stehen somit im Gegensatz zu dem klaren Wortlaut der Normen, die bei §§ 25 IIIa S. 1 und IV S. 1 von der Pflicht zur Beantragung eines neuen Führerscheins sogar nur dann dispensieren, wenn auf die Fahrerlaubnis verzichtet wird. Bei Einführung der zeitlich gestaffelten Pflicht zum Umtausch der vor dem 19.1.2013 ausgestellten Führerscheine bis 19.1.2033 gemäß § 24a II iVm Anlage 8e durch ÄndVO v. 11.3.19 (BGBl. I S. 218), bei der die Fahrerlaubnisinhaber mit Geburtsjahrgang vor 1953 von dem vorgezogenen Umtausch ausgenommen sind, wurde zur Begründung dieser Ausnahme ausgeführt: *Damit soll ihnen erspart werden, ihren Führerschein vorzeitig umtauschen zu müssen, obwohl altersbedingt nicht sicher ist, ob sie nach dem Stichtag des 19. Januar 2033 von ihrer Fahrerlaubnis Gebrauch machen möchten und dafür einen weiter gültigen Führerschein benötigen* (BR-Drs. 600/18 (Beschluss) S. 4). Obwohl auch hier offenbar die Vorstellung bestand, dass Personen, die von ihrer Fahrerlaubnis nicht mehr Gebrauch machen wollen, keinen gültigen Führerschein haben müssen, hat der VOGeber die Umtauschpflicht uneingeschränkt für alle Fahrerlaubnisinhaber festgelegt. Angesichts des klaren und uneingeschränkten Wortlauts der Regelungen muss trotz der Ausführungen in den Begründungen das Bestehen der **allgemeinen Pflicht** aller Inhaber einer Fahrerlaubnis angenommen werden, **ständig über einen gültigen Führerschein zu verfügen,** gleich ob sie Kfz im Straßenverkehr führen oder nicht. Verstöße gegen §§ 4 II S. 1, 24a II S. 1 und 25 IIIa S. 1 sind zwar nicht sanktioniert; sie stellen für sich genommen keine Ordnungswidrigkeit dar. Eine Ordnungswidrigkeit wird insoweit nur und erst dann begangen, wenn ein fahrerlaubnispflichtiges Kfz ohne Mitführung eines gültigen Führerscheins im öff StrV geführt wird (§ 75 Nr. 4 iVm § 4 II S. 2). Lediglich der Verstoß gegen die Pflicht zur Beantragung eines Ersatzführerscheins (§ 25 IV S. 1) ist schon für sich betrachtet eine Ordnungswidrigkeit (§ 75 Nr. 4). Diese Uneinheitlichkeit in der Sanktionierung gibt jedoch keine Veranlassung, an dem Bestehen einer allgemeinen Pflicht zum Besitz eines gültigen Führerscheins zu zweifeln. Ob diese Pflicht bei Personen Übermaß darstellt, die von ihrer Fahrerlaubnis keinen Gebrauch mehr machen und dies auch nicht mehr beabsichtigen, auf ihre Fahrerlaubnis aber auch nicht verzichten wollen, kann offenbleiben, denn ein Verstoß gegen II S. 2 ist in diesen Fällen aus tatsächlichen Gründen nicht möglich.

c) Mitführpflicht. Beim Führen eines Kfz ist ein dafür gültiger Führerschein mitzuführen (II **50** S. 2). Durch Neufassung des II S. 2 mit ÄndVO v. 11.3.19 (BGBl. I S. 218) wurde deutlich gemacht, dass nicht nur ein Führerschein, sondern ein **gültiger Führerschein** mitzuführen ist (Begr BR-Drs. 600/18 (Beschluss) S. 4). Gleiches gilt für VNF und Prüfungsbescheinigung bF17 (III S. 2 iVm II S. 2, § 48a III S. 2). Mitzuführen sind die Originale, Kopien – auch beglaubigte – genügen nicht (*Bouska/Laeverenz* § 4 FeV Anm 8). Keine Mitführpflicht beim Führen eines geschleppten oder eines abgeschleppten Fz, da dafür keine Fahrerlaubnis erforderlich ist (§ 33 StVZO Rn. 17, 27). Der Führerschein zur Fahrgastbeförderung muss nur bei Fahrgastbeförderung mitgeführt werden (§ 48 III S. 2). Inhaber einer im Ausland erteilten Fahrerlaubnis müssen den internationalen Führerschein oder den nationalen ausländischen Führerschein und soweit nach § 29 II S. 2 erforderlich eine mit diesem verbundene Übersetzung mitführen, wenn sie im Inland fahrerlaubnispflichtige Kfz im öff StrV führen (II S. 3). Im Falle eines internationalen Führerscheins nach dem Wiener Übereinkommen von 1968 muss auch der nationale Führerschein mitgeführt werden, da sonst die ausländische Fahrerlaubnis nicht nachgewiesen ist (§ 29 II S. 1). **Mitführen** heißt, dass der Führerschein im Fz greifbar sein muss. Er wird auch mitgeführt, wenn er sich in einer Tasche oder einem Kleidungsstück im Kofferraum befindet.

d) Aushändigungspflicht. Der Führerschein, die VNF und die Prüfungsbescheinigung **51** bF17, bei ausländischen Führerscheinen ggf. auch die Übersetzung, sind zuständigen Personen auf Verlangen zur Prüfung auszuhändigen (II S. 2, 3, III S. 2 iVm II S. 2, § 48a III S. 2). Es reicht nicht, den Führerschein zur Einsichtnahme vorzuzeigen. Er ist **auszuhändigen,** also in die Hand zu geben, damit die zuständige Person die Gültigkeit des Führerscheins prüfen, das Lichtbild mit dem FzF vergleichen und sich ggf. Notizen über die Angaben im Führerschein machen kann (Dü 21.7.66 (1) Ss 305/66 VM **67** 23).

Die Aushändigungspflicht besteht **beim Führen eines Kfz** (II S. 2). Sie soll die Prüfung er- **52** möglichen, ob der Kf zu einer im öff StrV unternommenen Fahrt die Fahrerlaubnis hat und ob er den Führerschein bei der Fahrt mit sich führt (Bay 18.4.51 Rev. Reg. III S. 72/51 VRS **3** 278, Dü 29.2.68 (1) Ss 21/68 VM **69** 16, Ce 2.9.71 1 Ss (B) 207/71 VRS **41** 462). Das Verlangen nach Aushändigung des Führerscheins hat daher nur solange einen Sinn, als es noch **im Zusammenhang mit der** unternommenen **Fahrt** steht (Bay 18.4.51 Rev. Reg. III S. 72/51 VRS **3** 278). Die Aushändigungspflicht besteht nach Beendigung einer Fahrt zumindest solange, wie noch ein örtlicher und zeitlicher Zusammenhang mit der beendeten Fahrt gegeben ist (Bay 18.4.51 Rev. Reg. III S. 72/51 VRS **3** 278, Schl 11.11.59 Ss 317/59 VM **60** 26, Ha 28.1.63 2 Ss 1786/62 VRS **24** 463). Ein zeitlicher Zusammenhang besteht nicht mehr 1 Stunde nach Fahrtbeendigung (Dü 29.2.68 (1) Ss 21/68 VM **69** 16), oder nach mehr als 11 Stunden (Ko 16.1.73 1 Ws (a) 8/73 VRS **45** 398). Bei abwechselnder Führung während derselben Lkw-Fahrt muss auch der Beifahrer seinen Führerschein zur Prüfung aushändigen, denn es besteht noch zeitlicher Zusammenhang mit seiner Führung (Ce 2.9.71 1 Ss (B) 207/71 VRS **41** 462). Beschränkt sich die Tätigkeit des Beifahrers jedoch auf bloßes Mitfahren, braucht er seinen Führerschein nicht zur Prüfung auszuhändigen (Dü 20.9.74 2 Ss (OWi) 896/74 VM **75** 96). Auch Taxifahrer auf Taxenständen müssen PolB den Führerschein vorlegen (KG 8.3.62 (2) 1 Ss 31/62 VRS **22** 385). Ein uniformierter Beamter muss sich bei der Führerscheinkontrolle nicht gesondert ausweisen (Sa 11.4.74 – Ss (B) 15/74 VRS **47** 472). Die Pflicht zur Aushändigung besteht, wenn eine zuständige Person dies nach pflichtgemäßem Ermessen zwecks Kontrolle für erforderlich hält und den Kf zur Aushändigung auffordert (KG 4.7.01 – 1 Zs 605/01 BeckRS 2001, 16634).

5. Strafvorschriften, Ordnungswidrigkeiten. Nach § 21 StVG ist strafbar, wer ein fahrer- **53** laubnispflichtiges Kfz im öff StrV ohne Fahrerlaubnis führt, weil er nie eine besessen hat, oder weil sie ihm entzogen worden ist, oder wer keine ausreichende Fahrerlaubnis (§ 6) hat, oder wer ein Kfz führt, das die gem. § 23 II auf ihn bezogenen „besonderen Einrichtungen" nicht aufweist (beschränkte FE), s. § 21 StVG Rn. 4; wer ein Kfz führt, obwohl ihm das nach § 44 StGB oder § 25 StVG verboten ist; wer ein Kfz führt, obwohl sein Führerschein nach § 94 StPO in Verwahrung genommen, sichergestellt oder beschlagnahmt ist. Nichtbeachtung einer persönlichen Auflage (zB Brillentragen, örtliche oder zeitliche Fahrbeschränkung, Geschwindigkeitsbeschränkung) berührt die Fahrerlaubnis nicht, s. § 21 StVG Rn. 3. Näheres: § 23.

54   Wer die erforderliche FE hat, einen gültigen FS oder eine gleichgestellte gültige Bescheinigung aber nicht mitführt oder ihn bzw. sie nicht auf Verlangen zur Prüfung aushändigt, handelt ow (§§ 75 Nr. 4, 13 FeV, 24 StVG). Gleiches gilt für Inhaber ausländischer FE, wenn sie den internationalen FS oder den nationalen ausländischen FS und soweit nach § 29 II S. 2 erforderlich, die mit diesem verbundene Übersetzung nicht mitführen oder sie nicht auf Verlangen zur Prüfung aushändigen. Wird die erforderliche Übersetzung nicht mitgeführt, etwa weil der Betroffene eine solche nicht hat, berührt das nicht den Bestand der ausländischen FE; in diesem Fall nur OWi nach § 75 Nr. 4, nicht Fahren ohne FE nach § 21 StVG. Wer nur einen deutschen internationalen FS mitführt, verstößt gegen II S. 2 und handelt gem. § 75 Nr. 4 ow, weil dieser nicht zum Führen von Kfz im Inland berechtigt (AG Ka 11.5.92 3 AR 137/91 NZV **92** 499 mAnm *Hentschel*). Nichtmitführen des FS steht mit VVerstößen auf der Fahrt in TE (Bay 10.7.62 2 St 204/62 NJW **63** 360, Ce 25.2.70 1 Ss (B) 2/70 VRS **39** 381). § 4 verpflichtet nur zur Aushändigung des FS zwecks Prüfung der FE und des Mitführens; wer sich weigert, ihn zwecks Beschlagnahme auszuhändigen, verletzt § 4 nicht (Schl 6.9.67 1 Ss 285/67 DAR **68** 135). Zur Beschlagnahme des FS nach polizeirechtlichen Vorschriften s. *Laub* SVR **08** 81 (84 ff.).

55   **6. Zivilrechtliche Fragen.** Eine ausreichende FE ist Voraussetzung für den Versicherungsschutz des VN, s. § 21 StVG Rn. 27. Die FSKlausel (§ 2b I S. 1c AKB alt = D.1.3 AKB 08, § 5 I Nr. 4 KfzPflVV) begründet eine Obliegenheit des VN, deren Verletzung den Versicherer nach fristgerechter Kündigung zur Leistungsverweigerung berechtigt, s. § 21 StVG Rn. 27. KfzÜberlassung an den Nichtinhaber einer FE in der Annahme, sie sei vorhanden: § 21 StVG.

Sonderbestimmungen für das Führen von Mofas und geschwindigkeitsbeschränkten Kraftfahrzeugen

5 (1) [1]Wer auf öffentlichen Straßen ein Mofa (§ 4 Absatz 1 Satz 2 Nummer 1) oder ein Kraftfahrzeug, das den Bestimmungen des § 4 Absatz 1 Satz 2 Nummer 1b entspricht, führt, muss in einer Prüfung nachgewiesen haben, dass er

1. ausreichende Kenntnisse der für das Führen eines Kraftfahrzeugs maßgebenden gesetzlichen Vorschriften hat und

2. mit den Gefahren des Straßenverkehrs und den zu ihrer Abwehr erforderlichen Verhaltensweisen vertraut ist.

[2]Die Prüfung muss nicht ablegen, wer eine Fahrerlaubnis nach § 4 oder eine zum Führen von Kraftfahrzeugen im Inland berechtigende ausländische Erlaubnis besitzt. [3]Die zuständige oberste Landesbehörde oder die von ihr bestimmte oder nach Landesrecht zuständige Stelle bestimmt die prüfende Stelle.

(2) [1]Der Bewerber wird zur Prüfung zugelassen, wenn er von einem zur Ausbildung berechtigten Fahrlehrer entsprechend den Mindestanforderungen der Anlage 1 ausgebildet worden ist und hierüber der prüfenden Stelle eine Bescheinigung nach dem Muster in Anlage 2 vorlegt. [2]Ein Fahrlehrer ist zu der Ausbildung berechtigt, wenn er die Fahrlehrerlaubnis der Klasse A besitzt. [3]§ 1 Absatz 4 Satz 1 des Fahrlehrergesetzes gilt entsprechend. [4]Der Fahrlehrer darf die Ausbildungsbescheinigung nur ausstellen, wenn er eine Ausbildung durchgeführt hat, die den Mindestanforderungen der Anlage 1 entspricht.

(3) [1]Die zuständige oberste Landesbehörde oder die von ihr bestimmte oder nach Landesrecht zuständige Stelle kann als Träger der Ausbildung im Sinne des Absatzes 2 Satz 1 öffentliche Schulen oder private Ersatzschulen anerkennen. [2]In diesem Fall hat der Bewerber der prüfenden Stelle eine Ausbildungsbescheinigung einer nach Satz 1 anerkannten Schule vorzulegen, aus der hervorgeht, dass er an einem anerkannten Ausbildungskurs in der Schule teilgenommen hat.

(4) [1]Die prüfende Stelle hat über die bestandene Prüfung eine Prüfbescheinigung zum Führen von Mofas und zwei- und dreirädriger Kraftfahrzeuge bis 25 km/h nach Anlage 2 auszufertigen. [2]Die Bescheinigung ist beim Führen eines Mofas nach § 4 Absatz 1 Satz 2 Nummer 1 oder eines Kraftfahrzeugs nach § 4 Absatz 1 Satz 2 Nummer 1b mitzuführen und zuständigen Personen auf Verlangen zur Prüfung auszuhändigen. [3]Für die Inhaber einer Fahrerlaubnis gilt § 4 Absatz 2 Satz 2 entsprechend.

(5) Wer die Prüfung noch nicht abgelegt hat, darf ein Mofa nach § 4 Absatz 1 Satz 2 Nummer 1 oder ein Kraftfahrzeug nach § 4 Absatz 1 Satz 2 Nummer 1b auf öffentlichen Straßen führen, wenn er von einem zur Ausbildung berechtigten Fahrlehrer beaufsichtigt wird; der Fahrlehrer gilt als Führer des Fahrzeugs.

1. Regelungsgegenstand. Zum Führen von Mofas und Kfz gemäß § 4 I S. 2 Nr. 1b ist zwar 1
keine Fahrerlaubnis erforderlich (§ 4 I S. 2 Nr. 1, 1b). § 5 legt auf der Grundlage von § 6 I Nr. 1
Buchst. a StVG aber fest, dass diese Kraftfahrzeuge im öffentlichen Straßenverkehr grds.
nur dann geführt werden dürfen, wenn der Fahrzeugführer durch Erwerb einer **Prüfbescheinigung** oder
einer Fahrerlaubnis seine Befähigung zum Führen dieser Kfz nachgewiesen hat. § 5 will sachge-
rechtes Fahrverhalten der Fahrer von Mofas und Kfz gemäß § 4 I S. 2 Nr. 1b und damit die Ver-
kehrssicherheit gewährleisten. Der Begriff *Prüfbescheinigung*, früher auch *Mofa-Prüfbescheinigung*,
darf nicht mit dem Begriff *Prüfungsbescheinigung* (§§ 22 IV S. 6, 48a III S. 1, VI) verwechselt wer-
den. Durch Übergangsvorschriften werden frühere fahrerlaubnisrechtliche Besitzstände zu **mo-
torisierten Krankenfahrstühlen** nach vor dem 1.9.02 geltenden Recht gewahrt, näher dazu
§ 4 Rn. 31. Bis zur Aufhebung der MobHV am 15.6.19 durch Art 5 S. 2 der VO v. 6.6.2019
(BGBl. I S. 756) war auch für **elektronische Mobilitätshilfen** (Segways) mindestens die Be-
rechtigung zum Führen eines Mofas nachzuweisen (früher § 3 MobHV). Dieses Erfordernis ist
bei Einbeziehung der Segways in die heutige eKFV entfallen.

2. Prüfbescheinigungspflicht. Zum Führen von Mofas und Kfz gemäß § 4 I S. 2 Nr. 1b ist 2
grds. eine Prüfbescheinigung nach IV S. 1 erforderlich. Zu ihrem Erwerb muss durch Ablegung
einer Prüfung nachgewiesen werden, dass der Bewerber ausreichende Kenntnisse der für das Füh-
ren eines Kfz maßgebenden gesetzlichen Vorschriften, nicht nur derjenigen für den Verkehr mit Kfz
iSv § 4 I S. 2 Nr. 1, 1b, hat und außerdem mit den Gefahren des Straßenverkehrs und den zu ihrer
Abwehr erforderlichen Verhaltensweisen vertraut ist (I S. 1 Nr. 1 und 2). Weiter muss er an einer
praktischen Ausbildung teilgenommen haben (II S. 1 iVm Anlage 1 Nr. 2), die ihm die zur Führung
eines Mofas oder eines Kfz iSv § 4 I S. 2 Nr. 1b erforderlichen Fertigkeiten vermitteln soll.

Ausnahmen. Zum Führen von Mofas und Kfz gemäß § 4 I S. 2 Nr. 1b ist keine Prüfbe- 3
scheinigung erforderlich, wenn der Fahrzeugführer Inhaber einer **deutschen Fahrerlaubnis**
gleich welcher Klasse ist (I S. 2), da dann der Nachweis nach I S. 1 Nr. 1 und 2 durch Bestehen
der Fahrerlaubnisprüfung erbracht ist. Grundsätzlich reicht auch eine beschränkte oder unter
Auflagen erteilte Fahrerlaubnis (§§ 23 II, 46 II) aus, sofern nicht aufgrund der konkreten Be-
schränkung oder Auflage das Führen derartiger Fahrzeuge ausgeschlossen ist. Eine Prüfbeschei-
nigung ist außerdem nicht nötig, wenn der Fahrzeugführer Inhaber einer **im Ausland erteilten
Fahrerlaubnis** ist, die im Inland zum Führen von Kfz berechtigt (I S. 2). Wann diese Berechti-
gung besteht, ergibt sich aus §§ 28, 29. Die ausländische Fahrerlaubnis muss aktuell zum Führen
von Kfz in Deutschland berechtigen; es reicht nicht, dass sie früher einmal dazu berechtigt hat.
Eine im Ausland ausgestellte, der deutschen Prüfbescheinigung vergleichbare Bescheinigung
genügt nicht, da mit der zum Führen von Kfz im Inland berechtigenden *ausländischen Erlaubnis*
iSv I S. 2 eine im Ausland erteilte Fahrerlaubnis gemeint ist. § 5 I entspricht inhaltlich im We-
sentlichen der Vorgängervorschrift § 4a I StVZO (Begr BR-Drs. 443/98 S. 238 = VkBl. **98**
1061), die insoweit klarer von einer *ausländischen Fahrerlaubnis* sprach. Weder eine Prüfbeschei-
nigung noch eine Fahrerlaubnis ist zum Führen von Mofas und Kfz gemäß § 4 I S. 2 Nr. 1b erfor-
derlich, wenn der **Fahrzeugführer vor dem 1.4.1980 das 15. Lebensjahr vollendet** hat
(§ 76 Nr. 3), also vor dem 1.4.1965 geboren worden ist.

Mindestalter. Unbeschadet der Erfüllung der dargestellten Voraussetzungen dürfen Mofas 4
und Kfz gemäß § 4 I S. 2 Nr. 1b erst ab Vollendung des 15. Lebensjahres im öffentlichen Stra-
ßenverkehr geführt werden (§ 10 III S. 1), bei Mitnahme eines Kindes unter 7 Jahren erst ab
Vollendung des 16. Lebensjahres (§ 10 IV).

3. Bewerber müssen eine **theoretische und praktische Ausbildung** durchlaufen. Die Min- 5
destanforderungen an die Ausbildung sind in Anlage 1 geregelt (II S. 1). Da das Mindestalter
für das Führen fahrerlaubnisfreier Kfz 15 Jahre beträgt (§ 10 III S. 1), kann die Ausbildung zum
Erwerb einer Prüfbescheinigung erst wenige Monate vor Vollendung des 15. Lebensjahres be-
gonnen werden.

a) Die **theoretische Ausbildung** umfasst mindestens 6 Doppelstunden zu je 90 Minuten; 6
Versäumnis von nicht mehr als 1 Doppelstunde ist unschädlich. Die theoretische Ausbildung
soll in Kursform, d.h. für alle Teilnehmer gleichzeitig beginnend und endend, und getrennt vom
theoretischen Unterricht für Bewerber um eine Fahrerlaubnis durchgeführt werden (Anlage 1
Nr. 1.4, Begr BR-Drs. 443/98 S. 238 = VkBl. **98** 1061). Kommt ein solcher Kurs wegen zu ge-
ringer Teilnehmerzahl nicht zustande, können die Bewerber am theoretischen Unterricht für die
Fahrerlaubnis der A-Klassen teilnehmen (Anlage 1 Nr. 1.4). Ziel und Inhalte der theoretischen
Ausbildung ergeben sich aus Anlage 1 Nr. 1.5 bis 1.8. Die **praktische Ausbildung** umfasst bei
Einzelunterricht mindestens 1 Doppelstunde zu 90 Minuten, in der Gruppe mindestens 2 solche

Doppelstunden. Ziel der praktischen Ausbildung ist es, die sichere Beherrschung eines Mofas zu erreichen (Anlage 1 Nr. 2.4). Die praktischen Übungen sind außerhalb öffentlicher Straßen oder auf verkehrsarmen Flächen durchzuführen (Anlage 1 Nr. 2.6).

7   **b) Fahrlehrer** sind **zur Ausbildung** für den Erwerb einer Prüfbescheinigung **berechtigt**, wenn sie eine Fahrlehrerlaubnis der Klasse A besitzen (II S. 2). Zur Ausbildung ist auch ein Fahrlehrer berechtigt, der eine Fahrlehrerlaubnis der früheren Klasse 3 oder eine dieser entsprechende Fahrlehrerlaubnis hat, diese vor dem 1.10.1985 erworben und vor dem 1.10.1987 an einem mindestens zweitägigen, vom Deutschen Verkehrssicherheitsrat durchgeführten Einführungslehrgang teilgenommen hat (§ 76 Nr. 4). Fahrlehrer dürfen nur zusammen mit einer Fahrschulerlaubnis oder im Rahmen eines Beschäftigungsverhältnisses mit dem Inhaber einer Fahrschule ausbilden (II S. 3 iVm § 1 IV S. 1 FahrlG); Verstoß ist ow (§ 75 Nr. 6). Außerdem können öffentliche **Schulen** oder private Ersatzschulen die Ausbildung iSv II S. 1 durchführen, wenn sie von der obersten Landesbehörde oder der von dieser bestimmten oder nach Landesrecht zuständigen Stelle als Träger der Ausbildung anerkannt worden sind (III S. 1).

8   **Ausbildungsfahrten.** Der Bewerber um eine Prüfbescheinigung darf ein Mofa und ein Kfz nach § 4 I S. 2 Nr. 1b auf öffentlichen Straßen nur dann **führen,** wenn er von einem zur Ausbildung berechtigten **Fahrlehrer beaufsichtigt** wird; der Fahrlehrer gilt dann als **Fahrzeugführer** (V). Diese gesetzliche Fiktion hat (nur) die Funktion, bei Ausbildungsfahrten im öff StrV trotz Fehlens einer Prüfbescheinigung über § 75 Nr. 5 hinwegzuhelfen und die Haftung des Bewerbers als Fahrzeugführer nach § 18 StVG zu vermeiden (vgl. § 2 StVG Rn. 28). Zur Verantwortlichkeit des Bewerbers bei Ausbildungsfahrten vgl. § 2 StVG Rn. 94. Eine entsprechende Regelung für die Ausbildung an dafür anerkannten Schulen gibt es nicht. Diese können die praktische Ausbildung somit nur außerhalb des öffentlichen Verkehrsraums durchführen.

9   **c)** Um zur Prüfung für den Erwerb einer Prüfbescheinigung zugelassen zu werden, muss der Bewerber der prüfenden Stelle eine **Ausbildungsbescheinigung** vorlegen, die dem **Muster** in **Anlage 2** entspricht (II S. 1). Führt ein Fahrlehrer die Ausbildung durch, ist die Bescheinigung von ihm auszustellen (II S. 4). Bildet eine dafür anerkannte Schule aus, stellt diese die Ausbildungsbescheinigung aus (III S. 2), ebenfalls nach dem Muster in Anlage 2. Das frühere Muster der Ausbildungsbescheinigung über die Teilnahme an einem Mofa-Ausbildungskurs in einer Schule gemäß § 4a StVZO v. 30.1.86 (VkBl. **86** 129 = StVRL § 5 FeV Nr. 1) ist durch Verkehrsblattverlautbarung v. 16.1.17 aufgehoben worden, da dieses Muster zwischenzeitlich in Anlage 2 Buchst. a einheitlich verbindlich geregelt ist (VkBl. **17** 125).

10   Hat ein Fahrlehrer ausgebildet, darf er die Bescheinigung nur ausstellen, wenn er eine Ausbildung durchgeführt hat, die den Mindestanforderungen der Anlage 1 entspricht (II S. 4); Verstoß ist ow (§ 75 Nr. 6). Wenn die Ausbildung an einer dafür anerkannten Schule erfolgt ist, darf auch diese die Bescheinigung nur ausstellen, wenn sie eine Ausbildung durchgeführt hat, die den Mindestanforderungen der Anlage 1 entspricht, denn auch die Schule muss eine Ausbildungsbescheinigung nach dem Muster in Anlage 2, also *über die Teilnahme an einer Ausbildung gemäß § 5 Absatz 2* ausstellen. In diesem Fall ist ein Verstoß nicht ow.

11   **4.** Zum Erwerb einer Prüfbescheinigung ist nur eine theoretische **Prüfung** abzulegen. Es handelt sich nicht um eine Fahrerlaubnisprüfung iSv §§ 15 ff., denn es geht nicht um den Erwerb einer Fahrerlaubnis. Zuständig für die Abnahme ist jede von der zuständigen obersten Landesbehörde oder von der von ihr bestimmten oder nach Landesrecht zuständigen Stelle bestimmte **prüfende Stelle** (I S. 3) ohne Beschränkung auf ihre örtliche Zuständigkeit. Eine nicht bestandene Prüfung kann beliebig oft wiederholt werden. Um zur Prüfung zugelassen zu werden, muss der Bewerber der prüfenden Stelle eine dem Muster in Anlage 2 entsprechende **Ausbildungsbescheinigung** eines zur Ausbildung berechtigten Fahrlehrers oder einer als Träger der Ausbildung anerkannten Schule **vorlegen** (II S. 1, III S. 2). Die Bescheinigung ist lediglich vorzulegen; sie verbleibt bei dem Bewerber. Auf Zulassung zur Prüfung besteht ein Rechtsanspruch, wenn der Bewerber eine solche Bescheinigung vorlegt.

12   In der Prüfung muss **nachgewiesen werden,** dass der Bewerber ausreichende Kenntnisse der für das Führen eines Kfz maßgebenden gesetzlichen Vorschriften hat und den Gefahren des Straßenverkehrs und den zu ihrer Abwehr erforderlichen Verhaltensweisen vertraut ist (I S. 1 Nr. 1 und 2). Der **Prüfungsstoff** wird aus dem Prüfungsstoff für die Fahrerlaubnisprüfung entnommen. In der Prüfung können nur die Fragen verwendet werden, die im Fragenkatalog (Anlage 7 Nr. 1.1, s. § 16 Rn. 6) durch das Wort *Mofa* gekennzeichnet sind. In der Prüfung sind 20 Fragen zu beantworten, die jeweils mit 2 bis 5 Punkten bewertet werden. 69 Punkte können erreicht werden, 7 Fehlerpunkte sind zulässig (Anlage 7 Nr. 1.2.2).

5. Nach bestandener Prüfung **fertigt** die **prüfende Stelle** dem Bewerber eine **Prüfbe-** 13
scheinigung nach Anlage 2 aus (IV S. 1). Aussteller der Prüfbescheinigung ist nicht die Fahrer-
laubnisbehörde, sondern die Stelle, die die Prüfung abgenommen hat. Das **Muster** und die äu-
ßere Erscheinung der Prüfbescheinigung sind verbindlich in Anlage 2 Buchst. b geregelt. Es
besteht ein Rechtsanspruch auf Ausfertigung einer Prüfbescheinigung, wenn die Prüfung be-
standen wurde („hat auszufertigen"). Die Ausfertigung der Prüfbescheinigung ist **nicht** von dem
Erreichen des Mindestalters abhängig. Die Prüfbescheinigung kann also auch schon vor
Vollendung des 15. Lebensjahres ausgefertigt und ausgehändigt werden. Dabei sollte aber ein-
dringlich darauf hingewiesen werden, dass von ihr erst ab Erreichen des Mindestalters Gebrauch
gemacht werden darf, denn eine Berechtigung zum Führen von Mofas und Kfz gemäß § 4 I S. 2
Nr. 1b besteht nicht allein bei Besitz einer Prüfbescheinigung, sondern erst, wenn auch das Min-
destalter erreicht ist (§ 10 III S. 1).

Die Prüfbescheinigung ist beim Führen von Mofas und Kfz nach § 4 I S. 2 Nr. 1b im öffent- 14
lichen Straßenverkehr **mitzuführen** und zuständigen Personen auf Verlangen zur Prüfung
auszuhändigen (IV S. 2); Verstoß ist ow (§ 75 Nr. 4). Die Kommentierung zu § 4 Rn. 50 gilt
entsprechend. Wird keine Prüfbescheinigung benötigt, weil der Fahrzeugführer Inhaber einer
Fahrerlaubnis ist (I S. 2), ist der Führerschein mitzuführen und zuständigen Personen auf Verlan-
gen zur Prüfung auszuhändigen (IV S. 3 iVm § 4 II S. 2); Verstoß ist ow (§ 75 Nr. 4). Hat der
Fahrerlaubnisinhaber keinen Führerschein, sondern einen Vorläufigen Nachweis der Fahrerlaub-
nis nach Anlage 8a oder eine Prüfungsbescheinigung bF17 nach Anlage 8b, gilt Entsprechendes
(vgl. § 4 III S. 2). Wird weder eine Prüfbescheinigung noch eine Fahrerlaubnis benötigt, weil der
Fahrzeugführer vor dem 1.4.1965 geboren worden ist (§ 76 Nr. 3), kann der Nachweis durch ein
Personaldokument wie zB den Personalausweis geführt werden; eine Mitführungs- und Aushän-
digungspflicht ist insoweit nicht normiert.

Ist die Prüfbescheinigung abhanden gekommen, wurde sie vernichtet oder ist sie unbrauchbar 15
geworden, kann eine **Ersatzbescheinigung** nur von der Stelle ausgestellt werden, die die ur-
sprüngliche Prüfbescheinigung ausgefertigt hat, denn nur diese Stelle weiß, ob der Antragsteller
die Prüfung bestanden hat. Sie darf Aufzeichnungen über von ihr ausgegebene Prüfbeschei-
nigungen führen (§ 48 I S. 2 StVG). Besitzt diese Stelle keine Unterlagen mehr dazu, kann sie kei-
ne Ersatzbescheinigung ausstellen. In diesem Fall muss ggf. erneut eine Prüfung abgelegt werden.
Die FEB kann keine Ersatz-Prüfbescheinigung ausstellen, da sie keine Unterlagen dazu hat. Es
besteht – anders als bei Führerscheinen (§ 25 IV S. 1) – keine Pflicht, sich bei Abhandenkommen
oder Vernichtung der Prüfbescheinigung eine Ersatzbescheinigung ausstellen zu lassen.

Alte Muster: Prüfbescheinigungen für Mofas und Krankenfahrstühle, die nach den bis 1.9.02 16
vorgeschriebenen Mustern ausgestellt worden sind, und Prüfbescheinigungen für Mofas, die
nach den bis 31.12.16 vorgeschriebenen Mustern ausgefertigt worden sind, bleiben gültig (§ 76
Nr. 5).

6. Rechtsnatur. Die **Prüfbescheinigung** nach IV S. 1 dient dem Nachweis, dass der Inha- 17
ber die Prüfung nach I S. 1 bestanden hat. Sie dokumentiert das **Recht,** fahrerlaubnisfreie **Kfz**
gemäß § 4 I S. 2 Nr. 1 und 1b im Straßenverkehr **führen zu dürfen.** Dieses Recht ist keine
Fahrerlaubnis iSv § 2 I S. 1 StVG, § 4 I S. 1 FeV. Die Prüfbescheinigung ist folglich kein Führer-
schein iSv § 2 I S. 3 StVG, § 4 II S. 1 FeV.

Das **Recht,** Kfz gemäß § 4 I S. 2 Nr. 1 und 1b führen zu dürfen, **kann** bei fehlender Eignung 18
oder Befähigung **nicht entzogen werden,** weder vom Strafgericht noch von der Verwaltungs-
behörde, denn dafür gibt es keine Rechtsgrundlage. Fehlt einer Person die **Eignung** (§ 2 IV
StVG) zum Führen von Kfz iSv § 4 I S. 2 Nr. 1, 1b oder ist die Person nur noch bedingt dazu
geeignet, hat die FEB nur die Möglichkeit, das **Führen** dieser **Kfz** zu **untersagen,** eine Be-
schränkung des Rechts zum Führen dieser Kfz zu verfügen oder Auflagen anzuordnen (§ 3 FeV).
Bei Bedenken gegen die Eignung können Aufklärungsmaßnahmen entsprechend §§ 11–14 ein-
geleitet werden (§ 3 II). Nach Erlass eines Verbots, ein Mofa oder ein Kfz iSv § 4 I S. 2 Nr. 1b im
StrV zu führen, ist die Prüfbescheinigung unverzüglich der entscheidenden Behörde abzuliefern,
nach der Verfügung von Beschränkungen oder Auflagen ist sie unverzüglich zur Eintragung bei
der Behörde vorzulegen (§ 3 I S. 2, s. § 3 Rn. 24). Bei fehlender oder eingeschränkter **Befähi-**
gung (§ 2 V StVG) zum Führen von Kfz iSv § 4 I S. 2 Nr. 1, 1b sieht das Fahrerlaubnisrecht
keine Möglichkeit für die FEB zum Einschreiten vor.

Wird die **Fahrerlaubnis entzogen** oder **erlischt** sie auf andere Weise, hat dies keine Auswir- 19
kungen auf eine gleichzeitig vorhandene Prüfbescheinigung. Wer außer der entzogenen oder
anders erloschenen Fahrerlaubnis eine Prüfbescheinigung hat, darf nach Erlöschen der FE wei-

terhin Mofas und Kfz gemäß § 4 I S. 2 Nr. 1b führen. Wer wegen Besitzes einer FE keiner Prüfbescheinigung bedurfte (I S. 2), muss nach EdF oder anderem Erlöschen der FE eine Prüfbescheinigung erwerben, um Mofas und Kfz gemäß § 4 I S. 2 Nr. 1b führen zu können (vgl. VG Ansbach 31.7.13 – 10 S 13.00970 BeckRS 2013, 54707), es sei denn, er benötigt dazu keine Prüfbescheinigung oder FE, weil er vor dem 1.4.1965 geboren worden ist (§ 76 Nr. 3). Soll bei Entziehung der FE oder ihrem Erlöschen auf andere Weise erreicht werden, dass auch fahrerlaubnisfreie Kfz nicht mehr geführt werden dürfen, muss die FEB eine Untersagung nach § 3 FeV aussprechen. Bei strafgerichtlicher Entziehung der Fahrerlaubnis kann – jedenfalls für begrenzte Zeit – zusätzlich ein Fahrverbot angeordnet werden, das dann alle Kfz, auch fahrerlaubnisfreie, umfasst (*Fischer* § 69 Rn. 3a). Eine Rechtsgrundlage, dann die Prüfbescheinigung für die Dauer des Fahrverbots in amtliche Verwahrung zu nehmen, gibt es allerdings nicht, denn die Prüfbescheinigung ist kein Führerschein (*Klüsener* DAR **91** 115).

20   **7. Strafvorschriften, Ordnungswidrigkeiten.** Wer im öffentlichen Straßenverkehr ein Mofa oder ein Kfz nach § 4 I S. 2 Nr. 1b führt, ohne eine dafür erforderliche Prüfbescheinigung zu haben, macht sich nicht nach § 21 StVG strafbar, da Mofas und Kfz nach § 4 I S. 2 Nr. 1b nicht fahrerlaubnispflichtig sind.

21   Das **Führen eines Mofas** oder eines **Kfz iSv § 4 I S. 2 Nr. 1b** ohne die Prüfung zum Erwerb einer Prüfbescheinigung abgelegt zu haben ist ow (§ 75 Nr. 5). Wer die Prüfbescheinigung **nicht mitführt** oder **aushändigt,** begeht eine Ordnungswidrigkeit nach § 75 Nr. 4. Ist der Führer eines Mofas oder eines Kfz nach § 4 I S. 2 Nr. 1b zwar nicht Inhaber einer Prüfbescheinigung, aber Inhaber einer Fahrerlaubnis, und führt er einen gültigen Führerschein nicht mit oder händigt ihn nicht aus, ist dies ow nach § 75 Nr. 4. Werden Prüfbescheinigung oder Führerschein beim Führen von Mofas und Kfz nach § 4 I S. 2 Nr. 1b im öffentlichen Straßenverkehr nicht mitgeführt, ist dies kein Verstoß gegen § 75 Nr. 5 (unberechtigtes Führen eines Mofas oder Kfz iSv § 4 I S. 2 Nr. 1b), sondern nur gegen § 75 Nr. 4 iVm § 5 IV S. 2, 3 (Nichtmitführen der Prüfbescheinigung oder des Führerscheins).

22   Wenn ein **Fahrlehrer** eine Ausbildung zum Erwerb einer Prüfbescheinigung durchführt, ohne die nach II S. 2 erforderliche Fahrlehrerlaubnis der Klasse A zu besitzen, ist dies ow nach § 75 Nr. 6. Wenn der Fahrlehrer bei der Ausbildung gegen § 5 II S. 3 FeV iVm § 1 IV S. 1 FahrlG verstößt, also nicht zusammen mit einer Fahrschulerlaubnis oder im Rahmen eines Beschäftigungsverhältnisses mit dem Inhaber einer Fahrschule ausbildet, ist dies nach § 75 Nr. 6 ow, auch wenn die Formulierung in § 75 Nr. 6 nicht ganz stringent ist. Da die Ausbildung nach § 5 FeV erfolgt und nicht nach dem FahrlG (§ 1 IV S. 1 FahrlG gilt nur entsprechend), ist § 56 Nr. 2 FahrlG hier nicht speziell. Stellt der Fahrlehrer eine Ausbildungsbescheinigung aus, ohne eine Ausbildung durchgeführt zu haben, die den Mindestanforderungen der Anlage 1 entspricht, ist dies ow nach § 75 Nr. 6.

Einteilung der Fahrerlaubnisklassen

6 (1) ¹Die Fahrerlaubnis wird in folgenden Klassen erteilt:

Klasse AM: – leichte zweirädrige Kraftfahrzeuge der Klasse L1e-B nach Artikel 4 Absatz 2 Buchstabe a der Verordnung (EU) Nr. 168/2013 des Europäischen Parlaments und des Rates vom 15. Januar 2013 über die Genehmigung und Marktüberwachung von zwei- oder dreirädrigen und vierrädrigen Fahrzeugen (ABl. L 60 vom 2.3.2013, S. 52),

– dreirädrige Kleinkrafträder der Klasse L2e nach Artikel 4 Absatz 2 Buchstabe b der Verordnung (EU) Nr. 168/2013 des Europäischen Parlaments und des Rates vom 15. Januar 2013 über die Genehmigung und Marktüberwachung von zwei- oder dreirädrigen und vierrädrigen Fahrzeugen (ABl. L 60 vom 2.3.2013, S. 52),

– leichte vierrädrige Kraftfahrzeuge der Klasse L6e nach Artikel 4 Absatz 2 Buchstabe f der Verordnung (EU) Nr. 168/2013 des Europäischen Parlaments und des Rates vom 15. Januar 2013 über die Genehmigung und Marktüberwachung von zwei- oder dreirädrigen und vierrädrigen Fahrzeugen (ABl. L 60 vom 2.3.2013, S. 52).

Klasse A1:   – Krafträder (auch mit Beiwagen) mit einem Hubraum von bis zu 125 cm³, einer Motorleistung von nicht mehr als 11 kW, bei denen das Verhältnis der Leistung zum Gewicht 0,1 kW/kg nicht übersteigt,

– dreirädrige Kraftfahrzeuge mit symmetrisch angeordneten Rädern und einem Hubraum von mehr als 50 cm³ bei Verbrennungsmotoren oder einer bauartbedingten Höchstgeschwindigkeit von mehr als 45 km/h und mit einer Leistung von bis zu 15 kW.

Klasse A2: Krafträder (auch mit Beiwagen) mit

a) einer Motorleistung von nicht mehr als 35 kW und
b) einem Verhältnis der Leistung zum Gewicht von nicht mehr als 0,2 kW/kg,

die nicht von einem Kraftrad mit einer Leistung von über 70 kW Motorleistung abgeleitet sind.

Klasse A: – Krafträder (auch mit Beiwagen) mit einem Hubraum von mehr als 50 cm³ oder mit einer durch die Bauart bestimmten Höchstgeschwindigkeit von mehr als 45 km/h und
– dreirädrige Kraftfahrzeuge mit einer Leistung von mehr als 15 kW und dreirädrige Kraftfahrzeuge mit symmetrisch angeordneten Rädern und einem Hubraum von mehr als 50 cm³ bei Verbrennungsmotoren oder einer bauartbedingten Höchstgeschwindigkeit von mehr als 45 km/h und mit einer Leistung von mehr als 15 kW.

Klasse B: Kraftfahrzeuge – ausgenommen Kraftfahrzeuge der Klassen AM, A1, A2 und A – mit einer zulässigen Gesamtmasse von nicht mehr als 3 500 kg, die zur Beförderung von nicht mehr als acht Personen außer dem Fahrzeugführer ausgelegt und gebaut sind (auch mit Anhänger mit einer zulässigen Gesamtmasse von nicht mehr als 750 kg oder mit Anhänger über 750 kg zulässiger Gesamtmasse, sofern 3 500 kg zulässige Gesamtmasse der Kombination nicht überschritten wird).

Klasse BE: Fahrzeugkombinationen, die aus einem Zugfahrzeug der Klasse B und einem Anhänger oder Sattelanhänger bestehen, sofern die zulässige Gesamtmasse des Anhängers oder Sattelanhängers 3 500 kg nicht übersteigt.

Klasse C1: Kraftfahrzeuge, ausgenommen Kraftfahrzeuge der Klassen AM, A1, A2, A, D1 und D, mit einer zulässigen Gesamtmasse von mehr als 3 500 kg, aber nicht mehr als 7 500 kg, und die zur Beförderung von nicht mehr als acht Personen außer dem Fahrzeugführer ausgelegt und gebaut sind (auch mit Anhänger mit einer zulässigen Gesamtmasse von nicht mehr als 750 kg).

Klasse C1E: Fahrzeugkombinationen, die aus einem Zugfahrzeug
– der Klasse C1 und einem Anhänger oder Sattelanhänger mit einer zulässigen Gesamtmasse von mehr als 750 kg bestehen, sofern die zulässige Gesamtmasse der Fahrzeugkombination 12 000 kg nicht übersteigt,
– der Klasse B und einem Anhänger oder Sattelanhänger mit einer zulässigen Masse von mehr als 3 500 kg bestehen, sofern die zulässige Masse der Fahrzeugkombination 12 000 kg nicht übersteigt.

Klasse C: Kraftfahrzeuge, ausgenommen Kraftfahrzeuge der Klassen AM, A1, A2, A, D1 und D, mit einer zulässigen Gesamtmasse von mehr als 3500 kg, die zur Beförderung von nicht mehr als acht Personen außer dem Fahrzeugführer ausgelegt und gebaut sind (auch mit Anhänger mit einer zulässigen Gesamtmasse von nicht mehr als 750 kg).

Klasse CE: Fahrzeugkombinationen, die aus einem Zugfahrzeug der Klasse C und Anhängern oder einem Sattelanhänger mit einer zulässigen Gesamtmasse von mehr als 750 kg bestehen.

Klasse D1: Kraftfahrzeuge, ausgenommen Kraftfahrzeuge der Klassen AM, A1, A2, A, die zur Beförderung von nicht mehr als 16 Personen außer dem Fahrzeugführer ausgelegt und gebaut sind und deren Länge nicht mehr als 8 m beträgt (auch mit Anhänger mit einer zulässigen Gesamtmasse von nicht mehr als 750 kg).

Klasse D1E: Fahrzeugkombinationen, die aus einem Zugfahrzeug der Klasse D1 und einem Anhänger mit einer zulässigen Gesamtmasse von mehr als 750 kg bestehen.

Klasse D: Kraftfahrzeuge, ausgenommen Kraftfahrzeuge der Klassen AM, A1, A2, A, die zur Beförderung von mehr als acht Personen außer dem Fahrzeugführer ausgelegt und gebaut sind (auch mit Anhänger mit einer zulässigen Gesamtmasse von nicht mehr als 750 kg).

Klasse DE: Fahrzeugkombinationen, die aus einem Zugfahrzeug der Klasse D und einem Anhänger mit einer zulässigen Gesamtmasse von mehr als 750 kg bestehen.

Klasse T: Zugmaschinen mit einer durch die Bauart bestimmten Höchstgeschwindigkeit von nicht mehr als 60 km/h und selbstfahrende Arbeitsmaschinen oder selbstfahrende Futtermischwagen mit einer durch die Bauart bestimmten Höchstgeschwindigkeit von nicht mehr als 40 km/h, die jeweils nach ihrer Bauart zur Verwendung für land- oder forstwirtschaftliche

Zwecke bestimmt sind und für solche Zwecke eingesetzt werden (jeweils auch mit Anhängern).

Klasse L: Zugmaschinen, die nach ihrer Bauart zur Verwendung für land- oder forstwirtschaftliche Zwecke bestimmt sind und für solche Zwecke eingesetzt werden, mit einer durch die Bauart bestimmten Höchstgeschwindigkeit von nicht mehr als 40 km/h und Kombinationen aus diesen Fahrzeugen und Anhängern, wenn sie mit einer Geschwindigkeit von nicht mehr als 25 km/h geführt werden, sowie selbstfahrende Arbeitsmaschinen, selbstfahrende Futtermischwagen, Stapler und andere Flurförderzeuge jeweils mit einer durch die Bauart bestimmten Höchstgeschwindigkeit von nicht mehr als 25 km/h und Kombinationen aus diesen Fahrzeugen und Anhängern.

[2]Die zulässige Gesamtmasse einer Fahrzeugkombination errechnet sich aus der Summe der zulässigen Gesamtmasse der Einzelfahrzeuge ohne Berücksichtigung von Stütz- und Aufliegelasten. [3]Die Erlaubnis kann auf einzelne Fahrzeugarten dieser Klassen beschränkt werden. [4]Beim Abschleppen eines Kraftfahrzeugs genügt die Fahrerlaubnis für die Klasse des abschleppenden Fahrzeugs.

(2) Zugmaschinen der Klasse T mit einer durch die Bauart bestimmten Höchstgeschwindigkeit von mehr als 40 km/h dürfen nur von Inhabern einer Fahrerlaubnis der Klasse T geführt werden, die das 18. Lebensjahr vollendet haben; dies gilt nicht bei der Rückfahrt von der praktischen Befähigungsprüfung, sofern der Inhaber der Fahrerlaubnis dabei von einem Fahrlehrer begleitet wird, sowie bei Fahrproben nach § 42 im Rahmen von Aufbauseminaren und auf Grund von Anordnungen nach § 46.

(3) [1]Außerdem berechtigt

1. die Fahrerlaubnis der Klasse A zum Führen von Fahrzeugen der Klassen AM, A1 und A2,
2. die Fahrerlaubnis der Klasse A2 zum Führen von Fahrzeugen der Klassen A1 und AM,
3. die Fahrerlaubnis der Klasse A1 zum Führen von Fahrzeugen der Klasse AM,
4. die Fahrerlaubnis der Klasse B zum Führen von Fahrzeugen der Klassen AM und L,
5. die Fahrerlaubnis der Klasse C zum Führen von Fahrzeugen der Klasse C1,
6. die Fahrerlaubnis der Klasse CE zum Führen von Fahrzeugen der Klassen C1E, BE und T sowie DE, sofern er zum Führen von Fahrzeugen der Klasse D berechtigt ist,
7. die Fahrerlaubnis der Klasse C1E zum Führen von Fahrzeugen der Klassen BE sowie D1E, sofern der Inhaber zum Führen von Fahrzeugen der Klasse D1 berechtigt ist,
8. die Fahrerlaubnis der Klasse D zum Führen von Fahrzeugen der Klasse D1,
9. die Fahrerlaubnis der Klasse D1E zum Führen von Fahrzeugen der Klasse BE,
10. die Fahrerlaubnis der Klasse DE zum Führen von Fahrzeugen der Klassen D1E und BE,
11. die Fahrerlaubnis der Klasse T zum Führen von Fahrzeugen der Klassen AM und L.

[2]Satz 1 Nummer 1 gilt nicht für eine Fahrerlaubnis der Klasse A, die unter Verwendung der Schlüsselzahl 79.03 oder 79.04 erteilt worden ist.

(3a) Die Fahrerlaubnis der Klasse B berechtigt auch zum Führen von dreirädrigen Kraftfahrzeugen im Inland, im Falle eines Kraftfahrzeugs mit einer Motorleistung von mehr als 15 kW jedoch nur, soweit der Inhaber der Fahrerlaubnis mindestens 21 Jahre alt ist.

(3b) Die Fahrerlaubnis der Klasse B berechtigt im Inland, sofern der Inhaber diese seit mindestens zwei Jahren besitzt, auch zum Führen von Fahrzeugen
– die ganz oder teilweise mit
  a) Strom,
  b) Wasserstoff,
  c) Erdgas, einschließlich Biomethan, gasförmig (komprimiertes Erdgas – CNG) und flüssig (Flüssigerdgas – LNG),
  d) Flüssiggas (LPG),
  e) mechanischer Energie aus bordeigenen Speichern/bordeigenen Quellen, einschließlich Abwärme,
alternativ angetrieben werden,
– mit einer Gesamtmasse von mehr als 3 500 kg, jedoch nicht mehr als 4 250 kg,
– für die Güterbeförderung und
– ohne Anhänger,
sofern
– die 3 500 kg überschreitende Masse ausschließlich dem zusätzlichen Gewicht des Antriebssystems gegenüber dem Antriebssystem eines Fahrzeugs mit denselben Abmessun-

gen, das mit einem herkömmlichen Verbrennungsmotor mit Fremd- oder Selbstzündung ausgestattet ist, geschuldet ist und
– die Ladekapazität gegenüber diesem Fahrzeug nicht erhöht ist.

(4) Fahrerlaubnisse der Klassen C, C1, CE oder C1E berechtigen im Inland auch zum Führen von Kraftomnibussen – gegebenenfalls mit Anhänger – mit einer entsprechenden zulässigen Gesamtmasse und ohne Fahrgäste, wenn die Fahrten lediglich zur Überprüfung des technischen Zustands des Fahrzeugs dienen.

(4a) [1] Eine Fahrerlaubnis der Klasse C1 berechtigt auch zum Führen von Fahrzeugen mit einer zulässigen Gesamtmasse von mehr als 3 500 kg, aber nicht mehr als 7 500 kg, und die zur Beförderung von nicht mehr als acht Personen außer dem Fahrzeugführer ausgelegt und gebaut sind mit insbesondere folgender, für die Genehmigung der Fahrzeugtypen maßgeblicher, besonderer Zweckbestimmung:

1. Einsatzfahrzeuge der Feuerwehr,
2. Einsatzfahrzeuge der Polizei,
3. Einsatzfahrzeuge der nach Landesrecht anerkannten Rettungsdienste,
4. Einsatzfahrzeuge des Technischen Hilfswerks,
5. Einsatzfahrzeuge sonstiger Einheiten des Katastrophenschutzes,
6. Krankenkraftwagen,
7. Notarzteinsatz- und Sanitätsfahrzeuge,
8. Beschussgeschützte Fahrzeuge,
9. Post-, Funk- und Fernmeldefahrzeuge,
10. Spezialisierte Verkaufswagen,
11. Rollstuhlgerechte Fahrzeuge,
12. Leichenwagen und
13. Wohnmobile.

[2] Satz 1 gilt für die Fahrerlaubnis der Klassen C1E, C und CE entsprechend.

(5) Unter land- oder forstwirtschaftliche Zwecke im Rahmen der Fahrerlaubnis der Klassen T und L fallen

1. Betrieb von Landwirtschaft, Forstwirtschaft, Weinbau, Gartenbau, Obstbau, Gemüsebau, Baumschulen, Tierzucht, Tierhaltung, Fischzucht, Teichwirtschaft, Fischerei, Imkerei, Jagd sowie den Zielen des Natur- und Umweltschutzes dienende Landschaftspflege,
2. Park-, Garten-, Böschungs- und Friedhofspflege,
3. landwirtschaftliche Nebenerwerbstätigkeit und Nachbarschaftshilfe von Landwirten,
4. Betrieb von land- und forstwirtschaftlichen Lohnunternehmen und andere überbetriebliche Maschinenverwendung,
5. Betrieb von Unternehmen, die unmittelbar der Sicherung, Überwachung und Förderung der Landwirtschaft überwiegend dienen,
6. Betrieb von Werkstätten zur Reparatur, Wartung und Prüfung von Fahrzeugen sowie Probefahrten der Hersteller von Fahrzeugen, die jeweils im Rahmen der Nummern 1 bis 5 eingesetzt werden, und
7. Winterdienst.

(6) [1] Fahrerlaubnisse, die bis zum Ablauf des 15. Juli 2019 erteilt worden sind (Fahrerlaubnisse alten Rechts) bleiben im Umfang der bisherigen Berechtigungen, wie er sich aus der Anlage 3 ergibt, bestehen und erstrecken sich vorbehaltlich der Bestimmungen in § 76 auf den Umfang der ab dem 16. Juli 2019 geltenden Fahrerlaubnisse nach Absatz 1. [2] Auf Antrag wird Inhabern von Fahrerlaubnissen alten Rechts ein neuer Führerschein mit Umstellung auf die neuen Fahrerlaubnisklassen entsprechend Satz 1 ausgefertigt.

Begr (BR-Drs. 443/98 S. 210 = VkBl. **98** 1050): *Die (2. EU-FS-)Richtlinie verpflichtet die Mit-* **1** *gliedstaaten zur Übernahme der internationalen Einteilung der Fahrerlaubnisklassen in die Klassen A bis E und gibt ihnen darüber hinaus die Möglichkeit zu zusätzlichen fakultativen Unterklassen. Eingeführt werden die obligatorischen Klassen A bis E:*

A: Krafträder
B: Kraftfahrzeuge bis 3,5 t zulässige Gesamtmasse
C: Kraftfahrzeuge über 3,5 t zulässige Gesamtmasse
D: Kraftomnibusse
E: Kraftfahrzeuge der Klasse B, C, D mit Anhänger über 750 kg (Anhänger bis 750 kg sind in Grundklasse enthalten, bei Klasse B auch Anhänger mit zulässiger Gesamtmasse bis zur Leermasse des Zugfahrzeugs bei einer zulässigen Gesamtmasse des Zuges von höchstens 3,5 t).

*Von den nach der Richtlinie **fakultativen Unterklassen** (Artikel 3 Abs. 2 EU-Richtlinie) werden einge-führt:*

A1: *Leichtkrafträder bis 125 cm³ und 11 kW. Die Mitgliedstaaten können weitere einschränkende Merkmale festlegen (Artikel 3 Abs. 5 EU-Richtlinie). In Deutschland ist die Klasse 1b durch die Zweiundzwanzigste Verordnung zur Änderung straßenverkehrsrechtlicher Vorschriften vom 14. Februar 1996 (BGBl. I S. 216) unter Beibehaltung der alten Klassenbezeichnung bereits angepasst worden. Dabei ist von der Ermächtigung der Mitgliedstaaten, den oben genannten Kriterien weitere einschränkende Merkmale hinzufügen zu können, durch die Begrenzung auf eine bauartbedingte Höchstgeschwindigkeit von 80 km/h für 16- und 17-Jährige Gebrauch gemacht worden.*

C1: *Kfz von mehr als 3,5 t bis 7,5 t zulässige Gesamtmasse*

C1E: *Kraftfahrzeuge der Klasse C1 mit Anhänger über 750 kg, wobei die zulässige Gesamtmasse des Anhängers die Leermasse des Zugfahrzeuges und die zulässige Gesamtmasse der Kombination 12 t nicht übersteigen darf*

D1: *Busse bis 16 Plätze*

D1E: *Kraftfahrzeuge der Klasse D1 mit Anhänger über 750 kg, wobei die zulässige Gesamtmasse des Anhängers die Leermasse des Zugfahrzeuges und die zulässige Gesamtmasse der Kombination 12 t nicht überschreiten und der Anhänger nicht zur Personenbeförderung benutzt werden darf.*

2   *Die folgende Tabelle enthält eine Gegenüberstellung der alten und neuen Fahrerlaubnisklassen:*

Fahrerlaubnisklassen alt	Fahrerlaubnisklassen neu
1: *Leistungsunbeschränkte Krafträder* 1a: *Krafträder bis 25 kW, nicht mehr als 0,16 kW/kg. Erwerb der Klasse 1 nur möglich nach mind. 2 jährigem Besitz der Klasse 1a und ausreichender Fahrpraxis (mindestens 4000 km)*	A: *Leistungsunbeschränkte Krafträder Berechtigung zum Führen leistungsunbeschränkter Krafträder erst nach mind. zwei Jahren Fahrerfahrung auf Krafträdern bis 25 kW, nicht mehr als 0,16 kW/kg*
1b: *Krafträder bis 125 cm³, bis 11 kW; für 16- und 17 jährige 80 km/h bauartbedingte Höchstgeschwindigkeit*	A1: *Inhalt unverändert*
2: *Kfz über 7,5 t* *Züge mit mehr als 3 Achsen*	C: *Kfz über 3,5 t mit Anhänger bis 750 kg* CE: *Kraftfahrzeuge über 3,5 t mit Anhänger über 750 kg*
3: *Kfz bis 7,5 t* *Züge mit nicht mehr als 3 Achsen (dh es kann ein einachsiger Anhänger mitgeführt werden; Achsen mit einem Abstand von weniger als 1 m voneinander gelten als eine Achse)*	B: *Kraftfahrzeuge bis 3,5 t mit Anhänger bis 750 kg oder mit Anhänger über 750 kg, sofern die zulässige Gesamtmasse des Anhängers die Leermasse des Zugfahrzeugs und die zul. Gesamtmasse des Zuges 3,5 t nicht überschreiten* BE: *Kombinationen aus einem Zugfahrzeug der Klasse B und einem Anhänger, die nicht in die Klasse B fällt*
	C1: *Kfz zwischen 3,5 und 7,5 t mit Anhänger bis 750 kg* C1E: *Kfz der Klasse C1 mit Anhänger über 750 kg, sofern die zulässige Gesamtmasse des Anhängers die Leermasse des Zugfahrzeugs und die zulässige Gesamtmasse der Kombination 12 000 kg nicht überschreiten*
2, 3 *(je nach dem zulässigen Gesamtgewicht des Fahrzeugs) + Fahrerlaubnis zur Fahrgastbeförderung in Kraftomnibussen*	D: *Kraftomnibus mit mehr als 8 Plätzen*
	D1: *Kraftomnibusse mit mehr als 8, aber nicht mehr als 16 Sitzplätzen* DE: *Kraftfahrzeuge der Klasse D mit Anhänger über 750 kg* D1E: *Kfz der Klasse D1 mit Anhänger über 750 kg, sofern die zulässige Gesamtmasse des Anhängers die Leermasse des Zugfahrzeugs und die zulässige Gesamtmasse der Kombination 12 000 kg nicht überschreiten. Der Anhänger darf nicht zur Personenbeförderung benutzt werden.*

Nationale Fahrerlaubnisklassen für Fahrzeuge, die nicht unter die Richtlinie fallen:

4: *Kleinkrafträder und Fahrräder mit Hilfsmotor bis 50 cm³ / 50 km/h*	M: *Kleinkrafträder und Fahrräder mit Hilfsmotor bis 50 cm³ / 45 km/h*
5: *Krankenfahrstühle, Arbeitsmaschinen bis 25 km/h, Zugmaschinen bis 32 km/h, mit Anhängern bis 25 km/h*	L: *selbstfahrende Arbeitsmaschinen bis 25 km/h; land- und forstwirtschaftliche Zugmaschinen bis 32 km/h, mit Anhängern bis 25 km/h*
	T: *land- und forstwirtschaftliche Zugmaschinen bis 60 km/h, selbstfahrende land- und forstwirtschaftliche Arbeitsmaschinen bis 40 km/h (auch mit Anhängern)*
Fahrerlaubnis zur Fahrgastbeförderung in Taxen, Mietwagen, Krankenkraftwagen sowie in Pkw bei gewerbsmäßigen Ausflugsfahrten und Ferienzielreisen	*bleibt unverändert; zusätzlich für Pkw im Linienverkehr*
Mofa: Fahrrad mit Hilfsmotor bis 25 km/h	*Mofa bleibt unverändert. Krankenfahrstühle bis 25 km/h werden Mofas gleichgestellt.*

Besonders hinzuweisen ist auf folgende Neuerungen: **3**
- *Bewerber um eine Fahrerlaubnis der Klasse A, die das 25. Lebensjahr vollendet haben, können künftig diese Klasse sofort ohne Leistungsbeschränkung erwerben und müssen nicht erst zwei Jahre Fahrerfahrung auf Krafträdern bis 25 kW sammeln.*
- *Die Grenze zwischen der Pkw-Klasse 3/B und der Lkw-Klasse 2/C wird von jetzt 7500 kg auf 3500 kg zulässige Gesamtmasse herabgesetzt. Für Fahrzeuge mit einer zulässigen Gesamtmasse zwischen 3500 und 7500 kg wird die Unterklasse C1 eingeführt.*
- *Für das Mitführen von Anhängern mit einer zulässigen Gesamtmasse von mehr als 750 kg ist künftig ein eigener Anhängerführerschein, die Klasse E, erforderlich. Eine Ausnahme besteht lediglich bei Klasse B: Ein Führerschein dieser Klasse reicht auch für das Mitführen von Anhängern mit einer zulässigen Gesamtmasse von mehr als 750 kg aus, sofern die zulässige Gesamtmasse des Anhängers die Leermasse des Zugfahrzeugs und die zulässige Gesamtmasse des Zuges 3500 kg nicht überschreiten.*
- *Das bisherige Nebeneinander einer allgemeinen Fahrerlaubnis der Klasse 2 oder 3 und der Fahrerlaubnis zur Fahrgastbeförderung in Kraftomnibussen entfällt zugunsten einer einheitlichen Fahrerlaubnis der Klasse D. Voraussetzung für den Erwerb einer Fahrerlaubnis der Klasse D ist künftig nur noch der Besitz der Klasse B. Der Besitz der Klasse C ist auch dann nicht erforderlich, wenn der Bus eine zulässige Gesamtmasse von mehr als 7500 kg hat.*
- *Land- und forstwirtschaftliche Zugmaschinen mit einer durch die Bauart bestimmten Höchstgeschwindigkeit von nicht mehr als 32 km/h (beim Mitführen von Anhängern bis 25 km/h) fallen künftig in die Klasse L, die der heutigen Klasse 5 entspricht. Darüber hinaus wird eine neue Klasse T für land- und forstwirtschaftliche Zugmaschinen bis 60 km/h sowie selbstfahrende land- und forstwirtschaftliche Arbeitsmaschinen bis 40 km/h (auch mit Anhängern) eingeführt. Innerhalb der Klasse T gibt es einen Stufenführerschein. Sie kann ab 16 Jahren erworben werden. Bis zur Vollendung des 18. Lebensjahres dürfen jedoch nur land- und forstwirtschaftliche Zugmaschinen bis 40 km/h (auch mit Anhängern) geführt werden. Mit Vollendung des 18. Lebensjahres erweitert sich die Klasse automatisch auf Zugmaschinen bis 60 km/h. Wer bei Erwerb der Klasse bereits 18 Jahre alt ist, unterliegt keinen Einschränkungen. ...*

(BR–Drs. 443/98 S. 244 = VkBl. **98** 1063):

Zu Abs. 3: *... Die Einschlussregelungen folgen dem Grundsatz, dass Ausbildung und Prüfung für die* **4** *„höhere" Klasse auch zum Führen von Kraftfahrzeugen der „niedrigeren" Klasse mit geringeren Anforderungen befähigen und deshalb diese Klasse ohne die Erfüllung besonderer Anforderungen miterteilt wird. Wer leistungsunbeschränkte Krafträder führen kann, ist auch in der Lage, ein Leicht- oder Kleinkraftrad sicher im Verkehr zu bewegen. Dem widerspricht in gewisser Weise der – bisher schon bestehende – Einschluss der „Zweiradklasse" M/4 in die „Vierradklasse" B, da bei einem gesonderten Erwerb der Klasse M/4 eine zweiradspezifische Ausbildung und Prüfung vorgeschrieben sind und die dabei vermittelten Kenntnisse und Fähigkeiten nur begrenzt Gegenstand der Ausbildung und Prüfung für die Klasse B sind. Von daher wäre es folgerichtig, auch vom Inhaber einer Klasse B eine besondere Ausbildung und Prüfung zu fordern, wenn er ein Kleinkraftrad führen will. Mit dem bisherigen Einschluss von Klasse 4 in Klasse 3 sind jedoch keine Probleme aufgetreten, so dass dies als Überreglementierung erschiene. ...*

Zu Abs. 4: *Nach altem Recht war für das Führen von Kraftomnibussen ohne Fahrgäste lediglich die* **5** *Fahrerlaubnis der Klasse 2 oder 3, je nach dem zulässigen Gesamtgewicht des Busses, erforderlich, wäh-*

rend die Fahrerlaubnis zur Fahrgastbeförderung erst dann benötigt wurde, wenn Fahrgäste in dem Bus transportiert wurden. Nach neuem Recht ist für das Führen von Kraftomnibussen nur noch die Fahrerlaubnis der Klasse D erforderlich. Ob in dem Fahrzeug Fahrgäste befördert werden oder nicht, ist unerheblich. Dies würde bedeuten, dass z. B. Werkstattpersonal, das Busse nach Reparaturen überprüft, eigens zu diesem Zweck die Klasse D erwerben müsste. Dies erscheint unverhältnismäßig. Für die in Absatz 4 genannten Zwecke dürfen daher Busse (auch mit Anhängern) auch mit einer Fahrerlaubnis der Klasse C, C1, CE oder C1E geführt werden. Der Geltungsbereich dieser Ausnahme ist allerdings auf das Inland beschränkt.

6   **Zu Abs. 6 und 7:** *Die Einführung des internationalen Systems der Fahrerlaubnisklassen nach der Zweiten EU-Führerscheinrichtlinie ist mit anderen Zuschnitten und Zuordnungen gegenüber dem bisherigen Klassensystem verbunden. ...*

Die alten Klassenzuschnitte und Besitzstände müssen auf das neue System umgestellt und sollen in diesem Zusammenhang im Interesse der Verwaltungsvereinfachung bereinigt werden. Wo immer vertretbar, soll dabei die vollständige Klasse zugeteilt werden, um möglichst wenige Erweiterungen oder Einschränkungen von Klassen im Führerschein eintragen zu müssen. Dies führt in vielen Fällen zu einer Erweiterung der bisherigen Berechtigung. Die Grenze ist dort erreicht, wo die ursprüngliche Berechtigung zu weit überschritten wird und nicht mehr unterstellt werden kann, dass der Betreffende auf Grund seiner Fahrerfahrung auch die höheren Anforderungen erfüllt.

Die Umstellung der alten Klassen und Besitzstände erfolgt nach Absatz 7 in Verbindung mit Anlage 3 bei einem Umtausch des Führerscheins. Der Umfang der Berechtigung ergibt sich aus Anlage 3. Bis zu einem solchen Umtausch bleiben die Fahrerlaubnisse grundsätzlich im bisherigen Umfang gültig. ...

7   **Begr** zur ÄndVO v. 14.6.06 **zu Abs. 5 Nr. 7** (BR–Drs. 212/06 (Beschluss) S. 1): *Winterdienst stellt eine klassische Nebenerwerbstätigkeit von Landwirten dar bzw. wird von Landwirten im Rahmen der Nachbarschaftshilfe betrieben. Die bestehende Beschränkung der Fahrerlaubnisse der Klasse L und T auf den Winterdienst im Zusammenhang mit der Park-, Garten- und Friedhofspflege ist daher eine nicht nachzuvollziehende Einschränkung der Fahrerlaubnis. Insbesondere im Hinblick auf die Erfahrungen des vergangenen Winters erweist sich der Einsatz von Landwirten zum Winterdienst in regionalen Gebieten als erforderlich und geboten. Gründe der Verkehrssicherheit für eine Beschränkung können nicht ins Feld geführt werden, da ansonsten der Winterdienst generell untersagt sein müsste. Für das Fahrerlaubnisrecht ist jedoch ausschließlich die Verkehrssicherheit maßgeblich.*

Nach der bestehenden Rechtslage kann sich ein Landwirt nach § 21 des Straßenverkehrsgesetzes strafbar machen, wenn er z. B. zusätzlich zur eigenen Hoffläche auf dem Grundstück oder Gehweg des Nachbarn Schnee räumt oder bei Schneekatastrophen Notdienste leistet. Durch vorstehende Änderung wird die unverhältnismäßige Beschränkung beseitigt. Gewerblich betriebener Winterdienst hat u. a. Auswirkungen auf das Kfz-Steuer- und ggf. auch auf das Versicherungsrecht, dies ist jedoch fahrerlaubnisrechtlich unerheblich. Inhabern der Fahrerlaubnisklassen L und T wird es mit vorstehender Änderung ermöglicht, generell Tätigkeiten des Winterdienstes im Rahmen der bestehenden Fahrerlaubnisklassen durchzuführen.

8   **Begr** zur ÄndVO v. 18.7.08 **zu Abs. 1 S. 1 Klasse L** (BR–Drs. 302/08 S. 60 = VkBl. **08** 566): *Für die Fahrerlaubnis der Klasse L, bei der es sich um eine rein nationale, EU-rechtlich nicht geregelte Klasse handelt, wurden zahlreiche Vorgaben festgelegt, die als Beschränkung der Fahrerlaubnis zu werten sind. Hierzu gehört auch eine Kennzeichnungsverpflichtung nach § 58 StVZO. Wird gegen diese Beschränkung verstoßen, so ist das Führen eines solchen Gespanns durch die Fahrerlaubnis der Klasse L nicht mehr umfasst und der Fahrer verwirklicht den Tatbestand des Fahrens ohne Fahrerlaubnis, § 21 StVG. Ein Verstoß gegen die Kennzeichnungsvorschrift nach § 58 StVZO stellt eine Ordnungswidrigkeit nach § 69a Abs. 3 Nr. 26 StVZO in Verbindung mit § 24 StVG dar und ist bußgeldbewehrt. Die doppelte Sanktionierung zum einen als Ordnungswidrigkeit zum anderen als Straftat ist unverhältnismäßig. Der Zweck einer besseren Überwachungsmöglichkeit im fließenden Verkehr rechtfertigt jedenfalls nicht eine Sanktionierung als Straftat. In der Konsequenz würde nämlich ein Fahrer eines entsprechenden Gespannes, wenn er z. B. das erforderliche Geschwindigkeitsschild vergessen oder während der Fahrt verloren hat, den objektiven Tatbestand des § 21 StVG erfüllen und sich somit strafbar machen. Da das Mindestalter für den Fahrerlaubniserwerb der Klasse L 16 Jahre beträgt, hätte dies erhebliche Auswirkungen auf den jugendlichen Fahrer. Da keine Auswirkungen auf die Verkehrssicherheit zu erwarten sind, kann diese Vorschrift ersatzlos gestrichen werden.*

9   **Begr** zur ÄndVO v. 7.1.11 (BR–Drs. 660/10 S. 50 = VkBl. **11** 110): *Der neue § 6 setzt Artikel 4 der (3. EU-FS-)Richtlinie um, in der eine Neuordnung der Fahrerlaubnisklassen vorgenommen wird ... Die Änderungen betreffen die folgenden Klassen:*

1. Einführung der neuen Fahrerlaubnisklasse AM: *Mopeds (45 km/h bauartbedingte Höchstge-schwindigkeit) fielen bisher nicht unter die harmonisierten Fahrerlaubnisklassen. Mit Einführung der neuen Fahrerlaubnisklasse AM und Mindestanforderungen an die Prüfung wird die Verkehrssicherheit weiter ver-bessert. ...*

2. Klasse A1: *Die bisherige Definition (Krafträder mit einem Hubraum von bis zu 125 cm³ und einer Motorleistung von nicht mehr als 11 kW) wird ergänzt. Künftig muss auch ein Verhältnis von Leistung/ Gewicht von höchstens 0,1 kW/kg eingehalten werden. ...*

3. Klasse A2: *Die leistungsbeschränkte Motorradklasse wird künftig definiert mit einer Motorleistung von bis zu 35 kW und einem Verhältnis von Leistung/Gewicht von nicht mehr als 0,2 kW/kg.*

4. Klasse A (Motorrad mit unbeschränkter Leistung): *Für den Aufstieg von der Klasse A2 zur Klasse A ist künftig eine praktische Prüfung erforderlich. Das Mindestalter für den direkten Zugang zu dieser Klasse beträgt 24 Jahre. ...*

5. Stufenweiser Zugang bei den Zweiradklassen: *Das Prinzip des stufenweisen Zugangs bei den* 10 *Zweiradklassen wird weiter gestärkt. Wer zunächst die Fahrerlaubnis in einer weniger starken Leistungsklas-se erwirbt, erhält leichteren Zugang zur nächst höheren Fahrerlaubnisklasse (Beispiel: Wer zunächst zwei Jahre Erfahrung in der Klasse A1 – Leichtkraftrad bis 11 kW Leistung – sammelt, muss für den Zugang zur Klasse A2 – Kraftrad bis 35 kW Leistung – nur noch eine praktische Prüfung ablegen, nicht aber mehr eine theoretische). Damit wird ein Anreiz geschaffen, zunächst auf weniger leistungsstarken Zweirädern Erfahrung zu sammeln.*

6. Keine Anhängerregelung bei den Motorradklassen: *Die (3. EU-FS-)Richtlinie sieht für die Mo-* 11 *torradklassen keine Anhängerklasse vor. Die EU-Kommission hat bestätigt, dass für das Führen von Trikes ab dem 19.1.2013 eine Fahrerlaubnis der Klasse A vorgeschrieben ist, während nach dem derzeit geltenden Recht eine Fahrerlaubnis der Klasse B erforderlich ist. Nach der Richtlinie ist es zwar möglich Regelungen zu schaffen, nach denen Trikes ab dem 19.1.2013 auch mit der Fahrerlaubnis der Klasse B gefahren wer-den dürfen. Da diese Fahrerlaubnis jedoch nur national gelten würde, wurde davon Abstand genommen, eine entsprechende Regelung in die Verordnung aufzunehmen. Nach den Vorschriften der Richtlinie darf mit der Fahrerlaubnis der Klasse A bei Trikes und Krafträdern kein Anhänger mitgeführt werden. Inhaber einer Fahrerlaubnis der Klasse B, die vor dem 19.1.2013 ausgestellt wird, können beim Fahren eines Trikes innerhalb der EU weiterhin einen entsprechenden Anhänger mitführen.*

7. Klasse B (Pkw) mit der Schlüsselzahl 96: *Die „Anhängerregelung" ist grundlegend überarbeitet* 12 *und wesentlich vereinfacht worden. Künftig darf – wie bisher – ein Anhänger bis 750 kg zul. Gesamtmasse mitgeführt werden; darüber hinaus wird künftig auf die zul. Gesamtmasse der Fahrzeugkombination abge-stellt: bis 3500 kg zul. Gesamtmasse der Kombination genügt ohne weitere Voraussetzung eine Fahrerlaub-nis der Klasse B. Über 3500 kg bis 4250 kg ist eine Fahrerschulung (Inhalt siehe Anlage 7a) zu absolvie-ren.*

8. Weitere Änderungen bei den Fahrerlaubnisklassen: 13
Bei der Klasse BE (Pkw mit Anhänger, die nicht unter die Klasse B fallen) wird die zul. Gesamtmasse des Anhängers auf 3500 kg begrenzt. Für Anhänger von mehr als 3500 kg zul. Gesamtmasse ist eine Fahrerlaubnis der Klasse C1E erforderlich.
Die „Anhängerregelung" bei der Klasse C1E (Kraftfahrzeuge über 3500 kg mit Anhängern über 750 kg zul. Gesamtmasse) wird analog der Regelung bei der Klasse B vereinfacht. Zulässig sind Kom-binationen bestehend aus einem Zugfahrzeug der Klasse C1 und einem Anhänger von mehr als 750 kg, sofern die zul. Gesamtmasse der Fahrzeugkombination 12 000 kg nicht übersteigt (auf das Verhältnis der zul. Gesamtmasse des Anhängers zu der Leermasse des Zugfahrzeuges kommt es also künftig nicht mehr an).
Bei der Definition der Klassen D und D1 (Busse) kommt es künftig nicht mehr auf die Zahl der Sitz- 14 *plätze an, sondern auf die Zahl der Personen, auf die das Fahrzeug ausgelegt und gebaut ist (Klasse D1: nicht mehr als 16 Personen außer dem Fahrzeugführer). Die Klasse D1 wird außerdem auf eine Länge von höchstens 8 m beschränkt. Bisher ist die Fahrerlaubnis D1 ausschließlich begrenzt auf die Anzahl der Sitz-plätze und damit – bis auf das zulässige Gesamtgewicht – weitestgehend unabhängig von der Anzahl an Stehplätzen. Damit hätten in einem Klasse D Kraftomnibus so viele Sitzplätze ausgebaut werden können, dass dieser fahrerlaubnisrechtlich zu einem D1 Kraftomnibus wird. Der Fahrer könnte damit so viele Perso-nen transportieren wie im Klasse D Kraftomnibus abzüglich der ausgebauten Sitzplätze. Um dies zu ver-hindern, wurde nun die Anzahl der Personen begrenzt, unabhängig ob der Transport auf Steh- oder Sitz-plätzen erfolgt.*

15   *Übersicht über die Fahrerlaubnisklassen* (VkBl. **11** 87 = StVRL § 6 FeV Nr. 8, gegenüber der Übersicht in der BR-Drs. 660/10 S. 54 grundlegend überarbeitet; spätere Änderungen sind hier nicht berücksichtigt):

Fahrerlaubnisklasse ab 2013	Fahrzeugdefinition	Fahrerlaubnisklasse bis 2013
Klasse AM	**Zweirädrige Kleinkrafträder (Mopeds)** mit – bauartbedingter Höchstgeschwindigkeit bis 45 km/h und – einer elektrischen Antriebsmaschine oder einem Verbrennungsmotor mit einem Hubraum von nicht mehr als 50 cm³ oder – einer maximalen Nenndauerleistung bis zu 4 kW im Falle von Elektromotoren, auch mit Beiwagen. Gilt auch für Fahrräder mit Hilfsmotor mit diesen Anforderungen.	M
	Dreirädrige Kleinkrafträder mit – bauartbedingter Höchstgeschwindigkeit von nicht mehr als 45 km/h und – Hubraum von nicht mehr als 50 cm³ (bei Fremdzündungsmotoren) bzw. maximaler Nutzleistung von nicht mehr als 4 kW (bei anderen Verbrennungsmotoren) oder maximaler Nenndauerleistung von nicht mehr als 4 kW (bei Elektromotoren)	S
	Vierrädrige Leichtkraftfahrzeuge mit – bauartbedingter Höchstgeschwindigkeit von nicht mehr als 45 km/h und – Hubraum von nicht mehr als 50 cm³ (bei Fremdzündungsmotoren) – maximaler Nutzleistung von nicht mehr als 4 kW (bei anderen Verbrennungsmotoren) oder – maximaler Nenndauerleistung von nicht mehr als 4 kW (bei Elektromotoren) und – Leermasse von nicht mehr als 350 kg (ohne Masse der Batterien im Falle von Elektrofahrzeugen)	S
Klasse A1	**Krafträder** mit – Hubraum von nicht mehr als 125 cm³ und – Motorleistung von nicht mehr als 11 kW und – Verhältnis der Leistung zum Gewicht max. 0,1 kW/kg, auch mit Beiwagen.	A1
	Dreirädrige Kraftfahrzeuge mit – symmetrisch angeordneten Rädern und – Hubraum von mehr als 50 cm³ bei Verbrennungsmotoren oder – bauartbedingter Höchstgeschwindigkeit von mehr als 45 km/h und – Leistung von bis zu 15 kW	B
Klasse A2	**Krafträder** mit – Motorleistung von nicht mehr als 35 kW und – Verhältnis der Leistung zum Gewicht max. 0,2 kW/kg, auch mit Beiwagen.	A (leistungsbeschränkt)
Klasse A	**Krafträder** mit – Hubraum von mehr als 50 cm³ oder – bauartbedingter Höchstgeschwindigkeit von mehr als 45 km/h, auch mit Beiwagen.	A

Fahrerlaubnisklasse ab 2013	Fahrzeugdefinition	Fahrerlaubnisklasse bis 2013
	Dreirädrige Kraftfahrzeuge mit – Leistung von mehr als 15 kW oder – mit symmetrisch angeordneten Rädern und – Hubraum von mehr als 50 cm^3 (bei Verbrennungsmotoren) oder – bauartbedingter Höchstgeschwindigkeit von mehr als 45 km/h und – Leistung von mehr als 15 kW.	B
Klasse B	**Kraftfahrzeuge** (außer solche der Klassen AM, A1, A2 und A) – mit zulässiger Gesamtmasse von nicht mehr als 3500 kg und – gebaut und ausgelegt zur Beförderung von nicht mehr als acht Personen außer dem Fahrzeugführer, auch mit Anhänger – mit einer zulässigen Gesamtmasse von nicht mehr als 750 kg oder – mit einer zulässigen Gesamtmasse über 750 kg, sofern die zulässige Gesamtmasse der Kombination 3500 kg nicht übersteigt.	B (BE)
Klasse B mit Schlüsselzahl 96	Zugfahrzeug der **Klasse B** in **Kombination** mit einem Anhänger mit – zulässiger Gesamtmasse des Anhängers von mehr als 750 kg und – zulässiger Gesamtmasse der Fahrzeugkombination von mehr als 3500 kg und nicht mehr als 4250 kg	BE
Klasse BE	Zugfahrzeug der **Klasse B** in **Kombination** mit Anhänger oder Sattelanhänger mit zulässiger Gesamtmasse des Anhängers von mehr 750 kg und nicht mehr als 3500 kg	BE
Klasse C1	**Kraftfahrzeuge** (außer solche der Klassen AM, A1, A2 und A) mit – zulässiger Gesamtmasse von mehr als 3500 kg aber nicht mehr als 7500 kg und – gebaut und ausgelegt zur Beförderung von nicht mehr als acht Personen außer dem Fahrzeugführer, auch mit Anhänger mit einer zulässigen Gesamtmasse von nicht mehr als 750 kg.	C1
Klasse C1E	Zugfahrzeug der **Klasse B** in **Kombination** mit – einem Anhänger oder Sattelanhänger mit zulässiger Gesamtmasse von mehr 3500 kg und – zulässiger Gesamtmasse der Kombination von nicht mehr als 12 000 kg.	BE
	Zugfahrzeug der **Klasse C1** in **Kombination** mit – Anhänger oder Sattelanhänger mit zulässiger Gesamtmasse von mehr als 750 kg und – zulässiger Gesamtmasse der Kombination von nicht mehr als 12 000 kg.	C1E
Klasse C	**Kraftfahrzeuge** (außer solche der Klassen AM, A1, A2 und A) mit – zulässiger Gesamtmasse von mehr als 3500 kg und – gebaut und ausgelegt zur Beförderung von nicht mehr als acht Personen außer dem Fahrzeugführer,	C

Dauer

Fahrerlaubnisklasse ab 2013	Fahrzeugdefinition	Fahrerlaubnisklasse bis 2013
	auch mit Anhänger mit einer zulässigen Gesamt-masse von nicht mehr als 750 kg.	
Klasse CE	Zugfahrzeug der **Klasse C** in **Kombination** mit Anhänger oder Sattelanhänger mit zulässiger Ge-samtmasse von mehr als 750 kg.	CE
Klasse D1	**Kraftfahrzeuge** (außer solche der Klassen AM, A1, A2 und A) – gebaut und ausgelegt zur Beförderung von mehr als acht, aber nicht mehr als 16 Personen außer dem Fahrzeugführer und – Länge nicht mehr als 8 m, auch mit Anhänger mit einer zulässigen Gesamt-masse von nicht mehr als 750 kg.	D1
Klasse D1E	Zugfahrzeug der **Klasse D1** in **Kombination** mit Anhänger mit zulässiger Gesamtmasse von mehr als 750 kg.	D1E
Klasse D	**Kraftfahrzeuge** (außer solche der Klassen AM, A1, A2 und A), gebaut und ausgelegt zur Beförde-rung von mehr als acht Personen außer dem Fahrzeugführer, auch mit Anhänger mit einer zulässigen Gesamt-masse von nicht mehr als 750 kg.	D
Klasse DE	Zugfahrzeug der **Klasse D** in **Kombination** mit Anhänger mit zulässiger Gesamtmasse von mehr als 750 kg	DE
Klasse T	– **Zugmaschinen** mit einer durch die Bauart bestimmten Höchstgeschwindigkeit von nicht mehr als 60 km/h und – **selbstfahrende Arbeitsmaschinen oder selbstfahrende Futtermischwagen** mit einer durch die Bauart bestimmten Höchstgeschwin-digkeit von nicht mehr als 40 km/h die jeweils nach ihrer Bauart zur Verwendung für land- oder forstwirtschaftliche Zwecke bestimmt sind und für solche Zwecke eingesetzt werden (jeweils auch mit Anhängern)	T
Klasse L	– **Zugmaschinen,** die nach ihrer Bauart zur Verwendung für land- oder forstwirtschaftliche Zwecke bestimmt sind und für solche Zwecke eingesetzt werden, mit einer durch die Bauart bestimmten Höchstgeschwindigkeit von nicht mehr als 40 km/h und – **Kombinationen** aus diesen Fahrzeugen und Anhängern, wenn sie mit einer Geschwindig-keit von nicht mehr als 25 km/h geführt wer-den, sowie – **selbstfahrende Arbeitsmaschinen, selbst-fahrende Futtermischwagen, Stapler** und andere **Flurförderzeuge** jeweils mit einer durch die Bauart bestimmten Höchstgeschwin-digkeit von nicht mehr als 25 km/h und – **Kombinationen** aus diesen Fahrzeugen und Anhängern	L

Zu § 76 Nr. 6 (BR-Drs. 660/10 S. 62 = VkBl. **11** 114): *Die Regelung ... ermöglicht durch Er-* 16
*weiterung des Bestandsschutzes auch die dort genannten Leichtkrafträder weiterhin mit einer Fahrerlaubnis
der Klasse A1 zu führen, die unter die Definition dieser Fahrerlaubnisklasse in der bis zum 18.1.2013
geltenden Fassung der Fahrerlaubnis-Verordnung fallen und bis zum 18.1.2013 erstmals in den Verkehr
gekommen sind.*

Zu § 76 Nr. 7: *Die Neufassung der Nummer 7 ... sichert den Besitzstand der Fahrerlaubnisklasse A
(beschränkt) in dem Umfang des § 6 Absatz 2 in der Fassung der bis zum 18.1.2013 geltenden Fassung
der Fahrerlaubnis-Verordnung. Insbesondere dürfen nach Ablauf von zwei Jahren nach Erteilung der Fahr-
laubnis Krafträder der Fahrerlaubnisklasse A ohne eine praktische Prüfung geführt werden.*

Zu § 76 Nr. 8: *... die Regelung in Satz 1 Buchstabe b gestrichen, da dreirädrige Fahrzeuge in der
neuen Klasse AM enthalten sind.*

Begr zur ÄndVO v 26.6.12 (BR-Drs. 245/12 S. 26, 33 = VkBl. **12** 591, 605): **Zu Abs. 1 Klasse** 17
T: *In der Landwirtschaft finden zunehmend sogenannte selbstfahrende Futtermischwagen Verwendung. Dabei
handelt es sich um Kraftfahrzeuge, die der Aufnahme, der Verarbeitung, der Vermischung, dem Transport und
der Rationierung von Futtermittel dienen. Diese Fahrzeuge werden zulassungsrechtlich als „sonstige Kraft-
fahrzeuge" eingestuft. Bauart und Verwendungszweck legen allerdings eine fahrerlaubnisrechtliche Einstufung
der in Rede stehenden Fahrzeuge in die Klassen L bzw. T nahe. Mit der vorliegenden Änderung wird der
rechtssichere Einsatz dieser Fahrzeuge mit den Klassen L und T ermöglicht; dies ist auch sachgerecht im Hin-
blick auf die landwirtschaftsspezifische Fahrausbildung für den Erwerb dieser Klassen.*

Zu Abs. 1 Klasse L: *Die zulässige Höchstgeschwindigkeit für Fahrzeuge, die bisher mit einer Fahrer-* 18
*laubnis der Klasse L geführt werden durften, beträgt 32 km/h. Auf Grund des technischen Fortschritts wer-
den zwischenzeitlich kleinere Zugmaschinen, die nach ihrer Bauart für land- und forstwirtschaftliche Zwe-
cke bestimmt sind, fortschreitend mit einer zulässigen Höchstgeschwindigkeit von 40 km/h produziert.
Diese Höchstgeschwindigkeit stellt keine erhöhte Gefährdung der Verkehrssicherheit dar, da sie weiterhin
deutlich unter 50 km/h liegt. Da im Gegenteil jedoch eine Erleichterung des fließenden Verkehrs zu erwar-
ten ist, wird die Definition der Fahrerlaubnisklasse L entsprechend angepasst. Ferner wird der ... Einsatz
selbstfahrender Futtermischwagen mit der Klasse L ermöglicht.*

Begr zur ÄndVO v. 10.1.13 (BR-Drs. 683/12 S. 55 = VkBl. **13** 82): **Zu Abs. 3 Nr. 11:** *Bis-* 19
*lang berechtigte die Fahrerlaubnis der Klasse T auch zum Führen von Fahrzeugen der Klassen M und S.
Künftig soll sie auch zum Führen der Klasse AM berechtigen.*

Zu Abs. 6: *Wie bei der Umsetzung der Richtlinie 91/439/EWG (sog. 2. EG-Führerscheinrichtlinie)* 20
*wird entsprechend den EG-rechtlichen Vorgaben sichergestellt, dass bestehende Besitzstände nicht verloren
gehen. In Abweichung von der Umsetzung der Richtlinie 91/439/EWG (sog. 2. EG-Führerscheinricht-
linie) werden jedoch bei der jetzigen Umsetzung der Richtlinie 2006/126/EG Besitzstandsmehrungen
auch ohne Umtausch mit entsprechendem Antragsverfahren der bis zum Ablauf des 18. Januar 2013 gel-
tenden Fahrerlaubnisse gewährt. Gegen einen erforderlichen Umtausch spricht die Tatsache, dass es sich im
Gegensatz zur Umsetzung der sog. 2. EG-Führerscheinrichtlinie nunmehr (mit Ausnahme der Fahrerlaub-
nisklasse AM) nicht um eine grundlegende Einführung neuer Fahrerlaubnisklassen handelt. Allein die Tatsa-
che, dass eine Besitzstandsmehrung nur bei Umtausch der Fahrerlaubnis einen Anreiz für die Bürgerinnen
und Bürger zum erwünschten Umtausch der Fahrerlaubnisse zu schaffen, wiegt angesichts des hohen büro-
kratischen Aufwandes und der Komplexität eines Umtauschverfahrens nicht ausreichend genug. Zudem
gestaltet sich die gewählte Verfahrensweise als das bürgerfreundlichere Verfahren. Auch Inhaber von Fahrer-
laubnissen, die bis zum 31. Dezember 1998 erteilt worden sind, dürfen nunmehr ohne Umtausch Fahr-
zeuge gemäß der Anlage 3 führen.*

Zu § 76 Nr. 7 (BR-Drs. 683/12 S. 56 = VkBl. **13** 84): *§ 76 Nummer 7 enthält die erforderlichen* 21
*Übergangsregelungen für Inhaber von vor dem 19.1.2013 erteilten Fahrerlaubnissen, die grundsätzlich den
vollen Umfang der neuen Klassen (ohne Prüfung) und diesen auch ohne Umtausch erhalten.*

Begr zur ÄndVO v. 16.4.14 **zu Abs. 3 S. 2** (BR-Drs. 78/14 S. 55 = VkBl. **14** 427): *Mit dieser* 22
*Änderung wird klargestellt, dass der Einschluss nicht für Fahrerlaubnisse für dreirädrige Fahrzeuge gilt, die
lediglich aus dem Besitzstand einer vor dem 19.1.2013 erworbenen Fahrerlaubnis resultieren. Die Fahrer-
laubnis der Klasse A, die gemäß § 10 Absatz 1 lfd. Nr. 4b) FeV mit 21 Jahren für dreirädrige Kraftfahr-
zeuge mit einer Leistung von mehr als 15 kW erworben wurde, berechtigt zum Führen von Fahrzeugen der
Klassen AM, A1 und A2, weil im Unterschied zur Fahrerlaubnis der Klasse A, die unter Verwendung der
Schlüsselzahl 79.03 oder 79.04 erteilt worden ist, sowohl die Fahrschulausbildung als auch die Fahrer-
laubnisprüfung auf Krafträdern der Klasse A stattfindet.*

23   **Begr** zur ÄndVO v. 21.12.16 **zu Abs. 1, Klassen C1, D1, und Abs. 3 S. 1** (BR-Drs. 253/16 S. 29): *Mit dieser Regelung werden die Vorgaben der 3. EU-Führerscheinrichtlinie wortgetreu umgesetzt. Fahrer von Fahrzeugen mit mehr als 3500 kg, die zur Personenbeförderung ausgelegt und gebaut sind, benötigen eine Fahrerlaubnis der Klasse D1 oder D unabhängig davon, für welche Mindestpersonenzahl diese Fahrzeuge ausgelegt sind. Bislang war nach deutschem Recht eine Fahrerlaubnis der Klasse C1 bzw. C erforderlich, sofern die Fahrzeuge zur Beförderung von nicht mehr als acht Personen außer dem Fahrzeugführer ausgelegt und gebaut sind.*

24   **Zu Abs. 4a** (BR-Drs. 253/16 (Beschluss) S. 2): *Die europarechtskonformen Definitionen der Fahrerlaubnisklassen C1, D1, C und D beinhalten mehrere technische Eigenschaften (Gewicht, Länge und Personenzahl). Diese technischen Kriterien überschneiden sich weitgehend. Fahrzeuge mit einer zulässigen Gesamtmasse von 3500–7500 kg mit einer Fahrzeuglänge von nicht mehr als acht Meter und ausgelegt und gebaut für maximal acht Personen sind sowohl mit den Kriterien der Klasse C1 als auch der Klasse D1 vereinbar. Die Kommission hat hierzu die Auffassung vertreten, dass in diesen Fällen eine umfassende Auswertung von Auslegung und Bau des Fahrzeugs sowie seiner vorgesehenen Verwendung die Grundlage für die Prüfung sein muss, ob ein D1- oder C1-Führerschein für ein Fahrzeug, das die grundlegenden technischen Kriterien erfüllt, benötigt wird. Bei dieser Auslegung können viele Aspekte relevant sein. Nach diesem Ansatz können daher die in dem neuen Absatz 4a aufgeführten Kraftfahrzeuge zur Personenbeförderung mit besonderer Zweckbestimmung mit höchstens acht Sitzplätzen außer dem Fahrersitz, deren zulässige Gesamtmasse mehr als 3500 kg, aber nicht mehr als 7500 kg beträgt, auch zukünftig mit einer Fahrerlaubnis der Klasse C1 geführt werden. Die Zweckbestimmung ergibt sich aus den auf der Grundlage des Anhangs II der Richtlinie 2007/46/EG und des Verzeichnisses des KBA zur Systematisierung von Kraftfahrzeugen und ihren Anhängern erfolgten Eintragungen in Feld „J“ (Fahrzeugklasse) und Nummer „4“ (Art des Aufbaus) der Zulassungsbescheinigung.*

25   **Begr** zur ÄndVO v. 14.8.17 **zu Abs. 1 S. 1 Klasse AM**: BR-Drs. 417/17 S. 34, BR-Drs. 417/17 (Beschluss) S. 2.

26   (nicht belegt)

27   (nicht belegt)

28   **1. Einteilung der Fahrerlaubnisklassen.** § 6 setzt Art 4 der 3. EU-FS-RL (StVRL § 6 FeV Nr. 7) um, der die FEKlassen mit Wirkung ab 19.1.13 zT neu geordnet hat (Übersicht Rn. 15). Neben den durch die Richtlinie vorgegebenen Klassen sind in den von ihr ausgenommenen Fahrzeugbereichen nationale deutsche Klassen (T, L) eingeführt. Die europäischen Klassen sind entsprechend der Systematik der 3. EU-FS-RL von der jeweils niedrigsten bis zur höchsten Klasse aufsteigend angeordnet. Die Regelungen gelten für alle FE, die seit dem 19.1.13 erteilt werden. Alle bis einschließlich 18.1.13 erteilten FE bleiben im Umfang der bisherigen Berechtigung bestehen (VI S. 1, Rn. 67) und erstrecken sich automatisch kraft Gesetzes vorbehaltlich § 76 auf den Umfang der seit 19.1.13 geltenden FE nach Abs. I (VI S. 1, Rn. 68). Umstellung auf die neuen Klassen nur auf Antrag (VI S. 2, Rn. 69). Übergangsregelung für bis zum 18.1.13 beantragte FE: § 76 Nr. 10.

29   **2. Begriffe.** Hinsichtlich des Begriffs der **durch die Bauart bestimmten Höchstgeschwindigkeit** (bbH, § 30a I StVZO) genügt es unter Zugrundelegung der Rspr. des BGH zu § 8 Nr. 1 StVG (s. § 8 StVG Rn. 2) und zu § 2 PflVG (s. vor § 23 FZV Rn. 3) entgegen Brn VRS **101** 293, AG Eisenhüttenstadt NStZ-RR **01** 280 (beide ohne Auseinandersetzung mit der genannten Rspr. des BGH), dass die Geschwindigkeitsgrenze jedenfalls auf Grund einer vorhandenen technischen Einrichtung ohne deren Beseitigung tatsächlich nicht überschritten wird, was jetzt auch durch ÄndVO v. 26.7.13 (BGBl. I S. 2803) im Text des § 30a I S. 1 StVZO klargestellt ist (s. auch § 1 FZV Rn. 3). Der **Hubraum** (in cm^3) ist der durch den Kolbenhub im Zylinder verdrängte Raum. Die Begriffe **Gesamtmasse** und **Leermasse** entsprechen den in der StVZO gebrauchten Bezeichnungen Gesamtgewicht und Leergewicht. **FzKombinationen** bestehen aus einem Zugfz und einem Anhänger oder Sattelanhänger (Art 4 IV der 3. EU-FS-RL). **Anhänger** sind nach Art 1q ÜbStrV auch Sattelanhänger (s. § 1 StVG Rn. 28). Die **zulässige Gesamtmasse einer FzKombination** errechnet sich gem. der Vorgabe von Art 4 IV der 3. EU-FS-RL aus der Summe der zulässigen Gesamtmasse der EinzelFz ohne Berücksichtigung von Stütz- und Aufliegelasten (I S. 2). Diese Regelung ist für die fahrerlaubnisrechtliche Beurteilung gegenüber § 34 VII S. 1 Nr. 2 und 3 StVZO speziell. Für die fahrerlaubnisrechtliche Beurteilung ist also nicht die Berechnung nach § 34 VII StVZO maßgeblich, da es insoweit auf die in § 6 I umgesetzte Vorgabe von Art 4 IV der 3. EU-FS-RL ankommt, die von § 34 VII StVZO nicht modifiziert werden kann.

3. **Fahrerlaubnisklassen für Krafträder, dreirädrige Kraftfahrzeuge und vierrädrige Leichtkraftfahrzeuge.**

a) **Klasse AM.** Aufgrund der Vorgabe der 3. EU-FS-RL wurde mit Wirkung ab 19.1.13 die **30** Klasse AM eingeführt, in der die früheren Klassen M und S aufgegangen sind. Die Klasse AM umfasst die in I S. 1 definierten zwei-, drei- und vierrädrigen Kfz. Seit Neufassung der Bestimmung durch ÄndVO v. 14.8.17 (BGBl. I S. 3232, Begr Rn. 25) ist nicht mehr aus dem Wortlaut direkt ersichtlich, welche Fz von Kl AM umfasst sind, da lediglich auf EU-Normen verwiesen wird. Kfz der **Klasse L1e-B** sind leichte zweirädrige Kfz mit einer bbH von nicht mehr als 45 km/h, einer Nenndauerleistung/Nutzleistung von nicht mehr als 4 kW und einem Verbrennungsmotor mit einem Hubraum von nicht mehr als 50 cm³ oder einer anderen Antriebsform. Derartige Kleinkrafträder sind auf der Grundlage von Art 4 II der 3. EU-FS-RL fahrerlaubnisfrei, wenn ihre bbH auf 25 km/h begrenzt ist (§ 4 I S. 1 Nr. 1b). Kfz der **Klasse L2e** sind dreirädrige Kleinkrafträder mit nicht mehr als 2 Sitzplätzen einschl des Fahrersitzes, einer bbH von nicht mehr als 45 km/h, einer Nenndauerleistung/Nutzleistung von nicht mehr als 4 kW, einer maximalen Leermasse von 270 kg und einem Fremdzündungsmotor mit einem Hubraum von nicht mehr als 50 cm³ oder einem Selbstzündungsmotor mit einem Hubraum von nicht mehr als 500 cm³ oder einer anderen Antriebsform. Kfz der **Klasse L6e** sind leichte vierrädrige Straßen-Quads mit einer Nenndauerleistung/Nutzleistung von nicht mehr als 4 kW und vierrädrige LeichtKfz mit einer Nenndauerleistung/Nutzleistung von nicht mehr als 6 kW, jeweils mit nicht mehr als 2 Sitzplätzen einschl des Fahrersitzes, einer bbH von nicht mehr als 45 km/h, einer maximalen Leermasse von 425 kg und einem Fremdzündungsmotor mit einem Hubraum von nicht mehr als 50 cm³ oder einem Selbstzündungsmotor mit einem Hubraum von nicht mehr als 500 cm³ oder einer anderen Antriebsform. In die Kl AM gehören auch Krafträder bis 50 km/h, wenn sie bis zum 31.12.01 erstmals in den V gebracht wurden sowie Kleinkrafträder und FmH iS der Vorschriften der ehemaligen DDR, wenn sie bis 28.2.92 erstmals in den V gebracht wurden (§ 76 Nr. 8). Inhaber einer bis 23.8.17 erteilten FE der Kl AM sind auch berechtigt, vierrädrige Kfz der Kl L6e mit Selbstzündungsmotor mit einem Hubraum von mehr als 500 cm (§ 76 Nr. 8a, Begr BR-Drs. 574/19 S. 8, dazu *Huppertz* VD **20** 115) und dreirädrige Kleinkrafträder mit einer Leermasse von mehr als 270 kg und zweirädrige Kleinkrafträder mit Beiwagen zu führen (§ 76 Nr. 8a, Begr BR-Drs. 417/17 (Beschluss) S. 7).

Das **Mindestalter** für die Erteilung einer FE der Kl AM beträgt gem. der Vorgabe in Art 4 II **31** der 3. EU-FS-RL **16 Jahre** (§ 10 I S. 1 Nr. 1 Buchst. a). Den Mitgliedstaaten ist es durch Art 4 VI der 3. EU-FS-RL freigestellt, das Mindestalter für die Klasse AM bis auf 14 Jahre zu senken oder bis auf 18 Jahre anzuheben. Bei Einführung der FE-Klasse AM wurde das reguläre Mindestalter für diese Klasse entgegen einer entsprechenden Forderung des BT (BT-Drs. 17/1574, 17/2456) aus Gründen der Verkehrssicherheit nicht auf 15 Jahre abgesenkt (näher dazu Begr BR-Drs. 660/10 S. 45 ff. = VkBl. **11** 109). Die Landesregierungen sind allerdings seit 12.12.19 durch den mit ÄndG v. 5.12.19 (BGBl. I S. 2008) eingefügten § 6 Abs. 5a StVG ermächtigt, durch RVO das Mindestalter für das Gebiet des jeweiligen Bundeslandes auf **15 Jahre herabzusetzen** (näher dazu § 6 StVG Rn. 26a, § 10 FeV Rn. 16 ff., *Dauer* NZV **20** 348). Dies war vorher durch einen mehrjährigen Modellversuch auf der Grundlage der früheren 3. FeVAusnVO v. 22.4.13 (BGBl. I S. 940, 43.–45. Aufl § 10 Rn. 5–9, Begr VkBl. **13** 562) in den Ländern Sachsen, Sachsen-Anhalt, Thüringen, Brandenburg und Mecklenburg-Vorpommern erprobt worden. – Die FE der Kl AM wird unbefristet erteilt (§ 23 I S. 1). Sie unterliegt nicht den Regelungen über die Probezeit (§ 32 S. 1). Prüfungsfahrzeug bei der praktischen FEPrüfung ist das zweirädrige Kleinkraftrad (Nr. 2.2.14 Anl 7).

b) **Klasse A1** umfasst die in I S. 1 definierten Krafträder, dh zweirädrige (einspurige) Kfz mit **32** oder ohne Beiwagen und dreirädrigen Kfz. Die genaue Begriffsbestimmung der mit einer FE der Klasse A1 zu führenden **Krafträder** ergibt sich gem. Art. 4 III der 3. EU-FS-RL aus Art 1 II Buchst. b der Richtlinie 2002/24/EG über die Typgenehmigung für zwei- oder dreirädrige Kfz (StVRL Nr. 42 zu § 20 StVZO) und Art 4 III Buchst. a der 3. EU-FS-RL. Es handelt sich um Kfz der Klassen L3e und L4e iSd Anl XXIX StVZO mit einem Hubraum von bis zu 125 cm³, mit einer Motorleistung von bis zu 11 kW und einem Leistungsgewicht bis zu 0,1 kW/kg. Die zunächst unkorrekte Umsetzung der 3. EU-FS-RL, wonach Krafträder mit einem Hubraum von bis zu 125 cm³ und einer Motorleistung von nicht mehr als 11 kW, bei denen das Verhältnis der Leistung zum Gewicht 0,1 kW/kg nicht übersteigt, unter die Klasse A1 fielen, wurde durch FeVÄndVO v. 2.10.15 (BGBl. I S. 1674) mWv 21.10.15 bereinigt. Die Merkmale Hubraum und

Motorleistung müssen nach der 3. EU-FS-RL und nun auch nach § 6 FeV nicht beide erfüllt sein. In der Folge fallen auch sog **Elektro-Leichtkrafträder,** bei denen lediglich eine Nenndauerleistung in kW, nicht jedoch ein Hubraum definiert werden kann, in die Klasse A1 (Begr BR-Drs. 338/15 S. 19 = VkBl. **15** 672). Aus der europarechtlichen Definition wurde (anders als in der Fassung bis 18.1.13) nicht in § 6 I S. 1 übernommen, dass es sich um Krafträder mit einem Hubraum von mehr als 50 cm³ im Falle von Verbrennungsmotoren und/oder einer bbH von mehr als 45 km/h handeln muss; die 3. EU-FS-RL wurde insoweit nicht vollständig in deutsches Recht umgesetzt. Der Begriff *Leichtkrafträder* wird für Krafträder der Kl A1 nicht mehr verwendet, weil die Definition der 3. EU-FS-RL ihn nicht mehr enthält. Als Krafträder der Kl A1 gelten auch Krafträder mit einem Hubraum von nicht mehr als 50 cm³ und einer durch die Bauart bestimmten Höchstgeschwindigkeit von mehr als 40 km/h, wenn sie bis zum 31.12.83 erstmals in den Verkehr gekommen sind (§ 76 Nr. 6 Buchst. a). Gegenüber der bis 18.1.13 gültigen Definition der Klasse A 1 muss jetzt auch ein Verhältnis von Leistung/Gewicht von höchstens 0,1 kW/kg eingehalten werden. Als Krafträder der Kl A1 gelten allerdings auch Krafträder mit einem Hubraum von nicht mehr als 125 cm³ und einer Nennleistung von nicht mehr als 11 kW, ohne dass es auf das Leistungsgewicht ankommt, wenn die Fz bis zum 18.1.13 erstmals in den Verkehr gekommen sind (§ 76 Nr. 6 Buchst. b). Die frühere Einschränkung, dass Leichtkrafträder mit einer bbH von mehr als 80 km/h erst ab Vollendung des 18. Lebensjahres geführt werden durften (§ 6 II S. 3 aF), wurde mit der seit 19.1.13 geltenden Rechtslage abgeschafft, da die 3. EU-FS-RL diese Einschränkung nicht mehr zuließ. Wird eine FE der **Kl B** mit **Sz 196** erteilt, berechtigt die FE der Kl B auch zum Führen von **Krafträdern** der **Kl A1** im Inland (§ 6b, näher dort). Die genaue Begriffsbestimmung der mit einer FE der Klasse A1 zu führenden **dreirädrigen Kfz** ergibt sich gem. Art 4 III der 3. EU-FS-RL aus Art 1 II Buchst. c der Richtlinie 2002/24/EG und Art 4 III Buchst. a der 3. EU-FS-RL. Es handelt sich um Kfz der Klasse L5e iSd Anl XXIX StVZO mit einer Leistung von bis zu 15 kW. Das **Mindestalter** für die Erteilung einer FE der Kl A1 beträgt gem. der Vorgabe in Art 4 III Buchst. a der 3. EU-FS-RL **16 Jahre** (§ 10 I Nr. 2). Die FE der Kl A1 wird unbefristet erteilt (§ 23 I S. 1). Sie berechtigt auch zum Führen von Fz der Kl AM (III S. 1 Nr. 3).

33   **c) Klasse A2** umfasst die in I S. 1 definierten **Krafträder** mit oder ohne Beiwagen, keine dreirädrigen Kfz. Die genaue Begriffsbestimmung der mit einer FE der Klasse A2 zu führenden Krafträder ergibt sich gem. Art 4 III der 3. EU-FS-RL aus Art 1 II Buchst. b der Richtlinie 2002/24/EG über die Typgenehmigung für zwei- oder dreirädrige Kfz (StVRL Nr. 42 zu § 20 StVZO) und Art 4 III Buchst. b der 3. EU-FS-RL. Es handelt sich um Kfz der Klassen L3e und L4e iSd Anl XXIX StVZO mit einer Motorleistung von bis zu 35 kW und einem Leistungsgewicht bis zu 0,2 kW/kg. Aus der europarechtlichen Definition wurde ebenso wie bei der Klasse A1 nicht in § 6 I S. 1 übernommen, dass es sich um Krafträder mit einem Hubraum von mehr als 50 cm³ im Falle von Verbrennungsmotoren und/oder einer bbH von mehr als 45 km/h handeln muss; die 3. EU-FS-RL wurde insoweit nicht vollständig in deutsches Recht umgesetzt. Die Vorgabe des Art 4 I Nr. 3 Buchst. b der 3. EU-FS-RL, dass Krafträder der Kl A2 **nicht von einem Fz mit mehr als der doppelten Motorleistung abgeleitet** sein dürfen, wurde zunächst nicht in die FeV übernommen, weil diese Ableitung in der Praxis nicht zu kontrollieren gewesen wäre (*Buchardt/Ochel-Brinkschröder* SVR **17** 165). Durch ÄndVO v. 21.12.16 (BGBl. I S. 3083) wurde sie dann aber auf eine entsprechende Klage der EU-Kommission hin doch noch mWv 28.12.16 in das deutsche Recht eingefügt, und zwar in der Weise, dass ein Kraftrad der Klasse A2 nicht von einem Kraftrad mit einer Leistung von über 70 kW Motorleistung abgeleitet sein darf. Die Abweichung vom Wortlaut der 3. EU-FS-RL wurde damit begründet, dass nach einer „Auslegungshilfe" der EU-Kommission eine Ableitung von einem Motorrad mit einer Leistung von über 70 kW (statt von einem Fz mit mehr als der doppelten Motorleistung) ausgeschlossen werden soll (Begr BR-Drs. 253/16 S. 29). Besitzstandswahrung für zwischen 19.1.13 und 27.12.16 erteilte FE der Kl A2 mit Wirkung nur für das Inland: § 76 Nr. 6a. In der praktischen FEPrüfung dürfen nicht nur Krafträder gem. der heutigen Definition der Kl A2, sondern auch Krafträder verwendet werden, die von Krafträdern mit einer Leistung von über 70 kW Motorleistung abgeleitet sind, da dies durch Anh II Nr. 5.2 der 3. EU-FS-RL nicht ausgeschlossen ist (Nr. 2.2.2 Anl 7, Begr zur ÄndVO v. 14.8.17 BR-Drs. 417/17 S. 41). Inhaber einer FE der Kl A (beschränkt) nach der bis 18.1.13 gültig gewesenen Fassung des § 6 II S. 1 dürfen Krafträder der Kl A2 führen (§ 76 Nr. 7 Buchst. a). Das **Mindestalter** für die Erteilung einer FE der Kl A2 beträgt gem. der Vorgabe in Art 4 III Buchst. b der 3. EU-FS-RL **18 Jahre** (§ 10 I Nr. 3). Die FE der Kl A2 wird unbefristet erteilt (§ 23 I S. 1). Sie berechtigt auch zum Führen von Fz der Kl A1 und AM (III S. 1 Nr. 2). Dies bedeutet, dass mit einer FE der Kl A2 auch dreirädrige Kfz der Kl AM und A1 geführt werden dürfen.

d) Klasse A umfasst die in I S. 1 definierten Krafträder mit oder ohne Beiwagen und dreirädrigen Kfz. Die genaue Begriffsbestimmung der mit einer FE der Klasse A zu führenden **Krafträder** ergibt sich gem. Art 4 III der 3. EU-FS-RL aus Art 1 II Buchst. b der Richtlinie 2002/24/EG über die Typgenehmigung für zwei- oder dreirädrige Kfz (StVRL Nr. 42 zu § 20 StVZO). Es handelt sich um Kfz der Klassen L3e und L4e iSd Anl XXIX StVZO. Die **frühere Kl A (beschränkt)** nach § 6 II S. 1 aF wurde mit Wirkung ab 19.1.13 abgeschafft. Zur Wahrung des Besitzstands dürfen aber Inhaber einer FE der Kl A (beschränkt) in Abweichung von § 15 III nach Ablauf von 2 Jahren nach Erteilung dieser FE Kfz (nicht nur Krafträder) der Kl A führen, ohne eine praktische Prüfung absolvieren zu müssen (§ 76 Nr. 7 Buchst. b, Begr Rn. 16). Das **Mindestalter** für die Erteilung einer FE der Klasse A **für Krafträder** beträgt gem. der Vorgabe in Art 4 III Buchst. c UnterBuchst. i der 3. EU-FS-RL bei einem mindestens zweijährigen Vorbesitz der Klasse A2 **20 Jahre** (§ 10 I Nr. 4 Buchst. c), bei direktem Zugang zur Klasse A für Krafträder **24 Jahre** (§ 10 I Nr. 4 Buchst. a). Die genaue Begriffsbestimmung der mit einer FE der Klasse A zu führenden **dreirädrigen Kfz** ergibt sich gem. Art 4 III der 3. EU-FS-RL aus Art 1 II Buchst. c der Richtlinie 2002/24/EG und Art 4 III Buchst. c UnterBuchst. ii der 3. EU-FS-RL. Es handelt sich um Kfz der Klasse L5e iSd Anl XXIX StVZO mit einer Leistung von mehr als 15 kW. Das **Mindestalter** für die Erteilung einer FE der Kl A **für dreirädrige Kfz** mit einer Leistung von mehr als 15 kW beträgt gem. der Vorgabe in Art 4 III Buchst. c UnterBuchst. ii der 3. EU-FS-RL **21 Jahre** (§ 10 I Nr. 4 Buchst. b). Die FE der Kl A wird unbefristet erteilt (§ 23 I S. 1). Die FE der Kl A berechtigt auch zum Führen von Fz der Kl AM, A1 und A2 (III S. 1 Nr. 1), es sei denn, die FE der Kl A ist unter Verwendung der Sz 79.03 oder 79.04 (Besitzstand für dreirädrige Fz) erteilt worden (III S. 2, Begr Rn. 22).

e) Stufenweiser Zugang bei den A-Klassen. Bewerber, die zunächst die FE in einer **35** weniger starken Leistungsklasse erwerben, erhalten leichteren Zugang zur nächst höheren FEKlasse. Bei Erweiterung der Klasse A1 auf Klasse A2 oder der Klasse A2 auf Klasse A muss jeweils nur eine praktische Prüfung abgelegt werden, nicht auch eine theoretische, wenn der Bewerber seit mindestens zwei Jahren Inhaber einer FE der jeweils niedrigeren Klasse ist (§ 15 III), die Regelungen zur theoretischen und praktischen Ausbildung in §§ 1–6 FahrschAusbO finden keine Anwendung (§ 7 I Nr. 6 und 7 FahrschAusbO), die Dauer der praktischen Prüfung verkürzt sich um 10 Minuten (Nr. 2.3 Anl 7), geringere Prüfungsgebühr (Nr. 402.1a Anl GebOSt). Damit soll ein Anreiz gegeben werden, zunächst auf weniger leistungsstarken Zweirädern Erfahrung zu sammeln (Begr Rn. 10). Nach Art 7 I Buchst. c der 3. EU-FS-RL hätte auch die Möglichkeit bestanden, für den stufenweisen Zugang zu den Klassen A2 und A statt einer praktischen Prüfung eine mindestens siebenstündige Fahrerschulung ohne Abschlussprüfung gem. Anhang VI der 3. EU-FS-RL vorzuschreiben. Der VOGeber hat sich aus Gründen der Verkehrssicherheit für eine praktische Prüfung entschieden (Begr BR-Drs. 660/10 S. 48 = VkBl. **11** 109).

f) Keine Anhängerregelung bei den A-Klassen. Art 4 der 3. EU-FS-RL sieht bei den **36** FEKlassen AM, A1, A2 und A keine Befugnis vor, einen Anhänger mitzuführen. Es sind auch keine speziellen Anhängerklassen (E-Klassen) für FE der Klassen AM, A1, A2 und A vorgesehen. Mit FE dieser Klassen darf somit kein Anhänger mitgeführt werden. Dies entspricht der Rechtslage unter Geltung der 2. EU-FS-RL, die ebenfalls bei den A-Klassen das Mitführen eines Anhängers nicht vorsah. § 6 I enthält folglich **keine fahrerlaubnisrechtliche Befugnis,** mit einer **FE der A-Klassen Anhänger mitzuführen.** Unerheblich ist, dass StVZO (§§ 32 I Nr. 3, 32a, 42 II), FZV (§ 3 II S. 1 Nr. 2 Buchst. f) und StVO (§ 18 V S. 2 Nr. 2) davon ausgehen, dass das Mitführen von Anhängern hinter Krafträdern erlaubt ist, da die Regelungen der FeV an die Vorgaben der 3. EU-FS-RL gebunden sind.

Aus dieser Rechtslage ergibt sich eine Änderung der **Anhängerregelung** bei **dreirädrigen** **37** **Kfz (Trikes)** seit 19.1.13. Da die A-Klassen gem. Art 3 III S. 3. Spiegelstrich der 2. EU-FS-RL nur für zweirädrige Kfz galten, war für das Führen von Trikes bis FEErteilung am 19.1.13 eine FE der Klasse B erforderlich. Trikes fallen nach der 3. EU-FS-RL jedoch in die A-Klassen. Kl B erlaubt das Mitführen eines Anhängers, die A-Klassen erlauben dies nicht. Damit ergibt sich folgende Rechtslage: Inhaber einer FE der Klasse B, die vor dem 19.1.13 erteilt worden ist, können beim Fahren eines Trikes, auch im EU-Ausland, weiterhin einen entsprechenden Anhänger mitführen, denn die FE bleibt im Umfang der bisherigen Berechtigung bestehen (VI S. 1, Begr Rn. 11). Inhaber einer seit dem 19.1.13 erteilten FE der A-Klassen dürfen beim Fahren eines dreirädrigen Kfz keinen Anhänger mitführen, es sei denn, sie verfügen über eine vor dem 19.1.13 erteilte FE der Kl B (deren Besitzstand erhalten bleibt, VI S. 1).

38 **g)** Als **Nachweis der gesundheitlichen Eignung** müssen Bewerber um eine FE der A-Klassen lediglich einen Sehtest absolvieren (§ 12 II).

4. Fahrerlaubnisklassen für kleinere Kfz, insbes Pkw und leichte Lkw

39 **a) Klasse B** umfasst alle Kfz – ausgenommen die unter die FEKlassen AM, A1, A2 und A fallenden – bis 3500 kg Gesamtmasse, die zur Beförderung von nicht mehr als 8 Personen außer dem FzF ausgelegt und gebaut sind. Es kann sich auch um Kfz zur Güterbeförderung handeln. Anders als Art 3 I der 2. EU-FS-RL stellt Art 4 IV Buchst. b der 3. EU-FS-RL nicht mehr auf das Vorhandensein von maximal 8 Sitzplätzen außer dem Führersitz ab, sondern darauf, dass das Fz zur Beförderung von nicht mehr als 8 Personen außer dem FzF ausgelegt und gebaut ist. Es muss also für die Beförderung von maximal 8 Passagieren hergestellt und eingerichtet sein. Entscheidend sind die tatsächlichen Verhältnisse, nicht die zulassungsrechtliche Einordnung (aA Mü NZV **10** 527, kritAnm *Sandherr* DAR **10** 654). Werden in einem Fz, das für die Beförderung von 8 Personen neben dem Fahrer ausgelegt und gebaut ist, mehr als 8 Fahrgäste befördert, reicht gleichwohl eine FE der Kl B, denn das Fz ändert sich nicht dadurch, dass mehr Personen mitgenommen werden.

39a Ein **Anhänger** bis 750 kg zulässiger Gesamtmasse darf mitgeführt werden; die zulässige Gesamtmasse des Zuges kann dann bis 4250 kg betragen. Ein Anhänger mit einer Gesamtmasse über 750 kg darf mitgeführt werden, sofern die zulässige Gesamtmasse der Fahrzeugkombination 3500 kg nicht überschreitet. Auf das Verhältnis der zulässigen Gesamtmasse des Anhängers zur Leermasse des Zugfahrzeugs kommt es bei FE, die seit dem 19.1.13 erteilt wurden, nicht mehr an. Inhaber einer vor dem 19.1.13 erteilten FE der Kl B können den Wegfall der Leermassenberücksichtigung wegen der automatischen Besitzstandsmehrung (VI S. 1) auch in Anspruch nehmen, ohne dass sie ihre FE umgestellt haben.

39b Wird eine FE der **Kl B** mit der **Sz 196** erteilt, berechtigt die Kl B gem. § 6b auch zum Führen von **Krafträdern** der **Kl A1** im Inland. Zuteilung der Sz 196 ist möglich nach fünfjährigem Besitz der Kl B, dem Erreichen des Mindestalters von 25 Jahren und erfolgreicher Teilnahme an einer Fahrerschulung (näher § 6b).

39c **Dreirädrige Kfz** gehören nach den europarechtlichen Vorgaben seit 19.1.13 in die A-Klassen, sie fallen also **nicht** unter die **Kl B.** Nach Umsetzung der 3. EU-FS-RL zum 19.1.13 konnten Trikes mit einer seit dem 19.1.13 erteilten FE der Kl B somit zunächst nicht gefahren werden (wohl aber mit einer vor dem 19.1.13 erteilten FE der Kl B, s. Rn. 37). Durch ÄndVO v. 21.12.16 (BGBl. I S. 3083) wurde dann durch Einfügung des damaligen **Abs. 3a** (mit dem Wortlaut: „Die FE der Kl B wird auch erteilt zum Führen von …") für ab dem 28.12.16 erteilte Fahrerlaubnisse das Führen von dreirädrigen Kfz im **Inland** mit einer FE der Kl B **erlaubt,** bei Kfz mit einer Motorleistung von mehr als 15 kW aber nur, wenn der FEInhaber mindestens 21 Jahre alt ist. Damit hat Deutschland von der Ermächtigung des Art 6 III Buchst. a der 3. EU-FS-RL Gebrauch gemacht, dies (nur) für das Inland so zu regeln (Begr BR-Drs. 253/16 S. 29). Diese Berechtigung gilt seit Inkrafttreten der FeVÄndVO v. 14.8.2017 (BGBl. I S. 3232) am 24.8.2017 auch für Fahrerlaubnisse, die in der Zeit 19.1.13–27.12.16 erteilt worden sind (näher 45. Aufl Rn. 68). Durch Änderung der Formulierung des Abs. 3a durch ÄndVO v. 4.7.2019 (BGBl. I S. 1056) heißt es nunmehr, dass die FE der Kl B auch zum Führen von dreirädrigen Kfz im Inland **berechtigt,** bei Kfz mit einer Motorleistung von mehr als 15 kW aber nur, wenn der FEInhaber mindestens 21 Jahre alt ist. Damit wurde klargestellt, dass sich Abs. 3a nicht nur an Inhaber richtet, denen die FE erstmals nach Inkrafttreten der neuen Regelung erteilt wurde, sondern auch an diejenigen, die bereits Inhaber einer FE der Kl B vor dem Inkrafttreten waren (Begr BR-Drs. 182/19 S. 12). Der frühere VI S. 2 wurde in diesem Zusammenhang konsequenterweise gestrichen. Im Ergebnis ist damit eindeutig geregelt, dass die Berechtigung gem. Abs. 3a für alle Inhaber einer FE der Kl B unabhängig von ihrem Erteilungsdatum besteht. Kl B berechtigt (nur) im Inland bis zur Vollendung des 21. Lebensjahres zum Führen von dreirädrigen Kfz der Kl A1, nach Vollendung des 21. Lebensjahres zum Führen von dreirädrigen Kfz der Kl A. Der nationale Einschluss von Trikes in die Kl B wird durch Eintragung der **Sz 194** nach Anlage 9 in den FS dokumentiert.

39d Das **Mindestalter** für die Erteilung einer FE der Kl B beträgt **18 Jahre,** bei Teilnahme am Begleiteten Fahren ab 17 (§ 48a) und während oder nach Abschluss bestimmter Berufsausbildungen **17 Jahre** (§ 10 I Nr. 5). Die FE der Kl B wird unbefristet erteilt (§ 23 I S. 1). Sie berechtigt auch zum Führen von Fz der Kl AM und L (III S. 1 Nr. 4).

b) Für den **Personenschutz** vom Bundeskriminalamt oder den Polizeien der Länder einge- **40** setzte **beschussgeschützte** (kugelsicher gepanzerte) **Fz** mit einer zGM von mehr als 3.500 kg bis einschl 4100 kg und den Abmessungen eines Pkw dürfen nach der 2. FeVAusnVO v. 16.12.11 (BGBl. I S. 3113) abweichend von I S. 1 ausnahmsweise mit einer FE der **Kl B** statt der eigentlich erforderlichen Kl C1 gefahren werden, wenn Fahrer und Fz die in der AusnVO näher geregelten Anforderungen (zB zusätzliche Fahrausbildung) erfüllen. Die Regelung beruht auf einer Zustimmung der EU-Kommission (Beschluss v. 1.12.2010, K (2010) 8320) gem. Art 3 VI der 2. EU-FS-RL (entspricht Art 4 V S. 1 der 3. EU-FS-RL). Sie gilt nur in Deutschland und muss von anderen EU-/EWR-Staaten nicht anerkannt werden. Von Privaten eingesetzte beschussgeschützte Fz sind nicht begünstigt.

c) Nach dem mit ÄndVO v. 4.7.2019 (BGBl. I S. 1056) eingefügten **Abs. 3b** berechtigt die **40a** FE der **Kl B** (nur) im Inland nach zweijährigen Besitz auch zum Führen **alternativ angetriebener** Kfz für die **Güterbeförderung** ohne Anhänger mit einer Gesamtmasse von mehr als 3500 kg bis einschl 4250 kg. Diese Fz können statt mit der eigentlich dafür erforderlichen FE der Kl C1 ausnahmsweise mit einer FE der Kl B geführt werden, wodurch das Berufskraftfahrerqualifikationsrecht dabei keine Anwendung findet. Hintergrund ist der Umstand, dass es bei elektrisch angetriebenen wie auch mit Gas betriebenen Fahrzeugen immer häufiger zu der Konstellation kommt, dass Fahrzeuge, für die eigentlich aufgrund ihrer Fahrzeugkonstruktion eine FE der Kl B erforderlich wäre, lediglich aufgrund des im Vergleich zu herkömmlichen Antrieben höheren Gewichts infolge der zusätzlichen Batterien bzw. Gastanks von mehr als 3500 kg überschreiten und die Fahrzeuge demzufolge nur mit einer FE der Kl C1 geführt werden dürfen (Begr BR-Drs. 182/19 S. 4). Die Regelung ist möglich geworden, nachdem Art 6 IV der 3. EU-FS-RL durch die Richtlinie (EU) 2018/645 v. 18.4.2018 (ABlEU Nr. L 112 v. 2.5.2018 S. 29) entsprechend geändert worden war (Begr BR-Drs. 182/19 S. 4f., 12). Nach Abs. 3b darf die 3500 kg überschreitende Masse ausschließlich dem zusätzlichen Gewicht des Antriebssystems gegenüber dem Antriebssystem eines Fz mit denselben Abmessungen, das mit einem herkömmlichen Verbrennungsmotor ausgestattet ist, geschuldet sein und die Ladekapazität darf gegenüber diesem Fz nicht erhöht sein. Fz für die Güterbeförderung sind Fz der Kl N gem. Anl XXIX StVZO, also für die Güterbeförderung ausgelegte und gebaute Kfz. Die Berechtigung bezieht sich nur auf mit in Abs. 3b ausdrücklich genannten alternativen Kraftstoffen betriebene Kfz. Die Beschränkungen der Regelung beruhen auf Art 6 IV Buchst. c der 3. EU-FS-RL. Eine Aufweitung zB auf Fz, die für die Personenbeförderung ausgelegt und gebaut sind oder Fz mit Anhänger ist nicht möglich (Begr BR-Drs. 182/19 S. 13).

Die 4. FeVAusnVO v. 22.12.14 (BGBl. I S. 2432, 44. und 45. Aufl Rn. 27), die es bereits vor- **40b** her mit Zustimmung der EU-Kommission ermöglicht hatte, dass elektrisch betriebene und für den Gütertransport eingesetzte Kfz ohne Anhänger mit einer zGM von mehr als 3500 kg bis einschl 4250 kg ausnahmsweise mit einer FE der Kl B statt mit der eigentlich erforderlichen Kl C1 gefahren werden durften, wenn der FEInhaber an einer speziellen Fahrzeugeinweisung nach Anl 1 zur 4. FeVAusnVO teilgenommen hatte, ist gleichzeitig mit dem Inkrafttreten von Abs. 3b am 16.7.2019 außer Kraft getreten (Art 2 S. 2 der ÄndVO v. 4.7.2019, BGBl. I S. 1056). Die früher für diese Berechtigung verwendete **Sz 192** ist dabei in Tabelle IIa der Anlage 9 archiviert worden und ist so bei Kontrollen nachvollziehbar (Begr BR-Drs. 182/19 S. 13).

d) Klasse B mit Schlüsselzahl 96 ist erforderlich für das Führen einer Fahrzeugkombina- **41** tion bestehend aus einem Kfz der Kl B und einem Anhänger mit einer zulässigen Gesamtmasse von mehr als 750 kg, sofern die zulässige Gesamtmasse der Fahrzeugkombination 3500 kg überschreitet, aber 4250 kg nicht übersteigt (näher dazu § 6a). Klasse B mit Sz 96 ist eine erweiterte Klasse B und stellt keine eigenständige FEKlasse dar (§ 6a Rn. 3). Für die Erteilung einer FE der Kl B mit Sz 96 muss der Bewerber bereits eine FE der Klasse B besitzen oder die Voraussetzungen für deren Erteilung erfüllen (§ 6a I S. 2) und zusätzlich eine Fahrerschulung absolviert haben (§ 6a III); eine Fahrerlaubnisprüfung nach §§ 15 ff. muss nicht abgelegt werden. Das **Mindestalter** für die Erteilung einer FE der Kl B mit Sz 96 beträgt **18 Jahre,** bei Teilnahme am Begleiteten Fahren ab 17 (§ 48a) **17 Jahre** (§ 6a II). Eine Erteilung ab 17 Jahren während oder nach Abschluss der in § 10 I Nr. 5 Buchst. b UnterBuchst. bb genannten Berufsausbildungen ist nicht möglich, da § 6a II dies nicht zulässt (§ 6a Rn. 17). Die FE der Kl B mit Sz 96 wird unbefristet erteilt (§ 23 I S. 1). Da Kl B Voraussetzung für die Erteilung ist, darf der Inhaber einer FE der Kl B mit Sz 96 auch Fz der Kl B, AM und L führen (III S. 1 Nr. 4).

e) Klasse BE umfasst Fahrzeugkombinationen bestehend aus einem Zugfahrzeug der Kl B **42** und einem Anhänger oder Sattelanhänger bis zu einer zulässigen Gesamtmasse von 3500 kg. Die

Masse des Zuges ist also auf 7000 kg beschränkt. Für Anhänger mit einer zulässigen Gesamtmasse von mehr als 3500 kg ist eine FE der Kl C1E erforderlich. Erteilung einer FE der Kl BE setzt den Besitz oder die Erfüllung der Voraussetzungen für die Erteilung einer FE der Kl B voraus; die FE der Kl BE darf frühestens zusammen mit der FE der Kl B erteilt werden (§ 9 II). Das **Mindestalter** für die Erteilung einer FE der Kl BE beträgt **18 Jahre,** bei Teilnahme am Begleiteten Fahren ab 17 (§ 48a) und während oder nach Abschluss bestimmter Berufsausbildung **17 Jahre** (§ 10 I Nr. 5). Die FE der Kl BE wird unbefristet erteilt (§ 23 I S. 1). Da Kl B Voraussetzung für die Erteilung ist, darf der Inhaber einer FE der Kl BE auch Fz der Kl B, AM und L führen (III S. 1 Nr. 4).

43   f) Als **Nachweis der gesundheitlichen Eignung** müssen Bewerber um eine FE der B-Klassen lediglich einen Sehtest absolvieren (§ 12 II).

5. Abgrenzung zwischen den C- und D-Klassen

43a   Die durch die 3. EU-FS-RL vorgegebenen Definitionen der FEKlassen C1, C, D1 und D wurden wortgetreu bereits bei Umsetzung der RL zum 19.1.13, sondern erst mit ÄndVO v. 21.12.16 (BGBl. I S. 3083) in § 6 eingefügt, nachdem die EU-Kommission mit einer Klage dagegen vorgegangen war, dass Deutschland die Bestimmungen der RL nicht vollständig übernommen hatte (Begr BR-Drs. 253/16 S. 29). Für das Führen von **Fz mit zGM von mehr als 3.500 kg,** die zur **Personenbeförderung** ausgelegt und gebaut sind, ist nach den europarechtlichen Vorgaben grds. eine **FE einer D-Klasse** erforderlich, unabhängig davon, für welche Mindestpersonenzahl das Fz ausgelegt und gebaut ist (Begr Rn. 23). Bis 27.12.16 war jedoch nach deutschem Recht eine FE der KL C1 bzw. C erforderlich, sofern das Fz zur Beförderung von nicht mehr als 8 Personen außer dem FzFührer ausgelegt und gebaut war.

43b   Bei der wortgetreuen Umsetzung der 3. EU-FS-RL ergab sich die Schwierigkeit, dass die **Kriterien für die Einordnung von Fz** in die **FEKlassen C1 und D1** in der 3. EU-FS-RL selbst nach Auffassung der EU-Kommission nicht eindeutig abgrenzbar sind (*Buchardt/Ochel-Brinkschröder* SVR **17** 165, DAR **17** 663). Die technischen Kriterien der beiden Klassen überschneiden sich teilweise (Begr Rn. 24). Fz mit zGM von 3500–7500 kg, die nicht länger als 8 Meter sind und für die Beförderung von maximal 8 Personen ausgelegt und gebaut sind, wären sowohl mit den Kriterien in der Definition von Klasse C1 als auch der von Klasse D1 vereinbar. Nach der Definition der Klasse C1 ist ihr Anwendungsbereich allerdings auf die *nicht unter die Klassen D oder D1 fallenden Kraftwagen* beschränkt. Diese Formel allein lässt noch keine eindeutige Abgrenzung zu. Aus ihr ergibt sich aber, dass die Abgrenzung zwischen den FEKlassen nicht allein nach den technischen Kriterien vorzunehmen ist. Nach Auffassung der EU-Kommission ist hier – wie auch in anderen Rechtsbereichen (Fahrzeugzulassung, Berufskraftfahrerqualifikation) – zwischen Fz zur Personenbeförderung und Fz zur Güterbeförderung zu unterscheiden. Die Kommission geht davon aus, dass grds. für Fz, die für die **Beförderung von Personen** ausgelegt sind, eine FE einer **D-Klasse,** und für Fz, die für die **Güterbeförderung** oder **jeden anderen Zweck** gedacht sind, eine FE einer **C-Klasse** benötigt wird. Dies schließe es nicht aus, dass Fz der C-Klassen auch Personen befördern könnten. In diesem Fall handele es sich vor allem um Personen, die in erster Linie im Hinblick auf den Umschlag der Ladung transportiert würden, und nicht um Personen, die von A nach B reisen. Der EuGH hat diese Sicht bestätigt. Auch nach seiner Auffassung spielt die Zweckbestimmung der Kfz eine entscheidende Rolle für die Abgrenzung der Klassen C/C1 und D/D1 (EuGH Urt v. 25.1.18 – C 314/16, BeckRS 2018, 291). – Für Fz mit einer zGM von mehr als 3500 kg, die zur Personenbeförderung ausgelegt und gebaut sind, wird somit grds. die FE einer D-Klasse benötigt (Begr Rn. 23). Die FEKlasse C1 berechtigt demnach grds. nur zum Führen von Fz, die den in der Definition der Kl C1 beschriebenen technischen Kriterien genügen und außerdem nicht für die Beförderung von Personen ausgelegt sind.

43c   Die EU-Kommission hat aber zugestanden, dass die Einordnung bei einigen Fz nicht eindeutig möglich ist, insbes bei **Fz für besondere Zwecke.** In diesen Fällen solle für die fahrerlaubnisrechtliche Einordnung eine umfassende Auswertung von Auslegung und Bau des Fz, seiner beabsichtigten Verwendung und aller anderen Aspekte erfolgen (Begr Rn. 24). Für **Wohnmobile** wird zB trotz ihrer zulassungsrechtlichen Einordnung als Klasse-M-Fz (Fz zur Personenbeförderung) die FE der Kl C1 für angebracht gehalten, denn ihr allgemeiner Zweck bestehe nicht darin, Personen zu befördern, sondern eine besondere Wohn-Ausrüstung zu transportieren. Auch zB für **Krankenwagen, FeuerwehrFz etc** sei eine FE der Kl C1 erforderlich, denn diese Fz hätten eine besondere Zweckbestimmung, die über die reguläre Beförderung von Personen hinausgehe. Auf der Grundlage dieser Überlegungen der EU-Kommission wurde in dem mit Änd-

VO v. 21.12.16 (BGBl. I S. 3083) eingefügten **Abs. 4a S. 1** festgelegt, dass die dort genannten **Fz mit besonderer Zweckbestimmung** mit einer FE der **Kl C1** geführt werden können (Begr Rn. 24). Durch diese Sonderregelung ist es möglich, die in IVa S. 1 genannten Fz, für die eigentlich eine FE der Kl D1 erforderlich wäre, (auch weiterhin) mit einer FE der Kl C1 zu fahren. Dies gilt für die Klassen C1E, C und CE entsprechend (IVa S. 2).

6. Fahrerlaubnisklassen für größere Kfz, insbes Lkw

a) Klasse C1 umfasst alle Kfz – ausgenommen die unter die FEKlassen AM, A1, A2 A, D1 **44** und D fallenden –, deren Gesamtmasse mehr als 3500 kg, jedoch nicht mehr als 7500 kg beträgt und die zur Beförderung von nicht mehr als 8 Personen außer dem FzF ausgelegt und gebaut sind. Es darf sich grds. **nicht um Fz zur Personenbeförderung** handeln, denn dafür ist eine FE einer D-Klasse erforderlich (Rn. 43a f.). Die in **IVa S. 1** genannten **Fz mit besonderer Zweckbestimmung** können allerdings mit einer FE der Kl C1 gefahren werden (Rn. 43c). Ein **Anhänger** mit einer zulässigen Gesamtmasse von höchstens 750 kg darf mitgeführt werden. **Übergangsvorschrift:** Mit einer bis 27.12.16 erteilten FE der Kl C1 dürfen auch Fz zur Personenbeförderung gefahren werden, mit einer in der Zeit 19.1.13–27.12.16 erteilten FE der Kl C1 allerdings nur im Inland (§ 76 Nr. 8b).

Erteilung einer FE der Kl C1 setzt den Besitz oder die Erfüllung der Voraussetzungen für die **44a** Erteilung einer FE der Kl B voraus; die FE der Kl C1 darf frühestens zusammen mit der FE der Kl B erteilt werden (§ 9 I). Das **Mindestalter** für die Erteilung einer FE der Kl C1 beträgt **18 Jahre** (§ 10 I Nr. 6). Die FE der Kl C1 wurde bis 27.12.16 **befristet** erteilt bis zur Vollendung des 50. Lebensjahres, nach Vollendung des 45. Lebensjahres für 5 Jahre (§ 23 I S. 2 Nr. 1 aF). Seit 28.12.16 wird die FE der Kl C1 gem. der Vorgabe der 3. EU-FS-RL generell nur noch für längstens 5 Jahre erteilt (§ 23 I S. 2, s. dazu § 23 Rn. 10a). Die Geltungsdauer der bis 27.12.16 erteilten FE der Kl C1 endet mit Vollendung des 50. Lebensjahres des Inhabers (§ 76 Nr. 12c), also keine rückwirkende Befristung auf 5 Jahre der vor dem 28.12.16 erteilten FE der Kl C1.

Da Kl B Voraussetzung für die Erteilung ist, darf der Inhaber einer FE der Kl C1 auch Fz der **44b** Kl B, AM und L führen (III S. 1 Nr. 4). Die FE der Kl C1 berechtigt im Inland auch zum Führen von Kraftomnibussen mit einer entsprechenden zulässigen Gesamtmasse und ohne Fahrgäste, wenn die Fahrten lediglich zur Überprüfung des technischen Zustands des Fz dienen (IV, Rn. 63 ff.). **Alternativ** angetriebene Kfz für den **Gütertransport** ohne Anhänger mit einer zGM von mehr als 3500 kg bis einschl 4250 kg dürfen nach Abs. 3b im Inland auch mit einer FE der **Kl B** nach deren zweijährigem Besitz statt der eigentlich erforderlichen FE der Kl C1 gefahren werden (näher Rn. 40a f.).

b) Klasse C1E umfasst Fahrzeugkombinationen bestehend aus einem Zugfahrzeug der Klas- **45** se C1 und einem Anhänger oder Sattelanhänger mit einer zulässigen Gesamtmasse von mehr als 750 kg, sowie Fahrzeugkombinationen bestehend aus einem Zugfahrzeug der Klasse B und einem Anhänger oder Sattelanhänger mit einer zulässigen Gesamtmasse von mehr als 3500 kg, sofern jeweils die zulässige Gesamtmasse der Fahrzeugkombination 12 000 kg nicht übersteigt. Die Anhängerregelung bei Fahrzeugkombinationen mit einem Zugfahrzeug der Klasse C1 ist gegenüber der Rechtslage bis 18.1.13 insofern vereinfacht worden, als es bei ab dem 19.1.13 erteilten FE der Kl C1E nicht mehr auf das Verhältnis der zulässigen Gesamtmasse des Anhängers zu der Leermasse des Zugfahrzeugs ankommt. Inhaber einer vor dem 19.1.13 erteilten FE der Kl C1E können den Wegfall der Leermassenberücksichtigung wegen der automatischen Besitzstandsmehrung (VI S. 1) auch in Anspruch nehmen, ohne dass sie ihre FE umgestellt haben. Die in IVa S. 1 genannten Fz mit besonderer Zweckbestimmung können mit einer FE der Kl C1E gefahren werden (IVa S. 2, Rn. 43c). Erteilung einer FE der Kl C1E setzt den Besitz oder die Erfüllung der Voraussetzungen für die Erteilung einer FE der Kl C1 voraus; die FE der Kl C1E darf frühestens zusammen mit der FE der Kl C1 erteilt werden (§ 9 II). Das **Mindestalter** für die Erteilung einer FE der Kl C1E beträgt **18 Jahre** (§ 10 I Nr. 6). Die FE der Kl C1E wurde bis 27.12.16 **befristet** erteilt bis zur Vollendung des 50. Lebensjahres, nach Vollendung des 45. Lebensjahres für 5 Jahre (§ 23 I S. 2 Nr. 1 aF). Seit 28.12.16 wird die FE der Kl C1E nur noch für längstens 5 Jahre erteilt (§ 23 I S. 2). Die Geltungsdauer der bis 27.12.16 erteilten FE der Kl C1E endet mit Vollendung des 50. Lebensjahres des Inhabers (§ 76 Nr. 12c). Die FE der Kl C1E berechtigt auch zum Führen von Fz der Kl BE sowie D1E, sofern der Inhaber zum Führen von Fz der Kl D1 berechtigt ist (III S. 1 Nr. 7). Da Kl C1 Voraussetzung für die Erteilung ist, darf der Inhaber einer FE der Kl C1E auch Fz der Kl C1 führen. Da Kl B Voraussetzung für die Erteilung einer FE der Kl C1 ist, darf der Inhaber einer FE der Kl C1E auch Fz der B, AM und L führen (III S. 1 Nr. 4). Die FE der Kl C1E berechtigt im Inland auch zum Führen von

Kraftomnibussen mit einer entsprechenden zulässigen Gesamtmasse und ohne Fahrgäste, wenn die Fahrten lediglich zur Überprüfung des technischen Zustands des Fz dienen (IV, Rn. 63 ff.).

46   **c) Klasse C** umfasst alle Kfz – ausgenommen die unter die FEKlassen AM, A1, A2, A, D1 und D fallenden –, deren Gesamtmasse mehr als 3500 kg beträgt und die zur Beförderung von nicht mehr als 8 Personen außer dem FzF ausgelegt und gebaut sind. Es darf sich grds. **nicht** um **Fz zur Personenbeförderung** handeln, denn dafür ist eine FE einer D-Klasse erforderlich (Rn. 43 a f.). Die in IVa S. 1 genannten Fz mit besonderer Zweckbestimmung können jedoch mit einer FE der Kl C gefahren werden (IVa S. 2, Rn. 43c). **Übergangsvorschrift:** Mit einer bis 27.12.16 erteilten FE der Kl C dürfen auch Fz zur Personenbeförderung gefahren werden, mit einer in der Zeit 19.1.13–27.12.16 erteilten FE der Kl C allerdings nur im Inland (§ 76 Nr. 8c).

Ein **Anhänger** mit einer zulässigen Gesamtmasse von höchstens 750 kg darf mitgeführt werden. Erteilung einer FE der Kl C setzt den Besitz oder die Erfüllung der Voraussetzungen für die Erteilung einer FE der Kl B voraus; die FE der Kl C darf frühestens zusammen mit der FE der Kl B erteilt werden (§ 9 I). Das **Mindestalter** für die Erteilung einer FE der Kl C beträgt **21 Jahre** (bis 18.1.13 betrug es 18 Jahre), nach erfolgter Grundqualifikation gem. § 4 I Nr. 1 BKrFQG und während oder nach Abschluss bestimmter Berufsausbildungen **18 Jahre** (§ 10 I Nr. 7). Gründe für die durch die 3. EU-FS-RL bedingte Heraufsetzung des Mindestalters sind nicht bekannt. Die FE der Kl C wird auf 5 Jahre befristet erteilt (§ 23 I S. 2 Nr. 2). Sie berechtigt auch zum Führen von Fz der Kl C1 (III S. 1 Nr. 5). Da Kl B Voraussetzung für die Erteilung ist, darf der Inhaber auch Fz der Kl B, AM und L führen (III S. 1 Nr. 4). Die FE der Kl C berechtigt im Inland auch zum Führen von Kraftomnibussen mit einer entsprechenden zulässigen Gesamtmasse und ohne Fahrgäste, wenn die Fahrten lediglich zur Überprüfung des technischen Zustands des Fz dienen (IV, Rn. 63 ff.).

47   **d) Klasse CE** umfasst Fahrzeugkombinationen bestehend aus einem Zugfahrzeug der Klasse C und Anhängern, also einem oder mehreren Anhängern, oder einem Sattelanhänger, jeweils mit einer zulässigen Gesamtmasse von mehr als 750 kg. Diese Regelung geht über die Vorgabe von Art 4 IV Buchst. g der 3. EU-FS-RL hinaus, der von Fahrzeugkombinationen mit *einem* Anhänger oder Sattelanhänger spricht. Die in IVa S. 1 genannten Fz mit besonderer Zweckbestimmung können mit einer FE der Kl CE gefahren werden (IVa S. 2, Rn. 43c). Erteilung einer FE der Kl CE setzt den Besitz oder die Erfüllung der Voraussetzungen für die Erteilung einer FE der Kl C voraus; die FE der Kl CE darf frühestens zusammen mit der FE der Kl C erteilt werden (§ 9 II). Das **Mindestalter** für die Erteilung einer FE der Kl CE beträgt **21 Jahre** (bis 18.1.13 betrug es 18 Jahre), nach erfolgter Grundqualifikation gem. § 4 I Nr. 1 BKrFQG und während oder nach Abschluss bestimmter Berufsausbildungen **18 Jahre** (§ 10 I Nr. 7). Die FE der Kl CE wird auf 5 Jahre befristet erteilt (§ 23 I S. 2 Nr. 2). Die FE der Kl CE berechtigt auch zum Führen von Fz der Kl C1E, BE und T sowie DE, sofern der Inhaber zum Führen von Fz der Kl D berechtigt ist (III S. 1 Nr. 6). Da Kl C Voraussetzung für die Erteilung ist, darf der Inhaber auch Fz der Kl C und C1 führen (III S. 1 Nr. 5). Da Kl B Voraussetzung für die Erteilung einer FE der Kl C ist, darf der Inhaber auch Fz der Kl B, AM und L führen (III S. 1 Nr. 4). Die FE der Kl CE berechtigt im Inland auch zum Führen von Kraftomnibussen mit einer entsprechenden zulässigen Gesamtmasse und ohne Fahrgäste, wenn die Fahrten lediglich zur Überprüfung des technischen Zustands des Fz dienen (IV, Rn. 63 ff.). **Übergangsbestimmung:** Mit einer bis 27.12.16 erteilten FE der Kl CE dürfen auch Fz der Kl D1E gefahren werden, wenn der FEInhaber auch zum Führen von Fz der Kl D1 berechtigt ist, mit einer in der Zeit 19.1.13–27.12.16 erteilten FE der Kl CE allerdings nur im Inland (§ 76 Nr. 8e).

48   **e) Nachweis der gesundheitlichen Eignung.** Vor Erteilung und Verlängerung einer FE der C-Klassen müssen sich Bewerber und Inhaber einer Untersuchung der gesundheitlichen Eignung unterziehen (§ 11 IX iVm Anl 5). Die Anforderungen an das Sehvermögen sind gem. § 12 VI iVm Nr. 2 Anl 6 nachzuweisen.

7. Fahrerlaubnisklassen für Omnibusse

49   **a) Klasse D1** umfasst alle Kfz – ausgenommen die unter die FEKlassen AM, A1, A2 und A fallenden –, die zur Beförderung von nicht mehr als 16 Personen außer dem FzF ausgelegt und gebaut sind und deren Länge nicht mehr als 8 m beträgt. Anders als Art 3 II der 2. EU-FS-RL stellt Art 4 IV Buchst. h der 3. EU-FS-RL nicht mehr auf das Vorhandensein von mehr als 8, aber nicht mehr als 16 Sitzplätzen außer dem Führersitz ab, sondern darauf, dass das Fz zur Beförderung von nicht mehr als 16 Personen außer dem FzF ausgelegt und gebaut ist. Die Wörter „mehr als acht, aber" wurden nicht schon bei Umsetzung der 3. EU-FS-RL zum 19.1.13, sondern erst auf Druck der EU-Kommission mit ÄndVO v. 21.12.16 (BGBl. I S. 3083) mWv 28.12.16 gestrichen.

Bis 18.1.13 war die FE der Klasse D1 ausschließlich begrenzt auf die Anzahl der Sitzplätze und damit weitestgehend unabhängig von der Anzahl an Stehplätzen. Damit hätten in einem Bus der Klasse D so viele Sitzplätze ausgebaut werden können, dass dieser fahrerlaubnisrechtlich zu einem Bus der Klasse D1 wird. Der Fahrer könnte damit so viele Personen transportieren wie im Klasse D-Bus abzüglich der ausgebauten Sitzplätze. Um dies zu verhindern, wurde bei Umsetzung der 3. EU-FS-RL die Anzahl der Personen begrenzt, unabhängig ob der Transport auf Steh- oder Sitzplätzen erfolgt (Begr Rn. 14). Entscheidend sind die tatsächlichen Verhältnisse, nicht die zulassungsrechtliche Einordnung. Die Definition des KOM in § 30d I StVZO, die auf die Zahl der Sitzplätze abhebt, ist für die fahrerlaubnisrechtliche Beurteilung nicht maßgeblich. Für die Frage, welche FE benötigt wird, ist § 6 speziell.

Das Fz muss **für die Beförderung von Personen ausgelegt** sein (Rn. 43a f.). Es ist jedoch nicht erforderlich, dass das Fz allein der Personenbeförderung dient, es können auch Flächen für den Transport von Ladung vorhanden sein. Ein **Anhänger** mit einer zulässigen Gesamtmasse von höchstens 750 kg darf mitgeführt werden. Erteilung einer FE der Kl D1 setzt den Besitz oder die Erfüllung der Voraussetzungen für die Erteilung einer FE der Kl B voraus; die FE der Kl D1 darf frühestens zusammen mit der FE der Kl B erteilt werden (§ 9 I). Das **Mindestalter** für die Erteilung einer FE der Kl D1 beträgt **21 Jahre,** während oder nach Abschluss bestimmter Berufsausbildungen **18 Jahre** (§ 10 I Nr. 8). Die FE der Kl D1 wird auf 5 Jahre befristet erteilt (§ 23 I S. 2 Nr. 3). Da Kl B Voraussetzung für die Erteilung ist, darf der Inhaber einer FE der Kl D1 auch Fz der Kl B, AM und L führen (III S. 1 Nr. 4). **Übergangsvorschrift:** Mit einer bis 18.1.13 erteilten FE der Kl D1 dürfen auch Kfz gefahren werden, die zur Beförderung von mehr als 8, aber nicht mehr als 16 Personen, den FzF ausgenommen, ausgelegt und gebaut sind und deren Länge mehr als 8 m beträgt, und mit einer in der Zeit 19.1.13–27.12.16 erteilten FE der Kl D1 dürfen im Inland auch Kfz gefahren werden, die zur Beförderung von mehr als 8, aber nicht mehr als 16 Personen, den FzF ausgenommen, ausgelegt und gebaut sind und deren Länge nicht mehr als 8 m beträgt (§ 76 Nr. 8d).

b) Klasse D1E umfasst Fahrzeugkombinationen bestehend aus einem Zugfahrzeug der Klas- **50** se D1 und einem Anhänger mit einer zulässigen Gesamtmasse von mehr als 750 kg. Die früheren Einschränkungen, dass die zulässige Gesamtmasse der Kombination 12 000 kg und die zulässige Gesamtmasse des Anhängers die Leermasse des Zugfahrzeugs nicht übersteigen dürfen, sind seit 19.1.13 entfallen. Entfallen ist auch, dass der Anhänger (fahrerlaubnisrechtlich) nicht zur Personenbeförderung verwendet werden darf (s. aber § 32a S. 1 und 4 StVZO). Erteilung einer FE der Kl D1E setzt den Besitz oder die Erfüllung der Voraussetzungen für die Erteilung einer FE der Kl D1 voraus; die FE der Kl D1E darf frühestens zusammen mit der FE der Kl D1 erteilt werden (§ 9 II). Das **Mindestalter** für die Erteilung einer FE der Kl D1E beträgt **21 Jahre,** während oder nach Abschluss bestimmter Berufsausbildungen **18 Jahre** (§ 10 I Nr. 8). Die FE der Kl D1E wird auf 5 Jahre befristet erteilt (§ 23 I S. 2 Nr. 3). Die FE der Kl D1E berechtigt auch zum Führen von Fz der Kl BE (III S. 1 Nr. 9). Da Kl D1 Voraussetzung für die Erteilung ist, darf der Inhaber einer FE der Kl D1E auch Fz der Kl D1 führen. Da Kl B Voraussetzung für die Erteilung einer FE der Kl D1 ist, darf der Inhaber einer FE der Kl D1E auch Fz der Kl B, AM und L führen (III S. 1 Nr. 4). **Übergangsbestimmung:** Mit einer bis 27.12.16 erteilten FE der Kl D1E dürfen auch Fz der Kl C1E gefahren werden, wenn der FEInhaber auch zum Führen von Fz der Kl C1 berechtigt ist, mit einer in der Zeit 19.1.13–27.12.16 erteilten FE der Kl D1E allerdings nur im Inland (§ 76 Nr. 8f.).

c) Klasse D umfasst alle Kfz – ausgenommen die unter die FEKlassen AM, A1, A2 und A fal- **51** lenden –, die zur Beförderung von mehr als 8 Personen außer dem FzF ausgelegt und gebaut sind. Ebenso wie bei der Klasse D1 kommt es seit 19.1.13 nicht mehr auf die Zahl der Sitzplätze an, sondern auf die Zahl der Personen, auf deren Beförderung das Fz ausgelegt und gebaut ist (Rn. 49). Das Fz muss für die Beförderung von Personen ausgelegt sein (Rn. 43a f.). Ein **Anhänger** mit einer zulässigen Gesamtmasse von höchstens 750 kg darf mitgeführt werden. Erteilung einer FE der Kl D setzt den Besitz oder die Erfüllung der Voraussetzungen für die Erteilung einer FE der Kl B voraus; die FE der Kl D darf frühestens zusammen mit der FE der Kl B erteilt werden (§ 9 I). Das **Mindestalter** für die Erteilung einer FE der Kl D beträgt **24 Jahre,** unter bestimmten Voraussetzungen auch **23, 21 oder 18 Jahre** (näher § 10 I Nr. 9). Die FE der Kl D wird auf 5 Jahre befristet erteilt (§ 23 I S. 2 Nr. 3). Die FE der Kl D berechtigt auch zum Führen von Fz der Kl D1 (III S. 1 Nr. 8). Da Kl B Voraussetzung für die Erteilung einer FE der Kl D ist, darf der Inhaber einer FE der Kl D auch Fz der Kl B, AM und L führen (III S. 1 Nr. 4).

52   **d) Klasse DE** umfasst Fahrzeugkombinationen bestehend aus einem Zugfahrzeug der Klasse D und einem Anhänger mit einer zulässigen Gesamtmasse von mehr als 750 kg. Erteilung einer FE der Kl DE setzt den Besitz oder die Erfüllung der Voraussetzungen für die Erteilung einer FE der Kl D voraus; die FE der Kl DE darf frühestens zusammen mit der FE der Kl D erteilt werden (§ 9 II). Das **Mindestalter** für die Erteilung einer FE der Kl DE beträgt **24 Jahre,** unter bestimmten Voraussetzungen auch **23, 21 oder 18 Jahre** (näher § 10 I Nr. 9). Die FE der Kl DE wird auf 5 Jahre befristet erteilt (§ 23 I S. 2 Nr. 3). Die FE der Kl DE berechtigt auch zum Führen von Fz der Kl D1E und BE (III S. 1 Nr. 10). Da Kl D Voraussetzung für die Erteilung ist, darf der Inhaber einer FE der Kl DE auch Fz der Kl D führen. Da Kl B Voraussetzung für die Erteilung einer FE der Kl D ist, darf der Inhaber einer FE der Kl DE auch Fz der Kl B, AM und L führen (III S. 1 Nr. 4). **Übergangsbestimmung:** Mit einer bis 27.12.16 erteilten FE der Kl DE dürfen auch Fz der Kl C1E gefahren werden, wenn der FEInhaber auch zum Führen von Fz der Kl C1 berechtigt ist, mit einer in der Zeit 19.1.13–27.12.16 erteilten FE der Kl DE allerdings nur im Inland (§ 76 Nr. 8g).

53   **e) Nachweis der gesundheitlichen Eignung.** Vor Erteilung und Verlängerung einer FE der D-Klassen müssen sich Bewerber und Inhaber einer Untersuchung der gesundheitlichen Eignung unterziehen (§ 11 IX iVm Anl 5). Für die D-Klassen sind besondere Anforderungen hinsichtlich Belastbarkeit, Orientierungsleistung, Konzentrationsleistung, Aufmerksamkeitsleistung und Reaktionsfähigkeit zu erfüllen (Nr. 2 Anl 5). Für die Erteilung und ab dem 50. Lebensjahr für die Verlängerung der D-Klassen wird ein betriebs- oder arbeitsmedizinisches oder ein Gutachten einer amtlich anerkannten Begutachtungsstelle für Fahreignung verlangt (Nr. 2 Anl 5). Die Anforderungen an das Sehvermögen sind gem. § 12 VI iVm Nr. 2 Anl 6 nachzuweisen.

54   **f) Fahrfertigkeiten und Verantwortung für Fahrgäste.** Bewerber um eine FE der D-Klassen müssen bei der praktischen Fahrerlaubnisprüfung über die allgemeinen Anforderungen hinaus **ausreichende Fahrfertigkeiten** nachweisen (§ 17 I S. 2). Dies bedeutet, dass sie über ein höheres Maß an fahrerischem Können als in den anderen Klassen verfügen sowie einen Grad von Sicherheit und Gewandtheit erreicht haben müssen, über den Fahranfänger idR nicht verfügen; diese höhere Anforderung rechtfertigt sich aus der Verantwortung des Fahrers für die beförderten Fahrgäste (Begr zu § 17, BR-Drs. 443/98 S. 266, VkBl. **98** 1072). Bewerber um eine und Inhaber einer FE einer der D-Klassen müssen zusätzlich zu den allgemeinen Eignungsvoraussetzungen auch die **Gewähr** dafür bieten, dass sie der besonderen **Verantwortung** bei der **Beförderung von Fahrgästen** gerecht werden (§ 11 I S. 4, näher dazu § 11 Rn. 22).

55   **8.** Bei den **Fahrerlaubnisklassen T und L für land- oder forstwirtschaftliche Zugmaschinen, selbstfahrende Arbeitsmaschinen, selbstfahrende Futtermischwagen, Stapler und andere Flurförderfahrzeuge** handelt es sich nicht um in der EU harmonisierte, sondern um nationale deutsche FEKlassen. Die 3. EU-FS-RL enthält dafür keine Vorgaben. FE der Kl T und L müssen in anderen EU-/EWR-Staaten nicht anerkannt werden.

56   **a) Klasse T** umfasst für **land- oder forstwirtschaftliche** Zwecke bauartbestimmte und verwendete **Zgm** mit einer bbH bis 60 km/h sowie für diese Zwecke bauartbestimmte und verwendete **selbstfahrende Arbeitsmaschinen** und **selbstfahrende Futtermischwagen** jeweils mit einer bbH bis 40 km/h. Anhänger können mitgeführt werden. Selbstfahrende Arbeitsmaschinen sind Fz, die nach ihrer Bauart und ihren besonderen, mit dem Fahrzeug fest verbundenen Einrichtungen zur Leistung von Arbeit, nicht zur Beförderung von Personen oder Gütern bestimmt und geeignet sind (§ 2 Nr. 17 FZV). Selbstfahrende Futtermischwagen sind Kfz, die der Aufnahme, der Verarbeitung, der Vermischung, dem Transport und der Rationierung von Futtermittel dienen (Begr Rn. 17). Die Fz müssen nach ihrer **Bauart** für **land- oder forstwirtschaftliche Zwecke** (Legaldefinition: Abs. V, Rn. 66) bestimmt sein. Nur bei tatsächlichem **Einsatz** des Fz für land- oder forstwirtschaftliche Zwecke genügt die Kl T. Ausnahme bei örtlichen Brauchtumsveranstaltungen, nicht gewerbsmäßig durchgeführten Altmaterialsammlungen und Landschaftssäuberungsaktionen sowie Feuerwehreinsätzen und -übungen: § 1 II der 2. VO über Ausnahmen von verkehrsrechtlichen Vorschriften (§ 3 FZV Rn. 3). Das **Mindestalter** für die Erteilung einer FE der Kl T beträgt **16 Jahre** (§ 10 I Nr. 10). Es gilt aber eine **Stufenregelung:** Gem. II Hs. 1 berechtigt die FE der Kl T nur dann zum Führen von Zgm mit bauartbestimmter Höchstgeschwindigkeit von mehr als 40 km/h, wenn der FEInhaber das 18. Lebensjahr vollendet hat, soweit die Fahrt nicht unter die Ausnahmeregelung des II Hs. 2

fällt. Mit Vollendung des 18. Lebensjahres gilt die unbeschränkte Berechtigung automatisch. Die Ausnahme des II Hs. 2 soll sicherstellen, dass auch 16- und 17jährige Inhaber einer FE der Kl T in den dort genannten Fällen alle Ausbildungs- und PrüfungsFz führen können; die Ausnahme wird für vertretbar gehalten, weil stets eine Begleitung durch einen Fahrlehrer vorgeschrieben ist (Begr BR-Drs. 443/98 S. 243 = VkBl. **98** 1063). Die FE der Kl T wird unbefristet erteilt (§ 23 I S. 1). Sie unterliegt nicht den Regelungen über die Probezeit (§ 32 S. 1). Die FE der Kl T berechtigt auch zum Führen von Fz der Kl AM und L (III S. 1 Nr. 11).

b) Klasse L umfasst für **land- oder forstwirtschaftliche** Zwecke bauartbestimmte und **57** verwendete **Zgm** mit einer bbH bis 40 km/h (seit 30.6.12, vorher bis 32 km/h, Begr Rn. 18), auch mit Anhängern, wenn sie mit einer Geschwindigkeit von maximal 25 km/h geführt werden. Land- oder forstwirtschaftliche Zwecke: Abs.V Rn. 66. Die durch ÄndVO v. 26.6.12 (BGBl. I S. 1394) vorgenommene Erweiterung der Berechtigung bis 40 km/h gilt automatisch seit 30.6.12 für alle Inhaber einer FE der Kl L, ohne dass es eines Umtausches des FS bedarf, auch wenn Kl L eine Einschlussklasse gem. III darstellt (*Kalus* VD **12** 220). In die FEKl L fallen auch Zgm und ihre Anhänger, die von land- oder forstwirtschaftlichen Lohnunternehmen anderen Betrieben vermietet oder auf andere Weise überlassen wurden und für land- oder forstwirtschaftliche Zwecke verwendet werden. Kl L berechtigt nach Maßgabe von § 1 II der 2.VO über Ausnahmen von straßenverkehrsrechtlichen Vorschriften (§ 3 FZV Rn. 3) auch zum Führen von Zgm bis 40 km/h (seit 27.6.13 (Inkrafttreten der ÄndVO v. 13.6.13 zur 2. AusnVO), vorher bis 32 km/h) einschließlich Anhänger bei örtlichen Brauchtumsveranstaltungen, nicht gewerblich durchgeführten Altmaterialsammlungen und Landschaftssäuberungsaktionen sowie Feuerwehreinsätzen und -übungen, wenn der FzF das 18. Lebensjahr vollendet hat. Weiter umfasst Kl L **selbstfahrende Arbeitsmaschinen, selbstfahrende Futtermischwagen, Stapler** und andere **Flurförderfahrzeuge** mit einer bbH von nicht mehr als 25 km/h, jeweils auch mit Anhängern. Selbstfahrende Arbeitsmaschinen sind Fz, die nach ihrer Bauart und ihren besonderen, mit dem Fahrzeug fest verbundenen Einrichtungen zur Leistung von Arbeit, nicht zur Beförderung von Personen oder Gütern bestimmt und geeignet sind (§ 2 Nr. 17 FZV). Selbstfahrende Futtermischwagen sind Kfz, die der Aufnahme, der Verarbeitung, der Vermischung, dem Transport und der Rationierung von Futtermittel dienen (Begr Rn. 17). Zu Flurförderzeugen § 4 Rn. 36 f., *Huppertz* VD **00** 78, *Lippert* VD **00** 102. Die selbstfahrenden Arbeitsmaschinen, selbstfahrenden Futtermischwagen, Stapler und andere Flurförderfahrzeuge müssen nicht nach ihrer Bauart zur Verwendung für land- und forstwirtschaftliche Zwecke bestimmt sein und eingesetzt werden. Für land- oder forstwirtschaftliche Zwecke bauartbestimmte Zgm, selbstfahrende Arbeitsmaschinen einschl selbstfahrende Futtermischwagen, Stapler und andere Flurförderfahrzeuge mit einer bbH von nicht mehr als 6 km/h sind fahrerlaubnisfrei (§ 4 I S. 2 Nr. 3). Das **Mindestalter** für die Erteilung der FE der Kl L beträgt **16 Jahre** (§ 10 I Nr. 11). Für den Erwerb einer FE der Kl L bedarf es nur einer theoretischen Fahrerlaubnisprüfung (§ 15 II); Kl L ist die einzige FEKl, die ohne praktische Prüfung erteilt wird. Die FE der Kl L wird unbefristet erteilt (§ 23 I S. 1). Sie unterliegt nicht den Regelungen über die Probezeit (§ 32 S. 1).

c) Als Nachweis der gesundheitlichen Eignung müssen Bewerber um eine FE der Klas- **58** sen T und L lediglich einen Sehtest absolvieren (§ 12 II).

9. Berufskraftfahrer-Qualifikation. Fahrer, die Beförderungen im Güterkraft- oder Perso- **59** nenverkehr mit Kfz durchführen, für die eine FE der Klassen C1, C1E, C, CE, D1, D1E, D oder DE erforderlich ist, benötigen *zusätzlich zur FE* eine **Grundqualifikation** nach dem Berufskraftfahrer-Qualifikations-Gesetz (BKrFQG), sofern die FE der Klassen D1, D1E, D, DE ab dem 10.9.08 und die FE der Klassen C1, C1E, C, CE ab dem 10.9.09 erteilt wurde. Ausnahmen: § 1 II BKrFQG. Verpflichtung zur **Weiterbildung** alle 5 Jahre (auch bei FE-Erwerb vor den genannten Stichtagen) gem. § 5 BKrFQG, § 4 BKrFQV. In Umsetzung der Richtlinie 2003/59/ EG (StVRL § 6 FeV Nr. 6) soll dadurch für Fahrer im Güterkraft- und Personenverkehr eine über die FE-Ausbildung hinausgehende Vermittlung besonderer tätigkeitsbezogener Fertigkeiten und Kenntnisse gewährleistet werden (Begr BR-Drs. 259/06 S. 12). Grundqualifikation und Weiterbildung werden durch **Eintrag der Schlüsselzahl 95** nach Anl 9 auf dem FS nachgewiesen (§ 5 II BKrFQV). Die FEB nimmt diese Eintragung vor. Der Schlüsselzahl 95 wird dabei das Datum angefügt, bis zu dem der Qualifikationsnachweis erbracht ist, und zwar nach dem Muster 95 (1.1.12). Die Länder können für Grenzgänger (Wohnsitz in Frankreich, Absolvierung der Weiterbildung EU-konform am Arbeitsort in Deutschland) einen separaten deutschen Fahrerqualifizierungsnachweis nach dem Muster des Anhangs II der Richtlinie 2003/59/EG vorsehen (§ 8 IV BKrFQG, Begr BT-Drs. 18/8183 S. 20), da der Nachweis durch Eintragung der Sz

95 aufgrund einer deutschen Weiterbildungsbescheinigung von Frankreich abgelehnt wird. Die Mindestaltervorschriften des BKrFQG sind in § 10 I Nr. 7 und 9 eingearbeitet. Verstöße gegen die Verpflichtungen aus dem BKrFQG sind ordnungswidrig nach § 9 BKrFQG, berühren die FE aber nicht und führen auch nicht zu Punkten im FAER.

60   **10. Beschränkung der Fahrerlaubnis auf einzelne Fahrzeugarten** ist gem. I S. 3 möglich. Kfz-Arten: § 69a StGB Rn. 5–7. Wird bei strafgerichtlicher EdF gem. § 69a II StGB von einer FESperre eine KfzArt ausgenommen, deren Führen eine Fahrerlaubnis der FEKl C1, C, D1 oder D voraussetzt (zB Lkw, Kom), ist die FEB allerdings durch § 9 gehindert, diese zu erteilen (§ 9 Rn. 11). Auch ansonsten besteht fahrerlaubnisrechtlich keine Möglichkeit, bei charakterlichen Eignungsmängeln eine beschränkte FE zu erteilen (§ 2 StVG Rn. 71, § 23 FeV Rn. 12). Beschränkung der FE bei eingeschränkter Eignung (§ 2 IV S. 2 StVG, §§ 23 II, 46 II) ist im Übrigen unabhängig von I S. 3 möglich.

61   **11. Fahrerlaubnis beim Abschleppen.** Zum Begriff des Abschleppens § 33 StVZO Rn. 19 ff. Beim Abschleppen braucht der Führer des ziehenden Kfz nur die FE der Klasse des abschleppenden Kfz (I S. 4), also keine FE mit Berechtigung zum Ziehen eines Anhängers mit der Gesamtmasse des abgeschleppten Fz. Der Lenker des abgeschleppten Fz ist nicht Führer eines Kfz (KG VRS **26** 125), er benötigt deswegen keine FE (Ha DAR **99** 178). Beim **Schleppen** von Kfz (§ 33 StVZO) benötigt der Führer des schleppenden Fz eine FE mit Berechtigung zum Ziehen eines Anhängers mit der Gesamtmasse des geschleppten Kfz (§ 33 StVZO Rn. 17). Der Führer des geschleppten Fz benötigt ebenso wie beim Abschleppen keine FE, da er nicht Führer eines Kfz ist.

62   **12. Erstreckung der Fahrerlaubnis auf Fahrzeuge anderer Klassen.** III enthält die Einschlussregelungen hinsichtlich derjenigen Klassen, die mit der jeweils höheren Klasse im Hinblick auf die umfassendere Ausbildung miterteilt werden. FEKlassen, die Voraussetzung zum Erwerb einer höheren Klasse sind – wie Kl B, die Voraussetzung für den Erwerb der Kl C und D ist (vgl. § 9 I) – sind nicht eingeschlossen und werden folglich in III S. 1 nicht aufgeführt. Schließt eine Kl eine andere ein, wird der Einschluss bei der höheren Kl nicht wiederholt. Beispiel: B ist Voraussetzung für C. Wer Kl C hat besitzt B. B schließt L ein, L braucht daher als eingeschlossene Kl bei C nicht mehr genannt zu werden (Begr BR-Drs. 443/98 S. 244 = VkBl. **98** 1063).

a) Die FEKl A berechtigt außerdem zum Führen von Fz der Kl AM, A1 und A2 (III S. 1 Nr. 1), es sei denn, die FE der Kl A ist unter Verwendung der Sz 79.03 oder 79.04 (Besitzstand für dreirädrige Kfz) erteilt worden (III S. 2, Begr Rn. 22).
b) Die FEKl A2 berechtigt außerdem zum Führen von Fz der Kl A1 und AM (III S. 1 Nr. 2).
c) Die FEKl A1 berechtigt außerdem zum Führen von Fz der Kl AM (III S. 1 Nr. 3).
d) Die FEKl B berechtigt außerdem zum Führen von Fz der Kl AM und L (III S. 1 Nr. 4).
e) Die FEKl C berechtigt außerdem zum Führen von Fz der Kl C1 (III S. 1 Nr. 5).
f) Die FEKl D berechtigt außerdem zum Führen von Fz der Kl D1 (III S. 1 Nr. 8).
g) Die FEKl T berechtigt außerdem zum Führen von Fz der Kl AM und L (III S. 1 Nr. 11).
h) Erstreckung der Kl E in Verbindung mit der jeweiligen Haupt-FEKl auf andere Klassen: s. III S. 1 Nr. 6, 7, 9 und 10.

Zu den Hintergründen der mit ÄndVO v. 21.12.16 (BGBl. I S. 3083) vorgenommenen Änderungen s. *Buchardt/Ochel-Brinkschröder* SVR **17** 165 (167). Besitzstandswahrung für FE, die bis zur Umsetzung der 3. EU-FS-RL zum 19.1.13 und danach bis zum Inkrafttreten der ÄndVO v. 21.12.16 am 28.12.16 erteilt worden sind: § 76 Nr. 8e bis 8g.

63   **13. Kraftomnibusse** dürfen mit einer **FE der Kl C, C1, CE oder C1E** im Inland gefahren werden, wenn die Fahrten ausschließlich zur **Überprüfung** des **technischen Zustands** des Fz dienen (IV). Hintergrund dieser Regelung ist, dass bis 1998 für das Führen von Bussen ohne Fahrgäste eine FE der damaligen Kl 2 oder 3 ausreichte. Die Regelung des IV ist zum 1.1.99 bei Einführung der damals neuen FEKlasse D getroffen worden, um dem Werkstattpersonal, das Busse nach Reparaturen technisch prüft, zu ersparen, eigens zu diesem Zweck eine FE der Kl D erwerben zu müssen (Begr Rn. 5).

64   Der Begriff **Kraftomnibus** wird in der FeV nicht definiert; gemeint sind Fz der Kl D und D1. Die Begriffsbestimmung in § 30d I StVZO ist nicht maßgeblich, da es für die fahrerlaubnisrechtliche Definition seit 19.1.13 nicht mehr auf das Vorhandensein einer bestimmten Anzahl von Sitzplätzen ankommt, sondern darauf, ob das Fz zur Beförderung einer bestimmten Anzahl von Personen ausgelegt und gebaut ist (s. Rn. 49). **Fahrten zur Überprüfung des techni-**

schen Zustands des Fz sind zB Fahrten im Rahmen der technischen Überwachung gem. § 29 StVZO, der Anfertigung von Gutachten gem. §§ 21 StVZO, 13 EG-FGV, und Fahrten zur Überprüfung des technischen Zustands nach Reparatur in einer Werkstatt. Spezialregelung für aaSoP: § 2 I S. 2 Hs. 3 KfSachvG. Es dürfen **keine Fahrgäste** befördert werden. Fahrgäste sind alle auf dem Fz beförderten Personen, die weder das Fz lenken noch zur Ablösung des Fahrers oder zur Beobachtung oder Beaufsichtigung des Fz mitfahren (vgl. § 48 Rn. 19). Welche C-Klasse erforderlich ist, richtet sich nach der zulässigen Gesamtmasse des Busses und ggf. der Anhänger. Der Geltungsbereich des IV ist auf das **Inland** beschränkt (Begr Rn. 5).

Die Berechtigung zum Führen von Fz der Kl D und D1 mit einer FE der Kl C, C1, CE oder **65** C1E widerspricht Art 4 IV Buchst. d–g der 3. EU-FS-RL, auch wenn die Fahrt ohne Fahrgäste erfolgt. Die EU-Kommission hat dem BMV aber zugesagt, das Führen dieser Fz zum Zwecke der technischen Überprüfung zu tolerieren (Begr zur ÄndVO v. 9.8.04 BR-Drs. 305/04 S. 18).

14. Abs. V enthält die Legaldefinition des **Begriffs land- oder forstwirtschaftliche Zwe- 66 cke** hinsichtlich der FEKl T und L. Die weit gefasste Liste geht deutlich über den üblichen Sprachgebrauch hinaus und fungiert damit als Instrument zur Erweiterung der Nutzungsmöglichkeiten von FE der Kl T und L. Nr. 6 umfasst auch Probefahrten (§ 2 Nr. 23 FZV) der Hersteller von Fz, die im Rahmen der Nr. 1–5 eingesetzt werden; damit sollte den Fahrzeugherstellern die gleiche Berechtigung wie den Werkstätten eingeräumt werden (Begr VkBl. 02 890). Nr. 7 umfasst den Winterdienst ohne Einschränkung auf land- oder forstwirtschaftliche Zwecke (Begr Rn. 7).

15. Besitzstandsschutz für ältere Fahrerlaubnisse. Alle bis zum 15.7.2019 (Tag vor dem **67** Inkrafttreten der ÄndVO v. 4.7.19, BGBl. I S. 1056) erteilten FE alten Rechts, also auch die bis zum 31.12.98 in den damaligen FEKlassen erteilten FE, bleiben im Umfang der bisherigen Berechtigung, wie er sich aus Anl 3 ergibt, bestehen (VI S. 1). Bestimmte Berechtigungen (Anl 3 Spalte 5) werden nur auf Antrag zugeteilt. Es bedarf keiner Umstellung auf die heute gültige Klasseneinteilung; diese erfolgt vielmehr nur auf Antrag (VI S. 2). Die frühere **FEKl 2 (Lkw)** verliert jedoch mit Vollendung des 50. Lebensjahres des Inhabers ihre Gültigkeit, wenn die FE nicht umgestellt wird (§ 76 Nr. 9 S. 13 Hs. 1). Nach § 76 Nr. 9 S. 13 Hs. 2, eingefügt durch ÄndVO v. 21.12.16 (BGBl. I S. 3083), bleibt III Nr. 6 in diesem Fall unberührt. Nach der Begr (BR-Drs. 253/16 S. 33) soll diese Regelung gewährleisten, dass beim Erlöschen der Klassen C und CE die Klasse T (Besitzstand aus der Klasse 2) nicht auch erlischt. Ob dieses Ergebnis durch den Hinweis, III Nr. 6 bleibe unberührt, juristisch einwandfrei erreicht wird, erscheint fraglich. Hatte der Inhaber das 50. Lebensjahr bis zum 31.12.1999 vollendet, so hat die FE der Kl 2 ab 1.1.2001 ihre Gültigkeit verloren (§ 76 Nr. 9 S. 15). Bei der Umstellung einer bis zum 31.12.98 erteilten FE der Kl 2 wird die FE der Kl C oder CE bis zur Vollendung des 50. Lebensjahres des Betroffenen befristet (§ 76 Nr. 9 S. 10); diese Regelung ist grundgesetzkonform (OVG Hb DAR 07 106).

16. Besitzstandsmehrung für ältere Fahrerlaubnisse. Die bis zum 15.7.19 erteilten FE **68** alten Rechts erstrecken sich seit 16.7.19 (Inkrafttreten der ÄndVO v. 4.7.2019, BGBl. I S. 1056) vorbehaltlich der Bestimmungen des § 76 automatisch auf den Umfang der seit 16.7.19 erteilten FE nach Abs. I (VI S. 1). Anders als nach der früher bis 18.1.13 gültigen Rechtslage (VII aF) werden seit der Umsetzung der 3. EU-FS-RL ab 19.1.13 Inhabern von FE alten Rechts Besitzstandsmehrungen gewährt, ohne dass es einer Umstellung der FE alten Rechts auf die neuen FEKlassen und der Ausstellung eines neuen FS bedarf (VI S. 1, Begr Rn. 20, 25). Dies bedeutet zB, dass der Umfang der seit 19.1.13 geltenden Regelungen zur Zusammenstellung von Zugkombinationen der Klassen B und C1E (Wegfall der Leermassenberücksichtigung) auch ohne Umschreibung der alten FE der Kl B bzw. C1E in den ab 19.1.13 geltenden neuen, befristeten FS besteht. Auch Inhaber von bis zum 31.12.98 in den damaligen FEKlassen erteilten FE dürfen ohne Umtausch Fz gem. Anl 3 führen (Begr Rn. 20).

17. Umstellung der Fahrerlaubnisklassen. Die Umstellung einer bis zum 15.7.19 erteilten **69** FE auf die heute gültige Klasseneinteilung gem. Abs. I erfolgt **nur auf Antrag** des FEInhabers (VI S. 2). Für die Wahrung oder Mehrung des Besitzstands ist Umstellung gem. VI S. 2 nicht erforderlich (VI S. 1). Der Umfang der Berechtigung der umgestellten neuen FE ergibt sich aus VI S. 1. Bei der Umstellung sind die Einschränkungen der **Übergangsbestimmung des § 76 Nr. 9** zu beachten, insbesondere die bei Umstellung von FE der Klassen 2 (alt) oder entsprechender Klassen geltenden Befristungen: FE der **Klassen C und CE** werden auf die Vollendung des 50. Lebensjahres befristet (§ 76 Nr. 9 S. 10). Für Verlängerungen nach Ablauf der Geltungsdauer findet § 24 entsprechende Anwendung. Wer bis zum 31.12.98 das 50. Lebensjahr bereits vollendet hat, muss bei Umstellung der Kl 2 (alt) seine Eignung gem. Anl 5 und 6 nachweisen (§ 76 Nr. 9 S. 12). Eine Umgehung durch Nichtumstellung ist ausgeschlossen: In diesem Falle darf der Inhaber der bis zum 31.12.98 erteilten FE der Kl 2 (alt) nach Vollendung des 50. Lebensjahrs keine Fz der Klassen C oder CE mehr führen. Die Übergangsregelungen sind grundgesetzkonform (OVG Hb DAR **07** 106, VG Gießen NZV **00** 270, VG Mü NZV **02** 336). Andererseits wird bei Umstellung einer bis zum 31.12.98 erteilten FE der Kl 3 (alt) die FE der **Kl C1 und C1E** entgegen § 23 I S. 2 unbefristet erteilt (§ 76 Nr. 9 S. 2).

70 Bei Umstellung wird ein **neuer FS** ausgefertigt (VI S. 2). Diese Ausfertigung erfolgt nach Muster 1 Anl 8 (§ 25 I S. 1, II S. 1), also als befristeter (§ 24a I S. 1) KartenFS nach aktuellem Muster. Ausfertigung nach einem altem Muster ist nicht möglich (VG Mü 16.10.01 M 6b K 00.866 NZV **02** 336). Bei der Aushändigung des neuen FS ist der bisherige einzuziehen oder ungültig zu machen (§ 25 V S. 1). Er verliert mit Aushändigung des neuen FS seine Gültigkeit (§ 25 V S. 5, dazu § 25 Rn. 35). Die Umstellung nach VI S. 2 ist ein einheitlicher Vorgang, der mit der Ausfertigung des neuen FS vollendet ist und danach nicht nochmals vollzogen oder ergänzt werden kann (OVG Lüneburg NZV **11** 519 zu VII aF). Nach erfolgter Umstellung durch Aushändigung eines neuen FS ist Rückgängigmachung und Aushändigung des alten FS ausgeschlossen (VG Mü 16.10.01 M 6b K 00.866 NZV **02** 336).

71 **18. Strafvorschriften:** s. § 21 StVG. Die Voraussetzungen der Strafbarkeit beim Schleppen ohne die erforderliche FE sind in § 6 I S. 4 hinreichend bestimmt (Br NJW **63** 726 zu § 5 II S. 2 StVZO aF).

Fahrerlaubnis der Klasse B mit der Schlüsselzahl 96

6a (1) ¹Die Fahrerlaubnis der Klasse B kann mit der Schlüsselzahl 96 erteilt werden für Fahrzeugkombinationen bestehend aus einem Kraftfahrzeug der Klasse B und einem Anhänger mit einer zulässigen Gesamtmasse von mehr als 750 kg, sofern die zulässige Gesamtmasse der Fahrzeugkombination 3 500 kg überschreitet, aber 4 250 kg nicht übersteigt. ²Die Schlüsselzahl 96 darf nur zugeteilt werden, wenn der Bewerber bereits die Fahrerlaubnis der Klasse B besitzt oder die Voraussetzungen für deren Erteilung erfüllt hat; in diesem Fall darf die Schlüsselzahl 96 frühestens mit der Fahrerlaubnis für die Klasse B zugeteilt werden.

(2) Das Mindestalter für die Erteilung der Fahrerlaubnis der Klasse B mit der Schlüsselzahl 96 beträgt 18 Jahre, im Fall des Begleiteten Fahrens ab 17 Jahre nach § 48a 17 Jahre.

(3) ¹Für die Eintragung der Schlüsselzahl 96 in die Fahrerlaubnis der Klasse B bedarf es einer Fahrerschulung. ²Die Inhalte der Fahrerschulung ergeben sich aus Anlage 7a.

(4) Beim Antrag auf Eintragung der Schlüsselzahl 96 in die Klasse B ist vor deren Eintragung der Nachweis einer Fahrerschulung nach dem Muster nach Anlage 7a beizubringen.

1 **Begr** (BR-Drs. 660/10 S. 60 = VkBl. **11** 112): *Zum Erwerb der erweiterten Fahrerlaubnis der Klasse B (Zugkombinationen bis 4250 kg; sog. Klasse B 96) bestehen nach Anhang V der (3. EG-FS-)Richtlinie folgende Möglichkeiten: a. einer Fahrerschulung oder b. Prüfung oder c. Fahrerschulung und Prüfung. Angesichts der Tatsache, dass die Fahrerlaubnis der Klasse B mit der Schlüsselzahl 96 nach einhelliger Auffassung in der Praxis mengenmäßig kaum eine Rolle spielen wird (wohl überwiegend für Wohnwagengespanne interessant), wurde davon Abstand genommen, den Bürgerinnen und Bürgern eine weitere Prüfung zuzumuten. Vielmehr wird die bürgernahe und unbürokratische Lösung einer Fahrerschulung gewählt. Bedenken aus Verkehrssicherheitsgründen bestehen nicht. Die Fahrerschulungen sollen jedoch nur von Fahrlehrern in einer Fahrschule durchgeführt werden.*

2 (BR-Drs. 660/10 S. 48 = VkBl. **11** 109): *... Um die vorgeschriebenen Ausbildungsteile um öffentlichen Straßenverkehr durchführen zu können, sind die Fahrerschulungen nur von Fahrlehrern, die Inhaber einer Fahrschule sind, durchzuführen.*

3 (BR-Drs. 660/10 S. 60 = VkBl. **11** 112): *Der neue § 6a regelt die Voraussetzungen für die Erteilung der Fahrerlaubnisklasse B mit der Schlüsselzahl 96. Bei dieser Kombination handelt es sich nicht um eine eigene Fahrerlaubnisklasse, sondern um eine Erweiterung der Klasse B. Da die übrigen Schlüsselzahlen jeweils eine Einschränkung einer Fahrerlaubnis kennzeichnen, wurden die Voraussetzungen für diese Kombination sowie alle sie betreffenden Regelungen in einem eigenständigen Paragrafen umfassend geregelt. Der Nachweis der für die Erteilung der Schlüsselzahl 96 erforderlichen Fahrerschulung ist in der neuen Anlage 7a geregelt.*

Begr zu Anl 7a (BR-Drs. 660/10 S. 64 = VkBl. **11** 114): *Mit der Anlage 7a werden die formalen* **4** *und inhaltlichen Anforderungen an die Durchführung einer Fahrerschulung ... geregelt. Bei der Festlegung der Anforderungen wurden die Mindestanforderungen des Anhangs V der (3. EU-FS-)Richtlinie umgesetzt, um ein möglichst einfaches und unbürokratisches Verfahren für alle Fahrerlaubnisbewerber zu schaffen. Bei der Stundenangabe handelt es sich um Zeitstunden zu jeweils 60 Minuten.*

Auch bei der Ausstellung einer entsprechenden Bescheinigung nach dem Abschluss der Fahrerschulung ist **5** *der Inhaber der Fahrschule bzw. der verantwortliche Leiter an die fahrlehrerrechtlichen Vorschriften gebunden, so dass die Bescheinigung über die erfolgreiche Teilnahme an der Fahrerschulung nur ausgestellt werden darf, wenn die vorgeschriebenen Ausbildungsziele erreicht sind. Die Bescheinigung über die erfolgreiche Teilnahme setzt damit voraus, dass der Bewerber über die zur sicheren Führung eines entsprechenden Gespanns im Verkehr erforderlichen technischen Kenntnisse einschließlich ausreichender Kenntnisse einer umweltbewussten und energiesparenden Fahrweise verfügt und zu ihrer praktischen Anwendung fähig ist.*

Begr zur ÄndVO v. 26.6.12 **zu Anl 7a Nr. 4 S. 2** (BR-Drs. 245/12 S. 36 = VkBl. **12** 606): **6** *... sind auch bei der Fahrerschulung nach Anlage 7a im Prüfungsfahrzeug Doppelbedienungseinrichtungen erforderlich.*

Zu Anl 7a Nr. 4 S. 3 (BR-Drs. 254/12 (Beschluss) S. 33 = VkBl. **12** 606): *In Anlage 7a Num-* **7–15** *mer 4 Satz 2 ist bislang geregelt, dass die als Schulungsfahrzeug zu verwendende Fahrzeugkombination weder der Klasse B noch der Klasse BE zuzuordnen sein darf. An dem Ausschluss einer Fahrzeugkombination der Klasse B als zulässiges Schulungsfahrzeug ist festzuhalten. Die Verwendung einer Fahrzeugkombination, die als Ausbildungs- und Prüfungskombination der Klasse BE zuzuordnen ist, als Schulungsfahrzeug für den Erwerb der Fahrerlaubnisklasse B mit der Schlüsselzahl 96 wird mit dieser Änderung zugelassen. Die Zulassung der Verwendung dieser schwereren und üblicherweise auch größeren Fahrzeugkombinationen auch für die Fahrerschulung zur Fahrerlaubnis der Klasse B mit der Schlüsselzahl 96 hat den Vorteil, dass für BE und B 96 ein und dieselbe Fahrzeugkombination zum Einsatz kommen kann. Die Fahrschulen müssen keine zusätzliche Kombination vorhalten, um ggf. eine Fahrerschulung für B 96 anbieten zu können. Dies wirkt sich für die einzelnen Fahrschulen kostendämpfend aus und dient der Mittelstandsförderung. Durch die Schulung auf der schwereren Fahrzeugkombination erfolgt ein „Mehr" an Ausbildung. Negative Auswirkungen auf die Verkehrssicherheit können ausgeschlossen werden.*

1. Erweiterte Fahrerlaubnisklasse B für mittelgroße FzKombinationen. § 6a ermög- **16** licht in Umsetzung von Art 4 IV Buchst. b der 3. EU-FS-RL die Erweiterung einer FE der Kl B um die Befugnis, Kombinationen aus Kfz der FEKlasse B und einem **Anhänger** mit einer zulässigen Gesamtmasse von **mehr als 750 kg** zu führen, sofern die zulässige **Gesamtmasse** dieser **FzKombination 3500 kg übersteigt**, aber **4250 kg nicht übersteigt**. Diese FzKombination liegt zwischen den Klassen B (Anhänger mit einer zulässigen Gesamtmasse bis zu 750 kg, Gesamtmasse der FzKombination maximal 4250 kg) und BE (Anhänger mit einer zulässigen Gesamtmasse bis zu 3500 kg, Gesamtmasse der FzKombination maximal 7000 kg). Es handelt sich nicht um eine eigene FEKlasse, sondern um eine Erweiterung der FEKlasse B (Begr Rn. 3). Die Erweiterung der FE der Kl B erfolgt durch „Zuteilung" der Schlüsselzahl 96 nach Anl 9, wenn der Bewerber erfolgreich an einer Fahrerschulung nach Anl 7a teilgenommen hat.

2. Voraussetzungen für die Zuteilung der Sz 96. Der Bewerber muss bereits eine **FE** **17** der **Kl B** besitzen oder zumindest die **Voraussetzungen** für deren **Erteilung erfüllen** (I S. 2 Hs. 1). Wenn er noch keine FE der Kl B hat, aber die Erteilungsvoraussetzungen erfüllt, darf die Sz 96 frühestens mit Erteilung der FE der Kl B zugeteilt werden (I S. 2 Hs. 2). Voraussetzung für die Zuteilung der Sz 96 ist der Nachweis, dass eine sog **Fahrerschulung** absolviert wurde (III S. 1, IV, näher Rn. 18 ff.). Eine Fahrerlaubnisprüfung gem. §§ 15 ff. ist nicht erforderlich. § 2 II S. 1 Nr. 5 StVG steht dem nicht entgegen, da die Zuteilung der Sz 96 nicht die Erteilung einer FE in einer eigenen FEKlasse ist, sondern eine Erweiterung innerhalb der Kl B. Das Muster für den Nachweis der Fahrerschulung ist in Anl 7a Nr. 7 FeV verbindlich festgelegt (IV). Das **Mindestalter** für die Zuteilung der Sz 96 beträgt 18 Jahre, bei Teilnahme am Begleiteten Fahren ab 17 beträgt es 17 Jahre (II). II ist lex specialis gegenüber § 10, denn alle Regelungen zu der FE Kl B mit Sz 96 sind in § 6a erfolgt (Begr Rn. 3). Soweit § 10 I Nr. 5 Buchst. b UnterBuchst. bb das Mindestalter während oder nach Abschluss bestimmter Berufsausbildungen auf 17 Jahre festlegt, findet dies somit auf die FEKl B mit Sz 96 keine Anwendung. In II fehlt eine entsprechende Regelung.

3. Fahrerschulung. Art 4 IV Buchst. b der 3. EU-FS-RL stellt es den Mitgliedstaaten frei, ob **18** sie die Erweiterung einer FE der Kl B auf eine FE der Kl B mit Sz 96 von dem Abschluss einer

Schulung, von einer praktischen Prüfung oder von beidem abhängig machen. Deutschland hat sich für eine Fahrerschulung als Qualifikationsnachweis entschieden (Begr Rn. 1), deren Einzelheiten in der FeV geregelt sind. Eine Ausbildung nach dem FahrlG (§ 2 II S. 1 Nr. 4 StVG) ist hier nicht erforderlich, da die Eintragung der Sz 96 nicht die Erteilung einer FE in einer eigenen FEKlasse ist.

19   Die Fahrerschulung muss in einer **Fahrschule** erfolgen, deren Inhaber über eine Fahrschulerlaubnis der Kl BE verfügt (Anl 7a Nr. 2 S. 1). Die Fahrerschulung kann auch in mehreren Fahrschulen absolviert werden. Berechtigt zur Fahrerschulung sind nur **Fahrlehrer,** die eine Fahrlehrerlaubnis der Kl BE besitzen (Anl 7a Nr. 2 S. 2). Als Fahrlehrer in diesem Sinne dürften auch Fahrlehreranwärter anzusehen sein, die Inhaber einer Anwärterbefugnis nach § 1 I S. 3, § 9 FahrlG sind. Die Aussage in der Begr (Rn. 2), Fahrerschulungen seien nur von Fahrlehrern durchzuführen, die Inhaber einer Fahrschule sind, findet im Normtext keine Grundlage.

20   **Ziel** der Schulung ist die Befähigung zum sicheren, verantwortungsvollen und umweltbewussten Führen einer entsprechenden FzKombination (Anl 7a Nr. 1 S. 2). Die Schulung dauert **mindestens 7 Stunden** (Anl 7a Nr. 1 S. 1). Die **Inhalte** der Fahrerschulung ergeben sich aus Anl 7a FeV (III S. 2). Die Fahrerschulung umfasst drei Abschnitte: a) **theoretischen Unterricht** von mindestens 2,5 Stunden (Anl 7a Nr. 3.1), b) **praktische Übungen** entweder auf öffentlichen Straßen oder außerhalb des öffentlichen Straßenraums von mindestens 3,5 Stunden (Anl 7a Nr. 3.2), und c) sog **fahrpraktische Übungen** auf öffentlichen Straßen von mindestens einer Stunde (Anl 7a Nr. 3.3). Mit Stunden sind jeweils Zeitstunden zu 60 Minuten gemeint (Begr Rn. 4). Die praktischen Übungen nach Anl 7a Nr. 3.2 können außerhalb des öffentlichen Straßenraums auch in **Gruppen** von maximal 8 Teilnehmern durchgeführt werden. Bei Durchführung der praktischen Übungen nach Anl 7a Nr. 3.2 auf öffentlichen Straßen darf der Fahrlehrer aber jeweils nur einen Fahrschüler unterrichten. Um eine erfolgreiche Teilnahme an der Fahrerschulung bescheinigt zu bekommen, muss der Teilnehmer während der einstündigen fahrpraktischen Übungen (Anl 7a Nr. 3.3) seine Fähigkeiten und Verhaltensweisen nach Anl 7a **unter Beweis stellen** (Anl 7a Nr. 6). Dieser Teil der Fahrerschulung kommt also einer **Prüfung** gleich, die vom Fahrlehrer abgenommen wird.

21   Ist diese Prüfung bestanden, hat der Fahrschulinhaber oder der verantwortliche Leiter des Ausbildungsbetriebs (§ 18 II FahrlG) dem Teilnehmer eine **Teilnahmebescheinigung** nach dem Muster gem. Anl 7a Nr. 7 zur Vorlage bei der FEB auszustellen (Anl 7a Nr. 6). Der Auffassung des VOGebers, hinsichtlich der Ausstellung der Teilnahmebescheinigung seien Fahrschulinhaber und verantwortlicher Leiter an die fahrlehrerrechtlichen Vorschriften gebunden (Begr Rn. 5), kann nicht gefolgt werden, denn das Fahrlehrerrecht enthält dazu keine Regelungen. Die Vorschriften über die Fahrschülerausbildung enthalten insbesondere keine Anl 7a Nr. 6 S. 1 vergleichbare Vorgabe, wonach in den einstündigen fahrpraktischen Übungen gem. Anl 7a Nr. 3.3 die vorgeschriebenen Fähigkeiten und Verhaltensweisen unter Beweis zu stellen sind. § 6a iVm Anl 7a ist insoweit lex specialis insbesondere gegenüber § 6 FahrschAusbO. Die Ausstellung einer Ausbildungsbescheinigung gem. Anl 3 zu § 6 FahrlGDV (§ 6 II FahrschAusbO) ist hier auch nicht erforderlich, da keine FEPrüfung stattfindet; der Nachweis des Abschlusses der Ausbildung gem. § 17 V S. 5 muss nicht geführt werden.

22   Die Anforderungen an die **Schulungsfahrzeuge** sind in Anl 7a Nr. 4 geregelt. Die Fahrzeugkombination darf nicht der Kl B zuzuordnen sein (Anl 7a Nr. 4 S. 3). Zur Fahrerschulung können neben Fahrzeugkombinationen der Kl B 96 **auch Fahrzeugkombinationen der Kl BE** verwendet werden (Anl 7a Nr. 4 S.1 und 3, Begr Rn. 7–15). Die Zulassung der Fahrerschulung mit Fahrzeugkombinationen der Kl BE ohne Begrenzung der Gesamtmasse der Kombination auf 4250 kg dürfte mit AnhV Nr. 3 letzter Spiegelstrich der 3. EU-FS-RL („Die für die Schulung verwendeten Fahrzeugkombinationen müssen der Klasse angehören, für die die Führerscheinbewerber eine Fahrerlaubnis erwerben möchten.") nicht vereinbar sein. Kombinationen der Kl BE wurden gleichwohl unbeschränkt zugelassen, um den Fahrschulen zu ersparen, für die Fahrerschulung spezielle Gespanne der Kl B 96 anschaffen zu müssen. Schulungsfahrzeuge müssen mit Doppelbedienungseinrichtungen ausgerüstet sein (Anl 7a Nr. 4 S. 2). Schulungsfahrzeuge dürfen bei der Fahrerschulung mit dem Schild „FAHRSCHULE" entsprechend § 5 IV FahrlGDV gekennzeichnet sein (Anl 7a Nr. 4 S. 4), auch während der einer Prüfung gleichkommenden fahrpraktischen Übungen nach Anl 7a Nr. 3.3; eine Anl 7 Nr. 2.2.17 S. 1 entsprechende Regelung fehlt hier. Bei **Fahrten** im Rahmen der Fahrerschulung auf öffentlichen Straßen ist **Begleitung durch einen Fahrlehrer oder Fahrlehreranwärter** erforderlich (§ 2 XV S. 1 StVG); der Fahrlehrer oder Fahrlehreranwärter gilt dabei als Fahrzeugführer (§ 2 XV S. 2 StVG).

4. Die **Zuteilung der Sz 96** erfolgt auf **Antrag** durch die örtlich zuständige FEB. Für den 23
Antrag gilt § 21 nicht, da IV gegenüber § 21 speziell ist. Bei Beantragung ist der FEB eine Bestätigung über die erfolgreiche Teilnahme an der Fahrerschulung in Form einer **Teilnahmebescheinigung** gem. Muster in Anl 7a Nr. 7 vorzulegen (IV). Die Teilnahmebescheinigung ist zeitlich unbegrenzt gültig. Ist der Bewerber bereits Inhaber einer FE der Kl B, veranlasst die FEB die **Eintragung der Sz 96** in den FS, wofür gem. § 25 II S. 1 ein neuer FS auszufertigen ist. Die Zuteilung der Sz 96 und damit die Erweiterung der FE der Kl B erfolgt durch Aushändigung des neuen FS mit Sz 96 an den Bewerber (§ 22 IV S. 6). Bei der Aushändigung des neuen FS ist der bisherige einzuziehen oder ungültig zu machen (§ 25 V S. 1). Ist der Bewerber noch nicht Inhaber einer FE der Kl B, erfüllt er aber die Voraussetzungen für deren Erteilung, kann die FE bei Vorliegen der Voraussetzungen direkt als erweiterte FE der Kl B mit Sz 96 erteilt werden. Diese wird gem. § 22 IV S. 6 mit Aushändigung des FS, in den die Sz 96 eingetragen ist, wirksam. In beiden Fällen handelt es sich um einen VA.

5. Strafvorschriften: Fahren einer FzKombination, für die eine FE der Kl B mit Sz 96 er- 24
forderlich ist (I S. 1), durch Personen, die lediglich über eine FE der Kl B ohne Sz 96 verfügen, ist Fahren ohne FE (§ 21 StVG).

Fahrerlaubnis der Klasse B mit der Schlüsselzahl 196

6b (1) ¹Die **Fahrerlaubnis der Klasse B** kann mit der Schlüsselzahl 196 erteilt werden für **Krafträder** (auch mit Beiwagen) mit einem Hubraum von bis zu 125 cm³, einer Motorleistung von nicht mehr als 11 kW, bei denen das Verhältnis der Leistung zum Gewicht 0,1 kW/kg nicht übersteigt. ²Die Schlüsselzahl 196 darf nur zugeteilt werden, wenn der Teilnehmer bereits seit mindestens fünf Jahren die Fahrerlaubnis der Klasse B besitzt. ³Die Regelungen der Anlage 3 bleiben unberührt. ⁴Die Berechtigung nach Satz 1 gilt nur im Inland.

(2) Das **Mindestalter** für die Erteilung der Fahrerlaubnis der Klasse B mit der Schlüsselzahl 196 beträgt 25 Jahre.

(3) ¹Für die Eintragung der Schlüsselzahl 196 in die Fahrerlaubnis der Klasse B bedarf es einer Fahrerschulung. ²Die Inhalte der Fahrerschulung ergeben sich aus der Anlage 7b.

(4) Beim Antrag auf Eintragung der Schlüsselzahl 196 in die Klasse B ist vor deren Eintragung der Nachweis einer Fahrerschulung nach dem Muster nach Anlage 7b beizubringen.

(5) Der Zeitraum zwischen dem Abschluss der Fahrerschulung und der Eintragung der Schlüsselzahl 196 darf ein Jahr nicht überschreiten.

(6) ¹Die Auswirkungen der Absätze 1 bis 5 werden von der Bundesanstalt für Straßenwesen evaluiert. ²Mit der Evaluierung wird insbesondere die Wirkung im Hinblick auf die Verkehrssicherheit untersucht. ³Die Bundesanstalt für Straßenwesen legt das Ergebnis der Evaluierung bis zum 1. Juli 2022 dem Bundesministerium für Verkehr und digitale Infrastruktur vor. ⁴Für Zwecke der Evaluation dürfen personenbezogene Daten der Teilnehmer nach Maßgabe des Bundesdatenschutzgesetzes erhoben und verwendet werden. ⁵Die Daten sind spätestens am 31. Dezember 2023 zu löschen oder so zu anonymisieren oder zu pseudonymisieren, dass ein Personenbezug nicht mehr hergestellt werden kann.

1. Regelungsgehalt. Der durch ÄndVO v. 23.12.2019 (BGBl. I S. 2937) mWv 31.12.2019 1
eingefügte § 6b ermöglicht es, Inhabern einer Fahrerlaubnis der Klasse B unter bestimmten Voraussetzungen die Berechtigung zu erteilen, Krafträder der Klasse A1 zu führen, ohne dass sie dafür die vollständige Ausbildung für die Klasse A1 durchlaufen und die theoretische und praktische Fahrerlaubnisprüfung absolvieren müssen. Damit hat Deutschland von der durch Art 6 III Unterabs. 1 Buchst. b der 3. EU-Führerschein-Richtlinie eingeräumten Ermächtigung Gebrauch gemacht, dies für das Inland so zu regeln. Der Bundesrat hat der Regelung trotz erheblicher Bedenken seines Verkehrsausschusses (BR-Drs. 574/1/19 S. 1 ff.) zugestimmt.

2. Umfang der Berechtigung. Die durch Eintragung der Schlüsselzahl 196 in den Führer- 2
schein dokumentierte Berechtigung nach § 6b erlaubt Inhabern einer Fahrerlaubnis der Klasse B, Krafträder der Klasse A1 (auch mit Beiwagen) zu führen. Die Berechtigung nach § 6b gilt entsprechend Art 6 III Unterabs. 2 der 3. EU-FS-RL nur im Inland (I S. 4). Es handelt sich um eine inhaltliche Erweiterung der Befugnisse der Fahrerlaubnis der Klasse B, die innerhalb der Klasse B erfolgt. Es ist also keine Erweiterung um eine andere FEKlasse. Mit der Eintragung der

Schlüsselzahl 196 ist keine Erteilung einer Fahrerlaubnis der Klasse A1 verbunden. Mit der Berechtigung nach § 6b ist folglich die Erweiterung auf die Klasse A2 nach § 15 III nicht möglich (Begr BR-Drs. 574/19 S. 8).

3   **3. Voraussetzungen.** Die Berechtigung, Krafträder der Klasse A1 ohne Bestehen einer Fahrerlaubnisprüfung für diese Klasse zu führen, kann Personen erteilt werden, die seit **mindestens 5 Jahren** im Besitz einer **Fahrerlaubnis der Klasse B** sind (I S. 2). Der Bewerber muss innerhalb der letzten 5 Jahre ununterbrochen Inhaber einer solchen Fahrerlaubnis gewesen sein. Zwischenzeitliche Fahrverbote sind unschädlich, weil der Fahrerlaubnisbesitz dadurch nicht unterbrochen wird. Die Erteilung ist erst möglich, wenn das **Mindestalter** von **25 Jahren** erreicht ist (II). Beide Voraussetzungen sind eingeführt worden, um aus Verkehrssicherheitsgründen sicherzustellen, dass Interessierte über grundlegende Fahrerfahrung verfügen und nicht mehr der Hochrisikogruppe der Fahranfänger (18–24 Jahre) angehören (Begr BR-Drs. 574/19 S. 8).

4   Eine Fahrerlaubnisprüfung gem. §§ 15 ff. muss nicht abgelegt werden. Aus Verkehrssicherheitsgründen ist aber vorgeschrieben, dass die Berechtigung nur erteilt werden darf, wenn erfolgreich an einer **Fahrerschulung** teilgenommen worden ist (III–V), in der die theoretischen und praktischen Grundlagen für das Führen eines Kraftrades der Klasse A1 vermittelt werden sollen (Begr BR-Drs. 574/19 S. 8). Die Inhalte dieser Fahrerschulung sind in **Anlage 7b** geregelt (III S. 2). Ziel der Fahrerschulung ist die Erlangung der Befähigung zum sicheren, verantwortungsvollen und umweltbewussten Führen eines Kraftrades der Klasse A1 (Anlage 7b Nr. 1 S. 2). Die Schulung umfasst mindestens 9 Unterrichtseinheiten zu je 90 Minuten, und zwar mindestens 6 Zeitstunden Theorie und mindestens 7,5 Zeitstunden Praxis (Anlage 7b Nr. 1 S. 1, Nr. 3.1 S. 1, Nr. 3.2 S. 1). Der theoretische Grundstoff für den Erwerb einer Fahrerlaubnis wird nicht vermittelt, da die Interessenten bereits Inhaber einer Fahrerlaubnis sind. Die Theorie umfasst den Rahmenplan für den Zusatzstoff in den A-Klassen (Anlage 7b Nr. 3.1 S. 2). Die Praxis muss mindestens die Grundfahraufgaben sowie Fahrten auf Bundes- oder Landstraßen und Autobahnen enthalten (Anlage 7b Nr. 3.2 S. 1). Die Fahrerschulung muss in einer Fahrschule erfolgen, deren Inhaber über eine Fahrschulerlaubnis der Klasse A verfügt (Anlage 7b Nr. 2 S. 1). Die fahrpraktischen Übungen dürfen nur als Einzelschulung erfolgen (Anlage 7b Nr. 3.2 S. 2). Zur Durchführung der Fahrerschulung sind nur **Fahrlehrer** berechtigt, die über eine Fahrlehrerlaubnis der Klasse A verfügen (Anlage 7b Nr. 2 S. 2). Die praktische Schulung kann sowohl im öffentlichen Straßenverkehr als auch außerhalb des öffentlichen Straßenraums durchgeführt werden (Begr BR-Drs. 574/19 S. 8). Bei Ausbildung auf öffentlichen Straßen gilt der Fahrlehrer als FzFührer (§ 2 XV S. 2 StVG).

5   An der Fahrerschulung muss **erfolgreich teilgenommen** worden sein Dies ist der Fall, wenn der Teilnehmer während der fahrpraktischen Übungen seine Fähigkeit und Verhaltensweisen zum Führen von Krafträdern der Klasse A1 **unter Beweis gestellt** hat (Anlage 7b Nr. 5 S. 1). Der Fahrlehrer muss beurteilen, ob dies zu bejahen ist. Dabei sind lediglich die praktischen Fähigkeiten zu beurteilen. Ob die theoretische Schulung erfolgreich war, ist nicht zu bewerten. Die Beurteilung durch den Fahrlehrer, ob die Teilnahme an der Fahrerschulung erfolgreich war, kommt einer **Prüfung** gleich, die vom Fahrlehrer abgenommen wird. Ist diese Prüfung bestanden, hat der Fahrschulinhaber oder der verantwortliche Leiter des Ausbildungsbetriebs (§ 18 II FahrlG), nicht der ausbildende Fahrlehrer, dem Teilnehmer eine **Teilnahmebescheinigung** nach dem Muster gem. Anlage 7b Nr. 6 zur Vorlage bei der FEB auszustellen (Anlage 7b Nr. 5 S. 2). Darin ist ua das Datum des Abschlusses der Fahrerschulung zu vermerken.

6   **4.** Die **Erteilung** der Berechtigung nach § 6b erfolgt auf Antrag durch **Zuteilung der Schlüsselzahl 196** durch die für den Interessenten örtlich zuständige FEB. Bei der Beantragung ist der FEB eine Bescheinigung über die erfolgreiche Teilnahme an der Fahrerschulung in Gestalt einer Teilnahmebescheinigung gem. Muster in Anlage 7b Nr. 6 vorzulegen (IV). Zum Zeitpunkt der Eintragung der Schlüsselzahl 196 darf der Abschluss der Fahrerschulung nicht länger als ein Jahr zurückliegen (V). Bei Vorliegen aller Voraussetzungen veranlasst die FEB die Eintragung der Schlüsselzahl 196 in den Führerschein, wofür gem. § 25 II S. 1 ein neuer Führerschein auszufertigen ist. Die Zuteilung der Schlüsselzahl 196 und damit die Erweiterung der Fahrerlaubnis der Klasse B erfolgt durch Aushändigung des neuen Führerscheins mit Schlüsselzahl 196 an den Fahrerlaubnisinhaber (§ 22 IV S. 6). Bei der Aushändigung des neuen Führerscheins ist der bisherige einzuziehen oder ungültig zu machen (§ 25 V S. 1).

7   **5. Evaluation.** Die Auswirkungen der Regelungen über die Erweiterung der Fahrerlaubnis werden insbes im Hinblick auf die Auswirkungen auf die Verkehrssicherheit von der BASt evalu-

iert (VI S. 1, 2), um die Auswirkungen der Regelungen auf wissenschaftlicher Grundlage diskutieren zu können und ggf. zeitnah Anpassungen vornehmen zu können (Begr BR-Drs. 574/19 S. 8). Das Ergebnis soll 2,5 Jahre nach dem Inkrafttreten vorgelegt werden (VI S. 3).

2. Voraussetzungen für die Erteilung einer Fahrerlaubnis

Ordentlicher Wohnsitz im Inland

7 (1) [1] Eine Fahrerlaubnis darf nur erteilt werden, wenn der Bewerber seinen ordentlichen Wohnsitz in der Bundesrepublik Deutschland hat. [2] Dies wird angenommen, wenn der Bewerber wegen persönlicher und beruflicher Bindungen oder – bei fehlenden beruflichen Bindungen – wegen persönlicher Bindungen, die enge Beziehungen zwischen ihm und dem Wohnort erkennen lassen, gewöhnlich, das heißt während mindestens 185 Tagen im Jahr, im Inland wohnt. [3] Ein Bewerber, dessen persönliche Bindungen im Inland liegen, der sich aber aus beruflichen Gründen in einem oder mehreren anderen Staaten aufhält, hat seinen ordentlichen Wohnsitz im Sinne dieser Vorschrift im Inland, sofern er regelmäßig hierhin zurückkehrt. [4] Die Voraussetzung entfällt, wenn sich der Bewerber zur Ausführung eines Auftrags von bestimmter Dauer in einem solchen Staat aufhält.

(2) Bewerber, die bislang ihren ordentlichen Wohnsitz im Inland hatten und die sich ausschließlich zum Zwecke des Besuchs einer Hochschule oder Schule in einem anderen Mitgliedstaat der Europäischen Union oder einem anderen Vertragsstaat des Abkommens über den Europäischen Wirtschaftsraum aufhalten, behalten ihren ordentlichen Wohnsitz im Inland.

(3) [1] Bewerber, die bislang ihren ordentlichen Wohnsitz in einem anderen Mitgliedstaat der Europäischen Union oder einem anderen Vertragsstaat des Abkommens über den Europäischen Wirtschaftsraum hatten und die sich ausschließlich wegen des Besuchs einer Hochschule oder Schule im Inland aufhalten, begründen keinen ordentlichen Wohnsitz im Inland. [2] Ihnen wird die Fahrerlaubnis erteilt, wenn die Dauer des Aufenthalts mindestens sechs Monate beträgt.

Begr (BR-Drs. 443/98 S. 249 = VkBl. 98 1065): **Zu Abs. 1:** *Nach Artikel 7 Abs. 1 Buchstabe b* **1** *der Zweiten EU-Führerscheinrichtlinie dürfen die Mitgliedstaaten nur solchen Personen eine Fahrerlaubnis erteilen, die ihren ordentlichen Wohnsitz in ihrem Hoheitsgebiet haben. Grund für diese Regelung ist, dass der Fahrerlaubnisbewerber dort ausgebildet und geprüft und somit auf die Teilnahme am Straßenverkehr vorbereitet werden soll, wo er als Fahranfänger hauptsächlich fährt. Es ist damit auch ausgeschlossen, die Ausbildung und/oder Prüfung außerhalb des Wohnsitzstaates zu absolvieren und sich im letzteren auf dieser Grundlage die Fahrerlaubnis erteilen zu lassen, da dies dem Sinn der Regelung widerspräche. Außerdem soll das Wohnsitzerfordernis verhindern, dass eine Person in mehreren Mitgliedstaaten eine Fahrerlaubnis erwirbt und im Falle der Entziehung des einen Rechts auf das andere zurückgreift. ...*
Die Definition des Begriffs „ordentlicher Wohnsitz" in der Richtlinie ist dem Steuerrecht entnommen. **2** *Dort stehen regelmäßig in der Vergangenheit liegende Zeiträume zur Beurteilung an. Ob sich eine Person 185 Tage in einem Staat aufgehalten hat, lässt sich im Nachhinein eindeutig feststellen. Der Antrag auf Erteilung einer Fahrerlaubnis wird in manchen Fällen jedoch schon vor Ablauf von 185 Tagen gestellt werden. Um sowohl dem oben genannten verkehrs- und ordnungspolitischen Interesse Rechnung zu tragen als auch dem Interesse des Betroffenen an einer möglichst raschen Erteilung der Fahrerlaubnis, soll wie folgt verfahren werden: Grundsätzlich wird die Fahrerlaubnis erst erteilt, wenn der Bewerber 185 Tage im Inland gelebt hat. Dies wird in der Regel keine Schwierigkeiten bereiten, da nicht zu erwarten ist, dass die Betreffenden unmittelbar nach Wohnsitzverlegung eine Fahrerlaubnis beantragen und das Verfahren zur Erteilung einer Fahrerlaubnis mit Ausbildung, Fahrerlaubnisprüfung und Eignungsüberprüfung in der Regel einen gewissen Zeitraum in Anspruch nimmt. Im Wege einer Ausnahme nach § 74 Abs. 1 Nr. 1 (a. F.) kann die Fahrerlaubnis jedoch auch schon vorher erteilt werden, wenn der Antragsteller glaubhaft macht, dass er sich einen entsprechenden Zeitraum im Inland aufhalten wird, etwa weil er mit der gesamten Familie in die Bundesrepublik Deutschland gezogen ist oder für längere Zeit einen Arbeitsvertrag hat. ...*

Zu Abs. 2 und 3: *Eine Sonderregelung trifft die Richtlinie für Studenten und Schüler: Nach Arti-* **3** *kel 9 (der 2. EU-FS-RL) hat der Besuch einer Hochschule oder Schule keine Verlegung des ordentlichen Wohnsitzes zur Folge. ... Studenten und Schüler haben damit ein Wahlrecht. Sie können die Fahrerlaubnis sowohl in ihrem Heimatstaat als auch im Staat ihrer Ausbildung erwerben. Personen aus anderen Mitgliedstaaten, die sich mindestens sechs Monate ausschließlich zum Zwecke des Besuchs einer Hochschule oder Schule in der Bundesrepublik Deutschland aufhalten, können hier die Fahrerlaubnis erhalten. ... Die Regelung gilt nur innerhalb der Europäischen Union bzw. des Europäischen Wirtschaftsraumes. Für Personen aus Drittstaaten, die hier eine Hochschule oder Schule besuchen, oder Personen aus der Bundesrepublik Deutschland, die dies in einem Drittstaat tun, beurteilt sich der Wohnsitz nach Absatz 1. ...*

4   1. Regelungsgegenstand. Nach § 2 II S. 1 Nr. 1 StVG, der Art 7 I Buchst. e Alt 1 der 3.
EU-FS-RL in das deutsche Recht umsetzt, ist eine der Voraussetzungen für die Erteilung einer
FE, dass der Bewerber seinen ordentlichen Wohnsitz iSd Art 12 der 3. EU-FS-RL im Inland hat
(§ 2 StVG Rn. 31). § 7 wiederholt dies (I S. 1) und führt näher aus, was ein ordentlicher Wohn-
sitz in diesem Sinne ist (I S. 2-4). Er definiert damit allgemein für das deutsche Recht, was für
Zwecke des FERechts unter einem ordentlichen Wohnsitz zu verstehen ist. Dabei ist unschäd-
lich, dass in § 7 lediglich von *Bewerbern* die Rede ist. Sowohl die 2. als auch die 3. EU-FS-RL
sprechen bei der Definition des ordentlichen Wohnsitzes vom *Führerscheininhaber*. Indem §§ 28,
29 FeV für Regelungen zu FEInhabern hinsichtlich des ordentlichen Wohnsitzes auf § 7 verwei-
sen, hat der VOGeber deutlich gemacht, dass die Ausführungen zum ordentlichen Wohnsitz in
§ 7 allgemein und nicht nur für FEBewerber gelten sollen. Weiter setzt § 7 die Regelung des Art
12 der 3. EU-FS-RL in das deutsche Recht um, wonach der Besuch einer Universität oder ei-
ner Schule keine Verlegung des ordentlichen Wohnsitzes in EU und EWR zur Folge hat (II, III
S. 1). Schließlich wird die Vorschrift des Art 7 I Buchst. e Alt 2 der 3. EU-FS-RL in das deutsche
Recht umgesetzt, wonach Studenten und Schülern mit ordentlichem Wohnsitz in einem ande-
ren EU- oder EWR-Staat bei mindestens sechsmonatigem Studienaufenthalt trotz fehlenden
ordentlichen Wohnsitzes im Inland eine FE erteilt werden kann (III S. 2). § 7 wurde mit Erlass
der FeV durch VO v. 18.8.98 (BGBl. I S. 2214) geschaffen und dabei auf die damals maßgeb-
liche 2. EU-FS-RL gestützt. Die inzwischen mit der 3. EU-FS-RL erfolgten sprachlichen Präzi-
sierungen hinsichtlich des ordentlichen Wohnsitzes wurden bislang nicht in den Wortlaut einge-
arbeitet.

5   2. Zu den Voraussetzungen des ordentlichen Wohnsitzes verweist § 2 II S. 1 Nr. 1 StVG
auf Art 12 der 3. EU-FS-RL, der die Legaldefinition enthält. Die Fiktion des Art 12 II S. 3,
wonach der Besuch einer Universität oder Schule keine Verlegung des ordentlichen Wohnsitzes
zur Folge hat, kann allerdings nur für den Bereich der EU- und EWR-Staaten Geltung be-
anspruchen. II und III S. 1 wenden diese Fiktion folgerichtig nur auf die Mitgliedstaten von
EU und EWR an, nicht auch auf Nicht-EU-/EWR-Staaten. Die Definition des ordentlichen
Wohnsitzes dient ausschließlich der Abgrenzung von In- und Ausland (Begr BR-Drs. 443/98
S. 250 = VkBl. **98** 1066). Wo im Inland der Bewerber seinen Wohnsitz hat, ist im Rahmen
des § 7 ohne Bedeutung. Die örtliche Zuständigkeit der FEB für die beantragte FEErteilung
richtet sich nach § 73 II.
6   Mit dem **ordentlichen Wohnsitz** (in anderen Sprachfassungen der 3. EU-FS-RL: englisch
normal residence, französisch résidence normale) ist der Ort gemeint, an dem eine Person nor-
malerweise (gewöhnlich, englisch usually, französisch habituellement) wohnt. Für Zwecke des
FERechts gilt als ordentlicher Wohnsitz der Ort, an dem eine Person wegen **persönlicher** und
beruflicher Bindungen oder – bei Fehlen beruflicher Bindungen – nur wegen persönlicher
Bindungen, die enge Beziehungen zu dem Wohnort erkennen lassen, gewöhnlich, dh **mindes-
tens 185 Tage im Jahr** wohnt (I S. 2).
7   Bei Personen, die persönliche Bindungen zu einem Ort in Deutschland haben, die aber we-
gen **beruflicher Bindungen in anderen Staaten leben,** gilt der Ort ihrer persönlichen Bin-
dungen im Inland als ihr ordentlicher Wohnsitz, sofern sie regelmäßig an diesen Ort **zurückkeh-
ren** (I S. 3). Diese Regelung, die sich in Umsetzung der EU-FS-RL ursprünglich nur auf
Personen bezog, die berufsbedingt in anderen EU- oder EWR-Staaten leben, wurde durch Änd-
VO v. 11.3.19 (BGBl. I S. 218) auf alle Staaten erweitert. Damit sollte es deutschen Diplomaten
und ihren Familienangehörigen, die sich beruflich außerhalb von EU und EWR aufhalten, er-
möglicht werden, in Deutschland zB eine Fahrerlaubnis zu erwerben (Begr BR-Drs. 600/18
S. 20). Der VOGeber weist aber darauf hin, dass die frühere, auf andere EU-/EWR-Staaten be-
grenzte Regelung im Einvernehmen mit Artikel 12 der 3. EU-FS-RL stand und dass für Staaten
außerhalb von EU und EWR nicht sichergestellt werden kann, dass die Führerscheine dort aner-
kannt werden (Begr BR-Drs. 600/18 S. 20). Nach Art 41 VI ÜbStrV sind die Vertragsparteien
nicht verpflichtet, nationale Führerscheine anzuerkennen, die für Personen ausgestellt worden
sind, die zum Zeitpunkt der Ausstellung ihren ordentlichen Wohnsitz nicht im Hoheitsgebiet
hatten, in dem der Führerschein ausgestellt wurde. Die Betroffenen können nur dann sicher sein,
dass ihre in Deutschland erteilte FE in dem ausländischen Staat ihres beruflichen Aufenthaltes
zum Führen von Kfz berechtigt, wenn sie in einem anderen EU-/EWR-Staat leben, da Artikel
12 II S. 1 der 3. EU-FS-RL die Anerkennung der FE nur für EU und EWR vorschreibt.
8   Die Voraussetzung der regelmäßigen Rückkehr an den Wohnort in Deutschland muss nicht
erfüllt sein, wenn sich die Person zur **Ausführung eines Auftrags von bestimmter Dauer**

zeitlich befristet in einem anderen Staat aufhält (I S. 4). Die Formulierung des Art 12 der 3. EU-FS-RL (*Diese letztgenannte Voraussetzung muss nicht erfüllt sein, wenn ...*) ist klarer als die Formulierung des Art 9 der 2. EU-FS-RL (*Diese Voraussetzung entfällt, wenn ...*), die noch im Wortlaut von I S. 4 enthalten ist.

3. Maßgeblicher Zeitpunkt. Der Bewerber muss zum **Zeitpunkt der Erteilung der FE** 9 seinen ordentlichen Wohnsitz im Inland haben (§ 2 II S. 1 Nr. 1 StVG, § 7 I S. 1 FeV). Entscheidend ist nicht, ob zu irgendeinem Zeitpunkt die formalen Voraussetzungen eines ordentlichen Wohnsitzes vorgelegen haben oder vorliegen, sondern ob im allein maßgeblichen Zeitpunkt der Erteilung der FE eine tatsächliche Wohnsitznahme erfolgt ist, die die Kriterien des ordentlichen Wohnsitzes erfüllt (BVerwG 22.10.14 DAR **15** 30, VGH Ma 7.7.14 NJW **14** 3049). Maßgeblich ist der Zeitpunkt der Erteilung der materiellen Berechtigung, also der FE, und nicht der ggf. abweichende Zeitpunkt der Ausstellung des Führerscheindokuments (OVG Lüneburg 12.11.13 DAR **14** 44).

Umstritten ist, ob vom Bestehen eines ordentlichen Wohnsitzes im fahrerlaubnisrechtlichen 10 Sinn erst dann ausgegangen werden kann, wenn die Person 185 Tage an einem Ort **gewohnt hat,** oder ob ein ordentlicher Wohnsitz bereits mit dem Zeitpunkt der Wohnsitznahme begründet wird, wenn sich eine Person an einem Ort, an dem sie über persönliche und ggf. zusätzlich über berufliche Bindungen verfügt, in einer Weise niederlässt, die es als **gesichert** erscheinen lässt, dass sie dort an 185 Tagen im Jahr **wohnen wird.** Der EuGH hat sich bisher nicht dazu geäußert. Das BVerwG hat die Frage offengelassen (BVerwG 30.5.13 ZfS **13** 534 = BVerwGE **146** 377 Rn. 23, 22.10.14 DAR **15** 30). Der **VOGeber** vertrat 1998 bei Schaffung des § 7 die Auffassung, dass es den involvierten Interessen am ehesten entspricht, wenn eine deutsche FE grundsätzlich erst erteilt wird, wenn der Bewerber für diesen Mindestzeitraum im Inland **gewohnt hat** (Begr Rn. 2). Für Fälle, in denen die FEErteilung beantragt wird, bevor der Bewerber mindestens 185 Tage im Inland gelebt hat, wurde auf die Möglichkeit einer Ausnahme gem. § 74 I Nr. 1 aF (heute § 74) verwiesen, wenn glaubhaft gemacht wird, dass der Betr sich mindestens für diese Zeit im Inland aufhalten wird (Begr Rn. 2). Auch ein Teil der Rspr. vertritt die Auffassung, dass ein ordentlicher Wohnsitz erst dann gegeben ist, wenn der Betr mindestens 185 Tage in einem Staat *gewohnt hat* (Mü 22.6.12 NZV **12** 553, ebenso B/M/R/*Kirchner* § 7 FeV Rn. 9f, *Plate* DAR **14** 45, *Plate* VGT **15** 25 (31) = BA **15** 120 (124)).

Heute wird dagegen überwiegend vertreten, dass ein ordentlicher Wohnsitz **bereits mit der** 11 **Wohnsitznahme** begründet wird, wenn der Betr über solche persönlichen sowie ggf. beruflichen Bindungen an den Wohnort verfügt, die es als **gesichert erscheinen** lassen, dass er dort 185 Tage **wohnen wird** (VGH Mü 25.3.13 11 B 12.1068 BeckRS 2013, 50001, 22.5.17 11 CE 17.718 BeckRS 2017, 111563, OVG Lüneburg 12.11.13 DAR **14** 44, Ol 1.11.18 – 1 Ss 193/18 DAR **19** 163, VG Lüneburg 16.10.19 – 1 A 160/17 BeckRS 2019, 25519, MüKoStVR/ *Huppertz* § 7 FeV Rn. 6, GVR/*Ternig* § 7 FeV Rn. 1, *Jagow* § 7 FeV Anm 2, *Haus*/*Zwerger* § 30 Rn. 7 und § 32 Rn. 13, *Zwerger* ZfS **17** 364 (365 Fn 11)). Diese Auslegung ist zu unterstützen. Schon Art 9 der 2. EU-FS-RL ging nicht davon aus, dass ein ordentlicher Wohnsitz erst dann entsteht, wenn der Betr 185 Tage im Jahr an einem Ort *gewohnt hat* (Bay NZV **00** 261, VGH Mü 22.2.10 11 CS 09.1934 BeckRS 2010, 22594, OVG Mgd 14.3.12 3 L 56/09 BeckRS 2012, 5142, *Bouska/Laeverenz* § 7 Anm 2b, *Bouska* NZV **00** 321 (322)). Gleiches gilt für die 3. EU-FS-RL, die ebenfalls im Präsens davon spricht, dass die Person an einem Ort *wohnt* (OVG Mgd 10.5.13 SVR **14** 69, Ol 1.11.18 – 1 Ss 193/18 DAR **19** 163). Hätte der europäische Richtliniengeber festlegen wollen, dass ein ordentlicher Wohnsitz erst dann besteht, wenn eine Person sich an mindestens 185 Tagen im Kalenderjahr am Ort der persönlichen (und beruflichen) Bindungen aufgehalten hat, hätte es nahe gelegen, das Verb *wohnen* im Perfekt zu gebrauchen (VGH Mü 22.2.10 11 CS 09.1934 BeckRS 2010, 22594, OVG Mgd 10.5.13 SVR **14** 69). Es reicht also, wenn der Betr bei Wohnsitznahme einen **Aufenthalt beabsichtigt,** der die Anforderungen eines ordentlichen Wohnsitzes iSv Art 12 der 3. EU-FS-RL erfüllt (VGH Ma 20.3.09 ZfS **09** 474, BHHJ/*Hühnermann* § 2 StVG Rn. 18a, *Benecke* VGT **15** 1 (7)). Die Wohnungsnahme muss unter Umständen erfolgt sein, die bereits in diesem Zeitpunkt den Schluss rechtfertigen, der Betr werde sich tatsächlich mindestens ein halbes Jahr lang in diesem Staat aufhalten und auch während dieser Zeit die Voraussetzungen erfüllen, von denen nach Art 12 der 3. FS-RL das Bestehen eines ordentlichen Wohnsitzes abhängt (VGH Mü 3.5.12 ZfS **12** 416, 22.5.17 11 CE 17.718 BeckRS 2017, 111563, 20.3.18 NJW **18** 2343). Dies kommt zB in Betracht, wenn der Betr über keine weitere Wohnung verfügt oder wenn die Art und die Einrichtung dieser Wohnung bzw. die Art und Intensität der bestehenden persönlichen oder beruflichen Bindung eine Beendigung des Aufenthalts bereits vor dem Ablauf eines halben Jahres als praktisch ausgeschlossen erscheinen lassen (VGH Mü 22.5.17 11 CE 17.718 BeckRS 2017, 111563, 20.3.18 NJW **18** 2343).

12   Fraglich ist in diesem Zusammenhang, ob der Zeitraum von 185 Tagen im **Jahr** (so die deutsche Regelung in § 7) oder im **Kalenderjahr** (so die 2. ebenso wie die 3. EU-FS-RL) liegen muss. Warum dies nicht wörtlich, sondern mit dem Wort *Jahr* in das deutsche Recht umgesetzt worden ist, lässt sich der Begr nicht entnehmen. Eine Beschränkung auf das Kalenderjahr kommt jedenfalls nicht in Betracht, denn es reicht, wenn der Zeitraum von 185 Tagen erst ab Wohnsitznahme erfüllt wird. Soweit es auf bereits verstrichene Zeit ankommt, ist ohne Rücksicht auf Kalenderjahre auf den vorangegangenen zusammenhängenden Zeitraum abzustellen. Andernfalls würde das absurde Ergebnis eintreten, dass alle bis zum 30.6. eines jeden Jahres erteilten Fahrerlaubnisse unter einem bereits aus dem Führerschein ersichtlichen Verstoß gegen das europarechtlich vorgegebene Wohnsitzerfordernis leiden würden (§ 28 IV S. 1 Nr. 2, vgl. § 28 Rn. 27) mit der Folge, dass sie in anderen EU-/EWR-Staaten nicht anerkannt werden müssten (Ol 1.11.18 – 1 Ss 193/18 DAR **19** 163).

13   **4.** Für die Erfüllung oder Nichterfüllung des Wohnsitzerfordernisses sind die **tatsächlichen Wohn- und Lebensverhältnisse** des Betr, nicht aber die Eintragungen in behördliche Register ausschlaggebend (VGH Mü 3.5.12 ZfS **12** 416). Der Zeitpunkt der behördlichen Anmeldung einer Person an einem Ort muss nicht mit dem Tag identisch sein, an dem die Person dort ggf. einen ordentlichen Wohnsitz begründet hat (VGH Mü 22.2.10 11 CS 09.1934 BeckRS 2010, 22594).

14   Durch Unionsrecht ist nicht vorgegeben, in welcher Weise der **Nachweis des ordentlichen Wohnsitzes** erfolgt. Die Mitgliedstaaten können dies selbst regeln. Der EuGH hat in seinem Urt v. 25.6.15 C-664/13 Nimanis (NJW **15** 3219) entschieden, dass die Meldung unter einer bestimmten Adresse ein geeignetes Mittel sein kann, um den Wohnsitz nachzuweisen, dass aber auch andere Modalitäten des Wohnsitznachweises möglich sein müssen. Der Nachweis eines ordentlichen Wohnsitzes ist danach auch einer Person möglich, die nicht im Inland gemeldet ist, wenn sie auf andere Weise nachweisen kann, dass sie ihren ordentlichen Wohnsitz iSv Art 12 der 3. EU-FS-RL im Inland hat. Im deutschen Recht sind keine näheren Anforderungen an den Nachweis des ordentlichen Wohnsitzes normiert worden. § 7 enthält dazu keine Vorgaben.

15   **5.** Für **Schüler und Studenten**, die bislang ihren **ordentlichen Wohnsitz** in **Deutschland** oder in einem **anderen EU- oder EWR-Staat** hatten, enthalten II und III Sonderregelungen. Es kommt insoweit nicht auf die Staatsangehörigkeit an, sondern darauf, wo bisher der ordentliche Wohnsitz lag. Nach der Fiktion des Art 12 der 3. EU-FS-RL hat der Besuch einer Universität oder Schule keine Verlegung des ordentlichen Wohnsitzes innerhalb von EU und EWR zur Folge.

16   Personen, die **bisher ihren ordentlichen Wohnsitz in Deutschland** hatten und die sich ausschließlich zwecks Schul- oder Hochschulbesuchs in einem anderen EU- oder EWR-Staat aufhalten, behalten für Zwecke des FERechts ihren ordentlichen Wohnsitz in Deutschland, auch wenn sie länger als 185 Tage im Jahr in dem anderen EU- oder EWR-Staat wohnen (II). Ihnen kann daher eine FE erteilt werden.

17   Personen, die **bisher ihren ordentlichen Wohnsitz in einem anderen EU- oder EWR-Staat** hatten und die sich ausschließlich zwecks Schul- oder Hochschulbesuchs in Deutschland aufhalten, begründen fahrerlaubnisrechtlich keinen ordentlichen Wohnsitz im Inland, auch wenn sie länger als 185 Tage im Jahr in Deutschland wohnen (III S. 1). Ihnen kann allerdings bei Erfüllung der sonstigen Voraussetzungen trotz fehlenden ordentlichen Wohnsitzes im Inland in Deutschland eine FE erteilt werden, wenn die Dauer ihres Aufenthaltes mindestens 6 Monate beträgt (III S. 2). Diese Formulierung orientiert sich noch an dem Wortlaut von Art 7 I Buchst. b der 2. EU-FS-RL. Sie lässt außer Acht, dass nach der heute maßgeblichen Regelung des Art 7 I Buchst. e Alt 2 der 3. EU-FS-RL eine FEErteilung nur möglich ist, wenn der Bewerber nachweisen kann, dass er während eines Mindestzeitraums von 6 Monaten im Inland *studiert hat*. Diese Präzisierung in der 3. EU-FS-RL ist bisher nicht in das deutsche Recht umgesetzt worden. III S. 2 fordert keinen Nachweis, dass der Betr sich für mindestens 6 Monate zum ausschließlichen Zweck des Studiums oder des Schulbesuchs in Deutschland *aufgehalten hat*. Ein auf mindestens 6 Monate angelegter Studienaufenthalt im Inland reicht aus, um eine FE in diesem Zeitraum erhalten zu können. Zwar ist wegen der Differenz zum Wortlaut der 3. EU-FS-RL fraglich, ob die Regelung des III S. 2 unionsrechtskonform ist. Bis zu einer eventuellen Änderung ist sie aber in Deutschland geltendes Recht.

6. Für **Schüler und Studenten,** die bislang ihren **ordentlichen Wohnsitz** in einem **Staat** 18 **außerhalb der EU oder des EWR** hatten, gelten die Sonderregelungen der II und III nicht. Für sie gilt der Grundsatz des Abs. I. Ihnen kann somit in Deutschland eine FE erteilt werden, wenn sie hier ihren ordentlichen Wohnsitz haben, wovon bereits auszugehen ist, wenn sie ihren Wohnsitz mit der nachvollziehbaren Absicht genommen haben, mindestens 185 Tage im Inland zu wohnen (s. Rn. 11).

7. Schüler und Studenten, die bislang ihren **ordentlichen Wohnsitz in Deutschland** 19 hatten und sich zwecks Schul- oder Hochschulbesuchs in einem **Staat außerhalb der EU oder des EWR** aufhalten, unterliegen nicht der Sonderregelung des II. Sie behalten fahrerlaubnisrechtlich ihren ordentlichen Wohnsitz in Deutschland somit nicht, wenn sie nicht mehr die Kriterien des Abs. I erfüllen. Ihnen kann dann in Deutschland keine FE erteilt werden. Wenn sie Inhaber einer deutschen Fahrerlaubnis sind, kann ihnen aber trotz fehlenden ordentlichen Wohnsitzes in Deutschland ein deutscher Führerschein ausgestellt werden (§ 25 I S. 2 Nr. 3), zB ein Ersatzführerschein.

Ausschluss des Vorbesitzes einer Fahrerlaubnis der beantragten Klasse

8 Eine Fahrerlaubnis der beantragten Klasse darf nur erteilt werden, wenn der Bewerber keine in einem Mitgliedstaat der Europäischen Union oder einem anderen Vertragsstaat des Abkommens über den Europäischen Wirtschaftsraum erteilte Fahrerlaubnis (EU- oder EWR-Fahrerlaubnis) dieser Klasse besitzt.

Begr (BR-Drs. 443/98 S. 252 = VkBl. **98** 1066): *Die Bestimmung setzt Artikel 7 Abs. 5 der* 1 *(2. EU-FS-) Richtlinie um, wonach jeder nur im Besitz einer Fahrerlaubnis aus einem EU- oder EWR-Mitgliedstaat sein darf.*

1. Regelungsgegenstand. Nach § 2 II S. 1 Nr. 7 StVG ist eine der Voraussetzungen für die 2 Erteilung einer deutschen FE, dass der Bewerber keine in einem EU- oder EWR-Staat erteilte FE dieser Klasse besitzt. § 8 wiederholt dies und hat keinen darüber hinausgehenden Regelungsgehalt. Durch beide Vorschriften wurde Art 7 V der zur Zeit der Schaffung der Regelungen maßgeblichen 2. EU-FS-RL in das deutsche Recht umgesetzt (Begr Rn. 1), der lautete „Jede Person kann nur Inhaber eines einzigen von einem Mitgliedstaat ausgestellten Führerscheins sein." Die deutsche Regelung hat dies auf die konkret beantragte FEKlasse eingeschränkt, was aber dem Willen des europäischen Normgebers entsprochen haben dürfte. § 2 II S. 1 Nr. 7 StVG und § 8 FeV gelten seit 1999 und sind seither nicht verändert worden.

2. Der **Zweck** der Reglung besteht darin, zu verhindern, dass eine Person gleichzeitig über 3 mehrere FE derselben Klasse aus unterschiedlichen EU-/EWR-Staaten verfügt. Damit soll unterbunden werden, dass im Falle des Verlustes einer FE eine andere noch vorhandene FE missbräuchlich verwendet werden kann.

3. Beschränkung auf EU-/EWR-Fahrerlaubnisse. § 2 II S. 1 Nr. 7 StVG und § 8 FeV 4 schließen lediglich den Besitz einer anderen EU- oder EWR-FE aus, nicht den Besitz einer FE aus einem Nicht-EU-/EWR-Staat (Drittstaat). Dies ist darin begründet, dass damit Art 7 V der damals maßgeblichen 2. EU-FS-RL umgesetzt wurde, der den Grundsatz „pro Person nur eine FE" ausdrücklich auf von Mitgliedstaaten erteilte FE beschränkte. Der EuGH hat bestätigt, dass sich der gleichzeitige Besitz einer Drittstaaten-FE und einer EU-/EWR-FE nach der damaligen Rechtslage nicht ausgeschlossen haben (EuGH Urt v. 19.2.09 – C-321/07 Schwarz DAR **09** 191 = NJW **09** 828 Ls).

Im Wortlaut der heute maßgeblichen 3. EU-FS-RL ist die Beschränkung auf EU-/EWR- 5 Fahrerlaubnisse weggefallen. Art 7 V Buchst. a und b der 3. EU-FS-RL lauten „Jede Person kann nur Inhaber eines einzigen Führerscheins sein. Ein Mitgliedstaat lehnt es ab, einen Führerschein auszustellen, wenn erwiesen ist, dass der Bewerber bereits einen Führerschein besitzt.". Aus den Erwägungsgründen der 3. EU-FS-RL ergibt sich nicht, ob damit eine Rechtsänderung in dem Sinne verbunden sein sollte, dass nunmehr auch der Besitz einer FE aus einem Drittstaat der Erteilung einer FE in einem EU-/EWR-Staat entgegenstehen sollte. Art 7 V Buchst. c und d der 3. EU-FS-RL deuten eher darauf hin, dass nach wie vor nur an FE aus EU-/EWR-Staaten gedacht ist. Der geänderte Wortlaut der FS-RL hat auch nicht zu einer Anpassung von § 2 II S. 1 Nr. 7 StVG und § 8 FeV geführt, die nach wie vor lediglich den Besitz einer FE aus einem EU- oder EWR-Staat ausschließen. Der **Besitz einer FE** der beantragten Klasse aus einem **Drittstaat** steht der Erteilung einer deutschen FE somit **nicht entgegen.**

6   4. In diesem Zusammenhang gibt es **Erklärungspflichten** des Antragstellers (§ 2 VI S. 2 StVG, § 21 II FeV) sowie **Ermittlungspflichten und -befugnisse** der FEB (§ 2 VII StVG, § 22 II FeV).

Voraussetzung des Vorbesitzes einer Fahrerlaubnis anderer Klassen

9 (1) Eine Fahrerlaubnis der Klassen C1, C, D1 oder D darf nur erteilt werden, wenn der Bewerber bereits die Fahrerlaubnis der Klasse B besitzt oder die Voraussetzungen für deren Erteilung erfüllt hat; in diesem Fall darf die Fahrerlaubnis für die höhere Klasse frühestens mit der Fahrerlaubnis der Klasse B erteilt werden.

(2) Eine Fahrerlaubnis der Klasse BE, C1E, CE, D1E oder DE darf nur erteilt werden, wenn der Bewerber bereits die Fahrerlaubnis für das ziehende Fahrzeug besitzt oder die Voraussetzungen für deren Erteilung erfüllt hat; in diesem Fall darf die Fahrerlaubnis der Klasse BE, C1E, CE, D1E oder DE frühestens mit der Fahrerlaubnis für das ziehende Fahrzeug erteilt werden.

(3) Absatz 1 gilt auch im Fall des § 69a Absatz 2 des Strafgesetzbuches.

1   **Begr:** (BR-Drs. 443/98 S. 252 = VkBl. **98** 1066): *Nach Artikel 5 Abs. 1 der (2. EG-FS-)Richtlinie kann eine Fahrerlaubnis der Klassen C und D nur Personen erteilt werden, die bereits zum Führen von Kraftfahrzeugen der Klasse B berechtigt sind; die Erteilung einer Fahrerlaubnis für die Klasse E setzt voraus, dass die Bewerber bereits zum Führen von Fahrzeugen der entsprechenden Soloklasse berechtigt sind.*

Die Richtlinie schreibt keine bestimmte Besitzdauer der niedrigeren Klasse vor. Auch ist nicht bestimmt, dass die Fahrerlaubnis – wie im deutschen Recht – durch Aushändigung des Führerscheins erteilt wird. Es soll deshalb genügen, dass der Bewerber vor Erwerb der höheren Klasse die Voraussetzungen für die niedrigere erfüllt hat. Auf die formelle Erteilung der niedrigeren Klasse durch Aushändigung des Führerscheins wird verzichtet.

2   **Begr** zur ÄndVO v. 18.7.08 (BR-Drs. 302/08 S. 60 = VkBl. **08** 566): **Zu S. 2 (jetzt Abs. 3):** *Falls das Strafgericht die Fahrerlaubnis hinsichtlich aller Klassen entzieht, jedoch bestimmte Arten von Kraftfahrzeugen (z. B. Klasse D) von der Sperre gemäß § 69a Abs. 2 StGB ausnimmt, gilt hinsichtlich der Neuerteilung § 9 Satz 1, wonach eine Fahrerlaubnis der Klassen C, C1, D oder D1 nur erteilt werden darf, wenn der Bewerber bereits die Fahrerlaubnis der Klasse B besitzt. Eine „isolierte" Erteilung der Klasse C sollte auch nicht im Wege der Ausnahme möglich sein.*

3–9 **Begr** zur ÄndVO v. 7.1.11 (BR-Drs. 660/10 S. 60 = VkBl. **11** 112): *§ 9 wurde inhaltlich nicht geändert, sondern aus Gründen der Übersichtlichkeit in drei Absätze gefasst.*

10   1. § 9 setzt Art 6 I Buchst. a und b der 3. EG-FS-RL in deutsches Recht um. Gesetzliche Ermächtigungsgrundlage ist § 2 II S. 2 StVG. Eine Spezialregelung für FE der Kl B mit Sz 96 findet sich in § 6a I S. 2.

11   2. Wird bei strafgerichtlicher EdF gem. § 69a II StGB von einer FESperre eine FzArt ausgenommen, **deren Führen eine Fahrerlaubnis der FEKl C1, C, D1 oder D voraussetzt** (z. B. Lkw, Kom), ist die FEB durch Abs. I gehindert, diese zu erteilen (VG Berlin NZV **01** 139, *Dencker* DAR **04** 54, *Burmann* DAR **05** 61, 64, *Geiger* NZV **05** 623, 626, aA hier bis 39. Aufl, *Bouska/Laeverenz* § 69a StGB Anm 4, *Hentschel* Trunkenheit Rn. 786, NZV **04** 285, 288, Empfehlung des AK IV des 42. VGT 2004 Nr. 4). III stellt dies ausdrücklich klar (Begr Rn. 2). Mit EdF gem. § 69 StGB erlischt die FE komplett (§ 69 StGB Rn. 24). Um wieder Kfz im öffentlichen StrV führen zu können, muss der Betroffene eine neue FE erwerben. Er kann dies nur, wenn er die dafür erforderlichen fahrerlaubnisrechtlichen Voraussetzungen erfüllt. Sofern er eine FE der Kl C1, C, D1 oder D erwerben will, muss er entsprechend der EG-rechtlichen Vorgabe gem. I eine FE der Kl B besitzen oder die Voraussetzungen für deren Erteilung erfüllen. Eine Person, der die FE gem. § 69 StGB entzogen wurde, besitzt keine FE der Kl B und kann auch nicht die Voraussetzungen für deren Erteilung erfüllen, so lange eine nach § 69a I StGB angeordnete Sperre für die Neuerteilung einer FE noch nicht abgelaufen ist. Es wäre mit Art 6 I Buchst. a der 3. EG-FS-RL (früher Art 5 I a der 2. EG-FS-RL) nicht vereinbar, einer Person, die nach gerichtlicher Beurteilung momentan ungeeignet zum Führen von Fz der Kl B ist, gleichwohl eine FE der Kl C1, C, D1 oder D zu erteilen (*Dencker* DAR **04** 54). Die Erteilung einer solchen FE im Wege der Ausnahme nach § 74 von § 9 I ist ebenfalls nicht möglich, weil auch dies nicht mit Art 6 I Buchst. a der 3. EG-FS-RL vereinbar wäre. Die FEB ist nicht dadurch gebunden, dass das Strafgericht mit der Ausnahme bestimmter FzArten von einer Sperre gem. § 69a II StGB zum Ausdruck bringt, dass der Betroffene nach strafgerichtlicher Beurteilung insoweit zum Führen von Kfz geeignet ist, denn eine Bindungswirkung der FEB gem. § 3 IV StVG gibt es nur im Entziehungsverfahren, nicht im Neuerteilungsverfahren (VG Berlin NZV **01** 139, § 3 StVG Rn. 45). Die in § 69a II StGB vorgesehene Möglichkeit, bestimmte Arten von Kfz von der Sperre für die Neuerteilung der FE auszunehmen, läuft somit leer, soweit Arten von Kfz von der Sperre ausgenommen werden, die nur mit einer FE geführt werden können, für deren Erteilung der Besitz einer FE der Kl B oder das Erfüllen der Voraussetzungen für deren Erteilung Voraussetzung ist (*Dencker* DAR **04** 54, 55). § 69a II StGB ist insoweit fahrerlaubnisrechtlich nicht umsetzbar. Zu den Konsequenzen für das Strafrecht § 69a StGB Rn. 6a.

Mindestalter

10 (1) ¹Das für die Erteilung einer Fahrerlaubnis maßgebliche Mindestalter bestimmt sich nach der folgenden Tabelle:

lfd. Nr.	Klasse	Mindestalter	Auflagen
1	AM	a) 16 Jahre b) 15 Jahre in den Ländern, die von der Ermächtigung nach § 6 Absatz 5a StVG Gebrauch gemacht haben.	Bis zum Erreichen des nach Buchstabe a vorgesehene Mindestalters ist die Fahrerlaubnis mit der Auflage zu versehen, dass von ihr nur in den Ländern, die von der Ermächtigung des § 6 Absatz 5a StVG Gebrauch gemacht haben, Gebrauch gemacht werden darf. Die Auflage entfällt, wenn der Fahrerlaubnisinhaber das Mindestalter nach Buchstabe a erreicht hat.
2	A1	16 Jahre	
3	A2	18 Jahre	
4	A	a) 24 Jahre für Krafträder bei direktem Zugang, b) 21 Jahre für dreirädrige Kraftfahrzeuge mit einer Leistung von mehr als 15 kW oder c) 20 Jahre für Krafträder bei einem Vorbesitz der Klasse A2 von mindestens zwei Jahren.	

5	B, BE	a) 18 Jahre
		b) 17 Jahre
		  aa) bei der Teilnahme am Begleiteten Fahren ab 17 nach § 48a,
		  bb) bei Erteilung der Fahrerlaubnis während oder nach Abschluss einer Berufsausbildung in
		    aaa) dem staatlich anerkannten Ausbildungsberuf „Berufskraftfahrer/Berufskraftfahrerin",
		    bbb) dem staatlich anerkannten Ausbildungsberuf „Fachkraft im Fahrbetrieb" oder
		    ccc) einem staatlich anerkannten Ausbildungsberuf, in dem vergleichbare Fertigkeiten und Kenntnisse zum Führen von Kraftfahrzeugen auf öffentlichen Straßen vermittelt werden.
			Bis zum Erreichen des nach Buchstabe a vorgeschriebenen Mindestalters ist die Fahrerlaubnis mit den Auflagen zu versehen, dass von ihr nur bei Fahrten im Inland und im Fall des Buchstaben b Doppelbuchstabe bb darüber hinaus nur im Rahmen des Ausbildungsverhältnisses Gebrauch gemacht werden darf. Die Auflagen entfallen, wenn der Fahrerlaubnisinhaber das Mindestalter nach Buchstabe a erreicht hat.

lfd. Nr.	Klasse	Mindestalter	Auflagen
6	C1, C1E	18 Jahre	

7	C, CE	a) 21 Jahre,
		b) 18 Jahre nach
		   aa) erfolgter Grundqualifikation nach
		      § 4 Absatz 1 Nummer 1 des Berufs-
		      kraftfahrerqualifikationsgesetzes
		      vom 14. August 2006 (BGBl. I
		      S. 1958) in der jeweils geltenden Fas-
		      sung,
		   bb) für Personen während oder nach
		      Abschluss einer Berufsausbildung
		      nach
		      aaa) dem staatlich anerkannten
		            Ausbildungsberuf „Berufskraft-
		            fahrer/Berufskraftfahrerin",
		      bbb) dem staatlich anerkannten
		            Ausbildungsberuf „Fachkraft
		            im Fahrbetrieb" oder
		      ccc) einem staatlich anerkannten
		            Ausbildungsberuf, in dem ver-
		            gleichbare Fertigkeiten und
		            Kenntnisse zum Führen von
		            Kraftfahrzeugen auf öffentli-
		            chen Straßen vermittelt werden.
			Im Falle des Buchstaben b Doppelbuchstabe bb ist die Fahrerlaubnis mit den Auflagen zu versehen, dass von ihr nur bei Fahrten im Inland und im Rahmen des Ausbildungsverhältnisses Gebrauch gemacht werden darf. Die Auflagen entfallen, wenn der Inhaber der Fahrerlaubnis das 21. Lebensjahr vollendet oder die Berufsausbildung nach Buchstabe b Doppelbuchstabe bb vor Vollendung des 21. Lebensjahres erfolgreich abgeschlossen hat.

8	D1, D1E	a) 21 Jahre,
		b) 18 Jahre für Personen während oder
		   nach Abschluss einer Berufsausbildung
		   nach
		   aa) dem staatlich anerkannten Ausbil
		      dungsberuf „Berufskraftfah
		      rer/Berufskraftfahrerin",
		   bb) dem staatlich anerkannten Ausbil
		      dungsberuf „Fachkraft im Fahrbe
		      trieb" oder
		   cc) einem staatlich anerkannten Ausbil
		      dungsberuf, in dem vergleichbare
		      Fertigkeiten und Kenntnisse zur
		      Durchführung von Fahrten mit
		      Kraftfahrzeugen auf öffentlichen
		      Straßen vermittelt werden.
			Bis zum Erreichen des nach Buchstabe a vorgeschriebenen Mindestalters ist die Fahrerlaubnis mit den Auflagen zu versehen, dass von ihr nur
			1. bei Fahrten im Inland und
			2. im Rahmen des Ausbildungsverhältnisses
			Gebrauch gemacht werden darf. Die Auflage nach Nummer 1 entfällt, wenn der Fahrerlaubnisinhaber das Mindestalter nach Buchstabe a erreicht hat. Die Auflage nach Nummer 2 entfällt, wenn der Fahrerlaubnisinhaber das Mindestalter nach Buchstabe a erreicht oder die Ausbildung nach Buchstabe b abgeschlossen hat.

9	D, DE	a) 24 Jahre,
		b) 23 Jahre nach beschleunigter Grund
		   qualifikation durch Ausbildung und Prüfung
		   nach § 4 Absatz 2 des Berufskraftfahrer
		   qualifikationsgesetzes,
		c) 21 Jahre
		   aa) nach erfolgter Grundqualifikation
		      nach § 4 Absatz 1 Nummer 1 des
		      Berufskraftfahrerqualifikationsgeset
		      zes oder
		   bb) nach beschleunigter Grundqualifika
		      tion durch Ausbildung und Prüfung
		      nach § 4 Absatz 2 des Berufskraft
		      fahrerqualifikationsgesetzes im Li
		      nienverkehr bis 50 km,
			1. Im Falle des Buchstabe c Doppelbuchstabe bb ist die Fahrerlaubnis mit der Auflage zu versehen, dass von ihr nur bei Fahrten zur Personenbeförderung im Linienverkehr im Sinne der §§ 42 und 43 des Personenbeförderungsgesetzes Gebrauch gemacht werden darf, sofern die Länge der jeweiligen Linie nicht mehr als 50 Kilometer beträgt. Die Auflage entfällt, wenn der Inhaber der

lfd. Nr.	Klasse	Mindestalter	Auflagen
		d) 20 Jahre für Personen während oder nach Abschluss einer Berufsausbildung nach aa) dem staatlich anerkannten Ausbildungsberuf „Berufskraftfahrer/Berufskraftfahrerin", bb) dem staatlich anerkannten Ausbildungsberuf „Fachkraft im Fahrbetrieb" oder cc) einem staatlich anerkannten Ausbildungsberuf, in dem vergleichbare Fertigkeiten und Kenntnisse zur Durchführung von Fahrten mit Kraftfahrzeugen auf öffentlichen Straßen vermittelt werden, e) 18 Jahre für Personen während oder nach Abschluss einer Berufsausbildung nach Buchstabe d im Linienverkehr bis 50 km, f) 18 Jahre für Personen während oder nach Abschluss einer Berufsausbildung nach Buchstabe d bei Fahrten ohne Fahrgäste.	Fahrerlaubnis das 23. Lebensjahr vollendet hat. 2. In den Fällen der Buchstaben d bis f ist die Fahrerlaubnis mit den Auflagen zu versehen, dass von ihr nur 2.1 bei Fahrten im Inland, 2.2 im Rahmen des Ausbildungsverhältnisses und 2.3 bei Fahrten zur Personenbeförderung im Sinne der §§ 42 und 43 des Personenbeförderungsgesetzes, soweit die Länge der jeweiligen Linie nicht mehr als 50 Kilometer beträgt oder bei Fahrten ohne Fahrgäste, Gebrauch gemacht werden darf. Die Auflage nach Nummer 2.1 entfällt, wenn der Fahrerlaubnisinhaber entweder das 24. Lebensjahr vollendet oder die Berufsausbildung abgeschlossen und das 21. Lebensjahr vollendet hat. Die Auflage nach Nummer 2.2 entfällt, wenn der Fahrerlaubnisinhaber entweder das 24. Lebensjahr vollendet oder die Berufsausbildung abgeschlossen hat. Die Auflage nach Nummer 2.3 entfällt, wenn der Fahrerlaubnisinhaber das 20. Lebensjahr vollendet hat.
10	T	16 Jahre	
11	L	16 Jahre	

[2] Abweichend von den Nummern 7 und 9 der Tabelle in Satz 1 beträgt im Inland das Mindestalter für das Führen von Fahrzeugen der Klasse C 18 Jahre und der Klasse D 21 Jahre im Falle

1. von Einsatzfahrzeugen der Feuerwehr, der Polizei, der nach Landesrecht anerkannten Rettungsdienste, des Technischen Hilfswerks und sonstiger Einheiten des Katastrophenschutzes, sofern diese Fahrzeuge für Einsatzfahrten oder vom Vorgesetzten angeordnete Übungsfahrten sowie Schulungsfahrten eingesetzt werden, und

2. von Fahrzeugen, die zu Reparatur- oder Wartungszwecken in gewerbliche Fahrzeugwerkstätten verbracht und dort auf Anweisung eines Vorgesetzten Prüfungen auf der Straße unterzogen werden.

(2) Die erforderliche körperliche und geistige Eignung ist vor erstmaliger Erteilung einer Fahrerlaubnis, die nach Absatz 1 Nummer 5 Buchstabe b Doppelbuchstabe bb, Nummer 7 Buchstabe b, Nummer 8 Buchstabe b, Nummer 9 Buchstabe b, c, d oder f, auch in Verbindung mit Absatz 1 Satz 2 Nummer 2 erworben wird, durch Vorlage eines medizinisch-psychologischen Gutachtens nachzuweisen.

(3) [1] Das Mindestalter für das Führen eines Kraftfahrzeugs, für das eine Fahrerlaubnis nicht erforderlich ist, beträgt 15 Jahre. [2] Dies gilt nicht für das Führen

a) eines Elektrokleinstfahrzeugs nach § 4 Absatz 1 Satz 2 Nummer 1a,
b) eines motorisierten Krankenfahrstuhls nach § 4 Absatz 1 Satz 2 Nummer 2 mit einer durch die Bauart bestimmten Höchstgeschwindigkeit von nicht mehr als 10 km/h durch behinderte Menschen.

(4) **Wird ein Kind unter sieben Jahren auf einem Mofa nach § 4 Absatz 1 Satz 2 Nummer 1 oder auf einem Kleinkraftrad nach § 4 Absatz 1 Satz 2 Nummer 1b mitgenommen, muss der Fahrzeugführer mindestens 16 Jahre alt sein.**

1   **Begr** zur ÄndVO v. 9.8.04 **zu Abs. 3** (BR-Drs. 305/04 S. 18): *Bisher durften behinderte Kinder vor Vollendung des 15. Lebensjahres keine motorisierten Krankenfahrstühle führen. Sie waren auf Ausnahmegenehmigungen im Einzelfall angewiesen. Das generelle Verbot mit Ausnahmemöglichkeit wird aber weder der Situation der behinderten Kinder gerecht, noch ist es aus Verkehrssicherheitsgründen erforderlich.*

2   **Begr** zur ÄndVO v. 7.1.11 (BR-Drs. 660/10 S. 60 = VkBl. **11** 112): *In § 10 ist das Mindestalter – geordnet nach den einzelnen Fahrerlaubnisklassen – jeweils für alle Klassen entsprechend der Gliederung in der (3. EG-FS-)Richtlinie neu strukturiert worden.*
Änderungen des BR zur redaktionellen Anpassung und Klarstellung: BR-Drs. 660/10 (Beschluss) S. 2 ff., zT abgedruckt in VkBl. **11** 112.

3   **Begr** zur ÄndVO v. 26.6.12 **zu Abs. 2** (BR-Drs. 245/12 (Beschluss) S. 32 = VkBl. **12** 605): *Nach dem Willen des Verordnungsgebers ist eine medizinisch-psychologische Untersuchung erforderlich, wenn erstmalig im Rahmen einer Berufskraftfahrer-Ausbildung eine Fahrerlaubnis vor Erreichen des regulären Mindestalters erteilt wird.*

4   **Begr** zur ÄndVO v. 16.4.14 **zu Abs. 1 S. 2** (BR-Drs. 78/14 S. 56 = VkBl. **14** 427): *Die Heraufsetzung des Mindestalters für die Fahrerlaubnisklassen C, CE, D und DE hat bei den Berufsfeuerwehren in Ländern, in denen die Ausbildung zur Brandmeisterin oder zum Brandmeister im Rahmen eines öffentlich-rechtlichen Ausbildungsverhältnisses erfolgt, zu Problemen bei der Ausbildung geführt, da das Fahren von Fahrzeugen der entsprechenden Größe, noch dazu mit Sonderrechten, zwingender Bestandteil der Ausbildung und der beruflichen Tätigkeit ist. Aus diesem Grund soll für Angehörige der Berufsfeuerwehr von der Ausnahmemöglichkeit des Artikels 4 Ziffer 6 der Richtlinie 2006/126/EG des Europäischen Parlaments und des Rates über den Führerschein (3. EU-Führerscheinrichtlinie) Gebrauch gemacht werden. (Anmerkung nur im VkBl.: Im Laufe des Verordnungsgebungsverfahrens ist diese Ausnahme ausdrücklich auf die freiwilligen Feuerwehren ausgedehnt worden.) Auch im Bereich der Bundespolizei und des Technischen Hilfswerks werden Fahrer eingesetzt, die das 21. Lebensjahr noch nicht vollendet haben. Daher soll auch für diesen Bereich von der Ausnahmemöglichkeit Gebrauch gemacht werden. (Anmerkung nur im VkBl.: Gleiches gilt nach dem Wortlaut des § 10 Absatz 1 Satz 2 auch für die nach Landesrecht anerkannten Rettungsdienste und sonstigen Einheiten des Katastrophenschutzes.) Entsprechendes gilt auch für Fahrzeuge, die zu Reparatur- und Wartungszwecken Prüfungen auf der Straße unterzogen werden, da die Heraufsetzung des Mindestalters dazu geführt hat, dass Auszubildende in diesen Bereichen während und auch kurz nach der Ausbildung in den entsprechenden Betrieben nicht hätten eingesetzt werden können.*
(BR-Drs. 78/14 (Beschluss) S. 2 = VkBl. **14** 428): *Die Einbeziehung der Schulungsfahrten ist zwingend geboten, weil ein sicheres Führen von Einsatzfahrzeugen neben regelmäßigen Übungsfahrten auch ergänzende Schulungsmaßnahmen der Fahrerinnen und Fahrer wie beispielsweise Fahrsicherheitstrainings erfordert.*

5–9   (nicht belegt)

10   **1.** § 10 legt ergänzt durch § 6a II auf der Grundlage von §§ 6 I Nr. 3 Buchst. c, 6e I Nr. 1 StVG das **Mindestalter** für die einzelnen FEKlassen und für das Führen fahrerlaubnisfreier Fz fest. Das Mindestalter für das Führen von Elektrokleinstfahrzeugen iSv § 1 I eKFV ist in § 3 eKFV geregelt. Ein Höchstalter ist nicht normiert. Eine **FE** darf **erst erteilt** werden, wenn der Bewerber das für die betreffende FEKlasse erforderliche **Mindestalter erreicht** hat (§ 2 II S. 1 Nr. 2 StVG). Ist die Prüfung bereits vorher bestanden (vgl. § 17 I S. 5), darf der Prüfer den FS noch nicht gem. § 22 IV S. 3 aushändigen, denn dadurch würde die FE erteilt (vgl. § IV S. 6). In diesem Fall erfolgt die Erteilung der FE durch die FEB durch Aushändigung des FS nach Erreichen des Mindestalters.

11   Mit der **Tabelle des Abs. I S. 1** sind außer für Kl B mit Sz 96 (dazu § 6a II) die Vorgaben der 3. EU-FS-RL zum Mindestalter umgesetzt worden. Gleichzeitig sind die Mindestaltervorschriften des BKrFQG in die Tabelle aufgenommen worden, die die Vorgaben der 3. EU-FS-RL gem. deren Art 4 IV für die C- und D-Klassen für Fahrten im Güterkraft- und Personenverkehr

modifizieren. Die Auflagen zu FE der C- und D-Klassen gem. I rechte Spalte werden mit den Sz 185, 186, 187 und 193 (Anl 9) kenntlich gemacht.

Für die Klassen C und D ist auf der Grundlage von Art 4 VI UAbs. 2 der 3. EU-FS-RL ein **11a** **abgesenktes Mindestalter** für das Führen von EinsatzFz der Feuerwehr, der Polizei, der nach Landesrecht anerkannten Rettungsdienste, des Technischen Hilfswerks und sonstiger Einheiten des Katastrophenschutzes zugelassen worden, wobei die Fz nur für Einsatzfahrten oder vom Vorgesetzten angeordnete Übungs- und Schulungsfahrten genutzt werden dürfen (I S. 2 Nr. 1, Begr Rn. 4); die bis zum Erreichen des normalen Mindestalters befristete Beschränkung der FE wird durch Sz 188 und 189 (Anl 9) gekennzeichnet. Ein Nachweis der Eignung durch Vorlage eines medizinisch-psychologischen Gutachtens vor Erteilung der FE mit abgesenktem Mindestalter gem. I S. 2 Nr. 1 ist nicht vorgeschrieben, da den Betroffenen eine gegenüber Gleichaltrigen höhere Reife und Vernunft zugebilligt wird und ihre Auswahl besonders sorgfältig erfolge; ausreichend sei die Möglichkeit, im Einzelfall die Beibringung eines Gutachtens nach § 11 III S. 1 Nr. 2 anzuordnen (Begr zur FeVÄndVO v. 16.12.14 BR-Drs. 460/14 (Beschluss) S. 1 f.).

Die gleiche Absenkung des Mindestalters für die Klassen C und D ist für das Führen von Fz **11b** zugelassen worden, die zu Reparatur- und Wartungszwecken in gewerbliche FzWerkstätten verbracht und dort auf Anweisung eines Vorgesetzten Prüfungen auf der Straße unterzogen werden (I S. 2 Nr. 2, Begr Rn. 4); die bis zum Erreichen des normalen Mindestalters befristete Beschränkung der FE wird insoweit durch Sz 190 und 191 (Anl 9) gekennzeichnet. In diesem Fall ist die Eignung immer durch Vorlage eines medizinisch-psychologischen Gutachtens nachzuweisen (II).

Für Kl B und BE ist das Mindestalter auf der Grundlage der Ermächtigung des Art 4 VI **11c** Buchst. d der 3. EU-FS-RL für die Teilnahme am Begleiteten Fahren ab 17 (§ 48a) und während oder nach Abschluss bestimmter Berufsausbildungen auf 17 Jahre abgesenkt. Das Mindestalter für die Kl B mit Sz 96 ist in § 6a II geregelt (lex specialis gegenüber § 10); I Nr. 5 gilt insoweit nicht (§ 6a Rn. 17). Übergangsregelung für bis zum 18.1.13 beantragte FE: § 76 Nr. 10 S. 2–5.

Bei **Erteilung** der FE **vor Erreichen** des in I S. 1 Nr. 5, 7, 8 und 9 jeweils unter Buchst. a **12** normierten normalen **Mindestalters** wird die FE unter den in der letzten Spalte der Tabelle aufgeführten **Auflagen** erteilt. Für die Auflagen stehen Sz 176, 177, 182, 185, 186, 187, 193 gem. Anl 9 zur Verfügung. **Fahrten im Rahmen des Ausbildungsverhältnisses** können auch Alleinfahrten sein; einer Begleitung durch einen Ausbilder bedarf es nicht. Erteilung einer FE der Klasse B nach I Nr. 5 Buchst. b UnterBuchst. bb während oder nach Abschluss bestimmter Berufsausbildungen ist **gleichzeitig mit Teilnahme am Begleiteten Fahren ab 17** möglich. In diesem Fall wird nur *eine* FE erteilt; der Betroffene erhält einen KartenFS mit den entsprechenden Auflagen gem. I Nr. 5 Spalte 4 und eine Prüfungsbescheinigung gem. § 48a III mit den entsprechenden Auflagen. Obwohl er im Rahmen seiner Ausbildung auch unbegleitet fahren darf, kann er außerhalb des Ausbildungsverhältnisses nur in Anwesenheit einer benannten Begleitperson fahren. **Verstöße gegen die Auflagen** nach I Nr. 5 Spalte 4 sind ow (§ 75 Nr. 9), aber kein Fahren ohne FE, denn die FE wird durch die Auflagen nicht inhaltlich beschränkt.

2. Ausnahmen vom Mindestalter können die zuständigen Behörden nach § 74 I zulassen, **13** bei Minderjährigen nur mit Zustimmung des gesetzlichen Vertreters (§ 74 II). Ausnahmegenehmigung und ihre Versagung sind VA. Auf eine solche Ausnahme besteht kein Rechtsanspruch. Im Rahmen des durch § 74 I eingeräumten **Ermessens** ist wegen des besonderen Risikos junger Fahranfänger und wegen der Bedeutung der körperlichen und geistigen Reife für das eigenverantwortliche Führen von Kfz **restriktiv** zu entscheiden (VG Bra 18.2.08 – 6 B 411/07 NZV **08** 315, VG Aachen 8.4.20 – 3 L 1383/19 BeckRS 2020, 6816, *Scheidler* DAR **12** 451). Das Ermessen ist nur dann auf Null reduziert und die Ausnahmegenehmigung zu erteilen, wenn dies zur Vermeidung einer unbilligen, vom VOGeber nicht beabsichtigten Härte notwendig ist und die Einhaltung der Mindestaltersgrenze für den Betr eine **unzumutbare Härte** bedeutet. Für den Betr müssen so schwere Nachteile entstehen, dass bei der Abwägung der Interessen der Allgemeinheit und der des Betr die erhöhten Risiken für die Sicherheit des Straßenverkehrs durch junge Fahranfänger zurücktreten müssen (VGH Ma 7.10.08 – 10 S. 2012/08 NJW **09** 870, OVG Schl 30.3.20 – 5 MB 6/20 BeckRS 2020, 13981). Für diese Maßstäbe darf die FEB **außergewöhnliche Umstände,** die eine Ausnahmegenehmigung rechtfertigen, nur dann annehmen, wenn sich die persönlichen Umstände des Betr wesentlich von der Situation unterscheiden, der Gleichaltrige idR ausgesetzt sind (VG Bra 18.2.08 – 6 B 411/07 NZV **08** 315 mAnm *Dauer*, VG Ol 29.10.13 – 7 B 6101/13 DAR **14** 284). Dies kann zB gegeben sein, wenn für Wege zum Ausbildungsort keine zumutbaren anderen Verkehrsmittel zur Verfügung stehen, auch keine Kfz, für deren Führen bereits das Mindestalter erreicht ist. Es ist zu berücksichtigen, ob es für andere Personen unzumutbar ist, den Antragsteller bis zum Erreichen des Mindestalters zu fahren. Ein bloßer organisatorischer Vorteil für die Familie begründet noch keine Härte (VG Augsburg 24.1.03 – 3 E 03.1, VG Köln 10.1.11 – 11 L 1653/10, VG Ol DAR **14** 284, VG Aachen 8.4.20 – 3 L 1383/19 BeckRS 2020, 6816).

14   Einzelausnahme vom Mindestalter setzt weiter die **Eignung** des Antragstellers zum eigenverantwortlichen Führen von Kfz vor Erreichen des Mindestalters voraus. Zur Klärung der Eignung *kann* die Beibringung eines **medizinisch-psychologischen Gutachtens** nach § 11 III S. 1 Nr. 2 angeordnet werden; dazu Begutachtgs-Leitl Nr. 3.20. Dass die Gutachtenanordnung grundsätzlich zu erfolgen habe (VG Bra NZV **08** 315, *Bouska/Laeverenz* § 10 FeV Anm 4, § 11 FeV Anm 19c, *Scheidler* DAR **12** 451), erscheint als zu weitgehend, da für die Entscheidung eine Berücksichtig aller Umstände des Einzelfalles zu erfolgen hat (*Dauer* NZV **08** 318). Ausnahmegenehmigung vom Mindestalter ist nur so weit zu erteilen, dass die vorliegende Härte ausgeglichen wird. Sie ist also etwa mit **Auflagen** gem. § 74 III zu versehen, wonach von der FE nur auf bestimmten Strecken (zB zur Ausbildungsstätte) Gebrauch gemacht werden darf.

15   Bei Teilnahme am **Begleiteten Fahren ab 17** bedarf es keiner Einzelausnahmegenehmigung vom Mindestalter gem. I Nr. 5 Buchst. a, da insoweit das Mindestalter für den Erwerb der FE der Kl B, BE generell 17 Jahre beträgt (I Nr. 5 Buchst. b UnterBuchst. aa, gesetzl Grundlage § 6e I Nr. 1 StVG). Dabei muss die Eignung nicht durch medizinisch-psychologisches Gutachten nachgewiesen werden (§ 48a I S. 1). Wird Erlaubnis beantragt, im Rahmen des Begleiteten Fahrens ab 17 generell oder für bestimmte Strecken (zB zur Ausbildungsstätte) unbegleitet fahren zu dürfen, kann dafür Ausnahmegenehmigung nach § 74 I erteilt werden. Dabei handelt es sich nicht um eine Ausnahme vom Mindestalter, sondern um eine **Ausnahme von der Begleitauflage** des § 48a II S. 1. Da eine solche Ausnahmegenehmigung in der Sache einer Ausnahme vom Mindestalter für unbegleitetes Fahren gem. I Nr. 5 Buchst. a gleichkommt, sind dabei die gleichen Maßstäbe anzulegen (*Dauer* NZV **08** 318). Für die Ausnahmegenehmigung genügt es nicht, dass der Minderjährige bereits im Rahmen des Begleiteten Fahrens ab 17 Kfz ohne Beanstandungen geführt hat (VGH Ma 7.10.08 – 10 S. 2012/08 NJW **09** 870).

16   Durch den mit ÄndG v. 5.12.19 (BGBl. I S. 2008) eingefügten § 6 Abs. 5a StVG sind die Landesregierungen ermächtigt, das **Mindestalter** der **Klasse AM** durch RVO für das Gebiet des jeweiligen Bundeslandes **auf 15 Jahre herabzusetzen** (näher dazu *Dauer* NZV **20** 348). Diese Regelung wurde eingeführt, nachdem die Herabsetzung des Mindestalters für Fahrerlaubnisse der Kl AM auf 15 Jahre zunächst im Rahmen eines Modellversuchs zur Steigerung der Mobilität von Jugendlichen im ländlichen Raum auf der Grundlage der früheren 3. FeVAusnVO v. 22.4.13 (BGBl. I S. 940, 43.–45. Aufl Rn. 5–9) in den Ländern Sachsen, Sachsen-Anhalt, Thüringen, Brandenburg und Mecklenburg-Vorpommern erprobt worden war. Art 4 VI d 3. EU-FS-RL lässt die Herabsetzung des Mindestalters zu. Nach Auswertung des Modellversuchs (BASt-Bericht M 286) blieb es bei dem regulären Mindestalter für die Klasse AM von 16 Jahren (I S. 1 Nr. 1 Buchst. a). Den Bundesländern wurde aber mWv 12.12.19 gestattet, das Mindestalter für ihr Gebiet auf 15 Jahre herabzusetzen. Die Herabsetzung des Mindestalters wurde nicht allgemein und einheitlich für das gesamte Bundesgebiet festgelegt, sondern als Möglichkeit der Entscheidung der Bundesländer für ihren jeweiligen Bereich überlassen, da der Modellversuch „sehr heterogene Ergebnisse geliefert" habe und da der Nutzen der Herabsetzung des Mindestalters ua von den regionalen Gegebenheiten, zB Verfügbarkeit von ÖPNV, Entfernung zu Schulstandorten und Freizeiteinrichtungen, abhängig sei (Begr zu § 6 Va StVG BT-Drs. 19/12915 S. 10). Von der Ermächtigung haben bisher die Länder Nordrhein-Westfalen, Thüringen, Sachsen, Brandenburg, Sachsen-Anhalt, Mecklenburg-Vorpommern, Schleswig-Holstein, Rheinland-Pfalz, Saarland und Hessen Gebrauch gemacht.

16a   Hat ein Bundesland von der Ermächtigung des § 6 Va StVG Gebrauch gemacht, kann in dessen Hoheitsgebiet die **Fahrerlaubnis** der **Kl AM** bereits **ab Vollendung des 15. Lebensjahres** erteilt werden. Der Bewerber erhält zum Nachweis der Fahrerlaubnis einen normalen Kartenführerschein (§ 25 I S. 1), keine spezielle Bescheinigung wie noch in dem Modellversuch. Da das Mindestalter für den Erwerb einer FE der Kl AM in einem solchen Bundesland generell 15 Jahre beträgt (I S. 1 Nr. 1 Buchst. b), bedarf es keiner Einzelausnahmegenehmigung bei Erteilung einer FE der Kl AM an 15jährige in diesen Ländern. Die Kraftfahreignung muss nicht durch ein medizinisch-psychologisches Gutachten nachgewiesen werden; § 11 III S. 1 Nr. 2 ist nicht einschlägig.

16b   Die so erteilte FE der Kl AM ist kraft Gesetzes bis zur Vollendung des 16. Lebensjahres **räumlich** auf das Gebiet der Bundesländer **beschränkt,** die von der Ermächtigung des § 6 Va S. 1

StVG Gebrauch gemacht haben (§ 6 Va S. 3 StVG). Sie ist also in allen Bundesländern gültig, die das Mindestalter auf der Grundlage von § 6 Va S. 1 StVG auf 15 Jahre herabgesetzt haben und nicht nur in dem Bundesland, in dem die FE erteilt wurde. Sie gilt aber nicht bundesweit. Nach der klaren gesetzlichen Regelung des § 6 Va S. 3 StVG handelt es sich um eine **inhaltliche Beschränkung** der Fahrerlaubnis und **nicht** um eine **Auflage** (*Dauer* NZV **20** 348 (350), aA *Schäler* VD **20** 199 (202 f.)). Soweit § 10 I S. 1 Nr. 1 rechte Spalte davon spricht, dass die FE bis zum Erreichen des Mindestalters nach Buchst. a mit der Auflage zu versehen sei, dass von ihr nur in den Ländern, die von der Ermächtigung des § 6 Va StVG Gebrauch gemacht haben, Gebrauch gemacht werden darf, ist die gesetzlichen Grundlage nicht korrekt umgesetzt worden. Da der Bereich der räumlichen Gültigkeit der FE bereits durch § 6 Va S. 3 StVG festgelegt ist, also **kraft Gesetzes gilt,** besteht kein rechtlicher Spielraum für die Anordnung einer entsprechenden Auflage. Deshalb stellt auch die Eintragung der **Sz 195** in den Führerschein, durch die die Auflage verfügt und bekanntgegeben werden soll, entgegen dem Wortlaut der Anlage 9 Buchst. B Abschnitt II Nr. 25 nicht die Anordnung einer Auflage dar, sondern kann allenfalls als deklaratorischer Hinweis auf die kraft Gesetzes wirksame Beschränkung der räumlichen Gültigkeit der FE angesehen werden. Die FEB hat jedenfalls keinen rechtlichen Spielraum, den FEInhabern durch versehentlichen oder absichtlichen Verzicht auf die Eintragung der Sz 195 zu erlauben, von der FE bundesweit Gebrauch zu machen. Fahren außerhalb der Bundesländer, die von der Ermächtigung des § 6 Va S. 1 StVG Gebrauch gemacht haben, vor Erreichen des Mindestalters gem. I S. 1 Nr. 1 Buchst. a (16 Jahre) ist somit Fahren ohne FE (§ 21 StVG). Da für den Betr allerdings angesichts der irreführenden Angabe des Begriffs „Auflage" in § 10 I S. 1 Nr. 1 rechte Spalte und Anlage 9 Buchst. B Abschnitt II Nr. 25 nicht eindeutig erkennbar ist, ob es sich um eine Beschränkung der FE oder um eine Auflage zur FE handelt, dürfte Strafbarkeit wegen Verstoß gegen den Bestimmtheitsgrundsatz (Art 103 II GG, § 1 StGB) ausscheiden (vgl. § 23 Rn. 18). Da die FE bis zur Vollendung des 16. Lebensjahres räumlich auf die Länder beschränkt ist, die von der Ermächtigung nach § 6 Va S. 1 StVG Gebrauch gemacht haben, berechtigt sie in dieser Zeit nur in diesen Ländern gem. § 5 I S. 2 zum Führen von **Mofas** und Kfz nach § 4 I S. 2 Nr. 1b.

16c Die räumliche Beschränkung bedeutet im Übrigen, dass die FE **nur im Inland** gilt. Fahrerlaubnisse, die vor Erreichen des in der 3. EU-FS-RL festgelegten regulären Mindestalters erteilt worden sind, müssen von anderen EU-/EWR-Staaten für ihr Hoheitsgebiet nicht anerkannt werden (Art 4 VI Unterabs 3 der 3. EU-FS-RL). Sie haben aber die Möglichkeit, diese Fahrerlaubnisse als gültig anzuerkennen (*Dauer* NZV **20** 348 (350)).

16d Die **räumliche Beschränkung** der FE der Kl AM **entfällt** kraft Gesetzes, wenn der FEInhaber das **16. Lebensjahr vollendet** (§ 6 Va S. 3 StVG). Aus der beschränkten FE wird dann automatisch, also ohne dass es eines Tätigwerdens der FEB bedarf, eine unbeschränkte FE der Kl AM, die bundesweit gültig ist und auch von anderen EU-/EWR-Staaten anzuerkennen ist. Der Führerschein muss nicht geändert werden. Der weitere Verbleib der Sz 195 im Führerschein hat keine rechtliche Bedeutung und ist deswegen unschädlich.

16e Die **3. FeVAusnVO** v. 22.4.2013 (BGBl. I S. 940, auf deren Grundlage der Modellversuch AM 15 in einigen Bundesländern durchgeführt worden war, ist mit Ablauf des 30.4.2020 **außer Kraft getreten** (VO v. 10.4 2018, BGBl. I S. 446). In den Bundesländern, die von der Ermächtigung des § 6 Va S. 1 StVG nach dessen Inkrafttreten am 12.12.2019 Gebrauch gemacht haben, fand die 3. FeVAusnVO solange sie noch in Kraft war keine Anwendung mehr (§ 76 Nr. 20 S. 3). Nach § 1 II S. 1 der 3. FeVAusnVO ausgestellte Bescheinigungen über die Erteilung der FE der Kl AM mit 15 galten noch bis zum Ablauf ihrer jeweiligen Geltungsdauer fort (§ 76 Nr. 20 S. 1). Mit Erreichen des regulären Mindestalters für die Kl AM von 16 Jahren konnten die FEInhaber aus der Modellversuchszeit auch nach Beginn der Nichtanwendung bzw. nach Außerkrafttreten der 3. FeVAusnVO auf Antrag einen KartenFS erhalten (§ 76 Nr. 20 S. 2, vorher § 1 II S. 3 der 3. FeVAusnVO).

17 **3. Medizinisch-psychologisches Gutachten bei abgesenktem Mindestalter (II).** Soll erstmalig im Rahmen einer Berufskraftfahrer-Ausbildung eine FE der Kl B, BE, C, CE, D1, D1E, D oder DE vor Erreichen des regulären Mindestalters erteilt werden, muss das Vorliegen der dafür erforderlichen körperlichen und geistigen Eignung (§ 11 I S. 1, 2) zwingend durch Vorlage eines medizinisch-psychologischen Gutachtens, also eines Gutachtens einer amtlich anerkannten Begutachtungsstelle für Fahreignung (§ 11 III S. 1) nachgewiesen werden (II, Begr Rn. 3). Kein Ermessen für die FEB wie in § 11 III S. 1 Nr. 2. Wird kein positives Gutachten vorgelegt, hat die Erteilung der FE vor Erreichen des regulären Mindestalters zu unterbleiben. Vor erstmaliger Erteilung einer FE für das Führen von EinsatzFz mit gem. I S. 2 Nr. 1 abgesenktem Mindestalter ist dagegen keine Klärung der Eignung durch medizinisch-psychologisches Gutachten vorgeschrieben (II, s.Rn. 11).

18   **4. Das Mindestalter** für das Führen **fahrerlaubnisfreier Kfz** beträgt grds. **15 Jahre** (III S. 1). Fahrerlaubnisfreie Kfz: § 4 I S. 2 Nr. 1–3. Begriff des Kfz § 1 StVG Rn. 14 ff. Verstoß ist ow (§ 75 Nr. 7). Verletzung der FSKlausel, wenn eine noch nicht 15 Jahre alte Person ein fahrerlaubnisfreies Kfz führt, da die materielle FE fehlt (Ha VersR **76** 141, **80** 1038). Für **Mitnahme eines Kindes unter 7 Jahren** auf einem Mofa nach § 4 I S. 2 Nr. 1 oder auf einem zwei- oder dreirädrigen Kleinkraftrad nach § 4 I S. 2 Nr. 1b beträgt das **Mindestalter 16 Jahre** (IV). Verstoß ist nur hinsichtlich der Mitnahme auf einem Mofa ow (§ 75 Nr. 8), da § 75 Nr. 8 nicht um Kfz nach § 4 I S. 2 Nr. 1b ergänzt worden ist.

18a   Für das Führen von **Elektrokleinstfahrzeugen** iSv § 4 I S. 2 Nr. 1a gilt das Mindestalter von 15 Jahren nicht (III S. 2 Buchst. a). Insoweit beträgt das **Mindestalter 14 Jahre** (§ 3 eKFV).

19   Für das Führen **motorisierter Krankenfahrstühle** iSv § 4 I S. 2 Nr. 2 mit einer bbH von nicht mehr als 10 km/h durch behinderte Menschen gilt das Mindestalter von 15 Jahren nicht (III S. 2 Buchst. b); insoweit gibt es kein Mindestalter. Soweit nach Art der Behinderung die Fähigkeit, sich sicher im Verkehr zu bewegen, beeinträchtigt ist, ist gem. § 2 I Vorsorge zu treffen. Die FEB hat ggf. im Einzelfall Auflagen anzuordnen, das Führen des Krankenfahrstuhls zu beschränken oder zu untersagen (§ 3 I S. 1).

20   **5. Ordnungswidrig** (§ 24 StVG) handelt, wer entgegen III ein Kfz, für dessen Führung keine FE nötig ist, vor Vollendung seines 15. Lebensjahres führt (§ 75 Nr. 7). Ow handelt auch, wer entgegen IV ein Kind unter 7 Jahren auf einem Mofa mitnimmt, obwohl er noch nicht 16 Jahre alt ist (§ 75 Nr. 8). Ow handelt, wer einer Auflage gem. Abs. I Nr. 5, 7, 8 und 9 Spalte 4 zuwiderhandelt (§ 75 Nr. 9).

Eignung

11 (1) ¹Bewerber um eine Fahrerlaubnis müssen die hierfür notwendigen körperlichen und geistigen Anforderungen erfüllen. ²Die Anforderungen sind insbesondere nicht erfüllt, wenn eine Erkrankung oder ein Mangel nach Anlage 4 oder 5 vorliegt, wodurch die Eignung oder die bedingte Eignung zum Führen von Kraftfahrzeugen ausgeschlossen wird. ³Außerdem dürfen die Bewerber nicht erheblich oder nicht wiederholt gegen verkehrsrechtliche Vorschriften oder Strafgesetze verstoßen haben, sodass dadurch die Eignung ausgeschlossen wird. ⁴Bewerber um die Fahrerlaubnis der Klasse D oder D1 und der Fahrerlaubnis zur Fahrgastbeförderung gemäß § 48 müssen auch die Gewähr dafür bieten, dass sie der besonderen Verantwortung bei der Beförderung von Fahrgästen gerecht werden. ⁵Der Bewerber hat diese durch die Vorlage eines Führungszeugnisses nach § 30 Absatz 5 Satz 1 des Bundeszentralregistergesetzes nachzuweisen.

(2) ¹Werden Tatsachen bekannt, die Bedenken gegen die körperliche oder geistige Eignung des Fahrerlaubnisbewerbers begründen, kann die Fahrerlaubnisbehörde zur Vorbereitung von Entscheidungen über die Erteilung oder Verlängerung der Fahrerlaubnis oder über die Anordnung von Beschränkungen oder Auflagen die Beibringung eines ärztlichen Gutachtens durch den Bewerber anordnen. ²Bedenken gegen die körperliche oder geistige Eignung bestehen insbesondere, wenn Tatsachen bekannt werden, die auf eine Erkrankung oder einen Mangel nach Anlage 4 oder 5 hinweisen. ³Die Behörde bestimmt in der Anordnung auch, ob das Gutachten von einem

1. für die Fragestellung (Absatz 6 Satz 1) zuständigen Facharzt mit verkehrsmedizinischer Qualifikation,

2. Arzt des Gesundheitsamtes oder einem anderen Arzt der öffentlichen Verwaltung,

3. Arzt mit der Gebietsbezeichnung „Arbeitsmedizin" oder der Zusatzbezeichnung „Betriebsmedizin",

4. Arzt mit der Gebietsbezeichnung „Facharzt für Rechtsmedizin" oder

5. Arzt in einer Begutachtungsstelle für Fahreignung, der die Anforderungen nach Anlage 14 erfüllt,

erstellt werden soll. ⁴Die Behörde kann auch mehrere solcher Anordnungen treffen. ⁵Der Facharzt nach Satz 3 Nummer 1 soll nicht zugleich der den Betroffenen behandelnde Arzt sein.

(3) ¹Die Beibringung eines Gutachtens einer amtlich anerkannten Begutachtungsstelle für Fahreignung (medizinisch-psychologisches Gutachten) kann zur Klärung von Eignungszweifeln für die Zwecke nach Absatz 1 und 2 angeordnet werden,

1. wenn nach Würdigung der Gutachten gemäß Absatz 2 oder Absatz 4 ein medizinisch-psychologisches Gutachten zusätzlich erforderlich ist,

2. zur Vorbereitung einer Entscheidung über die Befreiung von den Vorschriften über das Mindestalter,

3. bei erheblichen Auffälligkeiten, die im Rahmen einer Fahrerlaubnisprüfung nach § 18 Absatz 3 mitgeteilt worden sind,

4. bei einem erheblichen Verstoß oder wiederholten Verstößen gegen verkehrsrechtliche Vorschriften,

5. bei einer erheblichen Straftat, die im Zusammenhang mit dem Straßenverkehr steht, oder bei Straftaten, die im Zusammenhang mit dem Straßenverkehr stehen,

6. bei einer erheblichen Straftat, die im Zusammenhang mit der Kraftfahreignung steht, insbesondere wenn Anhaltspunkte für ein hohes Aggressionspotenzial bestehen oder die erhebliche Straftat unter Nutzung eines Fahrzeugs begangen wurde,

7. bei Straftaten, die im Zusammenhang mit der Kraftfahreignung stehen, insbesondere wenn Anhaltspunkte für ein hohes Aggressionspotenzial bestehen,

8. wenn die besondere Verantwortung bei der Beförderung von Fahrgästen nach Absatz 1 zu überprüfen ist oder

9. bei der Neuerteilung der Fahrerlaubnis, wenn

   a) die Fahrerlaubnis wiederholt entzogen war oder
   b) der Entzug der Fahrerlaubnis auf einem Grund nach den Nummern 4 bis 7 beruhte.

[2] Unberührt bleiben medizinisch-psychologische Begutachtungen nach § 2a Absatz 4 und 5 und § 4 Absatz 10 Satz 4 des Straßenverkehrsgesetzes sowie § 10 Absatz 2 und den §§ 13 und 14 in Verbindung mit den Anlagen 4 und 5 dieser Verordnung.

(4) Die Beibringung eines Gutachtens eines amtlich anerkannten Sachverständigen oder Prüfers für den Kraftfahrzeugverkehr kann zur Klärung von Eignungszweifeln für die Zwecke nach Absatz 2 angeordnet werden,

1. wenn nach Würdigung der Gutachten gemäß Absatz 2 oder Absatz 3 ein Gutachten eines amtlich anerkannten Sachverständigen oder Prüfers zusätzlich erforderlich ist oder

2. bei Behinderungen des Bewegungsapparates, um festzustellen, ob der Behinderte das Fahrzeug mit den erforderlichen besonderen technischen Hilfsmitteln sicher führen kann.

(5) Für die Durchführung der ärztlichen und der medizinisch-psychologischen Untersuchung sowie für die Erstellung der entsprechenden Gutachten gelten die in der Anlage 4a genannten Grundsätze.

(6) [1] Die Fahrerlaubnisbehörde legt unter Berücksichtigung der Besonderheiten des Einzelfalls und unter Beachtung der Anlagen 4 und 5 in der Anordnung zur Beibringung des Gutachtens fest, welche Fragen im Hinblick auf die Eignung des Betroffenen zum Führen von Kraftfahrzeugen zu klären sind. [2] Die Behörde teilt dem Betroffenen unter Darlegung der Gründe für die Zweifel an seiner Eignung und unter Angabe der für die Untersuchung in Betracht kommenden Stelle oder Stellen mit, dass er sich innerhalb einer von ihr festgelegten Frist auf seine Kosten der Untersuchung zu unterziehen und das Gutachten beizubringen hat; sie teilt ihm außerdem mit, dass er die zu übersendenden Unterlagen einsehen kann. [3] Der Betroffene hat die Fahrerlaubnisbehörde darüber zu unterrichten, welche Stelle er mit der Untersuchung beauftragt hat. [4] Die Fahrerlaubnisbehörde teilt der untersuchenden Stelle mit, welche Fragen im Hinblick auf die Eignung des Betroffenen zum Führen von Kraftfahrzeugen zu klären sind und übersendet ihr die vollständigen Unterlagen, soweit sie unter Beachtung der gesetzlichen Verwertungsverbote verwendet werden dürfen. [5] Die Untersuchung erfolgt auf Grund eines Auftrags durch den Betroffenen.

(7) Steht die Nichteignung des Betroffenen zur Überzeugung der Fahrerlaubnisbehörde fest, unterbleibt die Anordnung zur Beibringung des Gutachtens.

(8) [1] Weigert sich der Betroffene, sich untersuchen zu lassen, oder bringt er der Fahrerlaubnisbehörde das von ihr geforderte Gutachten nicht fristgerecht bei, darf sie bei ihrer Entscheidung auf die Nichteignung des Betroffenen schließen. [2] Der Betroffene ist hierauf bei der Anordnung nach Absatz 6 hinzuweisen.

(9) Unbeschadet der Absätze 1 bis 8 haben die Bewerber um die Erteilung oder Verlängerung einer Fahrerlaubnis der Klassen C, C1, CE, C1E, D, D1, DE oder D1E zur Feststellung ihrer Eignung der Fahrerlaubnisbehörde einen Nachweis nach Maßgabe der Anlage 5 vorzulegen.

(10) [1] Hat der Betroffene an einem Kurs teilgenommen, um festgestellte Eignungsmängel zu beheben, genügt in der Regel zum Nachweis der Wiederherstellung der Eignung statt eines erneuten medizinisch-psychologischen Gutachtens eine Teilnahmebescheinigung, wenn

1. der betreffende Kurs nach § 70 anerkannt ist,

2. auf Grund eines medizinisch-psychologischen Gutachtens einer Begutachtungsstelle für Fahreignung die Teilnahme des Betroffenen an dieser Art von Kursen als geeignete Maßnahme angesehen wird, seine Eignungsmängel zu beheben,

3. der Betroffene nicht Inhaber einer Fahrerlaubnis ist und

4. die Fahrerlaubnisbehörde der Kursteilnahme nach Nummer 2 vor Kursbeginn zugestimmt hat.

[2]Wurde die Beibringung eines Gutachtens einer amtlich anerkannten Begutachtungsstelle für Fahreignung nach § 4 Absatz 10 Satz 4 des Straßenverkehrsgesetzes oder nach § 11 Absatz 3 Nummer 4 bis 7 angeordnet, findet Satz 1 keine Anwendung.

(11) [1]Die Teilnahmebescheinigung muss

1. den Familiennamen und Vornamen, den Tag und Ort der Geburt und die Anschrift des Seminarteilnehmers,

2. die Bezeichnung des Seminarmodells und

3. Angaben über Umfang und Dauer des Seminars

enthalten. [2]Sie ist vom Seminarleiter und vom Seminarteilnehmer unter Angabe des Ausstellungsdatums zu unterschreiben. [3]Die Ausstellung der Teilnahmebescheinigung ist vom Kursleiter zu verweigern, wenn der Teilnehmer nicht an allen Sitzungen des Kurses teilgenommen oder die Anfertigung von Kursaufgaben verweigert hat.

Übersicht

1   **Begr** (VkBl. **98** 1053): *Die Eignungsvorschriften in §§ 11 bis 14 konkretisieren die Bestimmung in § 2 Abs. 2 Nr. 3 und Abs. 4 StVG, wonach der Bewerber zum Führen von Kraftfahrzeugen geeignet sein muss. Die Ermächtigung zur Regelung durch Rechtsverordnung enthält § 6 Abs. 1 Nr. 1 Buchstabe c StVG in der Fassung des Gesetzes zur Änderung des Straßenverkehrsgesetzes und anderer Gesetze vom*

*24. April 1998 (BGBl. I S. 747). Die Grundregelung besagt, dass Bewerber um eine Fahrerlaubnis die hierfür notwendigen körperlichen und geistigen Anforderungen erfüllen müssen und nicht erheblich oder nicht wiederholt gegen verkehrsrechtliche Vorschriften oder gegen Strafgesetze verstoßen haben dürfen. Damit wird im Straßenverkehrsgesetz positiv gefordert, dass der Bewerber geeignet ist. Durch Verordnung wird festgelegt, wie die Eignung festgestellt wird. Dabei wird insbesondere unterschieden zwischen den verschiedenen Klassen. Für Motorrad und Pkw (Klassen A und B) bleibt es in der Praxis auch in Zukunft dabei, dass eine ärztliche Untersuchung nur bei besonderem Anlaß angeordnet wird. Im übrigen ist wie bisher lediglich ein Sehtest erforderlich. Bei Lkw und Bussen (Klassen C und D) und der Fahrerlaubnis zur Fahrgastbeförderung wird es wie bisher eine Eingangsuntersuchung geben sowie Wiederholungsuntersuchungen (dies ist neu für die Klasse C, bei der es bislang nur eine Eingangsuntersuchung gab). Davon zu unterscheiden ist die **anlaßbezogene** Überprüfung der Eignung eines Bewerbers oder Inhabers der Fahrerlaubnis: Hierzu legt die Verordnung fest, wann Anlass für eine Untersuchung gegeben ist und nach welchen Grundsätzen die Eignung oder bedingte Eignung zu beurteilen ist (siehe hierzu Ausführungen zu Anlage 4). ...*

Die Eignung im Zusammenhang mit Alkohol oder Betäubungsmitteln und Arzneimitteln ist in besonderen Vorschriften (§§ 13, 14) behandelt im Hinblick auf die große Bedeutung dieser Fragen bei der Eignungsbegutachtung.

(VkBl. 98 1067): § 11 Abs. 1 Satz 1 wiederholt die Formulierung von § 2 Abs. 4 StVG in Bezug auf **2** *die körperliche und geistige Eignung. Die Verordnung konkretisiert in § 11 Abs. 1 Satz 2, in welchen Fällen die Anforderungen an die Eignung nicht erfüllt sind und verweist hierzu auf die Anlagen 4 und 5. Diese Anlagen enthalten eine Aufstellung von Erkrankungen und Mängeln, die die Eignung oder die bedingte Eignung ausschließen. Da die Fahrerlaubnisbehörde in aller Regel nicht die notwendigen Fachkenntnisse bei der Eignungsbeurteilung hat, bedient sie sich der Gutachten von fachlich kompetenten Personen oder Stellen. Die Absätze 2 und 3 ermächtigen die Fahrerlaubnisbehörde zur Anordnung der Beibringung von Gutachten eines Facharztes oder einer Begutachtungsstelle für Fahreignung. Anlage 4 gibt auch Hilfestellung bei der Frage, ob ein Anlass zur Begutachtung gegeben ist. ...*

Für Bewerber der Klasse D oder D1 wird in Satz 4 außerdem gefordert, dass sie die Gewähr dafür bie- **3** *ten, dass sie der besonderen Verantwortung bei der Beförderung von Fahrgästen gerecht werden. Diese Formulierung ersetzt den Begriff der „persönlichen Zuverlässigkeit" der bisherigen Regelung in § 15e Abs. 1 Nr. 2 StVZO. Durch die neue Formulierung soll zum Ausdruck gebracht werden, dass nicht die allgemeine Zuverlässigkeit im Sinne des Gewerberechts gemeint ist, sondern der Bezug zur Beförderung der Fahrgäste hergestellt wird.*

Anlage 4 richtet sich in ihrem Aufbau nach Anhang III der EG-Führerscheinrichtlinie und den Begu- **4** *tachtungs-Leitlinien „Krankheit und Kraftverkehr" (künftig „Kraftfahrereignung") des Gemeinsamen Beirats für Verkehrsmedizin beim Bundesministerium für Verkehr und Bundesministerium für Gesundheit. Es ist nicht Aufgabe dieser Tabelle, eine abschließende Regelung zu treffen, weder hinsichtlich der Aufzählung der Krankheiten und Mängel, noch inhaltlich in Bezug auf die Bewertung der Eignung bzw. Nichteignung. Dies ergibt sich bereits aus dem Verordnungstext in Absatz 1 Satz 2 („insbesondere nicht"), wird aber auch durch die Vorbemerkung zur Anlage 4 nochmals deutlich gemacht. ...*

Die Absätze 2 und 3 ersetzen die bisherige Regelung in §§ 9, 12, 15b, 15c StVZO. Dort war allerdings keine detaillierte Regelung bezüglich der anzuordnenden Untersuchung getroffen, sondern die möglichen Untersuchungsarten waren in einer Ermessensvorschrift aufgeführt. Die neue Regelung legt demgegenüber selbst fest, in welchen Fällen ein ärztliches Gutachten oder ein medizinisch-psychologisches Gutachten durch eine Begutachtungsstelle für Fahreignung zulässig ist. Bei Bedenken gegen die körperliche oder geistige Eignung kommt zunächst grundsätzlich nur ein fachärztliches Gutachten in Frage.

Die Anlässe für ein medizinisch-psychologisches Gutachten sind im Einzelnen in Absatz 3 aufgeführt. Sie beziehen sich auf den gesamten Eignungsbereich, nicht nur die körperliche und geistige Eignung. Für den Bereich „Alkoholproblematik" und „Betäubungs- und Arzneimittel" enthalten die §§ 13 und 14 spezielle Zuweisungsregelungen (siehe auch Absatz 3 Satz 2). ...

Absatz 6 befasst sich mit dem Verfahren bei der Anordnung der Beibringung eines Gutachtens. Wichtig **5** *ist die Festlegung der Fragestellung durch die Behörde. Bei der Anordnung kann die Fahrerlaubnisbehörde auch die Sollbestimmung des Absatzes 2 Satz 5, wonach der begutachtende Arzt nicht zugleich der behandelnde Arzt sein soll, näher konkretisieren. Die Anordnung zur Beibringung eines Gutachtens kann – wie bereits durch die Rechtsprechung des Bundesverwaltungsgerichts festgelegt – nur zusammen mit einer anschließend ablehnenden Entscheidung (Entziehung oder Versagung) angefochten werden. ...*

Eine Begutachtung kommt nur dann in Frage, wenn Eignungszweifel vorliegen, nicht wenn die mangelnde Eignung bereits feststeht und ohne Hinzuziehung eines Gutachters über sie entschieden werden kann; dies stellt Absatz 7 klar.

Absatz 8 entspricht der bisherigen Rechtsprechung des Bundesverwaltungsgerichts.

Die Absätze 5 bis 8 gelten allgemein für das Verfahren bei ärztlichen und medizinisch-psychologischen Untersuchungen, sie sind somit auch auf die Untersuchungen nach den §§ 13 und 14 anzuwenden.

6   *Absatz 10 regelt einen Bereich, der bislang in den Bundesländern auf der Basis von Modellversuchen praktiziert wurde. Grundlage ist die Bewertung des Gutachters im Rahmen der Eignungsbegutachtung, dass der Betroffene zwar noch nicht geeignet ist, die Eignungsmängel aber durch die Teilnahme an einem bestimmten Kurs beseitigt werden können. ...*

7   **Begr** zur ÄndVO v. 7.8.02 (VkBl. **02** 890): *In Absatz 6 wird die Mitteilungspflicht der Behörde an den Betroffenen aufgenommen, dass er die zu übersendenden Unterlagen einsehen kann. Dadurch soll auch für weniger rechtskundige Bürger deutlich gemacht werden, dass die Fahrerlaubnisbehörde zwar bestimmt, welche Unterlagen für die Begutachtung zur Ausräumung von Zweifeln übersandt werden müssen, der Antragsteller als Auftraggeber des Gutachtens aber zumindest die Gelegenheit erhalten muss, sich darüber zu informieren. Die Möglichkeit zur Einsichtnahme soll auch im Hinblick auf die allgemein akzeptierte Forderung zur Transparenz des Verwaltungshandelns angeboten werden.*

8   **Begr** zur ÄndVO v. 9.8.04 (BR–Drs. 305/04 Beschluss): **Zu Abs. 3 S. 1 Nr. 4:** *In der Fahrerlaubnis-Verordnung (FeV) fehlt eine Regelung, wonach die Fahrerlaubnisbehörde eine medizinisch-psychologische Untersuchung anordnen kann, wenn auf Grund von Verstößen gegen verkehrsrechtliche Vorschriften, die keine Straftaten darstellen, Eignungszweifel bestehen. Gerade beim Vorliegen einer Vielzahl von Ordnungswidrigkeiten oder der Teilnahme an illegalen Straßenrennen, die Zweifel an der charakterlichen Eignung begründen, muss jedoch im Hinblick auf den Verhältnismäßigkeitsgrundsatz auch die Anordnung einer medizinisch-psychologischen Untersuchung möglich sein.*

Gemäß § 46 Abs. 1 FeV ist die Fahrerlaubnis zu entziehen, wenn sich der Inhaber als ungeeignet zum Führen von Kraftfahrzeugen erweist. Dies kommt insbesondere auch in Betracht, wenn erheblich oder wiederholt gegen verkehrsrechtliche Vorschriften verstoßen wurde. Steht also auf Grund einer Vielzahl von Verstößen gegen verkehrsrechtliche Vorschriften (wobei es sich auch um Ordnungswidrigkeiten handeln kann) die Nichteignung zur Überzeugung der Fahrerlaubnisbehörde fest, so hat sie die Fahrerlaubnis zu entziehen. Für die Fälle der bloßen Eignungszweifel besteht dagegen bisher keine Möglichkeit der Anordnung einer medizinisch-psychologischen Untersuchung. ...

9   **Begr** zur ÄndVO v. 18.7.08 (VkBl. **08** 566): **Zu Abs. 3 S. 1 Eingangssatz:** *Bislang fehlt es an einer gesetzlichen Regelung für die gutachterliche Überprüfung der besonderen Verantwortung im Sinne des § 11 Abs. 1 Satz 4. Diese Lücke wird durch diese Regelung geschlossen.*

Zu Abs. 3 S. 1 Nr. 4–7: *a) Begriff der Straftaten: Diese Vorschrift stellt bei Vorliegen verwertbarer Straftaten (Plural) unter den weiteren normierten Voraussetzungen die Anordnung einer medizinisch-psychologischen Untersuchung in das pflichtgemäße Ermessen der Fahrerlaubnisbehörde. Der baden-württembergische VGH hat vor längerer Zeit entschieden, dass dies auch bei Vorliegen nur einer, aber erheblichen Straftat möglich ist (VGH Mannheim, Beschluss vom 25.7.2001, Az: 10 S. 614/00). Dies ist eine praxisgerechte Interpretation, die auch beim Vollzug dieser Vorschrift häufig Anwendung findet und deshalb auch in den Verordnungstext Eingang findet. Der Begriff „erheblich" ist hierbei nicht ohne weiteres mit „schwerwiegend" gleichzusetzen, sondern bezieht sich auf die Kraftfahreignung.*

b) Straftaten im Zusammenhang mit dem Straßenverkehr: Der Große Senat für Strafsachen des Bundesgerichtshofs hat mit Beschluss vom 27. April 2005 (Az. GSSt 2/04) Folgendes entschieden: § 69 StGB bezweckt ausschließlich den Schutz der Sicherheit des Straßenverkehrs. Die strafgerichtliche Entziehung der Fahrerlaubnis wegen charakterlicher Ungeeignetheit bei Taten im Zusammenhang mit dem Führen eines Kraftfahrzeugs (§ 69 Abs. 1 Satz 1 Variante 2 StGB) setzt daher voraus, dass ein spezifischer Zusammenhang zwischen Anlasstat und Verkehrssicherheit besteht. Die Anlasstat muss tragfähige Rückschlüsse darauf zulassen, dass der Täter bereit ist, die Sicherheit des Straßenverkehrs seinen eigenen kriminellen Interessen unterzuordnen. Danach ist es nicht mehr allein ausreichend, wenn der Täter wiederholt Straftaten unter Benutzung eines Kraftfahrzeuges – z. B. zum Beutetransport – begangen hat. Er weist dann zwar charakterliche Mängel auf, die aber allein nicht den Schluss zulassen, dass er gerade für die Verkehrssicherheit gefährlich ist. Für die geforderte Prognose kann es jedoch genügen, dass der Angeklagte im Zusammenhang mit den Anlasstaten naheliegend mit einer Situation gerechnet hat oder rechnen musste, in der es zur Gefährdung oder Beeinträchtigung des Verkehrs kommen konnte, wobei auch sein in die einbezogenen Vorverurteilung gezeigtes Verhalten (riskante Fluchtfahrten aus Angst vor Entdeckung) zu berücksichtigen ist (BGH, Beschluss vom 31.5.2005, Az: 4 StR 85/03; wistra 2005, 337).

Ausgehend von der strafgerichtlichen Änderung der Rechtsprechung besteht die Gefahr, dass sich die verwaltungsgerichtliche Rechtsprechung dieser Tendenz wohl auch als Folge der gleichlautenden Formulierungen in § 69 StGB und § 11 Abs. 3 Nr. 4 FeV insoweit anschließt, als für die Geltendmachung von Fahreignungszweifeln und die Anordnung einer medizinisch-psychologischen Untersuchung (MPU) Anhaltspunkte herzuleiten seien, dass sich der Betreffende auch im Straßenverkehr nicht ordnungsgemäß verhalten werde. Bereits nach der Rechtsprechung des OVG Rheinland-Pfalz (Beschluss v. 16.3.1994, Az: 7 B 10161/94 und Urteil v. 11.4.2000, Az: 7 A 11670/99) müsse aufgezeigt werden, inwieweit sich aus der Straftat Anhaltspunkte dafür ergeben, dass sich der Betreffende im Straßenverkehr nicht mehr ordnungsgemäß verhalten werde. Dafür reiche es nicht aus, dass ein Pkw als Mittel zur Straftat benutzt worden sei. Die frühere gegenteilige Rechtsprechung des Bundesverwaltungsgerichts (BVerwGE 11, 334) sei veraltet und überholt. Die vom OVG Rheinland-Pfalz geforderte Herleitung berücksichtigt die Unterschiede zwischen der verwaltungsrechtlichen Fahrerlaubnisentziehung und der strafrechtlichen Maßregel der Besserung und Sicherung des § 69 StGB nicht hinreichend. Auch ist die Erfüllung der gerichtlichen Vorgaben in der Praxis kaum möglich. Folglich könnte auch bei massiven Straftaten (Drogentransport mit Kfz usw.), soweit sie kein Aggressionspotential beinhalten, keine Fahreignungsbegutachtung angeordnet werden. Dies ist bei dem ersichtlichen gestörten Regelverständnis der Täter keine hinzunehmende Tatsache.

Zu Anl 14 Nr. 5 und Anl 15 Nr. 4 (jetzt Anl 4a Nr. 5): VkBl. **08** 573.

Begr zur ÄndVO v. 17.12.10 **zu Abs. 10 S. 2** (BR–Drs. 580/10 S. 25, BR–Drs. 580/10 (Be- **10** schluss) S. 2 = VkBl. **11** 82): *Die Evaluation am Markt angebotener Kurse zur Wiederherstellung der Kraftfahreignung nach § 70 haben für den Bereich der Entzugsfälle aufgrund des Punktsystems unbefriedigende Erfolgsergebnisse ergeben. Daher ist es nicht mehr gerechtfertigt, aufgrund einer alleinigen Teilnahme an einem derartigen Kurs die durch eine Begutachtungsstelle für Fahreignung festgestellten Eignungsmängel als behoben anzusehen und von der Wiederherstellung der Kraftfahreignung auszugehen. ... Da die Erfolgsergebnisse der Kurse für verkehrsauffällige Kraftfahrer insgesamt unbefriedigend sind, soll die Kursteilnahme auch für diejenigen, die auf der Grundlage von § 11 Absatz 3 Nummer 4 bis 7 FeV eine Begutachtung absolviert haben, ausgeschlossen werden.*

Zu Anl 4 Nr. 5.3, 5.4 und 6.6: BR–Drs. 580/10 S. 30 f. = VkBl. **11** 84 f.

Begr zur ÄndVO v. 26.6.12 (BR–Drs. 245/12 S. 27 = VkBl. **12** 592): **Zu Abs. 1 S. 5:** *Durch* **11** *die Forderung eines Führungszeugnisses wird der unbestimmte Rechtsbegriff „besondere Verantwortung bei der Beförderung von Fahrgästen gerecht wird" konkretisiert.*

Begr zur ÄndVO v. 16.4.14 **zu Anl 4a** (BR–Drs. 78/14 S. 66 = VkBl. **14** 433): *Die neue Anla-* **12** *ge 4a ersetzt die bisherige Anlage 15.... soll klargestellt werden, dass Untersuchungen und Gutachten auf Basis der Begutachtungsleitlinien zur Kraftfahreignung zu erfolgen haben. Diese werden unter Federführung der BASt unter Beteiligung der jeweiligen Fachgesellschaften erarbeitet. Sie werden im Verkehrsblatt bekannt gemacht, treten jedoch jeweils erst dann in Kraft, wenn in der Fahrerlaubnis-Verordnung nach Zustimmung des Bundesrates ein entsprechender statischer Verweis aufgenommen wurde....*

Begr zur ÄndVO v. 21.12.16 **zu Abs. 10 S. 1** (BR–Drs. 253/16 S. 30): *Zur Klarstellung wird* **13–17** *deutlich formuliert, dass nur Personen, die nicht Inhaber einer Fahrerlaubnis sind, an diesen Kursen teilnehmen können.*

1. Eignung zum Führen von Kfz in körperlicher, geistiger und charakterlicher Hinsicht **18** (§ 2 IV StVG) ist Voraussetzung für die Erteilung einer FE (§ 2 II S. 1 Nr. 3 StVG). Verbleibende Zweifel insoweit gehen zu Lasten des FEBewerbers, s. § 2 StVG Rn. 41. Jedoch führt die FEB bei Bewerbern um die FEKlassen für Pkw und Krafträder (A und B) regelmäßig keine Ermittlungen zur Eignungsfrage durch. Bei diesen Klassen kommt nur eine anlaßbezogene Eignungsprüfung in Frage, wenn auf Grund bekannt gewordener Tatsachen Zweifel begründet sind. Demgegenüber müssen Bewerber um die FEKlassen C, C1, CE, D, D1, DE oder D1E einen Eignungsnachweis erbringen (IX mit Anl 5, s. Rn. 57). Bei Bewerbern um die OmnibusFE erstreckt sich die Eignungsprüfung gem. Anl 5 auch auf Belastbarkeit, Orientierungs-, Konzentrations- und Aufmerksamkeitsleistung sowie auf die Reaktionsfähigkeit. Darüber hinaus müssen Bewerber um die FEKl D oder D1 und Bewerber um die FE zur Fahrgastbeförderung gem. § 48 die Gewähr dafür bieten, dass sie der besonderen Verantwortung bei der Beförderung von Fahrgästen gerecht werden (I S. 4, Rn. 22). §§ 12–14 sind gegenüber § 11 speziell, soweit dort Regelungen getroffen werden. §§ 11–14 werden **direkt** in Fällen angewandt, in denen es um die Erteilung oder Verlängerung einer FE geht. Sie finden **entsprechend** Anwendung zur Klärung der Kraftfahreignung eines FEInhabers (§ 46 III) und wenn die Eignung zum Führen fahrerlaubnisfreier Fz oder Tiere im StrV zu klären ist (§ 3 II). § 11 FeV beschäftigt sich nicht mit der **Befähigung** zum Führen von Kfz (§ 2 II S. 1 Nr. 5, V StVG). Wird aber gem. § 46 IV FeV zur Klärung der Befähigung eines FEInhabers das Gutachten eines Sachverständigen oder Prüfers angeordnet, finden VI–VIII entsprechend Anwendung (§ 46 IV S. 3 FeV).

19   **1a.** I S. 1 wiederholt die Formulierung von § 2 IV S. 1 StVG in Bezug auf die **körperliche und geistige Eignung** zum Führen von Kfz; s. dazu § 2 StVG Rn. 41 ff. I S. 2 konkretisiert, dass die Anforderungen *insbesondere* dann nicht erfüllt sind, wenn eine **Erkrankung oder ein Mangel nach Anl 4** (abgedruckt im Anschluss an die FeV) **oder 5** vorliegt, wodurch die Eignung oder die bedingte Eignung zum Führen von Kfz ausgeschlossen wird. Durch diese Anlagen wird Anhang III der 3. EG-FS-RL („Mindestanforderungen an die körperliche und geistige Tauglichkeit zum Führen eines Kfz") umgesetzt. Die in **Anl 4** enthaltene Zusammenstellung ist **nicht abschließend,** weder hinsichtlich der Aufzählung der Krankheiten und Mängel noch in Bezug auf die Bewertung der Eignung, wie sich bereits aus dem Wortlaut von I S. 2 ergibt (Begr Rn. 4, VGH Ma NJW **18** 1559, VGH Mü 25.3.20 – 11 CS 20.203 NJW **20** 1692). Die Vorbemerkung zu Anl 4 machen dies zusätzlich deutlich: Die in der Anl 4 enthaltenen Bewertungen gelten nach Vorbemerkung 3 der Anlage **nur für den Regelfall.** Die Bewertung des Regelfalles ist für Abweichungen im Einzelfall offen (BVerwG NJW **17** 3318). Die Vorbemerkung berücksichtigt ausdrücklich die Möglichkeit der Kompensation durch Veranlagung, Gewöhnung sowie besondere Einstellung oder Verhaltenssteuerung durch den FEBewerber. Bei einer Abweichung vom Regelfall obliegt es dem Betroffenen durch schlüssigen Vortrag die besonderen Umstände darzulegen und nachzuweisen, die ein Abweichen von der Regelvermutung rechtfertigen sollen (OVG Schleswig 14.2.20 – 5 MB 2/20 ZfS **20** 297). Die **Anlagen** sind materieller Teil der FeV und damit **normativ verbindlich** (OVG Hb BA **04** 95, NJW **08** 1465, VGH Ma NJW **18** 1559, *Zwerger* DAR **05** 431, ZfS **07** 551, *Koehl* SVR **12** 6, VD **12** 19, *Dauer* VGT **12** 83 = DAR **12** 181). Während Erkrankungen und Mängel nach Anl 4 die Vermutung der Fahreignungsrelevanz in sich tragen, ist bei sonstigen Erkrankungen zu klären, ob das Krankheitsbild geeignet ist, sich im StrV gefahrerhöhend auszuwirken (OVG Schleswig ZfS **17** 537 = NZV **17** 542).

20   Grundlage der **Eignungsbeurteilung im Einzelfall** ist nach Anl 4, Vorbemerkung 2 idR das **Gutachten** gem. § 11 II–IV. Für die Durchführung der ärztlichen und der medizinisch-psychologischen Untersuchung sowie für die Erstellung der entsprechenden Gutachten gelten die in **Anl 4a** (bis 30.4.14 Anl 15) genannten Grundsätze (V). Grundlage für die Beurteilung der Eignung sind neben Anl 4 und 5 gem. Anl 4a die von der BASt im Auftrag des BMV herausgegebenen **Begutachtungs-Leitlinien zur Kraftfahreignung** v. 27.1.14 (Begutachtgs-Leitl, VkBl. **14** 110, **16** 185, **17** 844) in der Fassung v. 28.10.2019 (VkBl. **19** 775, **20** 7). Die Änderungen traten jeweils erst mit Einfügung eines entsprechenden Verweises in Anl 4a S. 1 in Kraft. Durch den mit ÄndVO v. 16.4.14 (BGBl. I S. 348) im Eingangssatz von Anl 4a verankerten Verweis sollten die Begutachtgs-Leitl mit Wirkung ab 1.5.14 normativ verbindlich gemacht werden. Vorher hatten sie keine Rechtsnormqualität (*Dauer* VGT **12** 83 = DAR **12** 181), waren aber als Niederschlag sachverständiger Erfahrung von Gewicht (BVerwG NJW **08** 2601, VGH Ma VRS **123** 356). Es könnte allerdings als fraglich angesehen werden, ob die Begutachtgs-Leitl durch den Verweis in Anl 4a tatsächlich rechtlich verbindlich geworden sind. Denn der **Wortlaut der Begutachtgs-Leitl** ist an der im Eingangssatz von Anl 4a angegebenen Fundstelle (VkBl. **14** 110) nicht zu finden. Dort wird nur darauf hingewiesen, dass die Begutachtgs-Leitl überarbeitet wurden. In einer Fn zur Überschrift ist dann lediglich der Hinweis angebracht, dass Bezieher des VkBl. die Begutachtgs-Leitl als Sonderdruck kostenpflichtig beim Verkehrsblatt-Verlag erhalten können. Ob dies reicht, um die Begutachtgs-Leitl rechtlich verbindlich zu machen, könnte bezweifelt werden. – Auf der Internetseite der BASt (www.bast.de) steht eine aktuelle Version der Begutachtgs-Leitl zur Verfügung. In gedruckter Form sind sie als BASt-Bericht M 115 (Stand 31.12.2019) kostenpflichtig erhältlich. Kommentar zu den Begutachtgs-Leitl (Stand 24.5.2018), 3. Aufl, von *Schubert/Huetten/Reimann/Graw,* Bonn 2018.

20a   Deutsche Gesellschaft für Verkehrspsychologie und Deutsche Gesellschaft für Verkehrsmedizin haben ergänzend – rechtlich nicht verbindliche – **Beurteilungskriterien** für die Begutachtung der körperlichen und geistigen Eignung entwickelt (*Schubert/Dittmann/Brenner-Hartmann,* Urteilsbildung in der Fahreignungsbegutachtung – Beurteilungskriterien, 3. Aufl 2013, krit dazu *Hillmann* VGT **14** 181 (188) = DAR **14** 134 (136) = BA **14** 94 (99)). Gem Abs. V iVm Anl 4a Nr. 1 Buchst. c darf die Untersuchung des Betr zur Erstellung eines Gutachtens nur nach anerkannten wissenschaftlichen Grundsätzen vorgenommen werden. Insofern sind derartige Materialien nur zu berücksichtigen, soweit sie dem aktuellen Stand der Wissenschaft entsprechen (*Dauer*

VGT **12** 83 = DAR **12** 181). Nach der unter dem Datum 27.1.14 veröffentlichten (VkBl. **14** 132) – rechtlich unverbindlichen – Auffassung des BMV fasst die 3. Aufl der Beurteilungskriterien den (damals) aktuellen Stand der Wissenschaft im Bereich der Fahreignungsbegutachtung zusammen; die Einhaltung der Beurteilungskriterien stelle sicher, dass die Begutachtung gem. den Anforderungen der Anl 4a nach anerkannten wissenschaftlichen Grundsätzen durchgeführt werde. – Letztlich muss jeder Gutachter selbst prüfen, ob die von ihm benutzten Materialien dem zum Zeitpunkt der Gutachtenerstellung aktuellen Stand der Wissenschaft entsprechen, da er die alleinige Verantwortung dafür trägt, dass sein Gutachten den Vorgaben der Anl 4a entspricht.

1b. Erhebliche oder wiederholte Verstöße gegen Verkehrsvorschriften oder Straf- **21** **gesetze** schließen die Eignung zum Führen von Kfz aus (I S. 3, § 2 IV S. 1 StVG). Konkretisiert wird dies durch III S. 1 Nr. 4–7, § 13 S. 1 Nr. 2 Buchst. b und c, § 14 II Nr. 3 und das FEigBewSystem des § 4 StVG (Begr VkBl. **98** 1067). I S. 3 erfasst zwar nicht ausschließlich Verkehrsstraftaten, sondern auch allgemeine Straftaten, diese jedoch nur dann, wenn sich aus ihnen Anhaltspunkte dafür ergeben, der Betreffende werde sich im StrV nicht ordnungsgemäß verhalten (OVG Ko NJW **00** 2442, OVG Lüneburg NJW **14** 3176). Näher: § 2 StVG Rn. 67 ff.

Verhältnis zum FEigBewSystem. Die Regelungen des FEigBewSystems (§ 4 StVG) sind **21a** bei FEInhabern gegenüber den allgemeinen Vorschriften zur Überprüfung der Kraftfahreignung und zur Entziehung der FE speziell (OVG Münster NJW **11** 1242 mAnm *Dauer* (zum früheren Punktsystem)). Nach der Wertung des Gesetzgebers sollen mit Punkten zu bewertende Verkehrsverstöße grundsätzlich zunächst noch keine Eignungsüberprüfung auslösen. Begeht ein FEInhaber mehrere Verkehrszuwiderhandlungen, die der Punktebewertung unterliegen, folgt daraus also nicht seine Ungeeignetheit; vielmehr ist idR das Instrumentarium der § 4 StVG anzuwenden, sofern nicht ausnahmsweise gem. § 4 I S. 3 StVG davon abgewichen werden darf (näher dazu § 4 StVG Rn. 33 ff.). III S. 1 Nr. 4–7 kommen somit bei mit Punkten zu bewertenden erheblichen oder wiederholten Verstößen gegen Verkehrsvorschriften oder Strafgesetze nur im Ausnahmefall zur Anwendung, wenn gem. § 4 I S. 3 StVG Abweichung vom FEigBewSystem zulässig ist (VGH Ma NJW **15** 1035). Das Vorliegen eines solchen **Ausnahmefalles** ist bei Anordnung einer Begutachtung von der FEB explizit zu **begründen** (OVG Münster NJW **11** 1242 mAnm *Dauer*, VGH Mü 6.8.12 11 B 12.416, VGH Ma DAR **14** 478 = Ls NJW **14** 2520, VG Mü NJW **06** 1687 (jeweils zum früheren Punktsystem), VG Kassel 13.6.19 – 2 L 1320/19 BeckRS 2019, 15294, VG Koblenz 18.6.20 – 4 L 487/20 BeckRS 2020, 14239) und dabei plausibel darzulegen, warum sich der FEInhaber von allen anderen „Punktetätern" negativ abhebt und weshalb es daher im konkreten Fall nicht verantwortet werden kann, weitere Delikte abzuwarten (VG Cottbus 21.10.19 – 1 L 496/19 BeckRS 2019, 25394).

1c. Der Bewerber um die FE der Klasse D oder D1 und um die Fahrerlaubnis zur Fahrgastbe- **22** förderung (§§ 2 III StVG, § 48 FeV) muss zusätzlich zur allgemeinen Kraftfahreignung („auch") die **Gewähr** dafür bieten, dass er der **besonderen Verantwortung bei der Beförderung von Fahrgästen** gerecht wird (I S. 4, § 48 IV Nr. 2a). Durch diese Formulierung, die den früheren Begriff der „persönlichen Zuverlässigkeit" ersetzt hat, soll zum Ausdruck gebracht werden, dass nicht die allgemeine Zuverlässigkeit iSd Gewerberechts gemeint ist, sondern der Bezug zur Beförderung von Fahrgästen hergestellt wird (Begr Rn. 3). Das Gewährbieten iSv I S. 4 umfasst neben der ordnungsgemäßen Beförderung der Fahrgäste und deren Bewahrung vor Verkehrsunfällen auch den korrekten Umgang mit diesen Personen und deren Eigentum, das dem Fahrer für die Zeit der Beförderung anvertraut ist; Eignungsbedenken können sich daher auch aus Straftaten, insbesondere Vermögensdelikten, ergeben, die nicht im Zusammenhang mit dem StrV oder der Fahrgastbeförderung stehen (VG Gießen DAR **11** 226). Näher § 48 FeV Rn. 25 ff. Zum **Nachweis** des Gewährbietens iSv I S. 4 muss der Bewerber ein Führungszeugnis nach § 30 V S. 1 BZRG vorlegen (I S. 5), das einen gegenüber dem Führungszeugnis nach § 30 I BZRG erweiterten Inhalt hat (§ 32 III, IV BZRG). *Vorlegen* (I S. 5, § 48 IV Nr. 2a) oder *dem Antrag beifügen* (§ 21 III S. 1 Nr. 6) kann er es allerdings nicht, da es der Behörde direkt zugesandt wird (§ 30 V S. 1 BZRG). I S. 5 ist deswegen so zu verstehen, dass der Bewerber ein Führungszeugnis nach § 30 V 1 BZRG bei der für ihn zuständigen Meldebehörde (§ 30 II BZRG) zu beantragen hat (s. auch § 21 Rn. 37, § 48 Rn. 27). Bei Erteilung einer DienstFE kann auf das Führungszeugnis verzichtet werden (§ 26 I S. 2). Für die Beurteilung, ob der Bewerber die Gewähr dafür bietet, dass er der besonderen Verantwortung bei der Beförderung von Fahrgästen gerecht wird, sind neben dem Führungszeugnis auch andere Informationen zu verwerten, denn es kommt entscheidend auf eine Würdigung der Gesamtpersönlichkeit anhand aller bekannten Umstände an (OVG Münster NJW **13** 2217, *Kalus* VD **12** 220, § 48 Rn. 27); abweichend davon allerdings Bedenken gegen Verwendung von nicht in das Führungszeugnis aufgenommenen Straftaten bei OVG Münster 5.5.17 NWVBl **17** 388. **Überprüfung:** III S. 1 Nr. 8, § 48 IX S. 3 FeV.

23   **2. Eignungsbedenken** sind nur zu klären, wenn der FEB **konkrete Tatsachen** bekannt geworden sind, die nachvollziehbar den Verdacht rechtfertigen, bei dem Betroffenen könne Ungeeignetheit oder eingeschränkte Eignung zum Führen von Kfz vorliegen (II S. 1, § 2 VIII StVG, § 46 III FeV, OVG Ko NJW **02** 2581, OVG Lüneburg ZfS **05** 575, VGH Ka VRS **121** 357 (360)). Eine Untersuchungsanordnung ohne belegte Tatsachen auf Grund bloßen Verdachts ist rechtswidrig (OVG Ko NJW **02** 2581, VGH Mü SVR **15** 472, OVG Saarlouis ZfS **16** 479, VGH Mü 16.8.18 11 CS 17.1940, VG Neustadt ZfS **16** 239). Erforderlich sind konkrete Tatsachen, die den hinreichenden Verdacht fehlender Eignung begründen (OVG Lüneburg ZfS **05** 575, VGH Ma VRS **108** 127 (136)). Nicht jeder auf die entfernt liegende Möglichkeit eines Eignungsmangels hindeutende Umstand kann hinreichender Grund für Anforderung eines Gutachtens sein (OVG Saarlouis NJW **06** 1305, VGH Ma VRS **119** 182 (187 f.), OVG Weimar DAR **18** 164, VG Osnabrück SVR **14** 153). Gutachtlich festgestellte krankheitsbedingte Beeinträchtigung der Konzentrations- und Merkfähigkeit zusammen mit Minderung der Steuerungsfähigkeit können Eignungsbedenken rechtfertigen (OVG Saarlouis ZfS **02** 309), ebenso die Angabe eines unfallbeteiligten Kf, er habe auf Grund plötzlichen Unwohlseins die Gewalt über sein Fz verloren (OVG Münster VRS **105** 76). **Anonyme Hinweise** können der FEB Anlass zu weiteren Ermittlungen geben, rechtfertigen aber nicht Gutachtenanforderung (VG Saarlouis ZfS **01** 95).

23a   **Wie lange** im FAER **eingetragene** VVerstöße **verwertet** werden können, richtet sich nach den Tilgungs- und Verwertungsvorschriften (BVerwG NJW **17** 1765, VGH Ma VBlBW **16** 242). Im FAER getilgte Eintragungen dürfen für die Eignungsbeurteilung nicht mehr verwertet werden (§§ 29 VII, 28 II Nr. 1 StVG). Resultieren die Fahreignungszweifel aus Straftaten, die nur im BZR, nicht aber im FAER einzutragen sind, sind Verwertungsverbote nach BZRG zu beachten (OVG Münster 11.4.17 16 E 132/16 = NZV **17** 447). Dies gilt nicht nur bei der abschließenden Feststellung der Eignung, sondern auch schon bei Beantwortung der Frage, ob Eignungszweifel überhaupt gerechtfertigt sind (OVG Ko NJW **00** 2442). Aus der grundsätzlichen Verwertbarkeit noch nicht getilgter Verstöße folgt jedoch nicht, dass eine Ermessensbetätigung der FEB auch bei bereits **mehrere Jahre zurückliegenden VVerstößen** grds. entbehrlich ist. Insbes bei länger zurückliegenden Zuwiderhandlungen ist bei Anordnungen insbes nach III auch eine diesem Umstand Rechnung tragende Betätigung des der FEB eingeräumten **Ermessens** dazu geboten, ob diese Verstöße nach wie vor die Anforderung eines medizinisch-psychologischen Gutachtens rechtfertigen oder ob mildere Mittel zur Klärung ausreichen (BVerwG NJW **17** 1765). Wenn die Ermessenserwägungen zum Erlass einer Beibringungsaufforderung führen, sind sie in der an den Betr gerichteten Aufforderung offenzulegen, damit dem Sinn und Zweck der in VI angeordneten Mitteilungspflichten Genüge getan ist (BVerwG NJW **17** 1765).

23b   Das in **§ 3 III StVG** normierte Verbot der Berücksichtigung eines Sachverhalts, der Gegenstand eines laufenden Strafverfahrens ist, in dem EdF nach § 69 StGB in Betracht kommt, und die in **§ 3 IV StVG** angeordnete **Bindung der FEB** an die Beurteilung der Kraftfahreignung in einem **Strafurteil** steht nicht nur der EdF, sondern auch schon vorbereitenden Aufklärungsmaßnahmen wie der Anforderung eines Gutachtens entgegen (§ 3 StVG Rn. 44). Wurden **Erkenntnisse** in einem **anderen Verfahren** (zB Straf- oder OWi-Verfahren) unter **Missachtung** dort geltender Vorschriften gewonnen, führt dies nicht unbedingt zu einem Verwertungsverbot im FE-Entziehungsverfahren (VGH Mü ZfS **10** 231, SVR **13** 150, BayVBl **14** 665, OVG Münster BA **16** 78, NJW **17** 903). Andererseits dürfen auch im fahrerlaubnisrechtlichen Verfahren jedenfalls solche Erkenntnisse nicht berücksichtigt werden, die unter Missachtung fundamentaler Rechtsgrundsätze gewonnen wurden; hierzu gehören jedenfalls alle Verstöße, bei denen die Menschenwürde des Betr verletzt wird (VGH Mü ZfS **10** 231, SVR **13** 150). Bereits vor der Abschaffung des Richtervorbehalts beim Verdacht von „Trunkenheitsdelikten" (einschließlich illegale Drogen) im Verkehrsstraf- und -ordnungswidrigkeitenrecht war es allgemeine Ansicht, dass eine unter Verstoß gegen den damaligen **Richtervorbehalt nach § 81a StPO** entnommene **Blutprobe** keinem Verwertungsverbot durch die FEB unterliegt, denn StVG und FeV sehen für die Anordnung von ärztlichen Untersuchungen und Begutachtungen keinen Richtervorbehalt vor (OVG Berlin BA **10** 40, OVG Lüneburg NJW **10** 629, VGH Mü ZfS **10** 231, BA **13** 205, OVG Ko BA **10** 264, VGH Ma DAR **10** 537, NJW **12** 2744, VRS **123** 356, OVG Mgd BA

13 41, OVG Bautzen BA **15** 159, BA **16** 272, OVG Münster BA **15** 284, OVG Weimar NZV **15** 410, VG Berlin NJW **09** 245, VG Osnabrück BA **09** 302, VG Meiningen ThürVBl **11** 256, VG Weimar ThürVBl **17** 249, *Geiger* DAR **10** 376, Bedenken bei BVerfG NJW **15** 1005 (obiter dictum)). Dabei machte es keinen Unterschied, ob die Blutentnahme ohne die erforderliche Einwilligung des Betr erfolgte oder mit einer aufgrund wahrheitswidriger Angaben erlangten Einwilligung des Betr (OVG Weimar NZV **15** 410). Nach **Streichung des Richtervorbehalts** beim Verdacht von „Trunkenheitsdelikten" (einschließlich illegale Drogen) im Verkehrsstraf- und -ordnungswidrigkeitenrecht in § 81a StPO und § 46 OWiG durch Gesetz v. 17.8.17 (BGBl. I S. 3202) hat sich das Thema erledigt. Bei EdF nach Inkrafttreten der Neufassung der §§ 81a II StPO, 46 IV OWiG (24.8.17) unterliegt das Ergebnis einer zuvor ohne richterliche Anordnung entnommenen Blutprobe bei Vorliegen der tatbestandlichen Voraussetzungen der neugefassten Vorschriften keinem Verwertungsverbot (OVG Saarlouis 4.12.18 – 1 D 317/18 ZfS **19** 118 = NJW **19** 695 Ls).

Bestehen nicht nur Zweifel in Bezug auf die Eignung, ist die FEB vielmehr **von der Nicht-** **23c** **eignung überzeugt,** so hat die Anordnung einer Gutachtenbeibringung zu unterbleiben (VII, s. Rn. 50).

3. Aufklärungsmaßnahmen. Zur Klärung von Eignungszweifeln stehen der FEB die in § 2 **24** VIII StVG genannten Aufklärungsmaßnahmen zur Verfügung (s. § 2 StVG Rn. 75). Zuständig ist die FEB, die für die Erteilung (§ 21 FeV Rn. 12) bzw. die EdF zuständig ist (§ 3 StVG Rn. 26, 29). Die FEB kann je nach Art der Eignungsbedenken vom FEBewerber verlangen: die Beibringung eines **ärztlichen Gutachtens** (II), die Beibringung eines **medizinisch-psycholo- gischen Gutachtens** (III), die Beibringung eines **Gutachtens eines amtlich anerkannten Sachverständigen oder Prüfers** für den Kraftfahrzeugverkehr (IV). Die FeV legt verbindlich fest, welche Untersuchungsarten in welchen Fällen in Frage kommen, insbesondere werden die Anlässe für die medizinisch-psychologische Untersuchung im Einzelnen abschließend festgelegt (Begr VkBl. **98** 1054). Für die Anforderungen an das Sehvermögen enthält § 12 VIII FeV, für den Bereich Alkoholproblematik und Betäubungs- und Arzneimittel enthalten §§ 13 und 14 FeV spezielle Zuweisungsregelungen (s. III S. 2). Die sprachliche Differenzierung zwischen *Bedenken* in II S. 1 und *Zweifeln* in III S. 1 hat keine inhaltliche Bedeutung (aA *Gehrmann* NZV **03** 10, *Rebler* SVR **11** 123 = VD **11** 195); weder § 2 VIII StVG noch die Begr zu § 11 FeV (BR- Drs. 443/98 S. 255 = VkBl. **98** 1068) lassen erkennen, dass für die Aufklärungsmaßnahmen gem. II und III unterschiedlich hohe Auslöseschwellen gelten sollen. Der Betr kann zwar Eignungs- zweifel bei medizinischen Fragen unter Umständen durch **andere geeignete Beweismittel** ausräumen; das setzt allerdings voraus, dass keinerlei Restzweifel hinsichtlich der Fahreignung mehr verbleiben, weil aus den hierzu vorgelegten Unterlagen eindeutig auch für den (medizi- nisch und psychologisch nicht geschulten) Laien nachvollziehbar hervorgeht, dass die ursprüng- lichen Bedenken unbegründet sind (VGH Mü 20.3.20 – 11 ZB 20.145 ZfS **20** 295).

Ob die Anordnung einer Aufklärungsmaßnahme nach § 11 erforderlich ist, entscheidet die **24a** FEB nach pflichtgebundenem **Ermessen.** Die Gutachtensbeibringungsanordnung ist rechtswid- rig, wenn die FEB das vorgesehene Ermessen nicht gesehen, jedenfalls aber nicht erkennbar ausgeübt hat (VGH Mü NJW **17** 2695). Die Ermessenserwägungen der FEB fließen regelmäßig in die Prüfung ein, ob konkrete und hinreichend gewichtige Eignungszweifel vorliegen. Je ge- wichtiger die Eignungsbedenken sind, desto geringer wird das Entschließungsermessen der Be- hörde; bei Vorliegen von erheblichen Eignungszweifeln dürfte es regelmäßig auf null reduziert sein (vgl. § 2 VII S. 1 StVG, VGH Ma NJW **13** 1896, VBlBW **16** 242). Bei noch verwertbaren, aber bereits länger zurückliegenden VVerstößen ist eine Ermessensbetätigung der FEB geboten, ob diese Zuwiderhandlungen nach wie vor die Anforderung eines medizinisch-psychologischen Gutachtens rechtfertigen oder ob verbleibende Eignungszweifel auch ohne die Beibringung eines solchen Gutachtens, zB durch Vorlage geeigneter Beweismittel ausgeräumt werden können (BVerwG NJW **17** 1765, VGH Ma DAR **18** 44). Die **Ermessenserwägungen** der FEB bei der Anordnung der Beibringung eines Gutachtens sind in der Beibringungsaufforderung **offenzu- legen,** damit Sinn und Zweck der in VI angeordneten Mitteilungspflichten Genüge getan ist (VGH Mü NJW **17** 2695, 28.1.19 – 11 C 18.2530 NZV **19** 430).

Die Gutachtensanordnung muss dem **Verhältnismäßigkeitsprinzip** entsprechen. Dem Betr **24b** darf aus Gründen der Verhältnismäßigkeit nicht mehr an Untersuchungen abverlangt werden als erforderlich (VGH Ma NJW **14** 1901). Ggf. müssen zunächst auch **weniger einschneidende Aufklärungsmaßnahmen** in Betracht gezogen werden. Bei der Prüfung der Frage, ob die Bei- bringung eines ärztlichen Gutachtens hinsichtlich einer Erkrankung anzuordnen ist, die vielfach

Fahrungeeignetheit nicht begründet, muss die FEB sich vor Anordnung eines Gutachtens Kenntnisse über Tatsachen verschaffen, die ausreichende Anhaltspunkte dafür begründen können, ob Ungeeignetheit vorliegen könnte. Solche Tatsachen können im Rahmen einer Anhörung entsprechend § 28 I VwVfG erfragt werden, wobei auch Gelegenheit gegeben werden kann, Bescheinigungen oder Atteste der behandelnden Ärzte vorzulegen (VGH Mü 9.10.18 – 11 CS 18.1809 BeckRS 2018, 25000).

24c In der Gutachtensanordnung ist die **Art des beizubringenden Gutachtens** eindeutig anzugeben (VG Saarlouis ZfS **13** 297, VG Neustadt BA **13** 264). Die zu klärende **Fragestellung** ist anlassbezogen und konkret zu benennen (näher Rn. 42). Für die Anordnung, ein Gutachten beizubringen, ist **keine bestimmte Form** vorgeschrieben, sie kann also auch mündlich erfolgen. Die FEB ist aber gut beraten, Schriftform zu wählen, damit im Streitfall nachvollziehbar ist, dass die Anforderungen von VI (Rn. 42 ff.) eingehalten wurden. Sind Eignungszweifel nicht zu klären, weil die Fahrungeeignetheit bereits feststeht, darf kein Gutachten angeordnet werden (Rn. 50). Werden die Bedenken gegen die Fahreignung, die zu Recht zur Beibringungsanordnung geführt haben, auch ohne Vorlage des Gutachtens in sonstiger Weise vollständig und eindeutig ausgeräumt, ist die Beibringungsanordnung aufzuheben, weil es dann einer Untersuchung und der Vorlage eines Gutachtens nicht mehr bedarf (VGH Mü NZV **16** 599). Führt das von der FEB angeordnete Gutachten zu einem negativen Ergebnis, hat der Betr **keinen Anspruch** auf Übersendung der Fahrerlaubnisakte an eine zweite Begutachtungsstelle zwecks **Erstellung eines weiteren Gutachtens** (VGH Mü DAR **92** 34, OVG Münster NZV **13** 360), anders wenn der Betr zusätzlich ein Parteigutachten einholen will (OVG Ko NJW **97** 2342). Widerruft die Begutachtungsstelle ein von ihr erstelltes positives Gutachten, weil sie vom Vorliegen einer **Täuschungshandlung** bei der Erstellung des Gutachtens ausgeht, liegt ein positives Eignungsgutachten nicht vor (VG Freiburg 16.8.12 4 K 1363/12, VG Neustadt BA **14** 199).

25 Die **Anordnung** gem. II, III, IV **ein Gutachten beizubringen** und sich untersuchen zu lassen, ist nach hM als bloße Aufklärungsanordnung **nicht gesondert anfechtbar** (unselbstständige Maßnahme der Sachverhaltsaufklärung, mangels Regelung kein Verwaltungsakt) (Begr Rn. 5, BGH DAR **09** 707, BVerwG DAR **94** 372 (zu § 15b StVZO aF), NJW **17** 1765, OVG Münster NJW **01** 3427, OVG Hb VRS **104** 465, VGH Ma NZV **02** 580, VRS **108** 127 (133), NZV **05** 215, NJW **11** 3257, NJW **14** 484, OVG Weimar BA **05** 183, VGH Mü DAR **06** 349, BayVBl **08** 724 (728), ZfS **18** 178, OVG Lüneburg NJW **07** 454, OVG Ko DAR **09** 478, VGH Ka NZV **10** 375, OVG Schl ZfS **14** 539, OVG Bautzen 28.10.19 – 3 B 203/19 BeckRS 2019, 30377 = NJ **20** 39, VG Ol BA **13** 47, *Kopp/Schenke* § 44a Rn. 5, *Finkelnburg/Dombert/Külpmann* Rn. 1469, BHHJ/*Hühnermann* § 3 StVG Rn. 92, *Bouska/Laeverenz* § 11 FeV Anm 12, § 46 FeV Anm 5, *Jagow* § 11 FeV Anm 4b, 13, *MAH StrVR/Dronkovic* § 4 Rn. 171, *Geiger* BayVBl **01** 586 (589), DAR **01** 494, SVR **06** 122 f., DAR **07** 541, *Weibrecht* BA **03** 133, *Zwerger* DAR **05** 431 (435), VGT **06** 96, *Weber* NZV **06** 399, SVR **14** 248, **aA im Hinblick auf den Charakter der Anforderung als Eingriff in das Persönlichkeitsrecht** *Bode/Winkler* § 10 Rn. 3 ff., *Jagow* NZV **06** 27, *Hillmann* VGT **06**, 77, DAR **06** 128, DAR **08** 379 f., DAR **09** 412, DAR **12** 534, DAR **20** 164, *Brenner* ZRP **06** 223 (dagegen *Weber* ZRP **07** 31), *Wisuschil* NZV **10** 376, *Mahlberg* DAR **11** 669, krit *Berr/Krause/Sachs* Rn. 1193 ff., *Karbach* DAR **07** 407, *Fromm/Schmidt* NZV **07** 217. Nach hM daher keine einstweilige Anordnung dagegen (OVG Hb VRS **104** 465, VG Ol DAR **12** 533, abw *Gehrmann* NZV **03** 13, *Bode/Winkler* § 10 Rn. 18 ff.). Die rechtspolitische **Forderung** an den Gesetzgeber, eine **isolierte Anfechtung** der Gutachtensanordnung **zuzulassen** (AK V Empfehlung Nr. 8 VGT **14** XIV, *Haus* SVR **14** 6, *Geiger* SVR **14** 92, *Hillmann* VGT **14** 181 (190) = DAR **14** 134 (137) = BA **14** 94 (100)), ist bisher nicht aufgegriffen worden.

25a **Überprüfung der Beibringungsaufforderung bei Anfechtung der Gebührenfestsetzung.** Im Rahmen einer gegen die mit der Gutachtenanforderung verbundenen Gebührenfestsetzung gerichteten Klage ist in jedem Fall inzident auch die Rechtmäßigkeit der Beibringungsaufforderung zu überprüfen, denn eine Verwaltungsgebühr für die behördliche Anordnung zur Beibringung eines Gutachtens wegen Zweifeln an der Fahreignung oder -befähigung darf nur erhoben werden, wenn die Anordnung der Amtshandlung rechtmäßig erfolgt ist (VGH Ma 12.12.16 10 S. 2406/14 = VRS **131** 160 = NZV **17** 147, VG Weimar 24.9.15 ThürVBl **16** 227, dazu neigend auch VG Kassel 24.4.19 – 7 K 6587/17 BA **19** 348). Nach aA hat die Anfechtung der mit der Gutachtenanforderung verbundenen Gebührenfestsetzung nur zum Gegenstand, ob die gebührenrechtlichen Vorschriften eine Gebührenerhebung in der bestimmten Höhe vorsehen, nicht die Rechtmäßigkeit der Gutachtenanforderung, wenn eine inzidente Kontrolle der vorbereitenden Amtshandlung im Rahmen der Überprüfung der abschließenden Sachentscheidung (Versagung der FE, EdF) erfolgen kann (OVG Lüneburg NJW **07** 454, VG Regensburg 23.11.12 8 K 12.1671). Der erstgenannten Auffassung ist zu folgen, denn nach § 14 II S. 1 VwKostG, das nach § 6a III S. 1 StVG Anwendung findet, dürfen Kosten, die bei richtiger Sachbehandlung nicht entstanden wären, nicht erhoben werden. Eine Gebühr darf somit nur erhoben werden, wenn die Amtshandlung rechtmäßig war.

Ein angeordnetes Gutachten darf von der FEB **nur verwertet** werden, wenn der **Betroffene** **26** es der FEB **zugänglich gemacht** hat, denn er ist Auftraggeber für das Gutachten (VI S. 5) und damit allein berechtigt, über die weitere Verwendung des Gutachtens zu entscheiden (Rn. 49). Es darf nicht verwertet werden, wenn die FEB das Gutachten ohne Zustimmung des Betroffenen zur Kenntnis bekommen hat (BVerwG NJW **08** 3014). Hat der Betroffene der FEB das angeordnete Gutachten aber **vorgelegt,** dürfen Tatsachen, die sich aus diesem Gutachten ergeben, auch dann zu seinen Ungunsten verwertet werden, wenn die **Anordnung der Gutachtenbeibringung nicht gerechtfertigt** war (BVerwG NJW **82** 2885 (2887), NZV **96** 332, VGH Mü NZV **99** 100, jeweils zu § 15b StVZO aF, BVerwG NJW **10** 3318, NJW **12** 3669, VGH Mü BA **11** 188, SVR **11** 389, 22.4.20 – 11 CS 19.2434 BeckRS 2020, 9476 Rn. 22, VG Dü 24.10.19 – 6 K 4574/18 BA **20** 61, zw OVG Br NJW **00** 2438). Dies gilt unabhängig davon, ob eine formelle behördliche Anforderung oder eine entsprechende Vereinbarung mit dem Betr erfolgt ist (BVerwG NJW **12** 3669 Rn. 23). Hat der Betr das Gutachten vorgelegt, hat sich dadurch die Anordnung in der Weise erledigt, dass von seitens der FEB rechtswidrig erlangten Erkenntnissen nicht mehr gesprochen werden kann. Zudem schafft das Ergebnis des Gutachtens eine **neue Tatsache,** die selbständige Bedeutung hat und keinem Verwertungsverbot unterliegt (BVerwG NJW **10** 3318, OVG Mgd BA **11** 115, VGH Mü ZfS **10** 653, 5.11.19 – 11 CS 19.1336 BeckRS 2019, 30448, OVG Berlin NJW **13** 1548). Ein Verbot, diese Tatsache für die Entscheidung über die Fahrerlaubnisentziehung zu verwerten, lässt sich aus der FeV oder sonstigem innerstaatlichen Recht nicht ableiten. Einem Verwertungsverbot steht auch das Interesse der Allgemeinheit entgegen, vor Kraftfahrern geschützt zu werden, die sich aufgrund festgestellter Tatsachen als ungeeignet erwiesen haben (VGH Mü 5.11.19 – 11 CS 19.1336 BeckRS 2019). Hat der Betr das Gutachten freiwillig vorgelegt, ist auch unerheblich, ob die Bindungswirkung des § 3 IV S. 1 StVG der Rechtmäßigkeit der Beibringungsanordnung entgegenstand (OVG Mgd 14.4.16 3 L 27/16 = NJW **16** 3322 Ls). War die Anordnung der Gutachtenbeibringung rechtmäßig und hat sich der Betr der angeordneten Begutachtung gestellt, ist das **Gutachten** aber mit einem zur Nichtverwertbarkeit führenden **Fehler** behaftet, darf es dagegen nicht als neue Tatsache berücksichtigt werden (OVG Greifswald ZfS **13** 595). – Auch ein im Rahmen eines Strafverfahrens eingeholtes Gutachten darf von der FEB bei der Beurteilung der Fahreignung verwertet werden (§ 2 XII S. 1 StVG, VGH Ma DAR **04** 471).

3a. Die Anordnung, ein **ärztliches Gutachten** beizubringen (II), kommt bei Zweifeln an **27** der körperlichen oder geistigen Eignung in Betracht. Bedenken gegen die körperliche oder geistige Fahreignung bestehen insbes dann, wenn Tatsachen bekannt werden, die auf eine Erkrankung oder einen Mangel nach Anlage 4 oder 5 hinweisen (II S. 2). Nicht erforderlich ist also, dass eine solche Erkrankung oder ein solcher Mangel bereits feststeht (VGH Mü 9.10.18 – 11 CS 18.1897 NZV **19** 39). Bei Zweifeln, ob die Anforderungen an das Sehvermögen erfüllt werden, ist § 12 VIII speziell, bei Eignungszweifeln wegen Alkohol- oder Drogenproblemen §§ 13 S. 1 Nr. 1, 14 I S. 1 und 2. Rechtsgrundlage für die Anordnung eines ärztlichen Gutachtens zur Klärung der Frage, ob aufgrund der bestimmungsgemäßen Einnahme betäubungsmittelhaltiger psychoaktiver Arzneimittel Leistungseinschränkungen oder sonstige Fahreignungsmängel vorliegen, ist II S. 1; § 14 I S. 1 Nr. 2 und 3 sind lediglich bei dem Verdacht der missbräuchlichen Einnahme von psychoaktiv wirkenden Arzneimitteln einschlägig (VGH Ma VRS **129** 95). Die FEB bestimmt gem. II 3 in der Anordnung auch, ob der FEBewerber mit der Erstellung des Gutachtens einen Facharzt mit verkehrsmedizinischer Qualifikation (Nachweis: § 65 FeV), einen Amtsarzt (Arzt des Gesundheitsamtes oder anderer Arzt der öffentlichen Verwaltung) oder einen Arbeits- oder Betriebsmediziner, einen Rechtsmediziner oder einen Arzt in einer Begutachtungsstelle für Fahreignung zu beauftragen hat. Sie muss die genaue Fachrichtung angeben, s. Rn. 46 ff. Sie kann auch mehrere solcher Anordnungen treffen (II S. 4). Bestimmt die FEB, dass das Gutachten von einem Facharzt mit verkehrsmedizinischer Qualifikation zu erstellen ist (II S. 3 Nr. 1), soll der vom Betroffenen zu beauftragende Arzt wegen des bei ihm in aller Regel bestehenden Interessenkonflikts (VGH Mü SVR **13** 37) **nicht zugleich** sein **behandelnder Arzt** sein (II S. 5). Der Gutachter soll unabhängig sein und die Angaben der untersuchten Person kritisch hinterfragen, während der behandelnde Arzt idR ein Vertrauensverhältnis zu seinem Patienten hat (VGH Mü NZV **16** 599). Bei der Anordnung kann die FEB diese Sollbe-stimmung näher konkretisieren (Begr Rn. 5).

27a   Die Anordnung der Beibringung eines ärztlichen Gutachtens ist nur rechtmäßig, wenn der FEB konkrete **Tatsachen** bekannt sind, die den hinreichenden Verdacht fehlender oder einge-schränkter körperlicher oder geistiger Eignung begründen (Rn. 23). Die Beibringung eines Gut-achtens darf nicht auf einen bloßen Verdacht „ins Blaue hinein" bzw. auf Mutmaßungen, Wertur-teile, Behauptungen oder dergleichen hin verlangt werden (VGH Mü 9.10.18 – 11 CS 18.1897 NZV **19** 39). Ungeprüfte Angaben von Nachbarn über Fahrauffälligkeiten rechtfertigen noch keine Eignungszweifel (VG Saarlouis ZfS **99** 222, 541). Nicht jeder Umstand, der auf die ent-fernt liegende Möglichkeit eines Eignungsmangels hindeutet, ist als hinreichender Grund für die Anforderung eines ärztlichen Gutachtens anzusehen (OVG Saarlouis NJW **06** 1305, VGH Mü SVR **12** 317, OVG Weimar DAR **18** 164). Die **Mitteilung einer Hausärztin,** wegen ver-schiedener Erkrankungen bestünden berechtigte Zweifel an der Fahreignung, stellt keine Tatsa-che dar, die die Anordnung eines ärztlichen Gutachtens rechtfertigt, solange keine Diagnose oder zumindest Symptome der Erkrankung oder sonstige konkrete Vorkommnisse genannt werden (VGH Mü 9.10.18 – 11 CS 18.1897 NZV **19** 39 = NJW **19** 1161 Ls). Bestehen aber durch Tatsachen belegte **Bedenken** gegen die körperliche oder geistige Eignung, **sind diese** durch Anordnung eines ärztlichen Gutachtens **abzuklären.** Es steht dann nicht im Ermessen der FEB, stattdessen eine Fahrprobe als ausreichend zu erachten (OVG Saarlouis ZfS **14** 657).

27b   Ein **hirnorganisches Syndrom** rechtfertigt Gutachtenanforderung (VGH Ma NZV **02** 248, OVG Saarlouis ZfS **14** 657). Bei hinreichenden Anhaltspunkten für Vorliegen von **Epilepsie** ist Anordnung der Begutachtung durch Facharzt mit verkehrsmedizinischer Qualifikation gerecht-fertigt (VG Saarlouis ZfS **11** 298). Eine **einfache Aktivitäts- und Aufmerksamkeitsstörung** (ADHS) rechtfertigt eine Gutachtensanordnung idR erst dann, wenn Verstöße gegen Verkehrs-vorschriften oder fahreignungsrelevante Ausfallerscheinungen bekannt geworden sind (VGH Mü 25.3.20 – 11 CS 20.203 NJW **20** 1692). **Hohes Alter** allein rechtfertigt nicht die Anordnung der Beibringung eines Fahreignungsgutachtens (VG Saarlouis ZfS **10** 660, s. auch § 2 StVG Rn. 43); es muss hinzukommen, dass der altersbedingte Abbau der körperlichen und/oder geisti-gen Kräfte mit auf die Fahreignung bezogener Relevanz im Einzelfall zu greifbaren Ausfaller-scheinungen geführt hat, die Zweifel an der uneingeschränkten Kraftfahreignung aufkommen lassen (OVG Saarlouis ZfS **94** 350, OVG Berlin ZfS **12** 657, VGH Mü 9.10.18 – 11 CS 18.1897 NZV **19** 39, VG Saarlouis DAR **11** 722, *Rebler* SVR **18** 125). Eine nicht bestandene Fahrprobe, die ein geeignetes Mittel zur Überprüfung der Kraftfahreignung ist, führt dann zur Verneinung der Eignung und damit zur EdF gem. § 46 IV (VG Dü SVR **15** 359). Allein das **Tragen eines Hörgerätes** berechtigt die FEB nicht zur Anordnung der Beibringung eines ärztlichen Gutach-tens (VG Neustadt ZfS **16** 239). Bei **Parkinsonscher Krankheit** muss der Einzelfall betrachtet werden (Nr. 6.3 Anl 4, VGH Mü SVR **13** 37). Da es sich bei der Parkinsonschen Krankheit um eine Erkrankung mit chronisch fortschreitendem Charakter handelt, sind Überprüfungen in regelmäßigen Zeitabständen ohne zeitliche Obergrenze erforderlich (OVG Berlin ZfS **15** 597). Leidet ein Fahrer unter Bluthochdruck und ist Dialysepatient und verursacht dann unter Hin-weis auf Schmerzen im Brustbereich und Atemnot eine Vollbremsung, ist die Einholung eines Gutachtens gerechtfertigt (VGH Mü 15.12.17 11 CS 17.2201). Eine **schwere Lungen- und Bronchialerkrankung** mit schweren Rückwirkungen auf die Herz-Kreislauf-Dynamik recht-fertigt Gutachtenanordnung (OVG Bremen 27.4.20 – 2 PA 64/20 BeckRS 2020, 7048).

27c   **Reichsbürger.** Auch völlig abwegig erscheinende Erklärungen rechtlicher oder tatsächlicher Art oder hierauf zurückzuführende Verhaltensweisen außerhalb des StrV vermögen für sich allein gesehen grds. keine hinreichenden tatsächlichen Anhaltspunkte für eine die Fahreignung beein-trächtigende Gesundheitsstörung zu begründen, die die Anordnung eines ärztlichen Gutachtens rechtfertigen. Dies gilt insbes für Überlegungen, mit denen die **Existenz der Bundesrepublik Deutschland** sowie die **Legitimation der Behörden bestritten** und die Rechtsvorschriften der Bundesrepublik Deutschland als ungültig angesehen werden (OVG Berlin 15.6.12 LKV **15** 177, 30.1.15 LKV **15** 178, OVG Weimar 2.2.17 DAR **18** 164 = NJW **17** 3258 Ls, VGH Ma 2.1.18 VRS **133** 50 = NZV **18** 150 = NJW **18** 1276 Ls). Bedenken hinsichtlich der Fahreig-nung eines FEInhabers können sich jedoch aus weiteren Besonderheiten in seinen Erklärungen und Verhaltensweisen ergeben, zB bei deutlichen Hinweisen auf Wahnvorstellungen über tatsäch-liche Geschehensabläufe, nachlässige oder gleichgültige Einstellung zu den straßenverkehrsrecht-lichen Vorschriften (OVG Berlin 30.1.15 LKV **15** 178), oder wenn ein Schreiben des FEInhabers außer einem abstrusen Staats- und Rechtsverständnis verworrene Gedankenführungen enthält, die einen inneren logischen Sinnzusammenhang nicht mehr im Ansatz erkennen lassen, und eine

Vielzahl gravierender sprachlicher Unstimmigkeiten aufweist, die sich dem an sprachlicher Logik ausgerichteten Grundverständnis eines Durchschnittsbürgers entziehen (OVG Weimar DAR **18** 164 = NJW **17** 3258 Ls, VGH Ma ZfS **18** 174 = NZV **18** 150 = NJW **18** 1276 Ls, *Scheidler* VD **18** 115). Zum fahrerlaubnisrechtlichen Umgang mit Reichsbürgern *Müller/Rebler* DAR **17** 349, NZV **19** 119,VD **20** 93.

3b. In welchen Fällen die FEB die Beibringung eines **Gutachtens einer amtlich aner-** 28 **kannten Begutachtungsstelle für Fahreignung** (medizinisch-psychologisches Gutachten) anordnen kann, ist in **III S. 1 Nr. 1–9** abschließend geregelt, es sei denn es handelt sich um die Begutachtungen nach §§ 2a IV, V (FE auf Probe), 4 X S. 4 StVG (FEigBewSystem), § 10 II (FE nach Grundqualifikation oder im Rahmen der Berufsausbildung vor Erreichen des jeweiligen Mindestalters), §§ 13, 14 iVm Anl 4 und 5 FeV (Klärung von Alkohol- oder Drogenproblemen) (III S. 2) oder zur Klärung von Zweifeln, ob eine Abweichung vom Regelfall der Anl 4 zugunsten des Betroffenen möglich ist (Vorbemerkung zur Anl 4 Nr. 3 S. 3). Die Anforderung eines medizinisch-psychologischen Gutachtens in den in III S. 1 Nr. 1–9 aufgeführten Fällen steht im **Ermessen** der FEB (BVerwG NJW **17** 1765 Rn. 35).

Im Gegensatz zur ärztlichen Begutachtung umfasst die **medizinisch-psychologische Be-** 29 **gutachtung** den gesamten Eignungsbereich, nicht nur die körperlich-geistige Eignung. Die Anordnung der Beibringung eines **nur psychologischen Gutachtens** bzw. nur des psychologischen Teils einer medizinisch-psychologischen Untersuchung steht nach der FeV nicht als Instrument zur Klärung von Eignungszweifeln zur Verfügung (VG Neustadt BA **13** 264). Die Auffassung, der Verhältnismäßigkeitsgrundsatz könne im Ausnahmefall die Beschränkung des Gutachtens einer Begutachtungsstelle für Fahreignung auf ein psychologisches Teilgutachten gebieten, wenn im konkreten Fall für eine ärztliche Untersuchung kein Anlass bestehe (VGH Ma NJW **11** 3257 (krit dazu *Mahlberg* DAR **11** 669), VG Augsburg ZfS **08** 296, *Bouska/ Laevrenz* § 11 FeV Anm 18, *Geiger* DAR **03** 494 (496), DAR **11** 244), ignoriert diese Entscheidung des Normgebers. Die medizinisch-psychologische Begutachtung stellt nämlich eine ganzheitliche gutachterliche Befunderhebung dar, die teilweise nur im Wechselbezug erfassbare medizinische und psychologische Aspekte behandelt (*Mahlberg* DAR **11** 669 (671)). Liegt bereits ein medizinisches Gutachten vor, müsste die FEB dieses mit dem psychologischen Gutachten zwecks Gesamtbewertung zusammenführen und würde damit selbst gutachterlich tätig, obwohl den Behördenmitarbeitern die dazu erforderliche Qualifikation regelmäßig fehlen dürfte.

Der Verweis auf die **Zwecke nach Abs. 1 und 2** in III S. 1 bedeutet, dass die Beibringung 30 eines medizinisch-psychologischen Gutachtens zur Klärung der Kraftfahreignung oder des Gewährbietens für die besondere Verantwortung bei der Beförderung von Fahrgästen zwecks Vorbereitung einer Entscheidung der FEB über Erteilung oder Verlängerung einer FE oder FzF oder über die Anordnung von Beschränkungen oder Auflagen angeordnet werden kann (vgl. Begr zur Einfügung von „Abs. 1 und" VkBl. **08** 566 Rn. 9). Der **Begriff „erheblich"** in I 3 und III S. 1 ist nicht mit „schwerwiegend" gleichzusetzen, sondern bezieht sich auf die Kraftfahreignung (Begr Rn. 9, § 2 StVG Rn. 67, VGH Mü SVR **12** 474, NJW **14** 3802, OVG Münster 11.4.17 16 E 132/16, VGH Ma DAR **18** 44, VG Freiburg DAR **16** 412, VG Cottbus 11.5.20 – 7 L 145/20 BA **20** 246).

III S. 1 Nr. 1. Zusätzlich zu einem ärztlichen Gutachten nach II oder dem **Gutachten** 31 **eines Sachverständigen oder Prüfers** nach IV kann die FEB ein medizinisch-psychologisches Gutachten anordnen, wenn sie dies nach Würdigung dieser Gutachten für erforderlich hält. Ob der Gutachter dies empfohlen hat, ist unerheblich, denn die FEB muss sich eine eigene Meinung bilden.

III S. 1 Nr. 2. Zur Vorbereitung einer Entscheidung über eine **Ausnahme** gem. § 74 I, II 32 FeV **vom Mindestalter** für die Erteilung einer FE *kann* die FEB ein medizinisch-psychologisches Gutachten anordnen (dazu Nr. 3.18 Begutachtsgs-Leitl, § 10 Rn. 14). Soll die FE erstmalig im Rahmen einer Berufskraftfahrer-Ausbildung vor Erreichen des regulären Mindestalters erteilt werden, *muss* durch ein solches Gutachten nachgewiesen werden, dass die dafür erforderliche körperliche und geistige Eignung vorliegt (§ 10 II). Bei Teilnahme am Begleiteten Fahren ab 17 ist kein medizinisch-psychologisches Gutachten erforderlich (§ 48a I S. 1).

III S. 1 Nr. 3. Hat der Sachverständige oder Prüfer die FEB gem. § 18 III FeV über von ihm 33 **bei der Fahrerlaubnisprüfung festgestellte Tatsachen** unterrichtet, die Zweifel an der körperlichen oder geistigen Eignung des Bewerbers begründen, kann die FEB ein medizinisch-psychologisches Gutachten anordnen, wenn es sich um (für die Eignung) erhebliche Auffälligkeiten gehandelt hat. III S. 1 Nr. 3 ermächtigt die FEB, dies unmittelbar, also ohne vorheriges ärztliche Gutachten nach II und anschließendes Vorgehen nach III S. 1 Nr. 1, zu tun, wenn dazu Anlass besteht.

34   **III S. 1 Nr. 4.** Wenn aufgrund von **Verstößen gegen verkehrsrechtliche Vorschriften,** die keine Straftaten darstellen, Eignungszweifel bestehen (§ 2 IV S. 1 StVG, I S. 3), kann die FEB zur Klärung eine medizinisch-psychologische Untersuchung anordnen. Dies kommt etwa beim Vorliegen einer Vielzahl von OW in Betracht (Begr Rn. 8). Angesichts des offenen Wortlauts von III S. 1 Nr. 4 ist jedoch nicht ausgeschlossen, die Norm auch bei Verkehrsverstößen heranzuziehen, die Straftaten sind, auch wenn die Beibringungsaufforderung in diesem Fall auch auf III S. 1 Nr. 5 gestützt werden kann (BVerwG NJW **17** 1765). III S. 1 Nr. 4 ergänzt die Regelung in III S. 1 Nr. 5, ohne sie vollständig im Wege der Spezialität zu verdrängen (VGH Ma VBlBW **16** 242). Die Heranziehung von III S. 1 Nr. 4 ist etwa in Fallkonstellationen denkbar, in denen der Betr mehrere VVerstöße begangen hat, die in einem Fall als OW und in dem anderen als Straftat geahndet worden sind (VGH Ma VBlBW **16** 242). Bei FEInhabern haben die Regelungen des **FEigBewSystems** allerdings **Vorrang** (s. Rn. 21). Bei FEInhabern kommt III S. 1 Nr. 4 deswegen bei mit Punkten zu bewertenden Verstößen gegen Verkehrsvorschriften nur zur Anwendung, wenn gem. § 4 I S. 3 StVG ausnahmsweise vom FEigBewSystem abgewichen werden darf (näher dazu § 4 StVG Rn. 33 ff.).

34a   Nach Auffassung des VGH Mü kann ein Verstoß gegen verkehrsrechtliche Vorschriften, der gerade einmal die Grenze zur Eintragungspflicht in das FAER überschreitet, noch nicht als **erheblicher Verstoß** iSv III S. 1 Nr. 4 angesehen werden, da ein Vergleich mit dem alternativen Tatbestandsmerkmal *wiederholte Verstöße* – idR eintragungspflichtige Verstöße – zeige, dass sich der *erhebliche* Verstoß qualitativ vom einfachen eintragungsfähigen Verstoß unterscheiden müsse (VGH Mü NJW **14** 3802). Ob diese Reduktion des Anwendungsbereichs von III S. 1 Nr. 4 dem Willen des Normgebers jedenfalls nach Einführung des Fahreignungs-Bewertungssystems und des FAER entspricht, muss allerdings bezweifelt werden, denn eintragungspflichtig sind heute – von wenigen Ausnahmen abgesehen – nur noch Zuwiderhandlungen, die verkehrssicherheitsrelevant und damit erheblich für die Kraftfahreignung sind (§ 4 StVG Rn. 28, 39). Die Anwendbarkeit von III S. 1 Nr. 4 ist zudem nicht auf eintragungspflichtige Verstöße beschränkt. Ein VVerstoß, der nicht nur gerade die Grenze zur Eintragungspflichtigkeit überschreitet, sondern deutlich im eintragungspflichtigen Bereich liegt, ist jedenfalls grds. als erheblicher Verstoß anzusehen (VGH Ma DAR **18** 44).

34b   Für die Beantwortung der Frage, ob einer oder **mehrere Verstöße** gegen verkehrsrechtliche Vorschriften iSv III S. 1 Nr. 4 vorliegen, dürfte es darauf ankommen, ob es sich um mehrere voneinander abgrenzbare Lebenssachverhalte handelt (so zu III S. 1 Nr. 7 VG Mü 20.8.19 – 26 S 19.2892 BeckRS 2019, 19507). Dagegen wird vertreten, dass es nicht auf den prozessualen, sondern den materiell-rechtlichen Tatbegriff ankomme (OVG Lüneburg 29.11.17 – 12 ME 197/17 VRS **132** 152 = NJW **18** 647 Ls, krit dazu *Koehl* SVR **18** 120). Bei der Prüfung, ob wiederholte Verstöße vorliegen, sind bei einem Wiederholungstäter, dem schon einmal die FE nach den Regelungen des früheren Punktsystems oder des heutigen FEigBewSystems entzogen worden und danach neu erteilt worden ist, auch vor der EdF bzw. vor Neuerteilung der FE begangene im FAER noch nicht getilgte Taten zu berücksichtigen, denn diese werden anders als die Punkte nicht gelöscht und stehen für die Beurteilung der Kraftfahreignung bis zu ihrer Tilgung zur Verfügung (§ 4 StVG Rn. 52, VGH Mü NJW **14** 3802).

35   **III S. 1 Nr. 5–7** erfassen die Fälle, bei denen die FE nicht bereits durch das Strafgericht entzogen wurde und ermöglichen damit die verwaltungsrechtliche Überprüfung der Eignung bei **Straftaten,** die einen Bezug zur Fahreignung haben können (s. Begr VkBl. **98** 1068). Bei FEInhabern haben die Regelungen des FEigBewSystems aber Vorrang (s. Rn. 21). III S. 1 Nr. 5–7 kommen bei mit Punkten zu bewertenden Straftaten bei FEInhabern deswegen nur zur Anwendung, wenn gem. § 4 I S. 3 StVG ausnahmsweise vom FEigBewSystem abgewichen werden darf. Diese Abweichung ist bei der Anordnung der Beibringung eines Gutachtens näher zu begründen (s. Rn. 21, 43).

35a   **Rechtskräftige Verurteilung** wegen einer von der FEB festgestellten Straftat setzt III S. 1 Nr. 5–7 **nicht** voraus; es genügt, wenn ihr Vorliegen aus Feststellungen der Polizei oder aus anderen Erkenntnissen in einem strafrechtlichen Ermittlungsverfahren hinreichend zuverlässig ergibt (OVG Ko NJW **00** 2442 (zu III S. 1 Nr. 4 aF), VGH Ka NJW **13** 3192, VG Ansbach 30.9.11 10 S 11.01436). Insbesondere können auch Vorfälle berücksichtigt werden, in denen die strafrechtlichen Verfahren im Stadium vor einer rechtkräftigen Verurteilung eingestellt worden sind oder gem. §§ 154, 154a StPO von der Erhebung einer öff Klage abgesehen bzw. die Strafverfolgung auf andere Gesetzesverletzungen beschränkt worden ist (VGH Ka NJW **13** 3192). Im Übrigen genügt rechtskräftige Schuldfeststellung wegen der Straftat; Verurteilung zu *Strafe* ist nicht erforderlich (VGH Ma NJW **05** 234 (237), Weisung nach JGG). Ist es nicht zu einer rechtskräftigen Verurteilung gekommen, muss die FEB anhand aller Umstände des konkreten Falles besonders sorgfältig prüfen und auch im Einzelnen darlegen, warum die sich aus der Tat ergebenden Eignungszweifel hinreichend gewichtig sind, um trotz der mit einer medizinisch-psychologischen Begutachtung verbundenen nicht unbeträchtlichen Belastung eine Untersuchung zu rechtfertigen (VG Ol 16.11.18 – 7 A 2852/18 BeckRS 2018, 28916). Die Anlasstat muss Rückschlüsse auf die Kraftfahreignung zulassen, sonst ist Beibringungsanordnung nach III S. 1 Nr. 5 nicht gerechtfertigt (VG Kassel 13.6.19 – 2 L 1320/19 BeckRS 2019, 15294). Im FAER getilgte Verurteilungen sind nicht mehr verwertbar und dürfen auch im Rahmen von III S. 1 Nr. 5–7 nicht berücksichtigt werden (OVG Ko NJW **00** 2442 zu III S. 1 Nr. 4 aF). Durch Neufassung von III S. 1 Nr. 5 und 6 durch ÄndVO v. 18.7.08 wurde klargestellt, dass bereits *eine* der dort genannten Straftaten genügt, um eine Gutachtenanforderung zu rechtfertigen (so bereits zur früheren Rechtslage VGH Ma NZV **02** 104, NJW **05** 234). Die Neufassung soll daneben sicherstellen, dass auch Straftaten Anlass für die Anordnung einer medizinisch-psychologischen Begutachtung sein können, die keinen spezifischen Zusammenhang mit der Verkehrssicherheit aufweisen, zB Drogentransport mit Kfz (Begr Rn. 9). Eine Gutachtensanordnung kann auf III S. 1 Nr. 5 Alt 2 und Nr. 7 nur dann gestützt werden, wenn **mehrere Straftaten** begangen worden sind; dabei muss es sich um mehrere voneinander abgrenzbare Lebenssachverhalte handeln (VG Bayreuth 25.9.18 – B 1 E 18.945 BeckRS 2018, 24006, VG Mü 20.8.19 – 26 S 19.2892 BeckRS 2019, 19507, aA für III S. 1 Nr. 4 und 5 OVG Lüneburg 29.11.17 – 12 ME 197/17 VRS **132** 152 = NJW **18** 647 Ls, wonach es nicht auf den prozessualen, sondern den materiell-rechtlichen Tatbegriff ankommen soll, krit dazu *Koehl* SVR **18** 120).

Der Begriff der **Erheblichkeit** einer Straftat ist so zu verstehen, dass es auf die Gewichtigkeit **35b** der Tat für die Bewertung der Fahreignung ankommt (VGH Ma DAR **18** 44, § 2 StVG Rn. 67, § 11 FeV Rn. 30). Eine Zuwiderhandlung, die deutlich die Grenze zur Eintragungspflicht in das FAER überschreitet, ist regelmäßig als erhebliche Straftat iSv III S. 1 Nr. 5 Alt 1 anzusehen (VGH Ma DAR **18** 44). Keine erhebliche Straftat liegt idR vor, wenn ein Strafverfahren wegen Fahrens ohne FE nach § 153 I StPO eingestellt worden ist, weil dem Betr als Inhaber einer FE aus einem Nicht-EU-/EWR-Staat nicht bekannt war, dass er 6 Monate nach Wohnsitznahme in Deutschland einer deutschen FE bedarf (VG Ol 16.11.18 – 7 A 2852/18 BeckRS 2018, 28916).

Straftaten stehen **im Zusammenhang** mit dem StrV bzw. der Kraftfahreignung, wenn sie **35c** anlässlich der Teilnahme am StrV begangen wurden und durch Ereignisse im StrV motiviert waren (VG Fra/O 8.6.11 2 L 39/11). Darunter fallen etwa Fahren ohne FE, Fahren ohne Haftpflichtversicherungsvertrag, fahrlässige Trunkenheit im Verkehr (OVG Lüneburg NJW **14** 3176, OVG Münster 11.4.17 16 E 132/16). Gegen Anordnung nach III S. 1 Nr. 5 wegen vorsätzlichen Fahrens ohne FE in 4 Fällen kann nicht eingewandt werden, solche Straftaten seien nicht mehr zu befürchten, sobald FE erteilt ist, denn es ist zu klären, ob der Betr sich künftig insgesamt an die VVorschriften halten wird (VGH Mü 25.5.16 VM **16** 85). Zweimaliges Fahren ohne Versicherungsschutz rechtfertigt Gutachtenanforderung (VG Bra VD **05** 13). Nach III S. 1 Nr. 6 und 7 müssen die Straftaten nicht im Zusammenhang mit Verstößen gegen verkehrsrechtliche Vorschriften und nicht im Zusammenhang mit dem StrV stehen (VGH Ka NJW **13** 3192, OVG Lüneburg DAR **17** 159, VG Cottbus 11.5.20 – 7 L 145/20 BA **20** 246).

Anhaltspunkte für ein **hohes Aggressionspotenzial** können vorliegen bei hoher Angriffslust **35d** und Streitsüchtigkeit (VGH Ma NJW **05** 234), bei impulsivem Durchsetzen eigener Interessen (VG Fra/O 8.6.11 2 L 39/11) unter schwerwiegender Verletzung der Interessen anderer (OVG Lüneburg NJW **14** 3176, OVG Schleswig 13.2.19 – 4 O 46/18 BeckRS 2019, 2599, VG Ansbach 30.9.11 10 S 11.01436, VG Würzburg 14.6.12 W 6 S 12.435), bei wiederholt verübten Straftaten der vorsätzlichen gefährlichen Körperverletzung (VGH Mü SVR **12** 279, VG Mü SVR **16** 315). Hohe Aggressionsbereitschaft lässt **Rückschlüsse auf die Kraftfahreignung** zu, wenn zu besorgen ist, dass der Betr bei konflikthaften Verkehrssituationen emotional impulsiv handelt und dadurch das Risiko einer gefährdenden Verkehrssituation erhöht, sowie eigene Bedürfnisse aggressiv durchsetzt (VGH Mü SVR **12** 474, OVG Lüneburg DAR **17** 159, VG Dü SVR **16** 159). Straftaten weisen insbes dann auf ein hohes Aggressionspotential hin und stehen im Zusammenhang mit der Kraftfahreignung, wenn die Tathandlungen auf einer Bereitschaft zu ausgeprägt impulsivem Verhalten beruhen und dabei Verhaltensmuster deutlich werden, die sich so negativ auf das Führen von Kfz auswirken können, dass die Verkehrssicherheit gefährdet ist (VGH Ma 27.7.16 VRS **130** 256, OVG Schleswig 13.2.19 – 4 O 46/18 BeckRS 2019, 2599).

Bei einer Verurteilung wegen Nachstellung („Stalking") bedarf es aufgrund der Vielgestaltigkeit der als Tathandlungen in Betracht kommenden Verhaltensweisen in besonderem Maße einer Würdigung der Umstände des Einzelfalls, um aus der Begehung dieser Straftat auf Anhaltspunkte für ein fahreignungsrelevantes Aggressionspotential schließen zu können (VG Dü SVR **16** 235). Eine rein verbale Auseinandersetzung erfüllt in aller Regel nicht die Voraussetzungen des III S. 1 Nr. 6, auch wenn mit ihr ein Straftatbestand verwirklicht wird (VG Freiburg DAR **16** 412). Zu diesem Merkmal *Tepe* NZV **10** 64, DAR **13** 372. III S. 1 Nr. 6 und 7 erfordern nur **Anhaltspunkte** für ein hohes Aggressionspotential, nicht das festgestellte Vorhandensein (VGH Ma NJW **05** 234, 27.7.16 10 S 77/15, VGH Ka NJW **13** 3192, VG Cottbus 11.5.20 – 7 L 145/20 BA **20** 246).

35e   Wenn eine **Straftat unter Nutzung eines Fz** begangen wurde (III S. 1 Nr. 6), kann Gutachtenbeibringung nur angeordnet werden, wenn die Tat Rückschlüsse darauf zulässt, dass von dem Betr zukünftig eine Gefährdung des Straßenverkehrs ausgehen kann (VGH Mü SVR **12** 474). Allein der Umstand, dass ein Kfz als Mittel zur Straftat genutzt wurde, reicht nicht (OVG Lüneburg NJW **14** 3176). In Fällen von Eignungszweifeln bei **Alkohol-, Betäubungsmittel- oder Arzneiproblematik** sind §§ 13, 14 speziell (§ 13 Rn. 15, § 14 Rn. 10). Das heißt jedoch nicht, dass bei Begehung von Straftaten mit Alkohol-, Betäubungsmittel- oder Arzneimittelbezug der Zugriff auf § 11 III von vornherein versperrt wäre (VGH Ma DAR **18** 44, VG Lüneburg ZfS **18** 356, *Halecker* ZVS **18** 88). Gerade die Vorschriften des III S. 1 Nr. 4 und 5 dürfen aber nicht so ausgelegt werden, dass hierdurch die Wertung des VOGebers, bei bestimmten alkohol-, drogen- oder arzneimittelbedingten Verstößen gegen Verkehrsvorschriften von der zwingenden Einholung eines medizinisch-psychologischen Gutachtens abzusehen, umgangen wird (VGH Ma DAR **18** 44, VG Lüneburg ZfS **18** 356, VG Bayreuth 25.9.18 – B 1 E 18.945 BeckRS 2018, 24006). Trunkenheitsfahrt, bei der die BAK unter 1,6‰ BAK (0,8 mg/l AAK) lag, rechtfertigt deswegen nicht als erhebliche Straftat etwa nach § 316 StGB Gutachtenanforderung nach III S. 1 Nr. 5 (*Mahlberg* DAR **10** 1, *Hühnermann* NJW-Spezial **18** 265, s. VGH Mü SVR **09** 113). Zur rechtlichen Zulässigkeit der Übermittlung von Strafakten an die FEB, s. VGH Ma NJW **05** 234, OVG Lüneburg ZfS **11** 477.

36   **III S. 1 Nr. 8** ist Rechtsgrundlage für die Anordnung eines medizinisch-psychologischen Gutachtens zur Überprüfung der besonderen **Verantwortung bei der Beförderung von Fahrgästen** nach I S. 4 bei Bewerbern um eine FE der Klasse D oder D1 und um eine FzF. Bei Inhabern einer FE der Klasse D oder D1 ist diese Regelung über § 46 III anwendbar, bei Inhabern einer FzF ist § 48 IX S. 1 Rechtsgrundlage. Ist ohne das Vorliegen von Hinweisen auf körperliche oder geistige Eignungsmängel zu klären, ob der Betr die Gewähr für die besondere Verantwortung bei der Beförderung von Fahrgästen bietet, darf sich die Fragestellung nicht auch auf seine körperliche und geistige Fahreignung erstrecken (VGH Ma NJW **13** 1896, OVG Münster 5.5.17 NWVBl **17** 388, VGH Mü NJW **17** 2695). Bestehen Anhaltspunkte dafür, dass der Inhaber einer FE der Klasse D den *körperlichen* und *geistigen* Anforderungen an die Beförderung von Fahrgästen nicht mehr genügt, bedarf es zur Klärung dieser Frage nur einer medizinischen Begutachtung (OVG Saarlouis DAR **07** 475), in diesem Fall ist III S. 1 Nr. 8 nicht einschlägig.

37   **III S. 1 Nr. 9** erlaubt der FEB, bei der Neuerteilung der FE nach Ermessen ein medizinisch-psychologisches Gutachten anzuordnen, wenn die FE mehr als einmal entzogen war oder wenn die EdF auf einem Grund nach III S. 1 Nr. 4–7 beruhte. Es ist unerheblich, ob die Entziehung der FE durch die FEB oder das Strafgericht erfolgte. III S. 1 Nr. 9 schließt in Neuerteilungsfällen den Rückgriff auf III S. 1 Nr. 1–8 nicht aus (VGH Mü 23.2.10 11 CE 09.2812). In Fällen von Eignungszweifeln bei Alkoholproblematik ist § 13 speziell (§ 13 Rn. 15); daher kann die FEB vor Wiedererteilung der FE die Beibringung eines medizinisch-psychologischen Gutachtens nicht gem. III S. 1 Nr. 9 Buchst. b anordnen, wenn die FE wegen einer Tat nach §§ 315c, 316 StGB entzogen worden war, bei der die BAK unter 1,6‰ BAK (0,8 mg/l AAK) lag (VGH Mü SVR **09** 113 (Aufgabe von VGH Mü NJW **02** 82)).

38   Träger von **Begutachtungsstellen für Fahreignung** und ihre Begutachtungsstellen bedürfen gem. § 2 XIII StVG, § 66 FeV der amtlichen Anerkennung durch die nach Landesrecht zuständige Behörde. Die Voraussetzungen der Anerkennung sind in Anl 14 und der vom BMV auf der Grundlage von § 72 II Nr. 1 erlassenen und im VkBl. veröffentlichten (VkBl. **14** 110) Richtlinie über die Anforderungen an Träger von Begutachtungsstellen für Fahreignung geregelt (§ 66 II). Die Träger müssen sich hinsichtlich der Erfüllung der für sie geltenden fachlichen Anforderungen von der BASt begutachten lassen (§ 72). Begutachtungsstellen für Fahreignung beruhen auf Zusammenarbeit zwischen Verkehrsmedizinern und VPsychologen und arbeiten mit für den

Zweck der Untersuchung auf Kraftfahreignung ausgearbeiteten Methoden und Geräten. Begutachtungsstellen für Fahreignung sind **privatrechtlich organisiert** und nicht Teil der öff Verwaltung (Stu NJW **14** 482), auch **keine beliehenen Unternehmen,** ihre Mitarbeiter somit keine Amtsträger (BGH DAR **09** 707). Die früher erfolgte Festlegung von **Gebühren** für medizinisch-psychologische Gutachten durch den VOGeber (früher Nr. 451–455 Anl zu § 1 GebOSt) war **unwirksam,** weil die Gutachten nicht durch eine Behörde als Amtshandlung, sondern auf der Basis eines zivilrechtlichen Vertrags zwischen Auftraggeber und privatrechtlich organisierter Begutachtungsstelle erstellt werden (Rn. 49); eine gesetzliche Grundlage für die Festlegung der Gebühren durch den VOGeber fehlte (*Geiger* DAR **14** 256). Nr. 451–455 Anl GebOSt sind demzufolge nicht mehr anzuwenden (§ 65 V S. 2 StVG) und sind inzwischen aufgehoben worden. Durch § 6f StVG wird BMV jetzt ermächtigt, die **Entgelte** für medizinisch-psychilogische Gutachen, die aus Anlass von Verwaltungsverfahren nach straßenverkehrsrechtlichen Vorschriften durchgeführt werden, in einer Entgeltordnung festzulegen. Von dieser Ermächtigung ist bisher nicht Gebrauch gemacht worden. Die Entgelte für medizinisch-psychologische Untersuchungen können seit 1.8.18 frei vereinbart werden (näher § 6f). Durch Anl 4a Nr. 5 und Anl 14 II Nr. 6 soll **organisatorische Trennung** zwischen Begutachtung in den Begutachtungsstellen für Fahreignung und sonstigen Tätigkeiten auf dem Gebiet der Vorbereitung auf eine Begutachtung und die Wiederherstellung der Fahreignung erreicht werden (VG Neustadt VRS **126** 302). S. auch § 2 StVG Rn. 88.

Gegenstand der Begutachtung sind nicht die gesamte Persönlichkeit des Betroffenen, son-   39 dern nur solche Eigenschaften, Fähigkeiten und Verhaltensweisen, die für die Kraftfahreignung bedeutsam sind (V iVm Anl 4a Nr. 1b, VGH Mü VRS **125** 181). Der **Untersuchungsumfang** richtet sich nach dem Anlass und wird durch ihn beschränkt. Der Gutachter hat sich an die durch die FEB gem. VI S. 1 vorgegebene und gem. VI S. 4 mitgeteilte Fragestellung zu halten, sonst Unverwertbarkeit des Gutachtens (V iVm Nr. 1a Anl 4a FeV, VGH Mü ZfS **15** 717, OVG Saarlouis ZfS **16** 234, *Geiger* NZV **02** 20, SVR **10** 408). Liegen ausschließlich Tatsachen vor, die Bedenken gegen die *Kraftfahr*eignung des Betroffenen begründen, hat sich die Begutachtung auf diesen Bereich zu beschränken. Ist nur die Eignung zweifelhaft, *fahrerlaubnisfreie Fz* im StrV zu führen, ist allein diese Frage Gegenstand der Begutachtung. Kommt dem Zweifel begründenden Tatsachen sowohl für den einen als auch für den anderen Bereich Bedeutung zu, muss sich die Begutachtung auf beide Felder erstrecken (VGH Mü BayVBl **08** 724, OVG Lüneburg NZV **12** 149).

3c. Die Notwendigkeit der Beibringung des **Gutachtens eines amtlich anerkannten**   40 **Sachverständigen oder Prüfers** (aaSoP) zur Klärung von Eignungszweifeln (IV) kann sich aus dem Inhalt eines zuvor eingeholten ärztlichen oder medizinisch-psychologischen Gutachtens ergeben (IV Nr. 1). Dies kann etwa der Fall sein, wenn mehrere der erhobenen medizinischen Befunde sich als „an der Grenze liegend" erwiesen haben, so dass dem Betr die Fahreignung von ärztlicher Seite weder positiv zuerkannt noch mit der erforderlichen Sicherheit abgesprochen werden konnte (VGH Mü SVR **13** 37). Es obliegt allein der FEB zu entscheiden, ob nach IV Nr. 1 zusätzlich das Gutachten eines aaSoP erforderlich ist (OVG Br NJW **00** 2438). Die Gutachtenanforderung kann ferner zur Klärung der Frage erforderlich sein, ob ein körperlich behinderter FEBewerber, eventuell mit besonderen technischen Hilfsmitteln ein Kfz der von ihm beantragten FEKl sicher führen kann (IV Nr. 2), so dass Erteilung einer beschränkten FE oder einer FE mit Auflagen in Frage kommt (s. § 2 IV S. 2 StVG, § 23 II FeV). Der Betr kann das Gutachten von jedem im Bundesgebiet tätigen aaSoP erstellen lassen, er ist nicht auf die für seinen Wohnort örtlich zuständige Technische Prüfstelle beschränkt. Anordnung des Gutachtens eines amtlich anerkannten Sachverständigen oder Prüfers zur **Klärung von Befähigungszweifeln** kann nicht auf IV, sondern nur auf § 46 IV S. 2 FeV gestützt werden; IV erlaubt nur die Anordnung eines Gutachtens zur Klärung von *Eignungs*zweifeln.

4. Anforderungen an die Durchführung der Untersuchung und an die Erstellung   41 **des Gutachtens (V).** Für die Durchführung der ärztlichen und der medizinisch-psychologischen Untersuchungen und für die Erstellung der Gutachten gelten die in **Anl 4a** (bis 30.4.14 Anl 15) genannten Grundsätze (V). Grundlage für die Eignungsbeurteilung sind neben Anl 4 und 5 die Begutachtgs-Leitl (Anl 4a Eingangssatz). Weicht der Gutachter wegen Vorliegens eines Ausnahmefalles gem. Anl 4 Vorbem Nr. 3 von den in Anl 4 enthaltenen Wertungen ab, bedarf dies besonders eingehender Darlegungen (VGH Mü SVR **13** 37). Anlassbezogen, unter Verwendung der von der FEB zugesandten Vorgänge über den Betroffenen und nach anerkannten, wissenschaftlichen Grundsätzen muss die ärztliche und die medizinisch-psychologische Untersuchung durchgeführt werden (V iVm Anl 4a). Wird der FEB ein Gutachten vorgelegt, bei dem die in Anl 4a genannten Grundsätze nicht beachtet worden sind, ist das Gutachten nicht verwertbar; der Anordnung zur Gutachtenbeibringung ist in diesem Fall nicht gefolgt worden und die FEB muss gem. VIII 1 auf Nichteignung des Betroffenen schließen. Das Gutachten darf von der FEB nicht ungeprüft übernommen, sondern muss einer eigenen kritischen Würdigung unterzogen werden (OVG Münster NJW **17** 283, *Geiger* NZV **07** 491), denn sie – und nicht der Gutachter – befindet darüber, ob der Betr den Anforderungen des FERechts hinsichtlich der Kraftfahreignung genügt (VGH Mü BayVBl **09** 111 (114), OVG Br NJW **11** 3595). Dies gilt in gleicher Weise für die verwaltungsgerichtliche Überprüfung der Entscheidung der FEB (OVG Münster NJW **17** 283). Das Gutachten muss deswegen **in allgemeinverständlicher Sprache abgefasst** sowie **nachvollziehbar und nachprüfbar** sein (Nr. 2 Buchst. a Anl 4a FeV, VGH Mü 7.8.18 – 11 CS 18.1270 ZfS **18** 594, *Geiger* VGT **10** 203 (208), s.VG Neustadt SVR **06** 273). Dies setzt eine ausführliche – aber nicht zwingend wörtliche (BVerwG DAR **95** 36) – Wiedergabe des Untersuchungsgesprächs in seinen wesentlichen Inhalten sowie eine allgemeinverständliche Beschreibung der für die Prognose maßgeblichen Befunde voraus (*Geiger* BayVBl **01** 590, SVR **06** 123, NZV **07** 489 (492)). Die Nachvollziehbarkeit erfordert weiter die Darstellung der zur Beurteilung führenden Schlussfolgerungen (Nr. 2 Buchst. a Anl 4a). Damit ist nicht nur die Angabe eines bestimmten, die behördliche Fragestellung beantwortenden Ergebnisses gemeint, sondern weitergehend dessen einzelfallbezogene Herausarbeitung anhand der erhobenen Befunde, denn nur so ist es der FEB möglich, das Gutachten einer gebotenen eigenen – kritischen – Würdigung zu unterziehen (OVG Münster 19.2.13 16 B 1229/12, NJW **17** 283). Das Gutachten muss zwischen Vorgeschichte (Anamnese) und gegenwärtigem Befund unterscheiden (Nr. 2 Buchst. c Anl 4a). Der Gutachter hat sich **an die durch die FEB vorgegebene Fragestellung zu halten** (Nr. 1 Buchst. a S. 2 Anl 4a, s. Rn. 39). Das Gutachten darf den Auftrag nicht überschreiten; der Gutachter darf nicht von sich aus den Untersuchungsgegenstand ändern (*Geiger* SVR **06** 448). Das Gutachten muss einzelfallbezogen sein, darf sich also nicht auf allgemeine Aussagen beschränken (*Lewrenz* DAR **92** 52, AG Essen DAR **92** 68, VG Freiburg NZV **95** 48). Das Gutachten darf nur auf gesetzlich **verwertbare Tatsachen** gestützt werden (OVG Greifswald ZfS **13** 595). Wahrheitswidrige Angabe im Rahmen einer medizinisch-psychologischen Untersuchung kann die Aussagekraft des Gutachtens in Frage stellen, weil sie dem Gutachter eine falsche Tatsachengrundlage für die Erstellung des Gutachtens liefert (OVG Münster NJW **07** 2938). Ob und wie im Rahmen einer Begutachtung eine **Fahrverhaltensbeobachtung** durchzuführen ist, ist nicht geregelt (dazu *Geiger* DAR **11** 623, *Hofstätter* VGT **17** 91 (95)).

42   **5. Die Rechtsbeziehungen zwischen FEB, Betroffenem und Gutachter (VI).** Die formellen Anforderungen an den Inhalt einer Beibringungsaufforderung gem. VI S. 1 und 2 sollen es dem Betr ermöglichen, eine fundierte Entscheidung darüber zu treffen, ob er sich der geforderten Begutachtung unterziehen will oder nicht, was für ihn wegen der sich aus VIII S. 1 ergebenden Rechtsfolgen von besonderer Bedeutung ist (BVerwG NJW **17** 1765). Der Betr muss deswegen bereits der Aufforderung entnehmen können, was konkret ihr Anlass ist und warum das dort Mitgeteilte die behördlichen Zweifel an der Fahreignung auslöst. Der Beibringungsaufforderung muss sich – mit anderen Worten – zweifelsfrei entnehmen lassen, welche Problematik auf welche Weise geklärt werden soll (VGH Ma ZfS **18** 174). Eine mangelhafte Beibringungsaufforderung kann nicht dadurch geheilt werden, dass die FEB nachträglich – zB im Gerichtsverfahren – darlegt, objektiv hätten seinerzeit Umstände vorgelegen, die Anlass zu Zweifeln an der Fahreignung hätten geben können (BVerwG NJW **17** 1765, VGH Ma ZfS **18** 174, VGH Mü 16.8.18 – 11 CS 17.1940).

42a   Die FEB legt unter Berücksichtigung der Besonderheiten des Einzelfalls und unter Beachtung der Anl 4 und 5 FeV bereits in der Anordnung zur Beibringung des Gutachtens im Einzelnen fest, **welche Fragen klärungsbedürftig sind** (VI S. 1). Die Fragestellung muss konkret sein und differenziert benennen, was genau in dem jeweiligen Sachverhaltsgestaltung Gegenstand der Überprüfung der Kraftfahreignung sein soll (BVerwG NJW **16** 179, *Geiger* SVR **08** 406). An die Anlassbezogenheit und Verhältnismäßigkeit der Fragestellung sind mangels selbständiger Anfechtbarkeit der Gutachtensanordnung und wegen der einschneidenden Folgen einer unberechtigten Gutachtenverweigerung im Interesse effektiven Rechtsschutzes strenge Anforderungen zu stellen (VGH Ma NJW **11** 3257, NJW **13** 1896, OVG Lüneburg ZfS **14** 56, VG Kassel 13.6.19 – 2 L 1320/19 BeckRS 2019, 15294). Wird in der Gutachtensanforderung lediglich das Ziel genannt, die Fahreignung des Betr zu klären, lässt sie nicht erkennen, dass die Besonderheiten des Einzelfalles berücksichtigt worden sind (OVG Mgd NJW **12** 2604, VGH Ma VRS **123**

356, NZV **14** 428, SVR **15** 430, DAR **15** 592, VBlBW **16** 242, VRS **129** 95, VG Ol DAR **14** 418).

Erforderlich ist ein hinreichender innerer Zusammenhang zwischen dem für die Eignungs- **42b** zweifel Anlass gebenden Ausgangssachverhalt und dem in der Gutachtensanordnung festgelegten Prüfprogramm (VGH Ma NJW **14** 1901, NZV **14** 428, SVR **15** 430, DAR **15** 592, VBlBW **16** 242, VRS **129** 95 (104), DAR **18** 44). Wenn verschiedenartige Krankheitsursachen in Betracht kommen, kann aus Gründen der Verhältnismäßigkeit die Aufstellung eines nach Wahrscheinlichkeit krankheitsbedingter Beeinträchtigungen der Fahreignung **gestaffeltes Untersuchungsprogramm** geboten sein (VGH Ma NJW **14** 1901). Sind Zweifel an der charakterlichen Fahreignung zu klären, darf sich die Fragestellung der FEB nicht auf die Erfüllung der körperlichen und geistigen Anforderungen an die Kraftfahreignung beschränken (VGH Ma NJW **11** 3257, VRS **131** 160 = NZV **17** 147). Die Frage nach allgemeiner Legalbewährung ist von I S. 3, III S. 1 Nr. 4–7 nicht gedeckt, wenn die Kraftfahreignung geklärt werden soll (VGH Ma 27.7.16 VRS **130** 256, OVG Münster 11.4.17 16 E 132/16 = NZV **17** 447). Ist ohne das Vorliegen von Hinweisen auf körperliche oder geistige Eignungsmängel lediglich zu klären, ob der Betr die **Gewähr** für die **besondere Verantwortung** bei der **Beförderung von Fahrgästen** (I S. 4) bietet, darf sich die Fragestellung nicht auch auf seine körperliche und geistige Fahreignung erstrecken (VGH Ma NJW **13** 1896, OVG Münster 5.5.17 NWVBl **17** 388, VGH Mü NJW **17** 2695). Gibt es neben nachgewiesenem Cannabiskonsum keine Hinweise auf Einnahme von harten Drogen, darf die Fragestellung sich nicht darauf beziehen, ob der Betr außer Cannabis andere Betäubungsmittel oder andere psychoaktiv wirkende Stoffe einnimmt (OVG Lüneburg ZfS **14** 56, VG Neustadt VD **12** 56, BA **13** 52). Ist lediglich zu klären, ob die Fahreignung aufgrund von Medikamenteneinnahme und der dieser zugrundeliegenden Krankheiten nicht besteht, darf sich der Untersuchungsauftrag nicht auf alle in Anl 4 erwähnten Krankheitsbilder beziehen, wenn die durch die Medikamente behandelten Krankheiten ermittelt werden können (VG Ansbach 23.5.12 10 S 12.00525).

Ist die **Fragestellung nur zum Teil gerechtfertigt,** gehen Unklarheiten zu Lasten der FEB **42c** (VGH Mü 25.3.20 – 11 CS 20.203 NJW **20** 1692). Dem Betr kann nicht angesonnen werden, selbst entsprechende rechtliche Differenzierungen vorzunehmen und letztlich klüger und präziser sein zu müssen als die Behörde. Ihm kann insbes nicht zugemutet werden, dem Gutachter etwa verständlich zu machen, dass entgegen dem behördlichen Gutachterauftrag nur bestimmte Teile der Fragestellungen zulässigerweise zum Gegenstand der Untersuchung gemacht werden dürften (VGH Ma 27.7.16 VRS **130** 256, OVG Münster 11.4.17 – 16 E 132/16). Eine zu weit reichende Fragestellung ist allerdings dann unschädlich, wenn sich die notwendige Eingrenzung der vom Gutachter zu klärenden Frage mit hinreichender Deutlichkeit aus den von der FEB dargelegten Gründen für ihre Eignungsbedenken entnehmen lässt (VGH Ma 27.7.16 VRS **130** 256, OVG Münster 11.4.17 – 16 E 132/16).

In der Anordnung zur Gutachtenbeibringung ist **dem Betr die konkrete Fragestellung** **42d** **mitzuteilen** (BVerwG NJW **16** 179, VGH Ma NJW **10** 3256 (Aufgabe von VGH Ma NZV **02** 294), VRS **123** 356, NJW **14** 1901, NZV **14** 428, DAR **15** 592, VBlBW **16** 242, VRS **129** 95 (104), VGH Ka VRS **121** 357 (359), OVG Mgd 17.10.11 3 M 315/11, NJW **12** 2604, *Geiger* SVR **08** 406, VGT **10** 203 (207)), denn nur die Mitteilung der konkreten Fragestellung versetzt den Betr in die Lage, sich innerhalb der nach VI S. 2 gesetzten Frist ein Urteil darüber zu bilden, ob die Aufforderung rechtmäßig, insbes anlassbezogen und verhältnismäßig ist, oder ob er sich ihr verweigern darf, ohne befürchten zu müssen, dass ihm die FEB die FE unter Berufung auf VIII S. 1 wegen Nichteignung entzieht (BVerwG NJW **16** 179, OVG Mgd NJW **12** 2604, VGH Ma VRS **123** 356, NZV **14** 428, SVR **15** 430, DAR **15** 592, DAR **18** 44, VG Ol DAR **14** 418). Der Betr kann sich nur bei genauer Kenntnis der Fragestellung darüber schlüssig werden, ob er sich – unbeschadet der Rechtmäßigkeit der Anordnung – der Untersuchung seiner Persönlichkeit und ggf. den körperlichen Eingriffen und der psychologischen Exploration aussetzen will, die mit der Eignungsbegutachtung einhergehen können (BVerwG NJW **16** 179, OVG Mgd NJW **12** 2604, VGH Ma NZV **14** 428, DAR **15** 592, DAR **18** 44). Die Mitteilung der Fragestellung an den Betr ist auch geboten, um diesem die Prüfung zu ermöglichen, ob die ihm und dem Gutachter mitgeteilten Fragen identisch sind (Rn. 48) und ob sich der Gutachter an die Fragestellung der Behörde hält (BVerwG NJW **16** 179, OVG Mgd NJW **12** 2604, VGH Ma NZV **14** 428, SVR **15** 430, DAR **15** 592, DAR **18** 44).

Die FEB hat dem Betr mit der Anordnung der Gutachtenbeibringung in verständlicher Form **43** die **Gründe darzulegen,** die zu den Zweifeln an seiner Kraftfahreignung geführt haben (VI S. 2, BVerwG NJW **02** 78 (zu § 15b StVZO aF), NJW **16** 179, NJW **17** 1765, VGH Ma

NJW **10** 3256, VRS **119** 182 (187), VGH Ka VRS **121** 357 (359)). Dies ist erforderlich, damit der Betr aus der Anordnung ableiten kann, ob diese rechtmäßig erfolgt ist, denn zum einen kann die unberechtigte Weigerung, der Begutachtungsanordnung nachzukommen, gravierende Folgen für ihn haben (VIII), zum anderen ist die Anordnung nicht selbständig anfechtbar (VGH Ma NZV **02** 580, OVG Münster NZV **14** 236). Die FEB genügt ihrer Mitteilungs- und Darlegungspflicht gem. VI S. 2 gegenüber dem Betr nur durch **substantiierte Darlegung ihrer Eignungszweifel** unter **Angabe der Tatsachen,** auf denen diese Zweifel beruhen (BVerwG NJW **16** 179, OVG Ko DAR **99** 518, OVG Münster NZV **02** 427, VGH Ma NZV **02** 580, NJW **05** 234, VRS **108** 127 (134), OVG Saarlouis NJW **06** 1305, ZfS **16** 479, OVG Lüneburg NJW **14** 3176). Dem Betr selbst bekannte Umstände müssen in der Anordnung zumindest so umschrieben sein, dass für ihn ohne Weiteres erkennbar ist, was im Einzelnen zur Begründung der Aufforderung herangezogen wird (OVG Münster NZV **14** 236, VGH Ma 27.7.16 VRS **130** 256, VG Neustadt BA **13** 52). Bei **Abweichung von den Regelungen über das FEigBewSystem** (§ 4 StVG Rn. 33 ff.) muss sich aus der Begründung der Anordnung der Gutachtenbeibringung ergeben, warum die FEB vom FEigBewSystem abweicht (OVG Münster NJW **11** 1242 mAnm *Dauer,* VGH Mü 6.8.12 11 B 12.416, VGH Ma DAR **14** 478 = Ls NJW **14** 2520 (jeweils zum früheren Punktsystem), VG Kassel 13.6.19 – 2 L 1320/19 BeckRS 2019, 15294). Hat die FEB dem Betr die Gültigkeit seiner FE zuvor bestätigt, bedarf die Anordnung der Beibringung eines Gutachtens einer näheren Begründung (VGH Ma VRS **119** 182). Die Begründung für die Anordnung kann nicht später im verwaltungsgerichtlichen Verfahren **ausgewechselt** werden (VGH Ma VRS **119** 182, VGH Mü 16.8.18 11 CS 17.1940). Eine Pflicht zur **vorherigen Anhörung** besteht nicht (VGH Ma VRS **108** 127, MAH StraßenVerkehrsR/*Dronkovic* § 4 Rn. 172).

44   Aus VI S. 2 folgt nicht, dass die FEB die genaue **Rechtsgrundlage** für ihr Verlangen, ein Gutachten beizubringen, in der Anordnung **nennen** muss (offen gelassen von VGH Mü SVR **11** 275). Gibt sie aber in der Anordnung eine Rechtsgrundlage an, muss diese grds. **zutreffen,** sonst keine Berufung auf VIII 1 (VGH Mü SVR **11** 275, BA **12** 340, OVG Lüneburg NJW **14** 3176, 26.9.19 – 12 ME 141/19 NZV **20** 214, VG Ol ZfS **13** 357, VG Würzburg 7.1.14 6 S 13.1240, 1.12.15 6 K 15.743, VG Neustadt 5.7.18 3 L 767/18, VG Kassel 24.4.19 – 7 K 6587/17 BA **19** 348, *Scheidler* DAR **14** 685 (689)), VD **15** 31, aA VGH Ma VRS **123** 356). Zwar kann es unschädlich sein, wenn sich neben richtigen Erwägungen, die die Forderung nach einer Begutachtung selbständig tragen, in einer Gutachtenanordnung auch unrichtige Ausführungen finden (vgl. OVG Lüneburg 2.12.16 – 12 ME 142/16 DAR **17** 159). Wenn aber die in einer Gutachtenanordnung genannten Ermächtigungsgrundlagen sämtlich nicht einschlägig sind und allenfalls eine weitere, dort nicht erwähnte Rechtsgrundlage das Vorgehen decken könnte, muss der Betr der Gutachtenanordnung in aller Regel nicht Folge leisten, denn er ist nicht gehalten, nach Vorschriften zu suchen, die fehlerhaft begründetes behördliches Handeln zu seinen Lasten doch noch rechtfertigen könnten (OVG Lüneburg 26.9.19 – 12 ME 141/19 NZV **20** 214 = DAR **20** 113, offen gelassen von VGH Ma 15.1.14 – 10 S 1748/13 NJW **14** 1833). Allerdings gilt auch hier der Rechtsgedanke des § 42 S. 1 VwVfG, dass die Behörde Schreibfehler, Rechenfehler und ähnliche offenbare Unrichtigkeiten in einem VA jederzeit berichtigen kann (VGH Mü 25.6.20 – 11 CS 20.791 BeckRS 2020, 14562). Eine **Ausnahme** kommt deswegen in Betracht, wenn eine Norm schlicht falsch bezeichnet wird, die Voraussetzungen der beiden Vorschriften aber identisch sind und die Nennung der falschen Norm den Betr nicht in seiner Rechtsposition oder Rechtsverteidigung beeinträchtigen kann (VG Würzburg 7.1.14 6 S 13.1240, 1.12.15 6 K 15.743, *Scheidler* DAR **14** 685 (690)). Eine unzutreffende Rechtsgrundlage kann **nicht** später im weiteren Verfahren durch die richtige **ersetzt** werden, denn dem Recht des Betr, einer Gutachtensanforderung nicht Folge leisten zu müssen, wenn sie auf eine nicht einschlägige Rechtsnorm gestützt war, würde der Boden entzogen, wenn man Behörde oder Gericht als berechtigt ansehen würde, von einer anderen, zutreffenden Rechtsgrundlage und deshalb vom Eintritt der in VIII bezeichneten Rechtsfolge auszugehen (VGH Mü SVR **11** 275, VD **11** 78, SVR **12** 317, BA **12** 340, VG Schwerin 22.3.12 3 B 901/11, VG Augsburg 8.5.12 Au 7 S 12.405, VG Neustadt 5.7.18 3 L 767/18, VG Mainz 27.2.20 – 3 L 60/20 BeckRS 2020, 8129). Eine **Heilung** kommt allenfalls dann in Betracht, wenn sie keine Nachteile für den Betr bewirkt. Raum für eine Heilung bleibt demnach nur, wenn dem Betr nach der Heilung noch eine angemessene Frist zur Beibringung des Gutachtens zur Verfügung steht (VG Ko 27.3.20 – 4 L 234/20 BeckRS 2020, 8856).

44a   Die **Ermessenserwägungen** der FEB bei der Anordnung der Beibringung eines Gutachtens sind in der Beibringungsaufforderung offenzulegen, damit Sinn und Zweck der in VI angeordneten Mitteilungspflichten Genüge getan ist (VGH Mü NJW **17** 2695).

Die FEB setzt dem Betroffenen für die Beibringung des Gutachtens eine **Frist** (VI S. 2). Die **45**
Frist muss **genau bestimmt** und hinsichtlich des Zeitraums eindeutig sein. Ist die Gutachten-
anforderung nicht mit einer eindeutigen Fristsetzung verbunden, scheidet VIII aus (OVG Saar-
louis DAR **10** 416). Fristsetzung in Bezug auf eine vom Betroffenen geforderte Einverständnis-
erklärung genügt nicht (OVG Hb NZV **00** 348, VG Hannover 28.7.11 9 A 3272/10, VG Bra
3.9.12 6 B 157/12). Die Aufforderung, ein Gutachten „unverzüglich" beizubringen, ist zu unbe-
stimmt (VG Hannover 28.7.11 9 A 3272/10). Fehlt entgegen VI S. 2 in der Untersuchungsan-
ordnung eine Fristsetzung für die Vorlage des Gutachtens, kann dies allerdings unbeachtlich sein,
wenn offensichtlich ist, dass dies weder das Verhalten des Betr noch die Entscheidung in der Sa-
che beeinflusst hat (vgl. § 46 VwVfG), etwa weil der Betr unabhängig von der fehlenden Fristset-
zung die Untersuchung verweigert hat (OVG Lüneburg NJW **14** 3176). Eine feste Frist gibt es
nicht, sie ist nach den Umständen des Einzelfalles festzulegen (OVG Bremen 10.2.20 – 2 B
269/19 NJW **20** 1897). Die **Frist** muss **angemessen** sein (§ 2 VIII StVG), dh sie muss so be-
messen sein, dass dem Betr unter Berücksichtigung der konkreten Umstände eine fristgerechte
Vorlage des geforderten Gutachtens möglich und zumutbar ist (*Driehaus* DAR **06** 7, VG Saar-
louis DAR **13** 408). Die Frist muss aber lediglich so bemessen sein, dass eine Gutachterstelle zur
Erstellung des Gutachtens über die aktuelle Fahreignung tatsächlich in der Lage ist. Für die Bei-
bringung eines ärztlichen Gutachtens zur Frage des Drogenkonsums werden etwa 2 Monate idR
als ausreichend angesehen (OVG Bremen NJW **20** 1897). Die Frist ist grds. nicht daran auszu-
richten, welche Zeit der Betr zur Sicherstellung einer positiven Begutachtung bzw. zur Wieder-
herstellung seiner Kraftfahreignung noch benötigt (VGH Ma DAR **16** 101, VGH Mü 16.8.18 –
11 CS 18.1398, 31.7.19 – 11 CS 19.1101 BeckRS 2019, 17431 Rn. 18, OVG Bautzen 13.8.19 –
3 B 122/19 BA **19** 347, 18.5.20 – 6 B 346/19 BA **20** 238, VG Augsburg 13.11.19 – 7 S 19.1015
BeckRS 2019, 30312, VG Ansbach 3.1.20 – 10 S 19.02347 BeckRS 2020, 228, *Stuttmann* NJW
19 3402), denn der Sinn der Gutachtensanordnung besteht in der Klärung, ob der Betr *aktuell*
zum Führen von Kfz geeignet ist (VG Trier 14.3.19 – 1 L 545/19 BeckRS 2019, 5385). Die
Frist muss deswegen zB nicht ermöglichen, zunächst noch erforderliche Abstinenznachweise zu
erbringen (OVG Ko BA **09** 436, VGH Ma NJW **12** 3321, NJW **14** 2517, DAR **16** 101, OVG
Weimar VRS **122** 297, VG Dü 23.12.19 – 14 L 3150/19 BA **20** 194, *Koehl* DAR **13** 624 (626),
aA VGH Mü 27.2.07 11 CS 06.3132, MAH StraßenVerkehrsR/*Dronkovic* § 4 Rn. 177). Diese
Maßstäbe gelten insbes in FE-Entziehungsfällen, wenn also eine möglichst schnelle Klärung
erforderlich ist, ob der Betr weiter am StrV teilnehmen kann (OVG Weimar VRS **122** 297, OVG
Bremen NJW **20** 1897). Wenn die Erteilung einer FE beantragt ist, kann die Frist auch großzü-
giger bemessen werden, da der Betr mangels FE kein Kfz im StrV führen darf (vgl. VGH Ma
NJW **12** 3321). Ist es dem Betr wegen Problemen mit der zunächst ausgewählten Begutach-
tungsstelle nicht möglich, das Gutachten fristgerecht vorzulegen, kann er bei der FEB Antrag auf
Verlängerung der Vorlagefrist stellen (VGH Mü 18.5.18 – 11 ZB 18.766). Maßgeblich für die
Beurteilung der Angemessenheit der Frist ist nicht die Zeitspanne zwischen der Abgabe der
Einverständniserklärung durch den Betr und dem Ablaufdatum der Frist, sondern die Zeitspanne
zwischen dem Zugang der Aufforderung zur Beibringung des Gutachtens und dem Ablaufdatum
der Frist (OVG Bremen NJW **20** 1897).

Mit der Anordnung hat die FEB dem Betroffenen die **Stelle** oder **Stellen** mitzuteilen, **die** **46**
für die Begutachtung in Frage kommen (VI S. 2 Hs. 1). Dabei handelt es sich nicht um
eine bloße Verfahrensvorschrift, deren Missachtung nach § 46 VwVfG unbeachtlich wäre. VI S. 2
korrespondiert mit dem Wahlrecht des Betr, welche Stelle er gem. VI 3 mit der Untersuchung
beauftragen will. Dieses Recht steht in untrennbarem Zusammenhang damit, dass eine Fahreig-
nungsuntersuchung stets einen erheblichen Eingriff in die Grundrechte des Betr bedeutet (VG Ol
10.8.10 – 7 A 1458/10 BeckRS 2010, 55031, VG Mü ZfS **16** 719). Vor diesem Hintergrund hat
die Vorschrift neben ihrer verfahrensrechtlichen Komponente auch einen materiell-rechtlichen
Inhalt, so dass die Anwendung von § 46 VwVfG grds. ausscheidet (VG Mü ZfS **16** 719).

Bei Anordnung der Beibringung eines **ärztlichen Gutachtens** bestimmt die FEB in der An- **46a**
ordnung, von welcher der in II S. 3 Nr. 1–5 aufgezählten Arztgruppen das Gutachten erstellt
werden soll (II S. 3). Diese Festlegung ist für den Betr verbindlich (VGH Mü 29.11.12 11 CS
12.2276). Bei der Anordnung eines ärztlichen Gutachtens erfordert der hinreichende Bestimmt-
heit der Anordnung die genaue Angabe, welcher der nach II S. 3 prinzipiell mögliche Arzt die
Begutachtung vornehmen soll, da der Betr nur dann angesichts der Vielzahl denkbarer ärztlicher
Untersuchungen erkennen kann, welche Untersuchung durch was für einen Arzt von ihm ge-
fordert wird (OVG Münster NZV **01** 95, OVG Mgd NJW **12** 2604, VGH Ma 11.8.15 VRS **129**
95, VG Saarlouis ZfS **13** 297). Eine fehlende Facharztbezeichnung kann allenfalls dann unschäd-

lich sein, wenn sich aus der von der FEB mitgeteilten Fragestellung zweifelsfrei ergibt, welcher Fachrichtung der begutachtende Facharzt anzugehören hat (offen gelassen von OVG Mgd NJW **12** 2604). Bezeichnung eines bestimmten Arztes oder einer konkreten medizinischen Einrichtung in der Gutachtenanordnung ist nicht zulässig (VG Kassel 30.1.20 – 2 L 3041/19 BeckRS 2020, 1809), es sei denn, im Hinblick auf die konkrete Fragestellung (VI S. 1) ist ausnahmsweise aus zwingenden fachlichen Gründen lediglich eine einzige Stelle zur Untersuchung in der Lage (OVG Hb 30.3.00 – 3 Bs 62/00 NZV **00** 348, OVG Münster 7.3.19 – 16 E 457/18 NJW **19** 1393, VG Ol ZfS Saarlouis BA **08** 148). Aus der Verpflichtung zur Angabe der für die Untersuchung in Betracht kommenden Stelle oder Stellen (VI S. 2 Hs. 1) ist nicht abzuleiten, dass die FEB bei Anordnung eines ärztlichen Gutachtens nach II S. 3 Nr. 1, 3 oder 4 dem Betr sämtliche Ärzte der angegebenen Fachrichtung in seiner Umgebung nennen muss, denn darüber kann er sich anhand allgemein zugänglicher Verzeichnisse selbst unterrichten (VGH Mü 15.11.10 11 C 10.2329).

46b   Bei Anordnung der Beibringung eines Gutachtens durch eine **Begutachtungsstelle für Fahreignung** genügt ein Hinweis auf die auf der Internetseite der BASt (www.bast.de) verfügbaren Listen der Begutachtungsstellen für Fahreignung. Hat ein Betroffener keinen Internetzugang, kann er sich an die FEB wenden, die ihm dann eine aktuelle Liste ausdrucken kann (VGH Mü 8.8.18 – 11 CS 18.1494 DAR **18** 641 = NZV **19** 55 = NJW **18** 3601 Ls). Wenn kein Hinweis auf die Listen im Internet erfolgt, ist es nicht erforderlich, alle für den Betroffenen in bis zu 2 Stunden Autofahrt erreichbaren Untersuchungsstellen zu nennen (VGH Mü 8.8.18 – 11 CS 18.1494 DAR **18** 641 = NZV **19** 55, OVG Berlin 15.11.18 – 1 B 5.18 ZfS **19** 235, aA VG Ol 10.8.10 – 7 A 1458/10 BeckRS 2010, 55031). Die Auswahl muss lediglich willkürfrei erfolgen und kann sich auch auf eine begrenzte Zahl an Untersuchungsstellen im näheren Einzugsbereich des Wohnortes des Betr beschränken, wenn sie nicht den Anschein der Vollständigkeit erweckt (VGH Mü 8.8.18 – 11 CS 18.1494 DAR **18** 641 = NZV **19** 55). Dem Vorwurf der willkürlichen Auswahl kann die FEB mit dem Hinweis vorbeugen, dass die Untersuchung durch jede amtlich anerkannte medizinisch-psychologische Untersuchungsstelle in Deutschland durchgeführt werden kann (OVG Berlin 15.11.18 – 1 B 5.18 ZfS **19** 235). Bei Anordnung eines Gutachtens durch einen **amtlich anerkannten Sachverständigen oder Prüfer** für den KfzVerkehr müssen aber die für die Untersuchung infrage kommenden Stellen mitgeteilt werden, da dieser Begriff für den Betr nicht ohne Weiteres bestimmbar ist (VG Mü ZfS **16** 719).

46c   Dem Betroffenen **steht es frei,** welchen Arzt oder welche Begutachtungsstelle für Fahreignung er **auswählt** (OVG Hb NZV **00** 348, VG Ol ZfS **10** 179), sofern der Arzt die erforderliche Qualifikation (II S. 3 Nr. 1–5, § 65 FeV) besitzt und die Begutachtungsstelle amtlich anerkannt (III S. 1, § 66 FeV) ist. Allerdings soll der Facharzt nach III S. 3 Nr. 1 nicht zugleich der den Betroffenen behandelnde Arzt sein (II S. 5). Diese Sollbestimmung kann von der FEB bei der Anordnung der Gutachtenbeibringung näher konkretisiert werden (Begr Rn. 5). Der Betr ist bei der Auswahl nicht auf den örtlichen Zuständigkeitsbereich der für ihn zuständigen FEB beschränkt. Er kann aber keine Begutachtungsstelle und keinen Arzt im Ausland beauftragen (VG Saarlouis ZfS **11** 298). – Die FEB muss den Betr in der Anordnung darauf **hinweisen,** dass er die **Kosten** von Untersuchung und Gutachten trägt (VI S. 2 Hs. 1).

47   Die FEB hat dem Betr mit der Anordnung **mitzuteilen,** dass er die an die untersuchende Stelle zu übersendenden **Unterlagen einsehen** kann (VI S. 2 Hs. 2). Dies soll zusammen mit der Verpflichtung der FEB, die Fragestellung für die Begutachtung konkret festzulegen (VI S. 1) den Betr in die Lage versetzen, sich frühzeitig Klarheit darüber zu verschaffen, ob die Gutachtensanordnung rechtmäßig ist oder ob er sich ihr – ohne die Folgen des VIII befürchten zu müssen – verweigern kann (VGH Mü ZfS **13** 177, VGH Ma VBlBW **16** 242, OVG Berlin NJW **18** 249, VG Osnabrück NJW **11** 2986). Der Hinweis nach VI S. 2 Hs. 2 ist auch dann erforderlich, wenn die FEB stillschweigend nicht beabsichtigt, Unterlagen an die Gutachterstelle zu übersenden, ohne dies gegenüber dem Betr offenzulegen (OVG Berlin NJW **18** 249). Bei der Mitteilungspflicht des VI S. 2 Hs. 2 handelt es sich **nicht** um eine bloße **Ordnungsvorschrift,** deren Verletzung in jedem Fall ohne Bedeutung ist (BVerwG NJW **17** 1765, VGH Ma 3.9.15 VBlBW **16** 242, 11.8.15 VRS **129** 95 (103)). Dies ergibt sich nicht nur aus dem Wortlaut („teilt mit"), sondern auch aus Sinn und Zweck der Regelung, den Betr in die Lage zu versetzen, sich darüber klar zu werden, ob er der Begutachtungsanordnung folgen will oder nicht (BVerwG NJW **17** 1765, VGH Ma VBlBW **16** 242, VG Osnabrück NJW **11** 2986). Die früher vertretene Gegenansicht, VI S. 2 Hs. 2 sei eine bloße Ordnungsvorschrift, deren Verletzung gem. § 46 VwVfG nicht zur Aufhebung einer im Anschluss daran ergangenen ansonsten rechtmäßigen EdF führe

(VGH Ka 26.5.11 VRS **121** 357, VG Saarlouis 16.12.11 10 K 487/11, VG Dü 26.4.12 6 L 488/12, VG Ansbach 29.5.12 10 S 12.00716, *Koehl* VD **12** 19 (24), *Scheidler* DAR **14** 685 (689)), ist durch BVerwG NJW **17** 1765 überholt.

Ein Verstoß gegen die Mitteilungspflicht begründet allerdings auch nicht einen absoluten Ver- **47a** fahrensfehler, der stets zur Rechtswidrigkeit der anschließenden EdF führt. § 46 VwVfG findet vielmehr auch in diesem Zusammenhang Anwendung, wobei aber mit Blick auf die Bedeutung des Hinweises gem. VI S. 2 Hs. 2 ein strenger Maßstab für die Anwendung dieser Norm geboten ist (BVerwG NJW **17** 1765). Ist **offensichtlich**, dass der **versäumte Hinweis** auf die Möglichkeit, die dem Gutachter zu übersendenden Unterlagen einzusehen, die **Weigerung des Betr,** sich einer Begutachtung zu unterziehen, **nicht beeinflusst** hat, so ist er auch ohne Einfluss auf die Berechtigung, aus der unterlassenen Begutachtung auf die Nichteignung zu schließen, und damit auf die darauf gestützte Behördenentscheidung (BVerwG NJW **17** 1765). Eine offensichtlich fehlende Kausalität kann zB angenommen werden, wenn der Betr ungeachtet eines fehlenden Hinweises selbst oder durch seinen Prozessbevollmächtigten in die zu übersendenden Unterlagen Einsicht genommen hat (BVerwG NJW **17** 1765, VGH Ma VRS **129** 95 (103), VG Trier 8.12.16 1 L 8043/16). Die Anforderungen an eine formell und materiell rechtmäßige Beibringungsaufforderung können aber nicht durch Überlegungen des Inhalts relativiert werden, der Betr werde schon wissen, worum es gehe (BVerwG NJW **02** 78 (zu § 15b StVZO aF), NJW **17** 1765). Es reicht daher nicht beabsichtigter Übersendung strafgerichtlicher Urteile dem Betr mit der Beibringungsaufforderung lediglich die Verkehrsverstöße zu benennen und dabei anzunehmen, die entsprechenden Verurteilungen seien ihm bekannt (BVerwG NJW **17** 1765). Die Annahme, der Betr hätte aus der möglichen Akteneinsicht keinen weiteren Erkenntnisgewinn ziehen können, weil die FEB ihm in der Aufforderung zur Beibringung des Gutachtens alle sich aus der Akte ergebenden entscheidungserheblichen Umstände mitgeteilt hat (so VGH Mü ZfS **13** 177, OVG Mgd BA **13** 255, VGH Ma VBlBW **16** 242, VRS **129** 95 (103)), reicht nicht aus.

Hat der Betroffene eine Stelle mit der Begutachtung **beauftragt,** so muss er diese der FEB **48** **bekannt geben** (VI S. 3). Es reicht nicht in Aussicht zu stellen, eine bestimmte Stelle beauftragen zu wollen (VG Ko 23.6.20 – 4 L 494/20 BeckRS 2020, 15757). Die FEB teilt daraufhin die im Hinblick auf die Kraftfahreignung zu klärenden Fragen (VI S. 1) auch der untersuchenden Stelle mit und **übersendet** ihr die vollständigen **Unterlagen** (VI S. 4). Dabei hat sie eventuelle gesetzliche **Verwertungsverbote** zu **beachten**; Unterlagen, die nicht mehr verwendet werden dürfen, werden der untersuchenden Stelle nicht übermittelt (VI S. 4 letzter HS). Verstoß kann zur Nichtverwertbarkeit des Gutachtens führen, wenn es auf die nicht mehr verwertbaren Tatsachen gestützt wird (OVG Greifswald ZfS **13** 595). Einwilligung des Betr in die Mitteilung der zu klärenden Fragen und die Übersendung der Unterlagen ist nicht erforderlich, da § 2 XIV S. 1 StVG, VI S. 4 eine hinreichende Rechtsgrundlage für die Datenübermittlung darstellen. Die Übersendung der Unterlagen nach VI S. 4 zwecks Erstellung eines medizinisch-psychologischen Gutachtens ist nur an amtlich anerkannte Begutachtungsstellen für Fahreignung zulässig, nicht an sog Obergutachter, da diese nicht befugt sind, medizinisch-psychologische Gutachten nach III S. 1 anzufertigen (*Schubert* NZV **08** 436 (440), s. § 2 StVG Rn. 89). Die **Fragestellung,** die der mit der Begutachtung beauftragten Stelle gem. VI S. 4 mitgeteilt wird, muss mit derjenigen **identisch** sein, die nach VI S. 1 in der an den Betroffenen gerichteten Anordnung, ein Gutachten beizubringen, festgelegt wurde; unschädlich sind nur solche Abweichungen, die sich im rein sprachlichen Bereich bewegen, und solche, die den Betroffenen schlechthin nicht beeinträchtigen können (VGH Mü BayVBl **08** 724, VG Osnabrück SVR **14** 153, *Geiger* SVR **08** 405 (407), MAH StraßenVerkehrsR/*Dronkovic* § 4 Rn. 180, *Koehl* VD **12** 19 (23)). Damit im Streitfall nachvollziehbar ist, dass die Fragestellungen übereinstimmen, sollte die Anordnung, ein Gutachten beizubringen, schriftlich erfolgen.

Der **Betroffene beauftragt den Gutachter** im eigenen Namen mit der Untersuchung und **49** der Erstellung des Gutachtens (VI S. 2, 3 und 5). Begutachtung von Amts wegen ist unzulässig. Mit der Untersuchungsstelle schließt der Betroffene einen zivilrechtlichen Werkvertrag (LG Hb NJW-RR **97** 409, VG Mü VRS **103** 315 (320), VG Neustadt SVR **06** 273, *Geiger* DAR **14** 256). Die **Kosten** von Untersuchung und Gutachtenerstellung trägt der Betroffene (VI S. 2, OVG Bremen 10.2.20 – 2 B 269/19 NJW **20** 1897, s. VG Hb NJW **02** 2730, s. auch Rn. 53). Zur Mangelhaftigkeit von Gutachten AG Bautzen NZV **06** 391 (Anm *Karbach* DAR **07** 407), AG Kö DAR **10** 102, *Jungbecker* NZV **94** 297, *Herbert* DAR **10** 288. Keine Geldrückerstattung bei „gekauftem" Gutachten (Kar DAR **06** 212). Zur Frage eines Kostenerstattungsanspruchs bei rechtswidriger Anordnung *Ell* NVwZ **03** 913, *Geiger* DAR **03** 97 (jeweils verneinend), *Müller-*

Grune DAR **03** 551 (bejahend), offengelassen – zur früheren Rechtslage – von BVerwG
NJW **90** 2637 (Folgenbeseitigungsanspruch). Das **Gutachten** darf nur **dem Betroffenen** als
Auftraggeber **ausgehändigt** werden. Ohne sein Einverständnis darf die Untersuchungsstelle ihr
Gutachten nicht der FEB zuleiten (BGH DAR **09** 707, VG Neustadt SVR **06** 273, *Berr/Krause/
Sachs* Rn. 1197), der FEB auch keine Mitteilung irgendwelcher Art machen. Der Betr allein
entscheidet, ob das Gutachten der FEB zugänglich gemacht wird; allerdings muss er, wenn er
innerhalb der ihm gesetzten Frist kein Gutachten vorlegt, mit einer negativen Entscheidung der
FEB rechnen (VIII, s. Rn. 51 ff.).

49a   Hält die FEB ein Gutachten für nicht nachvollziehbar, kann sie nicht ihre Auffassung an die
Stelle des ärztlichen oder medizinisch-psychologischen Gutachtens setzen, sondern muss nach-
fragen und ggf. eine Nachbesserung des Gutachtens verlangen (VGH Mü 26.7.19 – 11 CS
19.1093 DAR **19** 648). Hält die FEB das **Gutachten** für **ergänzungsbedürftig,** muss sie ent-
weder den Betr zu weiterer Aufklärung veranlassen oder sich seine Einwilligung geben lassen,
sich direkt an die Gutachterstelle wenden zu dürfen (VG Neustadt SVR **06** 273); sie darf nicht
ohne sein Einverständnis eine ergänzende Stellungnahme der Gutachterstelle einholen. Der Auf-
fassung, bei fehlender Einwilligung des Betr sei das direkt angeforderte ergänzende Gutachten
bei Abwägung der betroffenen Interessen gleichwohl verwertbar, wenn es der FEB bekannt ge-
worden ist (VG Würzburg 16.4.14 W 6 K 13.1150), kann nicht gefolgt werden, denn ein Gut-
achten darf nur verwertet werden, wenn der Betr es der FEB zugänglich gemacht hat (Rn. 26).

50   **6. Feststehende Nichteignung (VII).** Wenn die Nichteignung nach Überzeugung der FEB
feststeht und ohne Hinzuziehung eines Gutachters über sie entschieden werden kann, versagt
oder entzieht sie die FE unmittelbar. Eine Begutachtung kommt nur dann in Frage, wenn *Zwei-
fel* in Bezug auf die Eignung bestehen. Ist die FEB dagegen von der Nichteignung überzeugt, so
hat die Anordnung einer Gutachtenbeibringung zu unterbleiben (VII, Begr Rn. 5, VGH Ma
DAR **03** 236, VRS **108** 157, NJW **14** 2517, SVR **16** 231, OVG Lüneburg BA **05** 324, OVG
Bautzen BA **09** 362, VGH Mü NJW **16** 1974, NJW **16** 2601, VG Bra NJW **05** 1816, *Rebler*
SVR **11** 121 (127) = VD **11** 211 (215), *Scheidler* VD **14** 241, SVR **15** 54). Anordnung einer Gut-
achtenbeibringung, obwohl die Fahreignetheit des Betr unabhängig vom Ergebnis einer
solchen Begutachtung schon feststeht, ist sowohl aufgrund der damit verbundenen Kostenbelas-
tung als auch wegen des mit einer medizinisch-psychologischen Begutachtung verbundenen
erheblichen Eingriffs in das allgemeine Persönlichkeitsrecht rechtswidrig (VGH Mü SVR **11**
389, *Scheidler* SVR **15** 54).

51   **7. Nichtbeibringung des Gutachtens (VIII).** Die FEB darf auf die Nichteignung des Be-
troffenen schließen, wenn dieser sich weigert, sich untersuchen zu lassen oder das von der FEB
geforderte Gutachten nicht fristgerecht beibringt (VIII S. 1). Der **Schluss auf die Nichteig-
nung** ist aber nur dann zulässig, wenn die Anordnung des Gutachtens formell und materiell
rechtmäßig, insbes anlassbezogen und verhältnismäßig sowie hinreichend bestimmt ist (BVerwG
9.6.05 – 3 C 25/04 NJW **05** 3081, OVG Münster 7.3.19 – 16 E 457/18 NJW **19** 1393). Der
Schluss auf die Nichteignung kommt nur dann in Betracht, wenn die Weigerung oder Nichtvor-
lage des Gutachtens **ohne ausreichenden Grund** erfolgt (OVG Münster VRS **100** 400,
NZV **02** 427, VG Freiburg NZV **00** 388). Die Regelung beruht nämlich auf der Überlegung,
dass bei grundloser Weigerung die Vermutung berechtigt ist, der Betroffene wolle einen ihm
bekannten **Eignungsmangel verbergen** (OVG Saarlouis NVwZ-RR **01** 606, OVG Bautzen
DAR **02** 234, BA **10** 48, OVG Münster DAR **03** 283, VRS **105** 76). Trotz der Formulierung
„darf" in VIII S. 1 ist der FEB im Rahmen der Frage, ob aus der Nichtvorlage des Gutachtens
auf die Fahreignetheit des Betr geschlossen werden kann, **kein Ermessen** eingeräumt
(VGH Mü 11.5.12 11 CS 12.752, SVR **12** 474, 6.8.12 11 B 12.416, BA **13** 46, OVG Lüneburg
VRS **132** 152 (156), VG Fra/O BA **12** 225, VG Würzburg 7.1.14 W 6 S 13.1240, VG Trier DAR
18 344, VG Ko 23.6.20 – 4 L 494/20 BeckRS 2020, 15757). Die Vorschrift enthält vielmehr
einen **Grundsatz der Beweiswürdigung** (OVG Bautzen BA **10** 48, VGH Ma NJW **12** 3321,
OVG Schleswig 26.3.18 – 4 LA 126/17 BA **18** 271, 13.2.19 – 4 O 46/18 BeckRS 2019, 2599,
OVG Lüneburg 17.9.19 – 12 ME 100/19 ZfS **19** 657, OVG Mgd 9.1.20 – 3 M 216/19 BA **20**
131). Die Anwendung dieser Beweisregel erfordert zu beurteilen, ob unter Berücksichtigung der
zum Zeitpunkt der Entziehungsentscheidung gegebenen gesamten Sachlage, insbes der damals
für die Nichtvorlage des geforderten Gutachtens maßgeblichen Gründe, deshalb auf eine Nicht-
eignung des Betr geschlossen werden konnte, weil sich in der Nichtbeibringung des Gutachtens
seine aktuelle Weigerung manifestierte, den notwendigen eigenen Teil zur Sachaufklärung beizu-
tragen (OVG Lüneburg 17.9.19 – 12 ME 100/19 ZfS **19** 657).

Rückschluss auf fehlende Kraftfahreignung nach VIII ist nur möglich, wenn Gutachtenbei- **51a** bringung **ausdrücklich angeordnet** worden ist, nicht bei bloßem Angebot an den Betr, seine Kraftfahreignung durch Beibringung eines Gutachtens nachzuweisen (OVG Münster DAR **12** 416). Bei einer nicht angeordneten, sondern **vereinbarten Beibringung eines Gutachtens** dürfte aus der verweigerten oder nicht rechtzeitigen Vorlage des Gutachtens der Schluss auf fehlende Eignung entsprechend VIII nur dann zulässig sein, wenn auch die Voraussetzungen für die Anordnung einer Beibringung erfüllt wären (OVG Weimar 20.12.17 – 2 EO 303/16 VRS **134** 303). Kein Schluss auf Nichteignung gem. VIII S. 1, wenn die Nichtvorlage des geforderten Gutachtens darauf beruht, dass die **Begutachtungsstelle** sachlich **nicht gerechtfertigte** zusätzliche **Anforderungen** aufgestellt hat, zB unberechtigt Abstinenznachweis fordert (VG Saarlouis DAR **13** 408, DAR **14** 714).

Eine **Weigerung** iS von VIII kann nicht nur in einer Verweigerung der Begutachtung als sol- **52** cher liegen, sondern auch darin, dass der Betroffene die verlangte **Untersuchung** teilweise verweigert oder ganz oder teilweise **unmöglich macht,** indem er etwa unzureichend mitwirkt und keine wahren Angaben macht (OVG Hb NJW **04** 2399, VGH Mü ZfS **10** 653 Rn. 39 (Kürzung der für Haaranalyse benötigten Haare, dies aber nur, wenn er in der Untersuchungsanordnung darauf hingewiesen wurde, dass die geforderte Haaranalyse eine bestimmte Mindestlänge der Kopfhaare voraussetzt), VGH Mü 6.12.18 – 11 CS 18.1777 SVR **19** 108, 16.1.20 – 11 CS 19.1535 BA **20** 133, OVG Lüneburg DAR **14** 475, VG Saarlouis ZfS **06** 538). Da das Gutachten nur den Anforderungen von V iVm Anl 4a entspricht, wenn es Ausführungen zur Vorgeschichte (Anamnese) enthält (Anl 4a Nr. 2 Buchst. c), macht der Betr die Untersuchung auch unmöglich, wenn er die **Anamnese verweigert** (OVG Lüneburg DAR **14** 475, VG Bremen 28.1.11 5 V S. 38/11). Die Anordnung, ein Gutachten über die Fahreignung beizubringen, schließt die Forderung ein, an der Klärung der Fahreignung soweit notwendig und möglich **mitzuwirken,** insbes zweckdienliche Angaben zu machen, sich erforderlichen Untersuchungen zu unterziehen und sonstige für die Fragestellung aussagekräftige Unterlagen – ggf. durch Entbindung anderer Ärzte von der Schweigepflicht – beizubringen (VGH Mü VRS **125** 184). Wer während eines Drogenkontrollprogramms trotz ausdrücklichen Hinweises auf eine mögliche Beeinflussung des Untersuchungsergebnisses mohnhaltige Nahrungsmittel verzehrt, behindert die Aufklärung einer behaupteten Drogenabstinenz in vorwerfbarer Weise (VGH Mü VRS **128** 164). Der Betr ist aber grds. nur verpflichtet, an der Aufklärung von aus bekannten Tatsachen resultierenden Eignungszweifeln mitzuwirken (VGH Mü 26.7.19 – 11 CS 19.1093 DAR **19** 648). Die **Frist** muss so bemessen sein, dass dem Betroffenen die Gutachtenbeibringung bis zu ihrem Ablauf möglich ist (Rn. 45).

Fehlen finanzieller Mittel stellt bei berechtigten Fahreignungszweifeln regelmäßig keinen **53** ausreichenden Grund für die Verweigerung der Begutachtung oder eine Ausnahme von der Rechtsfolge des VIII dar (BVerwG NJW **09** 1689 Rn. 25, VGH Ka NJW **11** 1753, VGH Mü VM **12** 70, 8.4.16 11 C 16.319/11 C 16.320, 25.5.16 VM **16** 85, ZfS **18** 178, VGH Ma 27.7.16 VRS **130** 256, VG Br SVR **14** 157 (160)). Für die Frage der Zulässigkeit der Anordnung, ein Gutachten beizubringen, dessen Kosten der Betr nach VI S. 2 zu tragen hat, kommt es auf dessen wirtschaftliche Verhältnisse nicht an. Grundsätzlich geht es zu Lasten des Betroffenen, wenn er nicht über die für ein Gutachten erforderlichen Mittel verfügt, denn das Risiko, das von einem ungeeigneten Kf ausgeht, kann nicht aus finanziellen Gründen der Allgemeinheit aufgebürdet werden. Das Gesetz mutet dem Betr diese Kosten ebenso zu, wie es ihm zumutet, die zum verkehrssicheren Führen eines Kfz notwendigen Kosten zu tragen (BVerwG NJW **85** 2490, NZV **98** 300, OVG Münster 11.4.17 16 E 132/16, VGH Mü ZfS **18** 178, OVG Bremen 10.2.20 – 2 B 269/19 NJW **20** 1897). Nichts anderes kann für einen Fahrradfahrer gelten, der am öff StrV teilnehmen möchte (VGH Mü 2.1.19 – 11 C 18.2646 BeckRS 2019, 243). Es besteht weder ein rechtlicher Anspruch auf Übernahme der Begutachtungskosten noch auf deren Vorfinanzierung durch die FEB (VGH Mü 12.3.19 11 CS 18.2278, 11 C 19.504 NZV **19** 488 = NJW **19** 1394 Ls). Nur in ganz besonders gelagerten Ausnahmefällen (zB Behinderung, FE aus dringenden beruflichen Gründen erforderlich) kann Einschränkung dieses Grundsatzes geboten sein, wenn dem Betr nicht zuzumuten ist, die Kosten aus eigenen Mitteln oder mit Hilfe Dritter aufzubringen (OVG Hb NJW **06** 1367 (1370), OVG Bautzen BA **11** 182, OVG Berlin BA **11** 184, VG Freiburg BA **10** 266). Finanzielles Unvermögen ist in derartigen Ausnahmefällen aber nur zu berücksichtigen, wenn der Betr in ausreichendem Maß nachgewiesen hat, dass er außer Stande ist, die Kosten einer Begutachtung zu tragen, und wenn er alle nach Sachlage ernsthaft in Betracht kommenden Möglichkeiten ausgeschöpft hat, um die einer Begutachtung entgegenstehenden finanziellen Hemmnisse – etwa durch Vereinbarung von Ratenzahlung oder Darlehensaufnahme – auszuräumen (BVerwG NJW **85** 2490, VGH Ka NJW **11** 1753, OVG Bautzen BA **11** 182, OVG Berlin BA **11** 184, VGH Mü VM **12** 70, VG Br SVR **14** 157 (160)). Bei wirtschaftlichem Unvermögen des Betroffenen besteht danach grundsätzlich keine Verpflichtung der FEB, Fristverlängerung zu prüfen (aA VG Ansbach VRS **108** 390 (395), BA **10** 313). Ist das Fehlen der finanziellen Leistungsfähigkeit ausnahmsweise zu berücksichtigen, kann in Entziehungsfällen ggf. unter strengen Voraussetzungen eine darlehensweise Vorfinanzierung durch die FEB in Betracht kommen (VGH Mü ZfS **18** 178, 21.11.18 – 11 CS 18.1237 BeckRS 2018, 30662 Rn. 20, 28.1.19 – 11 C 18.2530 BeckRS 2019, 995 Rn. 23, s. auch *Geiger* DAR **12** 121 (127), VM **12** 71, DAR **13** 61 (68)), da auf die Klärung der Fahreignung nicht verzichtet werden kann.

54   Lag für die Nichtbeibringung des angeforderten Gutachtens kein ausreichender Grund vor, wird die Annahme fehlender Eignung nicht schon durch die **nachträglich erklärte Bereitschaft** zur Gutachtenbeibringung, sondern nur durch ein positives Gutachten ausgeräumt (VGH Ma 1.3.93 – 10 S 67/93 NZV **93** 327, OVG Münster VRS **105** 76, 3.12.15 VM **16** 45, VGH Mü 17.4.19 – 11 CS 19.24 BeckRS 2019, 7308, VG Bra VD **05** 13), und auch dies nur dann, wenn die zu einem vom Betroffenen bestimmten Zeitpunkt durchgeführte Untersuchung in gleicher Weise geeignet ist, die konkreten Eignungszweifel zu beseitigen wie eine Untersuchung zum von der FEB bestimmten Zeitpunkt (OVG Br BA **03** 164 – Blutuntersuchung, OVG Münster DAR **03** 283 – Blut- und Urinuntersuchung). Bei der von der FEB gesetzten **Frist** zur Vorlage des Gutachtens handelt es sich **nicht** um eine **Ausschlussfrist,** nach deren Ablauf weiteres Vorbringen präkludiert ist, sondern weiterer Sachvortrag und andere Erkenntnisse sind bis zum Abschluss des Verwaltungsverfahrens zu berücksichtigen (VGH Mü 7.8.18 – 11 CS 18.1270 ZfS **18** 594). Sind im Zeitpunkt des Widerspruchsbescheids nach EdF die **Eignungszweifel ausgeräumt,** so darf trotz VIII nicht mehr Ungeeignetheit angenommen werden (VGH Mü NZV **99** 183 zu § 15b StVZO aF, OVG Schl BA **18** 271, s. OVG Münster VRS **105** 76).

55   Der Schluss auf Nichteignung des Betroffenen im Falle grundloser Nichtbeibringung des Gutachtens gem. VIII ist nur zulässig, wenn die **Anordnung zur Gutachtenbeibringung** in materiell-rechtlicher und in formeller Hinsicht **rechtmäßig** war (BVerwG NJW **05** 3081, NJW **05** 3440, NJW **10** 3318, NJW **12** 3115, NJW **17** 1765, OVG Münster NZV **01** 95, NZV **02** 427, SVR **13** 314, NZV **14** 236, VGH Mü NJW **02** 82, SVR **11** 275, OVG Ko NJW **02** 2581, OVG Weimar DAR **03** 91, DAR **04** 547, VRS **123** 183, VGH Ma NZV **04** 215, NJW **11** 3257, DAR **11** 164, VM **12** 78, NJW **14** 484, DAR **14** 478, OVG Hb VRS **105** 470, NJW **04** 2399, OVG Mgd NJW **09** 1829, NJW **12** 2604, OVG Br VRS **122** 381, *Scheidler* VD **15** 31), wenn also die rechtlichen Voraussetzungen für die Anordnung erfüllt sind (Rn. 23 ff.), die Anordnung auch im Übrigen den Anforderungen des § 11 entspricht, insbesondere unter Berücksichtigung von II S. 3, VI hinreichend bestimmt ist (OVG Münster NZV **01** 95, s. Rn. 42 ff.), und soweit § 46 VwVfG nicht zur Anwendung kommt (BVerwG NJW **17** 1765 Rn. 29). Fehlt es bei Anwendung von III S. 1 Nr. 4–7 bei der Anordnung an einer ordnungsgemäßen Ermessensausübung im Hinblick auf die Abweichung vom FEigBewSystem, ist diese ermessensfehlerhaft und damit rechtswidrig (VG Mü NJW **06** 1687 zu III S. 1 Nr. 4 aF). Ob der Betroffene sein **Einverständnis** zur Gutachtenanforderung erklärt hat, ist unerheblich (OVG Hb DAR **98** 323 zu § 15b II StVZO aF); das Erfordernis der Rechtmäßigkeit unterliegt nicht der Disposition durch FEB und Betroffenen. Dies gilt auch für Art und Umfang der angeordneten Begutachtung (BVerwG NZV **98** 300). Sind etwa nur die Voraussetzungen für die Anordnung der Beibringung eines ärztlichen Gutachtens erfüllt, so braucht der Betroffene der Aufforderung, ein medizinisch-psychologisches Gutachten beizubringen nicht nachzukommen; seine Weigerung führt dann nicht zur Annahme fehlender Kraftfahreignung gem. VIII (s. BVerwG NZV **98** 300 zu § 15b StVZO aF). Es reicht nicht, dass ein **Teil der Fragestellung** für das beizubringende Gutachten sachbezogen und angemessen war, wenn sie sich zusätzlich auch auf Aspekte bezog, die im konkreten Fall nicht zu klären waren, denn die scharfe Sanktion des VIII S. 1 setzt grds. eine **vollständig rechtmäßige Gutachtensanordnung** voraus (VGH Ma NJW **13** 1896, VG Würzburg 27.7.16 6 S 16.680). Wenn der Antragsteller die Begutachtung auch nur teilweise verweigern durfte, scheidet VIII als Rechtsgrundlage für eine EdF aus (VGH Mü 6.12.18 – 11 CS 18.1777 SVR **19** 108). Besteht die Fragestellung in einer Gutachtensanordnung aus **mehreren** sich inhaltlich überschneidenden **Teilen,** die sich nicht hinreichend eindeutig differenzieren lassen, so **infiziert die Unrechtmäßigkeit eines Teils** regelmäßig die Fragestellung insgesamt; anderes kann ausnahmsweise gelten, wenn eine Gutachtensanordnung mehrere thematisch klar abgegrenzte Fragestellungen enthält (VGH Ma NJW **11** 3257, NJW **13** 1896, VGH Mü SVR **13** 312, VG Würzburg 27.7.16 6 S 16.680). Ob der Betroffene bereits bei Beantragung einer FE seine

Weigerung erklärt, einer Aufforderung zur Gutachtenbeibringung Folge zu leisten, ist für die Rechtmäßigkeit der Anordnung unerheblich (VG Weimar VM **06** 8).

Für die Beurteilung der **Rechtmäßigkeit** der Anordnung eines Gutachtens ist auf den **Zeit-** **55a** **punkt der Gutachtensanforderung** abzustellen (BVerwG NJW **17** 1765, VGH Ma NJW **14** 484, NJW **14** 1901, VBlBW **16** 242, VGH Mü NJW **15** 3050, 17.1.20 – 11 B 19.1274 DAR **20** 159, OVG Saarlouis 5.2.18 ZfS **18** 237, OVG Schl BA **18** 271, OVG Bautzen 18.5.20 – 6 B 346/19 BA **20** 238). Ein danach eintretendes Verwertungsverbot für einen Verkehrsverstoß lässt die Rechtmäßigkeit der darauf gestützten Gutachtenanordnung nicht rückwirkend entfallen (OVG Greifswald SVR **07** 354, OVG Bautzen 24.7.08 – 3 B 18/08, 18.5.20 – 6 B 346/19 BA **20** 238, OVG Berlin NJW **11** 1832, NJW **13** 1548, VGH Mü NJW **15** 3050, aA noch VGH Mü 25.10.07 11 CS 07.1242).

Eine unberechtigte Aufforderung zur Gutachtenbeibringung kann **nicht nachträglich ge-** **55b** **heilt** werden (VGH Ma NJW **14** 484, 27.7.16 10 S 77/15). Denn der Betr muss sich zeitnah innerhalb der noch offenen Beibringungsfrist darüber Klarheit verschaffen können, ob er sich der Begutachtung aussetzt oder ob er diese für ungerechtfertigt hält (VGH Ma VBlBW **16** 242). Die Auffassung, **Ergänzungen** der in der Gutachtensanordnung verlautbarten Erwägungen der Behörde seien noch berücksichtigungsfähig, wenn sie während der noch laufenden Beibringungsfrist erfolgt sind (VGH Ma VBlBW **16** 242, 27.7.16 10 S 77/15 (mit der Einschränkung „rechtzeitig")), geht deswegen zu weit.

Ob die Anordnung zur Gutachtenbeibringung rechtmäßig war, ist nur dann rechtserheblich, **55c** wenn der Betr der FEB das Gutachten nicht oder nicht fristgerecht vorgelegt hat. Hat er das Begutachtungsergebnis **der FEB zugänglich gemacht,** darf es zu seinen Lasten berücksichtigt werden, ohne dass es auf die Rechtmäßigkeit der Gutachtenanforderung ankommt (Rn. 26 f., VGH Mü BA **11** 188).

Annahme der Nichteignung gem. VIII S. 1 setzt voraus, dass der Betr bei der Anordnung der **56** Gutachtenbeibringung nachweislich **auf die Folgen einer Nichtvorlage des Gutachtens hingewiesen** wurde (VIII S. 2, BVerwG NJW **08** 3014, NJW **09** 1689, OVG Ko ZfS **07** 656 (658)). Dies gilt auch, wenn die Beibringung des Gutachtens nicht nach VI formell angeordnet, sondern zwischen Betroffenem und Behörde vereinbart wurde, denn auch dann handelt es sich um ein von der FEB *gefordertes* Gutachten iSv VIII S. 1 (BVerwG NJW **08** 3014, NJW **10** 3318). Die Hinweispflicht des VIII S. 2 dient dem Zweck, den FEInhaber oder -bewerber vor den gravierenden Folgen zu warnen, die ihn bei einer Verletzung seiner Mitwirkungspflicht treffen können (BVerwG NJW **08** 3014, OVG Schleswig BA **18** 271). Der Hinweis nach VIII S. 2 muss **in der Beibringungsanordnung** selbst enthalten sein. Dies ergibt sich neben dem Wortlaut („bei der Anordnung nach Absatz 6") aus Sinn und Zweck des Hinweises nach VIII S. 2, dem Betr die Entscheidung zu ermöglichen, ob er das angeforderte Gutachten vorlegt oder das mit der Weigerung oder Nichtvorlage verbundene Risiko eingeht. Eine Nachholung des Hinweises führt nicht zur Rechtmäßigkeit der Anordnung, denn der Betr muss bereits aufgrund der Anordnung der Begutachtung selbst sein Verhalten einrichten können (OVG Ko 28.10.16 10 B 10740/16 = NZV **17** 55 = NJW **17** 186 Ls). Wird ein Gutachten zu zwei Fragen angefordert, von denen sich nur eine auf die gesteigerten Eignungsanforderungen für die Kl D (I S. 4) bezieht, muss der Hinweis gem. VIII S. 2 entsprechend differenziert werden (OVG Lüneburg 7.5.14 VM **14** 76 = NJW **15** 365 Ls).

8. Nicht anlassbezogenen Eingangs- und Wiederholungsuntersuchungen (auch ohne **57** konkrete Eignungsbedenken) müssen sich die Bewerber um eine FE der **Lkw- und Bus-** **FEKlassen** C, C1, CE, C1E, D, D1, DE oder D1E nach Maßgabe der Anl 5 FeV unterziehen (IX). Dies gilt auch für die Verlängerung der FE einer dieser Klassen, die gem. § 23 I FeV nur befristet erteilt werden. Vorzulegen ist ein Nachweis gem. Anl 5 FeV. Für die Erteilung und ab dem 50. Lebensjahr für die Verlängerung der Bus-FE (D, D1, DE, D1E) und ab dem 60. Lebensjahr für die Verlängerung einer FE zur Fahrgastbeförderung wird ein betriebs- oder arbeitsmedizinisches oder ein Gutachten einer amtlich anerkannten Begutachtungsstelle für Fahreignung verlangt (Nr. 2 Anl 5 FeV). Übergangsbestimmung hinsichtlich der Inhaber von FE alten Rechts: § 76 Nr. 9. Zum Nachweis der Anforderungen an das Sehvermögen durch Bewerber um Erteilung oder Verlängerung einer FE der C- und D-Klassen § 12 VI iVm Nr. 2 Anl 6 FeV.

9. Entbehrlichkeit eines erneuten Gutachtens bei Teilnahme an einem Kurs zur **58** **Wiederherstellung der Kraftfahreignung (X).** Wird im Rahmen einer medizinisch-psychologischen Begutachtung festgestellt, dass der Betroffene zwar noch nicht geeignet ist, die Eignungsmängel aber nach Einschätzung des Gutachters durch die Teilnahme an einem Kurs zur Wiederherstellung der Kraftfahreignung beseitigt werden können (X S. 1 Nr. 2, Anl 4a Nr. 1 Buchst. f S. 6), hat die FEB der Teilnahme an einem solchen Kurs vor Kursbeginn zugestimmt (X S. 1 Nr. 4), und legt der Betroffene eine den Anforderungen des XI entsprechende Bescheinigung über seine Teilnahme an einem gem. § 70 FeV anerkannten (X S. 1 Nr. 1) Kurs zur Wiederherstellung der Kraftfahreignung vor, so bedarf es idR zum Nachweis für die Behebung der festgestellten Eignungsmängel nicht eines erneuten medizinisch-psychologischen Gutachtens (s. *Gehrmann* NZV **04** 167). Der **Nachweis der Wiederherstellung der Eignung** ist damit idR geführt (Fiktion der Wiederherstellung der Eignung). Abw von der Regel des X S. 1 kann die Kursteilnahme zB dann nicht genügen, wenn Eignungsmängel bekannt werden, die in der voraufgegangenen Begutachtung nicht berücksichtigt wurden oder im Falle schwerwiegender VZuwiderhandlungen nach der Begutachtung (*Gehrmann* NZV **04** 167, 169).

59 Da die Kurse zur Wiederherstellung der Kraftfahreignung sich **lediglich im Bereich von Alkohol- und Drogenproblematiken,** nicht aber bei Kraftfahrern bewährt haben, deren Eignung wegen Verstößen gegen Verkehrsvorschriften oder Strafgesetze fraglich ist, wurde die Anwendung von X S. 1 durch ÄndVO v. 17.12.10 (BGBl. I S. 2279, Begr Rn. 10) mit Wirkung ab 1.1.11 für Fälle ausgeschlossen, in denen ein medizinisch-psychologisches Gutachten nach – damals – § 4 X S. 3 StVG (Neuerteilung der FE nach EdF wegen – damals – 18 Punkten, entspricht heute § 4 X S. 4 StVG) oder nach § 11 III S. 1 Nr. 4–7 FeV angeordnet wurde (X S. 2, dazu *Buchardt/Brieler* SVR **11** 401). Der Ausschluss der Anwendung von X S. 1 bezieht sich seit 1.5.14 (Änderung durch ÄndVO v. 5.11.13, BGBl. I S. 3920) auch auf die Neuerteilung einer FE bei Personen, die auf ihre FE verzichtet haben und bei denen zum Zeitpunkt der Wirksamkeit des Verzichts mind. zwei Entscheidungen nach § 28 III Nr. 1 oder 3 Buchst. a oder c StVG im Fahreignungsregister gespeichert waren. Medizinisch-psychologische Begutachtungen nach § 2a V S. 5 StVG sind vom Wortlaut des X S. 2 nicht umfasst. Da die Anerkennung von Kursen zur Wiederherstellung der Kraftfahreignung für Mehrfachtäter nach § 70 nicht mehr möglich ist, findet X S. 1 auf Begutachtungen nach § 2a V S. 5 StVG nur noch Anwendung, soweit noch anerkannte Kurse zur Wiederherstellung der Kraftfahreignung für verkehrsauffällige Kraftfahrer besucht werden.

60 X S. 1 findet nur Anwendung, wenn der Betr **nicht Inhaber einer FE** ist (X S. 1 Nr. 3). Dies ist erst seit Einfügung der Nr. 3 in X S. 1 durch ÄndVO v. 21.12.16 (BGBl. I S. 3083, Begr Rn. 13–17) eindeutig geregelt. Seit der Neufassung des § 70 durch ÄndVO v. 16.4.14 (BGBl. I S. 348) war lediglich in § 70 vorgeschrieben, dass in die nach § 70 anzuerkennenden Kurse zur Wiederherstellung der Kraftfahreignung nur Personen aufgenommen werden dürfen, die nicht Inhaber einer FE sind (§ 70 I S. 2). Daraus ergab sich indirekt, dass § 11 X nicht auf FEInhaber anwendbar sein sollte. Da diese Bestimmung damals jedoch nicht in § 11 X, sondern in dem die Anerkennung regelnden § 70 angesiedelt wurde, musste angenommen werden, dass sie sich nach dem Willen des VOGebers nur auf seit dem 1.5.14 neu nach § 70 anerkannte oder anzuerkennende Kurse zur Wiederherstellung der Kraftfahreignung beziehen sollte, nicht auf bereits anerkannte Kurse, deren Anerkennung nach § 76 Nr. 17 zunächst Bestandsschutz genoss. Der Wortlaut konnte allerdings auch so verstanden werden, dass seit Inkrafttreten des neuen § 70 I S. 2 am 1.5.14 in Kurse zur Wiederherstellung der Kraftfahreignung generell nur noch Personen aufgenommen werden dürfen, die nicht Inhaber einer FE sind. Die Begr schwieg dazu. Damit war nicht klar geregelt, ob medizinisch-psychologische Gutachten, die sich auf FEInhaber beziehen und eine Kursempfehlung gem. X S. 1 Nr. 2 enthalten, wirksam waren oder nicht. Unklar war auch, ob die FEB bei FEInhabern noch der Kursteilnahme zustimmen konnte. Nicht eindeutig war aber vor allem, ob die Teilnahme von FEInhabern an einem Kurs zur Wiederherstellung der Kraftfahreignung noch zu der Fiktion der Wiederherstellung der Eignung nach X S. 1 führte oder nicht. Im Hinblick auf die Verortung der Regelung in § 70 musste zunächst davon ausgegangen werden, dass sie sich nur auf seit dem 1.5.14 nach § 70 durchgeführte Anerkennungsverfahren bezog, die damaligen Regelungen des X aber uneingeschränkt weiter galten. Erst durch Einfügung der Nr. 3 in X S. 1 mWv 28.12.16 hat der VOGeber klar geregelt, dass der Nachweis der Wiederherstellung der Eignung nach den Bestimmungen des X nur bei Personen möglich ist, die nicht Inhaber einer FE sind (Begr Rn. 13–17). Durch Einfügung des Satzes 7 in Anl 4a Nr. 1 Buchst. f durch ÄndVO v. 21.12.16 (BGBl. I S. 3083) ist seit 28.12.16 auch eindeutig geregelt, dass die Teilnahme an einem Kurs zur Wiederherstellung der Eignung in einem Gutachten nur dann empfohlen werden darf, wenn der Betr bei Begutachtung nicht Inhaber einer FE ist.

61 Die **Zustimmung der FEB zur Kursteilnahme** (X S. 1 Nr. 4, bis 27.12.16 Nr. 3) muss **vor Kursbeginn** erfolgt sein. Dies ist seit Einfügung der Wörter *vor Kursbeginn* durch ÄndVO v.

14.8.17 (BGBl. I S. 3232) auch ausdrücklich geregelt, um insbes für die Betroffenen klarzustellen, dass die FEB Herrin des Verfahrens ist und somit eine Zustimmung nur vor Beginn einer Maßnahme erfolgen kann (Begr BR-Drs. 417/17 (Beschluss) S. 4). Zuvor hatte sich die Notwendigkeit der vorherigen Zustimmung aus dem früheren Wortlaut (*zugestimmt hat,* VG Neustadt NJW **05** 2471, SVR **16** 276) und Sinn und Zweck der Regelung ergeben: die FEB soll vorher auf der Grundlage des die Kursteilnahme empfehlenden Gutachtens prüfen können, ob auch nach ihrer Einschätzung der Kurs geeignet ist, die vom Gutachter festgestellten Eignungsmängel zu beseitigen (*Gehrmann* NZV **04** 167 (169)). Damit die FEB diese Prüfung vornehmen kann, muss das Gutachten Abs.V iVm Anl 4a entsprechen, insbesondere plausibel und nachvollziehbar sein (*Kalus* VD **07** 148). Die Auffassung, die FEB habe die gem. X S. 1 Nr. 4 erforderliche Zustimmung idR zu erteilen, wenn das Gutachten den Vorgaben der Anl 4a entspricht und der Gutachter die Einschätzung abgibt, die Eignungsmängel würden nach dem Besuch eines Kurses zur Wiederherstellung der Kraftfahreignung behoben sein (VG Neustadt NJW **05** 2471, SVR **16** 276 mzustAnm *Koehl,* GVR/*Koehl* § 11 FeV Rn. 118), ist als zu weitgehend abzulehnen. X sieht – wie VG Neustadt (SVR **16** 276) selbst einräumt – keinen Automatismus bei Vorliegen einer Kursempfehlung vor, sondern gem. X S. 1 Nr. 4 eine eigenständige Überprüfung der FEB, ob sie die Einschätzung des Gutachters teilt; andernfalls wäre X S. 1 Nr. 4 auch überflüssig. Die FEB und nicht der Gutachter befindet darüber, ob der Betr den Anforderungen des FERechts hinsichtlich der Kraftfahreignung genügt (Rn. 41). Dass die FEB bei ihrer Entscheidung über die Erteilung der Zustimmung nach X S. 1 Nr. 4 an den Grundsatz der Gesetzmäßigkeit der Verwaltung (Art 20 III GG) gebunden ist (VG Neustadt SVR **16** 276), ändert daran nichts. **Verweigerung der Zustimmung** ist nicht isoliert gerichtlich anfechtbar, da behördliche Verfahrenshandlung (*Geiger* SVR **12** 168, ZVS **12** 154). Stimmt die FEB der Kursteilnahme nicht zu, ist das Gutachten negativ. Zu den Kriterien für die Bejahung der Eignung des Kurses im konkreten Fall zur Behebung der Eignungsmängel bei Alkoholmissbrauch: Begutachtgs-Leitl Nr. 3.13.1 Buchst. f) (*Gehrmann* NZV **04** 167, 170).

Form und Inhalt der Kurse. Die Teilnahme an einem Kurs zur Wiederherstellung der **62** Fahreignung ist freiwillig. In die Kurse dürfen nur Personen aufgenommen werden, die den Anforderungen des X entsprechen. II S. 4 der auf §§ 70 II, 72 II Nr. 3 beruhenden Richtlinie über die Anforderungen an Träger von Kursen zur Wiederherstellung der Kraftfahreignung und deren Begutachtung durch die BASt v. 27.1.14 (VkBl. **14** 110, 125, **20** 215) enthält allgemeine Vorgaben für die Kursprogramme und schreibt eine Mindestzahl von 12 Stunden in mindestens 4 Sitzungen bei einer Gesamtkursdauer von mindestens 3 Wochen vor. Die Anzahl der Kursteilnehmer muss zwischen 4 und 12 Personen liegen; die Mindestzahl von 4 Personen darf bei Beginn des Kurses keinesfalls unterschritten werden. Es besteht keine Möglichkeit, im Ausnahmewege Teilnahme als **Einzelseminar** zuzulassen, da Kurse nach dieser Vorgabe dafür nicht gem. § 70 amtlich anerkannt sein können.

Die Anforderungen an die **Bescheinigung über die Teilnahme** an einem Kurs zur Wie- **63** derherstellung der Kraftfahreignung sind in XI festgelegt, auch wenn dort der Begriff Seminar verwendet wird. Ergänzende Regelungen dazu finden sich in II S. 5.5 der Richtlinie über die Anforderungen an Träger von Kursen zur Wiederherstellung der Kraftfahreignung und deren Begutachtung durch die BASt v. 27.1.14 (VkBl. **14** 110, 125). Die Ausstellung der Teilnahmebescheinigung ist zu **verweigern,** wenn der Teilnehmer nicht an allen Sitzungen des Kurses teilgenommen oder die Anfertigung von Kursaufgaben verweigert hat (XI S. 3).

Sehvermögen

12 (1) **Zum Führen von Kraftfahrzeugen sind die in der Anlage 6 genannten Anforderungen an das Sehvermögen zu erfüllen.**

(2) [1] **Bewerber um eine Fahrerlaubnis der Klassen AM, A1, A2, A, B, BE, L oder T haben sich einem Sehtest zu unterziehen.** [2] **Der Sehtest wird von einer amtlich anerkannten Sehteststelle unter Einhaltung der DIN 58220 Teil 6, Ausgabe September 2013, durchgeführt.** [3] **Die Sehteststelle hat sich vor der Durchführung des Sehtests von der Identität des Antragstellers durch Einsicht in den Personalausweis oder Reisepass oder ein sonstiges Ausweisdokument zu überzeugen.** [4] **Der Sehtest ist bestanden, wenn die zentrale Tagessehschärfe mit oder ohne Sehhilfe mindestens den in Anlage 6 Nummer 1.1 genannten Wert erreicht.** [5] **Ergibt der Sehtest eine geringere Sehleistung, darf der Antragsteller den Sehtest mit Sehhilfen oder mit verbesserten Sehhilfen wiederholen.**

(3) [1] **Die Sehteststelle stellt dem Antragsteller eine Sehtestbescheinigung aus.** [2] **In ihr ist anzugeben, ob der Sehtest bestanden und ob er mit Sehhilfen durchgeführt worden ist.**

[3] Sind bei der Durchführung des Sehtests sonst Zweifel an ausreichendem Sehvermögen für das Führen von Kraftfahrzeugen aufgetreten, hat die Sehteststelle sie auf der Sehtestbescheinigung nach Anlage 6 Nummer 1.1 zu vermerken.

(4) Ein Sehtest ist nicht erforderlich, wenn ein Zeugnis oder ein Gutachten eines Augenarztes vorgelegt wird und sich daraus ergibt, dass der Antragsteller die Anforderungen nach Anlage 6 Nummer 1.1 erfüllt.

(5) Besteht der Bewerber den Sehtest nicht, hat er sich einer augenärztlichen Untersuchung des Sehvermögens nach Anlage 6 Nummer 1.2 zu unterziehen und hierüber der Fahrerlaubnisbehörde ein Zeugnis des Augenarztes einzureichen.

(6) Bewerber um die Erteilung oder Verlängerung einer Fahrerlaubnis der Klassen C, C1, CE, C1E, D, D1, DE haben sich einer Untersuchung des Sehvermögens nach Anlage 6 Nummer 2 zu unterziehen und hierüber der Fahrerlaubnisbehörde eine Bescheinigung des Arztes nach Anlage 6 Nummer 2.1 oder ein Zeugnis des Augenarztes nach Anlage 6 Nummer 2.2 einzureichen.

(7) Sehtestbescheinigung, Zeugnis oder Gutachten dürfen bei Antragstellung nicht älter als zwei Jahre sein.

(8) [1] Werden Tatsachen bekannt, die Bedenken begründen, dass der Fahrerlaubnisbewerber die Anforderungen an das Sehvermögen nach Anlage 6 nicht erfüllt oder dass andere Beeinträchtigungen des Sehvermögens bestehen, die die Eignung zum Führen von Kraftfahrzeugen beeinträchtigen, kann die Fahrerlaubnisbehörde zur Vorbereitung der Entscheidung über die Erteilung oder Verlängerung der Fahrerlaubnis oder über die Anordnung von Beschränkungen oder Auflagen die Beibringung eines augenärztlichen Gutachtens anordnen. [2] § 11 Absatz 5 bis 8 gilt entsprechend, § 11 Absatz 6 Satz 4 jedoch mit der Maßgabe, dass nur solche Unterlagen übersandt werden dürfen, die für die Beurteilung, ob Beeinträchtigungen des Sehvermögens bestehen, die die Eignung zum Führen von Kraftfahrzeugen beeinträchtigen, erforderlich sind.

1   **Begr** (VkBl. **98** 1069): *In **Absatz 1** wird positiv geregelt, dass die in Anlage 6 genannten Anforderungen zu erfüllen sind. Die inhaltlichen Anforderungen an das Sehvermögen ergeben sich aus Anlage 6, … Anlage 6 übernimmt die Grenzwerte für die Tagessehschärfe sowie die sonstigen Anforderungen aus Anhang III, Nummer 1 der EG-Führerscheinrichtlinie. …*
    *In **Absatz 6** wird für die Klassen C und D sowie die Fahrerlaubnis zur Fahrgastbeförderung eine augenärztliche Untersuchung gefordert, da neben der Tagessehschärfe auch andere Sehfunktionen untersucht werden müssen, die nicht im Rahmen eines Sehtests festgestellt werden können. …*

2   **Begr** zur ÄndVO v. 7.8.02 (VkBl. **02** 891): *§ 12 **Abs. 8 Satz 1** regelt ausschließlich die anlassbezogene Anordnung von augenärztlichen Gutachten aufgrund von den Fahrerlaubnisbehörden bekannt gewordenen Tatsachen, die Zweifel an einem zum Führen von Kraftfahrzeugen ausreichenden Sehvermögen begründen. Dabei geht es zum einen und vor allem um die Feststellung, ob die für die jeweiligen Fahrerlaubnisklassen erforderlichen Anforderungen nach Anlage 6 erfüllt werden. In einzelnen Fällen können aber zum anderen auch Tatsachen bekannt geworden sein, die auf andere, nicht in Anlage 6 geregelte Beeinträchtigungen des Sehvermögens, namentlich auf ein gemindertes Dämmerungssehen oder eine erhöhte Blendempfindlichkeit, hinweisen. Der Fahrerlaubnisbehörde muss es auch in diesen Einzelfällen möglich sein, ein augenärztliches Gutachten anzuordnen, um klären zu können, ob diese Beeinträchtigungen gegeben und zudem so geartet sind, dass sie die Eignung zum Führen von Kraftfahrzeugen tatsächlich ausschließen bzw. die Anordnung von Beschränkungen oder Auflagen zur Fahrerlaubnis rechtfertigen. …*

3   **Begr** zur ÄndVO v. 6.6.07 (VkBl. **08** 253): *Durch die Änderung der **Anlage 6** müssen sich Lkw-, Bus- und Taxifahrer vor Erwerb oder Verlängerung einer Fahrerlaubnis künftig nicht mehr einer (erneuten) augenärztlichen Untersuchung unterziehen, wenn der Anomalquotient bereits zu einem früheren Zeitpunkt im Rahmen einer augenärztlichen Untersuchung bestimmt worden ist und dabei bei den Betroffenen – so es sich hierbei um Bus- oder Taxifahrer handelt – keine Rotblindheit oder Rotschwäche mit einem Anomalquotienten unter 0,5 vorlag oder die Betroffenen – so es sich hierbei um Lkw-Fahrer handelt – im Rahmen der früheren augenärztlichen Untersuchung bei einer Rotblindheit oder Rotschwäche mit einem Anomalquotienten unter 0,5 über die mögliche Gefährdung aufgeklärt worden sind. Hierdurch wird dem Umstand Rechnung getragen, dass eine Rotblindheit oder Rotschwäche nahezu immer angeboren ist und sich im Leben nicht ändert. Wiederholte Untersuchungen leisten damit in diesen Fällen keinen zusätzlichen Beitrag zur Verkehrssicherheit und sind entbehrlich.*

4   **Begr** zur ÄndVO v. 18.7.08 (VkBl. **08** 572): **zu Anl 6 Nr. 2.2.3:** *Mit Inkrafttreten der Verordnung zur Änderung der Fahrerlaubnis-Verordnung und anderer straßenverkehrsrechtlicher Vorschriften vom 7.8.2002 zum 1.9.2002 wurde die Anlage 6 neu gefasst; die Werte der Anlage XVII zur StVZO, die bis*

dahin für Inhaber einer bis zum 31.12.1998 erteilten Fahrerlaubnis fort galten (§ 76 Nr. 9 letzter Satz), werden in der Anlage 6 wiedergegeben. Mit der Neufassung werden für Fahrerlaubnisbehörden wie Bewerber zeitaufwendige Doppelprüfungen (Vergleich der Sehwerte der Anlage 6 Nr. 2.2.3 und der eigentlich außer Kraft getretenen Anlage XVII zur StVZO) vermieden und eine wieder in die FeV integrierte Regelung realisiert.

Begr zur ÄndVO v. 17.12.10 **zu Anl 6:** VkBl. **11** 85.   **5–11**

Begr zur ÄndVO v. 26.6.12 **zu Anl 6:** BR-Drs. 245/12 (Beschluss) S. 31 = VkBl. **12** 604

Begr zur ÄndVO v. 16.4.14 **zu Anl 6:** BR-Drs. 78/14 S. 67 = VkBl. **14** 433

1. § 12 iVm Anl 6 FeV konkretisiert die Anforderungen an die **körperliche Eignung** (§ 2 II   **12** S. 1 Nr. 3, IV S. 1 StVG) hinsichtlich des **Sehvermögens.** Die Vorschrift setzt Nr. 6 Anh III der 3. EU-FS-RL um. Ausreichendes Sehvermögen muss von **allen Bewerbern** um Erteilung einer FE und bei den C- und D-Klassen auch bei Bewerbern um Verlängerung der FE **nachgewiesen** werden. Zur FEzF s. § 48. Wird ausreichendes Sehvermögen nicht durch die vorgeschriebene Bescheinigung nachgewiesen, ist Erteilung oder Verlängerung der FE zu versagen, da der Nachweis über das Vorliegen der körperlichen Eignung gem. § 2 VI S. 1 Nr. 2 iVm II S. 1 Nr. 3 StVG dann nicht geführt ist. Lassen sich Einschränkungen des Sehvermögens durch das Tragen von Brille oder Kontaktlinsen ausgleichen, wird die FE mit einer entsprechenden Auflage (§ 23 II S. 1) erteilt, die als Sz gem. Anl 9 in den FS eingetragen wird. Für die C- und D-Klassen bestimmt VI die Anforderungen, für die übrigen FEKlassen II–V, jeweils iVm Anl 6. Die **Nachweise** über das Sehvermögen dürfen bei Beantragung der FE **nicht älter als 2 Jahre** sein (VII).

§ 12 wird **direkt** in Fällen angewandt, in denen es um die Erteilung oder Verlängerung einer FE geht. Die Norm findet **entsprechend** Anwendung zur Klärung des Sehvermögens eines FEInhabers (§ 46 III) und wenn die Eignung zum Führen fahrerlaubnisfreier Fz oder Tiere im StrV zu klären ist (§ 3 II).

2. Bewerber um eine FE der **Klassen AM, A1, A2, A, B, BE, L oder T** müssen sich ledig-   **13** lich einem **Sehtest** unterziehen (II S. 1). Der Sehtest darf nur von einer amtlich anerkannten **Sehteststelle** (dazu § 67) durchgeführt werden. Der Bewerber kann jede amtlich anerkannte Sehteststelle in Anspruch nehmen, eine örtliche Zuständigkeit ist nicht festgelegt. Die Sehteststelle wird nicht hoheitlich tätig, sondern im Auftrag des Antragstellers, mit dem sie einen zivilrechtlichen Werkvertrag schließt. Das **Entgelt** kann frei vereinbart werden. Die frühere Festlegung einer Gebühr für den Sehtest in Nr. 403 Anl GebOSt aF war mangels gesetzlicher Ermächtigung unwirksam, da nach § 6a StVG Gebühren nur für Amtshandlungen bestimmt werden dürfen (§ 6a StVG Rn. 12). Nachdem vor diesem Hintergrund zunächst geregelt worden war, dass Nr. 403 Anl GebOSt nicht mehr anzuwenden ist (§ 65 V S. 2 StVG), wurde die Gebühren-Nummer 403 durch ÄndVO v. 11.3.19 (BGBl. I S. 218) schließlich aufgehoben (Begr BR-Drs. 600/18 S. 29, BR-Drs. 600/18 (Beschluss) S. 14). Durch Bezugnahme auf die DIN-Norm in II S. 2 wird die Einhaltung eines einheitlichen Standards des Sehtests gewährleistet. Die Verpflichtung der Sehteststelle, sich von der **Identität** des Antragstellers zu **überzeugen** (II S. 3) dient der Verhinderung von Missbräuchen. Zur Identitätsfeststellung dürfen seit der Erweiterung durch ÄndVO v. 11.3.19 (BGBl. I S. 218) mWv 19.9.19 neben Personalausweis und Reisepass auch sonstige Ausweisdokumente verwendet werden. Weil im Verfahren um die Fahrerlaubniserteilung die Identität des Bewerbers auch mit sonstigen Ausweisdokumenten nachgewiesen werden kann (vgl. §§ 16 III S. 3, 17 V S. 2), dürfe die Identitätsprüfung beim Sehtest nicht auf die Einsichtnahme in Personalausweis und Reisepass beschränkt sein (Begr BR-Drs. 600/18 (Beschluss) S. 8). Der Sehtest ist **bestanden,** wenn die zentrale Tagessehschärfe mit oder ohne Sehhilfe mindestens 0,7/0,7 beträgt (II S. 4 iVm Nr. 1.1 Anl 6). Andere Aspekte des Sehvermögens werden im Sehtest nicht geprüft.

Die Sehteststelle stellt dem Antragsteller eine **Sehtestbescheinigung** aus, aus der sich ergibt,   **14** ob der Sehtest bestanden und ob er mit Sehhilfen durchgeführt wurde (III, Nr. 1.1 Anl 6). Das **Muster** für die Sehtestbescheinigung ist durch ÄndVO v. 11.3.19 (BGBl. I S. 218, Begr BR-Drs. 600/18 (Beschluss) S. 7) mWv 19.9.19 verbindlich in der FeV festgelegt worden (III S. 1 iVm Anlage 6 Nr. 1.1). Das früher vom BMV bekanntgemachte, rechtlich unverbindliche Muster der Sehtestbescheinigung (VkBl. **13** 712 = StVRL § 12 FeV Nr. 1) ist durch Verkehrsblattverlautbarung v. 26.8.2019 (VkBl. **19** 614) aufgehoben worden. Obwohl mit dem Sehtest nur die zentrale Tagessehschärfe festzustellen ist, können sich bei der Durchführung **Hinweise auf andere Mängel des Sehvermögens** ergeben; in diesem Fall hat die Sehteststelle ihre Zweifel an ausreichendem Sehvermögen des Antragstellers auf der Sehtestbescheinigung zu vermerken (III S. 3). Die Sehtestbescheinigung darf bei Beantragung der FE **nicht älter als 2 Jahre** sein (VII). **Augenärztliches Zeugnis oder Gutachten** ersetzt die Sehtestbescheinigung, wenn darin bescheinigt wird, dass die zentrale Tagessehschärfe mit oder ohne Sehhilfe mindestens 0,7/0,7 beträgt (IV). Ein Muster ist dafür nicht vorgeschrieben, Schriftform aber erforderlich (muss *vorgelegt* werden). Zeugnis oder Gutachten dürfen bei Antragstellung nicht älter als 2 Jahre sein (VII). Hat der Bewerber den **Sehtest bestanden,** hat die Sehteststelle aber gem. III S. 3 **Zweifel an ausreichendem Sehvermögen auf der Sehtestbescheinigung vermerkt,** ist nach VIII zu verfahren (Anordnung der Beibringung eines augenärztlichen Gutachtens).

15   Hat der Bewerber den **Sehtest nicht bestanden,** führt dies nicht ohne weiteres zur Versagung der FE. Die Erteilung hängt dann jedoch vom Ergebnis einer **augenärztlichen Untersuchung** nach Nr. 1.2 Anl 6 ab, über die der Bewerber der FEB ein Zeugnis des Augenarztes vorzulegen hat (V). Bei dieser Untersuchung genügen niedrigere Werte für die Sehschärfe. Bei Einäugigkeit sind keine höheren Anforderungen zu erfüllen (Begr zur Streichung des früheren S. 4 in Nr. 1.2.1 Anl 6 VkBl. **11** 85). Die Untersuchung umfasst daneben aber auch Gesichtsfeld, Dämmerungs- oder Kontrastsehen, Blendempfindlichkeit, Diplopie sowie andere Störungen der Sehfunktion, die ein sicheres Fahren in Frage stellen können (Nr. 1.2 Anl 6). Die FE wird nur erteilt, wenn sich aus dem augenärztlichen Zeugnis ergibt, dass der Bewerber die Mindestanforderungen der Nr. 1.2 Anl 6 erfüllt.

16   Wenn der Antragsteller die Anforderungen an das Gesichtsfeld oder die Sehschärfe nicht erfüllt, kommt Erteilung der FE nach augenärztlicher Begutachtung in **Ausnahmefällen** in Betracht, aber nur, wenn keine anderen Störungen von Sehfunktionen vorliegen (Nr. 1.3 Anl 6). Durch diese Regelung sollen Härtefälle vermieden werden (Begr VkBl. **11** 85). Die Regelungen in Nr. 1.4 und 1.5 Anl 6 (Verhalten nach Verlust des Sehvermögens auf einem Auge, bei neu auftretender Diplopie und bei fortschreitender Augenkrankheit) sprechen die **Eigenverantwortung** der FzFührer an (Begr VkBl. **11** 85).

17   **3.** Bewerber um Erteilung und Verlängerung einer FE der **Klassen C, C1, CE, C1E, D, D1, DE, D1E** müssen sich in jedem Fall **ärztlich untersuchen** lassen, die Anforderungen gem. Nr. 2 Anl 6 erfüllen und dies durch eine **ärztliche Bescheinigung** nachweisen (VI). Die Anforderungen an das Sehvermögen liegen bei FE der zum Führen von Lkw und Bussen berechtigenden Klassen höher als bei den anderen FEKlassen. Die Untersuchung kann durch einen Augenarzt, kann aber auch durch einen Arzt mit der Gebietsbezeichnung „Arbeitsmedizin", einen Arzt mit der Zusatzbezeichnung „Betriebsmedizin", einen Arzt bei einer Begutachtungsstelle für Fahreignung oder einen Amtsarzt durchgeführt werden (Nr. 2.1 Anl 6). Antragsteller haben damit die Möglichkeit, die Untersuchungen nach § 11 IX iVm Anl 5 und § 12 VI iVm Anl 6 durch einen Arzt oder eine Stelle in einem Termin durchführen zu lassen. Der Arzt stellt eine Bescheinigung über die Untersuchung gem. Muster in Anl 6 aus.

18   Können die Anforderungen an das Sehvermögen gem. Nr. 2.1.1 und 2.1.2 Anl 6 bei der Untersuchung nicht zweifelsfrei festgestellt werden, ist **zusätzlich** eine **augenärztliche Untersuchung** nach Nr. 2.2 Anl 6 erforderlich. Diese ist allerdings entbehrlich, wenn nur die Anforderungen an das normale Farbensehen nicht erfüllt sind, das Farbensehen bereits Gegenstand einer früheren augenärztlichen Untersuchung war und hierbei die Anforderungen bei nicht normalem Farbensehen nach Nr. 2.2.2 und 2.2.3 Anl 6 erfüllt wurden (Nr. 2.2 S. 2 Anl 6, Begr Rn. 3). Es ist rechtmäßig und verstößt nicht gegen die Charta der Grundrechte der EU, von Bewerbern um eine FE der C- und D-Klassen eine Mindestsehschärfe von 0,1 auf dem schlechteren Auge zu verlangen (Nr. 2.2.1 Anl 6), wenn diese Personen beidäugig sehen und auf beiden Augen über ein normales Gesichtsfeld verfügen (EuGH Urt v. 22.5.14 C-356/12 – Glatzel, SVR **15** 72 (ergangen auf Vorabentscheidungsersuchen VGH Mü 5.7.12 11 BV 11.1764), VGH Mü NZV **16** 245). Die Ausnahmeregelung in Anlage 6 Nr. 2.2.1 S. 5 ist auf Fälle der erstmaligen Erteilung einer FE in den C- und D-Klassen nicht anwendbar, da der GGeber lediglich Fälle erfassen wollte, in denen der Betroffene bereits Fahrerfahrung und Fahrzeugnutzung mit Fz der Gruppe 2 aufweisen kann (VG Koblenz 30.4.20 – 4 K 1332/19 BeckRS 2020, 8310). Über die augenärztliche Untersuchung erstellt der Augenarzt ein Zeugnis gem. Muster in Anl 6.

19   Nach einer neu eingetretenen relevanten **Einschränkung des Sehvermögens** muss ein geeigneter Anpassungszeitraum eingehalten werden, während dessen das Führen von Kfz nicht erlaubt ist. Danach darf erst nach augenärztlicher Untersuchung und Beratung wieder ein Kfz geführt werden (Nr. 2.3 Anl 6). Besteht eine **fortschreitende Augenkrankheit,** ist eine regel-

mäßige augenärztliche Untersuchung und Beratung erforderlich (Nr. 2.4 Anl 6). Diese Regelungen sprechen die Eigenverantwortung der FzFührer an.

4. VIII enthält eine Ermächtigung zur **Anordnung** einer anlassbezogenen augenärztlichen 20 **Untersuchung** durch die FEB, die gegenüber § 11 II speziell ist. Ergeben sich die Bedenken aus dem Nichtbestehen des Sehtestes, ist V speziell. Voraussetzung ist das Bekanntwerden von **Tatsachen,** die Bedenken hinsichtlich des Sehvermögens eines FEBewerbers begründen, und zwar nicht nur hinsichtlich der für die einzelnen FEKlassen unterschiedlichen Anforderungen nach Anl 6, sondern auch in Bezug auf anders geartete Beeinträchtigungen (zB die Fahrsicherheit beeinträchtigende erhöhte Blendempfindlichkeit, erheblich unterdurchschnittliche Minderung der Dämmerungssehkraft), s. Begr Rn. 2. Für die Anordnung der Beibringung eines augenärztlichen Gutachtens in solchen Fällen, die Durchführung der Untersuchung, die Anforderungen an das Gutachten und die Konsequenzen der Nichtbeibringung gilt **§ 11 V–VIII entsprechend** mit der dem Datenschutz Rechnung tragenden Einschränkung, dass die FEB dem Augenarzt nur solche Unterlagen übersenden darf, die für die Beurteilung des Sehvermögens erforderlich sind (VIII S. 2). Hat ein Kf bei einer Polizeikontrolle nach beobachtetem nächtlichen „Schlangenlinienfahren" angegeben, er fahre nachts nicht gern, weil er im Dunkeln nicht mehr gut sehe, ist strittig, ob lediglich die Anordnung einer augenärztlichen Begutachtung in Bezug auf die Frage des ausreichenden Kontrast- und Dämmerungssehens rechtmäßig ist (VGH Mü 16.6.14 11 CS 14.764), oder aber eine Anordnung zur Beibringung eines Gutachtens mit umfassender Fragestellung zum Sehvermögen (VG Ansbach 31.7.15 10 K 14.00237).

5. Übergangsbestimmung. Für Inhaber von bis zum 31.12.98 erteilten FE gelten hinsicht- 21 lich des Sehvermögens die bis zum 31.12.98 gültig gewesenen Bestimmungen der StVZO (Nr. 2.2.3 Anl 6).

6. Zivilrecht. Wird ein Fz im StrV von einem FzF ohne Brille geführt, obwohl dieser zum 22 Tragen einer Brille verpflichtet ist, führt dies zu einer abstrakt höheren Gefährlichkeit, so dass die Betriebsgefahr des Fz als erhöht anzusehen ist (AG Dortmund SVR **18** 260).

Klärung von Eignungszweifeln bei Alkoholproblematik

13 [1] Zur Vorbereitung von Entscheidungen über die Erteilung oder Verlängerung der Fahrerlaubnis oder über die Anordnung von Beschränkungen oder Auflagen ordnet die Fahrerlaubnisbehörde an, dass

1. ein ärztliches Gutachten (§ 11 Absatz 2 Satz 3) beizubringen ist, wenn Tatsachen die Annahme von Alkoholabhängigkeit begründen, oder
2. ein medizinisch-psychologisches Gutachten beizubringen ist, wenn
   a) nach dem ärztlichen Gutachten zwar keine Alkoholabhängigkeit, jedoch Anzeichen für Alkoholmissbrauch vorliegen oder sonst Tatsachen die Annahme von Alkoholmissbrauch begründen,
   b) wiederholt Zuwiderhandlungen im Straßenverkehr unter Alkoholeinfluss begangen wurden,
   c) ein Fahrzeug im Straßenverkehr bei einer Blutalkoholkonzentration von 1,6 Promille oder mehr oder einer Atemalkoholkonzentration von 0,8 mg/l oder mehr geführt wurde,
   d) die Fahrerlaubnis aus einem der unter den Buchstaben a bis c genannten Gründe entzogen war oder
   e) sonst zu klären ist, ob Alkoholmissbrauch oder Alkoholabhängigkeit nicht mehr besteht.

[2] Im Falle des Satzes 1 Nummer 2 Buchstabe b sind Zuwiderhandlungen, die ausschließlich gegen § 24c des Straßenverkehrsgesetzes begangen worden sind, nicht zu berücksichtigen.

Begr (VkBl. **98** 1070): *§ 13 ist eine Spezialvorschrift gegenüber § 11 und regelt die Maßnahmen, die* 1 *zu ergreifen sind bei Verdacht auf Alkoholabhängigkeit oder -missbrauch.*
Bei der Frage, welche Untersuchungsart in Frage kommt, wird unterschieden zwischen Alkoholabhängigkeit (Absatz 1 Nr. 1) und Alkoholmissbrauch (Absatz 1 Nr. 2). Ein ärztliches Gutachten ist erforderlich und ausreichend bei Verdacht auf Alkoholabhängigkeit, wenn die Fahrerlaubnis wegen Alkoholabhängigkeit entzogen worden ist oder wenn sonst zu klären ist, ob Alkoholabhängigkeit nicht mehr besteht. Für die Beurteilung der Alkoholabhängigkeit genügt ein fachärztliches Gutachten, da es sich um eine ärztliche Frage handelt und psychologische Fragestellungen nicht zu beurteilen sind.

2   *Absatz 1 Nr. 1 soll vornehmlich Fälle außerhalb des Straßenverkehrs erfassen, wenn der Fahrerlaubnis-
     behörde Informationen vorliegen, die den Verdacht auf Alkoholabhängigkeit rechtfertigen, unabhängig von
     einem eventuell festgestellten Blutalkoholkonzentrationswert; außerdem können auch Fälle im Zusammen-
     hang mit der Teilnahme am Straßenverkehr darunter fallen, wenn besondere Umstände (z. B. Alkoholisie-
     rung früh morgens) den Verdacht auf Abhängigkeit begründen.*
3   *Absatz 1 Nr. 2 regelt die Fälle, in denen ein medizinisch-psychologisches Gutachten beigebracht werden
     muss.*
     *Dies ist insbesondere der Fall bei Fragestellungen im Zusammenhang mit Alkoholmissbrauch (Num-
     mer 2 Buchstabe a), da es hierbei im Wesentlichen um die Beurteilung des Alkoholtrinkverhaltens des Be-
     troffenen und den Umgang mit dem Alkohol geht (Frage des kontrollierten Alkoholkonsums, Trennen von
     Trinken und Fahren) und eine Verhaltensprognose erforderlich ist. Alkoholmißbrauch liegt vor, wenn ein die
     Fahrsicherheit beeinträchtigender Alkoholkonsum und das Fahren nicht hinreichend sicher getrennt werden
     kann; diese Definition ist in Anlage 4 Nr. 8.1 enthalten.*
4   *... stellt Buchstabe b gegenüber dem Punktsystem in § 4 StVG eine Spezialvorschrift dar, wonach die
     Maßnahme der Eignungsüberprüfung bereits bei einem wiederholten Alkoholverstoß zu ergreifen ist, unab-
     hängig von der Punktzahl.*
     *Unter Nummer 2 Buchstaben e und f sind außerdem alle anderen Fälle erfasst, bei denen es um die Fra-
     ge der Eignung im Zusammenhang mit Alkoholauffälligkeit im Straßenverkehr geht.*
5   Begr des Bundesrates zu der jetzigen Fassung von Satz 1 Nr. 2 Buchstabe c: *Nach einhelliger
     Auffassung in Wissenschaft und Literatur entspricht die bisher in der Fußnote 7 der Anlage 1 der Eignungs-
     richtlinien zu § 12 StVZO enthaltene Differenzierung, eine MPU bei einer BAK von 2,0 Promille oder
     mehr bzw. bei einer BAK von 1,6 bis 1,99 Promille und zusätzlichen Anhaltspunkten anzuordnen, nicht
     mehr dem aktuellen Forschungsstand. Vielmehr ist davon auszugehen, dass alkoholauffällige Kraftfahrer
     bereits mit einer BAK ab 1,6 Promille über deutlich normabweichende Trinkgewohnheiten und eine unge-
     wöhnliche Giftfestigkeit verfügen. Da diese Personen doppelt so häufig rückfällig werden wie Personen mit
     geringeren Blutalkoholkonzentrationen, ist das Erfordernis zusätzlicher Verdachtsmomente nicht mehr ver-
     tretbar. So hat das Schleswig-Holsteinische Oberverwaltungsgericht entschieden, dass es die dem Urteil vom
     7. April 1992 – 4 L 238/91 – zugrundeliegenden grundsätzlichen Ausführungen eines Gutachtens in
     diesem Sinne künftig in anhängigen Verfahren berücksichtigen werde. Insbesondere die obligatorische Anord-
     nung zur Beibringung eines Gutachtens ab einer BAK von 1,6 Promille ohne weitere Auffälligkeiten auch
     bei Ersttätern wird seitdem in der ständigen Rechtsprechung des OVG bestätigt. Dieses wird auch zuneh-
     mend in anderen Ländern praktiziert und ist bisher nicht gerichtlich beanstandet worden.*

6   **Begr** des G v. 19.7.07 (VkBl. **08** 258): **Zu S. 2:** *Durch die Änderung des § 13 wird ausgeschlossen,
     dass ein Verstoß gegen das Alkoholverbot für Fahranfänger und Fahranfängerinnen in der Probezeit mit
     einer Blutalkoholkonzentration von weniger als 0,5 Promille oder einer Atemalkoholkonzentration von
     weniger als 0,25 mg/l die Anordnung einer medizinisch-psychologischen Untersuchung zur Überprüfung
     der Fahreignung rechtfertigt.*

7   **Begr** der ÄndVO v. 18.7.08 (VkBl. **08** 567): **Zu S. 1 Nr. 1 und 2e:** *Nach der derzeitigen
     Rechtslage wird die Beurteilung von früherer Alkoholabhängigkeit und früherer Drogenabhängigkeit unter-
     schiedlich gehandhabt. Bei früherer Alkoholabhängigkeit wird im Rahmen der fachärztlichen Untersuchung
     alleine aufgrund des einjährigen Abstinenznachweises die Eignung als gegeben angesehen. Dies wird damit
     begründet, dass die Tatsache, dass der oder die Betroffene in der Lage war, ein Jahr Abstinenz einzuhalten,
     die notwendige Stabilität gewährleistet. Bei früherer Drogenabhängigkeit wird im Rahmen einer medizi-
     nisch-psychologischen Begutachtung demgegenüber in der Eignungsüberprüfung – auch flächendeckend in
     der Rechtsprechung – immer wieder differenziert auf die Prognose und die Stabilität der Verhaltensänderung
     abgehoben. Der Abstinenznachweis entsprechend den Begutachtungskriterien wird dabei lediglich als eine
     von mehreren Voraussetzungen für eine positive Begutachtung gewertet. Es ist im Hinblick auf die Verkehrs-
     sicherheit nicht ersichtlich, aus welchem Grund diese unterschiedliche Beurteilung gerechtfertigt sein sollte.
     Deshalb ist eine MPU als Eignungsuntersuchung in beiden Fällen angezeigt, um eine hinreichend klare
     Entscheidungsgrundlage für die Fahrerlaubnisbehörde zu erhalten.*

8–14 (VkBl. **08** 571): **Zu Anl 4 Nr. 8.1** (Ersetzung von *Kraftfahrzeuge* durch *Fahrzeuge*): *Die Ände-
     rung dient der sprachlichen Klarstellung und der Rechtsklarheit, da sich im Vollzug aus dem Zusammen-
     wirken der Ziffer 8.1 (Definition des Missbrauchs) und § 13 Nr. 2 Buchstabe c Unebenheiten ergeben
     haben. Ziffer 8.1 der Anlage 4 definiert Alkoholmissbrauch als das individuelle Unvermögen, einen die
     Fahrsicherheit beeinträchtigenden Alkoholkonsum und das Führen eines Kraftfahrzeugs i. S. v. § 1 Abs. 2
     StVG zu trennen. Das Unvermögen des Führens eines Fahrzeugs und einen die Verkehrssicherheit beein-
     trächtigenden Alkoholkonsum zu trennen, begründet demnach keine Fahreignungszweifel. Demgegenüber
     sieht § 13 Nr. 2 Buchstabe c die Notwendigkeit der Anordnung einer MPU bei Führen eines Fahrzeugs*

unter Alkoholeinfluss. Diese Widersprüchlichkeit ist auch beim Vollzug des § 3 (Einschränkung und Entziehung der Zulassung) hinderlich.

1. Allgemeines. Aus § 11 I S. 2 iVm Nr. 8 Anl 4 FeV ergibt sich, wann die Kraftfahreignung **15** bei Alkoholproblemen ausgeschlossen ist, **eingehend dazu § 2 StVG Rn. 44 ff.** § 13 konkretisiert die Fälle, in denen die FEB im Zusammenhang mit einer Alkoholproblematik die Fahreignung durch ein ärztliches oder medizinisch-psychologisches Gutachten zu klären hat (BVerwG NJW **17** 3318). Die Norm ist gegenüber § 11 speziell, soweit die Voraussetzungen für die Anordnung eines medizinischen oder eines medizinisch-psychologischen Gutachtens geregelt werden (VGH Ma NZV **02** 149, OVG Münster 8.1.08 16 B 1367/07, VGH Mü SVR **09** 113, DAR **17** 417, *Mahlberg* DAR **10** 1, *Borgmann* VGT **18** 167 (171) = DAR **18** 190 (191) = BA **18** 105 (108)). Für die Durchführung der Untersuchung, die Anforderungen an das Gutachten, die Rechtsbeziehungen zwischen dem Betroffenen, der FEB und dem Gutachter und die Folgen der Nichtbeibringung des Gutachtens gelten die gleichen Grundsätze wie im Rahmen des § 11 (s. dort). Auch die Ungeeignetheitsvermutung gem. § 11 VIII S. 1 kommt zur Anwendung, wenn die Klärung von Eignungszweifeln wegen einer Alkoholproblematik auf Grundlage von § 13 S. 1 in Rede steht (VGH Ma SVR **15** 430, DAR **15** 592). Zur Anfechtbarkeit der Anordnung der Gutachtenbeibringung durch die FEB s. § 11 Rn. 25. § 13 wird **direkt** in Fällen angewandt, in denen es um die Erteilung oder Verlängerung einer FE geht. Die Norm finden **entsprechend** Anwendung zur Klärung der Kraftfahreignung eines FEInhabers (§ 46 III) und wenn die Eignung zum Führen fahrerlaubnisfreier Fz oder Tiere im StrV zu klären ist (§ 3 II).

2. Die **Beibringung eines ärztlichen Gutachtens** (§ 11 II S. 3) **ist** von der FEB **anzu- 16 ordnen,** wenn Tatsachen die Annahme von **Alkoholabhängigkeit** begründen **(S. 1 Nr. 1).** Der FEB steht insoweit kein Ermessen zu (VGH Mü 11.9.18 – 11 CS 18.1708 ZfS **18** 655). Zum Begriff Alkoholabhängigkeit s. § 2 StVG Rn. 45. Bei Alkoholabhängigkeit ist keine Fahreignung gegeben (Anl 4 Nr. 8.3). Die Frage einer Alkoholabhängigkeit ist eine medizinische, keine psychologische. Daher ist zur Klärung nur ein ärztliches Gutachten geeignet (OVG Saarlouis ZfS **01** 92, VG Kassel 24.4.19 – 7 K 6587/17 BA **19** 348). Voraussetzung für eine Gutachtensanforderung ist, dass im insoweit maßgeblichen Zeitpunkt der Gutachtensanordnung **Tatsachen** vorliegen, die die Annahme von Alkoholabhängigkeit begründen; Vermutungen sind nicht ausreichend (VGH Mü VRS **125** 184, OVG Mgd 9.1.20 – 3 M 216/19 BA **20** 131). Die den Verdacht auf Alkoholabhängigkeit begründenden Tatsachen müssen nicht im Zusammenhang mit der Teilnahme des Betroffenen am StrV stehen (VGH Mü VRS **125** 184, VG Kassel 24.4.19 – 7 K 6587/17 BA **19** 348). Besteht eine Alkoholabhängigkeit, so ist die Fähigkeit zum sicheren Führen von Kfz generell aufgehoben (VGH Mü VRS **125** 184). Es geht um die Klärung, ob die Krankheit Alkoholabhängigkeit vorliegt; dafür ist unerheblich, ob die FEB durch Tatsachen ohne oder mit Bezug zum StrV auf die Klärungsbedürftigkeit aufmerksam geworden ist. Als objektive Anknüpfungstatsache kann insbes ein **hoher** ermittelter **Blutalkoholwert** des Betr im Zusammenhang mit seinem körperlichen und geistigen Befinden und Verhalten herangezogen werden (VGH Mü VRS **125** 184, OVG Mgd 9.1.20 – 3 M 216/19 BA **20** 131). Das Erreichen einer hohen BAK kann aber nur zusammen mit weiteren Kriterien, die für eine Toleranzbildung gegenüber Alkohol sprechen, als hinreichender Anhaltspunkt für eine mögliche Alkoholabhängigkeit gewertet werden (VG Augsburg ZfS **08** 117). Dabei sind umso weniger Zusatzinformationen notwendig, je näher der festgestellte BAK-Wert einem Wert von 3,0‰ kommt, da BAK-Werte ab 3,0‰ nach medizinischen Erkenntnissen mit großer Sicherheit für Alkoholabhängigkeit sprechen (VGH Mü VRS **125** 184, OVG Saarlouis BA **18** 166). Nach Begehung einer Rauschtat mit 3,03‰ ohne Bezug zum StrV ist die Annahme einer möglichen Alkoholabhängigkeit gerechtfertigt (VG Neustadt BA **17** 399). Indikatoren für Alkoholabhängigkeit sind zB sog Alkoholismusmarker. Diagnostische Kriterien der Alkoholabhängigkeit, s. *Lewrenz* ua BA **02** 289, 294. – Liegen **sowohl Hinweise auf Alkoholabhängigkeit als auch auf -missbrauch** vor, ist aus Verhältnismäßigkeitsgründen zunächst nur ein ärztliches Gutachten anzuordnen, welches das Bestehen von Alkoholabhängigkeit klärt, wobei die FEB die Fragestellung auch so formulieren kann, dass für den Fall der Verneinung von Alkoholabhängigkeit mitgeklärt wird, ob aus ärztlicher Sicht Anzeichen für Alkoholmissbrauch bestehen (VG Kassel 24.4.19 – 7 K 6587/17 BA **19** 348, GVR/*Koehl* § 13 FeV Rn. 27).

Die frühere Regelung in S. 1 Nr. 1, wonach lediglich ein ärztlichen Gutachten anzuordnen **16a** war, wenn die FE wegen Alkoholabhängigkeit entzogen war oder sonst zu klären ist, ob Abhängigkeit nicht mehr besteht, ist durch die ÄndVO v. 18.7.08 (BGBl. I S. 1338) aufgehoben worden, da in diesen Fällen eine medizinisch-psychologische Begutachtung erforderlich ist (Begr

Rn. 7), die jetzt durch S. 1 Nr. 2 Buchst. e vorgeschrieben wird (Rn. 27 f.). Abgrenzung: Ist zu klären, ob eine Person überhaupt alkoholabhängig ist, darf nur die Beibringung eines medizinischen Gutachtens gem. S. 1 Nr. 1 verlangt werden Ist über die Frage der Wiedererlangung der Fahreignung nach vorangegangener Alkoholabhängigkeit zu befinden, muss gem. S. 1 Nr. 2 Buchst. e die Beibringung eines medizinisch-psychologischen Gutachtens angeordnet werden (VGH Mü SVR **11** 275).

17   3. Die **Beibringung eines medizinisch-psychologischen Gutachtens** (Gutachten einer amtlich anerkannten Begutachtungsstelle für Fahreignung, § 11 III S. 1) **ist** von der FEB in den in **S. 1 Nr. 2** abschließend aufgezählten Fällen **anzuordnen.** Mit den Tatbeständen des S. 1 Nr. 2 werden verschiedene Lebenssachverhalte erfasst, die je selbständig zur Anordnung der Beibringung eines medizinisch-psychologischen Gutachtens verpflichten. Diese Tatbestände stehen jedoch nicht beziehungslos nebeneinander. Vielmehr hat der VOGeber mit ihnen einen Rahmen geschaffen, bei dessen Ausfüllung auch die jeweils anderen Tatbestände und die ihnen zugrunde liegenden Wertungen zu berücksichtigen sind (BVerwG NJW **17** 3318). Daraus folgt etwa, dass eine einmalige Trunkenheitsfahrt mit einer BAK unter 1,6‰ ohne zusätzliche aussagekräftige Umstände nicht genügt, um als sonstige Tatsache iSv S. 1 Nr. 2 Buchst. a Alt 2 die Annahme künftigen Alkoholmissbrauchs zu begründen (Rn. 20, 26a).

17a   Die Anordnung steht nicht im Ermessen der FEB (OVG Saarlouis ZfS **01** 92, 93, VGH Ma NZV **02** 149, 150, VGH Mü BA **11** 188, VG Augsburg BA **05** 193, 194f., VG Hb BA **08** 217, *Petersen* ZfS **02** 56, 58). Das Gutachten dient dem Rechtsanwender als Hilfestellung bei der Beurteilung der Frage, ob der Betroffene gegenwärtig zum Führen von Fz bzw. Kfz geeignet ist; es enthebt ihn nicht einer kritischen Würdigung und Subsumtion des Einzelfalles unter die anzuwendenden Vorschriften (VG Mü 19.2.08 M 6b S 08.278, VG Ol ZfS **08** 353).

18   3a. Die Anordnung eines medizinisch-psychologischen Gutachtens hat nach **S. 1 Nr. 2 Buchst. a** zu erfolgen, wenn entweder nach einem gem. S. 1 Nr. 1 eingeholten ärztlichen Gutachten zwar keine Alkoholabhängigkeit, aber **Anzeichen für Alkoholmissbrauch** vorliegen (1. Alternative) oder sonst Tatsachen die **Annahme von Alkoholmissbrauch** begründen (2. Alternative). Zum **Begriff Alkoholmissbrauch** s. § 2 StVG Rn. 46.

19   Für **S. 1 Nr. 2 Buchst. a Alt 1** muss ein gem. S. 1 Nr. 1 eingeholtes ärztliches Gutachten (§ 11 II) vorliegen, aus dem sich ausdrücklich ergibt, dass bei dem Betroffenen zwar keine Alkoholabhängigkeit vorliegt, aber Anzeichen für Alkoholmissbrauch iSv Anl 4 Nr. 8.1 gegeben sind. Ob die Begutachtungsstelle für Fahreignung nach vorangegangenem ärztlichen Gutachten erneut eine ärztliche Untersuchung vorzunehmen oder sich auf den psychologischen Teil der medizinisch-psychologischen Untersuchung zu beschränken hat, ist im Einzelfall unter Berücksichtigung des Verhältnismäßigkeitsgrundsatzes zu entscheiden (*Geiger* DAR **03** 494 (496), DAR **11** 244). Ein im Rahmen eines ärztlichen Gutachtens nach S. 1 Nr. 1 festgestellter deutlich erhöhter CDT-Wert kann nicht Alkoholmissbrauch iSd Anl 4 Nr. 8.1 indizieren, da der Wert allein noch nichts über die Fähigkeit sagt, Fahren und einen die Fahrsicherheit beeinträchtigenden Alkoholkonsum hinreichend sicher trennen zu können (aA OVG Saarlouis ZfS **05** 106, BHHJ/*Hühnermann* § 3 StVG Rn. 18a).

20   Für **S. 1 Nr. 2 Buchst. a Alt 2** müssen **Tatsachen** feststehen, die die **Annahme von Alkoholmissbrauch** – dh des Unvermögens zur zuverlässigen Trennung eines die Fahrsicherheit beeinträchtigenden Alkoholkonsums und des Führens von Fz (Nr. 8.1 Anl 4) – begründen. Bei der Auslegung von S. 1 Nr. 2 Buchst. a Alt 2 ist zu berücksichtigen, dass der VOGeber mit den Tatbeständen des S. 1 Nr. 2 einen Rahmen geschaffen hat, bei dessen Ausfüllung auch die jeweils anderen Tatbestände und die ihnen zugrunde liegenden Wertungen zu berücksichtigen sind (BVerwG NJW **17** 3318, s. Rn. 17). S. 1 Nr. 2 Buchst. a Alt 2 ist eine **Auffangregelung** für Fallkonstellationen, die nicht unter S. 1 Nr. 2 Buchst. b–e fallen (OVG Saarlouis ZfS **01** 92 (94), 4.7.18 – 1 A 405/17 ZfS **18** 596, VGH Ma NZV **02** 580, VRS **123** 356 , NJW **14** 484, SVR **15** 430, DAR **15** 592, OVG Ko ZfS **06** 713 (715), OVG Mgd NJW **09** 1829, OVG Br NJW **12** 473, VGH Mü BA **12** 340, OVG Münster 29.7.15 BA **15** 350, VG Ol DAR **10** 42, *Mahlberg* DAR **10** 1, *Tepe* DAR **13** 372, *Haus* ZfS **14** 479, aA VGH Mü SVR **09** 113, BA **09** 299, *Geiger* SVR **10** 82). Es müssen also nicht wiederholt (verwertbare) Zuwiderhandlungen im StrV unter Alkoholeinfluss begangen worden sein und es muss nicht ein Fz im StrV bei einer BAK von 1,6‰ bzw. einer AAK von 0,8 mg/l geführt worden sein. Aber es müssen **Tatsachen** bekannt sein, aus denen die **Annahme** abgeleitet werden kann, dass der Betroffene das **Führen von Fahrzeugen** und einen die Fahrsicherheit beeinträchtigenden **Alkoholkonsum nicht** hinreichend sicher **trennen** kann (VGH Mü SVR **12** 236, VGH Ma VRS **123** 356, OVG Lüneburg

DAR **17** 159). EdF durch das Strafgericht nach einmaliger Trunkenheitsfahrt mit einer BAK von weniger als 1,6‰ berechtigt die FEB nicht, die Neuerteilung der FE allein wegen der strafgerichtlichen EdF von einem positiven medizinisch-psychologischen Gutachten abhängig zu machen (Rn. 26a). Nach einer Trunkenheitsfahrt mit einer BAK unter 1,6‰ besteht Anlass für die Anordnung eines Gutachtens nach S. 1 Nr. 2 Buchst. a Alt 2 somit nur dann, wenn **zusätzliche konkrete Anzeichen für die Annahme künftigen Alkoholmissbrauchs,** also die **Erwartung** vorliegen, dass das Führen von Fz und ein die Fahrsicherheit beeinträchtigender Alkoholkonsum (in der Zukunft) nicht hinreichend sicher getrennt werden können (BVerwG NJW **17** 3318, VGH Mü 11.3.19 – 11 ZB 19.448 BeckRS 2019, 7142, OVG Mgd 22.4.20 – 3 M 30/20 NJW **20** 2129). Es muss sich um **konkrete Tatsachen** handeln, anonyme Hinweise reichen nicht aus (OVG Saarlouis ZfS **01** 92, 94 f.). Die Tatsachen können der FEB etwa durch Mitteilungen der Polizei nach § 2 XII StVG bekannt werden. Zusatztatsachen können sich auch aus den tatsächlichen Feststellungen des strafgerichtlichen Urteils, die jenseits der Feststellung der Fahrungeeignetheit liegen, ergeben (VGH Mü 8.10.18 – 11 CE 18.1531 BeckRS 2018, 24996). S. 1 Nr. 2 Buchst. a Alt 2 setzt nicht voraus, dass ein ärztliches Gutachten mit Hinweisen auf Alkoholmissbrauch vorliegt (VGH Ma NJW **14** 484, SVR **15** 430, DAR **15** 592). Die Aussagen von nahen Angehörigen können herangezogen werden, wenn sich aus diesen ergibt, dass der Betroffene regelmäßig Alkohol konsumiert und eine überdurchschnittliche Alkoholgewöhnung vorliegt (OVG Lüneburg DAR **07** 227). Atemalkoholbestimmung durch nicht geeichte Vortestgeräte kann als Grundlage für Ermittlungsmaßnahmen der FEB verwendet werden, wenn ein Sicherheitsabschlag in Höhe von 10–15 % des ermittelten Messergebnisses zu Gunsten des Betr berücksichtigt wird (VG Trier DAR **18** 344).

Die die Annahme von Alkoholmissbrauch begründenden Tatsachen, etwa eine konkrete Alko- **21** holauffälligkeit, müssen **nicht im Zusammenhang mit einer Teilnahme am StrV** stehen (VGH Ma NZV **02** 582, NJW **14** 484, OVG Ko ZfS **06** 713, OVG Lüneburg DAR **07** 227, DAR **17** 159, OVG Mgd NJW **09** 1829, OVG Br 19.10.11 – 2 B 148/11 NJW **12** 473, 13.8.20 – 2 B 143/20 BeckRS 2020, 20039, OVG Münster NZV **14** 236, BA **15** 350, OVG Schl BA **18** 271, VG Trier DAR **18** 344, aM VGH Kassel 9.11.00 2 TG 3571/00 = DVBl **01** 843 Ls, *Himmelreich* DAR **02** 60, *Hillmann* ZfS **04** 49, *Bode/Winkler* § 7 Rn. 18). Allein **erheblicher Alkoholkonsum** oder **massive Alkoholgewöhnung** reichen aber nicht aus, um Alkoholmissbrauch iSd Anl 4 Nr. 8.1 anzunehmen; es müssen **weitere Anhaltspunkte** für ein **fehlendes Trennungsvermögen** hinzutreten (BVerwG NZV **13** 462, OVG Mgd NJW **09** 1829, OVG Münster BA **15** 350, VGH Mü DAR **16** 41, OVG Br 13.8.20 – 2 B 143/20 BeckRS 2020, 20039). Dies ist insbes in zwei Fallgruppen anzunehmen: Die **erste Fallgruppe** betrifft Personen, die – zB als Berufskraftfahrer – in besonderer Weise auf das regelmäßige Führen eines Kfz im StrV angewiesen sind und bei denen aufgrund eines häufigen und intensiven unkontrollierten Alkoholkonsums davon auszugehen ist, dass es nur eine Frage der Zeit ist, bis sie in den Konflikt geraten, am StrV berufsbedingt teilnehmen zu müssen, obwohl sie alkoholbedingt fahruntüchtig sind (OVG Br 19.10.11 – 2 B 148/11 NJW **12** 473, 13.8.20 – 2 B 143/20 BeckRS 2020, 20039). Das ist zB der Fall bei einem weit überdurchschnittlich alkoholgewöhnten Berufskraftfahrer mit annähernd täglichem Einsatz (VGH Ma NZV **02** 580, NZV **02** 582, NJW **14** 484, OVG Ko VD **17** 245, VG Sigmaringen DAR **02** 94 (abl *Himmelreich* DAR **02** 60, 61, *Hillmann* ZfS **04** 49, 50), VG Neustadt SVR **15** 316) oder bei einer Person mit häufig wiederkehrendem Konsum großer Mengen Alkohols, die beruflich auf das regelmäßige Führen eines Kfz im StrV angewiesen ist (OVG Ko ZfS **06** 713, ZfS **07** 656, 660, OVG Lüneburg DAR **07** 227, OVG Mgd NJW **09** 1829, VGH Mü SVR **12** 236, OVG Münster BA **15** 350, VG Trier DAR **18** 344). Die **zweite Fallgruppe** betrifft Personen, die **mehrere schwere Alkoholisierungen** aufweisen und unter diesen Alkoholisierungen ein Ausmaß an unbeherrschter Aggressivität und Rücksichtslosigkeit gegen die Interessen anderer offenbaren, das auf einen **allgemeinen Kontrollverlust unter Alkoholeinfluss** hinweist. Ein derartiger allgemeiner Kontrollverlust begründet hinreichende Zweifel, ob der Betr die nötige Selbstkontrolle aufbringen wird, um von der Teilnahme am StrV unter Alkoholeinfluss abzusehen (OVG Br 19.10.11 – 2 B 148/11 NJW **12** 473, 13.8.20 – 2 B 143/20 BeckRS 2020, 20039, s. auch VGH Ma NJW **14** 484). Anzeichen für Alkoholmissbrauch sind auch gegeben, wenn eine **gewisse Dauer regelmäßigen Alkoholkonsums mit Erreichen hoher BAK-Werte** angenommen werden kann, soweit es Anzeichen dafür gibt, dass die Fähigkeit, Trinken und Fahren zu trennen, nicht gewährleistet ist. Dies ist zB der Fall, wenn ein Kf nach einem VUnfall mit einem nur geringen Sachschaden bei bereits bestehender Alkoholisierung von mindestens 0,8‰ in kurzer Zeit drei Obstschnäpse und drei 0,5-Liter-Flaschen Bier trinkt und dadurch eine BAK von 1,97‰ erreicht wird (VGH Ma NZV **00** 269) oder wenn ein Kf unmittelbar nach einem unter Einfluss einer BAK von wesentlich über 1,1‰ verursachten VUnfall so viel Alkohol trinkt, dass er über 2,2‰ erreicht (VG Augsburg BA **05** 193). Tatsachen für die Annahme eines Alkoholmissbrauchs können auch darin liegen, dass der Betr trotz einer aus Anlass einer Verkehrskontrolle bei ihm festgestellten **hohen BAK keine Ausfallerscheinungen** gezeigt hat, (VGH Mü 11.3.19 – 11 ZB 19.448 BeckRS 2019, 7142, OVG Mgd 22.4.20 – 3 M 30/20 NJW **20** 2129). Annahme von Alkoholmissbrauch ist aber nicht begründet, wenn eine massiv an Alkohol gewöhnte Person noch nie in alkoholisiertem Zustand im StrV aufgefallen ist und es keinerlei Anhaltspunkte dafür gibt, dass sie in der Zukunft vor Wiedererlangung der Fahrsicherheit am StrV teilnehmen wird (OVG Ko ZfS **07** 656, VG Trier DAR **18** 344).

22   **3b.** Die Anordnung eines medizinisch-psychologischen Gutachtens hat nach **S. 1 Nr. 2 Buchst. b** zu erfolgen, wenn **wiederholt Zuwiderhandlungen im StrV unter Alkoholeinfluss** begangen wurden. Verstöße ausschließlich gegen § 24c StVG (Alkoholverbot für Fahranfänger) sind dabei nicht zu berücksichtigen (S. 2). Die FEB muss auch dann die Beibringung eines medizinisch-psychologischen Gutachtens anordnen, wenn durch die wiederholten Zuwiderhandlungen die für eine EdF nach dem **FEigBewSystem** des § 4 StVG erforderliche Punktzahl noch nicht erreicht ist; insoweit ist § 13 S. 1 Nr. 2 Buchst. b speziell (Begr Rn. 4, VG Augsburg BA **03** 264, VG Stade BA **07** 402, 403, s. § 4 StVG Rn. 35). Die Abgrenzung, ob eine einmalige oder eine **wiederholte Zuwiderhandlung** im StrV unter Alkoholeinfluss vorliegt, kann nicht anhand des Handlungsbegriffs des materiellen Straf- bzw. Ordnungswidrigkeitenrechts vorgenommen werden. Für wiederholte Zuwiderhandlungen bedarf es **mehrerer eigenständiger, getrennter Lebenssachverhalte,** die den Rückschluss auf einen problematischen Umgang mit Alkohol rechtfertigen (VGH Mü 6.8.12 11 B 12.416). Eine Trunkenheitsfahrt, die im strafrechtlichen Sinn mehrere Straftaten verwirklicht und in **Tatmehrheit** nach § 53 StGB abgeurteilt wird, stellt keine wiederholte Zuwiderhandlung dar, wenn es sich um einen einheitlichen natürlichen Lebenssachverhalt ohne eindeutige Zäsur handelt (VG Meiningen 28.2.07 – 2 E 671/06 BA **07** 404, *Mahlberg* DAR **08** 233, *Koehl* NZV **16** 360, aA VG Fra 7.7.05 6 E 989/05). Bei einer unterbrochenen Trunkenheitsfahrt kommt es darauf an, ob aus der fortgesetzten Trunkenheitsfahrt ein wesentlicher zusätzlicher Gefahrenverdacht ersichtlich geworden ist (OVG Münster 11.1.18 – 16 B 1465/17 NZV **19** 158 = VRS **135** 53). Da *Zuwiderhandlung* iS von S. 1 Nr. 2b nicht nur Straftaten (zB §§ 315c, 316 StGB), sondern auch Ordnungswidrigkeiten sind (OVG Münster BA **15** 56), ist die Gutachtenbeibringung nach dem insoweit nicht auslegungsfähigen Wortlaut der Bestimmung schon nach wiederholter OW gem. § 24a I StVG zwingend vorgeschrieben, auch wenn jeweils eine BAK von nur 0,5‰ (oder 0,25 mg/l AAK) festgestellt worden ist (VG Augsburg BA **03** 264, VG Würzburg BA **15** 293, *Bouska/Laeverenz* § 13 FeV Anm 3b, *Petersen* ZfS **02** 56, 58). S. 1 Nr. 2 Buchst. b setzt **mindestens zwei verwertbare Zuwiderhandlungen** voraus (VGH Mü BA **10** 368, VGH Ma DAR **11** 164, VG Augsburg BA **03** 264, VG Ansbach VRS **108** 390 (395)). Grundsätzlich genügen **auch Auslandstaten,** wenn diese in gleichem Maße hinreichend nachgewiesen sind, wie dies bei entsprechenden Zuwiderhandlungen im Inland gefordert werden müsste (OVG Greifswald NJW **08** 3016 (Anm *Schlie* DAR **08** 717), VGH Mü BA **10** 368, VG Augsburg BA **03** 264, VG Gera 6.11.18 – 3 E 1514/18 BA **19** 279, *Koehl* DAR **17** 604). Wie lange einem Betroffenen ein in der **Vergangenheit** liegendes Fehlverhalten entgegengehalten werden darf, richtet sich nach hM allein nach den Tilgungs- und Verwertungsbestimmungen, insbes § 29 StVG (VGH Mü 22.3.07 11 CS 06.1634, 6.5.08 11 CS 08.551, BA **12** 63, NJW **15** 3050, OVG Greifswald NJW **08** 3016, OVG Münster VRS **123** 187, OVG Bautzen 25.7.14 3 B 483/13, OVG Saarlouis 5.2.18 ZfS **18** 237, VG Hb BA **08** 217, VG Ansbach BA **13** 211, VG Würzburg BA **15** 293). Für eine zusätzliche einzelfallbezogene Prüfung, ob der Sachverhalt wegen Zeitablaufs noch verwertbar ist, ist grds. kein Raum (OVG Bautzen 30.4.19 – 3 B 74/19 BA **19** 272). Eine Einzelfallprüfung, ob die Verdachtsmomente noch einen relevanten Gefahrenverdacht begründen, ist danach nur vorzunehmen, wenn sich die Zweifel an der Fahreignung aus länger zurückliegenden Umständen herleiten, die nicht in das FAER einzutragen waren, da es dann an einer normativen Aussage darüber fehlt, wie lange ein solcher Sachverhalt berücksichtigungsfähig ist (VGH Mü 6.5.08 – 11 CS 08.551 BeckRS 2013, 49765 mit Bezugnahme auf das frühere VZR). Es ist fraglich, ob diese Auffassung mit dem Grundsatz der Verhältnismäßigkeit vereinbar ist (vgl. Rn. 24, § 14 Rn. 23). Zwischen zwei Trunkenheitsfahrten können mehrere Jahre liegen, solange keine Tilgungsreife eingetreten ist (OVG Bautzen BA **10** 48, VGH Ma DAR **11** 164, OVG Münster 25.10.13 16 B 856/13, *Geiger* SVR **07** 445). Zwischenzeitlich vorgelegtes positives Eignungsgutachten und der Umstand der Neuerteilung der FE hindert nicht die Verwertung einer davor liegenden Tat, wenn die durch

das Gutachten ausgeräumten Eignungszweifel durch eine neue Tat wieder aufgelebt sind (VGH Mü 7.12.15 11 ZB 15.2271, VG Ansbach BA **13** 211, VG Würzburg BA **15** 293). Ist von zwei alkoholbedingten Auffälligkeiten im StrV eine getilgt und damit nicht mehr verwertbar, ist S. 1 Nr. 2 Buchst. b mangels *wiederholter* Zuwiderhandlungen nicht anwendbar (OVG Greifswald ZfS **13** 595); in diesem Fall kann auch nicht auf S. 1 Nr. 2 Buchst. e zurückgegriffen werden (OVG Münster 8.1.08 16 B 1367/07). Für die Beurteilung der **Rechtmäßigkeit der Anordnung eines Gutachtens** ist auf den **Zeitpunkt der Gutachtenanforderung** abzustellen; ein danach eintretendes Verwertungsverbot für einen Verkehrsverstoß lässt die Rechtmäßigkeit der darauf gestützten Gutachtenanordnung nicht rückwirkend entfallen (OVG Bautzen 18.5.20 – 6 B 346/19 BA **20** 238, § 11 Rn. 55a mwN).

3c. Die Anordnung eines medizinisch-psychologischen Gutachtens hat nach **S. 1 Nr. 2** **23** **Buchst. c** zu erfolgen, wenn ein **Fahrzeug im StrV mit 1,6 Promille bzw. 0,8 mg/l** oder mehr geführt wurde. Die 1998 vom VOGeber auf der Grundlage seines damaligen Erkenntnisstands festgelegte Annahme, dass von einem fehlenden Trennungsvermögen nach einer einmaligen Trunkenheitsfahrt erst bei einer BAK von 1,6‰ oder mehr ohne Weiteres auszugehen ist, ist nicht unvertretbar (BVerwG NJW **17** 3318).

Die Norm setzt nach ihrem klaren Wortlaut nicht das Führen eines Kfz, sondern lediglich ei- **23a** nes Fahrzeugs voraus (BVerwG NJW **08** 2601, NJW **13** 2696). Die Teilnahme am StrV mit einem **Fahrrad** ist somit ausreichend (BVerwG NJW **08** 2601, NJW **13** 2696, OVG Münster ZfS **00** 272, NJW **01** 3427, 3428 f., OVG Greifswald NZV **07** 53, OVG Lüneburg BA **08** 146, NZV **12** 149, VGH Ma NJW **12** 3321, VGH Ka NJW **11** 1753, OVG Weimar VRS **123** 183, DAR **12** 721, VGH Mü 2.1.19 – 11 C 18.2646 BeckRS 2019, 243). Gutachtensanordnung hat auch bei erstmaliger Trunkenheitsfahrt mit einem Fahrrad mit einer BAK von 1,6‰ und mehr zu erfolgen (OVG Greifswald NJW **15** 363, VGH Mü 7.1.20 – 11 CS 19.2237 DAR **20** 229). Die Teilnahme am StrV in erheblich alkoholisiertem Zustand stellt mit jedem Fahrzeug und somit auch mit einem Fahrrad eine gravierende Gefahr für die Sicherheit des StrV dar (VGH Mü 19.8.19 – 11 ZB 19.1256 BA **19** 418, 7.1.20 – 11 CS 19.2237 DAR **20** 229). Unerheblich ist, ob mit dem Fahrrad auf der Straße oder auf dem Gehweg gefahren wurde (OVG Weimar VRS **123** 183). Führen eines **Fahrrades** im StrV mit einer BAK von 1,6‰ oder mehr begründet Zweifel nicht nur an der Eignung zum Führen von Fahrrädern, sondern auch an der **Eignung zum Führen von Kfz** (BVerwG NJW **08** 2601, OVG Lüneburg NZV **12** 149, OVG Weimar VRS **123** 183, OVG Mgd BA **13** 255). Ist nach Teilnahme am StrV mit einem Fahrrad auch EdF beabsichtigt, muss sich die Fragestellung an den Gutachter auch auf die Frage beziehen, ob zu erwarten ist, dass ein Kfz unter Alkoholeinfluss geführt werde (OVG Lüneburg NZV **12** 149). Von Personen, die mit einer BAK von 1,6‰ oder mehr als Fahrradfahrer am StrV teilgenommen haben, kann die Vorlage eines Gutachtens gefordert werden, das der Klärung der Frage dient, ob es verantwortet werden kann, dem Betr weiterhin die Verkehrsteilnahme mit nicht fahrerlaubnispflichtigen Fz zu ermöglichen, auch wenn der Betr nicht Inhaber einer FE ist (§ 3 FeV Rn. 14).

BAK von 1,6‰ zum Zeitpunkt der Fahrt muss nachgewiesen sein; S. 1 Nr. 2 Buchst. c lässt **23b** anders als § 24a StVG nicht auch eine entsprechende Alkoholmenge im Körper genügen (VGH Ma 18.6.12 – 10 S 452/10 VRS **123** 356, aA OVG Mgd 9.10.09 BA **10** 46, offen gelassen von VGH Mü 21.2.19 – 11 CS 18.2277 DAR **19** 220). Die Voraussetzungen von S. 1 Nr. 2 Buchst. c können auch vorliegen, wenn das Strafurteil den BAK-Wert nicht ausdrücklich festgestellt hat, aus den übrigen Feststellungen des Urteils aber das Erreichen der dort genannten Werte folgt (VGH Ma NZV **00** 269). Knappes Überschreiten von 1,6‰ („lediglich" 1,62‰) entlastet nicht (OVG Greifswald NZV **07** 53, VGH Mü BA **12** 63, VG Mainz BA **08** 275 (278)). S. 1 Nr. 2 Buchst. c lässt die Berücksichtigung einer Atemalkoholkonzentration als Anlass für eine medizinisch-psychologische Begutachtung ausdrücklich zu (OVG Berlin 15.11.18 – 1 B 5.18 ZfS **19** 235). Zur Verwertbarkeit von Atemalkoholmessungen s. im Übrigen § 24a StVG Rn. 16 ff.

Die Voraussetzungen von S. 1 Nr. 2 Buchst. c sind auch bei **Auslandstat** erfüllt, wenn diese **23c** nach inländischen Maßstäben hinreichend sicher nachgewiesen ist (VGH Mü BA **12** 340, OVG Münster NJW **15** 267, NJW **17** 903, OVG Berlin 15.11.18 – 1 B 5.18 ZfS **19** 235 – jeweils Polen, VG Augsburg BA **03** 264 – Italien, VG Mü BA **07** 65 – Österreich, VG Münster BA **14** 299 – Polen, VG Cottbus BA **16** 286, *Koehl* DAR **17** 604).

S. 1 Nr. 2 Buchst. c setzt voraus, dass ein Fz **im Straßenverkehr geführt** wurde (VGH Mü **23d** 21.2.19 – 11 CS 18.2277 DAR **19** 220). Der Begriff des StrV bezieht sich auf Vorgänge im öffentlichen Verkehrsraum (§ 1 StVO Rn. 13 ff.). Dazu kann auch eine Hoffläche gehören, wenn die

Umstände des Einzelfalles für eine stillschweigende Duldung der Benutzung zum Parken durch Besucher einer benachbarten Gaststätte sprechen (OVG Münster BA **12** 118). Der Begriff des FzFührens ist identisch mit demjenigen in §§ 316 StGB, 24a StVG; daher reichen vorbereitende Handlungen (zB Motoranlassen) nicht aus (aM OVG Saarlouis ZfS **01** 92, 93 f., *Geiger* NZV **05** 623 (626)). **Führen eines Fahrrades** liegt vor, wenn sich Fahrrad und Fahrer zusammen bewegen; ob die Bewegungsenergie aus einem aktuellen oder vorhergehenden Betätigen der Pedale oder aus der Schwerkraft beim Befahren einer Gefällstrecke herrührt, ist unerheblich (VGH Mü NJW **15** 1626, VG Ansbach 3.7.14 - 10 K 13.01 882).

24　　Umstritten ist, inwieweit **länger zurückliegende Trunkenheitsfahrten** als Anlass für die Aufforderung zur Gutachtenbeibringung herangezogen werden können. Nach überwiegender Auffassung der Rspr. richtet sich die Berücksichtigungsfähigkeit allein nach der Eintragung im FAER (VGH Mü BA **12** 63, 19.8.19 – 11 ZB 19.1256 BA **19** 418, OVG Münster NZV **14** 543, OVG Greifswald NJW **15** 363, VG Dr 27.7.15 6 L 633/15, VG Br 12.11.15 5 K 2184/13, VG Mü NZV **18** 343). Sind die tatbestandlichen Voraussetzungen des S. 1 Nr. 2 Buchst. c durch eine noch verwertbare Tat erfüllt, liegen danach idR schon deshalb Tatsachen vor, die Zweifel an der Kraftfahreignung begründen; für eine Einzelfallbetrachtung sei dann kein Raum mehr (OVG Lüneburg 7.5.19 – 12 ME 71/19 NZV **19** 654 = ZfS **19** 419). Von einem Teil der Rspr. wird dagegen aus dem Grundsatz der Verhältnismäßigkeit abgeleitet, dass nicht jede in der Vergangenheit liegende, im FAER noch nicht getilgte Fahrt unter Alkoholeinfluss als Grundlage für die Anordnung eines medizinisch-psychologischen Gutachtens herangezogen werden kann (OVG Weimar VRS **123** 183, VG Neustadt ZfS **06** 358). Die seit der Trunkenheitsfahrt verstrichene Zeit stehe einer Gutachtenanordnung jedoch nicht entgegen, wenn der Alkoholkonsum nach seinem Gewicht und unter zeitlichen Gesichtspunkten noch geeignet ist, die Kraftfahreignung in Zweifel zu ziehen. Schematische zeitliche Begrenzungen seien nicht möglich, weil immer eine Einzelfallbetrachtung erforderlich sei. – Die Rspr. hat Trunkenheitsfahrt mit Fahrrad vor 3¹⁄₂ Jahren (VG Neustadt ZfS **06** 358), vor gut 5 Jahren (VG Fra/O BA **12** 225), vor 7 Jahren (OVG Lüneburg BA **08** 146, VG Mü NZV **18** 343) und vor fast 10 Jahren (OVG Lüneburg 7.5.19 – 12 ME 71/19 ZfS **19** 419) als Anlass für Vorgehen nach S. 1 Nr. 2 Buchst. c akzeptiert.

25　　Zur Anwendung von S. 1 Nr. 2 Buchst. c bei fast 10 Jahre zurückliegender Verurteilung (§§ 65 IX S. 2 StVG aF, 52 II BZRG) s.VG Hb NVwZ-RR **03** 754. Die Regelung in S. 1 Nr. 2 Buchst. c (nicht § 15b StVZO alt) ist auch anzuwenden, wenn Tat oder Verurteilung vor Inkrafttreten der FeV liegen (OVG Münster ZfS **00** 272). Gutachtenanforderung bei Werten unter 1,6‰: s. § 11 Rn. 35e, 37.

26　　**3d.** Die Anordnung eines medizinisch-psychologischen Gutachtens hat nach **S. 1 Nr. 2 Buchst. d** zwingend vor Neuerteilung einer FE zu erfolgen, wenn die frühere FE aus einem der in S. 1 Nr. 2 Buchst. a bis c genannten Gründe (Alkoholmissbrauch iSd Anl 4 Nr. 8.1, wiederholte Zuwiderhandlungen im StrV unter Alkoholeinfluss, Führen eines Fz im StrV bei 1,6‰ oder 0,8 mg/l oder mehr) entzogen wurde. Aus dieser Rückbindung folgt, dass auch im Zusammenhang mit dem Tatbestand des S. 1 Nr. 2 Buchst. d die Systematik und Wertung dieser Gründe zu beachten ist (BVerwG NJW **17** 3318). Die Vorschrift hat lediglich klarstellende Funktion, denn auch bei ihrem Fehlen wären vor Neuerteilung einer FE S. 1 Nr. 2 Buchst. a–c zu beachten (BVerwG NJW **17** 3318, *Mahlberg* DAR **17** 514). EdF iSv S. 1 Nr. 2 Buchst. d ist nicht nur die verwaltungsbehördliche, sondern **auch die strafgerichtliche Entziehung** (BVerwG NJW **13** 3670, NJW **17** 3318, VGH Ma VRS **123** 356, NJW **14** 1833, SVR **15** 430, DAR **15** 592, OVG Greifswald ZfS **13** 595, VGH Mü DAR **15** 35, DAR **16** 41). Es ist unschädlich, dass der VOGeber anders als bei § 14 II Nr. 1 (§ 14 Rn. 5, 22) hier keine entsprechende Klarstellung des Wortlauts vorgenommen hat (BVerwG NJW **13** 3670, VGH Ma SVR **15** 430, DAR **15** 592, VGH Mü DAR **16** 41). Den Antragsteller trifft in diesem Fall eine Pflicht zum Eignungsnachweis (VG Freiburg 16.8.12 4 K 1363/12). Zur Wiedererlangung der Fahreignung nach Alkoholmissbrauch § 2 StVG Rn. 50. Offen ist, ob S. 1 Nr. 2 Buchst. d auch Fälle erfasst, in denen EdF auf § 11 VIII infolge Nichtbeibringung eines nach S. 1 Nr. 2 Buchst. a bis c angeordneten medizinisch-psychologischen Gutachtens beruhte (ablehnend VGH Mü SVR **12** 236, *Koehl* SVR **12** 413 (417), offen gelassen von VGH Ma VRS **123** 356).

26a　　Ist nach einer **einmaligen Trunkenheitsfahrt** mit einer **BAK von weniger als 1,6‰** die FE **durch das Strafgericht entzogen** worden, darf die FEB die Neuerteilung nicht allein wegen dieser EdF von der Beibringung eines positiven medizinisch-psychologischen Gutachtens abhängig machen (BVerwG 3 C 13/16 NJW **17** 3318, 3 C 24.15 DAR **17** 533 = NZV **17** 445, OVG Berlin BA **18** 269, OVG Saarlouis 4.7.18 – 1 A 405/17 NZV **18** 535 = ZfS **18** 596, VGH

Mü 11.3.19 – 11 ZB 19.448 BeckRS 2019, 7142, OVG Mgd 22.4.20 – 3 M 30/20 NJW **20** 2129). Lag die BAK unter 1,6‰, so bedarf es bei einer einmalig gebliebenen Zuwiderhandlung im StrV unter Alkoholeinfluss **zusätzlicher Tatsachen,** die die Annahme künftigen Alkoholmissbrauchs begründen; die EdF durch das Strafgericht genügt für sich gesehen nicht (BVerwG NJW **17** 3318, VGH Ma DAR **18** 44 (Aufgabe der früheren Rspr.), OVG Greifswald 19.3.19 – 3 M 291/18 BA **19** 214, s. Rn. 20). Da bei Anwendung des Tatbestands des S. 1 Nr. 2 Buchst. d iVm Buchst. a Alt 2 die Systematik und Wertung des Tatbestands nach Buchst. a Alt 2 zu beachten ist (Rn. 26), ist es nicht zulässig, sich davon zu lösen und die strafgerichtliche EdF im Fall einer Trunkenheitsfahrt zum eigenständigen Sachgrund für die Anordnung einer medizinisch-psychologischen Untersuchung zu machen (BVerwG NJW **17** 3318). Zwar kann ein strafgerichtliches Urteil tatsächliche Feststellungen enthalten, die als Zusatztatsachen im Fall einer BAK, die für sich gesehen die Anforderung eines Gutachtens nicht rechtfertigt, die Annahme von Alkoholmissbrauch gem. S. 1 Nr. 2 Buchst. a Alt 2 begründen können. Die Eignungsbeurteilung, die als wertende Erkenntnis des Strafgerichts der EdF nach § 69 StGB zugrunde liegt, kann jedoch für sich gesehen nicht als Zusatztatsache iSv S. 1 Nr. 2 Buchst. a Alt 2 herangezogen werden, denn hierdurch würde die in S. 1 Nr. 2 Buchst. d vorgeschriebene Bindung an die Gründe des S. 1 Nr. 2 Buchst. a-c unterlaufen (BVerwG NJW **17** 3318). Außerdem würde dann die auf dem System des Strafrechts beruhende strafgerichtliche Eignungsbeurteilung im Neuerteilungsverfahren an die Stelle der Voraussetzungen der FeV für die Anordnung der Beibringung eines medizinisch-psychologischen Gutachtens treten, was weder im StGB noch in S. 1 Nr. 2 Buchst. d vorgesehen ist (BVerwG NJW **17** 3318). Die früher vertretene **abweichende Auffassung,** nach einer strafgerichtlichen EdF, die auf einer Teilnahme am StrV unter Alkoholeinfluss beruht, sei im Neuerteilungsverfahren ausnahmslos und ohne Rücksicht auf den Alkoholgehalt im Blut und ohne Hinzutreten weiterer Umstände die Beibringung eines medizinisch-psychologisches Gutachtens nach S. 1 Nr. 2 Buchst. d anzuordnen (VGH Ma 18.6.12 VRS **123** 356, 15.1.14 NJW **14** 1833, OVG Greifswald 22.5.13 ZfS **13** 595, VGH Mü 17.11.15 BayVBl **16** 229 = DAR **16** 41 (Datum falsch), 8.3.16 11 BV 15.1589), ist durch BVerwG NJW **17** 3318 **überholt.**

3e. Die Anordnung eines medizinisch-psychologischen Gutachtens hat nach **S. 1 Nr. 2** **27** **Buchst. e** zu erfolgen, wenn sonst zu klären ist, **ob Alkoholmissbrauch oder Alkoholabhängigkeit nicht mehr besteht.** Weil außer den ärztlichen Fragen für eine positive Beurteilung auch entscheidend ist, ob ein stabiler Einstellungswandel eingetreten ist, ist statt eines ärztlichen Gutachtens ein medizinisch-psychologisches Gutachten beizubringen. Anwendung von S. 1 Nr. 2 Buchst. e setzt voraus, dass bei dem Betr Alkoholmissbrauch oder -abhängigkeit früher einmal festgestellt worden ist (OVG Saarlouis ZfS **01** 92, VGH Mü 4.4.19 – 11 CS 19.619 BeckRS 2019, 7172, VG Schwerin BA **14** 249, VG Augsburg 13.11.19 – 7 S 19.1015 BeckRS 2019, 30312, *Geiger* BayVBl **01** 586 (587), NZV **07** 489 (490)). Im Rahmen der Prüfung, ob dies der Fall war, darf nur auf noch verwertbare Tatsachen zurückgegriffen werden. Ergeben sich Informationen dazu aus noch in der Akte der FEB befindlichen Registerauszügen, medizinisch-psychologischen Gutachten oder Gesundheitszeugnissen, ist zu beachten, dass die dafür geltende 10jährige Vernichtungsfrist durch die Tilgungs- und Löschungsregelungen zum FAER und ZFER modifiziert wird (§ 2 IX S. 2 und 3 StVG, VG Neustadt 6.12.19 – 1 L 1251/19 ZfS **20** 299). Ergibt sich aus früheren medizinisch-psychologischen Gutachten ein Alkoholmissbrauch, der eine dauerhafte Abstinenz erfordert, begründet ein festgestellter oder eingeräumter Konsum erheblicher Mengen Alkohol einen hinreichenden Grund, den Nachweis der Fahreignung durch eine MPU zu fordern (VGH Mü 4.4.19 – 11 CS 19.619 BeckRS 2019, 7172, VG Saarlouis SVR **16** 155). Der Konsum von Alkohol oder die Alkoholabhängigkeit muss nicht im Zusammenhang mit dem Führen eines Kfz (erneut) aufgefallen sein (VGH Mü 4.4.19 – 11 CS 19.619 BeckRS 2019, 7172, VG Schwerin BA **14** 249).

Durch ÄndVO v. 18.7.08 (BGBl. I S. 1338) wurde eingeführt, dass bei früher festgestellter **Al-** **28** **koholabhängigkeit** nicht mehr nur ein ärztliches Gutachten (früher S. 1 Nr. 1), sondern nunmehr ein medizinisch-psychologisches Gutachten anzuordnen ist. Diese Änderung wurde vorgenommen, da es für die Wiederherstellung der Kraftfahreignung nicht reicht, im Rahmen einer ärztlichen Untersuchung allein einjährige Abstinenz (Nr. 8.4 Anl 4) zu bestätigen, sondern eine Prognose und eine Einschätzung erforderlich ist, ob die Verhaltensänderung stabil ist (Begr Rn. 7). S. 1 Nr. 2 Buchst. e erfasst nur die Fälle, in denen über die Frage der Wiedererlangung der Fahreignung nach vorangegangener Alkoholabhängigkeit zu befinden ist. Soll dagegen durch Begutachtung geklärt werden, ob eine Person überhaupt alkoholabhängig oder noch alkoholabhängig ist, darf lediglich die Beibringung eines medizinischen Gutachtens gem. S. 1 Nr. 1 verlangt werden (VGH Mü SVR **11** 275, VGH Ma DAR **16** 101). Ist bei nicht überwundener Alkoholabhängigkeit klärungsbedürftig, ob aufgrund besonderer Kompensationsmöglichkeiten unter bestimmten Bedingungen gleichwohl Fahreignung vorliegt, ist zur Klärung ein medizinisch-psychologisches Gutachten nach der Vorbemerkung Nr. 3 S. 3 zu Anl 4 anzuordnen, nicht nach S. 1 Nr. 2 Buchst. e (VGH Mü SVR **11** 275, VG Ol ZfS **13** 357).

29   **3f.** Nach **Nr. 3 S. 3 der Vorbemerkung zu Anl 4 kann** die FEB ein **medizinisch-psychologischen Gutachten** (§ 11 III) anordnen, wenn Zweifel zugunsten des Betroffenen zu klären sind, ob eine **Abweichung vom Regelfall der Ungeeignetheit** bei Alkoholmissbrauch oder Alkoholabhängigkeit (Nr. 8 Anl 4) in Betracht kommt (VGH Mü SVR **11** 275).

Klärung von Eignungszweifeln im Hinblick auf Betäubungsmittel und Arzneimittel

14 (1) ¹Zur Vorbereitung von Entscheidungen über die Erteilung oder die Verlängerung der Fahrerlaubnis oder über die Anordnung von Beschränkungen oder Auflagen ordnet die Fahrerlaubnisbehörde an, dass ein ärztliches Gutachten (§ 11 Absatz 2 Satz 3) beizubringen ist, wenn Tatsachen die Annahme begründen, dass

1. Abhängigkeit von Betäubungsmitteln im Sinne des Betäubungsmittelgesetzes in der Fassung der Bekanntmachung vom 1. März 1994 (BGBl. I S. 358), das zuletzt durch Artikel 1 der Verordnung vom 11. Mai 2011 (BGBl. I S. 821) geändert worden ist, in der jeweils geltenden Fassung oder von anderen psychoaktiv wirkenden Stoffen,

2. Einnahme von Betäubungsmitteln im Sinne des Betäubungsmittelgesetzes oder

3. missbräuchliche Einnahme von psychoaktiv wirkenden Arzneimitteln oder anderen psychoaktiv wirkenden Stoffen

vorliegt. ²Die Beibringung eines ärztlichen Gutachtens kann angeordnet werden, wenn der Betroffene Betäubungsmittel im Sinne des Betäubungsmittelgesetzes widerrechtlich besitzt oder besessen hat. ³Die Beibringung eines medizinisch-psychologischen Gutachtens kann angeordnet werden, wenn gelegentliche Einnahme von Cannabis vorliegt und weitere Tatsachen Zweifel an der Eignung begründen.

(2) Die Beibringung eines medizinisch-psychologischen Gutachtens ist für die Zwecke nach Absatz 1 anzuordnen, wenn

1. die Fahrerlaubnis aus einem der in Absatz 1 genannten Gründe durch die Fahrerlaubnisbehörde oder ein Gericht entzogen war,

2. zu klären ist, ob der Betroffene noch abhängig ist oder – ohne abhängig zu sein – weiterhin die in Absatz 1 genannten Mittel oder Stoffe einnimmt, oder

3. wiederholt Zuwiderhandlungen im Straßenverkehr nach § 24a des Straßenverkehrsgesetzes begangen wurden. § 13 Nummer 2 Buchstabe b bleibt unberührt.

1   **Begr** (VkBl. **98** 1071): *§ 14 stellt eine weitere Spezialvorschrift zu § 11 dar und regelt die Zuweisung für die ärztliche Begutachtung bei Verdacht auf Abhängigkeit bzw. Einnahme von Betäubungsmitteln und Arzneimitteln oder sonstigen psychoaktiv wirkenden Stoffen. Es wird differenziert zwischen den Fragestellungen, bei denen ein fachärztliches Gutachten erforderlich ist (Absatz 1 Satz 1 und 2) und den Fällen, die eine medizinisch-psychologische Begutachtung erfordern (Absatz 1 Satz 3 und Absatz 2). ...*
Wird durch die ärztliche Untersuchung Abhängigkeit von Betäubungsmitteln oder sonstigen psychoaktiv wirkenden Stoffen festgestellt, ergibt sich hieraus in Verbindung mit Anlage 4 und den Begutachtungs-Leitlinien „Kraftfahreignung", dass ein Eignungsmangel vorliegt. Wird durch die ärztliche Untersuchung zwar Konsum („Einnahme") festgestellt, aber keine Abhängigkeit, ist bei der Beurteilung der Fahreignung nach Anlage 4 und den Begutachtungs-Leitlinien zu differenzieren:
Die Einnahme von Betäubungsmitteln im Sinne des Betäubungsmittelgesetzes mit Ausnahme Cannabis führt zur Nichteignung.
2   *Bei Cannabis ist zu unterscheiden zwischen regelmäßiger und gelegentlicher Einnahme. Die Eignung ist in der Regel ausgeschlossen, wenn regelmäßige Einnahme vorliegt. Bei gelegentlicher Einnahme von Cannabis kann die Eignung gegeben sein. Eine zusätzliche medizinisch-psychologische Untersuchung ist erforderlich, wenn weitere Umstände Zweifel an der Eignung begründen. Dies ist z. B. der Fall, wenn der Konsum im Zusammenhang mit dem Fahren erfolgt, wenn Kontrollverlust oder Störungen der Persönlichkeit vorliegen oder wenn zusätzlicher Gebrauch von Alkohol oder anderen psychoaktiv wirkenden Stoffen vorliegt. Aus diesem Grund enthält Satz 3 die Ermächtigung für die Anordnung einer medizinisch-psychologischen Untersuchung, wenn gelegentliche Einnahme festgestellt wurde.*
      ...

*Ein medizinisch-psychologisches Gutachten ist nach **Absatz 2** erforderlich im Rahmen der Neuerteilung* 3
der Fahrerlaubnis, wenn sie aus den Gründen von Absatz 1 entzogen worden war oder wenn sonst zu klä-
ren ist, ob Abhängigkeit oder Einnahme im Sinne von Absatz 1 nicht mehr vorliegt.

Der Grund für diese Differenzierung besteht darin, dass die Feststellung der Abhängigkeit bzw. der Ein-
nahme eine ärztliche Fragestellung ist, während bei der Frage, ob Abhängigkeit nicht mehr besteht oder Ein-
nahme nicht mehr erfolgt, außer den ärztlichen Fragen (z. B. erfolgreiche Entwöhnungsbehandlung) für eine
positive Beurteilung auch entscheidend ist, ob ein stabiler Einstellungswandel eingetreten ist. Hierzu ist auch
eine psychologische Bewertung erforderlich.

Begr zur ÄndVO v. 18.7.08 (VkBl. **08** 567): **Zur Streichung von Abs. 1 S. 3:** *Mit der Er-* 4
gänzung des § 11 Abs. 1 Satz 3 durch die Verordnung zur Änderung der Fahrerlaubnis-Verordnung vom
7.8.2002 zum 1.9.2002 wurden die Ärzte der Begutachtungsstellen ausdrücklich in die Aufzählung der
für die Erstellung von Fahreignungsgutachten in Frage kommenden Fachkräfte aufgenommen. Insoweit ist
zweifelsfrei, dass auch Ärzte der Begutachtungsstellen im Bereich der Drogen- und Arzneimittelproblemati-
ken Gutachten erstellen können. Dies bedarf in § 14 nicht einer weiteren ausdrücklichen Festlegung.

Zu Abs. 2 Nr. 1: *Teilweise wird die Auffassung vertreten, dass § 14 Abs. 2 Nr. 1 nur dann Anwen-* 5
dung findet, wenn die Ungeeignetheit des Betreffenden zum Führen von Kraftfahrzeugen zu einem früheren
Zeitpunkt in einem verwaltungsgerichtlichen Verfahren festgestellt wurde. Dem kann nicht gefolgt werden.
Vielmehr ist der Ansicht des Baden-Württembergischen Verwaltungsgerichtshofs in seiner Entscheidung vom
18.5.2004, Az: 10 S 2796/03 der Vorzug einzuräumen. Den Regelungen des Straßenverkehrsgesetzes
kann entnommen werden, dass sich der Gesetzgeber beim Erlass der Möglichkeiten der Entziehung der
Fahrerlaubnis aufgrund von § 69 StGB und durch einen anfechtbaren Verwaltungsakt der Fahrerlaubnisbe-
hörde bewusst war. Wenn in der aufgrund von § 6 Abs. 1 StVG erlassenen FeV der Begriff der Entziehung
der Fahrerlaubnis verwendet wird, so ist davon auszugehen, dass damit beide Wege der Entziehung der
Fahrerlaubnis gemeint sind. Die Beschränkung des Begriffs der Entziehung der Fahrerlaubnis auf die Fest-
stellung der Fahrungeeignetheit in einem verwaltungsgerichtlichen Verfahren widerspräche der Vorrangstellung,
die der Gesetzgeber (vgl. § 3 Abs. 3 StVG) der im Rahmen eines Strafverfahrens erfolgenden Entscheidung
über die Entziehung der Fahrerlaubnis beimisst.

Zu Abs. 2 Nr. 3: *Die wiederholte Zuwiderhandlung im Straßenverkehr unter Alkoholeinfluss ist in* 6–9
§ 13 Satz 1 Nr. 2 Buchstabe b eindeutig geregelt. Die vorliegende Änderung ist erforderlich, um auch die
Fälle einer wiederholten Verkehrszuwiderhandlung unter Einfluss berauschender Mittel zu regeln. Auch der
Fallkonstellation, dass neben einer Ordnungswidrigkeit nach § 24a Abs. 1 StVG (Alkohol) eine weitere
Verkehrszuwiderhandlung unter Einfluss berauschender Mittel (§ 24a Abs. 2 StVG) begangen wurde, wird
hier Rechnung getragen. Eine gebundene Entscheidung ist deshalb gerechtfertigt, da in allen Fällen zwischen
Konsum von Drogen und/oder Alkohol nicht getrennt werden konnte.

1. Allgemeines. Aus § 11 I S. 2 iVm Nr. 9 Anl 4 FeV ergibt sich, wann die Kraftfahreignung 10
bei Problemen mit Betäubungsmitteln, anderen psychoaktiv wirkenden Stoffen und Arznei-
mitteln ausgeschlossen ist, **eingehend dazu § 2 StVG Rn. 51 ff.** § 14 regelt, wie Eignungs-
zweifel in diesem Zusammenhang geklärt werden. Die Norm ist gegenüber § 11 speziell, soweit
die Voraussetzungen für die Anordnung eines medizinischen oder eines medizinisch-psycho-
logischen Gutachtens geregelt werden (Begr VkBl. **98** 1071, Rn. 1, VGH Ma NZV **02** 294,
NZV **05** 215, VGH Mü DAR **17** 417, *Driehaus* DAR **06** 7, *Borgmann* VGT **18** 167 (171) = DAR
18 190 (191) = BA **18** 105 (108)). Für die Durchführung der Untersuchung, die Anforderungen
an das Gutachten, die Rechtsbeziehungen zwischen dem Betroffenen, der FEB und dem Gut-
achter und die Folgen der Nichtbeibringung des Gutachtens gelten die gleichen Grundsätze wie
im Rahmen des § 11 (s. dort). Zur Anfechtbarkeit der Anordnung der Gutachtenbeibringung
durch die FEB s. § 11 Rn. 25. § 14 wird **direkt** in Fällen angewandt, in denen es um die Ertei-
lung oder Verlängerung einer FE geht. Die Norm finden **entsprechend** Anwendung zur Klä-
rung der Kraftfahreignung eines FEInhabers (§ 46 III) und wenn die Eignung zum Führen fahr-
erlaubnisfreier Fz oder Tiere im StrV zu klären ist (§ 3 II).

2. Die Beibringung eines **ärztlichen Gutachtens** (§ 11 II S. 3) **ist** von der FEB **anzuord-** 11
nen in den Fällen des **Abs. 1 S. 1 Nr. 1–3.** Voraussetzung ist das Vorliegen von Tatsachen, die
die Annahme begründen, es sei einer der folgenden Sachverhalte gegeben: **a)** Abhängigkeit von
Betäubungsmitteln nach dem BtMG oder anderen psychotropen Stoffen, **b)** Einnahme von Be-
täubungsmitteln nach dem BtMG, **c)** missbräuchliche Einnahme von psychoaktiv wirkenden
Arzneimitteln oder anderen psychoaktiv wirkenden Stoffen. In diesen Fällen ist die Anordnung
zwingend, steht also nicht im Ermessen der FEB (VGH Ma NZV **02** 294). Im Hinblick auf den

Grundsatz der Verhältnismäßigkeit müssen **hinreichend konkrete Verdachtsmomente** bekannt sein, die einen Eignungsmangel als naheliegend erscheinen lassen (BVerfG NJW **02** 2378 zu § 15b StVZO alt, OVG Münster NZV **02** 427, VGH Ma DAR **04** 49, VGH Mü 22.1.08 11 CS 07.2766, 2.8.17 11 CS 17.1318, OVG Greifswald NordÖR **09** 265, *Berr/Krause/Sachs* Rn. 738, *Zwerger* DAR **05** 431, 435). Ein bloßer Verdacht genügt nicht (VGH Mü DAR **18** 100). Ein Gutachten ist nur anzuordnen, wenn Zweifel bestehen, ob einer der Sachverhalte nach Abs. 1 S. 1 Nr. 1–3 gegeben ist. Ist dagegen das Vorliegen einer der Sachverhalte des Abs. 1 S. 1 Nr. 1–3 erwiesen, ist für eine Anwendung von § 14 I S. 1 kein Raum; die Nichteignung steht dann (außer bei gelegentlichem Cannabiskonsum) ohne Gutachtenanforderung fest (§ 11 VII). Bei Anordnung eines ärztlichen Gutachtens bestimmt die FEB, von welcher Art Arzt das Gutachten erstellt werden soll (Abs. 1 S. 1 iVm § 11 II S. 3). Danach kann die FEB auch bestimmen, dass das ärztliche Gutachten von einem Arzt in einer Begutachtungsstelle für Fahreignung zu erstellen ist, der die Anforderungen nach Anl 14 erfüllt (VGH Mü 17.10.14 11 CS 14.1646). In den Fällen von Abs. 1 S. 1 Nr. 2 und 3 ist ein Psychiater oder Neurologe idR kein geeigneter Gutachter (VG Berlin NJW **00** 2440).

12   **2a.** Das ärztliche Gutachten nach **Abs. 1 S. 1 Nr. 1** dient der Klärung, ob **Abhängigkeit** von Betäubungsmitteln oder von anderen psychoaktiv wirkenden Stoffen vorliegt. Ungeeignetheit wegen Drogenabhängigkeit kann ausnahmsweise ohne Gutachten nach Abs. 1 S. 1 Nr. 1 feststehen (§ 11 VII), wenn hinreichend aussagekräftige Feststellungen – etwa in einem Strafurteil – vorliegen (*Zwerger* DAR **05** 431, 432 f.).

13   **2b.** Das ärztliche Gutachten nach **Abs. 1 S. 1 Nr. 2** soll klären, ob **Einnahme von Betäubungsmitteln** iSd BtMG vorliegt. Es ist anzuordnen, wenn Anhaltspunkte für Drogenkonsum vorliegen, ein Nachweis aber noch aussteht. Die Anwendung von Abs. 1 S. 1 Nr. 2 setzt voraus, dass **Tatsachen** die Annahme begründen, dass Betäubungsmittel iSd BtMG eingenommen werden; eine Anordnung auf bloßen Verdacht hin ist nicht zulässig (OVG Saarlouis ZfS **16** 479). Ein Gutachten nach Abs. 1 S. 1 Nr. 2 ist auch anzuordnen, wenn bei **Cannabiskonsum** das **Konsummuster** (einmalig, gelegentlich, regelmäßig) zu klären ist (VGH Mü 25.10.12 – 11 ZB 12.1975, 6.12.18 – 11 CS 18.1777 SVR **19** 108). Dabei ist zur Klärung der Frage, ob regelmäßiger Cannabiskonsum vorliegt, neben der Forderung nach einer Blutuntersuchung die Anordnung einer Urinuntersuchung unverhältnismäßig, weil dies zur Klärung der Frage nichts beitragen kann (OVG Münster 7.3.19 – 16 E 457/18 NJW **19** 1393). Nach Abs. 1 S. 1 Nr. 2 genügt schon die einmalige Einnahme eines Betäubungsmittels (VGH Ma NZV **02** 294 – im Hinblick auf Cannabis allerdings überholt, OVG Fra/O BA **06** 60, *Krause* SVR **07** 287, aM – wenn kein Bezug zum KfzFühren besteht – *Gehrmann* NZV **02** 201, 208 f., *Bode/Winkler* § 7 Rn. 80, *Bode* DAR **03** 15, 17 f. – auch zB bei Kokainkonsum). Die insoweit unterschiedliche rechtliche Behandlung von Alkohol- und Drogenkonsum (§ 13 FeV) ist im Grundsatz nicht verfassungswidrig, verstößt insbesondere nicht gegen den Gleichheitsgrundsatz (VG Hb NJW **02** 2730). Drogeneinnahme im Zusammenhang mit dem FzFühren im StrV oder trotz rauschmittelbedingter Fahrunsicherheit ist – soweit es sich nicht um nur gelegentliche Einnahme von Cannabis handelt – gem. Abs. 1 S. 1 Nr. 2 Voraussetzung für die Gutachtenanforderung. **Positiver Drogenvortest** begründet grundsätzlich Verdachtsmomente iSv Abs. 1 S. 1 Nr. 2, da Drogenvortests mit erheblicher Genauigkeit Hinweise auf den Konsum von Btm ergeben (VGH Mü 24.7.06 11 CS 05.3350, OVG Greifswald NordÖR **09** 265, OVG Bremen 10.2.20 – 2 B 269/19 NJW **20** 1897, vgl. *Janker* DAR **03** 489 (492), aA OVG Weimar DAR **04** 547, *Bode/Winkler* § 7 Rn. 45 ff. für Hauttest, weil dieser nur den Verdacht des Kontakts mit Betäubungsmitteln, nicht den Verdacht der Einnahme begründe), auch wenn die später erfolgte Blutuntersuchung den Befund des Drogenschnelltests nicht bestätigt, da die Abbaugeschwindigkeiten im Blut und Urin unterschiedlich ausfallen (OVG Bremen 10.2.20 – 2 B 269/19 NJW **20** 1897, VG Bremen BA **11** 300). Der **Versuch der Einnahme** von Betäubungsmitteln kann nicht als Einnahme iSv Nr. 9.1 Anl 4 angesehen werden, und zwar unabhängig davon, ob der Versuch am Eingreifen Dritter scheiterte oder der Betr freiwillig von ihm zurückgetreten ist (OVG Lüneburg 4.7.17 12 ME 77/17). Zu weit geht es, Anhaltspunkte für Drogenkonsum iSv Abs. 1 S. 1 Nr. 2 darin zu sehen, dass eine Person entschlossen war, Betäubungsmittel einzunehmen und nur durch Dritte davon abgehalten wurde (so VGH Mü SVR **11** 432 (problematisch die Begründung mit charakterlich-sittlichen Fahreignungsmängeln, denn die sog charakterliche Eignung fehlt nur, wenn erheblich oder wiederholt gegen verkehrsrechtliche Vorschriften oder Strafgesetze verstoßen wurde, § 2 IV S. 1 StVG, § 11 I S. 3 FeV), 25.10.12 11 ZB 12.1975). Gerötete Augen und nervöses Verhalten bei Polizeikontrolle sind keine ausreichenden Anhaltspunkte für Verdacht auf Einnahme von

Betäubungsmitteln (VGH Mü SVR **13** 312). Die **Anknüpfungstatsachen** müssen **hinreichend aktuell** sein, da gem. Abs. 1 S. 1 Nr. 2 zu klären ist, ob Einnahme von Betäubungsmitteln vorliegt (nicht vorgelegen hat). Eine feste Zeitgrenze, nach deren Ablauf Drogenkonsum unbeachtlich werden soll, kann nicht festgelegt werden; maßgeblich ist Einzelfallbetrachtung unter Einbeziehung aller relevanten Umstände (VGH Ka NJW **11** 1691).

Nach dem Wortlaut von Abs. 1 S. 1 Nr. 2 würde schon die gelegentliche oder gar ein- **14** malige Einnahme von **Cannabis** zur Gutachtenanforderung zwingen. Selbst der nur ein- oder zweimalige Zug aus einem Haschischjoint ohne Zusammenhang mit VTeilnahme fiele darunter; denn dies nicht als „Einnahme" anzusehen, wäre mit dem insoweit klaren und daher nicht auslegungsfähigen Wortlaut der Vorschrift unvereinbar (ebenso OVG Weimar VRS **103** 391 zur gleichen Formulierung in Nr. 9.1 Anl 4, abw *Gehrmann* NZV **02** 201, 208). Jedoch verstieße eine Überprüfung der Fahreignung allein auf Grund der Tatsache einmaligen oder nur gelegentlichen Cannabiskonsums nach BVerfG NJW **02** 2378, NJW **02** 2381 (Anm *Gehrmann* NZV **02** 529, *Bode* BA **02** 371) gegen das Übermaßverbot, weil daraus kein hinreichender Gefahrenverdacht hergeleitet werden kann, der einen Eignungsmangel als nahe liegend erscheinen lässt (OVG Weimar DAR **03** 91, DAR **04** 547, VG Ol ZfS **08** 597, *Schneider* VGT **02** 122, 132, *Geiger* BayVBl **01** 586, 588, NZV **03** 272, 273, SVR **06** 401, 404 f., *Haase* ZfS **07** 2, *Krause* SVR **07** 287, 290 f.; verfassungsrechtliche Bedenken insoweit auch schon bei VG Berlin NJW **00** 2440, *Kreuzer* NZV **99** 353, 357). Unter Zugrundelegung dieses Maßstabs setzt eine **verfassungskonforme Anwendung** von Abs. 1 S. 1 Nr. 2 **bei Cannabiskonsum** somit Anhaltspunkte für gelegentlichen Konsum und für die Annahme eines der in Nr. 9.2.2 Anl 4 genannten zusätzlichen Elemente, zB der Betroffene werde Cannabisgebrauch und Fahren nicht trennen können, oder Anhaltspunkte für Mischkonsum (BVerfG NJW **02** 2378, NJW **02** 2381, VGH Ma DAR **04** 49, DAR **04** 113, OVG Ko NJW **09** 1522, OVG Münster BA **09** 292, NWVBl **14** 122, BA **14** 37, OVG Lüneburg ZfS **14** 56, VGH Mü DAR **18** 100, 17.10.19 – 11 CE 19.1480 NJW **20** 256), oder Anhaltspunkte für regelmäßigen Konsum (VGH Ma DAR **04** 49, DAR **04** 113, OVG Hb NJW **04** 2399, OVG Ko NJW **09** 1522, VGH Ka NJW **11** 1691) voraus. Detaillierter Beleg für das Vorliegen dieser Voraussetzungen ist nicht erforderlich (dann wäre bereits Ungeeignetheit nachgewiesen, § 11 VII). Die Gutachtenanforderung ist vielmehr bei Vorliegen von Anhaltspunkten gerechtfertigt, die bei vernünftiger, lebensnaher Einschätzung die ernsthafte Besorgnis begründen, dass die genannten Merkmale vorliegen (VGH Ma NJW **03** 3004, OVG Schl NordÖR **08** 81). Von I S. 1 Nr. 2 ist nicht gedeckt, Jugendliche zwischen dem vollendeten 14. und 18. Lebensjahr zum Deliktzeitpunkt bei gelegentlichem Cannabiskonsum ohne Bezug zum StrV generell zur Beibringung eines ärztlichen Gutachtens aufzufordern, wenn keine weiteren Tatsachen wie zB Hinweise auf fehlendes Trennungsvermögen vorliegen (OVG Lüneburg NJW **14** 647). Auch wenn nur einmaliger Cannabiskonsum feststeht, darf Gutachten nach Abs. 1 S. 1 Nr. 2 zur Klärung der Frage angefordert werden, wie oft Cannabis eingenommen wurde, sofern weitere, Eignungszweifel begründende Tatsachen vorliegen (VGH Mü DAR **06** 349). Ist bei einer Fahrt unter Cannabiseinfluss zu klären, ob gelegentlicher oder regelmäßiger Konsum gegeben ist, ist nach Abs. 1 S. 1 Nr. 2 ein ärztliches Gutachten anzuordnen (VGH Mü BA **17** 140). Da die Anknüpfungstatsachen hinreichend aktuell sein müssen (Rn. 13), rechtfertigt Einräumung gelegentlichen Cannabiskonsums vor $1^1/_2$ Jahren und des Besitzes von 200 g Haschisch für den Eigenbedarf vor $2^1/_2$ Jahren ohne Hinzutreten weiterer Umstände nicht die Annahme aktuellen regelmäßigen Cannabiskonsums (VGH Ka NJW **11** 1691). Soweit Cannabiskonsum eine ärztliche Begutachtung rechtfertigt, ist diese nicht auf ein bloßes Drogenscreening beschränkt, weil das Messergebnis keine ausreichende Aussage über das Konsumverhalten (gelegentlich/regelmäßig) enthält (VGH Ma NZV **02** 294).

Der bloße **Besitz** von in Abs. 1 S. 1 Nr. 2 genannten Betäubungsmitteln rechtfertigt noch **15** nicht die nach Abs. 1 S. 1 Nr. 2 erforderliche Annahme der Einnahme (OVG Münster NZV **02** 427, OVG Hb VRS **105** 470, VGH Ma DAR **04** 113, OVG Ko NJW **09** 1522 (für Cannabis), VGH Mü SVR **11** 432, OVG Lüneburg 26.9.19 – 12 ME 141/19 DAR **20** 113 VG Neustadt BA **16** 405, VG Mainz 27.2.20 – 3 L 60/20 BeckRS 2020, 8129, *Berr/Krause/Sachs* Rn. 787 ff., aM OVG Ko DAR **99** 518). Werden aber neben Besitz von Btm auch Konsumutensilien oder sonstige Gegenstände mit Bezug zum Konsum von Btm beim Betr aufgefunden, so begründen diese Umstände in ihrer Gesamtschau die Annahme, dass der Betr selbst auch diese Btm konsumiert und führen daher zwingend zur Anordnung einer ärztlichen Untersuchung nach Abs. 1 S. 1 Nr. 2 (VG Augsburg BA **10** 374, VG Br SVR **13** 357). Zum Besitz s. im Übrigen Abs. 1 S. 2 (Rn. 17 ff.).

16   2c. Das ärztliche Gutachten nach **Abs. 1 S. 1 Nr. 3** dient der Klärung, ob **missbräuchliche Einnahme** von psychoaktiv wirkenden **Arzneimitteln** oder anderen psychoaktiv wirkenden Stoffen vorliegt, ohne dass Abhängigkeit zu konstatieren ist. Nr. 9.4 Anl 4 definiert missbräuchliche Einnahme als regelmäßig übermäßigen Gebrauch (dazu § 2 StVG Rn. 65). Der **bloße Besitz** psychoaktiv wirkender Arzneimittel ohne hinreichende Anhaltspunkte für deren missbräuchliche Einnahme reicht für eine Anordnung nach Abs. 1 S. 1 Nr. 3 nicht aus (VGH Mü 2.8.17 11 CS 17.1318). Rechtsgrundlage für die Anordnung eines ärztlichen Gutachtens zur Klärung der Frage, ob aufgrund der **bestimmungsgemäßen Einnahme** betäubungsmittelhaltiger psychoaktiver Arzneimittel Leistungseinschränkungen oder sonstige Fahreignungsmängel vorliegen, ist § 11 II S. 1 (VGH Ma VRS **129** 95). Zu Cannabis als Arzneimittel § 2 StVG Rn. 62a ff.

17   3. Nach **Abs. 1 S. 2 kann** die FEB die Beibringung eines **ärztlichen Gutachtens anordnen** bei **widerrechtlichem Besitz von Betäubungsmitteln,** die dem BtMG unterliegen. Die Bestimmung ist verfassungsrechtlich unbedenklich (OVG Münster NZV **02** 427, VG Neustadt BA **16** 405, aM *Bode/Winkler* § 7 Rn. 87 ff., *Bode* BA **02** 72 (81), DAR **03** 15 (18), *Hillmann* ZfS **04** 49 (54)). Der (widerrechtliche) Besitz von Betäubungsmitteln muss feststehen; hinreichend konkrete Verdachtsmomente für Besitz genügen nicht (OVG Münster NZV **02** 427, VGH Mü 22.1.19 – 11 CS 18.1429 BeckRS 2019, 997, VG Ol ZfS **08** 597, VG Saarlouis NJW **12** 405). Kann im Wohnzimmerschrank der gemeinsamen ehelichen Wohnung aufgefundenes Amphetamin nicht einem der Eheleute zugeordnet werden, kann von beiden Eheleuten Gutachten verlangt werden (VG Saarlouis NJW **12** 405). Über den Besitz hinausgehende Anhaltspunkte für Einnahme sind nicht erforderlich (OVG Münster NZV **02** 427, VGH Mü 22.1.19 – 11 CS 18.1429 BeckRS 2019, 997), dann wäre Abs. 1 S. 1 Nr. 2 einschlägig. Zweck der Gutachtenanordnung ist die Klärung, ob Drogen konsumiert werden. **Drogenbesitz** kann ein **Indiz für Eigenverbrauch** sein (OVG Münster NZV **02** 427, VG Mü VRS **103** 315, 319, VG Neustadt BA **16** 405, *Gehrmann* NZV **02** 201, 204). Die FEB entscheidet nach pflichtgemäßem **Ermessen** (VG Augsburg BA **10** 374), kann also auf die Anordnung eines ärztlichen Gutachtens auch verzichten, zB wenn ausgeschlossen werden kann, dass der Betroffene selbst Konsument ist („nur" Dealer, VG Neustadt BA **16** 405).

17a   Eine Begutachtung nach I S. 2 kommt nur bei Eignungszweifeln in Betracht, **nicht** jedoch, wenn die **fehlende Eignung** bereits **feststeht** und ohne Hinzuziehung eines Gutachters über sie entschieden werden kann (§ 11 VII). Gibt ein FEInhaber anlässlich einer polizeilichen Durchsuchung seiner Wohnung an, die dort vorgefundenen harten Drogen zum Eigenkonsum zu besitzen, so rechtfertigt dies ein direktes Einschreiten der FEB nach § 11 VII ohne vorherige Anordnung einer Begutachtung gem. I S. 2 (OVG Saarlouis ZfS **16** 237, ZfS **18** 417). Wird anlässlich der polizeilichen Durchsuchung einer Wohnung, die der Betr allein bewohnt, ua eine zum unmittelbaren Konsum vorbereitete portionierte Linie aus Amphetaminpulver mit daneben liegendem Röhrchen aufgefunden und erklärt der Betr anschließend hierzu gegenüber der Polizei, er sei Gelegenheitskonsument, so steht ein die Fahreignung ausschließender Konsum von Amphetamin fest, auch wenn der Betr einige Zeit später einen eigenen Konsum pauschal bestreitet (VGH Ma VRS **131** 32). Angesichts der einschneidenden rechtlichen Konsequenzen in Gestalt der Regelannahme der Ungeeignetheit, die insbes zB ein einmaliger Konsum einer harten Droge nach sich zieht, darf für eine direkte EdF nach Maßgabe des § 11 VII aber kein vernünftiger Zweifel daran bestehen, dass ein solcher Konsum tatsächlich stattgefunden hat (OVG Saarlouis ZfS **16** 234).

17b   Im Falle des **Besitzes von Cannabis** müssen zusätzliche konkrete Anhaltspunkte dafür vorliegen, dass ständig fahreignungsrelevante körperlich-geistige Fahreignungsdefizite vorhanden sind oder Konsum von Cannabis und Teilnahme am StrV nicht getrennt werden können (OVG Münster BA **09** 292, VGH Ka NJW **11** 1691, VGH Mü 22.1.19 – 11 CS 18.1429 BeckRS 2019, 997, VG Freiburg 28.7.16 4 K 1916/16, VG Minden BA **17** 227 = NZV **17** 247). So kann etwa die Aufforderung, eine ärztliche Untersuchung durchführen zu lassen, schon bei Besitz einer geringen Menge eines Cannabisproduktes gerechtfertigt sein, die für Eigenverbrauch spricht, vorausgesetzt, dass weitere Umstände eine Klärung geboten erscheinen lassen, ob regelmäßiger Konsum vorliegt (BVerwG NZV **00** 345, OVG Münster NZV **02** 427). Ohne das Hinzutreten solcher weiterer Umstände verstieße die Maßnahme in derartigen Fällen gegen den grundrechtlichen Schutz der allgemeinen Handlungsfreiheit und gegen das Übermaßverbot (BVerfG BA **04** 251, BA **04** 459 jeweils zu § 15b StVZO alt, OVG Hb VRS **105** 470, VG Bra BA **04** 297, VG Ol ZfS **08** 597, VG Frankfurt (Oder) BA **09** 305, VG Minden BA **17** 227 = NZV **17** 247, *Haase*

ZfS **07** 2). Zur Umrechnung der Menge des aufgefundenen Marihuana in Konsumeinheiten zwecks Abschätzung, ob regelmäßiger oder nur gelegentlicher Konsum vorliegt OVG Lüneburg 3.6.10 VM **10** 71 m Anm *Geiger.* Wenn der Betroffene unstreitig Cannabis konsumiert und andere Umstände (hier: 15 Cannabispflanzen in der Wohnung) für regelmäßigen Konsum sprechen, ist Aufforderung zur Beibringung eines ärztlichen Gutachtens nach Abs. 1 S. 2 gerechtfertigt (VG Ka BA **06** 253).

4. Die Beibringung eines **medizinisch-psychologischen Gutachtens** (§ 11 III) kann gem. **18** **Abs. 1 S. 3 angeordnet** werden, wenn **gelegentliche Einnahme** (zum Begriff § 2 StVG Rn. 57 ff.) **von Cannabis** feststeht und wenn **weitere Tatsachen** Eignungszweifel begründen (s. BVerfG NJW **02** 2378), etwa bei Cannabiskonsum im Zusammenhang mit dem Führen von Fz (OVG Hb VRS **109** 214, NJW **06** 1367, OVG Saarlouis ZfS **01** 188, VG Freiburg BA **17** 278, näher § 2 StVG Rn. 59 ff.), bei hinzutretenden Persönlichkeitsstörungen oder zusätzlichem Gebrauch von Alkohol oder anderen psychoaktiv wirkenden Stoffen (OVG Br NJW **00** 2438, VG Mainz 18.8.10 3 K 219/10), oder im Ausnahmefall bei jugendlichem Alter des Betroffenen (OVG Lüneburg DAR **03** 45, NJW **14** 647, *Zwerger* DAR **05** 431 (436)). Es muss sich um solche Tatsachen handeln, die für die Eignungsbeurteilung im Hinblick auf den Cannabiskonsum bedeutsam sind (VG Augsburg DAR **04** 287). Das sind vor allem solche iS von Nr. 9.2.2 Anl 4 (VG Augsburg DAR **04** 287, VG Ko 23.6.20 – 4 L 494/20 BeckRS 2020, 15757), aber nicht ausschließlich (VGH Mü BA **04** 97, OVG Lüneburg BA **04** 563, VG Augsburg BA **07** 397, *Zwerger* DAR **05** 431 (436)). Früher wurde überwiegend angenommen, dass die **einmalige Fahrt** eines gelegentlichen Cannabiskonsumenten unter relevanter Wirkung von Cannabis, also der einmalige Verstoß gegen das Trennungsgebot gem. Nr. 9.2.2 Anl 4, ohne weitere Aufklärung die unmittelbare Annahme von Ungeeignetheit (§ 11 VII) rechtfertigt. Heute ist geklärt, dass sie lediglich eine „weitere Tatsache" iSv I S. 3 ist, die lediglich Eignungszweifel begründet und damit Anlass für die Anordnung eines Gutachtens nach I S. 3 sein kann (näher § 2 StVG Rn. 59d). Voraussetzung für die Verneinung der Fahreignung ist nach dem erstmaligen Verstoß eines gelegentlichen Cannabiskonsumenten gegen das Trennungsgebot die Prognose, dass er auch künftig nicht zwischen einem seine Fahrsicherheit möglicherweise beeinträchtigenden Cannabiskonsum und dem Führen eines Kfz trennen wird. Dafür ist idR die Einholung eines medizinisch-psychologischen Gutachtens nach I S. 3 erforderlich (BVerwG 11.4.19 – 3 C 14/17 NJW **19** 3395). Wenn bei gelegentlichem Cannabiskonsum zu klären ist, ob auch harte Drogen eingenommen werden, verbietet der Verhältnismäßigkeitsgrundsatz nach Auffassung des VGH Mü Anordnung eines medizinisch-psychologischen Gutachtens nach Abs. 1 S. 3, da zur Abklärung dieses Verdachts ärztliches Gutachten nach Abs. 1 S. 1 Nr. 2 reicht (VGH Mü ZfS **10** 653 (Aufgabe von VGH Mü 14.3.07 11 CS 06.2043)). – Der jetzige Satz 3 war bis zum 30.10.08 **Satz 4** und wurde durch Streichung des früheren S. 3 durch ÄndVO v. 18.7.08 (BGBl. I S. 1338) zum heutigen S. 3.

Abs. 1 S. 3 findet nur Anwendung, **wenn gelegentliche Einnahme** (zum Begriff § 2 StVG **19** Rn. 57 ff.) von Cannabis **feststeht.** Wenn gelegentliche Einnahme von Cannabis nicht feststeht, sondern das Konsummuster erst geklärt werden muss, ist Abs. 1 S. 3 nicht anwendbar, selbst wenn die weiteren tatbestandlichen Voraussetzungen dieser Norm (weitere Tatsachen begründen Zweifel an der Fahreignung) vorliegen (OVG Frankfurt (Oder) BA **06** 161, VG Berlin BA **10** 57). In diesem Fall ist zunächst ein ärztliches Gutachten nach Abs. 1 S. 1 Nr. 2 einzuholen (VGH Mü DAR **06** 349). Dies gilt auch, wenn zu klären ist, ob der Betroffene Cannabis einmalig eingenommen hat oder gelegentlich einnimmt, also etwa in Fällen, in denen einmal unter Cannabiseinfluss ein Kfz geführt worden ist (OVG Frankfurt (Oder) BA **06** 161, VGH Mü DAR **06** 349, *Berr/Krause* Himmelreich-F 91, 98). Die Anordnung der Beibringung eines medizinisch-psychologischen Gutachtens zur Klärung der Frage gelegentlichen oder regelmäßigen Cannabiskonsums ist unzulässig (OVG Br NJW **00** 2438, OVG Saarlouis ZfS **01** 188, VG Ol BA **04** 188). Wenn gelegentliche Einnahme von Cannabis zwar feststeht, aber **keine weiteren Tatsachen** Zweifel an der Eignung begründen, findet Abs. 1 S. 3 keine Anwendung. In diesem Fall kann auch kein medizinisch-psychologisches Gutachten nach Abs. 2 Nr. 2 angeordnet werden, da diese Norm früheren, die Fahreignung ausschließenden Cannabiskonsum voraussetzt (OVG Br NJW **00** 2438, OVG Saarlouis ZfS **01** 188, OVG Lüneburg DAR **17** 339, VG Augsburg NZV **02** 291, *Bouska/Laeverenz* § 14 Anm 7b, *Geiger* BayVBl **01** 586, 589), während Abs. 1 S. 3 zur Anwendung kommt, wenn erst noch zu klären ist, ob erwiesener gelegentlicher Cannabiskonsum die Fahreignung ausschließt. Steht gelegentliche Einnahme von Cannabis und das Vorliegen eines der in Nr. 9.2.2 Anl 4 beschriebenen eignungsausschließenden Verhaltens- bzw. Persönlichkeitsmerkmale fest, EdF ohne weitere Aufklärung durch medizinisch-psychologische Untersuchung, da Ungeeignetheit erwiesen ist (VGH Ma DAR **03** 236, NZV **05** 214, OVG Lüneburg DAR **03** 480, VGH Mü 3.2.04 11 CS 04.157, OVG Frankfurt (Oder) BA **06** 161, OVG Greifswald 19.12.06 1 M 142/06). Sofern Zweifel zu klären sind, ob zugunsten des Betroffenen ein Abweichen vom Regelfall der Ungeeignetheit nach Nr. 9.2.2 Anl 4 in Betracht kommt, medizinisch-psychologische Untersuchung nach Nr. 3 S. 3 der Vorbemerkung zu Anl 4, nicht nach Abs. 1 S. 3. Steht regelmäßige Einnahme von Cannabis fest, keine Anwendung von Abs. 1 S. 3; in diesem Fall ist medizinisch-psychologisches Gutachten entbehrlich, da die mangelnde Fahreignung bereits ohne Hinzutreten weiterer Umstände feststeht (Nr. 9.2.1 Anl 4, OVG Hb VRS **109** 214, 217). Abs. 1 S. 3 findet somit nur Anwendung, wenn gelegentliche Einnahme von Cannabis feststeht und Eignungs*zweifel* zu klären sind.

20   Bei Abs. 1 S. 3 handelt es sich entgegen dem Wortlaut (*kann* angeordnet werden) **nicht** um eine **Ermessensvorschrift.** Bei feststehendem gelegentlichen Cannabiskonsum und dem Vorliegen weiter Umstände, die Zweifel an der Eignung begründen, ist zur Klärung eine medizinisch-psychologische Begutachtung erforderlich (Begr VkBl. **98** 1071, Rn. 2), so dass die **FEB** bei Vorliegen dieser Voraussetzungen **tätig werden muss** (OVG Lüneburg DAR **03** 45, aA OVG Saarlouis ZfS **01** 188).

21   **5.** Die Beibringung eines **medizinisch-psychologischen Gutachtens** (§ 11 III) **ist** gem. **Abs. 2 anzuordnen,** wenn die FE wegen Drogenabhängigkeit, Einnahme von Betäubungsmitteln oder Arzneimittelmissbrauchs entzogen war (Nr. 1), wenn zu klären ist, ob Abhängigkeit oder Einnahme iSv Abs. 1 nicht mehr gegeben ist (Nr. 2), oder wenn wiederholt Zuwiderhandlungen gem. § 24a StVG begangen wurden (Nr. 3). Die FEB ist in diesen Fällen zur Gutachtenanforderung verpflichtet (BVerwG NJW **05** 3081), sofern die Nichteignung nicht bereits feststeht (§ 11 VII). Abs. 2 Nr. 1 und 2 setzen voraus, dass Ungeeignetheit jedenfalls zu einem früheren Zeitpunkt vorgelegen hat (OVG Br NJW **00** 2438, VG Augsburg DAR **04** 287, *Geiger* DAR **03** 494, 495). Weil außer den ärztlichen Fragen für eine positive Beurteilung auch entscheidend ist, ob ein stabiler Einstellungswandel eingetreten ist, ist statt eines ärztlichen Gutachtens ein medizinisch-psychologisches Gutachten beizubringen (BVerwG NJW **05** 3440, 3443, VGH Mü VRS **109** 64, 69, VGH Ma NZV **05** 215, ZfS **07** 536, OVG Hb BA **04** 95, OVG Münster VRS **129** 161, *Berr/Krause/Sachs* Rn. 1310). Ein Nachweis der Drogenabstinenz genügt nicht (VG Gelsenkirchen BA **10** 372, VG Saarlouis BA **13** 262).

22   **5a.** EdF iS von **Abs. 2 Nr. 1** ist sowohl die verwaltungsbehördliche als auch die strafgerichtliche Entziehung (BVerwG NJW **05** 3440, VGH Ma NZV **05** 215), wie durch den mit ÄndVO v 18.7.08 (BGBl. I S. 1338) ergänzten Wortlaut klargestellt ist (s. Begr Rn. 5). Die Norm setzt bestandskräftige oder rechtskräftige EdF voraus; sofort vollziehbarer Entziehungsbescheid reicht nicht aus (OVG Greifswald BA **13** 141, aA VGH Mü VRS **109** 64 ohne nähere Begr). Der Betr muss im Neuerteilungsverfahren die Feststellung des Grundes der Nichteignung in der Entscheidung über die EdF ohne weiteres gegen sich gelten lassen, wenn er von Rechtsbehelfen gegen die EdF keinen Gebrauch gemacht hat, auch bei Feststellung der Nichteignung nach § 11 VIII FeV, sofern diese nicht offensichtlich rechtswidrig war (OVG Lüneburg DAR **17** 339). Wie lange die EdF zurückliegt, ist für die Anwendung von Abs. 2 Nr. 1 unerheblich (VGH Ma NZV **05** 215), so lange die Tat, wegen der die FE entzogen worden ist, noch nicht einem Verwertungsverbot unterliegt (BVerwG NJW **05** 3440, VGH Ka NZV **10** 375, OVG Lüneburg DAR **17** 339, VGH Mü 17.10.19 – 11 CE 19.1480 NJW **20** 256).

23   **5b. Abs. 2 Nr. 2** setzt voraus, dass nachweislich in der Vergangenheit Drogenkonsum vorlag (BVerwG NJW **05** 3081, VG Bra SVR **14** 356, *Driehaus* DAR **06** 7, 8). Die Voraussetzungen von Abs. 2 Nr. 2 sind nur erfüllt, wenn der frühere Drogenkonsum im Hinblick auf die seither **verstrichene Zeit** noch zu Zweifeln an der Kraftfahreignung berechtigt; schematische zeitliche Begrenzungen sind aber nicht möglich, besondere Bedeutung kommt der Art und dem Ausmaß des früheren Konsums zu (BVerwG NJW **05** 3081, OVG Münster BA **14** 196, VG Augsburg BA **07** 397). Es muss eine hinreichende Wahrscheinlichkeit bestehen, dass der Betroffene noch Drogen einnimmt oder jedenfalls rückfallgefährdet ist und sich dies auf sein Verhalten im StrV auswirken kann (VGH Ma ZfS **07** 536, OVG Ko 3.6.08 10 B 10356/08, VG Bra SVR **14** 356, VG Dü 20.10.14 14 L 2202/14). Liegt aktuell nachgewiesener Drogenkonsum vor, ist die nach Abs. 2 Nr. 2 zu klärende Frage, ob der Betroffene weiterhin Drogen einnimmt, bereits beantwortet, so dass Abs. 2 Nr. 2 nicht mehr zur Anwendung kommt (VGH Ma NZV **02** 296). Im Hinblick auf die Rspr. des BVerfG (NJW **93** 2365, NJW **02** 2378, NJW **02** 2381) ist bei **Cannabiskonsum** ein Gutachten nach Abs. 2 Nr. 2 nur anzuordnen, wenn der Betroffene Cannabis in

einer Weise konsumiert hat, die zum Wegfall der Fahreignung führte, nicht also bei einmaligem Konsum oder bei gelegentlichem Konsum ohne Vorliegen von „weiteren Tatsachen" iSv Abs. 1 S. 3 (OVG Lüneburg DAR **17** 339, VGH Mü 6.12.18 – 11 CS 18.1777 SVR **19** 108, VG Bra SVR **14** 356).

Abs. 2 Nr. 2 kommt **nicht nur** in Fällen eines Antrags auf **Neuteilung der FE** zur Anwen- 24 dung, sondern auch im Rahmen einer Eignungsüberprüfung nach § 46 III, wenn ein in der Vergangenheit liegender erwiesener Konsum von Betäubungsmitteln nicht zur EdF geführt hat, etwa weil er der FEB nicht bekannt geworden ist (Beispiele: VG Lüneburg DAR **05** 54, VG Bra 21.1.14 VM **14** 55 = SVR **14** 356).

5c. Nach **Abs. 2 Nr. 3** (eingeführt durch ÄndVO v. 18.7.08, BGBl. I S. 1338 mit Wirkung ab 25 30.10.08) ist ein medizinisch-psychologisches Gutachten bei wiederholten Zuwiderhandlungen im StrV nach § 24a StVG anzuordnen. Diese Vorschrift kommt zur Anwendung, wenn mindestens zwei Verstöße gegen § 24a II StVG (Drogen) oder ein Verstoß gegen § 24a I (Alkohol) und ein Verstoß gegen § 24a II StVG (Drogen) vorliegen. Dass „gemischte" Fälle (Alkohol und Drogen) von der Vorschrift umfasst werden, ergibt sich aus Wortlaut, Normsystematik und Begr (Rn. 6–9) (BVerwG 11.4.19 – 3 C 14/17 NJW **19** 3395 Rn. 40, OVG Münster NZV **09** 522, VG Augsburg 26.8.19 – 7 S 19.1133 BeckRS 2019, 20024). Der Wortlaut der Regelung erfasst aber ebenso auch mehrere Fahrten unter einer die Fahrsicherheit möglicherweise beeinträchtigenden Wirkung von Cannabis (BVerwG 11.4.19 – 3 C 14/17 NJW **19** 3395 Rn. 40, OVG Münster 17.2.20 – 16 B 885/19 NJW **20** 2047 Rn. 11). Nach wiederholten Zuwiderhandlungen im StrV unter Alkoholeinfluss ist gem. der spezielleren Vorschrift § 13 S. 1 Nr. 2b, die unberührt bleibt (Abs. 2 Nr. 3 S. 2), ein medizinisch-psychologisches Gutachten anzuordnen. Abs. 2 Nr. 3 gilt also nicht für wiederholte Verstöße gegen § 24a I StVG. Abs. 2 Nr. 3 ist ohne ersichtlichen Grund enger gefasst als die Parallelvorschrift § 13 S. 1 Nr. 2b, die nicht nur bei wiederholten Verstößen gegen § 24a StVG eingreift, sondern auch bei Straftaten im StrV unter Alkoholeinfluss.

6. Nach **Nr. 3 S. 3 der Vorbemerkung zu Anl 4** kann die FEB ein **medizinisch-** 26 **psychologischen Gutachten** (§ 11 III) anordnen, wenn Zweifel zugunsten des Betroffenen zu klären sind, ob eine **Abweichung vom Regelfall der Ungeeignetheit** bei Einnahme von Betäubungsmitteln außer Cannabis (Nr. 9.1 Anl 4), bei regelmäßigem Konsum von Cannabis (Nr. 9.2.1 Anl 4), oder bei gelegentlichem Konsum von Cannabis bei Vorliegen eines der in Nr. 9.2.2 Anl 4 beschriebenen eignungsausschließenden Verhaltens- bzw. Persönlichkeitsmerkmale in Betracht kommt.

Fahrerlaubnisprüfung

15 (1) **Der Bewerber um eine Fahrerlaubnis hat seine Befähigung in einer theoretischen und einer praktischen Prüfung nachzuweisen.**

(2) **Beim Erwerb einer Fahrerlaubnis der Klasse L bedarf es nur einer theoretischen, bei der Erweiterung der Klasse B auf die Klasse BE, der Klasse C1 auf die Klasse C1E, der Klasse D auf die Klasse DE und der Klasse D1 auf die Klasse D1E bedarf es jeweils nur einer praktischen Prüfung.**

(3) ¹**Bei der Erweiterung der Klasse A1 auf Klasse A2 oder der Klasse A2 auf Klasse A bedarf es jeweils nur einer praktischen Prüfung, soweit der Bewerber zum Zeitpunkt der Erteilung der jeweiligen Fahrerlaubnis für**
1. **die Fahrerlaubnis der Klasse A2 seit mindestens zwei Jahren Inhaber der Fahrerlaubnis der Klasse A1 und**
2. **die Fahrerlaubnis der Klasse A seit mindestens zwei Jahren Inhaber einer Fahrerlaubnis der Klasse A2**

ist (Aufstieg). ²**Die Vorschriften über die Ausbildung sind nicht anzuwenden.** ³**Satz 1 gilt nicht für eine Fahrerlaubnis der Klasse A1, die unter Verwendung der Schlüsselzahl 79.03 oder 79.04 erteilt worden ist.**

(4) ¹**Bewerber um eine Fahrerlaubnis der Klasse A2, die nach Maßgabe des § 6 Absatz 6 in Verbindung mit Anlage 3 Inhaber einer Fahrerlaubnis der Klasse A1 sind, wird die Fahrerlaubnis der Klasse A2 unter der Voraussetzung erteilt, dass sie ihre Befähigung in einer praktischen Prüfung nachgewiesen haben (Aufstieg).** ²**Die Vorschriften über die Ausbildung sind nicht anzuwenden.** ³**Satz 1 gilt nicht für eine Fahrerlaubnis der Klasse A1, die unter Verwendung der Schlüsselzahl 79.03 oder 79.04 erteilt worden ist.**

(5) **Die Prüfungen werden von einem amtlich anerkannten Sachverständigen oder Prüfer für den Kraftfahrzeugverkehr abgenommen.**

1   **Begr** (BR–Drs. 443/98 S. 263 = VkBl. **98** 1072): *Nach § 15 hat der Bewerber seine Befähigung grundsätzlich in einer theoretischen und praktischen Prüfung nachzuweisen. Eine Ausnahme besteht bei der Klasse L, bei der wie bisher bei der entsprechenden Klasse 5 weiterhin nur eine theoretische Prüfung erforderlich ist. Bei einer Erweiterung der Klassen B, C1, D und D1 auf die entsprechende Anhängerklasse ist jeweils nur eine praktische Prüfung vorgeschrieben, da der theoretische Prüfungsstoff wegen der in der „Soloklasse" enthaltenen Berechtigung zum Mitführen leichter Anhänger bis zu 750 kg zulässiger Gesamtmasse schon bei der „Soloklasse" geprüft wird. Der Prüfungsstoff für die Klasse A bei stufenweisem und bei direktem Zugang unterscheiden sich lediglich durch das schwerere Prüfungsfahrzeug. …*

2   **Begr** zur ÄndVO v. 7.1.11 (BR–Drs. 660/10 S. 61 = VkBl. **11** 112): *Im neuen Absatz 2 (jetzt Abs. 2 und 3) erfolgt eine Anpassung an die neuen Fahrerlaubnisklassen bzw. die neuen Aufstiegsregelungen. Die bisherige 2-Jahresfrist entfällt.*

  Im neuen Absatz 3 (jetzt Abs. 4) wird der Zugang zur Fahrerlaubnisklasse A1 (gemeint: A2) für diejenigen Bewerber erleichtert, die aufgrund ihrer langjährigen Verkehrsteilnahme ihre Befähigung zum Führen von Fahrzeugen der Fahrerlaubnisklasse A1 nachgewiesen haben. Diese Regelung gilt nur national. Eine Aufnahme dieser Berechtigung in das Führerscheindokument erfolgt nicht (Artikel 6 Abs. 3 letzter Satz der Richtlinie). Mit dem neuen Absatz 3 (jetzt Abs. 4) wird der Zugang zur Fahrerlaubnisklasse A2 für diejenigen Bewerber erleichtert, die mit ihrer alten Fahrerlaubnis der Klasse 3 Krafträder bis 125 cm³ führen dürfen und dementsprechend aufgrund ihrer langjährigen Verkehrsteilnahme nur ihre nur ihre praktische Befähigung zum Führen von Fahrzeugen der Fahrerlaubnisklasse A2 nachweisen sollen. Mit dieser Regelung wird unterstellt, dass entsprechend Artikel 7 Abs. 1 lit. c) die Inhaber alter Fahrerlaubnisse bereits über eine zweijährige Fahrpraxis mit einem Kraftrad der Klasse A1 verfügen. Begr zu der jetzigen Fassung von Abs. 3 (BR–Drs. 660/10 (Beschluss) S. 6 = VkBl. **11** 113): … *Klarstellung, dass diese Regelung nur die Fälle des Aufstiegs betrifft.*

3   **Begr** zur ÄndVO v. 7.1.11 zu § 1 III S. 1 Nr. 2 und Anl 1 KfSachvV (BR–Drs. 660/10 S. 64 = VkBl. **11** 114): *Das in der Bundesrepublik Deutschland seit Jahrzehnten bestehende bewährte System der Abnahme von Fahrerlaubnisprüfungen durch amtlich anerkannte Sachverständige oder Prüfer für den Kraftfahrzeugverkehr (aaSoP) gewährleistet ein hohes Qualitätsniveau bei der objektiven Beurteilung von Führerscheinbewerbern und trägt damit in wesentlichem Maße zur Sicherheit des Straßenverkehrs bei. Es basiert auf dem von der (3. EG-FS-)Richtlinie für Fahrprüfer vorgegebenen Prinzip der Trennung von Ausbildung und Prüfung, das trotz der Aufnahme der gewählten „Fahrerschulung" für den Erwerb der Fahrerlaubnisklasse B mit der Schlüsselzahl 96 beibehalten wird. Die von aaSoP aufgrund der Vorschriften des Gesetzes über amtlich anerkannte Sachverständige und amtlich anerkannte Prüfer für den Kraftfahrzeugverkehr (KfSachvG) zu erfüllenden Anforderungen an deren Eignung und Befähigung setzen bereits heute, neben persönlicher Eignung und Zuverlässigkeit, ein hohes Maß an Kenntnissen und Fähigkeiten auf dem Gebiet der Fahrzeugtechnik und des Straßenverkehrs voraus, welches den aaSoP im Rahmen ihrer umfassenden Ausbildung vermittelt wird. Die aaSoP unterliegen aufgrund ihrer Zugehörigkeit zu einer Technischen Prüfstelle für den Kraftfahrzeugverkehr (TP) deren Maßnahmen zur Aufrechterhaltung eines gleichmäßig hohen Qualitätsstandards, insbesondere auch durch laufende Weiterbildungen sowie Qualitätssicherungsmaßnahmen im Rahmen des von der TP gemäß den Vorschriften des KfSachvG zu unterhaltenden Qualitätssicherungssystems.*

4–9   **Begr** zur ÄndVO v. 16.4.14 (BR–Drs. 78/14 S. 57 = VkBl. **14** 428): **Zu Abs. 3 S. 3:** *Mit dieser Änderung wird klargestellt, dass der Stufenaufstieg nicht für Fahrerlaubnisse für dreirädrige Fahrzeuge gilt, die lediglich aus dem Besitzstand einer vor dem 19.1.2013 erworbenen Fahrerlaubnis resultieren.*

  Zu Abs. 4: *Mit dieser Änderung soll Inhabern aller „Altklassen", die zum Führen von Krafträdern mit einem Hubraum von maximal 125 cm² berechtigen, der Zugang zur Fahrerlaubnisklasse A2 erleichtert werden.*

10   **1.** Voraussetzung für die Erteilung einer FE ist grundsätzlich, dass der Bewerber seine Befähigung zum Führen von Kfz (§ 2 V StVG) in einer **theoretischen** und einer **praktischen Prüfung** nachgewiesen hat (§ 2 II S. 1 Nr. 5 StVG, Abs. I). Einzelheiten der Prüfung bestimmen §§ 16–18 und Anlage 7. Weitere Einzelheiten der Fahrerlaubnisprüfung sind auf der Grundlage von Anlage 7 Nr. 1 und 2 in den Prüfungsrichtlinien für die theoretische und die praktische Fahrerlaubnisprüfung v. 7.10.2019 (VkBl. **19** 869) geregelt. Anlage 7 ist durch ÄndVO v. 11.3.19 (BGBl. I S. 218) mWv 1.1.2021 geändert worden (Begr BR–Drs. 600/18 S. 27 f.). Die frühere

Prüfungsrichtlinie v. 21.3.14 (VkBl. **14** 286) wurde mWv 1.1.2021 durch die neuen Prüfungs-
richtlinien ersetzt. Für die Erweiterung einer FE der Kl B auf eine FE der Kl B mit Sz 96 oder
196 ist keine Prüfung nach §§ 15–18 erforderlich, insoweit reicht die erfolgreiche Teilnahme an
einer Fahrerschulung (§ 6a III, IV iVm Anl 7a, § 6b III, IV iVm Anl 7b). Zulassung zur Fahrer-
laubnisprüfung ist nur möglich, wenn der Bewerber die sonstigen Voraussetzungen für die Ertei-
lung der FE erfüllt, also ua zum Führen von Kfz geeignet ist (OVG Berlin 10.11.15 VM **16** 21).

2. Nur einer theoretischen Prüfung bedarf es zum Erwerb einer FE der Kl L (II). Sie ist die **11**
einzige FEKl, die ohne praktische Prüfung erteilt wird.

3. Nur einer praktischen Prüfung muss sich jeweils unterziehen, wer Erweiterung einer FE **12**
von Kl B auf BE, von Kl C1 auf C1E, von Kl D auf DE oder von Kl D1 auf D1E beantragt (II).
Zur Erweiterung einer FE von Kl B auf Kl B mit Sz 96 s. § 6a, auf Kl B mit Sz 196 s. § 6b. Zur
Erweiterung einer FE von Kl A1 auf Kl A2 oder von Kl A2 auf Kl A (Aufstieg) bedarf es jeweils
nur einer praktischen Prüfung, wenn der Bewerber die FE der Kl A1 bzw. A2 seit mindestens
2 Jahren besitzt (III S. 1). Eine Fahrausbildung ist in diesen Fällen nicht erforderlich (III S. 2).
Wird gleichwohl auf freiwilliger Basis eine Ausbildung durchgeführt, finden die Regelungen zur
theoretischen und praktischen Ausbildung in §§ 1–6 FahrschAusbO keine Anwendung (§ 7 I
Nr. 6 und 7 FahrschAusbO, Begr BR-Drs. 245/12 (Beschluss) S. 34 = VkBl. **12** 607). Die Dauer
der praktischen Prüfung verkürzt sich um 10 Minuten (Anlage 7 Nr. 2.3), geringere Prüfungsge-
bühr (Nr. 402.1a Anl GebOSt). Die Regelung des III S. 1 gilt nicht für FE der Kl A1, die unter
Verwendung der Sz 79.03 oder 79.04 gem. Anl 9 (Besitzstand für dreirädrige Kfz) erteilt worden
ist (III S. 3, Begr Rn. 4–9). Auch Bewerber um eine FE der Kl A2, die nach § 6 VI iVm Anl 3
Inhaber einer FE der Kl A1 sind (Inhaber aller „Altklassen", die zum Führen von Krafträdern
mit einem Hubraum von maximal 125 cm² berechtigen), müssen zur Erweiterung auf Kl A2 nur
eine praktische Prüfung absolvieren (IV S. 1, Begr Rn. 4–9). In diesem Fall wird zweijährige
Fahrpraxis auf Kfz der Kl A1 unterstellt, sodass dem VOGeber eine Gleichbehandlung mit dem
zweijährigen Vorbesitz der Kl A1 gem. III S. 1 Nr. 1 gerechtfertigt erschien (Begr Rn. 2). Diese
Regelung gilt nicht für FE der Kl A1, die unter Verwendung der Sz 79.03 oder 79.04 gem. Anl 9
(Besitzstand für dreirädrige Kfz) erteilt worden ist (IV S. 3). Die Regelungen in III und IV gel-
ten nur für die Erweiterung. Bei direktem Erwerb einer FE der Kl A2 oder A ist sowohl eine
theoretische als auch eine praktische Prüfung erforderlich (I). Lediglich eine praktische Prüfung
ist auch für die Aufhebung der Automatik-Beschränkung erforderlich (§ 17 VI S. 3).

4. Die Durchführung der FEPrüfungen obliegt ausschließlich den **amtlich anerkannten** **13**
Sachverständigen oder Prüfern für den Kraftfahrzeugverkehr nach § 1 KfSachvG (V) bei
den Technischen Prüfstellen nach §§ 10–14 KfSachvG und bei Behörden gem. § 16 KfSachvG
(§ 69 I). Die Technischen Prüfstellen müssen von der BASt begutachtet sein (§ 72 I Nr. 2). Zu den
Anforderungen an Fahrerlaubnisprüfer s. § 1 III S. 1 Nr. 2 iVm Anl 1 KfSachvV (Begr Rn. 3).

Die Prüfer handeln **hoheitlich**, denn die Technischen Prüfstellen sind mit der Durchführung **14**
der FEPrüfungen beliehen. Die vorzeitige unbefugte Bekanntgabe der internen Diensteinteilung
der Fahrprüfer für Prüfungstermine durch einen Fahrprüfer an einen Fahrschülervermittler
führt nicht zu einer Gefährdung wichtiger öff Interessen iSd § 353b StGB und stellt kein Be-
triebs- oder Geschäftsgeheimnis iSd § 203 StGB dar (Kö NJW **10** 166).

Die Entscheidung über das Ergebnis der Prüfung ist **nicht VA**, sondern lediglich Gutach- **15**
ten für die FEB über das Vorliegen oder Nichtvorliegen der Befähigung des Bewerbers. S. auch
§ 22 Rn. 12. Wenn der Prüfer nach bestandener Prüfung den FS oder die Prüfungsbescheini-
gung aushändigt (§ 22 IV S. 3), wird damit die FE erteilt (§ 22 IV S. 6). Die **Erteilung der FE**
erfolgt dabei durch die FEB; der Prüfer ist bei Aushändigung des FS lediglich **Verwaltungs-
helfer.**

Theoretische Prüfung

16 (1) **In der theoretischen Prüfung hat der Bewerber nachzuweisen, dass er**

1. **ausreichende Kenntnisse der für das Führen von Kraftfahrzeugen maßgebenden gesetzli-
chen Vorschriften sowie der umweltbewussten und energiesparenden Fahrweise hat und**

2. **mit den Gefahren des Straßenverkehrs und den zu ihrer Abwehr erforderlichen Verhal-
tensweisen vertraut ist und**

3. **grundlegende mechanische und technische Zusammenhänge, die für die Straßenver-
kehrssicherheit von Bedeutung sind, kennt.**

(2) [1]Die Prüfung erfolgt anhand von Fragen, die in unterschiedlicher Form und mit Hilfe unterschiedlicher Medien gestellt werden können. [2]Der Prüfungsstoff, die Form der Prüfung, der Umfang der Prüfung, die Zusammenstellung der Fragen, die Durchführung und die Bewertung der Prüfung ergeben sich aus Anlage 7 Teil 1. [3]Bei Änderung eines bereits erteilten Prüfauftrages für die Klassen A1, A2 oder A durch die nach Landesrecht zuständige Behörde wird eine bereits fristgerecht abgelegte und bestandene theoretische Prüfung in einer der genannten Klassen anerkannt.

(3) [1]Der Sachverständige oder Prüfer bestimmt die Zeit und den Ort der theoretischen Prüfung. [2]Sie darf frühestens drei Monate vor Erreichen des Mindestalters abgenommen werden. [3]Der Sachverständige oder Prüfer hat sich vor der Prüfung durch Einsicht in den Personalausweis oder Reisepass oder in ein sonstiges Ausweisdokument von der Identität des Bewerbers zu überzeugen. [4]Bestehen Zweifel an der Identität, darf die Prüfung nicht durchgeführt werden. [5]Der Fahrerlaubnisbehörde ist davon Mitteilung zu machen. [6]Der Bewerber hat vor der Prüfung dem Sachverständigen oder Prüfer einen Ausbildungsnachweis nach dem aus Anlage 3 der Durchführungsverordnung zum Fahrlehrergesetz ersichtlichen Muster vorzulegen; ersatzweise kann die Bestätigung, dass die vorgeschriebenen Ausbildungsinhalte absolviert wurden und der Abschluss der Ausbildung festgestellt ist, auch elektronisch unter Angabe des Datums des Abschlusses der Ausbildung durch den Inhaber der Fahrschule oder die zur Leitung des Ausbildungsbetriebes bestellte Person gegenüber der Technischen Prüfstelle erfolgen. [7]Der Abschluss der Ausbildung darf nicht länger als zwei Jahre zurückliegen. [8]Ergibt sich dies nicht aus dem Ausbildungsnachweis oder der elektronischen Bestätigung, darf die Prüfung nicht durchgeführt werden.

1   **Begr** (BR-Drs. 443/98 S. 220): ... *Künftig werden die Fragen auf den gesamten Bereich „Umweltschutz und Führen von Kraftfahrzeugen" erweitert und in den allgemeinen Prüfungsstoff einbezogen. Damit haben die Bewerber zwar zahlenmäßig weniger Fragen zu beantworten, die Fragen erhalten jedoch ein höheres Gewicht, da Fehler in diesem Bereich zum Nichtbestehen der gesamten theoretischen Prüfung führen können.*

Die Fragen in der theoretischen Prüfung waren bisher – abhängig von ihrer Bedeutung für die Verkehrssicherheit – mit zwei bis vier Punkten bewertet. Um eine differenziertere Einstufung vornehmen zu können, ist künftig eine Spanne von zwei bis fünf Punkten vorgesehen. Ein höherer Schwierigkeitsgrad der Prüfung ist damit nicht verbunden, da die Gesamtzahl der Punkte und die zulässige Fehlpunktzahl entsprechend angehoben werden: Bei einer Gesamtpunktzahl von 96 Punkten waren bisher acht Fehlpunkte zulässig, dh 91,7% der möglichen Punkte mussten erreicht sein. Bei einer künftigen Gesamtpunktzahl von 110 Punkten und neun zulässigen Fehlpunkten ergibt sich künftig eine Quote von 91,8%.

2   **Zu Abs. 1:** *Absatz 1 entspricht § 11 Abs. 3 Nr. 1 und 2 StVZO. Zur Einbeziehung der bisher selbstständigen Prüfung der Grundzüge energiesparender Fahrweise in die Theoretische Prüfung und die Erweiterung des Prüfungsstoffs auf den weitergehenden Bereich „Umwelt/Kraftfahrzeugverkehr" vgl. oben im Allgemeinen Teil der Begründung ...*

3   **Zu Abs. 2:** *Die Detailregelungen für die Prüfung ergeben sich aus Anlage 7 Teil 1. Damit werden bisher nur in Richtlinien geregelte Bereiche in die Verordnung übernommen.*

Hervorzuheben ist folgendes:

Die Prüfung erfolgt grundsätzlich anhand von Fragebogen. Um die Erprobung neuer Formen zu ermöglichen, können die zuständigen obersten Landesbehörden auch den Einsatz anderer Medien, wie z. B. audio-visuelle Systeme, zulassen. Diese Systeme versprechen eine Optimierung der theoretischen Prüfung. So wären z. B. mehr Variationen bei der Zusammenstellung der Fragen möglich. Inhalt und Umfang der Prüfung sind unabhängig von dem eingesetzten Medium. Der Schwierigkeitsgrad der Prüfung ändert sich nicht, wenn sie nicht anhand von Fragebogen, sondern mit Hilfe anderer Medien durchgeführt wird.

...

4   **Zu Abs. 3:** *Absatz 3 übernimmt Regelungen für die theoretische Prüfung aus § 11 Abs. 1 und Abs. 2 StVZO. Absatz 3 weist dem Sachverständigen oder Prüfer wie bisher die Bestimmung von Zeit und Ort der theoretischen Prüfung zu. Bei der Organisation im Einzelnen unterliegt er der Weisung der Technischen Prüfstelle, der er angehört. Der Sachverständige oder Prüfer wird ausdrücklich verpflichtet, sich vor der Prüfung von der Identität des Bewerbers zu überzeugen, um Täuschungsversuche zu verhindern.*

4a   **Begr** zur ÄndVO v. 18.7.08 (VkBl. 08 568): **Zu Abs. 3 S. 7:** *Nach der derzeitigen Regelung wird auf das Ausstellungsdatum der Ausbildungsbescheinigung abgestellt. Dies beinhaltet jedoch die Gefahr eines Missbrauchs, indem eine Ausbildungsbescheinigung erneut ausgestellt wird, obwohl der Abschluss der Ausbildung bereits mehrere Jahre zurückliegt. Durch ein Abheben auf das Ausbildungsende kann dies ausgeschlossen werden.*

Begr zur ÄndVO v. 17.12.10 **zu Anl 7 Nr. 1.3** (VkBl. **11** 86): *Nach den bisherigen Bestimmungen* **4b**
*der Anlage 7 Nr. 1.3 können die zuständigen obersten Landesbehörden zulassen, dass die Fragen in anderen
Sprachen, unter Hinzuziehung eines Dolmetschers oder fremdsprachig mit Hilfe anderer Medien, insbesonde-
re mit Bildschirm oder mit Audio-Unterstützung gestellt werden. Ein Zustand, der unter den Gesichtspunk-
ten Prüfungsgerechtigkeit und Gleichbehandlung einer Änderung bedarf. ... dass die theoretische Fahrerlaub-
nisprüfung nur noch in schriftlicher Form als Prüfung am PC in Fremdsprachen abgelegt werden kann.*

Die bislang in der FeV eröffnete Möglichkeit, im Rahmen der theoretischen Fahrerlaubnisprüfung auch **4c**
*den klassenspezifischen Zusatzstoff bei allen Fahrerlaubnisklassen in Fremdsprachen ablegen zu können,
soll weiterhin erhalten bleiben. Gerade der klassenspezifische Zusatzstoff für die Klassen C und D enthält
zahlreiche Fachtermini, die selbst für einen Muttersprachler schwer zu erlernen sind. Aus Verkehrssicherheits-
gründen besteht keine Notwendigkeit, die Kenntnis der deutschen Fachtermini von einem nicht deutsch
sprechenden Fahrschüler zu verlangen. Insbesondere würde es zu Akzeptanzproblemen führen, dass bei der
theoretischen Fahrerlaubnisprüfung der Grundstoff in Fremdsprachen geprüft werden kann, nicht hingegen
der klassenspezifische Zusatzstoff. ...*

Begr zur ÄndVO v. 26.6.12 (BR-Drs. 245/12 S. 31 = VkBl. **12** 604): **Zu Anl 7 Nr. 1.1 S. 3** **4d**
aF: *Neue Fragenformate in Form von Filmen erfordern eine Veröffentlichung in elektronischer Form. Dies
ist im Verkehrsblatt nicht möglich. Entsprechende Fragen sollen daher künftig im Bundesanzeiger elektro-
nisch bekannt gemacht werden.*

1. Vorbereitung der Prüfung. Die vorherige Teilnahme am Fahrschulunterricht ist obliga- **5**
torisch (s. § 2 II Nr. 4 StVG). Der Bewerber muss dem Sachverständigen oder Prüfer vor Beginn
der Prüfung einen Ausbildungsnachweis vorlegen, der dem Muster der Anlage 3 zur FahrlGDV
entspricht (III S. 6 Hs. 1). Ersatzweise kann die Fahrschule den Nachweis auch elektronisch un-
ter Angabe des Datums des Abschlusses der Ausbildung an die TP übermitteln (III S. 6 Hs. 2).
Der Ausbildungsnachweis ist dem Bewerber nach Abschluss der Ausbildung in der Fahrschule
auszustellen oder elektronisch zu übermitteln (§ 6 II S. 1, 5 FahrschAusbO). Der Abschluss der
theoretischen Ausbildung darf bei Durchführung der Prüfung nicht länger als 2 Jahre zurück-
liegen (III S. 7). Ergibt sich nicht aus dem Ausbildungsnachweis oder der elektronischen
Bestätigung der Fahrschule an die TP, dass der Abschluss der Ausbildung nicht länger als 2 Jahre
zurückliegt, darf die Prüfung nicht durchgeführt werden (III S. 8). Die Auswahl unter den Sach-
verständigen und Prüfern trifft die VB. Der Sachverständige oder Prüfer setzt Zeit und Ort der
Prüfung in verkehrsüblicher Weise fest. Die theoretische Prüfung darf nicht früher als 3 Monate
vor Erreichen des Mindestalters (§ 10) abgenommen werden (Abs. 1 S. 3 Hs. 2). Sie verliert nach
12 Monaten ihre Gültigkeit (§ 18 II S. 1, 2).

Vor Durchführung der Prüfung hat sich der Sachverständige oder Prüfer durch Einsicht in Per- **5a**
sonalausweis, Reisepass oder in ein sonstiges Ausweisdokument **von der Identität des Bewer-
bers zu überzeugen** (Abs. 3 S. 3). Bestehen Zweifel an der Identität, darf die Prüfung nicht
durchgeführt werden (Abs. 3 S. 4). Zweck dieser Identifizierung ist die Klärung, ob die Person zur
Prüfung erscheint, die den Antrag auf Erteilung der FE gestellt hat, und nicht etwa eine dritte Per-
son. Zweck ist nicht eine Prüfung, ob der Bewerber über ein gültiges Ausweisdokument verfügt.
Ist das bei der Antragstellung gem. § 21 III S. 1 Nr. 1 vorgelegte Dokument zwischenzeitlich abge-
laufen, kann der Prüfer das abgelaufene Ausweisdokument oder ein entsprechendes neu ausgestell-
tes Dokument anerkennen, soweit eine zweifelsfreie Identifikation möglich ist. Dabei kommen
nur die Ausweisdokumente in Betracht, die als Identitätsnachweis iSv § 21 III S. 1 Nr. 1 zulässig
sind (§ 21 Rn. 29 ff., VGH Mü Beschl v. 26.2.02 11 CE 02.225). Die früher in III S. 3 ausschließ-
lich verwendeten Begriffe *Personalausweis* und *Reisepass* wurden vom BVerwG nicht streng formal
verstanden; es hat als Personalausweis iSv III S. 3 vielmehr auch solche Ausweispapiere angesehen,
die die hier vorgesehene Identitätsprüfung zur Verhinderung von Täuschungsversuchen zuverlässig
ermöglichen (BVerwG NJW **17** 1046). Das BVerwG hat auf der Grundlage dieses Verständnisses
auch eine Bescheinigung über die Aufenthaltsgestattung mit Lichtbild und dem Vermerk, dass die
Personenangaben auf den eigenen Angaben des Inhabers beruhen, als ausreichend für die Identi-
tätsüberprüfung nach III S. 3 angesehen, denn auch eine solche Bescheinigung ermögliche es dem
Prüfer, sich vor der theoretischen Prüfung davon zu überzeugen, dass der Prüfling mit dem An-
tragsteller identisch ist (BVerwG NJW **17** 1046). Dieser Rspr. hat der VOGeber Rechnung getra-
gen, indem die gem. III S. 3 für die Identitätsprüfung zulässigen Ausweisdokumente durch ÄndVO
v. 14.8.17 (BGBl. I S. 3232) um *sonstige Ausweisdokumente* erweitert worden sind.

2. Gegenstand und Durchführung der Prüfung. In der theoretischen Prüfung hat der **6**
Bewerber nachzuweisen, dass er mit den für den KfzF maßgebenden gesetzlichen Vorschriften
(StVG, StVO, StVZO, FZV) und der umweltbewussten und energiesparenden Fahrweise prak-

tisch vertraut ist, die typischen VGefahren kennt und abzuwenden weiß, und dass er die zur sicheren Führung im Verkehr erforderlichen technischen Kenntnisse besitzt (Abs. 1). Der Prüfungsstoff ergibt sich aus Anlage 7. Er bildet die Grundlage für den **Fragenkatalog**, der Teil der seit 1.1.2021 anzuwendenden **Prüfungsrichtlinie für die theoretische Fahrerlaubnisprüfung** v. 7.10.2019 (VkBl. **19** 869) ist. Die seit 1.1.2021 in der theoretischen Fahrerlaubnisprüfung einzusetzenden Fragen mit dynamischen Situationsdarstellungen sind im Bundesanzeiger v. 10.10.2019 (BAnz AT 9.12.19 B1) bekannt gemacht worden. – Wer den in der Prüfungsrichtlinie enthaltenen Stoff beherrscht, besitzt idR ausreichende theoretische Kenntnisse. Wird nach erfolgreicher Ablegung einer **theoretischen Prüfung** für die **Klassen A1, A2 oder A** der **Prüfauftrag** von der FEB in der Weise **geändert**, dass nunmehr eine andere A-Klasse geprüft werden soll, wird die bereits bestandene theoretische Prüfung anerkannt (II S. 3), denn der Prüfungsfragenpool bei den Klassen A1, A2 und A ist identisch (Begr BR-Drs. 600/18 S. 21).

6a   Seit 2008 wurde die theoretische Prüfung von der früheren Prüfung mit Papier und Bleistift auf eine **Prüfung ausschließlich am Computer** (PC) umgestellt. Die Durchführung der theoretischen FEPrüfung am Computer steht nicht in Widerspruch zu Anl 7 Nr. 1.3; besondere Computerkenntnisse sind hierfür nicht erforderlich (VGH Mü VRS **125** 187). Durch die Prüfung am PC sollen eine höhere Prüfungsgerechtigkeit, ein effizienterer Ablauf der Prüfung, die Reduzierung von Fehlerquellen, bessere Verständlichkeit der Fragestellungen und Nutzerfreundlichkeit erreicht werden (VkBl. **08** 106). Für die Prüfung am PC wurde mit der 17. ÄndVO zur GebOSt v. 22.1.08 (BGBl. I S. 36, 38, Begr VkBl. **08** 103, 106) eine eigenständige Gebühr (Geb-Nr. 401.3, Prüfung am PC) eingeführt. Mit Art 1 Nr. 20 Buchst. a der ÄndVO v. 26.6.12 (BGBl. I S. 1394, 1408, Begr Rn. 4d) wurde durch Ergänzung von Anl 7 Nr. 1.1 S. 3 aF die Möglichkeit geschaffen, in den Fragenkatalog auch **Fragenformate in Form von Filmen** (bewegte Situationsdarstellungen) aufzunehmen. Seit 1.10.17 werden alle Situationsdarstellungen im Fragenkatalog (Bilder und Filme) im Breitbildformat dargestellt, um die Bildschirmflächen der Anzeigegeräte besser zu nutzen und größere Bereiche der FzUmgebung darzustellen (VkBl. **17** 254).

6b   Die theoretische Prüfung ist grundsätzlich **in deutscher Sprache** abzulegen (Anlage 7 Nr. 1.3 S. 1). Sie kann aber auch in einer der in Anlage 7 Nr. 1.3 S. 4 genannten 12 **Fremdsprachen** abgelegt werden (Anlage 7 Nr. 1.3 S. 4), und zwar sowohl der Grundstoff als auch der klassenspezifische Zusatzstoff bei allen FEKlassen (Begr Rn. 4c, dazu auch BR-Drs. 660/10 (Beschluss) S. 10 f.). Der Katalog der Sprachen wurde durch ÄndVO v. 21.12.16 (BGBl. I S. 3083) mWv 1.10.16 um Hocharabisch erweitert, „um den zahlreichen Flüchtlingen die Integration in Deutschland und die Suche nach einem Arbeitsplatz zu erleichtern" (Begr BR-Drs. 253/16 S. 35). Beschränkung auf die enumerativ in Anlage 7 Nr. 1.3 aufgeführten Fremdsprachen seit 1.1.11 ist verfassungsrechtlich unbedenklich (OVG Berlin NJW **12** 330, VG Neustadt 27.9.13 3 K 623/13). Auf Wunsch des Bewerbers ist **Audio-Unterstützung** in deutscher Sprache über Kopfhörer möglich (Anlage 7 Nr. 1.3 S. 2). Audio-Unterstützung ist nur in deutscher Sprache, nicht auch in einer der 12 in Anlage 7 Nr. 1.3 S. 4 genannten Fremdsprachen möglich. Die frühere Beschränkung, wonach Audio-Unterstützung nur für Bewerber zur Verfügung stand, die nicht ausreichend lesen oder schreiben können, was bei Beantragung durch die Bescheinigung eines Arztes oder durch die Schule nachgewiesen werden musste (Anlage 7 Nr. 1.3 S. 2, 3 aF), ist durch ÄndVO v. 14.8.17 (BGBl. I S. 3232) mWv 1.11.17 abgeschafft worden (Begr BR-Drs. 417/17 S. 41, dazu *Buchardt/Ochel-Brinkschröder* DAR **17** 663 (666)). Heute hat jeder Bewerber die Möglichkeit der Audio-Unterstützung bei der theoretischen FEPrüfung. **Dolmetscherprüfungen** sind nicht mehr möglich. Lediglich bei der Prüfung von Gehörlosen ist ein Gehörlosen-Dolmetscher zuzulassen (Anlage 7 Nr. 1.3 S. 3).

7   **3. Bewertung** des Prüfungsergebnisses. Die Anzahl der Fragen, bezogen auf die verschiedenen FEKlassen, die Anzahl der Punkte und die zulässige Fehlerpunktzahl ergibt sich aus der Tabelle in Anlage 7 Nr. 1.2.2. Die Punktbewertung (2 bis 5 Punkte) richtet sich nach der Bedeutung der Frage für VSicherheit, Umweltschutz und Energieeinsparung. Wird die zulässige Fehlerpunktzahl überschritten, ist die theoretische Prüfung nicht bestanden. Sie ist dann in vollem Umfang zu wiederholen (Anlage 7 Nr. 1.2.3). Bei **Täuschungshandlungen** gilt die theoretische Prüfung als nicht bestanden (§ 18 I S. 1); der nach § 2 II S. 1 Nr. 5 StVG zu erbringende Befähigungsnachweis kann damit nicht erbracht werden.

8   **4. Verfahren nach der Prüfung.** § 22 IV. Beobachtung von Tatsachen durch den Prüfer, die Eignungszweifel begründen: § 18 III. Nichtbestehen der Prüfung: § 18 I.

9   **5. Ausnahmen.** § 74.

Praktische Prüfung

17 (1) [1] In der praktischen Prüfung hat der Bewerber nachzuweisen, dass er über die zur sicheren Führung eines Kraftfahrzeugs, gegebenenfalls mit Anhänger, im Verkehr erforderlichen technischen Kenntnisse und über ausreichende Kenntnisse einer umweltbewussten und energiesparenden Fahrweise verfügt sowie zu ihrer praktischen Anwendung fähig ist. [2] Bewerber um eine Fahrerlaubnis der Klassen D, D1, DE oder D1E müssen darüber hinaus ausreichende Fahrfertigkeiten nachweisen. [3] Der Bewerber hat ein der Anlage 7 entsprechendes Prüfungsfahrzeug für die Klasse bereitzustellen, für die er seine Befähigung nachweisen will. [4] Darüber hinaus hat er die für die Durchführung der Prüfung notwendigen Materialien bereitzustellen. [5] Die praktische Prüfung darf erst nach Bestehen der theoretischen Prüfung und frühestens einen Monat vor Erreichen des Mindestalters abgenommen werden. [6] Die praktische Prüfung für die Erweiterung der Klasse A1 auf die Klasse A2 oder der Klasse A2 auf die Klasse A darf frühestens einen Monat vor Ablauf der Frist von zwei Jahren nach Erteilung der Fahrerlaubnis der Klasse A1 oder A2 oder bei Erreichen des in § 10 Absatz 1 genannten Mindestalters abgenommen werden.

(2) Der Prüfungsstoff, die Prüfungsfahrzeuge, die Prüfungsdauer, die Durchführung der Prüfung und ihre Bewertung richten sich nach Anlage 7 Teil 2.

(3) [1] Der Bewerber hat die praktische Prüfung am Ort seiner Hauptwohnung oder am Ort seiner schulischen oder beruflichen Ausbildung, seines Studiums oder seiner Arbeitsstelle abzulegen. [2] Sind diese Orte nicht Prüforte, ist die Prüfung nach Bestimmung durch die Fahrerlaubnisbehörde an einem nahe gelegenen Prüfort abzulegen. [3] Die Fahrerlaubnisbehörde kann auch zulassen, dass der Bewerber die Prüfung an einem anderen Prüfort ablegt.

(4) [1] Die Prüfung findet grundsätzlich innerhalb und außerhalb geschlossener Ortschaften statt. [2] Das Nähere regelt Anlage 7. [3] Der innerörtliche Teil der praktischen Prüfung ist in geschlossenen Ortschaften (Zeichen 310 der Straßenverkehrs-Ordnung) durchzuführen, die auf Grund des Straßennetzes, der vorhandenen Verkehrszeichen und -einrichtungen sowie der Verkehrsdichte und -struktur die Prüfung der wesentlichen Verkehrsvorgänge ermöglichen (Prüfort). [4] Die Prüforte werden von der zuständigen obersten Landesbehörde, der von ihr bestimmten oder der nach Landesrecht zuständigen Stelle festgelegt. [5] Der außerörtliche Teil der praktischen Prüfung ist außerhalb geschlossener Ortschaften in der Umgebung des Prüfortes möglichst unter Einschluss von Autobahnen durchzuführen und muss die Prüfung aller wesentlichen Verkehrsvorgänge auch bei höheren Geschwindigkeiten ermöglichen.

(5) [1] Der Sachverständige oder Prüfer bestimmt die Zeit, den Ausgangspunkt und den Verlauf der praktischen Prüfung im Prüfort und seiner Umgebung. [2] Der Sachverständige oder Prüfer hat sich vor der Prüfung durch Einsicht in den Personalausweis oder Reisepass oder in ein sonstiges Ausweisdokument von der Identität des Bewerbers zu überzeugen. [3] Bestehen Zweifel an der Identität, darf die Prüfung nicht durchgeführt werden. [4] Der Fahrerlaubnisbehörde ist davon Mitteilung zu machen. [5] Der Bewerber hat vor der Prüfung dem Sachverständigen oder Prüfer einen aus der Anlage 3 der Durchführungsverordnung zum Fahrlehrergesetz ersichtlichen Muster vorzulegen; ersatzweise kann die Bestätigung, dass die vorgeschriebenen Ausbildungsinhalte absolviert wurden und der Abschluss der Ausbildung festgestellt ist, auch elektronisch unter Angabe des Datums des Abschlusses der Ausbildung durch den Inhaber der Fahrschule oder die zur Leitung des Ausbildungsbetriebes bestellte Person gegenüber der Technischen Prüfstelle erfolgen.

(6) [1] Ist das bei der Prüfungsfahrt verwendete Kraftfahrzeug ohne ein Schaltgetriebe

1. mit Kupplungspedal oder

2. bei Fahrzeugen der Klassen A, A1 oder A2 mit Kupplungshebel

ausgestattet, ist die Fahrerlaubnis auf das Führen von Kraftfahrzeugen ohne Kupplungspedal oder bei Fahrzeugen der Klassen A, A1 oder A2 ohne Kupplungshebel zu beschränken. [2] Dies gilt nicht bei den Fahrerlaubnissen der Klassen AM und T sowie bei den Klassen BE, C1, C1E, C, CE, D1, D1E, D und DE, wenn der Bewerber bereits Inhaber einer auf einem Fahrzeug mit Schaltgetriebe erworbenen Fahrerlaubnis der Klasse B, BE, C, CE, C1, C1E, D, DE, D1 oder D1E ist. [3] Die Beschränkung im Sinne des Satzes 1 ist auf Antrag aufzuheben, wenn der Inhaber der Fahrerlaubnis dem Sachverständigen oder Prüfer in einer praktischen Prüfung nachweist, dass er zur sicheren Führung eines mit einem Schaltgetriebe ausgestatteten Kraftfahrzeugs der betreffenden oder einer entsprechenden höheren Klasse befähigt ist. [4] Als Fahrzeug mit Schaltgetriebe gilt ein Fahrzeug, das

1. über ein Kupplungspedal oder

2. im Falle der Klassen A, A2 und A1 über einen von Hand zu bedienenden Kupplungshebel

verfügt, welche der Fahrer jeweils beim Anfahren oder beim Anhalten des Fahrzeugs sowie beim Gangwechsel bedienen muss. [5] Die Vorschriften über die Ausbildung sind nicht anzuwenden.

1   **Begr** (BR-Drs. 443/98 S. 265): **Zu Abs. 1:** *Absatz 1 übernimmt Regelungen aus § 11 Abs. 1, Abs. 2 und 3 StVZO für die praktische Prüfung. Wegen des gewachsenen Stellenwertes des Umweltschutzes im Straßenverkehr soll eine umweltbewusste und energiesparende Fahrweise künftig auch Gegenstand der praktischen Prüfung sein.*
   Bewerber um eine Fahrerlaubnis für Kraftomnibusse müssen, wie bisher Bewerber um eine Fahrerlaubnis zur Fahrgastbeförderung für solche Fahrzeuge, „ausreichende Fahrfertigkeiten" nachweisen. Dies bedeutet, dass sie über ein höheres Maß an fahrerischem Können als in den anderen Klassen verfügen und einen Grad von Sicherheit und Gewandtheit erreicht haben müssen, über den Fahranfänger in der Regel nicht verfügen. Diese höhere Anforderung rechtfertigt sich aus der Verantwortung des Fahrers für die beförderten Fahrgäste (Absatz 1).

2   **Zu Abs. 2:** *Absatz 2 verweist hinsichtlich der dort genannten Themen auf die Anlage 7 Teil 2. …*
   Weiter werden dort die bisher in der Anlage XXVI zur Straßenverkehrs-Zulassungs-Ordnung geregelten Anforderungen an die Prüfungsfahrzeuge festgelegt.
   Die Mindestleistung des Prüfungsfahrzeugs für Klasse A/1 ist von 37 kW auf 44 kW angehoben worden, damit das Prüfungsfahrzeug repräsentativ für die Klasse ist. …

3   **Zu Abs. 3:** *Absatz 3 bestimmt, wo der Bewerber die praktische Prüfung abzulegen hat. Auch innerhalb der Bundesrepublik Deutschland gilt der Grundsatz, dass ein Fahranfänger möglichst dort ausgebildet und geprüft werden soll, wo er nach Erwerb der Fahrerlaubnis hauptsächlich am Verkehr teilnimmt, nämlich an seinem Wohn-, Ausbildungs- oder Arbeitsort. Die Fahrerlaubnisbehörde wird deshalb in der Regel die Technische Prüfstelle mit der Prüfung beauftragen, die für den in Absatz 3 genannten Bereich zuständig ist. Die Fahrerlaubnisbehörde kann jedoch auch zulassen, dass der Bewerber die Prüfung an einem anderen Prüfort ablegt und den Auftrag an eine andere Prüfstelle vergeben. Bei der Ausübung des gewährten Ermessens wird zu erwägen sein, ob Sicherheitsbedenken entgegenstehen oder nicht. So wird eine auswärtige Prüfung dann nicht in Betracht kommen, wenn der Bewerber in einer Großstadt wohnt und auf einen dünn besiedelten Bereich ausweichen will, weil er glaubt, den Anforderungen in der Großstadt nicht gewachsen zu sein.*

4   **Zu Abs. 4:** *§ 11 Abs. 1 Satz 2 StVZO enthielt Anforderungen an den Prüfbezirk, in dem die praktische Prüfung durchzuführen ist … Nach überwiegender Auffassung hat sich die Festlegung solcher Prüfbezirke zumindest in der Fläche nicht bewährt. Im Hinblick auf die notwendige Flexibilität der Prüfung sind die Prüfbezirke teilweise so weiträumig angelegt, dass für die konkrete Prüfung kaum sachgerechte Anhaltspunkte gegeben sind. Es erscheint deshalb zweckmäßiger, für den innerörtlichen Teil der Fahrerlaubnisprüfung Vorgaben zu machen, die von den Ländern eigenverantwortlich angewandt werden müssen. Für den Bereich außerhalb geschlossener Ortschaften sind solche Vorgaben nicht erforderlich, da hier die Verhältnisse annähernd gleich sind.*

4a   **Begr** zur ÄndVO v. 7.8.02 (BR-Drs. 497/02): **Zu Abs. 6:** *… Die technische Entwicklung hat dazu geführt, dass zunehmend Fahrzeuge der Fahrerlaubnisklasse T mit automatischer Kraftübertragung angeboten werden. Der Einsatz dieser Fahrzeuge erfolgt fast ausschließlich für land- oder forstwirtschaftliche Zwecke. Es ist nicht notwendig und aus Verkehrssicherheitsgründen auch nicht erforderlich, die Fahrerlaubnis zum Führen dieser Kraftfahrzeuge auf automatische Kraftübertragung zu beschränken, selbst wenn das Prüfungsfahrzeug mit automatischer Kraftübertragung ausgestattet war. Eine Ausnahme von dieser Beschränkung wird daher – wie bereits bei Klasse M geschehen – in Absatz 6 auch für die Klasse T eingeführt.*

4b   **Begr** zur 2. FeVÄndVO v. 7.1.09 (VkBl. **09** 122): **Zu Abs. 6 S. 1:** *Durch die Richtlinie 2008/65/EG der Kommission vom 27. Juni 2008 (ABl EG L 168 S. 36) wird die bisherige Definition für Fahrzeuge mit Automatikgetriebe geändert. Während bisher auf eine automatische Kraftübertragung abgehoben wurde, wird jetzt darauf abgestellt, dass es sich um Fahrzeuge ohne Kupplungspedal oder Schalthebel bei Fahrzeugen der Zweiradklassen A oder A1 handelt. Damit wird dem wissenschaftlichen und technischen Fortschritt Rechnung getragen.*

4c   **Begr** zur ÄndVO v. 26.6.12 **zu Abs. 1 S. 5 (jetzt S. 6)** (BR-Drs. 245/12 S. 34 = VkBl. **12** 605): *Für die Aufstiegsprüfung werden die Regelungen übernommen, die auch für das Mindestalter Anwendung finden. Eine praktische Prüfung darf erst einen Monat vor Ablauf der Zweijahresfrist nach Erteilung der Fahrerlaubnisse der Klasse A1 bzw. A2 abgenommen werden, bzw. bei Erreichen des Mindestalters.*

4d   **Begr** zur ÄndVO v. 10.1.13 **zu Abs. 6** (BR-Drs. 683/12 S. 55 = VkBl. **13** 83): *Hierbei handelt es sich um die aufgrund der Änderung der sog. Automatikregelung durch die Richtlinie 2012/36/EU vom 19.11.2012 zur Änderung der Richtlinie 2006/126/EG erforderlichen Anpassungen an die Regelungen* *zu den Prüfungsfahrzeugen und die daraus resultierenden Beschränkungen der jeweiligen Fahrerlaubnis. Zur Klarstellung ist die Definition eines Kraftfahrzeugs mit Schaltgetriebe aufgenommen worden.*

Begr zur ÄndVO v. 16.4.14 **zu Abs. 6 S. 2** (BR–Drs. 78/14 S. 57 = VkBl. **14** 428): *Diese Re-* **4e** *gelung dient der Klarstellung, da bei Fahrzeugkombinationen der Klasse BE, bei denen die Fahrerlaubnis auf einem Zugfahrzeug der Klasse B mit Schaltgetriebe erworben wurde, auch die Fahrerlaubnis der Klasse BE nicht auf das Führen von Kraftfahrzeugen ohne Kupplungspedal beschränkt werden kann.*

1. Vorbereitung der Prüfung. Voraussetzung für die Zulassung zur praktischen Prüfung ist **5** das vorherige Bestehen der theoretischen Prüfung (Abs. 1 S. 5). Die praktische Prüfung muss innerhalb von 12 Monaten nach Bestehen der theoretischen abgelegt werden (§ 18 II S. 1). Ort und Zeit der praktischen Prüfung bestimmt der Sachverständige oder Prüfer (Abs. 5 S. 1). Wie bei der theoretischen Prüfung muss der FEBewerber dem Sachverständigen oder Prüfer einen Ausbildungsnachweis nach Anlage 3 zur FahrlGDV vorlegen (Abs. 5 S. 5 Hs. 1). Ersatzweise kann der Nachweis auch von der Fahrschule elektronisch unter Angabe des Datums des Abschlusses der Ausbildung an die TP übermittelt werden (Abs. 5 S. 5 Hs. 2). Der Abschluss der praktischen Ausbildung darf bei der Prüfung nicht länger als 2 Jahre zurückliegen (Abs. 5 S. 6 iVm § 16 III S. 7). Der Bewerber hat ein Kfz der Klasse (§ 6) bereitzustellen, für die er seine Befähigung nachweisen will (Abs. 1 S. 3). Die Anforderungen an die PrüfungsFze nach Leistung, Gewicht und Mindestgeschwindigkeit sind in Anl 7 (zu §§ 16 II, 17 II und III) festgelegt (Abs. 2). Außerdem hat der Bewerber die für die Durchführung der Prüfung notwendigen Materialien bereitzustellen (Abs. 1 S. 4), zB Hütchen. Die praktische Prüfung darf frühestens einen Monat vor Erreichen des Mindestalters (§ 10) abgenommen werden (Abs. 1 S. 5). Die praktische Prüfung beim Aufstieg von Kl A1 auf A 2 oder von Kl A2 auf A darf wegen der Regelung in § 15 III frühestens einen Monat vor Ablauf von 2 Jahren nach Erteilung der FE der Kl A1 oder A2 oder bei Erreichen des Mindestalters gem. § 10 I abgenommen werden (Abs. 1 S. 6, Begr Rn. 4c).

Vor Durchführung der Prüfung hat sich der Sachverständige oder Prüfer durch Einsicht in **5a** Personalausweis, Reisepass oder in ein sonstiges Ausweisdokument **von der Identität des Bewerbers zu überzeugen** (Abs. 5 S. 2). Bestehen Zweifel an der Identität, darf die Prüfung nicht durchgeführt werden (Abs. 5 S. 3). Zweck der Identifizierung ist die Klärung, ob die Person zur Prüfung erscheint, die den Antrag auf Erteilung der FE gestellt hat, und nicht etwa eine dritte Person. Zweck ist nicht eine Prüfung, ob der Bewerber über ein gültiges Ausweisdokument verfügt. Ist das bei der Antragstellung gem. § 21 III S. 1 Nr. 1 vorgelegte Dokument zwischenzeitlich abgelaufen, kann der Prüfer das abgelaufene Ausweisdokument oder ein neu ausgestelltes Dokument anerkennen, soweit eine zweifelsfreie Identifikation möglich ist. Dabei kommen nur die Ausweisdokumente in Betracht, die als Identitätsnachweis iSv § 21 III S. 1 Nr. 1 zulässig sind (§ 21 Rn. 29 ff., VGH Mü Beschl v. 26.2.02 11 CE 02.225). Die früher in V S. 2 ausschließlich verwendeten Begriffe *Personalausweis* und *Reisepass* wurden wie in § 16 III S. 3 vom BVerwG nicht streng formal verstanden; es hat als Personalausweis iSv V S. 2 vielmehr auch solche Ausweispapiere angesehen, die die hier vorgesehene Identitätsprüfung zur Verhinderung von Täuschungsversuchen zuverlässig ermöglichen (BVerwG NJW **17** 1046). Das BVerwG hat auf der Grundlage dieses Verständnisses auch eine Bescheinigung über die Aufenthaltsgestattung mit Lichtbild und dem Vermerk, dass die Personenangaben auf den eigenen Angaben des Inhabers beruhen, als ausreichend für die Identitätsüberprüfung nach V S. 2 angesehen, denn auch eine solche Bescheinigung ermögliche es dem Prüfer, sich vor der praktischen Prüfung davon zu überzeugen, dass der Prüfling mit dem Antragsteller identisch ist (BVerwG NJW **17** 1046). Dieser Rspr. hat der VOGeber Rechnung getragen, indem die gem. V S. 2 für die Identitätsprüfung zulässigen Ausweisdokumente durch ÄndVO v. 14.8.17 (BGBl. I S. 3232) um *sonstige Ausweisdokumente* erweitert worden sind.

2. Gegenstand und Durchführung der Prüfung. Neben der Fähigkeit des FEBewerbers, **6** ein Kfz der beantragten Kl sicher zu führen und die dazu erforderlichen technischen Kenntnisse praktisch umzusetzen, ist auch die Beherrschung einer umweltbewussten und energiesparenden Fahrweise Gegenstand der praktischen Prüfung. Bewerber um eine FE der „Omnibusklassen" D, D1 und D1E müssen wegen der besonderen Verantwortung gegenüber den Fahrgästen ein höheres Maß an Sicherheit und Können besitzen und daher darüber hinausgehende *ausreichende Fahrfertigkeiten* nachweisen (Abs. 1 S. 2).

Geprüft wird grundsätzlich am **Ort** der Hauptwohnung, der schulischen oder beruflichen **6a** Ausbildung (der Besuch einer Ferienfahrschule fällt nicht darunter), des Studiums oder der Arbeitsstelle (Abs. 3 S. 1), also dort, wo der Bewerber nach Erhalt der FE hauptsächlich am KfzV teilnehmen wird (Begr Rn. 3). Die Regelung will aus Gründen der VSicherheit verhindern, dass etwa ein FEBewerber, der im Hinblick auf seinen Wohnort überwiegend am großstädtischen V teilnehmen wird, die Prüfung in einen verkehrsarmen Bereich verlegt (Begr Rn. 3, OVG Hb VRS **105** 466, NJW **09** 103, VG Hb NVwZ-RR **00** 284). Abs. 3 S. 1 ist grundgesetzkonform, verstößt insbesondere nicht gegen Art 12 GG und widerspricht nicht EG-Recht (VG Hb NVwZ-RR **00** 284). Ausnahmebewilligung durch die FEB ist möglich (Abs. 3 S. 3); über Anträge ist für den Einzelfall (nicht generell für eine bestimmte Fahrschule) bei Vorliegen besonderer Gründe nach Ermessen der FEB zu entscheiden (s. VG Hb NVwZ-RR **00** 284). Eine entsprechende Antragstellung kommt etwa für FEBewerber bei Ausbildung durch Ferienfahrschulen (s. dazu BVerfG NJW **99** 2031) in Betracht, kann aber nur Erfolg haben, wenn durch die Bewilligung nicht der Zweck des Abs. 3 (s. Begr Rn. 3) unterlaufen würde (VGH Mü 27.9.10 11 CE 10.2250, VG Hb NVwZ-RR **00** 284). Die FEErteilung ist rechtswidrig, wenn gegen Abs. 3 S. 1 verstoßen wurde (OVG Hb VRS **105** 466). In diesem Fall kommt nicht EdF wegen fehlender Befähigung, sondern nur Rücknahme der FE gem. § 48 VwVfG in Betracht, da die Befähigung den generellen Anforderungen (§ 2V StVG) entsprechend nachgewiesen wurde (OVG Hb NJW **09** 103).

6b   Für den innerörtlichen Teil der Prüfung legt die zuständige oberste Landesbehörde **Prüforte** fest, die in Bezug auf Straßennetz, VZ, Verkehrseinrichtungen, VDichte und VStruktur eine Prüfung hinsichtlich der wesentlichen VVorgänge ermöglichen (Abs. 4 S. 3, 4). Festlegung der Prüforte nach IV S. 4 ist staatlicher Organisationsakt. Sie hat lediglich verwaltungsinternen Charakter und ist weder VA (OVG Lüneburg DVBl **70** 516, aA VG Gießen 1.4.09 8 K 2158/08) noch Rechtsnorm (OVG Mgd 14.1.15 3 R 397/14 = NVwZ-RR **15** 485 Ls, LKV **15** 476). Sie dient ausschließlich dem Interesse der VSicherheit und hat sich daher allein an den Notwendigkeiten von Sicherheit und Ordnung des StrV zu orientieren (VGH Ka NZV **11** 318, OVG Mgd 14.1.15 3 R 397/14 = NVwZ-RR **15** 485 Ls, LKV **15** 476). IV S. 4 bezweckt nicht das Interesse der Fahrschulen, ihren Sitz möglichst an einem Prüfort zu haben und zu behalten. Befindet sich am Wohnort oder Ort der Ausbildung oder Arbeitsstelle kein Prüfort iSv Abs. 4 S. 3, so bestimmt die FEB einen nahegelegenen Prüfort zur Ablegung der Prüfung (Abs. 3 S. 2).

6c   **Mindestdauer** der praktischen Prüfung, Abs. 2 iVm Anlage 7 Nr. 2.3. Die in Anl 7 genannten Zeiten geben nicht nur die Dauer der eigentlichen Prüfungsfahrt an, sondern auch der gesamten praktischen Prüfung; dazu gehört deren Vorbereitung, etwa durch Angabe des Fahrtziels sowie die anschließende Erörterung des Ergebnisses nach Beendigung der Fahrt (s. VkBl. **93** 399). Die **Prüfungsdauer** hat sich seit 1.1.2021 infolge des Projekts „Optimierung der praktischen Fahrerlaubnisprüfung (OPFEP)" und der Umsetzung europarechtlicher Vorgaben erhöht (Begr zur ÄndVO v. 11.3.19 (BGBl. I S. 218) BR-Drs. 600/18 S. 28). **Prüfungsstoff:** Abs. 2 iVm Anlage 7 Nr. 2.1. Anforderungen an die **PrüfungsFz:** Abs. 2 iVm Anlage 7 Nr. 2.2 und 2.2.16. PrüfungsFz für Kl A1, A2 und A können die in Anlage 7 Nr. 2.2 festgelegten Hubraumgrößen um bis zu 5 cm^3 unterschreiten. Körperlich behinderte Bewerber können speziell ausgestattete Fz nutzen (Anlage 7 Nr. 2.2.19). Zur **Durchführung der Prüfung:** Die auf der Grundlage von Anlage 7 Nr. 2 vom BMV erlassene **Prüfungsrichtlinie für die praktische Fahrerlaubnisprüfung** v. 7.10.2019 (VkBl. **19** 869) ist seit 1.1.2021 anzuwenden. Der **Fahraufgabenkatalog** ist Teil dieser Prüfungsrichtlinie. Die frühere Prüfungsrichtlinie v. 21.3.2014 (VkBl. **14** 286) wurde aufgehoben (VkBl. **19** 869). Die **Gebühren** für die praktische Fahrerlaubnisprüfung (Nrn 402.1 – 402.9 Anlage GebOSt) wurden durch ÄndVO v. 11.3.19 (BGBl. I S. 218) mWv 1.1.2021 deutlich angehoben, weil die Einführung und der Betrieb des elektronischen Prüfprotokolls und des Fahraufgabenkatalogs Mehrkosten verursachen (Begr BR-Drs. 600/18 S. 29).

7   **3.** Die **Bewertung** des Prüfungsergebnisses richtet sich gem. Abs. 2 nach Anlage 7 Nr. 2.5. Zum Nichtbestehen der Prüfung führen **Fehler,** die zur sofortigen Beendigung der Prüfung führen, aber auch Wiederholung oder Häufung von leichten oder schweren Fehlern, die als Einzelfehler idR noch nicht zum Nichtbestehen führen (Anlage 7 Nr. 2.5.2). In der Prüfungsrichtlinie für die praktische Fahrerlaubnisprüfung v. 7.10.2019 (VkBl. **19** 869) ist geregelt, dass der Prüfer die Leistungen des Bewerbers mittels eines **elektronischen Prüfprotokolls** zu dokumentieren hat. Während der Prüfungsfahrt werden die Leistungen des Bewerbers bezüglich der im Fahraufgabenkatalog benannten Fahraufgaben und Beobachtungskategorien (Fahrkompetenzbereiche) anhand der im Fahraufgabenkatalog festgelegten Bewertungskriterien dokumentiert. Nach Beendigung der Prüfungsfahrt hat der Prüfer eine zusammenfassende Fahrkompetenzeinschätzung vorzunehmen und im elektronischen Prüfprotokoll zu dokumentieren. Während der aaSoP früher dem Bewerber nur bei nicht bestandener Prüfung dies unter kurzer Angabe der wesentlichen Fehler mitzuteilen und ihm ein Prüfungsprotokoll auszuhändigen hatte (Anlage 7 Nr. 2.6 aF), ist durch ÄndVO v. 11.3.19 (BGBl. I S. 218) mWv 1.1.2021 eingeführt worden, dass der aaSoP den Bewerber am Ende der praktischen Prüfung über das **Prüfungs-ergebnis unterrichtet** und ihm dabei eine **schriftliche Leistungsrückmeldung** mit Empfehlungen zum Fahrkompetenzerwerb aushändigt (Anlage 7 Nr. 2.6), unabhängig davon ob er die Prüfung bestanden hat oder nicht. Diese Änderung ist vorgenommen worden, weil die Rückmeldung an den Bewerber über die Benennung von Fehlern hinausgehen soll (Begr BR-Drs. 600/18 S. 28).

4. Verfahren nach der Prüfung. § 22 III, IV. Beobachtung von Tatsachen, die Eignungs-   8
zweifel begründen: § 18 III. Wiederholung bei Nichtbestehen der Prüfung: § 18 I. Die Prüfungsentscheidung kann nur zusammen mit der Versagung der FE angefochten werden, s. § 22 Rn. 12. Ist die **Prüfung bestanden,** so händigt der Sachverständige oder Prüfer dem Bewerber nach Einsetzen des Datums den FS aus (§ 22 IV S. 3). Damit ist die FE erteilt (§ 22 IV S. 6). Zum abweichenden Verfahren bei elektronischem Prüfauftrag und Vorläufigem Nachweis der Fahrerlaubnis: § 22a.

5. Automatik-Beschränkung (VI). Wird bei der Prüfungsfahrt der praktischen Fahrerlaub-   9
nisprüfung ein Fz ohne Schaltgetriebe verwendet, wird die FE auf das Führen von Kfz ohne Kupplungspedal oder bei Fz der Klassen A, A1 oder A2 ohne Kupplungshebel beschränkt (VI S. 1). Zur Klarstellung ist die Definition eines Kfz mit Schaltgetriebe in VI S. 4 aufgenommen worden. Die Regelung trägt dem Umstand Rechnung, dass das Führen eines Kfz mit automatischer Kraftübertragung (vor allem im StadtV) wesentlich einfacher ist als die sichere Handhabung eines Schaltgetriebes (s. Begr VkBl. **86** 116). Die Beschränkung wird im FS durch die Schlüsselzahl 78 nach Anlage 9 zur FeV kenntlich gemacht. Die Beschränkung der FE auf Kfz mit automatischer Kraftübertragung ist keine bloße Auflage, sondern eine inhaltliche Beschränkung der FE. Wer trotz dieser Beschränkung ein Kfz mit Schaltgetriebe fährt, verletzt § 21 StVG, *Bouska* VD **72** 296.

Die **Beschränkung** wird **nicht** bei FE der FEKl **AM und T** vorgenommen (VI S. 2). Die   10
Ausnahme für Kleinkrafträder beruht darauf, dass Kleinkrafträder ohne Automatik kaum noch erhältlich sind und dass die Kl B die Kl AM einschließt, Inhaber der Kl B also Kleinkräder mit und ohne Automatik ohne besondere Prüfung dafür führen dürfen (s. Begr VkBl. **96** 165). Die Ausnahme der Kl T erscheint im Hinblick auf ihren Einsatzzweck gerechtfertigt, eine Beschränkung auch aus VSicherheitsgründen nicht geboten (s. Begr, Rn. 4a).

Die Beschränkung wird außerdem seit 19.1.13 auf der Grundlage von Anh II B Nr. 5.1.3 der   11
3. EU-FS-RL nicht bei den **C- und D-Klassen** vorgenommen, wenn der Bewerber bereits eine FEPrüfung für die Klasse B auf einem Fz mit Schaltgetriebe, seit 21.10.15 (FeVÄndVO v. 2.10.15, BGBl I S. 1674) wenn er bereits eine FEPrüfung für die Klasse B, BE, C, C1, C1E, D, DE, D1 oder D1E auf einem Fz mit Schaltgetriebe bestanden hat (VI S. 2). Den Bewerbern um eine FE der C- und D-Klassen wird damit erspart, Ausbildung und Prüfung mit einem Fz mit Schaltgetriebe zu absolvieren, die bei neueren Fz kaum noch eine Rolle spielen und deswegen in der Praxis meist auch nicht gefahren werden müssen. Den Fahrschulen wird erspart, Fz der C- und D-Klassen mit Schaltgetriebe vorzuhalten und zu beschaffen.

Durch ÄndVO v. 16.4.14 (BGBl. I S. 348) wurde in VI S. 2 eingefügt, dass auch bei Kl   12
BE eine Automatikbeschränkung gem. Abs. I vorgenommen wird, wenn die Prüfungsfahrt für die Kl BE auf einem Fz ohne Schaltgetriebe durchgeführt wurde, der Bewerber aber bereits Inhaber einer auf einem Fz mit Schaltgetriebe erworbenen FE der Kl B (seit 21.10.15 der Kl B, BE, C, C1, C1E, D, DE, D1 oder D1E) ist (Begr Rn. 4e). Für diese Regelung gibt es keine Grundlage in der 3. EU-FS-RL. Sie ist somit europarechtswidrig, als nationale Regelung aber wirksam.

Inhaber einer vor dem 19.1.13 mit Beschränkung auf Automatikgetriebe erteilten FE haben   13
die Möglichkeit, die Beschränkung ohne Ausbildung und Prüfung aufheben zu lassen, wenn sie die FE der Kl B auf einem Fz mit Schaltgetriebe erworben haben (§ 76 Nr. 11).

Die **Beschränkung** wird im Übrigen **aufgehoben,** wenn die Fähigkeit der sicheren Füh-   14
rung eines Fz mit Schaltgetriebe in einer **praktischen Prüfung** nachgewiesen wird (VI S. 3). Die Aufhebung der Automatik-Beschränkung ist eine **Erweiterung** der FE. Eine Fahrausbildung mit einem Fz mit Schaltgetriebe ist dafür nicht erforderlich (VI S. 5). Wird auf freiwilliger Basis gleichwohl eine Ausbildung durchgeführt, finden §§ 1–6 FahrschAusbO keine Anwendung (§ 7 I Nr. 8 FahrschAusbO).

6. Ausnahmen. III S. 3 und § 74.   15

Gemeinsame Vorschriften für die theoretische und die praktische Prüfung

18 (1) [1]Bei Täuschungshandlungen gilt die Prüfung als nicht bestanden. [2]Eine nicht bestandene Prüfung darf nicht vor Ablauf eines angemessenen Zeitraums (in der Regel nicht weniger als zwei Wochen, bei einem Täuschungsversuch mindestens sechs Wochen) wiederholt werden.

(2) [1]Die praktische Prüfung muss innerhalb von zwölf Monaten nach Bestehen der theoretischen Prüfung abgelegt werden. [2]Andernfalls verliert die theoretische Prüfung ihre Gültigkeit. [3]Der Zeitraum zwischen Abschluss der praktischen Prüfung oder – wenn keine praktische Prüfung erforderlich ist – zwischen Abschluss der theoretischen Prüfung und der Aushändigung des Führerscheins darf zwei Jahre nicht überschreiten. [4]Andernfalls verliert die gesamte Prüfung ihre Gültigkeit.

(3) Stellt der Sachverständige oder Prüfer Tatsachen fest, die bei ihm Zweifel über die körperliche oder geistige Eignung des Bewerbers begründen, hat er der Fahrerlaubnisbehörde Mitteilung zu machen und den Bewerber hierüber zu unterrichten.

1   **Begr** (BR-Drs. 443/98 S. 269): *Die Vorschriften entsprechen den bisherigen Bestimmungen in § 11 Abs. 5, 6 und 7. Neu ist lediglich die Regelung, nach der der Sachverständige oder Prüfer, der Zweifel an der körperlichen oder geistigen Eignung des Bewerbers hat und der Fahrerlaubnisbehörde hierüber Mitteilung macht, auch den Bewerber zu unterrichten hat.*

2   **Begr** zur ÄndVO v. 18.7.08 **zur Streichung von Abs. 1 S. 2** (VkBl. **08** 568): *Die Wiederholungsfrist von drei Monaten für eine Prüfung nach zweimaligem Nichtbestehen erscheint viel zu lang. Die Erfahrungen zeigen, dass der Prüfkandidat diese Zeit nicht für intensiveres Lernen nutzt. Die Fahrerlaubnisbehörde ist in der Lage, eine angemessene Frist nach Satz 1 selbst zu bestimmen.*

2a   **Begr** zur ÄndVO v. 26.6.12 **zu Abs. 1 S. 1** (BR-Drs. 245/12 S. 27 = VkBl. **12** 592): *Hierbei handelt es sich um eine Klarstellung.*

2b   **Begr** zur ÄndVO v. 10.1.13 **zu Abs. 1 S. 1** (BR-Drs. 683/12 S. 53 = VkBl. **13** 81): *Aufgrund dieser Regelung ist sowohl die praktische als auch die theoretische Prüfung bei Täuschungsversuchen nicht bestanden.*

2c   **Begr** zur ÄndVO v. 16.4.14 **zu Abs. 1 S. 2** (BR-Drs. 78/14 S. 57 = VkBl. **14** 428): *Mit dieser Regelung wird die Wartefrist bei Täuschungsversuchen verlängert, da Fahrerlaubnisinhaber, die einen solchen Aufwand für einen Täuschungsversuch unternehmen, über erhebliche Defizite hinsichtlich des Prüfungsstoffes verfügen und 4 Wochen nicht ausreichen, um diese Defizite abzubauen.*

3   **1. Nichtbestehen der Prüfung.** Die durch ÄndVO v. 26.6.12 (BGBl. I S. 1394, Begr Rn. 2a) in Abs. I eingefügte Regelung, wonach die theoretische Prüfung bei Täuschungshandlungen als nicht bestanden gilt, bestand auch schon vorher in Anl 7 Nr. 1.4 (mittlerweile dort gestrichen). Durch ÄndVO v. 10.1.13 wurde diese Regelung ohne nähere Begründung (Rn. 2b) auch auf die praktische Prüfung erstreckt (I S. 1). Hat der Bewerber die Prüfung oder einen Teil davon nicht bestanden, so darf er sie nach Ablauf eines angemessenen Zeitraums wiederholen, idR nicht vor Ablauf von 2 Wochen (nach Täuschungsversuch: 6 Wochen, Begr Rn. 2c). Mehrfache Wiederholung ist zulässig. Die früher in I S. 2 aF enthaltene Regelung, wonach eine erneute Wiederholung der Prüfung erst nach Ablauf von drei Monaten möglich war, wenn die Prüfung auch nach zweimaliger Wiederholung nicht bestanden wurde, ist durch ÄndVO v. 18.7.08 (BGBl. I S. 1338) mit Wirkung ab 30.10.08 abgeschafft worden (Begr Rn. 2). Da der Prüfauftrag gem. § 22 IV auch etwa notwendige Wiederholungsprüfungen umfasst, dafür also kein neuer Prüfauftrag erforderlich ist, entscheidet die Technische Prüfstelle allein, welcher Zeitraum gem. I S. 2 festgelegt wird. Angesichts der Formulierung von I S. 2 kann sie dabei auch von dem Regelzeitraum abweichen.

4   **2.** Der **Zeitraum zwischen dem Bestehen der theoretischen und der praktischen Prüfung** darf 12 Monate nicht überschreiten. Nach Ablauf der Frist wird die theoretische Prüfung ungültig (II S. 2, s. auch § 22 V Nr. 2). Eine theoretische Prüfung, die der Bewerber bis zum Ablauf des 18.1.13 für eine FE der früheren Klassen M, S oder A (beschränkt) abgelegt hat, blieb ein Jahr auch für die entsprechenden neuen Klassen gültig (§ 76 Nr. 10 S. 6). Zwischen dem **Bestehen der Prüfung** und der **Aushändigung des FS** dürfen nicht mehr als 2 Jahre liegen; anderenfalls wird die gesamte Prüfung ungültig (II S. 3, 4). Diese Regelung trägt dem Grundsatz Rechnung, dass nach 2 Jahren ohne Fahrberechtigung nicht mehr vermutet werden kann, dass der Betr noch über die zur Teilnahme am StrV erforderlichen Kenntnisse und Fähigkeiten verfügt (OVG Berlin 22.7.14 1 N 56.13 ZfS **14** 594). Aushändigung des FS iSv II S. 3 liegt demnach nur dann vor, wenn der FS dem Betr in einer Weise übergeben wird, dass dadurch die FE

gem. § 22 IV S. 6 erteilt wird, sodass er von der neu erteilten FE Gebrauch machen kann. Dies ist nicht der Fall, wenn nach einer Erweiterungsprüfung ein fehlerhaft ausgefertigter FS lediglich kurzzeitig übergeben und wegen der Fehlerhaftigkeit sogleich wieder zurückgegeben wird (OVG Berlin ZfS **14** 594).

3. Zweifel an der Eignung des Bewerbers. Beobachtet der Sachverständige Mängel der **5** körperlichen oder geistigen Eignung, insbesondere des Seh- oder Hörvermögens, der körperlichen Beweglichkeit oder des Nervenzustandes, so berichtet er idR unter Rückgabe des Antrags und der Unterlagen der FEB. Über seine Mitteilung an die FEB unterrichtet er auch den Bewerber. Die FEB kann dann die Beibringung eines ärztlichen Gutachtens (§ 11 II) oder nach Maßgabe von § 11 III S. 1 Nr. 3 eines medizinisch-psychologischen Gutachtens anordnen.

Schulung in Erster Hilfe

19 (1) ¹Bewerber um eine Fahrerlaubnis müssen an einer Schulung in Erster Hilfe teilnehmen, die mindestens neun Unterrichtseinheiten zu je 45 Minuten umfasst. ²Die Schulung soll dem Antragsteller durch theoretischen Unterricht und durch praktische Übungen gründliches Wissen und praktisches Können in der Ersten Hilfe vermitteln.

(2) ¹Der Nachweis über die Teilnahme an einer Schulung in Erster Hilfe wird durch die Bescheinigung einer für solche Schulungen amtlich anerkannten Stelle oder eines Trägers der öffentlichen Verwaltung, insbesondere der Bundeswehr, der Polizei oder der Bundespolizei, geführt. ²Im Falle der Erweiterung oder der Neuerteilung einer Fahrerlaubnis ist auf einen Nachweis zu verzichten, wenn der Bewerber zuvor bereits an einer Schulung in Erster Hilfe im Sinne des Absatzes 1 teilgenommen hat.

(3) Des Nachweises über die Teilnahme an einer Schulung in Erster Hilfe im Sinne des Absatzes 1 bedarf insbesondere nicht, wer

1. ein Zeugnis über die bestandene ärztliche oder zahnärztliche Staatsprüfung oder den Nachweis über eine im Ausland erworbene abgeschlossene ärztliche oder zahnärztliche Ausbildung,

2. ein Zeugnis über eine abgeschlossene Ausbildung in einem bundesrechtlich geregelten Gesundheitsfachberuf im Sinne des Artikels 74 Absatz 1 Nummer 19 des Grundgesetzes, in einem der auf Grund des Berufsbildungsgesetzes staatlich anerkannten Ausbildungsberufe Medizinischer, Zahnmedizinischer, Tiermedizinischer oder Pharmazeutisch-kaufmännischer Fachangestellter/Medizinische, Zahnmedizinische, Tiermedizinische oder Pharmazeutisch-kaufmännische Fachangestellte oder in einem landesrechtlich geregelten Helferberuf des Gesundheits- und Sozialwesens oder

3. eine Bescheinigung über die Ausbildung als Schwesternhelferin, Pflegediensthelfer, über eine Sanitätsausbildung oder rettungsdienstliche Ausbildung oder die Ausbildung als Rettungsschwimmer mit der Befähigung für das Deutsche Rettungsschwimmer-Abzeichen in Silber oder Gold

vorlegt.

Begr zur ÄndVO v. 2.10.15 (BR-Drs. 338/15 S. 20 = VkBl. **15** 673): ... *die Schulung von Erst-* **1–7** *helfern einer Revision zu unterziehen. Im Ergebnis ist es ab 1.4.2015 zu einer Straffung von 16 Unterrichtseinheiten (UE) zu je 45 Minuten auf 9 UE gekommen. Die Erste-Hilfe-Schulung wird sich zukünftig auf die Vermittlung der lebensrettenden Maßnahmen und einfache Erste-Hilfe-Maßnahmen sowie grundsätzlichen Handlungsstrategien fokussieren.... In der Folge kann für den Bereich des Straßenverkehrs auf die Dualität von „Unterweisung in lebensrettenden Sofortmaßnahmen" einerseits und „Erste-Hilfe-Ausbildung" andererseits verzichtet werden, zumal die zukünftige Schulung in Erster Hilfe auch in ausreichendem Maße straßenverkehrsrechtliche Belange und Themen berücksichtigen wird. Auch ist es aus Gründen der Verhältnismäßigkeit zumutbar, wenn alle Bewerber um eine Fahrerlaubnis an einer nunmehr 9 UE umfassenden Ersthelferschulung teilnehmen.*

1. Allgemeines. Eine Voraussetzung für die Erteilung einer FE ist, dass der Bewerber Erste **8** Hilfe leisten kann (§ 2 II S. 1 Nr. 6 StVG). Er muss bei Beantragung der Erteilung einer FE einen Nachweis über die Teilnahme an einer **Schulung in Erster Hilfe** erbringen (§ 21 III S. 1 Nr. 5). § 19 regelt die Einzelheiten der Schulung und des Nachweises, § 68 die Befugnis zur Durchführung der Schulung. Die Anforderungen gelten einheitlich für alle FEKlassen. Die frühere Differenzierung, für die A- und B-Klassen sowie die Klassen L und T die Teilnahme an einer Unterweisung in lebensrettenden Sofortmaßnahmen und für die C- und D-Klassen die Teilnahme an einer höherwertigen Ausbildung in Erster Hilfe zu fordern, wurde durch Änderung der § 2 II, XIII StVG mit ÄndG v. 2.3.15 (BGBl. I S. 186, Begr § 2 StVG Rn. 16–20) und ua der §§ 19, 68 FeV mit ÄndVO v. 2.10.15 (BGBl I S. 1674) zugunsten der heute für alle FEKlassen erforderlichen einheitlichen Schulung in Erster Hilfe aufgegeben (Begr Rn. 1–7). Pflicht zum Mitführen von Erste-Hilfe-Material in Kfz: § 35h StVZO.

9   **2.** Der Umfang der **Schulung** und ihr Ziel sind in Abs. I beschrieben. Durch den mit ÄndG v. 16.3.2020 (BGBl. I S. 497) mWv 1.3.2022 angefügten S. 3 wird dann auch Grundwissen zur Organ- und Gewebespende einschl der Möglichkeiten, die Entscheidung über die persönliche Spendenbereitschaft zu dokumentieren, zum verpflichtenden Teil der Schulung gemacht, um insbes jungen Menschen frühzeitig die Möglichkeit zu geben, sich auch jenseits eines Hausarztbesuches über dieses Thema zu informieren (Begr BT-Drs. 19/11087 S. 20). Schulungen in Erster Hilfe dürfen nur von amtlich anerkannten und diesen gleichgestellten Stellen durchgeführt werden (§ 2 XIII S. 1 StVG), näher dazu § 68.

10   **3.** Der bei Stellung eines Antrags auf Erteilung einer FE vorzulegende (§ 21 III S. 1 Nr. 5) **Nachweis** über die Teilnahme an einer Schulung in Erster Hilfe kann die **Bescheinigung** einer für solche Schulungen anerkannten Stelle (§ 68) oder die Bescheinigung eines Trägers der öff Verwaltung, etwa der BW, der Polizei oder der Bundespolizei, sein (II S. 1). Der Nachweis kann auch durch die Bescheinigung einer von einem Unfallversicherungsträger für die Ausbildung zur Ersten Hilfe ermächtigten Stelle geführt werden, die gem. § 68 I S. 2 keiner amtlichen Anerkennung bedarf. Dies ist vom Wortlaut des II S. 1 zwar nicht umfasst, muss aber nach Sinn und Zweck der Regelung in § 68 angenommen werden, denn die Stellen nach § 68 I S. 2 stehen den für Schulungen in Erster Hilfe amtlich anerkannten Stellen gleich. Das durch Anlage 3 zu der Richtlinie für die Anerkennung der Eignung einer Stelle für die Schulung in Erster Hilfe v. 4.11.2019 (VkBl. **19** 812, **20** 92) empfohlene **Muster der Bescheinigung** über die Teilnahme an einer Schulung in Erster Hilfe ist rechtlich nicht verbindlich. Die Bescheinigung kann vom Aussteller frei gestaltet werden. Der Nachweis ist entbehrlich, wenn eine der in III Nr. 1–3 beschriebenen Zeugnisse oder Bescheinigungen vorgelegt werden. Das Wort *insbesondere* im Eingangssatz des III macht deutlich, dass auch andere als die ausdrücklich in III Nr. 1–3 genannten Nachweise anerkannt werden können (Begr BR-Drs. 338/15 S. 21 = VkBl. **15** 673).

11   **Geltungsdauer der Bescheinigungen.** Bescheinigungen über die Teilnahme an einer Schulung in Erster Hilfe nach den seit 21.10.15 (Inkrafttreten der FeVÄndVO v. 2.10.15) geltenden aktuellen Regelungen gelten ohne zeitliche Befristung. Bescheinigungen über die Teilnahme an der vor dem 21.10.15 für die FE der A- und B-Klassen sowie der Klassen L und T vorgeschriebenen Unterweisung in lebensrettenden Sofortmaßnahmen galten bei Anträgen auf Erteilung von FE dieser Klassen bis 21.10.17 als Nachweis iSd § 21 III S. 1 Nr. 5 (§ 76 Nr. 11b S. 1 aF, jetzt aufgehoben). Bescheinigungen über die Teilnahme an der vor dem 21.10.15 für die FE der C- und D-Klassen vorgeschriebenen – damals höherwertigen – Ausbildung in Erster Hilfe gelten unbefristet bei Anträgen auf Erteilung von FE aller Klassen als Nachweis iSd § 21 III S. 1 Nr. 5 (§ 76 Nr. 11a).

12   Wenn der Antrag auf Erteilung einer FE ein Antrag auf **Erweiterung** einer bestehenden FE oder ein Antrag auf **Neuerteilung** einer FE ist, muss kein Nachweis über die Teilnahme an einer Schulung in Erster Hilfe vorgelegt werden, wenn der Bewerber zuvor bereits an einer Schulung in Erster Hilfe iSd Abs. I teilgenommen hat (II S. 2). Dies muss für die FEB nachvollziehbar belegt sein, denn sonst kann sie das Vorliegen der Erteilungsvoraussetzung des § 2 II S. 1 Nr. 6 StVG nicht positiv feststellen. Die frühere Übergangsvorschrift, wonach der Bewerber an einer Schulung in Erster Hilfe iSd Abs. I teilgenommen hatte, auch wenn er vor Inkrafttreten der heutigen Fassung des Abs. I (21.10.2015) an einer Unterweisung in lebensrettenden Sofortmaßnahmen oder einer Ausbildung in Erster Hilfe nach den früher geltenden Vorschriften teilgenommen hatte (§ 76 Nr. 11a aF), ist durch ÄndVO v. 11.3.19 (BGBl. I S. 218) „zur Rechtsbereinigung" (Begr BR-Drs. 600/18 S. 25) gestrichen worden.

Neuerteilung einer Fahrerlaubnis

20 (1) ¹Für die **Neuerteilung einer Fahrerlaubnis** nach vorangegangener Entziehung oder nach vorangegangenem Verzicht gelten die Vorschriften für die Ersterteilung. ²§ 15 findet vorbehaltlich des Absatzes 2 keine Anwendung.

(2) Die Fahrerlaubnisbehörde ordnet eine Fahrerlaubnisprüfung an, wenn Tatsachen vorliegen, die die Annahme rechtfertigen, dass der Bewerber die nach § 16 Absatz 1 und § 17 Absatz 1 erforderlichen Kenntnisse und Fähigkeiten nicht mehr besitzt.

(3) **Unberührt bleibt die Anordnung einer medizinisch-psychologischen Untersuchung nach § 11 Absatz 3 Satz 1 Nummer 9.**

(4) **Die Neuerteilung einer Fahrerlaubnis nach vorangegangener Entziehung kann frühestens sechs Monate vor Ablauf einer Sperre**

1. **nach § 2a Absatz 5 Satz 3 oder § 4 Absatz 10 Satz 1 des Straßenverkehrsgesetzes oder**
2. **nach § 69 Absatz 1 Satz 1 in Verbindung mit § 69a Absatz 1 Satz 1 oder § 69a Absatz 1 Satz 3 in Verbindung mit Satz 1 des Strafgesetzbuches**

bei der nach Landesrecht zuständigen Behörde beantragt werden.

Begr zur ÄndVO v. 18.7.08 (VkBl. 08 568) **zur Streichung von Abs. 2 S. 2:** *Durch den Wegfall der Frist kann die zuständige Fahrerlaubnisbehörde auch nach Ablauf von zwei Jahren auf die Fahrerlaubnisprüfung verzichten, wenn keine Tatsachen vorliegen, die die Annahme rechtfertigen, dass der Bewerber die nach § 16 Abs. 1 und § 17 Abs. 1 erforderlichen Kenntnisse und Fähigkeiten nicht mehr besitzt. Das Verfahren wird hierdurch flexibler gestaltet. Insbesondere in den Fällen, in denen die Fahrerlaubnis wegen Zweifeln an der körperlichen Eignung entzogen wurde, ist nicht ersichtlich, warum der Betroffene neben der Eignung auch seine Fähigkeit zum Führen des Kraftfahrzeugs erneut nachzuweisen hat. Bestehen Bedenken an der Befähigung der Betroffenen, kann die Fahrerlaubnisbehörde im Rahmen ihres Ermessens weiterhin eine erneute Fahrerlaubnisprüfung verlangen, so dass auch hier keine Gefahren für die Verkehrssicherheit bestehen.*

Begr zur 2. FeVÄndVO v. 7.1.09 (VkBl. 09 122) **zu Abs. 1 S. 2 und Abs. 2:** *Nach geltender Rechtslage obliegt es der Fahrerlaubnisbehörde, bei der Neuerteilung einer Fahrerlaubnis im Einzelfall zu ermitteln, ob Tatsachen vorliegen, die die Annahme rechtfertigen, dass der Bewerber die erforderlichen Kenntnisse und Fähigkeiten nicht mehr besitzt. Sie hat im Rahmen einer Ermessensentscheidung für eine sachgerechte Abwägung alle relevanten Gesichtspunkte heranzuziehen und zu würdigen. Die Entscheidung ist jeweils schlüssig zu begründen. Die Änderung des § 20 Absatz 1 und Absatz 2 dient der Vereinfachung des Verfahrens für die Fahrerlaubnisbehörden und der Reduzierung von Rechtsrisiken. Es ist danach nur noch in den Fällen eine erneute Ablegung der theoretischen und praktischen Fahrerlaubnisprüfung erforderlich und von der Fahrerlaubnisbehörde anzuordnen, bei denen Tatsachen vorliegen, die die Annahme rechtfertigen, dass der Bewerber die erforderlichen Kenntnisse und Fähigkeiten nicht mehr besitzt.*

1. Für die Neuerteilung einer FE gelten grundsätzlich die §§ 7 bis 19. Die Fahrausbildung **1** muss erneut absolviert werden. Dabei finden §§ 1–6 FahrschAusbO keine Anwendung (§ 7 I Nr. 1 und 2 FahrschAusbO). Die Ausgestaltung der Ausbildung richtet sich dann nach den sonstigen Vorschriften, insbes § 12 FahrlG (Begr der Neuverkündung der FahrschAusbO v. 19.6.12, BGBl. I S. 1318, BR-Drs. 232/12 S. 56 = VkBl. 12 571, noch bezogen auf § 6 FahrlG aF). § 7 I Nr. 1 und 2 FahrschAusbO enthält keine Befreiung von der Ausbildungspflicht gem. § 2 II S. 1 Nr. 4 StVG (§ 2 StVG Rn. 34). Nach **Ablauf einer strafgerichtlichen Sperrfrist** oder gerichtlichen Fristabkürzung erteilt die FEB nur auf Antrag eine neue FE. Das erneute Prüfungsverfahren muss der Gefahr begegnen, die noch bestehen könnte, OVG Münster NJW **74** 1964. Die Sperrfrist gibt nur den Mindestzeitraum an, währenddessen der Verurteilte infolge seiner aus der begangenen Straftat abgeleiteten Gefährlichkeit für den StrV in jedem Fall als ungeeignet anzusehen ist. Ob die eignungsausschließende Gefährlichkeit fortbesteht, ist im Anschluss daran von der FEB eigenständig zu beurteilen (VG Bayreuth 25.9.18 – B 1 E 18.945 BeckRS 2018, 24006). Eine erneute Eignungsüberprüfung durch die FEB nach Ablauf einer strafgerichtlichen FESperre oder nach vorzeitiger Abkürzung der Sperre (§ 69a VII StGB) verstößt nicht gegen das GG, BVerfG NJW **67** 29. War die EdF mit einer gesetzlichen oder angeordneten **Sperrfrist** verbunden oder wurde eine isolierte Sperre nach § 69a I S. 3 StGB angeordnet, kann die Neuerteilung einer FE frühestens 6 Monate vor Ablauf der Sperre **beantragt** werden (IV).

2. Durch den mit der 2. FeVÄndVO v. 7.1.09 (BGBl. I S. 27) eingefügten Abs. 1 S. 2 ist jetzt **2** klar geregelt, dass vor Neuerteilung einer FE **grundsätzlich keine erneute Fahrerlaubnisprüfung** abzulegen ist. Nur wenn im konkreten Einzelfall Tatsachen die **Annahme** rechtfertigen, dass der Bewerber die **Befähigung** zum Führen von Kfz **nicht mehr besitzt,** ordnet die FEB vor Neuerteilung der FE eine Fahrerlaubnisprüfung an (Abs. 2). Liegen solche Tatsachen vor, hat die FEB keinen Ermessensspielraum; die Prüfung ist dann zwingend anzuordnen (OVG Bautzen 26.7.13 3 D 9/13, VGH Mü 18.8.15 11 CE 15.1217). Weist der Bewerber seine Befähigung nicht nach oder weigert er sich, eine FEPrüfung abzulegen, hat die FEB vom Nichtvorliegen der Befähigung auszugehen und die Neuerteilung der FE abzulehnen. Die früher in **Abs. 2 S. 2** vorgesehene **2-Jahres-Frist,** nach deren Ablauf ein Verzicht auf die Prüfung nicht zulässig

war, ist durch ÄndVO v 18.7.08 (BGBl I S. 1338) mit Wirkung vom 30.10.08 **abgeschafft** worden (Begr vor Rn. 1). Die Fahrbefähigung besteht somit nach der Wertung des VOGebers auch nach Ablauf von 2 Jahren idR weiter. Ob Tatsachen vorliegen, die den Schluss erlauben, dass die notwendige Befähigung nicht (mehr) vorhanden ist, ist im Wege einer **Gesamtschau** der im jeweiligen Einzelfall relevanten Tatsachen zu beurteilen. Der **Zeitdauer fehlender oder eingeschränkter Fahrpraxis** mit Kfz der betroffenen FEKlasse kommt dabei eine herausragende Bedeutung zu (BVerwG NJW **12** 696 mAnm *Dauer*, VGH Mü DAR **10** 716 (beide zu § 24), 18.8.15 – 11 CE 15.1217, 17.10.19 – 11 CE 19.1480 NJW **20** 256, OVG Bautzen 30.9.14 – 3 D 35/14, 15.2.16 – 3 D 89/15, VG Meiningen 19.8.14 BA **14** 369, VG Bra 15.10.15 – 6 A 180/14). Sie wird regelmäßig auch der einzige verwertbare Anhaltspunkt sein, da der Antragsteller mit Kfz der betroffenen FE-Klasse mangels FE im StrV weder negativ auffallen noch umgekehrt das Fortbestehen seiner Befähigung unter Beweis stellen konnte (BVerwG NJW **12** 696, VG Bra 15.10.15 6 A 180/14). Von Bedeutung kann auch sein, über welchen Zeitraum sich die Fahrpraxis des Bewerbers in der jeweiligen FEKlasse erstreckt hatte, bevor ihm die FE entzogen wurde (OVG Bautzen 30.9.14 3 D 35/14, VG Meiningen 19.8.14 BA **14** 369) Es verbietet sich, die frühere Wertung des VOGebers, nach 2 Jahren sei die Befähigung entfallen, als zeitliche Orientierung heranzuziehen, nachdem diese feste zeitliche Grenze aufgehoben worden ist. Die 2-Jahres-Grenze war im Übrigen weder inhaltlich noch hinsichtlich ihres Umfangs begründet (*Dauer* NJW **12** 698). Feste Zeitgrenzen können nicht genannt werden, da jeweils eine Einzelfallbetrachtung erforderlich ist. Es ist danach zu differenzieren, wie lange der erstmalige Erwerb der Fahrbefähigung zurückliegt, wie lange – und ob regelmäßig oder nur sporadisch – der Betr von dieser FE Gebrauch gemacht hat und wie lange eine danach liegende Phase mangelnder Fahrpraxis angedauert hat (VGH Mü 17.4.12 11 B 11.1873). Nach einer Einzelmeinung soll bei einer fahrerlaubnislosen Zeit von 10 Jahren oder mehr allein diese Tatsache genügen, um die Anordnung einer Befähigungsprüfung zu veranlassen, wenn keine besonderen Umstände vorliegen (VG Meiningen 19.8.14 BA **14** 369).

2a   **Rspr.:** Anlass für Überprüfung der Befähigung nach mehr als 8 Jahren fehlender Fahrpraxis (VGH Mü 18.8.15 – 11 CE 15.1217 BeckRS 2015, 52037, 17.10.19 – 11 CE 19.1480 NJW **20** 256), nach 10 Jahren fehlender oder stark eingeschränkter Fahrpraxis (BVerwG NJW **12** 696 zu § 24), nach 11 Jahren ohne FE (VG Mü 7.1.10 M 6a E 09.5304), nach 13 Jahren (OVG Bautzen 26.7.13 3 D 9/13, VG Br 30.1.12 5 K 1036/11), nach 14 Jahren (OVG Münster 4.1.12 16 A 1500/10), nach 15 Jahren (VGH Mü VRS **125** 187), nach 16 Jahren (OVG Bautzen 30.9.14 3 D 35/14, VG Regensburg 3.5.10 8 K 09.2517), nach 17 Jahren fehlender Fahrpraxis (VGH Mü 17.4.12 11 B 11.1873, VG Bra 15.10.15 6 A 180/14), nach 18 Jahren (VG Gelsenkirchen 13.12.11 9 K 5357/10), nach 20 Jahren (OVG Bautzen 15.2.16 3 D 89/15), nach 26 Jahren (VG Trier 10.3.20 – 1 K 2868/19 BeckRS 2020, 4984), nach 37 Jahren (VG Gelsenkirchen 19.1.12 9 K 2454/11). **Fahrpraxis mit Fahrrad** oder **fahrerlaubnisfreiem Kfz (zB Mofa) reicht nicht aus,** um die Befähigung für das Führen eines fahrerlaubnispflichtigen Kfz zu erhalten (OVG Münster 22.3.12 16 A 55/12, VG Regensburg 3.5.10 8 K 09.2517, VG Gelsenkirchen 13.12.11 9 K 5357/10, VG Meiningen 19.8.14 BA **14** 369, VG Bra 15.10.15 6 A 180/14, VG Trier 10.3.20 – 1 K 2868/19 BeckRS 2020, 4984), auch nicht Teilnahme am StrV als **Beifahrer** (OVG Münster 4.1.12 16 A 1500/10, VG Bra 15.10.15 6 A 180/14). Fahrpraxis mit Pkw genügt nicht, um Befähigung für Lkw oder Bus zu erhalten (VGH Mü DAR **10** 716 zu § 24). Für Klasse C1 kann nach 17 Jahren ohne Fahrpraxis mit Fz dieser Klasse eine Fahrprüfung angeordnet werden, auch wenn zuvor eine FE der Klassen A und BE prüfungsfrei neu erteilt worden ist und Fahrpraxis mit Lkw auf privatem Gelände und mit großen landwirtschaftlichen Fz vorliegt (VG Neustadt 23.5.18 1 K 1113/17 SVR **18** 358). Erwerb der FE einer anderen Klasse entlastet nur bei Einschluss der betroffenen FE-Klasse (VGH Mü 17.4.12 11 B 11.1873, VG Gelsenkirchen 19.1.12 9 K 2454/11). **Fahren ohne FE** ist **nicht zu berücksichtigen,** da es ausschließlich auf die berechtigte Teilnahme am StrV ankommt (VG Br 30.1.12 5 K 1036/11, VG Meiningen 19.8.14 BA **14** 369). Wurde mit einer im EU-Ausland unter Verstoß gegen das Wohnsitzprinzip erworbenen und damit in Deutschland nicht zum Führen von Kfz berechtigenden FE zwar nicht im Inland, aber zur Überzeugung der FEB im Ausland legal Fahrpraxis erworben, ist diese zu berücksichtigen (VG Stu 11.4.18 1 K 8555/17).

3   **3.** Beziehen sich die Zweifel in Bezug auf die **Kenntnisse und Fähigkeiten** nur auf einen Teilbereich, so kommt nach dem Verhältnismäßigkeitsgrundsatz eine entsprechend beschränkte Prüfung in Frage, OVG Münster NJW **74** 1964 (Verkehrssicherheitslehre). **Eignungsbedenken** der FEB, s. §§ 11, 13, 14. Zur Neuerteilung nach EdF § 3 StVG Rn. 65. Nichtinhaber einer FE können Punkte im FAER haben (§ 4 StVG Rn. 45 und 69, § 28 StVG Rn. 18), Maßnahmen nach dem **Fahreignungs-Bewertungssystem** werden aber nur gegen Inhaber einer FE ergriffen (§ 4 V S. 1 StVG). Die Wertungen des Systems sind nach Auffassung des VGH Mü gleichwohl auch im Rahmen der Neuerteilung einer FE in den Blick zu nehmen, denn mit der Neuerteilung einer FE werden nach § 4 III S. 1 und 2 StVG – abgesehen von den Fällen nach § 4 III S. 4 StVG – die bestehenden **Punkte gelöscht** (VGH Mü 16.8.18 11 CE 18.1268). **Abs. 3** dient nur der Klarstellung, weil die darin genannte Bestimmung des § 11, abw von den Vorschriften, auf die Abs. 1 verweist, nicht die Ersterteilung betrifft (OVG Hb VRS **102** 393). Bei berechtigten Bedenken gegen wiedererlangte Kraftfahreignung bestehen weder gegen die Aufforderung, ein medizinisch-psychologisches Gutachten beizubringen, verfassungsrechtliche Bedenken, noch gegen dessen Verwertung, BVerfG ZfS **84** 380 (Anm *Greck*).

4. Wahrung des Besitzstands bei Neuerteilung. Personen, deren FE durch EdF oder Ver- **4** zicht erloschen ist, erhalten bei Neuerteilung vorbehaltlich § 76 Nr. 9 und Nr. 11c S. 4 eine FE in dem Umfang, der auch ohne das Erlöschen bestanden hätte (§ 76 Nr. 11b S. 1). Die frühere Beschränkung dieser Regelung auf Fälle, in denen die FE vor dem 19.1.13 erloschen war, wurde durch ÄndVO v. 16.12.14 (BGBl. I S. 2213) mWv 1.1.15 aufgehoben, um nicht Personen von der Besitzstandsregelung auszuschließen, deren FE nach dem 18.1.13 erloschen ist oder erlischt (Begr BR-Drs. 460/14 (Beschluss) S. 3). Die FE Kl C1 und C1E wird gem. § 20 I S. 1 iVm § 23 I S. 2 Nr. 1 nur befristet erteilt; § 76 Nr. 9 S. 2 gilt hier nicht (BVerwG NJW **03** 530). Auch Personen, deren FE durch Ablauf der Geltungsdauer erloschen ist, erhalten seit 1.1.15 bei Neuerteilung vorbehaltlich § 76 Nr. 9 und Nr. 11c S. 4 eine FE in dem Umfang, der auch ohne das Erlöschen bestanden hätte (§ 76 Nr. 11b S. 2). Personen, deren die FE im Umfang der bis 31.12.14 geltenden Rechtslage ohne vollständige Besitzstandsrechte neu erteilt wurde, können diese seit 1.1.15 beantragen (§ 76 Nr. 11b S. 3).

Die FEB kann in den Fällen des § 76 Nr. 11b eine **Befähigungsprüfung** verlangen, wenn **5** Tatsachen vorliegen, die die Annahme rechtfertigen, dass der Bewerber die erforderlichen Kenntnisse und Fähigkeiten nicht mehr besitzt (§ 76 Nr. 11b S. 4). Obwohl die Befähigungsprüfung in diesem Fall – zwangsläufig – nach aktueller Rechtslage durchgeführt wird, bleiben nach der Begr zu der seit 1.5.14 gültigen Fassung von § 76 Nr. 11a aF = heute § 76 Nr. 11b (BR-Drs. 78/14 S. 62 = VkBl. **14** 431) alte Besitzstände auch dann gewahrt, wenn eine Befähigungsprüfung erfolgt.

5. Einstweilige Anordnung gem. § 123 I VwGO auf (Neu-)Erteilung einer FE ist möglich. **6** Damit kann jedoch grds. nur eine **vorläufige Regelung** getroffen werden (VG Würzburg DAR **14** 541, *Weber* DAR **18** 172). Auch wenn das FERecht keine vorläufige oder vorübergehende FE kennt (§ 2 StVG Rn. 22), kann die FEB durch einstweilige Anordnung gem. § 123 VwGO zur Erteilung einer ggf. zeitlich befristeten oder mit einer Bedingung oder Auflage versehenen FE verpflichtet werden (vgl. *Kopp/Schenke* VwGO § 123 Rn. 13). **Vorwegnahme der Hauptsache** wird zT für unzulässig gehalten (OVG Br DAR **74** 307, VG Würzburg DAR **14** 541), kann nach aA aber ausnahmsweise in Betracht kommen, wenn ein Anordnungsanspruch mit ganz überwiegender Wahrscheinlichkeit besteht und für den Fall, dass die einstweilige Anordnung nicht ergeht, dem Betr schwere und unzumutbare, nachträglich nicht mehr zu beseitigende Nachteile entstünden (VGH Ma NJW **14** 1833). Dies gilt im FERecht angesichts der staatlichen Schutzpflicht für das Leben und die Gesundheit anderer Verkehrsteilnehmer in besonderem Maße, da das Führen fahrerlaubnispflichtiger Fz im StrV mit erheblichen Gefahren für diese Rechtsgüter einhergeht, wenn der Betr nicht fahrgeeignet oder zum Führen von Kfz nicht befähigt ist (VGH Mü 16.8.18 11 CE 18.1268). Einstweilige Anordnung auf FE-(Neu-)Erteilung kann ergehen, wenn ein Ermessensgebrauch nach Sachlage zum Nachteil des Antragstellers nicht mehr in Betracht kommt (VGH Mü VRS **55** 76), zB dann, wenn die (Neu-)Erteilung nur im Hinblick auf falsche Sperrfristberechnung versagt wird (VG Kö ZfS **84** 382). – Zur behördlichen Ersatzpflicht bei gerichtlich erstrittener neuer FE, Ha VersR **78** 674: nur bei Abweichung von einer klaren Gesetzesregelung oder von fester Rspr.

Fraglich ist, was aus FE und FS wird, wenn nach Abschluss des Hauptsacheverfahrens festge- **7** stellt wird, dass der Betr keinen Anspruch auf eine FE hat (Geiger SVR **09** 115). Aus der Vorläufigkeit einer solchen Anordnung folgt, dass diese FE ab Bestands- oder Rechtskraft einer für den Inhaber negativen Entscheidung in der Hauptsache ohne weiteres Zutun der Behörde entfällt und der FS abgegeben werden muss (OVG Berlin 20.10.17 1 S 46.17 = BA **18** 269). Der Rechtsgrund in Gestalt des prozessualen Sicherungsanspruchs für einen aufgrund einer einstweiligen Anordnung erfolgten Erlass eines VA fällt weg, wenn und soweit die einstweilige Anordnung wegfällt, weil sie etwa im Beschwerdeverfahren aufgehoben und der Antrag auf ihren Erlass abgelehnt wird. Die in Befolgung der einstweiligen Anordnung erteilte FE wird dann ohne weiteres gegenstandslos oder hinfällig. Einer ausdrücklichen – sofort vollziehbaren – behördlichen Aufhebung bedarf es nicht (OVG Greifswald 31.3.20 – 3 M 739/19 BeckRS 2020, 17013 = NordÖR **20** 377.

3. Verfahren bei der Erteilung einer Fahrerlaubnis

Antrag auf Erteilung einer Fahrerlaubnis

21 (1) ¹Der Antrag auf Erteilung einer Fahrerlaubnis ist bei der nach Landesrecht zuständigen Behörde oder Stelle oder der Fahrerlaubnisbehörde schriftlich oder in elektronischer Form zu stellen. ²Der Bewerber hat auf Verlangen dieser Behörden oder Stellen persönlich zu erscheinen. ³Der Bewerber hat folgende Daten mitzuteilen und auf Verlangen nachzuweisen:

1. die in § 2 Absatz 6 des Straßenverkehrsgesetzes bezeichneten Personendaten sowie die Daten über den ordentlichen Wohnsitz im Inland einschließlich der Anschrift, Staatsangehörigkeit und Art des Ausweisdokumentes und

2. die ausbildende Fahrschule.

(2) ¹Der Bewerber hat weiter anzugeben, ob er bereits eine Fahrerlaubnis aus einem anderen Staat besitzt oder besessen hat oder ob er sie bei einer anderen Behörde eines solchen Staates beantragt hat. ²Beantragt der Inhaber einer Fahrerlaubnis aus einem solchen Staat eine Erweiterung der Fahrerlaubnis auf eine andere Klasse, ist dieser Antrag hinsichtlich der vorhandenen Klassen als Antrag auf Erteilung der deutschen Fahrerlaubnis gemäß den §§ 30 und 31 zu werten. ³Der Bewerber hat in jedem Fall eine Erklärung abzugeben, dass er mit der Erteilung der beantragten Fahrerlaubnis auf eine möglicherweise bereits vorhandene Fahrerlaubnis dieser Klasse aus einem solchen Staat verzichtet.

(3) ¹Dem Antrag sind folgende Unterlagen beizufügen:

1. ein amtlicher Nachweis über Ort und Tag der Geburt,

2. ein Lichtbild, das den Bestimmungen der Passverordnung vom 19. Oktober 2007 (BGBl. I S. 2386), die zuletzt durch Artikel 1 der Verordnung vom 3. März 2015 (BGBl. I S. 218) geändert worden ist, entspricht,

3. bei einem Antrag auf Erteilung einer Fahrerlaubnis der Klassen AM, A1, A2, A, B, BE, L oder T eine Sehtestbescheinigung nach § 12 Absatz 3 oder ein Zeugnis oder ein Gutachten nach § 12 Absatz 4 oder ein Zeugnis nach § 12 Absatz 5,

4. bei einem Antrag auf Erteilung einer Fahrerlaubnis der Klassen C, C1, CE, C1E, D, D1, DE oder D1E ein Zeugnis oder Gutachten über die körperliche und geistige Eignung nach § 11 Absatz 9 und eine Bescheinigung oder ein Zeugnis über das Sehvermögen nach § 12 Absatz 6,

5. ein Nachweis über die Schulung in Erster Hilfe,

6. bei einem Antrag auf Erteilung einer Fahrerlaubnis der Klassen D, D1, DE und D1E ein Führungszeugnis nach § 30 Absatz 5 Satz 1 des Bundeszentralregistergesetzes.

²Die Fahrerlaubnisbehörde kann Ausnahmen von der in Satz 1 Nummer 2 vorgeschriebenen Gestaltung des Lichtbildes zulassen.

(4) Die Erteilung einer Fahrerlaubnis kann frühestens sechs Monate vor Erreichen des für die jeweilige Fahrerlaubnisklasse nach § 10 vorgeschriebenen Mindestalters bei der nach Landesrecht zuständigen Behörde beantragt werden.

1   **Begr** zur VO v. 18.8.98 (BR-Drs. 443/98 S. 270 = VkBl. **98** 1074): **Zu Abs. 1:** … *kann verlangt werden, dass der Bewerber persönlich bei der Behörde erscheint. Die Regelung erfolgt im Hinblick auf den Scheckkartenführerschein. Es handelt sich dabei um ein besonders gesichertes Dokument, das auch durch eine entsprechende Gestaltung der Verfahrensabläufe vor Manipulationen geschützt werden soll. Die Unterschrift des Inhabers wird drucktechnisch in den Führerschein integriert und muss deshalb wie bei Personalausweis und Pass vor der Herstellung auf besonderem Material geleistet werden. Es erscheint sicherer, wenn der Antragsteller die Unterschrift bei der Fahrerlaubnisbehörde oder der örtlichen Behörde leistet. Dabei kann zugleich die Identität des Bewerbers geprüft werden. Die Formulierung lässt jedoch auch die Beibehaltung des jetzt verbreiteten Verfahrens der Antragstellung über die Fahrschule zu. Die Unterschrift muss dann in der Fahrschule geleistet werden.*

2   *Die Angabe der ausbildenden Fahrschule ist erforderlich, damit die Fahrerlaubnisbehörde überprüfen kann, ob die Fahrschule eine Ausbildungsberechtigung für die beantragte Klasse besitzt.*

Zu Abs. 2: *Absatz 2 beruht auf Artikel 7 Abs. 5 der (2. EU–FS–)Richtlinie.* 3 *Danach kann jede Person nur Inhaber einer einzigen von einem Mitgliedstaat ausgestellten Fahrerlaubnis und eines entsprechenden Führerscheins sein. Bei der Beantragung der deutschen Fahrerlaubnis muss der Bewerber deshalb angeben, ob er bereits eine EU- oder EWR-Fahrerlaubnis – auch aus der Bundesrepublik Deutschland – besitzt oder eine solche beantragt hat (Absatz 2 Satz 1). Absatz 2 Satz 2 betrifft den Fall, dass der Inhaber einer Fahrerlaubnis aus einem anderen EU- oder EWR-Mitgliedstaat seinen Wohnsitz in die Bundesrepublik Deutschland verlegt und hier die Erweiterung der Fahrerlaubnis auf eine andere Klasse beantragt. Auf dem deutschen Führerschein erscheint dann auch die bereits im Ausland erworbene Klasse. Da der deutsche Führerschein zum Nachweis der von einer deutschen Behörde erteilten Fahrerlaubnis dient und nicht über ein im Ausland erworbenes Recht ausgestellt werden kann, wird der Antrag hinsichtlich der vorhandenen Klasse als Antrag auf einen „Umtausch" der ausländischen Fahrerlaubnis gewertet. Dies bedeutet auch, dass der ausländische Führerschein an die ausländische Behörde zurückzusenden ist.*

„Umtausch" bedeutet rechtlich die Erteilung der deutschen Fahrerlaubnis unter erleichterten Bedingun- 4 *gen. Ob damit zugleich die ausländische Fahrerlaubnis erlischt, ist umstritten. Ist man der Auffassung, dass sie nicht erlischt, wäre der Inhaber im Besitz von zwei Fahrerlaubnissen, der in- und der ausländischen. Da dies mit der (2. EU–FS–) Richtlinie unvereinbar ist, wird von ihm eine Erklärung über den Verzicht einer bereits vorhandenen Erlaubnis verlangt …*

Zu Abs. 3: *Eine Ausnahme nach Absatz 3 Satz 2 von der … vorgeschriebenen Gestaltung des Licht-* 5 *bildes wird die Fahrerlaubnisbehörde zum Beispiel dann zulassen, wenn eine Bewerberin aus religiösen Gründen eine Kopfbedeckung trägt. Auch bei der Erteilung einer Ausnahme muss die eindeutige Erkennbarkeit der Person gewährleistet sein.*

Begr zur ÄndVO v. 18.7.08 (BR-Drs. 302/08 S. 64 = VkBl. 08 568) **zu Abs. 3 S. 1 Nr. 2:** 6 *Der Führerschein dient dem Inhaber als Nachweis über den Besitz der entsprechenden Fahrerlaubnis. Dies bezieht auch die Personendaten mit ein, da es keine Verpflichtung gibt, neben dem Führerschein einen Personalausweis oder Reisepass mitzuführen. Bei einer Kontrolle muss erkennbar sein, dass es sich bei dem Fahrzeugführer auch tatsächlich um den Inhaber der Fahrerlaubnis handelt. Hierzu ist ein aussagekräftiges Lichtbild unerlässlich. Zum Zwecke der weitgehenden Einheitlichkeit werden die Anforderungen zugrunde gelegt, die zur Sicherstellung der Biometrietauglichkeit von Passbildern entwickelt wurden. Die Anforderungen an das Passbild sind in § 5 der Verordnung zur Durchführung des Passgesetzes (PassV) geregelt. Zur einfachen Umsetzung dieser Vorgaben gibt es eine Foto-Mustertafel der Bundesdruckerei, die über das Internet bei der Bundesdruckerei (www.Bundesdruckerei.de) eingesehen und übernommen werden kann. Die Anwendung dieser Vorgaben aus den Pass- und Personalausweisvorschriften erleichtert die Beurteilung geeigneter Lichtbilder durch das Personal der Verkehrsbehörden erheblich. Fotografen und Bürger kennen die Anforderungen an Lichtbilder aus eben diesen Vorschriften. Diskussionen um Lichtbilder, die diesen Forderungen nicht genügen, werden mit der Gleichstellung der Vorschriften vermieden.*

Begr zur ÄndVO v 7.1.09 (BR-Drs. 851/08 S. 10 = VkBl. 09 128) **zu Abs. 2 S. 1:** *Damit die* 7 *Fahrerlaubnisbehörde im Antragsverfahren Kenntnis davon erlangen kann, ob der Bewerber vormals im Besitz einer Fahrerlaubnis eines EU- oder EWR-Mitgliedstaates war, muss eine Pflichtangabe hierzu im Antragsverfahren verankert werden.*

Begr zur ÄndVO v. 11.3.19 (BR-Drs. 600/18 S. 22) **zu Abs. 2:** *§ 21 Absatz 2 betrifft Fälle, in* 8 *denen in einem anderen EU- oder EWR-Mitgliedstaat eine Fahrerlaubnis erteilt wurde. Diese Regelungen sollten jedoch auch für in Drittstaaten erteilte Fahrerlaubnisse Anwendung finden.*

1. Regelungsgegenstand. § 21 konkretisiert § 2 VI StVG auf der Grundlage von § 6 I Nr. 1 9 Buchst. h StVG. Die Norm wiederholt das Erfordernis eines Antrags auf Erteilung einer FE und regelt die Mitteilungs-, Vorlage- und Nachweispflichten bei Antragstellung. Die Bestimmung findet auch bei einem Antrag auf Erweiterung, Verlängerung oder Änderung einer FE und bei Beantragung der Aufhebung der Beschränkung einer FE oder der Auflage zu einer FE Anwendung (s. § 2 VI S. 1 StVG). § 21 ist auf die FE zur Fahrgastbeförderung entsprechend anzuwenden (§ 48 VII S. 1).

2. Antrag. Die Fahrerlaubnis, also die behördliche Erlaubnis, auf öff Straßen ein Kfz zu füh- 10 ren (§ 2 I S. 1 StVG), ist ein antragsgebundener VA (§ 2 VI S. 1 StVG, § 21 I S. 1 FeV). Der Antrag ist **schriftlich** oder **in elektronischer Form** zu stellen (I S. 1). Die Möglichkeit, die Erteilung einer FE in elektronischer Form zu beantragen, wurde durch ÄndVO v. 11.3.19 (BGBl. I S. 218) eingeführt, um das Antragsverfahren zu erleichtern (Begr BR-Drs. 600/18 S. 21). Eine nur elektronische Antragstellung, also durch einfache E-Mail, reicht nicht aus. Aufgrund der Bedeutung der Unterschrift im Fahrerlaubnisbereich für die Identitätsprüfung wurde hier die

elektronische Form gem. § 3a VwVfG vorgeschrieben (Begr BR-Drs. 600/18 S. 21). Der elektronischen Form genügt ein elektronisches Dokument nur, wenn es mit einer qualifizierten elektronischen Signatur versehen ist (§ 3a II S. 2 VwVfG, *Stelkens/Bonk/Sachs* § 3a Rn. 20a). Die qualifizierte elektronische Signatur soll einen fälschungssicheren elektronischen Schriftverkehr gewährleisten und sicherstellen, dass die Signatur des Dokuments durch die Person erfolgt ist, der diese zugeordnet ist (*Kopp/Ramsauer* § 3a Rn. 17).

11   Der Antrag kann **frühestens 6 Monate** vor Erreichen des für die jeweilige FEKlasse vorgeschriebenen **Mindestalters** gestellt werden (IV). **Minderjährige** können den Antrag selbständig stellen, soweit § 10 ein unter der Volljährigkeitsgrenze liegendes Mindestalter vorsieht; sie sind dafür verfahrenshandlungsfähig (s. § 12 I Nr. 2 Alt 2 VwVfG, BVerwG 3.12.65 – VII C 75.64 Buchholz 442.16 § 7 StVZO Nr. 1, BVerwG 16.8.83 – 1 CB 162.80 BayVBl **84** 57 (58), *Stelkens/Bonk/Sachs* § 12 Rn. 11, *Kopp/Ramsauer* § 12 Rn. 8). Für die Erteilung einer FE bF 17 ist allerdings die Zustimmung des gesetzlichen Vertreters erforderlich (§ 48a I S. 2 iVm § 74 II). Für die Erteilung einer Fahrerlaubnis der Klasse AM ab 15 oder 16 Jahren und der Klasse A1 ab 16 Jahren ist dies nicht vorgesehen. Beträgt das Mindestalter 18 Jahre, sind unter 18jährige für die Stellung des Antrags auf Erteilung der FE verfahrenshandlungsfähig, wenn der Antrag in der üblichen zeitlichen Nähe zur Erreichung des Mindestalters gestellt wird (*Bouska/Laeverenz* § 21 FeV Anm 3). – Für Ausnahmen vom Mindestalter ist die Zustimmung des gesetzlichen Vertreters erforderlich (§ 74 II).

12   **Zuständig** für die Entgegennahme des Antrags ist *die nach Landesrecht zuständige Behörde oder Stelle oder die FEB* (I S. 1). Mit der neben der FEB alternativ genannten „zuständigen Behörde oder Stelle" ist die Gemeindebehörde oder die Stadt- oder Kreisverwaltung des Wohnsitzortes gemeint, die den Antrag nach Prüfung der Richtigkeit der Personenangaben an die zuständige FEB weiterleiten soll (*Jagow* VD **99** 2). Die Möglichkeit der Antragstellung bei diesen Dienststellen wurde bei Schaffung der FeV im Interesse der Bürgernähe, insbes in ländlichen Gebieten, eingeräumt, wobei es dem Organisationsermessen der zuständigen Landesbehörde überlassen sei, inwieweit diese Möglichkeit dem Bürger zur Verfügung gestellt wird (*Jagow* aaO). FEB ist die nach Landesrecht zuständige Behörde (§ 73 I). Die örtliche Zuständigkeit richtet sich nach § 73 II.

13   Der Bewerber muss auf Verlangen der Behörde **persönlich erscheinen** (I S. 2). Diese Regelung wurde eingeführt, weil eine Unterschriftsleistung für den Kartenführerschein bei der Behörde als sicherer eingestuft wurde (Begr Rn. 1). Möglich ist aber auch eine Antragstellung über die Fahrschule; die Unterschrift muss dann in der Fahrschule geleistet werden (Begr Rn. 1). Dabei geht die Behörde davon aus, dass die Fahrschule sich von der Identität des Unterschreibenden überzeugt (*Jagow* VD **99** 2).

14   **3. Allgemeine Mitteilungs- und Nachweispflichten (I S. 3).** Mit dem Antrag hat der Bewerber die **Personendaten** gem. § 2 VI S. 1 Nr. 1 StVG mitzuteilen und ggf. nachzuweisen (I S. 3 Nr. 1). Dies sind Familienname, Geburtsname, sonstige frühere Namen, alle Vornamen, Ordens- oder Künstlernamen, Doktorgrad, Geschlecht, sowie Tag und Ort der Geburt.

15   Die Daten über den **ordentlichen Wohnsitz** im Inland einschließlich der **Anschrift** sind erforderlich, weil die Erteilung einer FE voraussetzt, dass der Bewerber seinen ordentlichen Wohnsitz in Inland hat (§ 2 II S. 1 Nr. 1 StVG, § 7 I S. 1 FeV). Näher: § 2 StVG Rn. 31, § 7 FeV Rn. 5ff. Den Nachweis dafür hat der Antragsteller zu führen, dazu § 7 Rn. 14. Schüler und Studenten gleich welcher Staatsangehörigkeit, die bislang ihren ordentlichen Wohnsitz in einem anderen EU- oder EWR-Staat hatten, erhalten die deutsche FE auch ohne Begründung eines ordentlichen Wohnsitzes im Inland, wenn sie sich für die Dauer von mindestens 6 Monaten nur zwecks Schul- oder Hochschulbesuchs hier aufhalten (§ 7 III).

16   Die **Staatsangehörigkeit** und die **Art des Ausweisdokuments,** das für die Beantragung der FE verwendet werden soll, sind anzugeben und auf Verlangen nachzuweisen, weil sich aus den Dokumenten ergebende Informationen für erforderlich gehalten werden, um in Fällen des fehlenden Vorliegens eines vorgefertigten KartenFS den Fahrerlaubnisprüfern eine Identitätsprüfung zu ermöglichen (Begr zur ÄndVO v. 21.12.16, BGBl. I S. 3083, BR-Drs. 253/16 S. 30).

Die Angabe der **ausbildenden Fahrschule** (I S. 3 Nr. 2) hält der VOGeber für erforderlich, damit die FEB überprüfen kann, ob die Fahrschule eine Ausbildungsberechtigung für die beantragte Klasse besitzt (Begr Rn. 2). Der nach § 2 VI S. 1 Nr. 2 StVG erforderliche Nachweis, dass der Bewerber sich gem. § 2 II S. 1 Nr. 4 StVG in einer Fahrschule hat ausbilden lassen, erfolgt dagegen erst später, nämlich durch Vorlage von Ausbildungsnachweisen bei den Prüfern der theoretischen und praktischen Fahrerlaubnisprüfung (§§ 16 III S. 6, 17 V S. 5).

4. Mitteilungspflichten zu in- und ausländischen Fahrerlaubnissen (II S. 1). Die frü- 17
her auf Fahrerlaubnisse aus EU- und EWR-Staaten beschränkten Regelungen in Abs. II beruh-
ten ursprünglich auf Art 7 V der 2. EU-FS-RL, wonach jede Person nur Inhaber eines einzigen
von einem Mitgliedstaat ausgestellten FS sein kann (Begr Rn. 3). Demgemäß darf einem Bewer-
ber, der bereits eine in einem EU- oder EWR-Staat erteilte FE der beantragten Klasse besitzt,
keine FE dieser Klasse erteilt werden (§ 2 II S. 1 Nr. 7 StVG, § 8 FeV). Der Bewerber musste
deswegen früher angeben, ob er bereits eine FE aus einem EU-Staat (einschließlich Deutsch-
land) oder einem anderen EWR-Staat besitzt oder ob er bei einer anderen Behörde eines EU-/
EWR-Staates eine EU- oder EWR-FE beantragt hat (II S. 1 aF). Die Mitteilungspflichten nach
II S. 1 wurden durch ÄndVO v. 11.3.19 (BGBl. I S. 218) so geändert, dass sie nicht mehr für
EU-Staaten (einschließlich Deutschland) und andere EWR-Staaten, sondern jetzt für **andere
Staaten** gelten. Dies wurde damit begründet, dass die Regelungen des Abs. II auch für in Dritt-
staaten erteilte Fahrerlaubnisse Anwendung finden sollten (Begr Rn. 8). Dabei wurde offenbar
übersehen, dass früher auch anzugeben war, ob der Antragsteller eine deutsche FE der beantrag-
ten Klasse hat (vgl. Begr Rn. 3). Die frühere Regelung entsprach § 2 VI S. 2 StVG, wonach der
Antragsteller eine Erklärung darüber abzugeben hat, ob er bereits eine in- oder ausländische FE
der beantragten Klasse besitzt. Der VOGeber ist bei der Änderung durch VO v. 11.3.19 offenbar
davon ausgegangen, dass die frühere Fassung des Abs. II (nur) Fälle betraf, in denen in einem
anderen EU- oder EWR-Staat eine FE erteilt worden ist (Begr Rn. 8). Im Ergebnis muss der
Bewerber jetzt nach dem Wortlaut von II S. 1 lediglich angeben, ob er bereits eine **FE aus ei-
nem anderen Staat** besitzt oder besessen hat. Nach § 2 VI S. 2 StVG muss er allerdings außer-
dem angeben, ob er bereits eine **inländische FE** der beantragten Klasse besitzt, auch wenn sich
dies im Wortlaut von Abs. II nicht mehr wiederfindet, denn die gesetzliche Regelung kann von
der rangniederen FeV nicht außer Kraft gesetzt werden.

Da einem Bewerber, dem in einem anderen EU- oder EWR-Staat eine FE entzogen worden 18
ist, keine neue FE erteilt werden darf, solange eine im Zusammenhang mit der EdF angeordnete
Sperre für die Neuerteilung einer FE noch nicht abgelaufen ist (Art 11 IV Unterabs. 1 der 3.
FS-RL in der Auslegung durch den EuGH 26.4.12 C-419/10 NJW **12** 1935 – Hofmann),
musste früher mit dem Antrag auch angegeben werden, ob er bereits eine **Fahrerlaubnis** eines
anderen EU- oder EWR-Staates **hatte** (II S. 1 aF). Diese Regelung ist durch ÄndVO v. 11.3.19
(BGBl. I S. 218) so geändert worden, dass sie sich jetzt auf Fahrerlaubnisse aus allen anderen
Staaten bezieht (II S. 1). Ohne diese Angabe kann die FEB nicht prüfen, ob das Verbot der Neu-
erteilung nach § 22 IIa besteht, das jetzt ebenfalls für alle andere Staaten gilt.

Beantragt der Inhaber einer ausländischen FE die Erteilung einer deutschen FE der entspre- 19
chenden Klasse oder Klassen, ist dies als Antrag nach §§ 30, 31 zu werten. Beantragt er eine Er-
weiterung seiner ausländischen FE auf eine andere FEKlasse, ist nach II S. 2 vorzugehen.

5. Antrag auf Erweiterung einer ausländischen Fahrerlaubnis (II S. 2). Inhaber von in 20
anderen EU- oder EWR-Staaten erteilten Fahrerlaubnissen müssen nach Verlegung ihres ordentli-
chen Wohnsitzes nach Deutschland ihre ausländische EU-/EWR-FE nicht in eine deutsche FE
umtauschen, um hier Kfz führen zu dürfen, denn die ausländische EU-/EWR-FE berechtigt zeitlich
unbegrenzt zum Führen von Kfz im Inland (§ 28 I S. 1). Möchte ein im Inland wohnhafter Inhaber
einer ausländischen EU-/EWR-FE seine FE auf eine andere FEKlasse erweitern, kann er dies nur
bei der FEB seines Wohnsitzstaates Deutschland beantragen, denn die ausländische FEB, die seine
FE ursprünglich erteilt hat, ist nicht mehr zuständig für ihn (Art 7 I Buchst. c der 3. EU-FS-RL).
Die deutsche FEB kann nur eine deutsche FE erteilen und zum Nachweis darüber einen deut-
schen FS ausstellen. Im Falle der Erweiterung einer bestehenden FE erscheint dann auch die be-
reits im Ausland erworbene Klasse auf dem deutschen Führerschein (Begr Rn. 3). Da ein deutscher
Führerschein nach der Vorstellung des VOGebers bei Schaffung der FeV aber nur zum Nachweis
der von einer deutschen Behörde erteilten FE diene und nicht über ein im Ausland erworbenes
Recht ausgestellt werden könne, wird der Antrag auf Erweiterung hinsichtlich der vorhandenen,
im Ausland erteilten Klasse oder Klassen zugleich als Antrag auf Erteilung einer deutschen FE nach
§ 30, also auf Umtausch der ausländischen FE in eine deutsche, gewertet (Begr Rn. 3).

Diese Regelung wurde durch ÄndVO v. 11.3.19 (BGBl. I S. 218, Begr BR-Drs. 600/18 S. 22) 21
so erweitert, dass sie jetzt nicht mehr nur für Fahrerlaubnisse aus anderen EU-/EWR-Staaten,
sondern allgemein für Fahrerlaubnisse aus allen anderen Staaten gilt. Beantragt der Inhaber einer
Fahrerlaubnis aus einem Staat außerhalb von EU und EWR eine Erweiterung seiner
ausländischen FE auf eine andere Klasse, ist dieser Antrag hinsichtlich der vorhandenen, im Aus-
land erteilten Klassen als Antrag auf Erteilung einer deutschen FE nach § 31 zu werten.

22   Das Verwaltungsverfahren läuft dann in beiden Fällen zweispurig ab: In Bezug auf die im Ausland erteilte FE erfolgt bei Vorliegen der Voraussetzungen die erleichterte Erteilung einer deutschen FE nach § 30 oder § 31, und in Bezug auf die beantragte Erweiterung durchläuft der Antragsteller das normale Erteilungsverfahren für eine deutsche FE. Dann wird für alle Klassen ein deutscher FS ausgestellt, der nur gegen Abgabe des ausländischen FS ausgehändigt werden darf (§§ 30 III S. 1, 31 IV S. 2). Der ausländische FS wird an die Behörde zurückgeschickt, die ihn ausgestellt hatte (§ 30 III S. 3, § 31 IV S. 3) oder ggf. in Verwahrung genommen (§ 31 IV S. 4).

23   **6. Verzicht auf ausländische Fahrerlaubnis (II S. 3).** Die Regelung in II S. 3 bezog sich ursprünglich nur auf Fahrerlaubnisse aus EU-/EWR-Staaten. Der Hintergrund dafür war, dass eine deutsche Fahrerlaubnis nur erteilt werden darf, wenn der Bewerber keine in einem EU- oder EWR-Staat erteilte FE der beantragten Klasse besitzt (§ 2 II S. 1 Nr. 7 StVG, § 8 FeV). Da mit Erteilung einer deutschen Fahrerlaubnis eine bestehende ausländische EU-/EWR-FE nicht automatisch erlischt, musste der Antragsteller erklären, dass er mit der Erteilung der beantragten FE auf eine möglicherweise bereits vorhandene EU-/EWR-FE dieser Klasse verzichtet (II S. 3 aF). Damit sollte verhindert werden, dass der Antragsteller nach Erteilung der deutschen FE weiterhin Inhaber einer ausländischen EU-/EWR-FE derselben Klasse bleibt, was mit Art 7 V Buchst. a der 3. EU-FS-RL nicht vereinbar wäre (s. Begr Rn. 4). Die Regelung wurde durch ÄndVO v. 11.3.19 (BGBl. I S. 218) ohne nähere Begründung (Rn. 8) so geändert, dass sie jetzt für Fahrerlaubnisse aus allen anderen Staaten gilt (II S. 3). Dadurch soll wohl generell verhindert werden, dass nach Erteilung einer deutschen FE gleichzeitig auch noch eine ausländische FE besteht, auch wenn die Erteilung einer deutschen FE nach § 2 II S. 1 Nr. 7 StVG lediglich durch den gleichzeitigen Besitz einer FE aus einem EU-/EWR-Staat ausgeschlossen wird.

24   Die Vorstellung des VOGebers, bereits durch die Verzichtserklärung nach II S. 3 werde das Erlöschen der ausländischen Fahrerlaubnis bewirkt, ist allerdings naiv. Wie und wann ein Verzicht auf eine im Ausland erteilte FE wirksam wird und zum Erlöschen der FE führt, beurteilt sich nach dem Recht des Staates, der die FE erteilt hat (*Bouska/Laeverenz* § 21 FeV Anm 6). Ein solcher **Verzicht** kann unabhängig davon überhaupt **nur wirksam** werden, wenn er der Behörde zugeht, die die ausländische FE erteilt hat, denn auch im Ausland dürfte eine Verzichtserklärung eine empfangsbedürftige Willenserklärung sein (vgl. § 2 StVG Rn. 25). Erhält die ausländische Behörde aus welchen Gründen auch immer keine Kenntnis von dem Verzicht, dürfte die gem. II S. 3 abgegebene Verzichtserklärung keinerlei Rechtswirkung haben und die ausländische FE besteht unverändert fort. Verschweigt der Antragsteller, dass er Inhaber einer ausländischen FE ist, kann seine gem. II S. 3 vorsorglich abgegeben Verzichtserklärung nicht an die ausländische Behörde geschickt werden, die in diesem Fall nichts von dem Verzicht erfährt; die ausländische FE besteht dann unverändert weiter (*Bouska/Laeverenz* § 21 FeV Anm 6).

25   Antragsteller, die entsandte Mitglieder fremder **diplomatischer** Missionen oder **berufskonsularischer** Vertretungen sind sowie die zu ihrem Haushalt gehörenden Familienmitglieder behalten bei Erteilung einer deutschen FE auf der Grundlage einer bestehenden ausländischen FE ihre ausländische FE (§ 30 Rn. 33, § 31 Rn. 38). Von diesem Personenkreis darf demzufolge bei Antragstellung nicht gem. II S. 3 verlangt werden, dass sie auf ihre ausländische FE verzichten.

26   **7. Fakultative Mitteilungen.** Wird die Erteilung einer FE der Klasse B oder BE im Rahmen des **begleiteten Fahrens ab 17** beantragt und ist der Bewerber noch nicht Inhaber einer FE der Klasse AM oder L, kann er in seinem Antrag erklären, dass er für diese Klassen einen FS erhalten möchte (§ 48a III S. 1 Nr. 7 S. 1). Ihm wird dann nach bestandener FEPrüfung eine nur im Inland gültige Prüfungsbescheinigung nach Anl 8b ausgehändigt (§ 48a III S. 1 Nr. 1), in die aber die in die Klasse B eingeschlossenen Klassen AM und L (§ 6 III S. 1 Nr. 4) nicht aufgenommen werden (§ 48a III S. 1 Nr. 7 S. 2). Für diese Klassen bekommt der Bewerber dann einen KartenFS, den er auch im Ausland nutzen kann.

27   Ist in dem Bundesland, in dem die Prüfung durchgeführt werden soll, das **alternative Verfahren zur Durchführung der Fahrerlaubnisprüfung** nach § 22a eingeführt, kann der Bewerber in seinem Antrag auf Erteilung der FE erklären, dass er auf das Ausstellen einer Prüfungsbescheinigung verzichtet (§ 22a V S. 1) oder dass er den FS unmittelbar nach der bestandenen Prüfung benötigt (§ 22a VI S. 1). In beiden Fällen wird die FE dann nicht direkt nach Bestehen der praktischen Fahrerlaubnisprüfung erteilt, sondern im Nachgang durch Aushändigung oder Übersendung des FS (näher dazu § 22a). Diese **Erklärungen** müssen ausdrücklich und schriftlich in dem Antrag nach I S. 1 erfolgen.

8. In **Abs. III** sind die **dem Antrag** auf Erteilung einer FE **beizufügende Unterlagen** zu- 28 sammengefasst. Dies gilt bei Beantragung einer allgemeinen FE. Weitere oder andere Unterlagen sind ggf. bei einem Antrag auf Erteilung einer besonderen FE (Dienstfahrerlaubnis, FE im Rahmen des begleiteten Fahrens ab 17), auf Erweiterung oder Verlängerung einer FE, auf Neuerteilung einer FE nach vorangegangener Entziehung, und auf Erteilung einer deutschen FE auf der Grundlage einer bestehenden ausländischen FE erforderlich.

a) Mit dem Antrag ist zum Nachweis der mit dem Antrag anzugebenden Personenangaben 29 ein gültiger **amtlicher Nachweis über Ort und Tag der Geburt** vorzulegen (III S. 1 Nr. 1). Das Alter muss geklärt sein, da vor FE-Erteilung feststehen muss, dass das erforderliche **Mindestalter** erreicht ist (BVerwG 8.9.16 3 C 16/15 NJW **17** 1046). Die **Identität** des Bewerbers muss geklärt sein, damit die FEB in die Lage versetzt wird, die für die Erteilung einer FE entscheidungserheblichen Informationen zutreffend und vollständig zu ermitteln (BVerwG NJW **17** 1046, VGH Mü 5.11.09 11 C 08.3165 BeckRS 2011, 46045 Rn. 37). Als Nachweis gem. III S. 1 Nr. 1 können **deutsche Bewerber** Personalausweis oder Reisepass vorlegen. Geburtsurkunde und Auszug aus dem Familienbuch sind nur zusammen mit einem amtlichen Lichtbildausweis geeignet, da ansonsten nicht nachprüfbar ist, ob die Urkunde für die vorlegende Person ausgestellt wurde.

Ausländische Bewerber können als Nachweis gem. III S. 1 Nr. 1 Reisepass, andere nationale 30 Identitätspapiere oder einen elektronischen Aufenthaltstitel mit Lichtbild (eAT) vorlegen. Sofern sie über derartige Dokumente nicht verfügen, kommen Reiseausweis für Flüchtlinge (VGH Mü 5.11.09 11 C 08.3165 BeckRS 2011, 46045 Rn. 52, VG Schl 22.1.07 3 A 124/06 NJW **07** 2795), Reiseausweis für Staatenlose, Reiseausweis für Ausländer, Pass- oder Ausweisersatz (VG Schl 17.4.07 3 A 161/06 DAR **07** 599) in Form einer Bescheinigung über einen Aufenthaltstitel (Visum, Aufenthaltserlaubnis, Niederlassungserlaubnis, Daueraufenthaltserlaubnis, Aufenthaltsberechtigung, unbefristete Aufenthaltserlaubnis), Bescheinigung über die Duldung (VGH Mü 1.2.19 – 11 C 18.1631 BeckRS 2019, 993) oder Bescheinigung über die Aufenthaltsgestattung für Asylbewerber, jeweils mit Lichtbild und Angaben zur Person, in Betracht. Andere ausländerrechtliche Bescheinigungen, die nicht die Qualität eines mit Lichtbild und Angaben zur Person versehenen Ausweisersatzes haben (zB Grenzübertrittsbescheinigung), eignen sich nicht als Identitätsnachweis (VGH Mü 26.2.02 – 11 CE 02.225 BeckRS 2002, 25762).

Auch eine Bescheinigung über eine Aufenthaltsgestattung mit dem Zusatz, dass die dort auf- 31 geführten **Personenangaben auf den eigenen Angaben des Betr beruhen,** kann als Identitätsnachweis bei der Beantragung einer FE genügen (BVerwG 8.9.16 3 C 16/15 NJW **17** 1046). Im Fahrerlaubnisverfahren geht es nicht darum, die tatsächliche Identität des Antragstellers zu klären. Vielmehr kann der nach § 2 VI StVG und § 21 I, III FeV erforderliche Nachweis ua von Tag und Ort der Geburt orientiert am Sinn und Zweck dieser Regelung von der FEB bereits als erbracht angesehen werden, wenn **keine vernünftigen Zweifel** daran verbleiben, dass der Bewerber das für den FEErwerb erforderliche **Mindestalter** erreicht hat und durch einen Abgleich auf der Grundlage dieser Personenangaben mit den für den FEErwerb maßgeblichen **Registern** (insbes FAER, FER und BZR) festgestellt werden kann, ob sonstige Hinderungsgründe, etwa Zweifel an der Fahreignung des Bewerbers, bestehen (BVerwG NJW **17** 1046). Dass das Mindestalter erreicht ist, kann zB aufgrund der Dauer des Aufenthaltes im Bundesgebiet außer Zweifel stehen. Hat ein Asylbewerber seit seiner Einreise unter den in der Aufenthaltsgestattung angegebenen Personendaten gelebt, könne davon ausgegangen werden, dass auch eventuelle Eintragungen in den Registern oder in Behördenakten unter diesen Personenangaben erfolgt und damit für die FEB auffindbar sind (BVerwG NJW **17** 1046). Eine Aufenthaltsgestattung mit dem Zusatz, dass die dort aufgeführten Personenangaben auf den eigenen Angaben des Betr beruhen, **reicht** als Nachweis aber **nicht aus,** wenn **konkrete Zweifel** an der Richtigkeit der Personenangaben bestehen, zB wenn der Betr auch bereits unter anderen Personenangaben aufgetreten ist oder widersprüchliche Angaben zu diesen Daten gemacht hat (BVerwG NJW **17** 1046). – Eine solche anerkennungsfähige Bescheinigung ermögliche es auch dem Prüfer, sich vor der theoretischen und praktischen Fahrprüfung davon zu überzeugen, dass der Prüfling mit dem Antragsteller identisch ist; Gleiches gelte für die gem. § 22 IV S. 4 vor der Aushändigung des FS erforderliche Identitätsprüfung (BVerwG NJW **17** 1046, s. § 16 Rn. 5a, § 17 Rn. 5a, § 22 Rn. 13). – Das BVerwG hat damit im Wesentlichen die von einem großen Teil der Rspr. zu Aufenthaltsgestattungen (VGH Ka 9.6.15 2 A 732/14 DAR **16** 97), Duldungsbescheinigungen (VG Weimar 15.3.07 2 E 267/07 BeckRS 2007, 23428, VG Hannover 14.9.11 9 A 1640/11 BeckRS 2011, 55849, VG Bra 18.6.13 6 A 305/12 BeckRS 2013, 53947), sonstigem Ausweisersatz (VG

Stade 29.7.04 1 B 1167/04 NVwZ-RR **05** 474, VG Schl 17.4.07 3 A 161/06 DAR **07** 599) und Pässen (VG Regensburg 14.3.13 8 K 12.1796 BeckRS 2013, 48507) vertretene Auffassung bestätigt, dass diese Bescheinigungen trotz der Angabe, dass die Personalangaben auf den eigenen Angaben des Betroffenen beruhen, als ausreichender Nachweis der Identität anzusehen sind.

32   **b)** Mit dem Antrag ist ein **Lichtbild** abzugeben (§ 2 VI S. 1 StVG), das der VO zur Durchführung des Passgesetzes (Passverordnung – PassV, BGBl. I **07** 2386) entsprechen muss (III S. 1 Nr. 2). Nach § 5 PassV muss das Lichtbild die Person in einer Frontalaufnahme, ohne Kopfbedeckung und ohne Bedeckung der Augen zeigen. Aufnahmen im Halbprofil sind nicht zulässig. Damit sind die Anforderungen an Lichtbilder für Pässe und Führerscheine vereinheitlicht worden (Begr Rn. 6). Das Verbot von Kopfbedeckungen auf FSFotos ist aus Gründen der öff Sicherheit zulässig und stellt keinen unverhältnismäßigen Eingriff in das Recht auf Religionsausübung dar (EGMR 13.11.08 24479/07 BeckRS 2009, 70323 = DÖV **09** 168 Ls).

33   Nach III S. 2 kann die FEB **Ausnahmen** von der vorgeschriebenen Gestaltung des Lichtbildes zulassen. In entsprechender Anwendung von § 5 S. 4 PassV kann die FEB dabei vom Gebot der fehlenden Kopfbedeckung insbesondere aus religiösen Gründen, vom Gebot der fehlenden Augenbedeckung nur aus medizinischen Gründen, die nicht nur vorübergehender Art sind, Ausnahmen zulassen. Ausnahmen vom Gebot des kopfbedeckungsfreien Lichtbildes kommen nur in Betracht bei Personen, die glaubhaft und ernsthaft nach ihrer religiösen oder weltanschaulichen Überzeugung stets eine Kopfbedeckung tragen müssen und denen ein innerer Konflikt wegen eines Verstoßes gegen dieses Gebot erspart werden soll (vgl. OVG Hb 15.5.18 5 So 72/17 NJW **18** 2282). Die Person muss in jedem Fall eindeutig erkennbar sein (Begr Rn. 5).

34   **c)** Wird eine FE der **A- oder B-Klassen** oder der **Klassen L** oder **T** beantragt, muss der Bewerber seinem Antrag eine **Sehtestbescheinigung** nach § 12 III beifügen (III S. 1 Nr. 3). Alternativ kann er auch ein Zeugnis oder Gutachten eines Augenarztes nach § 12 IV vorlegen, wenn sich daraus ergibt, dass der Antragsteller die Anforderungen für einen bestandenen Sehtest erfüllt. Hat der Bewerber den Sehtest nicht bestanden, muss er sich einer augenärztlichen Untersuchung nach Anl 6 Nr. 1.2 unterziehen (§ 12 V); in diesem Fall muss er seinem Antrag das Zeugnis des Augenarztes hierüber beifügen (III S. 1 Nr. 3). Sehtestbescheinigung, Zeugnis oder Gutachten dürfen nicht älter als 2 Jahre sein (§ 12 VII).

35   **d)** Einem Antrag auf Erteilung oder Verlängerung einer FE in den **C- oder D-Klassen** muss ein Zeugnis oder Gutachten über die **körperliche und geistige Eignung** nach § 11 IX iVm Anl 5 beigefügt werden (III S. 1 Nr. 4, dazu § 11 Rn. 57), das nicht älter als 1 Jahr sein darf (Anl 5 Nr. 3). Außerdem ist dem Antrag eine Bescheinigung oder ein Zeugnis über das **Sehvermögen** nach § 12 VI iVm Anl 6 Nr. 2 beizufügen (III S. 1 Nr. 4, dazu § 12 Rn. 17-18), die oder das nicht älter als 2 Jahre sein darf (§ 12 VII).

36   **e)** Mit dem Antrag ist ein **Nachweis** über die Teilnahme an einer **Schulung in Erster Hilfe** vorzulegen (III S. 1 Nr. 5). Zu den als Nachweis geeigneten Bescheinigungen § 19 Rn. 10, zur Geltungsdauer der Bescheinigungen § 19 Rn. 11. Eines Nachweises bedarf es nicht, wenn eine Bescheinigung gem. § 19 III vorgelegt wird (zB Zeugnis über ärztliche oder gesundheits-/sozialberufliche Qualifikation). Wenn eine Erweiterung oder Neuerteilung einer FE beantragt wird, ist kein Nachweis über die Teilnahme an einer Schulung in Erster Hilfe erforderlich, wenn der Bewerber zuvor bereits an einer solchen Schulung teilgenommen hat (§ 19 II S. 2, näher dazu § 19 Rn. 12).

37   **f)** Bewerber um eine FE in den **D-Klassen** müssen dem Antrag ein **Führungszeugnis** nach § 30 V S. 1 BZRG beifügen (III S. 1 Nr. 6), da sie nach § 11 I S. 5 durch Vorlage eines solchen Führungszeugnisses nachzuweisen haben, dass sie die nach § 11 I S. 4 erforderliche Gewähr dafür bieten, dass sie der **besonderen Verantwortung** bei der **Beförderung von Fahrgästen** gerecht werden. Die *Beifügung* eines derartigen Führungszeugnisses ist allerdings nicht möglich, da es gem. § 30 V S. 1 BZRG der Behörde unmittelbar zugesandt wird. Die Regelung ist deswegen so zu verstehen, dass ein Führungszeugnis nach § 30 V S. 1 BZRG bei der Meldebehörde (§ 30 II BZRG) zu beantragen ist.

Verfahren bei der Behörde und der Technischen Prüfstelle

22 (1) **Die nach Landesrecht zuständige Behörde oder Stelle und die Fahrerlaubnisbehörde können durch Einholung von Auskünften aus dem Melderegister die Richtigkeit und Vollständigkeit der vom Bewerber mitgeteilten Daten überprüfen.**

(2) [1] Die Fahrerlaubnisbehörde hat zu ermitteln, ob Bedenken gegen die Eignung des Bewerbers zum Führen von Kraftfahrzeugen bestehen und er bereits im Besitz einer Fahrerlaubnis ist oder war. [2] Sie hat dazu auf seine Kosten eine Auskunft aus dem Fahreignungsregister und dem Zentralen Fahrerlaubnisregister einzuholen. [3] Sie kann außerdem auf seine Kosten – in der Regel über das Kraftfahrt-Bundesamt – eine Auskunft aus den entsprechenden ausländischen Registern einholen und verlangen, dass der Bewerber die Erteilung eines Führungszeugnisses zur Vorlage bei der Fahrerlaubnisbehörde nach den Vorschriften des Bundeszentralregistergesetzes beantragt. [4] Bestehen Anhaltspunkte, dass die Angaben über den Vorbesitz einer ausländischen Fahrerlaubnis nicht zutreffen, kann die Behörde abweichend von Satz 3 einen ausländischen Registerauszug durch den Bewerber auf dessen Kosten beibringen lassen. [5] Werden Tatsachen bekannt, die Bedenken gegen die Eignung des Bewerbers begründen, verfährt die Fahrerlaubnisbehörde nach den §§ 11 bis 14.

(2a) [1] Eine Fahrerlaubnis ist nicht zu erteilen, wenn dem Bewerber zuvor in einem anderen Staat eine EU- oder EWR-Fahrerlaubnis vorläufig oder rechtskräftig von einem Gericht oder sofort vollziehbar oder bestandskräftig von einer Verwaltungsbehörde entzogen worden ist. [2] Satz 1 gilt nicht, soweit die Gründe für die Entziehung nicht mehr bestehen.

(2b) [1] Zum Nachweis, dass die Gründe für die Entziehung nach Absatz 2a nicht mehr bestehen, hat der Bewerber eine Bescheinigung der Stelle, welche die frühere Fahrerlaubnis im betreffenden Staat erteilt hatte, bei der nach Landesrecht zuständigen Behörde vorzulegen. [2] Absatz 2 bleibt unberührt.

(3) Liegen alle Voraussetzungen für die Erteilung der Fahrerlaubnis vor, hat die Fahrerlaubnisbehörde den Führerschein ausfertigen zu lassen und auszuhändigen.

(4) [1] Muss der Bewerber noch die nach § 15 erforderliche Prüfung ablegen, hat die Fahrerlaubnisbehörde die zuständige Technische Prüfstelle für den Kraftfahrzeugverkehr mit der Prüfung zu beauftragen und ihr den vorbereiteten Führerschein (§ 25) ohne Angabe des Datums der Erteilung der beantragten Klasse unmittelbar zu übersenden. [2] Der Sachverständige oder Prüfer prüft, ob der Bewerber zum Führen von Kraftfahrzeugen, gegebenenfalls mit Anhänger, der beantragten Klasse befähigt ist. [3] Der Sachverständige oder Prüfer oder sonst die Fahrerlaubnisbehörde händigt, wenn die Prüfung bestanden ist, den Führerschein nach dem Einsetzen des Aushändigungsdatums aus. [4] Er darf nur ausgehändigt werden, wenn die Identität des Bewerbers zweifelsfrei feststeht. [5] Hat der Sachverständige oder Prüfer den Führerschein ausgehändigt, teilt er dies der Fahrerlaubnisbehörde unter Angabe des Aushändigungsdatums mit. [6] Die Fahrerlaubnis wird durch die Aushändigung des Führerscheins oder, wenn der Führerschein nicht vorliegt, ersatzweise durch eine nur im Inland als Nachweis der Fahrerlaubnis geltende befristete Prüfungsbescheinigung nach Anlage 8a erteilt.

(5) Die Technische Prüfstelle soll den Prüfauftrag an die Fahrerlaubnisbehörde zurückgeben, wenn

1. die theoretische Prüfung nicht innerhalb von zwölf Monaten nach Eingang des Prüfauftrags bestanden ist,

2. die praktische Prüfung nicht innerhalb von zwölf Monaten nach Bestehen der theoretischen Prüfung bestanden ist oder

3. in den Fällen, in denen keine theoretische Prüfung erforderlich ist, die praktische Prüfung nicht innerhalb von zwölf Monaten nach Eingang des Prüfauftrags bestanden ist.

Begr (BR-Drs. 443/98 S. 272): **Zu Abs. 1:** *In Absatz 1 ist nunmehr ausdrücklich geregelt, dass* **1** *die Behörde, die den Antrag bearbeitet, durch Einholung von Auskünften aus dem Melderegister die Richtigkeit und Vollständigkeit der vom Bewerber mitgeteilten Daten überprüfen kann. Diese Überprüfung dient zugleich auch der Festlegung der örtlichen Zuständigkeit.*

Zu Abs. 2: *Absatz 2 übernimmt bisher in § 8 Abs. 3 und den §§ 9 und 13c StVZO enthaltene* **2** *Regelungen. Da eine Fahrerlaubnis künftig nur dann erteilt werden darf, wenn der Bewerber nicht schon im Besitz einer Fahrerlaubnis ist, muss die Fahrerlaubnisbehörde auch diesen Umstand durch eine Anfrage beim Zentralen Fahrerlaubnisregister überprüfen. Hierzu und zur Überprüfung der Eignung des Antragstellers können künftig auch Auskünfte aus den entsprechenden ausländischen Registern eingeholt werden. Die Behörde muss je nach den Umständen des Einzelfalles entscheiden, ob sie von dieser Möglichkeit Gebrauch macht …*

3   **Zu Abs. 3:** *Absatz 3 betrifft den Fall, dass die Fahrerlaubnis ohne Fahrerlaubnisprüfung erteilt wird, z. B. bei der Neuerteilung nach vorangegangener Entziehung, (überholt: wenn die Entziehung nicht länger als zwei Jahre zurückliegt,) oder bei einem „Umtausch" einer ausländischen Fahrerlaubnis.*

4   **Zu Abs. 4:** *Während nach § 10 Abs. 1 Nr. 2 StVZO die Fahrerlaubnisbehörde dem amtlich aner-kannten Sachverständigen oder Prüfer den Fahrerlaubnisantrag unter Beifügung eines vorbereiteten Führer-scheins zu übersenden hatte, spricht* **Absatz 4** *nur noch davon, dass die zuständige Technische Prüfstelle „zu beauftragen" ist. Damit kann der Auftrag auch in anderer Form erteilt werden, etwa durch Datenfern-übertragung. Über die Art der Übermittlung kann die Fahrerlaubnisbehörde in Zusammenarbeit mit der Technischen Prüfstelle selbst entscheiden.*

    Der Führerschein muss aber wie bisher dem Sachverständigen oder Prüfer übersandt werden …

4a   **Begr** zur ÄndVO v. 6.6.07 (VkBl. **08** 252) **zu Abs. 5:** *Hintergrund des § 22 Abs. 5 ist, dass dem Bewerber um eine Fahrerlaubnis zur Absolvierung der jeweiligen Prüfung (höchstens) jeweils ein Zeitraum von zwölf Monaten zur Verfügung stehen soll. Die bisherige Regelung, wonach die Technische Prüfstelle den Auftrag in jedem Fall an die Fahrerlaubnisbehörde zurückgeben muss, wenn die in der Vorschrift genannten Fristen für die erfolgreiche Durchführung der Prüfung nicht eingehalten wurden, hat sich jedoch in bestimm-ten besonders gelagerten Fällen als zu starr erwiesen. Diesen atypischen Fällen kann die Technische Prüfstel-le durch die Änderung des § 22 Abs. 5 („soll" statt „muss") künftig besser Rechnung tragen. Sie kann in diesen besonders gelagerten Fällen in Zukunft ausnahmsweise eine längere Frist zu Grunde legen. Eine solche Fristverlängerung bedarf jedoch einer besonderen Begründung der Technischen Prüfstelle.*

4b   **Begr** zur ÄndVO v. 7.1.09 (VkBl. **09** 128): **Zu Abs. 2 S. 1:** *Damit die Fahrerlaubnisbehörde im Antragsverfahren davon erlangen kann, ob der Bewerber vormals im Besitz einer Fahrerlaubnis eines EU- oder EWR-Mitgliedstaates war, muss eine Pflichtangabe hierzu im Antragsverfahren verankert werden. Gleichzeitig erweitert diese Änderung die Möglichkeiten der Fahrerlaubnisbehörde zur Einholung einer Auskunft aus dem Zentralen Fahrerlaubnisregister nach § 22 Abs. 2 Satz 2 der Fahrerlaubnis-Verordnung. Bisher bezieht sich die Auskunft nur auf den Besitz einer Fahrerlaubnis, der im Falle eines Entzuges nicht mehr besteht. Insofern ist eine entsprechende Änderung des § 22 Abs. 2 Satz 1 der Fahrer-laubnis-Verordnung im Hinblick auch auf einen vormaligen Besitz einer Fahrerlaubnis erforderlich, um einen Auskunftsanspruch der Fahrerlaubnisbehörde nach § 61 Abs. 2 StVG zu begründen.*

    Zu Abs. 2 S. 4: *Die Regelung dient der Beschleunigung des Verfahrens, da der Bürger in diesen Fällen erfahrungsgemäß schneller die Ausstellung der erforderlichen Bescheinigungen erreichen kann, als dies bei einer Informationsbeschaffung im Wege bilateraler zwischenstaatlicher Kontakte zu erwarten ist.*

4c   **Begr** zur 3. FeVÄndVO v. 7.1.09 (VkBl. **09** 127) **zu § 20 Abs. 3 und 4 (jetzt § 22 Abs. 2a und 2b):** *Der neue § 20 **Abs. 3** hat zur Folge, dass eine Fahrerlaubnis künftig grundsätzlich nicht mehr erteilt werden darf, wenn dem Bewerber zuvor in einem anderen Mitgliedstaat der Europäischen Union oder Vertragsstaat des Abkommens über den Europäischen Wirtschaftsraum eine EU- oder EWR-Fahrerlaubnis vorläufig oder rechtskräftig von einem Gericht oder sofort vollziehbar oder bestandskräftig von einer Verwal-tungsbehörde entzogen wurde. Die Regelung dient der Umsetzung von Artikel 11 Abs. 4 Satz 1 der Richt-linie 2006/126/EG. Eine Ausnahme von Satz 1 gilt nur dann, wenn die Gründe für die Entziehung der Fahrerlaubnis nicht mehr bestehen, wenn also etwa die Fahrerlaubnis im Zusammenhang mit einem Alko-hol- oder Drogenproblem entzogen wurde und dieses Problem nun nachweislich dauerhaft überwunden ist.*

    *Der neu eingefügte **Absatz 4** dient der Beschleunigung des Verfahrens, da der Bürger in diesen Fällen er-fahrungsgemäß schneller die Ausstellung der erforderlichen Bescheinigungen erreichen kann, als dies bei einer Informationsbeschaffung im Wege bilateraler zwischenstaatlicher Kontakte zu erwarten ist. Gleichzeitig erleichtern die Bestimmungen den Vollzug der Regelung in Absatz 3, bis das in Artikel 7 Abs. 5 lit. d der Richtlinie 2006/126/EG vorgesehene Europäische Führerschein-Informationssystem mit Direktzugriff durch die nach Landesrecht zuständige Behörde oder Stelle oder die Fahrerlaubnisbehörde zur Verfügung steht.*

4d   **Begr** zur ÄndVO v. 17.12.10 **zu Abs. 2a und 2b** (VkBl. **11** 82): *Mit der Verlagerung dieser Re-gelungen aus § 20 (Regelungen über die Neuerteilung einer Fahrerlaubnis) wird klargestellt, dass die Ertei-lung einer deutschen Fahrerlaubnis an einen Bewerber, dem zuvor in einem anderen Mitgliedstaat der EU oder des EWR eine EU-/EWR-Fahrerlaubnis vorläufig oder rechtskräftig von einem Gericht oder sofort vollziehbar oder bestandskräftig von einer Verwaltungsbehörde entzogen worden ist, eine erste Erteilung dar-stellt. Daher sind in diesen Fällen die Vorschriften der §§ 21, 22ff. anzuwenden.*

4e   **Begr** zur ÄndVO v. 11.3.19 **zu Abs. 2a und 2b** (BR-Drs. 600/18 S. 22): *§ 22 Absatz 2a und 2b betreffen bislang Fälle, in denen in einem anderen EU- oder EWR-Mitgliedstaat eine Fahrerlaubnis* *vorläufig oder rechtskräftig entzogen wurde. Diese Regelungen sollten jedoch auch für in Drittstaaten entzogene Fahrerlaubnisse Anwendung finden.*

1. Eine **Überprüfung der vom Bewerber mitgeteilten Daten** (§ 21) *kann* die FEB vor- **5** nehmen. Dazu kann sie Auskünfte aus dem Melderegister einholen. Die Überprüfung dient zugleich der Zuständigkeitskontrolle.

2. **Ermittlungen über die Eignung des Bewerbers.** Die FEB hat sorgfältige Feststellun- **6** gen hinsichtlich etwaiger Eignungsbedenken zu treffen (Mängel körperlicher, geistiger oder charakterlicher Art, §§ 2 StVG, 2, 3, 11, 13, 14 FeV). Die Ermittlungen müssen sich im Rahmen von § 2 StVG halten. Sie berechtigen nicht dazu, den Bewerber über der Behörde unbekannte, eignungsmindernde oder -ausschließende Tatsachen, zB über körperliche Gebrechen zu befragen (Gesundheitsfragebogen), s. *Jagow* DAR **98** 188, VD **98** 242, *Gehrmann* NZV **03** 11. Sind der Behörde solche Tatsachen bekannt, so hat sie dem Bewerber jedoch Gelegenheit zur Äußerung zu geben, und er wird sich insoweit äußern müssen (§ 2 StVG). S. auch § 23, andererseits aber auch § 11 IX mit Anl 5 (zu §§ 11 IX, 48 IV), 48 IV Nr. 3, wo der Bewerber nachweispflichtig ist. Die Vorschrift des Abs. II S. 3, Hs. 2 über das Führungszeugnis entspricht der früheren Regelung in § 8 III StVZO (alt).

2a. **Auskunft aus dem FAER.** Im Rahmen ihrer Ermittlungen muss die FEB auf Kosten **7** des Bewerbers eine Auskunft aus dem FAER (§ 30 StVG) über verwertbare Eintragungen einholen (II S. 2). Berücksichtigung des Sachverhalts früherer Bußgeld- oder Strafverfahren: § 29 StVG. Ob Auskünfte aus **ausländischen Registern** einzuholen sind, hängt vom Einzelfall ab; sie erübrigen sich, wenn der FEB bekannt ist, dass sich der Bewerber nicht im Ausland aufgehalten hat.

2b. Führen die Ermittlungen der FEB zu **Eignungsbedenken** auf Grund der bekannt ge- **8** wordenen Tatsachen, so hat die FEB nach Maßgabe der §§ 11 bis 14 zu verfahren und zur Vorbereitung ihrer Entscheidung die Beibringung der erforderlichen Gutachten anzuordnen.

3. **Besitz einer FE** der beantragten Klasse, erteilt in einem Mitgliedstaat der EU oder einem **9** anderen Vertragsstaat des EWR-Abkommens, hindert gem. § 2 II S. 1 Nr. 7 StVG, § 8 FeV die im Inland beantragte FEErteilung. Ist der Bewerber bereits im Besitz einer deutschen FE, so ist die Erteilung einer FE derselben Klasse ebenfalls ausgeschlossen. Zur Klärung dieser Frage muss die FEB eine **Auskunft aus dem ZFER** einholen. Sind die Daten des Bewerbers noch nicht im ZFER gespeichert, können die Auskünfte aus den örtlichen FERegistern eingeholt werden (§ 76 Nr. 12 FeV). Wegen des Verbots der Erteilung einer FE an einen Bewerber, dem zuvor in einem anderen EU- oder EWR-Staat eine FE entzogen worden ist und dessen Sperrfrist noch nicht abgelaufen ist muss die FEB auch ermitteln, ob der Bewerber schon einmal **im Besitz einer FE war** (Abs. 2 S. 1). Liegen der FEB Anhaltspunkte dafür vor, dass die Angaben des Bewerbers nach § 21 II S. 1 FeV über den Vorbesitz einer im Ausland erteilten FE unzutreffend sind, kann sie statt einer eigenen Anfrage nach Abs. 2 S. 3 bei ausländischen Registern den Bewerber verpflichten, auf seine Kosten einen ausländischen Registerauszug beizubringen (Abs. 2 S. 4). Diese Regelung soll der Verfahrensbeschleunigung dienen (Begr Rn. 4b).

4. **Abs. 2a und 2b.** Art 11 IV Unterabs 1 der 3. EG-FS-RL war zunächst in der Weise in das **9a** deutsche Recht umgesetzt worden, dass **keine neue FE** erteilt werden darf, wenn dem Bewerber zuvor in einem anderen EU- oder EWR-Staat eine EU- oder EWR-FE vorläufig/sofort vollziehbar oder rechtskräftig/bestandskräftig **entzogen** worden ist (Abs. 2a S. 1 aF); wenn die Gründe für die Entziehung nicht mehr bestehen, gilt dieses Verbot jedoch nicht (Abs. 2a S. 2). Aus dem Urteil des EuGH v. 26.4.12 (NJW **12** 1935 Rn. 81 ff. – *Hofmann*, mAnm *Dauer*) ergibt sich, dass diese Umsetzung von Art 11 IV Unterabs 1 der 3. EG-FS-RL nicht mit Unionsrecht vereinbar ist. Danach darf die Erteilung einer neuen FE nur verweigert werden, solange eine mit der EdF angeordnete Sperrfrist noch nicht abgelaufen ist. Das Unionsrecht lässt es nicht zu, die Neuerteilung davon abhängig zu machen, dass die Gründe für die frühere EdF entfallen sind (EuGH NJW **12** 1935). Nach Ablauf der Sperrfrist kommt es nur darauf an, ob der Bewerber nach den Maßstäben seines aktuellen Wohnsitzstaates die Eignung zum Führen von Kfz besitzt. Soweit es um **ausländische EU-/EWR-Fahrerlaubnisse** geht, sind Abs. 2a und 2b nur noch eingeschränkt in diesem Sinne anwendbar. – Die Regelungen sind durch ÄndVO v. 11.3.19 (BGBl. I S. 218) ohne nähere Begründung (Rn. 4e) auf Fahrerlaubnisse aus allen ausländischen Staaten erweitert worden. Soweit es um **Fahrerlaubnisse aus Nicht-EU-oder EWR-Staaten** geht, ist die einschränkende Auslegung nach den Vorgaben des EuGH

nicht veranlasst. Insoweit kommt der Wortlaut der Absätze 2a und 2b uneingeschränkt zur Anwendung.

10   **5. Aushändigung des FS durch die FEB** erfolgt gem. Abs. 3, wenn die Voraussetzungen der FEErteilung nach Antragstellung und Durchführung der Ermittlungen gem. Abs. 2 ohne weiteres vorliegen. Dies betrifft die Fälle, in denen nach voraufgegangener EdF eine neue FE ohne FEPrüfung erteilt werden kann (§ 20 I S. 2), sowie die Fälle eines „Umtauschs" einer ausländischen FE (§ 30). Abs. 3 ist nicht einschlägig, wenn noch eine Fahrerlaubnisprüfung erforderlich ist (OVG Lüneburg SVR **15** 231). Aushändigung an eine vom FEBewerber bevollmächtigte Person genügt zur wirksamen FEErteilung iS von Abs. IV S. 7, s. *Clemens* NZV **89** 62.

11   **6.** Ist noch die **Fahrerlaubnisprüfung** (§§ 15–17) abzulegen, so beauftragt die FEB die zuständige Technische Prüfstelle (§ 69 FeV, §§ 10, 14 KfSachvG) mit der Durchführung der Prüfung und übersendet dieser gleichzeitig den FS der beantragten FEKl, wobei das Erteilungsdatum offen bleibt (IV S. 1). Eine Übersendung des FS durch die FEB an die Fahrschule zur Weiterleitung an den Sachverständigen oder Prüfer ist ausgeschlossen. Vor Beauftragung der Technischen Prüfstelle hat die FEB abschließend zu klären, ob die sonstigen Voraussetzungen für die Erteilung einer FE, insbes hinsichtlich der Eignung, vorliegen, denn die Fahrerlaubnisprüfung stellt den abschließenden, von der FEB inhaltlich nicht mehr zu überprüfenden Verfahrensschritt dar, der zur Erteilung der FE führt (VG Ol ZfS **11** 117). Liegen mit Ausnahme des Nachweises der Befähigung (§ 2 II S. 1 Nr. 5 StVG) und des erst gegenüber dem Prüfer zu erbringenden (§§ 16 III S. 6, 17 V S. 5) Nachweises der Ausbildung (§ 2 II S. 1 Nr. 4 StVG) alle Voraussetzungen für die Erteilung der FE vor, hat der Bewerber einen Anspruch auf Beauftragung der Technischen Prüfstelle gem. IV S. 1, wenn noch eine Fahrerlaubnisprüfung abzulegen ist.

12   **6a. Prüfer.** Die FEPrüfung wird gem. § 69 I von einem amtlich anerkannten Sachverständigen oder Prüfer für den KfzVerkehr (aaSoP) bei den Technischen Prüfstellen (§§ 10, 14 KfSachvG) oder bei Behörden iS von § 16 KfSachvG durchgeführt. Amtliche Anerkennung als Sachverständiger oder Prüfer für den KfzVerkehr: §§ 1–6 KfSachvG. Die Entscheidung des aaSoP ist eine im Auftrag der FEB durchgeführte hoheitliche Amtshandlung, aber **kein eigenständiger Verwaltungsakt** (OVG Ko NJW **65** 1622, OVG Lüneburg NJW **68** 468, *Bouska/Laeverenz* § 2 StVG Erl 15e). Der aaSoP wird nur gutachtlich für die FEB tätig (*Geiger* SVR **06** 122). Förmliche Rechtsbehelfe gegen die Entscheidung des aaSoP sind nicht zulässig, nur gegen die daraufhin erfolgende Versagung der FE durch die FEB. Für Amtspflichtverletzung des Sachverständigen oder Prüfers anlässlich der Prüfung haftet das Land, Dü DAR **57** 353, BGH VRS **8** 165, nicht der Träger der Technischen Prüfstelle, bei dem der Sachverständige angestellt ist, Ce MDR **53** 676.

13   **6b. Verfahren nach der Prüfung.** Ist die Prüfung bestanden, so **händigt** der Prüfer den **FS** nach Einsetzen des Aushändigungsdatums dem Bewerber aus, sofern der FS vorliegt. Damit **wird die FE erteilt** (IV S. 6). Der FS darf nur ausgehändigt werden, wenn die Identität des Bewerbers zweifelsfrei feststeht (IV S. 4). Für diese vor der Aushändigung des FS erforderliche **Identitätsprüfung** gilt wie für §§ 16 III S. 3, 17 V S. 2: Es geht lediglich um die Prüfung, ob der Bewerber mit der Person identisch ist, die die Erteilung der FE beantragt hat. Die Identität des Bewerbers steht somit iSv IV S. 4 zweifelsfrei fest, wenn der Abgleich des Lichtbildes in dem vorgelegten Ausweisdokument mit der sich zur Fahrprüfung vorstellenden Person ergibt, dass es sich um den Antragsteller und nicht um eine dritte Person handelt (BVerwG NJW **17** 1046). Für eine solche Prüfung genügt auch eine Bescheinigung über die Aufenthaltsgestattung mit Lichtbild und dem Vermerk, dass die Personenangaben auf den eigenen Angaben des Inhabers beruhen, wenn sie für den Antrag auf Erteilung der FE als amtlicher Nachweis über Ort und Tag der Geburt anerkannt werden kann (BVerwG NJW **17** 1046, dazu § 21 Rn. 31). – Der Prüfer teilt der FEB die Aushändigung des FS unter Angabe des Ausstellungsdatums mit (IV S. 5). Die früher durch IV S. 6 aF vorgesehene Übersendung der Ausbildungsbescheinigung (heute Ausbildungsnachweis) durch den Sachverständigen oder Prüfer an die FEB ist durch ÄndVO v. 2.10.2019 (BGBl. I S. 1416) abgeschafft worden, nachdem die Fahrschulen jetzt auch die Möglichkeit haben, den Abschluss der Ausbildung gegenüber der TP elektronisch zu bestätigen (§§ 16 III S. 6 Hs. 2, 17 V S. 5 Hs. 2). Die Prüfer müssen die weiterhin mögliche schriftliche Bestätigung über den Abschluss der Fahrausbildung nicht länger an sich nehmen und an die FEB übersenden; es reicht ggf. aus, wenn sie sich den Ausbildungsnachweis angesehen haben (Begr BR-Drs. 372/19 S. 31).

13a   Wenn der FS nicht vorliegt, wird die FE stattdessen durch Aushändigung einer befristeten **Prüfungsbescheinigung** nach **Anl 8a** erteilt (IV S. 6). Die Prüfungsbescheinigung, die in

Fachkreisen auch früher schon als Vorläufiger Nachweis der Fahrberechtigung (VNF) bezeichnet wurde, ohne dass es diesen Begriff im StVG oder in der FeV gab, wird in der durch ÄndVO v. 2.10.15 (BGBl. I S. 1674) neu eingefügten Anl 8a nunmehr auch offiziell als Vorläufiger Nachweis der FE (VNF) bezeichnet. Äußere Gestalt sowie materialmäßige und drucktechnische Ausstattung der Prüfungsbescheinigung sind mit dem Muster nach Anl 8a seit 21.10.15 gesetzlich festgelegt, auch wenn Abweichungen davon zulässig sind, soweit Besonderheiten des Verfahrens, insbes der Einsatz maschineller Datenverarbeitung, dies erfordern (Vorbemerkung Anl 8a). Das vorher für die Prüfungsbescheinigung vom BMV empfohlene und als Vorläufiger Nachweis der Fahrberechtigung bezeichnete Muster (VkBl. **98** 1313) wurde daraufhin vom BMV aufgehoben (VkBl. **15** 679). Da es rechtlich nicht verbindlich war, hatte es in der Praxis zu einer bundesweit uneinheitlichen Darstellung und zur Nutzung unterschiedlicher Materialien geführt (Begr BR-Drs. 338/15 S. 22 = VkBl. **15** 674). Die Prüfungsbescheinigung, die kein Lichtbild enthält, ist gem. Muster Anl 8a nur in Verbindung mit einem amtlichen Lichtbildausweis gültig. In Fällen des **Begleiteten Fahrens ab 17** (bF 17) wird nach bestandener Prüfung eine **Prüfungsbescheinigung** gem. Muster in **Anl 8b** ausgehändigt (§ 48a III S. 1 Nr. 1) und damit die FE erteilt. Früher ergab sich direkt aus IV S. 7 aF, dass mit der Aushändigung der in der damaligen Anl 8a normierten Prüfungsbescheinigung zum bF 17 die FE erteilt wird, denn in IV S. 7 aF war bis 20.10.15 allgemein von Prüfungsbescheinigung die Rede, so dass auch die spezielle Prüfungsbescheinigung zum bF 17 davon umfasst war. Heute ergibt sich aus § 48a III S. 1 Nr. 1, 2 iVm § 22 IV S. 6, dass im Fall des bF 17 die FE mit Aushändigung der Prüfungsbescheinigung nach Anl 8b erteilt wird. Die **Prüfungsbescheinigungen** nach Anl 8a und 8b sind im Inland als **Nachweis der FE** gültig (§ 4 III S. 1 iVm §§ 22 IV S. 6, 48a III S. 1 Nr. 1). Sie sind beim Führen von Kfz mitzuführen und zuständigen Personen auf Verlangen zur Prüfung auszuhändigen (§ 4 II S. 2 iVm III S. 2, § 48a III S. 2). Da die Prüfungsbescheinigungen gem. Muster Anl 8a und 8b nur in Verbindung mit einem amtlichen Lichtbildausweis gültig sind, ist auch dieser mitzuführen. Die Prüfungsbescheinigung nach Anl 8a (VNF) ist nur bis zur Aushändigung des FS, längstens jedoch bis zu einem in die Bescheinigung einzutragenden Datum gültig. Die Prüfungsbescheinigung nach Anl 8b (bF 17) ist bis drei Monate nach Vollendung des 18. Lebensjahres des Inhabers gültig; dieses Datum wird in die Bescheinigung eingetragen.

Liegen dem Prüfer weder FS noch Prüfungsbescheinigung vor, stellt er dem Bewerber übli- **13b** cherweise ohne rechtliche Verpflichtung eine **formlose Bestätigung** über das Bestehen der FEPrüfung aus, die nicht mit der Prüfungsbescheinigung gem. IV S. 6 zu verwechseln ist. Bei dieser formlosen Bestätigung handelt es sich lediglich um eine Bescheinigung **der TP** über das Bestehen der Prüfung, nach deren Vorlage bei der FEB dort eine Aushändigung des FS gem. III möglich ist. Aushändigung dieser TP-Bestätigung ist keine Erteilung einer FE gem. IV S. 6.

Durch Einfügung von § 22a mit ÄndVO v. 2.10.15 (BGBl. I S. 1674) wurde ein **alternatives** **13c** **Verfahren zur Durchführung der FEPrüfung** eingeführt. Wenn ein Land sich für dieses Verfahren entschieden hat, wird im Regelfall auf die Herstellung des KartenFS vor der FEPrüfung verzichtet. Dem Bewerber wird nach bestandener Prüfung vom Prüfer statt des FS eine vom Prüfer selbst ausgedruckte Prüfungsbescheinigung nach Anl 8a oder 8b ausgehändigt und damit die FE erteilt. Die Herstellung des FS wird erst im Nachgang veranlasst. Dieser wird dem Bewerber dann ausgehändigt oder zugesandt. Näher zu diesem Verfahren § 22a.

Nichtbestehen der Prüfung, Zeitraum für die Durchführung der Prüfung. Aushän- **14** digung eines Prüfungsprotokolls: § 17 Rn. 8. Wiederholung der Prüfung: § 18 I. Anfechtbarkeit der Entscheidung des Prüfers: Rn. 12. Da für das Absolvieren der jeweiligen Prüfung höchstens ein Zeitraum von 12 Monaten zur Verfügung stehen soll, gibt die Technische Prüfstelle grundsätzlich den Prüfauftrag an die FEB bei Nichtbestehen der theoretischen Prüfung innerhalb von 12 Monaten nach Eingang des Prüfauftrags (Abs. 5 Nr. 1), bei Nichtbestehen der praktischen Prüfung innerhalb von 12 Monaten nach Bestehen der theoretischen Prüfung (Abs. 5 Nr. 2) oder, wenn eine theoretische Prüfung nicht erforderlich ist, innerhalb von 12 Monaten nach Eingang des Prüfungsauftrags (Abs. 5 Nr. 3) zurück. Nach Änderung des Abs. 5 mit ÄndVO v. 6.6.07 (BGBl. I S. 1045) („soll" statt „muss") hat die Technische Prüfstelle die Möglichkeit, die jeweilige Prüfung in atypischen Fällen ausnahmsweise auch später durchzuführen. Dabei ist in erster Linie an Fälle gedacht, in denen gleichzeitig mit dem Antrag auf Erteilung der FEKl B auch ein Antrag auf Erteilung der FEKl BE gestellt wird (Begr VkBl. **08** 252).

7. Strafvorschriften. Bewirkt der Sachbearbeiter der FEB dadurch Erteilung einer FE, dass **15** er Eignungsbedenken verschweigt, so kommt fahrlässige Mitverursachung eines späteren Unfalls in Betracht, Bay VRS **4** 431. Ausstellen eines deutschen FS gem. §§ 30, 31 in Kenntnis der Tatsache, dass eine ausländische FE nicht besteht, ist weder Verwahrungsbruch (§ 133 StGB), noch Falschbeurkundung im Amt (§ 348 StGB), BGHSt **33** 190 = NJW **85** 2654. Keine Falschbeurkundung auch, wenn andere Voraussetzungen für den „Umtausch" („Umschreibung") nach § 30 fehlen, BGHSt **37** 207 = NJW **91** 576. Da die Erfüllung der Voraussetzungen für die FEerteilung nicht am öffentlichen Glauben des FS als Urkunde teilnimmt, kommt bei Täuschung über deren Vorliegen mittelbare Falschbeurkundung (§ 271 StGB) nicht in Betracht, Ha NStZ **88** 26 (Ablegung der theoretischen Prüfung durch einen Dritten). Trägt der Beamte bei Ausstellung eines neuen FS gegen Abgabe des alten vorsätzlich weitere FEKlassen ein, für die eine FE nicht erteilt ist, so begeht er Falschbeurkundung im Amt, BGHSt **37** 207 = NJW **91** 576. Zum Umfang der Beweiskraft des FS als öffentliche Urkunde, s. § 4 Rn. 41. Wer FS-Formulare druckt, um sie bei Bedarf mit dem Namen eines Interessenten zu versehen, begeht versuchte Urkundenfälschung, BGH DAR **79** 174. Wer sich unter Hergabe von Geld, Lichtbildern und Personalangaben einen FS fälschlich herstellen lässt, ist Mittäter der Urkundenfälschung, Ha GA **73** 184. Wer bei der FSAusstellung falsche Personalien angibt, begeht mittelbare Falschbeurkundung (§ 271 StGB), BGHSt **34** 299 = NJW **87** 2243 (Geburtsdatum), abl *Ranft* JR **88** 383. Keine Falschbeurkundung durch Antrag auf einen ErsatzFS unter der wahrheitswidrigen Angabe, die FE sei nicht entzogen, Kö NJW **72** 1335, *Ranft* JR **88** 384. Weder Urkundenfälschung noch Vergehen gegen § 133 oder § 274 Ziff 1 StGB, wenn der FSInhaber der Klasse M den Buchstaben „M" entfernt oder unleserlich macht, um vorspiegeln zu können, der Schein sei auf eine andere Klasse ausgestellt, Bra NJW **60** 1120 (zu FEKl 4 alt). Ist die Erweiterungsprüfung bestanden und liegt der erweiterte FS zur Abholung bereit (Abs. II), so kann ein Irrtum über den Beginn der erweiterten Berechtigung entschuldbar sein, BGH NJW **66** 1216.

16 **8. Zivilrecht.** Ungerechtfertigte Verzögerung eines Antrags auf Fahrerlaubnis kann zu Ersatzansprüchen wegen Amtspflichtverletzung führen. Der amtlich anerkannte Sachverständige übt seine Aufgaben gem. der FeV amtlich aus, für Amtspflichtverletzung haftet das Land, BGH NJW **68** 443. Bedeutung der Führerscheinklausel in Versicherungsverträgen: § 21 StVG.

Abweichendes Verfahren bei Elektronischem Prüfauftrag und Vorläufigem Nachweis der Fahrerlaubnis

22a (1) ¹Abweichend von § 22 Absatz 4 Satz 1 kann die Fahrerlaubnisbehörde mit Zustimmung der zuständigen obersten Landesbehörde von dem Übersenden eines vorbereiteten Führerscheines an die zuständige Technische Prüfstelle für den Kraftfahrzeugverkehr nach Maßgabe der folgenden Vorschriften absehen. ²Soweit nachstehend nichts anderes bestimmt ist, bleiben die allgemeinen Vorschriften unberührt.

(2) Die Fahrerlaubnisbehörde übermittelt der zuständigen Technischen Prüfstelle für den Kraftfahrzeugverkehr zur Durchführung der Prüfung folgende Daten in Bezug auf den Bewerber:

1. Prüfauftragsnummer,

2. Ausstellungsdatum des Prüfauftrages,

3. Name, Vorname, Geburtsdatum, Anschrift, Geburtsort, Geschlecht, Staatsangehörigkeit, Art des Ausweisdokumentes sowie, soweit angegeben, die E-Mail-Adresse,

4. eine digitale Kopie des Lichtbildes für den Führerschein,

5. Angaben zum Vorbesitz von Fahrerlaubnisklassen,

6. Prüfauftragsart (Ersterteilung, Erweiterung, Umschreibung, Neuerteilung),

7. beantragte Fahrerlaubnisklassen,

8. Auflagen und Beschränkungen zu den beantragten Fahrerlaubnisklassen,

9. Mindestalter,

10. Angaben zur theoretischen Prüfung,

11. Angaben zur praktischen Prüfung,

12. Angabe, ob der Bewerber auf das Ausstellen eines Vorläufigen Nachweises der Fahrerlaubnis verzichtet hat.

(3) ¹Der Sachverständige oder Prüfer hat im Falle einer bestandenen Prüfung abweichend von § 22 Absatz 4 Satz 3 dem Bewerber einen Vorläufigen Nachweis der Fahrerlaubnis nach Anlage 8a unter Einsetzen des Aushändigungsdatums auszuhändigen. ²§ 22 Absatz 4 Satz 4 und 5 ist mit der Maßgabe anzuwenden, dass das Ergebnis der Prüfung, die jeweils erteilte Fahrerlaubnisklasse und das Ausgabedatum des Vorläufigen Nachweises

der Fahrerlaubnis der Fahrerlaubnisbehörde unter Angabe der Daten nach Absatz 2 Nummer 1 und 3 elektronisch übermittelt wird.

(4) [1] Ist der Bewerber bereits im Besitz eines Führerscheines oder eines Vorläufigen Nachweises der Fahrerlaubnis und soll die Fahrerlaubnis auf weitere Klassen erweitert werden, darf nach bestandener Prüfung der Vorläufige Nachweis der Fahrerlaubnis nur ausgehändigt werden, wenn der Bewerber dem Sachverständigen oder Prüfer seinen bisherigen Führerschein oder den ihm zuvor erteilten Vorläufigen Nachweis der Fahrerlaubnis zur Weiterleitung an die Fahrerlaubnisbehörde übergibt. [2] Die Fahrerlaubnisbehörde hat den neuen Führerschein mit den erteilten Klassen dem Bewerber alsbald auszuhändigen, zu übersenden oder übersenden zu lassen.

(5) [1] Der Bewerber kann in seinem Antrag nach § 21 erklären, dass er für alle beantragten Fahrerlaubnisklassen auf das Ausstellen eines Vorläufigen Nachweises der Fahrerlaubnis verzichtet. [2] Im Falle eines Verzichtes hat der Sachverständige oder Prüfer lediglich das Ergebnis der Prüfung der Fahrerlaubnisbehörde zu übermitteln und dem Bewerber eine Bestätigung darüber auszuhändigen. [3] Ist der Bewerber bereits im Besitz eines Führerscheines oder eines Vorläufigen Nachweises der Fahrerlaubnis, erhält er den Führerschein mit den zusätzlich erteilten Fahrerlaubnisklassen nur gegen Rückgabe des bisherigen Führerscheines oder des Vorläufigen Nachweises der Fahrerlaubnis durch die Fahrerlaubnisbehörde ausgehändigt.

(6) [1] Der Bewerber kann in seinem Antrag nach § 21 erklären, dass er den Führerschein unmittelbar nach der bestandenen Prüfung benötigt. [2] Die Fahrerlaubnisbehörde hat im Falle einer Erklärung nach Satz 1 den Führerschein bereits mit der Erteilung des Prüfauftrages an die Technische Prüfstelle herstellen zu lassen und diesen dem Bewerber, soweit alle übrigen Voraussetzungen für die Erteilung der Fahrerlaubnis vorliegen, auszuhändigen, zu übersenden oder übersenden zu lassen. [3] Absatz 5 Satz 2 und 3 gilt entsprechend.

(7) Der Vorläufige Nachweis der Fahrerlaubnis gilt als Nachweis im Sinne des § 4 Absatz 3 Satz 1 und nur im Inland; er ist bis zur Aushändigung des Führerscheines, längstens für drei Monate ab dem Tag seiner Aushändigung, gültig.

Begr (BR-Drs. 338/15 (Beschluss) S. 4 = VkBl. **15** 675): *Es soll ein alternatives Verfahren unter* **1** *Nutzung des elektronischen Datenaustausches zum herkömmlichen Verfahren (gemäß § 22 Absatz 4 Satz 1) geregelt werden: Hat ein Land sich für die Anwendung des Verfahrens nach § 22a entschieden, wird im Regelfall auf die Herstellung eines Kartenführerscheins vor der Fahrerlaubnisprüfung verzichtet. Dem Bewerber wird nach bestandener Fahrerlaubnisprüfung vom Sachverständigen oder Prüfer zunächst ein Vorläufiger Nachweis der Fahrerlaubnis anstelle des Kartenführerscheins ausgehändigt. Die Bestellung des Kartenführerscheins bei der Bundesdruckerei GmbH wird erst im Nachgang von der Fahrerlaubnisbehörde ausgelöst. Über die Art des Führerscheinerhalts (Abholung oder Zusendung) entscheidet der Bewerber ....*

Das Verfahren dient insbesondere der Entbürokratisierung und Ressourcenschonung, da im Regelfall auf **2** *die Vorbestellung und Vorproduktion von Kartenführerscheinen verzichtet wird. Daraus folgt, dass die Sachverständigen oder Prüfer am Prüfungstag keine Kartenführerscheine mit sich führen müssen. Zudem haben sich durch das medienbruchfreie Verfahren (elektronische Übersendung des Prüfauftrags) die Bearbeitungszeiten der Fahrerlaubnisanträge erheblich verkürzt. Die Bewerber profitieren von der Flexibilität des Prüftermins. Bei der Bestellung des Prüftermins bei der Technischen Prüfstelle für den Kraftfahrzeugverkehr ist keine namentliche Anmeldung des Bewerbers mehr erforderlich.*

Das Verfahren wurde von den Ländern Berlin, Brandenburg, Sachsen, Sachsen-Anhalt und Thüringen **3–9** *mit positivem Ergebnis erprobt und hat sich seit mehreren Jahren bewährt.*

1. Allgemeines. Mit Einfügung von § 22a durch FeVÄndVO v. 2.10.15 (BGBl. I S. 1674) **10** wurde zusätzlich zu dem herkömmlichen Verfahren bei der Durchführung der Fahrerlaubnisprüfung ein **alternatives Verfahren** eingeführt. Dabei wird der Auftrag zur Durchführung der Prüfung elektronisch erteilt und im Regelfall der FS nicht bereits vor der Prüfung hergestellt und unmittelbar nach bestandener Prüfung ausgehändigt. Die Technische Prüfstelle wird in die Lage versetzt, **selbst eine Prüfungsbescheinigung auszudrucken und auszufertigen** und diese dem Bewerber nach bestandener Prüfung zwecks Erteilung der FE auszuhändigen. Die Prüfungsbescheinigung gilt als Nachweis der FE iSv § 4 III S. 1 und nur im Inland (VII Hs. 1). Der FS wird erst im Nachgang hergestellt und dem FEInhaber ausgehändigt oder zugesandt. Dieses Verfahren erspart den FEB und Technischen Prüfstellen die Verwahrung und Verwaltung der bereits vor der Prüfung hergestellten FS und ermöglicht den Prüfstellen eine flexible Disposition der Termine für Fahrerlaubnisprüfungen (Begr Rn. 2). Das Verfahren ist vor seiner Verankerung in der FeV zunächst in den Ländern Berlin, Brandenburg, Sachsen, Sachsen-Anhalt und Thüringen erprobt worden und soll sich dort bewährt haben (Begr Rn. 3–9).

11   **2. Anwendung nur bei Einführung durch das Land.** FEB und TP können nur dann nach § 22a vorgehen, wenn die für das Fahrerlaubniswesen zuständige oberste Landesbehörde (Ministerium) der Anwendung dieses Verfahrens für das jeweilige Land zugestimmt hat (I S. 1). Den Ländern steht es frei, ob sie von dem durch § 22a eingeführten alternativen Verfahren in ihrem Bereich Gebrauch machen oder nicht.

12   **3.** In dem **Verfahren** nach § 22a wird vor Durchführung der Fahrerlaubnisprüfung kein FS für den Bewerber hergestellt. Die FEB **beauftragt die TP** mit der Durchführung der Prüfung (§ 22 IV S. 1) und übermittelt ihr bestimmte Daten über den Bewerber (II), im Fall des Begleiteten Fahrens ab 17 auch die in die Prüfungsbescheinigung aufzunehmenden Angaben zu den Begleitpersonen (§ 48a III S. 1 Nr. 5). Beides erfolgt auf elektronischem Wege (s. Überschrift des § 22a „Elektronischer Prüfauftrag", II Nr. 4 „digitale Kopie", Begr Rn. 1, 2), auch wenn der Wortlaut dies nicht ausdrücklich vorschreibt. Die FEB übersendet der TP abweichend von § 22 IV S. 1 keinen vorbereiteter FS (I S. 1) und auch keine von ihr vorbereitete Prüfungsbescheinigung.

13   Die **Durchführung der Prüfung** erfolgt nach den allgemeinen Regelungen, soweit § 22a keine Abweichungen davon vorsieht (I S. 2). So hat sich der Prüfer zB vor der Prüfung von der Identität des Bewerbers zu überzeugen (§§ 16 III S. 3, 17 V S. 2). Um Täuschungsversuchen zu begegnen (Begr BR-Drs. 338/15 (Beschluss) S. 8 = VkBl. **15** 677), übermittelt die FEB der TP zusammen mit dem Prüfauftrag eine digitale Kopie des Lichtbildes für den FS (II Nr. 4).

14   **Nach bestandener Prüfung** händigt der Prüfer abweichend von § 22 IV S. 3 dem Bewerber nicht seinen FS, sondern eine **Prüfungsbescheinigung** nach Anl 8a (Vorläufiger Nachweis der Fahrerlaubnis, VNF) aus (III S. 1). Im Falle des begleiteten Fahrens ab 17 händigt der Prüfer eine Prüfungsbescheinigung nach Anl 8b aus (§ 48a III S. 1 Nr. 1, 2). Für den letzten Fall ist ausdrücklich geregelt, dass der TP vor Durchführung der Prüfung keine vorbereitete Prüfungsbescheinigung zu übersenden ist (§ 48a III S. 1 Nr. 4). In beiden Fällen muss der Prüfer die auszuhändigende Prüfungsbescheinigung selbst ausdrucken und ausfertigen, da die FEB ihm vor der Prüfung keine übersandt hat. Durch **Aushändigung der Prüfungsbescheinigung wird die FE erteilt** (§ 22 IV S. 6, § 48a III S. 1 Nr. 1, 2 iVm § 22 IV S. 6). Das Datum der Aushändigung und damit der Erteilung der FE wird vom Prüfer in die Prüfungsbescheinigung eingetragen (III S. 1). Sie ist bis zur Aushändigung des FS, längstens aber für 3 Monate gültig (VII Hs. 2), im Falle des begleiteten Fahrens ab 17 bis 3 Monate nach Vollendung des 18. Lebensjahres (§ 48a III S. 1 Nr. 1). Die Prüfungsbescheinigung gilt ist als Nachweis der FE iSv § 4 III S. 1 und nur im Inland (VII Hs. 1, § 48a III S. 1 Nr. 1).

15   Der Prüfer übermittelt anschließend der FEB elektronisch die in III S. 2 genannten Daten. Die FEB veranlasst dann die Herstellung des **FS,** den sie dem Betroffenen so schnell wie möglich („alsbald") nach seiner Wahl **aushändigt, übersendet** oder (von der Bundesdruckerei) **übersenden lässt.** Nicht ganz klar ist, ob sich dies direkt oder nur entsprechend aus IV S. 2 ergibt, da IV S. 2 wegen des Zusammenhangs mit IV S. 1 möglicherweise nur den Fall der Erweiterungsprüfung regeln soll.

16   Soll eine **FE** auf weitere Klassen **erweitert** werden, ist der Bewerber bereits FEInhaber und damit im Besitz eines FS oder einer Prüfungsbescheinigung. In diesem Fall darf die neue Prüfungsbescheinigung nach bestandener Prüfung nur ausgehändigt und damit die erweiterte FE nur erteilt werden, wenn der Bewerber dem Prüfer seinen bisherigen FS oder seine zuvor erteilte Prüfungsbescheinigung zur Weiterleitung an die FEB übergibt (IV S. 1). Die FEB muss dem Bewerber den neuen FS dann so schnell wie möglich („alsbald") aushändigen, übersenden oder (von der Bundesdruckerei) übersenden lassen (IV S. 2). Die neue Prüfungsbescheinigung verliert nach dem Muster gem. Anl 8a mit der Aushändigung des neuen FS ihre Gültigkeit. Wenn im Rahmen des **bF 17** eine FE der Klasse B oder BE erworben wird und der Bewerber bereits im Besitz einer FE der Klasse AM, A1, L oder T ist, muss der bereits vorhandene FS abweichend von IV S. 1 nicht vor Aushändigung der Prüfungsbescheinigung zurückgegeben werden (§ 48a III S. 1 Nr. 6 S. 1). Der Betr kann ihn behalten und auch im Ausland nutzen.

17   **4. Verfahren ohne Aushändigung der Prüfungsbescheinigung (V, VI).** Wenn der Bewerber bei Stellung des Antrags auf Erteilung der FE ausdrücklich erklärt hat, dass er für alle beantragten FEKlassen auf das Ausstellen einer **Prüfungsbescheinigung** nach Anl 8a (VNF) **verzichtet** (V S. 1), wird nach bestandener praktischer FEPrüfung weder der FS noch eine Prüfungsbescheinigung ausgehändigt (V S. 2). In diesem Fall wird die FE nicht unmittelbar im Abschluss an die Prüfung erteilt. Der Bewerber darf trotz bestandener Prüfung zunächst noch nicht fahren. Der Prüfer informiert lediglich die FEB über das Ergebnis der Prüfung und händigt dem Bewerber eine formlose Bestätigung darüber aus (V S. 2). Diese Bestätigung ist kein Vorläufiger

Nachweis der FE; ihre Aushändigung hat keinerlei Rechtswirkung. Insbesondere wird die FE nicht durch Aushändigung der Bestätigung nach V S. 2 erteilt. Die FEB lässt dann im Nachgang zur Prüfung den FS herstellen. Sie händigt dem Bewerber den FS aus, wenn er ihr vorliegt (§ 22 IV S. 3) und **erteilt damit die FE** (§ 22 IV S. 6). Das Erteilungsdatum muss in diesem Fall handschriftlich in den FS eingetragen werden, da es bei Erteilung des Auftrags zur Herstellung des FS noch nicht bekannt ist und somit nicht eingedruckt werden kann. Bei einer **Erweiterungsprüfung** ist der Bewerber bereits im Besitz eines FS oder einer Prüfungsbescheinigung. Er bekommt den neuen FS mit den zusätzlich erteilten FEKlassen in diesem Fall nur, wenn er den bisherigen FS oder die in seinem Besitz befindliche Prüfungsbescheinigung zuvor bei der FEB abgibt (V S. 3).

Wenn der Bewerber bei Stellung des Antrags auf Erteilung der FE ausdrücklich erklärt hat, **18** dass er den **FS**, zB wegen einer kurzfristig bevorstehenden Auslandsreise, **unmittelbar nach bestandener Prüfung benötigt** (VI S. 1), erteilt die FEB den Auftrag zur Herstellung des FS bereits in dem Zeitpunkt, in dem sie der TP den Prüfauftrag gibt (VI S. 2). Der FS wird der TP aber nach Herstellung nicht übersandt, denn auch in diesem Fall soll der TP die Verwahrung und Verwaltung von FS erspart werden. Der Prüfer händigt nach bestandener praktischer FEPrüfung weder den FS noch eine Prüfungsbescheinigung aus (VI S. 3 iVm V S. 2). Er informiert lediglich die FEB über das Ergebnis der Prüfung und händigt dem Bewerber eine formlose Bestätigung darüber aus (VI S. 3 iVm V S. 2). Damit wird die FE nicht erteilt. Der Bewerber erhält anders als im traditionellen Verfahren nach § 22 IV nicht unmittelbar nach bestandener Prüfung vom Prüfer den FS; er darf trotz bestandener Prüfung zunächst noch nicht fahren. Sobald der FS hergestellt ist und die FEB die Mitteilung erhalten hat, dass der Bewerber die Prüfung bestanden hat, händigt sie ihm den FS aus, übersendet ihn oder lässt ihn dem Bewerber (durch die Bundesdruckerei) übersenden (VI S. 2). Die **FE** ist in diesen Fällen in dem Moment **erteilt,** in dem der Bewerber den FS erhalten hat (§ 22 IV S. 6). Bei einer **Erweiterungsprüfung** bekommt der Bewerber den neuen FS mit den zusätzlich erteilten FEKlassen nur, wenn er den bisherigen FS oder die in seinem Besitz befindliche Prüfungsbescheinigung zuvor bei der FEB abgibt (VI S. 3 iVm V S. 3).

Geltungsdauer der Fahrerlaubnis, Beschränkungen und Auflagen

23 (1) ¹Die Fahrerlaubnis der Klassen AM, A1, A2, A, B, BE, L und T wird unbefristet erteilt. ²Die Fahrerlaubnis der Klassen C1, C1E, C, CE, D1, D1E, D und DE wird längstens für fünf Jahre erteilt. ³Grundlage für die Bemessung der Geltungsdauer ist das Datum des Tages, an dem die Fahrerlaubnisbehörde den Auftrag zur Herstellung des Führerscheins erteilt.

(2) ¹Ist der Bewerber nur bedingt zum Führen von Kraftfahrzeugen geeignet, kann die Fahrerlaubnisbehörde die Fahrerlaubnis soweit wie notwendig beschränken oder unter den erforderlichen Auflagen erteilen. ²Die Beschränkung kann sich insbesondere auf eine bestimmte Fahrzeugart oder ein bestimmtes Fahrzeug mit besonderen Einrichtungen erstrecken.

Begr (VkBl. **98** 1076): *Die Richtlinie unterteilt die Fahrerlaubnisbewerber und -inhaber in zwei* **1** *Gruppen: Zur Gruppe 1 gehören Fahrer von Fahrzeugen der Klassen A und B mit Anhänger- und Unterklassen, zur Gruppe 2 Fahrer von Fahrzeugen der Klassen C und D und entsprechender Unter- und Anhängerklassen. Fahrer der Gruppe 1 müssen im Zusammenhang mit der Erteilung der Fahrerlaubnis nur dann ärztlich untersucht werden, wenn ein besonderer Anlass besteht. Für Fahrer der Gruppe 2 schreibt die Richtlinie neben einer ärztlichen Untersuchung bei der Erteilung der Fahrerlaubnis regelmäßige ärztliche Wiederholungsuntersuchungen vor. Die Festlegung der Abstände für diese Untersuchung ist den Mitgliedstaaten überlassen.*

Die Fahrerlaubnis der Klassen A, A1, B, BE und der „nationalen" Klassen L, M und T wird deshalb unbefristet erteilt. Für die anderen Klassen wird einheitlich eine Geltungsdauer von fünf Jahren festgelegt, bei den Klassen C1 und C1E wegen der geringeren Anforderungen und der geringeren Gefahren, die von diesen kleineren Fahrzeugen ausgehen, allerdings erst beginnend mit dem 50. Lebensjahr des Inhabers. Die Verlängerung erfolgt jeweils um diesen Zeitraum, wenn der Inhaber das Fortbestehen seiner körperlichen und geistigen Eignung durch ein ärztliches Zeugnis nachweist. ... Wenn im Einzelfall Anlass dazu besteht, können auch kürzere Fristen festgesetzt werden. ...

Dass als Grundlage für die Bemessung der Geltungsdauer das Datum des Tages gewählt wird, an dem **2** *die Fahrerlaubnisbehörde den Auftrag zur Herstellung des Führerscheins erteilt und nicht das Datum des Tages, an dem die Fahrerlaubnis erteilt wird, beruht auf folgender Erwägung: Das Datum des Ablaufs der*

Geltungsdauer ist bei der jeweiligen Klasse anzugeben, dh in den Führerschein „einzudrucken". Eine handschriftliche Eintragung auf der Karte wie beim Aushändigungsdatum ist nicht vorgesehen. Das Datum der Erteilung der Fahrerlaubnis steht jedoch bei der Erteilung des Herstellungsauftrages noch nicht fest, da es davon abhängt, wann der Bewerber seine Prüfung ablegt. Es kann deshalb nicht als Grundlage für die Bemessung der Geltungsdauer herangezogen werden. Das Datum der Auftragserteilung wird deshalb gewählt, weil es das spätestmögliche Datum ist und die Dauer des Verwaltungsverfahrens bei der Fahrerlaubnisbehörde, anders als wenn z. B. der Zeitpunkt der Antragstellung gewählt würde, nicht zu Lasten des Bewerbers geht.

3–9   **Begr** zur ÄndVO v. 21.12.16 **zu Abs. 1 S. 2** (BR-Drs. 253/16 S. 31 = VkBl. **17** 68, 125): *Mit dieser Regelung werden die Vorgaben von Artikel 7 Nummer 2b der Richtlinie 2006/126/EG für Fahrerlaubnisse, die nach dem Inkrafttreten dieser Verordnung erteilt werden, wortgetreu umgesetzt.*

10   **1. Geltungsdauer der FE (I).** Hinsichtlich der Geltungsdauer unterscheidet I zwei Gruppen von FEKlassen: **Unbefristet** wird die FE der Klassen erteilt, bei denen in Bezug auf die Kraftfahreignung nur anlassbezogene Untersuchungen nach §§ 11 II–IV, 12, 13, 14 in Frage kommen. Dies sind die Klassen AM, A1, A2, A, B, BE, L und T. Auf der Grundlage von § 2 II S. 3 StVG wird gem. I S. 2 die FE der Klassen **befristet** erteilt, bei denen in jedem Fall der Nachweis erbracht werden muss, dass keine die Eignung ausschließenden Erkrankungen vorliegen (§ 11 IX iVm Anl 5, § 12 VI iVm Anl 6), also der „Lkw- und Omnibusklassen" C1, C1E, C, CE, D1, D1E, D und DE (für 5 Jahre). Die Regelung des § 28 III, wonach sich die Geltungsdauer im Ausland erteilter EU-/EWR-Fahrerlaubnisse der C- und D-Klassen mit längerer Gültigkeitsdauer automatisch auf 5 Jahre reduziert, wenn der Inhaber seinen Wohnsitz in Deutschland nimmt, ist wegen Unvereinbarkeit mit der 3. EU-FS-RL unwirksam und nicht anzuwenden (§ 28 Rn. 25a).

10a   Die **frühere Sonderregelung** für FE der Klassen **C1, C1E** (Erteilung der FE bis zur Vollendung des 50. Lebensjahres, nach Vollendung des 45. Lebensjahres für 5 Jahre), die auf den geringeren Anforderungen und den geringeren Gefahren beruhte, die von diesen kleineren Fz ausgehen (Begr Rn. 1), entsprach nicht den Vorgaben der 3. EU-FS-RL und hätte deswegen schon ab 19.1.13 aufgegeben werden müssen. Sie ist jedoch zunächst im deutschen Recht beibehalten erst auf Druck der EU-Kommission durch ÄndVO v. 21.12.16 (BGBl. I S. 3083) mWv 28.12.16 gestrichen worden. Erst damit wurde die 3. EU-FS-RL insoweit wortgetreu umgesetzt (Begr Rn. 3–9). Seit 28.12.16 sind folglich auch FE der Klassen C1 und C1E ausnahmslos nur noch für maximal 5 Jahre zu erteilen. Die bis zum 27.12.16 erteilten FE der Klassen C1, C1E sind davon nicht berührt, da die Regelung nicht rückwirkend, sondern mit Wirkung ab Inkrafttreten der ÄndVO v. 21.12.16 getroffen worden ist. Sie betrifft also nur FE, die ab 28.12.16 erteilt wurden und werden. Die Geltungsdauer der bis 27.12.16 erteilten FE der Kl C1 und C1E endet mit Vollendung des 50. Lebensjahres des Inhabers (§ 76 Nr. 12c).

10b   Die FE kann auch für kürzere Fristen erteilt werden („längstens"), wenn dazu Anlass besteht. Maßgebend für den **Beginn der Frist** ist das Datum der Auftragserteilung durch die FEB zur Herstellung des FS (I S. 3, s. dazu die Begr Rn. 2). Die Befristung der FS berührt die Regelungen des Abs. I nicht (§ 24a I S. 2).

11   **2. Beschränkung der FE und Auflagen bei bedingter Eignung (II).** Ist der Bewerber nur bedingt geeignet zum Führen von Kfz, kann diesem Umstand durch Erteilung der FE unter Beschränkungen oder mit Auflagen Rechnung getragen werden, wenn dadurch das sichere Führen von Kfz gewährleistet ist (§ 2 IV S. 2 StVG, § 2 StVG Rn. 70). Eine Versagung oder ein Entzug der FE, wenn der Betr noch bedingt geeignet ist, wäre unverhältnismäßig, weil er nicht das mildeste Mittel darstellt (VG Dü 24.10.19 – 6 K 4574/18 BA **20** 61). Trotz Verwendung des Wortes „kann" handelt es sich nicht um eine Ermessensvorschrift, s. Wortlaut von § 2 IV S. 2 StVG (VG Sigmaringen DAR **17** 165). Sind die vorliegenden Eignungsmängel durch Beschränkung oder Auflagen nicht behebbar, ist auf diese Weise also eine ordnungsgemäße Teilnahme am StrV nicht sicherzustellen, darf dagegen keine beschränkte oder mit Auflagen versehene FE erteilt werden (VGH Ma NZV **89** 487 zu § 12 II StVZO aF). Die Grenzen zwischen Nichteignung und bedingter Eignung dürfen nicht durch großzügige FEErteilung verwischt werden (VG Würzburg 5.11.14 6 K 14.560, *Weigelt ua* NZV **91** 55 (58), *Krismann* NZV **11** 417). Wenn trotz Diagnose einer Grunderkrankung noch volle Eignung besteht und die Erkrankung nur theoretisch zu fahreignungsrelevanten Mängeln führen kann, damit aber in den nächsten Jahren nicht zu rechnen ist, kommen Auflagen nicht in Betracht. Vielmehr muss die FEB dann entsprechend dem erwartbaren Krankheitsverlauf zu gegebener Zeit wieder in eine Eignungsprüfung eintreten

(OVG Schleswig ZfS **17** 537 = NZV **17** 542, VG Dü 24.10.19 – 6 K 4574/18 BA **20** 61). – Für Inhaber einer FE s. § 46 II.

II konkretisiert § 2 IV S. 2 StVG, der die Erteilung einer FE mit Beschränkung oder unter **12** Auflagen allerdings **nur bei Mängeln der körperlichen und geistigen Eignung** ermöglicht, **nicht bei Mängeln der charakterlichen Eignung** (dazu § 2 StVG Rn. 71). Bei Eignungsmängeln, die durch Verstöße gegen verkehrsrechtliche Vorschriften oder durch Straftaten offenbar geworden sind, ist FEErteilung mit Beschränkungen oder unter Auflagen somit nicht möglich. Dass der Wortlaut von II S. 1 diese Einschränkung nicht nachvollzieht, ist unerheblich, denn das StVG enthält keine Ermächtigung für den VOGeber, über § 2 IV S. 2 StVG hinaus die Erteilung einer FE mit Beschränkung oder unter Auflagen auch bei Mängeln der charakterlichen Eignung vorzusehen. II S. 1 ist somit einschränkend dahin zu verstehen, dass Erteilung einer FE mit Beschränkung oder unter Auflagen nur bei Mängeln der körperlichen und geistigen Eignung möglich ist, nicht bei Mängeln der charakterlichen Eignung.

Ist ein körperlicher oder geistiger Mangel ausgleichbar, so hat der Bewerber einen **Rechts-** **13** **anspruch** auf die FE unter entsprechender Auflage oder Beschränkung (Begr zu § 2 StVG VkBl. **98** 788 f.). Dies ergibt sich bereits aus dem Wortlaut von § 2 IV S. 2 StVG („erteilt"). Der Rechtsanspruch beruht im Übrigen auf dem verfassungskräftigen Übermaßverbot (**E** 2). Welche Beschränkungen oder Auflagen bei **krankheitsbedingten Einschränkungen der Fahreignung** in Betracht kommen, ergibt sich – jedenfalls für häufiger vorkommende Erkrankungen – aus Anl 4 Spalten 4 und 5. Auflagen müssen geeignet, verhältnismäßig und hinreichend bestimmt sein (VG Cottbus 8.8.19 – 1 K 1401/18 NZV **20** 272).

a) Eine **Beschränkung der FE** liegt vor, wenn sie inhaltlich begrenzt wird. Sie kann zB auf **14** einzelne FzArten einer FEKlasse (§ 6 I S. 3) oder auf ein bestimmtes Fz mit besonderen technischen Einrichtungen begrenzt werden (II S. 2). Die Aufzählung in II S. 2 ist nicht abschließend („insbesondere"). Der Ausnahmecharakter der Beschränkung der FE gebietet eine enge Auslegung des Begriffes „Fz mit besonderen Einrichtungen"; er wird nicht allein durch häufig verwendete Zusatzeinrichtungen wie zB einen zusätzlichen rechten Außenspiegel erfüllt (BGH NJW **78** 2517, Ce VersR **79** 148 jeweils zu § 12 II StVZO aF – in diesem Fall nur Auflage). Bei **Nichtbeachtung** der Beschränkung liegt **Fahren ohne FE** vor (§ 21 StVG, s. BGH NJW **78** 2517, Bay VRS **38** 467, NZV **90** 322). Hat die FEB eine „beschränkte" FE erteilt, obwohl die einschränkende Maßnahme als Auflage gem. II S. 1 hätte angeordnet werden müssen, so entfällt eine Strafbarkeit nach § 21 I Nr. 1 StVG (BGH NJW **78** 2517). Wird als Beschränkung bezeichnet, was nur als Auflage möglich ist, oder ist die FSEintragung oder sonstige Verfügung der FEB insoweit unklar, so kommt nur Ahndung als OW in Betracht.

b) Eine **Auflage** ist eine Nebenbestimmung zur FE iSv § 36 II Nr. 4 VwVfG, durch die dem **15** FEInhaber ein Tun, Dulden oder Unterlassen auferlegt wird. Die FE wird dadurch nicht inhaltlich beschränkt. Nichtbeachtung einer Auflage lässt die Rechtswirksamkeit und den Bestand der FE unberührt (BGH VersR **69** 1011, NJW **84** 65). Der VA der FE ist nicht dadurch auflösend bedingt und kann es verwaltungsrechtlich nicht sein (§ 2 StVG Rn. 22), dass der Berechtigte persönliche Auflagen unbeachtet lässt (BGH NJW **69** 1213). Die Auflage ist ein selbständiger VA, der jedoch an die FE gebunden und insoweit akzessorisch ist. Entfällt die FE, entfällt auch die Auflage. Die Auflage ist selbständig anfechtbar (OVG Ko NJW **90** 1194, VGH Ma NZV **97** 136 (jeweils zu § 12 StVZO aF), VGH Ma NJW **18** 1559, VG Neustadt ZfS **17** 540, VG Sigmaringen DAR **17** 165). Als Auflagen zur FE kommen in Betracht die Anweisung, beim Fahren eine Sehhilfe (Brille, Kontaktlinsen) zu tragen, nur zu bestimmten Zeiten oder auf bestimmten Strecken zu fahren. Es ist zulässig, die FE mit der Maßgabe zu erteilen, dass Fahrten nur innerhalb eines festgelegten Umkreises und mit einer genau festgelegten Höchstgeschwindigkeit durchgeführt werden dürfen (VG Regensburg NJW **58** 685 zu § 12 StVZO aF). Die Eintragung im FS, die FE sei bis zur Vollendung des 18. Lebensjahres auf den Weg zwischen Wohnung und Schule beschränkt, enthält keine inhaltliche Beschränkung, sondern nur eine Auflage (LG Bayreuth DAR **69** 52 zu § 12 StVZO aF). Bei **krankheitsbedingten Einschränkungen der Fahreignung** kommen Auflagen gem. Anl 4 Spalten 4 und 5, zB regelmäßige Kontrollen, in Betracht. Es können auch Auflagen verfügt werden, die in Anl 4 nicht ausdrücklich genannt sind (VG Sigmaringen DAR **17** 165). Im Fall eines beendeten Alkoholmissbrauchs (Anl 4 Nr. 8.2) darf der FE im Regelfall keine Auflage („kein Alkohol auch außerhalb des StrV") beigefügt werden, wenn es sich nicht um einen atypischen Einzelfall handelt (VGH Ma NJW **18** 1559).

Nichtbeachtung von Auflagen ist **ow** (§ 75 Nr. 9, Bay NZV **90** 322, Kar VRS **39** 286), kein **16** Verstoß gegen § 21 StVG (BGH NJW **84** 65). Nichtbefolgen einer Auflage zum Ausgleich einer in Wahrheit nicht vorhandenen Eignungseinschränkung ist jedoch nicht tatbestandsmäßig nach § 75 Nr. 9 (Tragen einer Brille bei uneingeschränkter Sehkraft, BGH NJW **84** 65, Bay VRS **62** 383). Nichttragen einer ärztlich verordneten Brille ohne entsprechende Auflage durch die FEB ist nicht ow nach § 75 Nr. 9 (Kar VM **81** 36), möglicherweise aber nach §§ 2 I S. 1, 75 Nr. 1.

17   Welche Konsequenzen für den **Fortbestand der FE** Nichtbeachtung von Auflagen hat, ist nicht ausdrücklich geregelt (*Dauer* VGT **12** 83 (91) = DAR **12** 181 (184)). Liegen lediglich Formalverstöße vor (zB Nichteinhaltung der Termine für Vorlage ärztlicher Gutachten), ohne dass die Eignung in Frage steht, kommen nur Ahndung der OW und Maßnahmen des Verwaltungszwangs zur pünktlichen Beachtung der Auflage in Betracht, keine Eignungsüberprüfung. Führt die Nichtbeachtung der Auflage aber zu Eignungszweifeln, wird durch ein Eignungsgutachten zu klären sein, ob der Betr noch den sich aus § 2 IV S. 1 StVG ergebenden Anforderungen genügt, sofern Fehlen der Eignung nicht bereits feststeht (dann § 11 VII). In Anwendung des in § 11 VIII zum Ausdruck kommenden Rechtsgedankens kann Gutachtenanordnung entbehrlich sein und Nichteignung angenommen werden, wenn aus Missachtung einer zur Kontrolle der Eignung angeordneten Auflage darauf geschlossen werden kann, dass Eignungsmängel verborgen werden sollen; Voraussetzung dafür ist entsprechend § 11 VIII S. 2 Hinweis der FEB, dass sie bei Missachtung der Auflage auf fehlende Fahreignung schließen wird (VGH Mü VM **10** 78 = ZfS **10** 594).

18   **c) Abgrenzung.** Im Hinblick auf den Wortlaut von II S. 2 wird von Beschränkung der FE im Allgemeinen nur bei fahrzeugtechnischen Einschränkungen auszugehen sein, bei persönlichen Einschränkungen der Nutzung der FE von Auflagen (s. BGH NJW **78** 2517, VG Fra NJW **87** 796 zur früheren Rechtslage). Hinsichtlich des Verhältnisses der beiden Möglichkeiten ist das Übermaßverbot (**E** 2) zu beachten: Was durch Auflage erreicht werden kann, darf nicht in Form der im Verhältnis dazu weitergehenden Beschränkung der FE angeordnet werden (s. *Gehrmann* NZV **02** 488 (492)). Nur eine unter Berücksichtigung dieses Grundsatzes wirksam angeordnete Beschränkung nach II S. 2 ist strafrechtlich beachtlich (s. Rn. 14). Beschränkung und Auflage müssen **inhaltlich hinreichend bestimmt** sein (§ 37 I VwVfG, VGH Ka NJW **87** 797 zu Fahrverbot bei Dämmerung und Nacht). Für den Betr muss außerdem im Hinblick auf die ganz unterschiedlichen Folgen von Verstößen **eindeutig erkennbar** sein, ob es sich um eine **Auflage oder** um eine **Beschränkung** der FE handelt. Nur dann ist hinreichend bestimmt (Art 103 II GG, § 1 StGB), ob eine Zuwiderhandlung gegen die angeordnete Maßnahme als OW gem. § 75 Nr. 9 oder als Straftat gem. § 21 StVG zu ahnden ist (s. BGH NJW **78** 2517, Bay NZV **90** 322 jeweils zu § 12 II StVZO aF).

19   **d)** Eine besondere **Form** ist für die Anordnung von Beschränkungen und Auflagen nicht vorgeschrieben. Eintragung in den Führerschein ist für die Wirksamkeit nicht erforderlich. Sollen sie (zwecks Kontrollierbarkeit) auf dem Führerschein eingetragen werden, erfolgt dies mit den **Schlüsselzahlen** gem. Anl 9 (§ 25 III). Bei Ausstellung des FS ist dem Betr dann die Bedeutung der Schlüsselzahlen mitzuteilen (Vorbem zu Anl 9 letzter Satz, Begr zu § 25 III BR-Drs. 443/98 S. 278 = VkBl. **98** 1078). Im Hinblick auf das Erfordernis der inhaltlichen Klarheit der Anordnung (Rn. 18) ist an die **Aufklärung über die Bedeutung der Schlüsselzahlen** ein hoher Maßstab anzulegen. Es wird meist nicht ausreichen, dem Betr lediglich eine Kopie der Anl 9 zu übergeben. Denn durch die Erläuterung der Bedeutung der Schlüsselzahlen in Anl 9 wird vielfach wird nicht deutlich, ob es sich um eine Auflage oder eine Beschränkung handelt (*Huppertz* NZV **04** 563). Unterbleibt die Information oder wird sie nur unzureichend vorgenommen, hat dies allerdings keine Auswirkungen auf den Bestand der Beschränkung oder Auflage, sofern sie im Übrigen korrekt bekanntgegeben worden ist, denn die Eintragung einer Schlüsselzahl ist keine Voraussetzung für ihre Wirksamkeit. – Durch die nur für den Verkehr im Inland gültige **Schlüsselzahl 177** können seit 30.6.12 allgemein Beschränkungen, Nebenbestimmungen und Zusatzangaben nach einem mitzuführenden Anhang zum FS vermerkt werden (vorher nur für Kl L).

Verlängerung von Fahrerlaubnissen

24 (1) ¹Die Geltungsdauer der Fahrerlaubnis der Klassen C, C1, CE, C1E, D, D1, DE und D1E wird auf Antrag des Inhabers jeweils um die in § 23 Absatz 1 Satz 2 angegebenen Zeiträume verlängert, wenn

1. der Inhaber seine Eignung nach Maßgabe der Anlage 5 und die Erfüllung der Anforderungen an das Sehvermögen nach Anlage 6 nachweist und

2. keine Tatsachen vorliegen, die die Annahme rechtfertigen, dass eine der sonstigen aus den §§ 7 bis 19 ersichtlichen Voraussetzungen für die Erteilung der Fahrerlaubnis fehlt.

[2] Grundlage der Bemessung der Geltungsdauer der verlängerten Fahrerlaubnis ist das Datum des Tages, an dem die zu verlängernde Fahrerlaubnis endet. [3] Die Verlängerung der Klassen D, D1, DE und D1E kann nur dann über die Vollendung des 50. Lebensjahres hinaus erfolgen, wenn der Antragsteller zusätzlich seine Eignung nach Maßgabe der Anlage 5 Nummer 2 nachweist.

(2) Absatz 1 Satz 1 und 3 und § 23 Absatz 1 Satz 3 sind auch bei der Erteilung einer Fahrerlaubnis der entsprechenden Klasse anzuwenden, wenn die Geltungsdauer der vorherigen Fahrerlaubnis dieser Klasse bei Antragstellung abgelaufen ist.

(3) Die Absätze 1 und 2 sind auch anzuwenden, wenn der Inhaber der Fahrerlaubnis seinen ordentlichen Wohnsitz in einen nicht zur Europäischen Union oder zum Abkommen über den Europäischen Wirtschaftsraum gehörenden Staat verlegt hat.

(4) Die Verlängerung einer Fahrerlaubnis kann frühestens sechs Monate vor Ablauf ihrer Geltungsdauer bei der nach Landesrecht zuständigen Behörde beantragt werden.

Begr (BR-Drs. 443/98 S. 275): *§ 24 orientiert sich an den bisherigen Bestimmungen für die Verlängerung einer Fahrerlaubnis zur Fahrgastbeförderung in § 15f Abs. 2 StVZO.* **1**

Absatz 1 betrifft den Fall, dass die Fahrerlaubnis zum Zeitpunkt der Verlängerung noch gültig ist.

Absatz 2 enthält eine Regelung für den Fall, dass die Geltungsdauer bereits abgelaufen ist, eine Verlängerung also nicht mehr in Frage kommt, weil eine Verlängerung ein noch gültiges Recht voraussetzt. Bis zu zwei Jahren nach Ablauf der Geltungsdauer wird in diesem Fall die Fahrerlaubnis unter den Bedingungen erteilt, die für eine Verlängerung gelten. Danach muss die Prüfung wiederholt werden. Von der Ausbildung kann die Fahrerlaubnisbehörde befreien (vgl. § 7 Abs. 2 der Fahrschüler-Ausbildungsordnung).

Absatz 3 lässt die Verlängerung einer deutschen Fahrerlaubnis zu, wenn der Inhaber seinen Wohnsitz in einen Drittstaat verlegt. Innerhalb der EU bzw. des EWR wäre der neue Wohnsitzstaat zuständig.

Begr zur ÄndVO v. 7.8.02: BR-Drs. 497/02 S. 65.

Begr zur ÄndVO v. 18.7.08 (VkBl. 08 568): **Zu Abs. 1 S. 1 und S. 2:** *Durch die Änderung des* **2** *§ 24 Abs. 1 wird klargestellt, dass sich die Gültigkeitsdauer bei der Verlängerung einer Fahrerlaubnis der Klassen C und D oder Neuerteilung einer Fahrerlaubnis nach Ablauf der Gültigkeit einer vorangegangenen Fahrerlaubnis nicht anhand des Datums des Tages bemisst, an dem die Fahrerlaubnisbehörde den Auftrag zur Herstellung des Führerscheins erteilt hat. Mit der Regelung wird sichergestellt, dass sich bei rechtzeitiger Antragstellung die neue Gültigkeitsdauer nahtlos an den Ablauf der alten Gültigkeitsdauer anschließt und die alte Gültigkeitsdauer nicht durch die Verlängerung der Fahrerlaubnis verkürzt wird. Die zeitliche Befristung kann bereits bei der Herstellung des neuen Führerscheins eingetragen werden.*

Zu Abs. 2: *Durch die Änderung des § 24 Abs. 2 brauchen sich zudem Lkw-, Bus- und Taxifahrer, de-* **3** *ren Fahrerlaubnis nicht mehr gültig ist, künftig vor Neuerteilung ihrer Fahrerlaubnis der Klassen C, C1, CE, C1E (Lkw), D, D1, DE, D1E (Busse) beziehungsweise ihrer Fahrerlaubnis zur Fahrgastbeförderung unter den Voraussetzungen des Absatz 2 auch dann nicht mehr einer erneuten Fahrerlaubnisprüfung zu unterziehen, wenn seit Ablauf der Gültigkeit ihrer ursprünglichen Fahrerlaubnis mehr als zwei Jahre verstrichen sind. Hierbei wird der Erkenntnis Rechnung getragen, dass die Befähigung zum Führen eines entsprechenden Kraftfahrzeugs im Regelfall weiterhin besteht und Anlass für die Befristung die Notwendigkeit ist, in regelmäßigen Abständen die Eignung zu überprüfen. Soweit Tatsachen die Annahme rechtfertigen, dass die Befähigung nicht mehr besteht, kann in Anwendung des Abs. 1 Satz 1 Nr. 2 zum Nachweis der Befähigung eine entsprechende Fahrerlaubnisprüfung angeordnet werden. Wurde die Fahrerlaubnis entzogen, kann nach § 20 Abs. 2 in diesen Fällen ebenfalls auf die erneute Fahrprüfung verzichtet werden (Ermessensentscheidung).*

Mit der Bezugnahme in § 24 Abs. 2 auf Absatz 1 Satz 1 und 3 und § 23 Abs. 1 Satz 3 wird klarge- **4–10** *stellt, dass auch für die Fälle der Erteilung einer Fahrerlaubnis nach abgelaufener Fahrerlaubnis der Klassen D, D1, DE und D1E der Antragsteller erst dann seine Eignung nach Maßgabe der Anlage 5 Nr. 2 (leistungspsychologische Untersuchung) nachweisen muss, wenn die Erteilung der Fahrerlaubnis über die Vollendung des 50. Lebensjahres hinaus erfolgen soll. Somit wird der Bewerber bei der Erteilung einer bereits abgelaufenen Fahrerlaubnis dem Bewerber der Verlängerung einer noch nicht abgelaufenen Fahrerlaubnis bei der gesundheitlichen Eignung gleichgestellt, da im Regelfall nicht davon auszugehen ist, dass, wie im Falle der Verlängerung der Fahrerlaubnis, die Eignung verloren gegangen ist. Dieses war bisher zwar im Verordnungstext nicht geregelt, ergibt sich aber aus der Begründung zu § 24 Abs. 2 iVm § 11 (Verkehrsblatt Heft 20/1998 S. 1069) und dient der Klarstellung.*

11   **1. Geltungsdauer.** Die FEe der „Lkw-" und „Omnibus"-Klassen C, C1, CE, C1E, D, D1, DE, D1E werden gem. § 23 I S. 2 nur befristet auf 5 Jahre erteilt.

12   **2. Rechtsanspruch auf Verlängerung** hat der Inhaber mit ständigem Aufenthalt im Inland (Abs. 1 Nr. 2 mit § 7 I), wenn er körperlich und geistig zum Führen von Fz der betreffenden Klasse geeignet ist, dies nach Maßgabe der Anlagen 5 und 6 nachweist und kein Anlass zur Annahme des Fehlens einer der Voraussetzungen der §§ 7–19 besteht. Erneute Ausbildung ist für Verlängerung nicht erforderlich; erneute Prüfung nur, wenn Tatsachen vorliegen die die Annahme rechtfertigen, dass die Befähigung entfallen ist (I S. 1 Nr. 2, dazu Rn. 13). Verlängerung oder Neuerteilung einer abgelaufenen FE bei Verlegung des Wohnsitzes ins Ausland, s. Rn. 14. Die Verlängerung muss rechtzeitig vor Ablauf der Geltungsfrist (s. VGH Ma ZfS **97** 237), kann aber erst frühestens 6 Monate vor Ablauf der Geltungsdauer der FE beantragt werden (IV). Die Gültigkeitsdauer bemisst sich bei der Verlängerung nicht wie gem. § 23 I S. 3 bei der erstmaligen Erteilung anhand des Datums des Tages, an dem die FEB den Auftrag zur Herstellung des FS erteilt. Bei Verlängerung schließt die Gültigkeitsdauer der verlängerten FE vielmehr nahtlos an den Gültigkeitszeitraum der alten FE an (Abs. 1 S. 2, durch ÄndVO v. 18.7.08, BGBl. I S. 1338 mit Wirkung vom 30.10.08 eingefügt, Begr Rn. 2; so bereits vor dieser Rechtsänderung OVG Berlin 17.4.07 1 B 6.06 = NJW **07** 521 Ls).

13   **3.** Nach Ablauf der Geltungsdauer einer FE der C- und D-Klassen ist eine Verlängerung nicht mehr möglich, nur **Neuerteilung,** da die FE mit Ablauf der Geltungsdauer erloschen ist Wenn die notwendigen Voraussetzungen erfüllt sind, besteht ein Anspruch auf Neuerteilung (BVerwG NJW **12** 696). Besitzstandswahrung: Personen, deren FE durch Ablauf der Geltungsdauer erloschen ist, erhalten seit 1.1.15 bei Neuerteilung vorbehaltlich § 76 Nr. 9 und Nr. 11c S. 4 eine FE in dem Umfang, der auch ohne das Erlöschen bestanden hätte (§ 76 Nr. 11b S. 2). Personen, denen die FE im Umfang der bis 31.12.14 geltenden Rechtslage ohne vollständige Besitzstandsrechte neu erteilt wurde, erhalten diese seit 1.1.15 auf Antrag (§ 76 Nr. 11b S. 3).

13a   Sofern es Anzeichen dafür gibt, dass die Fahrbefähigung, also die erforderlichen Kenntnisse und praktischen Fertigkeiten, nicht mehr gegeben ist (II iVm I S. 1 Nr. 2), muss die FEB die Neuerteilung vom Bestehen einer **erneuten Fahrerlaubnisprüfung** abhängig machen. Einer speziellen Rechtsgrundlage für dieses Vorgehen bedarf es nicht, da der Bewerber nachweispflichtig ist (§ 20 II ist hier nicht einschlägig, da es nicht um Neuerteilung nach vorangegangener EdF oder nach vorangegangenem Verzicht geht). Für Fälle des § 76 Nr. 11b (Besitzstandswahrung) gibt es mit § 76 Nr. 11b S. 4 eine spezielle Rechtsgrundlage. Aufgrund der Neufassung des II durch ÄndVO v. 18.7.08 (BGBl. I S. 1338) mit Wirkung vom 30.10.08 muss der Antragsteller die Fahrprüfung nicht mehr zwingend wiederholen, wenn seit dem Ablauf der Geltungsdauer der vorherigen FE mehr als 2 Jahre verstrichen sind (Begr Rn. 3, näher dazu § 20 Rn. 2). Die Fahrbefähigung besteht demnach auch nach Ablauf von 2 Jahren idR weiter. Ob Tatsachen vorliegen, die den Schluss erlauben, dass die notwendige Befähigung nicht (mehr) vorhanden ist, ist im Wege einer **Gesamtschau** der im jeweiligen Einzelfall relevanten Tatsachen zu beurteilen (BVerwG NJW **12** 696 mAnm *Dauer*). Der **Zeitdauer fehlender oder eingeschränkter Fahrpraxis** kommt dabei eine herausragende Bedeutung zu, weil eine über einen längeren Zeitraum fehlende Fahrpraxis gerade bei Lkw und Bussen im Hinblick auf technische Neuerungen und an das Führen solcher Kfz zu stellende gesteigerte Anforderungen Zweifel an der fortbestehenden Befähigung zum sicheren Führen dieser Fz entstehen lassen kann (VGH Mü 18.8.15 11 CE 15.1217). Außerdem ist die Dauer fehlender Fahrpraxis regelmäßig der einzige Anhaltspunkt für Zweifel an der Fahrbefähigung, da der Betr wegen Fehlens der FE nicht am StrV teilnehmen und deswegen nicht negativ auffallen, das Fortbestehen seiner Befähigung aber auch nicht unter Beweis stellen konnte. Abzustellen ist nicht allein auf die seit Ablauf der Gültigkeit der früheren FE verstrichene Zeit, auch davor liegende Zeiträume sind einzubeziehen, in denen eine einschlägige Fahrpraxis gefehlt hat oder nur eingeschränkt vorhanden war (BVerwG NJW **12** 696 mAnm *Dauer,* VGH Mü DAR **10** 716). Feste Zeitgrenzen können nicht genannt werden, da jeweils eine Einzelfallbetrachtung erforderlich ist. Bei seit etwa 10 Jahren fehlender oder stark eingeschränkter Fahrpraxis mit Bussen wurde Anlass für Überprüfung der Befähigung gesehen (BVerwG NJW **12** 696), bei mehr als 8 Jahren fehlender Fahrpraxis mit Lkw (VGH Mü 18.8.15 11 CE 15.1217), bei mehr als 11 Jahren fehlender Fahrpraxis mit Lkw bei Vorliegen besonderer Umstände dagegen nicht (VG Meiningen 19.8.14 BA **14** 369).

13b   Erneute **Ausbildung** ist **nicht erforderlich,** da II auf I verweist, wonach für die Verlängerung keine erneute Ausbildung zu absolvieren ist. Wird freiwillig erneute Ausbildung in einer

Fahrschule absolviert, finden §§ 1–6 FahrschAusbO keine Anwendung (§ 7 I Nr. 3 Fahrsch-AusbO). Grundlage für die **Bemessung der Gültigkeitsdauer** der neu erteilten FE ist das Datum des Tages, an dem die FEB den Auftrag zur Herstellung des neuen FS erteilt (II iVm § 23 I S. 3). Die Gültigkeitsdauer der neu erteilten FE schließt nicht nahtlos an den Gültigkeitszeitraum der alten FE an, weil dies eine Verkürzung der in § 23 I S. 2 vorgesehenen Geltungsdauer bedeuten würde.

4. Bei **Wohnsitzverlegung ins Ausland** ist zu unterscheiden: Hat der FEInhaber seinen or- 14 dentlichen Wohnsitz in einen Mitgliedstaat der EU oder einen anderen EWR-Vertragsstaat verlegt, so wird für eine Verlängerung oder Neuerteilung der Staat des neuen Wohnsitzes zuständig. Bei Wohnsitzverlegung in einen Drittstaat bleibt die deutsche FEB gem. Abs. 3 zuständig.

5. **Rechtsmittel und FAER-Eintrag.** Gegen die Ablehnung einer beantragten Verlängerung 15 (Abs 1) oder Neuerteilung (Abs 2) stehen dem Antragsteller die nach der VwGO zulässigen Rechtsmittel zur Verfügung. Nach Rechtskraft werden sowohl die Ablehnung der Verlängerung (Abs 1) als auch die Versagung nach Abs. 2 im FAER gespeichert (§ 28 III Nr. 8 und 5 StVG).

6. **Sanktion.** Ist die Geltungsdauer der FE abgelaufen, so ist der bisherige Inhaber nicht mehr 16 im Besitz der FE der betreffenden Klasse. Führt er dennoch ein Fz dieser Klasse, so macht er sich gem. § 21 StVG strafbar.

Gültigkeit von Führerscheinen

24a (1) ¹Die Gültigkeit der ab dem 19. Januar 2013 ausgestellten Führerscheine ist auf 15 Jahre befristet. ²Die Vorschriften des § 23 Absatz 1 bleiben unberührt.

(2) ¹Ein Führerschein, der vor dem 19. Januar 2013 ausgestellt worden ist, ist bis zu dem Zeitpunkt umzutauschen, der sich aus der Anlage 8e ergibt. ²Nach Ablauf der sich aus Satz 1 in Verbindung mit der Anlage 8e ergebenden Frist verliert der Führerschein seine Gültigkeit.

(3) ¹Bei der erstmaligen Befristung eines Führerscheins ist Grundlage für die Bemessung der Gültigkeit das Datum des Tages, an dem die Fahrerlaubnisbehörde den Auftrag zur Herstellung des Führerscheins erteilt. ²Grundlage der Bemessung der Gültigkeit eines bereits verlängerten Führerscheins ist das Datum des Tages, an dem die vorangegangene Befristung endet. ³Satz 2 gilt auch, wenn die Gültigkeit des Führerscheins bei Antragstellung noch gegeben oder bereits abgelaufen ist. ⁴Abweichend von den Sätzen 2 und 3 ist bei der Ausstellung eines Ersatzdokuments und bei der Ausfertigung eines neuen Führerscheins wegen Erweiterung oder Verlängerung der Fahrerlaubnis oder wegen Änderung der Angaben auf dem Führerschein Satz 1 anzuwenden.

(4)¹Die Gültigkeit eines Führerscheins, der ab dem 1. Januar 1999 als Kartenführerschein ausgestellt worden ist, kann durch die nach Landesrecht zuständige Behörde durch die Anbringung eines mit einer bestimmten Frist versehenen Gültigkeitsaufklebers mit Sicherheitsdesign der Bundesdruckerei nachträglich befristet werden, soweit der Antragsteller dies zusammen mit der Erteilung eines neuen Führerscheins beantragt und zum Zeitpunkt der Antragstellung keine Gründe gegen die sofortige Ausstellung eines neuen Führerscheins bestehen. ²Ein nach Satz 1 befristeter Führerschein dient nur im Inland als Nachweis der Fahrberechtigung. ³Er verliert seine Gültigkeit mit Zustellung des neuen Führerscheins, Ablauf der Frist oder wenn der Gültigkeitsaufkleber entfernt oder beschädigt wurde.

Begr zur ÄndVO v. 7.1.11 (BR-Drs. 660/10 S. 61 = VkBl. **11** 113): *Ab dem 19.1.2013 ausge-* 1 *stellte Führerscheine, die bisher unbefristet erteilt wurden, werden auf die nach Artikel 7 Abs. 2a der (3. EU–FS-)Richtlinie maximal zulässige Frist von längstens 15 Jahren befristet. Auch nach dieser Frist werden die Führerscheindokumente nur verwaltungsmäßig umgetauscht, dh der Umtausch wird mit keiner ärztlichen oder sonstigen Untersuchung verbunden. Bis 2033 sind nach Artikel 3 Abs. 3 der (3. EU–FS-) Richtlinie zusätzlich alle bisher unbefristet ausgestellten Führerscheine erstmalig umzutauschen. Damit wird die durch die (3. EU–FS-)Richtlinie längst mögliche Umtauschfrist ausgenutzt.*

Begr zur ÄndVO v. 16.4.14 **zu Abs. 3 S. 2 und 3** (BR-Drs. 78/14 S. 57 = VkBl. **14** 428): 2 *Das Datum des Tages, an dem die Fahrerlaubnisbehörde den Auftrag zur Herstellung des Führerscheins erteilt, soll bei der erstmaligen Befristung Grundlage für die Bemessungsdauer der Gültigkeit sein. Grundlage für die weitere Bemessungsdauer ist dann das Datum des Tages, an dem der zu verlängernde Führerschein endet. Dies gilt auch, wenn die Gültigkeit des Führerscheins bei Antragstellung noch gegeben oder bereits abgelaufen ist.*

3–7   **Begr** zur ÄndVO v. 11.3.19 **zu Abs. 2 und Anlage 8e** (BR-Drs. 600/18 (Beschluss) S. 4):
        Die Regelung zum vorgezogenen Führerscheinumtausch soll sicherstellen, dass entsprechend den Vorgaben
        von Artikel 3 Nummer 3 der Richtlinie 2006/126/EG bis zum 19. Januar 2033 alle vor dem 19. Janu-
        ar 2013 ausgestellten Führerscheine umgetauscht werden. Die neue Anlage 8e enthält die Detailregelung
        zum vorgezogenen Führerscheinumtausch. ...

8   1. Seit dem 19.1.13 werden **Führerscheine** in Umsetzung von Art 7 II der 3. EU-FS-RL
        nur noch **befristet** ausgestellt. Das Ablaufdatum wird in das **Feld 4b** auf der Vorderseite des
        Führerscheins eingetragen (Anl 8 Nr. I Nr. 2.1 Buchst. c Nr. 4b). Die Befristung der Dokumente
        hat keine Auswirkungen auf die Geltungsdauer der zugrundeliegenden Fahrerlaubnis (I S. 2).
        Der Zeitraum der Gültigkeit der FS wird im ZFER gespeichert, wird übermittelt und kann im
        automatisierten Verfahren abgerufen werden (§§ 49 I Nr. 13, 50 S. 2 Nr. 1 Buchst. f, 51 I Nr. 1
        Buchst. k und Nr. 2–4, 52 I Nr. 1 Buchst. k und Nr. 3, 56 I Nr. 1 und 2).

9   **2. FE der Kl AM, A1, A2, A, B einschl B mit Sz 96 und BE** werden unbefristet erteilt (§ 23
        I S. 1), die **FS** für diese Klassen werden aber nur mit einer **Gültigkeit von 15 Jahren** ausgestellt (I
        S. 1). FE der nationalen **Kl L und T** werden ebenfalls unbefristet erteilt (§ 23 I S. 1). Befristung
        der **FS** für diese Klassen wäre eigentlich nicht erforderlich, da die europarechtlichen Vorgaben in-
        soweit nicht gelten. FS für FE der Kl L und T werden aber ebenfalls nur mit einer Gültigkeit von
        15 Jahren ausgestellt (I S. 1). Ablauf der Gültigkeit des FS lässt die FE unberührt, da diese unbefris-
        tet erteilt ist. Führen eines Kfz nach Ablauf der Gültigkeit des FS ist somit kein Fahren ohne FE
        (Straftat gem. § 21 I StVG), sondern nur Fahren ohne FS (OW gem. § 75 Nr. 4).

10   FE der **Kl C, CE, C1, C1E, D, DE, D1 und D1E** werden befristet erteilt (§ 23 I S. 2), die
        FS für diese Klassen werden ebenfalls mit einer **Gültigkeit von 15 Jahren** ausgestellt (I S. 1).
        Jeder Inhaber einer FE der C- oder D-Klassen besitzt zusätzlich zumindest auch eine (unbefris-
        tete) FE der Kl B (§ 9 I). Verlängert er eine abgelaufene FE der C- oder D-Klassen nicht, kann er
        den FS für die anderen Klassen bis zum Ablauf seiner Gültigkeit weiter nutzen. Verlängerung und
        erneute Erteilung von FE der C- und D-Klassen erfolgen unabhängig von der Geltungsdauer
        des FS nach Maßgabe des § 24. Bei Verlängerung oder Neuerteilung einer FE der C- oder D-
        Klassen ist in jedem Fall ein neuer FS auszustellen (§ 25 II S. 1), dann wieder mit einer Gültig-
        keit von 15 Jahren (I S. 1).

11   Die zunächst mit Art 2 Nr. 6 der ÄndVO v 26.6.12 (BGBl I S. 1394, Begr BR-Drs. 245/12
        S. 34 = VkBl. **12** 605) vorgesehene Befristung der FS für FE der C- und D-Klassen auf 5 Jahre
        wurde mit ÄndVO v 10.1.13 (BGBl I S. 35) wieder rückgängig gemacht (Begr BR-Drs. 683/12
        S. 56). Damit wurde Art 7 II der 3. EU-FS-RL in Deutschland uneinheitlich umgesetzt: Hinsicht-
        lich der FE der A- und B-Klassen wird das Wort Führerschein in Art 7 II Buchst. a der 3. EU-FS-
        RL wörtlich verstanden, während das Wort Führerschein in Art 7 II Buchst. b der 3. EU-FS-RL
        mit FE gleichgesetzt wird. Diese Entscheidung ist bewusst getroffen worden, da eine stringente
        Umsetzung von Art 7 II der 3. EU-FS-RL in jedem Fall zu unerwünschten Ergebnissen geführt
        hätte. Eine Befristung der FE der A- und B-Klassen war nicht gewollt. Die unbefristete Erteilung
        der FE der C- und D-Klassen hielt das BMV für europarechtlich nicht machbar. Und eine Befris-
        tung der FS für die auch weiterhin befristeten FE der C- und D-Klassen auf nur 5 Jahre hätte zu
        Problemen geführt, wenn Gültigkeitsdauer von FE und FS nicht genau übereinstimmen.

12   **3. Obligatorischer Umtausch der vor dem 19.1.2013 ausgestellten Führerscheine**
        (II). Alle Führerscheine in der EU müssen bis zum 19.1.2033 die Anforderungen der 3. EU-FS-
        RL erfüllen (Art 3 III der 3. EU-FS-RL). Um dies sicherzustellen müssen **alle bis einschließ-**
        lich 18.1.2013 vor Umsetzung der 3. EU-FS-RL in das deutsche Recht **ausgestellten Füh-**
        rerscheine in neue FS umgetauscht werden (II S. 1), die dann gem. I S. 1 befristet sind. Der
        Umtausch betrifft nur das Führerscheindokument. Die Gültigkeitsdauer der zugrunde liegenden
        Fahrerlaubnis bleibt unberührt (I S. 2 iVm § 23 I). Der Führerscheinumtausch soll bis 19.1.2033
        abgeschlossen sein (II S. 1 iVm Anlage 8e). Damit wird erreicht, dass bis 19.1.2033 alle vor dem
        19.1.2013 ausgestellten Führerscheine, auch die vom 1.1.1999 bis 18.1.2013 ausgestellten Kar-
        tenführerscheine, in befristete Führerscheine nach dem dann gültigen Muster des KartenFS mit
        den aktuellen Sicherheitsmerkmalen umgetauscht sind (Begr Rn. 3–7). Gleichzeitig wird sicher-
        gestellt, dass alle FEInhaber in das Zentrale FE-Register beim KBA eingetragen werden. Dort
        fehlen bisher noch alle Personen, denen vor dem 1.1.1999 eine FE erteilt worden ist, sofern sie
        nicht bereits wegen Ausstellung eines KartenFS in das ZFER aufgenommen wurden.

13   Angesichts der großen Zahl umzutauschender Führerscheine wird die Umtauschaktion über
        einen längeren Zeitraum gestreckt, um für den Hersteller der FS und für die Fahrerlaubnisbe-

hörden überhaupt durchführbar zu sein (*Buchardt/Ochel-Brinkschröder* DAR **19** 408, *Müller/Rebler* VD **19** 235, *Rebler* NZV **20** 235). Durch ÄndVO v. 11.3.19 (BGBl. I S. 218) ist ein **zeitlich gestaffelter Führerscheinumtausch** festgelegt worden, dessen Einzelheiten sich aus II S. 1 iVm Anlage 8e ergeben. Alle Führerscheine, die vor dem 19.1.2013 ausgestellt worden sind, sind bis zu dem Zeitpunkt in neue Führerscheine umzutauschen, der sich aus **Anlage 8e** ergibt (II S. 1). Nach Ablauf der so festgelegten Umtauschfrist **verliert** der jeweilige **Führerschein** kraft Gesetzes, also automatisch seine **Gültigkeit** (II S. 2), ohne dass es eines Tätigwerdens der FEB bedarf. Eine Frist, ab der der Umtausch beantragt werden kann, gibt es nicht; festgelegt sind nur die Endzeitpunkte, bis zu denen der Umtausch spätestens erfolgt sein muss. Der Umtausch kann also jederzeit beantragt werden.

Der obligatorische Umtausch beginnt in der **ersten Stufe** mit den bis 31.12.1998 ausgestell- **14** ten **Papierführerscheinen** (II S. 1 iVm Anlage 8e Tabelle I), da hier die Fälschungssicherheit gering ist (*Buchardt/Ochel-Brinkschröder* DAR **19** 408 (409)) und weil diese Führerscheine noch nicht im ZFER gespeichert sind. Auf diese Weise soll erreicht werden, dass das ZFER bis 19.1.2025 weitgehend vollständig ist (Begr BR-Drs. 600/18 (Beschluss) S. 4). In dieser ersten Stufe wird der Umtausch abhängig vom **Geburtsjahr des Führerscheininhabers** durchgeführt, da das Ausstellungsdatum auf den alten Papierdokumenten häufig nicht mehr erkennbar sei (Begr BR-Drs. 600/18 (Beschluss) S. 4). In dieser Phase sind auch alte DDR-Führerscheine umzutauschen. Die Einzelheiten ergeben sich aus **Anlage 8e Tabelle I:**

I. Führerscheine, die bis einschließlich 31.12.1998 ausgestellt worden sind: **15**

Geburtsjahr des Fahrerlaubnisinhabers	Tag, bis zu dem der Führerschein umgetauscht sein muss
Vor 1953	19. Januar 2033
1953 bis 1958	19. Januar 2022
1959 bis 1964	19. Januar 2023
1965 bis 1970	19. Januar 2024
1971 oder später	19. Januar 2025

In der **zweiten Stufe** sind die vom 1.1.1999 bis 18.1.2013 – noch unbefristet – ausgestellten **16** **Kartenführerscheine** umzutauschen (II S. 1 iVm Anlage 8e Tabelle II). Dabei wird auf das **Ausstellungsjahr** abgestellt, da dann der Umtausch nach dem Alter der Dokumente erfolgen könne (Begr BR-Drs. 600/18 (Beschluss) S. 4). Die zeitliche Staffelung ist so vorgenommen worden, dass bis zum Jahr 2028 möglichst viele Alt-Führerscheine umgetauscht sind, da ab dann auch die seit dem Jahr 2013 befristet ausgestellten Kartenführerscheine ihre Gültigkeit verlieren und erneuert werden müssen (Begr BR-Drs. 600/18 (Beschluss) S. 4). Die Einzelheiten zur Umtauschpflicht der vom 1.1.1999 bis 18.1.2013 ausgestellten Kartenführerscheine ergeben sich aus **Anlage 8e Tabelle II:**

II. Führerscheine, die ab 1.1.1999 ausgestellt worden sind[*]: **17**

Ausstellungsjahr	Tag, bis zu dem der Führerschein umgetauscht sein muss
1999 bis 2001	19. Januar 2026
2002 bis 2004	19. Januar 2027
2005 bis 2007	19. Januar 2028
2008	19. Januar 2029
2009	19. Januar 2030
2010	19. Januar 2031
2011	19. Januar 2032
2012 bis 18. Januar 2013	19. Januar 2033

[*] Fahrerlaubnisinhaber, deren Geburtsjahr vor 1953 liegt, müssen den Führerschein bis zum 19. Januar 2033 umtauschen, unabhängig vom Ausstellungsjahr des Führerscheins

18   Bei Festlegung der Umtauschfristen und damit dem Enddatum der Gültigkeit der betroffenen Führerscheine ist jeweils der **19. Januar** als **Stichtag** gewählt worden, da die Belastung der Fahrerlaubnisbehörden zum Jahreswechsel bereits enorm sei und sich aus dem Inkrafttreten der 3. EU-FS-RL der 19. Januar als Bezugsdatum ergeben habe (Begr BR-Drs. 600/18 (Beschluss) S. 4).

19   Fahrerlaubnisinhaber mit **Geburtsjahrgang bis einschließlich 1952** sind **vom vorgezogenen Umtausch ausgenommen,** unabhängig davon, wann ihr Führerschein ausgestellt worden ist und welche Art Führerschein sie haben. Sie müssen ihren Führerschein in jedem Fall **erst bis zum 19.1.2033 umtauschen.** Hinsichtlich der bis 31.12.1998 ausgestellten Papierführerscheine ergibt sich dies aus Anlage 8e Tabelle I, wonach der Führerschein bei Fahrerlaubnisinhabern der Geburtsjahrgänge vor 1953 erst bis zum 19.1.2033 umgetauscht sein muss. Hinsichtlich der vom 1.1.1999 bis 18.1.2013 ausgestellten Kartenführerscheine ergibt es sich aus dem durch ÄndVO v. 4.7.19 (BGBl. I S. 1056) eingefügten Sternchenvermerk zu Anlage 8e Tabelle II, wonach Fahrerlaubnisinhaber, deren Geburtsjahr vor 1953 liegt, den Führerschein erst bis zum 19.1.2033 umtauschen müssen, unabhängig vom Ausstellungsjahr des Führerscheins. Mit dieser Ausnahme soll Fahrerlaubnisinhabern mit Geburtsjahr bis einschließlich 1952 erspart werden, ihren Führerschein vorzeitig umtauschen zu müssen, obwohl altersbedingt nicht sicher sei, ob sie nach dem 19.1.2033 von ihrer Fahrerlaubnis noch Gebrauch machen möchten und dafür einen weiter gültigen Führerschein benötigen (Begr BR-Drs. 600/18 (Beschluss) S. 4).

20   Der obligatorische Umtausch aller vor dem 19.1.2013 ausgestellten Führerscheine ist als **verfassungsrechtlich zulässig** anzusehen. Durch die Umtauschpflicht werden zwar zahlreiche Fahrerlaubnisinhaber zur Beantragung eines neuen Führerscheins gezwungen, obwohl sie über einen gültigen Führerschein verfügen. Sie werden dabei gleichzeitig veranlasst, ihren bisher unbefristet gültigen Führerschein in einen nur noch befristet gültigen Führerschein zu tauschen. Diese – wenn auch geringfügige – Verschlechterung ihrer Rechtsposition ist als Eingriff in die durch Art 2 I GG geschützte allgemeine Handlungsfreiheit anzusehen, denn dieses Grundrecht schützt vor der Belastung mit Nachteilen. In das Grundrecht darf nur auf Grund eines förmlichen Gesetzes eingegriffen werden. Die Regelung des § 2 I S. 4 StVG, wonach die Gültigkeitsdauer der Führerscheine nach näherer Bestimmung durch RVO auf Grund von § 6 I Nr. 1 Buchst. b und x StVG festgelegt werden kann, ist insoweit als hinreichende gesetzliche Grundlage anzusehen, denn sie dürfte auch dazu berechtigen, die Gültigkeit der bisher unbefristet gültigen Führerscheine zu befristen (II S. 2 iVm Anlage 8e) und eine Umtauschpflicht in nur noch befristet gültige Führerscheine zu normieren (II S. 1 iVm Anlage 8e). Der Eingriff ist auch als verhältnismäßig anzusehen. Die Umtauschpflicht ist schon allein durch das legitime staatliche Interesse gerechtfertigt, „anlässlich der regelmäßigen Erneuerung die neuesten Maßnahmen zum Schutz gegen Fälschungen anzuwenden" (Erwägungsgrund 7 der 3. EU-FS-RL).

21   Für den obligatorischen Umtausch des Führerscheins kann eine **Gebühr** erhoben werden. Zur Gebührenzahlung ist verpflichtet, wer eine Amtshandlung veranlasst hat (§ 4 I Nr. 1 GebOSt). Davon ist hier auszugehen, auch wenn der Antrag auf Führerscheinumtausch nicht freiwillig gestellt wird, sondern staatlich verordnet ist. Die alten Führerscheine werden außerdem nach II S. 2 iVm Anlage 8e zu den dort geregelten Zeitpunkten ungültig, sodass der Fahrerlaubnisinhaber auch nach § 25 IIIa dann einen neuen Führerschein beantragen muss. Fraglich ist aber, nach welcher **Gebührennummer** die Gebühr hier erhoben werden soll, denn eine spezielle Gebühr für den obligatorischen Umtausch nach II S. 1 iVm Anlage 8e ist nicht eingeführt worden. In Betracht kommen dürfte die Gebührennummer 202.4 Anlage GebOSt (Ausfertigung des Führerscheins als Ersatz, 17,90 bis 35,80 €), denn der neue Führerschein wird als Ersatz für einen nach II S. 2 iVm Anlage 8e ungültig werdenden Führerschein beantragt. Ob die Gebührennummer 202.5 Anlage GebOSt (Ausfertigung des Führerscheins bei der Umstellung einer Fahrerlaubnis alten Rechts (§ 6 VI S. 2 FeV), 23 €) hier herangezogen werden kann, erscheint dagegen fraglich (*Müller/Rebler* VD **19** 235, *Rebler* NZV **20** 235). Zwar geht die Ausstellung des neuen Führerscheins zwangsläufig mit der Umstellung auf die aktuellen Fahrerlaubnisklassen einher, wenn der Fahrerlaubnisinhaber noch alte Klassen hat, denn in einen Führerschein können immer nur die zur Zeit der Ausfertigung des Dokuments gültigen Fahrerlaubnisklassen eingetragen werden. Aber der Antrag auf Ausfertigung eines neuen Führerscheins wird hier nicht zum Zweck der Umstellung auf die neuen Fahrerlaubnisklassen gestellt, sondern allein um der Pflicht zum Umtausch nach II S. 1 iVm Anlage 8e zu genügen. Außerdem dürfte der Gesichtspunkt der Umstellung der Fahrerlaubnisklassen in der zweiten Stufe keine große Rolle mehr spielen.

22   **4.** Die **Gültigkeit** des befristeten FS gem. I S. 1 wird bei der **erstmaligen Befristung** eines FS von dem **Tag** an berechnet, an dem die FEB den **Auftrag zur Herstellung des FS** erteilt

(III S. 1). Diese an § 23 I S. 3 angelehnte Regelung trägt dem Umstand Rechnung, dass zum Zeitpunkt der Auftragserteilung nicht genau absehbar ist, wann der FS hergestellt sein wird und dem Betr ausgehändigt werden kann. Die Gültigkeitsdauer muss aber bereits bei der Herstellung des FS in diesen eingetragen werden. Der Zeitpunkt der Aushändigung des befristeten FS kann deswegen nicht zum Beginn der Gültigkeitsdauer des FS gemacht werden.

Weitere Befristungen schließen grds. zeitlich direkt an die Geltungsdauer des vorherigen **23** befristeten FS an (III S. 2, Begr Rn. 2), unabhängig davon, ob die Ausstellung eines neuen FS vor oder nach Ablauf der Geltungsdauer beantragt wird (III S. 3). Abweichend davon wird jedoch bei Ausstellung eines ErsatzFS und bei Ausfertigung eines neuen FS wegen Erweiterung oder Verlängerung der FE oder wegen Änderungen der Angaben auf dem FS die Gültigkeit des neuen FS von dem Tag an berechnet, an dem die FEB den Auftrag zur Herstellung des FS erteilt (III S. 4 iVm 1). Durch diese mit ÄndVO v. 21.12.16 (BGBl. I S. 3083) eingefügte Regelung wird verhindert, dass ein FS in Anwendung von III S. 2 im Einzelfall auf mehr als 15 Jahre zu befristen ist, denn dies wäre mit Art 7 II Buchst. b der 3. EU-FS-RL nicht vereinbar (Begr BR-Drs. 253/16 (Beschluss) S. 3).

KartenFS können **nachträglich** durch Anbringung eines Gültigkeitsaufklebers **befristet 24** werden, wenn der Inhaber dies zusammen mit dem Antrag auf Erteilung eines neuen FS beantragt (IV S. 1). Dies wurde mit ÄndVO v. 21.12.16 (BGBl. I S. 3083) eingeführt, um die Möglichkeit des Direktversands (Übersendung des fertigen FS von der Bundesdruckerei direkt an den Antragsteller) zu erleichtern (Begr BR-Drs. 253/16 S. 31). Näher dazu § 25 Rn. 37.

5. Der FEInhaber ist bei **Ablauf der Gültigkeit des Führerscheins** (Ablaufdatum in Feld **25** 4b auf der Vorderseite des Führerscheins) verpflichtet, die Ausstellung eines neuen Führerscheins zu beantragen, sofern er sich nicht dafür entscheidet, auf die FE zu verzichten (§ 25 IIIa). Die Ausstellung eines neuen FS wird bei den FE der A- und B-Klassen nicht von einer vorherigen Prüfung der Eignung abhängig gemacht, obwohl die 3. FS-RL dies zulassen würde (Art 7 III UAbs. 2 der 3. FS-RL, *Brenner* NZV **09** 374, *Dauer* VGT **12** 83 (91 f.) = DAR **12** 181 (184)). Der VOGeber geht davon aus, dass diese unverändert vorliegt. Die Ausstellung eines neuen FS wird auch bei den FE der C- und D-Klassen nicht von einer vorherigen Prüfung der Eignung abhängig gemacht. Allerdings ist die Verlängerung (§ 24 I S. 1 Nr. 1) und Neuerteilung (§ 24 II iVm I S. 1 Nr. 1) der jeweiligen FE von einem Eignungsnachweis abhängig.

Ausfertigung des Führerscheins

25 (1) ¹Der Führerschein wird nach Muster 1 der Anlage 8 ausgefertigt. ²Er darf nur ausgestellt werden, wenn der Antragsteller

1. seinen ordentlichen Wohnsitz im Sinne des § 7 Absatz 1 oder 2 in der Bundesrepublik Deutschland hat,

2. zu dem in § 7 Absatz 3 genannten Personenkreis gehört oder

3. seinen ordentlichen Wohnsitz in einem Staat hat, der nicht Mitgliedstaat der Europäischen Union oder Vertragsstaat des Abkommens über den Europäischen Wirtschaftsraum ist und im Besitz einer deutschen Fahrerlaubnis ist.

(2) ¹Bei einer Erweiterung oder Verlängerung der Fahrerlaubnis oder Änderungen der Angaben auf dem Führerschein ist ein neuer Führerschein auszufertigen. ²Bei einer Erweiterung der Fahrerlaubnis auf eine andere Klasse ist auf dem Führerschein der Tag zu vermerken, an dem die EU- oder EWR-Fahrerlaubnis für die bisher vorhandenen Klassen erteilt worden ist.

(3) Bei Eintragungen auf dem Führerschein, die nicht bereits im Muster vorgesehen sind, insbesondere auf Grund von Beschränkungen und Auflagen, sind die in Anlage 9 festgelegten Schlüsselzahlen zu verwenden.

(3a) ¹Ist die Gültigkeit des Führerscheins abgelaufen, hat der Inhaber einen neuen Führerschein zu beantragen, es sei denn, er verzichtet auf die Fahrerlaubnis. ²Absatz 4 Satz 2 gilt entsprechend.

(4) ¹Ist ein Führerschein abhandengekommen oder vernichtet worden, hat der bisherige Inhaber den Verlust unverzüglich anzuzeigen und sich ein Ersatzdokument ausstellen zu lassen, sofern er nicht auf die Fahrerlaubnis verzichtet. ²Wird ein Ersatzführerschein für einen abhandengekommenen ausgestellt, hat sich die Fahrerlaubnisbehörde auf Kosten des Antragstellers durch die Einholung einer Auskunft aus dem Zentralen Fahrerlaubnisregister und aus dem Fahreignungsregister zu vergewissern, dass der Antragsteller die entsprechende Fahrerlaubnis besitzt. ³Sie kann außerdem – in der Regel über das Kraftfahrt-

Bundesamt – auf seine Kosten eine Auskunft aus den entsprechenden ausländischen Registern einholen.

(5) ¹Bei der Aushändigung eines neuen Führerscheins ist der bisherige Führerschein einzuziehen oder ungültig zu machen. ²Auf Wunsch des Inhabers der Fahrerlaubnis kann dieser den bisherigen Führerschein behalten. ³Hierzu ist der Führerschein durch die nach Landesrecht zuständige Behörde sichtbar und dauerhaft zu entwerten. ⁴Im Falle der Vorlage eines nach dem 1. Januar 1999 als Kartenführerschein ausgestellten Führerscheins ist der Führerschein durch eine Lochung in der unteren rechten Ecke der Vorderseite zu entwerten. ⁵Er verliert mit Aushändigung des neuen Führerscheins seine Gültigkeit. ⁶Wird der bisherige Führerschein nach Aushändigung des neuen wieder aufgefunden, ist er unverzüglich der zuständigen Fahrerlaubnisbehörde abzuliefern.

1   **Begr** (BR-Drs. 443/98 S. 276 = VkBl. **98** 1077): **Zu Abs. 1:** ... *Absatz 1 Satz 2 beruht auf Artikel 7 Abs. 1 der (2. EU-FS-) Richtlinie, wonach die Ausstellung eines Führerscheins vom Vorhandensein eines ordentlichen Wohnsitzes im Hoheitsgebiet des ausstellenden Mitgliedstaats abhängt (Nummer 1) oder vom Nachweis der Eigenschaft als Student oder Schüler während eines Mindestzeitraumes von 185 Tagen (Nummer 2). Die Regelung bezieht sich sowohl auf die Fahrerlaubnis als Recht als auch auf den Führerschein als Dokument zum Nachweis des Rechts. Die Bestimmung gilt auch für die Ausstellung eines Ersatzführerscheins. Dies ergibt sich aus Artikel 8 Abs. 5 der (2. EU-FS-) Richtlinie. Danach kann ein Ersatzführerschein bei den Behörden des Mitgliedstaates erlangt werden, in dem der Führerscheininhaber seinen ordentlichen Wohnsitz hat. Diese Bestimmung gibt dem Inhaber ein Recht auf Ausstellung des Ersatzführerscheins an seinem Wohnsitzstaat. Dann kann aber nicht zugleich auch der ursprünglich erteilende Staat zuständig sein, da sonst die Gefahr bestünde, dass der Betreffende zwei Führerscheine erhält. Die genannten Bestimmungen der Richtlinie gelten jedoch nur im Verhältnis der Mitgliedstaaten. In diesem Verhältnis ist sichergestellt, dass der Betreffende im neuen Wohnsitzstaat grundsätzlich dieselben Rechte genießt, wie in dem Staat, der die Fahrerlaubnis erteilt hatte und in dem er seinen früheren Wohnsitz hatte. Im Verhältnis zu Drittstaaten ist das nicht der Fall. Es ist also durchaus möglich, dass jemand, der seinen Wohnsitz in einen Drittstaat verlegt hat, dort vor der Umschreibung seines Führerscheins seinen deutschen Führerschein verliert, in der Bundesrepublik Deutschland einen Ersatzführerschein ausgestellt bekommt (Nummer 3).*

2   **Zu (heute) Abs. 5 S. 1, 5 und 6:** *Absatz 5 regelt, was mit dem Führerschein zu geschehen hat, wenn ein neuer Führerschein, aus welchen Gründen auch immer, ausgestellt wird. Es ist nunmehr ausdrücklich bestimmt, dass der alte Führerschein mit Aushändigung des neuen seine Gültigkeit verliert. Damit begeht jemand eine Ordnungswidrigkeit, der sich einen Ersatzführerschein ausstellen lässt, dann aber bei der Kontrolle den alten Führerschein vorweist. Die Ausstellung des Ersatzführerscheins wird künftig im Zentralen Fahrerlaubnisregister registriert. Damit kann anhand des Registers festgestellt werden, ob ein Führerschein gültig ist oder nicht.*

3   **Begr** zur ÄndVO v. 7.1.11 (BR-Drs. 660/10 S. 62 = VkBl. **11** 113) **zu Abs. 3a:** *Will der Fahrerlaubnisinhaber, dessen Führerscheindokument abgelaufen ist, auch weiterhin von seiner Fahrerlaubnis Gebrauch machen, so hat er künftig nach Ablauf des Führerscheindokumentes einen neuen Führerschein zu beantragen. Dies gilt nicht, wenn er auf seine Fahrerlaubnis verzichtet.*

4   **1. Regelungsgegenstand.** Der Führerschein ist die amtliche Bescheinigung über die Fahrerlaubnis (§ 2 I S. 3 StVG, § 4 II S. 1 FeV); näher zum Rechtscharakter des FS und zu seiner Funktion § 4 Rn. 40 ff. § 25 bestimmt die äußere Form des Führerscheins, die Voraussetzungen für die Ausstellung eines FS, die Notwendigkeit der Ausfertigung eines neuen FS bei Änderungen, die Verpflichtung zur Beantragung eines neuen FS bei Ablauf der Gültigkeit und bei Abhandenkommen oder Vernichtung des bisherigen FS, die Verfahrensweise bei Ausstellung eines Ersatzführerscheins und bei Aushändigung eines neuen FS. Gesetzliche Ermächtigung für diese Regelungen sind § 6 I Nr. 1 Buchst. v. und x StVG. Die Pflichten zum Nachweis der FE durch einen FS sowie zum Mitführen und Aushändigen des FS sind in § 4 II geregelt.

5   **2. Das Muster** des allgemeinen **Führerscheins** ist verbindlich in I S. 1 iVm Muster 1 Anl 8 festgelegt. Dienstführerscheine der BW (§ 26 I S. 3 iVm Muster 2 Anl 8), der Bundespolizei und der Polizeien der Länder (§ 26 I S. 3 iVm Muster 3 Anl 8), und der Führerschein zur Fahrgastbeförderung (§ 48 III S. 1 iVm Muster 4 Anl 8) sind gesondert geregelt. Mit den Vorgaben des I S. 1 iVm Anl 8 wird Art 1 iVm Anh I der 3. EU-FS-RL umgesetzt, der die einheitliche Gestaltung des Führerscheins in EU und EWR festlegt. Führerscheine werden seit 19.1.13 unabhängig von der Geltungsdauer der Fahrerlaubnis nur noch auf 15 Jahre **befristet** ausgestellt (§ 24a I S. 1).

Der allgemeine FS wird als **Kunststoffkarte** nach Muster 1 Anl 8 ausgefertigt (I S. 1). Er wird **6** im Auftrag der jeweiligen FEB durch die Bundesdruckerei GmbH gefertigt. Herstellung, Personalisierung und Lieferung der Führerscheine erfolgt auf der Grundlage eines Rahmenvertrages zwischen dem KBA und der Bundesdruckerei GmbH. Näheres wird durch Verwaltungsvorschrift geregelt (Anl 8 I Nr. 1). Die Führerschein-Verwaltungsvorschrift v. 22.12.98 (FS-VwV, BAnz S. 17 900, VkBl. **99** 10, **09** 440, **11** 4, **15** 459 = StVRL § 25 FeV Nr. 1) regelt ua das Bestellverfahren von Führerscheinen zwischen FEB und Bundesdruckerei; Ausfüllanleitung für die Bestellunterlagen der FEB zur Herstellung eines Kartenführerscheins: VkBl. **15** 460. § 48 III StVG enthält die gesetzliche Grundlage für Datenspeicherungen und -übermittlungen in diesem Zusammenhang.

Die **Beschriftung des Führerscheins** richtet sich nach Anl 8 I Nr. 2. Auf der **Vorderseite 7** wird unter Ziff 4a das Ausstellungsdatum gem. § 24a, unter Ziff 4b das Datum des Ablaufs der Gültigkeit des Führerscheins (nicht der Fahrerlaubnis) eingetragen. Die Führerscheinnummer (Ziff 5) setzt sich aus der Fahrerlaubnisnummer (§ 49 I Nr. 9) und der fortlaufenden Nummer des über die FE ausgestellten Führerscheins zusammen (§ 49 I Nr. 10). Unter Ziff 9 werden sämtliche, auch durch andere eingeschlossene FEKlassen eingetragen, die der FSInhaber besitzt. Ziff 8 (Wohnort) ist nicht vorhanden, da diese Angabe nach Anh I der 3. EU-FS-RL fakultativ ist und Deutschland sich entschieden hat, sie im deutschen FS nicht auszuweisen (Anl 8 I Nr. 2.1). Auf der **Rückseite** werden unter Ziff 9 sämtliche, auch durch andere eingeschlossene FEKlassen eingetragen, die der FSInhaber besitzt. Nicht erteilte Klassen werden durch einen Strich entwertet. In Spalte 10 wird das Datum der Erteilung der FE der jeweiligen Klasse vermerkt. Das Datum der Erteilung einzelner oder mehrerer FEKlassen kann auch in dem nicht laminierten Feld 14 unter Angabe der Nr. 10 eingetragen sein; in diesen Fällen wird in Spalte 10 mittels der Angabe „★)" darauf verwiesen. Bei Aushändigung des Führerscheins direkt nach bestandener Fahrerlaubnisprüfung trägt der Prüfer hier handschriftlich das Erteilungsdatum ein und übergibt dann den Führerschein. Wird später ein neuer Führerschein ausgefertigt, wird dieses Datum dann in Spalte 10 eingetragen. In Spalte 11 wird das Gültigkeitsdatum befristet erteilter FEKlassen eingetragen. Beschränkungen und Zusatzangaben einschl Auflagen zu den erteilten FEKlassen werden durch Eintragung der Schlüsselzahlen gem. Anl 9 in Spalte 12 kenntlich gemacht, und zwar solche, die nur für eine FEKlasse glten, in der Zeile der jeweiligen Klasse, und solche, die für alle FEKlassen gelten, in der letzten Zeile.

Führerscheine nach **früheren Mustern.** Führerscheine, die nach den bis 1.5.15 vorge- **8** schriebenen Mustern oder nach den Vorschriften der DDR ausgestellt worden sind, auch solche der Nationalen Volksarmee der DDR, bleiben zunächst gültig (§ 76 Nr. 13 S. 1). Alle vor dem 19.1.2013 – noch unbefristet – ausgestellten FS müssen aber bis zum 19.1.2033 in der in § 24a II S. 1 iVm Anlage 8e vorgeschriebenen zeitlichen Abfolge in neue, dann befristete FS umgetauscht werden. Die alten FS verlieren dann entsprechend ihre Gültigkeit (§ 24a II S. 2).

3. Voraussetzung für die Ausstellung eines deutschen Führerscheins ist grds. das Bestehen eines **9** **ordentlichen Wohnsitzes** in Deutschland (I S. 2 Nr. 1). Ausnahmen Rn. 10, 11. Entscheidend ist jeweils die tatsächliche Situation zum Zeitpunkt der Ausstellung des FS. Ihren **ordentlichen Wohnsitz in Deutschland** haben Personen, die – ohne Rücksicht auf ihre Staatsangehörigkeit – die Voraussetzungen nach § 7 I erfüllen. Näher dazu § 7 Rn. 5 ff. Dazu gehören auch Inhaber einer im Ausland erteilten FE, die ihren ordentlichen Wohnsitz nach Deutschland verlegt haben. Ihren ordentlichen Wohnsitz in Deutschland behalten Personen, die sich ausschließlich zum Zweck des Hochschul- oder Schulbesuchs in einem anderen EU- oder EWR-Staat aufhalten (§ 7 II).

Ein FS darf auch **Personen aus dem in § 7 III genannten Personenkreis** ausgestellt wer- **10** den (I S. 2 Nr. 2). Dies sind Personen, die bisher ihren ordentlichen Wohnsitz in einem anderen EU- oder EWR-Staat hatten und die sich ausschließlich zwecks Schul- oder Hochschulbesuchs in Deutschland aufhalten. Sie behalten ihren ordentlichen Wohnsitz im Heimatland, denn nach Art 12 der 3. EU-FS-RL hat der Besuch einer Universität oder Schule innerhalb der EU oder des EWR keine Verlegung des ordentlichen Wohnsitzes zur Folge. Obwohl sie keinen ordentlichen Wohnsitz in Deutschland begründen, kann ihnen in Deutschland eine FE erteilt werden, wenn die Dauer ihres Aufenthaltes mindestens 6 Monate beträgt (§ 7 III S. 2). Ihnen kann trotz fehlenden ordentlichen Wohnsitzes im Inland auch ein FS ausgestellt werden (I S. 2 Nr. 2).

Ein FS darf auch einer Person ausgestellt werden, die im **Besitz einer deutschen FE** ist und **11** die ihren **ordentlichen Wohnsitz in einem Nicht-EU-/EWR-Staat** hat (I S. 2 Nr. 3). Dies betrifft Personen, die bei Erteilung der FE ihren ordentlichen Wohnsitz in Deutschland hatten, ihn dann aber in einen Staat außerhalb von EU oder EWR verlegt haben. Sie verlieren ihre deutsche FE dadurch nicht. Wegen des fehlenden ordentlichen Wohnsitzes in Deutschland hätten deutsche FEB keine Zuständigkeit für die Ausstellung eines neuen FS etwa als ErsatzFS (IV) oder bei Verlängerung befristet erteilter Fahrerlaubnisse (II, § 24 III), wenn es die Ausnahmeregelung des I S. 2 Nr. 3 nicht gäbe. Hat der Antragsteller keinen Wohn- oder Aufenthaltsort in Deutschland, ist jede deutsche FEB für die Ausstellung eines neuen FS zuständig (§ 73 III). Die Regelung findet nur Anwendung, wenn die deutsche FE noch besteht.

12   4. Bei jeder **Erweiterung** der Fahrerlaubnis, **Verlängerung** einer befristeten FE oder **Änderung der Angaben auf dem Führerschein** ist ein **neuer Führerschein auszufertigen** (II S. 1). Unabhängig davon, nach welchem Muster der bisherige FS ausgestellt worden war, ist in diesen Fällen immer ein neuer FS nach aktuell geltendem Recht, also gem. I S. 1 iVm Anlage 8 als Kartenführerschein nach Muster 1 der Anlage 8 mit auf 15 Jahre befristeter Gültigkeit (§ 24a I S. 1) auszufertigen. Abs. II betrifft Fallkonstellationen, in denen bereits ein Führerschein existiert. Um Missbrauch des alten FS auszuschließen, wird für diesen Fall dessen Einziehung oder Ungültigmachung verlangt (V S. 1). Unabhängig davon verliert der alte FS mit Aushändigung des neuen FS seine Gültigkeit (V S. 5).

13   Die Regelung ist zwar ursprünglich dadurch bedingt, dass auf dem Kartenführerschein, abgesehen von der Möglichkeit der Eintragung des Erteilungsdatums auf dem nicht laminierten Feld 14, keine handschriftlichen Eintragungen oder Änderungen mehr vorgenommen werden können (Begr BR-Drs. 443/98 S. 277 = VkBl. **98** 1078). Die Regelung knüpft jedoch bewusst nicht an das Vorliegen eines Kartenführerscheins an, sondern vielmehr daran, dass es um die Erweiterung oder Verlängerung einer FE oder um die Änderung der Angaben auf dem FS geht. Sie findet somit auch Anwendung, wenn Führerscheine, die nach früheren Mustern ausgefertigt worden sind, geändert werden müssen. In diesem Fall muss der FS in einen Kartenführerschein umgetauscht werden. Dies ist mit der Umstellung der FE auf die heutigen Klassen verbunden (§ 6 VI), da neu ausgestellte Führerscheine nur die aktuellen Klassen aufweisen. Die Erstreckung der Regelung auf Altführerscheine soll nach dem Willen des VOGebers zu einem möglichst raschen Aufbau des Zentralen Fahrerlaubnisregisters beitragen, in das nur Fahrerlaubnisse mit den bei Schaffung der FeV 1999 neu eingeführten Klassen eingetragen werden (Begr BR-Drs. 443/98 S. 277 = VkBl. **98** 1078). Sie führt außerdem dazu, dass in diesen Fällen ein Umtausch in einen zeitlich befristeten FS erfolgt (§ 24a I S. 1).

14   a) **Erweiterung der Fahrerlaubnis** ist der Erwerb **zusätzlicher Berechtigungen** oder die **Aufhebung von Beschränkungen** der FE wie zB der Automatikbeschränkung (§ 17 VI S. 3). Diese müssen im FS dokumentiert werden, wofür ein neuer FS auszufertigen ist (II S. 1). Bei der Erweiterung einer FE um eine andere Klasse ist auf dem FS das Datum zu vermerken, an dem die EU- oder EWR-FE für die bisher vorhandenen Klassen erteilt worden ist (II S. 2). Dies geschieht durch Eintragung des Erteilungstages in Spalte 10 auf der Rückseite des FS, jeweils in der Zeile der Klasse, über die der FEInhaber verfügt.

15   Beantragt der Inhaber einer **im Ausland erteilten FE,** der seinen ordentlichen Wohnsitz nach Deutschland verlegt hat, eine **Erweiterung** seiner bestehenden ausländischen FE um eine oder mehrere Klassen, wird der Antrag auf Erweiterung hinsichtlich der neuen Klassen als Antrag auf Erteilung der deutschen FE gem. §§ 30, 31 gewertet (§ 21 II S. 2). Dem Bewerber wird dann eine deutsche FE erteilt, hinsichtlich der vorhandenen ausländischen Klassen nach §§ 30, 31, hinsichtlich der beantragten Erweiterung im normalen Verfahren. Er erhält einen deutschen FS nach aktuellem Muster, in den sowohl seine vorhandenen Klassen als auch die mit der Erweiterung der FE erteilte zusätzliche Klasse jeweils mit dem Datum der Erteilung eingetragen werden.

16   b) Eine **Verlängerung der Fahrerlaubnis** kommt bei den Fahrerlaubnissen der C- und D-Klassen in Betracht, die nur für längstens 5 Jahre erteilt werden (§ 23 I S. 2). Ist die Gültigkeit der bisherigen FE bereits abgelaufen, kann sie nicht verlängert werden, da sie mit dem Ende des Gültigkeitszeitraums erloschen ist. In diesem Fall kann nur eine neue FE erteilt werden. In beiden Fällen muss ein neuer Führerschein ausgefertigt werden, auch wenn die zeitliche Gültigkeit des bisherigen FS noch nicht abgelaufen ist. Bei Verlängerung erfolgt dies nach II S. 1 (Verlängerung der FE), bei Neuerteilung nach II S. 1 (Erweiterung der FE der weiter bestehenden Klasse B).

17   c) Eine **Änderung der Angaben auf dem Führerschein** kommt in Betracht bei **Namensänderung.** Während Geburtsdatum und –ort feststehende Daten sind, können sich Name und Vornamen ändern. Bei Namensänderung, zB durch Eheschließung, bleibt die Fahrerlaubnis unberührt (§ 2 StVG Rn. 22). Der FEInhaber muss der FEB keine Mitteilung über die Namens-änderung machen und es muss kein neuer Führerschein ausgestellt werden. Zusammen mit dem Personalausweis ist nachvollziehbar, um welche Person es sich handelt. Eine Korrekturver-pflichtung ergibt sich auch nicht aus II S. 1, wonach bei Änderung der Angaben auf dem FS ein neuer FS auszufertigen ist, denn diese Bestimmung trägt nur dem Umstand Rechnung, dass handschriftliche Eintragungen auf Kartenführerscheinen nicht mehr möglich sind (Begr BR-Drs. 443/98 S. 277 = VkBl. **98** 1078). Um Zweifel auszuschließen, ist es bei Namensänderung allerdings zweckmäßig, einen neuen Führerschein ausstellen zu lassen.

5. Einzelfallbezogene Eintragungen im Führerschein erfolgen in codierter Form unter **18** Verwendung von **Schlüsselzahlen** (Sz) nach Anlage 9 (III). Auf diese Weise werden Be-schränkungen und Auflagen (§ 23 II) sowie Zusatzangaben im FS dokumentiert. Eine Beschrän-kung der Fahrerlaubnis ist zB die Automatikbeschränkung, Auflage ist zB die Verpflichtung zum Tragen einer Brille. Zusatzangaben können Eintragungen aus Verwaltungsgründen sein wie zB bei Erteilung der Fahrerlaubnis auf der Grundlage einer im Ausland erteilten Fahrerlaubnis die Angabe des ursprünglich erteilenden Staates in Form des Länderkennzeichens (Begr BR-Drs. 443/98 S. 277 = VkBl. **98** 1078). Zusatzangaben können auch Besitzstände aus früheren Fahrerlaubnisklassen dokumentieren. Beziehen sich die Schlüsselzahlen auf einzelne FEklassen, sind sie in Feld 12 in der Zeile der betreffenden Klasse einzutragen. Gelten sie für alle FEklassen, sind sie in der letzten Zeile des Feldes 12 unter den Spalten 9 bis 12 zu vermerken (Vorbemer-kung Anlage 9). Beschränkungen, Nebenbestimmungen und Zusatzangaben, für die es keine Schlüsselzahl gibt, können für das Inland durch Sz 177 im Führerschein dokumentiert werden, die auf einen zusammen mit dem FS beim Führen von Kfz mitzuführenden Anhang zum FS hinweist, in dem diese Bestimmungen im Klartext erläutert werden.

Die **Schlüsselzahlen** mit ihren jeweiligen Bedeutungen ergeben sich aus **Anlage 9** (abge- **19** druckt nach der FeV). Die zweistelligen Zahlen, ggf. nach einem Punkt ergänzt um weitere Zif-fern und/oder Buchstaben, sind die harmonisierten Sz der EU. Sie haben einheitliche Bedeu-tung in EU und EWR und ermöglichen sprachunabhängig ein einheitliches Verständnis. Die dreistelligen Zahlen sind nationale Sz, die nicht in den Geltungsbereich der 3. EU-FS-RL fallen. Sie gelten nur im Hoheitsgebiet des ausstellenden Mitgliedstaates, im Falle der Anlage 9 also nur in Deutschland. Eine Verpflichtung zur Berücksichtigung oder Anerkennung in anderen EU-/EWR-Staaten besteht insoweit nicht (*Liebermann/Weibrecht* NZV **04** 337 (339)). Bei der Ausstel-lung eines FS ist der **Inhaber** über die **Bedeutung** der eingetragenen Schlüsselzahlen **zu in-formieren** (Vorbemerkung Anlage 9, letzter Satz). Die Bedeutung ist ihm dabei im Langtext mitzuteilen (Begr BR-Drs. 443/98 S. 278 = VkBl. **98** 1078). Diese Information ist besonders wichtig bei Beschränkungen und Auflagen, da für Laien nicht unbedingt erkennbar ist, ob es sich um eine Beschränkung oder eine Auflage handelt (§ 23 Rn. 18f.). Unterbleibt die Informa-tion oder wird sie nur unzureichend vorgenommen, hat dies keine Auswirkungen auf den Be-stand der Beschränkung oder Auflage, sofern sie im Übrigen korrekt bekanntgegeben worden ist, denn die Eintragung einer Schlüsselzahl und ihre Erläuterung bei Aushändigung des Führer-scheins sind keine Voraussetzungen für ihre Wirksamkeit (§ 23 Rn. 19).

Die nach Abs. III gegebene Möglichkeit, eine Schlüsselzahl in das Führerscheindokument ein- **20** zutragen, ist **keine Ermächtigungsgrundlage zum Erlass einer Beschränkung oder Auf-lage** zur Fahrerlaubnis. Die Eintragung einer Schlüsselzahl dokumentiert vielmehr lediglich den Erlass einer auf anderen Rechtsgrundlagen beruhenden Beschränkung oder Auflage, stellt aber mangels VA-Qualität des Führerscheins selbst keine selbständig anfechtbare Beschränkung oder Auflage dar (VGH Ma 11.12.17 NJW **18** 1559). Wird die Beschränkung oder Auflage erfolg-reich angefochten, ist eine Leistungsklage gerichtet auf Ausstellung eines neuen FS ohne Ein-trag der Schlüsselzahl erforderlich, denn auch wenn die Beschränkung oder Auflage entfällt, hat die FEB von Amts wegen die ihrer Grundlage beraubte Schlüsselzahl aus dem FS zu entfernen und dafür ein entsprechendes neues Dokument auszustellen (VGH Ma 11.12.17 NJW **18** 1559).

6. Nach **Ablauf der Gültigkeitsdauer eines befristeten Führerscheins** besteht die **21** **Pflicht,** einen **neuen Führerschein zu beantragen,** sofern der Inhaber nicht auf die FE ver-zichtet (IIIa S. 1). Obwohl nach der Begr (Rn. 3) zur Einfügung von IIIa durch ÄndVO v. 7.1.11 (BGBl. I S. 3) der Eindruck entsteht, dass der VOGeber nur diejenigen Personen im Blick hatte, die von ihrer FE weiterhin Gebrauch machen wollen, ist angesichts des uneingeschränkten Wortlauts und der einzigen Alternative „Verzicht auf die FE" davon auszugehen, dass die Pflicht nach IIIa S. 1 **unabhängig** davon besteht, ob von der **FE tatsächlich Gebrauch gemacht wird** oder nicht (dazu auch § 4 Rn. 48f.). Verstöße gegen die Pflicht aus IIIa S. 1 sind allerdings für sich genommen nicht ow und haben auch keine Folgen für den Bestand der FE. Eine Ordnungswidrigk wird nur und erst dann begangen, wenn ein fahrerlaubnispflichtiges Kfz ohne Mitführung eines gültigen FS im öff StrV geführt wird (§ 75 Nr. 4 iVm § 4 II S. 2).

22   Da für die Herstellung des neuen FS eine gewisse Zeit benötigt wird, sollte der Antrag nicht – wie der Wortlaut von IIIa nahelegt – nach Ablauf der Gültigkeit des bisherigen FS gestellt werden, sondern bereits kurz vorher. Vor Ausstellung eines neuen FS hat sich die FEB auf Kosten des Antragstellers beim ZFER und FAER zu vergewissern, dass er eine entsprechende Fahrerlaubnis besitzt (IIIa S. 2 iVm IV S. 2). Eine Überprüfung der Kraftfahreignung findet nicht statt (§ 24a Rn. 25). Zum Verzicht auf die Fahrerlaubnis § 2 StVG Rn. 25.

23   **7.** Nach **Abhandenkommen** oder **Vernichtung** eines **Führerscheins** muss der bisherige Inhaber den Verlust unverzüglich bei der zuständigen FEB **anzeigen** und sich einen **Ersatzführerschein ausstellen** lassen, sofern er nicht auf seine FE verzichtet (IV S. 1). Verstoß gegen diese Pflichten ist ow (§ 75 Nr. 4). Diese Regelung ist durch ÄndVO v. 18.7.08 (BGBl. I S. 1338) eingeführt worden, weil Fahrerlaubnisinhaber sich bis dahin auch trotz mehrfacher Aufforderungen vielfach keine Ersatzdokumente haben ausstellen lassen. Ihre Daten wurden auf diese Weise nicht in das Zentrale Fahrerlaubnisregister aufgenommen, wenn die FE vor 1999 erteilt worden war. Außerdem sollte der Gefahr von Missbrauch durch abhanden gekommene Führerscheine begegnet werden (Begr BR-Drs. 302/08 S. 65 = VkBl. **08** 569). Der bisherige FS wird mit der Aushändigung des Ersatzführerscheins ungültig (V S. 5). Findet der Fahrerlaubnisinhaber nach Erhalt eines Ersatzführerscheins den verlorenen FS wieder, so muss er ihn unverzüglich der zuständigen FEB abliefern (V S. 6); Zuwiderhandlung ist ow (§ 75 Nr. 10).

24   **Abhandenkommen** ist der unbeabsichtigte Verlust des Besitzes an dem FS verbunden mit fehlender Kenntnis über seinen Verbleib. Wird der FS von Behörden einbehalten, handelt es sich nicht um ein Abhandenkommen iSv IV S. 1. Dies gilt zB, wenn der FS für die Dauer eines Fahrverbots amtlich verwahrt wird (*Greefe* DAR **20** 346) oder wenn der deutsche FS nach Verkehrsverstößen im Ausland von ausländischen Behörden einbehalten wird (*Janker/Albrecht* DAR **09** 314 (316 f.)). **Vernichtung** ist die Zerstörung oder so weitgehende Beschädigung, dass das Dokument seine Funktion nicht mehr erfüllen kann. Bei **einfacher Beschädigung** oder **Unleserlichkeit** des FS ist IV nicht einschlägig, denn dies ist weder ein Abhandenkommen noch eine Vernichtung. Die Ausstellung eines neuen FS kann in diesen Fällen zwar beantragt werden. Es besteht aber nicht die Anzeige- und Antragspflicht gem. IV S. 1.

25   Der bisherige Inhaber des Führerscheins hat den **Verlust anzuzeigen** und die Ausstellung eines **Ersatzführerscheins** zu **beantragen** (IV S. 1). Dies muss bei der für ihn örtlich zuständigen FEB geschehen, unabhängig davon, welche FEB den in Verlust geratenen FS ausgestellt hatte. Für die Verlustanzeige ist keine bestimmte Form vorgeschrieben. Abhandenkommen oder Vernichtung müssen zumindest **glaubhaft gemacht** werden, wenn sie nicht bewiesen werden können, damit die Voraussetzungen für die Ausstellung eines ErsatzFS nach IV S. 1 als gegeben angesehen werden können. Der bisherige Inhaber hat auf Verlangen der FEB eine **Versicherung an Eides statt** über den Verbleib des FS abzugeben (§ 5 S. 2 iVm S. 1 StVG). Dadurch soll Missbrauch erschwert werden (§ 5 StVG Rn. 16). Die Behörde entscheidet nach pflichtgemäßem Ermessen, ob sie dies verlangt. Eine eidesstattliche Versicherung soll nur gefordert werden, wenn andere Mittel zur Erforschung der Wahrheit nicht vorhanden sind, zu keinem Ergebnis geführt haben oder einen unverhältnismäßigen Aufwand erfordern (§ 27 I S. 2 VwVfG); näher § 5 StVG Rn. 21. Wird einer Aufforderung der FEB nicht gefolgt oder die Abgabe einer von der FEB geforderten Versicherung an Eides statt verweigert, sind Abhandenkommen oder Vernichtung nicht glaubhaft gemacht. – Anzeige- und Antragspflicht bestehen nicht, wenn **auf die Fahrerlaubnis verzichtet** wird (IV S. 1). Zum Verzicht auf die FE § 2 StVG Rn. 25.

26   **8.** Ist der Führerschein abhandengekommen oder vernichtet worden, besteht ein **Anspruch auf Ausstellung eines Ersatzführerscheins.** Gleiches gilt, wenn der FS aus anderen Gründen nicht mehr brauchbar ist, um die Zwecke nach § 4 II S. 1, 2 zu erfüllen. Der Normgeber hat zwar nicht ausdrücklich geregelt, dass ein solcher Anspruch besteht. Dass jeder FEInhaber einen Anspruch auf Ausstellung eines FS hat, ergibt sich aber aus der Verpflichtung, die FE durch einen FS nachzuweisen (§ 2 I S. 3 StVG, § 4 II S. 1 FeV) und den FS beim Führen von Kfz im öff StrV mitzuführen und zuständigen Personen auf Verlangen zur Prüfung auszuhändigen (§ 4 II S. 2 FeV). Auch aus dem in IV S. 1 normierten Zwang, sich bei Abhandenkommen oder Vernichtung ein Ersatzdokument ausstellen zu lassen, ergibt sich, dass ein Anspruch auf Erteilung eines Ersatzführerscheins bestehen muss.

Es gibt keine Legaldefinition des **Begriffs Ersatzführerschein.** Der Verordnungsgeber 27
spricht sowohl von Ersatzdokument (IV S. 1, § 24a III S. 4) als auch von Ersatzführerschein (IV
S. 2); in V S. 6 ist von dem neuen Führerschein die Rede. In allen Fällen ist ein **als Ersatz** für
einen nicht mehr vorhandenen oder nicht mehr brauchbaren Führerschein ausgestellter **neuer
Führerschein** gemeint. Dieser wird nicht als Ersatzführerschein gekennzeichnet, sondern ist ein
normaler Führerschein. Aus der letzten Ziffer der in Rubrik 5 auf der Vorderseite des Führer-
scheins eingetragenen Führerscheinnummer ergibt sich zwar, wie viele Führerscheine fortlau-
fend auf den Inhaber ausgestellt worden sind, nicht aber der Grund der Ausfertigung.

Voraussetzung für die Ausstellung eines Ersatzführerscheins ist, dass die zugrunde liegende 28
Fahrerlaubnis (noch) **besteht** (IV S. 2). Ist nicht aufklärbar, ob der Antragsteller die entspre-
chende Fahrerlaubnis besitzt, besteht kein Anspruch auf Ausstellung eines Ersatzführerscheins
(VG Regensburg 18.4.11 8 K 11.286 BeckRS 2011, 31730, VG Mü 20.4.12 6b K 11.1653
BeckRS 2012, 52047). Behauptet der Antragsteller gegenüber der FEB, ein Ersatzführerschein
müsse weitere Fahrerlaubnisklassen ausweisen als diejenigen, die im ZFER gespeichert sind, trifft
ihn hierfür die materielle Beweislast (VG Bremen 6.11.14 – 5 K 795/13 BeckRS 2014, 58573).
Die FEB muss sich durch Einholung einer **Auskunft** aus dem **ZFER** und aus dem **FAER** auf
Kosten des Antragstellers vergewissern, dass er die entsprechende **FE besitzt,** wenn ein Ersatz-
führerschein für einen abhanden gekommenen FS ausgestellt werden soll (IV S. 2). Wenn die
Daten des Antragstellers noch nicht im ZFER gespeichert sind, können die Auskünfte nach IV
S. 2 aus den **örtlichen Fahrerlaubnisregistern** eingeholt werden (§ 76 Nr. 12). Dass dort
fälschlich von § 25 IV S. 1 die Rede ist, dürfte darauf beruhen, dass der Wortlaut versehentlich
nicht angepasst worden ist, als der frühere IV S. 1 durch Einfügung des heutigen IV S. 1 mit
ÄndVO v. 18.7.08 (BGBl. I S. 1338) zu dem jetzigen IV S. 2 wurde. Die Informationsbeschaf-
fung durch die FEB nach IV S. 2 ist zwingend vorgeschrieben (VGH Mü 2.1.07 11 CS 06.2968
BeckRS 2007, 37790). Trotz des insoweit beschränkten Wortlauts ist davon auszugehen, dass die
Verpflichtung zur **Einholung einer Auskunft** nicht nur für die Fälle gilt, in denen ein Ersatz-
führerschein für einen abhanden gekommenen FS beantragt wird, sondern auch für die Fälle, in
denen dies wegen **Vernichtung des FS** erfolgt. Die heutige Regelung des IV S. 2 ist ursprüng-
lich als IV S. 1 als Nachfolgeregelung von § 13c StVZO aF in die FeV eingeführt worden (Begr
BR-Drs. 443/98 S. 278 = VkBl. 98 1078). Dieser bezog sich nur auf die Ausstellung einer Er-
satzurkunde für einen verlorenen FS, also das Abhandenkommen. Den heutigen IV S. 1 gab es
damals noch nicht. Als dann mit ÄndVO v. 18.7.08 (BGBl. I S. 1338) durch Einfügung von IV
S. 1 die Anzeige- und Antragspflicht bei Abhandenkommen und Vernichtung des FS eingeführt
wurde, ist der nunmehrige IV S. 2 zwar nicht im Wortlaut an den neuen IV S. 1 angepasst wor-
den. Aus der Begr (BR-Drs. 302/08 S. 65 = VkBl. 08 569) lässt sich aber nicht ableiten, dass die
damals zu IV S. 2 gewordene Passage sich nicht auf den gesamten Regelungsgehalt des neuen IV
S. 1 beziehen sollte. Die gesetzlichen Grundlagen für die Datenübermittlungen (§§ 30 I Nr. 3, 52
I Nr. 3 StVG) decken auch beide Fallgestaltungen ab.

Die FEB kann außerdem auf Kosten des Antragstellers eine **Auskunft** aus den dem ZFER 29
und dem FAER entsprechenden **ausländischen Registern** einholen (IV S. 3). Diese Aus-
kunftsmöglichkeit steht im Ermessen der FEB. Sie kommt in Betracht, wenn die Umstände dies
angezeigt erscheinen lassen (Begr zu der Parallelvorschrift § 22 II S. 3 BR-Drs. 443/98 (Be-
schluss) S. 9 = VkBl. 98 1076). Die Auskunft ist idR über das KBA einzuholen (IV S. 3), die
FEB kann sich aber auch unmittelbar an die ausländische Behörde wenden (Begr zu § 22 II S. 3
BR-Drs. 443/98 S. 272f. = VkBl. 98 1075).

Abgesehen von IV S. 2 und 3 sowie § 24a III S. 4 gibt es keine speziellen Vorgaben, nach wel- 30
chem **Verfahren** ein **Ersatzführerschein auszustellen** ist. Für die Ausstellung von Ersatzfüh-
rerscheinen gelten somit im Übrigen die zur Zeit der Ausstellung des ErsatzFS geltenden allge-
meinen Regeln für die Ausstellung von Führerscheinen. Ersatzführerscheine sind folglich nach
dem aktuellen Muster gemäß Anlage 8, also als KartenFS, auszustellen, unabhängig davon, nach
welchem Muster der zu ersetzende Führerschein ausgestellt worden war (vgl. auch VG Mü
16.10.01 M 6b K 00.866 NZV 02 336). Voraussetzung für die Ausstellung eines Ersatz-FS ist
abgesehen von den Fällen nach I S. 2 Nr. 2 und 3, dass der Antragsteller seinen **ordentlichen
Wohnsitz im Inland** hat (I S. 2 Nr. 1). Benötigt der Inhaber einer in Deutschland erteilten
Fahrerlaubnis, der im EU- oder EWR-Ausland wohnt, einen ErsatzFS, muss er diesen an seinem
ausländischen Wohnort beantragen (Art 11 V der 3. EU-FS-RL).

Benötigt der **Inhaber einer** im **EU- oder EWR-Ausland erteilten Fahrerlaubnis** mit or- 31
dentlichem Wohnsitz in Deutschland einen Ersatzführerschein, ist für die Ausstellung nur die
FEB seines inländischen Wohnsitzes zuständig, nicht die ausländische Behörde, die die FE erteilt

und den ausländischen FS ausgestellt hat (Begr Rn. 1, Art 11 V der 3. EU-FS-RL). Die für seinen Wohnsitz örtlich zuständige deutsche FEB stellt dann einen ErsatzFS in Gestalt eines deutschen Führerscheins nach Muster 1 Anlage 8 aus. Die Ausstellung ist nicht mit der Erteilung einer deutschen Fahrerlaubnis verbunden. Der deutsche (Ersatz-)Führerschein dient dem Nachweis des Bestehens der im EU-/EWR-Ausland erteilten Fahrerlaubnis. Auch wenn es in der FeV keine ausdrückliche Verpflichtung dafür gibt, hat die FEB in Umsetzung von Anhang I der 3. EU-FS-RL die **Schlüsselzahl 71** mit dem EU-Unterscheidungszeichen des Staates, der den in Verlust geratenen FS ausgestellt hat, und der Führerscheinnummer des ersetzten ausländischen Führerscheins in Feld 12 auf der Rückseite des Führerscheins einzutragen. Dadurch wird deutlich, dass es sich um einen ErsatzFS handelt, der das Bestehen einer ausländischen FE dokumentiert. Außerdem ist nach den Vorgaben des EU-Rechts in Feld 10 des ErsatzFS für jede FEKlasse das Datum zu vermerken, an dem die ausländische FE für die betreffende Klasse erteilt worden war. Berechtigt die ausländische EU-/EWR-FE nicht zum Führen von Kfz in Deutschland, kann die Ausstellung eines ErsatzFS bei ordentlichem Wohnsitz in Deutschland nicht verweigert werden (aA VG Mgd 27.5.20 – 1 B 56/20 DAR **20** 589 mit abl Anm *Dauer*). Die Fahrerlaubnis berechtigt in diesem Fall uneingeschränkt zum Fahren außerhalb Deutschlands. Der FEInhaber muss einen FS haben, um von diesem Recht Gebrauch machen zu können, und diesen kann nur die für seinen Wohnsitz zuständige deutsche FEB ausstellen. Die fehlende Berechtigung im Inland ist in diesem Fall analog § 47 II S. 2, 3 FeV auf dem ErsatzFS kenntlich zu machen (*Dauer* DAR **20** 591).

32   In der Rspr. gibt es unterschiedliche Auffassungen zu der Frage, ob nach Verlust eines vor dem 19.1.2013 ausgestellten unbefristeten Führerscheins ein **Anspruch auf** Ausstellung eines ebenfalls **unbefristeten Ersatzführerscheins** besteht. Auf der einen Seite wird vertreten, dass die Vorgabe, nach der die Gültigkeit heute ausgestellter Führerscheine auf 15 Jahre zu befristen ist (§ 24a I S. 1), auch für Ersatzführerscheine gelte, da die Regelung keine Differenzierung nach der Art der von ihr betroffenen Führerscheine enthalte; weder die Voraussetzungen einer echten noch einer unechten Rückwirkung seien gegeben (VG Berlin 9.2.18 – 4 K 40.17 BeckRS 2018, 3434). Auf der anderen Seite wird ein Anspruch auf Ausstellung eines unbefristeten ErsatzFS gesehen, wenn eine unbefristete FE vor dem 19.1.13 erteilt und dafür ein in seiner Gültigkeitsdauer nicht befristeter FS ausgestellt worden war (VG Ansbach 20.8.18 – 10 K 17.02634 DAR **19** 405). § 24a I S. 1 und III S. 4 seien verfassungskonform so auszulegen, dass die Befristung im Falle unbefristeter Fahrerlaubnisse nicht für Ersatzführerscheine gelte, die Ersatz für vor dem 19.1.13 ausgestellte Führerscheine sind. Das EU-Recht sehe keine Befristung von Ersatzführerscheinen für vor dem 19.1.13 ausgestellte Führerscheine vor. Die nach § 24a I S. 1, III S. 4 vorgeschriebene Befristung von Ersatzführerscheinen für vor dem 19.1.13 ausgestellte Führerscheine wirke sich außerdem rückwirkend nachteilig auf die Rechte der Betroffenen aus, was verfassungsrechtlich nicht zu rechtfertigen sei, denn die Veränderungsgründe des Gesetzgebers würden die Bestandsinteressen der Betroffenen nicht überwiegen. – Dem kann nicht gefolgt werden. Die 3. EU-FS-RL hat die Gültigkeitsdauer für alle ab dem 19.1.13 ausgestellten neuen Führerscheine eingeführt (Erwägungsgrund 7 der 3. EU-FS-RL), ohne dabei nach bestimmten Arten von Führerscheinen zu differenzieren. Dies ist mit § 24a im Grundsatz korrekt umgesetzt worden, der sich auf alle ab dem 19.1.13 ausgestellten Führerscheine bezieht, auch auf Ersatzführerscheine (§ 24a III S. 4), mögen die Befristungsregelungen des Art 7 II der 3. EU-FS-RL auch zT unkorrekt in das deutsche Recht umgesetzt worden sein (§ 24a Rn. 11). Die auf diese Weise bewirkte – geringfügige – Verschlechterung der Rechtsposition von Personen, die früher einen unbefristet gültigen FS hatten und nun einen befristeten ErsatzFS bekommen, ist schon allein durch das legitime staatliche Interesse gerechtfertigt, „anlässlich der regelmäßigen Erneuerung die neuesten Maßnahmen zum Schutz gegen Fälschungen anzuwenden" (Erwägungsgrund 7 der 3. EU-FS-RL). – Im Ergebnis sind **alle Ersatzführerscheine** gemäß § 24a I S. 1 mit einer **auf 15 Jahre befristeten Gültigkeit** auszustellen, auch wenn sie Ersatz für vor dem 19.1.13 ausgestellte unbefristete Führerscheine sind.

33   Die Ausstellung eines ErsatzFS ist mangels Regelung **kein VA;** weder wird durch Aushändigung des ErsatzFS die FE erneut erteilt noch kann bei versehentlicher Falscheintragung im ErsatzFS davon ausgegangen werden, dass die fehlerhaft eingetragene FE durch Aushändigung des ErsatzFS erteilt werden sollte (OVG Weimar 24.2.05 2 EO 1087/03 VRS **109** 314 (318 f.)). Im Falle der Falscheintragung im ErsatzFS kommt nicht die Rücknahme der FE in Betracht, sondern nur Verpflichtung zur Vorlage des ErsatzFS zwecks Berichtigung.

34   Vor Ausstellung eines ErsatzFS hat die FEB **nicht zu prüfen,** ob **Befähigung** und **Eignung** noch gegeben sind, denn es handelt sich nicht um Neuerteilung oder Verlängerung einer FE. Es

geht lediglich um die Ausstellung eines Ersatzdokuments für eine unverändert bestehende FE. Nur wenn unabhängig davon in diesem Moment Anlass besteht, an der fortdauernden Befähigung oder Eignung zu zweifeln, hat die FEB Anlass, sich damit zu befassen.

9. Bei **Aushändigung** eines **neuen Führerscheins** ist der **bisherige Führerschein** entwe- **35** der **einzuziehen** oder – wenn er nicht eingezogen wird – **ungültig** zu machen (V S. 1). Unabhängig davon **verliert** der **bisherige** FS mit Aushändigung eines neuen FS kraft Gesetzes seine **Gültigkeit** (V S. 5, VG Mü 16.10.01 M 6b K 00.866 NZV 02 336). Mit „er" in V S. 5 ist der bisherige Führerschein gemeint, nicht – wie die heutige Anordnung nach S. 4 vermuten lassen könnte – nur ein nach dem 1.1.99 ausgestellter KartenFS, auch wenn der Wortlaut nicht klarstellend verändert worden ist, als die Aussage des heutigen S. 5, die bis 27.12.16 direkt an S. 1 anschloss und damit eindeutig auf den bisherigen FS bezogen war, durch Einfügung der Sätze 2–4 durch ÄndVO v. 21.12.16 (BGBl. I S. 3083) zu dem heutigen S. 5 gemacht worden ist.

Auch ein **abhandengekommener Führerschein** verliert mit Aushändigung des neuen Füh- **36** rerscheins, also des Ersatzführerscheins, seine Gültigkeit, wenn er noch existiert (V S. 5). Wird er nach Aushändigung des Ersatzführerscheins wieder aufgefunden, muss er unverzüglich der FEB abgeliefert werden (V S. 6); Verstoß ist ow (§ 75 Nr. 10).

Um die Möglichkeit des Direktversands (Übersendung des fertigen FS von der Bundes- **37** druckerei direkt an die Antragsteller) zu erleichtern, wurde durch Einfügung der Sätze 2–4 mit ÄndVO v. 21.12.16 (BGBl. I S. 3083) eine Rechtsgrundlage für die Entwertung der FS aufgenommen (Begr BR-Drs. 253/16 S. 31). Der Betroffene kann den **alten FS behalten** (V S. 2). Dieser muss dann von der FEB **entwertet** werden (V S. 3). Die Entwertung erfolgt bei KartenFS durch Lochung rechts unten auf der Vorderseite (V S. 4). Auch wenn der Wortlaut dies nicht klar erkennen lässt, muss aus der Begr geschlossen werden, dass diese Bestimmung nicht für die Fälle gedacht sind, in denen der neue FS ausgehändigt wird (dann wäre V S. 1 einschlägig), sondern für die Fälle, in denen der beantragte neue FS nach Herstellung durch die Bundesdruckerei dem Antragsteller direkt zugesandt wird. Für die Zeit zwischen Antragstellung und Zusendung des neuen FS benötigt er noch den bisherigen FS, um von seiner FE Gebrauch machen zu können. Die FEB soll in diesen Fällen bei Antragstellung die Gültigkeit des bisherigen FS gem. § 24a IV nachträglich befristen und den FS gleichzeitig vorsorglich schon entwerten können. Dies geschieht bei KartenFS durch Lochung (V S. 4) und Anbringung eines mit einer bestimmten Frist versehenen Gültigkeitsaufklebers mit Sicherheitsdesign der Bundesdruckerei über dem Loch, das auf diese Weise verdeckt ist. Da ein derart bearbeiteter FS nicht mehr den Vorgaben der 3. EU-FS-RL entspricht, ist er nur noch im Inland gültig (§ 24a IV S. 2). Er verliert seine Gültigkeit mit Zustellung des neuen FS, mit Ablauf der Frist oder wenn der Gültigkeitsaufkleber entfernt oder beschädigt wurde (§ 24a IV S. 3) und damit die Entwertung des FS zutage tritt.

10. OWi, Straftatbestände. Nichtanzeige des Führerscheinverlustes und Nichtbeantragung **38** eines ErsatzFS nach Verlust entgegen IV S. 1 ist ow gem. §§ 75 Nr. 4 FeV, 24 StVG. Nichtablieferung eines verloren gewesenen FS entgegen V S. 6 ist ow gem. §§ 75 Nr. 10 FeV, 24 StVG. Zu den Straftatbeständen s. § 22 Rn. 15. Verstöße gegen III a 1 sind nicht sanktioniert.

Antrag auf Ausstellung eines Internationalen Führerscheins

25a (1) ¹**Kraftfahrzeugführer erhalten auf Antrag den Internationalen Führerschein, wenn sie das 18. Lebensjahr vollendet haben und die nach § 6 Absatz 1 für das Führen des Fahrzeugs erforderliche EU- oder EWR-Fahrerlaubnis nach einem ab dem 1. Januar 1999 zu verwendenden Muster oder eine ausländische Erlaubnis zum Führen von Kraftfahrzeugen gemäß § 29 nachweisen. ²§ 29 Absatz 2 Satz 2 ist entsprechend anzuwenden. ³Ein internationaler Führerschein nach § 25b Absatz 3 darf nur ausgestellt werden, wenn der Inhaber seinen ordentlichen Wohnsitz im Inland oder in einem Staat hat, der keine Vertragspartei des Übereinkommens über den Straßenverkehr vom 8. November 1968 ist.**

(2) **Dem Antrag sind ein Lichtbild, das den Bestimmungen der Passverordnung entspricht, und der Führerschein beizufügen.**

Begr zur ÄndVO v. 18.7.08 (VkBl. **08** 569): *Durch die §§ 25a, 25b, 29 und 29a, die Ergänzung* **1** *des § 75 und die Einfügung der Anlage 8b und 8c (heute 8c und 8d) werden die Vorschriften der IntKfzVO in die FeV übernommen. In diesem Zusammenhang wurden die Vorschriften zur Beschaffenheit des Lichtbildes angepasst … Internationale Führerscheine, die nach den gem. IntKfzVO gültigen Mustern gefertigt wurden, behalten ihre Gültigkeit.*

1a   **Begr** zur ÄndVO v. 17.12.10 **zu Abs. 1 S. 3** (VkBl. **11** 82): *Das Übereinkommen über den Straßenverkehr vom 8. November 1968 wurde im Jahr 2005 notifiziert. Mit der vorliegenden Änderung wird die neue Fassung von Artikel 41 Abs. 5 S. 2 ratifiziert. Danach darf „ein internationaler Führerschein (…) nur von der Vertragspartei ausgestellt werden, auf deren Gebiet der Besitzer seinen ordentlichen Wohnsitz hat und die auch den nationalen Führerschein ausgestellt oder einen von einer anderen Vertragspartei ausgestellten Führerschein anerkannt hat; er hat auf diesem Gebiet keine Gültigkeit. Das bedeutet, dass ein internationaler Führerschein dem Grunde nach nur noch ausgestellt werden darf, wenn der Antragsteller seinen Wohnsitz in Deutschland hat. Zulässig bleibt darüber hinaus auch die Ausstellung durch deutsche Behörden, wenn der Antragsteller seinen Wohnsitz in einem Nicht-Vertragstaat hat. Die Liste der Staaten, die das Übereinkommen ratifiziert haben, wird jährlich (im Februar) im Fundstellennachweis B des Bundesgesetzblattes veröffentlicht.*

1b   **Begr** zur ÄndVO v. 16.4.14 **zu Abs. 1 S. 1** (BR-Drs. 78/14 S. 57 = VkBl. **14** 428): *Mit dieser Regelung soll klargestellt werden, dass für die Ausstellung eines Internationalen Führerscheins dann kein neuer Kartenführerschein vorgelegt werden muss, wenn bereits ein vor dem 19.1.2013 ausgestellter Kartenführerschein vorliegt.*

2   **1.** § 25a gibt einen Anspruch auf Ausfertigung eines **internationalen Führerscheins.** Die Vorschrift hat den früheren § 8 IntVO in die FeV übernommen. Es gibt **zwei Arten** des internationalen FS: internationaler FS nach dem Internationalen Abkommen über KfzVerkehr von 1926 gem. § 25b II, Muster Anlage 8c, und internationaler FS nach dem Wiener Übereinkommen über den StrV von 1968 gem. § 25b III, Muster Anlage 8d. Sie sind nur in den Vertragsstaaten des jeweiligen Abkommens gültig (Staatenlisten: BGBl. II Fundstellennachweis B 2017 S. 358 (Abkommen 1926), S. 681 (Wiener Übereinkommen 1968)), *Rebler* SVR **19** 176, NZV **19** 516. Der internationale FS nach dem Wiener Übereinkommen gem. § 25b III, Muster Anlage 8d, darf nur für Personen ausgestellt werden, die ihren Wohnsitz in Deutschland oder in einem Nicht-Vertragstaat haben (Abs. 1 S. 3, Begr Rn. 1a). Folgende Personen erhalten auf Antrag einen internationalen FS:

3   **1a. Inhaber einer nach § 6 I für das Führen eines Fz erforderlichen EU- oder EWR-FE.** Dies sind Personen, denen seit dem 1.1.99 eine FE nach § 6 I erteilt oder deren ältere FE seit dem 1.1.99 nach § 6 VII aF bzw. VI S. 2 nF umgestellt wurde. Inhaber einer bis zum 31.12.98 erteilten FE können einen internationalen FS nur erhalten, wenn sie zuvor ihre FE gem. § 6 VI S. 2 umgestellt haben (Zwangsumtausch in einen KartenFS). Dadurch wird die nach § 49 I Nr. 13 vorgeschriebene Speicherung der Ausstellung des internationalen FS im ZFER ermöglicht, da hierfür die nur bei Erteilung einer oder Umstellung in eine EU-FE zugeteilte FS-Nummer erforderlich ist (Begr zur Vorgängerregelung § 8 I S. 1 IntVO VkBl. **02** 900). Durch die mit ÄndVO v. 16.4.14 (BGBl. I S. 348) vorgenommene Einfügung *nach einem ab dem 1. Januar 1999 zu verwendenden Muster* wird deutlich gemacht, dass die Vorlage eines KartenFS ausreicht, unabhängig davon, ob er nach vor dem 19.1.13 gültigem Muster oder nach aktuellem Muster ausgestellt worden ist (Begr Rn. 1b). Auch Inhaber einer ausländischen EU- oder EWR-FE, deren FE gem. § 28 im Inland zum Führen von Fz berechtigt, sind Inhaber einer nach § 6 I für das Führen eines Fz erforderlichen EU- oder EWR-FE.

4   **1b. Inhaber einer ausländischen FE gem. § 29.** Dies sind Personen, deren ausländische FE gem. § 29 eine Fahrberechtigung im Inland verleiht, also Inhaber ausländischer EU- oder EWR-FE ohne ordentlichen Wohnsitz in Deutschland und Inhaber von FE aus Drittstaaten, ohne ordentlichen Wohnsitz in Deutschland oder für die ersten 6, in Ausnahmefällen für die ersten 12 Monate nach Begründung eines ordentlichen Wohnsitzes im Inland (§ 29 I). Internationale FS nach dem Wiener Übereinkommen von 1968, Muster Anlage 8d, dürfen jedoch nur für Personen ausgestellt werden, die ihren ordentlichen Wohnsitz in Deutschland oder in einem Staat haben, der dem Wiener Übereinkommen von 1968 nicht beigetreten ist (Abs. 1 S. 3). Hat der Inhaber einer FE aus einem Drittstaat keine Berechtigung zum Führen von Fz in Deutschland gem. § 29, weil er seinen ordentlichen Wohnsitz im Inland begründet hat, die Frist nach § 29 I S. 3 oder 4 abgelaufen ist und er keine deutsche FE erworben hat, kann ihm kein internationaler FS ausgestellt werden, denn ein internationaler FS kann nur einer Person erteilt werden, die im Inland zum Führen von Fz berechtigt ist. Soweit ein ausländischer FS nach § 29 II S. 2 mit einer **Übersetzung** verbunden sein muss, um eine Fahrberechtigung im Inland zu verleihen, kann auf der Basis des FS ein internationaler FS nur ausgestellt werden, wenn der ausländische FS mit der Übersetzung verbunden ist (Abs. 1 S. 2).

1c. Ein internationaler FS kann nur Personen ausgestellt werden, die das **18. Lebensjahr** 5
vollendet haben (Abs. 1 S. 1). Grund für diese Regelung ist der Umstand, dass nach Art 6 III des
Internationalen Abkommens über KfzVerkehr von 1926 und Art 41 IIb des Wiener Überein-
kommen über den StrV von 1968 die Mitgliedstaaten dieser Abkommen in ihrem Hoheitsgebiet
die Anerkennung jedes FS verweigern können, dessen Besitzer das 18. Lebensjahr noch nicht
vollendet hat.

2. Dem Antrag auf Ausstellung eines internationalen FS ist ein **Lichtbild** beizufügen, das der 6
VO zur Durchführung des Passgesetzes (Passverordnung – PassV, BGBl. I **07** 2386) entsprechen
muss (Abs. 2). Nach § 5 PassV muss das Lichtbild die Person in einer Frontalaufnahme, ohne
Kopfbedeckung und ohne Bedeckung der Augen zeigen. Aufnahmen im Halbprofil (früher § 8
II IntVO) sind nicht mehr zulässig. Nach § 74 I kann die VB **Ausnahmen** von der vorgeschrie-
benen Gestaltung des Lichtbildes zulassen. In entsprechender Anwendung von § 5 S. 4 PassV
kann sie dabei vom Gebot der fehlenden Kopfbedeckung insbesondere aus religiösen Gründen,
vom Gebot der fehlenden Augenbedeckung nur aus medizinischen Gründen, die nicht nur
vorübergehender Art sind, Ausnahmen zulassen. Die Person muss aber in jedem Fall deutlich
erkennbar sein.

3. Nach **EdF** ist ein von einer deutschen Behörde ausgestellter internationaler FS unverzüg- 7
lich der entscheidenden Behörde **abzuliefern** oder bei Beschränkungen oder Auflagen zur Ein-
tragung vorzulegen (§ 47 I).

4. Zuständig für die Erteilung eines internationalen FS ist die FEB des ordentlichen Wohn- 8
sitzes, mangels eines solchen die des Aufenthaltsortes (§ 73 II S. 1).

Ausstellung des Internationalen Führerscheins

25b (1) Internationale Führerscheine müssen nach den Anlagen 8c und 8d in deutscher
Sprache mit lateinischen Druck- oder Schriftzeichen ausgestellt werden.

(2) Beim Internationalen Führerschein nach Artikel 7 und Anlage E des Internationalen
Abkommens über Kraftfahrzeugverkehr vom 24. April 1926 (RGBl. 1930 II S. 1233) erge-
ben sich die entsprechenden Fahrerlaubnisklassen und deren Beschränkungen aus Num-
mer 5 der Vorbemerkungen zu Anlage 8c.

(2a) ¹Erfolgt die Ausstellung des Internationalen Führerscheins nach Anlage 8b auf
Grund eines Führerscheins, der zwischen dem 1. Januar 1999 und dem 18. Januar 2013
ausgefertigt wurde, ergeben sich die entsprechenden Fahrerlaubnisklassen und deren Be-
schränkungen aus Nummer 6 der Vorbemerkungen zu Anlage 8c. ²Weitere Beschränkun-
gen der Fahrerlaubnis sind zu übernehmen.

(3) ¹Beim Internationalen Führerschein nach Artikel 41 und Anhang 7 des Überein-
kommens über den Straßenverkehr vom 8. November 1968 (BGBl. 1977 II S. 809) ergeben
sich die entsprechenden Fahrerlaubnisklassen und deren Beschränkungen aus Nummer 5
der Vorbemerkungen zu Anlage 8d. ²Weitere Beschränkungen der Fahrerlaubnis sind zu
übernehmen.

(3a) ¹Erfolgt die Ausstellung des Internationalen Führerscheins nach Anlage 8d auf
Grund eines Führerscheins, der zwischen dem 1. Januar 1999 und dem 18. Januar 2013
ausgefertigt wurde, ergeben sich die entsprechenden Fahrerlaubnisklassen und deren Be-
schränkungen aus Nummer 6 der Vorbemerkungen zu Anlage 8d. ²Weitere Beschränkun-
gen der Fahrerlaubnis sind zu übernehmen.

(4) ¹Die Gültigkeitsdauer Internationaler Führerscheine nach Anlage 8c beträgt ein Jahr,
solcher nach Anlage 8d drei Jahre, jeweils vom Zeitpunkt ihrer Ausstellung. ²Die Gültig-
keitsdauer darf nicht über die Gültigkeitsdauer des nationalen Führerscheins hinausgehen;
dessen Nummer muss auf dem Internationalen Führerschein vermerkt sein.

Begr zur ÄndVO v. 18.7.08 (VkBl. **08** 569): *Durch die §§ 25a, 25b, 29 und 29a, die Ergänzung* 1
des § 75 und die Einfügung der Anlage 8b und 8c (heute 8c und 8d)werden die Vorschriften der IntKfz-
VO in die FeV übernommen. … Internationale Führerscheine, die nach den gem. IntKfzVO gültigen
Mustern gefertigt wurden, behalten ihre Gültigkeit.

Begr zur ÄndVO v. 7.1.11 **zu Abs. 2–3a** (BR-Drs. 660/10 S. 62 = VkBl. **11** 113): *Anpassung* 2
aufgrund der Änderungen der Fahrerlaubnisklassen sowie Folgeänderung der 6. VO zur Änderung der
Fahrerlaubnis-Verordnung und anderer straßenverkehrsrechtlicher Vorschriften, mit der Artikel 41 des
Übereinkommens über den Straßenverkehr vom 8. November 1968 ratifiziert wird. Mit diesem Überein-
kommen wurde die Klasseneinteilung geändert und erweitert.

3   § 25b hat den früheren § 9 IntVO in die FeV übernommen. Internationale FS werden fast ausschließlich nach III, III a, Muster Anl 8d, ausgestellt. Sie sind 3 Jahre gültig (IV S. 1). Internationale FS nach II, II a, Muster Anl 8c, sind für Reisen in die Staaten erforderlich, die zwar dem Internationalen Abkommen über Kraftfahrzeugverkehr von 1926, nicht aber dem Wiener Übereinkommen über den StrV von 1968, beigetreten sind (Ägypten, Argentinien, Chile, Indien, Irak, Libanon, Mexico, Sri Lanka, Syrien, Thailand, Türkei, Vatikanstaat). Sie sind nur 1 Jahr gültig (IV S. 1). Internationale FS, die bis zum 29.10.08 nach den früheren Mustern 6a und 7 zur IntVO ausgestellt worden sind, blieben bis zum Ablauf ihres Geltungszeitraums gültig.

4. Sonderbestimmungen für das Führen von Dienstfahrzeugen

Dienstfahrerlaubnis

26 (1) ¹**Die von den Dienststellen der Bundeswehr, der Bundespolizei und der Polizei (§ 73 Absatz 4) erteilten Fahrerlaubnisse berechtigen nur zum Führen von Dienstfahrzeugen (Dienstfahrerlaubnisse). ²Bei Erteilung der Dienstfahrerlaubnis darf auf die Vorlage des Führungszeugnisses nach § 11 Absatz 1 Satz 5 verzichtet werden. ³Über die Dienstfahrerlaubnis der Bundeswehr wird ein Führerschein nach Muster 2 der Anlage 8, über die der Bundespolizei und der Polizei ein Führerschein nach Muster 3 der Anlage 8 ausgefertigt (Dienstführerschein). ⁴Die Dienstfahrerlaubnis der Bundeswehr wird in den aus Muster 2 der Anlage 8 ersichtlichen Klassen erteilt. ⁵Der Umfang der Berechtigung zum Führen von Dienstfahrzeugen der Bundeswehr ergibt sich aus Anlage 10. ⁶Wenn die Dienstfahrerlaubnis der Bundeswehr ab dem 19. Januar 2013 erteilt worden ist, ergibt sich der Umfang der Berechtigung zum Führen von Dienstfahrzeugen der Bundeswehr aus § 6. ⁷Der Dienstführerschein der Bundeswehr ist nur in Verbindung mit dem Dienstausweis gültig.**

(2) ¹**Der Inhaber der Dienstfahrerlaubnis darf von ihr nur während der Dauer des Dienstverhältnisses Gebrauch machen. ²Bei Beendigung des Dienstverhältnisses ist der Dienstführerschein einzuziehen. ³Wird das Dienstverhältnis wieder begründet, darf ein Dienstführerschein ausgehändigt werden, sofern die Dienstfahrerlaubnis noch gültig ist. ⁴Ist sie nicht mehr gültig, kann die Dienstfahrerlaubnis unter den Voraussetzungen des § 24 Absatz 1 neu erteilt werden.**

(3) **Bei der erstmaligen Beendigung des Dienstverhältnisses nach der Erteilung oder Neuerteilung der betreffenden Klasse der Dienstfahrerlaubnis ist dem Inhaber auf Antrag zu bescheinigen, für welche Klasse von Kraftfahrzeugen ihm die Erlaubnis erteilt war.**

1   **Begr** (BR-Drs. 443/98 S. 222): *Dienstfahrerlaubnisse werden heute noch von der Bundeswehr, dem Bundesgrenzschutz* und den Polizeien der Länder erteilt. Sie berechtigten bisher sowohl zum Führen von Dienstfahrzeugen als auch zum Führen von Privatfahrzeugen. Daneben konnte sich der Inhaber auf Grund seiner Dienstfahrerlaubnis auch eine allgemeine Fahrerlaubnis zum Führen von Kraftfahrzeugen erteilen lassen, so dass er rechtlich zwei Fahrerlaubnisse für Privatfahrzeuge besaß. Dies ist mit der Bestimmung der Richtlinie, wonach jeder nur im Besitz einer Fahrerlaubnis und eines Führerscheins sein darf, nicht vereinbar. Dienstfahrerlaubnisse sollen deshalb künftig auf das Führen dienstlicher Kraftfahrzeuge beschränkt werden. Eine Umschreibung ohne erneute Ausbildung und Prüfung in entsprechende zivile Fahrerlaubnisse bleibt möglich. Auch die Probezeit nach den Regelungen für die Fahrerlaubnis auf Probe kann mit einer Dienstfahrerlaubnis abgeleistet werden.*
(BR-Drs. 443/98 S. 278):

2   **Zu Abs. 1:** *Absatz 1 ermächtigt die dort genannten Stellen zur Erteilung von Dienstfahrerlaubnissen, verpflichtet sie aber nicht dazu. So machen im Bereich der Polizei einige Länder von der Ermächtigung keinen Gebrauch mehr. Dienstfahrzeuge können dort mit der allgemeinen Fahrerlaubnis der betreffenden Klasse geführt werden.*
Die Bundeswehr hält so weit wie möglich die im zivilen Bereich geltende Klasseneinteilung und die dortigen Ausbildungs- und Prüfungsvorschriften ein. Die Auswahl der Kraftfahrzeuge muss sich jedoch an ihren hoheitlichen Aufgaben und nicht an den Klassengrenzen im zivilen Bereich orientieren. Außerdem müssen zukünftige Militärkraftfahrer angesichts knapper Mittel und einer auf zehn Monate verkürzten Wehrpflicht auf dem Fahrzeugtyp ausgebildet und geprüft werden, auf dem sie später eingesetzt werden. Mit den sich daraus ergebenden Abweichungen von den Vorschriften für den zivilen Bereich geht die Frage einher, ob und in welche allgemeine Fahrerlaubnis eine Bundeswehrfahrerlaubnis „umgeschrieben" werden kann …
Aufgrund der abweichenden Klasseneinteilung benötigt die Bundeswehr auch ein eigenes Führerscheinmuster.

---

* Jetzt: Bundespolizei.

Bundesgrenzschutz* und Polizei verwendeten bisher das auch im zivilen Bereich geltende Muster, das sie selbst ausstellen konnten. Um auch künftig bei der Ausstellung der Führerscheine nicht von einer externen Stelle abhängig zu sein, sondern dienstlichen Bedürfnissen entsprechend möglichst flexibel und rasch reagieren zu können, werden sie künftig ein eigenes Muster haben und zwar ein Papiermuster und keinen Scheckkartenführerschein …

Zu Abs. 2: *Während nach § 14 Abs. 1 Satz 3 StVZO die Dienstfahrerlaubnis nur für die Dauer des* 3 *Dienstverhältnisses „galt", spricht **Absatz 2** von § 26 davon, dass der Inhaber der Dienstfahrerlaubnis von ihr nur während der Dauer des Dienstverhältnisses „Gebrauch machen" darf. Damit ist klargestellt, dass die Dienstfahrerlaubnis mit dem Ausscheiden des Inhabers aus dem aktiven Dienst nicht erlischt, sondern solange bestehen bleibt, wie sie selbst gültig ist. Ähnlich wie bei einem Fahrverbot, darf der Inhaber die daraus resultierenden Rechte nicht ausüben, wenn er nicht mehr in einem Dienstverhältnis steht. Für die Verlängerung der Dienstfahrerlaubnisse gelten die Regelungen für zivile Fahrerlaubnisse. Eine Verlängerung ist auch in der Zeit möglich, in der der Inhaber von ihr keinen Gebrauch machen darf.*

Zu Abs. 3: *Der Inhaber einer Dienstfahrerlaubnis hat nach wie vor einen Anspruch auf Erteilung der* 4 *allgemeinen Fahrerlaubnis der entsprechenden Klasse unter erleichterten Bedingungen. Dieses Recht besteht …, wenn der Betreffende eine Bescheinigung über die Dienstfahrerlaubnis nach Absatz 3 vorweisen kann (vgl. § 27 Abs. 1). Die Bescheinigung wird künftig nur noch nach der erstmaligen Beendigung des Dienstverhältnisses nach der Erteilung oder Neuerteilung der Dienstfahrerlaubnis ausgestellt. Auch eine „Umschreibung" der Dienstfahrerlaubnis ist nur während der Dauer des Dienstverhältnisses möglich. Damit ist künftig ausgeschlossen, dass durch Teilnahme an einer kurzen Wehrübung die Umschreibungsmöglichkeit wieder eröffnet wird.*

Begr zur ÄndVO v. 26.6.12 (BR-Drs. 245/12 S. 27 = VkBl. **12** 592): **Zu Abs. 1 S. 2:** *Die* 4a *Forderung eines Führungszeugnisses ist für Mitarbeiter von Bundeswehr, Bundespolizei und Polizei auf Grund des Dienstrechts dieser Behörden nicht erforderlich.*

Zu Abs. 1 S. 6 (heute S. 7): *Zur Erleichterung von Kontrollen durch die zuständigen Behörden ist es erforderlich, dass neben dem Umfang der Fahrberechtigung, welche durch den Führerschein nachgewiesen wird, auch die Zugehörigkeit der Truppe durch den Dienstausweis nachgewiesen wird, da Dienstfahrerlaubnisse nur zum Führen von Dienstfahrzeugen berechtigen. Mit der vorliegenden Änderung gilt der Dienstführerschein der Bundeswehr nur in Verbindung mit dem Dienstausweis.*

Zu Abs. 2 S. 3: *Die Änderung dient der Richtigstellung, dass nicht der gleiche Dienstführerschein ausgehändigt werden muss.*

1. Eigene Zuständigkeit für die Erteilung von Dienstfahrerlaubnissen haben gem. 5 § 73 IV die Dienststellen der Bundeswehr, der Bundespolizei und der Polizei für ihre Dienstbereiche nach Bestimmung der Fachministerien. Diese Dienststellen sind berechtigt, zum Führen der bei ihnen verwendeten DienstFze eigene DienstFEe zu erteilen. Die Bestimmungen über das Verfahren gem. §§ 7 ff. gelten nicht. Bei Erteilung einer FE der D-Klassen kann auf das Führungszeugnis (§ 11 I S. 5) verzichtet werden (I S. 2, Begr Rn. 4a). Welche Behörde im Einzelfall die FE erteilt, bestimmt die Organisation des Dienstzweiges, s. § 73 IV. Die Aufgaben der FEB werden von den Dienststellen der BW, der Bundespolizei und der Polizeien der Länder umfassend wahrgenommen einschl der Überprüfung der Fahreignung (*Müller* NZV **12** 57). Der Behördenfahrlehrer ist verantwortlicher FzFührer, bis der Fahrschüler die erstrebte SonderFE erlangt hat. DienstFSe der BW werden nach Muster 2 der Anl 8, solche der Pol und der BundesPol nach Muster 3 der Anl 8 ausgefertigt (I S. 3). Nach den bis zum 31.12.1998 vorgeschriebenen Mustern ausgefertigte FSe bleiben gültig, auch solche, die nach den Vorschriften der ehemaligen DDR ausgestellt wurden einschließlich derjenigen der Nationalen Volksarmee (§ 76 Nr. 13). Die Entziehung der allgemeinen FE durch die FEB oder den Strafrichter führt zum Erlöschen der DienstFE (§ 27 IV).

2. Die Bundeswehrfahrerlaubnis ist, abw von § 6, in andere Klassen eingeteilt. Diese sind 6 unter Angabe des Umfangs ihrer Berechtigung auf dem Bundeswehr-FS (Muster 2 Anl 8) vermerkt. Die Klasseneinteilung trägt den Besonderheiten der bei der BW verwendeten Fze Rechnung, etwa dem Umstand, dass das bei der BW überwiegend verwendete Krad zwar die Grenzen der FEKl A1 überschreitet, das Führen andererseits aber nicht eine Ausbildung in dem für FEKl A vorgesehenen Umfang erforderlich macht. Entsprechendes gilt zB auch für FEKl C1E, die

---

* Jetzt: Bundespolizei.

zum Führen der bei der BW verwendeten FzKombinationen mit mehr als 12 t nicht ausreichen würde, ohne dass jedoch andererseits eine aufwändige Ausbildung für die FEKl CE für das Führen dieser Fze vertretbar wäre (s. Begr, BR–Drs. 443/98 S. 280). Der Umfang der Berechtigung zum Führen von DienstFz der BW ergibt sich aus der durch ÄndVO v. 11.3.19 (BGBl. I S. 218, Begr BR–Drs. 600/18 (Beschluss) S. 11) mit dem früheren Buchtaben C der Anlage 3 zusammengeführten Anlage 10, wenn die DienstFE der BW vor dem 19.1.2013 erteilt worden ist (I S. 5). Wurde sie ab dem 19.1.2013 erteilt, ergibt sich der Umfang der Berechtigung aus § 6 FeV (I S. 6) und – so muss wohl ergänzt werden – hinsichtlich der speziellen BW-Fahrerlaubnisklassen aus dem Muster des DienstFS nach Anlage 8 Muster 2. Die Ausbildung in der BW zur Erlangung der DienstFE, die nicht den Klassen nach § 6 entsprechen oder die über den Mindestumfang der Ausbildung nach der FahrschAusbO hinausgehen, darf durch Verwendung von Fahrsimulatoren ergänzt werden (§ 2 II FahrschAusbO). Der DienstFS der BW ist nur iVm dem Dienstausweis gültig (I S. 7, Begr Rn. 4a). Wird der Dienstausweis nicht mitgeführt, ist lediglich der DienstFS ungültig; Auswirkungen auf den Bestand der DienstFE hat dies nicht. Das Muster des BW-FS wurde durch ÄndVO v. 26.6.12 mit Wirkung vom 19.1.13 geringfügig verändert.

7   **3. Die Geltung** der DienstFE ist, abw von der früheren Regelung, auf das Führen dienstlicher Kfze beschränkt (Abs. 1 S. 1), jedoch ohne Rücksicht auf den Zweck der FzBenutzung, s. § 2 StVG Rn. 77. Im Übrigen bleibt eine Umschreibung in eine allgemeine FE der entsprechenden Klasse ohne erneute Ausbildung und Prüfung möglich (s. dazu § 27). Die Beendigung des Dienstverhältnisses bringt die DienstFE nicht ohne weiteres zum Erlöschen. Allerdings muss der Inhaber den DienstFS bei seinem Ausscheiden aus der Dienststelle abliefern und darf von der (fortbestehenden) FE keinen Gebrauch mehr machen. Im Falle der Neubegründung des Dienstverhältnisses darf ihm wieder ein DienstFS ausgehändigt werden, wenn die FE noch gültig ist (II S. 3). Ist sie nicht mehr gültig, kann ihm unter den für die Verlängerung von befristeten FEen geltenden Voraussetzungen des § 24 I eine neue DienstFE erteilt werden (Abs. 2 S. 4). Die frühere Beschränkung, dass dies nur möglich war, wenn seit Ablauf der Gültigkeit der früheren DienstFE nicht mehr als zwei Jahre verstrichen waren, wurde mit ÄndVO v. 18.7.08 (BGBl. I S. 1338) mit Wirkung vom 30.10.08 aufgehoben.

8   **4. Umschreibung der Dienstfahrerlaubnis** in eine allgemeine (zivile) FE ist nach Maßgabe von § 27 möglich; die Erteilung einer FE an Inhaber einer gültigen DienstFE erfolgt unter erleichterten Bedingungen (s. § 27). Da der Anspruch auf Umschreibung gem. § 27 I S. 2 auch nach Beendigung des Dienstverhältnisses besteht, erhält der Inhaber der DienstFE auf Antrag von seiner Dienststelle eine Bescheinigung über die von der DienstFE umfassten FEKlassen (Abs. III); Muster der Bescheinigung: VkBl. **18** 44. Dies gilt aber nur für die *erstmalige* Beendigung des Dienstverhältnisses nach Erteilung der DienstFE.

Verhältnis von allgemeiner Fahrerlaubnis und Dienstfahrerlaubnis

27 (1) [1]**Beantragt der Inhaber einer Dienstfahrerlaubnis während der Dauer des Dienstverhältnisses die Erteilung einer allgemeinen Fahrerlaubnis, sind folgende Vorschriften nicht anzuwenden:**

1. § 11 Absatz 9 über die ärztliche Untersuchung und § 12 Absatz 6 über die Untersuchung des Sehvermögens, es sei denn, dass in entsprechender Anwendung der Regelungen in den §§ 23 und 24 eine Untersuchung erforderlich ist,

2. § 12 Absatz 2 über den Sehtest,

3. § 15 über die Befähigungsprüfung,

4. § 19 über die Schulung in Erster Hilfe,

5. die Vorschriften über die Ausbildung.

[2]**Dasselbe gilt bei Vorlage einer Bescheinigung nach § 26 Absatz 3. [3]Die Klasse der auf Grund einer ab dem 19. Januar 2013 erteilten Dienstfahrerlaubnis der Bundeswehr zu erteilenden allgemeinen Fahrerlaubnis ergibt sich aus Anlage 10. [4]Die Klasse der aufgrund einer ab dem 19. Januar 2013 erteilten Dienstfahrerlaubnis der Bundeswehr zu erteilenden allgemeinen Fahrerlaubnis ergibt sich aus § 6. [5]Auf dem Führerschein ist in Feld 10 der Tag zu vermerken, an dem die Dienstfahrerlaubnis für die betreffende Klasse erteilt worden ist. [6]Wenn die Geltungsdauer der betreffenden Klasse der Dienstfahrerlaubnis befristet ist, wird die im Dienstführerschein vermerkte Geltungsdauer in Feld 11 der betreffenden Klassen eingetragen.**

(1a) **Abweichend von Absatz 1 Satz 1 Nummer 3 ordnet die Fahrerlaubnisbehörde in dem Fall des § 26 Absatz 3 eine Fahrerlaubnisprüfung an, wenn Tatsachen vorliegen, die die Annahme rechtfertigen, dass der Bewerber die nach § 16 Absatz 1 und § 17 Absatz 1 erforderlichen Kenntnisse und Fähigkeiten nicht mehr besitzt.**

(2) ¹**Wird dem Inhaber einer allgemeinen Fahrerlaubnis eine Dienstfahrerlaubnis derselben oder einer entsprechenden Klasse erteilt, kann die Dienstfahrerlaubnisbehörde Absatz 1 Satz 1 entsprechend anwenden.** ²**Dies gilt auch bei der Erteilung einer Dienstfahrerlaubnis der Bundeswehr in einer von § 6 Absatz 1 abweichenden Klasse, soweit die in Absatz 1 Satz 1 genannten Voraussetzungen auch Voraussetzungen für die Erteilung der Dienstfahrerlaubnis sind.**

(3) ¹**Die Fahrerlaubnisbehörde teilt der Dienststelle, die die Dienstfahrerlaubnis erteilt hat, die unanfechtbare Versagung der allgemeinen Fahrerlaubnis sowie deren unanfechtbare oder vorläufig wirksame Entziehung einschließlich der Gründe der Entscheidung unverzüglich mit.** ²**Die Dienststelle teilt der zuständigen Fahrerlaubnisbehörde die unanfechtbare Versagung der Dienstfahrerlaubnis sowie deren unanfechtbare oder vorläufig wirksame Entziehung einschließlich der Gründe der Entscheidung unverzüglich mit, sofern die Versagung oder die Entziehung auf den Vorschriften des Straßenverkehrsgesetzes beruhen.** ³**Für die Wahrnehmung der Aufgaben nach diesem Absatz können an Stelle der genannten Dienststellen auch andere Stellen bestimmt werden.** ⁴**Für den Bereich der Bundeswehr nimmt die Zentrale Militärkraftfahrtstelle die Aufgaben wahr.**

(4) **Die Dienstfahrerlaubnis erlischt mit der Entziehung der allgemeinen Fahrerlaubnis.**

Begr (BR-Drs. 443/98 S. 282): **Zu Abs. 1:** *Absatz 1 übernimmt die bisher in § 14 Abs. 3 StVZO enthaltenen Regelungen über die Erteilung einer allgemeinen Fahrerlaubnis auf Grund einer Dienstfahrerlaubnis.*   **1**

Zu Abs. 2: *Absatz 2 regelt den umgekehrten Fall der Erteilung einer Dienstfahrerlaubnis bei einer*   **2** *schon vorhandenen allgemeinen Fahrerlaubnis. Es wird für diesen Fall in das Ermessen der Dienstfahrerlaubnisbehörden gestellt, auf Voraussetzungen zu verzichten, die schon für die Erteilung einer allgemeinen Fahrerlaubnis erbracht worden sind.*

Zu Abs. 3: *Absatz 3 entspricht § 14 Abs. 4 StVZO. Neu ist lediglich, dass die Dienstfahrerlaub-*   **3** *nisbehörde der allgemeinen Fahrerlaubnisbehörde auch dann eine Mitteilung zu machen hat, wenn sie dem Inhaber einer allgemeinen Fahrerlaubnis die Dienstfahrerlaubnis versagt. Die Fahrerlaubnisbehörde hat in diesem Fall zu prüfen, ob sie die allgemeine Fahrerlaubnis entzieht. Eine Entscheidung in Bezug auf eine Fahrerlaubnis hat nur für den Fall unmittelbare Auswirkung auf die andere, dass die allgemeine Fahrerlaubnis entzogen wird. In diesem Fall erlischt auch die Dienstfahrerlaubnis (Absatz 4). Im Übrigen können die Anforderungen an Eignung und Befähigung von Bewerbern und Inhabern von Dienstfahrerlaubnissen strenger sein als im zivilen Bereich, so dass beide Fahrerlaubnisse ein unterschiedliches Schicksal haben können …*

1. Erwerb einer allgemeinen Fahrerlaubnis. Wer als Angehöriger eines der im § 26 ge-   **4** nannten Dienstzweige bei diesem die FE gemäß § 26 erworben hat, hat schon während seines Dienstverhältnisses gemäß Abs. 1 Anspruch, s. VG Sigmaringen NZV **89** 88, auf Erteilung einer allgemeinen FE für die entsprechende Klasse grds. ohne nochmalige Prüfung, wenn nicht Tatsachen vorliegen, die ihn als fahrungeeignet erscheinen lassen (s. §§ 11, 13, 14). Die allgemeine FE ist ihm auf Antrag und nach Nachweis seiner FE gemäß § 26 zu erteilen. Auch nach Beendigung des Dienstverhältnisses oder der Verwendung als KfzF kann das auf Grund einer Bescheinigung nach § 26 III geschehen, in der angegeben ist, für welche Klasse von Kfzen ihm die FE erteilt war (Abs. 1 S. 2). Bei Erteilung einer FE der Klassen C, C1, CE, C1E, D, D1, DE oder D1E auf Grund einer DienstFE entfällt der Eignungsnachweis nach § 11 IX mit Anl 5 und die Untersuchung des Sehvermögens gem. § 12 VI; diese Erleichterungen kommen dem Bewerber allerdings nicht zugute, wenn sie entsprechend §§ 23, 24 wegen Ablaufs der 5-Jahresfrist seit Erteilung der DienstFE für eine Verlängerung der FE Untersuchungen vorgeschrieben sind (Abs. 1 S. 1 Nr. 1). In allen Fällen ist der in § 12 II vorgesehene Sehtest entbehrlich (Abs. 1 S. 1 Nr. 2). Ferner bedarf es keines Nachweises über die Fahrschulausbildung (Abs. 1 S. 1 Nr. 5) und grds. keiner Befähigungsprüfung (Abs. 1 S. 1 Nr. 3); schließlich entfällt die Notwendigkeit der Teilnahme an einer Schulung in Erster Hilfe (Abs. 1 S. 1 Nr. 4). Durch den mit ÄndVO v. 11.3.19 (BGBl. I S. 218) eingefügten Abs. 1a erhalten die Fahrerlaubnisbehörden allerdings die Möglichkeit, etwa in denjenigen Fällen eine Fahrerlaubnisprüfung anzuordnen, in denen viele Jahre oder gar Jahrzehnte nach Beendigung des Dienstverhältnisses die Erteilung einer zivilen Fahrerlaubnis beantragt wird (Begr BR-Drs. 600/18 S. 23) und deswegen anzunehmen ist, dass die Befähigung zum Führen von Kfz nicht mehr gegeben ist. Da die erforderliche Bescheinigung gem. § 26 III nur bei der *erstmaligen* Beendigung des Dienstverhältnisses erteilt wird, besteht nach Beendigung einer späteren Wehrübung eine Umschreibung der BW-FE nicht mehr gem. Abs. 1 S. 2 ein Anspruch auf Umschreibung; die abw frühere Rspr. (VG Ka NJW **85** 2968, VG Sigmaringen NZV **89** 88) ist durch § 26 III überholt (s. § 26 Rn. 4). Die Erteilung der allgemeinen FE ist nicht bloße „Umschreibung", sondern Erteilung einer eigenständigen Erlaubnis in Form eines Verwaltungsaktes, BVerwG VRS **73** 313. § 27 gilt nicht auch für den Fahrlehrerschein. Die Regelung von Abs. 1 und 3 setzt Vorhandensein der besonderen FE der BW bei Dienstende voraus. Der Antragsteller muss die BW-FE entweder besitzen oder eine Bescheinigung gemäß § 26 III vorlegen. Anwendung der Regelung über die FE auf Probe, s. § 33.

5   Bei Umschreibung von BW-FE richten sich die zu erteilenden allgemeinen FEKlassen nach Anlage 10, wenn die DienstFE vor dem 19.1.2013 erteilt worden ist (I S. 3). Wurde die DienstFE ab dem 19.1.2013 erteilt, ergeben sich die zu erteilenden allgemeinen FEKlassen aus § 6 FeV (I S. 4). Umschreibungen der BW-Fahrerlaubnisklassen G (gepanzerte RadFze), F (Voll- und HalbkettenFze) sowie P (Personentransport) erfolgen nicht (s. Begr, BR-Drs. 443/98 S. 280f.). Durch ÄndVO v. 11.3.19 (BGBl. I S. 218) wurde eingeführt, dass auf dem Führerschein in Feld 10 das Datum zu vermerken ist, an dem die DienstFE für die jeweilige FEKlasse erteilt worden ist (I S. 5), so wie dies auch bei Erteilung einer deutschen FE auf der Grundlage einer ausländischen EU-/EWR-FE geschieht (§ 30 IV S. 1). Gründe für eine Schlechterstellung von Inhabern einer in Deutschland erworbenen DienstFE gegenüber Inhabern einer in der EU oder dem EWR erworbenen FE seien nicht erkennbar (Begr BR-Drs. 600/18 S. 22). Außerdem wird bei zeitlich befristeten FEKlassen der DienstFE die Geltungsdauer der Klasse der DienstFE in Feld 11 des Führerscheins bei der jeweiligen allgemeinen Klasse eingetragen (I S. 6). Die Erteilung einer DienstFE wird in diesem Punkt der Erteilung einer allgemeinen FE gleichgestellt; durch die Eintragung wird die Bemessungsgrundlage für die Berechnung der Geltungsdauer deutlich (Begr BR-Drs. 600/18 S. 22).

6   **2.** Auch **Erteilung der Dienstfahrerlaubnis auf Grund allgemeiner Fahrerlaubnis** ist gem. Abs. 2 unter erleichterten Voraussetzungen möglich. Die Bestimmung überlässt es bei Inhabern einer allgemeinen FE dem Ermessen der die DienstFE erteilenden Stelle, auf solche Voraussetzungen für die Erteilung der DienstFE zu verzichten, die schon bei Erteilung der allgemeinen FE vorgelegen haben. Befreit die DienstFEB nicht gem. II iVm I S. 1 Nr. 5 von der Ausbildung, oder findet im Falle der Befreiung auf freiwilliger Basis eine Ausbildung statt, sind auf diese §§ 1–6 FahrschAusbO nicht anzuwenden (§ 7 I Nr. 5 FahrschAusbO).

7   **3. Gegenseitige Mitteilungspflicht** nach Maßgabe von Abs. 3 besteht, wenn die FEB die allgemeine FE oder wenn die Dienstfahrerlaubnisbehörde die DienstFE versagt oder entzieht. Mit der Entziehung der allgemeinen FE erlischt auch die DienstFE (Abs. 4). Dabei ist unerheblich, ob die EdF durch die Verwaltungsbehörde oder das Strafgericht erfolgt (*Scheidler* DAR **16** 417 (419)). Dagegen hat die Entziehung der DienstFE nicht ohne weiteres auch das Erlöschen der allgemeinen FE zur Folge, weil die Entziehung der DienstFE auf dem Fehlen von Eigenschaften und Fähigkeiten beruhen kann, über die der Inhaber einer allgemeinen FE nicht verfügen muss. Dies gilt etwa für besondere gesundheitliche Anforderungen beim Führen von DienstFzen (zB der Bundeswehr). Deswegen beschränkt Abs. 4 S. 2 die Mitteilungspflicht bei Versagung und Entziehung der DienstFE auf die Fälle, in denen die Entscheidung auf Vorschriften des StVG beruht, insbesondere weil der Betroffene die Anforderungen der FeV nicht erfüllt (s. Begr, BR-Drs. 443/98 S. 283).

5. Sonderbestimmungen für Inhaber ausländischer Fahrerlaubnisse

Anerkennung von Fahrerlaubnissen aus Mitgliedstaaten der Europäischen Union oder einem anderen Vertragsstaat des Abkommens über den Europäischen Wirtschaftsraum

28 (1) ¹Inhaber einer gültigen EU- oder EWR-Fahrerlaubnis, die ihren ordentlichen Wohnsitz im Sinne des § 7 Absatz 1 oder 2 in der Bundesrepublik Deutschland haben, dürfen – vorbehaltlich der Einschränkungen nach den Absätzen 2 bis 4 – im Umfang ihrer Berechtigung Kraftfahrzeuge im Inland führen. ²Auflagen zur ausländischen Fahrerlaubnis sind auch im Inland zu beachten. ³Auf die Fahrerlaubnisse finden die Vorschriften dieser Verordnung Anwendung, soweit nichts anderes bestimmt ist.

(2) [1]Der Umfang der Berechtigung der jeweiligen Fahrerlaubnisklassen ergibt sich aus dem Beschluss (EU) 2016/1945 der Kommission vom 14. Oktober 2016 über Äquivalenzen zwischen Führerscheinklassen (ABl. L 302 vom 9.11.2016, S. 62). [2]Die Berechtigung nach Absatz 1 gilt nicht für Fahrerlaubnisklassen, für die die Entscheidung der Kommission keine entsprechenden Klassen ausweist. [3]Für die Berechtigung zum Führen von Fahrzeugen der Klassen L und T gilt § 6 Absatz 3 entsprechend.

(3) [1]Die Vorschriften über die Geltungsdauer von Fahrerlaubnissen der Klassen C, C1, CE, C1E, D, D1, DE und D1E in § 23 Absatz 1 gelten auch für die entsprechenden EU- und EWR-Fahrerlaubnisse. [2]Grundlage für die Berechnung der Geltungsdauer ist das Datum der Erteilung der ausländischen Fahrerlaubnis. [3]Wäre danach eine solche Fahrerlaubnis ab dem Zeitpunkt der Verlegung des ordentlichen Wohnsitzes in die Bundesrepublik Deutschland nicht mehr gültig, weil seit der Erteilung mehr als fünf Jahre verstrichen sind, besteht die Berechtigung nach Absatz 1 Satz 1 noch sechs Monate, gerechnet von der Begründung des ordentlichen Wohnsitzes im Inland an. [4]Für die Erteilung einer deutschen Fahrerlaubnis ist § 30 in Verbindung mit § 24 Absatz 1 entsprechend anzuwenden.

(4) [1]Die Berechtigung nach Absatz 1 gilt nicht für Inhaber einer EU- oder EWR-Fahrerlaubnis,

1. die lediglich im Besitz eines Lernführerscheins oder eines anderen vorläufig ausgestellten Führerscheins sind,

2. die ausweislich des Führerscheins oder vom Ausstellungsmitgliedstaat herrührender unbestreitbarer Informationen zum Zeitpunkt der Erteilung ihren ordentlichen Wohnsitz im Inland hatten, es sei denn, dass sie als Studierende oder Schüler im Sinne des § 7 Absatz 2 die Fahrerlaubnis während eines mindestens sechsmonatigen Aufenthalts erworben haben,

3. denen die Fahrerlaubnis im Inland vorläufig oder rechtskräftig von einem Gericht oder sofort vollziehbar oder bestandskräftig von einer Verwaltungsbehörde entzogen worden ist, denen die Fahrerlaubnis bestandskräftig versagt worden ist oder denen die Fahrerlaubnis nur deshalb nicht entzogen worden ist, weil sie zwischenzeitlich auf die Fahrerlaubnis verzichtet haben,

4. denen auf Grund einer rechtskräftigen gerichtlichen Entscheidung keine Fahrerlaubnis erteilt werden darf,

5. solange sie im Inland, in dem Staat, der die Fahrerlaubnis erteilt hatte, oder in dem Staat, in dem sie ihren ordentlichen Wohnsitz haben, einem Fahrverbot unterliegen oder der Führerschein nach § 94 der Strafprozessordnung beschlagnahmt, sichergestellt oder in Verwahrung genommen ist,

6. die zum Zeitpunkt des Erwerbs der ausländischen EU- oder EWR-Fahrerlaubnis Inhaber einer deutschen Fahrerlaubnis waren,

7. deren Fahrerlaubnis aufgrund einer Fahrerlaubnis eines Drittstaates, der nicht in der Anlage 11 aufgeführt ist, prüfungsfrei umgetauscht worden ist, oder deren Fahrerlaubnis aufgrund eines gefälschten Führerscheins eines Drittstaates erteilt wurde,

8. die zum Zeitpunkt der Erteilung einer Fahrerlaubnis eines Drittstaates, die in eine ausländische EU- oder EWR-Fahrerlaubnis umgetauscht worden ist, oder zum Zeitpunkt der Erteilung der EU- oder EWR-Fahrerlaubnis auf Grund einer Fahrerlaubnis eines Drittstaates ihren Wohnsitz im Inland hatten, es sei denn, dass sie die ausländische Erlaubnis zum Führen eines Kraftfahrzeuges als Studierende oder Schüler im Sinne des § 7 Absatz 2 in eine ausländische EU- oder EWR-Fahrerlaubnis während eines mindestens sechsmonatigen Aufenthalts umgetauscht haben, oder

9. die den Vorbesitz einer anderen Klasse voraussetzt, wenn die Fahrerlaubnis dieser Klasse nach den Nummern 1 bis 8 im Inland nicht zum Führen von Kraftfahrzeugen berechtigt.

[2]In den Fällen des Satzes 1 kann die Behörde einen feststellenden Verwaltungsakt über die fehlende Berechtigung erlassen. [3]Satz 1 Nummer 3 und 4 ist nur anzuwenden, wenn die dort genannten Maßnahmen im Fahreignungsregister eingetragen und nicht nach § 29 des Straßenverkehrsgesetzes getilgt sind. [4]Satz 1 Nummer 9 gilt auch, wenn sich das Fehlen der Berechtigung nicht unmittelbar aus dem Führerschein ergibt.

(5) [1]Das Recht, von einer EU- oder EWR-Fahrerlaubnis nach einer der in Absatz 4 Nummer 3 und 4 genannten Entscheidungen im Inland Gebrauch zu machen, wird auf Antrag erteilt, wenn die Gründe für die Entziehung oder die Sperre nicht mehr bestehen. [2]Absatz 4 Satz 3 sowie § 20 Absatz 1 und 3 gelten entsprechend.

Übersicht

1   **Begr** (BR–Drs. 443/98 S. 283): **Zu Abs. 1:** … *Nach Artikel 8 Abs. 6 der (2. EU-FS-)Richt-linie sind die Mitgliedstaaten nicht verpflichtet, Führerscheine aus anderen Mitgliedstaaten anzuerken-nen, die im Wege des Umtauschs eines Führerscheins aus einem Drittland erteilt worden sind. Dies beruht darauf, dass es keine EG-einheitlichen Bestimmungen für die Anerkennung und die Umschrei-bung von Fahrerlaubnissen aus Drittstaaten gibt … Da alle EU- und EWR-Staaten nur solchen Personen eine Fahrerlaubnis erteilen dürfen, die mindestens 185 Tage in ihrem Hoheitsgebiet wohnen und diese Bestimmung auch für den Umtausch gilt, ist ein Mindestzeitraum der Verkehrsteilnahme in einem anderen EU- und EWR-Staat gewährleistet. Die §§ 28 und 29 finden deshalb auch auf solche Inhaber von EU- und EWR-Fahrerlaubnisse Anwendung, denen eine Fahrerlaubnis aus einem Dritt-staat zugrunde lag.*

2   **Zu Abs. 2 und 3:** *Mit Verlegung des ordentlichen Wohnsitzes ins Inland finden aus Gründen der Gleichbehandlung mit hier lebenden Inhabern deutscher Fahrerlaubnisse grundsätzlich die innerstaatlichen Vorschriften Anwendung. Dies kann dort, wo das Fahrerlaubnisrecht durch die Zweite EU-Führer-scheinrichtlinie nicht harmonisiert wird, zu Einschränkungen des mitgebrachten Rechts führen. Hierauf beruhen die* **Absätze 2 und 3.** *Der Bestimmung, dass Inhaber einer deutschen Fahrerlaubnis der Klasse A1 bis zur Vollendung des 18. Lebensjahres nur Leichtkrafträder mit einer durch die Bauart bestimmten Höchstgeschwindigkeit von nicht mehr als 80 km/h führen dürfen, unterliegen auch Inhaber entsprechender ausländischer Fahrerlaubnisse. Sofern diese Personen allerdings keinen Wohnsitz in der Bundesrepublik Deutschland haben und hier nur vorübergehend am Straßenverkehr im Inland teilnehmen, gilt diese Ein-schränkung nicht.*
Die Richtlinie erlaubt den Mitgliedstaaten in Artikel 1 Abs. 3 auch die Anwendung ihrer innerstaat-lichen Rechtsvorschriften hinsichtlich der Gültigkeitsdauer der Fahrerlaubnisse und der ärztlichen Kontrol-len der Fahrerlaubnisinhaber. In der Bundesrepublik Deutschland wird die Fahrerlaubnis in den in **Ab-satz 3** *genannten Klassen jeweils längstens für fünf Jahre erteilt und nur nach einer ärztlichen Kontroll-untersuchung verlängert. Diese Regelung wird auf Inhaber ausländischer Fahrerlaubnisse ausgedehnt. Grundlage für die Berechnung der Geltungsdauer ist das Datum der Erteilung der ausländischen Fah-rerlaubnis. Liefe die Frist erst von der Verlegung des ordentlichen Wohnsitzes in die Bundesrepublik Deutschland ab, könnte dies z. B. bei einer Geltungsdauer von zehn Jahren im Heimatstaat dazu führen, dass der Betreffende fast fünfzehn Jahre lang nicht mehr untersucht wird, wenn er kurz vor Ablauf der zehnjährigen Geltungsdauer seinen ordentlichen Wohnsitz in die Bundesrepublik Deutschland verlegt. Dies ist aus Gründen der Gleichbehandlung mit Inhabern hier lebender inländischer Fahrerlaubnisse nicht hinnehmbar.*
Stellt man auf den Zeitpunkt der Erteilung der Fahrerlaubnis ab, kann allerdings der Fall eintreten, dass eine solche Fahrerlaubnis ab dem Zeitpunkt der Verlegung des ordentlichen Wohnsitzes in die Bundesrepub-lik Deutschland oder unmittelbar danach nicht mehr gültig ist, weil seit deren Erteilung bereits mehr als fünf Jahre verstrichen sind oder – bei den Klassen C1 und C1E – der Inhaber das 50. Lebensjahr bereits voll-endet hat oder kurz nach Wohnsitzverlegung vollendet. Um dem Interesse des betroffenen Fahrerlaubnisin-habers nach einer möglichst reibungslosen Eingliederung am neuen Wohnsitz Rechnung zu tragen, wird in solchen Fällen eine Übergangsfrist von 185 Tagen gewährt, in denen der Inhaber mit seiner ausländischen Fahrerlaubnis am Verkehr im Inland teilnehmen kann, sofern diese Fahrerlaubnis nach dem Recht des Hei-matstaates noch gültig ist. Die Erteilung der notwendigen deutschen Fahrerlaubnis richtet sich nach § 30 in Verbindung mit § 24 Abs. 1 der Verordnung.

Zu Abs. 4: ... *Die ausländische Fahrerlaubnis berechtigt auch dann nicht zum Führen von Kraftfahr-* 3 *zeugen im Inland, solange der Inhaber im erteilenden Staat einem Fahrverbot unterliegt (Nummer 4*). Die Anerkennung der ausländischen Fahrerlaubnis in diesen Fällen war im Rahmen der Verordnung über den internationalen Kraftfahrzeugverkehr fraglich geworden, weil nach deutschem Recht ein Fahrverbot den Bestand der Fahrerlaubnis unberührt lässt, der Betreffende also trotz eines gegen ihn verhängten Fahrverbots immer noch Inhaber einer Fahrerlaubnis ist. Der Staat des Wohnsitzes wird in der Regel auch der Staat sein, der die Fahrerlaubnis erteilt hatte. Es sind jedoch auch Fälle denkbar, in denen der Betreffende im Wohnsitzstaat ein Fahrverbot hat, aber eine Fahrerlaubnis aus einem Drittstaat besitzt. Auch in diesem Fall wird die ausländische Fahrerlaubnis während der Dauer des Fahrverbots nicht anerkannt. Der Fall, dass außerhalb des Wohnsitzstaates oder des erteilenden Staates ein Fahrverbot besteht, wird nicht einbezogen, da der Betreffende in der Regel trotzdem im Besitz seines Führerscheins sein wird und das Fahrverbot deshalb nicht zu kontrollieren ist.*

Begr zur ÄndVO v. 7.8.02 (VkBl. **02** 892): **Zu Abs. 2:** *§ 28 in der bisher geltenden Fassung stellt* 4 *darauf ab, ob der Inhaber im Besitz irgend einer gültigen EU- oder EWR-Fahrerlaubnis ist. Es muss sich nicht um eine harmonisierte Fahrerlaubnisklasse nach der Richtlinie des Rates vom 29. Juni 1991 über den Führerschein (91/439/EWG) handeln ... Aus Verkehrssicherheitsgründen und aus Gründen der Gleichbehandlung mit hier lebenden Inhabern deutscher Fahrerlaubnisse ... ist eine Angleichung des mitgebrachten Rechts an die nationalen, entsprechenden Fahrerlaubnisklassen angezeigt. Die uneingeschränkte Berechtigung soll sich daher unmittelbar nur auf die harmonisierten Fahrerlaubnisklassen beziehen. Für den Umfang der Berechtigung der jeweiligen Fahrerlaubnis werden die entsprechenden Klassen der Entscheidung der Kommission über Äquivalenzen zwischen bestimmten Klassen von Führerscheinen zu Grunde gelegt (§ 28 Abs. 2 Sätze 1 bis 3 neu). Zu den harmonisierten Klassen gehört danach z. B. auch die in Deutschland nicht eingeführte Klasse B1 ...*

Zu Abs. 4 Nr. 4: *In den in § 28 Abs. 4 enthaltenen Katalog der Gründe, die die Nutzung einer aus-* 5 *ländischen EU- oder EWR-Fahrerlaubnis ausschließen, wird die so genannte isolierte Sperre nach § 69a Abs. 1 Satz 3 StGB eingefügt. Ist der Betroffene ungeeignet zum Führen von Kraftfahrzeugen, besitzt er aber aus irgendeinem Grund zurzeit keine Fahrerlaubnis, so untersagt das Gericht der Verwaltungsbehörde während der Dauer der Sperre dem Betroffenen eine Fahrerlaubnis zu erteilen. Auch der Inhaber einer ausländischen Fahrerlaubnis soll von seinem Fahrerlaubnisrecht im Inland im Rahmen von § 28 keinen Gebrauch machen dürfen, wenn gegen ihn eine solche Sperre verhängt ist.*

Zu Abs. 5 S. 1: *Nach dem neuen Absatz 5 muss der von einer der in Absatz 4 Nr. 3 oder Nr. 4 ge-* 6 *nannten Entscheidungen Betroffene das Recht, von seiner Fahrerlaubnis im Inland Gebrauch machen zu können, beantragen. ... Diese Berechtigung wird ihm durch Verwaltungsakt der örtlich zuständigen Fahrerlaubnisbehörde „zuerkannt", wenn die Gründe, die seinerzeit zur Aberkennung des Rechts bzw. zur isolierten Sperre geführt haben, nicht mehr bestehen.*

Zu Abs. 5 S. 2 (eingefügt auf Vorschlag des BRates): *Die Ergänzung ist erforderlich, um eine vollständige Gleichstellung ausländischer Fahrerlaubnisinhaber auch bei der Neuerteilung der Fahrberechtigung in Deutschland sicher zu stellen. § 20 Abs. 2 findet keine Anwendung, weil die Betroffenen weiterhin im Besitz einer Fahrerlaubnis sind, die zum Führen von Kraftfahrzeugen außerhalb Deutschlands berechtigt.*

Begr zur ÄndVO v. 7.1.09 (VkBl. **09** 126): **Zu Abs. 4 S. 1 Nr. 2:** *Der Europäische Gerichtshof* 7 *hat mit den Urteilen vom 26. Juni 2008 C-329/06, C-343/06 und C-334/06 bis C-336/06 ... jedoch auch klargestellt, dass der Aufnahmemitgliedstaat auf Informationen aus dem ausstellenden Mitgliedstaat zurückgreifen darf, um die Verweigerung der Anerkennung einer EU-Fahrerlaubnis wegen einer Verletzung des Wohnsitzerfordernisses zu begründen. § 28 Abs. 4 Satz 1 Nr. 2 FeV ist entsprechend den Vorgaben des Europäischen Gerichtshofes anzupassen, so dass künftig eine von einem anderen Mitgliedstaat der Europäischen Union oder einem anderen Vertragsstaat des Abkommens über den Europäischen Wirtschaftsraum erteilte gültige EU- oder EWR-Fahrerlaubnis im Sinne des § 28 Abs. 1 FeV im Umfang ihrer Berechtigung automatisch auch dann zum Führen von Kraftfahrzeugen im Inland berechtigt, wenn ihr Inhaber zum Zeitpunkt der Erteilung der EU- oder EWR-Fahrerlaubnis seinen ordentlichen Wohnsitz im Inland hatte. Etwas anderes gilt dann, wenn aus dem ausländischen EU- oder EWR-Führerschein selbst oder auf der Grundlage anderer vom Ausstellungsmitgliedstaat herrührender unbestreitbarer Informationen ersichtlich ist, dass die Inhaber zum Zeitpunkt der Erteilung ihrer EU- oder EWR-Fahrerlaubnis weiterhin ihren ordentlichen Wohnsitz im Inland hatten. Denn in diesem Fall ist der von dem anderen Mitgliedstaat der EU oder einem Vertragsstaat des Abkommens über den Europäischen Wirtschaftsraum ausgestellte Führerschein von vornherein nicht als Nachweis dafür geeignet, dass das Wohnsitzprinzip nach Artikel 7 Abs. 1*

---

* Jetzt: Nr. 5.

lit. b in Verbindung mit Artikel 9 der Richtlinie 91/439/EWG bzw. nach Artikel 7 Abs. 1 lit. e in Verbindung mit Artikel 12 der Richtlinie 2006/126/EG bei Erteilung der ausländischen EU- oder EWR-Fahrerlaubnis eingehalten wurde.

8   **Zu Abs. 4 S. 1 Nr. 3:** ... *Der Grundsatz der gegenseitigen Anerkennung der von den Mitgliedstaaten ausgestellten Führerscheine (siehe hierzu Artikel 2 Abs. 1 der Richtlinie 2006/126/EG sowie Artikel 1 Abs. 2 der Richtlinie 91/439/EWG) ist durch die Fassung von Artikel 11 Abs. 4 Satz 2 der Richtlinie 2006/126/EG gegenüber der Fassung in Artikel 8 Abs. 4 Satz 1 der Richtlinie 91/439/EWG eingeschränkt worden. Die Mitgliedstaaten der Europäischen Union haben nun kein Ermessen mehr, sondern sind verpflichtet, die Anerkennung der Gültigkeit eines EU-Führerscheins abzulehnen, der von einem anderen Mitgliedstaat einer Person ausgestellt wurde, deren Führerschein im Hoheitsgebiet des erstgenannten Mitgliedstaats eingeschränkt, ausgesetzt oder entzogen worden war. Damit erhält der Aspekt der Sicherheit des Straßenverkehrs gegenüber der Verpflichtung zur gegenseitigen Anerkennung der Führerscheine eine herausgehobene Bedeutung. Die Nichtanerkennung von Führerscheinen stellt im Vergleich zur sog. 2. Führerscheinrichtlinie nicht mehr einen angesichts des Anerkennungsgrundsatzes eng auszulegenden Ausnahmetatbestand dar.*

Hintergrund der nunmehr verschärften Regelung ist, dass bereits im Nachgang zu den Entscheidungen des Europäischen Gerichtshofes vom 29. April 2004 in der Rechtssache C-476/01, Kapper, Slg. 2004, I-5204; vom 6. April 2006 in der Rechtssache C-227/05, Halbritter, Slg. 2006, I-49 und vom 28. September 2006 in der Rechtssache C-340/05, Kremer immer mehr Personen mit Wohnsitz im Inland, denen die Fahrerlaubnis hier entzogen worden war, versucht haben, die nationalen Eignungsvorschriften für die Neuerteilung einer Fahrerlaubnis durch den rechtswidrigen Erwerb einer EU- oder EWR-Fahrerlaubnis in einem anderen Mitgliedstaat der Europäischen Gemeinschaft oder Vertragsstaat des Abkommens über den Europäischen Wirtschaftsraum zu umgehen. Dies hat zu erheblichen Risiken für die Verkehrssicherheit geführt, die auch aus Sicht der Rechtsetzungsorgane der Europäischen Gemeinschaft nicht länger hinnehmbar waren.

Mit der Neufassung des Artikels 11 Abs. 4 Satz 2 der Richtlinie 2006/126/EG haben die Rechtsetzungsorgane der Europäischen Gemeinschaft nun klar zum Ausdruck gebracht, dass eine Harmonisierung der nach einem Entzug der Fahrerlaubnis für die Neuerteilung geltenden Eignungsregelungen auf niedrigem Niveau nicht gewollt ist. Die Mitgliedstaaten sollen dafür Sorge tragen können, dass auch vergleichsweise strenge inländische Eignungsvorschriften nach einem Entzug der inländischen Fahrerlaubnis nicht umgangen werden. Für eine enge Auslegung des Artikels 11 Abs. 4 Satz 2 der Richtlinie 2006/126/EG im Sinne der oben zitierten Entscheidungen des Europäischen Gerichtshofes zu Artikel 8 Abs. 4 Satz 1 der Richtlinie 91/439/EWG ist damit kein Raum. Dies ergibt sich auch aus dem Erwägungsgrund 15 der Richtlinie 2006/126/EG, wonach die Mitgliedstaaten der Europäischen Union aus Gründen der Verkehrssicherheit die Möglichkeit haben sollen, ihre innerstaatlichen Bestimmungen über den Entzug, die Aussetzung, die Erneuerung und die Aufhebung einer Fahrerlaubnis auf jeden Führerscheininhaber anzuwenden, der seinen ordentlichen Wohnsitz in ihrem Hoheitsgebiet begründet hat. Die Vorschrift des § 28 Abs. 4 Satz 1 Nr. 3 FeV ist folglich wieder voll umfänglich anwendbar.

9   **Zu Abs. 4 S. 2:** *In den Fällen der Nummern 2 und 3 ist ein feststellender Verwaltungsakt (vgl. Verwaltungsgerichtshof Baden-Württemberg, Beschluss vom 17. Juli 2008, Az. 10 S. 1688/08) erforderlich, um den Vermerk gemäß § 47 Abs. 2 in den Führerschein eintragen zu können. Durch einen feststellenden Verwaltungsakt wird auch in den Fällen, in denen Zweifel am Vorliegen von Tatbestandsvoraussetzungen bestehen, die notwendige Rechtssicherheit herbeigeführt, was insbesondere für mögliche Strafverfahren nach § 21 StVG (Fahren ohne Fahrerlaubnis) von Bedeutung ist. Die Ergänzung führt außerdem dazu, dass hinsichtlich der Gebührenerhebung für den Feststellungsbescheid nach Gebühren-Nummer 399 GebOSt eine rechtlich unstrittige Grundlage besteht.*

10   **Zu Abs. 4 S. 3:** *Der EuGH hat in den o. g Entscheidungen vom 26. Juni 2008 deutlich gemacht, dass ein Mitgliedstaat nicht befugt ist, einer Person, auf die eine Maßnahme des Entzugs oder der Aufhebung einer von diesem Mitgliedstaat erteilten Fahrerlaubnis angewendet wurde, auf unbestimmte Zeit die Anerkennung der Gültigkeit eines Führerscheins zu versagen, der ihr möglicherweise später von einem anderen Mitgliedstaat ausgestellt wird. Denn dies widerspräche dem Grundsatz der gegenseitigen Anerkennung der Führerscheine. Der Besitz eines von einem Mitgliedstaat ausgestellten Führerscheins ist als Nachweis dafür anzusehen, dass der Inhaber dieses Führerscheins am Tag der Erteilung des Führerscheins die Voraussetzungen erfüllt. Ein Aufnahmemitgliedstaat, der die Erteilung einer Fahrerlaubnis insbesondere nach dem Entzug einer früheren Fahrerlaubnis von strengeren nationalen Voraussetzungen abhängig macht, kann die Anerkennung eines zu einem späteren Zeitpunkt von einem anderen Mitgliedstaat ausgestellten Führerscheins nicht allein mit der Begründung ablehnen, dass der Inhaber diesen neuen Führerschein gemäß einer nationalen Regelung erlangt hat, die nicht dieselben Anforderungen aufstellt, wie sie der Aufnahmemitgliedstaat vorsieht. Die Änderung berücksichtigt diese Entscheidungen, indem eine unbegrenzte Verweigerung der*

Anerkennung durch einen Verweis auf die Tilgungsfristen des Straßenverkehrsgesetzes ersetzt wird. Damit wird deutlich gemacht, dass nach Eintritt der Tilgung die bisher im VZR eingetragenen Gründe der Anerkennung einer EU-/EWR-Fahrerlaubnis nicht mehr entgegenstehen.

Begr zur ÄndVO v. 17.12.10 **zu Abs. 4 S. 1 Nr. 6** (VkBl. **11** 83): *Diese Ergänzung setzt den* **11** *EG-rechtlichen Grundsatz des Artikel 7 Abs. 5 der Richtlinie 91/439/EWG (2. EG-Führerschein-Richtlinie) und zukünftig des Artikel 7 Abs. 5 Buchst. a der Richtlinie 2006/126/EG (3. EG-Führerschein-Richtlinie) um, wonach jede Person nur Inhaber eines einzigen Führerscheins sein kann. Dieser Grundsatz findet sich auch in den EuGH-Entscheidungen vom 20. November 2008 (Az. C-1/07) und 3. Juli 2008 (Az. C-225/07) wieder. Danach kann auch bei einer späteren Entziehung der deutschen Fahrerlaubnis die Anerkennung der ausländischen EU-/EWR-Fahrerlaubnis verweigert werden, wenn der Betroffene im Zeitpunkt der Erteilung der ausländischen EU-/EWR-Fahrerlaubnis Inhaber einer deutschen Fahrerlaubnis war.*

Begr zur ÄndVO v. 26.6.12 **zu Abs. 4 S. 1 Nr. 7 und 8** (BR-Drs. 245/12 S. 28 = VkBl. **12** **12** 592): *Mit dieser Änderung werden die Möglichkeiten des Artikels 8 der Richtlinie des Rates vom 29. Juli 1991 über den Führerschein (2. Führerscheinrichtlinie) zur Bekämpfung des Führerscheintourismus ausgeschöpft. Dabei sollen jedoch nicht generell alle aus Drittstaaten umgetauschten EU-/EWR-Fahrerlaubnisse abgelehnt werden. Vielmehr sollen EU-/EWR-Fahrerlaubnisse, die auf Grund eines Umtauschs eines in einem der in Anlage 11 aufgeführten Drittstaaten ausgestellt wurden, anerkannt werden. EU-/EWR-Führerscheine, die auf Grund eines gefälschten Führerscheins umgetauscht wurden, sollen generell nicht anerkannt werden.*

Begr zur ÄndVO v. 16.4.14 **zu Abs. 4 S. 1 Nr. 9** (BR-Drs. 78/14 S. 58 = VkBl. **14** 429): **13–18** *Nach der Rechtsprechung des Europäischen Gerichtshofes (C-224/10 und C-590/10) müssen Fahrerlaubnisse der Klassen C und D, die im EU/EWR-Ausland aufgrund in Deutschland nicht anzuerkennender Fahrerlaubnisse der Klasse B erteilt worden sind, in Deutschland nicht anerkannt werden, auch wenn sie für sich betrachtet keinen Makel aufweisen. Zur Umsetzung dieser Rechtsprechung wird in Nummer 9 eine entsprechende Regelung aufgenommen.*

1. Allgemeines. § 28 regelt die Befugnis von Inhabern im Ausland erteilter EU- oder EWR- **19** FE zum Führen von Kfz in Deutschland, wenn diese Personen einen ordentlichen Wohnsitz iSv § 7 im Inland haben. Auf Inhaber ausländischer EU- oder EWR-FE ohne ordentlichen Wohnsitz im Inland ist dagegen § 29 anzuwenden. Begründet der Inhaber einer in einem anderen EU- oder EWR-Staat erteilten FE einen ordentlichen Wohnsitz im Inland, richtet sich seine weitere Berechtigung zum Führen von Kfz im Inland ab diesem Zeitpunkt nicht mehr nach § 29, sondern nur noch nach § 28 (§ 29 I S. 3). § 28 betrifft nur ausländische EU/EWR-FE (BVerwG NJW **13** 487). Er gilt auch für FE, die in einem heutigen Mitgliedstaat vor dem Beitritt des jeweiligen Staates zur EU/zum EWR und vor Inkrafttreten der 2. und 3. EU-FS-RL erteilt worden sind (BVerwG NJW **14** 2214).

Nach gefestigter Rspr. des EuGH sah Art 1 II der 2. EU-FS-RL die **gegenseitige Anerkennung** **20** der von den Mitgliedstaaten erteilten **Führerscheine ohne jede Formalität** vor (EuGH NJW **04** 1725 – Kapper, NJW **06** 2173 – Halbritter, NJW **07** 1863 – Kremer, NJW **08** 2403 – Wiedemann/Funk, NJW **11** 3635 – Grasser, NJW **12** 369 – Apelt, NJW **12** 1341 – Akyüz). Der EuGH hat daraus abgeleitet, dass es ausschließlich Aufgabe des den FS ausstellenden Mitgliedstaates ist, zu prüfen, ob die im Unionsrecht aufgestellten Mindestvoraussetzungen für die Erteilung einer FE, insbes diejenigen hinsichtlich des Wohnsitzes und der Fahreignung, erfüllt sind und ob somit die Erteilung, ggf. die Neuerteilung einer FE gerechtfertigt ist (EuGH NJW **08** 2403 – Wiedemann/Funk, NJW **12** 1341 – Akyüz). Haben die Behörden eines Mitgliedstaates eine FE erteilt und einen FS gem. Art 1 I der 2. EU-FS-RL ausgestellt, sind die anderen Mitgliedstaaten somit nicht befugt, die Beachtung der in dieser Richtlinie aufgestellten Ausstellungsvoraussetzungen erneut nachzuprüfen (EuGH NJW **06** 2173 – Halbritter, NJW **07** 1863 – Kremer, NJW **08** 2403 – Wiedemann/Funk, NJW **11** 3635 – Grasser). Der Besitz eines von einem Mitgliedstaat ausgestellten FS ist nämlich als Nachweis dafür anzusehen, dass der Inhaber dieses FS am Tag der Ausstellung des FS diese Voraussetzungen – die Fahreignung eingeschlossen – erfüllt hat (EuGH NJW **08** 2403 – Wiedemann/Funk, NJW **10** 217 – Wierer, NJW **11** 587 – Scheffler, NJW **12** 369 – Apelt, NJW **12** 1341 – Akyüz). Der EuGH hat festgestellt, dass diese Grundsätze in vollem Umfang **auch für die 3. EU-FS-RL** gelten (EuGH NJW **12** 1935 – Hofmann, mAnm *Dauer*) und sie in späteren Entscheidungen bestätigt (EuGH NJW **15** 2945 – Aykul, NJW **15** 3217 – Wittmann).

20a   Die **Verpflichtung zur Anerkennung** seit dem 19.1.13 erteilter ausländischer EU-/EWR-
Fahrerlaubnisse besteht europarechtlich **nur** dann, wenn zur Dokumentation der ausländischen
FE ein **Führerschein** nach Art 1 iVm Anh I der 3. EU-FS-RL, also nach dem **in der EU
harmonisierten einheitlichen Muster,** ausgestellt worden ist. Denn Art 2 I der 3. EU-FS-RL,
der die Verpflichtung zur gegenseitigen Anerkennung der von den Mitgliedstaaten ausgestellten
Führerscheine statuiert, bezieht sich auf Führerscheine als Dokumente und nicht auf die ihnen
zugrunde liegenden Fahrerlaubnisse (EuGH Urt v. 26.10.17 – C-195/16 NZV **18** 573, BVerwG
5.7.18 – 3 C 9.17 NJW **18** 3661, *Kenntner* NJW **20** 1556). Für FS, die vor dem 19.1.13 ausge-
stellt wurden, regelt Art 13 der 3. EU-FS-RL die Äquivalenzen (s. Abs. II). Deutschland hat keine
ausdrückliche Regelung dazu getroffen, welche FS zum Nachweis einer gültigen EU-/EWR-
FE iSv Abs. I geeignet sind. Das Recht zum Führen von Kfz im Inland ist aber ausgeschlossen,
wenn der Betr zwar Inhaber einer EU-/EWR-FE, aber lediglich im Besitz eines Lernführer-
scheins oder eines anderen vorläufig ausgestellten FS ist (IV S. 1 Nr. 1, s. auch § 29 III S. 1 Nr. 1).
Diese Regelung ist nach EuGH NZV **18** 573 unionsrechtskonform.

21   Art 8 II und IV der 2. EU-FS-RL hat den Mitgliedstaaten gestattet, unter bestimmten Um-
ständen und insbesondere aus Gründen der Sicherheit des StrV ihre **innerstaatlichen Vor-
schriften über Einschränkung, Aussetzung, Entzug oder Aufhebung der FE** auf jeden
FEInhaber anzuwenden, der seinen ordentlichen Wohnsitz in ihrem Hoheitsgebiet hat (EuGH
NJW **08** 2403 – Wiedemann/Funk, DAR **08** 459 – Zerche ua, NJW **12** 1341 – Akyüz). So er-
laubte es Art 8 IV der 2. EU-FS-RL einem Mitgliedstaat, die Gültigkeit einer FE nicht anzuer-
kennen, die in einem anderen Mitgliedstaat von einer Person erworben wurde, auf die im Ho-
heitsgebiet des erstgenannten Staats eine Maßnahme der Einschränkung, der Aussetzung, des
Entzugs oder der Aufhebung der FE angewandt wurde. Art 11 IV UAbs. 2 der 3. EU-FS-RL
sieht vor, dass ein Mitgliedstaat die Anerkennung der Gültigkeit einer Fahrerlaubnis abzulehnen
hat, der von einem anderen Mitgliedstaat einer Person ausgestellt wurde, deren Fahrerlaubnis im
Hoheitsgebiet des erstgenannten Mitgliedstaats eingeschränkt, ausgesetzt oder entzogen worden
ist. Diese Befugnis bzw. Verpflichtung ist eine **Ausnahme vom allgemeinen Grundsatz der
gegenseitigen Anerkennung der FE** und nach der Rspr. des EuGH aus diesem Grund **eng
auszulegen** (EuGH NJW **04** 1725 Rn. 70, 72 – Kapper, NJW **06** 2173 Rn. 35 – Halbritter,
NJW **08** 2403 Rn. 60 – Wiedemann/Funk, NJW **08** 3767 Rn. 29 – Weber, NJW **11** 587 Rn. 62
– Scheffler, NJW **12** 1341 Rn. 45 – Akyüz). Dies gilt in gleicher Weise auch für die 3. FS-RL
(EuGH NJW **12** 1935 – Hofmann, mAnm *Dauer*).

22   **2. Gültige ausländische EU/EWR-Fahrerlaubnis.** Anders als bei Inhabern von FE aus
Drittstaaten (§ 29 I S. 3 und 4) ist die Berechtigung, im Inland Kfz zu führen, bei Inhabern von
FE aus anderen Mitgliedstaaten der EU oder des EWR nach Wohnsitznahme nicht auf 6 (bzw.
in Ausnahmefällen auf 12) Monate befristet. Auch **nach Begründung eines ordentlichen
Wohnsitzes** im Inland berechtigen ausländische EU/EWR-FE grundsätzlich zum Führen fahr-
erlaubnispflichtiger Kfz im Inland (Abs. 1 S. 1), dann jedoch mit den sich aus Abs. 2 bis 4 erge-
benden Einschränkungen. Damit wird Art 2 I der 3. EG-FS-RL in deutsches Recht umgesetzt,
wonach die Mitgliedstaaten verpflichtet sind, die von den anderen Mitgliedstaaten ausgestellten
Führerscheine gegenseitig anzuerkennen. Auf die Staatsangehörigkeit kommt es dabei nicht
an. Ist die ausländische EU/EWR-FE nicht mehr **gültig,** besteht keine Fahrberechtigung in
Deutschland (I S. 1). Ergibt sich die nicht mehr bestehende Gültigkeit aus einer Mitteilung der
ausländischen FEB an die deutsche Behörde, kommt es nicht darauf an, ob es sich dabei um eine
vom Ausstellerstaat herrührende unbestreitbare Information handelt (so aber VGH Ma NJW **14**
3739), denn es besteht keine Notwendigkeit, für die Frage der Verwertbarkeit einer Mitteilung
der ausländischen FEB über die Gültigkeit der FE auf die in Abs. 4 S. 1 Nr. 2 normierten
Grundsätze abzustellen (*Koehl* SVR **15** 40).

23   Wurde die ausländische EU/EWR-FE durch **Umtausch** einer zuvor in einem anderen **EU-
oder EWR-Staat** erteilten **noch gültigen FE** erworben, berechtigt sie (vorbehaltlich der Ein-
schränkungen gem. Abs. 2–4) gem. Abs. 1 zum Führen von Kfz im Inland. Hat der Inhaber eines
von einem Mitgliedstaat ausgestellten gültigen FS seinen ordentlichen Wohnsitz in einen ande-
ren Mitgliedstaat verlegt, muss er seinen FS nicht umtauschen lassen, denn die von den Mitglied-
staaten ausgestellten FS werden gegenseitig anerkannt (Rn. 22). Er kann aber einen Antrag auf
Umtausch seines FS gegen einen gleichwertigen FS seines neuen Wohnsitzstaates stellen (Art 11
Abs. 1 S. 1 der 3. EU-FS-RL). Ein solcher Umtausch kann insbesondere hilfreich sein, um Un-
klarheiten hinsichtlich der Reichweite der Fahrberechtigung zu beseitigen; diese können sich
aus der fehlenden Harmonisierung der Fahrzeugklassen ergeben (BVerwG 5.7.2018 – 3 C 9.17

NJW **18** 3661). Der umtauschende Mitgliedstaat prüft, für welche Fahrzeugklasse der vorgelegte FS tatsächlich noch gültig ist (Art 11 Abs. 1 S. 2 der 3. EU-FS-RL), und stellt einen gleichwertigen FS aus. Eine **Prüfung der Fahreignung** durch den umtauschenden Mitgliedstaat ist **nicht vorgesehen** (BVerwG 5.7.2018 – 3 C 9.17 NJW **18** 3661, VGH Mü 21.3.17 – 11 B 16.2007 VRS **131** 218 (223), *Kenntner* NJW **20** 1556 (1560 f.)). Der Umtausch wird durch Anbringung des **Codes 70** nach Anh I der 3. EU-FS-RL in Feld 12 des FS kenntlich gemacht. Außerdem wird die Führerscheinnummer des umgetauschten FS mit einer Kennung für den EU-/EWR-Staat, der ihn ausgestellt hatte, und das Datum der ersten Fahrerlaubniserteilung für jede Klasse eingetragen. Die ursprüngliche FE wirkt damit sichtbar auch in dem auf der Grundlage eines Umtauschs neu ausgestellten FS fort (BVerwG 5.7.2018 – 3 C 9.17 NJW **18** 3661). Durch Umtausch von EU-/EWR-FS erworbene ausländische EU-/EWR-FS sind gem. Art 2 I der 3. FS-RL **vorbehaltlos anzuerkennen.**

Der **„Umtausch" einer nicht mehr gültigen,** also nicht mehr existenten **deutschen FE** **23a** auf der Basis des für die frühere FE ausgestellten deutschen FS in einem anderen EU/EWR-Staat ist nicht als Erteilung einer ausländischen FE anzusehen, da Voraussetzung dafür die noch bestehende Gültigkeit der deutschen FE wäre; ein so erlangter ausländischer FS vermittelt keine Fahrberechtigung in Deutschland (VGH Ma NJW **14** 3739, OVG Saarlouis ZfS **17** 534, VG Lüneburg 11.7.18 1 B 34/18 BeckRS 2018, 15949). Gleiches gilt für einen FS, der in einem anderen EU-/EWR-Staat auf Grund des Umtausches einer deutschen FE erworben wurde, die zuvor im Inland sofort vollziehbar entzogen wurde (OVG Weimar 20.6.2018 – 2 EO 154/17 VRS **134** 320).

Ob die **Erneuerung eines FS** bei **Ablauf der Gültigkeitsdauer** iSv Art 7 III der 3. FS- **23b** RL, die gem. Art 7 III UAbs. 2 der 3. FS-RL von einer Prüfung der Mindestanforderungen an die körperliche und geistige Tauglichkeit abhängig gemacht wird, lediglich als Erneuerung der Führerscheinurkunde (VG Kar SVR **15** 475) oder als Verlängerung der FE nach Prüfung der Fahreignung und damit als Erteilung einer FE anzusehen ist, muss als offen angesehen werden, bis über das Vorabentscheidungsersuchen des BVerwG an den EuGH (BVerwG 10.10.19 – 3 C 20.17 BeckRS 2019, 23797 = NJW **20** 1616 Ls, dazu § 29 Rn. 17) entschieden worden ist.

Der Umtausch ist begrifflich von der **Ersetzung eines FS** iSv Art 11 V der 3. EU-FS-RL zu **23c** unterscheiden, die lediglich die Ausstellung eines neuen (Ersatz-)FS zB nach Verlust oder Diebstahl des vorherigen FS darstellt. Sie wird durch Anbringung des **Codes 71** („Duplikat des FS") kenntlich gemacht. Mit der Ersetzung eines FS wird keine neue Fahrerlaubnis erteilt. Dies gilt auch dann, wenn der Ersatzführerschein erstmals eine Befristung enthält (Ce 12.12.19 – 2 Ss 138/ 19 NZV **20** 483 = VRS **137** 273). Die Ersetzung eines FS wird von der 3. EU-FS-RL nicht an bestimmte Bedingungen, insbes nicht an die Durchführung einer Fahreignungsprüfung geknüpft.

Bis zu der Einfügung von Abs. 4 S. 1 Nr. 7 und 8 durch ÄndVO v. 26.6.12 (BGBl. I S. 1394) **24** mit Wirkung vom 30.6.12 galt die Berechtigung aus Abs. 1 uneingeschränkt auch, wenn die ausländische FE in dem EU- oder EWR-Staat im Wege des **Umtauschs** einer zuvor in einem **Drittland** erworbenen FE erteilt worden ist. Deutschland hat 1998 bei Umsetzung der 2. FS-RL in deutsches Recht nicht von der durch Art 8 VI UAbs. 2 S. 2 der 2. FS-RL eingeräumten Möglichkeit Gebrauch gemacht, die Anerkennung der Gültigkeit von ausländischen EU/EWR-FE abzulehnen, die durch Umtausch einer von einem Drittland erteilten FE erworben worden sind (Begr Rn. 1, VGH Mü DAR **11** 425, *G. Geiger* DAR **10** 121 (125)). Erst durch Einfügung von Abs. 4 S. 1 Nr. 7 und 8 mit Wirkung vom 30.6.12 hat Deutschland partiell von dieser Möglichkeit Gebrauch gemacht (näher dazu Rn. 48–50). Vor dieser Rechtsänderung war demgemäß anerkannt, dass ausländische EU/EWR-FE, die durch Umtausch einer zuvor in einem Drittland erworbenen FE erteilt worden sind, gem. Abs. 1 zum Fahren im Inland berechtigen (aA OVG Münster NZV **10** 167, einschränkend *Maierhöfer* DAR **09** 684). Selbst der Umtausch eines total-gefälschten philippinischen FS in einen ungarischen FS wurde als Erteilung einer ungarischen FE angesehen, die gem. Abs. 1 S. 1 anzuerkennen sei, solange Deutschland von der Ermächtigung des Art 8 VI UAbs. 2 S. 2 der 2. EG-FS-RL nicht Gebrauch gemacht hatte (VGH Mü DAR **11** 425, krit *Scheidler* NWVBl **11** 449 (455), *Reither* BayVBl **12** 378). Seit Einfügung von Abs. 4 S. 1 Nr. 7 und 8 mit Wirkung vom 30.6.12 berechtigen nur noch die im Wege des Umtauschs einer zuvor in einem Drittland erworbenen FE erteilten ausländischen EU/EWR-FE gem. Abs. 1 uneingeschränkt zum Fahren im Inland, die nicht unter Abs. 4 S. 1 Nr. 7 und 8 fallen.

Der **Umfang der Fahrberechtigung** ergibt sich aus der jeweiligen EU- bzw. EWR-FE **25** nach Maßgabe des Beschlusses (EU) 2016/1945 der EU-Kommission v. 14.10.16 über Äquivalenzen zwischen Führerscheinklassen, AB1EU Nr. L 302 v. 9.11.16 S. 62 = StVRL § 6 FeV Nr. 3 (Abs. 2 S. 1). Die uneingeschränkte Berechtigung bezieht sich gem. Abs. 2 S. 2 nur auf die in der

EU harmonisierten FEKlassen (Begr Rn. 4). Insoweit unterscheidet sich die für den Fall der Wohnsitzbegründung im Inland getroffene Regelung des § 28 von derjenigen des § 29, wonach vorübergehend (§ 29 I) auch FE der nichtharmonisierten Klassen im Inland anerkannt werden. Jedoch gilt die Einschlussregelung des § 6 III (Abs. 2 S. 3) ohne die Notwendigkeit einer Umschreibung des ausländischen FS. Für die Berechtigung der Kl L und T bedarf es entsprechend § 6 III keines Umtausches des ausländischen FS (Begr VkBl. **02** 892). Für nichtharmonisierte nationale Klassen gilt § 30, dh der Inhaber kann Erteilung der entsprechenden deutschen FE beantragen. Ordentlicher Wohnsitz: § 7 I. Zum Umfang der Berechtigung bei Eintragung von Beschränkungen und Auflagen im FS unter Verwendung von Schlüsselzahlen, s. *Huppertz* NZV **04** 563. Die ausländische EU/EWR-FE wird auch dann anerkannt, wenn das **Mindestalter** in dem Staat, in dem die FE erteilt wurde, niedriger ist als nach den deutschen Bestimmungen (Abs. 1 S. 1 „im Umfang ihrer Berechtigung"). Von der den Mitgliedstaaten in Art 4 VI letzter Satz der 3. EU-FS-RL eingeräumten Möglichkeit, die Gültigkeit eines FS in ihrem Hoheitsgebiet anzuerkennen, der Personen ausgestellt worden ist, deren Alter unter dem in Art 4 II–IV angegebenen Mindestalter liegt, hat Deutschland somit Gebrauch gemacht. Missachtung der sich aus Abs. 2 ergebenden Einschränkungen: § 21 StVG.

25a   Die deutschen Bestimmungen des § 23 über die **Geltungsdauer** von FE der **C- und D-Klassen** sollen nach Maßgabe von **Abs. 3** auch im Ausland erteilte EU/EWR-FE von Personen anzuwenden sein, die ihren ordentlichen Wohnsitz in Deutschland haben. Nach Abs. 3 S. 1 soll die in § 23 I S. 2 normierte Geltungsdauer von maximal 5 Jahren auch für im EU-/EWR-Ausland erteilte Fahrerlaubnisse der C- und D-Klassen gelten, selbst wenn diese für eine längere Gültigkeitsdauer erteilt worden sind. Sie sollen in Deutschland automatisch und ohne Änderung der Angaben im FS ab Erteilungsdatum nur für 5 Jahre gelten, wenn der FEInhaber seinen Wohnsitz in Deutschland nimmt. Wäre die ausländische FE danach bei Verlegung des Wohnsitzes nach Deutschland wegen Überschreitung des 5-Jahres-Zeitraums bereits nicht mehr gültig, soll von ihr gleichwohl noch 6 Monate Gebrauch gemacht werden dürfen (Abs. 3 S. 3). Will der FEInhaber nach Ablauf des 5-Jahres-Zeitraums in Deutschland Kfz der Klassen C oder D fahren, soll er eine deutsche FE nach § 30 erwerben müssen, wofür § 24 I entsprechend angewandt werden soll (Abs. 3 S. 4). Diese Regelungen sind **unwirksam**, weil **mit EU-Recht nicht vereinbar** (BVerwG 6.9.2018 – 3 C 31.16 NJW **19** 100). Sie werden durch den Anerkennungsgrundsatz des Art 2 I der 3. EU-FS-RL überlagert. EU-/EWR-Fahrerlaubnisse der C- und D-Klassen haben seit dem 19.1.2013 eine Gültigkeitsdauer von 5 Jahren (Art 7 II Buchst. b der 3. EU-FS-RL). Nimmt der Inhaber einer früher erteilten EU-/EWR-FE dieser Klassen mit davon abweichender Gültigkeitsdauer seinen Wohnsitz in einem anderen EU-/EWR-Staat als dem Staat, der die FE erteilt hat, kann der Aufnahmestaat (erst) nach zwei Jahren ab der Wohnsitznahme die seit dem 19.1.2013 vorgesehene Gültigkeitsdauer von 5 Jahren auf die FE anwenden, indem er „den Führerschein erneuert" (Art 2 II der 3. EU-FS-RL); er muss dies aber nicht tun. Die deutsche Regelung des § 28 Abs. 3 berücksichtigt dies nicht, wohl weil sie ursprünglich in Umsetzung der früheren 2. EG-FS-RL geschaffen und dann nicht an die geänderten Bestimmungen der 3. EU-FS-RL angepasst worden ist (BVerwG 6.9.2018 – 3 C 31.16 NJW **19** 100 Rn. 29 ff.). Die Vorgabe der 3. EU-FS-RL, wonach Fahrerlaubnisse der C- und D-Klassen mit abweichender Gültigkeitsdauer erst nach 2 Jahren und dann auch nur durch „Erneuerung des Führerscheins", also durch Erteilung einer neuen FE in ihrer Gültigkeitsdauer an die Regelung des § 23 I S. 2 angepasst werden dürfen, ist nicht in das deutsche Recht umgesetzt worden. Das BVerwG hat keine Möglichkeit gesehen, die bestehenden Vorschriften der FeV dazu unionsrechtskonform auszulegen. Die Regelungen des Abs. 3 sind somit wegen Unvereinbarkeit mit der 3. EU-FS-RL nicht anzuwenden. Folglich sind im EU-/EWR-Ausland erteilte Fahrerlaubnisse der C- und D-Klassen mit ihrer bei Erteilung festgesetzten Gültigkeitsdauer gem. Art 2 I der 3. EU-FS-RL in Deutschland vorbehaltlos anzuerkennen und berechtigen abweichend von Abs. 3 bis zum Ablauf der ggf. über 5 Jahre hinausgehenden Gültigkeitsdauer zum Fahren in Deutschland, ohne in eine deutsche FE umgetauscht werden zu müssen (BVerwG 6.9.2018 – 3 C 31.16 NJW **19** 100). Wenn die (ursprünglich festgelegte) Geltungsdauer abläuft oder abgelaufen ist, ist bei Erteilung einer deutschen FE § 24 II entsprechend anzuwenden (§ 30 II S. 1, 2).

25b   Die Berechtigung aus Abs. 1 gilt **nicht für LernFS** oder andere nur **vorläufig ausgestellte FS** (Abs. 4 S. 1 Nr. 1). Dazu Rn. 20a.

26   **3. Ausschluss der Berechtigung bei Verstoß gegen das Wohnsitzerfordernis (Abs. 4 S. 1 Nr. 2).** Nach dem **Urteil des EuGH v. 29.4.04** C-476/01 **Kapper** (NJW **04** 1725, zust *Otte/Kühner* NZV **04** 326) war die durch den damaligen Abs. 4 Nr. 2 geregelte Voraussetzung

für die Berechtigung nach Abs. 1, dass die ausländische EU/EWR-FE nicht zu einem Zeitpunkt erteilt worden sein durfte, zu dem der Inhaber seinen ordentlichen Wohnsitz im Inland hatte, nicht mit EG-Recht vereinbar, weil sie gegen den Grundsatz der gegenseitigen Anerkennung von FE der Mitgliedstaaten (Art 1 II der 2. EU-FS-RL) verstieß (VGH Ma NJW **04** 3058, NJW **06** 1153, Sa NStZ-RR **05** 50, OVG Lüneburg NJW **06** 1158). Ein Mitgliedstaat dürfe einem von einem anderen Mitgliedstaat ausgestellten FS die Anerkennung nicht deshalb versagen, weil nach den ihm vorliegenden Informationen der FSInhaber zum Zeitpunkt der Ausstellung des FS seinen ordentlichen Wohnsitz im Hoheitsgebiet dieses Mitgliedstaats und nicht im Hoheitsgebiet des ausstellenden Mitgliedstaats gehabt hat. Die Prüfung, ob die Voraussetzungen für die Erteilung der FE hinsichtlich der Wohnsitzvoraussetzung erfüllt sind, sei ausschließlich Sache des ausstellenden Mitgliedstaats. Mit **Urteilen des EuGH v. 26.6.08** C-329/06 C-343/06 **Wiedemann/Funk** (NJW **08** 2403) und C-334/06 bis C-336/06 **Zerche/Seuke/Schubert** (DAR **08** 459, zu beiden Urteilen *Dauer* NJW **08** 2381, Anm *König* DAR **08** 464, Anm *Geiger* DAR **08** 463) sind Einschränkungen dieses Grundsatzes vorgenommen worden, wenn sich aus dem FS selbst oder aus anderen vom Ausstellerstaat herrührenden unbestreitbaren Informationen ergibt, dass das Wohnsitzprinzip bei Erteilung der FE nicht eingehalten wurde (ebenso EuGH NJW **11** 3635 – Grasser, NJW **12** 369 – Apelt, NJW **12** 2018 – Köppl, NJW **12** 1341 – Akyüz, NJW **12** 1935 – Hofmann). Die vom EuGH zu der Frage der Nichtbeachtung der Voraussetzung eines ordentlichen Wohnsitzes unter Geltung der 2. EG-FS-RL entwickelten Grundsätze finden **auch** auf die **3. EU-FS-RL** Anwendung (EuGH NJW **12** 1341 Rn. 64 – Akyüz, VGH Ma NJW **12** 3194, OVG Bautzen SächsVBl **14** 216). Der Aufnahmestaat ist somit ausnahmsweise befugt, einer im EU-/EWR-Ausland erteilten FE die Anerkennung zu versagen, wenn aufgrund von Angaben im Führerschein selbst oder anderen vom Ausstellungsstaat herrührenden unbestreitbaren Informationen feststeht, dass die Voraussetzung eines ordentlichen Wohnsitzes zum Zeitpunkt der Fahrerlaubniserteilung nicht beachtet worden ist (BVerwG 24.10.19 – 3 B 26.19 NJW **20** 1600).

Es kommt darauf an, ob der Betr **zum Zeitpunkt der Erteilung der FE** (eingetragen im **26a** FS unter Nr. 10) seinen ordentlichen Wohnsitz im Ausstellerstaat hatte und nicht, ob dies zu irgendeinem anderen Zeitpunkt (BVerwG DAR **15** 30, VGH Ma NJW **14** 3049) oder zu einem ggf. von dem Zeitpunkt der Erteilung der FE abweichenden Zeitpunkt der Ausstellung des FS (eingetragen im FS unter Nr. 4a) der Fall war (OVG Lüneburg DAR **14** 44). Es genügt nicht, wenn der FEInhaber sich zwar 185 Tage im Ausstellungsstaat aufgehalten, zum Zeitpunkt der Erteilung der FE aber seinen Wohnsitz schon wieder verlegt hat (VGH Mü 30.1.20 – 11 CE 19.2319 BeckRS 2020, 1194). Im Fall der Ausstellung eines ErsatzFS kommt es nicht auf den Zeitpunkt der Ausstellung des ErsatzFS, sondern auf den Zeitpunkt der Erteilung der FE an (OVG Weimar DAR **17** 102). Zu dem **Begriff** des **ordentlichen Wohnsitzes** näher § 7 FeV.

Unerheblich ist, ob das in den EU-FS-RL enthaltene **Wohnsitzerfordernis** zum Zeitpunkt **26b** der Erteilung der ausländischen EU/EWR-FE **bereits in das nationale Recht** des die FE erteilenden Staates **umgesetzt war,** denn es kommt allein darauf an, ob gegen das durch die EU-FS-RL selbst vorgegebene Wohnsitzerfordernis verstoßen wurde (BVerwG NJW **09** 1689, NJW **13** 487, 16.7.13 3 B 10.13, VGH Mü SVR **12** 356, 20.7.12 11 BV 12.172, 24.5.17 11 ZB 17.681, OVG Lüneburg NZV **13** 312). Nicht entschieden ist bisher, ob ein berücksichtigungsfähiger Wohnsitzverstoß zur Ablehnung der Anerkennung einer ausländischen EU/EWR-FE berechtigt, wenn der Betr zum Zeitpunkt der Erteilung der FE weder nach Unionsrecht noch nach dem Fahrerlaubnisrecht des Ausstellermitgliedstaats seinen ordentlichen Wohnsitz im Ausstellerstaat haben musste (BVerwG NJW **14** 2214 – Erteilung einer tschechischen FE 1996).

Nach dem entsprechend den Vorgaben der EuGH-Rspr. durch die 3. FeVÄndVO v. 7.1.09 **27** (BGBl. I S. 29) geänderten **Abs. 4 S. 1 Nr. 2** ist grundsätzlich der Besitz eines von einem anderen EU- oder EWR-Staat ausgestellten FS als Nachweis dafür anzusehen, dass das Wohnsitzprinzip am Tag der Erteilung der FE beachtet wurde. Eine von einem anderen EU- oder EWR-Staat erteilte gültige EU/EWR-FE berechtigt auch dann zum Führen von Kfz im Inland, wenn ihr Inhaber zum Zeitpunkt der Erteilung der EU/EWR-FE seinen ordentlichen Wohnsitz im Inland hatte (Begr Rn. 7). Etwas anderes gilt nur, wenn einer der folgenden beiden Ausnahmefälle vorliegt: **a)** Die Berechtigung nach Abs. 1 gilt nicht, **wenn sich aus den Angaben im FS selbst ergibt,** dass der FEInhaber zum Zeitpunkt der Erteilung seinen ordentlichen Wohnsitz im Inland hatte (Abs. 4 S. 1 Nr. 2). Dies ist der Fall, wenn die deutsche Wohnanschrift in den ausländischen FS eingetragen wurde. In diesem Fall ist der von dem anderen EU/EWR-Staat ausgestellte FS von vornherein nicht als Nachweis dafür geeignet, dass das Wohnsitzprinzip bei Erteilung der ausländischen EU/EWR-FE eingehalten wurde (Begr Rn. 7). Dies gilt auch dann, wenn der FS später in einen FS mit Eintragung eines Wohnsitzes im Ausstellerstaat umgetauscht wird (VGH Ma DAR **10** 38, VG Stu DAR **09** 225). Ist in Feld 8 eines FS ein nicht im Ausstellerstaat liegender Ort eingetragen, ist damit der volle Beweis der Nichtbeachtung des Wohnsitzerfordernisses erbracht; weitere Ermittlungen dazu sind dann nicht veranlasst (OVG Mgd SVR **17** 195, VG Lüneburg 16.10.19 – 1 A 160/17 BeckRS 2019, 25519). Der FEInhaber kann grundsätzlich den **Gegenbeweis** führen, dass entgegen den Angaben im ausländischen FS sein Wohnsitz im fraglichen Zeitraum doch in dem Staat bestanden hat, der die FE erteilt hat. Erbracht ist der Gegenbeweis aber nur, wenn der volle Nachweis eines anderen Geschehensablaufs geführt wird (VGH Mü SVR **12** 195, OVG Br VRS **123** 303, *Koehl* DAR **12** 446). **b)** Die Berechtigung nach Abs. 1 gilt auch dann nicht, wenn sich aus **vom Ausstellerstaat herrührenden unbestreitbaren Informationen** ergibt, dass der FE-Inhaber zum Zeitpunkt der Erteilung seinen ordentlichen Wohnsitz im Inland hatte (Abs. 4 S. 1 Nr. 2). Die Regelung des Abs. 4 S. 1 Nr. 2 gilt unabhängig davon, ob die 2. oder die 3. EU-FS-RL zur Anwendung kommt (BVerwG NJW **13** 487). In Umsetzung der EuGH-Rspr. hätte der VOGeber auch weitergehend regeln können, dass die Berechtigung aus Abs. 1 nicht gilt, wenn der FEInhaber ausweislich seines FS oder vom Ausstellerstaat herrührenden unbestreitbaren Informationen zum Zeitpunkt der Erteilung der FE seinen ordentlichen Wohnsitz *nicht im Ausstellerstaat* hatte.

27a   Liegen vom Ausstellungsmitgliedstaat herrührende unbestreitbare Informationen darüber vor, dass der Betr zum Zeitpunkt der Erteilung der FE seinen ordentlichen Wohnsitz nicht im Ausstellungsstaat hatte, kann dies verwertet werden, auch wenn ein Wohnsitz im Ausstellerstaat in den FS eingetragen ist (VGH Mü SVR **15** 469). Aus den vom Ausstellerstaat herrührenden Informationen muss sich **eindeutig** und **positiv** ergeben, dass ein Wohnsitzverstoß vorlag (dazu auch Rn. 30a). Erkenntnisse über nicht abgeschlossene strafrechtliche Ermittlungen ausländischer Behörden gegen den Inhaber einer Fahrschule wegen des Verdachts der Täuschung von Behörden über die Wohnsitzverhältnisse deutscher Fahrschulkunden oder ein Ermittlungsersuchen der ausländischen Staatsanwaltschaft an deutsche Ermittlungsbehörden reichen nicht aus (OVG Münster VRS **128** 106).

27b   Zu der Frage, ob eine durch **Umtausch** erworbene ausländische EU-/EWR-FE zum Fahren in Deutschland berechtigt, wenn die dem Umtausch zugrunde liegende FE oder die durch Umtausch erworbene FE unter berücksichtigungsfähigem Verstoß gegen das Wohnsitzprinzip erteilt worden ist, s. Rn. 31a. Das BVerwG vertritt bei entsprechender Anwendung von Abs. 4 S. 1 Nr. 2 unter Annahme einer unbeabsichtigten Regelungslücke die Auffassung, dass auch ein im EU/EWR-Ausland ausgestellter FS, der lediglich eine fortbestehende deutsche FE dokumentiert, bei Vorliegen der Voraussetzungen von Abs. 4 S. 1 Nr. 2 keine Fahrberechtigung im Inland vermittelt (BVerwG NJW **13** 487).

28   Die Aufzählung der **Erkenntnisquellen** in den EuGH-Urteilen v. 26.6.08, auf die der Aufnahmemitgliedstaat eine Ablehnung der Anerkennung einer in einem anderen Mitgliedstaat erteilten FE stützen kann, ist „abschließend und erschöpfend" (**EuGH-Beschluss v. 9.7.09** C-445/08 **Wierer** NJW **10** 217, EuGH NJW **12** 1341 Rn. 66 ff – Akyüz, BVerwG NJW **10** 1828 mAnm *Dauer*, ZfS **13** 534, OVG Münster VRS **123** 247, DAR **12** 416). Weder **Erklärungen** und Informationen, die der FEInhaber im Verwaltungsverfahren oder im gerichtlichen Verfahren in Erfüllung seiner Mitwirkungspflicht oder freiwillig erteilt hat, noch dem FEInhaber als eigene Verlautbarung zurechenbare Angaben können als vom Ausstellermitgliedstaat herrührende unbestreitbare Informationen qualifiziert werden. **Eigene Angaben des FEInhabers können somit nicht berücksichtigt werden,** selbst wenn er einräumt, dass er zum Zeitpunkt der FEErteilung keinen ordentlichen Wohnsitz im Ausstellerstaat hatte (OVG Saarlouis ZfS **12** 411 (413), Ol NZV **13** 353, BA **13** 191). Die früher vertretene entgegenstehende Ansicht (VGH Ma VRS **115** 392, OVG Münster DAR **09** 159, DAR **09** 480) ist damit überholt (OVG Münster VRS **123** 247, DAR **12** 416, VRS **123** 187); soweit sie noch vertreten wird (Mü VRS **122** 375, DAR **12** 342), widerspricht sie der EuGH-Rspr. (*König* DAR **13** 361 (364), DAR **14** 363 (365)). Dass eigene Angaben des Betroffenen nicht zum Nachweis dafür verwendet werden können, dass das Wohnsitzprinzip bei Erteilung der FE missachtet wurde, ergibt sich auch aus der Entstehungsgeschichte der Norm: Die Empfehlung des Verkehrsausschusses des BR, in Abs. 4 S. 1 Nr. 2 nach dem Wort „Informationen" die Wörter „oder auf Grund eigener Einlassungen" einzufügen (BR-Drs. 851/1/08 Ziff 1), fand im Plenum des BR am 19.12.08 keine Mehrheit (Plenarprotokoll BRat 19.12.08 S. 468) und ist deswegen nicht Bestandteil des Maßgabebeschlusses des BR (BR-Drs. 851/08 (Beschluss)) geworden. – Auch aus dem **Schweigen** des FEInhabers zu seinem Aufenthalt und zu seinen persönlichen und/oder beruflichen Bindungen zum Ausstellerstaat dürfen keine Schlussfolgerungen gezogen werden (OVG Münster NJW **14** 2457).

Behörden oder **Gerichte** des Aufnahmestaats können **selbst Informationen** beim Ausstel- 29
lermitgliedstaat einholen (EuGH NJW **10** 217 – Wierer, BVerwG NJW **10** 1828 mAnm *Dauer,*
3 C 9/11 BA **12** 53, 5.7.18 – 3 C 9.17 NJW **18** 3661 Rn. 34, 24.10.19 – 3 B 26.19 NJW **20**
1600 Rn. 24, OVG Ko BA **10** 366, OVG Münster VRS **123** 247, DAR **12** 416, VGH Mü ZfS **12**
416, NZV **13** 259, 4.3.19 – 11 B 18.34 BeckRS 2019, 3426, VGH Ma NJW **12** 3194, NJW **14**
3049, OVG Lüneburg DAR **14** 44), mit Blick auf den unionsrechtlichen Anerkennungsgrund-
satz allerdings nicht „ins Blaue hinein", sondern nur dann, wenn ernstliche Zweifel daran beste-
hen, dass der Erwerber der FE bei deren Erteilung seinen ordentlichen Wohnsitz nicht im Aus-
stellermitgliedstaat hatte (BVerwG NJW **10** 1828, Jn ZfS **12** 290, OVG Münster DAR **12** 416,
OVG Bautzen SächsVBl **14** 216). So gewonnene Erkenntnisse können aber nur dann zur Ver-
weigerung der Anerkennung der ausländischen FE führen, wenn es sich dabei um **vom Ausstel-
lermitgliedstaat herrührende unbestreitbare Informationen** handelt, die beweisen, dass
der FEInhaber zum Zeitpunkt der Erteilung der FE seinen ordentlichen Wohnsitz nicht im Ge-
biet des Ausstellermitgliedstaats hatte (s. aber Rn. 30 ff.). Vom Ausstellermitgliedstaat herrührende
unbestreitbare Informationen in diesem Sinne liegen weder bei einer Erklärung des Ausstellers-
staats, er habe **keine Erkenntnisse** über den Wohnsitz oder er habe die Wohnsitzvoraussetzung
nicht geprüft (BVerwG 24.10.19 – 3 B 26.19 NJW **20** 1600, VGH Mü 22.5.17 11 CE 17.718),
noch bei Informationen von **Privatpersonen** wie Vermietern oder Arbeitgebern vor (BVerwG
NJW **10** 1828, OVG Saarlouis 2.12.09 1 A 358/09 juris Rn. 60 = DAR **10** 281 Ls). Nicht gefolgt
werden kann der Auffassung, eine **Zeugenaussage** zum Wohnsitz des Betr, die im Wege der
Rechtshilfe von einem Gericht des Ausstellerstaates protokolliert ist, stelle eine vom Austeller-
staat herrührende unbestreitbare Information iSv Abs. 4 S. 1 Nr. 2 dar (Stu DAR **14** 335), denn
das Gericht macht sich den Inhalt der Zeugenaussage nicht zu eigen allein dadurch, dass es sie
protokolliert. – Vom Ausstellermitgliedstaat herrührende unbestreitbare Informationen liegen
auch vor, wenn sie nicht direkt, sondern nur **indirekt** in Form einer Mitteilung Dritter, zB über
die deutsche Botschaft, übermittelt wurden; es muss aber feststehen, dass sie von einer Behörde
des Staates stammen, der die FE erteilt hat (EuGH NJW **12** 1341 – Akyüz, mAnm *Dauer,* OVG
Saarlouis ZfS **12** 411, VGH Mü NZV **13** 259). Mitteilungen des **Gemeinsamen Zentrums der
deutsch-tschechischen Polizei- und Zollzusammenarbeit** können demgemäß als vom
Ausstellermitgliedstaat Tschechische Republik herrührende Informationen angesehen werden,
wenn sie ihrerseits auf Informationen beruhen, die von tschechischen Behörden stammen
(BVerwG 3 C 9/11 BA **12** 53, 18.7.13 – 3 B 20.13, DAR **13** 594, VGH Mü ZfS **12** 416, SVR **16**
358, 4.3.19 – 11 B 18.34 BeckRS 2019, 3426, 10.7.20 – 11 ZB 20.88 BeckRS 2020, 16898,
OVG Saarlouis ZfS **12** 411, OVG Münster VRS **123** 187, VGH Ma NJW **14** 3049, *Geiger* SVR **10**
353). Was unter **unbestreitbaren** Informationen zu verstehen ist, war zeitweise unklar. Die Rspr.
geht von unbestreitbaren Informationen aus, wenn bei Heranziehung allein der Informationen,
die vom Ausstellermitgliedstaat stammen, das Fehlen eines Wohnsitzes in diesem Staat so sehr
wahrscheinlich ist, dass kein vernünftiger, die Lebensverhältnisse klar überschauender Mensch
noch zweifelt (OVG Ko BA **10** 366, Jn ZfS **12** 290) oder wenn sie nach dem Maßstab praktischer
Vernunft und den Regeln der Beweiswürdigung als inhaltlich zutreffend zu beurteilen sind und
keine erheblichen gegenteiligen Anhaltspunkte vorliegen, die ernstliche Zweifel an ihrer Richtig-
keit begründen (VGH Ma DAR **12** 657, NJW **14** 3049). Der **EuGH** hat inzwischen die Defini-
tion vereinfacht: Damit eine Information eines Ausstellermitgliedstaats, wonach der Inhaber ei-
ner FE dort bei deren Erteilung nicht wohnhaft war, als **unbestreitbar** eingestuft werden kann,
muss sie von einer Behörde dieses Staates herrühren (EuGH NJW **12** 1341 Rn. 67 – Akyüz).

Deutsche **Behörden** und **Gerichte** müssen die genannten **Informationen bewerten** und 30
beurteilen, ob sie belegen, dass der FEInhaber zum Zeitpunkt der FEErteilung seinen ordentli-
chen Wohnsitz nicht im Hoheitsgebiet des Ausstellermitgliedstaats hatte (EuGH NJW **12** 1341
Rn. 74 – Akyüz, NJW **12** 1935 Rn. 90 – Hofmann, BVerwG 12.11.12 BA **13** 106, ZfS **13** 534,
VGH Mü ZfS **12** 416, SVR **15** 469, OVG Saarlouis ZfS **12** 411, VGH Ma NJW **12** 3194, NJW
14 3049, OVG Lüneburg DAR **14** 44, OVG Münster NZV **14** 598, OVG Ko NJW **16** 2052).
Bei dieser Bewertung sind die deutschen Behörden und Gerichte nicht auf die Informationen
beschränkt, die sich dem FS entnehmen lassen oder – ggf. auf Nachfrage – vom Ausstel-
lerstaat erhalten haben; vielmehr hat diese Prüfung **unter Berücksichtigung aller Umstände
des jeweiligen Falles** zu erfolgen (EuGH NJW **12** 1341 Rn. 75 – Akyüz, NJW **12** 1935
Rn. 90 – Hofmann, BVerwG ZfS **13** 534, VGH Mü ZfS **12** 416, 13.7.12 11 AE 12.1311, SVR
15 469, OVG Saarlouis ZfS **12** 411, VGH Ma NJW **12** 3194, OVG Ko NJW **16** 2052, VG Ans-
bach SVR **13** 437, Jn VRS **125** 45, *Koehl* DAR **12** 446). Dabei kann auch berücksichtigt werden,
ob sich der Betr nur für ganz kurze Zeit dort aufgehalten und dort einen rein fiktiven Wohnsitz

allein zum Zweck der Umgehung der strengeren in seinem eigentlichen Wohnsitzstaat anzu-
wendenden Regeln begründet hat (EuGH NJW **12** 1341 Rn. 75 – Akyüz, BVerwG ZfS **13** 534,
24.10.19 – 3 B 26.19 NJW **20** 1600, VGH Ma NJW **12** 3194, NJW **14** 3049, OVG Münster
NZV **14** 598, VRS **128** 106). Wenn der Betr allerdings seinen Wohnsitz in Ausübung seiner
Grundfreiheiten ordnungsgemäß in einen anderen Mitgliedstaat verlagert hat, um auf diese Weise
von weniger strengen Vorschriften für die FEErteilung zu profitieren, kann ihm dies nicht vor-
gehalten werden (EuGH NJW **12** 1341 Rn. 76 – Akyüz). Die vom EuGH aufgezeigte Ausnah-
memöglichkeit bezieht sich somit lediglich auf Scheinwohnsitze (*Dauer* NJW **12** 1346).

30a   In der Rspr. hat sich ein **zweistufiges Prüfsystem** entwickelt, das vom BVerwG gebilligt
wurde (BVerwG 24.10.19 – 3 B 26.19 NJW **20** 1600 Rn. 25 ff., *Kenntner* NJW **20** 1556 (1558)):
Voraussetzung für die Möglichkeit der Bewertung durch deutsche Behörden und Gerichte ist
zunächst, dass sich aus dem FS oder aus vom Ausstellungsmitgliedstaat herrührenden Informa-
tionen **Hinweise** ergeben, **dass das Wohnsitzprinzip verletzt worden ist** (VG Lüneburg
26.7.19 – 1 A 231/17 BeckRS 2019, 17069). Die in IV S. 1 Nr. 2 übernommene strikte Forde-
rung des EuGH, dass die aus der Erteilung der FE im EU/EWR-Ausland zu folgernde Einhal-
tung des Wohnsitzprinzips nur durch die Eintragung eines abweichenden Wohnsitzes im FS oder
durch (sonstige) unbestreitbare Verlautbarungen des Ausstellerstaates widerlegt werden kann,
steht einer **Gesamtschau inländischer Erkenntnisse** mit dem **bloßen Verdacht** eines ledig-
lich kurzfristigen Aufenthalts im Ausstellerstaat bzw. eines dortigen Scheinwohnsitzes entgegen
(OVG Münster 9.12.14 VRS **128** 106, VG Regensburg 22.6.18 – 8 S 18.537 ZfS **18** 538 =
NZV **18** 590). Vom Ausstellungsmitgliedstaat herrührende Informationen, die **keinen Hinweis
auf einen fehlenden Wohnsitz** zum Zeitpunkt der FEErteilung oder nur vage Verdachtsmo-
mente enthalten, geben somit **keinen Anlass für eine Prüfung** deutscher Stellen unter Einbe-
ziehung aller inländischen Informationen. Andernfalls wäre eine Rückkehr zu der früheren,
dann vom EuGH unterbundenen Praxis nicht ausgeschlossen, allein aus deutscher Sicht zu prü-
fen, ob das Wohnsitzprinzip bei Erteilung der ausländischen FE eingehalten worden ist. Der
Wohnsitzverstoß muss nach den vom Ausstellerstaat herrührenden Informationen zwar **nicht
eindeutig feststehen**. Aus ihnen muss sich aber zumindest ein **Hinweis** auf eine Verletzung des
Wohnsitzerfordernisses ergeben, um diese Informationen als Prüfungsrahmen ansehen zu kön-
nen, innerhalb dessen alle Umstände des Falles berücksichtigt werden können (BVerwG
24.10.19 – 3 B 26.19 NJW **20** 1600, VGH Mü SVR **16** 358, 11.7.16 22 CS 16.1084, NJW **18**
2343, 9.7.18 – 11 CS 18.1245 DAR **18** 583, 20.8.18 11 CS 17.2185, Zw 28.8.17 1 OLG 2
Ss 32/17 = NZV **18** 147 m Bspr *König* DAR **18** 363, Zw ZfS **17** 712, VG Lüneburg 26.7.19 – 1
A 231/17 BeckRS 2019, 17069). Zur endgültigen Beurteilung können dann auch **inländische
Umstände** berücksichtigt werden (BVerwG 24.10.19 – 3 B 26.19 NJW **20** 1600, VGH Mü
9.7.18 – 11 CS 18.1245 DAR **18** 583). Wird in der **Meldebestätigung** des Ausstellerstaates
über einen Mindestaufenthalt von 185 Tagen gleichzeitig ein gewöhnlicher Aufenthalt in
Deutschland bescheinigt und der **Aufenthalt** im Ausstellerstaat zugleich als **vorübergehend**
bezeichnet, kann dies ein Hinweis auf eine mögliche Verletzung des Wohnsitzprinzips sein (VGH
Mü 22.5.17 11 CE 17.718). Die Auffassung, eine bloße Information des Ausstellerstaates über
einen dortigen **melderechtlich belegten Mindestaufenthalt von 185 Tagen** im Kalender-
jahr habe lediglich Indizcharakter und könne zum Anlass genommen werden, aus einem gleich-
zeitig im Inland bestehenden Wohnsitz und fehlenden Erklärungen des Betr dazu auf eine Verlet-
zung des Wohnsitzprinzips bei Erteilung der ausländischen FE zu schließen (OVG Ko 15.01.16
– 10 B 11099/15 NJW **16** 2052, OVG Lüneburg NJW **16** 2132, VG Ko 3.3.20 – 4 L 158/20
BeckRS 2020, 2956, ähnlich auch VGH Mü 22.8.16 11 CS 16.1230), muss dagegen als zu weit
gehend angesehen werden (BVerwG 24.10.19 – 3 B 26.19 NJW **20** 1600 Rn. 26, *Koehl* SVR **16**
313). Die Auffassung, wenn dem Betr bereits **kurze Zeit nach der Anmeldung** eines Wohn-
sitzes im Ausstellerstaat die **FE erteilt** worden ist und keine Umstände ersichtlich sind, die die
Begründung eines ordentlichen Wohnsitzes als gesichert erscheinen lassen, würden vom Ausstel-
lerstaat herrührende unbestreitbare Informationen vorliegen, die auf einen Wohnsitzverstoß hin-
weisen, womit auch inländische Umstände berücksichtigt werden könnten (VGH Mü 22.5.17
11 CE 17.718, NJW **18** 2343, 11.7.18 11 CS 18.66, 27.8.18 11 AE 18.1741), muss ebenfalls als
zu großzügig angesehen werden (vgl. *Koehl* DAR **18** 471). Auch die Auffassung, das Nichtwissen
des Ausstellerstaates, ob und wo der Betr in einem Zeitraum von 185 Tagen gelebt hat
(„**unknown**"), könne als Hinweis auf einen Scheinwohnsitz gesehen werden, der es bei gleich-
zeitig beibehaltenem Wohnsitz im Inland rechtfertige, aufgrund einer Gesamtschau zu beurteilen,
ob bei FEErteilung ein ordentlicher Wohnsitz im Ausstellerstaat bestand (OVG Lüneburg NJW
18 1769, VGH Mü 7.7.20 – 11 ZB 19.2112 BeckRS 2020, 16895, Zw ZfS **17** 712), steht nicht

in Übereinstimmung mit den Vorgaben des EuGH (BVerwG 24.10.19 – 3 B 26.19 NJW **20** 1600 Rn. 26, OVG Münster 9.1.18 16 B 534/17 NZV **18** 295, zust *Balke/Frese/Koehl* NJ **18** 221 (223)). Denn sie widerspricht dem Grundsatz, dass es sich bei einer Erklärung des Ausstellerstaates, er habe keine Erkenntnisse über den Wohnsitz, nicht um eine unbestreitbare Information des Ausstellerstaates handelt, die einen Wohnsitzverstoß möglich erscheinen lässt (Rn. 29). Auf eine Verletzung des Wohnsitzerfordernisses lässt sich aber schließen, wenn im Ausstellerstaat durch Einvernahme von Zeugen oder auf andere Weise polizeilich festgestellt wurde, dass eine Anwesenheit des Betr an der angegebenen Wohnanschrift ausgeschlossen werden kann (OVG Lüneburg DAR **17** 97, VGH Mü SVR **16** 358, 11.7.16 22 CS 16.1084, 20.8.18 11 CS 17.2185).

Der FEInhaber muss **substantiierte und verifizierbare Angaben** zu Beginn und Ende sei- **30b** nes Aufenthalts im Ausstellerstaat im Zusammenhang mit der FEErteilung sowie zu den persönlichen und beruflichen Bindungen, die im maßgeblichen Zeitraum zu dem im FS angegebenen Wohnort bestanden, machen, wenn er trotz der das Gegenteil ausweisenden Informationen aus dem Ausstellerstaat und der inländischen Umstände darauf **beharrt**, das **Wohnsitzerfordernis eingehalten** zu haben (VGH Mü NJW **18** 2343, 4.3.19 – 11 B 18.34 BeckRS 2019, 3426 30.1.20 – 11 CE 19.2319 BeckRS 2020, 1194). Eine Aufenthaltsbescheinigung, die eine für die Annahme eines ordentlichen Wohnsitzes nicht ausreichende Aufenthaltsdauer dokumentiert, kann zwar nicht außer Betracht bleiben, weil es möglich ist, dass der Betr sich unter Verstoß gegen die melderechtliche Vorschriften länger im Ausstellerstaat aufgehalten hat (BVerwG ZfS **13** 534, OVG Münster VRS **127** 196, VG Ol SVR **13** 396). Beharrt der FEInhaber trotz der das Gegenteil ausweisenden Bescheinigung des Ausstellerstaates darauf, das Wohnsitzerfordernis eingehalten zu haben, obliegt es allerdings ihm, substantiierte und verifizierbare Angaben zu seinem Aufenthalt zu machen, denn in einem solchen Fall kann allein damit, dass der Betr einen FS unter Eintragung eines Wohnsitzes im Ausstellerstaat erhalten hat, nicht mehr der Nachweis geführt werden, dass das Wohnsitzerfordernis erfüllt war (BVerwG ZfS **13** 534, DAR **15** 30, OVG Münster VRS **127** 196, VGH Ma NJW **14** 3049, VGH Mü SVR **15** 469). Dieselbe Obliegenheit trifft den FEInhaber, wenn sonstige aus dem Ausstellerstaat herrührende unbestreitbare Informationen vorliegen, aus denen sich ergibt, dass die im FS eingetragene Angabe zum Wohnsitz unzutreffend ist (BVerwG 28.1.15 3 B 48.14), oder wenn durchgreifende Zweifel an der Erfüllung der Wohnsitzvoraussetzung bei Erteilung der ausländischen FE bestehen (BVerwG 24.10.19 – 3 B 26.19 NJW **20** 1600, VGH Mü NJW **18** 2343).

Bei Bescheinigung eines lückenlosen Gesamtaufenthalts von mehr als 185 Tagen im Ausstellerstaat ist unerheblich, ob der **Aufenthalt mehrfach befristet** war, denn die Annahme eines ordentlichen Wohnsitzes knüpft nicht an einen bestimmten Aufenthaltsstatus an, sondern daran, dass eine Person dort im Laufe eines Jahres zeitlich überwiegend wohnt und dies wegen persönlicher und ggf. beruflicher Bindungen geschieht (OVG Münster NZV **14** 598).

Anwendung von Abs. 4 S. 1 Nr. 2 auch bei bloßem Wohnsitzverstoß. Nach dem Ur- **31** teil des EuGH v. 19.5.11 C-184/10 Grasser (NJW **11** 3635, Anm *Geiger* DAR **11** 386, krit *Krismann* BA **11** 257 (261 f.)) kann die Anerkennung einer in einem anderen Mitgliedstaat erteilten EU/EWR-FE bei einem aus dem FS ersichtlichen Verstoß gegen das Wohnsitzprinzip abgelehnt werden, auch wenn auf den Betroffenen in Deutschland **keine Maßnahme** iSd Art 8 II der 2. EU-FS-RL (Einschränkung, Aussetzung, Entzug oder Aufhebung der FE) angewandt worden ist. Dies wird unter Zugrundelegung der Urteile des EuGH v. 26.6.08 (NJW **08** 2403 – Wiedemann/Funk, DAR **08** 459 – Zerche/Seuke/Schubert) auch in den Fällen zu gelten haben, in denen sich der Wohnsitzverstoß aus vom Ausstellungsmitgliedstaat herrührenden unbestreitbaren Informationen ergibt (so auch das Verständnis des EuGH NJW **12** 1341 Rn. 62 f – Akyüz, NJW **12** 1935 Rn. 48 – Hofmann, BVerwG NJW **12** 96 Rn. 15). Dass der EuGH in dem Urteil Grasser nur den aus dem FS ersichtlichen Wohnsitzverstoß erwähnt, erklärt sich daraus, dass das Vorabentscheidungsersuchen (VGH Mü DAR **10** 414) darauf beschränkt war. Der EuGH hat mit seiner Entscheidung eine ungeschriebene Ausnahme vom allgemeinen Anerkennungsgrundsatz statuiert, denn die 2. EU-FS-RL sieht (ebenso wie die 3. EU-FS-RL) nach ihrem Wortlaut eine Befugnis zur Nichtanerkennung der in anderen EU-/EWR-Staaten erteilten FE bei bloßem Wohnsitzverstoß nicht vor (*Dauer* NJW **10** 2758). Nach Auffassung des EuGH kommt der Beachtung des Wohnsitzprinzips aber im Verhältnis zu den übrigen in der 2. EU-FS-RL aufgestellten Voraussetzungen für die Erteilung einer FE besondere Bedeutung zu, da es dem Ausstellermitgliedstaat ohne seine Einhaltung praktisch unmöglich sei zu prüfen, ob die anderen von der 2. EU-FS-RL aufgestellten Voraussetzungen (Befähigung, Eignung, Inhaber nur eines FS) beachtet wurden. Nach dem EuGH-Urteil Grasser ist geklärt, dass **Abs. 4 S. 1 Nr. 2** seinem Wortlaut entsprechend bei einem berücksichtigungsfähigen Verstoß gegen das Wohnsitzprinzip auch dann Anwendung findet, wenn auf den FEInhaber **nicht zuvor eine Maßnahme iSv Abs. 4 S. 1 Nr. 3** angewandt worden ist (BVerwG NJW **12** 96, NJW **13** 487, VGH Mü BA **11** 294, VRS **121** 188, SVR **12** 193, VGH Ma DAR **11** 482, DAR **12** 603, DAR **12** 657, OVG Münster DAR **12** 416, VRS **128** 106, VG Ansbach DAR **13** 341), also auch bei erstmaliger Erteilung einer FE oder wenn eine frühere Maßnahme nach Abs. 4 S. 1 Nr. 3 nicht mehr verwertbar ist (VGH Ma DAR **11** 482). Diese Auslegung gilt auch bei Anwendung der 3. EU-FS-RL (EuGH NJW **12** 1341 Rn. 64 – Akyüz, BVerwG NJW **13** 487). Der frühere Streit darüber, ob die Anwendung von Abs. 4 S. 1 Nr. 2 voraussetzt, dass kumulativ auch die Voraussetzungen von Abs. 4 S. 1 Nr. 3 gegeben sind (so VGH Ka BA **09** 354, OVG Ko DAR **10** 343, BA **10** 366, *Pießkalla* NZV **09** 479, *Dauer* NJW **10** 2758, zw VGH Mü 26.2.09 11 C 09.296, SVR **10** 32 = SVR **10** 115, DAR **10** 414, ZfS **11** 176, VG Kar BA **10** 53, *G. Geiger* DAR **10** 121, aA OVG Ko BA **09** 352 (aufgegeben durch OVG Ko DAR **10** 343), *H. Geiger* DAR **10** 61, *Leitmeier* NZV **10** 377), hat sich damit erledigt.

31a   Im deutschen Recht nicht ausdrücklich geregelt ist der Fall, dass eine **EU/EWR-FE in eine ausländische EU-/EWR-FE „umgetauscht"** wurde und die dem Umtausch zugrunde liegende und durch Eintragung des ursprünglichen Erteilungsdatums in den nach Umtausch ausgestellten FS dokumentierte FE unter berücksichtigungsfähigem Verstoß gegen das Wohnsitzprinzip erteilt worden ist. Als Konsequenz aus den EuGH-Entscheidungen v. 13.10.11 – Apelt und 22.11.11 – Köppl (dazu Rn. 51) ergibt sich jedoch in **entsprechender Anwendung von IV S. 1 Nr. 2,** dass die Anerkennung einer ausländischen EU/EWR-FE europarechtlich verweigert werden kann, wenn sie im Zuge des Umtauschs erworben worden ist und die im umgetauschten FS dokumentierte „Alt-FE" wegen eines Verstoßes gegen das Wohnsitzprinzip nicht anerkannt werden muss (BVerwG 5.7.18 – 3 C 9.17 NJW **18** 3661, 12.9.19 – 3 C 26.17 NJW **20** 1609, VGH Mü 13.2.13 11 B 11.2798, 28.2.13 11 B 11.2981 (Beschwerde gegen Nichtzulassung der Revision zurückgewiesen durch BVerwG 6.8.13 3 B 22/13), NJW **14** 1547, VRS **127** 331, VRS **131** 218, VGH Ma NZV **18** 181, VG Augsburg SVR **14** 74, VG Mainz 18.5.15 – 3 L 502/15, VG Lüneburg 16.10.19 – 1 A 160/17 BeckRS 2019, 25519, Ba DAR **13** 277). Denn hat ein EU-/EWR-Staat einen EU-FS unter offensichtlichem Verstoß gegen die Voraussetzung eines ordentlichen Wohnsitzes ausgestellt und tauscht ein anderer EU-/EWR-Staat diesen FS um, **wirkt der Wohnsitzmangel** in dem umgetauschten FS **fort,** auch wenn sich die Nichtbeachtung des Wohnsitzerfordernisses aus dem neuen FS nicht mehr ergibt (BVerwG 5.7.18 – 3 C 9.17 NJW **18** 3661, 12.9.19 – 3 C 26.17 NJW **20** 1609, *Kenntner* NJW **20** 1556 (1561)). Dies gilt auch, wenn auf der Grundlage einer wegen eines Wohnsitzverstoßes nicht anzuerkennenden FE der Kl B im EU-/EWR-Ausland zusätzlich eine FE der **Kl BE** erteilt wird, denn dadurch wird der Wohnsitzmangel nicht behoben oder geheilt (OVG Berlin 19.6.19 – 1 N 12.19 BeckRS 2019, 12572, VGH Mü 31.7.20 – 11 C 20.610 BeckRS 2020, 20536). **Strafbarkeit** des Fahrens mit einer solchen FE im Inland kommt allerdings wegen des strafrechtlichen Bestimmtheitsgrundsatzes und des daraus folgenden Analogieverbots **nicht** in Betracht (Jn 8.7.13 – 1 Ss 17/13 NZV **13** 509, Bay 28.10.19 – 202 StRR 1438/19 BeckRS 2019, 42158).

32   **Schüler und Studenten,** die sich ausschließlich zum Zweck des Hochschul- oder Schulbesuchs in einem EU- oder EWR-Staat aufhalten, behalten ihren ordentlichen Wohnsitz nach der Fiktion des Art 12 II S. 3 der 3. EG-FS-RL im Heimatstaat (s. § 7 II). Dennoch gilt die Berechtigung des Abs. 1 für eine ausländische FE, die sie während eines solchen Aufenthalts erworben haben, vorausgesetzt, die Aufenthaltsdauer betrug mindestens 6 Monate (Abs. 4 S. 1 Nr. 2). Erforderlich ist ein mit dem Studium oder dem Schulbesuch verbundener Aufenthalt im Ausstellermitgliedstaat; es reicht nicht, einer Hochschule oder Schule in diesem Staat als Mitglied anzugehören (BVerwG 23.5.13 3 B 60.12). Ein Praktikum im Rahmen eines Arbeitsverhältnisses steht dem Besuch einer Hochschule oder Schule nicht gleich (OVG Lüneburg NZV **13** 312). War der Studienaufenthalt im Ausland nur vorgetäuscht, berechtigt die dort erworbene FE nicht zum Fahren im Inland (Ol VRS **120** 346).

33   **4. Ausschluss der Berechtigung bei Entziehung der FE (Abs. 4 S. 1 Nr. 3).** Die Berechtigung nach Abs. 1 gilt nicht, wenn die ausländische EU/EWR-FE erworben wurde, nachdem die frühere FE in Deutschland durch ein Gericht vorläufig oder rechtskräftig oder von einer FEB sofort vollziehbar oder bestandskräftig entzogen worden war (Abs. 4 S. 1 Nr. 3). Diese Ausnahme von der grundsätzlichen Anerkennung von EU/EWR-FE verstößt nach dem **Urteil des EuGH v. 29.4.04 C-476/01 Kapper** (NJW **04** 1725, zust *Otte/Kühner* NZV **04** 321) jedenfalls insoweit gegen den Grundsatz der gegenseitigen Anerkennung von FE der Mitgliedstaaten (Art 1 II der 2. EU-FS-RL), als danach auch einer nach Ablauf einer strafgerichtlichen

FESperre erworbenen ausländischen EU/EWR-FE die Anerkennung versagt wird. Da Art 8 IV der 2. EU-FS-RL als Ausnahme von der allgemeinen Anerkennungspflicht der FS in der Gemeinschaft eng auszulegen sei, könne ein Mitgliedstaat sich nicht darauf berufen, um einer Person, auf die in seinem Hoheitsgebiet eine Maßnahme des Entzugs oder der Aufhebung einer früher von ihm erteilten FE angewendet wurde, auf unbestimmte Zeit die Anerkennung der Gültigkeit eines FS zu versagen, der ihr später von einem anderen Mitgliedstaat ausgestellt wird. Nach dem **Beschluss des EuGH** v. 6.4.06 C-227/05 **Halbritter** (NJW 06 2173, dazu *Schmid-Drüner* NZV 06 617) darf ein Mitgliedstaat die Anerkennung einer in einem anderen Mitgliedstaat nach Ablauf einer Sperrfrist erteilten neuen FE nicht deswegen verweigern, weil in dem „Aufnahmestaat" die vorher erteilte FE entzogen worden war und die für die Erteilung einer neuen FE in diesem Staat erforderliche **Fahreignungsprüfung** nicht erfolgt ist. Die Mitgliedstaaten könnten vom Inhaber eines in einem anderen Mitgliedstaat ausgestellten FS nicht verlangen, dass er die Bedingungen erfüllt, die ihr nationales Recht für die Neuerteilung einer FE nach ihrem Entzug aufstellt. Der „Aufnahmestaat" könne seine innerstaatlichen Vorschriften über Einschränkung, Aussetzung, Entzug oder Aufhebung der FE in derartigen Fällen nur im Hinblick auf ein **Verhalten** des Betroffenen **nach Erwerb der neuen FE** anwenden. Mit **Beschluss v. 28.9.06** C-340/05 **Kremer** (NJW 07 1863) hat der EuGH diese Rspr. auch auf die Fälle verwaltungsbehördlicher EdF (ohne Sperrfrist) erstreckt.

Der **EuGH** hat mit **Urteilen v. 26.6.08** C-329/06 C-343/06 **Wiedemann/Funk** (NJW 08 **34** 2403) und C-334/06 bis C-336/06 **Zerche/Seuke/Schubert** (DAR 08 459, zu beiden Urteilen *Dauer* NJW 08 2381, Anm *König* DAR 08 464) sowie mit **Beschluss v. 3.7.08** C-225/07 **Möginger** (NJW 09 207, Anm *König* DAR 08 640, Anm *Dauer* NZV 09 154) klargestellt, dass eine im EU- oder EWR-Ausland erteilte FE dann nicht anerkannt werden muss, wenn zum Zeitpunkt der Neuerteilung eine im Inland verhängte **Sperrfrist** noch nicht abgelaufen war (OVG Ko ZfS 06 593, DAR 09 50, Stu DAR 07 159, OVG Saarlouis DAR 09 163, DAR 09 718, *Otte/Kühner* NZV 04 326, *Dauer* DAR 07 342, *König/Seitz* DAR 07 361, 364 f.). Eine während des Laufs einer in Deutschland verhängten Sperrfrist in einem anderen EU- oder EWR-Staat erteilte FE wird auch **nicht durch Ablauf der Sperrfrist wirksam** (EuGH NJW 09 207 – Möginger, BVerwG 16.1.20 – 3 B 51/18 NJW 20 1603, Stu DAR 07 159, Ce NZV 09 92, Mü NZV 09 403, Jn VRS **116** 457, Ha NZV 10 162, *Dauer* NJW 08 2381, *König* DAR 08 464). Das gleiche muss für eine Sperrfrist nach § 4 X S. 1 StVG gelten (Jn VRS **116** 457, BHHJ/ *Hühnermann* § 2 StVG Rn. 40, *Dauer* NJW 08 2381, G. *Geiger* DAR 10 121). Die Auffassung, eine während des Laufs einer Sperrfrist im Ausland erteilte EU/EWR-FE berechtige jedenfalls nach Ablauf der Sperrfrist uneingeschränkt zur Führung von Kfz in Deutschland (Nü NStZ-RR 07 269, Mü NJW 07 1152 (abl Anm *Dauer* DAR 07 342), Jn DAR 07 404, Ba ZfS 07 586), ist durch EuGH Wiedemann/Funk und Zerche/Seuke/Schubert sowie durch EuGH Möginger überholt (Ce NZV 09 92, Brn VRS **117** 212, Mü NZV 09 403, Jn VRS **116** 457, *König* DAR 08 640, *Dauer* NZV 09 154, *Zwerger* ZfS 08 611), ebenso wie Stu NJW 08 243, das unvermeidbaren Verbotsirrtum annahm, solange die Frage, ob eine während laufender Sperrfrist im EU-Ausland erworbene FE nach Ablauf der Sperrfrist in Deutschland zum Fahren berechtigt, in der obergerichtlichen Rspr. noch umstritten war. Ob eine zeitlich unbegrenzte Verweigerung der Anerkennung einer im Ausland erteilten EU/EWR-FE bei zuvor im Inland verhängter **Sperre für immer** (§ 69a I S. 2 StGB, § 29 II StVG) in Übereinstimmung mit der EuGH-Rspr. stehen würde, ist bisher nicht entschieden worden, erscheint aber angesichts des ständigen Dictums des EuGH, einer von einem anderen Mitgliedstaat erteilten FE dürfe die Anerkennung nicht auf unbestimmte Zeit versagt werden, fraglich (*Otte/Kühner* NZV 04 326).

Die **Rspr.** geht nach den EuGH-Entscheidungen während der Geltung der 2. EU-FS-RL **35** grundsätzlich von einer unbedingten **Verpflichtung zur Anerkennung der ausländischen FE** aus, sofern sie **nicht während einer Sperrfrist erteilt** worden ist, auch wenn zuvor eine FE im Inland mit oder ohne Anordnung einer Sperrfrist entzogen worden war (BVerwG NJW 09 1689, Kö NZV 05 110, Sa NStZ-RR 05 50, OVG Lüneburg NJW 06 1158, Dü NJW 07 2133, OVG Schl BA 06 430, ZfS 07 179, OVG Hb NJW 07 1160, Jn ZfS 12 290, Ha NZV 13 255, VG Augsburg DAR 06 527, DAR 07 228, VG Bayreuth BA 06 439). **Abs. 4 S. 1 Nr. 3 ist insoweit nicht mehr anwendbar.** Daran hat sich auch unter Geltung der 3. EU-FS-RL nichts geändert (Rn. 40). Ob das deutsche Recht die Wiedererteilung einer FE nach Ablauf der Sperre von zusätzlichen Anforderungen abhängig macht, wie zB einer med.-psych. Untersuchung, kann keine Rolle spielen (Sa NStZ-RR 05 50, OVG Lüneburg NJW 06 1158, OVG Weimar VRS **111** 288). Ein „fortwirkender Eignungsmangel" aus der Zeit vor Erteilung der ausländischen FE kann nicht angenommen werden (OVG Greifswald NJW 07 1158, OVG Hb

NJW **07** 1162f., VG Mü NZV **08** 476, LG Potsdam DAR **08** 219, *Zwerger* ZfS **06** 546; OVG Lüneburg NJW **06** 1158 und VGH Ka DAR **06** 345 sind insoweit durch EuGH Halbritter NJW **06** 2173 überholt, von VGH Ka NJW **07** 104 und OVG Lüneburg ZfS **07** 235 offen gelassen, zw OVG Münster DAR **09** 159). Wenn **nach Ablauf** einer in Deutschland angeordneten **Sperrfrist** im EU-/EWR-Ausland unter Beachtung des Wohnsitzprinzips eine **FE erteilt** worden ist, ist diese also nach Art 2 I der 3. EU-FS-RL in Deutschland **anzuerkennen,** wobei davon auszugehen ist, dass die Erteilung nach Prüfung der Fahreignung gemäß den Vorgaben der 3. EU-FS-RL erfolgt ist. Dies gilt auch, wenn dem Betroffenen im Inland eine FE der Klassen A und B wegen fehlender Eignung entzogen wurde und er später im EU-/EWR-Ausland eine FE der Klasse C erhielt (BVerwG 6.9.2018 – 3 C 31.16 NJW **19** 100). Wird nach Ablauf einer Sperrfrist im EU-/EWR-Ausland ein Ersatzführerschein ausgestellt, ist dies nicht als Erteilung einer FE anzusehen (vgl. Rn. 23c), eine Anerkennungspflicht entsteht dadurch nicht (Ce 12.12.19 – 2 Ss 138/19 NZV **20** 483 = VRS **137** 273).

36   Erst ein **Verhalten** des FEInhabers **nach FEErwerb** kann Anlass für eine **neue Eignungsprüfung** in Deutschland sein (BVerwG NJW **09** 1689, **10** 3318, OVG Ko DAR **09** 50, OVG Saarlouis DAR **09** 163, VG Mü NZV **08** 476). Erneutes Auffälligwerden im StrV nach Erteilung der ausländischen FE kann im Rahmen einer Gesamtbetrachtung unter **Miteinbeziehung früherer,** noch verwertbarer **Vorfälle** oder **Erkenntnisse** Anlass zur Überprüfung der Fahreignung oder bei Feststehen der Nichteignung zur EdF führen, dies aber nur, wenn die erneute Auffälligkeit von einigem Gewicht ist, so dass sie die Fahreignung zumindest in Zweifel zu ziehen vermag (OVG Saarlouis 2.12.09 1 A 358/09 juris Rn. 68 = Ls DAR **10** 281, VGH Mü BA **10** 308, OVG Lüneburg NZV **15** 356, VG Neustadt 25.2.15 1 K 702/14, *Zwerger* ZfS **08** 609). Der **EuGH** hat mit **Beschl v. 2.12.10** C-334/09 **Scheffler** (NJW **11** 587 mAnm *Dauer*) festgestellt, dass das Verhalten nach FEErwerb **kein Fehlverhalten** des FEInhabers im **Straßenverkehr** sein muss (so auch BVerwG NJW **10** 3318 Rn. 25, NJW **12** 3669 Rn. 28, OVG Münster DAR **09** 480 (481)). Der EuGH hat weiter festgestellt, dass ein **nach FEErteilung erstelltes** und auf einer nach FEErwerb durchgeführten Untersuchung beruhendes **medizinisch-psychologisches Gutachten** dann verwertet werden kann, wenn es einen, und sei es auch nur partiellen Bezug zu einem nach FEErteilung festgestellten Verhalten des Betr hat. Ein nach FEErteilung erstelltes Fahreignungsgutachten reicht somit aus, wenn es als Prognosebasis jedenfalls auch auf nachträgliche Umstände rekurriert und hieraus auf die Ungeeignetheit des Betr schließt (BVerwG NJW **10** 3318, OVG Münster DAR **09** 480 (jeweils bereits vor EuGH Scheffler), OVG Berlin 31.1.13 VM **13** 30). Diese zur 2. EU-FS-RL entwickelten Grundsätze sind auch auf die 3. EU-FS-RL anwendbar (BVerwG NJW **12** 3669). War die Anordnung der Gutachtenbeibringung europarechtswidrig, weil Grundlage dafür ein Verhalten vor Erteilung der ausländischen FE war, legt der Betr aber dennoch ein Gutachten vor, sind die Erkenntnisse daraus (nach diesen Maßgaben) verwendbar, weil es dann auf die Rechtmäßigkeit der Gutachtenanforderung nicht mehr ankommt (vgl. § 11 Rn. 26, BVerwG NJW **10** 3318, OVG Münster DAR **09** 480, VG Augsburg ZfS **08** 54).

37   Der **EuGH** hat durch **Urt v. 20.11.08** C-1/07 **Weber** (NJW **08** 3767, Anm *Geiger* DAR **09** 28) ergänzend entschieden, dass eine im Ausland erteilte EU- oder EWR-FE nicht anerkannt werden muss, wenn zum Zeitpunkt ihrer Erteilung in Deutschland ein **Fahrverbot** verhängt war und die deutsche **FE** später **entzogen** wurde, sofern beide Maßnahmen aus zum Zeitpunkt der Ausstellung des ausländischen FS bereits vorliegenden Gründen gerechtfertigt waren. Dementsprechend ist eine EU/EWR-FE nicht anzuerkennen, die in einem anderen EU-/EWR-Staat erteilt wurde, während dem Betroffenen im Inland die **FE vorläufig entzogen** war, sofern ihm die FE später auf Grund derselben Anlasstat endgültig entzogen worden ist (BVerwG 16.1.20 – 3 B 51/18 NJW **20** 1603, Kar NZV **09** 466, 5.7.18 – 2 Rv 4 Ss 332/18 BA **18** 368). Mit **Urt v. 13.10.11** C-224/10 **Apelt** (NJW **12** 369 mAnm *Dauer*) hat der EuGH entschieden, dass dies auch gilt, wenn die Erteilung der ausländischen FE zu einem Zeitpunkt erfolgt ist, zu dem sich der **FS** des Betr **in polizeilicher Verwahrung** befand und die deutsche FE später aufgrund desselben Sachverhalts entzogen worden ist. Das Recht, von einer im Ausland erteilten EU-/EWR-FE im Inland Gebrauch zu machen, **lebt** auch in diesen Konstellationen **nicht** automatisch **wieder auf,** wenn die im Zusammenhang mit der Entziehung der deutschen FE angeordnete Sperrfrist abgelaufen ist (BVerwG 16.1.20 – 3 B 51/18 NJW **20** 1603).

38   Nach dem **Urt des EuGH v. 19.2.09** C-321/07 **Schwarz** (DAR **09** 191) muss eine im Ausland erteilte **weitere FE,** die der Betroffene nach Entziehung seiner deutschen FE noch besitzt, in Deutschland **nicht anerkannt** werden, wenn die ausländische FE vor Entziehung der deutschen FE erteilt worden war, denn die **Wiederherstellung der Eignung** nach EdF ist

dann im Ausland **nicht geprüft** worden. Ein ausländischer EU/EWR-FS, der nicht auf einer erneuten Prüfung der Fahreignung nach Art 7 der 2. EU-FS-RL im Erteilungsstaat beruht, sondern lediglich eine zu einem früheren Zeitpunkt erteilte FE dokumentiert, muss nicht anerkannt werden (BVerwG NJW **09** 1687, VGH Ma DAR **10** 38).

Ist die **Fahreignung** im ausländischen Wohnsitzstaat nach einer in Deutschland erfolgten **38a** Entziehung der FE **überprüft** und bejaht worden, ist die Fahrberechtigung in Deutschland anzuerkennen. Dies gilt auch, wenn nach der Überprüfung der Fahreignung keine neue FE erteilt, sondern die ausländische FE belassen worden ist (VG Augsburg 12.11.2018 – 7 E 18.1433 BeckRS 2018, 29161). Ist im EU-/EWR-Ausland dagegen nur ein neuer FS im Wege des Umtausches eines FS aus einem anderen EU-/EWR-Staat ausgestellt worden, gilt dies nicht, da die Fahreignung für den Umtausch nicht zu prüfen ist (Rn. 23, *Kenntner* NJW **20** 1556 (1560 f.)).

Missbräuchliche Berufung auf Gemeinschaftsrecht. Dem Umstand, dass die EuGH- **39** Rspr. den zunehmenden FS-Tourismus begünstigte, begegnete die Rspr. zeitweilig mit der Auffassung, eine Bindung an die strikte Anerkennungspflicht der ausländischen FE liege dann nicht vor, wenn objektive Anhaltspunkte für rechtsmissbräuchlichen FEErwerb vorliegen (OVG Weimar VRS **111** 288, DAR **07** 538 (zust Anm *Dauer*), VGH Ma NJW **07** 99 (abl Anm *Zwerger* ZfS **06** 599), VGH Ka NJW **07** 102, OVG Greifswald NJW **07** 1154, OVG Münster VRS **111** 466, NZV **07** 266, OVG Berlin BA **07** 193, ZfS **07** 114, OVG Lüneburg ZfS **07** 235, BA **08** 270, OVG Bautzen DÖV **07** 562, OVG Ko NJW **07** 2650, VG Freiburg SVR **07** 230, VG Münster BA **07** 62, VG Stade ZfS **06** 542, VG Berlin DÖV **06** 1011, VG Gießen BA **07** 196, VG Saarlouis BA **08** 273, BA **09** 114, LG Potsdam DAR **08** 219, LG Meiningen BA **09** 428, aA Ce VD **08** 79, offen VGH Ka NJW **07** 1897). Nach dieser Auffassung lag eine nicht schutzwürdige (EuGH NJW **99** 2027) missbräuchliche Berufung auf EU-Recht vor, wenn von dem Recht auf Freizügigkeit oder Niederlassungsfreiheit in der Gemeinschaft kein Gebrauch gemacht wird, sondern unter **bewusster Umgehung der deutschen Eignungsvorschriften** eine FE in einem anderen EU-Staat erworben wird, der wegen noch nicht erfolgter Harmonisierung der Eignungsvorschriften in der EU geringere Anforderungen an die Eignung stellt oder der vom Antragsteller über seine Eignungsmängel getäuscht wird; näher dazu 40. Aufl § 28 Rn. 11. Vorabentscheidungsersuchen zu der Frage, ob die vom EuGH aufgestellten Auslegungsregeln auch in Fällen gelten sollen, in denen der Erwerb der FE nicht im Zusammenhang mit der Ausübung der durch EU-Recht gewährleisteten Freizügigkeit der Arbeitnehmer oder der Niederlassungsfreiheit erfolgte, sondern allein zur Umgehung nationaler Bestimmungen für die Wiedererteilung einer zuvor entzogenen FE (VG Chemnitz DAR **06** 637, VG Sigmaringen DAR **06** 640, AG Landau DAR **07** 409), hat der **EuGH** mit Urteilen vom 26.6.08 (NJW **08** 2403, DAR **08** 459) und mit Beschl. v. 3.7.08 (NJW **09** 207) nicht ausdrücklich beantwortet (OVG Saarlouis DAR **09** 163, *Dauer* NJW **08** 2382, *Schmidt* ThürVBl **08** 265). Da er jedoch immer wieder deutlich gemacht hat, dass bei FE, die außerhalb einer Sperrfrist erteilt worden sind, abgesehen von den mit Urteilen vom 26.6.08 (NJW **08** 2403, DAR **08** 459) zugelassenen Ausnahmen zur Wohnsitzfrage ausschließlich der Ausstellerstaat die Kompetenz zur Prüfung hat, ob alle Voraussetzungen für die Erteilung der FE im Zeitpunkt ihrer Erteilung vorgelegen haben, wurde zunehmend bezweifelt, ob die Zulassung einer Missbrauchsprüfung durch die Behörden oder Gerichte eines anderen Mitgliedstaates in Übereinstimmung mit der EuGH-Rspr. steht (*Zwerger* ZfS **06** 599, *Morgenstern* NZV **08** 428, *Schmidt* ThürVBl **08** 268 f., *Will* NJ **09** 450 f.). Das **BVerwG** hat mittlerweile klargestellt, dass nach seinem Verständnis der EuGH-Rspr. der **Einwand des Rechtsmissbrauchs nicht zulässig** ist, da nur unter den engen und vom EuGH abschließend bestimmten Voraussetzungen Ausnahmen vom unionsrechtlichen Anerkennungsgrundsatz gemacht werden dürfen (BVerwG NJW **10** 1828 mAnm *Dauer*). Mehrere Gerichte hatten unter diesem Blickwinkel bereits zuvor an ihrer Rspr. zum Rechtsmissbrauch nicht mehr festgehalten (OVG Ko DAR **09** 50, OVG Saarlouis DAR **09** 163, 2.12.09 1 A 358/09 juris Rn. 71 ff.). Der Einwand des Rechtsmissbrauchs ist somit nicht geeignet, vom unionsrechtlichen Anerkennungsgrundsatz abzuweichen (OVG Münster VRS **123** 247, DAR **12** 416).

Auch unter Geltung der 3. EU-FS-RL weiter nur eingeschränkte Anwendbarkeit 40 von Abs. 4 S. 1 Nr. 3. Die 2. EU-FS-RL ist mit Wirkung von 19.1.13 aufgehoben worden (Art 17 I der 3. FS-RL). Seit dem 19.1.13 ist nur noch die 3. EU-FS-RL maßgeblich. Ua Art 2 I, 11 IV der 3. FS-RL sind bereits seit 19.1.09 anwendbar (Art 18 II der 3. FS-RL, EuGH NJW **12** 1341 Rn. 31 – Akyüz, EuGH NJW **12** 1935 Rn. 33 – Hofmann). Auf Sachverhalte, die sich seit dem 19.1.09 zugetragen haben, war bereits die 3. FS-RL anwendbar, auch wenn die FE vor dem 19.1.09 erteilt worden war (EuGH NJW **12** 1341 Rn. 32 – Akyüz, *Dauer* NJW **12** 1345). Art 13 II der 3. FS-RL, wonach vor dem 19.1.13 erteilte FE aufgrund der Bestimmungen der 3. FS-RL weder entzogen noch eingeschränkt werden dürfen, hat nur für die Äquivalenzen zwischen den vor dem Zeitpunkt der Umsetzung der 3. FS-RL erteilten FE Bedeutung und ist deswegen für die Frage, ab wann Abs. 4 S. 1 Nr. 3 nach der 3. FS-RL zu beurteilen ist, ohne Relevanz (EuGH NJW **12** 1935 Rn. 36 ff – Hofmann). Nach dem **Urteil** des **EuGH v. 26.4.12** C-419/10 **Hofmann** (NJW **12** 1935 mAnm *Dauer,* krit Anm *Geiger* DAR **12** 325) gelten die vom EuGH seit dem Urt v. 29.4.04 (NJW **04** 1725 – Kapper) unter Geltung der 2. FS-RL entwickelten Grundsätze **in gleicher Weise auch für die 3. FS-RL** (BVerwG NJW **12** 3669, Mü NZV **12** 553). Auch unter Geltung der 3. FS-RL müssen EU/EWR-FE von anderen Mitgliedstaaten vorbehaltlos anerkannt werden (Art 2 I der 3. EG-FS-RL, EuGH NJW **12** 1341 Rn. 40 – Akyüz, EuGH NJW **12** 1935 Rn. 43 f – Hofmann). Die Befugnis zur Ablehnung der Gültigkeit von anderen Mitgliedstaaten ausgestellter FE (Art 11 IV S. 2 der 3. EU-FS-RL) stellt auch weiterhin einen eng auszulegenden Ausnahmetatbestand dar (EuGH NJW **12** 1935 Rn. 71 – Hofmann, *Dauer* NJW **10** 2758 (2761)). Die Veränderung des Wortlauts der relevanten Normen (Art 8 IV der 2. FS-RL: *kann ablehnen,* Art 11 IV UAbs. 2 der 3. FS-RL: *lehnt ab*) hat insoweit keine Bedeutung (EuGH NJW **12** 1935 Rn. 65 ff. – Hofmann). Auch unter Geltung der 3. FS-RL kann die Gültigkeit einer in einem anderen EU/EWR-Staat erteilten FE nur abgelehnt werden, wenn sie während einer Sperrfrist erteilt worden ist (EuGH NJW **12** 1935 – Hofmann). **Abs. 4 S. 1 Nr. 3** ist somit weiterhin **auch unter Geltung der 3. FS-RL** anwendbar auf Fälle anwendbar, in denen eine ausländische EU/EWR-FE **während** einer noch laufenden **Sperrfrist erteilt** worden ist (BVerwG NJW **14** 2214). Die vor der EuGH-Entscheidung v. 26.4.12 mehrheitlich vertretene Auffassung, der Grundsatz der gegenseitigen Anerkennung der von den Mitgliedstaaten ausgestellten FS (Art 1 II der 2. EU-FS-RL, Art 2 I der 3. EU-FS-RL) sei durch die seit 19.1.09 (Art 18 der 3. EU-FS-RL) gültige Fassung von Art 11 IV S. 2 der 3. EU-FS-RL gegenüber der Fassung in Art 8 IV S. 1 der 2. EU-FS-RL eingeschränkt worden und Abs. 4 S. 1 Nr. 3 sei folglich seit 19.1.09 wieder uneingeschränkt anwendbar (Begr Rn. 8, VGH Mü NZV **10** 48, DAR **10** 103, SVR **10** 348, NJW **11** 1380 (dagegen BVerfG DAR **12** 14), OVG Münster VRS **118** 314, BA **12** 117, VGH Ma NJW **10** 2821, OVG Greifswald 23.2.10 1 M 165/09, OVG Lüneburg SVR **10** 355 = 397, 18.8.10 12 ME 57/10, OVG Berlin LKV **11** 510 = NJW **11** 3468 Ls, VG Ansbach BA **10** 55, Stu NJW **10** 2818, Hb DAR **11** 647, *Janker* DAR **09** 181, *Mosbacher/Gräfe* NJW **09** 801, *G. Geiger* DAR **10** 121, *H. Geiger* VM **10** 31, DAR **10** 557 (561), *Scheidler* NWVBl **11** 449 (453), NZV **12** 66 (69)), kann nach dem Urt des EuGH v. 26.4.12 nicht aufrechterhalten werden. Die vor dem EuGH-Urt v. 26.4.12 vertretene Mindermeinung, die Rechtslage sei durch die 3. EG-FS-RL nicht grundlegend verändert worden (BVerfG DAR **12** 14, VGH Ka BA **10** 154, OVG Ko NJW **10** 2825, OVG Saarlouis DAR **10** 589, VG Ko DAR **10** 160, *Riedmeyer* ZfS **09** 427 f., *Hailbronner* NZV **09** 366 f., *Will* NJ **09** 451, *Pießkalla/Leitgeb* NZV **10** 329, *Dauer* NJW **10** 2758 (2761), *Krismann* BA **11** 257) hat sich als richtig erwiesen.

41   Die Verhängung einer **isolierten Sperre** gem. § 69a I S. 3 StGB ist **keine Maßnahme iSv Abs. 4 S. 1 Nr. 3**. Die Tatsache, dass der VOGeber die isolierte Sperrfrist in Abs. 4 S. 1 Nr. 4 geregelt hat, schließt es aus, eine planwidrige Regelungslücke in Abs. 4 S. 1 Nr. 3 anzunehmen, die Voraussetzung für eine analoge Anwendung wäre (BVerwG NJW **14** 2214, VGH Mü ZfS **11** 176, 13.10.11 11 CS 11.1924 Rn. 28, VRS **124** 183, VG Augsburg 23.10.12 Au 7 K 12.788 Rn. 36).

42   5. Ausschluss der Berechtigung bei Versagung der FE (Abs. 4 S. 1 Nr. 3). Die Regelung, wonach die Berechtigung nach Abs. 1 nicht gilt, wenn die ausländische EU/EWR-FE erworben wurde, nachdem in Deutschland die FE bestandskräftig versagt worden war (Abs. 4 S. 1 Nr. 3), wurde vom **EuGH** mit Urt v. 1.3.12 C-467/10 **Akyüz** (NJW **12** 1341 mAnm *Dauer*) für mit Unionsrecht nicht vereinbar erklärt (s. auch schon hier 41. Aufl Rn. 33, *Dauer* NJW **10** 2758 (2759 f.)). Die Weigerung, eine FE zu erteilen, sei nicht mit den in Art 8 IV der 2. EU-FS-RL und Art 11 IV UAbs. 2 der 3. EU-FS-RL geregelten Tatbeständen Einschränkung, Aussetzung, Entzug und Aufhebung einer FE gleichzusetzen. Da es in der EU nur eine Mindestharmonisierung der Vorschriften über die Voraussetzungen für die Erteilung einer FE gebe, könnten die Mitgliedstaaten auf diesem Gebiet strengere als die von den FS-RL vorgegebenen Vorschriften beibehalten oder erlassen. Dies ändere aber nichts an der Verpflichtung, in anderen Mitgliedstaaten erteilte FE anzuerkennen, selbst wenn nach den Maßstäben des Staates, der eine FE versagt hat, die Erteilung nicht möglich gewesen wäre. Das EuGH-Urt Akyüz betrifft nur die **Versagung der Ersterteilung** einer FE. IV S. 1 Nr. 3 wird deswegen zumindest in Fällen für nicht anwendbar gehalten, in denen dem Inhaber einer ausländischen EU-/EWR-FE eine inländische FE zuvor erstmals versagt worden ist (OVG Mgd BA **13** 202, Ce VRS **133** 34 = NZV **18** 387). Der Gedanke des EuGH, die Weigerung, eine FE zu erteilen, also sie zu versagen, sei nicht mit den Tatabeständen Einschränkung, Aussetzung, Entzug und Aufhebung einer FE gleichzusetzen. ist aber auch auf Fälle der **Neuerteilung** einer FE übertragbar, wenn keine Maßnahme der Einschränkung, Aussetzung, Entziehung oder Aufhebung einer früheren FE vorausgegangen ist (*Dauer* NJW **12** 1346). **Abs. 4 S. 1 Nr. 3** ist somit **nicht** auf Fälle **anwendbar,** in denen die **FE versagt** worden ist. Überholt sind damit die Auffassungen, die bestandskräftige Versagung der Neuerteilung einer FE sei dem Entzug der FE gleichzusetzen (VGH Ma NJW **10** 2821, Ce NZV **12** 495), oder der bestandskräftigen Versagung einer beantragten FE sei der Fall gleichzustellen, in dem der Betroffene einen FEAntrag zurücknimmt, nachdem er im Erteilungsverfahren ohne Erfolg eine MPU hat durchführen lassen oder eine solche verweigert hat (OVG Münster NZV **10** 167, *Koehl* SVR **10** 377 (381)).

6. Ausschluss der Berechtigung bei Verzicht auf die FE (Abs. 4 S. 1 Nr. 3). Die Berechtigung nach Abs. 1 gilt nicht, wenn die ausländische EU/EWR-FE erworben wurde, nachdem EdF in Deutschland nur im Hinblick auf einen FEVerzicht des Betroffenen unterblieben ist (Abs. 4 S. 1 Nr. 3). Es ist fraglich, ob dies den Vorgaben des Gemeinschaftsrechts entspricht (*Dauer* NJW **10** 2758). Die Rspr. hatte bisher keine unionsrechtlich begründeten Bedenken, bei Anwendbarkeit von Abs. 4 S. 1 Nr. 3 den zur Vermeidung einer förmlichen Entziehung ausgesprochene Verzicht auf eine FE dem Entzug der FE gleichzusetzen (BVerwG VRS **118** 222, VGH Mü 12.12.08 11 CS 08.1396, 15.1.09 11 CE 08.3222, VGH Ma NZV **09** 359, OVG Weimar VRS **120** 203, Hb DAR **11** 647), auch wenn Art 8 IV iVm II der 2. EU-FS-RL und Art 11 IV S. 2, 3 der 3. EU-FS-RL nur die Begriffe „Einschränkung, Aussetzung, Entzug, Aufhebung" verwenden. Nach dem EuGH-Urt v. 1.3.12 Akyüz (NJW **12** 1341 mAnm *Dauer*, Rn. 42) ist zusätzlich zweifelhaft, ob diese Regelung dem Unionsrecht entspricht.

7. Ausschluss der Berechtigung bei isolierter Sperre (Abs. 4 S. 1 Nr. 4). Durch Änd-VO v. 7.8.02 (BGBl. I S. 3267) wurde eingefügt, dass das Recht zum Führen von Kfz im Inland nicht für Inhaber ausländischer EU/EWR-FE besteht, denen auf Grund einer isolierten Sperre gem. § 69a I S. 3 StGB „keine FE erteilt werden darf". Wortlaut und Begr (Rn. 5) könnten so verstanden werden, dass das Recht aus Abs. 1 S. 1 nur für die Zeit der Sperrfrist ausgeschlossen sein sollte, nicht nach Ablauf der Sperre. Seit den EuGH-Entscheidungen Wiedemann/Funk (NJW **08** 2403) Zerche/Seuke/Schubert (DAR **08** 459) und Möginger (NJW **09** 207) steht aber fest, dass eine während einer Sperrfrist im EU/EWR-Ausland erteilte FE auch nach Ablauf der Sperre nicht anerkannt werden muss (Rn. 26). In Rspr. (BVerwG DAR **12** 102, OVG Saarlouis 28.7.10 1 A 185/10 = DAR **10** 602 Ls, offen gelassen von VGH Mü ZfS **11** 176) und Schrifttum (*Bouska/Laeverenz* § 28 FeV Anm 10e, krit *Dauer* DAR **11** 155) wird die Regelung so verstanden, dass der Inhaber einer während einer Sperrfrist nach § 69a I S. 3 StGB erteilten ausländischen EU-/EWR-FE auch nach Ablauf der Sperrfrist nicht berechtigt ist, in Deutschland Kfz zu führen. Dieses Verständnis steht auch in Übereinstimmung mit Unionsrecht (BVerwG DAR **12** 102). Die Anordnung einer isolierten Sperre steht der Anerkennung der ausländischen EU/EWR-FE gem. IV S. 3 bis zum Eintritt der Tilgung der Eintragung im FAER entgegen (VGH Mü VRS **124** 183 (190)).

Früher wurde für zweifelhaft gehalten, ob es **unionsrechtskonform** ist, das Recht zum Gebrauchmachen von einer ausländischen EU/EWR-FE im Inland bei gerichtlich verhängter isolierter Sperre gem. § 69a I S. 3 StGB für die Erteilung einer FE zu verweigern, weil die Ablehnung der Anerkennung der Gültigkeit eines ausländischen EU/EWR-FS nach Art 8 IV iVm II der 2. EU-FS-RL und Art 11 IV UAbs. 2 der 3. EU-FS-RL nur möglich ist, wenn dem Inhaber zuvor seine FE „eingeschränkt, ausgesetzt oder entzogen wurde" (*Dauer* NJW **10** 2758, *Halecker* BA **14** 240). Dies ist in Fällen der Anordnung einer isolierten Sperre mangels FE nicht geschehen. Allerdings ist die Nichteignung rechtskräftig festgestellt. Die Regelung wurde von der Rspr. für europarechtskonform gehalten (BVerwG DAR **12** 102, NJW **14** 2214, OVG Saarlouis DAR **10** 602). ZT ist die Anordnung einer isolierten Sperre als „entzugsähnliche Maßnahme" den in Art. 8 II, IV der 2. EU-FS-RL und Art 11 II, IV UAbs. 2 der 3. EU-FS-RL genannten Maßnahmen der Entziehung oder Beschränkung gleichgesetzt worden (BVerwG NJW **14** 2214, VGH Ma BA **11** 118, VGH Mü VRS **124** 183 (191), Bra 27.5.15 1 Ss 24/15, befürwortend bereits VGH Mü ZfS **11** 176, VG Ansbach BA **10** 55, VG Neustadt BA **11** 124). Der **EuGH** hat mit seinem **Urteil v. 21.5.15** C-339/14 – Wittmann (NJW **15** 3217) Klarheit geschaffen: Nach seiner Auslegung ist die Verhängung einer isolierten Sperrfrist als Einschränkung, Aussetzung oder Entzug der FE iSv Art 11 IV UAbs. 2 der 3. EU-FS-RL zu verstehen mit der Folge, dass sie der Anerkennung einer vor Ablauf der Sperrfrist erteilten ausländischen EU/EWR-FE entgegensteht. IV S. 1 Nr. 4 ist somit unionsrechtskonform.

43

44

45

45a   IV S. 1 Nr. 4 erfasst nicht nur Fälle, in denen zuerst eine isolierte Sperre verhängt und anschließend eine ausländische EU/EWR-FE erteilt wird, sondern auch Fälle, in denen **zuerst eine ausländische EU/EWR-FE erteilt** und **danach eine isolierte Sperre** verhängt wird (BVerwG NJW **14** 2214, VGH Mü VRS **124** 183 (189), 25.3.13 11 ZB 12.2712, KG NZV **16** 104, VRS **128** 149). Auch in diesem Fall entfällt das Recht, von der ausländischen FE im Inland Gebrauch zu machen gem. IV S. 3 solange, wie die isolierte Sperre im FAER eingetragen und nicht getilgt ist. Der **EuGH** hat diese Position mit seinem **Urteil v. 21.5.15** C-339/14 **Wittmann** (NJW **15** 3217) in Parallele zu seinen Urteilen Weber und Apelt (Rn. 37) zumindest eingeschränkt gestützt: Es sei unerheblich, wenn das die isolierte Sperre verhängende Urteil erst nach Erteilung der ausländischen FE rechtskräftig wird, sofern die ausländische FE nach Verkündung des Urteils erteilt wurde und die Gründe für die Verhängung der isolierte Sperre bereits zum Zeitpunkt der Erteilung der FE vorlagen.

46   **8. Ausschluss der Berechtigung bei Führerscheinsicherstellung, Fahrverbot (Abs. 4 S. 1 Nr. 5).** Nicht nur vorläufige EdF gem. § 111a StPO, sondern auch vorläufige Führerscheinmaßnahmen gem. § 94 StPO **(Sicherstellung, Beschlagnahme)** führen zum Ausschluss der Berechtigung nach Abs. 1. Dasselbe gilt für die Dauer eines **Fahrverbotes,** sofern dieses entweder im Inland angeordnet wurde (§§ 25 StVG, 44 StGB) oder im Staat des ordentlichen Wohnsitzes des FEInhabers oder in dem Staat, in dem die FE erteilt worden ist. Keinen Einfluss hat ein ausländisches Fahrverbot, wenn in jenem Staat weder die FE erteilt worden ist, noch ein ordentlicher Wohnsitz des FEInhabers besteht (Begr Rn. 3).

47   **9. Ausschluss der Berechtigung bei Besitz einer deutschen FE im Zeitpunkt des Erwerbs der ausländischen EU/EWR-FE (Abs. 4 S. 1 Nr. 6).** Nach Art 7 V der 2. EU-FS-RL und Art 7 V Buchst. a der 3. EU-FS-RL kann jede Person nur Inhaber einer einzigen FE sein. Die Erteilung einer ausländischen EU-/EWR-FE an den Inhaber einer deutschen FE ist damit unionsrechtswidrig. Durch ÄndVO v. 17.12.10 (BGBl. I S. 2279) wurde deswegen Abs. 4 S. 1 Nr. 6 eingeführt, wonach eine ausländische EU/EWR-FE abweichend von Abs. 1 nicht zum Führen von Kfz in Deutschland berechtigt, wenn der **Inhaber zum Zeitpunkt ihres Erwerbs** bereits **Inhaber einer deutschen FE** war. Es erscheint fraglich, ob diese Regelung unionsrechtskonform ist, denn die Ablehnung der Anerkennung der Gültigkeit eines ausländischen EU/EWR-FS ist nach Art 11 IV S. 2 der 3. EG-FS-RL nur möglich, wenn dem Inhaber zuvor seine FE „eingeschränkt, ausgesetzt oder entzogen wurde", nicht allein wenn er zum Zeitpunkt des Erwerbs bereits Inhaber einer anderen FE war. Die Bezugnahme der Begr (Rn. 11) auf die EuGH-Entscheidungen v. 20.11.08 (NJW **08** 3767 – Weber) und 3.7.08 (NJW **09** 207 – Möginger) überzeugt nicht. In der Sache Weber erkannte der EuGH die Berechtigung zur Nichtanerkennung der ausländischen FE an, weil zum Zeitpunkt der Erteilung der ausländischen FE bereits eine „Maßnahme der Aussetzung der FE" (FV) wirksam war und die spätere EdF auf demselben Sachverhalt beruhte wie die Aussetzung der FE; die Erwähnung der Regelung, wonach eine Person nur Inhaber einer einzigen von einem Mitgliedstaat erteilten FE sein kann, trägt die Entscheidung des EuGH nicht selbständig. Der EuGH-Beschl Möginger erwähnt diesen Aspekt nicht einmal. Nachdem aber der EuGH mit seinem Urt v. 19.5.11 (NJW **11** 3635 – Grasser) eine ungeschriebene Ausnahme vom allgemeinen Anerkennungsgrundsatz bei bloßem Wohnsitzverstoß statuiert hat, ist nicht auszuschließen, dass er im Hinblick auf die Bedeutung des Prinzips „Jede Person kann nur Inhaber einer einzigen FE sein" auch für diese Fälle eine ungeschriebene Ausnahme vom allgemeinen Anerkennungsgrundsatz befürworten würde.

48   **10. Ausschluss der Berechtigung bei Erteilung der ausländischen EU-/EWR-FE durch prüfungsfreien Umtausch einer FE aus einem nicht in Anl 11 enthaltenen Drittstaat (Abs. 4 S. 1 Nr. 7 Alt 1).** Mit der durch ÄndVO v. 26.6.12 (BGBl. I S. 1394) eingefügten und im Wortlaut durch ÄndVO v. 10.1.13 (BGBl. I S. 35, Begr BR-Drs. 683/12 S. 53) präzisierten Regelung des Abs. 4 S. 1 Nr. 7 Alt 1 hat Deutschland von der Befugnis nach Art 8 VI UAbs. 2 S. 2 der 2. EU-FS-RL (entspricht Art 11 VI UAbs. 2 S. 2 der 3. EU-FS-RL) Gebrauch gemacht, wonach EU/EWR-Staaten die FE anderer EU/EWR-Staaten nicht anerkennen müssen, wenn sie durch Umtausch einer von einem Drittland erteilten FE erworben worden sind (Begr Rn. 12). Damit hat der VOGeber seine Entscheidung von 1998, auch die durch prüfungsfreien Umtausch von Drittstaaten-FE erworbenen ausländischen EU/EWR-FE anzuerkennen (s. Begr Rn. 1), teilweise revidiert. Von der unionsrechtlichen Befugnis ist nur eingeschränkt Gebrauch gemacht worden, indem die Nichtanerkennung auf EU/EWR-FE beschränkt wurde, die durch prüfungsfreien Umtausch von FE aus Drittstaaten erworben wurden, die nicht in Anl 11 aufgeführt sind (Begr Rn. 12). Ausländische EU/EWR-FE, die durch prüfungsfreien Umtausch von FE aus in Anl 11 enthaltenen Drittstaaten erworben wurden, berechtigen somit gem. Abs. I zum Fahren in Deutschland. Warum der VOGeber in dieser Weise differenziert hat, lässt sich der Begründung nicht entnehmen. – Eine spanische EU-FE, die im Wege des Umtauschs eines kolumbianischen FS prüfungsfrei erworben wurde, berechtigt nicht zum Fahren in Deutschland (VG Neustadt ZfS **17** 537 Ls). Gleiches gilt für eine rumänische EU-FE, die durch prüfungsfreien Umtausch einer in der Republik Moldau erteilten FE erlangt worden ist (VGH Mü 27.1.20 – 11 C 19.1674 BeckRS 2020, 1185).

11. Ausschluss der Berechtigung bei Erteilung der ausländischen EU-/EWR-FE auf 49 Grundlage eines gefälschten FS eines Drittstaates (Abs. 4 S. 1 Nr. 7 Alt 2). Auch mit der durch ÄndVO v. 26.6.12 (BGBl. I S. 1394) eingefügten und im Wortlaut durch ÄndVO v. 10.1.13 (BGBl. I S. 35, Begr BR–Drs. 683/12 S. 53) präzisierten Regelung des Abs. 4 S. 1 Nr. 7 Alt 2 hat Deutschland von der Befugnis nach Art 8 VI UAbs. 2 S. 2 der 2. EU-FS-RL (entspricht Art 11 VI UAbs. 2 S. 2 der 3. EU-FS-RL) Gebrauch gemacht, wonach EU-/EWR-Staaten die FE anderer EU-/EWR-Staaten nicht anerkennen müssen, wenn sie durch Umtausch einer von einem Drittland erteilten FE erworben worden sind (Begr Rn. 12). Ist die ausländische EU/EWR-FE durch Umtausch einer in einem Drittstaat erteilten FE auf Grund eines gefälschten FS erteilt worden, berechtigt sie nicht zum Fahren in Deutschland, ohne dass zwischen in Anl 11 enthaltenen und nicht enthaltenen Drittstaaten differenziert wird (Begr Rn. 12). Die Berechtigung zum Führen von Kfz im Inland nach IV S. 1 Nr. 7 Alt 2 ist nicht nur bei einer EU-/EWR-FE ausgeschlossen, die in der Folge eines (ersten) Umtauschs eines gefälschten FS eines Drittstaats von einem EU-/EWR-Staat erteilt worden ist. Wenn diese (erste) EU-FE ihrerseits ohne Fahreignungsprüfung in eine EU-FE eines weiteren EU-/EWR-Mitgliedstaats umgetauscht wird, erfasst IV S. 1 Nr. 7 Alt 2 auch diese (zweite) EU-FE sowie auch alle sich aus etwaigen nachfolgenden Umtauschvorgängen ergebenden weiteren EU-FE (EuGH Urt v. 28.2.19 – C-9/18 DAR **19** 319 mAnm *Koehl*, ergangen auf Vorabentscheidungsersuchen Kar DAR **18** 94 = NZV **18** 339, zuvor bereits VGH Ma NJW **17** 3673, nach EuGH: Kar 14.3.19 BeckRS 2019, 4193 = BA **19** 261).

12. Ausschluss der Berechtigung bei Erteilung der ausländischen EU-/EWR-FE 50 durch Umtausch einer von einem Drittstaat erteilten FE bei Wohnsitz im Inland (Abs. 4 S. 1 Nr. 8). Mit der durch ÄndVO v. 26.6.12 (BGBl. I S. 1394) eingefügten Regelung des Abs. 4 S. 1 Nr. 8 hat Deutschland ebenso wie mit Abs. 4 S. 1 Nr. 7 von der Befugnis nach Art 8 VI UAbs. 2 S. 2 der 2. EU-FS-RL (entspricht Art 11 VI UAbs. 2 S. 2 der 3. EU-FS-RL) Gebrauch gemacht, wonach EU/EWR-Staaten die FE anderer EU/EWR-Staaten nicht anerkennen müssen, wenn sie durch Umtausch einer von einem Drittland erteilten FE erworben worden sind (Begr Rn. 12). Von der unionsrechtlichen Befugnis ist hier ebenfalls nur eingeschränkt Gebrauch gemacht worden: Die ausländische EU/EWR-FE berechtigt nur dann nicht zum Fahren in Deutschland, wenn der Inhaber entweder zum Zeitpunkt der Erteilung der DrittstaatsFE, die später prüfungsfrei in eine ausländische EU/EWR-FE umgetauscht worden ist, oder zum Zeitpunkt der Erteilung der ausländischen EU/EWR-FE durch prüfungsfreien Umtausch einer DrittstaatsFE seinen Wohnsitz im Inland hatte. Dies gilt nur dann nicht, wenn der Umtausch in eine ausländische EU-/EWR-FE erfolgt ist, während der Inhaber sich als Student oder Schüler mindestens 6 Monate in dem anderen EU-/EWR-Staat aufgehalten hat.

Von IV S. 1 Nr. 8 nicht umfasst und im deutschen Recht nicht ausdrücklich geregelt ist der **50a** Fall, dass eine **EU/EWR-FE in eine ausländische EU-/EWR-FE „umgetauscht"** wurde und die dem Umtausch zugrunde liegende und durch Eintragung des ursprünglichen Erteilungsdatums in den nach Umtausch ausgestellten FS dokumentierte FE unter berücksichtigungsfähigem Verstoß gegen das Wohnsitzprinzip erteilt worden ist (näher dazu Rn. 31a)

13. Ausschluss der Berechtigung bei Erteilung der ausländischen EU-/EWR-FE auf 51 Basis einer nicht anzuerkennenden FE (Abs. 4 S. 1 Nr. 9). Mit der durch ÄndVO v. 16.4.14 (BGBl. I S. 348) eingefügten Regelung des Abs. 4 S. 1 Nr. 9 hat der VOGeber die EuGH-Rspr. umgesetzt, nach der eine im EU-/EWR-Ausland erteilte FE nicht anerkannt werden muss, wenn sie auf der Basis einer nicht anzuerkennenden FE erteilt wurde, deren Vorbesitz erforderlich ist (Begr Rn. 13–18). Dies gilt auch dann, wenn sich das Fehlen der Berechtigung nicht unmittelbar aus dem FS ergibt (Abs. 4 S. 4). Der **EuGH** hatte zunächst mit **Urt v. 13.10.11** C-224/10 **Apelt** (NJW **12** 369 mAnm *Dauer*) entschieden, dass eine im EU-/EWR-Ausland nach Ablauf einer in Deutschland angeordneten Sperrfrist ohne berücksichtigungsfähigen Wohnsitzverstoß erteilte **FE der Kl D** dann **nicht anerkannt werden muss,** wenn sie auf der **Grundlage** einer ebenfalls im EU-EWR-Ausland erteilten **nicht anzuerkennenden FE der Kl B** erteilt wurde. Da die FE der Kl B eine unabdingbare Grundlage für den Erhalt einer FE der Kl D ist, könne die Anerkennung einer FE der Kl D abgelehnt werden, die auf der Grundlage einer FE der Kl B erteilt worden ist, die mit einer Unregelmäßigkeit behaftet ist, die ihre Nichtanerkennung rechtfertigt. Im entschiedenen Fall erlaubte sowohl die Entziehung der deutschen FE als auch ein berücksichtigungsfähiger Wohnsitzverstoß die Nichtanerkennung der FE der Kl B. Aus der EuGH-Entscheidung folgt auch, dass die für sich betrachtet nicht zu beanstandende FE der Kl D den **Mangel** der früher erteilten **FE der Kl B nicht „heilt"**, sodass die FE der Kl B auch dann nicht anerkannt werden muss, wenn auf ihrer Basis später eine im Übrigen korrekte FE der Kl D erteilt worden ist (*Dauer* NJW **12** 371). Mit **Beschl v. 22.11.11** C-590/10 **Köppl** (NJW **12** 2018, Anm *Dauer* NZV **12** 504) hat der **EuGH** diese Rspr. **auch auf FE der Kl C** übertragen, denn auch für ihre Erteilung ist eine FE der Kl B unabdingbare Voraussetzung. Damit war geklärt, dass eine in einem anderen EU-/EWR-Staat erteilte FE der Kl B, die gem. Abs. 4 S. 1 nicht das Recht vermittelt, in Deutschland Kfz zu führen, auch dann nicht anerkannt werden muss, wenn dem Betr später von diesem EU-/EWR-Staat eine im Übrigen nicht zu beanstandende FE der Kl C oder D erteilt wurde (VGH Mü SVR **12** 356). Geklärt war weiter, dass auch die im Übrigen nicht zu beanstandende FE der Kl C oder D nicht anerkannt werden muss, wenn sie auf der Grundlage einer nicht anzuerkennenden FE der Kl B erteilt worden ist (VGH Mü SVR **12** 356, LG Ol BA **14** 124). Aus dieser EuGH-Rspr. folgt auch, dass eine im EU-/EWR-Ausland in für sich genommen nicht zu beanstandender Weise erteilte **FE der Kl BE** nicht anerkannt werden muss, wenn sie auf der Grundlage einer nicht anzuerkennenden FE der Kl B erteilt worden ist, und dass die zugrundeliegende FE der Kl B durch die später isoliert betrachtet korrekt erteilte FE der Kl BE nicht „geheilt" wird (*Dauer* NJW **12** 372, so auch schon VGH Mü SVR **11** 396).

Nach diesen EuGH-Entscheidungen war mehrfach darauf hingewiesen worden, dass zur Umsetzung der EuGH-Rspr. in Abs. 4 S. 1 noch ein spezieller Tatbestand geschaffen werden musste, da sich die Nichtgeltung kraft Gesetzes der für sich betrachtet korrekt erteilten ausländischen FE der Kl C, D oder BE nicht aus der damaligen Fassung von Abs. 4 S. 1 ergab (42. Aufl Rn. 51, *Dauer* NJW **12** 372, NZV **12** 504). Abs. 4 S. 1 fand auf ausländische EU-/EWR-FE in den Konstellationen der EuGH-Entscheidungen Apelt und Köppl keine Anwendung, solange eine derartige Rechtsänderung nicht erfolgt war (aA VGH Mü SVR **12** 356, 20.7.12 11 BV 12.172, VGH Ma 15.11.16 10 S 1640/16, zw *König/Seitz* DAR **12** 361 (363)). Mit ÄndVO v. 16.4.14 (BGBl. I S. 348) wurden schließlich mit mehrjähriger Verzögerung Abs. 4 S. 1 Nr. 9 und S. 4 eingefügt und damit von der durch den EuGH aufgezeigten Möglichkeit der Nichtanerkennung Gebrauch gemacht.

51a   **14. Kein Ausschluss der Berechtigung bei Erteilung der ausländischen EU-/EWR-FE auf Basis einer in Deutschland wegen fehlender Eignung „entzogenen" FE.** In § 28 ist nicht näher bestimmt, ob eine im EU-/EWR-Ausland nach Ablauf einer ggf. in Deutschland angeordneten Sperrfrist und unter Einhaltung des Wohnsitzerfordernisses erteilte FE der Kl C oder D, die den Besitz einer FE der Kl B voraussetzt, gem. I S. 1 zum Fahren im Inland berechtigt, wenn die früher erteilte ausländische EU-/EWR-FE der Kl B zuvor wegen eines Eignungsmangels in Deutschland entzogen worden ist, dem Betr also das Recht aberkannt worden ist, mit dieser FE im Inland Kfz zu führen, und keine Zuerkennungsentscheidung nach V ergangen ist. IV S. 1 enthält keinen Tatbestand, der in einer solchen Fallkonstellation die Berechtigung nach I S. 1 ausschließt. IV S. 1 Nr. 9 ist nicht einschlägig, da die FE der Kl B nicht nach IV S. 1 Nr. 3, sondern aufgrund einer nach Erteilung dieser FE erfolgten Entziehung nicht zum Fahren im Inland berechtigte. Nach der Rspr. umfasst die mit der nach Ablauf einer ggf. angeordneten Sperrfrist erfolgten Erteilung einer FE der Kl C verbundene Bestätigung der Fahreignung des Inhabers für die Kl C auch die hierfür vorausgesetzte Eignung zum Führen von Fz der Kl B. Durch die Neuerteilung einer FE der Kl C im EU-/EWR-Ausland sind die in Deutschland begründeten Eignungszweifel ausgeräumt. Der Inhaber einer ausländischen EU-/EWR-FE der Kl B und C darf deshalb auch dann Kfz dieser Klassen im Inland führen, wenn ihm vor Erteilung der FE der Kl C wegen fehlender Eignung die FE der Kl B entzogen worden war und er in Deutschland nicht nachgewiesen hat, wieder fahrgeeignet zu sein (BVerwG 6.9.2018 – 3 C 31.16 NJW **19** 100, OVG Münster 25.10.16 16 A 1638/15 DAR **17** 218).

52   **15. Versagung der Anerkennung nur bei Eintragung und bis zur Tilgung im FAER (Abs. 4 S. 3).** Nach der Rspr. des EuGH ist ein EU-Mitgliedstaat **nicht befugt,** einer Person, auf die eine Maßnahme des Entzugs oder der Aufhebung einer von diesem Mitgliedstaat erteilten FE angewendet wurde, **auf unbestimmte Zeit** die Anerkennung der Gültigkeit eines FS

zu versagen, der ihr später nach Ablauf einer Sperrfrist von einem anderen Mitgliedstaat ausgestellt wird, denn dies widerspräche dem gemeinschaftsrechtlichen Grundsatz der gegenseitigen Anerkennung der FS (EuGH NJW **04** 1728 Rn. 76 f – Kapper, NJW **07** 1864 Rn. 30 – Kremer, NJW **08** 2406 Rn. 63 – Wiedemann/Funk, DAR **08** 462 Rn. 60 – Zerche/Seuke/Schubert, NJW **09** 209 Rn. 44 – Möginger, DAR **09** 195 Rn. 85 – Schwarz, NJW **12** 1935 Rn. 50 – Hofmann). Um dieser Rspr. Rechnung zu tragen beschränkt Abs. 4 S. 3 die Anwendung von Abs. 4 S. 1 Nr. 3 und 4 auf die Zeit, in der die Gründe für die Entziehung und Versagung der FE im FAER eingetragen und nicht nach § 29 StVG getilgt sind. Nach Tilgung stehen die bis dahin im FAER eingetragenen Gründe der Anerkennung einer EU- oder EWR-FE nicht mehr entgegen (Begr Rn. 10). Die Eintragung im FAER muss positiv feststehen (Ce VRS **133** 34 = NZV **18** 387), ein Rückschluss aus einer Eintragung im BZR reicht nicht (KG NZV **16** 104). In Strafverfahren ist Abs. 4 S. 3 gem. § 2 III StGB als milderes Recht auch bei Tatbegehung vor Inkrafttreten der Regelung am 19.1.09 anzuwenden (Ol NJW **11** 870 (Anm *Dauer* DAR **11** 155)).

In der Rspr. wird Abs. 4 S. 3 als in Übereinstimmung mit der EuGH-Rspr. stehend angesehen **53** (BVerwG NJW **14** 2214, VGH Mü NZV **10** 106, Hb DAR **11** 647, zw OVG Greifswald 23.2.10 1 M 165/09). Es ist jedoch fraglich, ob diese Regelung **europarechtskonform** ist (BVerfG DAR **12** 14, *Zwerger* DAR **14** 636 (644), VGT **15** 37 (49) = ZfS **15** 184 (189)). Der EuGH hat mehrfach entschieden, dass eine FE vorbehaltlos anerkannt werden muss, wenn sie in einem anderen Mitgliedstaat nach Ablauf einer Sperrfrist erteilt worden ist (EuGH NJW **04** 1725 – Kapper, NJW **06** 2173 – Halbritter, NJW **09** 209 – Möginger, DAR **09** 191 – Schwarz, NJW **12** 1935 – Hofmann). Wenn bei dem Entzug der früheren FE keine Sperrfrist angeordnet worden war, ist eine neu erteilte ausländische EU/EWR-FE ebenfalls vorbehaltlos anzuerkennen (EuGH NJW **07** 1863 – Kremer). In beiden Fällen besteht die **Anerkennungspflicht** nach Auffassung des EuGH **unmittelbar ab Erteilung der FE.** Die Verweigerung der Anerkennung für eine bestimmte Zeit über das Erteilungsdatum hinaus entspricht nicht seinen Vorgaben. Wurde die FE dagegen während einer Sperrfrist erteilt, ist die Nichtanerkennung der FE nicht auf den Zeitraum der Sperrfrist beschränkt, sondern ist eine solche auf Dauer (OVG Ko NJW **10** 2825, s. Rn. 34).

Wenn man die Verweigerung der Anerkennung einer ausländischen EU/EWR-FE für einen **54** bestimmten Zeitraum über das Erteilungsdatum hinaus für unionsrechtlich zulässig halten würde, wäre allerdings **fraglich,** ob die Koppelung an die Eintragung im FAER **sachgerecht** und **verhältnismäßig** ist. Die Eintragungs- und Tilgungszeiträume sind regelmäßig länger als die Sperrfrist für die Wiedererteilung einer FE (*Janker* DAR **09** 185, *G. Geiger* DAR **10** 125, *Neubauer/Lörincz* NJ **12** 290). Die Tilgungsfristen des § 29 StVG lassen auch keine Rückschlüsse auf die aktuelle Fahreignung zu und sind insofern mit den eignungsausschließenden Sperrfristen nicht zu vergleichen (BVerfG DAR **12** 14). Ein im FAER nicht getilgter Verstoß steht einer Wiedererteilung der FE nicht entgegen (VG Ko DAR **10** 160). Abs. 4 S. 3 führt damit zu einer Ungleichbehandlung zwischen Kraftfahrern, die eine neue ausländische, und solchen, die eine neue deutsche FE erworben haben und verstößt somit gegen das Diskriminierungsverbot (BVerfG DAR **12** 14 (18), *Dyllick/Lörincz/Neubauer* LKV **10** 481 (487), NJ **12** 104 (108), *Zwerger* DAR **14** 636 (644)). Bedenken gegen Abs. 4 S. 3 sind darüber hinaus geltend gemacht worden, weil die Anwendbarkeit von Abs. 4 S. 1 Nr. 3 und 4 davon abhängig gemacht wird, dass die dort genannten Maßnahmen im FAER überhaupt eingetragen sind. Bei fehlender Eintragung einer angeordneten Sperrfrist kommt der Ausnahmetatbestand somit nicht zum Tragen (Ol NJW **11** 870 (Anm *Dauer* DAR **11** 155), *Mosbacher/Gräfe* NJW **09** 804) und die während einer Sperrfrist im Ausland erteilte EU/EWR-FE muss entgegen der EuGH-Rspr. anerkannt werden. – Die **Bedenken** gegen Abs. 4 S. 3 werden **vom BVerwG nicht geteilt,** weil Abs. 5 die Möglichkeit bereithalte, bei Nachweis der Wiederherstellung der Eignung auch schon vor Tilgung der Eintragung im FAER das Recht zuzuerkennen, von der ausländischen EU/EWR-FE (wieder) im Inland Gebrauch zu machen (BVerwG 13.2.14 – 3 C 1/13 NJW **14** 2214 Rn. 33 ff., 16.1.20 – 3 B 51/18 NJW **20** 1603 Rn. 28). Dabei wird jedoch übersehen, dass eine Zuerkennungsentscheidung nach Abs. 5 erst möglich ist, wenn die in Abs. 4 S. 1 Nr. 3 und 4 genannten Maßnahmen aus dem FAER getilgt sind (Abs. 5 S. 2 iVm Abs. 4 S. 3, s. Rn. 61, *Halecker* BA **14** 241). – Der **EuGH** sieht keine Versagung auf unbestimmte Zeit, wenn die Wiedererlangung der Fahrberechtigung in Deutschland entweder nach einjähriger Abstinenz und positiver MPU oder nach fünfjähriger Speicherfrist im FAER möglich ist (EuGH NJW **15** 2945 – Aykul, Anm *Zwerger* DAR **15** 321, Anm *Ternig* NZV **17** 85).

16. Feststellender VA bei fehlender Berechtigung (Abs. 4 S. 2). Wenn gem. Abs. 4 S. 1 **55** keine Berechtigung besteht, von der ausländischen FE im Inland Gebrauch zu machen, bedarf es keines konstitutiv wirkenden VA, um diese Rechtsfolge herbeizuführen, denn sie **ergibt sich unmittelbar aus Abs. 4**; der Berechtigungsausschluss gilt also unmittelbar kraft Gesetzes (BVerwG NJW **12** 96, DAR **12** 102, 24.10.19 – 3 B 26/19 NJW **20** 1600, 16.1.20 – 3 B 51/18 NJW **20** 1603, VGH Mü DAR **10** 103, SVR **10** 313, 31.3.20 – 11 ZB 20.189 NJW **20** 2654 Rn. 18, OVG Ko DVBl **09** 1118, BA **10** 366, VGH Ma DAR **10** 38, DAR **11** 482, OVG Saarlouis DAR **10** 416, 602, ZfS **12** 411, OVG Lüneburg NJW **10** 3674, OVG Münster VRS **123** 247, OVG Mgd BA **17** 138, Ce NZV **09** 92, NZV **12** 495, Kar NZV **09** 466, Jn VRS **116** 457, Ol NZV **10** 305, Hb DAR **11** 647, Ba DAR **13** 277, *Haus/Zwerger* § 18 Rn. 18, *König* DAR **08** 640, *Dauer* NZV **09** 154, *Mosbacher/Gräfe* NJW **09** 803, *Hailbronner* NZV **09** 365, *Schäfer* DAR **10** 486, *Krismann* BA **11** 257, *Scheidler* NWVBl **11** 449 (455), *Keil* DAR **12** 376 (378), *Kenntner* NJW **20** 1556 (1558)), und zwar **ex tunc** ab Erteilung der FE (BVerwG NJW **12** 96, 3 C 9/11 BA **12** 53, DAR **12** 102, OVG Münster VRS **123** 247, VRS **123** 187). In einem solchen Fall kann die FEB die ausländische FE nicht mit der Wirkung gem. § 3 I S. 2, II S. 2 StVG, § 46 V, VI S. 2 FeV entziehen, also das Recht aberkennen, von ihr im Inland Gebrauch zu machen, denn ein Recht, das dem FEInhaber nicht zusteht, kann ihm auch nicht durch belastenden VA aberkannt werden (VGH Ma NJW **07** 99, NJW **08** 3512, DAR **08** 660, VRS **115** 392, *Zwerger* ZfS **08** 611, aA vor Schaffung von Abs. 4 S. 2 BVerwG NJW **09** 1689 (für den Fall, dass die Anwendbarkeit von Abs. 4 ungewiss ist), OVG Münster DAR **09** 159, nach Schaffung von Abs. 4 S. 2 OVG Münster DAR **09** 480 (gegen OVG Münster: BVerwG NJW **12** 96, 3 C 9/11 BA **12** 53, DAR **12** 102, VGH Mü SVR **10** 313, OVG Saarlouis 28.7.10 1 A 185/10 = DAR **10** 602 Ls)).

56   Wenn gem. Abs. 4 S. 1 keine Berechtigung besteht, von der ausländischen FE im Inland Gebrauch zu machen, kann die FEB einen **feststellenden VA über die fehlende Berechtigung,** von der ausländischen FE im Inland Gebrauch zu machen, erlassen (Abs. 4 S. 2, s. auch VGH Ma NJW **08** 3512, DAR **08** 660, OVG Münster DAR **12** 416). Die Rechtsfolge (fehlende Berechtigung) tritt aber unabhängig vom Erlass eines solchen Bescheids ein (OVG Mgd BA **17** 138). Speicherung im FAER: § 28 III Nr. 6 StVG, § 59 I Nr. 9 FeV. Durch den feststellenden VA gem. Abs. 4 S. 2 werden Zweifel über das Bestehen oder Nichtbestehen der Berechtigung beseitigt, was für mögliche Strafverfahren nach § 21 StVG von Bedeutung ist (Begr Rn. 9, Hb DAR **11** 647, VGH Mü NJW **17** 2057). Der Erlass eines feststellenden VA gem. Abs. 4 S. 2 liegt im **Ermessen** der FEB („kann"). Dieses Ermessen ist intendiert, wenn ein Feststellungsinteresse besteht, also regelmäßig dann, wenn Zweifel am Vorliegen der Tatbestandsvoraussetzungen des Abs. 4 S. 1 bestehen (VGH Mü VRS **121** 188, NJW **17** 2057, OVG Münster VRS **127** 196). Ermessensbegründung ist dann nicht erforderlich. Erlass eines feststellenden VA erscheint insbes dann erforderlich, wenn die Nichtanerkennung einer ausländischen FE darauf gestützt wird, dass der FEInhaber ausweislich „vom Ausstellungsmitgliedstaat herrührender unbestreitbarer Informationen" zum Zeitpunkt der Erteilung der FE seinen ordentlichen Wohnsitz im Inland hatte (Abs. 4 S. 1 Nr. 2, *G. Geiger* DAR **10** 125). Denn zum einen wird für unbestimmt gehalten, welche Qualität die Informationen haben müssen (*Mosbacher/Gräfe* NJW **09** 804), zum anderen wird dem Betroffenen regelmäßig nicht bekannt sein, ob den zuständigen deutschen Stellen derartige Informationen vorliegen. **Sofortige Vollziehung** des feststellenden VA nach Abs. 4 S. 2 kann trotz des lediglich deklaratorischen Charakters des VA gem. § 80 II S. 1 Nr. 4 VwGO angeordnet werden (VG Ol SVR **13** 396). Damit wird sofort nach außen dokumentiert, dass keine Fahrberechtigung besteht; Zweifel hinsichtlich der Strafbarkeit nach § 21 StGB sind unmittelbar ab Bekanntgabe des VA ausgeschlossen (VGH Mü NJW **17** 2057).

57   Bis 30.4.14 war in Abs. 4 S. 2 nur für die Fälle des Abs. 4 S. 1 Nr. 2 und 3 vorgesehen, dass die FEB einen feststellenden VA über die fehlende Berechtigung erlassen konnte. Bereits damals konnten feststellende VA jedoch nach allgemeinen Regeln auch in den anderen Fällen des Abs. 4 S. 1 erlassen werden (42. Aufl Rn. 57, offen gelassen von VGH Mü 13.10.11 11 CS 11.1924 Rn. 40). Durch ÄndVO v. 16.4.14 (BGBl. I S. 348) wurden die Wörter *Nummer 2 und 3* dann mit Wirkung ab 1.5.14 in Abs. 4 S. 2 gestrichen und damit klargestellt, dass ein feststellender VA über die fehlende Berechtigung **in allen Fällen des Abs. 4 S. 1** erlassen werden kann.

58   Ein fehlerhafter Bescheid, durch den das Recht aberkannt wird, von einer ausländischen EU/EWR-FE im Inland Gebrauch zu machen, kann gem. § 47 VwVfG in einen feststellenden Bescheid des Inhalts, dass der Betr nicht berechtigt ist, von der ausländischen FE im Inland Gebrauch zu machen, **umgedeutet** werden (BVerwG BA **09** 350, VGH Ma DAR **08** 660, VGH Mü VRS **121** 188). Dies gilt auch dann, wenn dafür noch weitere Sachverhaltsermittlungen erforderlich sind, denn es geht lediglich um die Feststellung einer ohnehin kraft Gesetzes bestehenden Rechtslage (OVG Saarlouis ZfS **12** 411). Die Umdeutung kann auch noch im verwal-

tungsgerichtlichen Verfahren erfolgen, und zwar sowohl durch die Behörde als auch durch das Gericht selbst (BVerwG 22.10.12 3 B 29.12). Wird ein Feststellungsbescheid nach Abs. 4 S. 2 gerichtlich **aufgehoben,** kann durchaus ein **neuer Bescheid** erlassen werden, wenn sich nachträglich aufgrund neuer Erkenntnisse ergibt, dass keine Berechtigung nach Abs. 1 besteht (OVG Münster VRS **128** 106).

Feststellender VA entfaltet **eigene Rechtswirkungen,** sodass beide Regelungen (FeV und **59** VA) nebeneinander stehen. **Klage** gegen feststellenden VA hat **aufschiebende Wirkung** in Bezug auf den VA (§ 80 I S. 2 VwGO), wenn sofortige Vollziehung (Rn. 56) nicht angeordnet worden ist. Aufschiebende Wirkung ändert aber nichts daran, dass die ausländische FE gem. Abs. 4 S. 1 nicht zum Fahren im Inland berechtigt, denn diese Rechtsfolge ergibt sich unmittelbar aus der FeV (OVG Lüneburg NJW **10** 3674).

Nach Feststellung der fehlenden Fahrberechtigung ist der **ausländische FS** unverzüglich **bei 60 der FEB vorzulegen** (§ 47 II S. 1 Hs. 1), auch wenn die Entscheidung angefochten worden ist, die FEB aber die sofortige Vollziehung angeordnet hat (§ 47 II S. 1 Hs. 2 iVm I S. 2, dazu § 47 Rn. 23 ff.). Die FEB **trägt** dann das Nichtbestehen der Fahrberechtigung **in den ausländischen FS ein** (§ 47 II S. 2, 3). Dieser Eintragung kommt als Realakt keine konstitutive Bedeutung zu (OVG Mgd BA **17** 138).

17. Zuerkennungsentscheidung (Abs. 5). Soweit Abs. 4 S. 1 Nr. 3 und 4 anwendbar sind, **61** kann ein von einer Entscheidung nach Abs. 4 S. 1 Nr. 3 oder 4 Betroffener nach Wegfall der Gründe für die EdF oder Sperre von seiner ausländischen EU- oder EWR-FE nicht automatisch wieder im Inland Gebrauch machen, denn das Recht zum Führen von Kfz im Inland lebt nach Wiederherstellung der Fahreignung nicht einfach wieder auf. Die FEB hat auch nicht von Amts wegen zu prüfen, ob dem Betr dieses Recht wieder zu erteilen ist. Der Betr muss vielmehr bei der für ihn örtlich zuständigen FEB **beantragen,** ihm dieses Recht durch VA nach Abs. 5 zuzuerkennen (BVerwG 16.1.20 – 3 B 51/18 NJW **20** 1603 Rn. 31). Dies ist möglich, wenn die Gründe für EdF oder Sperre nicht mehr bestehen (Abs. 5 S. 1) und die in Abs. 4 S. 1 Nr. 3 und 4 genannten Maßnahmen aus dem FAER getilgt sind (Abs. 5 S. 2 iVm Abs. 4 S. 3, VG Kar SVR **15** 475). Voraussetzung für eine Zuerkennungsentscheidung nach Abs. 5 ist weiter, dass die ausländische FE noch besteht (VGH Mü NJW **15** 3114).

Es ist zwar nicht ganz klar, was genau mit dem Verweis auf Abs. 4 S. 3 in Abs. 5 S. 2 gemeint **61a** ist. Die Begr der ÄndVO v. 9.1.09 (BGBl. I S. 29), mit der dieser Verweis eingefügt wurde, enthält zu der Änderung von Abs. 5 S. 2 keine Aussage (BR-Drs. 851/08, BR-Drs. 851/08 (Beschluss) = VkBl. **09** 128). Da Abs. 4 S. 3 aber eingefügt wurde, um eine unbegrenzte Verweigerung der Anerkennung der FE durch einen Verweis auf die Tilgungsfristen des StVG zu ersetzen und deutlich zu machen, dass nach Eintritt der Tilgung die bisher im VZR (heute FAER) eingetragenen Gründe der Anerkennung einer EU/EWR-FE nicht mehr entgegenstehen (Begr Rn. 10), ist anzunehmen, dass auch der Verweis in Abs. 5 S. 2 aus diesem Grund eingefügt wurde und somit zum Ausdruck bringen soll, dass eine Zuerkennungsentscheidung nach Abs. 5 (erst) dann möglich ist, wenn die entsprechende Eintragung im FAER getilgt ist. – Ob eine so lange Versagung der Anerkennung einer ausländischen EU/EWR-FE europarechtskonform ist, erscheint fraglich (s. Rn. 53).

Zusammen mit der Zuerkennungsentscheidung nach Abs. 5 muss der feststellende VA nach **62** Abs. 4 S. 2 über die fehlende Berechtigung aufgehoben werden, wenn es einen gibt, da es sonst zwei sich widersprechende VA gäbe. Die FEB entscheidet über die Zuerkennung nach den gleichen Grundsätzen wie bei der Neuerteilung einer deutschen FE, wenn zuvor entsprechende Maßnahmen getroffen worden waren. § 20 I und III sind deswegen entsprechend anzuwenden (Abs. 5 S. 2). Ebenso wie die Neuerteilung einer deutschen FE setzt die erneute Anerkennung des Rechts, von einer in einem anderen EU/EWR-Staat erworbenen FE im Inland Gebrauch zu machen, nach vorangegangener Aberkennung dieser Berechtigung voraus, dass der Betr die Eignung zum Führen von Kfz besitzt (VG Saarlouis ZfS **13** 719). Abs. 5 S. 2 verweist nicht auf § 20 II (erneute Fahrerlaubnisprüfung), da die FE weiter bestand und der Inhaber von ihr im Ausland weiter Gebrauch machen durfte. Eine Zuerkennungsentscheidung nach Abs. 5 berechtigt zum Gebrauchmachen von ausländischen FE auch der Klassen, auf die sich die Entscheidung nicht bezog, denn die positive Zuerkennungsentscheidung bedeutet, dass insgesamt keine Gefährdungssituation mehr besteht (BVerwG NJW **06** 1151).

18. Ordnungswidrigkeit. Nichtbeachtung von Auflagen zur EU/EWR-FE beim FzFühren **63** im Inland (Abs. 1 S. 2) ist gem. §§ 75 Nr. 9 FeV, 24 StVG ow.

Ausländische Fahrerlaubnisse

29 (1) ¹Inhaber einer ausländischen Fahrerlaubnis dürfen im Umfang ihrer Berechtigung im Inland Kraftfahrzeuge führen, wenn sie hier keinen ordentlichen Wohnsitz nach § 7 haben. ²Für die Berechtigung zum Führen von Fahrzeugen der Klassen AM, L und T gilt § 6 Absatz 3 entsprechend. ³Begründet der Inhaber einer in einem anderen Mitgliedstaat der Europäischen Union oder einem anderen Vertragsstaat des Abkommens über den Europäischen Wirtschaftsraum erteilten Fahrerlaubnis einen ordentlichen Wohnsitz im Inland, richtet sich seine weitere Berechtigung zum Führen von Kraftfahrzeugen nach § 28. ⁴Begründet der Inhaber einer in einem anderen Staat erteilten Fahrerlaubnis einen ordentlichen Wohnsitz im Inland, besteht die Berechtigung noch sechs Monate. ⁵Die Fahrerlaubnisbehörde kann die Frist auf Antrag bis zu sechs Monate verlängern, wenn der Antragsteller glaubhaft macht, dass er seinen ordentlichen Wohnsitz nicht länger als zwölf Monate im Inland haben wird. ⁶Auflagen zur ausländischen Fahrerlaubnis sind auch im Inland zu beachten.

(2) ¹Die Fahrerlaubnis ist durch einen gültigen nationalen oder Internationalen Führerschein nach Artikel 7 und Anlage E des Internationalen Abkommens über Kraftfahrzeugverkehr vom 24. April 1926, Artikel 24 und Anlage 10 des Übereinkommens über den Straßenverkehr vom 19. September 1949 (Vertragstexte der Vereinten Nationen 1552 S. 22) oder nach Artikel 41 und Anhang 7 des Übereinkommens über den Straßenverkehr vom 8. November 1968 in Verbindung mit dem zugrunde liegenden nationalen Führerschein nachzuweisen. ²Ausländische nationale Führerscheine, die nicht in deutscher Sprache abgefasst sind, die nicht in einem anderen Mitgliedstaat der Europäischen Union oder einem anderen Vertragsstaat des Abkommens über den Europäischen Wirtschaftsraum oder der Schweiz ausgestellt worden sind oder die nicht dem Anhang 6 des Übereinkommens über den Straßenverkehr vom 8. November 1968 entsprechen, müssen mit einer Übersetzung verbunden sein, es sei denn, die Bundesrepublik Deutschland hat auf das Mitführen der Übersetzung verzichtet. ³Die Übersetzung muss von einem international anerkannten Automobilklub des Ausstellungsstaates oder einer vom Bundesministerium für Verkehr und digitale Infrastruktur bestimmten Stelle gefertigt sein.

(3) ¹Die Berechtigung nach Absatz 1 gilt nicht für Inhaber ausländischer Fahrerlaubnisse,

1. die lediglich im Besitz eines Lernführerscheins oder eines anderen vorläufig ausgestellten Führerscheins sind,

1a. die das nach § 10 Absatz 1 für die Erteilung einer Fahrerlaubnis vorgeschriebene Mindestalter noch nicht erreicht haben und deren Fahrerlaubnis nicht von einem anderen Mitgliedstaat der Europäischen Union oder einem anderen Vertragsstaat des Abkommens über den Europäischen Wirtschaftsraum erteilt worden ist,

2. die zum Zeitpunkt der Erteilung der ausländischen Erlaubnis zum Führen von Kraftfahrzeugen eines Staates, der nicht ein Mitgliedstaat der Europäischen Union oder ein anderer Vertragsstaat des Abkommens über den Europäischen Wirtschaftsraum ist, ihren ordentlichen Wohnsitz im Inland hatten,

2a. die ausweislich des EU- oder EWR-Führerscheins oder vom Ausstellungsmitgliedstaat der Europäischen Union oder des Vertragsstaates des Europäischen Wirtschaftsraums herrührender unbestreitbarer Informationen zum Zeitpunkt der Erteilung ihren ordentlichen Wohnsitz im Inland hatten, es sei denn, dass sie als Studierende oder Schüler im Sinne des § 7 Absatz 2 die Fahrerlaubnis während eines mindestens sechsmonatigen Aufenthalts erworben haben,

3. denen die Fahrerlaubnis im Inland vorläufig oder rechtskräftig von einem Gericht oder sofort vollziehbar oder bestandskräftig von einer Verwaltungsbehörde entzogen worden ist, denen die Fahrerlaubnis bestandskräftig versagt worden ist oder denen die Fahrerlaubnis nur deshalb nicht entzogen worden ist, weil sie zwischenzeitlich auf die Fahrerlaubnis verzichtet haben,

4. denen auf Grund einer rechtskräftigen gerichtlichen Entscheidung keine Fahrerlaubnis erteilt werden darf oder

5. solange sie im Inland, in dem Staat, der die Fahrerlaubnis erteilt hatte oder in dem Staat, in dem sie ihren ordentlichen Wohnsitz haben, einem Fahrverbot unterliegen oder der Führerschein nach § 94 der Strafprozessordnung beschlagnahmt, sichergestellt oder in Verwahrung genommen worden ist.

²In den Fällen des Satzes 1 kann die Behörde einen feststellenden Verwaltungsakt über die fehlende Berechtigung erlassen. ³Satz 1 Nummer 3 und 4 ist auf eine EU- oder EWR-Fahrerlaubnis nur anzuwenden, wenn die dort genannten Maßnahmen im Fahreignungsregister eingetragen und nicht nach § 29 des Straßenverkehrsgesetzes getilgt sind.

(4) **Das Recht, von einer ausländischen Fahrerlaubnis nach einer der in Absatz 3 Nummer 3 und 4 genannten Entscheidungen im Inland Gebrauch zu machen, wird auf Antrag erteilt, wenn die Gründe für die Entziehung nicht mehr bestehen.**

Begr zur ÄndVO v. 18.7.08 (VkBl. **08** 569): *Durch die §§ 25a, 25b, 29 und 29a, die Ergänzung* **1** *des § 75 und die Einfügung der Anlage 8b und 8c werden die Vorschriften der IntKfzVO in die FeV übernommen. ...*

Begr zur 3. FeVÄndVO v. 7.1.09 (VkBl. **09** 128) **zu Abs. 3 S. 1 Nr. 2 und 2a:** *Die Änderun-* **2** *gen sind veranlasst durch Vorgaben der Rechtsprechung des EuGH. Für Altfälle findet § 28 Abs. 4 Nr. 3 FeV bisherige Fassung in Verbindung mit den EuGH-Entscheidungen Anwendung.*

Zu Abs. 3 S. 2: *In den Fällen der Nummern 2, 2a und 3 ist ein feststellender Verwaltungsakt (vgl.* **3** *Verwaltungsgerichtshof Baden-Württemberg, Beschluss vom 17. Juli 2008, Az. 10 S 1688/08) erforderlich, um den Vermerk gemäß § 47 Abs. 2 in den Führerschein eintragen zu können. Durch einen feststellenden Verwaltungsakt wird auch in den Fällen, in denen Zweifel am Vorliegen von Tatbestandsvoraussetzungen bestehen, die notwendige Rechtssicherheit herbeigeführt, was insbesondere für mögliche Strafverfahren nach § 21 StVG (Fahren ohne Fahrerlaubnis) von Bedeutung ist. Die Ergänzung führt außerdem dazu, dass hinsichtlich der Gebührenerhebung für den Feststellungsbescheid nach Gebühren-Nummer 399 Geb-OSt eine rechtlich unstrittige Grundlage besteht.*

Zu Abs. 3 S. 3: *Mit der Regelung soll durch einen Verweis auf die Tilgungsfristen des StVG deutlich gemacht werden, dass nach Tilgungseintritt die bisher im Verkehrszentralregister eingetragenen Gründe der Anerkennung einer EU-/EWR-Fahrerlaubnis nicht mehr entgegenstehen.*

Begr zur ÄndVO v. 17.12.10 (VkBl. **11** 83): **Zu Abs. 2 S. 1:** *Ein internationaler Führerschein ist* **4** *nur gültig in Kombination mit dem nationalen Führerschein. Dieses geht aus dem neuen Wortlaut von Artikel 41 Abs. 2a) (ii) des Übereinkommens über den Straßenverkehr vom 8. November 1968 hervor: „Die Vertragsparteien erkennen an (...) jeden Internationalen Führerschein, der dem Anhang 7 entspricht, wenn der entsprechende nationale Führerschein beiliegt."*

Zu Abs. 3 S. 1 Nr. 1a: *Gemäß § 29 dürfen Inhaber einer ausländischen Fahrerlaubnis im Umfang* **5** *ihrer Berechtigung in Deutschland Kraftfahrzeuge führen, wenn sie sich hier nur vorübergehend (weniger als 185 Tage im Jahr) aufhalten bzw. bis sie nach Wohnsitznahme ihre Fahrerlaubnis umschreiben lassen (maximal jedoch sechs Monate nach Wohnsitznahme). Die Berechtigung besteht unabhängig von den in Deutschland geltenden Mindestalterregelungen. Der überwiegende Teil der in Rede stehenden Personen verlagert hierbei seinen ordentlichen Wohnsitz nach Deutschland. Dadurch entsteht folgende Situation: Fahrerlaubnisinhaber, die das 18. Lebensjahr noch nicht vollendet haben, dürfen in Deutschland zunächst sechs Monate lang allein ein Kraftfahrzeug führen, sofern nicht die ausländische Fahrerlaubnis eine entsprechende Auflage enthält. Möchten sie diese Fahrerlaubnis nun umschreiben, müssen sie in der Regel bis zum Erreichen des hier vorgeschriebenen Mindestalters warten, ggf. also bis zu sechs Monate mit dem Fahren „pausieren". Diese nachträgliche Einschränkung der Rechte ist häufig nur schwer vermittelbar. Vor dem Hintergrund, dass der betroffene Personenkreis in Zukunft gesichert die Möglichkeit hat, die ausländische Fahrerlaubnis nach Umschreibung im Rahmen des „Begleitenden Fahrens ab 17" zu nutzen, ist es auch nicht mehr gerechtfertigt, die Fahrberechtigung bereits vor Vollendung des 18. Lebensjahres uneingeschränkt anzuerkennen und den betroffenen Personenkreis gegenüber deutschen Fahrerlaubnisinhabern besser zu stellen. ...*

Begr zur ÄndVO v. 26.6.12 **zu Abs. 3 S. 1 Nr. 1a** (BR-Drs. 245/12 S. 28 = VkBl. **12** 592): **6** *Die mit der Fünften Verordnung zur Änderung der Fahrerlaubnis-Verordnung und anderer straßenverkehrsrechtlicher Regelungen erfolgte Änderung der Mindestalterregelung hat zur Folge, dass sowohl Inhaber einer Drittstaaten-Fahrerlaubnis als auch Inhaber einer EU-/EWR-Fahrerlaubnis bei vorübergehendem Aufenthalt ein Kraftfahrzeug erst führen dürfen, wenn sie das 18. Lebensjahr vollendet haben. Allerdings dürfen z. B. 17-jährige Inhaber einer EU-/EWR-Fahrerlaubnis anders als 17-jährige Inhaber einer Drittstaaten-Fahrerlaubnis bei Wohnsitznahme in Deutschland wiederum einen PKW führen, wenn sie ihre Fahrerlaubnis nicht umtauschen. Im Falle eines Umtauschs besteht die Fahrberechtigung wie auch bei Inhabern einer Drittstaaten-Fahrerlaubnis erst ab Vollendung des 18. Lebensjahres. Künftig sollen Inhaber einer EU-/EWR-Fahrerlaubnis während eines vorübergehenden Aufenthalts oder wenn sie ihren Wohnsitz in Deutschland nehmen und ihren Führerschein umtauschen vor Erreichen des inländischen Mindestalters ein Kraftfahrzeug führen dürfen. Ferner führt diese Änderung dazu, dass nicht länger allein das in Deutschland für die Fahrerlaubnisklassen B und BE vorgeschriebene Mindestalter, sondern das für die jeweilige Klasse in Deutschland vorgeschriebene Mindestalter ausschlaggebend ist.*

7   **Begr** zur ÄndVO v. 16.4.14 **zu Abs. 1 S. 2** (BR–Drs. 78/14 S. 59 = VkBl. **14** 429): *Diese Regelung ermöglicht es zum Beispiel Inhabern einer durch einen Drittstaat erteilten Fahrerlaubnis der Klasse B in Deutschland auch Fahrzeuge der Klasse AM und L zu führen. Sie werden damit Inhabern einer deutschen bzw. einer EU-/EWR-Fahrerlaubnis gleich gestellt.*

8   **1. Anwendungsbereich.** Nach § 2 XI StVG berechtigen auch ausländische FE zum Führen von Kfz in Deutschland. Nach Abs. 1 S. 1 dürfen **Inhaber einer ausländischen FE, die in Deutschland keinen ordentlichen Wohnsitz haben,** im Umfang der durch die ausländische FE verliehenen Berechtigung im Inland Kfz führen. Dies betrifft sowohl Inhaber einer in einem anderen EU- oder EWR-Staat als auch Inhaber einer in einem Drittstaat erteilten FE. Auf die Staatsangehörigkeit des FEInhabers kommt es nicht an. Die Berechtigung aus Abs. 1 kommt also auch Deutschen zugute, die keinen ordentlichen Wohnsitz im Inland haben und über eine in einem anderen Staat erteilte FE verfügen. Ob das geführte Kfz im Inland oder im Ausland zugelassen ist, ist unerheblich. § 29 hat den früheren § 4 IntVO in die FeV übernommen. Sonderregelung für Angehörige der in Deutschland stationierten **NATO-Streitkräfte,** s. Art 9 Zusatzabkommen zum Nato-Truppenstatut. Sonderregelung für in Deutschland stationierte Mitglieder der Streitkräfte der USA und Kanadas, des zivilen Gefolges dieser Streitkräfte und deren jeweiligen Angehörigen: § 29a. FS sonstiger ausländischer Streitkräfte: Art 2 § 13 SkAufG. Anerkennung der von den Militärbehörden des Entsendestaates iS des **EU-Truppenstatuts** ausgestellten FSe, s. Art 6 EU-Truppenstatut (BGBl II S. **05** 19).

9   **2.** Die Berechtigung aus Abs. 1 S. 1 besteht nur, wenn der FE-Inhaber keinen **ordentlichen Wohnsitz** iSv § 7 in Deutschland hat, wenn er also nicht gewöhnlich, dh während mindestens 185 Tagen im Jahr im Inland wohnt (§ 7 I S. 2). „Ordentlicher Wohnsitz" s. § 2 StVG Rn. 31, § 7 FeV Rn. 4 ff. **Begründung des ordentlichen Wohnsitzes** bedeutet unter Berücksichtigung von § 7 die auf mindestens 185 Tage angelegte Wohnsitznahme im Inland. **Berufspendler,** die im Ausland wohnen, haben keinen ordentlichen Wohnsitz in Deutschland (s. Art 12 S. 2 der 3. EU-FS-RL, BHHJ/*Hühnermann* § 2 StVG Rn. 20a, *Bouska* NZV **00** 321 ff.), anders nach Begründung eines ordentlichen Wohnsitzes im Inland und Heimfahrt an den Wochenenden (*Bouska/ Laeverenz* § 4 IntVO Anm 3b). Bei **Wohnsitz im Inland und im Ausland** ist die Begründung eines ordentlichen Wohnsitzes im Inland entscheidend; wer im Bundesgebiet auch nur einen Nebenwohnsitz begründet und hier mindestens 185 Tage im Kalenderjahr wohnt (§ 7 I), hat iSv Abs. 1 S. 3 oder 4 einen ordentlichen Wohnsitz im Inland begründet (*Bouska* NZV **00** 321, 323).

10   Begründet der Inhaber einer in einem anderen **EU- oder EWR-Staat** erteilten FE seinen ordentlichen Wohnsitz in Deutschland, bestimmt sich seine weitere Berechtigung zum Führen von Kfz im Inland ab diesem Zeitpunkt nach § 28 (Abs. 1 S. 3). Begründet der Inhaber einer in einem **Drittstaat,** also nicht in einem EU- oder EWR-Staat erteilten FE seinen ordentlichen Wohnsitz in Deutschland, besteht die Berechtigung zum Führen von Kfz im Inland zunächst noch 6 Monate fort (Abs. 1 S. 4). Die **6-Monats-Frist** beginnt mit der Wohnsitznahme. Hat der FEInhaber sich bereits davor für eine gewisse Zeit im Inland aufgehalten, ohne hier seinen Wohnsitz zu begründen, wird diese Zeit nicht auf die 6 Monate angerechnet. Um Härten zu vermeiden, kann (Ermessen) die 6-Monats-Frist von der FEB auf Antrag bis zu 6 Monate auf ein Jahr **verlängert** werden, wenn der Antragsteller glaubhaft macht, dass er seinen ordentlichen Wohnsitz nicht länger als 12 Monate in Deutschland haben wird (Abs. 1 S. 5). Da es sich hier um eine spezielle Ausnahmevorschrift handelt, sind weitere Verlängerungen nach der allgemeinen Ausnahmebestimmung § 74 entgegen der Begr zur Vorläuferregelung § 4 I S. 4 IntVO (VkBl. **98** 1100) ausgeschlossen. Bewilligung und Versagung einer Verlängerung der 6-Monats-Frist sind VA. **Nach Ablauf der 6-Monats-Frist** endet die Befugnis des Inhabers einer ausländischen FE aus einem Nicht-EU/EWR-Staat zum Führen von Kfz im Inland. Er muss dann eine deutsche FE erwerben (§ 31). Die Auffassung, auch für Inhaber einer in einem anderen EU- oder EWR-Staat erteilten FE gelte nach Wohnsitzbegründung im Inland eine 6-Monats-Frist in dem Sinne, dass sie dann noch fahren dürfen, auch wenn sie nach § 28 keine Berechtigung dazu haben (*Huppertz* DAR **18** 594), ist nicht mit I S. 3 iVm § 28 I vereinbar.

11   **3.** Der **Umfang der Berechtigung** aus Abs. 1 bestimmt sich nach der durch die ausländische FE verliehenen Berechtigung zum Führen von Kfz (Abs. 1 S. 1). Anders als nach § 28 II gilt dies auch für FE, die in einem anderen EU- oder EWR-Staat erteilt worden sind, solange der FEInhaber nicht im Inland seinen Wohnsitz nimmt (ab diesem Zeitpunkt gilt für ihn § 28 II). Solange kein Wohnsitz im Inland begründet wird, werden also auch FE der nicht harmonisierten nationalen FEKlassen aus anderen EU- oder EWR-Staaten in Deutschland anerkannt

(s. VkBl. **02** 892 zu § 4 IntVO). Für die Berechtigung, im Inland Kfz der Klassen AM, L und T zu führen, gilt die Einschlussregelung des § 6 III entsprechend (Abs. 1 S. 2), dh der Inhaber einer durch einen Drittstaat erteilten FE der Kl B darf im Inland zB auch Fz der Kl AM und L führen (Begr Rn. 7). Hinsichtlich des **Mindestalters** ist Abs. 3 S. 1 Nr. 1a zu beachten (Rn. 13a). Weiter hat der FEInhaber die Vorschriften über das Mindestalter für das Führen bestimmter Fz zu beachten, die sich aus den Sozialvorschriften und dem AETR ergeben; Verstöße dagegen berühren die FE aber nicht. **Auflagen** zur ausländischen FE (zB zum Tragen einer Brille) sind auch im Inland zu beachten (Abs. 1 S. 6). Verstoß war in der Zeit 1.5.–31.12.14 nicht ow, da der damalige § 75 Nr. 14 nicht angepasst worden war, als durch ÄndVO v. 16.4.14 (BGBl. I S. 348) Abs. 1 S. 5 zu Abs. 1 S. 6 wurde. Dieses Versäumnis ist durch ÄndVO v. 16.12.14 (BGBl. I S. 2213, Begr BR–Drs. 460/14 S. 17) behoben worden, so dass Auflagenverstöße seit 1.1.15 wieder nach § 75 Nr. 14 ow waren. Dieser Verstoß ist durch ÄndVO v. 14.8.17 (BGBl. I S. 3232, Begr BR–Drs. 417/17 (Beschluss) S. 6) zusätzlich auch noch in § 75 Nr. 9 aufgenommen worden, so dass es zunächst eine doppelte Rechtsgrundlage gab. § 75 Nr. 14 wurde dann durch ÄndVO v. 3.5.18 (BGBl. I S. 566) gestrichen. Verstöße gegen Auflagen zur ausländischen FE im Inland sind somit jetzt allein nach § 75 Nr. 9 ow.

4. Die ausländische FE ist durch einen gültigen **nationalen oder internationalen Führer-** **12** **schein** nachzuweisen, wenn von der Berechtigung nach Abs. 1 S. 1 und 4 Gebrauch gemacht wird (Abs. 2 S. 1). Ein internationaler FS nach dem Wiener Übereinkommen von 1968 genügt als Nachweis nur in Verbindung mit dem zugrunde liegenden nationalen FS (Abs. 2 S. 1). War der internationale FS nach dem Wiener Übereinkommen von 1968 bis zum 31.12.10 im Ausland ausgestellt worden, genügte er im Rahmen seiner (maximal dreijährigen) Gültigkeit ohne nationalen FS (§ 76 Nr. 13a, Begr BR–Drs. 580/10 S. 30 = VkBl. **11** 84). Der als Nachweis fungierende FS ist beim Führen von Kfz mitzuführen und zuständigen Personen auf Verlangen zur Prüfung auszuhändigen (§ 4 II S. 3); Verstoß ist ow (§ 75 Nr. 4). Ausländische nationale FS, die nicht in deutscher Sprache abgefasst sind, müssen unter den Voraussetzungen von Abs. 2 S. 2 mit einer **Übersetzung** verbunden sein, soweit Deutschland nicht auf das Mitführen der Übersetzung verzichtet hat (Abs. 2 S. 2). Deutschland verzichtet auf das Mitführen einer Übersetzung bei Andorra, Hongkong, Monaco, Neuseeland, San Marino und Senegal (VkBl. **15** 327 = StVRL § 29 FeV Nr. 5). Die Übersetzung muss nicht fest mit dem FS verbunden sein; die Zusammengehörigkeit muss sich aber durch Bezugnahme auf die Daten des ausländischen FS zweifelsfrei ergeben. Soweit eine Übersetzung erforderlich ist, ist sie ebenfalls beim Führen von Kfz mitzuführen und zuständigen Personen auf Verlangen zur Prüfung auszuhändigen (§ 4 II S. 3); Verstoß ist ow (§ 75 Nr. 4). Die Übersetzung muss durch einen international anerkannten Automobilklub des Ausstellungsstaates oder durch eine vom BMV bestimmte Stelle (ua ADAC, AvD, ACE, ARCD, deutsche Konsuln im Ausstellerstaat, jede amtliche Stelle des Ausstellungsstaates, bestimmte Dolmetscher, VkBl. **15** 327 = StVRL § 29 FeV Nr. 5) angefertigt worden sein (Abs. 2 S. 3). Besitzt der Inhaber einer ausländischen FE keinen (gültigen) FS oder soweit erforderlich keine Übersetzung, zB weil er sie verloren hat, oder führt er diese Dokumente nicht mit, entfällt seine Fahrberechtigung nach Abs. 1 S. 1 oder 4 dadurch nicht, denn diese ergibt sich aus der ausländischen FE; dann lediglich OWi gem. § 75 Nr. 4 iVm § 4 II S. 3. S. aber Abs. 3 Nr. 5.

5. Keine Berechtigung, im Inland Kfz zu führen (Abs. 3 S. 1). Die Berechtigung nach **13** Abs. 1 S. 1 und 4 gilt nicht für **LernFS** oder andere nur **vorläufig ausgestellte FS** (Abs. 3 S 1 Nr. 1). Diese Regelung ist, soweit sie sich auf den Nachweis ausländischer EU-/EWR-FE bezieht, unionsrechtskonform, denn die Pflicht zur gegenseitigen Anerkennung der Führerscheine anderer Mitgliedstaaten in der EU nach Art 2 I der 3. EU-FS-RL bezieht sich auf die Führerscheindokumente nach dem harmonisierten EU-Muster, nicht auf die ihnen zugrunde liegenden Fahrerlaubnisse (EuGH Urt v. 26.10.17 – C-195/16 NZV **18** 573, näher § 28 Rn. 20a). Führt der Inhaber einer ausländischen EU-/EWR-FE, der nur über ein vorläufiges Dokument zum Nachweis der FE verfügt, in Deutschland ein Kfz, tut er dies ohne Fahrberechtigung (LG Offenburg 27.3.19 – 3 Qs 29/18 NZV **19** 589, aA AG Kehl 1.4.19 – 2 Cs 504 Js 9359/18 NZV **19** 362 (dazu *König* DAR **20** 367)). Nach Auffassung des EuGH soll in diesem Fall bei der Sanktionierung als mildernder Umstand berücksichtigt werden, dass er zwar nicht über einen EU-FS, aber über eine gültige FE verfügt (EuGH NZV **18** 573). Als nicht vertretbar erscheint allerdings, in einem solchen Fall trotz Verwirklichung des Tatbestands des § 21 StVG gänzlich von einer Sanktionierung abzusehen (so aber AG Kehl 8.2.18 – 2 Cs 206 Js 10658/15 DAR **18** 457 mablAnm *Dauer/König*).

13a   Die Berechtigung gilt nicht für FEInhaber, die das nach § 10 I für die jeweilige FEKlasse vor-
geschriebene **Mindestalter** noch nicht erreicht haben, sofern ihre FE von einem Nicht-
EU/EWR-Staat (Drittstaat) erteilt worden ist (Abs. 3 S. 1 Nr. 1a, Begr Rn. 6). Ist die ausländi-
sche FE von einem EU- oder EWR-Staat erteilt, gilt Abs. 3 S. 1 Nr. 1a nicht; diese FEInhaber
dürfen von ihrer ausländischen FE im Inland auch dann Gebrauch machen, wenn sie das in
Deutschland vorgeschriebene Mindestalter noch nicht erreicht haben.

13b   Bei Inhabern von FE aus Drittstaaten ist Voraussetzung für die Berechtigung, dass die auslän-
dische FE nicht zu einem Zeitpunkt erteilt worden ist, zu dem der Inhaber seinen ordentlichen
Wohnsitz (§ 7) in Deutschland hatte (Abs. 3 S. 1 Nr. 2). Soweit es sich um von anderen EU-
oder EWR-Staaten erteilte FE handelt, entfällt die Berechtigung, wenn sich aus dem ausländi-
schen FS oder aus vom Ausstellerstaat herrührenden unbestreitbaren Informationen ergibt, dass
der Betroffene zum Zeitpunkt der FEErteilung seinen Wohnsitz im Inland hatte (Abs. 3 S. 1
Nr. 2a, zu den Voraussetzungen näher § 28 Rn. 27 ff.). Damit wurde die EuGH-Rspr. zu dieser
Thematik (§ 28 Rn. 26) in deutsches Recht umgesetzt. Ist keiner der Ausnahmetatbestände des
Abs. 3 S. 1 Nr. 2a gegeben, gilt die Berechtigung nach Abs. 1 S. 1 selbst dann, wenn der FEInha-
ber zum Zeitpunkt der Erteilung der EU/EWR-FE seinen Wohnsitz in Deutschland hatte (s.
Begr zu § 28 IV S. 1 Nr. 2 VkBl. **09** 126, 128).

14   Die Berechtigung nach Abs. 1 S. 1 und 4 gilt nicht bei in Deutschland erfolgter **Entziehung**
oder **Versagung** der FE und bei **Verzicht** (Abs. 3 S. 1 Nr. 3). Soweit es sich um von anderen
EU- oder EWR-Staaten erteilte FE handelt, ist die vom EuGH entwickelte einschränkende
Auslegung zu beachten (Kar DAR **04** 714 zur Vorgängervorschrift § 4 III Nr. 3 IntVO, s. § 28
Rn. 33 ff.). Daran hat sich durch die 3. EU-FS-RL nichts geändert (näher dazu § 28 Rn. 40). Ein
FS, der in einem anderen EU-/EWR-Staat auf Grund des **Umtausches** einer deutschen FE
erworben wurde, die zuvor im Inland sofort vollziehbar entzogen worden war, vermittelt keine
Berechtigung nach Abs. 1 S. 1 und 4 (OVG Weimar 20.6.2018 – 2 EO 154/17 VRS **134** 320).
Die Berechtigung nach Abs. 1 S. 1 und 4 gilt nicht für Inhaber einer ausländischen FE, denen
aufgrund einer rechtskräftigen gerichtlichen Entscheidung keine FE erteilt werden darf (isolierte
Sperre gem. § 69a I S. 3 StGB, Abs. 3 S. 1 Nr. 4), und solange der FEInhaber im Inland, in sei-
nem Wohnsitzstaat oder in dem Staat, der die FE erteilt hat, einem **Fahrverbot** unterliegt oder
der ausländische FS nach § 94 StPO **beschlagnahmt, sichergestellt oder in Verwahrung
genommen** worden ist (Abs. 3 S. 1 Nr. 5). Ein Fahrverbot außerhalb Deutschlands, des Wohn-
sitzstaates des Betroffenen oder des Staates, der die FE erteilt hat, ist aber unschädlich (s. Begr zur
Vorläuferregelung § 4 III Nr. 5 IntVO VkBl. **98** 1101).

15   **6. Versagung der Anerkennung ausländischer EU/EWR-FE nur bei Eintragung und
bis zur Tilgung im FAER (Abs. 3 S. 3).** Um der EuGH-Rspr. Rechnung zu tragen, wonach
ein EU-Mitgliedstaat nicht befugt ist, einer Person, auf die eine Maßnahme des Entzugs oder der
Aufhebung einer von diesem Mitgliedstaat erteilten FE angewendet wurde, auf unbestimmte
Zeit die Anerkennung der Gültigkeit eines FS zu versagen, der ihr später von einem anderen
Mitgliedstaat ausgestellt wird, beschränkt Abs. 3 S. 3 die Anwendung von Abs. 3 S. 1 Nr. 3 und 4
bei ausländischen EU/EWR-FE auf die Zeit, in der die Gründe für die Entziehung und Versa-
gung der FE im FAER eingetragen und nicht nach § 29 StVG getilgt sind. Nach Tilgung stehen
die bis dahin im FAER eingetragenen Gründe der Anerkennung einer EU- oder EWR-FE
nicht mehr entgegen. Zu den Zweifeln, ob die Regelung unionsrechtskonform und verhältnis-
mäßig ist s. § 28 Rn. 53 f. Abs. 3 S. 3 gilt nicht für FE aus Drittstaaten, bei denen Gründe nach
Abs. 3 S. 1 Nr. 3 und 4 die Berechtigung zum Führen von Kfz im Inland ohne feste zeitliche
Grenze entfallen lassen.

16   **7. Feststellender VA bei fehlender Berechtigung (Abs. 3 S. 2).** Wenn gem. Abs. 3 S. 1
keine Berechtigung besteht, von der ausländischen FE im Inland Gebrauch zu machen, bedarf es
keines konstitutiv wirkenden VA, um diese Rechtsfolge herbeizuführen, denn sie ergibt sich di-
rekt aus Abs. 3 (vgl. § 28 Rn. 55, *Haus/Zwerger* § 18 Rn. 18). In einem solchen Fall kann die
FEB die ausländische FE nicht mit der Wirkung gem. § 3 I S. 2, II S. 2 StVG, § 46 V, VI S. 2 FeV
entziehen, also das Recht aberkennen, von ihr im Inland Gebrauch zu machen, denn ein Recht,
das dem FEInhaber nicht zusteht, kann ihm auch nicht durch belastenden VA aberkannt werden.
Wenn gem. Abs. 3 S. 1 keine Berechtigung besteht, von der ausländischen FE im Inland Ge-
brauch zu machen, kann die FEB aber einen **feststellenden VA über die fehlende Berechti-
gung,** von der ausländischen FE im Inland Gebrauch zu machen, erlassen (Abs. 3 S. 2). Die frü-
here Begrenzung dieser Möglichkeit auf Fälle des Abs. 3 S. 1 Nr. 2, 2a oder 3 wurde durch
ÄndVO v. 16.4.14 (BGBl. I S. 348) aufgehoben. Speicherung im FAER: § 28 III Nr. 6 StVG,

§ 59 I Nr. 9 FeV. Durch den feststellenden VA gem. Abs. 3 S. 2 werden Zweifel über das Bestehen oder Nichtbestehen der Berechtigung beseitigt, was für mögliche Strafverfahren nach § 21 StVG von Bedeutung ist (Begr Rn. 3). Nach Feststellung der fehlenden Fahrberechtigung gem. Abs. 3 S. 2 ist der **ausländische FS** unverzüglich **bei der FEB vorzulegen** (§ 47 II S. 1 Hs. 1), auch wenn die Entscheidung angefochten worden ist, die FEB aber die sofortige Vollziehung angeordnet hat (§ 47 II S. 1 Hs. 2 iVm I S. 2). Die FEB **trägt** dann das Nichtbestehen der Fahrberechtigung **in den ausländischen FS ein** (§ 47 II S. 2, 3).

8. Nach EdF, Versagung der FE, Verzicht (Abs. 3 S. 1 Nr. 3) und nach gerichtlicher Anordnung **17** einer isolierten Sperre (Abs. 3 S. 1 Nr. 4) bedarf es einer antragsgebundenen **Zuerkennungsentscheidung** der FEB, bevor das Recht, von einer ausländischen FE im Inland Gebrauch zu machen, besteht (Abs. 4). Sofern es sich um Inhaber von EU/EWR-FE handelt, ist eine Zuerkennungsentscheidung nur erforderlich, wenn Abs. 3 S. 1 Nr. 3 und 4 nach den einschränkenden Maßgaben des EuGH anwendbar sind. Die Wiedererteilung des Rechts, von einer ausländischen FE im Inland Gebrauch zu machen, setzt den Nachweis wieder gewonnener Fahreignung voraus. Auch nach der restriktiven EuGH-Rspr. zu EU/EWR-FE reicht die bloße Ausstellung eines neuen FS über die alte, teilweise im Inland entzogene FE dafür nicht aus (BVerwG NJW **09** 1687), auch nicht ein im Wege der Umschreibung erlangter FS über eine während einer Sperrfrist im EU-Ausland erteilte FE (VGH Ma VRS **118** 311), da der Ausstellung des FS jeweils keine Überprüfung der Fahreignung vorangegangen ist. Ob die Erneuerung eines befristeten FS der KL A und B im EU-/EWR-Ausland, der eine in Deutschland entzogene FE dokumentiert, auch dann nicht zur Anerkennungspflicht führt, wenn die Erneuerung des FS im Ausstellerstaat vom Bestehen eines Gesundheitstests gem. Art 7 III Unterab 2 und 6 der 3. EU-FS-RL abhängig gemacht wird, weil damit keine vollumfängliche Eignungsüberprüfung wie bei der Erteilung einer FE gem. Art 7 I der 3. EU-FS-RL verbunden ist (so VGH Ma 27.6.17 – 10 S 1716/15 DAR **17** 597), ist Gegenstand eines Vorabentscheidungsersuchens des BVerwG an den EuGH (BVerwG 10.10.19 – 3 C 20.17 BeckRS 2019, 23797 = NJW **20** 1616 Ls). Umschreibung einer zuvor in Deutschland entzogenen FE in der Schweiz reicht nicht aus (OVG Bautzen ZfS **12** 599). Auch wenn Abs. 4 anders als § 28 V S. 2 nicht auf § 20 I, III verweist, hat die FEB zur Vorbereitung ihrer Entscheidung zu prüfen, ob die Eignung zum Führen von Kfz gegeben ist (§ 3 VI StVG).

9. Zuständig für Maßnahmen nach § 29 (Verlängerung der Frist gem. Abs. 1 S. 5, Zuer- **18** kennungsentscheidung nach Abs. 4) ist die FEB des ordentlichen Wohnsitzes, mangels eines solchen die des Aufenthaltsortes (§ 73 II S. 1). Hat der Betroffene keinen Wohn- oder Aufenthaltsort in Deutschland, ist für die Zuerkennungsentscheidung nach Abs. 4 jede FEB zuständig (§ 73 III).

10. Ordnungswidrig ist das Nichtmitführen oder Nichtaushändigen ausländischer Führer- **19** scheine und soweit erforderlich deren Übersetzung entgegen § 4 II S. 3 (§ 75 Nr. 4). Die Nichtbeachtung einer Auflage zur ausländischen FE entgegen Abs. 1 S. 6 ist nach § 75 Nr. 9 ow (zu den Änderungen der Rechtsgrundlage in der Vergangenheit Rn. 11).

Fahrerlaubnisse von in Deutschland stationierten Angehörigen der Streitkräfte der Vereinigten Staaten von Amerika und Kanadas

29a [1]In Deutschland stationierte Mitglieder der Streitkräfte der Vereinigten Staaten von Amerika oder Kanadas oder des zivilen Gefolges dieser Streitkräfte und deren jeweilige Angehörige sind berechtigt, mit einem im Entsendestaat ausgestellten Führerschein zum Führen privater Kraftfahrzeuge in dem Entsendestaat solche Fahrzeuge im Bundesgebiet zu führen, wenn sie

1. eine gültige Bescheinigung nach Artikel 9 Absatz 2 des Zusatzabkommens zu dem Abkommen zwischen den Parteien des Nordatlantikvertrages über die Rechtsstellung ihrer Truppen hinsichtlich der in der Bundesrepublik Deutschland stationierten ausländischen Truppen innehaben und

2. zum Zeitpunkt der Erteilung der Bescheinigung nach Nummer 1 berechtigt waren, im Entsendestaat private Kraftfahrzeuge zu führen.

[2]Die Bescheinigung ist beim Führen von Kraftfahrzeugen mitzuführen und zuständigen Personen auf Verlangen zur Prüfung auszuhändigen. [3]Eine Verlängerung der Bescheinigung durch die Truppenbehörden bleibt unberührt.

1–7   **Begr** (BR-Drs. 338/15 S. 21 = VkBl. **15** 674): *Diese Regelung übernimmt die im Rahmen der Revision des Zusatzabkommens zum NATO-Truppenstatut 1993 erfolgte und gegenüber den amerikanischen Truppen mit Briefwechsel dargelegte Rechtsauslegung in nationales Recht. Danach wurde es als vereinbar mit Artikel 9 Absatz 2 des Zusatzabkommens angesehen, dass die Berechtigung zum Führen von privaten Kraftfahrzeugen in der Bundesrepublik Deutschland auch dann bestehen bleibt, wenn der entsprechende, im Entsendestaat erteilte Führerschein abläuft, sofern der Inhaber im Besitz der in dieser Vorschrift genannten Bescheinigung ist. Es wird weiter als vereinbar mit Artikel 9 Absatz 2 angesehen, wenn die Behörden der Entsendestaaten oder der Truppe im Einklang mit ihren Vorschriften die Gültigkeit solcher Führerscheine, falls diese abläuft, verlängern. Die Erteilung einer deutschen Fahrerlaubnis im Wege der Umschreibung auf der Grundlage der in dieser Vorschrift genannten Bescheinigung ist nicht möglich.*

8   **1. Hintergrund.** Die Frage der Fahrberechtigung von US-Truppenangehörigen aufgrund einer von der US-Truppenbehörde in Deutschland ausgestellten Bescheinigung (US Forces Certificate of Licence) hat in den Jahren 2014/2015 für Unsicherheit gesorgt. Dieses Dokument bestätigt den Status als Mitglied der Streitkräfte, des zivilen Gefolges oder als Angehöriger, den Nachweis ausreichender Kenntnisse der deutschen Verkehrsregeln und eines gültigen US-Führerscheins zum Zeitpunkt der Ausstellung der Bescheinigung. In der Praxis deutscher Behörden wurde damals zT schon jahrelang davon ausgegangen, dass Inhaber dieser Bescheinigung in Deutschland nur dann Kfz führen dürfen, wenn sie auch über eine gültige nationale FE verfügen und dies durch Mitführen eines gültigen zivilen FS aus ihrem Heimatstaat nachweisen können. Nach Auffassung der amerikanischen Seite ergab sich dagegen aus Art 9 Abs. 2 des Zusatzabkommens zum NATO-Truppenstatut und schriftlichen Zusicherungen der deutscher Seite, dass eine Fahrberechtigung in Deutschland bei Besitz einer gültigen, von der ausländischen Truppe in Deutschland ausgestellten Bescheinigung besteht, auch wenn die zivile nationale FE nicht mehr gültig war. Diese Auffassung wurde durch den Inhalt einer zusammen mit dem Entwurf des Gesetzes zu dem Abkommen vom 18.3.1993 zur Änderung des Zusatzabkommens zum NATO-Truppenstatut veröffentlichten Denkschrift zu diesem Abkommen (BT-Drs. 12/6477 v. 21.12.1993 S. 61) gestützt.

9   Nach völkerrechtlicher Überprüfung der Problematik fühlte sich der Bund dann an die Auslegung gebunden, dass auch nach Ablauf der vom Entsendestaat erteilten FE diese nach Art 9 Abs. 2 des Zusatzabkommens zum NATO-Truppenstatut in Zusammenhang mit der dort genannten Bescheinigung zum Führen von Kfz in Deutschland berechtige (s. Begr Rn. 1–7). Entsprechende schriftliche Zusicherungen, die 1993 gegenüber den USA und 2003 gegenüber Kanada erfolgt und nie widerrufen worden sind, wurden als völkerrechtlich bindendes Verhalten eingestuft. Vor diesem Hintergrund wurde mit der Einfügung von § 29a durch FeVÄndVO v. 2.10.15 (BGBl. I S. 1674) eine entsprechende Regelung getroffen.

10   Sie bezieht sich nicht auf Angehörige aller in Deutschland stationierten NATO-Truppen. Die Beschränkung der Norm auf Personen aus den USA und Kanada dürfte darauf beruhen, dass offenbar nur gegenüber diesen Staaten die Zusagen gemacht worden sind, deren Einhaltung eine ausdrückliche Regelung im deutschen Recht erfordert.

11   **2. Unwirksamkeit des § 29a.** Der Bund fühlte sich aufgrund völkerrechtlicher Bindung verpflichtet, die Regelung im nationalen Recht zu schaffen. Fraglich ist, ob der Bund sich vertraglich oder durch faktisches Verhalten völkerrechtlich wirksam zu einer Regelung verpflichten kann, die er nach nationalem Recht nicht einführen dürfte. Wenn eine solche völkerrechtliche Verpflichtung aber wirksam ist und das deutsche Recht ihre Erfüllung nicht zulässt, muss der Bund das deutsche Recht notfalls ändern. Er hat dies durch Einfügung von § 29a in die FeV versucht, allerdings ohne Erfolg, weil er nicht zuvor das StVG geändert und im Übrigen das Zitiergebot des Art 80 I S. 3 GG missachtet hat.

12   Die Norm ist wegen Fehlens einer gesetzlichen Ermächtigung **unwirksam, soweit** sie Personen eine Fahrberechtigung in Deutschland zuspricht, die **nicht mehr Inhaber einer gültigen FE** ihres Heimatlandes sind, denn nach §§ 2 XI, 6 I Nr. 1 Buchst. j StVG können nur ausländische Fahrerlaubnisse zum Führen von Kfz im Inland berechtigen, nicht ehemalige Fahrerlaubnisse. Eine Änderung dieser gesetzlichen Vorgabe ist vor Schaffung des § 29a nicht erfolgt.

13   Die Norm ist allerdings **insgesamt** und damit auch insoweit **unwirksam**, als sie Inhabern gültiger ausländischer Fahrerlaubnisse über die Frist des § 29 I S. 4 hinaus eine Fahrberechtigung im Inland zuspricht. Diese Spezialregelung zu § 29 hätte nach den Vorgaben des StVG zwar geschaffen werden können, sie hätte aber auf die zutreffende gesetzliche Ermächtigung § 6 I Nr. 1

Buchst. j StVG gestützt werden müssen. Auf diese Ermächtigungsgrundlage ist die FeVÄndVO v. 2.10.15 (BGBl. I S. 1674) ausweislich ihres Eingangssatzes aber nicht gestützt worden. § 29a ist somit wegen **Verstoßes gegen das Zitiergebot** des Art 80 I S. 3 GG insgesamt und damit auch insoweit unwirksam, als sie eine Regelung über Inhaber gültiger ausländischer Fahrerlaubnisse trifft.

3. Inhalt der Regelung. § 29a spricht in Deutschland stationierten Mitgliedern der Streit- **14** kräfte der USA und Kanadas, des zivilen Gefolges dieser Streitkräfte und deren jeweiligen Angehörigen eine **Fahrberechtigung in Deutschland** mit einem im Entsendestaat ausgestellten FS zu, auch wenn die Frist des § 29 I S. 4 bereits abgelaufen ist und auch wenn ihre heimatliche Fahrerlaubnis nicht mehr gültig ist. Voraussetzung ist lediglich, dass sie über eine gültige **Bescheinigung** nach S. 1 Nr. 1 verfügen. Die Fahrberechtigung in Deutschland bleibt so lange erhalten, wie die von den US- oder kanadischen Truppenbehörden ausgestellte Bescheinigung nach S. 1 Nr. 1, ggf. nach Verlängerung, gültig ist (S. 1 Nr. 1, S. 3). Näher dazu *Schäler* DAR **16** 174.

Die Bescheinigung nach S. 1 Nr. 1 ist beim Führen von Kfz **mitzuführen** und zuständigen **15** Personen auf Verlangen zur Prüfung auszuhändigen (S. 2). Verstöße gegen diese Verpflichtungen sind nicht ow, da § 75 Nr. 4 nicht um § 29a ergänzt worden ist.

4. Eine **Umschreibung,** also die erleichterte Erteilung einer deutschen FE nach § 31 auf der **16** Grundlage der Bescheinigung nach S. 1 Nr. 1 ist nicht möglich (Begr Rn. 1–7). Die Bescheinigung stellt nicht den Nachweis einer eigenständigen FE dar, sondern ist lediglich ein Zusatzdokument zum zivilen nationalen FS. Außerdem steht hinter dieser Bescheinigung nicht unbedingt eine gültige FE des Heimatstaates. Verfügt der Betr aber über eine gültige FE aus seinem Heimatstaat, die er durch einen nationalen FS nachweisen kann, ist auf der Grundlage dieser FE unabhängig von der Bescheinigung nach S. 1 Nr. 1 die Erteilung einer deutschen FE nach § 31 möglich.

Erteilung einer Fahrerlaubnis an Inhaber einer Fahrerlaubnis aus einem Mitgliedstaat der Europäischen Union oder einem anderen Vertragsstaat des Abkommens über den Europäischen Wirtschaftsraum

30 (1) ¹Beantragt der Inhaber einer EU- oder EWR-Fahrerlaubnis, die zum Führen von Kraftfahrzeugen im Inland berechtigt oder berechtigt hat, die Erteilung einer Fahrerlaubnis für die entsprechende Klasse von Kraftfahrzeugen, sind folgende Vorschriften nicht anzuwenden:

1. **§ 11 Absatz 9 über die ärztliche Untersuchung und § 12 Absatz 6 über die Untersuchung des Sehvermögens, es sei denn, dass in entsprechender Anwendung der Regelungen in den §§ 23 und 24 eine Untersuchung erforderlich ist,**

2. **§ 12 Absatz 2 über den Sehtest,**

3. **§ 15 über die Befähigungsprüfung,**

4. **§ 19 über die Schulung in Erster Hilfe,**

5. **die Vorschriften über die Ausbildung.**

²**Für die Berechtigung zum Führen von Fahrzeugen der Klassen AM, L und T gilt § 6 Absatz 3 entsprechend. ³Ist die ausländische Fahrerlaubnis auf das Führen von Kraftfahrzeugen ohne Kupplungspedal oder im Falle von Fahrzeugen der Klassen A, A1 oder A2 ohne Schalthebel beschränkt, ist die Fahrerlaubnis auf das Führen derartiger Fahrzeuge zu beschränken. ⁴§ 17 Absatz 6 Satz 2 ist entsprechend anzuwenden.**

(2) ¹**Läuft die Geltungsdauer einer EU- oder EWR-Fahrerlaubnis der Klassen AM, A1, A2, A, B, BE oder B1, die zum Führen von Kraftfahrzeugen im Inland berechtigt hat, nach Begründung des ordentlichen Wohnsitzes in der Bundesrepublik Deutschland ab, findet Absatz 1 entsprechend Anwendung; handelt es sich um eine Fahrerlaubnis der Klassen C oder D oder einer Unter- oder Anhängerklasse, wird die deutsche Fahrerlaubnis in entsprechender Anwendung von § 24 Absatz 2 erteilt. ²Satz 1 findet auch Anwendung, wenn die Geltungsdauer bereits vor Begründung des ordentlichen Wohnsitzes abgelaufen ist. ³In diesem Fall hat die Fahrerlaubnisbehörde jedoch eine Auskunft nach § 22 Absatz 2 Satz 3 einzuholen, die sich auch darauf erstreckt, warum die Fahrerlaubnis nicht vor der Verlegung des ordentlichen Wohnsitzes in die Bundesrepublik Deutschland verlängert worden ist.**

(3) ¹**Der Führerschein ist nur gegen Abgabe des ausländischen Führerscheins auszuhändigen. ²Außerdem hat der Antragsteller sämtliche weitere Führerscheine abzuliefern, soweit sie sich auf die EU- oder EWR-Fahrerlaubnis beziehen, die Grundlage der Erteilung der entsprechenden deutschen Fahrerlaubnis ist. ³Die Fahrerlaubnisbehörde sendet die**

Führerscheine unter Angabe der Gründe über das Kraftfahrt-Bundesamt an die Behörde zurück, die sie jeweils ausgestellt hatte.

(4) ¹Auf dem Führerschein ist in Feld 10 der Tag zu vermerken, an dem die ausländische Fahrerlaubnis für die betreffende Klasse erteilt worden war. ²Auf dem Führerschein ist zu vermerken, dass der Erteilung der Fahrerlaubnis eine Fahrerlaubnis zugrunde gelegen hat, die in einem Mitgliedstaat der Europäischen Union oder einem anderen Vertragsstaat des Abkommens über den Europäischen Wirtschaftsraum ausgestellt worden war.

(5) Absatz 3 gilt nicht für entsandte Mitglieder fremder diplomatischer Missionen im Sinne des Artikels 1 Buchstabe b des Wiener Übereinkommens vom 18. April 1961 über diplomatische Beziehungen (BGBl. 1964 II S. 957) in der jeweils geltenden Fassung und entsandte Mitglieder berufskonsularischer Vertretungen im Sinne des Artikels 1 Absatz 1 Buchstabe g des Wiener Übereinkommens vom 24. April 1963 über konsularische Beziehungen (BGBl. 1969 II S. 1585) in der jeweils geltenden Fassung sowie die zu ihrem Haushalt gehörenden Familienmitglieder.

1   **Begr** zur VO v. 18.8.98 (BR-Drs. 443/98 S. 287 = VkBl. **98** 1082): **Zu Abs. 1:** *Absatz 1 Satz 1 nennt die Erteilungsvoraussetzungen, von denen der Bewerber befreit ist. Ein Erwerb der deutschen Fahrerlaubnis wird immer dann nötig sein, wenn die Geltungsdauer der ausländischen Fahrerlaubnis abläuft. Eine Verlängerung im erteilenden Staat ist nicht möglich. Nach Artikel 7 Abs. 1 der (2. EU-FS-)Richtlinie setzt die Erteilung einer Fahrerlaubnis und die Ausstellung eines Führerscheins einen ordentlichen Wohnsitz im betreffenden Mitgliedstaat voraus. Gemeint ist damit nicht nur die erstmalige Erteilung und Ausstellung eines Führerscheins, sondern z. B. auch die Verlängerung einer Fahrerlaubnis, eine Neuerteilung nach Ablauf der Geltungsdauer oder einer vorangegangenen Entziehung … Nach einem Wohnsitzwechsel ist damit ausschließlich der neue Wohnsitzstaat zuständig … Aus der Zuständigkeit des Wohnsitzmitgliedstaates folgt auch, dass dieser die Fahrerlaubnis grundsätzlich auch dann erteilen muss, wenn die ausländische Fahrerlaubnis – vor oder nach der Verlegung des ordentlichen Wohnsitzes – abgelaufen ist. Würde man als Voraussetzung für die Erteilung der Fahrerlaubnis des Wohnsitzmitgliedstaates stets eine gültige ausländische Fahrerlaubnis verlangen, hätte dies zur Folge, dass der Bewerber keine neue Fahrerlaubnis oder nur unter den Bedingungen für die Ersterteilung erlangen könnte: Der erteilende Staat ist mangels Wohnsitzes nicht mehr zuständig, der Wohnsitzstaat lehnt die Erteilung mangels gültiger Fahrerlaubnis ab. Dies würde das Recht auf Freizügigkeit in unzulässiger Weise beeinträchtigen …*

2   **Begr** zur ÄndVO v. 7.1.11 **zu Abs. 2 S. 1** (BR-Drs. 660/10 (Beschluss) S. 7): *Die Klasse B1 ist aufzunehmen, da sie eine neue zulässige europäische Fahrerlaubnisklasse ist, die nach Artikel 4 Nummer 4 Buchstabe a der Richtlinie 2006/126/EG in anderen Mitgliedstaaten erteilt werden kann und daher von Fahrerlaubnisinhabern aus einem Mitgliedstaat der EU oder dem EWR zum Umtausch in eine deutsche Fahrerlaubnis vorgelegt werden kann. Die Fahrerlaubnisklasse B mit der Schlüsselzahl 96 ist dagegen nicht aufzunehmen, da es sich hierbei nicht um eine eigenständige Fahrerlaubnisklasse handelt, sondern um eine Erweiterung der Fahrerlaubnisklasse B.*

3   **Begr** zur ÄndVO v. 10.1.13 **zu Abs. 4 S. 2** (BR-Drs. 683/12 S. 54 = VkBl. **13** 81): *Die Ergänzung dient als Pendant zu § 31 Absatz 4 Satz 1 der Klarstellung, dass die Schlüsselzahl 70 auch beim Umtausch einer EU-/EWR-Fahrerlaubnis im Führerschein einzutragen ist.*

4   **Begr** zur ÄndVO v. 11.3.19 **zu Abs. 1 S. 2** (BR-Drs. 600/18 S. 23): *Nach § 30 Absatz 1 Satz 1 FeV wird eine EU-Fahrerlaubnis nur in dem Umfang umgeschrieben, in dem sie vom anderen Mitgliedstaat erteilt wurde. Bislang gibt es keine Grundlage dafür, die national geregelten Einschlussklassen nach § 6 Absatz 3 dabei ebenfalls zu erteilen. Dies steht im Widerspruch zu § 28 Absatz 2 Satz 3 und § 29 Absatz 1 Satz 2, nach denen eine Umschreibung auch die jeweils eingeschlossenen Fahrzeuge geführt werden dürfen. Mit dieser Änderung wird sichergestellt, dass auch bei Umschreibung einer EU-Fahrerlaubnis den Fahrerlaubnisinhabern die gleichen Berechtigungen erteilt werden wie deutschen Fahrerlaubnisinhabern.*

5   **1. Regelungsgegenstand.** § 30 ermöglicht die **Erteilung einer deutschen FE** an Inhaber einer ausländischen EU-/EWR-FE mit ordentlichem Wohnsitz in Deutschland unter **erleichterten Bedingungen.** Zur Erteilung einer deutschen FE an Inhaber einer ausländischen FE aus einem Nicht-EU-/EWR-Staat s. § 31. Die Staatsangehörigkeit des FEInhabers ist unerheblich. Die Erteilung einer deutschen Fahrerlaubnis zur Fahrgastbeförderung (§ 48) unter erleichterten Bedingungen auf der Grundlage einer ausländischen Erlaubnis für Taxen, Miet- und Krankenkraftwagen und ähnlicher Erlaubnisse ist mangels Rechtsgrundlage nicht möglich (§ 48 Rn. 16). Die Erteilung einer deutschen FE auf der Grundlage einer ausländischen FE wird vielfach als **Umschreibung** bezeichnet. Dieser Terminus wird jedoch weder im StVG noch in der FeV verwendet. In der 3. EU-FS-RL ist von **Umtausch** gegen einen gleichwertigen FS die Rede.

Inhaber ausländischer EU- oder EWR-Fahrerlaubnisse dürfen im Umfang ihrer Berechtigung 6 im Inland Kfz führen, denn FE werden innerhalb der EU und des EWR nach Art 2 I der 3. EU-FS-RL gegenseitig anerkannt. Hat der FEInhaber keinen ordentlichen Wohnsitz in Deutschland, ergibt sich die Berechtigung aus § 29 I S. 1, nach Begründung eines ordentlichen Wohnsitzes im Inland aus § 29 I S. 3 iVm § 28. Für Inhaber ausländischer EU-/EWR-FE besteht somit **grds. keine Notwendigkeit, eine deutsche FE zu erwerben,** um in Deutschland Kfz führen zu können, solange ihre ausländische FE gültig ist.

Nach Art 2 II der 3. EU-FS-RL haben die Mitgliedstaaten die Möglichkeit, für ausländische 7 EU-/EWR-FS mit von Art 7 II der 3. EU-FS-RL **abweichender Gültigkeitsdauer** zwei Jahre nach Begründung des ordentlichen Wohnsitzes einen Zwangsumtausch vorzunehmen, um die Gültigkeitsdauer an die Vorgaben von Art 7 II der 3. EU-FS-RL anzupassen. Diese Regelung ist nicht in das deutsche Recht umgesetzt worden (BVerwG 6.9.18 – 3 C 31/16 NJW **19** 100). Ausländische EU-EWR-FE mit von Art 7 II der 3. EU-FS-RL abweichender Gültigkeitsdauer sind somit gem. Art 2 I der 3. EU-FS-RL uneingeschränkt anzuerkennen und berechtigen folglich im Rahmen ihrer Gültigkeitsdauer zum Führen von Kfz im Inland (§ 29 I S. 3 iVm § 28 I S. 1), ohne dass die Notwendigkeit besteht, nach Begründung des ordentlichen Wohnsitzes in Deutschland einen Umtausch nach § 30 vorzunehmen. Die Regelungen des § 28 III dazu sind wegen Unvereinbarkeit mit der 3. EU-FS-RL unwirksam (§ 28 Rn. 25a).

Möglichkeit zum Umtausch. § 30 ermöglicht es, – unter erleichterten Bedingungen – 8 eine deutsche FE erhalten, wenn der Bewerber seinen ordentlichen Wohnsitz im Inland hat. Damit wird Art 11 I S. 1 der 3. EU-FS-RL in deutsches Recht umgesetzt, wonach der Inhaber eines gültigen EU-/EWR-FS nach Verlegung seines ordentlichen Wohnsitzes in einen anderen EU-/EWR-Staat einen Antrag auf **Umtausch** seines FS gegen einen gleichwertigen FS seines neuen Wohnsitzstaates stellen kann. Ein solcher Umtausch kann wegen Ablaufs der Geltungsdauer der ausländischen EU-/EWR-FE erforderlich werden, denn nach Begründung des ordentlichen Wohnsitzes in Deutschland ist der ausländische Mitgliedstaat nicht mehr befugt, eine Verlängerung oder Neuerteilung vorzunehmen, sondern nur der Wohnsitzstaat Deutschland (Begr Rn. 1, BVerwG 24.10.19 – 3 B 26.19 NJW **20** 1600). Er kann auch hilfreich sein, um Unklarheiten hinsichtlich der Reichweite der Fahrberechtigung zu beseitigen; diese können sich aus der fehlenden Harmonisierung der Fahrzeugklassen ergeben (BVerwG 5.7.2018 – 3 C 9.17 NJW **18** 3661). Im Übrigen wird der Antrag des Inhabers einer ausländischen EU-/EWR-FE mit ordentlichem Wohnsitz im Inland auf Erweiterung der FE auf eine andere Klasse hinsichtlich der vorhandenen Klassen als Antrag auf Erteilung der deutschen FE gem. § 30 gewertet (§ 21 II S. 2). Bei einem Antrag auf Umtausch prüft der umtauschende Mitgliedstaat, für welche Fahrzeugklasse der vorgelegte FS tatsächlich noch gültig ist (Art 11 I S. 2 der 3. EU-FS-RL), und stellt (in der Sprache des europäischen FERechts) einen gleichwertigen FS aus. In Deutschland erfolgt der Umtausch nach dem klaren Wortlaut von § 30 durch Erteilung einer gleichwertigen deutschen Fahrerlaubnis. Dass die Erteilung der FE unter **erleichterten Bedingungen** erfolgt, beruht auf der Überlegung, dass es ungerechtfertigt wäre, die betroffenen Personen nach idR langjähriger Fahrpraxis deutschen Fahrschülern gleichzustellen (BVerwG 15.12.78 – 7 C 48/76 NJW **79** 2628 zu den Vorgängervorschriften).

2. Auf die **Erteilung einer deutschen FE** auf der Grundlage einer ausländischen EU-/ 9 EWR-FE unter erleichterten Bedingungen besteht ein **Rechtsanspruch,** wenn der Antragsteller die Voraussetzungen des § 30 erfüllt. Die Norm ist nicht als Anspruchsgrundlage konzipiert, vielmehr wird ein dahingehender Anspruch in § 30 I vorausgesetzt und lediglich hinsichtlich seiner Voraussetzungen und Rechtsfolgen konkretisiert (OVG Münster 25.10.16 – 16 A 1638/15 DAR **17** 218). Der Anspruch ergibt sich bereits aus § 2 II StVG, wonach eine FE zu erteilen ist, wenn der Bewerber die gesetzlichen Voraussetzungen erfüllt, wobei von einzelnen Erteilungsvoraussetzungen durch RVO Ausnahmen zugelassen werden können (§ 6 I Nr. 1 Buchst. a StVG), was durch § 30 geschehen ist.

3. Voraussetzungen für die Erteilung einer deutschen FE im Wege des Umtausches 10 **einer EU-/EWR-FE.** Der Antragsteller muss Inhaber einer ausländischen EU- oder EWR-FE sein, die zum Führen von Kfz im Inland berechtigt oder berechtigt hat (I S. 1). Die Geltungsdauer der FE kann auch ablaufen oder schon abgelaufen sein (II S. 1 und 2). Ist sie bereits abgelaufen, besteht die FE nicht mehr. I S. 1 ist insoweit unpräzise formuliert, denn der Antragsteller ist in diesem Fall schon nicht mehr „Inhaber einer EU-/EWR-FE". Weiter muss der Antragsteller das Mindestalter gem. § 10 erreicht und seinen ordentlichen Wohnsitz im Inland haben.

11 **a)** Die ausländische EU-/EWR-FE muss **wirksam erteilt** worden sein (VGH Ma 24.11.14 – 10 S 1996/14 VRS **127** 325).

12 **b)** Der Antragsteller muss Inhaber einer EU- oder EWR-FE sein, die zum Führen von Kfz im Inland **berechtigt** (I S. 1 Alt 1). Nach Begründung des ordentlichen Wohnsitzes im Inland ergibt sich die Berechtigung aus § 29 I S. 3 iVm § 28. Eine Berechtigung zum Führen von Kfz im Inland besteht nicht, wenn einer der Ausschlussgründe der §§ 28 IV, 29 III vorliegt. Näher dazu §§ 28, 29. Kein Umtausch zB, wenn die ausländische EU-/EWR-FE nicht zum Führen von Kfz in Deutschland berechtigt, weil sie unter berücksichtigungsfähigem Verstoß gegen das Wohnsitzprinzip (§ 28 Rn. 26 ff.) erteilt worden ist (BVerwG 24.10.19 – 3 B 26.19 NJW **20** 1600, VGH Mü 13.7.12 11 AE 12.1311, VG Ansbach 15.5.13 10 S 13.00556 SVR **13** 437, 31.7.13 10 K 13.00557). Der Umtausch einer EU-/EWR-FE, die unter Verstoß gegen das Wohnsitzprinzip erwirkt worden ist, ist von Anfang an rechtswidrig und vermittelt keinen Vertrauensschutz (VGH Mü 19.10.18 – 11 ZB 18.461 BeckRS 2018, 26922 Rn. 19, 20). Kein Umtausch, wenn der Antragsteller lediglich einen Lernführerschein oder einen anderen vorläufig ausgestellten Führerschein hat (§§ 28 IV S. 1 Nr. 1, 29 III S. 1 Nr. 1), selbst wenn er Inhaber einer im Ausland gültigen FE ist.

13 **c)** Eine im Ausland erteilte EU-/EWR-FE kann auch dann in eine deutsche FE umgetauscht werden, wenn sie zum Führen von Kfz im Inland **berechtigt hat** (I S. 1 Alt 2). Die Berechtigung kann sich aus § 29 I S. 1 oder aus § 29 I S. 3 iVm § 28 ergeben haben. I S. 1 Alt 2 betrifft Fallgestaltungen, in denen die **Geltungsdauer** der ausländischen FE **abläuft** oder **bereits abgelaufen ist** (s. Begr Rn. 1). Der VGH Mü vertritt allerdings die Auffassung, I S. 1 umfasse nicht den Fall, dass eine ausländische FE aufgrund abgelaufener Befristung der FE nicht mehr zum Führen von Kfz im Inland berechtigt, weil II S. 1 sonst keinen Anwendungsbereich hätte, und darüber hinaus entspreche es auch nicht Sinn und Zweck der Vorschrift, abgelaufene Fahrerlaubnisse unter erleichterten Voraussetzungen umzutauschen, sondern I S. 1 setze voraus, dass eine umschreibungsfähige FE existiere (VGH Mü 31.3.20 – 11 ZB 20.189 NJW **20** 2654). Dem kann nicht gefolgt werden. Aus der Begr (Rn. 1) ergibt sich, dass die Umtauschmöglichkeit nach I S. 1 gerade auch für die Fälle gedacht ist, in denen die Geltungsdauer der ausländischen FE abläuft. Hintergrund ist der Umstand, dass für eine Verlängerung der FE oder bei bereits abgelaufener Geltungsdauer für eine Neuerteilung der FE ausschließlich die FEB des aktuellen Wohnsitzstaates zuständig ist (Art 7 I Buchst. e der 3. EU-FS-RL). Hat der Inhaber einer im EU-/ EWR-Ausland erteilten FE jetzt seinen Wohnsitz in Deutschland, hat er nicht die Möglichkeit, die Verlängerung oder Neuerteilung in dem ausländischen Staat zu beantragen, in dem die ursprüngliche FE erteilt worden war. Er muss deswegen auch im Fall des Ablaufs der Geltungsdauer der ausländischen FE die Möglichkeit haben, eine deutsche FE zu erwerben. Dies geschieht nach I S. 1 unter erleichterten Bedingungen. **II S. 1** ist insoweit **keine Spezialregelung gegenüber I S. 1,** sondern eine **Ergänzung** für die Fälle ablaufender oder abgelaufener Geltungsdauer der FE. Nach der ursprünglichen Fassung des II S. 1, 2 idFd FeV v. 18.8.1998 (BGBl. I S. 2214) galt Abs. I bei ablaufender oder abgelaufener Geltungsdauer nur dann entsprechend, wenn nach Begründung des ordentlichen Wohnsitzes in Deutschland bis zum Tag der Antragstellung nicht mehr als 2 Jahre verstrichen waren. II S. 1, 2 aF stellte also keine eigenständige Regelung dar, sondern schränkte die Anwendung von Abs. I ein. Der Wortlaut ist bei Aufhebung der früheren 2-Jahres-Frist (s. Rn. 14) im Übrigen nicht verändert worden. II S. 1, 2 ist somit nach wie vor keine gegenüber I S. 1 spezielle Regelung, sondern nur eine Ergänzung.

14 Die **Geltungsdauer** der ausländischen EU-/EWR-FE kann also auch **ablaufen** oder schon **abgelaufen sein** (Begr Rn. 1, BVerwG 24.10.19 – 3 B 26.19 NJW **20** 1600, VGH Mü 31.3.20 – 11 ZB 20.189 NJW **20** 2654 Rn. 14). Eine befristete EU-/EWR-FE der **Klassen AM, A1, A2, A, B, BE** oder **B1** kann Grundlage für die erleichterte Erteilung einer deutschen FE sein, wenn ihre Geltungsdauer nach Begründung des ordentlichen Wohnsitzes im Inland abläuft (II S. 1 Hs. 1 iVm I). Kl B umfasst auch **Kl B** mit **Sz 96** (Begr Rn. 2). Die frühere Regelung in II S. 1 aF, nach der dies nur innerhalb von 2 Jahren nach Ablauf der Geltungsdauer möglich war, wurde im Zuge der generellen Abschaffung der Zwei-Jahres-Fristen im FERecht durch ÄnVO v. 18.7.08 (BGBl. I S. 1338, Begr BR-Drs. 302/08 S. 65 = VkBl. **08** 569) gestrichen. Die deutsche FE in den A- und B-Klassen wird dann gem. § 23 I S. 1 unbefristet erteilt.

15 Für den Umtausch einer EU-/EWR-FE der **Klassen C** oder **D** oder einer ihrer Unter- oder Anhängerklassen gilt bei **Ablauf ihrer Geltungsdauer** § 24 II entsprechend (II S. 1 Hs. 2), dh der Antragsteller wird ebenso behandelt wie der Inhaber einer deutschen FE dieser Klassen, der Neuerteilung nach Ablauf der Geltungsdauer der vorherigen FE dieser Klassen beantragt. Bei ausländischen EU-/EWR-Fahrerlaubnissen der C- und D-Klassen ist zu beachten, dass sich ihre Geltungsdauer bei Überschreitung der nach der 3. EU-FS-RL seit 19.1.2013 vorgeschriebenen Gültigkeitsdauer von 5 Jahren bei Verlegung des ordentlichen Wohnsitzes nach Deutschland nicht gem. § 28 III automatisch auf 5 Jahre reduziert, da die Regelungen des § 28 III wegen Unvereinbarkeit mit der 3. EU-FS-RL nicht anzuwenden sind (§ 28 Rn. 25a). Eine abweichende Gültigkeitsdauer der ausländischen FE ist vielmehr nach Art 2 I der 3. EU-FS-RL in Deutschland anzuerkennen (Rn. 7, BVerwG 6.9.2018 – 3 C 31.16 NJW **19** 100). II S. 1 Hs. 2 findet somit erst Anwendung, wenn die ggf. längere Geltungsdauer einer im EU-/EWR-Ausland erteilten FE der Klassen C oder D abläuft.

Die Regelungen des II S. 1 gelten auch dann, wenn die **Geltungsdauer** der ausländischen **16** EU-/EWR-FE bereits vor Begründung des ordentlichen Wohnsitzes im Inland **abgelaufen ist** (II S. 2). In diesem Fall hat die FEB – idR über das KBA – auf Kosten des Antragstellers eine Auskunft aus den den deutschen FAER und ZFER entsprechenden ausländischen Registern einzuholen, die sich auch darauf erstrecken muss, warum die FE nicht vor der Verlegung des ordentlichen Wohnsitzes nach Deutschland verlängert worden ist (II S. 3 iVm § 22 II S. 3). Dadurch sollen insbes die Fälle aufgedeckt werden, in denen eine Verlängerung im Heimatstaat abgelehnt worden ist (Begr BR-Drs. 443/98 S. 289 = VkBl. **98** 1083).

War der Antragsteller früher Inhaber einer EU-EWR-FE, die nicht wegen Ablaufs der **17** Geltungsdauer, sondern aus anderen Gründen – zB durch EdF – erloschen ist, ist II nicht einschlägig. Die Erleichterungen des I S. 1 können dann nicht gem. II iVm I S. 1 in Anspruch genommen werden.

d) Erteilung einer deutschen FE nach § 30 setzt voraus, dass das **Mindestalter** gem. § 10 er- **18** reicht ist.

e) Der Antragsteller muss seinen **ordentlichen Wohnsitz im Inland** haben. Der Umtausch **19** der FE ist mit der Erteilung einer deutschen FE verbunden, die nur möglich ist, wenn ein ordentlicher Wohnsitz im Inland besteht (§ 2 II S. 1 Nr. 1 StVG, § 7 I S. 1 FeV). Näher dazu § 2 StVG Rn. 31, § 7 FeV Rn. 4 ff.

4. Rücknahme bei fehlender Voraussetzung. Stellt sich heraus, dass eine der Vorausset- **20** zungen für den Umtausch der ausländischen EU-/EWR-FE in eine deutsche FE nicht vorgelegen hatte, ist die FE durch die FEB nach § 48 VwVfG mit Wirkung für die Vergangenheit **zurückzunehmen** (VGH Ma 12.4.94 10 S 1215/93 NZV **94** 454, 24.11.14 10 S 1996/14 VRS **127** 325 = NJW **15** 1037 Ls, VGH Mü 22.10.15 11 CS 15.1963 BeckRS 2015, 56195, VG Ansbach 15.5.13 10 S 13.00556 SVR **13** 437, 31.7.13 10 K 13.00557). In diesem Fall keine EdF nach § 3 I StVG, § 46 FeV, da diese Normen nur bei fehlender Eignung oder Befähigung gegenüber § 48 VwVfG speziell sind (§ 3 StVG Rn. 43). Stellt sich nach erfolgtem Umtausch heraus, dass der Antragsteller nicht im Besitz einer ausländischen EU-/EWR-FE und der vorgelegte **ausländische FS eine Fälschung** war, Rücknahme nach § 48 VwVfG (VGH Ma 12.4.94 10 S 1215/93 NZV **94** 454, 24.11.14 10 S 1996/14 VRS **127** 325 = NJW **15** 1037 Ls, VG Bremen 26.8.14 5 V S.771/14 BeckRS 2014, 55578, VG Gelsenkirchen 20.4.15 7 L 673/15 BeckRS 2015, 45708). Behauptet der Betr, der einen gefälschten FS zum Nachweis seiner FE vorgelegt hatte, gleichwohl weiterhin das Bestehen einer ausländischen FE, gehört es zu seinen Mitwirkungspflichten, seinerseits durch Vorlage weiterer Dokumente den Erwerb dieser FE darzutun (VGH Ma aaO, VG Bremen aaO, VG Gelsenkirchen aaO). Rücknahme auch, wenn mit späterer **Rücknahme** der **im EU-/EWR-Ausland erteilten FE** durch die ausländische Behörde nachträglich die Grundlage für die im Wege des Umtausches erteilte deutsche FE entfällt (VGH Mü 22.10.15 11 CS 15.1963 BeckRS 2015, 56195).

5. Erleichterungen. Beim Umtausch einer ausländischen EU-/EWR-FE in eine deutsche **21** FE entfallen gem. I S. 1 die folgenden Erteilungsvoraussetzungen:

– Die ärztliche Untersuchung nach § 11 IX und die Untersuchung des Sehvermögens gem. § 12 VI für die C- und D-Klassen sind nicht erforderlich, sofern sie nicht in entsprechender Anwendung von §§ 23, 24 erfolgen müssen (I S. 1 Nr. 1). Diese kann sich bei ablaufender oder abgelaufener Geltungsdauer der ausländischen FE aus II S. 1 Hs. 2 oder 2 ergeben.
– Der Sehtest nach § 12 II.
– Die Schulung in Erster Hilfe nach § 19.
– Die Vorschriften über die Ausbildung.
– Die theoretische und praktische Fahrerlaubnisprüfung nach § 15.

Alle übrigen, in I S. 1 nicht ausdrücklich genannten Bestimmungen über die FEErteilung bleiben anwendbar.

22   **6.** Für den Umtausch einer ausländischen EU-/EWR-FE in eine deutsche FE ist die **Kraftfahreignung** nicht nachzuweisen, abgesehen von den ggf. erforderlichen Gesundheitsuntersuchungen bei Inhabern einer FE der C- oder D-Klassen. Eine Prüfung der Fahreignung durch den umtauschenden Mitgliedstaat ist nach dem Unionsrecht auch nicht vorgesehen (BVerwG 5.7.18 – 3 C 9.17 NJW **18** 3661, VGH Mü 21.3.17 – 11 B 16.2007 VRS **131** 218 (223)). Das bedeutet indessen nicht, dass der Umtausch trotz bestehender Bedenken gegen die Eignung erfolgen müsste. §§ 11 II, 22 II sind in I S. 1 unter den nicht anzuwendenden Vorschriften nicht erwähnt, bleiben also anwendbar (VGH Ma 9.12.03 10 S 1908/03 NJW **04** 1265, vgl. auch BVerwG 19.3.96 11 B 9/96 NJW **96** 2318, Stu 3.7.89 6 Ss 220/89 NZV **89** 402 zu den Vorgängervorschriften). Im Übrigen setzt die Erteilung einer FE, und damit auch der Umtausch als Erteilung einer deutschen FE auf der Grundlage einer ausländischen FE, gem. § 2 II S. 1 Nr. 3 StVG zwingend die Eignung zum Führen von Kfz voraus (VGH Ma 9.12.03 10 S 1908/03 NJW **04** 1265).

23   **7.** Auf die **Erteilung einer** gleichwertigen **deutschen FE** besteht ein Rechtsanspruch, wenn der Antragsteller die Voraussetzungen des § 30 erfüllt (Rn. 9). Die im Wege des Umtausches erteilte FE ist eine reguläre deutsche FE. In ihr setzt sich die umgetauschte ausländische FE fort (erkennbar an der Eintragung des Datum der erstmaligen Erteilung in Feld 10 des Führerscheins, s. Rn. 28). Da es sich idR um den erstmaligen Erwerb einer deutschen FE handelt, wird diese auf Probe erteilt, die **Probezeit** beträgt 2 Jahre (§ 2a I S. 1 StVG). Sie beginnt mit Erteilung der deutschen FE (nicht mit Wohnsitzbegründung in Deutschland), wobei die Zeit seit Erwerb der ausländischen FE auf die Probezeit anzurechnen ist (§ 2a I S. 2 StVG).

24   Der Antragsteller erhält eine FE der **entsprechenden Klasse** von Kfz (I S. 1). Hat er eine EU-/EWR-FE für gem. Art 4 der 3. EU-FS-RL harmonisierte Klassen, bekommt er eine deutsche FE mit den entsprechenden Klassen nach § 6. Die Äquivalenzen ergeben sich aus dem Beschluss (EU) 2016/1945 der Kommission v. 14.10.16 über Äquivalenzen zwischen Führerscheinklassen (ABlEU L 302 v. 9.11.16 S. 62 = StVRL § 6 FeV Nr. 3). Soweit die ausländische FE für nicht harmonisierte FEKlassen gilt, erhält der Betr eine deutsche FE nur insoweit, als sie deutschen Klassen nach § 6 entsprechen. Soweit es im deutschen FERecht keine entsprechende Klasse gibt, besteht keine Möglichkeit der Erteilung einer deutschen FE unter erleichterten Bedingungen. Durch ÄndVO v. 11.3.19 (BGBl. I S. 218) wurde eingefügt, dass für die Berechtigung zum Führen von Fz der Klassen AM, L und T die deutsche Einschlussregelung § 6 III entsprechend gilt (I S. 2, Begr Rn. 4).

25   Die Erteilung der deutschen FE im Wege des Umtausches ist auf die Erteilung einer FE für die entsprechende Klasse oder Klassen von Kfz beschränkt. Eine **Erweiterung der Fahrberechtigung** durch den **Umtausch** ist **ausgeschlossen** (VG Bayreuth 20.8.13 1 K 11.241 BeckRS 2013, 56361). Beantragt der Inhaber einer ausländischen EU-/EWR-FE mit ordentlichem Wohnsitz in Deutschland eine Erweiterung seiner ausländischen FE auf eine andere Klasse, ist dieser Antrag hinsichtlich der vorhandenen Klassen als Antrag auf Erteilung der deutschen FE gem. § 30, also als Antrag auf Umtausch zu werten (§ 21 II S. 2). Über die gewünschte Erweiterung der FE wird dann im normalen Verfahren ohne die Erleichterungen des § 30 entschieden.

26   **Automatikbeschränkung.** Ist die ausländische EU-/EWR-FE auf Kfz ohne Kupplungspedal oder bei Fz der A-Klassen ohne Schalthebel beschränkt, ist die im Wege des Umtausches zu erteilende deutsche FE ebenfalls auf das Führen derartiger Kfz zu beschränken (I S. 3). Dies geschieht durch Eintragung der Sz 78 gem. Anl 9 in den FS. Diese Beschränkung ist auf Antrag aufzuheben, wenn der FEInhaber eine praktische FEPrüfung auf einem Kfz mit Schaltgetriebe der betreffenden oder einer höheren Klasse erfolgreich absolviert (I S. 4 iVm § 17 VI S. 3). Die fehlerhafte Bezugnahme in I S. 4 auf § 17 VI S. 2 statt richtigerweise auf § 17 VI S. 3 ist ein offenkundiges Redaktionsversehen, das deswegen unberücksichtigt bleiben kann. Der Satz, den I S. 4 in Bezug nimmt, war früher Satz 2. Als er durch Art 2 Nr. 5 der FeVÄndVO v. 10.1.13 (BGBl. I S. 35) zu Satz 3 wurde, ist versäumt worden, die Verweisung in § 30 I S. 3 (heute 4) anzupassen. Es besteht somit kein Zweifel, dass mit I S. 4 die Aufhebungsmöglichkeit durch praktische Prüfung auf einem Kfz mit Schaltgetriebe gemeint ist.

27   **Andere Beschränkungen oder Auflagen** der ausländischen EU-/EWR-FE sind beim Umtausch ebenfalls zu beachten, auch wenn dies nicht ausdrücklich in § 30 festgehalten ist. Aus Sinn und Zweck der Regelung iVm Art 11 I der 3. EU-FS-RL ergibt sich, dass (lediglich) ein Anspruch auf Umtausch in eine gleichwertige FE besteht. Vgl auch §§ 28 I S. 2, 29 I S. 6.

8. Eintragungen im Führerschein. Auf dem FS ist zu vermerken, dass der Erteilung der 28 deutschen FE eine in einem anderen EU- oder EWR-Staat erteilte FE zugrunde gelegen hat (IV S. 2). Dies geschieht durch Eintragung der **Schlüsselzahl 70** nach Anlage 9 (Begr Rn. 3). Diese erfolgt gem. Anlage 9 Nr. 111 mit Angabe der Nummer des umgetauschten FS und der anschließenden Angabe des EU-Unterscheidungszeichens für den Ausstellerstaat, zB 70.0123456789.NL. Aus dieser Eintragung ist die Tatsache des Umtausches ersichtlich. In dem aufgrund des Umtausches auszustellenden deutschen FS ist weiter in Feld 10 des KartenFS das Datum zu vermerken, an dem die ausländische FE für die betreffende Klasse erteilt worden war (IV S. 1). Damit wird die Regelung in Anh I der 3. EU-FS-RL umgesetzt, wonach das **Datum der ersten Fahrerlauberteilung** für jede Klasse bei jedem späteren Umtausch erneut in den FS einzutragen ist. Damit wird dokumentiert, dass die umgetauschte FE eine Fortsetzung der zugrunde liegenden ausländischen FE ist (BVerwG 5.7.18 – 3 C 9.17 NJW **18** 3661 Rn. 44, VGH Mü 21.3.17 – 11 B 16.2007 VRS **131** 218 (223)). Eine solche Eintragung ist nur möglich, wenn die ausländische FE zum Zeitpunkt des Umtausches noch bestand. War sie wegen Ablaufs der Geltungsdauer bereits erloschen, existiert sie nicht mehr, kann sich also auch nicht fortsetzen. Durch die Eintragung des ursprünglichen Erteilungsdatums würde der unzutreffende Eindruck entstehen, die FE sei durchgehend gültig gewesen (MüKoStVR/*Hahn/Kalus* § 30 FeV Rn. 24).

9. Der Führerschein, der über die im Wege des Umtausches zu erteilende deutsche FE ausge- 29 stellt wird, ist nur gegen **Abgabe des ausländischen Führerscheins** auszuhändigen, der die umgetauschte ausländische FE dokumentiert (III S. 1). Die Erteilung der deutschen FE, die durch Aushändigung des FS erfolgt (§ 22 IV S. 6), darf also nur erfolgen, wenn der ausländische FS bei der FEB abgegeben wird. Grundlage für diese Regelung ist Art 7 V Buchst. a der 3. EU-FS-RL, wonach jede Person nur Inhaber eines einzigen Führerscheins sein kann. Wenn der Antragsteller keinen ausländischen FS mehr hat, ist ein Umtausch nach § 30 nicht möglich, da gem. III S. 1 die Aushändigung des neuen FS nur gegen Abgabe des ausländischen FS erfolgen kann (VGH Ka 5.12.05 2 UZ 2802/04 VRS **110** 155 (158), VGH Mü 22.10.15 11 CS 15.1963 BeckRS 2015, 56195).

Außerdem hat der Antragsteller der FEB alle **weiteren Führerscheine abzuliefern**, die sich 30 auf die umgetauschte ausländische FE beziehen (III S. 2). Damit sind zB ein etwa noch vorhandener ErsatzFS oder ein FS gemeint, den der Betr bei einer Erweiterung auf andere Klassen nicht der Behörde abgeliefert hat, obwohl er im Zuge der Erweiterung einen neuen FS erhalten hat (Begr BR-Drs. 497/02 S. 69 = VkBl. **02** 893). Mit der Ablieferungspflicht soll nach der Intention des VOGebers dem Missbrauch dieser nach dem Umtausch in eine deutsche FE nunmehr „überflüssigen" ausländischen Führerscheine entgegengewirkt werden (Begr BR-Drs. 497/02 S. 69 = VkBl. **02** 893). Während die Erteilung der deutschen FE nur gegen Abgabe des FS erfolgen darf, der die umzutauschende ausländische EU-/EWR-FE dokumentiert (III S. 1), ist die **Ablieferung der weiteren FS nach III S. 2 keine notwendige Voraussetzung** für die Erteilung der deutschen FE. Als die Pflicht zur Ablieferung aller weiteren FS durch Art 1 Nr. 16 Buchst. c der FeVÄndVO v. 7.8.02 (BGBl. I S. 3267) zusätzlich eingeführt wurde, ist sie nicht Bestandteil des S. 1 geworden, der die Erteilung zwingend von der Abgabe des ausländischen FS abhängig macht. Sie ist vielmehr in einem gesonderten Satz geregelt worden, der anders als S. 1 keine Verknüpfung mit der Erteilung der deutschen FE enthält. Außerdem ist der Verstoß gegen die Pflicht nach III S. 2 durch Änderung des § 75 Nr. 10 mit Art 1 Nr. 35 Buchst. d der FeVÄndVO v. 7.8.02 (BGBl. I S. 3267) zur OWi erklärt worden. Dies wäre nicht notwendig gewesen, wenn die Erteilung der deutschen FE zwingend nicht nur gegen Abgabe des ausländischen FS, sondern auch nur Zug um Zug gegen Ablieferung auch aller weiteren FS hätte erfolgen sollen.

Die FEB **sendet** die abgelieferten **ausländischen FS** unter Angabe der Gründe an die aus- 31 ländische Behörde zurück, die sie jeweils ausgestellt hatte (III S. 3). Damit wird Art 11 III der 3. EU-FS-RL umgesetzt. Die Rücksendung erfolgt aus Gründen der Verwaltungsvereinfachung (Begr BR-Drs. 443/98 S. 289 = VkBl. **98** 1083) über das KBA.

10. Die ausländische EU-/EWR-Fahrerlaubnis erlischt nicht automatisch durch den 32 Umtausch in eine deutsche FE, sie besteht vielmehr fort. Der Betr muss zwar bei Beantragung einer deutschen FE eine Erklärung abgeben, dass er mit der Erteilung der beantragten FE auf eine vorhandene ausländische FE **verzichtet** (§ 21 II S. 3). Ein solcher Verzicht wird aber nur wirksam, wenn er der Behörde zugeht, die die ausländische FE erteilt hat (§ 2 StVG Rn. 25). Eine gegenüber der deutschen FEB abgegebene Verzichtserklärung führt nur und erst dann zum Erlöschen der ausländischen FE, wenn die deutsche FEB sie der ausländischen Behörde zugeleitet hat und sie dort eingegangen ist. Erhält die ausländische Behörde, die die FE erteilt hat, aus welchen Gründen auch immer keine Kenntnis von dem Verzicht, hat die gem. § 21 II S. 3 abgegebene Verzichtserklärung keinerlei Rechtswirkung und die ausländische FE besteht unverändert fort. Auch die **Ablieferung des ausländischen FS** bei der deutschen FEB, die gem. III S. 1 zwingende Voraussetzung für die Aushändigung des deutschen FS und damit für die Erteilung der deutschen FE ist, führt nicht zum Erlöschen der ausländischen FE, denn allein die Abgabe des FS stellt keinen Verzicht auf die FE dar (§ 2 StVG Rn. 25). Der Vorgabe von § 2 II S. 1 Nr. 7 StVG, § 8 FeV, wonach eine deutsche FE nur erteilt werden darf, wenn der Bewerber keine in einem EU- oder EWR-Staat erteilte FE dieser Klasse besitzt, kann nur dann Rechnung getragen werden, wenn der Verzicht auf die ausländische EU-/EWR-FE wirksam wird. Wenn dies nicht gelingt, können § 2 II S. 1 Nr. 7 StVG, § 8 FeV beim Umtausch nicht eingehalten werden.

33   **11. Diplomatenprivileg.** Antragsteller, die entsandte Mitglieder fremder diplomatischer Missionen oder berufskonsularischer Vertretung sind sowie die zu ihrem Haushalt gehörenden Familienmitglieder sind von den Ablieferungspflichten des III befreit (V). Sie können also bei Umtausch ihrer ausländischen EU-/EWR-FE in eine deutsche FE ihren ausländischen Führerschein und alle weiteren zu der ausländischen FE gehörenden Führerscheine behalten. Dies ergibt nur einen Sinn, wenn davon ausgegangen wird, dass diese Personen trotz des Umtausches auch ihre ausländische EU-/EWR-FE behalten. Von diesem Personenkreis darf demzufolge bei Antragstellung nicht gem. § 21 II S. 3 verlangt werden, dass sie auf ihre ausländische EU-/EWR-FE verzichten.

34   **12. Ordnungswidrigkeit.** Zuwiderhandlung gegen III S. 2 (Ablieferung sämtlicher weiterer auf Grund der EU-/EWR-FE ausgestellten FS) ist gem. § 75 Nr. 10 ow.

Weitergeltung einer deutschen Fahrerlaubnis und Rücktausch von Führerscheinen

30a (1) [1]**Wird ein auf Grund einer deutschen Fahrerlaubnis ausgestellter Führerschein in einen Führerschein eines Staates umgetauscht, bleibt die Fahrerlaubnis unverändert bestehen.** [2]**Bei einem Rücktausch in einen deutschen Führerschein sind in diesem die noch gültigen Fahrerlaubnisklassen unverändert zu dokumentieren.**

(2) [1]**Der Führerschein ist nur gegen Abgabe des ausländischen Führerscheins auszuhändigen.** [2]**Die nach Landesrecht zuständige Behörde (Fahrerlaubnisbehörde) sendet den Führerschein unter Angabe der Gründe über das Kraftfahrt-Bundesamt an die Behörde zurück, die sie jeweils ausgestellt hatte, sofern es sich um einen EU- oder EWR-Führerschein handelt oder wenn mit dem betreffenden Staat eine entsprechende Vereinbarung besteht.** [3]**In den anderen Fällen nimmt sie den Führerschein in Verwahrung.** [4]**Er darf nur gegen Abgabe des auf seiner Grundlage ausgestellten inländischen Führerscheins wieder ausgehändigt werden.** [5]**In begründeten Fällen kann die Fahrerlaubnisbehörde davon absehen, den ausländischen Führerschein in Verwahrung zu nehmen oder ihn an die ausländische Stelle zurückzuschicken.** [6]**Verwahrte Führerscheine können nach drei Jahren vernichtet werden.**

1   *Begr* zur ÄndVO v. 26.6.12 (BR-Drs. 245/12 (Beschluss) S. 2 = VkBl. **12** 593): *Die Fahrerlaubnis bleibt im ausstellenden Staat nach den Grundsätzen der Rechtsprechung des EuGH und den Empfehlungen der Kommission unverändert bestehen.*

2   *Eine bereits existierende Fahrerlaubnisnummer wird fortgeführt. Der Eintrag der Schlüsselzahl 70 entfällt, weil sie nur bei der Ausstellung eines auf einer ausländischen Fahrerlaubnis beruhenden deutschen Führerscheins zur Kennzeichnung relevant war.*

3-8   *Begr* zur ÄndVO v. 11.3.19 (BR-Drs. 600/18 S. 23): *§ 30a war bislang auf EU-/EWR-Mitgliedstaaten beschränkt. Die Regelung hat aber auch Gültigkeit für in anderen Staaten umgeschriebene deutsche Führerscheine, da auch dort die einmal in Deutschland erworbenen Rechte weiter fortbestehen. Daher wird die bisherige Vorschrift erweitert.*

9   **1. Entstehungsgeschichte:** Der durch ÄndVO v. 26.6.12 (BGBl. I S. 1394) eingefügte, **ursprünglich auf andere EU-/EWR-Staaten beschränkte** § 30a traf zunächst Regelungen für folgende Fallkonstellation: Eine Person, der in Deutschland eine Fahrerlaubnis erteilt worden ist, tauscht nach Wohnsitzwechsel in einen anderen EU-/EWR-Staat dort ihren deutschen FS in einen FS ihres neuen Wohnsitzstaates um, ohne dass der neue Wohnsitzstaat bei dieser Gelegenheit eine neue FE erteilt. (Bei Erteilung einer neuen EU-/EWR-FE müsste die deutsche FE

zum Erlöschen gebracht werden, da jede Person nur Inhaber einer einzigen EU-/EWR-FE sein darf, Art 7 V Buchst. a der 3. EU-FS-RL, vgl. § 21 II S. 3.) Der neue ausländische FS dokumentiert dann nicht eine FE des neuen Wohnsitzstaates, sondern die unverändert fortbestehende deutsche FE. Nach Wohnsitzwechsel zurück nach Deutschland möchte die Person ihren ausländischen FS in einen deutschen FS (zurück-)tauschen. § 30 ist in diesem Fall nicht anwendbar, weil keine im Ausland erteilte EU-/EWR-FE vorliegt.

Die ursprüngliche Regelung ist vor dem folgenden **rechtlichen Hintergrund** eingeführt 10 worden: Nach Art 8 I der Richtlinie 80/1263/EWG v. 4.12.80, der sog. 1. EG-FS-RL (ABl Nr. L 375 v. 31.12.80 S. 1) blieb der FS nach Wohnsitzwechsel seines Inhabers in einen anderen Mitgliedstaat nur noch maximal ein Jahr gültig. Wollte der Betr darüber hinaus in seinem neuen Wohnsitzstaat Kfz führen, musste er seinen FS in einen FS des neuen Wohnsitzstaates umtauschen. Diese Umtauschpflicht wurde durch die Richtlinie 91/439/EWG, die 2. EU-FS-RL mit Wirkung ab 1.7.96 abgeschafft. Zu der Rechtslage unter Geltung der 1. FS-RL hatte der EuGH in seinem Urt v. 29.2.96, C-193/94 (Slg I-00929) ausgeführt, dass der Austausch des FS nicht die Erteilung einer FE des neuen Wohnsitzstaates manifestiert, sondern lediglich das Bestehen der in dem früheren Wohnsitzstaat erteilten FE bestätigt. Die ursprüngliche FE blieb danach unverändert bestehen. Davon ging auch die EU-Kommission aus, als sie in ihrer (rechtlich unverbindlichen) Mitteilung zu Auslegungsfragen über den FS in der EG (2002/C 77/03, ABlEG Nr. C 77 v. 28.3.02 S. 5) zu Fragen an der Schnittstelle zwischen der 1. und 2 EG-FS-RL Stellung nahm. – Heute besteht die Umtauschpflicht nicht mehr. Inhaber von EU-/EWR-FE können von ihrer durch einen FS nach EU-Muster dokumentierten FE auch nach Verlagerung ihres Wohnsitzes in einen anderen Mitgliedstaat Gebrauch machen, solange die FE besteht, grundsätzlich ohne ihren FS in einen FS des neuen Wohnsitzstaates umtauschen zu müssen. Denn seit Inkrafttreten der 2. EU-FS-RL gilt die Pflicht der Mitgliedstaaten, die Führerscheine anderer Mitgliedstaaten ohne jede Formalität anzuerkennen (Art 1 II der 2. EU-FS-RL, Art 2 I der 3. EU-FS-RL).

2. Aktuelle Regelung. § 30a wurde durch ÄndVO v. 11.3.19 (BGBl. I S. 218) **auf alle** 11 **Staaten erweitert,** weil auch in Staaten außerhalb von EU und EWR die deutsche Fahrerlaubnis bei „Umschreibung" des deutschen Führerscheins in einen Führerschein des jeweiligen ausländischen Staates fortbesteht, sofern die deutsche Fahrerlaubnis bei dieser Gelegenheit nicht zum Erlöschen gebracht wird (vgl. Begr Rn. 3-8). In Nicht-EU-/EWR-Staaten vermittelt der deutsche Führerschein nicht unbedingt eine Berechtigung zum Führen von Kfz. Bei Wohnsitznahme in einem solchen Staat besteht deswegen mehr noch als in anderen EU-/EWR-Staaten ggf. die Notwendigkeit, sich einen Führerschein des jeweiligen Staates ausstellen zu lassen.

3. Regelungsinhalt: Hat eine Person, der in Deutschland eine Fahrerlaubnis erteilt worden 12 ist, nach Wohnsitzwechsel in einen anderen Staat aus welchen Gründen auch immer ihren deutschen Führerschein in einen Führerschein des neuen Wohnsitzstaates umgetauscht, ohne dass die deutsche Fahrerlaubnis bei dieser Gelegenheit zum Erlöschen gebracht worden ist, **bleibt** die **deutsche Fahrerlaubnis** unverändert, also in dem erteilten Umfang, **bestehen** (I S. 1). Durch den bloßen Tausch des FS erlischt die deutsche FE also nicht (VGH Mü 7.7.17 11 CS 17.1009 zur früheren, auf EU-/EWR-Staaten beschränkten Fassung). Wird der ausländische Führerschein in einen deutschen Führerschein rückgetauscht, sind alle in Deutschland erteilten FEKlassen in dem noch bestehenden Umfang in den Führerschein einzutragen (I S. 2), selbst wenn der ausländische Führerschein Einschränkungen vorgenommen hatte. Es handelt sich nicht um die Erteilung einer neuen FE. §§ 30, 31 sind nicht einschlägig. Hatte der Betr bereits eine deutsche EU-Fahrerlaubnis und damit eine FE-Nummer, bleibt diese unverändert für ihn bestehen.

Bei Rücktausch in einen deutschen Führerscheins muss der **ausländische FS** der FEB **abge-** 13 **liefert** werden (II S. 1). Damit ist sichergestellt, dass der FEInhaber nur über einen FS verfügt. Die FEB sendet den abgelieferten ausländischen FS über das KBA an die ausländische Ausstellungsbehörde zurück, wenn es sich um einen EU-/EWR-FS handelt oder wenn mit dem ausländischen Staat eine entsprechende Vereinbarung besteht (II S. 2). In den anderen Fällen nimmt sie den ausländischen FS in Verwahrung (II S. 3). Verwahrte ausländische FS können nach 3 Jahren vernichtet werden (II S. 6), um den Behörden den Verwaltungsaufwand zu ersparen, der mit einer zeitlich unbegrenzten Aufbewahrungspflicht verbunden wäre (vgl. Begr zu der Parallelvorschrift in § 31 IV, BR-Drs. 497/02 S. 71 = VkBl. 02 894). Der in Verwahrung genommene ausländische FS darf dem FEInhaber – wenn er noch nicht vernichtet worden ist – nur gegen Abgabe des deutschen FS wieder ausgehändigt werden (II S. 4).

In begründeten Fällen kann die FEB **ausnahmsweise davon absehen,** den ausländischen FS 14 an die ausländischen Behörde zurückzuschicken oder ihn in Verwahrung zu nehmen (II S. 5).

Die Aushändigung des deutschen FS wird in diesen Fällen abweichend von II S. 1 nicht von der Abgabe des ausländischen FS abhängig gemacht. Der FEInhaber kann ihn vielmehr behalten. Diese Bestimmung ist durch ÄndVO v. 11.3.19 (BGBl. I S. 218) in Anlehnung an die Parallelregelung in § 31 IV geschaffen worden (Begr BR-Drs. 600/18 (Beschluss) S. 12) und damit für Fallkonstellationen vorgesehen, in denen ein FS im Ausland Ausweisfunktion zukommt oder in denen FEInhaber bei Reisen in das Ausland mit dem deutschen FS dort nicht am Kfz-Verkehr teilnehmen könnten, weil dieser dort keine entsprechende Berechtigung vermittelt. Das Belassen des ausländischen FS nach II S. 5 kommt nur „in begründeten Fällen" in Betracht. Diese liegen zB vor, wenn zur Überzeugung der FEB feststeht, dass der ausländische FS als Ausweis benötigt wird oder dass der Betr mit dem deutschen FS in einem bestimmten Land nicht fahren dürfte, wohl aber mit dem ausländischen FS, und dass er absehbar regelmäßig in einer solchen Situation sein wird (zB regelmäßige Geschäftsreisen in dieses Land).

Erteilung einer Fahrerlaubnis an Inhaber einer Fahrerlaubnis aus einem Staat außerhalb des Abkommens über den Europäischen Wirtschaftsraum

31 (1) [1]Beantragt der Inhaber einer Fahrerlaubnis, die in einem in Anlage 11 aufgeführten Staat und in einer in der Anlage 11 aufgeführten Klasse erteilt worden ist und die zum Führen von Kraftfahrzeugen im Inland berechtigt oder dazu berechtigt hat, die Erteilung einer Fahrerlaubnis für die entsprechende Klasse von Kraftfahrzeugen, sind folgende Vorschriften nicht anzuwenden:

1. § 11 Absatz 9 über die ärztliche Untersuchung und § 12 Absatz 6 über die Untersuchung des Sehvermögens, es sei denn, dass in entsprechender Anwendung der Regelungen in den §§ 23 und 24 eine Untersuchung erforderlich ist,

2. § 12 Absatz 2 über den Sehtest,

3. § 15 über die Befähigungsprüfung nach Maßgabe der Anlage 11,

4. § 19 über die Schulung in Erster Hilfe,

5. die Vorschriften über die Ausbildung.

[2]Für die Berechtigung zum Führen von Fahrzeugen der Klassen AM, L und T gilt § 6 Absatz 3 entsprechend. [3]Dies gilt auch, wenn die Berechtigung nur auf Grund von § 29 Absatz 3 Nummer 1a nicht bestanden hat. [4]Ist die ausländische Fahrerlaubnis auf das Führen von Kraftfahrzeugen ohne Kupplungspedal (oder Schalthebel bei Fahrzeugen der Klassen A, A1 oder A2) beschränkt, ist die Fahrerlaubnis auf das Führen von Kraftfahrzeugen ohne Kupplungspedal (oder Schalthebel bei Fahrzeugen der Klassen A, A1 oder A2) zu beschränken. [5]§ 17 Absatz 6 Satz 2 ist entsprechend anzuwenden. [6]Beantragt der Inhaber einer Fahrerlaubnis, die in einem in Anlage 11 aufgeführten Staat, aber in einer in Anlage 11 nicht aufgeführten Klasse erteilt worden ist und die zum Führen von Kraftfahrzeugen im Inland berechtigt oder dazu berechtigt hat, die Erteilung einer Fahrerlaubnis für die entsprechende Klasse von Kraftfahrzeugen, ist Absatz 2 entsprechend anzuwenden.

(1a) Abweichend von Absatz 1 Satz 1 Nummer 3 ordnet die Fahrerlaubnisbehörde eine Fahrerlaubnisprüfung an, wenn Tatsachen vorliegen, die die Annahme rechtfertigen, dass der Bewerber die nach § 16 Absatz 1 und § 17 Absatz 1 erforderlichen Kenntnisse und Fähigkeiten nicht mehr besitzt.

(2) Beantragt der Inhaber einer Fahrerlaubnis aus einem nicht in Anlage 11 aufgeführten Staat unter den Voraussetzungen des Absatzes 1 Satz 1 und 2 die Erteilung einer Fahrerlaubnis für die entsprechende Klasse von Kraftfahrzeugen, sind die Vorschriften über die Ausbildung nicht anzuwenden.

(3) [1]Der Antragsteller hat den Besitz der ausländischen Fahrerlaubnis durch den nationalen Führerschein nachzuweisen. [2]Außerdem hat er seinem Antrag auf Erteilung einer inländischen Fahrerlaubnis eine Erklärung des Inhalts beizugeben, dass seine ausländische Fahrerlaubnis noch gültig ist. [3]Die Fahrerlaubnisbehörde ist berechtigt, die Richtigkeit der Erklärung zu überprüfen.

(4) [1]Auf einem auf Grund des Absatzes 1 Satz 1 ausgestellten Führerschein ist zu vermerken, dass der Erteilung der Fahrerlaubnis eine Fahrerlaubnis zugrunde gelegen hat, die nicht in einem Mitgliedstaat der Europäischen Union oder einem anderen Vertragsstaat des Abkommens über den Europäischen Wirtschaftsraum ausgestellt worden war. [2]Der auf Grund des Absatzes 1 oder 2 ausgestellte Führerschein ist nur gegen Abgabe des ausländischen Führerscheins auszuhändigen. [3]Die Fahrerlaubnisbehörde sendet ihn über das Kraftfahrt-Bundesamt an die Stelle zurück, die ihn ausgestellt hat, wenn mit dem betreffenden Staat eine entsprechende Vereinbarung besteht. [4]In den anderen Fällen nimmt sie den Führerschein in Verwahrung. [5]Er darf nur gegen Abgabe des auf seiner Grundlage ausge-

stellten inländischen Führerscheins wieder ausgehändigt werden. [6] In begründeten Fällen kann die Fahrerlaubnisbehörde davon absehen, den ausländischen Führerschein in Verwahrung zu nehmen oder ihn an die ausländische Stelle zurückzuschicken. [7] Verwahrte Führerscheine können nach drei Jahren vernichtet werden.

(5) [1] Absatz 1 gilt auch für den in § 30 Absatz 5 genannten Personenkreis, sofern Gegenseitigkeit besteht. [2] Der Vermerk nach Absatz 4 Satz 1 ist einzutragen. [3] Absatz 4 Satz 2 bis 7 findet keine Anwendung.

Begr zur VO v. 18.8.98 **zu Abs. 1** (BR-Drs. 443/98 S. 290 = VkBl. **98** 1083): *Soweit die betref-* **1** *fenden Staaten in Anlage 11 genannt sind, gelten nach Absatz 1 für die Erteilung dieselben materiellen Regelungen wie für die Erteilung einer Fahrerlaubnis an Inhaber von EU- und EWR-Fahrerlaubnissen. Auf die in Absatz 1 Nr. 1, 2, 4 und 5 genannten Voraussetzungen ist auch dann zu verzichten, wenn nach Anlage 11 nur auf die theoretische oder nur auf die praktische Prüfung verzichtet wird.*

Begr zur ÄndVO v. 17.12.10 **zu Abs. 1 S. 2** (BR-Drs. 580/10 S. 28 = VkBl. **11** 83): *Im Zu-* **2** *sammenhang mit der Änderung von § 29 Absatz 3 (Einfügung von Nr. 1a) wird hier sicher gestellt, dass die Umschreibung einer ausländischen Fahrerlaubnis möglich ist, auch wenn diese nicht in Deutschland zum Führen von Kraftfahrzeugen berechtigt (hat), diese fehlende Berechtigung aber ausschließlich auf Grund des nicht erreichten Mindestalters resultiert.*

1. Regelungsgegenstand. § 31 gibt einen Anspruch auf Erteilung einer deutschen FE an **3** Inhaber einer ausländischen FE aus einem Staat, der nicht der EU oder dem EWR angehört, unter erleichterten Bedingungen. Zur Erteilung einer deutschen FE an Inhaber einer ausländischen EU-/EWR-FE s. § 30. Die Staatsangehörigkeit der Inhaber ausländischer Fahrerlaubnisse ist unerheblich. Die Erteilung einer deutschen Fahrerlaubnis zur Fahrgastbeförderung (§ 48) unter erleichterten Bedingungen auf der Grundlage einer ausländischen Erlaubnis für Taxen, Miet- und Krankenkraftwagen und ähnlicher Erlaubnisse ist mangels Rechtsgrundlage nicht möglich (§ 48 Rn. 16).

Inhaber einer FE aus einem Nicht-EU-/EWR-Staat **dürfen** im Umfang ihrer Berechtigung **4** **in Deutschland Kfz führen,** wenn sie hier keinen ordentlichen Wohnsitz iSv § 7 haben, also bei vorübergehendem Aufenthalt im Inland (§ 29 I S. 1). Wenn sie ihren ordentlichen Wohnsitz im Inland begründen, dürfen sie mit ihrer ausländischen FE nur noch 6 Monate im Inland fahren (§ 29 I S. 4). Diese Frist kann auf bis zu 12 Monate verlängert werden, wenn der Betr glaubhaft macht, dass er seinen ordentlichen Wohnsitz nicht länger als 12 Monate in Deutschland haben wird (§ 29 I S. 5). Im Normalfall der Wohnsitzbegründung müssen Inhaber ausländischer FE aus Nicht-EU-/EWR-Staaten somit nach 6 Monaten eine **deutsche FE erwerben,** wenn sie weiterhin in Deutschland Kfz im öff StrV fahren wollen. Da sie bereits über zT langjährige Fahrerfahrung verfügen, wird ihnen der Erwerb der deutschen FE **unter erleichterten Bedingungen** ermöglicht. Dabei wird differenziert zwischen FE aus in Anlage 11 genannten Staaten mit den in Anlage 11 genannten FEKlassen (bei denen ganz oder teilweise auf die Fahrerlaubnisprüfung verzichtet wird und die damit weitgehend den FE aus EU-/EWR-Staaten gleichgestellt werden, Abs. I), und FE aus nicht in Anlage 11 aufgeführten Staaten (nur Absehen von der Pflichtausbildung in der Fahrschule, Abs. II). Unabhängig von den Fristen nach § 29 I S. 4 und 5 wird der Antrag des Inhabers einer ausländischen Fahrerlaubnis aus einem Nicht-EU-/EWR-Staat mit ordentlichem Wohnsitz im Inland auf **Erweiterung der FE auf eine andere Klasse** hinsichtlich der vorhandenen Klassen als Antrag auf Erteilung der deutschen FE gem. § 31 gewertet (§ 21 II S. 2).

Terminologie. Für die Erteilung einer deutschen FE auf der Grundlage einer ausländischen **5** FE wird vielfach der Ausdruck **Umschreibung** verwendet. Dieser Terminus taucht allerdings weder im StVG noch in der FeV auf. In Art 11 VI der 3. EU-FS-RL ist von **Umtausch** die Rede. Der Begriff **Drittstaaten,** der ebenfalls in StVG und FeV keine Verwendung findet, wird unterschiedlich gebraucht. ZT werden darunter alle Nicht-EU-/EWR-Staaten verstanden, also auch die in Anl 11 aufgeführten Staaten (*Haus/Zwerger* § 33 Rn. 11 ff., *Jagow* § 31 FeV Anm 1, 2a, *Brenner/Klima* Führerschein 10. Aufl. 2018 Teil B Nr. 14.2.4 f., *Kalus* VD **18** 227 ff.). ZT wird der Begriff aber so verwendet, dass nur diejenigen Staaten umfasst sind, die zum einen keine EU- oder EWR-Staaaten und zum anderen nicht in Anl 11 aufgeführt sind (*MüKoStVR/Hahn/Kalus* § 31 FeV Rn. 20, *Buchardt* Praxiswissen Fahrerlaubnisrecht 2. Aufl. 2009 S. 136). Art 11 VI der 3. EU-FS-RL versteht unter **Drittländern** alle Nicht-EU- oder EWR-Staaten. Dieser Begriff wird in Umsetzung der 3. EU-FS-RL auch in Anlage 9 Buchst. B Tabelle I lfd Nrn. 111 und 112 verwendet.

6   **2.** Auf die **Erteilung einer deutschen FE** auf der Grundlage einer ausländischen FE aus einem Nicht-EU-/EWR-Staat unter erleichterten Bedingungen besteht ein **Rechtsanspruch,** wenn der Antragsteller die Voraussetzungen des § 31 erfüllt. Die Norm ist wie § 30 nicht als Anspruchsgrundlage konzipiert, vielmehr wird ein dahingehender Anspruch vorausgesetzt und lediglich hinsichtlich seiner Voraussetzungen und Rechtsfolgen konkretisiert (vgl. OVG Münster 25.10.16 16 A 1638/15 DAR **17** 218 zu § 30). Der Anspruch ergibt sich bereits aus § 2 II StVG, wonach eine FE zu erteilen ist, wenn der Bewerber die gesetzlichen Voraussetzungen erfüllt, wobei von einzelnen Erteilungsvoraussetzungen durch RVO Ausnahmen zugelassen werden können (§ 6 I Nr. 1 Buchst. a StVG), was durch § 31 geschehen ist.

7   **3. Voraussetzungen für die Erteilung einer deutschen FE auf der Grundlage einer FE aus einem Nicht-EU-/EWR-Staat.** Der Antragsteller muss Inhaber einer noch gültigen ausländischen FE aus einem Staat außerhalb von EU und EWR sein, die zum Führen von Kfz im Inland berechtigt oder berechtigt hat. Der Besitz der ausländischen FE ist durch den nationalen FS nachzuweisen. Weiter muss der Antragsteller das Mindestalter gem. § 10 erreicht und seinen ordentlichen Wohnsitz im Inland haben.

8   **a)** Die ausländische FE muss **wirksam erteilt** worden sein, denn sonst ist der Antragsteller nicht wie von I S. 1 gefordert Inhaber einer FE. Stellt sich heraus, dass die ausländische FE nicht wirksam erteilt worden ist, Rücknahme der auf ihrer Grundlage erteilten deutschen FE (VG Berlin 9.10.17 4 L 415.17 BeckRS 2017, 129440, vgl. § 30 Rn. 20).

9   **b)** Der Antragsteller muss den **Besitz der ausländischen FE** durch den **nationalen FS nachweisen** (III S. 1). Ein internationaler FS reicht dafür nicht aus, denn es ist möglich, dass der Antragsteller noch im Besitz eines internationalen FS ist, obwohl die zugrundeliegende FE nicht mehr besteht. Zum einen ist nicht sichergestellt, dass bei EdF in jedem Fall auch der internationale FS eingezogen wird (Begr BR-Drs. 443/98 S. 290 = VkBl. **98** 1084). Zum anderen kann ein internationaler FS auch von einer anderen FEB ausgestellt worden sein, sodass die entziehende FEB nicht unbedingt von der Existenz des internationalen FS weiß (Begr aaO). Ist der Antragsteller nicht mehr im Besitz seines nationalen FS, ist die erleichterte Erteilung einer deutschen FE nach § 31 nicht möglich, weil die Erteilungsvoraussetzung gem. III S. 1 dann nicht erfüllbar ist. In diesem Fall muss der Bewerber eine deutsche FE im normalen Verfahren erwerben, wenn er in Deutschland Kfz führen will.

10   **c)** Der Antragsteller muss bei der Beantragung einer deutschen FE eine (schriftliche) Erklärung abgeben, dass seine ausländische **FE noch gültig** ist (III S. 2). Die FEB kann die Richtigkeit der Erklärung überprüfen (III S. 3). Daraus ergibt sich, dass es nicht reicht, einmal eine FE erworben zu haben; sie muss vielmehr auch noch gültig sein. Dies ergibt auch ein Vergleich mit der Parallelvorschrift § 30, in der die Gültigkeit der ausländischen FE kein Tatbestandsmerkmal ist, die Gültigkeit kann auch schon abgelaufen sein (§ 30 Rn. 13 f.). Aus III S. 2 und 3 wird deutlich, dass bei einer FE aus einem Nicht-EU-/EWR-Staat die **andauernde Gültigkeit** der FE **notwendige Voraussetzung** für die Anwendung der Norm ist.

11   Angesichts des Umstands, dass der VOGeber dies nicht klar formuliert, sondern in III S. 2 und 3 lediglich Regelungen über die Abgabe einer Erklärung und die Möglichkeit der Überprüfung ihrer Richtigkeit geschaffen hat, war unter Geltung der gleichlautenden Vorgängervorschrift § 15 III S. 1 StVZO aF strittig, wer im Zweifel die **Beweislast für die Gültigkeit** der FE trägt. Es wurde vertreten, nach der Systematik der Regelung müsse der Antragsteller nicht die Gültigkeit seiner FE nachweisen, er müsse vielmehr nur eine Gültigkeitserklärung abgeben. Daraus, dass die Norm der FEB die Berechtigung zur Überprüfung der Richtigkeit der Erklärung einräumt, folge, dass die FEB die Beweislast für die Unrichtigkeit der Erklärung trage (OVG Münster 16.5.91 19 E 471/91 NZV **91** 444). Diese Auffassung wurde vom BVerwG zurückgewiesen. Aus den heutigen III S. 2 und 3 entsprachen, habe sich **keine Umkehr der Beweislast** ergeben. Die Regelung habe sicherstellen sollen, dass eine früher objektiv bestehende und tatsächlich erteilte ausländische FE noch gültig ist, also nicht nur einmal wirksam erteilt war, sondern nach wie vor aktuell besteht und nicht etwa infolge Zeitablaufs, durch Entziehung oder infolge sonstiger Ereignisse nachträglich unwirksam geworden ist (BVerwG 20.4.94 11 C 60.92 NZV **94** 453, s. auch OVG Bremen 28.7.92 1 BA 19/92 DAR **93** 108). Im Falle von Zweifeln geht die Nichtnachweisbarkeit der aktuellen Gültigkeit der ausländischen FE zu Lasten des Antragstellers.

12   **d)** Der Antragsteller muss Inhaber einer ausländischen FE aus einem Nicht-EU-/EWR-Staat sein, die **zum Führen von Kfz** im Inland **berechtigt** oder **berechtigt hat** (I S. 1). Bei vorübergehendem Aufenthalt in Deutschland berechtigt eine ausländische FE aus einem solchen Staat zum Führen von Kfz im Inland (§ 29 I S. 1). Nach Begründung des ordentlichen Wohnsitzes im Inland besteht die Berechtigung noch für 6 Monate (§ 29 I S. 4) mit Verlängerungsmöglichkeit auf bis zu 12 Monate (§ 29 I S. 5). Eine Berechtigung zum Führen von Kfz im Inland besteht nicht, wenn einer der Ausschlussgründe des § 29 III vorliegt. Näher dazu § 29. Keine Berechtigung, wenn der Antragsteller lediglich einen Lernführerschein oder einen anderen vorläufig ausgestellten Führerschein hat (§ 29 III S. 1 Nr. 1), selbst wenn er Inhaber einer im Ausland gültigen FE ist. Auch keine Berechtigung, wenn der Betr zur Zeit der Erteilung der ausländischen FE seinen ordentlichen Wohnsitz in Deutschland hatte (§ 29 III S. 1 Nr. 2). Dass in diesem Fall keine erleichterte Erteilung einer deutschen FE nach § 31 möglich ist, während FEInhaber, die ihren Wohnsitz bei FEErteilung im Ausland hatten, nach Verlegung des ordentlichen Wohnsitzes nach Deutschland unter erleichterten Bedingungen eine deutsche FE erhalten können, verstößt nicht gegen den allgemeinen Gleichheitssatz des Art 3 GG (VGH Ma 15.2.02 10 S 610/02VRS **103** 29).

Wenn die ausländische FE **ausschließlich** auf Grund des **nicht erreichten Mindestalters** **13** **nicht** zum Führen von Kfz in Deutschland **berechtigt hat** (§ 29 III S. 1 Nr. 1a), ist erleichterte Erteilung einer deutschen FE aber möglich (I S. 3). Die Wörter „Dies gilt auch" in I S. 3 beziehen sich nicht lediglich auf I S. 2, wie der jetzige sprachliche Zusammenhang vermuten lassen könnte, sondern insgesamt auf I S. 1 und 2. Dies ergibt sich daraus, dass der jetzige Satz 3 ursprünglich Satz 2 war, der direkt an Satz 1 anschloss und sich damit direkt auf Satz 1 bezog. Als der jetzige Satz 2 durch ÄndVO v. 11.3.19 (BGBl. I S. 218) dazwischen eingefügt wurde und dadurch der frühere Satz 2 zu dem jetzigen Satz 3 geworden ist, ergab sich aus der Begr dazu (BR-Drs. 600/18 S. 23) nicht, dass der VOGeber die Absicht hatte, dabei die Regelung des heutigen Satzes 3 inhaltlich zu verändern.

e) Erteilung einer deutschen FE nach § 31 setzt voraus, dass das **Mindestalter** gem. § 10 er- **14** reicht ist.

f) Der Antragsteller muss seinen **ordentlichen Wohnsitz** im Inland haben, denn die Ertei- **15** lung einer deutschen FE ist nur möglich, wenn ein ordentlicher Wohnsitz im Inland besteht (§ 2 II S. 1 Nr. 1 StVG, § 7 I S. 1 FeV). Die FEErteilung ist bereits unmittelbar nach Wohnsitzbegründung in Deutschland möglich, denn von dem Bestehen eines ordentlichen Wohnsitzes ist nicht erst nach Ablauf von 185 Tagen auszugehen (§ 7 Rn. 11).

4. Erleichterungen bei Fahrerlaubnissen aus in Anlage 11 aufgeführten Staaten. Lie- **16** gen die allgemeinen und die Voraussetzungen gem. I S. 1 und 3 vor und stammt die ausländische FE aus einem in Anlage 11 aufgeführten Staat, Territorium Australiens, Bundesstaat oder Außengebiet der USA oder kanadischen Provinz, und ist die FE in einer in Anlage 11 aufgeführten Klasse erteilt worden, entfallen gem. I S. 1 Nr. 1-5 die folgenden Erteilungsvoraussetzungen, sofern Anlage 11 nicht etwas Anderes vorsieht oder ein Fall des Abs. Ia gegeben ist:
– Die ärztliche Untersuchung nach § 11 IX und die Untersuchung des Sehvermögens gem. § 12 VI für die C- und D-Klassen sind nicht erforderlich, sofern sie nicht in entsprechender Anwendung von §§ 23, 24 erfolgen müssen.
– Der Sehtest nach § 12 II.
– Die Schulung in Erster Hilfe nach § 19.
– Die Ausbildung in einer Fahrschule nach dem FahrlG und der FahrschAusbO sowie die Notwendigkeit, bei der ggf. erforderlichen Fahrerlaubnisprüfung dem Prüfer einen Ausbildungsnachweis vorzulegen. Wird freiwillig eine Fahrausbildung absolviert, finden §§ 1–6 FahrschAusbO keine Anwendung (§ 7 I Nr. 4 FahrschAusbO).
– Die theoretische und praktische Fahrerlaubnisprüfung nach § 15 nach Maßgabe der Anlage 11.

Alle übrigen, in I S. 1 Nr. 1-5 nicht ausdrücklich genannten Bestimmungen über die FEErtei- **17** lung bleiben anwendbar. Die frühere Regelung, wonach die Inanspruchnahme aller in I S. 1 genannten Erleichterungen voraussetzte, dass seit Begründung des ordentlichen Wohnsitzes im Inland nicht mehr als drei Jahre verstrichen waren, wurde durch ÄndVO v. 18.7.08 (BGBl. I S. 1338) gestrichen (Begr BR-Drs. 302/08 S. 65 = VkBl. **08** 569).

Die wichtigste Erleichterung ist das **Absehen von der** theoretischen und praktischen **Fahr- 18 erlaubnisprüfung,** sofern Anl 11 nicht etwas Anderes vorsieht (I S. 1 Nr. 3). Durch den mit ÄndVO v. 11.3.19 (BGBl. I S. 218) eingefügten **Abs. 1a** haben die Fahrerlaubnisbehörden allerdings die Möglichkeit, eine **Fahrerlaubnisprüfung anzuordnen,** wenn Tatsachen vorliegen, die die Annahme rechtfertigen, dass der Bewerber nicht mehr über die erforderliche **Befähigung** zum Führen von Kfz (§ 2 II S. 1 Nr. 5, V StVG) verfügt. Dies kommt etwa in den Fällen in Betracht, in denen viele Jahre oder gar Jahrzehnte nach Wohnsitznahme in Deutschland die Erteilung einer deutschen Fahrerlaubnis beantragt wird (Begr BR-Drs. 600/18 S. 23 f.).

19   Die Inhaber ausländischer FE aus den in Anlage 11 aufgeführten Staaten mit den in Anlage 11 genannten Klassen werden somit weitgehend wie Inhaber von EU-/EWR-FE behandelt. Anlage 11 ist abschließend. Für die **Aufnahme von Staaten und Klassen in Anlage 11** ist maßgeblich, ob die betreffenden ausländischen FE deutschen FE gleichwertig sind, so dass davon ausgegangen werden kann, dass sich die Inhaber auch unter den in Deutschland herrschenden Bedingungen sicher im Verkehr bewegen können. Maßstab hierfür sind das Niveau von Ausbildung und Prüfung sowie das Fehlen deutlicher Unterschiede in den Verkehrsverhältnissen. Darüber hinaus müssen die Dokumente zuverlässig sein, und es muss die Möglichkeit bestehen, gesicherte Informationen zur Klärung von Zweifelsfällen zu erhalten. Berücksichtigt wird auch – als völkerrechtlich anerkannter Grundsatz – die Gegenseitigkeit, dh ob die betreffenden Staaten ihrerseits nationale FE prüfungsfrei auf der Grundlage deutscher FE erteilen (Begr zur Einführung der Anlage XXVII StVZO aF, der Vorgängervorschrift von Anlage 11, durch ÄndVO v. 1.4.93, VkBl. **93** 397, s. auch VG Köln 20.12.11 11 K 4026/10 BeckRS 2012, 48111, *Zähle* NZV **17** 520). Die Liste der Staaten und Klassen in Anlage 11 wird vom VOGeber ergänzt, soweit zusätzliche Gegenseitigkeitsabkommen (Vereinbarungen zur gegenseitigen Anerkennung von Fahrerlaubnissen) geschlossen werden. Bis zur formellen Rechtsänderung durch FeVÄndVO wird dann vielfach eine „Vorgriffsregelung" praktiziert.

20   Ist die FE zwar in einem der in der Anlage 11 genannten Staaten erteilt worden, ist aber die **Klasse,** für die die FE erteilt ist, **in Anlage 11 nicht aufgeführt,** gelten die Erleichterungen des I S. 1 nicht. In diesem Fall ist II entsprechend anzuwenden (I S. 6), dh der Antragsteller ist dann wie der Inhaber einer FE aus einem nicht in Anl 11 aufgeführten Staat zu behandeln. Die Vorschriften über die Ausbildung sind dann nicht anzuwenden. Alle übrigen Erteilungsvoraussetzungen müssen erfüllt werden. Insbes ist eine Fahrerlaubnisprüfung zu absolvieren.

21   **5.** Beantragen Inhaber von **FE aus nicht in Anlage 11 aufgeführten Staaten** die Erteilung einer deutschen FE und liegen die allgemeinen sowie die Voraussetzungen gem. I S. 1 und 3 vor, ist als einzige Erleichterung vorgesehen, dass die **Vorschriften über die Ausbildung nicht anzuwenden** sind (II). Dies bedeutet, dass abweichend von § 2 II S. 1 Nr. 4 StVG eine Ausbildung in einer Fahrschule nach dem FahrlG und der FahrschAusbO nicht erforderlich ist, und dass bei der Fahrerlaubnisprüfung dem Prüfer abweichend von §§ 16 III S. 6, 17 V S. 5 FeV keine Ausbildungsbescheinigung vorgelegt werden muss. Nimmt der Bewerber freiwillig an einer Fahrausbildung teil, finden §§ 1–6 FahrschAusbO keine Anwendung (§ 7 I Nr. 4 FahrschAusbO). Soweit Abs. II auf die Voraussetzungen des Abs. I S. 1 und 2 Bezug nimmt, sind damit die Voraussetzungen des Abs. I S. 1 und 3 gemeint. Hier ist versäumt worden, die Bezugnahme auf Satz 2 in eine Bezugnahme auf Satz 3 zu ändern, als der heutige Satz 2 durch ÄndVO v. 11.3.19 (BGBl. I S. 218) eingefügt wurde und damit der frühere Satz 2 zu dem heutigen Satz 3 geworden ist.

22   Die übrigen Bestimmungen über die FEErteilung müssen angewandt werden. Die vollständige theoretische und praktische **Fahrerlaubnisprüfung** ist in allen Fällen abzulegen (VGH Ma 9.12.03 10 S 1908/03 NJW **04** 1265). Bei der praktischen Prüfung muss der Bewerber von einem **Fahrlehrer** oder einem Fahrlehreranwärter **begleitet** werden (§ 2 XV S. 1 StVG). Dies ist auch dann erforderlich, wenn der Bewerber nach gem. § 29 I S. 4 berechtigt ist, von seiner ausländischen FE im Inland Gebrauch zu machen; in diesem Fall gilt nicht der Fahrlehrer oder Fahrlehreranwärter als FzFührer (§ 2 XV S. 2 StVG). Der Fahrlehrer oder Fahrlehreranwärter darf den Bewerber nur zur praktischen Prüfung begleiten, wenn er sich zuvor überzeugt hat, dass der Bewerber über die zum Führen eines Kfz erforderlichen Kenntnisse und Fähigkeiten verfügt (§ 7 II FahrschAusbO). Diese dem Fahrlehrer auferlegte Feststellung der Prüfungsreife war ursprünglich bei Inhabern einer ausländischen FE, die nach § 31 eine deutsche FE erwerben wollen, nicht vorgeschrieben (§ 7 II Hs. 2 FahrschAusbO aF), da sie nicht für erforderlich gehalten wurde (Begr zur VO v. 18.8.98 VkBl. **98** 1225). Sie wurde dann jedoch durch Art 3 der ÄndVO v. 11.3.19 (BGBl. I S. 218) eingeführt, weil die Nichtbestehensquote bei der praktischen Fahrerlaubnisprüfung dieses Personenkreises bereits seit einigen Jahren sehr hoch war (Begr BR-Drs. 600/18 S. 28 f.).

23   Die Anwendung von Abs. II setzt voraus, dass die **ausländische FE in einem anderen Staat erteilt** worden ist. Da es nicht Aufgabe der FEB sein kann, eigenständig zu entscheiden, ob ein Territorium, dessen Regierung FE erteilt und FS ausstellt, **völkerrechtlich als Staat** anzusehen ist, wird die Anwendung von Abs. II davon abhängig zu machen sein, ob es sich um ein von Deutschland diplomatisch als Staat anerkanntes Territorium handelt, soweit nicht der VOGeber eine klare Regelung in der FeV dazu getroffen hat (wie zB bei Taiwan in Anlage 11). Eine analoge Anwendung kann allenfalls bei Territorien in Betracht kommen, die Deutschland eigentlich wie Staaten behandeln möchte, deren diplomatische Anerkennung als Staat aus der Sicht der BReg aber aus außenpolitischer Rücksichtnahme vermieden werden soll.

6. Für die Erteilung einer deutschen FE auf der Grundlage einer ausländischen FE aus einem **24** Nicht-EU-/EWR-Staat ist die **Kraftfahreignung** nicht nachzuweisen, abgesehen ggf. von dem Sehtest nach § 12 II und den ggf. erforderlichen Gesundheitsuntersuchungen bei Inhabern einer FE der C- oder D-Klassen. Das bedeutet indessen nicht, dass die Erteilung der deutschen FE trotz bestehender Bedenken gegen die Eignung erfolgen müsste. §§ 11 II, 22 II sind in I S. 1 und II unter den nicht anzuwendenden Vorschriften nicht erwähnt, bleiben also anwendbar (VGH Ma 9.12.03 10 S 1908/03 NJW **04** 1265, VG Minden 12.1.12 9 K 1493/11 BeckRS 2012, 54087, vgl. auch BVerwG 19.3.96 11 B 9/96 NJW **96** 2318 zu den Vorgängervorschriften). Im Übrigen setzt die Erteilung einer FE, und damit auch die Erteilung einer deutschen FE auf der Grundlage einer FE aus einem Nicht-EU-/EWR-Staat, gem. § 2 II S. 1 Nr. 3 StVG zwingend die Eignung zum Führen von Kfz voraus (VGH Ma aaO).

7. Auf die **Erteilung** einer gleichwertigen **deutschen FE** besteht ein Rechtsanspruch, wenn **25** der Antragsteller die Voraussetzungen des § 31 erfüllt (Rn. 6). Die auf der Grundlage einer ausländischen FE erteilte FE ist eine **reguläre deutsche FE,** die keine rechtlichen Besonderheiten aufweist. Da es sich idR um den erstmaligen Erwerb einer deutschen FE handelt, wird diese auf Probe erteilt, die **Probezeit** beträgt 2 Jahre (§ 2a I S. 1 StVG). Sie beginnt mit Erteilung der deutschen FE (nicht mit Wohnsitzbegründung), wobei die Zeit seit Erwerb der ausländischen FE auf die Probezeit anzurechnen ist (§ 2a I S. 2 StVG). Erwerb der im Ausland erteilten FE ist erst der Erwerb einer endgültigen FE, nicht bereits die Erteilung eines lediglich auf der Grundlage einer mündlichen Prüfung über die Verkehrsregeln erteilten Lernführerscheins für das dortige begleitete Fahren (VG Münster 15.8.16 10 L 1070/16 DAR **17** 221). Bei der Berechnung der Probezeit wird der Zeitraum nicht berücksichtigt, in dem der FEInhaber im Inland nicht zum Führen von Kfz berechtigt war (§ 33 II), also die Zeit nach Ablauf der Fristen gem. § 29 I S. 4 oder 5.

Der Antragsteller erhält eine FE der **entsprechenden Klasse** von Kfz (I S. 1, II). Die FEB ist **26** bei Erteilung der deutschen FE an die Klasseneinteilung gem. § 6 gebunden. Angesichts weltweit unterschiedlicher FEKlassen kann die Erteilung einer deutschen Klasse aber nicht von vollständiger Übereinstimmung mit der jeweiligen ausländischen Klasse abhängig gemacht werden. Entscheidend sind vielmehr die wesentlichen Berechtigungsmerkmale der zu vergleichenden Fahrerlaubnisse (BVerwG 15.12.78 7 C 48/76 NJW **79** 2628 zu den Vorgängervorschriften). Entspricht die ausländische FE nach Art und Umfang den Prüfungsanforderungen der deutschen FE einer bestimmten Klasse und ist sie dieser auch im Umfang der Erlaubnis im Wesentlichen vergleichbar, wenn auch nicht deckungsgleich, so ist bei Vorliegen der übrigen Voraussetzungen die deutsche FE der entsprechenden Klasse zu erteilen (OVG Berlin 16.6.76 I B 15/75 VRS **51** 316 zu den Vorgängervorschriften). Ist die ausländische FE ihrem Umfang nach im Wesentlichen einer deutschen FEKlasse vergleichbar, weicht sie von dieser jedoch nach Art und Umfang der vorgesehenen Prüfung erheblich ab, entspricht die ausländische FE nur einer insoweit eingeschränkten deutschen FE oder einer deutschen FE der minderen Klasse (OVG Berlin 16.6.76 I B 15/75 VRS **51** 316 zu den Vorgängervorschriften). Berechtigt die deutsche Klasse zum Führen von Kfz größeren Gewichts als die ausländische, ist dieser Unterschied nach den Prüfungsanforderungen aber unwesentlich, kann die deutsche Klasse ohne Einschränkungen als entsprechende Klasse angesehen werden (BVerwG 15.12.78 7 C 48/76 NJW **79** 2628, OVG Berlin 16.6.76 I B 15/75 VRS **51** 316, jeweils zu den Vorgängervorschriften). – Durch ÄndVO v. 11.3.19 (BGBl. I S. 218) wurde eingefügt, dass für die Berechtigung zum Führen von Fz der Klassen AM, L und T die deutsche **Einschlussregelung** § 6 III entsprechend gilt (I S. 2, vgl. Begr zu § 30 I S. 2 § 30 Rn. 4).

Automatikbeschränkung. Ist die ausländische Fahrerlaubnis auf Kfz ohne Kupplungspedal **27** oder bei Fz der A-Klassen ohne Schalthebel beschränkt, ist die nach § 31 zu erteilende deutsche FE ebenfalls auf das Führen derartiger Kfz zu beschränken (I S. 4). Dies geschieht durch Eintragung der Sz 78 gem. Anl 9 in den FS. Die Beschränkung erfolgt sowohl in Fällen des Abs. I als auch in Fällen des Abs. II, auch wenn sich die Regelung missverständlich nur in Abs. I befindet. Die Automatikbeschränkung ist auf Antrag aufzuheben, wenn der FEInhaber eine praktische FEPrüfung auf einem Kfz mit Schaltgetriebe der betreffenden oder einer höheren Klasse erfolgreich absolviert (I S. 5 iVm § 17 VI S. 3). Die fehlerhafte Bezugnahme in I S. 5 auf § 17 VI S. 2 statt richtigerweise auf § 17 VI S. 3 ist ein offenkundiges Redaktionsversehen, das deswegen unberücksichtigt bleiben kann. Der Satz, den I S. 5 in Bezug nimmt, war früher Satz 2. Als er durch Art 2 Nr. 5 der FeVÄndVO v. 10.1.13 (BGBl. I S. 35) zu Satz 3 wurde, ist versäumt worden, die

Verweisung in § 31 I S. 4 (heute 5) anzupassen. Mit I S. 5 ist also eindeutig die Aufhebungsmöglichkeit durch praktische Prüfung auf einem Kfz mit Schaltgetriebe gemeint.

28   **Andere Beschränkungen oder Auflagen** der ausländischen FE sind bei der Erteilung der deutschen FE ebenfalls zu beachten, auch wenn dies nicht ausdrücklich in § 31 gesagt wird. Aus Sinn und Zweck der Regelung ergibt sich, dass (lediglich) ein Anspruch auf Erteilung einer gleichwertigen FE besteht. Vgl auch § 29 I S. 6.

29   **8. Eintragung im Führerschein.** Wird die deutsche FE nach I S. 1, also auf der Grundlage einer FE aus einem in Anl 11 aufgeführten Staat und in einer in Anl 11 aufgeführten Klasse erteilt, ist in dem auszustellenden FS ist zu vermerken, dass der Erteilung der deutschen FE eine nicht in einem anderen EU- oder EWR-Staat erteilte FE zugrunde gelegen hat (IV S. 1). Dies geschieht durch Eintragung der **Sz 70** nach Anlage 9. Diese erfolgt gem. Anlage 9 Nr. 111 mit Angabe der Nummer des umgetauschten FS und der anschließenden Angabe des UN-Unterscheidungszeichens für den Ausstellerstaat.

30   Wird die deutsche FE auf der Grundlage einer FE erteilt, die zwar in einem in Anlage 11 aufgeführten Staat, aber in einer in Anlage 11 nicht aufgeführten Klasse erteilt worden ist (I S. 6), oder die aus einem nicht in Anlage 11 aufgeführten Staat stammt (II), wird in den deutschen FS kein Hinweis dieser Art eingetragen, denn IV S. 1 sieht dies nur bei Erteilung nach I S. 1 vor. Dem liegt die Vorstellung des VOGebers zugrunde, dass die Eintragung nach IV S. 1 auf Führerscheine beschränkt sein soll, denen eine **prüfungsfreie Erteilung** der deutschen FE zugrunde liegt (vgl. Begr zur ÄndVO v. 7.8.02, BGBl. I S. 3267, BR-Drs. 497/02 S. 71 = VkBl. **02** 894 und Begr zur ÄndVO v. 11.3.19, BGBl. I S. 218, BR-Drs. 600/18 S. 27). Dies trifft zwar in den meisten Fällen zu, nicht aber in den Fällen, in denen Anlage 11 eine Prüfung vorschreibt. Wenn abweichend von I S. 1 Nr. 3 nach Abs. Ia eine Prüfung angeordnet wurde, erfolgt keine Eintragung der Sz 70 in den Führerschein, da die deutsche FE dann nicht nach I S. 1, sondern nach I S. 1 iVm Ia erteilt wird.

31   Anders als bei Erteilung einer deutschen Fahrerlaubnis auf der Grundlage einer ausländischen EU-/EWR-Fahrerlaubnis (§ 30 IV S. 1) ist in dem aufgrund des Umtausches auszustellenden deutschen Führerschein nicht in Feld 10 des KartenFS das Datum zu vermerken, an dem die ausländische FE für die betreffende Klasse erteilt worden war. Ein Vorschlag, dies durch ÄndVO v. 11.3.19 (BGBl. I S. 218) einzuführen (BR-Drs. 600/18 S. 4 Nr. 11 Buchst. c), wurde vom BR abgelehnt, da die Feststellung der Ersterteilung der ausländischen FE in der Praxis vielfach zu schwierig oder unmöglich wäre (BR-Drs. 600/18 (Beschluss) S. 12).

32   **9.** Der FS, der über die nach Abs. I oder II zu erteilende deutsche FE ausgestellt wird, ist nur gegen **Abgabe des ausländischen Führerscheins** auszuhändigen (IV S. 2). Die Erteilung der deutschen FE, die durch Aushändigung des FS erfolgt (§ 22 IV S. 6), darf also nur erfolgen, wenn der ausländische FS bei der FEB abgegeben wird.

33   Die FEB **sendet** den abgelieferten **ausländischen FS** über das KBA an die ausländische Behörde zurück, die ihn ausgestellt hatte, sofern mit dem betreffenden Staat eine entsprechende Vereinbarung besteht (IV S. 3). Ist das nicht der Fall, nimmt sie den ausländischen **FS in Verwahrung** (IV S. 4). Verwahrte ausländische FS können nach 3 Jahren vernichtet werden (IV S. 7), um den Behörden den Verwaltungsaufwand zu ersparen, der mit einer zeitlich unbegrenzten Aufbewahrungspflicht verbunden wäre (Begr BR-Drs. 497/02 S. 71 = VkBl. **02** 894). Dies erscheint problematisch, da die durch den ausländischen FS dokumentierte ausländische FE noch fortbesteht und jederzeit die Notwendigkeit entstehen kann, zu ihrer Nutzung im Ausland den ausländischen FS wieder zurückzuerhalten. Der in Verwahrung genommene ausländische FS darf dem FEInhaber – wenn er noch nicht vernichtet worden ist – nur gegen Abgabe des deutschen FS wieder ausgehändigt werden (IV S. 5).

34   In begründeten Fällen kann die FEB **ausnahmsweise** davon absehen, den ausländischen FS an die ausländischen Behörde zurückzuschicken oder ihn in Verwahrung zu nehmen (IV S. 6). Die Aushändigung des deutschen FS wird in diesen Fällen abweichend von IV S. 2 nicht von der Abgabe des ausländischen FS abhängig gemacht. Der FEInhaber kann ihn vielmehr **behalten.** Diese Regelung ist für Fallkonstellationen vorgesehen worden, in denen dem FS im Ausland Ausweisfunktion zukommt oder in denen FEInhaber bei Reisen in ihr Heimatland oder in einen anderen Staat mit dem deutschen FS dort nicht am Kfz-Verkehr teilnehmen könnten, weil dieser dort keine entsprechende Berechtigung vermittelt. Sie sollen durch das weitere Innehaben ihres ausländischen FS in die Lage versetzt weren, in diesem Staat mit dem FS von ihrer nach wie vor bestehenden ausländischen FE Gebrauch zu machen. Das Belassen des ausländischen FS nach IV S. 6 kommt nur „in begründeten Fällen" in Betracht. Diese liegen zB vor, wenn zur

Überzeugung der FEB feststeht, dass der ausländische FS als Ausweis benötigt wird oder dass der Betr mit dem deutschen FS in einem bestimmten Land nicht fahren dürfte, wohl aber mit dem ausländischen FS, und dass er absehbar regelmäßig in einer solchen Situation sein wird (zB regelmäßige Geschäftsreisen in dieses Land).

10. Die **ausländische FE erlischt nicht** durch die Erteilung einer deutschen FE nach § 31; **35** sie besteht vielmehr fort. Der Betr muss zwar bei Beantragung einer deutschen FE eine Erklärung abgeben, dass er mit der Erteilung der beantragten FE auf eine vorhandene ausländische FE verzichtet (§ 21 II S. 3). Ein solcher Verzicht wird aber nur wirksam, wenn er der Behörde zugeht, die die ausländische FE erteilt hat (§ 2 StVG Rn. 25). Eine gegenüber der deutschen FEB abgegebene Verzichtserklärung führt nur und erst dann zum Erlöschen der ausländischen FE, wenn die deutsche FEB sie der ausländischen Behörde zugeleitet hat und sie dort eingegangen ist. Erhält die ausländische Behörde, die die FE erteilt hat, aus welchen Gründen auch immer keine Kenntnis von dem Verzicht, hat die gem. § 21 II S. 3 abgegebene Verzichtserklärung keinerlei Rechtswirkung und die ausländische FE besteht unverändert fort. Auch mit der Ablieferung des ausländischen FS bei der FEB, die gem. IV S. 2 zwingende Voraussetzung für die Aushändigung des deutschen FS und damit für die Erteilung der deutschen FE ist, ist kein Verzicht auf die ausländische FE verbunden, denn allein die Abgabe des FS stellt noch keinen Verzicht auf die FE dar (§ 2 StVG Rn. 25); die Ablieferung des FS führt deswegen nicht zum Erlöschen der ausländischen FE.

11. Sonderregelung für Diplomaten. Abs. I, also die Möglichkeit der Erteilung einer **36** deutschen FE auf der Grundlage einer ausländischen FE aus einem Nicht-EU-/EWR-Staat unter den erleichterten Bedingungen des I S. 1 Nr. 1-5, gilt auch für entsandte Mitglieder fremder diplomatischer Missionen oder berufskonsularischer Vertretung sowie die zu ihrem Haushalt gehörenden Familienmitglieder, sofern mit dem entsendenden Staat Gegenseitigkeit besteht (V S. 1 iVm § 30 V). Die genannten Personen können somit auch dann von den Erleichterungen des I S. 1 profitieren, wenn ihre FE nicht aus einem in Anlage 11 aufgeführten Staat und in einer in Anlage 11 genannten FEKlasse erteilt ist. Die genannten Diplomaten werden hinsichtlich der Möglichkeit der Erteilung einer deutschen FE unter erleichterten Bedingungen den Inhabern von EU-/EWR-FE und von FE aus in Anlage 11 genannten Staaten gleichgestellt, sofern Gegenseitigkeit besteht, gleich in welchem Staat ihre ausländische FE erteilt worden ist.

In dem **deutschen FS** ist in diesen Fällen immer zu **vermerken,** dass der Erteilung der FE **37** eine FE aus einem Nicht-EU-/EWR-Staat zugrunde gelegen hat (V S. 2 iVm IV S. 1). Dafür wird die Sz 70 nach Anlage 9 eingetragen. Dies erfolgt gem. Anlage 9 Nr. 111 mit Angabe der Nummer des umgetauschten FS und der anschließenden Angabe des UN-Unterscheidungszeichens für den Ausstellerstaat.

IV S. 2-7 finden in diesen Fällen keine Anwendung (V S. 3). Die Diplomaten können bei Er- **38** teilung der deutschen FE ihren **ausländischen FS behalten.** Dies ergibt nur einen Sinn, wenn davon ausgegangen wird, dass diese Personen auch ihre ausländische FE behalten. Von diesem Personenkreis darf demzufolge bei Antragstellung nicht gem. § 21 II S. 3 verlangt werden, dass sie auf ihre ausländische FE verzichten.

12. Für **Spätaussiedler** gilt die Sonderregelung des § 10 BundesvertriebenenG. § 31 lässt **39** diese Regelung unberührt (s. Begr zu den Vorgängervorschriften VkBl. **93** 397). Eine bis zum 8.5.45 von solchen Personen im Gebiet des Deutschen Reiches nach dem Gebietsstand vom 31.12.37 erworbene FE ist eine deutsche FE, die ohne weiteres in Deutschland gilt. Wurde die FE nach dem 8.5.45 in den Aussiedlungsgebieten erworben, so ist sie gem. Abs. 2 dieser Vorschrift bei Gleichwertigkeit anzuerkennen. In diesen Fällen bedarf es also nicht der Erteilung einer deutschen FE nach § 31. Jedoch ist die Ausfertigung eines FS nach in Deutschland gültigem Muster zu beantragen (§§ 2 I S. 3 StVG, 4 II FeV). Bei der Beurteilung der Gleichwertigkeit von ausländischen FE iS von § 10 II BundesvertriebenenG wird die in § 31 getroffene Unterscheidung von FE der in Abs. I genannten Staaten und Ländern, die nicht in die Anl 11 aufgenommen wurden, zu beachten sein; die Gleichwertigkeit mit einer deutschen FE wird bei FE aus solchen Ländern besonders zu prüfen sein (s. VkBl. **93** 397, *Jagow* VD **93** 73 (76), VG Saarlouis 3.11.93 ZfS **94** 71, jeweils zu den Vorgängervorschriften).

13. Im Hinblick auf Sicherheitsrisiken kann die Erteilung einer FE nach § 31 im Wege der **40** **einstweiligen Anordnung** – also ohne abschließende Prüfung der materiellen Erteilungsvoraussetzungen – nur in seltensten Ausnahmefällen in Frage kommen, wenn der Bewerber aus ganz außergewöhnlichen Gründen von existentieller Bedeutung auf die FE angewiesen ist (VGH Ka 12.11.90 2 TG 2684/90 NZV **91** 327 zu den Vorgängervorschriften).

6. Fahrerlaubnis auf Probe

Ausnahmen von der Probezeit

32 ¹Ausgenommen von den Regelungen über die Probezeit nach § 2a des Straßenverkehrsgesetzes sind Fahrerlaubnisse der Klassen AM, L und T. ²Bei erstmaliger Erweiterung einer Fahrerlaubnis der Klassen AM, L oder T auf eine der anderen Klassen ist die Fahrerlaubnis der Klasse, auf die erweitert wird, auf Probe zu erteilen.

1   Die Vorschrift nimmt auf der Grundlage von § 6 I Nr. 1 Buchst. l StVG FE der Klassen AM, L und T von den Probezeitregelungen der §§ 2a, 2b StVG aus, weil hier das Unfallrisiko insbesondere wegen der relativ niedrigen bauartbedingten Höchstgeschwindigkeit vergleichsweise gering ist (so der Wortlaut des damaligen § 6 I Nr. 1a Buchst. a StVG, BGBl. I 86 701 f.). Die Probe wäre hier zu „leicht" (*Jagow* VD 87 1 (4)). Durch die Regelung soll auch vermieden werden, dass durch den – verhältnismäßig einfachen – Erwerb einer solchen FE die Probezeit gleichsam „abgesessen" werden kann und dann der eigentliche Zeitraum der Bewährung in den sicherheitsbedeutsamen FEKlassen nicht mehr erfasst wird (*Bouska* DAR 86 333).

Berechnung der Probezeit bei Inhabern von Dienstfahrerlaubnissen und Fahrerlaubnissen aus Staaten außerhalb des Abkommens über den Europäischen Wirtschaftsraum

33 (1) ¹Bei erstmaliger Erteilung einer allgemeinen Fahrerlaubnis an den Inhaber einer Dienstfahrerlaubnis ist die Zeit seit deren Erwerb auf die Probezeit anzurechnen. ²Hatte die Dienststelle vor Ablauf der Probezeit den Dienstführerschein nach § 26 Absatz 2 eingezogen, beginnt mit der Erteilung einer allgemeinen Fahrerlaubnis eine neue Probezeit, jedoch nur im Umfang der Restdauer der vorherigen Probezeit.

(2) Begründet der Inhaber einer Fahrerlaubnis aus einem Staat außerhalb des Europäischen Wirtschaftsraums seinen ordentlichen Wohnsitz im Inland und wird ihm die deutsche Fahrerlaubnis nach § 31 erteilt, wird bei der Berechnung der Probezeit der Zeitraum nicht berücksichtigt, in welchem er im Inland zum Führen von Kraftfahrzeugen nicht berechtigt war.

1   **1.** Durch die Bestimmung ist klar gestellt, dass auch DienstFEe (§ 26) der Probezeit unterliegen und bei Umschreibung in eine allgemeine FE die Probezeit anzurechnen ist. Entsprechendes gilt nach I S. 2 bei Unterbrechung der Probezeit durch Einziehung des DienstFS.

2   **2.** II enthält eine besondere Regelung zur Berechnung der Probezeit bei Erteilung der deutschen FE an Inhaber einer FE aus einem Staat außerhalb des EWR. Hintergrund der Regelung ist, dass der Betr während der Zeit, in der er im Inland nicht zum Führen von Kfz berechtigt war, keine Fahrpraxis sammeln konnte (OVG Saarlouis 4.2.20 – 1 B 336/19 ZfS 20 179). Berechtigung der ausländischen FE zum Führen von Kfz im Inland: § 29; ordentlicher Wohnsitz: § 2 StVG Rn. 31, § 7 FeV. II ist nicht nur in Fällen der Erteilung einer FE nach § 31, also unter erleichterten Bedingungen, sondern entsprechend auch dann anzuwenden, wenn der Inhaber einer gültigen FE aus einem Staat außerhalb des EWR die deutsche FE im Wege der Ersterteilung erwirbt (OVG Saarlouis 4.2.20 – 1 B 336/19 ZfS 20 179, VG Bremen 24.1.12 – 5 V S. 1862/11 BeckRS 2012, 46323, VG Dü 16.7.12 – 6 L 978/12 BeckRS 2012, 54018).

Bewertung der Straftaten und Ordnungswidrigkeiten im Rahmen der Fahrerlaubnis auf Probe und Anordnung des Aufbauseminars

34 (1) Die Bewertung der Straftaten und Ordnungswidrigkeiten im Rahmen der Fahrerlaubnis auf Probe erfolgt nach Anlage 12.

(2) ¹Die Anordnung der Teilnahme an einem Aufbauseminar nach § 2a Absatz 2 des Straßenverkehrsgesetzes erfolgt schriftlich unter Angabe der Verkehrszuwiderhandlungen, die zu der Anordnung geführt haben; dabei ist eine angemessene Frist zu setzen. ²Die schriftliche Anordnung ist bei der Anmeldung zu einem Aufbauseminar dem Kursleiter vorzulegen.

1–7   **Begr** (VkBl. 98 1084): *§ 34 befasst sich in* **Absatz 1** *mit der Bewertung der Straftaten und Ordnungswidrigkeiten und verweist auf* **Anlage 12,** *die die bisherige Anlage zu § 2a StVG ablöst. Die Be-*

zeichnung lautet nunmehr bei Abschnitt A „schwerwiegende Zuwiderhandlungen" und bei Abschnitt B „weniger schwerwiegende Zuwiderhandlungen". Inhaltlich hat sich an der bisherigen Zuordnung zu Abschnitt A und Abschnitt B im Wesentlichen nichts geändert. ...

1. Die **Bewertung der Verstöße** als *schwerwiegende* oder *weniger schwerwiegende* Zuwiderhand- **8** lungen durch die **Anl 12** (abgedruckt im Anschluss an die FeV) hält sich im Rahmen der gesetzlichen Ermächtigung des § 6 I Nr. 1 Buchst. m StVG (VGH Mü 24.8.07 11 CS 07.1588, VGH Ma VRS **117** 317). Die Bewertung der Verstöße unterscheidet sich im Hinblick auf die mit § 2a StVG verfolgten Zwecke (s. § 2a StVG Rn. 27) von derjenigen des FEigBewSystems in § 4 StVG. Es war daher rechtlich nicht zu beanstanden, wenn in Anl 12 auch solche Zuwiderhandlungen als schwerwiegend eingestuft werden, die nach Anl 13 (zu § 40 FeV) nur mit 1 (alten) Punkt bewertet wurden (VG Mü NZV **00** 222 zum früheren Punktsystem), auch nicht, dass jeder Geschwindigkeitsverstoß, der in das FAER einzutragen ist, unabhängig davon, mit wie vielen Punkten er im FEigBewSystem nach § 4 StVG bewertet wird, als schwerwiegende Zuwiderhandlung eingestuft wird (VGH Ma VRS **117** 317, DAR **12** 41, OVG Lüneburg NZV **12** 559 (jeweils zum früheren Punktsystem)). Die Bestimmungen zur FE auf Probe und zur Einstufung der V Verstöße nach Anl 12 sind mit Art 3 GG vereinbar (OVG Koblenz NZV **02** 528).

2. Die in **II** vorgeschriebene Angabe der Zuwiderhandlungen soll dem Fahranfänger den Grund **9** für die Anordnung verdeutlichen und zugleich dem Leiter des Aufbauseminars die für die Gestaltung des Seminars notwendigen Informationen geben (Begr zur Vorgängervorschrift § 12d StVZO VkBl. **87** 85 f.). Zur Anordnung der Teilnahme an einem Aufbauseminar s. § 2a StVG Rn. 31 ff.

Aufbauseminare

35 (1) [1] Das Aufbauseminar ist in Gruppen mit mindestens sechs und höchstens zwölf Teilnehmern durchzuführen. [2] Es besteht aus einem Kurs mit vier Sitzungen von jeweils 135 Minuten Dauer in einem Zeitraum von zwei bis vier Wochen; jedoch darf an einem Tag nicht mehr als eine Sitzung stattfinden. [3] Zusätzlich ist zwischen der ersten und der zweiten Sitzung eine Fahrprobe durchzuführen, die der Beobachtung des Fahrverhaltens des Seminarteilnehmers dient. [4] Die Fahrprobe soll in Gruppen mit drei Teilnehmern durchgeführt werden, wobei die reine Fahrzeit jedes Teilnehmers 30 Minuten nicht unterschreiten darf. [5] Dabei ist ein Fahrzeug zu verwenden, das – mit Ausnahme der Anzahl der Türen – den Anforderungen des Abschnitts 2.2 der Anlage 7 entspricht. [6] Jeder Teilnehmer an der Fahrprobe soll möglichst ein Fahrzeug der Klasse führen, mit dem vor allem die zur Anordnung der Teilnahme an dem Aufbauseminar führenden Verkehrszuwiderhandlungen begangen worden sind.

(2) [1] In den Kursen sind die Verkehrszuwiderhandlungen, die bei den Teilnehmern zur Anordnung der Teilnahme an dem Aufbauseminar geführt haben, und die Ursachen dafür zu diskutieren und daraus ableitend allgemein die Probleme und Schwierigkeiten von Fahranfängern zu erörtern. [2] Durch Gruppengespräche, Verhaltensbeobachtung in der Fahrprobe, Analyse problematischer Verkehrssituationen und durch weitere Informationsvermittlung soll ein sicheres und rücksichtsvolles Fahrverhalten erreicht werden. [3] Dabei soll insbesondere die Einstellung zum Verhalten im Straßenverkehr geändert, das Risikobewusstsein gefördert und die Gefahrenerkennung verbessert werden.

(3) Für die Durchführung von Einzelseminaren nach § 2b Absatz 1 des Straßenverkehrsgesetzes gelten die Absätze 1 und 2 mit der Maßgabe, dass die Gespräche in vier Sitzungen von jeweils 60 Minuten Dauer durchzuführen sind.

Die Vorschrift regelt Gestaltung und Inhalt des Aufbauseminars. Das Seminarmodell beruht **1** auf einer Entwicklung durch eine Arbeitsgruppe des Deutschen Verkehrssicherheitsrats unter Beteiligung der Bundesvereinigung der Fahrlehrerverbände, des HUK-Verbandes, der Bundesanstalt für Straßenwesen und des Bundesverkehrsministeriums sowie auf einer Erprobung in Bayern und Hamburg in Modellkursen (s. Begr zu § 12 f StVZO alt, BR-Drs. 391/86 S. 23). Die Aufbauseminare sind grundsätzlich als Gruppenseminare mit mindestens sechs und höchstens 12 Teilnehmern durchzuführen; damit soll erreicht werden, dass die gewünschte gruppendynamische Wirkung eintritt (*Geiger* SVR **06** 448). Beginnt ein Aufbauseminar mit sechs Teilnehmern, endet es aber wegen Ausscheidens von Teilnehmern mit weniger als sechs, führt dies nicht zur Unwirksamkeit der Seminarteilnahme der Personen, die an allen Sitzungen und der Fahrprobe ordnungsgemäß teilgenommen haben, denn ihnen kann die Verringerung der Teilnehmerzahl nicht angelastet werden. Ob die mit der Mindestteilnehmerzahl beabsichtigte gruppendynamische Wirkung eintritt, ist ohnehin fraglich. Im Übrigen sind sogar Einzelseminare zulässig. Die

Fahrprobe ist nicht als Trainingsveranstaltung zur unmittelbaren Verbesserung der Fahrfertigkeiten bzw. des Fahrverhaltens zu verstehen sondern soll dazu dienen, vorhandene Defizite zu erkennen und mit den Teilnehmern zu besprechen. Durch die Veranstaltung der Probefahrt in Kleingruppen von drei mitfahrenden Seminarteilnehmern sollen die Bedingungen für eine gruppendynamische Arbeitsweise geschaffen werden.

2   Aufbauseminare dürfen nur von Fahrlehrern durchgeführt werden, die Inhaber einer Seminarerlaubnis gem. § 45 FahrlG sind (§§ 2b II S. 1 StVG). Einweisungslehrgänge zum Erwerb der Seminarerlaubnis: §§ 13 f FahrlGDV.

Besondere Aufbauseminare nach § 2b Absatz 2 Satz 2 des Straßenverkehrsgesetzes

36 **(1) Inhaber von Fahrerlaubnissen auf Probe, die wegen Zuwiderhandlungen nach § 315c Absatz 1 Nummer 1 Buchstabe a, den §§ 316, 323a des Strafgesetzbuches oder den §§ 24a, 24c des Straßenverkehrsgesetzes an einem Aufbauseminar teilzunehmen haben, sind, auch wenn sie noch andere Verkehrszuwiderhandlungen begangen haben, einem besonderen Aufbauseminar zuzuweisen.**

(2) Ist die Fahrerlaubnis wegen einer innerhalb der Probezeit begangenen Zuwiderhandlung nach § 315c Absatz 1 Nummer 1 Buchstabe a, den §§ 316, 323a des Strafgesetzbuches oder den §§ 24a, 24c des Straßenverkehrsgesetzes entzogen worden, darf eine neue Fahrerlaubnis unbeschadet der übrigen Voraussetzungen nur erteilt werden, wenn der Antragsteller nachweist, dass er an einem besonderen Aufbauseminar teilgenommen hat.

(3) ¹Das besondere Aufbauseminar ist in Gruppen mit mindestens zwei und höchstens zwölf Teilnehmern durchzuführen. ²Es besteht aus einem Kurs mit einem Vorgespräch und drei Sitzungen von jeweils 180 Minuten Dauer in einem Zeitraum von zwei bis vier Wochen sowie die Anfertigung von Kursaufgaben zwischen den Sitzungen. ³An einem Tag darf nicht mehr als eine Sitzung stattfinden.

(4) ¹In den Kursen sind die Ursachen, die bei den Teilnehmern zur Anordnung der Teilnahme an einem Aufbauseminar geführt haben, zu diskutieren und Möglichkeiten für ihre Beseitigung zu erörtern. ²Wissenslücken der Kursteilnehmer über die Wirkung des Alkohols und anderer berauschender Mittel auf die Verkehrsteilnehmer sollen geschlossen und individuell angepasste Verhaltensweisen entwickelt und erprobt werden, um insbesondere Trinkgewohnheiten zu ändern sowie Trinken und Fahren künftig zuverlässig zu trennen. ³Durch die Entwicklung geeigneter Verhaltensmuster sollen die Kursteilnehmer in die Lage versetzt werden, einen Rückfall und weitere Verkehrszuwiderhandlungen unter Alkoholeinfluss oder dem Einfluss anderer berauschender Mittel zu vermeiden. ⁴Zusätzlich ist auf die Problematik der wiederholten Verkehrszuwiderhandlungen einzugehen.

(5) Für die Durchführung von Einzelseminaren nach § 2b Absatz 1 des Straßenverkehrsgesetzes gelten die Absätze 3 und 4 mit der Maßgabe, dass die Gespräche in drei Sitzungen von jeweils 90 Minuten Dauer durchzuführen sind.

(6) ¹Die besonderen Aufbauseminare dürfen nur von Kursleitern durchgeführt werden, die von der zuständigen obersten Landesbehörde oder der von ihr bestimmten oder der nach Landesrecht zuständigen Stelle oder von dem für die in § 26 genannten Dienstbereiche jeweils zuständigen Fachminister oder von ihm bestimmten Stellen anerkannt worden sind. ²Die amtliche Anerkennung als Kursleiter darf nur erteilt werden, wenn der Bewerber folgende Voraussetzungen erfüllt:

1. Abschluss eines Hochschulstudiums als Diplom-Psychologe oder eines gleichwertigen Master-Abschlusses in Psychologie,

2. Nachweis einer verkehrspsychologischen Ausbildung an einer Universität oder gleichgestellten Hochschule oder bei einer Stelle, die sich mit der Begutachtung oder Wiederherstellung der Kraftfahreignung befasst,

3. Kenntnisse und Erfahrungen in der Untersuchung und Begutachtung der Eignung von Kraftfahrern, die Zuwiderhandlungen gegen Vorschriften über das Führen von Kraftfahrzeugen unter Einfluss von Alkohol oder anderen berauschenden Mitteln begangen haben,

4. Ausbildung und Erfahrung als Kursleiter in Kursen für Kraftfahrer, die Zuwiderhandlungen gegen Vorschriften über das Führen von Kraftfahrzeugen unter Einfluss von Alkohol oder anderen berauschenden Mitteln begangen haben,

5. Vorlage eines sachgerechten, auf wissenschaftlicher Grundlage entwickelten Seminarkonzepts und

6. Nachweis geeigneter Räumlichkeiten sowie einer sachgerechten Ausstattung.

³Außerdem dürfen keine Tatsachen vorliegen, die Bedenken gegen die Zuverlässigkeit des Kursleiters begründen. ⁴Die Anerkennung kann mit Auflagen, insbesondere hinsichtlich der Aufsicht über die Durchführung der Aufbauseminare sowie der Teilnahme an Fortbildungsmaßnahmen, verbunden werden.

(7) Die Aufsicht obliegt den nach Absatz 6 Satz 1 für die Anerkennung zuständigen Behörden oder Stellen; diese können sich hierbei geeigneter Personen oder Stellen bedienen.

Begr zum G v. 19.7.07 (VkBl. **08** 258): *Für Inhaber einer Fahrerlaubnis, die unter dem Einfluss von Alkohol am Straßenverkehr teilgenommen haben, gibt es besondere Aufbauseminare. Durch die Änderung der §§ 36 und 43 wird klargestellt, dass diese besonderen Aufbauseminare auch bei einem Verstoß gegen das Alkoholverbot für Fahranfänger und Fahranfängerinnen in der Probezeit einem allgemeinen Aufbauseminar vorgehen. Dafür spricht schon der thematische Zusammenhang.*

Begr zur ÄndVO v. 18.7.08 (VkBl. **08** 569): **Zu Abs. 3 S. 3:** *Durch die Formulierung erfolgt eine Klarstellung, dass nicht mehrere Kurselemente an einem Tag durchgeführt werden dürfen. Gleichzeitig erfolgt eine Angleichung an die entsprechende Regelung zur Durchführung von Aufbauseminaren in § 35 Abs. 1 Satz 2.*

Zu Abs. 6 Nr. 1: *Im Zuge der Vereinheitlichung und Vergleichbarkeit von Hochschulabschlüssen in Europa ist in Deutschland das Hochschulstudium im Fach Diplom-Psychologie zunehmen in einen Bachelor-Masterstudiengang übergegangen. Daher ist es notwendig, auch in der Fahrerlaubnis-Verordnung eine Präzisierung vorzunehmen.*

Begr zur ÄndVO v. 16.12.14 **zu Abs. 3 S. 1** (BR-Drs. 460/14 S. 16): *Mit Inkrafttreten des Fahreignungs-Bewertungssystems und des Fahreignungsseminars ist für Punktetäter eine getrennte Seminarstruktur geschaffen worden. Die ersten Erfahrungen aus der Umsetzung haben gezeigt, dass für das besondere Aufbauseminar und seinen verbleibenden Teilnehmerkreis der Fahranfänger auf Probe eine Beibehaltung der bisherigen Mindestzahl der Teilnehmer zu erheblichen Verzögerungen bei der Durchführung führen kann. Für die Betroffenen besteht die Gefahr, dass die Einleitung von behördlichen Entziehungsverfahren infolge nicht eingehaltener Fristen erfolgt. Dieser Gefahr wird mit der Reduzierung der Teilnehmerzahl begegnet.*

1. Die Vorschrift beruht auf Erkenntnissen der Verkehrspsychologie, wonach alkoholauffällige **1** Kraftfahrer zur Bewältigung des Problemkreises „Trinken – Fahren" auf eine besonders intensive Auseinandersetzung mit den Ursachen ihres Fehlverhaltens sowie auf die Erarbeitung von Vermeidungsstrategien angewiesen sind. Die besonderen, bei der Nachschulung alkoholauffälliger Kf auftretenden Schwierigkeiten erfordern eine Übertragung der Seminarleitung auf qualifizierte Verkehrspsychologen mit Erfahrungen in der freiwilligen Nachschulung und in der Eignungsbegutachtung alkoholauffälliger Kraftfahrer (*Geiger* SVR **06** 449). Der in Abs. 4 bestimmte Kursinhalt beruht auf Erfahrungen, die in der Vergangenheit mit den freiwilligen Nachschulungskursen für alkoholauffällige Kraftfahrer gewonnen und von der Bundesanstalt für Straßenwesen wissenschaftlich begleitet und ausgewertet worden sind, s. Begr zu § 12g StVZO (alt), BR-Drs. 391/86 S. 23.

2. Nachweis der Teilnahme an einem Aufbauseminar ist gem. § 2a V S. 1 StVG neben den üb- **2** lichen Erfordernissen zusätzliche Voraussetzung für die **Wiedererteilung** einer gem. § 3 oder § 4 V S. 1 Nr. 3 StVG, §§ 69, 69b StGB oder gem. § 2a III StVG entzogenen FE, wenn die EdF auf einer innerhalb der Probezeit begangenen Zuwiderhandlung beruht oder auf Nichtteilnahme an einem gem. § 2a II Nr. 1 StVG angeordneten Nachschulungskurs. § 36 II füllt diese Bestimmung dahin aus, dass nur die Teilnahme an einem *besonderen* Nachschulungskurs für alkoholauffällige Kf diese zusätzliche Voraussetzung für die Wiedererteilung erfüllt, wenn die der EdF zugrunde liegende Zuwiderhandlung ein Alkoholdelikt der in Abs. 2 genannten Art war. Dies gilt auch, wenn das Alkoholdelikt nicht unmittelbar zur EdF gem. §§ 3 StVG, 69 StGB führte, sondern – etwa nach OW gem. § 24a StVG – die FE wegen Verweigerung der daraufhin angeordneten Nachschulung entzogen wurde (§ 2a III StVG).

3. Zur Frage, inwieweit Kurse zur Behandlung alkoholauffälliger Kf geeignet sind, die Rück- **3** fallhäufigkeit zu vermindern (sog **Legalbewährung**), s. § 69 StGB Rn. 19.

4. Einfluss **freiwilliger Teilnahme** alkoholauffälliger Kf an Aufbauseminaren auf EdF **4** und FESperre, s. § 69 StGB Rn. 19, § 69a StGB Rn. 2; näher: *Hentschel,* Trunkenheit, Rn. 636–643.

Teilnahmebescheinigung

37 (1) ¹Über die Teilnahme an einem Aufbauseminar nach § 35 oder § 36 ist vom Seminarleiter eine Bescheinigung zur Vorlage bei der Fahrerlaubnisbehörde auszustellen. ²Die Bescheinigung muss

1. den Familiennamen und Vornamen, den Tag der Geburt und die Anschrift des Seminarteilnehmers,
2. die Bezeichnung des Seminarmodells und
3. Angaben über Umfang und Dauer des Seminars

enthalten. ³Sie ist vom Seminarleiter und vom Seminarteilnehmer unter Angabe des Ausstellungsdatums zu unterschreiben.

(2) Die Ausstellung einer Teilnahmebescheinigung ist vom Kursleiter zu verweigern, wenn der Seminarteilnehmer nicht an allen Sitzungen des Kurses und an der Fahrprobe teilgenommen oder bei einem besonderen Aufbauseminar nach § 36 die Anfertigung von Kursaufgaben verweigert hat.

(3) ¹Die für die Durchführung von Aufbauseminaren erhobenen personenbezogenen Daten dürfen nur für diesen Zweck verarbeitet und genutzt werden und sind sechs Monate nach Abschluss der jeweiligen Seminare mit Ausnahme der Daten zu löschen, die für Maßnahmen der Qualitätssicherung oder Aufsicht erforderlich sind. ²Diese Daten sind zu sperren und spätestens bis zum Ablauf des fünften des auf den Abschluss der jeweiligen Seminare folgenden Jahres zu löschen.

1   **Anm:** Die Vorschrift regelt den Inhalt der Teilnahmebescheinigung sowie die Voraussetzungen für ihre Verweigerung. Da der Kurserfolg wesentlich von gruppendynamischen Prozessen abhängt, die eine ständige Anwesenheit aller Seminarteilnehmer bedingen, kann eine Teilnahmebescheinigung beim Versäumen von Teilen des Kurses nicht ausgestellt werden, s. Begr zu § 12h StVZO (alt), BR–Drs. 391/86 S. 25. Dies gilt zB auch im Falle des Ausschlusses alkoholisierter, ständig störender oder gewalttätiger Teilnehmer von der weiteren Teilnahme durch den Seminarleiter.

Verkehrspsychologische Beratung

38 ¹In der verkehrspsychologischen Beratung soll der Inhaber der Fahrerlaubnis veranlasst werden, Mängel in seiner Einstellung zum Straßenverkehr und im verkehrssicheren Verhalten zu erkennen und die Bereitschaft zu entwickeln, diese Mängel abzubauen. ²Die Beratung findet in Form eines Einzelgesprächs statt; sie kann durch eine Fahrprobe ergänzt werden, wenn der Berater dies für erforderlich hält. ³Der Berater soll die Ursachen der Mängel aufklären und Wege zu ihrer Beseitigung aufzeigen. ⁴Das Ergebnis der Beratung ist nur für den Betroffenen bestimmt und nur diesem mitzuteilen. ⁵Der Betroffene erhält jedoch eine Bescheinigung über die Teilnahme zur Vorlage bei der Fahrerlaubnisbehörde; diese Bescheinigung muss eine Bezugnahme auf die Bestätigung nach § 71 Absatz 2 enthalten.

1   **Anm:** Die Bestimmung wiederholt fast wörtlich die Sätze 1 bis 6 des § 2a VII StVG. S § 2a StVG Rn. 38. Amtliche Anerkennung von Personen zur Durchführung der verkehrspsychologischen Beratung gem. § 2a VII StVG: § 71 I; Voraussetzungen für die Ausstellung der für die Anerkennung erforderlichen Bestätigung: § 71 II. Ermächtigungsgrundlage: § 6 I Nr. 1 Buchstabe u StVG.

Anordnung der Teilnahme an einem Aufbauseminar und weiterer Maßnahmen bei Inhabern einer Dienstfahrerlaubnis

39 ¹Bei Inhabern von Dienstfahrerlaubnissen, die keine allgemeine Fahrerlaubnis besitzen, sind für die Anordnung von Maßnahmen nach § 2a Absatz 2, 3 bis 5 des Straßenverkehrsgesetzes innerhalb der Probezeit die in § 26 Absatz 1 genannten Dienststellen zuständig. ²Die Zuständigkeit bestimmt der zuständige Fachminister, soweit sie nicht landesrechtlich geregelt wird. ³Besitzen die Betroffenen daneben eine allgemeine Fahrerlaubnis, ausgenommen die Klassen AM, L und T, treffen die Anordnungen ausschließlich die nach Landesrecht zuständigen Verwaltungsbehörden.

1   **Anm:** Die Bestimmung enthält die vor dem 1.1.1999 in § 12e StVZO getroffene Regelung der Zuständigkeit bei DienstFEen (§ 26). Sie stellt klar, dass die Dienststellen der BW, der Pol und der BundesPol nur in den Fällen für die Anordnung der Seminarteilnahme und der anderen in § 2a II, III bis V StVG vorgesehenen Maßnahmen zuständig sind, wenn keine allgemeine FE (ausgenommen Kl AM, L und T) erteilt ist.

7. Fahreignungs-Bewertungssystem

Bezeichnung und Bewertung nach dem Fahreignungs-Bewertungssystem

40 Dem Fahreignungs-Bewertungssystem sind die in Anlage 13 bezeichneten Zuwiderhandlungen mit der dort jeweils festgelegten Bewertung zu Grunde zu legen.

Begr zur ÄndVO v. 5.11.13 (BR-Drs. 810/12 S. 49 = VkBl. **13** 1181): *Die grundlegenden Be-* **1** *stimmungen zum Fahreignungsregister und Fahreignungs-Bewertungssystem sind in § 4 StVG und § 28 StVG enthalten. Hiernach sollen die im Fahreignungsregister zu speichernden und für die Bewertung nach dem Fahreignungs-Bewertungssystem relevanten Zuwiderhandlungen vom Verordnungsgeber auf der Grundlage der Ermächtigungsnorm des § 6 Absatz 1 Nummer 1 Buchstabe s. StVG abschließend festgelegt werden. Mit § 40 iVm Anlage 13 wird dieser Auftrag des Gesetzgebers ausgeführt. Es wird festgelegt,*
1. *welche Straftaten und Ordnungswidrigkeiten im Fahreignungsregister gespeichert werden und*
2. *ob die erfassten Straftaten und Ordnungswidrigkeiten mit drei, zwei oder einem Punkt bewertet werden.*

Begr zu Anlage 13 (BR-Drs. 810/12 S. 61 = VkBl. **13** 1188): *Die Anlage 13 wird von folgen-* **2** *den Grundgedanken geleitet: Die Eintragung im Fahreignungsregister soll zum einen davon abhängen, ob die Zuwiderhandlung eine Bedeutung für die Sicherheit im Straßenverkehr hat. Dies wird für sämtliche Straftaten und Ordnungswidrigkeiten der Anlage 13 durch den Verordnungsgeber bejaht. Zum anderen muss den Ordnungswidrigkeiten eine nennenswerte objektive Schwere zu Eigen sein. Insbesondere bei den Straftaten werden nicht mehr alle Straftaten erfasst, die bisher erfasst worden sind, sondern nur noch diejenigen, die in der Anlage aufgeführt sind. Die Anlage 13 ersetzt hier § 28 Absatz 3 Nummer 1 und 2 StVG a.F. ….*

Auch bei den Ordnungswidrigkeiten wird der Grundsatz umgesetzt, dass nur die Ordnungswidrigkeiten **3** *im Fahreignungsregister erfasst werden, die in der Anlage abschließend aufgezählt werden und nicht wie im bisherigen System über den Begriff „sonstige Ordnungswidrigkeiten" und die Festlegung auf eine Regelgeldbuße von 40 Euro eine Erfassung im Verkehrszentralregister ermöglicht wird …. Bei der Bewertung der Ordnungswidrigkeiten wird danach differenziert, ob es sich „nur" um einen gravierenden oder einen groben Verstoß handelt. Der gravierende Verstoß wird als „verkehrssicherheitsbeeinträchtigende Ordnungswidrigkeit" mit einem Punkt bewertet. Ob es sich um eine „grobe" und damit um eine „besonders verkehrssicherheitsbeeinträchtigende" Ordnungswidrigkeit handelt, wird in Übereinstimmung mit dem Anwendungsbereich des § 25 StVG in der Anlage 13 festgelegt. Alle mit einem Regelfahrverbot bewerteten Ordnungswidrigkeiten (§ 4 BKatV) werden mit zwei Punkten im Fahreignungsregister gespeichert …. Die Darstellung der Bußgeldtatbestände in der Anlage 13 erfolgt mit Verweis auf die jeweilige laufende Nummer der Anlagen zur Bußgeldkatalog-Verordnung (BKatV) unter Verwendung der Überschrift des jeweiligen Abschnitts im BKat, um dadurch die gebotene Eindeutigkeit zu erreichen.*

Begr der Änderungen des ursprünglichen Entwurfs von Anlage 13 aufgrund der Vereinbarun- **4** gen im Vermittlungsverfahren zum StVGÄndG v. 28.8.13 (BGBl. I S. 3313): BR-Drs. 676/13 S. 60 = VkBl. **13** 1189

Begr zur ÄndVO v. 14.8.17 **zu Nr. 2.1 Anl 13** (BR-Drs. 417/17 S. 42): *Die Ergänzungen in* **5–10** *den Nummern 2.1.1, 2.1.2, 2.1.3, 2.1.8, 2.1.9 und 2.1.11 dienen der rechtsförmlichen Klarstellung ohne inhaltliche Änderung. Sie gewährleisten, dass die jeweiligen Straftaten nur im Fahreignungs-Bewertungssystem berücksichtigt und mit 2 Punkten bewertet werden, wenn ein Bezug auf die Verkehrssicherheit vorliegt, wie § 6 Abs. 1 Nr. 1 Buchstabe s. StVG vorgibt. Denn der Bezeichnung der Straftaten in der Verordnung ist deren Bedeutung für die Sicherheit im Straßenverkehr zugrunde zu legen. Dies wäre aber nicht mehr gewährleistet, wenn ein Fahrverbot, welches bisher als alleiniges Differenzierungskriterium diente, auch bei anderen Straftaten als allgemeine Sanktion angewendet werden kann.*

1. Das **Fahreignungs-Bewertungssystem** mit den je nach Punktestand abgestuft zu ergrei- **11** fenden Maßnahmen der FEB ist im Einzelnen in § 4 StVG gesetzlich geregelt. Die Vorschriften über die **Speicherung im Fahreignungsregister** finden sich in §§ 28–29 StVG. Die Festlegung der Straftaten und OWi, die im Rahmen des FEigBewSystems zugrunde zu legen sind und die Bewertung dieser Straftaten und OWi mit ein, zwei oder drei Punkten erfolgt gem. § 6 I Nr. 1 Buchst. s StVG durch den VOGeber. Dieser hat mit § 40 und Anl 13 von dieser Ermächtigung Gebrauch gemacht. Zur Punktbewertung s. auch § 4 StVG Rn. 42ff.

2. Gem § 40 erfolgt die Festlegung der für die Anwendung des FEigBewSystems relevanten **12** Straftaten und OWi sowie die Bewertung dieser Zuwiderhandlungen mit ein, zwei oder drei Punkten durch **Anlage 13** zur FeV (abgedruckt im Anschluss an die FeV).

13   Die mit der Reform des Punktsystems 2014 völlig neu gefasste Anl 13 **legt abschließend fest,** welche Zuwiderhandlungen für das FEigBewSystem zu berücksichtigen sind. Ursprünglich sollte der Katalog auf unmittelbar die Verkehrssicherheit gefährdende Verstöße beschränkt werden (Begr Rn. 2). In der Folge des Vermittlungsverfahrens über das 5. Gesetz zur Änderung des StVG und anderer Gesetze v. 28.8.13 (BGBl. I S. 3313) wurde der Katalog der Anl 13 auf Wunsch der Länder um einige Verstöße erweitert, die vom Bund nicht als unmittelbar verkehrssicherheitsrelevant eingestuft wurden wie zB Unfallflucht in Bagatellfällen und das unzulässige Parken in einer gekennzeichneten Feuerwehrzufahrt mit Behinderung eines Rettungsfahrzeugs; dies sind die den verkehrssicherheitsrelevanten Verstößen gem. §§ 4 I S. 2, 6 I Nr. 1 Buchst. s. StVG *gleichgestellten* Zuwiderhandlungen.

14   Bei der Festlegung der für die Anwendung des FEigBewSystems zu berücksichtigenden **Straftaten** wurde bei der Reform des Punktsystems die früher in § 28 III Nr. 1 StVG aF enthaltene Festlegung auf *im Zusammenhang mit dem StrV begangene* Taten aufgegeben, damit das Gericht nicht mehr darüber entscheiden könne, ob eine Tat in das Register eingetragen wird oder nicht. Die Registerpflicht einer Straftat und die Bewertung mit Punkten sollten nicht mehr den Gerichten überlassen werden, sondern sich unmittelbar aus dem Gesetz ergeben (Begr BR-Drs. 810/12 S. 62 = VkBl. **13** 1188). Dies sollte durch die enumerative Aufzählung der Straftaten in Anl 13 und bei bestimmten Straftaten zusätzlich durch die Begrenzung der Erfassung auf den Fall der EdF oder der Anordnung einer isolierten Sperre oder eines FV erreicht werden. Durch ÄndVO v. 14.8.17 (BGBl. I S. 3232) wurde dann in Anl 13 Nr. 2.1 bei denjenigen Straftaten, die zuvor allein durch die Verhängung eines FV von den in Anl 13 Nr. 1 genannten Straftaten abgegrenzt worden waren, zusätzlich das Erfordernis aufgenommen, dass *die Tat im Zusammenhang mit dem Führen eines Kfz oder unter Verletzung der Pflichten eines Kraftfahrzeugführers begangen wurde.* Dadurch sollte sichergestellt werden, dass auch weiterhin nur Straftaten mit Punkten bewertet werden, die gem. der Vorgabe des § 6 I Nr. 1 Buchst. s StVG einen Bezug zur Verkehrssicherheit haben, wenn ein FV, das zuvor als alleiniges Differenzierungskriterium diente, auch bei anderen Straftaten als allgemeine Sanktion angewendet werden kann (Begr Rn. 5–10). Damit wurde auf die Einführung des FV als Nebenstrafe bei Straftaten der allgemeinen Kriminalität (Gesetz v. 17.8.17, BGBl. I S. 3202) reagiert. Die in den Katalog der Anl 13 aufgenommenen Straftaten werden mit drei **Punkten bewertet,** sofern die FE entzogen oder eine Sperre angeordnet worden ist (Nr. 1 Anl 13), andernfalls mit zwei Punkten (Nr. 2.1 Anl 13).

15   Auch bei den **Ordnungswidrigkeiten** werden nur diejenigen Taten im Register erfasst und für die Anwendung des FEigBewSystems herangezogen, die ausdrücklich in Anl 13 genannt werden (Begr Rn. 3). Es handelt sich also um eine abschließende Liste. Einen Auffangtatbestand wie früher in Anl 13 Nr. 7 aF gibt es nicht mehr. Die Darstellung der Bußgeldtatbestände in Anl 13 erfolgt mit Verweis auf die jeweilige Nummer der Anlage zur BKatV in der dritten Spalte der Anl 13. Aus Anl 13 ist also nicht unmittelbar zu entnehmen, welche OWi für das FEigBewSystem heranzuziehen sind, sondern nur im Zusammenspiel mit der Anl zur BKatV. Bei der **Bewertung mit Punkten** wird unterschieden, ob es sich um eine *verkehrssicherheitsbeeinträchtigende* OWi (ein Punkt, Anl 13 Nr. 3) oder um eine *besonders verkehrssicherheitsbeeinträchtigende* OWi (2 Punkte, Anl 13 Nr. 2.2) handelt. Alle mit einem Regelfahrverbot bewerteten OWi (§ 4 BKatV) werden mit 2 Punkten bewertet. Von diesem Grundsatz gibt es nur zwei Ausnahmen (zweifache Überschreitung der zulässigen Höchstgeschwindigkeit innerhalb eines Jahres um mindestens 26 km/h, wiederholter Verstoß gegen das Verbot für Fz mit gefährlichen oder wassergefährdenden Gütern), da die Tatsache der erneuten Begehung an der Bedeutung der Tat für die VSicherheit nichts ändere (Begr BR-Drs. 810/12 S. 63 = VkBl. **13** 1188).

Maßnahmen der nach Landesrecht zuständigen Behörde

41 (1) **Die Ermahnung des Inhabers einer Fahrerlaubnis nach § 4 Absatz 5 Satz 1 Nummer 1 des Straßenverkehrsgesetzes, seine Verwarnung nach § 4 Absatz 5 Satz 1 Nummer 2 des Straßenverkehrsgesetzes und der jeweils gleichzeitige Hinweis auf die freiwillige Teilnahme an einem Fahreignungsseminar erfolgen schriftlich unter Angabe der begangenen Verkehrszuwiderhandlungen.**

(2) **Die Anordnung eines Verkehrsunterrichts nach § 48 der Straßenverkehrs-Ordnung bleibt unberührt.**

1   **Begr** zur VO v. 18.8.98 **zu Abs. 4 (jetzt Abs. 2)** (BR–Drs. 443/98 S. 293 = VkBl. **98** 1085): *Absatz 4 stellt klar, dass die Anordnung des Verkehrsunterrichts nach § 48 StVO unabhängig von den*

Maßnahmen des Punktsystems erfolgen kann und z. B. auch nicht an die Eingriffsstufen des Punktsystems gebunden ist.

Begr zur ÄndVO v. 5.11.13: BR-Drs. 810/12 S. 50, BR-Drs. 676/13 S. 56 = VkBl. **13** 1181.   **2–8**

Abs. I wiederholt die bereits in § 4 V S. 1 Nr. 1 und 2 StVG enthaltene Regelung, dass **Er-**   **9** **mahnung** (§ 4 V S. 1 Nr. 1 StVG) und **Verwarnung** (§ 4 V S. 1 Nr. 2 StVG) **schriftlich** zu erfolgen haben und stellt klar, dass der jeweils gem. § 4 V S. 2 StVG enthaltene Hinweis, dass ein Fahreignungsseminar nach § 4a StVG freiwillig besucht werden kann, ebenfalls schriftlich zu geben ist. Zusätzlich wird durch Abs. I geregelt, dass bei Ermahnung und Verwarnung die begangenen Verkehrszuwiderhandlungen anzugeben sind.

Abs. II stellt klar, dass die Anordnung von **Verkehrsunterricht** gem. § 48 StVO unabhängig   **10** von den Regelungen des FEigBewSystems erfolgt (Begr Rn. 1).

Fahreignungsseminar

42 (1) ¹Das Fahreignungsseminar besteht aus einer verkehrspädagogischen und aus einer verkehrspsychologischen Teilmaßnahme. ²Die Teilmaßnahmen sind durch gegenseitige Information der jeweiligen Seminarleiter aufeinander abzustimmen.

(2) ¹Die verkehrspädagogische Teilmaßnahme zielt auf die Vermittlung von Kenntnissen zum Risikoverhalten, die Verbesserung der Gefahrenkognition, die Anregung zur Selbstreflexion und die Entwicklung von Verhaltensvarianten ab. ²Sie umfasst zwei Module zu je 90 Minuten entsprechend der Anlage 16. ³Neben den dort genannten Lehr- und Lernmethoden und Medien dürfen auch Methoden und Medien eingesetzt werden, die den gleichen Lernerfolg gewährleisten. ⁴Über die Geeignetheit der Methoden und Medien entscheidet die nach Landesrecht zuständige Behörde, die zur Bewertung ein unabhängiges wissenschaftliches Gutachten einer für die Bewertung geeigneten Stelle einholen kann. ⁵Die verkehrspädagogische Teilmaßnahme kann als Einzelmaßnahme oder in Gruppen mit bis zu sechs Teilnehmern durchgeführt werden.

(3) Modul 1 der verkehrspädagogischen Teilmaßnahme umfasst folgende Bausteine:

1. Einzelbaustein „Seminarüberblick",
2. teilnehmerbezogene Darstellung der individuellen Fahrerkarriere und Sicherheitsverantwortung,
3. teilnehmerbezogene Darstellung der individuellen Mobilitätsbedeutung,
4. Darstellung der individuellen Mobilitätsbedeutung als Hausaufgabe,
5. Einzelbaustein „Erläuterung des Fahreignungs-Bewertungssystems",
6. tatbezogene Bausteine zu Verkehrsregeln und Rechtsfolgen bei Zuwiderhandlungen mit folgenden Varianten:
   a) Geschwindigkeit,
   b) Abstand,
   c) Vorfahrt und Abbiegen,
   d) Überholen,
   e) Ladung,
   f) Telefonieren im Fahrzeug,
   g) Alkohol und andere berauschende Mittel,
   h) Straftaten,
7. Festigungsbaustein „Übung zur Klärung der individuellen Mobilitätssituation" und
8. Hausaufgabenbaustein „Übung zur Selbstbeobachtung".

(4) Modul 2 der verkehrspädagogischen Teilmaßnahme umfasst folgende Bausteine:

1. Auswertung der Hausaufgaben,
2. tatbezogene Bausteine zu Risikoverhalten und Unfallfolgen und
3. Festigungsbaustein „individuelle Sicherheitsverantwortung".

(5) ¹Die Auswahl der tatbezogenen Bausteine nach den Absätzen 3 und 4 wird vom Seminarleiter in Abhängigkeit von den in den individuellen Fahrerkarrieren dargestellten Verkehrszuwiderhandlungen vorgenommen. ²Modul 2 der verkehrspädagogischen Teilmaßnahme darf frühestens nach Ablauf von einer Woche nach Abschluss des Moduls 1 begonnen werden.

(6) ¹Die verkehrspsychologische Teilmaßnahme zielt darauf ab, dem Teilnehmer Zusammenhänge zwischen auslösenden und aufrechterhaltenden Bedingungen des regelwidrigen Verkehrsverhaltens aufzuzeigen. ²Sie soll beim Teilnehmer Reflexionsbereitschaft

erzeugen und Veränderungsbereitschaft schaffen. ³Sie umfasst zwei Sitzungen zu je 75 Minuten und ist als Einzelmaßnahme durchzuführen.

(7) ¹Sitzung 1 der verkehrspsychologischen Teilmaßnahme dient der Verhaltensanalyse, der Entwicklung eines funktionalen Bedingungsmodells und der Erarbeitung von Lösungsstrategien. ²Sie umfasst

1. die Erarbeitung der auslösenden und aufrechterhaltenden inneren und äußeren Bedingungen der Verkehrszuwiderhandlungen als Verhaltensanalyse,

2. die Erarbeitung der Funktionalität des Fehlverhaltens in Form einer Mittel-Zweck-Relation,

3. die Aktivierung persönlicher Stärken und Unterstützungsmöglichkeiten sowie Motivationsarbeit,

4. die Ausarbeitung schriftlicher Zielvereinbarungen, diese umfassen

   a) die Spezifikation des Zielverhaltens in Form von Lösungsstrategien,
   b) die Festlegung der Verstärker, Belohnungen und positiven Konsequenzen und
   c) die Festlegung der zu erreichenden Schritte und

5. die Hausaufgaben „Selbstbeobachtung des Verhaltens in kritischen Situationen" und „Erprobung des neuen Zielverhaltens".

(8) ¹Sitzung 2 der verkehrspsychologischen Teilmaßnahme dient der Festigung der Lösungsstrategien. ²Sie umfasst

1. die Besprechung der Erfahrungen aus der Selbstbeobachtung,

2. die Besprechung der Einhaltung der Zielvereinbarungen,

3. die Erarbeitung und Weiterentwicklung von Verhaltensstrategien und

4. die Aktivierung persönlicher Stärken und Unterstützungsmöglichkeiten sowie Motivationsarbeit.

(9) Mit Sitzung 2 der verkehrspsychologischen Teilmaßnahme darf frühestens nach Ablauf von drei Wochen nach Abschluss von Sitzung 1 begonnen werden.

1   **Begr** zur ÄndVO v. 5.11.13 (BR-Drs. 810/12 S. 50 = VkBl. **13** 1182): *§ 42 enthält die inhaltlichen Vorgaben für das Fahreignungsseminar .... Absätze 2 bis 5 betreffen die inhaltlichen Vorgaben für die verkehrspädagogische Teilmaßnahme ....*

2   *Zur Notwendigkeit der Festlegung eines Rahmenlehrplans, der in Absatz 2 Satz 1 eingeführt und in Anlage 16 aufgenommen wird, führen die im Auftrag der BASt erarbeiteten Studien aus: „Dem Gebot, inhaltliche und methodische Standards für die Durchführung einer staatlichen Maßnahme zu definieren (...), ist durch die Erarbeitung eines Rahmenlehrplans (...) für die neue edukative Teilmaßnahme nachzukommen. Dieser Rahmenlehrplan hat Vorgaben im Hinblick auf die wesentlichen Maßnahmenziele, Maßnahmeninhalte und Maßnahmenbedingungen zu beinhalten, um in diesen Punkten eine bundeseinheitliche Maßnahmenumsetzung zu gewährleisten" ... Zugleich muss aber berücksichtigt werden, dass im Zuge der weiteren wissenschaftlichen Entwicklung auch Lehr- und Lernmethoden entwickelt werden, die die gleichen oder ggf. bessere Lernergebnisse erwarten lassen. Dies wird zur Fortschreibung der Anlage 16 führen. Diejenigen, die die Fahreignungsseminare durchführen, sollen aber bereits vor der Fortschreibung der Anlage 16 die Möglichkeit haben, auch andere Methoden einzusetzen. Deren Geeignetheit wird von der Behörde geprüft; für ihre Entscheidung hierüber holt die Behörde regelmäßig ein wissenschaftliches Gutachten z. B. einer Hochschule oder Universität ein.*

3   *Absätze 6 bis 9 betreffen die Vorgaben für die verkehrspsychologische Teilmaßnahme .... Die Inhalte der verkehrspsychologischen Teilmaßnahme ergeben sich aus Erkenntnissen, die dem heutigen Stand der Forschung entsprechen ....*

4–10   Begr der Änderungen des ursprünglichen Entwurfs von § 42 aufgrund der Vereinbarungen im Vermittlungsverfahren zum StVGÄndG v. 28.8.13 (BGBl. I S. 3313): BR-Drs. 676/13 S. 56 = VkBl. **13** 1184

11   **1. Fahreignungsseminar.** § 42 trifft in Ergänzung von § 4a StVG nähere Bestimmungen zur Gestaltung des mit der Reform des Punktsystems 2014 neu eingeführten Fahreignungsseminars. Auf die Möglichkeit des freiwilligen Besuchs eines Fahreignungsseminars wird in den ersten beiden Maßnahmenstufen des FEigBewSystems, also mit der Ermahnung (§ 4 V S. 1 Nr. 1 StVG) und der Verwarnung (§ 4 V S. 1 Nr. 2 StVG), ausdrücklich schriftlich hingewiesen (§ 4 V S. 2 StVG, § 41 I FeV). Durch freiwilligen Besuch eines Fahreignungsseminars kann bei einem Punktestand von 1–5 Punkten innerhalb von 5 Jahren einmal ein Punkt abgebaut werden (§ 4 VII StVG). Die Anordnung der Teilnahme an einem Seminar (früher § 4 III S. 1 Nr. 2 StVG aF) gibt es im FEigBewSystem nicht.

Die mit dem Fahreignungsseminar angestrebten **Ziele** werden in § 4a I StVG dargestellt: Die **12**
Teilnehmer sollen sicherheitsrelevante Mängel in ihrem VVerhalten und insbes in ihrem Fahr-
verhalten erkennen und abbauen (§ 4a I S. 1 StVG). Hierzu sollen sie durch Vermittlung von
Kenntnissen zum StrVRecht, zu Gefahrenpotenzialen und zu verkehrssicherem Verhalten im
StrV, durch Analyse und Korrektur verkehrssicherheitsgefährdender Verhaltensweisen sowie
durch Aufzeigen der Bedingungen und Zusammenhänge des regelwidrigen VVerhaltens veran-
lasst werden (§ 4a I S. 2 StVG).

I S. 1 wiederholt die bereits in § 4a II S. 1 StVG normierte Festlegung, dass das Fahreignungssemi- **13**
nar aus **zwei Teilmaßnahmen** besteht, der verkehrspädagogischen Teilmaßnahme und der ver-
kehrspsychologischen Teilmaßnahme. Beide Teilmaßnahmen werden unabhängig voneinander
durchgeführt, sind aber **aufeinander abzustimmen** (I S. 2, § 4a II S. 1 StVG). I S. 2 konkretisiert die
Pflicht zur gegenseitigen Abstimmung durch die Anforderung an die Seminarleiter, dies durch ge-
genseitige Information umzusetzen. Offen ist, wie dies zu erfolgen hat (*Müller* SVR **15** 241 (243)).

Nach Abschluss des Fahreignungsseminars wird vom Seminarleiter der abschließenden Teil- **14**
maßnahme eine **Teilnahmebescheinigung** ausgestellt (§ 44 I iVm Anl 18). Deren Ausstellung
ist zu verweigern, wenn der Seminarteilnehmer nicht an allen Sitzungen teilgenommen, offene
Ablehnung gegenüber den Zielen der Maßnahme gezeigt oder den Lehr- und Lernstoff nicht
aktiv mit gestaltet hat (§ 44 II).

2. Seminarleiter. Zur Durchführung der **verkehrspädagogischen Teilmaßnahme** des **15**
Fahreignungsseminars sind **Fahrlehrer** berechtigt, die über eine Seminarerlaubnis Verkehrspäda-
gogik gem. § 46 FahrlG verfügen (§ 4a II S. 2 Nr. 1 StVG). Fahrlehrer ist der Inhaber einer Fahr-
lehrerlaubnis nach dem FahrlG (*Dauer* FahrlR § 1 FahrlG Anm 5). Die Voraussetzungen für die
Erteilung der Seminarerlaubnis Verkehrspädagogik und die näheren Einzelheiten sind in § 46
FahrlG geregelt. Zur Durchführung der **verkehrspsychogischen Teilmaßnahme** des Fahreig-
nungsseminars sind **Psychologen** berechtigt, die über eine Seminarerlaubnis Verkehrspsycholo-
gie nach § 4a III StVG verfügen (§ 4a II S. 2 Nr. 2, III S. 1 StVG). Die Einzelheiten sind in § 4a
III–V StVG geregelt.

3. Die **verkehrspädagogische Teilmaßnahme des Fahreignungsseminars** zielt auf Ver- **16**
mittlung von Kenntnissen zum Risikoverhalten, Verbesserung der Gefahrenerkennung, Anregung
zur Selbstreflexion und Entwicklung von Verhaltensvarianten (II S. 1). Sie umfasst **zwei Module
zu je 90 Minuten** (II S. 2). Modul 2 darf frühestens eine Woche nach Abschluss des Moduls 1
begonnen werden (V S. 2), weil für die zwischen den Sitzungen zu bearbeitenden Hausaufgaben
genügend Zeit vorhanden sein soll (Begr BR-Drs. 810/12 S. 51 = VkBl. **13** 1182). Die beiden
Module sind nach dem in **Anl 16 FeV** festgelegten **Rahmenlehrplan** durchzuführen (II S. 2
iVm Anl 16, Begr Rn. 2). Abweichend von den in Anl 16 genannten Lehr- und Lernmethoden
und Medien dürfen auch Methoden und Medien eingesetzt werden, die den gleichen Lernerfolg
gewährleisten (II S. 3), wenn die nach Landesrecht zuständige Behörde diese zuvor als geeignet
anerkannt hat (II S. 4). Die Behörde kann zur Bewertung alternativer Lehr- und Lernmethoden
und Medien ein unabhängiges wissenschaftliches Gutachten einer für die Bewertung geeigneten
Stelle einholen (II S. 4); Gebühr für die Bewertung einschließlich der Auslagen für eine externe
Begutachtung 1000 bis 10 000 € (Nr. 257 Anl GebOSt). Die Obergrenze des Gebührenrahmens
ist daran ausgerichtet, dass regelmäßig die Begutachtung durch eine Universität erforderlich
werden wird, wobei sich auch die Notwendigkeit ergeben kann, empirische Untersuchungen
durchzuführen und die Wirkung der Methode praktisch zu überprüfen (Begr BR-Drs. 810/12
S. 69 = VkBl. **13** 1193).

Die beiden Module der verkehrspädagogischen Teilmaßnahme enthalten **11 Bausteine** (III, **17**
IV), deren Inhalt in Anl 16 näher beschrieben wird. Von den tatbezogenen Bausteinen (III Nr. 6
Buchst. a–h, IV Nr. 2) sind nur diejenigen zu behandeln, für die aufgrund der individuellen Fah-
rerkarrieren der jeweiligen Teilnehmer Anlass besteht (V S. 1). Die Fahrerkarrieren werden im
2. Baustein ermittelt (III Nr. 2, Anl 16 Nr. 2 rechte Spalte). Die Auswahl der zu behandelnden
tatbezogenen Bausteine wird vom Seminarleiter vorgenommen (V S. 1). In der Teilnahmebe-
scheinigung (§ 44 iVm Anl 18) ist zu vermerken, welche Bausteine behandelt worden sind.

Die verkehrspädagogische Teilmaßnahme des Fahreignungsseminars kann als **Einzelmaß-** **18**
nahme oder in **Gruppen mit bis zu 6 Teilnehmern** durchgeführt werden (II S. 5). Die im
ursprünglichen Entwurf enthaltene Gruppengröße von maximal 3 Teilnehmern (Begr BR-
Drs. 810/12 S. 51 = VkBl. **13** 1182) wurde infolge des Vermittlungsverfahren zum StVGÄndG v.
28.8.13 (BGBl. I S. 3313) auf bis zu 6 Teilnehmer verdoppelt, um die Kosten der verkehrspäda-
gogischen Teilmaßnahme zu reduzieren (Begr BR-Drs. 676/13 S. 56 = VkBl. **13** 1184).

19   **4. Die verkehrspsychologische Teilmaßnahme des Fahreignungsseminars** soll dem Teilnehmer Zusammenhänge zwischen auslösenden und aufrechterhaltenden Bedingungen des regelwidrigen VVerhaltens aufzeigen, bei ihm Reflexionsbereitschaft erzeugen und Veränderungsbereitschaft schaffen (VI S. 1, 2). Sie umfasst **zwei Sitzungen zu je 75 Minuten** (VI S. 3). Der nach dem ursprünglichen Entwurf vorgesehene Umfang von 3 Sitzungen zu je 60 Minuten wurde infolge des Vermittlungsverfahrens zum StVGÄndG v. 28.8.13 (BGBl. I S. 3313) auf zwei Sitzungen zu je 75 Minuten vermindert, um eine Kostenreduzierung für das Fahreignungsseminar zu erreichen (Begr BR-Drs. 676/13 S. 57 = VkBl. **13** 1184). Sitzung 2 darf frühestens drei Wochen nach Abschluss von Sitzung 1 begonnen werden (IX), da die zwischen den Sitzungen anzufertigenden Hausaufgaben „für das Erproben und den Lernerfolg zwischen den Sitzungen angesichts der nur sehr kurzen Präsenzzeit von erheblicher Bedeutung" seien und deswegen „besonders sorgfältig vor- und nachbereitet sowie für die Beratung genutzt werden" sollten (Begr BR-Drs. 810/12 S. 54 = VkBl. **13** 1183). Die erste Sitzung dient der Verhaltensanalyse, der Entwicklung eines funktionalen Bedingungsmodells und der Erarbeitung von Lösungsstrategien (VII S. 1), die zweite Sitzung der Festigung der Lösungsstrategien (VIII S. 1).

20   Die verkehrspsychologische Teilmaßnahme ist als **Einzelmaßnahme,** nicht in der Gruppe durchzuführen (VI S. 3), da „aufgrund der Vielfalt, Individualität und Heterogenität der meist in der Person des (Punkte-)Täters liegenden Ursachen für das Fehlverhalten … die knappe Zeitbemessung für den Aufbau von Selbstmanagementtechniken und Verhaltensänderungen vollständig dem Einzelfall im Einzel-Setting zugute kommen" soll (Begr BR-Drs. 810/12 S. 54 = VkBl. **13** 1183).

Überwachung der Fahreignungsseminare nach § 42 und der Einweisungslehrgänge nach § 46 Absatz 2 Satz 1 Nummer 4 des Fahrlehrergesetzes

43 (1) ¹Die nach Landesrecht zuständige Behörde hat die Durchführung der Fahreignungsseminare auf die Einhaltung von folgenden Kriterien zu prüfen:

1. das Vorliegen der Voraussetzungen für die Seminarerlaubnis

   a) Verkehrspädagogik nach § 46 Absatz 2 des Fahrlehrergesetzes oder
   b) Verkehrspsychologie nach § 4a Absatz 4 des Straßenverkehrsgesetzes,

2. das Vorliegen des Nachweises der Fortbildung nach § 4a Absatz 7 des Straßenverkehrsgesetzes oder § 53 Absatz 2 des Fahrlehrergesetzes,

3. die räumliche und sachliche Ausstattung,

4. die Aufzeichnungen über die Seminarteilnehmer in Gestalt von Name, Vorname, Geburtsdatum und Anschrift sowie deren Unterschriften auf der Teilnehmerliste je Modul oder Sitzung und

5. die anonymisierte Dokumentation der durchgeführten Seminare, die Folgendes umfasst:

   a) für die verkehrspädagogische Teilmaßnahme
      aa) das Datum, die Dauer und den Ort der durchgeführten Module,
      bb) die Anzahl der Teilnehmer,
      cc) die Kurzdarstellungen der Fahrerkarrieren,
      dd) die eingesetzten Bausteine und Medien,
      ee) die Hausaufgaben und
      ff) die Seminarverträge,

   b) für die verkehrspsychologische Teilmaßnahme
      aa) das Datum, die Dauer und den Ort der durchgeführten Sitzungen,
      bb) die auslösenden und aufrechterhaltenden Bedingungen der Verkehrszuwiderhandlungen,
      cc) die Funktionalität des Problemverhaltens,
      dd) die erarbeiteten Lösungsstrategien,
      ee) die persönlichen Stärken des Teilnehmers,
      ff) die Zielvereinbarungen und
      gg) den Seminarvertrag.

²Die nach Landesrecht zuständige Behörde kann die Einhaltung weiterer gesetzlicher Bestimmungen in die Überwachung einbeziehen.

  (2) ¹Die nach Landesrecht zuständige Behörde hat die Durchführung der Einweisungslehrgänge nach § 46 Absatz 2 Satz 1 Nummer 4 des Fahrlehrergesetzes auf die Einhaltung von folgenden Kriterien zu prüfen:

1. das Vorliegen der Voraussetzungen für die Anerkennung von Einweisungslehrgängen nach § 47 Absatz 1 des Fahrlehrergesetzes,

2. die Einhaltung des Ausbildungsprogramms nach § 47b Absatz 1 Satz 2 Nummer 1 des Fahrlehrergesetzes,

3. die Dokumentation der durchgeführten Einweisungslehrgänge, die Folgendes umfasst:

   a) die Vornamen und Familiennamen des Lehrgangsleiters und der eingesetzten Lehrkräfte,

   b) die Vornamen und Familiennamen und die Geburtsdaten der Teilnehmer,

   c) die Kurzdarstellung des Verlaufs des Lehrgangs einschließlich der Inhalte und eingesetzten Methoden,

   d) das Datum, die Dauer und den Ort der durchgeführten Kurse und

   e) die Anwesenheit der Teilnehmer bei allen Kursen.

²Die nach Landesrecht zuständige Behörde kann die Einhaltung weiterer gesetzlicher Bestimmungen in die Überwachung einbeziehen.

Begr zur ÄndVO v. 5.11.13 (BR-Drs. 810/12 S. 56 = VkBl. **13** 1184): *Mit der Vorschrift werden* **1–7** *Mindestanforderungen an die inhaltliche Durchführung der Überwachung der Fahreignungsseminare, und zwar sowohl für die verkehrspädagogische Teilmaßnahme als auch für die verkehrspsychologische Teilmaßnahme, und für den Einweisungslehrgang, an dem die Seminarleiter der verkehrspädagogischen Teilmaßnahme teilnehmen müssen, aufgestellt. Damit soll erreicht werden, dass die für die Überwachung zuständigen Behörden bundesweit einen gleichen Mindeststandard zugrunde legen.*

1. Es ist gesetzlich geregelt, dass beide Teilmaßnahmen des Fahreignungsseminars der **behörd- 8 lichen Überwachung** unterliegen (§ 51 FahrlG, § 4a VIII S. 1 StVG). Abs. I enthält Ausführungsbestimmungen dazu. Ebenfalls gesetzlich geregelt ist, dass die Einweisungslehrgänge nach § 46 II S. 1 Nr. 4 FahrlG behördlich zu überwachen sind (§ 51 I FahrlG). Ausführungsbestimmungen dazu sind in Abs. II enthalten. § 43 wurde gegenüber dem ursprünglichen Entwurf aufgrund der Vereinbarungen im Vermittlungsverfahren zum StVGÄndG v. 28.8.13 (BGBl. I S. 3313) erheblich verändert (Begr BR-Drs. 676/13 S. 57 = VkBl. **13** 1185), nachdem die Länder klare Regelungen zu Qualitätssicherung und Überwachung der Fahreignungsseminare eingefordert hatten (BR-Drs. 387/13 (Beschluss) Nr. 6 und S. 4 zu Nr. 5 und 6).

2. Die Mindestanforderungen an die behördliche **Überwachung der Fahreignungssemi- 9 nare** werden in I S. 1 festgelegt; die in jedem Fall zu prüfenden Kriterien werden ausdrücklich genannt. Die für die Überwachung zuständige Behörde kann darüber hinaus weitere Aspekte der Seminardurchführung zum Gegenstand der Überwachung machen (I S. 2). Sie ist also nicht auf die in I S. 1 genannten Punkte beschränkt. Die gem. I S. 1 Nr. 4 zu prüfenden personenbezogenen Daten der Seminarteilnehmer stehen 5 Jahre für die Seminarüberwachung zur Verfügung (§ 46 V S. 2 Nr. 4, S. 3 FahrlG, § 4a VI S. 2 Nr. 4, S. 3 StVG).

3. Die Mindestanforderungen an die behördliche **Überwachung der Einweisungslehr- 10 gänge** nach § 46 II S. 1 Nr. 4 FahrlG, die Bewerber um eine Seminarerlaubnis Verkehrspädagogik besuchen müssen, werden in II S. 1 festgelegt. Dass in II S. 1 Nr. 2 von der Einhaltung des Ausbildungsprogramms nach § 47b I S. 2 Nr. 1 FahrlG (statt richtig § 47 I S. 2 Nr. 1 FahrlG) gesprochen wird, beruht auf einem offenkundigen Redaktionsversehen in der ÄndVO v. 2.1.18 (BGBl. I S. 2); der Fehler kann deswegen vernachlässigt werden. Die für die Überwachung zuständige Behörde kann über die in II S. 1 genannten Kriterien hinaus weitere Aspekte zum Gegenstand der Überwachung machen (II S. 2).

Anforderungen an Qualitätssicherungssysteme für das Fahreignungsseminar

43a Macht die nach Landesrecht zuständige Behörde von der Möglichkeit der Qualitätssicherungssysteme nach § 4a Absatz 8 Satz 6 des Straßenverkehrsgesetzes oder § 51 Absatz 6 des Fahrlehrergesetzes Gebrauch, hat sie ein Qualitätssicherungssystem für die verkehrspsychologische Teilmaßnahme anzuerkennen oder ein Qualitätssicherungssystem für die verkehrspädagogische Teilmaßnahme zu genehmigen, wenn

1. der Antragsteller oder bei juristischen Personen die vertretungsberechtigten Personen über die für den Betrieb des Qualitätssicherungssystems erforderliche Zuverlässigkeit verfügen,

2. die finanzielle und organisatorische Leistungsfähigkeit des Trägers des Qualitätssiche-
rungssystems gewährleistet ist,

3. Verfahren zur Qualitätssicherung vorgesehen und dokumentiert sind, die sicherstellen,
dass

   a) wenigstens alle zwei Jahre eine Prüfung der Erfüllung der Anforderungen nach Anla-
ge 17 bei dem Anbieter von Fahreignungsseminaren oder von Einweisungslehrgän-
gen vor Ort durchgeführt wird,

   b) das zur Prüfung nach Buchstabe a eingesetzte Personal über die erforderliche Fach-
kunde, Unabhängigkeit und Zuverlässigkeit verfügt, um sachgerecht beurteilen zu
können, ob die Anforderungen nach Anlage 17 erfüllt werden,

   c) der Anbieter von Fahreignungsseminaren oder von Einweisungslehrgängen aus dem
Qualitätssicherungssystem ausgeschlossen wird, wenn er die gesetzlichen Anforde-
rungen für die Durchführung von Fahreignungsseminaren oder Einweisungslehrgän-
gen nicht mehr erfüllt und der Mangel nicht unverzüglich beseitigt wird,

   d) der Antragsteller der nach Landesrecht zuständigen Behörde die Aufnahme eines
Anbieters von Fahreignungsseminaren oder von Einweisungslehrgängen in das Qua-
litätssicherungssystem und dessen Ausschluss oder Ausscheiden aus dem Qualitäts-
sicherungssystem nebst der dafür wesentlichen Gründe unverzüglich mitteilt,

   e) bei der Durchführung der Qualitätssicherung die geltenden Datenschutzbestimmun-
gen nach den Landesdatenschutzgesetzen sowie landesrechtliche, bereichsspezifische
Datenschutzvorschriften und, soweit der Datenschutz nicht durch Landesrecht gere-
gelt ist, nach dem Bundesdatenschutzgesetz sowie bundesrechtliche, bereichsspezifi-
sche Datenschutzvorschriften eingehalten werden,

   f) eine Dokumentation der Durchführung der Qualitätssicherung erfolgt und

   g) die nach Landesrecht zuständige Behörde jederzeit Einsicht in die Dokumentation
über die Durchführung der Qualitätssicherung nehmen kann,

und

4. mindestens eine der folgenden Maßnahmen vorgesehen und dokumentiert ist, die der
Erhaltung des Qualitätsniveaus des Fahreignungsseminars dienen:

   a) ergänzende Fortbildungen,

   b) Auswertungen der Seminardurchführungen,

   c) institutionalisierter fachlicher Austausch oder

   d) eine der den vorgenannten Maßnahmen gleichwertige Maßnahme.

1   **Begr** zur ÄndVO v. 16.4.14 (BR-Drs. 78/14 S. 59 = VkBl. **14** 429): *§ 43a regelt die Anforderun-
gen an ein Qualitätssicherungssystem, welches von der nach Landesrecht zuständigen Behörde genehmigt
und sodann anstelle der behördlichen Überwachung eingesetzt werden kann. Die Regelungen sollen zur
Arbeitserleichterung bei den Landesbehörden beitragen, indem sie im Genehmigungsprozess als Maßstab
und Checkliste dienen. Sie sollen aber auch gleichzeitig eine Bundeseinheitlichkeit der Qualitätssicherungs-
systeme im Hinblick auf die Qualität des Überwachungsniveaus und letztlich des Fahreignungsseminars
gewährleisten. Die Regelungen zielen darauf ab, dass das Qualitätssicherungssystem vor Ort mindestens
dieselben Anforderungen erfüllt wie die behördliche Überwachung. Nur dann ist ein Verzicht auf die behörd-
liche Überwachung gerechtfertigt. Anders als bei der behördlichen Überwachung ist für ein Qualitätssiche-
rungssystem nicht vorgesehen, dass der Überprüfungsturnus von 2 Jahren verlängert werden kann. Um die
Durchführung der Qualitätssicherung für die Landesbehörde transparent und kontrollierbar zu machen, ist
die Durchführung der Qualitätssicherung vor Ort zu dokumentieren und für die Behörde verfügbar zu
halten.*

2–8   **Zu Anlage 17** (BR-Drs. 78/14 S. 73 = VkBl. **14** 440): *Die Checkliste für die Prüfungsinhalte in
Anlage 17, die ein Qualitätssicherungssystem bei der Überprüfung vor Ort leisten muss, ist § 43 FeV
nachgebildet. Hinzu kommt eine über die behördliche Überwachung hinausgehende Maßnahme, die geeignet
ist, das Qualitätsniveau des Fahreignungsseminars zusätzlich zu verbessern. Neben den beispielhaft aufge-
zählten Maßnahmen kann das Qualitätssicherungssystem auch alternative gleichwertige Maßnahmen eigen-
ständig bestimmen, womit Erfahrungen aus der Praxis nutzbar gemacht werden. Damit soll zum einen
erreicht werden, dass das Qualitätssicherungssystem ein „Mehr" an Qualität erzeugt als die reine behördli-
che Überwachung. Zum anderen sollen die Seminarleiter durch das Absehen von behördlicher Überwachung
einen Anreiz erhalten, sich einem solchen Qualitätssicherungssystem anzuschließen, damit die Behörden
dadurch entlastet werden können.*

9   **1. Allgemeines.** Die Durchführung der Fahreignungsseminare (§ 4a StVG, § 42 FeV) und
der Einweisungslehrgänge für Fahrlehrer, die eine Seminarerlaubnis Verkehrspädagogik erwerben
wollen (§ 46 II S. 1 Nr. 4 FahrlG), unterliegt der behördlichen Überwachung (§ 51 I S. 1, III

Nr. 1 FahrlG, § 4a VIII S. 1 StVG, § 43 I FeV). Die Behörde **kann von der Überwachung absehen,** wenn der Fahrlehrer, der zur Durchführung von Einweisungslehrgängen Berechtigte oder der Psychologe sich einem von der dafür zuständigen Behörde anerkannten **Qualitätssicherungssystem** angeschlossen hat (§ 51 VII S. 1 FahrlG, § 4a VIII S. 6 StVG). Aufgrund der Vereinbarungen im Vermittlungsverfahren zum StVGÄndG v. 28.8.13 (BGBl. I S. 3313) wurde geregelt, dass das BMV Anforderungen an Qualitätssicherungssysteme und Regeln für die Durchführung der Qualitätssicherung durch RVO bestimmen soll (§ 34 IV FahrlG aF, § 4a VIII S. 8 StVG), nachdem die Länder klare Regelungen zu Qualitätssicherung und Überwachung der Fahreignungsseminare gefordert hatten (BR-Drs. 387/13 (Beschluss) Nr. 6 und S. 4 zu Nr. 5 und 6). Dies ist durch § 43a iVm Anl 17 FeV geschehen.

Die Regelungen in StVG und FeV lassen offen, ob ein Qualitätssicherungssystem nur für eine **10** der Teilmaßnahmen des Fahreignungsseminars, für beide Teilmaßnahmen gemeinsam oder auch für die Einweisungslehrgänge konzipiert und zur Anerkennung/Genehmigung vorgelegt wird. Die Gebührentatbestände für die Anerkennung/Genehmigung (Nr. 258, 311 Anl GebOSt) sind deswegen in verschiedenen Gebührennummern geregelt worden (Begr BR-Drs. 676/13 S. 67 = VkBl. **13** 1194).

§ 43a bezieht sich **nur** auf **Qualitätssicherungssysteme** für die **Teilmaßnahmen des 11 Fahreignungsseminars** und für **Einweisungslehrgänge** nach § 46 II S. 1 Nr. 4 FahrlG. Dies erklärt sich daraus, dass der Bund im Vermittlungsverfahren zum StVGÄndG v. 28.8.13 lediglich zugesagt hat, für diesen Bereich Anforderungen und Durchführungsregeln zu bestimmen (*Dauer* FahrlR § 51 FahrlG Anm 26f.). Für andere Bereiche gibt es keine § 43a vergleichbaren Ausführungsbestimmungen.

Hat sich ein Fahrlehrer, ein zur Durchführung von Einweisungslehrgängen Berechtigter oder **12** ein Psychologe einem anerkannten Qualitätssicherungssystem angeschlossen, bleibt die **Befugnis** der für die Überwachung zuständigen Behörde **unberührt,** gleichwohl **Überwachungsmaßnahmen durchzuführen** (§ 51 VII S. 2 FahrlG, § 4a VIII S. 7 StVG). Durch Anschluss an ein Qualitätssicherungssystem können sich Fahrlehrer, zur Durchführung von Einweisungslehrgängen Berechtigte und Psychologen somit der staatlichen Überwachung nicht entziehen. Die Formulierung der Begr (Rn. 1), genehmigte Qualitätssicherungssysteme könnten *anstelle* der behördlichen Überwachung genutzt werden, ist insoweit missverständlich.

2. Anerkennung/Genehmigung. Von der regelmäßigen Überwachung der Fahreignungs- **13** seminare und der Einweisungslehrgänge kann nur abgesehen werden, wenn sich der Psychologe, der Fahrlehrer oder der zur Durchführung von Einweisungslehrgängen Berechtigte einem von der dafür zuständigen Behörde **anerkannten** (§ 4a VIII S. 6 StVG) bzw. **genehmigten** (§ 51 VII S. 1 FahrlG) Qualitätssicherungssystem angeschlossen hat. Mit Anerkennung und Genehmigung ist das Gleiche gemeint; warum in StVG und FahrlG dafür unterschiedliche Begriffe verwendet werden, ist nicht erkennbar.

Zuständig für die Genehmigung von Qualitätssicherungssystemen für die verkehrspädagogi- **14** sche Teilmaßnahme des Fahreignungsseminars und für Einweisungslehrgänge ist die nach Landesrecht dafür zuständige Behörde (§ 51 VII S. 1 FahrlG). Zuständig für die Anerkennung von Qualitätssicherungssystemen für die verkehrspsychologische Teilmaßnahme des Fahreignungsseminars ist die nach Landesrecht dafür zuständige Behörde (§ 4a VIII S. 6 StVG).

Über einen Antrag auf Anerkennung/Genehmigung eines Qualitätssicherungssystems **ist in 15 jedem Fall zu entscheiden.** Der Wortlaut („Macht die nach Landesrecht zuständige Behörde von der Möglichkeit der Qualitätssicherungssysteme ... Gebrauch, hat sie ...") erweckt den unzutreffenden Eindruck, der für die Anerkennung/Genehmigung zuständigen Behörde stehe ein Ermessen zu, ob sie von der Möglichkeit der Qualitätssicherungssysteme für die Teilmaßnahmen des Fahreignungsseminars Gebrauch machen will. Nach den gesetzlichen Regelungen § 4a VIII S. 6 StVG, § 51 VII S. 1 FahrlG besteht ein solcher Entscheidungsspielraum jedoch nicht. Der Gesetzgeber hat mit diesen Vorschriften vielmehr die Möglichkeit für Fahrlehrer, zur Durchführung von Einweisungslehrgängen Berechtigte und Psychologen eröffnet, sich genehmigten/anerkannten Qualitätssicherungssystemen anzuschließen, ohne es der für die Genehmigung/Anerkennung zuständigen Behörde zu gestatten, zuvor zu entscheiden, ob sie diese Möglichkeit überhaupt zulassen will. Diese Entscheidung hat der Gesetzgeber bereits getroffen. Die für die Anerkennung/Genehmigung zuständige Behörde hat auch **keinen Ermessensspielraum** bei ihrer Entscheidung über einen Antrag auf Anerkennung/Genehmigung eines Qualitätssicherungssystems. Bei Vorliegen der in § 43a genannten Voraussetzungen hat sie die Anerkennung/Genehmigung zwingend zu erteilen. Dass im Eingangssatz von § 43a unzutreffend von

§ 51 VI statt richtig von § 51 VII FahrlG die Rede ist, ist ein offenkundiges Redaktionsversehen der ÄndVO v. 2.1.18 (BGBl. I S. 2) und kann deswegen unberücksichtigt bleiben.

16   **3.** Die **Voraussetzungen für Anerkennung und Genehmigung** von Qualitätssicherungssystemen für die Teilmaßnahmen des Fahreignungsseminars und die Einweisungslehrgänge nach § 46 II S. 1 Nr. 4 FahrlG sind in § 43a abschließend genannt. Mit **Zuverlässigkeit** (Nr. 1) ist die allgemeine Zuverlässigkeit iSd Gewerberechts gemeint. Nicht näher geregelt ist, wann die **finanzielle und organisatorische Leistungsfähigkeit** des Trägers des Qualitätssicherungssystems gewährleistet ist (Nr. 2), so dass der für die Anerkennung/Genehmigung zuständigen Behörde insoweit ein weiter Beurteilungsspielraum zur Verfügung steht. Das **Verfahren zur Qualitätssicherung** muss die in Nr. 3 genannten Punkte sicherstellen. Dabei ist ua zu gewährleisten, dass wenigstens alle 2 Jahre die Erfüllung der in **Anlage 17** FeV genannten Anforderungen geprüft wird (Nr. 3 Buchst. a). Die Liste der zu prüfenden Punkte in Anl 17 Abschnitt A ist § 43 nachgebildet (Begr Rn. 2–8), womit deutlich gemacht wird, dass die Qualitätssicherungssysteme mindestens das Niveau der behördlichen Überwachung haben müssen. Anders als bei der behördlichen Überwachung ist es bei Qualitätssicherungssystemen nicht möglich, den Überprüfungsturnus von 2 Jahren zu verlängern. Die Durchführung der Qualitätssicherung ist vor Ort zu dokumentieren, die Dokumentation ist der für die Überwachung zuständigen Behörde jederzeit zugänglich zu machen (Nr. 3 Buchst. f und g, Begr Rn. 1). **Zusätzlich** zu den gem. Nr. 3 und Anl 17 vorzusehenden Punkten muss ein Qualitätssicherungssystem noch mindestens eine **weitere** der Erhaltung des Qualitätsniveaus dienende **Maßnahme** vorsehen (Nr. 4). Beispielhaft sind dafür ergänzende Fortbildungen, Auswertungen der Seminardurchführungen und ein institutionalisierter fachlicher Austausch genannt (Nr. 4 Buchst. a–c); zulässig ist aber auch eine den Beispielen gleichwertige Maßnahme (Nr. 4 Buchst. d). Durch die zusätzliche Maßnahme soll das Qualitätssicherungssystem ein „Mehr" gegenüber der behördlichen Überwachung gewährleisten, wodurch das Qualitätsniveau des Fahreignungsseminars verbessert werden soll (Begr Rn. 2–8).

Teilnahmebescheinigung

44 (1) ¹Nach Abschluss des Fahreignungsseminars ist vom Seminarleiter der abschließenden Teilmaßnahme eine Bescheinigung nach dem Muster der Anlage 18 zur Vorlage bei der nach Landesrecht zuständigen Behörde auszustellen. ²Die Bescheinigung ist von den Seminarleitern beider Teilmaßnahmen und vom Seminarteilnehmer unter Angabe des Ausstellungsdatums zu unterschreiben.

(2) Die Ausstellung einer Teilnahmebescheinigung ist vom Seminarleiter zu verweigern, wenn der Seminarteilnehmer

1. nicht an allen Sitzungen des Seminars teilgenommen hat,

2. eine offene Ablehnung gegenüber den Zielen der Maßnahme zeigt oder

3. den Lehrstoff und Lernstoff nicht aktiv mitgestaltet.

1   **Begr** zur ÄndVO v. 5.11.13 (BR–Drs. 810/12 S. 56 = VkBl. **13** 1185): … *müssen die Seminarleiter beider Teilmaßnahmen die Bescheinigung unterschreiben. Die gewollte Abstimmung zwischen ihnen wird dadurch gefördert, dass die Bescheinigung vom Seminarleiter der abschließenden Teilmaßnahme ausgestellt wird, der sich somit zwangsläufig mit dem Seminarleiter der anderen Teilmaßnahme abstimmen muss.*

2–8   **Begr** zur ÄndVO v. 16.4.14 **zu Anlage 18** (BR–Drs. 78/14 S. 59, 73 = VkBl. **14** 429, 441): … *wird ein verbindliches Muster für die Teilnahmebescheinigung eingefügt.*

9   **1.** Nach Abschluss eines Fahreignungsseminars (§ 4a StVG, § 42 FeV) ist eine **Teilnahmebescheinigung** gem. Muster in **Anlage 18** FeV auszustellen (I S. 1). Sie dient zur Vorlage bei der FEB, wenn der Teilnehmer gem. § 4 VII StVG einen Punktabzug erhalten will. Für die Ausstellung der Teilnahmebescheinigung ist der **Seminarleiter der abschließenden Teilmaßnahme** des Fahreignungsseminars verantwortlich (I S. 1). Sie ist von den Seminarleitern beider Teilmaßnahmen und vom Seminarteilnehmer zu unterschreiben (I S. 2).

10   In der Teilnahmebescheinigung ist das **Ausstellungsdatum** anzugeben (I S. 2). Dies ist das Datum, zu dem der Seminarleiter der abschließenden Teilmaßnahme die Bescheinigung ausstellt. Das Muster gem. Anl 18 sieht vor, dass beide Seminarleiter unter Angabe eines Datums unterschreiben. Dabei gilt als Ausstellungsdatum **allein das Datum, zu dem der Seminarleiter der abschließenden Teilmaßnahme unterschrieben hat.** Welches die abschließende Teilmaßnahme war, ergibt sich aus den Daten der jeweils zuletzt durchgeführten Module/Sitzungen der beiden Teilmaßnahmen. Das genaue Ausstellungsdatum hat insofern Bedeutung, als der

Punktabzug nach § 4 VII S. 1 StVG nur möglich ist, wenn der Seminarteilnehmer zum Zeitpunkt der Ausstellung der Teilnahmebescheinigung nicht mehr als 5 Punkte hat. Das Ausstellungsdatum ist außerdem für den zu verringernden Punktestand maßgeblich (§ 4 VII S. 3 StVG). Der Besuch eines Fahreignungsseminars führt jeweils nur einmal innerhalb von 5 Jahren zu einem Punktabzug, wobei für die Berechnung der Fünfjahresfrist das Ausstellungsdatum der Teilnahmebescheinigung maßgeblich ist (§ 4 VII S. 2, 3 StVG).

2. Abs. II regelt, wann die **Ausstellung einer Teilnahmebescheinigung** vom Seminarleiter **11** **zu verweigern** ist. Diese Vorgabe gilt nach Sinn und Zweck der Regelung für die Seminarleiter beider Teilmaßnahmen des Fahreignungsseminars, nicht nur gem. dem Wortlaut für den Seminarleiter der abschließenden Teilmaßnahme, der die Teilnahmebescheinigung nach I S. 1 ausstellt. Die Regelung bedeutet, dass eine lückenhafte oder offen ablehnende Teilnahme und ein passives „Absitzen" des Fahreignungsseminars nicht zur Ausstellung einer Teilnahmebescheinigung und damit nicht zu einem Punktabzug führt.

45 *(aufgehoben)*

8. Entziehung oder Beschränkung der Fahrerlaubnis, Anordnung von Auflagen

Entziehung, Beschränkung, Auflagen

46 (1) [1] Erweist sich der Inhaber einer Fahrerlaubnis als ungeeignet zum Führen von Kraftfahrzeugen, hat ihm die Fahrerlaubnisbehörde die Fahrerlaubnis zu entziehen. [2] Dies gilt insbesondere, wenn Erkrankungen oder Mängel nach den Anlagen 4, 5 oder 6 vorliegen oder erheblich oder wiederholt gegen verkehrsrechtliche Vorschriften oder Strafgesetze verstoßen wurde und dadurch die Eignung zum Führen von Kraftfahrzeugen ausgeschlossen ist.

(2) [1] Erweist sich der Inhaber einer Fahrerlaubnis noch als bedingt geeignet zum Führen von Kraftfahrzeugen, schränkt die Fahrerlaubnisbehörde die Fahrerlaubnis so weit wie notwendig ein oder ordnet die erforderlichen Auflagen an. [2] Bei Inhabern ausländischer Fahrerlaubnisse schränkt die Fahrerlaubnisbehörde das Recht, von der ausländischen Fahrerlaubnis im Inland Gebrauch zu machen, so weit wie notwendig ein oder ordnet die erforderlichen Auflagen an. [3] Die Anlagen 4, 5 und 6 sind zu berücksichtigen.

(3) Werden Tatsachen bekannt, die Bedenken begründen, dass der Inhaber einer Fahrerlaubnis zum Führen eines Kraftfahrzeugs ungeeignet oder bedingt geeignet ist, finden die §§ 11 bis 14 entsprechend Anwendung.

(4) [1] Die Fahrerlaubnis ist auch zu entziehen, wenn der Inhaber sich als nicht befähigt zum Führen von Kraftfahrzeugen erweist. [2] Rechtfertigen Tatsachen eine solche Annahme, kann die Fahrerlaubnisbehörde zur Vorbereitung der Entscheidung über die Entziehung die Beibringung eines Gutachtens eines amtlich anerkannten Sachverständigen oder Prüfers für den Kraftfahrzeugverkehr anordnen. [3] § 11 Absatz 6 bis 8 ist entsprechend anzuwenden.

(5) Bei einer ausländischen Fahrerlaubnis hat die Entziehung die Wirkung einer Aberkennung des Rechts, von der Fahrerlaubnis im Inland Gebrauch zu machen.

(6) [1] Mit der Entziehung erlischt die Fahrerlaubnis. [2] Bei einer ausländischen Fahrerlaubnis erlischt das Recht zum Führen von Kraftfahrzeugen im Inland.

Begr: BR-Drs. 443/98 S. 294 = VkBl. **98** 1085   **1**

Begr zur 2. FeVÄndVO v. 7.1.09 **zu Abs. 2 S. 2 und Abs. 5** (BR-Drs. 843/08 (Beschluss) **2–8** S. 4 = VkBl. **09** 123): *Durch Ergänzung des § 46 um die bisherigen Vorschriften des § 29a und Anpassung des § 47 Abs. 2 werden einheitliche, eindeutige Regelungen für die Entziehung, Beschränkung oder Anordnung von Auflagen bezüglich ausländischer Fahrerlaubnisse geschaffen.*

1. Allgemeines. Die Entziehung der FE durch die Verwaltungsbehörde ist gesetzlich in § 3 **9** StVG geregelt, **eingehend** dazu § 3 StVG. § 46 ist Ausführungsvorschrift zu § 3 StVG auf der Grundlage von § 6 I Nr. 1 Buchst. q StVG. I–III zeigen die Handlungspflichten und -möglichkeiten der FEB bei fehlender oder eingeschränkter Eignung zum Führen von Kfz auf, IV bei fehlender Befähigung. V und VI wiederholen die Regelungen über die Rechtsfolgen der Entziehung aus § 3 StVG. Zur Verpflichtung zur Ablieferung oder Vorlage des FS nach EdF s. § 47.

10   **2. Entziehung der FE bei Ungeeignetheit (I).** I S. 1 wiederholt die Regelung des § 3 I
S. 1 StVG, wonach die FEB die FE bei Ungeeignetheit zum Führen von Kfz zwingend zu ent-
ziehen hat (näher § 3 StVG). Die fehlende Eignung kann auf körperlichen oder geistigen Män-
geln oder darauf beruhen, dass der FEInhaber erheblich oder wiederholt gegen verkehrsrechtliche
Vorschriften oder Strafgesetze verstoßen hat (sog charakterliche Mängel), näher § 2 StVG
Rn. 41 ff, § 3 StVG Rn. 14–16. I S. 2 verweist darauf, dass körperliche und geistige Mängel insbe-
sondere dann vorliegen, wenn sie in Anl 4, 5 und 6 FeV genannt sind (s. auch § 11 I S. 2). Durch
das Wort *insbesondere* wird deutlich gemacht, dass die in diesen Anlagen genannten Erkrankungen
und Mängel nicht abschließend sind (s. § 11 Rn. 19). Körperliche Mängel, Krankheit: § 2 StVG
Rn. 42, § 3 StVG Rn. 15, Altersabbau: § 2 StVG Rn. 43, geistige Mängel: § 2 StVG Rn. 66, erheb-
liche oder wiederholte Verstöße gegen verkehrsrechtliche Vorschriften oder Strafgesetze: § 2 StVG
Rn. 67 ff. Die Ungeeignetheit muss feststehen, um EdF zu rechtfertigen; bloße Eignungszweifel
genügen nicht (§ 3 StVG Rn. 24). Bei mehrfachen Verkehrsverstößen ist der Vorrang des Fah-
reignungs-Bewertungssystems zu beachten (§ 4 StVG Rn. 33 ff.). Der **Vorrang des Strafverfah-
rens** (§ 3 III, IV StVG, § 3 StVG Rn. 44 ff.) wird in § 46 FeV nicht eigens erwähnt.

11   Ein Widerspruch zwischen der durch §§ 24a II, 25 I S. 2 StVG vorgesehenen Sanktion bei
BtmKonsum (FV) und § 46 I S. 2 FeV (EdF) besteht nicht (VGH Ma VRS **109** 450, OVG Hb
NJW **08** 1465, OVG Greifswald BA **09** 360, aM *Dencker* DAR **04** 626 (630 f.)). Denn im Buß-
geldverfahren wird nicht über die Fahreignung des Betr entschieden, sondern die Möglichkeit
eröffnet, eine erzieherische Nebenfolge zu verfügen. EdF wegen Nichteignung ist eine präventi-
ve Maßnahme der Gefahrenabwehr und dient nicht der Sanktionierung eines Verhaltens.

12   **3. Bedingte Eignung (II).** Ist die Kraftfahreignung nicht gänzlich entfallen, sondern noch
eingeschränkt („bedingt") vorhanden, verstieße EdF gegen das verfassungsmäßige Übermaßver-
bot (**E** 2). Soweit daher FEBeschränkung oder Belassung der FE unter Erteilung von Auflagen
ausreicht, scheidet EdF aus. Bedingte Eignung: § 2 StVG Rn. 70, § 3 StVG Rn. 17. Einschrän-
kung der FE oder FE unter Auflagen bei bedingter Eignung: § 23 Rn. 11 ff. Bei im Ausland er-
teilten FE kann die FEB die FE nicht einschränken oder mit Auflagen versehen, weil dies ein
unzulässiger Eingriff in die Hoheitsbefugnisse des anderen Staates wäre. Bei bedingter Eignung
kann sie nur das Recht, von der ausländischen FE im Inland Gebrauch zu machen einschränken
oder Auflagen zu diesem Recht anordnen (II S. 2). Verpflichtung zur Vorlage des FS bei der FEB
zur Eintragung der Beschränkungen oder Auflagen: § 47 I und II S. 1, 4.

13   **4. Klärung von Bedenken gegen die Eignung (III).** Werden der FEB konkrete Tatsachen
bekannt, die Bedenken gegen die Eignung des FEInhabers zum Führen von Kfz begründen, so
ergeben sich die ihr zur Verfügung stehenden Aufklärungsmaßnahmen im Einzelnen aus den
§§ 11 bis 14, die gem. III entsprechend anzuwenden sind. § 11: körperliche, geistige oder charak-
terliche Eignungsmängel, § 12: Sehvermögen, § 13: Alkoholabhängigkeit, Alkoholmissbrauch,
§ 14: Drogenkonsum, Arzneimittelmissbrauch. Auf die Erläuterungen zu §§ 11 bis 14 wird ver-
wiesen. Die Eignungskontrolle von Kf bei hinreichendem Verdacht fehlender Fahreignung ist
verfassungskonform (BVerfG NJW **02** 2378 (2380)).

14   **5. Entziehung der FE bei Fehlen der Befähigung (IV S. 1).** IV S. 1 wiederholt die Re-
gelung des § 3 I S. 1 StVG, wonach die FE bei fehlender Befähigung zum Führen von Kfz zwin-
gend zu entziehen ist. Begriff der Befähigung: § 2 StVG Rn. 72. Wurde keine Fahrprüfung abgelegt
oder wurde sie nur durch Manipulation oder Täuschung bestanden, EdF wegen fehlender Befähi-
gung, nicht lediglich Anlass zur Klärung von Zweifeln an der Befähigung (§ 3 StVG Rn. 42).

15   **6. Klärung von Bedenken gegen die Befähigung (IV S. 2).** Hat die FEB auf Grund
konkreter Tatsachen Zweifel an der Befähigung, kann sie die Beibringung eines Gutachtens ei-
nes amtlich anerkannten Sachverständigen oder Prüfers für den KfzVerkehr (aaSoP) anordnen
(IV S. 2, VG Köln DAR **14** 668, VG Mü 9.6.20 – 26 S 19.5657 SVR **20** 318). § 11 VI-VIII ist
dabei entsprechend anzuwenden (IV S. 3). Da Anlage 4a FeV hier nicht anwendbar ist, kann auf
die in Anlage 7 FeV geregelten Anforderungen an die Fahrerlaubnisprüfung zurückgegriffen
werden (VGH Mü 23.6.16 – 11 CS 16.907 BeckRS 2016, 48811, OVG Bremen 9.9.19 – 2 B
192/19 SVR **19** 476). Das nach IV S. 2 anzuordnende Gutachten zur Klärung von *Befähigungs*-
zweifeln ist von dem nach § 11 IV anzuordnenden Gutachten eines aaSoP zu unterscheiden, das
der Klärung von *Eignungs*zweifeln dient (dazu § 11 Rn. 40). Beziehen sich die Befähigungszwei-
fel auf die theoretischen Kenntnisse, so kann die Anordnung darauf beschränkt werden. Deuten
konkrete Tatsachen auf mangelnde Befähigung zur sicheren Führung eines Kfz hin, so kann die
Anordnung auf diesen Teil der Befähigung beschränkt werden. Ist eine **Fahrprobe** im Rahmen

der Begutachtung erforderlich, muss der Betr dabei von einem Fahrlehrer oder Fahrlehreranwärter begleitet werden (§ 2 XV S. 1 StVG), der dann nicht als Führer des Kfz gilt, da der Betr eine FE besitzt (§ 2 XV S. 2 StVG).

7. Wirkung der Entziehung. Bei in Deutschland erteilten FE erlischt die FE mit der Entzie- **16** hung (VI S. 1, § 3 II S. 1 StVG, § 3 StVG Rn. 35 ff.). Sie ist damit untergegangen und kann nicht wieder aufleben. Wenn der Betr wieder eine FE haben will, muss er Erteilung einer neuen FE beantragen (§ 3 StVG Rn. 62 ff.). Zu den Rechtsfolgen bei im Ausland erteilten FE s. Rn. 17.

8. Ausländische FE können von deutschen Behörden nicht mit der Folge des Erlöschens **17** entzogen werden, weil dies ein unzulässiger Eingriff in die Hoheitsbefugnisse des anderen Staates wäre (§ 3 StVG Rn. 28). Der gleichwohl auch bei ausländischen FE als Entziehung bezeichnete VA hat deswegen nur die Wirkung einer **Aberkennung des Rechts, von der ausländischen FE in Deutschland Gebrauch zu machen** (V, § 3 I S. 2 StVG). Mit EdF erlischt bei ausländischen FE somit nicht die FE als solche, sondern nur das Recht zum Führen von Kfz im Inland (VI S. 2, § 3 II S. 2 StVG, BVerwG NJW **12** 3669 Rn. 19). Die ausländische FE bleibt bestehen. Dies gilt bei fehlender Eignung ebenso wie bei fehlender Befähigung. Speicherung im FAER: § 28 III Nr. 6 StVG, § 59 I Nr. 9 FeV. Die Maßnahme erstreckt sich stets nur auf eine vorhandene, nicht auf eine künftig zu erteilende FE (VGH Ma NZV **96** 215, Zw NZV **97** 364 (jeweils zu § 11 II IntVO aF), VGH Mü VRS **109** 141). Die EuGH-Rspr. zur gegenseitigen Anerkennung von **EU/EWR-FE** hindert uU bei Ungeeignetheit des Inhabers einer ausländischen EU/EWR-FE die Entziehung nach §§ 3 I S. 2 StVG, 46 V FeV wegen Eignungsmängeln, die durch Umstände vor Erteilung der ausländischen FE deutlich wurden, s. im Einzelnen § 28 Rn. 33 ff. Um den innerstaatlichen (strafrechtlichen) Rechtswirkungen des § 21 I Nr. 1 StVG iVm § 28 IV S. 1 Nr. 3 FeV zu entgehen, muss der FEInhaber einen trotzdem ergehenden Bescheid aber mit den innerstaatlichen Rechtsbehelfen anfechten, soweit der Bescheid nicht nichtig ist (Nü NJW **07** 2935). Deutsche Behörden sind auch befugt, im Ausland erteilte EU/EWR-FE zu „entziehen", also das Recht abzuerkennen, von der ausländischen FE in Deutschland Gebrauch zu machen, wenn der FEInhaber **im Ausland wohnt** und keinen Wohnsitz in Deutschland hat (§ 3 StVG Rn. 29).

Bei **eingeschränkter („bedingter") Eignung** ist das Recht, von der ausländischen FE im **18** Inland Gebrauch zu machen, soweit notwendig einzuschränken, oder der Eignungseinschränkung durch Erteilung der erforderlichen Auflagen zu begegnen (II S. 2).

Die Aberkennung oder Beschränkung des Rechts, von der ausländischen FE im Inland Ge- **19** brauch zu machen, und Auflagen werden **im ausländischen FS vermerkt** (§ 3 II S. 3 StVG, § 47 II). Auch bei Nichteintragung der Aberkennung fährt ein Betroffener, der seine im Ausland erteilte FE weiter benutzt, im Inland iS des § 21 StVG ohne FE.

9. Verwaltungsrechtsmittel. EdF ist VA und kann nach Maßgabe der VwGO angefochten **20** werden. Maßgebend im verwaltungsgerichtlichen Verfahren ist die bei Abschluss des Verwaltungsverfahrens bestehende Sach- und Rechtslage (§ 3 StVG Rn. 32). Zur sofortigen Vollziehbarkeit § 3 StVG Rn. 33. Die **Anordnung** gem. III, IV **ein Gutachten beizubringen** und sich untersuchen zu lassen, ist als bloße Aufklärungsanordnung **nicht gesondert anfechtbar** (unselbstständige Maßnahme der Beweiserhebung, mangels Regelung kein VA, näher dazu § 11 Rn. 25).

10. Sanktion. Fahren ohne FE: § 21 StVG. Nichtbeachtung von Auflagen bei bedingter Eig- **21** nung (II) ist ow gem. §§ 75 Nr. 9 FeV, 24 StVG.

Verfahrensregelungen

47 (1) ¹Nach der Entziehung sind von einer deutschen Behörde ausgestellte nationale und internationale Führerscheine unverzüglich der entscheidenden Behörde abzuliefern oder bei Beschränkungen oder Auflagen zur Eintragung vorzulegen. ²Die Verpflichtung zur Ablieferung oder Vorlage des Führerscheins besteht auch, wenn die Entscheidung angefochten worden ist, die zuständige Behörde jedoch die sofortige Vollziehung ihrer Verfügung angeordnet hat.

(2) ¹Nach der Entziehung oder der Feststellung der fehlenden Fahrberechtigung oder bei Beschränkungen oder Auflagen sind ausländische und im Ausland ausgestellte internationale Führerscheine unverzüglich der entscheidenden Behörde vorzulegen; Absatz 1 Satz 2 gilt entsprechend. ²Nach einer Entziehung oder der Feststellung der fehlenden

Fahrberechtigung wird auf dem Führerschein vermerkt, dass von der Fahrerlaubnis im Inland kein Gebrauch gemacht werden darf. [3] **Dies soll in der Regel durch die Anbringung eines roten, schräg durchgestrichenen „D" auf einem dafür geeigneten Feld des Führerscheins, im Falle eines EU-Kartenführerscheins im Feld 13, und bei internationalen Führerscheinen durch Ausfüllung des dafür vorgesehenen Vordrucks erfolgen.** [4] **Im Falle von Beschränkungen oder Auflagen werden diese in den Führerschein eingetragen.** [5] **Die entscheidende Behörde teilt die Aberkennung der Fahrberechtigung oder der Feststellung der fehlenden Fahrberechtigung in Deutschland über das Kraftfahrt-Bundesamt mit.** [6] **Erfolgt die Entziehung durch die erteilende oder eine sonstige zuständige ausländische Behörde, sind ausländische und im Ausland ausgestellte internationale Führerscheine unverzüglich der Fahrerlaubnisbehörde vorzulegen und dort in Verwahrung zu nehmen.** [7] **Die Fahrerlaubnisbehörde sendet die Führerscheine über das Kraftfahrt-Bundesamt an die entziehende Stelle zurück.**

(3) [1] **Ist dem Betroffenen nach § 31 eine deutsche Fahrerlaubnis erteilt worden, ist er aber noch im Besitz des ausländischen Führerscheins, ist auf diesem die Entziehung oder die Feststellung der fehlenden Fahrberechtigung zu vermerken.** [2] **Der Betroffene ist verpflichtet, der Fahrerlaubnisbehörde den Führerschein zur Eintragung vorzulegen.**

1   **Begr** (BR-Drs. 443/98 S. 294 = VkBl. **98** 1085): *Absatz 1 stellt klar, dass auch ein internationaler Führerschein bei einer Entziehung der Fahrerlaubnis abzuliefern bzw. zur Eintragung von Einschränkungen und Auflagen, soweit dies im internationalen Führerschein vorgesehen ist, vorzulegen ist. Nach Artikel 41 Abs. 5 des Übereinkommens über den Straßenverkehr vom 8. November 1968 (BGBl. 1977 II S. 809) setzt ein internationaler Führerschein den Besitz der nationalen Fahrerlaubnis voraus. Es ist deshalb folgerichtig, dass er abzugeben ist, wenn das nationale Recht nicht mehr besteht.*

2   **Begr** zur ÄndVO v. 18.7.08 **zu Abs. 2** (BR-Drs. 302/08 S. 66 = VkBl. **08** 569): *Die durch die bisherige Fassung des § 47 Abs. 2 Satz 2 vorgesehene Verfahrensweise, wonach der ausländische EU-/EWR-Führerschein einbehalten und an die ausstellende Behörde zurückgesandt wurde, verstößt gegen den Grundsatz der Verhältnismäßigkeit (vgl. Beschluss des Bayerischen Verwaltungsgerichtshofs vom 6.10.2005, Az: 11 CS 05.1505). Die Aberkennung des Rechts, von einer ausländischen Fahrerlaubnis im Inland Gebrauch zu machen, nach § 3 Abs. 1 Satz 2 und Abs. 2 Satz 2 StVG lässt das Bestehen der Fahrerlaubnis unberührt. Der Nachweis der Fahrerlaubnis im Ausland würde durch die Pflicht zur Ablieferung des Führerscheins und Übersendung an die ausstellende Behörde unverhältnismäßig erschwert.*

3   *Möglich und EU-rechtlich zulässig wäre es, Inhaber einer EU/EWR-Fahrerlaubnis, die ihren ordentlichen Wohnsitz in die Bundesrepublik Deutschland verlegt haben, im Falle einer Aberkennung der Fahrberechtigung im Inland zum Umtausch des Führerscheins in einen deutschen EU-Führerschein zu verpflichten, aus dem hervorgeht, dass das Recht zum Führen von Kraftfahrzeugen in der Bundesrepublik Deutschland erloschen ist (vgl. Artikel 8 Abs. 2 der Richtlinie 91/439/EWG sowie Artikel 11 Abs. 2 der Richtlinie 2006/126/EG). Für diese sog. Umtauschlösung, die in Rechtspositionen des Betroffenen in weitergehendem Umfang eingreift, als dies mit der hier vorgesehenen Anbringung eines Sperrvermerks der Fall ist, wird aber keine Notwendigkeit gesehen. Durch die Anbringung des Sperrvermerks in Form eines roten schräg durchgestrichenen „D" im ausländischen EU/EWR-Führerschein wird dieselbe Wirkung erzielt, die erloschene Gültigkeit der Fahrerlaubnis in Deutschland nach außen zu dokumentieren. Die symbolhafte Kurzdarstellung ermöglicht dabei die Verständlichkeit ohne Rücksicht auf Sprachbarrieren.*

4   *Im Falle von EU-Kartenführerscheinen gibt es – bis auf die polnischen und tschechischen Führerscheine – ein (nicht laminiertes) Feld 13, in dem der aufnehmende Mitgliedstaat die für die Verwaltung des Führerscheins unerlässlichen Angaben aufnehmen kann (vgl. Anhang I a Nr. 2 Buchstabe a und Nr. 3 Buchstabe a zur Richtlinie 91/439/EWG sowie Anhang I Nr. 3 Buchstabe a zur Richtlinie 2006/126/EG). Ein Vermerk darüber, dass der Inhaber des EU/EWR-Führerscheins von der ihm erteilten Fahrerlaubnis im Aufnahmemitgliedstaat nicht Gebrauch machen darf, ist als eine für die Verwaltung des Führerscheins unerlässliche Aufgabe im Sinne der Regelung anzusehen, da sie für den effektiven Vollzug einer Aberkennungsentscheidung im Sinne des Artikel 8 Abs. 2 der Richtlinie 91/439/EWG sowie des Artikel 11 Abs. 2 der Richtlinie 2006/126/EG von hoher Bedeutung ist.*

Im Falle anderer EU-/EWR-Führerscheine ist der entsprechende Sperrvermerk an geeigneter Stelle anzubringen, sofern genügend Platz vorhanden ist. Dies dürfte bei der symbolhaften Kurzdarstellung in der Regel unproblematisch sein.

5   *Die Mitteilung der entscheidenden Behörde an die ausstellende Behörde über das Kraftfahrt-Bundesamt ist erforderlich. Hierdurch kann verhindert werden, dass der Betroffene den Führerschein bei der ausstellenden Behörde missbräuchlich als verloren oder gestohlen meldet und sich auf diese Weise den Besitz eines Ersatzdokuments ohne Sperrvermerk verschafft. Zugleich wird der ausstellenden Behörde eine Überprüfung der*

Fahrerlaubnis nach ihren Rechtsvorschriften im Hinblick auf die Gründe ermöglicht, die für die Entziehung der Fahrberechtigung in Deutschland maßgeblich waren.

Begr zur 2. FeVÄndVO v. 7.1.09 **zu Abs. 2** (BR-Drs. 843/08 (Beschluss) S. 3 f. = VkBl. **09** 6 123): *Durch Ergänzung des § 46 um die bisherigen Vorschriften des § 29a und Anpassung des § 47 Abs. 2 werden einheitliche, eindeutige Regelungen für die Entziehung, Beschränkung oder Anordnung von Auflagen bezüglich ausländischer Fahrerlaubnisse geschaffen.*

Begr zur ÄndVO v. 17.12.10 **zu Abs. 2 S. 1, 2 und 5, Abs. 3** (BR-Drs. 580/10 S. 28 = 7 VkBl. **11** 84): *Mit der 3. FeVÄndV wurde den Fahrerlaubnisbehörden die Möglichkeit eröffnet, bezüglich der Gültigkeit ausländischer Fahrerlaubnisse in Deutschland einen feststellenden Verwaltungsakt über die fehlende Fahrberechtigung zu erlassen. Die Verfahrensregelungen in § 47 werden diesbezüglich an die neue Rechtslage in § 28 Absatz 4 und § 29 Absatz 3 angepasst.*

Begr zur ÄndVO v. 26.6.12 **zu Abs. 2 S. 6 und 7** (BR-Drs. 245/12 S. 29 = VkBl. **12** 593): **8–16** *Die Regelung dient der Klarstellung für Fälle, in denen eine ausländische Fahrerlaubnis durch die erteilende oder eine sonstige zuständige ausländische Behörde wieder entzogen wird, der Betroffene aber im Inland wohnt und die inländische Fahrerlaubnisbehörde gem. § 73 FeV zuständig ist. Mit der Entziehung seiner Fahrerlaubnis durch die (ausländische) ausstellende Behörde hat ein Betroffener (auch) sein Recht verloren, im Inland ein fahrerlaubnispflichtiges Fahrzeug zu führen. Gem. § 2 Absatz 1 Satz 3 StVG und § 4 Absatz 2 Satz 1 FeV wird die Fahrerlaubnis durch einen Führerschein nachgewiesen. Somit könnte mit einem Führerschein, der sich weiterhin im Besitz eines Betroffenen befindet, trotz zuvor erfolgtem Entzug der falsche Eindruck erweckt werden, dass der Betroffene noch am Straßenverkehr teilnehmen darf, obwohl bei Teilnahme mit einem fahrerlaubnispflichtigen Kfz am Straßenverkehr eine Straftat gem. § 21 StVG vorliegt. Dies gilt insbesondere auch im EU-Ausland, in dem die Entziehung der Fahrerlaubnis nicht bekannt ist.*

Gem. Artikel 1 Absatz 2 der Richtlinie 91/439/EWG des Rates vom 29. Juli 1991 über den Führerschein sind die Mitgliedstaaten zur gegenseitigen Anerkennung der von ihnen ausgestellten Führerscheine verpflichtet. Der Gefahr für die Verkehrssicherheit und damit für die öffentliche Sicherheit und Ordnung in ihrem Geltungsbereich, die von einem ungültigen Führerschein ausgeht, begegnet die RiLi 91/439/EWG im dortigen Artikel 8 Absatz 2, wonach ein Mitgliedstaat seine innerstaatlichen Vorschriften auf einen von einem anderen Mitgliedstaat ausgestellten Führerschein – insbesondere nach Entzug der Fahrerlaubnis – anwenden und zu diesem Zweck den betreffenden Führerschein erforderlichenfalls umtauschen kann. Der „Umtausch" eines Führerscheins setzt die Verpflichtung einer Abgabe bzw. Vorlage bei einer Behörde voraus. Zur Vermeidung von Gefahren für die Verkehrssicherheit und damit für die öffentliche Sicherheit und Ordnung, die von einem ungültigen Führerschein ausgehen, und zur Umsetzung der vorgenannten Richtlinie regelt § 3 Absatz 2 Satz 3 Alternative 1 StVG, dass ein Betroffener zur Abgabe eines im EU-Ausland ausgestellten Führerscheins – nach dortigem Entzug der Fahrerlaubnis – verpflichtet ist. Die Klarstellung in § 47 FeV soll die weitere Verfahrensweise ausdrücklich regeln und vereinheitlichen.

1. Allgemeines. § 47 konkretisiert auf der Grundlage von § 6 I Nr. 1 Buchst. q StVG die in 17 § 3 II S. 3, 4 StVG geregelte Pflicht zur Ablieferung deutscher FS oder Vorlage ausländischer FS nach Entziehung der FE. Weiter wird für ausländische FS eine Pflicht zur Vorlage nach Feststellung der fehlenden Fahrberechtigung normiert. Außerdem regelt § 47, dass deutsche und ausländische FS nach der Verfügung von Beschränkungen der FE oder von Auflagen zur FE zur Eintragung dieser Entscheidungen bei der FEB vorzulegen sind.

2. Pflicht zur Ablieferung deutscher FS nach EdF. I S. 1 regelt für durch deutsche Be- 18 hörden ausgestellte FS die in § 3 II S. 3 StVG bestimmte Pflicht zur Ablieferung des FS nach EdF näher, indem er die Ablieferungspflicht ausdrücklich auf alle deutschen **nationalen** und **internationalen FS** erstreckt und bestimmt, dass die Ablieferung **unverzüglich** bei der FEB zu erfolgen hat, die die EdF verfügt hat. Nach dem klaren Wortlaut ist die Ablieferungspflicht **nicht auf aktuell gültige FS beschränkt.** Abzuliefern sind somit alle im Besitz des Betr befindlichen FS, auch solche, die nicht mehr gültig sind. Dies ist auch sachgerecht, damit nicht nach EdF durch Vorlage eines durch Zeitablauf oder anders ungültig gewordenen FS der Eindruck erweckt werden kann, der Betr sei Inhaber einer FE und habe es lediglich versäumt, sich einen neuen gültigen FS ausstellen zu lassen.

Von deutschen Behörden ausgestellte nationale und internationale FS sind auch bei Anfech- 19 tung der EdF unverzüglich abzuliefern, wenn die FEB die **EdF für sofort vollziehbar erklärt** hat (I S. 2). Dies setzt allerdings voraus, dass ausdrücklich auch die mit der EdF verbundene Anordnung der Ablieferung des Führerscheins für sofort vollziehbar erklärt wurde (OVG Berlin

SVR **08** 277, VGH Mü ZfS **15** 717 = NJW **15** 3803 Ls (Aufgabe der früheren Rspr.), VG Kar BA **10** 53 (55), VG Potsdam LKV **11** 239, VG Mü 4.9.17 – 26 S 17.3378, VG Lüneburg 5.12.18 – 1 B 54/18 BeckRS 2018, 31958, VG Augsburg 26.8.19 – 7 S 19.1133 BeckRS 2019, 20024, VG Ko 23.6.20 – 4 L 494/20 BeckRS 2020, 15757, aA früher VGH Mü VRS **109** 141, DAR **06** 169 (172), SVR **13** 312 (jeweils überholt durch VGH Mü ZfS **15** 717 = NJW **15** 3803 Ls)). Einer Anfechtungsklage gegen die Anordnung der Abgabe des Führerscheins aufgrund einer sofort vollziehbaren EdF kommt somit aufschiebende Wirkung zu, wenn die FEB nicht auch die sofortige Vollziehung der Abgabeverpflichtung angeordnet hat. I S. 2 kann nicht so verstanden werden, dass er einen besonderen Fall des gesetzlichen Sofortvollzugs iSv § 80 II S. 1 Nr. 3 VwGO enthält, denn dafür wäre ein Gesetz im formellen Sinn erforderlich; dem genügt eine VO wie die FeV nicht. § 3 II S. 3 StVG enthält keine I S. 2 entsprechende Regelung zur sofortigen Vollziehbarkeit. I S. 2 ist in den Fällen der **gesetzlich normierten sofortigen Vollziehbarkeit** der EdF gem. §§ 2a VI, § 4 IX StVG bereits nach seinem Wortlaut nicht anwendbar, denn I S. 2 umfasst nur Fälle, in denen die FEB die sofortige Vollziehung ihrer Entziehungsverfügung angeordnet hat; eine analoge Anwendung kommt nicht in Betracht (VGH Mü ZfS **17** 716, VG Sigmaringen 2.1.18 2 K 9201/17, VG Stade 18.6.19 – 1 B 645/19 BeckRS 2019, 12323). Die Ablieferungspflicht trotz Anfechtung der EdF gilt auch in diesen Fällen nur dann, wenn die mit der EdF verbundene Anordnung der Ablieferung des FS für sofort vollziehbar erklärt wurde.

20   Zur **Durchsetzung** der **Verpflichtung** zur **Ablieferung des FS** nach EdF *Koehl* DAR **16** 669. Hat die FEB für den Fall der Nichtabgabe des FS (nur) die **Festsetzung eines Zwangsgeldes** angedroht und ist Zwangsgeldfestsetzung bisher unterblieben, sind schwerwiegendere Eingriffe wie eine **Wohnungsdurchsuchung** zur Auffindung des FS unzulässig, die als Eingriff in das verfassungsrechtlich geschützte Recht auf Unverletzlichkeit der Wohnung (Art 13 I GG) im Übrigen strengen Maßstäben genügen muss (AG Elmshorn BA **14** 184).

21   **3. Pflicht zur Vorlage deutscher FS bei Beschränkungen oder Auflagen.** I S. 1 bestimmt, dass bei Beschränkungen der FE oder bei Auflagen zur FE von deutschen Behörden ausgestellte FS unverzüglich zur Eintragung der Beschränkungen oder Auflagen in den oder die FS bei der entscheidenden Behörde vorzulegen sind. Dies gilt auch bei Anfechtung der Entscheidung, wenn die FEB die Verfügung der Beschränkungen oder Auflagen für sofort vollziehbar erklärt hat (I S. 2). Dies setzt voraus, dass ausdrücklich auch die mit der Entscheidung verbundene Anordnung der Vorlage des FS für sofort vollziehbar erklärt wurde (Rn. 19).

22   Fraglich ist, auf welcher gesetzlichen Ermächtigungsgrundlage diese Regelungen beruhen. Die Beschränkung einer FE könnte als Teil-Entziehung der FE betrachtet werden, so dass §§ 3 II S. 3, 6 I Nr. 1 Buchst. q StVG gesetzliche Ermächtigung der Regelungen wären. Die Verfügung einer Auflage zur FE kann aber nicht als Entziehung der FE angesehen werden, da sie die FE nicht inhaltlich einschränkt. § 3 II S. 3 StVG enthält somit keine gesetzlich bestimmte Pflicht zur Vorlage des FS nach Verfügung einer Auflage. Ob § 6 I Nr. 1 Buchst. q StVG als gesetzliche Grundlage ausreicht, um eine solche Vorlagepflicht in der FeV zu normieren, erscheint angesichts des insoweit unklaren Wortlauts der Norm fraglich.

23   **4. Pflicht zur Vorlage ausländischer FS nach Aberkennung des Rechts, von der ausländischen FE im Inland Gebrauch zu machen.** Deutsche Behörden sind nicht befugt, eine ausländische FE mit der Folge des Erlöschens zu entziehen, da dies ein unzulässiger Eingriff in die Hoheitsrechte des anderen Staates wäre, der die FE erteilt hat (§ 3 StVG Rn. 28, § 46 Rn. 17). Die „Entziehung" einer ausländischen FE hat deswegen nur die Wirkung der Aberkennung des Rechts, von der ausländischen FE in Deutschland Gebrauch zu machen (§ 3 I S. 2, II S. 2 StVG, § 46 V, VI S. 2 FeV). Nach Aberkennung des Rechts, von einer ausländischen FE im Inland Gebrauch zu machen sind **ausländische FS,** auch im Ausland ausgestellte internationale FS, unverzüglich bei der FEB **vorzulegen** (§ 3 I S. 3 StVG, II S. 1 Hs. 1). Zu den Änderungen des Abs. II in den vergangenen Jahren bis zu der heutigen Fassung s. 42. Aufl Rn. 14a. Wenn die FEB die sofortige Vollziehung der Aberkennung angeordnet hat, besteht die Verpflichtung zur Vorlage der ausländischen FS auch bei Anfechtung der Entscheidung der FEB (II S. 1 Hs. 2 iVm S. 2), dies aber nur, wenn auch die mit der EdF verbundene Anordnung der Vorlage des oder der FS ausdrücklich für sofort vollziehbar erklärt wurde (VG Kar BA **10** 53 (55), s. Rn. 19). Verpflichtung zur Abgabe des ausländischen FS bei der FEB bis nach Bestandskraft der EdF ist nicht von II S. 1 gedeckt, der nur Vorlage des FS, nicht aber Ablieferung vorsieht (VG Kar 6.3.18 3 K 15699/17).

24   Nach Aberkennung des Rechts, von der ausländischen FE im Inland Gebrauch zu machen wird auf dem FS **vermerkt,** dass von der FE im Inland kein Gebrauch gemacht werden darf (II S. 2). Der Vermerk über das Erlöschen des Rechts zum Führen von Kfz im Inland soll *in der Re-*

gel durch **Anbringung eines roten, schräg durchgestrichenen „D"** auf einem dafür geeigneten Feld des FS erfolgen (II S. 3). Sofern es sich um einen EU-KartenFS handelt und das Feld 13 des EU-KartenFS nicht laminiert ist, kann der Vermerk dort angebracht werden (Begr Rn. 4). Ansonsten muss die FEB den Vermerk in geeigneter Weise so auf dem FS anbringen, dass er nicht entfernt werden kann. Die bei EU-FS denkbare Alternative, die Betroffenen generell zu einem Umtausch ihres ausländischen FS in einen deutschen EU-FS zu verpflichten, der in Deutschland nicht gilt, wurde verworfen (Begr Rn. 3). Der Vermerk auf dem FS gem. II S. 2, 3 ist nicht VA sondern **Realakt** (OVG Münster 7.6.13 VRS **124** 382), dem keine konstitutive Bedeutung zukommt (OVG Mgd BA **17** 138).

Ob es mit der 3. EU-FS-RL vereinbar ist, von Personen mit Wohnsitz im EU-/EWR- **24a** Ausland nach Aberkennung des Rechts, von ihrer im Ausland erteilten EU-/EWR-FE im Inland Gebrauch zu machen die Vorlage des ausländischen FS zwecks Anbringung eines Vermerks darüber zu verlangen, ist Gegenstand eines Vorabentscheidungsersuchens an den EuGH (VGH Ma 30.1.20 – 10 S 224/18 DAR **20** 226).

5. Pflicht zur Vorlage ausländischer FS nach Feststellung der fehlenden Fahrberech- 25 tigung. Wenn die FEB gem. § 28 IV S. 2 oder § 29 III S. 2 einen feststellenden VA über die fehlende Fahrberechtigung erlassen hat, sind **ausländische FS,** auch im Ausland ausgestellte internationale FS, unverzüglich bei der FEB **vorzulegen** (II S. 1 Hs. 1, Begr Rn. 7). Wenn die FEB die **sofortige Vollziehung** der Feststellung der fehlenden Fahrberechtigung angeordnet hat, besteht die Verpflichtung zur Vorlage der ausländischen FS auch bei Anfechtung der Entscheidung der FEB (II S. 1 Hs. 2 iVm I S. 2, VGH Mü NJW **17** 2057), dies aber nur, wenn auch die mit der Feststellung verbundene Anordnung der Vorlage des oder der FS ausdrücklich für sofort vollziehbar erklärt wurde (Rn. 19). Nach Feststellung der fehlenden Fahrberechtigung wird auf dem FS **vermerkt,** dass von der FE im Inland kein Gebrauch gemacht werden darf (II S. 2). Der Vermerk über das Nichtbestehen des Rechts zum Führen von Kfz im Inland soll in der Regel durch **Anbringung eines roten, schräg durchgestrichenen „D"** auf einem dafür geeigneten Feld des FS erfolgen (II S. 3); näher dazu Rn. 24.

Da es sich bei der Feststellung der fehlenden Fahrberechtigung nicht um eine EdF handelt, **26** stellt diese Regelung keine Konkretisierung von § 3 II S. 3 StVG dar. Ob § 6 I Nr. 1 Buchst. q StVG gesetzliche Grundlage ist, erscheint fraglich, da der Wortlaut die Feststellung der fehlenden Fahrberechtigung nicht umfasst. Hinreichende gesetzliche Ermächtigung dürfte aber § 6 I Nr. 1 Buchst. j StVG sein.

6. Mitteilung an ausländische Behörde. Nach „Entziehung" einer ausländischen FE, also **27** der Aberkennung der Fahrberechtigung im Inland, und nach Feststellung der fehlenden Fahrberechtigung im Inland hat die FEB der ausländischen Behörde, die den ausländischen FS ausgestellt hat, diese Maßnahmen über das KBA mitzuteilen (II S. 5).

7. Pflicht zur Vorlage ausländischer FS bei Beschränkungen oder Auflagen. Deutsche **28** Behörden sind nicht befugt, ausländische FE inhaltlich zu beschränken oder Auflagen zu ausländischen FE zu verfügen, da dies ein unzulässiger Eingriff in die Hoheitsrechte anderer Staaten wäre (s. § 46 Rn. 17). Bei nur noch eingeschränkter („bedingter") Fahreignung schränkt die FEB deswegen nicht die FE, sondern das Recht, von der ausländischen FE im Inland Gebrauch zu machen, so weit wie notwendig ein oder ordnet die erforderlichen Auflagen zu diesem Recht an (§ 46 II S. 2). Bei Anordnung von Beschränkungen oder Auflagen sind die **ausländischen FS,** auch im Ausland ausgestellte internationale FS, unverzüglich bei der FEB **vorzulegen** (II S. 1 Hs. 1). Wenn die FEB die sofortige Vollziehung der Anordnung von Beschränkungen oder Auflagen angeordnet hat, besteht diese Verpflichtung auch bei Anfechtung der Entscheidung der FEB (II S. 1 Hs. 2 iVm I S. 2), dies aber nur, wenn auch die mit der Anordnung von Beschränkungen oder Auflagen verbundene Anordnung der Vorlage des oder der FS ausdrücklich für sofort vollziehbar erklärt wurde (Rn. 19). Die Beschränkungen des Rechts, von der ausländischen FE im Inland Gebrauch zu machen, oder die Auflagen zu diesem Recht, werden **in den ausländischen FS eingetragen** (II S. 4). Wie dies bei EU-KartenFS erfolgen soll, ist offen.

8. Pflicht zur Ablieferung ausländischer FS nach EdF durch ausländische Behörde 29 (II S. 6, 7). Ist einem im Inland wohnhaften Inhaber einer ausländischen (Begr Rn. 9–16) **FE** diese **durch eine ausländische Behörde entzogen** worden, hat er im Ausland ausgestellte FS und ggf. internationale FS unverzüglich der für seinen inländischen Wohnort zuständigen FEB abzuliefern (II S. 6). Die FEB hat diese FS in Verwahrung zu nehmen und über das KBA an die ausländische Stelle zu übersenden, die die FE entzogen hat (II S. 6, 7). Durch diese mit ÄndVO v.

26.6.12 (BGBl. I S. 1394) eingeführte Regelung soll verhindert werden, dass Personen, denen im Ausland die FE entzogen worden ist, noch über einen FS verfügen und damit den unzutreffenden Eindruck erwecken können, Inhaber einer FE zu sein (Begr Rn. 9–16). Die Regelung wird vom VOGeber als Konkretisierung von § 3 II S. 3 Alt 1 StVG angesehen (Begr Rn. 9–16). Verstoß gegen II S. 6 ist nicht ow, da nicht von § 75 Nr. 10 umfasst. Voraussetzung ist belegte EdF; eingeleitetes Entziehungsverfahren im Ausland reicht nicht aus (VGH Mü 12.6.14 11 CS 14.627).

30   **9. Pflicht zur Vorlage ausländischer FS durch Inhaber einer deutschen FE nach EdF oder Feststellung der fehlenden Fahrberechtigung (III).** Grundsätzlich erfolgt Umschreibung einer ausländischen FE unter den Voraussetzungen des § 31 nur gegen Abgabe des ausländischen FS (§ 31 IV S. 2). Nach § 31 IV S. 6 gilt dies jedoch nicht ausnahmslos. Für diese Ausnahmefälle bestimmt III S. 1, dass die Entziehung (Aberkennung des Rechts, von der ausländischen FE im Inland Gebrauch zu machen) und die Feststellung der fehlenden Fahrberechtigung gem. § 28 IV S. 2, § 29 III S. 2 **im ausländischen FS zu vermerken** sind. Zu diesem Zweck ist der ausländische FS bei der FEB vorzulegen (III S. 2).

31   **10. Ordnungswidrigkeiten, Strafvorschriften.** Verstoß gegen die Ablieferungs- oder Vorlagepflichten des I, II S. 1 oder der Vorlagepflicht des III S. 2 ist ow (§§ 75 Nr. 10 FeV, 24 StVG), nicht dagegen Verstoß gegen die Ablieferungspflicht des II S. 6. Das Ablösen behördlicher Aufkleber auf einem ausländischen FS mit dem Hinweis, dass die FE in Deutschland nicht gilt, stellt keine Urkundenfälschung dar, ist aber wegen Veränderns von amtlichen Ausweisen gem. § 273 I Nr. 1 StGB strafbar (Kö NZV **09** 610).

9. Sonderbestimmungen für das Führen von Taxen, Mietwagen und Krankenkraftwagen sowie von Personenkraftwagen im Linienverkehr und bei gewerbsmäßigen Ausflugsfahrten und Ferienziel-Reisen

Fahrerlaubnis zur Fahrgastbeförderung

48 (1) Einer zusätzlichen Erlaubnis (Fahrerlaubnis zur Fahrgastbeförderung) bedarf, wer einen Krankenkraftwagen führt, wenn in dem Fahrzeug entgeltlich oder geschäftsmäßig Fahrgäste befördert werden, oder wer ein Kraftfahrzeug führt, wenn in dem Fahrzeug Fahrgäste befördert werden und für diese Beförderung eine Genehmigung nach dem Personenbeförderungsgesetz erforderlich ist.

(2) Der Fahrerlaubnis zur Fahrgastbeförderung bedarf es nicht für

1. Krankenkraftwagen der Bundeswehr, der Bundespolizei, der Polizei sowie der Truppe und des zivilen Gefolges der anderen Vertragsstaaten des Nordatlantikpaktes,

2. Krankenkraftwagen des Katastrophenschutzes, wenn sie für dessen Zweck verwendet werden,

3. Krankenkraftwagen der Feuerwehren und der nach Landesrecht anerkannten Rettungsdienste,

4. Kraftfahrzeuge, mit Ausnahme von Taxen, wenn der Kraftfahrzeugführer im Besitz der Klasse D oder D1 ist.

(3) ¹Die Erlaubnis ist durch einen Führerschein nach Muster 4 der Anlage 8 nachzuweisen (Führerschein zur Fahrgastbeförderung). ²Er ist bei der Fahrgastbeförderung neben der nach einem ab dem 1. Januar 1999 aufgrund der Fahrerlaubnis-Verordnung in der jeweils geltenden Fassung zu verwendenden Muster ausgestellten EU- oder EWR-Fahrerlaubnis mitzuführen und zuständigen Personen auf Verlangen zur Prüfung auszuhändigen.

(4) Die Fahrerlaubnis zur Fahrgastbeförderung ist zu erteilen, wenn der Bewerber

1. die nach § 6 für das Führen des Fahrzeugs erforderliche EU- oder EWR-Fahrerlaubnis besitzt,

2. das 21. Lebensjahr – bei Beschränkung der Fahrerlaubnis auf Krankenkraftwagen das 19. Lebensjahr – vollendet hat,

2a. durch Vorlage eines nach Maßgabe des § 30 Absatz 5 Satz 1 des Bundeszentralregistergesetzes ausgestellten Führungszeugnisses und durch eine auf Kosten des Antragstellers eingeholte aktuelle Auskunft aus dem Fahreignungsregister nachweist, dass er die Gewähr dafür bietet, dass er der besonderen Verantwortung bei der Beförderung von Fahrgästen gerecht wird,

3. seine geistige und körperliche Eignung gemäß § 11 Absatz 9 in Verbindung mit Anlage 5 nachweist,

4. nachweist, dass er die Anforderungen an das Sehvermögen gemäß § 12 Absatz 6 in Verbindung mit Anlage 6 Nummer 2 erfüllt,

5. nachweist, dass er eine EU- oder EWR-Fahrerlaubnis der Klasse B oder eine entsprechende Fahrerlaubnis aus einem in Anlage 11 aufgeführten Staat seit mindestens zwei Jahren – bei Beschränkung der Fahrerlaubnis auf Krankenkraftwagen seit mindestens einem Jahr – besitzt oder innerhalb der letzten fünf Jahre besessen hat,

6. – falls die Erlaubnis für Krankenkraftwagen gelten soll – einen Nachweis über die Teilnahme an einer Schulung in Erster Hilfe nach § 19 beibringt und

7. – falls die Erlaubnis für Taxen gelten soll – in einer Prüfung nachweist, dass er die erforderlichen Ortskenntnisse in dem Gebiet besitzt, in dem Beförderungspflicht besteht. Der Nachweis kann durch eine Bescheinigung einer geeigneten Stelle geführt werden, die die zuständige oberste Landesbehörde, die von ihr bestimmte Stelle oder die nach Landesrecht zuständige Stelle bestimmt. Die Fahrerlaubnisbehörde kann die Ortskundeprüfung auch selbst durchführen.

(5) ¹Die Fahrerlaubnis zur Fahrgastbeförderung wird für eine Dauer von nicht mehr als fünf Jahren erteilt. ²Sie wird auf Antrag des Inhabers jeweils bis zu fünf Jahren verlängert, wenn

1. er seine geistige und körperliche Eignung gemäß § 11 Absatz 9 in Verbindung mit Anlage 5 nachweist,

2. er nachweist, dass er die Anforderungen an das Sehvermögen gemäß § 12 Absatz 6 in Verbindung mit Anlage 6 Nummer 2 erfüllt und

3. er durch Vorlage der Unterlagen nach Absatz 4 Nummer 2a nachweist, dass er die Gewähr dafür bietet, dass er der besonderen Verantwortung bei der Beförderung von Fahrgästen gerecht wird.

(6) Wird ein Taxiführer in einem anderen Gebiet tätig als in demjenigen, für das er die erforderlichen Ortskenntnisse nachgewiesen hat, muss er diese Kenntnisse für das andere Gebiet nachweisen.

(7) ¹Die §§ 21, 22 und 24 Absatz 1 Satz 1, Absatz 2 und 3 sind entsprechend anzuwenden. ²Die Verlängerung der Fahrerlaubnis zur Fahrgastbeförderung kann nur dann über die Vollendung des 60. Lebensjahres hinaus erfolgen, wenn der Antragsteller zusätzlich seine Eignung nach Maßgabe der Anlage 5 Nummer 2 nachweist.

(8) Der Halter eines Fahrzeugs darf die Fahrgastbeförderung nicht anordnen oder zulassen, wenn der Führer des Fahrzeugs die erforderliche Erlaubnis zur Fahrgastbeförderung nicht besitzt oder die erforderlichen Ortskenntnisse nicht nachgewiesen hat.

(9) ¹Begründen Tatsachen Zweifel an der körperlichen und geistigen Eignung des Fahrerlaubnisinhabers oder an der Gewähr der besonderen Verantwortung bei der Beförderung von Fahrgästen des Inhabers einer Fahrerlaubnis zur Fahrgastbeförderung, finden die §§ 11 bis 14 entsprechende Anwendung. ²Auf Verlangen der Fahrerlaubnisbehörde hat der Inhaber der Erlaubnis seine Ortskenntnisse erneut nachzuweisen, wenn Tatsachen Zweifel begründen, ob er diese Kenntnisse noch besitzt. ³Bestehen Bedenken an der Gewähr für die besondere Verantwortung bei der Beförderung von Fahrgästen, kann von der Fahrerlaubnisbehörde ein medizinisch-psychologisches Gutachten einer amtlich anerkannten Begutachtungsstelle für Fahreignung angeordnet werden.

(10) ¹Die Erlaubnis ist von der Fahrerlaubnisbehörde zu entziehen, wenn eine der aus Absatz 4 ersichtlichen Voraussetzungen fehlt. ²Die Erlaubnis erlischt mit der Entziehung sowie mit der Entziehung der in Absatz 4 Nummer 1 genannten Fahrerlaubnis. ³§ 47 Absatz 1 ist entsprechend anzuwenden.

Begr (VkBl. 98 1086): **Zu Abs. 2 Nr. 3:** *Der Begriff „Feuerwehren" erfasst die öffentlichen Feuer-* **1** *wehren (Berufsfeuerwehren und Freiwillige Feuerwehren) sowie die betrieblichen Feuerwehren, die in vielen Fällen einen betrieblichen Rettungsdienst mit eigenen Fahrzeugen unterhalten.*

Zu Abs. 4 Nr. 1 (überholt): *Da EU- und EWR-Fahrerlaubnisse grundsätzlich wie Inlandsfahr-* **2** *laubnisse zu behandeln sind, genügt eine allgemeine Fahrerlaubnis aus diesen Staaten als Grundlage für die Erteilung der Fahrerlaubnis zur Fahrgastbeförderung. Ein Umtausch der ausländischen Fahrerlaubnis ist nicht notwendig. Der Fahrer eines Taxis kann also seine Berechtigung zum Führen des Fahrzeuges durch den ausländischen Führerschein und seine Berechtigung zur Fahrgastbeförderung durch einen inländischen Führerschein zur Fahrgastbeförderung nachweisen. Spezielle Berechtigungen aus EU- oder EWR-Staaten zum Führen von Taxen und Mietwagen werden dagegen nicht anerkannt.*

Zu Abs. 4 Nr. 5: *Anders als bisher wird auf den Nachweis von Fahrpraxis verzichtet; es reicht viel-* **3** *mehr aus, dass der Bewerber die Klasse B in einem bestimmten Zeitraum besessen hat. Dies beruht darauf,* *dass auf der einen Seite gerade von der Klasse B im allgemeinen Gebrauch gemacht wird, so dass von Fahr-praxis ausgegangen werden kann, auf der anderen Seite aber der formelle Nachweis der Fahrpraxis bzw. dessen Überprüfung sowohl für den Bürger als auch für die Verwaltung mit erheblichem Aufwand verbunden ist.*

4   **Zu Abs. 9 S. 1:** *Die Regelung bildet die Rechtsgrundlage für Maßnahmen der Verwaltungsbehörde, wenn Zweifel an der körperlichen und geistigen Eignung hinsichtlich der Fahrerlaubnis zur Fahrgastbeförde-rung bestehen. Da bei ihr strengere Maßstäbe angelegt werden als an die zugrundeliegende Fahrerlaubnis der Klasse B, können beide Fahrerlaubnisse ein unterschiedliches Schicksal haben.*

5   **Zu Abs. 9 S. 2:** *Nach Absatz 10 ist die Fahrerlaubnis zur Fahrgastbeförderung auch dann zu entzie-hen, wenn der Inhaber die erforderlichen Ortskenntnisse nicht besitzt. Ob dies der Fall ist, kann jedoch nur eine erneute Ortskundeprüfung beweisen. Absatz 9 Satz 2 ermöglicht der Fahrerlaubnisbehörde die Anord-nung einer solchen Prüfung.*

       Begr zur ÄndVO v. 7.8.02: VkBl. **02** 895, 899.

6   **Begr** zur ÄndVO v. 18.7.08 (VkBl. **08** 570): **Zu Abs. 1:** *Ursprünglich war der Wortlaut des § 48 Abs. 1 auf den Wortlaut des § 2 a. F. Personenbeförderungsgesetz (PBefG) abgestimmt. § 2 Abs. 6 PBefG wurde durch das Dritte Rechtsbereinigungsgesetz vom 28.6.1990 eingefügt. Eine Anpassung des § 48 Abs. 1 ist jedoch unterblieben, so dass die daraus resultierende Nichterfassung von nach § 2 Abs. 6 PBefG genehmigten intermediären Verkehren – wie den Flughafenzubringerverkehren – eine Regelungslücke darge-stellt hat, die nunmehr geschlossen wird. Freigestellte Verkehre nach der Freistellungs-Verordnung bleiben nach dieser Regelung von der Fahrerlaubnis zur Fahrgastbeförderung befreit.*

7   **Zu Abs. 9 S. 1:** *Nach § 48 Abs. 4 Nr. 2 muss der Bewerber bei der Erteilung der Fahrerlaubnis zur Fahrgastbeförderung und nach § 48 Abs. 5 Nr. 3 bei deren Verlängerung die Gewähr dafür bieten, dass er der besonderen Verantwortung bei der Beförderung von Fahrgästen gerecht wird. Wie der Nachweis erfolgt, ist in § 48 bislang nicht ausdrücklich definiert. Durch die Änderung wird klargestellt, dass bei der Prüfung die §§ 11 bis 14 entsprechend ihrer abgestuften Maßnahmen anzuwenden sind.*

8   **Zu Abs. 9 S. 3:** *Die Frage, ob bei ersichtlichen Bedenken an der Gewähr für die besondere Verantwor-tung bei der Beförderung von Fahrgästen Fahrerlaubnisbehörden berechtigt sind, eine medizinisch-psychologische Untersuchung anzuordnen oder diese Frage in Zweifelsfällen selbst zu entscheiden, ist nicht definitiv geklärt. Auch die derzeit gültige Fassung des § 48 Abs. 9 Satz 1 lässt Fahreignungsbegutachtun-gen bei ersichtlichen Zweifeln an der körperlichen und geistigen Eignung zu; Zuverlässigkeitszweifel müssen entgegen teilweise vertretener verwaltungsgerichtlicher Auffassung mit im Hinblick auf Ziel und Inhalt einer medizinisch-psychologischen Untersuchung konkretisiert werden. Insoweit muss eine Klarstellung erfol-gen und Fahrerlaubnisbehörden gerade bei länger zurückliegenden Vorkommnissen und Registereintragungen in Zweifelsfällen die Möglichkeit eröffnet werden, eine entsprechende Begutachtung anzuordnen. Die Mög-lichkeit der verkürzten Erteilung der Fahrerlaubnis zur Fahrgastbeförderung nach § 48 Abs. 5 bietet gerade im Bereich dieser besonderen Verantwortung gegenüber Fahrgästen, die verstärkt Gefährdungen ausgesetzt sind oder aus anderen Gründen auf Hilfe in einem vielfach ihnen fremden örtlichen Umfeld oder auch aus Alters- oder Krankheitsgründen auf Hilfe angewiesen sind, nur eine unzureichende Möglichkeit, Bewerber um eine Fahrerlaubnis zur Fahrgastbeförderung hinsichtlich ihrer vielfach verfestigten fehlenden Regel-konformität hin von der beabsichtigten Tätigkeit auszuschließen. Gerade das psychologische Explorations-gespräch der medizinisch-psychologischen Untersuchung eröffnet die Möglichkeit, derartige Zweifel auszu-räumen.*

9   **Begr** zur ÄndVO v. 7.1.09 (VkBl. **09** 123) **zu Abs. 2 Nr. 4** (hinsichtlich Mietwagen über-holt): *Abweichend vom Wortlaut war bislang in § 48 geregelt, dass eine zusätzliche Erlaubnis zur Fahr-gastbeförderung nur erforderlich war, wenn in einem Taxi, einem Mietwagen, einem Personenkraftwagen im Linienverkehr oder bei gewerbsmäßigen Ausflugsfahrten und Ferienzielreisen im Sinne des Personenbeförde-rungsgesetzes (PBefG) Fahrgäste befördert wurden und der Fahrzeugführer nicht im Besitz einer Fahrer-laubnis der Klasse D oder D1 war. Eine Fahrerlaubnis zur Fahrgastbeförderung war demnach bei einer Beförderung in Mietomnibussen von vornherein nicht erforderlich, da Mietomnibusse nach § 49 Abs. 1 PBefG weder unter den Begriff „Mietwagen" fielen, noch sonst vom Anwendungsbereich des § 48 FeV (alt) erfasst waren. Auch für Kraftfahrzeuge, die zu einer in Verbindung mit § 2 Abs. 6 oder 7 PBefG ge-nehmigten Personenbeförderung eingesetzt wurden, war eine Fahrerlaubnis zur Fahrgastbeförderung nach § 48 (alt) nicht erforderlich. Diese wurden ebenso wie Mietomnibusse durch die Zusammenfassung von Taxi, Mietwagen und Personenkraftwagen unter den Begriff „Kraftfahrzeug" und den allgemeinen Bezug auf die Genehmigungspflicht nach dem PBefG durch die Vierte Verordnung zur Änderung der Fahrerlaub-*

nis-Verordnung und anderer straßenverkehrsrechtlicher Vorschriften nun in den Anwendungsbereich des § 48 einbezogen. Eine entsprechende Rückausnahme für den Fall, dass ein Führer eines dieser Kraftfahrzeuge im Besitz einer Fahrerlaubnis der Klasse D oder D1 ist, fehlte bislang und wird mit der vorliegenden Änderung vorgenommen. Für Taxen und Mietwagen sind, auch soweit deren Einsatz zur Personenbeförderung in Verbindung mit § 2 Abs. 6 oder 7 PBefG genehmigt wird, hingegen auch zukünftig keine Ausnahmen nach § 48 Abs. 2 vorgesehen.

Begr zur ÄndVO v. 26.6.12 **zu Abs. 4 Nr. 2a** (BR-Drs. 245/12 S. 30 = VkBl. **12** 593): *Durch* **10** *die Forderung eines Führungszeugnisses wird der unbestimmte Rechtsbegriff „besondere Verantwortung bei der Beförderung von Fahrgästen gerecht wird" konkretisiert.*

Begr zur ÄndVO v. 16.4.14 **zu Abs. 3 S. 2** (BR-Drs. 78/14 S. 60 = VkBl. **14** 429): *Mit dieser* **11** *Regelung soll klargestellt werden, dass für eine Fahrerlaubnis zur Fahrgastbeförderung dann kein neuer Kartenführerschein beantragt werden muss, wenn bereits ein vor dem 19.1.2013 ausgestellter Kartenführerschein vorliegt.*

Begr zur ÄndVO v. 14.8.17 **zu Abs. 4 Nr. 7 und Abs. 6 S. 2 aF** (BR-Drs. 417/17 (Be- **12** schluss) S. 4): *Im Unterschied zum Fahrer von Taxen ist dem Fahrer eines Mietwagens und eines Krankenkraftwagens das Fahrtziel regelmäßig vor Antritt der Fahrt bekannt. Eine geeignete Fahrtroute kann bereits vor Fahrtantritt ausgewählt werden. Ein Ortskundenachweis ist daher für die Befähigung der genannten Kraftfahrer zur Fahrgastbeförderung nicht erforderlich und zu streichen. Damit würde zudem dem bestehenden Nachwuchsmangel, insbesondere bei Fahrern von Krankentransporten, entgegengewirkt werden.*

Begr zur ÄndVO v. 11.3.19 **zu Abs. 3 S. 2** (BR-Drs. 600/18 S. 24): *Die Regelung dient der* **13-15** *Klarstellung, dass vor Ausfertigung des Führerscheins zur Fahrgastbeförderung zunächst ein deutscher Kartenführerschein ausgestellt werden muss. Nur so können die Daten auch im Zentralen Fahrerlaubnisregister gespeichert werden.*

1. Erlaubnispflicht bei Fahrgastbeförderung. Auf der Grundlage von §§ 2 III, 6 I Nr. 1 **16** Buchst. b, g StVG normiert § 48 das Erfordernis einer **besonderen Erlaubnis** für die **Personenbeförderung** in anderen Fz als Bussen **zusätzlich zur allgemeinen Fahrerlaubnis.** Da Fahrgäste sich bei der gewerblichen Personenbeförderung den Fahrer nicht aussuchen können, sollen sie darauf vertrauen können, dass dieser über eine behördlich kontrollierte gesteigerte Qualifikation zur Personenbeförderung verfügt. Die besondere Erlaubnis wird **Fahrerlaubnis zur Fahrgastbeförderung (FzF)** genannt. Sie ist trotz der Bezeichnung als „Fahrerlaubnis" keine FE iSv § 2 I StVG, § 4 I S. 1 FeV, sondern eine zusätzliche Erlaubnis zur allgemeinen FE (meist Klasse B), die für das Führen des jeweiligen Fz benötigt wird (§ 2 III S. 1 StVG, Begr zu § 2 III StVG VkBl. **98** 789, VGH Ma 6.4.17 VM **17** 55, *Will/Quarch* NVwZ **18** 1610). Personenbeförderung ohne FzF ist dementsprechend nicht strafbar als Fahren ohne FE gem. § 21 StVG, sondern nur ow gem. § 75 Nr. 12 FeV (Begr zu § 2 III StVG VkBl. **98** 789). In der Praxis wird die FzF bzw. der zu ihrer Dokumentation ausgestellte FSzF (Rn. 21) vielfach als Personenbeförderungsschein (P-Schein) bezeichnet. Für **Personenbeförderung in Bussen** ist zusätzlich zur FE der Klasse D oder D1 **keine FzF** erforderlich (Abs. 2 Nr. 4). Da die Anforderungen an die FzF für einzelne Verkehrsarten unterschiedlich sind, wird die FzF **nicht allgemein,** sondern **für bestimmte Arten von Fz** erteilt, wie sich aus dem Muster für den Führerschein zur Fahrgastbeförderung (FSzF, Anl 8 Muster 4) ergibt. Eine FzF für Taxen gilt zB nicht ohne weiteres auch für Mietwagen. Die FzF wird durch Aushändigung des FSzF **erteilt** (Abs. 7 S. 1 iVm § 22 IV S. 6 FeV). **Örtlich zuständig** ist die FEB des Wohnorts des Bewerbers oder Inhabers (§ 73 II S. 1 FeV), auch wenn er in einem anderen Bereich tätig werden will oder tätig ist. Für die Anerkennung oder „Umschreibung" **ausländischer FzF** gibt es keine Rechtsgrundlage. Inhaber vergleichbarer ausländischer Berechtigungen müssen somit für die Fahrgastbeförderung in Deutschland eine deutsche FzF erwerben (örtliche Zuständigkeit: § 73 III).

Der **Zweck der zusätzlichen Erlaubnis** ist (nur) der Schutz und die Sicherheit der beför- **17** derten Fahrgäste (Begr zu § 15d StVZO aF VkBl. **60** 459). Der Schutz des Fahrers und anderer Verkehrsteilnehmer wird dadurch nicht bezweckt (BGH NJW **73** 285, **94** 2415). Die Bestimmungen des § 48 schränken die **Berufsfreiheit** (Art 12 GG) zum Schutz beförderter Fahrgäste in zulässiger Weise ein. Liegen die Voraussetzungen nicht vor, müssen berufliche und wirtschaftliche Nachteile aus der Versagung bzw. Entziehung der FzF zurücktreten (OVG Münster 5.3.04 19 A 832/04, OVG Saarlouis ZfS **04** 539, OVG Berlin 15.4.09 1 S 172.08).

2. Anwendungsbereich. Eine FzF wird abgesehen von den Ausnahmen gem. Abs. 2 benötigt **18** für jede entgeltliche oder geschäftsmäßige Beförderung von Fahrgästen in Krankenkraftwagen und für jede Beförderung von Fahrgästen in Kfz, sofern für diese Beförderung eine Genehmigung nach dem PBefG erforderlich ist (Abs. 1). **Krankenkraftwagen** sind Fz, die für Krankentransport oder Notfallrettung besonders eingerichtet und nach dem FzSchein/der ZB I als Krankenkraftwagen anerkannt sind (vgl. § 4 VI PBefG, § 52 III S. 1 Nr. 4 StVZO). Beförderung von Fahrgästen, für die eine Genehmigung nach PBefG erforderlich ist, umfasst die folgenden Fälle: Verkehr mit **Taxen** (§ 47 I PBefG), Verkehr mit **Mietwagen** (§ 49 IV PBefG), **allgemeiner Linienverkehr** (§ 42 PBefG), **Personenfernverkehr** (§ 42a PBefG), **Sonderformen des Linienverkehrs:** Berufsverkehr, Schülerfahrten, Marktfahrten, regelmäßige Beförderung von Theaterbesuchern (§ 43 PBefG), **Ausflugsfahrten** (§ 48 I PBefG), **Ferienziel-Reisen** (§ 48 II PBefG), **sonstige gewerbliche Personenbeförderung** (§ 2 VI, VII PBefG). Ob in diesen Fällen eine FzF erforderlich ist, richtet sich danach, ob die jeweilige Personenbeförderung nach dem PBefG genehmigungspflichtig ist. Für **freigestellte Verkehre** nach der FreistellungsVO wird **keine FzF** benötigt (Begr Rn. 6, Ha 13.1.09 3 Ss OWi 885/08).

19　　Der Fahrer braucht eine **FzF nur,** wenn bei einer Fahrt tatsächlich ein Fahrgast oder mehrere **Fahrgäste befördert** werden, nicht für Leerfahrten, denn die FzF bezweckt nur den Schutz und die Sicherheit beförderter Fahrgäste (Begr zu § 15d StVZO aF VkBl. **60** 459, BGH NJW **94** 2415, Stu VRS **50** 28). Zu den **Fahrgästen** gehören alle auf dem Fz beförderten Personen, die weder das Fz lenken noch zur Ablösung des Fahrers oder zur Beobachtung oder Beaufsichtigung des Fz oder seiner Ladung mitfahren (Begr zu § 15d StVZO aF VkBl. **60** 459). Für die Mitnahme von Personen in Taxen, Mietwagen etc bei **Privatfahrten** ist keine FzF erforderlich, denn Privatfahrten sind nicht nach dem PBefG genehmigungspflichtig.

20　　**3. Ausnahmen vom Erfordernis der FzF (Abs. 2).** Die Befreiung von dem Erfordernis einer FzF für **Krankenkraftwagen** der BW, Bundespolizei, Polizei, der Truppe und des zivilen Gefolges der nichtdeutschen Nato-Staaten (Abs. 2 Nr. 1) und des **Katastrophenschutzes** (Abs. 2 Nr. 2) beruhen auf dem Gedanken, dass die Ziele, die mit der FzF verfolgt werden, dadurch erreicht werden, dass die Betreffenden einer besonderen Aufsicht unterliegen und deshalb die allgemeine FE ausreicht (Begr VkBl. **98** 1086). Der Begriff **Feuerwehren** (Abs. 2 Nr. 3) umfasst sowohl die öffentlichen Feuerwehren (Berufsfeuerwehren und Freiwillige Feuerwehren) als auch die betrieblichen Feuerwehren (Begr Rn. 1). Krankenkraftwagen privater Unternehmen, die in der Notfallrettung und im Krankentransport tätig, aber nicht am **Rettungsdienst** im institutionellen Sinn beteiligt sind, fallen nicht unter Abs. 2 Nr. 3 (OVG Münster VRS **114** 398). Wenn der Fzführer Inhaber einer **FE der Kl D oder D1** ist, benötigt er außer für Taxen keine FzF (Abs. 2 Nr. 4). Für Taxen wurde keine Ausnahme vorgesehen, weil für diese Fz nicht auf den Nachweis der Ortkenntnisse (Abs. 4 Nr. 7) verzichtet werden sollte. Der Begriff Taxe richtet sich nach § 47 PBefG.

21　　**4.** Die FzF ist durch einen besonderen **Führerschein zur Fahrgastbeförderung (FSzF)** nach Anlage 8 Muster 4 nachzuweisen (Abs. 3 S. 1). FSzF nach dem bis 1.9.02 vorgeschriebenen Muster (mit Lichtbild) bleiben gültig (§ 76 Nr. 14 FeV). Der FSzF (Urkunde) beweist, dass der darin genannte Berechtigte mit der Person identisch ist, der die FEB die FzF erteilt hat, und dass sie dieser die FzF erteilt hat, nicht dagegen auch, dass der Inhaber des FSzF die Voraussetzungen für die Erteilung der FzF erfüllt hat und der FSzF ihm zu Recht ausgestellt worden ist (Dü NZV **00** 177, s. § 4 FeV Rn. 41). Der FSzF muss bei der Fahrgastbeförderung neben dem allgemeinen FS **mitgeführt** und zuständigen Personen auf Verlangen zur Prüfung **ausgehändigt** werden, soweit es sich um Fahrgastbeförderung handelt, für die eine FzF erforderlich ist (Abs. 3 S. 2, s. § 4 FeV Rn. 50 ff.). Auch wenn seit der Änderung von Abs. 3 S. 2 durch ÄndVO v. 16.4.14 (BGBl. I S. 348) missverständlich davon die Rede ist, dass der FSzF *neben der nach einem ab dem 1.1.99 zu verwendenden Muster ausgestellten EU- oder EWR-Fahrerlaubnis* mitzuführen ist, bleibt es dabei, dass der FSzF neben dem allgemeinen Führerschein mitzuführen ist. Es reicht nicht, dass nur die Fahrerlaubnis „mitgeführt" wird, erforderlich ist die **Mitführung des Führerscheins** (§ 4 II S. 2). Durch die sprachlich missglückte Änderung von Abs. 3 S. 2 sollte lediglich deutlich gemacht werden, dass der neben dem FSzF mitzuführende allgemeine Führerschein kein gem. § 25 I iVm Anl 8 Muster 1 ausgestellter Karten-FS *nach aktuellem Muster* sein muss, sondern dass auch ein nach einem früheren Muster ausgestellter Karten-FS ausreicht (Begr Rn. 11).

21a　　Durch ÄndVO v. 11.3.19 (BGBl. I S. 218) wurde ergänzt, dass der bei der Fahrgastbeförderung **mitzuführende allgemeine Führerschein** aufgrund der FeV in der jeweils geltenden Fassung ausgestellt worden sein muss (Abs. 3 S. 2). Trotz des hier nach wie vor verwendeten Terminus *Fahrerlaubnis* ist der *Führerschein* gemeint. Durch die Ergänzung soll deutlich gemacht werden, dass es ein **in Deutschland ausgestellter Kartenführerschein** sein muss (Begr Rn. 13-15). In der Sache bedeutet dies, dass eine Voraussetzung für die Erteilung einer FzF nicht allein eine EU- oder EWR-Fahrerlaubnis ist (Abs. 4 Nr. 1), sondern auch ein über die Fahrerlaubnis ausgestellter deutscher Führerschein. Hat der Bewerber eine in einem anderen EU- oder EWR-Staat erteilte Fahrerlaubnis, muss er diese also zunächst nach § 30 in eine deutsche Fahrerlaubnis umtauschen, weil sonst kein deutscher Führerschein ausgestellt werden kann. Damit ist die Erteilungsvoraussetzung nach Abs. 4 Nr. 1 modifiziert worden, ohne dass dies im Wortlaut von Abs. 4 Nr. 1 deutlich gemacht wird. Außerdem betrifft diese Änderung alle Fälle, in denen bereits eine FzF besteht (*Kalus* VD **19** 115 (119)). Denn jeder Inhaber einer FzF muss bei der Fahrgastbeförderung jetzt neben dem FSzF einen deutschen Kartenführerschein mitführen (III S. 2).

5. Die **Voraussetzungen für die Erteilung** einer FzF sind in **Abs. 4** und **Abs. 3 S. 2** (s. **22** Rn. 21a) abschließend geregelt. Liegen sie vor, so besteht Rechtsanspruch auf Erteilung. Erteilung und Versagung der FzF sind VA. Für Beantragung und Erteilung der FzF sind §§ 21, 22 FeV entsprechend anzuwenden (Abs. 7 S. 1), soweit § 48 keine Spezialregelung enthält und die Bestimmungen vom Sinngehalt her für die FzF passen.

5a. Erforderlich ist eine für das Führen des jeweiligen Fz erforderliche **EU- oder EWR-FE 23** nach § 6 FeV (Abs. 4 Nr. 1). Nach dem Wortlaut reicht eine FE nach der vor 1999 gültigen Klasseneinteilung nicht aus, sie muss nach § 6 VII aF bzw. VI S. 2 nF FeV umgestellt sein (s. auch VG Braunschweig 26.9.03 6 A 108/01). Anders als ursprünglich vom VOGeber geregelt (Begr Rn. 2) kann es sich nicht auch um eine ausländische EU- oder EWR-FE handeln, sofern sie zum Führen von Kfz im Inland berechtigt. Seit der Neufassung des Abs. 3 S. 2 durch ÄndVO v. 11.3.19 (BGBl. I S. 218, s. Rn. 21a) muss der Bewerber vielmehr einen deutschen Führerschein haben. Dies ist nur möglich, wenn er eine deutsche Fahrerlaubnis hat. Im Falle einer ausländischen EU-/EWR-Fahrerlaubnis muss diese also zunächst nach § 30 in eine deutsche Fahrerlaubnis umgetauscht werden. – Es reicht aus, wenn der Bewerber einen ab dem 1.1.99 ausgestellten KartenFS hat; ein neuer KartenFS nach aktuellem Muster muss nicht beantragt werden (Rn. 21, Begr Rn. 11).

5b. Wenn der Bewerber eine **EU- oder EWR-FE der Klasse B** oder eine entsprechende **24** FE aus einem in Anl 11 aufgeführten Staat nicht seit mindestens zwei Jahren, bei Beschränkung der FzF auf Krankenkraftwagen nicht seit mindestens einem Jahr, **besitzt,** reicht es, wenn er eine solche FE innerhalb der letzten fünf Jahre für zwei Jahre, bei Beschränkung der FzF auf Krankenkraftwagen für mindestens ein Jahr, **besessen hat** (Abs 4 Nr. 5). Die Regelung ist der Ersatz für das frühere Erfordernis einer bestimmten Fahrpraxis (§ 15e S. 1 Nr. 4 StVZO aF), die bei dem Besitz einer FE der Klasse B unterstellt wird (Begr Rn. 4). Diese wird in gleicher Weise erworben, wenn innerhalb des Fünfjahreszeitraums mehrere Perioden zusammen die erforderliche Zeit ergeben. Auch wenn der Wortlaut nur von einer EU- oder EWR-FE der Klasse B spricht und eine „entsprechende FE" nur bei FE aus Anl 11-Staaten ausreichen soll, muss der Besitz einer der Klasse B **entsprechenden deutschen FE** nach der vor 1999 gültigen Klasseneinteilung als ausreichend angesehen werden, da die erforderliche Fahrpraxis damit ebenso erworben wird.

5c. Der Bewerber muss die **Gewähr** dafür bieten, dass er der **besonderen Verantwortung 25 bei der Beförderung von Fahrgästen** gerecht wird (Abs. 4 Nr. 2a, § 11 I S. 4 FeV). Trotz der missverständlichen Fassung von Abs. 4 Nr. 2a ist dies eine der Erteilungsvoraussetzungen (VGH Ma NJW **13** 1896, VG Stu DAR **16** 724 mAnm *Dauer*). Durch diese Formulierung, die den früheren Begriff der „persönlichen Zuverlässigkeit" (§ 15e I S. 1 Nr. 2 StVZO bis 1998) ersetzt hat (Begr zu § 11 I S. 4 FeV VkBl. **98** 1067), soll zum Ausdruck gebracht werden, dass nicht die allgemeine Zuverlässigkeit iSd Gewerberechts gemeint ist, sondern der Bezug zur Beförderung von Fahrgästen hergestellt wird (VkBl. **98** 1067). Nach der Begr zu § 2 II S. 1 Nr. 3 StVG (VkBl. **98** 789) fällt unter den Begriff der Eignung auch die persönliche Zuverlässigkeit als Ausdruck eines gesteigerten Maßes an charakterlicher Eignung. Dementsprechend ist die Vorschrift, nach der Bewerber um die FE der Klasse D oder D1 sowie der FzF auch die Gewähr dafür bieten müssen, dass sie der besonderen Verantwortung bei der Beförderung von Fahrgästen gerecht werden (§ 11 I S. 4 FeV), eingereiht in die Bestimmungen über die Eignung (*Bode/Winkler* § 3 Rn. 83). Das Gewährbieten stellt also eine **gesteigerte Eignungsanforderung** für die Fahrgastbeförderung dar. Die früher in der Rspr. zu der Vorgängervorschrift § 15e I S. 1 Nr. 2 StVZO aF vertretene Auffassung, die persönliche Zuverlässigkeit im Sinne dieser Vorschrift sei ein von der Kraftfahreignung verschiedenes, gerade auf die Fahrgastbeförderung bezogenes Erfordernis eigener Art und nicht eine Steigerung der allgemeinen Eignung zum Führen von Kfz (OVG Münster VRS **57** 476, NZV **92** 464, NZV **99** 55, VGH Ma NZV **90** 366, OVG Lüneburg VM **99** 7, VG Hb NZV **97** 536), ist nach der Klarstellung durch den Gesetzgeber gegenstandslos.

26   Ein Fahrzeugführer bietet **nicht** die **Gewähr** dafür, dass er der **besonderen Verantwortung bei der Beförderung von Fahrgästen** gerecht wird, wenn nach umfassender Würdigung seiner Gesamtpersönlichkeit anhand aller Umstände des Einzelfalles (insbesondere auch von Verstößen nichtverkehrsrechtlicher Art) ernsthaft zu befürchten ist, dass er die besonderen Sorgfaltspflichten, die ihm bei der Beförderung von Fahrgästen obliegen, zukünftig missachten wird (OVG Bautzen 15.5.08 3 BS 411/07, OVG Berlin 15.4.09 1 S 172.08, VGH Ma NJW **13** 1896, OVG Münster NJW **13** 2217, VG Neustadt 21.5.14 1 K 31/14, VG Stu DAR **16** 724). Die erforderliche hohe Vertrauenswürdigkeit des Inhabers der FzF beschränkt sich nicht auf die unmittelbaren Transportaufgaben, sondern umfasst auch die Sicherheit des Fahrgastes vor Straftaten und Belästigungen durch den Fahrer, denn oftmals befinden sich nur der Fahrer und sein Fahrgast im Fz (VG Mainz 7.1.16 3 L 1528/15, VG Stu DAR **16** 724 mAnm *Dauer*). Die **Gewähr** für die besondere Verantwortung in diesem Sinne **fehlt** nicht nur dann, wenn die Unzuverlässigkeit als erwiesen anzusehen ist, sondern bereits dann, wenn Umstände vorliegen, die die **ernsthafte Befürchtung** rechtfertigen, der Betroffene werde die besonderen Sorgfaltspflichten, die ihm bei der Beförderung ihm anvertrauter Personen obliegen, zukünftig missachten (OVG Berlin 28.11.14 VM **15** 38, VG Mü 3.9.09 6a E 09.3604, VG Aachen 27.3.12 2 K 2341/10, VG Mü 2.9.15 6b E 15.2962, VG Mainz 7.1.16 3 L 1528/15, VG Stu DAR **16** 724 mAnm *Dauer*). Bei dieser **Prognoseentscheidung** sind nicht nur Handlungen mit einem speziellen Bezug zur Fahrgastbeförderung zu berücksichtigen. Auch Ordnungswidrigkeiten und Straftaten **nichtverkehrsrechtlicher Art** können insoweit bedeutsam sein, wenn sie Charaktereigenschaften erkennen lassen, die sich im Falle der Personenbeförderung zum Schaden der Fahrgäste auswirken können (OVG Münster 5.3.04 19 A 832/04, OVG Berlin 15.4.09 1 S 172.08, VGH Ma NJW **13** 1896, OVG Schleswig 30.11.17 4 MB 87/17, VG Gießen DAR **11** 226, VG Aachen 27.3.12 2 K 2341/10, VG Mü 2.9.15 6b E 15.2962, VG Mainz 7.1.16 3 L 1528/15, VG Stu DAR **16** 724, vgl. BVerwG NJW **86** 2779 zu § 15e I S. 1 Nr. 2 StVZO aF). Da Zweck der FzF der Schutz und die Sicherheit der beförderten Fahrgäste ist, werden erhöhte Anforderungen an die charakterliche Eignung auch insofern gestellt, als damit im Interesse der Sicherheit der Fahrgäste eine im Vergleich zu den übrigen Verkehrsteilnehmern **besonders sorgfältige Beachtung der Verkehrsvorschriften** erwartet wird (OVG Bautzen 15.5.08 3 BS 411/07, VGH Ma NJW **13** 1896, OVG Münster NJW **13** 2217, 21.3.14 VRS **126** 177, VG Stu DAR **16** 724, aA VGH Mü 2.4.03 11 CS 02.2514, offen gelassen von VGH Mü NJW **17** 2695). Kein Gewährbieten bei wiederholten und erheblichen **Geschwindigkeitsüberschreitungen,** unabhängig davon, ob es zu konkreten Gefährdungen oder Schäden gekommen ist oder ob Fahrgastbeschwerden vorliegen (OVG Lüneburg 28.7.06 VM **06** 69, VGH Ma NJW **13** 1896). Bei der Gewichtung von Verkehrsverstößen ist eine überdurchschnittlich hohe jährliche Fahrleistung nicht zu berücksichtigen (kein „Vielfahrerbonus", OVG Lüneburg 9.10.98 VM **99** 7, OVG Münster 21.3.14 VRS **126** 177). Eine Verletzung der Vorschriften zum Schutz der **sexuellen Selbstbestimmung** kann das Sicherheitsinteresse der Fahrgäste beeinträchtigen, zumal sich Fahrgäste, die sich einem Fahrer bei einer Fahrt anvertrauen, einer etwaigen Gefährdung nicht ohne weiteres entziehen können (VG Neustadt 21.5.14 1 K 31/14). Kein Gewährbieten bei zweifacher Verurteilung wegen exhibitionistischer Handlungen und Besitz kinderpornographischer Schriften (OVG Berlin 15.4.09 1 S 172.08), bei Verurteilung wegen Besitzes einer nicht unerheblichen Menge kinderpornographischer Schriften und Videos (VG Neustadt 21.5.14 1 K 31/14). Auch **Vermögensstraftaten** können Bedenken begründen (VG Mü 11.5.09 6a E 09.1311, VG Hb 18.8.09 15 E 1380/09, VG Gießen DAR **11** 226, VG Ol SVR **14** 155), zB Insolvenzverschleppung und Steuerhinterziehung (VGH Mü 23.4.20 – 11 CE 20.870 BeckRS 2020, 9470, VG Mü 2.9.15 – 6b E 15.2962). Straftaten der vorsätzlichen **Körperverletzung** und **Beleidigung** geben Grund zu der Befürchtung, dass ein Bewerber in Konfliktlagen, wie sie im Berufsalltag eines Taxifahrers häufig auftreten können, nicht situationsangemessen zu reagieren vermag (VGH Mü SVR **12** 354, 3.9.15 11 CE 15.1556, VGH Ma NJW **13** 1896, OVG Schleswig 30.11.17 4 MB 87/17, VG Mainz 7.1.16 3 L 1528/15, VG Stu DAR **16** 724).

27   Das Gewährbieten muss für die Erteilung der FzF **positiv festgestellt** werden (Abs. 4 Nr. 2a). Der Bewerber muss zum **Nachweis** des Gewährbietens ein **Führungszeugnis** nach § 30 V S. 1 BZRG vorlegen (Abs. 4 Nr. 2a, § 11 I S. 5). Da das Führungszeugnis nach § 30 V S. 1 BZRG, das einen gegenüber dem Führungszeugnis nach § 30 I BZRG erweiterten Inhalt hat (§ 32 III, IV BZRG), der Behörde direkt zugesandt wird (§ 30 V S. 1 BZRG), kann der Bewerber es aller-

dings nicht *vorlegen.* Die Regelung ist deswegen so zu verstehen, dass er die Erteilung eines Führungszeugnisses nach § 30 V S. 1 BZRG bei der für ihn zuständigen Meldebehörde (§ 30 II BZRG) beantragen muss (OVG Münster 21.3.14 VRS **126** 177, VG Mainz 7.1.16 3 L 1528/15). Durch ÄndVO v. 21.12.16 (BGBl. I S. 3083) wurde zusätzlich vorgeschrieben, dass auf Kosten des Antragstellers eine aktuelle **Auskunft aus dem FAER** eingeholt werden muss (Abs. 4 Nr. 2a). Die etwas missverständliche Fassung von Abs. 4 Nr. 2a bedeutet **nicht,** dass das Gewährbieten für die besondere Verantwortung bei der Fahrgastbeförderung **ausschließlich** mit Hilfe des **Führungszeugnisses** nach § 30 V S. 1 BZRG und der Auskunft aus dem **FAER überprüft** werden kann, denn es gibt keine Anhaltspunkte dafür, dass der VOGeber der einhellige Rspr. in Frage stellen wollte, nach der es bei der Beurteilung des Gewährbietens entscheidend auf eine Würdigung der Gesamtpersönlichkeit des Betr anhand aller bekannten Fakten ankommt (OVG Münster NJW **13** 2217, 21.3.14 VRS **126** 177, OVG Berlin 28.11.14 VM **15** 38). Das Zugänglichmachen eines Führungszeugnisses und einer Auskunft aus dem FAER soll ersichtlich nur dazu dienen, auf einfache und verlässliche Weise das Gewährbieten iSv IV Nr. 2a zu überprüfen bzw. nachzuweisen (OVG Münster 21.3.14 VRS **126** 177, VG Mainz 7.1.16 3 L 1528/15). Im Übrigen ist gesetzlich geregelt, dass die Behörde neben dem Führungszeugnis und der Auskunft aus dem FAER Auskünfte aus dem ZFER und ggf. von ausländischen Stellen einholt (§ 2 III S. 5 iVm VII S. 2, 3 StVG), was von der FeV, einer RVO, nicht außer Kraft gesetzt werden kann. Eine Sperrwirkung dergestalt, dass nur der Inhalt des Führungszeugnisses und der Auskunft aus dem FAER in die Prüfung des Merkmals des Gewährbietens einfließen darf, besteht somit nicht (OVG Münster 21.3.14 VRS **126** 177, VG Mainz 7.1.16 3 L 1528/15, *Dauer* DAR **16** 725).

Nicht jeder auf Tatsachen gründende **Zweifel** an der Gewähr der besonderen Verantwortung bei der Fahrgastbeförderung rechtfertigt die Versagung oder Entziehung der FzF (OVG Schleswig 30.11.17 4 MB 87/17). Bestehen **Bedenken,** kann die Beibringung eines medizinisch-psychologischen Gutachtens angeordnet werden (Bewerber um eine FzF: § 11 III S. 1 Nr. 8, Inhaber einer FzF: Abs. 9 S. 1, 3). Von der Anordnung der Beibringung eines solchen Gutachtens ist jedoch gem. § 11 VII abzusehen, wenn zur Überzeugung der FEB mit hinreichender Gewissheit **feststeht,** dass der Betr die Gewähr nicht bietet (OVG Schleswig 30.11.17 – 4 MB 87/17, VGH Mü 23.4.20 – 11 CE 20.870 BeckRS 2020, 9470, VG Stu DAR **16** 724 mAnm *Dauer*). Dies ist der Fall, wenn aufgrund der der Entscheidung zugrundeliegenden Tatsachenbasis für die FEB keine Zweifel an der fehlenden Gewähr der besonderen Verantwortung bei der Beförderung von Fahrgästen bestehen (VG Mainz 7.1.16 3 L 1528/15). In diesem Fall steht die Nichteignung ohne weitere Aufklärungsmaßnahmen fest.

5d. Die **geistige und körperliche Eignung** des Bewerbers um eine FzF ist nach § 11 IX **28** iVm Anl 5 FeV **nachzuweisen** (Abs. 4 Nr. 3). Neben einer Untersuchung in Bezug auf das Vorliegen eignungsausschließender Erkrankungen (Anl 5 Nr. 1) ist eine zusätzliche Untersuchung nach Anl 5 Nr. 2 wie bei Bewerbern um eine FE der D-Klassen erforderlich (vgl. § 2 III S. 3 StVG), deren Gegenstand die Belastbarkeit, die Orientierungs-, Konzentrations- und Aufmerksamkeitsleistung sowie die Reaktionsfähigkeit sind. Der Nachweis gem. Anl 5 Nr. 2 ist nach Wahl des Bewerbers durch ein betriebs- oder arbeitsmedizinisches Gutachten oder das Gutachten einer amtlich anerkannten Begutachtungsstelle für Fahreignung zu führen (Anl 5 Nr. 2 S. 3). Die Nachweise dürfen bei Antragstellung nicht älter als 1 Jahr sein (Anl 5 Nr. 3). Zur Eignung von **Diabetikern** für die FzF s. Anl 4 Nr. 5, Begutachts-Leitl Nr. 3.5. Hochgradige **Schwerhörigkeit,** auch beidseitig, schließt die körperliche Eignung für FzF nicht aus, wenn nicht gleichzeitig andere schwerwiegende Mängel (zB Sehstörungen, Gleichgewichtsstörungen) vorliegen (Anl 4 Nr. 2 seit 1.5.14, Begr BR-Drs. 78/14 S. 64 = VkBl. **14** 432, vorher auch schon OVG Berlin DAR **09** 474 (Änderung von VG Berlin VM **07** 95)). Vorherige Bewährung von 3 Jahren Fahrpraxis der Kl B ist nachzuweisen (Anl 4 Nr. 2 Spalte 5). Der Nachweis des erforderlichen **Sehvermögens** erfolgt nach § 12 VI iVm Anl 6 Nr. 2 FeV (Abs. 4 Nr. 4). Da der Verordnungsgeber festlegen konnte, dass für Erteilung und Verlängerung der FzF die selben Anforderungen wie für FE der D-Klassen gelten (§ 2 III S. 3 StVG), ist nicht zu beanstanden, dass mit Anl 6 Nr. 2.2.2 an das **Farbsehen** für die FzF (ebenso wie für die D-Klassen) höhere Anforderungen gestellt werden als bei FE der C-Klassen (OVG Lüneburg VM **07** 72).

5e. Für die FzF für Taxen ist der **Nachweis von Ortskenntnissen** in dem Gebiet, in dem **29** Beförderungspflicht besteht, erforderlich (Abs. 4 Nr. 7). Ermächtigungsgrundlage: § 2 III S. 4 iVm § 6 I Nr. 1 Buchst. g StVG. Die Forderung nach ausreichenden Ortskenntnissen dient nicht nur der Sicherheit der Fahrgäste, sondern der VSicherheit allgemein, da nicht oder nicht ausreichend ortskundige Fahrer den Verkehr gefährden und seine Flüssigkeit beeinträchtigen können

(Begr zu §§ 15d ff StVZO aF VkBl. **69** 396, Bay NJW **71** 1620). Weiter dient der Ortskundenachweis dem Interesse der Fahrgäste, auf dem kürzesten und kostengünstigsten Weg zum Ziel gefahren zu werden (VGH Mü NZV **17** 399). Der früher für die FzF für Mietwagen oder Krankenkraftwagen erforderliche Nachweis von Ortskenntnissen am Ort des Betriebssitzes, wenn dieser nicht weniger als 50 000 Einwohner hat (Abs. 4 Nr. 7 aF), wurde durch ÄndVO v. 14.8.17 (BGBl. I S. 3232) abgeschafft (Begr Rn. 12). Die Ortskenntnisse sind in einer **Ortskundeprüfung** nachzuweisen. Die für die Abnahme der Prüfung zuständige Stelle hat mangels detaillierter Regelung in Abs. 4 Nr. 7 hinsichtlich der Art und Weise der Durchführung der Prüfung Ermessen (VG Mü 22.3.05 M 6a E 05.714). Aus allgemeinen Prüfungsgrundsätzen ergibt sich, dass die Ortskundeprüfung ohne Verwendung nicht zugelassener Hilfsmittel abzulegen ist (VG Mü 10.2.04 M 6a K 03.2777). Das Ergebnis der Ortskundeprüfung stellt keinen VA dar, lediglich Gutachten für die FEB. Selbständige Anfechtung ist nicht möglich. Für eine **Neuerteilung der FzF** muss der Antragsteller auch dann, wenn er früher einmal Inhaber einer FzF war, die erforderlichen Ortskenntnisse erneut durch eine Prüfung nachweisen (VGH Mü NZV **17** 399). Bei **Ortswechsel** ist ein neuer Ortskundenachweis erforderlich (Abs. 6). Der Nachweis der Ortskenntnisse kann durch den Einsatz eines Navigationssystems nicht ersetzt werden (VG Mü 22.3.05 M 6a E 05.714).

30　　**6. Geltungsdauer, Verlängerung.** Die FzF wird nur **befristet** für die Dauer von nicht mehr als **fünf Jahren** erteilt (§ 2 III S. 2 StVG, Abs. 5 S. 1). Wird sie nicht verlängert, erlischt die FzF durch Ablauf der Befristung. Der Inhaber hat einen Anspruch auf **Verlängerung** für bis zu fünf Jahre, wenn er erneut seine geistige und körperliche Eignung gem. § 11 IX iVm Anl 5, die Anforderungen an das Sehvermögen gem. § 12 VI iVm Anl 6 Nr. 2, und das Gewährbieten für die besondere Verantwortung bei der Fahrgastbeförderung durch Vorlage der Unterlagen nach Abs. 4 Nr. 2a nachweist (Abs. 5 S. 2 Nr. 1–3). Das Führungszeugnis nach § 30 V S. 1 BZRG kann der Antragsteller nicht *vorlegen*, sondern nur beantragen (Rn. 27). Die aktuelle Auskunft aus dem FAER muss er entgegen dem Wortlaut ebenfalls nicht *vorlegen*. Ihm ist nicht zuzumuten, von sich aus eine Auskunft über die zu seiner Person im FAER gespeicherten Daten einzuholen und dann bei der Behörde vorzulegen, denn der Anspruch auf kostenfreie Selbstauskunft über den Inhalt des FAER und über die Anzahl der Punkte nach § 30 VIII StVG dient ausschließlich dem datenschutzrechtlichen Anspruch auf Auskunft über die zur eigenen Person gespeicherten Daten. Abs. 5 S. 2 Nr. 3 muss deswegen so verstanden werden, dass die FEB auf Kosten des Antragstellers eine aktuelle Auskunft aus dem FAER einzuholen hat. Die frühere Regelung, wonach es für die Verlängerung der FzF reichte, dass keine Tatsachen die Annahme rechtfertigen, die Gewähr für das besondere Verantwortung bei der Beförderung von Fahrgästen sei nicht gegeben (Abs. 5 S. 2 Nr. 3 aF), wurde durch ÄndVO v. 21.12.16 (BGBl. I S. 3083) aufgegeben. Seitdem muss das Gewährbieten nicht nur für die Erteilung der FzF (Abs. 4 Nr. 2a), sondern auch für die Verlängerung positiv festgestellt werden. Ob der Betr die Gewähr dafür bietet, dass er der besonderen Verantwortung bei der Beförderung von Fahrgästen gerecht wird, ist dabei trotz der missverständlichen Formulierung von Abs. 5 S. 2 Nr. 3 nicht nur nach dem Inhalt des Führungszeugnisses und des Auszugs aus dem FAER, sondern nach umfassender Würdigung der Gesamtpersönlichkeit des Betr anhand aller Umstände des Einzelfalles zu beurteilen (vgl. Rn. 27, *Dauer* DAR **16** 725). Für die Verlängerung ist nur der Nachweis gem. Anl 5 Nr. 1, kein Nachweis gem. Anl 5 Nr. 2 erforderlich, solange die Verlängerung nicht über das 60. Lebensjahr hinaus erfolgen soll. Verlängerung über die Vollendung des **60. Lebensjahres** hinaus jedoch nur bei zusätzlichem Eignungsnachweis gem. Anl 5 Nr. 2 (Abs. 7 S. 2). Für die Verlängerung der FzF ist § 24 I S. 1, II und III FeV entsprechend anzuwenden (Abs. 7 S. 1), soweit § 48 keine Spezialregelung enthält und die Bestimmungen zur FzF passen. Erteilung und Verlängerung der FzF erfolgen **grundsätzlich für fünf Jahre.** Nur wenn im Einzelfall Anlass dazu besteht, können auch kürzere Fristen festgesetzt werden (s. Begr zu § 23 FeV VkBl. **98** 1076 f.).

31　　Ist die FzF durch Ablauf der Befristung **erloschen,** kann sie nicht verlängert, sondern nur **neu erteilt** werden. Rechtsgrundlage für die Neuerteilung ist dann Abs. 4 iVm § 11 I S. 4 (VG Aachen 27.3.12 2 K 2341/10). Zwar kann nach § 31 VII S. 2 VwVfG auch eine rückwirkende Verlängerung erfolgen. Eine Verlängerung nach Ablauf der Frist ist in der Sache aber ein Neuerlass, da der vorhergehende VA mit Ablauf der Frist gem. § 43 II VwVfG unwirksam geworden ist (*Stelkens/Bonk/Sachs* § 31 Rn. 47).

32　　**7. Aufklärungsmaßnahmen (Abs. 9).** Bei durch Tatsachen begründeten Zweifeln an der körperlichen und geistigen **Eignung** oder an der **Gewähr** der besonderen Verantwortung bei der Beförderung von Fahrgästen eines **Inhabers** einer FzF kann die FEB die in §§ 11 bis 14

FeV normierten Maßnahmen in entsprechender Anwendung dieser Vorschriften ergreifen (Abs. 9 S. 1, VGH Ma NJW **13** 1896).

Zur Überprüfung, ob der **Bewerber** um eine FzF oder der **Inhaber** einer FzF die erforderli- **32a** che **Gewähr** für die **besondere Verantwortung** bei der **Beförderung von Fahrgästen** bieten, kann die Beibringung eines medizinisch-psychologischen Gutachtens angeordnet werden (Bewerber: § 11 III S. 1 Nr. 8, Inhaber: Abs. 9 S. 3, VGH Ma NJW **13** 1896, VG Aachen 27.3.12 2 K 2341/10, VG Ol SVR **14** 155, VG Mü 2.9.15 6b E 15.2962). Weigert sich der Betr, sich untersuchen zu lassen oder bringt er das von der FEB geforderte Gutachten nicht fristgerecht bei, hat diese auf Nichteignung zu schließen, wenn die Anordnung des Gutachtens formell und materiell rechtmäßig war (§ 11 VIII analog, VGH Ma NJW **13** 1896, VGH Mü NJW **17** 2695, VG Ol SVR **14** 155, s. § 11 Rn. 51 ff.). Die Anordnung eines medizinisch-psychologischen Gutachtens zur Klärung der Frage, ob der Betr die Gewähr für die besondere Verantwortung bei der Fahrgastbeförderung bietet, steht im **Ermessen** der FEB. Die Ermessenserwägungen der FEB fließen regelmäßig in die Prüfung ein, ob konkrete und hinreichend gewichtige Eignungszweifel vorliegen; die Ermessensentscheidung muss deswegen nicht speziell begründet werden, sofern nicht besondere Umstände vorliegen (VGH Ma NJW **13** 1896). Je gewichtiger die Eignungsbedenken sind, desto geringer wird das Entschließungsermessen der FEB (VGH Ma NJW **13** 1896). Die Gutachtensbeibringungsanordnung ist rechtswidrig, wenn die FEB das vorgesehene Ermessen nicht gesehen, jedenfalls aber nicht erkennbar ausgeübt hat (VGH Mü NJW **17** 2695). Die **Ermessenserwägungen** der FEB bei der Anordnung eines Gutachtens sind in der Beibringungsaufforderung **offenzulegen**, damit Sinn und Zweck der in § 11 VI angeordneten Mitteilungspflichten Genüge getan ist (§ 11 Rn. 43 f., VGH Mü NJW **17** 2695). Wenn lediglich zu klären ist, ob der Betr die Gewähr für die besondere Verantwortung bei der Beförderung von Fahrgästen bietet und keine Hinweise auf körperliche oder geistige Eignungsmängel vorliegen, darf sich die **Fragestellung für das Gutachten** nicht auch auf die körperliche und geistige Fahreignung des Betr erstrecken (VGH Ma NJW **13** 1896, OVG Münster 5.5.17 NWVBl **17** 388, VGH Mü NJW **17** 2695, s. § 11 Rn. 42 ff.).

Da nach Abs. 10 S. 1 die FzF auch dann zu entziehen ist, wenn der Inhaber die erforderlichen **32b** **Ortskenntnisse** nicht mehr besitzt, ermöglicht Abs. 9 S. 2 der FEB die Anordnung einer erneuten Ortskundeprüfung (s. Begr Rn. 5), wenn Tatsachen Zweifel begründen, ob die erforderlichen Ortskenntnisse noch vorhanden sind.

8. Entziehung der FzF hat zwingend durch die FEB zu erfolgen, wenn positiv feststeht, dass **33** eine der in Abs. 4 normierten Voraussetzungen für die Erteilung einer FzF nicht oder nicht mehr vorliegt (Abs. 10 S. 1). Ungeachtet der etwas missverständlichen Fassung von Abs. 4 Nr. 2a gehört zu diesen Voraussetzungen auch, dass der Betr die Gewähr dafür bietet, dass er der besonderen Verantwortung bei der Beförderung von Fahrgästen gerecht wird (VGH Ma NJW **13** 1896, OVG Berlin 28.11.14 VM **15** 38, VG Mainz 7.1.16 3 L 1528/15). Aus der uneingeschränkten Bezugnahme auf Abs. 4 in Abs. 10 S. 1 folgt, dass bereits die auf Tatsachen gestützte Prognose, der Erlaubnisinhaber werde seiner besonderen Verantwortung bei der Fahrgastbeförderung auch künftig nicht gerecht werden, zur Entziehung der FzF zwingt, ohne dass ein zweifelsfreier Nachweis der Unzuverlässigkeit erforderlich ist (OVG Saarlouis ZfS **04** 539). Dabei können auch Umstände die Ungeeignetheit eines Inhabers der FzF begründen, die für einen Entzug der allgemeinen FE nicht ausreichen würden (OVG Berlin 28.11.14 VM **15** 38).

§ 3 StVG und §§ 46, 47 FeV sind entsprechend heranzuziehen, soweit gesetzlich nichts ande- **33a** res bestimmt ist (§ 2 III S. 5 StVG). Entziehung der allgemeinen FE hat immer auch Erlöschen der FzF zur Folge (Abs. 10 S. 2). Die FzF für sich allein unabhängig von der allgemeinen FE zu entziehen ist der FEB vorbehalten; das Strafgericht ist dazu nicht befugt (BGH VM **71** 9, MDR **82** 623 bei *Holtz*, Stu VRS **50** 28). Dass ein **Strafverfahren** schwebt, das zur Entziehung der allgemeinen FE führen kann, hindert die FEB nicht, die Entziehung der FzF selbstständig ohne Rücksicht auf das Strafverfahren zu prüfen, denn § 3 III S. 1 StVG gilt für die FzF nicht (OVG Münster 21.3.14 VRS **126** 177, s. Begr zu § 15k II StVZO aFVkBl. **69** 396).

Die **FzF erlischt** mit Wirksamkeit der Entziehung nach Abs. 10 S. 1. Der Bestand der all- **34** gemeinen FE wird dadurch nicht berührt. Die FzF erlischt auch mit Wirksamkeit einer **Entziehung** der in Abs. 4 Nr. 1 vorausgesetzten **allgemeinen FE** (Abs. 10 S. 2, VGH Mü NJW **16** 3193, OVG Mgd 14.8.20 – 3 M 49/20 BeckRS 2020, 21811, VG Mü VRS **103** 315). Dies gilt sowohl bei verwaltungsbehördlicher als auch bei strafgerichtlicher EdF (*Scheidler* DAR **16** 417). In beiden Fällen ist der FSzF unverzüglich der entscheidenden Behörde **abzuliefern** (Abs. 10 S. 3 iVm § 47 I S. 1 FeV), und zwar auch dann, wenn die Entziehung angefochten worden ist, die FEB aber die sofortige Vollziehung angeordnet hat (Abs. 10 S. 3 iVm § 47 I S. 2 FeV).

35 **9. Halterpflichten.** Der Halter eines Kfz darf Fahrgastbeförderung, für die eine FzF erforderlich ist, nicht anordnen oder zulassen, wenn der Fahrer die für diese Personenbeförderung erforderliche FzF nicht besitzt, und auch dann nicht, wenn der Fahrer zwar die erforderliche FzF besitzt, aber bei Wechsel des Beschäftigungsgebietes für das neue Gebiet die Ortskenntnisse nicht nach Abs. 6 nachgewiesen hat (Abs. 8, Begr VkBl. **98** 1087). Da Zeck des § 48 der Schutz der Fahrgäste ist, setzt ein Verstoß gegen Abs. 8 nicht voraus, dass es infolge der unzulässigen Gestattung der Fahrgastbeförderung auch tatsächlich zu einer Fahrgastbeförderung gekommen ist (Fra VRS **57** 221 zu § 15d III StVZO aF; Beifahrertür bereits zum Einsteigen geöffnet).

36 **10. Ordnungswidrigkeiten. a)** Wer ohne die erforderliche FzF oder nach Ablauf ihrer Geltungsdauer (Abs. 5) Fahrgäste fährt, verletzt §§ 48 I, 75 Nr. 12 FeV, 24 StVG, nicht auch § 21 StVG. Wer trotz Entziehung der FzF weiter Fahrgäste befördert, handelt ow, auch bei Fortbestand der allgemeinen FE. **b)** Ow ist auch das Nichtmitführen oder Nichtaushändigen des FSzF entgegen Abs. 3 S. 2 (§§ 75 Nr. 4 FeV, 24 StVG). **c)** Ow ist ferner das Anordnen oder Zulassen der Fahrgastbeförderung durch den Halter, wenn der Fahrer die FzF nicht besitzt oder die erforderlichen Ortskenntnisse nicht nachgewiesen hat (§§ 48 VIII, 75 Nr. 12 FeV, 24 StVG). **d)** Ow ist schließlich der Verstoß gegen die Pflicht zur unverzüglichen Ablieferung des FSzF nach Abs. 10 S. 3 iVm § 47 I (§§ 75 Nr. 10 FeV, 24 StVG).

10. Begleitetes Fahren ab 17 Jahre

Voraussetzungen

48a (1) ¹Im Falle des § 10 Absatz 1 laufende Nummer 5 Buchstabe b Doppelbuchstabe aa findet § 11 Absatz 3 Satz 1 Nummer 2 keine Anwendung. ²§ 74 Absatz 2 findet entsprechend Anwendung.

(2) ¹Die Fahrerlaubnis ist für die Fahrerlaubnisklassen B und BE mit der Auflage zu versehen, dass von ihr nur dann Gebrauch gemacht werden darf, wenn der Fahrerlaubnisinhaber während des Führens des Kraftfahrzeugs von mindestens einer namentlich benannten Person, die den Anforderungen der Absätze 5 und 6 genügt, begleitet wird (begleitende Person). ²Die Auflage entfällt, wenn der Fahrerlaubnisinhaber das Mindestalter nach § 10 Absatz 1 Nummer 5 Buchst. a erreicht hat.

(3) ¹Für das Verfahren bei der Erteilung einer Fahrerlaubnis für das Führen von Kraftfahrzeugen in Begleitung gelten die §§ 22 und 22a mit folgenden Maßgaben:
1. Über die Fahrerlaubnis ist eine Prüfungsbescheinigung nach dem Muster der Anlage 8b auszustellen, die bis drei Monate nach Vollendung des 18. Lebensjahres im Inland zum Nachweis im Sinne des § 4 Absatz 3 Satz 1 dient.
2. Die Prüfungsbescheinigung tritt an die Stelle des Führerscheines oder des Vorläufigen Nachweises der Fahrerlaubnis.
3. ¹In der Prüfungsbescheinigung sind die zur Begleitung vorgesehenen Personen namentlich aufzuführen. ²Auf Antrag können weitere begleitete Personen namentlich auf der Prüfungsbescheinigung nachträglich durch die Fahrerlaubnisbehörde eingetragen werden.
4. Im Falle des § 22a Absatz 1 Satz 1 ist auf das Übersenden einer vorbereiteten Prüfungsbescheinigung zu verzichten.
5. Zusätzlich zu den nach § 22a Absatz 2 zu übermittelnden Daten übermittelt die Fahrerlaubnisbehörde die in die Prüfungsbescheinigung aufzunehmenden Angaben zu den Begleitpersonen.
6. ¹Ist der Bewerber bereits im Besitz einer Fahrerlaubnis der Klasse AM, der Klasse A1, der Klasse L oder der Klasse T, ist abweichend von § 22a Absatz 4 der Führerschein nicht bei Aushändigung der Prüfungsbescheinigung zurückzugeben. ²In die Prüfungsbescheinigung sind die Klasse AM und die Klasse L nicht aufzunehmen.
7. ¹Ist der Bewerber noch nicht im Besitz einer Fahrerlaubnis der Klasse AM oder der Klasse L, kann er in seinem Antrag nach § 21 erklären, dass er für die genannten Fahrerlaubnisklassen einen Führerschein erhalten möchte. ²In der Prüfungsbescheinigung sind diese Klassen nicht aufzunehmen.

²Die Prüfungsbescheinigung ist im Fahrzeug mitzuführen und zur Überwachung des Straßenverkehrs berechtigten Personen auf Verlangen auszuhändigen.

(4) ¹Die begleitende Person soll dem Fahrerlaubnisinhaber

1. vor Antritt einer Fahrt und

2. während des Führens des Fahrzeugs, soweit die Umstände der jeweiligen Fahrsituation es zulassen,

ausschließlich als Ansprechpartner zur Verfügung stehen, um ihm Sicherheit beim Führen des Kraftfahrzeugs zu vermitteln. [2]Zur Erfüllung ihrer Aufgabe soll die begleitende Person Rat erteilen oder kurze Hinweise geben.

(5) [1]Die begleitende Person

1. muss das 30. Lebensjahr vollendet haben,

2. muss mindestens seit fünf Jahren Inhaber einer gültigen Fahrerlaubnis der Klasse B oder einer entsprechenden deutschen, einer EU/EWR- oder schweizerischen Fahrerlaubnis sein; die Fahrerlaubnis ist durch einen gültigen Führerschein nachzuweisen, der während des Begleitens mitzuführen und zur Überwachung des Straßenverkehrs berechtigten Personen auf Verlangen auszuhändigen ist,

3. darf zum Zeitpunkt der Beantragung der Fahrerlaubnis im Fahreignungsregister mit nicht mehr als einem Punkt belastet sein.

[2]Die Fahrerlaubnisbehörde hat bei Beantragung der Fahrerlaubnis oder bei Beantragung der Eintragung weiterer zur Begleitung vorgesehener Personen zu prüfen, ob diese Voraussetzungen vorliegen; sie hat die Auskunft nach Nummer 3 beim Fahreignungsregister einzuholen.

(6) [1]Die begleitende Person darf den Inhaber einer Prüfungsbescheinigung nach Absatz 3 nicht begleiten, wenn sie

1. 0,25 mg/l oder mehr Alkohol in der Atemluft oder 0,5 Promille oder mehr Alkohol im Blut oder eine Alkoholmenge im Körper hat, die zu einer solchen Atem- oder Blutalkoholkonzentration führt,

2. unter der Wirkung eines in der Anlage zu § 24a des Straßenverkehrsgesetzes genannten berauschenden Mittels steht.

[2]Eine Wirkung im Sinne des Satzes 1 Nummer 2 liegt vor, wenn eine in der Anlage zu § 24a des Straßenverkehrsgesetzes genannte Substanz im Blut nachgewiesen wird. [3]Satz 1 Nummer 2 gilt nicht, wenn die Substanz aus der bestimmungsgemäßen Einnahme eines für einen konkreten Krankheitsfall verschriebenen Arzneimittels herrührt.

(7) Mit Erreichen des Mindestalters nach § 10 Absatz 1 Nummer 5 Buchstabe a händigt die Fahrerlaubnisbehörde dem Fahrerlaubnisinhaber auf Antrag einen Führerschein nach Muster 1 der Anlage 8 aus.

Begr (VkBl. 05 692): **Zu Abs. 1:** *In Ausfüllung der Ermächtigung in § 6e Abs. 1 Nr. 1 StVG …* 1 *wird das Mindestalter für die Erteilung einer Fahrerlaubnis der Klassen B und BE auf 17 Jahre herabgesetzt, wenn die in den nachfolgenden Absätzen festgelegten Voraussetzungen erfüllt sind. Es wird klargestellt, dass für die Fahranfänger beim „Begleiteten Fahren ab 17" keine medizinisch-psychologische Untersuchung erforderlich ist (grundsätzliche Befreiung von § 11 Abs. 3 Nr. 2 FeV). Entsprechend § 74 Abs. 2 FeV ist die Zustimmung des gesetzlichen Vertreters des Fahranfängers Voraussetzung für die Erteilung der Fahrerlaubnis. …*

Absatz 4 *regelt die Aufgaben und Befugnisse des Begleiters, die sich auf die eines Ansprechpartners und* 2 *Ratgebers beschränken.*

In den **Absätzen 5 und 6** *werden die Anforderungen („Auswahlkriterien") an die Begleitpersonen* 3 *geregelt. Das Mindestalter des Begleiters wird auf 30 Jahre festgelegt. Damit wird die Begleitperson deutlich älter als der Fahranfänger sein und nicht mehr zu der stark mit Unfällen belasteten Gruppe der 18- bis 24-jährigen Fahrer zählen. Der fünfjährige ununterbrochene Besitz einer Fahrerlaubnis wird als ausreichend im Hinblick auf ausgereifte Fahrerfahrung und Verkehrszuverlässigkeit der Begleitperson angesehen. Eine Verkehrszuverlässigkeit ist auch noch bei einem Stand von höchstens drei Punkten im Verkehrszentralregister anzunehmen, weil es sich bei derartigen Eintragungen nur um weniger schwer wiegende Verkehrsverstöße handeln kann. …*

Die Regelung in **Absatz 6** *zur Alkohol- und Drogengrenze für den Begleiter ist an § 24a StVG angelehnt.*

Begr *der ÄndVO v. 14.6.06 (BR-Drs. 212/06 Beschluss):* **Zu Abs. 5 S. 1 Nr. 2:** *Bislang er-* 4 *wähnt § 48a Abs. 5 Satz 1 Nr. 2 FeV allein die Fahrerlaubnisklasse B. Durch vorstehende Änderung wird klargestellt, dass sowohl Inhaber einer Fahrerlaubnisklasse 3 als auch in Deutschland lebende EU/ EWR Ausländer, welche ihre Fahrerlaubnis nicht umtauschen müssen, Begleiter sein können. Im Umkehrschluss gilt die Regelung nicht für andere (z. B. Nicht-EU/EWR) Fahrerlaubnisse.*

5 **Begr** zur ÄndVO v. 18.7.08 (VkBl. **08** 571): **Zu Abs. 5 S. 1 Nr. 2:** *Als begleitende Personen des Fahrerlaubnisinhabers beim „Begleiteten Fahren ab 17" waren bislang Inhaber einer schweizerischen Fahrerlaubnis ausgeschlossen, da die Schweiz nicht zu den EWR-Staaten gehört. Da die Schweiz jedoch in vielen Bereichen den EWR-Staaten gleichgestellt wird, werden die Inhaber einer schweizerischen Fahrerlaubnis auch beim „Begleiteten Fahren" den Inhabern einer EU/EWR-Fahrerlaubnis gleichgestellt. Entsprechende Vorbesitzzeiten einer schweizerischen Fahrerlaubnis werden auf die Fünf-Jahresfrist angerechnet. Im Übrigen wird überwiegend der grenzüberschreitende Verkehr betroffen sein, für den eine Umschreibung der schweizerischen Fahrerlaubnis in diesen Fällen nicht erforderlich ist.*

Die Neufassung dient der Berichtigung eines Formulierungsfehlers, da eine Fahrerlaubnis begrifflich nicht „besessen" wird und auch nicht mitgeführt werden kann.

6 **Zu Anl 9:** *Durch die Änderung werden die Auflagen nach § 48a Abs. 1, Abs. 5 Nr. 2, letzter Hs. und Abs. 6 künftig durch die **neue Schlüsselzahl 184** kenntlich gemacht. Dies entspricht § 25 Abs. 3, dem zu entnehmen ist, dass Auflagen und Beschränkungen grundsätzlich durch eine Schlüsselzahl zu kennzeichnen sind. Die Einführung der Schlüsselzahl versetzt die Fahrerlaubnisbehörden zudem (besser) in die Lage, die in Satz 1 genannten Auflagen dem Kraftfahrt-Bundesamt gem. § 51 StVG zwecks Speicherung im Zentralen Fahrerlaubnisregister (siehe hierzu § 49 Abs. 1 Nr. 6) mitzuteilen.*

7 **Zu Anl 8a (heute 8b):** *Folgeänderung der Änderung der Anlage 9. Die wörtliche Wiedergabe der Auflagen nach § 48a Abs. 1, Abs. 5 Nr. 2, letzter Hs. und Abs. 6 entfällt, da diese Auflagen künftig bereits durch die Schlüsselzahl 184 in der Prüfungsbescheinigung kenntlich gemacht werden. § 25 Abs. 3 (iVm § 6e Abs. 4 StVG) ist zu entnehmen, dass Eintragungen auf dem Führerschein beziehungsweise der Prüfungsbescheinigung alternativ, nicht aber kumulativ durch eine Schlüsselzahl oder eine wörtliche Wiedergabe auf dem Muster des Führerscheins beziehungsweise der Prüfungsbescheinigung zu kennzeichnen sind. Lediglich die namentliche Benennung der Begleitperson auf der Prüfungsbescheinigung ist weiterhin erforderlich, da die Begleitpersonen zwischen den Teilnehmern am „Begleiteten Fahren ab 17" divergieren und die namentliche Benennung der jeweiligen Begleitperson auf der Prüfungsbescheinigung daher nicht durch eine Schlüsselzahl ersetzt werden kann.*

8 *Da die Prüfungsbescheinigung kein Lichtbild enthält, ist für den kontrollierenden Polizeibeamten vor Ort nicht feststellbar, ob der Fahrzeugführer auch tatsächlich mit der in der Bescheinigung genannten Person identisch ist. Für die Identitätsfeststellung erweist es sich sowohl für die Verwaltung als auch für den Bürger als praktikabelste und kostengünstigste Lösung, wenn die Prüfungsbescheinigung nur in Verbindung mit einem amtlichen Lichtbildausweis gültig ist. Im Gegensatz zur Aufnahme eines Lichtbildes in die (Muster)Prüfungsbescheinigung muss weder die Software zur Erstellung der Bescheinigung noch ein neues Lichtbild vom Bürger angefertigt werden.*

9 **Begr** zur ÄndVO v. 17.12.10 (VkBl. **11** 81, 84): *Die von der BASt in einem Bericht vorgelegten Ergebnisse belegen, dass das Modell „Begleitetes Fahren ab 17" einen deutlichen Gewinn für die Verkehrssicherheit der jungen Fahranfänger bringt: In der Anfangsphase des selbständigen Fahrens ergibt sich eine Verringerung des Unfall- und Deliktsrisikos in einem zweistelligen Prozentbereich (22% weniger Unfälle und 20% weniger Verkehrsverstöße) und die Teilnahme am „Begleiteten Fahren ab 17" führt zu einer erheblichen Verbesserung der Fahrkompetenz. ... Das Modellvorhaben hat sich also bewährt und wird mit dieser Verordnung in das Dauerrecht überführt.*

Zu Abs. 3: Im Rahmen des Modellversuchs hat sich gezeigt, dass auch nachträglich der Bedarf an weiteren Begleitern bestehen kann. Mit dieser Ergänzung wird klargestellt, dass diese zu einem späteren Zeitpunkt in die Prüfungsbescheinigung eingetragen werden können.

Zu Abs. 5: Umstellung des Zeitpunktes, zu dem die Fahrerlaubnisbehörde den Punktestand der Begleitperson beim Verkehrszentralregister (VZR) abfragt. In der Praxis hat sich ergeben, dass der bisherige Zeitpunkt, bei Erteilung der Prüfungsbescheinigung, nicht praktikabel ist.

10 **Zu Anl 12 Nr. 2.5** (VkBl. **11** 87): *Durch die Einfügung eines neuen Tatbestandes wird sicher gestellt, dass der Verstoß des Fahranfängers gegen die Auflage, ein Kraftfahrzeug nur in Begleitung durch eine namentlich benannte Person zu führen, eine schwerwiegende Zuwiderhandlung im Rahmen der Probezeit darstellt. Hierunter fallen sowohl Fahrten ohne einen Begleiter als auch Fahrten in Begleitung von Personen, die nicht namentlich in der Prüfungsbescheinigung eingetragen sind. Durch die Änderung der Anlage 12 führen solche Verstöße automatisch dazu, dass die weiteren Vorschriften über die Fahrerlaubnis auf Probe aus § 2a Straßenverkehrsgesetz, z. B. Anordnung von Aufbauseminaren, zur Anwendung kommen.*

11 **Begr** zur ÄndVO v. 5.11.13 **zu Abs. 5 S. 1 Nr. 3** (BR-Drs. 676/13 S. 59 = VkBl. **13** 1186): *Der Reduzierung auf einen Punkt liegen folgende Erwägungen zu Grunde: Es gibt eine Reihe grober Ver-*

kehrsordnungswidrigkeiten und Straftaten, die nach dem bisherigen Punktsystem vier bis sieben Punkte nach sich ziehen und eine Person von der Begleitereigenschaft ausschließen, da die nötige Vorbildwirkung fehlt. Das sollte auch im neuen Fahreignungs-Bewertungssystem so bleiben und führt auf die neue Punkteskala umgerechnet dazu, dass zwei Punkte die Begleitereigenschaft ausschließen. Der Umstand, dass durch die Reduzierung auf einen Punkt auch die Anzahl der als Begleiter in Betracht kommenden Personen reduziert wird, kann als Gegenargument nicht überzeugen. Betroffene haben die Möglichkeit, durch freiwillige Seminarteilnahme den Punktestand zu reduzieren.

Begr zur ÄndVO v. 2.10.15 **zu Abs. 3** (BR–Drs. 338/15 (Beschluss) S. 6 = VkBl. **15** 676): *Es* **12** *ist eine Anpassung der Regelungen zum Begleiteten Fahren ab 17 Jahre erforderlich, um auch hierbei alternativ das neue Verfahren nach § 22a anwenden zu können.*

Begr zur ÄndVO v. 11.3.19 **zu Abs. 2 S. 1** (BR–Drs. 600/18 S. 25): … *wird klargestellt, dass* **13–16** *Fahrzeuge der Klassen AM, L und T mit Erwerb der Fahrerlaubnis der Klasse B auch bereits ohne Begleitung geführt werden dürfen.*

1. Begleitetes Fahren ab 17 Jahren. Mit ÄndG v. 14.8.05 (BGBl. I S. 2412) wurde befristet **17** bis 31.12.10 die Möglichkeit eröffnet, „zur Erprobung neuer Maßnahmeansätze zur Senkung des Unfallrisikos junger Fahranfänger" in den Ländern Modellversuche zum Begleiteten Fahren ab 17 einzuführen (s. *Dauer* VD **06** 3). Nachdem die durchgeführten Modellversuche sich bewährt hatten (Rn. 9, § 6e StVG Rn. 6, 14), wurden die Regelungen mit Wirkung ab 1.1.11 mit geringen Modifizierungen dauerhaft in das Straßenverkehrsrecht aufgenommen. Auf der Grundlage der Ermächtigung des § 6e StVG legt § 48a die Voraussetzungen für das Begleitete Fahren ab 17 fest. Das **Mindestalter** für die Erteilung einer FE der Kl B, BE oder B96 wird (ohne Einzelausnahmegenehmigung) auf 17 Jahre herabgesetzt (§§ 6a II, 10 I Nr. 5 Buchst. b UnterBuchst. aa, möglich nach Art 4 VI Buchst. d der 3. EU-FS-RL). Nach Abs. 1 S. 1 ist dafür eine medizinisch-psychologische Untersuchung nicht erforderlich (krit *Feltz*, 41 VGT **03** 40 f., *Feltz/Kögel* DAR **04** 122). Jedoch setzt die Erteilung der FE gem. Abs. 1 S. 2 entsprechend § 74 II die **Zustimmung des gesetzlichen Vertreters** des FEBewerbers voraus. Am Begleiteten Fahren ab 17 können auch Inhaber einer FE aus einem Staat außerhalb des EWR teilnehmen, die das 18. Lebensjahr noch nicht vollendet haben. Deren FE kann entsprechend § 31 unter Absenkung des Mindestalters gem. § 10 I Nr. 5 Buchst. b UnterBuchst. aa in eine Prüfungsbescheinigung mit den entsprechenden Auflagen umgeschrieben werden (s. § 29 Rn. 5). **Haftungsfragen,** s. § 6e StVG Rn. 17.

2. Die Fahranfänger absolvieren die **normale Fahrausbildung,** können damit aber ein Jahr **18** früher beginnen. Sie können die FEPrüfung kurz vor ihrem 17. Geburtstag ablegen. Dem FE-Bewerber wird nach bestandener FEPrüfung statt eines FS eine **Prüfungsbescheinigung** nach dem Muster der Anl 8b ausgehändigt (Abs. 3 S. 1 Nr. 1); damit wird die unbefristete FE der Kl B oder BE erteilt (Abs. 3 S. 1 Nr. 1, 2 iVm § 22 IV S. 6). Die Prüfungsbescheinigung gilt nur im Inland (Abs. 3 S. 1 Nr. 1, § 6e I Nr. 5 StVG), s. *Albrecht* SVR **05** 282. Zusätzlich wird die FE mit der Auflage erteilt, von ihr nur bei Fahrten im Inland Gebrauch zu machen; diese Auflage entfällt automatisch mit Vollendung des 18. Lebensjahres (§ 10 I Nr. 5 letzte Spalte). Die Prüfungsbescheinigung, die kein Lichtbild enthält, ist gem. Muster Anl 8b **nur in Verbindung mit einem amtlichen Lichtbildausweis gültig** (Begr Rn. 8). Die Auflagen zur FE nach Abs. 2 S. 1, Abs. 5 S. 1 Nr. 2 und Abs. 6 werden durch Eintragung der Schlüsselzahl 184 nach Anl 9 in die Prüfungsbescheinigung verfügt und dem Betroffenen durch Aushändigung der Prüfungsbescheinigung bekanntgegeben. Wie die Auflage nach § 10 I Nr. 5, von der FE nur im Inland Gebrauch zu machen, erteilt wird ist offen, denn sie ist von Sz 184 nicht umfasst.

Mit der Aushändigung der Prüfungsbescheinigung **beginnt die Probezeit** nach § 2a I S. 1 **18a** StVG, denn damit wird eine unbefristete FE der Kl B oder BE erteilt (§ 6e III StVG, Begr VkBl. **05** 691, VG Göttingen NJW **13** 2697). Teilnehmer der bis Ende 2010 durchgeführten Modellversuche konnten auch Fortbildungsmaßnahmen nach der FahranfängerfortbildungsVO (FreiwFortbV, s. 40.Aufl Buchteil 3.1, außer Kraft getreten am 31.12.10) besuchen und damit eine Verkürzung der Probezeit erreichen (*Dauer* VD **06** 8). Für Teilnehmer am Begleiteten Fahren ab 17 gelten die normalen Probezeitregelungen.

Die mit Übergabe der Prüfungsbescheinigung erteilte FE der Kl B oder BE berechtigt auch **18b** zum Führen von Fz der **Klassen AM und L** (§ 6 III S. 1 Nr. 4), und zwar **ohne Begleitperson.** Durch die Präzisierung von Abs. 2 S. 1 mit ÄndVO v. 11.3.19 (BGBl. I S. 218), wonach die Begleitauflage nur für die Fahrerlaubnisklassen B und BE zu erteilen ist, wurde verdeutlicht, dass Kfz der eingeschlossenen Klassen ohne Begleitung geführt werden dürfen (Begr Rn. 13-16).

Dem Fahranfänger kann deshalb ein KartenFS für diese Klassen ausgestellt werden. Der Bewerber kann bereits bei Stellung des Antrags auf Erteilung einer FE erklären, dass er für die Klassen AM und L einen FS erhalten möchte (III S. 1 Nr. 7 S. 1); in die Prüfungsbescheinigung werden dann die Klassen AM und L nicht eingetragen (III S. 1 Nr. 7 S. 2). Dieser FS berechtigt anders als die Prüfungsbescheinigung nach Anl 8b auch zum Fahren im Ausland. Dies steht allerdings im Widerspruch dazu, dass dem Betr mit der Auflage nach § 10 I Nr. 5 letzte Spalte aufgegeben wird, von „der FE" nur im Inland Gebrauch zu machen. Wird in dem Land, in dem die FEPrüfung durchgeführt wird, das alternative Verfahren bei der Durchführung der FEPrüfung nach § 22a angewandt, und handelt es sich um eine Erweiterungsprüfung, da der Bewerber bereits Inhaber einer FE der Klassen AM, A1, L oder T ist, ist abweichend von § 22a IV S. 1 vor Aushändigung der Prüfungsbescheinigung für die Klasse B oder BE der vorhandene FS nicht zurückzugeben (III S. 1 Nr. 6); der Bewerber kann ihn neben der Prüfungsbescheinigung nach Anl 8b behalten. Bei Widerruf der FE der Kl B oder BE wegen Verstoß gegen die Begleitauflage entfallen auch die miterworbenen eingeschlossenen Klassen; anders allerdings, wenn eine FE dieser Klassen bereits vor Erwerb der FE im Rahmen des begleiteten Fahrens ab 17 vorhanden war (Rn. 22).

18c   In der Prüfungsbescheinigung sind die **Begleitpersonen** namentlich zu nennen (Abs. 3 S. 1 Nr. 3 S. 1). Da die Prüfungsbescheinigung anstelle eines FS als Nachweis der FE dient (Abs. 3 S. 1 Nr. 1, § 6e I Nr. 5 StVG), ist sie **mitzuführen** und den zur Überwachung des StrV berechtigten Personen auf Verlangen auszuhändigen (Abs. 3 S. 2, § 4 Abs. 3 S. 2 iVm Abs. 2 S. 2); Verstoß ist ow (§ 75 Nr. 4, 13, Nr. 251 BKatV). Da die Prüfungsbescheinigung gem. Muster Anl 8b nur in Verbindung mit einem amtlichen Lichtbildausweis gültig ist, ist auch dieser mitzuführen. Geschieht dies nicht, ist die mitgeführte Prüfungsbescheinigung nicht gültig, was als Verstoß gegen Abs. 3 S. 2 und § 4 Abs. 3 S. 2 iVm Abs. 2 S. 2 und damit als OWi nach § 75 Nr. 4, 13 anzusehen ist. Die Prüfungsbescheinigung **verliert ihre Gültigkeit** spätestens 3 Monate nach Vollendung des 18. Lebensjahres des Fahranfängers (Abs. 3 S. 1 Nr. 1, § 6e I Nr. 5 StVG). Ab Erreichen des 18. Lebensjahres händigt ihm die FEB auf Antrag einen Karten-FS nach Muster 1 der Anl 8 zur FeV aus (Abs. 7). Dies ist aber auch noch nach Ablauf der genannten 3-Monatsfrist möglich, da die FE mit Aushändigung der Prüfungsbescheinigung unbefristet erteilt wurde (Begr VkBl. 05 691, VG Aachen 23.4.10 3 L 121/10).

18d   Gem § 6e III S. 2 StVG gelten für die Prüfungsbescheinigung die Vorschriften über den FS entsprechend. Die Prüfungsbescheinigung nach Anl 8b tritt an die Stelle des FS oder des Vorläufigen Nachweises der FE nach Anl 8a (III S. 1 Nr. 2). Für das Verfahren bei Erteilung der FE gilt neben § 22 auch § 22a (III S. 1 Eingangssatz, Begr Rn. 12). Ist das alternative Verfahren nach § 22a in dem Land eingeführt, in dem die FEPrüfung durchgeführt wird, gelten somit die Regelungen dieses Verfahrens. In diesem Fall kann die Prüfungsbescheinigung nach Anl 8b zB vom Prüfer selbst ausgedruckt werden.

19   **3. Begleitpersonen.** Dem noch nicht 18 Jahre alten Fahranfänger darf die FE für die Fahrerlaubnisklassen B und BE nur mit der **Auflage der Mitfahrt einer Begleitperson** erteilt werden (Abs. 2). Die Auflage gilt nicht für die eingeschlossenen Klassen AM und L (Begr Rn. 13-16). Die Begleitperson muss namentlich benannt sein und die Voraussetzungen der Absätze 5 und 6 erfüllen. Es handelt sich um eine Auflage isd § 36 II Nr. 4 VwVfG und um gegenständliche Begrenzung der FE (*Fischinger/Seibl* NJW 05 2887 Fn 5, *Lang/Stahl/Huber* NZV 06 453). Fahren ohne Begleitung einer benannten Begleitperson ist also nicht Fahren ohne FE iSd § 21 StVG (*Tolksdorf* Nehm-F 438 f.). Die Zahl der Begleitpersonen ist nicht begrenzt. Es können auch andere Personen als die Erziehungsberechtigten sein. Sie können auch im Ausland wohnen (*Dauer* VD 06 6). Weitere Begleitpersonen können nachträglich in die Prüfungsbescheinigung eingetragen werden (Abs. 3 S. 1 Nr. 3 S. 2). **Fahren ohne benannte Begleitperson** ist OW (§ 75 Nr. 9 (bis 23.5.18 Nr. 15) FeV, Nr. 251a BKatV), die gem. § 28 III Nr. 3 Buchst. a Unter-Buchst. bb StVG iVm Nr. 3.3.2 Anl 13 FeV in das FAER einzutragen ist, und schwerwiegende Zuwiderhandlung im Rahmen der Probezeitregelungen (Nr. 2.5 Anl 12 FeV), führt somit zur Anordnung eines Aufbauseminars (§ 2a II S. 1 Nr. 1 StVG) und damit zur Verlängerung der Probezeit (§ 2a II a StVG), und hat Widerruf der FE zu Folge (Rn. 22, § 6e II S. 1 StVG, Rn. 12). Die **Auflage**, Fahrzeuge der Fahrerlaubnisklassen B und BE nur in Begleitung zu fahren, **entfällt** gem. Abs. 2 S. 2 automatisch mit Erreichen des Mindestalters nach § 10 I Nr. 5 Buchst. a (18 Jahre), unabhängig davon, ob der FEInhaber sich einen KartenFS besorgt oder nicht. Beantragt der Teilnehmer am Begleiteten Fahren ab 17 vor Erreichen des Mindestalters nach § 10 I Nr. 5 Buchst. a die Erlaubnis, auf bestimmten Strecken (zB zu seiner Ausbildungsstätte) unbegleitet fahren zu dürfen, kann eine Ausnahmegenehmigung nach § 74 I nach den strengen Maßstäben wie für eine Ausnahme vom Mindestalter (§ 10 Rn. 13) erteilt werden (§ 10 Rn. 15).

Die **Anforderungen an die Begleitperson** bestimmt Abs. 5: Die Begleitperson muss das   **20** 30. Lebensjahr vollendet haben (Vermeidung des „Peer"-Effektes), mindestens seit 5 Jahren ununterbrochen Inhaber einer gültigen FE der Kl B oder einer entsprechenden deutschen (Kl 3), einer EU/EWR- oder einer schweizerischen FE sein (Verkehrserfahrenheit), und darf bei Beantragung der FE höchstens einen Punkt im FAER haben (Zuverlässigkeit).

Eine im Ausland erteilte **FE** muss zum Führen von Kfz im Inland berechtigen; die Berechti-   **20a** gung darf nicht gem. §§ 28 IV, 29 III ausgeschlossen sein. Die FE der Begleitperson darf in den letzten fünf Jahren nicht entzogen gewesen sein; ein Fahrverbot, durch das die FE nicht verloren geht, in den letzten fünf Jahren ist jedoch unschädlich. Begleitpersonen mit FE aus anderen als EU/EWR-Staaten und der Schweiz können mit Einzelausnahmegenehmigung (§ 74 I) zugelassen werden. Bei Beantragung der FE oder bei Beantragung der Eintragung weiterer Begleitpersonen hat die FEB zu prüfen, ob die als Begleiter vorgesehenen Personen diese Voraussetzungen erfüllen (Abs. 5 S. 2). Verliert die Begleitperson **während der Begleitphase** ihre FE, kann sie nicht mehr als Begleitperson fungieren. Das Gleiche gilt, wenn in Bezug auf die Begleitperson ein Fahrverbot nach § 44 StGB oder § 25 StVG wirksam ist. Es ist allerdings nicht vorgesehen, dass der Name der Begleitperson in diesen Fällen aus der Prüfungsbescheinigung gestrichen wird. Auch eine Meldepflicht besteht insoweit nicht. Der Vorschlag des Bundes, die Anforderungen hinsichtlich der FE im Rahmen der ÄndVO v. 21.12.16 (BGBl. I S. 3083) so zu reduzieren, dass die Begleitperson seit mindestens 2 Jahren eine FE der Kl B oder entsprechend besitzen muss oder innerhalb der letzten 5 Jahre besessen haben muss (BR-Drs. 253/16 S. 6), damit Personen, die nach EdF eine neue FE erhalten haben und damit als geeignet zum Fahren angesehen werden, nicht zunächst 5 Jahre warten müssen, bis sie Begleitperson sein können (BR-Drs. 253/16 S. 32), wurde vom BR abgelehnt, da das Auseinanderfallen der Anforderungen an den KfzFührer einerseits und die Begleitperson andererseits der Vorbildfunktion des Begleiters geschuldet sei und sich bewährt habe (BR-Drs. 253/16 (Beschluss) S. 3 f.).

Die **zulässige Punktebelastung** wurde mit der Reform des Punktsystems 2014 auf einen   **20b** Punkt nach der seit 1.5.14 gültigen Systematik reduziert, weil eine höhere Belastung mit Punkten die nötige Vorbildwirkung der Begleitperson ausschließen würde (Begr Rn. 11, *Albrecht* SVR **13** 441 (450)). Ob die Begleitperson während der Begleitphase zusätzliche Punkte sammelt, wird nicht berücksichtigt oder geprüft. Bei Begleitpersonen, die am 1.5.14 diese Eigenschaft hatten, hatte die Umstellung der Punkte am 1.5.14 gem. § 65 III Nr. 4 StVG keinen Einfluss auf die Begleitereigenschaft, da es nach Abs. 5 S. 1 Nr. 3 allein auf die Punktebelastung zum Zeitpunkt der Beantragung der FE ankommt.

Aufgaben und Befugnisse der Begleitperson: Der Begleiter hat **keine Ausbildungs-**   **21** **funktion** und gilt nicht als Führer des Fz (Begr VkBl. **05** 690). Er ist lediglich Ansprechpartner für den Fahranfänger während der Fahrt und soll Rat und Hinweise erteilen (Abs. 4). Die Begleitperson sollte nach Möglichkeit im Fz vorn neben dem Fahranfänger sitzen (BASt-Bericht M 154, S. 22); vorgeschrieben ist dies aber nicht (*Fischinger/Seibl* NJW **05** 2887 Fn 7). Die Begleitperson hat ihren gültigen FS während des Begleitens mitzuführen (Abs. 5 S. 1 Nr. 2 Hs. 2). Nach Abs. 6 Alkoholeinfluss während der Begleitung unterhalb des Gefahrengrenzwertes des § 24a I StVG und Rauschmittelfreiheit iS von § 24a II StVG nach Maßgabe von Abs. 6 S. 2, 3 (s. dazu § 24a StVG Rn. 19–22). **Haftungsfragen,** s. § 6e StVG Rn. 17. Zu strafrechtlichen Aspekten s. *Tolksdorf* Nehm-F 440 ff.

4. Fahren eines Kfz der FEKlasse B oder BE **ohne benannte Begleitperson** hat den **Wi-**   **22** **derruf der FE** zur Folge (§ 6e II S. 1 StVG). Vorsätzlicher Verstoß ist nicht erforderlich (aA wohl GVR/*Kreusch* § 6e StVG Rn. 3, offen gelassen von VGH Ma DAR **17** 163). Widerruf setzt nicht voraus, dass der Verstoß gegen die Auflage, nur in Begleitung einer namentlich benannten Person ein Kfz der FEKlasse B oder BE zu führen, zu einer Eintragung im FAER führt; nicht einmal Ahndung als OWi ist erforderlich (VGH Ma DAR **17** 163 = NJW **17** 104 Ls). Fahren mit benannter Begleitperson, die keine FE der Kl B oder vergleichbar mehr hat, Fahren mit Begleitperson, die ihren FS nicht mit sich führt, Fahren mit zu stark alkoholisierter oder unter Drogen stehender Begleitperson haben (anders als in der Modellversuchsphase, s. § 6e StVG Begr Rn. 4) nicht den Widerruf der FE zur Folge. Der Widerruf erfolgt entgegen der Begr zu § 6e III StVG aF (§ 6e StVG Rn. 4) nicht nach § 49 II S. 1 Nr. 2 VwVfG; § 6e II S. 1 StVG ist insoweit die speziellere Rechtsgrundlage (vgl. *Kopp/Ramsauer* § 49 Rn. 17–18). Widerruf wegen Verstoß gegen die Begleitauflage ist **nicht ausgeschlossen,** wenn die Auflage zwischenzeitlich wegen **Erreichens des 18. Lebensjahres** entfallen ist (OVG Lüneburg NJW **17** 3612, VG Aachen 23.4.10 3 L 121/10, VG Kar 30.6.16 2 K 2198/16 = ZfS **16** 600 Ls). Widerruf der FE nach § 6e II S. 1 StVG ist keine Entziehung gem. § 46 wegen fehlender Kraftfahreignung. Diese ist daneben nach allgemeinen Regeln möglich. Bei Wohnsitzverlegung ist die für den neuen Wohnsitz zuständige FEBehörde zum Widerruf befugt, § 73 II S. 1 FeV (s. Begr, VkBl. **05** 691). Nach dem klaren Wortlaut von § 6e II S. 1 StVG und nach der Begr zur Vorläufervorschrift § 6e III StVG aF (§ 6e StVG Rn. 4) ist der Widerruf nach Auflagenverstoß **zwingende Rechtsfolge** ohne Ermessenspielraum für die FEB (OVG Lüneburg NJW **17** 3612, VG Dü 4.2.15 14 L 3179/14, VG Kar 30.6.16 2 K 2198/16 = ZfS **16** 600 Ls, krit *Fischinger/Seibl* NJW **05** 2887, widersprüchlich *Himmelreich/Janker/Karbach* Rn. 571, 573 wegen irrtümlicher Annahme der Anwendbarkeit von § 49 II S. 1 Nr. 2 VwVfG). Der in dem unbegleiteten Fahren liegende Verstoß gegen § 6e I Nr. 2 StVG rechtfertigt idR Anordnung der sofortigen Vollziehung des Widerrufsbescheids (OVG Lüneburg NJW **17** 3612). Der Widerruf der FE gem. § 6e II S. 1 StVG bezieht sich nicht nur auf die Klassen B und BE, sondern auch auf die gem. § 6 III Nr. 4 darin eingeschlossenen **Klassen AM und L**, die der Fahranfänger automatisch miterworben hat. Die Auffassung, die eingeschlossenen Klassen würden erhalten bleiben (hier bis 41. Aufl), wird nicht aufrechterhalten. Erhalten bleiben lediglich FE, die vor Erteilung der FE der Kl B oder BE unabhängig davon erworben worden sind, denn der Widerruf hat damit nichts zu tun. Fahren ohne benannte Begleitperson ist OW (§ 75 Nr. 15 FeV, Nr. 251a BKatV), die gem. § 28 III Nr. 3 Buchst. a UnterBuchst. bb StVG iVm Nr. 3.3.2 Anl 13 FeV in das FAER einzutragen ist, und schwerwiegende Zuwiderhandlung im Rahmen der Probezeitregelungen (Nr. 2.5 Anl 12 FeV) und führt deswegen zur **Anordnung eines Aufbauseminars** (§ 2a II S. 1 Nr. 1 StVG) und damit auch zu einer **Verlängerung der Probezeit** (§ 2a II a 1 StVG). (In der Modellversuchsphase hatte Auflagenverstoß nicht zu einer Verlängerung der Probezeit geführt.)

23   Für die **Neuerteilung der FE nach Widerruf** besteht keine Sperrfrist (§ 2a V S. 3 StVG ist hier nicht anwendbar). Eine medizinisch-psychologische Untersuchung ist vor Neuerteilung nicht anzuordnen, wenn nicht aus anderen Gründen dafür Anlass besteht, denn der Widerruf erfolgt nicht wegen fehlender Kraftfahreignung. Die Neuerteilung nach Widerruf setzt lediglich Teilnahme an einem Aufbauseminar nach § 2a II S. 1 Nr. 1 StVG voraus (§ 6e II S. 2 iVm § 2a V S. 1 StVG). Das Gleiche gilt, wenn der Betr dem Widerruf durch **Verzicht** auf seine FE zuvorgekommen ist (§ 2a V S. 2 iVm 1 StVG). Ein Aufbauseminar ist insgesamt nur einmal zu besuchen: Wurde Teilnahme an einem **Aufbauseminar** gem. § 2a II S. 1 Nr. 1 StVG angeordnet, ist nicht gem. § 2a V S. 1 StVG vor Neuerteilung ein zweites Aufbauseminar zu besuchen. § 2a V S. 1 StVG soll lediglich sicherstellen, dass vor Neuerteilung der FE ein Aufbauseminar besucht worden ist. Mit Teilnahme an diesem Aufbauseminar ist dann auch die erste Stufe des Maßnahmenkatalogs des § 2a II S. 1 StVG absolviert. Bei weiteren relevanten Probezeitverstößen kommt dann direkt die zweite Stufe (§ 2a II S. 1 Nr. 2 StVG) zur Anwendung.

24   **5. Ordnungswidrigkeiten:** Ordnungswidrig ist

a) Verstoß gegen die Auflage, von der FE nur bei Fahrten im Inland Gebrauch zu machen (§ 10 I Nr. 5 Spalte 4), § 75 Nr. 9,

b) das Fahren ohne Begleitperson (Abs. 2 S. 1), § 75 Nr. 9 (bis 23.5.18 Nr. 15),

c) das Nichtmitführen oder Nichtaushändigen der Prüfungsbescheinigung (Abs. 3 S. 2, § 4 Abs. 3 S. 2 iVm Abs. 2 S. 2), § 75 Nr. 4, 13,

d) das Mitführen der Prüfungsbescheinigung ohne gleichzeitiges Mitführen eines amtlichen Lichtbildausweises, da die Prüfungsbescheinigung dann nicht gültig ist, § 75 Nr. 13.

25   Von § 75 Nr. 9 ist nur das **Fahren ohne benannte Begleitperson** erfasst, nicht – wie die Formulierung nahelegt – jeder Auflagenverstoß wie zB Fahren mit benannter Begleitperson, die keine FE mehr hat (aA BHHJ/*Hühnermann* § 6e StVG Rn. 4, *Huppertz* DAR **14** 347 (349)). Dies wird aus dem Wortlaut von Nr. 251a BKatV deutlich. Auch Nr. 2.5 Anl 12 und die Begr dazu (Rn. 10) sprechen lediglich von Fahren ohne Begleitung. Auch Widerruf der FE erfolgt nur noch bei Fahren ohne benannte Begleitperson, nicht mehr – wie in der Modellversuchsphase – bei jedem Auflagenverstoß (§ 6e II S. 1 StVG, § 6e StVG Rn. 7–13, 19) Wird die Fahrt **ohne die erforderliche Begleitperson** durchgeführt, wird Fahrlässigkeit idR ausscheiden und Vorsatz gegeben sein (*Albrecht* SVR **05** 283, *Dauer* VD **06** 8).

26   Ein **Verstoß der Begleitperson** gegen Abs. 5 oder 6 ist nicht bußgeldbewehrt, denn die Begleitperson wird nicht als Verkehrsteilnehmer betrachtet. Die Begleitperson braucht daher keine Untersuchung zur Feststellung eines etwaigen Verstoßes gegen Abs. 6 zu dulden (s. *Dauer* VD **06**

7, aA *Albrecht* SVR **05** 283, *Brock* DAR **06** 67). Wenn Begleitpersonen die Eltern sind, haben sie auch ein Zeugnisverweigerungsrecht gem. § 52 StPO, auf das sie sich gegenüber der Anordnung einer Blutprobe berufen können (*Tölksdorf* Nehm-F 446). Allerdings ist eine Haftung der Begleitperson bei Verstößen gegen die Alkohol- und Drogenregelung gem. § 823 II BGB (§ 6e I S. 1 Nr. 4d iVm § 48a VI FeV als Schutzgesetz) nicht ausgeschlossen, s. § 6e StVG Rn. 17. **Unterlässt** es der Fahranfänger nach Erreichen des Mindestalters gem. § 10 I Nr. 5 Buchst. a und Ablauf der Dreimonatsfrist des Abs. 3 S. 1 Nr. 1, den **Antrag auf Aushändigung eines FS** gem. Abs. 7 zu stellen, so ist die Teilnahme am FE-pflichtiger KfzV ow gem. §§ 4 II S. 2, 75 Nr. 4 FeV, 24 StVG (*Dauer* VD **06** 5, 9). Es handelt sich dann nur um Fahren ohne Führerschein, nicht um Fahren ohne FE, denn diese ist mit Aushändigung der Prüfungsbescheinigung unbefristet erteilt worden (Begr VkBl. **05** 691) und wird durch den Ablauf der Gültigkeit der Prüfungsbescheinigung nicht berührt.

Evaluation

48b Die für Zwecke der Evaluation erhobenen personenbezogenen Daten der teilnehmenden Fahranfänger und Begleiter sind spätestens am 31. Dezember 2015 zu löschen oder so zu anonymisieren oder zu pseudonymisieren, dass ein Personenbezug nicht mehr hergestellt werden kann.

Begr zur ÄndVO v. 17.12.10 (VkBl. **11** 84): *Da die Evaluation abgeschlossen ist, ist die weitere Er-* **1** *hebung von Daten nicht mehr erforderlich. Mit der neuen Formulierung des bisherigen Satzes 2 wird sicher gestellt, dass mit den im Rahmen des Modellversuches erhobenen Daten wie bislang vorgesehen verfahren wird.*

Die bis 31.12.10 gültig gewesene Fassung der Bestimmung ermöglichte während der Modell- **2** versuchsphase die Erhebung der personenbezogenen Daten nach Maßgabe des Bundesdatenschutzgesetzes, die für die Evaluation des Modellversuchs Begleitetes Fahren ab 17 erforderlich waren. Die jetzige Fassung beschränkt die Regelung auf die Verpflichtung zur Löschung oder Anonymisierung/Pseudonymisierung der erhobenen personenbezogenen Daten.

III. Register

1. Zentrales Fahrerlaubnisregister und örtliche Fahrerlaubnisregister

Speicherung der Daten im Zentralen Fahrerlaubnisregister

49 (1) Im Zentralen Fahrerlaubnisregister sind nach § 50 Absatz 1 des Straßenverkehrsgesetzes folgende Daten zu speichern:

1. Familiennamen, Geburtsnamen, sonstige frühere Namen, soweit dazu eine Eintragung vorliegt, Vornamen, Ordens- oder Künstlernamen, Doktorgrad, Geschlecht, Tag und Ort der Geburt und Hinweise auf Zweifel an der Identität nach § 59 Absatz 1 Satz 5 des Straßenverkehrsgesetzes,

2. die erteilten Fahrerlaubnisklassen,

3. der Tag der Erteilung und des Erlöschens der jeweiligen Fahrerlaubnisklasse und die zuständige Behörde,

4. der Grund des Erlöschens einer Fahrerlaubnis oder Fahrerlaubnisklasse,

5. der Tag des Beginns und des Ablaufs der Probezeit nach § 2a des Straßenverkehrsgesetzes,

6. die Dauer der Probezeit einschließlich der Restdauer nach vorzeitiger Beendigung der Probezeit und den Beginn und das Ende einer Hemmung der Probezeit,

7. der Tag des Ablaufs der Gültigkeit befristet erteilter Fahrerlaubnisse, der Tag der Verlängerung einer Fahrerlaubnis und die Behörde, die die Fahrerlaubnis verlängert hat,

8. Auflagen, Beschränkungen und Zusatzangaben zur Fahrerlaubnis oder einzelnen Klassen nach Anlage 9,

9. die Nummer der Fahrerlaubnis, bestehend aus dem vom Kraftfahrt-Bundesamt zugeteilten Behördenschlüssel der Fahrerlaubnisbehörde und einer fortlaufenden Nummer für die Erteilung einer Fahrerlaubnis durch diese Behörde und einer Prüfnummer (Fahrerlaubnisnummer),

10. die Nummer des Führerscheins, bestehend aus der Fahrerlaubnisnummer und der fortlaufenden Nummer des über die Fahrerlaubnis ausgestellten Führerscheins (Führerscheinnummer), oder die Nummer des Vorläufigen Nachweises der Fahrerlaubnis oder der befristeten Prüfungsbescheinigung, bestehend aus der Fahrerlaubnisnummer und einer angefügten Null,

11. die Behörde, die den Führerschein, den Ersatzführerschein, den Vorläufigen Nachweis der Fahrerlaubnis oder die befristete Prüfungsbescheinigung ausgestellt hat,

12. die Führerscheinnummer oder die Nummer des Vorläufigen Nachweises der Fahrerlaubnis oder der befristeten Prüfungsbescheinigung, der Verbleib bisheriger Führerscheine, sofern die Führerscheine nicht amtlich eingezogen oder vernichtet wurden, und ein Hinweis, ob der Führerschein zur Einziehung, Beschlagnahme oder Sicherstellung ausgeschrieben ist,

13. der Tag des Beginns und des Ablaufs der Gültigkeit des Führerscheins,

14. die Bezeichnung des Staates, in dem der Inhaber einer deutschen Fahrerlaubnis seinen Wohnsitz genommen hat und in dem diese Fahrerlaubnis umgetauscht wurde unter Angabe des Tages des Umtausches,

15. die Nummer und der Tag der Ausstellung eines internationalen Führerscheins, die Geltungsdauer und die Behörde, die diesen Führerschein ausgestellt hat,

16. der Tag der Erteilung einer Fahrerlaubnis zur Fahrgastbeförderung, die Art der Berechtigung, der räumliche Geltungsbereich, der Tag des Ablaufs der Geltungsdauer, die Nummer des Führerscheins zur Fahrgastbeförderung, die Behörde, die diese Fahrerlaubnis erteilt hat, und der Tag der Verlängerung,

17. der Hinweis auf eine Eintragung im Fahreignungsregister über eine bestehende Einschränkung des Rechts, von der Fahrerlaubnis Gebrauch zu machen, sowie

18. die Behörde, die die Fahrerlaubnisakte führt.

(2) Bei Dienstfahrerlaubnissen der Bundeswehr werden nur die in Absatz 1 Nummer 1 genannten Daten, die Klasse der erteilten Fahrerlaubnis, der Tag des Beginns und Ablaufs der Probezeit und die Fahrerlaubnisnummer gespeichert.

---

1   **Begr** (BR-Drs. 443/98 S. 298): *Im Zentralen Fahrerlaubnisregister werden die „Positivdaten" zur Fahrerlaubnis, dh die Daten über Art, Umfang und Geltungsdauer der Fahrerlaubnis gespeichert. Zusätzlich* *zu den Daten über allgemeine Fahrerlaubnisse enthält das Zentrale Fahrerlaubnisregister auch Daten über bestehende Dienstfahrerlaubnisse. Damit sind alle Fahrerlaubnisinhaber an einer Stelle zentral erfasst. Negativdaten werden nicht im Zentralen Fahrerlaubnisregister, sondern im Verkehrszentralregister gespeichert. Die notwendige Kommunikation zwischen dem Zentralen Fahrerlaubnisregister und dem Verkehrszentralregister (z. B. im Falle eines Entzuges der Fahrerlaubnis) stellen entsprechende Schnittstellen sicher.*

Zu Abs. 1: *§ 49 Abs. 1 Nr. 1 enthält die nach § 50 Abs. 1 Nr. 1 des StVG zu speichernden Per-* 2
sonendaten. Die Aufzählung ist abschließend. Eine Speicherung der Wohnanschrift ist nicht zulässig. Das Register kann somit nicht als Ersatz für ein zentrales Melderegister dienen.

Die in den Nummern 2 bis 9 aufgeführten Daten bilden den aktuellen fahrerlaubnisrechtlichen Status des Inhabers ab. Beschränkungen, Auflagen und sonstige Zusatzangaben sind zur Kontrollfähigkeit im Verkehr zwischen den EU- und EWR-Staaten sowie aus Gründen der Platzersparnis auf dem Führerschein EU-einheitlich codiert (Gemeinschafts-Schlüsselzahlen). Auflagen und Bedingungen sowie Zusatzangaben, die nur nationale Gültigkeit besitzen, sind durch nationale Schlüsselzahlen gekennzeichnet. Die Schlüsselzahlen sind in Anlage 9 festgelegt.

Die in Nummer 7 genannte Nummer der erteilten Fahrerlaubnis stellt ein neu eingeführtes Identifizierungsmerkmal für die erteilte Fahrerlaubnis dar. Damit wird verhindert, dass die im Zentralen Fahrerlaubnisregister einzutragenden Daten einer falschen Person zugeordnet werden bzw. eine Auskunft über eine falsche Person erfolgt. Die Fahrerlaubnisnummer stellt gleichsam die „Durchnummerierung" aller erteilten Fahrerlaubnisse dar, anhand derer eine eindeutige Zuordnung zu den dazu im Register eingetragenen Daten möglich ist. Sie ist keine Personenkennziffer. Die Fahrerlaubnisnummer wird durch die Fahrerlaubnisbehörde, die die Fahrerlaubnis erteilt, zugeteilt. Sie setzt sich wie folgt zusammen:
– vier Stellen für den vom Kraftfahrt-Bundesamt jeder Behörde zugeteilten Behördenschlüssel,
– fünf Stellen für die laufende Nummer,
– eine Stelle für die Prüfziffer.

Die Fahrerlaubnisnummer wird bei Erteilung einer Fahrerlaubnis von der zuständigen Behörde zugeteilt und unter anderem auch in den Führerschein eingetragen. Die Fahrerlaubnisbehörden verwenden den ihnen vom Kraftfahrt-Bundesamt zugeteilten Schlüssel und stellen intern sicher, dass die folgenden fünf Stellen einmalig sind. Somit wird automatisch gewährleistet, dass die 10-stellige Fahrerlaubnisnummer im gesamten Bundesgebiet nur einmal vorkommt. Die Fahrerlaubnisnummer bezieht sich ausschließlich auf genau die Fahrerlaubnis, für die sie ausgegeben wurde. Im Falle einer Entziehung der Fahrerlaubnis kann diese nicht neu vergeben werden. Sollte die betreffende Person eine Neuerteilung beantragen, so ist – im Falle einer positiven Entscheidung – eine neue Fahrerlaubnisnummer für die dann ebenfalls neue Fahrerlaubnis zuzuteilen.

Die Speicherung der Daten über ausgestellte Führerscheine einschließlich der Nummern von bisherigen Führerscheinen (sowohl nationalen als auch ausländischen) (Nummer 10) dient der Umsetzung der Richtlinie 91/439/EWG, wonach jeder nur im Besitz eines Führerscheins sein darf. Es wird eine Datei mit den Nummern gestohlener und in Verlust geratener Führerscheine ermöglicht, anhand derer eine missbräuchliche Verwendung von Führerscheinen festgestellt werden kann, wie z. B. die Vortäuschung des Besitzes einer Fahrerlaubnis durch Personen, die nicht oder nicht mehr in Besitz der Fahrerlaubnis sind, oder der Besitz mehrerer Führerscheine.
...

Im Ausland gilt als Nachweis der Fahrerlaubnis auch der internationale Führerschein. Er ist im Falle der Entziehung der Fahrerlaubnis oder der Verlängerung eines Fahrverbotes wie der nationale Führerschein abzugeben. Nach Nummer 13 wird deshalb dessen Ausstellung sowie die Gültigkeitsdauer gespeichert.

Neben der allgemeinen Fahrerlaubnis werden nach Nummer 14 im Zentralen Fahrerlaubnisregister auch die Angaben zu Fahrerlaubnissen zur Fahrgastbeförderung gespeichert. Die Nummer des Führerscheins setzt sich hier aus dem vierstelligen Behördenschlüssel und einer laufenden Nummer zusammen.

Im Zentralen Fahrerlaubnisregister sind nur die Positivdaten über eine Fahrerlaubnis angegeben. Bei einer Entziehung der Fahrerlaubnis, die zum Erlöschen des Rechts führt, werden die Daten gelöscht. Im Falle eines Fahrverbotes bleibt die Fahrerlaubnis bestehen, von ihr darf aber kein Gebrauch gemacht werden. Die Entscheidung über das Fahrverbot wird als „Negativentscheidung" in das Verkehrszentralregister eingetragen. Wird z. B. anlässlich einer Verkehrskontrolle angefragt, ob ein Kraftfahrer im Besitz der Fahrerlaubnis ist, muss die Auskunft auch die Eintragung im Verkehrszentralregister berücksichtigen. Dies wird durch die Regelung in Nummer 15 sichergestellt.
...

Zu Abs. 2: *... Neben der allgemeinen Fahrerlaubnis werden im Zentralen Fahrerlaubnisregister auch* 3
die Angaben zu Dienstfahrerlaubnissen abgespeichert, bei Dienstfahrerlaubnissen der Bundeswehr auf

Grund von § 62 Abs. 2 StVG jedoch nur in beschränktem Umfang. Dies beruht darauf, dass die Zentrale Militärkraftfahrtstelle ein eigenes zentrales Register über diese Fahrerlaubnisse führt. Die Speicherung der in Absatz 2 genannten Daten bildet die Verknüpfung zwischen dem zentralen Fahrerlaubnisregister und dem Zentralen Register bei der Zentralen Militärkraftfahrtstelle.

4   **Begr** zur ÄndVO v. 7.8.02: BR–Drs. 497/02.

Begr zur ÄndVO v. 16.12.14 **zu Abs. 1:** BR–Drs. 460/14 S. 16.

5   Seit 1.1.1999 wird beim KBA (§ 48 II StVG, § 2 I Nr. 2c KBAGesetz) das **Zentrale Fahrerlaubnisregister (ZFER)** geführt. Inhalt: § 50 I, III StVG und § 49 FeV. FEe, die vor dem 1.1.1999 erteilt wurden, sind im ZFER nur registriert, wenn sie gegen eine EU–FE umgetauscht wurden oder eine Erweiterung der vor dem 1.1.1999 erteilten FE erfolgt ist, also nach dem 1.1.1999 eine weitere FE-Klasse erworben wurde. Nicht im ZFER erfasst sind vor dem 1.1.1999 erteilte, noch gültige FEe und EU-FEe von Zuwanderern. Das ZFER wird um verstorbene FEInhaber nur dann bereinigt, wenn eine amtliche Mitteilung über den Tod des Betroffenen eingeht (§ 61 I S. 1 Nr. 2 StVG) oder wenn das 110. Lebensjahr der betr Person vollendet ist (§ 61 IV StVG).

6   **Literatur:** *Zilkens,* Datenschutz im Straßenverkehrswesen, DÖV 08 670.

Übermittlung der Daten vom Kraftfahrt-Bundesamt an die Fahrerlaubnisbehörden nach § 2c des Straßenverkehrsgesetzes

50 [1]Das Kraftfahrt-Bundesamt unterrichtet die zuständige Fahrerlaubnisbehörde von Amts wegen, wenn über den Inhaber einer Fahrerlaubnis auf Probe Entscheidungen in das Fahreignungsregister eingetragen werden, die zu Anordnungen nach § 2a Absatz 2, 4 und 5 des Straßenverkehrsgesetzes führen können. [2]Hierzu übermittelt es folgende Daten:

1. aus dem Zentralen Fahrerlaubnisregister
    a) die in § 49 Absatz 1 Nummer 1 bezeichneten Personendaten,
    b) den Tag des Beginns und des Ablaufs der Probezeit,
    c) die erteilende Fahrerlaubnisbehörde,
    d) die Fahrerlaubnisnummer,
    e) den Hinweis, dass es sich bei der Probezeit um die Restdauer einer vorherigen Probezeit handelt unter Angabe der Gründe,
    f) die Gültigkeit des Führerscheins,
2. aus dem Fahreignungsregister den Inhalt der Eintragungen über die innerhalb der Probezeit begangenen Straftaten und Ordnungswidrigkeiten.

1   **Begr** (BR–Drs. 443/98 S. 302): ... *In Ausfüllung der Ermächtigungsnorm in § 6 Abs. 1 Nr. 1 Buchstabe o StVG n. F. werden die aus dem Zentralen Fahrerlaubnisregister zu übermittelnden notwendigen Daten in § 50 Nr. 1 im Einzelnen bezeichnet. Die Mitteilung des in Buchstabe e genannten Hinweises ist erforderlich, da nach § 2a Abs. 5 besondere Maßnahmen greifen, wenn nach einer vorangegangenen Entziehung der Fahrerlaubnis während der Probezeit eine neue Fahrerlaubnis erteilt wird und dann der Fahranfänger erneut schwerwiegende Zuwiderhandlungen begeht.*

...

Übermittlung von Daten aus dem Zentralen Fahrerlaubnisregister nach den §§ 52 und 55 des Straßenverkehrsgesetzes

51 (1) **Übermittelt werden dürfen**

1. im Rahmen des § 52 Absatz 1 Nummer 1 bis 2 des Straßenverkehrsgesetzes für Maßnahmen wegen Straftaten oder Ordnungswidrigkeiten nur
    a) Familiennamen, Geburtsnamen, sonstige frühere Namen, soweit dazu eine Eintragung vorliegt, Vornamen, Ordens- oder Künstlernamen, Doktorgrad, Geschlecht, Tag und Ort der Geburt und Hinweise auf Zweifel an der Identität nach § 59 Absatz 1 Satz 5 des Straßenverkehrsgesetzes,
    b) die erteilten Fahrerlaubnisklassen,
    c) der Tag der Erteilung und des Erlöschens der jeweiligen Fahrerlaubnisklasse und die zuständige Behörde,

d) der Tag des Beginns und des Ablaufs der Probezeit nach § 2a des Straßenverkehrsgesetzes,

e) der Tag des Ablaufs der Gültigkeit befristet erteilter Fahrerlaubnisse, der Tag der Verlängerung der Fahrerlaubnis und die Behörde, die die Fahrerlaubnis verlängert hat,

f) Auflagen, Beschränkungen und Zusatzangaben zur Fahrerlaubnis oder einzelnen Fahrerlaubnisklassen nach Anlage 9,

g) die Nummer der Fahrerlaubnis, bestehend aus dem vom Kraftfahrt-Bundesamt zugeteilten Behördenschlüssel der Fahrerlaubnisbehörde und einer fortlaufenden Nummer für die Erteilung einer Fahrerlaubnis durch diese Behörde und einer Prüfnummer (Fahrerlaubnisnummer),

h) die Nummer des Führerscheins oder die Nummer des Vorläufigen Nachweises der Fahrerlaubnis oder der befristeten Prüfungsbescheinigung, bestehend aus der Fahrerlaubnisnummer und der fortlaufenden Nummer des über die Fahrerlaubnis ausgestellten Führerscheins (Führerscheinnummer), oder die Nummer der befristeten Prüfungsbescheinigung, bestehend aus der Fahrerlaubnisnummer und einer angefügten Null,

i) die Behörde, die den Führerschein, den Ersatzführerschein, den Vorläufigen Nachweis der Fahrerlaubnis oder die befristete Prüfungsbescheinigung ausgestellt hat,

j) die Führerscheinnummer oder die Nummer des Vorläufigen Nachweises der Fahrerlaubnis oder der befristeten Prüfungsbescheinigung, der Verbleib bisheriger Führerscheine, sofern die Führerscheine nicht amtlich eingezogen oder vernichtet wurden, und ein Hinweis, ob der Führerschein zur Einziehung, Beschlagnahme oder Sicherstellung ausgeschrieben ist,

k) Tag des Beginns und des Ablaufs der Gültigkeit des Führerscheins,

l) die Bezeichnung des Staates, in dem der Inhaber einer deutschen Fahrerlaubnis seinen Wohnsitz genommen hat und in dem diese Fahrerlaubnis registriert oder umgetauscht wurde unter Angabe des Tages der Registrierung oder des Umtausches,

m) die Nummer und der Tag der Ausstellung eines internationalen Führerscheins, die Geltungsdauer und die Behörde, die diesen Führerschein ausgestellt hat,

n) der Tag der Erteilung einer Fahrerlaubnis zur Fahrgastbeförderung, die Art der Berechtigung, der räumliche Geltungsbereich, der Tag des Ablaufs der Geltungsdauer, die Nummer des Führerscheins zur Fahrgastbeförderung, die Behörde, die diese Fahrerlaubnis erteilt hat, und der Tag der Verlängerung,

o) der Hinweis auf eine Eintragung im Fahreignungsregister über eine bestehende Einschränkung des Rechts, von der Fahrerlaubnis Gebrauch zu machen,

p) bei Dienstfahrerlaubnissen der Bundeswehr nur
   aa) Familiennamen, Geburtsnamen, sonstige frühere Namen, soweit dazu eine Eintragung vorliegt, Vornamen, Ordens- oder Künstlernamen, Doktorgrad, Geschlecht, Tag und Ort der Geburt und Hinweise auf Zweifel an der Identität nach § 59 Absatz 1 Satz 5 des Straßenverkehrsgesetzes,
   bb) die erteilten Fahrerlaubnisklassen,
   cc) der Tag des Beginns und Ablaufs der Probezeit,
   dd) die Fahrerlaubnisnummer,

2. im Rahmen des § 52 Absatz 1 Nummer 3 des Straßenverkehrsgesetzes für Verwaltungsmaßnahmen die nach Nummer 1 zu übermittelnden Daten sowie

   a) der Grund des Erlöschens einer Fahrerlaubnis oder Fahrerlaubnisklasse,

   b) die Dauer der Probezeit einschließlich der Restdauer nach vorzeitiger Beendigung der Probezeit und den Beginn und das Ende einer Hemmung der Probezeit,

   c) die Behörde, die die Fahrerlaubnisakte im Sinne des § 61 Absatz 1 Satz 3 des Straßenverkehrsgesetzes führt,

3. im Rahmen des § 52 Absatz 2 des Straßenverkehrsgesetzes für Verkehrs- und Grenzkontrollen und für Straßenkontrollen nur die nach Nummer 1 Buchstabe a, b, c, e, f, g, h, i, j, k, m, n und o zu übermittelnden Daten,

4. im Rahmen des § 55 Absatz 1 Nummer 1 bis 3 des Straßenverkehrsgesetzes für Maßnahmen ausländischer Behörden nur die nach Nummer 1 Buchstabe a bis o zu übermittelnden Daten.

(2) Die Daten dürfen gemäß Absatz 1 Nummer 4 in das Ausland für Verwaltungsmaßnahmen auf dem Gebiet des Straßenverkehrs den Straßenverkehrsbehörden, für die Verfolgung von Zuwiderhandlungen gegen Rechtsvorschriften auf dem Gebiet des Straßenverkehrs oder für die Verfolgung von Straftaten den Polizei- und Justizbehörden unmittelbar übermittelt werden, wenn nicht der Empfängerstaat mitgeteilt hat, dass andere Behörden zuständig sind.

1   **Begr:** BR–Drs. 443/98 S. 302.

2   **Begr** zur ÄndVO v. 7.1.09 **zu Abs. 1 Nr. 2:** VkBl. **09** 123.

3   **Begr** zur ÄndVO v. 16.12.14: BR–Drs. 460/14 S. 17

Abruf im automatisierten Verfahren aus dem Zentralen Fahrerlaubnisregister durch Stellen im Inland nach § 53 des Straßenverkehrsgesetzes

52 (1) Zur Übermittlung aus dem Zentralen Fahrerlaubnisregister dürfen durch Abruf im automatisierten Verfahren

1. im Rahmen des § 52 Absatz 1 Nummer 1 bis 2 des Straßenverkehrsgesetzes für Maßnahmen wegen Straftaten oder Ordnungswidrigkeiten nur

    a) Familiennamen, Geburtsnamen, sonstige frühere Namen, soweit dazu eine Eintragung vorliegt, Vornamen, Ordens- oder Künstlernamen, Doktorgrad, Geschlecht, Tag und Ort der Geburt und Hinweise auf Zweifel an der Identität nach § 59 Absatz 1 Satz 5 des Straßenverkehrsgesetzes,

    b) die erteilten Fahrerlaubnisklassen,

    c) der Tag der Erteilung und des Erlöschens der jeweiligen Fahrerlaubnisklasse und die zuständige Behörde,

    d) der Tag des Beginns und des Ablaufs der Probezeit nach § 2a des Straßenverkehrsgesetzes,

    e) der Tag des Ablaufs der Gültigkeit befristet erteilter Fahrerlaubnisse, der Tag der Verlängerung und die Behörde, die die Fahrerlaubnis verlängert hat,

    f) Auflagen, Beschränkungen und Zusatzangaben zur Fahrerlaubnis oder einzelnen Klassen nach Anlage 9,

    g) die Nummer der Fahrerlaubnis, bestehend aus dem vom Kraftfahrt-Bundesamt zugeteilten Behördenschlüssel der Fahrerlaubnisbehörde und einer fortlaufenden Nummer für die Erteilung einer Fahrerlaubnis durch diese Behörde und einer Prüfnummer (Fahrerlaubnisnummer),

    h) die Nummer des Führerscheins, bestehend aus der Fahrerlaubnisnummer und der fortlaufenden Nummer des über die Fahrerlaubnis ausgestellten Führerscheins (Führerscheinnummer), oder die Nummer des Vorläufigen Nachweises der Fahrerlaubnis oder der befristeten Prüfungsbescheinigung, bestehend aus der Fahrerlaubnisnummer und einer angefügten Null,

    i) die Behörde, die den Führerschein, den Ersatzführerschein, den Vorläufigen Nachweis der Fahrerlaubnis oder die befristete Prüfungsbescheinigung ausgestellt hat,

    j) die Führerscheinnummer oder die Nummer des Vorläufigen Nachweises der Fahrerlaubnis oder der befristeten Prüfungsbescheinigung, der Verbleib bisheriger Führerscheine, sofern die Führerscheine nicht amtlich eingezogen oder vernichtet wurden, und ein Hinweis, ob der Führerschein zur Einziehung, Beschlagnahme oder Sicherstellung ausgeschrieben ist,

    k) Tag des Beginns und des Ablaufs der Gültigkeit des Führerscheins,

    l) die Nummer und der Tag der Ausstellung eines internationalen Führerscheins, die Geltungsdauer und die Behörde, die diesen Führerschein ausgestellt hat,

    m) der Tag der Erteilung einer Fahrerlaubnis zur Fahrgastbeförderung, die Art der Berechtigung, der räumliche Geltungsbereich, der Tag des Ablaufs der Geltungsdauer, die Nummer des Führerscheins zur Fahrgastbeförderung, die Behörde, die diese Fahrerlaubnis erteilt hat, und der Tag der Verlängerung,

    n) der Hinweis auf eine Eintragung im Fahreignungsregister über eine bestehende Einschränkung des Rechts, von der Fahrerlaubnis Gebrauch zu machen,

2. im Rahmen des § 52 Absatz 1 Nummer 3 des Straßenverkehrsgesetzes für Verwaltungsmaßnahmen nur die nach Nummer 1 zu übermittelnden Daten sowie

    a) der Grund des Erlöschens einer Fahrerlaubnis oder Fahrerlaubnisklasse,

    b) die Dauer der Probezeit einschließlich der Restdauer nach vorzeitiger Beendigung der Probezeit und der Beginn und das Ende einer Hemmung der Probezeit,

    c) die Bezeichnung des Staates, in dem der Inhaber einer deutschen Fahrerlaubnis seinen Wohnsitz genommen hat und in dem diese Fahrerlaubnis registriert oder umgetauscht wurde unter Angabe des Tages der Registrierung oder des Umtausches,

    d) die Behörde, die die Fahrerlaubnisakte im Sinne des § 50 Absatz 3 des Straßenverkehrsgesetzes führt,

    e) bei Dienstfahrerlaubnissen der Bundeswehr nur

aa) Familiennamen, Geburtsnamen, sonstige frühere Namen, soweit dazu eine Eintragung vorliegt, Vornamen, Ordens- oder Künstlernamen, Doktorgrad, Geschlecht, Tag und Ort der Geburt und Hinweise auf Zweifel an der Identität nach § 59 Absatz 1 Satz 5 des Straßenverkehrsgesetzes,

bb) die Klasse der erteilten Fahrerlaubnis,

cc) der Tag des Beginns und Ablaufs der Probezeit,

dd) die Fahrerlaubnisnummer,

3. im Rahmen des § 52 Absatz 2 des Straßenverkehrsgesetzes für Verkehrs- und Grenzkontrollen und für Straßenkontrollen nur die nach Nummer 1 bereit zu haltenden Daten bereit gehalten werden.

(2) Der Abruf darf nur unter Verwendung der Angaben zur Person, der Fahrerlaubnisnummer oder der Führerscheinnummer erfolgen.

(3) Die Daten nach Absatz 1 Nummer 1 werden zum Abruf bereitgehalten für

1. die Bußgeldbehörden, die für die Verfolgung von Verkehrsordnungswidrigkeiten zuständig sind,

2. das Bundeskriminalamt und die Bundespolizei,

3. die mit den Aufgaben nach § 2 des Bundespolizeigesetzes betrauten Stellen der Zollverwaltung und die Zollfahndungsdienststellen,

4. die Polizeibehörden der Länder,

5. Gerichte und Staatsanwaltschaften.

(4) Die Daten nach Absatz 1 Nummer 2 werden zum Abruf für die Fahrerlaubnisbehörden bereitgehalten.

(5) Die Daten nach Absatz 1 Nummer 3 werden zum Abruf bereitgehalten für

1. die Bundespolizei,

2. die mit den Aufgaben nach § 2 des Bundespolizeigesetzes betrauten Stellen der Zollverwaltung und die Zollfahndungsdienststellen,

3. das Bundesamt für Güterverkehr,

4. die Polizeibehörden der Länder.

Begr: BR-Drs. 443/98 S. 303.	1
Begr zur ÄndVO v. 6.6.07: VkBl. 08 252 f.	2
Begr zur ÄndVO v. 7.1.09 **zu Abs. 1 Nr. 3 und Abs. 5 Nr. 3:** VkBl. 09 123.	3
Begr zur ÄndVO v. 16.12.14: BR-Drs. 460/14 S. 17	4
Begr zur ÄndVO v. 21.12.16 **zu Abs. 3 Nr. 5:** BR-Drs. 253/16 S. 36	5

Automatisiertes Anfrage- und Auskunftsverfahren beim Zentralen Fahrerlaubnisregister nach § 54 des Straßenverkehrsgesetzes

53 (1) Übermittelt werden dürfen nur die Daten nach § 51 unter den dort genannten Voraussetzungen.

(2) ¹Die übermittelnde Stelle darf die Übermittlung nur zulassen, wenn deren Durchführung unter Verwendung einer Kennung der zum Empfang der übermittelten Daten berechtigten Behörde erfolgt. ²Der Empfänger hat sicherzustellen, dass die übermittelten Daten nur bei den zum Empfang bestimmten Endgeräten empfangen werden.

(3) ¹Die übermittelnde Stelle hat durch ein selbsttätiges Verfahren zu gewährleisten, dass eine Übermittlung nicht erfolgt, wenn die Kennung nicht oder unrichtig angegeben wurde. ²Sie hat versuchte Anfragen ohne Angabe der richtigen Kennung sowie die Angabe einer fehlerhaften Kennung zu protokollieren. ³Sie hat ferner im Zusammenwirken mit der anfragenden Stelle jedem Fehlversuch nachzugehen und die Maßnahmen zu ergreifen, die zur Sicherung des ordnungsgemäßen Verfahrens notwendig sind.

(4) Die übermittelnde Stelle hat sicherzustellen, dass die Aufzeichnungen nach § 54 Satz 2 des Straßenverkehrsgesetzes selbsttätig vorgenommen werden und die Übermittlung bei nicht ordnungsgemäßer Aufzeichnung unterbrochen wird.

Begr: BR-Drs. 443/98 S. 303. **Begr** zur ÄndVO v. 7.8.02: BR-Drs. 497/02 S. 74.   1

Sicherung gegen Missbrauch

54 (1) [1] Die übermittelnde Stelle darf den Abruf im automatisierten Verfahren aus dem Zentralen Fahrerlaubnisregister nach § 53 des Straßenverkehrsgesetzes nur zulassen, wenn dessen Durchführung unter Verwendung

1. einer Kennung des zum Abruf berechtigten Nutzers und

2. eines Passwortes

erfolgt. [2] Nutzer im Sinne des Satzes 1 Nummer 1 kann eine natürliche Person oder eine Dienststelle sein. [3] Bei Abruf über ein sicheres, geschlossenes Netz kann die Kennung nach Satz 1 Nummer 1 auf Antrag des Netzbetreibers als einheitliche Kennung für die an dieses Netz angeschlossenen Nutzer erteilt werden, sofern der Netzbetreiber selbst abrufberechtigt ist. [4] Die Verantwortung für die Sicherheit des Netzes und die Zulassung ausschließlich berechtigter Nutzer trägt bei Anwendung des Satzes 3 der Netzbetreiber. [5] Ist der Nutzer im Sinne des Satzes 1 Nummer 1 keine natürliche Person, so hat er sicherzustellen, dass zu jedem Abruf die jeweils abrufende Person festgestellt werden kann. [6] Der Nutzer oder die abrufende Person haben vor dem ersten Abruf ein eigenes Passwort zu wählen und dieses jeweils spätestens nach einem von der übermittelnden Stelle vorgegebenen Zeitraum zu ändern.

(2) [1] Die übermittelnde Stelle hat durch ein selbsttätiges Verfahren zu gewährleisten, dass keine Abrufe erfolgen können, sobald die Kennung nach Absatz 1 Satz 1 Nummer 1 oder das Passwort mehr als zweimal hintereinander unrichtig übermittelt wurde. [2] Die abrufende Stelle hat Maßnahmen zum Schutz gegen unberechtige Nutzungen des Abrufsystems zu treffen.

(3) [1] Die übermittelnde Stelle hat sicherzustellen, dass die Aufzeichnungen nach § 53 Absatz 3 des Straßenverkehrsgesetzes über die Abrufe selbsttätig vorgenommen werden und dass der Abruf bei nicht ordnungsgemäßer Aufzeichnung unterbrochen wird. [2] Der Aufzeichnung unterliegen auch versuchte Abrufe, die unter Verwendung von fehlerhaften Kennungen mehr als einmal vorgenommen wurden. [3] Satz 1 gilt entsprechend für die weiteren Aufzeichnungen nach § 53 Absatz 4 des Straßenverkehrsgesetzes.

1   **Begr:** BR-Drs. 443/98 S. 304.

Aufzeichnung der Abrufe

55 (1) [1] Der Anlass des Abrufs ist unter Verwendung folgender Schlüsselzeichen zu übermitteln:

A. Überwachung des Straßenverkehrs

B. Grenzkontrollen

C. Verwaltungsmaßnahmen auf dem Gebiet des Straßenverkehrs, soweit sie die Berechtigung zum Führen von Kraftfahrzeugen betreffen

D. Ermittlungsverfahren wegen Straftaten

E. Ermittlungsverfahren wegen Verkehrsordnungswidrigkeiten

F. Sonstige Anlässe.

[2] Bei Verwendung der Schlüsselzeichen D, E und F ist ein auf den bestimmten Anlass bezogenes Aktenzeichen oder eine Tagebuchnummer zusätzlich zu übermitteln, falls dies beim Abruf angegeben werden kann. [3] Ansonsten ist jeweils in Kurzform bei der Verwendung des Schlüsselzeichens D oder E die Art der Straftat oder der Verkehrsordnungswidrigkeit oder bei Verwendung des Schlüsselzeichens F die Art der Maßnahme oder des Ereignisses zu bezeichnen.

(2) [1] Zur Feststellung der für den Abruf verantwortlichen Person sind der übermittelnden Stelle die Dienstnummer, die Nummer des Dienstausweises, ein Namenskurzzeichen unter Angabe der Organisationseinheit oder andere Hinweise mitzuteilen, die unter Hinzuziehung von Unterlagen der abrufenden Stelle diese Feststellung ermöglichen. [2] Als Hinweise im Sinne von Satz 1 gelten insbesondere:

1. das nach Absatz 1 übermittelte Aktenzeichen oder die Tagebuchnummer, sofern die Tatsache des Abrufs unter Bezeichnung der hierfür verantwortlichen Person aktenkundig gemacht wird,

2. der Funkrufname, sofern dieser zur nachträglichen Feststellung der für den Abruf verantwortlichen Person geeignet ist.

(3) Für die nach § 53 Absatz 4 des Straßenverkehrsgesetzes vorgeschriebenen weiteren Aufzeichnungen ist § 53 Absatz 3 Satz 2 und 3 des Straßenverkehrsgesetzes entsprechend anzuwenden.

1   **Begr:** BR-Drs. 443/98 S. 305.

Abruf im automatisierten Verfahren aus dem Zentralen Fahrerlaubnisregister durch Stellen im Ausland nach § 56 des Straßenverkehrsgesetzes

56 (1) Zur Übermittlung aus dem Zentralen Fahrerlaubnisregister dürfen durch Abruf im automatisierten Verfahren

1. im Rahmen des § 55 Absatz 1 Nummer 1 des Straßenverkehrsgesetzes für Verwaltungsmaßnahmen nur die nach § 49 Absatz 1 Nummer 1 bis 3, 5 bis 11 und 12 bis 15 gespeicherten Daten,

2. im Rahmen des § 55 Absatz 1 Nummer 2 und 3 des Straßenverkehrsgesetzes für Maßnahmen wegen Straftaten oder Zuwiderhandlungen nur die nach § 49 Absatz 1 Nummer 1 bis 3, 5 bis 11 und 13 und 15 gespeicherten Daten

bereitgehalten werden.

(2) § 51 Absatz 2 (Empfänger der Daten), § 52 Absatz 2 (für den Abruf zu verwendende Daten), § 54 (Sicherung gegen Missbrauch) und § 55 (Aufzeichnung der Abrufe) sind entsprechend anzuwenden.

Begr: BR-Drs. 443/98 S. 307.   1

Speicherung der Daten in den örtlichen Fahrerlaubnisregistern

57 Über Fahrerlaubnisinhaber sowie über Personen, denen ein Verbot erteilt wurde, ein Fahrzeug zu führen, sind im örtlichen Fahrerlaubnisregister nach § 50 des Straßenverkehrsgesetzes folgende Daten zu speichern:

1. Familiennamen, Geburtsnamen, sonstige frühere Namen, Vornamen, Ordens- oder Künstlernamen, Doktorgrad, Tag und Ort der Geburt, Anschrift, Geschlecht, Staatsangehörigkeit und Art des Ausweisdokumentes sowie, soweit angegeben, die E-Mail-Adresse,

2. die Klassen der erteilten Fahrerlaubnis,

3. der Tag der Erteilung der jeweiligen Fahrerlaubnisklasse sowie die erteilende Behörde,

4. der Tag des Beginns und des Ablaufs der Probezeit gemäß § 2a des Straßenverkehrsgesetzes,

5. der Tag des Ablaufs der Gültigkeit befristet erteilter Fahrerlaubnisse sowie der Tag der Verlängerung,

6. Auflagen, Beschränkungen und Zusatzangaben zur Fahrerlaubnis oder einzelnen Klassen gemäß Anlage 9,

7. die Fahrerlaubnisnummer oder bei nach bisherigem Recht erteilten Fahrerlaubnissen die Listennummer,

8. die Führerscheinnummer,

9. der Tag der Ausstellung des Führerscheins oder eines Ersatzführerscheins sowie die Behörde, die den Führerschein oder den Ersatzführerschein ausgestellt hat,

10. die Führerscheinnummer, der Tag der Ausstellung und der Verbleib bisheriger Führerscheine, sofern die Führerscheine nicht amtlich eingezogen oder vernichtet wurden, sowie ein Hinweis, ob der Führerschein zur Einziehung, Beschlagnahme oder Sicherstellung ausgeschrieben ist,

11. (weggefallen)

12. die Bezeichnung des Staates, in dem der Inhaber einer deutschen Fahrerlaubnis seinen Wohnsitz genommen hat und in dem diese Fahrerlaubnis registriert oder umgetauscht wurde unter Angabe des Tages der Registrierung oder des Umtausches,

13. die Nummer und der Tag der Ausstellung eines internationalen Führerscheins, die Geltungsdauer sowie die Behörde, die diesen Führerschein ausgestellt hat,

14. der Tag der Erteilung einer Fahrerlaubnis zur Fahrgastbeförderung, die Art der Berechtigung, der Tag des Ablaufs der Geltungsdauer, die Nummer des Führerscheins zur Fahrgastbeförderung sowie der Tag der Verlängerung,

15. Hinweise zum Verbleib ausländischer Führerscheine, auf Grund derer die deutsche Fahrerlaubnis erteilt wurde,

16. der Tag der unanfechtbaren Versagung der Fahrerlaubnis, der Tag der Bestandskraft der Entscheidung, die entscheidende Stelle, der Grund der Entscheidung und das Aktenzeichen,

17. der Tag der vorläufigen, sofort vollziehbaren sowie der rechts- oder bestandskräftigen Entziehung der Fahrerlaubnis, der Tag der Rechts- oder Bestandskraft der Entscheidung, die entscheidende Stelle, der Grund der Entscheidung und der Tag des Ablaufs einer etwaigen Sperre,

18. der Tag der vorläufigen, sofort vollziehbaren sowie der rechts- und bestandskräftigen Aberkennung des Rechts, von einer ausländischen Fahrerlaubnis Gebrauch zu machen, der Tag der Rechts- oder Bestandskraft, die entscheidende Stelle, der Grund der Entscheidung und der Tag des Ablaufs einer etwaigen Sperre,

19. der Tag des Zugangs der Erklärung über den Verzicht auf die Fahrerlaubnis bei der Fahrerlaubnisbehörde und dem Erklärungsempfänger,

20. der Tag der Neuerteilung einer Fahrerlaubnis oder der Erteilung des Rechts, von einer ausländischen Fahrerlaubnis wieder Gebrauch zu machen, nach vorangegangener Entziehung oder Aberkennung oder vorangegangenem Verzicht, sowie die erteilende Behörde,

21. der Tag der Rechtskraft der Anordnung einer Sperre nach § 69a Absatz 1 Satz 3 des Strafgesetzbuches, die anordnende Stelle und der Tag des Ablaufs,

22. der Tag des Verbots, ein Fahrzeug zu führen, die entscheidende Stelle, der Tag der Rechts- oder Bestandskraft der Entscheidung sowie der Tag der Wiederzulassung,

23. der Tag des Widerrufs oder der Rücknahme der Fahrerlaubnis, die entscheidende Stelle sowie der Tag der Rechts- oder Bestandskraft der Entscheidung,

24. der Tag der Beschlagnahme, Sicherstellung und Verwahrung des Führerscheins nach § 94 der Strafprozessordnung, die anordnende Stelle sowie der Tag der Aufhebung dieser Maßnahmen und der Rückgabe des Führerscheins,

25. der Tag und die Art von Maßnahmen nach dem Fahreignungs-Bewertungssystem, die Teilnahme an einem Fahreignungsseminar und der Tag der Beendigung des Fahreignungsseminars sowie der Tag der Ausstellung der Teilnahmebescheinigung,

26. der Tag und die Art von Maßnahmen bei Inhabern einer Fahrerlaubnis auf Probe, die gesetzte Frist, die Teilnahme an einem Aufbauseminar, die Art des Seminars, der Tag seiner Beendigung, der Tag der Ausstellung der Teilnahmebescheinigung sowie die Teilnahme an einer verkehrspsychologischen Beratung und der Tag der Ausstellung der Teilnahmebescheinigung.

1 **Begr** (BR-Drs. 443/98 S. 307): *§ 57 regelt die Speicherung von Daten in den örtlichen Fahrerlaubnisregistern. Die Vorschrift bildet die datenschutzrechtliche Grundlage für die Speicherung der für die Verwaltungstätigkeit der örtlich zuständigen Fahrerlaubnisbehörde erforderlichen personenbezogenen Daten von Fahrerlaubnisbewerbern und -inhabern. Neben den Daten zu denjenigen Personen, die aktuell in Besitz einer Fahrerlaubnis sind, umfassen die Register auch Personen, die eine solche beantragt haben und Personen, denen ein Verbot erteilt wurde, ein Fahrzeug zu führen.*

Mittelfristiges Ziel ist es, die Daten zum Besitz der Fahrerlaubnis (sowie die in diesem Zusammenhang relevanten „Negativdaten") in den Zentralen Registern zu führen, auf die die Fahrerlaubnisbehörden im Rahmen ihrer Tätigkeit unmittelbar zurückgreifen können. Damit werden die derzeit auf Grund der dezentralen Speicherung vorhandenen Doppelspeicherungen und Inaktualitäten der dezentralen Register beseitigt, womit zugleich auch den Forderungen des Datenschutzes entsprochen wird.

...

Nach § 22 Abs. 2 und § 25 Abs. 4 hat die Fahrerlaubnisbehörde vor Erteilung einer Fahrerlaubnis oder vor Ausfertigung eines Ersatzführerscheins zu ermitteln, ob Umstände vorliegen, die dem entgegenstehen. Da hierzu auf das Verkehrszentralregister des Kraftfahrt-Bundesamtes zurückgegriffen wird, in dem nach § 28 Abs. 3 StVG die Negativdaten zur Fahrerlaubnis gespeichert sind, wäre eine zusätzliche Speicherung von Negativdaten in den örtlichen Registern grundsätzlich nicht erforderlich. Aufgrund der derzeit noch sehr unterschiedlichen Möglichkeiten der Fahrerlaubnisbehörden, beim Verkehrszentralregister kurzfristig Daten abzufragen, hätte ein Nichtzulassen der Speicherung von Negativdaten bei den Fahrerlaubnisbehörden jedoch einen sofortigen Investitionsbedarf für eine schnelle Datenkommunikation mit dem Verkehrszentralregister zur Folge. In Anbetracht dieses Umstandes und unter Berücksichtigung der „Massenverfahren" in den Fahrerlaubnisbehörden (jährlich werden ca. 1,5 Millionen Fahrerlaubnisse erteilt) wird – entsprechend der bisherigen Verwaltungspraxis – eine Speicherung von Negativdaten auch in den örtlichen Fahrerlaubnisregistern zugelassen.

...

2 Verhältnis der örtlichen Fahrerlaubnisregister zu den im Zentralen Fahrerlaubnisregister gespeicherten Daten: § 65 II, IIa StVG.

Übermittlung von Daten aus den örtlichen Fahrerlaubnisregistern

58 (1) Für die Verfolgung von Straftaten, zur Vollstreckung und zum Vollzug von Strafen dürfen im Rahmen des § 52 Absatz 1 Nummer 1 des Straßenverkehrsgesetzes nur die nach § 57 Nummer 1 bis 10 und 12 bis 15 gespeicherten Daten übermittelt werden.

(2) Für die Verfolgung von Ordnungswidrigkeiten und die Vollstreckung von Bußgeldbescheiden und ihren Nebenfolgen dürfen im Rahmen des § 52 Absatz 1 Nummer 2 des Straßenverkehrsgesetzes nur die nach § 57 Nummer 1 bis 10 und 12 bis 15 gespeicherten Daten übermittelt werden.

(3) Für

1. die Erteilung, Verlängerung, Entziehung oder Beschränkung einer Fahrerlaubnis,

2. die Aberkennung oder Einschränkung des Rechts, von einer ausländischen Fahrerlaubnis Gebrauch zu machen,

3. das Verbot, ein Fahrzeug zu führen,

4. die Anordnung von Auflagen zu einer Fahrerlaubnis

dürfen die Fahrerlaubnisbehörden einander im Rahmen des § 52 Absatz 1 Nummer 3 des Straßenverkehrsgesetzes nur die nach § 57 Nummer 1 bis 10 und 12 bis 15 gespeicherten Daten übermitteln.

(4) Für Verkehrs- und Grenzkontrollen dürfen im Rahmen des § 52 Absatz 2 des Straßenverkehrsgesetzes nur die nach § 57 Nummer 1, 2, 4 bis 10 und 12 gespeicherten Daten übermittelt werden.

(5) ¹Die Daten nach den Absätzen 1, 2 und 4 dürfen für die dort genannten Zwecke aus dem örtlichen Fahrerlaubnisregister im automatisierten Verfahren abgerufen werden. ²§ 52 Absatz 2, 3 und 5, §§ 53, 54 und 55 Absatz 1 bis 3 sind entsprechend anzuwenden.

Begr: BR-Drs. 443/98 S. 308.   1

Begr zur ÄndVO v. 6.6.07 (BGBl. I S. 1045): VkBl. 08 253.   2

2. Fahreignungsregister

Speicherung von Daten im Fahreignungsregister

59 (1) Im Fahreignungsregister sind im Rahmen von § 28 Absatz 3 des Straßenverkehrsgesetzes folgende Daten zu speichern:

1. Familiennamen, Geburtsnamen, sonstige frühere Namen, soweit hierzu Eintragungen vorliegen, Vornamen, Ordens- oder Künstlernamen, Doktorgrad, Geschlecht, Tag und Ort der Geburt, Anschrift des Betroffenen, Staatsangehörigkeit sowie Hinweise auf Zweifel an der Identität gemäß § 28 Absatz 5 des Straßenverkehrsgesetzes,

2. die entscheidende Stelle, der Tag der Entscheidung, die Geschäftsnummer oder das Aktenzeichen, die mitteilende Stelle und der Tag der Mitteilung,

3. Ort, Tag und Zeit der Tat, die Angabe, ob die Tat in Zusammenhang mit einem Verkehrsunfall steht, die Art der Verkehrsteilnahme sowie die Fahrzeugart,

4. der Tag des ersten Urteils oder bei einem Strafbefehl der Tag der Unterzeichnung durch den Richter sowie der Tag der Rechtskraft oder Unanfechtbarkeit, der Tag der Maßnahme nach den §§ 94 und 111a der Strafprozessordnung,

5. bei Entscheidungen wegen einer Straftat oder einer Ordnungswidrigkeit die rechtliche Bezeichnung der Tat unter Angabe der angewendeten Vorschriften, bei sonstigen Entscheidungen die Art, die Rechtsgrundlagen sowie bei verwaltungsbehördlichen Entscheidungen nach § 28 Absatz 3 Nummer 4, 5, 6, und 8 des Straßenverkehrsgesetzes der Grund der Entscheidung,

6. die Haupt- und Nebenstrafen, die nach § 59 des Strafgesetzbuches vorbehaltene Strafe, das Absehen von Strafe, die Maßregeln der Besserung und Sicherung, die Erziehungsmaßregeln, die Zuchtmittel oder die Jugendstrafe, die Geldbuße und das Fahrverbot, auch bei Gesamtstrafenbildung für die einbezogene Entscheidung,

7. die vorgeschriebene Einstufung als

   a) Straftat mit Entziehung der Fahrerlaubnis oder mit isolierter Sperre mit drei Punkten,

   b) Straftat ohne Entziehung der Fahrerlaubnis und ohne isolierte Sperre oder als besonders verkehrssicherheitsbeeinträchtigende Ordnungswidrigkeit mit zwei Punkten oder

   c) verkehrssicherheitsbeeinträchtigende Ordnungswidrigkeit mit einem Punkt

   und die entsprechende Kennziffer,

8. die Fahrerlaubnisdaten unter Angabe der Fahrerlaubnisnummer, der Art der Fahrerlaubnis, der Fahrerlaubnisklassen, der erteilenden Behörde und des Tages der Erteilung, soweit sie im Rahmen von Entscheidungen wegen Straftaten oder Ordnungswidrigkeiten dem Fahreignungsregister mitgeteilt sind,

9. bei einer Versagung, Entziehung oder Aberkennung des Rechts, von der Fahrerlaubnis im Inland Gebrauch zu machen, oder einer Feststellung über die fehlende Fahrberechtigung durch eine Fahrerlaubnisbehörde der Grund der Entscheidung und die entsprechende Kennziffer sowie den Tag des Ablaufs der Sperrfrist,

10. bei einem Verzicht auf die Fahrerlaubnis der Tag des Zugangs der Verzichtserklärung bei der zuständigen Behörde sowie der Tag des Ablaufs der Sperrfrist,

11. bei einem Fahrverbot der Hinweis auf § 25 Absatz 2a Satz 1 des Straßenverkehrsgesetzes und der Tag des Fristablaufs sowie bei einem Verbot oder einer Beschränkung, ein fahrerlaubnisfreies Fahrzeug zu führen, der Tag des Ablaufs oder der Aufhebung der Maßnahme,

12. bei der Teilnahme an einem Fahreignungsseminar, einem Aufbauseminar, einem besonderen Aufbauseminar oder einer verkehrspsychologischen Beratung die rechtliche Grundlage, der Tag der Beendigung des Seminars, der Tag der Ausstellung der Teilnahmebescheinigung und der Tag, an dem die Bescheinigung der zuständigen Behörde vorgelegt wurde,

13. der Punktabzug auf Grund der freiwilligen Teilnahme an einem Fahreignungsseminar,

14. bei Maßnahmen nach § 2a Absatz 2 Satz 1 Nummer 1 und 2 und § 4 Absatz 5 Satz 1 Nummer 1 und 2 des Straßenverkehrsgesetzes die Behörde, der Tag und die Art der Maßnahme sowie die gesetzte Frist, die Geschäftsnummer oder das Aktenzeichen.

(2) Über Entscheidungen und Erklärungen im Rahmen des § 59 Absatz 2 des Fahrlehrergesetzes werden gespeichert:

1. die Angaben zur Person nach Absatz 1 Nummer 1 mit Ausnahme des Hinweises auf Zweifel an der Identität,

2. die Angaben zur Entscheidung nach Absatz 1 Nummer 2,

3. Ort und Tag der Tat,

4. der Tag der Unanfechtbarkeit, sofortigen Vollziehbarkeit oder Rechtskraft der Entscheidung, des Ruhens oder des Erlöschens der Fahrlehrerlaubnis oder der Tag der Abgabe der Erklärung,

5. die Angaben zur Entscheidung nach Absatz 1 Nummer 5,

6. die Höhe der Geldbuße,

7. die Angaben zur Fahrlehrerlaubnis in entsprechender Anwendung des Absatzes 1 Nummer 8,

8. bei einer Versagung der Fahrlehrerlaubnis der Grund der Entscheidung,

9. der Hinweis aus dem Zentralen Fahrerlaubnisregister bei Erteilung einer Fahrlehrerlaubnis nach vorangegangener Versagung, Rücknahme und vorangegangenem Widerruf.

(3) ¹Enthält eine strafgerichtliche Entscheidung sowohl registerpflichtige als auch nicht registerpflichtige Teile, werden in Fällen der Tateinheit (§ 52 des Strafgesetzbuches) nur die registerpflichtigen Taten sowie die Folgen mit dem Hinweis aufgenommen, dass diese sich auch auf nicht registerpflichtige Taten beziehen. ²In Fällen der Tatmehrheit (§ 53 des Strafgesetzbuches und § 460 der Strafprozessordnung) sind die registerpflichtigen Taten mit ihren Einzelstrafen und einem Hinweis einzutragen, dass diese in einer Gesamtstrafe aufgegangen sind; ist auf eine einheitliche Jugendstrafe (§ 31 des Jugendgerichtsgesetzes) erkannt worden, wird nur die Verurteilung wegen der registerpflichtigen Straftaten, nicht aber die Höhe der Jugendstrafe eingetragen. ³Die Eintragung sonstiger Folgen bleibt unberührt.

(4) ¹Enthält eine Entscheidung wegen einer Ordnungswidrigkeit sowohl registerpflichtige als auch nicht registerpflichtige Teile, werden in Fällen der Tateinheit (§ 19 des Gesetzes über Ordnungswidrigkeiten) nur die registerpflichtigen Taten sowie die Folgen mit dem Hinweis eingetragen, dass sich die Geldbuße auch auf nicht registerpflichtige Taten bezieht. ²In Fällen der Tatmehrheit (§ 20 des Gesetzes über Ordnungswidrigkeiten) sind nur die registerpflichtigen Teile einzutragen.

---

1   **Begr** (BR-Drs. 443/98 S. 309): *In dem beim Kraftfahrt-Bundesamt geführten Verkehrszentralregister sollen nach § 28 Abs. 2 StVG Daten gespeichert werden, die*
– für die Beurteilung der Eignung und Befähigung von Personen zum Führen von Kraftfahrzeugen,

– *für die Prüfung der Berechtigung zum Führen von Fahrzeugen,*
– *für die Ahndung der Verstöße von Personen, die im Straßenverkehr wiederholt Straftaten oder Ordnungswidrigkeiten begehen,*
– *für die Beurteilung von Personen im Hinblick auf ihre Zuverlässigkeit bei der Wahrnehmung der ihnen durch Gesetz, Satzung oder Vertrag übertragenen Verantwortung für die Einhaltung der zur Sicherheit im Straßenverkehr bestehenden Vorschriften*
erforderlich sind.
  Diese Zwecke werden durch Speicherung der in § 59 Abs. 1 Nr. 1 bis 14 genannten Daten erreicht. Die Vorschrift füllt die in § 30c Abs. 1 Nr. 1, § 28 Abs. 3 StVG erteilte Ermächtigung aus. ...

Begr zum G v. 19.7.07, BGBl. I S. 1460 (VkBl. **08** 259): *Die Änderung von § 59 bewirkt, dass* **2** *Entscheidungen wegen Ordnungswidrigkeiten nach § 24c StVG, die sowohl registerpflichtige als auch nicht registerpflichtige Teile enthalten, registermäßig genauso behandelt werden wie entsprechende Ordnungswidrigkeiten nach § 24 oder § 24a StVG.*

Begr zur ÄndVO v. 17.12.10 **zu Abs. 1 Nr. 9:** VkBl. **11** 84   **3**

Begr zur ÄndVO v. 26.6.12 **zu Abs. 1 Nr. 9:** BR-Drs. 245/12 S. 30 = VkBl. **12** 593   **4**

Begr zur ÄndVO v. 5.11.13: BR-Drs. 810/12 S. 58, BR-Drs. 676/13 S. 60 = VkBl. **13** 1186   **5**

Begr zur ÄndVO v. 16.4.14 **zu Abs. 4 S. 1** (BR-Drs. 278/14 S. 60 = VkBl. **14** 429): *Enthält* **6** *eine Entscheidung wegen einer Ordnungswidrigkeit sowohl registerpflichtige als auch nicht registerpflichtige Teile, sollen sowohl bei Tateinheit als auch bei Tatmehrheit nur die registerpflichtigen Taten eingetragen werden. Insbesondere ist dies bei Tateinheit auch möglich, da durch die abschließende Aufzählung der Tatbestände in der Anlage 13 zur FeV klar zwischen registerpflichtigen und nicht registerpflichtigen Tatbeständen getrennt werden kann.*

Begr zur ÄndVO v. 21.12.16 **zu Abs. 1 Nr. 10:** BR-Drs. 253/16 S. 37   **7**

Näher zum FAER: § 28 StVG. Tilgung der Eintragungen, Tilgungsfristen und Wirkung der Tilgung: § 29 StVG. Auskunft aus dem FAER: § 30 StVG.

Übermittlung von Daten nach § 30 des Straßenverkehrsgesetzes

60 (1) Für Maßnahmen wegen Straftaten oder Ordnungswidrigkeiten werden gemäß § 30 Absatz 1 Nummer 1 und 2 des Straßenverkehrsgesetzes die auf Grund des § 28 Absatz 3 Nummer 1 bis 3 des Straßenverkehrsgesetzes nach § 59 Absatz 1 dieser Verordnung gespeicherten Daten und – soweit Kenntnis über den Besitz von Fahrerlaubnissen und Führerscheinen sowie über die Berechtigung zum Führen von Kraftfahrzeugen erforderlich ist – die auf Grund des § 28 Absatz 3 Nummer 1 bis 9 des Straßenverkehrsgesetzes nach § 59 Absatz 1 dieser Verordnung gespeicherten Daten übermittelt.

(2) ¹Für Verwaltungsmaßnahmen nach dem Straßenverkehrsgesetz oder dieser Verordnung werden gemäß § 30 Absatz 1 Nummer 3 des Straßenverkehrsgesetzes die auf Grund des § 28 Absatz 3 des Straßenverkehrsgesetzes nach § 59 Absatz 1 dieser Verordnung gespeicherten Daten übermittelt. ²Für Verwaltungsmaßnahmen nach der Straßenverkehrs-Zulassungs-Ordnung wegen der Zustimmung der zuständigen Behörden zur Betrauung mit der Durchführung der Untersuchungen nach § 29 der Straßenverkehrs-Zulassungs-Ordnung (Nummer 3.7 der Anlage VIIIb der Straßenverkehrs-Zulassungs-Ordnung) werden gemäß § 30 Absatz 1 Nummer 3 des Straßenverkehrsgesetzes die auf Grund des § 28 Absatz 3 Nummer 1 bis 9 des Straßenverkehrsgesetzes nach § 59 Absatz 1 dieser Verordnung gespeicherten Daten übermittelt. ³Für Verwaltungsmaßnahmen nach der Straßenverkehrs-Zulassungs-Ordnung wegen

1. der Anerkennung von Kraftfahrzeugwerkstätten zur Durchführung von Sicherheitsprüfungen nach Anlage VIIIc der Straßenverkehrs-Zulassungs-Ordnung,

2. der Anerkennung von Überwachungsorganisationen nach Anlage VIIIb der Straßenverkehrs-Zulassungs-Ordnung,

3. der Anerkennung von Kraftfahrzeugwerkstätten zur Durchführung von Abgasuntersuchungen nach Anlage VIIIc der Straßenverkehrs-Zulassungs-Ordnung und für die Zuteilung von roten Kennzeichen nach § 16 Absatz 3 oder § 17 der Fahrzeug-Zulassungsverordnung

werden gemäß § 30 Absatz 1 Nummer 3 des Straßenverkehrsgesetzes die auf Grund des § 28 Absatz 3 Nummer 1 bis 3 des Straßenverkehrsgesetzes nach § 59 Absatz 1 dieser Verordnung gespeicherten Daten übermittelt.

(3) [1] Für Verwaltungsmaßnahmen

1. nach dem Fahrlehrergesetz oder den auf Grund dieses Gesetzes erlassenen Rechtsvorschriften,

2. nach dem Kraftfahrsachverständigengesetz oder den auf Grund dieses Gesetzes erlassenen Rechtsvorschriften,

3. nach dem Gesetz über das Fahrpersonal im Straßenverkehr oder den auf Grund dieses Gesetzes erlassenen Rechtsvorschriften

werden gemäß § 30 Absatz 2 des Straßenverkehrsgesetzes die auf Grund des § 28 Absatz 3 Nummer 1 bis 9 des Straßenverkehrsgesetzes nach § 59 Absatz 1 – für Verwaltungsmaßnahmen nach Nummer 1 zusätzlich nach § 59 Absatz 2 – dieser Verordnung gespeicherten Daten übermittelt. [2] Für Verwaltungsmaßnahmen

1. auf Grund der gesetzlichen Bestimmungen über die Notfallrettung und den Krankentransport,

2. nach dem Personenbeförderungsgesetz oder den auf Grund dieses Gesetzes erlassenen Rechtsvorschriften,

3. nach dem Güterkraftverkehrsgesetz oder den auf Grund dieses Gesetzes erlassenen Rechtsvorschriften,

4. nach dem Gesetz über die Beförderung gefährlicher Güter oder den auf Grund dieses Gesetzes erlassenen Rechtsvorschriften

werden gemäß § 30 Absatz 2 des Straßenverkehrsgesetzes die auf Grund des § 28 Absatz 3 Nummer 1 bis 3 des Straßenverkehrsgesetzes nach § 59 Absatz 1 dieser Verordnung gespeicherten Daten übermittelt.

(4) Für Verkehrs- und Grenzkontrollen gemäß § 30 Absatz 3 des Straßenverkehrsgesetzes werden die auf Grund des § 28 Absatz 3 Nummer 1, sofern die Entziehung der Fahrerlaubnis, eine isolierte Sperre oder ein Fahrverbot angeordnet wurde, Nummer 2, 3 Buchstabe a Doppelbuchstabe aa, Buchstabe b und Nummer 4 bis 9 des Straßenverkehrsgesetzes nach § 59 Absatz 1 dieser Verordnung gespeicherten Daten übermittelt.

(5) Für luftverkehrsrechtliche Maßnahmen nach § 30 Absatz 4 des Straßenverkehrsgesetzes, schiffsverkehrsrechtliche Maßnahmen nach § 30 Absatz 4a des Straßenverkehrsgesetzes und eisenbahnverkehrsrechtliche Maßnahmen nach § 30 Absatz 4b des Straßenverkehrsgesetzes werden die auf Grund des § 28 Absatz 3 Nummer 1 bis 9 des Straßenverkehrsgesetzes nach § 59 Absatz 1 dieser Verordnung gespeicherten Daten übermittelt.

(6) Im Rahmen des § 30 Absatz 7 des Straßenverkehrsgesetzes werden die auf Grund des § 28 Absatz 3 Nummer 1 bis 9 des Straßenverkehrsgesetzes nach § 59 Absatz 1 dieser Verordnung gespeicherten Daten

1. für Verwaltungsmaßnahmen auf dem Gebiet des Straßenverkehrs den Straßenverkehrsbehörden und

2. für die Verfolgung von Zuwiderhandlungen gegen Rechtsvorschriften auf dem Gebiet des Straßenverkehrs oder für die Verfolgung von Straftaten den Polizei- und Justizbehörden

unmittelbar übermittelt, wenn nicht der Empfängerstaat mitgeteilt hat, dass andere Behörden zuständig sind.

1   **Begr:** BR-Drs. 443/98 S. 311.

2   **Begr** zur ÄndVO v. 14.6.06 **zu Abs. 2:** BR-Drs. 212/06 S. 4 und BR-Drs. 212/06 Beschluss S. 2.

3   **Begr** zur ÄndVO v. 18.7.08 **zu Abs. 2 S. 3 Nr. 3:** VkBl. **08** 571.

4   **Begr** zur ÄndVO v. 5.11.13: BR-Drs. 810/12 S. 58, BR-Drs. 676/13 S. 60 = VkBl. **13** 1187

Abruf im automatisierten Verfahren nach § 30a des Straßenverkehrsgesetzes

61 (1) Zur Übermittlung nach § 30a Absatz 1 und 3 des Straßenverkehrsgesetzes durch Abruf im automatisierten Verfahren dürfen folgende Daten bereitgehalten werden:

1. Familiennamen, Geburtsnamen, sonstige frühere Namen, soweit hierzu Eintragungen vorliegen, Vornamen, Ordens- oder Künstlernamen, Doktorgrad, Geschlecht, Tag und Ort der Geburt, Anschrift des Betroffenen, Staatsangehörigkeit sowie Hinweise auf Zweifel an der Identität gemäß § 28 Absatz 5 des Straßenverkehrsgesetzes,

2. die Tatsache, ob über die betreffende Person Eintragungen vorhanden sind,

3. die Eintragungen über Ordnungswidrigkeiten mit den Angaben über

   a) die entscheidende Stelle, den Tag der Entscheidung und die Geschäftsnummer oder das Aktenzeichen, die mitteilende Stelle und den Tag der Mitteilung, den Tag der Rechtskraft,

   b) Ort, Tag und Zeit der Tat, die Angabe, ob die Tat im Zusammenhang mit einem Verkehrsunfall steht, die Art der Verkehrsteilnahme sowie die Fahrzeugart,

   c) die rechtliche Bezeichnung der Tat unter Angabe der anzuwendenden Vorschriften, die Höhe der Geldbuße und das Fahrverbot,

   d) bei einem Fahrverbot den Hinweis auf § 25 Absatz 2a Satz 1 des Straßenverkehrsgesetzes und den Tag des Fristablaufs,

   e) die Fahrerlaubnis nach § 59 Absatz 1 Nummer 8,

   f) die vorgeschriebene Einstufung als besonders verkehrssicherheitsbeeinträchtigende Ordnungswidrigkeit mit zwei Punkten oder als verkehrssicherheitsbeeinträchtigende Ordnungswidrigkeit mit einem Punkt und die entsprechende Kennziffer,

4. die Angaben über die Fahrerlaubnis (Klasse, Art und etwaige Beschränkungen) sowie

   a) die unanfechtbare Versagung einer Fahrerlaubnis, einschließlich der Ablehnung der Verlängerung einer befristeten Fahrerlaubnis,

   b) die rechtskräftige Anordnung einer Fahrerlaubnissperre und der Tag des Ablaufs der Sperrfrist,

   c) die rechtskräftige oder vorläufige Entziehung einer Fahrerlaubnis und der Tag des Ablaufs der Sperrfrist,

   d) die unanfechtbare oder sofort vollziehbare Entziehung oder Rücknahme sowie der unanfechtbare oder sofort vollziehbare Widerruf einer Fahrerlaubnis,

   e) das Bestehen eines rechtskräftigen Fahrverbots unter Angabe des Tages des Ablaufs des Verbots,

   f) die rechtskräftige Aberkennung des Rechts, von einer ausländischen Fahrerlaubnis Gebrauch zu machen, und der Tag des Ablaufs der Sperrfrist sowie die Feststellung über die fehlende Fahrberechtigung,

   g) die Beschlagnahme, Sicherstellung oder Verwahrung des Führerscheins nach § 94 der Strafprozessordnung und

   h) der Verzicht auf eine Fahrerlaubnis,

   jeweils mit den Angaben über die Geschäftsnummer oder das Aktenzeichen, die mitteilende Stelle und den Tag der Mitteilung, die Rechtsgrundlagen sowie den Angaben über die Fahrerlaubnis nach § 59 Absatz 1 Nummer 8 und darüber hinaus bei Buchstaben a bis g die entscheidende Stelle, den Tag der Entscheidung sowie den Grund der Maßnahme oder bei Buchstabe h den Tag des Zugangs des Verzichts bei der zuständigen Behörde,

5. die Eintragungen nach § 28 Absatz 3 Nummer 1 und 2 des Straßenverkehrsgesetzes über Entscheidungen der Strafgerichte mit den Angaben über

   a) die entscheidende Stelle, den Tag des ersten Urteils oder bei Strafbefehlen den Tag der Unterzeichnung durch den Richter, die Geschäftsnummer oder das Aktenzeichen, die mitteilende Stelle und den Tag der Mitteilung, den Tag der Rechtskraft,

   b) Ort, Tag und Zeit der Tat, die Angaben, ob die Tat im Zusammenhang mit einem Verkehrsunfall steht, die Art der Verkehrsteilnahme sowie die Fahrzeugart,

   c) die rechtliche Bezeichnung der Tat unter Angabe der angewendeten Vorschriften, die Haupt- und Nebenstrafe, die nach § 59 des Strafgesetzbuches vorbehaltene Strafe, das Absehen von Strafe, die Maßregeln der Besserung und Sicherung, die Erziehungsmaßregeln, die Zuchtmittel und die Jugendstrafe, die Geldstrafe, die rechtskräftige oder vorläufige Entziehung der Fahrerlaubnis und den Tag des Ablaufs der Sperrfrist, die Anordnung einer Fahrerlaubnissperre und den Tag des Ablaufs der Sperrfrist, das Bestehen eines rechtskräftigen Fahrverbots unter Angabe des Ablaufs des Verbots sowie die vorgeschriebene Einstufung als Straftat mit Entziehung der Fahrerlaubnis oder mit isolierter Sperre mit drei Punkten oder als Straftat ohne Entziehung der Fahrerlaubnis und ohne isolierte Sperre mit zwei Punkten und die entsprechende Kennziffer,

   d) bei einem Fahrverbot den Hinweis auf § 25 Absatz 2a Satz 1 des Straßenverkehrsgesetzes oder § 44 Absatz 3 Satz 1 des Strafgesetzbuches und den Tag des Fristablaufs,

   e) die Angaben über die Fahrerlaubnis nach § 59 Absatz 1 Nummer 8,

6. die Eintragungen nach § 28 Absatz 3 Nummer 9 des Straßenverkehrsgesetzes über Entscheidungen der Justizbehörden bei Beschlagnahme, Sicherstellung oder Verwahrung des Führerscheins oder über die vorläufige Entziehung des Führerscheins nach § 94 oder § 111a der Strafprozessordnung mit den Angaben über die entscheidende Stelle, den Tag der Maßnahme und die Geschäftsnummer oder das Aktenzeichen, die mitteilende Stelle und den Tag der Mitteilung und Angaben über die Fahrerlaubnis nach § 59 Absatz 1 Nummer 8.

(2) Der Abruf darf nur unter Verwendung der Angaben zur Person erfolgen.

(3) § 60 Absatz 1 bis 5 findet entsprechende Anwendung.

(4) *(aufgehoben)*

(5) *(aufgehoben)*

(6) Wegen der Sicherung gegen Missbrauch ist § 54 und wegen der Aufzeichnungen der Abrufe § 55 anzuwenden.

(7) Im Rahmen von § 30 Absatz 7 des Straßenverkehrsgesetzes dürfen die in § 30a Absatz 5 des Straßenverkehrsgesetzes genannten Daten aus dem Fahreignungsregister durch Abruf im automatisierten Verfahren den in § 60 Absatz 6 genannten Stellen in einem Mitgliedstaat der Europäischen Union oder in einem anderen Vertragsstaat des Abkommens über den Europäischen Wirtschaftsraum übermittelt werden.

1   **Begr:** BR-Drs. 443/98 S. 312. **Begr** zur ÄndVO v. 7.8.02: BR-Drs. 497/02 S. 74.

2   **Begr** zur ÄndVO v. 17.12.10 **zu Abs. 1 Nr. 4 Buchst. f:** VkBl. **11** 84.

3   **Begr** zur ÄndVO v. 5.11.13: BR-Drs. 810/12 S. 59, BR-Drs. 676/13 S. 60 = VkBl. **13** 1187

Automatisiertes Anfrage- und Auskunftsverfahren nach § 30b des Straßenverkehrsgesetzes

62 (1) Die Übermittlung der Daten nach § 60 ist auch in einem automatisierten Anfrage- und Auskunftsverfahren zulässig.

(2) § 53 ist anzuwenden.

1   **Begr:** BR-Drs. 443/98 S. 312.

2   **Begr** zur ÄndVO v. 5.11.13: BR-Drs. 810/12 S. 60 = VkBl. **13** 1187

Vorzeitige Tilgung

63 (1) Wurde die Fahrerlaubnis durch eine Fahrerlaubnisbehörde ausschließlich wegen körperlicher oder geistiger Mängel oder wegen fehlender Befähigung entzogen oder aus den gleichen Gründen versagt, ist die Eintragung mit dem Tag der Erteilung der neuen Fahrerlaubnis zu tilgen.

(2) Eintragungen von gerichtlichen Entscheidungen über die vorläufige Entziehung der Fahrerlaubnis, von anfechtbaren Entscheidungen der Fahrerlaubnisbehörden sowie von Maßnahmen nach § 94 der Strafprozessordnung sind zu tilgen, wenn die betreffenden Entscheidungen aufgehoben wurden.

1   **Begr** (BR-Drs. 443/98 S. 313): *Nach § 30c Abs. 1 Nr. 2, § 29 Abs. 1 Satz 5 StVG können Verkürzungen der nach § 29 Abs. 1 StVG bestehenden Tilgungsfristen durch Rechtsverordnung zugelassen werden, wenn die in das Verkehrszentralregister eingetragene Entscheidung auf körperlichen oder geistigen Mängeln oder fehlender Befähigung beruht. Von dieser Ermächtigung wird in der Regelung des § 63 Abs. 1 Gebrauch gemacht, indem festgeschrieben wird, dass die Eintragung ohne Rücksicht auf die Tilgungsfristen in § 29 Abs. 1 StVG mit dem Datum der Erteilung einer neuen Fahrerlaubnis zu tilgen ist, wenn die Fahrerlaubnis ausschließlich wegen körperlicher oder geistiger Mängel oder wegen fehlender Befähigung entzogen oder versagt wurde.*

Eine Verkürzung der Tilgungsfrist durch Verordnung kommt nach § 30c Abs. 1 Nr. 2, § 29 Abs. 3 Nr. 3 ebenfalls bei Eintragungen in Betracht, bei denen eine Änderung der zugrundeliegenden Entscheidung Anlass gibt. § 63 Abs. 2 bestimmt, dass ein solcher Anlass im Falle der Aufhebung einer eingetragenen Entscheidung vorliegt.

2   § 28 StVG unterschiedet zwischen Eintragungen, die nach Ablauf bestimmter Fristen zu tilgen sind, § 29 I StVG (Ausnahme: Abs. 2, zB bei FESperre für immer), s. § 29 StVG Rn. 25, solchen, die vorzeitiger Tilgung unterliegen (§ 29 I S. 5 mit § 30c I Nr. 2 StVG), s. § 29 StVG Rn. 24, und solchen, die ohne Rücksicht auf den Lauf von Fristen getilgt werden (§ 29 III StVG), s. § 29 StVG Rn. 26 ff. Nach § 63 erfolgt vorzeitige Tilgung a) der Eintragung einer Entscheidung über EdF durch die FEB bei Erteilung einer neuen FE, wenn die Entziehung ausschließlich auf körperlichen oder geistigen Eignungsmängeln oder auf mangelnder Befähigung beruhte, b) der Eintragung über vorläufige EdF oder über die Beschlagnahme, Sicherstellung oder Verwahrung von FSen nach § 94 StPO (§ 28 III Nr. 9 StVG) bei Aufhebung der betreffenden Entscheidung.

Identitätsnachweis

64 (1) Als Identitätsnachweis bei Auskünften nach § 30 Absatz 8 oder § 58 des Straßenverkehrsgesetzes werden anerkannt

1. die amtliche Beglaubigung der Unterschrift,
2. die Ablichtung des Personalausweises oder des Passes,
3. bei persönlicher Antragstellung der Personalausweis, der Pass oder der behördliche Dienstausweis oder
4. bei elektronischer Antragstellung der elektronische Identitätsnachweis nach § 18 des Personalausweisgesetzes, § 12 des eID-Karte-Gesetzes oder nach § 78 Absatz 5 des Aufenthaltsgesetzes.

(2) Für die Auskunft an einen beauftragten Rechtsanwalt ist die Vorlage einer entsprechenden Vollmachtserklärung oder einer Fotokopie hiervon erforderlich.

Begr (BR-Drs. 443/98 S. 313): *Nach § 30 Abs. 8, § 58 StVG ist dem von Eintragungen im Ver-* 1 *kehrszentralregister bzw. Zentralen Fahrerlaubnisregister Betroffenen auf Antrag – unter Beifügung eines Identitätsnachweises – über den ihn betreffenden Inhalt des Registers Auskunft zu erteilen. Zweck des Identitätsnachweises ist es, ein durch Unbefugte veranlasstes Abfragen der Register zu verhindern. ...*

Begr zur ÄndVO v. 7.8.02: BR-Drs. 497/02 S. 75. 2

Begr zur ÄndVO v. 7.1.09 (VkBl. **09** 123) **zu Abs. 2:** *Mit der Änderung wird ein Beitrag zur Re-* 3 *duzierung des Verwaltungsaufwandes bei Auskunftsersuchen beim Kraftfahrt-Bundesamt erreicht. Zukünftig reicht die Einsendung einer Fotokopie der Vollmacht des Mandanten. Diese Verfahrenserleichterung ist auch deshalb gerechtfertigt, weil nicht davon auszugehen ist, dass Rechtsanwälte als Organe der Rechtspflege Auskünfte aus dem Verkehrszentralregister missbräuchlich verwenden.*

Begr zur ÄndVO v. 5.11.13 **zu Abs. 1 Nr. 4** (BR-Drs. 810/12 S. 60 = VkBl. **13** 1187): *Mit* 4 *der neuen Nummer 4 wird die bisher in der Ersten Verordnung über Ausnahmen von den Vorschriften der Fahrerlaubnis-Verordnung vom 15. April 2011 (BGBl. I, S. 650) geschaffene Regelung der Anerkennung des elektronischen Identitätsnachweises nach § 18 des Personalausweisgesetzes (PAuswG) als Identitätsnachweis in die Fahrerlaubnis-Verordnung übernommen. Durch die Regelung in Nummer 4 wird die Identifizierung eines physisch nicht anwesenden Antragstellers mittels des neuen elektronischen Identitätsnachweises nach § 18 PAuswG oder nach § 78 Absatz 5 Aufenthaltsgesetz unabhängig von den bereits nach § 64 FeV bestehenden Identifizierungsmöglichkeiten ermöglicht. Die neue Nummer 4 regelt nur den Fall der elektronischen Antragstellung und die dann mögliche Identifizierung des Antragstellers mittels des elektronischen Identitätsnachweises. Der Aufenthaltstitel selbst ist – im Gegensatz zum Personalausweis – kein eigenständiges Identitätsdokument.*

Nach §§ 30 VIII, 58 StVG ist den von Eintragungen im Fahreignungsregister, im örtlichen 5 und im Zentralen Fahrerlaubnisregister betroffenen Personen auf Antrag über den sie betreffenden Inhalt des jeweiligen Registers **Auskunft zu erteilen.** Der Antragsteller hat dem Antrag einen **Identitätsnachweis** beizufügen (§§ 30 VIII S. 2, 58 S. 2 StVG). Zweck des Identitätsnachweises ist es, ein durch Unbefugte veranlasstes Abfragen der Register zu verhindern (Begr Rn. 1). § 64 legt auf der Grundlage von § 30c S. 1 Nr. 4, § 63 Nr. 8 StVG fest, was insoweit als Identitätsnachweis anerkannt wird.

Bei elektronischer Antragstellung wird der **elektronische Identitätsnachweis** nach § 18 6 PAusweisG, nach § 12 eID-Karte-Gesetz oder nach § 78 V AufenthaltsG anerkannt (I Nr. 4). Die Auskunft kann elektronisch erteilt werden, wenn der Antrag unter Nutzung des elektronischen Identitätsnachweises gestellt wird (§ 30 VIII S. 3 StVG); ansonsten erfolgt sie schriftlich (§ 30 I S. 1 StVG).

Inhaber eines nach dem 1.11.2010 ausgestellten neuen Personalausweises, bei dem die Onli- 7 ne-Ausweisfunktion aktiviert ist, konnten bereits seit 2011 bei Anträgen auf Auskunft gem. §§ 30 VIII, 58 StVG den Identitätsnachweis elektronisch führen (§ 1 1. FeVAusnVO v. 15.4.11, BGBl. I S. 650). Diese Regelung ist durch ÄndVO v. 5.11.13 (BGBl. I S. 3920) mit Wirkung ab 1.5.14 in § 64 übernommen worden (Begr Rn. 4). Die 1. FeVAusnVO ist am 1.5.14 außer Kraft getreten (Art 11 der ÄndVO v. 5.11.13, BGBl. I S. 3920, 3941).

Die Anerkennung der eID-Karte als Nachweis der Identität bei elektronischer Antragstellung 8 (I Nr. 4) ist durch Art 5 II des Gesetzes zur Einführung der eID-Karte v. 21.6.2019 (BGBl. I S. 846) eingefügt worden.

IV. Anerkennung und Begutachtung für bestimmte Aufgaben

Ärztliche Gutachter

65 [1] Der Facharzt hat seine verkehrsmedizinische Qualifikation (§ 11 Absatz 2 Satz 3 Nummer 1), die sich aus den maßgeblichen landesrechtlichen Vorschriften ergibt, auf Verlangen der Fahrerlaubnisbehörde nachzuweisen. [2] Der Nachweis erfolgt durch die Vorlage eines Zeugnisses der zuständigen Ärztekammer. [3] Abweichend von Satz 1 und 2 reicht auch eine mindestens einjährige Zugehörigkeit zu einer Begutachtungsstelle für Fahreignung (Anlage 14) aus.

1   **Begr** (BR–Drs. 443/98 S. 314): *§ 65 regelt die verkehrsmedizinische Qualifikation des Facharztes als Maßnahme der Qualitätssicherung.*

Der Facharzt ist nach der Regelung in § 11 Abs. 2 von zentraler Bedeutung für medizinische Fragestellungen im verkehrsmedizinischen Begutachtungsbereich. Grundsätzlich ist das Begutachtungswesen Weiterbildungsinhalt bei allen relevanten Facharztgruppen und auch Gegenstand der Facharztprüfung.

Mit der vorliegenden Regelung wird auf eine zusätzliche spezifische verkehrsmedizinische Qualifikation bezug genommen, durch die die verkehrsmedizinische Ausrichtung der Fachärzte verbessert werden soll.

...

2   Bei durch konkrete Tatsachen begründeten Bedenken der FEB gegen die körperliche oder geistige Eignung eines FEBewerbers kann die FEB gem. § 11 II die Beibringung eines ärztlichen Gutachtens anordnen und dabei bestimmen, dass das Gutachten von einem Facharzt mit verkehrsmedizinischer Qualifikation zu erstellen ist (s. § 11 Rn. 27). Um die verkehrsmedizinische Qualifikation zu erwerben, können die Fachärzte entsprechende Fortbildungsveranstaltungen bei den Landesärztekammern besuchen, die ihnen darüber eine Bescheinigung ausstellen. Auf Verlangen hat der Facharzt diese als Nachweis seiner verkehrsmedizinischen Qualifikation der FEB vorzulegen.

Träger von Begutachtungsstellen für Fahreignung

66 (1) Träger von Begutachtungsstellen für Fahreignung und ihre Begutachtungsstellen bedürfen der amtlichen Anerkennung durch die nach Landesrecht zuständige Behörde.

(2) Die Anerkennung wird auf schriftlichen Antrag des Trägers für den Träger und seine Begutachtungsstellen erteilt, wenn die Voraussetzungen der Anlage 14 sowie der Richtlinie über die Anforderungen an Träger von Begutachtungsstellen für Fahreignung (§ 66 FeV) und deren Begutachtung durch die Bundesanstalt für Straßenwesen vom 27. Januar 2014 (VkBl. S. 110) vorliegen.

(3) Die Anerkennung kann mit Nebenbestimmungen, insbesondere mit Auflagen verbunden werden, um die ordnungsgemäße Tätigkeit des Trägers und seiner Begutachtungsstellen sicherzustellen.

(4) [1] Die Anerkennung ist auf längstens zehn Jahre zu befristen. [2] Sie wird auf Antrag für jeweils höchstens zehn Jahre verlängert. [3] Für eine Verlängerung sind die Voraussetzungen nach Absatz 2 vorbehaltlich der Bestimmungen der Anlage 14 Nummer 8 erneut nachzuweisen.

(5) Die Anerkennung ist zurückzunehmen, wenn bei ihrer Erteilung eine der Voraussetzungen nach Absatz 2 nicht vorgelegen hat und keine Ausnahme erteilt worden ist; davon kann abgesehen werden, wenn der Mangel nicht mehr besteht.

(6) Die Anerkennung ist zu widerrufen, wenn nachträglich eine der Voraussetzungen nach Absatz 2 weggefallen ist, die medizinisch-psychologische Begutachtung wiederholt nicht ordnungsgemäß durchgeführt wird oder wenn sonst ein grober Verstoß gegen die Pflichten aus der Anerkennung oder gegen Auflagen vorliegt.

(7) [1] Bei Zweifeln, ob die Voraussetzungen nach Absatz 2 vorliegen oder bei Verstößen gegen Auflagen nach Absatz 3, kann die nach Landesrecht zuständige Behörde eine Begutachtung aus besonderem Anlass anordnen. [2] Der Träger ist verpflichtet, die hierdurch entstehenden Kosten zu tragen, wenn die nach Absatz 2 erforderlichen Voraussetzungen nicht oder nicht vollständig vorliegen. [3] Gleiches gilt, wenn sich ein Verdacht nicht bestätigt, der Träger aber durch unsachgemäßes Verhalten eine Maßnahme der Behörde veranlasst hat.

(8) Widerspruch und Anfechtungsklage gegen eine Anordnung nach Absatz 5 oder 6 haben keine aufschiebende Wirkung.

Begr zur ÄndVO v 16.4.14 (BR-Drs. 78/14 S. 60 = VkBl. **14** 429): *Nunmehr bedürfen die Träger* **1** *von Begutachtungsstellen für Fahreignung und ihre Begutachtungsstellen der amtlichen Anerkennung durch die nach Landesrecht zuständige Behörde. Die Anerkennung wird für den Träger und seine Begutachtungsstellen erteilt. Kommen nach der Anerkennung neue Stellen hinzu, bedürfen diese ebenfalls einer Anerkennung.*

Wesentliche Grundsätze für das Verfahren, die Dauer der Anerkennung, deren Rücknahme und Widerruf, **2** *die sich vorher aus allgemeinen Verwaltungsverfahrensgrundsätzen ergeben haben, sind jetzt wegen ihrer besonderen Bedeutung in die Fahrerlaubnis-Verordnung aufgenommen worden.*

Bei der Verlängerung einer Anerkennung ist für den Nachweis der Voraussetzungen kein neues Gutachten **3** *vorzulegen. Es reicht das letzte vorliegende Gutachten der BASt aus.*

Zu Anl 14 (BR-Drs. 78/14 S. 72 = VkBl. **14** 440): *Es wird nicht mehr die Anerkennung als Be-* **4–10** *gutachtungsstelle für Fahreignung erteilt, sondern als Träger von Begutachtungsstellen für Fahreignung …. Die besonderen fachlichen Anforderungen, deren Erfüllung von der BASt überprüft wird, sind jetzt als Richtlinie ausgestaltet worden. Die Erfüllung der fachlichen Anforderungen ist durch ein Gutachten der BASt nachzuweisen. Sofern der Träger bereits anerkannt ist, ist in der Regel kein neues Gutachten vorzulegen. Es reicht das letzte vorliegende Gutachten der BASt aus. Dieses Gutachten ist nicht älter als zwei Jahre. Neu aufgenommen wurde das Erfordernis der Bestätigung der Eignung der eingesetzten psychologischen Testverfahren von einer geeigneten unabhängigen Stelle.*

1. Begutachtungsstellen für Fahreignung begutachten Personen zur Klärung ihrer Eig- **11** nung zum Führen von Kfz und anderen Fz zur Vorbereitung von verwaltungsbehördlichen Entscheidungen und erstellen dafür medizinisch-psychologische Gutachten (Legaldefinition in § 11 III). Die FEB kann die Beibringung eines medizinisch-psychologischen Gutachtens einer amtlich anerkannten Begutachtungsstelle für Fahreignung zur Klärung von Zweifeln hinsichtlich der Eignung zum Führen von Kfz anordnen (§ 11 III), zur Klärung von Alkoholproblemen (§ 13 S. 1 Nr. 2), zur Feststellung etwaiger Betäubungsmitteleinnahme oder -abhängigkeit (§ 14 I S. 3, II) und zur Klärung von Zweifeln an der Eignung zum Führen fahrerlaubnisfreier Fz (§ 3 II iVm §§ 11–14).

Begutachtungsstellen für Fahreignung **müssen amtlich anerkannt sein** (§ 2 XIII S. 1 **12** StVG), wenn die von ihnen erstellten Gutachten als medizinisch-psychologische Gutachten iSd §§ 11–14 gelten sollen. § 66 I präzisiert dies in der Weise, dass sowohl die Träger von Begutachtungsstellen für Fahreignung als auch die von diesen betriebenen Begutachtungsstellen amtlich anerkannt sein müssen. Auf der Grundlage von § 2 XIII S. 3, § 6 I Nr. 1 Buchst. k StVG regelt § 66 iVm Anl 14 die Voraussetzungen und das Verfahren der Anerkennung.

2. Amtliche Anerkennung. Anerkannt werden **Träger von Begutachtungsstellen** für **13** Fahreignung und ihre in dem jeweiligen Anerkennungsgebiet betriebenen **Begutachtungsstellen** (II). Kommen nach der Anerkennung weitere Begutachtungsstellen des Trägers im Anerkennungsgebiet hinzu, müssen sie zusätzlich anerkannt werden (Begr Rn. 1). **Zuständig** für die Anerkennung ist die nach Landesrecht zuständige Behörde (I). Dieser steht kein Ermessen zu; bei Vorliegen der Voraussetzungen ist die Anerkennung auszusprechen („wird erteilt"). Die Anerkennung erfolgt nur auf schriftlichen Antrag des Trägers (II). Die **Voraussetzungen für die Anerkennung** sind in **Anl 14** und in der vom BMV erlassenen **Richtlinie über die Anforderungen an Träger von Begutachtungsstellen für Fahreignung und deren Begutachtung durch die BASt** v. 27.1.14 (VkBl. **14** 110, **20** 217) festgelegt (II). Das Vorliegen der Voraussetzungen muss durch ein Gutachten der BASt nachgewiesen werden (§ 72 I Nr. 1, Anl 14 II Nr. 8). Soweit Anl 14 als Voraussetzung nennt, dass zB die erforderliche Ausstattung mit Personal, Geräten und Räumlichkeiten *sichergestellt ist,* setzt dies im Hinblick auf den damit verbundenen finanziellen Aufwand nicht voraus, dass diese Ausstattung schon im Zeitpunkt der Antragstellung vorhanden ist (OVG Mgd NZV **99** 267 (269), VGH Ma VRS **97** 276 (282)). Die bei Inkrafttreten der Neufassung von § 66 durch ÄndVO v. 16.4.14 (BGBl. I S. 348) am 1.5.14 bestehenden Anerkennungen von Begutachtungsstellen für Fahreignung mussten – mit Ausnahme der Bestätigung der Eignung der eingesetzten psychologischen Testverfahren durch eine unabhängige Stelle – bis 31.12.18 den geänderten Vorschriften angepasst werden (§ 76 Nr. 17 S. 1). Die Bestätigung durch eine unabhängige Stelle nach Anl 14 II Nr. 7 ist spätestens bis 25.6.2021 nachzuweisen (§ 76 Nr. 17 S. 3).

Die Anerkennung wird auf längstens 10 Jahre **befristet** erteilt (IV S. 1) und auf Antrag für je- **14** weils maximal 10 Jahre verlängert (IV S. 2). Rücknahme und Widerruf der Anerkennung sind in V und VI geregelt. Widerspruch und Anfechtungsklage gegen Rücknahme und Widerruf haben keine aufschiebende Wirkung (VIII). Bei Zweifeln, ob die Voraussetzungen für die Anerkennung gem. II noch vorliegen, oder bei Verstößen gegen Auflagen nach III kann die nach Landesrecht für die Anerkennung zuständige Behörde eine *Begutachtung aus besonderem Anlass* (Sonderbegutachtung) durch die BASt anordnen (VII S. 1, § 72 I S. 2).

15   **3. Neutralität.** Träger von Begutachtungsstellen für Fahreignung dürfen nicht zugleich Träger von Maßnahmen der Fahrausbildung oder von Kursen zur Wiederherstellung der Kraftfahreignung sein und keine Maßnahmen der Verhaltens- und Einstellungsänderung zur Vorbereitung auf eine Begutachtung der Fahreignung durchführen (Anl 14 II Nr. 6). Durch die ursprünglich mit ÄndVO v. 18.7.08 (BGBl. I S. 1338) eingeführte Regelung (Neufassung der damaligen Anl 14 Nr. 5 und Anl 15 Nr. 4) sollte eine deutlichere organisatorische **Trennung** zwischen Begutachtung in den Begutachtungsstellen für Fahreignung nach § 66 und sonstigen Tätigkeiten auf dem Gebiet der Vorbereitung auf eine Begutachtung und die Wiederherstellung der Fahreignung erreicht werden (Begr BR-Drs. 302/08 S. 72 = VkBl. **08** 573). Das in Anl 4a Nr. 5 normierte personenbezogene Trennungsgebot ist durch entsprechende, zB organisatorische Maßnahmen im Unternehmen sicherzustellen (Begr BR-Drs. 302/08 S. 72 = VkBl. **08** 573 zur Vorgängervorschrift Anl 15 Nr. 4 aF).

Sehteststelle

67 (1) **Sehteststellen bedürfen – unbeschadet der Absätze 4 und 5 – der amtlichen Anerkennung durch die zuständige oberste Landesbehörde oder durch die von ihr bestimmte oder nach Landesrecht zuständige Stelle.**

(2) **Die Anerkennung kann erteilt werden, wenn**

1. **der Antragsteller, bei juristischen Personen die nach Gesetz oder Satzung zur Vertretung berufenen Personen, zuverlässig sind und**

2. **der Antragsteller nachweist, dass er über die erforderlichen Fachkräfte und über die notwendigen der DIN 58220 Teil 6, Ausgabe September 2013, entsprechenden Sehtestgeräte verfügt und dass eine regelmäßige ärztliche Aufsicht über die Durchführung des Sehtests gewährleistet ist.**

(3) [1]Die Anerkennung kann mit Nebenbestimmungen, insbesondere mit Auflagen verbunden werden, um sicherzustellen, dass die Sehtests ordnungsgemäß durchgeführt werden. [2]Sie ist zurückzunehmen, wenn bei ihrer Erteilung eine der Voraussetzungen nach Absatz 2 nicht vorgelegen hat; davon kann abgesehen werden, wenn der Mangel nicht mehr besteht. [3]Die Anerkennung ist zu widerrufen, wenn nachträglich eine der Voraussetzungen nach Absatz 2 weggefallen ist, wenn der Sehtest wiederholt nicht ordnungsgemäß durchgeführt oder wenn sonst gegen die Pflichten aus der Anerkennung oder gegen Auflagen grob verstoßen worden ist. [4]Die oberste Landesbehörde oder die von ihr bestimmte oder nach Landesrecht zuständige Stelle übt die Aufsicht über die Inhaber der Anerkennung aus. [5]Die die Aufsicht führende Stelle kann selbst prüfen oder durch einen von ihr bestimmten Sachverständigen prüfen lassen, ob die Voraussetzungen für die Anerkennung noch gegeben sind, ob die Sehtests ordnungsgemäß durchgeführt und ob die sich sonst aus der Anerkennung oder den Auflagen ergebenden Pflichten erfüllt werden. [6]Die Sehteststelle hat der die Aufsicht führenden Stelle auf Verlangen Angaben über Zahl und Ergebnis der durchgeführten Sehtests zu übermitteln.

(4) [1]Betriebe von Augenoptikern gelten als amtlich anerkannt; sie müssen gewährleisten, dass die Voraussetzungen des Absatzes 2, ausgenommen die ärztliche Aufsicht, gegeben sind. [2]Die Anerkennung kann durch die oberste Landesbehörde oder die von ihr bestimmte oder nach Landesrecht zuständige Stelle nachträglich mit Auflagen verbunden werden, um sicherzustellen, dass die Sehtests ordnungsgemäß durchgeführt werden. [3]Die Anerkennung ist im Einzelfall nach Maßgabe des Absatzes 3 Satz 3 zu widerrufen. [4]Hinsichtlich der Aufsicht ist Absatz 3 Satz 4 und 5 entsprechend anzuwenden. [5]Die oberste Landesbehörde kann die Befugnisse auf die örtlich zuständige Augenoptikerinnung oder deren Landesverbände nach Landesrecht übertragen.

(5) [1]Außerdem gelten

1. **Begutachtungsstellen für Fahreignung (§ 66),**

2. **der Arzt des Gesundheitsamtes oder ein anderer Arzt der öffentlichen Verwaltung und**

3. **die Ärzte mit der Gebietsbezeichnung „Arbeitsmedizin" und die Ärzte mit der Zusatzbezeichnung „Betriebsmedizin"**

als amtlich anerkannte Sehteststelle. [2]Absatz 4 ist anzuwenden.

Begr: BR-Drs. 443/98 S. 315.   1
– Begr des Bundesrates, BR-Drs. 443/98 (Beschluss) S. 21 –: *Das geltende Recht ist beizubehalten, wonach über die Anerkennung von Sehteststellen nach pflichtgemäßem Ermessen entschieden wird. Eine Ermessensentscheidung ist insbesondere auch im Hinblick auf die Festsetzung von Nebenbestimmungen im Sinne des § 36 VwVfG unverzichtbar, um eine Anerkennung z. B. mit einer Befristung versehen zu können, die sonst nicht zulässig wäre, da diese Nebenbestimmung in § 67 der Fahrerlaubnis-Verordnung nicht ausdrücklich zugelassen ist.*

Einem Sehtest haben sich gem. § 12 II die Bewerber um eine FE der Klassen AM, A1, A2, A,   2
B, BE, L oder T zu unterziehen, während nach § 12 VI für Bewerber um die „Lkw- und Omnibusklassen" (C und D mit Ihren Unterklassen) eine augenärztliche Untersuchung vorgeschrieben ist. Die Absätze I bis IV entsprechen inhaltlich der früheren Vorschrift des § 9b StVZO (alt). Abs. II Nr. 2 präzisiert die Anforderungen an die Sehtestgeräte durch den Hinweis auf die DIN-Norm.

Über die Anerkennung entscheidet die Behörde **nach pflichtgemäßem Ermessen,** ein   3
Rechtsanspruch besteht nicht (s. Begr des BR Rn. 1). **Augenoptikerbetriebe** gelten mit der Maßgabe des Abs. IV S. 1 grundsätzlich allgemein als amtlich anerkannte Sehteststellen; einer Einzelanerkennung bedarf es nicht. Jedoch können die Landesbehörden zur Sicherstellung ordnungsgemäßer Durchführung der Sehtests Auflagen erteilen und uU im Einzelfall die Anerkennung zurücknehmen oder widerrufen (Abs. IV S. 3 mit Abs. III S. 2).

Einer besonderen Anerkennung bedarf es auch nicht bei den in **Abs. V genannten Stellen;**   4
auch sie gelten allgemein als amtlich anerkannt. Jedoch kann die oberste Landesbehörde oder die nach Landesrecht zuständige Stelle ebenfalls Auflagen erteilen und die Anerkennung nach Maßgabe von Abs. III S. 2 zurücknehmen oder nach Maßgabe von Abs. III S. 3 widerrufen (Abs. V S. 2 mit Abs. IV).

Stellen für die Schulung in Erster Hilfe

68 (1) ¹Stellen, die Schulungen in Erster Hilfe für den Erwerb einer Fahrerlaubnis durchführen, bedürfen der amtlichen Anerkennung durch die für das Fahrerlaubniswesen oder das Gesundheitswesen zuständige oberste Landesbehörde oder durch die von ihr bestimmte oder nach Landesrecht zuständige Stelle. ²Einer Anerkennung nach Satz 1 bedarf es nicht für Stellen, die ein Unfallversicherungsträger nach einer von nach § 15 Absatz 1, auch in Verbindung mit Absatz 1a, des Siebten Buches Sozialgesetzbuch erlassenen Unfallverhütungsvorschrift über Grundsätze der Prävention für die Ausbildung zur Ersten Hilfe ermächtigt hat und vom Unfallversicherungsträger öffentlich bekannt gemacht sind. ³Schulungen einer der in Satz 2 genannten Ausbildungsstellen können für die Zwecke dieser Verordnung durch die oberste Landesbehörde oder die von ihr bestimmte oder nach Landesrecht zuständige Stelle für ihren jeweiligen Zuständigkeitsbereich untersagt werden, wenn die Ausbildungsstelle wiederholt die Pflichten aus der durch den Träger der Unfallversicherung erteilten Ermächtigung verletzt hat. ⁴Die zuständige Behörde gibt die in Satz 1 genannten Stellen öffentlich bekannt.

(2) ¹Die Anerkennung ist zu erteilen, wenn
1. keine Tatsachen vorliegen, die den Antragsteller, bei juristischen Personen die nach dem Gesetz oder der Satzung zur Vertretung berechtigten Personen, und das Ausbildungspersonal für die Schulung in Erster Hilfe als unzuverlässig erscheinen lassen und
2. die Befähigung für das Ausbildungspersonal nachgewiesen ist sowie geeignete Ausbildungsräume und die notwendigen Lehrmittel für den theoretischen Unterricht und die praktischen Übungen zur Verfügung stehen.

²Die nach Absatz 1 zuständige oberste Landesbehörde oder die von ihr bestimmte oder nach Landesrecht zuständige Stelle kann zur Vorbereitung ihrer Entscheidung die Beibringung eines Gutachtens einer fachlich geeigneten Stelle oder Person darüber anordnen, ob die Voraussetzungen für die Anerkennung gegeben sind. ³Die Anerkennung kann befristet und mit Auflagen, insbesondere hinsichtlich der Fortbildung der mit der Schulung befassten Personen, verbunden werden, um die ordnungsgemäßen Schulungen sicherzustellen. ⁴Die Anerkennung ist zurückzunehmen, wenn bei ihrer Erteilung eine der Voraussetzungen nach Satz 1 nicht vorgelegen hat; davon kann abgesehen werden, wenn der Mangel nicht mehr besteht. ⁵Die Anerkennung ist zu widerrufen, wenn nachträglich eine der Voraussetzungen nach Satz 1 weggefallen ist, wenn die Schulungen wiederholt nicht ordnungsgemäß durchgeführt worden sind oder wenn sonst gegen die Pflichten aus der Anerkennung oder gegen Auflagen gröblich verstoßen worden ist. ⁶Die für das Fahrerlaubniswesen oder das Gesundheitswesen zuständige oberste Landesbehörde oder die von

ihr bestimmte oder nach Landesrecht zuständige Stelle übt die Aufsicht über die Inhaber der Anerkennung aus. [7]Die die Aufsicht führende Stelle kann selbst prüfen oder durch von ihr bestimmte Sachverständige prüfen lassen, ob die Voraussetzungen für die Anerkennung noch gegeben sind, ob die Schulungen ordnungsgemäß durchgeführt und ob die sich sonst aus der Anerkennung oder den Auflagen ergebenden Pflichten erfüllt werden. [8]Satz 7 gilt auch für die Stellen nach Absatz 1 Satz 2.

(3) Die Unfallversicherungsträger und die nach Absatz 2 Satz 7 Aufsicht führenden Stellen unterrichten sich gegenseitig über Untersagungen nach Absatz 1 Satz 3 sowie Rücknahmen und Widerrufe nach Absatz 2 Satz 4 und 5.

1   **Begr** (BR–Drs. 443/98 S. 315 = VkBl. **98** 1096): *Absatz 1 enthält den Grundsatz der amtlichen Anerkennung. Die Anerkennung kann künftig nicht nur von den für das Fahrerlaubniswesen zuständigen Behörden, sondern auch von den Behörden des Gesundheitswesens ausgesprochen werden. Sie verfügen in gleichem oder höherem Maße über den notwendigen Sachverstand. Es bleibt den Ländern überlassen, welchem Behördenzweig sie die Aufgabe der Anerkennung übertragen. Absatz 2 regelt die näheren Modalitäten der Anerkennung und deren Rücknahme und Widerruf. Zur Vorbereitung ihrer Entscheidung konnte die zuständige Behörde bisher nur ein Gutachten des zuständigen Gesundheitsamtes einholen. Nunmehr werden auch die Gutachten anderer Stellen zugelassen.*

2   **Begr** zur ÄndVO v. 18.7.08 **zu Abs. 2 S. 1** (BR–Drs. 302/08 S. 69 = VkBl. **08** 571): *Nach dem derzeitigen Wortlaut der FeV können Anträge von Personen, die zwar befähigt aber nicht zuverlässig sind (z. B.: Vorstrafen wegen Urkundenfälschung oder Unzuchtsdelikten) nicht abgelehnt werden. Dies ist in diesem sicherheitsrelevanten Bereich, bei dem vorwiegend junge Leute ausgebildet werden, nicht hinnehmbar. Der Gesetzgeber geht in Anlehnung an § 2 Abs. 1 Nr. 2 Fahrlehrergesetz (FahrlG) (aF) jedoch zunächst von der Zuverlässigkeit aus, ohne dass dafür positive Nachweise erbracht werden müssen. Vielmehr muss die für das Fahrerlaubniswesen oder das Gesundheitswesen zuständige oberste Landesbehörde oder die von ihr bestimmte oder nach Landesrecht zuständige Stelle die Tatsachen nachweisen, die die Annahme der Unzuverlässigkeit rechtfertigen.*

3   **Begr** zur ÄndVO v. 16.4.14 **zu Abs. 1 S. 2–4** (BR–Drs. 78/14 S. 61 = VkBl. **14** 430): *Zum 31.12.2014 endet die Ausnahmeregelung des § 76 Nummer 16 FeV, nach der der Arbeiter-Samariter-Bund, das Deutsche Rote Kreuz, die Johanniter-Unfallhilfe und der Malteser-Hilfsdienst als amtlich anerkannt gelten. Da diese Organisationen in der Regel ermächtigt sind, im Bereich der betrieblichen Prävention Ersthelfer auszubilden und die Voraussetzungen für diese Ermächtigungen mit denen der Anerkennung nach § 68 FeV vergleichbar sind, soll die durch die Unfallversicherungsträger erteilte Ermächtigung auch dazu berechtigen, im Fahrerlaubnisbereich Unterweisungen in lebensrettenden Sofortmaßnahmen und Ausbildungen in Erster Hilfe (heute: Schulungen in Erster Hilfe) zu erteilen. Auf diese Weise wird eine Doppelbelastung für diese Organisationen und Aufwand für die Anerkennungsbehörden vermieden.*

4–10   **Begr** zur ÄndVO v. 2.10.15 (BR–Drs. 338/15 S. 20 = VkBl. **15** 673): … *Die Erste-Hilfe-Schulung wird sich zukünftig auf die Vermittlung der lebensrettenden Maßnahmen und einfache Erste-Hilfe-Maßnahmen sowie grundsätzlichen Handlungsstrategien fokussieren …. In der Folge kann für den Bereich des Straßenverkehrs auf die Dualität von „Unterweisung in lebensrettenden Sofortmaßnahmen" einerseits und „Erste-Hilfe-Ausbildung" andererseits verzichtet werden, zumal die zukünftige Schulung in Erster Hilfe auch in ausreichendem Maße straßenverkehrsrechtliche Belange und Themen berücksichtigen wird.*

11   **1. Voraussetzung für die Erteilung** einer FE ist ua, dass der Bewerber **Erste Hilfe** leisten kann (§ 2 II S. 1 Nr. 6 StVG). § 19 regelt die Einzelheiten der Schulung und des Nachweises, § 68 die Befugnis zur Durchführung der Schulung. Die frühere Differenzierung zwischen Unterweisung in lebensrettenden Sofortmaßnahmen (A- und B-Klassen und Klassen L, T) und Ausbildung in Erster Hilfe (C- und D-Klassen) wurde mit StVGÄndG v. 2.3.15 (BGBl. I S. 186) und FeVÄndVO v. 2.10.15 (BGBl I S. 1674, Begr Rn. 4–10) zugunsten der heute für alle FEKlassen erforderlichen einheitlichen Schulung in Erster Hilfe aufgegeben

12   **2. Stellen, die in Erster Hilfe ausbilden,** müssen dafür gesetzlich oder amtlich **anerkannt** oder beauftragt sein (§ 2 XIII S. 1 StVG). Die amtliche Anerkennung erfolgt durch die für das Fahrerlaubniswesen oder das Gesundheitswesen zuständige oberste Landesbehörde (Ministerium) oder durch die von ihr bestimmte oder nach Landesrecht zuständige Stelle (I S. 1). Die Länder können frei entscheiden, welchem der beiden Fachressorts sie diese Aufgabe übertragen wollen (Begr Rn. 1). Die Einzelheiten des Anerkennungsverfahrens sind in II S. 1–3 geregelt, ergänzt durch die – rechtlich unverbindliche – **Richtlinie für die Anerkennung** der Eignung einer Stelle für die Schulung in Erster Hilfe v. 4.11.2019 (VkBl. **19** 812, **20** 92). Die amtliche Anerkennung ist bei Unzuverlässigkeit der Antragsteller zu versagen (II S. 1 Nr. 1). Der Antragsteller muss seine Zuverlässigkeit aber nicht positiv nachweisen (Begr Rn. 2); Tatsachen, die ihn als unzuverlässig erscheinen lassen, sind vielmehr von der Behörde nachzuweisen. Bei der Anerkennung handelt es sich nicht um eine Ermessensentscheidung; bei Vorliegen der Voraussetzungen des II S. 1 besteht ein Rechtsanspruch („ist zu erteilen").

3. Der Arbeiter-Samariter-Bund, das Deutsche Rote Kreuz, die Johanniter-Unfallhilfe und **13** der Malteser-Hilfsdienst galten bis zum 31.12.14 als amtlich anerkannt (§ 76 Nr. 16 bis 31.12.14). Durch ÄndVO v. 16.4.14 (BGBl. I S. 348) wurde als Ersatz dafür mit Wirkung ab 1.1.15 der damalige I S. 2 eingefügt, wonach die **Stellen** als amtlich anerkannt galten, **die ein Unfallversicherungsträger für die Ausbildung in Erster Hilfe ermächtigt hat.** Dem VOGeber schien dies vertretbar, weil die Voraussetzungen vergleichbar seien (Begr Rn. 3). Die Formulierung des I S. 2 wurde durch ÄndVO v. 2.10.15 (BGBl I S. 1674) in der Weise geändert, dass diese Stellen **keiner Anerkennung bedürfen.**

4. Die zuständigen Behörden sind verpflichtet, die nach I S. 1 amtlich anerkannten **Stellen 14 öffentlich bekanntzugeben** (I IV). Die Stellen, die nach I S. 2 einer Anerkennung nicht bedürfen, sind von dem Unfallversicherungsträger öffentlich bekanntzumachen, der sie zur Ausbildung in Erster Hilfe ermächtigt hat (I S. 2, Begr BR-Drs. 338/15 (Beschluss) S. 6 = VkBl. **15** 673). Es ist nicht geregelt, in welcher Weise diese öffentliche Bekanntgabe erfolgen soll. Bei Stellen, die nach I S. 2 keiner Anerkennung bedürfen, ist dieser Status nach dem Wortlaut des I S. 2 davon abhängig, dass der Unfallversicherungsträger sie öffentlich bekanntgemacht hat.

Stellen zur Durchführung der Fahrerlaubnisprüfung

69 (1) **Die Durchführung der Fahrerlaubnisprüfung obliegt den amtlich anerkannten Sachverständigen oder Prüfern für den Kraftfahrzeugverkehr bei den Technischen Prüfstellen für den Kraftfahrzeugverkehr nach dem Kraftfahrsachverständigengesetz im Sinne der §§ 10 und 14 des Kraftfahrsachverständigengesetzes sowie den amtlich anerkannten Prüfern und Sachverständigen im Sinne des § 16 des Kraftfahrsachverständigengesetzes.**

(2) **Die Fahrerlaubnisprüfung ist nach Anlage 7 durchzuführen.**

(3) **Die für die Durchführung der Fahrerlaubnisprüfung erhobenen personenbezogenen Daten sind nach Ablauf des fünften Kalenderjahres nach Erledigung des Prüfauftrags zu löschen.**

Begr (BR-Drs. 443/98 S. 316): *Die Absätze 2 und 3 stellen klar, dass ausschließlich die amtlich an-* **1** *erkannten Sachverständigen und Prüfer bei den Technischen Prüfstellen für den Kraftfahrzeugverkehr und die amtlich anerkannten Sachverständigen und Prüfer bei den Behörden für die Durchführung der Fahrerlaubnisprüfung zuständig sind, und verpflichtet sie, die Prüfung den gesetzlichen Vorschriften entsprechend abzuwickeln.*

Anforderungen an den Besitz einer FE, Prüfungserfahrung/Fahrpraxis bei aaSoP, die FEPrü- **2** fungen abnehmen: §§ 2 I S. 1 Nr. 3, S. 2, § 6 III KfSachvG. Ein aaSoP, der FEPrüfungen abnimmt, darf nicht gleichzeitig im Rahmen eines Beschäftigungsverhältnisses als Fahrlehrer tätig oder Inhaber einer Fahrschulerlaubnis sein (§ 6 III S. 3 KfSachvG, Trennung von Ausbildung und Prüfung). Fahrerlaubnisprüfung: § 15; theoretische Prüfung: § 16; praktische Prüfung: § 17. Gemeinsame Vorschriften für die theoretische und praktische Prüfung: § 18. Prüfungsstoff: Anlage 7. Verfahren nach der Prüfung: § 22 III, IV.

Die Technischen Prüfstellen müssen sich hinsichtlich der Erfüllung der für sie geltenden fachlichen Anforderungen von der BASt begutachten lassen (§ 72 I S. 1 Nr. 2). Grundlage für die Begutachtung ist die vom BMV erlassene und im Verkehrsblatt veröffentlichte (VkBl. **14** 110, 120, **20** 326) Richtlinie über die Anforderungen an Technische Prüfstellen und deren Begutachtung durch die BASt v. 27.1.14 (§ 72 II Nr. 2).

Träger von Kursen zur Wiederherstellung der Kraftfahreignung

70 (1) ¹**Träger, die Kurse zur Wiederherstellung der Kraftfahreignung von alkohol- oder drogenauffälligen Kraftfahrern durchführen, werden von der nach Landesrecht zuständigen Behörde für den Zweck des § 11 Absatz 10 anerkannt.** ²**In die Kurse dürfen nur Personen aufgenommen werden, die den Anforderungen des § 11 Absatz 10 entsprechen und nicht Inhaber einer Fahrerlaubnis sind.**

(2) Die Anerkennung wird auf schriftlichen Antrag des Trägers für seine Stellen, seine Kurse zur Wiederherstellung der Kraftfahreignung von alkohol- oder drogenauffälligen Kraftfahrern und seine Kursleiter erteilt, wenn die Voraussetzungen der Anlage 15 und der Richtlinie über die Anforderungen an Träger von Kursen zur Wiederherstellung der Kraftfahreignung (§ 70 FeV) und deren Begutachtung durch die Bundesanstalt für Straßenwesen vom 27. Januar 2014 (VkBl. S. 110) vorliegen.

(3) Die Anerkennung kann mit Nebenbestimmungen, insbesondere mit Auflagen verbunden werden, um den vorgeschriebenen Bestand und die ordnungsgemäße Tätigkeit des Trägers und seiner Stellen zu gewährleisten.

(4) ¹Die Anerkennung ist auf längstens zehn Jahre zu befristen. ²Sie wird auf Antrag für jeweils höchstens zehn Jahre verlängert. ³Für die Verlängerung sind die Voraussetzungen nach Absatz 2 vorbehaltlich der Bestimmungen der Anlage 15 Nummer 7 erneut nachzuweisen.

(5) Die Anerkennung ist zurückzunehmen, wenn bei ihrer Erteilung eine der Voraussetzungen nach Absatz 2 nicht vorgelegen hat und keine Ausnahme erteilt worden ist; davon kann abgesehen werden, wenn der Mangel nicht mehr besteht.

(6) Die Anerkennung ist zu widerrufen, wenn nachträglich eine der Voraussetzungen nach Absatz 2 weggefallen ist, wenn die Wirksamkeit der Kurse nach dem Ergebnis eines nach dem Stand der Wissenschaft durchgeführten Bewertungsverfahrens (Evaluation) nicht nachgewiesen ist, die Kurse nicht ordnungsgemäß durchgeführt werden oder wenn sonst ein grober Verstoß gegen die Pflichten aus der Anerkennung oder gegen Auflagen vorliegt.

(7) § 66 Absatz 7 und 8 gilt entsprechend.

1   **Begr** zur ÄndVO v. 16.4.14 (BR-Drs. 78/14 S. 61 = VkBl. **14** 430): *Die Anerkennung durch die nach Landesrecht zuständigen Behörden erfolgt nunmehr für die Träger von Kursen zur Wiederherstellung der Kraftfahreignung und für seine Stellen, seine Kurse und seine Kursleiter, wenn insbesondere die Voraussetzungen nach der neu geschaffenen Anlage 15 vorliegen. Wesentliche Grundsätze für das Verfahren, die Dauer der Anerkennung, deren Rücknahme und Widerruf, die sich vorher aus allgemeinen Verwaltungsverfahrensgrundsätzen ergeben haben, sind jetzt wegen ihrer besonderen Bedeutung in die Fahrerlaubnis-Verordnung aufgenommen worden. Bei der Verlängerung einer Anerkennung ist für den Nachweis der Voraussetzung kein neues Gutachten vorzulegen. Es reicht das letzte vorliegende Gutachten der BASt aus.*

2–8   **Zu Anl 15** (BR-Drs. 78/14 S. 72 = VkBl. **14** 440): *Die Voraussetzungen für die amtliche Anerkennung als Träger von Kursen zur Wiederherstellung der Kraftfahreignung werden aufgenommen und die Antragsunterlagen aufgeführt. Die Erfüllung der fachlichen Anforderungen ist durch ein Gutachten der BASt nachzuweisen.*

9   **1. Allgemeines.** Nach § 11 X genügt idR als Nachweis für die Behebung festgestellter Eignungsmängel von alkohol- oder drogenauffälligen Kraftfahrern die Teilnahme an einem **Kurs zur Wiederherstellung der Kraftfahreignung** statt erneuter medizinisch-psychologischer Begutachtung, wenn der Gutachter im Rahmen der Eignungsbegutachtung festgestellt hat, dass der Betroffene zwar noch nicht geeignet ist, die Eignungsmängel aber durch die Teilnahme an einem bestimmten Kurs beseitigt werden können, wenn der Kurs gem. § 70 anerkannt ist, der Betr nicht Inhaber einer FE ist, und wenn die FEB der Kursteilnahme vor Kursbeginn zugestimmt hat (§ 11 Rn. 58 ff.). Diese Möglichkeit besteht seit der Änderung von §§ 11 X, 70 I durch ÄndVO v. 17.12.10 (BGBl. I S. 2279) nicht mehr für Kraftfahrer, deren Eignung wegen Verstößen gegen Verkehrsvorschriften oder Strafgesetze überprüft wird. In der Zeit 1.5.14–27.12.16 war unklar, ob sie seit Neufassung des § 70 durch ÄndVO v. 16.4.14 (BGBl. I S. 348) mit Wirkung ab 1.5.14 generell auch nicht mehr für FEInhaber bestand, sondern nur noch für Personen, die keine FE haben (I S. 2), oder ob sich diese Regelung nur auf seit dem 1.5.14 neu anerkannte oder anzuerkennende Kurse zur Wiederherstellung der Kraftfahreignung bezog (§ 11 Rn. 60). Erst seit Einfügung der Nr. 3 in § 11 X durch ÄndVO v. 21.12.16 (BGBl. I S. 3083) mWv 28.12.16 ist klar geregelt, dass die Wiederherstellung der Eignung durch Teilnahme an einem gem. § 70 anerkannten Kurs von vornherein nur möglich ist, wenn der Betr keine FE besitzt.

10   Träger, die Kurse zur Wiederherstellung der Kraftfahreignung von alkohol- oder drogenauffälligen Kraftfahrern durchführen, bedürfen der **amtlichen Anerkennung,** damit die Kurse iSv § 11 X wirksam sind. Nach § 11 X S. 1 Nr. 1 muss zwar nur *der Kurs* nach § 70 anerkannt sein, nach Abs. I und II werden aber sowohl die Träger derartiger Kurse als auch seine Stellen, seine Kurse und seine Kursleiter amtlich anerkannt. § 70 iVm Anl 15 regelt die Voraussetzungen und das Verfahren der Anerkennung.

2. Amtliche Anerkennung. Anerkannt werden **Träger,** die Kurse zur Wiederherstellung **11** der Kraftfahreignung von alkohol- oder drogenauffälligen Kraftfahrern durchführen (I), seine in dem jeweiligen Anerkennungsgebiet betriebenen **Stellen,** seine **Kurse** zur Wiederherstellung der Kraftfahreignung von alkohol- oder drogenauffälligen Kraftfahrern, und seine **Kursleiter** (II). Kommen nach der Anerkennung weitere Stellen des Trägers im Anerkennungsgebiet, weitere von ihm zu verwendende Kursmodelle oder neue Kursleiter hinzu, müssen sie zusätzlich anerkannt werden. **Zuständig** für die Anerkennung ist die nach Landesrecht zuständige Behörde (I). Die Anerkennung hat nur Wirkung für das jeweilige Bundesland. Die Anerkennung und ihre Versagung sind **VA.** Der Behörde steht kein Ermessen zu; bei Vorliegen der Voraussetzungen ist die Anerkennung auszusprechen *(werden anerkannt, Anerkennung wird erteilt).* Die Anerkennung erfolgt nur auf schriftlichen Antrag des Trägers (II). Die **Voraussetzungen für die Anerkennung** sind in Anl 15 und in der vom BMV erlassenen **Richtlinie über die Anforderungen an Träger von Kursen zur Wiederherstellung der Kraftfahreignung und deren Begutachtung durch die BASt** v. 27.1.14 (VkBl. **14** 110, 125, **20** 215) festgelegt (II). Das Vorliegen der Voraussetzungen muss durch ein Gutachten der BASt nachgewiesen werden (§ 72 I Nr. 3, Anl 15 II Nr. 7). Die bei Inkrafttreten der Neufassung von § 70 durch ÄndVO v. 16.4.14 (BGBl. I S. 348) am 1.5.14 bestehenden Anerkennungen von Kursen zur Wiederherstellung der Kraftfahreignung mussten – mit Ausnahme der Bestätigung der wissenschaftlichen Grundlage und der Geeignetheit der Kurse durch eine unabhängige Stelle – bis 31.12.18 den geänderten Vorschriften angepasst werden (§ 76 Nr. 17 S. 1). Die Bestätigung durch eine unabhängige Stelle nach Anl 15 II Nr. 6 ist spätestens 3 Jahre, nachdem erstmals eine unabhängige Stelle nach § 71b S. 2 iVm § 71a II S. 1 anerkannt worden ist, nachzuweisen (§ 76 Nr. 17 S. 4). Die dafür ursprünglich festgelegte Frist von 2 Jahren ist durch ÄndVO v. 23.12.2019 (BGBl. I S. 2937) auf 3 Jahre verlängert worden, weil das Verfahren bei der unabhängigen Stelle einen längeren Zeitraum in Anspruch nehme (Begr BR-Drs. 574/19 (Beschluss) S. 3). BMV gibt die erstmalige Anerkennung mit Datum im VkBl. bekannt (§ 76 Nr. 17 S. 5).

Mit **Anerkennung der Kurse** ist gemeint, dass das von dem jeweiligen Träger verwendete **12** Kursmodell anerkannt wird, nicht jeder einzelne durchzuführende Kurs. Anerkennungsfähig sind nur Kursmodelle zur Wiederherstellung der Kraftfahreignung von alkohol- oder drogenauffälligen Kf, in die Personen aufgenommen werden, die den Anforderungen von § 11 X entsprechen und nicht Inhaber einer FE sind (I S. 1, 2). Da die Anerkennung gegenüber einem bestimmten Träger ausgesprochen wird und da die Voraussetzungen nur jeweils für einen bestimmten Träger nachgewiesen werden können, wird ein Kursmodell nicht allgemein, sondern nur für die Durchführung durch den Antrag stellenden Träger anerkannt. Anders als nach dem früheren Wortlaut (I Nr. 4 aF) ist seit 1.5.14 nicht mehr vorgeschrieben, dass die **Wirksamkeit der Kurse** schon für die Anerkennung nachgewiesen sein muss. Sie muss jetzt spätestens nach 6 Jahren nachgewiesen werden (Anl 15 III S. 1). Die frühere Notwendigkeit, bei neu konzipierten oder weiterentwickelten Kursmodellen zunächst eine befristete vorläufige Anerkennung mit der Auflage auszusprechen, die Wirksamkeit des Kurses innerhalb einer festzulegenden Frist nachzuweisen (42. Aufl Rn. 6, OVG Schl NZV **08** 373 mAnm *Dauer),* besteht deswegen nicht mehr. Die Kurse sind nach ihrer ersten Evaluation regelmäßig, spätestens alle 10 Jahre erneut zu evaluieren (Anl 15 III S. 2).

Die Anerkennung wird auf längstens 10 Jahre **befristet** erteilt (IV S. 1) und auf Antrag für jeweils **13** maximal 10 Jahre verlängert (IV S. 2). Rücknahme und Widerruf der Anerkennung sind in V und VI geregelt. Widerspruch und Anfechtungsklage gegen Rücknahme und Widerruf haben keine aufschiebende Wirkung (VII iVm § 66 VIII). Bei Zweifeln, ob die Voraussetzungen für die Anerkennung gem. II noch vorliegen, kann die nach Landesrecht für die Anerkennung zuständige Behörde eine *Begutachtung aus besonderem Anlass* durch die BASt anordnen (VII iVm § 66 VII S. 1, § 72 I S. 2).

3. Neutralität. Träger von Kursen zur Wiederherstellung der Kraftfahreignung dürfen nicht **14** zugleich Träger von Maßnahmen der Fahrausbildung oder von Begutachtungsstellen für Fahreignung sein (Anl 15 II Nr. 5). Wer mit Unternehmen oder sonstigen Institutionen vertraglich verbunden ist, die Kurse zur Wiederherstellung der Kraftfahreignung anbieten oder wer solche Kurse selbst anbietet, darf keine Personen zur Klärung von Zweifeln an der Kraftfahreignung in Begutachtungsstellen für Fahreignung untersuchen oder begutachten (Anl 4a Nr. 5). Der Träger und seine Beschäftigten müssen unparteiisch und von den durch ihre Dienstleistung betroffenen Parteien unabhängig sein; die Beschäftigten dürfen keinerlei kommerzieller, finanzieller oder sonstiger Beeinflussung ausgesetzt sein (II S. 1.5 der Richtlinie über die Anforderungen an Träger von Kursen zur Wiederherstellung der Kraftfahreignung und deren Begutachtung durch die BASt v. 27.1.14, VkBl. **14** 110, 125).

Verkehrspsychologische Beratung

71 (1) Für die Durchführung der verkehrspsychologischen Beratung nach § 2a Absatz 7 des Straßenverkehrsgesetzes gelten die Personen im Sinne dieser Vorschrift als amtlich anerkannt, die eine Bestätigung nach Absatz 2 der Sektion Verkehrspsychologie im Berufsverband Deutscher Psychologinnen und Psychologen e. V. besitzen.

(2) Die Sektion Verkehrspsychologie im Berufsverband Deutscher Psychologinnen und Psychologen e. V. hat die Bestätigung auszustellen, wenn der Berater folgende Voraussetzungen nachweist:

1. Abschluss eines Hochschulstudiums als Diplom-Psychologe oder eines gleichwertigen Master-Abschlusses in Psychologie,

2. eine verkehrspsychologische Ausbildung an einer Universität oder gleichgestellten Hochschule oder einer Stelle, die sich mit der Begutachtung oder Wiederherstellung der Kraftfahreignung befasst, oder an einem Ausbildungsseminar, das vom Berufsverband Deutscher Psychologinnen und Psychologen e. V. veranstaltet wird,

3. Erfahrungen in der Verkehrspsychologie

   a) durch mindestens dreijährige Begutachtung von Kraftfahrern an einer Begutachtungsstelle für Fahreignung oder mindestens dreijährige Durchführung von Aufbauseminaren oder von Kursen zur Wiederherstellung der Kraftfahreignung oder

   b) im Rahmen einer mindestens fünfjährigen freiberuflichen verkehrspsychologischen Tätigkeit, welche durch Bestätigungen von Behörden oder Begutachtungsstellen für Fahreignung oder durch die Dokumentation von zehn Therapiemaßnahmen für verkehrsauffällige Kraftfahrer, die mit einer positiven Begutachtung abgeschlossen wurden, erbracht werden kann, oder

   c) im Rahmen einer dreijährigen freiberuflichen verkehrspsychologischen Tätigkeit mit Zertifizierung als klinischer Psychologe/Psychotherapeut entsprechend den Richtlinien des Berufsverbandes Deutscher Psychologinnen und Psychologen e. V. oder durch eine vergleichbare psychotherapeutische Tätigkeit und

4. Teilnahme an einem vom Berufsverband Deutscher Psychologinnen und Psychologen e. V. anerkannten Qualitätssicherungssystem, soweit der Berater nicht bereits in ein anderes, vergleichbares Qualitätssicherungssystem einbezogen ist. Erforderlich sind mindestens:

   a) Nachweis einer Teilnahme an einem Einführungsseminar über Verkehrsrecht von mindestens 16 Stunden,

   b) regelmäßiges Führen einer standardisierten Beratungsdokumentation über jede Beratungssitzung,

   c) regelmäßige Kontrollen und Auswertung der Beratungsdokumente und

   d) Nachweis der Teilnahme an einer Fortbildungsveranstaltung oder Praxisberatung von mindestens 16 Stunden innerhalb jeweils von zwei Jahren.

(3) ¹Der Berater hat der Sektion Verkehrspsychologie des Berufsverbandes Deutscher Psychologinnen und Psychologen e. V. alle zwei Jahre eine Bescheinigung über die erfolgreiche Teilnahme an der Qualitätssicherung vorzulegen. ²Die Sektion hat der nach Absatz 5 zuständigen Behörde oder Stelle unverzüglich mitzuteilen, wenn die Bescheinigung innerhalb der vorgeschriebenen Frist nicht vorgelegt wird oder sonst die Voraussetzungen nach Absatz 2 nicht mehr vorliegen oder der Berater die Beratung nicht ordnungsgemäß durchgeführt oder sonst gegen die Pflichten aus der Anerkennung oder gegen Auflagen gröblich verstoßen hat.

(4) ¹Die Anerkennung ist zurückzunehmen, wenn eine der Voraussetzungen im Zeitpunkt ihrer Bestätigung nach Absatz 2 nicht vorgelegen hat; davon kann abgesehen werden, wenn der Mangel nicht mehr besteht. ²Die Anerkennung ist zu widerrufen, wenn nachträglich eine der Voraussetzungen nach Absatz 2 weggefallen ist, die verkehrspsychologische Beratung nicht ordnungsgemäß durchgeführt wird oder wenn sonst gegen die Pflichten aus der Anerkennung oder gegen Auflagen gröblich verstoßen wird.

(4a) ¹Die Anerkennung ist außerdem zurückzunehmen, wenn die persönliche Zuverlässigkeit nach § 2a Absatz 7 Satz 8 Nummer 1 des Straßenverkehrsgesetzes, im Zeitpunkt der Bestätigung nach Absatz 2 nicht vorgelegen hat, insbesondere weil dem Berater die Fahrerlaubnis wegen wiederholter Verstöße gegen verkehrsrechtliche Vorschriften oder Straftaten entzogen wurde oder Straftaten im Zusammenhang mit der Tätigkeit begangen wurden; davon kann abgesehen werden, wenn der Mangel nicht mehr besteht. ²Die Anerkennung ist zu widerrufen, wenn nachträglich die persönliche Zuverlässigkeit (§ 2a Absatz 7 Satz 8 Nummer 1 des Straßenverkehrsgesetzes) weggefallen ist.

(5) ¹Zuständig für die Rücknahme und den Widerruf der Anerkennung der verkehrspsychologischen Berater ist die zuständige oberste Landesbehörde oder die von ihr bestimmte oder nach Landesrecht zuständige Stelle. ²Diese führt auch die Aufsicht über die

verkehrspsychologischen Berater; sie kann sich hierbei geeigneter Personen oder Stellen bedienen.

Begr (BR-Drs. 443/98 S. 316 = VkBl. **98** 1096): *Das Vorliegen der Voraussetzungen für die amtli-* 1 *che Anerkennung als verkehrspsychologischer Berater wird durch eine Bestätigung der Sektion Verkehrspsychologie des Berufsverbandes Deutscher Psychologinnen und Psychologen e. V. nach Absatz 2 festgestellt. Eine darüberhinausgehende Überprüfung durch die Landesbehörde erfolgt nicht. Der Grund für die Zuweisung dieser Aufgabe an den Berufsverband Deutscher Psychologinnen und Psychologen e. V. liegt darin, dass für die zu überprüfenden Anforderungen, insbesondere an die Ausbildung, das Vorliegen von Erfahrungen in der Verkehrspsychologie sowie die Teilnahme an einer Qualitätssicherung, bei dieser Institution die erforderliche fachliche Kompetenz vorhanden ist. Der Berufsverband übernimmt auch die Aufgabe der laufenden Überwachung nach Absatz 3 (Teilnahme an der Qualitätssicherung) und ist verpflichtet, der Behörde Mitteilung zu machen, wenn die Voraussetzungen für die Anerkennung nicht mehr vorliegen oder der Berater die Beratung nicht ordnungsgemäß durchführt. In diesem Fall kann die Fahrerlaubnisbehörde die Anerkennung widerrufen (Absatz 4 und 5).*

Begr zur ÄndVO v. 7.8.02 **zu Abs. 4a** (BR-Drs. 497/02 S. 76 = VkBl. **02** 896): *Die persönliche* 2 *Zuverlässigkeit ist nicht (mehr) gegeben, wenn der Berater keine Gewähr für die gewissenhafte Erfüllung seiner gesetzlichen oder der sich aus der Bestätigung nach § 71 Abs. 2 ergebenden Pflichten bietet. Unzuverlässigkeit liegt insbesondere bei erheblichen, auch nichtverkehrsrechtlichen Zuwiderhandlungen vor, die die Leitbildfunktion des Beraters im Rahmen des § 4 Abs. 9 Sätze 1 und 3 StVG ausschließen, bei erheblicher Verletzung des Vertrauensverhältnisses zum Beratenen oder wenn der Berater seine Tätigkeit nicht entsprechend den gesetzlichen Vorgaben und Zielen ausübt, seine Tätigkeit in Frage stellt oder nicht ernst nimmt.* …

Begr zur ÄndVO v. 5.11.13 **zu Abs. 1 und 4a** (BR-Drs. 810/12 S. 61 = VkBl. **13** 1187): *Mit* 3–9 *der Neuregelung des Fahreignungs-Bewertungssystems wurde die Regelung des § 4 Absatz 9 StVG über die verkehrspsychologische Beratung aufgehoben. Die Durchführung der verkehrspsychologischen Beratung ist jedoch weiterhin eine Maßnahme für Inhaber der Fahrerlaubnis auf Probe. Aus diesem Grund wurde die Regelung des § 4 Absatz 9 StVG in § 2a Absatz 7 StVG zu den Regelungen über die Fahrerlaubnis auf Probe aufgenommen.*

1. Allgemeines. Im Rahmen der Regelungen über die FE auf Probe (§ 2a StVG) wird dem 10 FEInhaber in der 2. Maßnahmenstufe nahegelegt, an einer **verkehrspsychologischen Beratung** teilzunehmen (§ 2a II S. 1 Nr. 2 StVG). Inhalt und Durchführung der Beratung: § 2a VII StVG, § 38 FeV, näher § 2a StVG Rn. 38 f. Im Fahreignungs-Bewertungssystem (§ 4 StVG) gibt es anders als im früheren Punktsystem keine verkehrspsychologische Beratung; § 71 wurde durch ÄndVO v. 5.11.13 (BGBl. I S. 3920) entsprechend angepasst (Begr Rn. 3–9).

Die verkehrspsychologische Beratung darf nur von Personen durchgeführt werden, die hierfür 11 **amtlich anerkannt** sind (§ 2a VII S. 7 StVG). Die amtliche Anerkennung ist zu erteilen, wenn der Bewerber die in § 2a VII S. 8 Nr. 1–3 StVG genannten Voraussetzungen erfüllt (persönliche Zuverlässigkeit, Abschluss eines Hochschulstudiums in Psychologie mit Diplom oder vergleichbarem Master sowie Ausbildung und Erfahrungen in Verkehrspsychologie nach näherer Bestimmung der FeV). Die Einzelheiten der Anerkennung sind auf der Grundlage von § 6 I Nr. 1 Buchst. u StVG in § 71 geregelt. Der Verordnungsgeber hat sich dafür entschieden, für die amtliche Anerkennung in § 71 eine **Anerkennungsfiktion** unter Einbeziehung einer Untergruppierung eines Berufsverbands einzuführen: Als amtlich anerkannt für die Durchführung der verkehrspsychologischen Beratung gem. § 2a VII StVG **gelten** Personen, die eine Bestätigung der Sektion Verkehrspsychologie im Berufsverband Deutscher Psychologinnen und Psychologen e. V. nach Abs. II besitzen (Abs. I). Die amtliche Anerkennung ist damit auf eine rechtlich unselbständige Untergruppierung eines eingetragenen Vereins delegiert worden.

Diese Regelung gilt **nicht** für die Erlaubnis, die verkehrspsychologische Teilmaßnahme des 12 Fahreignungsseminars (§ 4a StVG, § 42 FeV) durchzuführen. Dafür hat der Gesetzgeber festgelegt, dass die **Seminarerlaubnis Verkehrspsychologie** durch die nach Landesrecht zuständige Behörde erteilt wird (§ 4a III S. 2 StVG); eine Anerkennungsfiktion gibt es dabei nicht.

2. Amtliche Anerkennung. Die Sektion Verkehrspsychologie im Berufsverband Deutscher 13 Psychologinnen und Psychologen e. V. hat die Bestätigung nach Abs. II auszustellen, wenn der Bewerber persönlich zuverlässig ist (§ 2a VII S. 8 Nr. 1 StVG) und das Vorliegen der Voraussetzungen nach Abs. II nachweist. Wird die **Bestätigung nach Abs. II** ausgestellt und dem Berater ausgehändigt, so gilt er als amtlich anerkannt, ohne dass eine weitere Überprüfung erfolgt

(Abs. I); die amtliche Anerkennung erfolgt unmittelbar durch die Erfüllung des Tatbestands der Verordnung. Allerdings muss sich der Berater Qualitätssicherungsmaßnahmen unterziehen und alle 2 Jahre der Sektion Verkehrspsychologie im Berufsverband Deutscher Psychologinnen und Psychologen eine Bescheinigung darüber vorlegen. Die Anerkennung wird von keiner Behörde dokumentiert. Krit zu dieser Regelung *Bode/Winkler* § 11 Rn. 56 ff.

14   Das Merkmal der **persönlichen Zuverlässigkeit** ist nicht in Abs. II genannt, muss aber nach der gesetzlichen Vorgabe von § 2a VII S. 8 Nr. 1 StVG als zwingende Anerkennungsvoraussetzung vorliegen. Wie die Sektion Verkehrspsychologie die Zuverlässigkeit zu prüfen hat, ist nicht geregelt. Anders als bei der Erteilung der Seminarerlaubnis Verkehrspsychologie (§ 4a IV S. 2 StVG) ist hier nicht bestimmt, dass die Anerkennung zu versagen ist, wenn Tatsachen vorliegen, die Bedenken gegen die Zuverlässigkeit des Antragstellers begründen. Nach § 2a VII S. 8 Nr. 1 StVG muss das Vorliegen der persönlichen Zuverlässigkeit vielmehr **positiv festgestellt werden,** bevor eine amtliche Anerkennung ausgesprochen werden kann. Mangelnde persönliche Zuverlässigkeit kommt zB in Betracht, wenn der Bewerber mehr als 2 Punkte im FAER hat (§ 4a IV S. 1 Nr. 4 StVG analog), in gravierender Weise oder wiederholt im StrV auffällig geworden ist, wenn ihm die FE wegen Nichteignung entzogen wurde oder wenn er wegen Straftaten iSv § 11 III S. 1 Nr. 5–7 verurteilt worden ist. Auch finanzielle Unregelmäßigkeiten können die persönliche Unzuverlässigkeit begründen, wenn sie negative Auswirkungen auf die Beratung befürchten lassen (s. Begr zu Abs. IVa BR-Drs. 497/02 S. 76 = VkBl. **02** 896).

15   **3. Information der Behörde und Widerruf der Anerkennung.** Bei nicht fristgemäßer Vorlage der Bescheinigung über die erfolgreiche Teilnahme an der Qualitätssicherung, Wegfall einer der in Abs. II genannten Voraussetzung, nicht ordnungsgemäßer Durchführung der Beratungen oder groben Pflichtverstößen muss die Sektion dies der zuständigen Behörde unverzüglich mitteilen (III S. 2). In diesem Falle erfolgt **Widerruf der Anerkennung** durch die Behörde (IV S. 2). Zu widerrufen ist die Anerkennung auch bei **Fehlen der persönlichen Zuverlässigkeit** (IVa). Neben den in IVa erwähnten Beispielen nennt die Begr (BR-Drs. 497/02 S. 76 = VkBl. **02** 896) schwerwiegende oder wiederholte Auffälligkeit im StrV, Verurteilung wegen Straftaten iS von § 11 III S. 1 Nr. 4 FeV damaliger Fassung, aber auch finanzielle Unregelmäßigkeiten, Diebstahl, Betrug, Untreue (vor allem zum Nachteil von Teilnehmern), soweit sie die Befürchtung nachteiliger Auswirkungen auf die Beratung rechtfertigen, sowie Beleidigung, sexuelle Nötigung oder Körperverletzung gegenüber Teilnehmern.

Träger von unabhängigen Stellen für die Bestätigung der Eignung von eingesetzten psychologischen Testverfahren und -geräten

71a (1) ¹**Die Eignung von psychologischen Testverfahren und -geräten, die Träger von Begutachtungsstellen für die Feststellung der Fahreignung sowie Ärzte mit der Gebietsbezeichnung „Arbeitsmedizin" oder der Zusatzbezeichnung „Betriebsmedizin" zur Erstellung von Gutachten nach Anlage 5 einsetzen, muss von Trägern unabhängiger Stellen bestätigt werden.** ²**Die Träger unabhängiger Stellen haben die Eignung der eingesetzten psychologischen Testverfahren und -geräte nach dem allgemein anerkannten Stand der Wissenschaft und nach Maßgabe der vom Bundesministerium für Verkehr und digitale Infrastruktur im Benehmen mit den zuständigen Obersten Landesbehörden erlassenen „Richtlinie zur Bestätigung der Eignung der Testverfahren und -geräte und der Eignung der Kurse zur Wiederherstellung der Kraftfahreignung" vom 31. März 2017 (VkBl. S. 227 ff.) in der Fassung vom 28. Oktober 2019 (VkBl. S. 774) zu prüfen.**

(2) ¹**Der Träger einer unabhängigen Stelle bedarf für seine Tätigkeit nach Absatz 1 der amtlichen Anerkennung durch die nach Landesrecht zuständigen Behörden in dem Bundesland, in dem er seinen Sitz hat.** ²**Hat der Träger einer unabhängigen Stelle seinen Sitz außerhalb der Bundesrepublik Deutschland, kann er die amtliche Anerkennung in einem Bundesland seiner Wahl beantragen.**

(3) ¹**Der Träger der unabhängigen Stelle hat die amtliche Anerkennung schriftlich zu beantragen.** ²**Die amtliche Anerkennung wird erteilt, wenn der Träger der unabhängigen Stelle die Voraussetzungen der Anlage 14a erfüllt und sich dies von der Bundesanstalt für Straßenwesen nach § 72 bestätigen lässt.**

(4) **Die amtliche Anerkennung kann mit Nebenbestimmungen, insbesondere mit Auflagen verbunden werden, um die ordnungsgemäße Tätigkeit des Trägers der unabhängigen Stelle sicherzustellen.**

(5) ¹Die amtliche Anerkennung ist auf 15 Jahre zu befristen. ²Sie wird auf Antrag um höchstens 15 Jahre verlängert. ³Die Verlängerung kann mehrmals beantragt werden. ⁴Für jede Verlängerung hat der Träger der unabhängigen Stelle die Voraussetzungen der Anlage 14a gesondert nachzuweisen.

(6) Die nach Landesrecht zuständige Behörde widerruft die amtliche Anerkennung, wenn

1. nachträglich eine Anerkennungsvoraussetzung weggefallen ist oder

2. der Träger gegen die Pflichten aus der anerkannten Tätigkeit oder gegen die erteilten Auflagen oder sonstige Nebenbestimmungen gröblich verstößt.

(7) Entstehen nach Erteilung der amtlichen Anerkennung der nach Landesrecht zuständigen Behörde ernsthafte Bedenken, ob der Träger der unabhängigen Stelle die Voraussetzungen nach Anlage 14a weiterhin erfüllt, kann die nach Landesrecht zuständige Behörde anordnen, dass der Träger der unabhängigen Stelle binnen einer angemessenen Frist ein Gutachten der Bundesanstalt für Straßenwesen beizubringen hat, dass er die Voraussetzungen nach Anlage 14a erfüllt.

(8) Der Träger der unabhängigen Stelle hat die Kosten zu tragen, die der nach Landesrecht zuständigen Behörde entstehen, wenn

1. die Anerkennungsvoraussetzungen nicht oder nicht vollständig vorliegen oder

2. er durch unsachgemäßes Verhalten eine Maßnahme der Behörde veranlasst hat.

(9) Widerspruch und Anfechtungsklage gegen eine Anordnung nach den Absätzen 6 oder 7 haben keine aufschiebende Wirkung.

Begr zur ÄndVO v. 14.8.17: BR-Drs. 417/17 S. 37, BR-Drs. 417/17 (Beschluss) S. 5, **zu Anl** 1–7 **14a:** BR-Drs. 417/17 S. 43

1. Allgemeines. Durch ÄndVO v. 16.4.2014 (BGBl. I S. 348) ist eingeführt worden, dass als 8 Voraussetzung für die amtliche Anerkennung der Träger von Begutachtungsstellen für Fahreignung und ihrer Begutachtungsstellen die Eignung von psychologischen Testverfahren und -geräten, die Träger von Begutachtungsstellen für Fahreignung einsetzen, von – so die damalige Formulierung – einer geeigneten **unabhängigen Stelle** bestätigt worden sein mussten (§ 66 II iVm Anl 14 II Nr. 7 aF). Außerdem wurde eingeführt, dass die Eignung von psychologischen Testverfahren, die Ärzte zur Erstellung von Gutachten nach Anl 5 einsetzen, von – so damals – einer geeigneten unabhängigen Stelle bestätigt worden sein musste (Anl 5 Nr. 2 S. 2 aF). Für diese unabhängigen Stellen gab es zunächst kein geregeltes Anerkennungsverfahren.

Die gesamte Thematik wurde durch ÄndVO v. 14.8.17 (BGBl. I S. 3232) neu gefasst. Durch 9 den mit dieser ÄndVO eingefügten § 71a wurde die Notwendigkeit der Bestätigung der Eignung von eingesetzten psychologischen Testverfahren und -geräten durch – so nunmehr die Formulierung – Träger unabhängiger Stellen betont, die Art und Weise ihrer Prüfung bestimmt, und die Einzelheiten der amtlichen Anerkennung der Träger einer unabhängigen Stelle festgelegt. § 71a wird durch **Anl 14a** und die vom BMV erlassene **Richtlinie zur Bestätigung der Eignung der Testverfahren und -geräte und der Eignung der Kurse zur Wiederherstellung der Kraftfahreignung** vom März 2017 (VkBl. **17** 227 = StVRL § 70 FeV Nr. 3) idF v. 10.2.2020 (VkBl. **20** 164) ergänzt.

2. Die Erforderlichkeit der Bestätigung der Eignung eingesetzter psychologischer Test- 10 verfahren und -geräte wird durch I S. 1 hervorgehoben, ergibt sich aber bereits aus § 66 II iVm Anl 14 II Nr. 7 und Anl 5 Nr. 2 S. 2. Die Träger müssen die Eignung nach dem allgemein anerkannten Stand der Wissenschaft und nach Maßgabe der vom BMV erlassenen Richtlinie zur Bestätigung der Eignung der Testverfahren und -geräte und der Eignung der Kurse zur Wiederherstellung der Kraftfahreignung vom 10.3.2017 (VkBl. **17** 227 = StVRL § 70 FeV Nr. 3) idF v. 10.2.2020 (VkBl. **20** 164) **prüfen** (I S. 2). Die Richtlinie soll den anerkannten Stand der Wissenschaft konkretisieren (Begr BR-Drs. 417/17 S. 38).

3. Der Träger einer unabhängigen Stelle muss **amtlich anerkannt** sein, um die Eignung von 11 psychologischen Testverfahren und -geräten wirksam bestätigen zu können (II S. 1). **Zuständig** für die amtliche Anerkennung ist die nach Landesrecht dafür zuständige Behörde in dem Bundesland, in dem der Träger seinen Sitz hat (II S. 1). Träger mit Sitz im Ausland haben ein Wahlrecht hinsichtlich des Bundeslandes (II S. 2). Die amtliche Anerkennung hat bundesweite Geltung (Begr BR-Drs. 417/17 S. 38). Die Einzelheiten des **Anerkennungsverfahrens** sind in III– V und Anl 14a geregelt. Das Anerkennungsverfahren ist **zweistufig** aufgebaut: Die BASt muss zunächst nach § 72 I S. 1 Nr. 4 bestätigen, dass der Antragsteller die Voraussetzungen der Anl 14a erfüllt (III S. 2). Die BASt klärt somit mit ihrer fachlichen Expertise, ob der Antragsteller die Voraussetzungen für den Träger einer unabhängigen Stelle erfüllt. Das Gutachten der BASt stellt dann die Grundlage für die amtliche Anerkennung durch die zuständige Behörde dar. Eine direkte Anerkennung durch die BASt oder eine Bundesoberbehörde erschien dem VOGeber nicht möglich (Begr BR-Drs. 417/17 S. 38). Eine behördliche **Überwachung** der anerkannten Träger ist nicht vorgesehen.

12   BMV hat gem. § 76 Nr. 17 S. 5 bekanntgegeben, dass die erstmalige Anerkennung einer unabhängigen Stelle nach II S. 1 mit Datum vom 25.6.18 erteilt worden ist (BMV VkBl. **18** 619). Die Bestätigungen durch eine unabhängige Stelle nach Anl 14 II Nr. 7 für am 1.5.14 anerkannte Begutachtungsstellen für Fahreignung und nach Anl 5 Nr. 2 S. 2 müssen spätestens bis 25.6.2021 nachgewiesen werden (§ 76 Nr. 17 S. 3 und 6). Die dafür ursprünglich festgelegte Frist von 2 Jahren ist durch ÄndVO v. 23.12.2019 (BGBl. I S. 2937) auf 3 Jahre verlängert worden, weil das Verfahren bei der unabhängigen Stelle einen längeren Zeitraum in Anspruch nehme (Begr BR-Drs. 574/19 (Beschluss) S. 3).

Träger von unabhängigen Stellen für die Bestätigung der Eignung von Kursen zur Wiederherstellung der Kraftfahreignung

71b ¹Die Eignung von Kursen, die Träger von Kursen zur Wiederherstellung der Kraftfahreignung durchführen, muss von Trägern unabhängiger Stellen bestätigt werden. ²Für Träger unabhängiger Stellen für die Bestätigung der Eignung von Kursen zur Wiederherstellung der Kraftfahreignung gelten die Vorschriften des § 71a entsprechend, die Absätze 3 und 5 jedoch mit der Maßgabe, dass sich die Voraussetzungen der Anerkennung nach Anlage 15a richten.

1–7   **Begr** zur ÄndVO v. 14.8.17: BR-Drs. 417/17 S. 37 ff., BR-Drs. 417/17 (Beschluss) S. 6, **zu Anl 15a:** BR-Drs. 417/17 S. 43

8   **1. Allgemeines.** Durch ÄndVO v. 16.4.14 wurde eingeführt, dass als Voraussetzung für die amtliche Anerkennung als Träger von Kursen zur Wiederherstellung der Kraftfahreignung nach § 70 die wissenschaftliche Grundlage und die Geeignetheit der Kurse von einer geeigneten **unabhängigen Stelle** bestätigt worden sein müssen (§ 70 II iVm Anl 15 II Nr. 6). Für diese unabhängigen Stellen gab es zunächst kein geregeltes Anerkennungsverfahren. Mit dem durch ÄndVO v. 14.8.17 (BGBl. I S. 3232) neu eingefügten **§ 71b** wurde die Tätigkeit der Träger unabhängiger Stellen und das Anerkennungsverfahren festgelegt. § 71b wird durch **Anl 15a** und die vom BMV erlassene **Richtlinie zur Bestätigung der Eignung der Testverfahren und -geräte und der Eignung der Kurse zur Wiederherstellung der Kraftfahreignung** vom März 2017 (VkBl. **17** 227 = StVRL § 70 FeV Nr. 3) idF v. 28.10.2019 (VkBl. **19** 774) ergänzt.

9   **2. Das Erfordernis der Bestätigung** durch eine unabhängige Stelle wird – allerdings nur bezogen auf die Eignung der Kurse – in S. 1 wiederholt. Dies ändert nichts daran, dass nicht nur die Geeignetheit der Kurse, sondern gem. Anl 15 II Nr. 6 auch ihre wissenschaftliche Grundlage zu bestätigen ist.

10   **3.** Für die **Tätigkeit** und die amtliche **Anerkennung** der Träger von unabhängigen Stellen für die Bestätigung der Eignung von Kursen zur Wiederherstellung der Kraftfahreignung gilt § 71a entsprechend, wobei sich die Voraussetzungen der Anerkennung und jeder Verlängerung der Anerkennung nach Anl 15a bestimmen (S. 2). Insoweit wird auf die Kommentierung zu § 71a verwiesen. BMV gibt die erstmalige Anerkennung einer unabhängigen Stelle mit Datum im VkBl. bekannt (§ 76 Nr. 17 S. 5).

Begutachtung

72 (1) ¹Die

1. Träger von Begutachtungsstellen für Fahreignung nach § 66,
2. Technischen Prüfstellen nach § 69 in Verbindung mit den §§ 10 und 14 des Kraftfahrsachverständigengesetzes,
3. Träger, die Kurse zur Wiederherstellung der Kraftfahreignung nach § 70 durchführen,

4. Träger unabhängiger Stellen für die Bestätigung der Eignung von eingesetzten psychologischen Testverfahren und -geräten nach § 71a,

5. Träger unabhängiger Stellen für die Bestätigung der Eignung von Kursen zur Wiederherstellung der Kraftfahreignung nach § 71b
müssen sich hinsichtlich der Erfüllung der jeweiligen für sie geltenden fachlichen Anforderungen von der Bundesanstalt für Straßenwesen (Bundesanstalt) begutachten lassen. ²Die Begutachtung umfasst die Erstbegutachtung, die regelmäßige Begutachtung sowie die Begutachtung aus besonderem Anlass. ³Bei Trägern von Begutachtungsstellen für Fahreignung umfasst dies auch die Gutachtenüberprüfung.

(2) Grundlagen für die Begutachtung nach Absatz 1 sind
1. die Richtlinie über die Anforderungen an Träger von Begutachtungsstellen für Fahreignung (§ 66 FeV) und deren Begutachtung durch die Bundesanstalt für Straßenwesen vom 27. Januar 2014 (VkBl. S. 110),
2. die Richtlinie über die Anforderungen an Technische Prüfstellen (§ 69 in Verbindung mit den §§ 10 und 14 des Kraftfahrsachverständigengesetzes) und deren Begutachtung durch die Bundesanstalt für Straßenwesen vom 27. Januar 2014 (VkBl. S. 110),
3. die Richtlinie über die Anforderungen an Träger von Kursen zur Wiederherstellung der Kraftfahreignung (§ 70 FeV) und deren Begutachtung durch die Bundesanstalt für Straßenwesen vom 27. Januar 2014 (VkBl. S. 110),
4. die in der Anlage 14a Absatz 2 festgelegten Anforderungen an die Träger unabhängiger Stellen für die Bestätigung der Eignung der eingesetzten psychologischen Testverfahren und -geräte nach § 71a,
5. die in der Anlage 15a Absatz 2 festgelegten Anforderungen an die Träger unabhängiger Stellen für die Bestätigung der Eignung der Kurse zur Wiederherstellung der Kraftfahreignung nach § 71b.

(3) Das unter Berücksichtigung der Stellungnahme einer der unter Absatz 1 genannten Stellen gefertigte Gutachten der Bundesanstalt für Straßenwesen mit den Ergebnissen der Begutachtungen wird diesen Stellen sowie den für die amtliche Anerkennung oder für die Aufsicht der nach Landesrecht zuständigen Behörden übersandt.

Begr zur ÄndVO v. 16.4.14 (BR-Drs. 78/14 S. 62 = VkBl. **14** 430): ... *ist die bisherige Akkreditierung durch die BASt durch eine Begutachtung zu ersetzen .... Die Begutachtungen können auch unangemeldet erfolgen oder auf eine Unterlagenprüfung beschränkt werden.*　**1**
Grundlage für die Begutachtung durch die BASt sind die in Absatz 2 aufgeführten Richtlinien. Diese **2** *werden im Verkehrsblatt bekannt gemacht, treten jedoch jeweils erst dann in Kraft, wenn in der Fahrerlaubnis-Verordnung nach Zustimmung des Bundesrates ein entsprechender statischer Verweis aufgenommen wurde.*

Begr zur ÄndVO v. 14.8.17 **zu Abs. 1 S. 1 Nr. 4 und 5, Abs. 2 Nr. 4 und 5** (BR- **3–8** Drs. 417/17 S. 39): *Die neuen Absätze* (richtig: Nummern) *4 und 5 sind die Grundlage für die Begutachtung durch die Bundesanstalt für Straßenwesen. Dieses System schließt sich an das System des § 72 an, das bereits bei anderen Anerkennungsverfahren angewandt wird.*

1. Allgemeines. Bis 30.4.14 war in § 72 aF vorgeschrieben, dass Träger von Begutachtungs- **9** stellen für Fahreignung, Technischen Prüfstellen und Stellen, die Kurse zur Wiederherstellung der Kraftfahreignung durchführen, **durch die BASt** akkreditiert sein mussten. Das Erfordernis der **Akkreditierung** durch die BASt konnte jedoch nicht mehr beibehalten werden, nachdem durch die VO (EG) Nr. 765/2008 vorgeschrieben worden war, dass jeder Mitgliedstaat „eine einzige nationale Akkreditierungsstelle" benennen muss und daraufhin in Deutschland die Errichtung der nationalen Akkreditierungsstelle durch das Akkreditierungsstellengesetz – AkkStelleG v. 31.7.09 (BGBl. I S. 2625) und die VO über die Beleihung der Akkreditierungsstelle nach dem AkkStelleG v. 21.12.09 (BGBl. I S. 3962) geregelt worden war (dazu *Tiede/Ryczewski/Yang* NVwZ **12** 1212). Seit dem 1.1.10 durften die vorher tätigen Akkreditierungsstellen keine Akkreditierungen mehr durchführen. Durch ÄndG v. 2.12.10 (BGBl. I S. 1748) wurde daraufhin in § 6 Abs. 1 Nr. 1 Buchst. d, k zum StVG jeweils das Wort „Akkreditierung" durch die Wörter „Begutachtung, einschließlich der verfahrensmäßigen und fachwissenschaftlichen Anforderungen" ersetzt (s. § 6 StVG Rn. 4, 4a). Damit war die gesetzliche Ermächtigung für die gleichwohl noch bis 30.4.14 bestehende frühere Fassung von § 72 entfallen. Eine Akkreditierung im Bereich des Fahrerlaubniswesens war nicht mehr vorgesehen.

Die seitdem bestehende gesetzliche Ermächtigung für Regelungen über die Durchführung **10** von **Begutachtungen** wurde vom VOGeber zunächst nicht genutzt, um derartige Regelungen zu schaffen. Das BMV hat sich in den Folgejahren vielmehr damit beholfen, den jeweiligen Trägern Ausnahmegenehmigungen nach § 74 I Nr. 2 aF zu erteilen, mit denen sie von der Verpflichtung zur Akkreditierung befreit wurden und diese durch eine Begutachtung der BASt ersetzt wurde. Die BASt ist dazu übergegangen, die Träger nicht mehr zu akkreditieren, sondern zu begutachten. Das BMV war der Auffassung, dass die Länder auf der Grundlage der Begutachtungen durch die BASt Anerkennungen nach §§ 66, 69 und 70 erteilen konnten. Erst mit ÄndVO v. 16.4.14 (BGBl. I S. 348) wurde § 72 mit Wirkung ab 1.5.14 so geändert, dass statt der früheren Akkreditierung nunmehr die **Begutachtung durch die BASt** vorgeschrieben ist.

11   **2.** Vorgeschrieben ist jetzt, dass die Träger von Begutachtungsstellen für Fahreignung, die Technischen Prüfstellen und die Träger, die Kurse zur Wiederherstellung der Kraftfahreignung durchführen, sich **von der BASt begutachten** lassen müssen, um nachzuweisen, dass sie die jeweils für sie geltenden fachlichen Anforderungen erfüllen (I S. 1 Nr. 1–3). Durch ÄndVO v. 14.8.17 (BGBl. I S. 3232) wurde hinzugefügt, dass sich auch Träger unabhängiger Stellen für die Bestätigung der Eignung von eingesetzten psychologischen Testverfahren und -geräten nach § 71a und Träger unabhängiger Stellen für die Bestätigung der Eignung von Kursen zur Wiederherstellung der Kraftfahreignung nach § 71b von der BASt begutachten lassen müssen (I S. 1 Nr. 4, 5, Begr Rn. 3–8). Bei Antragstellung auf amtliche Anerkennung bzw. bei Technischen Prüfstellen vor Beauftragung erfolgt die Erstbegutachtung, nach Anerkennung werden regelmäßige Begutachtungen durchgeführt, und bei Zweifeln der Anerkennungsbehörde, ob die Voraussetzungen noch vorliegen, kann eine Begutachtung aus besonderem Anlass angeordnet werden (I S. 2). **Grundlage für die Begutachtung durch die BASt** sind die vom BMV erlassenen und im Verkehrsblatt abgedruckten (VkBl. **14** 110) Richtlinien über die Anforderungen an Träger von Begutachtungsstellen für Fahreignung, an Technische Prüfstellen und Träger von Kursen zur Wiederherstellung der Kraftfahreignung v. 27.1.14 (II Nr. 1–3) sowie hinsichtlich der Träger unabhängiger Stellen Anl 14a II und Anl 15a II (II Nr. 4, 5). Durch die Begutachtung wird geklärt, ob die betreffende Stelle die fachliche Kompetenz für die von ihr zu übernehmenden Aufgaben hat. Bei Beantragung der amtlichen Anerkennung schafft die Begutachtung die Grundlage und Voraussetzung für die nach §§ 66, 70, 71a, 71b erforderliche amtliche Anerkennung der in I S. 1 Nr. 1, 3, 4 und 5 bezeichneten Stellen, bei Technischen Prüfstellen für die nach § 10 KfSachvG erforderliche Beauftragung. Die **Begutachtung** ist nur gutachterliche Tätigkeit der Bundesanstalt für Straßenwesen und **kein VA.**

V. Durchführungs-, Bußgeld-, Übergangs- und Schlussvorschriften

Zuständigkeiten

73 (1) ¹Diese Verordnung wird, soweit nicht die obersten Landesbehörden oder die höheren Verwaltungsbehörden zuständig sind oder diese Verordnung etwas anderes bestimmt, von den nach Landesrecht zuständigen unteren Verwaltungsbehörden oder den Behörden, denen durch Landesrecht die Aufgaben der unteren Verwaltungsbehörde zugewiesen werden (Fahrerlaubnisbehörden), ausgeführt. ²Die zuständigen obersten Landesbehörden und die höheren Verwaltungsbehörden können diesen Behörden Weisungen auch für den Einzelfall erteilen.

(2) ¹Örtlich zuständig ist, soweit nichts anderes vorgeschrieben ist, die Behörde des Ortes, in dem der Antragsteller oder Betroffene seine Wohnung, bei mehreren Wohnungen seine Hauptwohnung, hat (§ 12 Absatz 2 des Melderechtsrahmengesetzes in der Fassung der Bekanntmachung vom 19. April 2002 (BGBl. I S. 1342), das zuletzt durch Artikel 3 Absatz 1 des Gesetzes vom 18. Juni 2009 (BGBl. I S. 1346) geändert worden ist, in der jeweils geltenden Fassung), mangels eines solchen die Behörde des Aufenthaltsortes, bei juristischen Personen, Handelsunternehmen oder Behörden die Behörde des Sitzes oder des Ortes der beteiligten Niederlassung oder Dienststelle. ²Anträge können mit Zustimmung der örtlich zuständigen Behörde von einer gleichgeordneten auswärtigen Behörde behandelt und erledigt werden. ³Die Verfügungen der Behörde nach Satz 1 und 2 sind im gesamten Inland wirksam, es sei denn, der Geltungsbereich wird durch gesetzliche Regelung oder durch behördliche Verfügung eingeschränkt. ⁴Verlangt die Verkehrssicherheit ein sofortiges Eingreifen, kann anstelle der örtlich zuständigen Behörde jede ihr gleichgeordnete Behörde mit derselben Wirkung Maßnahmen auf Grund dieser Verordnung vorläufig treffen.

(3) Hat der Betroffene keinen Wohn- oder Aufenthaltsort im Inland, ist für Maßnahmen, die das Recht zum Führen von Kraftfahrzeugen betreffen, jede untere Verwaltungsbehörde (Absatz 1) zuständig.

(4) Die Zuständigkeiten der Verwaltungsbehörden, der höheren Verwaltungsbehörden und der obersten Landesbehörden werden für die Dienstbereiche der Bundeswehr, der Bundespolizei und der Polizei durch deren Dienststellen nach Bestimmung der Fachministerien wahrgenommen.

Begr (BR-Drs. 443/98 S. 318): *§ 73 übernimmt die bisher in § 68 StVZO enthaltenen Regelungen. Absatz 1 Satz 2 entspricht der Bestimmung in § 46 Abs. 2 StVO. Für die Bestimmung der örtlich zuständigen Behörden innerhalb der Bundesrepublik Deutschland wird aus Gründen der Einheitlichkeit der Rechtsordnung an die Bestimmungen des Melderechtsrahmengesetzes angeknüpft (Absatz 2).* **1**

1. Die Bestimmung entspricht inhaltlich im Wesentlichen der Vorschrift des § 68 StVZO. **2** Auf die Erläuterungen zu jener Bestimmung wird daher verwiesen.

2. Sachlich zuständig sind gem. Abs. 1 idR die unteren **Verwaltungsbehörden** (Fahrer- **3** laubnisbehörden, Begriff s. § 2 I S. 1 StVG), zB für die Ermittlung nach § 22 II, die Untersagung der Führung von Fzen oder Tieren oder für die Auferlegung von Bedingungen bei dieser Führung, die Entziehung der Fahrerlaubnis (§ 46); Erlaubniserteilung zur Führung von Kfzen nach den §§ 4 I, 20, 21, 30, 31.
Die **nach Landesrecht zuständigen Behörden** sind zuständig für die Genehmigung von **4** Ausnahmen gemäß § 74 I.
Das **BMV** oder die von ihm bestimmten Stellen sind seit 28.12.16 nicht mehr zuständig für **5** die Genehmigung von Ausnahmen gemäß dem früheren § 74 I Nr. 2 aF, der mit ÄndVO v. 21.12.16 (BGBl. I S. 3083) gestrichen wurde (§ 74 Rn. 1).

3. Örtlich zuständig ist die Behörde des Wohnortes des Betroffenen oder Antragstellers **6** (Abs. 2), bei mehreren Wohnungen die des Hauptwohnsitzes, sonst entscheidet der Aufenthaltsort (s. § 68 StVZO Rn. 11). Für die Bestimmung des Wohnortes kommt es auf die tatsächlichen Verhältnisse an, nicht auf die Eintragung im Melderegister (BVerwG 16.5.79 Buchholz 442.16 § 68 StVZO Nr. 2). Abs. 2 S. 1 setzt nicht voraus, dass es sich bei dem Aufenthaltsort um den gewöhnlichen Aufenthaltsort handelt, ausreichend ist die körperliche Anwesenheit des Betroffenen (VGH Mü Beschl v. 13.8.07 11 ZB 07.680 juris Rn. 8). Der Begriff des Handelsunternehmens sollte weit ausgelegt werden (vgl. § 68 StVZO Rn. 11, § 46 FZV Rn. 3). Eine von der örtlich unzuständigen B erteilte FE ist rechtswidrig (OVG Hb VRS **105** 466), aber nicht nichtig (§ 44 III Nr. 1 VwVfG). Die örtlich zuständige StrVB darf die von einer auswärtigen Behörde erteilte FE jedoch nicht mit der Begründung zurücknehmen, jene sei nicht örtlich zuständig gewesen (OVG Br DVBl **63** 736). Wechselt der Betroffene den Wohnsitz, nachdem ihm die VB die FE entzogen hatte, so berührt das die örtliche Zuständigkeit nicht (BVerwG DAR **65** 165). Zur EdF durch örtlich unzuständige FEB VG Augsburg ZfS **06** 292.

7   **3a.** Für die in Abs. 3 genannten Maßnahmen gegen FEInhaber **ohne ständigen Aufenthalt im Inland** ist mangels örtlichen Anknüpfungspunktes jede inländische FEB örtlich zuständig (Abs. 3, VG Saarlouis ZfS **11** 298). Diese Regelung begegnet keinen rechtlichen Bedenken (VG Saarlouis 28.9.12 10 K 336/12). Das gilt zB für Maßnahmen nach dem FEigBewSystem, für die Aberkennung des Rechts, von einer ausländischen FE im Inland Gebrauch zu machen (§ 46 V), für die in § 46 genannten Maßnahmen bei Eignungszweifeln oder für die Erteilung des Rechts des Fahrens mit ausländischer FE nach verwaltungsbehördlicher Entziehung oder Versagung der FE (§ 29 IV). Dadurch wird vermieden, dass, falls ein inländischer Wohn- oder Aufenthaltsort nicht besteht, *keine* VB örtlich zuständig ist (s. Begr zu § 68 IIa StVZO alt, VkBl. **88** 477). Es ist Ländersache, durch VwV diese Aufgabe landesweit einer bestimmten Behörde oder der jeweiligen Behörde zu übertragen, in deren Bereich die den Eignungsmangel begründende Zuwiderhandlung begangen wurde.

8   **3b.** Die **Fahrerlaubnisakte** (Begriffsbestimmung in § 50 III StVG) wird grds. bei der örtlich zuständigen FEB geführt (Abschn IV S. 1 FS-VwV). Bei Wechsel der Zuständigkeit erfolgt aus Kostengründen keine automatische Übergabe der Fahrerlaubnisakte an die nach Umzug zuständig gewordene FEB, sonder nur bei konkretem Anlass, wenn die neue FEB die alte davon unterrichtet, dass sie eine Maßnahme in Bezug auf die FE plant (Abschn IV S. 2 FS-VwV, Begr BR-Drs. 110/15 S. 5 = VkBl. **15** 460). Bei Bearbeitung durch eine gleichgeordnete auswärtige Behörde mit Zustimmung der örtlich zuständigen FEB (II S. 2) verbleibt die Fahrerlaubnisakte bis zur Rechtskraft der Entscheidung bei der auswärtigen Behörde (Abschn IV S. 3 FS-VwV). Die Behörde, die die Fahrerlaubnisakte führt, ist im ZFER gespeichert (§§ 50 III StVG, 49 I Nr. 18 FeV), damit bei Wohnsitzwechsel des FEInhabers ohne großen Aufwand ermittelt werden kann, wo die Akte geführt wurde (Begr zur ÄndVO v. 16.12.14: BR-Drs. 460/14 S. 17).

Ausnahmen

74 (1) **Die nach Landesrecht zuständigen Behörden können in bestimmten Einzelfällen oder allgemein für bestimmte einzelne Antragsteller Ausnahmen von den Vorschriften dieser Verordnung genehmigen.**

(2) Ausnahmen vom Mindestalter setzen die Zustimmung des gesetzlichen Vertreters voraus.

(3) Die Genehmigung von Ausnahmen von den Vorschriften dieser Verordnung kann mit Auflagen verbunden werden.

(4) [1]Über erteilte Ausnahmegenehmigungen oder angeordnete Auflagen stellt die entscheidende Verwaltungsbehörde eine Bescheinigung aus, sofern die Ausnahme oder Auflage nicht im Führerschein vermerkt wird. [2]Die Bescheinigung hat das Format DIN A5 und die Farbe rosa, der Umfang beträgt 1 Blatt, ein beidseitiger Druck ist möglich. [3]Das Trägermaterial besteht aus Sicherheitspapier mit einer Stärke von 90 g/m², ohne optische Aufheller, in das die folgenden fälschungserschwerenden Sicherheitsmerkmale eingearbeitet sind:

1. als Wasserzeichen das gesetzlich für die Bundesdruckerei geschützte Motiv: „Bundesadler",

2. nur unter UV-Licht sichtbar gelb und blau fluoreszierende Melierfasern,

3. chemische Reagenzien.

[4]Der Vordruck weist auf der Vorderseite eine fortlaufende Vordrucknummerierung auf. [5]Die Bescheinigung ist beim Führen von Kraftfahrzeugen mitzuführen und zuständigen Personen auf Verlangen zur Prüfung auszuhändigen.

(5) Die Bundeswehr, die Polizei, die Bundespolizei, die Feuerwehr und die anderen Einheiten und Einrichtungen des Katastrophenschutzes sowie der Zolldienst sind von den Vorschriften dieser Verordnung befreit, soweit dies zur Erfüllung hoheitlicher Aufgaben unter gebührender Berücksichtigung der öffentlichen Sicherheit und Ordnung dringend geboten ist.

1   **Begr:** BR-Drs. 443/98 S. 318.

Begr zur ÄndVO v. 2.10.15 **zu Abs. 4 S. 2–4** (BR-Drs. 338/15 S. 21 = VkBl. 15 674): *Nach* **1a**
den bisher geltenden rechtlichen Bestimmungen wurden an die Ausfertigung von Bescheinigungen, die Aus-
nahmen, Auflagen oder Beschränkungen regeln, die nicht im Führerschein mittels Schlüsselzahl vermerkt
werden können, keine sicherheitstechnischen Anforderungen gestellt. Es besteht daher die Möglichkeit der
Fälschung. Die neu beschriebenen Dokumenteneigenschaften stellen durch ihre hochwertige materialmäßige
und drucktechnische Ausstattung, die Vordrucknummerierung und die damit erreichte Vereinheitlichung eine
Weiterentwicklung des bisherigen status-quo dar. Das Bundeskriminalamt hat in einer sicherheitstechnischen
Bewertung die Einführung empfohlen.

1. Die FEB können in bestimmten Einzelfällen oder allgemein für bestimmte einzelne An- **1b**
tragsteller **Ausnahmen** von sämtlichen Vorschriften der FeV genehmigen (I). Durch die den
FEB eingeräumte Möglichkeit der Erteilung einer Ausnahmegenehmigung soll besonderen Aus-
nahmesituationen Rechnung getragen werden, die bei strikter Anwendung der Bestimmungen
nicht hinreichend berücksichtigt werden könnten und eine unbillige Härte für den Betr zur
Folge hätten. Früher war das BMV zuständig für die Genehmigung von Ausnahmen, wenn sich
die Auswirkungen nicht auf das Gebiet eines Landes beschränkten oder eine einheitliche Ent-
scheidung erforderlich war (I Nr. 2 aF). Diese Befugnis wurde mit ÄndVO v. 21.12.16 (BGBl. I
S. 3083) gestrichen, da der Vollzug des Fahrerlaubnisrechts nach der Kompetenzordnung der
Art 83 und 84 I GG ausschließlich den Ländern obliegt (Begr BR-Drs. 253/16 (Beschluss) S. 4).
Das BMV ist befugt, allgemeine Ausnahmen von der FeV durch RVO ohne Zustimmung des
BR zu regeln (§ 6 III StVG).

2. Die in Abs. 2 getroffene Regelung über die Erforderlichkeit einer Zustimmung des gesetz- **1c**
lichen Vertreters zur Bewilligung von Ausnahmen vom **Mindestalter** für die Erteilung einer FE
der verschiedenen Klassen entspricht dem früheren § 7 II StVZO (alt). Mindestalter: § 10.

3. Über erteilte **Ausnahmen**, angeordnete **Auflagen** und – so muss der Wortlaut ergänzt **2**
werden – angeordnete **Beschränkungen der FE** stellt die VB eine **Bescheinigung** aus, soweit
sie nicht mittels Schlüsselzahl im FS vermerkt werden. Die äußere Gestalt der Bescheinigung
und die sicherheitstechnischen Anforderungen sind durch Einfügung der Sätze 2–4 in Abs. 4
durch ÄndVO v. 2.10.15 (BGBl. I S. 1674) mWv 21.10.15 zur Verhinderung von Fälschungen
genau geregelt worden (Begr vor Rn. 1). Die Bescheinigungen durften noch bis 31.12.15 auf
dem bis 20.10.15 zulässigen Trägermaterial ausgestellt werden (§ 76 Nr. 19). Die Bescheinigung
ist vom Betroffenen mitzuführen und zuständigen Personen auf Verlangen zur Prüfung auszu-
händigen (Abs. 4 S. 5). Mitführen: s. § 4 Rn. 11.

4. Ordnungswidrigkeiten. Ow war bis 20.10.15 und ist wieder seit 24.8.17 das Nichtmit- **3**
führen oder Nichtaushändigen der Bescheinigung über Ausnahmeerteilung und Auflagen (bis
20.10.15: Abs. 4 S. 2, seit 21.10.15: Abs. 4 S. 5), §§ 75 Nr. 4 FeV, 24 StVG. In der Zeit 21.10.15
bis 23.8.17 war dies nicht ow, weil der Verweis in §§ 75 Nr. 4 auf § 74 Abs. 4 S. 2 nicht angepasst
worden ist, nachdem S. 2 durch Art 1 Nr. 18 Buchst. b der ÄndVO v. 2.10.15 (BGBl. I S. 1674)
zu S. 5 wurde. Dieser Fehler ist durch Art 1 Nr. 10 Buchst. a der ÄndVO v. 14.8.17 (BGBl. I
S. 3232) mWv 24.8.17 behoben worden. Ow ist die Nichterfüllung von Auflagen, die gem.
Abs. 3 mit der Ausnahmegenehmigung verbunden sind, §§ 75 Nr. 9 FeV, 24 StVG.

Ordnungswidrigkeiten

75 Ordnungswidrig im Sinne des § 24 des Straßenverkehrsgesetzes handelt, wer vor-
sätzlich oder fahrlässig

1. **entgegen § 2 Absatz 1 am Verkehr teilnimmt oder jemanden als für diesen Verant-**
wortlicher am Verkehr teilnehmen lässt, ohne in geeigneter Weise Vorsorge getroffen zu
haben, dass andere nicht gefährdet werden,

2. **entgegen § 2 Absatz 3 ein Kennzeichen der in § 2 Absatz 2 genannten Art verwen-**
det,

3. **entgegen § 3 Absatz 1 ein Fahrzeug oder Tier führt oder einer vollziehbaren Anord-**
nung oder Auflage zuwiderhandelt,

4. **einer Vorschrift des § 4 Absatz 2 Satz 2 oder 3, § 5 Absatz 4 Satz 2 oder 3, § 25 Ab-**
satz 4 Satz 1, § 48 Absatz 3 Satz 2 oder § 74 Absatz 4 Satz 5 über die Mitführung,
Aushändigung von Führerscheinen, deren Übersetzung sowie Bescheinigungen und
der Verpflichtung zur Anzeige des Verlustes und Beantragung eines Ersatzdokuments
zuwiderhandelt,

5. entgegen § 5 Absatz 1 Satz 1 ein Mofa nach § 4 Absatz 1 Satz 2 Nummer 1, ein Kraftfahrzeug nach § 4 Absatz 1 Satz 2 Nummer 1b oder einen motorisierten Krankenfahrstuhl führt, ohne die dazu erforderliche Prüfung abgelegt zu haben,

6. entgegen § 5 Absatz 2 Satz 2 oder 3 eine Ausbildung durchführt, ohne die dort genannte Fahrlehrerlaubnis zu besitzen oder entgegen § 5 Absatz 2 Satz 4 eine Ausbildungsbescheinigung ausstellt,

7. entgegen § 10 Absatz 3 ein Kraftfahrzeug, für dessen Führung eine Fahrerlaubnis nicht erforderlich ist, vor Vollendung des 15. Lebensjahres führt,

8. entgegen § 10 Absatz 4 ein Kind unter sieben Jahren auf einem Mofa (§ 4 Absatz 1 Satz 2 Nummer 1) mitnimmt, obwohl er noch nicht 16 Jahre alt ist,

9. einer vollziehbaren Auflage nach § 10 Absatz 1 Nummer 5, 7, 8 und 9, § 23 Absatz 2 Satz 1, § 28 Absatz 1 Satz 2, § 29 Absatz 1 Satz 6, § 46 Absatz 2, § 48a Absatz 2 Satz 1 oder § 74 Absatz 3 zuwiderhandelt,

10. einer Vorschrift des § 25 Absatz 5 Satz 6, des § 30 Absatz 3 Satz 2, des § 47 Absatz 1, auch in Verbindung mit Absatz 2 Satz 1 sowie Absatz 3 Satz 2, oder des § 48 Absatz 10 Satz 3 in Verbindung mit § 47 Absatz 1 über die Ablieferung oder die Vorlage eines Führerscheins zuwiderhandelt,

11. (weggefallen)

12. entgegen § 48 Absatz 1 ein dort genanntes Kraftfahrzeug ohne Erlaubnis führt oder entgegen § 48 Absatz 8 die Fahrgastbeförderung anordnet oder zulässt,

13. entgegen § 48a Absatz 3 Satz 2 die Prüfungsbescheinigung nicht mitführt oder aushändigt.

Übergangsrecht

76 Zu den nachstehend bezeichneten Vorschriften gelten folgende Bestimmungen:

1. (weggefallen)

2. § 4 Absatz 1 Nummer 2 (Krankenfahrstühle)

Inhaber einer Prüfbescheinigung für Krankenfahrstühle nach § 5 Absatz 4 dieser Verordnung in der bis zum 1. September 2002 geltenden Fassung sind berechtigt, motorisierte Krankenfahrstühle mit einer durch die Bauart bestimmten Höchstgeschwindigkeit von mehr als 10 km/h nach § 4 Absatz 1 Satz 2 Nummer 2 dieser Verordnung in der bis zum 1. September 2002 geltenden Fassung und nach § 76 Nummer 2 dieser Verordnung in der bis zum 1. September 2002 geltenden Fassung zu führen. Wer einen motorisierten Krankenfahrstuhl mit einer durch die Bauart bestimmten Höchstgeschwindigkeit von nicht mehr als 10 km/h nach § 4 Absatz 1 Satz 2 Nummer 2 dieser Verordnung in der bis zum 1. September 2002 geltenden Fassung führt, der bis zum 1. September 2002 erstmals in den Verkehr gekommen ist, bedarf keiner Fahrerlaubnis oder Prüfbescheinigung nach § 5 Absatz 4 dieser Verordnung in der bis zum 1. September 2002 geltenden Fassung.

3. § 5 Absatz 1 (Prüfung für das Führen von Mofas nach § 4 Absatz 1 Satz 2 Nummer 1 oder eines Kraftfahrzeugs nach § 4 Absatz 1 Satz 2 Nummer 1b)

gilt nicht für Führer der in § 4 Absatz 1 Satz 2 Nummer 1 und 1b bezeichneten Fahrzeuge, die vor dem 1. April 1980 das 15. Lebensjahr vollendet haben.

4. § 5 Absatz 2 (Berechtigung eines Fahrlehrers zur Ausbildung für Kraftfahrzeuge nach § 4 Absatz 1 Satz 2 Nummer 1 und 1b)

Zur Ausbildung ist auch ein Fahrlehrer berechtigt, der eine Fahrlehrerlaubnis der bisherigen Klasse 3 oder eine ihr entsprechende Fahrlehrerlaubnis besitzt, diese vor dem 1. Oktober 1985 erworben und vor dem 1. Oktober 1987 an einem mindestens zweitägigen, vom Deutschen Verkehrssicherheitsrat durchgeführten Einführungslehrgang teilgenommen hat.

5. § 5 Absatz 4 und Anlagen 1 und 2 (Prüfbescheinigung für Mofas/Krankenfahrstühle)

Prüfbescheinigungen für Mofas und Krankenfahrstühle, die nach den bis zum 1. September 2002 vorgeschriebenen Mustern ausgefertigt worden sind, bleiben gültig. Prüfbescheinigungen für Mofas, die nach den bis zum 31. Dezember 2016 vorgeschriebenen Mustern ausgefertigt worden sind, bleiben gültig.

6. § 6 Absatz 1 zur Klasse A1

Als Krafträder der Klasse A1 gelten auch

a) Krafträder mit einem Hubraum von nicht mehr als 50 cm³ und einer durch die Bauart bestimmten Höchstgeschwindigkeit von mehr als 40 km/h, wenn sie bis zum 31. Dezember 1983 erstmals in den Verkehr gekommen sind (Kleinkrafträder bisherigen Rechts) und

b) Krafträder mit einem Hubraum von nicht mehr als 125 cm³ und einer Nennleistung von nicht mehr als 11 kW, wenn sie bis zum 18. Januar 2013 erstmals in den Verkehr gekommen sind.

6a. § 6 Absatz 1 zu Klasse A2

Inhaber einer ab dem 19. Januar 2013 bis zum Ablauf des 27. Dezember 2016 erteilten Berechtigung zum Führen von Krafträdern (auch mit Beiwagen) mit einer Motorleistung von nicht mehr als 35 kW, bei denen das Verhältnis der Leistung zum Gewicht 0,2 kW/kg nicht übersteigt, sind im Inland auch zum Führen von Krafträdern berechtigt, deren Leistung von über 70 kW Motorleistung abgeleitet ist.

7. § 6 Absatz 1 zu Klasse A

Inhaber einer Fahrerlaubnis der Klasse A (beschränkt) nach § 6 Absatz 2 dieser Verordnung in der bis zum 18. Januar 2013 geltenden Fassung dürfen

a) Krafträder der Klasse A2 und

b) nach Ablauf von zwei Jahren nach der Erteilung Kraftfahrzeuge der Klasse A

führen.

8. § 6 Absatz 1 zu Klasse AM

Als zweirädrige Kleinkrafträder und Fahrräder mit Hilfsmotor gelten auch

a) Krafträder mit einem Hubraum von nicht mehr als 50 cm³ und einer durch die Bauart bestimmten Höchstgeschwindigkeit von mehr als 45 km/h und nicht mehr als 50 km/h, wenn sie bis zum 31. Dezember 2001 erstmals in den Verkehr gekommen sind,

b) Kleinkrafträder und Fahrräder mit Hilfsmotor im Sinne der Vorschriften der Deutschen Demokratischen Republik, wenn sie bis zum 28. Februar 1992 erstmals in den Verkehr gekommen sind.

Wie Fahrräder mit Hilfsmotor werden beim Vorliegen der sonstigen Voraussetzungen des § 6 Absatz 1 behandelt

a) Fahrzeuge mit einem Hubraum von mehr als 50 cm³, wenn sie vor dem 1. September 1952 erstmals in den Verkehr gekommen sind und die durch die Bauart bestimmte Höchstleistung ihres Motors 0,7 kW (1 PS) nicht überschreitet,

b) Fahrzeuge mit einer durch die Bauart bestimmten Höchstgeschwindigkeit von mehr als 40 km/h, wenn sie vor dem 1. Januar 1957 erstmals in den Verkehr gekommen sind und das Gewicht des betriebsfähigen Fahrzeugs mit dem Hilfsmotor, jedoch ohne Werkzeug und ohne den Inhalt des Kraftstoffbehälters – bei Fahrzeugen, die für die Beförderung von Lasten eingerichtet sind, auch ohne Gepäckträger – 33 kg nicht übersteigt; diese Gewichtsgrenze gilt nicht bei zweisitzigen Fahrzeugen (Tandems) und Fahrzeugen mit drei Rädern.

8a. § 6 Absatz 1 zu Klasse AM:

Inhaber einer Fahrerlaubnis der Klasse AM, die bis zum Ablauf des 23. August 2017 erteilt wurde, sind auch berechtigt, vierrädrige Kraftfahrzeuge der Klasse L6e mit CI-Motor mit einem Hubraum von mehr als 500 cm³ und dreirädrige Kleinkrafträder mit einer Leermasse von mehr als 270 kg und zweirädrige Kleinkrafträder mit Beiwagen zu führen.

8b. § 6 Absatz 1 zu Klasse C1:

Inhaber einer Fahrerlaubnis der Klasse C1, die bis zum Ablauf des 18. Januar 2013 erteilt wurde, sind auch berechtigt, Kraftfahrzeuge zu führen, die

a) eine zulässige Gesamtmasse von mehr als 3500 kg, höchstens aber eine Gesamtmasse von 7500 kg haben und

b) zur Beförderung von höchstens acht Personen, den Fahrzeugführer ausgenommen, ausgelegt und gebaut sind.

Hinter Kraftfahrzeugen dieser Klasse darf ein Anhänger mit einer zulässigen Gesamtmasse von höchstens 750 kg mitgeführt werden. Nicht gestattet ist das Führen von Kraftfahrzeugen der Klassen AM, A1, A2 und A.

Inhaber einer Fahrerlaubnis der Klasse C1, die ab dem 19. Januar 2013 und bis zum Ablauf des 27. Dezember 2016 erteilt wurde, sind auch berechtigt, im Inland Kraftfahrzeuge zu führen, die

a) eine zulässige Gesamtmasse von mehr als 3 500 kg, höchstens aber eine Gesamt-
masse von 7 500 kg haben und

b) zur Beförderung von höchstens acht Personen, den Fahrzeugführer ausgenommen,
ausgelegt und gebaut sind.

Hinter Kraftfahrzeugen dieser Klasse darf ein Anhänger mit einer zulässigen Gesamt-
masse von höchstens 750 kg mitgeführt werden. Nicht gestattet ist das Führen von
Kraftfahrzeugen der Klassen AM, A1, A2 und A.

8c. § 6 Absatz 1 zu Klasse C:

Inhaber einer Fahrerlaubnis der Klasse C, die bis zum Ablauf des 18. Januar 2013 er-
teilt wurde, sind auch berechtigt, Kraftfahrzeuge zu führen, die

a) eine zulässige Gesamtmasse von mehr als 3 500 kg haben und

b) zur Beförderung von nicht mehr als acht Personen, den Fahrzeugführer ausge-
nommen, ausgelegt und gebaut sind.

Hinter Kraftfahrzeugen dieser Klasse darf ein Anhänger mit einer zulässigen Gesamt-
masse von höchstens 750 kg mitgeführt werden. Nicht gestattet ist das Führen von
Kraftfahrzeugen der Klassen AM, A1, A2 und A.

Inhaber einer Fahrerlaubnis der Klasse C, die ab dem 19. Januar 2013 bis zum Ablauf
des 27. Dezember 2016 erteilt wurde, sind auch berechtigt, im Inland Kraftfahrzeuge
zu führen, die

a) eine zulässige Gesamtmasse von mehr als 3500 kg haben und

b) die zur Beförderung von nicht mehr als acht Personen, den Fahrzeugführer ausge-
nommen, ausgelegt und gebaut sind.

Hinter Kraftfahrzeugen dieser Klasse darf ein Anhänger mit einer zulässigen Gesamt-
masse von höchstens 750 kg mitgeführt werden. Nicht gestattet ist das Führen von
Kraftfahrzeugen der Klassen AM, A1, A2 und A.

8d. § 6 Absatz 1 zu Klasse D1:

Inhaber einer Fahrerlaubnis der Klasse D1, die bis zum Ablauf des 18. Januar 2013
erteilt wurde, sind auch berechtigt, Kraftfahrzeuge zu führen, die zur Beförderung von
mehr als acht, aber nicht mehr als 16 Personen, den Fahrzeugführer ausgenommen,
ausgelegt und gebaut sind.

Hinter Kraftfahrzeugen dieser Klasse darf ein Anhänger mit einer zulässigen Gesamt-
masse von höchstens 750 kg mitgeführt werden. Nicht gestattet ist das Führen von
Kraftfahrzeugen der Klassen AM, A1, A2 und A.

Inhaber einer Fahrerlaubnis der Klasse D1, die ab dem 19. Januar 2013 bis zum Ablauf
des 27. Dezember 2016 erteilt wurde, sind auch berechtigt, im Inland Kraftfahrzeuge,
zu führen,

a) die zur Beförderung von mehr als 8, aber nicht mehr als 16 Personen, den Fahr-
zeugführer ausgenommen, ausgelegt und gebaut sind und

b) deren Länge nicht mehr als 8 m beträgt.

Hinter Kraftfahrzeugen dieser Klasse darf ein Anhänger mit einer zulässigen Gesamt-
masse von höchstens 750 kg mitgeführt werden. Nicht gestattet ist das Führen von
Kraftfahrzeugen der Klassen AM, A1, A2 und A.

8e. § 6 Absatz 3 zu Klasse CE:

Inhaber einer Fahrerlaubnis der Klasse CE, die bis zum Ablauf des 18. Januar 2013
erteilt wurde, sind auch berechtigt, Kraftfahrzeuge der Klasse D1E zu führen, sofern
sie zum Führen von Kraftfahrzeugen der Klasse D1 berechtigt sind.

Inhaber einer Fahrerlaubnis der Klasse CE, die ab dem 19. Januar 2013 bis zum Ablauf
des 27. Dezember 2016 erteilt wurde, sind auch berechtigt, im Inland Kraftfahrzeuge
der Klasse D1E zu führen, sofern sie zum Führen von Kraftfahrzeugen der Klasse D1
berechtigt sind.

8f. § 6 Absatz 3 zu Klasse D1E:

Inhaber einer Fahrerlaubnis der Klasse D1E, die bis zum Ablauf des 18. Januar 2013
erteilt wurde, sind auch berechtigt, Kraftfahrzeuge der Klasse C1E zu führen, sofern
sie zum Führen von Kraftfahrzeugen der Klasse C1 berechtigt sind.

Inhaber einer Fahrerlaubnis der Klasse D1E, die ab dem 19. Januar 2013 bis zum Ab-
lauf des 27. Dezember 2016 erteilt wurde, sind auch berechtigt, im Inland Kraftfahr-
zeuge der Klasse C1E zu führen, sofern sie zum Führen von Kraftfahrzeugen der Klas-
se C1 berechtigt sind.

8g. § 6 Absatz 3 zu Klasse DE:

Inhaber einer Fahrerlaubnis der Klasse DE, die bis zum Ablauf des 18. Januar 2013
erteilt wurde, sind auch berechtigt, Kraftfahrzeuge der Klasse C1E zu führen, sofern
sie zum Führen von Kraftfahrzeugen der Klasse C1 berechtigt sind.

Inhaber einer Fahrerlaubnis der Klasse DE, die ab dem 19. Januar 2013 bis zum Ablauf des 27. Dezember 2016 erteilt wurde, sind auch berechtigt, im Inland Kraftfahrzeuge der Klasse C1E zu führen, sofern sie zum Führen von Kraftfahrzeugen der Klasse C1 berechtigt sind.

9. § 11 Absatz 9, § 12 Absatz 6, §§ 23, 24, 48 und Anlage 5 und 6 (ärztliche Wiederholungsuntersuchungen und Sehvermögen bei Inhabern von Fahrerlaubnissen alten Rechts)

Inhaber einer Fahrerlaubnis der Klasse 3 oder einer ihr entsprechenden Fahrerlaubnis, die bis zum 31. Dezember 1998 erteilt worden ist, brauchen sich, soweit sie keine in Klasse CE fallenden Fahrzeugkombinationen führen, keinen ärztlichen Untersuchungen zu unterziehen. Bei einer Umstellung ihrer Fahrerlaubnis werden die Klassen C1 und C1E nicht befristet. Zusätzlich wird die Klasse CE mit Beschränkung auf bisher in Klasse 3 fallende Züge zugeteilt. Die Fahrerlaubnis dieser Klasse wird bis zu dem Tag befristet, an dem der Inhaber das 50. Lebensjahr vollendet. Für die Verlängerung der Fahrerlaubnis nach Ablauf der Geltungsdauer ist § 24 entsprechend anzuwenden. Fahrerlaubnisinhaber, die bis zum 31. Dezember 1998 das 50. Lebensjahr vollenden, müssen bei der Umstellung der Fahrerlaubnis für den Erhalt der beschränkten Klasse CE ihre Eignung nach Maßgabe von § 11 Absatz 9 und § 12 Absatz 6 in Verbindung mit den Anlagen 5 und 6 nachweisen. Wird die bis zum 31. Dezember 1998 erteilte Fahrerlaubnis nicht umgestellt, darf der Inhaber ab Vollendung des 50. Lebensjahres keine in Klasse CE fallende Fahrzeugkombinationen mehr führen. Für die Erteilung einer Fahrerlaubnis dieser Klasse ist anschließend § 24 Absatz 2 entsprechend anzuwenden. Für Fahrerlaubnisinhaber, die bis zum 31. Dezember 1999 das 50. Lebensjahr vollendet haben, tritt Satz 7 am 1. Januar 2001 in Kraft. Bei der Umstellung einer bis zum 31. Dezember 1998 erteilten Fahrerlaubnis der Klasse 2 oder einer entsprechenden Fahrerlaubnis wird die Fahrerlaubnis der Klassen C und CE bis zu dem Tag befristet, an dem der Inhaber das 50. Lebensjahr vollendet. Für die Verlängerung der Fahrerlaubnis und die Erteilung nach Ablauf der Geltungsdauer ist § 24 entsprechend anzuwenden. Fahrerlaubnisinhaber, die bis zum 31. Dezember 1998 das 50. Lebensjahr vollenden, müssen bei der Umstellung der Fahrerlaubnis ihre Eignung nach Maßgabe von § 11 Absatz 9 und § 12 Absatz 6 in Verbindung mit den Anlagen 5 und 6 nachweisen. Wird die bis zum 31. Dezember 1998 erteilte Fahrerlaubnis nicht umgestellt, darf der Inhaber ab Vollendung des 50. Lebensjahres keine Fahrzeuge oder Fahrzeugkombinationen der Klassen C oder CE mehr führen, § 6 Absatz 3 Nummer 6 bleibt unberührt. Für die Erteilung einer Fahrerlaubnis dieser Klassen ist anschließend § 24 Absatz 2 entsprechend anzuwenden. Für Fahrerlaubnisinhaber, die bis zum 31. Dezember 1999 das 50. Lebensjahr vollendet haben, tritt Satz 13 am 1. Januar 2001 in Kraft. Bescheinigungen über die ärztliche Untersuchung oder Zeugnisse über die augenärztliche Untersuchung des Sehvermögens, die nach den bis zum Ablauf des 14. Juni 2007 vorgeschriebenen Mustern ausgefertigt worden sind, bleiben zwei Jahre gültig. Bescheinigungen über die ärztliche Untersuchung oder Zeugnisse über die augenärztliche Untersuchung des Sehvermögens, die den Mustern der Anlagen 5 und 6 in der bis zum Ablauf des 14. Juni 2007 geltenden Fassung entsprechen, dürfen bis zum 1. September 2007 weiter ausgefertigt werden.

10. §§ 15 bis 18 (Fahrerlaubnisprüfung)

Ab dem 19. Januar 2013 werden Fahrerlaubnisprüfungen nur noch nach den ab diesem Tag geltenden Vorschriften durchgeführt. Bewerbern, die den Antrag auf Erteilung der Fahrerlaubnis bis zum Ablauf des 18. Januar 2013 stellen und die bis zu diesem Tag das bis dahin geltende Mindestalter erreicht haben, wird die Fahrerlaubnis unter den bis zum Ablauf des 18. Januar 2013 geltenden Voraussetzungen erteilt. Wird die beantragte Fahrerlaubnis bis zum Ablauf des 18. Januar 2013 nicht erteilt, wird der Antrag wie folgt umgedeutet:

Antrag auf Klasse	in Antrag auf Klasse
M	AM
S	AM
A (beschränkt)	A2

Wird die beantragte Fahrerlaubnis nicht bis zum Ablauf des 18. Januar 2013 erteilt, gelten für eine ab dem 19. Januar 2013 erteilte Fahrerlaubnis die Mindestalterregelungen in der bis zum Ablauf des 18. Januar 2013 geltenden Fassung. Bewerbern, die den Antrag auf Erteilung der Fahrerlaubnis bis zum Ablauf des 18. Januar 2013 stellen, das bis dahin geltende Mindestalter jedoch erst nach diesem Zeitpunkt erreichen, wird die Fahrerlaubnis in den neuen Klassen erteilt, die den beantragten nach der Gegenüberstellung in der dem Satz 3 folgenden Tabelle entsprechen. Eine theoretische Prüfung, die der Bewerber bis zum Ablauf des 18. Januar 2013 für eine der Klassen alten Rechts abgelegt hat, bleibt ein Jahr auch für die in der dem Satz 3 folgenden Tabelle genannte entsprechende neue Klasse gültig.

11. § 17 Absatz 6 (Aufhebung der Beschränkung der Fahrerlaubnis)

Auf Antrag wird eine bis zum Ablauf des 18. Januar 2013 erfolgte Beschränkung der Fahrerlaubnis auf Fahrzeuge ohne Schaltgetriebe aufgehoben, sofern der Fahrerlaubnisinhaber die Fahrerlaubnis der Klasse B auf einem Fahrzeug mit Schaltgetriebe erworben hat.

11a. § 19 (Weitergeltung von Bescheinigungen über Erste Hilfe)

Bescheinigungen über die Teilnahme an einer Ausbildung in Erster Hilfe gelten unbefristet bei einem Antrag auf Erteilung einer Fahrerlaubnis als Nachweis im Sinne des § 21 Absatz 3 Nummer 5.

11b. §§ 20 und 24 Absatz 2 (Neuerteilung der Fahrerlaubnis nach Entziehung einer oder Verzicht auf eine Fahrerlaubnis, erneute Erteilung einer auf Grund des Ablaufs der Geltungsdauer erloschenen Fahrerlaubnis)

Personen, denen eine Fahrerlaubnis entzogen worden ist oder die einen Verzicht auf ihre Fahrerlaubnis erklärt haben, wird im Rahmen der Neuerteilung nach § 20 vorbehaltlich der Bestimmungen des Satzes 4 sowie der Nummer 9 die Fahrerlaubnis im Umfang der Anlage 3 erteilt. Personen, deren Fahrerlaubnis auf Grund des Ablaufs der Geltungsdauer erloschen ist, wird im Rahmen der Neuerteilung nach § 24 Absatz 2 vorbehaltlich der Bestimmungen des Satzes 4 sowie der Nummer 9 die Fahrerlaubnis im Umfang der Anlage 3 erneut erteilt. Wurde vor dem 1. Januar 2015 eine Fahrerlaubnis neu erteilt, wird auf Antrag vorbehaltlich der Bestimmungen des Satzes 4 sowie der Nummer 9 die Fahrerlaubnis im Umfang der Anlage 3 erteilt. Die Fahrerlaubnisbehörde ordnet eine Fahrerlaubnisprüfung an, wenn Tatsachen vorliegen, die die Annahme rechtfertigen, dass der Bewerber die nach § 16 Absatz 1 und § 17 Absatz 1 erforderlichen Kenntnisse und Fähigkeiten nicht mehr besitzt.

11c. § 22 (Verfahren bei der Behörde und der Technischen Prüfstelle)

Sofern Führerscheine bis zum Ablauf des 18. Januar 2013 ausgestellt worden sind, können diese auch ab dem 19. Januar 2013 ausgehändigt werden, sofern die Fahrerlaubnis bis zum Ablauf des 18. Januar 2013 erworben wurde.

12. § 22 Absatz 2, § 25 Absatz 4 (Einholung von Auskünften)

Sind die Daten des Betreffenden noch nicht im Zentralen Fahrerlaubnisregister gespeichert, können die Auskünfte nach § 22 Absatz 2 Satz 2 und § 25 Absatz 4 Satz 1 aus den örtlichen Fahrerlaubnisregistern eingeholt werden.

12a. § 22 Absatz 4 Satz 7 und Anlage 8a (Vorläufiger Nachweis der Fahrerlaubnis)

Ein Vorläufiger Nachweis der Fahrerlaubnis darf bis zum 1. April 2016 nach dem bis zum Ablauf des 20. Oktober 2015 geltenden Muster ausgestellt werden.

12b. § 22a Absatz 2 Nummer 4, auch in Verbindung mit § 48a Absatz 3, ist erst ab dem 1. April 2016 anzuwenden.

12c. § 23 Absatz 1 (Geltungsdauer der Fahrerlaubnis)

Die Geltungsdauer einer Fahrerlaubnis der Klassen C1 und C1E, die ab dem 1. Januar 1999 und bis zum Ablauf des 27. Dezember 2016 erteilt wurde, endet mit Vollendung des 50. Lebensjahres des Inhabers.

13. § 25 Absatz 1 und Anlage 8, § 26 Absatz 1 und Anlage 8, § 48 Absatz 3 und Anlage 8 (Führerscheine, Fahrerlaubnis zur Fahrgastbeförderung)

Führerscheine, die nach den bis zum 1. Mai 2015 vorgeschriebenen Mustern oder nach den Vorschriften der Deutschen Demokratischen Republik, auch solche der Nationalen Volksarmee, ausgefertigt worden sind, bleiben gültig. Bis zum 18. Januar 2013 erteilte Fahrerlaubnisse zur Fahrgastbeförderung in Kraftomnibussen, Taxen, Mietwagen, Krankenkraftwagen oder Personenkraftwagen, mit denen Ausflugsfahrten oder Ferienziel-Reisen (§ 48 Personenbeförderungsgesetz) durchgeführt werden und entsprechende Führerscheine bleiben zum zum Ablauf ihrer bisherigen Befristung gültig. Die Regelung in Nummer 9 bleibt unberührt.

13a. § 29 (Ausländische Fahrerlaubnisse)

Ein Internationaler Führerschein, der bis zum 31. Dezember 2010 nach Artikel 41 und Anhang 7 des Übereinkommens über den Straßenverkehr vom 8. November 1968 in der bis zum 31. Dezember 2010 geltenden Fassung im Ausland ausgestellt wurde, berechtigt im Rahmen seiner Gültigkeitsdauer zum Führen von Kraftfahrzeugen im Inland.

14. § 48 Absatz 3 (Weitergeltung der bisherigen Führerscheine zur Fahrgastbeförderung)

Führerscheine zur Fahrgastbeförderung, die nach den bis zum 1. September 2002 vorgeschriebenen Mustern ausgefertigt sind, bleiben gültig. Führerscheine zur Fahrgastbeförderung, die dem Muster 4 der Anlage 8 in der bis zum 1. September 2002 geltenden Fassung entsprechen, dürfen bis zum 31. Dezember 2002 weiter ausgefertigt werden.

15. Anlage 8b (Prüfungsbescheinigung zum „Begleiteten Fahren ab 17 Jahre")
Eine Prüfungsbescheinigung zum „Begleiteten Fahren ab 17 Jahre" darf bis zum 1. April 2016 nach dem bis zum Ablauf des 20. Oktober 2015 geltenden Muster der Anlage 8a ausgestellt werden.

16. *(aufgehoben)*

17. §§ 66 und 70 (Anerkennung von Trägern von Begutachtungsstellen für Fahreignung und Trägern, die Kurse zur Wiederherstellung der Kraftfahreignung nach § 70 durchführen)
Die bestehenden Anerkennungen von Begutachtungsstellen für Fahreignung nach § 66 und Kursen zur Wiederherstellung der Kraftfahreignung nach § 70 müssen bis zum Ablauf des 31. Dezember 2018 den geänderten Vorschriften angepasst werden; davon ausgenommen sind die Regelungen nach Anlage 14 Absatz 2 Nummer 7 und Anlage 15 Absatz 2 Nummer 6. Bis zu diesem Zeitpunkt ist der Anerkennungsbehörde ein Gutachten der Bundesanstalt vorzulegen, dass die ab dem 1. Mai 2014 geltenden Anforderungen gemäß der Anlage 14 Absatz 2 Nummer 8 und der Anlage 15 Absatz 2 Nummer 7 erfüllt werden. Die Bestätigung durch eine unabhängige Stelle nach Anlage 14 Absatz 2 Nummer 7 ist spätestens bis zum 25. Juni 2021 nachzuweisen. Die Bestätigung durch eine unabhängige Stelle nach Anlage 15 Absatz 2 Nummer 6 ist spätestens drei Jahre, nachdem erstmals eine unabhängige Stelle nach § 71b Satz 2 in Verbindung mit § 71a Absatz 2 Satz 1 anerkannt worden ist, nachzuweisen. Das Bundesministerium für Verkehr und digitale Infrastruktur gibt die erstmaligen Anerkennungen mit Datum im Verkehrsblatt bekannt. Die Bestätigung nach Anlage 5 Nummer 2 Satz 2 muss bis zum Ablauf der in Satz 3 genannten Frist vorliegen.

18. § 68 (Anerkennung von Stellen für die Unterweisung in lebensrettenden Sofortmaßnahmen und für die Schulung in Erster Hilfe)
Nach den bis zum Ablauf des 20. Oktober 2015 anerkannte Stellen für die Unterweisungen in lebensrettenden Sofortmaßnahmen können bis zum Ablauf des 31. Dezember 2015 Unterweisungen in lebensrettenden Sofortmaßnahmen durchführen.

19. § 74 Absatz 4 (Ausnahmegenehmigungen)
Ausnahmegenehmigungen dürfen bis zum Ablauf des 31. Dezember 2015 auf dem bis zum Ablauf des 20. Oktober 2015 zulässigen Trägermaterial ausgestellt werden.

20. Bescheinigungen, die nach § 1 Absatz 2 der Dritten Verordnung über Ausnahmen von den Vorschriften der Fahrerlaubnis-Verordnung vom 22. April 2013 (BGBl. I S. 940) ausgestellt worden sind, gelten noch bis zum Ablauf ihrer Geltungsdauer fort. Mit Erreichen des Mindestalters nach § 10 Absatz 1 Satz 1 Nummer 1 der Fahrerlaubnis-Verordnung händigt die Fahrerlaubnisbehörde dem Fahrerlaubnisinhaber auf Antrag einen Führerschein nach Anlage 8 Muster 1 der Fahrerlaubnis-Verordnung aus. In Ländern, die von der Ermächtigung nach § 6 Absatz 5a des Straßenverkehrsgesetzes Gebrauch gemacht haben, findet die Dritte Verordnung über Ausnahmen von den Vorschriften der Fahrerlaubnis-Verordnung keine Anwendung mehr.

Begr: BR-Drs. 443/98 S. 318   1

Begr zur ÄndVO v. 7.8.02: BR-Drs. 497/02 S. 77

Begr zur ÄndVO v. 14.6.06 **zu Nr. 8a:** BR-Drs. 212/06 S. 4

Begr zur ÄndVO v. 6.6.07 (BGBl. I S. 1045) **zu Nr. 9:** VkBl. **08** 253

Begr zur ÄndVO v. 18.7.08 **zu Nr. 1, 5 S. 2, 7, 9 S. 5, 10, 11, 15, 18:** VkBl. **08** 571

Begr zur ÄndVO v. 17.12.10 **zu Nr. 9 S. 3, Nr. 11a und Nr. 13a:** VkBl. **11** 84

Begr zur ÄndVO v. 7.1.11 **zu Nr. 6, 7, 8, 10:** BR-Drs. 660/10 S. 62 = VkBl. **11** 114, BR-Drs. 660 (Beschluss) S. 8

Begr zur ÄndVO v. 10.1.13 **zu Nr. 6, 7, 10, 11a, 11b:** BR-Drs. 683/12 S. 56 f. = VkBl. **13** 84

Begr zur ÄndVO v. 16.12.14 **zu Nr. 11a:** BR-Drs. 460/14 (Beschluss) S. 3

Begr zur ÄndVO v. 14.8.17 **zu Nr. 8a bis 8g** (BR-Drs. 417/17 S. 40): *Die Aufnahme dieser Regelung dient der Dokumentation des Besitzstandes für Fahrerlaubnisinhaber, die a) bis zum 18.1.2013*

– *also vor Inkrafttreten der Richtlinie 2006/126/EG – und b) ab dem 19.1.2013 und bis zum 27.12.2016 – vor Inkrafttreten der Elften Verordnung zur Änderung der Fahrerlaubnisverordnung und anderer straßenverkehrsrechtlicher Vorschriften vom 21.12.2016 (BGBl. I S. 3083) ihre Fahrerlaubnis erworben haben.*

Begr zur ÄndVO v. 14.8.17 **zu Nr. 9 S. 3 und Nr. 12c:** BR–Drs. 417/17 S. 40

2   **Anm: Nr. 9** ist von der Ermächtigung des § 6 I Nr. 1 Buchst. x StVG gedeckt; Nr. 9 S. 10 ist grundgesetzkonform (OVG Hb DAR **07** 106).

Verweis auf technische Regelwerke

77 [1] Soweit in dieser Verordnung auf DIN-, EN- oder ISO/IEC-Normen Bezug genommen wird, sind diese im Beuth Verlag GmbH, 10772 Berlin, erschienen. [2] Sie sind beim Deutschen Patentamt archivmäßig gesichert niedergelegt.

Inkrafttreten

78 [1] Diese Verordnung tritt am Tag nach der Verkündung in Kraft. [2] Gleichzeitig tritt die Fahrerlaubnis-Verordnung vom 18. August 1998 (BGBl. I S. 2214), die zuletzt durch Artikel 3 der Verordnung vom 5. August 2009 (BGBl. I S. 2631) geändert worden ist, außer Kraft.

Anlage 3 (zu § 6 Absatz 6)

Umstellung von Fahrerlaubnissen alten Rechts und Umtausch von Führerscheinen nach bisherigen Mustern

Bei der Umstellung von Fahrerlaubnissen alten Rechts auf die neuen Klassen und den Umtausch von Führerscheinen nach den bisherigen Mustern werden folgende Klassen zugeteilt und im Führerschein bestätigt:

A. Fahrerlaubnisse und Führerscheine nach den Vorschriften der Bundesrepublik Deutschland

I. Fahrerlaubnisse nach der Straßenverkehrs-Zulassungs-Ordnung (Erteilungsdatum bis zum 31. Dezember 1998)

Lfd. Nr.	Fahrerlaubnisklasse (alt)	Datum der Erteilung der Fahrerlaubnis	Fahrerlaubnisklassen (neu)	Zuteilung nur auf Antrag Klasse (Schlüsselzahlen gemäß Anlage 9)	Weitere Berechtigungen oder Einschränkungen: Klasse und Schlüsselzahl gemäß Anlage 9[1]
1	1	vor dem 1.12.54	A, A2, A1, AM, B, L		L 174, 175
2	1	im Saarland nach dem 30.11.54 und vor dem 1.10.60	A, A2, A1, AM, B, L		L 174, 175
3	1	nach dem 30.11.54 und vor dem 1.1.89	A, A2, A1, AM, L		L 174, 175
4	1	nach dem 31.12.88	A, A2, A1, AM, L		L 174
5	1a	vor dem 1.1.89	A, A2, A1, AM, L[2]		L 174, 175
6	1a	nach dem 31.12.88	A, A2, A1, AM, L[2]		L 174
7	1 beschränkt auf Leichtkrafträder	nach dem 31.3.80 und vor dem 1.4.86	A1, AM, L		L 174, 175, A1 79.05
8	1b	vor dem 1.1.89	A1, AM, L		L 174, 175, A1 79.05
9	1b	nach dem 31.12.88	A1, AM, L		L 174, A1 79.05
10	2	vor dem 1.12.54	A, A2, A1, AM, B, BE, C1, C1E, C, CE, L, T		C 172, BE 79.06
11	2	im Saarland nach dem 30.11.54 und vor dem 1.10.60	A, A2, A1, AM, B, BE, C1, C1E, C, CE, L, T		C 172, BE 79.06
12	2	vor dem 1.4.80	A, A1, AM, B, BE, C1, C1E, C, CE, L, T		C 172, A1 79.05, A 79.03, A 79.04, BE 79.06
13	2	nach dem 31.3.80	A, A1, AM, B, BE, C1, C1E, C, CE, L, T		C 172, A1 79.03, A1 79.04, A 79.03, A 79.04, BE 79.06
14	2 beschränkt auf Kombinationen nach Art eines Sattelkraftfahrzeugs oder eines Lastkraftwagens mit drei Achsen	nach dem 31.12.85	A, A1, AM, B, BE, C1, C1E, C, CE, L	T[3]	C 172, A1 79.03, A1 79.04, A 79.03, A 79.04, BE 79.06, CE 79 (L ≤ 3)

Lfd. Nr.	Fahrerlaubnisklasse (alt)	Datum der Erteilung der Fahrerlaubnis	Fahrerlaubnisklassen (neu)	Zuteilung nur auf Antrag Klasse (Schlüsselzahlen gemäß Anlage 9)	Weitere Berechtigungen oder Einschränkungen: Klasse und Schlüsselzahl gemäß Anlage 9[1]
15	3 (a+b)	vor dem 1.12.54	A, A2, A1, AM, B, BE, C1, C1E, CE, L	T[3]	C1 171, L 174, 175, BE 79.06, CE 79 (C1E > 12 000 kg, L ≤ 3)
16	3	im Saarland nach dem 30.11.54 und vor dem 1.10.60	A, A2, A1, AM, B, BE, C1, C1E, CE, L	T[3]	C1 171, L 174, 175, BE 79.06, CE 79 (C1E > 12 000 kg, L ≤ 3)
17	3	vor dem 1.4.80	A, A1, AM, B, BE, C1, C1E, CE, L	T[3]	C1 171, L 174, 175, A1 79.05, A 79.03, A 79.04, BE 79.06, CE 79 (C1E > 12 000 kg, L ≤ 3)
18	3	nach dem 31.3.80 und vor dem 1.1.89	A, A1, AM, B, BE, C1, C1E, CE, L	T[3]	C1 171, L 174, 175, A1 79.03, A1 79.04, A 79.03, A 79.04, BE 79.06, CE 79 (C1E > 12 000 kg, L ≤ 3)
19	3	nach dem 31.12.88	A, A1, AM, B, BE, C1, C1E, CE, L	T[3]	C1 171, L 174, A1 79.03, A1 79.04, A 79.03, A 79.04, BE 79.06, CE 79 (C1E > 12 000 kg, L ≤ 3
20	4	vor dem 1.12.54	A, A2, A1, AM, B, L		L 174, 175
21	4	im Saarland nach dem 30.11.54 und vor dem 1.10.60	A, A2, A1, AM, B, L		L 174, 175
22	4	vor dem 1.4.80	A1, AM, L		L 174, 175, A1 79.05
23	4	nach dem 31.3.80 und vor dem 1.1.89	AM, L		L 174, 175
24	4	nach dem 31.12.88	AM, L		L 174
25	5	vor dem 1.4.80	AM, L		L 174, 175
26	5	nach dem 31.3.80 und vor dem 1.1.89	AM, L		L 174, 175
27	5	nach dem 31.12.88	L		L 174

II. Fahrerlaubnisse nach der Fahrerlaubnis-Verordnung (Erteilungsdatum vom 1. Januar 1999 bis zum 18. Januar 2013)

Lfd. Nr.	Fahrerlaubnisklasse (alt)	Fahrerlaubnisklassen (neu)	Weitere Berechtigungen oder Einschränkungen: Klasse und Schlüsselzahl gemäß Anlage 9[1]
1	A1	A1, AM	A1 79.05
2	A (beschränkt)	A[4], A2, A1, AM	

Lfd. Nr.	Fahrerlaubnisklasse (alt)	Fahrerlaubnisklassen (neu)	Weitere Berechtigungen oder Einschränkungen: Klasse und Schlüsselzahl gemäß Anlage 9[1]
3	A	A, A2, A1, AM	
4	B	A, A1, AM, B, L	A1 79.03, A1 79.04, A 79.03, A 79.04
5	BE	A, A1, AM, B, BE, L	A1 79.03, A1 79.04, A 79.03, A 79.04, BE 79.06
6	C1	A, A1, AM, B, C1, L	A1 79.03, A1 79.04, A 79.03, A 79.04
7	C1E	A, A1, AM, B, BE, C1, C1E, L	A1 79.03, A1 79.04, A 79.03, A 79.04, BE 79.06
8	C	A, A1, AM, B, C1, C, L	A1 79.03, A1 79.04, A 79.03, A 79.04
9	CE	A, A1, AM, B, BE, C1, C1E, C, CE, L, T	A1 79.03, A1 79.04, A 79.03, A 79.04, BE 79.06
10	D1	A, A1, AM, B, D1, L	A1 79.03, A1 79.04, A 79.03, A 79.04
11	D1E	A, A1, AM, B, BE, D1, D1E, L	A1 79.03, A1 79.04, A 79.03, A 79.04, BE 79.06
12	D	A, A1, AM, B, D1, D, L	A1 79.03, A1 79.04, A 79.03, A 79.04
13	DE	A, A1, AM, B, BE, D1, D1E, D, DE, L	A1 79.03, A1 79.04, A 79.03, A 79.04, BE 79.06
14	M	AM	
15	L	L	
16	S	AM	
17	T	AM, L, T	

III. Fahrerlaubnisse nach der Fahrerlaubnis-Verordnung (Erteilungsdatum vom 19. Januar 2013 bis zum Ablauf des 27. Dezember 2016)

Fahrerlaubnisklasse	Weitere Berechtigungen
B	194

B. Fahrerlaubnisse und Führerscheine nach den Vorschriften der Deutschen Demokratischen Republik (auf der Basis der Verkehrsblattverlautbarung vom 27. Juni 1994)

I. Vor dem 3. Oktober 1990 ausgestellte Führerscheine

Lfd. Nr.	DDR-Fahrerlaubnisklasse	Datum der Erteilung der Fahrerlaubnis	Fahrerlaubnisklassen (neu)	Zuteilung nur auf Antrag Klasse (Schlüsselzahlen gemäß Anlage 9)	Weitere Berechtigungen oder Einschränkungen: Klasse und Schlüsselzahl gemäß Anlage 9[1]
1	A	vor dem 1.12.54	A, A2, A1, AM, B, L		L 174, 175
2	A	nach dem 30.11.54 und vor dem 1.1.89	A, A2, A1, AM, L		L 174, 175
3	A	nach dem 31.12.88	A, A2, A1, AM, L		L 174
4	B (beschränkt auf Kraftwagen mit nicht mehr als 250 cm³ Hubraum, Elektrokarren – auch mit Anhänger – sowie maschinell angetriebene Krankenfahrstühle)	vor dem 1.12.54	A, A2, A1, AM, B, L		L 174, 175

Lfd. Nr.	DDR-Fahr-erlaubnis-klasse	Datum der Ertei-lung der Fahr-erlaubnis	Fahrerlaubnis-klassen (neu)	Zuteilung nur auf Antrag Klasse (Schlüssel-zahlen gemäß Anlage 9)	Weitere Berechti-gungen oder Ein-schränkungen: Klasse und Schlüsselzahl gemäß Anlage 9[1]
5	B (beschränkt)	nach dem 30.11.54 und vor dem 1.4.80	A, A1, AM, B, L		L 174, 175, A1 79.05, A 79.03, A 79.04
6	B (beschränkt)	nach dem 31.3.80 und vor dem 1.1.89	A, A1, AM, B, L		L 174, 175, A1 79.03, A1 79.04, A 79.03, A 79.04
7	B (beschränkt)	nach dem 31.12.88	A, A1, AM, B, L		L 174, A1 79.03, A1 79.04, A 79.03, A 79.04
8	B	vor dem 1.12.54	A, A2, A1, AM, B, BE, C, C1E, CE, L	T[3]	C1 171, L 174, A1 79.05, BE 79.06, CE 79 (C1E > 12 000 kg, L ≤ 3)
9	B	nach dem 30.11.54 und vor dem 1.4.80	A, A1, AM, B, BE, C1, C1E, CE, L	T[3]	C1 171, L 174, 175, A1 79.05, A 79.03, A 79.04, BE 79.06, CE 79 (C1E > 12 000 kg, L ≤ 3)
10	B	nach dem 31.3.80 und vor dem 1.1.89	A, A1, AM, B, BE, C1, C1E, CE, L	T[3]	C1 171, L 174, 175, A1 79.03, A1 79.04, A 79.03, A 79.04, BE 79.06, CE 79 (C1E > 12 000 kg, L ≤ 3)
11	B	nach dem 31.12.88	A, A1, AM, B, BE, C1, C1E, CE, L	T[3]	C1 171, L 174, A1 79.03, A1 79.04, A 79.03, A 79.04, BE 79.06, CE 79 (C1E > 12 000 kg, L ≤ 3)
12	C	vor dem 1.12.54	A, A2, A1, AM, B, BE, C1, C1E, C, CE, L	T[3]	C1 171, L 174, 175, BE 79.06, CE 79 (C1E > 12 000 kg, L ≤ 3)
13	C	nach dem 30.11.54 und vor dem 1.4.80	A, A1, AM, B, BE, C1, C1E, C, CE, L	T[3]	C 172, A1 79.05, A 79.03, A 79.04, BE 79.06, CE 79 (C1E > 12 000 kg, L ≤ 3)
14	C	nach dem 31.3.80	A, A1, AM, B, BE, C1, C1E, C, CE, L	T[3]	C 172, A1 79.03, A1 79.04, A 79.03, A 79.04, BE 79.06, CE 79 (C1E > 12 000 kg, L ≤ 3)
15	D		A, A1, AM, B, BE, C1, C1E, C, L, T		L 174, A1 79.03, A1 79.04, A 79.03, A 79.04, BE 79.06
16	BE	vor dem 1.1.89	A, A1, AM, B, BE, C1, C1E, CE, L	T[3]	C1 171, L 174, 175, A1 79.03, A1 79.04, A 79.03, A 79.04, BE 79.06, CE 79 (C1E > 12 000 kg, L ≤ 3)

Lfd. Nr.	DDR-Fahrerlaubnisklasse	Datum der Erteilung der Fahrerlaubnis	Fahrerlaubnisklassen (neu)	Zuteilung nur auf Antrag Klasse (Schlüsselzahlen gemäß Anlage 9)	Weitere Berechtigungen oder Einschränkungen: Klasse und Schlüsselzahl gemäß Anlage 9[1]
17	BE	nach dem 31.12.88	A, A1, AM, B, BE, C1, C1E, CE, L	T[3]	C1 171, L 174, A1 79.03, A1 79.04, A 79.03, A 79.04, BE 79.06, CE 79 (C1E > 12 000 kg, L ≤ 3)
18	CE		A, A1, AM, B, BE, C1, C1E, C, CE, L, T		C 172, A1 79.03, A1 79.04, A 79.03, A 79.04, BE 79.06
19	DE		A, A1, AM, B, BE, C1, C1E, L, T		A1 79.03, A1 79.04, A 79.03, A 79.04, BE 79.06
20	M	vor dem 1.12.54	A, A2, A1, AM, B, L		L 174, 175
21	M	nach dem 30.11.54 und vor dem 1.4.80	A1, AM, L		L 174, 175, A1 79.05
22	M	nach dem 31.3.80 und vor dem 1.1.89	AM, L		L 174, 175
23	M	nach dem 31.12.88	AM, L		L 174
24	T	vor dem 1.4.80	AM, L		L 174, 175
25	T	nach dem 31.3.80 und vor dem 1.1.89	L		L 174, 175
26	T	nach dem 31.12.88	L		L 174

II. Vor dem 1. Juni 1982 ausgestellte Führerscheine

Lfd. Nr.	DDR-Fahrerlaubnisklasse	Datum der Erteilung der Fahrerlaubnis	Fahrerlaubnisklassen (neu)	Zuteilung nur auf Antrag Klasse (Schlüsselzahlen gemäß Anlage 9)	Weitere Berechtigungen oder Einschränkungen: Klasse und Schlüsselzahl gemäß Anlage 9[1]
1	1	vor dem 1.12.54	A, A2, A1, AM, B, L		L 174, 175
2	1	nach dem 30.11.54	A, A2, A1, AM, L		L 174, 175
3	2	vor dem 1.12.54	A, A2, A1, AM, B, L		L 174, 175
4	2	nach dem 30.11.54 und vor dem 1.4.80	A, A1, AM, B, L		L 174, 175, A1 79.05, A 79.03, A 79.04
5	2	nach dem 31.3.80	A, A1, AM, B, L		L 174, 175, A1 79.03, A1 79.04, A 79.03, A 79.04
6	3	vor dem 1.12.54	A, A2, A1, AM, B, L		L 174, 175
7	3	nach dem 30.11.54 und vor dem 1.4.80	A1, AM, L		L 174, 175, A1 79.05
8	3	nach dem 31.3.80	AM, L		L 174, 175
9	4	vor dem 1.12.54	A, A2, A1, AM, B, BE, C1, C1E, CE, L	T[3]	C1 171, L 174, 175, BE 79.06, CE 79 (C1E > 12 000 kg, L ≤ 3)

Lfd. Nr.	DDR-Fahrer-laubnis-klasse	Datum der Ertei-lung der Fahr-erlaubnis	Fahrerlaubnisklassen (neu)	Zuteilung nur auf An-trag Klasse (Schlüssel-zahlen gemäß Anlage 9)	Weitere Berechtigun-gen oder Einschrän-kungen: Klasse und Schlüsselzahl gemäß Anlage 9[1]
10	4	nach dem 30.11.54 und vor dem 1.4.80	A, A1, AM, B, BE, C1, C1E, CE, L	T[3]	C1 171, L 174, 175, A1 79.05, A 79.03, A 79.04, BE 79.06, CE 79 (C1E > 12 000 kg, L ≤ 3)
11	4	nach dem 31.3.80	A, A1, AM, B, BE, C1, C1E, CE, L	T[3]	C1 171, L 174, 175, A1 79.03, A1 79.04, A 79.03, A 79.04, BE 79.06, CE 79 (C1E > 12 000 kg, L ≤ 3)
12	5	vor dem 1.12.54	A, A2, A1, AM, B, BE, C1, C1E, C, CE, L, T		C 172, BE 79.06
13	5	nach dem 30.11.54 und vor dem 1.4.80	A, A1, AM, B, BE, C1, C1E, C, CE, L, T		C 172, A1 79.05, A 79.03, A 79.04, BE 79.06
14	5	nach dem 31.3.80	A, A1, AM, B, BE, C1, C1E, C, CE, L, T		C 172, A1 79.03, A1 79.04, A 79.03, A 79.04, BE 79.06

III. Vor dem 1. April 1957 ausgestellte Führerscheine

Lfd. Nr.	DDR-Fahr-erlaubnisklasse	Datum der Erteilung der Fahr-erlaubnis	Fahrerlaubnis-klassen (neu)	Zuteilung nur auf Antrag Klasse (Schlüssel-zahlen gemäß Anlage 9)	Weitere Berechtigun-gen oder Einschrän-kungen: Klasse und Schlüsselzahl gemäß Anlage 9[1]
1	1		A, A2, A1, AM, B, L		L 174, 175
2	2		A, A2, A1, AM, B, BE, C1, C1E, C, CE, L, T		C 172, BE 79.06
3	3		A, A2, A1, AM, B, BE, C1, C1E, C, CE, L	T[3]	C1 171, L 174, 175, BE 79.06, CE 79 (C1E > 12000 kg, L ≤ 3)
4	4		A, A2, A1, AM, B, L		L 174, 175

IV. Vor dem 1. Juni 1982 ausgestellte Fahrerlaubnisscheine

Lfd. Nr.	DDR-Fahr-erlaubnisklasse	Datum der Erteilung der Fahrerlaubnis	Fahr-erlaubnis-klassen (neu)	Zuteilung nur auf Antrag Klasse (Schlüssel-zahlen gemäß Anlage 9)	Weitere Berechtigun-gen oder Einschrän-kungen: Klasse und Schlüsselzahl gemäß Anlage 9[1]
1	Langsam fahrende Fahrzeuge	vor dem 1.4.80	A1, AM, L		L 174, 175, A1 79.05
2	Langsam fahrende Fahrzeuge	nach dem 31.3.80	AM, L		L 174, 175
3	Kleinkrafträder	vor dem 1.4.80	A1, AM, L		L 174, 175, A1 79.05
4	Kleinkrafträder	nach dem 31.3.80	AM, L		L 174, 175

C. Dienstfahrerlaubnis der Bundeswehr

a) vor dem 1. Januar 1999 erteilt

Lfd. Nr.	Dienstfahrerlaubnisklasse	Zu erteilende Fahrerlaubnis-klassen	Zuteilung nur auf Antrag Klasse (Schlüsselzahlen gemäß Anlage 9)	Weitere Berechtigungen oder Einschränkungen: Klasse und Schlüssel-zahl gemäß Anlage 9[1]
1	A	A, A2, A1, AM, L		
2	A1	A, A2, A1, AM, L		
3	A2	A1, AM, L		A1 79.05
4	B	A, A1, AM, B, BE, C1, C1E, L		A1 79.03, A1 79.04, A 79.03, A 79.04, BE 79.06
5	C – 7,5 t	A, A1, AM, B, BE, C1, C1E, CE, L	T[3]	C1 171, A1 79.03, A1 79.04, A 79.03, A 79.04, BE 79.06, CE 79 (C1E > 12 000 kg, L ≤ 3)
6	C vor dem 1.10.1995 erteilt	A, A1, AM, B, BE, C1, C1E, C, CE, L, T		C 172, A1 79.03, A1 79.04, A 79.03, A 79.04, BE 79.06
7	C nach dem 30.9.1995 erteilt	A, A1, AM, B, BE, C1, C1E, C, CE, L	T[3]	C 172, A1 79.03, A1 79.04, A 79.03, A 79.04, BE 79.06, CE 79 (C1E > 12 000 kg, L ≤ 3)
8	D vor dem 1.10.1988 erteilt	A, A1, AM, B, BE, C1, C1E, C, L, T		A1 79.03, A1 79.04, A 79.03, A 79.04, BE 79.06
9	D nach dem 30.9.1988 erteilt	D1, D1E, D, DE		
10	C – 7,5 t E	A, A1, AM, B, BE, C1, C1E, CE, L	T[3]	C1 171, A1 79.03, A1 79.04, A 79.03, A 79.04, BE 79.06, CE 79 (C1E > 12 000 kg, L ≤ 3)
11	CE	A, A1, AM, B, BE, C1, C1E, C, CE, L, T		C 172, A1 79.03, A1 79.04, A 79.03, A 79.04, BE 79.06

b) ab dem 1. Januar 1999 und bis zum 18. Januar 2013 erteilt

Lfd. Nr.	Dienst-fahrer-laubnis-klasse	Zu erteilende Fahr-erlaubnisklasse(n)	Zuteilung nur auf Antrag Klasse (Schlüsselzahlen gemäß Anlage 9)	Weitere Berechtigungen oder Einschränkungen: Klas-se und Schlüsselzahl gemäß Anlage 9[1]
1	A	A, A2, A1, AM		
2	A1	A1, AM		A1 79.05
3	B	A, A1, AM, B, L		A1 79.03, A1 79.04, A 79.03, A 79.04
4	BE	A, A1, AM, B, BE, L		A1 79.03, A1 79.04, A 79.03, A 79.04, BE 79.06
5	C1	A, A1, AM, B, C1, L		A1 79.03, A1 79.04, A 79.03, A 79.04
6	C1E	A, A1, AM, B, BE, C1, C1E, L		A1 79.03, A1 79.04, A 79.03, A 79.04, BE 79.06
7	C	A, A1, AM, B, C1, C, L		A1 79.03, A1 79.04, A 79.03, A 79.04

Lfd. Nr.	Dienst-fahrer-laubnis-klasse	Zu erteilende Fahr-erlaubnisklasse(n)	Zuteilung nur auf Antrag Klasse (Schlüsselzahlen gemäß Anlage 9)	Weitere Berechtigungen oder Einschränkungen: Klas-se und Schlüsselzahl gemäß Anlage 9[1]
8	CE	A, A1, AM, B, BE, C1, C1E, C, CE, L, T		A1 79.03, A1 79.04, A 79.03, A 79.04, BE 79.06
9	D1	A, A1, AM, B, D1, L		A1 79.03, A1 79.04, A 79.03, A 79.04
10	D1E	A, A1, AM, B, BE, D1, D1E, L		A1 79.03, A1 79.04, A 79.03, A 79.04, BE 79.06
11	D	A, A1, AM, B, D1, D, L		A1 79.03, A1 79.04, A 79.03, A 79.04
12	DE	A, A1, AM, B, BE, D1, D1E, D, DE, L		A1 79.03, A1 79.04, A 79.03, A 79.04, BE 79.06
13	L	L		
14	M	AM		
15	T	AM, T, L		

[1] **(Amtl. Anm.:)** Bei Verzicht auf die Klasse A2 wird die Schlüsselzahl 79.05 eingetragen, sofern die Klasse A1 zugeteilt ist.

[2] **(Amtl. Anm.:)** Bei der Umstellung einer Fahrerlaubnis der Klasse 1a wird als Datum der Erteilung der Klas-se A das Datum der Erteilung der Klasse 1a eingetragen.

[3] **(Amtl. Anm.:)** Erfolgt die Zuteilung der Klasse T nur auf Antrag, wird diese nur in der Land- oder Forstwirt-schaft tätigen Personen zugeteilt.

[4] **(Amtl. Anm.:)** Die Zuteilung der Klasse A erfolgt nur, sofern der Antragsteller zuvor mindestens zwei Jahren im Besitz einer Fahrerlaubnis der Klasse A (beschränkt) war.

Anlage 4 (zu den §§ 11, 13 und 14)

Eignung und bedingte Eignung zum Führen von Kraftfahrzeugen

Vorbemerkung

1. Die nachstehende Aufstellung enthält häufiger vorkommende Erkrankungen und Mängel, die die Eignung zum Führen von Kraftfahrzeugen längere Zeit beeinträchtigen oder aufheben können. Nicht aufgenommen sind Erkrankungen, die seltener vorkommen oder nur kurzzeitig andauern (z. B. grippale Infekte, akute infektiöse Magen-/Darmstörungen, Migräne, Heuschnupfen, Asthma).
2. Grundlage der im Rahmen der §§ 11, 13 oder 14 vorzunehmenden Beurteilung, ob im Einzelfall Eignung oder bedingte Eignung vorliegt, ist in der Regel ein ärztliches Gutachten (§ 11 Absatz 2 Satz 3), in besonderen Fällen ein medizinisch-psychologisches Gutachten (§ 11 Absatz 3) oder ein Gutachten eines amtlich anerkannten Sachverständigen oder Prüfers für den Kraftfahrzeugverkehr (§ 11 Absatz 4).
3. Die nachstehend vorgenommenen Bewertungen gelten für den Regelfall. Kompensationen durch besondere menschliche Veranlagung, durch Gewöhnung, durch besondere Einstellung oder durch besondere Verhaltenssteuerungen und -umstellungen sind möglich. Ergeben sich im Einzelfall in dieser Hinsicht Zweifel, kann eine medizinisch-psychologische Begutachtung angezeigt sein.

Krankheiten, Mängel	Eignung oder bedingte Eignung		Beschränkungen/Auflagen bei bedingter Eignung	
	Klassen A, A1, A2, B, BE, AM, L, T	Klassen C, C1, CE, C1E, D, D1, DE, D1E, FzF	Klassen A, A1, A2, B, BE, AM, L, T	Klassen C, C1, CE, C1E, D, D1, DE, D1E, FzF
1. **Mangelndes Sehvermögen** siehe Anlage 6				
2. hochgradige Schwerhörigkeit (Hörverlust von 60% und mehr), ein- oder beidseitig sowie Gehörlosigkeit, ein- oder beidseitig	ja, wenn nicht gleichzeitig andere schwerwiegende Mängel (z. B. Sehstörungen, Gleichgewichtsstörungen) vorliegen	ja, wenn nicht gleichzeitig andere schwerwiegende Mängel (z. B. Sehstörungen, Gleichgewichtsstörungen) vorliegen	–	Fachärztliche Eignungsuntersuchung. Regelmäßige ärztliche Kontrollen. Vorherige Bewährung von drei Jahren Fahrpraxis auf Kfz der Klasse B. Bei Vorliegen einer hochgradigen Hörstörung muss – soweit möglich – die Versorgung und das Tragen einer adäquaten Hörhilfe nach dem aktuellen Stand der medizinisch-technisch und audiologisch-technischen Kenntnisse erfolgen.
3. **Bewegungsbehinderungen**	ja	ja	ggf. Beschränkung auf bestimmte Fahrzeugarten oder Fahrzeuge, ggf. mit besonderen technischen Vorrichtungen gemäß ärztlichem Gutachten, evtl. zusätzlich medizinisch-psychologisches Gutachten	

Krankheiten, Mängel	Eignung oder bedingte Eignung		Beschränkungen/Auflagen bei bedingter Eignung	
	Klassen A, A1, A2, B, BE, AM, L, T	Klassen C, C1, CE, C1E, D, D1, DE, D1E, FzF	Klassen A, A1, A2, B, BE, AM, L, T	Klassen C, C1, CE, C1E, D, D1, DE, D1E, FzF
			und/oder Gutachten eines amtlich anerkannten Sachverständigen oder Prüfers. Auflage: regelmäßige ärztliche Kontrolluntersuchungen; können entfallen, wenn Behinderung sich stabilisiert hat.	

4.	**Herz- und Gefäßkrankheiten**			
4.1.1	Herzrhythmusstörungen mit anfallsweiser Bewusstseinstrübung oder Bewusstlosigkeit	nein	nein	–	–
4.1.2	– nach erfolgreicher Behandlung durch Arzneimittel oder Herzschrittmacher	ja, kardiologische Untersuchung	ja, kardiologische Untersuchung	Kontrollen gemäß Begutachtungsleitlinien	Kontrollen gemäß Begutachtungsleitlinien
4.2	Hypertonie (zu hoher Blutdruck)				
4.2.1	Erhöhter Blutdruck mit zerebraler Symptomatik und/oder Sehstörungen	nein	nein	–	–
4.2.2	Blutdruckwerte > 180 mmHg systolisch und/oder > 110 mmHg diastolisch	in der Regel ja, fachärztliche Untersuchung	Einzelfallentscheidung fachärztliche Untersuchung	regelmäßige ärztliche Kontrollen	regelmäßige ärztliche Kontrollen
4.3	Hypotonie (zu niedriger Blutdruck)				
4.3.1	In der Regel kein Krankheitswert	ja	ja	–	–
4.4	Akutes Koronarsyndrom (Herzinfarkt)				
4.4.1	EF > 35 Prozent	ja bei komplikationslosem Verlauf, Kardiologische Untersuchung	Fahreignung kann sechs Wochen nach dem Ereignis gegeben sein, kardiologische Untersuchung		
4.4.2	EF ≤ 35 Prozent oder akute dekompensierte Herzinsuffizienz im Rahmen eines akuten Herzinfarktes	Fahreignung kann vier Wochen nach dem Ereignis gegeben sein	in der Regel nein, kardiologische Untersuchung	–	–
4.5	Herzleistungsschwäche durch angeborene oder erworbene Herzfehler oder sonstige Ursachen				
4.5.1	NYHA I (Herzerkrankung ohne körperliche Limitation)	ja, fachärztliche Untersuchung	ja, wenn EF > 35 Prozent fachärztliche Untersuchung	–	jährlich kardiologische Kontrolluntersuchungen

Krankheiten, Mängel	Eignung oder bedingte Eignung		Beschränkungen/Auflagen bei bedingter Eignung	
	Klassen A, A1, A2, B, BE, AM, L, T	Klassen C, C1, CE, C1E, D, D1, DE, D1E, FzF	Klassen A, A1, A2, B, BE, AM, L, T	Klassen C, C1, CE, C1E, D, D1, DE, D1E, FzF
4.5.2 NYHA II (leichte Einschränkung der körperlichen Leistungsfähigkeit)	ja, fachärztliche Untersuchung	ja, wenn EF > 35 Prozent fachärztliche Untersuchung	–	jährlich kardiologische Kontrolluntersuchungen
4.5.3 NYHA III (Beschwerden bei geringer körperlicher Belastung)	ja (wenn stabil), fachärztliche Untersuchung	nein	–	–
4.5.4 NYHA IV (Beschwerden in Ruhe)	nein	nein	–	–
4.6 Periphere arterielle Verschlusskrankheit				
4.6.1 – bei Ruheschmerz	nein	nein	–	–
4.6.2 – nach Intervention	Fahreignung nach 24 Stunden	Fahreignung nach einer Woche, fachärztliche (internistische/chirurgische) Untersuchung	–	–
4.6.3 – nach Operation	Fahreignung nach einer Woche	Fahreignung nach vier Wochen, fachärztliche (internistische/chirurgische) Untersuchung	–	–
4.6.4 Aortenaneurysma – asymptomatisch	keine Einschränkung, fachärztliche (internistische/chirurgische) Untersuchung	keine Einschränkung bei einem Aortendurchmesser bis 5,5 cm. Keine Fahreignung bei einem Aortendurchmesser > 5,5 cm, fachärztliche (internistische/chirurgische) Untersuchung und Kontrollen des Aneurysmadurchmessers	–	–
4.6.5 Aortenaneurysma – nach erfolgreicher Operation/Intervention	Fahreignung zwei bis vier Wochen nach dem Eingriff, fachärztliche (internistische/chirurgische) Untersuchung	Fahreignung drei Monate nach dem Eingriff, fachärztliche (internistische/chirurgische) Untersuchung	–	Kontrollen des Aneurysmadurchmessers

Dauer

Krankheiten, Mängel		Eignung oder bedingte Eignung		Beschränkungen/Auflagen bei bedingter Eignung	
		Klassen A, A1, A2, B, BE, AM, L, T	Klassen C, C1, CE, C1E, D, D1, DE, D1E, FzF	Klassen A, A1, A2, B, BE, AM, L, T	Klassen C, C1, CE, C1E, D, D1, DE, D1E, FzF
5.	**Diabetes mellitus (Zuckerkrankheit)**				
5.1	Neigung zu schweren Stoffwechselentgleisungen	nein	nein	–	–
5.2	Bei erstmaliger Stoffwechselentgleisung oder neuer Einstellung	ja, nach Einstellung	ja, nach Einstellung	–	–
5.3	Bei ausgeglichener Stoffwechsellage unter der Therapie mit oralen Antidiabetika mit niedrigem Hypoglykämierisiko	ja	ja, bei guter Stoffwechselführung ohne Unterzuckerung über drei Monate	–	regelmäßige ärztliche Kontrollen
5.4	Bei medikamentöser Therapie mit hohem Hypoglykämierisiko (z. B. Insulin)	ja, bei ungestörter Hypoglykämiewahrnehmung	ja, bei guter Stoffwechselführung ohne schwere Unterzuckerung über drei Monate und ungestörter Hypoglykämiewahrnehmung	–	fachärztliche Begutachtung alle drei Jahre, regelmäßige ärztliche Kontrollen
5.5	Wiederholt auftretende schwere Hypoglykämien im Wachzustand	für die Dauer von drei Monaten nach dem letzten Ereignis nicht geeignet. Eine stabile Stoffwechsellage und eine ungestörte Hypoglykämiewahrnehmung sind sicherzustellen, fachärztliche Begutachtung	Keine wiederholt schwere Hypoglykämie in den letzten zwölf Monaten. Unter besonders günstigen Umständen ggf. auch kürzere Frist möglich. Der Zeitraum bis zur Wiedererlangung der Fahreignung beträgt mindestens drei Monate, fachärztliche Begutachtung	regelmäßige ärztliche Kontrollen	regelmäßige ärztliche Kontrollen
5.6	Bei Komplikationen siehe auch Nummer 1, 4, 6, 10				
6.	**Krankheiten des Nervensystems**				
6.1	Erkrankungen und Folgen von Verletzungen des Rückenmarks	ja abhängig von der Symptomatik	nein	bei fortschreitendem Verlauf Nachuntersuchungen	–

Krankheiten, Mängel		Eignung oder bedingte Eignung		Beschränkungen/Auflagen bei bedingter Eignung	
		Klassen A, A1, A2, B, BE, AM, L, T	Klassen C, C1, CE, C1E, D, D1, DE, D1E, FzF	Klassen A, A1, A2, B, BE, AM, L, T	Klassen C, C1, CE, C1E, D, D1, DE, D1E, FzF
6.2	Erkrankungen der neuromuskulären Peripherie	ja abhängig von der Symptomatik	nein	bei fortschreitendem Verlauf Nachuntersuchungen	–
6.3	Parkinsonsche Krankheit	ja bei leichten Fällen und erfolgreicher Therapie	nein	Nachuntersuchungen in Abständen von ein, zwei und vier Jahren	–
6.4	Kreislaufabhängige Störungen der Hirntätigkeit	ja nach erfolgreicher Therapie und Abklingen des akuten Ereignisses ohne Rückfallgefahr	nein	Nachuntersuchungen in Abständen von ein, zwei und vier Jahren	–
6.5	Zustände nach Hirnverletzungen und Hirnoperationen, angeborene und frühkindliche erworbene Hirnschäden				
6.5.1	Schädelhirnverletzungen oder Hirnoperationen ohne Substanzschäden	ja in der Regel nach drei Monaten	ja in der Regel nach drei Monaten	bei Rezidivgefahr nach Operationen von Hirnkrankheiten Nachuntersuchung	bei Rezidivgefahr nach Operationen von Hirnkrankheiten Nachuntersuchung
6.5.2	Substanzschäden durch Verletzungen oder Operationen	ja unter Berücksichtigung von Störungen der Motorik, chron.-hirnorganischer Psychosyndrome und hirnorganischer Wesensänderungen	ja unter Berücksichtigung von Störungen der Motorik, chron.-hirnorganischer Psychosyndrome und hirnorganischer Wesensänderungen	bei Rezidivgefahr nach Operationen von Hirnkrankheiten Nachuntersuchung	bei Rezidivgefahr nach Operationen von Hirnkrankheiten Nachuntersuchung
6.5.3	Angeborene oder frühkindliche Hirnschäden siehe Nummer 6.5.2				
6.6	Epilepsie	ausnahmsweise ja, wenn kein wesentliches Risiko von Anfallsrezidiven mehr besteht, z. B. ein Jahr anfallsfrei	ausnahmsweise ja, wenn kein wesentliches Risiko von Anfallsrezidiven mehr besteht, z. B. fünf Jahre anfallsfrei ohne Therapie	Nachuntersuchungen	Nachuntersuchungen

Krankheiten, Mängel		Eignung oder bedingte Eignung		Beschränkungen/Auflagen bei bedingter Eignung	
		Klassen A, A1, A2, B, BE, AM, L, T	Klassen C, C1, CE, C1E, D, D1, DE, D1E, FzF	Klassen A, A1, A2, B, BE, AM, L, T	Klassen C, C1, CE, C1E, D, D1, DE, D1E, FzF
7.	**Psychische (geistige) Störungen**				
7.1	Organische Psychosen				
7.1.1	akut	nein	nein	–	–
7.1.2	nach Abklingen	ja abhängig von der Art und Prognose des Grundleidens, wenn bei positiver Beurteilung des Grundleidens keine Restsymptome und kein 7.2	ja abhängig von der Art und Prognose des Grundleidens, wenn bei positiver Beurteilung des Grundleidens keine Restsymptome und kein 7.2	in der Regel Nachuntersuchung	in der Regel Nachuntersuchung
7.2	chronische hirnorganische Psychosyndrome				
7.2.1	leicht	ja abhängig von Art und Schwere	ausnahmsweise ja	Nachuntersuchung	Nachuntersuchung
7.2.2	schwer	nein	nein	–	–
7.3	schwere Altersdemenz und schwere Persönlichkeitsveränderungen durch pathologische Alterungsprozesse	nein	nein	–	–
7.4	schwere Intelligenzstörungen/ geistige Behinderung				
7.4.1	leicht	ja wenn keine Persönlichkeitsstörung	ja wenn keine Persönlichkeitsstörung	–	–
7.4.2	schwer	ausnahmsweise ja, wenn keine Persönlichkeitsstörung (Untersuchung der Persönlichkeitsstruktur und des individuellen Leistungsvermögens)	ausnahmsweise ja, wenn keine Persönlichkeitsstörung (Untersuchung der Persönlichkeitsstruktur und des individuellen Leistungsvermögens)	–	–
7.5	Affektive Psychosen				
7.5.1	bei allen Manien und sehr schweren Depressionen	nein	nein	–	–
7.5.2	nach Abklingen der manischen Phase und der relevanten Symptome einer sehr schweren Depression	ja wenn nicht mit einem Wiederauftreten gerechnet werden	ja bei Symptomfreiheit	regelmäßige Kontrollen	regelmäßige Kontrollen

Krankheiten, Mängel		Eignung oder bedingte Eignung		Beschränkungen/Auflagen bei bedingter Eignung	
		Klassen A, A1, A2, B, BE, AM, L, T	Klassen C, C1, CE, C1E, D, D1, DE, D1E, FzF	Klassen A, A1, A2, B, BE, AM, L, T	Klassen C, C1, CE, C1E, D, D1, DE, D1E, FzF
		muss, ggf. unter medikamentöser Behandlung			
7.5.3	bei mehreren manischen oder sehr schweren depressiven Phasen mit kurzen Intervallen	nein	nein	–	–
7.5.4	nach Abklingen der Phasen	ja wenn Krankheitsaktivität geringer und mit einer Verlaufsform in der vorangegangenen Schwere nicht mehr gerechnet werden muss	nein	regelmäßige Kontrollen	–
7.6	Schizophrene Psychosen				
7.6.1	akut	nein	nein	–	–
7.6.2	nach Ablauf	ja wenn keine Störungen nachweisbar sind, die das Realitätsurteil erheblich beeinträchtigen	ausnahmsweise ja, nur unter besonders günstigen Umständen	–	–
7.6.3	bei mehreren psychotischen Episoden	ja	ausnahmsweise ja, nur unter besonders günstigen Umständen	regelmäßige Kontrollen	regelmäßige Kontrollen
8.	**Alkohol**				
8.1	Missbrauch (Das Führen von Fahrzeugen und ein die Fahrsicherheit beeinträchtigender Alkoholkonsum kann nicht hinreichend sicher getrennt werden.)	nein	nein	–	–
8.2	nach Beendigung des Missbrauchs	ja wenn die Änderung des Trinkverhaltens gefestigt ist	ja wenn die Änderung des Trinkverhaltens gefestigt ist	–	–
8.3	Abhängigkeit	nein	nein	–	–
8.4	nach Abhängigkeit (Entwöhnungsbehandlung)	ja wenn Abhängigkeit nicht mehr besteht und in der Regel ein Jahr	ja wenn Abhängigkeit nicht mehr besteht und in der Regel ein Jahr	–	–

Dauer

Krankheiten, Mängel		Eignung oder bedingte Eignung		Beschränkungen/Auflagen bei bedingter Eignung	
		Klassen A, A1, A2, B, BE, AM, L, T	Klassen C, C1, CE, C1E, D, D1, DE, D1E, FzF	Klassen A, A1, A2, B, BE, AM, L, T	Klassen C, C1, CE, C1E, D, D1, DE, D1E, FzF
		Abstinenz nachgewiesen ist	Abstinenz nachgewiesen ist		
9.	**Betäubungsmittel, andere psychoaktiv wirkende Stoffe und Arzneimittel**				
9.1	Einnahme von Betäubungs-mitteln im Sinne des Betäu-bungsmittelgesetzes (ausge-nommen Cannabis)	nein	nein	–	–
9.2	Einnahme von Cannabis				
9.2.1	Regelmäßige Einnahme von Cannabis	nein	nein	–	–
9.2.2	Gelegentliche Einnahme von Cannabis	ja wenn Trennung von Konsum und Fahren und kein zu-sätzlicher Ge-brauch von Alkohol oder anderen psy-choaktiv wir-kenden Stoffen, keine Störung der Persönlich-keit, kein Kon-trollverlust	ja wenn Tren-nung von Konsum und Fahren und kein zusätzli-cher Gebrauch von Alkohol oder anderen psychoaktiv wirkenden Stoffen, keine Störung der Persönlichkeit, kein Kontroll-verlust	–	–
9.3	Abhängigkeit von Betäu-bungsmitteln im Sinne des Betäubungsmittelgesetzes oder von anderen psychoaktiv wir-kenden Stoffen	nein	nein	–	–
9.4	missbräuchliche Einnahme (regelmäßig übermäßiger Ge-brauch) von psychoaktiv wir-kenden Arzneimitteln und anderen psychoaktiv wirken-den Stoffen	nein	nein	–	–
9.5	nach Entgiftung und Entwöh-nung	ja nach einjähri-ger Abstinenz	ja nach einjähri-ger Abstinenz	regelmäßige Kontrollen	regelmäßige Kontrollen
9.6	Dauerbehandlung mit Arz-neimitteln				
9.6.1	Vergiftung	nein	nein	–	–
9.6.2	Beeinträchtigung der Leis-tungsfähigkeit zum Führen von Kraftfahrzeugen unter das erforderliche Maß	nein	nein	–	–
10.	**Nierenerkrankungen**				
10.1	schwere Niereninsuffizienz mit erheblicher Beeinträchtigung	nein	nein	–	–

Krankheiten, Mängel		Eignung oder bedingte Eignung		Beschränkungen/Auflagen bei bedingter Eignung	
		Klassen A, A1, A2, B, BE, AM, L, T	Klassen C, C1, CE, C1E, D, D1, DE, D1E, FzF	Klassen A, A1, A2, B, BE, AM, L, T	Klassen C, C1, CE, C1E, D, D1, DE, D1E, FzF
10.2	Niereninsuffizienz in Dialyse-behandlung	ja wenn keine Komplikatio-nen oder Be-gleiterkrankun-gen	ausnahmsweise ja	ständige ärztli-che Betreuung und Kontrolle, Nachuntersu-chung	ständige ärzt-liche Betreu-ung und Kontrolle, Nachunter-suchung
10.3	erfolgreiche Nierentransplan-tation mit normaler Nieren-funktion	ja	ja	ärztliche Be-treuung und Kontrolle, jährliche Nachunter-suchung	ärztliche Be-treuung und Kontrolle, jährliche Nachunter-suchung
10.4	bei Komplikationen oder Be-gleiterkrankungen siehe auch Nummer 1, 4 und 5				
11.	**Verschiedenes**				
11.1	Organtransplantation Die Beurteilung richtet sich nach den Beurteilungs-grundsätzen zu den betroffe-nen Organen				
11.2	Tagesschläfrigkeit				
11.2.1	Messbare auffällige Tagesschläf-rigkeit	nein	nein		
11.2.2	Nach Behandlung	ja wenn keine messbare auf-fällige Tages-schläfrigkeit mehr vorliegt	ja wenn keine messbare auf-fällige Tages-schläfrigkeit mehr vorliegt	ärztliche Be-gutachtung, regelmäßige ärztliche Kon-trollen	ärztliche Be-gutachtung, regelmäßige ärztliche Kontrollen
11.2.3	obstruktives Schlafapnoe Syn-drom (OSAS) mittelschwer/ schwer (mittelschwer: Apnoe-Hypopnoe-Index zwischen 15 und 29 pro Stunde; schwer: Apnoe-Hypopnoe-Index von mind. 30 pro Stunde)	ja unter geeigne-ter Therapie und wenn kei-ne messbare auffällige Ta-gesschläfrigkeit mehr vorliegt	ja unter geeigne-ter Therapie und wenn kei-ne messbare auffällige Ta-gesschläfrigkeit mehr vorliegt	ärztliche Be-gutachtung, regelmäßige ärztliche Kon-trollen in Ab-ständen von höchstens drei Jahren	ärztliche Be-gutachtung, regelmäßige ärztliche Kontrollen in Abständen von höchs-tens einem Jahr
11.3	Schwere Lungen- und Bron-chialerkrankungen mit schwe-ren Rückwirkungen auf die Herz-Kreislauf-Dynamik	nein	nein		
11.4	Störung des Gleichgewichts-sinnes	in der Regel nein	in der Regel nein	im Einzelfall entsprechend den Begutach-tungs-Leitlinien zur Kraftfah-reignung	im Einzelfall entsprechend den Begu-tachtungs-Leitlinien zur Kraftfah-reignung

Anlage 4a (zu § 11 Absatz 5)

Grundsätze für die Durchführung der Untersuchungen und die Erstellung der Gutachten

Grundlage für die Beurteilung der Eignung zum Führen von Kraftfahrzeugen sind die Begutachtungs-Leitlinien für Kraftfahreignung vom 27. Januar 2014 (VkBl. S. 110) in der Fassung vom 15. September 2017 (VkBl. S. 884).

1. Die Untersuchung ist unter Beachtung folgender Grundsätze durchzuführen:
   a) Die Untersuchung ist anlassbezogen und unter Verwendung der von der Fahrerlaubnisbehörde zuge-sandten Unterlagen über den Betroffenen vorzunehmen. Der Gutachter hat sich an die durch die Fahr-erlaubnisbehörde vorgegebene Fragestellung zu halten.
   b) Gegenstand der Untersuchung sind nicht die gesamte Persönlichkeit des Betroffenen, sondern nur solche Eigenschaften, Fähigkeiten und Verhaltensweisen, die für die Kraftfahreignung von Bedeutung sind (Relevanz zur Kraftfahreignung).
   c) Die Untersuchung darf nur nach anerkannten wissenschaftlichen Grundsätzen vorgenommen werden.
   d) Vor der Untersuchung hat der Gutachter den Betroffenen über Gegenstand und Zweck der Untersu-chung aufzuklären.
   e) Über die Untersuchung sind Aufzeichnungen anzufertigen.
   f) In den Fällen der §§ 13 und 14 ist Gegenstand der Untersuchung auch das voraussichtliche künftige Verhalten des Betroffenen, insbesondere ob zu erwarten ist, dass er nicht oder nicht mehr ein Kraftfahr-zeug unter Einfluss von Alkohol oder Betäubungsmitteln oder Arzneimitteln führen wird. Hat Ab-hängigkeit von Alkohol oder Betäubungsmitteln oder Arzneimitteln vorgelegen, muss sich die Unter-suchung darauf erstrecken, dass eine stabile Abstinenz besteht. Bei Alkoholmissbrauch, ohne dass Abhängigkeit vorhanden war oder ist, muss sich die Untersuchung darauf erstrecken, ob der Betroffene den Konsum von Alkohol einerseits und das Führen von Kraftfahrzeugen im Straßenverkehr anderer-seits zuverlässig voneinander trennen kann. Dem Betroffenen kann die Fahrerlaubnis nur dann erteilt werden, wenn sich bei ihm ein grundlegender Wandel in seiner Einstellung zum Führen von Kraftfahr-zeugen unter Einfluss von Alkohol oder Betäubungsmitteln oder Arzneimitteln vollzogen hat. Es müs-sen zum Zeitpunkt der Erteilung der Fahrerlaubnis Bedingungen vorhanden sein, die einen Rückfall als unwahrscheinlich erscheinen lassen. Das Gutachten kann auch geeignete Kurse zur Wiederherstel-lung der Kraftfahreignung empfehlen. Die Empfehlung darf nur gegenüber Personen erfolgen, die zum Zeitpunkt der Begutachtung nicht Inhaber einer Fahrerlaubnis sind.
   g) In den Fällen des § 2a Absatz 4 Satz 1 und Absatz 5 Satz 5 oder des § 4 Absatz 10 Satz 4 des Straßen-verkehrsgesetzes oder des § 11 Absatz 3 Nummer 4 bis 9 dieser Verordnung ist Gegenstand der Unter-suchung auch die Erwartung an das voraussichtliche künftige Verhalten des Betroffenen, dass er nicht mehr erheblich oder wiederholt gegen verkehrsrechtliche Bestimmungen oder gegen Strafgesetze ver-stoßen wird. Es sind die Bestimmungen von Buchstabe f Satz 4 bis 6 entsprechend anzuwenden.
2. Das Gutachten ist unter Beachtung folgender Grundsätze zu erstellen:
   a) Das Gutachten muss in allgemeinverständlicher Sprache abgefasst sowie nachvollziehbar und nachprüf-bar sein. Die Nachvollziehbarkeit betrifft die logische Ordnung (Schlüssigkeit) des Gutachtens. Sie er-fordert die Wiedergabe aller wesentlichen Befunde und die Darstellung der zur Beurteilung führenden Schlussfolgerungen. Die Nachprüfbarkeit betrifft die Wissenschaftlichkeit der Begutachtung. Sie erfor-dert, dass die Untersuchungsverfahren, die zu den Befunden geführt haben, angegeben und, soweit die Schlussfolgerungen auf Forschungsergebnisse gestützt sind, die Quellen genannt werden. Das Gutach-ten braucht aber nicht im Einzelnen die wissenschaftlichen Grundlagen für die Erhebung und Inter-pretation der Befunde wiederzugeben.
   b) Das Gutachten muss in allen wesentlichen Punkten insbesondere im Hinblick auf die gestellten Fragen (§ 11 Absatz 6) vollständig sein. Der Umfang eines Gutachtens richtet sich nach der Befundlage. Bei eindeutiger Befundlage wird das Gutachten knapper, bei komplizierter Befundlage ausführlicher erstat-tet.
   c) Im Gutachten muss dargestellt und unterschieden werden zwischen der Vorgeschichte und dem ge-genwärtigen Befund.
3. Bei Abgabe einer Urinabgabe können als Alternative zur Sichtkontrolle auch dem Stand der Wissenschaft und Technik entsprechende Verfahren zur eindeutigen Zuordnung des Urins zu der zu untersuchenden Person verwendet werden.
4. Die medizinisch-psychologische Untersuchung kann unter Hinzuziehung eines beeidigten oder öffentlich bestellten und vereidigten Dolmetschers oder Übersetzers, der von der Begutachtungsstelle für Fahreig-nung bestellt wird, durchgeführt werden. Die Kosten trägt die zu untersuchende Person.
5. Wer
   a) mit Unternehmen oder sonstigen Institutionen vertraglich verbunden ist, die
      aa) Personen hinsichtlich der typischen Fragestellungen in der Begutachtung von Begutachtungsstellen für Fahreignung im Sinne des § 66 zur Klärung von Zweifeln an der Kraftfahreignung in Gruppen oder einzeln beraten, behandeln, betreuen oder auf die Begutachtung vorbereiten oder
      bb) Kurse zur Wiederherstellung der Kraftfahreignung anbieten, oder

b) solche Maßnahmen in eigener Person anbietet,
darf keine Personen zur Klärung von Zweifeln an der Kraftfahreignung in Begutachtungsstellen für Fahreignung untersuchen oder begutachten.

6. Befunde, die bei der Fahreignungsbegutachtung berücksichtigt werden, müssen folgende Anforderungen erfüllen:

a) beigestellte Befunde müssen im Original vorliegen und vom Aussteller unterzeichnet sein;

b) soweit für die Feststellung der Eignung die Vorlage von Abstinenzbelegen erforderlich ist, dürfen hierfür ausschließlich Belege von Stellen anerkannt werden, in denen die nach Stand der Wissenschaft und Technik erforderlichen Rahmenbedingungen der Abstinenzkontrolle wie Terminvergabe, Identitätskontrolle und Probenentnahme gewährleistet sind; dies kann angenommen werden, wenn die Befunderhebung und Befundauswertung verantwortlich von

aa) einem Facharzt mit verkehrsmedizinischer Qualifikation, der nicht zugleich der den Betroffenen behandelnde Arzt sein darf,

bb) einem Arzt des Gesundheitsamtes oder anderen Arzt der öffentlichen Verwaltung,

cc) einem Arzt mit der Gebietsbezeichnung „Facharzt für Rechtsmedizin",

dd) einem Arzt mit der Gebietsbezeichnung „Arbeitsmedizin" oder der Zusatzbezeichnung „Betriebsmedizin",

ee) einem Arzt in einer Begutachtungsstelle für Fahreignung,

ff) einem Arzt/Toxikologen in einem für forensisch-toxikologische Zwecke akkreditierten Labor

durchgeführt wurde.

Anlage 9 (zu § 25 Absatz 3)

Verwendung von Schlüsselzahlen für Eintragungen in den Führerschein

A. Vorbemerkungen

Beschränkungen, Auflagen und Zusatzangaben sind in Form von Schlüsselzahlen in Feld 12 im Führerschein einzutragen. Beziehen sie sich auf einzelne Fahrerlaubnisklassen, sind sie in Feld 12 in der Zeile der betreffenden Fahrerlaubnisklasse einzutragen. Solche, die für alle erteilten Fahrerlaubnisklassen gelten, sind in der letzten Zeile des Feldes 12 unter den Spalten 9 bis 12 zu vermerken. Die harmonisierten Schlüsselzahlen der Europäischen Union bestehen aus zwei Ziffern (Hauptschlüsselzahlen). Unterschlüsselungen bestehen aus einer Hauptschlüsselzahl (erster Teil) und aus zwei Ziffern und/oder Buchstaben (zweiter Teil). Erster und zweiter Teil sind durch einen Punkt getrennt. Der zweite Teil kann bei bestimmten Verschlüsselungen weitere Ziffern/Buchstaben enthalten. Nationale Schlüsselungen bestehen aus drei Ziffern. Sie gelten nur im Inland. Die einzutragenden Schlüsselzahlen müssen die Beschränkungen, Auflagen und Zusatzangaben vollständig erfassen. Für die Hauptschlüsselzahlen 44, 50, 51, 70, 71 und 79 ist die Verwendung von Unterschlüsselungen obligatorisch. Häufungen sind durch Komma und Alternativen durch Schrägstrich zu trennen. Harmonisierte Schlüsselzahlen sind vor den nationalen aufzuführen. Bei der Ausstellung eines Führerscheins ist der Inhaber über die Bedeutung der eingetragenen Schlüsselzahlen zu informieren.

B. Liste der Schlüsselzahlen

I. Schlüsselzahlen der Europäischen Union

Lfd. Nr.	Schlüsselzahl	
1	01	Korrektur des Sehvermögens und/oder Augenschutz
2	01.01	Brille
3	01.02	Kontaktlinse(n)
4	01.03	Schutzbrille*
5	01.05	Augenschutz
6	01.06	Brille oder Kontaktlinsen
7	01.07	Spezifische optische Hilfe
8	02	Hörhilfe/Kommunikationshilfe
9	03	Prothese/Orthese der Gliedmaßen
10	03.01	Prothese/Orthese der Arme
11	03.02	Prothese/Orthese der Beine
12		*[aufgehoben]*

Lfd. Nr.	Schlüsselzahl	
13		*[aufgehoben]*
14		*[aufgehoben]*
15		*[aufgehoben]*
16		*[aufgehoben]*
17		*[aufgehoben]*
18		*[aufgehoben]*
19		*[aufgehoben]*
20		*[aufgehoben]*
21	10	Angepasste Schaltung
22	10.02	Automatische Wahl des Getriebeganges
23	10.04	Angepasste Schalteinrichtungen
24	15	Angepasste Kupplung
25	15.01	Angepasstes Kupplungspedal
26	15.02	Handkupplung
27	15.03	Automatische Kupplung
28	15.04	Maßnahme, um eine Blockierung oder Betätigung des Kupplungspedals zu verhindern
29	20	Angepasste Bremsmechanismen
30	20.01	Angepasstes Bremspedal
31	20.03	Bremspedal, geeignet für Betätigung mit dem linken Fuß
32	20.04	Bremspedal mit Gleitschiene
33	20.05	Bremspedal (Kipppedal)
34	20.06	Mit der Hand betätigte Bremse
35	20.07	Bremsbetätigung mit maximaler Kraft von ... N(*) (z. B.: ‚20.07(300N)‘)
36	20.09	Angepasste Feststellbremse
37	20.12	Maßnahme, um eine Blockierung oder Betätigung des Bremspedals zu verhindern
38	20.13	Mit dem Knie betätigte Bremse
39	20.14	Durch Fremdkraft unterstützte Bremsanlage
40	25	Angepasste Beschleunigungsmechanismen
41	25.01	Angepasstes Gaspedal
42	25.03	Gaspedal (Kipppedal)
43	25.04	Handgas
44	25.05	Mit dem Knie betätigter Gashebel
45	25.06	Durch Fremdkraft unterstützte Betätigung des Gaspedals/-hebels
46	25.08	Gaspedal links
47	25.09	Maßnahme, um eine Blockierung oder Betätigung des Gaspedals zu verhindern
48		*[aufgehoben]*
49	31	Anpassungen und Sicherungen der Pedale
50	31.01	Extrasatz Parallelpedale
51	31.02	Pedale auf der gleichen (oder fast gleichen) Ebene
52	31.03	Maßnahme, um eine Blockierung oder Betätigung des Gas- und des Bremspedals zu verhindern, wenn Pedale nicht mit dem Fuß betätigt werden

Lfd. Nr.	Schlüsselzahl	
53	31.04	Bodenerhöhung
54	32	Kombinierte Beschleunigungs- und Betriebsbremsvorrichtungen
55	32.01	Gas und Betriebsbremse als kombinierte, mit einer Hand betätigte Vorrichtung
56	32.02	Gas und Betriebsbremse als kombinierte, mit Fremdkraft betätigte Vorrichtung
57	33	Kombinierte Betriebsbrems-, Beschleunigungs- und Lenkvorrichtungen
58	33.01	Gas, Betriebsbremse und Lenkung als kombinierte, mit Fremdkraft mit einer Hand betätigte Vorrichtung
59	33.02	Gas, Betriebsbremse und Lenkung als kombinierte, mit Fremdkraft mit zwei Händen betätigte Vorrichtung
60	35	Angepasste Bedienvorrichtungen (Schalter für Licht, Scheibenwischer/-waschanlage, akustisches Signal, Fahrtrichtungsanzeiger usw.)
61	35.02	Gebrauch der Bedienvorrichtung möglich, ohne Lenkvorrichtung loszulassen
62	35.03	Gebrauch der Bedienvorrichtung mit der linken Hand möglich, ohne Lenkvorrichtung loszulassen
63	35.04	Gebrauch der Bedienvorrichtung mit der rechten Hand möglich, ohne Lenkvorrichtung loszulassen
64	35.05	Gebrauch der Bedienvorrichtung möglich, ohne Lenkvorrichtung und Beschleunigungs- und Bremsvorrichtungen loszulassen
65	40	Angepasste Lenkung
66	40.01	Lenkung mit maximaler Kraft von … N(*) (z.B.: ‚40.01(140N)')
67	40.05	Angepasstes Lenkrad (mit verbreitertem/verstärktem Lenkradteil; verkleinertem Durchmesser usw.)
68	40.06	Angepasste Position des Lenkrads
69	40.09	Fußlenkung
70	40.11	Assistenzeinrichtung am Lenkrad
71	40.14	Andersartig angepasstes, mit einer Hand/einem Arm bedientes Lenksystem
72	40.15	Andersartig angepasstes, mit zwei Händen/Armen bedientes Lenksystem
73	42	Angepasste Einrichtung für die Sicht nach hinten/zur Seite
74	42.01	Angepasste Einrichtung für die Sicht nach hinten
75	42.03	Zusätzliche Innenvorrichtung zur Erweiterung der Sicht zur Seite
76	42.05	Einrichtung für die Sicht in den toten Winkel
77	43	Sitzposition des Fahrzeugführers
78	43.01	Höhe des Fahrersitzes für normale Sicht und in normalem Abstand zum Lenkrad und zu den Pedalen
79	43.02	Der Körperform angepasster Sitz
80	43.03	Fahrersitz mit Seitenstützen zur Verbesserung der Stabilität
81	43.04	Fahrersitz mit Armlehne
82	43.06	Angepasster Sicherheitsgurt
83	43.07	Sicherheitsgurte mit Unterstützung zur Verbesserung der Stabilität
84	44	Anpassungen an Krafträdern (obligatorische Verwendung von Untercodes)
85	44.01	Einzeln gesteuerte Bremsen
86	44.02	Angepasste Vorderradbremse
87	44.03	Angepasste Hinterradbremse

Lfd. Nr.	Schlüsselzahl	
88	44.04	Angepasste Beschleunigungsvorrichtung
89	44.05	Angepasste Handschaltung und Handkupplung*
90	44.06	Angepasster Rückspiegel*
91	44.07	Angepasste Kontrolleinrichtungen*
92	44.08	Sitzhöhe muss im Sitzen die Berührung des Bodens mit beiden Füßen gleichzeitig sowie das Balancieren des Kraftrades beim Anhalten und Stehen ermöglichen
93	44.09	Maximale Betätigungskraft der Vorderradbremse ... N(*) (z.B. ‚44.09(140N)‘)
94	44.10	Maximale Betätigungskraft der Hinterradbremse ... N(*) (z.B. ‚44.10(240N)‘)
95	44.11	Angepasste Fußraste
96	44.12	Angepasster Handgriff
97	45	Kraftrad nur mit Seitenwagen
98	46	Nur dreirädrige Kraftfahrzeuge
99	47	Beschränkt auf Fahrzeuge mit mehr als zwei Rädern, die vom Fahrer beim Anfahren, Anhalten und Stehen nicht im Gleichgewicht ausbalanciert werden müssen
100	50	Beschränkung auf ein bestimmtes Fahrzeug/eine bestimmte Fahrgestellnummer (Angabe der Fahrzeugidentifizierungsnummer)
101	51	Nur ein bestimmtes Fahrzeug (amtliches Kennzeichen)*
102	61	Beschränkung auf Fahrten bei Tag (z.B. eine Stunde nach Sonnenaufgang und eine Stunde vor Sonnenuntergang)
103	62	Beschränkung auf Fahrten in einem Umkreis von ... km vom Wohnsitz oder innerorts in .../innerhalb der Region ...
104	63	Fahren ohne Beifahrer
105	64	Beschränkt auf Fahrten mit einer zulässigen Höchstgeschwindigkeit von nicht mehr als ... km/h
106	65	Fahren nur mit Beifahrer, der im Besitz eines Führerscheins von mindestens der gleichwertigen Klasse sein muss
107	66	Ohne Anhänger
108	67	Fahren auf Autobahnen nicht erlaubt
109	68	Kein Alkohol
110	69	Beschränkt auf Fahrzeuge mit einer alkoholempfindlichen Wegfahrsperre gemäß EN 50436
111	70	Umtausch des Führerscheins Nummer ..., ausgestellt durch ... (EU/UN-Unterscheidungszeichen, im Falle eines Drittlandes, z.B. „70.0123456789.NL")
112	71	Duplikat des Führerscheins Nummer ... (EU/UN-Unterscheidungzeichen, im Falle eines Drittlandes, z.B. „71.987654321.HR")
113		*[aufgehoben]*
114	73	Nur für vierrädrige Kraftfahrzeuge der Klasse B (B1)
115		*[aufgehoben]*
116		*[aufgehoben]*
117		*[aufgehoben]*
118		*[aufgehoben]*
119	78	Nur Fahrzeuge mit Automatikgetriebe
120	79 (...)	Nur Fahrzeuge, die den in Klammern angegebenen Spezifikationen entsprechen, bei Anwendung von Artikel 13 der Richtlinie 2006/126/EG

Lfd. Nr.	Schlüsselzahl
121	79 (C1E > 12 000 kg, L ≤ 3) Beschränkung der Klasse CE auf Grund der aus der bisherigen Klasse 3 resultierenden Berechtigung zum Führen von dreiachsigen Zügen mit Zugfahrzeug der Klasse C1 und mehr als 12 000 kg Gesamtmasse und von Zügen mit Zugfahrzeug der Klasse C1 und zulassungsfreien Anhängern, wobei die Gesamtmasse mehr als 12 000 kg betragen kann und von dreiachsigen Zügen aus einem Zugfahrzeug der Klasse C1 und einem Anhänger, bei denen die zulässige Gesamtmasse des Anhängers die Leermasse des Zugfahrzeugs übersteigt (nicht durch C1E abgedeckter Teil). Die vorgenannten Berechtigungen gelten nicht für Sattelzüge mit einer zulässigen Gesamtmasse von mehr als 7,5 t. Der Buchstabe L steht in dieser Schlüsselung für die Anzahl der Achsen.
122	79 (S 1 ≤ 25/7 500 kg) Begrenzung der Klassen D und DE auf Kraftomnibusse mit 24 Fahrgastplätzen oder maximal 7 500 kg zulässiger Gesamtmasse, auch mit Anhänger. Die Angabe S 1 steht in dieser Schlüsselung für die Anzahl der Sitzplätze, einschließlich Fahrersitz.
123	79 (L ≤ 3) Beschränkung der Klasse CE auf Kombinationen von nicht mehr als drei Achsen. Der Buchstabe L steht in dieser Schlüsselung für die Anzahl der Achsen.
124	79.01 Nur zweirädrige Fahrzeuge mit oder ohne Beiwagen
125	79.02 Nur dreirädrige Fahrzeuge der Klasse AM oder vierrädrige Leichtfahrzeuge der Klasse AM
126	79.03 Nur dreirädrige Fahrzeuge
127	79.04 Nur Fahrzeugkombinationen aus dreirädrigen Fahrzeugen und einem Anhänger mit einer zulässigen Gesamtmasse von höchstens 750 kg
128	79.05 Krafträder der Klasse A1 mit einem Leistungsgewicht von mehr als 0,1 kW/kg
129	79.06 Fahrzeuge (Fahrzeugkombination) der Klasse BE, sofern die zulässige Gesamtmasse des Anhängers 3 500 kg übersteigt
130	80 Nur für Inhaber einer Fahrerlaubnis für dreirädrige Kraftfahrzeuge der Klasse A, die das 24. Lebensjahr noch nicht vollendet haben
131	81 Nur für Inhaber einer Fahrerlaubnis für zweirädrige Krafträder der Klasse A, die das 21. Lebensjahr noch nicht vollendet haben
132	*[aufgehoben]*
133	95 Kraftfahrerin/Kraftfahrer, die/der Inhaberin/Inhaber eines Befähigungsnachweises ist und die Befähigungspflicht nach dem Gesetz über die Grundqualifikation und Weiterbildung der Kraftfahrerinnen und Kraftfahrer bestimmter Kraftfahrzeuge für den Güterkraft- oder Personenverkehr bis zum … erfüllt [zum Beispiel: 95(01.01.14)]
134	96 Fahrzeugkombinationen aus Fahrzeugen der Klasse B und einem Anhänger mit einer zulässigen Gesamtmasse von mehr als 750 kg, sofern die zulässige Gesamtmasse einer derartigen Kombination mehr als 3 500 kg, jedoch nicht mehr als 4 250 kg beträgt.
135	97 Berechtigt nicht zum Führen eines Fahrzeugs der Klasse C1, das in den Geltungsbereich der Verordnung (EWG) Nr. 3821/85 des Rates fällt

* **[Amtl. Anm.:]** Die Schlüsselzahlen 01.03, 44.05 bis 44.07 und 51 dürfen nur bei der Umstellung von Fahrerlaubnissen, die bis zum 31. Dezember 2016 erteilt worden sind, verwendet werden.

Ia. Äquivalenz für entfallene Schlüsselzahlen der Europäischen Union

Lfd. Nr.	Entfallene Schlüsselzahl		Bei Ausstellung eines neuen Führerscheins einzutragende Schlüsselzahl
1	05.01	Nur bei Tageslicht	61
2	05.02	In einem Umkreis von … km des Wohnsitzes oder innerorts/innerhalb der Region …	62
3	05.03	Ohne Beifahrer/Sozius	63

Lfd. Nr.		Entfallene Schlüsselzahl	Bei Ausstellung eines neuen Führerscheins einzutragende Schlüsselzahl
4	05.04	Beschränkt auf eine höchstzulässige Geschwindigkeit von nicht mehr als … km/h	64
5	05.05	Nur mit Beifahrer, der im Besitz der Fahrerlaubnis ist	65
6	05.06	Ohne Anhänger	66
7	05.07	Nicht gültig auf Autobahnen	67
8	05.08	Kein Alkohol	68
9	30	Angepasste kombinierte Brems- und Beschleunigungsmechanismen	32, ggf. in Kombination mit 20 und/oder 25
10	72	Nur Fahrzeuge der Klasse A mit einem Hubraum von höchstens 125 cm³ und einer Motorleistung von höchstens 11 kW (A1)	79.05
11	74	Nur Fahrzeuge der Klasse C mit einer zulässigen Gesamtmasse von höchstens 7 500 kg (C1)	entfällt
12	75	Nur Fahrzeuge der Klasse D mit höchstens 16 Sitzplätzen außer dem Fahrersitz (D1)	entfällt
13	76	Nur Fahrzeuge der Klasse C mit einer zulässigen Gesamtmasse von höchstens 7 500 kg (C1), die einen Anhänger mit einer zulässigen Gesamtmasse von mindestens 750 kg mitführen, sofern die zulässige Gesamtmasse der Fahrzeugkombination 12 000 kg und die zulässige Gesamtmasse des Anhängers die Leermasse des Zugfahrzeugs nicht übersteigen (C1E)	entfällt
14	77	Nur Fahrzeuge der Kategorie D mit höchstens 16 Sitzplätzen außer dem Fahrersitz (D1), die einen Anhänger mit einer zulässigen Gesamtmasse von mehr als 750 kg mitführen, sofern a) die zulässige Gesamtmasse der Fahrzeugkombination 12 000 kg und die zulässige Gesamtmasse des Anhängers die Leermasse des Zugfahrzeugs nicht übersteigen und b) der Anhänger nicht zur Personenbeförderung verwendet wird (D1E)	entfällt
15	90	Codes, die in Kombination mit Codes für an dem Fahrzeug vorgenommene Anpassungen verwendet werden	entfällt

II. Nationale Schlüsselzahlen

Lfd. Nr.	Schlüsselzahl	
1	104	Muss ein gültiges ärztliches Attest mitführen
2	171*	Klasse C1, gültig auch für Kraftfahrzeuge der Klasse D mit einer zulässigen Gesamtmasse von nicht mehr als 7 500 kg, jedoch ohne Fahrgäste
3	172*	Klasse C, gültig auch für Kraftfahrzeuge der Klasse D, jedoch ohne Fahrgäste
4	174*	Klasse L, gültig auch zum Führen von Zugmaschinen mit einer durch die Bauart bestimmten Höchstgeschwindigkeit von nicht mehr als 40 km/h, auch mit einachsigem Anhänger (wobei Achsen mit einem Abstand von weniger als 1m voneinander als eine Achse gelten) sowie Kombinationen aus diesen Zugmaschinen und Anhängern, wenn sie mit einer Geschwindigkeit von nicht mehr als 25 km/h geführt werden
5	175*	Klasse L, auch gültig zum Führen von Kraftfahrzeugen mit einer durch die Bauart bestimmten Höchstgeschwindigkeit von nicht mehr als 25 km/h und zum Führen von Kraftfahrzeugen mit Ausnahme der zu den Klassen A, A1, A2 und AM gehörenden mit einem Hubraum von nicht mehr als 50 cm³

Lfd. Nr.	Schlüsselzahl	
6	176	Auflage: Bis zur Vollendung des 18. Lebensjahres nur für Fahrten im Inland und im Rahmen des Ausbildungsverhältnisses in dem staatlich anerkannten Ausbildungsberuf „Berufskraftfahrer/Berufskraftfahrerin" oder „Fachkraft im Fahrbetrieb" oder einem staatlich anerkannten Ausbildungsberuf, in dem vergleichbare Fertigkeiten und Kenntnisse zum Führen von Kraftfahrzeugen auf öffentlichen Straßen vermittelt werden
7	177	Beschränkungen, Nebenbestimmungen und Zusatzangaben nach mitzuführendem Anhang zum Führerschein
8	178*	Auflage zur Klasse D oder D1: Nur Fahrten im Linienverkehr
9	179*	Auflage: Klasse D1 nur für Fahrten, bei denen überwiegend Familienangehörige befördert werden
10	180	*(weggefallen)*
11	181	Klasse T, nur gültig für Kraftfahrzeuge der Klasse S (seit dem 19.1.2013 AM)
12	182**	Auflagen zu den Klassen D1, D1E, D und DE: Bis zur Vollendung des 21. Lebensjahres nur Fahrten im Inland und im Rahmen des Ausbildungsverhältnisses in dem staatlich anerkannten Ausbildungsberuf „Berufskraftfahrer/Berufskraftfahrerin" oder „Fachkraft im Fahrbetrieb" oder einem staatlich anerkannten Ausbildungsberuf, in dem vergleichbare Fertigkeiten und Kenntnisse zum Führen von Kraftfahrzeugen auf öffentlichen Straßen vermittelt werden. Die Auflagen, nur im Rahmen des Ausbildungsverhältnisses von der Fahrerlaubnis Gebrauch zu machen, entfallen nach Abschluss der Ausbildung auch vor Vollendung des 21. Lebensjahres.
13	183	*(weggefallen)*
14	184	Auflagen: Bis zur Vollendung des 18. Lebensjahres Kraftfahrzeuge der Klasse B (und, sofern in der Prüfungsbescheinigung nicht durchgestrichen, der Klasse BE) und der Klasse B mit der Schlüsselzahl 96 1. nur in Begleitung einer in der Prüfungsbescheinigung nach Anlage 8b namentlich benannten Person und 2. nur, wenn die in der Prüfungsbescheinigung nach Anlage 8b namentlich benannte Person a) Inhaber einer gültigen Fahrerlaubnis der Klasse B oder einer entsprechenden deutschen, einer EU/EWR- oder schweizerischen Fahrerlaubnis ist; die Fahrerlaubnis ist durch einen gültigen Führerschein nachzuweisen, der während des Begleitens mitzuführen und zur Überwachung des Straßenverkehrs berechtigten Personen auf Verlangen auszuhändigen ist, b) nicht 0,25 mg/l oder mehr Alkohol in der Atemluft oder 0,5 Promille oder mehr Alkohol im Blut oder eine Alkoholmenge im Körper hat, die zu einer solchen Atem- oder Blutalkoholkonzentration führt, und c) nicht unter der Wirkung eines in der Anlage zu § 24a des Straßenverkehrsgesetzes genannten berauschenden Mittels steht. Nummer 2 Buchstabe c gilt nicht, wenn die Substanz aus der bestimmungsgemäßen Einnahme eines für einen konkreten Krankheitsfall verschriebenen Arzneimittels herrührt.
15	185	Auflagen zu den Klassen C und CE: Bis zur Vollendung des 21. Lebensjahres nur 1. bei Fahrten im Inland und 2. im Rahmen des Ausbildungsverhältnisses in dem staatlich anerkannten Ausbildungsberuf „Berufskraftfahrer/Berufskraftfahrerin" oder „Fachkraft im Fahrbetrieb" oder einem staatlich anerkannten Ausbildungsberuf, in dem vergleichbare Fertigkeiten und Kenntnisse zum Führen von Kraftfahrzeugen auf öffentlichen Straßen vermittelt werden. Die Auflagen nach Nummer 1 und 2 entfallen, auch vor Vollendung des 21. Lebensjahres, wenn der Fahrerlaubnisinhaber die Berufsausbildung abgeschlossen hat.
16	186	Auflagen zu den Klassen D1 und D1E: Bis zur Vollendung des 21. Lebensjahres nur 1. bei Fahrten im Inland und

Lfd. Nr.	Schlüsselzahl
	2. im Rahmen des Ausbildungsverhältnisses in dem staatlich anerkannten Ausbildungsberuf „Berufskraftfahrer/Berufskraftfahrerin" oder „Fachkraft im Fahrbetrieb" oder einem staatlich anerkannten Ausbildungsberuf, in dem vergleichbare Fertigkeiten und Kenntnisse zum Führen von Kraftfahrzeugen auf öffentlichen Straßen vermittelt werden. Die Auflage nach Nummer 1 entfällt, wenn der Fahrerlaubnisinhaber das 21. Lebensjahr vollendet hat. Die Auflage nach Nummer 2 entfällt, wenn der Fahrerlaubnisinhaber das 21. Lebensjahr vollendet oder die Berufsausbildung abgeschlossen hat.
17 187	Auflagen zu den Klassen D und DE: Bis zur Vollendung des 24. Lebensjahres nur 1. bei Fahrten im Inland, 2. im Rahmen des Ausbildungsverhältnisses in dem staatlich anerkannten Ausbildungsberuf „Berufskraftfahrer/Berufskraftfahrerin" oder „Fachkraft im Fahrbetrieb" oder einem staatlich anerkannten Ausbildungsberuf, in dem vergleichbare Fertigkeiten und Kenntnisse zum Führen von Kraftfahrzeugen auf öffentlichen Straßen vermittelt werden und 3. bei Fahrten zur Personenbeförderung im Linienverkehr nach den §§ 42 und 43 Personenbeförderungsgesetz bei Linienlängen von bis zu 50 Kilometern oder bei Fahrten ohne Fahrgäste. Die Auflage nach Nummer 1 entfällt, wenn der Fahrerlaubnisinhaber das 21. Lebensjahr vollendet und die Berufsausbildung abgeschlossen hat. Die Auflage nach Nummer 2 entfällt, wenn der Fahrerlaubnisinhaber die Berufsausbildung abgeschlossen hat. Die Auflage nach Nummer 3 entfällt, wenn der Fahrerlaubnisinhaber das 20. Lebensjahr vollendet hat.
18 188	Auflage zu der Klasse C: Bis zur Vollendung des 21. Lebensjahres nur im Inland und nur bei Einsatzfahrten oder vom Vorgesetzten angeordneten Übungsfahrten und Schulungsfahrten mit Einsatzfahrzeugen der Feuerwehr, der Polizei, der nach Landesrecht anerkannten Rettungsdienste, des Technischen Hilfswerks und sonstiger Einheiten des Katastrophenschutzes.
19 189	Auflage zu der Klasse D: Bis zur Vollendung des 24. Lebensjahres nur im Inland und nur bei Einsatzfahrten oder vom Vorgesetzten angeordneten Übungsfahrten und Schulungsfahrten mit Einsatzfahrzeugen der Feuerwehr, der Polizei, der nach Landesrecht anerkannten Rettungsdienste, des Technischen Hilfswerks und sonstiger Einheiten des Katastrophenschutzes.
20 190	Auflage zu der Klasse C: Bis zur Vollendung des 21. Lebensjahres nur im Inland und nur für das Führen von Fahrzeugen, die zu Reparatur- oder Wartungszwecken in gewerbliche Fahrzeugwerkstätten verbracht und dort auf Anweisung eines Vorgesetzten Prüfungen auf der Straße unterzogen werden.
21 191	Auflage zu der Klasse D: Bis zur Vollendung des 24. Lebensjahres nur im Inland und nur für das Führen von Fahrzeugen, die zu Reparatur- oder Wartungszwecken in gewerbliche Fahrzeugwerkstätten verbracht und dort auf Anweisung eines Vorgesetzten Prüfungen auf der Straße unterzogen werden.
22	*[aufgehoben]*
23 193	Auflagen zu den Klassen D und DE: Bis zur Vollendung des 23. Lebensjahres nur bei Fahrten zur Personenbeförderung im Linienverkehr nach den §§ 42 und 43 PBefG bei Linienlängen von bis zu 50 Kilometer nach beschleunigter Grundqualifikation nach § 4 Absatz 2 BKrFQG.
24 194	Klasse B berechtigt im Inland a) bis zur Vollendung des 21. Lebensjahres zum Führen von dreirädrigen Kraftfahrzeugen der Klasse A1 b) nach Vollendung des nach Buchstabe a vorgeschriebenen Mindestalters zum Führen von dreirädrigen Kraftfahrzeugen der Klasse A

Lfd. Nr.	Schlüsselzahl	
25	195	Auflage zu der Klasse AM: Bis zur Vollendung des 16. Lebensjahres nur in den Ländern, die von der Ermächtigung des § 6 Absatz 5a StVG Gebrauch gemacht haben.
25[10]	196	Im Inland Krafträder (auch mit Beiwagen) mit einem Hubraum von bis zu 125 cm³, einer Motorleistung von nicht mehr als 11 kW, bei denen das Verhältnis der Leistung zum Gewicht 0,1 kW/kg nicht übersteigt.

IIa. Entfallene nationale Schlüsselzahlen

Lfd. Nr.	Entfallene Schlüsselzahl	

1	192	Berechtigt abweichend von § 6 Absatz 1 der Fahrerlaubnis-Verordnung zum Führen von Fahrzeugen der Fahrerlaubnisklasse B, deren zulässige Gesamtmasse 3500 kg übersteigt, jedoch nicht mehr als 4250 kg beträgt, soweit
		1. die Fahrzeuge
		    a) elektrisch betrieben und
		    b) im Bereich Gütertransport eingesetzt
		    sind und
		2. der Inhaber der Fahrerlaubnis an einer zusätzlichen Fahrzeugeinweisung teilgenommen hat.

* [Amtl. Anm.:] Die Schlüsselzahlen 171 bis 175, 178 und 179 dürfen nur bei der Umstellung von Fahrerlaubnissen, die bis zum 31. Dezember 1998 und in den Fällen des § 76 Nummer 11c erteilt worden sind, verwendet werden.

* [Amtl. Anm.:] Die Schlüsselzahlen 171 bis 175, 178 und 179 dürfen nur bei der Umstellung von Fahrerlaubnissen, die bis zum 31. Dezember 1998 und in den Fällen des § 76 Nummer 11c erteilt worden sind, verwendet werden.

* [Amtl. Anm.:] Die Schlüsselzahlen 171 bis 175, 178 und 179 dürfen nur bei der Umstellung von Fahrerlaubnissen, die bis zum 31. Dezember 1998 und in den Fällen des § 76 Nummer 11c erteilt worden sind, verwendet werden.

* [Amtl. Anm.:] Die Schlüsselzahlen 171 bis 175, 178 und 179 dürfen nur bei der Umstellung von Fahrerlaubnissen, die bis zum 31. Dezember 1998 und in den Fällen des § 76 Nummer 11c erteilt worden sind, verwendet werden.

* [Amtl. Anm.:] Die Schlüsselzahlen 171 bis 175, 178 und 179 dürfen nur bei der Umstellung von Fahrerlaubnissen, die bis zum 31. Dezember 1998 und in den Fällen des § 76 Nummer 11c erteilt worden sind, verwendet werden.

* [Amtl. Anm.:] Die Schlüsselzahlen 171 bis 175, 178 und 179 dürfen nur bei der Umstellung von Fahrerlaubnissen, die bis zum 31. Dezember 1998 und in den Fällen des § 76 Nummer 11c erteilt worden sind, verwendet werden.

** [Amtl. Anm.:] Die Schlüsselzahl 182 darf nur bei der Umstellung von Fahrerlaubnissen, die bis zum 18. Januar 2013 und in den Fällen des § 76 Nummer 11c erteilt worden sind, verwendet werden.

Anlage 12 (zu § 34)

Bewertung der Straftaten und Ordnungswidrigkeiten im Rahmen der Fahrerlaubnis auf Probe (§ 2a des Straßenverkehrsgesetzes)

A. Schwerwiegende Zuwiderhandlungen

1. Straftaten, soweit sie nicht bereits zur Entziehung der Fahrerlaubnis geführt haben:

1.1 Straftaten nach dem Strafgesetzbuch
Unerlaubtes Entfernen vom Unfallort (§ 142)
Fahrlässige Tötung (§ 222)[1]
Fahrlässige Körperverletzung (§ 229)[1]
Nötigung (§ 240)
Gefährliche Eingriffe in den Straßenverkehr (§ 315b)
Gefährdung des Straßenverkehrs (§ 315c)
Verbotene Kraftfahrzeugrennen (§ 315d Absatz 1 Nummer 2 und 3, Absatz 2, 4 und 5 StGB)
Trunkenheit im Verkehr (§ 316)

Vollrausch (§ 323a)
Unterlassene Hilfeleistung (§ 323c)
1.2 Straftaten nach dem Straßenverkehrsgesetz
Führen oder Anordnung oder Zulassen des Führens eines Kraftfahrzeugs ohne Fahrerlaubnis, trotz
Fahrverbots oder trotz Verwahrung, Sicherstellung oder Beschlagnahme des Führerscheins (§ 21)

**2.   Ordnungswidrigkeiten nach den §§ 24, 24a und § 24c des Straßenverkehrsgesetzes und
weiterer straßenverkehrsrechtlicher Vorschriften:**

2.1   Verstöße gegen die Vorschriften der Straßenverkehrs-Ordnung über

das Rechtsfahrgebot	(§ 2 Absatz 2)
die Geschwindigkeit	(§ 3 Absatz 1, 2a, 3 und 4, § 41 Absatz 2, Anlage 3 zu § 42 Absatz 2)
den Abstand	(§ 4 Absatz 1, Anlage 2 zu § 41 Absatz 1)
das Überholen	(§ 5, Anlage 2 zu § 41 Absatz 1)
die Vorfahrt	(§ 8 Absatz 2, Anlage 2 zu § 41 Absatz 2)
das Abbiegen, Wenden und Rückwärtsfahren	(§ 9)
die Pflichten des Fahrzeugführers bei stockendem Verkehr auf einer Autobahn oder Außerortsstraße in Bezug auf das Bilden einer vorschriftsmäßigen Gasse	(§ 11 Absatz 2)
die Benutzung von Autobahnen und Kraftfahrstraßen	(§ 2 Absatz 1, § 18 Absatz 2 bis 5, Absatz 7, Anlage 3 zu § 42 Absatz 2)
das Verhalten an Bahnübergängen	(§ 19 Absatz 1 und 2, Anlage 1 zu § 40 Absatz 7, Anlage 2 zu § 41 Absatz 1)
das Verhalten an öffentlichen Verkehrsmitteln und Schulbussen	(§ 20 Absatz 2, 3 und 4, Anlage 2 zu § 41 Absatz 1)
die sonstigen Pflichten des Fahrzeugführers in Bezug auf den Betrieb eines elektronischen Gerätes	(§ 23 Absatz 1 a)
das Verhalten an Fußgängerüberwegen	(§ 26, Anlage 2 zu § 41 Absatz 1)
übermäßige Straßenbenutzung	(§ 29)
das Verhalten an Wechsellichtzeichen, Dauerlichtzeichen und Zeichen 206 (Halt! Vorfahrt gewähren!) sowie gegenüber Haltzeichen von Polizeibeamten	(§ 36, § 37 Absatz 2, 3, Anlage 2 zu § 41 Absatz 1)
das Verhalten bei blauem Blinklicht zusammen mit dem Einsatzhorn	(§ 38 Absatz 1 Satz 2)

2.2   Verstöße gegen die Vorschriften der Fahrzeug-Zulassungsverordnung über den Gebrauch oder das
Gestatten des Gebrauchs von Fahrzeugen ohne die erforderliche Zulassung (§ 3 Absatz 1) oder ohne
dass sie einem genehmigten Typ entsprechen oder eine Einzelgenehmigung erteilt ist (§ 4 Absatz 1)
2.3   Verstöße gegen § 24a oder § 24c des Straßenverkehrsgesetzes (Alkohol, berauschende Mittel)
2.4   Verstöße gegen die Vorschriften der Fahrerlaubnis-Verordnung über das Befördern von Fahrgästen
ohne die erforderliche Fahrerlaubnis zur Fahrgastbeförderung oder das Anordnen oder Zulassen solcher Beförderungen (§ 48 Absatz 1 oder 8)
2.5   Verstöße gegen die Vorschriften der Fahrerlaubnis-Verordnung über das Führen von Kraftfahrzeugen
in Begleitung, wenn der Fahrerlaubnisinhaber entgegen einer vollziehbaren Auflage ein Kraftfahrzeug
ohne Begleitung führt (Begleitetes Fahren ab 17 Jahre – § 48a Absatz 2)

B. Weniger schwerwiegende Zuwiderhandlungen

1.   Straftaten, soweit sie nicht bereits zur Entziehung der Fahrerlaubnis geführt haben:
1.1   Straftaten nach dem Strafgesetzbuch
Fahrlässige Tötung (§ 222)[4]
Fahrlässige Körperverletzung (§ 229)[5]
Sonstige Straftaten, soweit im Zusammenhang mit dem Straßenverkehr begangen und nicht in Abschnitt A aufgeführt
1.2   Straftaten nach dem Straßenverkehrsgesetz
Kennzeichenmissbrauch (§ 22)

2.   Ordnungswidrigkeiten nach § 24 des Straßenverkehrsgesetzes,
soweit nicht in Abschnitt A aufgeführt.

---

[2] **(Amtl. Anm.:)** Für die Einordnung einer fahrlässigen Tötung oder fahrlässigen Körperverletzung in Abschnitt A oder B ist die Einordnung des der Tat zugrunde liegenden Verkehrsverstoßes maßgebend.
[3] **(Amtl. Anm.:)** Für die Einordnung einer fahrlässigen Tötung oder fahrlässigen Körperverletzung in Abschnitt A oder B ist die Einordnung des der Tat zugrunde liegenden Verkehrsverstoßes maßgebend.
[4] **(Amtl. Anm.:)** Für die Einordnung einer fahrlässigen Tötung oder fahrlässigen Körperverletzung in Abschnitt A oder B ist die Einordnung des der Tat zugrunde liegenden Verkehrsverstoßes maßgebend.
[5] **(Amtl. Anm.:)** Für die Einordnung einer fahrlässigen Tötung oder fahrlässigen Körperverletzung in Abschnitt A oder B ist die Einordnung des der Tat zugrunde liegenden Verkehrsverstoßes maßgebend.

Anlage 13 (zu § 40)

Bezeichnung und Bewertung der im Rahmen des Fahreignungs-Bewertungssystems zu berücksichtigenden Straftaten und Ordnungswidrigkeiten

Im Fahreignungsregister sind nachfolgende Entscheidungen zu speichern und im Fahreignungs-Bewertungssystem wie folgt zu bewerten:

1. mit drei Punkten folgende Straftaten, soweit die Entziehung der Fahrerlaubnis oder eine isolierte Sperre angeordnet worden ist:

laufende Nummer	Straftat	Vorschriften
1.1	Fahrlässige Tötung	§ 222 StGB
1.2	Fahrlässige Körperverletzung	§ 229 StGB
1.3	Nötigung	§ 240 StGB
1.4	Gefährliche Eingriffe in den Straßenverkehr	§ 315b StGB
1.5	Gefährdung des Straßenverkehrs	§ 315c StGB
1.6	Verbotene Kraftfahrzeugrennen	§ 315d Absatz 1 Nummer 2 und 3, Absatz 2, 4 und 5 StGB
1.7	Unerlaubtes Entfernen vom Unfallort	§ 142 StGB
1.8	Trunkenheit im Verkehr	§ 316 StGB
1.9	Vollrausch	§ 323a StGB
1.10	Unterlassene Hilfeleistung	§ 323c StGB
1.11	Führen oder Anordnen oder Zulassen des Führens eines Kraftfahrzeugs ohne Fahrerlaubnis, trotz Fahrverbots oder trotz Verwahrung, Sicherstellung oder Beschlagnahme des Führerscheins	§ 21 StVG
1.12	Kennzeichenmissbrauch	§ 22 StVG

2. mit zwei Punkten

2.1 folgende Straftaten, soweit sie nicht von Nummer 1 erfasst sind:

laufende Nummer	Straftat	Vorschriften
2.1.1	Fahrlässige Tötung, soweit ein Fahrverbot angeordnet worden ist und die Tat im Zusammenhang mit dem Führen eines Kraftfahrzeugs oder unter Verletzung der Pflichten eines Kraftfahrzeugführers begangen wurde	§ 222 StGB
2.1.2	Fahrlässige Körperverletzung, soweit ein Fahrverbot angeordnet worden ist und die Tat im Zusammenhang mit dem Führen eines Kraftfahrzeugs oder unter Verletzung der Pflichten eines Kraftfahrzeugführers begangen wurde	§ 229 StGB
2.1.3	Nötigung, soweit ein Fahrverbot angeordnet worden ist und die Tat im Zusammenhang mit dem Führen eines Kraftfahrzeugs oder unter Verletzung der Pflichten eines Kraftfahrzeugführers begangen wurde	§ 240 StGB
2.1.4	Gefährliche Eingriffe in den Straßenverkehr	§ 315b StGB
2.1.5	Gefährdung des Straßenverkehrs	§ 315c StGB
2.1.6	Verbotene Kraftfahrzeugrennen	§ 315d Absatz 1 Nummer 2 und 3, Absatz 2, 4 und 5 StGB
2.1.7	Unerlaubtes Entfernen vom Unfallort	§ 142 StGB
2.1.8	Trunkenheit im Verkehr	§ 316 StGB

laufende Nummer	Straftat	Vorschriften
2.1.9	Vollrausch, soweit ein Fahrverbot angeordnet worden ist und die Tat im Zusammenhang mit dem Führen eines Kraftfahrzeugs oder unter Verletzung der Pflichten eines Kraftfahrzeugführers begangen wurde	§ 323a StGB
2.1.10	Unterlassene Hilfeleistung, soweit ein Fahrverbot angeordnet worden ist und die Tat im Zusammenhang mit dem Führen eines Kraftfahrzeugs oder unter Verletzung der Pflichten eines Kraftfahrzeugführers begangen wurde	§ 323c StGB
2.1.11	Führen oder Anordnen oder Zulassen des Führens eines Kraftfahrzeugs ohne Fahrerlaubnis, trotz Fahrverbots oder trotz Verwahrung, Sicherstellung oder Beschlagnahme des Führerscheins	§ 21 StVG
2.1.12	Kennzeichenmissbrauch, soweit ein Fahrverbot angeordnet worden ist und die Tat im Zusammenhang mit dem Führen eines Kraftfahrzeugs oder unter Verletzung der Pflichten eines Kraftfahrzeugführers begangen wurde	§ 22 StVG

2.2 folgende besonders verkehrssicherheitsbeeinträchtigende Ordnungswidrigkeiten:

laufende Nummer	Ordnungswidrigkeit	laufende Nummer der Anlage zur Bußgeldkatalog-Verordnung (BKat)[1]
2.2.1	Kraftfahrzeug geführt mit einer Atemalkoholkonzentration von 0,25mg/l oder mehr oder mit einer Blutalkoholkonzentration von 0,5 Promille oder mehr oder mit einer Alkoholmenge im Körper, die zu einer solchen Atem- oder Blutalkoholkonzentration führt	241, 241.1, 241.2
2.2.2	Kraftfahrzeug unter der Wirkung eines in der Anlage zu § 24a Absatz 2 des Straßenverkehrsgesetzes genannten berauschenden Mittels geführt	242, 242.1, 242.2
2.2.3	Zulässige Höchstgeschwindigkeit überschritten	9.1 bis 9.3, 11.1 bis 11.3 jeweils in Verbindung mit 11.1.6 bis 11.1.10 der Tabelle 1 des Anhangs (11.1.6 nur innerhalb geschlossener Ortschaften), 11.2.5 bis 11.2.10 der Tabelle 1 des Anhangs (11.2.5 nur innerhalb geschlossener Ortschaften) oder 11.3.6 bis 11.3.10 der Tabelle 1 des Anhangs (11.3.6 nur innerhalb geschlossener Ortschaften)
2.2.4	Erforderlichen Abstand von einem vorausfahrenden Fahrzeug nicht eingehalten	12.6 in Verbindung mit 12.6.3, 12.6.4 oder 12.6.5 der Tabelle 2 des Anhangs sowie 12.7 in Verbindung mit 12.7.3, 12.7.4 oder 12.7.5 der Tabelle 2 des Anhangs
2.2.5	Überholvorschriften nicht eingehalten	19.1.1, 19.1.2, 21.1, 21.2
2.2.5a	Bei stockendem Verkehr auf einer Autobahn oder Außerortsstraße für die Durchfahrt von Polizei- oder Hilfsfahrzeugen keine vorschriftsmäßige Gasse gebildet	50, 50.1, 50.2, 50.3
2.2.6	Auf der durchgehenden Fahrbahn von Autobahnen oder Kraftfahrstraßen gewendet, rückwärts oder entgegen der Fahrtrichtung gefahren	83.3

laufende Nummer	Ordnungswidrigkeit	laufende Nummer der Anlage zur Bußgeldkatalog-Verordnung (BKat)[1]
2.2.7	Als Fahrzeugführer Bahnübergang unter Verstoß gegen die Wartepflicht oder trotz geschlossener Schranke oder Halbschranke überquert	89b.2, 244
2.2.8	Als Kraftfahrzeugführer rotes Wechsellichtzeichen oder rotes Dauerlichtzeichen nicht befolgt bei Gefährdung, mit Sachbeschädigung oder bei schon länger als einer Sekunde andauernder Rotphase eines Wechsellichtzeichens	132.1, 132.2, 132.3, 132.3.1, 132.3.2
2.2.8a	Einem Einsatzfahrzeug, das blaues Blinklicht zusammen mit dem Einsatzhorn verwendet hatte, nicht sofort freie Bahn geschaffen	135, 135.1, 135.2
2.2.8b	Beim Führen eines Kraftfahrzeugs elektronisches Gerät rechtswidrig benutzt mit Gefährdung oder mit Sachbeschädigung	246.2, 246.3

3. mit einem Punkt folgende verkehrssicherheitsbeeinträchtigende Ordnungswidrigkeiten:

3.1 folgende Verstöße gegen die Vorschriften des Straßenverkehrsgesetzes:

laufende Nummer	Verstöße gegen die Vorschriften	laufende Nummer des BKat[1]
3.1.1	des § 24c des Straßenverkehrsgesetzes	243

3.2 folgende Verstöße gegen die Vorschriften der Straßenverkehrs-Ordnung:

laufende Nummer	Verstöße gegen die Vorschriften über	laufende Nummer des BKat[1]
3.2.1	die Straßenbenutzung durch Fahrzeuge	4.1, 4.2, 5a, 5a.1, 6
3.2.2	die Geschwindigkeit	8.1, 9, 10, 11 in Verbindung mit 11.1.3, 11.1.4, 11.1.5, 11.1.6 der Tabelle 1 des Anhangs (11.1.6 nur außerhalb geschlossener Ortschaften), 11.2.2, 11.2.3, 11.2.4, 11.2.5 der Tabelle 1 des Anhangs (11.2.2 nur innerhalb, 11.2.5 nur außerhalb geschlossener Ortschaften), 11.3.4, 11.3.5, 11.3.6 der Tabelle 1 des Anhangs (11.3.6 nur außerhalb geschlossener Ortschaften)
3.2.3	den Abstand	12.5 in Verbindung mit 12.5.1, 12.5.2, 12.5.3, 12.5.4 oder 12.5.5 der Tabelle 2 des Anhangs, 12.6 in Verbindung mit 12.6.1 oder 12.6.2 der Tabelle 2 des Anhangs, 12.7 in Verbindung mit 12.7.1 oder 12.7.2 der Tabelle 2 des Anhangs, 15
3.2.4	das Überholen	17, 18, 19, 19.1, 153a, 21, 22
3.2.5	die Vorfahrt	34
3.2.6	das Abbiegen, Wenden und Rückwärtsfahren	39.1, 41, 42.1, 44

laufende Nummer	Verstöße gegen die Vorschriften über	laufende Nummer des BKat[1]
3.2.7	Park- oder Halteverbote mit Behinderung von Rettungsfahrzeugen	51b.3, 53.1
3.2.8	das Liegenbleiben von Fahrzeugen	66
3.2.9	die Beleuchtung	76
3.2.10	die Benutzung von Autobahnen und Kraftfahrstraßen	79, 80.1, 82, 83.1, 83.2, 85, 87a, 88
3.2.11	das Verhalten an Bahnübergängen	89, 89a, 89b.1, 245
3.2.12	das Verhalten an öffentlichen Verkehrsmitteln und Schulbussen	92.1, 92.2, 93, 95.1, 95.2
3.2.13	die Personenbeförderung, die Sicherungspflichten	99.1, 99.2
3.2.14	die Ladung	102.1, 102.1.1, 102.2.1, 104
3.2.15	die sonstigen Pflichten des Fahrzeugführers	108, 246.1, 247
3.2.16	das Verhalten am Fußgängerüberweg	113
3.2.17	die übermäßige Straßenbenutzung	116
3.2.18	Verkehrshindernisse	123
3.2.19	das Verhalten gegenüber Zeichen oder Haltgebot eines Polizeibeamten sowie an Wechsellichtzeichen, Dauerlichtzeichen und Grünpfeil	129, 132, 132a, 132a.1, 132a.2, 132a.3, 132 a.3.1, 132a.3.2, 133.1, 133.2, 133.3.1, 133.3.2
3.2.20	Vorschriftzeichen	150, 151.1, 151.2, 152, 152.1
3.2.21	Richtzeichen	157.3, 159b
3.2.22	andere verkehrsrechtliche Anordnungen	164
3.2.23	Auflagen	166

3.3 folgende Verstöße gegen die Vorschriften der Fahrerlaubnis-Verordnung:

laufende Nummer	Verstöße gegen die Vorschriften über	laufende Nummer des BKat[1]
3.3.1	die Fahrerlaubnis zur Fahrgastbeförderung	171, 172
3.3.2	das Führen von Kraftfahrzeugen ohne Begleitung	251a

3.4 folgende Verstöße gegen die Vorschriften der Fahrzeug-Zulassungsverordnung:

laufende Nummer	Verstöße gegen die Vorschriften über	laufende Nummer des BKat[1]
3.4.1	die Zulassung	175
3.4.2	ein Betriebsverbot und Beschränkungen	253

3.5 folgende Verstöße gegen die Vorschriften der Straßenverkehrs-Zulassungs-Ordnung:

laufende Nummer	Verstöße gegen die Vorschriften über	laufende Nummer des BKat[1]
3.5.1	die Untersuchung der Kraftfahrzeuge und Anhänger	186.1.3, 186.1.4, 186.2.3, 187a
3.5.2	die Verantwortung für den Betrieb der Fahrzeuge	189.1.1, 189.1.2, 189.2.1, 189.2.2, 189.3.1, 189.3.2, 189a.1, 189a.2
3.5.3	die Abmessungen von Fahrzeugen und Fahrzeugkombinationen	192, 193

laufende Nummer	Verstöße gegen die Vorschriften über	laufende Nummer des BKat[1]
3.5.4	die Kurvenlaufeigenschaften von Fahrzeugen	195, 196
3.5.5	die Achslast, das Gesamtgewicht, die Anhängelast hinter Kraftfahrzeugen	198 und 199 jeweils in Verbindung mit 198.1.2 bis 198.1.7, 199.1.2 bis 199.1.6, 198.2.4 oder 199.2.4, 198.2.5 oder 199.2.5, 198.2.6 oder 199.2.6 der Tabelle 3 des Anhangs
3.5.6	die Besetzung von Kraftomnibussen	201, 202
3.5.7	Bereifung und Laufflächen	212, 213, 213a
3.5.8	die sonstigen Pflichten für den verkehrssicheren Zustand des Fahrzeugs	214.1, 214.2, 214a.1, 214a.2
3.5.9	die Stützlast	217
3.5.10	den Geschwindigkeitsbegrenzer	223, 224
3.5.11	Auflagen	233

3.6 folgende Verstöße gegen die Vorschriften der Gefahrgutverordnung Straße, Eisenbahn und Binnenschifffahrt (GGVSEB):

laufende Nummer	Beschreibung der Zuwiderhandlung	gesetzliche Grundlage
3.6.1	Als tatsächlicher Verlader Versandstücke, die gefährliche Güter enthalten, und unverpackte gefährliche Gegenstände nicht durch geeignete Mittel gesichert, die in der Lage sind, die Güter im Fahrzeug oder Container zurückzuhalten, sowie, wenn gefährliche Güter zusammen mit anderen Gütern befördert werden, nicht alle Güter in den Fahrzeugen oder Containern so gesichert oder verpackt, dass das Austreten gefährlicher Güter verhindert wird.	Unterabschnitt 7.5.7.1 ADR iVm § 37 Absatz 1 Nummer 21 Buchstabe a GGVSEB
3.6.2	Als Fahrzeugführer Versandstücke, die gefährliche Güter enthalten, und unverpackte gefährliche Gegenstände nicht durch geeignete Mittel gesichert, die in der Lage sind, die Güter im Fahrzeug oder Container zurückzuhalten, sowie, wenn gefährliche Güter zusammen mit anderen Gütern befördert werden, nicht alle Güter in den Fahrzeugen oder Containern so gesichert oder verpackt, dass das Austreten gefährlicher Güter verhindert wird.	Unterabschnitt 7.5.7.1 ADR iVm § 37 Absatz 1 Nummer 21 Buchstabe a GGVSEB
3.6.3	Als Beförderer und in der Funktion als Halter des Fahrzeugs entgegen § 19 Absatz 2 Nummer 15 GGVSEB dem Fahrzeugführer die erforderliche Ausrüstung zur Durchführung der Ladungssicherung nicht übergeben[2]	Unterabschnitt 7.5.7.1 ADR iVm § 37 Absatz 1 Nummer 6 Buchstabe o GGVSEB

[1] **(Amtl. Anm.:)** Bußgeldkatalog
[2] Fehlende Zeichensetzung amtlich.

4. Verordnung über die Zulassung von Fahrzeugen zum Straßenverkehr (Fahrzeug-Zulassungsverordnung – FZV)

Vom 3. Februar 2011 (BGBl. I S. 139)

FNA 9232-14

zuletzt geändert durch Art. 4 ÄndG vom 29.6.2020 (BGBl. I S. 1528)

Inhaltsübersicht

Vorbemerkung

1 **Begr** (VkBl. **06** 602): *Die Zulassung von Fahrzeugen zum öffentlichen Straßenverkehr ist bisher durch verschiedene Rechtsverordnungen geregelt. Die Zulassungspflicht und das Zulassungsverfahren sowie der Nachweis des Kraftfahrzeug-Haftpflichtversicherungsschutzes werden durch die Straßenverkehrs-Zulassungs-Ordnung (StVZO) bestimmt, die Zulassung ausländischer Kraftfahrzeuge am Straßenverkehr regelt die Verordnung über internationalen Kraftfahrzeugverkehr (VOInt) und die Führung der Fahrzeugregister sowie die Datenübermittlung zwischen den örtlichen Zulassungsbehörden und dem Zentralen Fahrzeugregister beim Kraftfahrt-Bundesamt bestimmt die Fahrzeugregisterverordnung (FRV). Die Neuordnung des Rechts der Zulassung von Fahrzeugen zum öffentlichen Straßenverkehr soll diesen Rechtsbereich zusammenfassen und damit übersichtlicher gestalten und die Anzahl der Vorschriften verringern. Gleichzeitig werden, einer Empfehlung der Verkehrsministerkonferenz der Länder folgend, Vorschläge zur Vereinfachung des Zulassungsverfahrens – sofern sie einer rechtlichen Regelung bedürfen – berücksichtigt, um die Zulassungsbehörden zu entlasten sowie die Verfahren weiter zu beschleunigen und kostengünstiger zu gestalten. Des Weiteren wurden die Vorschriften im Hinblick auf einen weiteren Einsatz von Online-Verfahren und der elektronischen Kommunikation gefasst. Die Neuordnung, insbesondere der Bestimmungen über die Fahrzeugregister, soll insbesondere auch die Online-Arbeit der örtlichen Behörden mit dem Zentralen Fahrzeugregister fördern. ...*

Aufgehoben werden die 49. Ausnahmeverordnung zur StVZO über die Verwendung roter Oldtimer- 2
kennzeichen, deren Inhalt nunmehr Bestandteil der Verordnung ist und die Verordnung über Ausnahmen
und Änderungen von straßenverkehrsrechtlichen Vorschriften vom 29.9.1989, die in der Praxis keine Be-
deutung mehr haben. In die Verordnung über die Zulassung von Fahrzeugen zum Straßenverkehr wurden
auch die noch erforderlichen Bestimmungen der Verordnung über die Überwachung von gewerbsmäßig an
Selbstfahrer zu vermietenden Kraftfahrzeugen und Anhängern übernommen, so dass die Aufhebung dieser
Verordnung ebenfalls möglich ist. ...

In der neu geschaffenen FZV werden alle Regelungen zur Zulassungspflicht der Fahrzeuge (ihre Regist- 3
rierung), zum Verfahren und den diesbezüglichen Pflichten der Fahrzeughalter und -eigentümer zusammen-
gefasst. EG-rechtliche Grundlage ist die Richtlinie 1999/37/EG über Zulassungsdokumente für Fahrzeu-
ge (ABl. EG Nr. L 138 S. 57) in der Fassung der Richtlinie 2003/127/EG der Kommission vom
23. Dezember 2003 zur Änderung der Richtlinie 1999/37/EG (ABl. EU 2004 Nr. L 10 S. 29), die
mit der 38. Verordnung zur Änderung straßenverkehrsrechtlicher Vorschriften vom 24. September 2004
(BGBl. I S. 2374) in das nationale Recht überführt wurde.

Die am 1.3.07 in Kraft getretene **Fahrzeug-Zulassungsverordnung** (FZV) fasst den zuvor 4
in der StVZO, der IntVO, der FahrzeugregisterVO (FRV) und der 49. AusnahmeVO zur StVZO
normierten Bereich der Zulassung von Kfz mit einer bauartbedingten Höchstgeschwindigkeit
von mehr als 6 km/h und die Zulassung von Kfz-Anhängern zum öffentlichen StrV zusammen.
Sie wurde einschließlich aller inzwischen erfolgter Änderungen als FZV v. 3.2.11 (BGBl I
S. 139) neu erlassen, um mögliche Verstöße gegen das Zitiergebot des Art 80 I S. 3 GG zu heilen
und eine rechtssichere Textfassung zu schaffen („AblöseVO", Begr BR-Drs. 724/10 S. 129).

Abschnitt 1. Allgemeine Regelungen

Anwendungsbereich

1 Diese Verordnung ist anzuwenden auf die Zulassung von Kraftfahrzeugen mit einer
bauartbedingten Höchstgeschwindigkeit von mehr als 6 km/h und die Zulassung ihrer
Anhänger.

Begr (VkBl. **06** 603): *§ 1 folgt bei der Festlegung dem bisherigen § 18 Abs. 1 StVZO.* 1

1. Anwendungsbereich. Nach § 1 I S. 1 StVG müssen Kfz und Kfz-Anhänger, die auf öf- 2
fentlichen Straßen in Betrieb gesetzt werden sollen, von der Zulassungsbehörde (ZulB) zum
Verkehr zugelassen sein. Ausnahmen von der Zulassung können gem. § 6 I Nr. 2 StVG durch
RVO geregelt werden. Die FZV schreibt die Zulassung von Kfz mit bauartbedingter Höchst-
geschwindigkeit von mehr als 6 km/h und von Kfz-Anhängern zum Verkehr vor (Ausnahmen
s. § 3). Alle anderen Fz sind nach Maßgabe von § 16 StVZO ohne Zulassungsverfahren zum
Verkehr auf öffentlichen Straßen zugelassen.

2. Kraftfahrzeuge sind nach § 2 Nr. 1 in Übereinstimmung mit § 1 II StVG nicht dauerhaft 3
spurgeführte Landfahrzeuge, die durch Maschinenkraft bewegt werden. Bestimmte Elektro-
Fahrräder (Pedelecs) sind gem. § 1 III StVG keine Kfz und fallen deswegen nicht in den Anwen-
dungsbereich der FZV, auch wenn die Begriffsbestimmung des § 2 Nr. 1 nicht an die Änderung
von § 1 StVG angepasst worden ist, denn das StVG definiert den Begriff des Kfz. Eine Ausnahme
von der Zulassungspflicht begründet § 1 für Kfz, deren **bauartbedingte Höchstgeschwindig-
keit nicht über 6 km/h** hinausgeht. Definition des Begriffs der „durch die Bauart bestimmten
Höchstgeschwindigkeit" in § 30a I S. 1 StVZO. Diese Voraussetzung sollte nach früher hierzu
vertretener Ansicht bei Einbau entsprechender Vorrichtungen in an sich für höhere Geschwin-
digkeiten gebaute Kfz nur dann erfüllt sein, wenn sicher gestellt ist, dass weder der Fahrer noch
ein geübter Monteur die blockierende Einrichtung ohne langwierige Arbeit beseitigen kann,
s. § 8 StVG Rn. 2, *Roos/Krause* DAR **89** 97, oder gar nur dann, wenn die geringe Höchst-
geschwindigkeit auf der konstruktiven Beschaffenheit beruht, während nachträgliche technische
Vorkehrungen niemals ausreichen sollen, OVG Münster NZV **95** 413 (zust *Stollenwerk* PVT **97**
93), s. Brn VRS **101** 293 (zu § 6 FeV). Unter Zugrundelegung der Rspr. des BGH zu § 8 Nr. 1
StVG (s. § 8 StVG Rn. 2) und zu § 2 PflVG (s. vor § 23 Rn. 3) genügt es jedoch, dass die Ge-
schwindigkeitsgrenze jedenfalls auf Grund einer vorhandenen technischen Einrichtung ohne
deren Beseitigung tatsächlich nicht überschritten wird (s. *Rodewald* DAR **99** 106f., *Hentschel*
NJW **02** 727, *Huppertz* VD **18** 48 (52)). Dies ist durch ÄndVO v. 26.7.13 (BGBl. I S. 2803) nun-
mehr im Text des § 30a I S. 1 StVZO klargestellt.

4   **Elektrokarren** sind Kfz. **Elektromotorroller** sind Kfz; je nach technischer Beschaffenheit
können sie den in § 3 II S. 1 Nr. 1d iVm § 2 Nr. 11a (Kleinkrafträder) oder § 3 II S. 1 Nr. 1c
iVm § 2 Nr. 10 (Leichtkrafträder) genannten Fzen zuzuordnen sein; jedoch sind § 4 I (Einzelge-
nehmigung oder Typgenehmigung), § 4 II S. 1 Nr. 2 (Kennzeichen für Leichtkrafträder) und § 4
III (Versicherungskennzeichen für Kleinkrafträder) zu beachten, s. *Ternig* VD **03** 259. Zumeist
werden die technischen Merkmale eines Kleinkraftrades vorliegen, s. *Kullik* PVT **03** 177. **Elekt-
rokleinstfahrzeuge** iSv § 1 I eKFV, namentlich Elektrostehroller und Segways, sind Kfz (§ 1 II
StVG, § 1 I eKFV); für sie gelten besondere Regelungen (näher eKFV, Buchteil **7**). Elektro-
kleinstfahrzeuge, die nicht den Anforderungen von § 1 I eKFV genügen, wie zB E-Skateboards,
Hoverboards oder sog One-Wheeler, sind Kfz (§ 1 II StVG). Sie fallen nicht unter die eKFV; für
sie gelten die allgemeinen Regelungen.

5   **3. Anhänger** sind nach § 2 Nr. 2 zum Anhängen an ein Kfz bestimmte und geeignete Fz.
Sattelanhänger sind zum Aufsatteln auf eine Sattelzugmaschine (§ 2 Nr. 15) bestimmte Anhän-
gerFz (§ 2 Nr. 19, DIN 70010). Fz, die nach ihrer Bauart zum Betrieb als Kfz bestimmt sind,
dürfen nicht als Anhänger betrieben werden, doch kann die Verwaltungsbehörde Ausnahmen
genehmigen (§ 33 StVZO). Nachlaufachsen zur Beförderung von Langholz sind KfzAnhänger,
Neust VRS **18** 301. Anhänger, die **Arbeitsmaschinen** sind, sind nach § 3 II S. 1 Nr. 2d nicht
zulassungspflichtig, aber nach § 4 II S. 1 Nr. 3 ggf. kennzeichenpflichtig.

5a   Die Gründe für die Zulassungspflicht für KfzAnhänger sind im Wesentlichen dieselben wie
die für die Zulassung der Kfz: Prüfung der Bauart auf VSicherheit, wirtschafts- und verkehrssta-
tistische Erfassung der Fz, s. BGHSt **32** 335 = NJW **84** 2479. Auch das Zulassungsverfahren für
Anhänger führt zur Zuteilung eines Kennzeichens.

6   **4. Abgeschleppte Fahrzeuge.** Bis 28.2.07 enthielt § 18 I S. 1 StVZO aF die Aussage, dass
betriebsunfähige Fz, die abgeschleppt werden, und Abschleppachsen keine Anhänger sind. Diese
Aussage ist nicht in die FZV übernommen worden. Fz, die wegen Betriebsunfähigkeit aus dem
öffentlichen Verkehrsraum abgeschleppt werden, sind idR zugelassen, denn sonst hätten sie nicht
im Verkehr bewegt werden dürfen. Es bestand keine Notwendigkeit, insoweit eine zulassungs-
rechtliche Regelung zu treffen. Näher zum Abschleppen betriebsunfähiger Fz § 33 StVZO
Rn. 19 ff.

7   **5. Bestimmte nicht motorbetriebene Fortbewegungsmittel** wie Schiebe- und Greifrei-
fenrollstühle, Rodelschlitten, Kinderwagen, Roller (sowohl Kinder- als auch Erwachsenenroller)
und Kinderfahrräder fallen weder in den Anwendungsbereich der FZV (§ 1) noch in den der
StVZO (§ 16 II StVG). Kinderfahrräder sind Fahrräder, die üblicherweise zum spielerischen
Umherfahren im Vorschulalter verwendet werden (VwV zu § 24 I StVO, III). Auch die durch
ÄndVO v. 26.7.13 (BGBl. I S. 2803) in § 16 II StVZO aufgenommenen mit einem Hilfsantrieb
ausgerüsteten ähnlichen Fortbewegungsmittel mit einer bbH von nicht mehr als 6 km/h fallen
wegen der Begrenzung der bbH nicht in den Anwendungsbereich der FZV.

Begriffsbestimmungen

2 Im Sinne dieser Verordnung ist oder sind

1. **Kraftfahrzeuge: nicht dauerhaft spurgeführte Landfahrzeuge, die durch Maschinenkraft
bewegt werden;**
2. **Anhänger: zum Anhängen an ein Kraftfahrzeug bestimmte und geeignete Fahrzeuge;**
3. **Fahrzeuge: Kraftfahrzeuge und ihre Anhänger;**
4. **EG-Typgenehmigung: die von einem Mitgliedstaat der Europäischen Union in An-
wendung**
   a) **der Richtlinie 2007/46/EG des Europäischen Parlaments und des Rates vom 5. Sep-
   tember 2007 zur Schaffung eines Rahmens für die Genehmigung von Kraftfahrzeu-
   gen und Kraftfahrzeuganhängern sowie von Systemen, Bauteilen und selbständigen
   technischen Einheiten für diese Fahrzeuge (ABl. L 263 vom 9.10.2007, S. 1) in der
   jeweils geltenden Fassung,**
   b) **der Richtlinie 2002/24/EG des Europäischen Parlaments und des Rates vom
   18. März 2002 über die Typgenehmigung für zweirädrige oder dreirädrige Kraft-
   fahrzeuge und zur Aufhebung der Richtlinie 92/61/EWG des Rates (ABl. L 124
   vom 9.5.2002, S. 1) in der jeweils geltenden Fassung oder der Verordnung (EU)
   Nr. 168/2013 des Europäischen Parlaments und des Rates vom 5. Februar 2013 über**

die Genehmigung und Marktüberwachung von zwei- oder dreirädrigen und vierrädrigen Fahrzeugen (ABl. L 60 vom 2.3.2013, S. 52) in der jeweils geltenden Fassung und

c) der Richtlinie 2003/37/EG des Europäischen Parlaments und des Rates vom 26. Mai 2003 über die Typgenehmigung für land- oder forstwirtschaftliche Zugmaschinen, ihre Anhänger und die von ihnen gezogenen auswechselbaren Maschinen sowie für Systeme, Bauteile und selbständige technische Einheiten dieser Fahrzeuge und zur Aufhebung der Richtlinie 74/150/EWG (ABl. L 171 vom 9.7.2003, S. 1) in der jeweils geltenden Fassung oder der Verordnung (EU) Nr. 167/2013 des Europäischen Parlaments und des Rates vom 5. Februar 2013 über die Genehmigung und Marktüberwachung von land- und forstwirtschaftlichen Fahrzeugen (ABl. L 60 vom 2.3.2013, S. 1) in der jeweils geltenden Fassung

erteilte Bestätigung, dass der zur Prüfung vorgestellte Typ eines Fahrzeugs, eines Systems, eines Bauteils oder einer selbstständigen technischen Einheit die einschlägigen Vorschriften und technischen Anforderungen erfüllt;

5. nationale Typgenehmigung: die behördliche Bestätigung, dass der zur Prüfung vorgestellte Typ eines Fahrzeugs, eines Systems, eines Bauteils oder einer selbstständigen technischen Einheit den geltenden Bauvorschriften entspricht; sie ist eine Betriebserlaubnis im Sinne des Straßenverkehrsgesetzes und eine Allgemeine Betriebserlaubnis im Sinne der Straßenverkehrs-Zulassungs-Ordnung;

6. Einzelgenehmigung: die behördliche Bestätigung, dass das betreffende Fahrzeug, System, Bauteil oder die selbstständige technische Einheit den geltenden Bauvorschriften entspricht; sie ist eine Betriebserlaubnis im Sinne des Straßenverkehrsgesetzes und eine Einzelbetriebserlaubnis im Sinne der Straßenverkehrs-Zulassungs-Ordnung;

7. Übereinstimmungsbescheinigung: die vom Hersteller ausgestellte Bescheinigung, dass ein Fahrzeug, ein System, ein Bauteil oder eine selbstständige technische Einheit zum Zeitpunkt seiner/ihrer Herstellung einem nach der jeweiligen EG-Typgenehmigungsrichtlinie genehmigten Typ entspricht;

8. Datenbestätigung: die vom Inhaber einer nationalen Typgenehmigung für Fahrzeuge ausgestellte Bescheinigung, dass das Fahrzeug zum Zeitpunkt seiner Herstellung dem genehmigten Typ und den ausgewiesenen Angaben über die Beschaffenheit entspricht;

9. Krafträder: zweirädrige Kraftfahrzeuge mit oder ohne Beiwagen, mit einem Hubraum von mehr als 50 cm³ im Falle von Verbrennungsmotoren, und/oder mit einer bauartbedingten Höchstgeschwindigkeit von mehr als 45 km/h;

10. Leichtkrafträder: Krafträder mit einer Nennleistung von nicht mehr als 11 kW und im Falle von Verbrennungsmotoren mit einem Hubraum von mehr als 50 cm³, aber nicht mehr als 125 cm³;

11. Kleinkrafträder: zweirädrige Kraftfahrzeuge oder dreirädrige Kraftfahrzeuge mit einer bauartbedingten Höchstgeschwindigkeit von nicht mehr als 45 km/h und folgenden Eigenschaften:

a) zweirädrige Kleinkrafträder:
mit Verbrennungsmotor, dessen Hubraum nicht mehr als 50 cm³ beträgt, oder mit Elektromotor, dessen maximale Nenndauerleistung nicht mehr als 4 kW beträgt;

b) dreirädrige Kleinkrafträder:
mit Fremdzündungsmotor, dessen Hubraum nicht mehr als 50 cm³ beträgt, mit einem anderen Verbrennungsmotor, dessen maximale Nutzleistung nicht mehr als 4 kW beträgt, oder mit einem Elektromotor, dessen maximale Nenndauerleistung nicht mehr als 4 kW beträgt;

12. vierrädrige Leichtkraftfahrzeuge: vierrädrige Kraftfahrzeuge mit einer Leermasse von nicht mehr als 350 kg, ohne Masse der Batterien bei Elektrofahrzeugen, mit einer bauartbedingten Höchstgeschwindigkeit von nicht mehr als 45 km/h, mit Fremdzündungsmotor, dessen Hubraum nicht mehr als 50 cm³ beträgt, oder mit einem anderen Verbrennungsmotor, dessen maximale Nennleistung nicht mehr als 4 kW beträgt, oder mit einem Elektromotor, dessen maximale Nennleistung nicht mehr als 4 kW beträgt;

13. motorisierte Krankenfahrstühle: einsitzige, nach der Bauart zum Gebrauch durch körperlich behinderte Personen bestimmte Kraftfahrzeuge mit Elektroantrieb, einer Leermasse von nicht mehr als 300 kg einschließlich Batterien jedoch ohne Fahrer, einer zulässigen Gesamtmasse von nicht mehr als 500 kg, einer bauartbedingten Höchstgeschwindigkeit von nicht mehr als 15 km/h und einer Breite über alles von maximal 110 cm;

14. Zugmaschinen: Kraftfahrzeuge, die nach ihrer Bauart überwiegend zum Ziehen von Anhängern bestimmt und geeignet sind;

15. Sattelzugmaschinen: Zugmaschinen für Sattelanhänger;

16. land- oder forstwirtschaftliche Zugmaschinen: Kraftfahrzeuge, deren Funktion im Wesentlichen in der Erzeugung einer Zugkraft besteht und die besonders zum Ziehen, Schieben, Tragen und zum Antrieb von auswechselbaren Geräten für land- oder forstwirtschaftliche Arbeiten oder zum Ziehen von Anhängern in land- oder forstwirtschaftlichen Betrieben bestimmt und geeignet sind, auch wenn sie zum Transport von Lasten im Zusammenhang mit land- oder forstwirtschaftlichen Arbeiten eingerichtet oder mit Beifahrersitzen ausgestattet sind;

17. selbstfahrende Arbeitsmaschinen: Kraftfahrzeuge, die nach ihrer Bauart und ihren besonderen, mit dem Fahrzeug fest verbundenen Einrichtungen zur Verrichtung von Arbeiten, jedoch nicht zur Beförderung von Personen oder Gütern bestimmt und geeignet sind; unter den Begriff fallen auch selbstfahrende Futtermischwagen mit einer bauartbedingten Höchstgeschwindigkeit von nicht mehr als 25 km/h;

18. Stapler: Kraftfahrzeuge, die nach ihrer Bauart für das Aufnehmen, Heben, Bewegen und Positionieren von Lasten bestimmt und geeignet sind;

19. Sattelanhänger: Anhänger, die mit einem Kraftfahrzeug so verbunden sind, dass sie teilweise auf diesem aufliegen und ein wesentlicher Teil ihres Gewichts oder ihrer Ladung von diesem getragen wird;

20. land- oder forstwirtschaftliche Arbeitsgeräte: Geräte zum Einsatz in der Land- und Forstwirtschaft, die dazu bestimmt sind, von einer Zugmaschine gezogen zu werden und die die Funktion der Zugmaschine verändern oder erweitern; sie können auch mit einer Ladeplattform ausgestattet sein, die für die Aufnahme der zur Ausführung der Arbeiten erforderlichen Geräte und Vorrichtungen oder die für die zeitweilige Lagerung der bei der Arbeit erzeugten und benötigten Materialien konstruiert und gebaut ist; unter den Begriff fallen auch Fahrzeuge, die dazu bestimmt sind von einer Zugmaschine gezogen zu werden und dauerhaft mit einem Gerät ausgerüstet oder für die Bearbeitung von Materialien ausgelegt sind, wenn das Verhältnis zwischen der technisch zulässigen Gesamtmasse und der Leermasse dieses Fahrzeugs weniger als 3,0 beträgt;

21. Sitzkarren: einachsige Anhänger, die nach ihrer Bauart nur bestimmt und geeignet sind, einer Person das Führen einer einachsigen Zug- oder Arbeitsmaschine von einem Sitz aus zu ermöglichen;

22. Oldtimer: Fahrzeuge, die vor mindestens 30 Jahren erstmals in Verkehr gekommen sind, weitestgehend dem Originalzustand entsprechen, in einem guten Erhaltungszustand sind und zur Pflege des kraftfahrzeugtechnischen Kulturgutes dienen;

23. Probefahrt: die Fahrt zur Feststellung und zum Nachweis der Gebrauchsfähigkeit des Fahrzeugs;

24. Prüfungsfahrt: die Fahrt zur Durchführung der Prüfung des Fahrzeugs durch einen amtlich anerkannten Sachverständigen oder Prüfer für den Kraftfahrzeugverkehr oder Prüfingenieur einer amtlich anerkannten Überwachungsorganisation einschließlich der Fahrt des Fahrzeugs zum Prüfungsort und zurück;

25. Überführungsfahrt: die Fahrt zur Überführung des Fahrzeugs an einen anderen Ort, auch zur Durchführung von Um- oder Aufbauten.

1   **Begr** (VkBl. 06 603): *Die Aufnahme der Begriffsbestimmungen in einem gesonderten Paragraphen soll der Übersichtlichkeit und Rechtsklarheit dienen.*

1a   **Begr** zur ÄndVO v. 31.7.17 **zu Nr. 17** (BR-Drs. 408/17 S. 22): *..., dass Futtermischwagen nunmehr mit einem eigenen Antrieb versehen sein können und in diesem Fall der Zulassungspflicht unterliegen. Mit der Anpassung soll dies im Ergebnis wieder geändert werden, indem diejenigen Futtermischwagen, deren Einsatz der Fütterung der Tiere und nicht dem Transport von Gütern dient, den selbstfahrenden Arbeitsmaschinen zugeordnet werden. Die Abgrenzung gegenüber dem Gütertransport erfolgt über die für die Zuordnung maßgebliche Geschwindigkeitsgrenze, über die der Einsatzzweck indirekt abgegrenzt werden kann; eine Abgrenzung ausschließlich über die Fahrzeugtechnik kann nicht effektiv erfolgen, weil eine technische Beurteilung nicht dazu geeignet ist, den Gütertransport zu verhindern. Somit musste eine Geschwindigkeitsgrenze definiert werden, die die Verwendung für den Gütertransport unattraktiv macht.*

2   **Anwendungsbereich.** § 2 legt allgemein für das Zulassungsrecht die Bedeutung bestimmter Begriffe fest. Die in § 2 enthaltenen Begriffsbestimmungen gelten nur „im Sinne dieser Verordnung", also **nur für Zwecke des Zulassungsrechts** nach der FZV. Sie sind nicht für alle Bereiche des Straßenverkehrsrechts als maßgeblich anzusehen. Wenn zB in Nr. 3 der Begriff Fahrzeuge gleichgesetzt wird mit „Kfz und ihre Anhänger", so deckt sich dies nicht mit dem weiter gefassten Begriff des Fahrzeugs, wie er in der StVO (§ 23 StVO Rn. 14), in der StVZO (§ 16 StVZO) und in der FeV (§§ 3, 13 S. 1 Nr. 2 Buchst. c FeV) verwendet wird. Prüfungsfahrt iSv

Nr. 24 ist hier nur die Fahrt zur Durchführung der Prüfung eines Fz, nicht die Prüfungsfahrt im Rahmen einer praktischen Fahrerlaubnisprüfung (§ 2 XV StVG, § 17 FeV). **Ausnahmegenehmigungen** nach § 47 I S. 1 Nr. 1 von den Begriffsbestimmungen des § 2 sind nach Sinn und Zweck der Vorschrift **ausgeschlossen.**

Kraftfahrzeuge (Nr. 1). Die Definition deckt sich inhaltlich mit der durch § 1 II StVG vor- **3** gegebenen Begriffsbestimmung (s. § 1 StVG Rn. 14 ff.). Die Formulierung ist etwas abgewandelt worden (statt *ohne an Bahngleise gebunden zu sein* heißt es hier *nicht dauerhaft spurgeführte*), um dem technischen Fortschritt Rechnung zu tragen und sprachlich deutlich zu machen, dass auch neue Verkehrsmittel wie die Magnetschwebebahn „Transrapid" von der Begriffsbestimmung ausgeschlossen sind, auch wenn sie nicht an *Bahngleise* gebunden sind. Die Begriffsbestimmung in Nr. 1 ist unvollständig, da nicht berücksichtigt wird, dass bestimmte Elektro-Fahrräder (Pedelecs) keine Kfz sind (§ 1 III StVG). Maßgeblich für die Definition des Kfz ist jedoch § 1 StVG, nicht § 2 FZV, denn eine auf der Grundlage des StVG erlassene RVO kann nicht inhaltlich von den Vorgaben des StVG abweichen.

Anhänger (Nr. 2). Der FZV unterliegen nur Anhänger, die zum Anhängen an ein Kfz be- **4** stimmt und geeignet sind, also zB nicht Fahrradanhänger. Zu Bau und Ausrüstung § 30a II StVZO. Zu geschleppten Fz § 33 StVZO Rn. 10 ff., zu abgeschleppten betriebsunfähigen Fz § 1 Rn. 6 und § 33 StVZO Rn. 19 ff.

Fahrzeuge (Nr. 3). Im Sinne der FZV sind nur Kfz (Nr. 1) und Kfz-Anhänger (Nr. 2) als **5** Fahrzeuge zu verstehen. Im übrigen Straßenverkehrsrecht wird der Begriff des Fahrzeugs teilweise weiter gefasst (s. Rn. 2). Die Begriffsbestimmung in Nr. 3 darf deswegen nicht unbedingt der Auslegung des Begriffs Fahrzeug in anderen Normen zugrunde gelegt werden. Deckungsgleich aber die Begriffsbestimmung in § 2 I KraftStG.

EG-Typgenehmigung (Nr. 4). Bei der EG-Typgenehmigung handelt es sich um die von **6** einem Mitgliedstaat der EU mit Wirkung für alle Mitgliedstaaten in Anwendung dreier EG-Richtlinien oder in Anwendung der in Nr. 4 Buchst. b) und c) genannten EU-Verordnungen erteilte Bestätigung, dass ein zur Prüfung vorgestellter Typ eines Fahrzeugs, eines Systems, eines Bauteils oder einer selbständigen technischen Einheit die einschlägigen Vorschriften und technischen Anforderungen erfüllt. Unter **System** werden die Eigenschaften der Fahrzeuge hinsichtlich bestimmter Merkmale, zB der Brems- oder der Lenkanlage oder der Abgasreinigung, verstanden, die die Anforderungen der jeweils einschlägigen Einzelrichtlinie erfüllen müssen. Eine **selbständige technische Einheit** ist eine Einrichtung wie zB eine Umsturz-Schutzvorrichtung, die Bestandteil eines Fz sein soll und die die Anforderungen einer Einzelrichtlinie erfüllen muss und für die gesondert, jedoch nur in Bezug auf einen oder mehrere Fahrzeugtypen, eine Typgenehmigung erteilt werden kann. Unter **Bauteil** ist eine Einrichtung (zB eine Leuchte) zu verstehen, die die Anforderungen einer Einzelrichtlinie erfüllt und die Bestandteil eines Fz sein soll. Im Gegensatz zur selbständigen technischen Einheit kann für ein Bauteil unabhängig von einem Fahrzeug eine EG-Typgenehmigung erteilt werden. Eine EG-Typgenehmigung darf nur erteilt werden, wenn der Antragsteller über ein wirksames **System zur Sicherstellung der Übereinstimmung** der Produktion verfügt, um zu gewährleisten, dass die herzustellenden Fahrzeuge, Systeme, selbständigen technischen Einheiten und Bauteile jeweils mit dem genehmigten Typ übereinstimmen. **Genehmigungsbehörde** für Deutschland ist das KBA (§ 2 I EG-FGV).

Umsetzung der drei EG-Richtlinien, die bei Erteilung einer EG-Typgenehmigung anzuwen- **7** den sind, in deutsches Recht: EG-Fahrzeuggenehmigungsverordnung (EG-FGV, Buchteil **6**). Die Richtlinien werden abgelöst durch entsprechende EU-Verordnungen, die deshalb im Gegensatz dazu gelten und nicht in nationales Recht umgesetzt werden müssen. Zu Nr. 4 Buchst. b: Die Richtlinie 2002/24/EG wurde mWv 1.1.16 aufgehoben und durch die seit 1.1.16 geltende Verordnung (EU) Nr. 168/2013 über die Genehmigung und Marktüberwachung von zwei- oder dreirädrigen und vierrädrigen Fz v. 15.1.13 (ABlEU L 60 v. 2.3.13 S. 52) ersetzt. Zu Nr. 4 Buchst. c: Die Richtlinie 2003/37/EG wurde mWv 1.1.16 aufgehoben und durch die seit 1.1.16 geltende Verordnung (EU) Nr. 167/2013 über die Genehmigung und Marktüberwachung von land- und forstwirtschaftlichen Fz v. 5.2.13 (ABlEU L 60 v. 2.3.13 S. 1, StVRL § 20 EG-FGV Nr. 3) ersetzt.

Nationale Typgenehmigung (Nr. 5). An die Stelle des Begriffs „Allgemeine Betriebser- **8** laubnis" soll künftig der bereits in neueren EG-Richtlinien verwandte Begriff der „nationalen Typgenehmigung" treten. Dieser Begriff für die behördliche Bestätigung, dass ein zur Prüfung vorgestellter Typ eines Fahrzeugs, eines Systems, eines Bauteils oder einer selbständigen technischen Einheit den geltenden Bauvorschriften entspricht, wurde mit der FZV eingeführt. Die nationale Typgenehmigung steht der Betriebserlaubnis gem. StVG und der Allgemeinen Betriebserlaubnis gem. StVZO gleich.

9   **Einzelgenehmigung (Nr. 6).** Dieser Begriff wurde mit der FZV eingeführt für die behördliche Bestätigung, dass ein einzelnes Fahrzeug, System, Bauteil oder selbständige technische Einheit den geltenden Bauvorschriften entspricht. Die Einzelgenehmigung ist eine Betriebserlaubnis gem. StVG und eine Einzelbetriebserlaubnis gem. StVZO.

10   **Übereinstimmungsbescheinigung (Nr. 7).** Wenn ein Fahrzeug, ein System, ein Bauteil oder eine selbständige technische Einheit eine EG-Typgenehmigung (Nr. 4) erhalten hat, hat der Inhaber der EG-Typgenehmigung eine fälschungssichere Übereinstimmungsbescheinigung auszustellen und diese dem Fahrzeug, dem System, dem Bauteil oder der selbständigen technischen Einheit beizufügen (§ 6 EG-FGV). Damit wird vom Hersteller versichert, dass das konkret auf den Markt gebrachte Fahrzeug, System, Bauteil oder die selbständige technische Einheit zum Zeitpunkt seiner/ihrer Herstellung einem nach der jeweiligen EG-Typgenehmigungsrichtlinie genehmigten Typ entspricht. Neue Fahrzeuge, selbständige technische Einheiten oder Bauteile, für die eine Übereinstimmungsbescheinigung vorgeschrieben ist, dürfen nur feilgeboten, veräußert und in den Verkehr gebracht werden, wenn sie mit einer gültigen Übereinstimmungsbescheinigung versehen sind (§ 27 EG-FGV). Gängige Bezeichnung: **CoC-Papier** (Certificate of Conformity). Bei diesem Dokument handelt es sich um eine vom Hersteller ausgestellte Privaturkunde, der kraft Gesetzes die Wirkung beigemessen wird, dass ein einzelnes typgenehmigtes Fz von der ZulB zugelassen werden kann, ohne dass die ZulB die Übereinstimmung mit der Typgenehmigung selbst prüft (§§ 3 I S. 2, 6 III S. 1, VG Schl 13.12.17 – 3 A 59/17, VG Dü 24.1.18 – 6 K 12341/17, VG Stu 27.4.18 – 8 K 1962/18 BeckRS 2018, 12838). Eine Übereinstimmungsbescheinigung ist nicht ungültig, wenn das hergestellte von dem typengenehmigten Fz abweicht (Bra 19.2.19 – 7 U 134/17 DAR **19** 261). Sie behält vielmehr zunächst ihren Rechtsschein gem. § 6 III S. 1, der nur durch Maßnahmen des KBA nach § 25 EG-FGV beseitigt werden kann (§ 6 Rn. 8a). Wird die EG-Typgenehmigung nachträglich vom KBA modifiziert, indem Nachrüstungen an bereits hergestellten Fz angeordnet werden, erbringt die Übereinstimmungsbescheinigung solange den Übereinstimmungsbeweis, bis die zuständige ZulB abschließend festgestellt hat, dass die erforderliche Nachrüstung unterblieben ist (VG Dü 24.1.18 6 K 12341/17). – Zur zivilrechtlichen Qualität der Übereinstimmungsbescheinigung *Artz/Harke* NJW **17** 3409, *Armbrüster* NJW **18** 3481.

11   **Datenbestätigung (Nr. 8).** Der Inhaber einer Allgemeinen Betriebserlaubnis (ABE), also einer nationalen Typgenehmigung iSv Nr. 5, hat für jedes dem Typ entsprechende zulassungspflichtige Fahrzeug eine Datenbestätigung nach Muster 2d zur StVZO auszufüllen, mit der er bescheinigt, dass das Fahrzeug zum Zeitpunkt seiner Herstellung dem genehmigten Typ und den ausgewiesenen Angaben über die Beschaffenheit entspricht, § 20 III a StVZO (s. dort Rn. 5). Gleiches gilt für Inhaber einer nationalen Kleinserien-Typgenehmigung gem. § 11 EG-FGV (§ 12 EG-FGV).

12   **Krafträder (Nr. 9).** Krafträder sind Kfz iSv Nr. 1 (VG Mainz NVwZ-RR **12** 887). Zur Einordnung von Motorrädern im Miniformat („Pocketbikes") s. Dr DAR **14** 396 = Ls NJW **14** 484, *Ternig* ZfS **06** 666.

13   **Leichtkrafträder (Nr. 10).** Leichtkrafträder können statt mit Verbrennungsmotor auch mit einer elektrischen Antriebsmaschine betrieben werden. Eintragung in die Zulassungsbescheinigung Teile I und II zur eindeutigen Zuordnung zu den zulassungsfreien (§ 3 II S. 1 Nr. 1c) und damit von der Kfz-Steuer befreiten Fz s. Verzeichnis zur Systematisierung von Kraftfahrzeugen und ihren Anhängern, Änderung vom 27.7.06 VkBl. **06** 667. Leichtkrafträder sind kennzeichenpflichtig (§ 4 II S. 1 Nr. 2), also kein befristeter Versicherungsvertrag wie für versicherungskennzeichenpflichtige Fz.

14   **Kleinkrafträder (Nr. 11).** Kleinkrafträder können statt mit Verbrennungsmotor auch mit einer elektrischen Antriebsmaschine betrieben werden. Das **Mofa** (Fahrrad mit Hilfsmotor) mit einer bauartbedingten Höchstgeschwindigkeit von nicht mehr als 25 km/h ist eine Unterart des Kleinkraftrades (*Huppertz* DAR **15** 289) und fahrerlaubnisfrei (§ 4 FeV Rn. 10 ff.). Das **Leichtmofa** mit einer bauartbedingten Höchstgeschwindigkeit von nicht mehr als 20 km/h ist ebenfalls fahrerlaubnisfrei; die Fahrer von Leichtmofas brauchen keinen Schutzhelm zu tragen, s. Leichtmofa-AusnahmeVO (Buchteil **11**). Fahrer von Mofas und Leichtmofas benötigen eine

Prüfbescheinigung nach § 5 IV FeV. Kleinkrafträder sind zulassungsfrei (§ 3 II S. 1 Nr. 1d) und damit von der Kfz-Steuer befreit. Sie müssen ein Versicherungskennzeichen führen (§ 4 III S. 1).

Literatur: *Huppertz,* Verkehrsrechtliche Beurteilung frisierter Mofas, VD **07** 191.   **14a**

Vierrädrige Leichtkraftfahrzeuge (Nr. 12). Zu Quads s. § 3 Rn. 16.   **15**

Motorisierte Krankenfahrstühle (Nr. 13). Die Begriffsbestimmung entspricht der in § 4 I   **16** S. 2 Nr. 2 FeV. Zur Fahrerlaubnisfreiheit s. § 4 FeV Rn. 27 ff. Dürfen auf Gehwegen und anderen Fußgängerverkehrsflächen mit Schrittgeschwindigkeit fahren (§ 24 II StVO).

Zugmaschinen (Nr. 14): Zusätzliche Begriffsbestimmung: Erlass des BMV v. 6.6.62,   **17** VkBl. **62** 309, mit Ergänzung v. 8.4.80, VkBl. **80** 386 (StVRL § 2 FZV Nr. 5):

„Zugmaschinen sind ausschließlich oder überwiegend zum Ziehen von Anhängern gebaute Kraftfahrzeuge. Eine Hilfsladefläche ist zulässig. Die auf ihr zu befördernde Nutzlast darf nicht mehr als das 0,4 fache des zulässigen Gesamtgewichts, die Länge der Hilfsladefläche

1. bei zweiachsigen Fahrzeugen nicht mehr als das 1,4 fache der Spurweite der Vorderachse, bei dreirädrigen Fahrzeugen der mehrspurigen Achse,

2. bei Fahrzeugen mit mehr als 2 Achsen nicht mehr als das 2 fache der Spurweite der Vorderachse und nicht mehr als die Hälfte der Fahrzeuglänge

betragen. Bei veränderlicher Spurweite gilt der größere Wert. Doppelachsen gelten als zwei Achsen. Dieser Begriffsbestimmung nicht voll entsprechende Kraftfahrzeuge, die vor dem 1.8.1962 als Zugmaschinen zum Verkehr zugelassen worden sind, sind weiter als Zugmaschinen zu behandeln."

Sattelzugmaschinen (Nr. 15). Zugmaschinen für Sattelanhänger (Nr. 19).   **18**

Land- oder forstwirtschaftliche Zugmaschinen (Nr. 16). Merkblatt für den Betrieb von   **19** land- oder forstwirtschaftlichen Zugmaschinen mit einachsigen Anhängern (einschl. Arbeitsgeräte) VkBl. **00** 404, 680 (StVRL § 44 StVZO Nr. 2).

Selbstfahrende Arbeitsmaschinen (Nr. 17) sind gem. § 3 II S. 1 Nr. 1a zulassungsfrei (§ 3   **20** Rn. 11). Bis 28.2.07 waren selbstfahrende Arbeitsmaschinen nur zulassungsfrei, wenn sie zu einer vom BMV bestimmten Art solcher Fz gehörten (§ 18 II Nr. 1a StVZO alt). Dafür gab es ein Verzeichnis anerkannter selbstfahrender Arbeitsmaschinen (DA zu § 18 II StVZO, VkBl. **61** 439 (451), **62** 502, **65** 101, **66** 374, 598, **67** 522, **69** 411, **70** 695, **72** 226, **73** 857, **75** 442, **77** 50, 470, 612, **79** 167, 335, **81** 354, **82** 31, 530, **86** 40, **90** 196, **04** 228 = StVRL § 2 FZV Nr. 1), das durch BMV-Verlautbarung v. 16.1.08 (VkBl. **08** 54) aufgehoben wurde. S. auch Verzeichnis zur Systematisierung von Kfz und ihren Anhängern, Nr. 6, VkBl. **05** 209–213, geändert VkBl. **07** 696. Mit Inkrafttreten der FZV am 1.3.07 ist diese Bestimmung der Art der selbstfahrenden Arbeitsmaschinen durch das BMV im Interesse der Verwaltungsvereinfachung abgeschafft worden (Begr VkBl. **06** 603). Jetzt entscheiden die örtlich zuständigen ZulB, ob ein Fz eine selbstfahrende Arbeitsmaschine ist (§ 46 I), wobei sie sich an dem genannten Verzeichnis orientieren können, das allerdings formell aufgehoben worden ist und nicht mehr fortgeschrieben wird. Fahrerlaubnisfreiheit nach § 4 I S. 2 Nr. 3 FeV, soweit die bauartbedingte Höchstgeschwindigkeit nicht mehr als 6 km/h beträgt. Selbstfahrende Arbeitsmaschinen, die den Baumerkmalen von Lkw entsprechen, sind seit 1.4.06 AU-pflichtig (§ 47a I S. 2 Nr. 3 StVZO aF), da sich lediglich die Art des Kfz-Einsatzes und der Aufbauten, nicht aber die Motoren- und Antriebstechnik von der Technik der Lkw unterscheidet (Begr VkBl. **06** 287). Ausgenommen von der AU-Pflicht sind die anderen selbstfahrenden Arbeitsmaschinen (Liste des BMV VkBl. **06** 794, **08** 222 = StVRL § 47a StVZO Nr. 1).

Durch ÄndVO v. 31.7.17 (BGBl. I S. 3090) wurde mWv 1.1.18 bestimmt, dass auch **selbst-**   **20a** **fahrende Futtermischwagen mit einer bbH bis 25 km/h** unter den Begriff selbstfahrende Arbeitsmaschine fallen. Damit sollten Futtermischwagen, deren Einsatz der Fütterung der Tiere und nicht dem Transport von Gütern dient, aus der Zulassungspflicht herausgenommen werden (Begr Rn. 1a). Die Abgrenzung gegenüber dem Gütertransport war nach Auffassung des VO-Gebers nur über eine Geschwindigkeitsgrenze möglich (Begr Rn. 1a, *Huppertz* VD **18** 48). Selbstfahrende Futtermischwagen sind Kfz, die der Aufnahme, der Verarbeitung, der Vermischung, dem Transport und der Rationierung von Futtermittel dienen (§ 6 FeV Rn. 17, 56).

Stapler (Nr. 18). Stapler sind Kfz, die speziell für das Aufnehmen, Heben, Bewegen und Po-   **21** sitionieren von Lasten, zB mittels Gabelzinken, in erster Linie für den innerbetrieblichen Gebrauch gebaut sind. Sie sind, weil sie im weitesten Sinne der Beförderung von Gütern dienen, keine Arbeitsmaschinen, aber diesen in § 3 II S. 1 Nr. 1a gleichgestellt und zulassungsfrei (§ 3

Rn. 11). Merkblatt für Stapler VkBl. **04** 604 (StVRL § 18 StVZO Nr. 4 = § 2 FZV Nr. 2). Fahrerlaubnisfrei nach § 4 I S. 2 Nr. 3 FeV, soweit die bauartbedingte Höchstgeschwindigkeit nicht mehr als 6 km/h beträgt. Zu den ansonsten erforderlichen FE-Klassen s. Merkblatt für Stapler VkBl. **04** 610.

22   **Sattelanhänger (Nr. 19).** Sattelzugmaschinen s. Nr. 15.

23   **Land- oder forstwirtschaftliche Arbeitsgeräte (Nr. 20).** Bei diesen Geräten handelt es sich um Anhänger, die selbständige Fz sind. Anbaugeräte fallen nicht unter Nr. 20 (*Rebler* VD **17** 159 = SVR **17** 382). Merkblatt für angehängte land- oder forstwirtschaftliche Arbeitsgeräte, VkBl. **09** 808 (StVRL § 2 FZV Nr. 4).

24   **Sitzkarren (Nr. 21).**

25   **Oldtimer (Nr. 22).** Ein Oldtimer ist ein vor mindestens 30 Jahren erstmals in den Verkehr gekommenes Fz, das weitestgehend dem Originalzustand entspricht, in einem guten Erhaltungszustand ist und zur Pflege des kraftfahrzeugtechnischen Kulturgutes dient. Zur Einstufung eines Fz als Oldtimer iSd § 2 Nr. 22 ist gem. § 23 S. 1 StVZO ein **Gutachten** eines aaSoP oder PI erforderlich (VG Kar 6.3.18 6 K 2374/16). Demnach müssen auch Fahrzeuge, die rote Oldtimerkennzeichen gem. § 17 nutzen wollen, zuvor durch ein Gutachten nach § 23 StVZO als Oldtimer eingestuft worden sein (s. § 17 Rn. 2). **Alter:** Aus dem Wortlaut *vor mindestens 30 Jahren erstmals in den Verkehr gekommen* ergibt sich, dass das Datum der Erstzulassung (§ 3 Rn. 29) taggenau mindestens 30 Jahre zurückliegen muss. Es reicht also nicht, dass das Jahr erreicht wird, in dem sich der Tag der Erstzulassung zum 30. Mal jährt (zB Datum der Erstzulassung 31.10.78, Zuteilung von Oldtimerkennzeichen nicht ab Januar 08 möglich, sondern erst ab 31.10.08). Ist das Datum der Erstzulassung nicht bekannt, s. § 3 Rn. 29. § 9 I S. 4 ermächtigt die ZulB, bei der Berechnung des Mindestzeitraums von 30 Jahren im Einzelfall vor der erstmaligen Zulassung liegende Zeiten des Betriebs außerhalb des öff StrV anzurechnen.

26   **Art des Einsatzes.** Die Definition des Oldtimers ist gegenüber der früher in § 23 Ic StVZO (alt) enthaltenen Begriffsbestimmung insoweit verändert worden, als vor dem 1.3.07 derartige Fz *vornehmlich* zur Pflege des kraftfahrzeugtechnischen Kulturgutes *eingesetzt* werden mussten, während es jetzt reicht, dass sie dazu *dienen*. Die bisher vertretene Ausgrenzung von Fz, die zwar „alt" sind, im Übrigen aber im Alltagsverkehr oder gar zu gewerblichen Zwecken benutzt werden (Begr der alten Fassung, VkBl. **97** 537, 538), ist damit gegenstandslos geworden. Oldtimer, die weitestgehend dem Originalzustand entsprechen und in einem guten Erhaltungszustand sind, die aber auch anders als zB bei Oldtimerveranstaltungen eingesetzt werden, können durchaus der Pflege des kraftfahrzeugtechnischen Kulturgutes dienen. Es kommt nach § 23 StVZO nur darauf an, ob der Sachverständige oder Prüfingenieur bei der Begutachtung eine positive „Antwort auf die entscheidende Frage" gibt, ob das Fz im Sinne der Richtlinie für die Begutachtung von Oldtimern (VkBl. **11** 257) als kraftfahrzeugtechnisches Kulturgut betrachtet werden kann. Voraussetzung dafür ist nach der Richtlinie, dass das Erscheinungsbild des Fz dem bei der Auslieferung ab Werk oder der dokumentierten Modifikation in der anfänglichen Betriebszeit entspricht, nicht die Art des Einsatzes des Fz (die aaSoP und PI ohnehin nicht prüfen können). Die Art des Einsatzes ist somit für die Erstattung des Gutachtens nach § 23 StVZO und für die Zuteilung von Oldtimer-Kennzeichen gem. § 9 I (H-Kennzeichen) unerheblich. Die Zuteilung roter Oldtimer-Kennzeichen gem. § 17 ist allerdings nur für Fz möglich, die an Veranstaltungen teilnehmen, die der Darstellung von Oldtimer-Fahrzeugen und der Pflege des kraftfahrzeugtechnischen Kulturgutes dienen.

27   **Probefahrt (Nr. 23).** Probefahrten sind Fahrten zur Feststellung oder zum Nachweis der Gebrauchsfähigkeit und Leistung von Kfz oder Anhängern, zB der Hersteller, der Händler und Inhaber von Werkstätten, Kö ZfS **00** 258, Stu NJW **59** 2078, auch mit Interessenten, um ihnen die Leistung des Fz zu beweisen, BMV VkBl. **50** 314. Die frühere Regelung, auch „Fahrten zur allgemeinen Anregung der Kauflust durch Vorführung in der Öffentlichkeit" als Probefahrten zuzulassen (§ 28 I S. 5 HS 2 StVZO bis 28.2.07), wurde nicht in die FZV übernommen (Begr VkBl. **06** 608). Fahrten mit Reklame-, Probe- oder Vorführwagen, um der Öffentlichkeit die zum Verkauf gestellten Fz vorzuführen, sind jetzt also nicht mehr als „Probefahrten" mit Kurzzeit- oder roten Kennzeichen möglich. Die Probefahrt kann länger dauern (uU auch mehrere Tage, einschränkend jedoch VGH Mü 7.12.09 11 ZB 09.1659) und darf zugleich auch anderen Zwecken des Händlers dienen (BGH VersR **67** 548, Dü VRS **50** 240, Ol VRS **25** 474, s. *Hachemer* VD **98** 7). Sie muss aber immer durch die Absicht der Erprobung veranlasst und ihr zu dienen bestimmt sein (BGH VersR **67** 548). Keine Probefahrt, wenn ein Fz lediglich der Überbrückung

der Wartezeit auf ein neues Fz dient (*Grabolle* DAR **08** 174). Die Zufahrt zur Startstelle sowie die Rückfahrt einschließlich unbedeutender Umwege sind Teile der Probefahrt (Ce VRS **17** 150). Je nach den geschäftlichen Umständen darf eine Probefahrt uU auch an der Händlerwohnung enden (s. BGH NJW **74** 1558). Ob die Fahrt der Erprobung dient, ist Tatfrage.

Prüfungsfahrt (Nr. 24). Die Begriffsbestimmung bezieht sich nur auf die Fahrt zur Durch- **28** führung der Prüfung *eines Fz*. Gemeint ist nicht die Prüfungsfahrt im Rahmen der Fahrerlaubnisprüfung (§ 2 XV StVG, § 17 FeV). Prüfungsfahrten haben den Zweck, Kfz und Anhänger auf ihre Fahreigenschaften, Bau- und Betriebsart zu prüfen. Es handelt sich um alle Fahrten anlässlich der Fahrzeugprüfung. Dazu gehören auch solche im ursächlichen Zusammenhang mit der Prüfung einschließlich der Fahrt zum Prüfungsort und zurück, aber nur durch aaSoP und PI, nicht durch andere Personen.

Überführungsfahrt (Nr. 25). Überführungsfahrten sind Fahrten zur beabsichtigten Verbrin- **29** gung eines nicht zugelassenen Fz an einen anderen Ort, zB von einer Herstellungsstätte in eine andere oder in eine Verkaufsstätte oder Ausstellung, Kö ZfS **00** 258, nur mit eigener Motorkraft, nicht als Schleppfahrt. Überführungsfahrt auch, wenn das Fz anschließend von einem anderen eigenverantwortlich zu nicht durch §§ 16 I, 16a I privilegierten Zwecken verwendet werden soll (zB leihweise), auch verbotswidrigen, Bay VRS **67** 235. Der Berechtigte darf mit der Ausführung betriebsfremde Personen beauftragen, Dü VM **65** 96. Bei einer Überführungsfahrt in Kolonne muss jedes Fz ein rotes oder ein Kurzzeitkennzeichen führen, s. VkBl. **49** 127.

Durch ÄndVO v. 23.3.17 (BGBl. I S. 522) wurde ergänzt, dass die Fahrt zur Überführung des **30** Fz an einen anderen Ort **auch zur Durchführung von Um- oder Aufbauten** erfolgen kann. Damit wird ausdrücklich klargestellt, dass Fahrten zu Fertigungsstätten, wo Um- oder Aufbauten durchgeführt werden sollen, insbes Fahrten im Rahmen der Mehrstufenfertigung, vom Begriff der Überführungsfahrten umfasst werden (Begr BR-Drs. 770/16 S. 88). Mit dieser Ergänzung wurde eine Anregung des BR (BR-Drs. 432/15 (Beschluss) v. 6.11.15) aufgenommen.

Notwendigkeit einer Zulassung

3 (1) ¹**Fahrzeuge dürfen auf öffentlichen Straßen nur in Betrieb gesetzt werden, wenn sie zum Verkehr zugelassen sind. ²Die Zulassung wird auf Antrag erteilt, wenn das Fahrzeug einem genehmigten Typ entspricht oder eine Einzelgenehmigung erteilt ist und eine dem Pflichtversicherungsgesetz entsprechende Kraftfahrzeug-Haftpflichtversicherung besteht. ³Die Zulassung erfolgt durch Zuteilung eines Kennzeichens, Abstempelung der Kennzeichenschilder und Ausfertigung einer Zulassungsbescheinigung.**

(2) ¹Ausgenommen von den Vorschriften über das Zulassungsverfahren sind

1. folgende Kraftfahrzeugarten:
   a) selbstfahrende Arbeitsmaschinen und Stapler,
   b) einachsige Zugmaschinen, wenn sie nur für land- oder forstwirtschaftliche Zwecke verwendet werden,
   c) Leichtkrafträder,
   d) zwei- oder dreirädrige Kleinkrafträder,
   e) motorisierte Krankenfahrstühle,
   f) vierrädrige Leichtkraftfahrzeuge,
   g) Elektrokleinstfahrzeuge im Sinne des § 1 Absatz 1 der Elektrokleinstfahrzeuge-Verordnung vom 6. Juni 2019 (BGBl. I S. 756) in der jeweils geltenden Fassung,

2. folgende Arten von Anhängern:
   a) Anhänger in land- oder forstwirtschaftlichen Betrieben, wenn die Anhänger nur für land- oder forstwirtschaftliche Zwecke verwendet und mit einer Geschwindigkeit von nicht mehr als 25 km/h hinter Zugmaschinen oder selbstfahrenden Arbeitsmaschinen mitgeführt werden,
   b) Wohnwagen und Packwagen im Schaustellergewerbe, die von Zugmaschinen mit einer Geschwindigkeit von nicht mehr als 25 km/h mitgeführt werden,
   c) fahrbare Baubuden, die von Kraftfahrzeugen mit einer Geschwindigkeit von nicht mehr als 25 km/h mitgeführt werden,
   d) Arbeitsmaschinen,
   e) Spezialanhänger zur Beförderung von Sportgeräten, Tieren für Sportzwecke oder Rettungsbooten des Rettungsdienstes oder Katastrophenschutzes, wenn die Anhänger ausschließlich für solche Beförderungen verwendet werden,
   f) einachsige Anhänger hinter Krafträdern, Kleinkrafträdern und motorisierten Krankenfahrstühlen,

g) Anhänger für den Einsatzzweck der Feuerwehren und des Katastrophenschutzes,
h) land- oder forstwirtschaftliche Arbeitsgeräte,
i) hinter land- oder forstwirtschaftlichen einachsigen Zug- oder Arbeitsmaschinen mitgeführte Sitzkarren.

²Anhänger im Sinne des Satzes 1 Nummer 2 Buchstabe a bis c sind nur dann von den Vorschriften über das Zulassungsverfahren ausgenommen, wenn sie für eine Höchstgeschwindigkeit von nicht mehr als 25 km/h in der durch § 58 der Straßenverkehrs-Zulassungs-Ordnung vorgeschriebenen Weise gekennzeichnet sind.

(3) Auf Antrag können die nach Absatz 2 von den Vorschriften über das Zulassungsverfahren ausgenommenen Fahrzeuge zugelassen werden.

(4) Der Halter darf die Inbetriebnahme eines nach Absatz 1 zulassungspflichtigen Fahrzeugs nicht anordnen oder zulassen, wenn das Fahrzeug nicht zugelassen ist.

1   **Begr** (VkBl. 06 603): *§ 3 regelt die Zulassungspflicht und entsprechende Ausnahmen davon (bisher in § 18 StVZO geregelt). Nach der Richtlinie 1999/37/EG des Rates vom 29. April 1999 über Zulassungsdokumente für Fahrzeuge wird als „Zulassung" die „behördliche Genehmigung für den Betrieb eines Fahrzeugs im Straßenverkehr einschließlich der Identifizierung des Fahrzeugs und der Zuteilung einer als Zulassungsnummer bezeichneten laufenden Nummer" bezeichnet. Die Erteilung einer EG-Typgenehmigung, mit der ein Mitgliedsstaat bestätigt, dass der Typ eines Fahrzeugs, eines Systems, eines Bauteils oder einer selbstständigen technischen Einheit die einschlägigen Vorschriften und technischen Anforderungen erfüllt, ist bereits der Regelfall für den Nachweis der Vorschriftsmäßigkeit von Personenkraftwagen und Zweirädern. Die Erteilung der EG- oder nationalen Typgenehmigung bzw. Einzelgenehmigung (EG-Typgenehmigung oder Betriebserlaubnis im Sinne des Straßenverkehrsgesetzes – StVG) ist nicht Bestandteil der Zulassung, sondern Voraussetzung, wie z. B. auch die Kraftfahrzeug-Haftpflichtversicherung. Die Neufassung folgt diesem. …*

Zu Abs. 4: *Die grundsätzliche Verantwortung des Halters für den Betrieb des Fahrzeugs ist im § 31 Abs. 2 der StVZO geregelt. Bei Verstößen dagegen handelt er nach § 69a Abs. 5 Nr. 3 ordnungswidrig. Zur Rechtsklarheit wird in der FZV die Verantwortung des Fahrzeughalters im Zusammenhang mit dem jeweiligen Handlungsgebot oder -verbot geregelt. Absatz 4 bestimmt deshalb die Verantwortung des Halters, die Inbetriebnahme eines nicht zugelassenen Fahrzeugs nicht anzuordnen oder zuzulassen.*

Begr zur ÄndVO v. 13.1.12 **zu Abs. 1 S. 3** (BR-Drs. 709/11 (Beschluss) S. 2): *Klarstellung. Der bisherige Wortlaut erweckt den falschen Eindruck, ein Fahrzeug könne auch ohne Abstempelung der Kennzeichenschilder zugelassen werden.*

Zu Abs. 2 S. 1 Nr. 2 Buchst. e: *Nach dem Wortlaut der bisherigen Regelung in § 3 Absatz 2 Nummer 2 Buchstabe e fallen Anhänger zur Beförderung von Rettungsbooten des Rettungsdienstes oder Katastrophenschutzes nicht darunter und sind somit nicht zulassungsfrei. Die Zulassungsfreiheit auch für Anhänger, die für diese Zwecke eingesetzt werden, ist aber sinnvoll. Um eine nicht erwünschte Ausweitung zu verhindern, soll jedoch analog zur Regelung in § 52 Absatz 3 Nummer 2 der Straßenverkehrs-Zulassungs-Ordnung nur der Transport von Rettungsbooten anerkannter Organisationen privilegiert werden.*

Zu Abs. 2 S. 1 Nr. 2 Buchst. g (BR-Drs. 371/12 (Beschluss) S. 1 = VkBl. **12** 862): *Nach dem Wortlaut der bisherigen Regelung in § 3 Absatz 2 Nummer 2 Buchstabe g FZV fallen Anhänger zur technischen Hilfeleistung bei den Feuerwehren nicht darunter und sind somit nicht zulassungsfrei. Mit der Änderung des § 3 Absatz 2 Nummer 2 Buchstabe e FZV werden entsprechende Spezialanhänger aus dem Bereich des Rettungsdienstes oder Katastrophenschutzes zukünftig zulassungsfrei. Die Zulassungsfreiheit auch für Anhänger, die für diese Zwecke bei den Feuerwehren eingesetzt werden, gebietet der Gleichheitsgrundsatz und ist sinnvoll. Dabei ist das Wort „Feuerlöschzwecke" durch die Wörter „den Einsatzzweck" zu ersetzen, denn eine klare Abgrenzung, ob Spezialanhänger der Feuerwehr für „Feuerlöschzwecke" oder zur technischen Hilfeleistung (z. B. Verkehrsabsicherungsanhänger) vorgehalten werden, ist in der Praxis ohnehin nicht mehr möglich …*

2   **§ 2 der 6. AusnVO 1962**
v. 17.7.1962 (BGBl. I S. 450) idF durch die VO v. 25.4.06 (BGBl. I S. 988, VkBl. 06 597):

Abweichend von § 3 Abs. 1 der Fahrzeug-Zulassungsverordnung genügt bei Gerätewagen in Lohndreschbetrieben, wenn sie nur für Zwecke dieser Betriebe verwendet und mit einer Geschwindigkeit von nicht mehr als 25 km/h hinter Zugmaschinen oder selbstfahrenden Arbeitsmaschinen mitgeführt werden, die entsprechende Anwendung des § 4 Abs. 1 und 5 Satz 1 der Fahrzeug-Zulassungsverordnung; § 3 Abs. 2 Satz 1 Nr. 2 Buchstabe a und Satz 2 der Fahrzeug-Zulassungsverordnung gelten entsprechend.

Zweite VO über Ausnahmen von straßenverkehrsrechtlichen Vorschriften v. 28.2.1989 3
(BGBl. I S. 481), zuletzt geändert durch VO v. 30.11.2018 (BGBl. I S. 2245, VkBl. **19** 20)

§ 1. (1) [1] Zugmaschinen mit einer durch die Bauart bestimmten Höchstgeschwindigkeit von nicht mehr als 60 km/h und Anhänger hinter diesen Zugmaschinen sind von der Zulassungspflicht nach § 3 Abs. 1 Satz 1 der Fahrzeug-Zulassungsverordnung ausgenommen, wenn sie

1. auf örtlichen Brauchtumsveranstaltungen,

2. für nicht gewerbsmäßig durchgeführte Altmaterialsammlungen oder Landschaftssäuberungsaktionen,

3. zu Feuerwehreinsätzen oder Feuerwehrübungen,

4. von Feldgeschworenen im Rahmen ihrer Tätigkeit oder

5. auf den An- oder Abfahrten zu Einsätzen nach den Nummern 1 bis 4

verwendet werden.[2] Dies gilt nur, wenn für jede eingesetzte Zugmaschine ein eigenes Kennzeichen zugeteilt ist.

(1a) [1] Abweichend von § 19 Abs. 2 der Straßenverkehrs-Zulassungs-Ordnung erlischt für Fahrzeuge, die mit An- oder Aufbauten versehen sind, bei der Verwendung nach Absatz 1 Satz 1 Nr. 1 die Betriebserlaubnis nicht, wenn die Verkehrssicherheit dieser Fahrzeuge auf solchen Veranstaltungen nicht beeinträchtigt wird. [2] Abweichend von den §§ 32 und 34 der Straßenverkehrs-Zulassungs-Ordnung dürfen bei der Verwendung von Fahrzeugen nach Absatz 1 Satz 1 Nr. 1 die zulässigen Abmessungen, Achslasten und Gesamtgewichte überschritten werden, wenn durch das Gutachten eines amtlich anerkannten Sachverständigen oder Prüfers für den Kraftfahrzeugverkehr bescheinigt wird, daß keine Bedenken gegen die Verkehrssicherheit des Fahrzeugs auf solchen Veranstaltungen bestehen. [3] Abweichend von § 17 Abs. 1 Satz 2 der Straßenverkehrs-Ordnung und § 49a Abs. 1 Satz 1 der Straßenverkehrs-Zulassungs-Ordnung dürfen an Fahrzeugen bei der Verwendung nach Absatz 1 Satz 1 Nr. 1 die vorgeschriebenen oder für zulässig erklärten lichttechnischen Einrichtungen verdeckt und zusätzliche lichttechnische Einrichtungen angebracht sein, wenn die Benutzung der Beleuchtung nach § 17 Abs. 1 Satz 1 der Straßenverkehrs-Ordnung nicht erforderlich ist. [4] Eine Änderung der Fahrzeugpapiere nach § 13 Absatz 1 der Fahrzeug-Zulassungsverordnung ist nicht erforderlich.

(2) Abweichend von § 6 Abs. 1 der Fahrerlaubnis-Verordnung berechtigt die Fahrerlaubnis der Klasse L oder T auch zum Führen von Zugmaschinen und Anhängern im Sinne von Absatz 1 Satz 1 Nummer 1, 2 und 3 sowie Nummer 5 in den Fällen von Absatz 1 Satz 1 Nummer 1, 2 oder 3, bei Klasse L jedoch nur bis zu einer durch die Bauart bestimmten Höchstgeschwindigkeit der Zugmaschine von nicht mehr als 40 km/h, wenn die Zugmaschinen und Anhänger gemäß dieser Vorschrift eingesetzt werden und der Fahrzeugführer das 18. Lebensjahr vollendet hat.

(3) Abweichend von § 21 Abs. 2 Satz 4 der Straßenverkehrs-Ordnung dürfen beim Einsatz von Fahrzeugen nach Absatz 1 Satz 1 auf örtlichen Brauchtumsveranstaltungen, nicht jedoch auf den An- und Abfahrten, Personen auf Anhängern befördert werden, wenn deren Ladefläche eben, tritt- und rutschfest ist, für jeden Sitz- und Stehplatz eine ausreichende Sicherung gegen Verletzungen und Herunterfallen des Platzinhabers besteht und die Aufbauten sicher gestaltet und am Anhänger fest angebracht sind.

(4) Die Ausnahmen nach den Absätzen 1 bis 3 gelten nur, wenn

1. für jedes der eingesetzten Fahrzeuge eine Kraftfahrzeughaftpflichtversicherung besteht, die die Haftung für Schäden abdeckt, die auf den Einsatz der Fahrzeuge im Rahmen der Absätze 1 bis 3 zurückzuführen sind,

2. die Fahrzeuge mit einer Geschwindigkeit von nicht mehr als 25 km/h, auf den örtlichen Brauchtumsveranstaltungen nur mit Schrittgeschwindigkeit, gefahren werden und

3. die Fahrzeuge bei der Verwendung nach Absatz 1 Satz 1 Nr. 2 einschließlich An- und Abfahrten für eine Geschwindigkeit von nicht mehr als 25 km/h nach § 58 der Straßenverkehrs-Zulassungs-Ordnung gekennzeichnet sind.

1. Zulassungspflicht. Abs. 1 S. 1 bestimmt in Ausführung der §§ 1, 6 I Nr. 2 StVG, dass **4** Kraftfahrzeuge mit einer bauartbedingten Höchstgeschwindigkeit von mehr als 6 km/h (§ 1) und ihre Anhänger auf öffentlichen Straßen nur in Betrieb gesetzt werden dürfen, wenn sie zum Verkehr zugelassen sind. Verstoß dagegen ist ow (§ 48 Nr. 1). Fahrzeuge, die ihren regelmäßigen Standort in Deutschland haben, müssen in Deutschland zugelassen werden, um im Inland am öffentlichen Straßenverkehr teilnehmen zu können (Umkehrschluss aus § 20 I S. 1 und II S. 1). **Regelmäßiger Standort** ist derjenige des „Schwerpunkts der Ruhevorgänge" des Kfz (*Bouska* VD **78** 123), von dem aus das Fz unmittelbar zum Straßenverkehr eingesetzt wird (BVerwG VRS **66** 309, 312). Dieser bestimmt sich nach objektiven Merkmalen, nicht nach subjektiven Vorstellungen des Verfügungsberechtigten (BVerwG VRS **62** 235, VGH Mü NJW **16** 1670, VG Würzburg 29.1.15 6 K 13.498). Bei ständigem Einsatz im überregionalen Verkehr ist der Einsatzmittelpunkt entscheidend (BVerwG VRS **66** 309, 312). Die Notwendigkeit der Zulassung in

Deutschland besteht uneingeschränkt für alle im Inland in den Verkehr gebrachten Fz, unabhängig davon, ob sie im Inland verbleiben oder ausgeführt werden sollen (Bay DAR **04** 402). **Im Ausland zugelassene Fz** können nach Maßgabe von §§ 20 bis 22 vorübergehend am öffentlichen Straßenverkehr in Deutschland teilnehmen. Sobald aber für ein im Ausland zugelassenes Fz **im Inland** ein **regelmäßiger Standort** begründet wird, wird es **in Deutschland zulassungspflichtig** (VGH Mü 22.12.15 – 11 B 15.1350 NJW **16** 1670, 12.7.19 – 11 ZB 19.780 BeckRS 2019, 15144, KG 6.3.18 – 3 Ws (B) 77/18 VRS **133** 38 = DAR **18** 690). Die grundsätzliche Zulassungspflicht im Inland für ein im EG-Ausland geleastes Kfz verstößt nicht gegen EG-Recht (EuGH DAR **03** 504, 507). Für **ausländische Studenten** gibt es keine Ausnahme von der Zulassungspflicht in Deutschland, wenn sie ihr Fz während des Studiums überwiegend von Deutschland aus nutzen (VG Würzburg 29.1.15 6 K 13.498). Wird ein im Ausland zugelassenes Kfz, das seinen regelmäßigen Standort im Inland hat, pflichtwidrig nicht in Deutschland zugelassen, kann der Betrieb des Fz nach § 22 S. 1 iVm § 5 untersagt werden (VGH Mü NJW **16** 1670, VG Würzburg 29.1.15 6 K 13.498). Eine **„Fernzulassung"** eines in Deutschland befindlichen Fz durch eine ausländische Behörde (zB durch Anbringen ausländischer Überführungskennzeichen) kann nicht anerkannt werden (Bay DAR **04** 403, DAR **04** 402). § 29 EG-Vertrag steht nicht entgegen (Bay DAR **04** 403, s. EuGH DAR **04** 213). Näher dazu § 20 Rn. 19. Ausnahmen von der Zulassungspflicht: Abs. 2. Fast alle der von der Zulassungspflicht befreiten Fahrzeuge brauchen eine Typgenehmigung oder Einzelgenehmigung, um am Straßenverkehr teilnehmen zu können (§ 4 I). Zur Kennzeichenpflicht dieser Fahrzeuge § 4 II; zur Pflicht, ein Versicherungskennzeichen zu führen: § 4 III. Fahrzeuge, die nach § 18 II StVZO alt zulassungsfrei waren und die vor dem 1.3.07 erstmals in den Verkehr gekommen sind, bleiben weiterhin zulassungsfrei (§ 50 I).

5   **2. Zulassung** eines Fz zum StrV ist die behördliche Erlaubnis, ein zulassungspflichtiges Fz auf öffentlichen Straßen in Betrieb zu setzen (§ 1 I S. 1 StVG, § 3 I S. 1 FZV). Die Zulassung erfolgt formgebunden gem. Abs. 1 S. 3 durch Zuteilung eines Kennzeichens (§ 8), Abstempelung der Kennzeichenschilder mit diesem Kennzeichen durch die ZulB (§ 10 III S. 1) und Ausfertigung einer Zulassungsbescheinigung (§§ 11, 12). Bis zu der Einfügung der Wörter *Abstempelung der Kennzeichenschilder* in Abs. 1 S. 3 durch ÄndVO v. 13.1.12 (BGBl. I S. 103, Begr Rn. 1) mit Wirkung ab 1.7.12 war nicht ganz klar, ob § 3 eine Zulassung auch ohne Abstempelung der Kennzeichenschilder ermöglichen wollte. Die Norm wurde jedoch auch schon vor der Klarstellung durch den VOGeber einmütig so ausgelegt, dass über den zwischen 1.3.07 und 30.6.12 geltenden Wortlaut von Abs. 1 S. 3 hinaus für die Zulassung nicht nur die Zuteilung eines Kennzeichens gem. § 8, sondern auch die Abstempelung der Kennzeichenschilder gem. § 10 III S. 1 erforderlich ist (hier 39.–41. Aufl mwN, *Dauer* NZV **07** 442). Die Unsicherheit war auch dadurch entstanden, dass der seit 1.3.07 in § 8 FZV verwendete Begriff *Zuteilung eines Kennzeichens* eine andere Bedeutung hat als der in § 1 I S. 2 StVG verwendete Begriff *Zuteilung eines amtlichen Kennzeichens* (dazu § 1 StVG Rn. 33, 36). Bereits vor Inkrafttreten der FZV bestand Einigkeit darüber, dass die Zuteilung eines amtlichen Kennzeichens iSv § 1 I S. 2 StVG erst mit der Abstempelung erfolgt ist und dass das Fahrzeug erst damit zum Verkehr zugelassen ist (BGHSt **11** 165 = NJW **58** 508, Schl 4.2.59 VM **60** 10, OVG Ko NZV **91** 406, Dü NZV **93** 79, NZV **97** 319, a. A. noch Kar VRS **12** 386, überholt durch BGHSt **11** 165 = NJW **58** 508). Die amtliche Begründung zur FZV enthielt keinen Hinweis darauf, dass der FZV eine andere Sicht zugrunde liegt und dass sie die Abstempelung des Kennzeichens nicht zum notwendigen Bestandteil der Zulassung machen wollte. Da die FZV jedoch zwischen Zuteilung des Kennzeichens (§ 8) und Abstempelung des Kennzeichenschildes mit *zugeteiltem* Kennzeichen (§ 10 III S. 1) unterscheidet und diese beiden Vorgänge als unterschiedliche ansieht, konnte im Hinblick auf den damaligen Wortlaut von Abs. 1 S. 3 die Ansicht vertreten werden, die Zulassung sei bereits mit der Zuteilung des Kennzeichens (und der Ausfertigung einer Zulassungsbescheinigung) erfolgt, ohne dass die Kennzeichenschilder abgestempelt sein müssten (vgl. BFH 14.6.18 – III R 26/16 DAR **18** 647). Die klarstellende Einfügung der Wörter *Abstempelung der Kennzeichenschilder* in Abs. 1 S. 3 durch ÄndVO v. 13.1.12 hat diese Unsicherheit beseitigt. Zum früheren Recht: Keine sog „Registrierzulassung" ohne Kennzeichenabstempelung mit unmittelbar folgender Abmeldung, VG Mü NZV **95** 503.

5a   Die **Zulassung** kann nur durch Außerbetriebsetzung gem. §§ 14 I, 15g und h FZV **beendet** werden, und zwar bei dem herkömmlichen Verfahren der Außerbetriebsetzung (§ 14 I) formgebunden durch Entstempelung der Kennzeichenschilder und Eintragung des Datums der Außerbetriebsetzung auf der ZB I und ggf. auf dem Anhängerverzeichnis, bei der elektronischen internetbasierten Außerbetriebsetzung nach §§ 15g und h. Ein formloser Widerruf der Zulassung, der nicht in einer entsprechenden Eintragung in der ZB bzw. dem Anhängerverzeichnis und am Kennzeichen zum Ausdruck kommt, kommt nach der gesetzlichen Systematik nicht in Betracht (VGH Ma DAR **12** 224). Wenn nur der Außerbetriebsetzungsvermerk in der ZB I angebracht worden ist, ohne dass die Kennzeichenschilder auch entstempelt wurden, ist die Zulassung nicht beendet (*Trentmann* NZV **14** 298). Betriebsuntersagung nach §§ 5 I, 13 I S. 5, III S. 2 FZV, § 29 VII S. 4 StVZO berührt die Zulassung nicht (*Dauer* DAR **12** 660, § 5 Rn. 6a).

Zum **Nachweis der Zulassung** erhält der Halter die Zulassungsbescheinigung Teile I und II **6** (§§ 11, 12). Verzeichnis zur Systematisierung von Kraftfahrzeugen und ihren Anhängern: StVRL § 11 FZV Nr. 9, s. § 12 Rn. 8.

3. Voraussetzungen für die Zulassung: **7**
a) Regelmäßiger Standort des Fahrzeuges in Deutschland (Umkehrschluss aus § 20 II S. 1; auf Fz in anderen Staaten ist deutsches Recht nicht anwendbar).
b) Antrag (§ 6).
c) Vorlage der Zulassungsbescheinigung Teil II oder Beantragung einer solchen (§ 6 II), im letzteren Fall Nachweis der Verfügungsberechtigung über das Fz (§ 12 I S. 1).
d) Bei erstmaliger Zulassung Nachweis, dass das Fahrzeug einem Typ entspricht, für den eine EG-Typgenehmigung oder eine nationale Typgenehmigung vorliegt, oder dass für das Fahrzeug eine Einzelgenehmigung/Betriebserlaubnis erteilt ist (§ 1 I S. 2 StVG, Nachweis: § 6 III FZV). Anders als bis 28.2.07 wird die Betriebserlaubnis nicht mehr mit der Zulassung erteilt, sondern die erforderliche EG- oder nationale Typgenehmigung oder Einzelgenehmigung wird jetzt für den Vorgang der Zulassung vorausgesetzt (OVG Münster NZV **15** 159, § 11 Rn. 3). Wie die erforderliche Genehmigung zu beantragen und zu erteilen ist, ist in den §§ 19–21 StVZO und in der EG-FGV (Buchteil **6**) geregelt.
e) Nachweis durch Versicherungsbestätigung, dass eine dem PflVG entsprechende Kfz-Haftpflichtversicherung besteht (§ 23).
f) Gebührenzahlung (s. § 6 Rn. 11 und § 6a StVG Rn. 18).
g) Versteuerung (§ 13 I S. 1 KraftStG), s. § 6 Rn. 12.

4. Ausnahmen von der Zulassungspflicht. Über § 1 hinaus befreit Abs. II mehrere Arten **8** von Kfz und Anhängern von der Zulassungspflicht. Außerdem sind Zugmaschinen mit einer bbH von nicht mehr als 60 km/h und ihre Anhänger zulassungsfrei, wenn sie für die in § 1 S. 1 Nr. 1 bis 5 der 2. VO über Ausnahmen von straßenverkehrsrechtlichen Vorschriften (Rn. 3) genannten Zwecke verwendet werden. Im Verkehr müssen zulassungsfreie Fahrzeuge der StVZO entsprechen; die Fahrzeugführer haben bei Teilnahme am Straßenverkehr die StVO zu beachten. Von den Vorschriften über das Zulassungsverfahren ausgenommene Fz sind von der Kfz-Steuer befreit (§ 3 Nr. 1 KraftStG), und zwar auch dann, wenn sie gem. III auf Antrag zugelassen werden (Begr zum 2. VerkehrssteueränderG v. 8.6.15 (BGBl. I S. 901) BT-Drs. 18/4448 S. 10). Örtliche **Brauchtumsveranstaltungen** iS von § 1 der 2.VO über Ausnahmen von straßenverkehrsrechtlichen Vorschriften (Rn. 3) sind zB Fastnachtumzüge, Felderfahrten, Schützen- und Feuerwehrfeste, s. Begr VkBl. **89** 323. *Huppertz,* FERecht bei Brauchtumsveranstaltungen, VD **04** 238. Merkblatt über Ausrüstung und Betrieb von FzKombinationen für den Einsatz bei Brauchtumsveranstaltungen, VkBl. **00** 406. Durch ÄndVO v. 30.11.18 (BGBl. I S. 2245) wurde die 2. VO über Ausnahmen von straßenverkehrsrechtlichen Vorschriften (Rn. 3) um die Tätigkeit von **Feldgeschworenen** (Unterstützung der Vermessungsverwaltung) ergänzt, damit gem. II S. 1 Nr. 1 Buchst. b zulassungsfreie einachsige Zgm nicht zeitweilig zulassungspflichtig werden, wenn sie für die Erfüllung der Aufgaben eines Feldgeschworenen und nicht mehr für land- oder forstwirtschaftliche Zwecke eingesetzt werden (BegrVkBl. **19** 22).

Anbaugeräte sind Zubehör (Bay VRS **58** 463, *Rebler* VD **17** 159 = SVR **17** 382) und daher **9** nicht zulassungs- und betriebserlaubnispflichtig, s. Merkblatt für Anbaugeräte, VkBl. **09** 804 = StVRL § 30 StVZO Nr. 6.

5. Nicht zulassungspflichtige Kraftfahrzeuge (II S. 1 Nr. 1). **10**

Literatur: *Borchers,* Bau- und Arbeitsmaschinen im öffentlichen StrV, VD **73** 75. *Derselbe,* Zweifelsfragen hinsichtlich der Arbeitsmaschinen, VD **76** 132. *Huppertz,* Zulassungsfreie Fze, PVT **92** 225. *Derselbe,* Quad, eScooter & Co ..., VD **04** 41. *Ternig,* Elektroskooter: Rechtliche Einordnung, VD **03** 259. *Derselbe,* Das Quad, rechtliche Einordnung,VD **04** 1.

Selbstfahrende Arbeitsmaschinen und **Stapler (II S. 1 Nr. 1a).** Begriff der **Selbstfah-** **11** **renden Arbeitsmaschine** s. § 2 Nr. 17. Keine Versicherungspflicht, soweit die bauartbedingte

Höchstgeschwindigkeit 20 km/h nicht übersteigt (§ 2 I Nr. 6b PflVG). Zur Aufklärungspflicht des Vermieters über das Fehlen einer Haftpflichtversicherung BGH NZV **07** 196. Pflicht zur Kennzeichnung auf der linken Seite des Fz gem. § 4 IV S. 1. Bei bauartbedingter Höchstgeschwindigkeit von mehr als 20 km/h Kennzeichenpflicht gem. § 4 II S. 1 Nr. 1. Bei überwiegendem Transportzweck keine Arbeitsmaschine. Eine sandtransportierende Arbeitsmaschine ist zulassungspflichtig, Ha VRS **21** 73, auch eine fliegende Tankstelle, Kö VM **63** 78. Eine selbstfahrende Arbeitsmaschine darf einen Anhänger ziehen (§ 32a StVZO), der auch beladen sein darf (*Rebler* VD **19** 164, Polizei **19** 282, SVR **20** 201 = NZV **20** 459). Das Mitführen eines Anhängers ändert die Eigenschaft als Arbeitsmaschine selbst nicht, die nach ihrer Bauart und ihren besonderen, mit dem Fz fest verbundenen Einrichtungen nicht zur Beförderung von Gütern bestimmt und geeignet sein darf (§ 2 Nr. 17). Seit Ergänzung von § 2 Nr. 17 durch ÄndVO v. 31.7.17 (BGBl. I S. 3090) mWv 1.1.18 fallen auch **selbstfahrende Futtermischwagen mit einer bbH bis 25 km/h** unter den Begriff selbstfahrende Arbeitsmaschine und sind damit zulassungsfrei (§ 2 Rn. 20a). Begriff des **Staplers** s. § 2 Nr. 18. Stapler sind, weil sie im weitesten Sinn der Beförderung von Gütern dienen, keine Arbeitsmaschinen, aber diesen in Abs. 2 S. 1 Nr. 1a gleichgestellt und zulassungsfrei. Merkblatt für Stapler, VkBl. **04** 604 (StVRL § 18 StVZO Nr. 4 = § 2 FZV Nr. 2). Beim Betrieb von Staplern, die eigentlich für innerbetriebliche Benutzung bestimmt sind, auf öffentlichen Straßen sind StVZO, StVO und FeV zu beachten, s. Merkblatt VkBl. **04** 604. Wenn die bauartbedingte Höchstgeschwindigkeit 20 km/h nicht übersteigt, keine Versicherungspflicht (§ 2 I Nr. 6b PflVG); dann Pflicht zur Kennzeichnung auf der linken Seite des Fz gem. § 4 IV S. 1. Bei bauartbedingter Höchstgeschwindigkeit von mehr als 20 km/h Kennzeichenpflicht gem. § 4 II S. 1 Nr. 1. Sind selbstfahrende Arbeitsmaschinen und Stapler gem. § 2 I Nr. 6b PflVG von der Kfz-Haftpflicht-Versicherungspflicht befreit, und sind die Bemühungen des Geschädigten, vom Halter, Eigentümer, Fahrer oder Schadensversicherer (Betriebshaftpflicht) Ersatz zu bekommen, erfolglos, übernimmt der Entschädigungsfonds nach § 12 PflVG Ausfallhaftung (§ 12 I S. 1 Nr. 2a PflVG). Diesem steht dann ein Regressanspruch zu (§ 12 VI PflVG).

11a   Literatur: *Ternig,* … Gabelstapler, DAR **05** 294.

12   **Einachsige Zugmaschinen, wenn sie nur für land- oder forstwirtschaftliche Zwecke verwendet werden (II S. 1 Nr. 1b).** Begriff § 2 Nr. 14, 16. Die Zulassungsfreiheit nach Abs. II S. 1 Nr. 1b ist beschränkt auf land- oder forstwirtschaftliche Zwecke. Wenn die bauartbedingte Höchstgeschwindigkeit 20 km/h nicht übersteigt, Pflicht zur Kennzeichnung auf der linken Seite des Fz gem. § 4 IV S. 1. Bei bauartbedingter Höchstgeschwindigkeit von mehr als 20 km/h Kennzeichenpflicht gem. § 4 II S. 1 Nr. 1. Merkblatt für den Betrieb von land- oder forstwirtschaftlichen Zugmaschinen mit einachsigen Anhängern (einschl. Arbeitsgeräte) VkBl. **00** 404, 680 (StVRL § 44 StVZO Nr. 2).

13   **Leichtkrafträder (II S. 1 Nr. 1c).** Begriff § 2 Nr. 10. Leichtkrafträder können statt mit Verbrennungsmotor, ebenso wie Kleinkrafträder, auch mit einer elektrischen Antriebsmaschine betrieben werden. Kennzeichenpflicht gem. § 4 II S. 1 Nr. 1.

14   **Zwei- oder dreirädrige Kleinkrafträder (II S. 1 Nr. 1d).** Begriff § 2 Nr. 11. Fahrräder mit Hilfsmotor (Mofa): § 4 I Nr. 1 und § 5 FeV. Versicherungskennzeichenpflicht gem. § 4 III S. 1.

15   **Motorisierte Krankenfahrstühle (II S. 1 Nr. 1e).** Begriff: § 2 Nr. 13. Näheres zur Fahrerlaubnisfreiheit: § 4 FeV Rn. 27 ff. Versicherungskennzeichenpflicht gem. § 4 III S. 1.

16   **Vierrädrige Leichtkraftfahrzeuge (II S. 1 Nr. 1f.)** Begriff § 2 Nr. 12. Versicherungskennzeichenpflicht gem. § 4 III S. 1. Soweit sog **Quads** die in § 2 Nr. 12 genannten Merkmale erfüllen, sind sie als vierrädrige LeichtKfze zulassungsfrei, s. *Ternig* ZfS **04** 2, *Huppertz* VD **04** 43, 209. Näher: Merkblatt für die Begutachtung kraftradähnlicher Vierradkraftfahrzeuge (Quads), VkBl. **04** 26 (StVRL § 21 StVZO Nr. 3). Quads sind kraftradähnliche VierradKfze mit zweispuriger Vorder- und Hinterachse; Sitze, Bedienteile und Betätigungseinrichtungen entsprechen denen an Krädern. Fahrerlaubnisrechtlich gehören sie, soweit sie die in § 6 I S. 1 FeV genannten technischen Merkmale ausweisen, zur FEKl AM, sonst zur FEKl B. Zur Besteuerung als Pkw, s. BFH DAR **04** 458.

16a   Literatur: *Huppertz,* Quad, eScooter & Co …, VD **04** 41. *Huppertz,* Quads …, VD **04** 208. *Ternig,* Das Quad, rechtliche Einordnung, ZfS **04** 1.

16b   **Elektrokleinstfahrzeug (II S. 1 Nr. 1 Buchst. g)** ist ein Fz iSv § 1 I der Elektrokleinstfahrzeuge-Verordnung – eKFV – v. 6.6.2019 (BGBl. I S. 756, Begr BR-Drs. 158/19, Buchteil 7).

Zulassungsfrei sind nur die Fahrzeuge, die den Anforderungen des § 1 I eKFV entsprechen, nicht also zB solche mit einer Gesamtbreite von mehr als 0,7 m oder mit einer bbH von mehr als 20 km/h. Von dem Begriff des Elektrokleinstfahrzeugs sind auch die früher nach II S. 1 Nr. 1 Buchst. g aF zulassungsfreien elektronischen Mobilitätshilfen (selbstbalancierende elektronische Stehroller, Segways) umfasst, sofern sie den heutigen Anforderungen von § 1 I eKFV genügen. Ein zulassungsfreies Elektrokleinstfahrzeug darf auf öffentlichen Straßen nur in Betrieb gesetzt werden, wenn es einem Typ entspricht, für den eine ABE (nationale Typgenehmigung) erteilt worden ist oder wenn es eine Einzelgenehmigung hat, eine gültige Versicherungsplakette (§ 29a FZV) führt (§ 2 S. 1 Nr. 1, 2 eKFV) und wenn es die weiteren Anforderungen nach § 2 I S. 1 eKFV erfüllt; Verstoß ist ow (§ 14 Nr. 1 eKFV). Die Typgenehmigung wird nach § 20 StVZO, die Einzelgenehmigung nach § 21 StVZO erteilt, wenn das Fz die Anforderungen der § 1 I, §§ 4–7 eKFV erfüllt (§ 2 II eKFV). Die Versicherungsplakette muss an der Rückseite des Elektrokleinstfahrzeugs möglichst unter der Schlussleuchte fest angebracht sein; der untere Rand darf nicht weniger als 50 mm über der Fahrbahn liegen (§ 2 I S. 1 Nr. 2 eKFV iVm § 29a III FZV). Wird ein zulassungsfreies Elektrokleinstfahrzeug auf öffentlichen Straßen geführt, muss der FzF die Datenbestätigung oder die Bescheinigung über die Einzelgenehmigung nicht mitführen; diese Dokumente müssen lediglich für eine Inbetriebnahme aufbewahrt und zuständigen Personen auf Verlangen zur Prüfung ausgehändigt werden (§ 2 I S. 2 eKFV). Die Halterpflichten ergeben sich aus § 2 IV eKFV. Technische Anforderungen: §§ 4–7 eKFV. Personenbeförderung und Anhängerbetrieb sind nicht gestattet (§ 8 eKFV). Verhaltensregelungen: § 1 III, §§ 9–13 eKFV.

6. Nicht zulassungspflichtige Anhänger (II S. 1 Nr. 2). Zulassungsfreie Anhänger unter- **17** liegen gem. § 2 I Nr. 6c PflVG nicht der Versicherungspflicht. Sie werden aber versicherungspflichtig, wenn sie gem. Abs. III auf Antrag zugelassen werden (VG Dü 1.2.11 6 L 1924/10, s. vor § 23 Rn. 14). Die Anhänger nach Abs. II S. 1 Nr. 2a bis c sind nur dann zulassungsfrei, wenn sie für eine Höchstgeschwindigkeit von **nicht mehr als 25 km/h** in der durch § 58 StVZO vorgeschriebenen Weise gekennzeichnet sind (Abs. II S. 2). Werden bis zu 25 km/h zulassungsfreie, unversicherte Anhänger im Zug schneller als mit 25 km/h gefahren, so entfällt die Zulassungsfreiheit, dann besteht KfzSteuerpflicht; zur Mitversicherung in solchem Fall, Ko VRS **55** 73. Die Zulassungsfreiheit entfällt auch, wenn die nach Abs. II S. 2 erforderliche Kennzeichnung mit 25 km/h-Schild nicht der Vorschrift des § 58 StVZO entspricht, Ce VM **83** 76 (zust *Booß*). Zu den Auswirkungen auf die Versicherungspflicht *Ternig* NZV **11** 525.

Anhänger in land- oder forstwirtschaftlichen Betrieben (II S. 1 Nr. 2a). Zulassungs- **18** frei, auch wenn sie einer landwirtschaftlichen Genossenschaft gehören, falls sie überwiegend in den Betrieben der Genossen verwendet werden, Bay RdK **53** 32, auch bei Lieferung innerorts, Ko DAR **54** 95. Die Befreiung beruht darauf, dass in der Landwirtschaft eingesetzte Fze im StrV idR geringere Bedeutung haben, BVerwG VM **79** 89, Ko VRS **69** 65. Befreiung nur bei FzZugehörigkeit zu einem land- oder forstwirtschaftlichen Betrieb unter Verwendung für land- oder forstwirtschaftliche Zwecke, nicht bei Verwendung für gewerbliche Lohnarbeit, auch nicht für andere Landwirte, BVerwG VM **79** 89. Forstwirtschaft setzt eine Waldnutzung nach forstwirtschaftlichen Grundsätzen voraus, bloßes Abholzen fällt nicht darunter, Ko VRS **69** 65. Die Überführung vom Händler zum Landwirt gehört noch zum Händlerbereich, BMV 2.7.65, StV 2–2079 B/65. KfzAnhänger, die ein gewerbliches Lohnunternehmen, das neben einem landwirtschaftlichen Betrieb geführt wird, für Lohnarbeit für andere landwirtschaftliche Betriebe verwendet, sind nicht zulassungsfrei iSv Abs. II S. 1 Nr. 2a und von § 2 der 6. AusnVO (s. Rn. 2), BVerwG VRS **57** 76. Zum Mitführen mit mehr als 25 km/h s. Rn. 17.

Literatur: *Jagow,* Zulassungsfreiheit von land- und forstwirtschaftlichen Anhängern, VD **87** 145. *Wieder-* **18a**
hold, Verkehrsrechtliche Vorschriften für zulassungsfreie aber betriebserlaubnispflichtige Anhänger in land-
oder forstwirtschaftlichen Betrieben …, PVT **88** 7.

Wohnwagen und Packwagen im Schaustellergewerbe (II S. 1 Nr. 2b). Ein Packwagen **19** im Schaustellergewerbe liegt auch vor, wenn Gewerbeinventar zur Reparatur transportiert wird, Ce VRS **51** 150. Ein winterfester Campingwagen, vom Pkw gezogen, ist kein Wohnwagen im Gewerbe nach Schaustellerart, auch nicht mit Schild „25 km/h", Ko DAR **63** 256, s. dazu *Berr* 667 ff. Wohnwagen und Packwagen im Schaustellergewerbe sind nach Maßgabe von § 3 Nr. 8b KraftStG unabhängig von ihrer Zulassungsfreiheit von der Kfz-Steuer befreit. Zum Mitführen mit mehr als 25 km/h s. Rn. 17.

Fahrbare Baubuden (II S. 1 Nr. 2c). Begriff: BMV v. 20.10.62, VkBl. **62** 626 = StVRL § 3 **20** FZV Nr. 1, StVRL § 42 StVZO Nr. 5. Zum Mitführen mit mehr als 25 km/h s. Rn. 17.

21   **Arbeitsmaschinen (II S. 1 Nr. 2d).** Es muss sich um Arbeitsmaschinen in der Form von Kfz-Anhängern handeln; sie dürfen nicht selbstfahrend sein.

22   **Spezialanhänger zur Beförderung von Sportgeräten, Tieren für Sportzwecke oder Rettungsbooten des Rettungsdienstes oder Katastrophenschutzes (II S. 1 Nr. 2e).** Die Spezialanhänger müssen ausschließlich für solche Beförderungen verwendet werden. Sie verlieren ihre Zulassungsfreiheit, wenn sie im Einzelfall nicht ihrem Zweck dienen, näher dazu *Huppertz* PVT **93** 136. Hundetransportanhänger werden idR nicht unter Abs. II S. 1 Nr. 2e fallen, s. *Gosebruch* PVT **94** 334. Anhänger zur Beförderung von Rettungsbooten des Rettungsdienstes oder Katastrophenschutzes wurden durch ÄndVO v. 19.10.12 (BGBl. I S. 2232) aufgenommen; privilegiert ist nur der Transport von Rettungsbooten der genannten Organisationen (Begr Rn. 1).

23   **Anhänger für den Einsatzzweck der Feuerwehren und des Katastrophenschutzes (II S. 1 Nr. 2g).** Bis zum 31.10.12 waren nur *Anhänger für Feuerlöschzwecke* zulassungsfrei. Der Wortlaut wurde durch ÄndVO v. 19.10.12 (BGBl. I S. 2232) erweitert, um auch Anhänger der Feuerwehr einzubeziehen, die für andere als reine Feuerlöschzwecke verwendet werden, zB zum Transport von Einrichtungen zur Verkehrsabsicherung bei Unfällen (Begr Rn. 1). Anhänger für den Einsatzzweck des Katastrophenschutzes sind seit 1.11.12 zulassungsfrei, um eine Gleichbehandlung mit Anhängern der Feuerwehren zu erreichen (Begr BR-Drs. 371/12 (Beschluss) S. 2).

24   **Land- oder forstwirtschaftliche Arbeitsgeräte (II S. 1 Nr. 2h).** Begriff § 2 Nr. 20. Merkblatt für angehängte land- oder forstwirtschaftliche Arbeitsgeräte, VkBl. **09** 808 (StVRL § 2 FZV Nr. 4). Stalldungstreuer sind Anhänger, BMV 16.2.62, StV 7–4023 K/62. Holzrückewagen sind forstwirtschaftliche Arbeitsgeräte, BMV 15.10.60, StV 2–2062 Bw/60, bei Holzbeförderung aber Anhänger, BMV 8.6.67, StV 2–2048 Bw/66 II, KoVRS **69** 65.

25   **7. Vor dem 28.2.07 nach § 18 II StVZO (alt) zulassungsfreie Fz,** die nicht in die Liste der zulassungsfreien Fz nach Abs. II aufgenommen worden sind: Fz, die nach § 18 II StVZO alt zulassungsfrei waren, deren Verwendung aber nicht mehr üblich ist oder die nicht mehr als Neufahrzeuge hergestellt werden (zB eisenbereifte Möbelwagen, Anhänger, die als Verladerampen dienen), sind aus Gründen der Übersichtlichkeit aus der Liste gestrichen worden (Begr VkBl. **06** 603). Wenn sich derartige Fz noch im Verkehr befinden, wird ihnen Besitzstandsschutz für die Zulassungsfreiheit gewährt (§ 50 I).

26   **8. Verzicht auf die Zulassungsfreiheit (Abs. III).** Auf die Zulassungsfreiheit gem. II kann nach III verzichtet werden. Das Fz wird dann im normalen Verfahren zugelassen. An der Befreiung von der Kfz-Steuer (§ 3 Nr. 1 KraftStG) ändert sich dadurch nichts (Rn. 8).

27   **9. Nicht zugelassene Fz** dürfen zu Prüfungs-, Probe- oder Überführungsfahrten (jeweils im Sinne der Begriffsbestimmungen in § 2) **in Betrieb gesetzt** werden, wenn sie ein rotes Kennzeichen oder ein Kurzzeitkennzeichen führen (§§ 16, 16a), zur Ausfuhr in das Ausland, wenn sie ein Ausfuhrkennzeichen (§ 19), ein Kurzzeitkennzeichen oder ein rotes Kennzeichen (s. § 19 Rn. 5) führen. **Oldtimer** brauchen für bestimmte Fahrten keine Zulassung, wenn sie ein rotes Oldtimer-Kennzeichen führen (§ 17 I).

28   **10. Halterverantwortlichkeit (Abs. IV).** Nach § 31 II StVZO hat der Halter die Verantwortung dafür, dass nur vorschriftsmäßige Fz in Betrieb genommen werden. Mangelnde Zulassung eines zulassungspflichtigen Fz ist keine Unvorschriftsmäßigkeit in diesem Sinne und fällt deswegen nicht unter § 31 StVZO (s. dort Rn. 11). Abs. IV schließt diese Lücke und legt die Verantwortung des Halters dafür fest, dass nach Abs. I zulassungspflichtige Fz nicht ohne Zulassung in Betrieb genommen werden. Verstoß dagegen ist ow (§ 48 Nr. 2). Die Halterverantwortlichkeit nach Abs. IV bezieht sich nur auf Fz, die nach Abs. I zulassungspflichtig sind, nicht auf Fz, die nach Abs. II von der Zulassungspflicht ausgenommen sind, selbst wenn sie nach Abs. III auf Antrag zugelassen werden können (Begr VkBl. **06** 603).

29   **11. Datum der Erstzulassung.** Das Datum der Erstzulassung („erstmalige Zulassung" im Kfz-Steuerrecht, Legaldefinition in § 6 III S. 1 FZV, s. § 6 Rn. 8) beschreibt den Tag, an dem das Fz erstmals allgemein und sachlich unbeschränkt zum öffentlichen Verkehr im Inland oder im Ausland mit der dafür erforderlichen Zulassung zugelassen oder in Betrieb genommen worden ist (BFH DAR **06** 529). Unbeachtlich ist, ob das Fz zuvor schon außerhalb des öffentlichen StrV (zB auf Werksgelände des Herstellers) verwendet wurde oder ob es unter Verwendung von roten

oder Kurzzeitkennzeichen gefahren wurde (BMV VkBl. **90** 115 = StVRL § 72 StVZO Nr. 2), denn diese berechtigen nur zu Fahrten iSv §§ 16 I S. 1, 16a I S. 1, nicht zur allgemeinen und sachlich unbeschränkten Teilnahme am öffentlichen Verkehr. S. auch § 72 StVZO Rn. 10. Ist das Datum der Erstzulassung nicht bekannt, wird es nach dem Leitfaden des KBA zur Ausfüllung der ZB I und ZB II wie folgt festgelegt:

– nur Tag nicht bekannt: 1. des Monats,
– Monat nicht bekannt: 1. 7. des Jahres,
– Jahr nicht bekannt: 1. 7. des Baujahres (BMV VkBl. **62** 66 = StVRL § 72 StVZO Nr. 1), ggf. ist das Baujahr zu schätzen.

Bei Fz, die aus Alt- und Neuteilen zusammengebaut wurden, ist Datum der Erstzulassung der Tag, an dem das Fz nach dem Zusammenbau erstmals zum V zugelassen wurde. – Liegen zwischen Herstellung und Erstzulassung mehr als 2 1/2 Jahre, darf der Verkäufer nicht nur das Datum der Erstzulassung nennen, sondern muss auch ohne ausdrückliche Nachfrage über das tatsächliche Alter des Fz informieren (Ol DAR **07** 213).

12. Ordnungswidrig ist   **30**

a) die Inbetriebnahme eines nicht zugelassenen zulassungspflichtigen Fz auf öffentlichen Straßen (§ 48 Nr. 1a),
b) das Anordnen oder Zulassen der Inbetriebnahme eines nicht zugelassenen zulassungspflichtigen Fz durch den Halter (§ 48 Nr. 2).

Da die Betriebserlaubnis seit Inkrafttreten der FZV am 1.3.07 nicht mehr Bestandteil der Zulassung ist (Begr VkBl. **06** 603, Rn. 1), berührt das **Erlöschen der Betriebserlaubnis** die Zulassung nicht (§ 19 StVZO Rn. 14). Das Inbetriebsetzen eines zulassungspflichtigen Fz mit erloschener Betriebserlaubnis ist deswegen nicht ow nach § 48 Nr. 1a (Jn NZV **10** 415, *Albrecht/ Janker* SVR **07** 401, 402); s. im Übrigen § 19 StVZO Rn. 16.

Voraussetzungen für eine Inbetriebsetzung zulassungsfreier Fahrzeuge

4 (1) **Die von den Vorschriften über das Zulassungsverfahren ausgenommenen Fahrzeuge nach § 3 Absatz 2 Satz 1 Nummer 1 Buchstabe a bis f und Nummer 2 Buchstabe a bis g und land- oder forstwirtschaftliche Arbeitsgeräte mit einer zulässigen Gesamtmasse von mehr als 3 t dürfen auf öffentlichen Straßen nur in Betrieb gesetzt werden, wenn sie einem genehmigten Typ entsprechen oder eine Einzelgenehmigung erteilt ist.**

(2) **¹Folgende Fahrzeuge nach Absatz 1 dürfen auf öffentlichen Straßen nur in Betrieb gesetzt werden, wenn sie zudem ein Kennzeichen nach § 8 führen:**

1. **Kraftfahrzeuge nach § 3 Absatz 2 Satz 1 Nummer 1 Buchstabe a und b mit einer bauartbedingten Höchstgeschwindigkeit von mehr als 20 km/h,**

2. **Kraftfahrzeuge nach § 3 Absatz 2 Satz 1 Nummer 1 Buchstabe c,**

3. **Anhänger nach § 3 Absatz 2 Satz 1 Nummer 2 Buchstabe d und e, die nicht für eine Höchstgeschwindigkeit von nicht mehr als 25 km/h in der durch § 58 der Straßenverkehrs-Zulassungs-Ordnung vorgeschriebenen Weise gekennzeichnet sind.**

²**Auf die Zuteilung des Kennzeichens finden die Bestimmungen über die Kennzeichenzuteilung im Zulassungsverfahren mit Ausnahme der Vorschriften über die Zulassungsbescheinigung Teil II entsprechend Anwendung.**

(3) **¹Kraftfahrzeuge nach § 3 Absatz 2 Satz 1 Nummer 1 Buchstabe d bis f dürfen auf öffentlichen Straßen nur in Betrieb gesetzt werden, wenn sie zudem ein gültiges Versicherungskennzeichen nach § 26 führen. ²Besteht keine Versicherungspflicht, müssen sie ein Kennzeichen nach § 8 führen. ³Im Falle des Satzes 2 finden auf die Zuteilung des Kennzeichens die Bestimmungen über die Kennzeichenzuteilung im Zulassungsverfahren mit Ausnahme der Vorschriften über die Zulassungsbescheinigung Teil II entsprechend Anwendung.**

(4) **¹Kraftfahrzeuge nach § 3 Absatz 2 Satz 1 Nummer 1 Buchstabe a und b mit einer bauartbedingten Höchstgeschwindigkeit von nicht mehr als 20 km/h muss der Halter zum Betrieb auf öffentlichen Straßen zudem mit seinem Vornamen, Namen und Wohnort oder der Bezeichnung seiner Firma und deren Sitz kennzeichnen; die Angaben sind dauerhaft und deutlich lesbar auf der linken Seite des Fahrzeugs anzubringen. ²Motorisierte Krankenfahrstühle nach § 3 Absatz 2 Satz 1 Nummer 1 Buchstabe e müssen zum Betrieb auf öffentlichen Straßen zudem mit einer Kennzeichnungstafel nach der ECE-Regelung Nummer 69 über einheitliche Bedingungen für die Genehmigung von Tafeln zur hinteren Kennzeichnung von bauartbedingt langsam fahrenden Kraftfahrzeugen und ihrer Anhän-**

ger (VkBl. 2003 S. 229) gekennzeichnet sein, die an der Fahrzeugrückseite oben anzubringen ist.

(5) [1] Werden Fahrzeuge nach § 3 Absatz 2 Satz 1 Nummer 1 Buchstabe a bis f und Nummer 2, für die eine Zulassungsbescheinigung Teil I nicht ausgestellt wurde, auf öffentlichen Straßen geführt oder mitgeführt, ist die Übereinstimmungsbescheinigung, die Datenbestätigung oder die Bescheinigung über die Einzelgenehmigung mitzuführen und zuständigen Personen auf Verlangen zur Prüfung auszuhändigen. [2] Bei einachsigen Zugmaschinen nach § 3 Absatz 2 Satz 1 Nummer 1 Buchstabe b und Anhängern nach § 3 Absatz 2 Satz 1 Nummer 2 Buchstabe a, c, d, g und h genügt es, wenn im Falle des Satzes 1 die Übereinstimmungsbescheinigung, die Datenbestätigung oder die Bescheinigung über die Einzelgenehmigung nach Satz 1 aufbewahrt und zuständigen Personen auf Verlangen zur Prüfung ausgehändigt wird.

(6) Der Halter darf die Inbetriebnahme eines Fahrzeugs auf öffentlichen Straßen nicht anordnen oder zulassen, wenn das Fahrzeug

1. einem genehmigten Typ nach Absatz 1 nicht entspricht oder eine Einzelgenehmigung nach Absatz 1 nicht erteilt ist oder

2. ein Kennzeichen nach Absatz 2 Satz 1, Absatz 3 Satz 2 oder ein Versicherungskennzeichen nach Absatz 3 Satz 1 nicht führt.

1   **Begr** (VkBl. 06 603): *Im § 4 werden die Voraussetzungen für die Teilnahme nicht zulassungspflichtiger Fahrzeuge am öffentlichen Straßenverkehr geregelt (bisher § 18 Abs. 3 bis 6 StVZO).*

Zu Abs. 2: *Da nach § 3 Nr. 1 des Kraftfahrzeugsteuergesetzes die Befreiung von einzelnen Fahrzeugarten von der Kraftfahrzeugsteuer daran anknüpft, ob diese von den Vorschriften über das Zulassungsverfahren ausgenommen sind, wird die Regelung des § 18 Abs. 4 StVZO für die Fahrzeuge, die aus steuerlichen Gründen formal nicht dem Zulassungsverfahren unterliegen sollen, aber dennoch Kennzeichen führen müssen in Absatz 2 aufgenommen.*

Zu Abs. 3: *Absatz 3 führt die Pflicht zur Führung von Versicherungskennzeichen an Kleinkrafträdern, an motorisierten Krankenfahrstühlen und vierrädrigen Leichtkraftfahrzeugen fort.*

Zu Abs. 4: *Absatz 4 übernimmt die Kennzeichnungspflichten für zulassungsfreie Kraftfahrzeuge bis 20 km/h bauartbedingter Höchstgeschwindigkeit (bisher § 18 Abs. 4 Satz 3) sowie für motorisierte Krankenfahrstühle (bisher § 18 Abs. 2 Nr. 5).*

2   **1. Notwendigkeit der Typ- oder Einzelgenehmigung für zulassungsfreie Fz (Abs. I).** Nach Abs. I müssen fast alle gem. § 3 Abs. 1 S. 1 zulassungsfreien Fz einem mit EG- oder nationaler Typgenehmigung genehmigten Typ entsprechen oder bedürfen einer Einzelgenehmigung, um auf öffentlichen Straßen in Betrieb gesetzt zu werden. Verstoß ist ow (§ 48 Nr. 1a). Für Elektrokleinstfahrzeuge nach § 1 I eKFV (zulassungsfrei nach § 3 II S. 1 Nr. 1 Buchst. g) ergibt sich dies spezialgesetzlich aus § 2 I S. 1 Nr. 1 eKFV; Verstoß ist ow (§ 14 Nr. 1 eKFV). Dadurch soll verhindert werden, dass Hersteller zulassungsfreier Fz Bau- und Ausrüstungsvorschriften unbeachtet lassen. Auf die vorschriftsmäßige Beschaffenheit zulassungsfreier Fz kann aber aus Gründen der Verkehrssicherheit nicht verzichtet werden. Wie die erforderliche Genehmigung zu beantragen und zu erteilen ist, ist in den §§ 19–21 StVZO und der EG-FGV (s. § 2 Rn. 7) geregelt. **Ausgenommen** von der Regelung des Abs. I sind nur land- oder forstwirtschaftliche Arbeitsgeräte mit einer Gesamtmasse von bis zu 3 t und hinter land- oder forstwirtschaftlichen einachsigen Zug- oder Arbeitsmaschinen mitgeführte Sitzkarren. War für vor dem 1.3.07 zulassungsfreie Fz, die nach § 50 I hinsichtlich der Zulassungsfreiheit Bestandsschutz genießen, damals auch keine BE erforderlich, benötigen sie auch keine Typ- oder Einzelgenehmigung/BE (§ 50 I). Diese Befreiung von der Betriebserlaubnispflicht wurde erst durch ÄndVO v. 19.10.12 (BGBl. I S. 2232) mit Wirkung ab 1.11.12 in § 50 I eingefügt.

3   **2. Kennzeichenpflicht zulassungsfreier Fz (Abs. II).** Nach Abs. II S. 1 dürfen die folgenden zulassungsfreien Fz auf öffentlichen Straßen nur mit einem Kennzeichen gem. § 8 in Betrieb gesetzt werden:

a) selbstfahrende Arbeitsmaschinen und Stapler sowie einachsige Zugmaschinen, wenn sie nur für land- oder forstwirtschaftliche Zwecke verwendet werden, jeweils mit einer bauartbedingten Höchstgeschwindigkeit von mehr als 20 km/h,

b) Leichtkrafträder,

c) Arbeitsmaschinen als Anhänger und ausschließlich zur Beförderung von Sportgeräten oder Tieren für Sportzwecke verwendete Spezialanhänger, die jeweils nicht für eine Höchstgeschwindigkeit von maximal 25 km/h gem. § 58 StVZO gekennzeichnet sind.

Die Zuteilung von Kennzeichen erfolgt nach § 8. Dabei wird nur eine Zulassungsbescheini- **3a** gung Teil I nach § 11 ausgestellt (Abs. II S. 2). Es handelt sich dabei um einen Bruch in der Systematik der FzPapiere, denn in Deutschland besteht die Zulassungsbescheinigung aus den Teilen I und II. Auf Wunsch kann in diesen Fällen auch eine Zulassungsbescheinigung Teil II ausgestellt werden. Zulassungsfreie, aber gem. Abs. II kennzeichenpflichtige Fz unterliegen der Hauptuntersuchungspflicht nach § 29 StVZO. Zur Zuteilung von HU-Prüfplaketten für solche Fz BMV VkBl. **61** 364.

Literatur: *Huppertz,* Kennzeichenpflicht zulassungsfreier Anhänger-Arbeitsmaschinen und Sportanhänger, **3b** VD **92** 152. *Huppertz,* Verwendung zulassungsfreier Spezialanhänger …, PVT **93** 136.

3. Versicherungskennzeichenpflicht zulassungsfreier Fz (Abs. III). Nach Abs. III S. 1 **4** dürfen die folgenden zulassungsfreien Fz auf öffentlichen Straßen nur mit einem Versicherungskennzeichen gem. § 26 in Betrieb gesetzt werden:

a) zwei- oder dreirädrige Kleinkrafträder (einschl Mofas),
b) motorisierte Krankenfahrstühle,
c) vierrädrige Leichtkraftfahrzeuge.

Durch das Versicherungskennzeichen nach Anlage 12 wird für diese Fahrzeuge nachgewiesen, **4a** dass für das jeweilige Kfz eine dem PflVG entsprechende Kfz-Haftpflichtversicherung besteht (§ 26 I S. 1). Durch Meldung des Versicherers an das KBA nach § 26 III werden dort die Halter- und Fahrzeugdaten bekannt. Das Versicherungskennzeichen ist am Fahrzeug in einer Weise fest anzubringen, dass es für die anderen Verkehrsteilnehmer erkennbar ist (§ 27 III). Zum Versicherungskennzeichen im Einzelnen §§ 26, 27 und Anlage 12. Fz mit Versicherungskennzeichen unterliegen nicht der HU-Pflicht (§ 29 I S. 1 StVZO).

Wenn für die Halter derartiger Fz keine Versicherungspflicht besteht, muss statt eines Versiche- **4b** rungskennzeichens ein Kennzeichen nach § 8 geführt werden (Abs. III S. 2), dann HU-Pflicht (§ 29 I S. 1 StVZO). In diesem Fall wird nur eine Zulassungsbescheinigung Teil I nach § 11 ausgestellt (Abs. III S. 3). Auch hier handelt es sich um einen Bruch in der Systematik der FzPapiere (s. Rn. 3).

Elektrokleinstfahrzeuge iSv § 1 eKFV dürfen auf öff Straßen nur mit gültiger Versiche- **5** rungsplakette nach § 29a in Betrieb gesetzt werden (§ 2 I S. 1 Nr. 2 eKFV). Einer Erwähnung in III S. 1 bedarf es wegen der spezialgesetzlichen Regelung in der eKFV nicht. Für diese Fz gibt es insoweit keine III S. 2 und 3 entsprechenden Regelungen. Soweit **Quads** nach ihrer technischen Beschaffenheit unter § 3 II S. 1 Nr. 1 f. (vierrädrige Leichtkraftfahrzeuge) fallen, müssen sie ein Versicherungskennzeichen führen (BMV VkBl. **04** 29, *Ternig* ZfS **04** 2).

4. Besondere Kennzeichnungspflicheten für zulassungsfreie Fz (Abs. IV). Zulas- **6** sungsfreie **selbstfahrende Arbeitsmaschinen** und **Stapler** sowie **einachsige Zugmaschinen, die nur für land- oder forstwirtschaftliche Zwecke verwendet werden,** jeweils mit einer bauartbedingten Höchstgeschwindigkeit von **nicht mehr als 20 km/h,** müssen durch den Halter zum Betrieb auf öffentlichen Straßen mit den folgenden Angaben gekennzeichnet sein: Vorname, Name, Wohnort des Halters oder Firma des Halters und deren Sitz. Diese Angaben sind dauerhaft (die Parallelregelung § 64b StVZO spricht von unverwischbarer Schrift) und deutlich sichtbar, also ohne besondere Mühe lesbar, auf der linken Seite des Fahrzeugs anzubringen. Die Kennzeichnung kann sowohl mit einem fest montierten Schild als auch direkt auf der Fahrzeugwand erfolgen. **Motorisierte Krankenfahrstühle** müssen zum Betrieb auf öffentlichen Straßen mit einer Heckmarkierungstafel nach der ECE-Regelung 69 (VkBl. **03** 229, StVRL § 53 StVZO Nr. 10) oben an der Fahrzeugrückseite gekennzeichnet sein.

5. Beim Führen zulassungsfreier Fz mitzuführende Dokumente (Abs. V). Wenn für **7** Fz, die nach § 3 II zulassungsfrei sind, Zulassungsbescheinigungen Teil I ausgestellt werden (bei Verzicht auf Zulassungsfreiheit gem. § 3 III, bei Kennzeichenpflicht nach Abs. II und Abs. III S. 2 und 3), sind diese mitzuführen und zuständigen Personen auf Verlangen zur Prüfung auszuhändigen (§ 11 VI). Werden für

a) selbstfahrende Arbeitsmaschinen und Stapler,
b) Leichtkrafträder,
c) zwei- oder dreirädrige Kleinkrafträder,
d) motorisierte Krankenfahrstühle,
e) vierrädrige Leichtkraftfahrzeuge,
f) Wohnwagen und Packwagen im Schaustellergewerbe,

g) Spezialanhänger zur Beförderung von Sportgeräten oder Tieren für Sportzwecke,

h) einachsige Anhänger hinter Krafträdern, Kleinkrafträdern und motorisierten Krankenfahrstühlen

Zulassungsbescheinigungen Teil I nicht ausgestellt, ist beim Führen oder Mitführen auf öffentlichen Straßen die Übereinstimmungsbescheinigung (§ 2 Nr. 7), die Datenbestätigung (§ 2 Nr. 8) oder die Bescheinigung über die Einzelgenehmigung (§ 2 Nr. 6) als Nachweis der Typ- oder Einzelgenehmigung mitzuführen und zuständigen Personen auf Verlangen zur Prüfung auszuhändigen (Abs. V S. 1). Bei den anderen nach § 3 II zulassungsfreien Fz genügt es, wenn die Übereinstimmungsbescheinigung, die Datenbestätigung oder die Bescheinigung über die Einzelgenehmigung vom Halter aufbewahrt und zuständigen Personen auf Verlangen zur Prüfung ausgehändigt wird (Abs. V S. 2), sofern keine Zulassungsbescheinigung Teil I ausgestellt wurde. Diese Regelung bezieht sich nur auf zulassungsfreie Fz, die nach Abs. I einer Typ- oder Einzelgenehmigung bedürfen, denn nur für diese Fz existieren die genannten Dokumente. Die Mitführungs- oder Aufbewahrungspflicht nach Abs. V besteht also nicht bei land- oder forstwirtschaftlichen Arbeitsgeräten mit einer zulässigen Gesamtmasse von nicht mehr als 3 t und bei hinter land- oder forstwirtschaftlichen einachsigen Zug- oder Arbeitsmaschinen mitgeführten Sitzkarren, da diese nach Abs. I ohne Typ- oder Einzelgenehmigung auf öffentlichen Straßen in Betrieb gesetzt werden dürfen. Für nach § 3 II S. 1 Nr. 1 Buchst. g zulassungsfreie **Elektrokleinstkraftfahrzeuge** iSv § 1 I eKFV ist spezialgesetzlich geregelt, dass die Datenbestätigung oder die Bescheinigung über die Einzelbetriebserlaubnis nicht mitgeführt werden muss, sondern dass sie für eine Inbetriebnahme des Fz lediglich aufbewahrt und zuständigen Personen auf Verlangen zur Prüfung ausgehändigt werden muss (§ 2 I S. 2 eKFV, Begr zu § 4 FZV BR-Drs. 158/19 S. 42).

8   **6. Halterverantwortlichkeit (Abs. VI).** Abs. VI legt die Verantwortung des Halters dafür fest,

a) dass zulassungsfreie Fz, die nach Abs. I einer Typ- oder Einzelgenehmigung bedürfen, nicht ohne eine solche Genehmigung auf öffentlichen Straßen in Betrieb genommen werden (Abs. VI Nr. 1), und

b) dass kennzeichenpflichtige oder versicherungskennzeichenpflichtige zulassungsfreie Fz nicht ohne die erforderlichen Kennzeichen oder Versicherungskennzeichen auf öffentlichen Straßen in Betrieb genommen werden (Abs. VI Nr. 2).

Verstoß dagegen ist ow (§ 48 Nr. 2). Die Halterverantwortlichkeit nach Abs. VI Nr. 1 bezieht sich nur auf Fz, die nach Abs. I einer Typ- oder Einzelgenehmigung bedürfen, nicht auf Fz, die nach dem Wortlaut von Abs. I davon ausgenommen sind.

9   **7. Ordnungswidrig ist**

a) die Inbetriebnahme eines zulassungsfreien Fz, für das nach Abs. I eine Typ- oder Einzelgenehmigung erforderlich ist, sofern eine solche Genehmigung nicht erteilt oder sie erloschen ist, sofern die Fahrt nicht nach § 19 V StVZO erlaubt ist (§ 48 Nr. 1a),

b) das Anordnen oder Zulassen der Inbetriebnahme eines zulassungsfreien Fz durch den Halter, für das nach Abs. I eine Typ- oder Einzelgenehmigung erforderlich ist, sofern eine solche Genehmigung nicht erteilt oder sie erloschen ist, sofern die Fahrt nicht nach § 19 V StVZO erlaubt ist (Abs. VI Nr. 1 mit § 48 Nr. 2),

c) das Anordnen oder Zulassen der Inbetriebnahme eines zulassungsfreien kennzeichenpflichtigen oder versicherungskennzeichenpflichtigen Fz durch den Halter, das das nach Abs. II S. 1 oder Abs. III S. 2 erforderliche Kennzeichen oder das nach Abs. III S. 1 erforderliche Versicherungskennzeichen nicht führt (Abs. VI Nr. 2 mit § 48 Nr. 2),

d) das Nichtführen eines Kennzeichens entgegen Abs. 2 S. 1 oder Abs. III S. 2 (§ 48 Nr. 3),

e) das Nichtführen eines Versicherungskennzeichens entgegen Abs. III S. 1 (§ 48 Nr. 3),

f) Nichtkennzeichnung, falsche oder unvollständige Kennzeichnung eines Kfz oder eines Krankenfahrstuhls entgegen Abs. IV (§ 48 Nr. 4),

g) das Nichtmitführen eines in Abs. V S. 1 genannten Dokuments oder das Nichtvorlegen eines dort genannten Dokuments auf Verlangen entgegen Abs. V S. 1 (§ 48 Nr. 5),

h) das Nichtaufbewahren eines in Abs. V S. 2 genannten Dokuments oder das Nichtvorlegen eines dort genannten Dokuments auf Verlangen entgegen Abs. V S. 2 (§ 48 Nr. 6).

Beschränkung und Untersagung des Betriebs von Fahrzeugen

5 (1) Erweist sich ein Fahrzeug als nicht vorschriftsmäßig nach dieser Verordnung, der Straßenverkehrs-Zulassungs-Ordnung oder der Elektrokleinstfahrzeuge-Verordnung kann die nach Landesrecht zuständige Behörde (Zulassungsbehörde) dem Eigentümer oder Halter eine angemessene Frist zur Beseitigung der Mängel setzen oder den Betrieb des Fahrzeugs auf öffentlichen Straßen beschränken oder untersagen.

(2) ¹Ist der Betrieb eines Fahrzeugs, für das ein Kennzeichen zugeteilt ist, untersagt, hat der Eigentümer oder Halter das Fahrzeug unverzüglich nach Maßgabe des § 14 außer Betrieb setzen zu lassen oder der Zulassungsbehörde nachzuweisen, dass die Gründe für die Beschränkung oder Untersagung des Betriebs nicht oder nicht mehr vorliegen. ²Der Halter darf die Inbetriebnahme eines Fahrzeugs nicht anordnen oder zulassen, wenn der Betrieb des Fahrzeugs nach Absatz 1 untersagt ist oder die Beschränkung nicht eingehalten werden kann.

(3) ¹Besteht Anlass zu der Annahme, dass ein Fahrzeug nicht vorschriftsmäßig nach dieser Verordnung, der Straßenverkehrs-Zulassungs-Ordnung oder der Elektrokleinstfahrzeuge-Verordnung ist, so kann die Zulassungsbehörde anordnen, dass

1. ein von ihr bestimmter Nachweis über die Vorschriftsmäßigkeit oder ein Gutachten eines amtlich anerkannten Sachverständigen, Prüfers für den Kraftfahrzeugverkehr oder Prüfingenieurs einer amtlich anerkannten Überwachungsorganisation nach Anlage VIIIb der Straßenverkehrs-Zulassungs-Ordnung vorgelegt oder

2. das Fahrzeug vorgeführt

wird. ²Wenn nötig, kann die Zulassungsbehörde mehrere solcher Anordnungen treffen.

Begr (VkBl. **06** 604): *Die Vorschrift folgt der Regelung des bisherigen § 17 StVZO. In* **Absatz 2** **1** *Satz 2 wird die Halterverantwortung für außer Betrieb gesetzte oder im Betrieb beschränkte Fahrzeuge geregelt. Aufgenommen wurde die Möglichkeit, dass die Zulassungsbehörde die Vorlage eines von ihr bestimmten Nachweises über die Vorschriftsmäßigkeit anordnen kann. Dies stellt eine abgestufte Maßnahme dar, die Vorschriftsmäßigkeit nachweisen zu lassen, ohne dass hierzu ein Gutachten eingeholt werden muss.*
Der Anwendungsbereich erfasst die Vorschriftsmäßigkeit nach der FZV und der StVZO. § 17 StVZO findet nur noch Anwendung auf Fahrzeuge, die nicht der FZV unterliegen …

Begr zur ÄndVO v. 8.10.13 **zu Abs. 1** (BR-Drs. 435/13 S. 39 = VkBl. **13** 1063): *Die Ände-* **1a** *rung ist erforderlich, um den verfassungsrechtlichen Anforderungen des Artikels 87 (gemeint: 84) Abs. 1 Satz 7 GG Rechnung zu tragen, denn es werden durch die vorliegende Änderungsverordnung neue Aufgaben übertragen oder bestehende erheblich modifiziert. Damit der Begriff „Zulassungsbehörde" erhalten bleiben kann, bedarf es hier bei dem erstmaligen Erwähnen einer Legaldefinition.*

1. Anwendungsbereich. § 5 betrifft die Vorschriftsmäßigkeit nach der FZV, der StVZO und **2** der eKFV der unter die FZV fallenden Fz (s. § 1). Für die anderen Fz enthält § 17 StVZO eine entsprechende Regelung. §§ 13 I S. 5, III S. 2 FZV, 17 I, 29 VII S. 4 StVZO sind gegenüber § 5 FZV speziell, soweit sie Regelungen enthalten. Erweisen sich im Ausland zugelassene Fahrzeuge als nicht vorschriftsmäßig (soweit sie deutsche Vorschriften einzuhalten haben), ist gem. § 22 nach § 5 zu verfahren und bei Betriebsuntersagung die im Ausland ausgestellte Zulassungsbescheinigung oder der Internationale Zulassungsschein an die ausstellende Stelle zurückzuschicken. Abs. I führt außerdem den Begriff Zulassungsbehörde (ZulB) in die FZV ein (Begr Rn. 1a).

2. Maßnahmen bei erwiesener Unvorschriftsmäßigkeit. Erweist sich ein Fz als nicht **3** vorschriftsmäßig nach der FZV oder der StVZO, ist Fristsetzung zur Beseitigung der Mängel oder Untersagung oder Beschränkung des Betriebs eines Fz im öffentlichen StrV möglich. Die ZulB hat kein Entschließungsermessen, wenn Unvorschriftsmäßigkeit feststeht, aber Auswahlermessen hinsichtlich der zu ergreifenden Maßnahmen (VGH Ma 3.2.20 – 10 S 625/19 NJW-RR **20** 411, VG Kar 10.7.19 – 3 K 3232/19 BeckRS 2019, 18017). Sie muss das zur Gefahrabwendung Nötige und Angemessene anordnen (VG Stu 27.4.18 – 8 K 1962/18 NZV **18** 487, VG Mgd 2.7.18 – 1 B 268/18, VG Mü 28.11.18 – 23 K 18.1347 SVR **19** 157), sonst Amtspflichtverletzung. **Nicht vorschriftsmäßig** sind Fz, die nicht (mehr) den Zulassungsvorschriften oder den Bau- oder Betriebsvorschriften entsprechen, zB nicht verkehrssicher sind (§ 31 StVZO), keine gültige HU-Plakette führen (vgl. OVG Saarlouis 2.9.20 – 1 A 238/19 BeckRS 2020, 21884), oder Bestimmungen über Lärm und Abgase nicht genügen (VG Freiburg 28.2.19 – 3 K 6842/18 BeckRS 2019, 3221). Ein Fz ist nicht vorschriftsmäßig, wenn eine für die Zulassung des Fz oder gem. § 4 im Falle der Zulassungsfreiheit erforderliche Typ- oder Einzelgenehmigung bzw. Betriebserlaubnis fehlt (OVG Münster 28.5.19 – 8 B 622/18 NZV **20** 110 = VRS

136 154). Unvorschriftsmäßigkeit liegt auch vor, wenn bei einem zugelassenen Fz die Betriebserlaubnis/Genehmigung erloschen ist (OVG Münster NZV **15** 159, VG Fra/O 11.12.18 – 2 L 1049/18 BeckRS 2018, 36158). Nicht unvorschriftsmäßig ist ein Fz allein dadurch, dass zu Unrecht eine BE für zulassungsfreie Fz erteilt wurde, solange eine solche BE Bestand hat (VG Hb NZV **01** 143). Ist ein Fz unvorschriftsmäßig, muss die Behörde nicht schon deshalb von Maßnahmen nach Abs. I absehen, weil der Halter den Verkäufer oder Hersteller seines Fz zB wegen des Einbaus einer unzulässigen Abschalteinrichtung **zivilrechtlich** in Anspruch nimmt und vorträgt, die Herstellung eines vorschriftsmäßigen Zustands würde zur **Beweisvernichtung** führen (OVG Münster 17.8.18 – 8 B 856/18, OVG Berlin 25.3.19 – 1 S 125/18 NVwZ **19** 1143, VG Stu 27.4.18 – 8 K 1962/18 NZV **18** 487, VG Kar 10.7.19 – 3 K 3232/19 BeckRS 2019, 18017, VG Augsburg 2.8.19 – 3 S 19.410 BeckRS 2019, 18613). Zulässig sind die in Abs. I genannten Maßnahmen erst, wenn sich die **Unvorschriftsmäßigkeit erweist,** dh offenbar hervortritt oder als vorhanden feststeht. Das braucht nicht bei einer vorgeschriebenen Untersuchung (§ 29 StVZO) oder im Verkehr geschehen zu sein. Es genügt, dass der Mangel erwiesenermaßen besteht. Der bloße Hinweis der KfzVersicherung auf einen schweren Unfallschaden reicht auch dann nicht aus, wenn über eine ordnungsgemäße Reparatur nichts bekannt ist, VG Fra NZV **90** 166. Verfügung zur Mangelbeseitigung ist auch dann rechtmäßig, wenn die Mängel bei Erlass der Verfügung zwar beseitigt waren, der Halter dies aber noch nicht mitgeteilt hatte (VGH Ma NZV **07** 51, VG Augsburg 22.11.13 Au 3 K 13.826).

4 **3. Die zulässigen Maßnahmen.** Die nach Abs. I vorgesehenen Maßnahmen stehen im Ermessen der ZulB („kann", OVG Münster 17.8.18 – 8 B 548/18 NZV **18** 484 = DAR **18** 642, 8 B 865/18 VRS **134** 163 = NVwZ **18** 1662, VG Sigmaringen 4.4.18 5 K 1476/18). Steht Unvorschriftsmäßigkeit fest, muss die ZulB zwar handeln, hat also kein Entschließungsermessen (Rn. 3), hinsichtlich der nach Abs. I möglichen Maßnahmen hat sie aber Auswahlermessen (VG Mgd 2.7.18 1 B 268/18, VG Gießen 23.1.19 – 6 L 5550/18 NZV **19** 375). Örtlich zuständig ist die Behörde des Wohnorts (§ 46 II), nicht des FzStandorts (OVG Bautzen NZV **98** 430). Die Polizei erstattet einen Mängelbericht an die ZulB. Eigene Maßnahmen darf sie nur vorläufig im Fall einer unmittelbaren Gefährdung treffen, da § 5 als Spezialregelung für die Abwehr von Gefahren, die von unvorschriftsmäßigen Fz ausgehen, dem allgemeinen Polizeirecht vorgeht (*Huppertz* DAR **07** 577 (581), DAR **17** 110 (115)). Daher darf sie dem Halter nicht Mängelbeseitigung unter Fristsetzung und Anzeigedrohung aufgeben (zu § 17 StVZO: OVG Münster VIII A 907/67, *Huppertz* VD **99** 154, *Laub* SVR **06** 286 f.) Bei vorläufigen Maßnahmen muss sie sofort, in der Regel fernmündlich, die Entscheidung der ZulB herbeiführen.

5 **Setzen angemessener Frist zur Behebung der Mängel.** Ist der Mangel behebbar, so wird dem Bedürfnis nach Sicherung oft genügt, wenn dem Halter oder Eigentümer aufgegeben wird, für Beseitigung zu sorgen. Dafür ist ihm eine ausreichende Frist zu setzen. Sie kann stillschweigend verlängert werden. Die Verfügung ist an den Halter zu richten. Ist der Halter nicht zugleich Eigentümer, wie bei Sicherungsübereignung oder Eigentumsvorbehalt, so kann sie auch an den Eigentümer oder an beide zugleich gerichtet werden. Ob und unter welchen Voraussetzungen das mangelhafte Fz im Verkehr verwendet werden darf, hängt von der Art des Mangels ab (§§ 23 StVO, 31 StVZO).

6 **Beschränkung oder Untersagung des Betriebs.** Soweit zur Verkehrssicherheit erforderlich, darf die ZulB dem Halter für die Verwendung des nicht vorschriftsmäßigen Fz Beschränkungen auferlegen oder die Verwendung bis zur Mängelbeseitigung untersagen. Dabei hat sie das Übermaßverbot zu beachten (**E** 2). Unnötiges darf sie nicht anordnen. **Beschränkungen:** Verweisung auf bestimmte Straßen, Benutzung nur zu bestimmten Tageszeiten, Anwendung bestimmter Vorsichtsmaßnahmen, Fahrt nur unter bestimmten Bedingungen, etwa nur bis zur nächsten Werkstatt. Ist auf diese Weise keine Sicherung erreichbar, so kommt als schärfste Maßnahme in Betracht, jede Verwendung des Fz im Verkehr zu **untersagen,** jedoch nur als „ultima ratio" (zu § 17 StVZO aF: VG Fra NZV **90** 166 (zust *Jagow* VD **92** 50), VG Dü DAR **61** 122). Keine Betriebsuntersagung allein deswegen, weil ein im Übrigen nicht vorschriftswidriges Fz mit bauartbestimmter Höchstgeschwindigkeit von nicht mehr als 6 km/h den fließenden Verkehr beeinträchtigt (OVG Münster NZV **95** 413). Beschränkungen oder Untersagen des Betriebs werden häufig als vorläufige Maßnahme bis zur Behebung des Mangels neben der Fristsetzung nötig werden. Sie können aber auch als selbstständige Maßnahmen angeordnet werden. Insbesondere wird der Betrieb zu untersagen sein, wenn der Halter oder Eigentümer den Mangel schuldhaft nicht beseitigt.

Betriebsuntersagung wegen Nichtteilnahme an Rückrufaktion: Hat das KBA eine **6a** EG-Typgenehmigung zur Beseitigung aufgetretener Mängel und zur Gewährleistung der Vorschriftsmäßigkeit nachträglich gem. § 25 II EG-FGV mit einer Nebenbestimmung versehen, die einen FzHersteller zu Nachrüstungen an bereits hergestellten Fz verpflichtet (Entfernung unzulässiger Abschalteinrichtungen), besteht die Beweiskraft einer für ein Fz erteilten Übereinstimmungsbescheinigung nach § 6 III S. 1 zunächst solange fort, bis die zuständige ZulB abschließend festgestellt hat, dass die erforderliche Nachrüstung des Fz unterblieben ist. Wenn im konkreten Fall die Nachrüstung nicht durchgeführt wird, entspricht das Fz nicht mehr der vom KBA modifizierten Typgenehmigung und erweist sich damit als **unvorschriftsmäßig**; die ZulB kann dann den **Betrieb untersagen** (VGH Mü 22.10.19 – 11 BV 19.824 NZV **20** 326 = DAR **20** 53, VG Dü 24.1.18 – 6 K 12341/17, 28.3.18 – 6 L 709/18, VG Stu 27.4.18 – 8 K 1962/18 NZV **18** 487, VG Ol 19.2.19 – 7 A 4277/18 BeckRS 2019, 1877, VG Freiburg 28.2.19 – 3 K 6842/18 BeckRS 2019, 3221). Es reicht dabei aus, die Betriebsuntersagung damit zu begründen, dass durch die nicht beseitigte unzulässige Abschalteinrichtung die im Betrieb auf öff Straßen entstehenden Abgaswerte unzulässig erhöht sind, woraus sich eine Gefahr für die allgemeine Gesundheit und die Umwelt ergibt, auch wenn von einem einzelnen Fz mit Abschalteinrichtung isoliert betrachtet keine gravierenden Umweltbelastungen ausgehen (VGH Kassel 20.3.19 – 2 B 261/19 VRS **135** 322 = NVwZ **19** 1297, VGH Mü 22.10.19 – 11 BV 19.824 NZV **20** 326 = DAR **20** 53, VGH Ma 3.2.20 – 10 S 625/19 NJW-RR **20** 411, VG Stu 27.4.18 – 8 K 1962/18 NZV **18** 487, VG Mü 28.11.18 – 23 K 18.1347 SVR **19** 157, VG Gießen 23.1.19 – 6 L 5550/18 NZV **19** 375, VG Ol 19.2.19 – 7 A 4277/18 BeckRS 2019, 1877, VG Freiburg 28.2.19 – 3 K 6842/18 BeckRS 2019, 3221, VG Augsburg 2.8.19 – 3 S 19.410 BeckRS 2019, 18613). Nach aA ist dies ohne nähere Sachverhaltsaufklärung ermessensfehlerhaft (VG Sigmaringen 4.4.18 5 K 1476/18). Die **Anordnung der sofortigen Vollziehung** darf in diesem Fall mit dem besonderen Interesse daran begründet werden, dass nicht vorschriftsmäßige Fz zum Schutz der anderen Verkehrsteilnehmer zeitnah vom Betrieb im öff StrV ausgeschlossen werden sollen, wenn sich gleichzeitig aus dem Bescheid ergibt, dass damit auf den durch den Einbau einer unzulässigen Abschalteinrichtung verursachten Eingriff in das Emissionsverhalten des Kfz des Betr abgehoben wird (OVG Münster 17.8.18 – 8 B 548/18 NZV **18** 484 = DAR **18** 642). Gründe der Luftreinhaltung genügen zur Begründung der Anordnung des Sofortvollzugs, wobei es nicht darauf ankommt, ob ein einzelnes Fz nur sehr wenig zur Luftverschmutzung beiträgt (OVG Münster 17.8.18 – 8 B 548/18 NZV **18** 484 = DAR **18** 642, OVG Berlin 25.3.19 – 1 S 125/18 NVwZ **19** 1143, VGH Ma 3.2.20 – 10 S 625/19 NJW-RR **20** 411, VG Dü 28.3.18 – 6 L 709/18, VG Köln 29.5.18 – 18 L 854/18 BeckRS 2018, 10409, VG Mgd 2.7.18 – 1 B 268/18, VG Mainz 16.11.18 – 3 L 1099/18, VG Freiburg 28.2.19 – 3 K 6842/18 BeckRS 2019, 3221, VG Kar 10.7.19 – 3 K 3232/19 BeckRS 2019, 18017, aA VG Kar 26.2.18 – 12 K 16702/17, VG Freiburg 22.1.19 – 1 K 6024/18 BeckRS 2019, 616).

Die **Untersagung des Betriebs** ist das Verbot, das Fz im öffentlichen StrV zu betreiben. Sie **6b** schließt das Fz für die Dauer ihrer Wirksamkeit von der tatsächlichen Teilnahme am StrV aus. Die Betriebsuntersagung lässt **Betriebserlaubnis** und **Zulassung** des Fz **unberührt** (näher *Dauer* DAR **12** 660). Betriebsuntersagung ist kein Spezialfall des Entzugs der Betriebserlaubnis (aA *Koehl* DAR **17** 508). Auch die Zulassung bleibt bestehen; von ihr darf während der Wirksamkeit der Betriebsuntersagung aber kein Gebrauch gemacht werden. Nach Aufhebung der Betriebsuntersagung muss kein neues Zulassungsverfahren durchlaufen werden, sofern das Fz nicht gem. Abs. II S. 1 außer Betrieb gesetzt worden ist. Die unzutreffende Ansicht, die Betriebsuntersagung bewirke Aufhebung der Betriebserlaubnis und Beendigung der Zulassung (OVG Hb VRS **120** 226 (232, 239), VG Augsburg 5.9.07 Au 3 S 07.00962, *Rebler* VD **12** 111 = PVT **12** 276), beruht auf einer unkritischen Übernahme der früher zu § 17 StVZO aF entwickelten Auffassung in Rspr. und Schrifttum (*Dauer* DAR **12** 660). Betriebsuntersagung ist **Dauerverwaltungsakt**, da das Fz auf Dauer von der Teilnahme am StrV ausgeschlossen wird; maßgeblich für die Beurteilung der Sach- und Rechtslage ist daher der Zeitpunkt der gerichtlichen Entscheidung, sofern die Wirksamkeit der Betriebsuntersagung noch andauert (BVerwG NJW **12** 2214, OVG Hb VRS **120** 226 (231 ff.), OVG Münster 4.2.14 VM **14** 63, VGH Mü NJW **16** 1670, 22.10.19 – 11 BV 19.824 DAR **20** 53, VG Würzburg 29.1.15 6 K 13.498). Soweit der Gefahr der Verkehrsteilnahme mit nicht vorschriftsmäßigen Fz zu begegnen ist, geht § 5 den verwaltungsrechtlichen Bestimmungen über die polizeiliche Gefahrenabwehr als lex specialis vor (zu § 17 StVZO aF: OVG Bautzen NZV **98** 430, OVG Münster NZV **99** 102); insoweit daher keine Beschlagnahme des Fz nach den PolGesetzen (VGH Ma DAR **93** 363).

6c   **Literatur:** *Dvorak*, Untersagung oder Einschränkung des Betriebs eines Fzs wegen technischer Mängel durch PolBe, Polizei **84** 240. *Huppertz*, Ausstellung einer Mängelkarte ..., VD **99** 153. *Kreutel*, Untersagung/ Beschränkung des Betriebs von Fzen durch PolBe, Polizei **83** 335. *Rebler*, Halterpflichten und Betriebsuntersagung nach § 17 StVZO,VD **05** 34.

7   **4. Halterpflicht nach Anordnungen.** Nach Abs. II S. 2 darf der Halter die Inbetriebnahme eines Fz nicht anordnen oder zulassen, wenn der Betrieb des Fz nach Abs I untersagt ist oder eine angeordnete Beschränkung nicht eingehalten werden kann. Zuwiderhandlung ist ow (§ 48 Nr. 2).

8   **5. Kontrolle der Ausführung.** Die Zulassungsbehörde hat die Einhaltung nachzuprüfen. Sie kann sich mit Vollzugsanzeige oder Bestätigung der Werkstatt begnügen. Sie kann Vorführung des Fz oder Prüfung durch einen Sachverständigen anordnen.

9   **6. Außerbetriebsetzung oder Nachweis des Nichtvorliegens oder des Wegfalls der Unvorschriftsmäßigkeit.** Nach Abs. II S. 1 hat der Eigentümer oder Halter ein Fz, für das ein Kennzeichen zugeteilt ist und dessen Betrieb untersagt wurde, unverzüglich nach § 14 außer Betrieb setzen zu lassen oder der Zulassungsbehörde nachzuweisen, dass die Gründe für die Beschränkung oder Untersagung des Betriebs nicht oder nicht mehr vorliegen. Eigentümer oder Halter haben somit die Möglichkeit, durch Nachweis der genannten Art die Außerbetriebsetzung abzuwenden, wenn die Untersagung des Betriebs des Fz auf öffentlichen Straßen gem. Abs. I angeordnet worden ist. Mängelbeseitigung ist durch Beibringung entsprechender Unterlagen zu belegen; alleinige Erklärung des Halters, dass die Mängel beseitigt sind, genügt für den Nachweis nicht (VG Br 3.4.09 5 V 229/09). § 5 enthält keine Rechtsgrundlage für die ZulB, ihrerseits das Fz außer Betrieb zu setzen, wenn der Halter seiner Pflicht aus Abs. II S. 1 nicht nachkommt. In diesem Fall muss die zwangsweise Außerbetriebsetzung nach allgemeinem Verwaltungsverfahrensrecht vorgenommen werden.

10   **7. Maßnahmen zur Vorbereitung der Entscheidung (Abs. III).** Die Zulassungsbehörde kann dem Halter oder Eigentümer auferlegen, einen von ihr zu bestimmenden **Nachweis** über die Vorschriftsmäßigkeit oder ein **Gutachten** eines aaSoP bzw. eines PI beizubringen (Abs. III S. 1 Nr. 1), etwa wenn zweifelhaft ist, ob ein ordnungswidriger Zustand vorliegt, ob und unter welchen Voraussetzungen das Fz noch im Verkehr verwendet werden darf, ob der Mangel behebbar ist, was zur Behebung geschehen kann, ob ein Mangel inzwischen behoben ist. Die Behörde kann je nach Sachlage einen Nachweis oder ein Sachverständigengutachten anordnen. Bei der **Anordnung** der Beibringung eines Nachweises bzw. Sachverständigengutachtens nach Abs. III handelt es sich nicht um einen VA, sondern um eine bloße vorbereitende Maßnahme iSv § 44a VwGO, die **nicht gesondert anfechtbar** ist (VG Augsburg 5.9.07 Au 3 S 07.00962). Seit 1.3.07 hat die Behörde damit die Möglichkeit, abgestufte Maßnahmen anzuordnen, um die Vorschriftsmäßigkeit nachweisen zu lassen. Wenn sie ein Gutachten anordnet, genügt anders als bis zum 28.2.07 nicht mehr das Gutachten eines beliebigen Sachverständigen; es muss sich jetzt um das Gutachten eines amtlich anerkannten Sachverständigen oder Prüfers (§§ 1 ff. KfSachvG) oder eines Prüfingenieurs einer amtlich anerkannten Kfz-Überwachungsorganisation (Nr. 3 AnlVIII b StVZO) handeln. Kommt der Halter oder Eigentümer der Auflage binnen angemessener Frist schuldhaft nicht nach, so wird die Zulassungsbehörde den Betrieb untersagen müssen, zu § 17 StVZO: OVG Ko DAR **85** 358, *Rebler* VD **05** 38. Bloße Nichtbeachtung der Anordnung oder die Weigerung, ihr zu folgen, ist als solche nicht ow. Die Zulassungsbehörde kann **anordnen, das Fahrzeug vorzuführen,** Abs. III S. 1 Nr. 2. Gedacht ist hier an Fälle gemäß § 13 (Berichtigung der FzPapiere), wenn Anlass zur Annahme besteht, dass das Kfz nicht vorschriftsmäßig ist, und an eine Vorführung gemäß § 29 StVZO zur Hauptuntersuchung. Bei grundloser Weigerung des Halters ist der Betrieb des Fz idR zu untersagen, zu § 17 StVZO: OVG Ko DAR **85** 358.

11   **8. Speicherung von Daten** über Maßnahmen der Zulassungsbehörde zur Beschränkung oder Untersagung des Betriebs und damit im Zusammenhang stehende Informationen im ZFZR nur im Hinblick auf zulassungspflichtige Fz (§ 30 I Nr. 20, 21a–e, 22 und 23), nicht im Hinblick auf zulassungsfreie Fz.

12   **9. Ordnungswidrig ist**

a) Zuwiderhandlung gegen vollziehbare Anordnung oder Auflage nach Abs. I (§ 48 Nr. 7),
b) das nicht außer Betrieb Setzen eines Fz entgegen Abs. II nach Untersagung des Betriebs des Fz (§ 48 Nr. 8 Buchst. a),

c) die Anordnung oder das Zulassen der Inbetriebnahme eines Fz auf öffentlichen Straßen durch den Halter entgegen Abs. II S. 2 nach Untersagung des Betriebs des Fz oder wenn eine Beschränkung nicht eingehalten werden kann (§ 48 Nr. 2).

Nichtbefolgung einer Vorführungsanordnung ist nicht bußgeldbewehrt.

Abschnitt 2. Zulassungsverfahren

Antrag auf Zulassung

6 (1) [1] **Die Zulassung eines Fahrzeugs ist bei der nach § 46 örtlich zuständigen Zulassungsbehörde zu beantragen.** [2] **Im Antrag sind zur Speicherung in den Fahrzeugregistern folgende Halterdaten nach § 33 Absatz 1 Satz 1 Nummer 2 des Straßenverkehrsgesetzes anzugeben und auf Verlangen nachzuweisen:**

1. **bei natürlichen Personen:**
   Familienname, Geburtsname, Vornamen, vom Halter für die Zuteilung oder die Ausgabe des Kennzeichens angegebener Ordens- oder Künstlername, Datum und Ort der Geburt, Geschlecht und Anschrift des Halters;
2. **bei juristischen Personen und Behörden:**
   Name oder Bezeichnung und Anschrift;
3. **bei Vereinigungen:**
   benannter Vertreter mit den Angaben entsprechend Nummer 1 und gegebenenfalls Name der Vereinigung.

[3] **Bei beruflich selbstständigen Haltern sind außerdem die Daten nach § 33 Absatz 2 des Straßenverkehrsgesetzes über Beruf oder Gewerbe anzugeben und auf Verlangen nachuweisen.**

(2) [1] **Mit dem Antrag ist die Zulassungsbescheinigung Teil II vorzulegen.** [2] **Wenn diese noch nicht vorhanden ist, ist nach § 12 zu beantragen, dass diese ausgefertigt wird.**

(3) [1] **Bei erstmaliger Zulassung (Erstzulassung) ist der Nachweis, dass das Fahrzeug einem Typ entspricht, für den eine EG-Typgenehmigung vorliegt, durch Vorlage der Übereinstimmungsbescheinigung zu führen.** [2] **Der Nachweis nach Satz 1 gilt als geführt, wenn die Daten der Übereinstimmungsbescheinigung zu diesem Fahrzeug von der Zulassungsbehörde unter Angabe der Fahrzeug-Identifizierungsnummer aus**

1. **der Zentralen Datenbank der Übereinstimmungsbescheinigungen des Kraftfahrt-Bundesamtes oder**
2. **soweit sie in der in Nummer 1 bezeichneten Datenbank nicht vorliegen, aus der Datenbank der Übereinstimmungsbescheinigungen eines anderen Mitgliedstaats der Europäischen Union**

abgerufen worden sind. [3] **Der Nachweis, dass das Fahrzeug einem Typ entspricht, für den eine nationale Typgenehmigung vorliegt, ist durch Vorlage der Zulassungsbescheinigung Teil II, in der eine Typ- sowie Varianten-/Versionsschlüsselnummer nach § 20 Absatz 3a Satz 6 der Straßenverkehrs-Zulassungs-Ordnung eingetragen ist, oder durch die nach § 20 Absatz 3a Satz 1 der Straßenverkehrs-Zulassungs-Ordnung vorgeschriebene Datenbestätigung zu führen.** [4] **Der Nachweis, dass für das Fahrzeug eine Einzelgenehmigung vorliegt, ist durch Vorlage der entsprechenden Bescheinigung zu führen.** [5] **Für Fahrzeuge, die von der Zulassungspflicht ausgenommen sind, ist die Übereinstimmungsbescheinigung oder die Datenbestätigung oder die Bescheinigung über die Einzelgenehmigung vorzulegen.**

(4) **Im Antrag sind zur Speicherung in den Fahrzeugregistern folgende Fahrzeugdaten anzugeben und auf Verlangen nachzuweisen:**

1. **die Verwendung des Fahrzeugs als Taxi, als Mietwagen, zur Vermietung an Selbstfahrer, im freigestellten Schülerverkehr, als Kraftomnibus oder Oberleitungsomnibus im Linienverkehr oder eine sonstige Verwendung, soweit sie nach § 13 Absatz 2 dieser Verordnung oder einer sonstigen auf § 6 des Straßenverkehrsgesetzes beruhenden Rechtsvorschrift der Zulassungsbehörde anzuzeigen oder in der Zulassungsbescheinigung Teil I einzutragen ist;**
2. **Name und Anschrift des Verfügungsberechtigten über die Zulassungsbescheinigung Teil II, sofern eine solche ausgefertigt worden ist;**
3. **folgende Daten zur Kraftfahrzeug-Haftpflichtversicherung:**
   a) **Name und Anschrift oder Schlüsselnummer des Versicherers,**
   b) **Nummer des Versicherungsscheins oder der Versicherungsbestätigung und**
   c) **Beginn des Versicherungsschutzes oder**
   d) **die Angabe, dass der Halter von der gesetzlichen Versicherungspflicht befreit ist;**

4. Name und Anschrift des Empfangsbevollmächtigten im Sinne des § 46 Absatz 2 Satz 2 oder Name und Anschrift des gesetzlichen oder benannten Vertreters.

(5) In Fällen des innergemeinschaftlichen Erwerbs neuer Kraftfahrzeuge im Sinne des § 1b Absatz 2 und 3 des Umsatzsteuergesetzes sind die folgenden Angaben, soweit diese der Zulassungsbehörde nicht bereits vorliegen, zur Übermittlung an die zuständigen Finanzbehörden zu machen und auf Verlangen nachzuweisen:

1. Name und Anschrift des Antragstellers sowie das für ihn nach § 21 der Abgabenordnung zuständige Finanzamt,

2. Name und Anschrift des Lieferers,

3. Tag der ersten Inbetriebnahme,

4. Kilometerstand am Tag der Lieferung,

5. Fahrzeugart, Fahrzeughersteller (Marke), Fahrzeugtyp und Fahrzeug-Identifizierungsnummer und

6. Verwendungszweck.

(6) [1] Sofern das Fahrzeug aus einem Staat, der nicht Mitgliedstaat der Europäischen Union oder nicht anderer Vertragsstaat des Abkommens über den Europäischen Wirtschaftsraum ist, eingeführt oder aus dem Besitz der im Bundesgebiet stationierten ausländischen Streitkräfte, der im Bundesgebiet errichteten internationalen militärischen Hauptquartiere oder ihrer Mitglieder erworben wurde, ist mit dem Antrag der Verzollungsnachweis vorzulegen. [2] Wird dieser nicht vorgelegt, hat die Zulassungsbehörde das zuständige Hauptzollamt über die Zulassung zu unterrichten.

(7) Außerdem sind zur Speicherung in den Fahrzeugregistern folgende Fahrzeugdaten anzugeben und auf Verlangen nachzuweisen, sofern sie nicht in den mit dem Antrag vorzulegenden Dokumenten enthalten sind:

1. Fahrzeugklasse und Art des Aufbaus;

2. Marke, Typ, Variante, Version und Handelsbezeichnung des Fahrzeugs sowie, wenn für das Fahrzeug eine EG-Typgenehmigung oder eine nationale Typgenehmigung erteilt worden ist, die Nummer und das Datum der Erteilung der Genehmigung, soweit diese Angaben feststellbar sind;

3. Fahrzeug-Identifizierungsnummer;

4. bei Personenkraftwagen: die vom Hersteller auf dem Fahrzeug angebrachte Farbe;

5. Datum der Erstzulassung oder ersten Inbetriebnahme des Fahrzeugs;

6. bei Zuteilung eines neuen Kennzeichens nach Entstempelung oder Abhandenkommen des bisherigen Kennzeichens das bisherige Kennzeichen;

7. zur Beschaffenheit und Ausrüstung des Fahrzeugs:

   a) Kraftstoffart oder Energiequelle,

   b) Höchstgeschwindigkeit in km/h,

   c) Hubraum in cm^3,

   d) technisch zulässige Gesamtmasse in kg, Masse des in Betrieb befindlichen Fahrzeugs (Leermasse) in kg, Stützlast in kg, technisch zulässige Anhängelast – gebremst und ungebremst – in kg, technisch zulässige maximale Achslast/Masse je Achsgruppe in kg und bei Krafträdern das Leistungsgewicht in kW/kg,

   e) Zahl der Achsen und der Antriebsachsen,

   f) Zahl der Sitzplätze einschließlich Fahrersitz und der Stehplätze,

   g) Rauminhalt des Tanks bei Tankfahrzeugen in m^3,

   h) Nennleistung in kW und Nenndrehzahl in min^{-1},

   i) Abgaswert CO_2 in g/km,

   j) Länge, Breite und Höhe jeweils als Maße über alles in mm,

   k) eine Größenbezeichnung der Bereifung je Achse, die in der EG-Typgenehmigung, nationalen Typgenehmigung oder Einzelgenehmigung bezeichnet oder in dem zum Zwecke der Erteilung einer Einzelgenehmigung nach § 21 der Straßenverkehrs-Zulassungs-Ordnung erstellten Gutachten als vorschriftsmäßig bescheinigt wurde, und

   l) Standgeräusch in dB (A) mit Drehzahl bei min^{-1} und Fahrgeräusch in dB (A).

(8) Das Fahrzeug ist vor Erstellung der Zulassungsbescheinigung Teil II gemäß § 12 Absatz 1 Satz 3 und vor der Zulassung von der Zulassungsbehörde zu identifizieren.

---

1   *Begr (VkBl. **06** 604): Das Antragsverfahren basiert auf den bisherigen Bestimmungen des § 23 Abs. 1, Abs. 4 Satz 5 StVZO sowie auf § 1 Abs. 1 und 2 der FRV. Das bisherige Prinzip, Fahrzeuge dort zuzulassen, wo sie ihren regelmäßigen Standort haben, wird durch die Zulassungspflicht am Wohnsitz oder Sitz des Fahrzeughalters ersetzt. Da bei Privatpersonen Standort und Wohnort regelmäßig zusam-*

menfallen und Fahrzeugflotten auch bereits jetzt regelmäßig an einem Betriebssitz nach Wahl des Unternehmens zugelassen werden, folgt die Neuregelung lediglich der Praxis ohne wesentliche Auswirkungen auf die Fahrzeughalter. Neben der eindeutigen Zuordnungsmöglichkeit hat dieses Prinzip insbesondere für Halter mehrerer Fahrzeuge mit unterschiedlichen Standorten den Vorteil, diese nur durch eine Behörde zuzulassen. Die Erfassung des regelmäßigen Standortes, sofern dieser vom Wohnsitz oder Sitz des Halters abweicht, wird jedoch beibehalten. Die Zuständigkeit der Behörden wird durch Landesrecht bestimmt … .

Absatz 1 führt aus Gründen der Vollständigkeit die nach § 33 Abs. 1 und 2 StVG anzugebenden Halterdaten auf. Als Ausfluss der Rechtsprechung des BGH zur rechtlichen Stellung der Gesellschaft bürgerlichen Rechts (Beschluss vom 18.2.2002 Az.: II ZR 331/00) ist diese unter § 6 Abs. 1 Satz 2 Nr. 3 zu fassen. Die Gesellschaft hat somit die dort geforderten Halterdaten nachzuweisen. …

Die Absätze 4 und 7 führen die bisher in § 1 FRV geregelten und für die Zulassung erforderlichen Fahrzeugdaten auf. Aus Gründen der Vollständigkeit wird die in nach dem Umsatzsteuergesetz abzugebende Erklärung beim Fahrzeugerwerb in einem anderen Mitgliedstaat der EU in Absatz 5 bzw. die Vorlage des Verzollungsnachweises bei Einfuhr aus Nicht-EU-Staaten oder Erwerb von ausländischen Streitkräften in Absatz 6 aufgeführt.

Absatz 8 bestimmt die Identifizierung des Fahrzeugs vor der Zulassung. Die Identifizierung des Fahr- **2** *zeugs ist nach der EG-Richtlinie über Zulassungsdokumente Teil der Zulassung. Die Entscheidung darüber, wie diese durchzuführen ist, obliegt der Zulassungsbehörde. Von der Identität des Fahrzeugs mit der Zulassungsbescheinigung Teil II kann zum Beispiel grundsätzlich ausgegangen werden, wenn es sich um ein Neufahrzeug handelt, für das die Zulassungsbescheinigung Teil II durch den Hersteller zugeordnet … oder wenn das Fahrzeug bereits einer Haupt- oder Abgasuntersuchung unterzogen wurde. …*

Begr zur ÄndVO v. 13.1.12 (BR-Drs. 709/11 (Beschluss) S. 2) **zu Abs. 1 S. 2 Nr. 3:** *Klar-* **2a** *stellung, dass sich der in § 6 Absatz 1 Satz 2 Nummer 3 enthaltene Verweis auf § 6 Absatz 1 Nummer 1 FZV auf den benannten Vertreter als natürliche Person bezieht.*

Zu Abs. 4 Nr. 5 (jetzt 4): *In den Registern ist auch die Speicherung der zustellfähigen Adressen des Empfangsbevollmächtigten oder des gesetzlichen oder benannten Vertreters erforderlich.*

Begr zur ÄndVO v. 19.10.12 (BR-Drs. 371/12 S. 31 = VkBl. **12** 862) **zur Aufhebung von** **2b** **Abs. 4 Nr. 1 aF:** *Die Speicherung des regelmäßigen Standorts hat sich in der Praxis als nicht erforderlich herausgestellt. Sie wird deshalb aufgehoben.*

Begr zur ÄndVO v. 30.10.14 **zu Abs. 8** (BR-Drs. 335/14 (Beschluss) S. 1 = VkBl. **14** 867): **2c** *Die bisherige Regelung in § 6 Absatz 8 erster Hs. FZV, dass das Fahrzeug auch vor der Erstellung der Zulassungsbescheinigung Teil II zu identifizieren ist, muss dem Inhalt nach beibehalten werden. Denn nach § 12 Absatz 1 Satz 3 FZV ist die Erstellung einer Zulassungsbescheinigung Teil II auch ohne Zulassung des Fahrzeugs möglich. …*
Die Pflicht zur Identifizierung des Fahrzeuges vor Erstellung der Zulassungsbescheinigung Teil II gemäß § 12 Absatz 1 Satz 3 FZV (ohne anschließende Zulassung des Fahrzeuges) wurde bei Einführung der Fahrzeug-Zulassungsverordnung durch Beschluss des Bundesrates deshalb aufgenommen, weil Missbrauch verhindert werden sollte. Außerdem wollte man vermeiden, dass Zulassungsbescheinigungen unzutreffende Daten enthalten (vgl. BR-Drucksache 811/05 (Beschluss) vom 10. Februar 2006, Ziffer 5). Ohne diese Identifizierungsverpflichtung der Zulassungsbehörde bestünde die Gefahr, dass aufgrund gefälschter Daten oder gar für Fahrzeuge, die sich nicht in Deutschland befinden, Zulassungsbescheinigungen Teil II erstellt werden. Darüber hinaus wird durch die Vorlage der Zulassungsbescheinigung Teil II der Nachweis der Verfügungsberechtigung geführt. Da das Verfahren gemäß § 12 Absatz 1 Satz 3 FZV unverändert beibehalten wird und weiterer Missbrauch verhindert werden soll, kann auf die Identifizierung des Fahrzeuges im Verfahren nach § 12 Absatz 1 Satz 3 FZV nicht verzichtet werden.
Aufgrund künftiger internetbasierter Zulassungsverfahren muss der bisherige Wortlaut jedoch angepasst werden. Durch den nunmehr aufgenommenen ausdrücklichen Verweis auf § 12 Absatz 1 Satz 3 FZV wird klargestellt, dass nur in diesem Verfahren (ohne anschließende Zulassung des Fahrzeuges) die Identifizierung des Fahrzeuges zwingend vor Erstellung der Zulassungsbescheinigung Teil II zu erfolgen hat. Im regulären (internetbasierten) Zulassungsverfahren kann die Identifizierung des Fahrzeuges vor Abschluss des Zulassungsvorganges auch zu einem anderen Zeitpunkt erfolgen. Die Identifizierungspflicht vor Erstellung der Zulassungsbescheinigung Teil II im Falle des § 12 Absatz 1 Satz 3 FZV ist unschädlich, da hierfür kein internetbasiertes Verfahren vorgesehen ist.

3   **1. Notwendigkeit eines Antrags.** Die Zulassung eines Fz erfolgt nicht von Amts wegen, sondern setzt nach § 1 I S. 2 StVG, § 3 I S. 2 FZV einen Antrag voraus. In § 6 ist anders als vor dem 1.3.2007 in § 23 I StVZO aF nicht mehr davon die Rede, dass der Verfügungsberechtigte den Antrag stellen muss. Es bleibt aber dabei, dass den nach Abs. I S. 1 zu stellenden Antrag der Verfügungsberechtigte zu stellen hat, denn zum einen sieht § 1 I S. 2 StVG dies vor. Zum anderen ist nach Abs. II die Zulassungsbescheinigung Teil II vorzulegen oder zu beantragen, wenn sie noch nicht vorhanden ist; bei einem solchen Antrag ist gem. § 12 I S. 1 die Verfügungsberechtigung nachzuweisen. Der Verfügungsberechtigte hat somit den Antrag auf Zulassung zu stellen, also der Eigentümer, bei Kauf unter Eigentumsvorbehalt der Erwerber, mit dessen Zustimmung auch der Vorbehaltseigentümer handeln kann, s. VGH Mü VM **81** 79. Bei Sicherungseigentum bleibt der Sicherungsgeber im Sinne des § 6 antragsberechtigt. Minderjährige bedürfen der Einwilligung des gesetzlichen Vertreters, VGH Mü VM **69** 17. Nach § 183 BGB wird die Einwilligung in den Zulassungsantrag nur bis zu dessen Eingang bei der Zulassungsbehörde widerrufbar sein, nach diesem Zeitpunkt darf der gesetzliche Vertreter den Zulassungsantrag jedoch anstelle des Minderjährigen zurücknehmen, s. *Bouska* VD **73** 275. Auch der vom Eigentümer verschiedene Halter kann als Verfügungsberechtigter den Zulassungsantrag stellen, BVerwG VRS **66** 313, **73** 235. Ist der FzMieter Halter (s. § 7 StVG Rn. 16), so ist auch er Verfügungsberechtigter iS von Abs. I, zu § 23 StVZO aF: BVerwG VRS **66** 309. Zum **Begriff des Halters** s. § 7 StVG Rn. 14.

4   **2. Zuständige Behörde. Sachlich zuständig** ist die gem. § 46 I S. 1 nach Landesrecht zuständige untere Verwaltungsbehörde (Zulassungsbehörde). **Örtlich zuständig** ist gem. § 46 II S. 1 die **Behörde des Wohnorts,** bei mehreren Wohnungen des Ortes der Hauptwohnung iSd Melderechtsrahmengesetzes, mangels eines solchen des Aufenthaltsortes des Antragstellers, bei juristischen Personen, Handelsunternehmen oder Behörden die **Behörde des Sitzes** oder des Ortes der beteiligten Niederlassung oder Dienststelle. Zu den Begriffen Wohnort und Sitz s. § 46 Rn. 3. Besteht im Inland kein Sitz, keine Niederlassung oder keine Dienststelle, so ist gem. § 46 II S. 2 die Behörde des Wohnorts oder des Aufenthaltsorts eines Empfangsbevollmächtigten örtlich zuständig. Besteht im Inland kein Sitz, keine Niederlassung oder keine Dienststelle und ist kein Empfangsbevollmächtigter (natürliche Person) vorhanden, ist eine Zulassung in Deutschland nicht möglich.

4a   Das bis 28.2.07 geltende Prinzip, Fz dort zuzulassen, wo sie ihren regelmäßigen **Standort** haben, wurde aufgegeben (s. Begr Rn. 1). Die Erfassung des regelmäßigen Standortes, sofern dieser vom Wohnsitz oder Sitz des Halters abweicht, wurde bei Schaffung der FZV zunächst beibehalten (Abs. IV Nr. 1 aF), durch ÄndVO v. 19.10.12 (BGBl. I S. 2232) aber abgeschafft, da sie sich als nicht erforderlich erwiesen hatte (Begr Rn. 2b). Die FZV regelt heute in Abweichung vom früheren Standortprinzip, dass Kfz dort zuzulassen sind, wo der Halter seinen Wohnsitz oder Sitz hat (VGH Mü 22.12.15 – 11 B 15.1350 NJW **16** 1670, 12.7.19 – 11 ZB 19.780 BeckRS 2019, 15144).

4b   Anträge auf Zulassung können gem. § 46 II S. 3 mit Zustimmung der örtlich zuständigen Zulassungsbehörde auch von einer gleichgeordneten auswärtigen Behörde (Zulassungsbehörde), mit Zustimmung der zuständigen obersten Landesbehörde oder der von ihr bestimmten oder nach Landesrecht zuständigen Stelle auch in einem anderen Bundesland, behandelt und erledigt werden. Damit wird die flexible, auch Landesgrenzen überschreitende Zulassung zB in einer Metropolregion ermöglicht (s. § 46 Rn. 4). Die Zustimmung, Anträge auch bei dazu bestimmten Zulassungsbehörden eines anderen Bundeslandes stellen zu können, kann generell und nicht auf den Einzelfall beschränkt erteilt werden (Begr VkBl. **06** 612).

5   **3. Inhalt des Antrags.** Anzugeben und auf Verlangen nachzuweisen sind die **Personalien** des Halters gem. § 33 I S. 1 Nr. 2 StVG. Abs. I S. 2 Nr. 1 wiederholt lediglich die nach StVG anzugebenden Halterdaten. Diese Halterdaten werden gem. § 32 im örtlichen und im zentralen FzRegister gespeichert. Damit soll in erster Linie ermöglicht werden, mithilfe des Kennzeichens den Halter eines Kfz zu identifizieren (VGH Ma NJW **17** 3734). Daneben soll mit der Speicherung der Halterdaten auch gewährleistet werden, dass den ZulB eine ansprechbare verantwortliche Person für das Fz benannt wird (VGH Ma NJW **17** 3734). **Halter** eines Kfz iSd im gesamten StrVRecht einheitlichen Halterbegriffs ist unabhängig von der Eigentümerstellung derjenige, der ein Kfz für eigene Rechnung in Gebrauch hat (dh die Nutzungen aus der Verwendung zieht und die Kosten für Unterhaltung und laufenden Betrieb trägt), und die tatsächliche Verfügungsgewalt innehat, die ein solcher Gebrauch voraussetzt (dh Anlass, Zeit, Dauer und Ziel der Fahrten selbst bestimmen kann); näher § 7 StVG Rn. 14 ff. Der Haltereigenschaft des verfügungsberechtigten Nutzers steht dabei nicht schon dessen Behauptung entgegen, das Fz

sei in einem anderen EU-/EWR-Staat auf einen Dritten zugelassen, sofern der Verfügungs-
berechtigte entgegen seiner Mitwirkungsobliegenheit diesen nicht namhaft macht (VGH Mü
12.7.19 – 11 ZB 19.780 BeckRS 2019, 15144).

Die Speicherung der Halterdaten gem. I S. 2 iVm § 33 I S. 1 Nr. 2 StVG hat entsprechend **5a**
dem Zweck der Speicherung in erster Linie so zu erfolgen, dass den Nutzern der FzRegister und
der ZB möglichst klar und zweifelsfrei die Identifizierung des Halters oder der Halter ermöglicht
wird (VGH Ma NJW **17** 3734). Wird ein Kfz nur von einem einzigen Rechtssubjekt gehalten,
findet I S. 2 Nr. 3 keine Anwendung, sondern nur I S. 2 Nr. 1 oder I S. 2 Nr. 2. Ist eine Personen-
mehrheit Halter, ist I S. 2 Nr. 3 einschlägig (VGH Ma NJW **17** 3734). Unter I S. 2 Nr. 2 Alt 1
fallen nicht nur juristische Personen im zivilrechtlichen Sinne (AG, GmbH), sondern auch kraft
Gesetzes teilrechtsfähige Gesellschaften wie die OHG, die KG oder die PartG (VGH Ma NJW **17**
3734). Ob die GbR unter I S. 2 Nr. 2 oder Nr. 3 fällt, hängt davon ab, ob die GbR alleiniger Hal-
ter sein kann oder nur deren Gesellschafter als gemeinsame Halter (VGH Ma NJW **17** 3734).

Der Verweis in Abs. I S. 2 Nr. 3 auf die *Angaben entsprechend Nummer 1* bedeutet, dass der von **5b**
Vereinigungen benannte Vertreter mit seiner eigenen Anschrift in die Register und die Fahr-
zeugpapiere eingetragen werden soll (Begr Rn. 2a). Die Wendung *und gegebenenfalls der Name der
Vereinigung* in Abs. I S. 2 Nr. 3 stellt es der ZulB frei, ob sie den Namen der Vereinigung
einträgt oder davon absieht; die Formulierung ist vielmehr so zu verstehen, dass der Name der
Vereinigung einzutragen ist, sofern eine solchen führt (OVG Ko NJW **12** 2986). Im Hin-
blick auf die Rechtsprechung des BGH zur rechtlichen Stellung der **Gesellschaft bürgerli-
chen Rechts** (Beschl v. 18.2.02 NJW **02** 1207) ist diese als Vereinigung gem. Abs. I S. 2 Nr. 3
anzusehen. Sie hat somit die Angaben über einen benannten Vertreter mit den für natürliche
Personen gem. Abs. I S. 2 Nr. 1 anzugebende Personaldaten und den Namen der GbR anzuge-
ben, sofern sie einen führt, und auf Verlangen nachzuweisen. Eine **Sozietät von Rechtsanwäl-
ten** als GbR ist gem. Abs. I S. 2 Nr. 3 als Halter in der Form einzutragen, dass der Name eines
benannten Vertreters mit den Angaben zur Person und als Hinweis auf die Haltereigenschaft der
GbR der Name der Sozietät anzugeben ist (BVerwG NJW **87** 3020 (zur Vorgängervorschrift),
OVG Ko NJW **12** 2986). **Eheleute** als FzHalter sind als Personenvereinigung anzusehen und
können gem. Abs. I S. 2 Nr. 3 (benannter Vertreter und zusätzlich der Name der Personenverei-
nigung „Eheleute …") in die Zulassungsdokumente eingetragen werden.

Empfangsbevollmächtigte nach § 46 II S. 2 und **gesetzliche** oder **benannte Vertreter** des **5c**
Halters müssen ihre Personalien und ihre Anschrift angeben und auf Verlangen nachweisen
(Abs. IV Nr. 4, Begr Rn. 2a), da Zustellungen an diese Personen sonst nicht möglich wären. In
diesen Fällen ist ebenso wie bei Vereinigungen der Name des Halters ohne seine Anschrift und
der Name des Empfangsbevollmächtigten bzw. des gesetzlichen oder benannten Vertreters mit
seiner Anschrift in die ZB I einzutragen. Die durch ÄndVO v. 13.1.12 (BGBl. I S. 103) einge-
führte Verpflichtung zur Angabe dieser Daten hätte systematisch in Abs. I S. 2 gehört, nicht in
Abs. IV, der die Fahrzeugdaten betrifft. Abs. IV Nr. 4 ist im Übrigen unwirksam, da es an einer
gesetzlichen Grundlage für diese Datenerhebung fehlt; eine entsprechende Ergänzung von § 34
StVG ist unterblieben. Regelungen zur Speicherung dieser Daten in den Fahrzeugregistern
(§ 33 StVG, § 32 FZV) und zur Übermittlung an das KBA (§ 33 FZV) fehlen ebenfalls.

Beruflich selbständige Halter haben außerdem gem. I S. 3 die nach § 33 II StVG erforder- **5d**
lichen Daten anzugeben und auf Verlangen nachzuweisen: bei natürlichen Personen der Beruf
oder das Gewerbe (Wirtschaftszweig) und bei juristischen Personen und Vereinigungen ggf. das
Gewerbe (Wirtschaftszweig). Die Angaben nach I S. 3 sind für längerfristige Notfallplanungen
erforderlich (Begr zu § 16a II BR-Drs. 770/16 S. 115). – Zu Problemen des Datenschutzes im
Zusammenhang mit der Erhebung von Daten im Zulassungsverfahren, s. *Jagow* VD **84** 6.

Die im Antrag auf Zulassung anzugebenden und auf Verlangen nachzuweisenden **Fahrzeug- 6
daten** sind in Abs. IV und VII aufgeführt. Der **regelmäßige Standort des Fz** spielt heute kei-
ne Rolle mehr (Rn. 4). Die Verpflichtung zur Angabe des regelmäßigen Standorts, sofern dieser
nicht mit dem Wohnsitz oder Sitz des Halters identisch war (Abs. IV Nr. 1 aF), wurde durch
ÄndVO v. 19.10.12 (BGBl. I S. 2232) gestrichen (Rn. 2b, 4), ebenso wie die Verpflichtung zur
Meldung der Verlegung des regelmäßigen Standorts für mehr als drei Monate (§ 13 III S. 3 aF).
Regelmäßiger Standort ist derjenige des „Schwerpunkts der Ruhevorgänge" des Kfz (*Bouska*
VD **78** 123), von dem aus das Fz unmittelbar zum Straßenverkehr eingesetzt wird (BVerwG
VRS **66** 309, 312). Dieser bestimmt sich nach objektiven Merkmalen, nicht nach subjektiven
Vorstellungen des Verfügungsberechtigten (BVerwG VRS **62** 235, VGH Mü NJW **16** 1670, VG
Würzburg 29.1.15 6 K 13.498). **Verfügungsberechtigter über die Zulassungsbescheini-
gung Teil II** (Abs. IV Nr. 2) wird in der Regel der Eigentümer des Kfz sein. Vor allem bei Kauf

auf Abzahlung wird die ZB II regelmäßig dem Kreditgeber zuzusenden sein, der sich das Eigentum vorzubehalten pflegt. Mit dem Antrag auf Zulassung hat der Antragsteller der ZulB die in Abs. IV Nr. 3 genannten Daten über die bestehende **Kfz-Haftpflichtversicherung** (§ 4 PflVG) bzw. die Befreiung von der gesetzlichen Versicherungspflicht nachzuweisen, es sei denn das Fz unterliegt nicht der Versicherungspflicht (§ 23 III).

6a   Voraussetzung für die Zulassung ist nicht, dass zunächst eine (noch) bestehende **Fahndungsausschreibung** im Schengener Informationssystem (SIS) gelöscht wird, denn andere öff.-rechtliche Interessen als dasjenige sicherzustellen, dass bei im Zusammenhang mit der Zulassung eines Kfz auftauchenden Problemen zuverlässig auf den Halter zurückgegriffen werden kann, sind bei der Prüfung der im Zusammenhang mit der Zulassung in § 6 I S. 2 genannten Daten aufgrund des Schutzzwecks dieser Vorschrift als Norm des Zulassungsrechts nicht zu berücksichtigen (VG Stu VRS **126** 297). Dass eine im Zeitpunkt des Gefahrübergangs bestehende SIS-Ausschreibung zivilrechtlich ein erheblicher Rechtsmangel iSv § 435 S. 1 BGB ist (BGH NJW **17** 1666 (krit *Jerger/ Bühler* NJW **17** 1639), NJW **17** 3292, 26.2.20 – VIII ZR 267/17 NJW **20** 1669, Kö DAR **14** 533, Dü 20.2.15 I-22 U 159/14, Mü 2.5.16 21 U 3016/15), ist zulassungsrechtlich unerheblich.

7   **4. Vorlage der Zulassungsbescheinigung Teil II.** Abs. II fordert die Vorlage der ZB II (Kfz-Brief) mit dem Antrag auf Zulassung, sofern sie bereits vorhanden ist. Ansonsten muss ihre Ausfertigung nach § 12 beantragt werden. „Erstellung“ der ZB II in Abs. VIII ist gleichbedeutend mit „Ausfertigung“ iSv Abs. II S. 2 iVm § 12 (Begr zur VO zur landesrechtlichen Regelung von Ausnahmen von der FZV, VkBl. **11** 12).

8   **5. Nachweis der Typ- oder Einzelgenehmigung.** Voraussetzung für die Zulassung eines Fz ist eine Typ- oder Einzelgenehmigung für dieses Fz (§ 1 I S. 2 StVG, § 3 I S. 2 FZV). Abs. III legt fest, in welcher Weise bei erstmaliger Zulassung nachzuweisen ist, dass das Fz einem Typ entspricht, für den eine EG-Typgenehmigung vorliegt. Durch ÄndVO v. 22.3.19 (BGBl. I S. 382) wurde der Klammerzusatz in III S. 1 eingefügt, mit dem allgemein definiert wird, dass unter **Erstzulassung** in Abgrenzung von dem vielfach verwendeten Begriff Neuzulassung die erstmalige Zulassung zu verstehen ist. Der Begriff Erstzulassung umfasst zum einen die erstmalige Zulassung eines Neufahrzeugs (umgangssprachlich Neuzulassung) und zum anderen die erstmalige Zulassung eines Fz, das bisher ausschließlich auf nicht-öffentlichen Privatflächen (zB Firmengelände, Flughafengelände) betrieben worden ist (Begr BR-Drs. 18/19 S. 70). Für den Bereich der internetbasierten Zulassung wird der Begriff Erstzulassung als Zulassung eines Fahrzeugs, das noch nicht zugelassen war, definiert (§ 15j I). Abs. III legt weiter fest, wie der Nachweis des Bestehens einer nationalen Typgenehmigung und einer Einzelgenehmigung zu führen ist.

8a   Im Fall einer **EG-Typgenehmigung** wird der Nachweis der Übereinstimmung des konkreten Fz mit der Typgenehmigung durch Vorlage einer **Übereinstimmungsbescheinigung** (§ 2 Nr. 7) geführt, ohne dass die ZulB die Übereinstimmung selbst prüft (III S. 1). Diese Beweiswirkung kommt der Übereinstimmungsbescheinigung bereits dann zu, wenn sie gültig ist (vgl. § 27 EG-FGV), dh formell ordnungsgemäß erstellt und auf eine wirksame Typgenehmigung bezogen ist (VG Dü 24.1.18 – 6 K 12 341/17, Stu 30.7.19 – 10 U 134/19 DAR **19** 621 (626)). Voraussetzung für die Gültigkeit ist nicht, dass die Übereinstimmungsbescheinigung inhaltlich richtig ist, denn dann würde sie ihren Zweck verfehlen, das Zulassungsverfahren zu vereinfachen und zu formalisieren (Bra 19.2.19 – 7 U 134/17 DAR **19** 261, *Armbrüster* NJW **18** 3481). Weichen Fahrzeuge aufgrund des Fertigungsprozesses von dem durch die Typgenehmigung abstrakt genehmigten Fahrzeugtyp ab, ist abschließend in § 25 EG-FGV geregelt, wie mit derartigen Abweichungen umzugehen ist (VG Dü 24.1.18 – 6 K 12 341/17). Verfügt das KBA nachträglich Nebenbestimmungen zur Typgenehmigung gem. § 25 II EG-FGV, lässt dies den Bestand bzw. die Wirksamkeit der ursprünglichen EG-Typgenehmigung unberührt, weil sie lediglich deren inhaltliche Änderung bzw. Modifizierung zur Folge haben (VGH Kassel 20.3.19 – 2 B 261/19 VRS **135** 322 = NVwZ **19** 1297). Zu der Frage, wann das Fz in diesem Fall unvorschriftsmäßig wird § 5 Rn. 6a.

8b   Durch den mit ÄndVO v. 22.3.2019 (BGBl. I S. 382) eingefügten und durch ÄndVO v. 2.10.2019 (BGBl. I S. 1416) redaktionell überarbeiteten Abs. III S. 2 wird dem papiergebundenen Nachweis der Übereinstimmungsbescheinigung der **Abruf** der entsprechenden **digitalen Daten** aus der Zentralen Datenbank der Übereinstimmungsbescheinigungen beim KBA (§ 45a) oder aus einer entsprechenden Datenbank eines anderen EU-Staates als **gleichwertig** zur Seite gestellt. Dadurch werden die internetbasierte Erstzulassung und automatisierte Antragsbearbeitung in den Zulassungsbehörden ermöglicht (Begr BR-Drs. 18/19 S. 70).

9   **6. Erklärungen nach Fahrzeug-Erwerb im Ausland oder von ausländischen Streitkräften.** Abs. V regelt die nach Erwerb neuer Fahrzeuge in einem anderen Mitgliedstaat der EU nach dem Umsatzsteuergesetz zusammen mit dem Antrag auf Zulassung abzugebende Erklärung. Die ZulB übermittelt die Daten an die Finanzbehörden. Abs.VI bestimmt, dass im Falle der Einfuhr aus Nicht-EU- oder Nicht-EWR-Staaten oder beim Erwerb von in Deutschland stationierten ausländischen Streitkräften mit dem Antrag auf Zulassung bei der ZulB ein Verzollungsnachweis vorzulegen ist. Wird dieser nicht mit dem Antrag auf Zulassung vorgelegt, hat die ZulB das zuständige Hauptzollamt über die Zulassung zu unterrichten (Abs.VI S. 2). Zu Importfahrzeugen s. auch § 7.

7. VIII schreibt die **Identifizierung des Fz** durch die ZulB **vor Erstellung einer ZB II,** 10 **ohne dass das Fz zugelassen werden soll** („gemäß § 12 I S. 3"), jedenfalls aber **vor der Zulassung** vor. VIII hat folgenden Regelungsgehalt: Fz sind vor der Zulassung von der ZulB zu identifizieren. Wenn die Ausfertigung einer ZB II beantragt wird, das Fahrzeug zu diesem Zeitpunkt aber nicht zugelassen werden soll, ist das Fz vor Ausfertigung der ZB II zu identifizieren. In Fallgestaltungen, in denen die Zulassung des Fz online über das Internet beantragt wird, kann die Ausfertigung der ZB II bereits zu einem Zeitpunkt erfolgen, zu dem die Angaben des Antragstellers noch nicht verifiziert werden konnten und zu dem eine Identifizierung des Fz noch nicht möglich war, denn dann erfolgt vor der Zulassung noch die Identifizierung.

a) Identifizierung vor Erstellung der ZB II, ohne dass das Fz zugelassen werden 10a **soll.** Nach VIII ist das Fz *vor Erstellung der ZB II gemäß § 12 I S. 3* von der ZulB zu identifizieren. Diese Regelung ist vor folgendem Hintergrund entstanden: Durch die bis 31.12.13 befristete, auf der Grundlage von § 6 VI StVG erlassene VO zur landesrechtlichen Regelung von Ausnahmen von der FZV v. 24.11.10 (42. und 43. Aufl Rn. 2c, BAnz **10** 4043, Begr VkBl. **11** 12 = StVRL § 6 FZV Nr. 1) war den Ländern erlaubt worden, zur Erprobung von Zulassungsverfahren unter Einsatz von Informations- und Kommunikationstechnik (internetbasierte oder Online-Zulassung) durch RVO für die Dauer von 3 Jahren zu regeln, dass abweichend von dem damaligen Abs.VIII die Identifizierung des Fz auch nach Erstellung der ZB II erfolgen durfte; die Identifizierung musste aber auch in diesem Fall vor der Zulassung des Fz erfolgen. Damit wurde ermöglicht, dass die Antragstellung durch Datenübermittlung per Internet erfolgt und anschließend die Vorbereitung des VA der Zulassung durch die ZulB vorgenommen wird, auch wenn noch nicht alle vorzulegenden Unterlagen eingereicht worden waren. Dabei vertraute die ZulB zunächst auf die vom Antragsteller gemachten Angaben. Die Prüfung der Angaben und insbesondere die Identifizierung des Antragstellers und des Fz erfolgten zu einem späteren Zeitpunkt, jedoch vor der Zulassung des Fz (Begr VkBl. **11** 12, *Liebermann* VD **11** 67). Von dieser Ermächtigung hatte Hamburg als einziges Bundesland mit der VO zur Erprobung von Zulassungsverfahren für Kfz über das Internet v. 2.8.11 (HmbGVBl **11** 382) Gebrauch gemacht. Nach Auslaufen dieser Verordnungen hatte das BMV die Absicht, diese Regelung mit ÄndVO v. 30.10.14 (BGBl. I S. 1666) in die FZV zu übernehmen und wollte zu diesem Zweck Abs.VIII auf den Satz *Das Fahrzeug ist vor der Zulassung von der Zulassungsbehörde zu identifizieren* reduzieren (Entwurf Art 1 Nr. 3, BR-Drs. 335/14 S. 2, 25 = VkBl. **14** 867). Der BR lehnte dies jedoch ab. Stattdessen wurde die jetzige Fassung nach dem Maßgabebeschluss des BR v. 19.9.14 (BR-Drs. 335/14 (Beschluss) S. 1) in die ÄndVO v. 30.10.14 aufgenommen.

Zweck der jetzigen Regelung war es, den Zwang zur Identifizierung des Fz durch die ZulB **10b** vor Erstellung der ZB II jedenfalls für die Fälle beizubehalten, in denen die Erstellung einer ZB II ohne anschließende Zulassung des Fz erfolgt (Begr Rn. 2c). Da eine ZB II auch ohne Zulassung eines Fz zu erhalten ist, war bei Schaffung der FZV eine Identifizierung bereits bei ihrer Ausstellung vorgesehen, um zu vermeiden, dass solche Zulassungsbescheinigungen unzutreffende Daten enthalten (Begr VkBl. **06** 604). Begrifflich unklar ist die heutige Bezugnahme auf § 12 I S. 3, der nicht die Erstellung der ZB II, sondern die Ausfüllung eines Vordrucks der ZB II regelt, ohne dass das Fz zugelassen werden soll. Erstellung der ZB II und Ausfüllung eines Vordrucks der ZB II sind unterschiedliche Vorgänge. Die FZV unterscheidet zwischen Ausfüllung des Vordrucks der ZB II und ihrer Ausfertigung (§ 12 Rn. 3): Ausfüllung ist der Eintrag bestimmter Daten zum Fahrzeug, ohne dass diese Daten eine amtliche Bestätigung darstellen. Das Ausfüllen wird durch den Hersteller (§ 12 II S. 3) oder den Inhaber der Typgenehmigung vorgenommen (§ 12 III) oder durch die ZulB (§ 12 I S. 3, II S. 2, 3). Ausfertigung ist die abschließende Bearbeitung durch die ZulB mit Ausfüllung des amtlichen Teils und Bestätigung durch Siegeleindruck. Mit Erstellung der ZB II ist ihre Ausfertigung gemeint (Begr zur VO zur landesrechtlichen Regelung von Ausnahmen von der FZV, VkBl. **11** 12). Diese Unterschiedlichkeit ist möglicherweise übersehen worden, als die Bezugnahme auf § 12 I S. 3 in VIII aufgenommen wurde. Aus der Begr (Rn. 2c) ergibt sich jedenfalls eindeutig, dass mit dieser Regelung der Zwang zur Identifizierung des Fz durch die ZulB in den Fällen erhalten bleiben sollte, in denen zwar eine ZB II erstellt, dh ausgefertigt wird, in denen das Fz dann aber anschließend nicht zugelassen wird. Die missverständliche Bezugnahme auf § 12 I S. 3 kann deswegen vernachlässigt werden.

10c   **b)** Die **Identifizierung** muss jedenfalls aber **vor der Zulassung** erfolgen. Nach der EG-Richtlinie über Zulassungsdokumente ist die Identifizierung Teil der Zulassung. Die ZulB entscheidet nach pflichtgemäßem Ermessen, wie diese durchzuführen ist. Bei einem Neufahrzeug kann von der Identität des Fz mit der ZB II grundsätzlich ausgegangen werden, wenn der Hersteller die ZB II zuordnet (Begr VkBl. **06** 604). Die ZulB wird sich aber stichprobenartig davon überzeugen müssen, ob dies tatsächlich so ist, weil sie sonst pflichtwidrig handelt. Ein völliges Absehen von der Identifizierung wäre unzulässig. Die ZulB kann von der Identität des Fz mit der ZB II grundsätzlich ausgehen, wenn das Fz bereits einer Haupt- oder Abgasuntersuchung unterzogen wurde (Begr VkBl. **06** 604), da sowohl bei der HU (Nr. 6.10 Anl VIII a StVZO) als auch bei der AU (Nr. 2.1 AU-Richtlinie, VkBl. **14** 658= StVRL § 29 StVZO Nr. 25) eine Identifizierung des Fz erfolgen muss (dazu BGH NJW **09** 1518).

11   **8. Gebührenzahlung.** Soweit das jeweilige Land von der Ermächtigung in § 6a VIII StVG Gebrauch gemacht hat (s. § 6a StVG Rn. 18), kann die ZulB die Zulassung von der Entrichtung der dafür bestimmten Gebühren und Auslagen (das geschieht in der Praxis ohnehin) sowie der rückständigen Gebühren und Auslagen aus vorausgegangenen Zulassungsvorgängen abhängig machen.

12   **9. Versteuerung:** Die **Kfz-Steuer** war bis 30.6.09 eine bundesgesetzlich geregelte Steuer, deren Aufkommen den Ländern zustand und die von den Ländern verwaltet wurde. Seit 1.7.09 ist sie eine **Bundessteuer** (Art 106 I Nr. 3 GG), die zunächst vom Bundesministerium der Finanzen verwaltet wurde, das sich dabei bis 30.6.14 der Landesfinanzbehörden im Wege der Organleihe (dazu *Hartman* DVBl **11** 803) bediente. Seit 1.7.14 hat die Zollverwaltung die Verwaltung der Kfz-Steuer von den in Organleihe für den Bund handelnden Ländern übernommen; Übergangsregelung § 18 VII KraftStG. Bündelung der Zuständigkeiten der Hauptzollämter durch die Kfz-Steuer-ZuständigkeitsVO v. 30.1.14 (BGBl. I S. 92).

13   Die ZulB hat nach Maßgabe des KraftStG an der Versteuerung mitzuwirken. Zwar wird die Erstversteuerung heute nicht mehr von den Zulassungsbehörden vorgenommen. Die Zulassung ist aber davon abhängig, dass eine schriftliche **Ermächtigung zum Einzug der Kfz-Steuer** von einem Konto des Halters oder eines Dritten bei einem Geldinstitut erteilt worden ist oder eine Bescheinigung vorgelegt wird, wonach die für die Ausübung der Verwaltung der Kfz-Steuer zuständige Behörde auf eine Einzugsermächtigung wegen einer erheblichen Härte für den Halter verzichtet (§ 13 I S. 2 Nr. 1 KraftStG). Diese Regelung ist nicht verfassungswidrig (VGH Mü VRS **128** 160 = NJW **15** 2205 Ls). Die ZulB müssen auch Ermächtigungen zum Einzug der Kfz-Steuer von Konten bei ausländischen Geldinstituten akzeptieren. Die frühere Regelung, wonach durch RVO der Landesregierungen die Zulassung von der Erteilung einer Einzugsermächtigung abhängig gemacht werden konnte (§ 13 I S. 2 Nr. 1 KraftStG aF), stellte keinen unverhältnismäßigen Eingriff in die allgemeine Handlungsfreiheit dar (VG Trier DAR **05** 584, OVG Ko DAR **06** 348). Bei Befreiung von der Kfz-Steuer ist die Zulassung davon abhängig, dass die Voraussetzungen dafür nachgewiesen oder glaubhaft gemacht sind (§ 13 I S. 2 Nr. 2 KraftStG). Die Zulassung ist weiter davon abhängig, dass der Halter **keine Kfz-Steuerrückstände** hat (§ 13 II S. 1 KraftStG). Beauftragt der Steuerpflichtige einen Dritten mit der Zulassung des Fz, hat er schriftlich sein Einverständnis zu erklären, dass die ZulB dem Dritten ggf. mitteilt, dass die Zulassung wegen bestehender Steuerrückstände nicht erfolgen kann (§ 13 II S. 6–8 KraftStG).

14   **Anhänger** mit Ausnahme von Wohnwagenanhängern können auf Antrag **unversteuert** bleiben, sofern für das Zugfz der **Anhängerzuschlag** (§ 10 KraftStG) entrichtet ist, sie erhalten dann ein grünes Kennzeichen (§ 9 II S. 2 FZV, § 10 I S. 2 KraftStG). Das Mitführen solcher Anhänger hinter anderen ZugFzen ist dann unzulässig und löst Nachversteuerungspflicht aus, näher *Schmitz* Betr **79** 813.

15   **10. Zahlung der Infrastrukturabgabe (Maut für Pkw und Wohnmobile).** Es war vorgesehen, dass die ZulB auch an der Erhebung der Bundesfernstraßenmaut nach dem Infrastrukturabgabengesetz – InfrAG – v. 8.6.15 (BGBl. I S. 904) mitzuwirken hat. Nachdem der EuGH die Einführung der Infrastrukturabgabe bei gleichzeitiger Steuerentlastung bei der Kfz-Steuer zugunsten der Halter von in Deutschland zugelassenen Fz durch Urt v. 18.6.19 – C-591/17 (NJW **19** 2369) für unionsrechtswidrig erklärt hatte, hat die BReg erklärt, dass sie daraus den Schluss ziehen werde, die Infrastrukturabgabe nicht zu vollziehen (BT-Drs. 19/11867 v. 23.7.19). Sie habe entschieden, dass die Infrastrukturabgabe in der vorgesehenen Form nunmehr „vom

Tisch" ist (BT-Drs. 19/12209 v. 7.8.19). Da die entsprechenden Regelungen jedoch bisher nicht aufgehoben worden sind, werden sie im Folgenden kurz dargestellt.

Die Zulassung derjenigen Kfz, die für die Benutzung der Bundesfernstraßen gem. § 1 I **16** InfrAG eine Abgabe zu entrichten haben (Kfz der Klassen M1 und M1G ohne besondere Zweckbestimmung, der Klasse M als Wohnmobil und der Klassen M1 und M1G als beschussgeschützte Fz), ist davon abhängig, dass der Halter gegenüber der ZulB schriftlich oder elektronisch ein **SEPA-Lastschrift-Mandat zum Einzug der Infrastrukturabgabe** von einem Konto des Halters oder eines Dritten bei einem Geldinstitut erteilt (§ 9 III S. 1, 2 InfrAG). Ziel der Regelung ist es, für den ersten und die folgenden Entrichtungszeiträume die Erhebung der Maut für das KBA sicherzustellen und für KBA und Halter zu vereinfachen (Begr BT-Drs. 18/3990 S. 31). Die Erteilung eines SEPA-Lastschrift-Mandats ist dann entbehrlich, wenn der Halter der ZulB eine Bescheinigung vorlegt, wonach die Infrastrukturabgabenbehörde (KBA) wegen einer erheblichen Härte für den Halter auf ein SEPA-Lastschrift-Mandat verzichtet (§ 9 III S. 1 InfrAG). Die ZulB kann auf die Vorlage eines SEPA-Lastschrift-Mandats verzichten, wenn der Halter entweder nachweist, dass er von der Infrastrukturabgabe ausgenommen ist oder glaubhaft macht, dass ein Anspruch auf Ausnahme von der Infrastrukturabgabe bestehen kann (§ 9 IV S. 1 InfrAG). Im letzteren Fall muss der Halter gleichzeitig über die ZulB beim KBA einen Antrag auf Befreiung von der Infrastrukturabgabe stellen (§ 9 IV S. 2 InfrAG). Somit wird klargestellt, dass die abschließende Entscheidung im Hinblick auf das Vorliegen eines Ausnahmetatbestandes ausschließlich durch die Infrastrukturabgabebehörde erfolgt (Begr BT-Drs. 18/4455 S. 30). Voraussetzung für die Zulassung ist weiter, dass die Person, auf die das Fz zugelassen werden soll, **keine Infrastrukturabgabenrückstände** hat (§ 9 V S. 1 InfrAG). Beauftragt der Abgabenpflichtige einen Dritten mit der Zulassung des Fz, hat er schriftlich sein Einverständnis zu erklären, dass die ZulB dem Dritten ggf. mitteilt, dass die Zulassung wegen bestehender Infrastrukturabgabenrückstände nicht erfolgen kann (§ 9 V S. 7 InfrAG).

Zulassung im Inland nach vorheriger Zulassung in einem anderen Staat

7 (1) ¹**Bei Fahrzeugen, für die eine EG-Typgenehmigung vorliegt und die bereits in einem anderen Mitgliedstaat der Europäischen Union oder in einem anderen Vertragsstaat des Abkommens über den Europäischen Wirtschaftsraum in Betrieb waren, ist vor der Zulassung eine Untersuchung nach § 29 der Straßenverkehrs-Zulassungs-Ordnung durchzuführen, wenn bei Anwendung der Anlage VIII Abschnitt 2 der Straßenverkehrs-Zulassungs-Ordnung zwischenzeitlich eine Untersuchung hätte stattfinden müssen. ²Satz 1 gilt nicht, wenn eine Untersuchung im Sinne der Richtlinie 2009/40/EG des Europäischen Parlaments und des Rates vom 6. Mai 2009 über die technische Überwachung der Kraftfahrzeuge und Kraftfahrzeuganhänger (Neufassung) (ABl. L 141 vom 6.6.2009, S. 12) in der jeweils geltenden Fassung in einem anderen Mitgliedstaat der Europäischen Union oder in einem anderen Vertragsstaat des Abkommens über den Europäischen Wirtschaftsraum, in dem das Fahrzeug in Betrieb war, nachgewiesen wird. ³Hinsichtlich der Frist für die nächste Hauptuntersuchung gilt Abschnitt 2 der Anlage VIII der Straßenverkehrs-Zulassungs-Ordnung. ⁴Der Antragsteller hat nachzuweisen, wann das Fahrzeug in einem Mitgliedstaat der Europäischen Union oder in einem anderen Vertragsstaat des Abkommens über den Europäischen Wirtschaftsraum erstmals in Betrieb genommen worden ist. ⁵Kann dieser Nachweis nicht erbracht werden, ist vor der Zulassung eine Untersuchung nach § 29 der Straßenverkehrs-Zulassungs-Ordnung durchzuführen.**

(2) ¹**Die Zulassungsbehörde hat die ausländische Zulassungsbescheinigung einzuziehen und mindestens sechs Monate aufzubewahren. ²Sie hat das Kraftfahrt-Bundesamt über die Einziehung umgehend, mindestens jedoch innerhalb eines Monats, elektronisch zu unterrichten. ³Ausführungsregelungen zur Datenübermittlung gibt das Kraftfahrt-Bundesamt in entsprechenden Standards im Verkehrsblatt bekannt. ⁴Auf Verlangen der zuständigen ausländischen Behörde ist die eingezogene Zulassungsbescheinigung über das Kraftfahrt-Bundesamt zurückzusenden. ⁵Sofern die ausländische Zulassungsbescheinigung aus zwei Teilen besteht, kann bei Fehlen des Teils II das Fahrzeug nur zugelassen werden, wenn über das Kraftfahrt-Bundesamt die Bestätigung der zuständigen ausländischen Behörde über die frühere Zulassung eingeholt wurde. ⁶Die Nummer der ausländischen Zulassungsbescheinigung oder die Nummern von deren Teilen I und II sind zur Speicherung im Zentralen Fahrzeugregister mit dem Antrag auf Zulassung nachzuweisen.**

(3) **Bei Fahrzeugen, für die eine EG-Typgenehmigung vorliegt und die in einem Staat außerhalb der Europäischen Union oder des Europäischen Wirtschaftsraums in Betrieb waren, ist vor der Zulassung in jedem Fall eine Untersuchung nach § 29 der Straßenverkehrs-Zulassungs-Ordnung durchzuführen.**

1   **Begr** (VkBl. **06** 605): **Absatz 1** *übernimmt den bisherigen § 23 Abs. 5 Satz 1 und 3 bis 5 StVZO.*

Absatz 2 *folgt Artikel 5 Abs. 2 der EG-Richtlinie über Zulassungsdokumente für Fahrzeuge, die ein entsprechendes Informationsverfahren vorsieht.*

Absatz 3 *übernimmt § 23 Abs. 5 Satz 6 StVZO.*

1a   **Begr** zur ÄndVO v. 19.10.12 (BR-Drs. 371/12 S. 31 = VkBl. **12** 862) **zu Abs. 1:** *Ausländische Prüfbescheinigungen, die den Anforderungen der Richtlinie 2009/40/EG des Europäischen Parlaments und des Rates vom 6. Mai 2009 über die technische Überwachung der Kraftfahrzeuge und Kraftfahrzeug-anhänger (Neufassung) (ABl. L 141 vom 6.6.2009, S. 12) genügen, sind grundsätzlich anzuerkennen. Hinsichtlich der Frist für die Durchführung der nächsten Hauptuntersuchung gelten dieselben Zeiträume wie für in Deutschland zugelassene Fahrzeuge.*
Begr zur Einfügung der Wörter „für die eine EG-Typgenehmigung vorliegt und" (BR-Drs. 371/12 (Beschluss) S. 2 = VkBl. **12** 862): *Aus Gründen der Verkehrssicherheit müssen Fahrzeuge ohne EG-Typgenehmigung weiterhin vollständig dem nationalen Zulassungsrecht unterworfen werden. Dies wird durch Artikel 24 der Richtlinie des Europäischen Parlaments und des Rates vom 5. September 2007 … (Rahmenrichtlinie) zugelassen.*

2   **1. Zulassung importierter GebrauchtFz.** Für die Zulassung von Fz, die bereits in einem anderen EU- oder EWR-Staat zugelassen waren, sieht Abs. I eine erleichterte Zulassung vor, sofern es sich um Fz mit EG-Typgenehmigung handelt. Fz aus anderen EU- oder EWR-Staaten ohne EG-Typgenehmigung müssen das normale Zulassungsverfahren durchlaufen (s. Begr Rn. 1a). Können die für die Zulassung erforderlichen technischen Daten nicht den ausländi-schen Zulassungsdokumenten entnommen werden, hat der Antragsteller die fehlenden Daten beizubringen. Diese können zB aus der Übereinstimmungsbescheinigung (CoC-Papier) ent-nommen werden, sofern der Antragsteller sie vorlegt. Eine grundsätzliche Verpflichtung zur Vor-lage der Übereinstimmungsbescheinigung besteht jedoch nicht.

3   **2. Ausländische Zulassungsbescheinigung.** Bei Zulassung eines Fz nach vorheriger Zu-lassung in einem anderen Staat hat die Zulassungsbehörde die ausländische Zulassungsbescheini-gung einzuziehen und mindestens sechs Monate aufzubewahren (Abs. II S. 1). Meldung an das KBA nach Abs. II S. 2 und 3. Rücksendung über das KBA auf Verlangen der zuständigen auslän-dischen Behörde (Abs. II S. 4).

3a   Wenn die ausländische Zulassungsbescheinigung aus zwei Teilen besteht (nach der EG-Richt-linie können die EU-Mitgliedstaaten auch auf den Teil II verzichten, was einige getan haben), kann bei Fehlen des Teils II die Zulassung nur erfolgen, wenn über das KBA eine Bestäti-gung der zuständigen ausländischen Behörde über die frühere Zulassung dort eingeholt wurde (Abs. II S. 5).

3b   Die durch ÄndVO v. 31.7.17 (BGBl. I S. 3090) eingefügte Verpflichtung, mit dem Antrag auf Zulassung die Dokumentennummern von ausländischen Zulassungsbescheinigungen zur Speicherung im ZFZR nachzuweisen (Abs. II S. 6), dient der Erweiterung der Ermittlungsmög-lichkeiten der ZulB bei zuvor im Ausland zugelassenen Fz, um die missbräuchliche Nutzung ausländischer Zulassungsbescheinigungen einzudämmen und letztlich die organisierte Kriminali-tät effektiver bekämpfen zu können (Begr BR-Drs. 408/17 S. 22).

4   **3. Hauptuntersuchung vor Zulassung von gebrauchten ImportFz.** Bei ImportFz mit EG-Typgenehmigung, die schon in einem anderen Mitgliedstaat der EU oder in einem anderen Staat des Europäischen Wirtschaftsraums (EWR) in Betrieb waren, ist vor der Zulassung eine Hauptuntersuchung nach § 29 StVZO durchzuführen, wenn diese nach der Fristentabelle der Nr. 2 Anl VIII StVZO (s. § 29 StVZO Rn. 17) inzwischen hätte stattfinden müssen (Abs. I S. 1). Dies gilt nicht, wenn die Durchführung einer technischen Untersuchung iSd früheren Richtli-nie 2009/40/EG in einem anderen EU- oder EWR-Staat nachgewiesen wird (Abs. I S. 2). Die Richtlinie 2009/40/EG mWv 20.5.18 aufgehoben; seitdem ist die Richtlinie 2014/45/EU v. 3.4.14 (ABlEU Nr. L 127 v. 29.4.14 S. 51 = StVRL § 29 StVZO Nr. 29) maßgeblich. Ausländische Prüfbescheinigungen über derartige Untersuchungen sind somit anzuerkennen (Begr Rn. 1a). Hinsichtlich der Frist für die Durchführung der nächsten Hauptuntersuchung gelten dieselben Zeiträume wie für in Deutschland zugelassene Fz (Abs. I S. 3, Begr Rn. 1a). Der Antragsteller hat gegenüber der ZulB nachzuweisen, wann das Fz im Ausland erstmals in Betrieb genommen worden ist (Abs. I S. 4), damit die Fälligkeit der Untersuchungen ermittelt werden kann. Wenn dieser Nachweis nicht erbracht werden kann, ist vor der Zulassung eine Hauptun-tersuchung nach § 29 StVZO durchzuführen (Abs. I S. 5). Sofern eine solche Untersuchung

noch nicht fällig gewesen wäre, wird durch die ZulB eine HU-Prüfplakette erteilt, auf der der Untersuchungstermin angegeben ist.

Bei Importfahrzeugen mit EG-Typgenehmigung, die schon in einem Staat außerhalb der EU 5 oder des EWR in Betrieb waren, ist vor der Zulassung in jedem Fall eine HU nach § 29 StVZO durchzuführen (Abs. III).

4. Die **Erläuternde Mitteilung der EU-Kommission** zu den Zulassungsverfahren für Kfz, 6 die aus einem Mitgliedstaat in einen anderen verbracht wurden (ABlEU Nr. C 68 v. 24.3.07, S. 15) gibt einen **rechtlich unverbindlichen** Überblick über die nach Ansicht der EU-Kommission bestehenden gemeinschaftsrechtlichen Grundsätze über die Zulassung von Kfz, die vorher schon in einem anderen Mitgliedstaat zugelassen waren.

5. **Ordnungswidrigkeiten.** Ein Verstoß des Antragstellers gegen die Pflicht, einen Nachweis 7 darüber zu führen, wann das Importfahrzeug in einem anderen EU-Mitgliedstaat oder EWR-Staat erstmals in Betrieb genommen worden ist (Abs. I S. 4), ist nicht bußgeldbewehrt. Wenn dieser Nachweis nicht erbracht wird, ist lediglich die Verpflichtung zur Durchführung einer HU vor der Zulassung die Folge (Abs. I S. 5).

Zuteilung von Kennzeichen

8 (1) ¹Die Zulassungsbehörde teilt dem Fahrzeug ein Kennzeichen zu, um eine Identifizierung des Halters zu ermöglichen. ²Das Kennzeichen besteht aus einem Unterscheidungszeichen (ein bis drei Buchstaben) für den Verwaltungsbezirk, in dem das Fahrzeug zugelassen ist, und einer auf das einzelne Fahrzeug bezogenen Erkennungsnummer. ³Die Zeichenkombination der Erkennungsnummer sowie die Kombination aus Unterscheidungszeichen und Erkennungsnummer dürfen nicht gegen die guten Sitten verstoßen. ⁴Die Erkennungsnummer bestimmt sich nach Anlage 2. ⁵Das für die Zuteilung vorgesehene Kennzeichen ist dem Antragsteller auf Wunsch vor der Zuteilung mitzuteilen. ⁶Fahrzeuge der Bundes- und Landesorgane, der Bundesministerien, der Bundesfinanzverwaltung, der Bundespolizei, der Wasserstraßen- und Schifffahrtsverwaltung des Bundes, der Bundesanstalt Technisches Hilfswerk, der Bundeswehr, des Diplomatischen Corps und bevorrechtigter Internationaler Organisationen können besondere Kennzeichen nach Anlage 3 erhalten; die Erkennungsnummern dieser Fahrzeuge bestehen nur aus Zahlen; die Zahlen dürfen nicht mehr als sechs Stellen haben.

(1a) ¹Bei der Zulassung von zwei Fahrzeugen auf den gleichen Halter oder der Zuteilung des Kennzeichens für zwei zulassungsfreie kennzeichenpflichtige Fahrzeuge des gleichen Halters wird im Rahmen des Absatzes 1 Satz 1 auf dessen Antrag für diese Fahrzeuge ein Wechselkennzeichen zugeteilt, sofern die Fahrzeuge in die gleiche Fahrzeugklasse M1, L oder O1 gemäß Anlage XXIX der Straßenverkehrs-Zulassungs-Ordnung fallen und Kennzeichenschilder gleicher Anzahl und Abmessungen an den Fahrzeugen verwendet werden können. ²Wechselkennzeichen dürfen nicht als Saisonkennzeichen, rote Kennzeichen, Kurzzeitkennzeichen oder Ausfuhrkennzeichen ausgeführt werden. ³Das Wechselkennzeichen besteht aus einem bei beiden Fahrzeugen gemeinsamen Kennzeichenteil und dem jeweiligen fahrzeugbezogenen Teil. ⁴Absatz 1 Satz 2 bis 4 gilt mit der Maßgabe, dass

1. Unterscheidungszeichen und der bis auf die letzte Ziffer gleiche Teil der Erkennungsnummer den gemeinsamen Kennzeichenteil bilden und

2. die letzte Ziffer der Erkennungsnummer den jeweiligen fahrzeugbezogenen Teil bildet.

⁵Ein Wechselkennzeichen darf zur selben Zeit nur an einem der Fahrzeuge geführt werden. ⁶Ein Fahrzeug, für das ein Wechselkennzeichen zugeteilt ist, darf auf öffentlichen Straßen nur

1. in Betrieb gesetzt oder

2. abgestellt

werden, wenn an ihm das Wechselkennzeichen vollständig mit dem gemeinsamen Kennzeichenteil und seinem fahrzeugbezogenen Teil angebracht ist. ⁷Der Halter darf

1. die Inbetriebnahme eines Fahrzeugs oder

2. dessen Abstellen

auf öffentlichen Straßen nur anordnen oder zulassen, wenn die Voraussetzungen nach Satz 6 vorliegen. ⁸§ 16 Absatz 1 bleibt unberührt.

(2) ¹Die Unterscheidungszeichen der Verwaltungsbezirke werden auf Antrag der Länder vom Bundesministerium für Verkehr und digitale Infrastruktur festgelegt oder aufgehoben. ²Die Buchstabenkombination des Unterscheidungszeichens darf nicht gegen die guten Sitten verstoßen. ³Es kann auch die Festlegung von mehr als einem Unterscheidungs-

zeichen für einen Verwaltungsbezirk beantragt werden. [4]Für die am 1. November 2012 bestehenden Verwaltungsbezirke dürfen nur die Unterscheidungszeichen beantragt werden, die bis zum 25. Oktober 2012 vergeben worden sind. [5]Die Festlegung und Aufhebung der Unterscheidungszeichen wird im Bundesanzeiger veröffentlicht. [6]Kennzeichen, deren Unterscheidungszeichen aufgehoben sind, dürfen bis zur Außerbetriebsetzung des betroffenen Fahrzeugs weitergeführt werden.

(3) Die Zulassungsbehörde kann das zugeteilte Kennzeichen von Amts wegen oder auf Antrag ändern und hierzu die Vorführung des Fahrzeugs anordnen.

1   **Begr** (VkBl. **06** 605): **Absatz 1** *folgt § 23 Abs. 2 StVZO. Als Behördenkennzeichen sind nur noch die in Anlage 3 ausgewiesenen zulässig. Dadurch wird die Anzahl der unterschiedlichen Kennzeichen eingeschränkt. Bisher ausgegebene andere Behördenkennzeichen dürfen nach den Übergangsregelungen noch bis zur Außerbetriebsetzung der Fahrzeuge genutzt werden. Die Kennzeichen für Fahrzeuge der aufgrund des Nordatlantikvertrages errichteten internationalen militärischen Hauptquartiere, die ihren regelmäßigen Standort im Inland haben (Unterscheidungszeichen X) nach § 1 Abs. 2 der 15. StVZO-Ausnahmeverordnung), werden in Anlage 3 aufgenommen.*

Begründungen des Bundesrates zu Änderungen der Anlage 1: VkBl. **06** 614.

2   **Begr** zur ÄndVO v. 13.1.12 **zu Abs. 1a** (BR-Drs. 709/11 S. 17): *Die Vorschrift ermöglicht es, künftig zwei Fahrzeuge mit nur einem Kennzeichen zuzulassen. Voraussetzung ist, dass die Fahrzeuge in die gleiche Fahrzeugklasse fallen und Kennzeichenschilder gleicher Abmessungen an den Fahrzeugen verwendet werden können. Wechselkennzeichen können für Kraftfahrzeuge, die für die Personenbeförderung ausgelegt und gebaut sind mit höchstens acht Sitzplätzen außer dem Fahrersitz (Klasse M1), Krafträder, vierrädrige Leichtkraftfahrzeuge und vierrädrige Kraftfahrzeuge bis 550 kg Leermasse, ohne Masse der Batterien bei Elektrofahrzeugen und maximaler Nutzleistung bis 15 kW (Fahrzeuge der Klasse L) sowie Anhänger bis 750 kg zulässiger Gesamtmasse (Klasse O1). Für die Fahrzeuge wird nur ein Kennzeichensatz ausgegeben. Nur das Fahrzeug mit dem vollständig angebrachten Kennzeichen darf auf öffentlichen Straßen in Betrieb genommen oder abgestellt werden. Das Wechselkennzeichen besteht aus zwei Teilen, dem auswechselbaren gemeinsamen Kennzeichenteil und dem fahrzeugbezogenen Teil. Die Erkennungsnummern eines Wechselkennzeichens sind bis auf die letzte Ziffer gleich. Die letzte Ziffer der Erkennungsnummer des Fahrzeugs ist auf dem fahrzeugbezogenen Teil des Kennzeichens aufgebracht. Der übrige Teil der Erkennungsnummer des Wechselkennzeichens ist auf dem auswechselbaren Teil aufgebracht. Mit dieser Regelung wird gesichert, dass das Fahrzeug, mit dem am Straßenverkehr teilgenommen wird, ein vollständiges Kennzeichen führt und das Fahrzeug, mit dem nicht teilgenommen wird, als solches erkennbar ist. Jedes Fahrzeug verfügt über sein spezifisches Kennzeichen und kann in den Registern der Fahrzeugzulassung, der Versicherer sowie in den Kraftfahrzeugsteuerverfahren eindeutig bestimmt werden. Außerdem ist weiterhin auch die Kennzeichen bezogene Zuordnung des Kraftfahrzeug-Versicherungsvertrages möglich. Die Regelung der Wechselkennzeichen ist insbesondere auf die kurzfristige abwechselnde Nutzung von Fahrzeugen des Individualverkehrs gerichtet. Eine Einbeziehung mautpflichtiger Fahrzeuge hätte die Anpassung der entsprechenden Kontrollsysteme zur Folge, die kurzfristig nicht leistbar ist. Auch die Möglichkeit, Wechselkennzeichen als Saisonkennzeichen auszuführen, würde das System verkomplizieren. Es wird deshalb geregelt, dass Wechselkennzeichen nicht als Saisonkennzeichen ausgeführt werden können. Die Ausführung des Wechselkennzeichens als rotes Kennzeichen, Kurzzeitkennzeichen oder Ausfuhrkennzeichen macht keinen Sinn und wird ebenfalls ausgeschlossen. Ein Wechselkennzeichen darf zur selben Zeit nur an einem der Fahrzeuge geführt werden. Ein Fahrzeug, für das ein Wechselkennzeichen zugeteilt ist, darf nur auf öffentlichen Straßen in Betrieb genommen oder abgestellt werden, wenn an ihm das Wechselkennzeichen vollständig mit dem gemeinsamen Kennzeichenteil und seinem fahrzeugbezogenen Teil angebracht ist. Die Regelungen lehnen sich an die für Fahrzeuge mit Saisonkennzeichen an, wenn diese sich außerhalb den Betriebszeitraums befinden. Satz 7 iVm § 16 Absatz 1 schafft die Möglichkeit, dass mit Fahrzeugen mit Wechselkennzeichen, die nur den fahrzeugbezogenen Teil führen, Probe-, Prüfungs- und Überführungsfahrten mit roten Kennzeichen oder Kurzzeitkennzeichen durchgeführt werden können.*

3   **Zu Anl 4 Abschn 2a** (BR-Drs. 709/11 S. 19): *... wird die Ausgestaltung von Wechselkennzeichen geregelt. Als Wechselkennzeichen können einzeilige, zweizeilige und Kraftradkennzeichen ausgeführt werden. Die Ausführung als verkleinerte zweizeilige Kennzeichen als Wechselkennzeichen ist technisch nicht möglich. Die Kennzeichen bestehen aus dem auswechselbaren gemeinsamen Kennzeichenteil und dem fahrzeugbezogenen Teil, der die Nummer des Fahrzeugs ausweist. Der auswechselbare gemeinsame Kennzeichenteil und der fahrzeugbezogene Teil bilden zusammen das Kennzeichen, auf das Anlage 2 Anwendung findet. Auf dem fahrzeugbezogenen Teil ist im unteren Bereich die Beschriftung des gemeinsamen Kennzeichenteils aufgeführt, so dass gemeinsam mit der letzten Ziffer der Erkennungsnummer auf dem fahrzeugbe-*

zogenen Teil das vollständige Kennzeichen ersichtlich ist. Somit kann auch bei Fahrzeugen, die nur mit dem fahrzeugbezogenen Teil abgestellt sind, das Kennzeichen und damit der Fahrzeughalter festgestellt werden. Der am Fahrzeug vorn angebrachte fahrzeugbezogene Teil wird zusätzlich zum gemeinsamen Teil mit der Zulassungsplakette abgestempelt und kann somit bei der Fahrzeugabmeldung entstempelt werden.

(BR-Drs. 709/11 (Beschluss) S. 14): *Es muss durch eine Siegelplakette auf dem fahrzeugbezogenen* **4** *Kennzeichenteil erkennbar sein, ob das Fahrzeug zugelassen ist oder nicht. § 14 Absatz 1 Satz 1 sieht deshalb auch vor, dass bei Wechselkennzeichen der fahrzeugbezogene Teil, der die Stempelplakette trägt, vorzulegen ist. Würde auf dem fahrzeugbezogenen Teil des Kennzeichens von Fahrzeugen, die kein vorderes Kennzeichen tragen müssen, keine Siegelplakette vorhanden sein, wäre weder durch eine Kontrolle des Kennzeichens feststellbar, ob das jeweilige Fahrzeug zugelassen ist oder nicht, noch wäre im Hinblick auf § 14 eine Außerbetriebsetzung möglich.*

Zur Aufhebung von Anl 2 Nr. 2 S. 2 und 3 (BR-Drs. 709/11 S. 19): *Zwei- und dreistellige* **5** *Erkennungsnummern dürfen derzeit nur solchen Fahrzeugen zugeteilt werden, für die eine längere Erkennungsnummer nicht geeignet ist. Eine Beibehaltung dieser restriktiven Regelung ist durch die Einführung verkleinerter Kraftradkennzeichen nicht mehr erforderlich. Die Aufhebung dieser Bestimmung entspricht auch dem Wunsch vieler Bürgerinnen und Bürger, bei der Zulassung ihres Fahrzeugs eine möglichst kurze Erkennungsnummer zugeteilt zu bekommen.*

Begr zur ÄndVO v. 19.10.12 (BR-Drs. 371/12 S. 31 = VkBl. **12** 863) **zu Abs. 1 und 2:** *Die* **6** *Neufassung des § 8 Absatz 1 folgt einem Beschluss der Verkehrsministerkonferenz, wonach es gestattet werden soll, dass nicht mehr gültige Unterscheidungszeichen auf Wunsch der Länder wieder eingeführt werden können …. In Satz 1 wurde der Zweck der Kennzeichenzuteilung, die Ermöglichung der Identifizierung des Halters, aufgenommen. Neben der Beschreibung des Kennzeichens in Satz 2 legt Satz 3 die Anforderungen an die Zeichenkombinationen der Unterscheidungszeichen und der Erkennungsnummer fest. Damit wird eine bereits bestehende Praxis in die Verordnung aufgenommen. Die Unterscheidungszeichen werden nicht mehr in der FZV geregelt, sondern von den Ländern beim Bundesministerium für Verkehr, Bau und Stadtentwicklung (BMVBS) beantragt und ihre Genehmigung wird durch das BMVBS im Bundesanzeiger veröffentlicht. Das BMVBS erlässt somit auf der Basis dieser Neuregelung gegenüber dem jeweils antragstellenden Land einen Verwaltungsakt. Die Veröffentlichung im Bundesanzeiger erfolgt letztendlich lediglich nachrichtlich und aus Gründen der Transparenz. Die bisher gültigen Unterscheidungszeichen gelten als beantragt und genehmigt … Die Kennzeichen deren Unterscheidungszeichen aufgehoben sind, dürfen bis zur Außerbetriebsetzung des betreffenden Fahrzeugs weiter geführt werden. … wird Haltern von Dienstfahrzeugen durch die Änderung eine Wahlmöglichkeit eingeräumt, die Fahrzeuge entweder mit Behördenkennzeichen oder allgemeinen Kennzeichen zuzulassen.*

Zur Einfügung von Abs. 2 S. 4: BR-Drs. 371/12 (Beschluss) S. 4 = VkBl. **12** 863

Zu Abs. 3 (BR-Drs. 371/12 S. 33 = VkBl. **12** 863): *Änderung des Begriffs, da nunmehr innerhalb eines Zulassungsbezirks mit mehreren Unterscheidungszeichen nicht nur die Erkennungsnummer, sondern auch das Kennzeichen gewechselt werden kann.*

Zu Anl 4 Abschn 2a (BR-Drs. 371/12 S. 42 = VkBl. **12** 867): *Zur Vermeidung von Missbrauch* **7** *gestohlener gemeinsamer Kennzeichenteile werden diese durch die Angabe „W" gekennzeichnet. Dadurch können die Kontrollbehörden feststellen, dass es sich um einen Teil eines Wechselkennzeichens handelt, der nur in Verbindung mit dem fahrzeugbezogenen Teil geführt werden darf. Die Ergänzung der Beschriftung des fahrzeugbezogenen Kennzeichens ist erforderlich, um Fälschungsmöglichkeiten zu erschweren. Darüber hinaus wird die Beschriftungsart vereinheitlicht. Der zusätzliche Buchstabe „W" ist nicht Bestandteil des Kennzeichens. Er kennzeichnet nur das Schild als Teil eines Wechselkennzeichens.*

Begr zur ÄndVO v. 22.5.13 **zu § 50 IIa S. 2:** BR-Drs. 120/13 (Beschluss) S. 9 = VkBl. **13** **8** 751

Begr zur ÄndVO v. 30.10.14 **zu Abs. 1 S. 5** (BR-Drs. 335/14 S. 25 = VkBl. **14** 867): *An-* **9–13** *tragsteller auf Zulassung oder Umschreibung des Fahrzeugs erhalten das zur Zuteilung vorgesehene Kennzeichen auf Wunsch durch die Zulassungsbehörde genannt, um dieses bereits vor der Zulassung beschaffen zu können. Die Zulassungsbehörde kann bei Vorliegen des Versicherungsschutzes Fahrten nach § 10 Absatz 4 zulassen.*

1. Anwendungsbereich. § 8 regelt die Zuteilung der **allgemeinen Kfz-Kennzeichen,** die **14** im öffentlichen Straßenverkehr zu führen sind, soweit nicht ein besonderes Kennzeichen zugeteilt wird, und das **Wechselkennzeichen.** Oldtimerkennzeichen, grüne Kennzeichen und Saisonkennzeichen sind in § 9, E-Kennzeichen für elektrisch betriebene Fz in § 9a, rote Kenn-

zeichen in § 16, Kurzzeitkennzeichen in § 16a, rote Oldtimerkennzeichen in § 17, Ausfuhrkenn-
zeichen in § 19, Versicherungskennzeichen in §§ 26, 27 und rote Versicherungskennzeichen in
§ 28 geregelt. Zu ausländischen Kennzeichen beim Verkehr in Deutschland §§ 20, 21. Der Be-
griff „amtliches Kennzeichen" wird in der FZV nicht mehr verwendet. Eine Änderung des Be-
griffs der Zulassung war damit aber nicht verbunden (*Dauer* NZV 07 442, s. im Einzelnen § 1
StVG Rn. 36). Ausgestaltung des allgemeinen Kennzeichens s. Anl 4 Abschn 2. Vor dem 1.3.07
nach der damaligen StVZO zugeteilte Kennzeichen bleiben gültig (§ 50 II).

15   **2. Kennzeichenpflichtige Kfz.** Auf öffentlichen Straßen müssen alle zulassungspflichtigen
Kfz und Kfz-Anhänger Kennzeichen führen. Zulassungsfreie Fz müssen Kennzeichen führen,
soweit dies nach § 4 II vorgeschrieben ist oder wenn der Halter gem. § 3 III auf die Zulassungs-
freiheit verzichtet. Weiter müssen versicherungskennzeichenpflichtige Fz von Haltern, die von
der Versicherungspflicht befreit sind, gem. § 4 III S. 2 Kennzeichen gem. § 8 führen.

16   **3. Zuteilung eines Kennzeichens.** Die ZulB teilt dem Fz ein Kennzeichen zu, um eine
Identifizierung des Halters zu ermöglichen (I S. 1). Zuteilung ist die Entscheidung der Zulas-
sungsbehörde darüber, welches Kennzeichen bestehend aus Unterscheidungszeichen für den
Verwaltungsbezirk und Erkennungsnummer das Fahrzeug erhalten soll, für das ein Antrag auf
Zulassung nach § 6, bei zulassungsfreien Fahrzeugen ein Antrag auf Zuteilung eines Kennzei-
chens nach § 4 II und III S. 2, oder bei Umzug in einen anderen Zulassungsbezirk ein Antrag auf
Zuteilung eines neuen Kennzeichens nach § 13 III S. 1 Nr. 1 gestellt worden ist. Die ZulB muss
dem Antragsteller das für die Zuteilung vorgesehene Kennzeichen auf Wunsch bereits vorab
mitteilen (I S. 5), um ihm Fahrten gem. § 10 IV mit ungestempelten Kennzeichen zu ermögli-
chen (Begr Rn. 9–13). Wenn dem Antragsteller das zugeteilte Kennzeichen, also Unterschei-
dungszeichen und Erkennungsnummer bereits mitgeteilt worden sind, ist das Fz damit aber noch
nicht zum öff StrV zugelassen (zum früheren Recht BGHSt **11** 165 (167)). Denn für die Zulas-
sung ist nicht nur die Zuteilung eines Kennzeichens, sondern auch die Abstempelung der Kenn-
zeichenschilder gem. § 10 III S. 1 erforderlich (§ 3 I S. 3, § 3 Rn. 5, § 1 StVG Rn. 33, 35). „Zu-
teilung eines Kennzeichens" iSd § 8 FZV ist nicht gleichbedeutend mit „Zuteilung eines
amtlichen Kennzeichens" iSd § 1 I S. 2 StVG (§ 1 StVG Rn. 36).

17   Gestohlene oder sonst **abhanden gekommene Kennzeichen** dürfen nicht vor dem Wie-
derauffinden, sonst nicht früher als 10 Jahre seit Fahndungsbeginn wieder zugeteilt werden (§ 30
IX S. 2). S. auch § 38 III und vor § 30 Rn. 2. Die in § 31 VII S. 2 zunächst genannte Frist von
5 Jahren wurde durch ÄndVO v. 19.10.12 (BGBl. I S. 2232) der 10-Jahresfrist in § 30 IX S. 2
angepasst. Zur Löschung der Daten über abhanden gekommene Kennzeichen im ZFZR s. § 44
V, im örtlichen Fahrzeugregister s. § 45 IV Nr. 1.

17a   **Verzicht auf Umkennzeichnung oder Zuteilung eines neuen Kennzeichens bei
Umzug in einen anderen Zulassungsbezirk:** Seit 1.1.15 kann das bisherige Kennzeichen
bundesweit bei Umzug in einen anderen Zulassungsbezirk beibehalten werden. Die frühere
Beschränkung dieser Möglichkeit auf Wechsel des Zulassungsbereiches innerhalb des Bundeslan-
des bei Genehmigung dieses Weges durch die jeweilige oberste Landesbehörde (bis 31.12.14:
§ 47 I S. 1 Nr. 2) wurde durch ÄndVO v. 8.10.13 (BGBl. I S. 3772) mit Wirkung ab 1.1.15 auf-
gegeben. Verlegt der Halter seinen Wohnsitz oder Sitz in einen anderen Zulassungsbezirk, hat er
die **freie Wahl,** entweder die Zuteilung eines neuen Kennzeichens zu beantragen oder der für
den neuen Wohnsitz oder Sitz zuständigen ZulB mitzuteilen, dass das bisherige Kennzeichen
weiter geführt werden soll (§ 13 III S. 1). Beantragt der Halter die Zuteilung eines neuen Kenn-
zeichens, teilt die für den neuen Wohnsitz oder Sitz zuständige ZulB nach Vorlage der ZB I und
II und der bisherigen Kennzeichen zur Entstempelung ein neues Kennzeichen zu (§ 13 III S. 3).
Will der Halter das bisherige Kennzeichen beibehalten, berichtigt die für den neuen Wohnsitz
oder Sitz zuständige ZulB die ZB I (§ 13 III S. 4). Seit 1.10.19 ist auch die Weiterführung des
Kennzeichens einer anderen ZulB bei **Halterwechsel** ermöglicht worden (§ 13 IV S. 4). Dies ist
durch ÄndVO v. 22.3.19 (BGBl. I S. 382) eingeführt worden.

18   **4. Kennzeichensystem.** Das Kennzeichen enthält ein **Unterscheidungszeichen** für den
Verwaltungsbezirk, in dem das Fz zugelassen wird, und eine auf das einzelne Fz bezogene **Er-
kennungsnummer** (I S. 2). Entgegen dem Wortlaut der Regelung gibt das Unterscheidungszei-
chen nicht unbedingt den Verwaltungsbezirk an, in dem das Fz gegenwärtig zugelassen *ist,* denn
bei Mitnahme des Kennzeichens bei Wechsel des Zulassungsbereichs (Rn. 17a) entspricht das
Unterscheidungszeichen nicht mehr dem Verwaltungsbezirk, in dem das Fz zugelassen ist. Unter-
scheidungszeichen, Erkennungsnummer sowie Kombination aus Unterscheidungszeichen und

Erkennungsnummer dürfen nicht gegen die **guten Sitten** verstoßen (I S. 3, II S. 2). Ein solcher Verstoß liegt vor, wenn die Kombination gegen das Anstandsgefühl aller billig und gerecht Denkenden verstößt; dabei sind vor allem die Anschauungen der in Betracht kommenden beteiligten Kreise zu berücksichtigen, wobei das Durchschnittsmaß von Redlichkeit und Anstand zugrunde zu legen ist (OVG Münster 14.11.19 – 8 B 629/19 NZV **20** 382). Sittenwidrig sind zB Kennzeichen mit politisch extremistischem Symbolgehalt. So wurde etwa ein Kennzeichen mit der Kombination HH 1933 aufgrund der offensichtlichen, sich aufdrängenden Bezüge zum Nationalsozialismus für sittenwidrig gehalten (OVG Münster 14.11.19 – 8 B 629/19 NZV **20** 382).

Die **Unterscheidungszeichen** der Verwaltungsbezirke waren bis 31.10.12 durch Anl 1 aF **19** festgelegt, aufgeteilt in die Gruppen *Gültige Unterscheidungszeichen* (Nr. 1) und *Noch gültige Unterscheidungszeichen, die – bedingt durch Gebiets- und Verwaltungsreformen – nicht mehr zugeteilt werden und auslaufen* (Nr. 2). Nachdem die Verkehrsministerkonferenz den Wunsch geäußert hatte, ausgelaufene und auslaufende Unterscheidungszeichen wieder einzuführen, ist das **Verfahren der Festlegung der Unterscheidungszeichen** durch ÄndVO v. 19.10.12 (BGBl. I S. 2232, Begr Rn. 6) mit Wirkung ab 1.11.12 grundlegend verändert worden (dazu *Scheidler* DAR **13** 228). Die Unterscheidungszeichen werden seitdem nicht mehr in der FZV geregelt, sondern auf Antrag der Länder vom BMV festgelegt und aufgehoben (II S. 1), wobei auch mehr als ein Unterscheidungszeichen für einen Verwaltungsbezirk festgelegt werden kann (II S. 3). Soweit **zusätzliche Unterscheidungszeichen** für einen Verwaltungsbezirk beantragt werden, ist dies grds. auf diejenigen Unterscheidungszeichen beschränkt, die bis zum 25.10.12 (Tag der Verkündung der ÄndVO) vergeben waren (II S. 4), also ausgelaufene oder auslaufende Unterscheidungszeichen. Die Beantragung und Festlegung gänzlich neuer zusätzlicher Unterscheidungszeichen ist damit grds. ausgeschlossen. Abweichend davon darf ein neues Unterscheidungszeichen für einen am 1.11.12 bestehenden Verwaltungsbezirk festgelegt werden, wenn für diesen bis 25.10.12 noch kein den gesamten Verwaltungsbezirk umfassendes Unterscheidungszeichen vergeben worden ist (§ 50 IIa S. 2). Nach dem klaren Wortlaut von § 50 IIa S. 2 ist dies entgegen der Begr (Rn. 8–13) nicht auf Verwaltungsbezirke beschränkt, die zwischen dem 11.2.11 und dem 31.10.12 neu gebildet worden sind. Möglich ist die Vergabe von Unterscheidungszeichen, die auch in einem anderen Verwaltungsbezirk vergeben werden, wenn das BMV dies zugelassen hat. In diesem Fall muss durch Abstimmung zwischen den ZulB dieser Bezirke verhindert werden, dass Kennzeichen doppelt vergeben werden. **Antragsberechtigt** sind nur die Länder (II S. 1), vertreten jeweils durch die für das Fahrzeugzulassungsrecht zuständige oberste Landesbehörde (Verkehrs- oder Innenministerium); die Kommunen können nicht selbst beim BMV die Festlegung und Aufhebung von Unterscheidungszeichen beantragen. Das BMV prüft auf den Antrag hin, ob die Buchstabenkombination des beantragten Unterscheidungszeichens gegen die guten Sitten verstößt (II S. 2). Das Unterscheidungszeichen darf aus ein bis maximal drei Buchstaben bestehen (I S. 2). Die **Festlegung** des beantragten Unterscheidungszeichens bzw. die **Aufhebung** erfolgt durch schriftlichen **VA** gegenüber dem antragstellenden Land (Begr Rn. 6). Festlegung und Aufhebung der Unterscheidungszeichen werden außerdem zur Information der Öffentlichkeit **im BAnz veröffentlicht** (II S. 5). Die rechtswirksame Festlegung und Aufhebung von Unterscheidungszeichen erfolgt allein durch VA, der Veröffentlichung im BAnz kommt keine Rechtswirkung zu (Begr Rn. 6). **Anl 1** aF ist am 1.11.12 **aufgehoben** worden (Art 1 Nr. 26 der ÄndVO v. 19.10.12, BGBl. I S. 2232, 2237). Die bis dahin gültigen Unterscheidungszeichen nach der früheren Nr. 1 Anl 1 galten zu diesem Zeitpunkt als beantragt und festgelegt (§ 50 II a 1), konnten also unmittelbar weiter verwendet werden. Unterscheidungszeichen nach der früheren Nr. 2 Anl 1 galten ab 1.11.12 als aufgehoben (§ 50 IIa S. 3). Sollen sie wieder zugeteilt werden, muss ein Antrag auf Festlegung nach II S. 1 gestellt werden. Kennzeichen, deren Unterscheidungszeichen aufgehoben sind, dürfen bis zur Außerbetriebsetzung des betreffenden Fz weitergeführt werden (II S. 6). Eine rechtswirksame **Liste der gültigen Unterscheidungszeichen** gibt es seit 1.11.12 nicht mehr. BMV veröffentlicht von Zeit zu Zeit (rechtlich unverbindliche) Listen der Unterscheidungszeichen (zuletzt VkBl. **18** 619 Stand 1.7.18).

Die **Erkennungsnummer** bestimmt sich nach Anl 2 (I S. 4). Die Auswahl der Erkennungs- **20** nummer steht im Ermessen der Zulassungsbehörde. Es besteht kein Anspruch auf eine bestimmte Buchstaben- oder Zahlenfolge. Mit Ausnahme der Umlaute Ä, Ö und Ü können alle übrigen Buchstaben des Alphabets jeweils entweder allein oder als Kombination von zwei Buchstaben in der Erkennungsnummer zugeteilt werden. Die frühere restriktive Regelung in Anl 2 Nr. 2 S. 2 und 3, wonach **zwei- und dreistellige Erkennungsnummern** nur solchen Fz zugeteilt werden durften, für die eine längere Erkennungsnummer nicht geeignet ist, wurde durch ÄndVO v.

13.1.12 (BGBl. I S. 103, Begr Rn. 5) mit Wirkung ab 1.7.12 ersatzlos aufgehoben. Kurze Kennzeichen können somit jetzt nach Ermessen der ZulB auch für alle anderen Kfz zugeteilt werden.

21   Wird auf Antrag ein **Wunschkennzeichen** zugeteilt, wird nach Nr. 221, 230 Anl GebOSt eine zusätzliche Gebühr von 10,20 EUR erhoben. Dies betrifft nicht nur den Wunsch nach einer bestimmten Erkennungsnummer; vergibt eine ZulB mehrere Unterscheidungszeichen (s. II S. 3), löst auch der Wunsch nach einem bestimmten Unterscheidungszeichen die Wunschkennzeichengebühr aus. Wird ein Kennzeichen „vorab zugeteilt" (vgl. § 10 IV), fällt dafür nach Nr. 230 Anl GebOSt eine Gebühr von 2,60 EUR an.

22   **5. Wechselkennzeichen.** Der durch ÄndVO v. 13.1.12 (BGBl. I S. 103) mit Wirkung ab 1.7.12 eingefügte **Abs. Ia** erlaubt die Zulassung von zwei Kfz auf einen Halter oder die Zuteilung von Kennzeichen für zwei zulassungsfreie kennzeichenpflichtige Kfz eines Halters mit einem **Wechselkennzeichen** (dazu *Liebermann* VD **12** 39, DAR **12** 425, *Huppertz* VD **12** 226). Bestandteil des Wechselkennzeichens sind zwei Erkennungsnummern, die bis auf die letzte Ziffer gleich sind. Jedes der beiden Fz verfügt somit über seine spezifische Erkennungsnummer und damit über ein eigenes Kennzeichen, über das es in den Registern identifiziert werden kann. Voraussetzung für die Zulassung mit einem Wechselkennzeichen ist, dass beide Fz in die **selbe FzKlasse** fallen und es sich um Fz der **Klassen M1, L oder O1** gem. Anlage XXIX StVZO handelt (Ia S. 1). Klasse M1: für die Personenbeförderung ausgelegte und gebaute Kfz mit mindestens vier Rädern, höchstens acht Sitzplätzen außer dem Fahrersitz und einer bbH von mehr als 25 km/h. Klasse L: Krafträder mit und ohne Beiwagen, bestimmte dreirädrige Kfz, vierrädrige Leichtkraftfahrzeuge und bestimmte vierrädrige Kfz, die als dreirädrige Kfz gelten. Klasse O1: Anhänger mit einer zGM bis zu 750 kg. Sofern in älteren FzPapieren die EG-FzKlasse nicht ausgewiesen ist, ist deren Entsprechung maßgeblich, zB beim Eintrag Pkw und nicht mehr als 9 Sitzplätzen handelt es sich um ein Fz der Klasse M1 (*Liebermann* DAR **12** 425). Wechselkennzeichen können nicht für zwei Fz unterschiedlicher Klassen verwendet werden, zB Pkw und Kraftrad. Zusätzlich müssen **Kennzeichenschilder gleicher Anzahl** und **Abmessungen** an den Fz verwendet werden können (Ia S. 1). Mit der Beschränkung auf die gleichen Kennzeichengrößen soll sichergestellt werden, dass die vorgeschriebene ordnungsgemäße Beleuchtung der hinteren Kennzeichenschilder gewährleistet ist (Begr BR-Drs. 709/11 S. 10). Saisonkennzeichen, rote Kennzeichen, Kurzzeitkennzeichen und Ausfuhrkennzeichen dürfen nicht als Wechselkennzeichen ausgeführt werden (Ia S. 2, Begr Rn. 2). Aus dem Verweis in Ia 4 auf I S. 2–4 ergibt sich, dass Behördenkennzeichen nicht als Wechselkennzeichen ausgeführt werden können. Als Wechselkennzeichen sind **nur allgemeine Kennzeichen** (I S. 2–4), **Oldtimerkennzeichen** (§ 9 I) und **Kennzeichen für ElektroFz** (§ 9a), jeweils in Gestalt von einzeiligen, zweizeiligen und Kraftradkennzeichen (Anl 4 Abschn 2a S. 1), zulässig. Eines der beiden Fz oder beide Fz können somit Oldtimer sein. Verkleinerte zweizeilige Kennzeichen können nicht als Wechselkennzeichen ausgeführt werden (Umkehrschluss aus Anl 4 Abschn 2a S. 1, Begr Rn. 3). Versicherungskennzeichen (§§ 26, 28) fallen nicht in den Anwendungsbereich von Ia. Bei Befreiung des Halters von der Kfz-Steuer werden Wechselkennzeichen nicht als grüne Kennzeichen zugeteilt (§ 9 II S. 1 Nr. 7, Begr § 9 Rn. 1a). Abweichungen von den Regelungen in Ia durch **Ausnahmen sind nicht zulässig** (§ 47 I Hs. 1, Begr § 47 Rn. 1a). – Die Zulassung von zwei Kfz mit Wechselkennzeichen bietet nur einen finanziellen Vorteil, wenn Versicherer ermäßigte Prämien dafür anbieten. Anders als in Österreich, wo bis zu drei Kfz einer Fahrzeugklasse unter einem Wechselkennzeichen zugelassen werden können, aber nur für das größte der Fz Steuer und Versicherung zu zahlen sind, ist in Deutschland **Kfz-Steuer** ohne Ermäßigung und **Kfz-Haftpflichtversicherung** für jedes der mit einem Wechselkennzeichen zugelassenen Fz zu zahlen. Die um 6 Euro erhöhte **Gebühr** für die Zuteilung eines Wechselkennzeichens (Anl zu § 1 GebOSt Nr. 221) wird für das jeweilige Einzelfahrzeug erhoben (Begr BR-Drs. 709/11 S. 20).

23   Das **Kennzeichenschild des Wechselkennzeichens** besteht aus **zwei Teilen,** dem kleinen ständig an den Fz angebrachten fahrzeugbezogenen Teil und dem größeren auswechselbaren gemeinsamen Kennzeichenteil. Beide zusammen bilden das Kennzeichenschild. Form, Größe und Ausgestaltung der Wechselkennzeichen sind in Anl 4 Abschn 2a geregelt. Der den beiden Fz **gemeinsame** große **Kennzeichenteil** enthält das Unterscheidungszeichen für den Verwaltungsbezirk und die Erkennungsnummer ohne die letzte Ziffer (Ia S. 3, 4 Nr. 1). Auf dem gemeinsamen Kennzeichenteil befindet sich oberhalb der Stempelplakette, bei Kraftradkennzeichen rechts neben der Stempelplakette, der 2 cm hohe und 2,5 cm breite **Buchstabe W** (Anl 4 Abschn 2a S. 3, Nr. 1–3), der nicht Bestandteil des Kennzeichens ist (Begr Rn. 7). Er soll den gemeinsamen Kennzeichenteil als Teil eines Wechselkennzeichens erkennbar machen und auf

diese Weise verhindern, dass gestohlene gemeinsame Kennzeichenteile missbräuchlich als eigenständige Kennzeichenschilder verwendet werden (Begr Rn. 7). Die Regelung über den Buchstaben W ist erst durch ÄndVO v. 19.10.12 (BGBl. I S. 2232) mit Wirkung ab 1.11.12 eingefügt worden, wurde aber aufgrund einer Verabredung von Bund und Ländern im Vorgriff darauf bereits seit 1.7.12 angewandt, so dass Wechselkennzeichen von Anfang an mit diesem Buchstaben versehen worden sind. Der Buchstabe W wird anders als der Buchstabe H bei Oldtimerkennzeichen (§ 9 Rn. 2) nicht in der ZB vermerkt; Kennzeichenschild und Eintragung in der ZB stimmen hier anders als bei Oldtimerkennzeichen nicht überein. Bei Zuteilung eines Wechselkennzeichens erfolgt aber Speicherung eines Hinweises darauf im ZFZR und im örtlichen FzRegister (§ 30 I Nr. 3, § 31 I Nr. 3). Der gemeinsame Kennzeichenteil wird jeweils nur an dem Fz geführt, das auf öffentlichen Straßen genutzt oder abgestellt werden soll (I a 6). Er muss dann fest am Fz angebracht sein (§ 10 V S. 2). Der **fahrzeugbezogene** kleine **Kennzeichenteil** enthält die jeweilige letzte Ziffer der Erkennungsnummer (I a 3, 4 Nr. 2), die kleiner dargestellt ist als die Buchstaben und Ziffern auf dem gemeinsamen Kennzeichenteil (s. Anl 4 Abschn 2a Nr. 1–3). Dieser Teil des Wechselkennzeichens besteht also nur aus einer Ziffer, bei Oldtimerkennzeichen aus einer Ziffer und dem angefügten H. Auf dem fahrzeugbezogenen Kennzeichenteil wird unter der Ziffer, bei Oldtimerkennzeichen unter der Ziffer und dem angefügten H, die Beschriftung des gemeinsamen Kennzeichenteils in schwarzer Schrift mit einer sich bei Ablösung selbstzerstörenden Sicherheitsfolie aufgeführt (Anl 4 Abschn 2a S. 4), so dass gemeinsam mit der letzten Ziffer der Erkennungsnummer auf dem fahrzeugbezogenen Teil das vollständige Kennzeichen ersichtlich ist. So kann auch bei Fz, die nur mit dem fahrzeugbezogenen Kennzeichenteil abgestellt sind, das Kennzeichen festgestellt werden (Begr Rn. 3). Die Sicherheitsfolie soll Fälschungen erschweren (Begr Rn. 7). Die fahrzeugbezogenen Kennzeichenteile sind ständig fest an den jeweiligen Fz montiert (§ 10 V S. 2).

Die **Stempelplakette** der ZulB ist auf dem **fahrzeugbezogenen Teil** des vorderen Kenn- **24** zeichens anzubringen (Anl 4 Abschn 2a Nr. 4 S. 5). Bei Fz der Klasse L (Anl XXIX Abschn 2 StVZO), die kein vorderes Kennzeichen führen müssen, ist die Stempelplakette der ZulB auf dem fahrzeugbezogenen Teil des hinteren Kennzeichens unten anzubringen (Anl 4 Abschn 2a Nr. 4 S. 5). Für Fz der Klasse O1 (Anhänger mit einer zGM bis zu 750 kg), die kein vorderes Kennzeichen führen müssen (§ 10 V S. 2), ist keine Regelung getroffen worden. Sie müssen somit keine Stempelplakette auf dem fahrzeugbezogenen Teil des hinteren Kennzeichens führen. Im Fall von einzeiligen Kenzeichen wäre auf dem fahrzeugbezogenen Teil des hinteren Kennzeichens dafür auch kein Platz. Durch die Stempelplakette auf dem fahrzeugbezogenen Kennzeichenteil ist erkennbar, ob das Fz zugelassen ist oder nicht. Zur Außerbetriebsetzung ist deshalb der fahrzeugbezogene Teil, der die Stempelplakette trägt, zur Entstempelung vorzulegen (§ 14 I S. 3). Bei Anhängern ist dies nicht möglich, da der fahrzeugbezogene Teil des hinteren Kennzeichens nur die HU-Plakette trägt; in diesem Fall kann bei Außerbetriebsetzung nicht entstempelt werden. Zusätzlich ist die Stempelplakette auf dem vorderen und hinteren **gemeinsamen Kennzeichenteil** jeweils unten anzubringen (Anl 4 Abschn 2a Nr. 4 S. 5). Bei Außerbetriebsetzung ist der gemeinsame Kennzeichenteil nur dann zur Entstempelung bei der ZulB vorzulegen, wenn mit diesem Kennzeichen kein weiteres Fz zugelassen bleibt (§ 14 I S. 3). Bei elektronischer internetbasierter Außerbetriebsetzung muss entsprechend der Sicherheitscode der Stempelplakette des gemeinsamen Kennzeichenteils nur dann übermittelt werden, wenn kein weiteres Fz zugelassen bleibt (§ 15d II S. 2). Ansonsten wird der gemeinsame Kennzeichenteil nicht entstempelt, da er noch für das verbleibende Fz benötigt wird. Die **HU-Plakette** ist auf dem fahrzeugbezogenen Teil des hinteren Kennzeichens oben anzubringen (Anl 4 Abschn 2a Nr. 4 S. 4), sodass der nächste HU-Termin fahrzeugbezogen dokumentiert wird.

Ein Wechselkennzeichen darf **zur selben Zeit nur an einem der Fz** geführt werden **25** (I a S. 5); Verstoß ist ow (§ 48 Nr. 8a). **Inbetriebsetzung** eines Fz, für das ein Wechselkennzeichen zugeteilt ist, auf öffentlichen Straßen ist nur zulässig, wenn das **Wechselkennzeichen vollständig** mit beiden Kennzeichenteilen an dem Fz angebracht ist (I a S. 6 Nr. 1); Verstoß ist ow (§ 48 Nr. 1 Buchst. a). Nach Sinn und Zweck der Regelung in S. 6 Nr. 1 gilt ebenso wie beim Saisonkennzeichen (§ 9 Rn. 8) für den Begriff des Betriebs die sog verkehrstechnische Auffassung (s. § 7 StVG Rn. 5). Danach ist das Fz so lange in Betrieb, wie es im öffentlichen Verkehr, auch im ruhenden, belassen wird. In Anlehnung an die Regelungen für Fz mit Saisonkennzeichen (Begr Rn. 2) wurde wohl zur Vermeidung von Zweifeln auch das ausdrückliche **Verbot des Abstellens** des Fz auf öffentlichen Straßen **ohne vollständiges Wechselkennzeichen** in I a S. 6 Nr. 2 normiert; Verstoß ist ow (§ 48 Nr. 9), Ausnahmegenehmigungen sind nicht zulässig (§ 47 I). Unter Abstellen ist sowohl das aktive Abstellen als auch das Belassen auf öffentlichen Straßen zu verstehen. Durch ÄndVO v. 23.3.17 (BGBl. I S. 522) wurden die Anforderungen hinsichtlich des Inbetriebsetzens und Abstellens auch auf den Halter erstreckt (Ia S. 7, § 48 Nr. 2 und 9a).

26   **Fahrten mit roten Kennzeichen.** Nach Ia S. 8 bleibt § 16 I unberührt. Zu dieser Bestimmung musste in der Vergangenheit angemerkt werden, dass damit nicht klar geregelt war, ob mit Fz mit unvollständigem Wechselkennzeichen Prüfungs-, Probe- und Überführungsfahrten mit roten Kennzeichen durchgeführt werden dürfen. Bei Einführung des Wechselkennzeichens wurde vertreten, dass derartige Fahrten mit Fz mit Wechselkennzeichen, die nur den fahrzeugbezogenen Kennzeichenteil führen, zulässig sein sollen (Begr Rn. 2, *Liebermann* DAR **12** 425). Dies ergab sich jedoch nicht klar aus der Aussage, § 16 I bleibe unberührt, denn diese Norm erlaubt Fahrten mit roten Kennzeichen nur mit nicht zugelassenen Kfz, während Fz, die nur den fahrzeugbezogenen Kennzeichenteil führen, zugelassen sind. Der VOGeber hat inzwischen Klarheit hergestellt, indem er durch ÄndVO v. 23.3.17 (BGBl. I S. 522) in § 16 I S. 4 geregelt hat, dass Fz, denen ein Wechselkennzeichen zugeteilt ist, mit roten Kennzeichen für die Zwecke nach § 16 I S. 1 und 2 in Betrieb gesetzt werden dürfen, wenn das Wechselkennzeichen weder vollständig noch in Teilen gleichzeitig geführt wird. – Die Zuteilung eines **Kurzzeitkennzeichens** für ein Fz, dem ein Wechselkennzeichen zugeteilt ist, ist dagegen nicht zulässig (§ 16a Rn. 36).

27   **6. Behördenkennzeichen** sind auf die in I S. 6 und in Anl 3 festgelegten Dienststellen beschränkt. Die Halter haben die Wahl, ob sie Dienstfahrzeuge mit Behördenkennzeichen oder mit allgemeinen Kennzeichen zulassen (Begr Rn. 6). Fz von Behörden, die nicht in I S. 6 und Anl 3 genannt sind, erhalten allgemeine Kennzeichen nach I S. 1–4. Vor dem 1.3.07 ausgegebene andere Behördenkennzeichen dürfen nach § 50 II weiter verwendet werden, bis das jeweilige Fz außer Betrieb gesetzt wird (s. Begr VkBl. **06** 605). Unterscheidungszeichen des **Diplomatischen Corps** und bevorrechtigter Internationaler Organisationen: Anl 3 Nr. 3. Einzelheiten: VkBl. **16** 302 (335). Liste der diplomatischen Vertretungen und derjenigen Internationalen Organisationen, die Kennzeichen für bevorrechtigte Personen erhalten: VkBl. **19** 335, 552, **20** 92.

28   **7. Änderung des Kennzeichens.** Nach III kann die Zulassungsbehörde das zugeteilte Kennzeichen von Amts wegen oder auf Antrag ändern. Seit der mit ÄndVO v. 19.10.12 (BGBl. I S. 2232) vorgenommenen Veränderung des Verfahrens der Festlegung der Unterscheidungszeichen (Rn. 19) ist hier nicht mehr nur von der Änderung der Erkennungsnummer, sondern von Änderung des Kennzeichens die Rede, weil nunmehr innerhalb eines Zulassungsbezirks mit mehreren Unterscheidungszeichen nicht nur die Erkennungsnummer, sondern auch das Kennzeichen gewechselt werden kann (Begr Rn. 7–13). Die Bestandskraft der Zuteilung des bisherigen Kennzeichens steht einer Änderung nicht entgegen, denn es ist gerade der Zweck einer solchen Verfügung, die Zuteilung des bisherigen Kennzeichens aufzuheben und eine davon abweichende Zuteilung vorzunehmen (OVG Münster 14.11.19 – 8 B 629/19 NZV **20** 382). Änderung von Amts wegen kommt in Betracht zB bei mehrfach zugeteilten Kennzeichen und in Fahndung stehenden Kennzeichen. Auf Antrag kann die Zulassungsbehörde das Kennzeichen ändern, muss dies aber nicht; ein Anspruch darauf besteht nicht (OVG Schl NZV **91** 485 zum früheren Recht). Wenn sie dies tut, kann sie die Vorführung des Fz anordnen.

29   **8. Besondere Kennzeichnungen.** Unabhängig vom Kennzeichen sind für bestimmte Fz besondere Kennzeichnungen vorgeschrieben oder erlaubt:

a) Obusverkehr und Linienverkehr mit Kfz: §§ 20, 33 I BOKraft.

b) Schulbusse: § 33 IV und Anlage 4 BOKraft.

c) Taxen: § 26 und Anlage 1, § 27 und Anlage 3 BOKraft, Beleuchtung des Taxischildes: § 39 BOKraft.

d) FahrschulFz: § 5 IV FahrlGDV, dazu *Dauer* FahrlR § 5 FahrlGDV Anm 14 ff., *Dauer* NZV **06** 569.

e) Arztschild für Notfalleinsatz: § 52 VI StVZO.

f) Beförderung von Gefahrgut: § 19 II Nr. 11, § 21 II Nr. 3, 4, § 23 II Nr. 3 Buchst. d, § 28 Nr. 6, 7, 9 GGVSEB.

g) Beförderung von Abfällen: § 10 Abfallverbringungsgesetz (BGBl. I S. **07** 1462).

30   **9. Ordnungswidrig** ist das Inbetriebsetzen und Abstellen eines Fz, für das ein Wechselkennzeichen zugeteilt ist, auf öffentlichen Straßen, ohne dass das Wechselkennzeichen vollständig mit beiden Kennzeichenteilen an dem Fz angebracht ist (§ 48 Nr. 1 Buchst. a, Nr. 9). Führen eines Wechselkennzeichens an mehr als einem Fz zur selben Zeit ist ow (§ 48 Nr. 8a).

Besondere Kennzeichen

9 (1) [1] Auf Antrag wird für ein Fahrzeug, für das ein Gutachten nach § 23 der Straßenverkehrs-Zulassungs-Ordnung vorliegt, ein Oldtimerkennzeichen zugeteilt. [2] Dieses Kennzeichen besteht aus einem Unterscheidungszeichen und einer Erkennungsnummer nach § 8 Absatz 1. [3] Es führt als Oldtimerkennzeichen den Kennbuchstaben „H" als amtlichen Zusatz hinter der Erkennungsnummer, der von der Zulassungsbehörde auch in der Zulassungsbescheinigung Teil I und Teil II zu vermerken ist. [4] Die Zulassungsbehörde kann im Einzelfall bei der Berechnung des in § 2 Nummer 22 geforderten Mindestzeitraums bestimmte vor dem Zeitpunkt des erstmaligen Inverkehrbringens liegende Zeiten, in denen das Fahrzeug außerhalb des öffentlichen Straßenverkehrs in Betrieb genommen wurde, anrechnen.

(2) [1] Bei Fahrzeugen, deren Halter von der Kraftfahrzeugsteuer befreit ist, ist abweichend von § 10 Absatz 1 ein Kennzeichen mit grüner Beschriftung auf weißem Grund zuzuteilen (grünes Kennzeichen); ausgenommen hiervon sind:

1. Fahrzeuge von Behörden,

2. Fahrzeuge des Personals von diplomatischen und konsularischen Vertretungen,

3. Kraftomnibusse und Personenkraftwagen mit acht oder neun Sitzplätzen einschließlich Fahrersitz sowie Anhänger, die hinter diesen Fahrzeugen mitgeführt werden, wenn das Fahrzeug überwiegend im Linienverkehr eingesetzt wird,

4. Leichtkrafträder und Kleinkrafträder,

5. Fahrzeuge von schwerbehinderten Personen im Sinne des § 3a Absatz 1 und 2 des Kraftfahrzeugsteuergesetzes,

6. besonders emissionsreduzierte Kraftfahrzeuge im Sinne des Kraftfahrzeugsteuergesetzes und

7. *(aufgehoben)*

8. Fahrzeuge mit einem Wechselkennzeichen nach § 8 Absatz 1a.

[2] Ein grünes Kennzeichen ist auch für Anhänger zuzuteilen, wenn dies für Zwecke der Sonderregelung für Kraftfahrzeuganhänger gemäß § 10 des Kraftfahrzeugsteuergesetzes beantragt wird. [3] Die Zuteilung ist in der Zulassungsbescheinigung Teil I zu vermerken.

(3) [1] Auf Antrag wird einem Fahrzeug ein Saisonkennzeichen zugeteilt. [2] Es besteht aus einem Unterscheidungszeichen und einer Erkennungsnummer nach § 8 Absatz 1 und führt die Angabe eines Betriebszeitraums als amtlichen Zusatz hinter der Erkennungsnummer. [3] Der Betriebszeitraum wird auf volle Monate bemessen; er muss mindestens zwei Monate und darf höchstens elf Monate umfassen und ist von der Zulassungsbehörde auch in der Zulassungsbescheinigung Teil I und Teil II in Klammern hinter dem Kennzeichen, in den Fällen des § 9 Absatz 1 Satz 2 oder § 9a Absatz 2 Satz 2 hinter dem jeweiligen Kennbuchstaben, zu vermerken. [4] Auch grüne Kennzeichen nach Absatz 2 können als Saisonkennzeichen zugeteilt werden. [5] Das Fahrzeug darf auf öffentlichen Straßen nur während des angegebenen Betriebszeitraums

1. in Betrieb genommen oder

2. abgestellt

werden. [6] Der Halter darf

1. die Inbetriebnahme eines Fahrzeugs oder

2. dessen Abstellen

auf öffentlichen Straßen nur anordnen oder zulassen, wenn die Voraussetzungen nach Satz 5 vorliegen. [7] Saisonkennzeichen gelten außerhalb des Betriebszeitraums bei Fahrten zur Abmeldung und bei Rückfahrten nach Abstempelung des Kennzeichens als ungestempelte Kennzeichen im Sinne des § 10 Absatz 4. [8] Die §§ 16 und 16a bleiben unberührt.

Begr (VkBl. **06** 605): *In der Regelung werden die gegenüber den allgemeinen Kennzeichen abweichen* **1** *den aufgeführt.*
Die Bestimmung des **Absatzes 1** *in Verbindung mit der Definition des Oldtimers (§ 2 Nr. 22) entspricht § 23 Abs. 1c StVZO. …*

Absatz 2 *regelt die Grünen Kennzeichen, die für Fahrzeuge, die von der Kraftfahrzeugsteuer befreit sind, ausgegeben werden (bisher § 23 Abs. 1a und § 60 Abs. 1 Satz 2 und 3 StVZO).*

Absatz 3 *übernimmt hinsichtlich der Saisonkennzeichen die bisherige Vorschrift des § 23 Abs. 1b StVZO.*

Begr *zur ÄndVO v. 13.1.12* **zu Abs. 2 S. 1 Nr. 8** *(jetzt* **7)** (BR-Drs. 709/11) (Beschluss) **1a** S. 2): *Für den Fall, dass nur eines der beiden Fahrzeuge steuerbefreit ist, ist es vertretbar, auf eine Kennt-*

lichmachung durch ein grünes (W-)Kennzeichen zu verzichten. Dies gilt insbesondere auch vor dem Hintergrund, dass Fahrzeuge von schwerbehinderten Personen nach § 9 Absatz 1 Nummer 5 FZV, die den häufigsten Fall der steuerbefreiten M1-Fahrzeuge darstellen, mit schwarzen Kennzeichen versehen sind.

1b   **Begr** zur ÄndVO v. 19.10.12 (BR–Drs. 371/12 S. 33 = VkBl. **12** 863) **zu Abs. 1 S. 4:** *Nach der Definition des Oldtimers in § 2 Nummer 22 muss ein solcher vor mindestens 30 Jahren erstmals in Verkehr gekommen (erstmalig zugelassen worden) sein. Die Änderung ermächtigt die Zulassungsbehörde im Einzelfall vor der Zulassung liegende Zeiten des Betriebs außerhalb des öffentlichen Straßenverkehrs anzurechnen.*

Zu Abs. 3 S. 5 (jetzt S. 4): *Die Regelung stellt klar, dass Saisonkennzeichen auch als grüne Kennzeichen zugeteilt werden können.*

1c   **Begr** zur ÄndVO v. 23.3.17 (BR–Drs. 770/16 S. 89) **zu Abs. 3 S. 8:** *Die Änderung dient der Beibehaltung der bisherigen Regelung, dass Kraftfahrzeuge, denen ein Saisonkennzeichen zugeteilt ist, außerhalb des Betriebszeitraumes sowohl mit roten Kennzeichen als auch mit Kurzzeitkennzeichen gefahren werden dürfen.*

2   **1. Oldtimerkennzeichen.** Ein **Oldtimer** ist gem. § 2 Nr. 22 ein vor mindestens 30 Jahren erstmals in den Verkehr gekommenes Fz, das weitestgehend dem Originalzustand entspricht, in einem guten Erhaltungszustand ist und zur Pflege des kraftfahrzeugtechnischen Kulturgutes dient (§ 2 Rn. 25–26). Abs. I S. 4 ermächtigt die ZulB, bei der Berechnung des Mindestzeitraums von 30 Jahren im Einzelfall vor der erstmaligen Zulassung liegende Zeiten des Betriebs außerhalb des öff StrV anzurechnen. Damit sollen unbillige Ergebnisse in Fällen vermieden werden, in denen das Fz erst längere Zeit nach seiner Produktion erstmals zugelassen worden ist.

2a   Wenn ein solches Fz gem. § 23 StVZO durch Gutachten eines aaSoP oder PI als Oldtimer eingestuft ist (§ 23 StVZO Rn. 3), wird ihm auf Antrag ein **Oldtimerkennzeichen** zugeteilt. Dieses unterscheidet sich von einem allgemeinen Kennzeichen nach § 8 I nur dadurch, dass es den **Buchstaben H** („historisches" Fz) hinter der Erkennungsnummer ausweist (I S. 3). Dieser Kennbuchstabe wird als amtlicher Zusatz dem Kennzeichen zugerechnet (Begr zur ÄndVO v. 31.7.17 BR–Drs. 408/17 S. 23). Er wird von der ZulB in der ZB I und II vermerkt (I S. 3), indem er in den Dokumenten als amtlicher Zusatz zum Kennzeichen in das Feld A „amtliches Kennzeichen" eingetragen wird (Begr zur ÄndVO v. 31.7.17 BR–Drs. 408/17 S. 23). Bei Zuteilung eines Oldtimerkennzeichens erfolgt Speicherung eines Hinweises darauf im ZFZR und im örtlichen FzRegister (§ 30 I Nr. 3, § 31 I Nr. 3). Ausgestaltung des Oldtimerkennzeichens s. Anl 4 Abschn 4. Das **Euro-Feld** ist auch für Oldtimerkennzeichen vorgeschrieben (Anl 4 Abschn 1 Nr. 3, Abschn 4); Zulassung von Oldtimerkennzeichen ohne Euro-Feld durch Ausnahmegenehmigung ist nicht möglich (VG Minden 6.6.13 2 K 2930/12). Der Halter hat die Wahl, ob er für einen Oldtimer ein Oldtimerkennzeichen nach § 9 I oder ein allgemeines Kennzeichen nach § 8 I beantragt, denn die frühere Regelung in § 21c II StVZO alt, wonach für Fahrzeuge mit Betriebserlaubnis als Oldtimer nur ein Oldtimerkennzeichen zugeteilt oder ein rotes Oldtimerkennzeichen ausgegeben werden durfte, ist nicht in die FZV übernommen worden. Vor dem 1.3.07 nach Maßgabe der damaligen Vorschriften der StVZO zugeteilte Oldtimerkennzeichen bleiben gültig (§ 50 II).

3   Während der VOGeber bei der ursprünglichen Einführung des Oldtimerkennzeichens durch ÄndVO v. 22.7.97 (BGBl. I S. 1889) noch der Auffassung war, dass eine Kombination des Oldtimerkennzeichens und des Saisonkennzeichens nicht möglich sei (näher Begr VkBl. **97** 537), hat er durch entsprechende Ergänzung von III S. 4 aF mit ÄndVO v. 23.3.17 (BGBl. I S. 522) die Zuteilung von **Oldtimerkennzeichen als Saisonkennzeichen** ausdrücklich für zulässig erklärt. Für ein Verbot der Kombination beider Kennzeichenarten sei kein sachlicher Grund ersichtlich (Begr BR–Drs. 770/16 S. 89). Seit der abermaligen Änderung durch ÄndVO v. 31.7.17 (BGBl. I S. 3090) ergibt sich die Zulässigkeit der Zuteilung von Oldtimerkennzeichen als Saisonkennzeichen aus III S. 3 Hs. 2 mit seinem Bezug auf I S. 2 und den Kennbuchstaben; die ausdrückliche Regelung wurde deswegen in III S. 4 ohne inhaltliche Änderung als redundant gestrichen (Begr BR–Drs. 408/17 S. 23).

3a   Das Oldtimerkennzeichen kann **nur für ein bestimmtes Fz** zugeteilt werden, nicht für mehrere. Sammler, die mehrere Oldtimer besitzen, die sie nur zur Teilnahme an Oldtimerveranstaltungen benutzen, können die Möglichkeiten des § 17 nutzen und rote Oldtimerkennzeichen verwenden. Macht der Halter von dieser Möglichkeit Gebrauch, so kann ihm nicht außerdem ein Oldtimerkennzeichen zugeteilt werden. Entsprechendes gilt für den umgekehrten Fall; ist also ein Oldtimerkennzeichen zugeteilt, so scheidet § 17 aus.

Die Zuteilung eines Oldtimerkennzeichens führt dazu, dass das Fz dem pauschalen **Steuersatz 4** gem. § 9 IV iVm § 1 I Nr. 4 KraftStG unterliegt. Oldtimer, die ein H-Kennzeichen führen, sind von dem Verbot, in **Umweltzonen** einzufahren, ausgenommen, auch wenn sie nicht mit einer Plakette gekennzeichnet sind (Nr. 10 Anh 3 KennzVO (Buchteil **13**), dazu § 47 StVZO Rn. 7b). Im Übrigen finden alle Bestimmungen der FZV und der StVZO Anwendung, die auch für Fahrzeuge mit allgemeinem Kennzeichen gelten, zB über die Haftpflichtversicherung, über die Pflicht zur regelmäßigen Hauptuntersuchung und Sicherheitsprüfung (§ 29 I S. 1 StVZO) usw.

Lit zur Rechtslage bis 28.2.2007: *Gontard,* Oldtimer im deutschen Autorecht, DAR **03** 213. *Jagow,* Die Oldtimer-VO, VD **97** 193. *Hentschel,* Neue Bestimmungen für Oldtimer, NJW **97** 2934.

2. Grüne Kennzeichen. Allgemeine Kennzeichen mit grüner Beschriftung auf weißem grün **5** gerandetem Grund (die Farbe der Umrandung ist nicht in Abs. 2, aber durch DIN 74 069 Nr. 5.1.2 über § 10 II S. 3 festgelegt) werden nach Abs. 2 für Fz zugeteilt, deren Halter von der Kfz-Steuer befreit sind. Dies gilt nicht für die in Abs. 2 S. 1 Nr. 1 bis 7 genannten Fz. Zum Verzicht auf die grüne Kennzeichnung bei Wechselkennzeichen Begr Rn. 1a. Grüne Kennzeichen werden auf Antrag auch für Anhänger zugeteilt, die ausschließlich hinter Lkw mitgeführt werden, für die eine um den Anhängerzuschlag erhöhte Kfz-Steuer erhoben wird (Abs. 2 S. 2 iVm § 10 KraftStG). Dies ist bei Wohnwagenanhängern nicht möglich (§ 10 I S. 1 KraftStG). Die Zuteilung eines grünen Kennzeichens wird in der Zulassungsbescheinigung Teil I vermerkt (Abs. 2 S. 3). Grüne Kennzeichen können auch als Saisonkennzeichen zugeteilt werden (III S. 4, Begr Rn. 1b).

3. Saisonkennzeichen. Abs. 3 ermöglicht es dem Halter, die Zulassung des Fahrzeugs ohne **6** Außerbetriebsetzung auf mindestens 2 bis höchstens 11 Monate des Jahres zu beschränken. In einem Jahreszeitraum kann ein Saisonkennzeichen nur für *eine* Saison zugeteilt werden, denn nach Abs. 3 S. 1 wird einem Fz *ein* Saisonkennzeichen zugeteilt. Es ist also nicht möglich, für ein Fz zwei Zulassungszeiträume, zB von März bis Mai und zusätzlich von September bis Oktober, zu wählen, in denen das Fz jährlich wiederkehrend betrieben werden darf. Das Fz ist zwar auch außerhalb des auf dem Kennzeichen angegebenen Zeitraums zugelassen (vgl. BR-Drs. 184/00, VkBl. **96** 620, OVG Hb NZV **02** 150, BFH DAR **05** 292), ist insbesondere außerhalb des Betriebszeitraums nicht iSd § 14 außer Betrieb gesetzt, darf aber nicht betrieben werden. Im Übrigen gelten, soweit nicht Sonderregelungen getroffen sind, alle Vorschriften, die auch bei normalem Kennzeichen anzuwenden sind (VkBl. **96** 619). Auch Oldtimerkennzeichen, E-Kennzeichen (III S. 3 Hs. 2) und grüne Kennzeichen (III S. 4, Begr Rn. 1b) können als Saisonkennzeichen zugeteilt werden. Zur Durchführung von HU und SP Nr. 2.6 AnlVIII StVZO. Fz mit Saisonkennzeichen unterliegen auch außerhalb des Betriebszeitraums der ganzjährigen Versicherungspflichtüberwachung gem. § 25 FZV, damit sichergestellt ist, dass bei Beginn des Betriebszeitraums jedenfalls Versicherungsschutz besteht (VG Bra 4.3.09 6 A 257/07). Das Saisonkennzeichen behält auch außerhalb des Betriebszeitraums seine rechtliche Qualität als von der Zulassungsbehörde zugeteiltes Kennzeichen (OVG Hb NZV **02** 150). Steuerpflicht besteht, solange das Saisonkennzeichen geführt werden darf, also während des Betriebszeitraums, mindestens aber für einen Monat (§ 5 I Nr. 5 KraftStG). Die Steuerpflicht für mindestens einen Monat hat Bedeutung für Fälle, in denen ein Fz außerhalb der Saison angemeldet und dann vor Beginn des ersten Benutzungszeitraumes wieder abgemeldet wird (BT-Drs. 17/717 S. 9). Vor dem 1.3.07 nach Maßgabe der damaligen Vorschriften der StVZO zugeteilte Saisonkennzeichen bleiben gültig (§ 50 II).

Die **Dauer des Betriebszeitraums** ist aus Kontrollgründen auf dem Kennzeichen ablesbar **7** (Abs. III S. 2). Die Angabe des Betriebszeitraums wird ergänzend hinter der Erkennungsnummer geführt (III S. 2). Sie wird als amtlicher Zusatz dem Kennzeichen zugerechnet (Begr zur ÄndVO v. 31.7.17 BR-Drs. 408/17 S. 23). Zur Ausgestaltung des Saisonkennzeichens Anl 4 Abschn 5. Bei Zulassung für die Monate April bis Oktober zB sind auf dem Kennzeichen die Ziffern 04 und darunter, getrennt durch einen Strich nach Art eines Bruches, die Ziffern 10 eingeprägt. Die befristete Betriebszulassung ist stets nur für volle Monate möglich (III S. 3 Hs. 1), dh die erlaubte Betriebsdauer beginnt mit dem ersten Tag des Anfangsmonats und endet mit dem letzten Tag des den Betriebszeitraum beendenden Monats. Der Betriebszeitraum wird von der ZulB in der ZB I und II als amtlicher Zusatz in Klammern hinter dem Kennzeichen vermerkt, bei Oldtimerkennzeichen und E-Kennzeichen hinter dem jeweiligen Kennbuchstaben (III S. 3 Hs. 2). Der Betriebszeitraum wird im ZFZR und im örtlichen FzRegister gespeichert (§ 30 I Nr. 3, § 31 I Nr. 3).

Außerhalb des Betriebszeitraums darf das Fz im öffentlichen Verkehrsraum weder in Be- **8** trieb gesetzt noch abgestellt werden, III S. 5 (zur Frage der Strafbarkeit nach §§ 1, 6 PflVG, s. vor

§ 23 Rn. 16, zur OWi Rn. 9). Nach Sinn und Zweck der Regelung in III gilt für den Begriff des Betriebs die sog verkehrstechnische Auffassung (s. § 7 StVG Rn. 5), worauf in der Begr zu der Vorläufervorschrift § 23 I b StVZO alt (VkBl. **96** 622) ausdrücklich hingewiesen wurde. Danach ist das Fz so lange in Betrieb, wie es im öffentlichen Verkehr, auch im ruhenden, belassen wird (OVG Lüneburg SVR **09** 471). Dennoch wurde zur Vermeidung von Zweifeln auch das ausdrückliche Verbot des Abstellens des Fahrzeugs auf öffentlichen Straßen außerhalb des Betriebsraums in III S. 5 Nr. 2 normiert. Es könnte sonst ein Anreiz gesehen werden, die Kosten der Privatunterbringung zu sparen und stattdessen den öffentlichen Straßenraum kostenfrei in Anspruch zu nehmen. Unter Abstellen ist also sowohl das aktive Abstellen als auch das Belassen auf öffentlichen Straßen zu verstehen. Durch ÄndVO v. 23.3.17 (BGBl. I S. 522) wurden die Anforderungen hinsichtlich des Inbetriebnehmens und des Abstellens auch auf den Halter erstreckt (III S. 6, § 48 Nr. 2 und 9a).

8a   **Fahrten** zur Abmeldung und Rückfahrten nach Abstempelung des Kennzeichens dürfen gem. III S. 7 iVm § 10 IV auch **außerhalb des Betriebszeitraums** durchgeführt werden, wenn Versicherungsschutz besteht. Fahrten zur Durchführung der Hauptuntersuchung, Sicherheitsprüfung oder Abgasuntersuchung sind mit einem Saisonkennzeichen außerhalb des Betriebszeitraums nicht zulässig.

8b   **Fahrten mit roten Kennzeichen und Kurzzeitkennzeichen.** Nach III S. 8 bleiben §§ 16 und 16a unberührt. Hinsichtlich der Vorgängerregelung III S. 6 aF („§ 16 Abs. 1 bleibt unberührt") musste angemerkt werden, dass damit nicht klar geregelt war, ob außerhalb des Betriebszeitraums Prüfungs-, Probe- und Überführungsfahrten mit roten Kennzeichen durchgeführt werden dürfen; auf Kurzzeitkennzeichen (§ 16a) wurde damals nicht Bezug genommen. Die Zulässigkeit derartiger Fahrten ergab sich nicht aus dem Verweis auf § 16 I, denn diese Norm erlaubt Fahrten mit roten Kennzeichen nur mit nicht zugelassenen Kfz, während Fz mit Saisonkennzeichen auch außerhalb des Betriebszeitraums zugelassen sind. Der VOGeber hat die Zweifel inzwischen behoben. Bei Neufassung der Regelung in III durch ÄndVO v. 23.3.17 (BGBl. I S. 522) hat er deutlich gemacht, dass mit der Formulierung, §§ 16 und 16a würden unberührt bleiben, gemeint ist, dass Kfz, denen ein Saisonkennzeichen zugeteilt ist, **außerhalb des Betriebszeitraums** sowohl mit **roten Kennzeichen** als auch mit **Kurzzeitkennzeichen** gefahren werden dürfen (Begr Rn. 1c). Außerdem ist durch ÄndVO v. 23.3.17 in § 16 I S. 3 geregelt worden, dass Fz, denen ein Saisonkennzeichen zugeteilt ist, außerhalb des Betriebszeitraums für die Zwecke nach § 16 I S. 1 und 2 mit roten Kennzeichen in Betrieb gesetzt werden dürfen, wenn das Saisonkennzeichen nicht gleichzeitig geführt wird, und in § 16a I S. 2 ist festgelegt worden, dass Fz, denen ein Saisonkennzeichen zugeteilt ist, außerhalb des Betriebszeitraums zu Probe- und Überführungsfahrten mit einem Kurzzeitkennzeichen in Betrieb gesetzt werden dürfen, wenn das Saisonkennzeichen nicht gleichzeitig geführt wird.

9   **4. Ordnungswidrigkeiten.** Ordnungswidrig ist das Inbetriebsetzen eines Fz mit Saisonkennzeichen außerhalb des Betriebszeitraums (§ 48 Nr. 1 Buchst. a) und das Abstellen eines solchen Fz auf öffentlichen Straßen außerhalb des Betriebszeitraums (§ 48 Nr. 9). Vom 31.10.12 bis 31.10.13 war dies nicht ow, weil in dieser Zeit der Verweis auf § 9 III S. 5 in § 48 Nr. 1 Buchst. a und Nr. 9 ins Leere ging, nachdem § 9 III S. 5 aF durch ÄndVO v. 19.10.12 (BGBl. I S. 2232) zu § 9 III S. 6 geworden und § 48 insoweit nicht angepasst worden war. Seitdem § 9 III S. 6 durch ÄndVO v. 8.10.13 (BGBl. I S. 3772, Begr BR-Drs. 435/13 (Beschluss) S. 3 = VkBl. **13** 1062) mit Wirkung ab 1.11.13 wieder zu § 9 III S. 5 gemacht worden ist, sind diese Verhaltensweisen wieder ow. Ordnungswidrig ist gleichfalls das Anordnen und Zulassen der Inbetriebnahme eines Fz mit Saisonkennzeichen oder dessen Abstellen auf öff Straßen außerhalb des Betriebszeitraums durch den Halter (§ 48 Nr. 2 und 9a).

Kennzeichnung elektrisch betriebener Fahrzeuge

9a   (1) **Auf Antrag wird für ein Fahrzeug im Sinne des § 2 Nummer 1 des Elektromobilitätsgesetzes ein Kennzeichen für elektrisch betriebene Fahrzeuge zugeteilt; für ein Fahrzeug im Sinne des § 2 Nummer 3 des Elektromobilitätsgesetzes jedoch nur, wenn dieses die Anforderungen des § 3 Absatz 2 in Verbindung mit § 5 Absatz 2 des Elektromobilitätsgesetzes erfüllt.**

(2) ¹**Das Kennzeichen nach Absatz 1 ist das nach § 8 Absatz 1, auch in Verbindung mit § 9 Absatz 2 und 3, zugeteilte Kennzeichen.** ²**Es führt den Kennbuchstaben „E" als amtlichen Zusatz hinter der Erkennungsnummer, der von der Zulassungsbehörde auch in der Zulassungsbescheinigung Teil I und Teil II zu vermerken ist.** ³**Wird ein Wechselkennzei-**

chen nach § 8 Absatz 1a zugeteilt, ist der Kennbuchstabe „E" auf dem fahrzeugbezogenen Teil anzubringen.

(3) Mit dem Antrag nach Absatz 1 ist nachzuweisen, dass es sich um ein dort bezeichnetes Fahrzeug handelt.

(4) ¹Bei einem Fahrzeug im Sinne des Absatzes 1, das nach den Vorschriften seines Herkunftsstaates, der nicht die Bundesrepublik Deutschland ist, zur Teilnahme am Straßenverkehr berechtigt ist, erfolgt die Kennzeichnung durch eine Plakette nach Anlage 3a, die an der Rückseite des Fahrzeuges gut sichtbar anzubringen ist. ²Die Plakette wird auf Antrag von einer vom Antragsteller aufgesuchten Zulassungsbehörde ausgegeben. ³Mit dem Antrag ist einer der folgenden Nachweise vorzulegen:

1. die Zulassungsbescheinigung Teil I,
2. die Übereinstimmungsbescheinigung oder
3. eine sonstige zum Nachweis geeignete Unterlage.

⁴In die Plakette ist von der Zulassungsbehörde im dafür vorgesehenen Sichtfeld mit lichtechtem Stift das Kennzeichen des jeweiligen Fahrzeuges einzutragen.

(5) Im Ausland erteilte Kennzeichen für elektrisch betriebene Fahrzeuge oder für elektrisch betriebene Fahrzeuge erteilte Plaketten stehen inländischen Kennzeichen oder Plaketten für elektrisch betriebene Fahrzeuge gleich.

1. Allgemeines. § 9a bestimmt auf der Grundlage von § 4 II S. 1–3 EmoG (Buchteil 1a) **1** iVm § 6 I Nr. 2 StVG die Art und Weise der Kennzeichnung elektrisch betriebener Kfz, die erforderlich ist, um die durch das EmoG ermöglichten Bevorrechtigungen im StrV in Anspruch nehmen zu können, wenn sie angeordnet sind. Es besteht keine Kennzeichnungspflicht, die Kennzeichnung erfolgt wie beim Oldtimerkennzeichen nur auf Antrag (I, Begr zu § 4 EmoG BT-Drs. 18/3418 S. 29).

2. Voraussetzungen für die Kennzeichnung. Die nach § 9a vorgesehene Kennzeichnung **2** kann nur für elektrisch betriebene Fz iSv § 2 Nr. 1 EmoG erfolgen (I Hs. 1, IV S. 1 iVm I Hs. 1), also für **reine BatterieelektroFz,** von außen aufladbare **HybridelektroFz** und **BrennstoffzellenFz.** Da nur die vom EmoG begünstigten elektrisch betriebenen Fz eine Kennzeichnung gem. § 4 EmoG erhalten sollen, ist gem. § 1 EmoG davon auszugehen, dass diese nur für Fz der **Klassen M1, N1, L3e, L4e, L5e, L7e** und für Fz der **Klasse N2,** soweit sie in Deutschland mit einer FE der Kl B geführt werden dürfen, erfolgen darf, auch wenn der Wortlaut des Abs. I eine solche Beschränkung nicht enthält. Von außen aufladbare **HybridelektroFz** dürfen die Kennzeichnung nur dann erhalten, wenn sie die **besonderen Umweltanforderungen** gem. § 3 II iVm § 5 II EmoG einhalten, wenn sie also entweder eine Kohlendioxidemission von höchstens 50 g je gefahrenen km haben oder ihre Reichweite unter ausschließlicher Nutzung der elektrischen Maschine bis 31.12.17 mindestens 30 km, ab 1.1.18 mindestens 40 km beträgt (I Hs. 2, IV S. 1 iVm I Hs. 2). Von außen aufladbare HybridelektroFz, die eine Reichweite von mindestens 30 km, nicht aber von mindestens 40 km erreichen, und die vor dem 1.1.18 eine Kennzeichnung erhalten haben, dürfen diese Kennzeichnung auch nach dem 1.1.18 behalten, auch wenn sie die ab 1.1.18 geltenden Umweltkriterien nicht mehr erfüllen (§ 5 III EmoG); sie genießen insoweit Bestandsschutz (Begr zu § 5 III EmoG BT-Drs. 18/3418 S. 29).

3. Die **Kennzeichnung in Deutschland** gehaltener **Kfz** kann durch Zuteilung eines be- **3** sonderen Kennzeichens für elektrisch betriebene Fz erfolgen (I, **E-Kennzeichen**). Es ist wie das allgemeine Kennzeichen gem. § 8 I gestaltet (II S. 1) und enthält zusätzlich im Anschluss an die Erkennungsnummer den **Buchstaben „E"** als amtlichen Zusatz (II S. 2). Der Kennbuchstabe E folgt nur ergänzend dem Unterscheidungszeichen und der Erkennungsnummer, wird aber als amtlicher Zusatz dem Kennzeichen zugerechnet (Begr zur ÄndVO v. 31.7.17 BR-Drs. 408/17 S. 23). Zur Ausgestaltung des E-Kennzeichens Anl 4 Abschn 5a. E-Kennzeichen können auch als grüne Kennzeichen (II S. 1), Saisonkennzeichen (II S. 1, § 9 III S. 3) und Wechselkennzeichen (II S. 3) zugeteilt werden. Bei Wechselkennzeichen wird der Buchstabe „E" auf dem fahrzeugbezogenen Teil angebracht (II S. 3), bei grünen und Saisonkennzeichen direkt hinter der Erkennungsnummer (Begr BR-Drs. 254/15 S. 14). Bei Zuteilung eines E-Kennzeichens wird der Kennbuchstabe E von der ZulB in der ZB I und II vermerkt (II S. 2). Er wird in den Dokumenten als amtlicher Zusatz zum Kennzeichen in das Feld A „amtliches Kennzeichen" eingetragen (Begr zur ÄndVO v. 31.7.17 BR-Drs. 408/17 S. 23). Bei Zuteilung eines E-Kennzeichens erfolgt Speicherung eines Hinweises darauf im ZFZR und im örtlichen FzRegister (§ 30 I Nr. 3, § 31 I Nr. 3).

Das E-Kennzeichen wird nur auf **Antrag** zugeteilt (I). Es besteht **keine Kennzeichnungs- 4 pflicht.** Der Halter hat die freie Wahl, ob er für ein elektrisch betriebenes Fz iSv §§ 1, 2 Nr. 1

EmoG ein E-Kennzeichen nach § 9a I, II oder ein allgemeines Kennzeichen nach § 8 I beantragt. Die Zuständigkeit der ZulB richtet sich nach § 46 II. Mit dem Antrag ist **nachzuweisen**, dass es sich um ein elektrisch betriebenes Fz iSv §§ 1, 2 Nr. 1 EmoG handelt (III). Dies wird aus den aus den FzPapieren ersichtlichen Schlüsselzahlen des KBA deutlich. Bei von außen aufladbaren HybridelektroFz muss der Nachweis erbracht werden, dass die besonderen Umweltanforderungen gem. § 3 II iVm § 5 II EmoG eingehalten werden. Der Nachweis der Angaben über die Kohlendioxidemission und die Reichweite erfolgt bei Fz mit EG-Typgenehmigung grds. über die Übereinstimmungsbescheinigung (§ 3 II EmoG). Die Angaben über die Kohlendioxidemission finden sich auch in der ZB I und II. Ansonsten muss der Nachweis in anderer geeigneter Weise, zB über eine Einzelgenehmigung, eine Herstellerdatenbestätigung oder ein Sachverständigengutachten geführt werden (§ 3 III EmoG, Begr zu § 3 III EmoG BT-Drs. 18/3418 S. 27).

5   Die Regelungen über das E-Kennzeichen gelten nach dem klaren Wortlaut von § 4 II S. 2 EmoG für im Inland **gehaltene** Fz, **nicht nur** – wie die Begr zu § 4 EmoG (BT-Drs. 18/3418 S. 28) behauptet – für im Inland **zugelassene bzw. zuzulassende** Fz. Diese Formulierung stammt aus der Begr des ursprünglichen Referentenentwurfs, der § 4 II S. 2 EmoG noch auf im Inland zugelassene Fz beschränkt hatte. Die Begr ist nicht angepasst worden, als der Wortlaut des Entwurfs des § 4 II S. 2 EmoG in der Weise geändert wurde, dass nunmehr von im Inland gehaltenen Fz die Rede ist. Die Regelungen über das E-Kennzeichen gelten somit **auch für zulassungsfreie Fz.**

6   **4. Die Kennzeichnung im Ausland zugelassener** oder im Ausland zulassungsfrei zur Teilnahme am StrV berechtigter elektrisch betriebener **Kfz** iSv §§ 1, 2 Nr. 1 EmoG erfolgt durch eine runde **blaue Plakette** nach Anl 3a, die an der **Rückseite des Fz** gut sichtbar anzubringen ist (IV S. 1). Sie hat einen Durchmesser von 8 cm und enthält ein großes „E“ (Anl 3a). Die ZulB hat mit lichtechtem Stift das Kennzeichen des jeweiligen Fz im dafür vorgesehenen Sichtfeld der Plakette einzutragen (IV S. 4). Die Plakette enthält ein Farbkippelement als sichtbares Echtheitsmerkmal zur Sofortprüfung durch die Kontrollorgane (Begr BR-Drs. 254/15 S. 14).

7   Die Plakette wird nur auf **Antrag** ausgegeben (IV S. 2). Zuständig ist jede ZulB, die vom Antragsteller aufgesucht wird (IV S. 2, lex specialis gegenüber § 46 II). Da die Plakette nur für Fz iSd Abs. I ausgegeben werden kann (IV S. 1), ist mit dem Antrag **nachzuweisen,** dass es sich um ein elektrisch betriebenes Fz iSv §§ 1, 2 Nr. 1 EmoG handelt. Bei von außen aufladbaren HybridelektroFz muss der Nachweis erbracht werden, dass die besonderen Umweltanforderungen gem. § 3 II iVm § 5 II EmoG eingehalten werden. Mit dem Antrag sind zum Nachweis die ZB I, die Übereinstimmungsbescheinigung oder sonstige zum Nachweis geeignete Unterlagen vorzulegen (IV S. 3), wie zB eine Herstellerbescheinigung oder die Betriebsanleitung (Begr BR-Drs. 254/15 S. 15). Die Ausgabe der Plakette ist gebührenpflichtig (Nr. 259 Anl GebOSt).

8   **5. Im Ausland** erteilte **Kennzeichnungen** elektrisch betriebener Fz werden in Deutschland **anerkannt** (V). Sie stehen in Deutschland für elektrisch betriebene Fz zugeteilten E-Kennzeichen und Plaketten nach Anl 3a gleich, ohne dass es darauf ankommt, ob es sich um ein Fz iSv Abs. I handelt. So im Ausland gekennzeichnete Fz können somit die auf der Basis von § 3 EmoG geschaffenen Bevorrechtigungen im StrV in Deutschland in Anspruch nehmen, auch wenn sie keine Fz iSv §§ 1, 2 Nr. 1 EmoG sind.

9   Es ist davon auszugehen, dass diese Regelung **nur für im Ausland gehaltene** elektrisch betriebene Kfz gelten soll, auch wenn weder Wortlaut noch Begr (BR-Drs. 254/15 S. 14) insoweit eine Beschränkung enthalten. Denn sonst könnte die Regelung für im Inland gehaltene Fz (Kennzeichnung nur für elektrisch betriebene Fz iSv §§ 1, 2 Nr. 1 EmoG) dadurch umgangen werden, dass im Ausland eine Kennzeichnung für im Inland gehaltene elektrisch betriebene Fz erlangt wird, die nicht in den Anwendungsbereich von §§ 1, 2 Nr. 1 EmoG fallen.

10   **6. Zeitliche Begrenzung der Geltungsdauer.** § 9a, Anl 3a und Nr. 259 Anl GebOSt sind mit Ablauf des 31.12.2026 (Außerkrafttreten des EmoG, § 8 II EmoG) nicht mehr anzuwenden (§ 50 X FZV, § 6 II GebOSt). Die Zuteilung von E-Kennzeichen und von Plaketten gem. IV iVm Anl 3a ist dann nicht mehr möglich.

Ausgestaltung und Anbringung der Kennzeichen

10 (1) ¹Unterscheidungszeichen und Erkennungsnummern sind mit schwarzer Beschriftung auf weißem schwarz gerandetem Grund auf ein Kennzeichenschild aufzubringen. ²§ 9 Absatz 2, § 16 Absatz 1 und § 17 Absatz 1 bleiben unberührt.

(2) [1]Kennzeichenschilder dürfen nicht spiegeln, verdeckt oder verschmutzt sein; sie dürfen nicht zusätzlich mit Glas, Folien oder ähnlichen Abdeckungen versehen sein, es sei denn, die Abdeckung ist Gegenstand der Genehmigung nach den in Absatz 6 genannten Vorschriften. [2]Form, Größe und Ausgestaltung einschließlich Beschriftung müssen den Mustern, Abmessungen und Angaben in Anlage 4 entsprechen. [3]Kennzeichenschilder müssen reflektierend sein und dem Normblatt DIN 74069, Ausgabe Mai 2016, Abschnitt 1 bis 8, entsprechen sowie auf der Vorderseite das DIN-Prüf- und Überwachungszeichen mit der zugehörigen Registernummer tragen; hiervon ausgenommen sind Kennzeichenschilder an Fahrzeugen der Bundeswehr gemäß Anlage 4 Abschnitt 3 sowie Kennzeichenschilder an Fahrzeugen der im Bundesgebiet errichteten internationalen militärischen Hauptquartiere.

(3) [1]Das Kennzeichenschild mit zugeteiltem Kennzeichen muss der Zulassungsbehörde zur Abstempelung durch eine Stempelplakette vorgelegt werden. [2]Die Stempelplakette enthält das farbige Wappen des Landes, dem die Zulassungsbehörde angehört, die Bezeichnung des Landes und der Zulassungsbehörde und eine eindeutige Druckstücknummer, die für jede Stempelplakette nur einmal vergeben sein darf. [3]Die Stempelplakette muss einen verdeckt angebrachten Sicherheitscode bergen, der erst durch Freilegen unumkehrbar sichtbar gemacht werden kann. [4]Die Stempelplakette muss so beschaffen sein und so befestigt werden, dass sie bei einem Entfernen zerstört wird. [5]Die Stempelplakette einschließlich Druckstücknummer und Sicherheitscode muss die Anforderungen des Abschnitts B der Anlage 4a erfüllen. [6]Ist die Stempelplakette auf einem Plakettenträger angebracht, richtet sich die Ausgestaltung des Plakettenträgers nach Abschnitt C der Anlage 4a. [7]Stempelplakette und Plakettenträger müssen dem Normblatt DIN 74069, Ausgabe Mai 2016, entsprechen.

(4) [1]Fahrten, die im Zusammenhang mit dem Zulassungsverfahren stehen, insbesondere Fahrten zur Anbringung der Stempelplakette sowie Fahrten zur Durchführung einer Hauptuntersuchung oder Sicherheitsprüfung dürfen innerhalb des Zulassungsbezirks und eines angrenzenden Bezirks mit ungestempelten Kennzeichen durchgeführt werden, wenn die Zulassungsbehörde vorab ein solches zugeteilt hat oder eine Reservierung nach $\S$ 14 Absatz 1 Satz 4 besteht und die Fahrten von der Kraftfahrzeug-Haftpflichtversicherung erfasst sind. [2]Rückfahrten nach Entfernung der Stempelplakette dürfen mit dem bisher zugeteilten Kennzeichen bis zum Ablauf des Tages der Außerbetriebsetzung des Fahrzeugs durchgeführt werden, wenn sie von der Kraftfahrzeug-Haftpflichtversicherung erfasst sind.

(5) [1]Kennzeichen müssen an der Vorder- und Rückseite des Kraftfahrzeugs vorhanden und fest angebracht sein. [2]Bei Wechselkennzeichen im Sinne des $\S$ 8 Absatz 1a sind der gemeinsame Kennzeichenteil und der fahrzeugbezogene Teil jeweils fest anzubringen. [3]Bei einachsigen Zugmaschinen genügt die Anbringung an der Vorderseite, bei Anhängern und bei Krafträdern die Anbringung an deren Rückseite.

(6) [1]Die Anbringung und Sichtbarkeit des hinteren Kennzeichens muss entsprechen:

1. bei Fahrzeugen (Kraftfahrzeugen und ihren Anhängern) nach Maßgabe der Richtlinie 2007/46/EG sowie Fahrzeugen, die nach den Baumerkmalen ihres Fahrgestells diesen Fahrzeugen gleichzusetzen sind, den Anforderungen der Verordnung (EU) Nr. 1003/2010 der Kommission vom 8. November 2010 über die Typgenehmigung der Anbringungsstelle und der Anbringung der hinteren amtlichen Kennzeichen an Kraftfahrzeugen und Kraftfahrzeuganhängern und zur Durchführung der Verordnung (EG) Nr. 661/2009 des Europäischen Parlaments und des Rates über die Typgenehmigung von Kraftfahrzeugen, Kraftfahrzeuganhängern und von Systemen, Bauteilen und selbstständigen technischen Einheiten für diese Fahrzeuge hinsichtlich ihrer allgemeinen Sicherheit (ABl. L 291 vom 9.11.2010, S. 22) in der jeweils geltenden Fassung,

2. bei Fahrzeugen (zwei- oder dreirädrige Kraftfahrzeuge) nach Maßgabe der Richtlinie 2002/24/EG sowie Fahrzeugen, die nach den Baumerkmalen ihres Fahrgestells diesen Fahrzeugen gleichzusetzen sind, den Anforderungen der Richtlinie 2009/62/EG des Europäischen Parlaments und des Rates vom 13. Juli 2009 über die Anbringungsstelle des amtlichen Kennzeichens an der Rückseite von zweirädrigen oder dreirädrigen Kraftfahrzeugen (ABl. L 198 vom 30.7.2009, S. 20) in der jeweils geltenden Fassung und

3. bei Fahrzeugen nach Maßgabe der Richtlinie 2003/37/EG sowie Fahrzeugen, die nach den Baumerkmalen ihres Fahrgestells diesen Fahrzeugen gleichzusetzen sind, den Anforderungen der Richtlinie 2009/63/EG des Europäischen Parlaments und des Rates vom 13. Juli 2009 über bestimmte Bestandteile und Merkmale von land- oder forstwirtschaftlichen Zugmaschinen auf Rädern (ABl. L 214 vom 19.8.2009, S. 23) in der jeweils geltenden Fassung,

4. bei allen anderen als den unter den Nummern 1 bis 3 genannten Fahrzeugen wahlweise den Anforderungen von Nummer 1 oder Nummer 3.

[2]Hintere Kennzeichen müssen eine Beleuchtungseinrichtung haben, die den technischen Vorschriften der Richtlinie 76/760/EWG des Rates vom 27. Juli 1976 zur Angleichung der

Rechtsvorschriften der Mitgliedstaaten über Beleuchtungseinrichtungen für das hintere Kennzeichen von Kraftfahrzeugen und Kraftfahrzeuganhängern (ABl. L 262 vom 27.9.1976, S. 85) oder der ECE-Regelung Nummer 4 über einheitliche Vorschriften für die Genehmigung der Beleuchtungseinrichtungen für das hintere Kennzeichenschild von Kraftfahrzeugen (mit Ausnahme von Krafträdern) und ihren Anhängern (VkBl. 2004 S. 613) in der jeweils geltenden Fassung entspricht und die das ganze Kennzeichen auf 20 m lesbar macht. [3]Für Krafträder gilt die Richtlinie 97/24/EG des Europäischen Parlaments und des Rates vom 17. Juni 1997 über bestimmte Bauteile und Merkmale von zweirädrigen oder dreirädrigen Kraftfahrzeugen (ABl. L 226 vom 18.8.1997, S. 1) oder die ECE-Regelung Nr. 53 über einheitliche Bedingungen für die Genehmigung von Kraftfahrzeugen hinsichtlich des Anbaus der Beleuchtungs- und Lichtsignaleinrichtungen (VkBl. 2005 S. 778) in der jeweils geltenden Fassung. [4]Die Beleuchtungseinrichtung darf kein Licht unmittelbar nach hinten austreten lassen.

(7) [1]Das vordere Kennzeichen darf bis zu einem Vertikalwinkel von 30 Grad gegen die Fahrtrichtung geneigt sein; der untere Rand darf nicht weniger als 200 mm über der Fahrbahn liegen und die sonst vorhandene Bodenfreiheit des Fahrzeugs nicht verringern. [2]Vorderes und hinteres Kennzeichen müssen in einem Winkelbereich von je 30 Grad beiderseits der Fahrzeuglängsachse stets auf ausreichende Entfernung lesbar sein.

(8) Anhänger nach § 3 Absatz 2 Satz 1 Nummer 2 Buchstabe a bis c, f und g sowie Anhänger nach § 3 Absatz 2 Satz 1 Nummer 2 Buchstabe d und e, die ein eigenes Kennzeichen nach § 4 nicht führen müssen, haben an der Rückseite ein Kennzeichen zu führen, das der Halter des Zugfahrzeugs für eines seiner Zugfahrzeuge verwenden darf; eine Abstempelung ist nicht erforderlich.

(9) [1]Wird das hintere Kennzeichen durch einen Ladungsträger oder mitgeführte Ladung teilweise oder vollständig verdeckt, so muss am Fahrzeug oder am Ladungsträger das Kennzeichen wiederholt werden. [2]Eine Abstempelung ist nicht erforderlich. [3]Bei Fahrzeugen, an denen nach § 49a Absatz 9 der Straßenverkehrs-Zulassungs-Ordnung Leuchtenträger zulässig sind, darf das hintere Kennzeichen auf dem Leuchtenträger angebracht sein.

(10) [1]Außer dem Kennzeichen darf nur das Unterscheidungszeichen für den Zulassungsstaat nach Artikel 37 in Verbindung mit Anhang 3 des Übereinkommens vom 8. November 1968 über den Straßenverkehr (BGBl. 1977 II S. 809) am Fahrzeug angebracht werden. [2]Für die Bundesrepublik Deutschland ist dies der Großbuchstabe „D".

(11) [1]Zeichen und Einrichtungen aller Art, die zu Verwechslungen mit Kennzeichen oder dem Unterscheidungszeichen nach Absatz 10 führen oder deren Wirkung beeinträchtigen können, dürfen an Fahrzeugen nicht angebracht werden. [2]Über die Anbringung der Zeichen „CD" für Fahrzeuge von Angehörigen diplomatischer Vertretungen und „CC" für Fahrzeuge von Angehörigen konsularischer Vertretungen entscheidet das Bundesministerium für Verkehr und digitale Infrastruktur. [3]Die Zeichen „CD" und „CC" dürfen an einem Fahrzeug auf öffentlichen Straßen nur geführt werden, wenn die Berechtigung in der Zulassungsbescheinigung Teil I eingetragen ist. [4]Der Halter darf die Inbetriebnahme eines Fahrzeugs auf öffentlichen Straßen nur anordnen oder zulassen, wenn die Voraussetzungen nach Satz 3 vorliegen.

(12) [1]Unbeschadet des Absatzes 4 dürfen Fahrzeuge auf öffentlichen Straßen nur in Betrieb gesetzt werden, wenn das zugeteilte Kennzeichen auf einem Kennzeichenschild nach Absatz 1, 2 Satz 1, 2 und 3 Halbsatz 1, Absatz 5 Satz 1 und 2 sowie Absatz 6 bis 8 und 9 Satz 1 ausgestaltet, angebracht und beleuchtet ist und die Stempelplakette nach Absatz 3 vorhanden ist und keine verwechslungsfähigen oder beeinträchtigenden Zeichen und Einrichtungen nach Absatz 11 Satz 1 am Fahrzeug angebracht sind. [2]Der Halter darf die Inbetriebnahme eines Fahrzeugs nicht anordnen oder zulassen, wenn die Voraussetzungen nach Satz 1 nicht vorliegen.

(13) [1]Abweichend von Absatz 2 Satz 1 und Absatz 6 Satz 2 bis 4 dürfen nach § 22a Absatz 1 Nummer 21 der Straßenverkehrs-Zulassungs-Ordnung bauartgenehmigte Beleuchtungseinrichtungen für hintere transparente Kennzeichen oder Beleuchtungseinrichtungen, die mit dem Kennzeichen eine Einheit bilden oder bei der sich das Kennzeichen hinter einer durchsichtigen, lichtleitenden Abschlussscheibe befindet,

1. weißes Licht nach hinten abstrahlen oder

2. mit einer Abschlussscheibe vor dem Kennzeichen versehen sein,

soweit jeweils die Nummern 22 und 22a der Technischen Anforderungen an Fahrzeugteile bei der Bauartprüfung nach § 22a StVZO vom 5. Juli 1973 (VkBl. 1973 S. 558), die zuletzt durch die Bekanntmachung vom 21. Juli 2006 (VkBl. 2006 S. 645) geändert worden sind, eingehalten werden. [2]Die bauartgenehmigte Beleuchtungseinrichtung muss mit dem amtlich zugeteilten Prüfzeichen gekennzeichnet sein.

Übersicht

Begr (VkBl. 06 605):   **1**

Absatz 1 *übernimmt den bisherigen § 60 Abs. 1 Satz 1 StVZO, der die Farbe der allgemeinen Kennzeichen bestimmt.*

Absatz 2 *folgt § 60 Abs. 1 Satz 4 und 5 Abs. 1a StVZO und wird um die Ausnahme für Kennzeichen an Fahrzeugen der aufgrund des Nordatlantikvertrages errichteten internationalen militärischen Hauptquartiere, die ihren regelmäßigen Standort im Inland haben (X-Kennzeichen nach der 15. StVZO-Ausnahmeverordnung) ergänzt. Nicht aufgenommen wurden die gesonderten Kennzeichen für Kleinkrafträder und motorisierten Krankenfahrstühle nach Anlage VII der StVZO. Sofern vereinzelt Bedarf besteht, kann ein allgemeines Kennzeichen verwendet werden. Um die Erkennbarkeit der Kennzeichen zu sichern, wird die Maßgabe des § 60 Abs. 1 Satz 4, dass Kennzeichen zusätzlich nicht mit Glas, Folien oder anderen Abdeckungen versehen sein dürfen, übernommen. Davon ausgenommen sind jedoch nach den in Absatz 6 angeführten Vorschriften der Richtlinie 76/760/EWG und der ECE-Regelung Nr. 4 genehmigte Einrichtungen zur Kennzeichenbeleuchtung, die die Erkennbarkeit sichern.*

Die **Absätze 3 und 4** *regeln die Abstempelung des Kennzeichenschildes sowie zulässige Fahrten mit ungestempelten Kennzeichen (bisher § 23 Abs. 4).*

Absatz 5 *bestimmt den Anbringungsort und die feste Anbringung der Kennzeichen (bisher § 60 Abs. 2 Satz 1 und Abs. 3 Satz 1).*

Die **Absätze 6 und 7** *folgen dem bisherigen § 60 Abs. 2 und 4 StVZO, wobei für die Anbringung des hinteren Kennzeichens auf die durch EG-Richtlinien vorgeschriebenen Anbringungsstellen und bezüglich der Beleuchtungseinrichtung für hintere Kennzeichen auf die entsprechende EG-Vorschrift sowie gleichwertige ECE Regelung verwiesen wird.*

Absatz 8 *regelt die Führung von Wiederholungskennzeichen (bisher § 60 Abs. 5 StVZO).*

Absatz 9 *folgt § 60 Abs. 5a und 5b.*

Die **Absätze 10 und 11** *folgen § 60 Abs. 6 und 7. … Die Entscheidungen über die Anbringung der* **2** *Zeichen „CD" und „CC" betreffen Diplomaten und Angehörige der konsularischen Vertretungen sowie deren Angehörige und bedürfen auch zukünftig zwingend einer bundesweit einheitlichen Verfahrensweise. Durch die Übertragung dieser Aufgabe vom Bund auf die Länder kann von daher keine Verwaltungsvereinfachung erkannt werden. Vielmehr wird eine unterschiedliche Handhabung in den Ländern das Auswärtige Amt auf den Plan rufen, wenn sich einzelne Diplomaten oder Konsulatsangehörige in einem Land ungerecht behandelt oder anderen gegenüber benachteiligt fühlen. Zudem ist der direkte Verkehr deutscher Behörden mit Diplomaten dem Bereich der Außenbeziehungen Deutschlands zuzuordnen, der in die ausschließliche Kompetenz des Bundes fällt. …*

Absatz 12 *regelt die Verantwortlichkeit für Fahrzeugführer und Halter hinsichtlich der Einhaltung der Vorschriften zu den Kennzeichen beim Betrieb des Fahrzeugs im öffentlichen Straßenverkehr. …*

2a   **Begr** zur ÄndVO v. 4.4.11 **zu Abs. 13** (BR-Drs. 29/11 S. 7 = VkBl. **11** 371): *Aufnahme der mit der Ersten Verordnung über Ausnahmen von den Vorschriften der Fahrzeug-Zulassungsverordnung vom 20. Juni 2008 (BGBl. I S. 1091) getroffenen Regelungen über die Verwendung selbstleuchtender hinterer Kennzeichen.*

2b   **Begr** zur ÄndVO v. 13.1.12 **zu Anl 4 Abschn 1 Nr. 4 S. 7** (BR-Drs. 709/11 (Beschluss) S. 14): *Die Möglichkeit der Zulassungsbehörde, nach entsprechender Begutachtung durch einen amtlich anerkannten Sachverständigen für den Kraftfahrzeugverkehr bei bestimmten Voraussetzungen eine Ausnahme zum Führen eines verkleinerten zweizeiligen Kennzeichens zu genehmigen, war bisher auf mehrspurige Kraftfahrzeuge beschränkt. Es existieren jedoch auch Krafträder, insbesondere Motorroller älteren Datums, bei denen bei zweizeiligen Kennzeichen das vorgeschriebene Mindestmaß der Bodenfreiheit nicht eingehalten werden kann, auch nicht bei Zuteilung der neuen Kraftradkennzeichen. Die bisherige Beschränkung der Möglichkeit der Ausnahmegenehmigungserteilung auf mehrspurige Kraftfahrzeuge war daher aufzuheben.*

2c   **Begr** zur ÄndVO v. 19.10.12 **zu Abs. 4 S. 2** (BR-Drs. 371/12 (Beschluss) S. 5 = VkBl. **12** 864): *Mit der Änderung erfolgt eine Klarstellung, dass Rückfahrten auch in Fällen einer Außerbetriebsetzung bei der nicht Kennzeichen führenden Zulassungsbehörde (externe Außerbetriebsetzung) möglich sind, und dass die bisherige räumliche Begrenzung des Anwendungsbereichs auf den Zulassungsbezirk oder auf einen angrenzenden Zulassungsbezirk nicht mehr veranlasst ist. Gleichwohl erscheint eine zeitliche Befristung notwendig.*

2d   **Zu Anl 4 Abschn 1 Nr. 1 S. 2** (BR-Drs. 371/12 S. 41 = VkBl. **12** 867): *Nach § 10 Absatz 6 Nummer 3 (neu) ist das verkleinerte zweizeilige Kennzeichen auch für Zugmaschinen mit einer bauartbedingten Höchstgeschwindigkeit von mehr als 40 km/h zulässig. Für Zugmaschinen bis 40 km/h, bei denen das Kennzeichen der Größe 520 mm × 120 mm verwendet werden soll bzw. bei Zugmaschinen über 40 km/h, bei denen die Kennzeichengröße 255 mm × 130 mm verwendet werden soll, ist künftig keine Ausnahmegenehmigung mehr erforderlich.*

2e   **Begr** zur ÄndVO v. 8.10.13 **zu Abs. 3 S. 2–5** (BR-Drs. 435/13 S. 39 = VkBl. **13** 1063): *Die Regelung zur Gestaltung der Stempelplaketten wird ergänzt. Zur Reduzierung der Missbrauchswahrscheinlichkeit und Optimierung der (verwaltungsinternen) Abläufe soll eine Druckstücknummer eingeführt werden. Mit Hilfe der Druckstücknummer kann die Identifizierung von widerrechtlich erstellten Doubletten erleichtert werden. Gleichzeitig wird den Zulassungsbehörden auf einfache Weise ermöglicht, eine Stempelplakettenverwaltung umzusetzen, um (auch intern) den Verbleib von Stempelplaketten zu steuern. Daneben soll den Zulassungsbehörden gerade in Massenverfahren wie bei Flottenzulassungen ermöglicht werden, Anbringung und Zuordnung von Stempelplakette zu Kennzeichenschild und Erfassung des Sicherheitscodes zeitlich aufzuteilen. Die Druckstücknummer muss eindeutig sein, um den oben beschriebenen Zweck erfüllen zu können. Die Druckstücknummer wird im Zentralen Fahrzeugregister und im örtlichen Fahrzeugregister gespeichert. Es muss dabei sichergestellt sein, dass der Sicherheitscode nur wahrnehmbar ist, wenn die ursprüngliche Erscheinung der Stempelplakette irreversibel so verändert ist, dass das Erlöschen des bisherigen Aussagegehalts deutlich erkennbar ist; die Stempelplakette muss deutlich als „entstempelt" erkennbar sein.*

2f   **Zu Anl 4a:** BR-Drs. 435/13 S. 46 = VkBl. **13** 1066.

3   **1. Anwendungsbereich.** § 10 enthält Vorschriften über die technische Gestaltung der Kennzeichenschilder für allgemeine Kennzeichen und über die Abstempelung. Er ergänzt § 8 (Zuteilung von allgemeinen Kennzeichen). Die Gestaltung grüner (§ 9 II) und roter (§§ 16 I, 17) Kennzeichen ist davon abweichend geregelt, was sich aber nur auf die farbliche Gestaltung des Kennzeichenschildes und nicht auf die sonstigen technischen Anforderungen bezieht. Zur Gestaltung von Oldtimerkennzeichen § 9 I, Saisonkennzeichen § 9 III, roter Kennzeichen § 16 V S. 1, Kurzzeitkennzeichen § 16a III S. 2, IV S. 1, 2, Ausfuhrkennzeichen § 19. Zu den Kennzeichen ausländischer Fahrzeuge beim vorübergehenden Verkehr in Deutschland s. § 21. Vor dem 1.3.07 nach Maßgabe der damaligen Vorschriften der StVZO zugeteilte Kennzeichen bleiben gültig (§ 50 II).

4   **2. Ausgestaltung der Kennzeichenschilder.** Allgemeine Kennzeichen sind in schwarzer Schrift auf weißem schwarz gerandetem Grund ausgeführt (Abs. I S. 1). Das durch ÄndVO v. 6.1.95 fakultativ eingeführte **Euro-Kennzeichen** (§ 60 Abs. I b StVZO in der bis 1.11.00 geltenden Fassung) ist heute obligatorisch, s. Anlage 4, Abschnitt 1 Nr. 3. *Jagow,* Das Euro-Kennzeichen, VD **95** 25. Das gilt für alle Fahrzeuge, die erstmals in den Verkehr kommen oder aus anderem Anlass ein neues Kennzeichen benötigen; im Übrigen bleiben die bisherigen Kennzeichen gültig (§ 50 II). Muss nur ein Schild erneuert werden, so sind beide durch Euro-Kennzeichen zu ersetzen (s. VkBl. **00** 467). Auch Oldtimerkennzeichen (§ 9 I) müssen über ein Euro-Feld verfügen (§ 9 Rn. 2a). Inbetriebnahme eines Fz mit durch Reichsflagge ersetztem EU-Zeichen auf dem hinteren Kennzeichen (AG Zeitz 7.12.16 13 OWi 739 Js 209 364/16) oder mit Stinkefinger-Aufkleber im EU-Sternenkranz (AG Zeitz 20.12.16 13 OWi 721 Js 210 685/16) ist ow, denn gem. Anl 4 ist das Euro-Feld erforderlich. Die **Abmessungen** der Kennzeichenschilder sind in Anl 4 Abschn 1 Nr. 1 geregelt mit weiteren Spezifizierungen in Anl 4 Abschn 2–6 (Abs. 2 S. 2). Die Kennzeichenschilder **einzeiliger Kennzeichen** sind maximal 52 cm breit und 11 cm hoch (Anl 4 Abschn 1 Nr. 1 Buchst. a). Die Kennzeichenschilder **zweizeiliger Kennzeichen** dürfen maximal 34 cm, bei zwei- und dreirädrigen Kfz maximal 28 cm breit und 20 cm hoch sein (Anl 4 Abschn 1 Nr. 1 S. 1 Buchst. b). Durch ÄndVO v. 4.4.11 (BGBl. I S. 549, Begr BR-Drs. 29/11 S. 5 = VkBl. **11** 370, BR-Drs. 29/11 (Beschluss) S. 4 ff. = VkBl. **11** 372 f.) wurden zwischen 18 und 22 cm breite und 20 cm hohe sog **Kraftradkennzeichen** als zusätzliche Option neben den ein- und zweizeiligen Kennzeichen eingeführt (Anl 4 Abschn 1 Nr. 1 S. 1 Buchst. c, Abschn 2, 4 und 5 jeweils Nr. 2a, dazu *Liebermann* VD **11** 128). Für diese Kennzeichen kann die verkleinerte Mittelschrift verwendet werden (Anl 4 Abschn 1 Nr. 2.2.3). Auch wenn die FZV nicht ausdrücklich regelt, dass die Kraftradkennzeichen nur für Krafträder (§ 2 Nr. 9) verwendet werden können, ist im Hinblick auf die Bezeichnung als Kraftradkennzeichen und die Begr („Kennzeichen für Krafträder", BR-Drs. 29/11 S. 5 = VkBl. **11** 370) davon auszugehen, dass sie nur für diese Art von Kfz eingesetzt werden sollen. Für Leichtkrafträder (§ 2 Nr. 10) können neben ein- und zweizeiligen Kennzeichen **verkleinerte zweizeilige Kennzeichen** mit einer maximalen Breite von 25,5 cm und einer Höhe von 13 cm (Anl 4 Abschn 1 S. 1 Nr. 1 Buchst. d, S. 2), aber auch Kraftradkennzeichen gem. Anl 4 Abschn 1 Nr. 1 S. 1 Buchst. c verwendet werden. Verkleinerte zweizeilige Kennzeichen dürfen auch für Zugmaschinen und Anhänger iSd § 10 VI S. 1 Nr. 3 zugeteilt werden (Anl 4 Abschn 1 Nr. 1 S. 2, zu der Änderung ab 1.11.12 Begr Rn. 2d). Die früher in § 60 I S. 5 Hs. 2 und AnlVII StVZO geregelten gesonderten Kennzeichen für Kleinkrafträder und motorisierte Krankenfahrstühle wurden ab 1.3.07 abgeschafft (Begr VkBl. **06** 605). Vor dem 1.3.07 zugeteilte Kennzeichen dieser Art bleiben gültig (§ 50 II).

Ist die Zuteilung eines Kennzeichens, das an der am Fz vorgesehenen Stelle angebracht werden **4a** kann, nicht möglich, hat der Halter **Veränderungen am Fz** vorzunehmen, die die Anbringung eines vorschriftsmäßigen Kennzeichens ermöglichen, sofern die Veränderungen nicht unverhältnismäßigen Aufwand erfordern (Anl 4 Abschn 1 Nr. 4 S. 6). Ist die Anbringung eines vorschriftsmäßigen hinteren Kennzeichens in der Form eines einzeiligen, zweizeiligen oder Kraftradkennzeichens an einem Kfz nur mit unverhältnismäßigem Aufwand möglich oder technisch nicht möglich, kann die ZulB bei Bestätigung dieser Umstände durch einen aaS eine **Ausnahme zum Führen eines verkleinerten zweizeiligen Kennzeichens** gem. Anl 4 Abschn 1 Nr. 1 S. 1 Buchst. d genehmigen (Anl 4 Abschn 1 Nr. 4 S. 7 Hs. 1). Nach Aufhebung der Beschränkung dieser Ausnahmemöglichkeit auf mehrspurige Kfz durch ÄndVO v. 13.1.12 (BGBl. I S. 103, Begr Rn. 2b) mit Wirkung ab 1.7.12 können solche Ausnahmen jetzt auch für Krafträder zugelassen werden. Ausnahmsweise Zulassung von verkleinerten zweizeiligen Kennzeichen ist jedoch ausgeschlossen, wenn die Unmöglichkeit der Anbringung eines vorschriftsmäßigen Kennzeichens durch nachträgliche Änderungen oder den Anbau von Zubehör verursacht ist (Anl 4 Abschn 1 Nr. 4 S. 7 Hs. 2).

Die Zulassung von **Ausnahmen** nach § 47 I Hs. 1 von den durch II S. 2 festgelegten Anfor- **4b** derungen an **Form, Größe und Ausgestaltung der Kennzeichenschilder** liegt im **Ermessen** der ZulB, wobei Ausnahmen nicht auf die in Abschn 1 Nr. 4 Anl 4 beschriebenen Fallkonstellationen beschränkt sind (VG Kar 6.3.18 6 K 2374/16). Die Ermessenserwägungen erfordern eine am Normzweck orientierte Abwägung. Demnach kann zB für einen Oldtimer ein leicht sichelförmiges vorderes Kennzeichen zugelassen werden, wenn das Kennzeichen auf eine ausreichende Entfernung lesbar ist (VG Kar 6.3.18 6 K 2374/16).

Kennzeichenschilder dürfen **nicht spiegeln** (Abs. II S. 1), weil das die Lesbarkeit beeinträch- **5** tigen könnte. Der weiße Grund muss aber **reflektieren**, Abs. II S. 3 (Ausnahme: Fz der Bundeswehr und Fz internationaler militärischer Hauptquartiere in Deutschland, Abs. II S. 3 Hs. 2). Das gilt auch für rote Kennzeichen und Kurzzeitkennzeichen (§§ 16 V S. 1 und § 16a III S. 2 jeweils iVm § 10 II S. 3), aber auch für die Wiederholungskennzeichen an zulassungsfreien Anhängern (Abs. VIII). Die Kennzeichenschilder sind **gemäß dem Normblatt** DIN 74 069, Ausgabe Mai 16, Abschnitt 1 bis 8 herzustellen (Abs. II S. 3). Das Verbot von **Folien, Glas** oder ähnlichen Abdeckungen auf dem Kennzeichen (Abs. II S. 1, Hs. 2) soll verhindern, dass die Erkennbarkeit der Kennzeichen beeinträchtigt wird (Begr VkBl. **06** 605), was sich insbesondere beim Radarblitz (s. Begr VkBl. **89** 589), aber auch im Übrigen bei notwendiger Identifizierung (Dü NZV **97** 319) auswirken kann. Davon ausgenommen sind jedoch nach den in Abs. VI angeführten Vorschriften der Richtlinie 76/760/EWG und der ECE-Regelung Nr. 4 genehmigte Einrichtungen zur Kennzeichenbeleuchtung, die die Erkennbarkeit sichern. Überkleben des Kennzeichenschildes mit reflektierender Folie ist Urkundenfälschung iSd § 267 StBG (Dü NZV **97** 319).

6   Kennzeichenschilder dürfen **weder verdeckt noch verschmutzt** sein (Abs. II S. 1 Hs. 1). Das ist, soweit das Verdeckungsverbot in Betracht kommt, zugleich eine Verhaltensvorschrift, soweit bestimmt ist, dass Kennzeichen nicht verschmutzt sein dürfen, eine reine Verhaltensvorschrift, da sie das Gebot enthält, Verschmutzung zu beseitigen. Damit überschneidet sich Abs. II Satz 1 Hs. 1 mit § 23 I S. 3 StVO. Auch vorübergehendes Verdecken im Verkehr ist unzulässig. Bei auch nur teilweiser Verdeckung durch Ladungsträger oder Ladung ist ein zusätzliches, ungestempeltes Kennzeichen am Fz oder Ladungsträger anzubringen (Abs. IX). Verantwortlich ist während der Fahrt der Fahrer (§ 23 StVO).

7   **Form, Größe und Ausgestaltung** einschließlich Beschriftung der Kennzeichenschilder sind in Anlage 4 geregelt (Abs. II S. 2). Um die Schrift deutlich und einheitlich zu gestalten, sind die Abstände der Buchstaben oder Ziffern dort im Einzelnen bestimmt.

8   Zum **Vertrieb von Kennzeichenschildern** durch die Zulassungsbehörde: BGH NJW **74** 1333, *Steinke* DVBl **76** 662, kritisch *Schultz-Süchting* GRUR **74** 700. Zum Gestattungsvertrag zwischen Zulassungsbehörde und Kfz-Schilderhersteller Fra VersR **77** 378. Zur Vermietung von in räumlicher Nähe zur ZulB gelegenen Gewerbeflächen an einen Schilderpräger: BGH NJW **06** 1979, VGH Ma NVwZ-RR **06** 714, LG Dortmund NZV **07** 93. Kommune, die auf dem Grundstück der ZulB Flächen an Schilderpräger vermietet hat, muss auf Belange in der Nachbarschaft angesiedelter anderer Schilderpräger Rücksicht nehmen (Kö NJW **07** 1215). Missbrauch der marktbeherrschenden Stellung eines Schilderprägers, der sein Gewerbe in den Räumen der ZulB betreibt, durch Anmietung des einzigen für einen Konkurrenzbetrieb zur Verfügung stehenden Grundstücks (Dü NJW **09** 1087).

9   **3. Abstempelung des Kennzeichenschildes.** Kennzeichenschilder mit Ausnahme der Wiederholungskennzeichen nach Abs. 8 an zulassungsfreien Anhängern und nach Abs. 9 S. 1 bei Verdeckung durch Ladungsträger oder Ladung müssen durch die ZulB gestempelt sein (Abs. 3 S. 1), und zwar alle für ein Fz erforderlichen Kennzeichenschilder, auch wenn Abs. 3 S. 1 von dem abzustempelnden Kennzeichenschild im Singular spricht (Anl 4 zur FZV Abschnitt 1 Nr. 6 S. 1 lit c). Mit der Abstempelung nach Abs. 3 S. 1 wird das von der ZulB zugeteilte Kennzeichen zu einem amtlichen Kennzeichen iSd § 1 I S. 2 StVG (BGH NJW **18** 2264). Die Zulassung des Fz zum Verkehr erfolgt erst mit der Abstempelung des Kennzeichenschildes (§ 3 I S. 3, § 3 Rn. 5). Bei **Abstempelung des falschen Kennzeichens** Amtspflichtverletzung der ZulB: Die Pflicht der ZulB, bei Abstempelung des Kennzeichenschildes mit zugeteiltem Kennzeichen zu überprüfen, ob das Schild das zugeteilte Kennzeichen trägt und nicht dem Schilderhersteller beim Aufdruck des Kennzeichens ein Fehler unterlaufen ist, dient nicht nur öffentlichen Zwecken; sie obliegt der ZulB auch im Interesse der Inhaber bereits zugeteilter Kennzeichen, davor bewahrt zu werden, irrtümlich für Vorgänge im Zusammenhang mit dem Betrieb eines fremden Fz zur Verantwortung gezogen zu werden (BGH NJW **18** 2264). **„Tageszulassungen"**/papiermäßige Zulassungen für Fz, die nicht in den Verkehr gebracht werden sollen, **ohne Vorlage und Abstempelung von Kennzeichenschildern** sind rechtlich nicht möglich, da nur Fz zugelassen werden können, die „auf öffentlichen Straßen in Betrieb gesetzt werden sollen" (§ 1 I S. 1 StVG) und weil die Zulassung erst mit der Abstempelung des Kennzeichenschildes abgeschlossen ist (§ 3 I S. 3, *Dauer* NZV **07** 442 (443 f.)). Eine Ausnahmegenehmigung nach § 47 I kann Verzicht auf Abstempelung nicht ermöglichen, da damit eine neue Form der Zulassung (papiermäßige Zulassung für Fz, die nicht in den Verkehr gebracht werden sollen) eingeführt würde, wozu nur der Gesetzgeber befugt wäre, denn § 1 I S. 1 StVG sieht bisher nur die Zulassung von Fz vor, die „auf öffentlichen Straßen in Betrieb gesetzt werden sollen". Demzufolge sind rein „papiermäßige" Zulassungen ohne Kennzeichenabstempelung und bei bestehender Absicht, das Fz sofort wieder abzumelden, von der Rspr. verweigert worden (BVerwG Beschl v. 12.11.76 VII B 21.76, VG Mü NZV **95** 503).

9a   Die Ausgestaltung der **Stempelplakette** wird in III S. 2–5 und 7 iVm Anl 4a Abschn B geregelt. Soweit III S. 2 die Anbringung des Stadtwappens auf der Stempelplakette ausschließt, verstößt dies nicht gegen Art 28 GG (BVerfG DAR **00** 397). Die seit 1.1.15 auf Kennzeichenschildern neu aufgebrachten Stempelplaketten enthalten eine **Druckstücknummer** aus 8 Zeichen, die für jede Stempelplakette nur einmal vergeben sein darf (III S. 2). Dadurch soll Missbrauch erschwert und den ZulB eine rationale Stempelplakettenverwaltung ermöglicht werden (Begr Rn. 2e). Die Druckstücknummer ist auf der Stempelplakette sowohl in maschinenlesbarer als auch in unmittelbar lesbarer Form dargestellt (Anl 4a Abschn B Nr. 1 Buchst. a S. 1). Die seit 1.1.15 auf Kennzeichenschildern neu aufgebrachten Stempelplaketten enthalten außerdem einen verdeckt angebrachten **Sicherheitscode** aus 3 Zeichen, der nur durch Freilegen (Abziehen, Abschaben o. ä.) sichtbar wird (III S. 3). Der Sicherheitscode kann nur wahrgenommen werden, wenn die Stempelplakette durch das Freilegen des Sicherheitscodes unumkehrbar so verändert wird, dass das Kennzeichenschild damit als entstempelt erkennbar wird (Begr Rn. 2e). Der Sicherheitscode muss nach Freilegung unmittelbar und deutlich lesbar sein sowie zusätzlich in maschinenlesbarer Form dargestellt werden (Anl 4a Abschn B Nr. 1 Buchst. b S. 1). Er darf weder aus der Druckstücknummer hervorgehen noch aus dieser ableitbar sein (Anl 4a Abschn B Nr. 1 Buchst. b S. 1), um auszuschließen, dass er verwandt werden kann, ohne dass der Sicherheitscode auf der Stempelplakette freigelegt worden ist (Begr Rn. 2f.). Die Druckstücknummern und Sicherheitscodes der Stempelplaketten werden im ZFZR gespeichert (§§ 30 I Nr. 14a), in den örtlichen Fzregistern nur die Druckstücknummern (§ 31 I Nr. 14a). Die bis Ende 2014 auf Kennzeichenschildern angebrachten Stempelplaketten ohne Druckstücknummer und Sicherheitscode bleiben gültig (§ 50 IV), können aber nicht für die Bearbeitung von Anträgen in internetbasierten Zulassungsverfahren genutzt werden (§ 15d I). Die speziellen Stempelplaketten für Kurzzeitkennzeichen (blau) und Ausfuhrkennzeichen (rot) enthalten nicht die Sicherheitsmerkmale gem. III S. 2, 3 und 5, da sie bei diesen von vornherein zeitlich befristet gültigen Kennzeichen nicht für erforderlich gehalten werden.

Wenn die Stempelplakette auf einem **Plakettenträger** angebracht ist, muss dieser den Vorga- **9b** ben von Anl 4a Abschn C und dem Normblatt DIN 74069 Ausgabe Mai 16 entsprechen (III S. 6 und 7). Die Plakettenträger wurden durch ÄndVO v. 23.3.17 (BGBl. I S. 522) mWv 1.10.17 eingeführt. Nach § 15i IV Nr. 1 wird die Vorlage der Kennzeichenschilder und ihre Abstempelung durch die ZulB bei internetbasierter Zulassung und Änderungen durch das Aufbringen der Stempelplaketten auf den Plakettenträgern nach III S. 6 und deren Übersendung an den Halter ersetzt. Der an den Halter versandte, mit Sicherheitsmerkmalen versehene Plakettenträger ermöglicht als Trägermedium ein Aufkleben der Stempelplakette durch den Halter. Die Sicherheitsmerkmale ermöglichen eine Zuordnung des Plakettenträgers zum Kennzeichen und zum Fz (Begr BR-Drs. 770/16 S. 131).

Das durch die ZulB abgestempelte Kennzeichenschild ist zusammen mit dem Fz eine **Ur-** **10** **kunde** iSd § 267 StGB, dem nicht abgestempelten Kennzeichenschild kommt diese Eigenschaft nicht zu (BGHSt **11** 165 = NJW **58** 508, BGH NJW **18** 87, NJW **18** 2264, Hbg VM **59** 40, Ko NStZ-RR **16** 388, BHHJ/*Hühnermann* § 1 StVG Rn. 11a, *Fischer,* § 267 Rn. 7 mwN). Das am Kfz angebrachte amtlich gestempelte Kennzeichen beurkundet die Zulassung dieses Kfz, BGHSt **45** 197 = NZV **00** 46, Bay DAR **78** 52, NZV **99** 213, Stu NStZ **01** 370, Dü NZV **97** 319. Eine Urkunde verfälscht, wer das amtliche Kennzeichen gegen ein anderes vertauscht, BGHSt **18** 70 = VRS **21** 125, Bay VM **77** 36. Anbringung eines amtlich gestempelten Kennzeichens an einem anderen Kfz als demjenigen, für das es ausgegeben ist, ist Urkundenfälschung, BGH NJW **61** 1542, Bra DAR **78** 24, ebenso wenn das Kennzeichen zwar für dieses Kfz ausgegeben, dann aber verlorengegangen war, wenn es nunmehr an inzwischen außer Betrieb gesetzten Kfz angebracht wird, Bay DAR **78** 52. Veränderung des Kennzeichens durch Überkleben von Buchstaben zur Täuschung über den Zulassungsort ist Urkundenfälschung, BGH DAR **89** 242. Überkleben eines mit einer Stempelplakette der ZulB versehenen Kennzeichenschildes, welches an dem Kfz, für das es zugeteilt ist, angebracht ist, mit gelber Folie und schwarzen Buchstaben, um bei der anschließenden Teilnahme am StrV im Rahmen von Tankvorgängen vorzutäuschen, das Fz sei im Ausland zugelassen, um letztlich nicht als Täter von (versuchten) Tankbetrügereien überführt zu werden, ist keine Urkundenfälschung gem. § 267 I StGB, sondern eine Urkundenunterdrückung gemäß § 274 I Nr. 1 Variante 3 StGB (Fra 28.1.20 – 3 Ss 350/19 NStZ-RR **20** 226). Gebrauch gemacht wird von einem falschen Kennzeichen schon dadurch, dass das Kfz mit dem Kennzeichen im Verkehr benutzt wird (RGSt **72** 369, BGH NJW **14** 871, Bay NZV **98** 333). Wird ein falsches oder gestohlenes amtliches Kennzeichen mehrfach gebraucht und entspricht dieser mehrfache Gebrauch dem schon bei der Fälschung bestehenden konkreten Gesamtvorsatz des Täters, liegt nur eine Urkundenfälschung als tatbestandliche Handlungseinheit vor (BGH NStZ-RR **17** 26 = NJW **17** 1045 Ls, NStZ-RR **17** 289, NJW **18** 87, 17.10.18 – 4 StR 149/18 NStZ-RR **19** 29). Das Anbringen entstempelter Kennzeichen an Kfzen, für die sie nicht bestimmt sind, ist keine Urkundenfälschung, Hb VM **59** 23, ebenso wenig das Anbringen eines selbst gefertigten Kennzeichenschildes, BGH DAR **97** 176. Vor Stempelung oder nach Entfernung des Stempels ist das Kennzeichen keine Privaturkunde (§ 267 StGB), denn es besagt nichts über den Aussteller, Hb VRS **31** 362. Anbringen einer falschen Stempelplakette ist dann keine Urkundenfälschung, wenn das Falsifikat nicht geeignet ist, über die Identität des Ausstellers zu täuschen; dann handelt es sich nur um Vortäuschung einer Urkunde, Bay DAR **81** 246, Stu NStZ-RR **01** 370. – Für Kennzeichenschilder mit vom Halter bei internetbasierter Wiederzulassung selbst aufgebrachtem Plakettenträger mit Stempelplakette gibt es bisher noch keine Rspr. zur Urkundeneigenschaft.

11   **4. Fahrten mit ungestempelten Kennzeichen.** Vor Stempelung darf das Kfz im Verkehr nicht verwendet werden (ordnungswidrig gem. §§ 10 XII, 48 Nr. 1b). Nach Abs. IV S. 1 sind aber **Fahrten im Zusammenhang mit dem Zulassungsverfahren,** etwa zur Stempelung des Kennzeichens, und **Fahrten zur Durchführung einer HU oder SP** mit ungestempelten Kennzeichen zulässig, wenn die ZulB vorab ein Kennzeichen zugeteilt hat oder eine Reservierung des Kennzeichens nach § 14 I S. 4 (heute 5) besteht, und wenn Versicherungsschutz besteht. Kennzeichen sind in diesem Sinne **vorab zugeteilt** (Gebühren Nr. 230 in Anl GebOSt nennt dies „Vorwegzuteilung von Erkennungsnummern"), wenn die ZulB ihre Entscheidung nach § 8 I S. 1 dem Antragsteller gem. § 8 I S. 5 mitgeteilt hat. Begrifflich unglücklich ist, dass Abs. IV S. 1 von Vorab-Zuteilung spricht (die Zuteilung ist erfolgt), § 8 I S. 5 dagegen von dem für die Zuteilung vorgesehenen Kennzeichen (die Zuteilung ist noch nicht erfolgt). Gemeint ist offenkundig derselbe Sachverhalt. Eine **Reservierung** besteht, wenn das Kennzeichen gem. § 14 I S. 5 bei Außerbetriebsetzung reserviert wurde und der Reservierungszeitraum noch nicht abgelaufen ist. Ein Kennzeichenschild, bei dessen Stempelplakette der Sicherheitscode sichtbar ist, gilt als ungestempeltes Kennzeichen iSv IV S. 1 (§ 15d III). **Räumliche Begrenzung:** Zulässige Fahrten mit ungestempelten Kennzeichenschildern müssen den kürzesten Weg nehmen und dürfen nicht zugleich Gebrauchszwecken dienen (Transport), Bay VM **76** 6, Fra VRS **44** 376. Fahrten im Zusammenhang mit der Abstempelung sind solche vom Standort zur ZulB, nötigenfalls zwischendurch zur Werkstatt zur notwendigen Instandsetzung, nicht private Umwege (Lokal), Hb VersR **71** 925. Im Übrigen muss die Fahrt mit ungestempelten Kennzeichen zu den in Abs. IV S. 1 genannten Zwecken jedenfalls innerhalb der Grenzen des Zulassungsbezirks und eines angrenzenden Bezirks stattfinden, um von Abs. IV S. 1 gedeckt zu sein. **Rückfahrten nach Entfernung der Stempelplakette** dürfen nach Abs. IV S. 2 mit dem bisher zugeteilten Kennzeichen auch außerhalb des Zulassungsbezirks und eines angrenzenden Bezirks durchgeführt werden. Die räumliche Begrenzung ist insoweit durch ÄndVO v. 19.10.12 (BGBl. I S. 2232) aufgehoben worden, um Rückfahrten mit entstempelten Kennzeichen von weiter entfernt liegenden anderen Zulassungsbehörden zu ermöglichen, wenn diese im Wege der Amtshilfe die Außerbetriebsetzung durchgeführt haben (Begr Rn. 2c). Rückfahrten mit entstempelten Kennzeichen sind nur bis 24 Uhr des Tages der Außerbetriebsetzung zulässig (Abs. IV S. 2).

12   Bei Fahrten mit ungestempelten Kennzeichen sind jeweils **so viele Kennzeichen** am Fz anzubringen, wie normalerweise gem. Abs. V erforderlich sind (s. Begr des Bundesrates VkBl. **06** 605). Wenn also Fz nach Abs. V zwei Kennzeichen führen, müssen sie auch bei zulässigen Fahrten mit ungestempelten Kennzeichenschildern zwei Kennzeichen führen. Es sind nicht nur Fahrten zu vorgeschriebenen, sondern auch zu freiwillig vorzeitig durchzuführenden HU oder SP erlaubt (s. Begr des Bundesrates VkBl. **06** 605).

13   Voraussetzung für die Berechtigung zum Fahren mit ungestempelten Kennzeichen im Zusammenhang mit dem Zulassungsverfahren, bei Rückfahrten nach Entfernung der Stempelplakette oder zur Durchführung einer HU oder SP ist das **Bestehen einer Haftpflichtversicherung** für die betreffende Fahrt, s. dazu § 1 IIIa AKB alt = H.3 AKB 08, *Heinzlmeier* NZV **06** 227 f. Der Versicherungsschutz ist durch den Versicherer in der Versicherungsbestätigung durch entsprechende Eintragung zu dokumentieren (s. § 23 II S. 4 Nr. 10). Ohne eine solche Klarstellung wäre im Hinblick auf § 9 S. 1 KfzPflVV nicht auszuschließen, dass trotz Aushändigung einer Versicherungsbestätigung noch kein Versicherungsschutz gewährleistet ist, weil das Fahrzeug nämlich erst mit der Abstempelung des Kennzeichens iS von § 9 S. 1 KfzPflVV „behördlich zugelassen" ist.

14   Für Fahrten zur Abstempelung darf die Zulassungsbehörde keinen Zeitpunkt vorschreiben, auch hängt die Zulässigkeit der Fahrt mit ungestempelten Kennzeichen nicht vom Mitführen eines Zulassungsantrags ab, Fra VRS **44** 376, *Hachemer* VD **96** 232. Wird das Kfz ohne Zutun des Halters nicht abgefertigt, so darf es mit ungestempelten Kennzeichen zurückfahren, BFH FR **62** 125. Der Fahrer ist neben dem Halter für das Fehlen des Stempels verantwortlich, Ha VRS **28** 148. Fahrten mit **roten Kennzeichen** oder **Kurzzeitkennzeichen:** §§ 16, 16a.

14a   **Literatur:** *Hachemer,* Fahrten zur Zulassungsstelle mit ungestempeltem Kennzeichen, VD **96** 279. *Jagow,* Fahrten mit ungestempelten Kennzeichen, VD **84** 158. *Jagow,* Stempel- und Prüfplaketten an KfzKennzeichen, VD **84** 88.

5. Anbringung der Kennzeichenschilder. Kennzeichenschilder müssen grundsätzlich so- **15** wohl an der Vorder- als auch an der Rückseite des Kfz geführt werden (Abs. 5 S. 1). An der Vor- der- und Rückseite darf das Kennzeichen aber nur je einmal angebracht werden, daneben kein zweites (Fra VM **75** 16). Bei Anhängern genügt die Anbringung an der Rückseite (Vorder- seite meist verdeckt). Bei Krafträdern genügt die Anbringung an der Rückseite (Abs. 5 S. 3), auch bei ausländischen Krafträdern beim vorübergehenden Verkehr in Deutschland (§ 21 I S. 2). Kraft- räder iSv Abs. 5 S. 3 sind Fz gem. § 2 Nr. 9–11. Dreirädrige Fz unterliegen der Pflicht zur Anbrin- gung von Kennzeichen auch an der Vorderseite, soweit es sich nicht um dreirädrige Kleinkraftä- der iSv § 2 Nr. 11 Buchst. b handelt (VG Schl DAR **09** 344). Einachsige Zgm brauchen kein Kennzeichen an der Rückseite zu führen, weil diese Fz nur geringe Geschwindigkeit haben.

Kennzeichenschilder sind **fest anzubringen** (Abs. 5 S. 1), bei Wechselkennzeichen beide **16** Kennzeichenteile (Abs. 5 S. 2). Dies soll gewährleisten, dass das Kennzeichen im Betrieb für jeden erkennbar bleibt. Es darf nur mit Werkzeugen gelöst werden können, Befestigung mit starkem Draht soll uU ausreichen (Kö VRS **57** 314). Kennzeichen müssen **außen am Fz** an- gebracht sein. Es reicht nicht aus, die Kennzeichen innen hinter die Front- und Heckscheibe des Fz zu legen (OVG Lüneburg SVR **09** 471). Die Vorschriften über die Anbringung der Kennzei- chen sind **auch im ruhenden Verkehr** zu beachten (OVG Lüneburg SVR **09** 471). Abs. 5 S. 1 ist kein Schutzgesetz iS von § 823 II BGB, zur Vorgängervorschrift: KG VM **86** 62. Kennzei- chenschrauben dürfen nicht in Buchstaben oder Zahlen verundeutlichender Weise gesetzt wer- den, s. BMV VkBl. **61** 25. Einrichtungen, die es ermöglichen, das Kennzeichen während der Fahrt umgeklappt zu halten, oder dass es sich während der Fahrt durch Luftdruck umklappt, sind unzulässig. Bei Fz, an denen nach § 49a IX StVZO Leuchtenträger zulässig sind, darf das hintere Kennzeichen auf dem Leuchtenträger angebracht sein (Abs. 9 S. 3).

Für die Anbringung des **hinteren Kennzeichens** wird durch Abs. 6 S. 1 auf die durch EG- **17** Richtlinien vorgeschriebenen Anbringungsstellen verwiesen. Anbringung des **vorderen Kenn- zeichens** Abs. 7 S. 1.

6. Beleuchtung des hinteren Kennzeichens. Hintere Kennzeichen müssen eine Beleuch- **18** tungseinrichtung haben, die nach Abs. 6 S. 2 der Richtlinie 76/760/EWG oder der gleichwerti- gen ECE-Regelung Nr. 4 (VkBl. **04** 613 = StVRL § 10 FZV Nr. 5) entspricht. Weiter muss diese Beleuchtungseinrichtung das ganze Kennzeichen auf 20 Meter lesbar machen. Für Krafträ- der s. Abs. 6 S. 3. Die Beleuchtungseinrichtungen müssen in amtlich genehmigter Bauart ausge- führt sein (§ 22a I Ziff 21, 21a StVZO). Technische Anforderungen bei der Bauartprüfung, VkBl. **73** 558, zuletzt geändert: VkBl. **06** 645 = StVRL § 22a StVZO Nr. 1 (Nr. 22). Die Be- leuchtung von erhaben geprägten Kennzeichen mit schwarzer Schrift auf weißem Grund ist nur einwandfrei, wenn störende Schatten vermieden werden.

Selbstleuchtende Kennzeichen sollen eine bessere Erkennbarkeit der Kennzeichen bei **18a** Dunkelheit gewährleisten. Ausnahmsweise durften hintere Kennzeichen in einem dreijährigen Versuchszeitraum vom 30.4.02 bis 29.4.05 nach Maßgabe der Kennzeichen-AusnahmeVO v. 19.4.02 (BGBl. I S. 1454, 38. Aufl § 60 StVZO Rn. 5, Begr VkBl. **02** 335) selbstleuchtend ausge- führt sein und Licht unmittelbar nach hinten abstrahlen; dabei durfte die Sichtbarkeit nicht durch Glas- oder Folienabdeckungen beeinträchtigt werden (Anl zu § 1 I KennzAusnV). Die KennzAusnV ist am 29.4.05 außer Kraft getreten und nicht verlängert worden. Selbstleuchtende hintere Kennzeichen waren dann zulässig, nachdem das KBA am 14.12.06 mit Ermächtigung des BMV gem. § 70 I Nr. 4 StVZO eine Allgemeine Bauartgenehmigung für selbstleuchtende Kennzeichen erteilt und dies mit einer Ausnahme von den damals noch in Kraft befindlichen § 23 III i. V. m § 60 IV StVZO verbunden hatte, wonach „hintere Kennzeichenleuchten für transparente amtliche Kennzeichen weißes Licht nach hinten abstrahlen" dürfen (DAR **07** 118). Diese Ausnahme ist durch die am 1.7.08 in Kraft getretene 1. FZVAusnVO v. 20.6.08 (BGBl. I S. 1091, Begr VkBl. **08** 419, 41. Aufl Rn. 2a) abgelöst worden. Sie trat am 8.4.11 außer Kraft (BGBl. I S. **11** 551), als die Regelung dauerhaft mit Abs. XIII in die FZV übernommen wurde (Begr Rn. 2a). Danach dürfen bauartgenehmigte Beleuchtungseinrichtungen für hintere transpa- rente Kennzeichen oder Beleuchtungseinrichtungen, die mit dem Kennzeichen eine Einheit bilden oder bei der sich das Kennzeichen hinter einer durchsichtigen, lichtleitenden Abschluss- scheibe befindet, abweichend von II S. 1 und VI S. 2–4 weißes Licht nach hinten abstrahlen oder mit einer Abschlussscheibe vor dem Kennzeichen versehen sein. Die Erkennbarkeit der selbstleuchtenden Kennzeichen bei der Erfassung durch Geschwindigkeitsmessgeräte soll ge- währleistet sein (Begr zur 1. FZVAusnVO VkBl. **08** 419). Technische Anforderungen bei der Bauartprüfung, VkBl. **73** 558, zuletzt geändert: VkBl. **06** 645 = StVRL § 22a Nr. 1 (Nr. 22a: Beleuchtungseinrichtungen für transparente amtliche Kennzeichen). Nach dem Einbau eines selbstleuchtenden Kennzeichens darf die vorher am Fz vorhandene Beleuchtungseinrichtung für das hintere Kennzeichenschild nicht mehr wirksam sein. Zur Wahrnehmbarkeit selbstleuchtender Kennzeichen *Echterhoff/Poll/Ruhfus* ZVS **07** 104.

18b   Fz dürfen nur in Betrieb genommen werden, wenn das hintere Kennzeichen beleuchtet ist (Abs. 12, § 17 I StVO); Verstoß ist ow (§ 48 Nr. 1b, Nr. 2, § 49 I Nr. 17 StVO). Das Ausschalten der Kennzeichenbeleuchtung muss gemäß §§ 49a V, 52 II StVZO gleichzeitig alle Lichtquellen für Licht nach vorn, auch den etwaigen Suchscheinwerfer, löschen. Damit soll die Fahrerflucht erschwert werden. Der Führer hat sich vor Fahrtantritt und beim Einschalten zu überzeugen, dass die lichttechnischen Einrichtungen in ordnungsmäßigem Zustand sind, s. Bay DAR **55** 120. Vom Kraftfahrer kann nicht verlangt werden, während der Fahrt nachzusehen, ob die Kennzeichenbeleuchtung brennt, und ohne besonderen Anlass auch nicht bei jedem Anhalten, Ha DAR **54** 310. Kennzeichenbeleuchtung, die unterwegs versagt: § 23 StVO.

19   **7. Wiederholungskennzeichen.** Zulassungsfreie Anhänger, die kein eigenes Kennzeichen führen, müssen an der Rückseite ein Kennzeichen haben, das der Halter des Zugfahrzeugs für eines seiner Zugfahrzeuge verwenden darf (Abs. 8). Wenn das hintere Kennzeichen durch einen Ladungsträger oder mitgeführte Ladung teilweise oder vollständig verdeckt wird, muss am Fz oder am Ladungsträger das Kennzeichen wiederholt werden (Abs. 9 S. 1). Abstempelung ist in beiden Fällen entbehrlich. Für Ausgestaltung, Anbringung und Beleuchtung gelten im Übrigen die normalen Vorschriften. Anbaugeräte und angehängte Arbeitsgeräte brauchen nach Abs. 8 keine Kennzeichen zu führen. Werden die Kennzeichen des Fz durch Anbaugeräte oder angehängte Arbeitsgeräte verdeckt, wird in sinngemäßer Anwendung von Abs. 9 die Anbringung von Wiederholungskennzeichen empfohlen (Nr. 4.16 Merkblatt für Anbaugeräte, VkBl. **09** 804 = StVRL § 30 StVZO Nr. 6, Nr. 20 Merkblatt für angehängte land- oder forstwirtschaftliche Arbeitsgeräte, VkBl. **09** 808 = StVRL § 2 FZV Nr. 4). Die Einführung einer Pflicht, ein durch ein Anbaugerät verdecktes Kennzeichen zu wiederholen, ist wegen des damit verbundenen Aufwands für die landwirtschaftlichen Betriebe durch den BR abgelehnt worden (BR-Drs. 371/12 (Beschluss) S. 5).

20   **8. Das Nationalitätszeichen D** darf neben dem Kennzeichen geführt werden (Abs. 10). Bei Fahrten im Ausland (außerhalb der EU) muss das deutsche Nationalitätszeichen angebracht sein, s. BMV VkBl. **63** 652 (s. Art 37 des Übereinkommens über den Straßenverkehr vom 8.11.68 = Beck-Texte Nr. 35). Es wird grundsätzlich nicht durch das Euro-Kennzeichen ersetzt, s. Begr zur 21. ÄndVStVR, VkBl. **95** 108. Ausländische Kfz und Anhänger müssen gem. § 21 II S. 1 ein entsprechendes Nationalitätszeichen führen; dieses wird jedoch durch das Euro-Kennzeichen wegen des darin enthaltenen Nationalitätsbuchstabens ersetzt (§ 21 II S. 2). Im grenzüberschreitenden Verkehr innerhalb der EU ist das Nationalitätszeichen entbehrlich, wenn im blauen Euro-Feld des Kennzeichens der Nationalitätsbuchstabe des Zulassungsstaates geführt wird, VO EG Nr. 2411/98 (ABl EG 91 Nr. L 299/1). Auch die Schweiz, Island, Liechtenstein und Norwegen verzichten auf das Nationalitätszeichen, wenn ein Euro-Kennzeichen am Fz angebracht ist. Fremde Nationalitätszeichen dürfen nur im Ausland zugelassene Kfz führen. Im Hinblick auf die bisher nicht aufgehobene DA zum § 60 StVZO (alt) (s. 38. Auflage § 60 StVZO Rn. 6) besteht praktisch keine Beleuchtungspflicht für das „D"-Zeichen, außer bei Fahrten in die Staaten, in Bezug auf die das Internationale Abkommen über Kraftfahrzeugverkehr v. 24.4.1926 (RGBl II **30** 1233) noch gilt, da dessen Art 3 Abschnitt II Nr. 1 vorschreibt, dass das Nationalitätszeichen zu beleuchten ist, sobald es bei Tageslicht nicht mehr erkennbar ist. Das Nationalitätszeichen darf nur in der durch Art 37 und Anhang 3 des Übereinkommens über den Straßenverkehr vom 8.11.68 (BGBl **77** II 809 = Beck-Texte Nr. 35) bestimmten Form geführt werden (Buchstaben in schwarzer Farbe auf einer weißen elliptischen Fläche, deren lange Achse waagerecht liegt. Besteht das Nationalitätszeichen nur aus einem Buchstaben, darf die lange Achse der Ellipse lotrecht stehen); Regelungen für Anhänger s. Art 37 II. Kunststofffolien sind zugelassen, s. BMV VkBl. **64** 222. Unzulässig ist es, im Inland ein verchromtes „D" neben dem amtlichen Kennzeichen zu führen, Neust NJW **57** 1179, BMV VkBl. **57** 555, oder auf dem Nationalitätszeichen ein Wappen anzubringen, oder ein „D" auf farbigem Grund zu führen, BVerwG VM **65** 49, *Reimer* DAR **65** 206. Ein Nationalitätszeichen „BRD" besteht nicht und darf wegen Verwechslungsfähigkeit mit fremden Zeichen nicht geführt werden, Dü VRS **50** 147.

21   **9. Verwechslungs- und Beeinträchtigungsgefahr.** Abs. XI S. 1 untersagt die Anbringung von Zeichen und Einrichtungen an Fz, die mit Kennzeichen oder Nationalitätszeichen verwechselt werden oder deren Wirkung beeinträchtigen können. Schilder wie Wappen, Namenszüge, Hoheitsabzeichen (Dienstflaggen) für DienstFz dürfen geführt werden, soweit sie die Wirkung der amtlichen Kennzeichen nicht beeinträchtigen. **FahrschulFz** müssen nicht, dürfen aber als solche gekennzeichnet sein, dann nur wie vorgeschrieben mit dem Schild „FAHRSCHULE" und ohne Hinzufügung anderer, verwechslungsfähiger Schilder, s. § 5 IV FahrlGDV. Namensschilder vorn und hinten am Kfz in mit dem Fahrschulschild nicht verwechslungsfähiger Aufmachung sind zulässig, sofern kein Fahrschulschild geführt wird, Kar VM **74** 35. Zur Kennzeichnung von und Werbung an Fahrschulfahrzeugen und Prüfungsfahrzeugen s. *Dauer* FahrlR § 5 FahrlGDV Anm 14 ff., *Dauer* NZV **06** 569.

10. Die **Zusatzzeichen CD** für Fahrzeuge von Angehörigen diplomatischer Vertretungen   **22** und **CC** für Fahrzeuge von Angehörigen konsularischer Vertretungen dokumentieren einen besonderen konsularrechtlichen Status des FzFührers (Begr zu XI S. 3 und 4 BR-Drs. 770/16 S. 90). Ausnahmegenehmigungen für die Anbringung der Zeichen kann nur das BMV erteilen. Der Versuch des Bundes, diese Entscheidungskompetenz bei Schaffung der FZV auf die obersten Landesbehörden zu übertragen, scheiterte im Bundesrat, s. Begr VkBl. **06** 606 (Rn. 2). Einzelheiten zu den Berechtigungen: VkBl. **16** 302 (335). Die Zeichen CD und CC dürfen an einem Fz im öff StrV nur geführt werden, wenn die Berechtigung zur Führung dieser Zeichen in der ZB I eingetragen ist (XI S. 3); Verstoß ist ow (§ 48 Nr. 9b). Die Eintragung in die ZB I ist vorgesehen worden, um die Überwachungstätigkeit der Polizei zu erleichtern (Begr zu XI S. 3 aF BR-Drs. 811/05 Beschluss S. 4 = VkBl. **06** 606). Die Anbringung eines dem CD-Schild ähnlichen Schildes ist wegen Verwechslungsgefahr unzulässig (Ha VM **73** 79). Das Gleiche gilt für das Anbringen eines dem CC-Schild ähnlichen Aufklebers (VG Augsburg NZV **88** 200). Mit ÄndVO v. 23.3.17 (BGBl. I S. 522) wurden die Anforderungen hinsichtlich der Verwendung der Zeichen CD und CC im öff StrV auch auf den Halter erstreckt (XI S. 4, § 48 Nr. 2).

11. Fahrer- und Halterverantwortlichkeit. In Abs XII sind die Fahrer- und Halterverant-   **23** wortlichkeiten hinsichtlich der Einhaltung der Vorschriften zu den Kennzeichen beim Betrieb des Fz im öffentlichen Straßenverkehr ausdrücklich geregelt. Ordnungswidrigkeiten: § 48 Nr. 1 Buchst. a, Nr. 2. Aus der Regelung, wonach die *Stempelplakette nach III* vorhanden sein muss, ergibt sich, dass der Sicherheitscodes gem. III S. 3 noch verdeckt sein muss, denn nach Freilegen des Sicherheitscodes gelten die Kennzeichen bereits als entstempelt (Begr BR-Drs. 770/16 S. 90, s. auch § 15d III). XII S. 2, wonach der Halter eines Fz dessen Inbetriebnahme nicht anordnen oder zulassen darf, wenn sich an dem Fz kein ordnungsgemäßes Kennzeichen befindet, ist kein Schutzgesetz iSv § 823 II BGB (BGH NJW **18** 2264).

12. Kennzeichen im Ausland zugelassener Fz bei vorübergehender Teilnahme am Stra-   **24** ßenverkehr in Deutschland: § 21.

13. Ordnungswidrig ist das Führen eines Zeichens CD oder CC, ohne dass die Berechti-   **25** gung dazu in der ZB I eingetragen ist (§ 48 Nr. 9b), das Inbetriebsetzen eines Fz durch den Fahrer entgegen § 10 XII S. 1 (§ 48 Nr. 1 Buchst. a) und das Zulassen der Inbetriebnahme eines Fz durch den Halter entgegen § 10 XII S. 2 (§ 48 Nr. 2). Das Nichtführen des heimischen Kennzeichens an einem im Ausland zugelassenen Kfz (§ 48 Nr. 19 iVm § 21 I S. 1) und das Nichtführen des vorgeschriebenen Nationalitätszeichens an einem im Ausland zugelassenen Kfz (§ 48 Nr. 19 iVm § 21 II S. 1) sind ordnungswidrig. **Straftaten:** s. Rn. 10 und §§ 22, 22a StVG.

Zulassungsbescheinigung Teil I

11 (1) ¹**Die Zulassungsbescheinigung Teil I wird nach den Vorgaben der Anlage 5 ausgefertigt. ²Sie ist mit einer sichtbaren Markierung mit der Aufschrift „Nur für internetbasierte Zulassungsverfahren freilegen. Dokument nur unbeschädigt gültig." zu versehen. ³Die sichtbare Markierung trägt zudem eine Druckstücknummer, die für jede Zulassungsbescheinigung Teil I nur einmal vergeben sein darf. ⁴Die sichtbare Markierung muss ferner die darunterliegende Markierung mit der Aufschrift „Dokument nicht mehr gültig" und einen Sicherheitscode so verdecken, dass die darunterliegende Markierung und der Sicherheitscode nur durch Freilegung unumkehrbar sichtbar gemacht werden können.**

(2) ¹**Sind für denselben Halter mehrere Anhänger zugelassen, kann zusätzlich von der Zulassungsbehörde auf Antrag ein Verzeichnis der für den Halter zugelassenen Anhänger ausgestellt werden. ²Aus dem Verzeichnis müssen Name, Vorname und Anschrift des Halters sowie Marke, Fahrzeugklasse und Art des Aufbaus, Leermasse, zulässige Gesamtmasse und bei Sattelanhängern auch die Stützlast, die Fahrzeug-Identifizierungsnummer, das Datum der ersten Zulassung und das Kennzeichen der Anhänger ersichtlich sein.**

(3) ¹Das Kraftfahrt-Bundesamt stellt der Zulassungsbehörde

1. die Daten der Übereinstimmungsbescheinigung im automatisierten Abrufverfahren aus einer in § 6 Absatz 3 Satz 2 genannten Datenbank oder

2. Typdaten, soweit keine Daten nach Nummer 1 vorliegen,

zur Verfügung, damit die Zulassungsbehörde die Zulassungsbescheinigung Teil I maschinell ausfüllen kann. ²Das Kraftfahrt-Bundesamt hat diese Typdaten zu erstellen, soweit es über die erforderlichen Angaben verfügt und der Aufwand für die Erstellung angemessen ist.

(4) Für Fahrzeuge der Bundeswehr können von der Zentralen Militärkraftfahrtstelle Zulassungsbescheinigungen Teil I nach dem Muster in Anlage 6 ausgefertigt werden.

(5) ¹Die Anerkennung als schadstoffarmes Fahrzeug nach § 47 Absatz 3 der Straßenverkehrs-Zulassungs-Ordnung und Einstufung des Fahrzeugs in eine der Emissionsklassen nach § 48 der Straßenverkehrs-Zulassungs-Ordnung sind unter Angabe des Datums in der Zulassungsbescheinigung Teil I zu vermerken, wenn der Zulassungsbehörde die entsprechenden Voraussetzungen nachgewiesen werden. ²Die Zulassungsbehörde kann in Zweifelsfällen die Vorlage eines Gutachtens eines amtlich anerkannten Sachverständigen für den Kraftfahrzeugverkehr darüber fordern, in welche Emissionsklasse das Fahrzeug einzustufen ist.

(6) Die Zulassungsbescheinigung Teil I oder das entsprechende Anhängerverzeichnis nach Absatz 2 ist vom jeweiligen Fahrer des Kraftfahrzeugs mitzuführen und zuständigen Personen auf Verlangen zur Prüfung auszuhändigen.

(7) Wird nach Ausstellung einer neuen Zulassungsbescheinigung Teil I für eine in Verlust geratene Bescheinigung diese wieder aufgefunden, hat der Halter oder Eigentümer sie unverzüglich der zuständigen Zulassungsbehörde abzuliefern.

1   **Begr** (VkBl. **06** 606): **Abs. 1 (jetzt Abs. 1 und 2)** *übernimmt im Wesentlichen die bisherigen Vorschriften des § 24 StVZO. Da die Einzelgenehmigung nicht mehr Bestandteil des Zulassungsverfahrens sondern Voraussetzung für die Zulassung eines Fahrzeuges sind, wird auch die bisherige Rechtsfolge, dass die Betriebserlaubnis durch die Ausfertigung des Fahrzeugscheins erteilt wird, aufgegeben.*

Die **Absätze 2 und 3 (jetzt Abs. 3 und 4)** *folgen § 24 Abs. 2 und 3 StVZO,* **Abs. 4 (jetzt Abs. 5)** *übernimmt die Regelung des § 23 Abs. 7 und 9 StVZO.*

Abs. 5 (jetzt Abs. 6) *regelt die Mitführpflicht und* **Abs. 6 (jetzt Abs. 7)** *die Ablieferungspflicht wieder aufgefundener Zulassungsbescheinigungen Teil I, für die bereits Ersatzdokumente ausgestellt wurden (Parallelregelung zu § 12 Abs. 4 Satz 4 hinsichtlich des Teils II der Zulassungsbescheinigung).*

1a   **Begr** zur ÄndVO v. 13.1.12 (BR-Drs. 709/11 (Beschluss) S. 3: **Zu Abs. 1 S. 2 (jetzt Abs. 2 S. 1):** *Klarstellung, dass das Anhängerverzeichnis zusätzlich zur Zulassungsbescheinigung Teil I ausgestellt werden kann, aber nicht an dessen Stelle.*

Zu Abs. 5 (jetzt Abs. 6): *Das Anhängerverzeichnis kann bei Anhängern in Deutschland anstelle der Zulassungsbescheinigung Teil I mitgeführt werden.*

1b   **Begr** zur ÄndVO v. 8.10.13 **zu Abs. 1** (BR-Drs. 435/13 S. 40 = VkBl. **13** 1063): *In Absatz 1 wird die Funktionalität der Zulassungsbescheinigung Teil I technologieneutral festgelegt. Es muss sichergestellt sein, dass der Sicherheitscode nur wahrnehmbar ist, wenn die Markierung „außer Betrieb gesetzt" irreversibel sichtbar gemacht worden ist. Es erfolgt ein Verweis auf die Regelungen zu (verdeckter) Markierung, Druckstücknummer und Sicherheitscode in Anlage 5.*

Zu Anl 5: BR-Drs. 435/13 S. 47 = VkBl. **13** 1066.

2   1. § 11 regelt die **Erteilung der Zulassungsbescheinigung Teil I (früher Fahrzeugschein).** Die Zulassungsbescheinigung Teil I iS der Richtlinie 1999/37/EG (StVRL § 11 FZV Nr. 2) wurde durch die 38. ÄndVStVR v. 24.9.04 (Inkrafttreten: 1.10.05) in das deutsche Recht übernommen; sie ersetzt den früheren Fahrzeugschein. Die Zulassungsbescheinigung Teil I dokumentiert die Zulassung des Fz zum Verkehr und stellt das wesentliche Legitimationspapier bei Verkehrskontrollen dar. Es enthält daher u. a. die wichtigsten Angaben zum Fz. Auf die Aufnahme bestimmter technischer Daten, die aus anderen Unterlagen entnommen werden können, zB der Übereinstimmungsbescheinigung bei Fz mit EG-Typgenehmigung, wurde aus Gründen des Umfangs und der Übersichtlichkeit der Zulassungsbescheinigung Teil I verzichtet.

3   Erst auf Grund des Nachweises einer EG-Typgenehmigung, nationalen Typgenehmigung oder Einzelgenehmigung (§ 6 III) und nach Zuteilung des Kennzeichens (§ 8) wird die **Zulassungsbescheinigung Teil I** ausgefertigt und ausgehändigt. Wegen der mit der FZV seit 1.3.07 eingeführten Trennung des Zulassungsverfahrens von der Erteilung der Typ- oder Einzelgenehmigung

wurde die frühere Rechtsfolge des § 24 I S. 1 StVZO (alt), dass die Betriebserlaubnis durch Ausfertigung des Fahrzeugscheins erteilt wurde, aufgegeben (Begr Rn. 1, OVG Münster NZV **15** 159, 28.5.19 – 8 B 622/18 NZV **20** 110 = VRS **136** 154). Aus dem Rechtsanspruch auf Fahrzeugzulassung bei Vorliegen der Zulassungsvoraussetzungen (s. § 1 StVG Rn. 32) folgt ein Anspruch auf richtige und vollständige Ausfertigung einer Zulassungsbescheinigung Teil I (zum früheren Fahrzeugschein OVG Ko NZV **91** 406).

2. Die **Zulassungsbescheinigung Teil I** ist nach Abs. I und nach den Vorgaben und dem **4** Muster der Anl 5 auszufertigen (I S. 1). Die ZulB versieht jede ZB I mit einer laufenden Nummer, deren Einmaligkeit sicherzustellen ist (Anl 5 Nr. 2). Die seit 1.1.15 neu ausgegebenen ZB I waren zunächst so ausgestattet, dass die elektronische internetbasierte Außerbetriebsetzung möglich war: Sie verfügten über eine sichtbare Markierung (Aufkleber) mit der Aufschrift „Zur Außerbetriebsetzung entfernen". Der Texthinweis wurde durch ÄndVO v. 22.3.19 (BGBl. I S. 382) mWv 1.10.19 angesichts der Erweiterung der Vorgänge, die jetzt internetbasiert abgewickelt werden können, so angepasst, dass er jetzt lautet „Nur für internetbasierte Zulassungsverfahren freilegen. Dokument nur unbeschädigt gültig.". Die sichtbare Markierung ist außerdem mit einer Druckstücknummer aus 8 Zeichen versehen, die für jede ZB I nur einmal vergeben werden darf (I S. 2 und 3). Diese Markierung verdeckt eine darunter liegende Markierung, die zunächst die Aufschrift „Außer Betrieb gesetzt" trug und seit der Anpassung durch ÄndVO v. 22.3.19 (BGBl. I S. 382) mWv 1.10.19 die Aufschrift „Dokument nicht mehr gültig" trägt, sowie einen Sicherheitscode aus 7 Zeichen (I S. 4). Beides wird nur durch irreversible Entfernung der sichtbaren Markierung sichtbar (I S. 4). Der Sicherheitscode kann sowohl durch Wegziehen der Abdeckung als auch durch Freirubbeln sichtbar gemacht werden oder durch eine Kombination beider Techniken; die Abdeckung muss in jedem Fall irreversibel zerstört werden (Begr zur ÄndVO v. 30.10.14 BR-Drs. 335/14 (Beschluss) S. 8 = VkBl. **14** 869). Der Sicherheitscode wird in unmittelbar lesbarer und zusätzlich in maschinenlesbarer Form dargestellt (Anl 5 Nr. 6 S. 1); er kann nicht durch Durchleuchten erkannt werden (Anl 5 Nr. 6 S. 7). Speicherung in den FzRegistern: §§ 30 I Nr. 14, 31 I Nr. 14. Der Sicherheitscode wird nur im ZFZR und nicht im örtlichen FzRegister gespeichert (Begr zur ÄndVO v. 31.7.17 zu § 31 I Nr. 14, BR-Drs. 408/17 S. 27).

Fahrzeugscheine und ZB I nach **früheren Mustern** bleiben gültig (§ 50 III Nr. 1, 4, 7, 9, 10, **4a** 13, 15). Wenn ein Fahrzeugschein nach früher gültigen Mustern durch eine Zulassungsbescheinigung Teil I ersetzt wird, ist auch ein Umtausch des vor dem 1.10.05 ausgestellten Fahrzeugbriefs in eine Zulassungsbescheinigung Teil II erforderlich (§ 50 III Nr. 2 Hs. 2). Die bis zum 28.2.07 gültige Regelung, wonach ein Fahrzeugschein nach altem Muster durch eine Zulassungsbescheinigung Teil I zu ersetzen war, wenn ein Fahrzeugbrief durch eine Zulassungsbescheinigung Teil II ersetzt wird (§ 72 StVZO zu Muster 2a – alt), ist dagegen nicht in die FZV übernommen worden. Es ist gleichwohl so zu verfahren, da es keine geteilte Zulassungsbescheinigung gibt und deswegen die Ausstellung eines Teils zwingend auch die Ausstellung des anderen Teils zur Folge hat. ZB I für **Fz der Bundeswehr** gem. Abs. IV nach Muster in Anl 6 (neu gefasst ab 1.11.12 durch ÄndVO v. 19.10.12, BGBl. I S. 2232, Begr BR-Drs. 371/12 S. 42); Übergangsbestimmung § 50 III S. 1 Nr. 3, 6, 7.

Die (nationale) **Richtlinie zur Zulassungsbescheinigung Teil I und Teil II** (VkBl. **16** 803 **4b** = StVRL § 11 FZV Nr. 8) erläutert das Verfahren der Ausgabe, Ausfüllung und Ausfertigung dieser Dokumente. Sie gilt für die Zulassungsbehörden nur gültig, wenn sie von der jeweiligen obersten Landesbehörde für ihren Bereich verbindlich eingeführt worden ist. Das seit Juni 11 eigenständig vom KBA geführte (VkBl. **11** 508, 638, StVRL § 11 FZV Nr. 9) **Verzeichnis zur Systematisierung von Kraftfahrzeugen** und ihren Anhängern (Änderungsmitteilungen unter www.kba.de) dient der einheitlichen Ausfüllung der FzDokumente, der einheitlichen Erfassung der in den FzRegistern zu speichernden Daten und dem einheitlichen statistischen Nachweis der im ZFZR erfassten FzDaten. Bei Änderung lediglich der Anschrift des Halters innerhalb eines Zulassungsbezirks kann die neue Anschrift durch einen entsprechenden Aufkleber – wie bei Personalausweisen – auf der Zulassungsbescheinigung Teil I vermerkt werden (Richtlinie zur Zulassungsbescheinigung Nr. 6.1); Vorlage der ZB II ist dabei nicht notwendig (§ 13 I S. 1 Nr. 1).

Die **Zulassungsbescheinigung Teil I** ist wie der frühere Fahrzeugschein eine **öffentliche 5 Urkunde** iSd § 271 StGB, soweit sie den Zulassungsvorgang dokumentiert und ein wesentliches Legitimationspapier bei Verkehrskontrollen darstellt (BGH NJW **09** 1518, zum FzSchein: Bay NJW **68** 1983, OVG Ko NZV **91** 406). Der öffentliche Glaube der ZB I umfasst auch die Identität des zugelassenen Fz (BGH NJW **09** 1518, Anm *Erb* NStZ **09** 389). Zur **Rspr.** in Bezug auf den **Fahrzeugschein:** Wer veranlasst, dass Angaben über die Person des Halters im Fahrzeugschein unrichtig eingetragen werden, begeht mittelbare Falschbeurkundung, Ce VRS **24** 291, Stu VRS **28** 368. Der Schein beweist nicht zu öffentlichem Glauben, dass die Eintragungen über die Person des Zulassungsinhabers zutreffen, BGHSt **22** 201 = NJW **68** 2153, Ko VRS **55** 428, OVG Ko NZV **91** 406. Der Zulassungsschein beglaubigt öffentlich, dass das darin nach seinen erkennbaren Merkmalen bezeichnete Kfz unter Zuteilung des angegebenen amtlichen Kennzeichens zum öffentlichen Verkehr zugelassen ist, BGHSt **20** 188, Bay NJW **80** 1057, Kar DAR **04** 715, Hb NJW **66** 1827, VGH Ka VM **81** 96. Zur urkundenrechtlichen Bedeutung weiterer auf dem Fahrzeugschein zugelassener amtlicher Eintragungen, Bay NJW **80** 1057. **Zivilrechtliche Bedeutung der ZB I:** Das Eigentum an am Kfz ergibt sich nicht aus der ZB I; sie dient lediglich als Nachweis dafür, dass das betreffende Fz zugelassen ist (OVG Saarlouis NJW **16** 344). Die fehlende Eignung der ZB I zum Nachweis des Eigentums am Kfz geht auch aus dem Dokument selbst hervor, in dem unter C4c amtlich vermerkt ist, dass der Inhaber der ZB nicht als Eigentümer des Fz ausgewiesen wird (OVG Saarlouis NJW **16** 344). Vorlage der ZB I begründet nicht den Anschein einer rechtsgeschäftlichen Bevollmächtigung für den Vorlegenden (LG Berlin NZV **09** 246).

6   **3. Auszuhändigen** ist die ZB I demjenigen, für den das Fz zugelassen wird (§ 6), dh dem Halter (zum Begriff s. § 7 StVG Rn. 14). Besondere FzScheine bei Prüfungs-, Probe- oder Überführungsfahrten mit rotem Kennzeichen oder Kurzzeitkennzeichen: §§ 16, 16a. Wird eine ZB I als verloren gemeldet, so kann nach Maßgabe von § 5 III vor Erteilung einer Ersatzbescheinigung eine fahrzeugtechnische Untersuchung angeordnet werden. Wird nach Ausstellung einer neuen ZB I für eine verlorene diese wieder aufgefunden, hat der Halter oder Eigentümer sie unverzüglich der zuständigen Zulassungsbehörde abzuliefern (VII). Ein Verstoß gegen diese Pflicht ist ow (§ 48 Nr. 10). Zur Haftung für Nichtbenutzbarkeit des Kfz wegen Vorenthaltung der Fahrzeugpapiere, BGHZ **40** 345, **63** 203.

7   **4. Anhängerverzeichnis.** Wenn für einen Halter mehrere Anhänger zugelassen sind, kann zusätzlich zu den Zulassungsbescheinigungen Teil I auf Antrag ein Verzeichnis der für diesen Halter zugelassenen Anhänger ausgestellt werden (II S. 1). Mit der Änderung des früheren I S. 2 (jetzt II S. 1) durch ÄndVO v. 13.1.12 (BGBl. I S. 103, Begr Rn. 1a) wurde mit Wirkung ab 1.7.12 festgelegt, dass das Anhängerverzeichnis nur zusätzlich zu den ZB I ausgestellt werden kann, nicht wie vorher auch stattdessen. Inhalt des Anhängerverzeichnisses II S. 2. Für das Anhängerverzeichnis gibt es kein amtliches Muster; es handelt sich um von der jeweiligen ZulB selbst gestaltete Dokumente. Deren Anerkennung im Ausland ist nicht sichergestellt.

8   **5. Mitführen der Fahrzeugpapiere.** Die ZB I oder das entsprechende Anhängerverzeichnis, bei zulassungsfreien Fz die ggf. mitzuführenden Dokumente nach § 4 V S. 1 (§ 4 Rn. 7) sind vom Fahrer mitzuführen und auf Verlangen zuständigen Personen zur Prüfung auszuhändigen (VI); für den früheren Fahrzeugschein s. Br VRS **6** 476, VG Trier DAR **05** 584. Verstoß ist ordnungswidrig, § 48 Nr. 5. Bei internetbasiert beantragtem und vollautomatisiert bearbeitetem Wohnsitz- oder Halterwechsel unter Weiterführung des bisherigen Kennzeichens kann stattdessen bis zum Empfang der dem Antragsteller zu übersendenden ZB I, längstens aber für 10 Tage, die elektronisch zur Verfügung gestellte Zulassungsentscheidung der ZulB in unmittelbar lesbarer Form mitgeführt und ggf. ausgehändigt werden (§ 15l IV Nr. 4). Bei Anhängern kann in Deutschland anstelle der ZB I das Anhängerverzeichnis mitgeführt werden (Begr Rn. 1a). Wird unterwegs in der Führung abgewechselt, so trifft die Pflicht zum Mitführen der Fahrzeugpapiere nicht nur den Führer, der bei der Kontrolle fährt, sondern jeden, der das Fz vorher geführt hat (Stu NJW **55** 514). Auch Taxifahrer müssen kontrollierenden Beamten die Fahrzeugpapiere vorweisen (KG VRS **22** 385). Ein uniformierter Beamter muss sich nicht noch gesondert ausweisen (Sa VRS **47** 474). Die ZB I dient als Zulassungsnachweis (VG Trier DAR **05** 584 für den FzSchein). Wegen der Mitführpflicht wird die ZB I/der FzSchein vielfach im Fz verwahrt, insbes bei wechselnden Fahrern. Das **dauerhafte Verwahren der ZB I/des FzScheins im Fz** stellt keine relevante Gefahrerhöhung (§§ 23 ff. VVG) dar (Ol NZV **11** 36, Br SVR **11** 259, Ha ZfS **13** 574, *Schmid* VersR **08** 471, aA Ce DAR **08** 207, NZV **11** 203).

9   **6. Bei den Fahrzeugen, die vom Zulassungsverfahren ausgenommen sind,** aber nach § 4 I einer Typ- oder Einzelgenehmigung bedürfen, treten an die Stelle der ZB I die nach § 4 V mitzuführenden Urkunden. Jedoch wird für zulassungsfreie, aber Typ- oder Einzelgenehmigungs- und kennzeichenpflichtige Fahrzeuge gem. § 4 II u IV eine ZB I ausgestellt, die mitzuführen und zuständigen Personen auf Verlangen zur Prüfung auszuhändigen ist (§ 4 V S. 1).

10   **7. Ordnungswidrig** sind Verstöße gegen die Pflicht zum Mitführen und Aushändigen von ZB I und Anhängerverzeichnis (§ 48 Nr. 5). Nichtmitführen der ZB I ist eine Dauerordnungswidrigkeit, zum früheren Fahrzeugschein s. Ha DAR **76** 138. Zum Verhältnis der Dauerordnungswidrigkeit zu einzelnen während der Fahrt begangenen Verkehrszuwiderhandlungen § 24 StVG Rn. 58a. Verstöße gegen die Pflicht zur Ablieferung einer in Verlust geratenen ZB I, wenn für diese inzwischen eine Ersatzbescheinigung ausgestellt wurde, sind ow (§ 48 Nr. 10, s. Rn. 6).

Zulassungsbescheinigung Teil II

12 (1) [1]Mit dem Antrag auf Ausfertigung einer Zulassungsbescheinigung Teil II ist der Zulassungsbehörde die Verfügungsberechtigung über das Fahrzeug nachzuweisen. [2]In begründeten Einzelfällen kann die Zulassungsbehörde beim Kraftfahrt-Bundesamt anfragen, ob das Fahrzeug im Zentralen Fahrzeugregister eingetragen, ein Suchvermerk vorhanden oder ob bereits eine Zulassungsbescheinigung Teil II ausgegeben worden ist. [3]Die Sätze 1 und 2 sind auch anzuwenden, wenn die Ausfüllung eines Vordrucks der Zulassungsbescheinigung Teil II beantragt wird, ohne dass das Fahrzeug zugelassen werden soll. [4]Für Fahrzeuge, die im Ausland zugelassen sind oder waren, ist das Ausfüllen eines Vordrucks einer Zulassungsbescheinigung Teil II nur im Zusammenhang mit der Zulassung des Fahrzeugs zulässig.

(2) [1]Die Zulassungsbescheinigung Teil II wird nach den Vorgaben der Anlage 7 ausgefertigt. [2]Sie ist mit einer sichtbaren Markierung versehen; neben der sichtbaren Markierung befindet sich der Hinweis „Nur zur Nutzung des Sicherheitscodes im internetbasierten Zulassungsverfahren freilegen. Dokument nur unbeschädigt gültig". [3]Mit der sichtbaren Markierung werden die darunterliegende Markierung mit der Aufschrift „Dokument nicht mehr gültig" und ein Sicherheitscode der Zulassungsbescheinigung Teil II verdeckt.

(3) [1]Die Ausfüllung einer Zulassungsbescheinigung Teil II oder deren erstmalige Ausfertigung durch die Zulassungsbehörde ist nur zulässig bei Vorlage

1. der Übereinstimmungsbescheinigung,

2. der Datenbestätigung oder

3. der Bescheinigung über die Einzelgenehmigung des Fahrzeugs.

[2]Der Vorlage der Übereinstimmungsbescheinigung steht es gleich, wenn ihre Daten von der Zulassungsbehörde unter Angabe der Fahrzeug-Identifizierungsnummer aus einer in § 6 Absatz 3 Satz 2 genannten Datenbank abgerufen worden sind. [3]Wurden die Angaben über die Beschaffenheit des Fahrzeugs und über dessen Übereinstimmung mit dem genehmigten Typ noch nicht durch den Hersteller eingetragen, hat die Zulassungsbehörde diese Eintragungen vorzunehmen. [4]Für eine maschinelle Ausfüllung gilt § 11 Absatz 3 entsprechend. [5]Die Zulassungsbehörde vermerkt die Ausfertigung der Zulassungsbescheinigung Teil II unter Angabe der betreffenden Nummer der Übereinstimmungsbescheinigung, wenn diese vorgelegt wurde, oder der Datenbestätigung.

(4) Die Vordrucke der Zulassungsbescheinigung Teil II werden vom Kraftfahrt-Bundesamt

1. auf Antrag an die Zulassungsbehörden oder

2. auf schriftlichen Antrag zum Zwecke der Ausfüllung an

   a) die Inhaber einer EG-Typgenehmigung für Fahrzeuge,
   b) die Inhaber einer nationalen Typgenehmigung für Fahrzeuge oder
   c) die von den Personen nach Nummer 1 oder 2 bevollmächtigten Vertreter

ausgegeben.

(5) [1]Der Verlust eines Vordrucks der Zulassungsbescheinigung Teil II ist vom jeweiligen Empfänger dem Kraftfahrt-Bundesamt anzuzeigen. [2]Der Verlust einer ausgefertigten Zulassungsbescheinigung Teil II ist der zuständigen Zulassungsbehörde anzuzeigen, die das Kraftfahrt-Bundesamt hiervon unterrichtet. [3]Das Kraftfahrt-Bundesamt bietet die in Verlust geratene Bescheinigung auf Antrag im Verkehrsblatt mit einer Frist zur Vorlage bei der Zulassungsbehörde auf. [4]Eine neue Zulassungsbescheinigung Teil II darf erst nach Ablauf der Frist ausgefertigt werden. [5]Wird die in Verlust geratene Zulassungsbescheinigung Teil II wieder aufgefunden, ist diese unverzüglich bei der Zulassungsbehörde abzuliefern. [6]Absatz 7 Satz 2 ist entsprechend anzuwenden.

(6) [1]Sind in einer Zulassungsbescheinigung Teil II die für die Eintragungen der Zulassung bestimmten Felder ausgefüllt oder ist diese beschädigt, ist eine neue Bescheinigung auszustellen. [2]Eine neue Bescheinigung ist ferner auf Antrag stets dann auszustellen, wenn sich die Angaben des Halters geändert haben und diese Angaben ganz oder teilweise einem gesetzlichen Offenbarungsverbot unterliegen. [3]Die das Offenbarungsverbot begründenden Tatsachen sind auf Verlangen nachzuweisen. [4]Die Zulassungsbehörde hat die alte Bescheinigung zu entwerten und sie unter Eintragung der Nummer der neuen Bescheinigung dem Antragsteller zurückzugeben.

(7) ¹Die Zulassungsbehörde entscheidet keine privatrechtlichen Sachverhalte. ²Zur Vorlage der Zulassungsbescheinigung Teil II ist neben dem Halter und dem Eigentümer bei Aufforderung durch die Zulassungsbehörde jeder verpflichtet, in dessen Gewahrsam sich die Bescheinigung befindet. ³Die Zulassungsbehörde hat demjenigen, der ihr die Zulassungsbescheinigung Teil II vorgelegt hat oder der von ihm bestimmten Stelle oder Person, diese wieder auszuhändigen.

1   **Begr** (VkBl. 06 606): **Zu Abs. 1:** *Da die Zulassungsbescheinigung Teil II als Nachweis der Verfügungsberechtigung über das Fahrzeug dient, ist nach Absatz 1 ihre Ausfertigung nur dann zulässig, wenn die Verfügungsberechtigung für das Fahrzeug nachgewiesen wird. Satz 2 knüpft an § 23 Abs. 1 Satz 4 an, wonach bei Antrag auf Ausfertigung einer derartigen Bescheinigung eine Prüfung im Zentralen Fahrzeugregister erfolgen muss, verpflichtet aber zur Veranlassung nicht den Fahrzeughalter, sondern die Zulassungsbehörde. Die Regelung fordert derzeit nur die Anfrage in begründeten Einzelfällen. Bei vorhandener Möglichkeit des Direktzugriffs der Zulassungsbehörde auf das Zentrale Fahrzeugregister sollte jedoch immer diese Anfrage erfolgen. Der Nachweis der Verfügungsberechtigung ist auch dann erforderlich, wenn lediglich der Vordruck ausgefüllt wird, das Fahrzeug aber nicht zugelassen werden soll. Damit soll eine missbräuchliche Verwendung der Vordrucke verhindert werden. Ausnahmen von diesen Vorschriften sind deshalb auch nicht zulässig (§ 47 Abs. 1 Nr. 1).*

2   **Zu Abs. 2 (jetzt Abs. 2 und 3):** *Absatz 2 übernimmt den Inhalt des § 25 Abs. 1 Satz 2 und 3 und des § 23 Abs. 1 Satz 9 StVZO. Neu aufgenommen wurde die Bestimmung, dass ohne Vorlage der Nachweise über die Typ- oder Einzelgenehmigung keine Ausfüllung des Vordrucks der Zulassungsbescheinigung Teil II oder ihre Ausfertigung im Rahmen des Zulassungsverfahrens durch die Zulassungsbehörde zulässig ist, da die entsprechende Genehmigung nach § 3 Abs. 1 Satz 1 und ihr auf das Fahrzeug bezogener Nachweis zwingende Voraussetzung für die Zulassung ist. Bereits die Ausfüllung eines Vordrucks der Zulassungsbescheinigung Teil II mit den technischen Angaben zum Fahrzeug setzt die entsprechende Genehmigung, in der diese Daten festgestellt werden, voraus. Diese Verknüpfung hat zur Folge, dass eine Ausnahme von der Regelung in Satz 2 ausgeschlossen wird (§ 47 Abs. 1 Nr. 1).*

Zu Abs. 3 (jetzt Abs. 4): *Absatz 3 regelt den Kreis der Berechtigten zum Erhalt de Zulassungsbescheinigung Teil II (als Vordruck).*

Zu Abs. 4 (jetzt Abs. 5): *Absatz 4 regelt die Anzeigepflicht bei Verlust der Zulassungsbescheinigung Teil II und die Aufbietung des verlorenen Dokuments (bisher § 25 Abs. 2 Satz 1 und 2 StVZO).*

Zu Abs. 5 (jetzt Abs. 6): *Absatz 5 bestimmt die Ausstellung einer neuen Bescheinigung für eine Zulassungsbescheinigung Teil II, in der keine Eintragungen mehr möglich sind oder die beschädigt ist (bisher § 25 Abs. 3 StVZO). Die Bescheinigung wird jedoch nicht mehr eingezogen, sondern nach Entwertung dem Antragsteller zurückgegeben.*

Zu Abs. 6 (jetzt Abs. 7): *Absatz 6 basiert auf dem bisherigen § 25 Abs. 4 StVZO.*

2a   **Begr** zur ÄndVO v. 4.4.11 **zu Abs. 1 S. 4** (BR-Drs. 29/11 (Beschluss) S. 2 = VkBl. **11** 371): *Die FZV stellt nach ihrem Wortlaut nicht eindeutig klar, dass für Gebrauchtfahrzeuge, die bereits in einem anderen Mitgliedstaat der EU zugelassen waren, keine Blanko-ZB II ausgefüllt werden dürfen. Aus diesem Grund hat das Oberverwaltungsgericht Rheinland-Pfalz in zwei Urteilen vom 25. Januar 2010 (7 A 11062/09.OVG, 7 A 11063/09.OVG) entschieden, dass ein Antragsteller auch dann einen Anspruch auf Ausfüllung einer Zulassungsbescheinigung Teil II hat, wenn sein Fahrzeug zuvor in einem anderen Mitgliedstaat zugelassen war. Mit der Ergänzung des Absatzes 1 wird die notwendige Klarstellung herbeigeführt.*

2b   Begr zur ÄndVO v. 31.7.17 **zu Abs. 2** (BR-Drs. 408/17 S. 23): *Die Modifizierung der Zulassungsbescheinigung Teil II begründet sich durch das Erfordernis, in einem internetbasierten Zulassungsverfahren die nach § 6 Absatz 2 Satz 1 FZV geforderte Vorlage der Zulassungsbescheinigung Teil II digital abzubilden. So ist im zukünftigen Verfahren … geplant, dass die dezentralen Portale der Kommunen über den i-Kfz Webservice des KBA den Sicherheitscode der Zulassungsbescheinigung Teil II validieren können. Damit wird die Antragsvoraussetzung der Vorlage der Zulassungsbescheinigung Tei II in internetbasierten Verfahren durch die Eingabe des Sicherheitscodes der Zulassungsbescheinigung Teil II ersetzt werden können.*

3   **1. Die Zulassungsbescheinigung Teil II (ZB II, früher Fahrzeugbrief).** Auf Grund der Richtlinie 1999/37/EG (StVRL § 11 FZV Nr. 2) wurden die Zulassungsbescheinigungen für Fahrzeuge in der EU harmonisiert. In Deutschland besteht die Zulassungsbescheinigung aus zwei Teilen: der Zulassungsbescheinigung Teil I (früher Fahrzeugschein, § 11), und der Zulassungsbescheinigung Teil II (früher Fahrzeugbrief, § 12). Beide wurden durch die 38. ÄndVStVR v. 24.9.04 mWv 1.10.05 in das deutsche Recht übernommen. Wenn in der FZV von der oder einer Zulassungsbescheinigung die Rede ist (zB § 3 I S. 3), ist damit immer die aus den Teilen I und II bestehende Zulassungsbescheinigung gemeint, denn es gibt nur eine Zulassungsbescheinigung. Die ZB II dient vor allem als Nachweis der Verfügungsberechtigung im Zulassungsverfahren. Vor diesem Hintergrund wurde der Datenumfang auf die von der EU-Richtlinie geforderten obligatorischen Angaben sowie einige weitere für die Identifizierung des Fahrzeugs und für die Aufgabenerledigung der Zulassungsbehörden und des KBA notwendigen Angaben beschränkt.

Die FZV unterscheidet zwischen **Ausfüllung** des Vordrucks der ZB II und ihrer **Ausferti**- **3a** **gung:** Ausfüllung ist der Eintrag bestimmter Daten zum Fahrzeug, ohne dass diese Daten eine amtliche Bestätigung darstellen. Das Ausfüllen wird durch den Hersteller (III S. 3) oder den Inhaber der Typgenehmigung vorgenommen (IV) oder durch die ZulB (I S. 3, III S. 3, 4). Ausfertigung ist die abschließende Bearbeitung durch die ZulB mit Ausfüllung des amtlichen Teils und Bestätigung durch Siegeleindruck. Bei Vorliegen der Voraussetzungen besteht ein **Anspruch** auf Ausfertigung einer ZB II und auf Ausfüllung eines Vordrucks der ZB II, denn I S. 1 und 3 eröffnen kein Ermessen. Ausfüllung eines Vordrucks der ZB II für Fz, die bereits im Ausland zugelassen sind oder waren, ist nur bei gleichzeitiger Zulassung möglich (I S. 4). Ausfüllung von Blanko-ZB II für importierte Fz ohne gleichzeitige Zulassung setzt somit voraus, dass die Fz zuvor in keinem anderen Staat zugelassen waren. Durch diese mit ÄndVO v. 4.4.11 (BGBl. I S. 549, Begr Rn. 2a) eingefügte Regelung ist die entgegenstehende Rspr. (OVG Ko 25.2.10 7 A 11062/09 = GewArch **10** 224 Ls) überholt.

2. Antrag auf Ausfertigung der Zulassungsbescheinigung Teil II. Der Antrag auf Aus- **4** fertigung der ZB II (Abs. I) ist von dem Antrag auf Zulassung eines Fahrzeugs (§ 6) zu unterscheiden. Mit dem Antrag auf Zulassung nach § 6 ist entweder die vorhandene ZB II vorzulegen oder, wenn sie noch nicht vorhanden ist, nach § 12 zu beantragen, dass sie ausgefertigt wird (§ 6 II).

3. Nachweis der Verfügungsberechtigung. Mit dem Antrag auf Ausfertigung der ZB II ist **5** der ZulB die Verfügungsberechtigung über das Fz nachzuweisen (I S. 1). Das gleiche gilt, wenn nur die Ausfüllung eines Vordrucks der ZB II beantragt wird, ohne dass das Fz zugelassen werden soll (I S. 3); damit soll eine missbräuchliche Verwendung der Vordrucke verhindert werden (Begr VkBl. **06** 606). Bereits Vordrucke der ZB II sollen nur für ein bestimmtes, verkehrssicheres Fz verwendet werden, über das der Antragsteller auch verfügen muss. Ausfüllung des Vordrucks ohne Zulassung kommt zB in Betracht, wenn ein „Parallelimporteur" neue Fahrzeuge aus dem EU-Ausland einführt und diese noch nicht zugelassen werden sollen. Da die ZB II als Nachweis der Verfügungsberechtigung dient, darf eine Ausfertigung nicht erfolgen, ohne dass die Verfügungsberechtigung nachgewiesen wurde. Ausnahmen sind nicht möglich (§ 47 I Hs. 1). Es ist nicht Aufgabe der ZulB, den zivilrechtlichen Sachverhalt zu prüfen, um Klarheit über die Verfügungsberechtigung zu erlangen (VII S. 1, Rn. 13). Ist die **Verfügungsberechtigung** an einem Fz **strittig,** kann bis zur Klärung keine ZB II ausgestellt werden, denn die ZulB entscheidet weder über privatrechtliche Ansprüche noch überprüft sie Eigentum und Besitz an einem Fz; sie überlässt es vielmehr den Beteiligten, die geltend gemachten Ansprüche vor den ordentlichen Gerichten auszutragen (VG Mü 6.7.16 23 K 15.4389). Die Freigabe eines im Ausland gestohlenen, von der Polizei beschlagnahmten Fz durch StA und Polizei reicht zum Nachweis der Verfügungsberechtigung nicht aus (VGH Mü 22.8.18 11 ZB 18.101). Welche **Nachweise der Verfügungsberechtigung** in Betracht kommen, ergibt sich aus Nr. 5.2.2.1 der Richtlinie zur ZB I und II (VkBl. **16** 803) zB Kaufvertrag, Originalrechnung, Zollquittung. Im **Erbfall** muss geklärt sein, wer Erbe des Verstorbenen und damit verfügungsberechtigt ist. Der Nachweis erfolgt üblicherweise durch Erbschein, kann aber auch in sonstiger Weise, zB durch notarielles Testament geführt werden, wenn im Übrigen keine Zweifel bestehen (VGH Mü 7.2.17 11 ZB 16.1886). Aus dem bloßen Besitz des Nachlasses ergibt sich keine Verfügungsberechtigung, wenn weitere Erben vorhanden sein können (VG Mü 6.7.16 23 K 15.4389).

Prüfung im Zentralen Fahrzeugregister: Bei Vorliegen eines Antrags auf Ausfertigung ei- **6** ner ZB II oder auf Ausfüllung eines Vordrucks der ZB II ohne Zulassung kann die ZulB in begründeten Einzelfällen beim KBA anfragen, ob das Fz im Zentralen Fahrzeugregister (ZFZR) eingetragen, ein Suchvermerk vorhanden oder ob bereits eine ZB II ausgegeben worden ist (I S. 2). Die früher in § 23 I S. 4 StVZO aF normierte Verpflichtung, zusammen mit einem Antrag auf Ausfertigung eines Fahrzeugbriefs eine Bescheinigung des KBA vorzulegen, aus der hervorgeht, dass das Fz weder im ZFZR eingetragen ist noch dass es gesucht wird (in der Praxis ungenau als „Unbedenklichkeitsbescheinigung" bezeichnet), ist seit 1.3.07 entfallen. Zur Veranlassung ist also jetzt nicht mehr der FzHalter, sondern die ZulB verpflichtet. Laut Begr (VkBl. **06** 606) sollte die Anfrage bei vorhandener Möglichkeit des Direktzugriffs der ZulB auf das ZFZR immer erfolgen, nicht nur – wie der Wortlaut des I S. 2 sagt – in begründeten Einzelfällen.

7   **4. Nachweis der Typ- oder Einzelgenehmigung.** Die Ausfüllung einer ZB II sowie deren erstmalige Ausfertigung durch die ZulB ist von der Vorlage der Übereinstimmungsbescheinigung (§ 2 Nr. 7), der Datenbestätigung (§ 2 Nr. 8) oder der Bescheinigung über eine Einzelgenehmigung (§ 2 Nr. 6) des Fz abhängig (III S. 1). Ausnahmen davon sind nicht möglich (§ 47 I Hs. 1). Dieser Nachweis ist erforderlich, weil die Typ- oder Einzelgenehmigung nach § 3 I S. 2 zwingende Voraussetzung für die Zulassung ist. Bereits die Ausfüllung eines Vordrucks der ZB II mit den technischen Angaben zum Fz setzt die entsprechende Typ- oder Einzelgenehmigung, in der diese Daten festgestellt werden, voraus. Durch ÄndVO v. 22.3.19 (BGBl. I S. 382) wurde ergänzt, dass der papiergebundene Nachweis der Übereinstimmungsbescheinigung durch den elektronischen Abruf der Datensätze aus der Zentralen Datenbank der Übereinstimmungsbescheinigungen beim KBA (§ 45a) oder einer vergleichbaren Datenbank eines anderen EU-Staates ersetzt werden kann (III S. 2). Die Ausstellung der ZB II kann damit maschinell bearbeitet werden (Begr BR-Drs. 18/19 S. 71).

8   **5.** Die **Zulassungsbescheinigung Teil II** ist nach den Vorgaben und nach dem Muster in Anl 7 auszufertigen (II S. 1). Diese wurden durch ÄndVO v. 31.7.17 (BGBl. I S. 3090) mWv 1.1.18 so modifiziert, dass die seitdem neu ausgestellten ZB II für die Verwendung in internetbasierten Zulassungsverfahren tauglich sind (Begr Rn. 2b). Die ZB II ist mit einer sichtbaren Markierung versehen, die die darunterliegende Markierung mit der Aufschrift „Dokument nicht mehr gültig" und einen Sicherheitscode verdeckt (II S. 2, 3). Einzelheiten zu den Markierungen und dem Sicherheitscode ergeben sich aus Anl 7. Die ZB II ist nur bei unbeschädigter sichtbarer Markierung gültig (II S. 2). Durch die Ergänzung des Musters um diese Elemente wurde die ZB II dafür vorbereitet, bei internetbasierten Zulassungsvorgängen die Antragsvoraussetzung der Vorlage der ZB II (§ 6 II S. 1) durch die Eingabe des Sicherheitscodes der ZB II ersetzen zu können (Begr Rn. 2b). Ausnahmen von den Vorgaben des Abs. II sind zulässig (§ 47 I Hs. 1).

8a   Fahrzeugbriefe und ZB II nach **früheren Mustern** bleiben gültig (§ 50 III Nr. 2, 5, 11 u 12 Hs. 1). Vordrucke für ZB II nach dem bis 31.12.17 gültigen Muster durften noch bis 31.3.18 aufgebraucht werden (§ 50 III Nr. 12 Hs. 2). Wenn ein FzSchein nach früher gültigen Mustern durch eine ZB I ersetzt wird, ist auch ein Umtausch des vor dem 1.10.05 ausgestellten FzBriefs in eine ZB II erforderlich (§ 50 III Nr. 2 Hs. 2). Die bis zum 28.2.07 gültige Regelung, wonach ein FzSchein nach altem Muster durch eine ZB I zu ersetzen war, wenn ein FzBrief durch eine ZB II ersetzt wird (§ 72 StVZO zu Muster 2a – alt), ist dagegen nicht in die FZV übernommen worden. Es ist gleichwohl so zu verfahren, da es keine geteilte Zulassungsbescheinigung gibt und deswegen die Ausstellung eines Teils zwingend auch die Ausstellung des anderen Teils zur Folge hat.

8b   Die (nationale) **Richtlinie zur Zulassungsbescheinigung Teil I und Teil II** (VkBl. **16** 803 = StVRL § 11 FZV Nr. 8) erläutert das Verfahren der Ausgabe, Ausfüllung und Ausfertigung dieser Dokumente. Sie ist für die ZulB nur gültig, wenn sie von der jeweiligen obersten Landesbehörde für ihren Bereich verbindlich eingeführt worden ist. Das seit Juni 11 eigenständig vom KBA geführte (VkBl. **11** 508, 638, StVRL § 11 FZV Nr. 9) **Verzeichnis zur Systematisierung von Kraftfahrzeugen** und ihren Anhängern (Änderungsmitteilungen unter www.kba.de) dient der einheitlichen Ausfüllung der FzDokumente, der einheitlichen Erfassung der in den FzRegistern zu speichernden Daten und dem einheitlichen statistischen Nachweis der im ZFZR erfassten FzDaten. Vervollständigung der ZB II durch die ZulB: Wurden die Angaben über die Beschaffenheit des Fz und über dessen Übereinstimmung mit dem genehmigten Typ noch nicht durch den Hersteller eingetragen, hat die ZulB diese Eintragungen mit vom KBA zur Verfügung gestellten Typdaten vorzunehmen (III S. 3 u S. 4).

9   **6. Rückgabe der Zulassungsbescheinigung Teil II.** Nach Bearbeitung hat die ZulB die ZB II zurückzugeben an den, der ihr das Dokument vorgelegt hat, oder der von diesem bestimmten Person oder Stelle (VII S. 3). Dadurch ist der Schutz Dritter gewährleistet, die Rechte am Fz haben (s. VkBl. **95** 25). Wegen der wichtigen Sicherungsfunktion der ZB II muss die ZulB einen Nachweis über ihren Verbleib haben (Empfangsbescheinigung).

7. Verfahren bei Verlust von Zulassungsbescheinigungen Teil II. Bei Verlust eines Vor- **10** drucks der ZB II ist das KBA zu benachrichtigen (V S. 1). Speicherung im ZFZR s. § 30 IX S. 3 u 4. Der Verlust einer ausgefertigten ZB II ist der zuständigen ZulB anzuzeigen, die das KBA informiert (V S. 2). Verstöße gegen diese Anzeigepflichten sind ordnungswidrig (§ 48 Nr. 11). Unterrichtung der ZulB über abhanden gekommene und wieder aufgefundene ZB II durch das KBA s. § 38 III. Zur Speicherung im ZFZR s. § 30 IX S. 1 Buchst. e. Zur Löschung dieser Daten im ZFZR s. § 44 V, im örtlichen Fahrzeugregister s. § 45 IV Nr. 1.

Eine neue ZB II darf erst ausgefertigt werden, wenn nach **Aufbietung der verlorenen** **11** **ZB II im Verkehrsblatt** durch das KBA die dabei gesetzte Frist zur Vorlage bei der ZulB (meist 14 Tage) abgelaufen ist (V S. 3, 4). Einschließlich des zeitlichen Vorlaufs und im Hinblick auf den zweiwöchigen Erscheinensrhytmus des Verkehrsblattes konnten früher auf diese Weise bis zu 6 oder 7 Wochen vergehen, bis für eine in Verlust geratene ZB II ein Ersatz ausgefertigt werden konnte. Zur Beschleunigung und Vereinfachung des Aufbietungsverfahrens werden die in Verlust geratenen ZB II seit Mai 2011 arbeitstäglich auf der kostenfrei zugänglichen Internetseite des VkBl. (www.verkehrsblatt.de) veröffentlicht; die Aufbietungsfrist von 14 Tagen beginnt mit dem auf die Veröffentlichung auf der Internetpräsentation folgenden Kalendertag (BMV VkBl. **11** 374 = StVRL § 12 FZV Nr. 3). Die Veröffentlichung der Aufbietungen in der Papierausgabe des VkBl. wurde Ende 2011 eingestellt (VkBl. **11** 1016). Ungültigerklärung sieht § 12 nicht vor. Wenn V S. 3 davon spricht, dass das KBA die Aufbietung *auf Antrag* vornimmt, bedeutet dies, dass eine Aufbietung nur erfolgt, wenn ein Antrag auf Ausstellung einer neuen ZB II gestellt wird. Es bedeutet nicht, dass es der ZulB freisteht, ob sie beim KBA einen Antrag auf Aufbietung stellt oder davon absieht und ohne Aufbietung (und damit sofort) eine neue ZB II ausstellt. Aus V S. 4 wird deutlich, dass eine neue ZB II erst und nur ausgestellt werden darf, wenn die Frist abgelaufen ist. Dies ist nur möglich, wenn zuvor die Aufbietung erfolgt ist.

Vor **Ausfertigung einer neuen ZB II als Ersatz** für eine verlorene oder sonst **abhanden** **11a** **gekommene** zuletzt gültige ZB II/einen FzBrief hat die ZulB im Übrigen je nach den Umständen des Einzelfalles zu prüfen, ob das Ausfertigen gerechtfertigt ist (Richtlinie zur ZB I und II, Nr. 5.2.2.1 Buchst. c, VkBl. **16** 808). Dazu kann sie vom Antragsteller die Abgabe einer eidesstattlichen Versicherung über den Verlust der ZB II oder des FzBriefs verlangen (§ 5 S. 2 StVG), ggf. eine Bescheinigung der zuletzt zuständigen ZulB verlangen, dass keine Bedenken gegen die Aufbietung bestehen, und sich die Verfügungsberechtigung des Antragstellers nachweisen lassen (Richtlinie zur ZB I und II, Nr. 5.2.2.1 Buchst. c, VkBl. **16** 808). Ob die in Verlust geratene, aber noch existierende ZB II automatisch mit Ausstellung eines Ersatzdokuments ungültig wird (so VG Augsburg 7.7.15 – 3 K 15.383), ist offen. Eine Regelung dazu gibt es nicht. Wird die in Verlust geratene ZB II **wieder aufgefunden,** ist sie unverzüglich bei der ZulB abzuliefern (V S. 5). Verstoß gegen diese Pflicht ist ordnungswidrig (§ 48 Nr. 10).

8. Neuausstellung einer ZB II. Als Ersatz für **voll beschriebene** oder **beschädigte** ZB II **12** hat die ZulB neue ZB II auszustellen (VI S. 1). Bloße Ergänzung ist unzulässig. Eine neue ZB II ist auch dann auszustellen, wenn sich die Angaben des Halters **geändert** haben und diese ganz oder teilweise einem gesetzlichen Offenbarungsverbot unterliegen (VI S. 2). Damit soll verhindert werden, dass aus der ZB II Rückschlüsse auf geschützte Angaben gezogen werden können, zB bei Geschlechtsumwandlung oder Annahme an Kindes statt (Begr BR-Drs. 770/16 S. 91). Die Neuausstellung erfolgt in diesen Fällen nur auf Antrag. Zur Missbrauchskontrolle kann die ZulB nach VI S. 3 Nachweise verlangen, wenn sie dies im Einzelfall für geboten hält (Begr BR-Drs. 770/16 S. 91). Die ursprüngliche ZB II hat die ZulB zu entwerten und sie unter Eintragung der Nummer der neuen ZB II dem Antragsteller zurückzugeben (VI S. 4). Sie wird nicht mehr wie vor dem 1.3.07 eingezogen.

9. Keine Befugnis der ZulB, über privatrechtliche Ansprüche zu entscheiden, **13** **Abs. 7.** An den Besitz der ZB II knüpfen sich Folgen privatrechtlicher Art (Rn. 15). Soweit bei Anträgen oder bei der Aushändigung der mit Anträgen eingereichten ZB II privatrechtliche Ansprüche auftreten, haben es die ZulB den Beteiligten zu überlassen, sie gerichtlich auszutragen (VG Augsburg 7.7.15 3 K 15.383, VG Mü 6.7.16 23 K 15.4389). Wenn die Verfügungsberechtigung (Rn. 5) ungeklärt ist, ist es nicht Aufgabe der ZulB, den zivilrechtlichen Sachverhalt zu prüfen (VGH Mü 22.8.18 11 ZB 18.101). Unter Umständen Amtspflichtverletzung der ZulB, wenn sie trotz Kenntnis von strittigen Eigentumsverhältnissen die ZB II ohne Nachweis der Empfangsberechtigung aushändigt (Ha NZV **96** 450 für den FzBrief). Das **Eigentum am Kfz** ergibt sich nicht aus der Eintragung in der ZB II, die lediglich dokumentiert, auf welche Person ein Kfz zugelassen ist; aus der Eintragung kann weder zwingend auf den Halter noch auf den

Eigentümer geschlossen werden, da die ZulB die zivilrechtliche Rechtslage nicht prüft (KG VRS **113** 209, VRS **114** 416 (für den FzBrief), OVG Saarlouis NJW **16** 344). Die fehlende Eignung der ZB II zum Nachweis des Eigentums am Kfz geht auch aus dem Dokument selbst hervor, in dem unter C4c amtlich vermerkt ist, dass der Inhaber der ZB nicht als Eigentümer des Fz ausgewiesen wird (OVG Saarlouis NJW **16** 344). Die ZB II ist im Übrigen hinsichtlich der darin enthaltenen Angaben zur Person keine öff Urkunde iSv § 348 StGB; sie beweist weder zu öff Glauben, dass die Eintragungen zur Person richtig sind, noch dass die eingetragene Person Verfügungsberechtigter oder Halter des Fz ist (BGH NJW **15** 802).

14   **10.** § 12 ist **kein Schutzgesetz** (§ 823 II BGB) zugunsten des Fahrzeugerwerbers (für § 25 StVZO alt: BGH VRS **56** 100, Dü DAR **00** 261).

15   **11. Die bürgerlich-rechtliche Bedeutung der Zulassungsbescheinigung Teil II.** Die Übereignung von Kfz richtet sich nach allgemeinen Regeln (§§ 929 ff. BGB); die Übergabe der ZB II/des FzBriefs ist dafür nicht erforderlich. Da die ZB II/der FzBrief kein Traditionspapier ist, ersetzt die Übergabe der ZB II/des FzBriefs nicht die Übergabe des Fz. Das Eigentum an der ZB II/an dem FzBrief folgt dem Eigentum am Fz. Beim Erwerb eines Kfz vom Nichtberechtigten ist gutgläubiger Erwerb grundsätzlich nur möglich, wenn der Erwerber sich die ZB II/den FzBrief hat vorlegen lassen (näher dazu *Frahm/Würdinger* JuS **08** 14, 16). Wegen der besonderen Bedeutung der ZB II in bürgerlich-rechtlicher Hinsicht gestattet es § 3 III, sie auf Antrag auch für Kfz und Anhänger auszustellen, die vom Zulassungsverfahren befreit sind. **Rspr. zum FzBrief:** Mit dem Eigentum am Kfz oder Anhänger wird der Erwerber auch Eigentümer des dazu ausgestellten Fahrzeugbriefs, BGH NJW **83** 2139, Stu DAR **71** 13, LG Darmstadt DAR **99** 265. § 952 BGB ist auf den Fahrzeugbrief entsprechend anzuwenden (BGH NJW **64** 1413, DAR **07** 641, Kö VRS **106** 254, Dü NW-RR **92** 381, LG Darmstadt DAR **99** 265, LG Flensburg NJW-RR **09** 196). **Dingliche Rechte** am Brief abweichend von denen am Kfz können nicht begründet werden, Br VRS **50** 34, Stu DAR **71** 13. Ein Unternehmerpfandrecht am Kfz erstreckt sich auch auf den Fahrzeugbrief, Kö VersR **77** 233. Kein kaufmännisches Zurückbehaltungsrecht (§ 369 HGB) am Fahrzeugbrief, da er nicht Träger selbstständiger Rechte ist, Fra NJW **69** 1719. Briefbesitz allein berechtigt einen Händler nicht zur Verfügung über das Kfz, BGH NJW **70** 653. Der Brief hat keine rechtsbegründende Bedeutung, er ist Beweisurkunde, Dü VkBl. **52** 132, ist **kein Traditionspapier,** er verbrieft nicht das Eigentum am Kfz, sondern bezweckt dessen Sicherung dadurch, dass sein Fehlen den **guten Glauben des Erwerbers** idR ausschließt, BGH NJW **06** 3488, **05** 1365, **78** 1854, NZV **94** 312, MDR **96** 906, Kö VRS **106** 254, KG VM **84** 32, Stu VRS **124** 219. Zu den Erfordernissen gutgläubigen KfzErwerbs in Sonderfällen, BGH NJW **05** 1365, Ce JZ **79** 608. Den Fahrzeugbrief auf Fahrten mitzuführen ist nicht ratsam, da er in der Hand eines Nichtberechtigten gutgläubigen Erwerb durch Dritte begründen könnte. Bei jedem Eigentumswechsel an einem Fz, auch bei Verkauf zum Ausschlachten, muss sich der Erwerber den Brief vorlegen lassen, Mü DAR **65** 99. Weist der Brief den Veräußerer nicht als Berechtigten aus, so ist gutgläubiger Erwerb wegen grober Fahrlässigkeit ausgeschlossen, wenn sich der Erwerber über die Berechtigung nicht vergewissert, Ha NJW **75** 171, Mü DAR **75** 71. Wer von einer in den FzPapieren als Halterin eingetragenen juristischen Person ein Kfz kaufen will, muss die Berechtigung der für diese handelnden Person vor allem dann sorgfältig prüfen, wenn ungewöhnliche Umstände hinzutreten (Schl NZV **07** 627). § 932 BGB ist auf das Eigentum am Brief entsprechend anzuwenden. Das Fehlen des Briefs begründet die Vermutung unrechtmäßigen Erwerbs. Sein Vorhandensein beweist nicht unbedingt Eigentum des eingetragenen Inhabers und erspart dem Erwerber weder Prüfung des Zustandes des Fz noch der Verfügungsbefugnis des Veräußerers, BGHZ **18** 110 = NJW **55** 1316, VRS **56** 100. Gutgläubiges Vertragspfandrecht des Werkstattunternehmers kann mangels besonderer Gegenanzeichen auch ohne Briefvorlage entstehen, BGHZ **68** 323 = NJW **77** 1240. Beim **Gebrauchtwagenkauf** ist die Briefprüfung nur ein Mindesterfordernis gutgläubigen Eigentumserwerbs, BGH NJW **05** 1365, **78** 1854, **65** 735, VRS **48** 403, LG Mü I ZfS **15** 328. Wer sich beim Erwerb eines gebrauchten Kfz den Brief vorlegen lässt, handelt idR grobfahrlässig (§ 932 BGB), BGH NJW **05** 1365, DAR **67** 85, VersR **64** 45, auch zwischen Gebrauchtwagenhändlern, BGH MDR **59** 207, **96** 906 (Fahrzeuge aus Leasingverträgen). Der den Kauf nur vermittelnde Händler muss prüfen, ob die Fahrzeug-Identifizierungsnummer derjenigen im Brief entspricht, BGH VRS **59** 173. Zur Frage gutgläubigen Erwerbs eines Gebrauchtfahrzeugs, wenn der Veräußerer unter dem im Fahrzeugbrief eingetragenen Namen des Halters auftritt, Dü NJW **85** 2484, *Mittenzwei* NJW **86** 2472. Der Erwerber eines gebrauchten Kfz kann auch bösgläubig sein, wenn der Veräußerer im Besitz des Fz und des Briefs ist, sofern er Umstände, die Verdacht erregen

müssen, unbeachtet lässt, BGH NJW **75** 735, NJW **13** 1946, Kö VRS **106** 256 (Anfrage beim eingetragenen Eigentümer), LG Mü I ZfS **15** 328. Grobfahrlässig handelt ein KfzHändler, der ein gebrauchtes Kfz kauft, obwohl der vorgelegte Brief offensichtlich gefälscht ist, BGH Betr **66** 1014. Legitimiert sich der Verkäufer durch einen echten FzSchein und einen gefälschten FzBrief, können die Voraussetzungen für gutgläubigen Eigentumserwerb vorliegen (Kar DAR **12** 514). Bei Gebrauchtwagenkauf von Privat an Privat begründen die fahrlässig nicht erkannte Fälschung der FzPapiere und weitere Umstände nicht ohne weiteres die den gutgläubigen Erwerb hindernde grobe Fahrlässigkeit (Bra DAR **17** 521). Aushändigung eines scheinbar echten FzBriefs reicht nicht aus, um Gutgläubigkeit des Erwerbers zu begründen, wenn unterschlagenes Wohnmobil im Internet unter Angabe einer Handynummer zum Verkauf angeboten wird und daneben zahlreiche Indizien darauf deuten, dass der Verkäufer nicht der Eigentümer ist (Ko VRS **120** 257). Der Erwerber kann dem **Vorwurf grober Fahrlässigkeit** unter besonderen Umständen aber mit Erfolg begegnen, BGH NJW **65** 687, Br DAR **63** 302, Schl NJW **66** 1970 (Verkäufer als zuverlässig bekannt). Bei **Kauf vom KfzHändler** begründet der bloße Umstand fehlender Eintragung des Händlers im Brief ohne besondere Verdachtsmomente keine Bösgläubigkeit des Käufers, BGH NJW-RR **87** 1456, Kö VersR **96** 1246, Stu VRS **124** 219. Erwirbt jemand vom Vertragshändler einen **fabrikneuen Wagen,** so ist sein guter Glaube an die Verfügungsbefugnis des Händlers nicht deshalb zu verneinen, weil er sich den Brief nicht hat vorlegen lassen, BGH NJW **05** 1365, DAR **60** 179, Dü NJW-RR **92** 381, LG Darmstadt DAR **99** 265, s. BGH DAR **03** 314; das gilt auch für den Erwerb des Sicherungseigentums durch die Bank, BGH DAR **60** 179, s. Mü MDR **55** 477. Dass das Fehlen des Briefs beim Neuwagenkauf vom autorisierten KfzHändler grundsätzlich Gutgläubigkeit nicht hindert, gilt allerdings nicht ohne Einschränkungen, s. BGH NJW **05** 1365 (Käufer hätte Eigentumsvorbehalt des Herstellers kennen müssen). Privater Kunde, dem der FzBrief beim Autokauf nicht vorgelegt wird, handelt nicht grob fahrlässig, wenn er an die Verfügungsbefugnis des Vertragshändlers glaubt, über den er das Fz zuvor geleast hatte (AG Neuss NZV **10** 621). Zum **Sicherungseigentum** der Finanzierungsbank, wenn das Kfz weisungsgemäß dem Händler und der Fahrzeugbrief der Bank ausgehändigt wird, BGH VRS **37** 180. Einbehaltung des FzBriefs durch den Verkäufer kann vom Käufer eines Kfz nur dahin verstanden werden, dass der Verkäufer das Eigentum am Kfz nur unter der aufschiebenden Bedingung vollständiger Zahlung des Kaufpreises übertragen will (BGH NJW **06** 3488, dazu *Fritsche/Würdinger* NJW **07** 1037, *Fritsche/Würdinger* DAR **07** 501, 504 f.). In der Herausgabe des Briefs kann die schlüssige Erklärung liegen, den **Eigentumsvorbehalt** aufgeben zu wollen (BGH VRS **15** 1). Andererseits braucht ein Verzicht auf den Eigentumsvorbehalt nicht darin zu liegen, dass der Lieferant, der sich das Eigentum vorbehalten hatte, den Brief an ein Finanzierungsinstitut übersendet, das dem Käufer Kredit eingeräumt hatte, BGH VRS **24** 325. Gerät der Verkäufer eines Fahrzeugs nach Übereignung desselben mit der **Übergabe des Fahrzeugbriefs an den Käufer** in Verzug, so hat er für den Nutzungsausfallschaden des Käufers infolge entgangener Gebrauchsmöglichkeit Ersatz zu leisten, BGH NJW **83** 2139. Wer eine selbstfahrende Arbeitsmaschine mit auf Antrag ausgestelltem Fahrzeugbrief verkauft, muss dem Käufer den Brief verschaffen, Stu DAR **71** 13. Zum Streitwert der Herausgabeklage (Brief), Nü MDR **69** 1020. Zur Haftung des Kfz-Erstverkäufers bei Scheitern des Weiterverkaufs wegen Nichtaushändigung des Briefs, Mü VersR **78** 472. Zur Haftung des Herstellers gegenüber dem Erwerber, wenn er für ein aus Altteilen zusammengebautes Kfz einen neuen Fahrzeugbrief ausstellt, BGH VRS **56** 100. Wird die Zulassung abgelehnt, weil das Kfz nicht mit den Angaben des Briefs übereinstimmt, so bildet das einen Gewährleistungsmangel, BGHZ **10** 242 = NJW **53** 1505.

Literatur: *Frahm/Würdinger,* Der Eigentumserwerb an Kfz, JuS **08** 14. *Fritsche/Würdinger,* Konkludenter **15a**
Eigentumsvorbehalt beim Autokauf, NJW **07** 1037. *Fritsche/Würdinger,* Die Entwicklung des Kraftfahrzeugbriefs im Zivilrecht, DAR **07** 501.

12. Ordnungswidrig ist **16**

a) das Nichtabliefern einer in Verlust geratenen und dann wieder aufgefundenen Zulassungsbescheinigung Teil II bei der ZulB (§ 48 Nr. 10),
b) das Nichtanzeigen, sowie das nicht richtige, nicht vollständige oder nicht rechtzeitige Erstatten einer Anzeige über den Verlust eines Vordrucks einer ZB II oder über den Verlust einer ausgefertigten ZB II (§ 48 Nr. 11).

Mitteilungspflichten bei Änderungen

13 (1) [1]Folgende Änderungen von Fahrzeug- oder Halterdaten sind der Zulassungsbehörde zum Zwecke der Änderung der Fahrzeugregister und der Zulassungsbescheinigung unter Vorlage der Zulassungsbescheinigung Teil I, des Anhängerverzeichnisses und bei Änderungen nach Nummer 1 bis 3 auch der Zulassungsbescheinigung Teil II unverzüglich mitzuteilen:

1. Änderungen von Angaben zum Halter, wobei bei alleiniger Änderung der Anschrift die Zulassungsbescheinigung Teil II nicht vorzulegen ist,

2. Änderung der Fahrzeugklasse nach Anlage XXIX der Straßenverkehrs-Zulassungs-Ordnung,

3. Änderung von Hubraum, Nennleistung, Kraftstoffart oder Energiequelle,

4. Erhöhung der bauartbedingten Höchstgeschwindigkeit,

5. Verringerung der bauartbedingten Höchstgeschwindigkeit, wenn diese fahrerlaubnisrelevant oder zulassungsrelevant ist,

6. Änderung der zulässigen Achslasten, der Gesamtmasse, der Stützlast oder der Anhängelast,

7. Erhöhung der Fahrzeugabmessungen, ausgenommen bei Personenkraftwagen und Krafträdern,

8. Änderung der Sitz- oder Stehplatzzahl bei Kraftomnibussen,

9. Änderungen der Abgas- oder Geräuschwerte, sofern sie sich auf die Kraftfahrzeugsteuer oder Verkehrsbeschränkungen auswirken,

10. Änderungen, die eine Ausnahmegenehmigung nach § 47 erfordern, und

11. Änderungen, deren unverzügliche Eintragung in die Zulassungsbescheinigung auf Grund eines Vermerks im Sinne des § 19 Absatz 4 Satz 2 der Straßenverkehrs-Zulassungs-Ordnung erforderlich ist.

[2]Andere Änderungen von Fahrzeug- oder Halterdaten sind der Zulassungsbehörde bei deren nächster Befassung mit der Zulassungsbescheinigung mitzuteilen. [3]Verpflichtet zur Mitteilung ist der Halter und, wenn er nicht zugleich der Eigentümer ist, auch dieser. [4]Die Verpflichtung besteht, bis der Behörde durch einen der Verpflichteten die Änderungen mitgeteilt worden sind. [5]Kommen die nach Satz 3 Verpflichteten ihrer Mitteilungspflicht nicht nach, kann die Zulassungsbehörde für die Zeit bis zur Erfüllung der Verpflichtung den Betrieb des Fahrzeugs auf öffentlichen Straßen untersagen. [6]Der Halter darf die Inbetriebnahme eines Fahrzeugs, dessen Betrieb nach Satz 5 untersagt wurde, nicht anordnen oder zulassen.

(1a) **Der** Mitteilungspflicht nach Absatz 1 Satz 1 Nummer 1 wird auch genügt, wenn diese Änderungen über eine Meldebehörde mitgeteilt werden, sofern bei der Meldebehörde ein solches Verfahren eröffnet ist.

(2) [1]Wer einen Personenkraftwagen verwendet

1. für eine Personenbeförderung, die dem Personenbeförderungsgesetz unterliegt,

2. für eine Beförderung durch oder für Kindergartenträger zwischen Wohnung und Kindergarten oder durch oder für Schulträger zum und vom Unterricht oder

3. für eine Beförderung von behinderten Menschen zu und von ihrer Betreuung dienenden Einrichtungen

hat dies vor Beginn und nach Beendigung der Verwendung der zuständigen Zulassungsbehörde unverzüglich schriftlich oder elektronisch anzuzeigen. [2]Wer ein Fahrzeug ohne Gestellung eines Fahrers gewerbsmäßig vermietet (Mietfahrzeug für Selbstfahrer), hat dies nach Beginn des Gewerbebetriebs der zuständigen Zulassungsbehörde unverzüglich schriftlich oder elektronisch anzuzeigen, wenn nicht das Fahrzeug für den Mieter zugelassen wird. [3]Zur Eintragung der Verwendung des Fahrzeugs im Sinne des Satzes 1 oder des Satzes 2 ist der Zulassungsbehörde unverzüglich die Zulassungsbescheinigung Teil I vorzulegen.

(3) [1]Verlegt der Halter seinen Wohnsitz oder Sitz in einen anderen Zulassungsbezirk, hat er unverzüglich

1. bei der für den neuen Wohnsitz oder Sitz zuständigen Zulassungsbehörde die Zuteilung eines neuen Kennzeichens, einer neuen Zulassungsbescheinigung Teil I und die Änderung der Angaben in der Zulassungsbescheinigung Teil II zu beantragen oder

2. der für den neuen Wohnsitz oder Sitz zuständigen Zulassungsbehörde mitzuteilen, dass das bisherige Kennzeichen weitergeführt werden soll, und die Zulassungsbescheinigung Teil I zur Änderung vorzulegen.

[2] Kommt er diesen Pflichten nicht nach, kann die Zulassungsbehörde für die Zeit bis zur Erfüllung der Pflichten den Betrieb des Fahrzeugs auf öffentlichen Straßen untersagen. [3] Der Halter darf die Inbetriebnahme eines Fahrzeugs, dessen Betrieb nach Satz 2 untersagt ist, nicht anordnen oder zulassen. [4] Im Falle des Satzes 1 Nummer 1 teilt die für den neuen Wohnsitz oder Sitz zuständige Zulassungsbehörde nach Vorlage der Zulassungsbescheinigung und der bisherigen Kennzeichen zur Entstempelung dem Fahrzeug ein neues Kennzeichen zu. [5] Im Falle des Satzes 1 Nummer 2 berichtigt die für den neuen Wohnsitz oder Sitz zuständige Zulassungsbehörde die Zulassungsbescheinigung Teil I. [6] Absatz 1 Satz 1 Nummer 1 bleibt unberührt.

(4) [1] Tritt ein Wechsel in der Person des Halters ein, hat der bisherige Halter oder Eigentümer dies unverzüglich der Zulassungsbehörde zum Zweck der Änderung der Fahrzeugregister mitzuteilen; die Mitteilung ist entbehrlich, wenn der Erwerber seinen Pflichten nach Satz 3 bereits nachgekommen ist. [2] Die Mitteilung muss das Kennzeichen des Fahrzeugs, Namen, Vornamen und vollständige Anschrift des Erwerbers sowie dessen Bestätigung, dass die Zulassungsbescheinigung übergeben wurde, enthalten. [3] Der Erwerber hat unverzüglich nach Halterwechsel der für seinen Wohnsitz oder Sitz zuständigen Zulassungsbehörde die neuen Halterdaten nach § 33 Absatz 1 Satz 1 Nummer 2 und Absatz 2 des Straßenverkehrsgesetzes und die Fahrzeugdaten nach § 6 Absatz 4 mitzuteilen und auf Verlangen nachzuweisen, unter Vorlage des Versicherungsnachweises nach § 23 die Ausfertigung einer neuen Zulassungsbescheinigung Teil I zu beantragen und die Zulassungsbescheinigung Teil II zur Änderung vorzulegen (Umschreibung). [4] Sofern dem Fahrzeug bisher ein Kennzeichen einer anderen Zulassungsbehörde zugeteilt war, hat der Erwerber unverzüglich nach Halterwechsel die Zuteilung eines neuen Kennzeichens zu beantragen oder mitzuteilen, dass das bisherige Kennzeichen weitergeführt werden soll. [5] Kommt der bisherige Halter oder Eigentümer seiner Mitteilungspflicht nach Satz 1 nicht nach oder wird das Fahrzeug nicht unverzüglich umgemeldet oder außer Betrieb gesetzt oder erweisen sich die mitgeteilten Daten des neuen Halters oder Eigentümers als nicht zutreffend, kann die Zulassungsbehörde die Zulassungsbescheinigung im Verkehrsblatt mit einer Frist von vier Wochen zur Vorlage bei ihr aufbieten. [6] Mit erfolglosem Ablauf des Aufgebots endet die Zulassung des Fahrzeugs. [7] Die Zulassungsbehörde teilt das Ende der Zulassung dem bisherigen Halter oder Eigentümer mit. [8] Abweichend von Satz 5 kann die Zulassungsbehörde auch eine Anordnung nach Absatz 1 Satz 5 erlassen. [9] Im Falle einer Anordnung nach Satz 8 gilt Absatz 1 Satz 6 entsprechend.

(5) Die Absätze 1, 3 und 4 gelten nicht für außer Betrieb gesetzte Fahrzeuge.

(6) [1] Wird ein zugelassenes Fahrzeug im Ausland erneut zugelassen und erhält die zuständige Zulassungsbehörde durch das Kraftfahrt-Bundesamt hierüber eine Mitteilung, ist das Fahrzeug durch die Zulassungsbehörde außer Betrieb zu setzen. [2] Die Mitteilung erfolgt in elektronischer Form nach den vom Kraftfahrt-Bundesamt herausgegebenen und im Verkehrsblatt veröffentlichten Standards.

Begr (VkBl. 06 607): **1**

Absatz 1 *folgt dem bisherigen § 27 Abs. 1 und 1a StVZO. Zusätzlich aufgenommen ist die Verantwortung des Halters, die Inbetriebnahme des Fahrzeugs nicht anzuordnen oder zuzulassen, wenn dessen Betrieb auf öffentlichen Straßen untersagt wurde. ...*
Änderung durch den Bundesrat zur Fassung von Abs. 1 Nr. 3: Aus Gründen der Verkehrssicherheit sollen auch Änderungen der Kraftstoffart, wie sie beispielsweise bei der Umrüstung auf Flüssiggas erfolgt oder der Energiequelle unverzüglich gemeldet und damit auch in den Fahrzeugregistern und den Zulassungsdokumenten vermerkt werden.

Absatz 2 *folgt den bisher in § 23 Abs. 6 StVZO vorgeschriebenen Meldungen und Eintragungen in der Zulassungsbescheinigung Teil I bezüglich der bestimmten Verwendung von Fahrzeugen. Der Katalog wird um die bisher in der Selbstfahrervermietverordnung geregelte Eintragung der gewerbsmäßigen Vermietung an Selbstfahrer ergänzt.*

Absatz 3 *bestimmt die Meldepflicht bei Wechsel des Wohnsitzes oder Sitzes oder der Anschrift des* **2** *Fahrzeughalters. Sie tritt an die Stelle der bisher auf die Verlegung des regelmäßigen Standorts bezogenen (§ 27 Abs. 2 StVZO). Standortverlegungen sind nur noch mitzuteilen, wenn sie längerfristig sind.*

Absatz 4 *übernimmt § 27 Abs. 3 StVZO. Danach haben Verkäufer und Käufer eines zugelassenen Fahrzeuges bestimmte Verpflichtungen. Der Verkäufer hat der Zulassungsbehörde Namen und Anschrift des Erwerbers anzuzeigen. Der Käufer hat unverzüglich das Fahrzeug bei der neu zuständigen Zulassungsbehörde umzumelden. ...*
Änderung durch den Bundesrat zur Fassung von Abs. 4 Satz 1: Die Mitteilung der Fahrzeugver- **3** *äußerung allein ist nicht ausreichend. Auch Halteränderungen auf Grund von Schenkungen, Vermietungen, Leasinggeschäften etc. sind zum Zwecke der Berichtigung der Fahrzeugregister mitzuteilen.*

Änderung durch den Bundesrat zur Fassung von Abs. 4 Sätze 4 bis 6: *Die bisher vorgesehene Betriebsuntersagung ist nicht das geeignete Mittel, solche Verstöße zu sanktionieren. Es ist vielmehr eine rechtliche Möglichkeit notwendig, in solchen Fällen die Zulassung zeitnah von Amts wegen beenden zu können.*

Absatz 5 *nimmt Mitteilungen zu Änderungen bei außer Betrieb gesetzten Fahrzeugen sowie zum Wohnsitzwechsel von Haltern dieser Fahrzeuge von den Meldepflichten aus (derzeit § 27 Abs. 4a).*

Absatz 6 *regelt die Außerbetriebsetzung von Amts wegen, wenn der Zulassungsbehörde die Mitteilung über eine Zulassung des Fahrzeuges im Ausland zugeht.*

3a   **Begr** zur ÄndVO v. 19.10.12 **zu Abs. 4 S. 1 und 2** (BR-Drs. 371/12 S. 34 = VkBl. **12** 864): *Mit der Regelung wird auch in der Verordnung die doppelte Meldepflicht bei Fahrzeugveräußerung aufgehoben. Außerdem wird bei der Veräußerungsanzeige der Mitteilungsumfang reduziert. Es wird darauf verzichtet, dass der Verkäufer/die Verkäuferin die Bestätigung übermittelt, dass die Kennzeichenschilder übergeben wurden. Diese Regelung hat in der Praxis vielfach dazu geführt, dass die Mitteilungen unvollständig waren und damit als nicht erfüllt angesehen wurden.*

3b   **Begr** zum ÄndG v. 25.7.13 **zu Abs. 1a** (BT-Drs. 17/11 473 S. 63): *Es handelt sich um eine Klarstellung, dass die Mitteilung der Meldebehörde diejenige bei der Zulassungsbehörde ersetzt. Eine Verpflichtung aller Meldebehörden, dieses Verfahren durchzuführen, ergibt sich aus der Regelung jedoch nicht.*

3c   **Begr** zur ÄndVO v. 8.10.13 (BR-Drs. 435/13 S. 40 = VkBl. **13** 1063): **Zu Abs. 1 S. 1 Nr. 1:** *Die Änderung der Anschrift des Halters in einen anderen Zulassungsbezirk wird einer Änderung der Anschrift innerhalb des Zulassungsbezirks gleichgestellt. Eine Vorlage der Zulassungsbescheinigung Teil II ist damit nicht mehr erforderlich.*

    Zu Abs. 3: *Mit der Regelung wird für den Fall der Verlegung des Wohnsitzes oder Sitzes des Halters in einen anderen Zulassungsbezirk die Möglichkeit geschaffen, ein Kennzeichen des neuen Zulassungsbezirks zu beantragen oder zu erklären, dass er das bisherige Kennzeichen weiterführt…. Durch den Verweis auf Absatz 1 Nummer 1 wird klargestellt, dass auch bei Weiterführung des bisherigen Kennzeichens die Pflicht zur Meldung des Wohnsitz- oder Sitzwechsels besteht.*

4   **42. StVZAusnV** v. 22.12.92 idF d VO v. 25.4.06 (BGBl. I S. 988, VkBl. **06** 598)

    § 1: s. § 19 StVZO Rn. 1b

    § 2. [1] Abweichend von § 13 Abs. 1 der Fahrzeug-Zulassungsverordnung sind Änderungen der Leermasse durch den Anbau der seitlichen Schutzvorrichtungen nicht melde- oder eintragungspflichtig. [2] Auf das Ausmaß der Änderungen ist im Teilegutachten deutlich sichtbar hinzuweisen.

5   **1. Anwendungsbereich.** § 13 begründet für Eigentümer und Halter **Meldepflichten,** I S. 1 insbesondere für den Fall, dass an dem Fahrzeug Änderungen vorgenommen werden, die die Änderung der Fahrzeugregister und der Fahrzeugpapiere nötig machen, III für den Fall der Verlegung von Wohnsitz oder Sitz des Halters in einen anderen Zulassungsbezirk, IV für den Fall des Halterwechsels. Die Vorschrift soll sicherstellen, dass die in den Fahrzeugregistern und in der Zulassungsbescheinigung erfassten Daten über die Fz und deren Halter stets auf dem neuesten Stand sind, soweit nicht spätere Meldung (Abs. I S. 2) ausreicht. Die Inhalte der Register und der Fahrzeugpapiere haben gleichwohl keinen Anspruch auf objektive Richtigkeit, zumal sie auch abhängig von der Meldung durch den Halter sind. Wenn die tatsächlichen Verhältnisse sich ändern, muss die Registereintragung nachgelagert geändert werden (Begr zur Ersetzung des Begriffes *Berichtigung* durch den Begriff *Änderung* durch ÄndVO v. 22.3.19 (BGBl. I S. 382) BR-Drs. 18/19 S. 71), wird also erst zeitverzögert an die geänderten Verhältnisse angepasst.

6   **2. Meldepflichtige Änderungen (Abs. I S. 1–2).** Die Fz- und Halterdaten in den FzRegistern, den Zulassungsbescheinigungen Teile I und II und in den Anhängerverzeichnissen müssen den Tatsachen entsprechen. Deshalb sind die in I S. 1 genannten Änderungen ohne schuldhafte Verzögerung zu melden. Dabei handelt es sich um solche Änderungen, die Auswirkungen auf die Kfz-Steuer, die Versicherungsprämie, die Fahrerlaubnis oder auf erforderliche Ausnahmegenehmigungen haben, und zwar hauptsächlich um Änderungen am Fz. Soweit die Änderung nicht von I S. 1 erfasst wird, genügt Meldung zu einem späteren Zeitpunkt, zu dem die ZulB aus anderen Gründen mit der Zulassungsbescheinigung befasst ist (I S. 2); jedoch sind die Mitführungs- und Aushändigungspflichten des § 19 IV StVZO zu beachten. Die Meldepflichten betreffen alle zugelassenen Fz, auch solche mit Saisonkennzeichen außerhalb des Betriebszeitraums (s. Begr zur 23. ÄndVStVR, VkBl. **96** 620), nicht aber außer Betrieb gesetzte Fz (V S. 1).

Ausnahme von der Meldepflicht bei Anbau seitlicher Schutzvorrichtungen, s. § 2 der 42. StVZ-AusnV (Rn. 4). Die Meldung bezweckt Änderung der FzPapiere und der FzRegister.

Unverzüglich zu melden ist **Änderung der Anschrift des Halters** (I S. 1 Nr. 1). Diese Mel- **6a** dung ist nicht erforderlich, wenn kein neues Kennzeichen erteilt werden muss und wenn die Meldebehörde die ZulB darüber informiert (Ia). Die Meldebehörden können durch Landesrecht mit dieser Aufgabe betraut werden (§ 64 II StVG); die Mitteilung der Meldebehörde ersetzt dann die Meldung bei der ZulB (Begr Rn. 3b). Sind die Meldebehörden in einem Bundesland nicht durch Landesrecht mit dieser Aufgabe betraut worden, ist dieser Weg nicht eröffnet. Bei alleiniger Änderung der Anschrift bedarf es nicht der Vorlage der ZB II (I S. 1 Nr. 1). Diese Regelung ist seit 1.1.15 nicht mehr auf Fälle des Umzugs innerhalb des Zulassungsbezirks beschränkt, sondern gilt auch bei Umzug in einen anderen Zulassungsbezirk (Begr Rn. 3c), da seitdem die Mitnahme des Kennzeichens bundesweit möglich ist (III).

3. Meldepflichtig ist der Halter und, wenn der Halter nicht zugleich der Eigentümer ist **7** (Vorbehaltseigentum, Sicherungsübereignung), auch dieser (I S. 3). Die Meldepflicht trifft auch dann den Halter, wenn in den FzPapieren oder in den FzRegistern eine andere Person eingetragen ist, nicht aber den Eingetragenen, Bay DAR **85** 390, Kö VRS **86** 202, *Rebler* VD **06** 153. Meldepflichtiger Eigentümer ist auch, wer vertraglich alle Eigentümerbefugnisse haben soll (Vermittlungsvertrag mit einem Händler zwecks Umsatzsteuerersparnis), Ol VRS **32** 230, AG Bad Homburg VersR **00** 450. Mit der Meldung ist die Meldepflicht erfüllt; die Änderung (früher: Berichtigung) der Fahrzeugpapiere muss der Meldepflichtige nicht kontrollieren, Ha VRS **10** 148.

4. Dauer der Meldepflicht. Die Meldepflicht besteht, bis der ZulB durch einen der Ver- **8** pflichteten die Änderungen mitgeteilt worden sind (I S. 4). Die Verjährung des Verstoßes gegen die Meldepflicht beginnt erst, wenn die Pflicht erfüllt ist. I S. 4 bezieht sich nur auf I, nicht auch auf IV (s. Ol VM **67** 12 zu § 27 I S. 4 StVZO aF). Die Zulassungsbehörde kann **Untersagung des FzBetriebs** auf öffentlichen Straßen anordnen, bis die Meldepflichtigen ihrer Pflicht nachkommen (I S. 5). Verstoß gegen diese Anordnung ist ow (§ 48 Nr. 7). Nach Untersagung des Betriebs gem. I S. 5 darf der Halter die Inbetriebnahme nicht anordnen oder zulassen (I S. 6). Verstoß ist ow (§ 48 Nr. 2). **Untersagung des Betriebs** stellt lediglich Verbot dar, das Fz im StrV zu betreiben, lässt Betriebserlaubnis und Zulassung des Fz aber unberührt (*Dauer* DAR **12** 660, § 5 Rn. 6a). Nach Betriebsuntersagung gem. I S. 5 besteht keine Verpflichtung für Eigentümer und Halter nach § 5 II S. 1, das Fz außer Betrieb setzen zu lassen, denn I S. 5 ist eigenständige Eingriffsnorm, die selbständig neben § 5 steht (*Dauer* DAR **12** 660 (662)). – Bei Verletzung der Pflichten aus IV kann alternativ zu der Aufbietung der Zulassungsbescheinigung nach IV S. 5 auch Untersagung des Betriebs des Fz nach IV S. 8 iVm I S. 5 erfolgen, s. Rn. 15a.

5. Meldepflicht bei bestimmter Verwendung von Fz. II schreibt Meldung und Vorlage **9** der ZB I bei Verwendung eines Pkws zur Personenbeförderung nach PBefG oder zur Beförderung von Kindern oder Behinderten durch oder für Kindergarten- bzw. Schulträger vor. Zweck der Vorschrift: Erleichterung der Durchführung der Hauptuntersuchung nach § 29 StVZO; durch den Vermerk soll erkennbar gemacht werden, dass für jene Fahrzeuge die (kürzere) 12-Monatsfrist gilt (zur Vorgängervorschrift § 23 VI StVZOalt: VkBl. **85** 76). Der Katalog wurde um die früher in der Selbstfahrervermietverordnung geregelte Eintragung der gewerbsmäßigen Vermietung an Selbstfahrer ergänzt. Die Anzeige hat **schriftlich** oder **elektronisch** zu erfolgen. Neben der schriftlichen ist auch eine Erklärung in der einfachsten elektronischen Variante, zB als einfache E-Mail, zulässig (Begr BR-Drs. 770/16 S. 92). Die Regelung ist technikoffen; die Nutzung elektronischer Verfahren setzt aber immer eine entsprechende Zugangseröffnung auf Seiten des Empfängers voraus (Begr BR-Drs. 770/16 S. 92). Der ZulB ist nicht nur die ZB I zur Eintragung der Verwendung des Fz (II S. 3), sondern bei Änderung der HU-Fristen sind auch die Kennzeichenschilder vorzulegen.

6. Meldepflicht bei Verlegung von Wohnsitz oder Sitz des Halters. Bei Verlegung von **10** Wohnsitz oder Sitz des Halters **innerhalb des Zulassungsbezirks** ist unverzügliche Mitteilung der Änderung der Anschrift erforderlich (I S. 1 Nr. 1), bei alleiniger Änderung der Anschrift allerdings ohne Vorlage der ZB II, sofern die ZulB nicht schon durch die Meldebehörde unterrichtet wird (Ia, s. Rn. 6a). In diesem Fall kann die neue Anschrift durch einen Aufkleber – wie bei Personalausweisen – auf der ZB I vermerkt werden (Nr. 6.1 Richtlinie zur ZB I und II, VkBl. **16** 803). Bei Verlegung von Wohnsitz oder Sitz des Halters **in einen anderen Zu-**

lassungsbezirk ist ebenfalls unverzügliche Mitteilung der Änderung der Anschrift erforderlich (I S. 1 Nr. 1, III S. 6), sofern die ZulB nicht schon durch die Meldebehörde unterrichtet wird (Ia). Anders als bei Halterwechsel (IV S. 3) ist kein Versicherungsnachweis gem. § 23 vorzulegen, da der Umzug den Versicherungsschutz für das Fz nicht berührt. Auch die Festsetzung der Kfz-Steuer bleibt unberührt, wenn für das Fz des Steuerschuldners eine andere ZulB zuständig wird (§ 12 IV KraftStG). Seit 1.1.15 hat der Halter die Wahl, bei Verlegung von Wohnsitz oder Sitz in einen anderen Zulassungsbezirk **das bisherige Kennzeichen beizubehalten** (III S. 1 Nr. 2, „Mitnahme des Kennzeichens", „Verzicht auf Umkennzeichnung") oder bei der nach seinem Umzug zuständigen ZulB ein **neues Kennzeichen** des neuen Zulassungsbezirks zu beantragen (III S. 1 Nr. 1). In beiden Fällen muss er unverzüglich tätig werden. Will der Halter sein **bisheriges Kennzeichen weiter führen,** muss er dies der nach dem Umzug neu zuständigen ZulB mitteilen und die ZB I zur Änderung vorlegen (III S. 1 Nr. 2). Das Kennzeichen und die Kennzeichenschilder bleiben in diesem Fall unverändert. Bei alleiniger Änderung der Anschrift muss die ZB II in diesem Fall nicht vorgelegt werden (I S. 1 Nr. 1). Das mitgenommene Kennzeichen kann solange beibehalten werden, wie keine Außerbetriebsetzung des Fz erfolgt. Reservierung des mitgenommenen Kennzeichens bei Außerbetriebsetzung zum Zweck der Wiederzulassung ist nicht möglich (§ 14 I S. 6), da die neue ZulB bei Wiederzulassung nur das Unterscheidungszeichen ihres eignen Zulassungsbezirks zuteilen darf. Für alle Amtshandlungen ist die neue ZulB zuständig, nicht die ZulB, die das mitgenommene Kennzeichen zugeteilt hatte (zB bei erforderlicher Ausstellung von Ersatzpapieren). Beantragt der Halter die **Zuteilung eines neuen Kennzeichens,** muss er die bisherigen Kennzeichenschilder zur Entstempelung vorlegen (III S. 4) sowie Ausstellung einer neuen ZB I und Berichtigung der ZB II beantragen (III S. 1 Nr. 1).

10a **Wohnsitz** iSv III S. 1 ist nicht der zivilrechtliche Wohnsitz iSv §§ 7 ff. BGB, sondern der Wohnort iSv § 46 II S. 1. Dieser bestimmt sich nach den tatsächlichen Verhältnissen und nicht nach dem Willen des Betr oder der Eintragung im Melderegister. Entscheidend ist, wo sich der Wohnort bzw. die Hauptwohnung des Betr tatsächlich befinden (VGH Mü 18.4.08 11 CS 08.468, 22.7.08 11 ZB 08.1539, VGH Ma DAR **14** 661).

10b **Verlegung des Verwaltungssitzes** (Ort der tatsächlichen Tätigkeit der Geschäftsleitung) einer juristischen Person ohne gleichzeitige Änderung des Satzungssitzes löst keine Pflicht nach III S. 1 aus, denn unter Sitz iSv III S. 1 ist bei einem Auseinanderfallen von Satzungssitz und Verwaltungssitz allein der Satzungssitz zu verstehen (*Heinze* NZV **12** 369).

11 Da die Zulassung seit 1.3.07 nicht mehr am regelmäßigen **Standort** des Fahrzeugs, sondern am Wohnort oder Sitz des Halters erfolgt, werden die Meldepflichten nicht mehr wie früher durch die Verlegung des regelmäßigen Standorts des Fahrzeugs ausgelöst, sondern durch die Verlegung von Wohnort oder Sitz des Halters. Abgeschafft wurde mit Wirkung vom 1.11.12 (ÄndVO v. 19.10.12, BGBl. I S. 2232) auch die Erfassung des regelmäßigen Standorts des Fahrzeugs, wenn er mit dem Wohnsitz oder Sitz des Halters nicht identisch ist (§ 6 IV Nr. 1 aF), und die Pflicht zur unverzüglichen Meldung, wenn der regelmäßige Standort des Fz für mehr als drei Monate an einen vom Wohnort oder Sitz des Halters abweichenden Ort verlegt wird (III S. 3 aF), da sich die Speicherung des regelmäßigen Standorts in der Praxis als nicht erforderlich erwiesen hat (Begr BR-Drs. 371/12 S. 31 = VkBl. **12** 862).

11a Die ZulB kann **Untersagung des Fahrzeugbetriebs** auf öffentlichen Straßen anordnen, bis der Halter seinen Pflichten aus III S. 1 nachkommt (III S. 2); Verstoß gegen diese Anordnung ist ow (§ 48 Nr. 7). In diesem Fall darf der Halter die Inbetriebnahme des Fz nicht anordnen oder zulassen (III S. 3); Verstoß ist ow (§ 48 Nr. 2). Untersagung des Betriebs stellt lediglich Verbot dar, das Fz im StrV zu betreiben, lässt Betriebserlaubnis und Zulassung des Fz aber unberührt (*Dauer* DAR **12** 660, § 5 Rn. 6a). Nach Betriebsuntersagung gem. III S. 2 besteht keine Verpflichtung für den Halter nach § 5 II S. 1, das Fz außer Betrieb setzen zu lassen, denn III S. 2 ist eigenständige Eingriffsnorm, die selbständig neben § 5 steht (*Dauer* DAR **12** 660 (662)). Die in III S. 2 vorgesehene Befugnis der ZulB, dem Halter, der den Pflichten aus III S. 1 nicht nachkommt, für die Zeit bis zur Erfüllung der Pflichten den Betrieb des Fz auf öff Straßen zu untersagen, schließt als milderes Mittel auch die **Aufforderung** unter Fristsetzung **zur Ummeldung** des Fz mit ein (VGH Mü 12.7.19 – 11 ZB 19.780 BeckRS 2019, 15144, VG Ansbach 28.6.11 – AN 10 K 11.00590 BeckRS 2011, 31029).

12 **7. Pflichten bei Halterwechsel.** Abs. IV regelt die Pflichten von Halter und Eigentümer bei einem Wechsel in der Person des Halters. Dies gilt nicht nur für Veräußerung des Fahrzeugs, sondern auch bei Halteränderungen auf Grund von Schenkungen, Vermietungen, Leasinggeschäften etc. (s. Begr des Bundesrates VkBl. **06** 607). Die Pflichten betreffen zugelassene Fz, auch solche mit Saisonkennzeichen außerhalb des Betriebszeitraums, nicht aber außer Betrieb gesetzte Fz (V S. 1). Durch ÄndVO v. 22.3.19 (BGBl. I S. 382) wurde mWv 1.10.19 eingeführt, dass Beibehaltung des bisherigen Kennzeichens bei Halterwechsel auch unter Wechsel des Zulassungsbezirks möglich ist (IV S. 4).

Der bisherige Halter oder Eigentümer hat der ZulB unverzüglich den **Halterwechsel mit-** **13** **zuteilen,** damit die Fahrzeugregister geändert werden können (IV S. 1 Hs. 1); Verstoß ist ow (§ 48 Nr. 12). Er muss dabei Namen und Anschrift des „Erwerbers" anzeigen (IV S. 2). Über Namen und Anschrift des Erwerbers muss er sich vergewissern (OVG Münster DAR **03** 136). Der bisherige Halter oder Eigentümer erfüllt diese Pflicht unzureichend, wenn er die Angaben des Käufers nicht durch Einsichtnahme in ein Ausweispapier kontrolliert (VGH Ka NJW **99** 3650, VG Saarlouis Beschl. v. 7.3.08 10 L 47/08). Im Hinblick auf den über die Veräußerung hinausreichenden Regelungsgehalt des IV (s. Begr des Bundesrates VkBl. **06** 607), ist unter „Erwerber" nicht nur der Käufer, sondern auch jede andere Person zu verstehen, der das Fahrzeug in dem Sinne übertragen wird, dass diese Person nun Halter werden soll. Der ZulB ist vom bisherigen Halter oder Eigentümer zusammen mit der Mitteilung des Halterwechsels eine Bestätigung des „Erwerbers" zu übermitteln, dass ihm die Zulassungsbescheinigung, also deren Teile I und II, übergeben wurden (IV S. 2). Eine Bestätigung, dass die Kennzeichenschilder übergeben wurden, ist seit 1.11.12 nicht mehr erforderlich (Begr Rn. 3a). Die **Meldung** des Veräußerers über den Halterwechsel ist **nicht erforderlich,** wenn der neue Eigentümer bereits seiner Meldepflicht nach IV S. 3, § 34 IV StVG nachgekommen ist (IV S. 1 Hs. 2, Begr Rn. 3a, § 34 III S. 2 StVG, Begr § 34 StVG Rn. 2). Der „Erwerber" hat unverzüglich nach Halterwechsel das Fahrzeug bei der neu zuständigen, also der für seinen Wohnort oder Sitz zuständigen ZulB unter Vorlage (heute gemeint: Erbringung) eines Versicherungsnachweises gem. § 23 **umzumelden** (IV S. 3); Verstoß ist ow (§ 48 Nr. 12). Durch ÄndVO v. 22.3.19 (BGBl. I S. 382) wurde präzisiert, dass er dabei die Ausfertigung einer neuen ZB I zu beantragen und die ZB II zur Änderung vorzulegen hat. Gleichzeitig wurde durch die Neufassung von IV S. 3 die Legaldefinition der **Umschreibung** eingeführt (Begr BR-Drs. 18/19 S. 72). Wenn das Fz bisher das Kennzeichen einer anderen ZulB führte, die Umschreibung also nicht innerhalb desselben Zulassungsbezirks erfolgt, hat der Erwerber seit der Änderung durch ÄndVO v. 22.3.19 (BGBl. I S. 382) die Wahl, entweder die Zuteilung eines neuen Kennzeichens zu beantragen oder das bisherige Kennzeichen weiterzuführen (IV S. 4). Damit ist mWv 1.10.19 die Möglichkeit der **Kennzeichenmitnahme bei Halterwechsel** auch bei **Wechsel des Zulassungsbezirks** eingeführt worden. Dies ist jedoch nur für den Fall vorgesehen, dass es sich um eine Umschreibung iSv IV S. 3 handelt, die Zulassung also nahtlos fortgeführt wird und keine Außerbetriebsetzung und Wiederzulassung auf den neuen Halter stattfindet (Begr BR-Drs. 18/19 S. 72). Der Erwerber muss in diesem Fall unverzüglich nach Halterwechsel die Zuteilung eines neuen Kennzeichens beantragen oder der ZulB mitteilen, dass das bisherige Kennzeichen weitergeführt werden soll (IV S. 4); Verstoß ist ow (§ 48 Nr. 12). Die zulassungsbezirksübergreifende Kennzeichenmitnahme ist nur bis zur Außerbetriebsetzung des Fahrzeugs möglich. Eine Reservierung des mitgenommenen Kennzeichens bei Außerbetriebsetzung im neuen Zulassungsbezirk ist nicht zulässig (§ 14 I S. 6). Will der bisherige Halter die Weiternutzung seines bisherigen Kennzeichens unterbinden, muss er das Fz vor der Veräußerung außer Betrieb setzen. Der neue Halter ist dann gezwungen, das Fahrzeug neu zulassen, wobei eine Kennzeichenmitnahme nicht in Betracht kommt (Begr BR-Drs. 18/19 S. 73).

Verstoß gegen die Anzeigepflicht begründet nur dann **polizeirechtliche Verhaltensverant-** **14** **wortlichkeit** in Bezug auf die durch Entfernung des Fahrzeugs aus öffentlichem Verkehrsraum entstehenden Kosten, wenn er für das Abstellen des Fahrzeugs kausal ist, nicht zB bei bloßem verkehrswidrigen Parken, OVG Münster DAR **03** 136, OVG Hb NJW **00** 2600, uU aber (wenn der Verstoß die Bereitschaft des Erwerbers für späteres vorschriftswidriges Abstellen des Fahrzeugs gefördert hat) bei Abstellen eines nicht mehr zugelassenen, zur Entsorgung (Ausschlachten) veräußerten Fahrzeugs, OVG Münster DAR **03** 136, VGH Ma NZV **96** 511, VG Br NVwZ-RR **00** 593, vor allem bei kollusivem Zusammenwirken von Veräußerer und Erwerber, OVG Hb NJW **00** 2600 (möglicherweise), *Becker* NZV **01** 202, aM grundsätzlich VGH Ka VRS **97** 473. Verstoß gegen die Anzeigepflicht begründet polizeirechtliche Verantwortlichkeit für den Fall, dass der Erwerber es unterlässt, den erforderlichen Versicherungsschutz für das erworbene zugelassene Fz herbeizuführen und selbst nicht belangt werden kann, weil sein Name und seine Anschrift unbekannt sind; in diesem Fall ist der Veräußerer gebührenpflichtiger Veranlasser von Amtshandlungen zur zwangsweisen Außerbetriebsetzung des Fz (VG Saarlouis Beschl v 7.3.08 10 L 47/08).

15   **Beendigung der Zulassung oder Betriebsuntersagung bei Verstößen.** Kommen der bisherige Halter oder Eigentümer ihrer Mitteilungspflicht nach IV S. 1 nicht nach oder wird das Fahrzeug bei Halterwechsel nicht unverzüglich umgemeldet oder außer Betrieb gesetzt, oder erweisen sich die mitgeteilten Daten des neuen Halters oder Eigentümers als nicht zutreffend, kann die ZulB die **Zulassung** zeitnah **von Amts wegen beenden,** indem sie die Zulassungsbescheinigung im Verkehrsblatt mit einer Frist von vier Wochen zur Vorlage bei ihr aufbietet (IV S. 5). Mit erfolglosem Ablauf dieser Frist endet die Zulassung des Fahrzeugs automatisch (IV S. 6). Damit endet dann auch die Kfz-Steuerpflicht. Die ZulB teilt dem bisherigen Halter oder Eigentümer das Ende der Zulassung mit (IV S. 7). Die Veröffentlichung der Aufbietungen gem. § 13 IV erfolgt nach wie vor ausschließlich in der Papierausgabe des VkBl, nicht wie die Veröffentlichung der Aufbietungen gem. § 12 IV im elektronischen VkBl.

15a   In der Zeit 1.3.07 bis 30.9.17 war im Hinblick auf die Entstehungsgeschichte und die Systematik der Norm fraglich, ob die ZulB in der Zeit bis zum Ende der Zulassung gem. damals IV S. 5 (heute IV S. 6) oder alternativ zu einem Vorgehen nach damals IV S. 4 (heute IV S. 5) den Betrieb des Fz gem. I S. 5 vorläufig untersagen kann (VG Ol NJW **09** 1764, VG Würzburg 29.7.14 6 K 14.321). Durch ÄndVO v. 23.3.17 (BGBl. I S. 522) wurde dann mWv 1.10.17 die Regelung eingeführt, dass die ZulB „abweichend von Satz 4" (heute Satz 5), also statt der Aufbietung der Zulassungsbescheinigung im VkBl, auch eine Anordnung nach I S. 5 erlassen kann (damals IV S. 7, heute IV S. 8). Die ZulB kann somit auch von der Aufbietung absehen und stattdessen für die Zeit bis zur Erfüllung der Verpflichtungen den **Betrieb des Fz** im öff StrV **untersagen** (IV S. 8 iVm I S. 5); Verstoß gegen diese Anordnung ist seit 1.10.19 nicht mehr ow, da § 48 Nr. 7 nicht angepasst worden ist, als IV S. 7 zu IV S. 8 wurde. Der Halter darf die Inbetriebnahme dann nicht anordnen oder zulassen (IV S. 9 iVm I S. 6); Verstoß ist seit 1.10.19 nicht mehr ow, da § 48 Nr. 2 nicht angepasst worden ist, als IV S. 8 zu IV S. 9 wurde. Damit wird die **Zulassung** des Fz allerdings **nicht beendet,** denn die Untersagung des Betriebs stellt lediglich das Verbot dar, das Fz im StrV zu betreiben, lässt Betriebserlaubnis und Zulassung des Fz aber unberührt (*Dauer* DAR **12** 660, § 5 Rn. 6a). Die ZulB hat nach dem klaren Wortlaut nicht die Möglichkeit, bei Aufbietung der Zulassungsbescheinigung nach IV S. 5 gleichzeitig auch bis zum Ende der Zulassung gem. IV S. 8 eine Betriebsuntersagung auszusprechen. Wenn beide Möglichkeiten nebeneinander hätten ermöglicht werden sollen, wäre unklar, warum die Wörter „abweichend von Satz 5" eingefügt worden sind. Auch die Begr (BR-Drs. 770/16 S. 92) macht deutlich, dass die ZulB die Wahl zwischen diesen Maßnahmen hat. UU könne die Betriebsuntersagung das mildere Mittel sein oder schnelleren Erfolg versprechen als die vierwöchige Aufbietungsfrist und solle daher nicht ausgeschlossen werden, um auf Pflichtverletzungen insbes durch den Erwerber oder neuen Halter reagieren zu können (Begr BR-Drs. 770/16 S. 93).

16   **Wirkung der Veräußerung, Schenkung etc. auf die Zulassung.** Eigentumswechsel berührt die Zulassung nicht, Schl VM **60** 10. Der „Erwerber" darf auf Grund der alten FzPapiere das Fz vorbehaltlich der Pflicht zur Ummeldung weiterbenutzen. Die frühere Regelung, nach der bei Veräußerung die **Kfz-Steuerpflicht** in dem Zeitpunkt endete, in dem die Veräußerungsanzeige bei der ZulB einging, spätestens mit der Aushändigung der neuen ZB I an den Erwerber, und nach der gleichzeitig die Steuerpflicht für den Erwerber begann (§ 5 V KraftStG aF), wurde durch das 2. VerkehrssteuerÄndG v. 8.6.15 (BGBl. I S. 901) mWv 12.6.15 abgeschafft. Die amtliche Begr für diese Streichung, der bisherige Halter oder Eigentümer eines Fz könne nach einer Neuregelung in § 13 IV nunmehr auch darauf verzichten, der ZulB einen Halterwechsel mitzuteilen (BT-Drs. 18/3991 S. 14), trifft so nicht zu. Nach der Änderung des IV S. 1 durch ÄndVO v. 19.10.12 (BGBl. I S. 2232, Begr Rn. 3a) ist die Veräußerungsanzeige nur dann entbehrlich, wenn der Erwerber seiner Pflicht nach IV S. 3 bereits nachgekommen ist. Nach Auffassung des Bundes war aber durch diese Änderung ein einheitliches systematisches Anknüpfen an die Anzeigen der Veräußerer für Zwecke der Kfz-Steuer nicht mehr möglich. In der Konsequenz der Streichung des § 5 V KraftStG aF **endet die Kfz-Steuerpflicht** des Veräußerers jetzt – auch bei Vornahme einer Veräußerungsanzeige nach IV S. 1 – erst an dem Tag, an dem der Erwerber das Fz ab- oder ummeldet, oder – wenn er dies nicht tut – nach erfolglosem Ablauf der Aufbietungsfrist gem. IV S. 5, 6 (Rn. 15). Veräußerung des Fz lässt den Bestand des **Kfz-Haftpflichtversicherungsvertrages** unberührt: Der Erwerber tritt in den Vertrag ein (§§ 69 I VVG alt = § 122 iVm § 95 I VVG 08, 6 I AKB alt = G.7 AKB 08), hat aber ein Kündigungsrecht (§§ 70 II VVG alt = § 122 iVm § 96 II VVG 08, 6 II S. 1 AKB alt = G.7.5 AKB 08). Schließt der Erwerber eine neue Kfz-Haftpflichtversicherung ab, ohne die auf ihn übergegangene Versicherung zu kündigen, gilt das alte Versicherungsverhältnis mit Beginn des neuen Vertrages als gekündigt (§ 3b PflVG). Zur Leistungspflicht, wenn der Erwerber vor dem Versicherungsfall eine andere Versicherung beantragt hat, Nü VersR **66** 1070.

Pflichten des bisherigen Halters oder Eigentümers bei Übergabe des Fahrzeugs. 17
Der bisherige Halter oder Eigentümer hat beim Wechsel des Eigentums an dem Kfz oder An-
hänger oder einer anderen Übertragung dem „Erwerber" mit dem Fahrzeug zu übergeben:
a) die ZB II wegen deren bürgerlich-rechtlicher Bedeutung (§ 12), b) die ZB I; dadurch ermög-
licht er dem „Erwerber", das Fahrzeug bis zur Ausstellung einer von ihm zu erwirkenden neuen
ZB I weiter zu benutzen; c) die Kennzeichenschilder. Die Erfüllung der Pflichten nach a) und b)
muss sich der bisherige Halter oder Eigentümer vom „Erwerber" bescheinigen lassen. Die
Übergabe des Prüfbuches bei prüfbuchpflichtigen Fahrzeugen an den „Erwerber" trägt dem
Umstand Rechnung, dass Prüfbücher gem. § 29 XIII StVZO bis zur endgültigen Außerbetrieb-
setzung des Fahrzeugs aufzubewahren sind.

8. Außerbetriebsetzung bei Zulassung im Ausland. Wenn der ZulB eine Mitteilung des 18
KBA über die Zulassung eines Fz im Ausland zugeht, das vorher in Deutschland zugelassen war,
wird das Fz durch die ZulB von Amts wegen außer Betrieb gesetzt (VI).

9. Ordnungswidrig ist 19
a) das Nichtmelden, das nicht richtige, nicht vollständige oder nicht rechtzeitige Mitteilen von
Änderungen nach I S. 1 bis 4, III S. 1 und IV S. 1 (§ 48 Nr. 12),
b) die Zuwiderhandlung gegen eine vollziehbare Anordnung nach I S. 5 zur Untersagung des
Betriebs eines Fz bei Nichterfüllung der Mitteilungspflichten aus I S. 1 oder 2 (§ 48 Nr. 7),
c) die Anordnung oder das Zulassen der Inbetriebnahme eines Fz, dessen Betrieb nach I S. 5
untersagt wurde, weil Halter oder Eigentümer ihrer Mitteilungspflicht nach I S. 1 oder 2
nicht nachkommen (§ 48 Nr. 2),
d) die Nichterstattung, das nicht richtige, nicht vollständige oder nicht rechtzeitige Erstatten
einer Anzeige nach II S. 1 oder 2 bezüglich bestimmter Verwendung von Fz und gewerbsmä-
ßiger Vermietung an Selbstfahrer (§ 48 Nr. 11),
e) das Nichtvorlegen der ZB I bei der ZulB zur Eintragung der Verwendung des Fahrzeugs iSv
II S. 1 oder 2 (§ 48 Nr. 13),
f) die Anordnung oder das Zulassen der Inbetriebnahme eines Fz, dessen Betrieb nach III S. 2
untersagt wurde, weil der Halter seinen Pflichten nach III S. 1 Nr. 1 oder 2 nicht nachkommt
(§ 48 Nr. 2).

Verstoß gegen die Anordnung einer Betriebsuntersagung nach IV S. 8 iVm I S. 5 und das Zu- 20
lassen oder Anordnen der Inbetriebnahme trotz bestehender Betriebsuntersagung durch den
Halter nach IV S. 9 iVm I S. 6 sind seit 1.10.19 nicht mehr ow (s. Rn. 15a).

Außerbetriebsetzung, Wiederzulassung

14 (1) ¹Soll ein zugelassenes Fahrzeug oder ein zulassungsfreies Fahrzeug, dem ein
Kennzeichen zugeteilt ist, außer Betrieb gesetzt werden, hat der Halter dies bei der
örtlich zuständigen Zulassungsbehörde nach § 46 Absatz 2
1. bei zugelassenen Fahrzeugen unter Vorlage der Zulassungsbescheinigung Teil I und,
soweit vorhanden, der Anhängerverzeichnisse,
2. bei zulassungsfreien Fahrzeugen unter Vorlage des Nachweises über die Zuteilung des
Kennzeichens oder der Zulassungsbescheinigung Teil I,
zu beantragen und die Kennzeichen zur Entstempelung vorzulegen. ²Legt ein Dritter alle
nach Satz 1 erforderlichen Unterlagen vor, gilt er als von dem Halter bevollmächtigt, die
Außerbetriebsetzung des Fahrzeugs zu beantragen. ³Bei Wechselkennzeichen ist der fahr-
zeugbezogene Teil, der die Stempelplakette trägt und, wenn mit diesem Kennzeichen kein
weiteres Fahrzeug zugelassen bleibt, auch der gemeinsame Kennzeichenteil zur Entstem-
pelung vorzulegen. ⁴Die Zulassungsbehörde vermerkt die Außerbetriebsetzung des Fahr-
zeugs unter Angabe des Datums auf der Zulassungsbescheinigung Teil I und, soweit vor-
handen, auf den Anhängerverzeichnissen und händigt die vorgelegten Unterlagen sowie
die entstempelten Kennzeichenschilder wieder aus. ⁵Der Halter kann sich das Kennzei-
chen zum Zweck der Wiederzulassung des nach den Sätzen 1 bis 4 außer Betrieb gesetz-
ten Fahrzeugs für eine Dauer von längstens zwölf Monaten, gerechnet ab dem Tag der
Außerbetriebsetzung, reservieren lassen und erhält dafür eine schriftliche oder elektro-
nische Bestätigung. ⁶Satz 5 gilt nicht, wenn das Kennzeichen nach § 13 Absatz 3 Satz 1
Nummer 2 oder Absatz 4 Satz 4 in einem anderen Zulassungsbezirk weitergeführt wurde
und dort außer Betrieb gesetzt wird.

(2) ¹Soll ein nach Absatz 1 Satz 1 bis 3 außer Betrieb gesetztes Fahrzeug auf denselben
Halter oder einen neuen Halter wieder zum Verkehr zugelassen (Wiederzulassung) oder

ein solches zulassungsfreies kennzeichenpflichtiges Fahrzeug wieder in Betrieb genommen werden, ist die Zulassungsbescheinigung Teil I und Teil II vorzulegen, § 6, auch in Verbindung mit § 4 Absatz 2 Satz 2, gilt entsprechend. ²Abweichend von Satz 1 ist die Vorlage der Zulassungsbescheinigung Teil II bei einer Wiederzulassung auf denselben Halter nicht erforderlich. ³Das Fahrzeug muss vor der Wiederzulassung oder der erneuten Inbetriebnahme einer Hauptuntersuchung nach § 29 der Straßenverkehrs-Zulassungs-Ordnung unterzogen werden, wenn bei Anwendung der Anlage VIII Nummer 2 der Straßenverkehrs-Zulassungs-Ordnung zwischenzeitlich eine Untersuchung hätte stattfinden müssen. ⁴Satz 2 gilt entsprechend für eine Sicherheitsprüfung nach § 29 der Straßenverkehrs-Zulassungs-Ordnung. ⁵Sind die Fahrzeugdaten und Halterdaten im Zentralen Fahrzeugregister bereits gelöscht worden und kann die Übereinstimmungsbescheinigung, die Datenbestätigung oder die Bescheinigung über die Einzelgenehmigung des unveränderten Fahrzeugs nicht anderweitig erbracht werden, ist § 21 der Straßenverkehrs-Zulassungs-Ordnung entsprechend anzuwenden.

1   **Begr** (VkBl. **06** 607): *§ 14 basiert auf den bisherigen Vorschriften über die Stilllegung bzw. Außerbetriebsetzung von Fahrzeugen, wie sie in § 27 Abs. 5 bis 7 StVZO geregelt waren. Die Differenzierung zwischen vorübergehender Stilllegung und endgültiger Außerbetriebsetzung wird aufgegeben, da nunmehr für eine Wiederzulassung erst dann eine erneute Betriebserlaubnis gefordert wird, wenn die Fahrzeugdaten nicht mehr im Zentralen Fahrzeugregister verfügbar sind (sieben Jahre nach Außerbetriebsetzung) und zum unveränderten Fahrzeug kein Nachweis über eine gültige EG- oder nationale Typgenehmigung oder Einzelgenehmigung geführt werden kann. Wenn im Zeitraum zwischen Abmeldung und Wiederzulassung eine Hauptuntersuchung nach § 29 StVZO … fällig gewesen wäre, sind diese vor der Zulassung durchführen zu lassen.*

2   **Begr** zur ÄndVO v. 13.1.12 **zu Abs. 1 S. 1 Hs. 1 (jetzt Abs. 1 S. 1 aF)** (BR-Drs. 709/11 (Beschluss) S. 3): *Klarstellung, dass nicht nur der im Register eingetragene Halter, sondern auch der Verfügungsberechtigte (beispielsweise der Käufer eines Fahrzeugs) die Außerbetriebsetzung des Fahrzeugs durchführen kann (ohne separate Bevollmächtigung).*

3   **Zu Abs. 1 S. 1 Hs. 2 (heute Abs. 1 S. 3)** (BR-Drs. 709/11 S. 18): *Bei der Außerbetriebsetzung eines Fahrzeugs, das mit einem Wechselkennzeichen gefahren wird, kann der gemeinsame Kennzeichenteil nicht entstempelt werden, da er für das verbleibende Fahrzeug benötigt wird. Es ist deshalb, sofern das Wechselkennzeichen weiterhin erforderlich ist, nur der fahrzeugbezogene Teil des Kennzeichenschildes zur Entwertung vorzulegen.*

4–10 **Begr** zur ÄndVO v. 23.3.17 (BR-Drs. 770/16 S. 93): *Aufgrund der Zusammenfassung der Regelungen über die internetbasierte Durchführung von Verwaltungsvorgängen für die Zulassung von Kraftfahrzeugen in einem eigenen Abschnitt muss § 14 wieder in den Stand vor dem 1.1.2015 überführt werden.*

11   **1. Allgemeines.** § 14 enthält die Regelungen zu **Außerbetriebsetzung** und **Wiederzulassung** von Fz im herkömmlichen, **nicht internetbasierten Verfahren.** Durch ÄndVO v. 8.10.13 (BGBl. I S. 3772), modifiziert durch ÄndVO v. 30.10.14 (BGBl. I S. 1666), war mWv 1.1.15 die Möglichkeit der elektronischen internetbasierten Außerbetriebsetzung als erster Schritt auf dem Weg zu einer weitergehenden internetbasierten Abwicklung sämtlicher Zulassungsvorgänge eingeführt und in dem damaligen § 14 normiert worden. Durch ÄndVO v. 23.3.17 (BGBl. I S. 522) sind alle Regelungen über die **internetbasierte Zulassung** dann in dem neu geschaffenen **Abschnitt 2a** der FZV zusammengefasst worden. Die Bestimmungen über die internetbasierte Außerbetriebsetzung wurden deswegen mWv 1.10.17 wieder aus § 14 herausgelöst (Begr Rn. 4–10). Sie befinden sich jetzt in Abschnitt 2a Unterabschnitt 2 (§§ 15g, 15h).

12   Mit Inkrafttreten der FZV am 1.3.07 sind die früheren Möglichkeiten der vorübergehenden Stilllegung und der endgültigen Außerbetriebsetzung durch das heute als einziges verfügbare Verfahren der **Außerbetriebsetzung** von Fz ersetzt worden. Die Differenzierung zwischen vorübergehender Stilllegung und endgültiger Außerbetriebsetzung wurde damals aufgegeben, da seit Inkrafttreten der FZV für eine Wiederzulassung erst dann eine erneute Betriebserlaubnis gefordert wird, wenn die Fahrzeugdaten nicht mehr im Zentralen Fahrzeugregister verfügbar sind (sieben Jahre nach Außerbetriebsetzung, § 44 I) und zum unveränderten Fz kein Nachweis über eine gültige EG- oder nationale Typgenehmigung oder Einzelgenehmigung geführt werden kann (Begr Rn. 1).

13   **2. Herkömmliches, nicht internetbasiertes Verfahren der Außerbetriebsetzung (I).** Wenn ein zugelassenes Fz oder ein nicht zulassungspflichtiges Fz, dem ein Kennzeichen zugeteilt ist, außer Betrieb gesetzt werden soll, hat der Halter dies bei der örtlich zuständigen ZulB zu **beantragen** (I S. 1). Durch ÄndVO v. 13.1.12 (BGBl. I S. 103) war I S. 1 so ergänzt worden, dass ne-

ben dem Halter auch der Verfügungsberechtigte (zB der Käufer des Fz) die Außerbetriebsetzung beantragen kann, ohne sich vom Halter eigens bevollmächtigen lassen zu müssen (Begr Rn. 2). Durch ÄndVO v. 22.3.19 (BGBl. I S. 382) ist dies nunmehr „verwaltungstechnisch klarer" (Begr BR-Drs. 18/19 S. 73) in der Weise geregelt worden, dass ein Dritter, der alle nach I S. 1 erforderlichen Unterlagen bei der ZulB vorlegt, als vom Halter bevollmächtigt gilt, die Außerbetriebsetzung des Fz zu beantragen (I S. 2), was der Fiktion der Bevollmächtigung für den Antrag auf Außerbetriebsetzung im internetbasierten Zulassungsverfahren (§ 15g IV S. 1) entspricht. Gleichzeitig ist in I S. 1 eingefügt worden, dass die Außerbetriebsetzung bei der örtlich zuständigen ZulB nach § 46 II zu beantragen ist, um deutlich zu machen, dass auch bei einer zulassungsbezirksübergreifenden Kennzeichenmitnahme die allgemeinen Zuständigkeiten beibehalten bleiben und ein Antrag auf Außerbetriebsetzung nicht etwa an die ehemals kennzeichenausgebende ZulB zu richten ist (Begr BR-Drs. 18/19 S. 73). Die frühere Verpflichtung, die Außerbetriebsetzung *unverzüglich* zu beantragen, wurde durch ÄndVO v. 23.3.17 (BGBl. I S. 522) gestrichen, da es dem Halter überlassen bleibe, wann er seine Absicht, ein Fz außer Betrieb zu setzen, durch einen Antrag bei der ZulB umsetzt (Begr BR-Drs. 770/16 S. 93). Bei der Beantragung der Außerbetriebsetzung ist die ZB I, ggf. das Anhängerverzeichnis, bei nicht zulassungspflichtigen Fz, denen ein Kennzeichen zugeteilt ist, der Nachweis über die Zuteilung des Kennzeichens oder die ZB I bei der ZulB vorzulegen (I S. 1 Nr. 1 und 2). Die frühere Verpflichtung zur Vorlage auch der ZB II wurde durch ÄndVO v. 13.1.12 gestrichen, weil bei Außerbetriebsetzung keine Änderungen in der ZB II vorgenommen werden müssen und somit keine Notwendigkeit besteht, die Vorlage der ZB II zu fordern. Weiter müssen die Kennzeichenschilder zur Entstempelung vorgelegt werden (I S. 1). Formloser Widerruf der Zulassung ist nicht möglich; erforderlich ist zwar nicht Schriftform, aber Eintragung in der ZB I und Entstempelung des Kennzeichens (VGH Ma DAR **12** 224). Wenn nur der Außerbetriebsetzungsvermerk in der ZB I angebracht worden ist, ohne dass die Kennzeichenschilder auch entstempelt wurden, ist die Zulassung nicht beendet (*Trentmann* NZV **14** 298).

Bei mit **Wechselkennzeichen** zugelassenen Fz ist der fahrzeugbezogene Kennzeichenteil, der **14** die Stempelplakette trägt, und wenn mit dem Wechselkennzeichen kein weiteres Fz zugelassen bleibt, auch der gemeinsame Kennzeichenteil zur Entstempelung vorzulegen (I S. 3). Bei Anhängern ohne vorderes Kennzeichen kann kein fahrzeugbezogener Kennzeichenteil mit Stempelplakette vorgelegt werden, da der fahrzeugbezogene Teil des hinteren Kennzeichens nur die HU-Plakette trägt (§ 8 Rn. 24); in diesem Fall kann bei Außerbetriebsetzung nicht entstempelt werden. Wenn bei mit Wechselkennzeichen zugelassenen Fz nur eines der beiden Fz außer Betrieb gesetzt werden soll, muss nur der fahrzeugbezogene Kennzeichenteil, der die Stempelplakette trägt, zur Entstempelung vorgelegt werden (I S. 3), da der gemeinsame Kennzeichenteil dann weiter für das verbleibende Fz benötigt wird und deshalb nicht entstempelt werden kann (Begr Rn. 3).

Ab dem Zeitpunkt der Außerbetriebsetzung endet die **Kfz-Steuerpflicht** (§ 5 I Nr. 1 **15** KraftStG). Wenn die Änderung der ZB I und die Entstempelung der Kennzeichen an verschiedenen Tagen erfolgen, endet die Kfz-Steuerpflicht an dem letzten Tag, außer es wird glaubhaft gemacht, dass das Fz seit dem früheren Zeitpunkt nicht benutzt worden ist und dass die Abmeldung nicht schuldhaft verzögert wurde (§ 5 IV KraftStG). Während der Zeit der Außerbetriebsetzung bestehen **keine Mitteilungspflichten** nach § 13 I, III und IV (§ 13 V).

Rückgabe der vorgelegten Unterlagen und der Kennzeichenschilder. Die ZulB händigt dem Halter nach Eintrag eines Vermerks über die Außerbetriebsetzung in der ZB I und ggf. **16** in den Anhängerverzeichnissen die vorgelegten Unterlagen sowie die entstempelten Kennzeichenschilder wieder aus (I S. 4). Damit wird der VA der Außerbetriebsetzung bekanntgegeben. Um dem Missbrauch der ZB II entgegenzuwirken, haben die Versicherer die ZulB früher z. T. unterrichtet, wenn nach einem **Unfall** die Reparaturkosten 50% des Neuwertes überschritten und daher eine Abmeldung des Fahrzeugs in Frage kam (s. BMV v. 12.3.92, VkBl. **92** 200), *Jagow* VD **92** 49, s. *Otting* DAR **97** 291. Die Regelung wurde 2008 aufgehoben (VkBl. **08** 497 = StVRL § 17 StVZO Nr. 1), weil sie in der Praxis fast keine Anwendung mehr fand.

3. Reservierung des Kennzeichens. Der Halter hat bei Außerbetriebsetzung die Möglich- **17** keit, sich das bisherige Kennzeichen zum Zweck der Wiederzulassung des Fz befristet reservieren zu lassen (I S. 5). Dies ist auch bei internetbasierter Außerbetriebsetzung möglich (§ 15g I). Reservierung ist nur für einen Zeitraum von bis zu 12 Monaten, gerechnet ab dem Tag der Außerbetriebsetzung, möglich (I S. 5). Das reservierte Kennzeichen kann nur für die Wiederzulassung des außer Betrieb gesetzten, also nicht eines anderen Fz verwendet werden. Durch die Einfügung der Wörter *sich* und *des Fahrzeugs* durch ÄndVO v. 23.3.17 (BGBl. I S. 522) wurde verdeutlicht, dass eine Kennzeichenreservierung an den bisherigen Halter und das bisherige Fz gebunden ist. Nur in diesem Fall, wenn also der Halter bekannt ist, sei es vertretbar, die Kennzeichenreservierung den Fahrten mit vorab zugeteilten Kennzeichen nach § 10 IV S. 1 gleichzustellen (Begr BR-Drs. 770/16 S. 93). Auch Wechselkennzeichen können nach Abmeldung eines oder beider Fz reserviert werden.

18   Der Halter erhält mit der Reservierung eine **Bestätigung** (I S. 5), die dem Nachweis gegenüber Dritten dient (Begr BR-Drs. 770/16 S. 93). Sie kann schriftlich oder elektronisch erteilt werden (I S. 5). Es kann ein Schriftstück, eine E-Mail oder eine andere elektronische Übermittlung sein, die ausgedruckt werden kann (Begr BR-Drs. 770/16 S. 93).

19   **Keine Reservierung nach Kennzeichenmitnahme.** Die Kennzeichenreservierung zum Zweck der Wiederzulassung ist nicht möglich, wenn das Kennzeichen nach Verlegung des Wohnsitzes oder Sitzes des Halters in einen anderen Zulassungsbezirk dort gem. § 13 III S. 1 Nr. 2 oder bei Halterwechsel in einem anderen Zulassungsbezirk gem. § 13 IV S. 4 weitergeführt wurde und das Fz dann später dort außer Betrieb gesetzt wird (I S. 6). Denn zum einen darf die ZulB bei späterer Wiederzulassung nur ein Kennzeichen mit dem Unterscheidungszeichen ihres eigenen Zulassungsbezirks zuteilen. Zum anderen gibt es kein bundesweites Kennzeichenregister, in dem sich Kennzeichenreservierungen, die behördenübergreifend erfolgen, speichern lassen (Begr BR-Drs. 770/16 S. 94).

20   Wird **keine Reservierung** des Kennzeichens vorgenommen, wird das Kennzeichen sofort mit der Außerbetriebsetzung frei. Wenn der Halter das bisherige Kennzeichen eines außer Betrieb gesetzten Fz für die Zulassung eines anderen Fz verwenden will, muss er von der Reservierung gem. I S. 5 absehen (denn sonst wird das Kennzeichen nicht frei) und ein Wunschkennzeichen nach allgemeinen Regeln beantragen.

21   **4. Erklärung bei Außerbetriebsetzung, dass das Fz nicht als Abfall zu entsorgen ist.** Bei jedem Antrag auf Außerbetriebsetzung haben Halter oder Eigentümer gegenüber der ZulB formlos zu erklären, dass das Fz nicht als Abfall zu entsorgen ist (§ 15 V), sofern es sich nicht um einen Fall nach § 15 I (Außerbetriebsetzung wegen Entsorgung in Deutschland) oder § 15 II oder IV (Außerbetriebsetzung wegen Entsorgung im Ausland) handelt. Wenn ein Fall nach § 15 I, II oder IV vorliegt, muss bei Außerbetriebsetzung keine Erklärung nach § 15 V abgegeben werden (Begr zu § 15 V BR-Drs. 770/16 S. 95).

22   **5. Herkömmliches, nicht internetbasiertes Verfahren der Wiederzulassung (II).** Zur Wiederzulassung eines nach I S. 1–3, also im herkömmlichen Verfahren, außer Betrieb gesetzten Fahrzeugs auf denselben Halter oder einen neuen Halter ist bei der örtlich zuständigen ZulB entsprechend § 6 ein Antrag auf Wiederzulassung zu stellen und grds. die ZB I und II vorzulegen (II S. 1). Durch ÄndVO v. 22.3.19 (BGBl. I S. 382) ist II S. 1 so geändert worden, dass er nunmehr die Legaldefinition der Wiederzulassung enthält (Begr BR-Drs. 18/19 S. 73). Gleichzeitig wurde geregelt, dass bei Wiederzulassung auf denselben Halter die ZB II nicht vorgelegt werden muss (II S. 2). Da in diesem Fall kein Wechsel in der Person des Halters stattfindet, könne im Regelfall von der fortbestehenden Verfügungsberechtigung über das Fz ausgegangen werden (Begr BR-Drs. 18/19 S. 73). Die Regelung des II S. 1 erstreckt sich auch auf zulassungsfreie, aber kennzeichenpflichtige Fz. In diesem Fall findet § 4 II S. 2 Anwendung (II S. 1). Bei Antragstellung sind die in § 6 vorgesehenen Angaben zu machen und auf Verlangen nachzuweisen. Eine Versicherungsbestätigung nach § 23 ist zu erbringen (§ 23 I S. 2), auch wenn der Verweis in § 23 I S. 2 offenbar versehentlich nicht angepasst worden ist, als VI durch die ÄndVO v. 23.3.17 (BGBl. I S. 522) wieder zu II wurde.

23   Da es sich nicht um eine erstmalige Zulassung handelt, ist der **Nachweis einer Typ- oder Einzelgenehmigung grundsätzlich entbehrlich.** Nur wenn (nach 7 Jahren, § 44 I) die Fz- und Halterdaten im Zentralen Fahrzeugregister bereits gelöscht wurden und dann nicht eine Übereinstimmungsbescheinigung (§ 2 Nr. 7), Datenbestätigung (§ 2 Nr. 8) oder Bescheinigung über eine Einzelgenehmigung (§ 2 Nr. 6) des unveränderten Fz erbracht werden kann, ist für eine Wiederzulassung des Fz eine Einzelgenehmigung (Betriebserlaubnis) nach § 21 StVZO zu erteilen (II S. 5). Die Auffassung, gem. § 14 erlösche die BE spätestens 7 Jahre nach Außerbetriebsetzung (*Huppertz* DAR **12** 541), ist unzutreffend; § 14 enthält keine Regelung über das Erlöschen der BE (*Dauer* DAR **12** 660 (662)).

24   Wenn in dem Zeitraum zwischen Außerbetriebsetzung und Wiederzulassung bzw. erneuter Inbetriebnahme eine **HU** oder **SP** fällig gewesen wären (Fristen: Anl VIII Nr. 2 StVZO, § 29 StVZO Rn. 17), sind diese vor der erneuten Zulassung bzw. der erneuten Inbetriebnahme durchführen zu lassen (II S. 3, 4). Hat die ZulB Kenntnis davon, dass das Fz **verschrottet** wor-

den ist, darf sie keine Wiederzulassung vornehmen und im Falle eines zulassungsfreien Fz kein Kennzeichen zuteilen (§ 15 VI).

6. Eine spezielle Form der Außerbetriebsetzung ist die Außerbetriebsetzung von Amts wegen **25** (früher: Amtsabmeldung) wegen nicht entrichteter **Kfz-Steuer** (§ 14 KraftStG): Auf Antrag der für die Ausübung der Verwaltung der Kfz-Steuer zuständigen Behörde hat die ZulB den FzSchein/die ZB I einzuziehen, etwaige Anhängerverzeichnisse zu berichtigen und das Kennzeichen zu entstempeln (Außerbetriebsetzung). Der dazu zu erlassende schriftliche Verwaltungsakt nannte sich früher Abmeldungsbescheid (§ 14 I S. 2 KraftStG a. F.). Dieser Bescheid ist keine Vollstreckungsmaßnahme, sondern Grundlage für den sich nach § 14 I S. 1 KraftStG richtenden Vollzug der Abmeldung (OVG Lüneburg ZfS **11** 534). Der Vollzug der Abmeldung setzt neben dem schriftlichen VA nach § 14 I S. 2 KraftStG voraus, dass der FzSchein/die ZB I eingezogen, etwa ausgestellte Anhängerverzeichnisse berichtigt und die Kennzeichen entstempelt werden. Die Außerbetriebssetzung wird erst wirksam, wenn der letzte dieser Akte vollzogen ist (§ 5 IV KraftStG). Für die ZulB kommt es nicht darauf an, ob die Kfz-Steuerforderung des Finanzamts dem Grunde und der Höhe nach zutreffend ist, sie ist vielmehr an den Antrag der für die Ausübung der Verwaltung der Kfz-Steuer zuständigen Behörde gebunden (VG Saarlouis NJW **10** 3110, VG Mü 26.2.14 23 K 11.4724, VG Ko 3.11.17 5 K 344/17). Der Auffassung, die ZulB müsse sich den Erlass des Steuerbeschedes, dessen Vollziehbarkeit und den Zahlungsrückstand in geeigneter Weise nachweisen lassen (VG Meiningen 13.1.04 2 K 677/02), kann nicht gefolgt werden, denn eine derartige Pflicht der ZulB lässt sich weder aus dem Wortlaut noch aus Sinn und Zweck des § 14 KraftStG ableiten (VG Cottbus 4.2.13 1 K 720/11, VG Mü 26.2.14 23 K 11.4724). Die frühere Möglichkeit für das Finanzamt, die Amtsabmeldung auch selbst vorzunehmen (§ 14 II KraftStG aF), wurde mit Wirkung vom 1.7.10 abgeschafft (Art 1 Nr. 7 des 5. KraftStGÄndG v. 27.5.10 BGBl. I S. 668).

Eine vergleichbare Form der Außerbetriebsetzung ist die **Amtsabmeldung** wegen nicht ent **26** richteter **Infrastrukturabgabe für Pkw und Wohnmobile** (§ 9 VI InfrAG). Auf Antrag der Infrastrukturabgabebehörde (KBA) hat die ZulB die ZB I oder den FzSchein einzuziehen und das Kennzeichen zu entstempeln, wenn die Infrastrukturabgabe nicht entrichtet worden ist (Abmeldung von Amts wegen). Sie hat dazu einen schriftliche Verwaltungsakt zu erlassen (§ 9 VI S. 2 InfrAG). – Diese Form der Amtsabmeldung hat keine praktische Bedeutung erlangt, da die Bundesfernstraßenmaut nach dem InfrAG nicht erhoben wird.

Zu der **Amtsabmeldung** wegen unterlassener Außerbetriebsetzung zur **Entsorgung** gege **27** bener Kfz s. § 15 III.

Verwertungsnachweis

15 (1) ¹Ist ein Fahrzeug der Klasse M1, N1 oder L5e einer anerkannten Stelle nach § 4 Absatz 1 der Altfahrzeug-Verordnung zur Verwertung überlassen worden, hat der Halter oder Eigentümer dieses Fahrzeug unter Vorlage eines Verwertungsnachweises nach dem Muster in Anlage 8 zur Speicherung in den Fahrzeugregistern bei der Zulassungsbehörde außer Betrieb setzen zu lassen. ²Die Zulassungsbehörde überprüft die Richtigkeit und Vollständigkeit der Angaben zum Fahrzeug und zum Halter im Verwertungsnachweis und gibt diesen zurück.

(2) ¹Absatz 1 gilt entsprechend, wenn das Fahrzeug zur Entsorgung in einem anderen Mitgliedstaat der Europäischen Union oder einem anderen Vertragsstaat des Abkommens über den Europäischen Wirtschaftsraum verbleibt. ²In diesem Fall tritt an die Stelle des Verwertungsnachweises der nach Artikel 5 Absatz 3 und 5 der Richtlinie 2000/53/EG des Europäischen Parlaments und des Rates vom 18. September 2000 über Altfahrzeuge (ABl. L 269 vom 21.10.2000, S. 34) in Verbindung mit der Entscheidung der Kommission vom 19. Februar 2002 über Mindestanforderungen für den gemäß Artikel 5 Absatz 3 der Richtlinie 2000/53/EG des Europäischen Parlaments und des Rates über Altfahrzeuge ausgestellten Verwertungsnachweis (ABl. L 50 vom 21.2.2002, S. 94) ausgestellte Verwertungsnachweis.

(3) ¹Kommt der Halter oder Eigentümer seinen Verpflichtungen nach Absatz 1 oder 2 nicht nach, hat die Zulassungsbehörde die Zulassungsbescheinigung im Verkehrsblatt mit einer Frist von vier Wochen zur Vorlage bei ihr aufzubieten. ²Mit erfolglosem Ablauf des Aufgebots endet die Zulassung des Fahrzeugs. ³Die Zulassungsbehörde teilt das Ende der Zulassung dem bisherigen Halter oder Eigentümer mit.

(4) Verbleibt ein Fahrzeug der Klasse M1, N1 oder L5e zur Entsorgung in einem Drittstaat, so hat der Halter oder Eigentümer des Fahrzeugs dies gegenüber der Zulassungsbehörde zu erklären und das Fahrzeug außer Betrieb setzen zu lassen.

(5) Im Übrigen hat der Halter oder Eigentümer des Fahrzeugs gegenüber der Zulassungsbehörde bei einem Antrag auf Außerbetriebsetzung des Fahrzeugs zu erklären, dass das Fahrzeug nicht als Abfall zu entsorgen ist.

(6) Eine Zulassung, Wiederzulassung oder Zuteilung eines Kennzeichens ist abzulehnen, wenn die Zulassungsbehörde Kenntnis davon hat, dass das Fahrzeug

1. einer anerkannten Stelle nach § 4 Absatz 1 der Altfahrzeug-Verordnung zur Verwertung überlassen oder

2. in einem anderen Mitgliedstaat der Europäischen Union oder in einem anderen Vertragsstaat des Abkommens über den Europäischen Wirtschaftsraum als Altfahrzeug gemäß der Richtlinie 2000/53/EG behandelt

wurde.

1 **Begr** (VkBl. **06** 608): *Die Regelung entspricht dem bisherigen § 27a StVZO.*

2–8 **Begr** zur ÄndVO v. 23.3.17 **zu Abs. 1** (BR–Drs. 770/16 S. 94): *Von der Richtlinie 2000/ 53/EG des Europäischen Parlaments und des Rates vom 18. September 2000 über Altfahrzeuge und entsprechend § 2 Abs. 1 Nr. 1 AltfahrzeugV sind Fahrzeuge der Klasse M1, N1 sowie dreirädrige Kraftfahrzeuge gemäß der Richtlinie 92/61/EWG (Abl.EG Nr. L 225 S. 72), jedoch unter Ausschluss von dreirädrigen Krafträdern, erfasst. Diese dreirädrigen Kraftfahrzeuge sind nach Ablösung der Richtlinie 92/61/EWG durch die Richtlinie 2002/24/EG in die Klasse L5e eingestuft. Die FZV soll zur Herstellung des systematischen Gleichklangs um diese dreirädrigen Kraftfahrzeuge (Klasse L5e) ergänzt werden. Zudem wird die Erhebung der Daten über den Verwertungsnachweis und deren Speicherung im ZFZR (§ 30 Abs. 1 Nr. 27 FZV) in diesem Zusammenhang klargestellt. Im Gegenzug für diese elektronische Vorhaltung der Daten zu den vorgelegten Verwertungsnachweisen soll in Absatz 1 Satz 2 auf den bisherigen Bestätigungsvermerk auf dem Verwertungsnachweis verzichtet werden.*

9 **1. Allgemeines.** § 15 regelt die Pflichten des Halters oder Eigentümers bei Entsorgung von Kfz der FzKlasse M$_1$ (Fz zur Personenbeförderung mit höchstens acht Sitzplätzen außer dem Fahrersitz), der FzKlasse N$_1$ (Fz zur Güterbeförderung mit einer zulässigen Gesamtmasse bis zu 3,5 Tonnen) und der FzKlasse L5e (dreirädrige Fz mit einem Hubraum von mehr als 50 cm^3 und/oder einer bbH von mehr als 45 km/h). Kfz anderer Klassen sind nicht betroffen. Zu der Ergänzung um Fz der Klasse L5e durch ÄndVO v. 23.3.17 (BGBl. I S. 522) s. Begr Rn. 2–8. Weiter wird eine Pflicht zur Erklärung gegenüber der ZulB (V) und ein Zulassungsverbot für verschrottete Kfz (VI) geregelt. Außerbetriebsetzung nach Verwertung ist auch im Verfahren der internetbasierten Außerbetriebsetzung möglich (§ 15g I, III).

10 **2. Entsorgung im Inland.** Wer sich eines Fahrzeugs entledigt, entledigen will oder entledigen muss, ist gem. § 4 I AltfahrzeugV verpflichtet, dieses nur einer anerkannten Annahmestelle (§ 2 I Nr. 14 AltfahrzeugV), einer anerkannten Rücknahmestelle (§ 2 I Nr. 15 AltfahrzeugV) oder einem anerkannten Demontagebetrieb (§ 2 I Nr. 16 AltfahrzeugV) zu überlassen. Die Betreiber von Demontagebetrieben sind gem. § 4 II AltfahrzeugV verpflichtet, die Überlassung unverzüglich durch einen **Verwertungsnachweis** gem. dem Muster in Anl 8 Abschn 2 zu bescheinigen.

11 Nach Überlassung an den Demontagebetrieb hat der Halter oder Eigentümer das Fz unter Vorlage des Verwertungsnachweises bei der ZulB **außer Betrieb setzen zu lassen** (I S. 1); Verstoß ist ow (§ 48 Nr. 8 Buchst. b). Die ZulB prüft die Richtigkeit und Vollständigkeit der Angaben zum Fz und Halter im Verwertungsnachweis und gibt diesen anschließend dem Halter oder Eigentümer oder einem von diesen Beauftragten (zB Demontagebetrieb, Rücknahme- oder Annahmestelle) zurück (I S. 2). Der früher vorgeschriebene durch die ZulB anzubringende Bestätigungsvermerk auf dem Verwertungsnachweis wurde durch ÄndVO v. 23.3.17 (BGBl. I S. 522) abgeschafft (Begr Rn. 2–8). Auch auf die Entwertung der Zulassungsdokumente bei Vorlage des Verwertungsnachweises wurde mWv 1.10.17 verzichtet. Zur Vermeidung von Missbrauch der 2009 zur Förderung der Verschrottung alter und des Absatzes neuer Pkw gezahlten „Umweltprämie" durch ÄndVO v. 26.3.09 (BGBl. I S. 734) eingeführte Regelung, wonach ZB I und II mit dem Aufdruck „Verwertungsnachweis lag vor" gekennzeichnet und die ZB II durch Abschneiden der unteren linken Ecke entwertet werden musste (I S. 3 aF), wurde durch ÄndVO v. 23.3.17 (BGBl. I S. 522) gestrichen. Diese Kennzeichnungen seien entbehrlich, da die Daten über die den ZulB vorgelegten Verwertungsnachweise und die anderen Erklärungen über den Verbleib von Altfahrzeugen im ZFZR nach § 30 I Nr. 27 gespeichert werden und so für die ZulB verfügbar sind (Begr BR-Drs. 770/16 S. 94f.).

3. Entsorgung in einem anderen EU- oder EWR-Staat. Wenn ein in Deutschland zu- 12 gelassenes Kfz der FzKlasse M1, N1 oder L5e – etwa nach einem Unfall – in einem anderen EU- oder EWR-Staat entsorgt wird, hat der Halter oder Eigentümer es in Deutschland außer Betrieb setzen zu lassen (II S. 1), Verstoß ist ow (§ 48 Nr. 8 Buchst. b). Statt des Verwertungsnachweises gem. Anl 8 FZV muss der Halter oder Eigentümer in diesem Fall einen in dem anderen EU- oder EWR-Staat ausgestellten Verwertungsnachweis vorlegen, den eine dort zugelassene Verwertungsanlage ausgestellt hat. Dieser muss dem in der EU harmonisierten Verwertungsnachweis gem. Art 5 III und V der Richtlinie 2000/53/EG (StVRL § 20 StVZO Nr. 36) iVm der Entscheidung der EU-Kommission v. 19.2.02 über Mindestanforderungen für den Verwertungsnachweis (2002/151/EG = StVRL § 20 StVZO Nr. 41) entsprechen (II S. 2). Auch die Daten über diese Verwertungsnachweise werden im ZFZR gespeichert (§ 30 I Nr. 27).

4. Amtsabmeldung bei Entsorgung und versäumter Außerbetriebsetzung. Wurde ein 13 in Deutschland zugelassenes Kfz der FzKlasse M1, N1 oder L5e im Inland nach § 4 I AltfahrzeugV zur Verwertung überlassen oder in einem anderen EU- oder EWR-Staat gem. der Richtlinie 2000/53/EG entsorgt, oder existiert ein enstsprechender Verwertungsnachweis, und kommen weder Halter noch Eigentümer ihrer Verpflichtung zur Außerbetriebsetzung nach I oder II nach, so hat die ZulB – wenn sie Kenntnis davon erhält – von Amts wegen die Außerbetriebsetzung des Fz zu veranlassen. Als einziges Instrument dafür steht ihr die Aufbietung der Zulassungsbescheinigung im VkBl. mit einer Frist von 4 Wochen zur Vorlage bei der ZulB zur Verfügung (III S. 1). Endet die Aufgebotsfrist ohne Erfolg, endet die Zulassung des Fz automatisch mit Fristablauf (III S. 2). Die ZulB hat dann dem Halter oder Eigentümer die Beendigung der Zulassung mitzuteilen (III S. 3). Das Datum der Außerbetriebsetzung des Fz wird im ZFZR gespeichert (§ 30 I Nr. 7 Buchst. a), bei Vorliegen eines Verwertungsnachweises auch die Daten dazu (§ 30 I Nr. 27 Buchst. a).

5. Entsorgung in einem Staat außerhalb von EU und EWR. Wenn ein in Deutschland 14 zugelassenes Kfz der FzKlasse M1, N1 oder L5e – etwa nach einem Unfall – in einem Drittstaat, also einem nicht der EU oder dem EWR angehörigen Staat, zum Zweck der Entsorgung verbleibt, hat der Halter oder Eigentümer es in Deutschland außer Betrieb setzen zu lassen (IV). Dabei hat der Halter oder Eigentümer gegenüber der ZulB formlos zu erklären, dass das Fz zum Zweck der Entsorgung in dem Drittstaat verbleibt. Die Vorlage eines Verwertungsnachweises ist in diesem Fall nicht erforderlich. Kommen weder Halter noch Eigentümer ihrer Pflicht nach IV nach, hat die ZulB keine Möglichkeit, das Fz außer Betrieb zu setzen, da die Möglichkeit der Amtsabmeldung nach III auf die Fälle der Entsorgung in Deutschland und den anderen EU- und EWR-Staaten beschränkt ist.

6. Erklärung bei Außerbetriebsetzung. Bei jedem Antrag auf Außerbetriebsetzung haben 15 Halter oder Eigentümer gegenüber der ZulB formlos zu erklären, dass das Fz nicht als Abfall zu entsorgen ist (V), sofern es sich nicht um einen Fall nach I (Entsorgung in Deutschland), nach II (Entsorgung im EU- oder EWR-Ausland) oder nach IV (Entsorgung in einem Drittstaat) handelt („im Übrigen").

7. Zulassungsverbot nach Entsorgung. Durch ÄndVO v. 23.3.17 (BGBl. I S. 522) wurde 16 mWv 1.10.17 eingeführt, dass bei Kenntnis der ZulB von einer vorschriftsmäßigen Entsorgung des Fz im Inland oder im EU- oder EWR-Ausland das Fz weder zugelassen noch wieder zugelassen werden noch ein Kennzeichen zugeteilt bekommen darf (VI). Dies betrifft alle Arten der Zulassung und Kennzeichenzuteilung. Die Kenntnis der ZulB kann sich insbes daraus ergeben, dass ihr ein Verwertungsnachweis vorliegt, ist nach dem Wortlaut aber nicht darauf beschränkt. Die Regelung ist als striktes Verbot für die ZulB ausgestaltet worden, während die Vorgängervorschrift (§ 14 VI S. 2 aF) der ZulB noch Ermessen eingeräumt hatte. Über den Wortlaut hinaus muss erst recht ein Verbot entsprechend VI angenommen werden, wenn die ZulB Kenntnis von einer nicht vorschriftsmäßigen Entsorgung des Fz hat.

8. Ordnungswidrigkeit. Verstöße gegen die Pflicht zur Außerbetriebsetzung nach I S. 1 oder 17 II S. 1 unter Vorlage des Verwertungsnachweises sind ow (§ 48 Nr. 8 Buchst. b). Mit „ordnungsgemäß" ist in § 48 Nr. 8 gemeint, dass der Halter der ZulB bei der Außerbetriebsetzung den Verwertungsnachweis vorzulegen hat (Begr BR-Drs. 770/16 S. 125, 126). Die frühere Bußgeldbewehrung der Nichtvorlage des Verwertungsnachweises nach § 48 Nr. 13 aF wurde durch ÄndVO v. 23.3.17 (BGBl. I S. 522) gestrichen, da dies jetzt durch § 48 Nr. 8 mit der Formulierung „ordnungsgemäß außer Betrieb gesetzt" erfasst ist (Begr BR-Drs. 770/16 S. 126).

Literatur: *Kopp*, Altautoentsorgung, NJW **97** 3292. 18

Abschnitt 2a. Internetbasierte Zulassung

Vorbemerkung

Durch ÄndVO v. 23.3.17 (BGBl. I S. 522) wurden die Vorschriften zum internetbasierten Zulassungsverfahren in einem eigenen Abschnitt der FZV zusammengefasst. Die vorher in § 14 aF normierten Regelungen zur internetbasierten Außerbetriebsetzung wurden dabei aus § 14 herausgelöst und in dem neuen Abschnitt 2a angesiedelt. Durch ÄndVO v. 22.3.19 (BGBl. I S. 382) wurde die Bündelung der Regelungen zum internetbasierten Zulassungsverfahren im Abschnitt 2a beibehalten und ausgebaut (Begr BR-Drs. 18/19 S. 74). Dabei wurde die Systematik des Abschnitts verändert, um dem Zuwachs an Zulassungsvorgängen Rechnung zu tragen, die internetbasiert angeboten und abgewickelt werden. Neben einen allgemeinen Teil, der Regelungen für alle internetbasierten Zulassungsvorgänge enthält (Unterabschnitt 1), traten die Unterabschnitte 2 und 3 als besondere Teile, die die einzelnen Zulassungsvorgänge mit ihren jeweiligen Spezifika regeln. Die Vorschriften des Unterabschnitts 1, die das Regelverfahren bei sämtlichen internetbasierten Vorgängen normieren, finden bei allen in den Unterabschnitten 2 und 3 geregelten internetbasierten Zulassungsprozessen Anwendung, sofern sie in den Unterabschnitten 2 und 3 nicht ausdrücklich ausgeschlossen werden (Begr BR-Drs. 18/19 S. 74). Zur internetbasierten Fahrzeugzulassung *Albrecht/Kehr/Freigang* DAR **19** 555.

Zulässigkeit internetbasierter Zulassungsverfahren

15a (1) **Die Zulassung von Fahrzeugen, einschließlich der Vornahme von Zulassungsänderungen und der Kennzeichenzuteilung für zulassungsfreie Fahrzeuge, sowie und ihre Außerbetriebsetzung kann nach Maßgabe dieses Abschnittes internetbasiert durchgeführt werden (internetbasierte Zulassungsverfahren).**

(2) **[1] Das Kraftfahrt-Bundesamt und die Zulassungsbehörden haben bei internetbasierten Zulassungsverfahren, insbesondere bei der Erstellung, Speicherung und Übermittlung der Druckstücknummern und Sicherheitscodes von Stempelplaketten und der Zulassungsbescheinigung Teil I sowie des Sicherheitscodes der Zulassungsbescheinigung Teil II, dem jeweiligen Stand der Technik entsprechende und nach den Artikeln 24, 25 und 32 der Verordnung (EU) 2016/679 des Europäischen Parlaments und des Rates vom 27. April 2016 zum Schutz natürlicher Personen bei der Verarbeitung personenbezogener Daten, zum freien Datenverkehr und zur Aufhebung der Richtlinie 95/46/EG (Datenschutz-Grundverordnung) (ABl. L 119 vom 4.5.2016, S. 1; L 314 vom 22.11.2016, S. 72; L 127 vom 23.5.2018, S. 2) in der jeweils geltenden Fassung erforderliche technische und organisatorische Maßnahmen zur Sicherstellung des Datenschutzes und der Datensicherheit zu treffen, die insbesondere die Vertraulichkeit und Unversehrtheit der Daten gewährleisten. [2] Dies gilt auch bei der Nutzung öffentlich zugänglicher Netze, insbesondere hinsichtlich der Anwendung sicherer Verschlüsselungs- und Authentifizierungsverfahren. [3] Die Sätze 1 und 2 gelten hinsichtlich der Erstellung, Speicherung und Übermittlung der Druckstücknummern und Sicherheitscodes von Stempelplaketten und der Zulassungsbescheinigung Teil I sowie des Sicherheitscodes der Zulassungsbescheinigung Teil II für hiermit von den in Satz 1 genannten Behörden beauftragte Einrichtungen entsprechend.**

(3) **[1] Soweit für internetbasierte Verfahren auf informationstechnische Systembestandteile zurückgegriffen wird, die einen Zugang zu den beim Kraftfahrt-Bundesamt gespeicherten Daten ermöglichen, sind die vom Kraftfahrt-Bundesamt festgelegten und im Bundesanzeiger sowie nachrichtlich im Verkehrsblatt veröffentlichten Standards**

1. für die Datenübermittlung und

2. für die Mindestsicherheitsanforderungen an die beteiligten informationstechnischen Systeme

einzuhalten. [2] Protokolldaten sind durch geeignete Vorkehrungen gegen zweckfremde Verwendung sowie gegen sonstigen Missbrauch zu schützen und nach sechs Monaten automatisiert zu löschen. [3] Ergibt sich in dieser Frist der Bedarf für eine längere Speicherung zum Zwecke der Datenschutzkontrolle oder Datensicherheit, hat die Löschung unverzüglich nach Fortfall dieses Bedarfs zu erfolgen.

(4) **Es wird vermutet, dass der Stand der Technik eingehalten ist, wenn die im Bundesanzeiger bekannt gemachten Technischen Richtlinien des Bundesamtes für Sicherheit in der Informationstechnik eingehalten werden.**

1. Allgemeines. § 15a enthält grundsätzliche Regelungen zu internetbasierten Zulassungs- **1** verfahren. Es besteht keine Verpflichtung für den Bürger, die vom Gesetz- und Verordnungsgeber ermöglichten internetbasierten Zulassungsverfahren zu nutzen. Der Antragsteller hat die freie Wahl, ob er davon Gebrauch macht oder ob er das herkömmliche Zulassungsverfahren nutzt.

2. Zulassungsvorgänge dürfen dann **internetbasiert abgewickelt** werden, wenn dies **in der** **2** **FZV vorgesehen** ist (Abs. I, Begr BR-Drs. 770/16 S. 96). Die internetbasierte Abwicklung wird nur für diejenigen Zulassungsvorgänge erlaubt, für die das Bundesrecht die entsprechenden Rahmenbedingungen setzt, um sicherzustellen, dass die internetbasierte Abwicklung stets bundeseinheitlichen Vorgaben folgt (Begr BR-Drs. 770/16 S. 96).

Als **Zulassungsvorgänge** in diesem Sinne sind nur Vorgänge anzusehen, die notwendiger **3** Bestandteil des Zulassungsverfahrens sind wie Erstzulassung, Wiederzulassung, Außerbetriebsetzung von Kfz und Anhängern, Änderungen der Zulassung, die freiwillige Zulassung zulassungsfreier Fz nach § 3 III, Kennzeichenzuteilung und Außerbetriebsetzung von zulassungsfreien kennzeichenpflichtigen Kfz und Anhängern. Nicht Bestandteil des eigentlichen Zulassungsverfahrens sind Verfahren, die nur ein Service-Angebot der jeweiligen ZulB darstellen wie zB die Reservierung eines Wunschkennzeichens. Die ZulB können über die Einrichtung und Ausgestaltung derartiger Service-Angebote im Internet frei entscheiden, da das Bundesrecht insoweit keine besonderen Anforderungen aufstellt (Begr BR-Drs. 770/16 S. 96).

3. Gewährleistung des Datenschutzes und der Datensicherheit (II). KBA, Zulassungs- **4** behörden und die von ihnen „beauftragten Einrichtungen" (Hersteller und Dienstleister) haben bei der Abwicklung der internetbasierten Durchführung von Verwaltungsverfahren für die Zulassung von Fz neben den allgemeinen Datenschutzbestimmungen die in Abs. II beschriebenen sicherheitstechnischen und datenschutzrechtlichen Anforderungen zu beachten. Dadurch soll insbes die Vertraulichkeit und Unversehrtheit der Daten gewährleistet werden (II S. 1). Durch ÄndVO v. 22.3.19 (BGBl. I S. 382) wurde in II S. 1 „aus Gründen der Anwenderfreundlichkeit und Einheitlichkeit" (Begr BR-Drs. 18/19 S. 74) ein Hinweis darauf eingefügt, dass sich die bei der Verarbeitung von personenbezogenen Daten und sonstigen vertraulichen Angaben zu treffenden technischen und organisatorischen Maßnahmen zur Sicherstellung von Datenschutz und Datensicherheit seit Inkrafttreten der Verordnung (EU) 2016/679, der Datenschutz-Grundverordnung, unmittelbar aus deren Artikeln 24, 25 und 32 ergeben. Der in II S. 1 geforderte Stand der Technik wird durch IV spezifiziert (Begr BR-Drs. 770/16 S. 98). Die konkrete technische Ausgestaltung vor Ort ist den Zulassungsbehörden überlassen (Begr BR-Drs. 770/16 S. 97).

4. Schutz der Daten beim KBA. Wenn für die Abwicklung internetbasierter Verwaltungs- **5** verfahren auf Systembestandteile des vom KBA betriebenen informationstechnischen Systems zurückgegriffen wird oder werden kann, sind die vom KBA herausgegebenen Standards für die Datenübermittlung und für die Mindestsicherheitsanforderungen an die beteiligten informationstechnischen Systeme zu beachten (III S. 1). Dies gilt sowohl für direkte Kommunikationswege als auch für andere Verfahren, die auf diese Systembestandteile zurückgreifen und indirekt mit den Systemen des KBA kommunizieren könnten, zB Terminvergaben oder Wunschkennzeichenreservierung (Begr BR-Drs. 770/16 S. 97). Standard des KBA für Internetbasierte Fahrzeugzulassung mit Mindest-Sicherheitsanforderungen an dezentrale Portale: BAnz AT 18.5.16 B4 = StVRL § 14 FZV Nr. 2.

Unterabschnitt 1. Gemeinsame Regelungen für
internetbasierte Zulassungsverfahren

Portal

15b (1) ¹Ein nach dieser Verordnung erforderlicher Antrag ist, wenn er elektronisch gestellt wird, über das von der Zulassungsbehörde hierfür eingerichtete informationstechnische System (Portal) zu stellen. ²Stellt der Halter einen solchen internetbasierten Antrag, werden die in das Portal der Zulassungsbehörde eingegebenen und von diesem Portal erstellten Daten

1. in die manuelle Bearbeitung und Entscheidung der Zulassungsbehörde übertragen, ohne dass die Zulassungsbehörde dabei an das Ergebnis der maschinellen Vorprüfung im Portal gebunden ist, oder

2. nach maschineller Prüfung im Portal zusammen mit der vollständig durch eine automatische Einrichtung des Portals der Zulassungsbehörde erlassenen Entscheidung

(automatisierte Entscheidung) nach deren Abruf oder spätestens nach Ende von deren Bereitstellungsdauer an die internen informationstechnischen Verfahren der Zulassungsbehörde übermittelt.

[3] Die Übermittlung der Daten nach Satz 1 erfolgt elektronisch über ein vom Kraftfahrt-Bundesamt eingerichtetes Verfahren. [4] Die im Portal der Zulassungsbehörde zu dem jeweiligen Dialog gespeicherten Daten sind nach ihrer Übermittlung nach Satz 1 unverzüglich oder nach einem Abbruch des Vorgangs spätestens nach 30 Minuten zu löschen.

(2) [1] Nach Maßgabe des § 15a Absatz 3 erfolgen

1. die Datenübermittlung nach Absatz 1 Satz 2 sowie
2. die Datenübermittlung

    a) zur Verifizierung der elektronischen Versicherungsbestätigung,
    b) für die Kraftfahrzeugsteuerrückstandsprüfung,
    c) für die Infrastrukturabgabenrückstandsprüfung und
    d) zur Verifizierung der Bankverbindung.

[2] Verfahren, die mit der beantragten Amtshandlung in Zusammenhang stehen, ohne hierfür Voraussetzung zu sein, sind nicht an die Standards für die Datenübermittlung nach § 15a Absatz 3 Satz 1 Nummer 1, jedoch an die Standards für die Mindestsicherheitsanforderungen an die beteiligten informationstechnischen Systeme nach § 15a Absatz 3 Satz 1 Nummer 2 gebunden. [3] Werden im Fall des Satzes 2 die Standards für die Datenübermittlung nach § 15a Absatz 3 Satz 1 Nummer 1 nicht beachtet, ist durch die Zulassungsbehörde sicherzustellen, dass diese Verfahren im Zusammenhang mit der elektronischen Antragstellung nach Absatz 1 Satz 1 verwendet werden können.

1   **1. Allgemeines.** § 15b enthält die Regelungen zum Portal der ZulB, seinen grundsätzlichen Funktionen und technischen Standards sowie zur Bearbeitung von elektronisch gestellten Anträgen. Der hier gewählte Begriff des Portals, das von der Zulassungsbehörde eingerichtet und verantwortet wird, ist ein technischer Begriff. Davon zu unterscheiden ist der rechtliche Begriff des Verwaltungsportals iSd OZG, das ein gebündeltes elektronisches Verwaltungsangebot eines Landes bezeichnet (Begr BR-Drs. 18/19 S. 75).

2   **2. Übermittlung von Anträgen.** I und II geben vor, wie Anträge zur Durchführung von Verwaltungsmaßnahmen im Zusammenhang mit der internetbasierten Zulassung zu übermitteln sind. Damit soll gewährleistet werden, dass der notwendigerweise stattfindende internetbasierte Dialog zwischen dem informationstechnischen System der ZulB, dem Fachverfahren der ZulB und dem mit dem Fachverfahren online verbundenen ZFZR des KBA nicht zu unabsehbaren Gefährdungen für den Datenbestand und die Datenintegrität des ZFZR führt (Begr zu der früheren Fassung von § 15b BR-Drs. 770/16 S. 98). In I S. 2 wird der **Halter als Antragsteller** ausdrücklich festgeschrieben (Begr BR-Drs. 18/19 S. 75).

3   Der Antrag zur internetbasierten Abwicklung von Zulassungsvorgängen ist zwingend auf dem von der zuständigen ZulB hierfür eingerichteten Portal zu stellen (I S. 1). Die bei Einführung der internetbasierten Außerbetriebsetzung zunächst vorgesehene Möglichkeit, den Antrag auch auf dem vom KBA damals noch betriebenen zentralen Portal zu stellen, ist seit 1.10.2017 entfallen. Der Antrag wird nicht unmittelbar in das Fachverfahren der ZulB übermittelt, sondern dorthin über ein vom KBA betriebenes System geleitet (I S. 3), um die Daten beim KBA zunächst automatisiert auf Vollständigkeit und durch Abgleich mit dem ZFZR auf Plausibilität prüfen zu können.

4   Die vom KBA nach § 15a III festgelegten Standards für die Datenübermittlung und für die Mindestsicherheitsanforderungen sind von den Zulassungsbehörden und den anderen beteiligten Stellen zu beachten (II S. 1). Die Standards für die Datenübermittlung gelten jedoch nicht, wenn es sich um Daten handelt, die nicht zu den gesetzlichen Voraussetzungen der Zulassung rechnen wie zB bei Wunschkennzeichenreservierung oder Terminvergaben (II S. 2).

5   **3. Die beiden grundlegenden Bearbeitungs- und Bescheidungsvarianten** von internetbasiert gestellten Anträgen auf internetbasiert abgewickelte Zulassungsverfahren sind in I S. 2 Nr. 1 und 2 geregelt.

6   Die **erste Variante** ist die **manuelle Bearbeitung** von über das Internet elektronisch gestellten Anträgen mit automatisierter Vorprüfung (I S. 2 Nr. 1). Die vom Antragsteller eingegebenen Daten werden im Portal sofort validiert und verarbeitet und soweit wie möglich einer automatisierten Vorprüfung der Antragsvoraussetzungen unterzogen (Begr BR-Drs. 18/19 S. 75). Wenn der Antragsteller den Zahlungsvorgang abgeschlossen hat und den Antrag am Ende rechtswirksam stellt, werden die zusammenfassend aufbereiteten Daten mit dem Ergebnis der Vorprüfung elektronisch an die ZulB übermittelt. Dort münden sie in eine herkömmliche ma-

nuelle Schlussprüfung und Entscheidung durch einen Sachbearbeiter (Begr BR-Drs. 18/19 S. 75). Diese Variante kommt bei Zulassungsvorgängen zur Anwendung, deren Voraussetzungen derzeit noch nicht komplett digital abgebildet werden können und bei denen deswegen eine manuelle Bearbeitung durch einen Sachbearbeiter erforderlich ist. Sie stellt bereits eine **teilautomatisierte Antragsbearbeitung** dar. Die Antragseingaben müssen vom Sachbearbeiter nicht mehr händisch in das Fachverfahren übertragen werden, und die Angaben werden im Portal verifiziert und soweit wie möglich einer Vorprüfung unterzogen, deren Ergebnis dem Sachbearbeiter zur Verfügung gestellt wird (Begr BR-Drs. 18/19 S. 76).

Die **zweite Variante** ist die **vollständig automatisierte Bearbeitung** des im Portal der   **7** ZulB gestellten Antrags, die bei antragsgemäßer Entscheidung in den Erlass eines automatisierten Verwaltungsaktes mündet (I S. 2 Nr. 2). Diese Art der Antragsbearbeitung und Entscheidung wird durch § 6g II StVG ermöglicht. Wenn alle erforderlichen Daten vom Antragsteller durch Eingabe an das Portal übermittelt worden sind und vom Portal elektronisch verifiziert werden konnten, die weitere Datenverarbeitung im Portal keine Hindernisse ergeben hat und die übrige maschinelle Prüfung durch das Prüfprogramm insgesamt das Vorliegen aller Voraussetzungen ergibt, ergeht im Portal sofort die antragsgemäße Entscheidung (Begr BR-Drs. 18/19 S. 76). Der automatisierte Erlass eines VA kann in dieser Weise allerdings nur in solchen Verfahren erfolgen, in denen alle Voraussetzungen elektronisch verifizierbar sind und bei deren Vorliegen auch kein Ermessensspielraum mehr verbleibt (Begr BR-Drs. 18/19 S. 76). Eine **automatisierte Ablehnung des Antrags** ist **bisher nicht** vorgesehen. Wenn einer automatisierten antragsgemäßen Entscheidung etwas entgegensteht, wird dies dem Antragsteller angezeigt. Stellt er dennoch den Antrag, werden die Antragsdaten wie in der ersten Variante (I S. 2 Nr. 1) elektronisch zur manuellen Bearbeitung an die ZulB übermittelt.

Beiden Varianten ist gemeinsam, dass **alle Daten,** die im Portal erfasst und erstellt werden,   **8** am Ende **in das Fachverfahren der ZulB** zur dortigen Speicherung (Aktenführung) und zu Nachweiszwecken übermittelt werden. Bei der ersten Variante (I S. 2 Nr. 1) erfolgt die Übermittlung der Antragsdaten nach deren Vorprüfung im Portal, wenn der Antragsteller die Übermittlung zur rechtswirksamen Stellung des Antrags abschließend auslöst. Bei der zweiten Variante (I S. 2 Nr. 2) erfolgt die Übermittlung der Daten des Antrags und zudem der automatisiert erlassenen Entscheidung erst nach deren Abruf oder 30 Minuten später nach Beendigung der erfolglosen Bereitstellung zum Abruf (I S. 2 Nr. 2, Begr BR-Drs. 18/19 S. 77). Mit dem Begriff **internes informationstechnisches Verfahren der Zulassungsbehörde** (I S. 2 Nr. 2) ist das Fachverfahren der ZulB gemeint (Begr BR-Drs. 18/19 S. 78).

Antrag

15c (1) [1] Ein elektronischer Antrag setzt eine sichere Identifizierung des Halters

1. anhand eines elektronischen Identitätsnachweises nach § 18 des Personalausweisgesetzes, nach § 12 des eID-Karte-Gesetzes oder nach § 78 Absatz 5 des Aufenthaltsgesetzes oder

2. anhand sonstiger geeigneter technischer Verfahren mit gleichwertiger Sicherheit für die Identifizierung

voraus. [2] Die Gleichwertigkeit der Sicherheit von Verfahren ist gegeben, wenn das Verfahren einem vom Bundesamt für Sicherheit in der Informationstechnik festgestellten und im Bundesanzeiger bekannt gegebenen Verfahren genügt. [3] Die für den Antrag erforderlichen Angaben sind, soweit elektronisch auslesbar, aus dem zur Identifizierung verwendeten Verfahren zu übernehmen.

(2) [1] Die vom Halter eingegebenen Daten werden durch das Portal der Zulassungsbehörde maschinell verifiziert und verarbeitet. [2] Dabei werden die eingegebenen Daten mit den im Zentralen Fahrzeugregister gespeicherten Daten abgeglichen und durch ein automatisiertes Programm im Portal der Zulassungsbehörde auf das Vorliegen der Voraussetzungen geprüft. [3] Führt die Verifizierung und Verarbeitung zu einem Ergebnis, das einer antragsgemäßen Entscheidung entgegenstünde, ist dies im internetbasierten Dialog dem Halter anzuzeigen. [4] Der Halter kann in diesem Fall

1. die Angaben bis zu dreimal korrigieren, worauf jeweils eine erneute Verifizierung und Verarbeitung erfolgt,

2. den internetbasierten Dialog zur internetbasierten Antragstellung abbrechen oder

3. mit den unveränderten Angaben den Antrag elektronisch stellen.

(3) ¹Soweit Amtshandlungen gebührenpflichtig sind, sind die Gebühren durch den Halter vor der Antragstellung zu entrichten. ²Die Entrichtung der Gebühren ist bei der Antragstellung nachzuweisen.

1   **1. Regelungsgegenstand.** § 15c trifft Regelungen zu der Identifizierung des antragstellenden Halters, der Verifizierung der Daten bei Antragstellung und der Gebührenzahlung im internetbasierten Zulassungsverfahren.

2   **2.** Ein elektronisch gestellter Antrag setzt eine **sichere Identifizierung des Antragstellers** voraus. So wie schon in § 15 b I S. 2 wird in Abs. 1 S. 1 der Halter als einzig möglicher Antragsteller ausdrücklich festgeschrieben. Nur im Verfahren zur Außerbetriebsetzung ist die Antragstellung durch einen Vertreter zulässig (§ 15g IV, Begr BR-Drs. 18/19 S. 79). Die sichere Identifizierung kann entweder durch einen elektronischen Identitätsnachweis nach § 18 PersonalausweisG, nach § 12 des eID-Karte-Gesetzes oder nach § 78 V AufenthaltsG (Abs. 1 S. 1 Nr. 1) oder anhand sonstiger geeigneter technischer Verfahren mit gleichwertiger Sicherheit für die Identifizierung (Abs. 1 S. 1 Nr. 2) durchgeführt werden. Als Verfahren iSv Abs. 1 S. 1 Nr. 2 kommen insbes eine Identifizierung des Antragstellers mittels De-Mail oder über E-Payment-Systeme in Betracht (Begr zu § 15b III aF BR-Drs. 770/16 S. 99). Voraussetzung ist aber, dass sie als gleichwertig anerkannt werden (Abs. 1 S. 2).

3   Die Daten für den Antrag müssen soweit wie möglich aus dem Identifizierungsmittel übernommen werden (Abs. 1 S. 3), um Übertragungsfehler möglichst zu reduzieren und damit die Qualität der Zulassungsdaten sowohl in örtlichen Registern als auch im ZFZR zu erhöhen (Begr BR-Drs. 18/19 S. 79). Daten, die darüber hinaus für den Antrag erforderlich sind und die im Identifizierungsmedium nicht gespeichert sind, müssen vom Antragsteller ergänzend eingegeben werden (Begr BR-Drs. 18/19 S. 79).

4   **3.** Die vom antragstellenden Halter in das Portal der ZulB **eingegebenen Daten** werden sofort durch das Portal der ZulB automatisiert **verifiziert** und verarbeitet (Abs. 2 S. 1, 2). Die Vorprüfung durch ein automatisiertes Prüfprogramm der ZulB stellt eine Erleichterung für diese dar, an deren Ergebnis sie aber bei einer sich ggf. anschließenden manuellen Antragsbearbeitung nicht gebunden ist (§ 15b I S. 2 Nr. 1, Begr BR-Drs. 18/19 S. 80).

5   Nach Eingabe der erforderlichen Daten und ihrer Verifizierung werden die **Ergebnisse** dem Antragsteller am Bildschirm **angezeigt** und dabei deutlich gemacht, ob die Daten so vollständig und plausibel sind, dass der Antrag alle erforderlichen Daten enthalten würde, wenn er anschließend rechtswirksam gestellt werden würde (Abs. 2 S. 3, Begr BR-Drs. 18/19 S. 80). Bei negativem Prüfergebnis werden dem Antragsteller die entsprechenden Sachverhalte am Bildschirm gezeigt. Antragsdaten können dann ggf. bis zu drei Mal korrigiert werden (Abs. 2 S. 4 Nr. 1). Der Antragsteller kann aber auch den internetbasierten Dialog abbrechen und das Portal verlassen (Abs. 2 S. 4 Nr. 2) oder sich dafür entscheiden, den Antrag mit unvollständigen oder fehlerhaften Antragsdaten dennoch zu stellen (Abs. 2 S. 4 Nr. 3). Wird der Antrag gem. Abs. 2 S. 4 Nr. 3 gestellt, obwohl dem Antragsteller am Bildschirm angezeigt worden ist, dass das Ergebnis der Datenüberprüfung einer antragsgemäßen Entscheidung der ZulB entgegenstehen würde, wird der Antrag anschließend nicht im internetbasierten, sondern im manuellen Verfahren nach § 15b I S. 2 Nr. 1 weiterbehandelt; eine automatisierte Entscheidung wäre hier nicht möglich (Begr BR-Drs. 18/19 S. 80).

6   **4. Gebühren** sind im internetbasierten Zulassungsverfahren vor der Antragstellung zu zahlen (Abs. 3 S. 1). Der Zeitpunkt, zu dem die Zahlung erfolgen muss, liegt beim Abschluss des Internetdialogs, währenddessen der Antragsteller alle erforderlichen Antragsdaten in das Portal der ZulB eingegeben hat und und ihre Verifikation durch die ZulB erfolgt ist. Das ist der Zeitpunkt, bevor der Antrag an das KBA zwecks Weiterleitung in das Fachverfahren der ZulB übermittelt wird. In diesem Moment muss die Entrichtung der Gebühren nachgewiesen werden (Abs. 3 S. 2). Diese Regelung entspricht der Vorgehensweise der Zulassungsbehörden im herkömmlichen Zulassungsverfahren, bei dem der Antragsteller zur Zahlung der Gebühren aufgefordert wird, wenn die Vorprüfung durch die ZulB ergeben hat, dass sämtliche Voraussetzungen für die Zulassung vorliegen, aber die behördliche Zulassung noch nicht erfolgt ist (Begr zu der inhaltsgleichen Vorgängerregelung § 15b VI aF BR-Drs. 770/16 S. 101). Die Gebührenzahlung wird über E-Payment-Systeme abgewickelt, wodurch der nach Abs. 3 S. 2 erforderliche Nachweis internetbasiert geführt werden kann.

Sicherheitscodes

15d (1) Für die Bearbeitung von Anträgen in internetbasierten Zulassungsverfahren werden, soweit erforderlich,

1. die Sicherheitscodes der Stempelplaketten nach § 10 Absatz 3 Satz 3,
2. der Sicherheitscode der Zulassungsbescheinigung Teil I nach § 11 Absatz 1 Satz 4,
3. der Sicherheitscode der Zulassungsbescheinigung Teil II nach § 12 Absatz 2 Satz 3

erfasst und nach § 15c Absatz 2 verifiziert.

(2) ¹Um den Sicherheitscode der Stempelplaketten als Nachweis der Entstempelung sichtbar zu machen, darf der Halter die den Sicherheitscode verdeckende Schicht der Stempelplaketten auf den Kennzeichenschildern entfernen. ²Um den Sicherheitscode der Zulassungsbescheinigung Teil I als Nachweis des Besitzes der Zulassungsbescheinigung Teil I sichtbar zu machen, darf der Halter die Markierung mit der Aufschrift „Nur für internetbasierte Zulassungsverfahren freilegen. Dokument nur unbeschädigt gültig." entfernen, wodurch der Schriftzug „Dokument nicht mehr gültig" in der Zulassungsbescheinigung Teil I sichtbar wird. ³Um den Sicherheitscode der Zulassungsbescheinigung Teil II als Nachweis des Besitzes der Zulassungsbescheinigung Teil II sichtbar zu machen, darf der Halter die Markierung „Nur zur Nutzung des Sicherheitscodes im internetbasierten Zulassungsverfahren freilegen. ⁴Dokument nur unbeschädigt gültig." entfernen, wodurch der Schriftzug „Dokument nicht mehr gültig" in der Zulassungsbescheinigung Teil II sichtbar wird.

(3) Ein Kennzeichenschild, bei dessen Stempelplakette der Sicherheitscode sichtbar ist, gilt als ungestempeltes Kennzeichen im Sinne des § 10 Absatz 4 Satz 1, auch in Verbindung mit Absatz 12.

1. Regelungsgehalt. § 15d I ist die zentrale Vorschrift zur Verarbeitung der Sicherheitscodes. **1** Weiter werden die Befugnisse des Halters in diesem Zusammenhang und die Folgen der Freilegung des Sicherheitscodes auf dem Kennzeichenschild geregelt.

2. Im internetbasierten Zulassungsverfahren haben die **Sicherheitscodes** der Stempelplaket- **2** ten und der ZB I und II eine zentrale Bedeutung. Die Entstempelung des Kennzeichenschildes durch die ZulB und deren Nachweis wird zB durch die Übermittlung und Verarbeitung des freigelegten Sicherheitscodes der Stempelplakette ersetzt. Der Sicherheitscode der ZB II gilt als digitales Substitut der Vorlage der ZB II im herkömmlichen Verfahren in der ZulB (Begr BR-Drs. 18/19 S. 80). Mit Abs. 1 wurde eine zentrale Vorschrift geschaffen, um an den entsprechenden Textstellen durch Verweis klar definieren zu können, zu welchem Zweck welcher Code eingegeben werden muss (Begr zu Abs. 1 BR-Drs. 18/19 S. 80 und zur Vorgängerregelung § 15b IV S. 1 aF BR-Drs. 770/16 S. 100). Die Erfassung der Sicherheitscodes erfolgt lediglich *soweit erforderlich*, da nicht bei jedem Verfahren auch die ZB II benötigt wird (Begr BR-Drs. 18/19 S. 80 f.).

Internetbasierte Zulassungsvorgänge sind nur möglich, wenn die Stempelplaketten auf den **3** Kennzeichenschildern den seit 1.1.2015 gültigen Anforderungen (§ 10 III), die Formulare der ZB I den seit 1.1.2015 gültigen und ab 1.10.2019 geänderten Anforderungen (§ 11 I), und die Formulare der ZB II den seit 1.1.2018 gültigen Anforderungen (§ 12 II) entsprechen. Sie müssen also mit Sicherheitscodes, bei der ZB I mit verdecktem Feld „Außer Betrieb gesetzt" oder „Dokument nicht mehr gültig", und bei der ZB II mit verdecktem Feld „Dokument nicht mehr gültig" ausgestattet sein. Liegen diese Voraussetzungen vor, ist der Halter allerdings frei, ob er das herkömmliche oder das internetbasierte Zulassungsverfahren wählt.

3. In Abs. 2 werden die Befugnisse und Folgen der **Freilegung der Sicherheitscodes** zent- **4** ral für alle Verfahren geregelt (Begr BR-Drs. 18/19 S. 81). Der Sicherheitscode der Stempelplaketten auf den Kennzeichenschildern wird vom Antragsteller sichtbar gemacht, indem er die den Sicherheitscode verdeckende Schicht der Stempelplaketten entfernt. Mit dem Freilegen der Sicherheitscodes der Stempelplaketten werden die Kennzeichenschilder entstempelt (Abs. 2 S. 1, Begr BR-Drs. 18/19 S. 81). Der Sicherheitscode der ZB I wird vom Antragsteller sichtbar gemacht, indem er die Markierung mit der Aufschrift „Nur für internetbasierte Zulassungsverfahren freilegen. Dokument nur unbeschädigt gültig." entfernt; dadurch wird der Schriftzug „Außer Betrieb gesetzt" oder „Dokument nicht mehr gültig" in der ZB I sichtbar (Abs. 2 S. 2). Mit dem Freilegen des Sicherheitscodes der ZB I wird der elektronische Nachweis ihres Besitzes möglich (Begr BR-Drs. 18/19 S. 81). Der Sicherheitscode der ZB II wird vom Antragsteller sichtbar gemacht, indem er die Markierung mit der Aufschrift „Nur zur Nutzung des Sicherheitscodes im internetbasierten Zulassungsverfahren freilegen. Dokument nur unbeschädigt gültig." entfernt; dadurch wird der Schriftzug „Dokument nicht mehr gültig" in der ZB II sichtbar

(Abs. 2 S. 3). Mit dem Freilegen des Sicherheitscodes der ZB II wird der elektronische Nachweis ihres Besitzes möglich (Begr BR-Drs. 18/19 S. 81).

5   Das Freilegen des Sicherheitscodes kann jeweils **durch den Halter** erfolgen. Nur für Zwecke der Außerbetriebsetzung kann er eine andere Person damit beauftragen (§ 15g IV). Eine Vollmacht zur Beantragung der Außerbetriebsetzung umfasst die Berechtigung einer dritten Person zu derartigen Handlungen, denn eine Vollmacht im Verwaltungsverfahren ermächtigt zu allen das Verwaltungsverfahren betreffenden Verfahrenshandlungen (§ 14 I S. 2 VwVfG, Begr BR-Drs. 18/19 S. 81).

6   **4.** Ein **Kennzeichenschild** mit **freigelegtem Sicherheitscode** der Stempelplakette gilt als **ungestempeltes Kennzeichen** (Abs. 3). Damit wird deutlich gemacht, dass das Freilegen des Sicherheitscodes der manuellen Entstempelung durch die ZulB im herkömmlichen Zulassungsverfahren gleichsteht (Begr zur Vorgängervorschrift § 15b IV S. 2 aF BR-Drs. 770/16 S. 100).

Nachweis der Hauptuntersuchungen und Sicherheitsprüfungen nach § 29 der Straßenverkehrs-Zulassungs-Ordnung

15e (1) ¹Der Nachweis der Frist für die nächste Hauptuntersuchung oder die nächste Sicherheitsprüfung nach § 29 der Straßenverkehrs-Zulassungs-Ordnung erfolgt für die internetbasierte Zulassung oder deren Änderung

1. durch den Abruf des Ablaufs der Frist für die nächste Hauptuntersuchung oder die nächste Sicherheitsprüfung aus dem Zentralen Fahrzeugregister oder

2. durch Verifizierung der Prüfziffer des Berichts über die letzte Hauptuntersuchung oder des Protokolls der letzten Sicherheitsprüfung. ²Für die Anbringung von Prüfplaketten und Prüfmarken gilt § 29 Absatz 2 Satz 3 bis 5 der Straßenverkehrs-Zulassungs-Ordnung. ³Die Zuteilung durch die Zulassungsbehörde erfolgt durch Versand zusammen mit Stempelplaketten nach § 15i Absatz 4 Nummer 1.

(2) Die für die Durchführung von Hauptuntersuchungen oder Sicherheitsprüfungen nach § 29 der Straßenverkehrs-Zulassungs-Ordnung berechtigten Personen können für die Zwecke internetbasierter Zulassungsverfahren Prüfziffern generieren und auf ihren Untersuchungsberichten oder Prüfprotokollen aufbringen, wenn

1. die jeweilige Technische Prüfstelle,

2. die amtlich anerkannte Überwachungsorganisation,

3. die anerkannte Kraftfahrzeugwerkstatt, soweit sie Sicherheitsprüfungen durchführt, oder

4. jede andere Stelle, der die berechtigte Person angehört,

sicherstellt, dass die Aufbringung der Prüfziffer unterschiedslos jedermann angeboten wird; die Öffentlichkeit ist vom Anbieter in geeigneter Weise darüber zu unterrichten.

(3) ¹Die Prüfziffer ist eine nach einem Prüfziffernverfahren generierte Zeichenfolge. ²Für die Generierung dieser Prüfziffer werden folgende Daten aus der jeweiligen Hauptuntersuchung oder Sicherheitsprüfung verwendet:

1. die Fahrzeug-Identifizierungsnummer,

2. Monat und Jahr der Erstzulassung,

3. das Datum der Hauptuntersuchung oder der Sicherheitsprüfung,

4. Monat und Jahr des Ablaufs der Frist für die nächste Hauptuntersuchung oder die nächste Sicherheitsprüfung,

5. die Entscheidung über die Zuteilung der Prüfplakette nach einer Hauptuntersuchung oder der Prüfmarke nach einer Sicherheitsprüfung,

6. die Schlüsselnummer der Technischen Prüfstelle, der amtlich anerkannten Überwachungsorganisation oder der mit der Datenübermittlung beauftragten Gemeinschaftseinrichtung der anerkannten Kraftfahrzeugwerkstätten.

³Die Generierung der Prüfziffer sowie Maßnahmen zur Sicherung des Verfahrens haben nach Maßgabe der vom Kraftfahrt-Bundesamt festgelegten Standards zu erfolgen.

(4) ¹Zur Verifizierung der Prüfziffer im Sinne des Absatzes 1 Satz 1 Nummer 2 sind folgende Daten in das Portal der Zulassungsbehörde einzugeben:

1. die Prüfziffer,

2. das Datum der Hauptuntersuchung oder der Sicherheitsprüfung,

3. Monat und Jahr des Ablaufs der Frist für die nächste Hauptuntersuchung oder die nächste Sicherheitsprüfung,

4. die Technische Prüfstelle, die amtlich anerkannte Überwachungsorganisation oder die mit der Datenübermittlung beauftragte Gemeinschaftseinrichtung der anerkannten Kraftfahrzeugwerkstätten.

[2] Die Verifizierung hat durch das Portal der Zulassungsbehörde nach Maßgabe der Anlage 8a zu erfolgen.

(5) Nach erfolgter Zulassung übermittelt die Zulassungsbehörde folgende Daten zur Speicherung im Zentralen Fahrzeugregister an das Kraftfahrt-Bundesamt:

1. der Nachweis der Hauptuntersuchung oder der Sicherheitsprüfung mittels Prüfziffer nach Absatz 1 Satz 1 Nummer 2,

2. das Datum der Hauptuntersuchung oder der Sicherheitsprüfung nach Absatz 4 Satz 1 Nummer 2,

3. Monat und Jahr des Ablaufs der Frist für die nächste Hauptuntersuchung oder die nächste Sicherheitsprüfung nach Absatz 4 Satz 1 Nummer 3,

4. die Schlüsselnummer der Technischen Prüfstelle, der amtlich anerkannten Überwachungsorganisation oder der mit der Datenübermittlung beauftragten Gemeinschaftseinrichtung der anerkannten Kraftfahrzeugwerkstätten nach Absatz 4 Satz 1 Nummer 4.

(6) Erfolgt die nach § 29a der Straßenverkehrs-Zulassungs-Ordnung vorgeschriebene Übermittlung für die nach Absatz 4 nachgewiesene Hauptuntersuchung oder Sicherheitsprüfung nicht rechtzeitig, unterrichtet das Kraftfahrt-Bundesamt die Zulassungsbehörde.

1. Regelungsgegenstand. Soweit in internetbasierten Zulassungsverfahren zu klären ist, 1 wann die Frist für die nächste HU oder SP abläuft, erfolgt der Nachweis nach Maßgabe des § 15e.

2. Für den **Nachweis der Frist** für die **nächste HU** oder **SP** stehen im internetbasierten 2 Zulassungsverfahren zwei Möglichkeiten zur Verfügung. Wird das Datum der nächsten HU oder SP **aus dem ZFZR abgerufen** (Abs. 1 S. 1 Nr. 1), wird es dem Vorgang automatisch hinzugefügt (Begr zur Vorgängervorschrift § 15c aF BR-Drs. 770/16 S. 102). Alternativ kann der Antragsteller eine **Prüfziffer** eingeben, die auf dem Untersuchungsbericht oder dem Prüfprotokoll aufgetragen ist und aus der sich das Datum der nächsten Untersuchung ergibt. In diesem Fall erfolgt der Nachweis der Frist durch Verifizierung der Prüfziffer (Abs. 1 S. 1 Nr. 2). Wenn solche Prüfziffern angeboten werden, muss dies ausnahmslos allen Kunden ohne Ermessen zur Verfügung stehen (Abs. 2 Hs. 1, Begr zu § 15c II aF BR-Drs. 770/16 S. 104). Für die Generierung der Prüfziffer werden die in Abs. 3 S. 2 genannten Daten verwendet. Die für den Nachweis der Frist für die nächste HU oder SP nach Abs. 1 S. 1 Nr. 2 erforderliche Verifizierung der Prüfziffer erfolgt nach Abs. 4 iVm Anlage 8a.

3. Die **Anbringung** der Prüfplaketten und Prüfmarken erfolgt nach den allgemeinen Regeln 3 des § 29 II S. 3-5 StVZO (Abs. 1 S. 2). Im Falle einer HU oder SP an einem außer Betrieb gesetzten Fahrzeug versendet die ZulB bei Wiederzulassung Plakettenträger mit dazugehörigen Prüfplaketten oder Prüfmarken an den Halter zur Anbringung auf den Kennzeichen- oder SP-Schildern des wiederzugelassenen Fahrzeugs (Abs. 1 S. 3, Begr BR-Drs. 18/19 S. 82).

Bekanntgabe, Wirksamkeit und Vorbehalt der Nachprüfung

15f (1) Die Zulassungsbehörde gibt die das internetbasierte Zulassungsverfahren abschließende Entscheidung bekannt

1. im Fall der manuellen Bearbeitung und Entscheidung der Zulassungsbehörde nach § 15b Absatz 1 Satz 2 Nummer 1 durch Übersendung eines schriftlichen Bescheides,

2. im Fall der automatisierten Entscheidung nach § 15b Absatz 1 Satz 2 Nummer 2

   a) durch die Bereitstellung der Entscheidung in Form eines schreibgeschützten elektronischen Dokuments in einem üblichen Format im Portal der Zulassungsbehörde zum Abruf durch den Halter für die Dauer von 30 Minuten unmittelbar nach Abschluss des maschinellen Prüfungsvorgangs,

   b) falls der Abruf nach Buchstabe a nicht erfolgt ist, durch Übersendung des Ausdrucks des elektronischen Dokuments an den Halter.

(2) Die Zulassung oder ihre Änderung ist wirksam

1. in den Fällen des Absatzes 1 Nummer 1 oder Nummer 2 Buchstabe b am dritten Tag, der dem Tag folgt, am dem die Zulassungsbehörde den Bescheid oder den Ausdruck abgesandt hat,

2. im Fall des Absatzes 1 Nummer 2 Buchstabe a am Tag des Abrufes.

(3) ¹Eine automatisierte Entscheidung nach § 15b Absatz 1 Satz 2 Nummer 2 steht einen Monat beginnend mit dem Tag, an dem die Zulassung oder ihre Änderung nach Absatz 2 wirksam wird, unter dem Vorbehalt der Nachprüfung, Aufhebung und Neuentscheidung durch die Zulassungsbehörde. ²Die Zulassungsbehörde hat zu gewährleisten, dass

1. durch Stichproben eine hinreichende Anzahl automatisierter Entscheidungen zur manuellen Nachprüfung ausgewählt wird und, falls die Entscheidungen automatisiert ausgewählt werden, in regelmäßig festgesetzten Zeitabständen Entscheidungen auch manuell ausgewählt werden und

2. die Arbeitsweise der automatischen Einrichtung einsehbar gemacht werden kann und überprüfbar ist.

(4) Ist die Bekanntgabe einer automatisierten Entscheidung nach Absatz 1 Nummer 2 Buchstabe a erfolgt, werden die Daten aus dem Portal der Zulassungsbehörde zusätzlich zu § 15b Absatz 1 Satz 2 Nummer 2 über das vom Kraftfahrt-Bundesamt eingerichtete Verfahren auch unmittelbar an das Kraftfahrt-Bundesamt zur Speicherung im Zentralen Fahrzeugregister übermittelt.

1   **1. Regelungsgegenstand.** § 15f regelt die Möglichkeiten der Bekanntgabe der Entscheidung der ZulB, den Zeitpunkt ihrer Wirksamkeit und Einzelheiten des Vorbehalts der Nachprüfung vollständig automatisiert erlassener Verwaltungsakte.

2   **2. Abs. 1** legt auf der Grundlage von § 6g IV S. 1 Nr. 1 Buchst. b StVG die Art der **Bekanntgabe des Verwaltungsaktes** fest, mit dem die ZulB das internetbasierte Zulassungsverfahren abschließt. Die Regelung ist abschließend. Sie ist gegenüber den allgemeinen Regeln des Verwaltungsrechts speziell, soweit sie Festlegungen trifft.

3   Dabei wird nach der Art der Bearbeitung und Entscheidung unterschieden. Bei Entscheidung über einen elektronisch über das Portal gestellten Antrag **nach manueller abschließender Bearbeitung** durch einen Mitarbeiter der ZulB nach § 15b I S. 2 Nr. 1 wird der schriftliche Bescheid postalisch versendet (Abs. 1 Nr. 1). Bei **automatisierter Entscheidung** nach rein maschineller Prüfung der Zulassungsvoraussetzungen nach § 15b I S. 2 Nr. 2 wird der vollständig maschinell erlassene Bescheid im Portal der ZulB zum Abruf bereitgestellt (Abs. 1 Nr. 2 Buchst. a). Mit der Betätigung eines Abruflinks oder einer Schaltfläche im Portal durch den Antragsteller erfolgt die Bekanntgabe des Verwaltungsaktes (Begr BR-Drs. 18/19 S. 82). Der Bescheid wird dem Antragsteller auf seinem Bildschirm angezeigt und kann von ihm als Datei in einem üblichen Format auf seinem Computer gespeichert werden. Die Dauer der Bereitstellung von 30 Minuten (Abs. 1 Nr. 2 Buchst. a) orientiert sich an der Zeit, die vom VOGeber für einen kurzzeitigen Verbindungsausfall und einen Neustart des Computers oder eine andere Ablenkung eines wenig technisch versierten Antragstellers angesetzt worden ist (Begr BR-Drs. 18/19 S. 82). Erfolgt innerhalb der Bereitstellungszeit von 30 Minuten kein Abruf, wird die Bereitstellung zum Abruf beendet. Der Abruf ist aus Gründen der Rechtssicherheit dann technisch nicht mehr möglich (Begr BR-Drs. 18/19 S. 82). Die Entscheidung der ZulB wird in diesem Fall durch Ausdruck in einem Dokument verkörpert, das dem Halter postalisch zugesandt wird (Abs. 1 Nr. 2 Buchst. b). Der Verwaltungsakt wird dann auf diese Weise bekanntgegeben.

4   **3.** Der Zeitpunkt der **Wirksamkeit** des Verwaltungsaktes im internetbasierten Zulassungsverfahren wird auf der Grundlage von § 6g IV S. 1 Nr. 1 Buchst. b StVG durch Abs. 2 abweichend von den allgemeinen Regeln des VwVfG festgelegt (Begr BR-Drs. 18/19 S. 83).

5   Wird der Bescheid in schriftlicher Form **postalisch versandt** (Abs. 1 Nr. 1 und Nr. 2 Buchst. b), tritt die Wirksamkeit am dritten Tag ein, der dem Tag folgt, an dem die ZulB den Bescheid abgesandt hat (Abs. 2 Nr. 1). Die ZulB muss dieses Wirksamkeitsdatum vorab errechnen und im Bescheid ausdrücklich vermerken; es ist damit für den Bürger transparent (Begr BR-Drs. 18/19 S. 83). Ein festes Wirksamkeitsdatum wird vorgeschrieben, um die Unsicherheiten des § 41 II S. 3 VwVfG zu umgehen, da an den Tag der Wirksamkeit finanzielle Pflichten anknüpfen (Begr BR-Drs. 18/19 S. 83).

6   Wird ein automatisiert erstellter Verwaltungsakt **als elektronische Datei** nach Abs. 1 Nr. 2 Buchst. a **abgerufen,** tritt noch am Tag des Abrufs sofortige Wirksamkeit ein (Abs. 2 Nr. 2). Dies ist nach Auffassung des VOGebers erforderlich, um die mit der Wirksamkeit verbundenen Konsequenzen – unmittelbar – auszulösen, zB die Gestattung der sofortigen Inbetriebnahme eines Fahrzeugs oder bei Außerbetriebsetzung das Erlöschen der Verpflichtungen im Bereich der Kfz-Steuer und der Kfz-Versicherung (Begr BR-Drs. 18/19 S. 83).

7   **4.** Ein nach § 15b I S. 2 Nr. 2 vollautomatisiert erlassener Verwaltungsakt steht nach der gesetzlichen Vorgabe des § 6g II S. 2 StVG für einen Monat unter dem **Vorbehalt der Nachprüfung.** Die

Monatsfrist beginnt mit dem Tag, an dem der VA gemäß Abs. 2 wirksam wird. Innerhalb dieser Frist kann der VA jederzeit aufgehoben oder geändert werden (§ 6g II S. 3 StVG). Der Vorbehalt der Nachprüfung ist eine gegenüber §§ 48, 49 VwVfG spezielle Regelung zur Aufhebung von Zulassungsentscheidungen, für die Vertrauensschutzgesichtspunkte keine Rolle spielen (Begr zu § 6g StVG BT-Drs. 18/9084 S. 15). Die Einzelheiten werden auf der Grundlage von § 6g IV S. 1 Nr. 1 StVG durch Abs. 3 geregelt. Abs. 3 S. 2 bestimmt Mindestanforderungen an das Prüfprogramm. Den Nachprüfungssystemen der Zulassungsbehörden wird ein Stichprobenansatz zugrunde gelegt, der nach Auffassung des VOGebers eine hinreichende Anzahl an nachgeprüften Zulassungsentscheidungen nach pflichtgemäßem Ermessen der Zulassungsbehörden gewährleisten und dabei jedenfalls auch effektiv kontrollierende manuelle Elemente umfassen muss (Begr BR-Drs. 18/19 S. 83).

5. Bei einer vollständig automatisiert erlassenen Zulassungsentscheidung werden die Daten **8** nach deren Abruf oder spätestens nach Ende der Bereitstellungsdauer in das Fachverfahren der ZulB übermittelt (§ 15b I S. 2 Nr. 2). Abs. 4 schreibt vor, dass die Daten zusätzlich auch unmittelbar an das KBA zur Speicherung im ZFZR übermittelt werden. Angesichts der sofortigen Bekanntgabe und Wirksamkeit einer automatisierten Entscheidung und der damit ggf. verbundenen Gestattung der sofortigen Inbetriebnahme eines Fahrzeugs muss die Datenspeicherung im ZFZR in diesem Fall sofort erfolgen, um die Daten für Kontrollzwecke verfügbar zu haben (Begr BR-Drs. 18/19 S. 84).

Unterabschnitt 2. Internetbasierte Außerbetriebsetzung

Antrag auf Außerbetriebsetzung

15g (1) **Der Halter eines zugelassenen Fahrzeugs oder eines zulassungsfreien Fahrzeugs, dem ein Kennzeichen zugeteilt ist, kann die Außerbetriebsetzung einschließlich der Kennzeichenreservierung nach § 14 Absatz 1, auch in Verbindung mit § 15 Absatz 1 bis 5, nach dem Verfahren des Unterabschnitts 1 beantragen (internetbasierte Außerbetriebsetzung), wenn die abgestempelten Kennzeichenschilder die Anforderungen des § 10 Absatz 3 Satz 2 bis 5 und die Zulassungsbescheinigung Teil I die Anforderungen des § 11 Absatz 1 erfüllen.**

(2) ¹**Die Vorlage der Zulassungsbescheinigung Teil I und der Kennzeichenschilder nach § 14 Absatz 1 Satz 1 wird ersetzt durch die Erfassung und Verifizierung**

1. des Kennzeichens,

2. der Sicherheitscodes der Stempelplaketten nach § 15d Absatz 1 Nummer 1 und

3. des Sicherheitscodes der Zulassungsbescheinigung Teil I nach § 15d Absatz 1 Nummer 2.
²**Bei Wechselkennzeichen nach § 8 Absatz 1a gilt Satz 1 Nummer 2 mit der Maßgabe, dass zusätzlich der Sicherheitscode der Stempelplakette des gemeinsamen Kennzeichenteils erfasst werden muss, wenn kein weiteres Fahrzeug zugelassen bleibt.**

(3) **Die Vorlage eines Verwertungsnachweises nach § 15 Absatz 1 oder 2, wenn ein solcher ausgestellt wurde, wird ersetzt durch die Erfassung**

1. des Datums der Ausstellung des Verwertungsnachweises und

2. der Betriebsnummer des inländischen Demontagebetriebes oder im Fall des § 15 Absatz 2 des Staates, in dem die Verwertungsanlage ihren Sitz hat.

(4) ¹**Beantragt ein Dritter die Außerbetriebsetzung des Fahrzeugs, gilt er als vom Halter hierzu bevollmächtigt, wenn die Sicherheitscodes der Stempelplaketten nach Absatz 2 Satz 1 Nummer 2, auch in Verbindung mit Absatz 2 Satz 2, und der Sicherheitscode der Zulassungsbescheinigung Teil I nach Absatz 2 Satz 1 Nummer 3 erfasst werden.** ²**Im Fall des Satzes 1 gilt § 15c Absatz 1 mit der Maßgabe, dass die sichere Identifizierung des Dritten erfolgen muss und die Halterdaten einzugeben sind.**

1. Regelungsgegenstand. §§ 15g und 15h enthalten die besonderen Regelungen der inter- **1** netbasierten Außerbetriebsetzung. Ergänzend gelten die allgemeinen Vorschriften zur internetbasierten Zulassung. Durch § 15g werden die Bedingungen für den internetbasierten Antrag auf Außerbetriebsetzung festgelegt.

2. Die internetbasierte Außerbetriebsetzung ist nur möglich, wenn die Stempelplaketten **2** auf den Kennzeichenschildern und die Formulare der ZB I den Anforderungen der §§ 10 III S. 2–5, 11 I entsprechen, also mit Sicherheitscodes und bei der ZB I mit verdecktem Feld „Außer Betrieb gesetzt" bzw. „Dokument nicht mehr gültig" ausgestattet sind (Abs. 1). Liegen diese Voraussetzungen vor, ist der Halter allerdings frei, ob er zur Außerbetriebsetzung das herkömmliche oder das internetbasierte Verfahren wählt. Die **Reservierung des Kennzeichens** für die Wiederzulassung des außer Betrieb gesetzten Fz nach § 14 I S. 5 kann auch im Rahmen der internetbasierten Außerbetriebsetzung erfolgen (Abs. 1).

3   3. Der Halter **beantragt die Außerbetriebsetzung** elektronisch im Portal der jeweils zuständigen ZulB (Begr BR-Drs. 18/19 S. 84). Statt des Vorlegens der Kennzeichenschilder und der ZB I bei der ZulB werden das Kennzeichen sowie die Sicherheitscodes der Stempelplaketten und der ZB I elektronisch an das Portal der ZulB übermittelt und dort erfasst und verifiziert (Abs. 2 S. 1). Wechselkennzeichen: Abs. 2 S. 2.

4   Der Sicherheitscode der Stempelplaketten auf den Kennzeichenschildern wird vom Antragsteller sichtbar gemacht, indem er die den Sicherheitscode verdeckende Schicht der Stempelplaketten entfernt; dadurch werden die **Kennzeichenschilder entstempelt** (§ 15d II S. 1). Der Sicherheitscode der ZB I wird vom Antragsteller sichtbar gemacht, indem er die Markierung mit der Aufschrift „Zur Außerbetriebsetzung entfernen" bzw. „Nur für internetbasierte Zulassungsverfahren freilegen. Dokument nur unbeschädigt gültig." entfernt; dadurch wird der Schriftzug „Außer Betrieb gesetzt" bzw. „Dokument nicht mehr gültig" in der ZB I sichtbar (§ 15d II S. 2). Damit ist das Fahrzeug noch nicht außer Betrieb gesetzt, sondern lediglich eine Voraussetzung für die Außerbetriebsetzung geschaffen. Auch nach Entstempelung der Kennzeichen durch Entfernung der den Sicherheitscode verdeckenden Schicht der Stempelplaketten auf den Kennzeichenschildern (§ 15d II S. 1) ist das Fz noch nicht außer Betrieb gesetzt; es darf dann aber – obwohl noch zugelassen – nicht mehr im öff StrV betrieben werden, da keine Stempelplaketten gem. § 10 III mehr vorhanden sind (§ 10 XII); Verstoß ist ordnungswidrig (§ 48 Nr. 1 und 2 iVm § 10 XII).

5   Auch zur **Verschrottung** gegebene Fahrzeuge können internetbasiert außer Betrieb gesetzt werden (Abs. 1). Wurde das Fz in Deutschland oder im EU- oder EWR-Ausland verwertet, wird die Vorlage eines Verwertungsnachweises nach § 15 I oder II durch elektronische Übermittlung und Erfassung der Angaben gemäß Abs. 3 Nr. 1 und 2 ersetzt (Abs. 3).

6   4. Wie im herkömmlichen Zulassungsverfahren (§ 14 I S. 2) kann neben dem Halter auch eine **andere Person** einen Antrag auf Außerbetriebsetzung eines Fahrzeugs stellen, ohne eine Vollmacht des bisherigen Halters dafür nachweisen zu müssen (Abs. 4 S. 1). Ein Dritter, der über die Sicherheitscodes der Stempelplaketten und der ZB I verfügt und diese in das Portal der ZulB eingibt, gilt als vom Halter bevollmächtigt, die Außerbetriebsetzung zu beantragen und muss seine Vollmacht nicht gesondert nachweisen (Begr BR-Drs. 18/19 S. 85). Der bisherige Halter wird schriftlich über die Außerbetriebsetzung und das Datum ihrer Wirksamkeit informiert (§ 15h IV). Die Zulassung einer Vertretung bei der Beantragung der Außerbetriebsetzung umfasst alle in diesem Verfahren erforderlichen Handlungen, also auch das Freilegen der zu verwendenden Sicherheitscodes nach § 15d II (Begr BR-Drs. 18/19 S. 85).

Außerbetriebsetzung

15h (1) [1]Liegen die Voraussetzungen für die Außerbetriebsetzung nach maschineller Prüfung durch das Portal der Zulassungsbehörde vor, wird das Fahrzeug in einer automatisierten Entscheidung nach § 15b Absatz 1 Satz 2 Nummer 2 außer Betrieb gesetzt. [2]Abweichend von § 15f Absatz 1 Nummer 2 Buchstabe b erfolgt die Bekanntgabe der automatisierten Entscheidung, falls diese nicht aus dem Portal der Zulassungsbehörde abgerufen wird, durch

1. Versendung einer De-Mail-Nachricht im Sinne des § 3a Absatz 2 Satz 4 Nummer 3 des Verwaltungsverfahrensgesetzes, wenn der Halter in seinem elektronischen Antrag ein auf seinen Namen eingerichtetes De-Mail-Konto benennt,

2. sonstige sichere Verfahren im Sinne des § 3a Absatz 2 Satz 4 Nummer 4 des Verwaltungsverfahrensgesetzes, wenn der Halter einen solchen elektronischen Kommunikationsweg eröffnet, oder

3. durch Übersendung des Ausdrucks des elektronischen Dokuments

und ist die Außerbetriebsetzung abweichend von § 15f Absatz 2 Nummer 1 am Tag der Absendung des Ausdrucks wirksam. [3]Scheitert die maschinelle Prüfung der Voraussetzungen für die Außerbetriebsetzung, erfolgt die Entscheidung nach § 15b Absatz 1 Satz 2 Nummer 1 und ist im Fall einer antragsgemäßen Entscheidung die Außerbetriebsetzung abweichend von § 15f Absatz 2 Nummer 1 am Tag der Absendung des schriftlichen Bescheides wirksam.

(2) **Der Vermerk über die Außerbetriebsetzung in der Zulassungsbescheinigung Teil I und die Aushändigung der entstempelten Kennzeichenschilder nach § 14 Absatz 1 Satz 4 werden durch die Verarbeitung der freigelegten Sicherheitscodes nach § 15d Absatz 1 Nummer 1 und 2 ersetzt.**

(3) **Ist der Antrag durch eine bevollmächtigte Person gestellt worden, teilt die Zulassungsbehörde dem bisherigen Halter persönlich das Datum der Wirksamkeit der Außerbetriebsetzung durch Übersendung eines schriftlichen Hinweises mit.**

1. Regelungsgegenstand. § 15h legt die Modalitäten der internetbasierten Außerbetriebsetzung fest. Hinsichtlich der Bekanntgabe der Entscheidung der ZulB und des Wirksamwerdens gelten Besonderheiten. Der Antrag auf Außerbetriebsetzung im internetbasierten Verfahren ist nach § 15g zu stellen. **1**

2. Liegen alle Voraussetzungen für die **Außerbetriebsetzung** vor, erfolgt diese durch eine **2** automatisierte Entscheidung nach § 15b I S. 2 Nr. 2 (Abs. 1 S. 1). Der Verwaltungsakt wird durch Bereitstellung zum Abruf aus dem Portal der ZulB **bekanntgegeben** (§ 15f I Nr. 2 Buchst. a). Wird der Bescheid dort abgerufen, wird die Außerbetriebsetzung am Tag des Abrufes sofort **wirksam** (§ 15f II Nr. 2). Wird die Entscheidung **nicht** aus dem Portal **abgerufen,** die Bekanntgabe auf diesem Weg also nicht erreicht, kann die Entscheidung abweichend von der für diesen Fall geltenden allgemeinen Regel der postalischen Übersendung eines Ausdrucks (§ 15f I Nr. 2 Buchst. b) auch elektronisch erfolgen. Die Möglichkeiten dazu sind in Abs. 1 S. 2 Nr. 1 und 2 aufgeführt. Die ZulB kann den Verwaltungsakt aber auch nach ihrer Wahl durch postalische Übersendung des Ausdrucks des elektronischen Dokuments bekanntgeben (Abs. 1 S. 2 Nr. 3). In den Fällen des Abs. 1 S. 2 Nr. 1–3 wird die Außerbetriebsetzung abweichend von § 15f II Nr. 1 am Tag der Absendung des Ausdrucks **wirksam** (Abs. 1 S. 2). Die ZulB muss dieses Datum ausdrücklich im Bescheid vermerken, damit für den Adressaten klar ist, ab wann das Fahrzeug außer Betrieb gesetzt ist.

Wenn die automatisierte Prüfung nach § 15c II ergibt, dass **nicht alle Voraussetzungen** für **3** eine internetbasierte Außerbetriebsetzung **erfüllt** sind, zB weil nicht alle erforderlichen Daten eingegeben wurden oder nicht alle Daten elektronisch verifiziert werden konnten, wird dies dem Antragsteller auf seinem Bildschirm angezeigt (§ 15c II S. 3). Wenn der Antrag gleichwohl elektronisch gestellt wird (§ 15c II S. 4 Nr. 3), werden die Daten in die **manuelle Bearbeitung** und Entscheidung der ZulB übertragen und die Entscheidung erfolgt nach § 15b I S. 2 Nr. 1 (Abs. 1 S. 3). Ist eine antragsgemäße Entscheidung möglich, wird die Außerbetriebsetzung dann abweichend von § 15f II Nr. 1 am Tag der Absendung des schriftlichen Bescheids **wirksam** (Abs. 1 S. 3). Dieser Tag ist ausdrücklich in dem Bescheid zu vermerken, damit für den Adressaten klar ist, ab wann das Fahrzeug außer Betrieb gesetzt ist. Dieses Datum ist wichtig, weil damit die mit der Zulassung verbundenen Pflichten im Bereich der Kfz-Steuer und der Kfz-Versicherung enden (Begr BR-Drs. 18/19 S. 86).

3. Bei der internetbasierten Außerbetriebsetzung werden der Vermerk in der ZB I über die **4** Außerbetriebsetzung und die Aushändigung der entstempelten Kennzeichenschilder nach § 14 I S. 4 durch die Erfassung und Verifizierung der freigelegten und an das Portal der ZulB übermittelten Sicherheitscodes nach § 15d I Nr. 1 und 2 ersetzt (Abs. 2). Das Datum der internetbasierten Außerbetriebsetzung wird anders als das Datum der Außerbetriebsetzung auf herkömmlichem Wege (§ 14 I S. 4) nicht auf der ZB I vermerkt. Ein solcher Vermerk auf der ZB I ist durch EU-Recht nicht vorgeschrieben (Begr zu § 14 aF BR-Drs. 435/13 S. 42 = VkBl. 13 1064) und damit entbehrlich.

4. Stellt nicht der Halter, sondern ein bevollmächtigter **Dritter** den Antrag auf Außerbetrieb- **5** setzung im internetbasierten Verfahren (§ 15g IV), kann der VA gegenüber dem Dritten bekanntgegeben werden (§ 41 I S. 2 VwVfG). Ergeht eine automatisierte Entscheidung nach Abs. 1 S. 1, wird die Außerbetriebsetzung bei Abruf der Entscheidung im Portal der ZulB durch den Dritten sofort wirksam (§ 15f II Nr. 2). Wird die Entscheidung nicht aus ihrem Portal abgerufen, kann die Bekanntgabe in den Fällen des Abs. 1 S. 2 Nr. 1–3 gegenüber dem Dritten erfolgen (Begr BR-Drs. 18/19 S. 87). In jedem Fall wird der bisherige Halter persönlich durch postalische Übersendung eines schriftlichen Hinweises über die erfolgte Außerbetriebsetzung und das Datum ihrer Wirksamkeit unterrichtet (Abs. 3). Dies ist nach Auffassung des VOGebers angesichts des erleichterten Nachweises der Vollmacht (Fiktion des § 15g IV) angezeigt und soll die Kontrolle durch den bisherigen Halter gewährleisten sowie Missbrauch aufdecken (Begr BR-Drs. 18/19 S. 87).

Unterabschnitt 3. Internetbasierte Erstzulassung, Wiederzulassung und Änderung bei Halter- und Wohnsitzwechsel

Gemeinsame Regelungen für die Zulassung und Änderungen

15i (1) Der Halter kann die Zulassung oder deren Änderung elektronisch beantragen, wenn

1. er eine natürliche Person ist,

2. er nicht nach § 2 Absatz 1 des Pflichtversicherungsgesetzes von der Versicherungspflicht befreit ist,

3. das Fahrzeug nicht nach § 3 Absatz 2 von den Vorschriften über das Zulassungsverfahren ausgenommen ist,

4. das Kennzeichen als allgemeines Kennzeichen nach § 8 Absatz 1 Satz 1 bis 4 und Anlage 4 Abschnitt 2 zugeteilt werden soll,

5. der Halter den Besitz der Zulassungsbescheinigung Teil I durch Erfassung ihres Sicherheitscodes nach § 15d Absatz 1 Nummer 2 und den Besitz der Zulassungsbescheinigung Teil II durch Erfassung ihres Sicherheitscodes nach § 15d Absatz 1 Nummer 3 nachweisen kann und

6. keine Änderungen der Fahrzeugdaten im Sinne des § 13 Absatz 1 im Vergleich zu den bisher erfassten Daten oder bei Erstzulassung im Vergleich zu den Daten der Übereinstimmungsbescheinigung erfolgt sind.

(2) Bei der Antragstellung nach Absatz 1 hat der Halter zusätzlich zu den Angaben nach Absatz 1 die folgenden Daten in das Portal der Zulassungsbehörde einzugeben:

1. das bisherige Kennzeichen, die Fahrzeug-Identifizierungsnummer, den Sicherheitscode der Zulassungsbescheinigung Teil I nach § 15d Absatz 1 Nummer 2 und den Sicherheitscode der Zulassungsbescheinigung Teil II nach § 15d Absatz 1 Nummer 3,

2. die Nummer der elektronischen Versicherungsbestätigung,

3. die Daten zur Erteilung des SEPA-Lastschrift-Mandats für den Einzug der Kraftfahrzeugsteuer und, wenn vorhanden, ein Merkmal zur beabsichtigten Beantragung einer Kraftfahrzeugsteuervergünstigung,

4. die im Sinne des § 9 Absatz 3 des Infrastrukturabgabengesetzes erforderlichen Daten zur elektronischen Erteilung des SEPA-Lastschrift-Mandats für den Einzug der Infrastrukturabgabe,

5. den Monat und das Jahr des Ablaufs der Frist für die nächste Hauptuntersuchung und, falls zutreffend, der Frist für die nächste Sicherheitsprüfung sowie, wenn der Nachweis nicht nach § 15e Absatz 1 Satz 1 Nummer 1 elektronisch vorliegt, die weiteren Angaben nach § 15e Absatz 4 Satz 1.

(3) ¹Die eingegebenen Daten werden durch das Portal der Zulassungsbehörde nach Maßgabe der Anlage 8b maschinell verifiziert und verarbeitet. ²Die Entscheidung erfolgt nach § 15b Absatz 1 Satz 2 Nummer 1. ³Nach Wirksamkeit der Zulassungsentscheidung werden

1. die Daten nach Anlage 8b Satz 1 Nummer 5 von der Zulassungsbehörde an die für die Ausübung der Verwaltung der Kraftfahrzeugsteuer zuständige Behörde in einem einheitlichen Datensatz nach § 36 Absatz 1 und 3 zusammen mit den Zulassungsdaten übermittelt,

2. die Daten nach Anlage 8b Satz 1 Nummer 6 von der Zulassungsbehörde an die Infrastrukturabgabebehörde übermittelt.

(4) Für die internetbasierte Zulassung oder deren Änderung gelten § 3 Absatz 1 Satz 3, § 10 Absatz 3 Satz 1 und § 14 Absatz 2 Satz 1 mit den folgenden Maßgaben:

1. Die Vorlage der Kennzeichenschilder nach § 10 Absatz 3 Satz 1 und ihre Abstempelung nach § 3 Absatz 1 Satz 3 werden durch das Aufbringen der Stempelplaketten auf den Plakettenträgern nach § 10 Absatz 3 Satz 6 und deren Übersendung mit Vorgaben über die zulässigen Abmessungen und die Schriftart der Kennzeichenschilder sowie Hinweisen über die Verwendung dieser Unterlagen an den Halter ersetzt.

2. Die Zulassung des Fahrzeugs erfolgt unter Zuteilung des Kennzeichens durch Übersendung eines schriftlichen Bescheides nach § 15f Absatz 1 Nummer 1.

3. Die Zulassungsbescheinigung Teil I und die Zulassungsbescheinigung Teil II sind dem Halter zu übersenden.

(5) ¹Der Halter ist verpflichtet, einen von der Zulassungsbehörde übersandten Plakettenträger unverzüglich an der dafür vorgegebenen Stelle auf einem vorgegebenen

Kennzeichenschild fest anzubringen. [2]Ein Plakettenträger darf nur auf einem Kennzeichenschild mit dem zugehörigen zugeteilten Kennzeichen angebracht werden. [3]Ein internetbasiert zugelassenes Fahrzeug darf auf öffentlichen Straßen nur in Betrieb gesetzt werden, wenn die dafür übersandten Plakettenträger auf den Kennzeichenschildern mit dem zugeteilten Kennzeichen fest angebracht worden sind. [4]Der Halter darf die Inbetriebnahme eines internetbasiert zugelassenen Fahrzeugs nur anordnen oder zulassen, wenn die Voraussetzungen des Satzes 3 vorliegen. [5]Wird ein internetbasiert zugelassenes Fahrzeug entgegen Satz 3 oder entgegen § 10 Absatz 2 Satz 2 in Betrieb gesetzt, kann die Zulassungsbehörde die Kennzeichenschilder einziehen. [6]Die Einziehung ist unabhängig von der Vorwerfbarkeit oder der Verfolgung als Ordnungswidrigkeit.

1. Regelungsgegenstand. § 15i enthält gemeinsame Regelungen für diejenigen internetbasiert durchführbaren Zulassungsvorgänge, für die Unterabschnitt 3 der FZV die speziellen Bestimmungen enthält (internetbasierte Erstzulassung, internetbasierte Wiederzulassung und internetbasierter Halter- und Wohnsitzwechsel). Die Spezifika dieser Einzelverfahren sind in §§ 15j, 15k und 15l geregelt. Ergänzend gelten die allgemeinen Vorschriften für internetbasierte Zulassungsverfahren, soweit Unterabschnitt 3 keine Abweichungen davon vorsieht.

2. Ein **Antrag** auf ein Zulassungsverfahren des Unterabschnitts 3 kann nur dann internetbasiert gestellt werden, wenn sämtliche **Voraussetzungen nach Abs. 1 Nr. 1-6** gegeben sind. Unter anderem dürfen sich die Fahrzeugdaten im Vergleich zu den bisher erfassten Daten nicht geändert haben (Abs. 1 Nr. 6), bei Erstzulassungen im Vergleich zur Übereinstimmungsbescheinigung, bei Wiederzulassungen und Umschreibungen im Vergleich zu den bisher im ZFZR und in der ZB I erfassten Fahrzeugdaten (Begr BR-Drs. 18/19 S. 88).

Liegen die Voraussetzungen gemäß Abs. 1 Nr. 1–6 nicht vor, ist ein Antrag auf internetbasierte Zulassungsvorgänge nach Unterabschnitt 3 nicht möglich. Dadurch werden die in §§ 15j–15l geregelten Verfahren auf die in Abs. 1 Nr. 1–6 bezeichneten Konstellationen beschränkt. Ausgeklammert sind damit zB Zulassungsvorgänge zur Zuteilung von Wechselkennzeichen, Oldtimerkennzeichen und Saisonkennzeichen (Begr BR-Drs. 18/19 S. 88).

3. Bei der Antragstellung für ein in Unterabschnitt 3 geregeltes Verfahren sind zusätzlich zu den Angaben nach Abs. 1 grds. **die in Abs. 2 Nr. 1–5 genannten Daten** in das Portal der ZulB **einzugeben.** Damit werden die Zulassungsvoraussetzungen durch Eingabe der Daten elektronisch nachgewiesen (Begr BR-Drs. 18/19 S. 88). Der Umfang der einzugebenden Daten ist hier nicht abschließend normiert; zT abweichende Eingabeerfordernisse ergeben sich aus den speziellen §§ 15j–15l (Begr BR-Drs. 18/19 S. 89).

Die in das Portal der ZulB eingegebenen **Daten** werden durch das Portal nach Maßgabe der Anlage 8b automatisiert **verifiziert** und verarbeitet (Abs. 3 S. 1). Dabei wird die Zuständigkeit der ZulB verifiziert (Anlage 8b Nr. 1 und 2). Das bedeutet, dass das Portal anhand der Angaben des Antragstellers zum Wohnort des Halters prüft, ob das Portal der richtigen ZulB angesteuert worden ist (Begr BR-Drs. 18/19 S. 104). Weiter wird automatisiert geprüft, ob bei dem Antragsteller **Kfz-Steuerrückstände** bestehen (Anlage 8b S. 1 Nr. 9). Liegen vollstreckungsrelevante Kfz-Steuerrückstände vor, wird der Antragsteller im Portal darüber informiert und erhält den Hinweis, dass er sich zwecks Bezahlung der Steuerschuld an die dafür zuständige Behörde wenden muss (Begr zu Anlage 8b idF der VO v. 23.3.2017 BR-Drs. 770/16 S. 134). Kann eine automatisierte Prüfung erfolgen, ob es **Gebührenrückstände** gibt, soweit dies landesrechtlich vorgesehen ist (Anlage 8b S. 1 Nr. 11). Ggf. bestehende Gebührenrückstände werden dem Antragsteller nach Validierung der Zulassungsvoraussetzungen im Portal angezeigt. Wenn es nach Landesrecht möglich ist, kann die ZulB dem Antragsteller ermöglichen, den Gebührenrückstand im Rahmen des E-Payment zusammen mit den Zulassungsgebühren des aktuellen Vorgangs zu begleichen (Begr zu Anlage 8b idF der VO v. 23.3.2017 BR-Drs. 770/16 S. 134).

4. Für die internetbasiert beantragten Zulassungsverfahren des Unterabschnitts 3 ist als Regelverfahren die **manuelle Bearbeitung** und **Entscheidung** in der ZulB festgelegt (Abs. 3 S. 2 iVm § 15b I S. 2 Nr. 1, Begr BR-Drs. 18/19 S. 89). Die abschließende Entscheidung der ZulB wird durch Übersendung eines schriftlichen Bescheids **bekanntgegeben** (§ 15f I Nr. 1). Die Zulassung oder ihre Änderung wird am dritten Tag, der dem Tag folgt, an dem die ZulB den Bescheid abgesandt hat, **wirksam,** unabhängig davon, wann dem Antragsteller der VA tatsächlich bekannt wird (§ 15f II Nr. 1). Als Ausnahme ist für den Halter- und den Wohnsitzwechsel unter Beibehaltung des bisherigen Kennzeichens die automatisierte Entscheidung vorgesehen (§ 15l IV, Begr BR-Drs. 18/19 S. 89).

7   5. Für das internetbasierte Zulassungsverfahren gelten die Regelungen der FZV in abgewandelter Form (Abs. 4). Die **Vorlage der Kennzeichenschilder** bei der ZulB zur Abstempelung (§ 10 III S. 1) und ihre **Abstempelung** durch den Sachbearbeiter der ZulB (§ 3 I S. 3) werden durch das Aufbringen der Stempelplaketten auf Plakettenträger und deren postalische Übersendung an den Halter ersetzt (Abs. 4 Nr. 1). Die Gestaltung der Plakettenträger ist in Anlage 4a Abschnitt C geregelt (§ 10 III S. 6). Die Übersendung der Plakettenträger an den Halter muss zusammen mit Vorgaben über die zulässige Größe und die Schriftart der Kennzeichenschilder und Hinweisen über die korrekte Verwendung der Plakettenträger erfolgen (Abs. 4 Nr. 1). Die ZulB wird bei der Übersendung auch deutlich auf die Maßgeblichkeit des Datums der Wirksamkeit des Bescheids hinzuweisen haben, denn das Fahrzeug darf erst ab dem Wirksamkeitsdatum der Zulassung (Rn. 6) im Verkehr betrieben werden, auch wenn die Unterlagen dem Halter bei kurzen Postlaufzeiten ggf. bereits früher zugehen (Begr BR-Drs. 18/19 S. 90).

8   Die **Zuteilung eines Kennzeichens** (§ 3 I S. 3, § 8) erfolgt im internetbasierten Verfahren zusammen mit der Zulassungsentscheidung (Abs. 4 Nr. 2). Dies kann sowohl die Übernahme des bestehenden Kennzeichens, ein Wunschkennzeichen, ein im Voraus reserviertes Kennzeichen oder das im Kennzeichensystem der ZulB als nächstes anstehende Kennzeichen umfassen (Begr BR-Drs. 18/19 S. 90 f.).

9   Die Ausfertigung einer **Zulassungsbescheinigung** (§ 3 I S. 3, §§ 11, 12) und deren Übergabe an den Antragsteller im herkömmlichen Zulassungsverfahren werden im internetbasierten Verfahren durch die Ausstellung und Versendung der ZB I und II an den Halter ersetzt (Abs. 4 Nr. 3, Begr BR-Drs. 18/19 S. 91).

10   6. Da im internetbasierten Zulassungsverfahren die Siegelung der Kennzeichenschilder nicht durch die Behörde erfolgen kann, wird der **Halter** durch Abs. 5 S. 1 **verpflichtet,** die von der ZulB zusammen mit der Zulassungsentscheidung übersandten **Plakettenträger** unverzüglich nach Erhalt auf einem den Vorgaben der ZulB entsprechenden Kennzeichenschild fest **anzubringen;** Verstoß ist ow (§ 48 Nr. 14). In den gem. Abs. 4 Nr. 1 dem Halter zu übersendenden Hinweisen muss die ZulB die korrekte Anbringung erklären. Das Gebot, Plakettenträger nur auf einem Kennzeichenschild mit dem zugehörigen zugeteilten Kennzeichen anzubringen (Abs. 5 S. 2), gilt nicht nur für den Halter, sondern für jede Person; Verstoß ist ow (§ 48 Nr. 14a). Die Inbetriebnahme des Fz ist nur zulässig, wenn die dafür übersandten Plakettenträger auf den Kennzeichenschildern mit dem zugeteilten Kennzeichen fest angebracht sind (Abs. 5 S. 3, 4); Verstoß ist ow (§ 48 Nr. 1 Buchst. c, Nr. 2). Die Regelung über die Plakettenträger in Abs. 5 bezieht sich sowohl auf die Plakettenträger der Stempelplaketten als auch auf die Plakettenträger der HU-Prüfplaketten (Begr BR-Drs. 18/19 S. 91).

11   **Ausgenommen** von den in Abs. 5 beschriebenen Halterpflichten sind Zulassungsvorgänge, in denen eine Kennzeichenbeibehaltung oder -übernahme möglich ist (Halter- oder Wohnsitzwechsel) und die auf dem Kennzeichenschild angebrachten Stempelplaketten und die Prüfplakette noch gültig sind; hier muss der Halter keine Handlungen hinsichtlich des Kennzeichenschildes vornehmen (Begr BR-Drs. 18/19 S. 91).

12   Die ZulB kann nach pflichtgemäßem Ermessen **Kennzeichenschilder einziehen**, die nicht die vorgegebene Größe oder Ausgestaltung aufweisen oder die nicht ordnungsgemäß mit den übersandten Plakettenträgern versehen sind (Abs. 5 S. 5, 6). Da dem Halter das Aufbringen der Stempelplaketten auf die Kennzeichenschilder im internetbasierten Zulassungsverfahren erlaubt wird, wird der ZulB ermöglicht, Kennzeichenschilder, die falschen Rechtsschein erzeugen, aus dem Verkehr zu ziehen (Begr BR-Drs. 18/19 S. 92).

Internetbasierte Erstzulassung

15j (1) Der Halter kann die Zulassung eines Fahrzeugs, das noch nicht zugelassen war (Erstzulassung), nach dem Verfahren des Unterabschnitts 1 in Verbindung mit § 15i nach Maßgabe der folgenden Absätze beantragen.

(2) Nicht erforderlich sind

1. der Nachweis des Besitzes der Zulassungsbescheinigung Teil I abweichend von § 15i Absatz 1 Nummer 5 in Verbindung mit Absatz 2 Nummer 1,

2. die Eingabe des Kennzeichens abweichend von § 15i Absatz 2 Nummer 1 und

3. die Eingabe des Monats und des Jahres des Ablaufs der Frist für die nächste Hauptuntersuchung und für die nächste Sicherheitsprüfung abweichend von § 15i Absatz 2 Nummer 5.

(3) § 6 Absatz 2 Satz 1 und Absatz 3 Satz 1 gilt mit den folgenden Maßgaben:

1. **Die Vorlage der Zulassungsbescheinigung Teil II nach § 6 Absatz 2 Satz 1 wird durch die Erfassung und Verifizierung ihres Sicherheitscodes nach § 15d Absatz 1 Nummer 3 ersetzt.**

2. **Die Vorlage der Übereinstimmungsbescheinigung nach § 6 Absatz 3 Satz 1 wird durch die Verifizierung der Angaben mittels der zentralen Datei der für die Prüfung der Zulassungsfähigkeit erforderlichen fahrzeugbezogenen Daten des Kraftfahrt-Bundesamtes ersetzt.**

(4) **Zusätzlich zum Ergebnis der automatisierten Vorprüfung prüft die Zulassungsbehörde das Vorliegen von Hindernissen für die Erstzulassung auf Grund technischer Vorschriften.**

1. Regelungsgegenstand. § 15j ermöglicht die Beantragung der Erstzulassung von Kfz und **1** Kfz-Anhängern im internetbasierten Zulassungsverfahren. Die Vorschrift trifft nur Regelungen, die von den gemeinsam für internetbasierte Verfahren geltenden Bestimmungen in §§ 15b, 15i abweichen oder diese ergänzen (Begr BR-Drs. 18/19 S. 92).

2. Die Beantragung der **Erstzulassung** eines Fahrzeugs ist **im internetbasierten Ver- 2 fahren möglich** (Abs. 1). Dafür gelten die gemeinsamen Regelungen für internetbasierte Zulassungsverfahren in Unterabschnitt 1 (§§ 15b–15f) und in § 15i nach Maßgabe der Absätze 2–4. **Fahrzeuge** iSd § 15j sind Kfz und Kfz-Anhänger (§ 2 Nr. 3). **Erstzulassung** ist die erstmalige Zulassung (§ 6 III S. 1) eines Fahrzeugs, also eines Fahrzeugs, das bisher noch nicht zugelassen war (Abs. 1).

Bei der Antragstellung sind **die in Abs. 2 Nr. 1–3 genannten Daten nicht anzugeben.** **3** Dabei handelt es sich jeweils um Angaben, die dem Antragsteller bei einer Erstzulassung noch nicht vorliegen können und die im Prozess der Erstzulassung auch nicht erforderlich sind. Regelungstechnisch wurden sie lediglich für die Mehrzahl der Verfahren des Unterabschnitts 3 als Regelfall in § 15i normiert (Begr BR-Drs. 18/19 S. 92).

Die Vorlage der **ZB II** (§ 6 II S. 1) und der **Übereinstimmungsbescheinigung** (§ 6 III **4** S. 1) werden durch elektronische Elemente ersetzt (Abs. 3). Für eine internetbasierte Abwicklung ist stets erforderlich, dass eine ZB II bereits vorausgefüllt vom Hersteller ausgehändigt worden ist (§ 15i I Nr. 5 Hs. 2, Begr BR-Drs. 18/19 S. 92). Die Vorlage der Übereinstimmungsbescheinigung (§ 6 III S. 1) wird durch den Abgleich der Angaben mit der Zentralen Datenbank der Übereinstimmungsbescheinigungen beim KBA (§ 45a) ersetzt (Abs. 3 Nr. 2).

Für das Verfahren der Erstzulassung nach Antragstellung über das Internet ist ausdrücklich **5** vorgeschrieben, dass die ZulB zusätzlich zu den allgemeinen Voraussetzungen für eine Zulassung das Vorliegen von **Zulassungshindernissen** zu **prüfen** hat (Abs. 4). Dabei kann es sich etwa um Rückrufe auf Grund von Sicherheitsmängeln, um auslaufende Serien nach Fristablauf oder um festgestellte Nichtkonformitäten mit EU-rechtlichen Vorgaben handeln (Begr BR-Drs. 18/19 S. 93).

3. Nach Beantragung der Erstzulassung über das Internet wird darüber nicht vollautomatisiert **6** entschieden, sondern der Antrag wird von der ZulB nach maschineller Vorprüfung im Portal der ZulB **manuell bearbeitet** und **entschieden** (§ 15i III S. 2 iVm § 15b I S. 2 Nr. 1). Zur Bekanntgabe der Entscheidung und zu dem Zeitpunkt ihrer Wirksamkeit s. § 15i Rn. 6.

Internetbasierte Wiederzulassung

15k (1) **Der Halter kann die Zulassung eines Fahrzeugs, das nach § 14 Absatz 2 wieder zugelassen werden soll, nach dem Verfahren des Unterabschnitts 1 in Verbindung mit § 15i nach Maßgabe der folgenden Absätze beantragen (internetbasierte Wiederzulassung).**

(2) **Das Fahrzeug darf zum Zeitpunkt des Zulassungsantrages nicht länger als sieben Jahre außer Betrieb gesetzt gewesen sein.**

(3) **Für die Wiederzulassung gilt § 14 Absatz 2 Satz 1 mit den folgenden Maßgaben:**

1. **Die Vorlage der zur Außerbetriebsetzung verwendeten Zulassungsbescheinigung Teil I nach § 14 Absatz 2 Satz 1 wird durch die Erfassung und Verifizierung ihres Sicherheitscodes nach § 15d Absatz 1 Nummer 2 ersetzt.**

2. **Die Vorlage der Zulassungsbescheinigung Teil II nach § 14 Absatz 2 Satz 1 wird, vorbehaltlich des Absatzes 4, durch die Erfassung und Verifizierung ihres Sicherheitscodes nach § 15d Absatz 1 Nummer 3 ersetzt.**

(4) Bei einer Wiederzulassung auf denselben Halter sind nicht erforderlich

1. der Nachweis des Besitzes der Zulassungsbescheinigung Teil II abweichend von § 15i Absatz 1 Nummer 5 und

2. die Ausstellung der Zulassungsbescheinigung Teil II abweichend von § 15i Absatz 4 Satz 1 Nummer 3.

(5) [1]Es ist anzugeben, dass für das Fahrzeug kein Verwertungsnachweis ausgestellt worden ist. [2]Diese Angabe wird durch das Portal der Zulassungsbehörde im Verfahren nach § 15i Absatz 3 Satz 1 in Verbindung mit Anlage 8b Nummer 2 maschinell verifiziert und verarbeitet.

(6) Zusätzlich zum Ergebnis der automatisierten Vorprüfung prüft die Zulassungsbehörde das Vorliegen von Hindernissen für die Wiederzulassung auf Grund technischer Vorschriften.

1   **1. Regelungsgegenstand.** § 15k ermöglicht es, die Wiederzulassung von Kfz und Kfz-Anhängern im internetbasierten Zulassungsverfahren zu beantragen.

2   **2.** Die Beantragung der **Wiederzulassung** eines Fahrzeugs ist im internetbasierten Verfahren möglich (Abs. 1). Dafür gelten die gemeinsamen Regelungen für internetbasierte Zulassungsverfahren in Unterabschnitt 1 (§§ 15b–15f) und in § 15i nach Maßgabe der Absätze 2–6. **Fahrzeuge** iSd § 15k sind Kfz und Kfz-Anhänger (§ 2 Nr. 3). **Wiederzulassung** ist die erneute Zulassung eines außer Betrieb gesetzten Fahrzeugs auf denselben oder einen neuen Halter (§ 14 II S. 1).

3   Die Antragstellung im internetbasierten Verfahren ist nur möglich, wenn das Fahrzeug bei Antragstellung **nicht länger als 7 Jahre außer Betrieb** gesetzt war (Abs. 2). Hintergrund dieser Regelung ist der Umstand, dass die Daten im ZFZR nur für 7 Jahre nach Außerbetriebsetzung gespeichert bleiben (§ 44 I), danach also für einen elektronischen Abgleich im KBA nicht mehr zur Verfügung stehen. Dies ist aber zwingende Voraussetzung für eine internetbasierte Abwicklung (Begr BR-Drs. 18/19 S. 93).

4   **3.** Die Modalitäten der Antragstellung im herkömmlichen Wiederzulassungsverfahren werden durch **elektronische Elemente** ersetzt. Statt der Vorlage der ZB I und II (§ 14 II S. 1) werden ihre Sicherheitscodes an das Portal der ZulB übermittelt und dort erfasst und verifiziert (Abs. 3).

5   Wird **Wiederzulassung auf denselben Halter** beantragt, erfolgt ebenso wie im herkömmlichen Wiederzulassungsverfahren (§ 14 II S. 2) keine Befassung mit der ZB II (Abs. 4). Da in diesem Fall kein Wechsel in der Person des Halters stattfindet, wird von seiner fortbestehenden Verfügungsberechtigung über das Fahrzeug ausgegangen und auf die Eingabe des Sicherheitscodes der ZB II verzichtet (Begr BR-Drs. 18/19 S. 94). Die ZB II wird deswegen auch nicht durch Freilegen des Sicherheitscodes ungültig und kann weiterverwendet werden.

6   Der Antragsteller muss über die nach § 15i II geforderten Angaben hinaus bestätigen, dass für das Fahrzeug **kein Verwertungsnachweis** ausgestellt ist (Abs. 5 S. 1), denn andernfalls wäre die Wiederzulassung nicht möglich (§ 15 VI). Diese Angabe wird im Verfahren nach § 15i III S. 1 iVm Anlage 8b S. 1 Nr. 2 automatisiert verifiziert (Abs. 5 S. 2). Ergibt die Überprüfung, dass im ZFZR das Vorliegen eines Verwertungsnachweises gespeichert ist (vgl. § 30 I Nr. 27), ist die Wiederzulassung abzulehnen (Begr BR-Drs. 18/19 S. 94).

7   **4.** Nach Beantragung der Wiederzulassung über das Internet wird darüber nicht vollautomatisiert entschieden. Der Antrag wird vielmehr von der ZulB nach maschineller Vorprüfung im Portal der ZulB **manuell bearbeitet** und **entschieden** (§ 15i III S. 2 iVm § 15b I S. 2 Nr. 1). Zur Bekanntgabe der Entscheidung und zu dem Zeitpunkt ihrer Wirksamkeit s. § 15i Rn. 6.

Internetbasierte Änderung bei Halter- oder Wohnsitzwechsel, sofortige Inbetriebnahme

15l (1) Der Halter kann die Änderung der Zulassung bei

1. einem Wechsel des Wohnsitzes oder des Sitzes des Halters im Sinne des § 13 Absatz 1 Satz 1 Nummer 1, auch in Verbindung mit Absatz 3 Satz 1 oder

2. einem Wechsel des Halters im Sinne des § 13 Absatz 4 Satz 3

nach dem Verfahren des Unterabschnitts 1 in Verbindung mit § 15i nach Maßgabe der folgenden Absätze beantragen (internetbasierte Änderung bei Halter- oder Wohnsitzwechsel).

(2) § 13 Absatz 1 gilt mit den folgenden Maßgaben:

1. Die Vorlage der Zulassungsbescheinigung Teil I nach § 13 Absatz 1 wird durch die Erfassung und Verifizierung ihres Sicherheitscodes nach § 15d Absatz 1 Nummer 2 ersetzt.

2. Die Vorlage der Zulassungsbescheinigung Teil II nach § 13 Absatz 11 wird, vorbehaltlich des Absatzes 3 Satz 2, durch die Erfassung und Verifizierung ihres Sicherheitscodes nach § 15d Absatz 1 Nummer 3 ersetzt.

(3) [1] Verlegt der Halter seinen Wohnsitz oder Sitz innerhalb des bisherigen Zulassungsbezirks oder in einen anderen Zulassungsbezirk, sind die Angaben nach § 15i Absatz 2 Nummer 2 bis 4 nicht erforderlich. [2] Soll in den Fällen des Satzes 1 das bisherige Kennzeichen weitergeführt werden, sind auch nicht erforderlich

1. der Nachweis des Besitzes der Zulassungsbescheinigung Teil II abweichend von § 15i Absatz 1 Nummer 5 und

2. die Ausstellung der Zulassungsbescheinigung Teil II abweichend von § 15i Absatz 4 Satz 1 Nummer 3.

(4) Soll das bisherige Kennzeichen weitergeführt werden, gelten die folgenden Maßgaben:

1. Liegen nach maschineller Prüfung durch das Portal der Zulassungsbehörde alle Voraussetzungen für die Änderung der Zulassung vor, erfolgt die antragsgemäße Entscheidung abweichend von § 15i Absatz 3 Satz 2 automatisiert nach § 15b Absatz 1 Satz 2 Nummer 2. In der Entscheidung sind sämtliche Angaben aus der Zulassungsbescheinigung Teil I wiederzugeben.

2. Scheitert die maschinelle Prüfung der Zulassungsvoraussetzungen, erfolgt die Entscheidung nach § 15b Absatz 1 Satz 2 Nummer 1.

3. Die Zuteilung eines neuen Kennzeichens nach § 15i Absatz 1 Nummer 4 in Verbindung mit Absatz 4 Nummer 2 und das Aufbringen der Stempelplaketten auf den Plakettenträger sowie deren Übersendung nach § 15i Absatz 4 Nummer 1 wird durch die in der Zulassungsentscheidung erlaubte Weiterführung des bisherigen Kennzeichens und der Stempelplaketten nach § 13 Absatz 3 Satz 1 Nummer 2 und § 13 Absatz 4 Satz 4 ersetzt.

4. Bis zum Empfang der nach § 15i Absatz 4 Satz 1 Nummer 3 zu übersendenden Zulassungsbescheinigung Teil I, längstens jedoch für die Dauer von zehn Tagen nach dem Abruf der automatisierten Zulassungsentscheidung nach § 15f Absatz 1 Nummer 2 Buchstabe a, genügt das Mitführen und die Aushändigung der Zulassungsentscheidung in unmittelbar lesbarer Form den Anforderungen des § 11 Absatz 6 für eine Inbetriebnahme des Fahrzeugs.

(5) Im Fall des Wechsels des Halters teilt die Zulassungsbehörde dem bisherigen Halter das Datum der Wirksamkeit der Änderung der Zulassung auf den neuen Halter durch Übersendung eines schriftlichen Hinweises mit.

1. Regelungsgegenstand. Nach § 15l können die erforderlichen Vorgänge bei Wohnsitzwechsel und Halterwechsel (Umschreibung auf einen neuen Halter) im internetbasierten Zulassungsverfahren abgewickelt werden. **1**

2. Änderungen der Zulassung bei Wohnsitz- und Halterwechsel sind im internetbasierten Verfahren möglich (Abs. 1). Dafür gelten die gemeinsamen Regelungen für internetbasierte Zulassungsverfahren in Unterabschnitt 1 (§§ 15b–15f) und in § 15i nach Maßgabe der Absätze 2–5. Bei diesen Zulassungsvorgängen geht es um eine bloße Änderung der zu dem Fahrzeug registrierten Halterdaten ohne zwischenzeitliche Außerbetriebsetzung (sonst wäre es eine Wiederzulassung); sie können allerdings mit einem Wechsel des Kennzeichens einhergehen (Begr BR-Drs. 18/19 S. 94). **2**

3. Die Modalitäten des herkömmlichen Zulassungsverfahrens werden durch **elektronische Elemente** ersetzt. Statt der Vorlage der ZB I und II (§ 13 I S. 1) werden ihre Sicherheitscodes an das Portal der ZulB übermittelt und dort erfasst und verifiziert (Abs. 2). Bei **Wohnsitzwechsel** wird ebenso wie im herkömmlichen Zulassungsverfahren auf verschiedene Angaben verzichtet. Sowohl bei einem Umzug des Halters innerhalb seines bisherigen Zulassungsbezirks als auch bei Umzug in einen anderen Zulassungsbezirk wird **keine neue eVB** gefordert (Abs. 3 S. 1 iVm § 15i II Nr. 2). Die Versicherungsbestätigung gilt unverändert, da der Umzug den Versicherungs- **3**

schutz für das Fahrzeug nicht berührt. Hinweise auf ein Nichtbestehen oder eine Beendigung des Versicherungsverhältnisses im ZFZR (§ 30 I Nr. 19 Buchst. c) würden durch Übermittlung der Registereinträge nach Anlage 8b S. 1 Nr. 2 S. 1 erfasst werden. Zudem muss die ZulB den Versicherer nach § 24 I Nr. 2 über die Änderung der Anschrift unterrichten (Begr BR-Drs. 18/19 S. 95). Ein neues **SEPA-Lastschrift-Mandat** zum Einzug der **Kfz-Steuer** muss nicht erteilt werden (Abs. 3 S. 1 iVm § 15i II Nr. 3). Das bereits erteilte SEPA-Mandat gilt unverändert, da die Zulassung des Fahrzeugs unangetastet weiter bestehen bleibt (Begr BR-Drs. 18/19 S. 95). Sofern sich das **Kennzeichen** bei Wohnsitzwechsel **nicht ändert,** ist wie im herkömmlichen Zulassungsverfahren (§ 13 I S. 1 Nr. 1, III S. 1 Nr. 2) eine Befassung mit der ZB II nicht erforderlich (Abs. 3 S. 2), denn in diesem Fall muss die **ZB II nicht berichtigt** werden (Begr BR-Drs. 18/19 S. 95).

4   **4.** Die antragsgemäße **Entscheidung** der ZulB erfolgt abweichend von § 15i III S. 2 **vollautomatisiert** sowohl bei Änderung der Anschrift des Halters (Wohnsitzwechsel) als auch bei Änderung der Zulassung auf einen neuen Halter (Umschreibung), **sofern** das **bisherige Kennzeichen weitergeführt,** also bei Wohnsitzwechsel beibehalten bzw. bei Umschreibung vom neuen Halter übernommen wird (Abs. 4 Nr. 1). Ergibt die maschinelle Prüfung der Daten (§ 15c II) allerdings, dass nicht alle Voraussetzungen für eine antragsgemäße Entscheidung vorliegen und wird der Antrag gleichwohl elektronisch gestellt, wird dieser von der ZulB manuell weiterbearbeitet und entschieden (Abs. 4 Nr. 2 iVm § 15b I S. 2 Nr. 1).

5   Bei **vollautomatisiertem** Erlass der **Entscheidung** der ZulB (Abs. 4 Nr. 1) wird diese bei Abruf aus dem Portal **sofort wirksam** (§ 15f II Nr. 2). Das Fahrzeug kann damit sofort mit den bisherigen Kennzeichen im öffentlichen Straßenverkehr betrieben werden. Die bisherigen Stempelplaketten fungieren dann als die erforderlichen Sichtmerkmale der Zulassung, die bei Weiterführung des Kennzeichens beibehalten werden dürfen (Abs. 4 Nr. 3, Begr BR-Drs. 18/19 S. 96).

6   Bis zum Empfang der nach § 15i IV Nr. 3 zu übersendenden ZB I, längstens aber für 10 Tage nach Abruf der Entscheidung der ZulB aus dem Portal, wird das **Mitführen der ZB I** und ggf. ihr Aushändigen zu Prüfzwecken (§ 11 VI) vorübergehend durch das **Mitführen** und ggf. Aushändigen **der automatisierten Entscheidung** der ZulB „in unmittelbar lesbarer Form" **ersetzt** (Abs. 4 Nr. 4). Auf Grund dieser Funktion der Entscheidung der ZulB müssen darin sämtliche Angaben aus der ZB I wiedergegeben werden (Abs. 4 Nr. 1 S. 2, Begr BR-Drs. 18/19 S. 97). Die direkte Lesbarkeit vor Ort durch Kontrollpersonen ist außer bei einem Ausdruck auch durch einen elektronischen Datenträger (zB Smartphone, Tablet) gewährleistet, der die Entscheidung lesbar und authentisch wiedergibt (Begr BR-Drs. 18/19 S. 96 f.). Da die so mitgeführte Entscheidung der ZulB den Anforderungen an die Fälschungssicherheit von Zulassungsdokumenten der Richtlinie 1999/37/EG nicht entspricht, ist ihre Anerkennung als Zulassungsdokument durch andere Mitgliedstaaten der EU nicht gesichert, worauf die ZulB zur Information des Halters in der Entscheidung deutlich hinweisen muss (Begr BR-Drs. 18/19 S. 97).

7   **5.** Bei einem **Halterwechsel** muss die ZulB **dem bisherigen Halter** die erfolgte Umschreibung auf einen anderen Halter und das Datum ihrer Wirksamkeit zu Kontroll- und Informationszwecken **schriftlich mitteilen** (Abs. 5, Begr BR-Drs. 18/19 S. 97).

Abschnitt 3. Zeitweilige Teilnahme am Straßenverkehr

Prüfungsfahrten, Probefahrten und Überführungsfahrten mit rotem Kennzeichen

16 (1) ¹Ein Fahrzeug darf, wenn es vorbehaltlich der Sätze 3 und 4 nicht zugelassen ist, auch ohne eine EG-Typgenehmigung, nationale Typgenehmigung oder Einzelgenehmigung zu Prüfungs-, Probe- oder Überführungsfahrten in Betrieb gesetzt werden, wenn eine dem Pflichtversicherungsgesetz entsprechende Kraftfahrzeug-Haftpflichtversicherung besteht und das Fahrzeug unbeschadet des § 16a ein Kennzeichen mit roter Beschriftung auf weißem rot gerandetem Grund (rotes Kennzeichen) führt. ²Dies gilt auch für notwendige Fahrten zum Tanken und zur Außenreinigung anlässlich solcher Fahrten nach Satz 1 sowie für notwendige Fahrten zum Zwecke der Reparatur oder Wartung der betreffenden Fahrzeuge. ³Ein Fahrzeug, dem nach § 9 Absatz 3 ein Saisonkennzeichen zugeteilt ist, darf außerhalb des Betriebszeitraums nach den Sätzen 1 und 2 in

Betrieb gesetzt werden, wenn das Saisonkennzeichen nicht gleichzeitig geführt wird. [4] Ein Fahrzeug, dem nach § 8 Absatz 1a ein Wechselkennzeichen zugeteilt ist, darf nach den Sätzen 1 und 2 in Betrieb gesetzt werden, wenn das Wechselkennzeichen weder vollständig noch in Teilen gleichzeitig geführt wird. [5] § 31 Absatz 2 der Straßenverkehrs-Zulassungs-Ordnung bleibt unberührt.

(2) [1] Rote Kennzeichen und besondere Fahrzeugscheinhefte für Fahrzeuge mit roten Kennzeichen nach Anlage 9 können durch die örtlich zuständige Zulassungsbehörde zuverlässigen Kraftfahrzeugherstellern, Kraftfahrzeugteileherstellern, Kraftfahrzeug-werkstätten und Kraftfahrzeughändlern befristet oder widerruflich zur wiederkehrenden betrieblichen Verwendung, auch an unterschiedlichen Fahrzeugen, zugeteilt werden. [2] Ein rotes Kennzeichen besteht aus einem Unterscheidungszeichen und einer Erkennungsnummer jeweils nach § 8 Absatz 1, jedoch besteht die Erkennungsnummer nur aus Ziffern und beginnt mit „06". [3] Für jedes Fahrzeug ist eine gesonderte Seite des Fahrzeugscheinheftes zu dessen Beschreibung zu verwenden; die Angaben zum Fahrzeug sind vollständig und in dauerhafter Schrift vor Antritt der ersten Fahrt einzutragen. [4] Das Fahrzeugscheinheft ist bei jeder Fahrt mitzuführen und zuständigen Personen auf Verlangen auszuhändigen. [5] Über jede Prüfungs-, Probe- oder Überführungsfahrt sind fortlaufende Aufzeichnungen zu führen, aus denen das verwendete Kennzeichen, das Datum der Fahrt, deren Beginn und Ende, der Fahrzeugführer mit dessen Anschrift, die Fahrzeugklasse und der Hersteller des Fahrzeugs, die Fahrzeug-Identifizierungsnummer und die Fahrtstrecke ersichtlich sind. [6] Die Aufzeichnungen sind ein Jahr lang aufzubewahren; sie sind zuständigen Personen auf Verlangen jederzeit zur Prüfung auszuhändigen. [7] Nach Ablauf der Frist, für die das Kennzeichen zugeteilt worden ist, ist das Kennzeichen mit dem dazugehörigen Fahrzeugscheinheft der Zulassungsbehörde unverzüglich zurückzugeben.

(3) [1] Rote Kennzeichen können durch die örtlich zuständige Zulassungsbehörde auch Technischen Prüfstellen sowie anerkannten Überwachungsorganisationen nach Anlage VIIIb der Straßenverkehrs-Zulassungs-Ordnung für die Durchführung von Prüfungsfahrten im Rahmen der Hauptuntersuchungen, Sicherheitsprüfungen, Begutachtungen nach § 23 der Straßenverkehrs-Zulassungs-Ordnung und Untersuchungen oder Begutachtungen im Rahmen des § 5 widerruflich zur wiederkehrenden betrieblichen Verwendung an unterschiedlichen Fahrzeugen zugeteilt werden. [2] Das rote Kennzeichen besteht aus einem Unterscheidungszeichen und einer Erkennungsnummer jeweils nach § 8 Absatz 1, jedoch besteht die Erkennungsnummer nur aus Ziffern und beginnt mit „05".

(4) Mit dem Antrag auf Zuteilung eines roten Kennzeichens sind vom Antragsteller zum Zwecke der Speicherung in den Fahrzeugregistern seine in § 6 Absatz 1 Satz 2 bezeichneten Daten und die in § 6 Absatz 4 Nummer 3 bezeichneten Daten zur Kraftfahrzeug-Haftpflichtversicherung mitzuteilen und auf Verlangen nachzuweisen.

(5) [1] Rote Kennzeichen sind nach § 10 in Verbindung mit Anlage 4 Abschnitt 1 und 7 auszugestalten und anzubringen. [2] Sie brauchen jedoch nicht fest angebracht zu sein. [3] Fahrzeuge mit roten Kennzeichen dürfen im Übrigen nur nach Maßgabe des § 10 Absatz 12 Satz 1 in Betrieb genommen werden. [4] Der Halter darf die Inbetriebnahme eines Fahrzeugs nicht anordnen oder zulassen, wenn die Voraussetzungen nach Satz 1 und 3 nicht vorliegen.

(6) Die §§ 29 und 57b der Straßenverkehrs-Zulassungs-Ordnung finden keine Anwendung.

Begr zur VO v. 25.4.06 **zu Abs. 3 (jetzt Abs. 2) S. 1:** zur Einfügung des Wortes *betrieb-* **1** *lichen* nach dem Wort *wiederkehrenden* (BR-Drs. 811/05 (Beschluss) S. 7 = VkBl. **06** 608): *Klarstellung, dass rote Kennzeichen nicht Dritten zu deren betrieblicher Verwendung überlassen werden dürfen.*

Begr zur ÄndVO v. 10.5.12 **zu Abs. 3a (jetzt Abs. 3)** (BR-Drs. 843/11 S. 83 = VkBl. **12** **2** 418): *Die Ergänzung von § 16 FZV um Absatz 3a ist im Zusammenhang mit der Fortschreibung der Vorschriften über die regelmäßige technische Überwachung der Fahrzeuge zu begründen. Nunmehr ist zu Beginn der HU und SP für die Systeminitialisierung der elektronischen Sicherheitssysteme und zur übrigen Konditionierung der Fahrzeuge eine kurze Prüfungsfahrt > 8 km/h vorgeschrieben (Anlage VIIIa StVZO, HU- und SP-Richtlinie). In der Praxis kommt es vor, dass abgemeldete Fahrzeuge auf einem Lkw oder Anhänger zu einer Prüfstelle transportiert werden, um eine HU oder SP durchführen zu lassen. An Prüfstützpunkten ist nur eine begrenzte Stückzahl an roten Kennzeichen vorrätig. Es ist nicht sichergestellt, dass bei der Durchführung einer HU oder SP an einem vorübergehend abgemeldeten Gebrauchtfahrzeug auf ein rotes Kennzeichen der Kraftfahrzeugwerkstatt zurückgegriffen werden kann. Da an einigen Prüfstellen und*

Prüfstützpunkten nicht sichergestellt ist, dass die vorgeschriebene Prüfungsfahrt zum Beginn der HU oder SP auf dem Betriebsgelände durchgeführt werden kann, muss diese ggf. im öffentlichen Verkehrsraum erfolgen. Ohne ein rotes Kennzeichen kann die Prüfungsfahrt an einem vorübergehend abgemeldeten Fahrzeug jedoch im öffentlichen Verkehrsraum nicht durchgeführt werden.

3   *Auf die Dokumentation von Beginn und Ende der Prüfungsfahrt, der Anschrift des Fahrzeugführers, der FIN, der Fahrzeugklasse und des Herstellers des Fahrzeugs und der Fahrtstrecke der Prüfungsfahrt kann verzichtet werden, da zu jeder HU und SP ein Untersuchungsbericht oder Prüfprotokoll erstellt wird, aus dem unter anderem die oben geforderten Angaben (siehe hierzu Anlage VIII StVZO) ersichtlich und damit nachprüfbar sind.*

4   BR-Drs. 843/11 (Beschluss) S. 12 = VkBl. **12** 418: *Bei der Begutachtung von Oldtimerfahrzeugen gemäß § 23 StVZO ist eine Untersuchung im Umfang einer Hauptuntersuchung durchzuführen. Auch in diesem Fall sind Probefahrten erforderlich. Gleiches gilt für die Erstellung von Nachweisen und Gutachten im Rahmen der Anordnungen der Zulassungsbehörden nach § 5 Fahrzeug-Zulassungsverordnung. Aus diesen Gründen erscheint eine Beschränkung auf die Durchführung von Hauptuntersuchungen und Sicherheitsprüfungen nicht sinnvoll.*

5–11   **Begr** zur ÄndVO v. 30.10.14 (BR-Drs. 335/14 S. 26 = VkBl. **14** 867): *Die Regelungen zu den Kurzzeitkennzeichen werden im § 16 gestrichen, da die Neuregelung der Kurzzeitkennzeichen aus systematischen Gründen durch den neu eingefügten § 16a vorgenommen wird.*

12   **1. Allgemeines.** § 16 erlaubt die Inbetriebsetzung nicht zugelassener Fz, auch ohne Typ- oder Einzelgenehmigung (Betriebserlaubnis), zu Prüfungs-, Probe- und Überführungsfahrten, zu Fahrten zum Tanken und zur Außenreinigung im Zusammenhang mit solchen Fahrten, sowie zu Fahrten zur Reparatur und Wartung mit roten Kennzeichen. § 16 lässt außerdem die Verwendung von Fz mit Saisonkennzeichen und Wechselkennzeichen mit roten Kennzeichen zu. Die Norm regelt die Zuteilung roter Kennzeichen, ihre Ausgestaltung und Anbringung sowie die Modalitäten der Nutzung. Spezielle **rote Oldtimerkennzeichen** können für die Teilnahme von Oldtimern an Veranstaltungen zur Darstellung von Oldtimern und der Pflege des kraftfahrzeugtechnischen Kulturgutes, für Probe- und Überführungsfahrten mit Oldtimern sowie für Fahrten dieser Fz zum Zwecke der Reparatur oder Wartung ohne Betriebserlaubnis und ohne Zulassung zugeteilt werden (§ 17). Die früher in § 16 enthaltenen Regelungen über **Kurzzeitkennzeichen** wurden mWv 1.4.15 in den durch ÄndVO v. 30.10.14 (BGBl I S. 1666) neu geschaffenen § 16a verlagert (Begr Rn. 5–11).

13   **2. Zuteilung roter Kennzeichen.** Die ZulB kann rote Kennzeichen mit besonderen Fahrzeugscheinheften zuverlässigen Kfz-Herstellern, Kfz-Teileherstellern, Kfz-Werkstätten und Kfz-Händlern zur wiederkehrenden betrieblichen Verwendung, auch an unterschiedlichen Fz zuteilen (II S. 1). Die Zuteilung roter Kennzeichen soll einen Bewerber, der als Gewerbetreibender mit einer Vielzahl von nicht zugelassenen Kfz zu tun hat, davon entlasten, in jedem Einzelfall bei der ZulB einen Antrag auf Erteilung eines Kennzeichens stellen zu müssen (VG Augsburg 7.7.15 3 K 15.22, VG Ko NZV **16** 247). Bei Vorliegen der Tatbestandsvoraussetzungen (ua Zuverlässigkeit) hat die ZulB einen Ermessensspielraum („kann"). Es besteht kein Anspruch auf Zuteilung roter Kennzeichen, aber ein Anspruch auf ermessensfehlerfreie Entscheidung. Die **örtliche Zuständigkeit** der ZulB ergibt sich aus § 46 II. Mit dem **Antrag** auf Zuteilung eines roten Kennzeichens sind vom Antragsteller seine in § 6 I S. 2 genannten Daten und das Bestehen von Versicherungsschutz mitzuteilen und auf Verlangen nachzuweisen (IV). Die Zuteilung darf nur **befristet** oder, falls eine Befristung nicht vorgesehen wird, **widerruflich** erfolgen (II S. 1, VG Kassel 13.8.15 1 L 894/15). Zumindest bei erstmaliger Antragstellung sollte das rote Kennzeichen nur befristet zugeteilt werden (BMV VkBl. **07** 421 = StVRL § 16 FZV Nr. 1). Die Zuteilung von roten Kennzeichen erfolgt **ohne Prüfung des** konkreten **Bedarfs** (VG Greifswald DAR **08** 665), denn sie ist nur für bestimmte Berufsgruppen möglich (Rn. 14), bei denen der Bedarf vorausgesetzt wird (*Dauer* NZV **08** 423). Die Anschaffung der Kennzeichenschilder mit den zugeteilten Kennzeichen ist Sache des Adressaten der Zuteilung. Vor dem Inkrafttreten der FZV am 1.3.07 nach Maßgabe der damaligen Vorschriften der StVZO zugeteilte rote Kennzeichen bleiben gültig (§ 50 II).

14   Die Begriffe **Kfz-Hersteller, Kfz-Händler** und **Kfz-Werkstätten** sind nicht iS von Berufsordnungen zu verstehen, sondern dahin, dass sie den gesamten mit Kraftfahrzeugen näher befassten gewerblichen Bereich abdecken (OVG Münster VRS **56** 474, *Hentschel* NJW **98** 1922 (jeweils zu § 28 III StVZO aF,) *Rebler* DAR **12** 285). Dazu gehört auch ein Betrieb zur Anbringung von Hohlraumversiegelungen und Unterbodenschutz (OVG Münster VRS **56** 474). Stell-

platznachweis kann bei Internet-Händlern oder Händlern, die sofort weiterverkaufen, nicht verlangt werden.

Rote Kenzeichen können nur **zuverlässigen** Antragstellern zugeteilt werden (II S. 1). Bei **15** dem Begriff der Zuverlässigkeit handelt es sich um einen der uneingeschränkten gerichtlichen Kontrolle unterliegenden unbestimmten Rechtsbegriff (OVG Bautzen 5.3.19 – 3 B 367/18 VRS **135** 220, VG Mü 28.11.18 – 23 K 17.4773 SVR **19** 116). Die ZulB hat hinsichtlich der Zuverlässigkeit eine **Prognoseentscheidung** zu treffen. Erforderlich ist hier nicht allgemein Zuverlässigkeit in allen Lebensbereichen. Um die Funktion des Begriffes zu erfüllen, nämlich den Personenkreis einzugrenzen, dem ein rotes Kennzeichen zugeteilt werden kann, hat sich die Prüfung der Zuverlässigkeit am **Schutzzweck des Abs. II** zu orientieren (OVG Münster NZV **93** 127, VG Gelsenkirchen 3.5.05 14 L 318/05 (jeweils zu § 28 III StVZO aF), OVG Bautzen 5.3.19 – 3 B 367/18 VRS **135** 220, VG Gelsenkirchen 18.1.12 14 L 1288/11, VG Leipzig 15.10.12 1 L 578/12). Da der Inhaber eines roten Kennzeichens eigenständig entscheiden kann, welches Fz er ohne Zulassung und ggf. ohne Genehmigung/Betriebserlaubnis im öff StrV in Betrieb setzt, und er Angaben über das jeweilige Fz und die Fahrten lediglich im Fahrzeugscheinheft und in den Aufzeichnungen gem. II S. 3, 5 festzuhalten hat, muss gewährleistet sein, dass er die ihm mit der Zuteilung des roten Kennzeichens obliegenden Verpflichtungen korrekt einhalten wird (VG Gelsenkirchen 18.1.12 14 L 1288/11, VG Kassel 13.8.15 1 L 894/15, VG Ko NZV **16** 247, VG Stade NZV **18** 328). Darin erschöpft sich aber auch die Bedeutung der Zuverlässigkeit iSv Abs. II, so dass sie nur dann in Frage zu stellen ist, wenn der Betr entweder gegen die einschlägigen Vorschriften im Umgang mit roten Kennzeichen verstoßen hat, oder Verstöße gegen VVorschriften bzw. Strafvorschriften begangen hat, die ihrerseits eine missbräuchliche Verwendung – auch – von roten Kennzeichen vermuten lassen, oder wenn hinsichtlich der erforderlichen ordnungsgemäßen Führung seines Gewerbebetriebes sonstige Auffälligkeiten und Unregelmäßigkeiten zutage treten, die eine derartige Vermutung begründen (VGH Ka 9.12.80 VM **81** 45, OVG Münster NZV **93** 127, (jeweils zu § 28 III StVZO aF), OVG Bautzen 5.3.19 – 3 B 367/18 VRS **135** 220, VG Gelsenkirchen 18.1.12 – 14 L 1288/11, VG Ansbach 5.7.13 – 10 S 13.00985, VG Mü 28.11.18 – 23 K 17.4773 SVR **19** 116, *Rebler* DAR **12** 285 (289)). Zuverlässigkeit setzt daher insbesondere voraus, dass kein Anlass zu der Befürchtung besteht, die Kennzeichen könnten missbräuchlich verwendet werden (VGH Mü 28.10.15 11 ZB 15.1618, OVG Bautzen 5.3.19 – 3 B 367/18 VRS **135** 220). Umgekehrt setzt Unzuverlässigkeit als Versagungs- oder Widerrufsgrund iSv II S. 1 einen Bezug zum Umgang mit dem Kennzeichen voraus (VG Gelsenkirchen 3.5.05 14 L 318/05 zu § 28 III StVZO aF); Zuwiderhandlungen anderer Art, die nicht geeignet sind, auch nur die Vermutung missbräuchlicher Verwendung zu begründen, scheiden idR aus (OVG Münster NZV **93** 127 zu § 28 III StVZO aF). Als Mindestmaßnahme bei der Prüfung der Zuverlässigkeit sollte die ZulB einen Auszug aus dem FAER einholen; Rechtsgrundlage für die Auskunft ist § 30 I Nr. 3 StVG.

Widerruf der Zuteilung roter Kennzeichen (Rn. 17) hat zu erfolgen, wenn aufgrund von **15a** Tatsachen die **Prognose** zukünftigen zuverlässigen Verhaltens **nicht mehr aufrechterhalten** werden kann. Widerruf ist insbesondere rechtmäßig, wenn missbräuchliche Verwendung nicht auszuschließen ist, etwa, wenn mit den roten Kennzeichen andere als Prüfungs-, Probe- und Überführungsfahrten durchgeführt worden sind (VGH Mü 28.7.09 11 ZB 09.742, VG Ko NZV **16** 247, VG Mü 28.11.18 – 23 K 17.4773 SVR **19** 116), wenn die roten Kennzeichen unzulässigerweise an Dritte weitergegeben worden sind, die die Kennzeichen dann für ihren eigenen Betrieb oder für private Zwecke verwendet haben (VG Kassel 13.8.15 1 L 894/15, VG Stade NZV **18** 328), wenn gegen die Eintragungs- und Aufzeichnungspflichten verstoßen wurde (OVG Münster 10.4.12 8 B 209/12, VGH Mü 28.10.15 11 ZB 15.1618, VG Gelsenkirchen 18.1.12 14 L 1288/11, VG Dü 14.3.13 6 K 30/12, VG Ansbach 5.7.13 10 S 13.00985, VG Augsburg 7.7.15 3 K 15.22, VG Ko NZV **16** 247, VG Stade NZV **18** 328) oder Verletzung einschlägiger Verkehrsvorschriften die Annahme der Unzuverlässigkeit des Händlers rechtfertigen (VGH Ka 9.12.80 VM **81** 45 (zu § 28 III StVZO aF), VG Augsburg 25.2.13 Au 3 S 13.184). Waren mehrere rote Kennzeichen ausgegeben, bezog sich das Fehlverhalten des Betr aber nur auf einen Teil der ihm überlassenen Kennzeichen, hat gleichwohl der Widerruf der Zuteilung aller roten Kennzeichen zu erfolgen, denn die Zuverlässigkeit ist nicht teilbar (*Vock* NZV **18** 329). Einer Gesellschaft, deren alleiniger Geschäftsführer eine Person ist, die sich im Umgang mit den ihr persönlich zugeteilten roten Kennzeichen bereits als persönlich unzuverlässig erwiesen hat, können die ihr zugewiesenen roten Kennzeichen widerrufen werden, selbst wenn damit kein unvorschriftsmäßiger Umgang festgestellt worden ist, denn die Zuverlässigkeit oder Unzuverlässigkeit ist nicht fahrzeug-, sondern personengebunden (VG Mü 28.11.18 – 23 K 17.4773 SVR **19** 116). Einmaliger Verstoß gegen die Pflicht zur Durchführung der HU gem. § 29 StVZO ist für die Frage der Zuverlässigkeit nicht erheblich, denn er lässt nicht den Schluss zu, dass der Betr verkehrsrechtlich betrachtet insgesamt unzuverlässig ist und deswegen zu besorgen ist, dass er auch mit dem roten Kennzeichen nicht sorgfältig umgehen werde (OVG Bautzen 5.3.19 – 3 B 367/18 VRS **135** 220). Kein Widerruf, wenn ein gelegentlich oder Hilfsaufgaben betrauter und bisher zuverlässiger Verwandter die Urlaubsabwesenheit des Kennzeicheninhabers für eine missbräuchliche Verwendung der roten Kennzeichen nutzt, denn dies ist dem Kennzeicheninhaber nicht zuzurechnen, der gds keine besonderen Sicherheitsvorkehrungen gegenüber bisher zuverlässigen Personen treffen muss, wenn ihm nicht Anhaltspunkte für einen möglichen Missbrauch bekannt sind (VG Hb 19.6.20 – 15 E 2388/20 BeckRS 2020, 20734). Der Widerruf steht im **Ermessen** der ZulB. Dieses ist idR auf Null reduziert, wenn Zuverlässigkeit nicht mehr vorliegt, denn mit Rücksicht auf das besondere öff Interesse an der Sicherheit des StrV sowie daran, Fahrten mit nicht zugelassenen Kfz zu unterbinden, kommt im Regelfall nur der Widerruf in Frage, wenn es an der Zuverlässigkeit des Betr fehlt (VG Mü 10.11.08 23 K 08.2026, VG Augsburg 7.7.15 3 K 15.22, VG Stade NZV **18** 328).

16   Umstritten ist, ob **Zuteilung roter Kennzeichen an Antragsteller mit Sitz im Ausland** möglich ist. In der Vorgängervorschrift § 28 III S. 1 StVZO aF war bis 28.2.07 geregelt, dass die *für den Betriebssitz* örtlich zuständige ZulB rote Kennzeichen zuteilen konnte. Damit war nur Zuteilung an Antragsteller mit Betriebssitz im Inland möglich. Auch wenn der Hinweis auf den Betriebssitz nicht in die FZV übernommen wurde, ist nicht erkennbar, dass der VOGeber bei Schaffung der FZV etwas an der Rechtslage ändern wollte. Daraus kann gefolgert werden, dass rote Kennzeichen nur an Händler etc mit **Betriebssitz in Deutschland** ausgegeben werden können. Dafür spricht, dass eine Zuteilung an Händler etc im Ausland zu große Schwierigkeiten bei der Zuverlässigkeitsprüfung und bei der Durchsetzung von Auflagen mit sich bringen würde. Die Vorgängervorschrift § 28 StVZO aF verstieß insoweit nicht gegen EU-Recht (Bay DAR **04** 403 (404 f.)). Nachdem die EU-Kommission im Rahmen eines Vertragsverletzungsverfahrens die Praxis der Zuteilung roter Kennzeichen ausschließlich an inländische Unternehmen beanstandet hatte, vertritt das BMV jetzt die Auffassung, dass auch entsprechende Unternehmen aus anderen EU- und EWR-Staaten rote Kennzeichen erhalten können, ohne einen Betriebssitz in Deutschland unterhalten zu müssen; ausreichend sei die Benennung eines Empfangsbevollmächtigten iSv § 46 II S. 2 (BMV VkBl. **07** 421 = StVRL § 16 FZV Nr. 1, ebenso *Rebler* DAR **12** 285). Vorschläge des BMV für den Nachweis der Zuverlässigkeit des im Ausland ansässigen Antragstellers: VkBl. **07** 421 = StVRL § 16 FZV Nr. 1.

17   **3. Widerruf der Zuteilung roter Kennzeichen.** Ist der VA, mit dem ein rotes Kennzeichen zugeteilt wird, mit einem Widerrufsvorbehalt verbunden, kommt als Ermächtigungsgrundlage für den Widerruf vorrangig § 49 II S. 1 Nr. 1 VwVfG in Betracht. Die unbefristete Zuteilung roter Kennzeichen muss nach II S. 1 mit einem Widerrufsvorbehalt versehen werden (VG Kassel 13.8.15 1 L 894/15). Ist der Widerrufsvorbehalt nicht an bestimmte Umstände geknüpft, ist der Widerruf gerechtfertigt, wenn die Voraussetzungen für die Zuteilung des roten Kennzeichens nicht mehr vorliegen. In diesem Fall kann der Widerruf auch auf § 49 II S. 1 Nr. 3 VwVfG gestützt werden. War der VA der Zuteilung nicht mit einem Widerrufsvorbehalt verbunden, kommt als Rechtsgrundlage für den Widerruf nur § 49 II S. 1 Nr. 3 VwVfG in Betracht. Der Widerruf ist nur innerhalb eines Jahres seit dem Zeitpunkt der Kenntnisnahme der ZulB von Tatsachen zulässig, die den Widerruf rechtfertigen (§ 49 II S. 2 iVm § 48 IV S. 1 VwVfG). Der Widerruf der Zuteilung eines roten Kennzeichens steht im behördlichen Ermessen. Widerruf erfolgt meist, wenn die Zuverlässigkeit des Inhabers der Zuteilung des roten Kennzeichens nicht mehr gegeben ist (Rn. 15 f.). Nach Widerruf der Zuteilung roter Kennzeichen sind diese mit dem dazugehörigen Fahrzeugscheinheft der ZulB zurückzugeben (II S. 7 analog, Rn. 28).

18   **Sofortige Vollziehung** des Widerrufs kann bei Vorliegen eines öff Interesses angeordnet werden (§ 80 II S. 1 Nr. 4 VwGO). Die sofortige Verhinderung weiterer Fahrten, die nicht von der mit der Zuteilung roter Kennzeichen beabsichtigten Privilegierung erfasst sind, stellt im Hinblick auf die Gewährleistung der Verkehrssicherheit und den Schutz der anderen Verkehrsteilnehmer ein gewichtiges öffentliches Interesse dar, das die Anordnung der sofortigen Vollziehung des Widerrufs rechtfertigt (VG Kassel 13.8.15 1 L 894/15, VG Ko NZV **16** 247). Wird die sofortige Vollziehung angeordnet, ist das hierfür erforderliche besondere Interesse schriftlich zu begründen (§ 80 III S. 1 VwGO). Die Begründung muss auf den konkreten Fall bezogen sein und darf sich nicht auf eine Wiedergabe des Gesetzeswortlauts beschränken.

4. Weitergabe roter Kennzeichen an Dritte. Durch die Regelung, dass rote Kennzeichen **19** nur zur *betrieblichen* Verwendung zugeteilt werden können, sollte nach dem Willen des VOGebers klargestellt werden, dass sie nicht Dritten zu deren betrieblicher Verwendung überlassen werden dürfen (Begr Rn. 1, VG Berlin NZV **08** 421, VG Kassel 13.8.15 1 L 894/15, *Huppertz* DAR **08** 606, *Rebler* DAR **12** 285). Der Wortlaut des II S. 1 schließt die Weitergabe an Dritte im Rahmen der eigenen betrieblichen Verwendung, zB an Subunternehmer, allerdings nicht aus. Aus Sinn und Zweck der Regelung folgt, dass die vor Zuteilung roter Kennzeichen erforderliche Zuverlässigkeitsprüfung auch bei Weitergabe an Dritte wirksam bleiben muss. Weitergabe an Dritte kann deswegen nur soweit als zulässig angesehen werden, als der Inhaber der roten Kennzeichen rechtliche Weisungsbefugnis gegenüber dem Dritten hat.

5. Ausgestaltung des roten Kennzeichens. Das rote Kennzeichen ist entsprechend dem **20** allgemeinen Kennzeichen, aber in roter Schrift und mit rotem Rand ausgeführt (I S. 1, V S. 1 iVm § 10 und Anl 4 Abschn 1 und 7). Es besteht aus einem Unterscheidungszeichen und einer Erkennungsnummer jeweils nach § 8 I, die Erkennungsnummer besteht aber nur aus Ziffern und beginnt mit „06" (II S. 2). Rote Kennzeichen sind in allen für allgemeine Kennzeichen vorgesehenen Ausgestaltungsformen möglich (Anl 4 Abschn 7 S. 1 iVm Abschn 2), also zB auch als Kraftradkennzeichen. Rote Kennzeichen sind von der ZulB mit Stempelplaketten gem. § 10 III zu versehen, also wie allgemeine Kennzeichen abzustempeln. HU-Plaketten sind auf roten Kennzeichen nicht anzubringen (Anl 4 Abschn 7 S. 2 iVm Abschn 1 Nr. 6 S. 1 Buchst. b), denn Fz mit roten Kennzeichen unterliegen nicht der Hauptuntersuchungspflicht (Rn. 33).

6. Anbringung. Rote Kennzeichen sind nach § 10 anzubringen (V S. 1), müssen also grund- **21** sätzlich an **Vorder- und Rückseite** des Fz vorhanden sein (V S. 1 iVm § 10 V S. 1). Sie brauchen jedoch entsprechend ihrer vorübergehenden Zweckbestimmung **nicht fest** am Fz angebracht zu sein (V S. 2). Dies bedeutet, dass die Anbringung der roten Kennzeichen zwar so sicher sein muss, dass sie nicht verloren gehen können, dass aber eine Verbindung mit dem Fz genügt, die schnell und ggf. ohne Werkzeug wieder gelöst werden kann. Sie können zB mit einer Schnur, einem Riemen, Gummibändern, Magneten oder Saugnäpfen am Fz befestigt werden, sofern die Art der Anbringung sicher ist (Bay DAR **90** 268 zu den Vorgängervorschriften, *Rebler* DAR **12** 285 (287)). Die roten Kennzeichen müssen aber **außen** am Fz angebracht werden (V S. 1 iVm § 10), nicht etwa an den Innenseiten von Front- und Heckscheibe, da jede Beeinträchtigung der Lesbarkeit vermieden werden soll (Bay DAR **90** 268 zu den Vorgängervorschriften).

7. Fahrzeugscheinheft. Mit roten Kennzeichen werden besondere Fahrzeugscheinhefte nach **22** Anl 9 ausgegeben (II S. 1). Für jedes Fz ist eine gesonderte Seite des Fahrzeugscheinheftes zu dessen Beschreibung zu verwenden. Auf der jeweiligen Seite sind die Angaben zum Fz vollständig und in dauerhafter Schrift vor Antritt der ersten Fahrt einzutragen (II S. 3); Verstoß ist ow (§ 48 Nr. 15). Die Angaben zum Fz sind vom Inhaber des roten Kennzeichens zu unterschreiben, womit nach dem Formular gem. Muster in Anl 9 gleichzeitig die Vorschriftsmäßigkeit des Fz iSv § 16 I S. 2 iVm § 31 II StVZO bestätigt wird. Das Fahrzeugscheinheft ist bei jeder Fahrt mitzuführen und zuständigen Personen auf Verlangen auszuhändigen (II S. 4); Verstoß ist ow (§ 48 Nr. 5).

8. Nutzung roter Kennzeichen. Rote Kennzeichen können an **unterschiedlichen Fz** **23** verwendet werden (II S. 1). Bei Zuteilung des roten Kennzeichens an einen Antragsteller erfolgt keine Bindung dieses Kennzeichens an ein bestimmtes Fz. Der Inhaber des roten Kennzeichens entscheidet eigenständig und ohne Mitwirkung der ZulB, für welche Fz er das rote Kennzeichen nutzt. Rote Kennzeichen dürfen abgesehen von Fz mit Saison- und Wechselkennzeichen nur für **nicht zugelassene Fz** genutzt werden (I S. 1). Die Fz müssen nicht über eine Genehmigung/ Betriebserlaubnis verfügen (I S. 1). Es muss eine Kfz-Haftpflichtversicherung bestehen (I S. 1, dazu Rn. 30).

Die **zulässigen Fahrtzwecke** sind eng begrenzt, da die mit roten Kennzeichen gefahrenen **23a** wechselnden Fz ohne konkret auf sie bezogene Zulassung am StrV teilnehmen und weder über eine Betriebserlaubnis verfügen müssen noch der Pflicht zur HU, SP oder einer Prüfung der Fahrtenschreiber/Kontrollgeräte unterliegen. Das öff Interesse an der Aufrechterhaltung der Verkehrssicherheit und an einem geordneten Zulassungswesen erfordert es, diese Zwecke eng auszulegen (Begr zur ÄndVO v. 23.3.17 BR-Drs. 770/16 S. 112). Der Einsatz ist bei **Prüfungs-, Probe- und Überführungsfahrten** zulässig (I S. 1). Begriffsbestimmung der Prüfungsfahrten

§ 2 Nr. 24, Probefahrten § 2 Nr. 23 und Überführungsfahrten § 2 Nr. 25; Erläuterungen § 2 Rn. 27–29. Der Anregung des Bundesrates, neben Prüfungs-, Probe- und Überführungsfahrten als neuen Fahrtzweck auch Fahrten zur Herstellung oder zum Erhalt der Betriebsfähigkeit des Fz mit roten Kennzeichen zuzulassen (BR-Drs. 432/15 (Beschluss) v. 6.11.15), ist der VOGeber in dieser Allgemeinheit nicht gefolgt, weil an eine Ausdehnung der zulässigen Fahrtzwecke ein strenger Erforderlichkeitsmaßstab anzulegen sei (Begr BR-Drs. 770/16 S. 112). Er hat dem Bedürfnis der Praxis stattdessen in der Weise Rechnung getragen, dass durch ÄndVO v. 23.3.17 (BGBl. I S. 522) mWv 1.10.17 auch notwendige Fahrten zum **Tanken** und zur **Außenreinigung** des Fz anlässlich Prüfungs-, Probe- und Überführungsfahrten sowie notwendige Fahrten zum Zweck der **Reparatur** oder **Wartung** der Fz zugelassen wurden (I S. 2). Notwendige Fahrten zum Tanken und zur Außenreinigung des Fz anlässlich Prüfungs-, Probe- und Überführungsfahrten können auch den einzigen Anlass einer Fahrt bilden, sofern sie im unmittelbaren zeitlichen Zusammenhang mit einer Prüfungs-, Probe- oder Überführungsfahrt stehen und direkt durch sie veranlasst sind (Begr BR-Drs. 770/16 S. 113). Als notwendige Fahrten zum Zweck der Reparatur oder Wartung der betreffenden Fz sind ua Fahrten zur Beibehaltung der technischen Einsatzfähigkeit und für Maßnahmen der vorbeugenden Instandhaltung anzusehen (Begr BR-Drs. 770/16 S. 113). Der VOGeber erwähnt als Beispiel das Nachfüllen von Betriebsstoffen zur Vermeidung von Verschleißerscheinungen (Begr BR-Drs. 770/16 S. 113). Das bloße Betanken des Fz ist nach der Rspr. zu der entsprechenden Regelung für Oldtimer nicht als Wartung anzusehen (§ 17 Rn. 3), es ist mit roten Kennzeichen somit nur anlässlich Prüfungs-, Probe- und Überführungsfahrten zulässig. Die **Fahrten** müssen jeweils **notwendig** sein. Dies ist nur dann der Fall, wenn sie im konkreten Einzelfall erforderlich sind. Sie müssen zur nächstgelegenen geeigneten Einrichtung erfolgen und auf direktem Weg durchgeführt werden (Begr BR-Drs. 770/16 S. 113).

23b Fz mit **Saisonkennzeichen** dürfen außerhalb des Betriebszeitraums mit roten Kennzeichen für die Zwecke nach I S. 1 und 2 in Betrieb gesetzt werden, wenn das Saisonkennzeichen nicht gleichzeitig geführt wird (I S. 3, § 9 III S. 8, s. auch § 9 Rn. 8). Fz mit **Wechselkennzeichen** dürfen mit roten Kennzeichen für die Zwecke nach I S. 1 und 2 in Betrieb gesetzt werden, wenn das Wechselkennzeichen weder vollständig noch in Teilen gleichzeitig geführt wird (I S. 4, § 8 Ia S. 8, s. auch § 8 Rn. 26).

23c Ist die **Betriebserlaubnis** eines Fz nach § 19 II S. 2 StVZO **erloschen,** dürfen Fahrten mit den bisherigen Kennzeichen oder roten Kennzeichen durchgeführt werden, die in unmittelbarem Zusammenhang mit der Erlangung einer neuen Betriebserlaubnis stehen (§ 19 V S. 3, 4 StVZO), außerdem Fahrten des aaS oder des Erstellers eines Gutachtens nach § 21 StVZO des TD im Rahmen der Erstellung eines solchen Gutachtens (§ 19 V S. 5 StVZO).

24 Die Fz müssen bei Inbetriebnahme mit roten Kennzeichen im Übrigen **vorschriftsmäßig** und **verkehrssicher** sein (I S. 5 iVm § 31 II StVZO, BGH NJW **75** 447 zu § 28 StVZO aF). Dass sie von der Verpflichtung zur Hauptuntersuchung befreit sind (Rn. 33), ändert daran nichts (KG VRS **126** 154 = NZV **16** 104 Ls).

25 Die **Ausfuhr eines Fz in EU- oder EWR-Staaten** ist alternativ zur Verbringung in das Ausland mit Ausfuhrkennzeichen (§ 19) auch unter Verwendung von roten Kennzeichen möglich, wenn der jeweilige andere Mitgliedstaat dies zulässt (§ 19 Rn. 5).

26 **9. Fahrtenverzeichnis.** Über jede Prüfungs-, Probe- oder Überführungsfahrt sind fortlaufende **Aufzeichnungen** zu führen, aus denen das verwendete Kennzeichen, das Datum der Fahrt, deren Beginn und Ende (Fahrtzeit), der Fahrzeugführer mit Anschrift, Fahrzeugklasse und Hersteller des Fz, Fahrzeug-Identifizierungsnummer und die Fahrstrecke ersichtlich sind (II S. 5). Diese Aufzeichnungen sind **zusätzlich zum** und gesondert vom **Fahrzeugscheinheft** (Rn. 22) zu führen. Zweck der Aufzeichnungspflicht ist, die tatsächliche Verwendung der roten Kennzeichen nachvollziehbar zu halten und so eine Überprüfung zu ermöglichen. Die Angaben von Fahrtzeit und Fahrzeugführer sollen im Falle von Zuwiderhandlungen bei der Fahrzeugbenutzung die Feststellung des Fahrzeugführers ermöglichen (Begr zu § 28 III S. 3 StVZO aFVkBl. **98** 284).

27 Abgesehen vom Inhalt ist eine bestimmte **Form** für die Aufzeichnungen nicht vorgeschrieben. Aus dem Wort *fortlaufend* ergibt sich, dass die einzelnen Fahrten chronologisch geordnet zu dokumentieren sind. Für die Bezeichnung der Fahrtstrecke genügt es, wenn der Ausgangspunkt der Fahrt, wichtige Orte an der Fahrtstrecke und das Fahrtziel angegeben werden (Begr zu § 28 III StVZO aF VkBl. **69** 398). Im Gegensatz zu den Eintragungen im Fahrzeugscheinheft, die vor Antritt der ersten Fahrt vorzunehmen sind (II S. 3 Hs. 2), ist für die Vornahme der Aufzeichnungen kein **Zeitpunkt** vorgeschrieben. Sie müssen nicht unbedingt vor Antritt der Fahrt, sondern können auch unmittelbar nach Ende der Fahrt vorgenommen werden (Begr zu § 28 III StVZO aF VkBl. **69** 398, VGH Ka 9.12.80 VM **81** 45 zu § 28 StVZO aF). Die Aufzeichnungen dürfen aber nicht zu einem späteren Zeitpunkt erfolgen (VG Leipzig 15.10.12 1 L 578/12). Dies ergibt sich schon aus dem Umfang der zu erfassenden Daten, die sich bei zu großem zeitlichen Abstand nicht mehr verlässlich rekonstruieren lassen. Dies gilt erst recht, wenn zwischen der zu dokumentierenden Fahrt und dem Dokumentationsakt weitere Fahrten liegen (VG Leipzig 15.10.12 1 L 578/12). Aufzeichnungen sind nur über durchgeführte Fahren zu führen; nur beabsichtigt gewesene, dann aber nicht durchgeführte Fahrten brauchen nicht verzeichnet zu werden (Zw NZV **89** 160). OW, wenn die Aufzeichnungen nicht, nicht richtig, nicht vollständig oder nicht rechtzeitig gefertigt werden (§ 48 Nr. 17). Die Aufzeichnungen brauchen bei der Fahrt nicht mitgeführt zu werden, sind aber ein Jahr lang aufzubewahren und zuständigen Personen auf Verlangen jederzeit zur Prüfung auszuhändigen (II S. 6); Verstoß ist ow (§ 48 Nr. 6).

10. Ablieferung nach Ende der Zuteilung. Im Falle der befristeten Zuteilung muss nach **28** Fristablauf das rote Kennzeichen und das dazugehörige Fahrzeugscheinheft unverzüglich der ZulB übergeben werden (II S. 7); Zuwiderhandlung ist ow (§ 48 Nr. 18). Gleiches muss bei Widerruf der Zuteilung des roten Kennzeichens gelten, auch wenn dies anders als früher in § 28 III StVZO aF nicht mehr ausdrücklich geregelt ist. II S. 7 ist insoweit analog anwendbar (VG Kassel 13.8.15 1 L 894/15). Die Pflicht zur Rückgabe von Urkunden und Sachen, die zum Nachweis der Rechte aus dem VA oder zu deren Ausübung bestimmt sind, ergibt sich im Fall des Widerrufs jedenfalls aus § 52 S. 1 VwVfG (VG Augsburg 7.7.15 3 K 15.22).

11. Spezielle rote Kennzeichen können **Technischen Prüfstellen** (§ 10 KfSachvG) und **29** amtlich anerkannten **Kfz-Überwachungsorganisationen** (Anl VIII b StVZO) zugeteilt werden, um ihren mit der Fahrzeugprüfung betrauten Mitarbeitern zu ermöglichen, Prüfungsfahrten mit nicht zugelassenen Kfz im Rahmen von HU, SP, Begutachtungen nach § 23 StVZO und § 5 FZV im öffentlichen StrV durchzuführen (III, Begr Rn. 2–4). Technische Dienste können diese roten Kennzeichen nicht erhalten. Die Erkennungsnummer der speziellen roten Kennzeichen beginnt abweichend von II S. 2 mit „05" (III S. 2). Örtlich zuständig ist die Zulassungsbehörde des Sitzes oder des Ortes der beteiligten Niederlassung (§ 46 II S. 1). Eine **Zuverlässigkeitsprüfung** findet **nicht** statt. Befristung der Zuteilung bei erstmaliger Antragstellung (BMV VkBl. **07** 421 = StVRL § 16 FZV Nr. 1) dürfte entbehrlich sein. III enthält anders als II keine Regelung über Fahrzeugscheinhefte, Anl 9 bezieht sich nur auf II S. 1. Zu roten Kennzeichen gem. III sind somit **keine Fahrzeugscheinhefte** nach Anl 9 auszugeben. III enthält anders als II S. 5, 6 auch keine Regelung über zu führende Aufzeichnungen; über durchgeführte Prüfungsfahrten müssen somit **keine Aufzeichnungen** iSv II S. 5, 6 geführt werden. Wenn die Begr (Rn. 3) dazu ausführt, auf die Dokumentation bestimmter Daten könne verzichtet werden, weil der Untersuchungsbericht zu jeder HU und SP ua diese Angaben enthalte, bleibt dabei unberücksichtigt, dass nach Übernahme des Maßgabebeschlusses des BR (BR-Drs. 843/11 (Beschluss) S. 12) durch den VOGeber (s. Rn. 4) nun auch Fahrten im Rahmen von Begutachtungen nach § 23 StVZO und Untersuchungen und Begutachtungen im Rahmen von § 5 FZV enthalten sind, über die keine Protokolle zu führen sind.

12. Haftpflichtversicherung, Kfz-Steuer. Rote Kennzeichen dürfen nur zugeteilt werden, **30** wenn der Antragsteller nachweist, dass den Vorschriften über die Pflichtversicherung genügt ist (IV). Nicht zugelassene Kfz dürfen im öff StrV mit roten Kennzeichen nur in Betrieb gesetzt werden, wenn eine Kfz-Haftpflichtversicherung besteht (I S. 1).

Bei Fahrten mit roten Kennzeichen besteht **Versicherungsschutz** nur, wenn das Kfz keine gro- **31** ben, die Verkehrssicherheit beeinträchtigenden, ohne weiteres erkennbaren Mängel hat (BGH NJW **75** 447 zu § 28 StVZO aF). Kein Versicherungsschutz, wenn das Fz nicht mit beiden roten Kennzeichen versehen ist (LG Stu 28.6.19 – 3 O 358/18 NJW-RR **20** 226). Versicherungsschutz (im Innenverhältnis) besteht nur, wenn das rote Kennzeichen zu den nach § 16 zulässigen Zwecken verwendet wird, nicht zB bei Ausflugsfahrten (Verwendungsklausel, D.1.1 AKB 08, § 5 I Nr. 1 KfzPflVV, BGH VersR **67** 548, LG Ka ZfS **91** 134, Fra VersR **97** 1107, Kö ZfS **00** 258 (jeweils zu § 28 StVZO aF)). Missbrauch des roten Kennzeichens zu anderen als den nach § 16 zulässigen Fahrten ist eine Obliegenheitsverletzung, die den Versicherer zur Kündigung berechtigt (BGH NJW **61** 1399 zu § 28 StVZO aF). Der Versicherungsschutz einer Haftpflicht- und FzVersicherung für Kfz-Handel und -Handwerk erstreckt sich nicht auf Fz, die von einem unberechtigten Dritten ohne Wissen und Wollen des VN mit roten Kennzeichen versehen worden sind, die die ZulB dem VN zugeteilt hat (BGH NZV **06** 645).

32   Die Zuteilung roter Kennzeichen unterliegt der **Kfz-Steuer** (§ 1 I S. 1 Nr. 4 S. 1 KraftStG). Dies ist jedoch nicht der Fall, wenn rote Kennzeichen gem. III speziell für Prüfungsfahrten zugeteilt werden (§ 1 I S. 1 Nr. 4 S. 2 KraftStG).

33   **13. Keine Hauptuntersuchung, Sicherheitsprüfung und Prüfung von Fahrtschreibern und Kontrollgeräten.** Fahrzeuge mit roten Kennzeichen unterliegen nicht der Pflicht zur Durchführung von Hauptuntersuchung, Sicherheitsprüfung und Prüfung von Fahrtschreibern und Kontrollgeräten (VI, § 29 I S. 2 Nr. 1 StVZO).

34   **14. Halterverantwortlichkeit.** Der Halter darf die Inbetriebnahme eines Fz mit roten Kennzeichen nicht anordnen oder zulassen, wenn die roten Kennzeichen nicht nach § 10 iVm Anl 4 Abschn 1 und 7 ausgestaltet und angebracht sind und die Anforderungen von § 10 XII S. 1 nicht erfüllt sind, zB Stempelplakette oder Kennzeichenbeleuchtung nicht vorhanden sind (V S. 4); Verstoß ist ow (§ 48 Nr. 2). Der Halter darf die Inbetriebnahme mit roten Kennzeichen außerdem nicht anordnen oder zulassen, wenn ihm bekannt ist oder bekannt sein muss, dass der Fahrer nicht zur selbständigen Leitung geeignet ist oder das Fz nicht vorschriftsmäßig ist oder dass die Verkehrssicherheit des Fz durch die Ladung oder die Besetzung leidet (I S. 5 iVm § 31 II StVZO); Verstoß ist ow (§ 69a V Nr. 3 StVZO).

35   **15.** Verwendung **ausländischer Überführungskennzeichen** im Inland ist im Rahmen von § 20 I zulässig (§ 20 Rn. 10). Nach Maßgabe der Vereinbarung über die gegenseitige Anerkennung der Probe- bzw. Überführungskennzeichen zwischen Italien und Deutschland (VkBl. 94 94 = StVRL § 16 FZV Nr. 2) dürfen in Italien erworbene Fz mit italienischem Überführungskennzeichen in Deutschland geführt werden.

36   **16. Ordnungswidrig** ist

a) das Inbetriebsetzen eines Fz mit roten Kennzeichen, wenn § 10 XII S. 1 nicht eingehalten ist (§ 48 Nr. 1 Buchst. b),

b) das Anordnen oder Zulassen der Inbetriebnahme eines Fz mit roten Kennzeichen durch den Halter entgegen V S. 4 (§ 48 Nr. 2),

c) das Nichtmitführen oder nicht Aushändigen eines Fahrzeugscheinheftes für ein rotes Kennzeichen entgegen II S. 4 (§ 48 Nr. 5),

d) das Nichtaufbewahren oder das Nichtaushändigen der Aufzeichnungen über Prüfungs-, Probe- und Überführungsfahrten mit roten Kennzeichen entgegen II S. 6 (§ 48 Nr. 6),

e) das Nichtfertigen, das nicht richtige, nicht vollständige oder nicht rechtzeitige Fertigen einer Eintragung im Fahrzeugscheinheft für rote Kennzeichen entgegen II S. 3 (§ 48 Nr. 15),

f) das Nichtfertigen, das nicht richtige, nicht vollständige oder nicht rechtzeitige Fertigen einer Aufzeichnung über Prüfungs-, Probe- und Überführungsfahrten mit roten Kennzeichen entgegen II S. 5 (§ 48 Nr. 17),

g) das nicht rechtzeitige Aushändigen von befristet zugeteilten roten Kennzeichen und des Fahrzeugscheinhefts nach Ablauf der Frist an die ZulB entgegen II S. 7 (§ 48 Nr. 18).

37   Inbetriebsetzen eines mit roten Kennzeichen versehenen nicht zugelassenen zulassungspflichtigen Fz auf öff Straßen **zu anderen als den in I S. 1 genannten Zwecken** ist als Inbetriebsetzen ohne die nach § 3 I S. 1 erforderliche Zulassung gem. § 48 Nr. 1 Buchst. a ow (Dü NJW **11** 3176, zust Anm *Deutscher* DAR **11** 646).

38   **17. Strafvorschriften.** Vorsätzlicher **Kennzeichenmissbrauch** in rechtswidriger Absicht ist strafbar (§ 22 StVG). Fraglich ist, ob bei Befestigung der beiden roten Kennzeichen eines Kennzeichenpaares an verschiedenen Fz gleichzeitig Kennzeichenmissbrauch iSv § 22 I Nr. 1 StVG vorliegt (so Bay NZV **93** 404, krit *Windhorst* NZV **03** 310, 313 (jeweils zu § 28 III StVZO aF)). Fahrt im öffentlichen Straßenverkehr zu anderen als den in § 16 I genannten Zwecken erfüllt nicht den Tatbestand des Kennzeichenmissbrauchs, weil es nach § 22 I Nr. 1 StVG nur darauf ankommt, ob das Kennzeichen für das Fahrzeug ausgegeben oder zugelassen ist (BaySt **87** 22 = VRS **73** 62 (abl *Fritsch* VD **87** 204), NStZ **88** 545 = DAR **89** 362, Zw NZV **92** 460, *Mehde* NZV **00** 111 (114), aM *Förschner* DAR **86** 287 (290), *Windhorst* NZV **03** 310 (312), sämtlich zu § 28 StVZO aF). Auch Unterlassen der Eintragung im Fahrzeugscheinheft erfüllt nicht den Tatbestand des § 22 StVG (*Mehde* NZV **00** 111 (114) zu § 28 StVZO aF). Rote Kennzeichen bilden zusammen mit dem Fz, an dem sie angebracht sind, keine **Urkunde** (BGHSt **34** 375 = NJW **87** 2384, Stu VRS **47** 25, *Mehde* NZV **00** 111 (112), *Windhorst* NZV **03** 310 (jeweils zu § 28 StVZO aF), *Deutscher* DAR **11** 646).

Probefahrten und Überführungsfahrten mit Kurzzeitkennzeichen

16a (1) ¹Ein Fahrzeug darf, wenn es vorbehaltlich des Satzes 2 nicht zugelassen ist, zu Probe- oder Überführungsfahrten in Betrieb gesetzt werden, wenn

1. es einem genehmigten Typ entspricht oder eine Einzelgenehmigung erteilt ist,

2. gültige Nachweise über eine bestandene Hauptuntersuchung und Sicherheitsprüfung, soweit diese nach § 29 der Straßenverkehrs-Zulassungs-Ordnung erforderlich sind, vorliegen,

3. eine dem Pflichtversicherungsgesetz entsprechende Kraftfahrzeug-Haftpflichtversicherung besteht und

4. es ein Kurzzeitkennzeichen führt.

²Ein Fahrzeug, dem nach § 9 Absatz 3 ein Saisonkennzeichen zugeteilt ist, darf nach Satz 1 außerhalb des Betriebszeitraums in Betrieb gesetzt werden, wenn das Saisonkennzeichen nicht gleichzeitig geführt wird. ³§ 31 Absatz 2 der Straßenverkehrs-Zulassungs-Ordnung bleibt unberührt. ⁴§ 57b der Straßenverkehrs-Zulassungs-Ordnung ist nicht anzuwenden.

(2) ¹Auf Antrag hat die örtlich zuständige Zulassungsbehörde oder die für den Standort des Fahrzeugs zuständige Zulassungsbehörde ein Kurzzeitkennzeichen nach den Absätzen 3 und 4 zuzuteilen und einen auf den Antragsteller ausgestellten Fahrzeugschein für Fahrzeuge mit Kurzzeitkennzeichen nach Absatz 5 auszufertigen. ²Mit dem Antrag auf Zuteilung eines Kurzzeitkennzeichens hat der Antragsteller

1. die Angaben über den Fahrzeughalter nach § 6 Absatz 1 Satz 2,

2. die Daten zur Kraftfahrzeug-Haftpflichtversicherung nach § 6 Absatz 4 Nummer 3 sowie das Ende des Versicherungsschutzes,

3. die Angaben über einen Empfangsbevollmächtigten nach § 6 Absatz 4 Nummer 4,

4. die Fahrzeugdaten nach § 6 Absatz 7 Nummer 1 und 3,

5. die Daten zur Typgenehmigung oder Einzelgenehmigung unter entsprechender Anwendung des § 6 Absatz 3 und 7 Nummer 2 sowie des § 14 Absatz 2 Satz 4 und

6. den Ablauf der Frist für die nächste Hauptuntersuchung und Sicherheitsprüfung, soweit diese nach § 29 der Straßenverkehrs-Zulassungs-Ordnung erforderlich sind,

zur Speicherung in den Fahrzeugregistern mitzuteilen und auf Verlangen nachzuweisen.

(3) ¹Ein Kurzzeitkennzeichen darf

1. nur für die Durchführung von Fahrten im Sinne des Absatzes 1 unter Beachtung der Beschränkungen nach den Absätzen 6 und 7 und

2. nur an dem Fahrzeug, für das es zugeteilt worden ist,

verwendet werden. ²Kurzzeitkennzeichen sind nach § 10, ausgenommen Absatz 3 Satz 2, 3 und 5 bis 7, in Verbindung mit Anlage 4 Abschnitt 1 und 6 auszugestalten und anzubringen. ³Sie brauchen jedoch nicht fest angebracht zu sein. ⁴Fahrzeuge mit Kurzzeitkennzeichen dürfen im Übrigen nur nach Maßgabe des § 10 Absatz 12 Satz 1 in Betrieb genommen werden. ⁵Der Halter darf die Inbetriebnahme eines Fahrzeugs nur anordnen oder zulassen, wenn die Voraussetzungen nach Satz 1 bis 4 vorliegen.

(4) ¹Das Kurzzeitkennzeichen besteht aus einem Unterscheidungszeichen und einer Erkennungsnummer jeweils nach Maßgabe des § 8 Absatz 2, jedoch besteht die Erkennungsnummer nur aus Ziffern und beginnt mit „03" oder „04". ²Das Kennzeichenschild für das Kurzzeitkennzeichen enthält außerdem ein Ablaufdatum, das längstens auf fünf Tage ab der Zuteilung zu bemessen ist. ³Nach Ablauf der Gültigkeit des Kurzzeitkennzeichens darf das Fahrzeug auf öffentlichen Straßen nicht mehr in Betrieb gesetzt werden. ⁴Der Halter darf im Falle des Satzes 3 die Inbetriebnahme des Fahrzeugs nicht anordnen oder zulassen.

(5) ¹Der Fahrzeugschein für Fahrzeuge mit Kurzzeitkennzeichen ist nach dem Muster der Anlage 10 auszufertigen. ²Die Beschränkungen nach den Absätzen 6 und 7 sind im Fahrzeugschein zu vermerken. ³Der Fahrzeugschein ist bei jeder Fahrt mitzuführen und zuständigen Personen auf Verlangen zur Prüfung auszuhändigen.

(6) Liegen die Voraussetzungen nach Absatz 1 Satz 1 Nummer 1 nicht vor, dürfen abweichend von Absatz 1 nur Fahrten, die in unmittelbarem Zusammenhang mit der Erlangung einer neuen Betriebserlaubnis stehen, im Bezirk der Zulassungsbehörde, die für den Standort des Fahrzeugs zuständig ist, oder einen angrenzenden Bezirk und zurück durchgeführt werden.

(7) ¹Liegen die Voraussetzungen nach Absatz 1 Satz 1 Nummer 2 nicht vor oder liegt der Ablauf der Frist für die nächste Hauptuntersuchung oder Sicherheitsprüfung nach § 29 der Straßenverkehrs-Zulassungs-Ordnung vor dem Ablauf der Gültigkeit des Kurz-

zeitkennzeichens, dürfen abweichend von Absatz 1 ohne einen Nachweis der durchgeführten Hauptuntersuchung und Sicherheitsprüfung nur Fahrten zu einer Untersuchungsstelle im Bezirk der Zulassungsbehörde, die für den Standort des Fahrzeugs zuständig ist, oder einem angrenzenden Bezirk und zurück durchgeführt werden. [2] Wird dem Fahrzeug nach Nummer 3.1.4.2, 3.1.4.3 oder 3.2.3.2 der Anlage VIII der Straßenverkehrs-Zulassungs-Ordnung bei der Hauptuntersuchung und Sicherheitsprüfung nach § 29 der Straßenverkehrs-Zulassungs-Ordnung keine Mängelfreiheit bescheinigt, dürfen abweichend von Absatz 1 auch Fahrten zur unmittelbaren Reparatur festgestellter Mängel in einer geeigneten Einrichtung im Bezirk der Zulassungsbehörde, die für den Standort des Fahrzeugs zuständig ist, oder einem angrenzenden Bezirk und zurück durchgeführt werden. [3] Auf Fahrzeuge, die nach Nummer 3.1.4.4 oder 3.2.3.3 der Anlage VIII der Straßenverkehrs-Zulassungs-Ordnung als verkehrsunsicher oder verkehrsgefährdend eingestuft wurden, sind die Sätze 1 und 2 nicht anzuwenden.

(8) Absatz 1 Satz 1 Nummer 1 und 2 und die Absätze 6 und 7 gelten nicht für Fahrzeuge, für die eine Übereinstimmungsbescheinigung für unvollständige Fahrzeuge ausgestellt wurde, soweit deren Betriebs- und Verkehrssicherheit durch einen von der Zulassungsbehörde bestimmten Nachweis oder durch ein entsprechendes Gutachten eines amtlich anerkannten Sachverständigen oder Prüfers für den Kraftfahrzeugverkehr oder Prüfingenieurs einer amtlich anerkannten Überwachungsorganisation nach Anlage VIIIb der Straßenverkehrs-Zulassungs-Ordnung belegt wird.

1   **Begr** zur ÄndVO v. 30.10.14 (BR-Drs. 335/14 S. 16 = VkBl. **14** 862): *Mit den Kurzzeitkennzeichen sollen Probefahrten sowie die Überführung eines Fahrzeuges ermöglicht werden, ohne dass dies im allgemeinen Zulassungsverfahren zugelassen sein muss.*

2   (BR-Drs. 335/14 S. 26 = VkBl. **14** 867): *Auf Grund der grundlegend geänderten Anforderungen im Gegensatz zur Zuteilung von roten Kennzeichen (§ 16) erfolgt die Regelung in einem gesonderten Paragraphen.*

3   *Fahrten mit roten Kennzeichen müssen unter Umständen auch dann durchgeführt werden, wenn die Fahrzeuge noch nicht über eine Typ- oder Einzelgenehmigung verfügen oder wenn der Termin der nächsten HU bereits überschritten ist. Diese Abstriche an die Anforderungen der Fahrzeuge, die mit Kurzzeitkennzeichen geführt werden dürfen, werden aus Gründen der Verkehrssicherheit sowie der Verhinderung des Missbrauchs dieser Kennzeichen nicht mehr gemacht. Es ist nicht vermittelbar, warum weiterhin jedermann das Recht eingeräumt werden sollte, Fahrzeuge, deren Termin zur Durchführung der HU oder SP vor dem Ablauf der Gültigkeit des Kurzzeitkennzeichens liegt, zu anderen Fahrten im öffentlichen Straßenverkehr zu führen als solchen zu einer Untersuchungsstelle im Zulassungsbezirk und zurück. Die Pflicht, über die gültige HU und Genehmigung zu verfügen, wurde 2007 mit der Neuregelung der FZV bereits auf die Erteilung von Ausfuhr-Kennzeichen erstreckt und hat sich bewährt.*

4   *Der Kreis, welcher Prüfungsfahrten mit Fahrzeugen durchführt, verfügt bereits über rote Kennzeichen. Prüfungsfahrten mit Kurzzeitkennzeichen durchzuführen, ist somit nicht erforderlich. Die Möglichkeit wird deshalb aufgehoben. Darüber hinaus dürfen Kurzzeitkennzeichen nur für Fahrzeuge zugeteilt werden, deren Fahrzeugdaten vorliegen und nachgewiesen werden.*

5   **Zu Abs. 1 S. 2 (heute Abs. 6)** (BR-Drs. 335/14 (Beschluss) S. 3 = VkBl. **14** 868): *Neben dem Erlöschen der Betriebserlaubnis nach § 19 Absatz 5 der StVZO gibt es auch Fahrzeuge (z. B. Neu- oder Gebrauchtfahrzeuge aus Drittstaaten), für die noch keine Betriebserlaubnis erteilt worden ist und die zur Erlangung einer Betriebserlaubnis vorher durch einen amtlich anerkannten Sachverständigen oder einen technischen Dienst begutachtet werden müssen. … werden daher alle Fallgestaltungen erfasst, in denen die Erteilung einer Betriebserlaubnis vor Zuteilung eines Kurzzeitkennzeichens erforderlich ist. Auch für diese Fahrzeuge muss eine Überführungsfahrt ermöglicht werden.*

6   **Zu Abs. 2 und 4** (BR-Drs. 335/14 S. 27 = VkBl. **14** 868): *Absatz 2 übernimmt im Wesentlichen die bisherigen Regelungen des § 16 Absatz 2. Dabei soll die Zuteilung von Kurzzeitkennzeichen auch durch die Zulassungsbehörde am Standort des Fahrzeugs vorgenommen werden können.… Kurzzeitkennzeichen dürfen nur für ein bestimmtes Fahrzeug zugeteilt werden. Damit soll einer missbräuchlichen Verwendung entgegen gewirkt werden.*

7   **Begr** zur ÄndVO v. 23.3.17 (BR-Drs. 770/16 S. 114) **zu Abs. 1**: *Trotz der seit dem 1.4.2015 geltenden höheren Anforderungen an die Zuteilung von Kurzzeitkennzeichen ist eine Einschränkung der Nutzung des Kurzzeitkennzeichens für Probe- und Überführungsfahrten gerechtfertigt. Denn es handelt sich weiterhin um die Ermöglichung der Teilnahme von nicht zugelassenen Fahrzeugen am Straßenverkehr, die aufgrund der Freistellung von bestimmten Vorschriften verschiedene Vorteile mit sich bringt. Diese Fahrzeuge unterliegen z. B. nicht der Kraftfahrzeugsteuer. Außerdem gelten die Nutzer der Kurzzeitkennzeichen* *nicht als Vorhalter und werden weder in den Fahrzeugregistern als solche geführt noch in die ZB II eingetragen. Zudem beginnt mit Zuteilung eines Kurzzeitkennzeichens bei Neufahrzeugen nicht die Frist für die nächste Hauptuntersuchung nach Anlage VIII Nr. 2.3 StVZO.*

Begr zur ÄndVO v. 31.7.17 (BR–Drs. 408/17 S. 24) **zu Abs. 4 S. 2:** *Durch die Umformulierung* **8–13** *wird klargestellt, dass das Ablaufdatum nicht Teil des Kennzeichens ist.*

1. Allgemeines. Der durch ÄndVO v. 30.10.14 (BGBl. I S. 1666) mWv 1.4.15 neu eingefügte **14** § 16a erlaubt die Inbetriebsetzung nicht zugelassener Fz zu Probe- und Überführungsfahrten mit **Kurzzeitkennzeichen.** Die Norm regelt die Zuteilung von Kurzzeitkennzeichen, ihre Ausgestaltung und Anbringung sowie die Modalitäten der Nutzung. Die Regelungen zu Kurzzeitkennzeichen waren bis 31.3.15 in § 16 aF enthalten. Sie wurden bei Schaffung des § 16a grundlegend verändert (näher dazu Begr zur ÄndVO v. 30.10. 14 BR–Drs. 335/14 S. 16 = VkBl. **14** 862, *Albrecht/Kehr/Ledwig* SVR **15** 161 (164)) und mit ÄndVO v. 23.3.17 (BGBl. I S. 522) erneut überarbeitet und neu strukturiert.

Die Zuteilung eines Kurzzeitkennzeichens und die Ausfertigung des zugehörigen Fahrzeug- **15** scheins für ein bestimmtes Fz stellt **keine Zulassung** isd §§ 1 I StVG, 3 I FZV dar. § 16a regelt vielmehr, unter welchen Voraussetzungen ein zulassungspflichtiges Fz ausnahmsweise ohne Zulassung in Betrieb gesetzt werden darf (Begr Rn. 1 und 7, Dü NJW **11** 3176 zu § 16 I aF). Allein durch Zuteilung eines Kurzzeitkennzeichens wird der Empfänger der Zuteilung nicht **Halter** des Fz iSv § 7 I StVG (Ha NJW **13** 1248 (zu § 16 aF), zum Halterbegriff § 7 StVG Rn. 14 ff., s. auch Stu 22.10.14 VRS **127** 225 (zu § 16 aF)). Die Nutzer von Kurzzeitkennzeichen werden dementsprechend weder in den FzRegistern als Halter geführt noch in die ZB II eingetragen (Begr Rn. 7). Fz mit Kurzzeitkennzeichen unterliegen **nicht** der **Kfz-Steuer** (Begr Rn. 7), da es sich nicht um das Halten von Kfz iSv § 1 KraftStG handelt (BT–Drs. 17/1463 S. 8, 9). Mit der Zuteilung eines Kurzzeitkennzeichens bei Neufahrzeugen beginnt nicht die Frist für die nächste HU (Nr. 2.3 S. 2 Anl VIII StVZO).

2. Zuteilung von Kurzzeitkennzeichen. Die ZulB teilt auf Antrag ein Kurzzeitkennzei- **16** chen für ein bestimmtes Fz zu, verbunden mit gleichzeitiger Ausfertigung eines auf den Antragsteller ausgestellten besonderen Fahrzeugscheins nach V (II S. 1). Bei Vorliegen der Tatbestandsvoraussetzungen steht der ZulB kein Ermessen zu. Bei entsprechenden Anträgen teilt die ZulB auch mehrere Kurzzeitkennzeichen, jeweils für unterschiedliche bestimmte Fz zu. Die ZulB prüft nicht mehr wie früher, ob für die beantragten Kurzzeitkennzeichen ein Bedarf besteht (Rn. 19).

Mit dem **Antrag** auf Zuteilung eines Kurzzeitkennzeichens sind vom Antragsteller die in § 6 **17** I S. 2 genannten **persönlichen Daten** über den Halter und das Bestehen von **Versicherungs-schutz** mitzuteilen und auf Verlangen nachzuweisen (II S. 2 Nr. 1, 2 iVm § 6 I S. 2, IV Nr. 3). Auf die Angaben nach § 6 I S. 3 über Beruf oder Gewerbe bei beruflich selbständigen Haltern wurde angesichts der kurzen Gültigkeit des Kurzzeitkennzeichens mWv 1.10.17 verzichtet, da sie nur für längerfristige Notfallplanungen erforderlich seien (Begr BR–Drs. 770/16 S. 115). Hat der Antragsteller in Deutschland keinen Wohnsitz, keinen Sitz, keine Niederlassung oder Dienststelle (vgl. § 46 II S. 2), hat er Name und Anschrift eines **Empfangsbevollmächtigten** mitzuteilen (II S. 2 Nr. 3 iVm § 6 IV Nr. 4). Zu dem **Kfz,** für das die Zuteilung eines Kurzzeitkennzeichens beantragt wird, sind die Fahrzeugklasse und die Art des Aufbaus sowie die Fahrzeug-Identifizierungsnummer anzugeben und auf Verlangen nachzuweisen (II S. 2 Nr. 4 iVm § 6 VII Nr. 1, 3). Bereits bei Antragstellung muss also – anders als vor dem 31.3.15 – **konkretisiert** werden, **für welches Fz** das Kurzzeitkennzeichen verwendet werden soll. Nur für dieses spezielle Fz teilt die ZulB dann das Kurzzeitkennzeichen zu. Da ein Kfz nur dann mit Kurzzeitkennzeichen in Betrieb gesetzt werden darf, wenn es einem genehmigten Typ entspricht oder eine Einzelgenehmigung erteilt ist (I S. 1 Nr. 1), sind zu dem Kfz die Daten zur Typgenehmigung oder Einzelgenehmigung (Betriebserlaubnis) mitzuteilen und auf Verlangen nachzuweisen (II S. 2 Nr. 5). Mit dem Antrag auf Zuteilung eines Kurzzeitkennzeichens ist außerdem der Ablauf der Frist für die **nächste HU** und SP, sofern das Fz dieser unterliegt, anzugeben und auf Verlangen nachzuweisen (II S. 2 Nr. 6). Wird ein Kurzzeitkennzeichen für ein Neufahrzeug zugeteilt, entfällt die Registrierung nach II S. 2 Nr. 6, da die Frist für die nächste HU in diesem Fall nicht zu laufen beginnt (Nr. 2.3. S. 2 Anl VIII StVZO, Begr BR–Drs. 770/16 S. 115).

Örtliche Zuständigkeit: Zur Zuteilung von Kurzzeitkennzeichen sind sowohl die für den **18** Wohnsitz oder Sitz des Antragstellers örtlich zuständige ZulB als auch die für den Standort des Fz örtlich zuständige ZulB befugt (II S. 1). Der Antragsteller hat die freie Wahl, bei welcher dieser ZulB er den Antrag stellt. Personen ohne Wohnsitz im Inland und Unternehmen ohne Sitz im Inland können über einen Empfangsbevollmächtigten Kurzzeitkennzeichen erhalten; zuständig ist insoweit nach § 46 II S. 2 die ZulB des Wohn- oder Aufenthaltsorts des Empfangsbevollmächtigten. Wird Zuteilung eines Kurzzeitkennzeichens bei der für den Standort zuständigen ZulB beantragt, ist bei fehlendem Wohnsitz oder Sitz im Inland ebenfalls Beantragung über einen Empfangsbevollmächtigten möglich, der in diesem Fall aber seinen Wohn- oder Aufenthaltsort nicht im Bezirk der für den Standort zuständigen ZulB haben muss, da insoweit die Standortzuständigkeit speziell ist. Für den Fall der Standortzuständigkeit ist nicht geregelt, ob und ggf. wie der ZulB der Standort des Fz nachzuweisen ist; die ZulB ist insoweit frei in ihrer Entscheidung. Denkbar ist etwa Glaubhaftmachung durch Kaufvertrag.

19   Die frühere gesonderte Zuteilungsvoraussetzung **bei Bedarf** (§ 16a II S. 1 aF) wurde durch ÄndVO v. 23.3.17 (BGBl. I S. 522) mWv 1.10.17 abgeschafft, da das Kurzzeitkennzeichen heute anders als früher stets für ein bestimmtes Fz zugeilt wird und sich eine Bedarfsprüfung damit erübrigt (Begr BR-Drs. 770/16 S. 115). Der Antragsteller muss heute also nicht mehr gegenüber der ZulB nachweisen oder glaubhaft machen, dass er in der unmittelbar bevorstehenden Zeit bestimmte nicht zugelassene Fz bei Probe- oder Überführungsfahrten im StrV bewegen will. Die Bedarfsprüfung durch die ZulB entfällt. Die frühere Rspr. dazu (VG Berlin NZV **08** 421 m Anm *Dauer*, VG Greifswald DAR **08** 665) hat sich damit erledigt.

20   **3. Speicherung der Daten.** Die Halterdaten, ggf. die Daten über den Empfangsbevollmächtigten, die Daten des jeweiligen Fz, das Kennzeichen, die Dauer seiner Gültigkeit, ggf. die nach V S. 2 im FzSchein zu vermerkenden Beschränkungen sowie Daten zur Haftpflichtversicherung werden im ZFZR und im örtlichen FzRegister gespeichert (§§ 30 IIa, 31 IIa, 32 I Nr. 1 Buchst. d, Nr. 2 Buchst. d).

21   **4. Ausgestaltung des Kurzzeitkennzeichens.** Das Kurzzeitkennzeichen besteht aus einem Unterscheidungszeichen und einer Erkennungsnummer jeweils nach § 8 I, die Erkennungsnummer besteht aber nur aus Ziffern und beginnt mit „03" oder „04" (IV S. 1). Kurzzeitkennzeichen sind nach § 10 iVm Anl 4 Abschn 1 und 6 auszugestalten (III S. 2). Das Kennzeichenschild für das Kurzzeitkennzeichen enthält ein **Ablaufdatum,** das längstens auf **fünf Tage** ab der Zuteilung zu bemessen ist (IV S. 2). Mit Tagen sind Kalendertage gemeint, nicht 24-Stunden-Zeiträume. Der Tag der Zuteilung gehört zu den fünf Tagen, da das Kurzzeitkennzeichen an diesem Tag bereits genutzt werden darf. Das Ablaufdatum ist auf dem gelben Feld am rechten Rand des Schildes vermerkt. Dabei gibt die obere Zahl den Tag, die mittlere den Monat und die untere das Jahr des Ablaufdatums an (Anl 4 Abschn 6 Nr. 4 S. 5). Das Ablaufdatum ist nicht Teil des Kennzeichens (Begr Rn. 8–13).

22   Das Kennzeichenschild mit zugeteiltem Kurzzeitkennzeichen wird mit einer **Stempelplakette** mit **blauem Untergrund** und einem Durchmesser von 35 mm versehen (III S. 2 iVm § 10 III und Anl 4 Abschn 6 Nr. 4 S. 4 Buchst. a), die nicht die Sicherheitsmerkmale gem. § 10 III S. 2, 3 und 5–7 enthält (III S. 2). Die Ausstattung mit internetfähigen Stempelplaketten wird nicht für angebracht gehalten, da sich bei Kurzzeitkennzeichen derzeit kein Anwendungsbereich für internetbasierte Vorgänge ergibt (Begr BR-Drs. 770/16 S. 116). Die Siegelung von Kurzzeitkennzeichen wird durch die ZulB vorgenommen (III S. 2 iVm § 10 III S. 1). Die frühere Regelung, wonach die ZulB dem Halter oder Antragsteller gestatten konnte, die Stempelplaketten gem. § 10 III auf dem Kurzzeitkennzeichen selbst anzubringen (Anl 4 Abschn 6 Nr. 4 Buchst. b S. 1 und 2 bis 30.6.12), wurde noch unter Geltung des früheren § 16 aF durch ÄndVO v. 13.1.12 (BGBl. I S. 103) mit Wirkung ab 1.7.12 aufgehoben, um damals vielfach beobachteten Missbrauch durch Weitergabe von Kurzzeitkennzeichen an Dritte einzudämmen, bei denen die ZulB die damals noch erforderliche Bedarfsprüfung nicht hatte durchführen können. **HU-Plaketten** sind auf Kurzzeitkennzeichen **nicht anzubringen** (Anl 4 Abschn 6 Nr. 4 S. 4 Buchst. c iVm Abschn 1 Nr. 6 S. 1 Buchst. b, § 29 II S. 1 Nr. 1 StVZO), auch wenn Fz mit Kurzzeitkennzeichen der HU-Pflicht unterliegen.

23   **5. Anbringung.** Kurzzeitkennzeichen müssen grundsätzlich an **Vorder- und Rückseite** des Fz vorhanden sein (III S. 2 iVm § 10 V S. 1). Sie brauchen jedoch entsprechend ihrer vorübergehenden Zweckbestimmung **nicht fest** am Fz angebracht zu sein (III S. 3). Dies bedeutet, dass die Anbringung der Kurzzeitkennzeichen zwar so sicher sein muss, dass sie nicht verloren gehen können, dass aber eine Verbindung mit dem Fz genügt, die schnell und ggf. ohne Werkzeug wieder gelöst werden kann. Sie können zB mit einer Schnur, einem Riemen, Gummibändern, Magneten oder Saugnäpfen am Fz befestigt werden, sofern die Art der Anbringung sicher ist

(vgl. § 16 Rn. 21). Die Kurzzeitkennzeichen müssen aber **außen** am Fz angebracht werden, nicht etwa an den Innenseiten von Front- und Heckscheibe, da jede Beeinträchtigung der Lesbarkeit vermieden werden soll (vgl. § 16 Rn. 21).

6. Die ZulB fertigt bei Zuteilung eines Kurzzeitkennzeichens einen auf den Antragsteller aus- **24** gestellten **Fahrzeugschein für Fz mit Kurzzeitkennzeichen** gem. Muster in Anl 10 aus (II S. 1 iVm V S. 1). Das Muster ist durch ÄndVO v. 23.3.2017 (BGBl. I S. 522) mWv 1.10.2017 geringfügig geändert worden. Fahrzeugscheine für Fz mit Kurzzeitkennzeichen, die dem Muster in Anlage 10 in der bis 30.9.2017 geltenden Fassung entsprechen und bis zum 19.5.2018 ausgefertigt worden sind, bleiben gültig (§ 50 III Nr. 14). Der FzSchein, der seit 1.4.15 in seiner äußeren Gestalt der ZB I entspricht und für dessen Ausgestaltung und Sicherheitsmerkmale dieselben Regeln gelten wie für die ZB I (Anl 10 Vorbemerkung), wird komplett von der ZulB ausgefüllt, bevor er ausgefertigt wird. Die frühere Regelung, wonach der, dem ein Kurzzeitkennzeichen zugeteilt worden war, die geforderten Angaben zum Fz unverzüglich nach der Zuteilung des Kennzeichens in den damaligen FzSchein für Fz mit Kurzzeitkennzeichen einzutragen hatte (§ 16 II S. 2 aF), ist seit 1.4.15 abgeschafft. Der Antragsteller muss deswegen bereits bei Beantragung eines Kurzzeitkennzeichens konkretisieren, für welches Fz er das Kurzzeitkennzeichen nutzen will (Rn. 17).

Fehlen Genehmigung/Betriebserlaubnis oder gültige HU bzw. SP, sind die daraus folgenden **24a** **Beschränkungen gem. VI oder VII** von der ZulB **im FzSchein zu vermerken** (V S. 2). Sind die Hindernisse für eine räumlich unbegrenzte Nutzung des Kurzzeitkennzeichens dann aber beseitigt, weil die Betriebserlaubnis oder eine gültige HU bzw. SP vorliegt, sind die Beschränkungen nach VI oder VII nicht mehr gültig, auch wenn sie weiterhin im FzSchein eingetragen sind. Der Inhaber des FzScheins ist in diesem Fall nicht verpflichtet, für eine räumlich unbeschränkte Nutzung des Fz die Beschränkungen aus dem FzSchein streichen zu lassen (Begr BR-Drs. 770/16 S. 115f.). III S. 1 Nr. 1 fordert seit 1.10.17 nur die Beachtung der Beschränkungen nach VI und VII (dh solange sie bestehen), nicht aber wie die Vorgängerregelung II S. 2 Nr. 1 aF die Beachtung „der im Fahrzeugschein eingetragenen Beschränkungen". Soweit die Begr (BR-Drs. 770/16 S. 115f. und 116) den Eindruck erweckt, die räumlich unbegrenzte Nutzung des Kurzzeitkennzeichens sei bei Eintragung einer Beschränkung nach VI oder VII in den FzSchein nicht nur vom Enfallen des jeweiligen Hindernisses, sondern auch davon abhängig, dass dies durch mitgeführte Belege oder Gutachten nachgewiesen werden kann, wird dies durch den Wortlaut nicht gestützt.

Der FzSchein ist bei jeder Fahrt **mitzuführen** und zuständigen Personen auf Verlangen zur **25** Prüfung auszuhändigen (V S. 3); Verstoß ist ow (§ 48 Nr. 5).

7. Nutzung von Kurzzeitkennzeichen. Ein Kurzzeitkennzeichen darf nur an dem Fz, für **26** das es zugeteilt worden ist, verwendet werden (III S. 1 Nr. 2). Das Fz darf nicht zugelassenen sein, muss aber über eine Genehmigung/Betriebserlaubnis und über eine gültige HU oder SP verfügen (I S. 1 Nr. 1, 2). Es muss eine Kfz-Haftpflichtversicherung bestehen (I S. 1 Nr. 3). Kurzzeitkennzeichen dürfen nur für Probe- und Überführungsfahrten genutzt werden (I S. 1). Innerhalb des Gültigkeitszeitraums des Kurzzeitkennzeichens können beliebig viele Fahrten durchgeführt werden. Nach Ablauf der Gültigkeit des Kurzzeitkennzeichens darf das Fz nicht mehr im öff Verkehr in Betrieb gesetzt werden (IV S. 3); Verstoß ist ow (§ 48 Nr. 1 Buchst. c).

a) Kurzzeitkennzeichen dürfen **nur an dem Fz** genutzt werden, **für das das Kurzzeit-** **27** **kennzeichen zugeteilt** worden ist und das demgemäß im Fahrzeugschein eingetragen ist, nicht an einem anderen Fz (III S. 1 Nr. 2). Nutzung an einem anderen oder mehreren anderen Fz ist ow (§ 48 Nr. 18a).

Kurzzeitkennzeichen dürfen zwar vom Inhaber der Zuteilung **an andere Personen weiter-** **28** **gegeben** werden, dürfen von diesen aber ebenfalls nur für Fahrten mit dem Fz verwendet werden, für das das Kurzzeitkennzeichen zugeteilt worden ist und das demgemäß im Fahrzeugschein eingetragen ist (III S. 1 Nr. 2).

b) Fahrten mit Kurzzeitkennzeichen sind nur zulässig, wenn das Fz über eine Genehmi- **29** gung/Betriebserlaubnis verfügt (I S. 1 Nr. 1). Ist dies nicht der Fall, dürfen mit dem Kurzzeitkennzeichen nur **Fahrten,** die im unmittelbaren Zusammenhang mit der **Erlangung einer** **neuen Betriebserlaubnis** stehen, im Bezirk der ZulB, die für den Standort des Fz zuständig ist, oder in einem angrenzenden Bezirk und zurück durchgeführt werden (VI). Durch ÄndvO v. 23.3.17 (BGBl. I S. 522) wurde die Regelung mWv 1.10.17 in mehrfacher Weise verändert: Während früher solche Fahrten nur zur nächstgelegenen Begutachtungsstelle im Bezirk der

ZulB, die das Kurzzeitkennzeichen zugeteilt hat, oder einem angrenzenden Bezirk zulässig waren (I S. 2 aF), wird jetzt auf den aktuellen Standort des Fz abgestellt. Damit sollen die Fahrten aus praktischen Erwägungen so eng wie möglich eingeschränkt werden (Begr BR-Drs. 770/16 S. 117). Mit Standort ist hier der Ort gemeint, an dem sich das Fz im Moment der Inbetriebnahme befindet, nicht der regelmäßige Standort iSv § 20 (Begr BR-Drs. 770/16 S. 117). Ein importiertes Fz hat seinen Standort in diesem Sinne am Ort des Grenzübertritts, wenn es mit eigener Triebkraft eingeführt wird. Die Beschränkung auf Fahrten zur nächstgelegenen Begutachtungsstelle ist entfallen. Nach der Begr (BR-Drs. 770/16 S. 117) sollen alle für die Wiedererlangung der Betriebserlaubnis notwendigen Fahrten zulässig sein, also neben Fahrten zur Begutachtungsstelle auch erforderliche Fahrten zur Werkstatt und zur ZulB nebst Rückweg sowie das Waschen und Tanken auf diesen Wegen.

29a   Verfügt das Fz, dem ein Kurzzeitkennzeichen zugeteilt wird, nicht über eine Genehmigung/Betriebserlaubnis und sind demzufolge damit nur Fahrten iSv VI zulässig, hat die ZulB diese Beschränkung **im FzSchein** zu **vermerken** (V S. 2). Bei Bestehen einer Beschränkung nach VI darf das Kurzzeitkennzeichen nur unter Beachtung dieser Beschränkung verwendet werden (III S. 1 Nr. 1); Verstoß ist ow (§ 48 Nr. 18a). Ist die Beschränkung entfallen, weil eine neue Betriebserlaubnis vorliegt, darf das Kurzzeitkennzeichen ab sofort für alle durch I S. 1 zugelassenen Fahrten genutzt werden, auch wenn die Beschränkung nach VI noch im FzSchein eingetragen ist (Rn. 24a).

30   Auch wenn die frühere **Genehmigung/Betriebserlaubnis nach § 19 II S. 2 StVZO erloschen** ist, sind Fahrten im unmittelbaren Zusammenhang mit der Erlangung einer neuen Betriebserlaubnis mit Kurzzeitkennzeichen nur nach Maßgabe des VI zulässig (§ 19 V S. 6 StVZO). Die frühere abweichende Spezialregelung für diesen Fall ohne räumliche Beschränkung (§ 19 V S. 3, 4 StVZO aF) wurde durch ÄndVO v. 23.3.17 (BGBl. I S. 522) mWv 1.10.17 aufgehoben.

31   **c)** Fz mit Kurzzeitkennzeichen sind anders als Fz mit roten Kennzeichen (§ 16 Rn. 33) nicht von der Pflicht zur Durchführung von Hauptuntersuchung und Sicherheitsprüfung ausgenommen. Fahrten mit Kurzzeitkennzeichen dürfen demgemäß nur mit Fz durchgeführt werden, die über eine **gültige Hauptuntersuchung** oder **Sicherheitsprüfung** nach § 29 StVZO verfügen (I S. 1 Nr. 2), auch wenn HU-Plaketten auf Kurzzeitkennzeichen nicht anzubringen sind (Rn. 22). Mit dem Antrag auf Zuteilung eines Kurzzeitkennzeichens ist der Ablauf der Frist für die nächsten HU und SP, sofern das Fz dieser unterliegt, mitzuteilen und auf Verlangen nachzuweisen (II S. 2 Nr. 6).

32   Verfügt das Fz **nicht** über eine **gültige HU oder SP,** oder liegt der **Ablauf der Frist für die nächste HU oder SP vor dem Ablauf der Gültigkeit des Kurzzeitkennzeichens,** dürfen ohne Nachweis der durchgeführten HU oder SP mit dem Kurzzeitkennzeichen nur Fahrten zu einer Untersuchungsstelle in dem Bezirk der ZulB, die für den Standort des Fz zuständig ist, oder einem angrenzenden Bezirk und zurück durchgeführt werden (VII S. 1). Mit Standort ist hier wie in VI der Ort gemeint, an dem sich das Fz tatsächlich befindet, nicht der regelmäßige Standort iSv § 20 (Rn. 29). Untersuchungsstellen sind Prüfstellen, Prüfstützpunkte und Prüfplätze der Prüfinstitutionen sowie zur Durchführung von SP anerkannte Kfz-Werkstätten (Nr. 2 Anl VIIId StVZO).

33   Wird dem Fz bei HU oder SP **keine Mängelfreiheit** bescheinigt (geringe, erhebliche oder im Fall der SP Mängel), dürfen ausnahmsweise mit dem Kurzzeitkennzeichen auch Fahrten zur unmittelbaren **Reparatur** der festgestellten Mängel in einer geeigneten Einrichtung im Bezirk der ZulB, die für den aktuellen Standort des Fz zuständig ist, oder in einem angrenzenden Bezirk und zurück durchgeführt werden (VII S. 2). Dies gilt aber nicht, wenn die festgestellten Mängel dazu geführt haben, dass das Fz als verkehrsunsicher oder verkehrsgefährdend eingestuft worden ist (VII S. 3).

33a   Verfügt das Fz nicht über eine gültige HU oder SP, oder liegt der Ablauf der Frist für die nächste HU oder SP vor dem Ablauf der Gültigkeit des Kurzzeitkennzeichens, und sind demzufolge damit nur Fahrten iSv VII zulässig, hat die ZulB diese Beschränkung **im FzSchein** zu **vermerken** (V S. 2). Bei Bestehen einer Beschränkung nach VII darf das Kurzzeitkennzeichen nur unter Beachtung dieser Beschränkung **verwendet** werden (III S. 1 Nr. 1); Verstoß ist ow (§ 48 Nr. 18a). Ist die Beschränkung entfallen, darf das Kurzzeitkennzeichen ab sofort für alle durch I S. 1 zugelassenen Fahrten genutzt werden, auch wenn die Beschränkung nach VII noch im FzSchein eingetragen ist (Rn. 24a).

34   **d)** Mit Kurzzeitkennzeichen dürfen nur **Probe- und Überführungsfahrten** im öff StrV unternommen werden (I S. 1). Probefahrten: § 2 Nr. 23, Überführungsfahrten: § 2 Nr. 25; Erläuterungen § 2 Rn. 27, 29. Prüfungsfahrten (§ 2 Nr. 24) mit Kurzzeitkennzeichen sind anders als bis zum 31.3.15 nicht mehr zulässig. Ein Bedarf dafür wurde bei der Neuregelung in § 16a nicht gesehen, da die Kreise, die Prüfungsfahrten unternehmen, im Besitz von roten Kennzeichen sind (Begr Rn. 3). Nutzung des Kurzzeitkennzeichens für andere als Probe- oder Überführungsfahrten ist ow (§ 48 Nr. 18a).

e) Die Fz müssen bei Inbetriebnahme mit Kurzzeitkennzeichen im Übrigen **vorschrifts-** **34a** **mäßig** und **verkehrssicher** sein (I S. 3 iVm § 31 II StVZO). Sie sind – anders als Fz mit roten Kennzeichen (§ 16 VI, § 16 Rn. 33) – nicht von der Verpflichtung zur Hauptuntersuchung befreit. Sie unterliegen allerdings nicht der Pflicht zur Durchführung der Prüfung von Fahrtenschreiber und Kontrollgerät (I S. 4).

f) Nutzung im Ausland. Die Ausfuhr eines Fz in EU- oder EWR-Staaten ist alternativ zur **35** Verbringung in das Ausland mit Ausfuhrkennzeichen (§ 19) auch unter Verwendung von Kurzzeitkennzeichen möglich, wenn der jeweilige andere Mitgliedstaat dies zulässt (§ 19 Rn. 5). Im Übrigen besteht kein Anspruch auf Anerkennung von Kurzzeitkennzeichen im Ausland. Im FzSchein gem. V S. 1 iVm Anl 10 wird keine Beschränkung auf das Inland eingetragen, da sich aus der jeweiligen nationalen Rechtslage im Ausland etwas anderes ergeben kann (Begr BR-Drs. 770/16 S. 116).

g) Durch ÄndVO v. 23.3.17 (BGBl. I S. 522) wurde mWv 1.10.17 geregelt, dass Fz, denen ein **36** **Saisonkennzeichen** zugeteilt ist, außerhalb des Betriebszeitraums mit Kurzzeitkennzeichen zu Probe- und Überführungsfahrten in Betrieb gesetzt werden können, wenn das Saisonkennzeichen nicht gleichzeitig geführt wird (I S. 2, § 9 III S. 8, § 9 Rn. 8). Für ein Fz, dem ein **Wechselkennzeichen** zugeteilt ist, kann dagegen kein Kurzzeitkennzeichen zugeteilt werden. Ein solches Fz kann auch dann nicht mit Kurzzeitkennzeichen genutzt werden, wenn das Wechselkennzeichen an dem anderen Fz, für das es zugeteilt ist, geführt wird. Der VOGeber sah keinen Bedarf für die parallele Zuteilung eines Kurzzeitkennzeichens, da für die Zwecke des Kurzzeitkennzeichens auch das vorhandene Wechselkennzeichen verwendet werden könne (Begr BR-Drs. 770/16 S. 114 f.).

h) Durch ÄndVO v. 23.3.17 (BGBl. I S. 522) wurde mWv 1.10.17 eingeführt, dass Kurzzeit- **36a** kennzeichen für Fz zugeteilt werden können, die in einem **Mehrstufensystem** hergestellt werden (VIII). Es muss eine Übereinstimmungsbescheinigung für unvollständige Fz ausgestellt worden sein. Für diese Fz ist auf Antrag ein räumlich unbeschränktes Kurzzeitkennzeichen zuzuteilen, wenn ihre Betriebs- und Verkehrssicherheit durch Vorlage eines von der ZulB bestimmten Nachweises oder eines entsprechenden Gutachtens eines aaSoP oder eines PI belegt wird. Betroffen von dieser Regelung sind primär stufengefertigte Nutzfahrzeuge der Klassen N und O (Begr BR-Drs. 770/16 S. 117). Die Fz können mit Kurzzeitkennzeichen gefahren werden, auch wenn keine Betriebserlaubnis und keine gültige HU oder SP vorliegt; die Einschränkungen nach VI und VII gelten dann nicht (VIII).

8. Nach Ablauf der Gültigkeit des Kurzzeitkennzeichens darf das Fz auf öffentlichen Stra- **37** ßen nicht mehr in Betrieb gesetzt werden (IV S. 3), Verstoß ist ow (§ 48 Nr. 1 Buchst. c). Der Halter darf dann die Inbetriebnahme des Fz nicht anordnen oder zulassen (IV S. 4), Verstoß ist ow (§ 48 Nr. 2). Kennzeichenschilder und Fahrzeugscheine müssen der ZulB anders als bei roten Kennzeichen (§ 16 II S. 7) nicht übergeben werden. Sie sind ohne Notwendigkeit eines Tätigwerdens der ZulB nach Ablauf der Gültigkeit nicht mehr verwendbar, weil das Ablaufdatum in das Kennzeichenschild eingeprägt und in den Fahrzeugschein eingetragen ist (*Dauer* NZV **08** 423). Sie können ohne Beteiligung der Behörde entsorgt werden.

9. Haftpflichtversicherung. Mit dem **Antrag** auf Zuteilung eines Kurzzeitkennzeichens sind **38** vom Antragsteller die in § 6 IV Nr. 3 bezeichneten Daten zur Kfz-Haftpflichtversicherung mitzuteilen und auf Verlangen nachzuweisen (II S. 2 Nr. 2 iVm § 6 IV Nr. 3). Außerdem ist das Ende des Versicherungsschutzes mitzuteilen und auf Verlangen nachzuweisen (II S. 2 Nr. 2). Diese Mitteilung und der Nachweis erfolgen durch die zu erbringende Versicherungsbestätigung zur Erlangung von Kurzzeitkennzeichen, die das Ende des Versicherungsverhältnisses oder seine Dauer angeben muss (s. § 23 II S. 4 Nr. 6). Die Versicherungsbestätigung gilt deswegen zugleich als Anzeige des Versicherers iSv § 25 I S. 1 über die Beendigung des Versicherungsschutzes (§ 25 I S. 7). Auch wenn bei Kurzzeitkennzeichen der Versicherungsschutz nur für die wenigen Tage der Gültigkeit des Kurzzeitkennzeichens abgeschlossen wird, beträgt die Dauer der Nachhaftung des Versicherers gem. § 117 VVG einen Monat (Fra 26.9.18 – 13 U 43/17 BeckRS 2018, 25156 = VersR **18** 1440 = ZfS **18** 691). Bei Haftpflichtversicherung für ein Fz mit Kurzzeitkennzeichen auf eine konkrete Person ist die Versicherung auf Fz dieser Person beschränkt (BGH NZV **16** 23, aA Ha NJW **13** 1248 (jeweils zu § 16 aF)).

39   Ein Fz, dem ein Kurzzeitkennzeichen zugeteilt worden ist, darf damit im öff StrV nur **in Betrieb gesetzt** werden, wenn zu diesem Zeitpunkt eine dem PflVersG entsprechende Kfz-Haftpflichtversicherung besteht (I S. 1 Nr. 3).

40   **10. Halterverantwortlichkeit.** Der Halter darf die Inbetriebnahme des Fz, für das ein Kurzzeitkennzeichen zugeteilt worden ist, nur für Fahrten iSv I und nur bei Verwendung des Kurzzeitkennzeichens an dem Fz, für das es zugeteilt worden ist, anordnen oder zulassen (III S. 5 iVm 1), außerdem nur dann, wenn die Gültigkeit des Kurzzeitkennzeichens nicht abgelaufen ist (IV S. 4), wenn die Kurzzeitkennzeichen nach III S. 2 ausgestaltet und angebracht sind und wenn die Anforderungen von § 10 XII S. 1 erfüllt sind, zB Stempelplakette und Kennzeichenbeleuchtung vorhanden sind (III S. 5 iVm 4); Verstoß ist ow (§ 48 Nr. 2).

41   **11. Ordnungswidrig** ist

a) das Inbetriebsetzen eines Fz mit Kurzzeitkennzeichen entgegen III S. 4 iVm § 10 XII (§ 48 Nr. 1 Buchst. b),

b) das Inbetriebsetzen eines Fz mit Kurzzeitkennzeichen nach Ablauf seiner Gültigkeit (§ 48 Nr. 1 Buchst. c),

c) das Anordnen oder Zulassen der Inbetriebnahme eines Fz mit Kurzzeitkennzeichen durch den Halter entgegen III S. 5 oder IV S. 4 (§ 48 Nr. 2),

d) das Nichtmitführen oder nicht Aushändigen eines Fahrzeugscheins für ein Kurzzeitkennzeichen entgegen V S. 3 (§ 48 Nr. 5),

e) die Verwendung eines Kurzzeitkennzeichens zur Durchführung von anderen als den nach Abs. I zulässigen Fahrten entgegen III S. 1 Nr. 1 (§ 48 Nr. 18a),

f) das Verwenden eines Kurzzeitkennzeichens nicht nur an dem Fz, für das es zugeteilt worden ist, entgegen III S. 1 Nr. 2 (§ 48 Nr. 18a).

42   Inbetriebsetzen eines mit Kurzzeitkennzeichen versehenen nicht zugelassenen zulassungspflichtigen Fz auf öff Straßen **zu anderen Zwecken als Probe- und Überführungsfahrten** ist als Inbetriebsetzen ohne die nach § 3 I S. 1 erforderliche Zulassung gem. § 48 Nr. 1 Buchst. a ow (Dü NJW **11** 3176, Anm *Deutscher* DAR **11** 646). Weitergabe unrechtmäßig erlangter Kurzzeitkennzeichen an Dritte ohne vorherige Anzeige an die ZulB gem. § 6b StVG ist weder ow noch strafbar (aA Mü NZV **11** 263 m abl Anm *Dauer*).

43   **12. Strafvorschriften.** Vorsätzlicher **Kennzeichenmissbrauch** in rechtswidriger Absicht ist strafbar (§ 22 StVG). Fahrt im öffentlichen Straßenverkehr zu anderen als den in § 16a I genannten Zwecken erfüllt nicht den Tatbestand des Kennzeichenmissbrauchs, weil es nach § 22 I Nr. 1 StVG nur darauf ankommt, ob das Kennzeichen für das Fahrzeug ausgegeben oder zugelassen ist (vgl. § 16 Rn. 38). Kurzzeitkennzeichen bilden ebenso wie rote Kennzeichen zusammen mit dem Fz, an dem sie angebracht sind, keine **Urkunde,** da sie nicht fest angebracht werden müssen (BGHSt **34** 375 = NJW **87** 2384, Stu VRS **47** 25, *Mehde* NZV **00** 111 (112) (jeweils zu § 28 StVZO aF), *Deutscher* DAR **11** 646 (zu § 16 aF)).

Fahrten zur Teilnahme an Veranstaltungen für Oldtimer

17 (1) ¹Oldtimer, die an Veranstaltungen teilnehmen, die der Darstellung von Oldtimer-Fahrzeugen und der Pflege des kraftfahrzeugtechnischen Kulturgutes dienen, benötigen hierfür sowie für Anfahrten zu und Abfahrten von solchen Veranstaltungen keine Betriebserlaubnis und keine Zulassung, wenn sie ein rotes Oldtimerkennzeichen führen. ²Dies gilt auch für Probefahrten und Überführungsfahrten sowie für Fahrten zum Zwecke der Reparatur oder Wartung der betreffenden Fahrzeuge. ³§ 31 Absatz 2 der Straßenverkehrs-Zulassungs-Ordnung bleibt unberührt.

(2) ¹Für die Zuteilung und Verwendung der roten Oldtimerkennzeichen findet § 16 Absatz 2 bis 5 entsprechend mit der Maßgabe Anwendung, dass ein Fahrzeugscheinheft für rote Oldtimerkennzeichen nach dem Muster der Anlage 10a ausgegeben wird und dass das Kennzeichen nur an den Fahrzeugen verwendet werden darf, für die es ausgegeben worden ist. ²Das rote Oldtimerkennzeichen besteht aus einem Unterscheidungszeichen und einer Erkennungsnummer jeweils nach § 8 Absatz 1, jedoch besteht die Erkennungsnummer nur aus Ziffern und beginnt mit „07“. ³Es ist nach § 10 in Verbindung mit Anlage 4 Abschnitt 1 und 7 auszugestalten und anzubringen. ⁴Fahrzeuge mit rotem Oldtimerkennzeichen dürfen im Übrigen nur nach Maßgabe des § 10 Absatz 12 in Betrieb

genommen werden. [5] **Der Halter darf die Inbetriebnahme eines Fahrzeugs nicht anordnen oder zulassen, wenn die Voraussetzungen nach Satz 4 nicht vorliegen.**

(3) **Unberührt bleiben Erlaubnis- und Genehmigungspflichten, soweit sie sich aus anderen Vorschriften, insbesondere aus § 29 Absatz 2 der Straßenverkehrs-Ordnung, ergeben.**

Begr (VkBl. **06** 608): *Die bisher auf Grund der 49. Ausnahmeverordnung zur Straßenverkehrs-Zulassungs-Ordnung mögliche Zuteilung von roten Kennzeichen für die wiederkehrende Verwendung an Oldtimern hat sich als zweckmäßig erwiesen. Sie wird nunmehr in die Verordnung aufgenommen. Das erforderliche Alter eines Oldtimers wird in der Begriffsdefinition in § 2 Nr. 22, die bereits bisher für die Zuteilung von Oldtimerkennzeichen galt, bestimmt. Die Vorschrift wurde um die Halterverantwortung hinsichtlich vorschriftsmäßiger Kennzeichen ergänzt.*   1

1. Anwendungsbereich. § 17 regelt die Inbetriebsetzung von Oldtimern ohne Betriebser-   2
laubnis und ohne Zulassung zu bestimmten Zwecken mit roten Oldtimerkennzeichen. Ein **Oldtimer** ist ein vor mindestens 30 Jahren erstmals in den Verkehr gekommenes Fahrzeug, das weitestgehend dem Originalzustand entspricht, in einem guten Erhaltungszustand ist, zur Pflege des kraftfahrzeugtechnischen Kulturgutes dient (§ 2 Nr. 22) und durch ein Gutachten eines aaSoP oder PI nach § 23 StVZO als Oldtimer eingestuft worden ist (§ 2 Rn. 25–26). Das Gutachten nach § 23 StVZO ist nach dem Wortlaut von § 23 StVZO erforderlich, um ein Fz als Oldtimer iSd § 2 Nr. 22 einstufen zu können. Rote Oldtimerkennzeichen können demnach nur für Fz zugeteilt werden, denen durch ein solches Gutachten bestätigt wurde, dass sie als Oldtimer iSd § 2 Nr. 22 anzusehen sind (ebenso *Remsperger* DAR **12** 72, *Rebler* DAR **12** 285 (287)). Zwar spricht § 17 im Unterschied zu § 9 I nicht davon, dass ein derartiges Gutachten vorliegen muss. Die Zuteilung von roten Oldtimerkennzeichen ohne Gutachten ist aber unabhängig vom Wortlaut des § 23 StVZO auch nicht vorstellbar, weil den Mitarbeitern der Zulassungsbehörde dann zugemutet würde, selbst einschätzen zu müssen, ob die Definition des § 2 Nr. 22 erfüllt ist oder nicht.

Rote Oldtimerkennzeichen können nur **verwendet** werden zur Teilnahme an Veranstaltun-   3
gen, die der Darstellung von Oldtimer-Fahrzeugen und der Pflege des kraftfahrzeugtechnischen Kulturgutes dienen, für Anfahrten zu und Abfahrten von solchen Veranstaltungen, für Probefahrten (§ 2 Nr. 23) und Überführungsfahrten (§ 2 Nr. 25) sowie für Fahrten zum Zwecke der Reparatur oder Wartung der betreffenden Fz (Abs. 1 S. 1 und 2). Für andere Fahrten dürfen rote Oldtimerkennzeichen nicht verwendet werden. Die Fz benötigen weder Betriebserlaubnis noch Zulassung (Abs. 1 S. 1 und 2), müssen im Übrigen aber vorschriftsmäßig und verkehrssicher sein (Abs. 1 S. 3 iVm § 31 II StVZO). Das bloße Betanken des Fz ist nicht Wartung (Dr DAR **05** 522 zu § 1 I S. 2 der 49. AusnVO alt). Oldtimer, die ein rotes Oldtimer-Kennzeichen führen, sind von dem Verbot, in **Umweltzonen** einzufahren, ausgenommen, auch wenn sie nicht mit einer Plakette gekennzeichnet sind (Nr. 10 Anh 3 KennzVO (Buchteil **13**), dazu § 47 StVZO Rn. 7b).

Literatur: *Gontard,* Oldtimer im deutschen Autorecht, DAR **03** 213.   3a

2. Rotes Oldtimerkennzeichen. Rote Oldtimerkennzeichen können entsprechend § 16 II   4
bis V zugeteilt und verwendet werden mit dem Unterschied, dass ein Fahrzeugscheinheft für rote Oldtimerkennzeichen nach Anl 10a ausgegeben und dass das Kennzeichen nur an den Fz verwendet werden darf, für die es ausgegeben worden ist (Abs. II S. 1). Der ZulB muss also mit dem Antrag auf Zuteilung eines roten Oldtimerkennzeichens genau mitgeteilt werden, für welche Fz es verwendet werden soll. Ansonsten gelten die Regelungen für rote Kennzeichen nach § 16 II bis V entsprechend. Aus Sinn und Zweck der Vorschrift ergibt sich, dass die Ausgabe nicht nur an zuverlässige Kfz-Hersteller, Kfz-Teilehersteller, Kfz-Werkstätten und Kfz-Händler (§ 16 II S. 1) möglich ist, sondern auch an die **Halter** von Oldtimern. So sah es auch die aufgehobene (BGBl. I S. **06** 1084) 49. AusnahmeVO zur StVZO in ihrem § 1 II S. 1 (s. 38. Auflage § 18 StVZO Rn. 2c) vor. Diese Halter müssen aber entsprechend § 16 II S. 1 ebenfalls zuverlässig sein. Es besteht kein Anspruch auf Zuteilung roter Oldtimerkennzeichen, aber ein Anspruch auf ermessensfehlerfreie Entscheidung. Zusammen mit dem roten Oldtimerkennzeichen wird ein besonderes **Fahrzeugscheinheft für rote Oldtimerkennzeichen** nach dem Muster in Anl 10a ausgegeben, das vollständig von der ZulB ausgefüllt wird (Abs. II S. 1, Rn. 9). Eingetragen werden alle Fz, für die das rote Oldtimerkennzeichen ausgegeben wird. Die Zuteilung roter Oldtimerkennzeichen ist befristet oder unbefristet, aber widerruflich möglich (Abs. II S. 1 iVm § 16 II S. 1). Wenn ein rotes Oldtimerkennzeichen befristet zugeteilt wurde, ist das Kennzeichen mit dem dazugehörigen Fahrzeugschein der Zulassungsbehörde unverzüglich nach Ablauf der Frist zurückzugeben (Abs. II S. 1 iVm § 16 II S. 7).

5 Vor dem 1.3.07 nach Maßgabe der 49. AusnahmeVO zur StVZO ausgegebene rote Oldti-
merkennzeichen bleiben gültig, § 50 II. Dass diese nicht nach der StVZO, sondern nach der
49. AusnahmeVO zugeteilt worden sind, ist unschädlich (s. § 50 Rn. 2). Soweit vor dem 1.3.07
rote Oldtimerkennzeichen für Fz ausgegeben worden sind, die nicht als Oldtimer iSv § 2 Nr. 22
anzusehen sind, insbesondere weil sie noch nicht 30 Jahre alt sind, ändert sich an der Gültigkeit
nichts, solange der Verwaltungsakt der Zuteilung des Kennzeichens nicht widerrufen wird oder
die befristete Zuteilung noch nicht beendet ist.

6   **Ausgestaltung des roten Oldtimerkennzeichens:** Abs. II S. 2, Abs. II S. 3 iVm § 10 und
Anl 4 Abschn 1 und 7. Das rote Oldtimerkennzeichen ist entsprechend dem allgemeinen Kenn-
zeichen, aber in roter Schrift und mit rotem Rand ausgeführt. Es besteht aus einem Unterschei-
dungszeichen und einer Erkennungsnummer jeweils nach § 8 I, die Erkennungsnummer besteht
aber nur aus Ziffern und beginnt mit „07", Abs. II S. 2 (deswegen werden die roten Oldtimer-
kennzeichen vielfach als „07 er-Kennzeichen" bezeichnet). Rote Oldtimerkennzeichen sind von
der ZulB mit Stempelplaketten gem. § 10 III zu versehen, also wie allgemeine Kennzeichen
abzustempeln. HU-Plaketten sind auf roten Oldtimerkennzeichen nicht anzubringen (Anl 4
Abschn 7 S. 2 iVm Abschn 1 Nr. 6 S. 1 Buchst. b), denn Fz mit roten Oldtimerkennzeichen sind
von der HU-Pflicht ausgenommen (§ 29 I S. 2 Nr. 1 StVZO).

7   **Anbringung.** Rote Oldtimerkennzeichen sind nach § 10 anzubringen, Abs. II S. 3 und
Abs. II S. 1 iVm § 16 V S. 1, müssen also grundsätzlich an Vorder- und Rückseite des Fz, also
außen, vorhanden sein (§ 10 V). Sie brauchen jedoch nicht fest am Fz angebracht zu sein, Abs. II
S. 1 iVm § 16 V S. 2, auch wenn Abs. II S. 3 etwas missverständlich sagt, sie müssten nach § 10
angebracht werden, was eigentlich bedeutet, dass sie fest anzubringen sind (§ 10 V). Die Verwei-
sung in Abs. II S. 1 auf die speziellere Regel des § 16 V S. 2 geht jedoch vor.

8   **Haftpflichtversicherung.** Rote Oldtimerkennzeichen dürfen nur ausgegeben werden, wenn
der Antragsteller nachweist, dass den Vorschriften über die Pflichtversicherung genügt ist, Abs. II
S. 1 iVm § 16 IV.

9   **Fahrzeugscheinhefte:** Mit roten Oldtimerkennzeichen werden besondere Fahrzeugschein-
hefte für rote Oldtimerkennzeichen nach dem Muster in Anl 10a ausgegeben (Abs. II S. 1). Farbe
des Papiers und Format des Fahrzeugscheinhefts sind in Anl 10a nicht geregelt, die ZulB hat inso-
weit Gestaltungsspielraum. Das besondere Fahrzeugscheinheft wurde erst mit ÄndVO v 19.10.12
(BGBl I S. 2232) mit Wirkung ab 1.11.12 eingeführt. In der Zeit 1.3.07 bis 31.10.12 wurde für
rote Oldtimerkennzeichen ein besonderes Fahrzeugscheinheft nach Anl 10 aF (entspricht der
heutigen Anl 9) ausgegeben (damals Abs. II S. 1 aF iVm § 16 III S. 1 aF); diese Dokumente sind
auch über den 1.11.12 hinaus gültig (§ 50 III Nr. 8). Das Fahrzeugscheinheft ist bei jeder Fahrt
mitzuführen und zuständigen Personen auf Verlangen auszuhändigen (Abs. II S. 1 iVm § 16 II
S. 4). Verstoß dagegen ist ordnungswidrig (§ 48 Nr. 5). Über jede Fahrt sind vor oder unmittelbar
danach fortlaufende **Aufzeichnungen** zu führen (verwendetes Kennzeichen, Fahrttag, Beginn
und Ende der Fahrt, Fahrzeugführer mit Anschrift, Fahrzeugklasse und Hersteller des Fahrzeugs,
Fahrzeug-Identifizierungsnummer, Fahrstrecke), Abs. II S. 1 iVm § 16 II S. 5. Die Angaben von
Fahrzeit und Fahrzeugführer sollen im Falle von Zuwiderhandlungen bei der FzBenutzung die
Feststellung des Fahrzeugführers ermöglichen. Die Aufzeichnungen brauchen bei der Fahrt nicht
mitgeführt zu werden, sind aber ein Jahr lang aufzubewahren und zuständigen Personen auf Ver-
langen jederzeit zur Prüfung auszuhändigen (Abs. II S. 1 iVm § 16 II S. 6).

9a **Nach Fristablauf oder Widerruf** müssen rote Oldtimerkennzeichen und die dazugehöri-
gen Fahrzeugscheinhefte unverzüglich der Zulassungsbehörde übergeben werden (Abs. II S. 1
iVm § 16 II S. 7).

10 **3. Inbetriebnahme.** Fz mit roten Oldtimerkennzeichen dürfen nur in Betrieb genommen
werden, wenn die Kennzeichen korrekt ausgestaltet und angebracht sind und die sonstigen An-
forderungen von § 10 Abs. XII erfüllt sind, zB Stempelplakette oder Kennzeichenbeleuchtung
vorhanden sind, Abs. II S. 4. Verstoß dagegen ist ordnungswidrig, § 48 Nr. 1b. Der Halter darf
die Inbetriebnahme eines Fz nicht anordnen oder zulassen, wenn diese Voraussetzungen nicht
vorliegen, Abs. II S. 5; Verstoß ist ordnungswidrig, § 48 Nr. 2.

11 **4. Sonstige Vorschriften.** Für Fz mit roten Oldtimerkennzeichen sind nach Abs. III alle übri-
gen Erlaubnis- und Genehmigungspflichten zu beachten, insbesondere die Erlaubnispflicht für
Veranstaltungen, die die Straßen mehr als verkehrsüblich in Anspruch nehmen, nach § 29 II StVO.

12 **5. Verhältnis zum Oldtimerkennzeichen nach § 9 I.** Nach § 9 I kann einem Oldtimer
ein Oldtimerkennzeichen zugeteilt werden. Dieses kann nur für ein bestimmtes Fz zugeteilt

werden, nicht für mehrere. Sammler, die mehrere Oldtimer besitzen, die sie nur zur Teilnahme an Oldtimerveranstaltungen benutzen, können die Möglichkeiten des § 17 nutzen und rote Oldtimerkennzeichen verwenden. Macht der Halter von dieser Möglichkeit Gebrauch, so kann ihm nicht außerdem ein Oldtimerkennzeichen zugeteilt werden. Entsprechendes gilt für den umgekehrten Fall; ist also ein Oldtimerkennzeichen nach § 9 I zugeteilt, so scheidet § 17 aus (vgl. Begr zu den Vorläuferregelungen VkBl. 97 537).

6. Ordnungswidrig ist   13

a) das Inbetriebsetzen eines Oldtimers mit roten Oldtimerkennzeichen entgegen Abs. II S. 4, § 48 Nr. 1b,

b) das Anordnen oder Zulassen der Inbetriebnahme eines Oldtimers mit roten Oldtimerkennzeichen durch den Halter entgegen Abs. II S. 5, § 48 Nr. 2,

c) das Nichtmitführen oder Nichtaushändigen eines Fahrzeugscheinheftes entgegen Abs. II S. 1 iVm § 16 II S. 4, § 48 Nr. 5.

Fahrten im internationalen Verkehr

18 Für Fahrzeuge, für die ein Kennzeichen zugeteilt ist, wird auf Antrag ein Internationaler Zulassungsschein nach Artikel 4 und Anlage B des Internationalen Abkommens vom 24. April 1926 über Kraftfahrzeugverkehr (RGBl. 1930 II S. 1233) ausgestellt.

Begr (VkBl. 06 608): s. § 19.   1

Für Fahrzeuge, für die ein Kennzeichen zugeteilt ist, wird für Fahrten im internationalen Ver-   2
kehr auf Antrag von der Zulassungsbehörde zusätzlich zu der Zulassungsbescheinigung ein **Internationaler Zulassungsschein** nach Art 4 und Anlage B des Internationalen Abkommens über Kraftfahrzeugverkehr v. 24.4.1926 (RGBl II **30** 1233, IntAbk) ausgestellt. Dieser ist ein Jahr gültig (Art 4 Abs. 2 S. 1 IntAbk) und gewährt „freie Zulassung zum Verkehr in allen anderen Vertragsstaaten" und wird dort anerkannt (Art 4 Abs. 3 S. 1 IntAbk). Das Recht, von einem Internationalen Zulassungsschein Gebrauch zu machen, kann jedoch verweigert werden, wenn die in Art 3 des Abkommens festgesetzten Bedingungen (Geeignetheit für den Verkehr, Betriebssicherheit, Vorhandensein von Kennzeichenschildern etc.) „augenscheinlich nicht mehr erfüllt sind" (Art 4 Abs. 3 S. 2 IntAbk).

Dieses Abkommen gilt nur noch im Verhältnis der Bundesrepublik Deutschland zu wenigen   3
Staaten. Für die meisten Staaten ist es abgelöst worden durch das Übereinkommen über den Straßenverkehr vom 8.11.1968, das sog Wiener Übereinkommen (ÜbStrV, Beck-Texte Nr. 35). Nach dessen Art 35 ist für den internationalen Verkehr ein Fahrzeugschein ausreichend, dem die normale Zulassungsbescheinigung Teil I und die Zulassungsbescheinigung Teil I für Ausfuhrkennzeichen (§ 19 I Nr. 4) entsprechen, die somit bei Fahrten in das Ausland und der Ausfuhr eines Fahrzeugs in das Ausland für die meisten Staaten ausreicht.

Fahrten zur dauerhaften Verbringung eines Fahrzeugs in das Ausland

19 (1) Soll ein zulassungspflichtiges nicht zugelassenes Kraftfahrzeug oder ein zulassungsfreies und kennzeichenpflichtiges Kraftfahrzeug, dem kein Kennzeichen zugeteilt ist, mit eigener Triebkraft oder ein Anhänger hinter einem Kraftfahrzeug dauerhaft in einen anderen Staat verbracht werden, sind die Vorschriften dieser Verordnung vorbehaltlich der §§ 16 und 16a, soweit dies von dem ausländischen Staat zugelassen ist, mit folgender Maßgabe anzuwenden:

1. Das Fahrzeug darf nur zugelassen werden, wenn durch Vorlage einer Versicherungsbestätigung im Sinne der Anlage 11 Nummer 3 nachgewiesen ist, dass eine Haftpflichtversicherung nach dem Gesetz über die Haftpflichtversicherung für ausländische Kraftfahrzeuge und Kraftfahrzeuganhänger besteht und wenn der nächste Termin zur Durchführung der Untersuchung nach § 29 der Straßenverkehrs-Zulassungs-Ordnung nach dem Ablauf der Zulassung gemäß Nummer 2 liegt; ansonsten ist eine solche Untersuchung durchzuführen.

2. Die Zulassung ist auf die Dauer der nach Nummer 1 nachgewiesenen Haftpflichtversicherung, längstens auf ein Jahr, zu befristen. Unberührt bleibt die Befugnis der Zulassungsbehörde, durch Befristung der Zulassung und durch Auflagen sicherzustellen, dass das Fahrzeug in angemessener Zeit den Geltungsbereich dieser Verordnung verlässt.

3. An die Stelle des Kennzeichens tritt das Ausfuhrkennzeichen. Es besteht aus dem Unterscheidungszeichen nach § 8 Absatz 1 Satz 2 und einer Erkennungsnummer. Die Erkennungsnummer besteht aus einer ein- bis vierstelligen Zahl und einem nachfolgenden Buchstaben. Das Kennzeichenschild enthält außerdem das Ablaufdatum der Zulassung. Das Kennzeichen ist nach § 10, ausgenommen Absatz 3 Satz 2, 3 und 5 bis 7, in Verbindung mit Anlage 4 Abschnitt 1 und 8 auszugestalten und anzubringen. Fahrzeuge mit Ausfuhrkennzeichen dürfen nur nach Maßgabe des § 10 Absatz 12 in Betrieb gesetzt werden. Der Halter darf die Inbetriebnahme eines Fahrzeugs nicht anordnen oder zulassen, wenn die Voraussetzungen nach Satz 5 nicht vorliegen.

4. Die Zulassungsbescheinigung Teil I ist auf die Ausfuhr des Fahrzeugs zu beschränken und mit dem Datum des Ablaufs der Gültigkeitsdauer der Zulassung zu versehen. Zusätzlich kann ein Internationaler Zulassungsschein nach Maßgabe des § 18, auf dem das Datum des Ablaufs der Gültigkeitsdauer der Zulassung vermerkt ist, ausgestellt werden. Nach Ablauf der Gültigkeitsdauer der Zulassung darf das Fahrzeug auf öffentlichen Straßen nicht mehr in Betrieb gesetzt werden. Der Halter darf im Falle des Satzes 3 die Inbetriebnahme eines Fahrzeugs nicht anordnen oder zulassen.

(2) Bei der Zuteilung eines Ausfuhrkennzeichens sind der Zulassungsbehörde zur Speicherung in den Fahrzeugregistern neben den in § 6 Absatz 1 Satz 2 bezeichneten Halterdaten die in § 6 Absatz 4 Nummer 3 bezeichneten Daten zur Kraftfahrzeug-Haftpflichtversicherung und das Ende des Versicherungsverhältnisses sowie die zur Ausstellung der Zulassungsbescheinigung erforderlichen Fahrzeugdaten und bei Personenkraftwagen die vom Hersteller aufgebrachte Farbe des Fahrzeugs mitzuteilen und auf Verlangen nachzuweisen.

(3) Der Führer eines Kraftfahrzeugs hat die Zulassungsbescheinigung Teil I nach Absatz 1 Nummer 4 mitzuführen und zuständigen Personen auf Verlangen zur Prüfung auszuhändigen.

(4) ¹Soll ein zugelassenes oder ein zulassungsfreies und kennzeichenpflichtiges Fahrzeug mit einem Ausfuhrkennzeichen in einen anderen Staat verbracht werden, ist die Zuteilung dieses Kennzeichens unter Vorlage der Zulassungsbescheinigung und der nach § 8 zugeteilten Kennzeichen zur Entstempelung zu beantragen. ²Die bisherige Zulassungsbescheinigung Teil I ist einzuziehen. ³Die Zulassungsbescheinigung Teil II ist fortzuschreiben. ⁴§ 12 Absatz 5 ist entsprechend anzuwenden. ⁵Die Absätze 1 bis 3 sind entsprechend anzuwenden.

1   **Begr** zu §§ 18 und 19 (VkBl. **06** 608): *Die Vorschriften basieren auf § 7 der Verordnung über internationalen Kraftfahrzeugverkehr (VOInt) sowie dem § 1 Abs. 3 FRV. Da die zur Ausfuhr bestimmten Fahrzeuge auch am nationalen Verkehr teilnehmen, werden Sonderregelungen, die im Vergleich zu inländischen Fahrzeugen geringere Anforderungen an den technischen Zustand der Fahrzeuge stellen (bisher § 7 Abs. 2 Nr. 1 VOInt) im Interesse der Verkehrssicherheit aufgegeben. Das Internationale Abkommen über Kraftfahrzeugverkehr vom 24. April 1926 (RGBl. 1930 II S. 1234), welches nach Artikel 4 und Anlage B für den internationalen Verkehr die Ausstellung eines Internationalen Zulassungsscheins vorschreibt, gilt nur noch im Verhältnis der Bundesrepublik zu wenigen Staaten. Nach Artikel 35 des Übereinkommens vom 8. November 1968 über den Straßenverkehr (BGBl. 1977 II S. 809) ist für den internationalen Verkehr ein Fahrzeugschein auszureichen, wenn dieser wenigstens folgende Angaben enthält: Kennzeichen, Tag der ersten Zulassung oder Herstellungsjahr des Fahrzeugs, Name und Wohnsitz desjenigen, für den die Bescheinigung ausgestellt ist, Name oder Fabrikmarke des Herstellers, Fahrgestellnummer, höchstes zulässiges Gesamtgewicht bei Fahrzeugen zur Güterbeförderung sowie die Gültigkeitsdauer der Bescheinigung, wenn diese nicht unbegrenzt ist. Nach der EG-Richtlinie über die Zulassungsdokumente ist für den innergemeinschaftlichen Verkehr eine Zulassungsbescheinigung mit den in deren Anhang I festgelegten Mindestangaben ausreichend. Es wird deshalb bestimmt, dass bei Zuteilung eines Ausfuhrkennzeichens eine auf die Ausfuhr sowie zeitlich beschränkte Zulassungsbescheinigung ausgestellt wird. Der Internationale Zulassungsschein kann zusätzlich ausgefertigt werden. Bezüglich der Identifizierung gelten die Regelungen des § 6 Abs. 8. Die Vorschrift wurde um die Halterverantwortung hinsichtlich vorschriftsmäßiger Kennzeichen sowie des Inbetriebnahmeverbots nach Ablauf der Gültigkeitsdauer der Zulassung ergänzt. ...*

2   Begründung der Einfügung der Wörter „vorbehaltlich des § 16, soweit dies von dem ausländischen Staat zugelassen ist" in Absatz 1 Satz 1 durch den Bundesrat: *Neben der Möglichkeit der Verwendung von Ausfuhrkennzeichen besteht bei Verbringung in einen anderen Mitgliedstaat der EU/des EWR auch die Möglichkeit der Verwendung von roten oder Kurzzeitkennzeichen, sofern der andere Mitgliedstaat dies einräumt.*

3   **Absatz 4** erstreckt die Vorschrift auch auf zugelassene Fahrzeuge. Das Verfahren entspricht einer Fahrzeugumschreibung mit Zuteilung eines neuen Kennzeichens.

Begr zur ÄndVO v. 19.10.12 **zu Abs. 4 S. 4** (BR-Drs. 371/12 S. 35 = VkBl. **12** 865): *Auch* 3a *bei der Erteilung eines Ausfuhrkennzeichens kann bei Verlust der Zulassungsbescheinigung Teil II die Ersatzausfertigung erst nach Ablauf der Aufbietungsfrist erfolgen. Ausnahmen sind möglich.*

Begr zur ÄndVO v. 31.7.17 **zu Abs. 1 Nr. 3 S. 2 u 4** (BR-Drs. 408/17 S. 24): *Durch die Um-* 3b *formulierung wird klargestellt, dass das Ablaufdatum nicht Teil des Kennzeichens ist.*

1. Anwendungsbereich. § 19 regelt die Zulassung von Fahrzeugen mit **Ausfuhrkennzei-** 4 **chen** zum Zwecke der **dauerhaften Verbringung in einen anderen Staat;** bei Kfz muss die Verbringung in das Ausland **mit eigener Triebkraft** erfolgen. Diese besondere Zulassung ist möglich für zulassungspflichtige nicht zugelassene Kfz, für zulassungsfreie aber kennzeichen-pflichtige Kfz, denen kein Kennzeichen zugeteilt worden ist, und für Anhänger, die hinter einem Kfz ausgeführt werden sollen (Abs. 1 bis 3), für zugelassene Fz sowie für zulassungsfreie kennze-ichenpflichtige Fz, denen ein Kennzeichen zugeteilt worden ist (Abs. 4).

Alternativ zur Verbringung eines Fz in das Ausland mit Ausfuhrkennzeichen ist die Ausfuhr 5 auch unter Verwendung von **roten oder Kurzzeitkennzeichen** möglich, wenn der jeweilige andere Staat dies zulässt (Abs. 1 S. 1: „vorbehaltlich der §§ 16 und 16a, soweit dies von dem aus-ländischen Staat zugelassen ist"). Dass der jeweilige andere Staat die Einfuhr mit roten oder Kurzzeitkennzeichen zulässt, ist keine Tatbestandsvoraussetzung für die Zuteilung dieser Kenn-zeichen; es handelt sich lediglich um einen Hinweis auf den Umstand, dass nicht alle Staaten diese Kennzeichen anerkennen. Hintergrund der Schaffung dieser Regelung war ein Vertragsver-letzungsverfahren, in dessen Rahmen Deutschland von der EU-Kommission aufgefordert wor-den war, die Ausfuhr von Fz in andere EU- oder EWR-Staaten auch mit roten oder Kurzzeit-kennzeichen zur Überführung zuzulassen (*Liebermann* NZV **06** 357, 360, *Holm/Liebermann* SVR **08** 161, 162).

Sonderregelungen, die früher gem. § 7 II Nr. 1 VOInt (alt) **geringere Anforderungen an** 6 **den technischen Zustand** von Fz zur Ausfuhr mit eigener Triebkraft stellten, sind seit 1.3.07 im Interesse der Verkehrssicherheit **aufgegeben** worden, da diese Fz vor der Ausfuhr noch eine gewisse Zeit, möglicherweise bis zu einem Jahr, am Verkehr in Deutschland teilnehmen (Begr VkBl. **06** 608, *Holm/Liebermann* SVR **08** 161, 162).

Keine Fernzulassung in Deutschland. Auf Fz, die sich in Deutschland befinden und ins 7 Ausland überführt werden sollen, findet ausschließlich deutsches Zulassungsrecht Anwendung (*Holm/Liebermann* SVR **08** 161, 164). Ein Überführungskennzeichen eines fremdem Staates, in den das Fahrzeug überführt werden soll, bewirkt keine Zulassung im Inland (§ 20 Rn. 19).

2. Antrag auf Zulassung mit Ausfuhrkennzeichen. Im Falle von zulassungspflichtigen 8 nicht zugelassenen Kfz, zulassungsfreien kennzeichenpflichtigen Kfz, denen kein Kennzeichen zugeteilt ist, und Anhängern sind der Zulassungsbehörde mit dem Antrag auf Zulassung mit Aus-fuhrkennzeichen die Halterdaten gem. § 6 I S. 2, die zur Ausstellung der Zulassungsbescheini-gung erforderlichen FzDaten, bei Pkw die vom Hersteller aufgebrachte Farbe des Fz, die Daten zur Kfz-Haftpflichtversicherung gem. § 6 IV Nr. 3, und das Ende des Versicherungsverhältnisses mitzuteilen und auf Verlangen nachzuweisen (Abs. 2). Die Zulassung ist nur möglich, wenn durch Vorlage einer speziellen **Versicherungsbestätigung** in Papierform (§ 23 II S. 1) gem. Anl 11 nachgewiesen wird, dass eine Haftpflichtversicherung nach dem Gesetz über die Haft-pflichtversicherung für ausländische Kfz und Kfz-Anhänger (PflversAusl, Beck-Texte Nr. 620) besteht (Abs. 1 Nr. 1; soweit Abs. 1 Nr. 1 von Anl 11 *Nr. 3* spricht ist dies überholt, da es Nr. 3 seit der ÄndVO v. 19.10.12, BGBl. I S. 2232, nicht mehr gibt). Diese Versicherungsbestätigung enthält das gem. Abs. 2 vom Antragsteller mitzuteilende Datum des Endes des Versicherungs-schutzes (s. Anl 11). Die Versicherungsbestätigung für Ausfuhrkennzeichen kann nicht elektro-nisch übermittelt oder zum Abruf in automatisierte Verfahren bereitgehalten werden (§ 23 II S. 1), da hier der Nachweis des Versicherungsschutzes als Dokument mitzuführen ist (§ 23 Rn. 2–8). Der Führer des Fahrzeugs hat nach § 1 II PflversAusl eine Versicherungsbescheinigung nach § 1 II S. 1 PflversAusl, die das Bestehen einer Haftpflichtversicherung nach diesem Gesetz bescheinigt (sofern dies nicht nach § 8a PflversAusl entbehrlich ist), mitzuführen und auf Verlan-gen zuständigen Beamten zur Prüfung auszuhändigen.

Wenn ein zugelassenes oder ein zulassungsfreies kennzeichenpflichtiges Fz, dem ein Kennzei- 9 chen zugeteilt ist, mit einem Ausfuhrkennzeichen ausgeführt werden soll, sind bei der Beantra-gung der Zulassung mit Ausfuhrkennzeichen die bisherige Zulassungsbescheinigung Teile I und II und die bisherigen Kennzeichen zur Entstempelung vorzulegen (Abs. 4 S. 1). Die bisherige Zulassungsbescheinigung Teil I wird eingezogen (Abs. 4 S. 2). Die Zulassungsbescheinigung

Teil II wird fortgeschrieben (Abs. 4 S. 3) und dann wieder ausgehändigt (§ 12 VI S. 3). Bei Verlust der ZB II kann die Ersatzausfertigung erst nach Ablauf der Aufbietungsfrist erfolgen (Abs. 4 S. 4, Begr Rn. 3a). Das Verfahren entspricht einer Fahrzeugumschreibung mit Zuteilung eines neuen Kennzeichens (Begr VkBl. **06** 609).

10   **3. Zulassung mit Ausfuhrkennzeichen.** Die Zulassung wird auf die **Dauer** der gem. Abs. 1 Nr. 1 nachgewiesenen Haftpflichtversicherung, längstens ein Jahr, befristet (Abs. 1 Nr. 2). Die ZulB kann durch kürzere Befristung der Zulassung und durch Auflagen dafür sorgen, dass das Fahrzeug Deutschland in angemessener Zeit verlässt (Abs. 1 Nr. 2). Die frühere Steuerbefreiung von Fz mit Ausfuhrkennzeichen wurde ab 1.7.10 aufgehoben (Streichung von § 3 Nr. 12 KraftStG durch das 5. KraftStGÄndG v. 27.5.10, BGBl. I S. 668, Begr BT-Drs. 17/1209 S. 1, BT-Drs. 17/1463 S. 9). Die **Steuerpflicht** besteht für den Zeitraum der Zulassung mit Ausfuhrkennzeichen, zumindest aber für einen Monat (§ 5 I Nr. 4 KraftStG).

11   Bei der Zulassung zur Ausfuhr mit eigener Triebkraft teilt die ZulB ein **Ausfuhrkennzeichen** zu (Abs. 1 Nr. 3), sofern die Ausfuhr nicht mit roten oder Kurzzeitkennzeichen erfolgen soll. Das Ausfuhrkennzeichen besteht aus einem Unterscheidungszeichen und einer Erkennungsnummer (Abs. 1 Nr. 3 S. 2). Das Kennzeichenschild enthält außerdem das Ablaufdatum der Zulassung (Abs. 1 Nr. 3 S. 4), das jedoch nicht Teil des Ausfuhrkennzeichens ist (Begr Rn. 3b). Die Erkennungsnummer besteht aus einer ein- bis vierstelligen Zahl und einem nachfolgenden Buchstaben (Abs. 1 Nr. 3 S. 3). Die Ausgestaltung des Ausfuhrkennzeichens ergibt sich aus Anl 4 Abschn 8. Das Ablaufdatum ist auf dem roten Feld am rechten Rand des Schildes vermerkt. Dabei gibt die obere Zahl den Tag, die mittlere den Monat und die untere das Jahr des Endes der besonderen Zulassung in Deutschland an. Der rote Untergrund des Feldes mit dem Ablaufdatum darf nicht retroreflektierend sein (Anl 4 Abschn 8 Nr. 3 S. 4). Das Ausfuhrkennzeichen enthält kein Euro-Feld (Anl 4 Abschn 8 Nr. 3 S. 1). Die Abstempelung des Ausfuhrkennzeichens durch die ZulB gem. § 10 III erfolgt mit speziellen **Stempelplaketten mit rotem Untergrund** (Anl 4 Abschn 8 Nr. 3 S. 5), die nicht die Sicherheitsmerkmale der Stempelplaketten gem. § 10 III enthalten (Abs. 1 Nr. 3 S. 5 iVm § 10 III S. 1 und 4 und Anl 4 Abschn 8 Nr. 3 S. 5). Bei diesen Kennzeichen ergibt sich derzeit kein Anwendungsbereich für internetbasierte Vorgänge, sodass die Ausstattung mit mit internetfähigen Stempelplaketten nicht angemessen wäre (Begr BR-Drs. 770/16 S. 118). Auf den Ausfuhrkennzeichen sind **keine HU-Plaketten** anzubringen (Anl 4 Abschn 8 Nr. 3 S. 1 iVm Abschn 1 Nr. 6 S. 1 Buchst. b, § 29 II S. 1 Nr. 1 StVZO), auch wenn Fz mit Ausfuhrkennzeichen der HU-Pflicht unterliegen. Für die **Anbringung** des Ausfuhrkennzeichens gelten die normalen Regeln (Abs. 1 Nr. 3 S. 5 iVm § 10 V); das Kennzeichen muss also grundsätzlich an der Vorder- und Rückseite des Fz fest angebracht sein. Die übliche Kennzeichenbeleuchtung muss vorhanden sein (Abs. 1 Nr. 3 S. 5 iVm § 10 VI S. 2).

12   Vor dem 1.3.07 nach Maßgabe von § 7 IntVO zugeteilte Ausfuhrkennzeichen blieben gültig (§ 50 II). Dass sie nicht nach der StVZO, sondern nach der IntVO zugeteilt worden sind, ist unschädlich (§ 50 Rn. 2).

13   **4. Die Zulassungsbescheinigung Teil I** wird auf die Ausfuhr des Fahrzeugs beschränkt und mit dem Datum des Ablaufs der Gültigkeitsdauer der Zulassung versehen (Abs. 1 Nr. 4 S. 1); sie ist also zeitlich beschränkt. Diese ZB I ist durch den Kfz-Führer mitzuführen und zuständigen Personen auf Verlangen zur Prüfung auszuhändigen (Abs. 3). Die besondere Regelung zur ZB I in Abs. 1 Nr. 4 bedeutet nicht, dass nur eine ZB I auszustellen wäre; es gibt dazu auch eine ZB II. Zusätzlich kann gem. § 18 ein Internationaler Zulassungsschein ausgestellt werden, auf dem ebenfalls das Datum des Ablaufs der Gültigkeitsdauer der Zulassung vermerkt wird (Abs. 1 Nr. 4 S. 2). Dies ist nur bei Ausfuhr in einen der wenigen Staaten erforderlich, in Bezug auf die das Internationale Abkommen über Kraftfahrzeugverkehr vom 24.4.1926 noch Bedeutung hat (s. § 18 Rn. 3).

14   Das Fz ist vor der Zulassung zur Ausfuhr mit Ausfuhrkennzeichen gem. § 6 VIII von der Zulassungsbehörde zu **identifizieren**, s. Begr VkBl. **06** 608; vgl. § 6 Rn. 2 und 10.

15   Wenn der nächste Termin für die **Hauptuntersuchung** gem. § 29 StVZO innerhalb des Gültigkeitszeitraums der Zulassung zur Ausfuhr liegt, ist diese Untersuchung vor der Zulassung durchzuführen (Abs. 1 Nr. 1), da ansonsten nicht mehr sichergestellt werden kann, dass die HU fristgerecht erfolgt. Geschieht dies nicht, kann keine Zulassung nach § 19 erfolgen.

16   **5. Inbetriebsetzung und Halterverantwortlichkeit.** Fz mit Ausfuhrkennzeichen dürfen nur in Betrieb genommen werden, wenn die Vorschriften über Ausgestaltung, Anbringung und Beleuchtung der Kennzeichen beachtet sind (Abs. 1 Nr. 3 S. 6 iVm § 10 XII S. 1). Der Halter darf die Inbetriebnahme des Fz nicht anordnen oder zulassen, wenn diese Voraussetzungen nicht vorliegen (Abs. 1 Nr. 3 S. 7). Nach Ablauf der Gültigkeitsdauer der Zulassung mit Ausfuhrkennzeichen darf das Fz auf öffentlichen Straßen in Deutschland nicht mehr in Betrieb gesetzt werden (Abs. 1 Nr. 4 S. 3). Der Halter darf in diesem Fall die Inbetriebnahme des Fz nicht anordnen oder zulassen (Abs. 1 Nr. 4 S. 4).

Besteht keine Kfz-Haftpflichtversicherung nach dem PflversAusl (s. Rn. 8) oder führt der **17** Fahrzeugführer die erforderliche Versicherungsbescheinigung darüber nicht mit, darf der Halter nicht zulassen, dass das Fz in Deutschland auf öffentlichen Straßen gebraucht wird (§ 1 III PflversAusl).

6. Ordnungswidrig ist   **18**

a) das Inbetriebsetzen eines Fz zur Ausfuhr, wenn die Vorschriften über Kennzeichen nicht eingehalten sind, § 48 Nr. 1b,

b) das Inbetriebsetzen eines Fz mit Ausfuhrkennzeichen nach Ablauf der Gültigkeitsdauer der Zulassung mit Ausfuhrkennzeichen, § 48 Nr. 1c,

c) das Anordnen oder Zulassen der Inbetriebnahme eines Fz mit Ausfuhrkennzeichen durch den Halter, wenn die Vorschriften über Kennzeichen nicht beachtet sind oder nach Ablauf der Gültigkeitsdauer der Zulassung zur Ausfuhr, § 48 Nr. 2.

Ordnungswidrigkeiten und Straftaten nach dem PflversAusl (Beck-Texte Nr. 620) s. dort §§ 9, 9a.

Literatur: *Bauer,* Das Ausfuhrkennzeichen ..., VD **98** 78. *Holm/Liebermann,* Fernzulassung von Fz?, **19** SVR **08** 161. *Jagow,* Das neue Ausfuhrkennzeichen, VD **88** 267. *Jagow,* Fze mit Ausfuhrkennzeichen und ihre Wiederzulassung nach der StVZO, VD **92** 193.

Abschnitt 4. Teilnahme ausländischer Fahrzeuge am Straßenverkehr

Vorübergehende Teilnahme am Straßenverkehr im Inland

20 (1) [1] In einem anderen Mitgliedstaat der Europäischen Union oder einem anderen Vertragsstaat des Abkommens über den Europäischen Wirtschaftsraum zugelassene Fahrzeuge dürfen vorübergehend am Verkehr im Inland teilnehmen, wenn für sie von einer zuständigen Stelle des anderen Mitgliedstaates oder des anderen Vertragsstaates eine gültige Zulassungsbescheinigung ausgestellt und im Inland kein regelmäßiger Standort begründet ist. [2] Die Zulassungsbescheinigung muss mindestens die Angaben enthalten, die im Fahrzeugscheinheft für Fahrzeuge mit rotem Kennzeichen nach Anlage 9 vorgesehen sind. [3] Zulassungsbescheinigungen nach Satz 1, die den Anforderungen des Satzes 2 genügen und ausschließlich zum Zwecke der Überführung eines Fahrzeugs ausgestellt werden, werden vom Bundesministerium für Verkehr und digitale Infrastruktur im Verkehrsblatt bekannt gemacht. [4] Satz 1 gilt nicht für ein Fahrzeug, das sich zum Zeitpunkt der Zulassung durch den anderen Mitgliedstaat oder anderen Vertragsstaat im Inland befunden hat.

(1a) In einem anderen Mitgliedstaat der Europäischen Union oder einem anderen Vertragsstaat des Abkommens über den Europäischen Wirtschaftsraum zulassungsfreie Anhänger dürfen vorübergehend am Verkehr im Inland teilnehmen, wenn sie von einem Zugfahrzeug gezogen werden, das im selben Mitgliedstaat oder im selben Vertragsstaat zugelassen ist und im Inland kein regelmäßiger Standort begründet ist.

(2) [1] In einem Drittstaat zugelassene Fahrzeuge dürfen vorübergehend am Verkehr im Inland teilnehmen, wenn für sie von einer zuständigen ausländischen Stelle eine gültige Zulassungsbescheinigung oder ein Internationaler Zulassungsschein nach Artikel 4 und Anlage B des Internationalen Abkommens vom 24. April 1926 über Kraftfahrzeugverkehr ausgestellt ist und im Inland kein regelmäßiger Standort begründet ist. [2] Die Zulassungsbescheinigung muss mindestens die nach Artikel 35 des Übereinkommens vom 8. November 1968 über den Straßenverkehr erforderlichen Angaben enthalten. [3] Satz 1 gilt nicht für ein Fahrzeug, das sich zum Zeitpunkt der Zulassung durch den Drittstaat im Inland befunden hat.

(3) Ausländische Fahrzeuge dürfen vorübergehend am Verkehr im Inland nur teilnehmen, wenn sie betriebs- und verkehrssicher sind.

(4) Ist die Zulassungsbescheinigung nicht in deutscher Sprache abgefasst und entspricht sie nicht der Richtlinie 1999/37/EG oder dem Artikel 35 des Übereinkommens vom 8. November 1968 über den Straßenverkehr, muss sie mit einer von einem Berufskonsularbeamten oder Honorarkonsul der Bundesrepublik Deutschland im Ausstellungsstaat bestätigten Übersetzung oder mit einer Übersetzung durch einen international anerkann-

ten Automobilklub des Ausstellungsstaates oder durch eine vom Bundesministerium für Verkehr und digitale Infrastruktur bestimmte Stelle verbunden sein.

(5) **Der Führer des Kraftfahrzeugs hat die ausländische Zulassungsbescheinigung nach Absatz 1 oder 2 sowie die nach Absatz 4 erforderliche Übersetzung oder den Internationalen Zulassungsschein nach Absatz 2 mitzuführen und zuständigen Personen auf Verlangen zur Prüfung auszuhändigen.**

(6) ¹**Als vorübergehend im Sinne der Absätze 1 und 2 gilt ein Zeitraum bis zu einem Jahr.** ²**Die Frist beginnt**

1. **bei Zulassungsbescheinigungen mit dem Tag des Grenzübertritts und**

2. **bei internationalen Zulassungsscheinen nach dem Internationalen Abkommen vom 24. April 1926 über Kraftfahrzeugverkehr mit dem Ausstellungstag.**

1   **Begr** zu §§ 20, 21 und 22 (VkBl. **06** 609): *Das Kapitel übernimmt die Regelungen der §§ 1, 2, 5, 10 Nr. 1 und 3 und § 11 Abs. 1 und 3 VOInt. ...*

2   Begründung des Bundesrates für § 20 Abs. 1: *Im Rahmen eines Vertragsverletzungsverfahrens wurde Deutschland durch die Europäische Kommission aufgefordert, auch den ausländischen Fahrzeugen die vorübergehende Teilnahme am öffentlichen Straßenverkehr zu ermöglichen, die mit entsprechenden Kurzzeit- oder Überführungskennzeichen anderer Mitgliedstaaten zugelassen sind. Mit der Änderung wird dem entsprochen.*

3   **Begr** zur ÄndVO v. 19.10.12 **zu Abs. 6 S. 1** (BR-Drs. 371/12 S. 35 = VkBl. **12** 865): *Klarstellung, dass auch für in einem Drittstaat zugelassene Fahrzeuge der Zeitraum von bis zu einem Jahr als vorübergehend gilt.*

4–8   **Begr** zur ÄndVO v. 23.3.17 **zu Abs. 1 S. 4 und Abs. 2 S. 3** (BR-Drs. 770/16 S. 118): *Mit dem den Absätzen 1 und 2 jeweils angefügten Satz sollen sog. Fernzulassungen klarstellend verboten werden, sowohl aus EU-Mitgliedstaaten, EWR-Vertragsstaaten als auch aus Drittstaaten. Anlass für die ausdrückliche Regelung ist die zum Teil anderslautende Rechtsprechung ... zu dieser Fallkonstellation nach bisherigem Recht. ... Die Grundlage für das Verbot bildet die Zulassungshoheit Deutschlands für im Bundesgebiet befindliche, nicht zugelassene Fahrzeuge, die nun von hier aus in Betrieb gesetzt werden sollen. Die Identifizierung eines jeden Fahrzeugs bei der Zulassung dient der Sicherstellung der Übereinstimmung des Fahrzeugs mit den Daten in der Zulassungsbescheinigung und im Zentralen Fahrzeugregister und damit der Sicherheit des Rechtsverkehrs. Sie hat eine wesentliche Bedeutung insbesondere zur Verhinderung von illegalen Fahrzeug-Verschiebungen, Kfz-Diebstahl, illegaler Beschaffung von Fahrzeugpapieren und Betrug in Verbindung mit Kfz-(Total-)Schäden. Es existiert derzeit kein internationales Überprüfungsinstrument etwa in Form einer internationalen Datenplattform, das eine hiesige Identifizierung hinreichend ersetzen könnte. ... Vor diesem Hintergrund kann die Identifizierung eines im Bundesgebiet befindlichen Fahrzeugs nur durch eine deutsche Zulassung hinreichend sichergestellt werden. Durch das Wiener Übereinkommen wird die Möglichkeit einer Fernzulassung nicht gefordert. Lediglich bei Einführung aus dem Ausland nach Deutschland wird nach dem Wiener Übereinkommen die Ermöglichung internationalen Verkehrs gefordert (Art. 1b iii WÜ). Dies ist jedoch durch § 20 Abs. 1 Satz 1 und Abs. 2 Satz 1 FZV bereits sichergestellt.*

9   **1. Anwendungsbereich.** § 20 regelt die vorübergehende, längstens einjährige Teilnahme im Ausland zugelassener Fz (Kfz und Kfz-Anhänger) am Verkehr in Deutschland. Dabei wird zwischen Fz aus EU- und EWR-Staaten (Abs. 1) und aus anderen Staaten, sog Drittstaaten (Abs. 2) unterschieden. Weiter wird die vorübergehende Teilnahme im EU- und EWR-Ausland zulassungsfreier Anhänger am Verkehr im Inland geregelt (Abs. 1a). Für Fz aus EU- und EWR-Staaten besteht die Möglichkeit, auch mit Kurzzeit- oder Überführungskennzeichen aus diesen Staaten vorübergehend am StrV in Deutschland teilzunehmen (Rn. 10). § 20 findet nur Anwendung auf Fz, die bereits im Ausland zugelassen sind, und auf EU- und EWR-Ausland zulassungsfreie Anhänger. Die vorübergehende Teilnahme am StrV in Deutschland ist nur möglich, solange im Inland **kein regelmäßiger Standort** begründet ist (Abs. 1, 1a, 2). Regelmäßiger Standort ist derjenige des „Schwerpunkts der Ruhevorgänge" des Kfz (*Bouska* VD **78** 123), von dem aus das Fz unmittelbar zum Straßenverkehr eingesetzt wird (BVerwG VRS **66** 309 (312)). Dieser bestimmt sich nach objektiven Merkmalen, nicht nach subjektiven Vorstellungen des Verfügungsberechtigten (§ 3 Rn. 4, § 6 Rn. 6). Auf den Wohnort des Halters kommt es nicht an. Sobald für ein im Ausland zugelassenes Fz **in Deutschland** ein **regelmäßiger Standort** begründet wird, unterliegt es den **deutschen Zulassungsvorschriften** (VGH Mü 22.12.15 – 11 B 15.1350 NJW **16** 1670, 12.7.19 – 11 ZB 19.780 BeckRS 2019, 15144, KG 6.3.18 – 3 Ws (B)

77/18 VRS **133** 38 = DAR **18** 690). Die Auffassung, ein im Ausland zugelassenes Fz dürfe bis zu einem Jahr im Inland betrieben werden, auch wenn es in diesem Zeitraum seinen regelmäßigen Standort im Inland hat, sofern die Person von Beginn an vorhat, mit dem Fz nicht länger als ein Jahr im Inland zu bleiben (*Ternig* DAR **17** 483), ist unzutreffend. Sie steht nicht in Übereinstimmung mit Abs. 1 S. 1, auf subjektive Vorstellungen kommt es nicht an. Die Befreiung im Ausland zugelassener Pkw und ihrer Anhänger, die zum vorübergehenden Aufenthalt in das Inland gelangen, von der Kfz-Steuer entfällt entsprechend, sobald für diese Fz ein regelmäßiger Standort im Inland begründet ist (§ 3 Nr. 13 S. 2 KraftStG). Für **ausländische Studenten** gibt es keine Ausnahme von der Zulassungspflicht in Deutschland, wenn sie ihr Fz während des Studiums überwiegend von Deutschland aus nutzen (VG Würzburg 29.1.15 6 K 13.498). Zur Unzulässigkeit der Fernzulassung Rn. 19. Zu Kennzeichen und Nationalitätszeichen § 21, zur Beschränkung und Untersagung nicht vorschriftsmäßiger im Ausland zugelassener Fz § 22.

2. In anderen EU- oder EWR-Staaten zugelassene Fz können vorübergehend am StrV **10** in Deutschland teilnehmen, wenn für sie im Zulassungsstaat eine gültige Zulassungsbescheinigung ausgestellt und in Deutschland kein regelmäßiger Standort begründet ist (Abs. 1 S. 1). Die Zulassungsbescheinigung muss lediglich die Angaben enthalten, die im Fahrzeugscheinheft für Fahrzeuge mit roten Kennzeichen nach Anl 9 vorgesehen sind (Abs. 1 S. 2). Dies führt dazu, dass auch **in anderen EU- oder EWR-Staaten mit Kurzzeit- oder Überführungskennzeichen zugelassene Fz** vorübergehend am StrV in Deutschland teilnehmen können, wenn für sie in Deutschland kein regelmäßiger Standort begründet ist (Abs. 1 S. 1). Hintergrund der Schaffung dieser Regelung war ein Vertragsverletzungsverfahren, mit dem die EU-Kommission Deutschland aufgefordert hatte, die Einfuhr nach und den Transit durch Deutschland aus anderen EU- und EWR-Staaten auch mit dort ausgestellten Kurzzeit- und Überführungskennzeichen zu ermöglichen (BegrVkBl. **06** 609, *Holm/Liebermann* SVR **08** 161, 163).

Ausschließlich **zum Zweck der Überführung ausgestellte Zulassungsbescheinigungen 11 aus anderen EU- und EWR-Staaten,** die den Anforderungen des Abs. 1 S. 2 genügen, werden vom BMV im Verkehrsblatt bekannt gemacht (Abs. 1 S. 3). Dieser Bekanntmachung kommt nur deklaratorische Bedeutung zu (*Holm/Liebermann* SVR **08** 161 (163)). Bisher sind folgende Bekanntmachungen erfolgt: für slowakische Ausfuhrkennzeichen mit Fahrzeugscheinheft (VkBl. **07** 628 = StVRL § 20 FZV Nr. 1), für finnische Ausfuhr-, Überführungs- und Kurzzeitkennzeichen mit Zulassungsbescheinigung (VkBl. **09** 4 = StVRL § 20 FZV Nr. 3), für griechische Kurzzeitkennzeichen mit Zulassungsschein (VkBl. **09** 134 = StVRL § 20 FZV Nr. 4), für Kennzeichen für Fz, die aus Bosnien und Herzegowina zwecks Zulassung in einem anderen Land ausgeführt werden (VkBl. **12** 877 = StVRL § 20 FZV Nr. 8). Die Mitteilung des BMV zur Nutzung niederländischer Händlerkennzeichen (VkBl. **09** 409 = StVRL § 20 FZV Nr. 2) ist keine Bekanntmachung nach Abs. 1 S. 3.

3. In Drittstaaten, also weder in Deutschland noch in anderen EU- oder EWR- 12 Staaten zugelassene Fz dürfen vorübergehend am StrV in Deutschland teilnehmen, wenn für sie entweder eine Zulassungsbescheinigung mindestens mit den Angaben nach Art 35 des Wiener Übereinkommens über den Straßenverkehr von 1968 (ÜbStrV, Beck-Texte Nr. 35) oder ein Internationaler Zulassungsschein nach Art 4 und Anlage B des Internationalen Übereinkommens über Kraftfahrzeugverkehr von 1926 (IntAbk) ausgestellt ist, diese Dokumente noch gültig sind und in Deutschland kein regelmäßiger Standort für das Fz begründet ist (Abs. 2).

4. Im Ausland zugelassene Anhänger ohne regelmäßigen Standort in Deutschland dürfen **13** zum vorübergehenden Verkehr nach Maßgabe von § 20 auch hinter *in Deutschland zugelassenen Zugfahrzeugen* gezogen werden. Hinsichtlich der Kennzeichenführung ist § 21 I S. 3 zu beachten, dh sie müssen an der Rückseite ihr heimisches Kennzeichen gem. § 21 I S. 1 oder, wenn ein solches nicht ausgegeben ist, das Kennzeichen des ziehenden Kfz führen. Wie außerdeutsche Kfz und von ihnen mitgeführte Anhänger sind außerdeutsche Anhänger hinter inländischen Kfz im Inland nur zum vorübergehenden Verkehr zugelassen (BVerwG VRS **66** 309 zu den früheren Vorschriften). Wird der regelmäßige Standort des im Ausland zugelassenen Anhängers nach Deutschland verlegt, wird er sofort im Inland zulassungspflichtig.

In einem anderen **EU- oder EWR-Staat zulassungsfreie Anhänger** ohne regelmäßigen **13a** Standort in Deutschland dürfen zum vorübergehenden Verkehr im Inland von einem Zugfahrzeug gezogen werden, das im Herkunftsstaat des Anhängers zugelassen ist (Abs. 1a). Diese Regelung wurde mit ÄndVO v. 23.3.17 (BGBl. I S. 522) aufgrund eines Auslegungsschreibens der EU-Kommission eingefügt (Begr BR-Drs. 770/16 S. 119). Hinsichtlich der Kennzeichenführung ist auch insoweit § 21 I S. 3 zu beachten. Nicht zulässig ist die Teilnahme zulassungsfreier ausländischer Anhänger am Verkehr im Inland hinter Zugfahrzeugen, die in einem anderen Staat als dem Herkunftsstaat des Anhängers zugelassen sind (Begr BR-Drs. 770/16 S. 120). Anhänger aus Irland dürfen nach Maßgabe des § 20 in Deutschland ohne Einschränkungen vorübergehend am StrV teilnehmen, ohne dass es auf Abs. 1a ankommt, da sie in Irland nach Mitteilung des BMV einem Zulassungssystem unterliegen, das die Anforderungen der Richtlinie 1999/37/EG erfüllt (VkBl. **18** 719).

13b   In einem **Drittstaat zulassungsfreie Anhänger** mit regelmäßigem Standort im Ausland dürfen nicht zum vorübergehenden Verkehr hinter in Deutschland oder im Ausland zugelassenen Zugfahrzeugen gezogen werden, da sie nicht über die nach Abs. 2 erforderliche Zulassungsbescheinigung verfügen.

14   **5. Vorschriftsmäßigkeit hinsichtlich Bau und Ausrüstung.** Im Ausland zugelassene Fz müssen bei der vorübergehenden Teilnahme am StrV im Inland in **Gewicht** und **Abmessungen** den §§ 32 und 34 StVZO entsprechen (§ 31d I StVZO). Sie müssen an Sitzen, für die das Recht des Zulassungsstaates **Sicherheitsgurte** vorschreibt, über diese Sicherheitsgurte verfügen (§ 31d II StVZO). Zur Ausstattung mit und Benutzung von **Geschwindigkeitsbegrenzern** § 31d III StVZO, zur **Reifenprofiltiefe** § 31d IV StVZO, zur Anerkennung als geräuscharme Fz § 31e StVZO. Im Übrigen gelten für im Ausland zugelassene Fz bei der vorübergehenden Teilnahme am StrV im Inland die Vorschriften der StVZO nicht (Ha VM **09** 75, *Huppertz* SVR **10** 121, *Lippert* VD **18** 59). Die Fz müssen aber **betriebs- und verkehrssicher** sein (Abs. 3). Die inländischen Betriebsvorschriften zum verkehrssicheren Zustand des Fz gelten für alle im Inland verkehrenden Fz (Ba ZfS **07** 704, Ha VM **09** 75, BHHJ/*Hühnermann* § 1 StVG Rn. 12, *Lippert* VD **18** 59). Daraus folgt, dass ein Verstoß gegen § 23 StVO aufgrund erheblich beeinträchtigter VSicherheit vorliegen kann, auch wenn ein Verstoß gegen Vorschriften der StVZO – mangels Anwendbarkeit – nicht gegeben ist (Ha VM **09** 75). Die früher in § 1 II Int-VO enthaltene Regelung, dass im Ausland zugelassene Fz bei der vorübergehenden Teilnahme am StrV im Inland hinsichtlich Bau und Ausrüstung mindestens Art 38 und 39 und den Anhängen 4 und 5 des Wiener Übereinkommens über den Straßenverkehr von 1968 (ÜbStrV, Beck-Texte Nr. 35), soweit es anwendbar ist, sonst Art 3 des Internationalen Übereinkommens über Kraftfahrzeugverkehr von 1926 (IntAbk) entsprechen mussten, wurde zwar am 1.3.07 aufgehoben (BGBl I **06** 988, 1080) und ohne nähere Begründung (VkBl. **06** 609) durch den jetzigen Abs. 3 ersetzt. Nach Art 1 II des Gesetzes zu den Übereinkommen vom 8.11.68 über den StrV ... v. 21.9.77 (BGBl II S. 809, Beck-Texte Nr. 35) findet Art 3 III iVm Art 38 und 39 und Anhängen 4 und 5 des Wiener Übereinkommens über den Straßenverkehr von 1968 (ÜbStrV, Beck-Texte Nr. 35) aber nach wie vor unmittelbar Anwendung in Deutschland (*Huppertz* SVR **10** 121). Im Ausland zugelassene Fz dürfen danach am StrV in Deutschland nur teilnehmen, wenn sie hinsichtlich der technischen Anforderungen Anhang 5 des ÜbStrV entsprechen. Es ist davon auszugehen, dass in anderen Vertragsstaaten des ÜbStrV zugelassene Fz Anhang 5 entsprechen, denn sonst hätten sie dort nicht zugelassen werden dürfen (Art 3 III ÜbStrV).

15   **6.** Ist die **ausländische Zulassungsbescheinigung** nicht in deutscher Sprache abgefasst und entspricht sie nicht der Richtlinie 1999/37/EG über Zulassungsdokumente (StVRL § 11 FZV Nr. 2) oder Art 35 ÜbStrV, muss sie mit einer **Übersetzung** in die deutsche Sprache verbunden sein, die entweder von einem Berufskonsularbeamten oder Honorarkonsul Deutschlands im Ausstellungsstaat bestätigt worden ist, oder durch einen international anerkannten Automobilklub des Ausstellungsstaates oder durch eine vom BMV bestimmte Stelle (ua ADAC, AvD, ACE, ARCD, jede amtliche Stelle des Ausstellungsstaates, bestimmte Dolmetscher, VkBl. **15** 327 = StVRL § 29 FeV Nr. 5) angefertigt worden ist (Abs. 4). Nach Harmonisierung der Zulassungsdokumente in der EU entsprechen die Zulassungsbescheinigungen aus anderen EU-Staaten der Richtlinie 1999/37/EG über Zulassungsdokumente, sodass sie nicht mit einer Übersetzung versehen sein müssen, wenn sie bereits nach den Vorgaben dieser Richtlinie ausgestellt worden sind.

16   Der Führer des ausländischen Fz hat die Zulassungsbescheinigung, die ggf. erforderliche Übersetzung oder den Internationalen Zulassungsschein **mitzuführen** und zuständigen Personen auf Verlangen zur Prüfung auszuhändigen (Abs. 5); Verstoß ist ow (§ 48 Nr. 5).

17   **7.** Die vorübergehende Teilnahme am StrV ist für **längstens ein Jahr** möglich (Abs. 6 S. 1). Durch ÄndVO v. 19.10.12 (BGBl. I S. 2232) ist klargestellt, dass Abs. 6 S. 1 sich nicht nur auf Abs. 1, sondern auch auf Abs. 2 bezieht (Begr Rn. 3). Die Festlegung bezieht sich selbstverständlich auch auf Abs. 1a, auch wenn Abs. 6 S. 1 bei dessen Einfügung durch ÄndVO v. 23.3.17 (BGBl. I S. 522) nicht insoweit ergänzt worden ist. Die **Jahresfrist beginnt** bei Zulassungsbescheinigungen mit dem Tag des Grenzübertritts (Abs. 6 S. 2 Nr. 1). Bei Internationalen Zulassungsscheinen nach Art 4 und Anlage B des Internationalen Übereinkommens über Kraftfahrzeugverkehr von 1926 (IntAbk) beginnt die Jahresfrist mit dem Ausstellungstag (Abs. 6 S. 2 Nr. 2), denn sie sind nur ein Jahr gültig (Art 4 II S. 1 IntAbk).

8. Im Ausland zugelassene Fz dürfen in Deutschland vorübergehend am StrV nur teilnehmen, **18** wenn **Versicherungsschutz** nach § 1 des Gesetzes über die Haftpflichtversicherung für ausländische Kfz und Kfz-Anhänger (PflversAusl, Beck-Texte 620) besteht. Die FzFührer haben eine Versicherungsbescheinigung mitzuführen, die auf Verlangen zuständigen Beamten zur Prüfung auszuhändigen ist (§ 1 II S. 1 und 2 PflversAusl), sofern dies nicht gem. § 8a PflversAusl entbehrlich ist.

9. Fernzulassung, also die vorübergehende oder dauerhafte Zulassung eines im Inland be- **19** findlichen Fz durch eine ausländische Behörde mit ausländischen Zulassungsdokumenten und Kennzeichen, ist in Deutschland **nicht zulässig.** Dies wurde durch Einfügung von Abs. 1 S. 4 und Abs. 2 S. 3 mit ÄndVO v. 23.3.17 (BGBl. I S. 522) ausdrücklich deutlich gemacht. Zur Begründung für diese Klarstellung hat der VOGeber auf die Zulassungshoheit Deutschlands und auf die Notwendigkeit der Identifizierung eines jeden Fz bei der Zulassung zur Verhinderung von Missbrauch hingewiesen (Begr Rn. 4–8). Die Identifizierung eines im Bundesgebiet befindlichen Fz könne nur durch eine deutsche Zulassung hinreichend sichergestellt werden, zumal derzeit kein internationales Überprüfungsinstrument existiere, das eine hiesige Identifizierung ersetzen könne. Das Urteil des EuGH v. 31.5.17 – C-420/15 (DAR **18** 14 = NJW **17** 2744 Ls), wonach ein Arbeitnehmer zur Zulassung in dem Staat seiner Tätigkeit nicht verpflichtet werden darf, wenn ein ihm gehörendes Kfz bereits in einem anderen Mitgliedstaat zugelassen ist und dazu bestimmt ist, hauptsächlich in diesem anderen Staat genutzt zu werden, steht der Regelung des § 20 nicht entgegen.

Fernzulassung war jedoch auch schon vor dieser Klarstellung unzulässig, da es sich um den **19a** Hoheitsakt eines ausländischen Staates auf deutschem Territorium handeln würde, zu dem der ausländische Staat nicht befugt ist (Bay DAR **04** 403, DAR **04** 402). Gegenüber der Rechtslage vor Inkrafttreten der FZV am 1.3.07 hatte sich daran nichts geändert (*Holm/Liebermann* SVR **08** 161). Die früher zT in der Rspr. vertretene Auffassung, § 20 I aF erlaube die Fernzulassung in Deutschland (Ba ZfS **07** 704 (obiter dictum), DAR **12** 530, Nü DAR **12** 273), war schon damals unzutreffend. Sie fand weder im Wortlaut noch in Entstehungsgeschichte oder Systematik der Vorschrift eine Stütze. Durch die ausdrückliche Klarstellung durch den VOGeber mit ÄndVO v. 23.3.17 hat sie sich erledigt.

Fz, die in Deutschland in den Verkehr gebracht werden, müssen von deutschen Behörden zuge- **19b** lassen werden, unabhängig davon, ob sie im Inland verbleiben oder ausgeführt werden sollen (Bay DAR **04** 402, *Huppertz* DAR **07** 542, *Holm/Liebermann* SVR **08** 161, 163). Etwas anderes könnte nur gelten, wenn die Fernzulassung nach internationalen Übereinkommen ermöglicht werden müsste oder wenn ausländischen Staaten in bilateralen völkerrechtlichen Vereinbarungen die Befugnis zur Zulassung von Fz auf deutschem Territorium gestattet würde. Durch das Wiener Übereinkommen wird die Möglichkeit einer Fernzulassung nicht gefordert (Begr Rn. 4–8). Und bilaterale Vereinbarungen dazu gibt es (mit Ausnahme der Vereinbarungen zu in Deutschland stationierten Truppen, Rn. 21) nicht. Auch das Abkommen über die gegenseitige Anerkennung der Probe- bzw. Überführungskennzeichen zwischen Italien und Deutschland (VkBl. **94** 94 = StVRL § 16 FZV Nr. 2) erlaubt keine Fernzulassung (Bay DAR **04** 402). Die Unzulässigkeit der Fernzulassung in Deutschland verstößt nicht gegen EU-Recht, da keine unterschiedliche Behandlung von Außen- und Binnenhandel vorliegt (Bay DAR **04** 403, 404, s. EuGH DAR **04** 213).

Die Teilnahme im Ausland zugelassener Fz am StrV in Deutschland ist dagegen nach § 20 er- **20** laubt, wenn **im Ausland** befindliche Fz dort **im Wege der Fernzulassung zugelassen** worden sind (Ba ZfS **07** 704 zur Rechtslage bis 28.2.07 (in Belgien befindliches Fz wurde dort durch eine österreichische Zulassungsbehörde mit österreichischem Überführungskennzeichen zugelassen), *Huppertz* DAR **07** 542). Es handelt sich dann um ein im Ausland zugelassenes Fz, so dass die Unzulässigkeit der Fernzulassung in Deutschland nicht entgegensteht.

10. Die Zulassung von Dienstfahrzeugen der **Nato-Truppen** und deren Zivilangestellten **21** sowie von privaten Kfz und Kfz-Anhängern der Truppenangehörigen erfolgt durch Behörden der jeweiligen Truppe (Art 10 Zusatzabkommen zum Nato-Truppenstatut, BGBl. II **61** 1218,

1229 zul geänd BGBl II **94** 2594, 2598). Diese Fz müssen den Anforderungen von Sicherheit und Ordnung im Straßenverkehr entsprechen, jedoch nicht den deutschen Bau- und Ausrüstungsvorschriften, sofern sie den Vorschriften des Entsendestaates genügen (Art 57 V Zusatzabkommen zum Nato-Truppenstatut, BGBl II **61** 1279). Die Fz sind in regelmäßigen Abständen einer technischen Untersuchung zu unterziehen (BGBl II **94** 2602). Dienststellen der Bundeswehr nehmen im Übrigen die Aufgaben der Verwaltungsbehörden für die Fahrzeuge der Nato-Truppen in Deutschland wahr (§ 46 III S. 2). Fahrzeuge der nach dem **EU-Truppenstatut** (BGBl II **05** 19) entsandten Truppen, s. Art 6 EU-Truppenstatut. Zulassung von Kfz und Kfz-Anhängern **polnischer** Streitkräfte, s. Art 10 des deutsch-polnischen Abkommens v. 28.8.00 (BGBl II **01** 179, 183, **02** 1660), **estnischer** Streitkräfte, s. Art 9 des deutsch-estnischen Abkommens v. 21.11.07 (BGBl II **08** 1278), **österreichischer** Streitkräfte, s. Art 9 des deutsch-österreichischen Abkommens v. 6.11.07 (BGBl II **08** 1290), **neuseeländischer** Streitkräfte, s. Art 9 des deutsch-neuseeländischen Abkommens v. 4.11.08 (BGBl II **09** 166, 489), Streitkräfte von **Singapur,** s. Art 9 des Abkommens Deutschland-Singapur v. 9.1.09 (BGBl II **09** 265), Streitkräfte der **Schweiz,** s. Art 8 des deutsch-schweizerischen Abkommens v. 25.6.10 (BGBl II **10** 550), **ungarischer** Streitkräfte, s. Art 10 des deutsch-ungarischen Abkommens v. 27.2.14 (BGBl II **14** 696).

22   **11. Ordnungswidrig** ist das Nichtmitführen oder Nichtaushändigen von Zulassungsbescheinigung, ggf. erforderlicher Übersetzung oder Internationalem Zulassungsschein entgegen Abs. 5 (§ 48 Nr. 5).

23   **Literatur:** *Holm / Liebermann,* Fernzulassung von Fz?, SVR **08** 161. *Huppertz,* Fernzulassung, DAR **07** 542.

Kennzeichen und Unterscheidungszeichen

21 (1) ¹In einem anderen Staat zugelassene Kraftfahrzeuge müssen an der Vorder- und Rückseite ihre heimischen Kennzeichen führen, die Artikel 36 und Anhang 2 des Übereinkommens vom 8. November 1968 über den Straßenverkehr, soweit dieses Abkommen anwendbar ist, sonst Artikel 3 Abschnitt II Nummer 1 des Internationalen Abkommens vom 24. April 1926 über Kraftfahrzeugverkehr entsprechen müssen. ²Krafträder benötigen nur ein Kennzeichen an der Rückseite. ³In einem anderen Staat zugelassene Anhänger oder Anhänger im Sinne des § 20 Absatz 1a müssen an der Rückseite ihr heimisches Kennzeichen nach Satz 1 oder, wenn ein solches nicht zugeteilt oder ausgegeben ist, das Kennzeichen des ziehenden Kraftfahrzeugs führen.

(2) ¹In einem anderen Staat zugelassene Fahrzeuge müssen außerdem das Unterscheidungszeichen des Zulassungsstaates führen, das Artikel 5 und Anlage C des Internationalen Abkommens vom 24. April 1926 über Kraftfahrzeugverkehr oder Artikel 37 in Verbindung mit Anhang 3 des Übereinkommens vom 8. November 1968 über den Straßenverkehr entsprechen muss. ²Bei Fahrzeugen, die in einem anderen Mitgliedstaat der Europäischen Union oder einem anderen Vertragsstaat des Abkommens über den Europäischen Wirtschaftsraum zugelassen sind und entsprechend Artikel 3 in Verbindung mit dem Anhang der Verordnung (EG) Nr. 2411/1998 des Rates vom 3. November 1998 über die Anerkennung des Unterscheidungszeichens des Zulassungsmitgliedstaats von Kraftfahrzeugen und Kraftfahrzeuganhängern im innergemeinschaftlichen Verkehr (ABl. L 299 vom 10.11.1998, S. 1) am linken Rand des Kennzeichens das Unterscheidungszeichen des Zulassungsstaates führen, ist die Anbringung eines Unterscheidungszeichens nach Satz 1 nicht erforderlich.

1   **Begr** zu §§ 20, 21 und 22 (VkBl. **06** 609): *Das Kapitel übernimmt die Regelungen der §§ 1, 2, 5, 10 Nr. 1 und 3 und § 11 Abs. 1 und 3 VOInt. …*

2   **1. Kennzeichen ausländischer Fahrzeuge.** Beim vorübergehenden Verkehr in Deutschland müssen im Ausland zugelassene **Kfz** an Vorder- und Rückseite ihre heimischen Kennzeichen führen, Abs. I S. 1. Diese müssen Art 36 und Anhang 2 des Wiener Übereinkommens über den Straßenverkehr von 1968 (ÜbStrV, Beck-Texte Nr. 35) entsprechen, soweit dieses anwendbar ist, Abs. I S. 1. Dies ist der Fall in Bezug auf die meisten Staaten. Ansonsten müssen die Kennzeichen Art 3 Abschnitt II Nr. 1 des Internationalen Übereinkommens über Kraftfahrzeugverkehr von 1926 (IntAbk) entsprechen, Abs. I S. 1. Werden im Heimatstaat des Kfz nur Kennzeichen für die Rückseite ausgegeben, ist bei der vorübergehenden Teilnahme am inländischen StrV zusätzlich ein Kennzeichen an der Vorderseite anzubringen, zu der inhaltsgleichen Vorgängervorschrift Dü NZV **06** 280 (Anm *Ternig* SVR **06** 354 und VD **06** 298). Ausländische

Krafträder benötigen ebenso wie deutsche (§ 10 V S. 2) nur ein Kennzeichen an der Rückseite, Abs. I S. 2. Im Ausland zugelassene **Anhänger** und zulassungsfreie Anhänger iSv § 20 Ia müssen an der Rückseite ihr heimisches Kennzeichen gem. Abs. I S. 1 oder, wenn ein solches nicht zugeteilt oder ausgegeben ist, das Kennzeichen des ziehenden Kfz führen, Abs. I S. 3. Wenn sie zum vorübergehenden Verkehr in Deutschland hinter deutschen Zugfahrzeugen gezogen werden, müssen sie also das deutsche Kennzeichen des deutschen Zugfahrzeugs an der Rückseite führen, sofern sie im Ausland kein eigenes Kennzeichen erhalten haben. In Anwendung des Gedankens, dass Wiederholungskennzeichen nicht von der Zulassungsbehörde gestempelt sein müssen (§ 10 VIII Hs. 2 und § 10 Abs. IX S. 2) kann in diesem Fall auf eine Abstempelung des Kennzeichens verzichtet werden.

2. Im Ausland zugelassene Fz müssen beim vorübergehenden Verkehr in Deutschland das **Na-** 3 **tionalitätszeichen** (Unterscheidungszeichen des Zulassungsstaates) führen, das Art 5 und Anlage C IntAbk oder Art 37 und Anhang 3 ÜbStrV entsprechen muss (Buchstaben in schwarzer Farbe auf einer weißen elliptischen Fläche, deren lange Achse waagerecht liegt; besteht das Nationalitätszeichen nur aus einem Buchstaben, darf die lange Achse der Ellipse lotrecht stehen). Regelungen für Anhänger s. Art 37 II ÜbStrV. Die früher vom BMV bekanntgemachte **Liste der Nationalitätszeichen** (VkBl. 01 523 mit Fortschreibungen, s. 39. Aufl Buchteil 9) wurde aufgehoben (VkBl. 08 54, 55). Eine aktuelle Liste der Nationalitätszeichen findet sich im Internet unter www.unece.org/trans/conventn/Distsigns.pdf. Im grenzüberschreitenden Verkehr innerhalb der EU ist das Nationalitätszeichen entbehrlich, wenn im blauen Euro-Feld des Kennzeichens der Nationalitätsbuchstabe des Zulassungsstaates geführt wird (VO EG Nr. 2411/98 = StVRL § 10 FZV Nr. 3). Entsprechend ist in Abs. 2 S. 2 geregelt, dass in anderen EU- oder EWR-Staaten zugelassene Fz kein Nationalitätszeichen führen müssen, wenn ihre Kennzeichen am linken Rand das Unterscheidungszeichen des Zulassungsstaates aufweisen. Auch die Schweiz, Island, Liechtenstein und Norwegen verzichten auf das Nationalitätszeichen, wenn ein Euro-Kennzeichen am Fz angebracht ist. Fremde Nationalitätszeichen dürfen nur im Ausland zugelassene Fz führen.

3. Ordnungswidrig ist es, an einem in einem anderen Staat zugelassenen Fz ein Kenn- 4 zeichen oder ein Nationalitätszeichen nicht oder nicht wie in Abs. 1 S. 1 oder in Abs. 2 S. 1 vorgeschrieben zu führen (§ 48 Nr. 19).

Beschränkung und Untersagung des Betriebs ausländischer Fahrzeuge

22 [1] Erweist sich ein ausländisches Fahrzeug als nicht vorschriftsmäßig, ist § 5 anzuwenden; muss der Betrieb des Fahrzeugs untersagt werden, wird die im Ausland ausgestellte Zulassungsbescheinigung oder der Internationale Zulassungsschein an die ausstellende Stelle zurückgesandt. [2] Hat der Eigentümer oder Halter des Fahrzeugs keinen Wohn- oder Aufenthaltsort im Inland, ist für Maßnahmen nach Satz 1 jede Verwaltungsbehörde nach § 46 Absatz 1 zuständig.

Begr zu §§ 20, 21 und 22 (VkBl. 06 609): *Das Kapitel übernimmt die Regelungen der §§ 1, 2,* 1 *5, 10 Nr. 1 und § 11 Abs. 1 und 3 VOInt. Für Maßnahmen der Betriebsbeschränkung oder -untersagung ausländischer Fahrzeuge, deren Eigentümer oder Halter keinen Wohn- oder Aufenthaltsort im Inland haben (nach § 46 Abs. 2 bestimmt sich die Zuständigkeit nach diesen) wird jede untere Verwaltungsbehörde bestimmt. ...*
Begründung des Bundesrates für die Ersetzung der Wörter „untere Verwaltungsbehörde" in § 22 Satz 2 durch die Wörter „Verwaltungsbehörde nach § 46 Abs. 1": *Die Verwaltungsbehörden werden in § 46 Abs. 1 definiert.*

Erweisen sich im Ausland zugelassene Fz als **nicht vorschriftsmäßig**, so ist gem. § 5 zu ver- 2 fahren, also dem Halter oder Eigentümer eine angemessene Frist zur Beseitigung der Mängel zu setzen oder der Betrieb des Fz auf öffentlichen Straßen zu beschränken oder zu untersagen. Wird ein im Ausland zugelassenes Kfz, das seinen regelmäßigen Standort im Inland hat, pflichtwidrig (§ 3 Rn. 4) nicht in Deutschland zugelassen, kann der Betrieb des Fz nach § 22 S. 1 iVm § 5 untersagt werden (VGH Mü 22.12.15 – 11 B 15.1350 NJW **16** 1670, VG Würzburg 29.1.15 6 K 13.498).
Zur **Vorbereitung der Entscheidung** kann die ZulB anordnen, dass ein von ihr bestimmter 3 Nachweis über die Vorschriftsmäßigkeit oder ein Gutachten eines aaSoP bzw. eines PI vorgelegt

oder das Fz vorgeführt wird, S. 1 Hs. 1 iVm § 5 III S. 1. Wenn nötig kann sie mehrere solcher Anordnungen treffen, S. 1 Hs. 1 iVm § 5 III S. 2. Im Falle einer **Betriebsuntersagung** schickt die ZulB die im Ausland ausgestellte Zulassungsbescheinigung oder den Internationalen Zulassungsschein an die ausstellende Stelle zurück, S. 1 Hs. 2.

Abschnitt 5. Überwachung des Versicherungsschutzes der Fahrzeuge

Vorbemerkung

Übersicht

1   **1. Haftpflichtversicherung im Verkehr mit Kraftfahrzeugen.** Der Halter (zum Begriff § 7 StVG Rn. 14) eines Kfz oder Anhängers mit regelmäßigem Standort im Inland hat für sich, den Eigentümer und den Fahrer eine Haftpflichtversicherung zur Deckung durch den Gebrauch des Fz verursachter Personen-, Sach- und sonstiger Vermögensschäden nach den Vorschriften des Gesetzes abzuschließen und aufrechtzuerhalten, wenn das Fz im Verkehr (§ 1 StVG Rn. 30) verwendet wird (§ 1 PflVG). Eine Kfz-Haftpflichtversicherung ist nach EU-Recht verpflichtend, wenn ein Fz zugelassen und fahrbereit ist, auch wenn es auf einem Privatgrundstück abgestellt wurde, weil sein Eigentümer es nicht mehr nutzen will (EuGH Urt v. 4.9.18 – C‑80/17 DAR **18** 613 = ZfS **18** 632 = VersR **18** 1370). Dem § 23 FZV kommt die Bedeutung eines Hinweises auf das PflVG zu. Außerdem regelt er die Form des Versicherungsnachweises. Für Fz mit Saisonkennzeichen muss auch außerhalb des Betriebszeitraums ein Versicherungsvertrag bestehen, s. § 25 FZV Rn. 10, insoweit genügt eine ruhende Versicherung (§ 5a II AKB alt = H.2.2 AKB 08), OVG Hb NZV **02** 150. Da der Versicherungsvertrag nicht zwischen berechtigter und unberechtigter Nutzung des Fz unterscheidet, werden vom Versicherungsschutz auch Fahrten mit einem gestohlenen Fz durch den Dieb oder sonstige nichtberechtigte Dritte erfasst, *Heinzlmeier* NZV **06** 227.

2   **2. Befreiung von der Versicherungspflicht.** § 1 PflVG gilt nicht (§ 2 I) für die Bundesrepublik Deutschland als Halter, die Länder, die Gemeinden mit mehr als 100 000 Einwohnern, die Gemeindeverbände sowie Zweckverbände, denen ausschließlich Körperschaften des öffentlichen Rechts angehören, nach § 2 I Nr. 5 PflVG ferner nicht für juristische Personen, die von einem nach dem VersAufsG von der Versicherungsaufsicht freigestellten Haftpflichtschadensausgleich Deckung erhalten. Nur die nach § 2 I Nr. 5 PflVG von der Versicherungspflicht Befreiten haben der ZulB nachzuweisen, dass sie befreit sind (§ 23 III FZV). Die Bescheinigung nach Anlage 11 Nr. 4 zur FZV, die bei den Zulassungsakten verbleibt, ermöglicht der ZulB, Auskunft über den Haftpflichtschadenausgleich zu geben. Das KBA übermittelt der EU‑Kommission nach § 37b StVG einmal jährlich eine Liste der nach § 2 I Nr. 1–5 PflVG von der Versicherungspflicht befreiten FzHalter. Die Liste wird von der EU-Kommission veröffentlicht, so dass Unfallopfer auf diesem Weg den richtigen Anspruchsgegner ermitteln können (BT-Drs. 16/5551 S. 19).

3   Der Versicherungspflicht unterliegen nach § 2 I Nr. 6 PflVG ferner nicht Kfz, die bauartbedingt nicht schneller als 6 km/h fahren können (sie unterfallen auch nicht der FZV, § 1), selbstfahrende Arbeitsmaschinen (§ 2 Nr. 17) und Stapler (§ 2 Nr. 18), deren Höchstgeschwindigkeit 20 km/h nicht übersteigt, wenn sie dem Zulassungsverfahren nicht unterliegen, auch nicht geschleppt (anders zB zulassungspflichtige Elektrokarren, KG VM **85** 63), und Anhänger, die dem Zulassungsverfahren nicht unterliegen. Die Ausnahme von der Versicherungspflicht bei Arbeits-

maschinen bis 20 km/h gilt auch, wenn diese Grenze nicht konstruktionsbedingt ist, sondern auf entsprechenden Vorrichtungen beruht, BGH NZV **97** 511 (Anm *Lorenz* VersR **97** 1526), s. § 8 StVG Rn. 2. Fz, die auf Grund ihrer konstruktiven Beschaffenheit grundsätzlich schneller als 6 km/h fahren könnten, sind unter Zugrundelegung der Rspr. des BGH (NZV **97** 511), die auch hier zu gelten haben wird, auch dann nicht versicherungspflichtig, wenn lediglich eine Vorrichtung zur Geschwindigkeitsbegrenzung eingebaut ist, mag sie schwer oder leicht zu entfernen sein (Einbau einer Sperre im Getriebe), abw noch Bay VRS **59** 390. Dies ist durch ÄndVO v. 26.7.13 jetzt auch im Text des § 30a I S. 1 StVZO klargestellt.

Halter, die nach § 2 I Nr. 1–5 PflVG von der Versicherungspflicht freigestellt sind, haben bei **4** hoheitlichen wie nichthoheitlichen Fahrten, Mü VersR **78** 651, sofern nicht auf Grund einer von ihnen abgeschlossenen und den Vorschriften dieses Gesetzes entsprechenden Versicherung Haftpflichtversicherungsschutz gewährt wird, bei Schäden der im § 1 PflVG bezeichneten Art für den Fahrer, auch den nichtberechtigten, BGH VRS **42** 15, und die übrigen Personen, die durch eine auf Grund dieses Gesetzes abgeschlossene Haftpflichtversicherung Deckung erhalten würden, in gleicher Weise und in gleichem Umfang einzutreten wie ein Versicherer bei Bestehen einer Haftpflichtversicherung (§ 2 II PflVG). § 2 II PflVG stellt den Geschädigten nicht schlechter oder anders, wenn ihm statt eines Versicherers eine von der Versicherungspflicht befreite Körperschaft gegenübersteht, BGH VRS **42** 15. Die Verpflichtung beschränkt sich auf die festgesetzten Mindestversicherungssummen.

3. Versicherer. Nach § 5 PflVG kann die Haftpflichtversicherung nur bei einem Versicherer **5** genommen werden, der im Gebiet der Bundesrepublik Deutschland zum Geschäftsbetrieb befugt ist. Verzeichnis der zugelassenen Versicherer: Beck-Texte Anhang zum PflversG (Nr. 600). Es enthält auch die ausländischen, im Inland zum Geschäftsbetrieb befugten Versicherer.

4. Die **Mindesthöhe der Versicherung** ergibt sich für die verschiedenen KfzArten je nach **6** Art des Schadens (Personen- oder Sachschaden) aus § 4 II PflVG und der Anlage zu § 4 II PflVG.

5. § 115 VVG 08 und § 3 PflVG gewähren dem durch den Gebrauch des versicherten Kfz **7** Geschädigten Schutz auch für den Fall, dass der Versicherer dem Versicherungsnehmer gegenüber von der Verpflichtung zur Leistung frei ist (§ 117 I VVG 08), sowie nach Maßgabe von § 117 II VVG 08 für den Fall, dass der Versicherungsschutz dem Versicherungsnehmer gegenüber zur Zeit des Unfalls oder nicht mehr bestand. Gem. § 115 VVG 08 hat der Geschädigte neben dem Anspruch gegen den Schädiger einen **Direktanspruch** gegen den Versicherer. Dieser gründet nicht auf Versicherungsvertrag, sondern auf gesetzlich angeordnetem Schuldbeitritt, der den Anspruch in den Grenzen der §§ 115 ff. VVG 08 und § 3 PflVG verstärkt und sich gem. Art 40 IV EGBGB alternativ nach dem auf die unerlaubte Handlung anzuwendenden Recht richtet (s. **E** 25) oder nach dem Recht, dem der Versicherungsvertrag unterliegt, s. *Gruber* VersR **01** 16. Es handelt sich also nicht um einen vertraglichen, sondern um einen gesetzlichen Anspruch (überwiegend deliktsrechtlicher Natur), BGH NZV **03** 80 zu § 3 PflVG alt. § 115 I VVG 08 macht den Versicherer zum Gesamtschuldner des Schädigers, er haftet dem Geschädigten für alles, was dieser vom Schädiger fordern kann (BGHZ **57** 269, **63** 51, Fra VersR **94** 1000 jeweils zu § 3 Nr. 1 PflVG alt). Analog § 3 Nr. 1 PflVG alt wurde ein Direktanspruch in Fällen, in denen die Einstandspflicht des Versicherers aus culpa in contrahendo (§ 311 II BGB) oder gewohnheitsrechtlicher Vertrauenshaftung wegen pflichtwidrig unterlassener Aufklärung beruht, angenommen (BGHZ **108** 202 = NJW **89** 3095). Kein Direktanspruch jedoch gegen den Versicherer des Halters eines Kfz bei Beschädigung des von diesem gezogenen, in fremdem Eigentum stehenden Anhängers (BGH VersR **81** 322, s. § 11 Nr. 3 AKB alt = A. 1.5.4 AKB 08), bei abgeschleppten Fahrzeugen nur, wenn diese betriebsunfähig sind und der Abschleppende im Rahmen erster Hilfe, nicht gewerbsmäßig und aus Gefälligkeit tätig wurde (§ 11 Nr. 3 AKB alt = A. 1.5.4 S. 2 AKB 08, Ko VersR **87** 707). S. § 4 KfzPflVV. Für den Direktanspruch genügt es, dass der Versicherungsnehmer die den Haftpflichttatbestand erfüllende Ursache zu Lebzeiten zurechenbar verwirklicht hat (Ha VersR **95** 454). Ein Direktanspruch besteht auch gegen den Haftpflichtversicherer eines gem. § 2 I PflVG von der Kfz-Haftpflichtversicherung befreiten Halters (BGH NJW **87** 2375 (zust *Weber* DAR **88** 202), Dü VersR **93** 1417, aM KG VersR **80** 937). Die **Klage** eines in Deutschland wohnhaften Geschädigten gegen Kfz-Versicherer mit Sitz in einem anderen EU-Mitgliedstaat nach Auslandsunfall **vor deutschem Gericht** ist zulässig (BGH NJW **08** 2343, NJW **15** 2429, EuGH NJW **08** 819 (Anm *Leible,* krit Anm *Thiede/Ludwichowska* VersR **08** 631), Vorlagebeschl BGH NJW **07** 71 (Anm *Staudinger,* Anm *Rothley* DAR **07** 20, Anm *Diehl*

ZfS **07** 144, *Diederichsen* DAR **07** 301, 313, krit *Heiss* VersR **07** 327), Kö DAR **06** 212 (Anm *Meier-van Laak* DAR **06** 235), Mü DAR **08** 590, AG Br DAR **07** 592, OLG Wien DAR **07** 215 für Österreich, *Herrmann* VersR **07** 1470, *Wagner* SVR **10** 405, *Kuhnert* NJW **11** 3347; LG Hb DAR **06** 575 ist durch EuGH NJW **08** 819 und BGH NJW **08** 2343 überholt). Dies gilt auch, wenn Geschädigter eine juristische Person mit Sitz in Deutschland ist (Ce NJW **09** 86 (Anm *Tomson* VersR **09** 62), Zw NZV **10** 198). Gleiches gilt bei Sitz des Versicherers in der Schweiz (BGH NZV **13** 177 = Ls NJW **13** 472, früher ablehnend Kar DAR **07** 587, AG Trier DAR **12** 471, dafür Schweizerisches Bundesgericht DAR **12** 472 mzustAnm *Staudinger*).

7a   **Literatur:** *Nugel,* Der Verkehrsunfall aus dem Ausland vor der deutschen Gerichtsbarkeit nach der neuen EuGH-Rspr, ZfS **08** 309.

8   **6.** Nach § 8a PflVG wurde eine **Auskunftsstelle** eingerichtet, die Geschädigten, deren Versicherern, dem deutschen Büro des Systems der Grünen Internationalen Versicherungskarte und dem Entschädigungsfonds nach § 12 PflVG auf Ersuchen alle Daten mitteilt, die zur Regelung ihrer Ansprüche aus einem Verkehrsunfall notwendig sind. Aufgaben und Befugnisse dieser Auskunftsstelle sind auf den von der GDV Dienstleistungs-GmbH & Co KG betriebenen **Zentralruf der Autoversicherer,** Glockengießerwall 1, 20095 Hamburg, www.zentralruf.de, übertragen worden (§ 8a III PflVG). Er ist nach § 36 III a StVG berechtigt, die benötigten Daten online aus dem Zentralen Fahrzeugregister abzurufen, auf deren Übermittlung er nach § 35 IVa StVG Anspruch hat.

9   **7. Entschädigungsfonds.** Die §§ 12 bis 14 PflVG gewährleisten den Opfern von Verkehrsunfällen im Inland einen Ersatzanspruch für den Fall, dass das Fz, durch dessen Gebrauch der Schaden verursacht ist, nicht ermittelt werden kann, die gesetzlich erforderliche Haftpflichtversicherung zugunsten des Halters, Eigentümers oder Fahrers nicht besteht, der Halter nach § 2 I Nr. 6 PflVG von der Versicherungspflicht befreit ist, die Haftpflichtversicherung wegen vorsätzlichen Handelns des Ersatzpflichtigen keine Deckung gewährt, oder im Falle eines Antrags der Versicherungsaufsichtsbehörde auf Eröffnung eines Insolvenzverfahrens über das Vermögen des Versicherers oder einer vergleichbaren Maßnahme bei Sitz des Versicherers in EU- oder EWR-Staat (*Lemor* DAR **14** 248). Die Voraussetzungen, insbesondere die Fremdverursachung des Schadens, sind vom Anspruchsteller zu beweisen, wobei keine allzu hohen Anforderungen zu stellen sind (LG Ko VersR **05** 1725). Der Nachweis der Fremdverursachung ist aber nicht geführt, wenn keine Beweise dafür vorliegen, dass es überhaupt einen Unfall gegeben hat (Dr DAR **12** 460) oder dass der Unfall durch den Gebrauch eines anderen Kfz verursacht worden ist (Dü SVR **11** 423, LG Hechingen VersR **10** 1591). Der Geschädigte muss die Erfolglosigkeit seiner bisherigen Bemühungen, Ersatz zu erhalten, gegenüber dem Entschädigungsfonds nicht nachweisen, sondern nur glaubhaft machen (§ 12 I S. 2 PflVG). Keine Leistung des Entschädigungsfonds bei Ersatzansprüchen nach Amtshaftungsvorschriften (§ 12 I S. 3 PflVG, BGH VersR **76** 885). Einschränkungen der Leistungspflicht in Fällen der Nichtermittlung des Fahrzeugs (Unfallflucht) durch § 12 II PflVG. Leistungen an ausländische Staatsangehörige ohne festen Wohnsitz im Inland grundsätzlich nur bei Gegenseitigkeit, § 11 EntschädigungsfondsVO (BGBl. I S. **65** 2093, **94** 3845, Beck-Texte 630). Bei Unfällen im Ausland leistet die „Entschädigungsstelle für Schäden aus Auslandsunfällen" nach Maßgabe der §§ 12a, 13a PflVG Ersatz, wenn das Versicherungsunternehmen nicht binnen drei Monaten antwortet oder keinen Schadensregulierungsbeauftragten beauftragt hat oder Schädigerfahrzeug oder Versicherer nicht innerhalb von zwei Monaten nach dem Unfall ermittelt werden können. Die Leistungspflicht des Fonds hängt nicht von Bedürftigkeit oder anderen persönlichen Umständen des Geschädigten ab, BGHZ **69** 315 = NJW **78** 164. Zum Umfang dieser Leistungspflicht, BGHZ **69** 315. Den Entschädigungsfonds für Schäden aus Kfz-Unfällen verwaltet der Verein **Verkehrsopferhilfe e. V.,** Glockengießerwall 1, 20095 Hamburg, www.verkehrsopferhilfe.de (§ 1 EntschädigungsfondsVO). Gegen ihn ist der Ersatzanspruch zu erheben. Auch die Aufgaben der Entschädigungsstelle für Schäden aus Auslandsunfällen gem. §§ 12a, 13a PflVG nimmt der Verein Verkehrsopferhilfe eV wahr (s. BAnz **02** 20981, LG Berlin DAR **16** 336). Satzung des Vereins Verkehrsopferhilfe eV, BAnz **04** 157. Wegen beschädigter Sicherungseinrichtungen an Baustellen kann sich der Bauunternehmer nicht an den Entschädigungsfonds halten, BGHZ **69** 315 = NJW **78** 164.

9a   **Literatur zum Pflichtversicherungsgesetz und zur KfzPflVV:** *Bauer,* Die Kfz-Versicherung ..., ZfS **06** 367. *Becker,* Die 5. KH-Richtlinie – ihre Umsetzung in Deutschland, DAR **08** 187. *Gorski,* Regulierung im europäischen Ausland erlittener Kfz-Schäden, DAR **07** 604. *Haupfleisch/Hirtler,* Die 5. Kfz-Haftpflichtversicherungs-Richtlinie, DAR **06** 560. *Hering,* Die 5. KH-Richtlinie der EU, SVR **06** 209. *Mergner,* Auswirkungen der VVG-Reform auf die Kraftfahrtversicherung, NZV **07** 385.

Literatur zum Entschädigungsfonds: *Schröder,* Ansprüche gegenüber der Verkehrsopferhilfe, SVR **08** **9b**
196. *Weber,* Der Entschädigungsanspruch gegen den Verein Verkehrsopferhilfe, DAR **87** 333.

8. Im Ausland zugelassene Kraftfahrzeuge und -anhänger. Kfz und Anhänger ohne re- **10**
gelmäßigen Standort im Inland dürfen hier nur dann auf öffentlichen Straßen gebraucht werden,
wenn für Halter und Führer Versicherungsschutz nach den §§ 2 bis 6 PflVersAusl (BGBl. I S. 667
= Beck-Texte Nr. 620) besteht (§ 1 PflVersAusl). Im Einzelnen entsprechen die Vorschriften
denen des PflVG. Ausländische Anhänger hinter deutschen Kfzen, s. *Jagow* VD **83** 63.

Die Einreisenden müssen nach Maßgabe von § 1 II, III PflVersAusl ausreichenden **Versiche-** **11**
rungsschutz nachweisen, soweit sich nichts Abweichendes aus § 8a PflVersAusl ergibt. Die
Amtspflicht zur Zurückweisung unversicherter ausländischer Kfze an der Grenze (§ 1 IV PflVers-
Ausl) schützt auch die inländischen Verkehrsteilnehmer, BGH DAR **71** 269, Kö VersR **78** 649, Ha
VersR **73** 576, jedoch nur hinsichtlich zugelassener Grenzübergänge, Hb NJW **74** 413. Den Versi-
cherungsnachweis hat der Führer bei Fahrten im Bundesgebiet mitzuführen und auf Verlangen
zuständigen Beamten zur Prüfung auszuhändigen (§ 1 II PflVersAusl). Als Nachweis genügt die
Grüne internationale Versicherungskarte (§ 1 II PflVersAusl), wenn sie für die Bundesrepub-
lik gilt, Fra VersR **69** 1085. Mit deren Ausgabe übernimmt der Versicherer innerhalb des Gel-
tungsbereichs der Karte Deckungsschutz mindestens nach den im Besuchsland geltenden Versi-
cherungsbedingungen und Versicherungssummen, BGHZ **57** 265 = NJW **72** 387, **74** 495, Ha
MDR **79** 939. Kfz und Anhänger nach Maßgabe der deutschen DurchführungsVO v. 8.5.74 zur
EG-Richtlinie v. 24.4.72 (VO zur Durchführung der Richtlinie des Rates der EG v. 24.4.72 be-
treffend die Angleichung der Rechtsvorschriften der Mitgliedsstaaten bezüglich der KfzHaft-
pflichtversicherung und der Kontrolle der entsprechenden Versicherungspflicht, BGBl. I S. 74
1062, zuletzt geändert: BGBl. I S. **99** 2406) bedürfen an den EG-Binnengrenzen keines Versiche-
rungsnachweises mehr (Begr: VkBl. **74** 329). S. im Übrigen die Verordnung über die Kfz-Haft-
pflichtversicherung ausländischer Kfz und Kfz-Anhänger v. 8.5.1974 (BGBl. I S. 1062 = Beck-
Texte Nr. 625). Durch Vereinbarung der Kraftverkehrsversicherer ist sichergestellt, dass Einreisen-
de ohne grüne Versicherungskarte eine kurzfristige Versicherung abschließen können. Einen **Rosa**
Grenzversicherungsschein müssen diejenigen einreisenden Halter (Fahrer) von Kfz (Anhän-
gern) erwerben, für die auch nach dem Inkrafttreten der VO v. 8.5.74 eine Versicherungsbeschei-
nigung erforderlich ist, dieser Nachweis aber fehlt. Er gewährt Deckung im EG-Bereich.

Ansprüche aus Unfällen unter Beteiligung eines im Ausland zugelassenen Kfz können gegen **12**
den **Verein Deutsches Büro Grüne Karte e. V.,** Glockengießerwall 1, 20095 Hamburg,
www.gruene-karte.de, geltend gemacht bzw. bei der Gemeinschaft der Grenzversicherer (gleiche
Anschrift) angemeldet werden, s. Merkblatt zur Bearbeitung von Auto-Haftpflichtschäden durch
den Verein Deutsches Büro Grüne Karte und den Verein Verkehrsopferhilfe (erhältlich über
www.gruene-karte.de). Näher: *Stiefel/Hofmann* § 2a Rn. 18, *Geigel/Haag* **43** 69 ff., *Lemke-Geis/*
Müller SVR **09** 241, *Kuhnert* NJW **11** 3347. Das Büro Grüne Karte deckt die Haftpflichtansprü-
che von Unfallopfern auf Grund einer Garantiezusage, es handelt sich nicht um eine Versiche-
rungsleistung (BGH NJW **08** 2642). Zur Rechtsstellung des Grüne-Karte-Büros: Ha VersR **18**
53. Der inländische Verkehrsteilnehmer, der Ansprüche aus Haftpflichtschäden geltend machen
will, die Ausländer in der Bundesrepublik verursachen, muss nicht die Anschrift der direkt am
Unfall Beteiligten nennen oder eine Kopie des Ausweises des Unfallfahrers vorlegen; bei Verursa-
chung durch einen im Ausland zugelassenen Mietwagen reicht Angabe der Daten des Fz, Name
und Adresse der Mietwagenfirma und Name des Fahrers (LG Stu VersR **16** 44 = VM **15** 64).
Eine polizeiliche Amtspflicht, dem Geschädigten Einblick in die Versicherungskarte des ausländi-
schen Schädigers zu verschaffen, besteht nur, wenn der Geschädigte den zuständigen Versicherer
sonst nicht erfahren kann, s. Dü VersR **77** 1057.

9. In der Bundesrepublik akkreditierte **Exterritoriale** und Berufskonsuln unterliegen dem **13**
PflVG. Dazu auch VkBl. **16** 302 (335).

Literatur: *Bouwmann,* Besonderheiten bei der Regulierung von internationalen Verkehrsunfällen, NJW **13a**
18 1866. *Hübner,* Der Direktanspruch gegen den KfzHaftpflichtversicherer im internationalen Privatrecht,
VersR **77** 1069. *Jagow,* Ausländische Anhänger hinter deutschen Kfzen …, VD **83** 58. *Preussner,* Die Kfz-Haft-
pflichtdeckung ausländischer Fze, VersR **63** 1108. *Schmitt,* System der Grünen Karte, Basel 1968. *Voigt,* Die
Geltendmachung von Ansprüchen deutscher Geschädigter … gegen Ausländer, NJW **76** 451.

10. Verknüpfung der Pflichtversicherung mit dem Zulassungsverfahren. Soweit im **14**
Geltungsbereich der FZV Kfz und Anhänger der Zulassung bedürfen, ist diese mit der Pflicht-
versicherung derart gekoppelt, dass der Nachweis ausreichender Haftpflichtversicherung Voraus-

setzung für die Zulassung ist (§ 3 I S. 2, § 6 IV Nr. 3, § 16 IV FZV). Das gilt entsprechend für Kfz, die nach § 3 II FZV zulassungsfrei sind, aber ein Kennzeichen führen müssen (§ 4 II FZV) oder nach § 3 III FZV erhalten. Bei allen Fahrzeugen mit ordnungsgemäß gesiegeltem Kennzeichen darf also angenommen werden, dass ausreichende Haftpflichtversicherung besteht (BGH NJW **61** 1399, KG VRS **111** 155, VRS **114** 61, VG Dü 1.2.11 6 L 1924/10). Die §§ 23 bis 25 FZV sollen sicherstellen, dass kein zulassungs- oder kennzeichenpflichtiges Fz ohne ausreichende Haftpflichtversicherung zugelassen wird oder im Verkehr bleibt, wenn der Versicherungsschutz wegfällt. § 23 FZV bestimmt, was ausreichende Haftpflichtversicherung und wie sie nachzuweisen ist. Nach Maßgabe von § 39 StVG erteilt die ZulB oder das KBA Auskunft über Namen und Anschrift des Versicherers, Versicherungsnummer oder Versicherungsbestätigung, den Zeitpunkt der Beendigung des Versicherungsverhältnisses, ggf. die Befreiung von der gesetzlichen Versicherungspflicht. Zum Nachweis der bestehenden Haftpflichtversicherung genügt bei Fz, die nach § 19 FZV mit Ausfuhrkennzeichen zugelassen werden sollen, nicht die internationale grüne Versicherungskarte; vielmehr ist der Nachweis über eine bei einem in Deutschland zugelassenen Versicherer bestehende Haftpflichtversicherung zu erbringen (s. Rn. 5).

15   **11. Zwei- oder dreirädrige Kleinkrafträder einschließlich Mofas, motorisierte Krankenfahrstühle und vierrädrige Leichtkraftfahrzeuge** sind Kfz und unterliegen der Versicherungspflicht (§ 4 Rn. 4, §§ 26–29, für Kleinkrafträder Ha NZV **07** 375).

16   **12. Strafvorschrift.** § 6 PflVG stellt auf das Bestehen eines Haftpflichtversicherungsvertrags ab – nicht auf das Bestehen des Versicherungsschutzes, BGHSt **32** 152 = NJW **84** 877, KG VRS **67** 154, *Heinzlmeier* NZV **06** 226. Dies bezweckt, die Schutzvorschrift des § 117 II VVG 08 (= § 3 Nr. 5 PflVG alt) über die beschränkte Fortdauer des Versicherungsschutzes bei Beendigung des Versicherungsvertrags zugunsten des Geschädigten nicht auch dem zugute kommen zu lassen, der ohne gültigen Haftpflichtversicherungsvertrag öffentlich fährt (Begr), Bay NZV **93** 449. Maßgebend ist daher der **formelle Bestand des Versicherungsvertrags** und die Kenntnis des Versicherungspflichtigen hiervon (Ha NZV **07** 375, KG 8.6.18 ZfS **18** 474). Obliegenheitsverletzung des Versicherungsnehmers, die bei bestehendem Versicherungsvertrag ihm gegenüber (aber nicht gegenüber dem Geschädigten, § 117 I VVG 08) zur Leistungsfreiheit führt, erfüllt den Tatbestand nicht (Ce NJW **13** 3319); die abw Ansicht (*Wölfl* DAR **99** 157) führt zu verbotener Analogie zuungunsten des Versicherungsnehmers. Dies gilt auch bei Fz mit Saisonkennzeichen (§ 9 III) außerhalb des Betriebszeitraums, da der Versicherungsvertrag formell als Ruheversicherung aufrechterhalten bleibt, *Heinzlmeier* NZV **06** 226. Fahrt mit rotem Versicherungskennzeichen (§ 28), die nicht Prüfungs-, Probe oder Überführungsfahrt ist, stellt nach § 2b I S. 1a AKB alt = D.1.1 AKB 08 Obliegenheitsverletzung dar, berührt aber nicht den Bestand des Versicherungsvertrages (Ha NZV **07** 375). Vorläufige Deckungszusage des Versicherers genügt (BGHSt **33** 172 = NJW **86** 439). Gefahrerhöhung durch Veränderungen am Fahrzeug berührt nicht den Bestand des Versicherungsvertrages, Kö VRS **106** 218 (Manipulation am Mofa zwecks Geschwindigkeitserhöhung). **Keine wirksame Kündigung** gem. § 39 III VVG alt = § 38 III VVG 08 ohne Zugang der qualifizierten Mahnung gem. § 39 I VVG alt = § 38 I VVG 08. Bestreitet der Versicherungsnehmer den Empfang einer nur mit einfachem Brief abgesandten Mahnung, kann idR wirksame Kündigung nicht festgestellt werden, Bay VRS **66** 34, Kö VRS **73** 153. Das Gleiche gilt für das Kündigungsschreiben, KG VRS **102** 128, Dü VRS **71** 73, Kö VRS **73** 153. Ausreichend in beiden Fällen ist Einwurfeinschreiben, *Heinzlmeier* NZV **06** 228. Ist die Wirksamkeit der Vertragsauflösung streitig, Strafbarkeit nach § 6 PflVG nur, wenn das Gericht die Tatsachen feststellt, aus denen sich die ordnungsgemäße Kündigung ergibt (KG VRS **113** 364). Da die Kündigung gem. § 39 III S. 3 VVG alt = § 38 III S. 3 VVG 08 auflösend und nicht aufschiebend bedingt ist, und das Strafrecht an den Zeitpunkt der Tat anknüpft, wird die Strafbarkeit einer zwischen Kündigung und Zahlung der Folgeprämie innerhalb eines Monats vor Eintritt des Versicherungsfalles durchgeführten Fahrt trotz **Wegfalls der Kündigungswirkungen** nicht nachträglich wieder beseitigt, BGHSt **32** 152 = NJW **84** 877 (abl *Allgaier* DAR **85** 115), BGHSt **33** 172 = NJW **86** 439, Bay VRS **64** 149, *Janiszewski* NStZ **83** 259 *Heinzlmeier* NZV **06** 226, aM Fra DAR **82** 28 (abl *Hansen* DAR **82** 281, *Bronmann/Ziegenbein* VersR **83** 418); in Betracht zu ziehen ist jedoch Irrtum. Umgekehrt wird Strafbarkeit, die bei Fahrzeug-Gebrauch bestehende vorläufige Deckungszusage später gem. § 1 IV S. 2 AKB alt = B.2.4 AKB 08, § 9 S. 2 KfzPflVV rückwirkend entfällt, BGHSt **33** 172 = NJW **86** 439, *Heinzlmeier* NZV **06** 226. „**Gebrauch" iS von § 6 PflVG** setzt *Führen* des Fahrzeugs voraus, KG VRS **67** 154, *Heinzlmeier* NZV **06** 231. Gegen § 6 PflVG verstößt, wer mit einem nichtversicherten Kfz eine Straße überquert, um Gegenstände von einem Teil seines gewerblichen Betriebs zu einem anderen Teil zu befördern, Bay MDR **62** 594. Ein nicht haftpflichtversichertes Moped darf auch nicht durch bloßes Treten gefahren werden, KG VRS **45** 475. **Gestatten des Gebrauchs** setzt mindestens stillschweigendes Einverständnis voraus, zumindest schlüssiges Verhalten, das als ein solches Einverständnis mißverstanden werden kann; bloßes Ermöglichen genügt nicht (BGH VersR **88** 842, Jn VRS **107** 220, Kö NJW **87** 914, ZfS **13** 712, Dü NZV **14** 588, *Heinzlmeier* NZV **06** 231). Keine Bestrafung daher, wenn lediglich Gebrauch auf nicht öffentlichem Gelände gestattet war und der Fahrzeugführer sich über diese Einschränkung hinweggesetzt hat, BGH VersR **88** 842. Gestatten setzt weiter voraus, dass der Gestattende gegenüber dem Gebrauchenden eine übergeordnete Sachherrschaft an dem Fz hat, BGH NJW **74** 1086, Kö ZfS **13** 712, Dü NZV **14** 588, *Heinzlmeier* NZV **06** 231 f. Das Mitführen eines unversicherten, versicherungspflichtigen **Anhängers** verletzt das PflVG, auch wenn sich auf ihm keine Personen befinden und das Zugfahrzeug versichert ist, Bay VM **77** 36. Keine Bestrafung nach §§ 1, 6 PflVG dagegen, wenn der Anhänger, auf dem sich keine Personen befinden, grundsätzlich versicherungsfrei ist, weil er gem. § 18 II Nr. 6 StVZO (alt) = § 3 II S. 1 Nr. 2 FZV nicht dem Zulassungsverfahren unterliegt (§ 2 I Nr. 6c PflVG) und nur infolge Überschreitens der Geschwindigkeit von 25 km/h oder wegen nicht der Vorschrift des § 58 StVZO entsprechender Kennzeichnung (25 km/h-Schild, s. § 18 II Nr. 6a und e, 2. Hs. alt = § 3 II S. 2 FZV) versicherungspflichtig wird, Bay VM **75** 67, Ce VM **83** 76 (zust *Booß*), Ko VRS **55** 73, *Wiederhold* VD **85** 128, *Heinzlmeier* NZV **06** 225, aM *Brauckmann* PVT **85** 6, weil auch hier nur das Nichtbestehen eines Versicherungsvertrages entscheidend sei, nicht aber die Tatsache, dass Schäden durch die Versicherung des Zugfahrzeugs jedenfalls gedeckt sind. Wer ein **Gebrauchtfahrzeug** erwirbt, wird sich idR vergewissern müssen, dass es noch ausreichend haftpflichtversichert ist, KG VRS **56** 296, *Heinzlmeier* NZV **06** 227. Der Käufer, der dem Verkäufer erklärt, er wolle selbst für Haftpflichtversicherung sorgen, dann aber ohne solche fährt, verletzt die §§ 1, 6 PflVG zumindest mit Eventualvorsatz, Fra VRS **35** 396. Wer die Führung eines Kfz mit ordnungsgemäßem Kennzeichen übernimmt, muss das Bestehen von Versicherungsschutz nur aus besonderem Anlass prüfen, Ce VM **73** 20, s. auch KG VRS **111** 155, VRS **114** 61. Zur Beihilfe zum Vergehen gegen § 6 PflVG genügt bedingter Vorsatz, BGH NJW **74** 1086. Verurteilung wegen fortgesetzter Tat scheidet regelmäßig aus, Jn VRS **107** 220, Ol NZV **96** 83, s. E 134. § 6 PflVG ist **Schutzgesetz** iS von § 823 II BGB, BGH VersR **88** 842, NJW **74** 1086, Zw NZV **90** 476. Merkblatt über die Fahndung nach unversicherten Kfzen, VkBl. **72** 610, **81** 78.

Literatur: *Brauckmann,* Zur Pflichtversicherung bei „zulassungsfreien" Anhängern, PVT **85** 6. *Hansen,*   **16a** Gebrauch und Gestatten des Gebrauchs eines Fzs iS des § 6 PflVG, DAR **84** 75. *Heinzlmeier,* Strafrechtliche Probleme des Pflichtversicherungsrechts, NZV **06** 225. *Koch,* Strafnorm, Tenorierung und örtliche Zuständigkeit bei tateinheitlichem Zusammentreffen von Steuer- und Verkehrsdelikten, DAR **62** 357. *Kullik,* Geltung des Versicherungsvertrages iS des § 1 PflVG während der Ruhezeit bei einem Saisonkennzeichen, PVT **01** 137. *Wiederhold,* Verkehrsrechtliche Vorschriften für Anhänger ..., VD **85** 125 (128). *Wölfl,* Strafbarkeit nach § 6 PflVG bei Leistungsfreiheit des Versicherers, DAR **99** 155.

13. Angehörige der Nato-Stationierungstruppen. Bei außerdienstlichen Schadenfällen **17** der Mitglieder der Streitkräfte und deren Angehöriger unterstehen diese der deutschen Gerichtsbarkeit. Maßgebend ist das Nato-Truppenstatut mit Zusatzvereinbarungen (G v. 18.8.61, BGBl II S. 1183), in Kraft seit 1.7.63 (BGBl. I S. 428). Es gilt deutsches Recht. Derartige Privatfahrzeuge werden von den Streitkräften zugelassen und registriert. Sie sind nach deutschem Recht gegen Haftpflicht zu versichern. Ansprüche richten sich gegen den Versicherer. Ansprüche bei dienstlichen Schadenfällen: § 16 StVG. Schadenverursachung durch nicht versicherte Kfz von Stationierungstruppen: Ansprüche wegen Amtspflichtverletzung der Stationierungsstreitkräfte richten sich gegen die deutsche Verteidigungslastenverwaltung, sonst gegen den Verein Verkehrsopferhilfe eV, Hamburg, s. BMV v. 21.3.72 (A 9/83.7.03–18/4071 72). S. Rn. 9 und § 16 StVG. Hinsichtlich sonstiger ausländischer Streitkräfte gelten Art 2 §§ 15, 16, Art 5 SkAufG: Für Dienstfahrzeuge keine Pflicht zum Abschluss einer Haftpflichtversicherung, Haftung des ausländischen Staates nach deutschem Recht, Abgeltung von Schadensersatzansprüchen Dritter durch die Bundesrepublik Deutschland für den ausländischen Staat.

14. Bürgerlich-rechtliche Fragen. § 6 PflVG ist ein **SchutzG** (§ 823 II BGB), s. Rn. 16. **18** § 1 PflVG schützt außer dem geschädigten Dritten auch den Kraftfahrer, dem der Halter das unversicherte Kfz überlässt, Dü VersR **73** 374. Die vom Zwang zur Haftpflichtversicherung **befreiten Körperschaften** des öffentlichen Rechts haften nach § 2 II PflVG (Rn. 2, 4) für Schäden der im § 1 bezeichneten Art wie ein Versicherer, und zwar für ihren Fahrer und „für die übrigen Personen, die durch eine" auf Grund des PflVG abgeschlossene „Haftpflichtversicherung Deckung erhalten würden" (§ 2 II PflVG). **Begrenzte Leistungsfreiheit** des Versicherers gegenüber dem Versicherungsnehmer bei vorsätzlicher oder grobfahrlässiger Obliegenheitsverletzung, s. § 7 AKB alt = E.6.1 AKB 08, §§ 5 bis 7 KfzPflVV. **Zulassung ohne Versicherungsschutz** begründet Staatshaftung gegenüber dem Geschädigten, mangelnde Versicherungsaufsicht zur Wahrung der Belange aller Versicherten dagegen nicht, s. § 23 Rn. 14.

Versicherungsnachweis

23 (1) [1] Der Nachweis nach § 3 Absatz 1 Satz 2, § 16 Absatz 1 Satz 1 oder § 16a Absatz 1 Satz 1 Nummer 3, dass eine dem Pflichtversicherungsgesetz entsprechende Kraftfahrzeug-Haftpflichtversicherung besteht, ist bei der Zulassungsbehörde durch eine Versicherungsbestätigung zu erbringen. [2] Eine Versicherungsbestätigung ist auch zu erbringen, wenn das Fahrzeug nach Außerbetriebsetzung nach Maßgabe des § 14 Absatz 6 wieder zum Verkehr zugelassen werden soll.

(2) [1] Die Versicherungsbestätigung ist, ausgenommen bei Ausfuhrkennzeichen, vom Versicherer durch eine Gemeinschaftseinrichtung der Versicherer an die Zulassungsbehörde elektronisch zu übermitteln oder zum Abruf im automatisierten Verfahren durch die Zulassungsbehörde bereitzuhalten. [2] Das zulässige Datenformat wird vom Kraftfahrt-Bundesamt im Bundesanzeiger sowie zusätzlich im Verkehrsblatt veröffentlicht. [3] Die Versicherungsbestätigung muss folgende Daten zur Kraftfahrzeug-Haftpflichtversicherung enthalten:

1. den Namen und die Anschrift oder die Schlüsselnummer des Versicherers,

2. die Nummer des Versicherungsscheins oder der Versicherungsbestätigung und

3. den Namen und die Anschrift des Versicherungsnehmers.

[4] Darüber hinaus darf die Versicherungsbestätigung folgende Daten enthalten, wenn deren Übermittlung an die Zulassungsbehörde zur Überwachung des Versicherungsschutzes der Fahrzeuge im Einzelfall erforderlich ist:

1. den Namen und die Anschrift des Halters, falls dieser nicht mit dem Versicherungsnehmer identisch ist, oder der Hinweis, dass das Fahrzeug auf einen nicht namentlich benannten Halter zugelassen werden darf,

2. den Verwendungszweck nach § 6 Absatz 4 Nummer 1,

3. den Beginn des Versicherungsschutzes, soweit dieser nicht ab dem Tag der Zulassung gewährt werden soll,

4. die Angabe, für welche Kennzeichenarten die Versicherungsbestätigung gelten soll,

5. bei Saisonkennzeichen dessen maximaler Gültigkeitszeitraum,

6. bei Kurzzeitkennzeichen den Gültigkeitszeitraum,

7. bei roten Kennzeichen das Datum des Endes des Versicherungsschutzes,

8. die Fahrzeugbeschreibung,

9. das Kennzeichen des Fahrzeugs und

10. die Angabe, ob der Versicherungsschutz auch für Fahrten mit ungestempelten Kennzeichen und für Rückfahrten nach Entstempelung gelten soll.

(3) [1] Ein Halter, der nach § 2 Absatz 1 Nummer 5 des Pflichtversicherungsgesetzes der Versicherungspflicht nicht unterliegt, hat den Nachweis darüber durch Vorlage einer Bescheinigung zu erbringen. [2] Der Nachweis kann auch entsprechend Absatz 2 Satz 1 elektronisch erfolgen. [3] Das zulässige Datenformat wird vom Kraftfahrt-Bundesamt im Bundesanzeiger sowie zusätzlich im Verkehrsblatt veröffentlicht. [4] Die Bescheinigung muss folgende Daten enthalten:

1. die Angabe, dass der Halter nach § 2 Absatz 1 Nummer 5 des Pflichtversicherungsgesetzes der Versicherungspflicht nicht unterliegt,

2. den Namen und die Anschrift der Einrichtung, die für den Haftpflichtschadenausgleich zuständig ist, sowie den Namen der Deckung erhaltenden juristischen Person,

3. die Art des Fahrzeugs,

4. den Hersteller des Fahrgestells,

5. die Fahrzeug-Identifizierungsnummer und

6. das Kennzeichen des Fahrzeugs, soweit dieses der für den Haftpflichtschadenausgleich zuständigen Einrichtung bekannt ist.

---

1   **Begr** zu §§ 23 und 24 (VkBl. **06** 609): *Die Regelungen übernehmen die Bestimmungen der bisherigen §§ 29a und 29b StVZO sowie § 2 der Selbstfahrervermietverordnung. Die Möglichkeit der Übersen-*

dung der Versicherungsbestätigung in elektronischer Form durch den Versicherer an die zuständige Zulassungsbehörde (§ 29a Abs. 1 Satz 5 StVZO) wird weitergeführt. Die Ermächtigung zur Übermittlung und zum Nachweis der Daten über die Haftpflichtversicherung beruht auf § 34 Abs. 1 Satz 2 StVG, der mit dem Zweiten Gesetz zur Änderung des Straßenverkehrsgesetzes und anderer Gesetze vom 3. Mai 2005 (BGBl. I S. 1221) eingefügt wurde. Um eine Doppelinformation und daraus resultierende Unklarheiten zu vermeiden wird festgelegt, dass bei elektronischer Information der Versicherungsbestätigung keine Versicherungsbestätigung in Form des bisherigen Papiermusters ausgestellt werden darf. Mit der Aufnahme der generellen, nicht nur auf den Versichererwechsel zum Jahresende beschränkten, elektronischen Übermittlung der Versicherungsbestätigung oder ihre elektronische Vorhaltung zum Abruf durch die Zulassungsbehörde wird der Übergang zur künftigen, ausschließlichen elektronischen Übermittlung und damit für eine effektive Kommunikation zwischen Versicherern und Zulassungsbehörden und eine Entlastung der Bürger von Mitteilungspflichten eingeleitet. Zur Vereinfachung des elektronischen Verfahrens kann die Übermittlung und Bereithaltung der Daten auch über eine Gemeinschaftseinrichtung der Versicherer erfolgen.

Die Datenstrukturen der elektronischen Datenübermittlung werden vom Kraftfahrt-Bundesamt in Standards festgelegt, die im Einvernehmen mit den Ländern und der Versicherungswirtschaft festgelegt werden. Durch die Alternative der elektronischen Bereitstellung und der weiteren Verwendung von Vordrucken sind die nötigen Investitionen in die elektronische Kommunikation und damit erforderliche Kosten nicht sofort erforderlich. ...

Begr zur ÄndVO v. 19.10.12 (BR-Drs. 371/12 S. 36 = VkBl. **12** 865) **zu Abs. 1 S. 2, Abs. 2:** 2–7
Das Verfahren der elektronischen Versicherungsbestätigung hat sich in der Praxis bewährt und ist nunmehr Standardverfahren. Eine Regelung der Versicherungsbestätigung in Papierform ist somit entbehrlich und kann aufgehoben werden. Der Nachweis über das Bestehen einer Kraftfahrzeug-Haftpflichtversicherung soll künftig nur noch elektronisch erfolgen. Ausgenommen sind Ausfuhrkennzeichen, da hier der Nachweis als Dokument mitzuführen ist.

Zu Abs. 3: *Die kommunalen Schadenausgleiche haben sich dem Verfahren der elektronischen Versiche-* 8
rungsbestätigung zum Teil bereits angeschlossen.

1. Nachweis der Kfz-Haftpflichtversicherung. Nach § 3 I S. 2 ist die Zulassung von 9
Fahrzeugen nur bei Nachweis ausreichender Kfz-Haftpflichtversicherung nach dem Pflichtversicherungsgesetz (PflVG, Beck-Texte Nr. 600) möglich. Diesen Nachweis hat der Antragsteller bei
der ZulB durch die in § 23 geregelte Versicherungsbestätigung zu erbringen. Eine solche Versicherungsbestätigung ist auch zu erbringen, wenn ein Fahrzeug nach Halterwechsel umgemeldet
(§ 13 IV S. 3) oder nach Außerbetriebsetzung gem. § 14 wieder zugelassen werden soll (Abs. 1
S. 2), nicht aber bei Umzug des Halters in einen anderen Zulassungsbezirk und dadurch verursachter Beantragung der Zuteilung eines neuen Kennzeichens, da der Umzug den Versicherungsschutz für das Fz nicht berührt (§ 13 Rn. 10). Eine Versicherungsbestätigung zur Erlangung
eines Kurzzeitkennzeichens (§ 16a) muss das Ende des Versicherungsverhältnisses oder seine
Dauer angeben, da der Antragsteller diesen Nachweis gegenüber der ZulB nach § 16a II S. 2
Nr. 2 erbringen muss (s. Abs. 2 S. 4 Nr. 6). Versicherungsnehmer und Halter müssen nicht identisch sein (*Jagow* VD **85** 98). Im Fall eines zeitlich dicht aufeinander folgenden Eingangs mehrerer Versicherungsbestätigungen für denselben Zeitraum besteht eine Pflicht der ZulB zu weiterer
Sachaufklärung nur dann, wenn die zulassungsrechtlich maßgebliche, nämlich die bei der ZulB
zuletzt eingegangene Versicherungsbestätigung, offensichtliche Mängel aufweist (BVerwG NJW
16 2199).

2. Elektronische Übermittlung der Versicherungsbestätigung. Mit der FZV ist seit 10
1.3.07 als wesentliche Veränderung beim Nachweis und der Überwachung des Versicherungsschutzes der Fz die allgemeine Möglichkeit eingeführt worden, die Versicherungsbestätigung
auch in elektronischer Form durch den Versicherer an die ZulB zu übermitteln (sog **elektronische Versicherungsbestätigung – eVB**). Rechtsgrundlage für diese Übermittlung und diesen
Nachweis der Daten über die Haftpflichtversicherung ist § 34 I S. 2 StVG. Zunächst war versuchsweise vorgesehen, dass der Versicherungsnehmer, den der Versicherer zum Jahresende wechselt, nach Maßgabe von § 29a I S. 5 StVZO (alt) den Versicherer zur elektronischen
Übermittlung der Versicherungsbestätigung an die ZulB beauftragen konnte (*Liebermann* VD **04**
299). Nachdem sich diese freiwillige elektronische Versicherungsbestätigung zum Jahresende,
wenn auch mit Anlaufschwierigkeiten, bewährt hatte (*Liebermann* NZV **06** 360), ist die allgemeine Möglichkeit, die Versicherungsbestätigung elektronisch zu übermitteln oder vorzuhalten,
ab 1.3.07 in Abs. 3 aF festgeschrieben worden. Die elektronische Übermittlung der Versicherungsbestätigung oder ihre Bereithaltung zum elektronischen Abruf sollten die Regel sein

(Abs. 3 S. 1 aF), daneben gab es aber bis 31.10.12 auch noch die Möglichkeit, den Versicherungsnachweis in Papierform zu erbringen (Abs. 3 S. 5 aF). Durch ÄndVO v. 19.10.12 (BGBl. I S. 2232) wurde die elektronische Versicherungsbestätigung mit Wirkung ab 1.11.12 zum **Standardverfahren** (Abs. 2 S. 1); die Versicherungsbestätigung in Papierform wurde, ausgenommen für Ausfuhrkennzeichen, abgeschafft (Begr Rn. 2–8).

11   Die Übermittlung und Bereithaltung zum Abruf hat zur Vereinfachung des elektronischen Verfahrens (Begr VkBl. **06** 610) durch eine **Gemeinschaftseinrichtung der Versicherer** zu erfolgen (Abs. 2 S. 1). Die Autoversicherer haben die GDV Dienstleistungs-GmbH & Co KG mit dem Betrieb dieser Gemeinschaftseinrichtung beauftragt. Das KBA fungiert gegenüber den ZulB als zentrale Kopf- und Verteilstelle für die Kommunikation mit der Gemeinschaftseinrichtung. Das KBA veröffentlicht gem. Abs. 2 S. 2 das zulässige Datenformat im BAnz und VkBl. (VkBl. **08** 32, 466 = StVRL § 23 FZV Nr. 6). Der Bürger erhält von seinem Versicherungsunternehmen nur einen siebenstelligen alphanumerischen Code, die sog **Versicherungsbestätigungsnummer (VB-Nummer).** Diese Nummer ersetzt die frühere Versicherungsbestätigung in Papierform. Bei der FzZulassung teilt der Bürger der ZulB diese Nummer mit. Die ZulB bekommt daraufhin von den Versicherern elektronisch die Mitteilung, dass Versicherungsschutz besteht und durch welches Unternehmen er gewährt wird.

12   **3.** In der Aushändigung der Versicherungsbestätigung an den Versicherungsnehmer liegt eine **vorläufige Deckungszusage** in der Haftpflichtversicherung (§ 9 KfzPflVV), nicht zugleich auch in anderen Sparten (Kar VersR **76** 384, Ha NJW **75** 223, AG Pirmasens ZfS **08** 33 mAnm *Rixecker, Himstedt* ZfS **02** 112, aM Kö VersR **74** 900). Wird aber eine kombinierte Haftpflicht- und Kaskoversicherung beantragt, liegt in der Aushändigung der elektronischen Versicherungsbestätigung zugleich auch die Gewährung vorläufiger Teilkaskodeckung, solange der VN nicht ausdrücklich und eindeutig darauf hingewiesen worden ist, dass im Rahmen der vorläufigen Deckung nur Haftpflichtversicherungsschutz gewährt wird (KG ZfS **15** 337). Eine ordnungsgemäß erteilte vorläufige Deckungszusage ist auch wirksam, wenn noch kein Antrag auf Vertragsabschluss gestellt ist (Fra VersR **78** 1155). Vorläufige Deckung und Versicherungsvertrag sind zwei eigenständige Verträge (AG Br ZfS **15** 37, s. *Heinzlmeier* NZV **06** 228). Die Versicherungsbestätigung deckt alle Fahrten im Zusammenhang mit dem Zulassungsverfahren, sofern der Versicherer den entsprechenden Passus nicht gestrichen hat. Besteht eine vorläufige Deckungszusage auch für Zulassungsfahrten, so erfüllt eine Fahrt vor der Zulassung des Fz zu anderen als Zulassungszwecken nicht den objektiven Tatbestand des § 6 I PflVG, weil hierin lediglich die Verletzung einer Obliegenheitspflicht zu sehen ist, die den Bestand des Versicherungsvertrags an sich nicht beeinträchtigt (Ce NJW **13** 3319). Zur vorläufigen Deckung s. auch §§ 49 ff. VVG 08. Solange der Wortlaut von § 9 S. 1 KfzPflVV, der nur von der „Aushändigung" der Versicherungsbestätigung spricht, noch nicht daran angepasst ist, dass die Versicherungsbestätigung jetzt elektronisch übermittelt oder zum Abruf bereitgehalten wird, ist davon auszugehen, dass der Versicherer die vorläufige Deckung zugesagt hat, wenn bei der Versicherungsbestätigung zum Abruf der Versicherer die Versicherungsbestätigung in der Datenbank der Gemeinschaffseinrichtung bereitgestellt und dem Versicherungsnehmer die zugehörige VB-Nummer übermittelt hat. Die elektronische Versicherungsbestätigung zur Übermittlung wird für den Versicherer mit Eintreffen der Versicherungsbestätigung im elektronischen Postkorb der ZulB verbindlich.

13   **4.** Juristische Personen, die von einem nach § 1 III Nr. 3 VersAufsG von der Versicherungsaufsicht freigestellten Haftpflichtschadenausgleich Deckung erhalten und deswegen gem. § 2 I Nr. 5 PflVG der **Kfz-Versicherungspflicht nicht unterliegen,** haben den **Nachweis** darüber durch Vorlage einer Bescheinigung zu erbringen (Abs. 3 S. 1), für die nach Aufhebung von Anl 11 Nr. 4 durch ÄndVO v. 19.10.12 (BGBl. I S. 2232) keine bestimmte Form mehr vorgeschrieben ist. Der Nachweis kann auch entsprechend Abs. 2 S. 1 elektronisch übermittelt oder zum Abruf bereitgehalten werden (Abs. 3 S. 2).

14   **5.** Eine **Zulassung ohne Versicherungsschutz** begründet Staatshaftung gegenüber dem Geschädigten (Hb VRS **4** 251). Dagegen obliegt der ZulB gegenüber dem Halter oder Entleiher eines Kfz nicht die Amtspflicht, das Bestehen der Haftpflichtversicherung nachzuprüfen; sie sind nicht Dritte im Sinne der Vorschriften über die Amtshaftung (Dü NJW-RR **88** 219, Mü NJW **56** 752). Auch die Amtspflicht zur Wahrung der Belange aller Versicherten obliegt dem Träger der Versicherungsaufsicht nach dem VersAufsG nicht gegenüber dem geschädigten Verkehrsteilnehmer (BGHZ **58** 96 = NJW **72** 577).

15   **Literatur:** *Himstedt,* Die vorläufige Deckung in der Kfz-Haftpflicht- und Kaskoversicherung, ZfS **02** 112.

Mitteilungspflichten der Zulassungsbehörde

24 (1) Die Zulassungsbehörde hat den Versicherer zum Zwecke der Gewährleistung des Versicherungsschutzes im Rahmen der Kraftfahrzeug-Haftpflichtversicherung über

1. die Zuteilung des Kennzeichens, bei mit einem Wechselkennzeichen zugelassenen Fahrzeug ein Hinweis darauf,

2. Änderungen der Anschrift des Halters,

3. den Zugang einer Bestätigung über den Abschluss einer neuen Versicherung,

4. den Zugang einer Anzeige über die Außerbetriebsetzung,

5. die Änderung der Fahrzeugklasse,

6. das Ablaufdatum der Reservierung des Kennzeichens bei Außerbetriebsetzung, bei Wechselkennzeichen zusätzlich ein Hinweis auf das dem Wechselkennzeichen zugehörige andere Kennzeichen und

7. die Verwendung des Fahrzeugs nach § 6 Absatz 4 Nummer 1

zu unterrichten und hierfür die in § 35 genannten Daten, soweit erforderlich, zu übermitteln.

(2) Die Mitteilung ist grundsätzlich elektronisch nach Maßgabe des § 35 Absatz 3 und den vom Kraftfahrt-Bundesamt herausgegebenen und im Bundesanzeiger sowie zusätzlich im Verkehrsblatt veröffentlichten Standards zu übermitteln.

Begr zu §§ 23 und 24 (VkBl. **06** 609): *Die Regelungen übernehmen die Bestimmungen der bisheri-* **1** *gen §§ 29a und 29b StVZO sowie § 2 der Selbstfahrervermietverordnung. …*
Begründung des Bundesrates für die Einfügung von § 24 Abs. 1 Nr. 5: *Diese Einfügung erscheint zur Sicherstellung von Änderungen der Versicherungsverhältnisse zweckmäßig.*
Begründung des Bundesrates für die Einfügung von § 24 Abs. 1 Nr. 6: *Nach der Neuregelung sind Fahrten mit ungestempelten Kennzeichen nur noch mit reservierten Kennzeichen möglich. Da diese Fahrten nur mit unversicherten Fahrzeugen durchgeführt werden dürfen, ist eine Unterrichtung der Versicherungswirtschaft über die Reservierung der Kennzeichen notwendig. Der geringfügige zusätzliche Verwaltungsaufwand der Zulassungsbehörden für die elektronische Meldung an die Versicherungswirtschaft muss in Kauf genommen werden, um solche Fahrten zu ermöglichen.*

Begr zur ÄndVO v. 13.1.12 **zu Abs. 1 Nr. 1 und 6** (BR-Drs. 709/11 S. 18): *Mit dieser Rege-* **2** *lung wird die Rückinformation an den Versicherer darüber, dass ein Wechselkennzeichen zugeteilt bzw. reserviert wurde, sichergestellt.*

Zu Abs. 1 Nr. 6 (BR-Drs. 709/11 (Beschluss) S. 4): *Auch Wechselkennzeichen können nach Abmeldung eines oder beider Fahrzeuge reserviert werden. Die Änderung stellt sicher, dass im Fall eines Wechselkennzeichens die Kenntnis der zusammengehörigen Kennzeichen sichergestellt ist.*

Begr zur ÄndVO v. 19.10.12 **zu Abs. 1 Nr. 7**: BR-Drs. 371/12 S. 36 = VkBl. **12** 865 **3**

Die ZulB hat den jeweiligen Versicherer grundsätzlich elektronisch (Abs. II, § 35 III S. 1) über **4** die in Abs. I Nr. 1 bis 7 genannten Sachverhalte zu unterrichten und hierfür die in § 35 genannten Daten zu übermitteln. Rechtsgrundlage für diese Datenübermittlungen ist § 35 V Nr. 3 StVG. Die Unterrichtung durch die ZulB ist auch in nicht-elektronischer Form möglich. Die Zulassungsbehörde darf die Information der Versicherer auch über das KBA und eine Gemeinschaftseinrichtung der Versicherer vornehmen, § 35 III.

Maßnahmen und Pflichten bei fehlendem Versicherungsschutz

25 (1) [1]Der Versicherer kann zur Beendigung seiner Haftung nach § 117 Absatz 2 des Versicherungsvertragsgesetzes der zuständigen Zulassungsbehörde Anzeige erstatten, wenn eine dem Pflichtversicherungsgesetz entsprechende Kraftfahrzeug-Haftpflichtversicherung nicht oder nicht mehr besteht. [2]Die Anzeige ist vom Versicherer entsprechend § 23 Absatz 2 Satz 1 zu übermitteln. [3]Sie muss folgende Daten enthalten:

1. den Namen und die Anschrift des Versicherers,

2. die Schlüsselnummer des Versicherers,

3. den Namen und die Anschrift des Versicherungsnehmers,

4. das Kennzeichen des Fahrzeugs,

5. die Fahrzeug-Identifizierungsnummer,

6. die Angabe, ob das Versicherungsverhältnis nicht oder nicht mehr besteht.

⁴Darüber hinaus darf die Anzeige folgende Daten enthalten, wenn deren Übermittlung an die Zulassungsbehörde zur Prüfung dieser Anzeige im Einzelfall erforderlich ist:

1. die Nummer des Versicherungsscheines,

2. den Namen und die Anschrift des Halters, falls dieser nicht mit dem Versicherungsnehmer identisch ist,

3. die Kennzeichenart.

⁵Das zulässige Datenformat wird vom Kraftfahrt-Bundesamt im Bundesanzeiger sowie zusätzlich im Verkehrsblatt veröffentlicht. ⁶Eine Anzeige ist zu unterlassen, wenn der Zulassungsbehörde die Versicherungsbestätigung über den Abschluss einer neuen dem Pflichtversicherungsgesetz entsprechenden Kraftfahrzeug-Haftpflichtversicherung zugegangen ist und dies dem Versicherer nach § 24 Absatz 1 Nummer 3 mitgeteilt worden ist. ⁷Eine Versicherungsbestätigung für die Zuteilung eines Kurzzeitkennzeichens gilt gleichzeitig auch als Anzeige zur Beendigung der Haftung. ⁸Satz 7 gilt entsprechend, wenn in der Versicherungsbestätigung für die Zuteilung eines roten Kennzeichens ein befristeter Versicherungsschutz ausgewiesen ist oder wenn die Zuteilung des roten Kennzeichens befristet ist.

(2) ¹Die Zulassungsbehörde hat dem Versicherer auf dessen Anzeige nach Absatz 1 Satz 1 das Datum des Eingangs der Anzeige mitzuteilen. ²§ 24 Absatz 2 gilt entsprechend.

(3) Besteht für ein Fahrzeug, für das ein Kennzeichen zugeteilt ist, keine dem Pflichtversicherungsgesetz entsprechende Kraftfahrzeug-Haftpflichtversicherung, so hat der Halter unverzüglich das Fahrzeug nach Maßgabe des § 14 Absatz 1, auch in Verbindung mit Absatz 2, außer Betrieb setzen zu lassen.

(4) ¹Erfährt die Zulassungsbehörde durch eine Anzeige nach Absatz 1 oder auf andere Weise, dass für das Fahrzeug keine dem Pflichtversicherungsgesetz entsprechende Kraftfahrzeug-Haftpflichtversicherung besteht, so hat sie unverzüglich das Fahrzeug außer Betrieb zu setzen. ²Eine Anzeige zu einer Versicherung, für die bereits eine Mitteilung nach § 24 Absatz 1 Nummer 3 oder 4 abgesandt wurde, löst keine Maßnahmen der Zulassungsbehörde nach Satz 1 aus.

(5) Die Absätze 3 und 4 gelten nicht für Kurzzeitkennzeichen, bei denen das Ablaufdatum überschritten ist.

1   **Begr** (VkBl. **06** 610): *Die Vorschrift folgt den bisherigen §§ 29c und 29d StVZO. Auch hier soll künftig die Übermittlung der Mitteilungen auf Papier durch eine zeitnahe und effiziente elektronische Kommunikation ersetzt werden.*

1a   **Begr** zur ÄndVO v. 19.10.12 **zu Abs. 1 S. 1–5** (BR-Drs. 371/12 S. 36 = VkBl. **12** 865): *Auch das Verfahren der elektronischen Übermittlung, dass eine dem Pflichtversicherungsgesetz entsprechende Kraftfahrzeug-Haftpflichtversicherung nicht oder nicht mehr besteht, hat sich in der Praxis bewährt und ist nunmehr Standardverfahren. Eine Regelung für die Papierform ist somit entbehrlich und kann aufgehoben werden.*

2   **1. Anzeige des Versicherers bei Ablauf der Versicherung. Abs. 1** stellt es dem Versicherer anheim, der ZulB Anzeige zu erstatten, sobald die Versicherungsbestätigung (§ 23) nicht mehr gilt, wenn zB der Versicherungsnehmer die Prämie nicht bezahlt hat und der Versicherungsschutz deshalb erloschen ist. Ermächtigung für diese Mitteilungen ist § 34 V S. 1 StVG. Durch die Anzeige wahrt der Versicherer sein eigenes Interesse an baldiger Beendigung der Nachhaftung (§ 117 II VVG 08 = § 3 Nr. 5 PflVG alt), BGH NJW **74** 858. Bei unterlassener Anzeige läuft die **Nachhaftungsfrist** des Versicherers nicht ab, Kar VersR **73** 213. Der Versicherer haftet dem Geschädigten weiter gemäß dem Versicherungsvertrag, BGH JZ **55** 381, Fra NJW **55** 109, JZ **54** 669 *(Prölss)*. Im Verhältnis zu Dritten, die nach Vertragsablauf geschädigt werden, wirkt der Versicherungsschutz also kurzfristig weiter. Monatsfrist: (§ 117 II VVG 08 = § 3 Nr. 5 PflVG alt). Die Anzeige des Versicherers bedeutet mithin nicht, dass der Versicherungsschutz erloschen ist, Bay VM **58** 45. Auch bei teilweise unzutreffenden Angaben in der Anzeige darf die Zulassungsbehörde diese nicht zurückweisen, BGH NJW **74** 858. Jedoch wird die Nachhaftungsfrist des § 117 II VVG 08 = § 3 Nr. 5 PflVG alt nur in Lauf gesetzt, wenn der entscheidende Inhalt der **Anzeige vollständig und richtig,** insbesondere das Versicherungsverhältnis wirksam beendet ist, BGH NJW **74** 858, Kö VersR **99** 1357. Ob eine unstimmige, zur Aufklärung zurückgegebene Anzeige die Monatsfrist in Lauf setzt, hängt von der Art der Unstimmigkeit ab, BGH NJW **74** 858. Eine Anzeige mit dem von der ZulB früher falsch mitgeteilten Kennzeichen setzt die Monatsfrist in Lauf, BGH NJW **74** 858. Bei einer Anzeige trotz gültigen Versicherungsvertrages darf der Versicherungsnehmer Ausstellung einer Versicherungsbestätigung (§ 23) durch einstweilige

Verfügung erzwingen, Ha VersR **76** 724. Wird das Fz infolge einer unrichtigen Anzeige des Versicherers nach § 25 trotz bestehenden Versicherungsvertrages außer Betrieb gesetzt, so hat der Versicherer für den entstandenen Schaden aus positiver Vertragsverletzung (§§ 241 II, 280 BGB) einzustehen (Ha VersR **90** 846 zu § 29c StVZO alt). Kann ein FzEigentümer auf Grund einer Falschmeldung des Versicherers an die ZulB sein Fz nicht mehr benutzen, da ihm sonst Zwangsstilllegung droht, steht ihm Nutzungsentschädigung zu (AG Offenbach DAR **08** 486).

Nur wenn ein **Versicherungsvertrag für das Fz nicht besteht** oder das Versicherungsver- 3 hältnis erloschen ist, ist eine Anzeige des Versicherers an die ZulB zulässig. Eine Verpflichtung zur Anzeige besteht jedoch auch dann nicht; vielmehr steht es dem Versicherer frei, durch die Anzeige seine Nachhaftung zu beenden. Die Anzeige hat jedoch trotz Beendigung des bisherigen Versicherungsverhältnisses zu unterbleiben, wenn dem Versicherer durch die ZulB gem. § 24 I Nr. 3 der Abschluss einer neuen Versicherung mitgeteilt wurde (Abs. I S. 6). Erfolgt in einem solchen Falle gleichwohl eine Anzeige, so kann diese durch die ZulB unbeantwortet bleiben; sie löst auch keine Maßnahmen der ZulB nach Abs. IV S. 1 aus (Abs. IV S. 2). Bei Kurzzeitkennzeichen und bei befristeter Zuteilung von roten Kennzeichen ist die Dauer der Versicherung begrenzt, so dass die Versicherungsbestätigung zugleich als Anzeige iSv Abs. I S. 1 gilt (Abs. I S. 7 und 8).

Die **Anzeige** nach Abs. I S. 1 ist **an die** nach § 46 **örtlich zuständige Zulassungsbehörde** 4 zu richten. Abweichend von § 46 II S. 1 und 2 ist dies die ZulB, die das Kennzeichen zugeteilt hat (§ 46 II S. 3), im Grundsatz auch bei zwischenzeitlichem Ortswechsel (§ 46 Rn. 3a). Nur wenn bei Umzug das bisherige Kennzeichen beibehalten wird (§ 13 III S. 1 Nr. 2) und die für den neuen Wohnort oder Sitz örtlich zuständige ZulB bereits die ZB I gem. § 13 III S. 5 berichtigt hat, ist diese zuständig (§ 46 II S. 3). Die **Übermittlung der Anzeige** durch den Versicherer war in der Zeit vom 1.3.07 bis 31.10.12 sowohl in Papierform als auch **elektronisch** möglich (Abs. I S. 2 iVm § 23 III S. 1 bis 4 aF), dh auch durch elektronische Übermittlung an die ZulB oder durch Bereithaltung zum Abruf im automatisierten Verfahren durch die ZulB. Das Verfahren der elektronischen Übermittlung ist durch ÄndVO v. 19.10.12 (BGBl. I S. 2232) mit Wirkung ab 1.11.12 zum Standardverfahren geworden (Abs. I S. 2 iVm § 23 II S. 1); die Regelung für die Papierform der Übermittlung wurde aufgehoben (Begr Rn. 1a). Die ZulB hat dem Versicherer auf seine Anzeige nach Abs. I S. 1 das Datum des Eingangs der Anzeige mitzuteilen (Abs. II S. 1). Sie hat dies in der Regel elektronisch zu tun (Abs. II S. 2 iVm § 24 II und § 35 III).

2. Pflichten des Halters, wenn keine ausreichende Haftpflichtversicherung mehr be- 5 **steht.** Der Halter hat bei der Zulassung oder Zuteilung des Kennzeichens das Bestehen ausreichender Haftpflichtversicherung nachzuweisen und unabhängig von den für den Versicherer und die Zulassungsbehörde begründeten Pflichten dafür zu sorgen, dass der Versicherungsschutz erhalten bleibt, solange er das Fahrzeug im Verkehr verwendet (§ 1 PflVG). Endet das Versicherungsverhältnis aus irgendeinem Grund, so hat er jede Verwendung des Fz im Verkehr zu unterlassen und unverzüglich, also ohne schuldhaftes Zögern das Fz nach § 14 außer Betrieb setzen zu lassen (Abs. III); Verstoß ist ow (§ 48 Nr. 8 Buchst. a). Die Pflicht zur Außerbetriebsetzung besteht nicht, wenn bei einem Kurzzeitkennzeichen das Ablaufdatum überschritten ist, Abs. V.

Pflichten des Halters, wenn der Versicherungsschutz wegen Änderungen am Fz 6 **nicht mehr ausreicht.** Reicht die Versicherung nicht mehr aus, weil Änderungen am Fz vorgenommen worden sind, so muss der Halter das Fz nicht außer Betrieb setzen lassen, muss aber seinen Mitteilungspflichten nach § 13 genügen und die Kfz-Haftpflichtversicherung anpassen. Erst wenn die Versicherung wieder ausreicht, darf er das Fz wieder im öffentlichen Verkehr verwenden, § 1 PflVG. Außerdem ist § 19 II StVZO zu beachten.

3. Pflichten der Zulassungsbehörde beim Aufhören ausreichenden Versicherungs- 7 **schutzes** Erfährt die ZulB durch eine Anzeige nach Abs. 1 oder auf andere Weise, dass der Versicherungsschutz weggefallen ist, so hat sie das Fz unverzüglich außer Betrieb zu setzen (Abs. 4 S. 1). Diese Pflicht besteht nicht, wenn bei einem Kurzzeitkennzeichen das Ablaufdatum überschritten ist (Abs. 5). IdR genügt zunächst die Aufforderung an den Halter, eine neue Versicherung nachzuweisen (Rn. 8). Maßnahmen nach Abs. 4 S. 1 sind unzulässig, wenn bereits neuer Versicherungsschutz nachgewiesen worden ist (VG Saarlouis DAR **12** 166). Sie sind nichtig, wenn das Fz mittlerweile verschrottet wurde (VG Ol DAR **09** 224). **Örtlich zuständige ZulB** für Maßnahmen bei fehlendem Versicherungsschutz ist die ZulB, die das Kennzeichen zugeteilt hat (§ 46 II S. 3), grundsätzlich auch bei zwischenzeitlichem Ortswechsel. Nur wenn bei Umzug das bisherige Kennzeichen beibehalten wird (§ 13 III S. 1 Nr. 2) und die für den neuen Wohnort oder Sitz örtlich zuständige ZulB bereits die ZB I gem. § 13 III S. 5 berichtigt hat, ist diese zuständig (§ 46 II S. 3).

8   Die Rechtmäßigkeit der **Außerbetriebsetzung** eines Kfz, die die ZulB gem. Abs. 4 S. 1 nach dem Eingang einer Erlöschensanzeige des maßgeblichen Haftpflichtversicherers angeordnet hat, hängt abgesehen von Fällen eines offensichtlichen Mangels dieser Anzeige nicht davon ab, ob in Wahrheit eine Haftpflichtversicherung für das Fz durchgehend bestanden hat (BVerwG NJW **16** 2199). Für die Vorgängervorschrift § 29d II StVZO (alt) wurde festgestellt, sie diene dem Schutz des Versicherers (im Hinblick auf § 3 Nr. 5 PflVG alt = § 117 II VVG 08) und der durch das Fahrzeug Geschädigten, BGH NJW **56** 867, BGHSt **11** 165, 169 = NJW **58** 508, 509, Dü NJW-RR **88** 219. Ein zweifelsfreier Hinweis auf die Beendigung des Versicherungsverhältnisses durch die Anzeige genügt (BVerwG MDR **75** 433, KG VersR **79** 626); **keine Pflicht** der ZulB zur **Nachprüfung** (BVerwG NZV **92** 253, **93** 245, NJW **16** 2199, OVG Hb VRS **71** 397, VGH Ka 8.4.13 VRS **124** 376, VG Bra NZV **03** 208, VG Leipzig NVwZ-RR **04** 87, VG Ol DAR **09** 224, VG Würzburg 4.5.11 6 K 10.422, VG Saarlouis ZfS **12** 117, DAR **12** 166, VG Ko DAR **16** 603, Kö 11.4.18 NZV **18** 435 = DAR **18** 697). Wurde der ZulB Abschluss einer neuen Versicherung angezeigt, darf sie nach einer Anzeige über das Erlöschen des neuen Versicherungsverhältnisses Maßnahmen wegen fehlenden Versicherungsschutzes ergreifen, ohne überprüfen zu müssen, ob das ursprüngliche Versicherungsverhältnis fortbesteht, denn nach Anzeige eines neuen Versicherungsverhältnisses darf die ZulB davon ausgehen, dass das bisherige Versicherungsverhältnis beendet ist (OVG Lüneburg 27.6.06 12 LA 204/05 zu § 29c StVZO aF, VG Potsdam 26.10.11 10 K 1269/07 = DVBl **12** 316 Ls). Zur früheren Rechtslage wurde festgestellt, die Stilllegung auf Ersuchen der ZulB (entspricht heute der Außerbetriebsetzung durch die ZulB) sei Amtspflicht gegenüber jedem Verkehrsteilnehmer, BGHZ **99** 326 = NJW **87** 2737; Ko VersR **78** 575, Ce VersR **87** 618, VersR **94** 859, Dü JMBlNRW **93** 128, auch gegenüber dem Mitfahrer, BGH NJW **82** 988, und gegenüber dem vorerst weiter haftenden Versicherer (§ 117 II VVG 08 = § 3 Nr. 5 PflVG alt), BGH NJW **56** 867, BGHSt **11** 165, 169 = NJW **58** 508, 509, BGHZ **20** 53 = NJW **56** 867, Kö NJW-RR **92** 1188, nicht aber gegenüber dem Halter und dem Fahrer, Kö NJW-RR **92** 1188.

9   Die Pflicht der ZulB zum Tätigwerden nach Abs. 4 ist streng zu nehmen; sie hat nach kurzer Frist Zwangsmaßnahmen anzuwenden (KG VersR **78** 523, Ko VersR **78** 575, Kar MDR **79** 845, Stu VersR **68** 155). Sofortige zwangsweise Außerbetriebsetzung des Fahrzeugs kommt nur in Ausnahmefällen in Frage, zunächst genügt idR die **Aufforderung an den Halter**, eine neue Versicherungsbestätigung vorzulegen oder den Fahrzeugschein/die Zulassungsbescheinigung Teil I abzuliefern und die Kennzeichen entstempeln zu lassen (Fristsetzung), BGH NJW **82** 988, BGHZ **99** 326 = NJW **87** 2737, Dü VersR **84** 792, OVG Hb NZV **02** 150, *Laub* SVR **16** 289. Die ZulB kann das Fz aber auch ohne vorherige Aufforderung des Halters zu einem Zeitpunkt außer Betrieb setzen, zu dem der Halter − hätte er das Gebot zu unverzüglichem Handeln aus Abs. 3 beachtet − bereits von sich aus das Fz hätte außer Betrieb setzen lassen müssen (zur Vorgängervorschrift OVG Hb VRS **110** 233). Solange der ZulB eine inzwischen erfolgte Veräußerung nicht bekannt ist, darf sie sich mit den Maßnahmen nach Abs. 4 an den bisherigen Halter wenden, der dann auch Kostenschuldner hinsichtlich der Amtshandlung ist (VGH Ma 22.12.14 10 S 299/14 = DÖV **15** 390 Ls, VG Leipzig NVwZ-RR **04** 87, VG Bra NZV **03** 208, VG Fra VRS **82** 72, VG Kar NVwZ-RR **08** 499) weil anderenfalls der Zweck des Abs. 4, andere vor Risiken zu schützen, nicht erreicht werden könnte (aM VG Potsdam DAR **04** 115). Jedenfalls ist die an den in den Papieren eingetragenen Halter gerichtete Verfügung der ZulB bei unklaren Eigentums- und Besitzverhältnissen nicht offenkundig fehlerhaft (VGH Mü VRS **108** 396).

9a   Alle Verwaltungsmaßnahmen im Zusammenhang mit der Außerbetriebsetzung/Stilllegung von Fz, für die kein Versicherungsschutz mehr besteht, sind gem. § 6a I Nr. 3 StVG **gebührenpflichtig**. Dies umfasst nicht nur die Anordnung der Außerbetriebsetzung, sondern auch alle Maßnahmen, die schließlich zur Herbeiführung des Ergebnisses im Wege des Verwaltungszwangs führen (VGH Ma VRS **114** 473, VGH Ka NVwZ-RR **09** 92, VG Fra NVwZ-RR **08** 755, VG Bra 4.3.09 6 A 257/07, VG Würzburg 4.5.11 6 K 10.422, VG Saarlouis DAR **12** 166, *Rebler* VD **10** 9 = SVR **10** 206, aA früher VGH Ka VM **10** 61, VG Ko NVwZ-RR **07** 509 (jeweils zum früheren Recht)). Dies wird durch Nr. 254 S. 3 Anl zu § 1 GebOSt (eingefügt durch Art 5 der 4. FeVÄndVO v. 18.7.08, Begr VkBl. **08** 574) klargestellt, wonach die Gebühr ausdrücklich auch die im Zusammenhang mit der Vollstreckung der Anordnungen entstehenden Kosten umfasst (VGH Ka VM **12** 64, NVwZ-RR **12** 584). Diese Klarstellung war zunächst wegen Verstoß gegen das Zitiergebot des Art 80 I S. 3 GG nichtig (VG Ko NVwZ-RR **11** 182), was aber mittlerweile durch den Neuerlass der GebOSt v. 25.1.11 (BGBl. I S. 98) behoben ist, der anders als Art 5 der 4. FeVÄndVO v. 18.7.08 auf die korrekte gesetzliche Ermächtigung gestützt worden ist. Der Halter ist gebührenrechtlicher Veranlasser der Außerbetriebsetzung und damit Schuldner der dafür entstandenen Verwaltungskosten, wenn ihm die Erlöschensanzeige des Versicherers zuzurechnen ist (BVerwG NJW **16** 2199). Der Haftpflichtversicherer ist der Halterseite zuzuordnen; für fehlerhaftes Verhalten des Versicherers hat mithin nicht die ZulB einzustehen, die nicht zu einer Überprüfung der Richtigkeit der Mitteilung des Versicherers verpflichtet ist (BVerwG NJW **16** 2199). Teilt der Versicherer der ZulB irrtümlich mit, dass kein Versicherungsschutz mehr besteht, ist der Halter somit Kostenschuldner der Gebühren für die von der ZulB daraufhin veranlassten Maßnahmen (VG Ko DAR **16** 603).

Die Zulassungsbehörde muss die Maßnahmen **ohne schuldhaftes Zögern** ergreifen, sobald **10** sie vom Aufhören des Versicherungsschutzes erfährt. Das gilt auch in den Fällen, in denen für das Fz ein Saisonkennzeichen (§ 9 III) zugeteilt ist; eine Anzeige nach Abs. I ist also auch dann von der ZulB unverzüglich zu bearbeiten, wenn sie außerhalb des Betriebszeitraums eingeht, damit eine möglichst baldige Außerbetriebsetzung vorgenommen werden kann (s. Begr zu § 23 I b StVZO alt, VkBl. **96** 620), OVG Hb NZV **02** 150, VG Bra 4.3.09 6 A 257/07. Die ZulB muss, solange keine Versicherungsbestätigung vorliegt, davon ausgehen, dass der Versicherungsschutz weggefallen ist und unverzüglich eingreifen, BVerwG VersR **62** 415. Erfolgt Anzeige nach Abs. I, obwohl die ZulB dem Versicherer gem. § 24 I Nr. 3 Mitteilung über den Abschluss einer neuen Versicherung gemacht hatte, so löst dies keine Maßnahmen der ZulB nach Abs. IV aus, Abs. IV S. 2. Unverzüglich muss die ZulB auch vorbereitende Maßnahmen ergreifen, die die Außerbetriebsetzung erst ermöglichen (Aufenthaltsfeststellung), Ce VersR **87** 618. § 117 II VVG 08 = § 3 Nr. 5 PflVG alt will den geschädigten Dritten schützen, Mü VersR **73** 236, nicht die ZulB von ihrer Pflicht nach § 25 IV S. 1 entlasten. 23 Tage sind für die Bearbeitung einer Anzeige nach § 29c StVZO alt = § 25 I nicht „unverzüglich", BGHZ **20** 53 = NJW **56** 867, Hb VersR **54** 300, *Jagow* VD **90** 267, ebenso wenig 8 Tage bis zur Ausschreibung eines im Ausland vermuteten Fahrzeugs, Ce VersR **87** 618. Fahndungsmaßnahmen der Polizei sind uU von der ZulB zu überwachen, LG Flensburg VersR **89** 79. Wird der Halter nicht angetroffen und ist sein Aufenthaltsort oder Wohnsitz zw, muss die ZulB mit Nachdruck Fahndungsmaßnahmen ergreifen, LG Essen NZV **02** 508. Die Haftung für Schäden bei schuldhafter **Amtspflichtverletzung** (BVerwG MDR **75** 433, LG Essen NZV **02** 508, s. Rn. 8) ist durch den Schutzzweck des § 29d StVZO (alt) = § 25 IV S. 1 begrenzt. Die Vorschrift will ersichtlich nur vor den Schäden schützen, die dem Geschädigten aus der fehlenden Pflichtversicherung des haftpflichtigen Fahrzeughalters entstehen; die Amtshaftung umfasst daher nur Schäden bis zur Höhe der gesetzlich vorgeschriebenen Mindestversicherungssumme, BGHZ **111** 272 = NZV **90** 427 (unter Aufgabe der gegenteiligen Ansicht in BGH NJW **65** 1524). Die Amtspflicht besteht nicht unmittelbar gegenüber dem öffentlichrechtlichen Dienstherrn, der einen durch das nicht versicherte Kfz geschädigten Beamten versorgt, BGH NJW **61** 1572. Zur Passivlegitimation bei Amtspflichtverletzung durch dieZulB, *Hinkel* NVwZ **89** 119.

Literatur: *Gaisbauer,* Maßnahmen der Zulassungsbehörden bei Folgeprämienverzug in der Kfz-Haft- **10a** pflichtversicherung, VP **67** 11. *Hinkel,* Haftung des Landkreises für Amtspflichtverletzungen der Bediensteten der StrVZulassungsB, NVwZ **89** 119. *Jagow,* Amtshaftung bei Außerbetriebsetzung nicht versicherter Kfze, VD **90** 265. *Kutsch,* Gebührenpflicht bei Anordnungen nach § 29d Abs. 2 StVZO ..., NZV **05** 298. *Lang,* Die Haftung der öffentlichen Hand bei VUnfällen, VersR **88** 324 = VGT **88** 84. *Lauh,* Erlöschen der Kfz-Haftpflichtversicherung und Entstempelung von Kraftfahrzeugkennzeichen, SVR **16** 289, *Wirsing,* Zur zwangsweisen Stilllegung von Kfzen, VD **91** 149, 202, **92** 14.

4. Vorzeitige Beendigung der Haftpflichtversicherung für Fahrzeuge mit Versiche- **11** **rungskennzeichen** s. § 29.

5. Ordnungswidrig ist es, wenn der Halter ein Fz, für das keine oder keine ausreichende **12** Kfz-Haftpflichtversicherung besteht, nicht unverzüglich außer Betrieb setzen lässt (§ 48 Nr. 8 Buchst. a). Bei Benutzung oder Gestattung des Gebrauchs eines Fz ohne ausreichenden Versicherungsschutz im öffentlichen Straßenverkehr tritt diese Ordnungswidrigkeit gegenüber § 6 PflVG (Vergehen) zurück.

Versicherungskennzeichen

26 (1) ¹Durch das Versicherungskennzeichen wird für die Kraftfahrzeuge im Sinne des § 4 Absatz 3 Satz 1 in Verbindung mit § 3 Absatz 2 Satz 1 Nummer 1 Buchstabe d bis f nachgewiesen, dass für das jeweilige Kraftfahrzeug eine dem Pflichtversicherungsgesetz entsprechende Kraftfahrzeug-Haftpflichtversicherung besteht. ²Nach Abschluss eines Versicherungsvertrages und Zahlung der Prämie überlässt der Versicherer dem Halter auf

Antrag das Versicherungskennzeichen zusammen mit einer Bescheinigung hierüber für das jeweilige Verkehrsjahr. [3]Verkehrsjahr ist jeweils der Zeitraum vom 1. März eines Jahres bis zum Ablauf des Monats Februar des nächsten Jahres. [4]Zur Speicherung im Zentralen Fahrzeugregister hat der Antragsteller dem Versicherer die in § 33 Absatz 1 Satz 1 Nummer 2 des Straßenverkehrsgesetzes bezeichneten Halterdaten, die Angaben zu Fahrzeugklasse, Art des Aufbaus und Marke des Fahrzeugs sowie die Fahrzeug-Identifizierungsnummer mitzuteilen und auf Verlangen nachzuweisen. [5]Das Versicherungskennzeichen und die Bescheinigung verlieren ihre Gültigkeit mit Ablauf des Verkehrsjahres. [6]Der Fahrzeugführer hat die Bescheinigung über das Versicherungskennzeichen mitzuführen und zuständigen Personen auf Verlangen zur Prüfung auszuhändigen.

(2) [1]Das Versicherungskennzeichen besteht aus einem Schild, das eine zur eindeutigen Identifizierung des Kraftfahrzeugs geeignete Erkennungsnummer und das Zeichen des zuständigen Verbandes der Kraftfahrtversicherer oder, wenn kein Verband zuständig ist, das Zeichen des Versicherers trägt sowie das Verkehrsjahr angibt, für welches das Versicherungskennzeichen gelten soll. [2]Die Erkennungsnummer setzt sich aus nicht mehr als drei Ziffern und nicht mehr als drei Buchstaben zusammen. [3]Die Ziffern sind in einer Zeile über den Buchstaben anzugeben. [4]Das Verkehrsjahr ist durch die Angabe des Kalenderjahrs zu bezeichnen, in welchem es beginnt. [5]Der zuständige Verband der Kraftfahrtversicherer oder, wenn kein Verband zuständig ist, das Kraftfahrt-Bundesamt teilt mit Genehmigung des Bundesministeriums für Verkehr und digitale Infrastruktur den Versicherern die Erkennungsnummern zu.

(3) [1]Der Versicherer hat dem Kraftfahrt-Bundesamt die Halterdaten nach § 33 Absatz 1 Satz 1 Nummer 2 des Straßenverkehrsgesetzes und die in § 30 Absatz 4 genannten Fahrzeugdaten unverzüglich mitzuteilen. [2]Die Mitteilung kann auch über eine Gemeinschaftseinrichtung der Versicherer erfolgen. [3]Ausführungsregeln zur Datenübermittlung gibt das Kraftfahrt-Bundesamt in entsprechenden Standards im Bundesanzeiger sowie zusätzlich im Verkehrsblatt bekannt.

1   **Begr** zu §§ 26 und 27 (VkBl. **06** 610): *Die Vorschriften entsprechen den bisherigen Bestimmungen der §§ 29e und 60a StVZO.*

Neu eingefügt wird § 26 Abs. 3, der auf der Grundlage von § 34 Abs. 5 Satz 2 StVG die zu übermittelnden Daten und ihre unverzügliche Übermittlung vorschreibt und diese auch über eine Gemeinschaftseinrichtung der Versicherer (vgl. § 35 Abs. 3, der dies für die entgegen gesetzte Richtung der Übermittlung von Daten an die Versicherer regelt) zulässt. Damit soll insbesondere die Aktualität des Registers erhöht werden.

…

2   **1. Nachweis der Kfz-Haftpflichtversicherung durch Versicherungskennzeichen.** Nach § 4 III S. 1 iVm § 3 II S. 1 Nr. 1 Buchst. d bis f dürfen die folgenden zulassungsfreien Fz auf öffentlichen Straßen nur mit einem Versicherungskennzeichen gem. § 26 in Betrieb gesetzt werden:

a) zwei- oder dreirädrige Kleinkrafträder einschließlich Mofas (§ 2 Nr. 11),
b) motorisierte Krankenfahrstühle (§ 2 Nr. 13),
c) vierrädrige Leichtkraftfahrzeuge (§ 2 Nr. 12).

Durch das Versicherungskennzeichen wird für diese Fz nachgewiesen, dass für das jeweilige Kfz eine dem Pflichtversicherungsgesetz entsprechende Kfz-Haftpflichtversicherung besteht (Abs. 1 S. 1). Wenn für die Halter derartiger Fz keine Versicherungspflicht besteht, muss statt eines Versicherungskennzeichens ein Kennzeichen nach § 8 geführt werden (§ 4 III S. 2). Zulassungsfreie Segways, die früher nach § 2 I S. 1 Nr. 2 MobHV aF ebenfalls ein Versicherungskennzeichen führen mussten, haben jetzt eine Versicherungsplakette nach § 29a zu führen, sofern sie den Anforderungen von § 1 I eKFV genügen und dann nach § 3 II S. 1 Nr. 1 Buchst. g zulassungsfrei sind. Versicherungskennzeichen von Segways, die vor Inkrafttreten der eKFV am 15.6.2019 für Segways erteilt worden waren, sind bis zum Ende des damaligen Versicherungsjahres, also bis zum 29.2.2020, gültig geblieben (§ 15 III eKFV). Die **Ausgestaltung der Versicherungskennzeichen** ist in § 26 II, § 27 I und II sowie in Anlage 12 geregelt. Durch FZVAusnV v. 20.8.20 (BGBl. I S. 1968) wurde die Erprobung von Versicherungskennzeichen in Gestalt einer **Kennzeichenfolie** und einer dazugehörigen Trägerplatte in der Zeit 1.3.21 − 29.2.24 zugelassen (dazu § 27 Rn. 3). Zu Anbringung, Anhängern und Nationalitätszeichen s. § 27 III bis V.

3   **2. Ausgabe der Versicherungskennzeichen durch die Versicherer.** Versicherungskennzeichen werden nicht durch die ZulB, sondern durch die Versicherer ausgegeben. Es handelt sich deswegen nicht um amtliche Kennzeichen iSv § 1 I S. 2 StVG. Nach Abschluss eines Versicherungsvertrages und Zahlung der Prämie erhält der Versicherungsnehmer vom Versicherer auf Antrag ein Versicherungskennzeichen zusammen mit einer Bescheinigung hierüber (Abs. 1 S. 2).

Versicherungskennzeichen und Bescheinigung gelten nur für das jeweilige Verkehrsjahr (Abs. 1 S. 5). **Verkehrsjahr** ist jeweils der Zeitraum vom 1. März eines Jahres bis zum letzten Tag des Monats Februar des darauf folgenden Jahres (Abs. 1 S. 3). Die Versicherungsverträge sind auf das Verkehrsjahr befristet und verlängern sich nicht automatisch wie bei den Haftpflichtversicherungsverträgen für andere Fz (§ 4a II AKB alt = G.1.3 AKB 08). Für jedes Verkehrsjahr ist somit ein neuer Versicherungsvertrag abzuschließen. Die Ausgabe der neuen Zeichen weist aus, dass die Prämie für das neue Verkehrsjahr gezahlt ist. Nach Ablauf des Verkehrsjahres läuft die Nachhaftungsfrist des § 117 II VVG 08 jeweils bis zum Ende des Monats März. **Verzeichnis der Versicherungskennzeichen** für das Verkehrsjahr 2020/2021 (VkBl. **20** 221). Die Bescheinigung über das Versicherungskennzeichen muss der Fahrzeugführer mitführen und zuständigen Personen auf Verlangen zur Prüfung aushändigen (Abs. 1 S. 6). Das Versicherungskennzeichen enthält eine Ziffern- und eine Buchstabenkombination. Aus den drei Buchstaben kann abgelesen werden, bei welchem Versicherer die Kfz-Haftpflichtversicherung abgeschlossen wurde. Nach Unfällen ist der Versicherer durch Angabe der Buchstabenfolge über den Zentralruf der Kfz-Versicherer (Tel gebührenfrei 08 00 2 50 26 00, www.zentralruf.de) ermittelbar.

Technische Veränderungen („frisierte Mofas") führen nicht zu einem automatischen Ende des **4** Versicherungsvertrags, sondern sind Gefahrerhöhung, die dem Versicherer ein außerordentliches Kündigungsrecht (§§ 23 f. VVG) und im Schadensfall eine beschränkte Regressmöglichkeit gegen den Versicherungsnehmer (§§ 5 III, 6 KfzPflVV) gibt (*Heinzlmeier* NZV **06** 227, 231).

Der Antragsteller hat dem Versicherer die in § 33 I S. 1 Nr. 2 StVG genannten Halterdaten **5** (das sind die in § 6 I S. 2 genannten Daten, aber ohne Geburtsnamen, Ort der Geburt und Geschlecht des Halters) sowie bestimmte Fahrzeugdaten mitzuteilen und auf Verlangen nachzuweisen (Abs. 1 S. 4). Der Versicherer hat dem KBA diese Daten sowie die in § 30 IV Nr. 2 bis 5 genannten Daten zur Speicherung im Zentralen Fahrzeugregister unverzüglich mitzuteilen (Abs. 3 S. 1). Rechtsgrundlage für diese Datenübermittlungen ist § 34 V S. 2 StVG. Die Mitteilung kann auch über eine Gemeinschaftseinrichtung der Versicherer erfolgen (Abs. 3 S. 2). Ausführungsregeln für diese Datenübermittlung (III S. 3): Standards für die Übermittlung von Mitteilungen an die Zentralen Register beim KBA – SDÜ–ZFZR–MIT – Stand 25.6.13 (VkBl. **13** 798, 872 = StVRL § 33 FZV Nr. 1). Die Übersendung der Mitteilungen über Versicherungskennzeichen erfolgt heute nur noch durch die GDV Dienstleistungs-GmbH & Co (GDV DL) als Gemeinschaftseinrichtung der Versicherer.

3. Maßnahmen bei vorzeitigem Ende des Versicherungsverhältnisses s. § 29. **6**

4. Fz mit Versicherungskennzeichen unterliegen nicht der **HU-Pflicht** (§ 29 I S. 1 StVZO). **7**

5. Ordnungswidrig ist **8**

a) das Nichtführen des Versicherungskennzeichens gem. § 4 III S. 1 oder des stattdessen nach § 4 III S. 2 zu führenden Kennzeichens (§ 48 Nr. 3),

b) das Nichtmitführen oder nicht auf Verlangen Aushändigen einer Bescheinigung über das Versicherungskennzeichen entgegen Abs. 1 S. 6 (§ 48 Nr. 5).

6. Strafbarkeit: Kennzeichenmissbrauch iSv § 22 StVG kommt bei Versicherungskennzei- **9** chen nicht in Betracht, weil sie keine amtlichen Kennzeichen sind (Rn. 3, Ha NZV **07** 375). Fälschung des Versicherungskennzeichens oder der darüber von dem Versicherer ausgestellten Bescheinigung ist Urkundenfälschung iSv § 267 StGB (Ko VRS **60** 436), auch Manipulationen am Versicherungskennzeichen zur Täuschung darüber, dass ein gültiges Versicherungsverhältnis besteht (Ko NStZ-RR **16** 388), ebenso die Anbringung eines Versicherungskennzeichens an einem anderen Kfz als dem, für das es ausgegeben worden ist (Bay DAR **78** 24, Ko NStZ-RR **16** 388). Nichtanbringen des Versicherungskennzeichens und Nichtmitführen der Versicherungsbescheinigung stellen keinen Verstoß gegen das PflVG dar, da ein Versicherungsvertrag besteht (*Heinzlmeier* NZV **06** 231).

Ausgestaltung und Anbringung des Versicherungskennzeichens

27 (1) ¹**Die Beschriftung der Versicherungskennzeichen ist im Verkehrsjahr 2006 blau auf weißem Grund, im Verkehrsjahr 2007 grün auf weißem Grund und im Verkehrsjahr 2008 schwarz auf weißem Grund; die Farben wiederholen sich in den folgenden Verkehrsjahren jeweils in dieser Reihenfolge und Zusammensetzung.** ²**Der Rand hat dieselbe Farbe wie die Schriftzeichen.** ³**Versicherungskennzeichen können erhaben sein.** ⁴**Sie dürfen nicht spiegeln und weder verdeckt noch verschmutzt sein.** ⁵**Form, Größe und Ausge-**

staltung des Versicherungskennzeichens müssen dem Muster und den Angaben in Anlage 12 entsprechen.

(2) [1]Versicherungskennzeichen nach Absatz 1 müssen reflektierend sein. [2]Die Rückstrahlwerte müssen Abschnitt 5.3.4 des Normblattes DIN 74069, Ausgabe Mai 2016, entsprechen.

(3) [1]Das Versicherungskennzeichen ist an der Rückseite des Kraftfahrzeugs möglichst unter der Schlussleuchte fest anzubringen. [2]Das Versicherungskennzeichen darf bis zu einem Vertikalwinkel von 30 Grad in Fahrtrichtung geneigt sein. [3]Der untere Rand des Versicherungskennzeichens darf nicht weniger als 200 mm über der Fahrbahn liegen. [4]Versicherungskennzeichen müssen hinter dem Kraftfahrzeug in einem Winkelbereich von je 45 Grad beiderseits der Fahrzeuglängsachse auf eine Entfernung von mindestens 15 m lesbar sein.

(4) [1]Wird ein Anhänger mitgeführt, so ist die Erkennungsnummer des Versicherungskennzeichens an der Rückseite des Anhängers so zu wiederholen, dass sie in einem Winkelbereich von je 45 Grad beiderseits der Fahrzeuglängsachse bei Tageslicht auf eine Entfernung von mindestens 15 m lesbar ist; die Farben der Schrift und ihres Untergrundes müssen denen des Versicherungskennzeichens des ziehenden Kraftfahrzeugs entsprechen. [2]Eine Einrichtung zur Beleuchtung des Versicherungskennzeichens am ziehenden Kraftfahrzeug und der Erkennungsnummer am Anhänger ist zulässig, jedoch nicht erforderlich.

(5) [1]Außer dem Versicherungskennzeichen darf nur das Unterscheidungszeichen des Zulassungsstaates nach Artikel 37 in Verbindung mit Anhang 3 des Übereinkommens vom 8. November 1968 über den Straßenverkehr am Kraftfahrzeug angebracht werden. [2]Für die Bundesrepublik Deutschland ist dies der Großbuchstabe „D".

(6) Zeichen und Einrichtungen aller Art, die zu Verwechslungen mit dem Versicherungskennzeichen oder dem Unterscheidungszeichen nach Absatz 5 führen oder seine Wirkung beeinträchtigen können, dürfen an Fahrzeugen nicht angebracht werden.

(7) Kraftfahrzeuge, die nach § 4 Absatz 3 Satz 1 ein Versicherungskennzeichen führen müssen, dürfen auf öffentlichen Straßen nur in Betrieb gesetzt werden, wenn das Versicherungskennzeichen entsprechend den Absätzen 1 bis 3 ausgestaltet und angebracht ist und verwechslungsfähige oder beeinträchtigende Zeichen und Einrichtungen nach Absatz 6 am Fahrzeug nicht angebracht sind.

1   **Begr** zu §§ 26 und 27 (VkBl. **06** 610): *Die Vorschriften entsprechen den bisherigen Bestimmungen der §§ 29e und 60a StVZO.*
     ... § 27 Abs. 7 verpflichtet zur Einhaltung der Vorschriften über die Versicherungskennzeichen, wenn Fahrzeuge damit in Betrieb gesetzt werden sollen. ...

2   **1.** Die **Ausgestaltung der Versicherungskennzeichen** ist in § 26 II, § 27 I und II sowie in Anlage 12 geregelt.

3   Durch FZVAusnV v. 20.8.20 (BGBl. I S. 1968) wurde für die Zeit 1.3.21–29.2.24 die Erprobung von Versicherungskennzeichen zugelassen, die sich aus einer **Kennzeichenfolie** und einer dazugehörigen wiederverwendbaren **Trägerplatte** aus Kunststoff zusammensetzen. Der Verbund aus Kennzeichenfolie und Trägerplatte muss dabei die in Anlage 12 Nr. 4 vorgeschriebene, zu Aluminium- und Stahlblech vergleichbare Materialfestigkeit erreichen. Durch die Folienlösung soll künftig vermieden werden, dass weiter jedes Jahr eine große Anzahl von Versicherungskennzeichen aus Aluminium- oder Stahlblech produziert werden, die nur für ein Jahr gültig sind und anschließend entsorgt werden müssen. Außerdem wird in die Folie ein zusätzliches, fälschungserschwerendes Sicherheitsmerkmal in Gestalt eines Hologramms eingebracht, das in den herkömmlichen Versicherungskennzeichen nicht vorhanden ist. Die Folienlösung wird zunächst in einem Zeitraum von drei Verkehrsjahren erprobt. Ihre Zulässigkeit soll dann bei Bewährung dauerhaft in die FZV aufgenommen werden.

4   **2.** Zur **Anbringung der Versicherungskennzeichen** s. Abs. III, zu Anhängern s. Abs. IV, zu Nationalitätszeichen s. Abs. V. Beleuchtung der Versicherungskennzeichen ist zulässig, aber nicht vorgeschrieben, Abs. IV S. 2. Versicherungskennzeichen dürfen weder verdeckt noch verschmutzt sein, Abs. I S. 4. Zeichen und Einrichtungen, die zu **Verwechslungen** mit dem Versicherungskennzeichen oder dem Nationalitätszeichen führen oder deren Wirkung beeinträchtigen können, dürfen an Fahrzeugen nicht angebracht werden, Abs. VI. Kfz, die nach § 4 III S. 1 ein Versicherungskennzeichen führen müssen, dürfen im öffentlichen Straßenverkehr nur in Betrieb gesetzt werden, wenn das Versicherungskennzeichen nach Abs. I bis II und dem Muster in Anlage 12 ausgestaltet und nach Abs. III angebracht ist und verwechslungsfähige oder beeinträchtigende Zeichen und Einrichtungen nach Abs. VI am Fz nicht angebracht sind, Abs. VII.

3. **Ordnungswidrig** ist das Inbetriebsetzen eines Fz ohne korrekt ausgestaltetes oder ange- 5
brachtes Versicherungskennzeichen oder mit verwechslungsfähigen oder beeinträchtigenden
Zeichen und Einrichtungen entgegen Abs.VII, § 48 Nr. 1c.

Missbrauch iSv § 22 StVG kommt bei Versicherungskennzeichen nicht in Betracht, weil sie 6
keine amtlichen Kennzeichen sind. Fälschung des besonderen Kennzeichens oder der darüber
von dem Versicherer ausgestellten Bescheinigung ist Urkundenfälschung (§ 267 StGB), Ko
VRS **60** 436, ebenso die Anbringung eines Versicherungskennzeichens an einem anderen Kfz als
dem, für das es ausgegeben worden ist, Bay DAR **78** 24.

Rote Versicherungskennzeichen

28 [1]Fahrten im Sinne des § 16 Absatz 1 dürfen mit Kraftfahrzeugen im Sinne des § 4
Absatz 3 Satz 1 vorbehaltlich § 4 Absatz 1 auch mit roten Versicherungskennzeichen
nach dem Muster in Anlage 12 unternommen werden. [2]§ 26 Absatz 2 und 3 ist entspre-
chend mit der Maßgabe anzuwenden, dass der Buchstabenbereich der Erkennungsnum-
mer mit dem Buchstaben Z beginnt. [3]Das Kennzeichen ist nach § 27 in Verbindung mit
Anlage 12 auszugestalten und anzubringen. [4]Es braucht am Kraftfahrzeug nicht fest an-
gebracht zu sein. [5]Kraftfahrzeuge mit einem roten Versicherungskennzeichen dürfen im
Übrigen nur nach Maßgabe des § 27 Absatz 7 in Betrieb gesetzt werden. [6]Der Versicherer
hat dem Kraftfahrt-Bundesamt die Halterdaten nach § 33 Absatz 1 Satz 1 Nummer 2 des
Straßenverkehrsgesetzes und die in § 30 Absatz 5 genannten Fahrzeugdaten unverzüglich
mitzuteilen.

Begr (VkBl. **06** 610): *Die Vorschrift ist bisher im § 29g StVZO geregelt. Zusätzlich sind Daten-* 1
übermittlungsregelungen für den Versicherer an das KBA aufgenommen.

1. Prüfungs-, Probe- und Überführungsfahrten dürfen mit zwei- oder dreirädrigen 2
Kleinkrafträdern einschließlich Mofas (§ 2 Nr. 11), motorisierten Krankenfahrstühlen (§ 2
Nr. 13) und vierrädrigen Leichtkraftfahrzeugen (§ 2 Nr. 12) auch mit **roten Versicherungs-
kennzeichen** unternommen werden, wenn die Fahrzeuge einem genehmigten Typ entsprechen
oder eine Einzelgenehmigung erteilt ist (S. 1). Anders als für die Benutzung roter Kennzeichen
nach § 16 ist für die Verwendung von roten Versicherungskennzeichen eine Typ- oder Einzelge-
nehmigung erforderlich. Anders als bei roten Kennzeichen iSv § 16 ist die Ausgabe von roten
Versicherungskennzeichen nicht auf zuverlässige Kfz-Hersteller, Kfz-Teilehersteller, Kfz-Werk-
stätten und Kfz-Händler beschränkt. Sie können also an jeden ausgegeben werden. **Ausgabe-
stellen roter Versicherungskennzeichen:** VkBl. **20** 229 (Anl 2). Die roten Versicherungskenn-
zeichen müssen dem Muster in Anlage 12 entsprechen und sind nach § 26 III und § 27
auszugestalten, wobei der Buchstabenbereich der Erkennungsnummer mit dem Buchstaben Z
beginnt. Das rote Versicherungskennzeichen braucht nicht fest am Kfz angebracht zu sein (S. 4),
ansonsten hat die Anbringung nach § 27 zu erfolgen (S. 3). Kfz mit roten Versicherungskennzei-
chen dürfen nur in Betrieb gesetzt werden, wenn das Zeichen ordnungsgemäß ausgestaltet und
angebracht ist und verwechslungsfähige oder beeinträchtigende Zeichen und Einrichtungen am
Fz nicht angebracht sind (S. 5 iVm § 27 VII).

Der Versicherer hat wie bei den Versicherungskennzeichen die Halter- und Fahrzeugdaten 3
unverzüglich an das KBA zu melden (S. 6). Ausführungsregeln für diese Datenübermittlung:
Standards für die Übermittlung von Mitteilungen an die Zentralen Register beim KBA – SDÜ-
ZFZR-MIT – Stand 25.6.13 (VkBl. **13** 798, 872 = StVRL § 33 FZV Nr. 1). Für rote Versiche-
rungskennzeichen ist anders als bei Versicherungskennzeichen nicht ausdrücklich vorgesehen,
dass diese Mitteilung auch über eine Gemeinschaftseinrichtung der Versicherer erfolgen
können. Durch die Verweisung in Satz 2 auf § 26 III und damit auf § 26 III S. 2 wird jedoch
deutlich, dass dies auch hier möglich ist.

2. Ordnungswidrig ist das Inbetriebsetzen eines Fz ohne korrekt ausgestaltetes oder ange- 4
brachtes rotes Versicherungskennzeichen oder mit verwechslungsfähigen oder beeinträchtigen-
den Zeichen und Einrichtungen entgegen S. 5 iVm § 27 VII (§ 48 Nr. 1 Buchst. d).

3. Strafbarkeit: Kennzeichenmissbrauch iSv § 22 StVG kommt nicht in Betracht, weil Ver- 5
sicherungskennzeichen keine amtlichen Kennzeichen sind (§ 26 Rn. 3, Ha NZV **07** 375). Fahrt
mit rotem Versicherungskennzeichen, die nicht Prüfungs-, Probe oder Überführungsfahrt ist,
stellt nach § 2b I S. 1a AKB alt = D.1.1 AKB 08 zwar Obliegenheitsverletzung dar, berührt
aber nicht den Bestand des Versicherungsvertrages, deswegen keine Strafbarkeit nach § 6 I PflVG
(Ha NZV **07** 375).

Maßnahmen bei vorzeitiger Beendigung des Versicherungsverhältnisses

29 [1]Endet das Versicherungsverhältnis vor dem Ablauf des Verkehrsjahrs, das auf dem Versicherungskennzeichen angegeben ist, hat der Versicherer den Halter zur unverzüglichen Rückgabe des Versicherungskennzeichens und der darüber ausgehändigten Bescheinigung aufzufordern. [2]Kommt der Halter der Aufforderung nicht nach, hat der Versicherer hiervon die nach § 46 zuständige Behörde in Kenntnis zu setzen. [3]Die Behörde zieht das Versicherungskennzeichen und die Bescheinigung ein.

1 Begr (VkBl. 06 610): *Bisher geregelt in § 29h StVZO.*

Versicherungsplakette

29a (1) Durch die Versicherungsplakette wird für die Kraftfahrzeuge im Sinne des § 1 Absatz 1 der Elektrokleinstfahrzeuge-Verordnung in Verbindung mit § 3 Absatz 2 Satz 1 Nummer 1 Buchstabe g nachgewiesen, dass für das jeweilige Kraftfahrzeug eine dem Pflichtversicherungsgesetz entsprechende Kraftfahrzeug-Haftpflichtversicherung besteht.

(2) Die Regelungen über das Versicherungskennzeichen nach den §§ 26 und 27 sind mit folgenden Maßgaben entsprechend anzuwenden:

1. Abweichend von § 26 Absatz 1 Satz 6 genügt es, wenn die Bescheinigung über die Versicherungsplakette für eine Inbetriebnahme aufbewahrt und zuständigen Personen auf Verlangen zur Prüfung ausgehändigt wird.

2. Abweichend von § 26 Absatz 2 besteht die Versicherungsplakette anstelle eines Schildes aus einem Aufkleber, der eine dauerhafte Verklebung auf der Fahrzeugoberfläche gewährleistet und zusätzlich mit einem fälschungserschwerenden Hologramm ausgestattet ist.

3. Abweichend von § 27 Absatz 1 Satz 5 müssen Form, Größe und Ausgestaltung der Versicherungsplakette dem Muster und den Angaben in Anlage 13 entsprechen.

(3) [1]Die Versicherungsplakette ist an der Rückseite des Fahrzeugs möglichst unter der Schlussleuchte fest anzubringen. [2]Die Versicherungsplakette darf bis zu einem Vertikalwinkel von 30 Grad in Fahrtrichtung geneigt sein. [3]Der untere Rand der Versicherungsplakette darf nicht weniger als 50 mm über der Fahrbahn liegen. [4]Versicherungsplaketten müssen hinter dem Fahrzeug auf eine Entfernung von mindestens 8 m in der Fahrzeuglängsachse lesbar sein.

(4) Kraftfahrzeuge im Sinne des § 1 Absatz 1 der Elektrokleinstfahrzeuge-Verordnung dürfen auf öffentlichen Straßen nur in Betrieb gesetzt werden, wenn die Versicherungsplakette nach Absatz 2 und 3 entsprechend ausgestaltet und angebracht ist und verwechslungsfähige oder beeinträchtigende Zeichen und Einrichtungen aller Art am Fahrzeug nicht angebracht sind.

(5) [1]Fahrten im Sinne des § 16 Absatz 1 dürfen mit Kraftfahrzeugen im Sinne des § 1 Absatz 1 der Elektrokleinstfahrzeuge-Verordnung vorbehaltlich§ 2 Absatz 1 der Elektrokleinstfahrzeuge-Verordnung auch mit roten Versicherungsplaketten nach dem Muster in Anlage 13 unternommen werden. [2]Absatz 2 in Verbindung mit § 26 Absatz 2 und 3 ist entsprechend mit der Maßgabe anzuwenden, dass der Buchstabenbereich der Erkennungsnummer mit dem Buchstaben Z beginnt. [3]Die rote Versicherungsplakette ist nach Absatz 2 und 3 in Verbindung mit § 27 und Anlage 13 auszugestalten und anzubringen. [4]Sie braucht am Elektrokleinstfahrzeug jedoch nicht fest angebracht zu sein. [5]Elektrokleinstfahrzeuge mit einer roten Versicherungsplakette dürfen im Übrigen nur nach Maßgabe des Absatzes 4 in Betrieb gesetzt werden. [6]Der Versicherer hat dem Kraftfahrt-Bundesamt die Halterdaten nach § 33 Absatz 1 Satz 1 Nummer 2 des Straßenverkehrsgesetzes und die in § 30 Absatz 5 genannten Fahrzeugdaten unverzüglich mitzuteilen.

(6) [1]Endet das Versicherungsverhältnis vor dem Ablauf des Verkehrsjahrs, das auf der Versicherungsplakette angegeben ist, hat der Versicherer den Halter zur unverzüglichen Entfernung der Versicherungsplakette, zur Vorlage eines Nachweises über diese Entfernung und zur Rückgabe der ausgehändigten Bescheinigung aufzufordern. [2]Kommt der Halter der Aufforderung nicht nach, hat der Versicherer hiervon die nach § 46 zuständige Behörde in Kenntnis zu setzen. [3]Die Behörde entfernt die Versicherungsplakette und zieht die Bescheinigung ein.

(7) Eigenversicherer gemäß § 2 Absatz 1 Nummer 1 bis 4 des Pflichtversicherungsgesetzes und juristische Personen gemäß § 2 Absatz 1 Nummer 5 des Pflichtversicherungsgesetzes sind berechtigt, die Versicherungsplakette entsprechend den vorstehenden Vorgaben auszustellen.

1. Regelungsgegenstand. Elektrokleinstfahrzeuge iSv § 1 I der Elektrokleinstfahrzeuge- **1**
Verordnung (eKFV, Buchteil **7**) sind als Kfz mit bbH von nicht weniger als 6 km/h versiche-
rungspflichtig (§§ 1, 2 I Nr. 6 Buchst. a PflVG). Sie dürfen im öffentlichen Straßenverkehr nur in
Betrieb gesetzt werden, wenn sie eine gültige Versicherungsplakette nach § 29a führen (§ 2 I S. 1
Nr. 2 eKFV). § 29a regelt die Anforderungen an die Versicherungsplakette in Anlehnung an
§§ 26, 27 (Begr BR-Drs. 158/19 S. 42).

2. Nachweis der Kfz-Haftpflichtversicherung durch Versicherungsplakette. Durch die **2**
Versicherungsplakette nach § 29a wird für die nach § 3 II S. 1 Nr. 1 Buchst. g zulassungsfreien
Elektrokleinstfahrzeuge iSd § 1 I eKFV nachgewiesen, dass für das jeweilige Kfz eine dem
Pflichtversicherungsgesetz entsprechende Kfz-Haftpflichtversicherung besteht (Abs. 1). Aufgrund
der Maße und der Ausgestaltung der Elektrokleinstfahrzeuge (Begr BR-Drs. 158/19 S. 42, 45)
ist dieser Nachweis nicht durch ein Versicherungskennzeichen (§§ 26, 27), sondern durch eine
kleinere Versicherungsplakette zu erbringen, die auf der Fahrzeugoberfläche aufgeklebt werden
muss. Die Ausgestaltung der Versicherungsplakette ist in Abs. 2 Nr. 2 und 3 sowie in Anlage 13
geregelt. Die Bestimmungen der §§ 26, 27 über die Versicherungskennzeichen sind unter be-
stimmten Maßgaben auf Versicherungsplaketten entsprechend anzuwenden (Abs. 2).

3. Ausgabe der Versicherungsplaketten durch die Versicherer. Versicherungsplaketten **3**
werden wie Versicherungskennzeichen nicht durch die ZulB, sondern durch die Versicherer aus-
gegeben. Es handelt sich deswegen nicht um ein amtliches Kennzeichen iSv § 1 I S. 2 StVG. Nach
Abschluss eines Versicherungsvertrages und Zahlung der Prämie erhält der Versicherungsnehmer
vom Versicherer auf Antrag eine Versicherungsplakette zusammen mit einer Bescheinigung hier-
über (Abs. 2 iVm § 26 I S. 2). Versicherungsplakette und Bescheinigung gelten nur für das jewei-
lige Verkehrsjahr (Abs. 2 iVm § 26 I S. 5). Verkehrsjahr ist jeweils der Zeitraum vom 1. März eines
Jahres bis zum letzten Tag des Monats Februar des darauf folgenden Jahres (Abs. 2 iVm § 26 I
S. 3). Die Versicherungsverträge sind auf das Verkehrsjahr befristet und verlängern sich nicht au-
tomatisch wie bei den Haftpflichtversicherungsverträgen für andere Fz. Für jedes Verkehrsjahr ist
somit ein neuer Versicherungsvertrag abzuschließen. Die Ausgabe der neuen Versicherungsplaket-
ten weist aus, dass die Prämie für das neue Verkehrsjahr gezahlt ist. Nach Ablauf des Verkehrsjah-
res läuft die Nachhaftungsfrist des § 117 II VVG 08 jeweils bis zum Ende des Monats März. Die
Versicherungsplakette enthält eine Ziffern- und eine Buchstabenkombination. Aus den drei
Buchstaben kann abgelesen werden, bei welchem Versicherer die Kfz-Haftpflichtversicherung
abgeschlossen wurde. Nach Unfällen ist der Versicherer durch Angabe der Buchstabenfolge über
den Zentralruf der Kfz-Versicherer (Tel gebührenfrei 0800 250 260 0, www.zentralruf.de) ermit-
telbar.

Die **Bescheinigung über die Versicherungsplakette** muss der Fahrzeugführer anders als **4**
beim Versicherungskennzeichen (§ 26 I S. 6) **nicht mitführen;** sie muss für eine Inbetriebnah-
me des Elektrokleinstfahrzeugs nur aufbewahrt werden und ist zuständigen Personen auf Verlan-
gen zur Prüfung auszuhändigen (Abs. 2 Nr. 1); Verstoß ist ordnungswidrig (§ 48 Nr. 6). Auf die
Mitführung wird verzichtet, weil Elektrokleinstfahrzeuge idR aufgrund ihrer leichten Bauweise,
Ausgestaltung und Abmessung nicht dafür geeignet seien, an ihnen Haltevorrichtungen anzu-
bringen, die es ermöglichen würden, die Versicherungsbescheinigung immer im Fz aufzubewah-
ren. Dieser Verzicht ist nach Auffassung des VOGebers zugunsten der Mobilität der Nutzer und
auch etwaiger Sharing-Konzepte vertretbar (Begr BR-Drs. 158/19 S. 42 f.).

Der Antragsteller hat dem Versicherer die in § 33 I S. 1 Nr. 2 StVG genannten Halterdaten und **5**
bestimmte Fahrzeugdaten mitzuteilen und auf Verlangen nachzuweisen (Abs. 2 iVm § 26 I S. 4).
Der Versicherer hat dem KBA diese Daten sowie die in § 30 IV genannten Daten zur Speiche-
rung im Zentralen Fahrzeugregister unverzüglich mitzuteilen (Abs. 2 iVm § 26 III S. 1). Rechts-
grundlage für diese Datenübermittlungen dürfte § 34 V S. 2 StVG sein, auch wenn der Wortlaut
noch nicht an die Schaffung der Versicherungsplaketten angepasst worden ist. Die Mitteilung
kann auch über eine Gemeinschaftseinrichtung der Versicherer erfolgen (Abs. 2 iVm § 26 III S. 2).

4. Ausgestaltung und Anbringung der Versicherungsplakette. Die Versicherungsplakette **6**
ist nicht wie das Versicherungskennzeichen ein Schild (§ 26 II S. 1), sondern ein Aufkleber, der
dauerhaft auf der Fahrzeugoberfläche angebracht sein muss (Abs. 2 Nr. 2). Dies wird damit be-
gründet, dass es aufgrund der Maße eines Elektrokleinstfahrzeugs oft nicht möglich sei, ein
Schild anzubringen. Ein Schild würde zudem aufgrund etwaiger überstehender Schilderkanten
das Verletzungsrisiko für den Nutzer erhöhen (Begr BR-Drs. 158/19 S. 43). Ua zum Ausgleich
der entfallenen Mitführungspflicht der Bescheinigung über die Versicherungsplakette (Abs. 2

Nr. 1) ist der Aufkleber mit einem fälschungserschwerenden Merkmal, einem transparenten Hologramm, ausgestattet (Abs. 2 Nr. 2, Begr BR-Drs. 158/19 S. 43), das in Anlage 13 Nr. 5 näher beschrieben wird. Form, Größe und Ausgestaltung der Versicherungsplakette richten sich nach Anlage 13 (Abs. 2 Nr. 3). Hinsichtlich der Beschriftung und der Farben gilt § 27 I S. 1, 2 entsprechend (Abs. 2).

7   Der Ort und die Art der **Anbringung der Versicherungsplakette** sind abweichend von § 27 III in Abs. 3 geregelt. Die Versicherungsplakette kann auf das hintere Schutzblech oder eine dafür vorgesehene Fläche direkt auf das Fahrzeug aufgeklebt werden, wobei zur Anbringung auf dem Schutzblech eine minimale Krümmung erlaubt wird (Begr BR-Drs. 158/19 S. 43). Die Anbringung der Versicherungsplakette kann unter der Schlussleuchte erfolgen. Versicherungsplaketten dürfen weder verdeckt noch verschmutzt sein (Abs. 2 iVm § 27 I S. 4).

8   **5.** Elektrokleinstfahrzeuge dürfen im öffentlichen Straßenverkehr nur mit gültiger Versicherungsplakette **in Betrieb genommen** werden, wenn diese den Vorgaben an die Ausgestaltung und Anbringung nach Abs. 2 und 3 entspricht (Abs. 4, § 2 I S. 1 Nr. 2 eKFV). Das Verbot, am Fahrzeug verwechslungsfähige Zeichen oder ähnliche Vorrichtungen anzubringen (Abs. 4), ist aus Gründen der Sicht- und Lesbarkeit der Versicherungsplakette erfolgt (Begr BR-Drs. 158/19 S. 43). Inbetriebnahme entgegen Abs. 4 ist ordnungswidrig (§ 48 Nr. 1 Buchst. c).

9   **6. Prüfungs-, Probe- und Überführungsfahrten** dürfen mit Elektrokleinstkraftfahrzeugen iSv § 1 I eKFV auch mit **roten Versicherungsplaketten** unternommen werden, wenn die Fahrzeuge einem genehmigten Typ entsprechen oder eine Einzelbetriebserlaubnis erteilt ist und außerdem die Voraussetzungen des § 2 I S. 1 Nr. 3 und 4 eKFV erfüllt sind (Abs. 5 S. 1). Die rote Versicherungsplakette ist eingeführt worden, weil der VOGeber bei Elektrokleinstfahrzeugen ein Bedürfnis für die Ermöglichung von Prüfungs-, Probe und Überführungsfahrten ohne reguläre Versicherungsplakette gesehen hat, da etwa Forschungseinrichtungen wie die BASt weitere Projekte mit Elektrokleinstfahrzeugen insbesondere im Bereich Neuentwicklungen durchführen würden. Auch seitens der Nutzer sei mit einem hohen Interesse zu rechnen, die Fahrzeuge im Rahmen von Probefahrten zu testen; hierzu muss die rote Versicherungsplakette am Elektrokleinstfahrzeug nicht fest angebracht sein (Begr BR-Drs. 158/19 S. 43 f.).

10   Anders als bei roten Kennzeichen iSv § 16 ist die Ausgabe von roten Versicherungsplaketten nicht auf zuverlässige Kfz-Hersteller, Kfz-Teilehersteller, Kfz-Werkstätten und Kfz-Händler beschränkt. Sie können also an jeden ausgegeben werden. Die roten Versicherungsplaketten müssen dem Muster in Anlage 13 entsprechen (Abs. 5 S. 1). Sie sind nach Abs. 2 iVm § 26 II auszugestalten, wobei der Buchstabenbereich der Erkennungsnummer mit dem Buchstaben Z beginnt (Abs. 5 S. 2). Die rote Versicherungsplakette braucht nicht fest am Elektrokleinstfahrzeug angebracht zu sein (Abs. 5 S. 4), sie kann zB mit Klebestreifen, einem Clip oder einer Klettverbindung angebracht werden (Begr BR-Drs. 158/19 S. 44). Im Übrigen hat die Anbringung nach Abs. 2 und 3 iVm § 27 zu erfolgen (Abs. 5 S. 3). Elektrokleinstfahrzeuge mit roten Versicherungsplaketten dürfen im öffentlichen Straßenverkehr nur in Betrieb gesetzt werden, wenn die Plakette ordnungsgemäß ausgestaltet und angebracht ist und verwechslungsfähige oder beeinträchtigende Zeichen und Einrichtungen am Fahrzeug nicht angebracht sind (Abs. 5 S. 5 iVm Abs. 4). Der Versicherer hat die Halter- und Fahrzeugdaten unverzüglich an das KBA zu melden (Abs. 5 S. 6).

11   **7.** Abs. 6 nimmt die Regelung des § 29 über das **vorzeitige Ende des Versicherungsverhältnisses** auf und regelt dieses für Elektrokleinstfahrzeuge entsprechend (Begr BR-Drs. 158/19 S. 44).

12   **8.** Nach § 3 II S. 1 Nr. 1 Buchst. d–f zulassungsfreie Kfz von **Haltern,** die der **Versicherungspflicht nicht unterliegen,** müssen statt eines Versicherungskennzeichens ein reguläres Kennzeichen nach § 8 führen (§ 4 III S. 2). Elektrokleinstfahrzeuge iSv § 1 I eKFV von Haltern, die der Versicherungspflicht nicht unterliegen, müssen davon abweichend Versicherungsplaketten führen, denn sie sind von der Regelung des § 4 III nicht umfasst. Eigenversicherer gem. § 2 I Nr. 1 bis 4 PflVG und juristischen Personen gem. § 2 I Nr. 5 PflVG sind berechtigt, diese Versicherungsplaketten selbst auszustellen (Abs. 7). Sie müssen dann den Vorgaben der Absätze 1–6 entsprechen (Abs. 7).

13   **9.** Elektrokleinstfahrzeuge unterliegen als Fahrzeuge mit Versicherungsplakette **nicht** der **HU-Pflicht** (§ 29 I S. 1 StVZO).

Abschnitt 6. Fahrzeugregister

Vorbemerkung

Begr (VkBl. **06** 610): *Das Kapitel übernimmt die §§ 3 bis 17 der bisherigen Fahrzeugregisterverord-* **1**
nung.

*Zusätzlich aufgenommen sind die Speicherung und Übermittlung der Angaben zum Verwertungsnach-
weis, die für Maßnahmen zur Durchführung des Altfahrzeugrechts, insbesondere im Rahmen der kostenlosen
Rücknahmepflicht des Herstellers von Bedeutung ist, die Übermittlung von Daten zum Vollzug des Ver-
kehrsleistungsgesetzes sowie die Übermittlungsmöglichkeit durch Abruf in automatisierten Verfahren an die
Auskunftsstelle nach § 8a des Pflichtversicherungsgesetzes. Die Neuregelungen basieren auf dem Zweiten
Gesetz zur Änderung des Straßenverkehrsgesetzes und anderer Gesetze.*

*Im Gegensatz zur bisherigen Systematik der FRV, die die Inhalte der örtlichen Fahrzeugregister detail-
liert anführte und bezüglich des Zentralen Fahrzeugregisters auf die örtlichen Register verwies, werden nun-
mehr beide Registerinhalte geregelt. Die Vorschriften sind auf eine künftige Online-Kommunikation der
Zulassungsbehörden mit dem Zentralen Fahrzeugregister ausgerichtet. Eine wesentliche Voraussetzung für
die Auflösung der bei genereller Online-Anbindung der örtlichen Zulassungsbehörden an das Zentrale
Fahrzeugregister entbehrlich werdenden örtlichen Fahrzeugregister ist, dass der Datenbestand des Zentralen
Registers auch die derzeit nur örtlich geführten Daten enthält. Die im Zentralen Fahrzeugregister zu spei-
chernden Daten werden deshalb um diese ergänzt (§ 30). Die Übergangsvorschriften des § 50 Abs. 5 und 6
sichern, dass ausreichende Zeit für die Änderung der Programme zur Verfügung steht. Auch ist eine Nacher-
fassung dieser Daten, sofern sie nicht vorliegen, nicht vorgesehen. Da eine Reihe von Fahrzeugdaten, die
künftig im Zentralen Fahrzeugregister gespeichert werden, in den örtlichen Registern nicht obligatorisch zu
speichern waren, wird diese Option mit § 31 Abs. 8 weitergeführt. Diejenigen Behörden, die diese Daten
bisher nicht gespeichert haben, brauchen dies, unabhängig von einer obligatorischen Mitteilung an das Zent-
rale Fahrzeugregister auch künftig nicht. Für die Übermittlungen der Zulassungsbehörden an das Kraftfahrt-
Bundesamt (§ 33) wird die Datenfernübertragung durch Direkteinstellung und – für die Übergangszeit –
alternativ eine mindestens arbeitstägliche im Wege der Dateienübertragung vorgeschrieben. Das Kraftfahrt-
Bundesamt wird ermächtigt Ausführungsregeln zur Datenübermittlung festzulegen.*

*Durch die Online-Übermittlung an das Zentrale Fahrzeugregister werden Übermittlungen an andere
Zulassungsbehörden entbehrlich. § 34 Abs. 3 trifft die entsprechende Regelung.*

*Neu in den Katalog der Übermittlungen an Versicherer wurde der Anlass des Wohnsitz- oder Sitzwech-
sels des Halters in den Bereich einer anderen Zulassungsbehörde aufgenommen. Die bisherige Zuordnung
der Regionaltarife der Kraftfahrzeughaftpflichtversicherung nimmt das Kennzeichen für die Bemessung des
Unfallrisikos und damit der Regionalklasseneinteilung zum Kriterium. Die unmittelbare Bindung der Re-
gionalklassen an den Kennzeichenbereich wirkt sich bereits auf Änderungen im regionalen Maßstab aus, wie
z. B. Verzicht auf Umkennzeichnung bei Wohnsitzwechsel zwischen Stadt- und Landkreisen mit gleichem
Unterscheidungszeichen aber unterschiedlichen Kennzeichengruppen. Beispielsweise beträgt die Differenz des
Versicherungsbeitrags zwischen Kassel Stadt und dem Landkreis ca. 20 %. Der Umkennzeichnungsverzicht
(§ 47 Abs. 1 Nr. 2) würde das bisherige System der Regionalklassen auflösen. Alternatives Kriterium für
die Tarifierung kann der Wohnsitz / Sitz sein. Ein wohnortbasiertes Regionalklassensystem ist jedoch nur
funktionsfähig, wenn Änderungen des Wohnortes sicher aktuell gehalten und den Versicherern mitgeteilt
werden. Mit der Ergänzung wird dies sichergestellt. Um den Aufwand für die Zulassungsbehörden so gering
wie möglich zu halten, wird die Mitteilung über die Änderung der Wohn-/ Sitzanschrift bis zur Online-
Kommunikation mit dem KBA auf solche Fälle beschränkt, bei denen ein Wechsel in einen anderen Zulas-
sungsbereich erfolgt – und damit ein neues Kennzeichen zugeteilt wird. Der Umfang der zum Abruf im
automatisierten Verfahren den Zulassungsbehörden bereit gestellten Daten (§ 39 Abs. 1) wird, entsprechend
dem Konzept der Online-Kommunikation, nicht eingeschränkt. ...*

Begründung des Bundesrates zur Ersetzung der Angabe „5 Jahren" durch die Angabe „zehn **2**
Jahren" in § 30 Abs. 9 Satz 2: *Auf Grund des Beschlusses des Rats der Europäischen Union vom
24. Mai 2005 erfolgt eine Änderung des Schengener Durchführungsübereinkommens. Demnach ist eine
Änderung im Schengener Informationssystem (SIS) vorgesehen, wonach Kraftfahrzeuge und Kfz-Kenn-
zeichen bis zu einer Dauer von zehn Jahren ausgeschrieben werden können. Die Änderung soll Anfang
2006 in Kraft treten. Da dann innerhalb der EU die Möglichkeit der zehnjährigen Ausschreibung von
Kfz-Kennzeichen besteht, ist es erforderlich, dies auch in der – nationalen – Fahrzeug-Zulassungsverord-
nung entsprechend zu berücksichtigen. Daher sind die Wiederausgabesperren von Kfz-Kennzeichen bei den
Kfz-Zulassungsstellen von fünf auf zehn Jahre zu verlängern. Zum einen ist dies aus Gründen der Verein-
heitlichung sinnvoll, zum anderen können durch diese Verfahrensweise falsche Treffer vermieden werden.*

3   Begründung des Bundesrates zur Einfügung der Wörter „und die Reservierung des Kennzeichens bei Außerbetriebsetzung" in § 35 Abs. 1 Nr. 1 Buchstabe h (Folgeänderung zur Einfügung der neuen Nr. 6 in § 24 Abs. 1): *Nach der Neuregelung sind Fahrten mit ungestempelten Kennzeichen nur noch mit reservierten Kennzeichen möglich. Da diese Fahrten nur mit versicherten Fahrzeugen durchgeführt werden dürfen, ist eine Unterrichtung der Versicherungswirtschaft über die Reservierung der Kennzeichen notwendig. Der geringfügige zusätzliche Verwaltungsaufwand der Zulassungsbehörden für die elektronische Meldung an die Versicherungswirtschaft muss in Kauf genommen werden, um solche Fahrten zu ermöglichen.*

4   **Anm:** Die frühere Fahrzeugregisterverordnung (FRV) wurde am 1.3.07 aufgehoben (BGBl. I S. **06** 1084).

5   **Literatur:** *Liebermann,* Neue Fahrzeug-Zulassungsverordnung, NZV **06** 357 (360). *Zilkens,* Datenschutz im Straßenverkehrswesen, DÖV **08** 670 (676).

Speicherung der Fahrzeugdaten im Zentralen Fahrzeugregister

30 (1) **Bei Fahrzeugen, denen ein Kennzeichen zugeteilt ist, sind im Zentralen Fahrzeugregister folgende Fahrzeugdaten zu speichern:**

1. **die der Zulassungsbehörde nach § 6 Absatz 4 Nummer 1, 2 und 4 und Absatz 7 mitzuteilenden Fahrzeugdaten sowie die errechnete Nutzlast des Fahrzeugs (technisch zulässige Gesamtmasse minus Masse des in Betrieb befindlichen Fahrzeugs),**

2. **weitere Angaben, soweit deren Eintragung in den Fahrzeugdokumenten vorgeschrieben oder zulässig ist,**

3. **das Unterscheidungszeichen und die Erkennungsnummer des zugeteilten Kennzeichens und das Datum der Zuteilung, bei Zuteilung eines Kennzeichens als Saisonkennzeichen zusätzlich der Betriebszeitraum, bei Zuteilung eines Wechselkennzeichens, eines Oldtimerkennzeichens oder eines Kennzeichens für elektrisch betriebene Fahrzeuge zusätzlich ein Hinweis darauf,**

4. **das Unterscheidungszeichen und die Erkennungsnummer von durch Ausnahmegenehmigung zugeteilten weiteren Kennzeichen und das Datum der jeweiligen Zuteilung,**

5. **Monat und Jahr des auf die Ausfertigung der Zulassungsbescheinigung folgenden Ablaufs der Frist für die nächste Hauptuntersuchung oder Sicherheitsprüfung nach § 29 der Straßenverkehrs-Zulassungs-Ordnung,**

5a. **bei Verwendung des Nachweisverfahrens der Hauptuntersuchung oder Sicherheitsprüfung mittels Verifizierung der Prüfziffer nach § 15c Absatz 1 Satz 1 Nummer 2 die nach § 15c Absatz 5 von den Zulassungsbehörden übermittelten Daten,**

6. **bei Zuteilung eines grünen Kennzeichens ein Hinweis darauf sowie das Datum der Zuteilung,**

7. **das Datum**

   a) **der Außerbetriebsetzung des Fahrzeugs, bei mit einem Wechselkennzeichen zugelassenen Fahrzeug ein Hinweis darauf, dass es sich um ein Wechselkennzeichen handelt,**

   b) **der Entstempelung des Kennzeichens, wobei im Falle der internetbasierten Außerbetriebsetzung das Datum der abschließenden Bearbeitung des Antrags auf Außerbetriebsetzung in der Zulassungsbehörde an Stelle des Datums der Entstempelung zu speichern ist, bei mit einem Wechselkennzeichen zugelassenen Fahrzeug auch das Datum der Entstempelung des fahrzeugbezogenen Teils und**

   c) **des Ablaufs der Reservierung des Kennzeichens,**

8. **die Art der Typgenehmigung oder Einzelgenehmigung,**

9. **die Emissionsklasse, in die das Fahrzeug eingestuft ist und die Grundlage dieser Einstufung,**

10. **die Kennziffer des Zulassungsbezirks einschließlich der Gemeindekennziffer sowie die Kennziffer früherer Zulassungsbezirke,**

11. **die Nummer und der Sicherheitscode der Zulassungsbescheinigung Teil II bei Fahrzeugen, für die dieser Teil ausgefertigt wurde, sowie ein Hinweis über den Verbleib der Zulassungsbescheinigung Teil II bei Außerbetriebsetzung des Fahrzeugs,**

12. **die Nummern früherer Zulassungsbescheinigungen Teil II und Hinweise über deren Verbleib,**

13. **soweit eine Aufbietung der Zulassungsbescheinigungen Teil II erfolgt ist, ein Hinweis darauf,**

14. die von der Zulassungsbehörde aufgebrachte Nummer, die Vordrucknummer, der Sicherheitscode und die Druckstücknummer der Markierung der Zulassungsbescheinigung Teil I,

14a. die Sicherheitscodes und die Druckstücknummern der Stempelplaketten,

15. das Datum der Aushändigung und Hinweis über die Rückgabe oder Einziehung der Zulassungsbescheinigung Teil I, wobei im Falle der internetbasierten Wiederzulassung das Datum der Aushändigung entfällt,

16. Hinweise über die Ausstellung einer Zulassungsbescheinigung Teil I als Zweitschrift sowie eines Anhängerverzeichnisses und das Datum der Ausstellung,

17. bei Ausstellung eines Internationalen Zulassungsscheins ein Hinweis darauf und das Datum der Ausstellung,

18. eine Vormerkung zur Inanspruchnahme nach dem Bundesleistungsgesetz, dem Verkehrssicherstellungsgesetz oder dem Verkehrsleistungsgesetz,

19. folgende Daten zur Kraftfahrzeug-Haftpflichtversicherung:

    a) die der Zulassungsbehörde nach § 6 Absatz 4 Nummer 3 mitzuteilenden Daten,

    b) das Datum des Eingangs der Versicherungsbestätigung,

    c) Hinweise auf ein Nichtbestehen oder eine Beendigung des Versicherungsverhältnisses, die Anzeige hierüber sowie das Datum des Eingangs der Anzeige bei der Zulassungsbehörde,

    d) bei Maßnahmen der Zulassungsbehörde auf Grund des Nichtbestehens oder der Beendigung des Versicherungsverhältnisses ein Hinweis darauf und

    e) den Namen und die Anschrift oder die Schlüsselnummer des früheren Versicherer und jeweils die Daten zu diesen Versicherungen nach Maßgabe der Buchstaben a bis d,

20. fahrzeugbezogene und halterbezogene Ausnahmegenehmigungen sowie Auflagen oder Hinweise auf solche Genehmigungen und Auflagen,

21. Hinweise über

    a) Fahrzeugmängel,

    b) Maßnahmen zur Mängelbeseitigung,

    c) erhebliche Schäden am Fahrzeug aus einem Verkehrsunfall,

    d) die Eintragung der Außerbetriebsetzung des Fahrzeugs in die Zulassungsbescheinigung Teil I,

    e) die Berechtigung zum Betrieb des Fahrzeugs trotz eines Verkehrsverbots,

    f) Verstöße gegen die Vorschriften über die Kraftfahrzeugsteuer,

22. Hinweise über die Untersagung oder Beschränkung des Betriebs des Fahrzeugs,

23. Angaben zum Ort, an dem das sichergestellte Fahrzeug abgestellt ist,

24. das Datum des Eingangs der Anzeige bei der Zulassungsbehörde über die Veräußerung des Fahrzeugs und das Datum der Veräußerung,

25. bei Verlegung des Wohnsitzes des Halters in den Bezirk einer anderen Zulassungsbehörde und Zuteilung eines neuen Kennzeichens: das neue Kennzeichen dieses Zulassungsbezirks und das Datum der Zuteilung,

26. folgende Daten über frühere Angaben und Ereignisse:

    a) Kennzeichen,

    b) Fahrzeug-Identifizierungsnummern,

    c) Marke und Typ des Fahrzeugs,

    d) Hinweise über Änderungen in der Beschaffenheit und Ausrüstung des Fahrzeugs sowie das jeweilige Datum der Änderung,

    e) Hinweise über den Grund der sonstigen Änderungen und das jeweilige Datum der Änderung,

27. folgende Daten über den Verwertungsnachweis und die Abgabe von Erklärungen nach § 15:

    a) das Datum der Ausstellung des Verwertungsnachweises sowie

        aa) die Betriebsnummer des inländischen Demontagebetriebes oder

        bb) im Falle des § 15 Absatz 2 der Staat, in dem die Verwertungsanlage ihren Sitz hat,

    oder

    b) ein Hinweis auf die Angabe, dass das Fahrzeug zum Zwecke der Entsorgung in einem Drittstaat verbleibt, oder

    c) ein Hinweis auf die Angabe, dass das Fahrzeug nicht als Abfall entsorgt wird,

28. die Nummer der früheren ausländischen Zulassungsbescheinigung oder die Nummern von deren Teilen I und II, soweit diese jeweils vorhanden sind,

29. bei erstmaliger Zulassung eines Fahrzeugs, wobei eine Zulassung außerhalb der Europäischen Union vor weniger als drei Monaten nicht zu berücksichtigen ist, folgende Daten zur Beschaffenheit des Fahrzeugs, sofern das Fahrzeug einem Typ entspricht, für den eine EG-Typgenehmigung vorliegt, die auf Basis der Verordnung (EG) Nr. 715/2007 des Europäischen Parlaments und des Rates vom 20. Juni 2007 über die Typgenehmigung von Kraftfahrzeugen hinsichtlich der Emissionen von leichten Personenkraftwagen und Nutzfahrzeugen (Euro 5 und Euro 6) und über den Zugang zu Reparatur- und Wartungsinformationen für Fahrzeuge (ABl. L 171 vom 29.6.2007, S. 1) in Verbindung mit der Verordnung (EU) 2017/1151 der Kommission vom 1. Juni 2017 zur Ergänzung der Verordnung (EG) Nr. 715/2007 des Europäischen Parlaments und des Rates über die Typgenehmigung von Kraftfahrzeugen hinsichtlich der Emissionen von leichten Personenkraftwagen und Nutzfahrzeugen (Euro 5 und Euro 6) und über den Zugang zu Fahrzeugreparatur- und -wartungsinformationen, zur Änderung der Richtlinie 2007/46/EG des Europäischen Parlaments und des Rates, der Verordnung (EG) Nr. 692/2008 der Kommission sowie der Verordnung (EU) Nr. 1230/2012 der Kommission und zur Aufhebung der Verordnung (EG) Nr. 692/2008 der Kommission (ABl. L 175 vom 7.7.2017, S. 1) erteilt worden ist:

  a) Radstand,
  b) Spurweite,
  c) Elektrischer Energieverbrauch in Wh/km,
  d) Code der Ökoinnovation(en),
  e) CO_2-Einsparung durch Ökoinnovation(en) in g/km,
  f) Prüfmasse des Fahrzeugs in kg nach dem weltweit harmonisierten Prüfverfahren für leichte Nutzfahrzeuge (WLTP Prüfmasse),
  g) Abweichungsfaktor,
  h) Differenzierungsfaktor und
  i) Fahrzeugfamilie.

(2) Bei der Zuteilung von roten Kennzeichen sind im Zentralen Fahrzeugregister folgende Fahrzeugdaten zu speichern:

1. das Unterscheidungszeichen und die Erkennungsnummer,

2. Hinweis auf die Zuteilung und das Datum der Zuteilung sowie die Dauer der Gültigkeit des Kennzeichens,

3. das Datum der Rückgabe oder Entziehung des Kennzeichens,

4. folgende Daten zur Kraftfahrzeug-Haftpflichtversicherung:

  a) die der Zulassungsbehörde nach § 16 Absatz 4 mitzuteilenden Daten zur Kraftfahrzeug-Haftpflichtversicherung,
  b) die nach Absatz 1 Nummer 19 Buchstabe b bis e zu speichernden Daten.

(2a) Bei der Zuteilung von Kurzzeitkennzeichen sind im Zentralen Fahrzeugregister folgende Fahrzeugdaten zu speichern:

1. die nach § 16a Absatz 2 Satz 2 Nummer 3 bis 6 mitzuteilenden Fahrzeugdaten,

2. das Unterscheidungszeichen und die Erkennungsnummer,

3. Hinweis auf die Zuteilung und das Datum der Zuteilung des Kennzeichens sowie die Dauer der Gültigkeit des Kennzeichens,

4. die nach § 16a Absatz 5 Satz 2 zu vermerkenden Beschränkungen,

5. folgende Daten zur Kraftfahrzeug-Haftpflichtversicherung:

  a) die der Zulassungsbehörde nach § 16a Absatz 2 Satz 2 Nummer 2 mitzuteilenden Daten zur Kraftfahrzeug-Haftpflichtversicherung,
  b) die nach Absatz 1 Nummer 19 Buchstabe b bis e zu speichernden Daten.

(3) Bei Fahrzeugen, denen ein Ausfuhrkennzeichen zugeteilt ist, sind im Zentralen Fahrzeugregister folgende Fahrzeugdaten zu speichern:

1. die der Zulassungsbehörde nach § 19 Absatz 2 mitzuteilenden Fahrzeugdaten,

2. das Unterscheidungszeichen und die Erkennungsnummer sowie

  a) das Datum der Zuteilung des Kennzeichens und
  b) das Datum des Ablaufs der Gültigkeit der Zulassung des Fahrzeugs mit diesem Kennzeichen im Geltungsbereich dieser Verordnung,

3. die Nummer und der Sicherheitscode der Zulassungsbescheinigung Teil II, falls solche vorhanden waren, und Hinweise zum Verbleib der Zulassungsbescheinigung Teil II,

4. folgende Daten zur Kraftfahrzeug-Haftpflichtversicherung:

  a) die der Zulassungsbehörde nach § 19 Absatz 2 mitzuteilenden Daten zur Kraftfahrzeug-Haftpflichtversicherung,
  b) die nach Absatz 1 Nummer 19 Buchstabe b bis e zu speichernden Daten.

(4) **Bei Fahrzeugen mit Versicherungskennzeichen oder Versicherungsplakette sind im Zentralen Fahrzeugregister folgende Fahrzeugdaten zu speichern:**

1. **die dem Versicherer nach § 26 Absatz 1 Satz 4, auch in Verbindung mit § 29a Absatz 2 mitzuteilenden Fahrzeugdaten,**

2. **die Erkennungsnummer,**

3. **der Beginn des Versicherungsschutzes,**

4. **der Zeitpunkt der Beendigung des Versicherungsverhältnisses gemäß § 3 Nummer 5 des Pflichtversicherungsgesetzes,**

5. **folgende Daten zur Kraftfahrzeug-Haftpflichtversicherung:**
   a) **den Namen und die Anschrift oder die Schlüsselnummer des Versicherers,**
   b) **die Nummer des Versicherungsscheins oder der Versicherungsbestätigung.**

(5) **Bei Ausgabe roter Versicherungskennzeichen oder roter Versicherungsplaketten sind im Zentralen Fahrzeugregister folgende Fahrzeugdaten zu speichern:**

1. **die Erkennungsnummer,**

2. **der Beginn des Versicherungsschutzes,**

3. **der Zeitpunkt der Beendigung des Versicherungsverhältnisses nach § 3 Nummer 5 des Pflichtversicherungsgesetzes,**

4. **folgende Daten zur Kraftfahrzeug-Haftpflichtversicherung:**
   a) **den Namen und die Anschrift oder die Schlüsselnummer des Versicherers,**
   b) **die Nummer des Versicherungsscheins oder der Versicherungsbestätigung.**

(6) **Im Zentralen Fahrzeugregister sind auch die durch Ausnahmegenehmigung ohne Zuordnung zu einem bestimmten Fahrzeug zugeteilten Kennzeichen zu speichern sowie jeweils das Datum der Zuteilung und die Stelle, die über die Verwendung bestimmt.**

(7) **Soweit vom Kraftfahrt-Bundesamt für bestimmte Daten eine Schlüsselnummer festgelegt wird, ist auch diese im Zentralen Fahrzeugregister zu speichern.**

(8) **Im Zentralen Fahrzeugregister ist ferner das Datum der Änderung der in den Absätzen 1 bis 7 bezeichneten Fahrzeugdaten zu speichern.**

(9) ¹**Im Zentralen Fahrzeugregister sind Hinweise auf Diebstahl oder sonstiges Abhandenkommen**

a) **eines Fahrzeugs,**
b) **eines gestempelten Kennzeichens oder roten Kennzeichens,**
c) **eines gestempelten Ausfuhrkennzeichens oder Kurzzeitkennzeichens, dessen jeweilige Gültigkeit noch nicht abgelaufen ist,**
d) **eines gültigen Versicherungskennzeichens oder einer gültigen Versicherungsplakette,**
e) **einer ausgefertigten Zulassungsbescheinigung Teil I oder Teil II**

zu speichern. ²**Jeweils zusätzlich sind das Datum des Diebstahls oder des sonstigen Abhandenkommens sowie Hinweise darauf zu speichern, dass nach dem abhandengekommenen Gegenstand gefahndet wird und dass im Falle des Verlustes eines Kennzeichens im Sinne des Satzes 1 Buchstabe b bis d oder einer Versicherungsplakette diese nicht vor deren Wiederauffinden, sonst nicht vor Ablauf von zehn Jahren seit Fahndungsbeginn wieder zugeteilt werden dürfen.** ³**Bei Diebstahl oder sonstigem Abhandenkommen von nicht ausgefertigten Zulassungsbescheinigungen (Teil I und Teil II) ist jeweils die Dokumentennummer zu speichern.** ⁴**Wurde in den Vordruck für die Zulassungsbescheinigung Teil II bereits durch den Hersteller eine Fahrzeug-Identifizierungsnummer eingetragen, ist auch diese zu speichern.**

Begr (VkBl. 06 610): ... *Im Gegensatz zur bisherigen Systematik der FRV, die die Inhalte der örtli-* **1** *chen Fahrzeugregister detailliert anführte und bezüglich des Zentralen Fahrzeugregisters auf die örtlichen Register verwies, werden nunmehr beide Registerinhalte geregelt. Die Vorschriften sind auf eine künftige Online-Kommunikation der Zulassungsbehörden mit dem Zentralen Fahrzeugregister ausgerichtet. Eine wesentliche Voraussetzung für die Auflösung der bei genereller Online-Anbindung der örtlichen Zulassungsbehörden an das Zentrale Fahrzeugregister entbehrlich werdenden örtlichen Fahrzeugregister ist, dass der Datenbestand des Zentralen Registers auch die derzeit nur örtlich geführten Daten enthält. Die im Zentralen Fahrzeugregister zu speichernden Daten werden deshalb um diese ergänzt (§ 30). Die Übergangsvorschriften des § 50 Abs. 5 und 6 sichern, dass ausreichend Zeit für die Änderung der Programme zur Verfügung steht. Auch ist eine Nacherfassung dieser Daten, sofern sie nicht vorliegen, nicht vorgesehen. ...*

Begründung des Bundesrates zur Ersetzung der Angabe „5 Jahren" durch die Angabe „zehn **2** Jahren" in § 30 Abs. 9 Satz 2: *Auf Grund des Beschlusses des Rats der Europäischen Union vom 24. Mai 2005 erfolgt eine Änderung des Schengener Durchführungsübereinkommens. Demnach ist eine Änderung im Schengener Informationssytem (SIS) vorgesehen, wonach Kraftfahrzeuge und Kfz-Kennzei-*

chen bis zu einer Dauer von zehn Jahren ausgeschrieben werden können. Die Änderung soll Anfang 2006 in Kraft treten. Da dann innerhalb der EU die Möglichkeit der zehnjährigen Ausschreibung von Kfz-Kennzeichen besteht, ist es erforderlich, dies auch in der – nationalen – Fahrzeug-Zulassungsverordnung entsprechend zu berücksichtigen. Daher sind die Wiederausgabesperren von Kfz-Kennzeichen bei den Kfz-Zulassungsstellen von fünf auf zehn Jahre zu verlängern. Zum einen ist dies aus Gründen der Vereinheitlichung sinnvoll, zum anderen können durch diese Verfahrensweise falsche Treffer vermieden werden.

3   **Begr** zur ÄndVO v. 8.10.13 (BR-Drs. 435/13 S. 44 = VkBl. **13** 1065): **Zu Abs. 1 Nr. 14:** *Die Vorschrift enthält die Verpflichtung des Kraftfahrt-Bundesamtes, neben der von der Zulassungsbehörde aufgebrachten Nummer der Zulassungsbescheinigung Teil I auch den neuen, einer bestimmten Zulassungsbescheinigung Teil I zugeordneten Sicherheitscode und die Druckstücknummer der verdeckten Markierung im Zentralen Fahrzeugregister zu speichern, um die internetbasierte Außerbetriebsetzung zu ermöglichen. Eine zentrale Speicherung ist notwendig, um die internetbasierte Außerbetriebsetzung auch dann zu ermöglichen, wenn die Zuständigkeit der Zulassungsbehörde wechselt, ohne dass neue Stempelplaketten und Zulassungsbescheinigungen Teil I ausgegeben wurden.*

4   **Zu Abs. 1 Nr. 14a:** *Die Vorschrift enthält die Verpflichtung des Kraftfahrt-Bundesamtes, zum Kennzeichen für jede verwendete Stempelplakette Sicherheitscode und Druckstücknummer im Zentralen Fahrzeugregister zu speichern, um die internetbasierte Außerbetriebsetzung zu ermöglichen. Um das Missbrauchsrisiko zu minimieren, kann zugleich anhand der Druckstücknummer nachvollzogen werden, ob die Stempelplakette auf dem Kennzeichen angebracht ist, zu dem sie vergeben wurde. Eine zentrale Speicherung ist notwendig, um die internetbasierte Außerbetriebsetzung auch dann zu ermöglichen, wenn die Zuständigkeit der Zulassungsbehörde wechselt, ohne dass neue Stempelplaketten und Zulassungsbescheinigungen Teil I ausgegeben wurden.*

5   **Begr** zur ÄndVO v. 30.10.14 **zu Abs. 2a** (BR-Drs. 335/14 S. 27 = VkBl. **14** 869): *Im Zentralen Fahrzeugregister werden auch die Angaben zum Fahrzeug, für das ein Kurzzeitkennzeichen zugeteilt wird, gespeichert.*

6   **Begr** zur ÄndVO v. 31.7.17 **zu Abs. 1 Nr. 3, 11, 14, 28, Abs. 3 Nr. 3 und Abs. 9 S. 1 Buchst. e** (BR-Drs. 408/17 S. 24 f., 27).

7   **Zu Abs. 1 Nr. 29** (BR-Drs. 408/17 S. 25): *Bei der UNECE wurde ein neues weltweit harmonisiertes Prüfverfahren zur Ermittlung der Abgasemissionen leichter Kraftfahrzeuge (WLTP) entwickelt mit dem Ziel, zukünftig realitätsnähere CO_2-Emissionswerte aus der Typgenehmigung zu erhalten. … hat die Einführung des WLTP Auswirkungen auf die Daten, die bei der erstmaligen Zulassung eines Fahrzeugs zu erheben sind, sofern dieses Fahrzeug einem WLTP-geprüften Typ entspricht. … wird die Rechtsgrundlage geschaffen, um die für das Monitoring zu erfassenden Daten im Zulassungsverfahren zu erheben und im ZFZR zu speichern.*

Begr zur ÄndVO v. 22.3.19 **zu Abs. 1 Nr. 29:** BR-Drs. 18/19 S. 97 f.

8   **Anm:** Nach der Übergangsvorschrift § 50 V und VI mussten viele der im ZFZR zu speichernden Daten dort erst seit 1.9.08 enthalten sein und waren deswegen erst ab diesem Datum an das ZFZR zu übermitteln. Eine Nacherfassung von Daten der Fahrzeuge, die am 1.9.08 im Verkehr waren, im ZFZR erfolgte nicht (§ 50 V S. 2 aF).

Speicherung der Fahrzeugdaten im örtlichen Fahrzeugregister

31 (1) **Bei Fahrzeugen, denen ein Kennzeichen zugeteilt ist, sind im örtlichen Fahrzeugregister folgende Fahrzeugdaten zu speichern:**

1. **die der Zulassungsbehörde nach § 6 Absatz 4 Nummer 1, 2 und 4 und Absatz 7 mitzuteilenden Fahrzeugdaten,**

2. **weitere Angaben, soweit deren Eintragung in der Zulassungsbescheinigung vorgeschrieben oder zulässig ist,**

3. **das Unterscheidungskennzeichen und die Erkennungsnummer des zugeteilten Kennzeichens und das Datum der Zuteilung, bei Zuteilung eines Kennzeichens als Saisonkennzeichen zusätzlich der Betriebszeitraum, bei Zuteilung eines Wechselkennzeichens, eines Oldtimerkennzeichens oder eines Kennzeichens für elektrisch betriebene Fahrzeuge zusätzlich ein Hinweis darauf,**

4. **das Unterscheidungszeichen und die Erkennungsnummer von durch Ausnahmegenehmigung zugeteilten weiteren Kennzeichen sowie das Datum der jeweiligen Zuteilung,**

5. **Monat und Jahr des auf die Ausfertigung der Zulassungsbescheinigung folgenden Ablaufs der Frist für die nächste Hauptuntersuchung oder Sicherheitsprüfung nach § 29 der Straßenverkehrs-Zulassungs-Ordnung,**

6. bei Zuteilung eines grünen Kennzeichens ein Hinweis darauf sowie das Datum der Zuteilung,

7. das Datum

a) der Außerbetriebsetzung des Fahrzeugs, bei mit einem Wechselkennzeichen zugelassenen Fahrzeug ein Hinweis darauf, dass es sich um ein Wechselkennzeichen handelt,

b) der Entstempelung des Kennzeichens, wobei im Falle der internetbasierten Außerbetriebsetzung das Datum der abschließenden Bearbeitung des Antrags auf Außerbetriebsetzung an Stelle des Datums der Entstempelung zu speichern ist, bei mit einem Wechselkennzeichen zugelassenen Fahrzeug auch das Datum der Entstempelung des fahrzeugbezogenen Teils und

c) des Ablaufs der Reservierung des Kennzeichens,

8. die Art der Typgenehmigung oder Einzelgenehmigung,

9. die Emissionsklasse, in die das Fahrzeug eingestuft ist und die Grundlage dieser Einstufung,

10. die Kennziffer des Zulassungsbezirks einschließlich der Gemeindekennziffer,

11. die Nummer der Zulassungsbescheinigung Teil II bei Fahrzeugen, für die dieser Teil ausgefertigt wurde, sowie ein Hinweis über den Verbleib der Zulassungsbescheinigung Teil II bei Außerbetriebsetzung des Fahrzeugs,

12. die Nummer der früheren Zulassungsbescheinigung Teil II und ein Hinweis auf deren Verbleib bei Ausfertigung einer neuen Zulassungsbescheinigung Teil II,

13. soweit eine Aufbietung der Zulassungsbescheinigung Teil II erfolgt ist, ein Hinweis darauf,

14. die von der Zulassungsbehörde aufgebrachte Nummer, die Vordrucknummer und die Druckstücknummer der Markierung der Zulassungsbescheinigung Teil I,

14a. die Druckstücknummern der Stempelplaketten,

15. das Datum der Aushändigung und Rückgabe oder Einziehung der Zulassungsbescheinigung Teil I, wobei im Falle der internetbasierten Wiederzulassung das Datum der Aushändigung entfällt,

16. Hinweise über die Ausstellung einer Zulassungsbescheinigung Teil I als Zweitschrift sowie eines Anhängerverzeichnisses und das Datum der Ausstellung,

17. bei Ausstellung eines Internationalen Zulassungsscheins ein Hinweis darauf und das Datum der Ausstellung,

18. eine Vormerkung zur Inanspruchnahme nach dem Bundesleistungsgesetz, dem Verkehrssicherstellungsgesetz oder dem Verkehrsleistungsgesetz,

19. folgende Daten zur Kraftfahrzeug-Haftpflichtversicherung:

a) die der Zulassungsbehörde nach § 6 Absatz 4 Nummer 3 mitzuteilenden Daten,

b) das Datum des Eingangs der Versicherungsbestätigung,

c) Hinweise auf ein Nichtbestehen oder eine Beendigung des Versicherungsverhältnisses, die Anzeige hierüber sowie das Datum des Eingangs der Anzeige bei der Zulassungsbehörde,

d) bei Maßnahmen der Zulassungsbehörde auf Grund des Nichtbestehens oder der Beendigung des Versicherungsverhältnisses ein Hinweis darauf und

e) den Namen und die Anschrift oder die Schlüsselnummer der früheren Versicherer und jeweils die Daten zu diesen Versicherungen nach Maßgabe der Buchstaben a bis d,

20. fahrzeugbezogene und halterbezogene Ausnahmegenehmigungen sowie Auflagen oder Hinweise auf solche Genehmigungen und Auflagen,

21. Hinweise über

a) Fahrzeugmängel,

b) Maßnahmen zur Mängelbeseitigung,

c) erhebliche Schäden am Fahrzeug aus einem Verkehrsunfall,

d) die Eintragung der Außerbetriebsetzung des Fahrzeugs in die Zulassungsbescheinigung Teil I,

e) die Berechtigung zum Betrieb des Fahrzeugs trotz eines Verkehrsverbots,

f) Verstöße gegen die Vorschriften über die Kraftfahrzeugsteuer,

22. Hinweise über die Untersagung oder Beschränkung des Betriebs des Fahrzeugs,

23. Angaben zum Ort, an dem das sichergestellte Fahrzeug abgestellt ist,

24. das Datum des Eingangs der Anzeige bei der Zulassungsbehörde über die Veräußerung des Fahrzeugs und das Datum der Veräußerung,

25. bei Verlegung des Wohnsitzes des Halters in den Bezirk einer anderen Zulassungsbehörde und Zuteilung eines neuen Kennzeichens: das neue Kennzeichen dieses Zulassungsbezirks und das Datum der Zuteilung,

26. folgende Daten über frühere Angaben und Ereignisse:

   a) bei Zuteilung eines neuen Kennzeichens das bisherige,

   b) bei Änderung der Fahrzeug-Identifizierungsnummer die bisherige,

27. folgende Daten über den Verwertungsnachweis und die Abgabe von Erklärungen nach § 15:

   a) das Datum der Ausstellung des Verwertungsnachweises sowie

      aa) die Betriebsnummer des inländischen Demontagebetriebes oder

      bb) im Falle des § 15 Absatz 2 der Staat, in dem die Verwertungsanlage ihren Sitz hat,

   oder

   b) ein Hinweis auf die Angabe, dass das Fahrzeug zum Zwecke der Entsorgung in einem Drittstaat verbleibt, oder

   c) ein Hinweis auf die Angabe, dass das Fahrzeug nicht als Abfall entsorgt wird.

(2) Bei der Zuteilung von roten Kennzeichen sind im örtlichen Fahrzeugregister folgende Fahrzeugdaten zu speichern:

1. Unterscheidungszeichen und Erkennungsnummer,

2. Hinweis auf die Zuteilung und das Datum der Zuteilung sowie die Dauer der Gültigkeit des Kennzeichens,

3. das Datum der Rückgabe oder Entziehung des Kennzeichens,

4. folgende Daten zur Kraftfahrzeug-Haftpflichtversicherung:

   a) die der Zulassungsbehörde nach § 16 Absatz 4 mitzuteilenden Daten zur Kraftfahrzeug-Haftpflichtversicherung,

   b) die nach Absatz 1 Nummer 19 Buchstabe b bis e zu speichernden Daten.

(2a) Bei der Zuteilung von Kurzzeitkennzeichen sind im Zentralen Fahrzeugregister folgende Fahrzeugdaten zu speichern:

1. die nach § 16a Absatz 2 Satz 2 Nummer 3 bis 6 mitzuteilenden Fahrzeugdaten,

2. das Unterscheidungszeichen und die Erkennungsnummer,

3. Hinweis auf die Zuteilung und das Datum der Zuteilung des Kennzeichens sowie die Dauer der Gültigkeit des Kennzeichens,

4. die nach § 16a Absatz 5 Satz 2 zu vermerkenden Beschränkungen,

5. folgende Daten zur Kraftfahrzeug-Haftpflichtversicherung:

   a) die der Zulassungsbehörde nach § 16a Absatz 2 Satz 2 Nummer 2 mitzuteilenden Daten zur Kraftfahrzeug-Haftpflichtversicherung,

   b) die nach Absatz 1 Nummer 19 Buchstabe b bis e zu speichernden Daten.

(3) Bei Fahrzeugen, denen ein Ausfuhrkennzeichen zugeteilt ist, sind im örtlichen Fahrzeugregister folgende Fahrzeugdaten zu speichern:

1. die der Zulassungsbehörde nach § 19 Absatz 2 mitzuteilenden Fahrzeugdaten,

2. Unterscheidungszeichen und Erkennungsnummer sowie

   a) das Datum der Zuteilung des Kennzeichens und

   b) das Datum des Ablaufs der Gültigkeit der Zulassung des Fahrzeugs mit diesem Kennzeichen im Geltungsbereich dieser Verordnung,

3. die Nummer der Zulassungsbescheinigung Teil II, falls eine solche vorhanden war, und Hinweise zu deren Verbleib,

4. folgende Daten zur Kraftfahrzeug-Haftpflichtversicherung:

   a) die der Zulassungsbehörde nach § 19 Absatz 2 mitzuteilenden Daten zur Kraftfahrzeug-Haftpflichtversicherung,

   b) die nach Absatz 1 Nummer 21 Buchstabe b bis e zu speichernden Daten.

(4) Im örtlichen Fahrzeugregister sind auch die durch Ausnahmegenehmigung ohne Zuordnung zu einem bestimmten Fahrzeug zugeteilten Kennzeichen zu speichern sowie jeweils das Datum der Zuteilung und die Stelle, die über die Verwendung bestimmt.

(5) Soweit vom Kraftfahrt-Bundesamt für bestimmte Daten eine Schlüsselnummer festgelegt wird, ist auch diese im örtlichen Fahrzeugregister zu speichern.

(6) Im örtlichen Fahrzeugregister ist ferner das Datum der Änderung der in den Absätzen 1 bis 5 bezeichneten Fahrzeugdaten zu speichern.

(7) [1] Im örtlichen Fahrzeugregister sind Hinweise über Diebstahl oder sonstiges Abhandenkommen

a) eines Fahrzeugs,
b) eines gestempelten Kennzeichens oder roten Kennzeichens,
c) eines gestempelten Ausfuhrkennzeichens oder Kurzzeitkennzeichens, dessen jeweilige Gültigkeit noch nicht abgelaufen ist,
d) eines gültigen Versicherungskennzeichens oder einer gültigen Versicherungsplakette und
e) einer ausgefertigten Zulassungsbescheinigung (Teil I oder Teil II)
zu speichern. [2]Jeweils zusätzlich sind das Datum des Diebstahls oder des sonstigen Abhandenkommens sowie Hinweise darauf zu speichern, dass nach dem abhandengekommenen Gegenstand gefahndet wird und dass im Falle des Verlustes eines Kennzeichens im Sinne des Satzes 1 Buchstabe b bis d oder einer Versicherungsplakette dieses nicht vor deren Wiederauffinden, sonst nicht vor Ablauf von zehn Jahren seit Fahndungsbeginn wieder zugeteilt werden dürfen. [3]Bei Diebstahl oder sonstigem Abhandenkommen von nicht ausgefertigten Zulassungsbescheinigungen Teil I und Teil II ist jeweils die Dokumentennummer zu speichern. [4]Wurde in den Vordruck für die Zulassungsbescheinigung Teil II bereits durch den Hersteller eine Fahrzeug-Identifizierungsnummer eingetragen, ist auch diese zu speichern.

(8) Sofern die bisher nicht obligatorisch zu speichernden Daten nach Absatz 1 Nummer 4, 5, 13, 15 bis 17, 20 und 21 bis 27 und Absatz 2 bis 7 noch nicht im örtlichen Fahrzeugregister gespeichert sind, brauchen sie auch weiterhin nicht gespeichert werden.

Begr (VkBl. **06** 611): … *Da eine Reihe von Fahrzeugdaten, die künftig im Zentralen Fahrzeugregister* **1** *gespeichert werden, in den örtlichen Registern nicht obligatorisch zu speichern sind, wird diese Option mit § 31 Abs. 8 weitergeführt. Diejenigen Behörden, die diese Daten bisher nicht gespeichert haben, brauchen dies, unabhängig von einer obligatorischen Mitteilung an das Zentrale Fahrzeugregister auch künftig nicht. …*

Begr zur ÄndVO v. 8.10.13 **zu Abs. 1 Nr. 7 Buchst. b, 14 und 14a:** BR-Drs. 435/13 S. 44 **2** = VkBl. **13** 1065.

Begr zur ÄndVO v. 30.10.14 **zu Abs. 2a** (BR-Drs. 335/14 S. 28 = VkBl. **14** 869): *Im örtlichen* **3** *Fahrzeugregister werden auch die Angaben zum Fahrzeug, für das ein Kurzzeitkennzeichen zugeteilt wird, gespeichert.*

Begr zur ÄndVO v. 31.7.17 **zu Abs. 1 Nr. 3, 14, 14a und Abs. 7 S. 1 Buchst. e** (BR- **4** Drs. 408/17 S. 27 f.).

Speicherung der Halterdaten in den Fahrzeugregistern

32 (1) [1]Die der Zulassungsbehörde nach § 6 Absatz 1 Satz 2 mitzuteilenden Halterdaten und die nach § 13 Absatz 4 Satz 2 mitzuteilenden Daten des Erwerbers sowie die dem Kraftfahrt-Bundesamt nach § 26 Absatz 3, auch in Verbindung mit § 29a Absatz 2, mitzuteilenden Halterdaten

1. im Zentralen Fahrzeugregister
    a) bei Fahrzeugen, denen ein Kennzeichen nach § 8 zugeteilt ist,
    b) bei Fahrzeugen, denen ein Ausfuhrkennzeichen zugeteilt ist,
    c) bei der Zuteilung von roten Kennzeichen,
    d) bei Fahrzeugen, denen ein Kurzzeitkennzeichen zugeteilt ist und
    e) bei Fahrzeugen mit Versicherungskennzeichen oder Versicherungsplakette und

2. im örtlichen Fahrzeugregister
    a) bei Fahrzeugen, denen ein Kennzeichen nach § 8 zugeteilt ist,
    b) bei Fahrzeugen, denen ein Ausfuhrkennzeichen zugeteilt ist,
    c) bei der Zuteilung von roten Kennzeichen und
    d) bei Fahrzeugen, denen ein Kurzzeitkennzeichen zugeteilt ist.

[2]In den Fahrzeugregistern ist ferner das Datum der Änderung der Halterdaten zu speichern.

(2) Im Zentralen und im örtlichen Fahrzeugregister sind über beruflich selbstständige Halter, denen ein Kennzeichen nach § 8 zugeteilt wird, die Daten über Beruf oder Gewerbe zu speichern.

(3) Im Zentralen und im örtlichen Fahrzeugregister sind die Daten der früheren Halter und die Anzahl der früheren Halter eines Fahrzeugs zu speichern.

Begr zur ÄndVO v. 30.10.14 **zu Abs. 1 S. 1 Nr. 1 Buchst. d und Nr. 2 Buchst. d** (BR- **1** Drs. 335/14 S. 28 = VkBl. **14** 869): *Klarstellung, dass auch das Kurzzeitkennzeichen einem Fahrzeug zugeteilt wird und nicht mehr nur einer Person ohne Fahrzeugbezug.*

Übermittlung von Daten an das Kraftfahrt-Bundesamt

33 (1) ¹Die Zulassungsbehörde hat dem Kraftfahrt-Bundesamt zur Speicherung im Zentralen Fahrzeugregister die nach § 30 zu speichernden Fahrzeugdaten sowie die nach § 32 zu speichernden Halterdaten zu übermitteln. ²Außerdem hat die Zulassungsbehörde dem Kraftfahrt-Bundesamt zur Aktualisierung des Zentralen Fahrzeugregisters jede Änderung der Daten und das Datum der Änderung sowie die Löschung der Daten und das Datum der Löschung im örtlichen Fahrzeugregister zu übermitteln.

(2) Nimmt eine andere als die für das Kennzeichen zuständige Zulassungsbehörde die Außerbetriebsetzung des Fahrzeugs vor, so hat sie dem Kraftfahrt-Bundesamt die Außerbetriebsetzung anzuzeigen und außerdem zur Aktualisierung des Zentralen Fahrzeugregisters zu übermitteln:

1. das Datum der Außerbetriebsetzung,
2. das Kennzeichen und einen Hinweis über dessen Entstempelung und bei einem Wechselkennzeichen einen Hinweis darauf, dass es sich um ein Wechselkennzeichen handelt,
3. die Fahrzeug-Identifizierungsnummer,
4. die Marke des Fahrzeugs,
5. die Nummer der Zulassungsbescheinigung Teil II und einen Hinweis über deren Verbleib.

(3) ¹Die Datenübermittlung nach den Absätzen 1 und 2 erfolgt im Wege der Datenfernübertragung durch Direkteinstellung, mindestens jedoch arbeitstäglich im Wege der Dateienübertragung. ²Ausführungsregeln zur Datenübermittlung werden vom Kraftfahrt-Bundesamt im Bundesanzeiger und zusätzlich im Verkehrsblatt veröffentlicht.

1   **Begr** (VkBl. 06 611): ... *Für die Übermittlungen der Zulassungsbehörden an das Kraftfahrt-Bundesamt (§ 33) wird die Datenfernübertragung durch Direkteinstellung und – für die Übergangszeit – alternativ eine mindestens arbeitstägliche im Wege der Dateienübertragung vorgeschrieben. Das Kraftfahrt-Bundesamt wird ermächtigt Ausführungsregeln zur Datenübermittlung festzulegen. ...*

2   Ausführungsregeln für die Datenübermittlung (III S. 2): Standards für die Übermittlung von Mitteilungen an die Zentralen Register beim KBA – SDÜ-ZFZR-MIT – Stand 25.6.13 (VkBl. **13** 798, 872 = StVRL § 33 FZV Nr. 1).

Übermittlung und Speicherung der Daten über Hauptuntersuchungen und Sicherheitsprüfungen im Zentralen Fahrzeugregister

34 (1) ¹Folgende Daten über Hauptuntersuchungen und Sicherheitsprüfungen sind im Zentralen Fahrzeugregister zu speichern:

1. Schlüsselnummer der Technischen Prüfstelle, der anerkannten Überwachungsorganisation oder der mit der Datenübermittlung beauftragten Gemeinschaftseinrichtung der anerkannten Kraftfahrzeugwerkstätten,
2. bei Sicherheitsprüfungen, die von einer anerkannten Kraftfahrzeugwerkstatt durchgeführt wurden: die Kontrollnummer der anerkannten Kraftfahrzeugwerkstatt,
3. Fahrzeug-Identifizierungsnummer,
4. Hersteller-Schlüsselnummer,
5. Herstellerbezeichnung,
6. Monat und Jahr der Erstzulassung,
7. Kennzeichen des Fahrzeugs,
8. Nummer des Untersuchungsberichts oder des Prüfprotokolls,
9. Angabe über die Untersuchung als Hauptuntersuchung oder Sicherheitsprüfung,
10. Untersuchungsart als Erst- oder Nachuntersuchung oder Prüfungsart als Erst- oder Nachprüfung,
11. Datum der Durchführung und Uhrzeit des Endes der Hauptuntersuchung oder der Sicherheitsprüfung,
12. Entscheidung über die Zuteilung der Prüfplakette nach einer Hauptuntersuchung oder Prüfmarke nach einer Sicherheitsprüfung,
13. bei bestandener Hauptuntersuchung: Monat und Jahr des Ablaufs der Frist für die nächste Hauptuntersuchung und, soweit erforderlich, für die nächste Sicherheitsprüfung,

14. bei bestandener Sicherheitsprüfung: Monat und Jahr des Ablaufs der Frist für die nächste Sicherheitsprüfung,

15. Ergebnis

a) der Hauptuntersuchung mit der Angabe „ohne festgestellte Mängel", „geringe Mängel", „erhebliche Mängel" oder „verkehrsunsicher" oder

b) der Sicherheitsprüfung mit der Angabe „ohne festgestellte Mängel", „Mängel" oder „unmittelbar verkehrsgefährdende Mängel".

[2] Die Übermittlung der Daten durch die zur Durchführung von Hauptuntersuchungen oder Sicherheitsprüfungen nach § 29 berechtigten Personen an das Kraftfahrt-Bundesamt erfolgt nach Maßgabe des § 15a Absatz 3. [3] Soweit nach Satz 1 Nummer 15 als Ergebnis der Hauptuntersuchung die Angabe „verkehrsunsicher" oder der Sicherheitsprüfung die Angabe „unmittelbar verkehrsgefährdende Mängel" übermittelt wird und dem Fahrzeug ein Kennzeichen zugeteilt ist, teilt das Kraftfahrt-Bundesamt dies der Zulassungsbehörde mit.

(2) [1] Folgende weitere Daten über Hauptuntersuchungen sind im Zentralen Fahrzeugregister zu speichern:

1. Unterscheidungszeichen des Zulassungsstaates,

2. Fahrzeugklasse oder Fahrzeugart,

3. Fahrzeugtyp einschließlich Schlüsselnummer,

4. Variante und Version oder Ausführung einschließlich ihrer Codes oder Schlüsselnummern,

5. Stand des Wegstreckenzählers bei Kraftfahrzeugen und, soweit vorhanden, bei Anhängern,

6. für das Fahrzeug in Deutschland zulässige Gesamtmasse,

7. Monat und Jahr der dieser Hauptuntersuchung vorangegangenen Hauptuntersuchung,

8. Ort der Hauptuntersuchung oder Schlüsselnummer des Ortes,

9. Art der Untersuchungsstelle als Prüfstelle, Prüfstützpunkt oder Prüfplatz,

10. Bundesland, in dem die Hauptuntersuchung durchgeführt wurde,

11. Dokumentation der gemessenen Bremswerte mit den Angaben zu Referenzwerten, Druckwerten, Betätigungskräften oder, wenn diese nicht vorliegen, die Bremswerte der Betriebs- und Feststellbremse und die daraus ermittelten Abbremsungen,

12. Wiedervorführpflicht, soweit angeordnet,

13. Entgelte und Gebühren,

14. Kennnummer des für die Hauptuntersuchung verantwortlichen amtlich anerkannten Sachverständigen oder Prüfers oder des mit der Hauptuntersuchung betrauten Prüfingenieurs,

15. für Krafträder: Messdrehzahl und Standgeräuschvergleichswert von Standgeräuschmessungen, soweit Messwerte erhoben wurden,

16. im Falle von Mängeln, die vor Abschluss der Untersuchung, längstens jedoch während eines Kalendertages beseitigt wurden: zusätzlich das Ergebnis vor Mängelbeseitigung mit der Angabe „geringe Mängel", „erhebliche Mängel" oder „verkehrsunsicher" sowie die Uhrzeit der Feststellung der Mängelbeseitigung,

17. bei Durchführung der Untersuchung der Umweltverträglichkeit durch eine anerkannte Kraftfahrzeugwerkstatt: Kontrollnummer der anerkannten Kraftfahrzeugwerkstatt sowie das Datum der Untersuchung,

18. bei der Hauptuntersuchung festgestellte Mängel und ihre Einstufung einschließlich der Mängelcodes aus der für die Hauptuntersuchung verwendeten Version des Mangelbaums,

19. Versionsnummer des verwendeten Mangelbaums,

20. Hinweise über sich in der Zukunft durch Verschleiß, Korrosion oder andere Umstände abzeichnende Mängel, soweit vorhanden.

[2] Die Übermittlung erfolgt nach Maßgabe des § 15a Absatz 3.

Begr zur ÄndVO v. 23.3.17 (BR-Drs. 770/16 S. 121): *§ 34 FZV ergänzt die Datenspeicherung* **1** *im ZFZR um Daten der Hauptuntersuchungen und Sicherheitsprüfungen, die von den Überwachungsinstitutionen, den anerkannten Kraftfahrzeugwerkstätten und den sog. Eigenüberwachern nach § 29a StVZO zu übermitteln sind. ...*

Übermittlung von Daten an die Versicherer

35 (1) Die Zulassungsbehörde darf dem Versicherer zur Durchführung des Versicherungsvertrags übermitteln:

1. bei Fahrzeugen, denen ein Kennzeichen zugeteilt ist, folgende Daten:

   a) das Kennzeichen und das Datum der Zuteilung, bei Zuteilung eines Kennzeichens als Saisonkennzeichen zusätzlich den Betriebszeitraum, bei Wechselkennzeichen oder Kennzeichen für elektrisch betriebene Fahrzeuge zusätzlich ein Hinweis auf deren Zuteilung,

   b) die Fahrzeugklasse, die Art des Aufbaus sowie die Schlüsselnummer des Herstellers, den Typ, sowie die Variante und die Version des Fahrzeugs,

   c) die Fahrzeug-Identifizierungsnummer, die Nennleistung und bei Krafträdern zusätzlich den Hubraum,

   d) bei natürlichen Personen den Familiennamen, die Vornamen und die Anschrift des Halters, bei juristischen Personen den Namen oder die Bezeichnung und die Anschrift, bei Vereinigungen den Familiennamen, die Vornamen und die Anschrift des benannten Vertreters sowie erforderlichenfalls den Namen der Vereinigung,

   e) einen Hinweis über das Vorliegen eines Versicherer- und Halterwechsels,

   f) das Datum des Eingangs einer Anzeige über das Nichtbestehen oder die Beendigung des Versicherungsverhältnisses,

   g) einen Hinweis über die Einleitung von Maßnahmen und Angaben zum Verbleib des Fahrzeugs oder Kennzeichens, jedoch nur nach Eingang einer Anzeige im Sinne des Buchstaben f,

   h) das Datum der Außerbetriebsetzung des Fahrzeugs und das Ablaufdatum der Reservierung des Kennzeichens bei Außerbetriebsetzung,

   i) den Namen und die Anschrift oder Schlüsselnummer des Versicherers,

   j) die Nummer des Versicherungsscheins oder der Versicherungsbestätigung,

   k) einen Hinweis über den Eingang der Versicherungsbestätigung über eine neue Versicherung,

   l) den Beginn des Versicherungsschutzes sowie

   m) Verwendung des Fahrzeugs nach § 6 Absatz 4 Nummer 1.

2. bei der Zuteilung von roten Kennzeichen oder Kurzzeitkennzeichen folgende Daten:

   a) das Unterscheidungszeichen und die Erkennungsnummer des Kennzeichens sowie das Datum der Zuteilung,

   b) die Gültigkeitsdauer des Kennzeichens,

   c) den Familiennamen, die Vornamen und die Anschrift des Halters, falls dieser nicht mit dem Versicherungsnehmer identisch ist,

   d) die in Nummer 1 Buchstabe e, f, g und h bezeichneten Daten,

   e) das Ende des Versicherungsschutzes und

   f) bei Kurzzeitkennzeichen auch die Angaben zu Fahrzeug-Identifizierungsnummer, Fahrzeugklasse und Art des Aufbaus,

3. bei Fahrzeugen, denen ein Ausfuhrkennzeichen zugeteilt ist, folgende Daten:

   a) das Unterscheidungszeichen und die Erkennungsnummer des Kennzeichens und das Datum der Zuteilung sowie

   b) die in Nummer 1 Buchstabe b, c, d und h bezeichneten Daten und das Ende des Versicherungsverhältnisses.

(2) Die Übermittlung der Daten erfolgt aus Anlass:

1. der Zuteilung des Kennzeichens,

2. des Vorliegens einer neuen Versicherungsbestätigung,

3. des Versicherer- oder Halterwechsels,

4. des Wohnsitz- oder Sitzwechsels des Halters, wenn die Zulassungsbehörde die Daten durch Direkteinstellung nach § 33 Absatz 3 ändert, ansonsten nur in den Fällen, in denen der Wechsel in den Bereich einer anderen Zulassungsbehörde erfolgt,

5. der Außerbetriebsetzung des Fahrzeugs sowie

6. des Eingangs einer Anzeige wegen Nichtbestehens oder Beendigung des Versicherungsverhältnisses oder der hierauf beruhenden Maßnahmen.

(3) ¹Die Übermittlung der Daten nach den Absätzen 1 und 2 erfolgt grundsätzlich elektronisch und darf zu den dort genannten Zwecken auch über das Kraftfahrt-Bundesamt durch eine Gemeinschaftseinrichtung der Versicherer erfolgen. ²Das Kraftfahrt-Bundesamt ist berechtigt, die Daten hierfür zu speichern und trägt die Verantwortung für die Richtigkeit und Vollständigkeit der Übermittlung an die Gemeinschaftseinrichtung. ³Eine gesetzliche Verpflichtung des Kraftfahrt-Bundesamtes zur Übermittlung der Daten wird dadurch nicht begründet.

Begr (VkBl. 06 611): *... Neu in den Katalog der Übermittlungen an Versicherer wurde der Anlass des* **1** *Wohnsitz- oder Sitzwechsels des Halters in den Bereich einer anderen Zulassungsbehörde aufgenommen. Die bisherige Zuordnung der Regionaltarife der Kraftfahrzeughaftpflichtversicherung nimmt das Kennzeichen für die Bemessung des Unfallrisikos und damit der Regionalklasseneinteilung zum Kriterium. Die unmittelbare Bindung der Regionalklassen an den Kennzeichenbereich wirkt sich bereits auf Änderungen im regionalen Maßstab aus, wie z. B. Verzicht auf Umkennzeichnung bei Wohnsitzwechsel zwischen Stadt- und Landkreisen mit gleichem Unterscheidungszeichen aber unterschiedlichen Kennzeichengruppen. Beispielsweise beträgt die Differenz des Versicherungsbeitrags zwischen Kassel Stadt und dem Landkreis ca. 20%. Der Umkennzeichnungsverzicht (§ 47 Abs. 1 Nr. 2) würde das bisherige System der Regionalklassen auflösen. Alternatives Kriterium für die Tarifierung kann der Wohnsitz/Sitz sein. Ein wohnortbasiertes Regionalklassensystem ist jedoch nur funktionsfähig, wenn Änderungen des Wohnortes sicher aktuell gehalten und den Versicherern mitgeteilt werden. Mit der Ergänzung wird dies sichergestellt. Um den Aufwand für die Zulassungsbehörden so gering wie möglich zu halten, wird die Mitteilung über die Änderung der Wohn-/Sitzanschrift bis zur Online-Kommunikation mit dem KBA auf solche Fälle beschränkt, bei denen ein Wechsel in einen anderen Zulassungsbereich erfolgt – und damit ein neues Kennzeichen zugeteilt wird.*

...

Begründung des Bundesrates zur Einfügung der Wörter „und die Reservierung des Kennzei- **2** chens bei Außerbetriebsetzung" in § 35 Abs. 1 Buchstabe h (Folgeänderung zur Einfügung der neuen Nr. 6 in § 24 Abs. 1): *Nach der Neuregelung sind Fahrten mit ungestempelten Kennzeichen nur noch mit reservierten Kennzeichen möglich. Da diese Fahrten nur mit versicherten Fahrzeugen durchgeführt werden dürfen, ist eine Unterrichtung der Versicherungswirtschaft über die Reservierung der Kennzeichen notwendig. Der geringfügige zusätzliche Verwaltungsaufwand der Zulassungsbehörden für die elektronische Meldung an die Versicherungswirtschaft muss in Kauf genommen werden, um solche Fahrten zu ermöglichen.*

Mitteilungen an die für die Kraftfahrzeugsteuerverwaltung zuständigen Behörden

36 (1) Die Zulassungsbehörde teilt der nach § 1 der Kraftfahrzeugsteuer-Durchführungsverordnung für die Ausübung der Verwaltung der Kraftfahrzeugsteuer zuständigen Behörde zur Durchführung des Kraftfahrzeugsteuerrechts mit:

1. bei zulassungspflichtigen Fahrzeugen, denen ein Kennzeichen zugeteilt ist, die in § 6 Absatz 1 Satz 2, Absatz 4 Nummer 2 und Absatz 7 Nummer 1 bis 3, 5, 6, 7 Buchstabe a bis f, h bis j und l, § 30 Absatz 1 Nummer 2, 3, 6, 7 Buchstabe b, Nummer 8 bis 10, 15, 20, 21 Buchstabe f, Nummer 26 Buchstabe a und b, Absatz 3 Nummer 2 Buchstabe b und Absatz 8 sowie die in § 5 Absatz 2 Nummer 3 der Kraftfahrzeugsteuer-Durchführungsverordnung bezeichneten Daten;

2. bei Zuteilung von roten Kennzeichen die nach § 30 Absatz 2 Nummer 1 bis 3 und § 32 Absatz 1 Satz 1 Nummer 2 zu speichernden Daten sowie die Änderung dieser Daten und das Datum der Änderung.

(2) Die Zulassungsbehörde teilt dem zur Durchführung des Umsatzsteuerrechts nach § 21 der Abgabenordnung zuständigen Finanzamt die in § 6 Absatz 5 bezeichneten Daten mit.

(3) ¹Die in den Absätzen 1 und 2 genannten Daten sind nach Maßgabe des § 5 Absatz 3 der Kraftfahrzeugsteuer-Durchführungsverordnung grundsätzlich elektronisch zu übermitteln. ²Die elektronische Übermittlung der Daten erfolgt über das Kraftfahrt-Bundesamt nach Maßgabe der vom Kraftfahrt-Bundesamt im Einvernehmen mit dem Bundesministerium der Finanzen im Bundesanzeiger und zusätzlich im Verkehrsblatt veröffentlichten Standards. ³Das Kraftfahrt-Bundesamt darf die übermittelten Daten ausschließlich zu dem Zweck speichern, um die Übermittlung der Daten an die für die Ausübung der Verwaltung der Kraftfahrzeugsteuer zuständige Behörde nach Absatz 1 zu ermöglichen. ⁴Es ist verpflichtet, die Daten unverzüglich an die genannte Behörde zu übermitteln und im unmittelbaren Anschluss an die Übermittlung zu löschen. ⁵Die Verarbeitung oder Nutzung der Daten zu anderen Zwecken durch das Kraftfahrt-Bundesamt ist nicht zulässig.

Begr zur ÄndVO v. 25.6.13 **zu Abs. 1 und 3** (BR-Drs. 678/12 S. 4, 8 = VkBl. 13 931, 932): **1** *Mit Gesetz vom 19. März 2009 (BGBl. I, S. 606) wurde die Ertrags- und Verwaltungskompetenz für die Kraftfahrzeugsteuer durch Änderung der Artikel 106, 106b, 107, 108 GG zum 1. Juli 2009 auf den Bund übertragen. Darauf folgend wurde das Finanzverwaltungsgesetz durch Gesetz vom 29. Mai 2009*

(BGBl. I, S. 1170) an die vorgenommene Grundgesetzänderung angepasst und durch § 18a des Finanz-verwaltungsgesetzes geregelt, dass sich das Bundesministerium der Finanzen bei der Verwaltung der Kraft-fahrzeugsteuer im Zeitraum vom 1. Juli 2009 bis zum 30. Juni 2014 der Landesfinanzbehörden ein-schließlich der Zulassungsbehörden, soweit diese als Landesfinanzbehörden tätig werden, im Wege der Organleihe bedient.

2   *Ab dem 1. Juli 2014 wird die Zollverwaltung die Verwaltung der Kraftfahrzeugsteuer von den in Organ-leihe für den Bund handelnden Ländern übernehmen. Hieraus resultieren unter anderem geänderte Kom-munikationswege von und zu den Zulassungsbehörden. Anstatt neue Kommunikationswege zu schaffen, werden die bestehenden Kommunikationswege der Zulassungsbehörden zum Kraftfahrt-Bundesamt (KBA) genutzt. Über diese Wege werden derzeitig die Daten für das zentrale Fahrzeugregister (vgl. § 33 FZV) und die Daten der Versicherer zur Durchführung des Versicherungsvertrages (vgl. § 35 FZV) übermittelt. Dies führt zu einer erheblichen Vereinfachung für die Zulassungsbehörden....*

3   **Zu Abs. 1:** ... *Die Aufzählung der nach der FZV zu übermittelnden Daten stellt eine Klarstellung gegenüber dem alleinigen Verweis auf § 5 Absatz 2 Nummer 3 der Kraftfahrzeugsteuer-Durchführungs-verordnung dar....*

4   **Zu Abs. 3:** ... *Eine Ausnahme von der grundsätzlichen Verpflichtung der Zulassungsbehörden, die in § 36 Absatz 1 und 2 genannten Daten elektronisch an das KBA zu übermitteln, besteht nur, soweit eine elektronische Übermittlung rechtlich nicht zulässig oder aufgrund höherer Gewalt nicht möglich ist.*

5   **Anm.** Ausführungsregeln für die Datenübermittlung (III S. 2): Standards für die Übermitt-lung von Mitteilungen an die Zentralen Register beim KBA – SDÜ-ZFZR-MIT – Stand 25.6.13 (VkBl. **13** 798, 872 = StVRL § 33 FZV Nr. 1). Übergangsvorschrift: § 50 IX

36a *(aufgehoben)*

Übermittlung von Daten an Stellen zur Durchführung des Bundesleistungsgesetzes, des Verkehrssicherstellungsgesetzes, des Verkehrsleistungsgesetzes und von Maßnahmen des Katastrophenschutzes

37 (1) **Die Zulassungsbehörde darf bei Fahrzeugen, denen ein Kennzeichen zugeteilt ist,**

1. **für die Zwecke des Bundesleistungsgesetzes den nach § 5 des Bundesleistungsgesetzes bestimmten Anforderungsbehörden,**

2. **für die Zwecke des Verkehrssicherstellungsgesetzes den nach § 19 des Verkehrssicherstel-lungsgesetzes bestimmten Behörden,**

3. **für die Zwecke des Verkehrsleistungsgesetzes dem Bundesamt für Güterverkehr sowie**

4. **für die Zwecke des Katastrophenschutzes den nach den von den Ländern für Maßnah-men des Katastrophenschutzes erlassenen Gesetzen zuständigen Stellen**

auf entsprechende Anforderung die nach § 31 Absatz 1 gespeicherten Fahrzeugdaten so-wie die nach § 32 Absatz 1 Satz 1 Nummer 2 und Satz 2 gespeicherten Halterdaten übermitteln.

(2) **Das Kraftfahrt-Bundesamt darf bei Fahrzeugen, denen ein Kennzeichen zugeteilt ist,**

1. **für die Zwecke des Bundesleistungsgesetzes den nach § 5 des Bundesleistungsgesetzes bestimmten Anforderungsbehörden und den diesen vorgesetzten Behörden,**

2. **für die Zwecke des Verkehrssicherstellungsgesetzes den nach § 19 des Verkehrssicherstel-lungsgesetzes bestimmten Behörden,**

3. **für die Zwecke des Verkehrsleistungsgesetzes dem Bundesamt für Güterverkehr sowie**

4. **für die Zwecke des Katastrophenschutzes den nach den von den Ländern für Maßnah-men des Katastrophenschutzes erlassenen Gesetzen zuständigen Stellen und den diesen vorgesetzten Behörden**

auf entsprechende Anforderung die nach § 30 Absatz 1 gespeicherten Fahrzeugdaten, mit Ausnahme der Sicherheitscodes der Zulassungsbescheinigung Teil I und Teil II sowie der Stempelplaketten, sowie die nach § 32 Absatz 1 Satz 1 Nummer 1 und Satz 2 gespeicher-ten Halterdaten übermitteln.

Übermittlungen des Kraftfahrt-Bundesamtes an die Zulassungsbehörden

38 (1) ¹Ist einem Fahrzeug von einer Zulassungsbehörde ein neues Kennzeichen oder ein Ausfuhrkennzeichen zugeteilt worden, dem bereits von einer anderen Zulassungsbehörde ein Kennzeichen des anderen Zulassungsbezirks zugeteilt worden war, oder wird ein Fahrzeug mit dem Kennzeichen des anderen Zulassungsbezirks bei einer anderen Zulassungsbehörde weitergeführt, übermittelt das Kraftfahrt-Bundesamt der für die Zuteilung des bisherigen Kennzeichens zuständigen Zulassungsbehörde und, sofern das bisherige Kennzeichen im Sinne des § 13 Absatz 3 Satz 1 Nummer 2 oder des § 13 Absatz 4 Satz 4 von einer anderen Zulassungsbehörde weitergeführt wurde, auch dieser anderen Zulassungsbehörde, folgende Daten:

1. die Fahrzeug-Identifizierungsnummer des Fahrzeugs,
2. die Fahrzeugklasse des Fahrzeugs,
3. die Marke des Fahrzeugs,
4. die Nummer der Zulassungsbescheinigung Teil II und
5. die Zuteilung oder Weiterführung des bisherigen Kennzeichens.

²Im Falle des Satzes 1 Nummer 5 wird Folgendes übermittelt:

1. bei der Zuteilung eines neuen Kennzeichens
   a) das bisherige Kennzeichen,
   b) das neue Kennzeichen und
   c) das Datum der Zuteilung des neuen Kennzeichens,
2. bei der Weiterführung des bisherigen Kennzeichens
   a) das Kennzeichen und
   b) das Datum, seit wann das Kennzeichen bei der neu zuständigen Zulassungsbehörde weitergeführt wird.

(2) Ist ein Fahrzeug außer Betrieb gesetzt, so übermittelt das Kraftfahrt-Bundesamt, wenn dieser Umstand im Zentralen Fahrzeugregister vermerkt ist, der zuständigen Zulassungsbehörde zur Aktualisierung des örtlichen Registers diesen Vermerk.

(3) Das Kraftfahrt-Bundesamt übermittelt ferner an die jeweils zuständige Zulassungsbehörde die im Zentralen Fahrzeugregister enthaltenen Angaben über Diebstahl oder sonstiges Abhandenkommen von Fahrzeugen, Kennzeichen, ausgefertigten Zulassungsbescheinigungen Teil II und gespeicherten ausländischen Zulassungsbescheinigungen sowie über das Wiederauffinden solcher Fahrzeuge, Kennzeichen und Zulassungsbescheinigungen, es sei denn, dem Kraftfahrt-Bundesamt ist bekannt, dass die Zulassungsbehörde hierüber unterrichtet ist.

(4) Wird dem Zentralen Fahrzeugregister ein Fahrzeug als zum Verkehr zugelassen gemeldet, dessen Fahrzeug-Identifizierungsnummer, Nummer der Zulassungsbescheinigung Teil II oder Kennzeichen im Zentralen Fahrzeugregister bereits zu einem anderen im Verkehr befindlichen Fahrzeug gespeichert ist, so teilt das Kraftfahrt-Bundesamt diesen Umstand der Zulassungsbehörde, die das Fahrzeug gemeldet hat, zur Prüfung des Sachverhaltes mit.

(5) Die Datenübermittlungen nach den Absätzen 1 und 2 sind entbehrlich, wenn die Zulassungsbehörde, für die die Daten bestimmt sind, die in § 33 vorgeschriebene Datenübermittlung im Wege der Datenfernübertragung durch Direkteinstellung vornimmt.

Anm: Standards für die Datenübermittlung:VkBl. **08** 463, **09** 637. 1

Abruf im automatisierten Verfahren

39 (1) Zur Übermittlung durch Abruf im automatisierten Verfahren aus dem Zentralen Fahrzeugregister nach § 36 Absatz 1 des Straßenverkehrsgesetzes dürfen folgende Daten bereitgehalten werden:

1. für Anfragen unter Verwendung des Kennzeichens, der Fahrzeug-Identifizierungsnummer, der Nummer der Zulassungsbescheinigung (bei Teil I der Vordrucknummer oder der von der Zulassungsbehörde aufgebrachten Nummer), der Nummer einer ausländischen Zulassungsbescheinigung oder des Familiennamens, Vornamens, Ordensoder Künstlernamens, Geburtsnamens, Datums und Ortes der Geburt oder im Falle einer juristischen Person, Behörde oder Vereinigung des Namens oder der Bezeichnung des Halters erforderlichenfalls in Verbindung mit der Anschrift des Halters die in den §§ 30 und 34 genannten Fahrzeugdaten, mit Ausnahme der Sicherheitscodes der Zulassungsbescheinigung Teil I und Teil II sowie der Stempelplaketten, und die in § 32 genannten Halterdaten,

2. für Anfragen unter Verwendung eines Teils des Kennzeichens:

    a) die mit dem angefragten Teil des Kennzeichens übereinstimmenden Kennzeichen,

    b) Daten über die Fahrzeugklasse, die Marke, die Handelsbezeichnung, den Typ und bei Personenkraftwagen die Farbe des Fahrzeugs sowie das Datum der ersten Zulassung; bei Fahrzeugen mit Versicherungskennzeichen oder Versicherungsplakette außerdem der Beginn und das Ende des Versicherungsverhältnisses.

(2) Zur Übermittlung durch Abruf im automatisierten Verfahren aus dem Zentralen Fahrzeugregister nach § 36 Absatz 2 Satz 1 Nummer 1, 2 und 2a, Absatz 2a Nummer 1, Absatz 2h und 3 des Straßenverkehrsgesetzes dürfen folgende Daten bereitgehalten werden:

1. für Anfragen unter Verwendung des Kennzeichens, der Fahrzeug-Identifizierungsnummer, der Nummer der Zulassungsbescheinigung (bei Teil I der Vordrucknummer oder der von der Zulassungsbehörde aufgebrachten Nummer), der Nummer einer ausländischen Zulassungsbescheinigung oder des Familiennamens, Vornamens, Ordens- oder Künstlernamens, Geburtsnamens, Datums und Ortes der Geburt oder im Falle einer juristischen Person, Behörde oder Vereinigung des Namens oder der Bezeichnung des Halters erforderlichenfalls in Verbindung mit der Anschrift des Halters:

    a) die in § 30 Absatz 1 Nummer 1 bis 3, 5 bis 17 und 19 Buchstabe c, Nummer 20 und 21 Buchstabe a bis e sowie Nummer 25 bis 27, Absatz 2 Nummer 1 bis 4, Absatz 2a Nummer 1 bis 4, Absatz 3 Nummer 1 bis 4, Absatz 4 Nummer 1 bis 5, Absatz 5 Nummer 1 bis 4 und Absatz 7 bis 9 genannten Fahrzeugdaten, mit Ausnahme der Sicherheitscodes der Zulassungsbescheinigung Teil I und Teil II sowie der Stempelplaketten, und

    b) die in § 32 Absatz 1 und 3 genannten Halterdaten,

2. für Anfragen unter Verwendung eines Teils des Kennzeichens:

    a) die mit dem angefragten Teil des Kennzeichens übereinstimmenden Kennzeichen,

    b) die Fahrzeugklasse, die Marke, die Handelsbezeichnung, den Typ und bei Pkw die Farbe des Fahrzeugs sowie das Datum der ersten Zulassung; bei Fahrzeugen mit Versicherungskennzeichen oder Versicherungsplakette außerdem der Beginn und das Ende des Versicherungsverhältnisses.

(3) Zur Übermittlung durch Abruf im automatisierten Verfahren aus dem Zentralen Fahrzeugregister nach § 36 Absatz 2 Satz 1 Nummer 1a des Straßenverkehrsgesetzes dürfen für Anfragen unter Verwendung des Kennzeichens oder der Fahrzeug-Identifizierungsnummer folgende Daten bereitgehalten werden:

1. das Kennzeichen, das Datum der Zuteilung des Kennzeichens, bei Saisonkennzeichen zusätzlich der Betriebszeitraum und das Datum der Außerbetriebsetzung des Fahrzeugs sowie die nach § 30 Absatz 1 Nummer 1 und 20 und Absatz 3 Nummer 1 zu speichernden Fahrzeugdaten und

2. die in § 32 Absatz 1 und 3 genannten Halterdaten.

(4) ¹Zur Übermittlung durch Abruf im automatisierten Verfahren aus dem Zentralen Fahrzeugregister nach § 36 Absatz 2b des Straßenverkehrsgesetzes dürfen die nach § 32 Absatz 1 in Verbindung mit § 6 Absatz 7 Nummer 1 und 7 Buchstabe c bis e gespeicherten Halterdaten und die nach § 30 Absatz 1 Nummer 9 gespeicherten Fahrzeugdaten bereitgehalten werden, soweit sie für die Ermittlung des Schuldners und der Höhe der Mautgebühr nach dem Fernstraßenbauprivatfinanzierungsgesetz in der Fassung der Bekanntmachung vom 6. Januar 2006 (BGBl. I S. 49) in der jeweils geltenden Fassung erforderlich sind. ²Die Daten nach Satz 1 werden für den mit der Erhebung der Mautgebühr nach dem Fernstraßenbauprivatfinanzierungsgesetz beliehenen Privaten zum Abruf bereitgehalten. ³Gleiches gilt für Daten, soweit sie für die Ermittlung des Schuldners und der Höhe der Mautgebühr nach Gesetzen der Länder über den gebührenfinanzierten Neu- und Ausbau von Straßen erforderlich sind.

(5) ¹Die Übermittlung nach § 36 Absatz 2c des Straßenverkehrsgesetzes von Fahrzeugdaten und Daten von Fahrzeugkombinationen, die für die Erhebung der Maut nach dem Bundesfernstraßenmautgesetz in der jeweils geltenden Fassung maßgeblich sind, ist durch Abruf im automatisierten Verfahren zulässig. ²Satz 1 gilt auch für die in Ziffer 33 des Fahrzeugscheins oder Ziffer 22 der Zulassungsbescheinigung Teil I eingetragenen Fahrzeugdaten und Daten von Fahrzeugkombinationen, die im Zentralen Fahrzeugregister erfasst sind. ³Die Daten nach Satz 1 werden bereitgehalten für das Bundesamt für Güterverkehr und eine sonstige öffentliche Stelle, die mit der Erhebung der Autobahnmaut beauftragt ist.

(5a) ¹Zur Übermittlung durch Abruf im automatisierten Verfahren dürfen aus dem Zentralen Fahrzeugregister nach § 36 Absatz 2d und 2e des Straßenverkehrsgesetzes die in Absatz 2 Nummer 1 Buchstabe a und b genannten Daten für Anfragen unter Verwendung folgender Angaben bereitgehalten werden:

1. im Fall einer natürlichen Person Familienname, Vornamen, Ordens- oder Künstlername, Geburtsname, Datum und Ort der Geburt oder

2. im Fall einer juristischen Person, Behörde oder Vereinigung der Name oder die Bezeichnung des Halters, gegebenenfalls in Verbindung mit der Anschrift des Halters. [2] Die in Satz 1 genannten Daten werden bereitgehalten für die zentrale Behörde (§ 4 des Auslandsunterhaltsgesetzes) sowie für den Gerichtsvollzieher.

(6) [1] Zur Übermittlung durch Abruf im automatisierten Verfahren aus dem Zentralen Fahrzeugregister nach § 36 Absatz 3a des Straßenverkehrsgesetzes für Maßnahmen zur Gewährleistung des Versicherungsschutzes im Rahmen der Kraftfahrzeug-Haftpflichtversicherung dürfen die nach § 32 Absatz 1 zu speichernden Halterdaten und die in § 30 Absatz 1 Nummer 19, Absatz 2 Nummer 4, Absatz 3 Nummer 4, Absatz 4 Nummer 5 und Absatz 5 Nummer 4 genannten Daten zur Kraftfahrzeug-Haftpflichtversicherung bereitgehalten werden. [2] Die in Satz 1 genannten Daten werden bereitgehalten für die nach § 8a Absatz 1 Satz 1 des Pflichtversicherungsgesetzes eingerichtete Auskunftsstelle.

(6a) Die Übermittlung nach § 36 Absatz 3b des Straßenverkehrsgesetzes von Fahrzeugdaten nach § 30 Absatz 1 Nummer 1 bis 3, 6 bis 10, 15, 20, 21 Buchstabe d und f, Nummer 24, 25, 26 Buchstabe d und e, Absatz 2 Nummer 1 bis 3, Absatz 3 Nummer 2 und Absätze 7 und 8 darf durch Abruf im automatisierten Verfahren erfolgen.

(6b) Die Übermittlung nach § 36 Absatz 3c des Straßenverkehrsgesetzes von Fahrzeugdaten nach § 30 Absatz 1 Nummer 1 bis 3, 6, 20, 26 Buchstabe d und e und Absatz 3 Nummer 1 und 2 darf durch Abruf im automatisierten Verfahren erfolgen.

(7) Zur Übermittlung durch Abruf im automatisierten Verfahren aus den örtlichen Fahrzeugregistern nach § 36 Absatz 2 Satz 2 des Straßenverkehrsgesetzes dürfen folgende Daten bereitgehalten werden:

1. für Anfragen unter Verwendung des Kennzeichens oder der Fahrzeug-Identifizierungsnummer:
   a) die nach § 32 Absatz 1 zu speichernden Halterdaten und
   b) die nach § 31 Absatz 1 Nummer 1, 3, 5 bis 17, 19 bis 27, Absatz 2 Nummer 1 bis 4 und Absatz 3 Nummer 1 bis 4 zu speichernden Fahrzeugdaten,

2. für Anfragen unter Verwendung eines Teils des Kennzeichens: die in Absatz 2 Nummer 2 bezeichneten Daten,

3. für Anfragen unter Verwendung des Familiennamens, Vornamens, Ordens- oder Künstlernamens, Geburtsnamens, Datums und Ortes der Geburt oder im Falle einer juristischen Person, Behörde oder Vereinigung des Namens oder der Bezeichnung des Halters oder unter Verwendung der Anschrift des Halters die in Nummer 1 bezeichneten Daten.

(8) [1] Abrufe im automatisierten Verfahren sollen von den abrufberechtigten Stellen über Kopfstellen erfolgen. [2] Die Einzelheiten zur netztechnischen Anbindung werden vom Kraftfahrt-Bundesamt festgelegt und im Bundesanzeiger sowie nachrichtlich im Verkehrsblatt veröffentlicht. [3] Eine Speicherung der Anfrage- und Auskunftsdaten bei den Kopfstellen erfolgt ausschließlich zum Zweck der Weiterübermittlung. [4] Nach erfolgter Weiterübermittlung haben die Kopfstellen diese gespeicherten Daten unverzüglich, bei elektronischer Speicherung automatisiert, zu löschen. [5] § 40 bleibt unberührt.

Begr (VkBl. **06** 611): ... *Der Umfang der zum Abruf im automatisierten Verfahren den Zulassungs-* **1** *behörden bereit gestellten Daten (§ 39 Abs. 1) wird, entsprechend dem Konzept der Online-Kommunikation, nicht eingeschränkt. ...*

Begr zur ÄndVO v. 20.11.08 zu **Abs. 5 S. 2:** BR-Drs. 567/08 S. 18   **2**

Begr zur ÄndVO v. 19.10.12 **zu Abs. 6b** (BR-Drs. 371/12 S. 38 = VkBl. **12** 866): *Mit der Regelung erfolgt die Bestimmung des Datenumfangs bei Abfragen der Zentralen Leitstellen für Brandschutz, Katastrophenschutz und Rettungsdienst zur Identifizierung von Fahrzeugen für die Rettung von Unfallopfern.*

Begr zur ÄndVO v. 8.10.13 **zu Abs. 3 Nr. 1** (BR-Drs. 435/13 S. 38 = VkBl. **13** 1062): *Fahr-* **3** *zeugbezogene oder halterbezogene Auflagen werden bereits gemäß § 30 Absatz 1 Nummer 20 FZV als „Fahrzeugdaten" im Zentralen Fahrzeugregister gespeichert. Die Änderung in § 39 Absatz 3 Nummer 1 stellt sicher, dass die Information über die „Fahrtenbuchauflage" im automatisierten Verfahren auch an die Verwaltungsbehörden für die Verfolgung von Ordnungswidrigkeiten nach §§ 24, 24a und 24c StVG übermittelt werden kann. Ermächtigungsgrundlage hierfür ist der mit dem 4. Gesetz zur Änderung des Straßenverkehrsgesetzes und anderer straßenverkehrsrechtlicher Vorschriften eingeführte § 36 Absatz 2f. StVG.*

4   Begr zur ÄndVO v. 23.3.17 **zu Abs. 2**: BR-Drs. 770/16 S. 123.

5   **Anm. Abs. 3a** wurde durch ÄndG v. 29.6.20 (BGBl. I S. 1528) eingefügt, um die Einhaltung der Kriterien für die Förderung der Anschaffung von Elektrofahrzeugen umsetzen und überprüfen zu können (Begr BT-Drs. 19/19132 S. 14 iVm S. 13).

Automatisiertes Anfrage- und Auskunftsverfahren

39a   ¹Die technische Abwicklung des automatisierten Anfrage- und Auskunftsverfahrens nach § 36a des Straßenverkehrsgesetzes hat nach einem vom Kraftfahrt-Bundesamt im Bundesanzeiger und nachrichtlich im Verkehrsblatt veröffentlichten Standard zu erfolgen. ²Vor der Veröffentlichung sind die zuständigen obersten Landesbehörden anzuhören.

1   **Begr** zur VO v. 8.10.13 (BR-Drs. 435/13 S. 38 = VkBl. **13** 1062): *Die Vorschrift enthält die Grundlage für die durch das Kraftfahrt-Bundesamt unter anderem erforderlichen Ausführungsregeln in Folge des 4. Gesetzes zur Änderung des Straßenverkehrsgesetzes und anderer straßenverkehrsrechtlicher Vorschriften zur Umsetzung der Richtlinie zur Erleichterung des grenzüberschreitenden Austausches von Informationen über Straßenverkehrssicherheit gefährdende Verkehrsdelikte (2011/82/EU). Die Halterdatenaustauschverfahren des Zentralen Fahrzeugregisters nach § 36a StVG werden vom Kraftfahrt-Bundesamt nach Anhörung der obersten Länderbehörden festgelegt und veröffentlicht.*

2   **Anm:** Wenn deutsche Behörden und Staatsanwaltschaften einen VVerstoß nach der Richtlinie (EU) 2015/413 („Enforcement-Richtlinie") verfolgen wollen, der in Deutschland mit einem in einem anderen EU-Staat zugelassenen Kfz begangen worden ist, fragen sie über das KBA bei der nationalen Kontaktstelle des anderen EU-Staates die Halterdaten ab (Rechtsgrundlage: § 2 I Nr. 8a KBAGesetz, § 39a FZV). Das KBA veranlasst automatisiert den Abruf der Daten bei der Kontaktstelle des anderen EU-Staates (näher *Albrecht* DAR **13** 617 (620, 622)).

Sicherung des Abrufverfahrens gegen Missbrauch

40   (1) ¹Die übermittelnde Stelle darf einen Abruf nach § 36 des Straßenverkehrsgesetzes nur zulassen, wenn dessen Durchführung unter Verwendung

1. einer Kennung des zum Abruf berechtigten Nutzers und

2. eines Passwortes

erfolgt. ²Nutzer im Sinne des Satzes 1 Nummer 1 kann eine natürliche Person oder eine Dienststelle sein. ³Bei Abruf über ein sicheres, geschlossenes Netz kann die Kennung nach Satz 1 Nummer 1 auf Antrag des Netzbetreibers als einheitliche Kennung für die an dieses Netz angeschlossenen Nutzer erteilt werden, sofern der Netzbetreiber selbst abrufberechtigt ist. ⁴Die Verantwortung für die Sicherheit des Datennetzwerks und die Zulassung ausschließlich berechtigter Nutzer trägt bei Anwendung des Satzes 3 der Netzbetreiber. ⁵Ist der Nutzer im Sinne des Satzes 1 Nummer 1 keine natürliche Person, so hat er sicherzustellen, dass zu jedem Abruf die jeweils abrufende natürliche Person festgestellt werden kann. ⁶Der Nutzer oder die abrufende Person haben vor dem ersten Abruf ein eigenes Passwort zu wählen und dieses jeweils spätestens nach einem von der übermittelnden Stelle vorgegebenen Zeitraum zu ändern.

(2) ¹Die übermittelnde Stelle hat durch ein selbsttätiges Verfahren zu gewährleisten, dass keine Abrufe erfolgen können, sobald die Kennung nach Absatz 1 Satz 1 Nummer 1 oder das Passwort mehr als zweimal hintereinander unrichtig übermittelt wurde. ²Die abrufende Stelle hat Maßnahmen zum Schutz gegen unberechtigte Nutzungen des Abrufsystems zu treffen.

(3) ¹Die übermittelnde Stelle hat sicherzustellen, dass die Aufzeichnungen nach § 36 Absatz 6 des Straßenverkehrsgesetzes über die Abrufe selbsttätig erfolgen und dass der Abruf bei nicht ordnungsgemäßer Aufzeichnung unterbrochen wird. ²Der Aufzeichnung unterliegen auch versuchte Abrufe, die unter Verwendung von fehlerhaften Kennungen mehr als einmal vorgenommen werden. ³Satz 1 gilt entsprechend für die weiteren Aufzeichnungen nach § 36 Absatz 7 des Straßenverkehrsgesetzes.

(4) ¹Die Übermittlung durch ein automatisiertes Anfrage- und Auskunftsverfahren beim Kraftfahrt-Bundesamt nach § 36a des Straßenverkehrsgesetzes ist zulässig, wenn sie unter Verwendung einer Kennung der zum Empfang der Daten berechtigten Behörde erfolgt. ²Der Empfänger hat sicherzustellen, dass die übermittelten Daten nur bei den zum Emp-

fang bestimmten Endgeräten empfangen werden. [3]Die übermittelnde Stelle hat durch ein selbsttätiges Verfahren zu gewährleisten, dass eine Übermittlung nicht vorgenommen wird, wenn die Kennung nicht oder unrichtig angegeben wurde. [4]Sie hat versuchte Anfragen ohne Angabe der richtigen Kennung sowie die Angabe einer fehlerhaften Kennung zu protokollieren. [5]Sie hat ferner im Zusammenwirken mit der anfragenden Stelle jedem Fehlversuch nachzugehen und die Maßnahmen zu ergreifen, die zur Sicherung des ordnungsgemäßen Verfahrens notwendig sind. [6]Die übermittelnde Stelle hat sicherzustellen, dass die Aufzeichnungen nach § 36a Satz 2 des Straßenverkehrsgesetzes selbsttätig erfolgen und die Übermittlung bei nicht ordnungsgemäßer Aufzeichnung unterbrochen wird.

Aufzeichnung der Abrufe im automatisierten Verfahren

41 (1) [1]Der Anlass des Abrufs ist von der abrufenden Stelle unter Verwendung folgender Schlüsselzahlen zu übermitteln:

1: Zulassung von Fahrzeugen,

2: bei Überwachung des Straßenverkehrs: keine oder nicht vorschriftsmäßige Papiere oder Verdacht auf Fälschung der Papiere oder des Kennzeichens oder sonstige verkehrsrechtliche Beanstandungen oder verkehrsbezogene Anlässe,

3: Nichtbeachten der polizeilichen Anhalteaufforderung oder Verkehrsunfallflucht,

4: Feststellungen bei aufgefundenen oder verkehrsbehindernd abgestellten Fahrzeugen,

5: Verdacht des Diebstahls oder der missbräuchlichen Benutzung eines Fahrzeugs,

6: Grenzkontrolle,

7: Gefahrenabwehr,

8: Verfolgung von Straftaten oder Verkehrsordnungswidrigkeiten,

9: Fahndung, Grenzfahndung, Kontrollstelle und

0: sonstige Anlässe.

[2]Bei Verwendung der Schlüsselzahlen 8 bis 0 ist ein auf den bestimmten Anlass bezogenes Aktenzeichen oder eine Tagebuchnummer zusätzlich zu übermitteln, falls dies beim Abruf angegeben werden kann. [3]Sonst ist jeweils in Kurzform bei der Verwendung der Schlüsselzahl 8 die Art der Straftat oder die Art der Verkehrsordnungswidrigkeit und bei Verwendung der Schlüsselzahlen 9 und 0 die Art der Maßnahme oder des Ereignisses zu bezeichnen.

(2) [1]Zur Feststellung der für den Abruf verantwortlichen Person sind der übermittelnden Stelle die Dienstnummer, Nummer des Dienstausweises, ein Namenskurzzeichen unter Angabe der Organisationseinheit oder andere Hinweise mitzuteilen, die unter Hinzuziehung von Unterlagen bei der abrufenden Stelle diese Feststellung ermöglichen. [2]Als Hinweis im Sinne von Satz 1 gilt insbesondere

1. das nach Absatz 1 Satz 2 übermittelte Aktenzeichen oder die Tagebuchnummer, sofern die Tatsache des Abrufs unter Bezeichnung der hierfür verantwortlichen Person aktenkundig gemacht wird, oder

2. der Funkrufname, sofern dieser zur nachträglichen Feststellung der für den Abruf verantwortlichen Person geeignet ist.

(3) Für die nach § 36 Absatz 7 des Straßenverkehrsgesetzes vorgeschriebenen weiteren Aufzeichnungen gilt § 36 Absatz 6 Satz 2 bis 4 des Straßenverkehrsgesetzes entsprechend.

Abruf im automatisierten Verfahren durch ausländische Stellen

42 [1]Zur Übermittlung durch Abruf im automatisierten Verfahren aus dem Zentralen Fahrzeugregister nach § 37a des Straßenverkehrsgesetzes unter Verwendung des Kennzeichens oder der Fahrzeug-Identifizierungsnummer dürfen:

1. für Verwaltungsmaßnahmen nach § 37 Absatz 1 Buchstabe a des Straßenverkehrsgesetzes die in § 39 Absatz 2 Nummer 1 Buchstabe a genannten Daten und

2. für Maßnahmen wegen Zuwiderhandlungen und Straftaten, zur Abwehr von Gefahren für die öffentliche Sicherheit sowie zur Überwachung des Versicherungsschutzes nach § 37 Absatz 1 Buchstabe b bis d und Absatz 1a des Straßenverkehrsgesetzes die in § 39 Absatz 2 Nummer 1 Buchstabe a und b genannten Daten

bereitgehalten werden. [2]Die §§ 40 und 41 gelten entsprechend.

Begr zur ÄndVO v. 18.12.06, BGBl. I S. 3226 (VkBl. **07** 24): **Zu Satz 1 Nr. 2:** *Die Er-* **1** *gänzung steht als Folgeänderung im Zusammenhang mit der Umsetzung des am 27. Mai 2005 in Prüm/Eifel unterzeichneten Vertrags über die Vertiefung der grenzüberschreitenden Zusammenarbeit, ins-*

besondere zur Bekämpfung des Terrorismus, der grenzüberschreitenden Kriminalität und der illegalen Migration (Prümer Vertrag, BGBl. 2006 II S. 626). Durch Artikel 2 des Umsetzungsgesetzes zum Prümer Vertrag vom 10. Juli 2006 (BGBl. I S. 1458) wurden die §§ 37, 37a und 47 des Straßenverkehrsgesetzes (StVG) angepasst. Damit wurden die Voraussetzungen für eine Umsetzung des Artikel 12 des Prümer Vertrags in Bezug auf die Regelungen zum Online-Zugriff auf das Zentrale Fahrzeugregister geschaffen. Infolge dieser Änderungen ist eine Präzisierung des § 42 der Fahrzeug-Zulassungsverordnung (FZV), der den Abruf von Daten aus dem Zentralen Fahrzeugregister im automatisierten Verfahren durch Stellen im Ausland regelt, um eine Bezugnahme auf den neuen § 37 Abs. 1a StVG erforderlich. ...

2   **Begr** zur ÄndVO v. 19.10.12 **zu S. 1 Nr. 1 und 2:** BR-Drs. 371/12 S. 38 f. = VkBl. **12** 866.

Übermittlungssperren

43 (1) ¹Übermittlungssperren gegenüber Dritten nach § 41 des Straßenverkehrsgesetzes dürfen nur durch die für die Zulassungsbehörde zuständige oberste Landesbehörde oder die von ihr bestimmten oder nach Landesrecht zuständigen Stellen angeordnet werden; die Zulassungsbehörde vermerkt die Sperre unverzüglich im örtlichen Fahrzeugregister. ²Das Gleiche gilt für eine Änderung der Sperre. ³Wird die Sperre aufgehoben, ist der Sperrvermerk von der Zulassungsbehörde unverzüglich zu löschen.

(2) ¹Übermittlungssperren gegenüber Dritten sind von der sperrenden Behörde oder der Zulassungsbehörde dem Kraftfahrt-Bundesamt mitzuteilen. ²Das Kraftfahrt-Bundesamt vermerkt die Sperre unverzüglich im Zentralen Fahrzeugregister. ³Die Änderung oder Aufhebung der Sperre ist von der sperrenden Behörde oder der Zulassungsbehörde dem Kraftfahrt-Bundesamt mitzuteilen. ⁴Für die Änderung der Sperre gilt Satz 2 entsprechend. ⁵Wird die Aufhebung der Sperre dem Kraftfahrt-Bundesamt gemeldet, so ist der Sperrvermerk unverzüglich zu löschen.

(3) ¹Übermittlungsersuchen, die sich auf gesperrte Daten beziehen, sind von der Zulassungsbehörde oder vom Kraftfahrt-Bundesamt an die Behörde weiterzuleiten, die die Sperre angeordnet hat. ²Die Zulassungsbehörde erteilt die Auskunft, wenn die für die Anordnung der Sperre zuständige Behörde ihr mitteilt, dass die Sperre für dieses Übermittlungsersuchen aufgehoben wird.

1   **Anm:** Übermittlungssperren nach § 41 StVG dürfen gem. § 43 FZV nur durch die für die ZulB zuständige oberste Landesbehörde oder durch die von ihr bestimmten oder nach Landesrecht zuständigen Stellen angeordnet werden, nicht vom KBA (OVG Schl ZfS **17** 657 = NZV **18** 46, NJW **18** 329, VG Schl DAR **17** 537). Übermittlungssperren gelten nur gegenüber Dritten und damit nicht zwischen den beiden Registerbehörden ZulB und KBA (OVG Schl ZfS **17** 657, NJW **18** 329). Übermittlungssperren wirken grds. gegenüber jedermann, also gegenüber öffentlichen und nichtöffentlichen Stellen sowie gegenüber Privatpersonen, so dass eine teilweise Übermittlungssperre, von der bestimmte öffentliche Stellen vorab generell ausgenommen werden, nicht in Frage kommt (OVG Lüneburg ZfS **16** 657, OVG Schl ZfS **17** 657, NJW **18** 329).

Löschung der Daten im Zentralen Fahrzeugregister

44 (1) **Bei Fahrzeugen mit Kennzeichen nach § 8 sind die Daten im Zentralen Fahrzeugregister vorbehaltlich des Absatzes 5 sieben Jahre, nachdem das Fahrzeug außer Betrieb gesetzt wurde, zu löschen.**

(2) ¹**Die bei der Ausgabe von roten Kennzeichen im Zentralen Fahrzeugregister gespeicherten Daten sind vorbehaltlich des Absatzes 5 sieben Jahre nach Rückgabe oder Entstempelung des Kennzeichens zu löschen.** ²**Die bei der Ausgabe von Kurzzeitkennzeichen im Zentralen Fahrzeugregister gespeicherten Daten sind sieben Jahre nach Ablauf der Gültigkeit des Kennzeichens zu löschen.**

(3) **Bei Fahrzeugen mit Ausfuhrkennzeichen sind die Daten im Zentralen Fahrzeugregister vorbehaltlich des Absatzes 5 sieben Jahre nach Ablauf der Gültigkeit der Zulassung zu löschen.**

(4) **Bei Fahrzeugen mit Versicherungskennzeichen oder Versicherungsplakette sind die Daten im Zentralen Fahrzeugregister vorbehaltlich des Absatzes 5 sieben Jahre nach dem Ende des Verkehrsjahres zu löschen.**

(5) **Die Angaben über Diebstahl oder sonstiges Abhandenkommen des Fahrzeugs, des Kennzeichens im Sinne der Absätze 1 bis 4, der Versicherungsplakette oder der Zulassungsbescheinigung Teil II sind bei deren Wiederauffinden, sonst nach Ende der Fahndungsmaßnahmen zu löschen.**

(6) ¹Die Daten über Kennzeichen nach § 30 Absatz 6 sind im Zentralen Fahrzeugregister spätestens ein Jahr nach Rückgabe oder Entziehung des jeweiligen Kennzeichens zu löschen. ²Bei Diebstahl oder sonstigem Abhandenkommen des Kennzeichens gilt Absatz 5 entsprechend.

Begr zur ÄndVO v. 19.10.12 **zu Abs. 2 S. 2 und Abs. 6:** BR-Drs. 371/12 S. 39 = VkBl. **12 1** 866.

Löschung der Daten im örtlichen Fahrzeugregister

45 (1) ¹Bei Fahrzeugen mit Kennzeichen nach § 8 sind die Daten im örtlichen Fahrzeugregister vorbehaltlich des Absatzes 4 spätestens ein Jahr nach Eingang der vom Kraftfahrt-Bundesamt nach § 38 Absatz 1 oder Absatz 2 übersandten Mitteilung zu löschen. ²Die in § 33 Absatz 1 Satz 2 des Straßenverkehrsgesetzes bezeichneten Daten sind nach Zuteilung des Kennzeichens für den neuen Halter, sonst spätestens ein Jahr nach Eingang der vom Kraftfahrt-Bundesamt nach § 38 Absatz 1 oder Absatz 2 übersandten Mitteilung zu löschen.

(2) Die bei der Zuteilung von roten Kennzeichen oder von Kurzzeitkennzeichen im örtlichen Fahrzeugregister gespeicherten Daten sind vorbehaltlich des Absatzes 4 spätestens ein Jahr nach der Rückgabe, der Entziehung oder dem Ablaufdatum des Kennzeichens zu löschen.

(3) Bei Fahrzeugen mit Ausfuhrkennzeichen sind die Daten im örtlichen Fahrzeugregister vorbehaltlich des Absatzes 4 spätestens ein Jahr nach Ablauf der Gültigkeit der Zulassung zu löschen.

(4) Es sind zu löschen

1. die Angaben über Diebstahl oder sonstiges Abhandenkommen des Fahrzeugs, des Kennzeichens oder der Zulassungsbescheinigung Teil II bei deren Wiederauffinden, sonst spätestens nach Ende der Fahndungsmaßnahmen,

2. die Fahrzeug-Identifizierungsnummer, das Kennzeichen, frühere Kennzeichen sowie die in § 31 Absatz 1 Nummer 19 Buchstabe a, b und e, Absatz 2 Nummer 4 Buchstabe a und Absatz 3 Nummer 4 Buchstabe a bezeichneten Daten drei Jahre nachdem die Versicherungsbestätigung, in der diese Daten jeweils enthalten sind, ihre Geltung verloren hat,

3. die Angaben über den früheren Halter nach § 32 Absatz 3 ein Jahr nach Zuteilung des Kennzeichens für den neuen Halter oder bei Diebstahl oder sonstigem Abhandenkommen von Fahrzeug oder Kennzeichen zum gleichen Zeitpunkt wie die Angaben nach Nummer 1.

(5) ¹Die Daten über Kennzeichen nach § 31 Absatz 1 Nummer 4 und Absatz 4 sind im örtlichen Fahrzeugregister spätestens ein Jahr nach Rückgabe oder Entziehung des Kennzeichens zu löschen. ²Bei Diebstahl oder sonstigem Abhandenkommen des Kennzeichens gilt Absatz 4 Nummer 1.

(6) Sofern die Zulassungsbehörde die Datenhaltung des örtlichen Fahrzeugregisters dem Zentralen Fahrzeugregister übertragen hat, ist § 44 anzuwenden.

Zentrale Datenbank der Übereinstimmungsbescheinigungen

45a (1) ¹Das Kraftfahrt-Bundesamt führt eine Zentrale Datenbank der Übereinstimmungsbescheinigungen für solche Fahrzeuge, für die durch den Hersteller oder auf seine Veranlassung eine Zulassungsbescheinigung Teil II ausgefüllt worden ist oder ausgefüllt werden soll. ²Diese Datenbank wird für folgende Zwecke geführt:

1. für den Nachweis im Zulassungsverfahren, dass das Fahrzeug einem genehmigten Typ entspricht, und für die maschinelle Weiterverarbeitung der Angaben über das Fahrzeug, insbesondere die maschinelle Ausfüllung der Zulassungsbescheinigung,

2. für die Prüfung von Fahrzeugeigenschaften, die nach dem oder auf Grund des Rechts der Europäischen Union einzuhalten sind,

3. für die unionsrechtlich vorgeschriebene Überwachung und Meldung der fahrzeugspezifischen CO_2-Emissionen,

4. für die Bestimmung der fahrzeugbezogenen Energieeffizienzklasse nach der Pkw-Energieverbrauchskennzeichnungsverordnung vom 28. Mai 2004 (BGBl. I S. 1037), die

zuletzt durch Artikel 330 der Verordnung vom 31. August 2015 (BGBl. I S. 1474) geändert worden ist, in der jeweils geltenden Fassung,

5. für statistische Aufbereitungen nach Maßgabe des Absatzes 3 und

6. für die Durchführung von Abgastests und anderen Maßnahmen im Rahmen der Marktüberwachung.

(2) [1]Die Zentrale Datenbank der Übereinstimmungsbescheinigungen enthält die von den Herstellern von Fahrzeugen nach Absatz 4, 4a und 5 übermittelten Daten mit Bezug auf die Fahrzeug-Identifizierungsnummern. [2]Das Kraftfahrt-Bundesamt ist befugt, diese Daten für die Führung der Datenbank und für die Zwecke nach Absatz 1 zu erheben, zu speichern und zu verwenden.

(3) [1]Das Kraftfahrt-Bundesamt darf die Daten nach Absatz 2 nach statistischen Gesichtspunkten auswerten, um Gruppierungen der Fahrzeugtypen zu bestimmen, die für Zwecke der amtlichen Statistik oder für wirtschaftliche Zwecke Dritter verwendet werden können. [2]Die Vorschriften des Bundesstatistikgesetzes finden Anwendung.

(4) Die Hersteller von Fahrzeugen, die Inhaber einer EG-Typgenehmigung sind, oder deren bevollmächtigte Vertreter müssen dem Kraftfahrt-Bundesamt unter Angabe der Fahrzeug-Identifizierungsnummer die nach Maßgabe der jeweils geltenden Vorschriften der Europäischen Union in die Übereinstimmungsbescheinigungen einzutragenden Daten jeder ausgestellten Übereinstimmungsbescheinigung unverzüglich übermitteln,

1. wenn sie für diese Fahrzeuge eine Zulassungsbescheinigung Teil II ausfüllen oder

2. sobald auf ihre Veranlassung hin eine Zulassungsbescheinigung Teil II für diese Fahrzeuge ausgestellt werden soll.

(4a) [1]Die Hersteller von Fahrzeugen, die Inhaber einer EG-Typgenehmigung sind, oder deren bevollmächtigte Vertreter prüfen für jedes Fahrzeug, für das sie eine Übereinstimmungsbescheinigung ausstellen, deren Daten nach Absatz 4 zu übermitteln sind, ob aufgrund von anderen als in den Schlüsselnummern abgebildeten technischen Gegebenheiten ein rechtliches Verbot für die erstmalige Zulassung dieses Fahrzeugs bestehen wird. [2]Diese Prüfung nehmen sie ab dem Zeitpunkt des Inkrafttretens einer Rechtsvorschrift vor, die eine technische Regelung enthält, die zu einem Verbot der erstmaligen Zulassung führen kann. [3]Der Verpflichtete nach Satz 1 hat dem Kraftfahrt-Bundesamt die unter ein solches Verbot fallenden Fahrzeuge spätestens 30 Werktage vor dem Zeitpunkt des Wirksamwerdens des Verbots unter Angabe der Fahrzeug-Identifizierungsnummer und des letzten zulässigen Erstzulassungsdatums mitzuteilen. [4]Stellt der Verpflichtete nach Satz 1 einen Antrag auf Genehmigung einer auslaufenden Serie, kann er die Mitteilung nach Satz 3 auch erst gemeinsam mit diesem Antrag vornehmen, spätestens jedoch 15 Tage vor dem Zeitpunkt des Wirksamwerdens des Verbots. [5]In diesem Fall bezieht sich die Mitteilung auf alle Fahrzeug-Identifizierungsnummern für Fahrzeuge, für die die auslaufende Serie beantragt und genehmigt wird. [6]Darüber hinaus meldet der Verpflichtete nach Satz 1 alle ihm bekannten Fahrzeug-Identifizierungsnummern für Fahrzeuge, die ebenfalls unter das Verbot der erstmaligen Zulassung fallen können. [7]Die Mitteilungen nach den Sätzen 2 bis 6 sind mit einer Erklärung zu versehen, dass dem Verpflichteten keine weiteren Fahrzeuge bekannt sind, die unter das Verbot der erstmaligen Zulassung fallen können.

(5) Die Hersteller von Fahrzeugen, die Inhaber einer EG-Typgenehmigung sind, oder deren bevollmächtigte Vertreter können die nach Maßgabe der jeweils geltenden Vorschriften der Europäischen Union in die Übereinstimmungsbescheinigungen einzutragenden Daten jeder ausgestellten Übereinstimmungsbescheinigung für Fahrzeuge, für die eine Verpflichtung nach Absatz 4 nicht besteht, an das Kraftfahrt-Bundesamt zur Speicherung in der Zentralen Datenbank der Übereinstimmungsbescheinigungen übermitteln.

(6) Das Kraftfahrt-Bundesamt bestimmt die technischen Standards für die Datenübermittlung unter Berücksichtigung von Festlegungen für den internationalen Datenaustausch und veröffentlicht diese im Bundesanzeiger sowie nachrichtlich im Verkehrsblatt.

(7) [1]Das Kraftfahrt-Bundesamt schließt durch geeignete technische und organisatorische Maßnahmen aus, dass die Zentrale Datenbank der Übereinstimmungsbescheinigungen mit dem Zentralen Fahrzeugregister verknüpft werden kann; das Gleiche gilt für die Zulassungsbehörden in Ansehung ihrer örtlichen Fahrzeugregister. [2]Die Daten werden zehn Jahre nach ihrer Übermittlung in diese Datenbank gelöscht.

(8) Die Zulassungsbehörden sind befugt, unter Verwendung der Fahrzeug-Identifizierungsnummer die Daten nach Absatz 2 zur Erfüllung ihrer Aufgaben für die in Absatz 1 Nummer 1 und 2 genannten Zwecke automatisiert abzurufen und sie in den Fahrzeugregistern zu speichern und zu verwenden.

1   **1. Regelungsgegenstand.** Durch den mit ÄndVO v. 22.3.2019 (BGBl. I S. 382, Begr BR-Drs. 18/19 S. 99 ff.) eingefügten § 45a wird die Errichtung und der Betrieb einer **zentralen**

Datenbank beim KBA geregelt, in der die Daten der Übereinstimmungsbescheinigungen von Fahrzeugen gespeichert werden, für die durch den Hersteller oder auf seine Veranlassung eine ZB II ausgefüllt worden ist oder werden soll. Gesetzliche Ermächtigung dafür ist § 6g IV S. 1 Nr. 9 StVG. Die Datenbank, in der Terminologie des § 6g IV StVG das Dateisystem, wird getrennt vom ZFZR und den örtlichen Fahrzeugregistern geführt (Abs. 7 S. 1, § 6g IV S. 2 StVG).

Übereinstimmungsbescheinigungen, auch CoC genannt, werden für Fahrzeuge mit EG- **2** Typgenehmigung vom Hersteller ausgestellt und dem Fahrzeug beigefügt. Damit versichert der Hersteller, dass das Fahrzeug einem genehmigten Typ entspricht (§ 2 Nr. 7, näher § 2 Rn. 10). Bei Erstzulassung eines Fahrzeugs ist der Nachweis, dass das Fahrzeug einem genehmigten Typ entspricht, durch Vorlage der Übereinstimmungsbescheinigung zu führen (§ 6 III S. 1). Dieser Nachweis gilt auch als geführt, wenn die Daten der Übereinstimmungsbescheinigung von der ZulB unter Angabe der FIN aus der Zentralen Datenbank des KBA abgerufen worden sind (§ 6 III S. 2). Der Vorlage der Übereinstimmungsbescheinigung bei der ZulB zur Ausfüllung einer ZB II oder deren erstmaliger Ausfertigung steht es gleich, wenn die Daten von der ZulB unter Angabe der FIN aus dieser Datenbank abgerufen worden sind (§ 12 III S. 2).

2. Abs. 1 S. 1 legt die **Errichtung und Führung der Zentralen Datenbank** durch das **3** KBA fest. Sie wird für Fahrzeuge geführt, für die durch den Hersteller oder auf seine Veranlassung eine ZB II ausgefüllt worden ist oder werden soll. Die Zwecke, für die die Datenbank geführt wird, werden im Übrigen in Abs. 1 S. 2 aufgezählt. Fahrzeuge iSd § 45a sind auch unvollständige Fahrzeuge, für die eine ZB II ausgefüllt wird (Begr BR-Drs. 18/19 S. 99).

In der Datenbank werden die **Daten** gespeichert, die verpflichtend (Abs. 4, 4a) oder freiwillig **4** (Abs. 5) von den Herstellern übermittelt werden. Dies sind die durch EU-Recht festgelegten Inhalte der Übereinstimmungsbescheinigungen (Abs. 4, 5) und Angaben nach Abs. 4a. Sie werden als Datensatz zu der jeweiligen FIN gespeichert (Begr BR-Drs. 18/19 S. 99). Die Datenbank darf zur Gruppierung der Fahrzeugtypen ausgewertet werden (Abs. 3).

3. Übermittlungspflicht. Hersteller von Fahrzeugen oder deren bevollmächtigte Vertreter **5** müssen dem KBA unter Angabe der FIN die in eine Übereinstimmungsbescheinigung einzutragenden Daten unverzüglich nach Ausstellung einer solchen Bescheinigung melden, wenn sie gleichzeitig einen Vordruck einer ZB II ausfüllen oder ihnen bekannt ist, dass eine ZB II später ausgestellt werden soll (Abs. 4, Begr BR-Drs. 18/19 S. 99 f.). Allein durch die Ausstellung einer Übereinstimmungsbescheinigung entsteht die Meldepflicht also nicht. Die Übermittlungspflicht trifft nur die Hersteller von Kfz, die Inhaber einer EG-Typgenehmigung sind und deren Fahrzeuge für die Zulassung in Deutschland vorgesehen sind (Begr BR-Drs. 18/19 S. 99 f.).

Sind Daten nach Abs. 4 zu übermitteln, muss ggf. auch mitgeteilt werden, ob ein rechtliches **6** Verbot für die Erstzulassung dieses Fahrzeugs bestehen wird (Abs. 4a). Diese durch Art 2 der ÄndVO v. 22.3.2019 (BGBl. I S. 382) mWv 1.9.2020 eingefügte Regelung soll verhindern, dass ein Fahrzeug erstmalig zugelassen wird, das nach Ausstellung der Übereinstimmungsbescheinigung wegen des Inkrafttretens bzw. bei EU-Recht des Wirksamwerdens einer neuen Vorschrift nicht mehr der zugrundeliegenden Typgenehmigung entspricht (näher dazu Begr BR-Drs. 18/19 S. 104 f.).

Wenn keine Pflicht zur Meldung nach Abs. 4 besteht, haben Fahrzeughersteller die Möglich- **7** keit, die entsprechenden Daten **freiwillig** an die Datenbank des KBA zu übermitteln (Abs. 5), auch wenn die Ausstellung einer ZB II und damit eine Zulassung in Deutschland noch nicht absehbar ist (Begr BR-Drs. 18/19 S. 100).

4. Das KBA ist ermächtigt und verpflichtet, die **technischen Standards** der Datenübermitt- **8** lung zu bestimmen (Abs. 6, Begr BR-Drs. 18/19 S. 100). Dies ist durch Bekanntmachung des „Standards für die Übermittlung von digitalen Übereinstimmungsbescheinigungen an die Zentrale Datenbank der Übereinstimmungsbescheinigungen", Stand Juli 2019, im BAnz AT 13.9.2019 B6 (VkBl. **19** 698) geschehen. Durch Bekanntmachung im BAnz erlangen die Standards Rechtswirksamkeit. Das KBA hat zur Umsetzung von § 6g IV S. 2 StVG sicherzustellen, dass **keine** technische automatisierte **Verknüpfung** der Zentralen Datenbank der Übereinstimmungsbescheinigungen mit dem ZFZR oder den örtlichen Fahrzeugregistern erfolgt (Abs. 7 S. 1). Wenn ein einzelner Datensatz einer Übereinstimmungsbescheinigung zu einer konkreten FIN von einer Zulassungsbehörde aus der Zentralen Datenbank automatisiert abgerufen wird und die erforderlichen Daten für Zulassungszwecke einem bestimmten Datensatz des ZFZR oder des örtlichen Fahrzeugregisters hinzugefügt und dort gespeichert werden, handelt es sich allerdings nicht um eine Verknüpfung der Datenbanken iSd § 6g IV S. 2 StVG (Begr BR-

Drs. 18/19 S. 100). Die Zulassungsbehörden sind befugt, für ihre Zwecke auf die Daten aus der Zentralen Datenbank zuzugreifen (Abs. 8, Begr BR-Drs. 18/19 S. 101).

9 **Löschungsfrist.** Dass die Daten in der Zentralen Datenbank erst zehn Jahre nach ihrer Übermittlung dorthin zu löschen sind (Abs. 7 S. 2), ergibt sich aus ihrer Verwendung gemäß Abs. 1 S. 2 Nr. 5 und 6. Sowohl für statistische Auswertungen als auch für Untersuchungen im Rahmen der Marktüberwachung würden die Daten noch längere Zeit benötigt (Begr BR-Drs. 18/19 S. 100 f.).

Abschnitt 7. Durchführungs- und Schlussvorschriften

Zuständigkeiten

46 (1) ¹Diese Verordnung wird von den nach Landesrecht zuständigen unteren Verwaltungsbehörden ausgeführt. ²Die zuständigen obersten Landesbehörden oder die von ihnen bestimmten oder nach Landesrecht zuständigen Stellen können den Verwaltungsbehörden Weisungen auch für den Einzelfall erteilen oder die erforderlichen Maßnahmen selbst treffen.

(2) ¹Örtlich zuständig ist, soweit nichts anderes vorgeschrieben ist, die Behörde des Wohnorts, bei mehreren Wohnungen des Ortes der Hauptwohnung im Sinne des Bundesmeldegesetzes, mangels eines solchen des Aufenthaltsortes des Antragstellers oder Betroffenen, bei juristischen Personen, Gewerbetreibenden und Selbständigen mit festem Betriebssitz oder Behörden die Behörde des Sitzes oder des Ortes der beteiligten Niederlassung oder Dienststelle. ²Besteht im Inland kein Wohnsitz, kein Sitz, keine Niederlassung oder keine Dienststelle, so ist die Behörde des Wohnorts oder des Aufenthaltsorts eines Empfangsbevollmächtigten zuständig. ³Örtlich zuständige Behörde im Sinne des § 25 ist die Behörde, die das Kennzeichen zugeteilt hat, es sei denn, dass im Falle des § 13 Absatz 3 Satz 1 Nummer 2 die für den neuen Wohnsitz oder neuen Sitz zuständige Behörde die Zulassungsbescheinigung Teil I bereits nach § 13 Absatz 3 Satz 4 berichtigt hat. ⁴Anträge können mit Zustimmung der örtlich zuständigen Verwaltungsbehörde von einer gleichgeordneten auswärtigen Behörde, mit Zustimmung der zuständigen obersten Landesbehörden oder der von ihnen bestimmten oder nach Landesrecht zuständigen Stellen auch in einem anderen Land, behandelt und erledigt werden. ⁵Verlangt die Verkehrssicherheit ein sofortiges Eingreifen, so kann an Stelle der örtlich zuständigen Behörde jede ihr gleichgeordnete Behörde mit derselben Wirkung Maßnahmen auf Grund dieser Verordnung vorläufig treffen.

(3) ¹Die Zuständigkeiten der Verwaltungsbehörden auf Grund dieser Verordnung werden für die Dienstbereiche der Bundeswehr, der Bundespolizei, der Bundesanstalt Technisches Hilfswerk und der Polizeien der Länder durch deren Dienststellen nach Bestimmung der Fachminister wahrgenommen. ²Die Zuständigkeiten der Verwaltungsbehörden in Bezug auf die Kraftfahrzeuge und Anhänger der auf Grund des Nordatlantikvertrags errichteten internationalen militärischen Hauptquartiere, soweit die Fahrzeuge ihren regelmäßigen Standort im Geltungsbereich dieser Verordnung haben, werden durch die Dienststellen der Bundeswehr nach Bestimmung des Bundesministers der Verteidigung wahrgenommen. ³Für den Dienstbereich der Polizeien der Länder kann die Zulassung von Kraftfahrzeugen und ihrer Anhänger nach Bestimmung der Fachminister durch die nach Absatz 1 zuständigen Behörden vorgenommen werden.

1 **Begr** (VkBl. **06** 612): *Die zuständigen Verwaltungsbehörden werden nach Landesrecht bestimmt. Für die zuständigen obersten Landesbehörden wird eine Ermächtigung aufgenommen, in bestimmten Fällen den Verwaltungsbehörden Weisungen auch für den Einzelfall erteilen zu können oder die erforderlichen Maßnahmen selbst zu treffen. Die Vorschrift entspricht sinngemäß der bestehenden Regelung des § 44 StVO, die sich in der Praxis bewährt hat. Neu aufgenommen wird die Möglichkeit, mit Zustimmung der zuständigen obersten Landesbehörden Anträge auch bei dazu bestimmten Behörden eines anderen Bundeslandes zu stellen. Damit soll eine flexible Zusammenarbeit, auch länderübergreifend, ermöglicht werden. Diese Zustimmung kann generell und nicht auf den Einzelfall beschränkt erteilt werden. Im Übrigen folgt die Vorschrift dem bisherigen § 68 StVZO.*
Begründung des Bundesrates für die Einfügung des Wortes „unteren" vor dem Wort „Verwaltungsbehörden" in Absatz 1 Satz 1: *Beibehaltung der bisherigen Rechtslage.*
Begründung des Bundesrates für die jetzige Fassung des Absatzes 2 Sätze 1 und 2: *Klarstellung der örtlichen Zuständigkeit in Fällen, in denen mehrere Wohnungen vorhanden sind und bei juristischen Personen, Handelsunternehmen oder Behörden, die keinen Sitz im Inland haben. Die Regelung entspricht der Regelung des § 73 Abs. 2 Fahrerlaubnis-Verordnung.*

Begründung des Bundesrates für die Einfügung der Wörter „oder die/der von ihnen bestimmten oder nach Landesrecht zuständigen Stellen" jeweils nach dem Wort „Landesbehörden" in Absatz 1 Satz 2 und in Absatz 2 Satz 3: *Es obliegt der Dispositionshoheit des Landes, welche Stellen innerhalb eines Landes berechtigt sind, den Verwaltungsbehörden Weisungen zu erteilen/in den in Rede stehenden Fällen die Zustimmung zu erteilen. ...*

Begr zur ÄndVO v. 4.4.11 **zu Abs. 2 S. 1** (BR-Drs. 29/11 (Beschluss) S. 2 = VkBl. **11** 371): **1a** *Aus Zweckmäßigkeitsgründen sollte der Begriff „Handelsunternehmen" in § 46 Absatz 2 Satz 1 weit ausgelegt werden, damit darunter auch Einzelunternehmer (Gewerbetreibende und Selbständige) mit festem Betriebssitz zu subsumieren sind. Die Angabe „Handelsunternehmen" wird deshalb durch die Formulierung „Gewerbetreibenden und Selbständigen mit festem Betriebssitz" ersetzt.*

Begr zur ÄndVO v. 19.10.12 **zu Abs. 2 S. 2** (BR-Drs. 371/12 S. 39 = VkBl. **12** 866): *Klarstel-* **1b** *lende Regelung, dass die Regelung des § 46 Absatz 2 Satz 2 auch auf natürliche Personen anzuwenden ist.*

Begr zur ÄndVO v. 31.7.17 **zu Abs. 2 S. 3** (BR-Drs. 408/17 S. 29): *Im neu angefügten Satz* **1c** *wird die örtliche Zuständigkeit der Zulassungsbehörden im Zusammenhang mit Maßnahmen bei fehlendem Versicherungsschutz nach § 25 FZV besonders geregelt: Sofern der Versicherungsschutz eines Fahrzeugs abgelaufen ist, erfolgt eine Meldung des Versicherungsunternehmens gemäß § 25 Abs. 1 FZV an die Zulassungsbehörde, damit diese die Stilllegung des Fahrzeugs veranlasst. Aus Gründen der Verkehrssicherheit ist in diesen Fällen ein sofortiges Handeln auf einer rechtssicheren Grundlage erforderlich. Dies ist bereits in § 46 Abs. 2 Satz 4 FZV geregelt, soll aber angesichts des Beschlusses des Hessischen Verwaltungsgerichtshofs vom 13.1 2015 (Az. 2 A 133/14.Z) für den Bereich des § 25 FZV besonders klargestellt werden. So soll für alle Anzeigen und Maßnahmen nach § 25 FZV die Zulassungsbehörde zuständig sein, die das Kennzeichen zugeteilt hat. Dies soll zunächst auch bei zwischenzeitlichem Ortswechsel gelten. Nur wenn die infolge Ortswechsels nach § 46 Abs. 2 Satz 1 oder 2 FZV neu zuständige Behörde die Zulassungsbescheinigung Teil I nach § 13 Abs. 3 Satz 4 (gemeint: Satz 5) FZV berichtigt hat, ist sichergestellt, dass die Zuständigkeit hinreichend geklärt und auch im ZFZR hinterlegt ist.*

1. Sachlich zuständig für die Ausführung der FZV sind die durch Landesrecht bestimmten **2** unteren Verwaltungsbehörden, Abs. I S. 1. Ihnen obliegen die Aufgaben der **Zulassungsbehörde** nach § 1 I S. 1 StVG. Nach dem Vorbild von § 44 I S. 2 und 3 StVO aF wurde eine Ermächtigung für die zuständigen obersten Landesbehörden oder die von ihnen bestimmten oder nach Landesrecht zuständigen Stellen in § 46 I aufgenommen, den ZulB Weisungen auch für den Einzelfall zu erteilen oder die erforderlichen Maßnahmen selbst zu treffen, Abs. I S. 2.

2. Örtlich zuständig ist die ZulB des **Wohnorts**, Abs. II S. 1, ohne Rücksicht auf eine uU **3** überholte Eintragung im Melderegister, BVerwG VM **81** 50, VG Dü DAR **77** 279. Bei mehreren Wohnungen (im Inland) ist die ZulB des Ortes der Hauptwohnung iSd Bundesmeldegesetzes örtlich zuständig, Abs. II S. 1. Der Wohnort bestimmt sich nach den tatsächlichen Verhältnissen und nicht nach dem Willen des Betr oder der Eintragung im Melderegister. Entscheidend ist, wo sich der Wohnort bzw. die Hauptwohnung des Betr tatsächlich befinden (VGH Mü 18.4.08 11 CS 08.468, VGH Ma DAR **14** 661). Wenn es keinen Wohnort in Deutschland gibt, ist die ZulB des **Aufenthaltsortes** des Antragstellers oder Betroffenen örtlich zuständig, Abs. II S. 1. Aufenthaltsort ist der Ort der körperlichen Anwesenheit in einem bestimmten Amtsbereich, s. *Bouska* VD **78** 175. Bei juristischen Personen, Handelsunternehmen oder Behörden ist die ZulB des **Sitzes** oder des Ortes der beteiligten Niederlassung oder Dienststelle örtlich zuständig (Abs. II S. 1). Sitz ist der Ort, der nach Gesetz, Satzung oder Verleihung als Sitz bestimmt ist, hilfsweise entsprechend § 17 I S. 2 ZPO der Ort, an dem die Verwaltung geführt wird; siehe auch § 3 I Nr. 3b VwVfG. Bei Auseinanderfallen von Satzungssitz und Verwaltungssitz (Ort der tatsächlichen Tätigkeit der Geschäftsleitung) ist Sitz iSv Abs. II der Satzungssitz (*Heinze* NZV **12** 369). Der früher in II S. 1 enthaltene Begriff des Handelsunternehmens, den es auch in den Zuständigkeitsregelungen §§ 68 II S. 1 StVZO, 73 II S. 1 FeV gibt, ist durch ÄndVO v. 4.4.11 durch die Angabe „Gewerbetreibende und Selbständige mit festem Betriebssitz" ersetzt worden, da eine weite Auslegung gewünscht war (Begr Rn. 1a). Wenn im Falle von im Ausland wohnhaften natürlichen Personen, im Ausland ansässigen juristischen Personen, Handelsunternehmen oder Behörden in Deutschland kein Wohnsitz, kein Sitz, keine Niederlassung oder keine Dienststelle besteht, ist die ZulB des Wohnortes oder des Aufenthaltsortes eines **Empfangsbevollmächtigten** (natürliche Person) örtlich zuständig (Abs. II S. 2). Die Erweiterung dieser Regelung auf im Ausland wohnhafte natürliche Personen ohne Wohnsitz im Inland ist mit ÄndVO v. 19.10.12 (BGBl. I S. 2232) vorgenommen worden (Begr Rn. 1b). Wenn es in diesen Fällen keinen solchen

Empfangsbevollmächtigten gibt, ist keine Zulassung von Fahrzeugen in Deutschland möglich. Die frühere Bezeichnung „Empfangsberechtigter" wurde durch ÄndVO v. 23.3.17 (BGBl. I S. 522) in „Empfangsbevollmächtigter" geändert, ohne dass dies mit einer inhaltlichen Änderung verbunden war (Begr BR-Drs. 770/16 S. 123). Kein Anspruch auf Aufhebung eines Verwaltungsaktes allein wegen örtlicher Unzuständigkeit, § 46 VwVfG, s. BVerwG VM **81** 50. Zur Eintragung in die ZB I bei Vereinigungen, ausländischen Haltern mit Empfangsbevollmächtigtem im Inland und gesetzlichen Vertretern s. § 6 Rn. 5 ff.

3a   Durch ÄndVO v. 31.7.17 (BGBl. I S. 3090) wurde eine spezielle örtliche Zuständigkeit im Zusammenhang mit Maßnahmen **bei fehlendem Versicherungsschutz** geschaffen. Im Falle des § 25 ist abweichend von II S. 1 und 2 die ZulB örtlich zuständig, die das Kennzeichen zugeteilt hat (II S. 3). Sie ist für alle Anzeigen und Maßnahmen nach § 25 bei fehlendem Versicherungsschutz zuständig. Dies gilt im Grundsatz auch bei zwischenzeitlichem Ortswechsel (Begr Rn. 1c). Nur wenn im Falle eines Umzugs das bisherige Kennzeichen beibehalten wird (§ 13 III S. 1 Nr. 2) und die für den neuen Wohnort oder Sitz örtlich zuständige ZulB bereits die ZB I gem. § 13 III S. 5 berichtigt hat, ist diese zuständig (II S. 3), denn dann ist die Zuständigkeit hinreichend geklärt und auch im ZFZR hinterlegt (Begr Rn. 1c). Dass sowohl im Wortlaut von II S. 3 als auch in der Begr (Rn. 1c) unzutreffend von § 13 Abs. 3 Satz 4 statt richtig von Satz 5 die Rede ist, kann unberücksichtigt bleiben, denn dies dürfte auf einem Redaktionsversehen beruhen. Offenbar ist vernachlässigt worden, dass kurz vor Einfügung des II S. 3 aufgrund der Änderung durch Art 1 Nr. 8 Buchst. c der ÄndVO v. 23.3.17 (BGBl. I S. 522) in § 13 III der frühere Satz 4 zu dem jetzigen Satz 5 geworden ist.

4   Mit Zustimmung der örtlich zuständigen ZulB können Anträge auch von einer **anderen ZulB** bearbeitet werden, Abs. II S. 4. Die Zustimmung kann bis zur Unanfechtbarkeit der Entscheidung, also auch noch im Widerspruchs- und gerichtlichen Verfahren erteilt werden, VG Kö DAR **90** 310 (Anm *Siegmund*). Mit Zustimmung der zuständigen obersten Landesbehörde oder der von ihr bestimmten oder nach Landesrecht zuständigen Stellen können Anträge auch von einer ZulB in einem **anderen Bundesland** bearbeitet werden, Abs. II S. 4. Damit soll eine flexible Zusammenarbeit, auch länderübergreifend, ermöglicht werden (Begr VkBl. **06** 612). Diese Zustimmung kann allgemein und nicht nur auf den Einzelfall beschränkt erteilt werden (Begr VkBl. **06** 612).

5   Wenn die Verkehrssicherheit ein **sofortiges Eingreifen** erfordert, kann **jede ZulB** mit derselben Wirkung wie die örtlich zuständige ZulB Maßnahmen auf Grund der FZV vorläufig treffen, Ab II S. 5.

6   **3. Besondere Zuständigkeiten** für die Fz der Bundeswehr, der Bundespolizei, des THW und der Polizeien der Länder werden nach Abs. III S. 1 durch Bestimmung der jeweiligen Fachminister festgelegt. Diese Behörden haben die erforderlichen Verwaltungsmaßnahmen für ihren Dienstbereich durch eigene Dienststellen zu treffen. Die Zulassung von Fz der Polizeien der Länder kann allerdings nach Bestimmung der jeweils zuständigen Innenminister und -senatoren der Länder durch die gem. Abs. I zuständigen ZulB vorgenommen werden. Zuständige Fachminister zur Festlegung der Zuständigkeiten nach Abs. III S. 1 sind für die Bundeswehr der Bundesminister der Verteidigung, für die Bundespolizei und die Bundesanstalt Technisches Hilfswerk der Bundesminister des Innern, für die Polizeien der Länder die Innenminister und -senatoren der Länder, s. Übersicht des BMV (z. T. überholt), VkBl. **63** 187, 456, **88** 297 = StVRL § 68 StVZO Nr. 1.

7   Dienststellen der Bundeswehr nehmen die Aufgaben der Verwaltungsbehörden für die Fahrzeuge der **Nato-Truppen** in Deutschland nach Bestimmung durch den Bundesverteidigungsminister wahr (Abs. 3 S. 2). Die Zulassung wird allerdings durch die NATO-Truppen selbst durchgeführt (§ 20 Rn. 21).

8   **4. Zuständigkeiten für Ausnahmen** s. § 47.

Ausnahmen

47 (1) **Die zuständigen obersten Landesbehörden oder die von ihnen bestimmten oder nach Landesrecht zuständigen Stellen können Ausnahmen von den Vorschriften der Abschnitte 1 bis 5 dieser Verordnung, jedoch nicht von § 12 Absatz 1 und 3 Satz 1 und § 8 Absatz 1a, in bestimmten Einzelfällen oder allgemein für bestimmte einzelne Antragsteller genehmigen; sofern die Ausnahmen erhebliche Auswirkungen auf das Gebiet anderer Länder haben, ergeht die Entscheidung im Einvernehmen mit den zuständigen Behörden dieser Länder.**

(2) **Der örtliche Geltungsbereich jeder Ausnahme ist festzulegen.**

(3) **Sind in der Ausnahmegenehmigung Auflagen oder Bedingungen festgesetzt, so ist die Ausnahmegenehmigung vom Fahrzeugführer bei Fahrten mitzuführen und zuständigen Personen auf Verlangen zur Prüfung auszuhändigen.**

(4) **Die Bundeswehr, die Polizei, die Bundespolizei, die Feuerwehr, das Technische Hilfswerk und die anderen Einheiten und Einrichtungen des Katastrophenschutzes sowie der Zolldienst sind von den Vorschriften dieser Verordnung befreit, soweit dies zur Erfüllung hoheitlicher Aufgaben unter gebührender Berücksichtigung der öffentlichen Sicherheit und Ordnung dringend geboten ist.**

Begr (BR–Drs. 811/05 S. 181 = VkBl. **06** 612): *Die zuständigen obersten Landesbehörden oder die* **1** *von ihnen bestimmten oder nach Landesrecht zuständigen Stellen können wie bisher im § 70 Abs. 1 Nr. 1 Einzelausnahmen genehmigen. Nicht zulässig sind jedoch Ausnahmen von den Registervorschriften sowie, auf Grund der Bedeutung der Zulassungsbescheinigung Teil II, von den Voraussetzungen zur Ausfüllung eines Vordrucks oder ihrer Ausfertigung.*

Neu aufgenommen in den Katalog möglicher Ausnahmen, der dem bisherigen § 70 StVZO folgt, wurde die Möglichkeit, dass die zuständigen obersten Landesbehörden nach Zustimmung des KBA festlegen können, dass auch bei Wechsel des Zulassungsbereiches innerhalb des Landes die Zuteilung eines neuen Kennzeichens nicht erforderlich ist. Diese Festlegung kann generell und nicht auf den Einzelfall beschränkt, getroffen werden. Sie kann auch auf bestimmte Zulassungsbezirke beschränkt werden. Dem Fahrzeughalter kann es freigestellt werden, sich bei diesem Wechsel ein neues Kennzeichen mit dem Unterscheidungszeichen des neuen Zulassungsbezirkes zuteilen zu lassen oder das bisherige Kennzeichen weiter zu nutzen. Die Pflicht zur Meldung und zur Änderung der Fahrzeugpapiere bleibt aber bestehen.

Die Regelung soll erst 23 Monate nach Verkündung der Verordnung, das heißt zu dem Zeitpunkt, zu dem die vollständige Online-Zusammenarbeit der Behörden mit dem Zentralen Fahrzeugregister erfolgt, anwendbar sein, damit die im Zusammenhang mit dem Kennzeichen stehende Regionaltarifierung der Kraftfahrzeugversicherer auf den Wohnort des Fahrzeughalters umgestellt werden kann und die Aufgabe des Kennzeichenwechsels keine Nachteile für den Fahrzeughalter hat.

Klargestellt wurde das Verfahren der Erteilung von Ausnahmen, die Auswirkungen auf andere Bundesländer haben. Die Ausnahmen sind nur im Einvernehmen mit den betroffenen Bundesländern zu erteilen.

Begründung des Bundesrates zu Absatz 1 Nr. 1 und Nr. 3: Das Urteil des Bundesverwaltungsgerichts vom 14. April 2005 (3C 3/04) zur Zuständigkeit für bundesweite Ausnahmegenehmigungen zum Schleppen defekter Kraftfahrzeuge führt im Vergleich zur bisherigen Praxis zu einer beträchtlichen Ausweitung der Zuständigkeit des Bundesministeriums für Verkehr, Bau und Stadtentwicklung. Diese weit reichende Zuständigkeit eines Bundesministeriums für reine Vollzugsaufgaben erscheint unter den Gesichtspunkten des Föderalismus und der Verwaltungsreform bedenklich. Unter diesen Gesichtspunkten erscheint aber auch die in § 47 Abs. 1 der Verordnung vorgeschlagene Regelung bedenklich. Es erscheint nicht vertretbar, dass sich zwar ein zuständiges Land nicht über das fehlende Einvernehmen eines anderen Landes hinwegsetzen kann, während sich das Bundesministerium für Verkehr, Bau und Stadtentwicklung über das fehlende Einvernehmen fast aller Länder hinwegsetzen könnte. Da fahrzeugzulassungsrechtliche Entscheidungen in der Regel bundes- und europaweit gültig sind, sind das Erfordernis der Einheitlichkeit der Entscheidung und die Auswirkungen auf das Gebiet anderer Länder für sich allein keine ausreichende Begründung, um eine Bundeszuständigkeit zu bejahen oder ein uneingeschränktes Einvernehmenserfordernis festzulegen. Nur bei erheblichen gebietsbezogenen Auswirkungen erscheint das Einvernehmenserfordernis sachgerecht. Sofern das Einvernehmen nicht erteilt wird, ist dem durch Beschränkung des örtlichen Geltungsbereichs der Ausnahme Rechnung zu tragen. Im Übrigen ist die Einheitlichkeit insbesondere durch entsprechende Bund-Länder-Abstimmungen, Vereinbarungen und Richtlinien sicherzustellen. Die Regelungen des § 47 FZV und § 70 StVZO sind anzugleichen.

Begründung des Bundesrates zur Streichung der Wörter „im Benehmen mit dem Kraftfahrt-Bundesamt" in Abs. 1 Nr. 2 und zur Anfügung des Satzes 2 „In den Fällen des Satzes 1 Nr. 2 ist das Kraftfahrt-Bundesamt rechtzeitig zu unterrichten.": *Es obliegt den Ländern zu entscheiden, ob und gegebenenfalls in welchem Umfang sie von der Ermächtigung des § 47 Abs. 1 Satz 1 Nr. 2 Gebrauch machen. Durch die Notwendigkeit, das Benehmen mit dem Kraftfahrt-Bundesamt herzustellen, werden die Rechte der Länder eingeschränkt. Es ist ausreichend, das Kraftfahrt-Bundesamt so rechtzeitig über die erteilte Ausnahme zu informieren, dass dort die notwendigen datentechnischen Voraussetzungen geschaffen werden können.*

Begründung des Bundesrates zu Absatz 3: Wegen der Eintragung der Ausnahmegenehmigung in die Zulassungsbescheinigung Teil I kann das Mitführen der Ausnahmegenehmigung auf die Fälle beschränkt werden, in denen die Ausnahmegenehmigung Auflagen oder Bedingungen enthält.

Begr zur ÄndVO v. 13.1.12 **zu Abs. 1 S. 1 Nr. 1 (jetzt Abs. 1 Hs. 1)** (BR–Drs. 709/11 **1a** S. 19): *Mit der Regelung soll eine Abweichung von den Vorgaben für die Zuteilung von Wechselkennzeichen* *durch Ausnahmen nicht zugelassen werden, da es sich um ein vollkommen neues Verfahren handelt. Da hier noch keine Erfahrungen vorliegen, soll ein einheitlicher Vollzug gesichert werden. ...*

1b   **Begr** zur ÄndVO v. 8.10.13 **zur Streichung von Abs. 1 S. 1 Nr. 2** (BR-Drs. 435/13 S. 45 = VkBl. 13 1065): *Die bisherige Regelung in § 47, die den Ländern eine Regelung für ihren Bereich erlaubt, ist obsolet geworden und wird gestrichen.*

1c   **Begr** zur ÄndVO v. 31.7.17 **zu Abs. 1 Hs. 1** (BR-Drs. 408/17 S. 30): *Anpassung des Verweises an die Neufassung des § 12 und Präzisierung unter Beachtung des ursprünglichen Zwecks: Angesichts der Bedeutung der Zulassungsbescheinigung Teil II sollen Ausnahmen von den Voraussetzungen zur Ausfüllung eines Vordrucks oder ihrer Ausfertigung nicht zulässig sein (siehe Verordnungsbegründung in der Bundesrats-Drucksache 811/05 S. 181).*

2   **1.** § 47 ermöglicht es, besonderen **Ausnahmesituationen Rechnung zu tragen,** die bei strikter Anwendung der Vorschrift, von deren Regelung eine Ausnahme begehrt wird, nicht hinreichend berücksichtigt werden könnten und eine unbillige Härte für den Betr zur Folge hätten (vgl BVerwG DAR **02** 281, OVG Ko DAR **01** 329). Ob eine beantragte Ausnahmegenehmigung erteilt wird, ist eine **Ermessensentscheidung** (OVG Ko DAR **01** 329, VG Stade DAR **82** 238 jeweils zu § 52 III StVZO, VGH Mü VRS **74** 234 zu § 34 StVZO). Die Feststellung einer Ausnahmesituation ist Bestandteil der Ermessensentscheidung (BVerwG DAR **02** 281, OVG Münster NZV **00** 514, OVG Münster VRS **106** 230, 236 zu § 33 I S. 2 StVZO aF, VG Kar 6.3.18 6 K 2374/16; str, s. auch § 46 StVO Rn. 23). Die Entscheidung hat sich an den Zwecken der Ermächtigungsgrundlage in § 6 StVG zu orientieren; Wettbewerbsaspekte rechtfertigen keine Ausnahmegenehmigung (VGH Mü VM **92** 93). Die Behörde muss unter Beachtung des Grundsatzes der Verhältnismäßigkeit eine Abwägung zwischen dem mit der betroffenen Bestimmung verfolgten öffentlichen Interesse einerseits und den Interessen des Antragstellers sowie den für eine Ausnahme sprechenden Umständen andererseits vornehmen (zur StVZO OVG Ko DAR **01** 329, OVG Münster NZV **00** 514). Es gelten die gleichen Grundsätze wie bei § 46 StVO (s. dort Rn. 23).

3   **2.** Die zuständigen **obersten Landesbehörden** oder die von ihnen bestimmten oder nach Landesrecht zuständigen Stellen können gem. Abs. 1 Hs. 1 Ausnahmen von den Vorschriften der Abschnitte 1 bis 5 der FZV genehmigen, also nicht von den Fahrzeugregistervorschriften (Abschnitt 6) und den Zuständigkeitsregeln (§ 46 in Abschnitt 7). Ausnahmen sind nicht zulässig von § 12 I und III S. 1. Seit der Änderung durch ÄndVO v. 31.7.17 (BGBl. I S. 3090) mWv 1.1.18 sind anders als zuvor Ausnahmen von der Vorgabe, dass die ZB II nach den Vorgaben der Anl 7 auszufertigen ist, möglich. Ausnahmen von den Voraussetzungen zur Ausfüllung eines Vordrucks der ZB II und ihrer Ausfertigung sind dagegen nach wie vor unzulässig (Bger Rn. 1, 1c). Ausnahmen von den Vorschriften über Wechselkennzeichen in § 8 I a sind nicht zulässig (Begr Rn. 1a). Diese Ausnahmegenehmigungen können in bestimmten Einzelfällen oder allgemein für bestimmte einzelne Antragsteller erteilt werden (Abs. 1 Hs. 1). Wenn nach Abs. 1 Hs. 1 zu erteilende Ausnahmegenehmigungen erhebliche Auswirkungen auf das Gebiet anderer Bundesländer haben, kann die Entscheidung nur im Einvernehmen mit den zuständigen Behörden dieser Länder ergehen (Abs. 1 Hs. 2).

4   **3. Beibehaltung des Kennzeichens bei Umzug innerhalb des Bundeslandes.** In der Zeit vom 1.9.08 (§ 50 VII) bis 31.12.14 konnten die zuständigen obersten Landesbehörden Ausnahmen vom Erfordernis der Neuzuteilung eines Kennzeichens bei Wechsel des Zulassungsbereiches innerhalb des jeweiligen Landes genehmigen (Abs. 1 S. 1 Nr. 2 aF). Diese Regelung wurde durch ÄndVO v. 8.10.13 (BGBl. I S. 3772) mit Wirkung ab 1.1.15 gestrichen, weil sie obsolet geworden ist (Begr Rn. 1b), denn seit 1.1.15 ist die Mitnahme des Kennzeichens bei Umzug im gesamten Bundesgebiet zulässig (§ 13 III S. 1 Nr. 2).

5   **4.** Die frühere Regelung, wonach das **BMV** durch Rechtsverordnung ohne Zustimmung des Bundesrates, aber nach Anhörung der zuständigen obersten Landesbehörden Ausnahmen von allen Vorschriften der FZV genehmigen konnte, sofern die Ausnahmen allgemein gelten sollten und nicht die Landesbehörden nach Abs. 1 S. 1 Nr. 1 aF (heute Abs. 1 Hs. 1) zuständig waren (Abs. 1 S. 1 Nr. 3 aF), wurde ohne nähere Begr (BR-Drs. 335/14 (Beschluss) S. 9 = VkBl. **14** 870) durch ÄndVO v. 30.10.14 (BGBl. I S. 1666) aufgehoben.

6   **5. Allgemeine Anforderungen.** Der örtliche Geltungsbereich jeder Ausnahme ist festzulegen (Abs. 2). Sind in der Ausnahmegenehmigung Auflagen oder Bedingungen festgelegt worden, so ist die Ausnahmegenehmigung vom Fahrzeugführer bei allen Fahrten mitzuführen und zuständigen Personen auf Verlangen zur Prüfung auszuhändigen (Abs. 3). Verstoß gegen diese Pflicht ist nicht ordnungswidrig. Ansonsten müssen die Ausnahmegenehmigungen nicht mitgeführt werden, da sie in die ZB I eingetragen werden (s. Begr VkBl. **06** 613).

6. Die **Befreiung von Bundeswehr, Polizei, Bundespolizei, Feuerwehr, THW, ande-** 7 **ren Einheiten und Einrichtungen des Katastrophenschutzes und des Zolls** von den Vorschriften der FZV nach Abs. 4 steht unter dem Vorbehalt, dass dies zur Erfüllung hoheitlicher Aufgaben und unter gebührender Berücksichtigung der öffentlichen Sicherheit und Ordnung dringend geboten sein muss.

Ordnungswidrigkeiten

48 Ordnungswidrig im Sinne des § 24 des Straßenverkehrsgesetzes handelt, wer vorsätzlich oder fahrlässig

1. entgegen
   a) § 3 Absatz 1 Satz 1, § 4 Absatz 1, § 8 Absatz 1a Satz 6 Nummer 1, § 9 Absatz 3 Satz 5 Nummer 1 oder § 10 Absatz 12 Satz 1,
   b) § 16 Absatz 5 Satz 3 in Verbindung mit § 10 Absatz 12 Satz 1, § 16a Absatz 3 Satz 4 in Verbindung mit § 10 Absatz 12 Satz 1, § 17 Absatz 2 Satz 4 in Verbindung mit § 10 Absatz 12 Satz 1 oder § 19 Absatz 1 Nummer 3 Satz 6 in Verbindung mit § 10 Absatz 12 Satz 1,
   c) § 15i Absatz 5 Satz 3, § 16a Absatz 4 Satz 3, § 19 Absatz 1 Nummer 4 Satz 3 oder § 27 Absatz 7 oder § 29a Absatz 4 oder
   d) § 28 Satz 5 in Verbindung mit § 27 Absatz 7,
   ein Fahrzeug in Betrieb setzt,

2. entgegen § 3 Absatz 4, § 4 Absatz 6, § 5 Absatz 2 Satz 2, § 8 Absatz 1a Satz 7 Nummer 1, § 9 Absatz 3 Satz 6 Nummer 1, § 10 Absatz 11 Satz 4 oder Absatz 12 Satz 2, § 13 Absatz 1 Satz 6, auch in Verbindung mit Absatz 4 Satz 8, oder Absatz 3 Satz 3, § 15i Absatz 5 Satz 4, § 16 Absatz 5 Satz 4, § 16a Absatz 3 Satz 5 oder Absatz 4 Satz 4, § 17 Absatz 2 Satz 5 oder § 19 Absatz 1 Nummer 3 Satz 7 oder Nummer 4 Satz 4 die Inbetriebnahme eines Fahrzeugs auf öffentlichen Straßen anordnet oder zulässt,

3. entgegen § 4 Absatz 2 Satz 1 oder Absatz 3 Satz 1 oder 2 ein Kennzeichen an einem Fahrzeug nicht führt,

4. entgegen § 4 Absatz 4 ein Kraftfahrzeug oder einen Krankenfahrstuhl nicht, nicht richtig oder nicht vollständig kennzeichnet,

5. entgegen § 4 Absatz 5 Satz 1, § 11 Absatz 6 oder § 16 Absatz 2 Satz 4, auch in Verbindung mit § 17 Absatz 2 Satz 1, § 16a Absatz 5 Satz 3, § 20 Absatz 5 oder § 26 Absatz 1 Satz 6 ein dort genanntes Dokument nicht mitführt oder auf Verlangen nicht aushändigt,

6. entgegen § 4 Absatz 5 Satz 2, § 16 Absatz 2 Satz 6 oder § 29a Absatz 2 Nummer 1 ein dort genanntes Dokument nicht aufbewahrt oder auf Verlangen nicht aushändigt,

7. einer vollziehbaren Anordnung oder Auflage nach § 5 Absatz 1 oder § 13 Absatz 1 Satz 5, auch in Verbindung mit Absatz 4 Satz 7, oder Absatz 3 Satz 2 zuwiderhandelt,

8. entgegen
   a) § 5 Absatz 2 oder § 25 Absatz 3 oder
   b) § 15 Absatz 1 Satz 1, auch in Verbindung mit Absatz 2 Satz 1,
   ein Fahrzeug nicht oder nicht ordnungsgemäß außer Betrieb setzen lässt,

8a. entgegen § 8 Absatz 1a Satz 5 ein Wechselkennzeichen zur selben Zeit an mehr als einem Fahrzeug führt,

9. entgegen § 8 Absatz 1a Satz 6 Nummer 2 oder § 9 Absatz 3 Satz 5 Nummer 2 ein Fahrzeug abstellt,

9a. das Abstellen eines Fahrzeugs entgegen § 8 Absatz 1a Satz 7 Nummer 2 oder § 9 Absatz 3 Satz 6 Nummer 2 anordnet oder zulässt,

9b. entgegen § 10 Absatz 11 Satz 3 ein Kennzeichen führt,

10. entgegen § 11 Absatz 7 oder § 12 Absatz 5 Satz 5 eine Bescheinigung nicht abliefert,

11. entgegen § 12 Absatz 5 Satz 1 oder 2 oder § 13 Absatz 2 Satz 1 oder 2 eine Anzeige nicht, nicht richtig, nicht vollständig oder nicht rechtzeitig erstattet,

12. entgegen § 13 Absatz 1 Satz 1 bis 4, Absatz 3 Satz 1 oder Absatz 4 Satz 1 erster Halbsatz, Satz 3 oder 4 eine Mitteilung nicht, nicht richtig, nicht vollständig oder nicht rechtzeitig macht,

13. entgegen § 13 Absatz 2 Satz 3 ein dort genanntes Dokument nicht vorlegt,

14. entgegen § 15i Absatz 5 Satz 1 einen Plakettenträger nicht, nicht rechtzeitig oder nicht ordnungsgemäß anbringt,

14a. entgegen § 15i Absatz 5 Satz 2 einen Plakettenträger anbringt,

15. entgegen § 16 Absatz 2 Satz 3 eine Eintragung nicht, nicht richtig, nicht vollständig oder nicht rechtzeitig fertigt,

15a. *(aufgehoben)*

15b. *(aufgehoben)*

16. *(aufgehoben)*

17. entgegen § 16 Absatz 2 Satz 5 eine Aufzeichnung nicht, nicht richtig, nicht vollständig oder nicht rechtzeitig fertigt,

18. entgegen § 16 Absatz 2 Satz 7 ein Kennzeichen und ein Fahrzeugscheinheft nicht rechtzeitig der Zulassungsbehörde zurückgibt,

18a. entgegen § 16a Absatz 3 Satz 1 ein Kurzzeitkennzeichen verwendet oder

19. entgegen § 21 Absatz 1 Satz 1 oder Absatz 2 Satz 1 an einem in einem anderen Staat zugelassenen Kraftfahrzeug oder Anhänger ein Kennzeichen oder ein Unterscheidungszeichen nicht oder nicht wie dort vorgeschrieben führt.

1 **Begr** (VkBl. **06** 613): *Die Bestimmungen zu den Ordnungswidrigkeiten folgen im Grunde den bisherigen Regelungen in § 69a StVZO sowie dem § 14 VOInt. …*

Verweis auf technische Regelwerke

49 (1) [1]DIN-Normen, EN-Normen oder ISO-Normen, auf die in dieser Verordnung verwiesen wird, sind im Beuth Verlag GmbH, Berlin, erschienen. [2]Sie sind beim Deutschen Patent- und Markenamt in München archivmäßig gesichert niedergelegt.

(2) [1]RAL-Farben, auf die in dieser Verordnung Bezug genommen wird, sind dem Farbregister RAL 840-HR entnommen. [2]Das Farbregister wird vom RAL Deutsches Institut für Gütesicherung und Kennzeichnung e. V., Siegburger Straße 39, 53757 St. Augustin, herausgegeben und ist dort erhältlich.

1 **Begr** (VkBl. **06** 614): *Hinweis auf Bezugsmöglichkeit und Einsicht in angeführte Normen.*

Übergangs- und Anwendungsbestimmungen

50 (1) Fahrzeuge, die nach § 18 Absatz 2 der Straßenverkehrs-Zulassungs-Ordnung in der bis zum 28. Februar 2007 geltenden Fassung der Zulassungspflicht oder dem Zulassungsverfahren nicht unterworfen waren und die vor dem 1. März 2007 erstmals in Verkehr kamen, bleiben weiterhin zulassungsfrei, war für diese Fahrzeuge auch keine Betriebserlaubnis erforderlich, bedürfen sie keiner Genehmigung nach § 2 Nummer 4 bis 6.

(2) Kennzeichen, die vor dem 1. März 2007 nach Maßgabe der Straßenverkehrs-Zulassungs-Ordnung zugeteilt worden sind, bleiben gültig.

(2a) [1]Unterscheidungszeichen nach Maßgabe der Anlage 1 Nummer 1 in der bis zum 31. Oktober 2012 geltenden Fassung dieser Verordnung gelten als beantragt und festgelegt im Sinne des § 8 Absatz 2 Satz 1 und 5. [2]Abweichend von § 8 Absatz 2 Satz 4 darf ein neues Unterscheidungszeichen auf Antrag für einen am 1. November 2012 bestehenden Verwaltungsbezirk festgelegt werden, wenn für diesen bis zum Ablauf des 25. Oktober 2012 noch kein den gesamten Verwaltungsbezirk umfassendes Unterscheidungszeichen vergeben worden ist. [3]Unterscheidungszeichen nach Maßgabe der Anlage 1 Nummer 2 in der bis zum 31. Oktober 2012 geltenden Fassung dieser Verordnung gelten als aufgehoben im Sinne des § 8 Absatz 2 Satz 1 und 5.

(3) Folgende Fahrzeugdokumente gelten als Fahrzeugdokumente im Sinne dieser Verordnung fort:

1. vor dem 1. März 2007 ausgefertigte Fahrzeugscheine und Anhängerscheine, die

   a) den Mustern 2, 2a, 2b, 3 und 3a der Straßenverkehrs-Zulassungs-Ordnung in der im Bundesgesetzblatt Teil III, Gliederungsnummer 9232-1, veröffentlichten bereinigten Fassung,

   b) den Mustern 2a, 2b und 3 der Straßenverkehrs-Zulassungs-Ordnung in der Fassung der Verordnung vom 21. Juli 1969 (BGBl. I S. 845),

c) den Mustern 2a und 2b der Straßenverkehrs-Zulassungs-Ordnung in der Fassung der Bekanntmachung vom 15. November 1974 (BGBl. I S. 3193) und

d) den Mustern 2a und 2b der Straßenverkehrs-Zulassungs-Ordnung in der Fassung der Bekanntmachung vom 28. September 1988 (BGBl. I S. 1793) entsprechen;

2. Fahrzeugbriefe, die durch eine Zulassungsbehörde bis zum 30. September 2005 ausgefertigt worden sind; ein Umtausch in eine Zulassungsbescheinigung Teil II ist erforderlich, wenn der Fahrzeugschein nach bisher gültigen Mustern durch eine Zulassungsbescheinigung Teil I ersetzt wird;

3. Fahrzeugscheine, die durch die Bundeswehr bis zum 30. September 2005 ausgefertigt worden sind;

4. Zulassungsbescheinigungen Teil I (Fahrzeugscheine), die dem Muster 2a der Straßenverkehrs-Zulassungs-Ordnung in der Fassung der Verordnung vom 24. September 2004 (BGBl. I S. 2374) entsprechen und ab 1. Oktober 2005 bis 31. März 2008 ausgefertigt worden sind;

5. Zulassungsbescheinigungen Teil II (Fahrzeugbriefe), die dem Muster 2b der Straßenverkehrs-Zulassungs-Ordnung in der Fassung der Verordnung vom 24. September 2004 (BGBl. I S. 2374) entsprechen und ab 1. Oktober 2005 bis 31. März 2008 ausgefertigt worden sind;

6. Zulassungsbescheinigungen Teil I (Fahrzeugscheine) der Bundeswehr, die dem Muster 2c der Straßenverkehrs-Zulassungs-Ordnung in der Fassung der Verordnung vom 24. September 2004 (BGBl. I S. 2374) entsprechen und ab 1. Oktober 2005 bis 31. März 2008 ausgefertigt worden sind;

7. Zulassungsbescheinigungen Teil I, die den Mustern in Anlage 5 und Anlage 6 in der bis zum 31. Oktober 2012 geltenden Fassung dieser Verordnung entsprechen und bis zum 30. Juni 2013 ausgefertigt worden sind;

8. Fahrzeugscheine und Fahrzeugscheinhefte für Fahrzeuge mit roten Oldtimerkennzeichen nach § 17, die in der bis zum 31. Oktober 2012 geltenden Fassung dieser Verordnung ausgefertigt worden sind;

9. Zulassungsbescheinigungen Teil I, die dem Muster in Anlage 5 in der bis zum 1. Januar 2015 geltenden Fassung dieser Verordnung entsprechen;

10. Zulassungsbescheinigungen Teil I, die dem Muster in Anlage 5 in der bis zum 30. September 2017 geltenden Fassung dieser Verordnung entsprechen und bis zum 19. Mai 2018 ausgefertigt worden sind;

11. Fahrzeugscheine für Fahrzeuge mit Kurzzeitkennzeichen, die dem Muster in Anlage 10 in der bis zum 30. September 2017 geltenden Fassung dieser Verordnung entsprechen und bis zum 19. Mai 2018 ausgefertigt worden sind;

10.[1] Zulassungsbescheinigungen Teil I, die den Mustern in Anlage 5 und Anlage 6 in der bis zum 31. März 2015 geltenden Fassung dieser Verordnung entsprechen;

11.[2] Zulassungsbescheinigungen Teil II, die dem Muster in Anlage 7 in der bis zum 31. März 2015 geltenden Fassung dieser Verordnung entsprechen;

12.[3] Zulassungsbescheinigungen Teil II, die dem Muster der Anlage 7 in der bis zum 31. Dezember 2017 geltenden Fassung dieser Verordnung entsprechen; Vordrucke für Zulassungsbescheinigungen, die diesem Muster entsprechen, dürfen noch bis zum 31. März 2018 aufgebraucht werden,

13. Zulassungsbescheinigungen Teil I, die dem Muster in Anlage 5 in der bis zum 30. September 2017 geltenden Fassung dieser Verordnung entsprechen und bis zum 19. Mai 2018 ausgefertigt worden sind,

14. Fahrzeugscheine für Fahrzeuge mit Kurzzeitkennzeichen, die dem Muster in Anlage 10 in der bis zum 30. September 2017 geltenden Fassung dieser Verordnung entsprechen und bis zum 19. Mai 2018 ausgefertigt worden sind,

15. Zulassungsbescheinigungen Teil I, die dem Muster in Anlage 5 in der bis zum 30. September 2019 geltenden Fassung dieser Verordnung entsprechen und bis zum 30. September 2020 ausgefertigt worden sind.

(4) Stempelplaketten, mit denen Kennzeichenschilder vor dem 1. Januar 2015 abgestempelt worden sind, bleiben gültig.

(5) ¹Die Vorschriften über die Speicherung der Daten nach § 30 Absatz 1 Nummer 1 in Verbindung mit § 6 Absatz 4 Nummer 1 und 2, nach § 30 Absatz 1 Nummer 1 in Verbindung mit § 6 Absatz 7 Nummer 2 hinsichtlich der Nummer und des Datums der Ertei-

---

[1] Zählung amtl.
[2] Zählung amtl.
[3] Zählung amtl.

lung der Genehmigung, nach § 30 Absatz 1 Nummer 1 in Verbindung mit § 6 Absatz 7 Nummer 7 Buchstabe d hinsichtlich der zulässigen Anhängelast und des Leistungsgewichts bei Krafträdern, Buchstabe h hinsichtlich der Nenndrehzahl sowie Buchstabe i bis l, der Daten nach § 30 Absatz 1 Nummer 2 und 5 sowie Nummer 6 hinsichtlich des Datums der Zuteilung, Nummer 7 Buchstabe b, Nummer 15 bis 17 und 19 Buchstabe b und d sowie Nummer 20 bis 24 und der auf das Kurzzeitkennzeichen bezogenen Daten nach § 30 Absatz 2 jeweils im Zentralen Fahrzeugregister sind ab dem 1. September 2008 anzuwenden. [2]Eine Nacherfassung dieser Daten für Fahrzeuge, die zu diesem Zeitpunkt bereits in Verkehr waren, erfolgt nicht.

(6) **Die Vorschriften über die Übermittlung der in Absatz 5 genannten Daten an das Zentrale Fahrzeugregister sind ab dem 1. September 2008 anzuwenden.**

(7) **§ 47 Absatz 1 Nummer 2 ist ab dem 1. September 2008 anzuwenden.**

(8) *(aufgehoben)*

(9) *(aufgehoben)*

(10) **§ 9a und Anlage 3a sind mit Ablauf des 31. Dezember 2026 nicht mehr anzuwenden.**

1   **Begr** (VkBl. **06** 614): *Zur Wahrung des Besitzstandes werden Übergangsregelungen getroffen, dass auf Fahrzeuge, die sich bereits in Verkehr befinden auch weiterhin die bisherigen Vorschriften über die Zulassungsfreiheit und die Verwendung von Fahrzeugbriefen und -scheinen, Vordrucken zum Versicherungsschutz sowie Kennzeichen Anwendung finden. Die neue Vorschrift hat demzufolge keine nachteiligen Auswirkungen auf diese Fahrzeuge und deren Halter. Für die Anwendung der Neuregelung zur Speicherung von Daten im Zentralen und den örtlichen Fahrzeugregistern sowie für deren Übermittlung wurden Übergangsvorschriften aufgenommen, um entsprechende Programmänderungen zu realisieren.*

Begr zur ÄndVO v 22.5.13 **zu § 50 Abs. 2a S. 2:** BR–Drs. 120/13 (Beschluss) S. 9 = VkBl. **13** 751

Begr zur ÄndVO v. 25.6.13 **zu § 50 Abs. 9:** BR–Drs. 678/12 S. 9 = VkBl. **13** 932

2   **1.** Vor Inkrafttreten der FZV am 1.3.07 zugeteilte **Kennzeichen bleiben gültig** (Abs. II). Die Worte *die nach Maßgabe der StVZO zugeteilt worden sind,* haben nicht die Bedeutung, dass Kennzeichen, die bis 28.2.07 nicht nach der StVZO, sondern nach der 49. AusnahmeVO (rote Oldtimer-Kennzeichen) und nach der IntVO (Ausfuhrkennzeichen) zugeteilt worden sind, am 1.3.07 ungültig wurden. Abs. II will vielmehr zum Ausdruck bringen, dass alle vor dem 1.3.07 zugeteilten Kennzeichen unbeschadet der Rechtsänderungen gültig bleiben. Diese Vorschrift hat im Übrigen nur deklaratorischen Charakter, denn um zu einer Ungültigkeit eines Kennzeichens zu kommen, müsste der Verwaltungsakt, mit dem dieses Kennzeichen zugeteilt worden ist, widerrufen werden.

3   **2. Übergangsbestimmungen für Umtausch des FzScheins in eine Zulassungsbescheinigung Teil I oder des FzBriefs in eine Zulassungsbescheinigung Teil II für den Fall, dass der jeweils andere Teil ersetzt wird.** Wenn ein Fahrzeugschein nach bisher gültigen Mustern durch eine Zulassungsbescheinigung Teil I ersetzt wird, ist auch ein Umtausch des vor dem 1.10.05 ausgestellten Fahrzeugbriefs in eine Zulassungsbescheinigung Teil II erforderlich, § 50 III S. 1 Nr. 2 Hs. 2. Die bis zum 28.2.07 gültige Regelung, wonach ein Fahrzeugschein nach altem Muster durch eine Zulassungsbescheinigung Teil I zu ersetzen war, wenn ein Fahrzeugbrief durch eine Zulassungsbescheinigung Teil II ersetzt wird (§ 72 StVZO zu Muster 2a – alt), ist dagegen aus unbekannten Gründen nicht in die FZV übernommen worden. Es ist gleichwohl so zu verfahren, da es keine geteilte Zulassungsbescheinigung gibt und deswegen die Ausstellung eines Teils zwingend auch die Ausstellung des anderen Teils zur Folge hat.

Inkrafttreten, Außerkrafttreten

51   [1]Im Übrigen tritt diese Verordnung am Tag nach der Verkündung in Kraft. [2]Gleichzeitig tritt die Fahrzeug-Zulassungsverordnung vom 25. April 2006 (BGBl. I S. 988), die zuletzt durch Artikel 4 Absatz 17 des Gesetzes vom 29. Juli 2009 (BGBl. I S. 2258) geändert worden ist, außer Kraft.

5. Straßenverkehrs-Zulassungs-Ordnung (StVZO)

Vom 26. April 2012 (BGBl. I S. 679)

FNA 9232-16

zuletzt geändert durch ÄndVO vom 26.11.2019 (BGBl. I S. 2015)

Inhaltsübersicht

Anlagen – *hier nicht abgedruckt*

Anhang

Muster

Muster 1–2c (weggefallen)
Muster 2d Datenbestätigung
Muster 3–13 (weggefallen)

km	für Kilometer	s^2	für Sekundenquadrat	
km/h	für Kilometer je Stunde	m/s^2	für Meter je Sekundenquadrat	
l	für Liter	min^{-1}	für U/min	
m	für Meter	kW (Kilowatt)		für PS
mm	für Millimeter	J (Joule)	für mkg	
t	für Tonne	N/mm^2 (Newton		
V	für Volt	durch Quadratmillimeter)		für kg/cm^2
W	für Watt	N/mm (Newton		
°	für Grad (Winkel)	durch Millimeter)		für kg/cm
°C	für Grad Celcius	bar (Bar) Überdruck		für atü.
s	für Sekunde			

Vorbemerkung

Die StVZO vom 13.11.37 (RGBl. I 1215, 1354) ist vielfach geändert worden. Die **Dienstan-** **1** **weisungen** (DA) des Reichsverkehrsministers zur StVZO, die der BMV, VkBl. **61** 441, veröffentlicht hat, enthalten, soweit sie noch gelten, Durchführungsbestimmungen. Das **Kapitel „A. Personen"** (§§ 1 bis 15l) wurde durch die Verordnung über die Zulassung von Personen zum Straßenverkehr und zur Änderung straßenverkehrsrechtlicher Vorschriften vom 18.8.1998 (BGBl. I S. 2214) aufgehoben. Der Inhalt des früheren Kapitels A ist nunmehr in der am 1.1.1999 in Kraft getretenen Fahrerlaubnis-Verordnung (FeV, s. Buchteil **3**) geregelt. Die Verordnung zur

Neuordnung des Rechts der Zulassung von Fahrzeugen zum Straßenverkehr und zur Änderung straßenverkehrsrechtlicher Vorschriften vom 25.4.2006 (BGBl. I S. 988, Begr VkBl. **06** 602) hat die Regelungen über die **Zulassung von Kfz** mit einer bauartbedingten Höchstgeschwindigkeit von mehr als 6 km/h und die **Zulassung von Kfz-Anhängern** zum öffentlichen StrV seit dem 1.3.2007 in der Fahrzeug-Zulassungsverordnung (FZV, s. Buchteil **4**) zusammengefasst. In den §§ 16, 17 StVZO finden sich die Vorschriften zur Zulassung von Fahrzeugen, die nicht in den Anwendungsbereich der FZV fallen. Als Folge der Schaffung der FZV wurden die früheren §§ 18, 21c, 23–25, 27–28, 29a–29h, 60, 60a, die Anlagen I, II und IV–VII und die Muster 1d, 2a–2c, 3, 4, 6, 7, 9 und 12 StVZO am 1.3.2007 aufgehoben (VO v. 25.4.06, BGBl. I S. 988, 1069 ff.). Durch die Verordnung zur Neuordnung des Rechts der Erteilung von EG-Genehmigungen für Kraftfahrzeuge und ihre Anhänger sowie für Systeme, Bauteile und selbständige technische Einheiten für dieses Fahrzeuge vom 21.4.2009 (BGBl. I S. 872, Begr VkBl. **09** 332) wurde mit Wirkung ab 29.4.2009 das **Recht der Erteilung von Genehmigungen/Betriebserlaubnissen** für Kfz grundlegend verändert (dazu *Liebermann* VD **09** 175, *Zunner* SVR **09** 441). Kernstück der Neuregelung ist die EG-Fahrzeuggenehmigungsverordnung (EG-FGV, Buchteil **6**), mit der die Richtlinie 2007/46/EG des Europäischen Parlaments und des Rates vom 5.9.2007 zur Schaffung eines Rahmens für die Genehmigung von Kfz und Kfz-Anhängern sowie von Systemen, Bauteilen und selbständigen technischen Einheiten für diese Fahrzeuge („Rahmenrichtlinie") (ABlEU Nr. L 263 v. 9.10.07, S. 1 = StVRL § 3 EG-FGV Nr. 1) in deutsches Recht umgesetzt wurde. Die EG-FGV hat die frühere VO über die EG-Typgenehmigung für Fahrzeuge und Fahrzeugteile (EG-TypV) ersetzt. Die Inhalte der VO über die EG-Typgenehmigung für zweirädrige oder dreirädrige Kfz (Krad-EG-TypV) und der VO über die EG-Typgenehmigung für land- oder forstwirtschaftliche Zugmaschinen (LoF-EG-TypV) wurden in die EG-FGV aufgenommen. Als Folge der Schaffung der EG-FGV wurde § 21 StVZO neu gefasst.

2   Die StVZO wurde als **StVZO v. 26.4.12** mit Wirkung ab 5.5.12 **neu erlassen** (BGBl. I S. 679, Begr BR-Drs. 861/11 S. 447), um mögliche formale Rechtsfehler bei früheren Änderungsverordnungen zu heilen. Der Aufbau und im Wesentlichen der Wortlaut wurden dabei beibehalten. Neben formalen Änderungen wurden Verweise auf untere Landesbehörden durch Verweise auf die „nach Landesrecht zuständigen Behörden" ersetzt. Die früheren detaillierten Übergangsvorschriften in § 72 II wurden nicht übernommen und durch eine kurze Neufassung ersetzt, die durch ÄndVO v. 10.5.12 (BGBl. I S. 1086) zu § 72 I wurde (näher § 72 Rn. 9).

Anlagen und Muster zur StVZO: Beck'sche Textausgabe (Loseblatt) „Straßenverkehrsrecht".

A. Personen

(§§ 1–15l weggefallen)

B. Fahrzeuge

I. Zulassung von Fahrzeugen im Allgemeinen

Grundregel der Zulassung

16 (1) **Zum Verkehr auf öffentlichen Straßen sind alle Fahrzeuge zugelassen, die den Vorschriften dieser Verordnung und der Straßenverkehrs-Ordnung entsprechen, soweit nicht für die Zulassung einzelner Fahrzeugarten ein Erlaubnisverfahren vorgeschrieben ist.**

(2) **Schiebe- und Greifreifenrollstühle, Rodelschlitten, Kinderwagen, Roller, Kinderfahrräder und ähnliche nicht motorbetriebene oder mit einem Hilfsantrieb ausgerüstete ähnliche Fortbewegungsmittel mit einer bauartbedingten Höchstgeschwindigkeit von nicht mehr als 6 km/h sind nicht Fahrzeuge im Sinne dieser Verordnung.**

1   **Begr** zur ÄndVO v. 22.10.03: VkBl. **03** 744.

1a   **Begr** zur ÄndVO v. 26.7.13 **zu Abs. 2** (BR-Drs. 445/13 S. 22 = VkBl. **13** 864): *Mit Einsatz dieses Hilfsantriebes soll es mobilitätseingeschränkten Personen z. B. erleichtert werden, sich mit einem Rollator auch auf Steigungsstrecken zu bewegen oder Greifreifenrollstühle anzutreiben, um damit die den Rollstuhl schiebende Person oder aber den Rollstuhlnutzer selbst zu entlasten. Die max. Geschwindigkeit, die* *mit einem derartigen Hilfsantrieb erreicht werden kann, liegt bei ≤ 6 km/h und entspricht damit in etwa dem durch die Rechtsprechung gefestigten Geschwindigkeitswert für die Schrittgeschwindigkeit.*

1. Grundsatz der Verkehrsfreiheit für Fahrzeuge. Wie für die Zulassung von Personen **2** zum StrV (§ 1 FeV) sieht die StVZO im Grundsatz auch für Fz allgemeine Verkehrsfreiheit vor, jedoch unter wesentlichen Einschränkungen: a) die Fz müssen vorschriftsmäßig sein; b) für Kfz mit einer bauartbedingten Höchstgeschwindigkeit von mehr als 6 km/h und ihre Anhänger besteht Zulassungspflicht (§ 3 FZV). Der Grundsatz gilt für den Verkehr auf öffentlichen Straßen (§ 1 StVG Rn. 30). Fahrzeug iS von Abs. 1 kann grundsätzlich auch ein ausgemusterter (entwaffneter) Panzer sein, OVG Münster NZV **99** 102, s. dazu § 19 IIa.

Bestimmte nicht motorbetriebene Fortbewegungsmittel wie Schiebe- und Greifrei- **3** fenrollstühle, Rodelschlitten, Kinderwagen, Roller (sowohl Kinder- als auch Erwachsenenroller) und Kinderfahrräder fallen weder in den Anwendungsbereich der StVZO (Abs. 2) noch in den der FZV (§ 1 FZV). Besondere Fortbewegungsmittel s. §§ 24, 31 StVO. Kinderfahrräder sind Fahrräder, die üblicherweise zum spielerischen Umherfahren im Vorschulalter verwendet werden (VwV zu § 24 I StVO, III). Die auch von Erwachsenen gebrauchten, nicht motorisierten Miniroller ("Kickboards") fallen unter Abs. 2; denn sie haben ein ähnliches Erscheinungsbild wie andere, von Kindern benutzte Roller und werden in gleicher Weise bewegt. Daher – und um Übereinstimmung mit § 24 I StVO herzustellen – wurde die durch ÄndVO v. 23.3.00 erfolgte Ersetzung des Begriffs „Roller" durch das Wort „Kinderroller" durch ÄndVO v. 22.10.03 (BGBl. I S. 2085) rückgängig gemacht (s. Begr, VkBl. **03** 744). Sind sie motorisiert, so sind sie den Kfz zuzuordnen und uU (nach Maßgabe von § 4 FeV) fahrerlaubnispflichtig, s. *Huppertz* VD **03** 184, *Ternig* VD **03** 264. Durch ÄndVO v. 26.7.13 (BGBl. I S. 2803) wurden **mit einem Hilfsantrieb ausgerüstete ähnliche Fortbewegungsmittel mit einer bbH von nicht mehr als 6 km/h** den anderen Fortbewegungsmitteln des Abs. II gleichgestellt. Sie fallen damit – obwohl motorgetrieben – nicht in den Anwendungsbereich der StVZO und auch nicht in den der FZV (§ 1 FZV). Ob sie von der Fahrerlaubnispflicht befreit sind, richtet sich nach § 4 I FeV. Zu Fahrrädern mit elektromotorischer Tretunterstützung s. § 1 StVG Rn. 22 ff.

Elektrokleinstfahrzeuge isv § 1 I der ElektrokleinstfahrzeugeVO v. 6.6.2019 (BGBl. I **4** S. 756, eKFV, Buchteil **7**), namentlich Elektrostehroller und Segways, sind zulassungs- und fahrerlaubnisfrei, sofern sie den Anforderungen von § 1 I eKFV entsprechen (näher § 3 FZV Rn. 16a, § 4 FeV Rn. 17 ff.). Wenn dies nicht der Fall ist, zB weil sie eine Gesamtbreite von mehr als 0,7 m oder eine bbH von weniger als 6 km/h oder mehr als 20 km/h haben, unterliegen sie den allgemeinen Vorschriften für Kfz.

Literatur: *Ternig,* Wie sollte man Kickboards und Elektro-Dreiräder einordnen? VD **01** 29.

2. Vorschriftsmäßigkeit des Fahrzeugs. Die Fz müssen den Vorschriften der §§ 30–67 ent- **5** sprechen. Die StVO enthält nur noch im § 23 I (Beleuchtungseinrichtungen) eine Ausrüstungsvorschrift. Folgen der Benutzung unvorschriftsmäßiger Fz im Verkehr: § 17 und § 5 FZV.

3. Zulassungsverfahren für Kraftfahrzeuge und deren Anhänger. Sie unterliegen be- **6** sonderer Zulassung (§§ 3 ff. FZV). Der Zulassung bedarf jedes einzelne Fz, das unter den Begriff des Kfz mit einer bauartbedingten Höchstgeschwindigkeit von mehr als 6 km/h oder KfzAnhängers (§ 1 I StVG, § 2 Nr. 1 und 2 FZV) fällt, soweit nicht § 3 II FZV Ausnahmen zulässt. Ohne Zulassung dürfen diese Fz im Verkehr nicht benutzt werden. Auch gewisse FzTeile, auch soweit sie an anderen Fz als Kfz verwendet werden, unterliegen besonderer Zulassung (§§ 22, 22a). Für Kfz mit Auslandszulassung gelten die deutschen Zulassungsvorschriften nur zT (§ 20 FZV Rn. 14), doch müssen sie, wie § 20 III FZV ergibt, verkehrssicher sein (s. dazu §§ 20–22 FZV). Die Führer solcher Fz unterliegen § 23 StVO.

Einschränkung und Entziehung der Zulassung

17 (1) **Erweist sich ein Fahrzeug, das nicht in den Anwendungsbereich der Fahrzeug-Zulassungsverordnung fällt, als nicht vorschriftsmäßig, so kann die Verwaltungsbehörde dem Eigentümer oder Halter eine angemessene Frist zur Behebung der Mängel setzen und nötigenfalls den Betrieb des Fahrzeugs im öffentlichen Verkehr untersagen oder beschränken; der Betroffene hat das Verbot oder die Beschränkung zu beachten.**

(2) **(weggefallen)**

(3) **Besteht Anlass zur Annahme, dass das Fahrzeug den Vorschriften dieser Verordnung nicht entspricht, so kann die Verwaltungsbehörde zur Vorbereitung einer Entscheidung nach Absatz 1 je nach den Umständen**

1. die Beibringung eines Sachverständigengutachtens darüber, ob das Fahrzeug den Vorschriften dieser Verordnung entspricht, oder
2. die Vorführung des Fahrzeugs

anordnen und wenn nötig mehrere solcher Anordnungen treffen.

1   **Begr** zur ÄndVO v. 24.9.04: BR-Drs. 344/04 S. 32.

Begr zur VO v. 25.4.06 (VkBl. **06** 614): ... *wird § 17 gegenüber § 5 FZV abgegrenzt.*

2   **1. Anwendungsbereich.** § 17 betrifft nur Fahrzeuge, die nicht in den Anwendungsbereich der FZV fallen (OVG Saarlouis 2.9.20 – 1 A 238/19 BeckRS 2020, 21884) und die nicht durch § 16 II von der Anwendung der StVZO ausgenommen sind, also andere nichtmotorisierte Fz (zB Fahrräder), Fahrzeuge mit einer bauartbedingten Höchstgeschwindigkeit von nicht mehr als 6 km/h und Pedelecs iSv § 1 III StVG. Kfz-Anhänger unterfallen der FZV und sind damit von § 17 ausgenommen.

3   **2. Maßnahmen bei erwiesener Unvorschriftsmäßigkeit.** Unter den Voraussetzungen von Abs. I ist Untersagung oder Beschränkung des Betriebs eines Fahrzeugs im öffentlichen Straßenverkehr möglich. Zulässig und geboten sind solche Maßnahmen bei Fahrzeugen, die sich als nicht vorschriftsmäßig erweisen. Nicht vorschriftsmäßig sind Fahrzeuge, die nicht den Bau- oder Betriebsvorschriften entsprechen, zB nicht verkehrssicher sind (§ 31). Zulässig sind die in Abs. I genannten Maßnahmen erst, wenn sich die Unvorschriftsmäßigkeit erweist, dh offenbar hervortritt oder als vorhanden feststeht. Verfügung zur Mangelbeseitigung ist auch dann rechtmäßig, wenn die Mängel bei Erlass der Verfügung zwar beseitigt waren, der Halter dies aber noch nicht mitgeteilt hatte, VGH Ma NZV **07** 51.

4   **3. Die zulässigen Maßnahmen.** Die zuständige VB (§ 68) muss das zur Gefahrabwendung Nötige und Angemessene anordnen (sonst Amtspflichtverletzung). Örtlich zuständig ist die Behörde des Wohnorts (§ 68 II), nicht des Fahrzeugstandorts, OVG Bautzen NZV **98** 430. Die Polizei erstattet einen Mängelbericht an die Zulassungsbehörde; eigene Maßnahmen darf sie nur vorläufig im Fall und für die Dauer unmittelbarer Gefährdung treffen, da § 17 als Spezialregelung dem allgemeinen Polizeirecht vorgeht, *Laub* SVR **06** 286 f. Daher darf sie dem Halter nicht Mängelbeseitigung unter Fristsetzung und Anzeigedrohung aufgeben, OVG Münster VIII A 907/67, *Huppertz* VD **99** 154; aus § 68 II S. 4 lässt sich nichts Gegenteiliges entnehmen, weil Abs. II des § 68 nur die *örtliche* Zuständigkeit regelt, *Dvorak,* Polizei **84** 241. Bei vorläufigen Maßnahmen muss sie sofort, in der Regel fernmündlich, die Entscheidung der Zulassungsbehörde herbeiführen.

5   **Setzen angemessener Frist zur Behebung der Mängel.** Ist der Mangel behebbar, so wird dem Bedürfnis nach Sicherung oft genügt, wenn dem Halter oder Eigentümer aufgegeben wird, für Beseitigung zu sorgen. Dafür ist ihm eine ausreichende Frist zu setzen. Sie kann stillschweigend verlängert werden. Die Verfügung ist an den Halter zu richten. Ist der Halter nicht zugleich Eigentümer, wie bei Sicherungsübereignung oder Eigentumsvorbehalt, so kann sie auch an den Eigentümer oder an beide zugleich gerichtet werden. Ob und unter welchen Voraussetzungen das mangelhafte Fahrzeug im Verkehr verwendet werden darf, hängt von der Art des Mangels ab (§§ 23 StVO, 31 StVZO).

6   **Beschränkung oder Untersagung des Betriebs.** Soweit zur Verkehrssicherheit erforderlich, darf die VB dem Halter für die Verwendung des nicht vorschriftmäßigen Fahrzeugs Beschränkungen auferlegen oder die Verwendung bis zur Mängelbeseitigung untersagen. Dabei hat sie das Übermaßverbot zu beachten (**E** 2). Unnötiges darf sie nicht anordnen. Beschränkungen: Verweisung auf bestimmte Straßen, Benutzung nur zu bestimmten Tageszeiten, Anwendung bestimmter Vorsichtsmaßnahmen, Fahrt nur unter bestimmten Bedingungen, etwa nur bis zur nächsten Werkstatt. Ist auf diese Weise keine Sicherung erreichbar, so kommt als schärfste Maßnahme in Betracht, jede Verwendung des Fahrzeugs im Verkehr zu untersagen, jedoch nur als „ultima ratio“, VG Fra NZV **90** 166 (zust *Jagow* VD **92** 50), VG Dü DAR **61** 122. Keine Betriebsuntersagung allein deswegen, weil ein im Übrigen nicht vorschriftswidriges Fahrzeugs mit bauartbestimmter Höchstgeschwindigkeit von nicht mehr als 6 km/h den fließenden Verkehr beeinträchtigt, OVG Münster NZV **95** 413. Beschränkungen oder Untersagen des Betriebs werden häufig als vorläufige Maßnahme bis zur Behebung des Mangels neben der Fristsetzung nötig werden. Sie können aber auch als selbstständige Maßnahmen angeordnet werden. Insbesondere wird der Betrieb zu untersagen sein, wenn der Halter oder Eigentümer den Mangel schuldhaft nicht beseitigt. Die **Untersagung des Betriebs** schließt das Fz für die Dauer ihrer Wirksamkeit

von der tatsächlichen Teilnahme am StrV aus. Sie lässt die **Betriebserlaubnis** des Fz **unberührt** (näher *Dauer* DAR **12** 660, vgl. § 5 FZV Rn. 6a). Betriebsuntersagung ist kein Spezialfall des Entzugs der Betriebserlaubnis. Die Ansicht, die Betriebsuntersagung bewirke Aufhebung der Betriebserlaubnis (OVG Hb VRS **120** 226 (232, 239), VG Augsburg 5.9.07 Au 3 S 07.00 962, *Rebler* VD **12** 111 = PVT **12** 276), ist unzutreffend (*Dauer* DAR **12** 660). Betriebsuntersagung ist **Dauerverwaltungsakt,** da das Fz auf Dauer von der Teilnahme am StrV ausgeschlossen wird; maßgeblich für die Beurteilung der Sach- und Rechtslage ist daher der Zeitpunkt der gerichtlichen Entscheidung, sofern die Wirksamkeit der Betriebsuntersagung noch andauert (zu § 5 FZV: BVerwG NJW **12** 2214, OVG Hb VRS **120** 226 (231 ff.)). Soweit der Gefahr der Verkehrsteilnahme mit nicht vorschriftsmäßigen Fahrzeugen zu begegnen ist, geht § 17 den verwaltungsrechtlichen Bestimmungen über die polizeiliche Gefahrenabwehr als lex specialis vor, OVG Bautzen NZV **98** 430, OVG Münster NZV **99** 102; insoweit daher **keine Beschlagnahme** des Fahrzeugs nach den Polizeigesetzen, VGH Ma DAR **93** 363.

Literatur: *Dvorak,* Untersagung oder Einschränkung des Betriebs eines Fzs wegen technischer Mängel durch PolBe, Polizei **84** 240. *Huppertz,* Ausstellung einer Mängelkarte …, VD **99** 153. *Kreutel,* Untersagung/Beschränkung des Betriebs von Fzen durch PolBe, Polizei **83** 335. *Rebler,* Halterpflichten und Betriebsuntersagung nach § 17 StVZO, VD **05** 34.

4. Pflicht, die Anordnungen zu beachten. Abs. I verpflichtet den Betroffenen (Halter **7** oder Eigentümer), das Verbot oder die Beschränkung zu beachten. Zuwiderhandlung ist ow (Rn. 10).

5. Kontrolle der Ausführung. Die VB hat die Einhaltung nachzuprüfen. Sie kann sich mit **8** Vollzugsanzeige oder Bestätigung der Werkstatt begnügen. Sie kann Vorführung des Fahrzeugs oder Prüfung durch einen Sachverständigen anordnen.

6. Maßnahmen zur Vorbereitung der Entscheidung (Abs. III). Die VB kann dem Halter **9** oder Eigentümer auferlegen, ein Sachverständigengutachten beizubringen, etwa wenn zweifelhaft ist, ob ein ordnungswidriger Zustand vorliegt, ob und unter welchen Voraussetzungen das Fahrzeug noch im Verkehr verwendet werden darf, ob der Mangel behebbar ist, was zur Behebung geschehen kann, ob ein Mangel inzwischen behoben ist, s.VGH Ka VM **76** 39. Anders als nach § 5 III FZV und § 19 II S. 5 Nr. 1 StVZO muss es sich nicht um das Gutachten eines amtlich anerkannten Sachverständigen oder Prüfers (§§ 1 ff. KfSachvG) oder eines Prüfingenieurs (Anl VIIIb Nr. 3.9) handeln. Kommt der Halter oder Eigentümer der Auflage binnen angemessener Frist schuldhaft nicht nach, so wird die VB den Betrieb untersagen müssen, OVG Ko DAR **85** 358, *Rebler* VD **05** 38. Bloße Nichtbeachtung der Anordnung oder die Weigerung, ihr zu folgen, ist als solche nicht ow.

Die VB kann **anordnen, das Fahrzeug vorzuführen,** s.VGH Ka VM **76** 39. Namentlich bei NichtKfzen wird es uU genügen, das Fahrzeug an Amtsstelle oder bei einer benannten Stelle vorzuführen, Vorführung vor einem Sachverständigen oder Prüfer wird nicht immer nötig sein. Bei grundloser Weigerung des Halters ist der Betrieb des Fahrzeugs idR zu untersagen, OVG Ko DAR **85** 358.

7. Ordnungswidrig sind im Bereich des § 17 nur die Verstöße gegen Verbote oder Be- **10** schränkungen gemäß Abs. I (§ 69a II Nr. 1). Nichtbefolgung einer Vorführungsverfügung ist nicht bußgeldbewehrt.

II. Betriebserlaubnis und Bauartgenehmigung

18 (weggefallen)

Erteilung und Wirksamkeit der Betriebserlaubnis

19 (1) ¹Die Betriebserlaubnis ist zu erteilen, wenn das Fahrzeug den Vorschriften dieser Verordnung, den zu ihrer Ausführung erlassenen Anweisungen des Bundesministeriums für Verkehr und digitale Infrastruktur und den Vorschriften der Verordnung (EWG) Nr. 3821/85 des Rates vom 20. Dezember 1985 über das Kontrollgerät im Straßenverkehr (ABl. L 370 vom 31.12.1985, S. 8), die zuletzt durch die Verordnung (EU) Nr. 1266/2009 (ABl. L 339 vom 22.12.2009, S. 3) geändert worden ist, entspricht. ²Die Betriebserlaubnis ist ferner zu erteilen, wenn das Fahrzeug anstelle der Vorschriften dieser Verordnung die Einzelrichtlinien in ihrer jeweils geltenden Fassung erfüllt, die

1. in Anhang IV der Richtlinie 2007/46/EG des Europäischen Parlaments und des Rates vom 5. September 2007 zur Schaffung eines Rahmens für die Genehmigung von Kraftfahrzeugen und Kraftfahrzeuganhängern sowie von Systemen, Bauteilen und selbstständigen technischen Einheiten für diese Fahrzeuge (Rahmenrichtlinie) (ABl. L 263 vom 9.10.2007, S. 1), die zuletzt durch die Verordnung (EU) Nr. 371/2010 (ABl. L 110 vom 1.5.2010, S. 1) geändert worden ist, oder

2. in Anhang II Kapitel B der Richtlinie 2003/37/EG des Europäischen Parlaments und des Rates vom 26. Mai 2003 über die Typgenehmigung für land- oder forstwirtschaftliche Zugmaschinen, ihre Anhänger und die von ihnen gezogenen auswechselbaren Maschinen sowie für Systeme, Bauteile und selbstständige technische Einheiten dieser Fahrzeuge und zur Aufhebung der Richtlinie 74/150/EWG (ABl. L 171 vom 9.7.2003, S. 1), die zuletzt durch die Richtlinie 2010/62/EU (ABl. L 238 vom 9.9.2010, S. 7) geändert worden ist, oder

3. in Anhang I der Richtlinie 2002/24/EG des Europäischen Parlaments und des Rates vom 18. März 2002 über die Typgenehmigung für zweirädrige oder dreirädrige Kraftfahrzeuge und zur Aufhebung der Richtlinie 92/61/EWG des Rates (ABl. L 124 vom 9.5.2002, S. 1), die zuletzt durch die Verordnung (EG) Nr. 1137/2008 (ABl. L 311 vom 21.11.2008, S. 1) geändert worden ist,

in einer jeweils geltenden Fassung genannt sind. ³Die jeweilige Liste der in Anhang IV der Richtlinie 2007/46/EG, in Anhang II der Richtlinie 2003/37/EG und in Anhang I der Richtlinie 2002/24/EG genannten Einzelrichtlinien wird unter Angabe der Kurzbezeichnungen und der ersten Fundstelle aus dem Amtsblatt der Europäischen Gemeinschaften vom Bundesministerium für Verkehr und digitale Infrastruktur im Verkehrsblatt bekannt gemacht und fortgeschrieben. ⁴Die in Satz 2 genannten Einzelrichtlinien sind jeweils ab dem Zeitpunkt anzuwenden, zu dem sie in Kraft treten und nach Satz 3 bekannt gemacht worden sind. ⁵Soweit in einer Einzelrichtlinie ihre verbindliche Anwendung vorgeschrieben ist, ist nur diese Einzelrichtlinie maßgeblich. ⁶Gehört ein Fahrzeug zu einem genehmigten Typ oder liegt eine Einzelbetriebserlaubnis nach dieser Verordnung oder eine Einzelgenehmigung nach § 13 der EG-Fahrzeuggenehmigungsverordnung vor, ist die Erteilung einer weiteren Betriebserlaubnis nur zulässig, wenn die Betriebserlaubnis nach Absatz 2 Satz 2 erloschen ist.

(2) ¹Die Betriebserlaubnis des Fahrzeugs bleibt, wenn sie nicht ausdrücklich entzogen wird, bis zu seiner endgültigen Außerbetriebsetzung wirksam. ²Sie erlischt, wenn Änderungen vorgenommen werden, durch die

1. die in der Betriebserlaubnis genehmigte Fahrzeugart geändert wird,

2. eine Gefährdung von Verkehrsteilnehmern zu erwarten ist oder

3. das Abgas- oder Geräuschverhalten verschlechtert wird.

³Sie erlischt ferner für Fahrzeuge der Bundeswehr, für die § 20 Absatz 3b oder § 21 Satz 5 angewendet worden ist, sobald die Fahrzeuge nicht mehr für die Bundeswehr zugelassen sind. ⁴Für die Erteilung einer neuen Betriebserlaubnis gilt § 21 entsprechend. ⁵Besteht Anlass zur Annahme, dass die Betriebserlaubnis erloschen ist, kann die Verwaltungsbehörde zur Vorbereitung einer Entscheidung

1. die Beibringung eines Gutachtens eines amtlich anerkannten Sachverständigen, Prüfers für den Kraftfahrzeugverkehr oder eines Prüfingenieurs darüber, ob das Fahrzeug den Vorschriften dieser Verordnung entspricht, oder

2. die Vorführung des Fahrzeugs

anordnen und wenn nötig mehrere solcher Anordnungen treffen; auch darf eine Prüfplakette nach Anlage IX nicht zugeteilt werden.

(2a) [1] Die Betriebserlaubnis für Fahrzeuge, die nach ihrer Bauart speziell für militärische oder polizeiliche Zwecke sowie für Zwecke des Brandschutzes und des Katastrophenschutzes bestimmt sind, bleibt so lange wirksam, wie die Fahrzeuge für die Bundeswehr, die Bundespolizei, die Polizei, die Feuerwehr oder den Katastrophenschutz zugelassen oder eingesetzt werden. [2] Für Fahrzeuge nach Satz 1 darf eine Betriebserlaubnis nach § 21 nur der Bundeswehr, der Bundespolizei, der Polizei, der Feuerwehr oder dem Katastrophenschutz erteilt werden; dies gilt auch, wenn die für die militärischen oder die polizeilichen Zwecke sowie die Zwecke des Brandschutzes und des Katastrophenschutzes vorhandene Ausstattung oder Ausrüstung entfernt, verändert oder unwirksam gemacht worden ist. [3] Ausnahmen von Satz 2 für bestimmte Einsatzzwecke können gemäß § 70 genehmigt werden.

(3) [1] Abweichend von Absatz 2 Satz 2 erlischt die Betriebserlaubnis des Fahrzeugs jedoch nicht, wenn bei Änderungen durch Ein- oder Anbau von Teilen

1. für diese Teile
   a) eine Betriebserlaubnis nach § 22 oder eine Bauartgenehmigung nach § 22a erteilt worden ist oder
   b) der nachträgliche Ein- oder Anbau im Rahmen einer Betriebserlaubnis oder eines Nachtrags dazu für das Fahrzeug nach § 20 oder § 21 genehmigt worden ist
   und die Wirksamkeit der Betriebserlaubnis, der Bauartgenehmigung oder der Genehmigung nicht von der Abnahme des Ein- oder Anbaus abhängig gemacht worden ist oder

2. für diese Teile
   a) eine EWG-Betriebserlaubnis, eine EWG-Bauartgenehmigung oder eine EG-Typgenehmigung nach Europäischem Gemeinschaftsrecht oder
   b) eine Genehmigung nach Regelungen in der jeweiligen Fassung entsprechend dem Übereinkommen vom 20. März 1958 über die Annahme einheitlicher Bedingungen für die Genehmigung der Ausrüstungsgegenstände und Teile von Kraftfahrzeugen und über die gegenseitige Anerkennung der Genehmigung (BGBl. 1965 II S. 857, 858), soweit diese von der Bundesrepublik Deutschland angewendet werden,
   erteilt worden ist und eventuelle Einschränkungen oder Einbauanweisungen beachtet sind oder

3. die Wirksamkeit der Betriebserlaubnis, der Bauartgenehmigung oder der Genehmigung dieser Teile nach Nummer 1 Buchstabe a oder b von einer Abnahme des Ein- oder Anbaus abhängig gemacht ist und die Abnahme unverzüglich durchgeführt und nach § 22 Absatz 1 Satz 5, auch in Verbindung mit § 22a Absatz 1a, bestätigt worden ist oder

4. für diese Teile
   a) die Identität mit einem Teil gegeben ist, für das ein Gutachten eines Technischen Dienstes nach Anlage XIX über die Vorschriftsmäßigkeit eines Fahrzeugs bei bestimmungsgemäßem Ein- oder Anbau dieser Teile (Teilegutachten) vorliegt,
   b) der im Gutachten angegebene Verwendungsbereich eingehalten wird und
   c) die Abnahme des Ein- oder Anbaus unverzüglich durch einen amtlich anerkannten Sachverständigen oder Prüfer für den Kraftfahrzeugverkehr oder durch einen Kraftfahrzeugsachverständigen oder Angestellten nach Nummer 4 der Anlage VIIIb durchgeführt und der ordnungsgemäße Ein- oder Anbau entsprechend § 22 Absatz 1 Satz 5 bestätigt worden ist; § 22 Absatz 1 Satz 2 und Absatz 2 Satz 3 gilt entsprechend.

[2] Werden bei Teilen nach Nummer 1 oder 2 in der Betriebserlaubnis, der Bauartgenehmigung oder der Genehmigung aufgeführte Einschränkungen oder Einbauanweisungen nicht eingehalten, erlischt die Betriebserlaubnis des Fahrzeugs.

(4) Der Führer des Fahrzeugs hat in den Fällen

1. des Absatzes 3 Nummer 1 den Abdruck oder die Ablichtung der betreffenden Betriebserlaubnis, Bauartgenehmigung, Genehmigung im Rahmen der Betriebserlaubnis oder eines Nachtrags dazu oder eines Auszugs dieser Erlaubnis oder Genehmigung, der die für die Verwendung wesentlichen Angaben enthält, und

2. des Absatzes 3 Nummer 3 und 4 einen Nachweis nach einem vom Bundesministerium für Verkehr und digitale Infrastruktur im Verkehrsblatt bekannt gemachten Muster über die Erlaubnis, die Genehmigung oder das Teilegutachten mit der Bestätigung des ordnungsgemäßen Ein- oder Anbaus sowie den zu beachtenden Beschränkungen oder Auflagen mitzuführen und zuständigen Personen auf Verlangen auszuhändigen. Satz 1 gilt nicht, wenn die Zulassungsbescheinigung Teil I, das Anhängerverzeichnis nach § 11 Absatz 1 Satz 2 der Fahrzeug-Zulassungsverordnung oder ein nach § 4 Absatz 5 der Fahr-

zeug-Zulassungsverordnung mitzuführender oder aufzubewahrender Nachweis einen entsprechenden Eintrag einschließlich zu beachtender Beschränkungen oder Auflagen enthält; anstelle der zu beachtenden Beschränkungen oder Auflagen kann auch ein Vermerk enthalten sein, dass diese in einer mitzuführenden Erlaubnis, Genehmigung oder einem mitzuführenden Nachweis aufgeführt sind. Die Pflicht zur Mitteilung von Änderungen nach § 13 der Fahrzeug-Zulassungsverordnung bleibt unberührt.

(5) ¹Ist die Betriebserlaubnis nach Absatz 2 Satz 2 oder Absatz 3 Satz 2 erloschen, so darf das Fahrzeug nicht auf öffentlichen Straßen in Betrieb genommen werden oder dessen Inbetriebnahme durch den Halter angeordnet oder zugelassen werden. ²Ausnahmen von Satz 1 sind nur nach Maßgabe der Sätze 3 bis 6 zulässig. ³Ist die Betriebserlaubnis nach Absatz 2 Satz 2 erloschen, dürfen nur solche Fahrten durchgeführt werden, die in unmittelbarem Zusammenhang mit der Erlangung einer neuen Betriebserlaubnis stehen. ⁴Am Fahrzeug sind die bisherigen Kennzeichen oder rote Kennzeichen zu führen. ⁵Die Sätze 3 und 4 gelten auch für Fahrten, die der amtlich anerkannte Sachverständige für den Kraftfahrzeugverkehr oder der Ersteller des Gutachtens des nach § 30 der EG-Fahrzeuggenehmigungsverordnung zur Prüfung von Gesamtfahrzeugen benannten Technischen Dienstes im Rahmen der Erstellung des Gutachtens durchführt. ⁶Kurzzeitkennzeichen dürfen nur nach Maßgabe des § 16a Absatz 6 der Fahrzeug-Zulassungsverordnung verwendet werden.

(6) ¹Werden an Fahrzeugen von Fahrzeugherstellern, die Inhaber einer Betriebserlaubnis für Typen sind, im Sinne des Absatzes 2 Teile verändert, so bleibt die Betriebserlaubnis wirksam, solange die Fahrzeuge ausschließlich zur Erprobung verwendet werden; insoweit ist auch keine Mitteilung an die Zulassungsbehörde erforderlich. ²Satz 1 gilt nur, wenn die Zulassungsbehörde im Fahrzeugschein bestätigt hat, dass ihr das Fahrzeug als Erprobungsfahrzeug gemeldet worden ist.

(7) Die Absätze 2 bis 6 gelten entsprechend für die EG-Typgenehmigung.

1   **Begr** zur ÄndVO v. 23.6.93:VkBl. **93** 609.

Begr zur ÄndVO v. 16.12.93 (VkBl. **94** 149):

Zu Abs. 2: *Die Betriebserlaubnis erlischt nunmehr auch, wenn die Fahrzeugart verändert wird. Dies ist erforderlich, da das Zulassungsverfahren nicht nur technische Aspekte, sondern auch Fragen der steuerlichen Behandlung, der Fahrerlaubnis, der Untersuchungsfristen, der Verhaltensvorschriften und sonstige Belange regelt. Es gelten zudem für die einzelnen Fahrzeugarten zum Teil unterschiedliche Bau- und Ausrüstungsvorschriften …*

Die Betriebserlaubnis soll weiterhin erlöschen, wenn eine Gefährdung nach solchen Änderungen zu erwarten ist. Bislang war Ursache für das Erlöschen der Betriebserlaubnis nach § 19 Abs. 2 (alt) entweder die Veränderung von Teilen, deren Beschaffenheit vorgeschrieben ist, oder die Veränderung von Teilen, deren Betrieb eine Gefährdung anderer Verkehrsteilnehmer verursachen kann. Es erscheint bedenklich – auch unter dem rechtlichen Gesichtspunkt der Verhältnismäßigkeit der Mittel –, eine so einschneidende Rechtsfolge wie das Erlöschen der Betriebserlaubnis für das Fahrzeug schon dann eintreten zu lassen, wenn durch eine Änderung lediglich Beschaffenheitsvorschriften der StVZO berührt werden, ohne dass gleichzeitig auch eine Gefährdung anderer (also eine Gefährdung der Verkehrssicherheit) zu erwarten ist. Die bloße Möglichkeit der Gefährdung ist zu weitgehend, die Gefährdung muss schon etwas konkreter **zu erwarten** *sein …*

Im Sinne einer größeren Konkretisierung wurde auf die Gefährdung von **Verkehrsteilnehmern** *hingewiesen (Fahrzeugführer, Fahrzeuginsassen, andere Verkehrsteilnehmer), da sich sowohl die EU als auch z. B. § 30 (Beschaffenheit der Fahrzeuge) in erster Linie auf den Schutz von Personen orientieren …*

Die Betriebserlaubnis des Fahrzeugs soll schließlich erlöschen, wenn eine Beeinflussung des Abgas- oder Geräuschverhaltens eintritt. Dies ist folgerichtig, weil das Zulassungsverfahren nicht nur technische Aspekte, sondern auch Fragen des Umweltschutzes, der steuerlichen Behandlung, der Untersuchungsfristen und der Gewährung von Benutzervorteilen regelt. Hinsichtlich Abgas- und Lärmemissionen aus Kraftfahrzeugen definiert das Zulassungsverfahren den Stand der Technik, der im Laufe der Jahre auf Grund technischer Fortschritte weiter entwickelt wurde …

Durch § 19 Abs. 2 Satz 3 (neu) wird klargestellt, dass nach Änderungen das Verfahren für die Erteilung von Einzelbetriebserlaubnissen nach § 21 gilt.
…

Begr zur ÄndVO v. 9.12.94 (VkBl. **95** 23):

Zu Abs. 7: *Erlischt bei technischen Änderungen am Fahrzeug die nationale Betriebserlaubnis nach § 19 Abs. 2, so muss dies auch für die EG-Typgenehmigung gelten.*

Begr zur ÄndVO v. 12.8.97 (VkBl. **97** 655): **Zu Abs. 3:** *Es wird klargestellt, dass „abweichend von Absatz 2 Satz 2" die Betriebserlaubnis des Fahrzeugs dann nicht erlischt, wenn für nachträgliche Änderungen am Fahrzeug eine Genehmigung oder ein Teilegutachten vorliegt.*

In den Fällen
– einer Betriebserlaubnis nach § 22,
– einer Bauartgenehmigung nach § 22a,
– einer Genehmigung im Rahmen einer Fahrzeugbetriebserlaubnis oder eines Nachtrages dazu,
– einer EG-Typengenehmigung für Fahrzeuge, Bauteile und selbstständige technische Einheiten
kann jedoch die Wirksamkeit der Betriebserlaubnis, der Bauartgenehmigung, der Genehmigung von der Ein- oder Anbauabnahme abhängig gemacht sein oder die Erlaubnis oder Genehmigung einer Einschränkung oder eine Einbauanweisung mit Hinweise auf die Notwendigkeit einer Ein- oder Anbauabnahme enthalten.

Begr zur ÄndVO v. 5.8.98 (VkBl. **99** 614): **Zu Abs. 1:** *Die fristgerechte Umsetzung der EG-Richtlinien bereitet besondere Schwierigkeiten. Die zahlreichen Richtlinienänderungen (wegen der Anpassung an den technischen Fortschritt) und die in den Änderungen enthaltenen z. T. recht kurzen Umsetzungsfristen haben in den letzten Jahren zu hohen Rückständen bei der Umsetzung geführt ... Der Zeitbedarf für jede Umsetzung beläuft sich auf mindestens 4 bis 6 und durchschnittlich 10 Monate. Eine grundlegende Lösung der bestehenden Schwierigkeiten und eine Vermeidung von Umsetzungsrückständen lassen sich nur erreichen, wenn die Richtlinienänderungen, die ohnehin jeweils im Amtsblatt der Europäischen Gemeinschaften veröffentlicht werden, ohne jeweils gesonderte Umsetzungsverordnung – lediglich durch Verweisung in der StVZO – direkt angewendet werden, so wie sie im EG-Amtsblatt verkündet sind. Eine solche gleitende Verweisung ist grundsätzlich nur bei solchen Richtlinien zulässig, die technische Regelungen enthalten und keinen Umsetzungsspielraum mehr für den deutschen Verordnungsgeber lassen. Dies ist bei den betreffenden Richtlinien (insbesondere über die technischen Anforderungen und technischen Prüfverfahren an Fahrzeugen bzw. Fahrzeugteilen) der Fall.*

Begr zur ÄndVO v. 3.2.99 (VkBl. **99** 556) – Begr des Bundesrates –:

Zu Abs. 2a: *Es muss verhindert werden, dass ehemalige Militär- oder Polizeifahrzeuge wie z. B. Schützenpanzer, die nicht für zivile Zwecke gebaut worden sind, nach ihrer Demilitarisierung ohne besondere Absicherung am öffentlichen Straßenverkehr teilnehmen dürfen, da von ihnen eine erhöhte Gefährdung anderer Verkehrsteilnehmer ausgeht, z. B. sehr kurze Bremswege, „zackende Fahrweise", Ausscherbewegungen, Überrollen von Fahrzeugen (auch Pkw). Entsprechendes gilt für ehemalige Feuerwehr- und Katastrophenschutzfahrzeuge. Wenn derartige Fahrzeuge als Arbeitsmaschinen (z. B. Wasserwerfer als Sprengfahrzeuge) eingesetzt werden sollen, können Ausnahmegenehmigungen mit für erforderlich erachteten Nebenbestimmungen erteilt werden.*
...

Begr zur ÄndVO v. 24.9.04 (BR-Drs. 344/04 S. 32):

Zu Abs. 2: *Die Änderung ist erforderlich als Folge der Einarbeitung der 26. Ausnahmeverordnung zur StVZO im Hinblick auf das Erlöschen der Betriebserlaubnis der Fahrzeuge der Bundeswehr, wenn diese nicht mehr Halter der Fahrzeuge ist. Die Vorschrift gilt nur für solche Fahrzeuge, für die die Bundeswehr die Erleichterungen nach §§ 20 und 21 in Anspruch genommen hat. Dies sind z. B. Fahrzeuge mit Tarnbeleuchtung. Für zivile Fahrzeuge, die von der Bundeswehr-Fuhrpark-Service verwaltet werden, nimmt die Bundeswehr diese Erleichterungen nicht in Anspruch, so dass in diesen Fällen die Betriebserlaubnis auch nicht erlischt.*

Begr zur ÄndVO v. 12.12.04:VkBl. **05** 15.

Begr zur VO v. 25.4.06, Begründung zur Änderung durch den Bundesrat (VkBl. **06** 615):

Zu Abs. 2 S. 5 Nr. 1: *Die Begutachtung von Fahrzeugen im Rahmen dieser Vorschrift kann nicht von einem beliebigen Kraftfahrzeugsachverständigen, sondern nur von den amtlich anerkannten Sachverständigen oder Prüfern für den Kraftfahrzeugverkehr oder den Prüfingenieuren der amtlich anerkannten Überwachungsorganisation durchgeführt werden. Diese Änderung entspricht im Übrigen der Regelung in § 5 Abs. 3 Nr. 1 FZV.*

Begr zur ÄndVO v. 10.5.12 (BR-Drs. 843/11 (Beschluss) S. 6 = VkBl. **12** 406):

Zu Abs. 1 S. 6: *Verhinderung unzulässiger Mehrfachgenehmigungen für dasselbe Fahrzeug, die zu möglichen „Doppelidentitäten" eines Fahrzeugs führen können.*

Zu Abs. 5 S. 1 und 2: *Die Betriebserlaubnis eines Fahrzeugs erlischt, wenn durch vorsätzliche Änderungen am Fahrzeug 1. die in der Betriebserlaubnis genehmigte Fahrzeugart geändert wird, 2. eine Gefährdung von Verkehrsteilnehmern zu erwarten ist, 3. das Abgas- oder Geräuschverhalten verschlechtert wird.*

Diese der Verkehrsicherheit und Umweltverträglichkeit abträglichen und aktiv vorzunehmenden Fahrzeug-änderungen sind seit Entfall des § 18 StVZO nicht mehr angemessen zu ahnden. Diese Änderung schafft die längst überfällige Grundlage in der StVZO für eine wieder angemessene Ahndung im Bußgeldbereich.

1a   **25. StVZAusnV** v. 1.7.1976 idF des G v. 12.4.2012 (BGBl. I S. S. 579)

§ 1

(1) Abweichend von § 19 Abs. 2 StVZO erlischt die Betriebserlaubnis nicht, wenn an Kraftfahrzeugen eine Vorrichtung zum Schutz der Fahrzeuginsassen bei seitlichem Umstürzen oder rückwärtigem Überschlagen (Umsturzschutzvorrichtung) im Sinne von Abschnitt 3.1 § 33 Absatz 2 der Vorschriften für Sicherheit und Gesundheitsschutz für die landwirtschaftliche Unfallversicherung angebracht wird.

(2) Dies gilt nur, wenn

1. der Hersteller der Vorrichtung dem Halter unter Berücksichtigung des § 3 dieser Verordnung bescheinigt, daß dem Gutachten eines amtlich anerkannten Sachverständigen für den Kraftfahrzeugverkehr die Vorrichtung und ihre Eignung für Fahrzeuge des vom Halter verwendeten Typs den Vorschriften der StVZO entspricht,

2. die Anbringung vom Hersteller der Vorrichtung oder in einer von diesem ermächtigten Werkstatt vorgenommen wird,

3. die Werkstatt in der Bescheinigung nach Nummer 1 den Namen des Fahrzeughalters und die Fahrgestellnummer des Fahrzeugs einträgt sowie die Bescheinigung dem Halter aushändigt und

4. der Halter die Bescheinigung zuständigen Personen auf Verlangen zur Prüfung aushändigt oder die Anbringung der Vorrichtung in den Fahrzeugpapieren vermerkt ist.

§ 2

¹Abweichend von § 19 Abs. 2 StVZO erlischt bei Kraftfahrzeugen, die in anderen Fällen als nach § 1 durch Anbringen einer Umsturzschutzvorrichtung im Sinne von Abschnitt 3.1 § 33 Absatz 2 der Vorschriften für Sicherheit und Gesundheitsschutz für die landwirtschaftliche Unfallversicherung verändert worden sind, die Betriebserlaubnis erst nach Ablauf von sechs Monaten seit Anbringung der Vorrichtung. ²Voraussetzung ist, daß bis zur Erteilung der neuen Betriebserlaubnis der Halter zuständigen Personen den Zeitpunkt der Anbringung der Vorrichtung nachweist, zum Beispiel durch eine Bescheinigung der ausführenden Werkstatt.

1b   **42. StVZAusnV** v. 22.12.1992 idF der VO v. 25.4.06 (BGBl. I S. 988)

§ 1

¹Abweichend von § 19 Abs. 2 der Straßenverkehrs-Zulassungs-Ordnung erlischt die Betriebserlaubnis nicht, wenn an Fahrzeugen, die vor dem 1. Januar 1992 erstmals in den Verkehr gekommen sind, seitliche Schutzvorrichtungen nach § 32c der Straßenverkehrs-Zulassungs-Ordnung angebracht werden. ²Dies gilt nur, wenn

1. für die seitlichen Schutzvorrichtungen anstelle einer Betriebserlaubnis nach § 22 der Straßenverkehrs-Zulassungs-Ordnung ein Teilegutachten eines amtlich anerkannten Sachverständigen für den Kraftfahrzeugverkehr über die Vorschriftsmäßigkeit eines Fahrzeugs bei ordnungsgemäßem Anbau der Schutzvorrichtungen vorliegt; § 22 Abs. 1 Satz 2 erster Halbsatz gilt entsprechend,

2. das Teilegutachten durch den Leiter der Technischen Prüfstelle nach § 12 des Kraftfahrsachverständigengesetzes vom 22. Dezember 1971 (BGBl. I S. 2086), zuletzt geändert durch Artikel 4 Nr. 13 des Gesetzes vom 8. Juni 1989 (BGBl. I S. 1026), gegengezeichnet ist, sofern es nach Inkrafttreten dieser Verordnung erstellt wird,

3. dem Teilegutachten sowie dem Abdruck oder der Ablichtung davon eine hinreichend genaue Beschreibung des Anbaus der seitlichen Schutzvorrichtungen für den Fahrzeugtyp oder die Fahrzeugtypen oder die Fahrzeugart oder die Fahrzeugarten beigegeben ist,

4. der Anbau durch einen amtlich anerkannten Sachverständigen oder Prüfer für den Kraftfahrzeugverkehr (§ 22 Abs. 1 Satz 2 zweiter Halbsatz der Straßenverkehrs-Zulassungs-Ordnung) abgenommen worden ist,

5. der ordnungsgemäße Anbau auf dem Teilegutachten oder einem Abdruck oder einer Ablichtung davon oder einer Bestätigung über das Teilegutachten unter Angabe des Fahrzeugherstellers und -typs sowie der Fahrzeug-Identifizierungsnummer durch den Abnehmenden bestätigt worden ist,

6. die Abnahme spätestens bis zum Tage der nächsten nach dem Anbau vorgeschriebenen Hauptuntersuchung (§ 29 der Straßenverkehrs-Zulassungs-Ordnung) erfolgt und bestätigt ist und

7. der Fahrzeugführer das Teilegutachten, den Abdruck, die Ablichtung davon oder einer Bestätigung über das Teilegutachten einschließlich der Bestätigung nach Nummer 6 mitführt und zuständigen Personen auf Verlangen zur Prüfung aushändigt oder der Anbau der seitlichen Schutzvorrichtungen in den Fahrzeugpapieren vermerkt ist.

(Fortsetzung: § 13 FZV Rn. 4)

1c   **Begr:** VkBl. **93** 95.

1. Die **Betriebserlaubnis** (BE) ist die amtliche Anerkennung der Vorschriftsmäßigkeit eines **2** Fz im Hinblick auf seine bauliche und technische Beschaffenheit (Ha NJW **06** 243, VGH Ma DAR **12** 224, *Dauer* DAR **12** 660), also die behördliche Bestätigung, dass ein Fz den geltenden Bauvorschriften entspricht (vgl. § 2 Nr. 6 FZV). In FZV und EG-FGV wird sie nur noch als **Genehmigung** bezeichnet. Das Vorliegen einer BE/Genehmigung ist Voraussetzung für die Zulassung eines zulassungspflichtigen Fz (§ 1 I S. 2 StVG, § 3 I S. 2 FZV) und für die Inbetriebnahme eines zulassungsfreien Fz im öffentlichen StrV (§ 4 I FZV). Eine BE/Genehmigung ist nach der **EG-FGV** (Buchteil **6**) auf der Grundlage harmonisierter EG-Rechtsakte zu erteilen, sofern das Fz in den Geltungsbereich der EG-FGV fällt. Für die Erteilung nationaler BE nach den Bestimmungen der StVZO ist nur Raum, soweit Fz nicht vom Anwendungsbereich der EG-FGV erfasst werden oder soweit die EG-FGV es dem Antragsteller freistellt, ob er eine Genehmigung nach der EG-FGV oder der StVZO beantragt. Die EG-TypV (BGBl. I S. **94** 3755), Krad-EG-TypV (BGBl. I S. **04** 248, 544) und LoF-EG-TypV (BGBl. I S. **04** 3363) sind in der EG-FGV aufgegangen. Die BE dient der Betriebssicherheit, Kar DAR **04** 715, Stu VRS **67** 379, begründet aber keine Rechtspflicht der VSicherungspflichtigen, die öffentlichen VFlächen für alle zugelassenen Fze gefahrlos benutzbar zu machen, KG VersR **77** 37, Ha NZV **90** 354. Erteilt wird sie (§§ 20, 21) nur auf Antrag des Verfügungsberechtigten des Kfz (s. dazu § 6 FZV Rn. 3). Dem Antrag ist der FzBrief (§§ 20, 21) beizufügen. Bei der Zulassung ist zu prüfen, ob der Brief zu dem Fz gehört; die Angaben, besonders die Fahrzeug-Identifizierungsnummer, müssen mit denen am Fz übereinstimmen, s. BMV VkBl. **50** 231. Land- und forstwirtschaftliche Arbeitsgeräte mit zulässigem Gesamtgewicht von mehr als 3 t sind betriebserlaubnispflichtig, § 4 FZV Rn. 2, s. auch Merkblatt VkBl. **80** 532. Gehört ein Fz zu einem genehmigten Typ (ABE oder Typgenehmigung) oder liegt für das Fz eine Einzel-BE nach § 21 StVZO oder eine Einzelgenehmigung nach § 13 EG-FGV vor, ist die **Erteilung einer neuen BE nur zulässig,** wenn die BE/Genehmigung nach Abs. 2 S. 2 **erloschen** ist (Abs. 1 S. 6). Dadurch sollen Mehrfachgenehmigungen für dasselbe Fz ausgeschlossen werden, die zu möglichen „Doppelidentitäten" eines Fz führen können (Begr Rn. 1). Die Erteilung einer neuen BE muss auch als zulässig angesehen werden, wenn die BE/Genehmigung nach Abs. 3 S. 2 oder aus anderen Gründen (zB Rücknahme, Widerruf) erloschen ist, auch wenn dies vom Wortlaut des Abs. 1 S. 6 nicht umfasst ist. Denn die Regelung ist Ausdruck des allgemeinen Gedankens, dass für ein Fz, das bereits über eine BE/Genehmigung verfügt, keine weitere BE/Genehmigung erteilt werden soll. Ist eine erteilte BE/Genehmigung weggefallen, ist somit in jedem Fall die Erteilung einer neuen BE/Genehmigung zulässig.

Es gibt nach der StVZO drei **Arten der Betriebserlaubnis:** für Typenfze (§ 20), für Einzelf- **3** ze (§ 21), für Fahrzeugteile (§ 22), zu unterscheiden von der Bauartgenehmigung für Fahrzeugteile (§ 22a). **Voraussetzung der Erteilung** ist, dass das Fz oder das Einzelteil den Vorschriften über Kfz und KfzAnhänger (§§ 32 bis 62), allgemein für alle Fze (§§ 30, 31), den Ausführungsanweisungen zur StVZO und, in Bezug auf einen vorgeschriebenen Fahrtenschreiber (Kontrollgerät), der VO (EWG) Nr. 3821/85 bzw. ihrer Nachfolgeregelung VO (EU) 165/2014 entspricht. Daneben sind Grundlage der BE-Erteilung auch die Bestimmungen der in Abs. 1 S. 2 genannten **EG-Richtlinien** in ihrer jeweils geltenden Fassung, so dass bei Widerspruch zwischen ihnen und einer StVZO-Bestimmung eine Ausnahmegenehmigung entbehrlich ist (Abs. 1 S. 2). **Liste der Einzelrichtlinien** zu den EG-Betriebserlaubnisrichtlinien gem. § 19 I S. 3 und § 30 IV StVZO: VkBl. **15** 829, **17** 2, 603 = StVRL § 19 StVZO Nr. 14. Soweit in EG-Einzelrichtlinien iS von Abs. 1 S. 2 Nr. 1–3 deren verbindliche Anwendung vorgeschrieben ist, gehen sie nationalen Bestimmungen vor (Abs. 1 S. 5).

Für reihenweise gefertigte Fz kann die BE nach § 20 allgemein erteilt werden; der Inhaber **4** der allgemeinen Betriebserlaubnis (ABE) hat für jedes dem Typ entsprechende fertige Fz innerhalb der Gültigkeitsdauer der ABE einen Fahrzeugbrief auszufüllen und die Richtigkeit der Angaben zu bescheinigen (§ 20 III). Die Behörde ist an ein Gutachten nicht gebunden, sie hat die BE zu versagen, wenn sie nach Prüfung Bedenken hat. Liegen die rechtlichen Voraussetzungen vor, so hat der Eigentümer des Fz auf die BE einen Rechtsanspruch; sie „ist zu erteilen" (Abs. 1 S. 1). Zu EG-Typgenehmigungen s. EG-FGV (Buchteil **6**).

Literatur: *Rödel,* Rechtsfolgen bei Fehlen einer FzBE, ZfS **03** 1, *Rebler,* Wirksamkeit und Erlöschen **4a** der Betriebserlaubnis, VD **16** 115, *Huppertz,* Polizeiliche Maßnahmen gegen Motorradlärm, DAR **17** 110.

2. Die Betriebserlaubnis wird **unbefristet** erteilt. Sie bleibt grundsätzlich über das gesamte **5** Leben eines Kfz bestehen (II S. 1), ob es zugelassen ist oder nicht. Sie geht grundsätzlich erst unter, wenn das Fz verschrottet wird und dadurch seine Existenz beendet. Die BE **erlischt** während des FzLebens ausnahmsweise nur, wenn sie **kraft Gesetzes erlischt** oder von der Behörde durch VA **entzogen** wird (VG Hb NZV **01** 143, *Dauer* DAR **12** 660). Entziehung der BE ist mangels spezieller Rechtsgrundlagen im Straßenverkehrsrecht nur nach allgemeinem Verwaltungsrecht möglich, also als Rücknahme oder Widerruf. Betriebsuntersagung (zB nach § 5 I FZV) stellt keinen Spezialfall der Entziehung der BE dar (*Dauer* DAR **12** 660, § 5 FZV Rn. 6a). Die Auffassung, gem. § 14 FZV erlösche die BE spätestens 7 Jahre nach Außerbetriebsetzung (*Huppertz* DAR **12** 541), ist unzutreffend (*Dauer* DAR **12** 660). Die BE bleibt wirksam, solange keine Untersagung ausgesprochen wird, auch wenn geringfügige Überschreitung der Abmessungen des § 32 nicht erkannt worden sind, Bay NZV **89** 282, außerdem, trotz Vornahme von Änderungen iS von Abs. 2, bei Erprobungsfz gemäß Abs. 6. Die BE erlischt automatisch bei Vornahme solcher Änderungen, die zu einer der in Abs. 2 S. 2 Nr. 1 bis 3 genannten Folgen führen; eine neue BE muss beantragt werden (Rn. 15). Die BE für speziell ausgestattete **Militär-, Pol-, FeuerwehrFz** verliert gem. **Abs. 2a** ihre Wirksamkeit, wenn sie nicht mehr für diese Halter zugelassen sind oder eingesetzt werden, allerdings nur, soweit es sich um SpezialFze handelt, die nach ihrer besonderen Bauart für entsprechende Zwecke bestimmt sind; dies gilt auch für SpezialFze des Katastrophenschutzes. Auch nach Umbau solcher Fze kann eine BE nach § 21 nicht an private Halter erteilt werden, sondern nur an BW, Pol, BundesPol, Feuerwehr oder Katastrophenschutz (s. Begr Rn. 1, OVG Münster NZV **15** 159, 4.2.14 VM **14** 63, VG Aachen 2.10.12 2 L 426/12). **Ausnahmebewilligung** nur für bestimmte Einsatzzwecke: Abs. 2a S. 3, § 70. Eine Ausnahmegenehmigung nach IIa S. 3 iVm § 70 I Nr. 2 ersetzt nicht die von der örtlichen ZulB zu erteilende BE, sondern ist hierfür Voraussetzung (OVG Münster 28.5.19 – 8 B 622/18 NZV **20** 110 = VRS **136** 154). Ist ein Fz iSv Abs. IIa zwar zugelassen, ist die BE aber gem. IIa S. 1 erloschen, ist es unvorschriftsmäßig isV § 5 FZV und sein Betrieb kann untersagt werden. Dabei ist es zulässig und grds. ausreichend, die Ermessenserwägungen zu einer auf § 5 I FZV gestützten Betriebsuntersagung bei von IIa S. 1 erfassten Fahrzeugen auf die von ihnen ausgehende erhöhte Gefährlichkeit zu stützen (OVG Münster 28.5.19 – 8 B 622/18 NZV **20** 110 = VRS **136** 154). Für Fz der genannten Halter ohne spezielle Bauart gilt die Einschränkung des Abs. 2a nicht. **Feuerwehr** iSd Abs. 2a S. 1 sind nur öffentliche Feuerwehren (Berufsfeuerwehr, Freiwillige Feuerwehr, Pflichtfeuerwehr der Gemeinden/Kreise) und staatlich angeordnete oder anerkannte Werksfeuerwehren (OVG Münster VRS **118** 379, 4.2.14 VM **14** 63). Soweit die in Abs. 2a genannten Fz bereits bis 28.2.99 für einen privaten Halter zugelassen waren, bleibt die BE bestehen (§ 72 II aF, OVG Münster 28.5.19 – 8 B 622/18 NZV **20** 110 = VRS **136** 154). Erlöschen der BE von anderen **Fz der BW,** Rn. 13.

6   **3. Vornahme von Änderungen am Fahrzeug.** Die BE oder EG-Typgenehmigung (Abs. VII) erlischt, wenn am Fz willentlich Änderungen vorgenommen werden, falls dadurch a) die FzArt geändert wird, b) infolge der Änderung eine Gefährdung von VT zu erwarten ist oder c) die Änderung zu einer Verschlechterung des Abgas- oder Geräuschverhaltens führt. **Änderungen** iSv II S. 2 sind nur solche, die nach Beendigung der Produktion des Fz und nach Verlassen des Verantwortungsbereichs des Herstellers vorgenommen werden; die bereits werksseitige Abweichung serienmäßig hergestellter Fz von der ihnen zugrunde liegenden EG-Typgenehmigung stellt keine Änderung nach II S. 2 dar (VG Dü 24.1.18 6 K 12341/17, Bra 19.2.19 – 7 U 134/17 DAR **19** 261, VG Ol 19.2.19 – 7 A 4277/18 BeckRS 2019, 1877). Auch ein Entfernen von FzTeilen, deren Austausch, die Verbindung von FzTeilen oder ein Hinzufügen von Teilen kommt als Änderung iS von Abs. II in Betracht; die insoweit teilweise abw Rspr. ist durch die NeufassVO v. 16.12.93) überholt, Kö NZV **97** 283 (einschränkend *Kreutel/Schmitt* PVT **96** 108). Vorübergehende Veränderung im Rahmen des Notrechts gem. § 23 II StVO fällt nicht unter Abs. II, Bay VRS **69** 465. Besteht Anlass für die Annahme, dass die BE erloschen ist, so kann die VB zur Vorbereitung einer Entscheidung die Beibringung eines Gutachtens eines amtlich anerkannten Sachverständigen oder Prüfers (§§ 1 ff. KfSachvG) oder eines Prüfingenieurs (Anl VIIIb Nr. 3.9) (nicht eines beliebigen Kfz-Sachverständigen, s. Begr VkBl. **06** 615) darüber, ob das Fahrzeug der StVZO entspricht, oder die Vorführung des Fahrzeugs anordnen; wenn nötig darf sie mehrere solcher Anordnungen treffen (Abs. II S. 5). Diese Regelung entspricht § 5 III FZV. Außerdem darf dann keine HU-Prüfplakette erteilt werden (Abs. II S. 5 HS 2). Erweist sich das Fz als nicht vorschriftsmäßig, kann die ZulB gem. § 5 FZV den Betreib des Fz beschränken oder untersagen.

7   **3a.** Die BE oder EG-Typgenehmigung erlischt, wenn die **in der BE genehmigte FzArt** geändert wird, Abs. II S. 2 Nr. 1. Die genehmigte FzArt ist im FzSchein vermerkt, zB Pkw, Lkw,

Krad, Kom, Zgm. S. dazu das Verzeichnis zur Systematisierung von Kraftfahrzeugen und ihren Anhängern (§ 12 FZV Rn. 8). Abs. II Nr. 1 gilt nicht, wenn nicht die FzArt, sondern nur die Aufbauart geändert wird; dann kommt aber Erlöschen der BE gem. Abs. II Nr. 2 in Frage, wenn durch die Änderung eine Gefährdung von VT zu erwarten ist.

3b. Die BE oder EG-Typgenehmigung erlischt ferner, wenn durch die Änderung eine **Ge-** 8 **fährdung von VT zu erwarten** ist, Abs. II S. 2 Nr. 2. Hierzu reicht es, abw von der bis 31.12.93 geltenden Fassung von Abs. II, nicht aus, dass FzTeile verändert werden, deren Beschaffenheit vorgeschrieben ist oder deren Betrieb eine Gefährdung anderer VT verursachen *kann*. Die bloße Möglichkeit einer Gefährdung genügt also nicht (Dü NZV **96** 249, VM **97** 21, Kö NZV **97** 283, VGH Ma VRS **121** 363). Vielmehr muss eine Gefährdung *zu erwarten sein* (Kö NZV **97** 283). Dies setzt zwar nicht etwa die Feststellung einer konkreten Gefährdung voraus (Dü NZV **96** 249, Kö NZV **97** 283), aber jedenfalls ein **gewisses Maß an Wahrscheinlichkeit** (BGH 11.12.19 – VIII ZR 361/18 NJW **20** 1287, Dü NZV **95** 329 (Anm *Kullik* PVT **95** 221), **96** 40 (abl *Kreutel/Schmitt*), **96** 249, VM **97** 21, Kö NStZ **95** 587, NZV **97** 283, Ko 10.10.19 – 3 OWi 6 SsRs 299/19 NStZ **20** 430, AG Eggenfelden DAR **06** 404, VGH Ma VRS **121** 363). Dabei lässt sich das Maß der für ein Erlöschen der BE erforderlichen Gefahr nicht abstrakt und absolut bestimmen, denn der zu fordernde Wahrscheinlichkeitsgrad hängt von der Bedeutung der gefährdeten Rechtsgüter und dem Ausmaß des möglichen Schadens ab (BGH 11.12.19 – VIII ZR 361/18 NJW **20** 1287). Erforderlich ist deshalb, dass Behörden und Gerichte jeweils für den konkreten Einzelfall ermitteln, ob die betreffende Veränderung eine Gefährdung von Verkehrsteilnehmern nicht nur möglich erscheinen, sondern erwarten lässt (BGH 11.12.19 – VIII ZR 361/18 NJW **20** 1287, VGH Ma VRS **121** 363, Ko 10.10.19 – 3 OWi 6 SsRs 299/19 NStZ **20** 430). Dabei kann diese Erwartung sowohl durch unsachgemäßen Anbau eines an sich ungefährlichen FzTeils begründet sein als auch durch den Betrieb eines sachgerecht angebauten, aber gefährlichen Teils. Ohne Hinzuziehung eines Sachverständigen wird dies häufig nicht zu klären sein (Kö NStZ **95** 587, NZV **97** 283). Eine Gefährdung kann insbesondere dann zu erwarten sein, wenn die Änderung FzTeile betrifft, die für die VSicherheit von besonderer Bedeutung sind (VGH Ma VRS **121** 363). *Verkehrsteilnehmer* können der FzFührer selbst, beförderte Personen oder andere Teilnehmer am StrV (andere FzF oder Fußgänger) sein. Die Annahme des Erlöschens der BE nach Abs. 2 S. 2 Nr. 2 setzt nach Auffassung des VGH Ma jedenfalls bei grenzüberschreitenden Sachverhalten in der EU voraus, dass die ZulB auf der Grundlage aktueller wissenschaftlicher Erkenntnisse näher darlegt, dass objektiv eine Gefährdung der Verkehrssicherheit oder von Leben und Gesundheit anderer Verkehrsteilnehmer besteht, weil andernfalls der in der Annahme des Erlöschens der BE liegende Eingriff in die Warenverkehrsfreiheit nicht gerechtfertigt wäre (VGH Ma VRS **121** 363, importierte Carbon-Räder waren angeblich in Großbritannien erlaubt, behördliche Genehmigung wurde allerdings nicht nachgewiesen). Bei nicht vorschriftsmäßiger Rad-/Reifenkombination an Krafträdern soll die BE laut BMV nach II S. 2 Nr. 2 erlöschen, sofern kein Nachweis über die Zulässigkeit der Änderung nach III S. 1 Nr. 1–4 vorliegt oder die in den Nachweisen ggf. aufgeführten Auflagen und Hinweise nicht beachtet werden (Verlautbarung des BMV v. 6.8.2019 VkBl. **19** 530). Die bloße Genehmigung eines Reifens nach der UN-Regelung Nr. 75 stelle dann keinen ausreichenden Nachweis im Rahmen einer Änderung nach III dar; auch eine Unbedenklichkeitsbescheinigung zB durch einen Reifenhersteller sei kein Nachweis iSd III (BMV aaO). Erlischt die BE mangels zu erwartender Gefährdung nicht, so kommt bei Veränderung von Teilen, deren Beschaffenheit vorgeschrieben ist, Verstoß gegen die betreffende Beschaffenheitsvorschrift oder gegen § 31 II in Betracht (Kö NZV **97** 283, Ko 10.10.19 – 3 OWi 6 SsRs 299/19 NStZ **20** 430).

3c. Die BE oder EG-Typgenehmigung erlischt schließlich auch dann, wenn die Änderung 9 zu einer **Verschlechterung des Abgas- oder Geräuschverhaltens** führt, Abs. II S. 2 Nr. 3, zB bei Einbau eines leistungssteigernden Chips in einen Pkw-Motor, „Chip-Tuning" (Kar NJW **07** 443). Eine bloße *Beeinflussung* infolge der Änderung reicht nicht aus. Einer dahingehenden ursprünglich verfolgten Absicht des VOGebers hat der Bundesrat, BR-Drs. 629/93 (Beschluss), im Interesse der durch die Novellierung angestrebten „Deregulierung und Entbürokratisierung" widersprochen. Eine Verschlechterung liegt bei Erhöhung der Abgas- oder Geräuschemission vor. Zum Nachweis der Verschlechterung *Huppertz* NZV **11** 172.

3d. Bei **Ein- oder Anbau von Teilen** erlischt die BE oder EG-Typgenehmigung abw von 10 Abs. II dann nicht, wenn für die Teile eine BE nach § 22, eine **Bauartgenehmigung** nach § 22a vorliegt **(Abs. III Nr. 1a)** oder eine Genehmigung des nachträglichen Einbaus im Rahmen der BE des Fzs oder eines Nachtrags **(Abs. III Nr. 1b)** und die Wirksamkeit der BE oder Genehmigung nicht von der Abnahme des Ein- oder Anbaus abhängig gemacht ist. Ob dies der Fall ist, geht aus der TeileBE, Genehmigung oder Bauartgenehmigung hervor. Kein Erlöschen ferner bei Vorliegen einer EWG-BE, -Bauartgenehmigung oder EG-Typgenehmigung sowie im Falle einer Genehmigung nach ECE-Regelungen oder EWG-Richtlinien **(Abs. III Nr. 2).** Bei Ein- oder Anbau von Teilen iS von Abs. III Nr. 1 und 2 **erlischt die BE** jedoch bei Vorliegen eines Erlöschenstatbestandes des Abs. II S. 2 dann, wenn in der BE, Bauartgenehmigung oder Genehmigung aufgeführte **Einschränkungen oder Einbauanweisungen nicht eingehalten werden (Abs. III S. 2).**

10a   Bedarf der An- oder Einbau von Teilen der Abnahme, so erlischt die BE im Übrigen nur dann abw von Abs. II nicht, wenn die Abnahme unverzügl durchgeführt und bestätigt wurde **(Abs. III Nr. 3).** Dem Unverzüglichkeitsgebot wird der Halter idR nur dann genügen, wenn er schon vor Durchführung der Änderung einen Abnahmetermin mit einer Technischen Prüfstelle oder amtl anerkannten Überwachungsorganisation vereinbart (s. Begr VkBl. **94** 151, BMV VkBl. **94** 157). Schließlich erlischt die BE abw von Abs. II nicht, wenn für das ein- oder angebaute Teil ein **Teilegutachten** nach Anl XIX vorliegt, sofern der im Gutachten angegebene Verwendungszweck eingehalten wird **(Abs. III Nr. 4);** Erläuterung des BMV zur Erstellung von Teilegutachten für den Bereich der Emissionsvorschriften VkBl. **08** 591 = StVRL § 19 StVZO Rn. 13. In diesen Fällen hängt das Nichterlöschen der BE aber zusätzlich von einer Abnahme durch einen amtl anerkannten Sachverständigen oder Prüfer oder durch einen Prüfingenieur einer amtl anerkannten Überwachungsorganisation ab. Kann dieser den ordnungsgemäßen Ein- oder Anbau nicht bestätigen (etwa wegen Nichteinhaltung von Einschränkungen oder Einbauanweisungen), so kann der FzHalter den vorschriftsmäßigen Zustand herstellen; wird dies nicht innerhalb angemessener Frist durch den Sachverständigen oder Prüfer festgestellt, so erlischt die BE (s. Begr, VkBl. **97** 655).

10b   **Verhältnis von Abs. II S. 2 zu Abs. III:** Abweichend von Abs. II S. 2 kommt es nicht zum Erlöschen der BE, wenn einer der Fälle des Abs. III S. 1 vorliegt. Es ist davon auszugehen, dass der VOGeber der Auffassung war, dass in diesen Fällen zB keine Gefährdung von Verkehrsteilnehmern zu erwarten ist. Abs. III S. 1 stellt eine Ausnahme von Abs. II S. 2 dar. Nach Abs. III S. 2 greift diese Ausnahme in den Fällen des Abs. III S. 1 Nr. 1 und 2 jedoch nicht ein, wenn in der BE, der Bauartgenehmigung oder der Genehmigung aufgeführte Einschränkungen oder Einbauanweisungen nicht eingehalten werden. Dies ist eine Rückausnahme von Abs. III S. 1 Nr. 1 und 2. Die Ausnahmen nach Abs. III S. 1 Nr. 1 und 2 werden im Falle der Tatbestandsmäßigkeit des Abs. III S. 2 wieder aufgehoben. Dann – so sagt Abs. III S. 2 allerdings missverständlich – erlischt die BE. Dies ist jedoch – trotz der ebenfalls missverständlichen Formulierung in Abs. V S. 1 – nicht wörtlich zu verstehen, denn im Falle der Anwendung des Abs. III S. 2 tritt lediglich die Folge ein, dass die Ausnahme nach Abs. III S. 1 Nr. 1 oder 2 nicht zum Tragen kommt. In diesen Fällen ist Abs. II S. 2 dann wieder direkt anzuwenden, denn eine Ausnahmesituation nach Abs. III ist dann nicht gegeben. Dies bedeutet, dass die BE im Falle der Anwendung des Abs. III S. 2 nur dann erlischt, wenn ein Tatbestand des Abs. II S. 2 erfüllt ist. Das Gleiche gilt, wenn eine Ausnahme nach Abs. III S. 1 Nr. 3 oder 4 aus irgendwelchen Gründen nicht eingreift. Auch dann kommt es zum Erlöschen der BE nur dann, wenn ein Tatbestand des Abs. II S. 2 erfüllt ist, also nicht unabhängig von dem Vorliegen der Voraussetzungen des Abs. II S. 2. Voraussetzung für das Erlöschen der BE ist immer das Vorliegen eines Tatbestandes nach Abs. II S. 2 (*B/M/R* § 19 StVZO Rn. 44, GVR/*Semrau* § 19 StVZO Rn. 35, *Krenberger/Ternig/Schärer* DAR **15** 661, *Köhler* SVR **16** 131, *Rebler* VD **16** 115 (123)). Die **abweichende Auffassung,** Abs. III enthalte von Abs. II unabhängige eigenständige Tatbestände für das Erlöschen der BE, und demzufolge könne es nach Abs. III auch dann zum Erlöschen der BE kommen, wenn die Voraussetzungen des Abs. II nicht erfüllt sind (*Kullik* VD **03** 147, hier bis 42. Aufl), ist nicht richtig. Diese Ansicht steht schon im Widerspruch zu der amtlichen Begr zu dem mit ÄndVO v. 16.12.93 (BGBl. I S. 2106) eingefügten Abs. III, nach der Abs. III die Fälle regelt, in denen die BE *„bei nachträglichen Änderungen abweichend von Absatz 2 nicht erlischt"* (VkBl. **94** 151). (Der ursprüngliche Abs. III enthielt noch nicht den erst mit ÄndVO v. 12.8.97 (BGBl. I S. 2051) ausdrücklich als Klarstellung (VkBl. **97** 655) eingefügten Zusatz „abweichend von Absatz 2 Satz 2" und das Wort „jedoch"). Die abweichende Ansicht ist zudem mit Wortlaut und Systematik der Vorschrift nicht vereinbar.

10c   **Mitzuführen** und zuständigen Personen auszuhändigen sind TeileBE, Bauartgenehmigung, Genehmigung des Ein- oder Anbaus nach Abs. III Nr. 1b oder Teilegutachten jedenfalls in Form eines Abdrucks oder einer Ablichtung (Abs. IV S. 1), es sei denn in der Zulassungsbescheinigung Teil I (Fahrzeugschein), dem Anhängerverzeichnis nach § 11 I S. 2 FZV oder dem Nachweis gem. § 4 V FZV befindet sich ein entsprechender Eintrag einschließlich etwaiger Beschränkungen oder Auflagen (Abs. IV S. 2, Hs. 1). Ist ein Vermerk darüber enthalten, dass Beschränkungen oder Auflagen in einer Erlaubnis, Genehmigung oder einem Nachweis aufgeführt sind, so ist die Erlaubnis, die Genehmigung oder der Nachweis mitzuführen (Abs. IV S. 2, Hs. 2). Abs. IV S. 1 Nr. 2 war gem. § 72 II aF spätestens seit 1.10.97 anzuwenden; bis zum 30.9.97 ausgestellte Bestätigungen über den ordnungsgemäßen Ein- oder Anbau bleiben gültig. IÜ gelten die **Mitteilungspflichten bei Änderungen** gem. § 13 FZV, damit die Angaben in den Fahrzeugregistern und den Fahrzeugpapieren den tatsächlichen Verhältnissen entsprechen, Abs. IV S. 3. Muster für einen Nachweis gem. Abs. IV S. 1, VkBl. **99** 467. Bei Anbau sog **Ident- oder Nachbauräder** entfällt die Mitführungspflicht nach Abs. IV gem. § 1 II der 54. StVZAusnV, wenn für die Räder eine ABE nach § 22 erteilt ist (s. § 22 Rn. 1c).

Natürlicher Verschleiß berührt die BE nicht, BMV VkBl. **99** 452, Dü VM **66** 13, Bay **11** VRS **69** 464, Kar NZV **06** 329 = Ls NJW **06** 2279.

4. BMV-Beispielekatalog der Änderungen an Fahrzeugen und ihrer Auswirkungen auf **12** die BE: VkBl. **99** 455. Hinweise des BMV zur Beurteilung von Änderungen am Fz, VkBl. **99** 451. Der Beispielekatalog hat keinen VO-Charakter und ist weder erschöpfend noch verbindlich, Dü NZV **96** 249, Kö NZV **97** 283, s. BGHSt **32** 16 = NJW **83** 2951, Ce VM **93** 10 (zu § 19 II aF). Der Katalog dient vielmehr nur der Auslegung des Abs. II, Stu VRS **67** 379, **75** 470, Dü VRS **75** 226, DAR **91** 349 (alle zu § 19 II aF). Eine schematische Anwendung von Übersichtstabellen wie des Beispielkatalogs des BMV ist ausgeschlossen, weil in jedem Fall eine einzelfallbezogene Gefährdungsprognose erforderlich ist (VGH Ma VRS **121** 363 (370), Ko 10.10.19 – 3 OWi 6 SsRs 299/19 NStZ **20** 430). Die im Beispielekatalog durch „×" eingetragene Möglichkeit stellt den Regelfall dar.

| | | Betriebserlaubnis des Fahrzeugs | | | | |
| | | erlischt nicht | | | erlischt | |
Gruppe	Änderung	keine Genehmigung und/oder kein Teilegutachten vorhanden ohne Einschränkung verwendbar	wenn Genehmigung vorhanden und nicht von der Abnahme des Ein- oder Anbaus abhängig gemacht Anbauabnahme nicht erforderlich	wenn Genehmigung vorhanden oder Teilegutachten vorhanden und von der Abnahme des Ein- oder Anbaus abhängig gemacht Anbauabnahme erforderlich	wenn keine Genehmigung und/oder kein Teilegutachten vorhanden Begutachtung nach § 21 StVZO hins. d. Änderung erforderlich	Bemerkungen Hinweise auf zu beachtende Vorschriften StVZO/Sonderfälle
1. Ausrüstung	Rückspiegel (auch Einstiegsspiegel bei KOM für Schülerbeförderung)		X	X[1]		§ 56 StVZO; Aufkleben von Weitwinkelspiegeln auf serienmäßige Spiegel unzulässig; [1] zus. Nachweis über Verwendungsbereich erforderlich
	Einrichtung für Schallzeichen		X			§ 55 StVZO oder EG-Genehmigung
	Geschwindigkeitsmessgerät		X			§ 57 StVZO
	Wegstreckenzähler	X[2]				[2] soweit nicht vorgeschrieben
	Fahrtschreiber/ Kontrollgerät		X[3]			§§ 57a, 57b StVZO [3] ohne Eingriff in Fahrzeugelektronik
	Sicherheitseinrichtung gegen unbefugte Benutzung		X	X		§ 38a StVZO
	Wegfahrsperre		X	X		§ 38a StVZO
	Verlegung des Gaspedals[5]		X	X		[5] Nur für Behindertenumbau
	Verlegung der Betätigung der Kupplung[5]		X	X		[5] Nur für Behindertenumbau

Gruppe	Änderung	Betriebserlaubnis des Fahrzeugs				Bemerkungen
		erlischt nicht			erlischt	
		keine Genehmigung und/oder kein Teilegutachten vorhanden ohne Einschränkung verwendbar	wenn Genehmigung vorhanden und nicht von der Abnahme des Ein- oder Anbaus abhängig gemacht Anbauabnahme nicht erforderlich	wenn Genehmigung vorhanden oder Teilegutachten vorhanden und von der Abnahme des Ein- oder Anbaus abhängig gemacht Anbauabnahme erforderlich	wenn keine Genehmigung und/oder kein Teilegutachten vorhanden Begutachtung nach § 21 StVZO hins. d. Änderung erforderlich	Hinweise auf zu beachtende Vorschriften StVZO/Sonderfälle
	Verlegung der Betätigungseinrichtung für Sekundärfunktionen (z. B. Hupe, Licht, Fahrtrichtungsanzeiger, Scheibenwischer)[5]	X[6]	X			[5] Nur für Behindertenumbau [6] sofern die Original-Betätigungseinrichtung erhalten bleiben und die Sicht auf vorgeschriebene Anzeigen und Kontrollleuchten nicht verdeckt werden
2. Lichttechnische Einrichtungen	Anbau lichttechnischer Einrichtungen		X	X[7]		§ 30c StVZO, Rili über d. Beschaffenheit und Anbringung äußerer Fz-Teile § 35 StVZO Abs. 2 Rili f. Sicht aus Kfz § 50 Abs. 6 StVZO, Rili über die Einstellung von Scheinwerfern an Kfz [7] Bei Fahrtrichtungsanzeigern mit nationalen ABG, Nachprüfung erforderlich
	Anbau zusätzlicher lichttechnischer Einrichtungen – Suchscheinwerfer – Arbeitsscheinwerfer	X				§ 30 StVZO, Rili über d. Beschaffenheit und Anbringung äußerer Fz-Teile § 35b Abs. 2 StVZO, Rili f. Sicht aus Kfz
	Veränderung der Leuchtleistung von lichttechnischen Einrichtungen: – Schutzgitter/Abdeckung – Scheinwerferreinigungsanlage – Lichtquelle (Glühlampe)		X X X	X X X		§ 30 StVZO, Rili über d. Beschaffenheit äußerer Fz-Teile § 35b Abs. 2 StVZO, Rili f. Sicht aus Kfz § 50 Abs. 6 StVZO, Rili über die Einstellung von Scheinwerfern an Kfz § 22a StVZO/EG-/ECE-Gehnehmigung
3. Lenkanlagen	Einbau Sonderlenkrad		X	X		
	Einbau Sonderlenkrad mit Airbag			X		
	Anbau Sonderlenker für Krafträder			X	X	
	Austausch der gesamten Lenkanlage oder Veränderung wesentlicher Teile davon			X	X	Die Verwendung von Tauschteilen, d. in Funktionsmaßen Anschluss, Material und Ausführung d. typmäßigen Ausrüstung entsprechen, ist ohne Einschränkung möglich
	Anbau eines Lenkradknaufs versenkbar, klappbar			X[5]		Nur für Rangierbetrieb zulässig
	Anbau eines Lenkradknaufs	X[8]				[8] wenn als Auflage f. Behinderte vorgeschrieben bzw. in BE des Kfz (Arbeitsmaschine)

| Gruppe | Änderung | Betriebserlaubnis des Fahrzeugs | | | | Bemerkungen |
| | | erlischt nicht | | | erlischt | |
		keine Genehmigung und/oder kein Teilegutachten vorhanden ohne Einschränkung verwendbar	wenn Genehmigung vorhanden und nicht von der Abnahme des Ein- oder Anbaus abhängig gemacht Anbauabnahme nicht erforderlich	wenn Genehmigung vorhanden oder Teilegutachten vorhanden und von der Abnahme des Ein- oder Anbaus abhängig gemacht Anbauabnahme erforderlich	wenn keine Genehmigung und/oder kein Teilegutachten vorhanden Begutachtung nach § 21 StVZO hins. d. Änderung erforderlich	Hinweise auf zu beachtende Vorschriften StVZO/Sonderfälle
	Einbau einer Fremdkraft-Lenkhilfe (Servolenkung) oder Änderung der Übersetzungskraft bzw. des Übersetzungsverhältnisses			X	X	
	Einbau einer Fremdkraft-Lenkung				X	evtl. Ausnahmegenehmigung von § 38 StVZO erforderlich (70/31/EWG Anhang I Ziff. 4.1.6)
	Einbau einer geänderten Betätigungseinrichtung für die Lenkanlage (z. B. Fußlenkung)[5]				X	[5] Nur für Behindertenumbau
4. Bremsanlagen	Bremsbeläge		X	X		
	Bremsscheiben		X	X		
	Bremstrommeln		X	X		
	Bremssättel		X	X		
	Lufttrockner		X	X		
	Bremszylinder		X	X		Umrüstung nur achsweise
	Kupplungsköpfe	X				ohne Einschränkung nur, wenn gleiche Funktionsmaße
	Bremsleitungen pneumatisch	X				ohne Einschränkung nur, wenn gleiche Funktionsmaße
	Bremsleitungen hydraulisch			X		
	automatische Gestängesteller		X	X		
	Retarder (hydraulisch, elektr.)			X		
	autom. Blockierverhinderer				X	
	Austausch der gesamten Bremsanlage gegen eine andere oder Veränderung wesentlicher Teile davon			X	X	
	Umbau von Ein- auf Zweileitungsanschluss			X		
	zusätzlicher Anbau eines Ein- bzw. Zweileitungsanschlusses			X		
	Anbau Luftbeschaffungsanlage			X		z. B. an lof-Fz
	Bremsventile mit geänderter Kennlinie			X		
	Einbau einer Fremdkraft-Bremsanlage				X	evtl. Ausnahmegenehmigung von § 41 Abs. 18 StVZO erforderlich

Dauer

		Betriebserlaubnis des Fahrzeugs				
		erlischt nicht			erlischt	
Gruppe	Änderung	keine Genehmigung und/oder kein Teilegutachten vorhanden / ohne Einschränkung verwendbar	wenn Genehmigung vorhanden und nicht von der Abnahme des Ein- oder Anbaus abhängig gemacht Anbauabnahme nicht erforderlich	wenn Genehmigung vorhanden oder Teilegutachten vorhanden und von der Abnahme des Ein- oder Anbaus abhängig gemacht Anbauabnahme erforderlich	wenn keine Genehmigung und/oder kein Teilegutachten vorhanden / Begutachtung nach § 21 StVZO hins. d. Änderung erforderlich	Bemerkungen / Hinweise auf zu beachtende Vorschriften StVZO/Sonderfälle
	Einbau oder Änderung eines Bremskraftverstärkers			X		evtl. Ausnahmegenehmigung von § 41 Abs. 18 StVZO erforderlich
	Veränderung des Bremspedals (z. B. Verbreiterung, Schutz gegen Abrutschen)		X	X		
	Handbetätigung der Betriebsbremsanlage[5]			X		[5] Nur für Behindertenumbau
	Einbau einer Fremdkraft-Betätigungseinrichtung der BBA (pneumatisch, elektrisch, hydraulisch)[5]			X[5]		[5] Nur für Behindertenumbau
	Geänderte Betätigungseinrichtung der Feststellbremse[5]		X	X[9]		[5] Nur für Behindertenumbau; [9] bei Fremdkraft-Betätigungseinrichtung
5. Räder/ Reifen	Räder ohne Änderung am Fahrzeug und bei Verwendung einer bereits genehmigten Reifengröße – nicht in Fz-BE enthaltene Räder		X	X		
	Räder mit Änderung am Fz bzw. an der Karosserie (z. B. Radgeometrie, Lenkwinkelanschläge, Radausschnitte, Radaufhängung)			X	X	
	Räder mit anderer Horn- und Bettform, jedoch gleichen Grundmaßen (z. B. Sicherheitsfelgen)		X	X		
	Reifen gleicher Bauart und Abmessung, gleicher oder höherer Geschwindigkeitskategorie aber abweichender Kennzeichnung	X[10]				[10] s. VkBl. 1991, S. 578
	Reifen anderer Bauart, jedoch vergleichbarer Größe, gleicher bzw. höherer Tragfähigkeits- u./o. Geschwindigkeitskategorie		X	X		
	Reifen gleichwertiger Größenbezeichnung	X[10]				[10] s. VkBl. 1991, S. 578
	Reifen höherer Tragfähigkeits- u./o. Geschwindigkeitskategorie	X				
	Reifen niedriger Tragfähigkeits- u./o. Geschwindigkeitskategorie			X	X	– bei Verwendung von M+S-Reifen zulässig: Kennzeichnung d. Höchstgeschwindigkeit nach § 36

Gruppe	Änderung	Betriebserlaubnis des Fahrzeugs erlischt nicht — keine Genehmigung und/oder kein Teilegutachten vorhanden / ohne Einschränkung verwendbar	erlischt nicht — wenn Genehmigung vorhanden und nicht von der Abnahme des Ein- oder Anbaus abhängig gemacht Anbauabnahme nicht erforderlich	erlischt nicht — wenn Genehmigung vorhanden oder Teilegutachten vorhanden und von der Abnahme des Ein- oder Anbaus abhängig gemacht Anbauabnahme erforderlich	erlischt — wenn keine Genehmigung und/oder kein Teilegutachten vorhanden / Begutachtung nach § 21 StVZO hins. d. Änderung erforderlich	Bemerkungen / Hinweise auf zu beachtende Vorschriften StVZO/Sonderfälle
						Abs. 1 StVZO erforderlich, gilt nicht für Tragfähigkeit
	Reifen für Krafträder und Pkw gleicher Bauart und Abmessung, jedoch anderer Hersteller o. Typ als mit der BE für das Fz genehmigt		X	X		
	Reifen anderer Größe, anderen Verhältnissen von Höhe zu Breite z. B. Breitreifen (auch für Nutzfahrzeuge)		X	X		
	Räder und Reifen, Kombinationen beider Änderungen möglich, ggf. weitere Änderungen nach Genehmigung erforderlich, z. B.					
	– Radhauswand			X	X	
	– Lenkanlage (Lenkeinschlag, Lenkrad)			X	X	
	– Bremsanlage (Bremsleitungen, Belüftung			X	X	
	– Fahrwerk			X	X	
6. Fahrgestell und Aufbau	Einbau von Distanzscheiben		X	X		
	Anbau Schleuderkettensystem		X	X		
	Fahrwerksänderung (z. B. Tieferlegung, Spurverbreiterung)			X	X	
	Änderung des Feder-/Dämpferverhaltens		X	X		
	Niveauregulierungsanlage		X	X[11]		[11] immer wenn Bremsanlage beeinflusst wird
	Fahrwerksänderung (Federn, Federbeine, Stoßdämpfer, Gabelstabilisatoren) bei Krafträdern			X	X	
	Ständer für Krafträder		X	X		
	Achsen				X	
	Rahmenänderungen			X	X	
	Überrollbügel im PKW		X	X		zul. Dachlast beachten
	Luftleiteinrichtung (Spoiler, Kraftradverkleidungen, seitl. Regen- und Windabweiser) bei Anbauhöhen 2 m		X	X		

Dauer

| | | Betriebserlaubnis des Fahrzeugs | | | | |
| | | erlischt nicht | | | erlischt | |
Gruppe	Änderung	keine Genehmigung und/oder kein Teilegutachten vorhanden ohne Einschränkung verwendbar	wenn Genehmigung vorhanden und nicht von der Abnahme des Ein- oder Anbaus abhängig gemacht Anbauabnahme nicht erforderlich	wenn Genehmigung vorhanden oder Teilegutachten vorhanden und von der Abnahme des Ein- oder Anbaus abhängig gemacht Anbauabnahme erforderlich	wenn keine Genehmigung und/oder kein Teilegutachten vorhanden Begutachtung nach § 21 StVZO hins. d. Änderung erforderlich	Bemerkungen Hinweise auf zu beachtende Vorschriften StVZO/Sonderfälle
	Dachgepäckträger	X				zul. Dachlast beachten
	Tragsysteme	X	X	X[12]		§ 30 StVZO, Merkblatt über die Verwendung von Hecktragesystemen [12]sofern in verkehrsgefährdender Weise Teile beeinträchtigt werden können, an die die StVZO bzw. EG-Rili konkrete Anforderungen stellt (z. B. Lichttechnische Einrichtungen, Kuppelungskugel mit Halterung)
	Schlafkabine auf Fahrerhäusern			X		
	Hinterer Unterfahrerschutz		X	X		
	Seitliche Schutzvorrichtung		X	X		
	Anbau von Schütten bei Hinterkippern	X				Änderungen Länge und Gewicht/Lasten beachten § 30c StVZO, Rili über d. Beschaffenheit und Anbringung äußerer Fz-Teile beachten § 32b StVZO beachten
	Einbau zusätzlicher Teile im Insassenraum (z. B. Telematik-Endgeräte, Funkgeräte)	X[13]	X	X		§ 30 StVZO Rili für Gestaltung und Ausrüstung der Führerhäuser [13]soweit EMB (siehe 26. Änderung VO nachgewiesen
	Schiebedach, Glas/kurbel/hebe/dach		X	X		
	Änderung der Federungsart (z. B. Umbau von Blatt- auf Luftfederung)			X	X	
	Trennschutzgitter o. -wand	X				
	Raumschutzeinrichtung		X	X		
	Kupplungskugel mit Halterung			X		
	Anhängebock			X		
	Sattelkupplung (einschl. Sattelplatte)			X	X[14]	[14]bei Änderung der Fz-Art
	Selbsttätige Anhängekupplung bei Änderung der Größe und/oder Form und/oder Veränderung der Anhängelast			X[15]		ggf. Änderung d. Fz-Papiere [15]ist d. Erhöhung d. Anhängelast nicht mit in d. BE genehmigt, Begutachtung nach

Gruppe	Änderung	Betriebserlaubnis des Fahrzeugs				Bemerkungen Hinweise auf zu beachtende Vorschriften StVZO/Sonderfälle
		erlischt nicht			erlischt	
		keine Genehmigung und/oder kein Teilegutachten vorhanden — ohne Einschränkung verwendbar	wenn Genehmigung vorhanden und nicht von der Abnahme des Ein- oder Anbaus abhängig gemacht Anbauabnahme nicht erforderlich	wenn Genehmigung vorhanden oder Teilegutachten vorhanden und von der Abnahme des Ein- oder Anbaus abhängig gemacht Anbauabnahme erforderlich	wenn keine Genehmigung und/oder kein Teilegutachten vorhanden — Begutachtung nach § 21 StVZO hins. d. Änderung erforderlich	
						§ 21 StVZO erforderlich
	Nachträglicher Anbau einer selbsttätigen Anhängekupplung an Fahrzeugen mit BE, in der ein Anbau einer Anhängekupplung genehmigt ist		X	X		
	Nichtselbsttätige Anhängekupplung an lof-Fz			X		
	Anhänge-Zugeinrichtungen (z. B. Kurzkuppelsysteme)			X		
	nachträglicher Anbau Ladebordwand				X	
	Nachträglicher Anbau Ladekran				X	
	Änderung Achsabstand, Einbau zusätzlicher Achsen				X	
	Nachträglicher Anbau einer Seilwinde		X[16]	X		[16] nur an Pkw innerhalb des Fahrzeugumrisses EMV ist nachzuweisen
	Tausch der Anhängekupplung f. Deichselanhänger gegen eine f. Zentralachsanhänger			X		
	Einrichtungen zum Stabilisieren des Fahrverhaltens von Zugfahrzeugen und Anhängern		X			
	Sitze		X	X		
	Änderung der Sitzstruktur[5]	X[17]		X		[5] Nur für Behindertenumbau [17] bei reiner Veränderung der Polsterung
	Änderung der Sitzkonsole					Prüfung nach 74/408/EWG erforderlich Prüfung
				X		nach 76/115/EWG erforderlich für Fahrzeuge mit Tag der 1. Zulassung nach dem 1.1.92
	Einbau von Schwenk- und Schiebetüren			X		
	Rollstuhl als Sitz[5]			X	X	[5] Nur für Behindertenumbau
	Rollstuhl als Fahrersitz[5]				X	[5] Nur für Behindertenumbau
	Sicherheitsgurte		X	X		
	Außer Funktion setzen eines Airbags		X[18]			[18] s. VkBl. 1999 S. 98

Gruppe	Änderung	keine Genehmigung und/oder kein Teilegutachten vorhanden / ohne Einschränkung verwendbar	wenn Genehmigung vorhanden und nicht von der Abnahme des Ein- oder Anbaus abhängig gemacht / Anbauabnahme nicht erforderlich	wenn Genehmigung vorhanden oder Teilegutachten vorhanden und von der Abnahme des Ein- oder Anbaus abhängig gemacht Anbauabnahme erforderlich	wenn keine Genehmigung und/oder kein Teilegutachten vorhanden / Begutachtung nach § 21 StVZO hins. d. Änderung erforderlich	Bemerkungen / Hinweise auf zu beachtende Vorschriften StVZO/Sonderfälle
	Rollstuhlverladeeinrichtung[5]	X[19]	X			[5] Nur für Behindertenumbau [19] bei Dachliftern, die nicht dauerhaft mit dem Fahrzeug verbunden sind
	Einbau von Einstiegshilfen (z. B. Kran, Lift oder Rampe)[5]			X	X	[5] Nur für Behindertenumbau
7. Feuersicherheit	Kraftstoffleitungen	X				DIN 73 378 muss erfüllt sein
	Kraftstoffbehälter			X		§§ 30, 45 StVZO bzw. 70/221/EWG beachten
	Kraftstoffvorwärmeanlage		X	X		
	Zusatzheizung (selbsttätige Wärmeerzeugung aus flüssigen o. gasförmigen Kraftstoffen)			X		nur mit Nachweis des Abgas- und Geräuschverhaltens
	Einbau einer Flüssiggasanlage oder anderer alternativer Antriebssysteme (Wasserstoff-, Methanolbetrieb usw.)			X		nur mit Nachweis des Abgas- und Geräuschverhaltens
8. Abgas- und Geräuschverhalten	Austauschmotor	X				als Austauschmotor gilt nur ein Motor von gleichem Hubraum, gleicher Leistung, ohne Verschlechterung d. Abgas- und Geräuschverhaltens; geringe Abweichungen infolge Ausschleifen d. Zylinder sind zulässig; Teilemotor gilt auch als Austauschmotor
	Einbau eines anderen Motors			X		ohne Verschlechterung d. Abgas- und Geräuschverhaltens. Einbauhinweise d. Genehmigung beachten; ggf. Fz-Papiere ändern
	Änderung d. vorh. Motors insbes. zur Leistungsänderung durch					in Einzelfällen Begutachtung nach § 21 StVZO erforderlich ggf. AU-Werte neu festlegen EMV ist nachzuweisen
	– Änderung der Gemischaufbereitungs- oder Ansauganlage			X	X	
	– Änderung der Gemischaufbereitungs- oder Ansauganlage			X	X	
	– Verwendung geänderter Motorteile (z. B. Kolben, Nockenwelle, Zylinderköpfe)			X	X	

Gruppe	Änderung	Betriebserlaubnis des Fahrzeugs erlischt nicht		Betriebserlaubnis des Fahrzeugs erlischt		Bemerkungen
		keine Genehmigung und/oder kein Teilegutachten vorhanden — ohne Einschränkung verwendbar	wenn Genehmigung vorhanden und nicht von der Abnahme des Ein- oder Anbaus abhängig gemacht Anbauabnahme nicht erforderlich	wenn Genehmigung vorhanden oder Teilegutachten vorhanden und von der Abnahme des Ein- oder Anbaus abhängig gemacht Anbauabnahme erforderlich	wenn keine Genehmigung und/oder kein Teilegutachten vorhanden — Begutachtung nach § 21 StVZO hins. d. Änderung erforderlich	Hinweise auf zu beachtende Vorschriften StVZO/Sonderfälle
	– Aufladung des Motors			X	X	
	– Luftfilteranlage			X	X	
	– Schalldämpfer			X	X	
	Veränderung an der Zündanlage		X	X		
	Einbau einer Geschwindigkeitsregeleinrichtung	X[20]	X	X	X	[20] wenn kein Eingriff in die Motorelektronik und in das Bremssystem
	Einbau eines Geschwindigkeitsbegrenzers	X	X	X		
	Abgasreinigungsanlage – Einbau, Änderung		X[21]	X		§ 47 StVZO [21] wenn eine AU-Werkstatt Einbau bescheinigt hat
	Latentwärmespeicher		X	X		
	Blenden für Endrohre v. Schalldämpferanlagen ohne Veränderung des Auslassquerschnitts	X				§ 30c StVZO
	Getriebe, Achsübersetzung (andere Wirkungsweise, Handschaltgetriebe)			X		bei LKW u. KOM § 57b StVZO beachten, Abgas- u. Geräuschverhalten beachten
	Ausbau eines Geschwindigkeitsbegrenzers (Pkw)			X		
	Einbau einer automatischen Kupplung			X		
9. Kombinationen von Änderungen	Anhängekupplung und Änderung des Fahrwerks (z. B. Tieferlegung)			X[22]		[22] Werden mehrere Änderungen, die sich in ihrer Kombination gegenseitig so beeinflussen, dass eine Gefährdung zu erwarten ist oder eine Verschlechterung des Abgas- oder Geräuschverhaltens eintritt, zeitgleich oder zeitlich versetzt vorgenommen, so erlischt die Betriebserlaubnis des Fahrzeuges. Dies gilt nicht, wenn für die Kombination eine Teilgenehmigung oder ein Teilegutachten vorliegt
	Auspuffanlage und Spoiler (im Bereich der Auspuffanlage)		X[22]	X[22]		
	Sonderlenkrad und Rad-/Reifenänderung			X[22]		
	Sonderlenkrad und Änderung des Fahrwerks (z. B. Tieferlegung) wenn keine Spurverbreiterung			X[22]		
	Mehrere Änderungen des Fahrwerks (z. B. Sturz, Spur, Federn, Stoßdämpfer, Räder, Reifen)			X[22]	X	
	Rad/Reifen **und** Änderung des Fahrwerks			X[22]	X	
	Rad/Reifen **und** Spoiler		X[22]	X[22]		
	Rahmenverlängerung (ohne Radstandsänderung) **und** Änderung des hinteren Unterfahrschutzes			X[22]	X	

		Betriebserlaubnis des Fahrzeugs				
		erlischt nicht			erlischt	
Gruppe	Änderung	keine Genehmigung und/oder kein Teilegutachten vorhanden ohne Einschränkung verwendbar	wenn Genehmigung vorhanden und nicht von der Abnahme des Ein- oder Anbaus abhängig gemacht Anbauabnahme nicht erforderlich	wenn Genehmigung vorhanden oder Teilegutachten vorhanden und von der Abnahme des Ein- oder Anbaus abhängig gemacht Anbauabnahme erforderlich	wenn keine Genehmigung und/oder kein Teilegutachten vorhanden Begutachtung nach § 21 StVZO hins. d. Änderung erforderlich	Bemerkungen Hinweise auf zu beachtende Vorschriften StVZO/Sonderfälle
	Rahmenverlängerung (ohne Radstandsänderung) **und** Tieferlegung der Anhängekupplung			X[22]	X	
	Leistungsänderung **und** Rad/Reifen			X[22]		
10. § 19 (2) Nr. 1 StVZO Änderung der Fahrzeugart	Änderung der genehmigten Fz-Art z. B. – Pkw in Lkw oder umgekehrt (o. u) – Lkw in Zugmaschine o. u. – Lkw in selbstfahrende Arbeitsmaschine o. u. – KOM in Wohnmobil o. u. – Pkw in Wohnmobil o. u. – Lkw in Wohnmobil o. u. – Anhänger offener Kasten in Tankwagen o. u. – Krad, Motorrad m. Lb. in Lkrad Motorrad o. u. – Krad, Motorrad m. Lb. in Krad Motorrad o. Lb. o. u. – Lkrad in Kleinkrad o. u. – Kleinkrad in Mofa			X[23]	X	d. Herabsetzung d. zGG führt nicht automatisch zur Änderung d. Fahrzeugart die Heraufsetzung des zGG innerhalb einer Fz-Art kann der Änderung der Fz-Art gleichzusetzen sein z. B. N1-Umbau in N2, M2-Umbau in M3) [23] nur in einfachen Fällen

Die gegenseitige Beeinflussung bei Kombinationen von Änderungen (Pkw, Kraftrad)

Art der Änderung	Abgasverhalten	Auspuffanlage	Änderung am Motor, Leistungsänderung	Anhängekupplung	Lenkrad, Lenker	Tieferlegung	Spoiler	Federn, Stoßdämpfer	Spur/Sturz	Rad/Reifen
Rad/Reifen	X	–	X	–	X	X	X	X	X	–
Spur/Sturz	–	–	–	–	X	X	–	X	–	
Federn, Stoßdämpfer	–	X	X	–	–	X	–	–		
Spoiler	–	X	X	X	–	X	–			
Tieferlegung	–	X	–	X	–	–				
Lenkrad, Lenker	–	–	–	–	–					
Anhängekupplung	–	X	X	–						
Änderungen am Motor, Leistungsänderung	X	X	–							
Auspuffanlage	X	–								
Abgasverhalten	–									

– keine gegenseitige Beeinflussung
X gegenseitige Beeinflussung möglich, weitere Hinweise siehe Teile ABE/Teilegutachten/Genehmigung

Erlöschen der Betriebserlaubnis bzw. EG-Typgenehmigung: Die umfangreiche zu Abs. II **13** aF ergangene kasuistische Rspr. ist weitestgehend überholt. S. dazu 32. Aufl. Auch soweit die Rspr. zur früheren Fassung auf *mögliche* Gefährdung abstellt, ist sie nicht ohne weiteres auf die Neufassung übertragbar, die insoweit eine Wahrscheinlichkeit voraussetzt (s. Rn. 8). Bei Ausbau der Wohnausstattung eines Wohnmobils zwecks Umgestaltung als TransportFz ändert sich die genehmigte FzArt, daher erlischt die BE (so schon zu Abs. II aF KG NZV **93** 281). Räder und Bereifung sind für die VSicherheit von besonderer Bedeutung, so dass hier Änderungen vielfach zum Erlöschen der BE gem. Abs. II Nr. 2 führen werden (s. Rn. 8), Dü VM **97** 21. Bei Verwendung von **Reifen** für Pkw mit anderer als der in den FzPapieren angegebenen Größenbezeichnung erlischt die BE nur, wenn dadurch für den konkreten Fall eine Gefährdung von VT zu erwarten ist, Dü VM **97** 21, Kö NZV **97** 283. S. dazu im übrigen Verlautbarung des BMV v. 16.6.91, VkBl. **91** 578, **93** 411 = StVRL § 36 StVZO Nr. 2. Zur Ausstattung des Fzs mit Reifen anderer als in den FzPapieren angegebener Fabrikats-, Profil- oder Typbezeichnung, BMV VkBl. **00** 627 = StVRL § 19 StVZO Nr. 15. Übersichtstabelle über Reifengrößen an Pkw, für die durch das Kraftfahrttechnische Amt der *ehemaligen DDR* eine ABE erteilt worden ist: VkBl. **91** 573 = StVRL § 36 StVZO Nr. 3. Kein Erlöschen der BE nach Anbringen eines zusätzlichen **Scheinwerfers,** AG Kar ZfS **00** 558. Die BE erlischt nach **Tieferlegen** des Fzs mit der Folge, dass es zum Schleifen der Reifen an der Karosserie kommen kann, Ko NZV **04** 199. Sie erlischt abw von Abs. II bei **Aussonderung von BW-Fzen** aus dem BW-FzBestand, für die die Erleichterungen der §§ 20 III b, 21 VI in Anspruch genommen worden sind (Abs. II S. 3, Inkrafttreten: 1.10.2005), s. Begr Rn. 1. **Kein Erlöschen der Betriebserlaubnis** bzw. EG-Typgenehmigung: S. den Katalog Rn. 12, ferner § 1 Ia der 2. VO über Ausnahmen von straßenverkehrsrechtlichen Vorschriften (An- oder Aufbauten bei FzVerwendung auf Brauchtumsveranstaltungen, s. § 3 FZV Rn. 3) sowie § 1 der 42. StVZAusnV (seitliche Schutzvorrichtungen, s. Rn. 1b). Kein Erlöschen der BE bei Einbau einer **Gasstandheizung,** Dü NZV **95** 329 (abl *Kreutel/Schmitt* PVT **96** 109, Anm *Kullik* PVT **95** 221), Anbringen eines **Lenkhilfeknaufs,** Dü NZV **96** 40 (abl *Kreutel/Schmitt*), **96** 249.

Das **Erlöschen der Betriebserlaubnis lässt die Zulassung unberührt.** Da seit Inkrafttre- **14** ten der FZV am 1.3.07 das Bestehen der Betriebserlaubnis nicht mehr Bestandteil der Zulassung ist, führt das Erlöschen der Betriebserlaubnis nicht mehr automatisch zum Erlöschen der Zulassung (Jn NZV **10** 415, *Albrecht/Janker* SVR **07** 401, *Lippert* VD **12** 171). Nach Erlöschen der BE nach II S. 2 oder III S. 2 darf das Fz aber **nicht mehr** auf öffentlichen Straßen **in Betrieb gesetzt** oder seine Inbetriebnahme durch den Halter angeordnet oder zugelassen werden (Abs. 5 S. 1); Verstoß ist ow (§ 69a II Nr. 1a, Nr. 214a, 189a Anl BKatV (Regelgeldbuße nur, wenn Verkehrssicherheit oder Umwelt wesentlich beeinträchtigt), Begr BR-Drs. 843/11 (Beschluss) S. 7 f. = VkBl. **12** 418). Ist die BE nach II S. 2 erloschen, dürfen nur noch solche **Fahrten** durchgeführt werden, die in unmittelbarem Zusammenhang mit der **Erlangung einer neuen BE** stehen (Abs. 5 S. 3). Dabei sind die bisherigen Kennzeichen oder rote Kennzeichen am Fz zu führen (Abs. 5 S. 4). Die Fahrt zum aaS und zum TD zwecks Erstellung eines Gutachtens steht iS von Abs. 5 im unmittelbaren Zusammenhang mit der Neuerteilung und ist daher erlaubt. Grundsätzlich ist nur eine Fahrt zu einer nahe gelegenen Prüfstelle gestattet; dies muss aber nicht in jedem Falle die *nächste* oder am Wohnort befindliche sein (Dü VRS **85** 66 – Nachbarort). Auch Fahrten des aaS und des Erstellers des Gutachtens nach § 21, der für einen nach § 30 EG-FGV benannten TD im Rahmen der Erstellung des Gutachtens tärig ist, mit den bisherigen Kennzeichen oder roten Kennzeichen im Rahmen der Erstellung des Gutachtens sind erlaubt (Abs. 5 S. 5). Bei nach II S. 2 oder III S. 2 erloschener BE dürfen Kurzzeitkennzeichen nur nach Maßgabe von § 16a VI FZV verwendet werden (Abs. 5 S. 6), also nur bei Fahrten, die in unmittelbarem Zusammenhang mit der Erlangung einer neuen BE stehen, im Bezirk der ZulB, die für den aktuellen Standort des Fz zuständig ist oder einem angrenzenden Bezirk und zurück, und nicht bei Prüfungsfahrten (Begr BR-Drs. 770/16 S. 135).

Die **neue Betriebserlaubnis wird auf Antrag** des Eigentümers oder sonst Verfügungsbe- **15** rechtigten nur durch die ZulB erteilt, Ha VRS **50** 239, Kö VRS **72** 214, sofern das Fz nach der Änderung den Vorschriften des Abs. 1 entspricht. Für die Neuerteilung gilt § 21 entsprechend und damit das Verfahren für die Erteilung einer BE für EinzelFze, Abs. 2 S. 4. Die bloße nachträgliche Eintragung im FzSchein ersetzt nicht die Neuerteilung erloschener BE, Kar VM **93** 46, Ce VRS **74** 459 (abw zu § 19 II aF Kö VRS **72** 214). Erforderlich ist grundsätzlich ein Vollgutachten eines amtlich anerkannten Sachverständigen oder Technischen Dienstes; besteht kein Anlass zur Annahme der Unvorschriftsmäßigkeit im Übrigen, so wird sich die Begutachtung jedoch auf die Änderung, die zum Erlöschen geführt hat, beschränken dürfen (s. Begr. VkBl. **94** 150).

Kein Wiederaufleben der gem. Abs. 2 erloschenen ABE nach Wiederherstellung des ursprünglichen Zustands (BGH 11.12.19 – VIII ZR 361/18 NJW **20** 1287), auch nicht, nachdem auf Grund der voraufgegangenen Änderung eine neue BE erteilt worden war (KG VRS **67** 466).

15a   **4a. Erprobungsfahrzeuge.** Abs. 6 befreit nur von verfahrensrechtlichen Vorschriften bei Erprobungsfz, nicht von der Genehmigungspflicht bei Abweichungen von materiellen Bau- oder Betriebsvorschriften, auch gilt er nur für TypenBE, s. BMV VkBl. **74** 637 = StVRL § 19 StVZO Nr. 8. IS von Abs. 6 *ausschließlich* zur Erprobung können Fze vom Hersteller auch dann verwendet werden, wenn sie Werksangehörigen überlassen werden, damit diese über die bei ihrer privaten Nutzung gemachten Erfahrungen berichten (BayVRS **68** 149).

16   **5. Ordnungswidrigkeiten:** Inbetriebnahme eines Fz, dessen BE nach Abs. 2 S. 2 Nrn 1–3 oder Abs. 3 S. 2 erloschen ist, und Anordnung oder Zulassen der Inbetriebnahme eines solchen Fz durch den Halter sind ow (§ 69a II Nr. 1a); Regelgeldbuße nur, wenn Verkehrssicherheit oder Umwelt wesentlich beeinträchtigt (Nr. 214a, 214b, 189a, 189b Anl BKatV, s. dazu *Huppertz* DAR **15** 289 (293)). Das Inbetriebsetzen eines **zulassungspflichtigen Fz** mit erloschener Betriebserlaubnis ist nicht ow nach § 48 Nr. 1a FZV (Jn NZV **10** 415, § 3 FZV Rn. 30), da das Erlöschen der BE die Zulassung nicht berührt (Rn. 14). Das Inbetriebsetzen eines zulassungspflichtigen Fz mit erloschener Betriebserlaubnis verletzt § 30 I Nr. 1, wenn die BE nach Abs. 2 S. 2 Nr. 2 (Gefährdung von VTeilnehmern ist zu erwarten) erloschen ist, sofern die Fahrt nicht gem. Abs. 5 erlaubt ist; ow nach § 69a III Nr. 1. Der Halter verstößt in diesem Fall gegen § 31 II; ow nach § 69a V Nr. 3. Bei Erlöschen der BE nach Abs. 2 S. 2 Nrn 1 und 3 kann das Inbetriebsetzen gegen § 30 I Nr. 1 verstoßen und nach § 69a III Nr. 1 ow sein (Jn NZV **10** 415, *Albrecht/Janker* SVR **07** 403, *Huppertz* SVR **09** 325). Wenn der Halter in diesen Fällen seine Mitteilungspflicht nach § 13 I S. 1 Nrn 2 und 9 FZV verletzt, ist dies ow nach § 48 Nr. 12 FZV. – Das Inbetriebsetzen eines **zulassungsfreien Fz** mit erloschener Betriebserlaubnis ist ow nach § 48 Nr. 1a FZV, sofern die Fahrt nicht gem. Abs. 5 erlaubt ist. Der Halter verstößt gegen § 4 VI Nr. 1 FZV; ow nach § 48 Nr. 2 FZV (speziell gegenüber § 69a V Nr. 3 iVm § 31 II). – **Nichtmitführen** oder Nichtaushändigen der in Abs. 4 S. 1 genannten Papiere in Fällen des Abs. 3 Nrn 1, 3 und 4 ist ow gem. § 69a II Nr. 9g.

17   **6. Zivilrecht.** Die zum Erlöschen der BE führende Veränderung kann versicherungsrechtlich (§§ 23 ff. VVG) eine Gefahrerhöhung bedeuten. *Theda*, Erlöschen der BE bei Veränderungen am Fz, VGT **83** 260 = VersR **83** 1097.

Allgemeine Betriebserlaubnis für Typen

20 (1) ¹Für reihenweise zu fertigende oder gefertigte Fahrzeuge kann die Betriebserlaubnis dem Hersteller nach einer auf seine Kosten vorgenommenen Prüfung allgemein erteilt werden (Allgemeine Betriebserlaubnis), wenn er die Gewähr für zuverlässige Ausübung der dadurch verliehenen Befugnisse bietet. ²Bei Herstellung eines Fahrzeugtyps durch mehrere Beteiligte kann die Allgemeine Betriebserlaubnis diesen gemeinsam erteilt werden. ³Für die Fahrzeuge, die außerhalb des Geltungsbereichs dieser Verordnung hergestellt worden sind, kann die Allgemeine Betriebserlaubnis erteilt werden

1. dem Hersteller oder seinem Beauftragten, wenn die Fahrzeuge in einem Staat hergestellt worden sind, in dem der Vertrag zur Gründung der Europäischen Wirtschaftsgemeinschaft oder das Abkommen über den Europäischen Wirtschaftsraum gilt,

2. dem Beauftragten des Herstellers, wenn die Fahrzeuge zwar in einem Staat hergestellt worden sind, in dem der Vertrag zur Gründung der Europäischen Wirtschaftsgemeinschaft oder das Abkommen über den Europäischen Wirtschaftsraum nicht gilt, sie aber in den Geltungsbereich dieser Verordnung aus einem Staat eingeführt worden sind, in dem der Vertrag zur Gründung der Europäischen Wirtschaftsgemeinschaft oder das Abkommen über den Europäischen Wirtschaftsraum gilt,

3. in den anderen Fällen dem Händler, der seine Berechtigung zum alleinigen Vertrieb der Fahrzeuge im Geltungsbereich dieser Verordnung nachweist.

⁴In den Fällen des Satzes 3 Nummer 2 muss der Beauftragte des Herstellers in einem Staat ansässig sein, in dem der Vertrag zur Gründung der Europäischen Wirtschaftsgemeinschaft oder das Abkommen über den Europäischen Wirtschaftsraum gilt. ⁵In den Fällen des Satzes 3 Nummer 3 muss der Händler im Geltungsbereich dieser Verordnung ansässig sein.

(2) ¹Über den Antrag auf Erteilung der Allgemeinen Betriebserlaubnis entscheidet das Kraftfahrt-Bundesamt. ²Das Kraftfahrt-Bundesamt kann einen amtlich anerkannten Sach-

verständigen für den Kraftfahrzeugverkehr oder eine andere Stelle mit der Begutachtung beauftragen. ³Es bestimmt, welche Unterlagen für den Antrag beizubringen sind.

(2a) Umfasst der Antrag auf Erteilung einer Allgemeinen Betriebserlaubnis auch die Genehmigung für eine wahlweise Ausrüstung, so kann das Kraftfahrt-Bundesamt auf Antrag in die Allgemeine Betriebserlaubnis aufnehmen, welche Teile auch nachträglich an- oder eingebaut werden dürfen (§ 19 Absatz 3 Nummer 1 Buchstabe b und Nummer 3); § 22 Absatz 3 ist anzuwenden.

(3) ¹Der Inhaber einer Allgemeinen Betriebserlaubnis für Fahrzeuge hat für jedes dem Typ entsprechende, zulassungspflichtige Fahrzeug einen Fahrzeugbrief auszufüllen. ²Die Vordrucke für die Briefe werden vom Kraftfahrt-Bundesamt ausgegeben. ³In dem Brief sind die Angaben über das Fahrzeug von dem Inhaber der Allgemeinen Betriebserlaubnis für das Fahrzeug einzutragen oder, wenn mehrere Hersteller beteiligt sind, von jedem Beteiligten für die von ihm hergestellten Teile, sofern nicht ein Beteiligter die Ausfüllung des Briefs übernimmt; war die Erteilung der Betriebserlaubnis von der Genehmigung einer Ausnahme abhängig, so müssen die Ausnahme und die genehmigende Behörde im Brief bezeichnet werden. ⁴Der Brief ist von dem Inhaber der Allgemeinen Betriebserlaubnis unter Angabe der Firmenbezeichnung und des Datums mit seiner Unterschrift zu versehen; eine Nachbildung der eigenhändigen Unterschrift durch Druck oder Stempel ist zulässig.

(3a) ¹Der Inhaber einer Allgemeinen Betriebserlaubnis für Fahrzeuge ist verpflichtet, für jedes dem Typ entsprechende zulassungspflichtige Fahrzeug eine Datenbestätigung nach Muster 2d auszufüllen. ²In die Datenbestätigung sind vom Inhaber der Allgemeinen Betriebserlaubnis die Angaben über die Beschaffenheit des Fahrzeugs einzutragen oder, wenn mehrere Hersteller beteiligt sind, von jedem Beteiligten die Angaben für die von ihm hergestellten Teile, sofern nicht ein Beteiligter die Ausfüllung der Datenbestätigung übernimmt. ³Die Richtigkeit der Angaben über die Beschaffenheit des Fahrzeugs und über dessen Übereinstimmung mit dem genehmigten Typ hat der für die Ausfüllung der Datenbestätigung jeweils Verantwortliche unter Angabe des Datums zu bescheinigen. ⁴Gehört das Fahrzeug zu einer in Anlage XXIX benannten EG-Fahrzeugklasse, kann zusätzlich die Bezeichnung der Fahrzeugklasse eingetragen werden. ⁵Die Datenbestätigung ist für die Zulassung dem Fahrzeug mitzugeben. ⁶Hat der Inhaber einer Allgemeinen Betriebserlaubnis auch einen Fahrzeugbrief nach Absatz 3 Satz 1 ausgefüllt, ist dieser der Datenbestätigung beizufügen. ⁷Die Datenbestätigung nach Satz 1 ist entbehrlich, wenn

1. das Kraftfahrt-Bundesamt für den Fahrzeugtyp Typdaten zur Verfügung gestellt hat und

2. der Inhaber einer Allgemeinen Betriebserlaubnis durch Eintragung der vom Kraftfahrt-Bundesamt für den Abruf der Typdaten zugeteilten Typ- sowie Varianten-/Versionsschlüsselnummer im Fahrzeugbrief bestätigt hat, dass das im Fahrzeugbrief genannte Fahrzeug mit den Typdaten, die dieser Schlüsselnummer entsprechen, übereinstimmt.

(3b) Für Fahrzeuge, die für die Bundeswehr zugelassen werden sollen, braucht die Datenbestätigung abweichend von Absatz 3a Satz 1 nur für eine Fahrzeugserie ausgestellt zu werden, wenn der Inhaber der Allgemeinen Betriebserlaubnis die Fahrzeug-Identifizierungsnummer jedes einzelnen Fahrzeugs der Fahrzeugserie der Zentralen Militärkraftfahrtstelle mitteilt.

(4) Abweichungen von den technischen Angaben, die das Kraftfahrt-Bundesamt bei Erteilung der Allgemeinen Betriebserlaubnis durch schriftlichen oder elektronischen Bescheid für den genehmigten Typ festgelegt hat, sind dem Inhaber der Allgemeinen Betriebserlaubnis nicht gestattet, wenn diese durch einen entsprechenden Nachtrag ergänzt worden ist oder wenn das Kraftfahrt-Bundesamt auf Anfrage erklärt hat, dass für die vorgesehene Änderung eine Nachtragserlaubnis nicht erforderlich ist.

(5) ¹Die Allgemeine Betriebserlaubnis erlischt nach Ablauf einer etwa festgesetzten Frist, bei Widerruf durch das Kraftfahrt-Bundesamt und wenn der genehmigte Typ den Rechtsvorschriften nicht mehr entspricht. ²Der Widerruf kann ausgesprochen werden, wenn der Inhaber der Allgemeinen Betriebserlaubnis gegen die mit dieser verbundenen Pflichten verstößt oder sich als unzuverlässig erweist oder wenn sich herausstellt, dass der genehmigte Fahrzeugtyp den Erfordernissen der Verkehrssicherheit nicht entspricht.

(6) ¹Das Kraftfahrt-Bundesamt kann jederzeit bei Herstellern oder deren Beauftragten oder bei Händlern die Erfüllung der mit der Allgemeinen Betriebserlaubnis verbundenen Pflichten nachprüfen oder nachprüfen lassen. ²In den Fällen des Absatzes 1 Satz 3 Nummer 1 und 2 kann das Kraftfahrt-Bundesamt die Erteilung der Allgemeinen Betriebserlaubnis davon abhängig machen, dass der Hersteller oder sein Beauftragter sich verpflichtet, die zur Nachprüfung nach Satz 1 notwendigen Maßnahmen zu ermöglichen. ³Die Kosten der Nachprüfung trägt der Inhaber der Allgemeinen Betriebserlaubnis, wenn ihm ein Verstoß gegen die mit der Erlaubnis verbundenen Pflichten nachgewiesen wird.

1   **Begr** zur ÄndVO v. 24.9.04 (BR-Drs. 344/04 S. 33): **Zu Abs. 3a:** *In der Zulassungsbescheinigung Teil II sind, anders als beim derzeitigen Fahrzeugbrief, nicht mehr alle Fahrzeugdaten, die im Zulassungsverfahren benötigt werden, enthalten. Deshalb ist es erforderlich, dass der Inhaber einer Allgemeinen Betriebserlaubnis eine Datenbestätigung (Muster 2d) erstellt.* ...

    Zu Abs. 3b: *Die Änderungen sind erforderlich als Folge der Einarbeitung der Vorschriften der 26. Ausnahmeverordnung zur StVZO. An Stelle der von den Inhabern einer Allgemeinen Betriebserlaubnis oder einer EG-Typgenehmigung auszufüllenden „Übereinstimmungsbescheinigung für Fahrzeuge der Bundeswehr" tritt die Datenbestätigung entsprechend Muster 2d.*

1a   **Begr** zur VO v. 25.4.06 (VkBl. **06** 615): **Zu Abs. 3a Satz 4 und Anl XXIX:** ... *werden die EG-Klassen nach den Typgenehmigungsrichtlinien in das nationale Recht überführt.*

1b   **1. Anwendungsbereich.** § 20 regelt die nationale **Allgemeine Betriebserlaubnis (ABE)** (nationale Typgenehmigung) für serienmäßig hergestellte Kfz. Die Vorschrift hat nur noch einen sehr eingeschränkten Anwendungsbereich. Typgenehmigungen werden für Kfz und Kfz-Anhänger iSd Richtlinie 2007/46/EG = StVRL § 3 EG-FGV Nr. 1 (Klassen M, N, O), für zwei-, drei und leichte vierrädrige Kfz iSd Richtlinie 2002/24/EG = StVRL § 20 StVZO Nr. 42 (Klasse L) und für land- oder forstwirtschaftliche Zugmaschinen, ihre Anhänger und die von ihnen gezogenen auswechselbaren Maschinen iSd Richtlinie 2003/37/EG (Klassen T, R, S) **grundsätzlich nach der EG-FGV** (Buchteil 6) erteilt (§ 1 EG-FGV, Übergangsvorschrift § 39 I Nr. 1 EG-FGV). Die Erteilung Allgemeiner Betriebserlaubnisse nach § 20 ist nur zulässig, soweit die Typgenehmigung nicht nach der EG-FGV zu erteilen ist oder wahlweise nach der EG-FGV oder der StVZO erteilt werden kann. Danach werden ABE nach § 20 erteilt für
– Kfz iSd Richtlinie 2007/46/EG (Klassen M, N, O) mit einer bbH von bis zu 25 km/h (§ 3 I Nr. 1 EG-FGV),
– die nicht von den Richtlinien 2007/46/EG, 2002/24/EG und 2003/37/EG umfassten Fz,
– Fz iSv § 3 III EG-FGV, die nicht die Anforderungen der Richtlinie 2007/46/EG erfüllen.
    Die Typgenehmigung kann nach § 3 III EG-FGV **wahlweise** nach der EG-FGV oder nach § 20 StVZO erteilt werden für
– Fz, die hauptsächlich für den Einsatz auf Baustellen, in Steinbrüchen, in Häfen oder auf Flughäfen konstruiert und gebaut sind,
– Fz, die für den Einsatz durch die Streitkräfte, den Katastrophenschutz, die Feuerwehr und die Ordnungskräfte konstruiert und gebaut sind,
– selbstfahrende Arbeitsmaschinen iSd Begriffsbestimmung in Art 3 Nr. 16 der Richtlinie 2007/46/EG (§ 3 VI EG-FGV, gilt also nicht für auf einem Kraftfahrzeuggestell montierte Maschinen).
    Die Wahlmöglichkeit besteht in allen drei Fällen nur dann, wenn die Fz die Anforderungen der Richtlinie 2007/46/EG erfüllen (§ 3 EG-FGV Rn. 3).

2   **2. Die ABE** ist nur in Deutschland gültig. **Abs. I** betrifft ABE für **reihenweise gefertigte Kfz** und Anhänger (s. BVerfGE **11** 6, 16). Begriff der reihenweisen Fertigung, s. Richtlinie VkBl. **63** 58, 148 = StVRL Nr. 1. Fahrzeugteile von SerienKfzen: §§ 22, 22a. Abs. II a ermöglicht wahlweise Ausrüstungen bei entsprechender Genehmigung im Rahmen nachträglicher Änderung durch den FzHalter (s. auch § 19 Rn. 10). **Hersteller** ist, wer unter eigener technischer Aufsicht und Verantwortung das Fz fertigt, auf das sich die BE bezieht, idR also das betriebsfertige Fahrgestell erzeugt oder montiert, sei es mit selber hergestellten oder mit (teilweise) zugelieferten Teilen. Lediglich wirtschaftliche Verantwortlichkeit (Haftung) für fremde technische Montageaufsicht erfüllt den Herstellerbegriff nicht. Voraussetzung für die Erteilung ist die Typprüfung (II, III). BE für ImportFze, VkBl. **81** 94, *Hördegen* VD **81** 357. Außerhalb des StVZO-Geltungsbereichs hergestellte Fze: Abs. I Satz 3 bis 5. **Händler** ist, wer gewerbsmäßig Kfze oder KfzTeile liefert oder zur Instandsetzung annimmt. Zum Begriff des alleinvertriebsberechtigten Händlers, *Krutein* VD **77** 273. Die Fassung von Abs. I S. 3 lässt zweifeln, ob das „kann" als „kann nur" oder als „kann auch" zu verstehen ist. Die Verwaltungspraxis versteht den Ausdruck iS von „kann nur". Nachträge zu ABEn, BMV VkBl. **62** 538. Die ABE begründet eine Vermutung für die **Beschaffenheit des Kfz,** Ko DAR **05** 683. Volle Gefahrlosigkeit kann das Zulassungsverfahren nicht garantieren, BGH NJW **73** 458. *Raddatz,* Haftung für Unfälle durch Konstruktionsfehler an Kfzen, VersR **67** 833.

3   **3. Zuständig für die Typprüfung** ist das **Kraftfahrt-Bundesamt** (G v. 4.8.51, BGBl **51** I 488). Es ist Bundesoberbehörde und untersteht dem BMV. Landesbehörden und Prüf-

stellen sind ihm nicht unterstellt. Das KBA kann Ausnahmen von den Bau- und Betriebs-
vorschriften zulassen (§ 70 I Nr. 4). Die Begutachtung kann das KBA einem amtlich aner-
kannten Sachverständigen oder einer anderen Stelle übertragen (Abs. II S. 2). Zuständigkeit
von Prüfstellen und Technischen Diensten im Rahmen der Begutachtung/Prüfung für die Ty-
pengenehmigung von Fzen und FzTeilen, s. BMV v. 13.10.92, VkBl. **92** 561 = StVRL § 22a
StVZO Nr. 7. **Verfahren.** Die ABE wird auf **Antrag** erteilt. Gem Abs. II S. 3 bestimmt das KBA, welche **4**
Unterlagen dem Antrag beizufügen sind; s. dazu Richtlinie VkBl. **63** 58, 148 = StVRL Nr. 1.
Mit der Erteilung der ABE wird für alle dem Typ entsprechenden Fze die BE erteilt. In der Er-
laubnis wird die Art des Fahrgestells festgelegt. Außer dem Fahrgestell sind die Aufbauten
und gewisse für Betrieb und Verkehr wichtige Zubehörteile zu prüfen. Eine ABE kann sich
auf das Fz einschließlich der Aufbauten oder nur auf das Fahrgestell erstrecken. Bei anderen
als den in der Erlaubnis vorgesehenen Aufbauten ist nach § 22 II S. 4 und § 21 zu verfahren. Zur
Verfahrensweise bei der Umstellung auf neue Maßeinheiten, s. BMV VkBl. **77** 403. Unter den
Voraussetzungen von I S. 1, 2 besteht ein Rechtsanspruch auf Erteilung einer ABE. Geltungs-
dauer: V.

4. Im **Fahrzeugbrief** (Zulassungsbescheinigung Teil II) werden die wichtigsten Daten über **5**
die Beschaffenheit des Kfz eingetragen, für das der Brief ausgestellt ist, s. im Übrigen § 12 FZV.
Privatrechtliche Bedeutung: § 12 FZV Rn. 15. Verlust des Briefes: § 12 IV FZV. Ein FzBrief
liegt vor, sobald der amtliche Vordruck durch die darin vorgesehene, wenn auch private Ein-
tragung Beziehung zu einem bestimmten Fz erhält, BGH DAR **60** 177. Keine Befugnis des
ABE-Inhabers, einen zweiten FzBrief für ein Fz auszustellen, für das ein solcher bereits aus-
gestellt war, *Wirsing* VD **83** 264. **Vordrucke** für ZB II s. § 12 III FZV. **Ausnahmegeneh-
migungen** sind in den Brief aufzunehmen (Abs. III S. 3). Dies soll die Übersicht über die
Rechtslage erleichtern. Der **FzBrief gehört zum Fahrgestell** als dem Hauptteil des Kfz, bei
Krafträdern zum Rahmen, s. VkBl. **49** 14. Aufgrund einer für das Fz (einschließlich Aufbauten)
erteilten ABE dürfen FzBriefe für Fahrgestelle nur ausgefertigt werden, wenn die Befugnis in der
Erlaubnis ausdrücklich zugestanden ist. Nötigenfalls ist Erweiterung zu beantragen. Da der
FzBrief ab 1.10.2005 (Inkrafttreten der 38. ÄndVStVR) nicht mehr alle im Zulassungsverfahren
benötigten FzDaten enthält, hat der Inhaber der ABE seit diesem Zeitpunkt nach Maßgabe
von Abs. IIIa S. 1 eine **Datenbestätigung** (s. § 2 Nr. 8 FZV) nach **Muster 2d** auszufüllen. Aus-
nahmen: Abs. IIIa S. 6 (Typdatenerstellung durch das KBA) und Abs. III b (für die **BW** zuzulas-
sende Fze). Wenn das Fahrzeug zu einer in Anl XXIX benannten **EG-Fahrzeugklasse** gehört,
kann die Bezeichnung der Fahrzeugklasse in die Datenbestätigung eingetragen werden, Abs. IIIa
S. 4. Die Einstufung von Fz in die durch die Richtlinie 70/156/EWG (seit 29.4.09: Richtlinie
2007/46/EG = StVRL § 3 EG-FGV Nr. 1) harmonisierten Fz-Klassen hat keine Auswirkungen
auf nationale Verhaltensvorschriften, EuGH NJW **06** 2539 (dazu *Marquardt* VD **06** 264, *Kokott*
DAR **06** 607). Die Datenbestätigung ersetzt nach Abs. III S. 4 in der bis zum 30.9.05 gel-
tenden Fassung verlangte Übereinstimmungsbescheinigung. Die §§ 20 ff. sind **keine Schutz-
gesetze** zugunsten von Sicherungsübereignungsnehmern, BGH VRS **56** 100.

**5. Abweichungen von den technischen Angaben. Geltungsdauer der Allgemeinen 6
Betriebserlaubnis. Prüfungsrecht des Kraftfahrt-Bundesamtes.** § 20 IV ist § 7 II alt (=
§ 4 II nF) der FahrzeugteileVO nachgebildet. Auch bei den ABE hängen **Abweichungen** von
den festgelegten technischen Angaben von der Zustimmung des KBA ab, die durch eine Nach-
tragserlaubnis oder durch die Erklärung (s. Begr VkBl. **60** 461), eine Nachtragserlaubnis sei nicht
erforderlich, erteilt wird. **Toleranzenkatalog** über zulässige Messwertabweichungen bei FzPrü-
fungen, VkBl. **84** 182 = StVRL § 30 StVZO Nr. 15. Fze, die der ABE entsprechen, können nicht
mit einer Einzel-BE (§ 21) betrieben werden. Abs. V über das **Erlöschen** der ABE und Abs. VI
entsprechen im Wesentlichen den §§ 12 und 11 alt (= §§ 10 II, 9 II nF) der FahrzeugteileVO.
Die Angleichung ist zweckmäßig, weil BEe und Bauartgenehmigungen sich in den hier wesent-
lichen Punkten gleichen. Ein Widerruf der ABE wirkt nicht zurück. Er ist durch Verwaltungs-
klage anfechtbar. Ein Verstoß gegen eine Auflage kann zum Widerruf der BE führen, OVG Lü-
neburg DAR **73** 55.

6. Ausnahmen: § 70. 7

7. Ordnungswidrigkeit: § 69a V S. 1. 8

Betriebserlaubnis für Einzelfahrzeuge

21 (1) [1]Gehört ein Fahrzeug nicht zu einem genehmigten Typ, so hat der Verfügungsberechtigte die Betriebserlaubnis bei der nach Landesrecht zuständigen Behörde zu beantragen. [2]Mit dem Antrag auf Erteilung der Betriebserlaubnis ist der nach Landesrecht zuständigen Behörde das Gutachten eines amtlich anerkannten Sachverständigen für den Kraftfahrzeugverkehr oder eines nach § 30 der EG-Fahrzeuggenehmigungsverordnung zur Prüfung von Gesamtfahrzeugen der jeweiligen Fahrzeugklasse benannten Technischen Dienstes vorzulegen. [3]Das Gutachten muss die technische Beschreibung des Fahrzeugs in dem Umfang enthalten, der für die Ausfertigung der Zulassungsbescheinigung Teil I und Teil II erforderlich ist. [4]Dem Gutachten ist eine Anlage beizufügen, in der die technischen Vorschriften angegeben sind, auf deren Grundlage dem Fahrzeug eine Betriebserlaubnis erteilt werden kann. [5]In den Fällen des § 19 Absatz 2 sind in dieser Anlage zusätzlich die Änderungen darzustellen, die zum Erlöschen der früheren Betriebserlaubnis geführt haben. [6]In dem Gutachten bescheinigt die oder der amtlich anerkannte Sachverständige für den Kraftfahrzeugverkehr oder der nach § 30 der EG-Fahrzeuggenehmigungsverordnung zur Prüfung von Gesamtfahrzeugen der jeweiligen Fahrzeugklasse benannte Technische Dienst, dass sie oder er das Fahrzeug im Gutachten richtig beschrieben hat und dass das Fahrzeug gemäß § 19 Absatz 1 vorschriftsmäßig ist; die Angaben aus dem Gutachten überträgt die Genehmigungsbehörde in die Zulassungsbescheinigung Teil I und, soweit vorgesehen, in die Zulassungsbescheinigung Teil II.

(1a) Gehört ein Fahrzeug zu einem genehmigten Typ oder liegt eine Einzelbetriebserlaubnis nach dieser Verordnung oder eine Einzelgenehmigung nach § 13 der EG-Fahrzeuggenehmigungsverordnung vor, ist eine Begutachtung nur zulässig, wenn die Betriebserlaubnis nach § 19 Absatz 2 erloschen ist.

(2) [1]Für die im Gutachten zusammengefassten Ergebnisse müssen Prüfprotokolle vorliegen, aus denen hervorgeht, dass die notwendigen Prüfungen durchgeführt und die geforderten Ergebnisse erreicht wurden. [2]Auf Anforderung sind die Prüfprotokolle der Genehmigungs- oder der zuständigen Aufsichtsbehörde vorzulegen. [3]Die Aufbewahrungsfrist für die Gutachten und Prüfprotokolle beträgt zehn Jahre.

(3) [1]Der Leiter der Technischen Prüfstelle ist für die Sicherstellung der gleichmäßigen Qualität aller Tätigkeiten des befugten Personenkreises verantwortlich. [2]Er hat der zuständigen Aufsichtsbehörde jährlich sowie zusätzlich auf konkrete Anforderung hin einen Qualitätssicherungsbericht vorzulegen. [3]Der Bericht muss in transparenter Form Aufschluss über die durchgeführten Qualitätskontrollen und die eingeleiteten Qualitätsmaßnahmen geben, diese aufgrund eines Verstoßes erforderlich waren. [4]Der Leiter der Technischen Prüfstelle hat sicherzustellen, dass fehlerhafte Begutachtungen aufgrund derer ein Fahrzeug in Verkehr gebracht wurde oder werden soll, von dem ein erhebliches Risiko für die Verkehrssicherheit, die öffentliche Gesundheit oder die Umwelt ausgeht, nach Feststellung unverzüglich der zuständigen Genehmigungsbehörde und der zuständigen Aufsichtsbehörde gemeldet werden.

(4) [1]Bei zulassungspflichtigen Fahrzeugen ist der Behörde mit dem Antrag eine Zulassungsbescheinigung Teil II vorzulegen. [2]Wenn diese noch nicht vorhanden ist, ist nach § 12 der Fahrzeug-Zulassungsverordnung zu beantragen, dass diese ausgefertigt wird.

(5) Ist für die Erteilung einer Genehmigung für Fahrzeuge zusätzlich die Erteilung einer Ausnahmegenehmigung nach § 70 erforderlich, hat die begutachtende Stelle diese im Gutachten zu benennen und stichhaltig zu begründen.

(6) Abweichend von Absatz 4 Satz 1 bedarf es für Fahrzeuge, die für die Bundeswehr zugelassen werden, nicht der Vorlage einer Zulassungsbescheinigung Teil II, wenn ein amtlich anerkannter Sachverständiger für den Kraftfahrzeugverkehr oder ein nach § 30 der EG-Fahrzeuggenehmigungsverordnung zur Prüfung von Gesamtfahrzeugen der jeweiligen Fahrzeugklasse benannter Technischer Dienst eine Datenbestätigung entsprechend Muster 2d ausgestellt hat.

1   Begr zur Neufassung durch VO v. 21.4.09 (VkBl. **09** 341): *Der Verordnungsentwurf sieht eine Abgrenzung der Erteilung einer Betriebserlaubnis nach § 21 StVZO und einer Einzelgenehmigung nach § 13 EG-FGV für Fahrzeuge, die nicht zu einem genehmigten Typ gehören, nicht vor. Da die EG-FGV gegenüber § 21 StVZO nach den Intentionen der Richtlinien lex specialis ist, ist in § 21 StVZO eine Regelung dahingehend aufzunehmen, dass die Erteilung einer Betriebserlaubnis … nur in den Fällen, die nicht unter § 13 EG-FGV fallen, zulässig ist.*

Nach § 13 Abs. 3 und 4 des Verordnungsentwurfs (zur EG-FGV) werden an das zu erstellende Gutachten hinsichtlich Form und Nachvollziehbarkeit bestimmte Anforderungen gestellt. Für die Erstellung von Gutachten nach § 21 StVZO gelten hinsichtlich der Nachvollziehbarkeit die gleichen Grundsätze. Es ist bei den derzeitigen Gutachten nach § 21 StVZO nur ausnahmsweise nachvollziehbar, wie der Sachver-

ständige zu einzelnen Werten gekommen ist und welche Vorschrift der jeweiligen Begutachtung zugrunde gelegt wurde. Das gleiche gilt hinsichtlich der Anforderungen an die Qualitätssicherung. Es ist deshalb notwendig, die in § 13 EG-FGV festgelegten Anforderungen auch auf die Erstellung von Gutachten nach § 21 StVZO zu übertragen.

Begr zur ÄndVO v. 10.5.12 **zu Abs. 1 S. 4, 5 und Abs. 1a** (BR-Drs. 843/11 (Beschluss)   **2** S. 7 = VkBl. **12** 406): *Die derzeitige Fassung der StVZO sieht eine Abgrenzung der Erteilung einer Betriebserlaubnis nach § 21 StVZO und einer Einzelgenehmigung nach § 13 EG-Fahrzeuggenehmigungsverordnung (EG-FGV) für Fahrzeuge, die nicht zu einem genehmigten Typ gehören, nicht vor. Da die EG-FGV gegenüber § 21 StVZO nach den Intentionen der EG-Richtlinie lex specialis ist, ist in § 21 StVZO eine Regelung dahingehend aufzunehmen, dass die Erteilung einer Betriebserlaubnis ... nur in den Fällen, die nicht unter § 13 EG-FGV fallen, zulässig ist.*

Nach § 13 Absatz 3 und 4 EG-FGV werden an das zu erstellende Gutachten hinsichtlich Form und **3–7** *Nachvollziehbarkeit bestimmte Anforderungen gestellt. Für die Erstellung von Gutachten nach § 21 StVZO gelten hinsichtlich der Nachvollziehbarkeit die gleichen Grundsätze. Es ist jedoch entgegen der Intention der Neufassung des § 21 StVZO bei den derzeit erstellten Gutachten nach § 21 StVZO nur ausnahmsweise nachvollziehbar, wie der Sachverständige zu einzelnen Werten gekommen ist und welche Vorschrift der jeweiligen Begutachtung zu Grunde gelegt wurde. Es werden außerdem vielfach Gutachten nach § 21 StVZO zur Erteilung einer neuen Betriebserlaubnis erstellt, obwohl es sich, da entsprechende Teilegenehmigungen vorliegen, tatsächlich nur um Fälle des § 19 Absatz 3 StVZO handelt. Da in den Gutachten entsprechende Hinweise und Begründungen ausnahmslos fehlen, führt dies, da den Zulassungsbehörden eine Prüfung praktisch nicht möglich ist, vielfach zur Erteilung einer neuen Betriebserlaubnis durch die zuständigen Behörden, obwohl die Betriebserlaubnis durch die Um- oder Anbaumaßnahme tatsächlich nicht erloschen ist.*

1. Die **Betriebserlaubnis (BE) für Einzelfahrzeuge** nach § 21 ist eine nationale Einzelge-   **8** nehmigung. **Antragsberechtigt** ist der Verfügungsberechtigte. **Zuständig** ist die ZulB (Abs. 1 S. 1). Die Zuständigkeitsfestlegung in Abs. 1 S. 1 ist gegenüber § 68 I speziell. Im Übrigen gilt § 68 II. Örtlich zuständig ist somit die ZulB des Wohnorts des Verfügungsberechtigten (§ 68 II).

Mangels spezieller Bestimmungen über die **Erteilung der BE** gilt insoweit allgemeines Ver-   **8a** waltungsrecht. Die Erteilung der BE stellt einen von der Zulassung des Fz getrennten **eigenständigen VA** dar. Eine besondere Form ist für die Erteilung nicht vorgeschrieben. In der Praxis wird die Einzelbetriebserlaubnis entweder durch gesonderten Bescheid oder durch einen entsprechenden Stempel auf dem nach I S. 2 vorzulegenden Gutachten erteilt (OVG Münster 28.5.19 – 8 B 622/18 NZV **20** 110 = VRS **136** 154). Wegen der mit der FZV seit 1.3.07 eingeführten Trennung des Zulassungsverfahrens von der Erteilung der Typ- oder Einzelgenehmigung wurde die frühere Rechtsfolge des § 24 I S. 1 StVZO aF, dass die Betriebserlaubnis durch Ausfertigung des Fahrzeugscheins erteilt wurde, aufgegeben (§ 11 FZV Rn. 3, OVG Münster NZV **15** 159, 28.5.19 – 8 B 622/18 NZV **20** 110 = VRS **136** 154).

Wenn ein Fz zu einem genehmigten Typ gehört (ABE oder Typengenehmigung) oder wenn für   **8b** ein Fz eine Einzel-BE nach § 21 StVZO oder eine Einzelgenehmigung nach § 13 EG-FGV vorliegt, ist die **Erteilung einer neuen BE nur zulässig,** wenn die **BE** nach § 19 II S. 2 **erloschen** ist (§ 19 I S. 6). Dadurch sollen Mehrfachgenehmigungen für dasselbe Fz ausgeschlossen werden, die zu möglichen „Doppelidentitäten" eines Fz führen können (§ 19 Rn. 2). Da diese Regelung Ausdruck des allgemeinen Gedankens ist, dass für ein Fz nicht gleichzeitig mehrere BE/Genehmigungen existieren sollen, ist die Erteilung einer neuen BE über den Wortlaut von § 19 I S. 6 hinaus in allen Fällen zulässig, die zwar eine früher erteilte BE/Genehmigung weggefallen ist, auch wenn sie nach § 19 III S. 2 oder aus anderen Gründen erloschen ist (§ 19 Rn. 2).

Eine **Begrenzung der Stückzahl** von gleichartigen Einzelfahrzeugen, für die eine Betriebs-   **9** erlaubnis für Einzelfahrzeuge beantragt werden kann, gibt es anders als nach § 13 II EG-FGV nicht. Dabei handelt es sich nicht um eine planwidrige Regelungslücke, denn in dem ursprünglichen Entwurf für eine Änderung des § 21 durch VO v. 21.4.09 (BGBl. I S. 872) war eine solche Stückzahlbegrenzung für Fz der Klassen nach Abschn 2 und 3 der Anlage XXIX zur StVZO enthalten, die dann im Laufe der Beratungen zwischen Bund und Ländern gestrichen wurde. Nach Sinn und Zweck der Vorschrift kommt die Erteilung von BE nach § 21 gleichwohl nur für Einzelfahrzeuge in Betracht.

2. Anwendungsbereich: § 13 EG-FGV ist lex specialis gegenüber § 21. Dies ist zwar weder   **10** in der EG-FGV (Buchteil **6**) noch in der StVZO ausdrücklich geregelt; entgegen der Begr Rn. 2 ist eine solche Regelung auch nicht in § 21 aufgenommen worden. Aus der EG-FGV ergibt sich jedoch, dass Betriebserlaubnisse (Genehmigungen) grundsätzlich nach der EG-FGV zu erteilen sind, wenn Fz in den Geltungsbereich der EG-FGV fallen (s. auch Begr Rn. 1, 2). Für eine Anwendung von § 21 ist somit nur Raum, soweit Einzelgenehmigungen nicht nach § 13 EG-FGV zu erteilen sind oder soweit die EG-FGV es dem Antragsteller freistellt, ob er eine Einzelgenehmigung nach § 13 EG-FGV oder nach § 21 StVZO beantragt. Betriebserlaubnisse für Einzelfahrzeuge werden nach § 21 erteilt für

- Kfz der Klassen M, N und O mit einer bbH bis zu 25 km/h,
- land- oder forstwirtschaftliche Zugmaschinen iSd Richtlinie 2003/37/EG (Die Richtlinie 2003/37/EG wurde mWv 1.1.16 aufgehoben und durch die seit 1.1.16 geltende Verordnung (EU) Nr. 167/2013 über die Genehmigung und Marktüberwachung von land- und forstwirtschaftlichen Fz v. 5.2.13 (ABlEU L 60 v. 2.3.13 S. 1, StVRL § 20 EG-FGV Nr. 3) ersetzt.),
- zwei-, drei- und leichte vierrädrige Kfz iSd Richtlinie 2002/24 EG (heute VO (EU) 168/2013),
- Fz nach § 3 III EG-FGV, die nicht die Anforderungen der Richtlinie 2007/46/EG erfüllen,
- Gleiskettenfahrzeuge,
- Erprobungsfahrzeuge (Prototypen von Fz),
- Fz, die keine Neufahrzeuge sind (Gebrauchtfahrzeuge).

Neufahrzeuge sind Fz, die noch nicht erstmals zugelassen oder erstmals in Betrieb genommen worden sind (§ 13 EG-FGV Rn. 8). Sobald ein Neufahrzeug erstmals zugelassen worden ist, wird es zum „Gebrauchtfahrzeug" und dann ggf. erforderlich werdende Einzelgenehmigungen/BE für Einzelfahrzeuge sind nach § 21 zu erteilen.

BE für Einzelfahrzeuge können gem. § 3 III, IV EG-FGV **wahlweise** entweder nach § 21 oder nach § 13 EG-FGV erteilt werden für:

- Fz, die hauptsächlich für den Einsatz auf Baustellen, in Steinbrüchen, in Häfen oder auf Flughäfen konstruiert und gebaut sind,
- Fz, die für den Einsatz durch die Streitkräfte, den Katastrophenschutz, die Feuerwehr und die Ordnungskräfte konstruiert und gebaut sind,
- selbstfahrende Arbeitsmaschinen iSd Begriffsbestimmung in Art 3 Nr. 16 der Richtlinie 2007/46/EG (§ 3 VI EG-FGV, gilt also nicht für auf einem Kraftfahrzeuggestell montierte Maschinen),
- Fz, die ausschließlich für Straßenrennen bestimmt sind.

Die Wahlmöglichkeit besteht in den ersten drei Fällen nur dann, wenn die Fz die Anforderungen der Richtlinie 2007/46/EG erfüllen (§ 3 EG-FGV Rn. 3).

11   **3.** Mit dem Antrag auf Erteilung einer Betriebserlaubnis nach § 21 ist der Behörde das **Gutachten eines amtlich anerkannten Sachverständigen** oder **eines** nach § 30 EG-FGV zur Prüfung von Gesamtfahrzeugen der jeweiligen Fahrzeugklasse benannten **Technischen Dienstes** vorzulegen (Abs. 1 S. 2). Amtlich anerkannte Sachverständige (aaS) sind nur solche, die nach §§ 1 ff. KfSachvG anerkannt sind und einer Technischen Prüfstelle für den Kfz-Verkehr (§ 10 KfSachvG) angehören. Technische Dienste nach § 30 EG-FGV sind Stellen, die vom KBA für das Gebiet der Bundesrepublik Deutschland zur Prüfung von Gesamtfahrzeugen der jeweiligen Fahrzeugklasse anerkannt sind. Die Erstellung derartiger Gutachten war lange Zeit den aaS vorbehalten. Im Rahmen von § 13 EG-FGV konnte das erforderliche Gutachten dagegen entweder durch einen aaS oder durch einen Technischen Dienst, der für die Begutachtung von Gesamtfahrzeugen benannt ist, erstellt worden sein. Die EU-Kommission sah in der Beschränkung der Befugnis zur Erstellung von Gutachten nach § 21 StVZO auf aaS eine nicht gerechtfertigte und unverhältnismäßige Beschränkung der Niederlassungsfreiheit von Dienstleistern und der Dienstleistungsfreiheit. Nachdem sie deswegen 2016 ein Vertragsverletzungsverfahren gegen Deutschland eingeleitet hatte, ist die Erstellung von Gutachten nach § 21 StVZO durch ÄndVO v. 13.3.19 (BGBl. I S. 332) auch **für** nach § 30 EG-FGV zur Prüfung von Gesamtfahrzeugen der jeweiligen Fahrzeugklasse benannte **Technische Dienste geöffnet** worden, um den rechtlichen Bedenken der EU-Kommission Rechnung zu tragen (Begr BR-Drs. 640/18 S. 3). Zur Sicherstellung eines einheitlichen Verfahrens hinsichtlich der Prüfanforderungen für Einzelgenehmigungen nach § 13 EG-FGV und Einzelbetriebserlaubnisse nach § 21 StVZO hat das BMV eine Ausarbeitung v. 4.12.2019 bekanntgemacht (VkBl. **19** 916), die vom KBA und den Bundesländern verbindlich eingeführt worden ist. Gehört das Fz zu einem genehmigten Typ (ABE, Typgenehmigung) oder liegt für das Fz eine Einzel-BE nach § 21 StVZO oder eine Einzelgenehmigung nach § 13 EG-FGV vor, ist eine Begutachtung nur zulässig, wenn die BE/Genehmigung nach § 19 II erloschen ist (Abs. 1a). Mehrfachgenehmigungen für dasselbe unveränderte Fahrzeug sind somit unzulässig, denn sie könnten zu Mehrfachidentitäten führen. Eine **örtliche Zuständigkeit** für die Erstellung des Gutachtens ist nicht festgelegt; der Verfügungsberechtigte kann das Gutachten also von jeder Technischen Prüfstelle und jedem Technischen Dienst im Bundesgebiet anfertigen lassen. Die Begutachtung muss allerdings im Inland erfolgen (Ausarbeitung des BMV zu Einzelgenehmigungen v. 4.12.2019, Ziffer 1.4, VkBl. **19** 916).

Das Gutachten muss die **technische Beschreibung** des Fz in dem Umfang enthalten, der für **12** die Ausfertigung der ZB I und II erforderlich ist (Abs. 1 S. 3). Ebenso wie bei Gutachten für Einzelgenehmigungen nach § 13 EG-FGV (§ 13 III S. 4 EG-FGV) muss dem Gutachten eine **Anlage** beigefügt werden, aus der die technischen Vorschriften hervorgehen, auf deren Grundlage dem Fz eine BE erteilt werden kann (Abs. 1 S. 4, Begr Rn. 3–7). Ist eine früher für dieses Fz erteilte BE/Genehmigung nach Auffassung des Erstellers des Gutachtens gem. § 19 II erloschen, sind in dieser Anlage zusätzlich die Änderungen darzustellen, die zum Erlöschen der früheren BE/Genehmigung geführt haben (Abs. 1 S. 5), damit die Genehmigungsbehörde prüfen kann, ob die frühere BE/Genehmigung tatsächlich erloschen ist oder ob dies möglicherweise gem. § 19 III S. 1 nicht der Fall war (Begr Rn. 3–7). Die Ergebnisse des Gutachtens müssen sich durch **Prüfprotokolle** belegen lassen, die 10 Jahre lang bei der Technischen Prüfstelle oder dem Technischen Dienst aufbewahrt werden müssen und der Genehmigungs- und der Aufsichtsbehörde auf Anforderung vorzulegen sind (Abs. 2). In dem Gutachten muss der aaS oder der Technische Dienst **bestätigen**, dass das Gutachten das Kfz richtig beschreibt und dass das Fz gem. § 19 I **vorschriftsmäßig** ist (Abs. 1 S. 6 Hs. 1). Wie der Ersteller des Gutachtens sich über die Beschaffenheit des Fz Gewissheit verschafft, entscheidet er in eigener Verantwortung; er hat das Fz selbst zu führen, wenn er glaubt, sein Gutachten sonst nicht erstatten zu können. Ist für die Erteilung der BE eine **Ausnahmegenehmigung** nach § 70 erforderlich, muss diese im Gutachten benannt und stichhaltig begründet werden (Abs. 5). Die ZulB ist nicht an das Gutachten gebunden (BGH NJW **68** 443). Sie hat selbst zu entscheiden, ob die Voraussetzungen für die Erteilung einer Betriebserlaubnis erfüllt sind. Das Gutachten ist dem Antragsteller nach Übertragung der darin enthaltenen Angaben in die ZB I und II durch die Genehmigungsbehörde (Abs. 1 S. 6 Hs. 2) zurückzugeben (s. Begr zur 38. ÄndVStVR v. 24.9.04 VkBl. **04** 559).

Die Technische Prüfstelle handelt **hoheitlich,** wenn sie im Gutachten gem. § 21 I erstattet **13** (Kar NZV **12** 380). Gleiches dürfte für den Technischen Dienst gelten. Wird der TP im Rahmen von § 21 I ein Fz vorgeführt, obliegen den verantwortlichen Mitarbeitern Obhutspflichten als drittschützende Amtspflichten gegenüber dem Eigentümer des Fz; bei Verletzung kommt nur Amtshaftung in Betracht, keine eigene Haftung der TP (Kar NZV **12** 380). Der Sachverständige übt im Rahmen seiner StVZO-Befugnisse hoheitliche Aufgaben aus (BGH NJW **68** 443, NJW **73** 458, DAR **03** 314, NJW **04** 3484, NVwZ **12** 381 Rn. 14). Für Klagen ist der Verwaltungsrechtsweg gegeben (*Kopp/Schenke* § 40 Rn. 14). Für **Amtspflichtverletzung** haftet das Land, das dem Sachverständigen die amtliche Anerkennung erteilt hat (BGH NJW **68** 443, NZV **01** 76, DAR **03** 314). Jedoch verletzt er keine ihm einem späteren Erwerber gegenüber obliegende Amtspflicht, wenn er fahrlässig in dem Gutachten unrichtige technische Angaben über das Fz als richtig bescheinigt und das Fz in seiner tatsächlichen Beschaffenheit für den Erwerber wertlos ist. Denn die Amtspflicht des Sachverständigen dient nicht dem Schutz des Gebrauchtwagenkäufers vor Vermögensschaden (BGH NJW **73** 458, NJW **04** 3484, s. auch BGH NJW **55** 1316).

4. Bei zulassungspflichtigen Fz ist mit dem Antrag auf Erteilung einer Betriebserlaubnis **14** die **ZB II** vorzulegen (Abs. 4 S. 1). Ausnahme für die BW: Abs. 6. Ist keine ZB II vorhanden, muss der Verfügungsberechtigte nach § 12 FZV beantragen, dass diese ausgefertigt wird (Abs. 4 S. 2).

Anerkennung von Genehmigungen und Prüfzeichen auf Grund internationaler Vereinbarungen und von Rechtsakten der Europäischen Gemeinschaften

21a (1) ¹Im Verfahren auf Erteilung der Betriebserlaubnis werden Genehmigungen und Prüfzeichen anerkannt, die ein ausländischer Staat für Ausrüstungsgegenstände oder Fahrzeugteile oder in Bezug auf solche Gegenstände oder Teile für bestimmte Fahrzeugtypen unter Beachtung der mit der Bundesrepublik Deutschland vereinbarten Bedingungen erteilt hat. ²Dasselbe gilt für Genehmigungen und Prüfzeichen, die das Kraftfahrt-Bundesamt für solche Gegenstände oder Teile oder in Bezug auf diese für bestimmte Fahrzeugtypen erteilt, wenn das Genehmigungsverfahren unter Beachtung der von der Bundesrepublik Deutschland mit ausländischen Staaten vereinbarten Bedingungen durchgeführt worden ist. ³§ 22a bleibt unberührt.

(1a) **Absatz 1 gilt entsprechend für Genehmigungen und Prüfzeichen, die auf Grund von Rechtsakten der Europäischen Gemeinschaften erteilt werden oder anzuerkennen sind.**

(2) [1] **Das Prüfzeichen nach Absatz 1 besteht aus einem Kreis, in dessen Innerem sich der Buchstabe „E" und die Kennzahl des Staates befinden, der die Genehmigung erteilt hat, sowie aus der Genehmigungsnummer in der Nähe dieses Kreises, gegebenenfalls aus der Nummer der internationalen Vereinbarung mit dem Buchstaben „R" und gegebenenfalls aus zusätzlichen Zeichen.** [2] **Das Prüfzeichen nach Absatz 1a besteht aus einem Rechteck, in dessen Innerem sich der Buchstabe „e" und die Kennzahl oder die Kennbuchstaben des Staates befinden, der die Genehmigung erteilt hat, aus der Bauartgenehmigungsnummer in der Nähe dieses Rechtecks sowie gegebenenfalls aus zusätzlichen Zeichen.** [3] **Die Kennzahl für die Bundesrepublik Deutschland ist in allen Fällen „1".**

(3) [1] **Mit einem Prüfzeichen der in den Absätzen 1 bis 2 erwähnten Art darf ein Ausrüstungsgegenstand oder ein Fahrzeugteil nur gekennzeichnet sein, wenn er der Genehmigung in jeder Hinsicht entspricht.** [2] **Zeichen, die zu Verwechslungen mit einem solchen Prüfzeichen Anlass geben können, dürfen an Ausrüstungsgegenständen oder Fahrzeugteilen nicht angebracht sein.**

1   **1. Begr** zur ÄndVO v. 21.7.69:VkBl. **69** 394.

Begr zur ÄndVO v. 15.1.80 (VkBl. **80** 143): *Im Zuge der Harmonisierung der Bau- und Betriebsvorschriften für Kraftfahrzeuge und deren Anhänger durch die EG sind für bestimmte Fahrzeugteile (z. Z. Rückspiegel, Einrichtungen für Schallzeichen, lichttechnische Einrichtungen und Kontrollgeräte) EWG-Prüfzeichen vorgeschrieben worden. Dieses Prüfzeichen ist an jedem Stück der laufenden Fertigung so anzubringen, dass die Zugehörigkeit zur genehmigten Bauart festgestellt werden kann. § 21a gibt nunmehr neben dem „ECE-Prüfzeichen" Inhalt und Ausgestaltung des bei den EG vereinbarten Prüfzeichens wieder. Der Schutz des Prüfzeichens wird durch den Absatz 3 geregelt.*

2   **2. Genehmigungsverfahren:** § 22 mit der FzTeileVO. Genehmigung auf Grund internationaler Vereinbarungen: EG-Richtlinien bzw. ECE-Regelungen. a) **EG-Richtlinien** über Bau und Ausrüstung von StrFzen sind kraft des EG-Vertrags kurzfristig in das nationale Recht zu übernehmen, anstelle oder neben den nationalen Vorschriften. Das BMV ermächtigt jeweils das KBA zur Anwendung bestimmt bezeichneter EG-Richtlinien. b) **ECE-Regelungen** beruhen auf dem „Übereinkommen über die Annahme einheitlicher Bedingungen für die Genehmigung der Ausrüstungsgegenstände und Teile von Kfzen und über die gegenseitige Anerkennung der Genehmigungen" (UN-Wirtschaftskommission für Europa, Economic Commission for Europe, ECE) v. 20.3.58, von der BRep unterzeichnet am 19.6.58, in der BRep in Kraft gesetzt durch ZustimmungsG vom 12.6.1965 (BGBl. II S. 857, Begr: VkBl. **65** 387), s. G zur Revision des Übereinkommens v. 20.5.97 (BGBl II S. 998) mit ÄndG v. 18.6.02 (BGBl II S. 1522, Begr: VkBl. **02** 514). Sie treten zwischenstaatlich erst und nur für diejenigen Vertragsparteien in Kraft, welche den UN-Generalsekretär offiziell von der Anwendung der jeweiligen Regelung verständigt haben. Das BMV ist gesetzlich (BGBl. 1968 1224) ermächtigt, ECE-Regelungen durch RVO ohne Zustimmung des BR, aber nach Anhörung der obersten Landesbehörde in Kraft zu setzen. Übersicht:VkBl. **78** 116, Näher *Krutein* VD **76** 247, *Sündermann* SVR **06** 48.

3   **3. Ordnungswidrigkeiten:** §§ 69a II Nr. 8 StVZO, 24 StVG.

Anerkennung von Prüfungen auf Grund von Rechtsakten der Europäischen Gemeinschaften

21b Im Verfahren auf Erteilung der Betriebserlaubnis werden Prüfungen anerkannt, die auf Grund harmonisierter Vorschriften nach § 19 Absatz 1 Satz 2 durchgeführt und bescheinigt worden sind.

1   **Begr** (VkBl. **85** 75): *Durch den neuen § 21b werden die Prüfungen, die auf Grund der harmonisierten Bestimmungen vorgenommen werden, für das Betriebserlaubnisverfahren formal anerkannt. Es handelt sich hierbei um eine parallele Vorschrift zu § 21a. Da § 21a nur die Anerkennung von Genehmigungen und der in diesem Zusammenhang erteilten Prüfzeichen zum Gegenstand hat, jedoch die Maßnahmen nach Artikel 10 der beiden in § 19 Abs. 1 Satz 2 genannten EG-Richtlinien ihrem rechtlichen Charakter nach nicht Genehmigungen, sondern nur durchgeführte Prüfungen sind, ist die Regelung des § 21b notwendig. Unter § 21b fallen sowohl Prüfungen in den anderen EG-Mitgliedstaaten als auch in der Bundesrepublik.*

21c (weggefallen)

Betriebserlaubnis für Fahrzeugteile

22 (1) [1]Die Betriebserlaubnis kann auch gesondert für Teile von Fahrzeugen erteilt werden, wenn der Teil eine technische Einheit bildet, die im Erlaubnisverfahren selbstständig behandelt werden kann. [2]Dürfen die Teile nur an Fahrzeugen bestimmter Art, eines bestimmten Typs oder nur bei einer bestimmten Art des Ein- oder Anbaus verwendet werden, ist die Betriebserlaubnis dahingehend zu beschränken. [3]Die Wirksamkeit der Betriebserlaubnis kann davon abhängig gemacht werden, dass der Ein- oder Anbau abgenommen worden ist. [4]Die Abnahme ist von einem amtlich anerkannten Sachverständigen oder Prüfer für den Kraftfahrzeugverkehr oder von einem Kraftfahrzeugsachverständigen oder Angestellten nach Nummer 4 der Anlage VIIIb durchführen zu lassen. [5]In den Fällen des Satzes 3 ist durch die abnehmende Stelle nach Satz 4 auf dem Nachweis (§ 19 Absatz 4 Satz 1) darüber der ordnungsgemäße Ein- oder Anbau unter Angabe des Fahrzeugherstellers und -typs sowie der Fahrzeug-Identifizierungsnummer zu bestätigen.

(2) [1]Für das Verfahren gelten die Vorschriften über die Erteilung der Betriebserlaubnis für Fahrzeuge entsprechend. [2]Bei reihenweise zu fertigenden oder gefertigten Teilen ist sinngemäß nach § 20 zu verfahren; der Inhaber einer Allgemeinen Betriebserlaubnis für Fahrzeugteile hat durch Anbringung des ihm vorgeschriebenen Typzeichens auf jedem dem Typ entsprechenden Teil dessen Übereinstimmung mit dem genehmigten Typ zu bestätigen. [3]Außerdem hat er jedem gefertigten Teil einen Abdruck oder eine Ablichtung der Betriebserlaubnis oder den Auszug davon und gegebenenfalls den Nachweis darüber (§ 19 Absatz 4 Satz 1) beizufügen. [4]Bei Fahrzeugteilen, die nicht zu einem genehmigten Typ gehören, ist nach § 21 zu verfahren; das Gutachten des amtlich anerkannten Sachverständigen für den Kraftfahrzeugverkehr ist, falls es sich nicht gegen die Erteilung der Betriebserlaubnis ausspricht, in den Fahrzeugschein einzutragen, wenn der Teil an einem bestimmten zulassungspflichtigen Fahrzeug an- oder eingebaut werden soll. [5]Unter dem Gutachten hat die Zulassungsbehörde gegebenenfalls einzutragen:

„Betriebserlaubnis erteilt".

[6]Der gleiche Vermerk ist unter kurzer Bezeichnung des genehmigten Teils in dem nach § 4 Absatz 5 der Fahrzeug-Zulassungsverordnung mitzuführenden oder aufzubewahrenden Nachweis und in dem Anhängerverzeichnis, sofern ein solches ausgestellt worden ist, einzutragen.

(3) [1]Anstelle einer Betriebserlaubnis nach Absatz 1 können auch Teile zum nachträglichen An- oder Einbau (§ 19 Absatz 3 Nummer 1 Buchstabe b oder Nummer 3) im Rahmen einer Allgemeinen Betriebserlaubnis für ein Fahrzeug oder eines Nachtrags dazu (§ 20) genehmigt werden; die Absätze 1, 2 Satz 2 und 3 gelten entsprechend. [2]Der Nachtrag kann sich insoweit auch auf Fahrzeuge erstrecken, die vor Genehmigung des Nachtrags hergestellt worden sind.

Begr zur ÄndVO v. 16.12.93 (VkBl. **94** 152):   **1**

Zu Abs. 1: Hat das betreffende Fahrzeugteil eine Betriebserlaubnis bzw. Genehmigung des Kraftfahrt-Bundesamtes erhalten, so kann sich jedermann darauf verlassen, dass das Teil als solches unbedenklich ist. Außerdem hat das Kraftfahrt-Bundesamt die Möglichkeit, ggf. Beschränkungen und Auflagen in diesen Teile-Betriebserlaubnissen zu verankern.

Auch dies dient der Rechtssicherheit für den Verbraucher und Fahrzeughalter, denn damit ist die Verpflichtung verbunden, dass diese Beschränkungen und Auflagen beim Verkauf dem Käufer mitgeteilt werden müssen. Insbesondere kann das KBA bei der Teilegenehmigung eindeutig entscheiden und mitteilen, ob eine spätere Abnahme erforderlich ist ...

Wie bisher schon kann die Wirksamkeit der Betriebserlaubnis von der Verpflichtung zur Ein- oder Anbauabnahme abhängig gemacht werden. Neu ist, dass diese Abnahme in bestimmten Fällen nun auch durch eine nach Abschnitt 7 der Anlage VIII amtlich anerkannte Überwachungsorganisation erfolgen darf.

...

Zu Abs. 2 Satz 3: Es wird klargestellt, dass Teilehersteller die Verpflichtung haben, jedem gefertigten Teil einen Abdruck oder eine Ablichtung der Betriebserlaubnis oder einen Auszug oder einen Nachweis darüber bzw. davon beizugeben. Dies ist erforderlich, damit der Bürger nachvollziehen kann, ob das erworbene Teil auch an seinem Fahrzeug, ggf. unter Beachtung von Einschränkungen oder Auflagen, angebaut werden darf; außerdem muss er sie mitführen. Neu ist die Einführung eines Nachweises, der dazu dient, die mitzuführenden Papiere auf ein Minimum zu reduzieren.

Zu Abs. 3: *Hier ist klargestellt, dass im Rahmen einer Fahrzeug-ABE oder eines Nachtrags dazu auch Teile zum nachträglichen An- oder Einbau genehmigt werden können. Es wird auch die bürgerfreundliche Möglichkeit geschaffen, dass mit dem Nachtrag zur Fahrzeug-ABE sich die Genehmigung auf Fahrzeuge erstrecken kann, die selbstständig behandelt werden können.*
...

Begr zur ÄndVO v. 24.9.04: BR–Drs. 344/04 S. 34.

DA zum § 22 Abs. 2

1a   *Bei Aufbauten, die nicht zu einem genehmigten Typ gehören und für die die Betriebserlaubnis nach §§ 22 Abs. 2 und 21 StVZO auf Grund eines Sachverständigengutachtens erteilt wird, ist die Wirksamkeit der Betriebserlaubnis von der Abnahme des Ein- oder Anbaues der Aufbauten ... am Fahrgestell durch einen amtlich anerkannten Sachverständigen oder Prüfer abhängig zu machen.*

54. StVZAusnV v. 10.12.98

(BGBl. I S. 3651)

1b   **§ 1**

(1) Abweichend von § 22 Abs. 2 der Straßenverkehrs-Zulassungs-Ordnung braucht der Inhaber einer Allgemeinen Betriebserlaubnis bei einem Ident- oder Nachbaurad nicht den Abdruck oder die Ablichtung der Betriebserlaubnis oder den Auszug davon beizufügen. Dies gilt nur, wenn im „Verkaufskatalog", der in den Vertriebs-/Verkaufsstellen dieser Räder verwendet wird, für die Zuordnung der Räder (Typ und Ausführung) zu den entsprechenden Fahrzeugen (Typ und Ausführung) ein identischer Abdruck des in der Allgemeinen Betriebserlaubnis dieser Räder enthaltenen Verwendungsbereichs enthalten ist. Im Sinne dieser Verordnung ist das

1. Identrad ein Rad, das unter Verwendung derselben Fertigungseinrichtungen produziert wurde, wie das vom Fahrzeughersteller serienmäßig angebaute Rad; das Identrad unterscheidet sich vom serienmäßig angebauten Rad nur durch das fehlende Warenzeichen und/oder die fehlende Teilenummer des Fahrzeugherstellers und der zusätzlichen Genehmigungsnummer des Kraftfahrtbundesamtes,

2. Nachbaurad ein Stahlscheibenrad, das dem serienmäßig angebauten und mit der Betriebserlaubnis des Fahrzeuges genehmigten Rad nachgebaut ist; es entspricht in allen Maßen, Werkstoff und Standfestigkeit dem vom Fahrzeughersteller in Serie angebauten Rad.

(2) Abweichend von § 19 Abs. 4 der Straßenverkehrs-Zulassungs-Ordnung braucht der Führer eines Fahrzeugs, an dem ein Ident- oder Nachbaurad oder mehrere angebaut wurde(n), nicht den Abdruck oder die Ablichtung der betreffenden Betriebserlaubnis oder eines Nachtrags dazu oder eines Auszugs dieser Erlaubnis mit den wesentlichen Angaben für die Verwendung dieses Teils mitzuführen. Dies gilt nur, wenn für diese Räder eine Allgemeine Betriebserlaubnis nach § 22 der Straßenverkehrs-Zulassungs-Ordnung erteilt worden ist.

Begr: VkBl. 99 162.

2   **1. Anwendungsbereich.** Für Systeme, Bauteile und selbständige technische Einheiten iSd Richtlinien 2007/46/EG, 2002/24/EG und 2003/37/EG wird die **Typgenehmigung** (Allgemeine Betriebserlaubnis) nicht nach § 22, sondern nach der **EG-FGV** (Buchteil 6) erteilt (§ 1 EG-FGV). (Die Richtlinie 2003/37/EG wurde mWv 1.1.16 aufgehoben und durch die seit 1.1.16 geltende Verordnung (EU) Nr. 167/2013 über die Genehmigung und Marktüberwachung von land- und forstwirtschaftlichen Fz v. 5.2.13 (ABlEU L 60 v. 2.3.13 S. 1, StVRL § 20 EG-FGV Nr. 3) ersetzt.) § 22 ist hinsichtlich der Typgenehmigung nur auf die Fahrzeugteile anwendbar, die nicht in den Anwendungsbereich der EG-FGV fallen. Dies betrifft zB selbständige technische Einheiten oder Bauteile für die in § 15 II Nr. 1 bis 8 EG-FGV genannten Fz (§ 15 II Nr. 9 EG-FGV). Im Übrigen findet § 22 Anwendung auf **Einzelgenehmigungen** für Systeme, Bauteile und selbständige technische Einheiten.

2a   **2. Die Betriebserlaubnis für Fahrzeugteile** gliedert sich in eine solche für reihenweise gefertigte (getypte) und eine solche für einzelgefertigte Teile. Bauartgenehmigungen für FzTeile: § 22a. Während die Bauartgenehmigung für die in § 22a genannten Teile obligatorisch ist, bleibt es (soweit nicht ausdrücklich an anderer Stelle für bestimmte Teile eine BE vorgeschrieben ist) dem Teilehersteller überlassen, ob er von der Möglichkeit des § 22 für die Erteilung einer FzTeile-BE Gebrauch macht.

3   § 22 I ergänzt die §§ 20, 21. Er lässt es zu, eine BE (§ 19) auch für Fahrzeugteile zu erwirken. Voraussetzung ist, dass das Teil eine technische Einheit bildet, die im Erlaubnisverfahren selbstständig behandelt werden kann. Zur BE für Aufbauten, s. § 20 Rn. 4. Ist Verwendung des FzTeils nur an Fz bestimmter Art oder bestimmten Typs zulässig oder nur bei einer bestimmten Art des Ein- oder Anbaus, so ist die BE entsprechend zu beschränken (Abs. I S. 2). Sie kann davon ab-

hängig gemacht werden, dass der Ein- oder Anbau durch einen amtlich anerkannten Sachverständigen oder Prüfer oder einen Prüfingenieur einer amtlich anerkannten Überwachungsorganisation geprüft und abgenommen worden ist.

3. Das **Verfahren** für die BE für Einzelteile, die als Ganzes eingebaut werden sollen, ent- **4** spricht dem für Anträge auf BE für ein ganzes Fz. Bei der BE für reihenweise gefertigte Teile entspricht das Verfahren dem § 20, sonst dem § 21. S. Richtlinie VkBl. **63** 58, 148 = StVRL Nr. 1. ECE-Regelungen über einheitliche Bedingungen für Ausrüstungsgegenstände und Kfz-Teile: § 21a. Richtlinien für die Prüfung von Vergaserzusatzgeräten, VkBl. **74** 322, **79** 94. Richtlinien für die Prüfung von Scheinwerferreinigungsanlagen, VkBl. **76** 310 = StVRL § 22 StVZO Nr. 1, von Sonderrädern für Kfze und Anhänger, VkBl. **98** 1377. Ident- und Nachbauräder, s. 54. StVZAusnV (Rn. 1c). Zuständigkeit von Prüfstellen und Technischen Diensten im Rahmen der Begutachtung/Prüfung für die Typengenehmigung von Fzen und FzTeilen, s. BMV v. 13.10.92, VkBl. **92** 561. In den Fällen des Abs. I S. 3, in denen die Wirksamkeit der BE von der Abnahme des Ein- oder Anbaus abhängt, erfolgt die Bestätigung gem. der Neufassung von Satz 5 durch ÄndVO v. 12.8.97 nur noch auf gesondertem Nachweis, nicht mehr auf einem Abdruck der BE. Vor dem 1.10.97 ausgestellte Bestätigungen auf Abdrucken oder Ablichtungen der BE bleiben gültig (§ 72 II aF). Gem Abs. III können Teile zum nachträglichen An- oder Einbau auch **im Rahmen einer Fz-ABE oder eines Nachtrags** dazu genehmigt werden. Der Nachtrag kann sich auch auf Fze erstrecken, die vor dessen Genehmigung hergestellt worden sind (Abs. III S. 2).

4. Ordnungswidrig sind Zuwiderhandlungen gegen § 22 nicht (§ 69a). Der **Verstoß gegen** **5** **Auflagen** kann zum Widerruf der ABE führen, OVG Lüneburg DAR **73** 55. Eine rechtliche Pflicht zum Mitführen der ABE für das FzTeil besteht nicht, Dü VRS **61** 304.

5. Zivilrecht. Nicht nur den FzHersteller, sondern auch die inländische Vertriebsgesellschaft **6** eines ausländischen FzHerstellers kann die Pflicht treffen, die Unschädlichkeit der Kombination von allgemein gebräuchlichem FzZubehör eines fremden Herstellers mit den vom FzHersteller in den Verkehr gebrachten Fzen zu überprüfen (Produktbeobachtungspflicht), BGHZ **99** 167 = NJW **87** 1009, s. dazu *Burckhardt* NZV **90** 11, *Birkmann* DAR **90** 127, **00** 435.

Bauartgenehmigung für Fahrzeugteile

22a (1) **Die nachstehend aufgeführten Einrichtungen, gleichgültig ob sie an zulassungspflichtigen oder an zulassungsfreien Fahrzeugen verwendet werden, müssen in einer amtlich genehmigten Bauart ausgeführt sein:**

1. **Heizungen in Kraftfahrzeugen, ausgenommen elektrische Heizungen sowie Warmwasserheizungen, bei denen als Wärmequelle das Kühlwasser des Motors verwendet wird (§ 35c Absatz 1);**

1a. **Luftreifen (§ 36 Absatz 2);**

2. **Gleitschutzeinrichtungen (§ 37 Absatz 1 Satz 2);**

3. **Scheiben aus Sicherheitsglas (§ 40) und Folien für Scheiben aus Sicherheitsglas;**

4. **Frontschutzsysteme (§ 30c Absatz 4);**

5. **Auflaufbremsen (§ 41 Absatz 10), ausgenommen ihre Übertragungseinrichtungen und Auflaufbremsen, die nach den im Anhang zu § 41 Absatz 18 genannten Bestimmungen über Bremsanlagen geprüft sind und deren Übereinstimmung in der vorgesehenen Form bescheinigt ist;**

6. **Einrichtungen zur Verbindung von Fahrzeugen (§ 43 Absatz 1), mit Ausnahme von**

   a) **Einrichtungen, die aus technischen Gründen nicht selbstständig im Genehmigungsverfahren behandelt werden können (zum Beispiel Deichseln an einachsigen Anhängern, wenn sie Teil des Rahmens und nicht verstellbar sind),**

   b) **Ackerschienen (Anhängeschienen), ihrer Befestigungseinrichtung und dem Dreipunktanbau an land- oder forstwirtschaftlichen Zug- oder Arbeitsmaschinen,**

   c) **Zugeinrichtungen an land- oder forstwirtschaftlichen Arbeitsgeräten, die hinter Kraftfahrzeugen mitgeführt werden und nur im Fahren eine ihrem Zweck entsprechende Arbeit leisten können, wenn sie zur Verbindung mit den unter Buchstabe b genannten Einrichtungen bestimmt sind,**

   d) **Abschlepp- und Rangiereinrichtungen einschließlich Abschleppstangen und Abschleppseilen,**

   e) **Langbäumen,**

   f) **Verbindungseinrichtungen an Anbaugeräten, die an land- oder forstwirtschaftlichen Zugmaschinen angebracht werden;**

7. Scheinwerfer für Fernlicht und für Abblendlicht sowie für Fern- und Abblendlicht (§ 50);

8. Begrenzungsleuchten (§ 51 Absatz 1 und 2, § 53b Absatz 1);

8a. Spurhalteleuchten (§ 51 Absatz 4);

8b. Seitenmarkierungsleuchten (§ 51a Absatz 6);

9. Parkleuchten, Park-Warntafeln (§ 51c);

9a. Umrissleuchten (§ 51b);

10. Nebelscheinwerfer (§ 52 Absatz 1);

11. Kennleuchten für blaues Blinklicht (§ 52 Absatz 3);

11a. nach vorn wirkende Kennleuchten für rotes Blinklicht mit nur einer Hauptausstrahlrichtung (Anhaltesignal) (§ 52 Absatz 3a);

12. Kennleuchten für gelbes Blinklicht (§ 52 Absatz 4);

12a. Rückfahrscheinwerfer (§ 52a);

13. Schlussleuchten (§ 53 Absatz 1 und 6, § 53b);

14. Bremsleuchten (§ 53 Absatz 2);

15. Rückstrahler (§ 51 Absatz 2, § 51a Absatz 1, § 53 Absatz 4, 6 und 7, § 53b, § 66a Absatz 4 dieser Verordnung, § 22 Absatz 4 der Straßenverkehrs-Ordnung);

16. Warndreiecke und Warnleuchten (§ 53a Absatz 1 und 3);

16a. Nebelschlussleuchten (§ 53d);

17. Fahrtrichtungsanzeiger (Blinkleuchten) (§ 53b Absatz 5, § 54);

17a. Tragbare Blinkleuchten und rot-weiße Warnmarkierungen für Hubladebühnen (§ 53b Absatz 5);

18. Lichtquellen für bauartgenehmigungspflichtige lichttechnische Einrichtungen, soweit die Lichtquellen nicht fester Bestandteil der Einrichtungen sind (§ 49a Absatz 6, § 67 Absatz 6 dieser Verordnung, § 22 Absatz 4 und 5 der Straßenverkehrs-Ordnung);

19. Warneinrichtungen mit einer Folge von Klängen verschiedener Grundfrequenz – Einsatzhorn – (§ 55 Absatz 3);

19a. Warneinrichtungen mit einer Folge von Klängen verschiedener Grundfrequenz (Anhaltehorn) (§ 55 Absatz 3a);

20. Fahrtschreiber (§ 57a);

21. Beleuchtungseinrichtungen für Kennzeichen (§ 10 der Fahrzeug-Zulassungsverordnung);

21a. Beleuchtungseinrichtungen für transparente amtliche Kennzeichen (§ 10 Fahrzeugzulassungs-Verordnung);

22. Lichtmaschinen, Scheinwerfer für Abblendlicht, auch mit Fernlichtfunktion oder auch mit Tagfahrlichtfunktion, Schlussleuchten, auch mit Bremslichtfunktion, Fahrtrichtungsanzeiger, rote, gelbe und weiße Rückstrahler, Pedalrückstrahler und retroreflektierende Streifen an Reifen, Felgen oder in den Speichen, weiß retroreflektierende Speichen oder Speichenhülsen für Fahrräder und Fahrradanhänger (§ 67 Absatz 1 bis 5, § 67a Absatz 1);

23. (weggefallen)

24. (weggefallen)

25. Sicherheitsgurte und andere Rückhaltesysteme in Kraftfahrzeugen;

26. Leuchten zur Sicherung hinausragender Ladung (§ 22 Absatz 4 und 5 der Straßenverkehrs-Ordnung);

27. Rückhalteeinrichtungen für Kinder in Kraftfahrzeugen (§ 35a Absatz 12 dieser Verordnung sowie § 21 Absatz 1a der Straßenverkehrs-Ordnung).

(1a) § 22 Absatz 1 Satz 2 bis 5 ist entsprechend anzuwenden.

(2) ¹Fahrzeugteile, die in einer amtlich genehmigten Bauart ausgeführt sein müssen, dürfen zur Verwendung im Geltungsbereich dieser Verordnung nur feilgeboten, veräußert, erworben oder verwendet werden, wenn sie mit einem amtlich vorgeschriebenen und zugeteilten Prüfzeichen gekennzeichnet sind. ²Die Ausgestaltung der Prüfzeichen und das Verfahren bestimmt das Bundesministerium für Verkehr und digitale Infrastruktur; insoweit gilt die Fahrzeugteileverordnung vom 12. August 1998 (BGBl. I S. 2142).

(3) Die Absätze 1 und 2 sind nicht anzuwenden auf

1. Einrichtungen, die zur Erprobung im Straßenverkehr verwendet werden, wenn der Führer des Fahrzeugs eine entsprechende amtliche Bescheinigung mit sich führt und zuständigen Personen auf Verlangen zur Prüfung aushändigt,

2. Einrichtungen – ausgenommen lichttechnische Einrichtungen für Fahrräder und Licht-
quellen für Scheinwerfer –, die in den Geltungsbereich dieser Verordnung verbracht
worden sind, an Fahrzeugen verwendet werden, die außerhalb des Geltungsbereichs
dieser Verordnung gebaut worden sind, und in ihrer Wirkung etwa den nach Ab-
satz 1 geprüften Einrichtungen gleicher Art entsprechen und als solche erkennbar
sind,

3. Einrichtungen, die an Fahrzeugen verwendet werden, deren Zulassung auf Grund eines
Verwaltungsverfahrens erfolgt, in welchem ein Mitgliedstaat der Europäischen Union
bestätigt, dass der Typ eines Fahrzeugs, eines Systems, eines Bauteils oder einer
selbstständigen technischen Einheit die einschlägigen technischen Anforderungen der
Richtlinie 70/156/EWG des Rates vom 6. Februar 1970 zur Angleichung der Rechts-
vorschriften der Mitgliedstaaten über die Betriebserlaubnis für Kraftfahrzeuge und
Kraftfahrzeuganhänger (ABl. L 42 vom 23.2.1970, S. 1), die zuletzt durch die Richt-
linie 2004/104/EG (ABl. L 337 vom 13.11.2004, S. 13) geändert worden ist, der Richt-
linie 92/61/EWG des Rates vom 30. Juni 1992 über die Betriebserlaubnis für zwei-
rädrige oder dreirädrige Kraftfahrzeuge (ABl. L 225 vom 10.8.1992, S. 72), die durch
die Richtlinie 2000/7/EG (ABl. L 106 vom 3.5.2000, S. 1) geändert worden ist, oder
der Richtlinie 2007/46/EG oder der Richtlinie 2002/24/EG oder der Richtlinie
2003/37/EG in ihrer jeweils geltenden Fassung oder einer Einzelrichtlinie erfüllt.

(4) ¹Absatz 2 ist nicht anzuwenden auf Einrichtungen, für die eine Einzelgenehmigung
im Sinne der Fahrzeugteileverordnung erteilt worden ist. ²Werden solche Einrichtungen
im Verkehr verwendet, so ist die Urkunde über die Genehmigung mitzuführen und zu-
ständigen Personen auf Verlangen zur Prüfung auszuhändigen; dies gilt nicht, wenn die
Genehmigung aus dem Fahrzeugschein, aus dem Nachweis nach § 4 Absatz 5 der Fahr-
zeug-Zulassungsverordnung oder aus dem statt der Zulassungsbescheinigung Teil II mit-
geführten Anhängerverzeichnis hervorgeht.

(5) ¹Mit einem amtlich zugeteilten Prüfzeichen der in Absatz 2 erwähnten Art darf
ein Fahrzeugteil nur gekennzeichnet sein, wenn es der Bauartgenehmigung in jeder
Hinsicht entspricht. ²Zeichen, die zu Verwechslungen mit einem amtlich zugeteilten
Prüfzeichen Anlass geben können, dürfen an den Fahrzeugteilen nicht angebracht sein.

(6) Die Absätze 2 und 5 gelten entsprechend für Einrichtungen, die einer EWG-Bau-
artgenehmigung bedürfen.

Begr zur ÄndVO v. 23.6.93: VkBl. **93** 609; zur ÄndVO v. 16.12.93 (zu Abs. 1a): VkBl. **94** 153; **1**
zur ÄndVO v. 25.10.94: BR-Drs. 782/94.

Begr zur ÄndVO v. 12.8.97 **zu Abs. 1 Nr. 1a** (VkBl. **97** 656): … *Mit der Bauartgenehmigungs-* **1a**
*pflicht soll verhindert werden, dass Reifen auf den Markt kommen, die nicht hinreichend geprüft sind. Der
Verbraucher soll die Sicherheit erhalten, dass die nunmehr bauartgenehmigten Luftreifen hinsichtlich der
Tragfähigkeit und der Geschwindigkeitskategorie nach den harmonisierten technischen Vorschriften geprüft
und genehmigt sind. Welche harmonisierten technischen Vorschriften gelten, wird in § 36 Abs. 1a bzw. in
den dazu im Anhang geltenden Bestimmungen geregelt.*

Begr zur ÄndVO v. 12.12.04 **zu Abs. 3 Nr. 3** (VkBl. **05** 15): *Durch die Aufnahme der Richtlinie* **1b**
*2003/37/EG in § 22a wird klargestellt, dass EG-Genehmigungen für Fahrzeugteile in Deutschland
anerkannt werden.*

Begr zur ÄndVO v. 26.5.08 **zu Abs. 1 Nr. 4** (VkBl. **08** 441): *Hierdurch werden auch Front-* **1c**
schutzsysteme mit Einzelbetriebserlaubnis bauartgenehmigungspflichtig.

Begr zur ÄndVO v. 26.7.13 **zu Abs. 1 Nr. 11a, 19a** (BR-Drs. 445/13 S. 22 = VkBl. **13** 864): **1d**
*Die Ergänzung der Bauartgenehmigungspflicht um rote Kennleuchten und das Anhaltehorn wird not-
wendig, damit Kraftfahrzeuge des Vollzugsdienstes der Polizeien des Bundes und der Länder mit einem
„neuen Anhaltesignal" ausgestattet werden können. Mit der Einführung des Anhaltesignals wird dem
Beschluss der Innenministerkonferenz der Länder gefolgt, die Sicherheit von Polizeibeamten bei An-
haltevorgängen wesentlich zu verbessern. Bei Untersuchungen zu dieser Problematik hat sich heraus-
gestellt, dass zum Anhalten von „hinten" die Einführung eines optischen und akustischen Anhalte-
signals dringend erforderlich ist. Da die Benutzung des bisher schon vorhandenen „Blaulichts" ein gänzlich
anderes Verhalten (gemäß Straßenverkehrs-Ordnung) des Verkehrsteilnehmers impliziert, hat sich nach
Feststellung der Innenministerkonferenz der Länder die Benutzung des „Blaulichts" zum Einleiten des
Anhaltevorganges als ungeeignet erwiesen; daher wird zu diesem Zweck das „neue Anhaltesignal" ein-
geführt.*

Verordnung über die Prüfung und Genehmigung der Bauart von Fahrzeugteilen sowie deren Kennzeichnung (Fahrzeugteileverordnung – FzTV)

Vom 12. August 1998 (BGBl. I S. 2142), zuletzt geändert durch Gesetz vom 29. März 2017 (BGBl. I S. 626)

Abschnitt 1
Allgemeines

§ 1 Arten der Genehmigung von Fahrzeugteilen

2   (1) Die in § 22a Abs. 1 der Straßenverkehrs-Zulassungs-Ordnung vorgeschriebene Genehmigung der Bauart von Fahrzeugteilen kann für die Bauart eines Typs (Allgemeine Bauartgenehmigung) oder eines einzelnen Fahrzeugteils (Bauartgenehmigung im Einzelfall – Einzelgenehmigung –) erteilt werden.

(2) Der in § 22a Abs. 1 der Straßenverkehrs-Zulassungs-Ordnung vorgeschriebenen Genehmigung steht die Genehmigung gleich, die ein anderer Staat für die Bauart eines der in § 22a Abs. 1 der Straßenverkehrs-Zulassungs-Ordnung genannten Fahrzeugteils unter Beachtung der mit der Bundesrepublik Deutschland vereinbarten Bedingungen erteilt hat.

Abschnitt 2
Allgemeine Bauartgenehmigung und Prüfzeichen

§ 2 Zulässigkeit der Bauartgenehmigung

3   (1) [1]Für reihenweise zu fertigende oder gefertigte Fahrzeugteile kann die Bauartgenehmigung dem Hersteller nach einer auf seine Kosten vorgenommenen Prüfung allgemein erteilt werden, wenn er die Gewähr für eine zuverlässige Ausübung der durch die Bauartgenehmigung verliehenen Befugnisse bietet. [2]Bei Herstellung eines Typs durch mehrere Beteiligte kann diesen die Bauartgenehmigung gemeinsam erteilt werden. [3]Für Fahrzeugteile, die im Ausland hergestellt worden sind, kann die Bauartgenehmigung erteilt werden

1. dem Hersteller oder seinem Beauftragten, wenn die Fahrzeugteile in einem Vertragsstaat des Abkommens über den Europäischen Wirtschaftsraum hergestellt worden sind,

2. dem Beauftragten des Herstellers, wenn die Fahrzeugteile zwar nicht in einem Vertragsstaat des Abkommens über den Europäischen Wirtschaftsraum hergestellt worden sind, sie aber in das Inland aus einem Vertragsstaat des Abkommens über den Europäischen Wirtschaftsraum eingeführt wurden,

3. in anderen Fällen dem Händler, der seine Berechtigung zum alleinigen Vertrieb der Fahrzeugteile im Inland nachweist.

[4]In den Fällen des Satzes 3 Nr. 1 und 2 muß der Beauftragte seinen Sitz in einem Vertragsstaat des Abkommens über den Europäischen Wirtschaftsraum haben. [5]In den Fällen des Satzes 3 Nr. 3 muß der Händler im Inland ansässig sein.

(2) [1]Der Antragsteller nach Absatz 1 hat gegenüber dem Kraftfahrt-Bundesamt den Nachweis zu erbringen, daß in bezug auf die Übereinstimmung der reihenweise gefertigten Fahrzeugteile mit dem genehmigten Typ ein ausreichendes Qualitätssicherungssystem zugrunde liegt. [2]Dieses liegt auch vor, wenn es den Grundsätzen der harmonisierten Norm EN ISO 9002 oder einem gleichwertigen Standard entspricht; §§ 19, 20 und 21 des Artikels 1 der Zwanzigsten Verordnung zur Änderung straßenverkehrsrechtlicher Vorschriften (Verordnung über die EG-Typgenehmigung für Fahrzeuge und Fahrzeugteile) vom 9. Dezember 1994 (BGBl. I S. 3755), geändert durch Artikel 2 der Verordnung vom 12. August 1997 (BGBl. I S. 2051), in der jeweils geltenden Fassung, sind entsprechend anzuwenden.

§ 3 Anträge auf Bauartgenehmigung und Prüfung

4   (1) [1]Der Antrag auf Erteilung einer Bauartgenehmigung ist schriftlich oder elektronisch unter Angabe der Typbezeichnung beim Kraftfahrt-Bundesamt zu stellen. [2]Dem Antrag ist das Gutachten der Prüfstelle nach § 6 beizufügen.

(2) [1]Abweichend von Absatz 1 kann der Antrag an das Kraftfahrt-Bundesamt über die zuständige Prüfstelle nach § 5 mit dem an die Prüfstelle gerichteten Antrag auf Prüfung eingereicht werden. [2]Dem an die Prüfstelle zu richtenden Antrag auf Prüfung sind für die jeweiligen Fahrzeugteile Muster und Unterlagen nach Anlage 1 beizufügen. [3]Weitere sachdienliche Muster und Unterlagen sind der Prüfstelle auf Anforderung zur Verfügung zu stellen.

(3) Bei Prüfungen im Genehmigungsverfahren nach § 7 Abs. 2 sind dem Antrag auf Bauartgenehmigung die in den Bedingungen für das jeweilige Genehmigungsverfahren vorgeschriebenen Unterlagen und Muster beizufügen.

§ 4 Erteilung der Bauartgenehmigung

5   (1) [1]Das Kraftfahrt-Bundesamt erteilt die Bauartgenehmigung schriftlich oder elektronisch. [2]In der Bauartgenehmigung werden der genehmigte Typ, das zugeteilte Prüfzeichen sowie Nebenbestimmungen (§ 36 des Verwaltungsverfahrensgesetzes) und, soweit erforderlich, Ausnahmen von den Bestimmungen der Straßenverkehrs-Zulassungs-Ordnung festgelegt.

(2) Abweichungen vom genehmigten Typ sind nur zulässig, wenn die Bauartgenehmigung durch einen entsprechenden Nachtrag ergänzt worden ist oder wenn das Kraftfahrt-Bundesamt auf Anfrage schriftlich oder elektronisch erklärt, daß für die vorgesehene Änderung eine Nachtragsgenehmigung nicht erforderlich ist.

§ 5 Prüfstellen

(1) [1] Für die Prüfungen sind Prüfstellen zuständig. [2] Prüfstelle ist   **6**

1. eine der in Anlage 2 Teil 1 genannten für die Prüfung bestimmter Fahrzeugteile zuständigen Prüfstellen nach der vor dem 19. November 1998 geltenden Fassung der Fahrzeugteileverordnung,

2. die Technische Prüfstelle der ehemaligen Deutschen Demokratischen Republik in Dresden entsprechend Anlage 2 Teil 1 dieser Verordnung nach Anlage I Kapitel XI Sachgebiet B Abschnitt III Nr. 5 des Einigungsvertrages (BGBl. 1990 II S. 885, 1103),

3. ein nach § 30 der EG-Fahrzeuggenehmigungsverordnung anerkannter Technischer Dienst.

(2) Abweichend von Absatz 1 werden auch Prüfungen anerkannt, die von den zuständigen Prüfstellen eines Vertragsstaates des Abkommens über den Europäischen Wirtschaftsraum durchgeführt und bescheinigt sind und mit denen die nach dieser Verordnung vorgeschriebenen Anforderungen gleichermaßen dauerhaft erreicht werden.

§ 6 Aufgaben der Prüfstelle

(1) [1] Die Prüfstelle hat zu prüfen, ob die Fahrzeugteile den Anforderungen entsprechen, die zur Ein-   **7** haltung der Bestimmungen über den Bau und Betrieb von Fahrzeugen und Fahrzeugteilen zu stellen sind. [2] Bei Fahrzeugteilen, die auch in eingebautem Zustand geprüft werden müssen, bestimmt die Prüfstelle das Nähere über die Durchführung.

(2) [1] Die Prüfstelle hat über die Ergebnisse der Prüfungen ein Gutachten anzufertigen und zwei Ausfertigungen mit den geprüften und bestätigten Unterlagen dem Kraftfahrt-Bundesamt zu übersenden; eine Ausfertigung der geprüften und bestätigten Unterlagen verbleibt bei der Prüfstelle. [2] Form und Gliederung der Gutachteninhalte bestimmt das Kraftfahrt-Bundesamt.

(3) Das Kraftfahrt-Bundesamt kann Ergänzungen zur Prüfung anordnen, insbesondere vom Antragsteller weitere sachdienliche Muster und Unterlagen anfordern oder bestimmen, daß Fahrzeugteile auch in eingebautem Zustand zu prüfen sind.

§ 7 Prüfzeichen[*]

(1) [1] Das Prüfzeichen besteht aus einer Wellenlinie von drei Perioden, einem oder zwei Kennbuch-   **8** staben, einer Nummer und, soweit erforderlich, zusätzlichen Zeichen. [2] Der Kennbuchstabe bezeichnet die Art der Fahrzeugteile nach folgender Aufstellung:

D für Sicherheitsglas und Folien zur Aufbringung auf Scheiben von Fahrzeugen
E für Fahrtschreiber
F für Auflaufbremsen und Teile davon
G (aufgehoben)
K für lichttechnische Einrichtungen
L für Gleitschutzeinrichtungen
M für Einrichtungen zur Verbindung von Fahrzeugen
R für Reifen
S für Heizungen
W für Warneinrichtungen mit einer Folge von Klängen verschiedener Grundfrequenzen (Einsatzhorn).

[3] Werden Fahrzeugteile aus zwei unterschiedlichen Arten gemeinsam genehmigt, so enthält das Prüfzeichen beide Kennbuchstaben. [4] Das Prüfzeichen wird vom Kraftfahrt-Bundesamt nach dem Muster in Anlage 3 zugeteilt.

(2) [1] Ist das Genehmigungsverfahren unter Bedingungen durchgeführt worden, die von der Bundesrepublik Deutschland mit anderen Staaten vereinbart worden sind, so ist für das entsprechende Fahrzeugteil ein Prüfzeichen zuzuteilen. [2] Dieses Fahrzeugteil darf weder von einer anderen Vertragspartei aufgrund der gleichen Bedingungen genehmigt, noch darf ihm ein Prüfzeichen zugeteilt worden sein. [3] Das Prüfzeichen besteht aus einem Kreis, in dessen Innerem sich der Buchstabe „E" und die Kennzahl 1 für die Bundesrepublik Deutschland befinden, sowie aus der Genehmigungsnummer. [4] Letztere muß außerhalb des Kreises angebracht sein. [5] Im übrigen bestimmt das Kraftfahrt-Bundesamt aufgrund der internationalen Vereinbarungen, wie das Prüfzeichen anzuordnen ist. [6] Es ergänzt das Prüfzeichen unter Beachtung der internationalen Vereinbarungen, wenn dieses erforderlich ist, um Mißverständnisse zu vermeiden.

(3) Prüfzeichen, die vor dem 19. November 1998 aufgrund von Bauartgenehmigungen zugeteilt wurden und Kennbuchstaben nach Anlage 2 Teil 2 enthalten, dürfen bis zum Erlöschen der jeweiligen Bauartgenehmigung weiterhin angebracht werden und gelten unverändert fort; dies gilt auch für den Unterscheidungsbuchstaben E für Fahrtschreiber, geprüft durch die Landeseichdirektion Nordrhein-Westfalen in Köln.

---

[*] Anerkennung ausländischer Prüfzeichen: § 21a StVZO.

(4) Das zugeteilte Prüfzeichen ist auf jedem dem genehmigten Typ entsprechenden Fahrzeugteil in der vorgeschriebenen Anordnung gut lesbar, dauerhaft und jederzeit feststellbar anzubringen; dies gilt auch für das entsprechend der Bauartgenehmigung an- oder eingebaute Fahrzeugteil.

§ 8 Verwahrung und Rückgabe der Muster und Unterlagen

9 (1) ¹Ist die Bauartgenehmigung erteilt worden, so ist je eine Ausfertigung der nach § 3 eingereichten und von der Prüfstelle geprüften und bestätigten Unterlagen beim Kraftfahrt-Bundesamt zu verwahren. ²Waren nach Anlage 1 zwei oder mehr Muster einzureichen, so hat die Prüfstelle je zwei Muster des genehmigten Fahrzeugteils mit dem Prüfzeichen zu versehen. ³Ein mit dem Prüfzeichen versehenes Muster ist bei der Prüfstelle zu verwahren, das andere und etwa vorgelegte weitere Muster sowie nicht mehr benötigte Unterlagen sind dem Antragsteller zurückzugeben. ⁴Die Prüfstelle hat dem Kraftfahrt-Bundesamt auf Verlangen das dem Hersteller zurückzugebende Muster vorzulegen. ⁵In diesem Fall versieht das Kraftfahrt-Bundesamt das Muster mit dem durch die Bauartgenehmigung zugeteilten Prüfzeichen und gibt es dem Antragsteller zurück. ⁶Mit Zustimmung des Kraftfahrt-Bundesamtes kann davon abgesehen werden, ein Muster bei der Prüfstelle aufzubewahren. ⁷In diesen Fällen hat der Antragsteller auf Verlangen des Kraftfahrt-Bundesamtes oder der Prüfstelle ein Muster oder Teile davon aufzubewahren und dem Kraftfahrt-Bundesamt oder der Prüfstelle auf Anforderung zur Verfügung zu stellen.

(2) Ist der Antrag auf Erteilung der Bauartgenehmigung abgelehnt worden, so sind die Muster und auf Antrag auch die sonstigen Unterlagen dem Antragsteller erst dann auszuhändigen, wenn die Ablehnung unanfechtbar geworden ist.

§ 9 Übereinstimmung der Produktion

10 (1) ¹Das Kraftfahrt-Bundesamt kann die in den einzelnen Produktionsstätten angewandten Verfahren zur Kontrolle der Übereinstimmung der Produktion (Qualitätssicherungssysteme) überprüfen. ²Ist ein nach § 2 Abs. 2 Satz 2 zertifiziertes Qualitätssicherungssystem nachgewiesen, so gilt dies nur in begründeten Fällen.

(2) ¹Das Kraftfahrt-Bundesamt kann ohne vorherige Ankündigung während der üblichen Geschäftszeiten bei Inhabern der Genehmigung prüfen oder prüfen lassen, ob Fahrzeugteile, deren Bauart amtlich genehmigt ist und die das zugeteilte Prüfzeichen tragen, mit den amtlichen Bauartgenehmigungen übereinstimmen und ob Fahrzeugteile, die in amtlich genehmigter Bauart ausgeführt werden müssen, in Ausführungen feilgeboten werden, an denen das vorgeschriebene Prüfzeichen fehlt oder unbefugt angebracht ist (Produktprüfung). ²Es kann zu diesem Zweck auch Proben entnehmen oder entnehmen lassen. ³In den Fällen des § 2 Abs. 1 Satz 4 kann das Kraftfahrt-Bundesamt die Erteilung der Bauartgenehmigung davon abhängig machen, daß die zur Produktprüfung nach Satz 1 notwendigen Maßnahmen ermöglicht werden.

(3) ¹Die Kosten der Überprüfung nach Absatz 1 Satz 1 trägt der Inhaber der Genehmigung, wenn ein Verstoß gegen die Vorschriften des § 2 Abs. 2 festgestellt wird. ²Die Kosten der Proben nach Absatz 2, ihrer Entnahme, ihres Versandes und der Prüfung trägt der Inhaber der Genehmigung, wenn ein Verstoß gegen die Vorschriften über die Bauartgenehmigung oder die Prüfzeichen festgestellt wird.

§ 10 Nachträgliche Nebenbestimmungen, Widerruf, Rücknahme und Erlöschen der Allgemeinen Bauartgenehmigung

11 (1) Das Kraftfahrt-Bundesamt kann zur Beseitigung aufgetretener Mängel und zur Gewährleistung der Vorschriftsmäßigkeit auch bereits im Verkehr befindlicher Fahrzeugteile nachträglich Nebenbestimmungen anordnen.

(2) Die Allgemeine Bauartgenehmigung erlischt bei Rückgabe, nach Ablauf einer etwa festgesetzten Frist und dann, wenn sie den Rechtsvorschriften nicht mehr entspricht und dies durch die zuständige Stelle festgestellt worden ist.

(3) Das Kraftfahrt-Bundesamt kann die Allgemeine Bauartgenehmigung ganz oder teilweise widerrufen oder zurücknehmen, insbesondere wenn festgestellt wird, daß

1. Fahrzeugteile mit einem vorgeschriebenen Prüfzeichen nicht mit dem genehmigten Typ übereinstimmen,

2. Fahrzeugteile, obwohl sie mit einem gültigen Prüfzeichen versehen sind, die Sicherheit des Straßenverkehrs gefährden,

3. der Inhaber der Allgemeinen Bauartgenehmigung nicht über ein vorgeschriebenes Qualitätssicherungssystem verfügt oder dieses nicht mehr in der vorgeschriebenen Weise anwenden oder

4. Nebenbestimmungen nicht eingehalten werden.

(4) ¹Das Kraftfahrt-Bundesamt ist unverzüglich vom Inhaber der Allgemeinen Bauartgenehmigung zu benachrichtigen, wenn die reihenweise Fertigung oder der Vertrieb des genehmigten Fahrzeugteils endgültig eingestellt, innerhalb eines Jahres nach Erteilung der Allgemeinen Bauartgenehmigung nicht aufgenommen oder länger als ein Jahr eingestellt wird. ²Die Aufnahme der Fertigung oder des Vertriebs ist nach Unterbrechung oder Aufschub dem Kraftfahrt-Bundesamt unaufgefordert innerhalb eines Monats mitzuteilen.

(5) Ist die Allgemeine Bauartgenehmigung erloschen, kann das Kraftfahrt-Bundesamt die Veräußerung der aufgrund einer solchen Genehmigung hergestellten Fahrzeugteile zur Verwendung im Stra-

ßenverkehr im Geltungsbereich dieser Verordnung untersagen und hierüber die für die Zulassung und Überwachung zuständigen Stellen unterrichten.

Abschnitt 3

Bauartgenehmigung im Einzelfall – Einzelgenehmigung

§ 11 Antrag auf Einzelgenehmigung

[1] Gehört eines der in § 22a Abs. 1 der Straßenverkehrs-Zulassungs-Ordnung genannten Fahrzeug- **12** teile nicht zu einem genehmigten Typ, so kann eine Einzelgenehmigung unter Vorlage des Gutachtens eines amtlich anerkannten Sachverständigen für den Kraftfahrzeugverkehr oder der Prüfstelle (§ 5) bei der nach § 68 der Straßenverkehrs-Zulassungs-Ordnung zuständigen Verwaltungsbehörde (Zulassungsbehörde) beantragt werden. [2] § 6 Abs. 1 ist entsprechend anzuwenden.

§ 12 Prüfung durch die Verwaltungsbehörde (Zulassungsbehörde)

(1) Die Zulassungsbehörde ist an das Gutachten des amtlich anerkannten Sachverständigen für den **13** Kraftfahrzeugverkehr oder der Prüfstelle nicht gebunden.

(2) [1] Die Zulassungsbehörde trifft die zur Prüfung etwa erforderlichen weiteren Maßnahmen. [2] Sie kann hierzu die Vorführung des Fahrzeugteils sowie die Vorlage eines weiteren Gutachtens verlangen und ähnliche Anordnungen erlassen.

§ 13 Erteilung der Einzelgenehmigung

[1] Die Verwaltungsbehörde (Zulassungsbehörde) erteilt die Einzelgenehmigung, indem sie auf dem **14** Gutachten des amtlich anerkannten Sachverständigen für den Kraftfahrzeugverkehr oder der Prüfstelle unter Angabe von Ort und Datum vermerkt: „Einzelgenehmigung erteilt". [2] Etwaige Beschränkungen oder Ausnahmen von den Bestimmungen der Straßenverkehrs-Zulassungs-Ordnung sind in den Vermerk aufzunehmen. [3] Wird das Fahrzeugteil an einem Kraftfahrzeug oder Kraftfahrzeuganhänger verwendet, so ist die Einzelgenehmigung in den Fahrzeugbrief und in den Fahrzeugschein einzutragen und in den etwa ausgestellten Anhängerverzeichnissen kenntlich zu machen.

§ 14 Widerruf, Rücknahme und Erlöschen der Einzelgenehmigung

(1) Die Einzelgenehmigung erlischt bei Rückgabe, nach Ablauf einer etwa festgesetzten Frist, bei **15** Rücknahme oder Widerruf durch die nach § 68 der Straßenverkehrs-Zulassungs-Ordnung zuständigen Verwaltungsbehörde (Zulassungsbehörde), ferner dann, wenn sie den jeweils geltenden Rechtsvorschriften nicht mehr entspricht und dies durch die zuständige Stelle festgestellt worden ist.

(2) Die Einzelgenehmigung kann widerrufen werden, wenn sich herausstellt, daß das Fahrzeugteil den Erfordernissen der Verkehrssicherheit nicht entspricht.

(3) Nach dem Erlöschen der Einzelgenehmigung ist der Genehmigungsvermerk (§ 13) der Zulassungsbehörde zur Löschung unaufgefordert vorzulegen, nötigenfalls von dieser einzuziehen.

Abschnitt 4

Bestandsschutz

§ 15 Bisherige Genehmigungen

[1] Allgemeine Bauartgenehmigungen und Einzelgenehmigungen, die vor dem 19. November 1998 er- **16** teilt worden sind, bleiben gültig. [2] Die §§ 10 und 14 gelten sinngemäß.

Abschnitt 5

Schlußvorschriften

§ 16 Inkrafttreten, Außerkrafttreten

(1) Diese Verordnung tritt am 19. November 1998 in Kraft. **17/18**

(2) Mit dem Inkrafttreten dieser Verordnung tritt die Fahrzeugteileverordnung in der im Bundesgesetzblatt Teil III, Gliederungsnummer 9232-6, veröffentlichten bereinigten Fassung, zuletzt geändert durch die Verordnung vom 20. Dezember 1993 (BGBl. I S. 2241), außer Kraft.

Begr: VkBl. 98 877.

Übersicht

19 **1. Bauartgenehmigung für Fahrzeugteile. Abs.** I zusammen mit der FahrzeugteileVO (FzTV) (Rn. 2–18) schreibt vor, dass die dort aufgeführten Einrichtungen in amtlich genehmigter Bauart ausgeführt sein müssen. Darin liegt ein Zwang zur Typisierung. Es handelt sich dabei fast durchweg um Teile an Kfzen. Die Bauartgenehmigung ist nicht Teil des Zulassungsverfahrens. Doch ist die Zulassung zu versagen, wenn anstelle bauartgenehmigungspflichtiger Teile andere verwendet werden. Teile, für die eine Bauartgenehmigung vorliegt, werden bei der Zulassung nicht nochmals begutachtet. Zur Bauartgenehmigung für Einrichtungen zur Verbindung land- und forstwirtschaftlicher Arbeitsgeräte mit Kfzen, s. Merkblatt VkBl. **09** 808 = StVRL § 2 FZV Nr. 4.

20 Abs. II und V sichern in Verbindung mit den §§ 23, 24 StVG die Befolgung der Vorschriften in Abs. I. Abs. V schützt die auf den bauartgenehmigungspflichtigen Teilen anzubringenden Prüfzeichen. Abs. III, IV betreffen FzTeile, auf die Abs. I, II nicht anzuwenden sind, und zwar Abs. III Teile der in Abs. I beschriebenen Art, die zur Erprobung im StrV verwendet werden oder zur Verwendung an Fzen eingeführt werden, die außerhalb des Geltungsgebiets der StVZO hergestellt sind (s. Rn. 34), Abs. IV FzTeile, für die eine Einzelgenehmigung erteilt ist. Von den technischen Anforderungen an FzTeile darf praktisch nicht abgewichen werden, VkBl. BMV **73** 558.

21 **2. Einrichtungen, die in amtlich genehmigter Bauart ausgeführt sein müssen,** zählt Abs. I auf; sie sind für Betrieb und VSicherheit besonders wichtig. Nicht genannte Teile dürfen in beliebiger Bauart ausgeführt werden, Ha VkBl. **66** 336. § 22a betrifft nur Teile, die ausschließlich in amtlich genehmigter Bauart zugelassen sind. Das trifft nicht zu, wenn lediglich die Beschaffenheit des Teils vorgeschrieben ist (Auspuff), Stu VRS **31** 124. Dürfen FzTeile nur an Fzen bestimmter Art, eines bestimmten Typs oder nur bei bestimmter Art des Ein- oder Anbaus verwendet werden, so ist die **Bauartgenehmigung** entsprechend **zu beschränken** (Abs. I a); ihre Wirksamkeit kann auch von der Abnahme des Ein- oder Anbaus durch einen amtlich anerkannten Sachverständigen oder Prüfer oder einen Prüfingenieur einer anerkannten Überwachungsorganisation abhängig gemacht werden (Abs. I a).

22 **Die in Abs. I genannten FzTeile** sind auch bauartgenehmigungspflichtig, wenn sie an zulassungsfreien Fzen (Kfzen, KfzAnhängern, Fahrrädern) verwendet werden. Schneeketten fallen nicht unter die Gleitschutzvorrichtungen der Nr. 2. Bei Leuchten zur Sicherung von Ladungen soll der Bauartgenehmigungszwang die Qualität sichern. Nebelschlussleuchten müssen in amtlich genehmigter Bauart ausgeführt sein (Abs. I S. 16a), ebenso Tarnscheinwerfer, BMV 17.9.62, StV 7–8051 K/62, Nebel-Vorsatzfilter an Scheinwerfern, BMV 28.12.62, StV 7–8050 Sch/62. Suchscheinwerfer sind nicht nach Abs. I prüfzeichenpflichtig, Ha VM **68** 23. Keine Bauartgenehmigungspflicht für Anbaugeräte und ggf. an land- oder forstwirtschaftlichen Anbaugeräten angebrachte Anhängerkupplungen, s. Merkblatt für Anbaugeräte, VkBl. **09** 804 = StVRL § 30 Nr. 6.

23 **Übergangsvorschriften:** § 72. **Rückgabe oder Widerruf** einer allgemeinen Bauartgenehmigung, BMV StV 7–4066 T/58.

24 Das **Genehmigungsverfahren** und die Zuteilung des Prüfzeichens für bauartgenehmigungspflichtige FzTeile regelt die **FahrzeugteileVO** (FzTV, Rn. 2–18). Sie unterscheidet zwischen der Allgemeinen Bauartgenehmigung und der Einzelgenehmigung. Der Inhaber einer allgemeinen Bauartgenehmigung hat die Übereinstimmung jedes Teils mit dem Typ durch ein **Prüfzeichen** (beweiserhebliche Privaturkunde, RGSt **69** 200) auf dem Teil zu bestätigen, s. § 8 IV FzTV. Für die Prüfzeichenpflicht ist es bedeutungslos, ob das Teil an einem zulassungspflichtigen Kfz verwendet werden soll, Ha VkBl. **66** 336.

25 Das Verfahren bei der **Einzelgenehmigung** entspricht dem für Einzelfze (§ 21) mit der Besonderheit, dass das Gutachten des Sachverständigen in dem Brief des Kfz einzutragen ist, an dem das Teil an- oder in den es eingebaut werden soll, wenn es sich um ein bestimmtes Fz handelt, § 13 FzTV. Auf dem Gutachten hat die ZulB die Erteilung der Einzelgenehmigung zu vermerken und denselben Vermerk im FzBrief und im FzSchein einzutragen, § 13 FzTV. **Technische Anforderungen** an FzTeile bei der Bauartprüfung, VkBl. **73** 558, zuletzt geändert: VkBl. **06** 645 = StVRL § 22a Nr. 1. Keine Hinzuziehung des Antragstellers zur Bauartprüfung, BMV 29.1.64, StV 7–8138 F/63. Zuständigkeit von Prüfstellen und Technischen Diensten im Rahmen der Begutachtung/Prüfung von Fzen und FzTeilen, s. BMV v. 13.10.92, VkBl. **92** 561.

Schutzhelme für Kraftradfahrer müssen in amtlich genehmigter Bauart entsprechend der **26** ECE-Regelung Nr. 22 ausgeführt sein, § 21a II StVO. Die 2. AusnahmeVO zur StVO wurde aufgehoben, s. § 53 StVO Rn. 2.

3. Verkehrsbeschränkungen für bauartgenehmigungspflichtige Fahrzeugteile. Prüf- 27 zeichen. Abs. II soll die Durchsetzbarkeit von Abs. I fördern. Ein bloßes Verwendungsverbot für Fahrzeugteile, die in einer amtlich genehmigten Bauart ausgeführt sein müssen, würde die Kontrollmöglichkeit der Verkehrsüberwachungsorgane insoweit erheblich einschränken. Geeigneter ist ein allgemeines Verbot, ungeprüfte Teile feilzubieten, zu erwerben oder zu verwenden.

Rechtliche Grundlage: § 6 I Nr. 2e StVG. Sanktionen: §§ 23, 24 StVG. Abs. II betrifft nur die **28** in Abs. I genannten FzTeile, diese dürfen nur mit Prüfzeichen im Verkehr verwendet werden. Keines Prüfzeichens bedarf es an Einrichtungen kraft Einzelgenehmigung (s. Rn. 35). Für das Verbot des Feilbietens in Abs. II ist ausschließlich die objektive Verwendungsmöglichkeit entscheidend, unerheblich ist, zu welchem Zweck der Erwerber die FzTeile verwenden will (Ha VM **68** 23, SchlVRS **74** 55, LG Siegen SVR **18** 74).

3a. Feilbieten: Zum Zweck des Verkaufens bereitstellen und Kaufinteressenten zugänglich **29** machen, Schl VRS **74** 55. In Frage kommen vor allem Hersteller, Händler mit Auto- oder Fahrradzubehör, Werkstätteninhaber, die Zubehörteile bereithalten. Gewerbsmäßiges Feilbieten nicht vorschriftsmäßig gekennzeichneter Fahrzeugteile: § 23 StVG. Mangels Gewerbsmäßigkeit liegt eine OW nach §§ 22a, 69a II Nr. 7 StVZO, 24 StVG vor.

3b. Veräußern ist jedes entgeltliche oder unentgeltliche Abgeben an andere. **30**

3c. Erwerben. Es ist verboten, nicht vorschriftsmäßig gekennzeichnete Zubehörteile der **31** im § 22a II bezeichneten Art zu erwerben. Dieses Verbot wendet sich an Käufer oder sonstige Erwerber. Gemeint ist Erwerb in der Absicht, den Gegenstand weiterzuveräußern, weiterzugeben, oder ihn an einem Fz anzubringen oder anbringen zu lassen und das damit ausgerüstete Fz im Verkehr zu verwenden. Wer die unvorschriftsmäßigen Teile zum Verschrotten erwirbt, verletzt Abs. II nicht. Ob und in welcher Höhe der Erwerber ein Entgelt zahlt oder verspricht, ist belanglos.

3d. Verwenden. Das Verbot, unvorschriftsmäßige Teile zu verwenden, kann nur den Sinn **32** haben, den Einbau an einem Fz zu verhindern, das üblicherweise in den Verkehr gebracht wird. Verboten ist schon der Einbau, nicht erst das Verbringen des mit dem unvorschriftsmäßigen Zubehörteil versehenen Fz in den Verkehr. Das Verbot wendet sich an die Hersteller von Fzen, an Händler, an die Werkstätten, Ausrüster und Fahrzeughalter. Dass alle unter Abs. II fallenden Teile das Prüfzeichen tragen müssen, erleichtert allen Beteiligten ihre Prüfungspflicht und der Pol die Nachprüfung.

4. Fahrzeugteile, für die Abs. I, II nicht gelten.
Zur Erprobung verwendete Teile: Abs. III Nr. 1. S. § 19 VI. **33**
Eingeführte Teile zur Verwendung an Fahrzeugen fremder Fertigung: Abs. III Nr. 2 **34** und 3. Unter Nr. 2 fallen auch Fahrzeugteile, die aus dem Bundesgebiet ausgeführt, dann **an ausländischen Fzen** wieder eingeführt werden. Durch Nummer 3 wird klargestellt, dass bei Fahrzeugen, deren Zulassung auf Grund einer **EG-Typgenehmigung** erfolgt, hinsichtlich ihrer bauartgenehmigungspflichtigen Teile das Vorliegen einer „in etwa Wirkung" nach Abs. III entsprechend § 22a Abs. 1 unterstellt wird, und zwar sowohl hinsichtlich durch das Kraftfahrt-Bundesamt als auch durch Genehmigungsbehörden anderer EG-Mitgliedstaaten erteilter EG-Typgenehmigungen. Dh, dass hinsichtlich der in Nr. 3 genannten Einrichtungen angenommen wird, dass sie ebenso wie die in Nr. 2 genannten in ihrer Wirkung „etwa" den nach Abs. I geprüften gleichartigen Einrichtungen entsprechen (s. Begr, VkBl. **93** 609). Durch Aufnahme der Richtlinie 2003/37/EG in § 22a durch ÄndVO v. 12.12.04 wurde klargestellt, dass EG-Genehmigungen für Fahrzeugteile in Deutschland anerkannt werden (s. Begr VkBl. **05** 15). (Die Richtlinie 2003/37/EG wurde mWv 1.1.16 aufgehoben und durch die seit 1.1.16 geltende Verordnung (EU) Nr. 167/2013 über die Genehmigung und Marktüberwachung von land- und forstwirtschaftlichen Fz v. 5.2.13 (ABlEU L 60 v. 2.3.13 S. 1, StVRL § 20 EG-FGV Nr. 3) ersetzt.)

35   **5. Fahrzeugteile mit Einzelgenehmigung.** Abs. IV übernimmt den Inhalt des früheren § 19 I und II der FahrzeugteileVO (idF von 1953), erkennt aber als Nachweis für Einzelgenehmigungen auch Anhängerverzeichnisse an.

36   **6. Schutz der Prüfzeichen** (Abs. V). **Begr** der VO v. 7.7.60: *„Erfahrungen, die man bei den zur Ausfuhr bestimmten Einrichtungen gemacht hat, sind der Grund für die ausdrücklichen Anordnungen im neuen § 22a Abs. 5 StVZO, dass Prüfzeichen nur verwendet werden dürfen, um die Übereinstimmung eines Fahrzeugteils mit dem genehmigten Typ zu bestätigen, und dass Zeichen, die zu Verwechslungen mit amtlich zugeteilten Prüfzeichen Anlass geben können, an den in § 22a Abs. 1 genannten Einrichtungen nicht angebracht sein dürfen, und zwar auch dann nicht, wenn sie aus besonderen Gründen nicht genehmigungsbedürftig sind. Auch insoweit ist der durch § 71 StVZO* gewährte Strafschutz von Bedeutung."*

37   **7. Ordnungswidrigkeit.** Zuwiderhandeln gegen Abs. II, IV, V, VI ist nach Maßgabe von § 69a II Nr. 7, 8, 9i StVZO, § 24 StVG ordnungswidrig. Verwenden geht dem etwa vorangegangenen Erwerben vor (Gesetzeskonkurrenz). Gewerbsmäßiges Feilbieten nicht vorschriftsmäßig gekennzeichneter FzTeile ist ow gem. § 23 StVG. Mißbräuchliche Verwendung von E 1-Prüfzeichen verletzt § 4 UWG (Strafbestimmung).

38   **8. Ausnahmen: § 70.** Nicht in amtlicher Bauart müssen **Rückhalteeinrichtungen für behinderte Kinder** ausgeführt sein, wenn sie den Anforderungen des § 1 der 3.VO über Ausnahmen von straßenverkehrsrechtlichen Vorschriften entsprechen, s. § 21 StVO Rn. 5. Begr, s. VkBl. **90** 445.

Gutachten für die Einstufung eines Fahrzeugs als Oldtimer

23 [1] **Zur Einstufung eines Fahrzeugs als Oldtimer im Sinne des § 2 Nummer 22 der Fahrzeug-Zulassungsverordnung ist ein Gutachten eines amtlich anerkannten Sachverständigen oder Prüfers oder Prüfingenieurs erforderlich.** [2] **Die Begutachtung ist nach einer im Verkehrsblatt nach Zustimmung der zuständigen obersten Landesbehörden bekannt gemachten Richtlinie durchzuführen und das Gutachten nach einem in der Richtlinie festgelegten Muster auszufertigen.** [3] **Im Rahmen der Begutachtung ist auch eine Untersuchung im Umfang einer Hauptuntersuchung nach § 29 durchzuführen, es sei denn, dass mit der Begutachtung gleichzeitig ein Gutachten nach § 21 erstellt wird.** [4] **Für das Erteilen der Prüfplakette gilt § 29 Absatz 3.**

1   **Begr** (VkBl. **06** 614): *Die bisher nach § 21c erforderliche Begutachtung und Erteilung der Betriebserlaubnis für Oldtimer wird durch die Begutachtung durch einen amtlich anerkannten Sachverständigen oder Prüfer oder Prüfingenieur ersetzt. Die Regelung erfolgt im neuen § 23 StVZO ... .*

1a   **Begr** zur ÄndVO v. 26.7.13 **zu S. 4** (BR-Drs. 445/13 S. 23 = VkBl. **13** 865): *Beschluss des BLFA-TK vom 18./19.9.2007: „Aus der Sicht der wiederkehrenden technischen Überwachung der Fahrzeuge wird es für vertretbar gehalten, die Frist für die nächste Hauptuntersuchung mit dem Datum der Begutachtung gem. § 23 StVZO beginnen zu lassen, da eine Untersuchung im Umfang einer Hauptuntersuchung erfolgt und lediglich keine Prüfplakette zugeteilt wird .... Die Fristen für die nächstfälligen Untersuchungen sollten von dem mit der Durchführung der Begutachtung betrauten Personen im Gutachten vorgeschlagen werden."* Im Sinne einer eindeutigen Vorschrift wurde vorgeschlagen, in § 23 eine Klarstellung aufzunehmen.

2   **1. Anwendungsbereich.** Für die Zulassung von Oldtimern mit Oldtimer-Kennzeichen (§ 9 I FZV) ist der Nachweis einer Typ- oder Einzelgenehmigung (Betriebserlaubnis) erforderlich (§ 3 I S. 2 FZV); wenn lediglich ein mit einem roten Oldtimerkennzeichen gefahren werden soll, wird keine Betriebserlaubnis benötigt (§ 17 I S. 1 und 2 FZV). Für die Zuteilung von Oldtimerkennzeichen oder roten Oldtimerkennzeichen bedarf es aber eines Gutachtens nach § 23, damit das Fz überhaupt als Oldtimer iSd § 2 Nr. 22 FZV eingestuft werden kann (§ 2 FZV Rn. 25). Ein solches Gutachten ist entbehrlich, wenn ein Fz, das abstrakt den Kriterien eines Oldtimers (§ 2 Nr. 22 FZV) genügt, nicht mit Oldtimerkennzeichen (§ 9 I FZV), sondern mit allgemeinem Kennzeichen (§ 8 FZV) zugelassen werden soll. Den Begriff „Betriebserlaubnis als Oldtimer" (§ 21c StVZO bis 28.2.07) gibt es nicht mehr.

3   **2. Gutachten für die Einstufung als Oldtimer.** Seit 1.3.07 ist in § 2 Nr. 22 FZV definiert, welche Fz als Oldtimer anzusehen sind. Diese Einstufung ist sowohl für die Zuteilung von

---

* § 71 aF (frühere Strafbestimmung): s. jetzt § 23 StVG.

Oldtimerkennzeichen (§ 9 I FZV) als auch für die Zuteilung roter Oldtimerkennzeichen (§ 17 FZV) erforderlich. Um als Oldtimer iSv § 2 Nr. 22 zu gelten, muss ein Fz durch ein Gutachten nach § 23 als solcher eingestuft worden sein. Dies ergibt sich aus dem Wortlaut von § 23, der deutlich macht, dass das Gutachten nach § 23 „zur Einstufung eines Fahrzeuges als Oldtimer im Sinne des § 2 Nr. 22 FZV" erforderlich ist. Das Gutachten kann nur von einem **amtlich anerkannten Sachverständigen oder Prüfer** (§§ 1 ff. KfSachvG) oder von einem **Prüfingenieur** einer amtlich anerkannten Überwachungsorganisation (Anl VIIIb Nr. 3.9) erstattet werden (S. 1). Ein Gutachten eines anderen Kfz-Sachverständigen über die Einstufung eines Fz als Oldtimer hat keine rechtlichen Wirkungen für die FZV und ist insofern unbeachtlich. Die Begutachtung ist nach der **Richtlinie für die Begutachtung von Oldtimern** v. 6.4.11 (VkBl. **11** 257 = StVRL § 23 StVZO Nr. 1) durchzuführen (S. 2, dazu *Remsperger* DAR **12** 72). Die frühere, zu der vor dem 1.3.07 gültigen Rechtslage bekannt gemachte Richtlinie für die Begutachtung von „Oldtimer"-Fahrzeugen (VkBl. **97** 515) ist mit Inkraftsetzung der neuen Richtlinie am 1.11.11 außer Kraft getreten. (VkBl. **11** 258) Das Gutachten nach § 23 ist nach einem in der Richtlinie festgelegten **Muster** auszufertigen (S. 2). Wird das Gutachten nach § 23 gleichzeitig mit einem Gutachten nach § 21 erstellt, nur halbe **Gebühr** für das Gutachten nach § 23 zusätzlich zur Gebühr für das Gutachten nach § 21 (Anl zu § 1 GebOSt Nr. 413 Fn 2).

Im Rahmen der Begutachtung ist auch eine **Untersuchung im Umfang einer HU** nach **4** § 29 durchzuführen (S. 3). Nur wenn mit der Begutachtung nach § 23 gleichzeitig ein Gutachten für eine Betriebserlaubnis für Einzelfahrzeuge/Einzelgenehmigung nach § 21 erstellt wird, ist dies nicht erforderlich (S. 3). Eine HU-Plakette wird nach § 29 III erteilt (S. 4). Die Frist für die nächste HU beginnt mit dem Datum der Begutachtung gem. § 23 (Begr Rn. 1a). Soll das Fz nach Außerbetriebsetzung gem. § 14 FZV wieder zugelassen werden und war während der Außerbetriebsetzung eine HU fällig, ist keine HU gem. § 14 II S. 3 FZV erforderlich, wenn zuvor gerade eine Untersuchung im Umfang einer HU im Rahmen eines Gutachtens nach § 23 erfolgt ist. In diesen Fällen kann und muss von der Zulassungsbehörde eine HU-Plakette zugeteilt werden, wenn das Fz dann ein Kennzeichen bekommt.

Literatur zur Rechtslage bis 28.2.07: *Gontard,* Oldtimer im deutschen Autorecht, DAR **03** 213. *Jagow,* Die Oldtimer-VO, VD **97** 193. *Hentschel,* Neue Bestimmungen für Oldtimer, NJW **97** 2934.

24-28 *(weggefallen)*

Untersuchung der Kraftfahrzeuge und Anhänger

29 (1) ¹Die Halter von zulassungspflichtigen Fahrzeugen im Sinne des § 3 Absatz 1 der Fahrzeug-Zulassungsverordnung und kennzeichenpflichtigen Fahrzeugen nach § 4 Absatz 2 und 3 Satz 2 der Fahrzeug-Zulassungsverordnung haben ihre Fahrzeuge auf ihre Kosten nach Maßgabe der Anlage VIII in Verbindung mit Anlage VIIIa in regelmäßigen Zeitabständen untersuchen zu lassen. ²Ausgenommen sind

1. **Fahrzeuge mit rotem Kennzeichen nach den §§ 16 und 17 der Fahrzeug-Zulassungsverordnung,**

2. **Fahrzeuge der Bundeswehr und der Bundespolizei.**

³Über die Untersuchung der Fahrzeuge der Feuerwehren und des Katastrophenschutzes entscheiden die zuständigen obersten Landesbehörden im Einzelfall oder allgemein.

(2) ¹Der Halter hat den Monat, in dem das Fahrzeug spätestens zur

1. **Hauptuntersuchung vorgeführt werden muss, durch eine Prüfplakette nach Anlage IX auf dem Kennzeichen nachzuweisen, es sei denn, es handelt sich um ein Kurzzeitkennzeichen oder Ausfuhrkennzeichen,**

2. **Sicherheitsprüfung vorgeführt werden muss, durch eine Prüfmarke in Verbindung mit einem SP-Schild nach Anlage IXb nachzuweisen.**

²Prüfplaketten sind von der nach Landesrecht zuständigen Behörde oder den zur Durchführung von Hauptuntersuchungen berechtigten Personen zuzuteilen und auf dem hinteren amtlichen Kennzeichen dauerhaft und gegen Missbrauch gesichert anzubringen. ³Prüfplaketten in Verbindung mit Plakettenträgern sind von der nach Landesrecht zuständigen Behörde zuzuteilen und von dem Halter oder seinem Beauftragten auf dem hinteren amtlichen Kennzeichen dauerhaft und gegen Missbrauch gesichert anzubringen. ⁴Abgelaufene Prüfplaketten sowie gegebenenfalls vorhandene Plakettenträger sind vor Anbringung neuer Prüfplaketten oder neuer Prüfplaketten in Verbindung mit Plaketten-

trägern zu entfernen. [5]Prüfmarken sind von der nach Landesrecht zuständigen Behörde zuzuteilen und von dem Halter oder seinem Beauftragten auf dem SP-Schild nach den Vorschriften der Anlage IXb anzubringen oder von den zur Durchführung von Hauptuntersuchungen oder Sicherheitsprüfungen berechtigten Personen zuzuteilen und von diesen nach den Vorschriften der Anlage IXb auf dem SP-Schild anzubringen. [6]SP-Schilder dürfen von der nach Landesrecht zuständigen Behörde, von den zur Durchführung von Hauptuntersuchungen berechtigten Personen, dem Fahrzeughersteller, dem Halter oder seinem Beauftragten nach den Vorschriften der Anlage IXb angebracht werden.

(3) [1]Eine Prüfplakette darf nur dann zugeteilt und angebracht werden, wenn die Vorschriften der Anlage VIII eingehalten sind. [2]Durch die nach durchgeführter Hauptuntersuchung zugeteilte und angebrachte Prüfplakette wird bescheinigt, dass das Fahrzeug zum Zeitpunkt dieser Untersuchung vorschriftsmäßig nach Nummer 1.2 der Anlage VIII ist. [3]Weist das Fahrzeug lediglich geringe Mängel auf, so kann abweichend von Satz 1 die Prüfplakette zugeteilt und angebracht werden, wenn die unverzügliche Beseitigung der Mängel zu erwarten ist.

(4) [1]Eine Prüfmarke darf zugeteilt und angebracht werden, wenn das Fahrzeug nach Abschluss der Sicherheitsprüfung nach Maßgabe der Nummer 1.3 der Anlage VIII keine Mängel aufweist. [2]Die Vorschriften von Nummer 2.6 der Anlage VIII bleiben unberührt.

(5) Der Halter hat dafür zu sorgen, dass sich die nach Absatz 3 angebrachte Prüfplakette und die nach Absatz 4 angebrachte Prüfmarke und das SP-Schild in ordnungsgemäßem Zustand befinden; sie dürfen weder verdeckt noch verschmutzt sein.

(6) Monat und Jahr des Ablaufs der Frist für die nächste

1. Hauptuntersuchung müssen von demjenigen, der die Prüfplakette zugeteilt und angebracht hat,
   a) bei den im üblichen Zulassungsverfahren behandelten Fahrzeugen in der Zulassungsbescheinigung Teil I oder
   b) bei anderen Fahrzeugen auf dem nach § 4 Absatz 5 der Fahrzeug-Zulassungsverordnung mitzuführenden oder aufzubewahrenden Nachweis in Verbindung mit dem Prüfstempel der untersuchenden Stelle oder dem HU-Code und der Kennnummer der untersuchenden Person oder Stelle,
2. Sicherheitsprüfung müssen von demjenigen, der die Prüfmarke zugeteilt hat, im Prüfprotokoll

vermerkt werden.

(7) [1]Die Prüfplakette und die Prüfmarke werden mit Ablauf des jeweils angegebenen Monats ungültig. [2]Ihre Gültigkeit verlängert sich um einen Monat, wenn bei der Durchführung der Hauptuntersuchung oder Sicherheitsprüfung Mängel festgestellt werden, die vor der Zuteilung einer neuen Prüfplakette oder Prüfmarke zu beheben sind. [3]Satz 2 gilt auch, wenn bei geringen Mängeln keine Prüfplakette nach Absatz 3 Satz 3 zugeteilt wird, und für Prüfmarken in den Fällen der Anlage VIII Nummer 2.4 Satz 6. [4]Befindet sich an einem Fahrzeug, das mit einer Prüfplakette oder einer Prüfmarke in Verbindung mit einem SP-Schild versehen sein muss, keine gültige Prüfplakette oder keine gültige Prüfmarke, so kann die nach Landesrecht zuständige Behörde für die Zeit bis zur Anbringung der vorgenannten Nachweise den Betrieb des Fahrzeugs im öffentlichen Verkehr untersagen oder beschränken. [5]Die betroffene Person hat das Verbot oder die Beschränkung zu beachten.

(8) Einrichtungen aller Art, die zu Verwechslungen mit der in Anlage IX beschriebenen Prüfplakette oder der in Anlage IXb beschriebenen Prüfmarke in Verbindung mit dem SP-Schild Anlass geben können, dürfen an Kraftfahrzeugen und ihren Anhängern nicht angebracht sein.

(9) Der für die Durchführung von Hauptuntersuchungen oder Sicherheitsprüfungen Verantwortliche hat für Hauptuntersuchungen einen Untersuchungsbericht und für Sicherheitsprüfungen ein Prüfprotokoll nach Maßgabe der Anlage VIII zu erstellen und dem Fahrzeughalter oder seinem Beauftragten auszuhändigen.

(10) [1]Der Halter hat den Untersuchungsbericht mindestens bis zur nächsten Hauptuntersuchung und das Prüfprotokoll mindestens bis zur nächsten Sicherheitsprüfung aufzubewahren. [2]Der Halter oder sein Beauftragter hat den Untersuchungsbericht, bei Fahrzeugen nach Absatz 11 zusammen mit dem Prüfprotokoll und dem Prüfbuch, zuständigen Personen und der nach Landesrecht zuständigen Behörde auf deren Anforderung hin auszuhändigen. [3]Kann der letzte Untersuchungsbericht oder das letzte Prüfprotokoll nicht ausgehändigt werden, hat der Halter auf seine Kosten Zweitschriften von den prüfenden Stellen zu beschaffen oder eine Hauptuntersuchung oder eine Sicherheitsprüfung durchführen zu lassen. [4]Die Sätze 2 und 3 gelten nicht für den Hauptuntersuchungs-

bericht bei der Fahrzeugzulassung, wenn die Fälligkeit der nächsten Hauptuntersuchung für die Zulassungsbehörde aus einem anderen amtlichen Dokument ersichtlich ist.

(11) [1]Halter von Fahrzeugen, an denen nach Nummer 2.1 der Anlage VIII Sicherheitsprüfungen durchzuführen sind, haben ab dem Tag der Zulassung Prüfbücher nach einem im Verkehrsblatt mit Zustimmung der zuständigen obersten Landesbehörden bekannt gemachten Muster zu führen. [2]Untersuchungsberichte und Prüfprotokolle müssen mindestens für die Dauer ihrer Aufbewahrungspflicht nach Absatz 10 in den Prüfbüchern abgeheftet werden.

(12) Der für die Durchführung von Hauptuntersuchungen oder Sicherheitsprüfungen Verantwortliche hat ihre Durchführung unter Angabe des Datums, bei Kraftfahrzeugen zusätzlich unter Angabe des Kilometerstandes, im Prüfbuch einzutragen.

(13) Prüfbücher sind bis zur endgültigen Außerbetriebsetzung des jeweiligen Fahrzeugs von dem Halter des Fahrzeugs aufzubewahren.

Begr zur Neufassung des § 29 (VkBl. 98 503): 1

… Ausgehend von den vorliegenden Mängelstatistiken und den allgemeinen Untersuchungs-/ Prüferfahrungen wird nunmehr vorgeschrieben, dass sich die neue Prüfung beschränkt auf die besonders verschleißbehafteten und sicherheitsrelevanten Teile/Baugruppen der Prüfbereiche Fahrgestell/Fahrwerk/ Verbindungseinrichtungen, Lenkung, Reifen/Räder und Bremsanlage sowie auf die Überprüfung der Auspuffanlage. Von daher lag es nahe, diese Prüfung als Sicherheitsprüfung (SP) zu benennen. Im Rahmen der SP wird nicht mehr wie bei der ZU das Fahrzeug in seiner Gesamtheit überprüft, sondern es wird konkret vorgegeben, welche Teile/Einrichtungen (im weiteren als Prüfpunkte bezeichnet) gezielt zu überprüfen sind. Dies hat den Vorteil, dass die vorgeschriebenen Prüfpunkte in der zur Verfügung stehenden Zeit intensiv überprüft werden können.

…

Die Vorschrift des § 29 Abs. 2a StVZO – alt – lautete: „Durch die Prüfplakette wird bescheinigt, dass das Fahrzeug zum Zeitpunkt seiner letzten Hauptuntersuchung bis auf etwaige geringe Mängel für vorschriftsmäßig befunden worden ist."

Diese Vorschrift trug dem Umstand Rechnung, dass bei einer HU, die sinnvollerweise aus Zeit- und Kostengründen als regelmäßig wiederkehrende Untersuchung auf stichprobenartige Untersuchungen einzelner Fahrzeugteile/-Einrichtungen beschränkt bleiben musste, keine umfassende Feststellung der Vorschriftsmäßigkeit des Fahrzeugs erfolgen konnte. Anderenfalls hätte eine der Typprüfung vergleichbare Untersuchung mit entsprechendem Zeit- und Kostenaufwand durchgeführt werden müssen. Die Art und Weise der durchzuführenden Untersuchungsschritte und der Beurteilung festgestellter Mängel am Fahrzeug waren in der Durchführungs- und Mängelrichtlinie für HU festgelegt, allerdings unter der Maßgabe, dass es der untersuchenden Person weitgehend freigestellt war, welche und in welchem Umfang einzelne Untersuchungspunkte zu überprüfen waren. Unterschiedliche Verfahrensweisen der untersuchenden Personen sowie nicht in allen Fällen befriedigende Qualität waren die Folge, die durch die neuen Vorschriften auch im Sinne der Gleichbehandlung aller Fahrzeughalter ausgeräumt werden sollen. § 29, Anlage VIII und insbesondere Anlage VIIIa (Durchführung der HU) StVZO – neu – gehen einen neuen Weg. „Durch die nach durchgeführter Hauptuntersuchung zugeteilte und angebrachte Prüfplakette wird bescheinigt, dass das Fahrzeug zum Zeitpunkt dieser Untersuchung vorschriftsmäßig nach Nummer 1.2 der Anlage VIII ist", lautet nunmehr die entsprechende Vorschrift im § 29 Abs. 3, Satz 2 StVZO – neu –.

…

Zu Abs. 1: *Absatz 1 entspricht im Wesentlichen der bisherigen Fassung und wurde ergänzt um die* 2 *Festverweisung auf Anlage VIII a (Durchführung der Hauptuntersuchung) …*

Zu Abs. 2: *In Absatz 2 sind die für den Halter maßgeblichen Vorschriften der Nachweisführung über* 3 *durchzuführende Hauptuntersuchungen (HU) (Prüfplakette nach Anlage IX) und die für bestimmte Nutzfahrzeuge vorgeschriebenen Sicherheitsprüfungen (SP) (Prüfmarke in Verbindung mit einem SP-Schild nach Anlage IX b) enthalten. Die Ergänzung der bereits geltenden Vorschriften über Prüfplaketten (bisheriger Absatz 2) um die für Prüfmarken und SP-Schilder geltenden Bestimmungen ist erforderlich, da, entsprechend der für HU und Abgasuntersuchungen (§ 47a) für erforderlich gehaltenen Nachweisführung außen am Fahrzeug, dies auch für SP auf Grund der bisher gemachten Erfahrungen über die Durchführung der vorgeschriebenen ZU und BSU notwendig wurde …*

Zu Abs. 3: *In Absatz 3 wurden die Vorschriften des bisher geltenden Absatzes, letzter Teil von Satz 2* 4 *und Satz 3 sowie von Absatz 2a unter der Maßgabe übernommen, dass durch die Anbringung der Prüfplakette die Vorschriftsmäßigkeit des Fahrzeugs nach Nummer 1.2 Anlage VIII (siehe Begründung unter I, Nr. 2.3) bescheinigt wird.*

5   **Zu Abs. 4:** *Prüfmarken dürfen nach Absatz 4 nur zugeteilt und angebracht werden, wenn nach Abschluss der SP das Fahrzeug mängelfrei nach den hierzu geltenden Durchführungsbestimmungen (Nummer 1.3 Anlage VIII und Richtlinien für die Durchführung von SP) ist. Die Zuteilung und Anbringung einer Prüfmarke auch bei Vorhandensein „geringer Mängel" in Analogie zu den Vorschriften über Prüfplaketten ist nicht zulässig. Entsprechend der o. g. Durchführungsbestimmungen sind die einzelnen Prüfpunkte und dazugehörigen Mängelbezeichnungen so festgelegt worden, dass nur Mängel, die die technische Verkehrssicherheit des Fahrzeugs unmittelbar in Frage stellen, zu beanstanden und vor Abschluss der SP zu beheben sind. Insoweit entspricht dieses Verfahren den bisherigen Verfahren bei der Durchführung von ZU und BSU.*

6   **Zu Abs. 7:** *Die in Absatz 7 aufgenommenen Vorschriften des bisherigen Absatzes 5 über die Gültigkeit der Prüfplaketten werden auf Prüfmarken ausgedehnt. Außerdem verlieren die Prüfplakette und die Prüfmarke bereits mit dem Ablauf des jeweils angegebenen Monats ihre Gültigkeit und nicht wie bisher für Prüfplaketten vorgeschrieben, erst nach Ablauf von 2 Monaten nach dem angegebenen Monat. Die „Verlängerung" der Gültigkeit der Prüfplaketten um 2 Monate nach dem angegebenen Monat war durch die Verordnung zur Änderung der StVZO vom 25. Juli 1963 (BGBl. 1963 I S. 539) eingeführt worden, umso den Technischen Prüfstellen eine sachgerechte Arbeitseinteilung zu ermöglichen (vergleiche VkBl. 1963, S. 394 ff.). Dies ist heute nicht mehr erforderlich …*

Zu Abs. 7 Satz 3:
Aus der Bundesratsdrucksache 74/98 (Beschluss):
Die Verlängerung der Gültigkeit der Prüfplakette um einen Monat muss wegen des erforderlichen Nachweises der Mängelbeseitigung auch gelten, wenn bei geringen Mängeln die Prüfplakette nicht zugeteilt wird, weil deren unverzügliche Beseitigung nicht zu erwarten ist. Im Übrigen redaktionelle Anpassung an Nummer 2.5 der Anlage VIII.

7   **Zu Abs. 10:** *Die durch Absatz 10 vorgeschriebene Aufbewahrungspflicht für Untersuchungsberichte über HU ist neu. Sie entspricht im Wesentlichen den Vorschriften über die aufzubewahrenden Prüfbescheinigungen über durchgeführte Abgasuntersuchungen nach § 47a Abs. 4 sowie den bisher geltenden Vorschriften von Nummer 5 Anlage VIII – alt – für ZU- und BSU-pflichtige Fahrzeuge. Nach Auffassung der zuständigen obersten Landesbehörden wird damit auch ein wirksames Kontrollinstrument insbesondere für ihre Zuständigkeitsbereiche geschaffen, um der besorgniserregenden Zunahme von Fälschungen und unzulässig angebrachten Prüfplaketten entgegenzuwirken.*

8   **Zu Abs. 11 bis 13:** *Die Absätze 11, 12 und 13 übernehmen im Wesentlichen die schon bis zur Änderung der Vorschriften geltenden Bestimmungen für ZU- und BSU-pflichtige Fahrzeuge nach Nummer 5 Anlage VIII – alt – über die Führung von Prüfbüchern für SP-pflichtige Fahrzeuge. Neu ist, dass die Untersuchungsberichte (HU) und Prüfprotokolle (SP) nur noch solange aufzubewahren sind, wie dies nach Absatz 10 vorgeschrieben ist. Diese, je nach Fahrzeugart auf maximal ein Jahr beschränkte Aufbewahrungspflicht ist, in Verbindung mit der nach Absatz 12 vorgeschriebenen Eintragungspflicht über die durchgeführten Untersuchungen und Prüfungen ausreichend, um den Belangen der Aufsicht durch die Länderbehörden hinreichend Rechnung zu tragen (siehe dazu auch Begründung unter 4.10).*
…

9–14   **Begr** zur ÄndVO v. 23.3.00 (VkBl. **00** 361): **Zu Abs. 1:** *Nach Artikel 4 Abs. 1 der RL 96/96/EG (Technische Überwachung) können u. a. Fahrzeuge der Feuerwehren vom Anwendungsbereich der RL befreit und dementsprechend auch im § 29 von der Pflicht zur Untersuchung/Prüfung ausgenommen werden. Entsprechendes gilt für Fahrzeuge des Katastrophenschutzes nach Artikel 4 Abs. 2 der gleichen RL, wenn zuvor die EG-Kommission angehört wurde; diese Anhörung wurde durchgeführt, die EG-Kommission hat keine Einwände erhoben.*
Nachdem bei den Beratungen zur 28. VO zur Änderung straßenverkehrsrechtlicher Vorschriften vom 20. Mai 1998 (BGBl. I S. 1051) in den zuständigen Ausschüssen des Bundesrates zur Befreiung/Sonderstellung der Fahrzeuge vorgenannter Institutionen keine Einigung erzielt werden konnte, und lediglich Anhänger ausgenommen wurden, andererseits in einzelnen Ländern z. B. über Ausnahmegenehmigungen Sonderregelungen gelten, ist durch diese Änderung beabsichtigt, eine bundesweit einheitliche Regelung herbeizuführen. Die Änderung entspricht dem Antrag des VP-Ausschusses anlässlich der vorgenannten Beratungen.
…

15   **Begr** zur ÄndVO v. 7.2.04 (VkBl. **04** 318): **Zu Abs. 10 Satz 4:** *Die Vorlage des Untersuchungsberichts über die letzte Hauptuntersuchung (HU) ist bei der Fahrzeugzulassung nur dann erforderlich, wenn*

sich die Fälligkeit der nächsten HU nicht aus einem anderen amtlichen vom Fahrzeughalter oder dessen Beauftragten vorgelegten Dokument (beispielsweise Abmeldebestätigung, Fahrzeugschein) ergibt. Diese Änderung dient der Vereinfachung der Verwaltungspraxis durch Beseitigung einer Doppelregelung und dem Schutz des Bürgers vor unnötiger Bürokratie.

Begr zur ÄndVO v. 3.3.06 (VkBl. **06** 280): *Durch die Verordnung werden die Vorschriften über die* **16** *regelmäßige Technische Überwachung der Fahrzeuge §§ 29, 47a, 47b StVZO neu gefasst und teilweise aufgehoben. Hervorzuheben ist:*
– Zusammenfassung der für Kraftfahrzeuge nach § 29 und § 47a StVZO vorgeschriebenen Hauptuntersuchungen (HU) und Abgasuntersuchungen (AU) nach einem zeitlich gestuften Verfahren.
– Einführung der Untersuchung der Abgase und Geräusche im Verkehr befindlicher Krafträder.
– Einführung der Untersuchung von elektronisch geregelten Fahrzeugsystemen, die sicherheits- oder umweltrelevant sind.
– Die Zusammenfassung der bisher für die HU und AU geltenden Untersuchungs-, Anerkennungs- und Aufsichtsvorschriften, durch die der Umfang der Vorschriften insgesamt erheblich reduziert werden konnte.
...

Zusammenfassung der HU und AU: *Infolge der Fortschreibung der „Abgasrichtlinie" 70/220/ EWG durch die Richtlinie 98/69/EG und weiterer Änderungsrichtlinien wurden für bestimmte Kraftfahrzeuge sogenannte On-Board-Diagnosesysteme (OBD) mit zeitlich gestuften Inkrafttretungsdaten für neue Kraftfahrzeuge vorgeschrieben. Diese OBD überwachen das Abgasverhalten der Kraftfahrzeuge während ihres Betriebs permanent und zeigen aufgetretene Fehler im Abgassystem dem Fahrzeugführer durch Aufleuchten der MI-Lampe (malfunction indicator – Fehlfunktionsanzeige) an. Im Weiteren ist vorgegeben, dass auch Störungen/Fehler im Abgassystem, die sporadisch und nicht dauerhaft auftreten, je nach ihrer vorgegebenen Wertigkeit im „Fehlerspeicher" abgespeichert und über eine genormte Schnittstelle mit einem Diagnosegerät ausgelesen werden können. Für die TÜ von Kraftfahrzeugen mit ordnungsgemäß arbeitenden OBD ergibt sich insoweit eine Vereinfachung, da bei ihnen zukünftig auf eine Messung und Bewertung des Abgasverhaltens, wie i.R der AU für Kraftfahrzeuge ohne die genannten Systeme vorgeschrieben ist, verzichtet werden kann. Von daher lag es nahe, die vom Untersuchungsaufwand reduzierte AU an diesen Kraftfahrzeugen in die HU zu integrieren, da ohnehin bei der HU und AU zum Teil gleiche Untersuchungspunkte durchzuführen waren (Fahrzeug-Identifizierung, Sichtprüfung der abgasrelevanten Teile). Die Zusammenfassung beider Untersuchungen erfolgt zeitlich gestuft und beginnt am 1.April 2006 zunächst für OBD-Kraftfahrzeuge. Auf die Untersuchung der Abgase an OBD-Kraftfahrzeugen, die ab 1.1.2006 erstmals in den Verkehr kommen, wird verzichtet. Ab dem 1.Januar 2010 wird in einer 2. Stufe auch die AU an „alten" Kraftfahrzeugen in die HU integriert. Diese zeitliche Stufung basiert auf den prognostizierten Zulassungszahlen. Damit im Zeitraum von 2006–2010 eine reibungslose Kontrolle der Durchführung der AU auch um ruhenden Verkehr möglich ist, wurde die bestehende Nachweisführung durch die nach § 47a StVZO vorgeschriebene „AU-Plakette" auf dem vorderen amtlichen Kennzeichen auch auf OBD-Kraftfahrzeuge ausgedehnt; ab dem Jahre 2010 erfolgt der Nachweis an allen Kraftfahrzeugen nur noch über die (HU-)Prüfplakette auf dem hinteren amtlichen Kennzeichen.*
Die Durchführung der Untersuchung des Motormanagement-/Abgasreinigungssystems an OBD-Kraftfahrzeugen als eigenständiger Teil der HU kann dabei – wie die bisherige AU – von dafür anerkannten Kraftfahrzeugwerkstätten durchgeführt und bescheinigt werden. Der Nachweis über die Durchführung ist dem aaSoP/PI vor Beginn der HU vorzulegen.
Einführung der Untersuchung der Abgase und Geräusche an Krafträdern: *Krafträder unterlagen bisher keiner regelmäßigen Überwachung ihres Abgas- und Geräuschverhaltens. ... Die vorgesehenen Untersuchungen sollen mit dazu beitragen, dass Verschlechterungen im Abgas- und Geräuschverhalten des einzelnen Kraftrades im Verkehr als Folge von Verschleiß, unterlassener oder fehlerhafter Reparatur oder Wartung und/oder Einbau nicht genehmigter Auspuffanlagen besser erkannt werden. Die vorgenannten Untersuchungen (Abgase und Geräusche) wurden in das Konzept der Zusammenfassung von HU und AU eingebunden. Dabei wurde die AU im Wesentlichen der Pkw-AU entsprechend gestaltet. Die Untersuchung der Abgase an Krafträdern soll dabei auch als eigenständiger Teil der HU von dafür anerkannten Werkstätten durchgeführt und bestätigt werden. Die Geräuschuntersuchung wird fester Bestandteil der HU. Als Pflichtuntersuchung wird eine „subjektive" Geräuschbeurteilung vorgeschrieben. Erscheint dem Prüfer, der ohnehin eine Fahrprobe durchführt, dabei das Geräuschverhalten des Kraftrades auffällig, ist als Ergänzungsuntersuchung nach Anlage VIII a StVZO eine Messung des Standgeräusches durchzuführen. ...*
Einführung der Untersuchung von elektronisch geregelten Fahrzeugsystemen, die sicherheits- oder umweltrelevant sind: *Die Elektronik hat in den letzten Jahren in Fahrzeugen eine zunehmende und insbesondere auch eine übergreifende Rolle übernommen. Elektronische Komponenten zur Steuerung verkehrssicherheits- oder umweltrelevanter Fahrzeugeinrichtungen, wie z.B. Automatischer Blockierverhinder*

(ABV), Airbag und Motormanagement sind heute selbstverständlich. Neuere Systeme, wie Abstandswarngeräte, Abstandsregelungen, Fahrdynamikregelungen und Lenkanlagen mit elektronischen Bauteilen werden in Zukunft verstärkt auch in Fahrzeugen der unteren Preisklassen zum Einbau kommen. Insoweit muss auch gewährleistet werden, dass diese elektronischen Systeme, die die „Mechanik" der Fahrzeuge steuern, über die gesamte Einsatzzeit der Fahrzeuge, also der Zulassung zur Teilnahme am Straßenverkehr, ordnungsgemäß arbeiten. Um dies sicherzustellen, bedarf es auch einer Untersuchung der in die Fahrzeuge eingebauten elektronisch geregelten Fahrzeugsysteme bei der wiederkehrenden regelmäßigen technischen Überwachung der Fahrzeuge. ...

... Die Untersuchungsvorschriften der Anlage VIIIa StVZO, die auch für die Untersuchung der elektronischen Fahrzeugkomponenten gelten, tragen dem ... dargestellten Umstand (Nichtberücksichtigung der regelmäßigen technischen Überwachung in den Bau- und Wirkvorschriften) dadurch Rechnung, dass die Untersuchung sich nicht nur auf die Prüfung der Vorschriftsmäßigkeit („Übereinstimmung mit den Bau und Wirkvorschriften") beschränkt, sondern die Fahrzeuge auch auf Einhaltung des übergeordneten Zieles bezüglich der technischen Verkehrssicherheit und Umweltverträglichkeit zu untersuchen sind ...

__Zusammenfassung der bisher für die HU und AU geltenden Vorschriften:__ Die Zusammenfassung der HU und AU zu einer Untersuchung in einem zeitlich gestuften Verfahren ermöglicht auch eine Zusammenfassung der bisher für die einzelnen Untersuchungen jeweils getrennt geltenden Vorschriften und Richtlinien sowie teilweise Verwaltungsvereinfachungen (z. B. bei der Anerkennung von SP- und AU-Werkstätten, ab dem 1.4.2006 die Aufhebung des § 47b und der Anlagen XI, XI a und XI b sowie ab dem 1.1.2010 den Wegfall weiterer Vorschriften, z. B. § 47a StVZO). ...

__§ 29 Abs. 1 bis Abs. 13__ wurden, bis auf redaktionelle Anpassungen, nicht geändert. __Abs. 14__ ist erforderlich geworden, da ab dem 1.4.2006 die erste Stufe der Zusammenfassung von HU und AU, und zwar bei so genannten OBD-Kfz ... greift. Bis zum 31.12.2009 gelten die Vorschriften für „ältere" Kfz des geänderten § 47a. Aus der Verweisung auf § 47a Abs. 3, 5 und 6 ergibt sich die Verpflichtung zur Nachweisführung über die Durchführung der AU als eigenständige HU-Teiluntersuchung mit der Plakette nach Anlage IX a auf dem vorderen amtlichen Kennzeichen. Abs. 14 ist nach dem 31.12.2009 nicht mehr anzuwenden, da ab dem 1.1.2010 auch die bis zu diesem Datum noch als eigenständige AU durchzuführende Untersuchung an den bis dahin noch im Verkehr befindlichen „älteren" Kfz als HU-Teiluntersuchung durchzuführen ist und die Nachweisführung mit „AU-Plakette" für alle Kfz entfällt (2. Stufe).

16a **Begr** zur ÄndVO v. 10.5.12 (BR-Drs. 843/11 S. 61 = VkBl. **12** 407): **Zu Abs. 3 S. 1:** *Die Änderung dient der Klarstellung und Anpassung an Satz 2.*

Zu Abs. 6 Nr. 1 Buchst. b: *... sowie Aufnahme der Möglichkeit, alternativ statt des Prüfstempels den Nachweis über einen HU-Code zu führen, der in der neuen „HU-Code-Richtlinie" vorgegeben ist.*

Zu Abs. 10 S. 2: *Die Änderung dient der Entlastung des Fahrzeughalters und folgt insoweit auch dem schon heute praktizierten Verfahren.*

Zu § 72 II Nr. 1: BR-Drs. 843/11 S. 64 = VkBl. **12** 408

Zu Anl VIII, VIIIa, VIIIb, VIIId, VIIIe: BR-Drs. 843/11 S. 66 ff. = VkBl. **12** 410 ff.

Zu § 72 II Nr. 7, 8, 9, 10: BR-Drs. 843/11 S. 65 f. = VkBl. **12** 409

Begr zur ÄndVO v. 17.6.16 **zu Anl VIIIb Nr. 2.1b:** BR-Drs. 166/16 (Beschluss) S. 1

Auszug aus Anlage VIII zur StVZO:

17 2. Zeitabstände der Hauptuntersuchungen und Sicherheitsprüfungen

2.1 Die Fahrzeuge sind mindestens in folgenden regelmäßigen Zeitabständen einer Hauptuntersuchung und einer Sicherheitsprüfung zu unterziehen; die Zeitabstände für Sicherheitsprüfungen beziehen sich hierbei auf die zuletzt durchgeführte Hauptuntersuchung:

Art des Fahrzeugs		Art der Untersuchung und Zeitabstand	
		Hauptuntersuchung Monate	Sicherheitsprüfung Monate
2.1.1	Krafträder	24	–
2.1.2	Personenkraftwagen sowie Krankenkraftwagen und Behinderten-Transportfahrzeuge mit nicht mehr als acht Fahrgastplätzen		

Art des Fahrzeugs	Art der Untersuchung und Zeitabstand	
	Hauptuntersuchung Monate	Sicherheitsprüfung Monate
2.1.2.1 Personenkraftwagen allgemein		
2.1.2.1.1 bei erstmals in den Verkehr gekommenen Personenkraftwagen für die erste oder bei Personenkraftwagen nach Nummer 2.2 bei Wechsel des Halters innerhalb der ersten sieben Monate nach Erstzulassung und durchgeführter Hauptuntersuchung für die zweite Hauptuntersuchung	36	–
2.1.2.1.2 für die weiteren Hauptuntersuchungen	24	–
2.1.2.2 Personenkraftwagen zur Personenbeförderung nach dem Personenbeförderungsgesetz oder nach § 1 Nummer 4 Buchstabe d, g und i der Freistellungs-Verordnung	12	–
2.1.2.3 Krankenkraftwagen und Behinderten-Transportfahrzeuge mit nicht mehr als acht Fahrgastplätzen	12	–
2.1.3 Kraftomnibusse und andere Kraftfahrzeuge mit mehr als acht Fahrgastplätzen		
2.1.3.1 bei erstmals in den Verkehr gekommenen Fahrzeugen in den ersten zwölf Monaten	12	–
2.1.3.2 für die weiteren Untersuchungen von zwölf bis 36 Monate vom Tag der Erstzulassung an	12	6
2.1.3.3 für die weiteren Untersuchungen	12	3/6/9
2.1.4 Kraftfahrzeuge, die zur Güterbeförderung bestimmt sind, selbstfahrende Arbeitsmaschinen, Zugmaschinen sowie Kraftfahrzeuge, die nicht unter 2.1.1 bis 2.1.3 oder 2.1.6 fallen		
2.1.4.1 mit einer bauartbestimmten Höchstgeschwindigkeit von nicht mehr als 40 km/h oder einer zulässigen Gesamtmasse ≤ 3,5 t	24	–
2.1.4.2 Mit einer zulässigen Gesamtmasse > 3,5 t ≤ 7,5 t	12	–
2.1.4.3 Mit einer zulässigen Gesamtmasse > 7,5 t ≤ 12 t		
2.1.4.3.1 bei erstmals in den Verkehr gekommenen Fahrzeugen in den ersten 36 Monaten	12	–
2.1.4.3.2 für die weiteren Untersuchungen	12	6
2.1.4.4 mit einer zulässigen Gesamtmasse > 12 t		
2.1.4.4.1 bei erstmals in den Verkehr gekommenen Fahrzeugen in den ersten 24 Monaten	12	–
2.1.4.4.2 für die weiteren Untersuchungen	12	6
2.1.5 Anhänger, einschließlich angehängte Arbeitsmaschinen und Wohnanhänger		
2.1.5.1 mit einer zulässigen Gesamtmasse ≤ 0,75 t oder ohne eigene Bremsanlage		
2.1.5.1.1 bei erstmals in den Verkehr gekommenen Fahrzeugen für die erste Hauptuntersuchung	36	–
2.1.5.1.2 für die weiteren Hauptuntersuchungen	24	–
2.1.5.2 die entsprechend § 58 für eine zulässige Höchstgeschwindigkeit von nicht mehr als 40 km/h gekennzeichnet sind oder mit einer zulässigen Gesamtmasse > 0,75 t ≤ 3,5 t	24	–
2.1.5.3 mit einer zulässigen Gesamtmasse > 3,5 t ≤ 10 t	12	–
2.1.5.4 mit einer zulässigen Gesamtmasse > 10 t		
2.1.5.4.1 bei erstmals in den Verkehr gekommenen Fahrzeugen in den ersten 24 Monaten	12	–
2.1.5.4.2 für die weiteren Untersuchungen	12	6

Art des Fahrzeugs		Art der Untersuchung und Zeitabstand	
		Hauptunter-suchung Monate	Sicherheits-prüfung Monate
2.1.6	Wohnmobile		
2.1.6.1	mit einer zulässigen Gesamtmasse ≤ 3,5 t		
2.1.6.1.1	bei erstmals in den Verkehr gekommenen Fahrzeugen für die erste Hauptuntersuchung	36	–
2.1.6.1.2	für die weiteren Hauptuntersuchungen	24	–
2.1.6.2	mit einer zulässigen Gesamtmasse > 3,5 t ≤ 7,5 t		
2.1.6.2.1	bei erstmals in den Verkehr gekommenen Fahrzeugen in den ersten 72 Monaten	24	–
2.1.6.2.2	für die weiteren Hauptuntersuchungen	12	–
2.1.6.3	mit einer zulässigen Gesamtmasse > 7,5 t	12	–

2.2 Wenn untersuchungspflichtige Fahrzeuge ohne Gestellung eines Fahrers gewerbsmäßig vermietet werden, ohne dass sie für den Mieter zugelassen sind, beträgt die Frist für die Hauptuntersuchung in allen Fällen zwölf Monate; davon ausgenommen beträgt die Frist für die Hauptuntersuchung an Personenkraftwagen nach Nummer 2.1.2.1 und an Lastkraftwagen mit einer zulässigen Gesamtmasse ≤ 3,5 t nach Nummer 2.1.4.1 24 Monate, wenn diese für eine Mindestdauer von 36 Monaten von einem Mieter gemietet werden. An Kraftfahrzeugen nach Nummer 2.1.3 sind Sicherheitsprüfungen in Zeitabständen von drei, sechs und neun Monaten und an Kraftfahrzeugen, selbstfahrenden Arbeitsmaschinen, Zugmaschinen und Wohnmobilen nach den Nummern 2.1.4.3, 2.1.4.4 und 2.1.6.3 sowie Anhängern, einschließlich angehängten Arbeitsmaschinen nach Nummer 2.1.5.4, in einem Abstand von sechs Monaten nach der letzten Hauptuntersuchung durchführen zu lassen.

18   **Anlagen** zur StVZO: s. Beck-Loseblattausgabe „Straßenverkehrsrecht".

19   **15. StVZAusnV** v. 28.2.67 idF der VO v. 25.4.06 (BGBl. I S. 988, 1078, VkBl. 06 597)

§ 1

(1), (2) *(aufgehoben)*

(3) [1] Abweichend von § 29 Abs. 1 der Straßenverkehrs-Zulassungs-Ordnung dürfen an Fahrzeugen der auf Grund des Nordatlantikvertrags errichteten internationalen militärischen Hauptquartiere, soweit die Fahrzeuge ihren regelmäßigen Standort im Geltungsbereich dieser Verordnung haben, auch nach § 16 Abs. 1 des Kraftfahrsachverständigengesetzes vom 22. Dezember 1971 (BGBl. I S. 2086), zuletzt geändert durch Artikel 12 Abs. 80 des Gesetzes vom 14. September 1994 (BGBl. I S. 2325), für den Bereich der Bundeswehr anerkannte Sachverständige oder Prüfer für den Kraftfahrzeugverkehr die Hauptuntersuchungen und Sicherheitsprüfungen durchführen. [2] Abweichend von Nummer 3.2.1 der Anlage VIII der Straßenverkehrs-Zulassungs-Ordnung dürfen Sicherheitsprüfungen an diesen Fahrzeugen auch von geeigneten Werkstätten der Bundeswehr durchgeführt werden.

§ 2

Diese Verordnung tritt am Tage nach ihrer Verkündung in Kraft.

Begr zur 15. AusnVO:

Absatz 3 lässt zu, dass die Fahrzeuge der Hauptquartiere von den entsprechenden Stellen der Bundeswehr nach Maßgabe der Vorschriften in § 29 StVZO und der Anlage VIII regelmäßig untersucht werden.

20   **1.** § 29 schreibt in Umsetzung der früheren Richtlinie 2009/40/EG **regelmäßige Überwachung** des verkehrssicheren Zustandes **der Kraftfahrzeuge und Anhänger** vor. Die Richtlinie 2009/40/EG wurde mWv 20.5.18 aufgehoben; seitdem ist die Richtlinie 2014/45/EU v. 3.4.14 (ABlEU Nr. L 127 v. 29.4.14 S. 51 = StVRL § 29 StVZO Nr. 29) maßgeblich. Die FzHalter, auch solche ohne FE, Zw VM **78** 15, haben dafür zu sorgen, dass ihre Fz innerhalb der vorgeschriebenen Frist geprüft werden, Zw VM **78** 15, Kö VM **74** 22. Abw von der bis zum 31.5.98 geltenden Fassung von Abs. 2 genügt es nicht mehr, dass der FzHalter sein Fz zur Durchführung der HU angemeldet hat, vielmehr ist das Fz **fristgerecht untersuchen zu lassen.** Diese Änderung trägt dem inzwischen wesentlich dichteren Netz von Untersuchungsstellen und dem Umstand Rechnung, dass die Arbeitsbewältigung durch die Technischen Prüfstellen keine Probleme mehr bereitet (Begr). **Nichtbenutzung** im öffentlichen StrV trotz Zulassung berührt die Vorführpflicht nicht, Bay VRS **62** 386, KG NZV **90** 362, Zw VM **78** 15, Ko VRS **50**

144, OVG Saarlouis 27.10.17 – 1 A 163/17, 2.9.20 – 1 A 238/19 BeckRS 2020, 21884, AG Zeitz 27.2.18 13 OWi 724 Js 200466/18; entscheidend ist nicht die tatsächliche, sondern die rechtlich zulässige Benutzung, Bay VRS **62** 386. Wird bei einer **technischen Kontrolle von NutzFzen** (auch ausländischen), die am StrV teilnehmen oder aus einem Drittland nach Deutschland einfahren (§§ 1, 5 TechKontrollV) festgestellt, dass eine gründlichere technische Unterwegskontrolle erfolgen muss, kann diese ua in einer Untersuchungsstelle nach Anl VIIId StVZO durchgeführt werden (§ 5 VI TechKontrollV). Begriff des NutzFzs: § 2 Nr. 1 Tech-KontrollV. Die auf § 6 I Nr. 20 StVG beruhende TechKontrollV v. 21.5.03 (BGBl. I S. 774, Begr: VkBl. **03** 425; ÄndVO v. 18.12.03: BGBl. I S. 3095, Begr: VkBl. **04** 58, ÄndVO v. 8.5.18: BGBl. I S. 544, Begr BR-Drs. 88/18) ist am 1.9.03 in Kraft getreten.

2. Mit ÄndVO v. 3.3.06 wurde die zeitlich gestufte **Zusammenfassung der Hauptunter-** **20a** **suchung (HU) und der Abgasuntersuchung (AU)** eingeleitet (s. Begr Rn. 16). Da bei mit On-Board-Diagnosesystemen (OBD, System zur Emissionsüberwachung, Definition in Anl 1 zur AU-Richtlinie VkBl. **14** 658 = StVRL § 29 StVZO Nr. 25) ausgerüsteten Fz mit Erstzulassung ab 1.1.06, bei denen das OBD den im Anhang zu § 47 genannten Bestimmungen entspricht, nach damaliger Auffassung auf eine Messung und Bewertung des Abgasverhaltens verzichtet werden konnte, wurde die vom Untersuchungsaufwand reduzierte AU an diesen Kfz ab 1.4.06 in die HU integriert. Die Abgasuntersuchung an Krafträdern (AUK) wurde ebenfalls schon Teil der HU (s. Rn. 25a). Seit 1.1.2010 wurde in einer 2. Stufe auch die **AU** an allen anderen Kfz **Teil der HU** (§ 72 II zu Anl VIII S. 4 aF). Sie wird auch **Untersuchung der Umweltverträg-** **lichkeit** genannt (Nr. 1.2.1.1 Anl VIII). Die Durchführung der Abgasuntersuchung richtet sich nach der „Richtlinie für die Durchführung der Untersuchung der Abgase von Kfz nach Nr. 6.8.2 Anl VIIIa **(AU-Richtlinie)"** v. 27.8.14 (VkBl. **14** 658, 755, **17** 852 = StVRL § 29 StVZO Nr. 25). Sie kann auch weiterhin – als eigenständiger Teil der HU – durch anerkannte Kfz-Werkstätten durchgeführt und dann bei der HU beigesteuert werden (Nr. 3.1.1.1 Anl VIII). Die GebOSt enthält deswegen auch weiter eine eigene **Gebühr für die AU.** Bei einer gemein-samen Durchführung von Haupt- und Abgasuntersuchung ergibt sich die Gebühr aus der Sum-me der Einzelgebühren. Wird die AU nicht gesondert, sondern zusammen mit der HU durchge-führt, beträgt die Gebühr wegen der dadurch erzielten Zeitersparnis nur das 0,85 fache der AU-Gebühr (Anl zu § 1 GebOSt Nr. 413.5). Bei OBD-Fz mit Erstzulassung ab 1.1.06, bei denen das OBD den im Anhang zu § 47 genannten Bestimmungen entspricht, und bei Krafträdern konnte die AU als eigenständiger Teil der HU bereits seit 1.4.06 auch von dafür anerkannten Kfz-Werkstätten durchgeführt werden. Seit 1.1.10 gilt das für alle Fz. Über die gesondert durchge-führte Abgasuntersuchung ist gem. Nr. 3.1.1.1 Anl VIII ein Nachweis gem. Muster VkBl. **12** 330, 357 = StVRL § 29 StVZO Nr. 25 auszustellen und dem Prüfer bei der HU auszuhändigen. Zur Sicherstellung einer reibungslosen Kontrolle mussten bis 31.12.09 die OBD-Fz, bei denen die AU schon Teil der HU war, eine AU-Plakette auf dem vorderen Kennzeichen haben (Abs. 14 aF, § 72 II zu § 29 XIV aF), obwohl keine gesonderte AU erforderlich war. Seit 2010 gibt es für alle Fz nur noch die HU-Plakette auf dem hinteren Kennzeichen. Seit 1.1.10 waren bei HU die auf vorderen Kennzeichen angebrachten **AU-Plaketten** von den die HU durchführenden Personen zu **entfernen** (§ 72 II Nr. 1).

Durch Art 1 Nr. 6 der ÄndVO v. 20.10.17 (BGBl. I S. 3723) wurde die **verpflichtende Mes-** **20b** **sung der Abgase** aller AU-pflichtigen Kfz mWv 1.12.17 **wieder eingeführt,** indem die Fuß-note zu Nr. 6.8.2.2 Anl VIIIa in der zweiten Spalte hinter dem Wort „Abgasverhalten" ge-strichen wurde. Die frühere Regelung, wonach bei Kfz mit Fremdzündungsmotor oder Kompressionszündungsmotor, die ab 1.1.06 erstmals für den Verkehr zugelassen wurden, auf die Messung und Bewertung des Abgasverhaltens verzichtet werden konnte, wenn die Prüfung über das OBD-System ohne Beanstandungen blieb, wurde damit mWv 1.12.17 aufgehoben. Seitdem muss wieder bei allen Fz, also auch bei mit OBD-System ausgerüsteten Fz, die **Mes-** **sung der Abgase am Endrohr** generell durchgeführt werden (Begr BR-Drs. 569/17 S. 14). Die AU-Richtlinie wurde durch Änderung vom 20.9.17 (VkBl. **17** 852) entsprechend angepasst. Durch diese Änderung soll die Realitätsnähe der AU erhöht und die Fehlerquote gering ge-halten werden (Vorbemerkung AU-Richtlinie, VkBl. **17** 852). Als weiterer Schritt wurde die Einführung der **Partikelanzahlmessung** für Fz mit Kompressionszündungsmotor ab 1.1.2021 vorgesehen. Dieser Einführungszeitpunkt ist jedoch wieder aufgehoben worden, weil zunächst noch umfangreiche Arbeitsschritte vor Einführung dieses neuen Verfahrens erforderlich seien (VkBl. **20** 527). – Richtlinie zur Kalibrierung von Abgasmessgeräten (AU-Geräte Kalibrierricht-linie, VkBl. **18** 487).

21   **3. Periodische Zwangsprüfung aller Kraftfahrzeuge und Anhänger auf Vorschrifts-mäßigkeit.** Abs. I verpflichtet die Halter aller bezeichneten Fz, auch solcher mit Saisonkenn-zeichen, Kurzzeitkennzeichen und Ausfuhrkennzeichen, diese in regelmäßigen Abständen (s. **Fristentabelle** in Nr. 2 Anl VIII, Rn. 17) auf Vorschriftsmäßigkeit untersuchen zu lassen (Hauptuntersuchung (HU), dazu *Vock* NZV **18** 158). Zu Kurzzeitkennzeichen § 16a I S. 1 Nr. 2, II S. 2 Nr. 6, VII FZV. HU und außerordentliche HU bei Fz im Personenverkehr: §§ 41, 42 BO-Kraft. Kom und andere Kfze mit mehr als 8 Fahrgastplätzen, Kfze, die zur Güterbeförderung bestimmt sind, selbstfahrende Arbeitsmaschinen, Zgm und Anhänger unterliegen außerdem re-gelmäßigen Sicherheitsprüfungen (SP) nach Maßgabe der Anl VIII (s. Rn. 25). **Ausnahme:** Fz mit roten Kennzeichen (§§ 16, 17 FZV) sowie Fz von BW und BPol unterliegen nicht der HU-Pflicht, Abs. I Satz 2. Zulassungsfreie, aber gem. § 4 II FZV kennzeichenpflichtige Fz unterliegen der Untersuchungspflicht gem. § 29. Hauptuntersuchung vor der Zulassung von gebrauchten Importfahrzeugen im Inland: § 7 I und III FZV. Land- und forstwirtschaftliche Arbeitsgeräte unterliegen § 29 grundsätzlich nicht, s. Nr. 4 Merkblatt für angehängte land- oder forstwirt-schaftliche Arbeitsgeräte VkBl. **09** 808 = StVRL § 2 FZV Nr. 4. Kfze von Nato-Hauptquartieren: 15. StVZAusnV (Rn. 19). Die Vorführungspflicht des § 29 ist Teil der Halterpflicht, für die VSi-cherheit seiner Fze zu sorgen (§ 31). Sie betrifft auch Geräusch-, Abgasentwicklung und Funk-entstörung. Vorschriftsmäßiger Zustand: § 17 und § 5 FZV. Die Verwendung der **Bezeichnung „TÜV" für die HU** in der Werbung einer Kfz-Werkstatt wird nicht für irreführend gehalten, auch wenn die HU nicht vom TÜV vorgenommen wird, denn diese Bezeichnung hat sich als Synonym für die HU etabliert (LG Mü NJW-RR **12** 1126).

22   **4. Prüfer.** Die Prüfung ist von Technischen Prüfstellen durch amtlich anerkannte Sachverstän-dige oder Prüfer für den Kraftfahrzeugverkehr (aaSoP, § 1 KfSachvG) vorzunehmen oder von amtlich anerkannten Überwachungsorganisation nach Anl VIIIb durch von diesen betraute Prüf-ingenieure (PI), Anl VIII Nr. 3.1.1. Zur Beleihung von Kfz-Sachverständigen *Vock* NJ **12** 61 NJ **12** 278. Voraussetzung für die Anerkennung von Überwachungsorganisationen: Anl VIIIb Nr. 2. Eine Bedürfnisprüfung erfolgt nicht, s. Begr zur ÄndVO v 3.2.99 (VkBl. **99** 555). Bestandsschutz für vor dem 1.10.08 anerkannte Überwachungsorganisationen Anl VIII b Nr. 7. Zu den europarecht-lichen Anforderungen an die Zulassung von Organisationen zur technischen Überwachung von Kfz EuGH Urt v 15.10.15 C-168/14 (NVwZ **16** 218 = NZV **16** 295 Ls). Zum Widerruf der Anerkennung einer Überwachungsorganisation VGH Ma 6.8.20 – 10 S 1509/20 BeckRS 2020, 19483, VG Kar 7.5.20 – 3 K 692/20 BeckRS 2020, 10033. Betrauung von PI durch amtlich an-erkannte Überwachungsorganisation gem. Anl VIIIb Nr. 3 ist VA (BVerwG 16.5.19 – 3 C 19.17 VRS **136** 135, OVG Ko 28.6.10 6 A 10154/10). Die Organisation darf einen ihr angehörenden Sachverständigen nur dann mit der Untersuchung betrauen, wenn er die in Anl VIIIb Nr. 3.1 bis 3.6b genannten Erfordernisse erfüllt und wenn die zuständige Behörde zugestimmt hat. Das Zu-stimmungserfordernis bei der Betrauung soll eine staatliche Überprüfung der Eignung und Zu-verlässigkeit solcher Personen ermöglichen, die als PI mit Außenwirkung hoheitlich tätig werden (BVerwG 16.5.19 – 3 C 19.17 VRS **136** 135). Zur Bewilligung einer Ausnahme von diesen Er-fordernissen, VG Mainz VD **98** 97 – zust *Jagow* – (Bewilligung abgelehnt). Rahmenlehrplan für Aus- und Fortbildung von PI (VkBl. **17** 168, 474 = StVRL § 29 StVZO Nr. 33). Zustimmung der Anerkennungsbehörde zur Betrauung nach Nr. 3.7 S. 1 Anl VIIIb ist VA (VG Kar 13.3.17 3 K 1390/16). Widerruf der Betrauung eines PI richtet sich mangels spezieller Regelung in der StVZO nach allgemeinem Verwaltungsrecht, und zwar nach dem VwVfG des Landes, für das die ÜO handelt (BVerwG NVwZ-RR **12** 431, 16.5.19 – 3 C 19.17 VRS **136** 135, OVG Schl 21.7.16 3 LB 15/15). Für den Widerruf der Betrauung eines PI ist die Überwachungsorganisation zuständig, die die Betrauung ausgesprochen hat; sie bedarf dazu nicht der Zustimmung der Anerkennungs-behörde (BVerwG NVwZ-RR **12** 431, OVG Ko 28.6.10 6 A 10154/10, OVG Schl 21.7.16 3 LB 15/15, VGH Mü 9.3.20 – 11 ZB 19.1722 BeckRS 2020, 4531). Widerrufsvoraussetzung ist der nachträgliche Eintritt einer Tatsache, aufgrund welcher die ÜO berechtigt wäre, den Betr nicht mit ihren Prüfaufgaben zu betrauen (BVerwG 16.5.19 – 3 C 19.17 VRS **136** 135). Erfolgt Widerruf der behördlichen Zustimmung zur Betrauung, führt nicht bereits dies zur Recht-mäßigkeit des Widerrufs der Betrauung. Denn die Zustimmung oder ihr Widerruf erfolgt aus-schließlich gegenüber der ÜO und hat keine unmittelbare Rechtswirkung gegen den PI. Auf Klage des PI muss deswegen in diesem Fall geprüft werden, ob durch nachträglich eingetre-tene Tatsachen eine materielle Voraussetzung für die Betrauung entfallen ist (BVerwG 16.5.19 – 3 C 19.17 VRS **136** 135). Eine der Voraussetzungen für die Betrauung als PI ist Zuverlässig-keit (Nr. 3.2 Anl VIIIb). Die Widerrufsvoraussetzung der Unzuverlässigkeit ist ein gerichtlich voll

überprüfbarer unbestimmter Rechtsbegriff (BVerwG 16.5.19 – 3 C 19.17 VRS **136** 135, VGH Mü 9.3.20 – 11 ZB 19.1722 BeckRS 2020, 4531). Unzuverlässig als PI ist eine Person, die nach dem Gesamteindruck ihres Verhaltens nicht die Gewähr dafür bietet, dass sie die ihr übertragenen Prüfaufgaben künftig ordnungsgemäß wahrnehmen wird (BVerwG 16.5.19 – 3 C 19.17 VRS **136** 135, VGH Mü 9.3.20 – 11 ZB 19.1722 BeckRS 2020, 4531, VG Kar 13.3.17 3 K 1390/16). An die Zuverlässigkeit eines PI sind hohe Anforderungen zu stellen, da dieser mit hoheitlichen Aufgaben betraut ist und ihm im Rahmen seiner Kompetenz zur Durchführung von HU und SP gewichtige Schutzgüter, nämlich Leib, Leben und Eigentum der Verkehrsteilnehmer, überantwortet sind (VG Kar 13.3.17 3 K 1390/16). Bei Anlass zu Zweifeln an der Zuverlässigkeit muss die Überwachungsorganisation verhältnismäßig reagieren; Widerruf der Betrauung kommt danach nur in Betracht, wenn mildere Mittel nicht angemessen sind (OVG Schl 21.7.16 3 LB 15/15). Steht die Unzuverlässigkeit des PI fest, muss die Betrauung widerrufen werden (BVerwG 16.5.19 – 3 C 19.17 VRS **136** 135, VGH Mü 9.3.20 – 11 ZB 19.1722 BeckRS 2020, 4531); eine vorangegangene Abmahnung steht dem nicht entgegen (BVerwG aaO). Die Betrauung eines PI ist wegen Unzuverlässigkeit zu widerrufen, wenn er wiederholt gegen seine Kernpflicht verstoßen hat, Fahrzeuge bei der Hauptuntersuchung eigen- und vollständig zu prüfen (BVerwG 16.5.19 – 3 C 19.17 VRS **136** 135, VGH Mü 9.3.20 – 11 ZB 19.1722 BeckRS 2020, 4531). Wer durch falsche Gutachten straffällig geworden ist, besitzt nicht die nach AnlVIIIb erforderliche Zuverlässigkeit (Sa NZV **99** 167). Gehört ein PI der ÜO nicht mehr an, die ihn betraut hat, hat sich die Betrauung damit erledigt (§ 43 II VwVfG, BVerwG 16.5.19 – 3 C 19.17 VRS **136** 135). In diesem Fall ist Widerruf der Betrauung nicht erforderlich; wird er ausgesprochen, kommt ihm lediglich klarstellende Bedeutung zu (BVerwG NVwZ-RR **12** 431). Die Verfassungsmäßigkeit der AnlVIII b in der bis zum 18.9.02 geltenden Fassung war vom OVG Münster NZV **01** 184 mangels ausreichender Ermächtigungsgrundlage wegen Eingriffs in das Grundrecht der Berufsfreiheit verneint worden. Durch das StVRÄndG v 11.9.02 wurde die AnlVIIIb daher neu bekannt gemacht unter gleichzeitiger Schaffung der dem Art 80 I S. 2 GG entsprechenden Ermächtigungsgrundlage in § 6 StVG (s. Begr BT-Drs. 14/8766 S. 63). S § 6 StVG Rn. 6b. Die **Richtlinie** für die **Anerkennung von Überwachungsorganisationen** nach AnlVIIIb StVZO („Anerkennungsrichtlinie für Überwachungsorganisationen") VkBl. **09** 364, **11** 309, **19** 22 = StVRL § 29 Nr. 12 hat rechtliche Relevanz nur, wenn sie im jeweiligen Landesbereich von der zuständigen obersten Landesbehörde verbindlich eingeführt worden ist; andernfalls stellt sie lediglich eine rechtlich unverbindliche Erläuterung und Auslegungshilfe dar. **Untersuchungsstellen** zur Durchführung von Hauptuntersuchungen, Sicherheitsprüfungen, Untersuchungen der Abgase: AnlVIIId. Die gemäß § 29 tätigen Überwachungsorgane (Sachverständigen) **handeln hoheitlich** (BGHZ **122** 85 = NJW **93** 1784, Ko DAR **02** 510, Kö NJW **89** 2065, Bra NJW **90** 2629, Ha DAR **10** 138, Mü 13.8.15 1 U 2722/15, *Vock* NZV **18** 158), weil ihre Tätigkeit auf das engste mit dem hierdurch vorbereiteten Verwaltungsakt zusammenhängt, abl *Götz* DÖV **75** 211. Das gilt nicht nur für die aaSoP (§ 1 KfSachvG), sondern auch für die von Überwachungsorganisationen gem. AnlVIIIb betrauten PI (OVG Schl 21.7.16 3 LB 15/15, s. *Bouska* NZV **01** 77). Für **Amtspflichtverletzung** bei der Kfz-Prüfung haftet die den Sachverständigen beauftragende Körperschaft, das Land, BGH NZV **01** 76 (Anm *Bouska*), BGHZ **122** 85 = NJW **93** 1784, BGHZ **49** 108 = NJW **68** 443, Ko DAR **02** 510, Kö NJW **89** 2065, Bra NJW **90** 2629, Ha DAR **10** 138, Mü 13.8.15 1 U 2722/15, abw *Herschel* NJW **69** 817. Die Träger Technischer Prüfstellen und die Überwachungsorganisationen haben aber das Land, in dem sie tätig werden, von allen Ansprüchen Dritter wegen Schäden freizustellen, die durch ihre Sachverständigen und andere Mitarbeiter bei der Durchführung der technischen Überwachung verursacht werden (§ 10 IV KfSachvG, AnlVIIIb Nr. 2.6). Die Amtspflicht zur sorgfältigen Durchführung der HU obliegt dem Prüfer auch gegenüber dem durch ein verkehrsunsicheres Fz Geschädigten (Ko DAR **02** 510), gegenüber einem späteren Käufer des Fz nur bei Amtsmissbrauch (Ha DAR **10** 138, Ko 30.7.15 1 U 232/15 = DAR **16** 466 Ls). Die hoheitliche Tätigkeit ist auf den unmittelbaren Bereich der technischen Prüfung beschränkt, keine Amtshaftung daher zB bei Verletzung der VSicherungspflicht, Bra NJW **90** 2629.

5. Prüfungsverfahren: Anlagen VIII, VIIIa, VIIIe zur StVZO. Übergangsvorschrift zu AnlVIIIa: § 72 II Nr. 8. Den jeweils erforderlichen **Prüfungsumfang** bestimmt der Sachverständige nach pflichtgemäßem Ermessen (AnlVIIIa Nr. 2), Bay VRS **67** 381. Er hat die Prüfung mit größter Sorgfalt vorzunehmen, Ko DAR **02** 510. Die Durchführung der HU erfolgt gem. AnlVIII Nr. 1.2.1 nach Maßgabe der Vorschriften der AnlVIIIa sowie den im VkBl. im Benehmen mit den zuständigen obersten Landesbehörden dazu bekannt gemachten Richtlinien. Die

Richtlinien dienen ausschließlich der Durchführung der Vorgaben der Anl VIIIa; in ihnen dürfen weder Ausnahmesachverhalte geregelt noch über die Vorgaben der Anl VIIIa hinausgehende Anforderungen eingeführt werden (Begr zur Einfügung des Wortes *dazu* in Nr. 1.2.1 Anl VIII durch ÄndVO v. 10.5.12, BR-Drs. 843/11 (Beschluss) S. 11 = VkBl. **12** 410). Soweit § 29, Anl VIII und die Richtlinien keine Vorschriften enthalten, ist bei der HU die Einhaltung von Vorgaben nach Nr. 2 Anl VIIIe zu überprüfen (Nr. 1 Anl VIIIa). Zusätzlich müssen bei der HU Prüfhinweise befolgt werden, die vom „Arbeitskreis Erfahrungsaustausch in der technischen Fahrzeugüberwachung nach § 19 III und § 29 StVZO (AKE)" (s. Nr. 2.3 Anl VIIIb) erarbeitet wurden (Nr. 1 Anl VIIIa). Damit soll sichergestellt werden, dass die Prüfung bestimmter FzKonstruktionen ordnungsgemäß und ohne Beschädigungen vorgenommen wird (Begr BR-Drs. 843/11 S. 69 = VkBl. **12** 411). Zu Beginn der HU ist zur Konditionierung und Prüfung der Fz eine **kurze Fahrt** mit einer Geschwindigkeit von mindestens 8 km/h durchzuführen (Nr. 1 S. 4 Anl VIIIa, Begr BR-Drs. 843/11 S. 70 = VkBl. **12** 411). TP und ÜO können rote Kennzeichen bekommen, um diese Fahrten im öffentlichen Verkehrsraum auch mit abgemeldeten Kfz durchführen zu können (§ 16 III FZV).

23a   Es findet in allen Fällen eine Pflichtuntersuchung der in Anl VIIIa bezeichneten Untersuchungspunkte statt. Bietet der Zustand oder das Alter des Fzs Anlass für eine darüber hinausgehende, vertiefte Untersuchung, so ist diese durchzuführen (Anl VIIIa Nr. 2.2; Begr zur ÄndVO v. 20.5.98, VkBl. **98** 505). Werden bei der HU **Mängel** festgestellt, sind diese nach Nr. 3.1.4 Anl VIII und Nr. 3 und 4 Anl VIIIa zu **bewerten** und gem. Nr. 3 zu Nr. 4 der HU-Richtlinie in Mängelklassen einzuordnen; Abweichungen von diesem „Mangelkatalog" sind nicht zulässig (Nr. 4.1.1 HU-Richtlinie). Die Nicht-Teilnahme an der für vom sog Diesel-Skandal betroffene Fahrzeuge vorgesehenen Rückrufaktion (Software-Update) ist im Rahmen der HU zu berücksichtigen und begründet einen **erheblichen Mangel,** der der Zuteilung der Prüfplakette entgegensteht (OVG Münster 15.5.20 – 8 B 1179/19 BeckRS 2020, 15307 = NJW **20** 2745 Ls). Sicherheitsprüfung: Rn. 25. Auf der Basis von Nr. 1.2.1 Anl VIII und Nr. 3 Anl VIIIa wurde die **Richtlinie für die Durchführung von Hauptuntersuchungen (HU)** und die Beurteilung der dabei festgestellten Mängel an Fz nach § 29, Anl VIII und VIIIa **(HU-Richtlinie)** v. 2./31.12.2019 bekanntgegeben (VkBl. **19** 871 = StVRL § 29 StVZO Nr. 2). Richtlinie für die Durchführung der Untersuchung der Abgase von Kfz nach Nr. 6.8.2 Anl VIIIa **(AU-Richtlinie,** VkBl. **14** 658, 755, **17** 852 = StVRL § 29 StVZO Nr. 25). Richtlinie für die Prüfung der Bremsanlagen von Fz bei HU v. 24.5.12 **(HU-Bremsenrichtlinie,** VkBl. **12** 432, 14 655 = StVRL § 29 Nr. 8). Richtlinie für die Überprüfung der Einstellung der Scheinwerfer **(HU-Scheinwerfer-Prüfrichtlinie,** VkBl. **18** 834, **19** 23). Bei HU an Kfz, die mit einem Fahrtenschreiber gem. § 57a oder einem EG-Kontrollgerät und/oder mit einem Geschwindigkeitsbegrenzer nach § 57c ausgerüstet sein müssen, sind diese Einrichtungen gem. Nr. 6.7 Anl VIIIa mit zu untersuchen. Dazu ist auf der Grundlage von Nr. 1.2.1 Anl VIII und Nr. 3 Anl VIIIa die Richtlinie für die Überprüfung von Fahrtschreibern, Kontrollgeräten und Geschwindigkeitsbegrenzungssystemen bei einer HU (VkBl. **12** 460 = StVRL § 29 StVZO Nr. 26) bekanntgegeben worden. Richtlinie für die Überprüfung von fremdkraftbetätigten Betriebstüren in Kom bei der regelmäßigen technischen Überwachung, VkBl. **08** 195. Richtlinie für die Anwendung, Beschaffenheit und Prüfung von Bremsprüfständen (Bremsprüfstandsrichtlinie, VkBl. **11** 354 = StVRL § 41 StVZO Nr. 4). Richtlinie für den Erfahrungsaustausch in der technischen FzÜberwachung nach §§ 19 III, 23 und 29 StVZO (VkBl. **13** 736 = StVRL § 29 Nr. 13). Seit 1.4.06 werden **elektronische FzSysteme** (zB Automatischer Blockierverhinderer, Airbag, Abstandswarngeräte, Fahrdynamikregelungen, Lenkanlagen mit elektronischen Bauteilen) in die Untersuchung einbezogen, s. Begr VkBl. **06** 281. Sofern dazu durch § 29 und den darauf aufbauenden Untersuchungsvorschriften und -richtlinien keine detaillierten Untersuchungsvorschriften vorgegeben sind, können die entsprechenden Untersuchungen aufgrund von **Systemdaten,** die vom Hersteller oder Importeur angegeben oder die im „Arbeitskreis Erfahrungsaustausch in der technischen Fahrzeugüberwachung" im Benehmen mit den Herstellern und Importeuren erarbeitet wurden, durchgeführt werden, s. Begr VkBl. **06** 282. Die Aufarbeitung und Bereitstellung der Systemdaten erfolgt durch die von den TP und ÜO getragene **Zentrale Stelle** (§ 6 I Nr. 2 Buchst. l StVG, Anl VIIIe), der zu diesem Zweck von den TP und ÜO gegründeten FSD Fahrzeugsystemdaten GmbH. Zur Finanzierung der Erstellung, Vorhaltung und Bereitstellung entsprechender Prüfvorgaben und Systemdaten Erhebung einer gesonderten Gebühr bei der HU von 1 Euro (Nr. 413 Fn 7 Anl GebOSt), s. Begr VkBl. **06** 282, 291. Zusätzlich zu den Systemdaten werden seit 1.7.12 über die sog **Vorgaben** (Systemdaten oder Prüfdaten für die ordnungsgemäße Durchführung von HU und SP) auch messtechnische Größen wie zB Druckwerte für

Bremsanlagen, Verschleißmaße durch die Zentrale Stelle zur Verfügung gestellt (Nr. 1 Ziff 3 Anl VIIIa iVm Anl VIIIe, Begr BR-Drs. 843/11 S. 70 = VkBl. **12** 411, Nr. 1.1.1 HU-Richtlinie). Für das Verfahren der Lieferung, Aufarbeitung und Abstimmung dieser Vorgaben wurde auf der Grundlage von Nr. 2 Anl VIIIe die Richtlinie für die Lieferung von Vorgaben durch Fahrzeughersteller oder -importeure für die regelmäßige technische Überwachung der Fz nach §29 (**Vorgaben-Richtlinie**, VkBl. **12** 450, **14** 466 = StVRL §29 StVZO Nr. 9) bekanntgegeben, die die frühere Systemdaten-Richtlinie (VkBl. **06** 334) abgelöst hat. TP und ÜO müssen die bei den HU festgestellten Mängel der Zentralen Stelle melden (Nr. 3.2 Anl VIIIa, HU-Daten-Übermittlungs-Richtlinie VkBl. **12** 461 = StVRL §29 StVZO Nr. 3). Damit soll dort eine umfangreiche Datenbasis aufgebaut werden, um Erkenntnisse zur Weiterentwicklung der Fz, zur Fortschreibung der Untersuchungs- und der Bau-/Typgenehmigungsvorschriften sowie für die Unfallforschung zu gewinnen (Begr BR-Drs. 843/11 S. 71 = VkBl. **12** 412). Die Untersuchungsstellen, in denen HU oder SP durchgeführt werden, müssen mit „Einrichtungen für die Systemdatenprüfung und/oder Prüfungen über die elektronische Fahrzeugschnittstelle" ausgerüstet sein (Nr. 25 Tabelle zu Nr. 3 Anl VIIId) bzw. müssen sie von den in Prüfstützpunkten oder auf Prüfplätzen tätigen PI von diesen mitgeführt werden (Nr. 4.1 Anl VIIId); dazu Richtlinie für die Prüfung von Einrichtungen, die bei der Systemdatenprüfung und/oder der Prüfung über die elektronische Fahrzeugschnittstelle nach §29 i.V.m. Anlage VIIIa StVZO als universelle Messgeräte genutzt werden, sowie von schreibenden Bremsmessgeräten nach Nr. 5 der Anlage VIIId der StVZO (VkBl. **18** 755). Aufsicht über die Zentrale Stelle: Nr. 5 Anl VIIIe, Regelung über die Aufsicht v. 24.7.15 (VkBl. **15** 554 = StVRL §29 StVZO Nr. 31). Zur Rechtsstellung der Zentralen Stelle *Schröder/Bönninger/Göllner* ZVS **17** 234.

Über die durchgeführte HU wird dem Halter oder seinem Beauftragten ein **Untersu-** **23b** **chungsbericht** nach Maßgabe von Abs. IX und Nr. 3.1.5, 3.1.6 Anl VIII ausgehändigt. Untersuchungsberichte sind fälschungserschwerend auszuführen oder müssen alternativ einen HU-Code aufweisen (Nr. 3.1.5 Anl VIII). Dem Untersuchungsbericht ist ggf. der Nachweis über eine gesondert als eigenständige Teiluntersuchung durchgeführte Untersuchung der Abgase beizufügen (Nr. 3.1.5.3 Anl VIII, Begr BR-Drs. 445/13 S. 34 = VkBl. **13** 870). In den Untersuchungsbericht können auch **Hinweise** der aaSoP oder PI aufgenommen werden, durch die auf sich in der Zukunft abzeichnende Mängel durch Verschleiß, Korrosion oder andere Umstände hingewiesen wird (Nr. 3.1.6 Anl VIII); diese Hinweise gelten nicht als Angaben über bestehende Mängel, sondern sollen präventive Wirkung haben, indem sie den Halter darauf hinweisen, dass in absehbarer Zeit ohne Reparaturen oder Austausch an den beschriebenen Teilen Mängel zu erwarten sind (Begr BR-Drs. 843/11 S. 69 = VkBl. **12** 411). Statt der fälschungserschwerenden Ausführung des Untersuchungsberichts kann ein manipulationssicherer Code (HU-Code) ausgefertigt werden (Nr. 3.1.5 Anl VIII), der ergänzt um die Klartextangabe der untersuchenden Stelle und des Monats und Jahres des Ablaufs der Frist für die nächste HU als **HU-Code-Plakette** auf dem Untersuchungsbericht, der ZB I und bei Einverständnis des Halters auf der B-Säule des Fz angebracht werden kann (HU-Code-Richtlinie VkBl. **12** 462= StVRL §29 StVZO Nr. 22). Über die SP wird ein **Prüfprotokoll** nach Maßgabe von Abs. IX und Nr. 3.2.5 Anl VIII ausgehändigt. Muster für Prüfprotokolle über die Sicherheitsprüfungen, VkBl. **12** 464 = StVRL §29 Nr. 17. Eine Mitführungs- oder allgemeine Vorlagepflicht besteht nicht, s. dazu *Jagow* VD **93** 124, aber nach Maßgabe von Abs. X eine Aufbewahrungs- und Aushändigungspflicht. Halter von SP-pflichtigen Fz müssen nach Abs. XI **Prüfbücher** führen, in denen Untersuchungsberichte und Prüfprotokolle mindestens für die Dauer ihrer Aufbewahrungspflicht nach Abs. X abgeheftet werden müssen. Muster für Prüfbücher nach Abs. XI, VkBl. **98** 537, **12** 466 = StVRL §29 Nr. 16. **Die Plakettenerteilung** bescheinigt, dass der Prüfer das Fz im Zeitpunkt der HU für vorschriftsmäßig nach Nr. 1.2 der Anl VIII befunden hat (Abs. 3 S. 2, s. Begr VkBl. **98** 505), oder das Fz bei Plakettenerteilung nur geringe Mängel aufwies, deren unverzügliche Beseitigung zu erwarten war (Abs. 3 S. 3), BGH 16.8.18 – 1 StR 172/18 NJW **19** 88. HU, AU und SP dürfen nur an **Untersuchungsstellen** nach Nr. 4 Anl VIII und Anl VIIId durchgeführt werden; Übergangsvorschrift zu Anl VIIId: §72 II Nr. 9. Anerkennung von Kfz-Werkstätten zur Durchführung von SP und/oder AU sowie Schulung der verantwortlichen Personen und Fachkräfte: Anl VIII c. Richtlinie für die Anerkennung von Kfz-Werkstätten zur Durchführung von Sicherheitsprüfungen und/oder Untersuchungen der Abgase und/oder Untersuchungen der Abgase an Krafträdern („Anerkennungsrichtlinie"), VkBl. **06** 314, **12** 467 = StVRL §29 Nr. 18. Richtlinie für die Durchführung von Schulungen der verantwortlichen Personen und Fachkräfte, die SP, AU, AUK durchführen („SP-/AU-/AUK-Schulungsrichtlinie"), VkBl. **06** 326, **12** 469 = StVRL §29 Nr. 19.

24   **6. Ausnahme für Halter mit Fachpersonal und eigenen Einrichtungen ("Eigen-überwacher").** Die AnlVIII Nr. 4 (alt) ermöglichte es, Prüfungen ohne Inanspruchnahme der Prüfstellen unter eigener Verantwortung der FzHalter sicherzustellen, wenn sie dafür anerkannt waren. Diese Bestimmungen sind zwar nicht in die durch die 28. ÄndVStVR (BGBl. I S. 98 1051) getroffene Neuregelung übernommen worden. Jedoch können FzHalter, die bis zum 1.6.98 von der Pflicht zur Vorführung ihrer Fz zur HU befreit waren, auch weiterhin die Untersuchung der Fz im eigenen Betrieb durchführen (§ 72 II Nr. 7 Buchst. a UnterBuchst. aa). Entsprechendes gilt für Sicherheitsprüfungen, soweit FzHalter nach der früheren AnlVIII Zwischenuntersuchungen und Bremsensonderuntersuchungen im eigenen Betrieb durchführen durften, sofern sie dafür nach AnlVIIIc anerkannt sind (§ 72 II Nr. 7 Buchst. a UnterBuchst. bb). Zulassung neuer "Eigenüberwacher" ist nicht möglich. Soweit Eigenüberwachung zugelassen ist, ersetzt sie die Prüfung durch aaSoP oder PI. Die Erlaubnis, die Untersuchungen im eigenen Betrieb vorzunehmen, darf widerrufen werden, wenn der Halter seine Halterpflichten im Verkehr erheblich verletzt und Auflagen wiederholt zuwiderhandelt (OVG LüneburgVRS **43** 150).

25   **7. Sicherheitsprüfung.** Für Kom, Lkw, Zgm und Anhänger waren nach Maßgabe der AnlVIII aF Zwischenuntersuchungen und Bremsensonderuntersuchungen vorgeschrieben. Die durch die 28. ÄndVStVR getroffene Neuregelung der regelmäßigen technischen Überwachung der Fz hat die bisherigen Zwischen- und Bremsensonderuntersuchungen in der neuen AnlVIII zur Sicherheitsprüfung (SP) zusammengefasst. Heute unterliegen Kom und andere Kfz mit mehr als 8 Fahrgastplätzen, Kfz, die zur Güterbeförderung bestimmt sind, selbstfahrende Arbeitsmaschinen, Zgm und Anhänger der regelmäßigen SP nach Maßgabe der AnlVIII Nr. 2.1. Durchführung der SP durch hierfür anerkannte Kfz-Werkstätten, aaSoP oder PI, AnlVIII Nr. 3.2.1. Übergangsvorschrift: § 72 II Nr. 7 Buchst. c. Auf der Grundlage von Nr. 1.3.1 AnlVIII wurde die Richtlinie für die Durchführung von Sicherheitsprüfungen v. 24.5.12 (**SP-Richtlinie**) bekanntgegeben (VkBl. **12** 441, **14** 657 = StVRL § 29 Nr. 15). Die SP umfasst Sicht-, Wirkungs- und Funktionsprüfung von Fahrgestell und Fahrwerk, der Verbindungseinrichtung, Lenkung, Reifen, Räder und Bremsanlage (AnlVIII 1.3.1). Anerkennung von Kfz-Werkstätten zur Durchführung von Sicherheitsprüfungen und Aufsicht: AnlVIII c und Richtlinie für die Anerkennung von Kfz-Werkstätten zur Durchführung von SP und/oder AU und/oder AUK ("Anerkennungsrichtlinie") VkBl. **06** 314, **12** 467 = StVRL § 29 Nr. 18. Untersuchungsstellen zur Durchführung von Sicherheitsprüfungen: AnlVIII Nr. 4, AnlVIIId. SP-/AU-/AUK-Schulungsrichtlinie, VkBl. **06** 326, **12** 469. Pflicht des Halters zur Aufbewahrung des Prüfprotokolls: Abs. X. Nichtaufbewahrung ist ow (s. Rn. 39). Bei Verlust des Prüfprotokolls muss sich der Halter eine Zweitschrift beschaffen oder eine Sicherheitsprüfung durchführen lassen, Abs. X S. 3. Muster für Prüfprotokolle über die Sicherheitsprüfungen, VkBl. **98** 543, **03** 751, **06** 340 = StVRL § 29 Nr. 17. Zu Prüfbüchern s. Rn. 23. Der Halter muss den Monat, in dem das Fz spätestens zur Sicherheitsprüfung vorzuführen ist, durch eine **Prüfmarke** in Verbindung mit einem **SP-Schild** nachweisen (Abs. II S. 1 Nr. 2 mit Anl IX b). Zuteilung und Anbringung der Prüfmarke: Abs. II S. 5, IV. Die Prüfmarke wird, ebenso wie die Prüfplakette bei der HU, mit Ablauf des jeweils angegebenen Monats ungültig (Abs.VII S. 1). Verlängerung um einen Monat im Falle der Feststellung von Mängeln, die vor Zuteilung einer neuen Prüfmarke zu beheben sind (Abs.VII S. 2, 3). Werden bei einer SP Mängel festgestellt, die zu einer **unmittelbaren Verkehrsgefährdung** führen können und nicht sofort behoben werden, ist die Prüfmarke zu entfernen und unverzüglich die Zulassungsbehörde zu benachrichtigen (AnlVIII Nr. 3.2.3.3), die dann nach Abs. 7 S. 4 vorgehen kann (Beschränkung oder Untersagung des Betriebs des Fz). Eine HU, die zum Zeitpunkt einer Sicherheitsprüfung durchgeführt wird, kann die SP nicht ersetzen (AnlVIII Nr. 3.2.4).

25a   **8. Untersuchung der Abgase und Geräusche an Krafträdern.** Durch ÄndVO v. 3.3.06 wurde ab 1.4.06 die regelmäßige Überwachung des Abgas- und Geräuschverhaltens von Krafträdern eingeführt. Die **Geräuschuntersuchung** ist fester Bestandteil der HU (AnlVIIIa Nr. 6.8.1.2) für alle Krafträder. Dazu Richtlinie für die Überprüfung des Standgeräuschs von Krafträdern im Rahmen der regelmäßigen technischen Überwachung nach § 29 ("Richtlinie zur Standgeräuschmessung") sowie zur Kontrolle der Geräuschemission im Verkehr befindlicher Krafträder, VkBl. **06** 338 = StVRL § 29 Nr. 10. Die **Abgasuntersuchung an Krafträdern (AUK)** ist eigenständiger Teil der HU und wurde im Wesentlichen der Pkw-AU entsprechend gestaltet (s. Begr VkBl. **06** 281). Sie kann als eigenständiger Teil der HU auch von dafür anerkannten Werkstätten durchgeführt und bestätigt werden, dann ist Nachweis nach Muster VkBl. **08** 634 = StVRL § 29 StVZO Nr. 25 mit Nachweis-Siegel und Prägenummer (fälschungserschwerende Merkmale) auszustellen und bei der HU dem Prüfer auszuhändigen (Anl VIII Nr. 3.1.1.1, Begr VkBl. **06** 288). Die frühere Regelung, wonach die AUK nur an Krafträdern durchzuführen war, die ab 1.1.1989 erstmals in den Verkehr gekommen sind (§ 72 II zu Anl VIII S. 4 Nr. 1 aF), ist mit der Neuverkündung der StVZO v. 26.4.12 (BGBl. I S. 679) aufgehoben worden. Für diese Fz gilt zwar Anl VIII a in der bis 1.4.06 geltenden Fassung (§ 72 II Nr. 8), nicht aber die frühere Übergangsvorschrift. Eine gesonderte Prüfplakette wird für die AUK nicht zugeteilt.

9. Gasanlagenprüfungen. Durch ÄndVO v. 16.3.06 wurde für Fz, deren Antriebssystem mit   **25b** verflüssigtem Gas (LPG) oder komprimiertem Erdgas (CNG) betrieben wird, die wiederkehrende Gasanlagenprüfung (GWP) als Teil der HU eingeführt, s. § 41a Rn. 5, 8. Diese kann als eigenständiger Teil der HU von dafür anerkannten Kfz-Werkstätten durchgeführt werden. Fristen: § 41a Rn. 6.

10. Verbot, verkehrsunsichere Fahrzeuge im Verkehr zu verwenden: Anl VIII   **26** Nr. 3.1.4.4, § 5 III FZV. Nach Erlöschen der BE wegen Vornahme von Änderungen am Fz gem. § 19 ist ein Kfz nicht mehr vorschriftsmäßig und kann daher keine Prüfplakette erhalten (s. § 19 II S. 5). Weiterbenutzung mit bekanntermaßen profillosen Reifen ist auch innerhalb der Beseitigungsfrist unzulässig, s. Rn. 36. Hat der Prüfer bei Mängeln weder die KfzBenutzung untersagt noch eine Beseitigungsfrist gesetzt, so verstößt kurzfristige weitere Benutzung nicht gegen das versicherungsrechtliche Gefahrerhöhungsverbot, BGH VersR **75** 366.

11. Frist für die nächste Hauptuntersuchung. Nachweis durch den Vermerk in der ZB I   **27** bzw. bei zulassungsfreien Fz in dem Nachweis nach § 4 V FZV (Abs. 6) und durch die Prüfplakette nach Anl IX auf dem hinteren Kennzeichen (Abs. 2 S. 1 Nr. 1u S. 2, 3) sowie durch den Vermerk im Untersuchungsbericht (Anl VIII 3.1.5). Anbringung der Prüfplaketten: Abs. 2 S. 2 und 3. Abgelaufene Prüfplaketten und ggf. auch die Plakettenträger dürfen nicht mit neuen Prüfplaketten oder Plakettenträgern überklebt werden (Abs. 2 S. 4). Dies dient der Verhinderung von Missbrauch, da sich überklebte Prüfplaketten uU zerstörungsfrei ablösen lassen (Begr BR-Drs. 770/16 S. 135 f.). Die **Fristen** der Untersuchungen bestimmt Anl VIII Nr. 2, s. Rn. 17. Bei Fz, die erstmals in den Verkehr kommen, beginnt die Frist für die nächste (erste) HU mit der Zuteilung eines amtlichen Kennzeichens; die Frist beginnt jedoch nicht zu laufen, wenn es sich bei dem Kennzeichen um ein Kurzzeitkennzeichen handelt (Nr. 2.3 S. 2 Anl VIII). Fristen für SelbstfahrervermietFz Anl VIII Nr. 2.2 (Begr VkBl. **06** 287). Bei SelbstfahrervermietPkw mit Halterwechsel und durchgeführter HU innerhalb der ersten 7 Monate nach Erstzulassung beträgt die Frist für die zweite HU berechnet ab dem Zeitpunkt der Durchführung der ersten HU 36 Monate (Nr. 2.1.2.1.1 Anl VIII, Begr BR-Drs. 843/11 S. 67 = VkBl. **12** 410). Die Frist für die nächste HU **beginnt** mit dem Monat und Jahr der letzten HU (Nr. 2.3 S. 1 Anl VIII). Wird die HU **verspätet** durchgeführt, so beginnt die Frist seit 1.7.12 nicht mehr mit dem Monat und Jahr, in dem die HU hätte durchgeführt werden müssen, sondern mit Monat und Jahr der verspätet durchgeführten HU. Die 1999 eingeführte sog Rück- oder Fälligkeitsdatierung, durch die dem z. T. bewussten Überziehen der Fristen durch Halter entgegen gewirkt werden sollte, wurde durch ÄndVO v. 10.5.12 (BGBl. I S. 1086) wieder abgeschafft, da sie rechtlich nicht begründbar gewesen sei und eine ausreichende gesetzliche Ermächtigung im StVG nicht zweifelsfrei habe festgestellt werden können (Begr BR-Drs. 843/11 S. 56 = VkBl. **12** 403). Bei Überschreitung der HU-Frist um mehr als 2 Monate ist stattdessen jetzt zusätzlich zur obligatorischen Pflicht- auch eine Ergänzungsuntersuchung nach Nr. 6 Anl VIIIa vorgeschrieben (Nr. 2.2 Anl VIIIa; erhöhte Gebühr gem. Nr. 413 Fn 8 Anl GebOSt, Begr BR-Drs. 843/11 S. 83 = VkBl. **12** 418), da nach Auffassung des VOGebers unterstellt werden muss, dass im statistischen Mittel Fz, die mehrere Monate nach Ablauf der vorgeschriebenen Zeitabstände zur HU vorgeführt werden, in erhöhtem Maße Mängel aufweisen (Begr BR-Drs. 843/11 S. 58 = VkBl. **12** 404). HU-Fristverkürzung für ältere Pkw ist mehrfach verworfen worden (VkBl. **06** 283, BR-Drs. 843/11 S. 59 = VkBl. **12** 405). Nach Beseitigung vom Prüfer festgestellter erheblicher, aber nicht zur VUnsicherheit des Fzs führender Mängel ist das Kfz nach Maßgabe von Nr. 3.1.4.3 Anl VIII, unter Vorlage des Untersuchungsberichtes innerhalb eines Monats zur Nachprüfung erneut vorzuführen. Eine erneute HU ist nur nach Maßgabe der gesetzlichen Fristen vorgeschrieben und zulässig, nicht schon aus Anlass verspäteter Mängelbeseitigung, Ha NJW **70** 1560. Wird das Kfz aber erst nach mehr als einem Monat wieder vorgeführt oder der Untersuchungsbericht nicht vorgelegt, so ist eine neue HU durchzuführen (Nr. 3.1.4.3 Anl VIII). Dabei ist eine bis zu 2 Monate zuvor als eigenständiger Teil der HU durchgeführte AU zu berücksichtigen, die dann nicht erneut durchgeführt werden muss (Nr. 3.1.4.3 S. 5 Anl VIII). Die Untersuchungspflicht ruht, während ein **Fz außer Betrieb gesetzt** ist (Nr. 2.7 S. 1 Anl VIII). Soll ein außer Betrieb gesetztes Fz wieder zugelassen werden, müssen vorher HU und ggf. SP durchgeführt werden, wenn nach Nr. 2 Anl VIII zwischenzeitlich eine HU bzw. SP hätte stattfinden müssen (§ 14 II S. 3, 4 FZV). Die Frist für die nächste HU richtet sich auch bei geänderter Benutzungsart des Kfz allein nach der Prüfplakette; ein Irrtum darüber ist ein Verbotsirrtum, Dü VM **67** 56. Fällt die Frist für eine HU oder Sicherheitsprüfung bei Kfzen mit **Saisonkennzeichen** in die Zeit außerhalb des Betriebszeitraums, so ist ihre Durchführung im ersten Monat des folgenden Betriebszeitraums zu veranlassen (Anl VIII Nr. 2.6); Zuwiderhandlung ist gem. § 69a II Nr. 14 ow. Wird die AU als eigenständiger Teil der HU von einer dafür anerkannten Kfz-Werkstatt durchgeführt, darf diese AU frühestens 2 Monate vor der Durchführung der HU durchgeführt werden, zB bei einer ohnehin fälligen Inspektion (Nr. 3.1.1.1 S. 2 Anl VIII).

Die Frist, innerhalb derer das Fz zur nächsten HU vorzuführen ist, ist außer bei Kurzzeitkennzeichen und Ausfuhrkennzeichen durch die **Prüfplakette** (Anl IX) nachzuweisen (Abs. II S. 1 Nr. 1). Das Fz ist spätestens bis zum Ablauf des Monats, der auf der Prüfplakette vermerkt ist, vorzuführen (Anl VIII Nr. 3.1.2); bloße Anmeldung genügt nicht mehr (s. Rn. 20). Die Prüfplakette wird **mit Ablauf des auf ihr vermerkten Monats ungültig** (Abs. 7 S. 1). Die erhebliche Zahl von Untersuchungsstellen ermöglicht es dem Halter, die vorgeschriebenen Fristabstände einzuhalten; sollte dies aus bestimmten Gründen nicht möglich sein, so muss er die HU bzw. Sicherheitsprüfung vorziehen (s. Begr). Werden bei der HU Mängel festgestellt, die vor Zuteilung einer neuen Prüfplakette zu beheben sind, so verlängert sich die Gültigkeit gem. Abs. 7 S. 2, 3 um einen Monat. Beschaffenheit der Plakette: Anl IX. Ausgabe: Abs. 2–3 und Anl VIII. Die Anbringung der Plakette am hinteren Kennzeichen soll die Überwachung erleichtern. Sie erfolgt durch die zuteilende Stelle (Abs. 2 S. 2). Der Halter hat dafür zu sorgen, dass sich die Prüfplakette in ordnungsgemäßem Zustand befindet und dass sie weder verdeckt noch verschmutzt ist (Abs. 5); Zuwiderhandlung ist gem. § 69a II Nr. 14 ow. Die HU-Prüfplakette stellt in Verbindung mit dem amtlich zugeteilten Kennzeichen und der entsprechenden Eintragung in der ZB I eine (zusammengesetzte) **öffentliche Urkunde** dar (BGH 16.8.18 – 1 StR 172/18 NJW **19** 88); es reicht dabei aus, dass der Aussteller der Urkunde aus dem FzSchein/der ZB I ersichtlich ist (BGH NJW **75** 176, Bay NJW **66** 748, Ce NZV **91** 318, NJW **11** 2983). Die an dem Fahrzeugkennzeichen angebrachte Prüfplakette beurkundet mit besonderer Beweiskraft iSd § 348 I StGB neben dem Termin der nächsten HU auch die Vorschriftsmäßigkeit des Fz zum Zeitpunkt der Durchführung der HU (BGH 16.8.18 – 1 StR 172/18 NJW **19** 88 (krit *Goebel* NZV **19** 622), 12.12.18 – 5 StR 230/18 NStZ-RR **19** 110, *Claus* NStZ **14** 66). Die Feststellung des Nichtvorhandenseins erheblicher Mängel ist kraft Gesetzes Inhalt der Urkunde (BGH 16.8.18 – 1 StR 172/18 NJW **19** 88). Die Gegenansicht, durch Erteilung der HU-Prüfplakette werde mit Beweiswirkung für und gegen jedermann nur der Nachweis des Termins der nächsten HU erbracht (BaySt **98** 183 = NZV **99** 179 (abl *Puppe* NStZ **99** 576), Brn 2.7.15 – (2) 53 Ss 38/15 (35/15), 2 Ws 81/15 BeckRS 2015, 126482), ist durch BGH 16.8.18 – 1 StR 172/18 überholt. Änderung der jahresabhängigen Farbe der Prüfplakette als Urkundenfälschung, s. AG Waldbröl NZV **05** 546. Wurden etwa bei der HU gravierende FzMängel übersehen, steht dies einer späteren Betriebsuntersagung nicht entgegen (VG Ol 19.2.19 – 7 A 4277/18 BeckRS 2019, 1877). Für das Fehlen der Prüfplakette ist der **Halter verantwortlich**, Ha VRS **28** 148. Er muss, außer während der Mängelbeseitigungsfrist (Nr. 3.1.4.3, Anl VIII), ständig eine Plakette am Kfz führen, welche den Monat der nächsten HU anzeigt. Er darf einen überwachten, verlässlichen Angestellten verantwortlich mit der Terminwahrung der Untersuchungen beauftragen, Ce VRS **31** 134, Ha DAR **69** 194. Die **Plakettenzuteilung** ist ein VA und kann durch Verpflichtungsklage erzwungen werden, VGH Mü NJW **75** 1796, VG Münster VRS **32** 299.

28 **12. Nachweis der Frist in den Fahrzeugpapieren,** Abs. 6. Die Eintragung der nächsten HU im FzSchein/in der ZB I beurkundet eine rechtserhebliche Tatsache (§ 348 StGB), BGHSt **26** 9 = NJW **75** 176, Bay VM **79** 76, sie dient der Kontrolle und erschwert Plakettenfälschungen.

29 **13. Befugnis der Zulassungsbehörde, die Einhaltung der Untersuchungstermine zu erzwingen.** Wird festgestellt, dass an einem Fz die Plakette fehlt oder dass die Frist abgelaufen ist, so wird die Behörde eine Frist zur Beschaffung setzen (§ 5 I FZV) und bei Nichtbeachtung der Frist den Betrieb untersagen, wenn nicht ausnahmsweise eine Betriebsbeschränkung genügt (Maßgebot), Abs. 7 S. 4. Die betroffene Person hat das Verbot oder die Beschränkung zu beachten, Abs. 7 S. 5. Verstoß ist ow, § 69a II Nr. 2. Die Verfügung ist an den Halter zu richten (VG Würzburg 29.7.14 – 6 K 14.321). Halter ist auch in diesem Zusammenhang, wer ein Fz für eigene Rechnung in Gebrauch hat und die Verfügungsgewalt darüber besitzt, die ein solcher Gebrauch voraussetzt (§ 7 StVG Rn. 14, VGH Mü 12.9.18 – 11 C 17.1659 BeckRS 2018, 21845), nicht unbedingt der Eigentümer oder die Person, auf die das Fz zugelassen ist (VG Würzburg 29.7.14 – 6 K 14.321). **Untersagung des Betriebs** stellt lediglich Verbot dar, das Fz im StrV zu betreiben, lässt Betriebserlaubnis und Zulassung aber unberührt (*Dauer* DAR **12** 660, § 5 FZV Rn. 6a). VII S. 4 ist gegenüber § 5 FZV speziell, soweit Beschränkung oder Untersagung des Betriebs ermöglicht wird (§ 5 FZV Rn. 2). Für eine Fristsetzung zur Mangelbeseitigung ermächtigt nur § 5 I FZV (vgl. OVG Saarlouis 2.9.20 – 1 A 238/19 BeckRS 2020, 21884). Nach Betriebsuntersagung gem. VII S. 4 besteht keine Verpflichtung für Eigentümer und Halter nach § 5 II S. 1 FZV, das Fz außer Betrieb setzen zu lassen, denn Abs. 7 S. 4 ist eigenständige Eingriffsnorm, die selbständig neben § 5 FZV steht (*Dauer* DAR **12** 660 (662), aA OVG Saarlouis 27.10.17 – 1 A 163/17). Betriebsuntersagung ist auch dann rechtmäßig, wenn die HU bei Erlass der Verfügung zwar schon durchgeführt war, der Halter dies aber noch nicht mitgeteilt hatte (VG Augsburg 22.11.13 Au 3 K 13.826 (das allerdings verkennt, dass nicht § 5 FZV, sondern § 29 VII S. 4 StVZO die Rechtsgrundlage für die Betriebsuntersagung war)).

14. Schutz der Plakette, Anlage IX. Abs. 8 entspricht dem für amtliche Kennzeichen gel- **30** tenden Schutzgedanken des § 10 XI FZV.

15. Ausnahmen. Abs. 1 S. 2, s. Rn. 21. Weitere Ausnahmen: § 70. **31**

16. Ordnungswidrig (§§ 24 StVG, 69a StVZO) sind: **a)** der **Nichtnachweis des Vorführ- 32 rungsmonats** zur nächsten HU durch eine Prüfplakette gemäß Anl IX am Fz oder zur nächsten Sicherheitsprüfung durch eine Prüfmarke in Verbindung mit dem SP-Schild nach Anl IX b (§ 69a II Nr. 15), ausgenommen die Fälle des Laufs einer Frist zur Mängelbeseitigung (3.1.4.3. Anl VIII), AG Göttingen NZV **89** 84, Stu NZV **94** 123. Fahren mit ungültiger Prüfplakette für sich allein ist nicht bußgeldbewehrt, Dr DAR **03** 131 (Anm *Schäpe*), Stu VRS **57** 462, Ol DAR **81** 95, Ha VkBl. **71** 189, weil Abs. 7 S. 1 in § 69a II nicht genannt ist. Weiterbenutzung des Fzs während des Laufs der Frist zur Mängelbeseitigung (Abs. 7 S. 2, Anl VIII Nr. 3.1.4.3) ist *als solche* kein Verstoß gegen § 29, AG Göttingen NZV **89** 84, s. Stu NZV **94** 123, jedoch kommt Zuwiderhandlung gegen Beschaffenheitsvorschriften der StVZO in Betracht.

b) Der Verstoß gegen Abs. 5 über den **ordnungsgemäßen Zustand von Prüfplakette, 33/34 Prüfmarke oder SP-Schild,** das **Anbringen** oder Anbringenlassen von Einrichtungen am Fz, die mit der Prüfplakette oder mit der Prüfmarke in Verbindung mit dem SP-Schild **verwechslungsfähig** sind, Abs. 8 (§ 69a II Nr. 15).

c) Das **Nichteinhalten der Frist zur Vorführung** zur HU innerhalb der vorgeschriebenen **35** Zeitabstände (Nr. 2.1, 2.2, 3.1.1, 3.1.2 Anl VIII, § 69a II Nr. 14), bei Fzen mit Saisonkennzeichen (Nr. 2.6 Anl VIII), s. Rn. 27 sowie bei Sicherheitsprüfungen (Nr. 3.2.2 Anl VIII). Arbeitsüberlastung entschuldigt den Halter nicht, er kann den Vorführzeitpunkt mühelos aus der Prüfplakette und dem FzSchein entnehmen, Kö VM **80** 29. Geringfügige Fristüberschreitung um wenige Tage ist eine bedeutungslose OW, die ungeahndet bleiben darf (§§ 47, 56 OWiG). Jedoch ist Überschreitung einer in der BKatV genannten Mindestfrist nicht Voraussetzung für eine Ahndung der OW, s. § 24 StVG Rn. 63, aM *Schäpe* DAR **03** 131. Wer sich nur weigert, bei der Vorführung die Gebühr zu zahlen, verletzt § 29 nicht, Ha NJW **57** 354. Verwarnung mit Verwarnungsgeld ahndet nur die bisherige Nichtvorführung, nicht weiteres Nichtvorführen, Sa NJW **73** 2310. Nichtvorführung ist eine **Unterlassungstat,** begangen bis zum Zeitpunkt der Vorführung, s. Bay VRS **48** 432, Stu VRS **57** 462, Ha VRS **48** 344, oder bis zum Erlass einer sie ahndenden rechtskräftigen Entscheidung, Dr VRS **93** 447 (Fortsetzung ist neue OW). Von Benutzung des Fz im V oder Nichtbenutzung ist sie unabhängig, s. Rn. 20. Die Überschreitung der Untersuchungsfrist ist **DauerOW** (Dr VRS **93** 447, Ro VRS **128** 43), auch wenn sie in wechselnder Schuldform (Vorsatz, Fahrlässigkeit) begangen wird, also *eine* Tat – auch bei Fortsetzung nach polizeilicher Beanstandung – bis zur Vornahme der gebotenen Handlung (Vorführung), Bay VRS **63** 221. Die DauerOW ist mit Vorführung des Fz zur HU beendet, auch wenn das Fz infolge erheblicher Mängel erneut vorgeführt werden muss (Kar DAR **14** 212, Ro VRS **128** 43). Als Unterlassungstat steht die Überschreitung der Untersuchungsfrist zu Verstößen gegen Beschaffenheitsvorschriften und zu Benutzungsverstößen regelmäßig in **TM,** Bay VRS **58** 432, NJW **74** 1341, Ha VRS **48** 38. Zwischen dem Verstoß gegen die Untersuchungspflicht und fahrlässiger Körperverletzung unterwegs besteht kein rechtlicher Zusammenhang, Ha VRS **48**

344. Tatidentität (§ 264 StPO) kann aber bestehen zwischen unterlassener Vorführung zur HU und KfzBenutzung trotz erloschener Betriebserlaubnis (§ 19 II S. 1), Stu VRS **60** 64. **Überträgt der Halter die Fristüberwachung** zur HU einem Vertreter oder Angestellten, so muss er diesen ausreichend überwachen.

36   **d)** Die **Nichtbeseitigung von Mängeln** spätestens innerhalb eines Monats in Fällen von Nr. 3.1.4.2 Anl VIII oder die **Nichtwiedervorführung** bei verweigerter Plakette innerhalb eines Monats (Nr. 3.1.4.3 Satz 2 Hs. 2, Anl VIII, § 69a II Nr. 18). Die Frist zur Wiedervorführung nach Mängelbeseitigung muss der Prüfer nicht besonders festsetzen, sie ergibt sich aus 3.1.4.3 der Anl VIII, VGH Ka VM **77** 80. Die Pflicht zur Beseitigung von Mängeln, die die Vorschriftsmäßigkeit des Fzs beeinträchtigen, folgt bereits aus § 31 II und aus § 23 StVO; auch ohne Inbetriebnahme des Fzs im öffentlichen V ist aber die Nichtbeseitigung geringer Mängel, wenn gleichwohl eine Prüfplakette zugeteilt wurde, bußgeldbewehrt (TE mit § 23 StVO oder § 31 II StVZO). Der Vorwurf einer OW nach § 69a II Nr. 14 (Nichteinhalten der Vorführungsfrist) im Bußgeldbescheid hindert nicht die Verurteilung nach § 69a II Nr. 18 (Nichtwiedervorführung) nach entsprechendem Hinweis (§ 265 I StPO), Bay VRS **63** 366. **Weiterbenutzung eines nicht verkehrssicheren Kfz,** etwa mit profillosen Reifen nach Beanstandung ist auch innerhalb der Beseitigungsfrist unzulässig, wenn der Halter den Mangel kannte oder kennen musste, Bay VRS **32** 469, ähnlich Bay NJW **68** 464, Weiterbenutzung bei Beanstandung, aber ausreichender VSicherheit dagegen nicht, Fra NJW **67** 1770, Ha NJW **68** 1248. S. die §§ 31 II StVZO, 23 I, II StVO.

37   **e) Betrieb des Fzs** im öffentlichen Verkehr **entgegen Betriebsverboten** oder -beschränkungen durch die ZulB wegen fehlender gültiger Plakette, Abs. 7 S. 4, 5 (§ 69a II Nr. 15), s. Ha NJW **70** 1560, VRS **48** 38, Fra NJW **67** 1770, Dü VM **67** 56. Weiterbenutzung mit ungültig gewordener Plakette ist für sich allein nicht ow, s. Rn. 32, solange kein Fall nach oben a) vorliegt.

38   **f) Verstoß gegen vollziehbare Anordnung oder Auflage nach § 29 VII S. 5, 4** (Betriebsbeschränkung oder -untersagung durch die ZulB wegen Fehlens der gültigen Plakette, §§ 29 VII S. 4, 5, 69a II Nr. 2).

39   **g)** die **Nichtaufbewahrung** oder **Nichtaushändigung des Untersuchungsberichtes oder Prüfprotokolls** (mit Prüfbuch) entgegen Abs. 10 S. 1, 2 (§ 69a II Nr. 16) sowie das **Nichtführen** oder **Nichtaufbewahren des Prüfbuches** entgegen Abs. 11 oder 13, § 69a II Nr. 17). Verlust des Prüfprotokolls: Rn. 25.

40   **h)** die **Nichtduldung von Maßnahmen** nach den Vorschriften in Nr. 4.3 der Anl VIII oder 8.1.1 oder 8.2.1 der Anl VIII c (Ermöglichen des Betretens von Grundstücken und Geschäftsräumen zu Prüfungszwecken) sowie die **Nichtvorlage vorgeschriebener Aufzeichnungen,** § 69a II Nr. 19.

41   Für die Beurteilung von OWen nach anderen Bestimmungen kann Abs. 3 insoweit von Bedeutung sein, als das Verschulden zw sein kann (zB bei Verstoß gegen § 19 – Erlöschen der BE – oder gegen § 31 – Führen eines vorschriftswidrigen Fzs –), *Janiszewski* NStZ **81** 474.

    Literatur: *Bouska,* Verstöße gegen § 29, VD **75** 141.

Datenübermittlung

29a [1]**Die zur Durchführung von Hauptuntersuchungen oder Sicherheitsprüfungen nach § 29 berechtigten Personen sind verpflichtet, nach Abschluss einer Hauptuntersuchung oder einer Sicherheitsprüfung die in § 34 Absatz 1 der Fahrzeug-Zulassungsverordnung genannten Daten an das Kraftfahrt-Bundesamt zur Speicherung im Zentralen Fahrzeugregister zu übermitteln.** [2]**Darüber hinaus müssen die zur Durchführung von Hauptuntersuchungen nach § 29 berechtigten Personen nach Abschluss einer Hauptuntersuchung die in § 34 Absatz 2 der Fahrzeug-Zulassungsverordnung genannten Daten an das Kraftfahrt-Bundesamt zur Speicherung im Zentralen Fahrzeugregister übermitteln.** [3]**Die jeweilige Übermittlung hat**

1. **bei verkehrsunsicheren Fahrzeugen nach Anlage VIII Nummer 3.1.4.4 oder 3.2.3.3 am selben Tag,**

2. **sonst unverzüglich, spätestens aber innerhalb von zwei Wochen nach Abschluss der Hauptuntersuchung oder Sicherheitsprüfung**

zu erfolgen.

Anm: Mit § 29a S. 1 wurde mit Blick auf die Nachweismöglichkeit der Gültigkeit der 1
Hauptuntersuchung und Sicherheitsprüfung im internetbasierten Zulassungsverfahren nach
§ 15e FZV die verpflichtende Mitteilung der Überwachungsinstitutionen, anerkannten Kraft-
fahrzeugwerkstätten und sog. Eigenüberwacher an das ZFZR auf der Grundlage des § 47 Abs. 1
Nr. 1a StVG eingeführt (Begr zur ÄndVO v. 23.3.17 BR-Drs. 770/16 S. 136). Die Regelung
dient außerdem der Umsetzung von Artikel 1 Nr. 3 der Richtlinie 2014/46/EU (Art. 3 Abs. 4
Buchst. c der Richtlinie 1999/37/EG nF) in Verbindung mit der Richtlinie 2014/45/EU. Da-
nach müssen die Daten zu den Ergebnissen der regelmäßigen Untersuchung zu allen in
Deutschland zugelassenen Fahrzeugen elektronisch erfasst werden.

Die HU- und SP-Daten sind – sofern sie keine verkehrsunsicheren Fahrzeuge betreffen – 2
ohne schuldhaftes Zögern zu übermitteln. Die Zwei-Wochenfrist gibt insoweit nur einen ma-
ximal zulässigen Rahmen bei besonderen Umständen vor (Begr BR-Drs. 770/16 (Beschluss)
S. 2).

IIa. Pflichtversicherung (weggefallen)

29b-29h (weggefallen)

III. Bau- und Betriebsvorschriften

DA zu III

Vorbemerkung zu den Bauvorschriften

Ihre Erfüllung ist allgemein von den Verkehrspolizeibeamten nicht nachzuprüfen.

1   **Allgemeines zum III. Unterabschnitt „Bau- und Betriebsvorschriften".** Der III. Unterabschnitt des Hauptabschnittes „B Fahrzeuge" enthält die Bau- und Betriebsvorschriften für alle Fz, in den §§ 30–31c allgemeine, für jedes Fz geltende Bestimmungen, in den §§ 31d und 31e für ausländische Kfz und ihre Anhänger, in den §§ 32–62 Bau- und Betriebsvorschriften für alle Kfz und ihre Anhänger und in den §§ 63–67a die Bau- und Betriebsvorschriften für die NichtKfze.

1. Allgemeine Vorschriften

Beschaffenheit der Fahrzeuge

30 (1) Fahrzeuge müssen so gebaut und ausgerüstet sein, dass

1. **ihr verkehrsüblicher Betrieb niemanden schädigt oder mehr als unvermeidbar gefährdet, behindert oder belästigt,**
2. **die Insassen insbesondere bei Unfällen vor Verletzungen möglichst geschützt sind und das Ausmaß und die Folgen von Verletzungen möglichst gering bleiben.**

(2) Fahrzeuge müssen in straßenschonender Bauweise hergestellt sein und in dieser erhalten werden.

(3) Für die Verkehrs- oder Betriebssicherheit wichtige Fahrzeugteile, die besonders leicht abgenutzt oder beschädigt werden können, müssen einfach zu überprüfen und leicht auswechselbar sein.

(4) [1]Anstelle der Vorschriften dieser Verordnung können die Einzelrichtlinien in ihrer jeweils geltenden Fassung angewendet werden, die

1. **in Anhang IV der Richtlinie 2007/46/EG oder**
2. **in Anhang II Kapitel B der Richtlinie 2003/37/EG oder**
3. **in Anhang I der Richtlinie 2002/24/EG**

in seiner jeweils geltenden Fassung genannt sind. [2]Die jeweilige Liste der in Anhang IV der Richtlinie 2007/46/EG, in Anhang II der Typgenehmigungsrichtlinie 2003/37/EG und in Anhang I der Richtlinie 2002/24/EG genannten Einzelrichtlinien wird unter Angabe der Kurzbezeichnungen und der ersten Fundstelle aus dem Amtsblatt der Europäischen Gemeinschaften vom Bundesministerium für Verkehr und digitale Infrastruktur im Verkehrsblatt bekannt gemacht und fortgeschrieben. [3]Die in Satz 1 genannten Einzelrichtlinien sind jeweils ab dem Zeitpunkt anzuwenden, zu dem sie in Kraft treten und nach Satz 2 bekannt gemacht worden sind. [4]Soweit in einer Einzelrichtlinie ihre verbindliche Anwendung vorgeschrieben ist, ist nur diese Einzelrichtlinie maßgeblich.

1   **Begr** zur ÄndVO v. 5.8.98 (VkBl. **99** 615): **Zu Abs. 4:** (s. auch § 19 Rn. 1) *Die Einführung einer entsprechenden Vorschrift in den neuen Absatz 4 des § 30 stellt sicher, dass die jeweils im EG-Amtsblatt verkündeten Änderungen der technischen Einzelrichtlinien sowie der betreffenden Anhänge zu den Betriebserlaubnisrichtlinien auch außerhalb des Betriebserlaubnisverfahrens für Fahrzeuge und Fahrzeugteile unmittelbar gelten, ohne dass künftig der Anhang zu den §§ 30ff. StVZO jeweils durch Rechtsverordnung mit Zustimmung des Bundesrates besonders geändert bzw. ergänzt werden muss.*

Begr zur ÄndVO v. 12.12.04:VkBl. **05** 15.

2   **1. § 30 enthält eine Generalregel für die Beschaffenheit von Fahrzeugen.** Ist die Verkehrsunsicherheit aber auf Umstände zurückzuführen, die Gegenstand spezieller Beschaffenheitsvorschriften in den §§ 32ff. sind, greift § 30 nicht ein (Jn VRS **123** 238, *Lippert* VD **17** 204). § 30

will Schädigungen, Gefährdungen, Behinderungen und vermeidbare Belästigungen verhüten, die sich aus Bauweise und Ausrüstung ergeben können. § 30 geht über die Anforderungen der Bau- und Ausrüstungsvorschriften insoweit hinaus, als er die **Verkehrssicherheit** solcher Fze gewährleistet, Bay VM **74** 28, Dü VRS **56** 68. Ein Verstoß ist es deshalb, wenn die an sich § 41 entsprechende Handbremse erst an der obersten Betätigungsgrenze wirkt. Verkehrssicherheit einer technischen Einrichtung am Fz setzt über die Wirksamkeit für den Augenblick hinaus deren Fortbestehen für eine gewisse Dauer voraus, Bay VM **74** 28, KG VRS **82** 149, **100** 143. Zur Verkehrsunsicherheit können auch Durchrostungen an der Rahmenkonstruktion eines Fz führen, KG VRS **100** 146, oder austretendes Öl, KG VRS **100** 146. Fahrrad ohne Bremse verstößt nicht nur gegen § 65, sondern auch gegen Abs. 1 Nr. 1 (VG Berlin VD **10** 201).

2a § 30 betrifft Fz jeder Art. Entsprechen sie nicht den Anforderungen des § 30, so sind § 17 StVZO oder § 5 FZV anzuwenden; der Betrieb im Verkehr kann dann untersagt oder beschränkt werden. Die Bauart des Fz muss den §§ 32–42, 62–65 entsprechen, bei Kfz den §§ 32–42. Ausrüstung: §§ 43–67a, für Kfze: §§ 43–62, aM *Dvorak* DAR **84** 313, der zB auch ausreichende Tankfüllung zur vorschriftsmäßigen „Ausrüstung" zählt, s. dazu § 23 StVO Rn. 18, 28.

3 **Verantwortlichkeit** für die Betriebseinrichtungen: §§ 31 StVZO (Halter), 23 StVO (Fahrer). Der Halter muss die **Ausrüstungsgegenstände** so unterbringen, dass jeder Fahrer den Unterbringungsort kennt und sie sofort verwenden kann, Hb VRS **53** 149, Zw VRS **56** 70. **Kräder** müssen mit einer Abstellvorrichtung (Ständer) ausgerüstet sein, Richtlinie 93/31 EWG = StVRL Nr. 9. Beim nachträglichen Anbau eines Kradbeiwagens ist eine erneute BE für das Krad zu beantragen; dabei wird die Vorschriftsmäßigkeit gem. den einzuhaltenden Bestimmungen der StVZO überprüft, s. Begr zur 10. ÄndVStVR, VkBl. **90** 492. **Merkblatt** für angehängte land- und forstwirtschaftliche Arbeitsgeräte, VkBl. **09** 808 = StVRL § 2 FZV Nr. 4. Kippeinrichtungen und andere Arbeitsgeräte an StrFzen müssen gegen unbeabsichtigtes Ingangsetzen gesichert sein, s. Merkblatt VkBl. **99** 663. Merkblatt für Anbaugeräte, VkBl. **09** 804 = StVRL § 30 Nr. 6. Prüfbescheinigungen für Tankbehälter, BMV VkBl. **64** 222. Aufsetztanks zum Öltransport, s. BMV VkBl. **66** 475. Merkblatt über Aufbauten von ViehtransportFzen, VkBl. **92** 615. S. dazu auch die Viehverkehrsordnung (BGBl. I S. **82** 503, **86** 2651). Merkblatt für WinterdienstFze, VkBl. **74** 70. **Richtlinien des BMV** sind keine allgemein verpflichtenden Rechtsnormen, sondern eine an die VB gerichtete Verwaltungsanordnung, Bay VRS **46** 310. Richtlinien für die Beschaffenheit von Aufbauten von StraßenFzen, VkBl. **61** 46 = StVRL Nr. 1. Richtlinien über die Beschaffenheit und Anbringung der äußeren FzTeile, VkBl. **63** 478, **84** 538, **86** 482, **89** 787 = StVRL § 32 Nr. 2. Richtlinien für fremdkraftbetätigte Fenster in Pkw, VkBl. **84** 134. Führerhausrichtlinien für Kraftwagen, Zug- und Arbeitsmaschinen, VkBl. **86** 303. Richtlinien zur Prüfung von LangholzFzen, VkBl. **79** 116 = StVRL Nr. 5. Richtlinien zur Verbindung von Container und Fz, VkBl. **71** 301. Richtlinien für die Prüfung von FzTeilen, s. auch § 22 Rn. 4. Neben den Beschaffenheitsvorschriften der StVZO finden gem. Abs. IV auch die dort genannten **EG-Richtlinien** in ihrer jeweils geltenden Fassung Anwendung, so dass in Fällen abweichender Regelung Ausnahmegenehmigungen entbehrlich sind. Soweit in einer der in Nrn 1–3 genannten Einzelrichtlinien deren verbindliche Anwendung vorgeschrieben ist, geht sie nationalen Bestimmungen vor (Abs. IV S. 4). Die Verweisung beruht auf den Schwierigkeiten mit der rechtzeitigen Umsetzung der zahlreichen Richtlinienänderungen, s. Begr (Rn. 1 und § 19 Rn. 1). **Liste der Einzelrichtlinien** zu den EG-Betriebserlaubnisrichtlinien gem. § 19 I S. 3 und 30 IV StVZO, VkBl. **15** 829, **17** 2, 603 = StVRL § 19 StVZO Nr. 14.

4 **2. Verkehrsüblicher Betrieb.** Bauart und Ausrüstung müssen dem verkehrsüblichen Betrieb angepasst sein, der gebräuchlichen Art entsprechen, in der das Fz im Verkehr verwendet wird. Je nachdem sind die Anforderungen verschieden. Ausgemusterte BW-GleiskettenFze sind nach OVG Münster NZV **99** 102 trotz der ihnen beim verkehrsüblichen Betrieb eigenen Schwerfälligkeit grundsätzlich zulassungsfähig, zw, aM VGH Ka VM **79** 30. Die Erteilung einer BE nach § 21 an private Halter scheitert aber, wenn keine Ausnahme gem. § 70 bewilligt wird, regelmäßig an § 19 IIa.

5 **3. Mehr als unvermeidbar.** Jede FzVerwendung im Verkehr bringt Gefahren, Behinderungen und Belästigungen mit sich, die in Kauf genommen werden müssen, soweit sie verkehrsüblich und bei der Natur des Fzs und der Art seiner Verwendung unvermeidbar sind, s. OVG Münster NZV **99** 102. Maßgebend ist der Stand der Technik und der FzBenutzung. Die Bau- und Ausrüstungsvorschriften werden ständig der technischen Entwicklung angepasst und sollen das vorschreiben, was nach dem Stand der Technik im Durchschnitt verlangt werden kann. Ein

Fz, das nach Bauart und Ausrüstung der StVZO entspricht, ist im Grundsatz iS des § 17 StVZO bzw. des § 5 FZV vorschriftsmäßig. Behinderungen und Belästigungen, die von einem (zulassungsfreien oder zulassungsfähigen) Fz üblicherweise mit dem bloßen Führen im StrV verbunden sind, fallen nicht unter Abs. I Nr. 1, OVG Münster NZV **99** 102, s. aber VGH Ka VM **98** 30 (jeweils: entwaffneter Panzer, s. dazu jetzt § 19 II a). Dass einzelne FzGruppen entwickelter sind, berechtigt idR nicht dazu, an ältere Fze über das in der StVZO geforderte Maß hinaus Ansprüche zu stellen, die diese nicht vorsieht, obgleich sie sie vielleicht schon vorsehen sollte.

6   **4. Schädigung.** § 30 verbietet jede Schädigung anderer, die bei verkehrsüblicher Verwendung des Fz durch dessen Bauart oder Ausrüstung verursacht werden könnte. Die Einschränkung „mehr als unvermeidbar" fehlt hier. Konstruktionen, die schon ihrer Bauart oder Ausrüstung nach andere schädigen, sind unter allen Umständen verboten.

7   **5. Gefährdung.** § 1 StVO. § 30 setzt keine konkrete Gefahr voraus, KG NZV **91** 439, Dü VRS **74** 294, **90** 203, Ha VRS **48** 156, Jn VRS **123** 238, *Lippert* VD **17** 204. Es handelt sich um Gefährdungen, die sich für andere, besonders andere VT, aus der Bauart oder Ausrüstung des Fz ergeben können. Sie sind erlaubt, soweit unvermeidbar (Rn. 5), verboten, soweit sie das verkehrsübliche Risiko über das zulässige Maß hinaus steigern. Nichtanbringen der vorgeschriebenen Schutzhülle auf den Gestänge eines geöffneten Cabrio-Verdecks kann gegen § 30 I Nr. 1 verstoßen, KG NZV **91** 439. Abs. I Nr. 2 schreibt eine ungefährdende Beschaffenheit des Pkw-Innenraumes vor, Kö VRS **59** 157. § 30 ist verletzt, wenn nachgeschnittene **Reifen**profile die Zwischenbauschicht verletzen, Bay VM **67** 74, oder wenn die Reifenflanken schadhaft sind, Dü VRS **90** 203. Im Übrigen geht § 36 II dem § 30 als Spezialbestimmung vor, Bay VRS **61** 133. Pkw mit Mischbereifung: § 36 IIa.

8   **6. Behinderung** ist in § 30 nur verboten, soweit es sich um Verkehr auf öffentlichen Wegen handelt. Sie muss sich aus FzBauart oder -Ausrüstung ergeben und vermeidbar sein. S. § 1 StVO.

9   **7. Belästigung.** § 30 verbietet, ein Fz zu benutzen, das vermeidbar belästigendes Geräusch verursacht. Jedes Kfz muss die vorgeschriebene Vorrichtung zur Lärmverminderung führen. Unnötiges anhaltendes Signalgeben: §§ 1, 16 StVO. Unnützes Laufenlassen des Motors beim Halten, s. § 30 StVO.

10   **8. Träger der Straßenbaulast.** Abs. 2 stellt klar, dass zu denen, die durch die Bauart des Kfz nicht geschädigt oder mehr als unvermeidbar gefährdet werden dürfen, auch die Träger der StrBaulast gehören. Fahrzeuggewichte und Achslasten: § 34 und § 31d I.

11   **9. Leichte Auswechselbarkeit verschleißgefährdeter Teile.** Abs. III schreibt für wichtige FzTeile, die der Abnutzung besonders ausgesetzt sind, vor, sie so anzubringen, dass sie sich leicht auswechseln lassen (zB Räder, Bremsbeläge, elektrische Sicherungen, Vergaserdüsen, Luftfilter, Ölfilter).

12   **10. Zivilrecht.** Der VN genügt der **versicherungsvertraglichen Gefahrstandspflicht** (§ 23 VVG), wenn das Kfz im Verkehr den gesetzlichen Mindestanforderungen entspricht, BGH VersR **68** 58. **Änderung von Ausrüstungsvorschriften** als Eingriff in den Gewerbebetrieb des Herstellers?, BGH DAR **68** 130. **Produktfehler:** Neben der Haftung nach dem ProdHaftG (Gefährdungshaftung) kommt auch deliktische Haftung nach § 823 BGB in Betracht. Gem § 1 II, IV ProdHaftG trägt der Hersteller die Beweislast dafür, dass der zum Schaden führende Fehler im Zeitpunkt des In-Verkehr-Bringens des Produkts noch nicht vorhanden war. Zum ProdHaftG s. Graf v. *Westphalen* NJW **90** 83, *Reinelt* VGT **88** 220 = DAR **88** 80. UU kann auch bei Ansprüchen nach § 823 BGB für den Beweis, dass ein zu Schaden führender Produktfehler auf Grund einer Pflichtwidrigkeit im Bereich des Herstellers entstanden ist, eine Beweislastumkehr zugunsten des Geschädigten in Betracht kommen, BGHZ **104** 323 = NJW **88** 2611 (zust *Giesen* JZ **88** 969, *Reinelt* NJW **88** 2614), **96** 2507, **99** 1028, ZfS **93** 75, *Birkmann* DAR **89** 283. Ist die Beschädigung eines Fzs auf ein fehlerhaftes Einzelteil zurückzuführen, so können dem Eigentümer deliktische Schadensersatzansprüche gegen den Hersteller zustehen, BGHZ **86** 256 = NJW **83** 810, VersR **93** 845 (848), Fra VersR **93** 845.

12a   **Literatur:** *Birkmann,* Produktbeobachtungspflicht bei Kfzen ..., DAR **90** 124, **00** 435. *Kremer,* Träger der haftungsrechtlichen Produktverantwortung im Kfz-Bereich, DAR **96** 134. *Landscheidt,* Die Produkthaftung für Kfze und Zubehör, NZV **89** 169. *Wegener,* Produktbeobachtungspflicht bei Kfzen, DAR **90** 130.

11. Ausnahmen: § 70. **13**

12. Zuwiderhandlungen: §§ 69a III Nr. 1, IV Nr. 1 StVZO, 24 StVG, Bay VM **67** 74. Die **14**
§§ 30 ff. gehen als engere Sondervorschriften dem § 23 I S. 2 StVO vor, Bay VM **72** 25, Ha
VRS **48** 156. **Beschädigte Reifen** sind nicht vorschriftsmäßig (herausgebrochene oder beschä-
digte Profilstollen eines Lkw-Reifens, aber dem Umfang nach Tatfrage), Dü VM **70** 8. Das Fah-
ren mit stärkeren Beschädigungen der Lauffläche oder Seitenwände von Reifen verstößt gegen
die §§ 23 I, 49 I Nr. 22 StVO in TE mit 30, 69a III Nr. 1 StVZO, § 24 StVG, s. Rn. 7, weil § 36
StVZO nur abgefahrene Reifen erfasst, Bay 2 St 544/72, s. Ha VRS **59** 296. Fahren mit schad-
haften Reifen (DauerOW) steht mit allen auf der Fahrt begangenen VVerstößen, auch bei
Nichtursächlichkeit, in **TE,** ebenso mit anderen zugleich festgestellten Beschaffenheitsverstößen,
s. § 36 Rn. 23. Wer so schadhafte Reifen fährt, dass Gefahr des Platzens besteht, trägt Mitschuld
an einem etwaigen Auffahrunfall, wenn er wegen geplatzten Reifens hat langsam fahren müssen,
BGH VersR **68** 1165. **Zu langer Pedalweg** verletzt § 30, s. § 41 Rn. 27. **Nicht ausreichende
Tankfüllung** ist kein Verstoß gegen § 30, s. Rn. 2a, § 23 StVO Rn. 27, aM *Dvorak* DAR **84** 313.
Lkw-Fahrer ist nicht verpflichtet, jeweils vor Fahrtantritt die gesamten **Bremsscheiben** durch
gezielten Blick durch die Löcher in den Felgen auf Mängel zu überprüfen, außer es besteht be-
sonderer Anlass zur Sichtkontrolle der Bremsscheiben (Ce NZV **09** 617).

Durch die Bauart bestimmte Höchstgeschwindigkeit sowie maximales Drehmoment und maximale Nutzleistung des Motors

30a (1) [1]**Kraftfahrzeuge müssen entsprechend dem Stand der Technik so gebaut und
ausgerüstet sein, dass technische Veränderungen, die zu einer Änderung der durch
die Bauart bestimmten Höchstgeschwindigkeit (Geschwindigkeit, die von einem Kraft-
fahrzeug nach seiner vom Hersteller konstruktiv vorgegebenen Bauart oder infolge der
Wirksamkeit zusätzlicher technischer Maßnahmen bei bestimmungs-
mäßer Benutzung nicht überschritten werden kann) führen, wesentlich erschwert sind.**
[2]**Sofern dies nicht möglich ist, müssen Veränderungen leicht erkennbar gemacht werden.**

(1a) **Zweirädrige Kleinkrafträder und Krafträder müssen hinsichtlich der Maßnahmen
gegen unbefugte Eingriffe den Vorschriften von Kapitel 7 der Richtlinie 97/24/EG des
Europäischen Parlaments und des Rates vom 17. Juni 1997 über bestimmte Bauteile
und Merkmale von zweirädrigen oder dreirädrigen Kraftfahrzeugen (ABl. L 226 vom
18.8.1997, S. 1), die zuletzt durch die Richtlinie 2009/108/EG (ABl. L 213 vom 18.8.2009,
S. 10) geändert worden ist, jeweils in der aus dem Anhang zu dieser Vorschrift ersicht-
lichen Fassung, entsprechen.**

(2) [1]**Anhänger müssen für eine Geschwindigkeit von mindestens 100 km/h gebaut und
ausgerüstet sein.** [2]**Sind sie für eine niedrigere Geschwindigkeit gebaut oder ausgerüstet,
müssen sie entsprechend § 58 für diese Geschwindigkeit gekennzeichnet sein.**

(3) **Bei Kraftfahrzeugen nach Artikel 1 der Richtlinie 2002/24/EG sind zur Ermittlung
der durch die Bauart bestimmten Höchstgeschwindigkeit sowie zur Ermittlung des ma-
ximalen Drehmoments und der maximalen Nutzleistung des Motors die im Anhang zu
dieser Vorschrift genannten Bestimmungen anzuwenden.**

Begr (VkBl. **85** 76): *Durch die neue Vorschrift wird die Rechtsgrundlage für konstruktive Anforderun-* **1**
*gen an Fahrzeuge, insbesondere für Kraftomnibusse und Lastkraftwagen geschaffen, deren durch die Bauart
bestimmte Höchstgeschwindigkeit zB durch elektronische Mittel herabgesetzt worden ist.*

Begr zur ÄndVO v. 14.6.88 **zu Abs. 2** (VkBl. **88** 468): *... Die durch die Bauart bestimmte* **2**
*Höchstgeschwindigkeit von Anhängern war bisher weder in den Fahrzeugpapieren eingetragen noch am
Fahrzeug selbst angeschrieben. Die Fahrzeugführer konnten damit nicht erkennen, für welche Höchst-
geschwindigkeit ein Anhänger gebaut und ausgerüstet war. Sie mussten darauf vertrauen, dass der im Zug
mitgeführte Anhänger sich für die jeweils gefahrene Geschwindigkeit eignet. Im Interesse der Verkehrssicher-
heit war es erforderlich, diesen unklaren Zustand zu beenden. In dem neuen Absatz 2 sind nun entspre-
chende Vorschriften für Anhänger zu finden. Auf Wunsch der Länder wurde dabei die bauartbestimmte
Höchstgeschwindigkeit auf mindestens 100 km/h festgelegt.*

Begr zur ÄndVO v. 23.3.00: BR-Drs. 720/99 S. 51; zur ÄndVO v. 3.8.00:VkBl. **00** 495.

Begr zur ÄndVO v. 26.7.13 **zu Abs. 1 S. 1** (BR-Drs. 445/13 S. 23 = VkBl. **13** 865): *Die Ur-* **3**
*teilsbegründung zum Urteil des Brandenburgischen Oberlandesgerichts vom 17. Oktober 2000 bemängelt,
dass durch verhältnismäßig geringfügigen Aufwand bzw. ohne grundlegende Eingriffe in die technisch-*

konstruktive Beschaffenheit eines Kraftfahrzeugs die „gewollte" mögliche Höchstgeschwindigkeit heraufgesetzt werden kann. Diese Feststellung machte eine Überprüfung der national geltenden Vorschriften der StVZO zur „bauartbestimmten Höchstgeschwindigkeit" notwendig. Mit der Ergänzung des § 30a Absatz 1 Satz 1 wird klargestellt, dass durch zusätzliche technische Maßnahmen eine Heraufsetzung der Höchstgeschwindigkeit dauerhaft erschwert werden muss.

4   In Abs. I wird der **Begriff** der **durch die Bauart bestimmten Höchstgeschwindigkeit** (bbH) für die Fz definiert, auf die die EG-Richtlinie 95/1 (StVRL § 30a StVZO Nr. 1) keine Anwendung findet. Es genügt unter Zugrundelegung der Rspr. des BGH zu § 8 Nr. 1 StVG (s. § 8 StVG Rn. 2) und zu § 2 PflVG (s. vor § 23 FZV Rn. 3) entgegen Brn VRS **101** 293, AG Eisenhüttenstadt NStZ-RR **01** 280 (beide ohne Auseinandersetzung mit der genannten Rspr. des BGH), dass die Geschwindigkeitsgrenze jedenfalls auf Grund einer vorhandenen technischen Einrichtung ohne deren Beseitigung tatsächlich nicht überschritten wird (s. auch § 1 FZV Rn. 3). Dies ist seit Änderung der Definition in I S. 1 durch ÄndVO v. 26.7.13 (BGBl. I S. 2803) auch im VO-Text klargestellt (Begr Rn. 3).

5   Durch Abs. Ia wird die Anwendung der in Kap. 7 der Richtlinie 97/24/EG enthaltenen Maßnahmen gegen unbefugte Eingriffe an zweirädrigen Kleinkrädern und Krädern auch für Fz mit EinzelBE vorgeschrieben. Dadurch soll einer Änderung der durch die Bauart bestimmten Höchstgeschwindigkeit durch Manipulationen entgegengewirkt werden. Die Bestimmung fand gem. der früheren Übergangsvorschrift des § 72 II aF spätestens Anwendung für ab dem 1.10.2000 erstmals in den V gekommene Fz mit EinzelBE.

6   **Die EG-Richtlinie 95/1** über die bauartbedingte Höchstgeschwindigkeit sowie das maximale Drehmoment und die maximale Nutzleistung des Motors wird durch Abs. III auch für Fz mit EinzelBE in nationales Recht umgesetzt. Abs. III gilt für **Kraftfahrzeuge nach Art 1 der Richtlinie 2002/24/EG v.** 18.3.2002 (StVRL § 20 Nr. 42) über die Typgenehmigung für zweirädrige oder dreirädrige Kfz. Nach Abs. I der Richtlinie fallen darunter alle zur Teilnahme am StrV bestimmten zwei- und dreirädrigen Kfze mit oder ohne Doppelrad.
Nicht unter die Richtlinie fallen:
– Fze mit einer bauartbedingten Höchstgeschwindigkeit von bis zu 6 km/h,
– fußgängergeführte Fze,
– Fze, die zur Benutzung durch körperbehinderte Personen bestimmt sind,
– Fze, die für den sportlichen Wettbewerb auf der Str oder im Gelände bestimmt sind,
– Fze, die vor dem Beginn der Anwendung der Richtlinie 92/61/EWG bereits in Betrieb waren,
– Zugmaschinen und Maschinen, die für landwirtschaftliche oder vergleichbare Zwecke verwendet werden,
– hauptsächlich für Freizeitzwecke konzipierte GeländeFze mit drei symmetrisch angeordneten Rädern (ein Vorderrad und zwei Hinterräder),
– Fahrräder mit Trethilfe, die mit einem elektromotorischen Hilfsantrieb mit einer maximalen Nenndauerleistung von 0,25 kW ausgestattet sind, dessen Unterstützung sich mit zunehmender Fahrzeuggeschwindigkeit progressiv verringert und beim Erreichen einer Geschwindigkeit von 25 km/h oder früher, wenn der Fahrer im Treten einhält, unterbrochen wird.
Die Richtlinie 2002/24/EG ist seit 2016 durch die **VO (EU) Nr. 168/2013 v.** 15.1.13 über die Genehmigung und Marktüberwachung von zwei- oder dreirädrigen und vierrädrigen Fahrzeugen (ABlEU Nr. L 60 v. 2.3.13 S. 52) ersetzt worden. Die Bezugnahme in Abs. III auf Art 1 der RL 2002/24/EG entspricht jetzt einer Bezugnahme auf Art 2 der VO (EU) Nr. 168/2013 (Art 81 II iVm Anh IX der VO (EU) Nr. 168/2013).

Berechnung des Hubraums

30b Der Hubraum ist wie folgt zu berechnen:
1. **Für pi wird der Wert von 3,1416 eingesetzt.**
2. **Die Werte für Bohrung und Hub werden in Millimeter eingesetzt, wobei auf die erste Dezimalstelle hinter dem Komma auf- oder abzurunden ist.**
3. **Der Hubraum ist auf volle Kubikzentimeter auf- oder abzurunden.**
4. **Folgt der zu rundenden Stelle eine der Ziffern 0 bis 4, so ist abzurunden, folgt eine der Ziffern 5 bis 9, so ist aufzurunden.**

1. Begr (VkBl. **89** 111): … *Da der Hubraum nicht nur für die Einhaltung von Schadstoffgrenzwer-* **1** *ten im Abgas von Bedeutung ist, sondern sich auch auf die kraftfahrzeugsteuerliche Einstufung, die fahrer-laubnisrechtliche und die zulassungsrechtliche Abgrenzung auswirkt, werden die Bestimmungen über die Berechnung des Hubraums als neuer § 30b aufgeführt.*

2. Die neue Berechnungsweise galt gem. § 72 II aF für erstmals in den V gekommene Fze ab **2** 1.7.88 auf Antrag im Rahmen der BE-Erteilung und ab 1.10.89 für alle ab diesem Zeitpunkt in den V gekommenen Fze. S. dazu *Séché* VD **89** 13.

Vorstehende Außenkanten, Frontschutzsysteme

30c (1) **Am Umriss der Fahrzeuge dürfen keine Teile so hervorragen, dass sie den Verkehr mehr als unvermeidbar gefährden.**

(2) **Vorstehende Außenkanten von Personenkraftwagen müssen den im Anhang zu dieser Vorschrift genannten Bestimmungen entsprechen.**

(3) **Vorstehende Außenkanten von zweirädrigen oder dreirädrigen Kraftfahrzeugen nach § 30a Absatz 3 müssen den im Anhang zu dieser Vorschrift genannten Bestimmungen entsprechen.**

(4) **An Personenkraftwagen, Lastkraftwagen, Zugmaschinen und Sattelzugmaschinen mit mindestens vier Rädern, einer durch die Bauart bestimmten Höchstgeschwindigkeit von mehr als 25 km/h und einer zulässigen Gesamtmasse von nicht mehr als 3,5 t angebrachte Frontschutzsysteme müssen den im Anhang zu dieser Vorschrift genannten Bestimmungen entsprechen.**

Begr: VkBl. **92** 342. **1**

Begr zur ÄndVO v. 26.5.08 **zu Abs. 4:** VkBl. **08** 441. **2**

1. Verkehrsgefährdende Teile des Umrisses sind zB hervorstehende 12 cm über den **3** FzUmriss hinausragende Auspuffrohre, s. Bay VM **73** 11, nach hinten oder vorn um mehrere cm herausragende ungeschützte Stoßstangenhalterungen, Bay VRS **61** 472 (keine ausreichende Entschärfung durch Anbringen von Kugelscheinwerfern), Ha VRS **55** 382, 25 cm über die linke FzBegrenzung hinausragende Hydraulikstempel eines Ladegerätes, Ha NJW **74** 68, über die Hinterachse hinausragende Splinte, Zw Betr **70** 2024, herausragende Türgriffe und Kühlerfiguren, s. Richtlinie über die Beschaffenheit und Anbringung der äußeren FzTeile Abs. II Nr. 6, 8 (StVRL § 32 Nr. 2), nicht auch überstehende Ladungsteile, Bay VM **74** 60, Radkappen, Zw Betr **70** 2024. Abgenommene Radkappen verstoßen nicht gegen § 30c, wenn sich die Muttern in ausreichend schützender Vertiefung befinden oder nach der zugelassenen Bauweise des Fz sonst „entschärft" sind, Bay VM **72** 25, Kar VRS **57** 65. **Richtlinien** für die Beschaffenheit und Anbringung der äußeren FzTeile, VkBl. **63** 478, **80** 10, **84** 538, **86** 482, **89** 787 = StVRL § 32 Nr. 2. Außen an den Aufbauten **land- oder forstwirtschaftlicher Fze** angebrachte Betätigungshebel, s. BMV VkBl. **79** 688. Mitgeführte landwirtschaftliche Anbaugeräte müssen § 30c entsprechen, dafür sind Fahrer und Halter verantwortlich, Bay VRS **58** 463. Kein Teil darf so über die Zgm hinausragen, dass es den Verkehr mehr als unvermeidbar gefährdet; besonders dürfen die Teile bei Unfällen den Schaden nicht vergrößern. Erfordert Verkleidung gefährlicher Teile **unverhältnismäßigen Aufwand,** so kann die davon ausgehende Gefahr iS von § 30c „unvermeidbar" sein, Bay VRS **70** 381. Unvermeidbar herausragende Teile sind abzudecken oder durch Tafeln oder Folien kenntlich zu machen, s. Nr. 4.6 Merkblatt für Anbaugeräte, VkBl. **09** 804 = StVRL § 30 StVZO Nr. 6. Beispielkatalog über die Absicherung verkehrsgefährdender Teile an Fzen der Land- und Forstwirtschaft, VkBl. **85** 436.

2. Vorstehende Außenkanten. Personenkraftwagen müssen nach Abs. 2 den Vorschriften **4** der EG-Richtlinie 74/483/EWG (StVRL § 30c StVZO Nr. 2) über vorstehende Außenkanten entsprechen. Außenrückspiegel und die Kugel der Anhängerkupplung sind nicht Regelungsgegenstand (Richtlinie 74/483/EWG Anh I Nr. 1.1). Hinsichtlich der Außenkanten **zweirädriger und dreirädriger Kfze nach § 30a** (s. dazu § 30a Rn. 2) wird durch Abs. 3 das Kap. 3 der EG-Richtlinie 97/24 v. 17.6.97 auch für Fz mit EinzelBE in nationales Recht umgesetzt. Abs. 3 war auf erstmals in den V kommende Kfz nach § 30a ab 17.6.03 anzuwenden; für ältere Fz galt Abs. 1 (§ 72 II aF).

3. Frontschutzsysteme. Durch Abs. 4 wurde die Richtlinie 2005/66/EG für Fz und Front- **5** schutzsysteme mit EinzelBE in nationales Recht umgesetzt. Durch diese Richtlinie sollte sichergestellt werden, dass nur noch solche Frontschutzsysteme auf den Markt und in den V kommen, von denen kein zusätzliches Verletzungsrisiko für die schwächeren Verkehrsteilnehmer ausgeht. Nach der früheren Übergangsvorschrift § 72 II aF galt Abs. 4 für die ab 1.6.08 erstmals in den V kommenden Fz und die ab 1.6.08 zum Verkauf angebotenen Frontschutzsysteme. Die Richtlinie 2005/66/EG ist durch die unmittelbar geltende VO EG Nr. 78/2009 v. 14.1.09 über die Typgenehmigung von Kfz im Hinblick auf den Schutz von Fußgängern und anderen ungeschützten Verkehrsteilnehmern (ABlEU Nr. L 35 v. 4.2.09, S. 1 = StVRL § 20 StVZO Nr. 52) aufgehoben worden. § 30c ist an die dadurch geänderte Rechtslage noch nicht angepasst worden.

6   **4. Ordnungswidrigkeit.** § 69a III Nr. 1a. Benutzung eines Pkw ohne hintere Radkappen und mit über die Hinterachse hinausragenden Splinten ist gefährdend und ow (aber Verbotsirrtum, weil vom TÜV nicht beanstandet), Zw Betr **70** 2024. Darüber, ob abgenommene Radkappen gegen § 30c verstoßen, ist ein unvermeidbarer Verbotsirrtum möglich, Bay VM **72** 25.

Kraftomnibusse

30d (1) **Kraftomnibusse sind Kraftfahrzeuge zur Personenbeförderung mit mehr als acht Sitzplätzen außer dem Fahrersitz.**

(2) **Kraftomnibusaufbauten, die als selbstständige technische Einheiten die gesamte innere und äußere Spezialausrüstung dieser Kraftfahrzeugart umfassen, gelten als Kraftomnibusse nach Absatz 1.**

(3) **Kraftomnibusse müssen den im Anhang zu dieser Vorschrift genannten Bestimmungen entsprechen.**

(4) ¹**Kraftomnibusse mit Stehplätzen, die die Beförderung von Fahrgästen auf Strecken mit zahlreichen Haltestellen ermöglichen und mehr als 22 Fahrgastplätze haben, müssen zusätzlich den Vorschriften über technische Einrichtungen für die Beförderung von Personen mit eingeschränkter Mobilität nach den im Anhang zu dieser Vorschrift genannten Bestimmungen entsprechen.** ²**Dies gilt für andere Kraftomnibusse, die mit technischen Einrichtungen für die Beförderung von Personen mit eingeschränkter Mobilität ausgestattet sind, entsprechend.**

1   **Begr** (VkBl. 03 745): *Durch die gewählte Form der Übernahme der Richtlinie 2001/85/EG des Europäischen Parlaments und des Rates vom 20. November 2001 über besondere Vorschriften für Fahrzeuge zur Personenbeförderung mit mehr als acht Sitzplätzen außer dem Fahrersitz und zur Änderung der Richtlinie 70/156/EWG und 97/27/EG als Festverweisung in § 30d, sind diese Vorschriften in allen Fällen von Genehmigungsverfahren – bei der Erteilung von Allgemeinen Betriebserlaubnissen für Typen nach § 20, aber auch bei der Erteilung von Einzelbetriebserlaubnissen für Einzelfahrzeuge nach § 21 – anzuwenden. ...*

2   **Zu Abs. 1:** *Durch Absatz 1 wird die in der StVZO fehlende, aber notwendige Definition der Fahrzeugart „Kraftomnibus" aufgenommen, die die Klasseneinteilung gemäß der Richtlinie 70/156/EWG (M₂- und M₃-Fahrzeuge) beinhaltet.*

3   **Zu Abs. 2:** *Die in Absatz 2 vorgenommene Gleichsetzung von Kraftomnisaufbauten als selbstständige technische Einheit mit der Fahrzeugart „Kraftomnibus" findet ihre Entsprechung in der Richtlinie 2001/85/EG (u. a. in Artikel 1, 2, Anhang I Nr. 2.1.5). Dieser Kraftomnisaufbau enthält „die gesamte innere und äußere Spezialausrüstung des Fahrzeugs", die vom Regelbereich der Richtlinie erfasst wird. Damit wird den speziellen Gegebenheiten bei der Herstellung und Genehmigung des gesamten, fahrfähigen Kraftomnibusses Rechnung getragen, da diese Fahrzeuge zum Teil „zweistufig" hergestellt werden: auf das von einem Hersteller gefertigte „Fahrgestell" wird der von einem anderen Hersteller gefertigte und genehmigte Kraftomnisaufbau montiert.*

4   **Zu Abs. 3:** *Notwendige Festverweisung auf die Vorschriften der Richtlinie 2001/85/EG.*

5   **Zu Abs. 4:** *In den Erwägungsgründen der Richtlinie 2001/85/EG (Nr. 8) wird u. a. ausgeführt: „im Einklang mit der Verkehrs- und der Sozialpolitik der Gemeinschaft sind jedoch auch technische Vorschriften für die Zugänglichkeit der unter diese Richtlinie fallenden Fahrzeuge für Personen mit eingeschränkter Mobilität erforderlich. Es muss alles unternommen werden, um die Zugänglichkeit dieser Fahrzeuge zu verbessern."*

Absatz 4 übernimmt die Vorschriften von Artikel 3 Absatz 1 der Richtlinie 2001/85/EG, nach dem die Klasse I-Fahrzeuge – im deutschen Sprachgebrauch als so genannte „Stadt-Linienbusse" bezeichnet – die Anforderungen des Anhangs VII (Vorschriften für technische Einrichtungen für Personen mit eingeschränkter Mobilität) erfüllen müssen.

...

1. Der **Begriff des Kraftomnibusses** wird durch § 30d Abs. 1 erstmals in der StVZO defi- 6
niert. Die Definition entspricht etwa dem Kom-Begriff in § 4 IV Nr. 2 PBefG, umfasst aber –
anders als § 4 IV Hs. 1 PBefG – auch Oberleitungsbusse.

2. Kraftomnibusaufbauten. Die Fiktion des Abs. 2 trägt dem Umstand Rechnung, dass 7
vielfach Fahrgestell und Aufbau von verschiedenen Herstellern stammen, die gesamte innere und
äußere Spezialausrüstung des Kom aber im Kom-Aufbau enthalten ist (s. Begr, Rn. 3).

3. Hinsichtlich der **Bau- und Wirkvorschriften** von Kom übernimmt Abs. 3 die **Richtlinie** 8
2001/85/EG. Die Bestimmung war gem. der früheren Übergangsvorschrift § 72 II aF spätes-
tens ab dem 13.2.2005 auf erstmals in den V kommende Kom anzuwenden. Die bis zur Über-
nahme der EG-Richtlinie durch § 30d geltenden Vorschriften fanden nur noch auf bereits im V
befindliche Fz Anwendung. Im Übrigen entspricht die EG-Richtlinie weitgehend den bisher
durch die StVZO vorgeschriebenen Sicherheitsanforderungen.

4. Beförderung von Behinderten. Durch die Übernahme von Anhang VII der Richtlinie 9
2001/85/EG (StVRL § 34a StVZO Nr. 4) mit Abs. 4 müssen alle ab 13.2.05 neu in den V kom-
menden (§ 72 II aF) sog **Stadt-Linienbusse** (Klasse I-Fze iS der EG-Richtlinie) mit **mindes-
tens einem besonderen Stellplatz für Rollstuhlfahrer** ausgestattet sein, der mit Pikto-
grammen innen und außen zu kennzeichnen ist. Dieser Stellplatz muss mit einem definierten
Rückhaltesystem ausgerüstet sein, das die Standfestigkeit des Rollstuhls, zB bei starkem Abbrem-
sen des Busses, sicherstellt. Diese Vorschrift begründet sich aus dem Umstand, dass Rollstuhlfah-
rer, anders als zB gesunde und stehende Fahrgäste, oftmals nicht in der Lage sind, sich mittels
ihrer Körperkräfte einen sicheren Halt zu verschaffen. Abs. 4 legt lediglich die Mindestzahl von
einem Rollstuhlstellplatz in Stadt-Linienbussen fest. Die Einrichtung weiterer Rollstuhlstell-
plätze, die dann denselben Anforderungen entsprechen müssen, ist zulässig. Die Höchstzahl der
in einem Bus vorgesehenen Stellplätze für Rollstühle ist im Fz anzuschreiben (Abs. 3 iVm An-
hang I Nr. 7.3 der Richtlinie 2001/85/EG).

Soweit die EG-Richtlinie den Mitgliedstaaten die Ausdehnung der Vorschriften für technische 10
Anforderungen mit eingeschränkter Mobilität auch für Klasse II-Fze (sog „Überland-Linien-
busse") und Klasse III-Fze (sog „Reisebusse") freistellt, wurde diese Option nicht umgesetzt.
Sind diese Fz allerdings mit entsprechenden Einrichtungen ausgerüstet, so müssen diese gem.
Abs. 4 S. 2 den Bestimmungen der EG-Richtlinie entsprechen.

5. Anforderungskatalog für Kom und Kleinbusse, die zur **Beförderung von Schülern** und 11
Kindergartenkindern besonders eingesetzt werden (VkBl. 05 604 = StVRL § 34a StVZO Nr. 5)
als Empfehlung für Aufnahme in Verträge zwischen Verkehrsunternehmen und den Trägern für
die Schülerbeförderung.

6. Ordnungswidrigkeit. § 69a III Nr. 1b. 12

Verantwortung für den Betrieb der Fahrzeuge

31 (1) **Wer ein Fahrzeug oder einen Zug miteinander verbundener Fahrzeuge führt,
muss zur selbstständigen Leitung geeignet sein.**

(2) **Der Halter darf die Inbetriebnahme nicht anordnen oder zulassen, wenn ihm be-
kannt ist oder bekannt sein muss, dass der Führer nicht zur selbstständigen Leitung ge-
eignet oder das Fahrzeug, der Zug, das Gespann, die Ladung oder die Besetzung nicht
vorschriftsmäßig ist oder dass die Verkehrssicherheit des Fahrzeugs durch die Ladung oder
die Besetzung leidet.**

Begr zur ÄndVO v. 16.11.70 (BGBl. I S. 1615): VkBl. **70** 831. 1

DA zum § 31 [I] *Durch die amtliche Überprüfung eines Fahrzeugs … wird dem Halter oder Führer des* 2
Fahrzeugs die Verantwortung für dessen vorschriftsmäßigen Zustand nicht abgenommen.

[II] *Bei unvorschriftsmäßigem Zustand eines Fahrzeugs oder der Ladung sind stets Ermittlungen anzustel-* 3
len, ob neben dem Fahrer auch den Halter ein Verschulden trifft. Ist ein solches nicht nachzuweisen, so ist
bei mehrfach festgestellten Mängeln dem Halter aufzugeben, in Zukunft für Abhilfe zu sorgen (durch Ein-
richtung einer geeigneten Aufsicht, durch Fahrerwechsel oder dgl.).

[III] *Als kürzester Weg, auf dem das Fahrzeug aus dem Verkehr zu ziehen ist, gilt der nächste Weg bis zu* 4/5
einem Ort, an dem das Fahrzeug ohne Behinderung oder Gefährdung des Verkehrs abgestellt und ggf. in-
standgesetzt werden kann. Kleine Umwege sind gestattet, wenn der nächste Weg über besonders verkehrsrei-
che Straßen führt …

6   **1. Betriebsverantwortlich** für seine Fze und deren Zustand im Verkehr ist der Halter (§ 7 StVG), auch bei Mofas, Hb VM **76** 39, und Fuhrwerken, AG Zeven VersR **65** 467, auch wenn er nicht sachkundig ist, weil er dann, soweit er den Betriebszustand des Fz nicht prüfen kann, eine sorgfältig ausgewählte, sachkundige Person zu Rate ziehen muss (Rn. 7, 8). Sind bei einer FzKombination Halter des Zugfzs und des Anhängers verschiedene Personen, so ist für die Vorschriftsmäßigkeit des Zuges im ganzen nur der Halter des Zugfzs verantwortlich, wenn der Anhänger als solcher vorschriftsmäßig ist, BaySt **83** 149 = VRS **66** 223, NStZ-RR **99** 277. Halter und Fahrer (§ 23 StVO, dieser je nach Sachlage) sind für den betriebssicheren FzZustand im Verkehr verantwortlich, Bay VM **80** 76. Bei Personengleichheit von Kf und Halter geht § 23 I S. 2 StVO vor, s. Rn. 18. Sind Fz, Zug, Fuhrwerk, Gespann, Ladung oder Besetzung nicht vorschriftsmäßig oder ist das Fz wegen unrichtiger Beladung oder fehlerhafter Besetzung nicht betriebssicher, so darf es der Halter weder im öffentlichen Verkehr in Betrieb nehmen, noch die Inbetriebnahme anordnen oder zulassen (Abs. II). Die Halter- und Führerverantwortlichkeit entfällt nicht durch amtliche FzPrüfungen, Bay VRS **58** 464. FzUntersuchung nur gemäß § 29 genügt nicht, idR aber die **Wartung** gemäß dem Herstellerplan, BGH VM **65** 20, **66** 33 (s. Rn. 8), dazwischen Behebung der Mängel, welche die Betriebssicherheit beeinträchtigen. Auch wenn bei der Art der FzBenutzung häufiger Schäden auftreten, muss der Unternehmer nicht jedes Kfz täglich oder sogar nach jeder Fahrt überprüfen (lassen), Ha VRS **53** 388, anders aber, wenn besondere Umstände häufigere Prüfung erfordern (Reifenschäden durch Einsatz auf Steinbrüchen), Ko VRS **62** 147. Erhöhte Sorgfaltspflicht des **KfzVermieters** an Selbstfahrer, BGH DAR **61** 22. Wer als Halter ein mit einer Fahrauflage behaftetes SpezialFz vermietet, muss den Mieter über die Auflage unterrichten und bleibt für verkehrssichere Verwendung verantwortlich, auch bei unzulänglicher Auflage, Ha VM **72** 60. **Handeln für einen anderen:** § 9 OWiG; **Verletzung der Aufsichtspflicht** in Betrieben und Unternehmen: § 130 OWiG; s. dazu Rn. 18.

7   Mangels eigener Sachkunde muss der Halter geschultes Personal, BGH VersR **69** 1025, oder eine erprobte Werkstatt damit beauftragen, seine Fze auf VSicherheit zu überwachen und in vorschriftsmäßigem Zustand zu erhalten, BGH VRS **17** 388. Der Halter darf seine Verantwortlichkeit durch **Bestellung einer sachkundigen,** erwiesenermaßen **zuverlässigen Hilfsperson** einschränken bzw. übertragen (Bay DAR **76** 219, Ha DAR **99** 415, NZV **07** 156, Kö DAR **85** 325, Dü NZV **89** 282, *König* SVR **08** 121, 122), doch genügt dazu nicht schon Bestellung eines Mechanikers für Reparaturen (Ko VRS **45** 221). Dem Betrieb muss der Beauftragte nicht angehören (*König* SVR **08** 121, 122). Übertragung der Halterpflichten auf einen Dritten nur, wenn dieser ermächtigt ist, sie sämtlich in eigener Verantwortung weisungsfrei zu erfüllen (Schl VRS **58** 384). Wer als Halter zur Überwachung des Fuhrparks einen KfzMeister einstellt, sorgfältig auswählt und überwacht, ist für Mängel nur verantwortlich, soweit er sie kennt oder auf Grund Fahrlässigkeit nicht kennt (Ha VRS **41** 394, VRS **111** 67). Kann der wartungsbeauftragte Angestellte der ihm übertragenen Aufgabe nicht mehr nachkommen (zB Krankheit), so liegt die Verantwortung wieder beim Halter, bei mehreren Haltern sind alle verantwortlich (Ha VRS **30** 202). Keine Verantwortlichkeit des Mitgeschäftsführers, dem die Betreuung der Fze nicht obliegt (Ko VRS **39** 118). Bei einer **KG als Halterin** obliegen die Halterpflichten dem vertretungsberechtigten Gesellschafter (Schl VRS **58** 384). Der KG-Komplementär, der die Kfz des Betriebs nicht selber warten kann, muss eine ausreichend überwachte Betriebsorganisation zur Wartung schaffen (Ha VRS **40** 129, **41** 394, KG VRS **36** 269). Soweit der Halter die Erfüllung seiner Pflichten auf Hilfspersonen überträgt, hat er diese regelmäßig zu **überwachen** (Kö DAR **85** 325, Dü NZV **89** 244, 282 – gelegentliche überraschende Stichproben, Ha NZV **07** 156). Garantenstellung der vom Halter bestellten Hilfsperson: Die im Rahmen eines Arbeitsverhältnisses erfolgte Übernahme von Wartungspflichten begründet eine Schutzfunktion gegenüber allen VTeilnehmern, die in den durch unzureichende Wartung eröffneten Gefahrenbereich der der Aufsicht des Pflichtigen unterliegenden Fz geraten (BGH NJW **08** 1897).

7a   Kann der Halter seine Fz nicht selbst überwachen, so genügt der allgemeine **Auftrag gegenüber den Fahrern,** jeden Mangel sofort beheben zu lassen, nur dann, wenn er dies überwacht, Ha NZV **89** 244, 282, VRS **52** 64, Dü NJW **71** 65. Bei einem bisher als zuverlässig bekannten Fahrer muss der Halter ohne besonderen Anlass mit Verstößen nicht rechnen, Kö VM **80** 66. Auf erprobte, sachkundige und regelmäßig überwachte Fahrer darf sich der Halter verlassen, BGH VRS **6** 477, Ha VRS **46** 472. Doch darf ein Fuhrunternehmer die Überwachung nicht ungeprüft einem erst kurz vorher eingestellten Fahrer übertragen (Tatfrage), BGH VersR **65** 462. Stets muss der Halter die Abstellung eines selbst bemerkten Mangels veranlassen, BGH VersR **69** 1025.

Beauftragung einer **fachkundigen Werkstatt** entlastet den Halter regelmäßig, Dü NJW 70 **8** 821, auch, wenn er selbst fachkundig ist, zB einer Fachwerkstatt der FzMarke, Ce DAR **57** 362, jedoch genügt jede fachlich qualifizierte Werkstatt. Nach Erwerb eines älteren GebrauchtFzs genügt ein Auftrag an eine allgemeine KfzWerkstatt; ohne konkreten Anlass bedarf es nicht der zusätzlichen Hinzuziehung einer Reifenwerkstatt, BGH NZV **98** 23. Haftung der Werkstatt, s. Rn. 15.

Der **Fahrer** muss die **erforderliche Fahrerlaubnis** (§ 6 FeV) haben und bei der Fahrt **fahr- 9 tüchtig** (Rn. 10) sein. Dafür ist der Halter verantwortlich. Unbefugte KfzBenutzung muss der Halter besonders sorgfältig verhindern, Ha VRS **53** 313. Bei Einstellung des Fahrers muss er dessen FE prüfen (näher: § 21 StVG) und den Fahrer auch später planmäßig **in angemessener Weise überwachen** (Rn. 7, § 16 StVG Rn. 15), und zwar nach strengen Anforderungen, BGH VersR **71** 471. Auch der Landwirt muss Gehilfen, die Trecker oder Fuhrwerke fahren, regelmäßig überwachen, BGH VM **65** 25. Planmäßige, unerwartete Kontrollen sind nötig, BGH VersR **66** 364, **67** 53 (Autotransport). Wer mehrere LastFze betreibt, muss die Fahrer sorgfältig auswählen, mit den nötigen Weisungen versehen und sie regelmäßig überwachen, Kö VM **80** 66. Die allgemeine Anweisung, sämtliche Vorschriften zu beachten, ersetzt ausreichende Fahrerüberwachung nicht, Ha VRS **52** 64. Zur Kontrolle können Fahrtschreiber (§ 57a) dienen. Bei SpezialFzen muss der Halter für Vertrautheit seines Fahrpersonals mit deren technischen Besonderheiten sorgen, Ce VersR **75** 572. Zur Führerscheinkontrolle bei Fuhrparks *Löhr-Müller* 46. VGT **08** 203. Vor der Fahrt muss sich der Halter **von der Fahrtüchtigkeit des Fahrers überzeugen** (Rn. 10), BGHSt **18** 359 = NJW **63** 1367, Hb VRS **33** 206, Ha VRS **24** 145. Die Fahrfähigkeit des FzF, dem das Fz überlassen wird, muss den zu erwartenden Fahrtumständen entsprechen, Ce VersR **63** 156, Kar NJW **65** 1774 (schwierige, gefährliche Fahrt), Hb VM **65** 8 (schwerhöriger Fuhrwerkslenker auf einer BundesStr). Der Halter darf die FzBenutzung durch einen Fahruntüchtigen in keinem Augenblick zulassen (mitfahrender Halter), Mü VersR **86** 925, Kar VRS **59** 249. Ungeeignet sind ua Übermüdete, Dü VersR **68** 61 (s. § 2 FeV Rn. 5), aus anderen Gründen, zB Krankheit, vorübergehend Fahruntüchtige (s. Rn. 10), vor allem aber Personen ohne FE oder nach **Alkoholgenuss** mit einer BAK, die mindestens dem Gefahrengrenzwert des § 24a (0,5‰, 0,25 mg/l) entspricht, Hb VM **76** 39, Ha JMBlNRW **65** 236 (beide noch zu § 24a aF, 0,8‰), aber auch „relativ" fahrunsichere unter 0,5‰ (dazu: § 316 StGB Rn. 23). Weiß der Halter, dass der (spätere) Fahrer Alkohol getrunken hat oder trinken wird, so muss er sich, bevor er ihn fahren lässt, über dessen Fahrtüchtigkeit vergewissern, Ha BA **78** 299. Er hat vor eigenem Alkoholgenuss dafür zu sorgen, dass nicht später eine alkoholbedingt fahrunsichere Person mit seinem Fz fährt, Ha NJW **83** 2456.

2. Nicht „geeignet" iS von Abs. I ist, wer trotz ausreichender FE nicht fahrtüchtig (§ 2 **10** FeV Rn. 4, 5, § 3 StVO Rn. 41, E 141) ist. Die Fahrt darf seine **körperliche Leistungsfähigkeit** nach den zu erwartenden Umständen nicht übersteigen. Kranke oder Hochbetagte müssen berücksichtigen, ob sie der geplanten Fahrt gewachsen sein werden, Ce DAR **51** 16. Wer trotz hohen Alters körperlich und geistig frisch ist, darf mit dem Rad auch verkehrsreiche Straßen befahren, Bra VRS **2** 124. Wer seine langsame Reaktion kennt, muss das beim Fahren berücksichtigen, BGH VM **65** 25, VersR **69** 734. Sein Sehvermögen muss jeder Fahrer kennen, wenn auch nicht den unfallursächlichen Augenfehler, BGH JZ **68** 103 *(Deutsch)*. Zur Fahreignung bei dauernden oder vorübergehenden körperlichen Beeinträchtigungen, s. auch § 2 FeV. Wird eine Körperbehinderung durch besondere FzEinrichtungen (oder Auflagen, § 23 II FeV) ausgeglichen, so steht der Fahrer, der sich daran hält, rechtlich jedem anderen gleich, BGH VersR **69** 734 (Reaktionsbereitschaft). Sehfehler, Einäugigkeit, Ermüdung, Übermüdung: § 2 FeV. Persönliche Fahrfähigkeit und Fahrgeschwindigkeit: E 141, 141a, § 3 StVO Rn. 41.

3. In vorschriftsmäßigem Zustand müssen Fze, auch zB Fahrräder, Bra NZV **91** 152, Ge- **11** spanne, Ladung und Besetzung sein, sonst darf der Halter die Inbetriebnahme im Verkehr weder anordnen noch wissentlich zulassen, Neust VRS **25** 476. Wer einen Gebrauchtwagen im Fachhandel erwirbt, darf sich idR auf dessen betriebssichere Ausrüstung verlassen, Bay VM **80** 76. „Vorschriftsmäßig" bedeutet, dass das Fz den Bauart- und Ausrüstungsvorschriften der §§ 30 bis 67 entsprechen und außerdem fahrsicher sein muss, Bay VM **74** 28, Dü VRS **75** 70. Maßgebend ist allein der FzZustand im Kontrollzeitpunkt, nicht, wie ein Sachverständiger bei fälliger Hauptuntersuchung entscheiden würde, Schl VRS **58** 387. Mangelnde Zulassung allein ist keine Unvorschriftsmäßigkeit und fällt daher nicht unter § 31, Bay VM **73** 9, Ha VRS **59** 468, Fra NJW **66** 2028, aber unter § 3 I, IV FZV. Unterwegsmängel und Verantwortlichkeit des Fahrers: § 23 StVO. Der Halter muss den **FzZustand regelmäßig prüfen** lassen, er hat die Vorführpflicht gemäß § 29 und muss sich auch um dazwischen auftretende Mängel kümmern. Unterlassen jeder **Wartung** über lange Gebrauchsdauer hin ist oder grenzt an grobe Fahrlässigkeit, BGH VersR **66** 565, überhaupt Nichtwartung gemäß den Inspektionsvorschriften, BGH VM **66** Nr. 40, s. BGH NZV **90** 36. **Inbetriebnahme** ist nicht allein das Inbewegungsetzen des Kfz, sondern auch das daran anschließende weitere Führen im Verkehr, BGHSt **25** 338 = NJW **74** 1663, Bay VRS **60** 155, Zw NZV **02** 95, *Lippert* VD **17** 204. Fahren zur Werkstatt mit einem betriebsunsicheren Fz durch Werkstattpersonal unter Berücksichtigung der konkreten Mängel durch entsprechend vorsichtige Fahrweise darf der Halter der Verantwortung und Sachkunde des Werkstattpersonals überlassen, Bay NJW **64** 117. Probefahrten sind mangels Betriebssicherheit nur unter ausreichenden Sicherungsvorkehrungen zulässig, Nü VersR **63** 347. Nur Billigung der Inbetriebnahme in Kenntnis oder fahrlässiger Unkenntnis der Unvorschriftsmäßigkeit verletzt § 31, s. Rn. 18. Keine Halterverantwortlichkeit bei FzÜberlassung an einen zuverlässigen Dritten, wenn das Kfz dann dennoch abredewidrig in vorschriftswidrigem Zustand benutzt wird, Kö VRS **52** 221. Übergibt der Halter das Kfz einem anderen zu längerem Gebrauch und ohne die Betriebssicherheit überwachen zu können, so ruht seine Überwachungspflicht solange und der Fahrer ist verantwortlich, s. Fra VRS **52** 220. Der Halter eines Kfz mit profillosem Reservereifen muss den Fahrer (hier: Ehefrau) nicht ausdrücklich darüber belehren, dass der **Reservereifen** im Pannenfall nur dazu benutzt werden darf, das Kfz auf kürzestem Weg aus dem Verkehr zu ziehen, Bay NJW **71** 1759. Das Aufziehen eines profillosen Ersatzreifens unterwegs hat der Halter nur insoweit zu verantworten, als er die Benutzung solcher Reifen nicht nur zu dem Zweck angeordnet hat, das Kfz auf kürzestem Weg aus dem Verkehr zu ziehen, Ha VOR **73** 498.

12   **4. Die Ladung** muss vorschriftsmäßig, außerdem sicher verstaut sein und darf die Betriebssicherheit nicht gefährden. Der Halter oder sein Beauftragter muss sich über das Transportgut unterrichten, um es auf ein vorschriftsmäßig ausgestattetes Fz verladen zu können, Hb VRS **49** 462. Verstauen, Sicherung der Ladung, Maße, Umrisse: § 22 StVO. Achslast: § 34. Gefährliche Güter: GefahrgutVO Straße, Eisenbahn und Binnenschiffahrt (GGVSEB). Neben dem Fahrer haftet, soweit sein Einfluss reicht, auch der Halter. Über besondere Gefahren bestimmter Beladung muss er den Fahrer unterrichten, BGH VRS **10** 252. Richtlinie über die Verbindung zwischen Container und Fz, VkBl. **71** 301 = StVRL § 30 Nr. 2.

13   **Überladen** (§ 34) beeinträchtigt die Betriebssicherheit und ist daher unzulässig. Der Halter darf nicht zulassen, dass seine Fze überladen in den Verkehr gelangen, oder gar den Fahrer zum Überladen veranlassen, BGH DAR **57** 236. Auch insoweit erfüllt ein **Unternehmer** mit mehreren Lkw seine Pflichten idR durch sorgfältige Auswahl der Fahrer, Weisungen *und* **Überwachung** (Stichproben), Ha DAR **03** 381, Dü NZV **88** 192, **96** 120 (nach strengen Anforderungen), VM **87** 10, VRS **74** 69). Der Halter hat dafür Sorge zu tragen, dass der Fahrer seine Prüfungspflicht zur Einhaltung der Gewichtsgrenzen auch erfüllen kann; er hat die Fahrt so zu organisieren, dass der Fahrer in die Lage versetzt wird, durch zuverlässige und geeignete Maßnahmen das Ladegewicht zu bestimmen oder zumindest eine Überladung zu vermeiden (Fra 1.7.19 – 2 Ss-OWi 1077/18 ZfS **19** 709 = NStZ-RR **19** 232). Hat der Halter die Beladung länger nicht kontrolliert, ist er für jede Überladung verantwortlich, Ha DAR **03** 381, VRS **15** 153, Dü VRS **69** 234 (wegen Verletzung eigener Pflichten, nicht gem. § 130 OWiG, s. Rn. 18), VRS **72** 218. Art und Grad der Fahrerüberwachung (Überladen) richten sich nach der überprüften Zuverlässigkeit des Fahrers (sorgfältige Auswahl, sachgemäße Weisungen, Stichproben), Kö VRS **59** 301, DAR **85** 325. Gelegentliche äußere Inaugenscheinnahme durch den Halter reicht aus, es sei denn, hierbei ergäben sich Hinweise auf Überladung; werden ihm Wiegekarten ausgehändigt, hat er anhand der Wiegekarten Stichproben durchzuführen, Bay VRS **62** 71. Ausnahmsweise keine Verpflichtung zu Stichproben, wenn der Halter sich auf andere Weise von der Zuverlässigkeit seines Fahrers in Bezug auf die Nichtüberschreitung überzeugen konnte, Dü ZfS **87** 319. Dem sorgfältig ausgewählten, belehrten und überwachten Kf darf der Halter uU die Entscheidung überlassen, ob ein bestimmtes Transportgut noch nicht zur Überladung führt, Kar VRS **43** 461.

14   **5. Die Besetzung** des Fz muss vorschriftsmäßig sein (§§ 21, 23 StVO), besonders bei Personenbeförderung. Mit der Besetzung des Fz sind nur die Personen gemeint, die sich neben dem Fahrer noch im Fz befinden (Ce NJW **07** 2505). Der Halter muss verhindern, dass Personen vorschriftswidrig mitfahren (s. Dü VRS **85** 388, Ko VRS **72** 466), und als Unternehmer einen neu eingestellten Busf darüber belehren (Dü VRS **85** 388, Ko VRS **72** 466). FE und Fahrtüchtigkeit des Fahrers: Rn. 9, 10.

6. Zivilrecht. Der **Halter** haftet nicht für Schäden aus unbefugter und bestimmungswidriger **15** Benutzung eines technisch fehlerhaften Fzs, Bra NZV **91** 152 (Fahrrad). Einen zuverlässigen Fahrer muss der **mitfahrende Halter** nicht überwachen, BGH NJW **53** 779, besonders nicht bei Vorgängen, die Erfahrung, Umsicht und rasches Handeln voraussetzen, BGH VersR **59** 890, es sei denn, wesentliche Verstöße sind offensichtlich, BGH VersR **59** 890, VRS **9** 421, Ha VRS **3** 150, dann muss er den Fahrer ohne weitere Einmischung in Einzelheiten und ohne ihn abzulenken ermahnen. Haftung des Halters bei mangelhaft gesicherter Ladung wegen Verletzung der VSicherungspflicht, s. Kö NZV **94** 484. Der **KfzVermieter** hat eine erhöhte Sorgfaltspflicht hinsichtlich des Zustands des MietFzs und kann sich davon nicht freizeichnen, denn verborgene Mängel kann der Mieter bei einer Probefahrt oft nicht erkennen, BGH VersR **67** 254. Die Vermietung an einen Minderjährigen mit FE ist nicht fahrlässig, KG VRS **16** 363, Ce DAR **64** 190. **Leistungsfreiheit des Versicherers** wegen Aufklärungspflichtverletzung und Gefahrerhöhung nur bei Belehrung über diese Rechtsfolgen einer unrichtigen Schadensanzeige, BGH Betr **68** 2124. Versicherungsrechtlicher **Repräsentant** des VN ist, wer im Bereich des versicherten Risikos in nicht ganz unbedeutendem Umfang für den VN handlungsbefugt ist, BGH VersR **90** 620, NZV **96** 447, Fra VersR **05** 1232, Ko NZV **05** 481, ZfS **04** 367, Kö VersR **98** 1541, Ha NZV **95** 235, VersR **95** 1348, Kar ZfS **94** 414, Ol VersR **96** 842, *Römer* NZV **93** 251. Hinsichtlich der Einzelheiten wird auf die versicherungsrechtliche Spezialliteratur verwiesen.

Bei einem größeren KfzPark besteht willkürliche **Gefahrerhöhung** (§ 23 VVG) bei einem **16** schadhaften EinzelKfz nur, wenn die Betriebsleitung Weiterbenutzung trotz erkannter Schadhaftigkeit wollte oder ihren entgegenstehenden Willen nicht verbindlich ausgedrückt hat, BGH VersR **69** 27, **75** 1017. Gefahrerhöhung bei FzFühren trotz Epilepsie, Stu VersR **97** 1141. Näheres zur Gefahrerhöhung bei vorschriftswidrigen Fzen: § 23 StVO Rn. 40.

Keine versicherungsrechtliche Gefahrerhöhung: wenn das verkehrsunsichere Kfz (Achs- **17** schaden) nur auf kürzestem Weg zur Werkstatt gefahren, BGH NJW **66** 1217, oder nur für eine einzige begrenzte Fahrt benutzt wird, BGH VersR **67** 745, Fra VersR **71** 71, bei nur einmaligem, vorübergehendem Gebrauch (hier längere Benutzung trotz Bruchs eines Haltehebels der Motorhaube), BGH NJW **69** 44. Einstellung eines Ersatzfahrers für den verletzten Kf erhöht das Unfallrisiko nicht erfahrungsgemäß, BGH VersR **71** 82. Einmalige Überlassung des Kfz an einen alkoholisierten Fahrer bewirkt keine Gefahrerhöhung, BGH VersR **71** 808. Keine Leistungsfreiheit des Versicherers, wenn der Halter organisatorisch ausreichende Maßnahmen gegen VUnsicherheit seiner Kfze getroffen hat, Kö VersR **69** 317.

Literatur: *Hofmann,* Neue Tendenzen der Rspr. zur Gefahrerhöhung …, NJW **75** 2181. *Theda,* Die **17a** Gefahrerhöhung in der Kraftverkehrsversicherung, MDR **69** 715. *Werber,* Probleme der Gefahrerhöhung in der Kfz-Haftpflichtversicherung, VersR **69** 387. *Wussow,* Die Auswirkungen der neuesten BGH-Rspr. zur … Gefahrerhöhung, VersR **69** 196.

7. Ordnungswidrig (§ 24 StVG) sind die in § 69a V Nr. 2 und 3 bezeichneten Verstöße. Wer **18** ein **vorschriftswidriges Kfz** (§§ 30, 32 ff.) fährt, verstößt unmittelbar gegen die verletzte(n) Vorschrift(en) in Verbindung mit § 69a III StVZO, 24 StVG, während der Halter, der die Inbetriebnahme eines vorschriftswidrigen Kfz zumindest zulässt, wegen § 69a V Nr. 3 nur die einzige OW der Inbetriebnahme eines vorschriftswidrigen Kfz nach § 31 II begeht, deren Schuldgehalt deshalb nicht geringer sein muss als beim Fahrer, s. Bay VRS **57** 379, KG VRS **100** 143, Dü NZV **91** 39, VRS **74** 224, Ha VRS **61** 305, Kö VRS **70** 305. Das Inbetriebsetzen eines **nicht zugelassenen Fzs** fällt unter § 3 FZV, nicht unter § 31, s. Rn. 11. Keine OW des Halters nach § 31 II StVZO, sondern nach §§ 71, 69a V Nr. 8, wenn Ausnahmegenehmigung unter **Auflagen** erteilt ist, diese jedoch nicht erfüllt wurden, Bay VRS **65** 398. Ordnungswidrige Anordnungen des Halters (Beladung) fallen nur unter § 31 II, nicht auch unter §§ 22, 23 StVO, Ha DAR **75** 249, Dü VRS **77** 369. Eine Pflichtverletzung des Halters kann **nicht allein auf Grund des objektiven Verstoßes** (zB Mängel am Fz, Überladung) angenommen werden; vielmehr sind die konkreten Umstände darzulegen, die in der Person des Halters die Missachtung der Sorgfaltspflichten ergeben (KG NZV **08** 51, Ba 18.12.17 – 3 Ss OWi 1774/17 NZV **18** 289 = ZfS **18** 652, *König* SVR **08** 121 (126)). Bei Feststellung von Mängeln an parkenden Fzen bezieht sich der daraus herzuleitende Vorwurf gegen den Halter idR allein auf die Durchführung oder Zulassung der unmittelbar vorausgegangenen Fahrt, Stu VRS **71** 294. Die bloße Möglichkeit, ein nicht vorschriftsmäßiges Kfz könne in Betrieb genommen werden, begründet keine OW, maßgebend ist die Verwendung im V oder deren Anordnung oder Zulassen, Ha VkBl. **70** 247. Kein Verstoß gegen § 31 II, wenn Halter zulässt, dass vorschriftsmäßiger Anhänger vom Halter eines ZugFz mit diesem unter Überschreitung der zulässigen Anhängelast, Bay VRS **60** 158, oder der zulässigen Zuglänge, Bay VRS **66** 223, verbunden wird, sondern allenfalls Beteiligung (§ 14 OWiG) an von diesem begangener OW. Hat der aaSoP oder PI einen vorschriftswidrigen Zustand nicht beanstandet und die Prüfplakette erteilt, so kann das **Verschulden** entfallen, § 29 III. Für konstruktionsbedingte, schon bei Zulassung des Fzs vorhandene Mängel ist der Halter nur verantwortlich, wenn diese offenkundig sind, Kö VRS **64** 407. Wird das einem anderen für längere Zeit überlassene Fz vorschriftswidrig, so trifft den Halter nur dann der Vorwurf der Fahrlässigkeit, wenn er mit der Weiterbenutzung ohne Behebung des Mangels rechnen musste, Bay NZV **90** 442. Der Fuhrparkverantwortliche ist nicht ordnungswidrigkeitenrechtlich zu belangen, wenn der FzF bei Übernahme eines neu im Fuhrpark sich befindenden Fz vor der ersten Fahrt Veränderungen am FzZustand vornimmt, von denen der Fuhrparkverantwortliche nichts weiß (AG Lüdinghausen VRS **127** 257). Nur Billigung der Inbetriebnahme in Kenntnis oder fahrlässiger Unkenntnis der Unvorschriftsmäßigkeit durch den Halter verletzt § 31 II, **fahrlässiges Ermöglichen** reicht nicht aus, Ko VRS **39** 117, abw die hM, Ol VRS **45** 224, Ha VRS **46** 399, Kö DAR **85** 325, VRS **72** 137, wohl auch Bay VRS **63** 300, wonach aber Ermöglichen durch Aufbewahren der FzSchlüssel in der Wohnung an für Angehörige zugänglicher Stelle idR nicht ausreicht (s. auch § 21 StVG Rn. 18). Der Halter verstößt gegen Abs. II, wenn er seiner **Pflicht zur Belehrung** des Fahrers über die vorschriftsmäßige Benutzung (Rn. 14) nicht nachgekommen ist, Dü VRS **85** 388. Lässt der Halter die Inbetriebnahme vorschriftswidriger Fze wiederholt zu, weil er den vorschriftswidrigen Zustand infolge **fortdauernden Unterlassens** gebotener Überwachung fahrlässig nicht kennt, so kann statt mehrerer nur *eine* fahrlässige OW vorliegen (Bay VRS **70** 58, Ha NZV **07** 156), so zB wegen des engen Zusammenhangs bei mehreren Fahrten mit überladenem Fz an einem Vormittag, BaySt **04** 62 = VM **04** 61. Dies gilt aber nicht mehr, wenn der Halter von der Verkehrsunsicherheit der Fz Kenntnis erlangt (Ha NZV **07** 156). Bei **Delegation der Verantwortlichkeit** für den Zustand des Fzs an Hilfspersonen trifft den Halter ein Verschulden nur bei unsorgfältiger Auswahl oder mangelnder Überwachung (Pflicht zu gelegentlichen – auch unerwarteten – Stichproben), Kö DAR **85** 325, VRS **66** 157, Dü VM **87** 10, Ba ZfS **13** 651, 18.12.17 – 3 Ss OWi 1774/17 NZV **18** 289 = ZfS **18** 652. Die Beauftragung durch den Inhaber eines Betriebes muss ausdrücklich den Pflichtenkreis des Betriebsinhabers betreffen, der auch die Halterpflicht nach Abs. II umfasst; die allgemeine Feststellung, der Betroffene sei „verantwortlicher Disponent", genügt nicht zur Anwendung von § 9 II Nr. 1 OWiG, Dü VRS **63** 135. Wer vom Halter **mit der Wartung beauftragt** ist, handelt ow, wenn er ein betriebsunsicheres Kfz in den Verkehr schickt, Dü VM **71** 14 (bei eigener Verantwortlichkeit im Rechtssinn, s. Göhler/*Gürtler* § 9 Rn. 30). Bei **„FirmenFzen"** hängt die Haltereigenschaft wesentlich von der Rechtsform der Fa ab, s. Kö VRS **66** 157 (näher: § 7 StVG Rn. 22). KG als Halter, s. Rn. 7. Der Mitinhaber der Fa kann als Halter (Mithalter) ow handeln oder als Vertretungsberechtigter (bzw. Beauftragter), § 9 OWiG, s. E 92, Bay DAR **85** 227, Dü VM **87** 10, oder als Betriebsinhaber durch Verletzung der Aufsichtspflicht, **§ 130 OWiG** (der als Auffangtatbestand nur erfüllt ist, wenn a) betriebsbezogene Pflichten untergeordneten Personen übertragen wurden und das Verhalten des Aufsichtspflichtigen nicht trotz Delegation an sich schon solche Pflichten verletzt, Dü VRS **67** 370, VRS **69** 234, VRS **77** 375, VM **87** 93, b) die Zuwiderhandlung der beauftragten Person mit an Sicherheit grenzender Wahrscheinlichkeit bei Durchführung der unterlassenen Aufsichtsmaßnahme unterblieben wäre, KG VRS **70** 29). Soweit § 130 OWiG erfüllt ist, weil durch Aufsichtspflichtverletzung eine Zuwiderhandlung gegen § 31 StVZO ermöglicht wurde, gilt die kurze Verjährungsfrist des § 26 III StVG, Dü VRS **67** 371. Der Firmeninhaber oder gem. § 9 OWiG Verantwortliche kann uU seinen Halterpflichten genügen, wenn er die Inbetriebnahme eines vorschriftswidrigen Fzs bis zur Beseitigung des Mangels untersagt, Bay VRS **66** 287. *Schumann,* Die Verantwortlichkeit des Betriebsinhabers und seiner Vertreter im OWRecht, PVT **86** 257. **Irrtum** über Haltereigenschaft auf Grund falscher Wertung bekannter Umstände, aus denen diese Eigenschaft folgt, ist Verbotsirrtum, Bay ZfS **85** 126. Wer die Inbetriebnahme seines beschaffenheitswidrigen Kfz zulässt, begeht diese **DauerOW** überall, wo sich das Kfz im öffentlichen Verkehr befindet, s. Bay VRS **60** 155, AG Ka SVR **08** 474, aA *Schmuck/Gorius* NZV **10** 605 = ZfS **11** 125 (nur am Unternehmenssitz). Fahren mit einem nach § 31 ff. mangelhaften Kfz steht mit VOWen während dieser Fahrt, s. § 24 StVG Rn. 58. Führt der Halter sein der Vorschrift des § 23 StVO nicht entsprechendes Kfz selbst, so geht die **Verletzung des § 23 StVO** dem § 31 StVZO vor, Ko VRS **63** 150, Dü VM **73** 64, *Lippert* VD **17** 204, jedoch kann die verletzte Halterpflicht bußgelderhöhend wirken, s. Ha NJW **74** 2100. Zum **Verhältnis zu § 2 I FeV** bei Fahruntüchtigkeit s. bei § 2 FeV Rn. 11. Wer als Halter einen erkennbar Fahruntüchtigen ans Steuer lässt, haftet bei Unfall **strafrechtlich,** s. Kar NJW **80** 1859. Wer vor eigenem Alkoholgenuss der erkennbaren Gefahr, dass eine alkoholbedingt fahrunsichere Person das Kfz benutzt, nicht wirksam begegnet, ist für einen tödlichen Unfall strafrechtlich verantwortlich (§ 222 StGB), Ha NJW **83** 2456.

Literatur: *König*, Fuhrparkmanagement, SVR **08** 121.   **19**

Fahrtenbuch

31a (1) ¹Die nach Landesrecht zuständige Behörde kann gegenüber einem Fahrzeughalter für ein oder mehrere auf ihn zugelassene oder künftig zuzulassende Fahrzeuge die Führung eines Fahrtenbuchs anordnen, wenn die Feststellung eines Fahrzeugführers nach einer Zuwiderhandlung gegen Verkehrsvorschriften nicht möglich war. ²Die Verwaltungsbehörde kann ein oder mehrere Ersatzfahrzeuge bestimmen.

(2) Der Fahrzeughalter oder sein Beauftragter hat in dem Fahrtenbuch für ein bestimmtes Fahrzeug und für jede einzelne Fahrt

1. vor deren Beginn

    a) Name, Vorname und Anschrift des Fahrzeugführers,
    b) amtliches Kennzeichen des Fahrzeugs,
    c) Datum und Uhrzeit des Beginns der Fahrt und

2. nach deren Beendigung unverzüglich Datum und Uhrzeit mit Unterschrift einzutragen.

(3) Der Fahrzeughalter hat

a) der das Fahrtenbuch anordnenden oder der von ihr bestimmten Stelle oder
b) sonst zuständigen Personen

das Fahrtenbuch auf Verlangen jederzeit an dem von der anordnenden Stelle festgelegten Ort zur Prüfung auszuhändigen und es sechs Monate nach Ablauf der Zeit, für die es geführt werden muss, aufzubewahren.

Übersicht

Dauer 1789

1   **Begr** zur ÄndVO v. 16.11.70 (VkBl. **70** 831): *Der neue § 31a StVZO übernimmt die bisher in § 7 Abs. 2 StVO (alt) enthaltene Bestimmung über das Fahrtenbuch. Als Betriebsvorschrift hat sie hier ihren richtigen Standort.*

2–8   **Begr** zur ÄndVO v. 23.6.93:VkBl. **93** 611.

9   **1. Allgemeines.** Die Anordnung zur Führung eines Fahrtenbuchs kann ergehen, wenn nach einer Zuwiderhandlung gegen Verkehrsvorschriften der **Täter nicht ermittelt werden konnte** (I S. 1). Die Pflichten des Adressaten der Anordnung ergeben sich aus II und III. Die nähere Ausgestaltung der Voraussetzungen und der zulässige Inhalt der Anordnung sind in den letzten Jahrzehnten durch die Rspr. entwickelt worden. Zur Historie der Regelung *Karl* DAR **78** 235, *Gehrmann* ZfS **02** 213. Von dem Instrument der Anordnung eines Fahrtenbuchs wird in sehr unterschiedlichem Umfang, insgesamt aber offenbar nur zurückhaltend Gebrauch gemacht (BASt-Bericht M 250, 2014, S. 54).

10   Der für die Anordnung zur Führung eines Fahrtenbuchs vielfach verwendete **Begriff Fahrtenbuchauflage** (s. zB auch §§ 33 III, 44 II StVG) ist irreführend, denn es handelt sich nicht um eine Auflage iSv § 36 II Nr. 4 VwVfG (Nebenbestimmung zu einem VA), sondern um einen **eigenständigen VA.** Die Anordnung zur Führung eines Fahrtenbuchs ergeht in einem selbständigen verwaltungsbehördlichen Verfahren, ist insbes nicht Teil oder Annex des Bußgeld- oder Strafverfahrens gegen den Beschuldigten (OVG Lüneburg ZfS **05** 270). Die sachliche und örtliche Zuständigkeit für die Anordnung zur Führung eines Fahrtenbuchs ist eine andere als die Zuständigkeit für das OWi- oder Strafverfahren.

11   **2. Zweck.** Die Anordnung zur Führung eines Fahrtenbuchs ist eine Maßnahme zur vorbeugenden Abwehr von Gefahren für die Sicherheit und Ordnung des StrV, mit der dafür Sorge getragen werden soll, dass bei künftigen Verkehrsverstößen die Feststellung des Fahrers und damit die Ahndung anders als im Anlassfall ohne Schwierigkeiten möglich ist (BVerwG NJW **89** 1624, NJW **89** 2704, NJW **95** 2866, NZV **16** 493, OVG Saarlouis ZfS **98** 38, OVG Münster NJW **99** 3279, NZV **08** 52, 20.5.20 – 8 A 4299/19 NJW **20** 2572, VGH Ma NZV **02** 431, NJW **11** 628, OVG Berlin NJW **03** 2402, OVG Lüneburg NJW **11** 1620, NJW **19** 1013, OVG Br NZV **07** 644, OVG Bautzen NJW **11** 471, DAR **12** 718, VGH Mü NJW **11** 326, 9.1.12 – 11 CS 11.2727, VGH Ka ZfS **15** 472, OVG Hb VRS **130** 328, NJW **18** 1032). Sie soll gewährleisten helfen, dass in Zukunft der Täter einer Verkehrsordnungswidrigkeit im Hinblick auf die kurze Verjährung rechtzeitig ermittelt werden kann (OVG Bautzen NJW **11** 471, KG VRS **70** 59). Zudem soll erreicht werden, dass ggf. auch präventive fahrerlaubnisrechtliche Maßnahmen ergriffen werden können (VGH Ma NZV **02** 431, VGH Mü NJW **11** 326). Schließlich soll künftigen Fahrern zum Bewusstsein gebracht werden, dass sie für den Fall der Begehung von Verkehrsdelikten auf Grund der Fahrtenbucheintragungen als Täter ermittelt und mit Sanktionen belegt werden können, wodurch sich ggf. weitere Verkehrsverstöße schon im Vorfeld unterbinden lassen (BVerwG NZV **16** 493, VGH Ma NZV **02** 431, NJW **11** 628, NZV **14** 188, OVG Münster NZV **08** 52, VGH Mü NJW **11** 326, OVG Bautzen 4.8.14 VM **14** 96 = SächsVBl **14** 270, OVG Hb VRS **130** 328, NJW **18** 1032). Dafür ist die Fahrtenbuchanordnung objektiv geeignet, auch wenn sie an den Halter gerichtet ist, aber tatsächlich auch den vom Halter verschiedenen FzF betrifft (OVG Hb NJW **18** 1032).

12   Die Anordnung **richtet sich an den Halter,** weil dieser die Verfügungsbefugnis und die Möglichkeit der Kontrolle über sein Fz besitzt (BVerwG NJW **89** 1624, NJW **89** 2704, OVG Saarlouis ZfS **98** 38, OVG Berlin NJW **03** 2402, OVG Bautzen 31.3.10 3 B 3/10, VGH Ma NJW **11** 628). Gefährdet er die Sicherheit und Ordnung des StrV dadurch, dass er unter Vernachlässigung seiner Aufsichtsmöglichkeiten nicht dartun kann oder will, wer im Zusammenhang mit einer Verkehrszuwiderhandlung zu einem bestimmten Zeitpunkt sein Fz gefahren hat, darf er durch das Führen eines Fahrtenbuchs zu einer nachprüfbaren Überwachung der Fahrzeugbenutzung angehalten werden (BVerwG NJW **89** 1624, NJW **89** 2704, OVG Saarlouis ZfS **98** 38, OVG Berlin NJW **03** 2402, VGH Ma NJW **11** 628).

3. § 31a ist verfassungsgemäß. Früher wurde gesagt, dass die Vorschrift sich im Rahmen der **13** ehemaligen Ermächtigung § 6 I Nr. 3 Buchst. a StVG aF hält, da die Anordnung, ein Fahrtenbuch zu führen, der Erhaltung von Ordnung und Sicherheit im StrV dient (BVerfG NJW **82** 568, BVerwG NJW **64** 1384, 23.4.71 VRS **42** 61 (BVerwG jeweils zur Vorgängervorschrift § 7 II StVO), NJW **79** 1054, OVG Münster NJW **87** 394, VGH Ka 23.1.79 VM **79** 95, OVG Bautzen 31.3.10 3 B 3/10, *Gehrmann* ZfS **02** 213 (214), *Koehl* NZV **08** 169 (171)). Heute ist nicht die direkte Nachfolgeregelung des früheren § 6 I Nr. 3 Buchst. a StVG aF (§ 6 I Nr. 17 StVG), sondern die speziellere Regelung § 6 I Nr. 2 Buchst. c StVG als Ermächtigungsgrundlage anzusehen, die bei der letzten Änderung des § 31a bei Neuerlass der StVZO durch VO 26.4.12 (BGBl. I S. 679) ordnungsgemäß zitiert worden ist (VG Mainz 26.3.19 – 3 L 138/19 BeckRS 2019, 4900, aA *Engelmann* SVR **19** 206). § 31a verstößt nicht gegen Art 2 I oder Art 1 GG, indem er dem FzHalter mit der Pflicht zur Führung eines Fahrtenbuchs eine Mitwirkung bei der Erfüllung der zur Erhaltung der Ordnung und Sicherheit im StrV zu treffenden Maßnahmen, möglicherweise auch bei der Ahndung eines Verkehrsverstoßes als OWi oder als Straftat, auferlegt (BVerfG NJW **82** 568, OVG Berlin NJW **17** 501). Wer selbst die Freiheit des StrV in Anspruch nimmt und seine Sicherheit gewährleistet wissen will, dem können in den Grenzen der Grundrechte und des Grundsatzes der Verhältnismäßigkeit auch Mitwirkungspflichten auferlegt werden, die gerade der Gewährleistung dieser Freiheit und Sicherheit für alle zu dienen bestimmt und geeignet sind (BVerfG NJW **82** 568). Das Recht des Halters auf informationelle Selbstbestimmung wird nicht verletzt (VGH Mü 23.2.09 11 CS 08.2948, OVG Bautzen 31.3.10 3 B 3/10, OVG Münster NZV **11** 470). Die Anordnung bewirkt keinen Aussagezwang, deshalb wird § 31a nicht durch Zeugnisverweigerungsrechte eingeschränkt (Rn. 41). Das Fahrtenbuch unterliegt auch nicht dem Beschlagnahmeverbot nach § 97 I StPO (BVerwG NJW **81** 1852, VGH Mü DAR **76** 278).

4. Voraussetzungen für die Anordnung zur Führung eines Fahrtenbuchs. Die Anord- **14** nung zur Führung eines Fahrtenbuchs kann ergehen, wenn nach einer Zuwiderhandlung gegen Verkehrsvorschriften von einigem Gewicht die Feststellung des Fahrzeugführers, der das Fz während des Verstoßes geführt hat, (im Ordnungswidrigkeitenverfahren) nicht möglich war.

a) Eine **Zuwiderhandlung gegen Verkehrsvorschriften** umfasst nicht nur Verkehrsord- **15** nungswidrigkeiten, sondern auch Straftatbestände, deren Schutzgüter in einem spezifischen Verkehrsbezug verletzt werden können. Eine Zuwiderhandlung gegen Verkehrsvorschriften liegt nicht vor, wenn das Schutzgut des Straftatbestands keinen Verkehrsbezug hat und der Straftatbestand nur anlässlich eines Verkehrsgeschehens verwirklicht wird (VG Mü 10.9.09 23 K 09.2395). Der VVerstoß muss nicht durch den Fahrer selbst, sondern kann auch durch eine mitfahrende Person begangen worden sein, denn in diesem Fall besteht ein Interesse an der Ermittlung des Fahrers, um diesen als Zeugen befragen zu können (VG Mainz 15.7.15 3 K 757/14).

Die Zuwiderhandlung gegen Verkehrsvorschriften muss **in tatsächlicher Hinsicht festste-** **16** **hen.** Die Behörde, die die Fahrtenbuchanordnung prüft, und im sich anschließenden Rechtsstreit haben alle (objektiven) Tatbestandsmerkmale der Bußgeld- bzw. Strafvorschrift selbstständig zu prüfen (VGH Mü SVR **11** 437, 9.1.12 11 CS 11.2727, OVG Münster 30.6.15 8 B 1465/14, 31.1.18 DVBl **18** 1563, 15.5.18 DVBl **18** 961, OVG Bautzen VRS **131** 165, *Koehl* NZV **08** 169 (171), SVR **11** 416 (418), *Weber* SVR **14** 50 (51)). Feststellungen zum Vorsatz sind nicht erforderlich, denn im Rahmen des § 31a kommt es lediglich auf die Verwirklichung des objektiven Tatbestands einer Verkehrsstraftat oder -ordnungswidrigkeit an, da die Berücksichtigung subjektiver Tatbestandsmerkmale die Täterfeststellung voraussetzt (BVerwG 12.2.80 7 B 179/79 Buchholz 442.16 § 31a StVZO Nr. 6, OVG Münster NZV **06** 53, OVG Lüneburg DAR **10** 407, VGH Ma NJW **14** 1608). Es reicht, dass der VVerstoß mit hinreichender Sicherheit feststeht (VGH Mü 9.1.12 11 CS 11.2727, OVG Münster 31.1.18 DVBl **18** 1563, 15.5.18 DVBl **18** 961, OVG Mgd 2.2.20 – 3 M 16/20 BeckRS 2020, 5233, VG Ansbach SVR **13** 474).

Bestreitet der Halter, dass mit dem Fz **überhaupt ein VVerstoß** begangen wurde, so muss **17** er nach Einstellung des Verfahrens gegen ihn und Eintritt der Verjährung substantiierte Angaben machen, die seine Schilderung plausibel erscheinen lassen, wenn der Verstoß nach Zeugenaussagen feststeht (OVG Lüneburg NZV **99** 486, OVG Mgd 2.2.20 – 3 M 16/20 BeckRS 2020, 5233, VG Sigmaringen ZfS **14** 59, s. auch OVG Münster 31.1.18 DVBl **18** 1563, 15.5.18 DVBl **18** 961). Da die Fahrtenbuchanordnung eine Maßnahme zur Abwehr von Gefahren für die Sicherheit und Ordnung des StrV ist, kommt es nicht darauf an, ob der Ahndungsfähigkeit im OWVerfahren ein **Beweisverwertungsverbot** entgegengestanden hat (OVG Lüneburg DAR **10** 407). Besteht die Zuwiderhandlung gegen VVorschriften in der Missachtung eines ge- oder verbietenden VZ, ist die Behörde nicht zur Prüfung verpflichtet, ob der VA, der dem VZ zugrunde liegt, an rechtlichen Mängeln leidet, die die verkehrsrechtliche Anordnung rechtswidrig machen würde, solange die verkehrsrechtliche Anordnung und Kundmachung durch VZ nicht nichtig ist (VGH Mü VRS **119** 176). Für die Anordnung zur Führung eines Fahrtenbuchs ist davon auszugehen, dass **geeichte Geschwindigkeitsmessgeräte** mit Bauartzulassung der Physi- kalisch-Technischen Bundesanstalt bei Fehlen konkreter Anhaltspunkte für eine Fehlfunktion oder unsachgemäße Bedienung hinreichend verlässlichen Beweis für eine Geschwindigkeitsüber- schreitung erbringen (OVG Münster NJW **95** 3335, 30.6.15 8 B 1465/14, 15.5.18 DVBl **18** 961, OVG Lüneburg ZfS **97** 77, VGH Ma NZV **14** 188, 10.8.15 VRS **129** 36, OVG Bautzen VRS **131** 165, VGH Mü 15.10.18 – 11 CS 18.1240 BeckRS 2018, 26915, *Koehl* SVR **11** 416 (418)). Ab- weichend davon sind die Behörden im **Saarland** bei Anordnung eines Fahrtenbuchs an die Rspr. des SaarlVerfGH (Urt v. 5.7.19 – Lv 7/17 NJW **19** 2456) gebunden, wonach eine Ge- schwindigkeitsmessung durch ein standardisiertes Messverfahren keinen Beweis für eine Ge- schwindigkeitsüberschreitung erbringt, wenn ein Fehlen von Rohmessdaten gerügt wird (OVG Saarlouis 30.3.20 – 1 B 15/20 NJW **20** 1537). Dies gelte auch, wenn die Geschwindigkeits- messung in einem anderen Bundesland vorgenommen worden ist, und ungeachtet der Kritik, die die Rspr. des SaarlVerfGH bei anderen Obergerichten gefunden hat (OVG Saarlouis aaO). Unerheblich ist, ob die Behörde, die die Geschwindigkeitsmessung durchgeführt hat, dafür zu- ständig war, denn der Geschwindigkeitsverstoß steht fest und aus einer etwaigen Unzuständigkeit folgt kein Beweisverwertungsverbot bei der Anordnung eines Fahrtenbuchs (OVG Münster 15.5.18 DVBl **18** 961).

18   Nach dem Wortlaut von § 31a würde jeder noch so geringfügige Verstoß gegen eine Verkehrs- vorschrift für die Anordnung zur Führung eines Fahrtenbuchs ausreichen. Die Behörde hat aber – wie bei allen Ordnungsverfügungen – den Grundsatz der Verhältnismäßigkeit zu wahren. Danach rechtfertigt nur ein **Verkehrsverstoß von einigem Gewicht** eine solche Anordnung (BVerwG NJW **95** 2866, NZV **00** 386, VGH Mü NZV **98** 88, OVG Münster NJW **99** 3279, OVG Lüneburg NJW **04** 1124, NZV **12** 100, OVG Br NZV **07** 644). Ein **einmaliger,** schwerwiegender Verstoß kann die Anordnung auslösen (OVG Münster NJW **93** 1152, VGH Ma NJW **92** 132, ZfS **09** 417, NJW **14** 1608, OVG Lüneburg DAR **14** 659). Auch ein **erstmaliger** Verstoß kann ein schwerwiegender Verstoß sein (OVG Münster NZV **88** 239, NZV **06** 223, VGH Ma NZV **92** 167). Ein einmaliger, **unwesentlicher Verstoß**, der sich weder verkehrsge- fährdend auswirken kann noch Rückschlüsse auf die charakterliche Unzuverlässigkeit des Kf zulässt, reicht nicht (BVerwG NJW **95** 2866, NZV **00** 386, VGH Mü NZV **98** 88, OVG Müns- ter NJW **99** 3279, NJW **16** 968, OVG Lüneburg NJW **04** 1124, OVG Br NZV **07** 644, OVG Saarlouis ZfS **10** 119). Die Wesentlichkeit des Verstoßes hängt nicht davon ab, ob dieser zu einer konkreten **Gefährdung** anderer Verkehrsteilnehmer geführt (BVerwG NJW **95** 2866, NZV **00** 386, VGH Ma NJW **92** 132, OVG Lüneburg DAR **10** 407, DAR **14** 659, OVG Saarlouis 18.7.16 – 1 B 131/16, VGH Mü 15.10.18 – 11 CS 18.1240 BeckRS 2018, 26915) oder ob es sich um einen verschuldeten Verstoß gehandelt hat (OVG Lüneburg DAR **76** 27).

19   Das **Gewicht der** festgestellten **Verkehrszuwiderhandlung** ergibt sich regelmäßig aus ihrer Gefährlichkeit für die Sicherheit des StrV (VGH Ma NJW **14** 1608). Hierbei kann die Behörde auch auf die Bewertungen abstellen, die in den einschlägigen Straf- oder Bußgeldvorschriften mit der Ausgestaltung der Sanktionen (VGH Ma NJW **14** 1608) und in § 40 iVm Anl 13 FeV mit der Einordnung eines Delikts in das Fahreignungs-Bewertungssystem zum Ausdruck ge- bracht worden sind (BVerwG NZV **16** 493, VGH Ma 10.8.15 VRS **129** 36, OVG Münster NJW **16** 968, VRS **130** 44). Unter Geltung des früheren Punktsystems wurde eine Zuwiderhandlung dann als so gewichtig eingestuft, dass auch ohne zusätzliche Umstände die Anordnung zur Füh- rung eines Fahrtenbuchs verhältnismäßig war, wenn die Entscheidung über die Ahndung der OW mit mindestens **einem (alten) Punkt nach dem früheren Punktsystem** zu bewerten war (BVerwG NJW **95** 2866, OVG Münster NJW **99** 3279, NZV **06** 223, OVG Lüneburg NJW **04** 1124, NZV **12** 100, DAR **14** 659, VGH Ma ZfS **09** 417, OVG Saarlouis ZfS **10** 119, OVG Schl 26.3.12 2 LA 21/12). Nach Ablösung des früheren Punktsystems durch das **Fah- reignungs-Bewertungssystem** und des VZR durch das FAER am 1.5.14 (näher dazu § 4 StVG Rn. 28 ff.) gilt dieser Gedanke auch für die heutige Rechtslage (OVG Münster 30.6.15 8 B 1465/14, NJW **16** 968, VRS **130** 44, VGH Ma 10.8.15 VRS **129** 36, VG Würzburg 29.6.15 6 S 15.447), und dies umso mehr, nachdem der Kreis der mit Punkten zu bewertenden Zuwiderhandlungen durch die Reform des Punktsystems in der Weise verkleinert worden ist, dass seit dem 1.5.14 im Wesentlichen nur noch unmittelbar verkehrssicherheitsrelevante Verstöße in das FAER eingetragen und mit Punkten bewertet werden (OVG Münster NJW **16** 968, s. § 4 StVG Rn. 28). Verkehrsverstöße sind demnach als so gewichtig einzustufen, dass auch ohne zusätzliche Umstände die Anordnung zur Führung eines Fahrtenbuchs verhältnismäßig ist, wenn die Entscheidung über die Ahndung der Zuwiderhandlung mit mindestens **einem (neuen) Punkt** nach den seit 1.5.14 geltenden Maßstäben zu bewerten wäre (VG Sigmaringen 16.6.15 5 K 1730/15). Ob es nach der Umstellung auf das FEigBewSystem und der damit verbundenen neuen Punktebewertung möglicherweise nunmehr auch gerechtfertigt ist, eine Fahrtenbuchanordnung nach einem VVerstoß zu treffen, der nicht mit wenigstens einem (neuen) Punkt bewertet ist (*Koehl* SVR **16** 186), ist – soweit ersichtlich – bisher nicht entschieden worden.

Die **Rspr.** hat **Verkehrsverstöße von einigem Gewicht,** die auch ohne zusätzliche Um- **20** stände die Anordnung zur Führung eines Fahrtenbuchs rechtfertigen, in den folgenden Fällen angenommen: **Geschwindigkeitsüberschreitung** von mehr als 20 km/h (BVerwG VkBl. **79** 209, ZfS **92** 286, VGH Ma NJW **11** 628, ZfS **14** 654, 10.8.15 VRS **129** 36, OVG Münster NJW **95** 3335, NJW **99** 3279, OVG Br VD **06** 245, NZV **07** 644, OVG Saarlouis ZfS **10** 119, OVG Schl 26.3.12 2 LA 21/12, OVG Lüneburg DAR **14** 659, VGH Mü 15.10.18 – 11 CS 18.1240 BeckRS 2018, 26915, VG Berlin NZV **99** 104, VG Bra VD **05** 277, DAR **07** 165, VG Aachen VD **12** 62), auch Überschreitung aus Lärmschutzgründen angeordneter Geschwindigkeitsbeschränkung um mehr als 20 km/h (VGH Ma NZV **91** 328). Jeder **Rotlichtverstoß** (BVerwG 20.11.70 VM **71** 35, 7 B 234/85 NJW **87** 143, VGH Ka 30.11.76 VM **77** 40, 23.1.79 VM **79** 95, 15.12.87 VM **88** 87, VGH Ma ZfS **84** 381, NZV **02** 431 = NZV **03** 399, OVG Münster NZV **88** 239, OVG Br NZV **94** 168, OVG Lüneburg ZfS **97** 77, NJW **04** 1124, VGH Mü NJW **11** 326), auch bereits einfacher Rotlichtverstoß (OVG Lüneburg NJW **04** 1124), auch wenn es sich um eine Baustellen-LZA handelt (VGH Ma NZV **91** 408). **Unzulässiges Überholen** (BVerwG NJW **95** 2866), erst recht Rechtsüberholen durch einen „Lückenspringer" auf AB nach vorangegangenem dichten Auffahren (OVG Münster NJW **93** 1152, VG Bra NZV **06** 55). **Verkehrsunfallflucht,** § 142 I StGB (BVerwG 12.2.80 7 B 179/79 Buchholz 442.16 § 31a StVZO Nr. 6, VGH Ma NJW **14** 1608), selbst bei geringem, nicht völlig belanglosem Schaden (OVG Münster NZV **06** 53).

Mehrere geringfügige, nicht eintragungspflichtige OWen rechtfertigen regelmäßig **21** nicht die Anordnung zur Führung eines Fahrtenbuchs, weil Zuwiderhandlungen unterhalb der Eintragungsgrenze grundsätzlich unberücksichtigt bleiben (offen gelassen von BVerwG NJW **79** 1054). Von diesem Grundsatz sind nur sehr eng begrenzte Ausnahmen denkbar, etwa bei zahlreichen Verstößen gegen Parkverbotsvorschriften in kurzer Zeit (OVG Münster VRS **66** 317).

b) Die **Feststellung des Fahrzeugführers** nach einer Verkehrszuwiderhandlung muss **un- 22 möglich** gewesen sein (I S. 1). Der Begriff der Unmöglichkeit ist hier nicht im Sinne einer logischen Unmöglichkeit zu verstehen (BVerwG 20.11.70 VM **71** 35, 23.4.71 VRS **42** 61, OVG Münster NJW **76** 308, NJW **87** 394, OVG Br DAR **76** 53, OVG Ko VRS **54** 380). Nicht **möglich** war die **Ermittlung des Fahrers** vielmehr bereits dann, wenn die Bußgeldbehörde nach den Umständen des Einzelfalles nicht in der Lage war, den Täter innerhalb der Verjährungsfrist zu ermitteln, obwohl sie alle angemessenen und zumutbaren Maßnahmen getroffen hat (BVerwG NJW **79** 1054, 12.2.80 – 7 B 179/79 Buchholz 442.16 § 31a StVZO Nr. 6, NJW **88** 1104, OVG Br DAR **76** 53, NZV **07** 644, VGH Ka 23.1.79 VM **79** 95, NJW **05** 2411, ZfS **15** 472, OVG Münster NJW **99** 3279, NZV **12** 148, 20.5.20 – 8 A 4299/19 NJW **20** 2572, VGH Mü NZV **98** 88, VGH Mü 1.4.19 VRS **135** 309, VGH Ma NJW **11** 628, NZV **14** 188, 10.8.15 VRS **129** 36, OVG Saarlouis ZfS **10** 119, OVG Lüneburg NZV **13** 257, NJW **14** 1610, OVG Weimar 20.9.18 VRS **134** 317). Für die Beurteilung der **Angemessenheit der Aufklärungsmaßnahmen** kommt es wesentlich darauf an, ob Polizei bzw. Bußgeldbehörde in sachgerechtem und rationellem Einsatz der ihr zur Verfügung stehenden Mittel nach pflichtgemäßem Ermessen die Maßnahmen getroffen haben, die der Bedeutung des aufzuklärenden Verkehrsverstoßes gerecht werden und die erfahrungsgemäß Erfolg versprechen können (BVerwG NJW **79** 1054, VRS **64** 466, NJW **88** 1104, VGH Ma NZV **14** 188, 10.8.15 VRS **129** 36, OVG Münster NJW **99** 3279, DAR **14** 282, 15.5.18 DVBl **18** 961, 20.5.20 – 8 A 4299/19 NJW **20** 2572, VGH Ka NJW **05** 2411, OVG Berlin NJW **10** 2743, OVG Lüneburg NJW **14** 1610). Näher zu Art und Umfang der Tätigkeit der Behörde Rn. 33 ff. Keine Unmöglichkeit der Feststellung des FzFührers, wenn die Behörde die **Ermittlungen unzureichend betrieben** hat (VGH Ka ZfS **14** 418). Sind die angemessenen und zumutbaren Ermittlungsmaßnahmen wegen behördeninterner Organisationsmängel unterblieben, keine Unmöglichkeit der Fahrerfeststellung (VG Mü 18.5.15 M 23 S 15.919 = NJW-Spezial **15** 491).

23   Benennt der Halter einen **FzFührer mit Wohnsitz im Ausland,** führt dies nicht automatisch zur Unmöglichkeit der Fahrerfeststellung, nur weil Ermittlung und Ahndung im Ausland schwierig sein mögen. Auch in diesem Fall muss die Behörde alle angemessenen und zumutbaren Maßnahmen treffen. Es erscheint problematisch, trotz Benennung des Fahrers grds. von Unmöglichkeit der Fahrerfeststellung auszugehen, wenn die Behörde von vornherein davon absieht, Ermittlungen gegen im Ausland wohnhafte Täter durchzuführen, weil diese nicht für erfolgversprechend gehalten werden (so aber VG Dü DAR **16** 220, krit dazu *Melkos* DAR **16** 234). Der Wortlaut des § 31a I S. 1 stellt ausdrücklich auf die Feststellung des FzFührers und nicht auf die Ahndung der begangenen Zuwiderhandlung ab. War die Feststellung der Personalien des Fahrers rechtzeitig vor Ablauf der Verjährungsfrist möglich und steht mit hinreichender Sicherheit fest, dass diese Person das Fz geführt hat (zB durch einen Bildabgleich mit einer Passkopie), scheiterte die Ahndung der VVerstoßes jedoch nur am ausländischen Wohnsitz des FzFührers, kommt folglich die Anordnung der Führung eines Fahrtenbuches grds. nicht in Betracht (VGH Mü 1.4.19 – 11 B 19.56 VRS **135** 309 = NZV **19** 656).

24   Aus § 31a ergibt sich **nicht** die Pflicht der Polizei, den Täter **auf frischer Tat zu stellen.** Für die Anwendbarkeit des § 31a genügt es vielmehr regelmäßig, wenn der Verkehrsverstoß selbst und das Kennzeichen des beteiligten Kfz festgestellt und erfasst worden sind (BVerwG NJW **79** 1054). Fahrerfeststellung kann deswegen auch dann nicht möglich iSv § 31a sein, wenn die Polizei bei Kontrollen durch Radarmessgeräte oder automatische Überwachungsanlagen keine Anhalteposten einsetzt (BVerwG NJW **79** 1054, 18.3.86 7 B 40/86 Buchholz 442.16 § 31a StVZO Nr. 14, VGH Ma NJW **92** 132, NZV **14** 188, VG Mü 10.12.18 – 23 K 18.5205 NZV **19** 431).

25   Feststellung des Fahrers ist auch dann unmöglich, wenn die Ermittlungen zwar auf einen bestimmten Täter hindeuten, die Behörde jedoch **keine ausreichende Überzeugung von der Täterschaft** des Verdächtigen gewinnen konnte (OVG Münster NZV **08** 536, NZV **12** 148, 30.6.15 8 B 1465/14, 31.1.18 DVBl **18** 1563, 15.5.18 DVBl **18** 961, OVG Lüneburg NZV **13** 257, OVG Bautzen 4.8.14 VM **14** 96 = SächsVBl **14** 270, VGH Mü 26.3.15 11 CS 15.247). Abzustellen ist dabei auf das im OWi- bzw. Strafverfahren erforderliche Maß der Überzeugung (OVG Münster 30.6.15 8 B 1465/14, 15.5.18 DVBl **18** 961). Nichtfeststellbarkeit des Fahrers auch, wenn **weitere Ermittlungen** zwar tatsächlich möglich, aber **rechtlich unzulässig** sind (VGH Ma NJW **11** 628).

26   **Maßgeblicher Zeitpunkt.** Es genügt, dass der Fahrer jedenfalls **bis zum Eintritt der Verjährung** nicht festgestellt werden konnte (VGH Ka 23.1.79 VM **79** 95, VGH Mü NZV **98** 88, 7.1.19 – 11 CS 18.1373 BeckRS 2019, 265, VGH Ma 10.8.15 VRS **129** 36, VG Saarlouis DAR **15** 346). Denn Maßnahmen zur Aufklärung von Verkehrsordnungswidrigkeiten haben nur dann einen Sinn, wenn der Täter vor Ablauf der Verjährungsfrist so rechtzeitig bekannt ist, dass die OWi mit Aussicht auf Erfolg geahndet werden kann und die daran anknüpfenden Maßnahmen eingeleitet werden können (VGH Ma NJW **11** 628, OVG Bautzen 4.8.14 VM **14** 96 = SächsVBl **14** 270, OVG Münster NZV **18** 342, VGH Mü 7.1.19 – 11 CS 18.1373 BeckRS 2019, 265, vgl. BVerwG VRS **64** 466). Maßgeblicher Zeitpunkt für die Beurteilung der Unmöglichkeit der Fahrerfeststellung ist deswegen der Eintritt der Verfolgungsverjährung; Fahrerbenennung danach hilft dem Halter nicht (VGH Ma NJW **11** 628, OVG Münster NZV **18** 342). Verzicht auf Verjährung durch den Fahrer ist rechtlich nicht möglich, vermeidet die Fahrtenbuchanordnung für den Halter somit nicht (OVG Berlin NZV **09** 103). Die Anordnung zur Führung eines Fahrtenbuchs ist auch noch zulässig, wenn der Fahrer nach Eintritt der Verfolgungsverjährung bekanntgeworden ist (OVG Berlin VRS **51** 319, VGH Ka 23.1.79 VM **79** 95, OVG Lüneburg 31.10.06 VM **07** 5). Einstellung des OWi-Verfahrens gegen den Halter vor Verjährungseintritt schließt die Anwendung von § 31a nicht ohne weiteres aus (OVG Münster NJW **76** 308, VG Ol ZfS **99** 40).

27   **aa)** Zu einem angemessenen Ermittlungsaufwand gehört grundsätzlich, dass **der Halter unverzüglich** – vorbehaltlich besonderer Umstände des Einzelfalles im Regelfall **innerhalb von zwei Wochen** – von dem mit seinem Kfz begangenen Verkehrsverstoß **benachrichtigt wird,** damit er die Frage, wer zur Tatzeit sein Fz geführt hat, noch zuverlässig beantworten und der Täter Entlastungsgründe vorbringen kann (BVerwG NJW **79** 1054, DAR **87** 393, VGH Ma NZV **93** 47, OVG Saarlouis ZfS **98** 38, 18.7.16 1 B 131/16, VGH Mü NZV **98** 88, DAR **16** 286, OVG Münster NJW **99** 3279, NZV **08** 479, DAR **14** 282, VRS **131** 274, VGH Ka NJW **05** 2411, OVG Lüneburg DAR **05** 231). Dabei muss die Benachrichtigung des Halters nicht zwin-

gend in Gestalt eines Anhörungsschreibens durchgeführt werden; auch eine mündliche Befragung – sei es im Rahmen einer persönlichen Vorsprache oder mittels telefonischer Anfragen – kann ausreichend sein (OVG Münster 13.11.13 8 A 632/13). Die Bußgeldbehörde kann bei Fehlen gegenteiliger Anhaltspunkte davon ausgehen, dass die Person Halter ist, auf die das Fz zugelassen ist (vgl. Rn. 45), und sich auf die Anhörung dieser Person beschränken; sie ist nicht verpflichtet, die Haltereigenschaft des Zulassungsinhabers von Amts wegen infrage zu stellen und entsprechende Aufklärungsmaßnahmen vorzunehmen (OVG Münster VRS **131** 274 = NZV **17** 344). Wurde die 2-Wochen-Frist bei der Unterrichtung des Halters eingehalten, kommt es auf unverzügliche Gewährung von Akteneinsicht an den Verfahrensbevollmächtigten des Halters nicht mehr an (VGH Ma NZV **93** 47, **96** 470).

Umstritten ist, ob und ggf. wie die Behörde den **Zugangsnachweis** zu führen hat, um da- **28** durch zu belegen, dass der Halter innerhalb von 2 Wochen über den Verkehrsverstoß informiert worden ist, wenn dieser den **Zugang** des rechtzeitig abgesandten Anhörungsbogens **bestreitet.** Dabei ist zunächst unstrittig, dass Anhörungsschreiben in OWiSachen nicht förmlich zugestellt werden müssen (§ 50 I S. 1 OWiG, VGH Mü DAR **16** 286). Unbestritten ist auch, dass die Zugangsfiktion des § 41 II S. 1 VwVfG bei OWi und Straftaten weder unmittelbar noch entsprechend zur Anwendung kommt (VGH Mü 10.10.06 11 CS 06.607, 30.9.08 11 CS 08.1953, DAR **16** 286, OVG Lüneburg 6.4.10 12 ME 47/10, OVG Berlin 19.2.15 1 B 1.13, VG Hb 20.10.14 15 E 4571/14). Uneinigkeit besteht aber, ob bei dokumentierter Absendung überhaupt ein Zugangsnachweis geführt werden muss und wie die Beweisführung ggf. zu erfolgen hat. ZT wird es für ausreichend gehalten, dass die **rechtzeitige Absendung** eines korrekt adressierten und nicht als unzustellbar zurückgelangten Anhörungsschreibens **hinreichend belegt** ist, da die ermittelnde Behörde nicht verpflichtet sei, Anhörungsschreiben iSv § 55 OWiG zwecks Ermöglichung des Zugangsnachweises förmlich zuzustellen (VGH Ka NJW **05** 2411, OVG Lüneburg 10.3.06 12 ME 48/06, 6.4.10 12 ME 47/10, OVG Berlin 26.2.10 1 N 134.09, 21.1.13 1 S 50/12, VG Ol ZfS **11** 596, *Haus/Zwerger* § 24 Rn. 89, GVR/*Haus* § 31a StVZO Rn. 69). Nach anderer Ansicht **trägt die Verfolgungsbehörde** dagegen **die Beweislast** für die rechtzeitige Anhörung und den Zugang des Anhörungsschreibens (VGH Mü 10.10.06 11 CS 06.607, 30.9.08 11 CS 08.1953, DAR **16** 286, VG Hb 20.10.14 15 E 4571/14). Dabei sieht eine eher strenge Auffassung die Einhaltung der Zweiwochenfrist im Bestreitensfall nur dann als gesichert an, wenn die Behörde den **Zugang** tatsächlich **nachweisen** kann, denn es gebe keinen Erfahrungssatz des Inhalts, dass ein abgeschickter Brief seinen Empfänger auch erreicht (OVG Münster 4.4.13 8 B 173/13, VG Fra DAR **91** 314, VG Potsdam 19.3.12 10 L 52/12, VG Hb 20.10.14 15 E 4571/14, BHHJ/*Heß* § 23 StVO Rn. 46a, *Jagow* § 31a StVZO Anm III S. 2a bb 1, *Koehl* NZV **08** 169 (172), SVR **11** 416 (418), *Winter* DAR **13** 290 (291), *Haus* ZfS **15** 475). Großzügiger ist die Auffassung, die Behörde könne ihrer Beweispflicht hinsichtlich des Zugangs auch nach den Grundsätzen des **Beweises des ersten Anscheins** genügen, wenn sie aufgrund einer Gesamtwürdigung aller Umstände des Einzelfalles davon überzeugt sein kann, dass der Halter das Anhörungsschreiben tatsächlich erhalten haben muss (OVG Berlin 19.2.15 1 B 1.13 (Nichtzulassungsbeschwerde zurückgewiesen durch BVerwG DAR **16** 340), VGH Mü DAR **16** 286, *Rebler* DAR **17** 105). – Es erscheint als problematisch, im Bestreitensfall die dokumentierte Absendung ausreichen zu lassen oder auf einen tatsächlichen Zugangsnachweis zu verzichten, auch wenn es sich um ein Massenverfahren handelt. Denn da eine gesetzlich geregelte Zugangsvermutung für derartige Anhörungsschreiben fehlt, kommt es entsprechend § 130 I S. 1 BGB auf den tatsächlichen Zugang an (VG Potsdam 19.3.12 10 L 52/12, vgl. *Kopp/Ramsauer* § 41 Rn. 80a). Die erforderliche Überzeugung, dass der Halter den Anhörungs- bzw. Zeugenfragebogen tatsächlich erhalten oder dass er auf andere Weise von dem Bestreben der Bußgeldbehörde erfahren hat, ihn zu einer Aussage über den FzF zu bewegen, kann jedenfalls nicht mit der erforderlichen Gewissheit unterstellt werden, wenn die Bußgeldbehörde nur ein einziges Schreiben an den Halter versandt hat, die Absendung nicht dokumentiert ist, der Halter von Anfang an widerspruchsfrei den Zugang des Schreibens bestreitet und er auch ansonsten kein Verhalten an den Tag legt, das zu der Annahme berechtigt, sein Bestreiten sei vorwiegend taktisch begründet (VG Freiburg 22.9.17 5 K 3987/17).

Die von der Rspr. entwickelte **2-Wochen-Frist** für die Benachrichtigung des Halters gilt nur **29** „regelmäßig"; sie ist daher kein formales Tatbestandskriterium der gesetzlichen Regelung und **keine starre Grenze** (OVG Münster NJW **95** 3335, DAR **14** 282, VGH Mü 8.3.13 11 CS 13.187, VG Fra/O DAR **07** 42, *Koehl* NZV **08** 169 (172)). Diese Fristbestimmung beruht vielmehr auf dem Erfahrungssatz, dass eine Person Vorgänge des persönlichen Lebensbereichs aus den letzten 14 Tagen im Regelfall wird erinnern oder jedenfalls noch rekonstruieren können

(BVerwG NJW **79** 1054, OVG Münster NJW **95** 3335, DAR **14** 282, VG Trier DAR **15** 221). Nach Verstreichen eines längeren Zeitraums kann die Erinnerung an eine bestimmte Fahrt so verblasst sein, dass auch ein auskunftswilliger Halter nicht mehr in der Lage ist, den in Frage kommenden FzFührer zuverlässig anzugeben (OVG Münster NJW **99** 3279). Die **2-Wochen-Frist gilt daher nicht** für die vom Regelfall abweichenden Gestaltungen, in denen auch eine spätere Anhörung zur effektiven Rechtsverteidigung genügt oder wenn feststeht, dass die Rechtsverteidigung des Halters durch dessen verzögerte Anhörung nicht beeinträchtigt worden ist (OVG Münster NJW **95** 3335, DAR **14** 282, VGH Ma NZV **99** 224, OVG Lüneburg 31.10.06 VM **07** 5, VGH Mü 8.3.13 11 CS 13.187, DAR **16** 286, OVG Saarlouis 18.7.16 1 B 131/16,VG Fra/O DAR **07** 42).

30   Eine **verspätete Anhörung** schließt die Anordnung zur Führung eines Fahrtenbuchs dann nicht aus, wenn feststeht, dass die Verzögerung für die unterbliebene Ermittlung des Täters **nicht ursächlich** gewesen ist und daher eine zeitlich frühere Anhörung des Halters zu keinem anderen Ermittlungsergebnis geführt hätte (BVerwG NJW **79** 1054, DAR **87** 393, VGH Ka VRS **75** 146, NJW **05** 2411, VGH Ma NZV **93** 47, NZV **99** 396, OVG Saarlouis ZfS **98** 38, VGH Mü NZV **98** 88, 15.10.18 – 11 CS 18.1240 BeckRS 2018, 26915, OVG Lüneburg ZfS **05** 268, DAR **05** 231, OVG Münster NJW **99** 3279, NZV **12** 148, DAR **14** 282, OVG Br VD **06** 245, OVG Weimar 20.9.18 VRS **134** 317). Davon ist auszugehen, wenn der Halter sich weigert, sich überhaupt zu äußern (BVerwG DAR **87** 393, VGH Ka VRS **75** 144, VGH Ma NZV **91** 408, OVG Lüneburg ZfS **05** 268, OVG Münster NZV **12** 148) oder wenn feststeht, dass der Halter die Identität des Fahrers kennt, sie aber verschweigt (BVerwG NJW **79** 1054, VGH Ka 23.1.79 VM **79** 95, VG Fra/O DAR **07** 42). War die Nichtfeststellung des Fahrers nicht durch verzögerte Anhörung verursacht, sondern durch unrichtige Angaben des Halters, so ist die Fahrtenbuchanordnung zulässig (BVerwG NJW **79** 1054, OVG Münster VRS **66** 317). Verzögerte Anhörung ist für die unterbliebene Feststellung des Fahrers dann nicht ursächlich, wenn sich der Halter nicht bereits im OWi-Verfahren, sondern erst in dem sich daran anschließenden Verwaltungsverfahren betreffend die Anordnung zur Führung eines Fahrtenbuchs auf eine fehlende Erinnerung an den Fahrer beruft (OVG Lüneburg DAR **05** 231, 31.10.06 VM **07** 5). Verzögerte Anhörung ist auch dann nicht ursächlich, wenn dem Halter ein zur Identifizierung des Fahrers **ausreichendes Foto** vorgelegt worden ist, da eine Identifizierung des Fahrers anhand des Fotos keine Anforderungen an das Erinnerungsvermögen, sondern an das zeitlich nicht so eng begrenzte Erkenntnisvermögen des Halters stellt (VGH Ma NZV **99** 224, NZV **99** 396, OVG Lüneburg DAR **05** 231, 31.10.06 VM **07** 5, VGH Mü 8.3.13 11 CS 13.187, VG Lüneburg ZfS **04** 434, VG Trier DAR **15** 221, *Koehl* NZV **08** 169 (172), SVR **11** 416 (418)). Eindeutige Identifizierung des Fahrers wird vom Halter nicht erwartet; wenn er aber noch nicht einmal den möglichen Täterkreis eingrenzt und die Täterfeststellung durch Nachfragen im Kreis der Nutzungsberechtigten fördert, ist verzögerte Anhörung unschädlich (OVG Münster NZV **08** 479, NZV **09** 255, OVG Weimar 20.9.18 VRS **134** 317). Verspätete Anhörung ist bei **GeschäftsFzen** eines kaufmännischen Betriebs unschädlich, bei dem detaillierte Dokumentation von Geschäftsfahrten zu erwarten ist (OVG Münster NJW **95** 3335, NJW **99** 3279, 30.6.15 8 B 1465/14, VGH Ma NZV **99** 396, VGH Ka NJW **05** 2411, OVG Br VD **06** 245, OVG Schl 26.3.12 2 LA 21/12, OVG Bautzen 10.1.20 – 6 B 297/19 BeckRS 2020, 101 = VM **20** 45, VG Trier DAR **15** 221, VG Dü 5.6.14 14 L 958/14, VG Bayreuth NZV **15** 611, *Gehrmann* ZfS **02** 213 (216), *Koehl* NZV **08** 169 (172), SVR **11** 416 (418)).

31   **bb)** Eine Anhörung zum VVerstoß begründet für den Halter eine **Obliegenheit,** zur **Aufklärung** des mit seinem Fz begangenen VVerstoßes so weit **mitzuwirken,** wie es ihm möglich und zumutbar ist (OVG Münster 15.5.18 DVBl **18** 961, 10.9.19 NZV **20** 215, 20.5.20 – 8 A 4299/19 NJW **20** 2572, OVG Bautzen VRS **131** 165, VGH Mü 9.3.20 – 11 ZB 19.991 BeckRS 2020, 4488, VG Dü DAR **16** 220, VG Würzburg 29.6.15 6 S 15.447, krit dazu VG Schwerin 3.7.19 – 7 B 1100/19 BeckRS 2019, 16952). Der FzHalter hat die Pflicht, die Person zu nennen, die er die Führung des Wagens überlassen hatte, damit diese selbst befragt werden kann (BVerwG 20.11.70 VM **71** 35 = Buchholz 442.15 § 7 StVO Nr. 5, OVG Münster NJW **87** 394, NZV **09** 255, NZV **11** 470, OVG Bra NZV **05** 164). Dabei obliegt es dem Halter nicht nur, den bekannten oder auf einem vorgelegten Radarfoto erkannten Fahrer zu benennen, sondern auch, zumindest den möglichen Täterkreis einzugrenzen und die Täterfeststellung durch Nachfragen im Kreise der Nutzungsberechtigten zu fördern (OVG Münster NZV **11** 470, NZV **12** 148, 15.5.18 DVBl **18** 961, 20.5.20 – 8 A 4299/19 NJW **20** 2572, OVG Saarlouis 18.7.16 1 B 131/16, OVG Bautzen VRS **131** 165, OVG Weimar 20.9.18 VRS **134** 317, VG Dü DAR **16** 220). Unzureichende Qualität eines Geschwindigkeitsmessfotos befreit den Halter nicht von

seiner Pflicht, den Kreis der FzNutzer zu bezeichnen (VGH Mü 8.3.13 11 CS 13.187, OVG Saarlouis 18.7.16 1 B 131/16, VG Bra NZV **05** 164, VD **07** 230, VG Saarlouis DAR **15** 346, VG Neustadt NZV **17** 295). Hatte der Halter sein Fz einem Bekannten überlassen, hat er zur Vermeidung einer Fahrtenbuchauflage dessen Namen und Anschrift in Erfahrung zu bringen oder, wenn das bei entfernten Bekannten nicht möglich ist, sich vor Überlassung des Fz geben zu lassen (VGH Mü SVR **10** 347, 8.3.13 11 CS 13.187, VG Bra VD **12** 321). Überlässt der Halter sein Fz einem ihm unbekannten Fahrer zu einer Probefahrt, so ist er auch dann dazu verpflichtet, vor Fahrtantritt Name und Anschrift des Fahrers festzustellen und sich darüber Notizen zu machen, wenn er selbst als Beifahrer an der Fahrt teilnimmt (VG Bra 17.7.12 NZV **15** 153). Es gehört aber nicht zu den Obliegenheiten des Halters eines von mehreren Familienmitgliedern und nahen Bekannten privat genutzten Fahrzeugs, Vorkehrungen für eine jederzeitige spätere Nachvollziehbarkeit der Fahrzeugnutzung und der Person des FzFührers zu treffen (VG Schwerin 3.7.19 – 7 B 1100/19 BeckRS 2019, 16952).

Bei **Firmenfahrzeugen** hat die Geschäftsleitung entweder von vornherein organisatorische **32** Vorkehrungen dafür zu treffen, dass festgestellt werden kann, welche Person zu einem bestimmten Zeitpunkt ein bestimmtes GeschäftsFz benutzt hat, oder jedenfalls der Behörde die Firmenangehörigen zu nennen, denen das betreffende Fz betriebsintern zugeordnet ist (OVG Br VD **06** 245, NZV **07** 644, VGH Ma NJW **11** 628, NJW **14** 1608, OVG Lüneburg NZV **13** 256, OVG Münster 30.6.15 8 B 1465/14, OVG Bautzen 10.1.20 – 6 B 297/19 BeckRS 2020, 101 = VM **20** 45, VG Bayreuth NZV **15** 611, VG Neustadt DAR **15** 157, VG Mainz 15.7.15 3 K 757/14). Denn es kann nicht Aufgabe der Behörde sein, innerbetriebliche Vorgänge aufzuspüren, denen die Geschäftsleitung weitaus näher steht (OVG Münster NJW **95** 3335, VGH Ma NZV **99** 396, NJW **11** 628, OVG Br VD **06** 245, VGH Mü 16.4.15 VRS **128** 216). Es ist daher in einer solchen Situation grds. ausreichend, bei einem Unternehmen anzurufen und Auskunft aus diesen Unterlagen zu verlangen (VGH Mü 16.4.15 – 11 ZB 15.171 VRS **128** 216, VG Augsburg 13.3.19 – 3 S 18.1852 BeckRS 2019, 3987). Bei einer **gemischten betrieblichen und privaten Nutzung von FirmenFz** gelten diese Grundsätze wegen der dadurch bewirkten Ausweitung des Fahrerkreises entsprechend (VGH Ma NJW **11** 628). Diese Grundsätze gelten in gleicher Weise für **Autovermieter,** die an der Fahrerfeststellung in der Weise mitzuwirken haben, dass sie den Mieter zum Tatzeitpunkt anhand ihrer Unterlagen benennen (OVG Lüneburg ZfS **12** 536, VG Bra 31.5.11 VM **12** 39). Bei **Dienstwagen** muss sich der Halter die Nichtmitwirkung seines Mitarbeiters bei der Ermittlung des Fahrers zurechnen lassen (OVG Berlin NJW **10** 2743). Ist eine **juristische Person Halterin** eines Fz, liegt kein Ermittlungsdefizit der Bußgeldbehörde vor, wenn sie einen Zeugenfragebogen an die juristische Person und nicht an deren Geschäftsführer schickt. Dies entbindet die Halterin nicht von ihren Mitwirkungsobliegenheiten, denn juristische Personen müssen sich so organisieren, dass Anschreiben in jedem Fall zur Kenntnis der dazu berufenen Personen gelangen (OVG Münster 10.9.19 – 8 B 774/19 VRS **137** 12 = NZV **20** 215).

cc) Art und Umfang der **Tätigkeit der Behörde,** den Fahrzeugführer nach einem Verkehrs- **33** verstoß zu ermitteln, können sich an den Erklärungen des Fahrzeughalters – bei anwaltlicher Vertretung an den Einlassungen seines Verteidigers bzw. Prozessbevollmächtigten – ausrichten (BVerwG VRS **64** 466, NJW **88** 1104, NZV **88** 158, VGH Ma NZV **93** 47, NZV **98** 47, NZV **01** 448, 10.8.15 VRS **129** 36 , OVG Br NZV **94** 168, OVG Lüneburg NJW **14** 1610, OVG Münster 30.6.15 8 B 1465/14). **Lehnt der Halter** erkennbar die **Mitwirkung** an der Ermittlung der für den Verkehrsverstoß verantwortlichen Person **ab** und liegen der Bußgeldbehörde auch sonst keine konkreten Ermittlungsansätze vor, ist es dieser regelmäßig nicht zuzumuten, **wahllos zeitraubende,** kaum Aussicht auf Erfolg bietende **Aufklärungsmaßnahmen zu betreiben** (BVerwG VRS **64** 466, 7 B 234/85 NJW **87** 143, NJW **88** 1104, 1.3.94 VRS **88** 158, VGH Ma NZV **14** 188, 10.8.15 VRS **129** 36 , OVG Lüneburg NZV **13** 257, NJW **14** 1610, VGH Ka NJW **05** 2411, OVG Münster 30.6.15 – 8 B 1465/14, 15.5.18 DVBl **18** 961, 20.5.20 – 8 A 4299/19 NJW **20** 2572, OVG Berlin NJW **10** 2743, OVG Bautzen VRS **131** 165). Einstellung des Bußgeldverfahrens gegen den Halter bedeutet aber nicht notwendigerweise, die Fahrerermittlung sei unmöglich gewesen (BVerwG VRS **64** 466, OVG Münster NJW **76** 308, VGH Mü NJW **79** 830, *Gehrmann* ZfS **02** 213 (216)). Steht der Halter unter Betreuung, so führt dies nicht zu einer gesteigerten Ermittlungspflicht, wenn die zuständige (Bußgeld-)Behörde von der Betreuung keine Kenntnis hatte (VGH Ma 8.9.15 10 S 1540/15 = DÖV **16** 87 Ls). **Verweigert der Halter die Mitwirkung** bei Ermittlung des Fahrers oder wirkt er nicht hinreichend an der Aufklärung mit, so sind weitergehende Ermittlungen idR nicht zumutbar (BVerwG NJW **87** 143, VRS **88** 158, OVG Br NZV **94** 168, OVG Münster NZV **06** 223, OVG Lüneburg NJW **04**

1124). Die Verfolgungsbehörde muss allerdings auch in diesem Fall zumindest naheliegende und mit wenig Aufwand realisierbare Ermittlungen zur Fahrerfeststellung durchführen und dokumentieren (VGH Mü DAR **16** 286, VG Mü 10.12.18 – 23 K 18.5205 NZV **19** 431).

34   An einer hinreichenden Mitwirkung des Halters fehlt es bereits dann, wenn er den **Anhörungsbogen nicht zurücksendet** oder **Angaben** zum in Betracht kommenden Personenkreis der FzNutzer **nicht macht** (OVG Lüneburg NJW **04** 1124, ZfS **05** 268, DAR **05** 231, DAR **06** 167, NJW **14** 1610, VGH Ma 10.8.15 VRS **129** 36, VG Bra DAR **07** 165, 15.2.17 VM **17** 79). Darin liegt die konkludente Erklärung, sich zur Sache nicht äußern zu wollen (VGH Ma NZV **01** 448, 10.8.15 VRS **129** 36, OVG Lüneburg 31.10.06 VM **07** 5, ZfS **09** 599, DAR **10** 407). Sendet der Halter den Anhörungsbogen nicht zurück, sondern **beantragt** er unter Ankündigung einer späteren Stellungnahme zunächst **Einsichtnahme in die Ermittlungsakte,** bleibt die Frage ausreichender Mitwirkung des Halters dagegen zunächst noch offen (VGH Ma NZV **93** 47, VGH Ka ZfS **15** 472). Vereitelt die Behörde die Akteneinsicht, kann sie nicht von mangelnder Mitwirkung des Halters ausgehen (VG Sigmaringen DAR **16** 475).

35   Erklärt der Halter, **keine Aussagen zur Sache** machen zu wollen, sind keine weiteren Ermittlungen geboten (VGH Ma NZV **98** 47). Ausdrückliche Frage der Behörde nach dem in Betracht kommenden Personenkreis ist nicht erforderlich (OVG Lüneburg DAR **04** 607, VG Bra DAR **07** 165, VD **07** 230, 15.2.17 VM **17** 79). Erklärt der Halter lediglich, das Fz werde von mehreren Personen gefahren, ohne dass er nähere Angaben über die Namen oder den Kreis der Personen macht, denen er den Wagen üblicherweise überlässt, sind weitere Ermittlungen entbehrlich (BVerwG 1.9.78 VRS **56** 77). Lässt der befragte Halter den als Fahrer in Betracht kommenden Personenkreis ausdrücklich unbestimmt („Familienangehörige", „Freunde und Bekannte"), sind weitere Nachforschungen in dieser Richtung nicht zumutbar (BVerwG VRS **64** 466, NJW **87** 143, OVG Münster NJW **87** 394, VGH Mü NZV **98** 88, VGH Ma NZV **99** 272). Die bloße Angabe des Halters, das Fz an einen von zwei Verwandten verliehen zu haben, bietet keinen Ansatzpunkt für erfolgversprechende Ermittlungen, wenn nicht gleichzeitig Name und Anschrift mitgeteilt werden (VGH Mü VD **11** 347). Ohne Hinweis des Halters auf eine konkrete Internetseite oder das Vorliegen anderer Anhaltspunkte, dass eine Suche im Internet erfolgversprechend sein könnte, ist die Behörde nicht verpflichtet, im Internet nach Fotos der in Betracht kommenden Fahrer zu recherchieren, selbst wenn es sich bei dem Halter um ein Unternehmen handelt (VGH Mü VRS **128** 216 = NJW **15** 2748 Ls). Macht der Halter objektiv **unrichtige Angaben,** die geeignet sind, den Sachverhalt zu verschleiern und die Ermittlung des Täters zu verhindern, ist die Anordnung zur Führung eines Fahrtenbuchs gerechtfertigt (BVerwG NJW **79** 1054, OVG Saarlouis 23.10.81 VM **82** 70, OVG Münster NJW **87** 394, NZV **08** 52).

36   Die Behörde ist vor der Anordnung zur Führung eines Fahrtenbuchs nicht von vornherein verpflichtet, den **Halter** förmlich **als Zeugen zu befragen;** ob dies eine der Behörde noch zuzumutende Maßnahme ist, hängt von den Umständen des Einzelfalles ab (BVerwG NJW **88** 1104). Eine **Pflicht zur Vernehmung des Halters als Zeuge besteht nicht,** wenn sich aus den Umständen ergibt, dass die Zeugenvernehmung unter keinen Umständen erfolgversprechend wäre (BVerwG NJW **88** 1104, OVG Lüneburg 24.4.12 – 12 ME 33/12 BeckRS 2012, 49999) oder wenn gegen den nur als Betroffenen gehörten Halter weiterhin erheblicher Tatverdacht besteht (OVG Lüneburg 19.8.20 – 12 ME 114/20 BeckRS 2020, 20041). Die Vernehmung des Halters als Zeuge zu der Frage, wer sein Fz zum Zeitpunkt des Verkehrsverstoßes geführt hat, ist keine angemessene und der Behörde zumutbare Aufklärungsmaßnahme, wenn der Halter im Anhörungsbogen keine Angaben zur Sache gemacht hat und damit die Mitwirkung an der Aufklärung des Verkehrsverstoßes erkennbar ablehnt (VGH Ma NZV **01** 448, OVG Lüneburg 31.10.06 VM **07** 5). Weitere Ermittlungen sind auch und gerade in den Fällen entbehrlich, in denen der Halter in dem Anhörungsschreiben vorsorglich auch als Zeuge angesprochen worden ist, aber jede sachdienliche Äußerung ablehnt (BVerwG NJW **88** 1104, VRS **88** 158). Zur Erfüllung ihrer Verpflichtung zu angemessenen und zumutbaren Schritten zur Ermittlung des Täters **muss die Behörde den Halter** aber **als Zeugen** und nicht als Betroffenen **anhören,** wenn feststeht (zB aufgrund eines Geschwindigkeitsmessfotos), dass der Halter keinesfalls der FzFührer sein kann (OVG Saarlouis 23.10.81 VM **82** 70, VGH Ma 4.8.09 – 10 S 1499/09 NJW **09** 3802, 10.8.15 VRS **129** 36, VGH Ka ZfS **14** 418, VG Würzburg ZfS **10** 479, VG Freiburg 7.12.15 4 K 2707/15). Eine solche zusätzliche Zeugenanhörung ist nicht ordnungsgemäß vorgenommen worden, wenn der dem Halter zugesandte Anhörungsbogen diesen zwar als Zeugen ansprach, gleichzeitig aber mit dem Hinweis verbunden war, er sei zur Benennung des Verantwortlichen nicht verpflichtet (OVG Lüneburg 24.4.12 – 12 ME 33/12 BeckRS 2012,

49999). Die Relativierung dieses Grundsatzes durch OVG Lüneburg 14.1.19 – 12 ME 170/18 NJW **19** 1013 überzeugt nicht (*Kratzer* NZV **19** 653).

IdR erübrigen sich weitere Ermittlungen, wenn sich der Halter im Hinblick auf sein **Aussa- 37 geverweigerungsrecht** als Beschuldigter oder auf sein **Zeugnisverweigerungsrecht** als Zeuge weigert, Angaben zum Fahrer zu machen, denn ein Aussage- oder Zeugnisverweigerungsrecht des Halters steht der Anordnung zur Führung eines Fahrtenbuchs nicht entgegen (BVerwG NJW **87** 143, 22.6.95 DAR **95** 459, VGH Ma NZV **98** 126, OVG Lüneburg ZfS **07** 119, OVG Saarlouis ZfS **10** 119). Dies gilt auch, wenn der Halter seine Fahrereigenschaft zunächst gegenüber der Behörde zugibt, sich dann aber auf sein Aussageverweigerungsrecht beruft, denn dies kann die Bußgeldbehörde als konkludente Erklärung verstehen, an der früheren Aussage nicht mehr festhalten zu wollen bzw. diese zu widerrufen (OVG Münster 15.5.18 DVBl **18** 961). Beruft sich der Halter auf das Zeugnis- oder Aussageverweigerungsrecht, so braucht die Behörde nicht damit zu rechnen, dass Ermittlungen im Kreis der engeren Familie des Halters, der das gleiche Recht zusteht, zur namentlichen Feststellung des Fahrers führen würden (BVerwG 7 B 234/85 NJW **87** 143, VG Bra VD **07** 230). Macht der Geschäftsführer der Halterin von seinem Zeugnisverweigerungsrecht Gebrauch und bleiben Befragungen am Sitz der Firma erfolglos, muss die Behörde nicht nach potentiell bestellten weiteren Geschäftsführern forschen, um diese ggf. zu befragen (OVG Lüneburg NZV **13** 256).

Aus dem Verhältnismäßigkeitsgrundsatz folgt, dass die Behörde **nur** die der Bedeutung des **38** aufzuklärenden Verkehrsverstoßes und der letztlich drohenden Fahrtenbuchanordnung **angemessenen Ermittlungsschritte** vornehmen darf. Deshalb sind grds. solche staatlichen Maßnahmen nicht geboten, die die Belange des Betr oder Dritter stärker beeinträchtigen als die Sanktion, auf die sie abzielen. Derartige Maßnahmen müssten aber vielfach ergriffen werden, wenn der Halter selbst nicht willens ist, das ihm Mögliche zur Aufklärung des Verkehrsverstoßes beizutragen So können behördliche Aufklärungsmaßnahmen das Grundrecht auf informationellen Selbstbestimmung des Betroffenen berühren, wenn Dritte Kenntnis von der Verkehrsstraftat oder -ordnungswidrigkeit erlangen, Rückschlüsse auf das Aussageverhalten des Halters ziehen können oder aufgrund der Vorlage eines aussagekräftigen Täterfotos etwa in der Nachbarschaft den Täter sogar erkennen würden (OVG Lüneburg 31.10.06 VM **07** 5, VG Ol ZfS **98** 357, VG Bra VD **07** 230). In Würdigung des Gewichts der je nach Vorgehensweise betroffenen Interessen kann einer Anordnung zur Führung eines Fahrtenbuchs deshalb regelmäßig nicht entgegengehalten werden, die Behörde habe weitere rechtsbeeinträchtigende Aufklärungsbemühungen vornehmen müssen, wenn der Betr selbst an der Klärung der Vorgänge nicht mitgewirkt hat (OVG Lüneburg 31.10.06 VM **07** 5).

Eine Weigerung des Halters, sachdienlich auszusagen, zwingt nur dann zu **weiteren Ermitt- 39 lungen,** wenn sich im Einzelfall **besondere Beweisanzeichen** ergeben haben, die auf die Person des Fahrzeugführers hindeuten (BVerwG VRS **64** 466, VGH Ka 15.12.87 VM **88** 87, VGH Ma NZV **99** 272, OVG Lüneburg 31.10.06 VM **07** 5, OVG Mgd 21.2.17 – 3 M 251/16, VGH Mü 7.1.19 – 11 CS 18.1373 BeckRS 2019, 265, VG Bra 15.2.17 VM **17** 79) oder wenn die besondere Konstellation des Einzelfalles es naheliegend erscheinen lässt, dass der Halter bei Kenntnis bestimmter Ermittlungsergebnisse doch mitwirkungsbereit sein könnte (OVG Br NZV **94** 168, Übersendung einer unvollständigen Ermittlungsakte an den Prozessbevollmächtigten). Ein für die Nichtfeststellbarkeit des Fahrers ursächliches Ermittlungsdefizit der Bußgeldbehörde liegt nicht schon dann vor, wenn sie den Halter über den Misserfolg ihrer bisherigen Ermittlungsbemühungen nicht in Kenntnis gesetzt und zu einer weitergehenden Mitwirkung an der Aufklärung aufgefordert hat. Hierzu kann sie mit Blick auf die Kürze der Verfolgungsverjährungsfrist und das Gebot der Angemessenheit ihrer Ermittlungsbemühungen allenfalls dann gehalten sein, wenn die Gesamtumstände den Schluss zulassen, dass eine erneute Kontaktaufnahme mit dem Halter die Ermittlungen tatsächlich fördern könnte (OVG Münster 20.5.20 – 8 A 4299/19 NJW **20** 2572).

Auf die Stellungnahme des Halters, sein ihm ähnlich sehender **Bruder** komme als Täter in **39a** Betracht, muss die Behörde ein persönliches Gespräch mit dem Bruder führen und dabei einen Vergleich mit dem Geschwindigkeitsmessfoto vornehmen (VGH Ma ZfS **07** 595). Steht fest oder ist zumindest möglich, dass einer von zwei **Zwillingen** gefahren ist, sind diese anzuhören (VG Dü 16.7.14 – 6 K 4161/13, VG Koblenz 10.12.19 – 4 K 773/19 BeckRS 2019, 31909).

dd) Die Anordnung zur Führung eines Fahrtenbuchs setzt **nicht** voraus, dass die Nichtfest- **40** stellbarkeit des Fahrers auf einer – aus welchem Grund auch immer – **unzureichenden Mitwirkung** des Fahrzeughalters an den Ermittlungen der Verfolgungsbehörde im Bußgeldverfahren (OVG Lüneburg 19.8.20 – 12 ME 114/20 BeckRS 2020, 20041) oder auf **mangelnder**

Mitwirkungsbereitschaft des Halters beruht (OVG Lüneburg ZfS **08** 356, NJW **19** 1013). Es kommt nach Wortlaut und Zweck des § 31a nicht darauf an, ob der Halter seine Mitwirkungsobliegenheiten schuldhaft nicht erfüllt hat oder die Unmöglichkeit der Feststellung des Fahrzeugführers sonst zu vertreten hat (OVG Münster DAR **14** 282, 30.6.15 – 8 B 1465/14, 20.5.20 – 8 A 4299/19 NJW **20** 2572, OVG Hb NJW **18** 1032, OVG Lüneburg 19.8.20 – 12 ME 114/20 BeckRS 2020, 20041, VG Dü DAR **16** 220). Die Führung eines Fahrtenbuchs kann somit auch dann angeordnet werden, wenn der Halter an der Feststellung mitgewirkt hat, die gebotenen Ermittlungsbemühungen der Behörde jedoch gleichwohl erfolglos geblieben sind (OVG Münster DAR **14** 282, VRS **125** 243, 20.5.20 – 8 A 4299/19 NJW **20** 2572, VGH Mü 1.4.19 – 11 B 19.56 VRS **135** 309, *Hentschel* NJW **93** 1171 (1177), *Stollenwerk* DAR **97** 459, aA VGH Ma NZV **92** 46, offen gelassen von VG Stu NJW **06** 793). Anordnung ist auch rechtmäßig, wenn der Halter angibt, den Fahrer auf dem Anhörungsbogen benannt und diesen Bogen an die Bußgeldbehörde zurückgesandt zu haben, der Anhörungsbogen aber nicht in den Herrschaftsbereich der Behörde gelangt ist (OVG Münster 20.5.20 – 8 B 407/20 VM **20** 63).

41 c) Die Berufung auf ein **Aussage- oder Zeugnisverweigerungsrecht** des Halters steht der Anordnung zur Führung eines Fahrtenbuchs nicht entgegen (BVerfG NJW **82** 568, BVerwG NJW **64** 1384, NJW **81** 1852, 7 B 234/85 NJW **87** 143, 1.3.94 VRS **88** 158, 22.6.95 DAR **95** 459, OVG Lüneburg ZfS **07** 119, NJW **19** 1013, VGH Mü DAR **76** 278, VGH Ka 23.1.79 VM **79** 95, VGH Ma NZV **98** 126, NJW **14** 1608, 10.8.15 VRS **129** 36, OVG Münster NZV **06** 53, 30.6.15 8 B 1465/14, OVG Bautzen DAR **12** 718, 4.8.14 VM **14** 96 = SächsVBl **14** 270 , OVG Hb VRS **130** 328, *Gehrmann* ZfS **02** 213 (214)), weil dieses nur die Verfolgung als Straftat oder OW betrifft, nicht aber vor Maßnahmen der Behörde zur Abwendung von Gefahren für den StrV schützt. Es besteht **kein doppeltes „Recht",** nach einem Verkehrsverstoß einerseits im OWi- oder Strafverfahren die Aussage zu verweigern oder den VVerstoß zu leugnen und zugleich trotz fehlender Mitwirkung bei der Feststellung des Fahrers auch von einer Fahrtenbuchanordnung verschont zu bleiben (BVerwG 22.6.95 DAR **95** 459, NZV **00** 385, VGH Ma NZV **99** 272, NZV **01** 448, 10.8.15 VRS **129** 36, VGH Ka NJW **05** 2411, OVG Lüneburg NJW **19** 1013, OVG Münster 30.6.15 8 B 1465/14, 15.5.18 DVBl **18** 961, OVG Saarlouis 25.5.07 1 B 121/07, OVG Hb VRS **130** 328, VGH Mü 15.10.18 – 11 CS 18.1240 BeckRS 2018, 26915). Auch **berufsbezogene Zeugnisverweigerungsrechte** (zB nach § 53 I StPO) stehen einer Fahrtenbuchanordnung nicht entgegen (VGH Mü 22.4.08 11 ZB 07.3419, VGH Ma ZfS **09** 417). Ist ein Rechtsanwalt als Verteidiger des Fahrers, der den VVerstoß begangen hat, wegen der **anwaltlichen Schweigepflicht** daran gehindert, an der Täterermittlung mitzuwirken, ist es angesichts des mit dem Fahrtenbuch bezweckten Schutzes hochrangiger Rechtsgüter einerseits und der geringen Beeinträchtigung durch die Anordnung andererseits nicht unverhältnismäßig, ihm die Führung eines Fahrtenbuchs aufzuerlegen (OVG Hb NJW **18** 1032).

42 Verletzung der durch Art 12 I GG geschützten **Berufsausübungsfreiheit als Rechtsanwalt** liegt nicht vor, wenn die Führung eines Fahrtenbuchs gegenüber einem Rechtsanwalt angeordnet wird, der vorträgt, sein Pkw werde im Rahmen seiner anwaltlichen Tätigkeit auch Mandanten zur Verfügung gestellt (OVG Lüneburg NJW **11** 1620) oder er sei Verteidiger des Fahrers, der den VVerstoß begangen hat (OVG Hb NJW **18** 1032). Das Zur-Verfügung-Stellen des eigenen Pkw für Fahrten Dritter, die dann einen VVerstoß begehen könnten, gehört weder zu den Berufspflichten eines Rechtsanwalts noch ist es mit ihnen untrennbar verbunden (OVG Hb NJW **18** 1032).

43 5. Die **Anordnung zur Führung eines Fahrtenbuchs** richtet sich nach Abs. I. Einer vorherigen Androhung oder eines Hinweises auf die Möglichkeit der Anordnung zur Führung eines Fahrtbuchs bedarf es nicht (BVerwG NJW **95** 3402, OVG Lüneburg ZfS **05** 270, OVG Bautzen 3.7.13 3 B 349/13). Die Verfügung muss bereits in ihrem Tenor und nicht erst mit der Begründung eindeutig erkennen lassen, was genau angeordnet wird (§ 37 I VwVfG, OVG Lüneburg NJW **08** 167).

44 a) **Ermessen.** Sind die tatbestandlichen Voraussetzungen des § 31a gegeben, liegen der Erlass einer Anordnung, dass für das Tatfahrzeug und ggf. für ein oder mehrere Ersatzfahrzeuge ein Fahrtenbuch zu führen ist, sowie die Festlegung der Dauer im pflichtgemäßen Ermessen der Behörde (BVerwG NZV **16** 493). Die Ermessenserwägungen müssen in der Begründung der Verfügung hinreichend zum Ausdruck kommen (Rn. 73).

45 b) **Adressat der Anordnung.** Aufzuerlegen ist die Pflicht, das Fahrtenbuch zu führen, dem **Halter** des Fz, mit dem der nicht aufklärbare Verstoß begangen wurde (I S. 1, Rn. 12). Zwar legt

der Wortlaut des § 31a I S. 1 nahe, dass der Halter mit der Person identisch ist, auf die das Fz zuge-
lassen ist (*Beck/Berr/Schäpe* Rn. 315). Im Anwendungsbereich des § 31a gilt aber gleichwohl der
im gesamten StrVRecht einheitliche **Halterbegriff** des § 7 StVG (VGH Ma NZV **92** 167,
NZV **98** 47, OVG Lüneburg ZfS **08** 356, NJW **14** 1690, NJW **16** 3047, OVG Münster VRS **121**
319, NJW **14** 2811, OVG Berlin NJW **10** 2743, *Gehrmann* ZfS **02** 213 (215), *Weber* SVR **14** 50
(52)). Halter iSv § 31a ist somit unabhängig von der Eigentümerstellung und der Zulassungsinha-
berschaft derjenige, der ein Kfz für eigene Rechnung in Gebrauch hat (dh die Nutzungen aus der
Verwendung zieht und die Kosten für Unterhaltung und laufenden Betrieb trägt) und die tat-
sächliche Verfügungsgewalt innehat, die ein solcher Gebrauch voraussetzt (dh Anlass, Zeit, Dauer
und Ziel der Fahrten selbst bestimmen kann); näher § 7 StVG Rn. 14 ff. Entscheidend ist dabei
nicht das Rechtsverhältnis bzw. die Eigentümerstellung am Fz, vielmehr ist eine **wirtschaftliche
Betrachtungsweise** angebracht, bei der es vor allem auf die Intensität der tatsächlichen Bezie-
hungen zum Betrieb des Fz ankommt (OVG Lüneburg NJW **14** 1690, OVG Münster NJW **14**
2811, VRS **131** 274). Wer Eigentümer des Fz ist und auf wessen Namen es zugelassen und haft-
pflichtversichert ist, ist somit nicht entscheidend, kann allerdings im Einzelfall für die Feststellung
der Haltereigenschaft von Bedeutung sein (VGH Ma NZV **92** 167, **98** 47, OVG Berlin NJW **10**
2743, OVG Münster NJW **14** 2811, OVG Lüneburg NJW **16** 3047). In der Regel ist der Zulas-
sungsinhaber und Versicherungsnehmer eines Fz auch dessen Halter. Mangels gegenteiliger An-
haltspunkte darf die Behörde davon ausgehen, dass die im Fahrzeugregister eingetragene Person
auch tatsächlich Halter ist. Sie ist nicht verpflichtet, die Haltereigenschaft des Zulassungsinhabers
von Amts wegen in Frage zu stellen und entsprechende Aufklärungsmaßnahmen vorzunehmen
(OVG Mgd 20.2.20 – 3 M 15/20 BeckRS 2020, 5244). Diese Vermutung kann jedoch widerlegt
werden, wenn eine andere Person ausschließlich die tatsächliche Verfügungsgewalt über das Fz
hat und die laufenden Kosten für das Fz trägt (OVG Lüneburg NJW **14** 1690, VG Arnsberg
DAR **15** 418, *Beck/Berr/Schäpe* Rn. 315, vgl. Bay VRS **58** 462, Kar NZV **88** 191 (zu § 31 II)).
Die von der Zulassung ausgehende gewichtige Indizwirkung wird allerdings erst in Zweifel
gezogen, wenn der Zulassungsinhaber plausibel und substantiiert darlegt und ggf. glaubhaft
macht, dass er über das Fahrzeug tatsächlich und wirtschaftlich nicht verfügen kann (OVG Mgd
20.2.20 – 3 M 15/20 BeckRS 2020, 5244). Der vereinzelt vertretenen Auffassung, im Anwen-
dungsbereich des § 31a sei als Halter abweichend vom Begriff des tatsächlichen Halters iSv § 7
StVG der sog **Zulassungshalter** anzusehen, also die Person, auf die das Fz zugelassen ist (VG
Ansbach 23.9.11 10 K 11.00870, VG Ol 6.11.13 7 B 6460/13 (aufgehoben durch OVG Lüne-
burg NJW **14** 1690)), kann nicht gefolgt werden. Weder aus der Entstehungsgeschichte noch aus
Sinn und Zweck der Regelung lässt sich eine derartige Abweichung ableiten. Die Anordnung
zur Führung eines Fahrtenbuchs richtet sich vielmehr an den Halter iSv § 7 StVG, weil dieser
die Verfügungsbefugnis und die Möglichkeit der Kontrolle über das Fz besitzt (Rn. 12).

Auch dem Eigentümer eines vermieteten oder sonst an einen anderen überlassenen Fz kann **46**
die Führung eines Fahrtenbuchs auferlegt werden; etwas anderes könnte nur gelten, wenn der
Eigentümer mit der Überlassung des Fz an einen anderen nicht mehr Halter des Fz wäre
(OVG Lüneburg ZfS **08** 356, VG Bra 31.5.11 VM **12** 39). Wird einem Mitarbeiter ein Kfz mit
Dienstwagenvertrag zur dienstlichen und privaten Nutzung überlassen, bleibt der Arbeitgeber
idR Halter des Fz (OVG Berlin NJW **10** 2743). Halter eines **LeasingFz** iSd § 31a StVZO
ist regelmäßig nur der Leasingnehmer, uU selbst dann, wenn das Fz während der Laufzeit des
Leasingvertrages auf den Leasinggeber zugelassen bleibt (OVG Münster NJW **14** 2811). Ist eine
Personenmehrheit gemeinschaftlich Halter, so ist die Fahrtenbuchanordnung an diese zu
erteilen (BVerwG NJW **87** 3020).

Für die Frage, wem als Halter die Führung eines Fahrtenbuches auferlegt werden kann, **47**
kommt es auf die **Haltereigenschaft im Zeitpunkt des VVerstoßes** an, denn die Anordnung
zur Führung eines Fahrtenbuchs knüpft an den Umstand an, dass der Halter im Zeitpunkt des
VVerstoßes die Verfügungsbefugnis und die Kontrollmöglichkeit über das Fz hatte, aber nicht
aufgeklärt werden konnte, wer mit dem von ihm gehaltenen Fz den VVerstoß begangen hat
(VGH Ma 24.5.84 10 S 393/84, NZV **98** 47, OVG Münster VRS **121** 319, NJW **14** 2811, VGH
Mü 12.3.19 – 11 CS 18.2476 BeckRS 2019, 3410).

c) Die Fahrtenbuchanordnung erfordert **nicht** die Feststellung einer konkreten **Gefahr 48
künftiger Verstöße** gegen Bestimmungen des StrV (OVG Berlin NJW **03** 2402, VGH Ma
NJW **14** 1608, VG Bra NZV **02** 103). Ob vom Halter selbst als Führer eines Kfz Verstöße gegen
straßenverkehrsrechtliche Bestimmungen zu besorgen sind, ist nicht ausschlaggebend (BVerwG
NJW **89** 2704, OVG Berlin NJW **03** 2402, VGH Ka NJW **05** 2411, OVG Bautzen DAR **12**

718). Vielmehr genügt regelmäßig die bei jeder KfzNutzung nicht auszuschließende Möglichkeit, dass der jeweilige Fahrer VVorschriften zuwiderhandelt. Die ggf. glaubhaft gemachte Behauptung des Halters, er sei **Alleinfahrer** des Kfz, steht der Anordnung der Fahrtenbuchführung nicht entgegen, denn die behauptete Praxis der Nutzung des Fz kann sich jederzeit ändern (OVG Saarlouis 4.5.15 1 B 66/15).

49 **d) Zeitnähe.** Der Umstand, dass seit der Tat eine längere Zeit verstrichen ist, erlaubt grds. nicht die Annahme, das Führen des Fahrtenbuchs sei funktionslos geworden. Allein durch bloßen Zeitablauf wird eine Fahrtenbuchanordnung nicht unverhältnismäßig (BVerwG NJW **95** 3402, OVG Münster DAR **14** 282, VRS **131** 274). Nach **Vergehen eines erheblichen Zeitraums** seit Begehung des Verkehrsverstoßes bzw. der Einstellung des OWi- oder Strafverfahrens kann die Anordnung zur Führung eines Fahrtenbuchs als Mittel der Gefahrenabwehr allerdings **unverhältnismäßig** sein (OVG Lüneburg NZV **13** 567, NJW **14** 1610, DAR **14** 659, VG Sigmaringen ZfS **14** 59). Die Anordnung könnte zwischenzeitlich funktionslos geworden sein, denn um ihren spezialpräventiven Zweck (Rn. 11) zu erreichen, muss das Fahrtenbuch in aller Regel in einem engen zeitlichen Zusammenhang mit dem wegen fehlender Ermittlung des Fahrers nicht geahndeten VVerstoß geführt werden (VGH Ma NZV **98** 126). Ob Unverhältnismäßigkeit vorliegt, ist nach den Umständen des jeweiligen **Einzelfalles** zu beurteilen, insbes unter Berücksichtigung der Dauer der notwendigen Ermittlungen, der Geschäftsbelastung der betroffenen Behörde und des Verhaltens des Halters (BVerwG ZfS **92** 286, OVG Lüneburg NJW **14** 1610, DAR **14** 659, *Koehl* SVR **11** 416 (420)). Bei der Berechnung des Zeitraums bleiben die Zeiten außer Betracht, in denen der Halter etwa die sich aus dem OWi- oder Strafrecht ergebenden Rechtsschutzmöglichkeiten ausschöpft und dadurch selbst Anlass zu einer Verzögerung des Erlasses der Fahrtenbuchanordnung bietet (OVG Lüneburg NJW **14** 1610, DAR **14** 659, vgl. BVerwG NZV **95** 370, NJW **95** 3402). In diesem Fall ist maßgeblich auf den Zeitpunkt der Einstellung des Verfahrens abzustellen (OVG Lüneburg NJW **14** 1610, DAR **14** 659). Wenn es innerhalb des relevanten Zeitraums nicht zu einem weiteren vergleichbaren Vorfall gekommen ist, erlaubt dies nicht die Annahme, das Führen des Fahrtenbuchs sei funktionslos geworden (OVG Lüneburg NZV **13** 567, OVG Münster DAR **14** 282, VRS **131** 274, VG Sigmaringen ZfS **14** 59). Längerer Zeitablauf ist unschädlich, wenn sich erst mit Zeitverzögerung ohne Verschulden der Behörde herausstellt, dass der Adressat der Anhörung der Bußgeldbehörde zwar Zulassungshalter, aber nicht Halter iSv § 7 StVG war (OVG Münster VRS **131** 274). Keine Unverhältnismäßigkeit wurde gesehen bei Zeiträumen von 11 Monaten (VG Sigmaringen ZfS **14** 59), 12,5 Monaten (OVG Lüneburg DAR **14** 659), 16 Monaten (OVG Lüneburg NZV **13** 567), 18 Monaten (OVG Lüneburg NJW **14** 1610), 26 Monaten (OVG Münster VRS **131** 274), wohl aber bei mehr als 21 Monaten (VG Freiburg 10.6.15 4 K 1025/15). Verwirkung mit Blick auf den **Vertrauensschutz** wird durch bloßen Zeitablauf nicht begründet; dafür muss neben das Zeitmoment ein schutzwürdiges Vertrauen begründendes Umstandsmoment treten, aus dem der Betr den Schluss ziehen konnte, es solle von einer Fahrtenbuchanordnung abgesehen werden (OVG Lüneburg NZV **13** 567).

50 **e) Dauer der Fahrtenbuchanordnung.** § 31a enthält keine Aussage darüber, für welche Zeitspanne die Führung eines Fahrtenbuchs anzuordnen ist. Die Beantwortung dieser Frage liegt vielmehr im **Ermessen** der Behörde (OVG Münster NJW **16** 968), die dabei lediglich die zwingenden Vorgaben der Rechtsordnung, insbes den Gleichbehandlungs- und den Verhältnismäßigkeitsgrundsatz, zu beachten hat (VGH Ma NZV **02** 431, VGH Mü NJW **11** 326, OVG Saarlouis 18.7.16 1 B 131/16). Eine Mindest- oder Höchstdauer der Anordnung wird vom VOGeber nicht vorgegeben. Aus § 31a lässt sich auch nicht das zwingende Gebot ableiten, die Wirkungen der Maßnahme von vornherein zeitlich zu begrenzen (BVerwG 27.7.70 VM **71** 57, VGH Ka 20.3.73 VM **73** 82, OVG Br DAR **76** 53, VGH Ma ZfS **84** 381, NZV **92** 132, NZV **02** 431). Die Anordnung, ein Fahrtenbuch zu führen, ist vielmehr grds. ein **Dauerverwaltungsakt** (BVerwG NJW **89** 1624, 28.5.15 – 3 C 13/14 NZV **16** 493, VGH Ma NZV **92** 132, OVG Lüneburg NZV **12** 100, VGH Mü 1.4.19 – 11 B 19.56 VRS **135** 309), der aufzuheben ist, wenn die Gründe für seine Anordnung später wegfallen (BVerwG 27.7.70 VM **71** 57, NJW **79** 1054, VGH Ka 20.3.73 VM **73** 82, 30.11.76 VM **77** 40). Die daraus folgende Pflicht der Behörde, ihre Verfügung unter Kontrolle zu halten, enthebt sie allerdings grds. nicht der Notwendigkeit, in jedem Einzelfall schon bei der Anordnung zu prüfen, ob sich der Zweck, den sie verfolgt, nicht mit einer von vornherein **befristeten Fahrtenbuchanordnung** erreichen lässt (VGH Ma NZV **92** 132, OVG Lüneburg NZV **12** 100). Der VOGeber ist wohl auch davon ausgegangen, dass das Fahrtenbuch regelmäßig nur für eine bestimmte, von der anordnenden Stelle von vornherein festgelegte Zeit zu führen ist

(vgl III, VGH Ma NZV **02** 431). Demgemäß wird die Anordnung zur Führung eines Fahrtenbuchs **idR befristet**. Wird die Anordnung befristet, muss – auch für den juristischen Laien - klar erkennbar sein, wann die Frist beginnt (OVG Br VRS **57** 478, VG Schwerin 3.7.19 – 7 B 1100/19 BeckRS 2019, 16952). **Verlängerung** der Fahrtenbuchanordnung ist möglich, sofern die Schwere der nicht aufklärbaren Zuwiderhandlungen auch die verlängerte Zeitdauer rechtfertigt (VGH Mü 20.7.09 11 CS 09.1258).

Ob die Zeitspanne, für die ein Fahrtenbuch zu führen ist, mit dem **Verhältnismäßigkeits-** 51 **grundsatz** in Einklang steht, sie insbes den betroffenen FzHalter nicht unangemessen belastet, ist mit Blick auf den Anlass der Anordnung und den mit ihr verfolgten Zweck (Rn. 11) unter Berücksichtigung der Umstände des Einzelfalles zu beurteilen (VGH Ma NZV **02** 431, VGH Mü NJW **11** 326, OVG Saarlouis 18.7.16 1 B 131/16). Bei der Bemessung der Dauer der Fahrtenbuchanordnung ist insbes das **Gewicht des nicht aufgeklärten VVerstoßes** zu berücksichtigen (BVerwG NZV **16** 493, VGH Ma NZV **02** 431, OVG Lüneburg NZV **12** 100, NJW **14** 1610, OVG Münster NJW **16** 968). Je schwerer das mit einem Kfz begangene Delikt wiegt, desto eher wird es gerechtfertigt sein, dem Halter eine längere Überwachung der Nutzung seines Fz zuzumuten (BVerwG NZV **16** 493, VGH Ma NZV **02** 431, VGH Mü NJW **11** 326, OVG Lüneburg NZV **12** 100, DAR **14** 659, OVG Saarlouis 18.7.16 1 B 131/16). Für die Beurteilung der Schwere des Verkehrsverstoßes und damit für die konkrete Bemessung der Dauer der Fahrtenbuchanordnung darf die Behörde auf die Bewertungen abstellen, die in den einschlägigen Straf- und Bußgeldvorschriften sowie im Punktsystem der Anl 13 FeV zum Ausdruck gebracht worden sind (BVerwG NZV **16** 493, VGH Ma NZV **02** 431, OVG Münster NZV **06** 223, NJW **16** 968, VRS **130** 44, VGH Mü NJW **11** 326, OVG Lüneburg DAR **14** 659). Anlass für eine längerfristige Fahrtenbuchanordnung kann vor allem bestehen, wenn mit der festgestellten Verkehrszuwiderhandlung ein **Straftatbestand** verwirklicht wurde oder wenn eine OWi begangen wurde, die nicht nur mit einer Geldbuße, sondern auch mit einem **FV** zu ahnden ist; hierbei kommt auch eine mehrjährige Fahrtenbuchanordnung in Betracht (VGH Ma NZV **02** 431, VGH Mü NJW **11** 326). Neben dem Gewicht des festgestellten VVerstoßes kann in die Ermessensentscheidung einfließen, ob das erste Mal mit dem Kfz des Halters ein VVerstoß ohne Fahrerfeststellung begangen wurde oder ob ein **Wiederholungsfall** vorliegt (OVG Münster VRS **130** 44, VGH Mü 7.1.19 – 11 CS 18.1373 BeckRS 2019, 265); auch das **Verhalten des Halters bei der Aufklärung** des VVerstoßes kann gewürdigt werden (VGH Ma NZV **02** 431, 10.8.15 VRS **129** 36, VGH Mü NJW **11** 326, OVG Lüneburg NZV **12** 100, NJW **14** 1610, OVG Saarlouis 18.7.16 1 B 131/16, VG Saarlouis ZfS **12** 299).

In der Rspr. ist anerkannt, dass die Verpflichtung zum Führen eines Fahrtenbuchs von einer 52 **gewissen Mindestdauer** sein muss, um das damit verfolgte Ziel zu erreichen, den Halter zu einer nachprüfbaren Überwachung der Fahrzeugbenutzung und zur Mitwirkung bei der Feststellung des Fahrers im Falle eines erneuten Verstoßes anzuhalten (BVerwG NJW **95** 2866, NZV **16** 493, VGH Ma NZV **02** 431, OVG Lüneburg NZV **12** 100, OVG Schl 26.3.12 2 LA 21/12). Eine Dauer von **6 Monaten** wurde bisher als noch im unteren Bereich einer effektiven Kontrolle liegend angesehen (BVerwG NJW **95** 2866, NZV **16** 493, VGH Ma NZV **02** 431, VGH Mü NJW **11** 326, OVG Lüneburg DAR **14** 659). Diese Zeitdauer stellt damit praktisch die **untere Grenze** für eine sinnvolle Fahrtenbuchanordnung dar. Für 6-monatige Fahrtenbuchanordnung wird deswegen intendiertes Ermessen angenommen, das nicht oder jedenfalls nicht im Einzelnen begründet werden muss (VGH Mü NJW **11** 326, OVG Lüneburg NZV **12** 100, VG Saarlouis ZfS **12** 299). Bei Fahrtenbuchanordnung für **mehr als 6 Monate** musste die **Begründung** des Bescheids die für die Abwägung maßgeblichen Erwägungen enthalten (§ 39 I S. 3 VwVfG, VGH Mü NJW **11** 326, OVG Lüneburg NZV **12** 100, VG Saarlouis ZfS **12** 299).

Nach der Reform des früheren Punktsystems und der Schaffung des **Fahreignungs-** 53 **Bewertungssystems** mWv 1.5.14 (näher dazu § 4 StVG Rn. 28 ff.) decken die (neuen) Punkte nunmehr größere Spannbreiten von Verstößen ab; zudem werden im Wesentlichen nur noch unmittelbar verkehrssicherheitsrelevante Verstöße eingetragen und mit Punkten bewertet. Es werden in der Rspr. keine Bedenken gesehen, unter diesen veränderten Umständen die Dauer der Fahrtenbuchanordnung bereits bei **einem** (neuen) **Punkt** bewerteten Verstößen **regelhaft** mit **12 Monaten** zu bemessen, wenn es sich um einen Erstverstoß handelt (OVG Münster NJW **16** 968, VRS **130** 44, NZV **18** 342), und im Wiederholungsfall mit **24 Monaten** (OVG Münster VRS **130** 44).

Da **Motorräder** idR im Winter nicht oder jedenfalls nur deutlich eingeschränkt genutzt 54 werden (Saisonkennzeichen, Abmeldung im Winter, geringere Nutzung dauerhaft angemeldeter Motorräder im Winter), kann die Behörde für ein Motorrad eine **längere Dauer** der Fahrtenbuchanordnung vorsehen als für einen Pkw (BVerwG NZV **16** 493, OVG Lüneburg DAR **14** 659). Würde zB bei einem Pkw eine Dauer von 12 Monaten in Betracht kommen, kann der Zeitraum bei einem Motorrad um 3 bis 6 Monate verlängert werden (OVG Lüneburg, DAR **14** 659). Bei Motorrädern, die über ein halbjähriges **Saisonkennzeichen** verfügen, kommt im Fall eines schwerwiegenden Verstoßes auch eine Dauer von zwei Jahren in Betracht, so dass sich die Verpflichtung zur Führung eines Fahrtenbuchs effektiv auf ein Jahr erstreckt (*Koehl* SVR **11** 416 (420), *Winter* DAR **13** 290 (296)). Auch wenn ein Motorrad nach Angaben des Halters nur sehr selten gefahren wird, ist eine längere Dauer der Fahrtenbuchanordnung verhältnismäßig (VGH Ma 10.8.15 VRS **129** 36). Bei **anderen Fz** als Motorrädern, die üblicherweise **nicht ganzjährig genutzt** werden, kann ebenfalls entsprechend der Umstände des jeweiligen Einzelfalls die Anordnung einer längeren Fahrtenbuchführung in Betracht kommen (s. BVerwG NZV **16** 493).

55   Die folgenden Zeiträume für eine Fahrtenbuchanordnung wurden von der **Rspr.** für **verhältnismäßig** gehalten:

6 Monate: Geschwindigkeitsüberschreitung um 22 km/h außerorts (VG Würzburg 29.6.15 6 S 15.447), um 25 km/h auf AB (OVG Saarlouis ZfS **10** 119), einfacher Rotlichtverstoß (OVG Lüneburg NJW **04** 1124), qualifizierter Rotlichtverstoß (OVG Lüneburg ZfS **97** 77), zwar qualifizierter, im Übrigen aber „normaler" Rotlichtverstoß ohne weitere Verkehrsgefährdung (VG Lüneburg ZfS **04** 434), Missachtung eines Überholverbots (BVerwG NJW **95** 2866).

9 Monate: Geschwindigkeitsüberschreitung um 22 km/h innerorts (OVG Br VD **06** 245), um 26 km/h in Autobahnbaustelle (VG Aachen VD **12** 62), um 27 km/h auf AB (OVG Br NZV **07** 644).

12 Monate: Geschwindigkeitsüberschreitung um 20 km/h innerorts (BVerwG VkBl. **79** 209), um 27 km/h innerorts (VG Berlin NZV **99** 104), um 27 km/h außerorts (BVerwG NZV **16** 493, VGH Ma NZV **92** 167), um 29 km/h außerorts (OVG Münster VRS **130** 44), um 30 km/h (VGH Ma NZV **92** 132), um 31 km/h (VGH Ma NZV **93** 47, NJW **11** 628), um 31 km/h innerorts (VG Saarlouis DAR **15** 346), um 31 km/h außerorts (VG Bra NZV **05** 164), um 36 km/h innerorts (VG Bra VD **04** 165), um 41 km/h (VG Neustadt DAR **15** 157), um 52 km/h außerorts (VG Stu NJW **06** 793), um 57 km/h auf AB (OVG Bautzen NJW **11** 471), um 68 km/h außerorts (OVG Münster NZV **06** 223), um 69 km/h (VG Bra NZV **02** 103), um 73 km/h außerorts (VG Neustadt 5.11.15 3 L 967/15), um 79 km/h innerorts (OVG Lüneburg 19.8.20 – 12 ME 114/20 BeckRS 2020, 20041), jeder Rotlichtverstoß, auch bei Baustellen-LZA (VGH Ma NZV **91** 408), qualifizierter Rotlichtverstoß (VGH Mü NJW **11** 326).

15 Monate: Geschwindigkeitsüberschreitung um 37 km/h innerorts (VG Bra VD **07** 230), um 45 km/h (VGH Ma 10.8.15 VRS **129** 36, VG Bra VD **05** 277), um 52 km/h (OVG Saarlouis 18.7.16 1 B 131/16), Rechtsüberholen auf AB (VG Bra NZV **06** 55).

18 Monate: Geschwindigkeitsüberschreitung um 36 km/h innerorts (OVG Lüneburg NJW **14** 1610), Geschwindigkeitsüberschreitung um 44 km/h auf AB (OVG Schl 26.3.12 2 LA 21/12), um 49 km/h außerorts (VG Freiburg 2.3.20 – 6 K 3057/19 BeckRS 2020, 4977), Verkehrsunfallflucht (§ 142 I StGB, VG Sigmaringen ZfS **14** 59).

2 Jahre: Missachtung einer bereits seit über 18 sec. rot zeigenden Ampel (VGH Ma NZV **02** 431), Geschwindigkeitsüberschreitung um 29 km/h außerorts im Wiederholungsfall OVG Münster VRS **130** 44).

3 Jahre: Verkehrsunfallflucht (§ 142 I StGB), auch wenn nur ein vergleichsweise geringer Schaden entstanden ist (OVG Münster NZV **06** 53).

56   Der folgende Zeitraum für eine Fahrtenbuchanordnung wurden von der **Rspr.** als **nicht verhältnismäßig abgelehnt:**

1 Jahr: Ein zwar qualifizierter, im Übrigen aber „normaler" Rotlichtverstoß ohne weitere Verkehrsgefährdung rechtfertigt idR nur eine 6 monatige, nicht aber eine Anordnung für 1 Jahr (OVG Münster NZV **88** 239, VG Lüneburg ZfS **04** 434).

57   **f) Fahrtenbuchanordnung für welche Fahrzeuge?** Die Anordnung, ein Fahrtenbuch zu führen, ergeht nach dem Wortlaut des I S. 1 gegenüber dem Halter des Tatfahrzeugs *für ein oder mehrere auf ihn zugelassene oder künftig zuzulassende Fz* (I S. 1). Diese Formulierung ist zu eng, da FzHalter auch eine Person sein kann, die nicht identisch mit der Person ist, auf die das Fz zugelassen ist (Rn. 45). Die Anordnung zur Führung eines Fahrtenbuchs muss sich nach Sinn und Zweck der Regelung auch dann auf das Fz des Halters beziehen, wenn es nicht auf ihn zugelassen ist. – Die Behörde kann außerdem *ein oder mehrere ErsatzFz* bestimmen (I S. 2).

58   Regelmäßig wird sich die Anordnung, ein Fahrtenbuch zu führen, auf das Fz beziehen, mit dem die unaufklärbare Verkehrszuwiderhandlung begangen wurde, doch kann auch die Ausdeh-

nung auf weitere Fz des Halters geboten sein (BVerwG NJW **89** 1624). Ist der Betr bei Erlass der Anordnung nicht mehr Halter des **Tatfahrzeugs,** kann sich die Anordnung auf das inzwischen angeschaffte **NachfolgeFz** beziehen (OVG Lüneburg ZfS **15** 415). Die Maßnahme kann und muss sich regelmäßig auch auf das oder die **ErsatzFz** erstrecken, die vor Ablauf der Zeit, für die das Fahrtenbuch geführt werden muss, an die Stelle des oder der in der Verfügung bezeichneten Kfz treten (BVerwG NJW **89** 1624, OVG Saarlouis ZfS **98** 38, OVG Lüneburg ZfS **15** 415). Die Behörde hat bei ihrer Entscheidung, auf welche Fz sich die Anordnung beziehen soll, einen Ermessensspielraum, bei dessen Ausfüllung sie eine Prognoseentscheidung zu treffen hat, mit welchen Fz des Halters voraussichtlich künftig Verkehrszuwiderhandlungen begangen werden könnten. Dabei ist der Verhältnismäßigkeitsgrundsatz zu beachten (OVG Lüneburg DAR **06** 167). Keine Unverhältnismäßigkeit allein deswegen, weil das Fz als Fahrschulwagen dient (VGH Ma ZfS **84** 381, NZV **14** 188).

Der Begriff des **ErsatzFz** (I S. 2) ist weit auszulegen (OVG Lüneburg NJW **08** 167, ZfS **15** **59** 415). Im Hinblick auf das Ziel der Bestimmung, zu verhindern, dass sich der Halter durch Veräußerung des mit der Fahrtenbuchanordnung versehenen Fz der bestehenden Verpflichtung zu entziehen versucht (Begr VkBl. **93** 611), ist ErsatzFz nicht nur das an Stelle des veräußerten neu angeschaffte Fz, sondern auch alle anderen Fz des Halters, die im Zeitpunkt der Veräußerung des Tatfahrzeugs von ihm betrieben werden und demselben Nutzungszweck zu dienen bestimmt sind (OVG Berlin NJW **03** 2402, OVG Lüneburg NJW **08** 167, ZfS **15** 415). Dies kann auch ein schon vorhanden gewesener Zweitwagen sein, der nach Veräußerung des anderen nunmehr wie dieser genutzt wird (VG Fra VRS **78** 64). Die Behörde ist nicht gehalten und oft auch gar nicht in der Lage festzustellen, welches Fz in der Art und Weise seiner typischen Benutzung an die Stelle des früher verwendeten Fz getreten ist oder tritt (OVG Saarlouis ZfS **98** 38, OVG Lüneburg ZfS **15** 415). Sie muss dies deswegen bei Erstreckung der Anordnung auf ein oder mehrere ErsatzFz nicht näher präzisieren (OVG Münster NJW **93** 1152, OVG Lüneburg ZfS **15** 415). Die Eigenschaft als ErsatzFz setzt **nicht** voraus, dass der Adressat der Fahrtenbuchanordnung **Halter** des als ErsatzFz in Betracht kommenden Fz ist; von einem ErsatzFz ist immer schon dann auszugehen, wenn der Betr die Verfügungsbefugnis und Kontrolle über dieses Fz in dem Sinne hat, dass er es selbst nutzen oder anderen zur Nutzung überlassen kann (VGH Mü 13.8.08 11 ZB 08.1390). Erstreckt sich die Anordnung nach ihrem Wortlaut auf *das entsprechende ErsatzFz,* so erfasst sie alle anstelle des Tatfahrzeugs benutzten Fz (OVG Saarlouis ZfS **98** 38). Auch ein nur kurzzeitig und vorübergehend, etwa im Reparaturfall, genutztes Fz ist als ErsatzFz anzusehen, wenn es wie das mit der Fahrtenbuchanordnung belegte Fz genutzt wird (aA OVG Lüneburg ZfS **15** 415). Eine Fahrtenbuchanordnung lediglich für ein bestimmtes konkret bezeichnetes Kfz ohne Zusatz bezieht sich nicht auch auf ein ErsatzFz (OVG Ko VRS **54** 380).

Hat der Halter mehrere Kfz, so kann die Fahrtenbuchanordnung auch **auf mehrere** oder **auf** **60** **sämtliche Fz** erstreckt werden (BVerwG 27.7.70 VM **71** 57, OVG Münster NJW **98** 2305, VG Bra NZV **02** 103), jedoch nur dann, wenn auch bei ihnen einschlägige Zuwiderhandlungen zu befürchten sind (OVG Münster DAR **77** 333 = NJW **77** 2181 Ls, NJW **98** 2305, OVG Lüneburg DAR **06** 167, OVG Bautzen NJW **11** 471, VGH Ma NJW **14** 1608, OVG Saarlouis DAR **18** 226, VG Mainz DAR **13** 163, VG Neustadt DAR **15** 157). Erstreckung auf alle Fz eines Halters ist nicht nur dann möglich, wenn mit verschiedenen Fz des Halters in der Vergangenheit bereits wiederholt unaufgeklärte Verstöße begangen worden sind (OVG Lüneburg DAR **06** 167), sondern auch bei Vorliegen einer erheblichen Tat, wenn auf Grund des Verhaltens des Halters und seiner Nutzungsgepflogenheiten auch mit anderen Fz einschlägige Zuwiderhandlungen zu erwarten sind (VGH Ma NJW **14** 1608, OVG Saarlouis DAR **18** 226). Wegen der Auswirkungen auf den Halter ist eine Verhältnismäßigkeitsprüfung erforderlich, die Ermittlungen über Art und Umfang des Fahrzeugparks voraussetzt (OVG Lüneburg DAR **06** 167, OVG Saarlouis DAR **18** 226). Es ist vorab zu ermitteln, ob die anderen Fz etwa einem wechselnden Benutzerkreis mit der Folge zur Verfügung stehen, dass bei einem VVerstoß mit der Nichtfeststellbarkeit des Fahrers zu rechnen ist; weiter können auch Feststellungen darüber geboten sein, ob die anderen Fz ihrer Art nach überhaupt für die Begehung einschlägiger VVerstöße in Betracht kommen, und ob – bei FirmenFz – in der Firma des Betr Organisationsstrukturen bestehen, die die Feststellung eines konkreten Fahrers nicht ermöglichen (VGH Mü 6.5.13 11 CS 13.426, OVG Saarlouis DAR **18** 226). Sind Wiederholungen nicht mit allen Fz des Halters zu erwarten, ist die Anordnung auf diejenigen Fz zu beschränken, bei deren Nutzung künftig mit entsprechenden VVerstößen gerechnet werden kann (VG Neustadt DAR **15** 157, 5.11.15 3 L 967/15). Zugleich ist die Prüfung erforderlich, ob die Umstände, die bei der Anlasstat dazu geführt hatten, dass der Fahrer nicht ermittelt werden konnte, für alle Fz des Halters gelten. Unverhältnismäßig ist Fahrtenbuchanordnung deswegen für Fz, die mit einem **Fahrtschreiber/digitalen Kontrollgerät** ausgerüstet sind, wenn der Halter in der Vergangenheit damit die Fahrer ermittelt hat (OVG Bautzen 26.8.10 − 3 A 176/10 NJW **11** 471), nicht aber, wenn dies nicht der Fall war (VGH Mü 7.1.19 − 11 CS 18.1373 NZV **19** 318, VG Hannover 24.2.20 − 5 B 5094/19 ZfS **20** 238). Anordnung für **Taxiunternehmer** ist nicht mit Blick auf die abgabenrechtliche Pflicht zur Führung von Schichtzetteln unverhältnismäßig, da insoweit nicht die Pflichten wie für ein Fahrtbuch bestehen (VG Dü 25.8.16 6 K 3287/16). Eine Anordnung für alle Kfz erlischt bei Veräußerung ohne Wiederbeschaffung, nicht dagegen bei ständig erneuertem Wagenpark (BVerwG 8.7.66 VM **67** 41).

61   **6.** Die **Pflichten** des Adressaten einer Anordnung zur Führung eines Fahrtenbuches ergeben sich aus II und III. Sie bestehen unabhängig davon, ob das Fz tatsächlich im öff StrV benutzt wird (KG NZV **90** 362).

62   **a) Pflicht zur Anlegung des Fahrtenbuchs.** Voraussetzung für die Erfüllung der Pflichten, die sich aus II und III ergeben, ist zunächst die Anlage eines Fahrtenbuchs. Ein solches ist unabhängig davon anzulegen, ob tatsächlich Fahrten mit dem Fz im StrV durchgeführt werden, denn die Pflichten zur jederzeitigen Aushändigung und zur Aufbewahrung des Fahrtenbuchs (III) bestehen auch dann, wenn es mangels durchgeführter Fahrten leer ist (KG NZV **90** 362, VGH Ma VRS **109** 468 (474)).

63   Eine bestimmte **Form** ist nicht vorgeschrieben. Die Eintragungen müssen aber angesichts der Beweisfunktion des Fahrtenbuchs zusammenhängend und kontinuierlich zu Papier gebracht werden (KG NZV **94** 410). Das Buch muss der kontrollierenden Person eine unmittelbare Prüfung ermöglichen; eine Diskette ohne Ausdruck genügt daher nicht (KG NZV **94** 410, s. im Übrigen auch II Nr. 2, wonach Unterschrift erforderlich ist).

64   **b) Pflicht zur Führung des Fahrtenbuchs.** Die Eintragungen im Fahrtenbuch müssen vom FzHalter oder seinem Beauftragten vorgenommen werden (II). Der Beauftragte ist hier als Normadressat enthalten, um Fälle abzudecken, in denen der Halter das Fz anderen, zB seinen Familienangehörigen zur Benutzung überlässt, und zwar mit der Maßgabe, dass sie die Eintragungen im Fahrtenbuch vorzunehmen haben (Begr VkBl. **70** 831). Tun sie das nicht, sollen sie deswegen zur Verantwortung gezogen werden können (§ 69a V Nr. 4). Überlässt der Halter das Fz einem Dritten zur alleinigen Nutzung, muss er den Dritten dazu veranlassen, seinerseits ein den Anforderungen der Anordnung entsprechendes Fahrtenbuch zu führen und die Überlassung von der Erfüllung dieser Verpflichtung abhängig machen und diese überwachen (VGH Ma DAR **06** 168 = VRS **109** 468, 10.8.15 VRS **129** 36, OVG Lüneburg ZfS **08** 356).

65   Die **Eintragungen** sind in dem Fahrtenbuch *für ein bestimmtes Fahrzeug* vorzunehmen (II). Dies geschieht durch Angabe des amtlichen Kennzeichens (II Nr. 1 Buchst. b). Die Eintragungen müssen für jede einzelne Fahrt erfolgen (II). **Vor Beginn der Fahrt** sind einzutragen Name, Vorname und Anschrift des FzFührers, Kennzeichen des Fz und Datum und Uhrzeit des Beginns der Fahrt (II Nr. 1); Verstoß ist ow (§ 69a V Nr. 4). **Nach Beendigung der Fahrt** müssen unverzüglich Datum und Uhrzeit der Fahrtbeendigung mit Unterschrift des Eintragenden vermerkt werden (II Nr. 2); Verstoß ist ow (§ 69a V Nr. 4). Die Eintragungen müssen aus sich heraus verständlich sein und prüfende Personen unmittelbar in die Lage versetzen, ihnen ohne Rückgriff auf andere Erkenntnisquellen und ohne zeitraubende Ermittlungen zuverlässig zu entnehmen, wer zu einer bestimmten Zeit Führer des Fz war (KG VRS **70** 59).

66   Eine allgemeine Pflicht, das **Fahrtenbuch mitzuführen,** besteht nicht (Bay BayVBl **73** 242, KG NZV **90** 362, **94** 410). Eine solche Pflicht ergibt sich auch nicht daraus, dass Datum und Uhrzeit der Fahrtbeendigung unverzüglich nach Beendigung der Fahrt einzutragen sind. Bei ein- oder mehrfachem **Fahrerwechsel unterwegs** wird die Fahrt für den ersten Fahrer, auch wenn er das Steuer später wieder übernehmen sollte, iS von § 31a mit Abgabe des Steuers als beendet zu gelten haben, so dass nunmehr der Fahrerwechsel einzutragen ist (KG VRS **70** 59, VG Stu NJW **06** 793). Andernfalls wird zuverlässiger Fahrernachweis verfehlt. In solchen Fällen ist das Buch mitzuführen und jeder Fahrerwechsel alsbald einzutragen (*Beck/Berr/Schäpe* Rn. 318, *Rebler* DAR **17** 105 (110)). Hält der Halter mehrere Fz, so kann es Pflicht der Behörde sein, für jedes Fz, das unterwegs üblicherweise Fahrerwechsel aufweist, die Führung eines Fahrtenbuchs und dessen Mitführung anzuordnen.

67   **Nur** die Vornahme der **in II Nr. 1 und 2 bezeichneten Eintragungen** darf angeordnet werden, nicht auch zB die Eintragung von Abfahrts- und Zielorten, der Fahrtstrecke oder des Kilometerstandes zu Beginn und bei Beendigung einer Fahrt (OVG Münster NZV **95** 374). Nachdem der VOGeber durch Einfügung des § 31a II mit ÄndVO v. 23.6.93 (BGBl. I S. 1024)

die vorher in § 31a S. 2 aF nur in allgemeiner Form enthaltene Fahrtenbuchführung konkretisiert hat (Begr VkBl. **93** 611), ohne die genannten Angaben in seinem eindeutigen und detaillierten Wortlaut als lediglich beispielhaft zu kennzeichnen, ist davon auszugehen, dass die in II enthaltene Aufzählung der vorzunehmenden Eintragungen abschließend ist (OVG Münster NZV **95** 374). Somit gibt es keine Rechtsgrundlage für die Anordnung, über II hinaus weitere Angaben einzutragen, auch nicht, wenn die zusätzlichen Angaben für die künftige Feststellung eines FzFührers neben den in II Nr. 1 und 2 zur Erhebung vorgesehenen Daten für erforderlich gehalten werden (aA wohl VG Stu NJW **06** 793 (795)).

c) Pflicht zur Vorlage des Fahrtenbuchs. Das Fahrtenbuch ist auf Verlangen jederzeit den 68
zuständigen Personen auszuhändigen (III); Verstoß ist ow (§ 69a V Nr. 4a). Es muss an dem von der anordnenden Stelle festgelegten Ort ausgehändigt, also vom Halter dorthin gebracht werden (Begr zu § 31a III VkBl. **93** 611). Dass der Halter gem. III das Fahrtenbuch auf Verlangen jederzeit, dh nicht nur im Falle eines aufzuklärenden Verkehrsverstoßes, vorzulegen hat, dient der Überwachung, ob er der ihm auferlegten Pflicht ordnungsgemäß nachkommt (OVG Lüneburg NJW **11** 1620, vgl. Begr zu § 31a III VkBl. **93** 611). Unerheblich ist, dass der Betr sich durch Vorlage des Fahrtenbuchs möglicherweise selbst eines Verkehrsverstoßes überführt, denn die Vorlagepflicht dient allein der Kontrollierbarkeit und der Effizienz der Fahrtenbuchanordnung und soll den mit der Norm verfolgten Zweck der Erfüllung und Erhaltung der Ordnung und Sicherheit im StrV sicherstellen (BVerwG 20.7.83 7 B 96.82, OVG Berlin NJW **17** 501). Die Kontrolle des Vollzugs der Fahrtenbuchanordnung ist wie die Fahrtenbuchanordnung selbst mit höherrangigem Recht und dem Grundsatz der Rechtsstaatlichkeit vereinbar und verstößt insbes nicht gegen Aussageverweigerungsrechte bzw. den Grundsatz der Selbstbelastungsfreiheit (OVG Berlin NJW **17** 501). Die bereits kraft Gesetzes bestehende Vorlageverpflichtung kann von der Behörde in zeitlicher Hinsicht konkretisiert werden. Schon in der Fahrtenbuchanordnung kann zB festgelegt werden, dass eine Vorlage alle 3 Monate zu erfolgen hat (OVG Lüneburg NJW **11** 1620). Der Halter kann aber auch während der laufenden Verpflichtung zur Führung eines Fahrtenbuchs zur unverzüglichen Vorlage aufgefordert werden (VG Dü 5.6.14 14 L 958/14). Wenn das Fz innerhalb der Zeit, für die das Fahrtenbuch geführt werden muss, nicht benutzt wird, ist gleichwohl ein (dann leeres) Fahrtenbuch vorzulegen (KG NZV **90** 362, VGH Ma VRS **109** 468 (474)).

d) Die Pflicht zur Aufbewahrung des Fahrtenbuchs (III) beginnt unmittelbar nach Ab- 69
lauf der Zeit, für die es geführt werden muss und dauert 6 Monate an. Verstoß gegen die Aufbewahrungspflicht ist ow (§ 69a V Nr. 4a).

7. Verfahrensfragen 70

a) Sachlich **zuständig** für den Erlass der Anordnung zur Führung eines Fahrtenbuchs ist die 71
nach Landesrecht zuständige Behörde (I S. 1, § 68 I). Die örtliche Zuständigkeit ergibt sich aus § 68 II.

b) Anhörung. Vor Erlass der Anordnung zur Führung eines Fahrtenbuchs ist ein **Hinweis** 72
durch die ermittelnde Behörde auf die Möglichkeit eines Fahrtenbuches nicht Rechtmäßigkeitsvoraussetzung (OVG Lüneburg ZfS **05** 270, OVG Bautzen 3.7.13 3 B 349/13). Auch eine Hinweispflicht der Bußgeldbehörde auf die mutmaßliche Dauer einer Fahrtenbuchanordnung bei Unmöglichkeit der Fahrerfeststellung besteht nicht (VGH Ma 10.8.15 VRS **129** 36). Notwendig ist aber die nach den Landesverwaltungsverfahrensgesetzen erforderliche **Anhörung.** Diese Anhörung nach § 28 I VwVfG ist von derjenigen, die im Rahmen der Fahrerfeststellung stattfindet, zu unterscheiden (*Koehl* SVR **11** 416, SVR **18** 94). Sie kann erst durchgeführt werden, wenn die für den Erlass der Fahrtenbuchanordnung zuständige Behörde zu dem Schluss gekommen ist, dass die Fahrerfeststellung unmöglich ist und daher geprüft werden soll, ob die Führung eines Fahrtenbuchs angeordnet wird (*Koehl* VD **15** 262). Eine unterbliebene Anhörung kann nachgeholt werden (§ 45 I Nr. 3 VwVfG). Wird sie nicht nachgeholt, kann ihr Unterlassen unbeachtlich sein, wenn offensichtlich ist, dass die Verletzung der Anhörungspflicht die Entscheidung in der Sache nicht beeinflusst hat (§ 46 VwVfG).

c) Begründung der Anordnungsverfügung. Die Anordnung zur Führung eines Fahr- 73
tenbuches ist zu begründen (§ 39 I VwVfG). Da es sich um eine Ermessensentscheidung handelt, sind gem. § 39 I S. 3 VwVfG die für die Abwägung maßgeblichen Erwägungen sowie die Gründe, die dazu geführt haben, dass bestimmten Gesichtspunkten der Vorrang gegeben wurde, anzugeben (*Kopp/Ramsauer* § 39 Rn. 25). Je gravierender der hinsichtlich des verantwortlichen Fahrers unaufklärbare VVerstoß ist und je geringer die Mitwirkung des Halters bei der Sachver-

haltsaufklärung, desto geringere Anforderungen sind an die Darlegung der Ermessenserwägungen für die Anordnung der Fahrtenbuchführung zu stellen (VGH Ma NJW **11** 628). Bei der Anordnung zur Führung eines Fahrtenbuchs für die **Dauer von 6 Monaten** erübrigt sich eine Begründung der Ermessensausübung hinsichtlich der Dauer weitgehend, weil bei Fahrtenbuchanordnungen für 6 Monate in der Rspr. intendiertes Ermessen angenommen wird, das nicht oder jedenfalls nicht im Einzelnen begründet werden muss (Rn. 52).

74   **d) Sofortige Vollziehung.** Anordnungen zur Fahrtenbuchführung sind nicht kraft Gesetzes sofort vollziehbar. Die sofortige Vollziehung muss vielmehr ggf. von der Behörde angeordnet werden. Sie ist dazu nicht verpflichtet, um dem gesetzlichen Zweck der Anordnung zu genügen; in einer Vielzahl von Fällen wird eine Anordnung aber zulässig oder gar geboten sein, um wirksam zu verhindern, dass mit dem Fz weiterhin gegen VVorschriften verstoßen wird, ohne dass der FzFührer erfasst werden kann (BVerwG NJW **79** 1054). IdR werden die Voraussetzungen des § 80 II S. 1 Nr. 4 VwGO für die Anordnung sofortiger Vollziehung vorliegen (VGH Ma NZV **98** 126, OVG Berlin NJW **03** 2402, *Gehrmann* ZfS **02** 213 (217), aA VG Schwerin 3.7.19 – 7 B 1100/19 BeckRS 2019, 16952). Im Interesse der Sicherheit des StrV kann in aller Regel auf das sofortige Führen des Fahrtenbuchs nicht verzichtet werden (VGH Ma NZV **98** 126). Auf konkrete Wiederholungsgefahr kommt es nicht an (VGH Ma NZV **98** 126). Anordnung der Fahrtenbuchführung erst einige Zeit nach dem Begehen des VVerstoßes steht der Anordnung der sofortigen Vollziehung nicht entgegen (VGH Mü 26.3.15 11 CS 15.247). Der Betr muss vor Anordnung der sofortigen Vollziehung nicht eigens dazu gem. § 28 VwVfG angehört werden (s. OVG Weimar ThürVBl **12** 197).

75   An die gem. § 80 III S. 1 VwGO erforderliche schriftliche **Begründung** des besonderen Interesses an der sofortigen Vollziehung sind keine hohen Anforderungen zu stellen, sie darf aber nicht lediglich formelhaft sein oder gänzlich fehlen (OVG Weimar ThürVBl **12** 197, VG Stu NJW **06** 793). Da § 31a zu den Vorschriften gehört, bei denen zur Abwehr von Gefahren für wichtige Gemeinschaftsgüter, nämlich die Ordnung und Sicherheit im StrV und damit letztlich auch die Bewegungsfreiheit und körperliche Unversehrtheit aller Bürger, das besondere öffentliche Vollzugsinteresse nach § 80 II S. 1 Nr. 4 VwGO im Regelfall mit dem Interesse am Erlass des VA zusammenfällt (VGH Ma NZV **98** 126, OVG Saarlouis 4.5.15 1 B 66/15, 18.7.16 1 B 131/16, OVG Bautzen SächsVBl **16** 257, *Koehl* NZV **08** 169 (174)), kann sich die Begründung darauf beschränken, die typische Interessenlage zur Rechtfertigung der Anordnung der sofortigen Vollziehung aufzuzeigen und deutlich zu machen, dass nach Auffassung der Behörde diese typische Interessenlage auch im konkreten Fall vorliegt (*Finkelnburg/Dombert/Külpmann* Rn. 1475). Da sich die Behörde in diesen Fällen bei der Abwägung zwischen den Beteiligteninteressen im Wesentlichen auf die Prüfung beschränken kann, ob nicht ausnahmsweise in Ansehung der besonderen Umstände des Falles die sofortige Vollziehung weniger dringlich als im Normalfall ist, reicht es, wenn die Begründung der Anordnung erkennen lässt, dass die Behörde diese Gesichtspunkte bei ihrer Interessenabwägung berücksichtigt hat (OVG Saarlouis 18.7.16 – 1 B 131/16, OVG Bautzen SächsVBl **16** 257, VG Göttingen 27.9.18 – 1 B 289/17 BeckRS 2018, 25474).

76   **e) Beginn der Wirksamkeit.** Die Anordnung zur Führung eines Fahrtenbuchs wird mit Bekanntgabe wirksam (§ 43 I S. 1 VwVfG). Sie muss klar ergeben, ab wann das Fahrtenbuch zu führen ist (OVG Br VRS **57** 478, VG Schwerin 3.7.19 – 7 B 1100/19 BeckRS 2019, 16952).

77   Ist der **Fristbeginn** auf die **Zustellung des Bescheids** oder ein zeitnahes **Datum** festgelegt und ist sofortige Vollziehung nicht angeordnet, so hat ein eingelegtes Rechtsmittel aufschiebende Wirkung. Gleiches gilt bei Anordnung sofortiger Vollziehung, wenn die aufschiebende Wirkung wiederhergestellt worden ist. Die Pflichten sind dann zunächst nicht zu beachten. Die Frist läuft gleichwohl wie festgelegt (VGH Mü BayVBl **85** 23). Die Anordnung erledigt sich in diesem Fall durch Zeitablauf 6 Monate nach Ablauf der festgelegten Zeitspanne für die Führung des Fahrtenbuchs mit Ablauf der Pflicht zur Aufbewahrung des Fahrtenbuchs, auch wenn das Fahrtenbuch wegen der aufschiebenden Wirkung nicht geführt werden musste. Ist sofortige Vollziehung angeordnet und wurde die aufschiebende Wirkung nicht wiederhergestellt, sind die Pflichten ab dem festgelegten Fristbeginn zu beachten.

78   Wird der **Fristbeginn** ab **Bestandskraft des Bescheids** festgelegt, sind die sich aus der Anordnung ergebenden Pflichten erst ab Bestandskraft zu erfüllen. Durch ein ggf. durchgeführtes Rechtsmittelverfahren wird der Beginn der Frist hinausgeschoben. Selbst bei langandauernden Rechtsmittelverfahren steht der Zeitablauf der Durchsetzung der Anordnung nicht entgegen, denn sonst hätte es der Betr in der Hand, sich durch Einlegen von Rechtsmitteln und den damit verbundenen Zeitablauf der Anordnung zur Fahrtenbuchführung zu entziehen (BVerwG NJW **95** 3402, *Gehrmann* ZfS **02** 213 (217)).

f) Gebühr. Die Anordnung zur Führung eines Fahrtenbuchs ist gebührenpflichtig (Nr. 252 **79** Anl zu § 1 GebOSt, 21,50 bis 200 Euro). Da es sich um eine Rahmengebühr handelt, liegt die Bemessung der Gebühr im Ermessen der Behörde, wobei die Ermessenserwägungen hinreichend begründet werden müssen (OVG Münster NZV **11** 268). Str ist, ob für die *Androhung* der Fahrtenbuchanordnung eine Gebühr erhoben werden kann (Rn. 89).

g) Vollstreckung der Fahrtenbuchanordnung. Werden die aus der Fahrtenbuchanord- **80** nung folgenden Pflichten nicht erfüllt, ist Vollstreckung nach allgemeinen Grundsätzen möglich. Eine Zwangsgeldandrohung muss hinreichend bestimmt sein; die Höhe des Zwangsgeldes muss bei verschiedenen Verpflichtungen orientiert an deren jeweiliger Bedeutung ggf. differenziert werden (VG Bayreuth NZV **15** 611). Zur Androhung von Zwangsgeld und weiterem Zwangsgeld bei Fristsetzung zur Vorlage des Fahrtenbuchs VGH Ma DAR **06** 168 = VRS **109** 468. Überlässt der Halter, demgegenüber die Führung eines Fahrtenbuchs angeordnet worden ist, das Fz dauerhaft einem Dritten zur alleinigen Nutzung, so steht dies der Vollstreckung der Fahrtenbuchanordnung gegen den Halter nicht entgegen (VGH Ma DAR **06** 168 = VRS **109** 468).

h) Rechtsschutz. Die Anordnung zur Führung eines Fahrtenbuchs ist VA. Dagegen kann **81** mit Widerspruch und **Anfechtungsklage** vorgegangen werden (*Koehl* NZV **08** 169). Sie haben aufschiebende Wirkung (§ 80 I VwGO), sofern nicht die sofortige Vollziehung angeordnet worden ist (§ 80 II S. 1 Nr. 4 VwGO). Ist die sofortige Vollziehung angeordnet, können die Behörde oder das Gericht die aufschiebende Wirkung wiederherstellen (§ 80 IV, V VwGO). Antrag auf Wiederherstellung der aufschiebenden Wirkung ist auch dann noch zulässig, wenn der Zeitraum, für den das Fahrtenbuch zu führen war, bereits abgelaufen ist, sofern die aus III folgenden Vorlage- und Aufbewahrungspflichten noch bestehen (VG Göttingen 10.4.19 – 1 B 488/18 BeckRS 2019, 6078). Die Anfechtungsklage richtet sich auch gegen die mit der Sachentscheidung verbundene Kostenentscheidung (Festsetzung von Gebühren und Auslagen, OVG Münster NZV **11** 268).

Beurteilungszeitpunkt. Die Anordnung zur Führung eines Fahrtenbuchs ist ein Dauerver- **82** waltungsakt, dessen Rechtmäßigkeit sich nach der Sach- und Rechtslage im Zeitpunkt der (jeweils) letzten Tatsacheninstanz beurteilt (BVerwG NJW **89** 1624, NZV **16** 493, OVG Münster NZV **95** 374).

Fortsetzungsfeststellungsklage (§ 113 I S. 4 VwGO). Ist die Fahrtenbuchanordnung zeit- **83** lich abgelaufen, so kommt die bloße Feststellung ihrer etwaigen Unrechtmäßigkeit grds. nicht mehr in Betracht (VGH Mü DAR **77** 335, 28.1.15 11 ZB 14.1129, OVG Saarlouis ZfS **16** 539, OVG Lüneburg 27.3.20 – 12 ME 48/20 NZV **20** 439, VG Osnabrück ZfS **13** 295, *Jagow* § 31a StVZO Anm VIII S. 1a bb, *Gehrmann* ZfS **02** 213 (218), *Koehl* NZV **08** 169 (174)). Weder gibt es eine diskriminierende Wirkung („Bemakelung") durch den Bescheid noch besteht Wiederholungsgefahr, da der Betr Vorkehrungen treffen kann, dass künftig ohne Weiteres feststellbar ist, wer zu einem bestimmten Zeitpunkt sein Fz benutzt hat. Im Wiederholungsfall stehen im Übrigen mit der Anfechtungsklage und der Möglichkeit der gerichtlichen Suspendierung eines etwaigen Sofortvollzugs ausreichend effektive Rechtsschutzmöglichkeiten zur Verfügung (VGH Mü 28.1.15 11 ZB 14.1129, *Koehl* NZV **08** 169 (174)). Aber berechtigtes Interesse an Feststellung, wenn Aufbewahrungs- und Vorlagefristen noch andauern (VG Mü 17.9.03 M 23 K 03.2672).

i) Streitwert. Nr. 46.11 des Streitwertkatalogs für die Verwaltungsgerichtsbarkeit setzt **pro** **84** **Monat** angeordneter Dauer der Fahrtenbuchführung **400 Euro** für die Streitwertbemessung im Hauptsacheverfahren an. Bei einer angeordneten Dauer von mehr als einem Jahr wird zT das erste Jahr wie im Streitwertkatalog vorgesehen mit 400 Euro pro Monat, aber jedes weitere Jahr der Dauer nur noch mit jeweils 1000 Euro streitwerterhöhend berücksichtigt (VGH Ka VRS **122** 383). Eine derartige Ermäßigung bei längeren Zeiträumen ist jedoch nicht sachgerecht, da sich keine geringere Beeinträchtigung ergibt, wenn die Fahrtenbuchanordnung über ein Jahr hinausgeht (*Schneider* DAR **16** 178). Erstreckt sich die Anordnung auch auf **Ersatz- oder NachfolgeFz**, rechtfertigt dies keine Erhöhung des Streitwerts, da stets nur die Pflicht zur Führung eines Fahrtenbuchs besteht (*Schneider* DAR **09** 551, *Winter* DAR **13** 290). Wird dagegen die Fahrtenbuchführung für **mehrere Fz** angeordnet, ist die Anordnung für jedes Fz gesondert zu bewerten, da in diesem Fall mehrere Fahrtenbücher mit allen Pflichten zeitgleich geführt werden müssen; die Einzelwerte sind dann nach § 39 I GKG zusammen zu rechnen (OVG Mgd NVwZ-RR **13** 663, VGH Ma DAR **16** 177, OVG Münster 26.11.19 – 8 E 802/19 BeckRS 2019, 31553 = VM **20** 30, *Schneider* DAR **09** 551, DAR **16** 178, *Winter* DAR **13** 290). Für einen zT ab dem zweiten (VG Neustadt DAR **15** 157) oder ab dem elften Fz (OVG Münster NJW **98** 2305, VG Regensburg 21.10.16 5 S 16.1399, MüKoStVR/*Knop* § 31a StVZO Rn. 46) befürworteten „Mengenrabatt" besteht keine Veranlassung (OVG Mgd NVwZ-RR **13** 663, VGH Ma DAR **16** 177, OVG Münster 26.11.19 – 8 E 802/19 BeckRS 2019, 31553 = VM **20** 30, VG Cottbus 11.9.07 2 K 1526/04, VG Mainz DAR **13** 163, *Schneider* DAR **09** 551, DAR **16** 178, *Winter* DAR **13** 290).

85   Für **einstweilige Rechtsschutzverfahren** ist grds. von dem hälftigen Wert auszugehen (Nr. 1.5 S. 1 des Streitwertkatalogs). Hier ist aber zu differenzieren, ob die Fahrtenbuchanordnung nach einem Zeitraum bestimmt ist oder kalendermäßig (*Schneider* DAR **09** 551, DAR **16** 178). Wird die Führung eines Fahrtenbuchs für einen Zeitraum angeordnet, führt eine Aussetzung der sofortigen Vollziehung dazu, dass sich der Beginn der Anordnung verschiebt, ohne dass sich etwas an der Dauer der angeordneten Fahrtenbuchführung ändert. Hier ist von der Hälfte des Hauptsachewertes auszugehen. Ist die Führung des Fahrtenbuchs dagegen ab einem konkret bezeichneten zeitnahen Datum oder ab Zustellung des Bescheids angeordnet, kann die Aussetzung der sofortigen Vollziehung faktisch zum Wegfall der Fahrtenbuchanordnung führen, weil die Zeit der Aussetzung nicht nachgeholt werden kann (*Schneider* DAR **09** 551, DAR **16** 178). In diesem Fall entspricht der Streitwert im Verfahren des vorläufigen Rechtsschutzes dem Streitwert des Hauptsacheverfahrens, da die Hauptsache regelmäßig vorweggenommen wird (VGH Ma NZV **09** 413, ZfS **09** 417, NZV **14** 188, 10.8.15 VRS **129** 36, VG Neustadt DAR **15** 157).

86   **8. Androhung der Fahrtenbuchanordnung.** Nicht geregelt ist, unter welchen Umständen die Anordnung zur Führung eines Fahrtenbuchs von der Behörde (lediglich) angedroht werden kann und welche Rechtsfolgen dies hat. Einen Rechtssatz, dass bei einem erstmaligen VVerstoß von einigem Gewicht zunächst die Androhung der Anordnung zur Führung eines Fahrtenbuchs notwendig und ausreichend ist, gibt es nicht (BVerwG NJW **95** 3402). Bei der Androhung der Fahrtenbuchanordnung handelt es sich um eine nach hM gebührenpflichtige, erzieherische Maßnahme ohne ausdrückliche Rechtsgrundlage. Das Fehlen einer eigenständigen Regelung von Tatbestandsvoraussetzungen für die Androhung wird in der Rspr. für unproblematisch gehalten, weil entsprechend an die Tatbestandsvoraussetzungen des § 31a I S. 1 angeknüpft werden könne (VG Freiburg 2.12.08 4 K 913/06).

87   Die behördliche **Androhung,** bei erneutem unaufklärbarem VVerstoß die Führung eines Fahrtenbuchs anzuordnen, ist mangels Regelung **kein VA** und nicht selbstständig anfechtbar (BVerwG 29.6.73 VM **74** 24, VGH Mü DAR **78** 334, OVG Münster NZV **09** 104, OVG Bautzen 25.1.18 3 A 303/17, VG Augsburg 22.8.00 Au 3 K 00.449, VG Freiburg 2.12.08 4 K 913/06, *Stelkens/Bonk/Sachs* § 35 Rn. 85 Fn 406, *Beck/Berr/Schäpe* Rn. 325, *Gehrmann* ZfS **02** 213 (218), *Weber* SVR **14** 50 (54)). Dem Halter wird durch die Androhung keine Verpflichtung auferlegt. Ob nach erneutem unaufklärbarem VVerstoß die Anordnung der Führung eines Fahrtenbuchs in Betracht kommt, hängt allein von den Umständen des neuen Falles ab. Die Androhung hat lediglich den Zweck, den Halter „dazu anzuregen, sorgfältiger zu prüfen und zu überwachen, wem er sein Kfz zur Führung überlässt" (BVerwG 29.6.73 VM **74** 24, OVG Münster NZV **09** 104). Die Androhung ist vom VOGeber auch nicht als Vorstufe oder Rechtmäßigkeitsvoraussetzung einer späteren Anordnung eines Fahrtenbuchs vorgesehen. Die Androhung ist keine verbindliche Vorentscheidung für künftige Fälle, so dass die Anordnung zur Führung eines Fahrtenbuches bei einem späteren erneuten VVerstoß nicht allein mit der zuvor ausgesprochenen Androhung begründet werden kann (OVG Münster NZV **09** 104).

88   Die Androhung wird nach vorherrschender Auffassung in der Rspr. dann für **zulässig** gehalten, wenn stattdessen auch die Anordnung zur Führung eines Fahrtenbuchs möglich gewesen wäre (OVG Ko ZfS **07** 540, OVG Bautzen 25.1.18 3 A 303/17, VG Augsburg 22.8.00 Au 3 K 00.449, VG Freiburg 2.12.08 4 K 913/06, VG Osnabrück ZfS **13** 415). Nach aA rechtfertigt auch ein VVerstoß minderen Gewichts, der aus Gründen der Verhältnismäßigkeit noch nicht zu einer Fahrtenbuchanordnung führen dürfte, die Androhung, da das Gewicht des VVerstoßes nicht zu den ausdrücklich in § 31a geregelten Voraussetzungen für die Anordnung zur Führung eines Fahrtenbuchs gehöre und erst bei der Verhältnismäßigkeit der Maßnahme und ggf. der Ermessensausübung eine Rolle spiele (OVG Münster NZV **09** 104).

89   Die Erhebung einer **Gebühr für die Androhung** einer Fahrtenbuchanordnung nach Nr. 398 Anl zu § 1 GebOSt wird überwiegend für zulässig gehalten, wenn statt der Androhung auch die Anordnung der Fahrtenbuchführung möglich gewesen wäre (OVG Ko ZfS **07** 540, OVG Bautzen 25.1.18 3 A 303/17, VG Augsburg 22.8.00 Au 3 K 00.449, VG Dresden 14.1.02

14 K 1255/01, 13.6.05 14 K 2139/04, VG Osnabrück ZfS **13** 415, MüKoStVR/*Knop* § 31a StVZO Rn. 33), zT sogar, wenn der VVerstoß eine Fahrtenbuchanordnung noch nicht gerechtfertigt hätte (OVG Münster NZV **09** 104, krit dazu GVR/*Haus* § 31a StVZO Rn. 125), ist jedoch **von § 6a I, II StVG nicht gedeckt** (VG Weimar Urt v. 16.3.06 2 K 1185/05 nv, näher § 6a StVG Rn. 17).

9. Datenspeicherung und -übermittlung. Die Fahrtenbuchanordnung darf im örtlichen 90 und im Zentralen Fahrzeugregister gespeichert werden (§ 33 III StVG), sodass abgefragt werden kann, ob gegen eine bestimmte Person die Führung eines Fahrtenbuchs angeordnet worden ist. Die Daten sind nach Wegfall der Anordnung zu löschen (§ 44 II StVG). Dies ist nach Sinn und Zweck so zu verstehen, dass die Datenlöschung nicht bereits nach Ablauf der Zeit, für die das Fahrtenbuch geführt werden muss, sondern erst nach Ablauf der anschließenden sechsmonatigen Aufbewahrungsfrist gem. III zu erfolgen hat. Die Daten dürfen den ZulB und dem KBA zur Überwachung der Fahrtenbuchanordnung sowie zur Verfolgung von Straftaten oder Ordnungswidrigkeiten nach §§ 24, 24a, 24c StVG den dafür zuständigen Behörden oder Gerichten übermittel werden (§ 35 IIa StVG), auch durch Abruf im automatisierten Verfahren (§ 36 IIf StVG). Die Übermittlung darf nur bezogen auf den Einzelfall, für den die Angabe benötigt wird, erfolgen (§ 35 IIa StVG, Begr BT-Drs. 17/13 026 S. 18 = VkBl. **13** 982). Für die Eintragung einer Fahrtenbuchanordnung in die ZB I/den FzSchein und die Aufforderung der Behörde, die ZB I/den FzSchein zu diesem Zweck vorzulegen, gibt es keine Rechtsgrundlage (OVG Münster NZV **05** 336).

10. Ordnungswidrigkeit (§ 24 StVG): Wer entgegen II als Halter oder dessen Beauftragter 91 im Fahrtenbuch nicht vor Beginn der betreffenden Fahrt die erforderlichen Angaben einträgt oder nicht unverzüglich nach Beendigung der betreffenden Fahrt Datum und Uhrzeit der Beendigung mit seiner Unterschrift einträgt, oder wer entgegen III ein Fahrtenbuch nicht aushändigt oder nicht aufbewahrt, handelt ow (§ 69a V Nr. 4, 4a). Voraussetzung ist eine bestandskräftige oder sofort vollziehbare Anordnung zur Fahrtenbuchführung. Die Nichtvornahme der gebotenen Eintragungen in das Fahrtenbuch ist nur dann bußgeldbewehrt, wenn derjenige, dem die Führung des Fahrtenbuchs auferlegt wurde, Halter des Kfz war (Bay DAR **74** 110).

Eintragung eines Punktes (früher Nr. 7 Anl 13 FeV) erfolgt seit 1.5.14 nicht mehr. Verstöße 92 werden **nicht in das FAER eingetragen** und demzufolge **nicht mit Punkten bewertet**, da sie aus der Sicht des Bundes nicht unmittelbar verkehrssicherheitsrelevant sind. Der Bußgeldregelsatz wurde dafür im Zusammenhang mit der Reform des Punktsystems und der Schaffung des Fahreignungs-Bewertungssystems (§ 4 StVG) durch ÄndVO v. 5.11.13 (BGBl. I S. 3920) mit Wirkung ab 1.5.14 von 50 auf 100 € heraufgesetzt (Nr. 190 Anl BKatV). Nachdem die Länder bei Anrufung des Vermittlungsausschusses zum Entwurf des 5. StVGÄndG v. 28.8.13 (BGBl. I S. 3313) gefordert hatten, ua den Verstoß gegen die Fahrtenbuchanordnung im FEigBewSystem nicht von einer Bewertung mit Punkten auszuschließen (BR-Drs. 387/13 (Beschluss) Nr. 1 und S. 2 zu Nr. 1), sich damit im Vermittlungsverfahren aber nicht durchsetzen konnten, erklärte sich der Bund bereit, im Gegenzug für den Wegfall der Punktebewertung den **Bußgeldregelsatz** nicht nur – wie ursprünglich geplant – von 50 auf 65 €, sondern auf **100 €** zu erhöhen (Begr BR-Drs. 676/13 S. 65 = VkBl. **13** 1192).

Erneute **Fahrtenbuchanordnung** bei Verstoß gegen die Vorlagepflicht, nunmehr **wegen** 93 **Nichtvorlage des Fahrtenbuchs**, ist unzulässig (VG Hannover 18.1.11 5 B 4932/10). Ist die angeordnete Zeitdauer aber noch nicht abgelaufen, ist bei Pflichtenverstoß Verlängerung möglich, sofern der nicht aufklärbare VVerstoß auch die verlängerte Dauer rechtfertigt (VGH Mü 20.7.09 11 CS 09.1258).

Überprüfung mitzuführender Gegenstände

31b Führer von Fahrzeugen sind verpflichtet, zuständigen Personen auf Verlangen folgende mitzuführende Gegenstände vorzuzeigen und zur Prüfung des vorschriftsmäßigen Zustands auszuhändigen:

1. Feuerlöscher (§ 35g Absatz 1),

2. Erste-Hilfe-Material (§ 35h Absatz 1, 3 und 4),

3. Unterlegkeile (§ 41 Absatz 14),

4. Warndreiecke und Warnleuchten (§ 53a Absatz 2),

4a. Warnweste (§ 53a Absatz 2),

5. tragbare Blinkleuchten (§ 53b Absatz 5) und windsichere Handlampen (§ 54b),

6. Leuchten und Rückstrahler (§ 53b Absatz 1 Satz 4 Halbsatz 2 und Absatz 2 Satz 4 Halbsatz 2).

1   **Begr** zur ÄndVO v. 24.4.92: VkBl. **92** 342, zur ÄndVO v. 23.6.93: VkBl. **93** 611.

Begr zur ÄndVO v. 18.5.17 **zur Streichung von Nr. 7** (BR-Drs. 771/16 S. 20): *Durch die Aufhebung der generellen Mitführpflicht von Fahrradscheinwerfern und -schlussleuchten muss die Auflistung in § 31b angepasst werden.*

2   Ob die Weigerung, vorschriftsgemäß mitzuführende Gegenstände bei Kontrollen zur Prüfung vorzuzeigen, eine bußgeldpflichtige OW sei, war von Ha VRS **57** 371 bezweifelt worden. Die Vorschrift behebt zusammen mit § 69a V S. 4b diese Zweifel. Aus der nunmehr festgelegten Vorzeige- und Aushändigungspflicht hinsichtlich der „mitzuführenden" Gegenstände ist keine Mitwirkungspflicht des Fahrers bei anderen Kontrollen zu folgern, soweit sie nicht ausdrücklich vorgeschrieben ist (wie zB in § 31c); jedoch würde die Kontrollbefugnis weitgehend sinnlos, wenn er sie nicht mindestens unbehindert zu dulden hätte (näher *Bouska* VD **80** 102).

Überprüfung von Fahrzeuggewichten

31c [1]Kann der Führer eines Fahrzeugs auf Verlangen einer zuständigen Person die Einhaltung der für das Fahrzeug zugelassenen Achslasten und Gesamtgewichte nicht glaubhaft machen, so ist er verpflichtet, sie nach Weisung dieser Person auf einer Waage oder einem Achslastmesser (Radlastmesser) feststellen zu lassen. [2]Nach der Wägung ist dem Führer eine Bescheinigung über das Ergebnis der Wägung zu erteilen. [3]Die Kosten der Wägung fallen dem Halter des Fahrzeugs zur Last, wenn ein zu beanstandendes Übergewicht festgestellt wird. [4]Die prüfende Person kann von dem Führer des Fahrzeugs eine der Überlastung entsprechende Um- oder Entladung fordern; dieser Auflage hat der Fahrzeugführer nachzukommen; die Kosten hierfür hat der Halter zu tragen.

1   **Begr** (VkBl. **90** 492): *§ 34 Abs. 5 (alt) wurde ohne wesentliche Änderung aus Anlass der Neufassung des § 34 aus systematischen Gründen nach § 31b als neuer § 31c eingefügt.*
   …

2   **1. Überprüfung des Gesamtgewichts, Messungen der Achslast.** Die Vorschrift regelt die Zulässigkeit solcher Messungen und das Verfahren. **MotorFz und Anhänger** sind abgekuppelt getrennt zu wiegen, s. § 34 Rn. 6. Bei Zügen und SattelKfzen ist gem. § 34 VI auch das zulässige Gesamtgewicht der EinzelFze zu beachten (Kö VRS **67** 385 ist durch die Neufassung überholt). Zur Wägung von FzKombinationen, s. § 34 Rn. 6. Zur Prüfung des Gesamtgewichts von Lkw BT-Drs. 17/9829 v. 30.5.12.

3   **2.** Der Betroffene hat **an der Gewichtsprüfung mitzuwirken,** und zwar nach der Neufassung (Begr, s. VkBl. **90** 492) unabhängig von der Entfernung bis zur nächsten Waage. Die früher geltende 6-km-Grenze wurde im Hinblick auf die Ausdünnung des Netzes öffentlicher Waagen im Interesse der VSicherheit nicht in § 31c übernommen. Bei Weigerung des Betroffenen ist Abschleppen durch die Pol zur Gewichtsfeststellung zulässig, Ha VM **72** 72, Ol VRS **60** 230. Wird ein zu beanstandendes Übergewicht festgestellt, so hat der Betroffene die Kosten einschließlich der Abschleppkosten zu tragen (S. 3), s. Ha VM **72** 72.

4   **3. Ordnungswidrigkeit:** § 69a V Nr. 4c. OW ist Verstoß gegen die Mitwirkungspflicht des S. 1 und gegen die Auflage des Um- oder Entladens (S. 4 Hs. 2). Mit der eindeutigen Weigerung, zur Waage zu fahren, ist die Tat vollendet, spätere Sinnesänderung entlastet nicht, Kar VRS **45** 225. Wer die Ladung abkippt, verstößt gegen § 31c (§ 69a V Nr. 4c), sofern die Fahrt zu einer bestimmten Waage vorher angeordnet war, Bay VRS **68** 475 (hinsichtlich der Entfernung zur Waage allerdings durch die Neufassung überholt).

Gewichte, Abmessungen und Beschaffenheit ausländischer Fahrzeuge

31d (1) Ausländische Kraftfahrzeuge und ihre Anhänger müssen in Gewicht und Abmessungen den §§ 32 und 34 entsprechen.

(2) Ausländische Kraftfahrzeuge müssen an Sitzen, für die das Recht des Zulassungsstaates Sicherheitsgurte vorschreibt, über diese Sicherheitsgurte verfügen.

(3) ¹ **Ausländische Kraftfahrzeuge, deren Zulassungsbescheinigung oder Internationaler Zulassungsschein von einem Mitgliedstaat der Europäischen Union oder von einem anderen Vertragsstaat des Abkommens über den Europäischen Wirtschaftsraum ausgestellt worden ist und die in der Richtlinie 92/6/EWG des Rates vom 10. Februar 1992 über Einbau und Benutzung von Geschwindigkeitsbegrenzern für bestimmte Kraftfahrzeugklassen in der Gemeinschaft (ABl. L 57 vom 2.3.1992, S. 27), die durch die Richtlinie 2002/85/EG (ABl. L 327 vom 4.12.2002, S. 8) geändert worden ist, genannt sind, müssen mit Geschwindigkeitsbegrenzern nach Maßgabe des Rechts des Zulassungsstaates ausgestattet sein.** ² **Die Geschwindigkeitsbegrenzer müssen benutzt werden.**

(4) **Die Luftreifen ausländischer Kraftfahrzeuge und Anhänger, deren Zulassungsbescheinigung oder Internationaler Zulassungsschein von einem Mitgliedstaat der Europäischen Union oder von einem anderen Vertragsstaat des Abkommens über den Europäischen Wirtschaftsraum ausgestellt worden ist und die in der Richtlinie 89/459/EWG des Rates vom 18. Juli 1989 zur Angleichung der Rechtsvorschriften der Mitgliedstaaten über die Profiltiefe der Reifen an bestimmten Klassen von Kraftfahrzeugen und deren Anhängern (ABl. L 226 vom 3.8.1989, S. 4) genannt sind, müssen beim Hauptprofil der Lauffläche eine Profiltiefe von mindestens 1,6 Millimeter aufweisen; als Hauptprofil gelten dabei die breiten Profilrillen im mittleren Bereich der Lauffläche, der etwa drei Viertel der Laufflächenbreite einnimmt.**

Begr (VkBl. 06 614): ... *werden die Vorschriften der §§ 3 und 3a der bisherigen Verordnung über internationalen Kraftfahrzeugverkehr über Gewichte, Abmessungen, geräuscharme Fahrzeuge eingefügt.* **1**

Begründung des Bundesrates zur Streichung von Abs. 4 Satz 2 des Entwurfs („Dies gilt nicht, **2** wenn das Recht des Zulassungsstaates eine geringere Mindestprofiltiefe vorsieht."): *Ein Verzicht auf die Mindestprofiltiefe wirft erhebliche Sicherheitsfragen auf.*

1. Anwendungsbereich. § 31d regelt für ausländische Kfz und Kfz-Anhänger, die vorüber- **3** gehend am öffentlichen StrV in Deutschland teilnehmen (s. § 20 FZV), die zulässigen Gewichte und Abmessungen (Abs. 1), die Ausrüstung mit Sicherheitsgurten (Abs. 2), die Ausrüstung mit Geschwindigkeitsbegrenzern und ihre Benutzung (Abs. 3), sowie die Mindestprofiltiefe der Reifen (Abs. 4). Ausnahmegenehmigung von den Vorschriften über das höchstzulässige Gesamtgewicht eines Fz ist einem ausländischen Transportunternehmer im grenzüberschreitenden Güterverkehr nicht deshalb zu erteilen, weil in dem Heimatstaat dieses Unternehmens höhere Fahrzeuggewichte zulässig sind (OVG Münster DAR 06 579). Die Mindestprofiltiefe der Reifen muss aus Gründen der Verkehrssicherheit in jedem Fall den Anforderungen von Abs. 4 genügen, auch wenn das Recht des Staates, in dem das Fz zugelassen ist, eine geringere Mindestprofiltiefe vorsieht (s. Begr des Bundesrates VkBl. 06 615). Richtlinie des Rates vom 18.7.89 über die Profiltiefe der Reifen StVRL § 36 StVZO Nr. 7. Abs. 3 und 4 gelten nur für Kfz, die in einem anderen EU/EWR-Staat zugelassen sind, nicht für Kfz aus Drittstaaten.

2. Maßnahmen bei fehlender Vorschriftsmäßigkeit. Wenn ausländische Kfz und Kfz- **4** Anhänger sich als nicht vorschriftsmäßig erweisen, kann die Zulassungsbehörde dem Eigentümer oder Halter eine Frist zur Beseitigung der Mängel setzen oder den Betrieb des Fz beschränken oder untersagen (§§ 22 S. 1 iVm 5 I FZV). Zur Vorbereitung der Entscheidung kann die Zulassungsbehörde Vorlage eines von ihr bestimmten Nachweises über die Vorschriftsmäßigkeit oder das Gutachten eines aaSoP oder PI sowie die Vorführung des Fz anordnen (§§ 22 S. 1 iVm 5 III FZV). Haben Eigentümer oder Halter des Fz keinen Wohn- oder Aufenthaltsort in Deutschland, ist für Maßnahmen nach § 22 iVm § 5 FZV jede Zulassungsbehörde örtlich zuständig (§ 22 S. 2 FZV).

3. Ordnungswidrig ist das Inbetriebnehmen eines Fz unter Verstoß gegen § 31d (§ 69 II **5** Nr. 1c, 2 und 4).

Geräuscharme ausländische Kraftfahrzeuge

31e ¹ **Ausländische Kraftfahrzeuge, die zur Geräuschklasse G 1 im Sinne der Nummer 3.2.1 der Anlage XIV gehören, gelten als geräuscharm; sie dürfen mit dem Zeichen „Geräuscharmes Kraftfahrzeug" gemäß Anlage XV gekennzeichnet sein.** ² **Für andere ausländische Fahrzeuge gilt § 49 Absatz 3 Satz 2 und 3 entsprechend.**

Begr (VkBl. 06 614): ... *werden die Vorschriften der §§ 3 und 3a der bisherigen Verordnung über internationalen Kraftfahrzeugverkehr über Gewichte, Abmessungen, geräuscharme Fahrzeuge eingefügt.* **1**

2   **Ausländische Kfz,** die nach Nr. 3.2.1 der Anl XIV zur Geräuschklasse G 1 gehören und deswegen als **geräuscharm** gelten, dürfen bei vorübergehender Teilnahme am öffentlichen StrV in Deutschland (s. § 20 FZV) mit dem Zeichen „Geräuscharmes Kfz" nach Anl XV **gekennzeichnet** sein (Satz 1). Wenn dieses Zeichen geführt wird, ist es an der FzVorderseite sichtbar und fest anzubringen; es darf zusätzlich auch an der FzRückseite angebracht sein (Anl XV).

3   **Ausländische Kfz,** die nicht zur Geräuschklasse G 1 gehören, dürfen bei der vorübergehenden Teilnahme am StrV in Deutschland nicht mit diesem Zeichen gekennzeichnet werden (Satz 2 iVm § 49 III S. 2). An diesen ausländischen Kfz dürfen auch keine Zeichen angebracht werden, die mit dem Zeichen „Geräuscharmes Kfz" nach Anl XV verwechselt werden können (Satz 2 iVm § 49 III S. 3). Verstöße gegen beide Vorschriften sind ordnungswidrig (§ 69a V Nr. 5d).

2. Kraftfahrzeuge und ihre Anhänger

1   **Anm:** Die Bau- und Betriebsvorschriften für Kfz und Anhänger sind in den §§ 32–62 einschließlich ihrer Ausnahmevorschriften abschließend geregelt, Ce VRS **56** 137.

Abmessungen von Fahrzeugen und Fahrzeugkombinationen

32 (1) [1]Bei Kraftfahrzeugen und Anhängern einschließlich mitgeführter austauschbarer Ladungsträger (§ 42 Absatz 3) darf die höchstzulässige Breite über alles – ausgenommen bei Schneeräumgeräten und Winterdienstfahrzeugen – folgende Maße nicht überschreiten:

1. allgemein .... 2,55 m,
2. bei land- oder forstwirtschaftlichen Arbeitsgeräten und bei Zugmaschinen und Sonderfahrzeugen mit auswechselbaren land- oder forstwirtschaftlichen Anbaugeräten sowie bei Fahrzeugen mit angebauten Geräten für die Straßenunterhaltung .... 3,00 m,
3. bei Anhängern hinter Krafträdern .... 1,00 m,
4. bei festen oder abnehmbaren Aufbauten von klimatisierten Fahrzeugen, die für die Beförderung von Gütern in temperaturgeführtem Zustand ausgerüstet sind und deren Seitenwände einschließlich Wärmedämmung mindestens 45 mm dick sind .... 2,60 m,
5. bei Personenkraftwagen .... 2,50 m.

[2]Die Fahrzeugbreite ist nach der ISO-Norm 612–1978, Definition Nummer 6.2 zu ermitteln. [3]Abweichend von dieser Norm sind bei der Messung der Fahrzeugbreite die folgenden Einrichtungen nicht zu berücksichtigen:

1. Befestigungs- und Schutzeinrichtungen für Zollplomben,
2. Einrichtungen zur Sicherung der Plane und Schutzvorrichtungen hierfür,
3. vorstehende flexible Teile eines Spritzschutzsystems im Sinne der Richtlinie 91/226/ EWG des Rates vom 27. März 1991 zur Angleichung der Rechtsvorschriften der Mitgliedstaaten über Spritzschutzsysteme an bestimmten Klassen von Kraftfahrzeugen und Kraftfahrzeuganhängern (ABl. L 103 vom 23.4.1991, S. 5), die zuletzt durch die Richtlinie 2010/19/EU (ABl. L 72 vom 20.3.2010, S. 17) geändert worden ist,
4. lichttechnische Einrichtungen,
5. Ladebrücken in Fahrtstellung, Hubladebühnen und vergleichbare Einrichtungen in Fahrtstellung, sofern sie nicht mehr als 10 mm seitlich über das Fahrzeug hinausragen und die nach vorne oder nach hinten liegenden Ecken der Ladebrücken mit einem Radius von mindestens 5 mm abgerundet sind; die Kanten sind mit einem Radius von mindestens 2,5 mm abzurunden,
6. Spiegel und andere Systeme für indirekte Sicht,
7. Reifenschadenanzeiger,
8. Reifendruckanzeiger,
9. ausziehbare oder ausklappbare Stufen in Fahrtstellung und
10. die über dem Aufstandspunkt befindliche Ausbauchung der Reifenwände.

[4]Gemessen wird bei geschlossenen Türen und Fenstern und bei Geradeausstellung der Räder.

(2) [1]Bei Kraftfahrzeugen, Fahrzeugkombinationen und Anhängern einschließlich mitgeführter austauschbarer Ladungsträger (§ 42 Absatz 3) darf die höchstzulässige Höhe über alles folgendes Maß nicht überschreiten: .... 4,00 m.

[2]Die Fahrzeughöhe ist nach der ISO-Norm 612–1978, Definition Nummer 6.3 zu ermitteln. [3]Abweichend von dieser Norm sind bei der Messung der Fahrzeughöhe die folgenden Einrichtungen nicht zu berücksichtigen:

1. nachgiebige Antennen und
2. Scheren- oder Stangenstromabnehmer in gehobener Stellung.

[4]Bei Fahrzeugen mit Achshubeinrichtung ist die Auswirkung dieser Einrichtung zu berücksichtigen.

(3) Bei Kraftfahrzeugen und Anhängern einschließlich mitgeführter austauschbarer Ladungsträger und aller im Betrieb mitgeführter Ausrüstungsteile (§ 42 Absatz 3) darf die höchstzulässige Länge über alles folgende Maße nicht überschreiten:

1. bei Kraftfahrzeugen und Anhängern
   – ausgenommen Kraftomnibusse und Sattelanhänger – .... 12,00 m,
2. bei zweiachsigen Kraftomnibussen
   – einschließlich abnehmbarer Zubehörteile – .... 13,50 m,
3. bei Kraftomnibussen mit mehr als zwei Achsen
   – einschließlich abnehmbarer Zubehörteile – .... 15,00 m,
4. bei Kraftomnibussen, die als Gelenkfahrzeug ausgebildet sind (Kraftfahrzeuge, deren Nutzfläche durch ein Gelenk unterteilt ist, bei denen der angelenkte Teil jedoch kein selbstständiges Fahrzeug darstellt) .... 18,75 m.

(4) Bei Fahrzeugkombinationen einschließlich mitgeführter austauschbarer Ladungsträger und aller im Betrieb mitgeführter Ausrüstungsteile (§ 42 Absatz 3) darf die höchstzulässige Länge, unter Beachtung der Vorschriften in Absatz 3 Nummer 1, folgende Maße nicht überschreiten:

1. bei Sattelkraftfahrzeugen (Sattelzugmaschine mit Sattelanhänger) und Fahrzeugkombinationen (Zügen) nach Art eines Sattelkraftfahrzeugs
   – ausgenommen Sattelkraftfahrzeugen nach Nummer 2 – .... 15,50 m,
2. bei Sattelkraftfahrzeugen (Sattelzugmaschine mit Sattelanhänger), wenn die höchstzulässigen Teillängen des Sattelanhängers
   a) Achse Zugsattelzapfen bis zur hinteren Begrenzung 12,00 m und
   b) vorderer Überhangradius 2,04 m
   nicht überschritten werden, ... 16,50 m,
3. bei Zügen, ausgenommen Züge nach Nummer 4:
   a) Kraftfahrzeuge außer Zugmaschinen mit Anhängern .... 18,00 m,
   b) Zugmaschinen mit Anhängern .... 18,75 m,
4. bei Zügen, die aus einem Lastkraftwagen und einem Anhänger zur Güterbeförderung bestehen, ... 18,75 m.
   Dabei dürfen die höchstzulässigen Teillängen folgende Maße nicht überschreiten:
   a) größter Abstand zwischen dem vordersten äußeren Punkt der Ladefläche hinter dem Führerhaus des Lastkraftwagens und dem hintersten äußeren Punkt der Ladefläche des Anhängers der Fahrzeugkombination, abzüglich des Abstands zwischen der hinteren Begrenzung des Kraftfahrzeugs und der vorderen Begrenzung des Anhängers .... 15,65 m
   und
   b) größter Abstand zwischen dem vordersten äußeren Punkt der Ladefläche hinter dem Führerhaus des Lastkraftwagens und dem hintersten äußeren Punkt der Ladefläche des Anhängers der Fahrzeugkombination .... 16,40 m.
   Bei Fahrzeugen mit Aufbau – bei Lastkraftwagen jedoch ohne Führerhaus – gelten die Teillängen einschließlich Aufbau.

(4a) Bei Fahrzeugkombinationen, die aus einem Kraftomnibus und einem Anhänger bestehen, beträgt die höchstzulässige Länge, unter Beachtung der Vorschriften in Absatz 3 Nummer 1 bis 3 .... 18,75 m.

(5) [1]Die Länge oder Teillänge eines Einzelfahrzeugs oder einer Fahrzeugkombination – mit Ausnahme der in Absatz 7 genannten Fahrzeugkombination und deren Einzelfahrzeuge – ist die Länge, die bei voll nach vorn oder hinten ausgezogenen, ausgeschobenen oder ausgeklappten Ladestützen, Ladepritschen, Aufbauwänden oder Teilen davon einschließlich aller im Betrieb mitgeführter Ausrüstungsteile (§ 42 Absatz 3) gemessen wird; dabei müssen bei Fahrzeugkombinationen die Längsmittellinien des Kraftfahrzeugs und seines Anhängers bzw. seiner Anhänger eine gerade Linie bilden. [2]Bei Fahrzeugkombinationen mit nicht selbsttätig längenveränderlichen Zugeinrichtungen ist dabei die Position zugrunde zu legen, in der § 32d (Kurvenlaufeigenschaften) ohne weiteres Tätigwerden des

Fahrzeugführers oder anderer Personen erfüllt ist. [3] Soweit selbsttätig längenveränderliche Zugeinrichtungen verwendet werden, müssen diese nach Beendigung der Kurvenfahrt die Ausgangslänge ohne Zeitverzug wiederherstellen.

(6) [1] Die Längen und Teillängen eines Einzelfahrzeugs oder einer Fahrzeugkombination sind nach der ISO-Norm 612–1978, Definition Nummer 6.1 zu ermitteln. [2] Abweichend von dieser Norm sind bei der Messung der Länge oder Teillänge die folgenden Einrichtungen nicht zu berücksichtigen:

1. Wischer- und Waschereinrichtungen,
2. vordere und hintere Kennzeichenschilder,
3. Befestigungs- und Schutzeinrichtungen für Zollplomben,
4. Einrichtungen zur Sicherung der Plane und ihre Schutzvorrichtungen,
5. lichttechnische Einrichtungen,
6. Spiegel und andere Systeme für indirekte Sicht,
7. Sichthilfen,
8. Luftansaugleitungen,
9. Längsanschläge für Wechselaufbauten,
10. Trittstufen und Handgriffe,
11. Stoßfängergummis und ähnliche Vorrichtungen,
12. Hubladebühnen, Ladebrücken und vergleichbare Einrichtungen in Fahrtstellung,
13. Verbindungseinrichtungen bei Kraftfahrzeugen,
14. bei anderen Fahrzeugen als Sattelkraftfahrzeugen Kühl- und andere Nebenaggregate, die sich vor der Ladefläche befinden,
15. Stangenstromabnehmer von Elektrofahrzeugen sowie
16. äußere Sonnenblenden.

[3] Dies gilt jedoch nur, wenn durch die genannten Einrichtungen die Ladefläche weder direkt noch indirekt verlängert wird. [4] Einrichtungen, die bei Fahrzeugkombinationen hinten am Zugfahrzeug oder vorn am Anhänger angebracht sind, sind dagegen bei den Längen oder Teillängen von Fahrzeugkombinationen mit zu berücksichtigen; sie dürfen diesen Längen nicht zugeschlagen werden.

(7) [1] Bei Fahrzeugkombinationen nach Art von Zügen zum Transport von Fahrzeugen gelten hinsichtlich der Länge die Vorschriften des Absatzes 4 Nummer 4, bei Sattelkraftfahrzeugen zum Transport von Fahrzeugen gelten die Vorschriften des Absatzes 4 Nummer 2. [2] Längenüberschreitungen durch Ladestützen zur zusätzlichen Sicherung und Stabilisierung des zulässigen Überhangs von Ladungen bleiben bei diesen Fahrzeugkombinationen und Sattelkraftfahrzeugen unberücksichtigt, sofern die Ladung auch über die Ladestützen hinausragt. [3] Bei der Ermittlung der Teillängen bleiben Überfahrbrücken zwischen Lastkraftwagen und Anhänger in Fahrtstellung unberücksichtigt.

(8) Auf die in den Absätzen 1 bis 4 genannten Maße dürfen keine Toleranzen gewährt werden.

(9) Abweichend von den Absätzen 1 bis 8 dürfen Kraftfahrzeuge nach § 30a Absatz 3 folgende Maße nicht überschreiten:

1. Breite:
    a) bei Krafträdern sowie dreirädrigen und vierrädrigen Kraftfahrzeugen .... **2,00 m,**
    b) bei zweirädrigen Kleinkrafträdern und Fahrrädern mit Hilfsmotor jedoch **1,00 m,**
2. Höhe: .... **2,50 m,**
3. Länge: .... **4,00 m.**

1　　**Begr** zur ÄndVO v. 24.4.92 (VkBl. **92** 342):

§ 32 wurde anlässlich der Übernahme der EG-Richtlinie über die Länge von Lastzügen übersichtlicher gegliedert. Dabei wurden die Vorschriften über vorstehende Außenkanten (§ 32 Abs. 3 alt) und über Kurvenlaufeigenschaften (§ 32 Abs. 2 alt) aus § 32 herausgelöst und als § 30c bzw. § 32d in die StVZO eingefügt.
...

Begr zur ÄndVO v. 12.8.97 (VkBl. **97** 656):

Zu Abs. 4 Nr. 4: *Bislang betrug die Länge von Lastzügen 18,35 m, wobei die Ladelänge auf 15,65 m und die Systemlänge (Ladelänge + Kupplungslänge) auf 16,00 m festgelegt war. Werden diese Ladelängen voll ausgenutzt, verbleibt für die Kupplung lediglich eine Länge von 0,35 m; dies bedingte* *aufwändige und wartungsintensive Kupplungssysteme. Diese vorstehend erwähnten Längen stehen in Übereinstimmung mit der bis dahin geltenden Richtlinie 85/3/EWG über die Gewichte, Abmessungen und bestimmte andere technische Merkmale bestimmter Straßenfahrzeuge.*

Mit der Kodifizierung der zuvor erwähnten Richtlinie 85/3/EWG ist u. a. vorgesehen, die Länge von Lastzügen auf 18,75 m anzuheben, wobei die Ladelänge mit 15,65 m unverändert bleibt. Die Systemlänge wird auf 16,40 m angehoben. Das bedeutet, dass nunmehr bei Inanspruchnahme der zulässigen Ladelänge eine Länge für die Kupplung von 0,75 m verbleibt.
...

Zu Abs. 7: *Bislang galt für Fahrzeugkombinationen nach Art von Zügen zum Transport von Fahrzeugen eine höchstzulässige Länge von 18,00 m. Für diese Fahrzeuge soll nunmehr auch eine Gesamtlänge von 18,75 m erlaubt sein. Da diese Fahrzeuge auch im Fernverkehr eingesetzt werden, müssen sie mit einem „großen" Führerhaus (ca. 2,35 m) ausgestattet sein. Die Einhaltung der vorgeschriebenen Ladelängen stößt bei den Transportfahrzeugen auf Schwierigkeiten; sie können auf Grund ihrer Konstruktion nicht ohne weiteres eingehalten werden, da eine möglichst große Anzahl, i. d. R. 9, von Pkw transportiert werden soll.*
...

Begr zur ÄndVO v. 23.3.00 (VkBl. **00** 362): **Zu Abs. 7:** *Die Europäische Kommission hat mitgeteilt, dass auch für Fahrzeugtransporter die in der Richtlinie 96/53/EG festgelegten Werte für die Ladelänge (15,65 m) und die Systemlänge (16,40 m) zumindest im unbeladenen Zustand gelten. Die Verwendung von ausziehbaren Ladestützen und das Überhängen der Ladung wird durch die Richtlinie aber nicht untersagt. Das heißt, die Ladelänge und Systemlänge müssen durch Hochklappen bzw. Einschieben der Ladestützen und Überfahrbrücken eingehalten werden können; in Fahrtstellung bei heruntergeklappten bzw. ausgezogenen Ladestützen und Überfahrbrücken müssen die Maße für Ladelänge und Systemlänge nicht eingehalten werden.*

Begr zur ÄndVO v. 22.10.03:VkBl. **03** 745.

Begr zur ÄndVO v. 26.7.13 **zu Abs. 2 S. 1** (BR–Drs. 445/13 S. 24 = VkBl. **13** 865): *Die Ergänzung dient der Klarstellung, dass § 32 Absatz 2 selbstverständlich auch für alle Fahrzeugkombinationen gemäß der Absätze 4 und 4a gilt.*

Zu Abs. 4 Nr. 3 (BR–Drs. 445/13 (Beschluss) S. 4 = VkBl. **13** 865): *Gleichstellung der zulässigen Gesamtlängen von Zugmaschinenzügen mit Lkw-Zügen, welche die Ladelängenbegrenzung einhalten. Die verwendbaren Fahrzeugarten und die Zusammenstellung von Zugmaschinenzügen in Verbindung mit den Vorschriften über die zulässigen Längen von Einzelfahrzeugen in § 32 Absatz 3 und den Vorschriften über das Mitführen von Anhängern in § 32a ergeben auch nach der Änderung noch geringere mögliche Ladelängen als bei Lkw-Zügen mit Gesamtlänge 18,00 m. Dies benachteiligt insbesondere die land- oder forstwirtschaftlichen Transporte und schafft dort zusätzliches Verkehrsaufkommen.*

35. StVZAusnV v. 22.4.88 (BGBl. I S. 562),   **1a**
zuletzt geändert durch VO v. 26.7.13 (BGBl. I S. 2803)
(Auszug)

§ 1

(1) Abweichend von § 32 Absatz 1 Nummer 1 der Straßenverkehrs-Zulassungs-Ordnung darf bei land- oder forstwirtschaftlichen Zugmaschinen und ihren Anhängern die Breite über alles bis zu 3,00 m betragen, wenn sich die größere Breite allein aus der Ausrüstung dieser Fahrzeuge ergibt

1. mit Doppelbereifung oder
2. mit Gleisketten, die die Anforderungen der §§ 34b und 36 Absatz 5 der Straßenverkehrs-Zulassungs-Ordnung erfüllen oder
3. mit Breitreifen, die bei einer Referenzgeschwindigkeit von 10 km/h die für das Erreichen der jeweils zulässigen Achslast erforderliche Reifentragfähigkeit bei einem Innendruck von nicht mehr als 1,5 bar besitzen;

dabei muss eine sichere Straßenfahrt durch die Einstellung des hierzu erforderlichen Reifeninnendruckes gewährleistet sein.

(2) [1] Die größere Breite ist wie folgt kenntlich zu machen:

1. bei einer Breite von nicht mehr als 2,75 m ist eine besondere Kenntlichmachung nicht erforderlich,
2. bei einer Breite von mehr als 2,75 m ist eine Kenntlichmachung nach vorn und nach hinten auf jeder Seite durch Park-Warntafeln nach § 51c der Straßenverkehrs-Zulassungs-Ordnung oder Warntafeln nach DIN 11 030, Ausgabe September 1994, erforderlich; diese müssen mit dem seitlichen Umriss des Fahrzeugs abschließen; Abweichungen bis zu 100 mm nach innen sind zulässig; die Streifen auf den Tafeln müssen nach außen und unten weisen.

²Bei Zügen, bei denen Zugmaschine und Anhänger breiter als 2,75 m sind, genügt eine Warntafel auf jeder Seite vorn an der Zugmaschine und eine Warntafel auf jeder Seite hinten am Anhänger. ³Bei Zügen mit unterschiedlich breiten Fahrzeugen müssen am schmaleren Fahrzeug die Warntafeln entsprechend dem seitlichen Umriß des breitesten Fahrzeugs angebracht sein.

(3) ¹Ragen die Reifen seitlich mehr als 400 mm über den äußersten Punkt der leuchtenden Fläche der Begrenzungsleuchten oder Schlussleuchten hinaus, so sind in den Fällen des § 17 Abs. 1 der Straßenverkehrs-Ordnung zusätzliche Begrenzungsleuchten und/oder Schlussleuchten sowie jeweils Rückstrahler erforderlich, deren äußerste Punkte der leuchtenden Flächen nicht mehr als 400 mm von der breitesten Stelle des Fahrzeugumrisses entfernt sein dürfen. ²Diese Beleuchtungseinrichtungen dürfen klappbar oder abnehmbar sein.

(4) Abweichend von § 36a Abs. 1 der Straßenverkehrs-Zulassungs-Ordnung brauchen in den Fällen des Absatzes 1 keine zusätzlichen Radabdeckungen vorhanden zu sein, wenn die Zugmaschine oder der Zug mit einer Geschwindigkeit von nicht mehr als 25 km/h gefahren wird.

§ 2
(aufgehoben)

§ 3
(aufgehoben)

§ 4
Diese Verordnung tritt am Tage nach der Verkündung in Kraft.

Begr zur ÄndVO v. 26.7.13: BR–Drs. 445/13 S. 37 = VkBl. **13** 871.

1b   **55. StVZAusnV** v. 13.12.2018 (BGBl. I S. 2479)

(Auszug)

§ 1 Ausnahmen von Vorschriften der Straßenverkehrs-Zulassungs-Ordnung

(1) Abweichend von § 32 Absatz 4 Nummer 2 der Straßenverkehrs-Zulassungs-Ordnung darf die höchstzulässige Länge bei Sattelkraftfahrzeugen (Sattelzugmaschine mit Sattelanhänger) 16,65 m nicht überschreiten, wenn diese gemäß der Artikel 2 und 10c der Richtlinie 96/53/EG des Rates vom 25. Juli 1996 zur Festlegung der höchstzulässigen Abmessungen für bestimmte Straßenfahrzeuge im innerstaatlichen und grenzüberschreitenden Verkehr in der Gemeinschaft sowie zur Festlegung der höchstzulässigen Gewichte im grenzüberschreitenden Verkehr (ABl. L 235 vom 17.9.1996, S. 59), die zuletzt durch die Richtlinie (EU) 2015/719 (ABl. L 115 vom 6.5.2015, S. 1) geändert worden ist, einen Container oder Wechselaufbau von 45 Fuß Länge im Rahmen eines intermodalen Beförderungsvorgangs befördern. Der vordere Überhangradius des Sattelanhängers darf in diesem Fall 2,04 m nicht überschreiten.

1c   **1. Maße von Fahrzeugen und Zügen.** Die Vorschrift steht in Verbindung mit den §§ 32a, 34, 35, 41, 42. Sie betrifft nur die eigentlichen FzMaße, nicht die Ladung, Bay VM **86** 28 (s. § 22 StVO). Richtlinie für die Kenntlichmachung überbreiter und überlanger StrFze, FzKombinationen sowie bestimmter hinausragender Ladungen (VkBl. **19** 192). Ausländische Fz: § 31d I. Die Richtlinie (EU) 2015/719 v. 29.4.15 (ABlEU Nr. L 115 v. 6.5.15 S. 1) zur Änderung der geltenden Richtlinie 96/53/EG über höchstzulässige Abmessungen, Achslasten und Massen von Straßenfahrzeugen und Fahrzeugkombinationen war bis 7.5.17 in nationales Recht umzusetzen.

2   **2. Die Breite der Fahrzeuge** ist für alle Fz (Ausnahmen: Abs. I S. 1 Nr. 2–5 sowie 35. StVZAusnV, s. Rn. 1a) und Anhänger ohne Rücksicht auf die Schwere einheitlich geregelt. Eine Reihe von am Fz angebrachten Teilen ist bei der Ermittlung der FzBreite nicht zu berücksichtigen (Abs. I S. 3); hierzu zählen auch die Außenspiegel. Die tatsächliche Gesamtbreite kann somit der ZB I/dem FzSchein entnommen werden. Zur Verdeutlichung dieses Umstands wurden durch ÄndVO v. 19.10.12 (BGBl. I S. 2232, Begr BR–Drs. 371/12 S. 42 = VkBl. **12** 867) auf der Rückseite des Musters der ZB I bei der Definition des Feldes 19 (Breite in mm) die Wörter *ohne Spiegel und Anbauteile* angefügt. Die Ladungsbreite ist im § 22 StVO auf 2,55 m beschränkt. Arbeitsmaschinen: Abs. I S. 1 Nr. 2. Landwirtschaftliche Zgm (und ihre Anhänger) mit Doppelbereifung, Gleisketten und Breitreifen, s. Rn. 1a. KühlFze: Abs. I S. 1 Nr. 4. Zu den Abmessungen und zur verkehrssicheren Gestaltung land- und forstwirtschaftlicher Arbeitsgeräte, s. Merkblatt für angehängte land- oder forstwirtschaftliche Arbeitsgeräte VkBl. **09** 808 = StVRL § 2 FZV Nr. 4. Mähdrescher und andere landwirtschaftliche Arbeitsgeräte dürfen nur mit Ausnahmegenehmigung breiter als 3 m sein; dann ist eine Erlaubnis nach § 29 StVO nötig.

3   **3. Länge von Einzelfahrzeugen und Zügen.** Unberücksichtigt bleiben gem. Abs. VI S. 2 die dort genannten Einrichtungen, soweit sie nach vorn oder nach hinten hinausragen und die Ladefläche nicht verlängern (Zw ZfS **16** 232); sie dürfen dann den in Abs. III und IV festgeleg-

ten Längen zugeschlagen werden. Das gilt nicht, wenn diese Einrichtungen bei FzKombinationen am ZugFz hinten oder am Anhänger vorn angebracht sind (Abs.VI S. 4). Da § 22 StVO die Länge von Fz oder Zug samt Ladung auf 20,75 m begrenzt, wird die Ladung innerhalb einer Wegstrecke bis zu 100 km (§ 22 IV StVO) bis zu 2,75 m über den 18 m-Zug hinausragen dürfen. Bei Transporten über diese Wegstrecke hinaus ist jedes Hinausragen der Ladung nach hinten verboten. Die Vorschrift über die höchstzulässige Länge von Zügen gilt nur, wenn das gezogene Fz (Anhänger) nicht auf das ziehende gestützt ist, anderenfalls gelten die Bestimmungen über SattelKfze bzw. FzKombinationen nach Art eines SattelKfzs, VGH Mü BayVBl **91** 243. Abs. IV Nr. 4 gilt, wie die Neufassung durch ÄndVO v. 23.6.93 klarstellte, zB nicht für Züge aus Zgm mit 2 Anhängern, Kom mit Gepäckanhänger oder Züge mit Kran-, Baubuden- oder Schaustelleranhänger; hier blieb es bei Abs. IV Nr. 3 (s. *Jagow* VD **93** 123), der seit der ÄndVO v. 26.7.13 (Begr Rn. 1) allerdings für Zgm mit Anhängern ebenfalls eine Gesamtlänge von 18,75 m zulässt. Toleranzen auf die Länge von Zügen mit 18,75 m gem. Abs. IV S. 1 Nr. 4 sind nicht zulässig (Abs.VIII). Grund ist die Ratsprotokollerklärung zur EG-Richtlinie 91/60/EWG vom 4. Februar 1991, in der ausgeführt ist: *„Der Rat erklärt, dass bei den zulässigen Höchstabmessungen für Lastzüge gemäß dieser Richtlinie keine Toleranzen zugelassen sind."* (s. Begr VkBl. **92** 343). Die Erweiterung der zulässigen Länge von Lkw mit Anhänger zur Güterbeförderung durch die Neufassung von Abs. IV Nr. 4 (ÄndVO v. 12.8.97) soll die für die Kupplung verbleibende Länge auf 0,75 m erhöhen und dadurch die Verwendung starrer Kupplungssysteme ermöglichen (s. Begr VkBl. **97** 657). Jedoch verbleibt es bei einer Ladelänge von 15,65 m. FzKombinationen mit längenverstellbaren Zugeinrichtungen, s. Abs.V S. 2. Nur bei FzKombinationen mit nicht selbsttätig längenverstellbaren Zugeinrichtungen ist für die Messung die für Kurvenfahrten vorgesehene Position (längste Stellung der Zugeinrichtung) maßgebend, Abs.V S. 2; bei selbsttätig längenveränderlichen Zugeinrichtungen dagegen der verkürzte Zustand, Bay NZV **90** 322. Abs.V S. 3 soll verhindern, dass andere Verkehrsteilnehmer eingeklemmt oder eingequetscht werden, wenn sich etwa bei Stillstand des Zugs erst nach einer gewissen Zeit der Zug oder einzelne Zugbestandteile bewegen und der Anhänger an das Zugfahrzeug herangezogen wird (s. Begr VkBl. **92** 343). Auch für Schaustellerzüge gilt die vorgeschriebene Höchstlänge, BMV StV 7–8016 Nw/65. Ausnahmen von den Längenvorschriften idR nur bei unteilbaren, überlangen Ladungen. Die Bildung eines zu langen Zuges ist bei einem Auffahrunfall nur ursächlich, wenn gerade der Verstoß gegen § 32 zum Unfall geführt hat, Ha VRS **35** 124. Zu Ladestützen iSv VII „Klarstellung" des BMV v. 19.12.2019 (VkBl. **20** 9).

4. Die **Fahrzeughöhe** ist einheitlich auf 4 m bestimmt (Abs. II). Dies stimmt mit § 22 StVO **4** hinsichtlich der Höhe der Fz einschließlich der Ladung überein. Da sich die Vorschrift nur auf Kfz, FzKombinationen und Anhänger bezieht, widerspricht sie nicht § 22 II StVO, der für Fz für land- oder forstwirtschaftliche Zwecke samt einer Ladung mit land- und forstwirtschaftlichen Erzeugnissen abweichende Maße vorsieht.

5. Spurhaltung. Kurvenläufigkeit. Der Inhalt des Abs. II alt über Kurvenlaufeigenschaften **5** ist in § 32d übernommen worden.

6. Verkehrsgefährdende Teile des Umrisses waren früher nach Abs. III alt vorschrifts- **6** widrig. Das Verbot ist jetzt in § 30c enthalten.

7. Ausnahmen. § 1 Ia S. 2 der 2.VO über Ausnahmen von straßenverkehrsrechtlichen Vor- **7** schriften (Brauchtumsveranstaltungen), s. § 3 FZV Rn. 3. Weitere Ausnahmen, s. die Ausnahme-VOen Rn. 1a und 1b. Ausnahmen für Fz und FzKombinationen im Rahmen des Modellversuchs Lang-Lkw: § 4 LKWÜberlStVAusnV (StVRL § 32 Nr. 6). Abweichend von Abs. I bis VIII werden in Abs. IX die durch die EG-Richtlinie 93/93 v. 29.10.93 = StVRL § 34 StVZO Nr. 7 vorgegebenen höchstzulässigen Abmessungen auch für Fze mit EinzelBE übernommen, s. Begr (VkBl. **00** 362). Im Übrigen gilt § 70 I Nr. 1 (Beteiligung der StrBauB und der Träger der Straßenbaulast). Ausnahmeerteilung hinsichtlich der höchstzulässigen Länge nur nach strengem Maßstab bei besonderer individueller Härte, der mit zumutbaren Maßnahmen des Antragstellers nicht begegnet werden kann, VGH Mü VM **92** 95. Empfehlungen für die Erteilung von Ausnahmegenehmigungen nach § 70 für bestimmte FzArten und FzKombinationen, VkBl. **14** 503 = StVRL § 70 StVZO Nr. 1. Eine Ausnahmegenehmigung bezüglich der FzLänge zum Transport überlanger unteilbarer Ladungen berechtigt auch zur Leerfahrt auf dem Hin- bzw. Rückweg; sie gestattet auch die Nutzung der sonst erforderlichen Leerfahrt zum Transport anderer Güter, soweit der örtliche Bereich der Ausnahmegenehmigung nicht verlassen und kein nennenswerter Umweg gefahren wird, Bay VRS **62** 72.

8   **8. Ordnungswidrigkeit.** §§ 69a III Nr. 2 StVZO, 24 StVG. Die Vorschrift geht als engere Sondervorschrift dem § 23 I StVO vor, Bay VM **72** 25. Die Bau- und Ausrüstungsvorschriften der §§ 32 ff. konkretisieren die Halterverantwortlichkeit aus § 31 II (s. dort), Dü VM **76** 40. Wurde eine geringfügige Überschreitung der Abmessungen bei Erteilung der BE nicht erkannt, so ist FzBenutzung nicht ow, Bay NZV **89** 282. Besteht zu Zweifeln kein besonderer Anlass, so darf den Herstellerangaben über die FzAbmessung idR vertraut werden, dann keine Pflicht zum Nachmessen, Dü VRS **68** 388.

Mitführen von Anhängern

32a   [1] Hinter Kraftfahrzeugen darf nur ein Anhänger, jedoch nicht zur Personenbeförderung (Omnibusanhänger), mitgeführt werden. [2] Es dürfen jedoch hinter Zugmaschinen zwei Anhänger mitgeführt werden, wenn die für Züge mit einem Anhänger zulässige Länge nicht überschritten wird. [3] Hinter Sattelkraftfahrzeugen darf kein Anhänger mitgeführt werden. [4] Hinter Kraftomnibussen darf nur ein lediglich für die Gepäckbeförderung bestimmter Anhänger mitgeführt werden.

1   **1. Mitführen von Anhängern.** Ein zweiter Anhänger gefährdet die Sicherheit im Allgemeinen erheblich. § 32a sieht daher idR das Mitführen nur eines Anhängers vor. Zum Begriff „Zugmaschine" § 2 FZV Rn. 17. Dass hinter Zgm die Mitführung von zwei Anhängern im Rahmen der Höchstzuglänge gestattet bleibt, erscheint vertretbar, weil solche Züge überwiegend im Nahverkehr fahren und idR leichter und kürzer sind. Dies trifft auch für LandwirtschaftsFze zu, wo die Mitführung von landwirtschaftlichen Geräten als Anhänger unentbehrlich ist. Merkblatt für den Betrieb von land- oder forstwirtschaftlichen Zgm mit einachsigen Transportanhängern, VkBl. **85** 758. SattelKfze sind nach DIN 70010 Abschnitt 1 Nr. 3, 5 Zusammenstellungen aus einer Sattelzugmaschine (§ 2 Nr. 15 FZV) und einem Sattelanhänger (§ 2 Nr. 19 FZV), entweder zur Güterbeförderung (Sattellastkraftwagen, Sattelkesselwagen) oder zur Personenbeförderung (Sattelomnibusse). Sattelzugmaschinen ohne Sattelanhänger gelten als Zgm, BaySt **97** 104 = NZV **97** 530. Nachlaufachsen zur Langholzbeförderung sind Kfz-Anhänger, Ha VM **58** 41, Neust VRS **18** 300. § 32a steht im Zusammenhang mit den §§ 32, 34, 35, 41, 42.

2   **2. Ausnahmen.** § 70. Ausnahmeerteilung für sog Touristik-Bahnen („Parkbahnen", „Kurbähnchen"), s. Merkblatt zur Begutachtung von FzKombinationen zur Personenbeförderung und zur Erteilung der erforderlichen Ausnahmegenehmigungen, VkBl. **04** 192. Bei Teilnahme an dem bis 31.12.16 befristeten Modellversuch Lang-Lkw durften abweichend von § 32a hinter Kfz mehr als ein Anhänger und hinter SattelKfz ein Anhänger mitgeführt werden (§ 4 IV LKW-ÜberlStAusnV).

3   **3. Ordnungswidrigkeit.** §§ 69a III Nr. 3 StVZO, 24 StVG.

Unterfahrschutz

32b   (1) Kraftfahrzeuge, Anhänger und Fahrzeuge mit austauschbaren Ladungsträgern mit einer durch die Bauart bestimmten Höchstgeschwindigkeit von mehr als 25 km/h, bei denen der Abstand von der hinteren Begrenzung bis zur letzten Hinterachse mehr als 1 000 mm beträgt und bei denen in unbeladenem Zustand das hintere Fahrgestell in seiner ganzen Breite oder die Hauptteile der Karosserie eine lichte Höhe von mehr als 550 mm über der Fahrbahn haben, müssen mit einem hinteren Unterfahrschutz ausgerüstet sein.

(2) Der hintere Unterfahrschutz muss der Richtlinie 70/221/EWG des Rates vom 20. März 1970 zur Angleichung der Rechtsvorschriften der Mitgliedstaaten über die Behälter für flüssigen Kraftstoff und den Unterfahrschutz von Kraftfahrzeugen und Kraftfahrzeuganhängern (ABl. L 76 vom 6.4.1970, S. 23), die zuletzt durch die Richtlinie 2006/96/EG (ABl. L 363 vom 20.12.2006, S. 81) geändert worden ist, in der nach § 30 Absatz 4 Satz 3 jeweils anzuwendenden Fassung entsprechen.

(3) Die Absätze 1 und 2 gelten nicht für

1. land- oder forstwirtschaftliche Zugmaschinen,

2. Arbeitsmaschinen und Stapler,

3. Sattelzugmaschinen,

4. zweirädrige Anhänger, die zum Transport von Langmaterial bestimmt sind,

5. **Fahrzeuge, bei denen das Vorhandensein eines hinteren Unterfahrschutzes mit dem Verwendungszweck des Fahrzeugs unvereinbar ist.**

(4) **Kraftfahrzeuge zur Güterbeförderung mit mindestens vier Rädern und mit einer durch die Bauart bestimmten Höchstgeschwindigkeit von mehr als 25 km/h und einer zulässigen Gesamtmasse von mehr als 3,5 t müssen mit einem vorderen Unterfahrschutz ausgerüstet sein, der den im Anhang zu dieser Vorschrift genannten Bestimmungen entspricht.**

(5) **Absatz 4 gilt nicht für**

1. **Geländefahrzeuge,**

2. **Fahrzeuge, deren Verwendungszweck mit den Bestimmungen für den vorderen Unterfahrschutz nicht vereinbar ist.**

Begr: VkBl. **73** 405 (s. 36. Aufl).   **1**

Begr zur ÄndVO v. 22.10.03 (VkBl. **03** 746): **Zu Abs. 4 und 5:** *Mit diesen Vorschriften wird die Richtlinie 2000/40/EG des Europäischen Parlaments und des Rates vom 26. Juni 2000 zur Angleichung der Rechtsvorschriften der Mitgliedstaaten über den vorderen Unterfahrschutz von Kraftfahrzeugen und zur Änderung der Richtlinie 70/156/EWG des Rates in die StVZO übernommen.*

1. Zweck des Unterfahrschutzes ist es zu verhindern, dass bei Auffahrunfällen Kraftfahrzeuge, **2** vor allem Pkw, unter die überhängenden Aufbauten größerer Fze wie Lkw und ihre Anhänger geraten. Derartige Unfälle wirken sich idR besonders auf die Fahrzeuginsassen aus. Insbesondere bei höheren Auffahrgeschwindigkeiten kann das auffahrende Fz zusammengedrückt oder dessen oberer Teil ganz oder teilweise abgetrennt werden (s. Begr VkBl. **73** 405). Die Vorschrift des § 32b entspricht der EG-Richtlinie vom 20. März 1970 über den Unterfahrschutz (ABl EG Nr. L 76, S. 23 v. 6.4.70). Die Absätze IV und V über den vorderen Unterfahrschutz (eingefügt durch ÄndVO v. 22.10.03) übernehmen die Richtlinie 2000/40/EG in die StVZO.

2. Übergangsbestimmung. § 72 II aF. Für Fz, die vor dem 1.10.2000 erstmals in den V **3** gekommen sind, galt hinsichtlich des hinteren Unterfahrschutzes die frühere, vor dem 1.4.00 geltende Fassung. Abs. IV über den vorderen Unterfahrschutz ist spätestens ab dem 1.1.04 auf erstmals in den Verkehr kommende Fahrzeuge anzuwenden.

3. Unvereinbar iS des Abs. III Nr. 5 bzw. Abs. V Nr. 2 mit dem Verwendungszweck des Fzs ist **4** der Unterfahrschutz nur, wenn das Fz damit überhaupt nicht seinem Verwendungszweck entsprechend eingesetzt werden könnte, Kö VRS **73** 150; Schwierigkeiten beim Be- oder Entladen reichen dazu nicht aus, vielmehr ist vorübergehende Demontage bei Ladevorgängen zumutbar, Kö VRS **73** 150. **Container** sind nicht FzBestandteile; treffen die übrigen Voraussetzungen des Abs. I nur durch das Aufbringen des Containers zu, so gilt daher ausschließlich die Alternative „Fze mit austauschbaren Ladungsträgern", Bay VRS **68** 309; anders nur in Fällen des § 42 III S. 2. Land- und forstwirtschaftliche Arbeitsgeräte unterliegen dem § 32b nicht, s. Merkblatt des BMV, VkBl. **09** 808 = StVRL § 2 FZV Nr. 4.

4. Ordnungswidrigkeit. § 69a III Nr. 3a. Danach handelt auch ow, wer ein Fz mit einem **5** Unterfahrschutz in Betrieb nimmt, dessen Beschaffenheit gefährdet, KG VRS **82** 149.

Seitliche Schutzvorrichtungen

32c (1) **Seitliche Schutzvorrichtungen sind Einrichtungen, die verhindern sollen, dass Fußgänger, Rad- oder Kraftradfahrer seitlich unter das Fahrzeug geraten und dann von den Rädern überrollt werden können.**

(2) **Lastkraftwagen, Zugmaschinen und Kraftfahrzeuge, die hinsichtlich der Baumerkmale ihres Fahrgestells den Lastkraftwagen oder Zugmaschinen gleichzusetzen sind, mit einer durch die Bauart bestimmten Höchstgeschwindigkeit von mehr als 25 km/h und ihre Anhänger müssen, wenn ihr zulässiges Gesamtgewicht jeweils mehr als 3,5 t beträgt, an beiden Längsseiten mit seitlichen Schutzvorrichtungen ausgerüstet sein.**

(3) **Absatz 2 gilt nicht für**

1. **land- oder forstwirtschaftliche Zugmaschinen und ihre Anhänger,**

2. **Sattelzugmaschinen,**

3. **Anhänger, die besonders für den Transport sehr langer Ladungen, die sich nicht in der Länge teilen lassen, gebaut sind,**

4. Fahrzeuge, die für Sonderzwecke gebaut und bei denen seitliche Schutzvorrichtungen mit dem Verwendungszweck des Fahrzeugs unvereinbar sind.

(4) Die seitlichen Schutzvorrichtungen müssen den im Anhang zu dieser Vorschrift genannten Bestimmungen entsprechen.

1   **Begr** (VkBl. **90** 493): *Bei seitlicher Kollision von Fußgängern oder Zweiradfahrern mit Lastkraftwagen oder Anhängern, insbesondere mit der Seite des Aufbaus, besteht die Gefahr, unter das Fahrzeug zu geraten und von den Rädern überrollt zu werden. Der Grund liegt in der großen Höhe des Lkw-Aufbaus im Zusammenspiel mit dem Freiraum darunter. Dadurch wird der Fußgänger bzw. Zweiradfahrer in der Regel oberhalb des Schwerpunktes seines Körpers getroffen, so dass der Fußgänger nicht vom Fahrzeug weggestoßen wird, sondern unter das Fahrzeug gerät. Betroffen sind hiervon alle Altersgruppen. Bei immer wieder vorkommenden schwersten Unfällen mit seitlicher Kollision werden lt. Untersuchungsergebnis von Prof. Dr.-Ing. Appel, Technische Universität Berlin, ca. 60% der Unfallpartner überrollt und in über 80% aller Fälle getötet.*

... Die seitliche Schutzvorrichtung besteht aus einer fortlaufenden ebenen Fläche oder aus einer oder mehreren horizontalen Schienen bzw. einer Kombination aus Flächen und Schienen.

...

Begr zur ÄndVO v. 25.10.94: BR–Drs. 782/94.

2   **1. Nach der Übergangsbestimmung** des § 72 II aF galt die Vorschrift nicht für Fz, die vor dem 1.1.75 erstmals in den V gekommen sind. Für Kfz, die hinsichtlich der Baumerkmale ihres Fahrgestells den Lkw oder Zgm gleichzusetzen sind, bestand Nachrüstungspflicht nach Maßgabe von § 72 II aF.

3   **2. Ordnungswidrigkeit.** § 69a III Nr. 3b.

Kurvenlaufeigenschaften

32d (1) [1]Kraftfahrzeuge und Fahrzeugkombinationen müssen so gebaut und eingerichtet sein, dass einschließlich mitgeführter austauschbarer Ladungsträger (§ 42 Absatz 3) die bei einer Kreisfahrt von 360 Grad überstrichene Ringfläche mit einem äußeren Radius von 12,50 m keine größere Breite als 7,20 m hat. [2]Dabei muss die vordere – bei hinterradgelenkten Fahrzeugen die hintere – äußerste Begrenzung des Kraftfahrzeugs auf dem Kreis von 12,50 m Radius geführt werden.

(2) [1]Beim Einfahren aus der tangierenden Geraden in den Kreis nach Absatz 1 darf kein Teil des Kraftfahrzeugs oder der Fahrzeugkombination diese Gerade um mehr als 0,8 m nach außen überschneiden. [2]Abweichend davon dürfen selbstfahrende Mähdrescher beim Einfahren aus der tangierenden Geraden in den Kreis diese Gerade um bis zu 1,60 m nach außen überschreiten.

(3) [1]Bei Kraftomnibussen ist bei stehendem Fahrzeug auf dem Boden eine Linie entlang der senkrechten Ebene zu ziehen, die die zur Außenseite des Kreises gerichtete Fahrzeugseite tangiert. [2]Bei Kraftomnibussen, die als Gelenkfahrzeug ausgebildet sind, müssen die zwei starren Teile parallel zu dieser Ebene ausgerichtet sein. [3]Fährt das Fahrzeug aus einer Geradeausbewegung in die in Absatz 1 beschriebene Kreisringfläche ein, so darf kein Teil mehr als 0,60 m über die senkrechte Ebene hinausragen.

1   **Begr** (VkBl. **92** 343): **Zu Absatz 1:** *Die Vorschrift wurde unverändert aus § 32 (alt) übernommen.*

Zu Absatz 2: *Satz 1 wurde unverändert aus § 32 (alt) übernommen. Bei Satz 2 handelt es sich um die Übernahme des § 2 der 35. Ausnahmeverordnung zur StVZO vom 22. April 1988, der aufgehoben wird.*

Begr zur ÄndVO v. 22.10.03 **(zu Abs. 3):** VkBl. **03** 746.

2   **1. Spurhaltung. Kurvenläufigkeit.** Die Vorschrift regelt die Spurhaltung der Fz und Züge zwecks gefahrlosen Durchfahrens enger Kurven und Abbiegens nach rechts, bei dem Fz und Züge mit schlechter Spurhaltung oft weit nach links ausbiegen müssen, um nach rechts abbiegen zu können. Ausnahmen: § 70 I Nr. 1.

3   **2. Ordnungswidrigkeit.** §§ 69a III Nr. 3c StVZO, 24 StVG.

Schleppen von Fahrzeugen

33 Fahrzeuge, die nach ihrer Bauart zum Betrieb als Kraftfahrzeug bestimmt sind, dürfen nicht als Anhänger betrieben werden.

Begr zur ÄndVO v. 26.7.13 (BR-Drs. 445/13 S. 24 = VkBl. **13** 865): *Das Schleppen von Kraft-* **1** *fahrzeugen, auch von schweren Nutzfahrzeugen, ist mit der Technik moderner und spezieller Schleppfahrzeuge heute durchaus möglich und leistbar. Die von einer derartigen Fahrzeugkombination ausgehende übermäßige Straßenbelastung oder gar Verkehrsgefährdung wird nicht größer bewertet, als sie im Vergleich zu einer ähnlich großen Fahrzeugkombination des genehmigungspflichtigen Großraum- und Schwerverkehrs im allgemeinen ausgeht.*

Ausnahmegenehmigungen sollen zukünftig von den Behörden erteilt werden, die mit Genehmigungsver- **2** *fahren nach § 70 StVZO für Fahrzeuge im Großraum- und Schwerverkehr befasst sind. Die bei diesen Behörden vorliegenden Erfahrungen in diesem Bereich bilden auch die Grundlage für die sachgerechte Beurteilung von „Schleppkombinationen“. Die Voraussetzungen und Bedingungen für die Erteilung von Ausnahmegenehmigungen sollen in einer Richtlinie niedergelegt werden.*

§ 3 der 6. StVZAusnVO 1962 idF der VO v. 25.4.06 (BGBl. I S. 1078, VkBl. 06 597): **3–9**

§ 33 StVZO gilt nicht für Kraftfahrzeuge, die den Vorschriften über Bau und Ausrüstung von Anhängern entsprechen und bei denen dies aus einer vom Kraftfahrzeugführer mitgeführten Bescheinigung der Zulassungsbehörde oder eines amtlich anerkannten Sachverständigen für den Kraftfahrzeugverkehr oder aus dem nach § 4 Abs. 5 der Fahrzeug-Zulassungsverordnung mitzuführenden oder aufzubewahrenden Nachweis ersichtlich ist.

1. Allgemeines. § 33 verbietet das Ziehen eines Fz, das nach seiner Bauart zum Betrieb als **10** Kfz bestimmt ist, durch ein anderes Kfz. § 33 will den bei Verwendung von Kfz als Anhänger entstehenden besonderen Gefahren entgegenwirken, die dadurch bedingt sind, dass das gezogene Fz nicht als Anhänger gebaut und genehmigt ist (OVG Münster VRS **106** 230 (237)). Diese Gefahren fehlen bei Fz, die für wechselnde Verwendung als Kfz oder Anhänger gebaut sind. Die **6. StVZAusnV** (Rn. 3–9) befreit deshalb die Fz, die nach ihrer Bauart als Kfz oder Anhänger verwendet werden, von § 33. § 33 gilt auch für im Ausland zugelassene Kfz, die vorübergehend am V im Inland teilnehmen (OVG Münster VRS **106** 230 zu § 1 VOInt aF). Die früheren Spezialbestimmungen in I S. 2 und II aF über Ausnahmen vom Verbot des § 33 wurden durch ÄndVO v. 26.7.13 (BGBl. I S. 2803, Begr Rn. 1–2) ersatzlos aufgehoben. Das **Abschleppen** betriebsunfähiger Kfz wird trotz des Verbots des § 33 für zulässig gehalten, dazu näher Rn. 19 ff.

2. Schleppen iSv § 33 ist das Mitführen eines Fz, das nach seiner Bauart zum Betrieb als Kfz **11** bestimmt ist, auf dessen Rädern hinter einem anderen Kfz, soweit kein zulässiges Abschleppen vorliegt (OVG Münster VRS **106** 230 (233), *Reichart* NJW **94** 103). Dabei kann es sich sowohl um ein betriebsfähiges als auch um ein betriebsunfähiges Kfz handeln, sofern bei diesem die Voraussetzungen des Abschleppens nicht gegeben sind (BVerwG DAR **05** 582, OVG Münster VRS **106** 230 (233), *Reichart* NJW **94** 103). Es kommt nach dem Wortlaut von § 33 nicht darauf an, ob das gezogene Fz als Kfz iSv § 1 StVG anzusehen ist (beim Ausfall der bewegenden Kraft ist dies nicht mehr der Fall, § 1 StVG Rn. 20), sondern allein darauf, ob das Fz nach seiner Bauart zum Betrieb als Kfz bestimmt ist.

3. Ausnahmen. Nachdem die früher in I S. 2 und II aF normierten speziellen Bestimmun- **12** gen über Ausnahmen von dem Verbot des Schleppens durch ÄndVO v. 26.7.13 (BGBl. I S. 2803) mit Wirkung ab 1.8.13 aufgehoben worden sind, ist **Rechtsgrundlage** für Ausnahmen von dem Verbot des § 33 jetzt § 70. Dahinter steht der Gedanke, dass es sich bei derartigen Ausnahmegenehmigungen um ähnliche wie die für Großraum- und Schwertransporte erteilten Ausnahmegenehmigungen handelt (Begr Rn. 2). Durch ÄndVO v. 26.7.13 (BGBl. I S. 2803) ist deshalb auch § 33 in § 70 I Nr. 1 und II aufgenommen worden. Vor dem 1.8.13 erteilte Ausnahmegenehmigungen gelten bis zum Ende ihrer Befristung weiter (§ 72 II Nr. 1a). Die vom VOGeber in der Begr zur ÄndVO v. 26.7.13 (Rn. 2) angekündigte Richtlinie zu Voraussetzungen und Bedingungen für die Erteilung von Ausnahmegenehmigungen vom Verbot des Schleppens ist in den unter dem 26.5.14 vom BMV bekanntgemachten **Empfehlungen für die Erteilung von Ausnahmegenehmigungen nach § 70** für bestimmte FzArten und FzKombinationen (VkBl. **14** 503 = StVRL § 70 StVZO Nr. 1) nicht enthalten. Diese Empfehlungen beinhalten, dass für die beschriebenen Ausnahmen das Anhörverfahren nach § 70 I Nr. 2 und II allgemein durchgeführt worden ist, wodurch ein Anhörverfahren für jeden Einzelfall entbehrlich wird.

Nach Nr. 2 der Vorbemerkung zu Empfehlung 6 (VkBl. **14** 515) umfasst diese aber gerade nicht die Anhörungsfreiheit für das Schleppen in Abweichung von § 33. Auch sonst enthält sie keine Voraussetzungen und Bedingungen für die Erteilung von Ausnahmegenehmigungen vom Verbot des Schleppens. Die Beurteilung von Anträgen auf Erteilung einer Ausnahme von dem Verbot des § 33 richtet sich demnach ausschließlich nach § 70.

13   Die **Zuständigkeit** für die Erteilung von Ausnahmegenehmigungen richtet sich nach § 70, nicht nach § 68 (BVerwG DAR **05** 582 zu I S. 2 aF). S. § 70 Rn. 2, 7.

14   Die Bewilligung einer Ausnahme gem. § 70 steht im **Ermessen** der VB (§ 70 Rn. 2). Dabei ist der Zweck des § 33 (Rn. 10) zu berücksichtigen. Beschränkung der Schleppvorgänge auf Entfernung von 100 km in Ausnahmegenehmigung ist nicht ermessensfehlerhaft, da die Gefahren für die VSicherheit beim Schleppen von Fz um so größer sind, je länger die Schleppfahrt dauert (OVG Münster VRS **106** 230, VG Aachen 9.8.11 2 K 604/08).

15   **4. Regelungen für genehmigtes und ungenehmigtes Schleppen.** Nach Aufhebung der früheren Spezialbestimmungen für das genehmigte Schleppen (II aF) gelten seit 1.8.13 die **allgemeinen Regeln** über das Mitführen von **Anhängern,** wenn das Schleppen durch Ausnahmegenehmigung zugelassen worden ist. Das Gleiche gilt, wenn ohne Ausnahmegenehmigung unter Verstoß gegen § 33 geschleppt wird. Mangels abweichender Vorschrift gelten alle Bau-, Ausrüstungs- und Betriebsvorschriften für Anhänger, sofern die Ausnahmegenehmigung nicht davon befreit.

16   Liegt eine Ausnahmegenehmigung vor, ist das geschleppte Fz anders als vor dem 1.8.13 (früher II Nr. 2) nicht von den Vorschriften über das **Zulassungsverfahren** befreit. Das geschleppte Fz ist zulassungsrechtlich kein Anhänger, da es von seltenen Ausnahmen abgesehen (Rn. 3–9) nicht zum Anhängen an ein Kfz bestimmt und geeignet ist (§ 2 Nr. 2 FZV). Es kann also nur als Kfz zugelassen oder – wenn es nicht zugelassen ist – mit roten Kennzeichen oder mit Kurzzeitkennzeichen geschleppt werden.

17   Der Fahrer des schleppenden Fz benötigt (unabhängig davon, ob eine Ausnahmegenehmigung vorliegt oder nicht) eine **Fahrerlaubnis,** die ihn zum Mitführen eines Anhängers mit der Gesamtmasse des geschleppten Fz berechtigt. Eine FE nur für die Klasse des schleppenden Fz genügt anders als beim Abschleppen (§ 6 I S. 4 FeV) nicht. Welche FE der Lenker des geschleppten Fz benötigt, ist seit 1.8.13 nicht mehr geregelt (früher II Nr. 1 S. 2 und 3), weil davon ausgegangen wird, dass das geschleppte Fz bei den heutigen Schlepptechnologien nicht durch einen Fahrer gelenkt werden muss. Wird das geschleppte Fz durch eine Person gelenkt, benötigt diese ebenso wie beim Abschleppen (Rn. 27) keine FE, da sie nicht Führer eines Kfz ist (KG VRS **26** 125).

18   **5. Zuwiderhandlungen (Schleppen).** Verstoß gegen § 33 (ungenehmigte Schleppfahrt) ist ow (§§ 69a III Nr. 3 StVZO, 24 StVG). Erlaubtes wie nicht erlaubtes Schleppen mit einer FE, die nicht zum Mitführen eines Anhängers mit der Gesamtmasse des geschleppten Fz berechtigt, ist strafbar nach § 21 StVG.

19   **6. Das Abschleppen betriebsunfähiger Fz** wird seit langer Zeit unter **Nothilfegesichtspunkten** trotz des Verbots des § 33 für zulässig gehalten, auch wenn keine Ausnahmegenehmigung vom § 33 erteilt ist. Ausgangspunkt dafür ist der Umstand, dass betriebsunfähig auf der Straße stehende Fz nicht nur den Verkehr behindern, sondern insbesondere bei Dunkelheit eine erhebliche Gefahr für andere Verkehrsteilnehmer darstellen (Bay VRS **11** 308, Br NJW **63** 726). Daraus ergibt sich die Notwendigkeit, sie möglichst rasch von der Straße zu entfernen.

20   In der Vergangenheit wurde die **Zulässigkeit des Abschleppens** auf den am 1.3.07 aufgehobenen (BGBl. I S. **06** 1069, 1084) § 18 I S. 1 StVZO aF gestützt (BGH NJW **69** 2155, Ha VRS **57** 456, DAR **99** 178, Ce NZV **94** 242, Fra NStZ-RR **97** 93, BMV VkBl. **60** 582), der die Aussage enthielt, dass abgeschleppte betriebsunfähige Fz keine Anhänger im zulassungsrechtlichen Sinne sind. Diese Aussage ist nicht in die FZV übernommen worden (§ 1 FZV Rn. 6). Ob und unter welchen Umständen abgeschleppt werden darf, ist im Straßenverkehrsrecht **nicht ausdrücklich geregelt.** Verschiedene Vorschriften gehen von der Zulässigkeit des Abschleppens aus und treffen Regelungen zu einzelnen Aspekten des Abschleppens (§ 15a StVO, § 6 I S. 4 FeV, §§ 42 IIa, 43 II, III und 53 VIII StVZO). Da es an einer ausdrücklichen Regelung fehlt, wird man wohl annehmen müssen, dass die Zulässigkeit des Abschleppens betriebsunfähiger Fz ohne Ausnahmegenehmigung von § 33 auf **Gewohnheitsrecht** beruht (ebenso *Huppertz* VD **17** 14).

Abschleppen setzt **Betriebsunfähigkeit** des geschleppten Fz voraus (BGH NJW **69** 2155, **21** Dü VRS **54** 369, Ha VRS **57** 456, Bay NZV **94** 163, Ce NZV **94** 242, Fra NStZ-RR **97** 93, OVG Münster VRS **106** 230 (233)). Da der Zweck des Abschleppens darin besteht, die durch ein liegengebliebenes Fz entstandene Gefahr so schnell wie möglich zu beseitigen, ist gleichgültig, worauf die Tatsache der Betriebsunfähigkeit beruht, etwa auf einem Defekt oder auf Erschöpfung der Batterie oder aber auf Mangel betriebsnotwendiger Stoffe wie Öl, Kühlwasser, Kraftstoff (Ha DAR **99** 178, *Huppertz* VD **17** 14). Eine Beschränkung auf Fälle, in denen das Fz wegen technischer Mängel nicht in Betrieb gesetzt werden kann, ist aus Sinn und Zweck der Erleichterungen für das Abschleppen nicht ableitbar.

Abschleppen ist eine **Maßnahme der Nothilfe** (Ce NZV **94** 242, OVG Münster VRS **106** **22** 230 (233f.)). Die Rspr. hat den **Begriff** der Nothilfe ursprünglich **eng ausgelegt.** Unter Abschleppen wurde zunächst nur die Entfernung eines im öff Verkehr betriebsunfähig gewordenen Fz auf dessen Rädern durch Zugleistung eines anderen Fz aus dem öff Verkehrsraum verstanden (BGH NJW **56** 220, Bay VRS **11** 308, Ce VRS **12** 228, *Reichart* NJW **94** 103). Später wurde der Begriff des Notbehelfs im Interesse des Halters eines defekten Fz, es auf möglichst einfache Weise und ohne unnötigen Kostenaufwand wieder betriebsfähig zu machen, gegenüber dem ursprünglich engen Verständnis **erheblich erweitert** (BGH NJW **69** 2155). Unter Abschleppen wurde nun auch das Befördern zum nächsten geeigneten Bestimmungsort (zB Werkstatt, Verschrottungsbetrieb, Garage) verstanden, soweit die Betriebsunfähigkeit des Fz zu einer derartigen Maßnahme zwingt (Ko NZV **98** 257, BMV VkBl. **60** 582, *Reichart* NJW **94** 103, *Blum* NZV **08** 547). Von Abschleppen wurde dabei auch gesprochen, wenn der Abschleppvorgang nicht aus dem öff Verkehrsraum heraus, sondern von einem anderen Standort aus begonnen wurde (KG VRS **26** 125, Fra DAR **65** 334, NStZ-RR **97** 93, Ha VRS **30** 137, Bay VRS **65** 304, BMV VkBl. **61** 24 = StVRL § 33 StVZO Nr. 1, *Huppertz* VD **17** 14) ohne Rücksicht darauf, wo das Fz betriebsunfähig geworden ist (Ce VRS **16** 312, KG VRS **26** 125, Zw Betr **67** 78, Betr **69** 837, Ko NZV **98** 257) und wie lange der Eintritt der Betriebsunfähigkeit zurückliegt (Ce VRS **16** 312, KG VRS **26** 125, Dü VM **68** 87, VRS **54** 369, Ko NZV **98** 257, *Huppertz* VD **17** 14), auch wenn der Halter die Betriebsunfähigkeit zB durch Ausbau des Motors selbst herbeigeführt hat (Ha VRS **57** 456, Fra NStZ-RR **97** 93), und wenn das Fz nicht auf eigenen Rädern, sondern als Ladung auf einem anderen Fz transportiert wurde (Bay NZV **94** 163, Ko NZV **98** 257, Jn NStZ-RR **07** 248). Selbst die Verbringung eines betriebsunfähigen Fz nach dessen Veräußerung in eine Werkstatt oder die Garage des Käufers zum Zwecke der dortigen Reparatur wurde als Abschleppen verstanden, wobei ohne Belang war, ob der Schleppvorgang vom Käufer oder Verkäufer veranlasst und durchgeführt wurde (Ce NZV **94** 242, Fra NStZ-RR **97** 93). Als Voraussetzung wurde lediglich gefordert, dass das Fz nicht über weitere Strecken, sondern zu einem **möglichst nahe gelegenen Bestimmungsort** geschleppt wurde (Ce VRS **16** 312, NZV **94** 242, Dü VM **68** 87, Fra NStZ-RR **97** 93, Ko NZV **98** 257, OVG Münster VRS **106** 230 (233)).

Dieses in der Vergangenheit entwickelte **weite Verständnis** des Begriffs der Nothilfe kann **23** heute im Hinblick auf die bereits vor längerer Zeit erfolgte Aufhebung des früher als Rechtsgrundlage für die Zulässigkeit des Abschleppens herangezogenen § 18 StVZO aF und auf das klare Verbot des Schleppens durch § 33 **nicht mehr aufrechterhalten** werden. Als Ausnahme von dem Verbot des Schleppens gem. § 33 ist der Begriff des Abschleppens einer extensiven Auslegung nicht zugänglich, zumal der Normgeber die Ausnahme nicht klar normiert hat. Im Hinblick darauf, dass § 33 das Mitführen eines Kfz hinter einem anderen Kfz wegen der damit verbundenen Gefahren verbietet (Rn. 10), kann **zulässiges Abschleppen** von betriebsunfähigen Kfz ohne Ausnahmegenehmigung von § 33 ausnahmsweise **nur dann** angenommen werden, wenn und soweit ein liegengebliebenes Kfz im Wege der Nothilfe auf eigenen Rädern **aus dem öff Verkehrsraum entfernt** wird, um die durch das betriebsunfähig gewordene Kfz entstandene **Gefahr** kurzfristig zu **beseitigen.** Vertretbar ist dabei noch das **Verbringen zur nächsten geeigneten Werkstatt,** damit ein Abstellen des liegengebliebenen Fz an anderer Stelle nicht dort zu einer Gefahr wird. Darüber hinausgehende Schleppvorgänge unterfallen § 33 und sind nur mit Ausnahmegenehmigung nach § 70 zulässig.

Abschleppen ist **nur das Ziehen** eines betriebsunfähigen Kfz hinter einem anderen Kfz, wie **24** der in dem Begriff Abschleppen enthaltene Begriff Schleppen deutlich macht. Das Abtransportieren eines betriebsunfähigen Kfz auf einem Anhänger kann demnach nicht als Abschleppen angesehen werden (aA Jn NStZ-RR **07** 248, *Huppertz* VD **17** 14). Es ist auch nicht ersichtlich, warum für derartige Transporte die für das zulässige Abschleppen geltenden erleichterten Bedingungen gelten sollten.

25   **7. Regelungen für zulässiges Abschleppen.** Da im öff StrV liegengebliebene Kfz idR zugelassen sind, stellt sich nicht die Frage, ob abgeschleppte Fz **zugelassen** sein müssen. Entfällt durch einen Unfall infolge der Art der Beschädigung die Betriebserlaubnis, berührt dies die Zulassung nicht (§ 19 Rn. 14). Bleibt ein nicht zugelassenes, zB mit einem roten Kennzeichen betriebenes Kfz im öff StrV liegen, darf es abgeschleppt werden, denn für die Frage, ob die durch ein im V betriebsunfähig gewordenes Fz entstandene Gefahr kurzfristig im Wege der Nothilfe beseitigt werden darf, ist unerheblich, ob das Fz zugelassen ist oder nicht.

26   § 42 I über **Anhängelast** und Bremse des Anhängers gelten nicht für das Abschleppen (§ 42 IIa). Bei Verwendung von Abschleppstangen und ‑seilen darf der **lichte Abstand** vom abschleppenden zum gezogenen Fz nicht mehr als 5 m betragen (§ 43 III S. 1). Abschleppstangen und ‑seile sind ausreichend erkennbar zu machen (§ 43 III S. 2). Zu Beleuchtungseinrichtungen mit Abschleppwagen oder ‑achsen abgeschleppter Fz § 53 VIII.

27   Der Führer des ziehenden Kfz benötigt nur die **Fahrerlaubnis** der Klasse des abschleppenden Kfz (§ 6 I S. 4 FeV), also keine FE mit Berechtigung zum Ziehen eines Anhängers mit der Gesamtmasse des abgeschleppten Fz. Der Lenker des abgeschleppten Fz ist nicht Führer eines Kfz, er benötigt deswegen keine FE (*Reichart* NJW **94** 103, *Heberlein/Miller* DAR **09** 288 (289), § 6 FeV Rn. 61, § 21 StVG Rn. 11), ist aber für Lenkung und Bremsung wie ein FzF verantwortlich (BGH VRS **65** 140). Zum Grenzwert der alkoholbedingten absoluten Fahruntüchtigkeit beim Lenker des abgeschleppten Fz § 316 StGB Rn. 4.

28   Beim Abschleppen von der **Autobahn** ist diese bei der nächsten Ausfahrt zu verlassen (§ 15a I StVO). Ist ein Fz außerhalb der Autobahn liegengeblieben, darf beim Abschleppen nicht in eine Autobahn eingefahren werden (§ 15a II StVO). Während des Abschleppens haben beide Fz **Warnblinklicht** einzuschalten (§ 15a III StVO). **Krafträder** dürfen nicht abgeschleppt werden (§ 15a IV StVO).

29   **8. Anschleppen** zB wegen versagender Batterie oder Zündung mit dem Ziel, den Motor des gezogenen Kfz unter Ausnutzung der Triebkraft des ziehenden Kfz in Gang zu bringen, wurde bisher unter Zugrundelegung des weiten, auch wirtschaftliche Aspekte einschließenden Verständnisses des Begriffs Nothilfe (Rn. 22) überwiegend als zulässiges Abschleppen angesehen (Dü VRS **54** 369, *B/M/R* § 15a StVO Rn. 4, GVR/*Blum* § 21 StVG Rn. 29, *Huppertz* VD **92** 86, *Blum* NZV **08** 547 (549), *Heberlein/Miller* DAR **09** 288 (290), aA Fra VRS **58** 145, s. dazu auch § 21 StVG Rn. 11). Dem kann nach der heute notwendigen einschränkenden Auslegung des Begriffs Abschleppen (Rn. 23) nicht mehr gefolgt werden, denn das Anschleppen dient nicht dem Zweck, ein liegengebliebenes Kfz im Wege der Nothilfe auf eigenen Rädern aus dem öff Verkehrsraum zu entfernen, um die damit verbundene Gefahr zu beseitigen. Anschleppen ist damit als **Schleppen** anzusehen, das nach § 33 ohne Ausnahmegenehmigung unzulässig ist. Der Lenker des anzuschleppenden Kfz benötigt keine **FE,** solange der Motor noch nicht in Gang gebracht worden ist, da er in dieser Situation noch nicht Führer eines Kfz ist (aA Fra VRS **58** 145). Er benötigt aber eine FE für das anzuschleppende Kfz, sobald der Motor angesprungen ist, da er das angeschleppte Kfz dann führt, auch wenn es noch mit dem anschleppenden Kfz verbunden sein sollte.

30   **9. Zuwiderhandlungen (Abschleppen).** Liegen die Voraussetzungen des zulässigen Abschleppens nicht vor, ist das Mitführen eines Kfz hinter einem anderen Kfz als Schleppen anzusehen. Geschieht dies ohne Ausnahmegenehmigung von § 33, ist es ow (§§ 69a III Nr. 3 StVZO, 24 StVG). Verfügt der Fahrer des ziehenden Fz in diesem Fall nicht über eine FE, die zum Mitführen eines Anhängers mit der Gesamtmasse des geschleppten Fz berechtigt, ist dies strafbar nach § 21 StVG, da § 6 I S. 4 FeV dann nicht gilt.

Achslast und Gesamtgewicht

34 (1) **Die Achslast ist die Gesamtlast, die von den Rädern einer Achse oder einer Achsgruppe auf die Fahrbahn übertragen wird.**

(2) [1]**Die technisch zulässige Achslast ist die Achslast, die unter Berücksichtigung der Werkstoffbeanspruchung und nachstehender Vorschriften nicht überschritten werden darf:**

§ 36	**(Bereifung und Laufflächen);**
§ 41 Absatz 11	**(Bremsen an einachsigen Anhängern und zweiachsigen Anhängern mit einem Achsabstand von weniger als 1,0 m).**

[2]**Das technisch zulässige Gesamtgewicht ist das Gewicht, das unter Berücksichtigung der Werkstoffbeanspruchung und nachstehender Vorschriften nicht überschritten werden darf:**

§ 35   (Motorleistung);
§ 41 Absatz 10 und 18   (Auflaufbremse);
§ 41 Absatz 15 und 18   (Dauerbremse).

(3) [1]Die zulässige Achslast ist die Achslast, die unter Berücksichtigung der Bestimmungen des Absatzes 2 Satz 1 und des Absatzes 4 nicht überschritten werden darf. [2]Das zulässige Gesamtgewicht ist das Gewicht, das unter Berücksichtigung der Bestimmungen des Absatzes 2 Satz 2 und der Absätze 5 und 6 nicht überschritten werden darf. [3]Die zulässige Achslast und das zulässige Gesamtgewicht sind beim Betrieb des Fahrzeugs und der Fahrzeugkombination einzuhalten.

(4) [1]Bei Kraftfahrzeugen und Anhängern mit Luftreifen oder den in § 36 Absatz 8 für zulässig erklärten Gummireifen – ausgenommen Straßenwalzen – darf die zulässige Achslast folgende Werte nicht übersteigen:

1. Einzelachslast
    a) Einzelachsen .... 10,00 t
    b) Einzelachsen (angetrieben) .... 11,50 t;

2. Doppelachslast von Kraftfahrzeugen unter Beachtung der Vorschriften für die Einzelachslast
    a) Achsabstand weniger als 1,0 m .... 11,50 t
    b) Achsabstand 1,0 m bis weniger als 1,3 m .... 16,00 t
    c) Achsabstand 1,3 m bis weniger als 1,8 m .... 18,00 t
    d) Achsabstand 1,3 m bis weniger als 1,8 m, wenn die Antriebsachse mit Doppelbereifung oder einer als gleichwertig anerkannten Federung nach Anlage XII ausgerüstet ist oder jede Antriebsachse mit Doppelbereifung ausgerüstet ist und dabei die höchstzulässige Achslast von 9,50 t je Achse nicht überschritten wird, ... 19,00 t;

3. Doppelachslast von Anhängern unter Beachtung der Vorschriften für die Einzelachslast
    a) Achsabstand weniger als 1,0 m .... 11,00 t
    b) Achsabstand 1,0 m bis weniger als 1,3 m .... 16,00 t
    c) Achsabstand 1,3 m bis weniger als 1,8 m .... 18,00 t
    d) Achsabstand 1,8 m oder mehr .... 20,00 t;

4. Dreifachachslast unter Beachtung der Vorschriften für die Doppelachslast
    a) Achsabstände nicht mehr als 1,3 m .... 21,00 t
    b) Achsabstände mehr als 1,3 m und nicht mehr als 1,4 m ...... 24,00 t.

[2]Sind Fahrzeuge mit anderen Reifen als den in Satz 1 genannten versehen, so darf die Achslast höchstens 4,00 t betragen.

(5) Bei Kraftfahrzeugen und Anhängern – ausgenommen Sattelanhänger und Starrdeichselanhänger (einschließlich Zentralachsanhänger) – mit Luftreifen oder den in § 36 Absatz 8 für zulässig erklärten Gummireifen darf das zulässige Gesamtgewicht unter Beachtung der Vorschriften für die Achslasten folgende Werte nicht übersteigen:

1. Fahrzeuge mit nicht mehr als zwei Achsen
    a) Kraftfahrzeuge – ausgenommen Kraftomnibusse – und Anhänger jeweils ... 18,00 t
    b) Kraftomnibusse .... 19,50 t;

2. Fahrzeuge mit mehr als zwei Achsen – ausgenommen Kraftfahrzeuge nach Nummern 3 und 4 –
    a) Kraftfahrzeuge .... 25,00 t
    b) Kraftfahrzeuge mit einer Doppelachslast nach Absatz 4 Nummer 2 Buchstabe d .... 26,00 t
    c) Anhänger .... 24,00 t
    d) Kraftomnibusse, die als Gelenkfahrzeuge gebaut sind .... 28,00 t;

3. Kraftfahrzeuge mit mehr als drei Achsen – ausgenommen Kraftfahrzeuge nach Nummer 4 –
    a) Kraftfahrzeuge mit zwei Doppelachsen, deren Mitten mindestens 4,0 m voneinander entfernt sind .... 32,00 t
    b) Kraftfahrzeuge mit zwei gelenkten Achsen und mit einer Doppelachslast nach Absatz 4 Nummer 2 Buchstabe d und deren höchstzulässige Belastung, bezogen auf den Abstand zwischen den Mitten der vordersten und der hintersten Achse, 5,00 t je Meter nicht übersteigen darf, nicht mehr als .... 32,00 t;

4. Kraftfahrzeuge mit mehr als vier Achsen unter Beachtung der Vorschriften in Nummer 3 .... 32,00 t.

(5a) Abweichend von Absatz 5 gelten für die zulässigen Gewichte von Kraftfahrzeugen nach § 30a Absatz 3 die im Anhang zu dieser Vorschrift genannten Bestimmungen.

(6) Bei Fahrzeugkombinationen (Züge und Sattelkraftfahrzeuge) darf das zulässige Gesamtgewicht unter Beachtung der Vorschriften für Achslasten, Anhängelasten und Einzelfahrzeuge folgende Werte nicht übersteigen:

1. Fahrzeugkombinationen mit weniger als vier Achsen .... 28,00 t;

2. Züge mit vier Achsen
   zweiachsiges Kraftfahrzeug mit zweiachsigem Anhänger .... 36,00 t;

3. zweiachsige Sattelzugmaschine mit zweiachsigem Sattelanhänger
   a) bei einem Achsabstand des Sattelanhängers von 1,3 m und mehr .... 36,00 t
   b) bei einem Achsabstand des Sattelanhängers von mehr als 1,8 m, wenn die Antriebsachse mit Doppelbereifung und Luftfederung oder einer als gleichwertig anerkannten Federung nach Anlage XII ausgerüstet ist, ... 38,00 t;

4. andere Fahrzeugkombinationen mit vier Achsen
   a) mit Kraftfahrzeug nach Absatz 5 Nummer 2 Buchstabe a .... 35,00 t
   b) mit Kraftfahrzeug nach Absatz 5 Nummer 2 Buchstabe b .... 36,00 t;

5. Fahrzeugkombinationen mit mehr als vier Achsen .... 40,00 t;

6. Sattelkraftfahrzeug, bestehend aus dreiachsiger Sattelzugmaschine mit zwei- oder dreiachsigem Sattelanhänger, das im kombinierten Verkehr im Sinne der Richtlinie 92/106/EWG des Rates vom 7. Dezember 1992 über die Festlegung gemeinsamer Regeln für bestimmte Beförderungen im kombinierten Güterverkehr zwischen Mitgliedstaaten (ABl. L 368 vom 17.12.1992, S. 38), die durch die Richtlinie 2006/103/EG (ABl. L 363 vom 20.12.2006, S. 344) geändert worden ist, einen ISO-Container von 40 Fuß befördert .... 44,00 t.

(7) [1]Das nach Absatz 6 zulässige Gesamtgewicht errechnet sich

1. bei Zügen aus der Summe der zulässigen Gesamtgewichte des ziehenden Fahrzeugs und des Anhängers,

2. bei Zügen mit Starrdeichselanhängern (einschließlich Zentralachsanhängern) aus der Summe der zulässigen Gesamtgewichte des ziehenden Fahrzeugs und des Starrdeichselanhängers, vermindert um den jeweils höheren Wert

   a) der zulässigen Stützlast des ziehenden Fahrzeugs oder
   b) der zulässigen Stützlast des Starrdeichselanhängers,
   bei gleichen Werten um diesen Wert,

3. bei Sattelkraftfahrzeugen aus der Summe der zulässigen Gesamtgewichte der Sattelzugmaschine und des Sattelanhängers, vermindert um den jeweils höheren Wert
   a) der zulässigen Sattellast der Sattelzugmaschine oder
   b) der zulässigen Aufliegelast des Sattelanhängers,
   bei gleichen Werten um diesen Wert.

[2]Ergibt sich danach ein höherer Wert als

28,00 t	(Absatz 6 Nummer 1),
36,00 t	(Absatz 6 Nummer 2 und 3 Buchstabe a und Nummer 4 Buchstabe b),
38,00 t	(Absatz 6 Nummer 3 Buchstabe b),
35,00 t	(Absatz 6 Nummer 4 Buchstabe a),
40,00 t	(Absatz 6 Nummer 5) oder
44,00 t	(Absatz 6 Nummer 6),

so gelten als zulässiges Gesamtgewicht 28,00 t, 36,00 t, 38,00 t, 35,00 t, 40,00 t bzw. 44,00 t.

(8) Bei Lastkraftwagen, Sattelkraftfahrzeugen und Lastkraftwagenzügen darf das Gewicht auf der oder den Antriebsachsen im grenzüberschreitenden Verkehr nicht weniger als 25 Prozent des Gesamtgewichts des Fahrzeugs oder der Fahrzeugkombination betragen.

(9) [1]Der Abstand zwischen dem Mittelpunkt der letzten Achse eines Kraftfahrzeugs und dem Mittelpunkt der ersten Achse seines Anhängers muss mindestens 3,0 m, bei Sattelkraftfahrzeugen und bei land- und forstwirtschaftlichen Zügen sowie bei Zügen, die aus einem Zugfahrzeug und Anhänger-Arbeitsmaschinen bestehen, mindestens 2,5 m betragen. [2]Dies gilt nicht für Züge, bei denen das zulässige Gesamtgewicht des Zugfahrzeugs nicht mehr als 7,50 t oder das des Anhängers nicht mehr als 3,50 t beträgt.

(10) *(aufgehoben)*

(11) Für Hubachsen oder Lastverlagerungsachsen sind die im Anhang zu dieser Vorschrift genannten Bestimmungen anzuwenden.

Begr zur ÄndVO v. 23.7.90 (VkBl. **90** 494): *Die Übernahme der bei den EG festgelegten Grenz-* **1** *werte wurde zum Anlass genommen, § 34 insgesamt neu zu fassen. Dabei wurden auch weitere Änderungen vorgenommen.*

Zu den Absätzen 1 bis 10: *Im Einzelnen sind dies:*

1. *Trennung zwischen dem amtlich zulässigen Gewicht und dem technisch zulässigen Gewicht einer Achse, Achsgruppe oder dem des Einzelfahrzeugs.*
   Bisher wurden in der Bundesrepublik Deutschland bei Fahrzeugen und Achslasten, deren technisch zulässige Gewichte höher als die amtlich zulässigen Gewichte sind, die amtlich zulässigen Grenzwerte in die Fahrzeugpapiere eingetragen. Es kann aber im Hinblick auf den freien Warenverkehr im Binnenmarkt von 1993 an und damit einer möglichen Kabotage für deutsche Fahrzeughalter günstig sein, wenn die technisch zulässigen höheren Gewichte in einem amtlichen Papier festgehalten sind; die im benachbarten Ausland z. T. höheren amtlichen Achslasten und / oder Gesamtgewichte könnten damit zumindest leichter von deutschen Fahrzeugen mit ausgenutzt und Wettbewerbsverzerrungen zu Ungunsten deutscher Fahrzeughalter verhindert werden. Die technisch zulässigen Grenzwerte können in der Übereinstimmungsbescheinigung nach § 59a aufgeführt werden.

2. *bis 4 ...*

5. *In Absatz 5 Nr. 3 ist in Buchstabe a das bisherige 4 achsige Fahrzeug wieder aufgenommen worden. In Buchstabe b ist das 4 achsige Fahrzeug, wie es die Richtlinie 85/3/EWG vorsieht, zu finden. Die Fahrzeughersteller können damit wählen, ob sie die Fahrzeuge nach Buchstaben a oder b zulassen wollen.*

6. *In Absatz 4 Nr. 2 Buchstabe c, Absatz 5 Nr. 2 Buchstabe b und Absatz 6 Nr. 3 Buchstabe b ist bei Vorhandensein von Luftfederung oder „einer als gleichwertig anerkannten Federung" ein höheres Gewicht zulässig ...*

Begr zur ÄndVO v. 23.6.93 (VkBl. **93** 612):

Zu Abs. 4 Nr. 2c und d: *Mit der Richtlinie 92/7/EWG des Rates vom 10. Februar 1992 zur Änderung der Richtlinie 85/3/EWG über die Gewichte, Abmessungen und bestimmte andere Merkmale bestimmter Straßenfahrzeuge sind die Bedingungen für die Gleichwertigkeit von Luftfederungen und bestimmten anderen Federungssystemen an der (den) Antriebsachse(n) des Fahrzeugs festgelegt worden. Mit der Änderung des § 34 und der Einführung der Anlage XII wird die obengenannte EG-Richtlinie in nationales Recht übernommen.*

...

Begr zur ÄndVO v. 12.8.97 (VkBl. **97** 657): **Zu Abs. 5:** *Mit dieser Vorschrift werden die Starrdeichselanhänger hinsichtlich der Achslasten und Gesamtgewichte den Sattelanhängern gleichgestellt. Dies ist auch vertretbar, weil diese Starrdeichselanhänger über die Verbindungseinrichtung eine Stützlast auf das Zugfahrzeug übertragen, die einige Tonnen betragen kann.*

...

Begr zur ÄndVO v. 22.10.03 (VkBl. **03** 746): **Zu Abs. 6:** *Diese Ergänzung dient der Klarstellung, dass bei der Bildung des zulässigen Gesamtgewichts von Fahrzeugkombinationen ggf. auch die zulässige Anhängelast des Zugfahrzeugs zu berücksichtigen ist.*

Begr zur ÄndVO v. 26.7.13 **zur Aufhebung von Abs. 10** (BR-Drs. 445/13 S. 24 = VkBl. **13** 865): *Der Absatz bezog sich auf Regelungen des Anhangs II der Richtlinie 85/3/EWG über die Gewichte, Abmessungen und bestimmte andere technische Merkmale bestimmter Fahrzeuge des Güterkraftverkehrs vom 19. Dezember 1984. Diese Richtlinie wurde durch Artikel 10 der Richtlinie 96/53/EG vom 25. Juli 1996 aufgehoben.*

Begr zur ÄndVO v. 17.6.16 **zu Abs. 5 Nr. 1** (BR-Drs. 166/16 S. 17): *Durch die Anhebung des zulässigen Gesamtgewichtes von 18,00 t auf 19,50 t für zweiachsige Kraftomnibusse wird eine Regelung der Richtlinie (EU) 2015/719 in die StVZO übernommen. In Erwägungsgrund 11 dieser Richtlinie wird diese Änderung wie folgt begründet: Seit der Verabschiedung der Richtlinie 96/53/EG ist das Durchschnittsgewicht der Fahrgäste von Kraftomnibussen und ihres Gepäcks erheblich gestiegen. Angesichts der durch die genannte Richtlinie auferlegten Gewichtsobergrenzen hat dies zu einer schrittweisen Verringerung der Zahl der beförderten Fahrgäste geführt. Zudem erhöht die Ausrüstung, die erforderlich ist, um die geltenden technischen Anforderungen, wie sie sich beispielsweise aus Euro VI ergeben, zu erfüllen, das Gewicht der Fahrzeuge, die diese transportieren. Da mit Blick auf eine bessere Energieeffizienz kollektive Verkehrsträger gegenüber dem Individualverkehr zu bevorzugen sind, sollte die vorherige Zahl der Fahrgäste pro Kraftom-*

nibus wieder erreicht und dabei dem gestiegenen Gewicht der Fahrgäste und ihres Gepäcks Rechnung getragen werden. Dies kann über eine Erhöhung des zulässigen Gesamtgewichts für zweiachsige Kraftomnibusse erfolgen, wobei jedoch die Obergrenzen so ausgelegt sein sollten, dass die Straßeninfrastruktur nicht infolge einer rascheren Abnutzung geschädigt wird.

1a

53. Ausnahmeverordnung zur StVZO v. 2.7.97 (BGBl. I S. 1665),
zuletzt geändert durch VO v. 26.7.13 (BGBl. I S. 2803)

§ 1

(1) [1] Abweichend von § 34 Abs. 5 Nr. 1 der Straßenverkehrs-Zulassungs-Ordnung darf das zulässige Gesamtgewicht von Anhängern mit nicht mehr als zwei Achsen unter Beachtung der Vorschriften für die Achslasten 20,00 t und abweichend von § 34 Abs. 6 Nr. 6 der Straßenverkehrs-Zulassungs-Ordnung darf das zulässige Gesamtgewicht bei Fahrzeugkombinationen (Züge und Sattelkraftfahrzeuge) mit mehr als vier Achsen unter Beachtung der Vorschriften für Achslasten und Einzelfahrzeuge 44,00 t nicht überschreiten. [2] Satz 1 gilt nur für Fahrzeuge, die für diese Achslasten und Gesamtgewichte zugelassen sind bei Fahrten im Kombinierten Verkehr

1. Schiene/Straße zwischen Be- oder Entladestelle und nächstgelegenem geeigneten Bahnhof; im begleitenden Kombinierten Verkehr (Rollende Landstraße) zwischen Be- oder Entladestelle und einem höchstens 150 km Luftlinie entfernten geeigneten Bahnhof,

2. Binnenwasserstraße/Straße zwischen Be- oder Entladestelle und einem höchstens 150 km Luftlinie entfernten Binnenhafen und

3. See/Straße (mit einer Seestrecke von mehr als 100 km Luftlinie) zwischen Be- oder Entladestelle und einem höchstens 150 km Luftlinie entfernten Seehafen.

(2) Kombinierter Verkehr im Sinne des Absatzes 1 sind Güterbeförderungen, bei denen der Lastkraftwagen, der Anhänger, der Sattelanhänger mit oder ohne Zugmaschine, der Wechselbehälter oder der Container von mindestens 20 Fuß Länge die Zu- und Ablaufstrecke auf der Straße und den übrigen Teil der Strecke auf der Schiene oder auf einer Binnenwasserstraße oder auf See zurücklegt.

(3) Bei der Verwendung eines Fahrzeuges nach Absatz 1 ist bei der Anfuhr eine Reservierungsbestätigung nach § 17 Absatz 1 der Verordnung über den grenzüberschreitenden Güterkraftverkehr und den Kabotageverkehr vom 28. Dezember 2011 (BGBl. 2012 I S. 42) und bei der Abfuhr ein von der Eisenbahnverwaltung abgestempelter Frachtbrief oder ein Beförderungspapier für den Bahntransport oder eine Bescheinigung des Schifffahrttreibenden über die Benutzung eines Binnen- oder Seeschiffs mitzuführen und zuständigen Personen auf Verlangen zur Prüfung auszuhändigen.

§ 2
Diese Verordnung tritt am Tage nach der Verkündung in Kraft.

Begr: VkBl. **97** 514, **Begr** zur ÄndVO v. 26.7.13: BR-Drs. 445/13 S. 39 = VkBl. **13** 872

1b

55. StVZAusnV v. 13.12.2018 (BGBl. I S. 2479)
(Auszug)

§ 1 Ausnahmen von Vorschriften der Straßenverkehrs-Zulassungs-Ordnung

(2) Abweichend von § 34 Absatz 5 Nummer 1 Buchstabe a sowie Nummer 2 Buchstabe a, b und d der Straßenverkehrs-Zulassungs-Ordnung darf das zulässige Gesamtgewicht des jeweiligen Kraftfahrzeugs unter Beachtung der Vorschriften für die Achslasten das für das jeweilige Kraftfahrzeug in § 34 Absatz 5 Nummer 1 Buchstabe a sowie Nummer 2 Buchstabe a, b und d der Straßenverkehrs-Zulassungs-Ordnung genannte höchstzulässige Gesamtgewicht jeweils um bis zu 1,00 t übersteigen, wenn es sich um ein Kraftfahrzeug mit alternativem Antrieb im Sinne der Artikel 1 und 2 Absatz 1 der Richtlinie 96/53/EG handelt und wenn das Mehrgewicht durch den alternativen Antrieb begründet ist.

2   **1. Die Gewichtsgrenzen** der Fz regelt § 34 zwecks Straßenschonung, OVG Münster DAR **06** 579, VGH Ma VRS **130** 148. Diese werden durch die Stärke der Belastung ausgedrückt, die Achsen, Räder oder Laufrollen auf eine ebene Fahrbahn ausüben, in beladenem Zustand, da es sich um Gewichtshöchstgrenzen handelt. Das technisch zulässige Gesamtgewicht (s. dazu Rn. 1) ist in Abs. II S. 2 definiert. Ausländische Fz: § 31d I. Die Richtlinie (EU) 2015/719 v. 29.4.15 (ABlEU Nr. L 115 v. 6.5.15 S. 1) zur Änderung der Richtlinie 96/53/EG über höchstzulässige Abmessungen, Achslasten und Massen von Straßenfahrzeugen und Fahrzeugkombinationen war bis 7.5.17 in nationales Recht umzusetzen.

3   **2. Achse** ist die Konstruktion im Mittelpunkt der Räder oder Rollen der Fze.

4   **3. Achslast** (s. Abs. I, II, III sowie Rn. 1) ist die Gesamtlast, die die Räder einer Achse oder Achsgruppe auf die ebene Fahrbahn (bei unebener Fahrbahn verteilt sich die Last ungleichmä-

ßig) übertragen (Last eines Rades = Radlast), und der auf jede Achse entfallende Anteil des Gesamtgewichts des Fz.

4. Zulässige Achslast. Zulässiges Gesamtgewicht. Begriffsbestimmungen. Die Absät- **5** ze IV bis VI legen die zulässigen Höchstwerte fest. Die Neufassung v. 23.7.90 übernimmt die bei den EG festgelegten Grenzwerte; teilweise Anhebung war bereits durch die 13. ÄndVO v. 16.7.86 erfolgt. Die in Abs. IV bis VI angegebenen Werte sind Höchstwerte, die im Interesse der StrSchonung nicht überschritten werden dürfen (VGH Ma VRS **130** 148). Eine Gewichtstoleranz ist hierbei nicht einzuräumen, s. BMV VkBl. **91** 270. Wegen des Zwecks der Festsetzung von rechtlichen Gewichtshöchstgrenzen (Schonung von Straßen und Brücken) ist schon bei Erteilung einer fahrzeugbezogenen Ausnahmegenehmigung nach § 70 nicht nur die technische Eignung und Verkehrssicherheit des Fz zu prüfen, sondern auch, ob das Fz mit seiner vorgesehenen Verwendung überhaupt als geeignet zum Verkehr auf öff Straßen angesehen werden kann (VGH Ma VRS **130** 148, VRS **131** 212). Ausnahmegenehmigung für einen Schwertransport nach § 70 kann grds. nur dann erteilt werden, wenn die **Ladung unteilbar** ist (VGH Ma VRS **130** 148). Unteilbar ist eine Ladung, wenn sie entweder technisch nicht zerlegt werden kann oder die Zerlegung und der Zusammenbau unzumutbare Kosten verursachen würde (VGH Ma VRS **130** 148, VRS **131** 212). Ausnahmegenehmigung von den Vorschriften über das höchstzulässige Gesamtgewicht eines Fz ist einem ausländischen Transportunternehmer im grenzüberschreitenden Güterverkehr nicht deshalb zu erteilen, weil in dem Heimatstaat dieses Unternehmens höhere Fahrzeuggewichte zulässig sind, OVG Münster DAR **06** 579. Für das einzelne Fz kommt es für die Höhe der Beladungsfähigkeit auf Konstruktion und Werkstoffbeanspruchung an. Das zulässige Gesamtgewicht richtet sich nach der Anzahl der Achsen. Bei einachsigen Anhängern sind zulässiges Gesamtgewicht und zulässige Achslast identisch, Bay VRS **69** 72. Aus dem Gesamtgewicht kann man die zulässige Tragfähigkeit errechnen. Der Begriff des zulässigen Gesamtgewichts deckt sich mit dem im Zulassungsverfahren festgestellten Gesamtgewicht, wie es im FzBrief (FzSchein) eingetragen ist, BaySt **97** 104 = NZV **97** 530, Kar VRS **73** 216, Dü VRS **82** 233, wobei das technisch zulässige Gesamtgewicht das amtlich zulässige übersteigen kann. Die Neufassung v. 23.7.90 trägt dem ausdrücklich Rechnung, s. Rn. 1. Ein amtlich herabgesetztes zulässiges Gesamtgewicht ist verbindlich, Ko VRS **59** 63, AG Freiburg VM **92** 72. Nicht zulässig ist es, in FzPapieren das zulässige Gesamtgewicht herabzusetzen, weil es nach Angabe der Halter nicht ausgenutzt wird, BMV VkBl. **56** 368. Solche Herabsetzung ist nur zulässig, wenn die technischen Eigenschaften des Fz geändert werden.

Für **Fahrzeugkombinationen** im kombinierten Verkehr (Transport teilweise mit Eisenbahn **6** oder Schiff) gelten die Ausnahmebestimmungen der 53. StVZAusnV, s. Rn. 1a und 14. Zugfz und Anhänger sind vor dem Wiegen abzukuppeln, Kar VRS **98** 447 (anderenfalls kann Sicherheitsabschlag geboten sein), Dü VM **75** 69. Bei Feststellung des Gesamtgewichts des ziehenden Fz muss ein Anhängerstützlast mit berücksichtigt werden, weil sie das ziehende Fz mit belastet, daher muss ein einachsiger Anhänger beim Wiegen angekuppelt bleiben, Ha VRS **40** 222. Die Berechnung des zulässigen Gesamtgewichts bei **SattelKfzen** gem. Abs. VII S. 1 Nr. 3 führt dazu, dass das Gesamtgewicht niedriger sein kann als die Summe der Gewichte von Zgm und Anhänger (s. Bay VM **92** 13, AG Siegen NZV **13** 565 mAnm *Huppertz, Huppertz* ZfS **13** 604). Für die fahrerlaubnisrechtliche Beurteilung gilt dies aber nicht (§ 6 I S. 2 FeV). Das zulässige Gesamtwicht einer SattelZgm ergibt sich aus der Addition von Leergewicht und Aufliegelast, BaySt **97** 104 = NZV **97** 530, Kö NZV **01** 393. Zur Berechnung des zulässigen Gesamtgewichts bei Zügen, SattelKfzen und bei Verwendung von Anhänger-Untersetzachsen oder von Sattelanhänger-Untersetzachsen, *Klewe* VD **79** 199, *Huppertz* VD **93** 110, VD **10** 164. Abs. V stellt die **Starrdeichselanhänger** hinsichtlich der Achslasten und Gesamtgewichte den Sattelanhängern gleich (s. Begr. Rn. 1). Der **Zentralachsanhänger** ist eine Unterart des Starrdeichselanhängers. Die Richtlinie 94/20/EG über die mechanische Verbindungseinrichtung von Kraftfahrzeugen und Kraftfahrzeug-Anhängern in Anhang I Abschnitt 2.1.20 definiert ihn wie folgt: *„Zentralachsanhänger ist ein gezogenes Fahrzeug mit einer Zugeinrichtung, die (relativ zum Anhänger) nicht senkrecht beweglich ist, und dessen Achse(n) bei gleichmäßiger Beladung so nahe am Schwerpunkt des Fahrzeugs angeordnet ist (sind), dass nur eine kleine vertikale Last von höchstens 10 % der Gesamtmasse des Anhängers oder 1000 kg (es gilt der kleinere Wert) auf das Zugfahrzeug übertragen wird. Die Gesamtmasse des Zentralachsanhängers ergibt sich aus der von der (den) Achse(n) des an das Zugfahrzeug angekuppelten und mit maximaler Last beladenen Anhängers auf den Boden übertragenen Last."* Zur Achslast und zum Gesamtgewicht bei Verwendung land- und forstwirtschaftlicher Arbeitsgeräte, VkBl. **09** 808 = StVRL § 2 FZV Nr. 4.

7   Durch Anbaugeräte dürfen das zulässige Gesamtgewicht und die zulässigen Achslasten nicht überschritten werden, s. Nr. 4.8.2 Merkblatt für Anbaugeräte, VkBl. **09** 804 = StVRL § 30 Nr. 6. Zweiachs-Nachläufer (Langholz) sind Anhänger, nicht Sattelanhänger, BMV 21.6.65, StV 7– 8032 Sch/65. Bei Verwendung von Reifen geringerer Tragfähigkeit ist das zulässige Gesamtgewicht entsprechend herabzusetzen. Abs. XI übernimmt für die Anbringung von **Hubachsen** oder **Lastverlagerungsachsen** die technischen Anforderungen gem. der EG-Richtlinie 97/27 Anhang IV in nationales Recht und war gem. § 72 II aF auf neu in den V kommende Fz spätestens ab 1.1.02 anzuwenden.

8   **5. Luftreifen** sind Reifen, deren Arbeitsvermögen überwiegend durch den Überdruck der eingeschlossenen Luft bestimmt wird (§ 36).

9   **6. Straßenwalzen.** Abs. IV S. 1 nimmt Straßenwalzen von den Vorschriften über Achslasten aus. Die Ausnahme ergibt sich aus der Natur der Sache und den Zwecken, denen die Walzen als Maschinen des StrBaus dienen.

10   **7. Angabe der zulässigen Gewichte an den Fahrzeugen** ist nach der Neufassung v. 23.7.90 nicht mehr vorgeschrieben. Die frühere Regelung in Abs. IV alt wurde nicht übernommen, weil sie in keiner der einschlägigen EG-Richtlinien enthalten ist.

11   **8. Überprüfung des Gesamtgewichts, Messungen der Achslast:** § 31c.

12   **9.** Die Laufrollenlast und das Gesamtgewicht von **Gleiskettenfahrzeugen** ist nunmehr in § 34b geregelt.

13   **10.** Die technischen Vorschriften des Abs. X im **grenzüberschreitenden Verkehr mit den EG-Mitgliedstaaten** galten gem. § 72 II aF ab 1.8.90 für von diesem Tage an erstmals in den V kommende Fz; für den V mit anderen Vertragsstaaten des Abkommens über den Europäischen Wirtschaftsraum galt Abs. X gem. § 72 II aF ab 1.1.94 (Inkrafttreten des Abkommens). Abs. X wurde durch ÄndVO v. 26.7.13 (BGBl. I S. 2803) mit Wirkung ab 1.8.13 aufgehoben (Begr Rn. 1).
   Die für den grenzüberschreitenden Güterverkehr in Abs. IV, V und VI getroffenen **Sonderbestimmungen für das Saarland** durften gem. § 72 II aF ab 1.1.1993 nicht mehr angewandt werden.

14   **11. Ausnahmen.** Für **Kraftfahrzeuge nach Art 1 der Richtlinie 2002/24/EG** v. 18.3. 2002 (s. § 30a Rn. 2) gelten gem. Abs. Va (mit § 30a III und Anh zu § 34) die zulässigen Gewichte aus der Richtlinie 93/93/EWG = StVRL Nr. 7. Nach der Übergangsvorschrift (§ 72 II aF) war diese Bestimmung spätestens anzuwenden auf Kfz, die ab 17.6.03 erstmals in den V kamen. Für den **kombinierten V** unter Mitbenutzung von Eisenbahn oder Schiff gelten nach Maßgabe der 53. StVZAusnV (s. Rn. 1a) Ausnahmen von Abs. V Nr. 1 und Abs. VI Nr. 6: Bei Lastzügen darf dann unter den dort genannten Voraussetzungen der Anhänger 20 t zulässiges Gesamtgewicht haben; außerdem werden danach in die Regelung des Abs. VI Nr. 6 (44 t) alle FzKombinationen mit mehr als 4 Achsen einbezogen, also auch solche, die andere Container und Wechselbehälter befördern als die in Abs. VI Nr. 6 genannten 40 Fuß ISO-Container. Die Ausnahmeregelung soll die Verlagerung des StrGüterV auf Schiene und Wasserstraße fördern, VkBl. **97** 514. Abs. VI Nr. 6 rechtfertigt keine Ausnahmegenehmigung für andere Verkehrsformen, OVG Münster DAR **06** 579. Weitere Ausnahmebestimmungen: § 1 I a der 2.VO über Ausnahmen von straßenverkehrsrechtlichen Vorschriften (Brauchtumsveranstaltungen), s. § 3 FZV Rn. 3. Bei **Kfz mit alternativem Antrieb** (s. Art 2 der Richtlinie 96/53/EG) darf das zulässige Gesamtgewicht 1,00 t übersteigen, wenn das Mehrgewicht durch den alternativen Antrieb begründet ist (§ 1 II der 55. StVZAusnVO, Rn. 1b). § 70, s.VGH Mü VRS **74** 234. Empfehlungen für die Erteilung von Ausnahmegenehmigungen für bestimmte FzArten und FzKombinationen, VkBl. **14** 503 = StVRL § 70 StVZO Nr. 1.

15   **12. Ordnungswidrigkeit.** §§ 69a III S. 4, 24 StVG. Verstöße gegen die Mitwirkungspflicht beim Wiegen: § 31c. **Überschreiten des zulässigen Gesamtgewichts** (Überladung) oder der zulässigen Achslast ist Verstoß gegen Abs. III S. 3. Bei Überladung gehen § 34 IV bis VI dem § 23 I S. 2 StVO als Sondervorschrift vor (Kar VRS **46** 196, Fra 1.7.19 – 2 Ss-OWi 1077/18 ZfS **19** 709 = NStZ-RR **19** 232). OW ist nicht das Überladen an sich, auch bei Lastzügen, auch nicht allein das Inbewegungsetzen des Fzs, sondern das Fahren des überladenen Kfz (Zuges) im öffentlichen Verkehr, Dü NZV **97** 192, **98** 257, Kö VRS **53** 450, s. BGHSt **27** 66 = NJW **77** 442. Bereits geringfügige Überladung erfüllt den objektiven Tat-

bestand einer OW, Bay VRS **75** 231 (keine „Toleranz"). Bei zulassungsfreien Anhängern (§ 3 II S. 1 Nr. 2 FZV) ist das auf dem Fabrikschild (§ 59) angegebene Gesamtgewicht maßgebend, Dü VRS **54** 372, Ce VM **60** 10. Liegt eine Ausnahmegenehmigung gem. § 70 von § 34 mit der Nebenbestimmung vor, dass sie nur in Verbindung mit einer gültigen Erlaubnis nach § 29 StVO gelten soll, handelt es sich um eine Bedingung für die Wirksamkeit der Ausnahmegenehmigung, nicht um eine Auflage (*Rebler/Borzym* SVR **08** 133, aA Ba NZV **07** 638 (krit Anm *Rebler* SVR **08** 148)). Fehlt in diesem Fall die Erlaubnis nach § 29 StVO, ist die Ausnahmegenehmigung unwirksam; demzufolge Verstoß gegen Abs. 3 S. 3. Keine Verurteilung wegen Überladung auf einer Fahrt zur Waage, wenn diese durch die Pol am Verladeort angeordnet wurde; darauf, dass der Betroffene mit dem überladenen Fz auch ohne die Anordnung gefahren wäre, kommt es nicht an, Bay DAR **92** 388. **Abzuziehen ist eine Toleranz** in Höhe der Verkehrsfehlergrenze der benutzten Waage (Bay NZV **01** 308, Kar VRS **98** 447, Stu DAR **11** 711). Für nicht selbsttätige Waagen schreibt § 7b EichO **Eichung** vor. Inbetriebnahme ohne Eichung entgegen dieser Bestimmung ist ua „*zur Bestimmung des Gewichts zur Berechung eines Bußgeldes*" unzulässig und gem. § 74 Nr. 17a ow; daraus folgt nach Ko 1 Ss 349/04 ein Beweisverbot. In anderen Fällen ist bei Wägung mittels ungeeichter Waage ein Sicherheitsabschlag von 12 % jedenfalls ausreichend, Dü VRS **82** 233. Es ist nicht generell unzulässig und führt zu keinem Beweisverwertungsverbot, wenn ein Polizeibeamter – insbes wenn kein sonstiges Bedienungspersonal zur Verfügung steht – Fz auf einer FzWaage selbst verwiegt und das Wiegeergebnis in einer von § 70 II EichO abweichenden Weise dokumentiert (Jn VRS **125** 54). **Das Urteil** muss zulässiges und tatsächliches Gesamtgewicht angeben, Dü VRS **67** 384, und die Umstände mitteilen, aus denen die Überladung erkennbar war, Dü VRS **69** 468, VM **92** 89, DAR **95** 414 (s. Rn. 16). Es muss nur dann Einzelheiten zur Messung des Gewichts (Gerätetyp, Beachtung der Betriebsvorschriften, Eichung) mitteilen, wenn der konkrete Fall dazu Anlass gibt, BaySt **01** 18 = NZV **01** 308, Ce NZV **98** 256, Kar VRS **98** 447, Stu NZV **96** 417 (das in solchen Fällen unter Bezugnahme auf den „Toleranzenkatalog" des BMV, VkBl. **84** 182, einen Sicherheitsabschlag in Höhe der dort für Leergewichte für zulässig erachteten Messtoleranz von 5 % für geboten hält, insoweit abl Bay NZV **01** 308, Kar VRS **98** 447, Ko DAR **06** 341, differenzierend Stu DAR **11** 711), enger in Bezug auf die Darlegungen im Urteil Dü VRS **97** 192. Besteht im konkreten Fall Anlass zu Zweifeln, genügt der Hinweis auf Wägung mit geeichter Waage und Angabe des berücksichtigten Toleranzwertes, Kar VRS **98** 447. **TE** bei Überladung von Zugfz und Anhänger, Kö VRS **53** 450, ebenso grundsätzlich bei Führen des Fzs trotz Überschreitens des zulässigen Gesamtgewichts unter gleichzeitigem Überschreiten einer zulässigen Achslast, Dü NZV **98** 257. Jedoch bei Überschreiten des zulässigen Gesamtgewichts eines *einachsigen* Anhängers keine Verurteilung wegen tateinheitlichen Überschreitens der zulässigen Achslast, Bay VRS **69** 72, s. Rn. 5. TE zwischen Zuschnellfahren und Gewichtsüberschreitung, Kar VRS **51** 76. Mehrere Geschwindigkeitsüberschreitungen werden durch die gleichzeitige DauerOW nach III S. 3 zu *einer* OW (TE) verbunden, Dü NZV **97** 192. Zur Bemessung der **Geldbuße**, s. Dü VRS **82** 233, Stu Justiz **73** 397. Lediglich die allgemeine Erwägung, Überladung sei gefährlich, ist als Tatbestandsmotiv nicht erschwerend, Kar VRS **43** 461 (anders das Maß der Überladung oder deshalb eingetretene Schäden). Ist nicht Überladung erwiesen, sondern nur ein Verstoß gegen § 31c (Wiegepflicht), so darf Buße nur insoweit verhängt werden, Ha VRS **41** 222.

Im Hinblick auf den **Fahrlässigkeitsvorwurf** des FzFührers kommt es nicht (mehr) darauf **16** an, ob er eine Überladung bei der ihm möglichen Sorgfalt hätte erkennen konnte (so noch Dü VRS **69** 468; zur inneren Tatseite s. auch Dü NZV **92** 418, **97** 192, VRS **65** 397, **69** 468, *Fromm* NZV **09** 534), sondern darauf, ob er sie hätte vermeiden können (Fra 1.7.19 – 2 Ss-OWi 1077/18 ZfS **19** 709 = NStZ-RR **19** 232). In der Folge dieser aktiven Prüfungspflicht ist es grds. Sache des FzFührers, sich mit den nötigen technischen Hilfsmitteln und Fähigkeiten auszustatten, die eine Ausnutzung des zulässigen Gesamtgewichts ohne Überschreitung des gesetzlichen Gewichtsbegrenzungen ermöglichen (Fra 1.7.19 – 2 Ss-OWi 1077/18 ZfS **19** 709 = NStZ-RR **19** 232). **Prüfung vor Fahrtbeginn** ist nötig, Zw VM **92** 89, Dü VM **58** 52, nach strengem, aber nicht überspanntem Maßstab, Bay VRS **75** 231, Dü NZV **92** 418, VRS **83** 384, DAR **86** 92, Ko VRS **71** 441. Der Fahrer muss alles Zumutbare tun, um das Gesamtgewicht zu ermitteln, Dü VM **99** 4, VRS **64** 462, Ko VRS **71** 441 (Markierung der Federdurchbiegung bei höchstzulässiger Belastung; Einebnen der Ladung; Millimeterstab; Taschenlampe; Regen?). Ist ihm das spezifische Gewicht der Ladung oder das Gewicht sämtlicher Ladungsteile zuverlässig bekannt, genügt rechnerische Überprüfung, es sei denn besondere Umstände geben Anlass zu Zweifeln (Gewichterhöhung durch Nässe, Anzeichen am Fz oder beim Fahren), Zw

VM **81** 90. Der Kf muss die Ladung (Sand) nach Umfang und Höhe mit früheren Ladungen mit richtigem Gewicht vergleichen, Kar VRS **45** 225. Hat der Unternehmer auf Frage des Fahrers die Notwendigkeit einer Ausnahmegenehmigung für die Fahrt verneint, so wird den Fahrer uU nur noch ein geringer Vorwurf unterlassener weiterer Erkundigung treffen, Bay VRS **59** 356. **Anzeichen für Überladen:** übermäßig durchgebogene Federn, Dü VM **92** 89, **99** 4, DAR **86** 92, VRS **83** 384, Zw VM **81** 90, erschwerte Lenkung, geringere Bremsverzögerung oder Wendigkeit, geringe Steigfähigkeit, Dü NZV **97** 192, VM **92** 89, **99** 4, VRS **83** 384, DAR **86** 92, Zw VM **81** 90; sie können sich aber auch aus Art und Umfang (Höhe) der Ladung ergeben, Kar VRS **98** 447, Dü NZV **97** 192, **98** 474, VM **99** 4, Stu NZV **96** 417. Deutliche Anzeichen dieser Art muss ein sorgfältiger Kf wahrnehmen, andernfalls Fahrlässigkeit, Dü VRS **65** 397 (Überladung um 60%). Es gibt jedoch keinen Erfahrungssatz des Inhalts, dass Überladung eines Lastzuges von mehr als 20% stets wahrnehmbar ist, Dü VRS **64** 462. Da bei modernen Fzen deutliche Anzeichen für Überladung seltener wahrnehmbar sind, muss der **FzF, der selbst Güter lädt,** deren genaues Gewicht ihm unbekannt ist, auf andere Weise sicherstellen, dass er das zulässige Gewicht nicht überschreitet, und notfalls auf volle Ausschöpfung der zulässigen Beladung verzichten (Stu VRS **104** 65, Ko NZV **97** 194, Kar VRS **98** 447, Fra 1.7.19 – 2 Ss-OWi 1077/18 ZfS **19** 709 = NStZ-RR **19** 232; s. Dü VM **99** 4. Das gilt vor allem bei Gütern, deren Gewicht von schwer abschätzbaren, veränderlichen Beschaffenheitsmerkmalen abhängt (zB Feuchtigkeitsgehalt, Dichte und Art von im Wald geladenem Holz (s. Stu VRS **104** 65, Dü NZV **98** 474, Fra 1.7.19 – 2 Ss-OWi 1077/18 ZfS **19** 709 = NStZ-RR **19** 232). Überladung von mehr als $^{1}/_{4}$ des zulässigen Gesamtgewichts muss auch bei einem erfahrenen Kf nicht stets schuldhaft sein; er darf sich weitgehend auf Berechnungen des Sägewerkmeisters verlassen, Ha VRS **21** 139, KG VM **84** 21. **Fehlen äußere Anzeichen** für Überladung, so wird sich der Fahrer insoweit auf einen als zuverlässig bekannten Verlader verlassen dürfen, Bay VRS **59** 302, **75** 231, Dü NZV **97** 192, VM **92** 89, VRS **83** 384, DAR **86** 92, es sei denn, er hat verständigerweise Zweifel, Bay Betr **69** 1747, VRS **45** 214, Dü VRS **57** 312. Dann kann er, soweit möglich und zumutbar, Ha DAR **58** 335, KG VM **84** 21, zum Wiegen verpflichtet sein, Dü NZV **97** 192, VM **92** 89, DAR **95** 414, VRS **69** 468. Wird ihm eine Wiegekarte ausgehändigt, so muss er deren Zahlen prüfen, Dü NZV **92** 418. Bei **Fahrerwechsel** trifft den bisherigen Beifahrer idR keine erneute Prüfungspflicht hinsichtlich etwaiger Überladung, Bay VRS **62** 469, **75** 230, ebenso, wenn der FzHalter, ohne zuvor Beifahrer gewesen zu sein, unterwegs das Fz übernimmt, Bay VRS **62** 469, anders aber, wenn das Fz an der Landesgrenze (mit möglicherweise anderen Bestimmungen) übernommen wird, eine Wiegekarte vorhanden ist und der neue Fahrer auch vor Erreichen der Grenze in erster Linie für das Fz verantwortlich war, Kö VM **80** 24. Kennt der Betroffene die Überladung nur in geringem Umfang und handelt er in Bezug auf die weitere Gewichtsüberschreitung fahrlässig, so ist er (nur) wegen **Vorsatz** zu verurteilen, Bay VRS **75** 231. Die Meinung, ein schwerer Kran dürfe trotz hohen Gewichts ohne Ausnahmegenehmigung im Verkehr bewegt werden, ist ein **Verbotsirrtum,** Bay VRS **59** 356.

17 **OW des Halters** bei Überladung: §§ 31 II (34), 69a V S. 3. S. ferner dazu § 31 Rn. 13, 18. Ein **Dritter,** der weder FzF noch Halter ist, kann nur gem. § 14 OWiG durch Überladen ow handeln, Stu DAR **90** 188.

18 PolBe können das zulässige Gesamtgewicht durch Einsicht in die FzPapiere feststellen. Die Aussagen der gewichtskontrollierenden PolBen über ihre diesbezüglichen Wahrnehmungen dürfen verwertet werden, Ko VRS **59** 63.

18a **Literatur:** *Huppertz,* Zulässige Gewichte von Kfzen und Zügen, VD **93** 108. *Jagow,* Abmessungen und Gewichte für NutzFze, VD **86** 173.

Besetzung, Beladung und Kennzeichnung von Kraftomnibussen

34a (1) In Kraftomnibussen dürfen nicht mehr Personen und Gepäck befördert werden, als in der Zulassungsbescheinigung Teil I Sitz- und Stehplätze eingetragen sind und die jeweilige Summe der im Fahrzeug angeschriebenen Fahrgastplätze sowie die Angaben für die Höchstmasse des Gepäcks ausweisen.

(2) ^{1}Auf Antrag des Verfügungsberechtigten oder auf Grund anderer Vorschriften können abweichend von den nach Absatz 1 jeweils zulässigen Platzzahlen auf die Einsatzart der Kraftomnibusse abgestimmte verminderte Platzzahlen festgelegt werden. ^{2}Die verminderten Platzzahlen sind in der Zulassungsbescheinigung Teil I einzutragen und im Fahrzeug an gut sichtbarer Stelle in gut sichtbarer Schrift anzuschreiben.

Begr zur ÄndVO v. 22.10.03 (VkBl. **03** 746): **Zu Abs. 1:** *Absatz 1 ist eine Betriebsvorschrift und* **1** *soll sicherstellen, dass die nach der Richtlinie 2001/85/EG festgelegten Platzzahlen und die angegebene Höchstmasse des Gepäcks im Betrieb (siehe Anhang I, Nr. 7.3) nicht überschritten werden.*

Zu Abs. 2: *Durch Absatz 2 werden die bisherigen Vorschriften des § 34a (alt) übernommen, die durch die 7. VO zur Änderung der StVZO vom 17. April 1984 (BGBl. I S. 632, VkBl. S. 225) aufgenommen worden waren. Nach wie vor soll auch weiterhin die Möglichkeit erhalten bleiben, von der zulässigen Platz-zahl nach unten abzuweichen, um besonderen, sich aus den betrieblichen Einsatzarten der Fahrzeuge ergebenden Bedürfnissen Rechnung tragen zu können. ...*

Begr zur ÄndVO v. 26.5.08, BGBl. I S. 916 (BR-Drs. 247/08 Beschluss, VkBl. **08** 441) **zu** **1a** **Abs. 1:** *Der maximalen Auslastung eines Busses liegen vorgegebene Lastannahmen zu Grunde (68 kg Fahrgastdurchschnittsgewicht, maximal 8 Fahrgäste/m² Stehplatzfläche, 250 kg für einen Rollstuhlnutzer einschließlich Rollstuhlmasse). Wird nun bei entsprechendem Bedarf die Stehplatzfläche durch Nutzung für mögliche Rollstuhlplätze eingeschränkt, ist eine Überbesetzung (Überladung) angesichts des damit verbun-denen Wegfalls von Stehplätzen ausgeschlossen. Insoweit ist nicht die Einhaltung der Fahrgastanzahl der jeweiligen Fahrgastgruppe (sitzende oder stehende Fahrgäste, Rollstuhlnutzer) zur Vermeidung von Überbe-setzungen und damit Überladungen der Busse entscheidend, sondern die Einhaltung der Summe aller Fahr-gastplätze. Die Änderung ermöglicht insoweit eine variablere Beförderung gegenüber dem bisherigen Rechts-stand bei gleichzeitiger Sicherstellung der (technischen) Verkehrssicherheit.*

1. Besetzung von Omnibussen. § 34a gilt nur für Omnibusse. Begriff, § 30d StVZO. Taxen **2** und Mietwagen sind nicht erwähnt, weil entsprechende Vorschriften für Taxen und Pkw als Mietwagen für entbehrlich gehalten werden, während § 34a für als Mietwagen verwendete Om-nibusse ohnehin gilt. Bei Pkw ergibt sich die Beschränkung der Zulässigkeit der Mitnahme von Personen lediglich aus den Vorschriften über die zulässige Achslast und das zulässige Gesamtge-wicht (§ 34 II) sowie aus § 23 I S. 1 und 2 StVO (Mü NZV **10** 527). Die Hersteller haben die Fz, bei denen Stehplätze in Betracht kommen, so zu bauen, dass auch im Spitzenverkehr bei voller Ausnutzung aller Plätze das zulässige Gesamtgewicht nicht überschritten werden kann.

2. Zahl der Plätze. Für Kom, die nicht im Gelegenheitsverkehr nach § 46 PBefG eingesetzt **3** sind, errechnet sich die zulässige Zahl von Sitz- und Stehplätzen nach Anl XIII zur StVZO unter Berücksichtigung des Leergewichts, des zulässigen Gesamtgewichts und der zulässigen Achslasten des Fz und Zugrundelegung folgender Durchschnittswerte: 68 kg als Personengewicht, 544 kg/m² als spezifischer Belastungswert für Stehplatzflächen, 100 kg/m² als spezifischer Belas-tungswert für Gepäckräume und 75 kg/m² als spezifischer Belastungswert für Dachgepäckflä-chen. Wird der Gepäckraum nicht für Gepäckbeförderung genutzt, so kann das dafür zu berück-sichtigende Gewicht gem. Anl XIII Abs. 2b ganz oder teilweise der zulässigen Zahl der Plätze nutzbar gemacht werden.

Nach dem mit ÄndVO v. 26.5.08 (BGBl. I S. 916, Begr Rn. 1a) mit Wirkung vom 1.6.08 neu **3a** gefassten Abs. 1 dürfen nicht mehr Personen in Kom befördert werden, als in der ZB I Sitz- und Stehplätze eingetragen sind, soweit die Summe aller Fahrgastplätze eingehalten wird. Für die **Beförderung von Rollstuhlfahrern** bedeutet diese Rechtsänderung: Nach der bis 31.5.08 gültigen Fassung von Abs. 1 durften nicht mehr Rollstuhlfahrer in Kom befördert werden, als Stellplätze für Rollstühle im Fz angeschrieben waren; Verstoß war ow gem. § 69a III Nr. 5. Nach der Neufassung von Abs. 1 dürfen seit dem 1.6.08 auch mehr Rollstuhlfahrer befördert werden, als Stellplätze für Rollstühle im Fz angeschrieben sind. Seit dem 13.2.05 neu in den V gekom-mene sog. Stadt-Linienbusse müssen nach § 30d IV mit mindestens einem besonderen Stellplatz für Rollstuhlfahrer ausgestattet sein, der den Anforderungen von Anhang VII der Richtlinie 2001/85/EG (StVRL § 34a StVZO Nr. 4) entsprechen muss, mit Piktogrammen zu kennzeich-nen und im Bus anzuschreiben ist (§ 30d Rn. 9). Soweit es sich um ab dem 13.2.05 neu in den V gekommene sog Stadt-Linienbusse handelt, dürfen seit dem 1.6.08 auch mehr Rollstuhlfahrer befördert werden, als spezielle, § 30d IV entsprechende Stellplätze für Rollstühle vorhanden sind. Mit dieser Rechtsänderung wurde Beschwerden darüber Rechnung getragen, dass in Stadt-Linienbussen mit nur einem speziellen Stellplatz für Rollstühle nur jeweils ein Rollstuhlfahrer befördert werden konnte (VkBl. **08** 139). Die Rechtsänderung erscheint fragwürdig, denn der Sicherheit von Rollstuhlfahrern und anderen Fahrgästen ist nicht damit gedient, wenn Roll-stuhlfahrer in neueren Stadt-Linienbussen auf Stellplätzen ohne die durch Anhang VII der Richtlinie 2001/85/EG (StVRL § 34a StVZO Nr. 4) vorgeschriebenen Sicherheitsanforderun-gen befördert werden, von offenen Haftungsfragen für Fahrer und Unternehmen ganz abgesehen. Dies dürfte auch mit der Richtlinie 2001/85/EG unvereinbar sein (BT-Drs. 16/7263 S. 32 Nr. 55, anders BT-Drs. 16/10097 S. 56 Nr. 83).

4   **3. Festlegung verminderter Platzzahl auf Antrag.** Die Verminderung der Stehplatzzahlen kommt vor allem bei ständiger Höchstbesetzung des Busses in Betracht, die sich nicht mit der Einsatzart des Fzs verträgt, zB bei der Beförderung von Schulkindern im freigestellten Schülerverkehr (s. Begr VkBl. 03 746). Bei der Festlegung neuer Platzzahlen sind die Bestimmungen des § 19 über die Erteilung und Wirksamkeit der BE und des § 13 FZV über die Meldepflichten der Eigentümer und Halter zu beachten.

5   **4.** Hinsichtlich der **technischen Beschaffenheit von Kom,** zu der bis zum Inkrafttreten der 36. ÄndVStVR § 34a und andere Bestimmungen der StVZO Regelungen enthielten, gilt nunmehr die **Richtlinie 2001/85/EG** (StVRL Nr. 4 zu § 34a).

5a   **Literatur:** *Jagow,* Neue Regelungen für Achslasten, Gesamtgewicht und Besetzung von Kom, VD **84** 182.

6   **5. Übergangsregelung:** § 72 II aF: Für erstmals vor dem 13.2.05 in den V gekommene Kom bleibt § 34a einschließlich der Anl XIII in der vor dem 1.11.03 geltenden Fassung anwendbar.

7   **6.** Die Vorschrift ist ein **Schutzgesetz** (§ 823 II BGB).

8   **7. Ordnungswidrigkeit.** Überbesetzung ist gem. §§ 69a III Nr. 5 StVZO, 24 StVG ow. Verantwortlich ist der Führer, wenn ein Schaffner eingesetzt ist, idR dieser. Der Halter ist verantwortlich, wenn er die Fahrt zugelassen hat, obwohl ihm die Überbesetzung bekannt war, oder wenn er sie hätte kennen müssen.

Laufrollenlast und Gesamtgewicht von Gleiskettenfahrzeugen

34b   (1) ¹Bei Fahrzeugen, die ganz oder teilweise auf endlosen Ketten oder Bändern laufen (Gleiskettenfahrzeuge), darf die Last einer Laufrolle auf ebener Fahrbahn 2,00 t nicht übersteigen. ²Gefederte Laufrollen müssen bei Fahrzeugen mit einem Gesamtgewicht von mehr als 8 t so angebracht sein, dass die Last einer um 60 mm angehobenen Laufrolle bei stehendem Fahrzeug nicht mehr als doppelt so groß ist wie die auf ebener Fahrbahn zulässige Laufrollenlast. ³Bei Fahrzeugen mit ungefederten Laufrollen und Gleisketten, die außen vollständig aus Gummiband bestehen, darf der Druck der Auflagefläche der Gleiskette auf die ebene Fahrbahn 0,8 N/mm² nicht übersteigen. ⁴Als Auflagefläche gilt nur derjenige Teil einer Gleiskette, der tatsächlich auf einer ebenen Fahrbahn aufliegt. ⁵Die Laufrollen von Gleiskettenfahrzeugen können sowohl einzeln als auch über das gesamte Laufwerk abgefedert werden. ⁶Das Gesamtgewicht von Gleiskettenfahrzeugen darf 32,00 t nicht übersteigen.

(2) Gleiskettenfahrzeuge dürfen die Fahrbahn zwischen der ersten und letzten Laufrolle höchstens mit 9,00 t je Meter belasten.

1   **Begr** (VkBl. **90** 494): *Die bisherigen Vorschriften für die Laufrollenlast von Gleiskettenfahrzeugen aus § 34 Abs. 6 und 7 wurden unverändert in § 34b (neu) übernommen.*

Begr zur ÄndVO v. 24.4.92: VkBl. **92** 343; zur ÄndVO v. 23.3.00: BR-Drs. 720/99 S. 54.

Begr zur ÄndVO v. 26.7.13 **zu Abs. 1 S. 6** (BR-Drs. 445/13 (Beschluss) S. 5 = VkBl. **13** 865): *Die Ausrüstung mit Gleisketten wird bei verschiedenen landwirtschaftlichen Erntemaschinen (z. B. Kartoffel- und Rübenerntemaschinen) und Zugmaschinen gewählt, da Gleisketten durch die größere Aufstandsfläche auf dem Boden einen geringeren Bodendruck aufweisen und somit eine geringere Bodenverdichtung bewirken als Luftreifen. Das derzeit geltende zulässige Gesamtgewicht für Gleiskettenfahrzeuge entspricht mit 24 t demjenigen für dreiachsige Radfahrzeuge. Die in Rede stehenden Erntemaschinen werden heute zunehmend mit bis zu vier Achsen versehen und dürfen mithin ein zulässiges Gesamtgewicht von 32 t besitzen. Werden diese Fahrzeuge allerdings mit Gleisketten ausgerüstet, sind bei mehr als 24 t Gesamtgewicht für die Zulassung Ausnahmegenehmigungen der Länder erforderlich. Durch die Änderung des § 34b soll in dieser Hinsicht eine Gleichstellung mit Radfahrzeugen erreicht werden, wodurch Ausnahmegenehmigungen im Einzelfalle zukünftig entfallen können. Da alle relevanten Zulassungsbedingungen und Festlegungen für Gleiskettenfahrzeuge beibehalten werden, kann davon ausgegangen werden, dass diese Gleichstellung zu keiner erhöhten Straßenbelastung führt ....*

2   § 34b enthält **Sondervorschriften für Gleisketten-(Raupen-)fahrzeuge,** die statt auf Rädern auf endlosen Ketten oder Bändern laufen. Bei ihnen wird das Gewicht des Fz durch Tragrollen oder ein endloses Rollenband auf starren Längsschienen auf den unteren Teil der Gliederketten übertragen. I bestimmt die Höchstlast, mit der eine Laufrolle auf ebener Fahrbahn belastet sein darf. Satz 2 gibt eine Sondervorschrift über Anbringung der Laufrollen für GleiskettenFz mit einem Gesamtgewicht von mehr als 8 t. Das zulässige Gesamtgewicht von GleiskettenFz (I S. 6) wurde durch ÄndVO v. 26.7.13 (BGBl. I S. 2803) mit Wirkung ab 1.8.13 von 24 auf 32 t erhöht (Begr Rn. 1). II regelt, wie das auf die Fahrbahn wirkende Gewicht bei GleiskettenFz verteilt sein muss. Ausgemusterter Panzer als GleiskettenFz iS von § 34b, s. OVG Münster NZV **99** 102.

Ordnungswidrigkeit: § 69a III Nr. 4.   3

Motorleistung

35 Bei Lastkraftwagen sowie Kraftomnibussen einschließlich Gepäckanhänger, bei Sattelkraftfahrzeugen und Lastkraftwagenzügen muss eine Motorleistung von mindestens 5,0 kW, bei Zugmaschinen und Zugmaschinenzügen – ausgenommen für land- oder forstwirtschaftliche Zwecke – von mindestens 2,2 kW je Tonne des zulässigen Gesamtgewichts des Kraftfahrzeugs und der jeweiligen Anhängelast vorhanden sein; dies gilt nicht für die mit elektrischer Energie angetriebenen Fahrzeuge sowie für Kraftfahrzeuge – auch mit Anhänger – mit einer durch die Bauart bestimmten Höchstgeschwindigkeit von nicht mehr als 25 km/h.

1. **Begr.** VkBl. **68** 513. Höhere Motorleistung bleibt zulässig.   1

2. Feststellung der Motorleistung, BMV 28.12.62, StV 7–8069 Va/62. Empfehlungen für   2 die Erteilung von Ausnahmegenehmigungen für bestimmte FzArten und FzKombinationen, VkBl. **14** 503 = StVRL § 70 StVZO Nr. 1.

3. **Ordnungswidrigkeit.** §§ 69a III Nr. 6 StVZO, 24 StVG.   3

Sitze, Sicherheitsgurte, Rückhaltesysteme, Rückhalteeinrichtungen für Kinder, Rollstuhlnutzer und Rollstühle

35a (1) Der Sitz des Fahrzeugführers und sein Betätigungsraum sowie die Einrichtungen zum Führen des Fahrzeugs müssen so angeordnet und beschaffen sein, dass das Fahrzeug – auch bei angelegtem Sicherheitsgurt oder Verwendung eines anderen Rückhaltesystems – sicher geführt werden kann.

(2) Personenkraftwagen, Kraftomnibusse und zur Güterbeförderung bestimmte Kraftfahrzeuge mit einer durch die Bauart bestimmten Höchstgeschwindigkeit von mehr als 25 km/h müssen entsprechend den im Anhang zu dieser Vorschrift genannten Bestimmungen mit Sitzverankerungen, Sitzen und, soweit ihre zulässige Gesamtmasse nicht mehr als 3,5 t beträgt, an den vorderen Außensitzen zusätzlich mit Kopfstützen ausgerüstet sein.

(3) Die in Absatz 2 genannten Kraftfahrzeuge müssen mit Verankerungen zum Anbringen von Sicherheitsgurten ausgerüstet sein, die den im Anhang zu dieser Vorschrift genannten Bestimmungen entsprechen.

(4) Außerdem müssen die in Absatz 2 genannten Kraftfahrzeuge mit Sicherheitsgurten oder Rückhaltesystemen ausgerüstet sein, die den im Anhang zu dieser Vorschrift genannten Bestimmungen entsprechen.

(4a) [1]Personenkraftwagen, in denen Rollstuhlnutzer in einem Rollstuhl sitzend befördert werden, müssen mit Rollstuhlstellplätzen ausgerüstet sein. [2]Jeder Rollstuhlstellplatz muss mit einem Rollstuhl-Rückhaltesystem und einem Rollstuhlnutzer-Rückhaltesystem ausgerüstet sein. [3]Rollstuhl-Rückhaltesysteme und Rollstuhlnutzer-Rückhaltesysteme, ihre Verankerungen und Sicherheitsgurte müssen den im Anhang zu dieser Vorschrift genannten Bestimmungen entsprechen. [4]Werden vorgeschriebene Rollstuhl-Rückhaltesysteme und Rollstuhlnutzer-Rückhaltesysteme beim Betrieb des Fahrzeugs genutzt, sind diese in der vom Hersteller des Rollstuhl-Rückhaltesystems, Rollstuhlnutzer-Rückhaltesystems sowie des Rollstuhls vorgesehenen Weise zu betreiben. [5]Die im Anhang genannten Bestimmungen gelten nur für diejenigen Rollstuhlstellplätze, die nicht anstelle des Sitzplatzes für den Fahrzeugführer angeordnet sind. [6]Ist wahlweise anstelle des Rollstuhlstellplatzes der Einbau eines oder mehrerer Sitze vorgesehen, gelten die Anforderungen der Absätze 1 bis 4 und 5 bis 10 für diese Sitze unverändert. [7]Für Rollstuhl-Rückhaltesysteme und Rollstuhlnutzer-Rückhaltesysteme kann die DIN-Norm 75078-2:2015-04 als Alternative zu den im Anhang zu dieser Vorschrift genannten Bestimmungen angewendet werden.

(4b) [1] Der Fahrzeughalter hat der Zulassungsbehörde unverzüglich über den vorschriftsgemäßen Einbau oder die vorschriftsgemäße Änderung eines Rollstuhlstellplatzes, Rollstuhl-Rückhaltesystems, Rollstuhlnutzer-Rückhaltesystems sowie deren Verankerungen und Sicherheitsgurte ein Gutachten gemäß § 19 Absatz 2 Satz 5 Nummer 1 in Verbindung mit § 21 Absatz 1 oder einen Nachweis gemäß § 19 Absatz 3 Nummer 1 bis 4 vorzulegen. [2] Auf der Grundlage des Gutachtens oder des Nachweises vermerkt die Zulassungsbehörde in der Zulassungsbescheinigung Teil I das Datum des Einbaus oder der letzten Änderung.

(5) [1] Die Absätze 2 bis 4 gelten für Kraftfahrzeuge mit einer durch die Bauart bestimmten Höchstgeschwindigkeit von mehr als 25 km/h, die hinsichtlich des Insassenraumes und des Fahrgestells den Baumerkmalen der in Absatz 2 genannten Kraftfahrzeuge gleichzusetzen sind, entsprechend. [2] Bei Wohnmobilen mit einer zulässigen Gesamtmasse von mehr als 2,5 t genügt für die hinteren Sitze die Ausrüstung mit Verankerungen zur Anbringung von Beckengurten und mit Beckengurten.

(5a) [1] Die Absätze 2 bis 4 gelten nur für diejenigen Sitze, die zum üblichen Gebrauch während der Fahrt bestimmt sind. [2] Sitze, die nicht benutzt werden dürfen, während das Fahrzeug im öffentlichen Straßenverkehr betrieben wird, sind durch ein Bilderschriftzeichen oder ein Schild mit entsprechendem Text zu kennzeichnen.

(6) [1] Die Absätze 3 und 4 gelten nicht für Kraftomnibusse, die sowohl für den Einsatz im Nahverkehr als auch für stehende Fahrgäste gebaut sind. [2] Dies sind Kraftomnibusse ohne besonderen Gepäckraum sowie Kraftomnibusse mit zugelassenen Stehplätzen im Gang und auf einer Fläche, die größer oder gleich der Fläche für zwei Doppelsitze ist.

(7) Sicherheitsgurte und Rückhaltesysteme müssen so eingebaut sein, dass ihr einwandfreies Funktionieren bei vorschriftsmäßigem Gebrauch und auch bei Benutzung aller ausgewiesenen Sitzplätze gewährleistet ist und sie die Gefahr von Verletzungen bei Unfällen verringern.

(8) [1] Auf Beifahrerplätzen, vor denen ein betriebsbereiter Airbag eingebaut ist, dürfen nach hinten gerichtete Rückhalteeinrichtungen für Kinder nicht angebracht sein. [2] Diese Beifahrerplätze müssen mit einem Warnhinweis vor der Verwendung einer nach hinten gerichteten Rückhalteeinrichtung für Kinder auf diesem Platz versehen sein. [3] Der Warnhinweis in Form eines Piktogramms kann auch einen erläuternden Text enthalten. [4] Er muss dauerhaft angebracht und so angeordnet sein, dass er für eine Person, die eine nach hinten gerichtete Rückhalteeinrichtung für Kinder einbauen will, deutlich sichtbar ist. [5] Anlage XXVIII zeigt ein Beispiel für ein Piktogramm. [6] Falls der Warnhinweis bei geschlossener Tür nicht sichtbar ist, soll ein dauerhafter Hinweis auf das Vorhandensein eines Beifahrerairbags vom Beifahrerplatz aus gut zu sehen sein.

(9) [1] Krafträder, auf denen ein Beifahrer befördert wird, müssen mit einem Sitz für den Beifahrer ausgerüstet sein. [2] Dies gilt nicht bei der Mitnahme eines Kindes unter sieben Jahren, wenn für das Kind ein besonderer Sitz vorhanden und durch Radverkleidungen oder gleich wirksame Einrichtungen dafür gesorgt ist, dass die Füße des Kindes nicht in die Speichen geraten können.

(10) [1] Sitze, ihre Lehnen und ihre Befestigungen in und an Fahrzeugen, die nicht unter die Vorschriften der Absätze 2 und 5 fallen, müssen sicheren Halt bieten und allen im Betrieb auftretenden Beanspruchungen standhalten. [2] Klappbare Sitze und Rückenlehnen, hinter denen sich weitere Sitze befinden und die auch hinten nicht durch eine Wand von anderen Sitzen getrennt sind, müssen sich in normaler Fahr- oder Gebrauchsstellung selbsttätig verriegeln. [3] Die Entriegelungseinrichtung muss von dem dahinterliegenden Sitz aus leicht zugänglich und bei geöffneter Tür auch von außen einfach zu betätigen sein. [4] Rückenlehnen müssen so beschaffen sein, dass für die Insassen Verletzungen nicht zu erwarten sind.

(11) Abweichend von den Absätzen 2 bis 5 gelten für Verankerungen der Sicherheitsgurte und Sicherheitsgurte von dreirädrigen oder vierrädrigen Kraftfahrzeugen nach § 30a Absatz 3 die im Anhang zu dieser Vorschrift genannten Bestimmungen.

(12) In Kraftfahrzeugen integrierte Rückhalteeinrichtungen für Kinder müssen den im Anhang zu dieser Vorschrift genannten Bestimmungen entsprechen.

(13) Rückhalteeinrichtungen für Kinder bis zu einem Lebensalter von 15 Monaten, die der im Anhang zu dieser Vorschrift genannten Bestimmung entsprechen, dürfen entsprechend ihrem Verwendungszweck nur nach hinten oder seitlich gerichtet angebracht sein.

---

1   Begr zur ÄndVO v. 12.8.97 (VkBl. **97** 657): **Zu Abs. 8:** *Mit dieser Vorschrift wird eine Anforderung aus der Richtlinie 96/36/EG der Kommission vom 17. Juni 1996 zur Anpassung der Richtli-*

nie 77/541/EWG des Rates über Sicherheitsgurte und Rückhaltesysteme von Kraftfahrzeugen vorab in nationales Recht umgesetzt. Es hat sich nämlich gezeigt, dass bei Auslösung eines Beifahrer-Airbags Kinder, die in nach hinten gerichteten Kinderhalteeinrichtungen befördert werden, erheblich verletzt werden können ...

Der auf jeden Fall – auch bei geschlossener Tür – sichtbare Warnhinweis auf dem Armaturenbrett muss „AIRBAG" lauten. Andere auch gebräuchliche Kurzbezeichnungen (wie z. B. SRS) werden unter Umständen vom Fahrzeugbenutzer nicht richtig verstanden.

Begr zur Neufassung durch ÄndVO v. 26.5.98 (VkBl. **98** 433): *... Da ein nicht unerheblicher* **2** *Anteil der Unfälle ein Umkippen oder Überschlagen der Busse mit sich brachte und dementsprechend die durch die ECE-Regelung Nr. 80 vorgegebene Schutzwirkung diese Fälle nicht abdeckt, lag es nahe, die Ausrüstung der Reisebusse mit Sicherheitsgurten in Erwägung zu ziehen. Sicherheitsgurte können die Insassen auch beim/während des Umkippens oder Überschlagen des Busses sicher auf den Sitzen halten und so ein unkontrolliertes Umher- oder Herausschleudern verhindern. Dieser Auffassung traten auch die übrigen Mitgliedstaaten der EU bei ...*

Nach einem von der EG-Kommission vergebenen Forschungsprojekt, durch das Detailfragen der Biomechanik bei Busunfällen mit angegurteten Insassen geklärt werden konnten, wurden bereits bestehende EG-Richtlinien geändert und erweitert ...

Zu Abs. 6: *Durch die Vorschriften des Absatzes 6 werden die Busse von den Ausrüstungsvorschriften mit entsprechenden Sitzen, Sicherheitsgurt-Verankerungen und Sicherheitsgurten ausgenommen, die sowohl für den Einsatz im Nahverkehr als auch für stehende Fahrgäste gebaut sind. Satz 1 wurde wortgleich aus den bereits genannten EG-Richtlinien übernommen. Die Vorschriften des Satzes 2 dienen der notwendigen Erläuterung ... im Hinblick auf die in der Bundesrepublik Deutschland vorherrschenden Einsatzfälle der Busse.*

Begr zur ÄndVO v. 23.3.00: BR–Drs. 720/99; zur ÄndVO v. 22.10.03: VkBl. **03** 746.

Begr zur ÄndVO v. 26.7.13 **zu Abs. 5a** (BR–Drs. 445/13 S. 25 = VkBl. **13** 866): *Die Vorschrif-* **2a** *ten zur Widerstandsfähigkeit von Sitzen, zu Gurtverankerungen und zu Sicherheitsgurten werden an den aktuellen Stand der im Anhang aufgeführten EG-Richtlinien angepasst. Die Anforderungen gelten ausschließlich für Sitze, die zum üblichen Gebrauch während der Fahrt bestimmt sind. Sitze, die nicht zum üblichen Gebrauch während der Fahrt bestimmt sind, müssen für den Nutzer entsprechend gekennzeichnet sein und sind von oben stehenden Anforderungen ausgenommen. Mit dieser Kennzeichnung wird die Art der möglichen Nutzung von Sitzen für den Nutzer eindeutig festgelegt.*

Begr zur ÄndVO v. 22.10.14 **zu Abs. 13** (BR–Drs. 336/14 S. 9 = VkBl. **14** 936): *Im Rahmen* **2b** *der Genehmigung von Kinderrückhalteeinrichtungen nach der neuen UNECE-Regelung Nr. 129 ist für Kinder bis zu einem Alter von 15 Monaten ausschließlich die Genehmigung von Kinderrückhalteeinrichtungen möglich, die nach hinten oder seitlich gerichtet angebracht werden können. Um diesem Umstand Rechnung zu tragen, wird im Rahmen des neuen Absatz 13 in § 35a der Straßenverkehrs-Zulassungs-Ordnung im Rahmen des Betriebs die Anbringung von Kinderrückhalteeinrichtungen nach der UNECE-Regelung Nr. 129 entsprechend ihres Verwendungszwecks nach hinten oder seitlich gerichtet für Kinder bis zu einem Alter von 15 Monaten vorgegeben.*

Begr zur ÄndVO v. 17.6.16 **zu Abs. 4a und 4b** (BR–Drs. 166/16 S. 18): *Die Anforderun-* **2c** *gen für Rollstuhl-Rückhaltesysteme, Rollstuhlnutzer-Rückhaltesysteme und Rollstuhlstellplätze leiten sich aus der Richtlinie 2007/46/EG ab. In Anhang XI Anlage 3 dieser Richtlinie sind die Anforderungen für rollstuhlgerechte Fahrzeuge festgelegt. Diese kommen jedoch nur bei Neufahrzeugen zur Anwendung, für die auf Basis der Richtlinie 2007/46/EG eine Genehmigung als rollstuhlgerechtes Fahrzeug erteilt wird. Damit werden jedoch keine Fahrzeuge erfasst, die bereits zum Verkehr zugelassen sind oder Neufahrzeuge, die bereits eine gültige Genehmigung haben und zugelassen werden können. Bei diesen Fahrzeugen ist es daher notwendig, in der Straßenverkehrs-Zulassungs-Ordnung Anforderungen festzulegen, die bei einem Einbau, Umbau oder einer Nachrüstung mit einem Rollstuhlstellplatz, Rollstuhl-Rückhaltesystem, Rollstuhlnutzer-Rückhaltesystem, ihren Verankerungen und Sicherheitsgurten greifen. In dieser Verordnung werden die Anforderungen für den Rollstuhlstellplatz und die zugehörigen Rückhaltesysteme den harmonisierten Anforderungen aus der Richtlinie 2007/46/EG zu rollstuhlgerechten Fahrzeugen gleichgesetzt.*

1. Sitz, Betätigungsraum, Einrichtungen zum Führen. Die Sicherheit erfordert es, dass **3** der Fahrer von einem zweckmäßigen Sitz aus alle Bedienungseinrichtungen sicher und rasch erreichen kann, ohne durch Entfernung, unzweckmäßige oder versteckte Anordnung, Bücken,

Sichausrecken, unrichtig montierte Gurte oder ein anderes Rückhaltesystem behindert zu werden (Abs. I), s. AG Menden VM **00** 7 (kein sicheres Führen eines FahrschulFzs vom Beifahrersitz aus, s. § 23 StVO Rn. 12). Beschaffenheit des Führersitzes, Führerhausrichtlinien VkBl. **86** 303 = StVRL Nr. 1 zu § 35b. Bauartvorschriften für Schalensitze bestehen nicht, diese müssen lediglich II entsprechen, Ha VRS **53** 222. Sicheren Halt müssen Schalensitze ohne Gurtmitwirkung bieten, denn Gurte verhindern Rutschbewegungen nicht, aM Ha VRS **53** 222. Für die in Abs. II genannten KfzArten ist die Einhaltung der Anforderungen der Richtlinie 74/408/EWG verbindlich vorgeschrieben. Außerdem schreibt Abs. II Pkw-Kopfstützen für die vorderen Außensitze vor (Kfze bis zu 3,5 t zulässiges Gesamtgewicht).

4   **2. Stehfahrerplätze** erwähnt die Neufassung des Abs. I (seit ÄndVO v. 12.8.97) nicht mehr, weil sicheres FzFühren aus dem Stand nicht gewährleistet ist und erhöhte Verletzungsgefahr bei Kollisionen besteht. Kfz mit einem *Stand* für den FzF durften gem. der Übergangsvorschrift (§ 72 II aF) weiter verwendet werden.

5   **3. Krafträder (IX).** Nach § 21 StVO ist es verboten, auf Krafträdern Personen ohne geeignete Sitzgelegenheit zu befördern. IX bestimmt demgemäß, dass für den Beifahrer ein Sitz vorhanden sein muss. Daraus folgt, dass weitere Personen, für die ein solcher fehlt, nicht befördert werden dürfen. Die Vorschrift gilt auch für Kleinkrafträder und FmH. Ein auf das Schutzblech geschnalltes Kissen ist kein Sitz, Ol DAR **57** 364. Voraussetzung der Ausnahme für kleinere Kinder ist eine Vorrichtung, die nach ihrer Bauart als Sitz dient, wenn auch nicht ausschließlich; sie muss sich dazu eignen (§ 30). Außerdem muss ein Schutz dagegen vorhanden sein, dass die Füße des Kindes in die Speichen geraten, wie nach § 21 StVO bei der Mitnahme von Kindern auf Fahrrädern. Als besondere Sitzgelegenheit kommt nur eine gegenständliche Sitzvorrichtung in Betracht. Haltesystem und Fußstützen für Beifahrer: § 61.

6   **4. Sitze in Omnibussen.** S. Abs. II und Richtlinie 74/408/EWG. Ausnahmeregelung für Kom zum Einsatz im Nahverkehr und mit Stehplätzen: Abs. VI. Die früher in Abs. V getroffene Regelung über Kom-Sitze findet sich seit 1.7.88 in § 35i.

7   **5. Gurte. Verankerungen. Andere Rückhaltesysteme** (Abs. 3 bis 8). Die Vorschrift in Abs. 4, alle Sitze mit Sicherheitsgurten auszurüsten, macht die Gurte iS der BE-Erteilung zum FzBestandteil. **Sicherheitsgurte** und (ab 1.7.97) andere Rückhaltesysteme in Kfzen müssen in amtlich genehmigter Bauart ausgeführt sein (§ 22a I Nr. 25). Technische Anforderungen bei der Bauartprüfung, VkBl. **73** 558, zuletzt geändert: VkBl. **03** 752 = StVRL § 22a Nr. 1 (Nr. 26), an Rückhaltesysteme für Kinder, VkBl. **89** 284 sowie Abs. XII. Anlegen und Anlegepflicht: § 21a StVO. Bei Mitfahren in Oldtimer ohne Sicherheitsgurte, der auch nicht nachgerüstet werden musste, im Falle eines Unfalls kein Mitverschulden (LG Kö DAR **08** 707). Die Ausrüstungsbestimmungen der Absätze 2–4 gelten auch für solche Fze mit mehr als 25 km/h bauartbestimmter Höchstgeschwindigkeit, die zwar nicht Pkw, Kom oder Lkw iS der StVZO sind, ihnen aber gleichzusetzen sind (Abs. 5). II–IV gelten nur für Sitze, die zum üblichen Gebrauch während der Fahrt bestimmt sind; andere Sitze sind entsprechend zu kennzeichnen (Va, Begr Rn. 2a, Übergangsbestimmung § 72 II Nr. 1b). Der Airbag ist kein geeigneter Ersatz für den Sicherheitsgurt (Ce NZV **90** 81, s. BMV 6.9.84, StV 13/36.25.02–05/18 A 84, *Löhle* DAR **96** 8, *Rebler* VD **09** 3). Vor dem 1.4.70 erstmals in den Verkehr gekommene Kfze sind nicht gurtpflichtig (§ 72 II zu § 35a VII in der bis zum 31.12.78 geltenden Fassung, BGBl. I S. **75** 2973). Gem der Übergangsbestimmung § 72 II aF zu § 35a II, III, IV, V S. 1 und VII galten diese Vorschriften für erstmals in den V kommende neue Typen von Kfz ab 1.6.1998, für neue Typen von Kom bis 3,5 t zulässiger Gesamtmasse ab 1.10.1999, im Übrigen für alle erstmals in den V kommende Kfze ab 1.10.1999, für Kom bis 3,5 t ab 1.10.2001; für ältere Fze gilt § 35a (mit der früheren Übergangsvorschrift) weiterhin in der vor dem 1.6.1998 geltenden Fassung. Für vor dem 1.1.92 erstmals in den Verkehr gekommene Fz waren die bis zum 1.7.88 geltenden Absätze VI und VII (alt) sowie die in der bis zum 1.7.88 geltenden Übergangsvorschrift des § 72 II (alt) anzuwenden: Keine Ausrüstungspflicht für Gurtverankerungen bei Lkw bis 2,8 t einschließlich; Ausrüstungspflicht mit Dreipunktgurten nur auf den Vordersitzen; im übrigen Zweipunkt-(Becken-)gurte; auch Nicht-Automatikgurte sind zugelassen (§ 72 II aF). Abs. XII über integrierte Kinderrückhalteeinrichtungen ist spätestens auf Fze anzuwenden, die ab dem 1.1.04 erstmals in den V gekommen sind. **Quads** (s. § 3 FZV Rn. 16) müssen nicht mit Gurten ausgerüstet sein, s. BMV VkBl. **04** 27, *Ternig* ZfS **04** 4, *Huppertz* VD **04** 210. Soweit für **Kom** Sicherheitsgurte vorgeschrieben sind, müssen sie mit Informationseinrichtungen über das Anlegen der Sicherheitsgurte ausgestattet sein; der FzF muss dafür sorgen, dass den Fahrgästen durch diese Informationseinrichtungen angezeigt

wird, wann die Gurte anzulegen sind (§§ 8, 21 BOKraft). Wohnmobile: Abs. V S. 2. S. ferner Anhang zur StVZO (zu § 35a III, VI, VII). **Übersicht** über die mit Sicherheitsgurten auszurüstenden Kfze: Anhang XV der Richtlinie 77/541/EWG (VkBl. **98** 438) sowie *Huppertz/Trenner* VD **98** 227, 251; *Rebler* VD **09** 3.

Durch ÄndVO v. 17.6.16 (BGBl. I S. 1463) wurde **IVa** eingefügt, um die für die Ge- **7a** nehmigung von rollstuhlgerechten Neufahrzeugen geltenden Regelungen auch auf bereits zugelassene Fz und bereits genehmigte, aber noch nicht zugelassene Fz zu übertragen (Begr Rn. 2c). Für die Beförderung von Rollstuhlnutzern müssen **Pkw** an jedem Rollstuhlstellplatz mit einem **Rollstuhl-Rückhaltesystem** für die Sicherung des Rollstuhls und einem **Rollstuhlnutzer-Rückhaltesystem** für die Sicherung des Rollstuhlnutzers ausgerüstet sein. Unter Rollstuhlnutzer sind Personen zu verstehen, die im Rollstuhl sitzend in Pkw befördert werden (Begr BR-Drs. 166/16 S. 17). Pkw sind Kfz der Klasse M1 (Begr BR-Drs. 166/16 S. 13). Wenn ein Rollstuhlstellplatz gleichzeitig als Platz des FzFührers vorgesehen ist, sind die im Anhang genannten Bestimmungen zu IVa nicht ausreichend; in diesem Fall sind einzelfallbezogen weitergehende Vorkehrungen zu treffen, die eine sichere Bedienung beim Fahren zulassen (Begr BR-Drs. 166/16 S. 19). Von IVa nicht erfasst wird die Möglichkeit, dass im Rollstuhl sitzende Personen für die Beförderung im Fz auf einen Fahrzeugsitz umgesetzt werden und der Rollstuhl während der Fahrt im Laderaum transportiert wird (Begr BR-Drs. 166/16 S. 20). Zu den Anforderungen für die Beförderung von Rollstuhlnutzern in Fz der Klassen M2 und M3 s. § 30d IV. **IVb** dient der Dokumentation von Einbau, Umbau oder Nachrüstung von Rollstuhl-Rückhaltesystemen und Rollstuhlnutzer-Rückhaltesystemen. IVa, IVb sind seit 1.9.16 für alle Pkw anzuwenden, bei denen ein Einbau, Umbau oder eine Nachrüstung mit Rollstuhlstellplätzen, Rollstuhl-Rückhaltesystemen oder Rollstuhlnutzer-Rückhaltesystemen erfolgt (§ 72 II Nr. 1b). Inbetriebnahme ohne die vorgeschriebenen Rollstuhl-Rückhaltesysteme oder Rollstuhlnutzer-Rückhaltesysteme ist ow (§ 69a III Nr. 7). Missachtung der Vorlagepflicht nach IVb ist nicht ow. Die durch ÄndVO v. 17.6.16 (BGBl. I S. 1463) neu in den Bußgeldkatalog eingefügten Nrn 203a–203f Anl BKatV galten erst ab 1.2.17 (Art 5 II der ÄndVO v. 17.6.16).

Auf **Beifahrersitzen mit Airbag** dürfen wegen Verletzungsgefahr bei Airbagauslösung keine **8** nach hinten gerichteten Kinderrückhalteeinrichtungen angebracht werden (Abs. VIII). Der entsprechende Warnhinweis (VIII S. 2) muss so angebracht sein, dass er beim Versuch des Einbaus einer solchen Rückhalteeinrichtung deutlich sichtbar ist. Dass dieses Erfordernis erfüllt sein kann, wenn der Hinweis nur bei geöffneter Tür sichtbar ist, zeigt Abs. VIII S. 6, wonach in diesem Fall ein Hinweis auf den Beifahrerairbag zwar bei geschlossener Tür vom Beifahrerplatz gut zu sehen sein soll, ein solcher aber nicht zwingend vorgeschrieben ist. Auch VIII S. 5 über die Gestaltung des Hinweises ist eine bloße Empfehlung; der Hinweis muss also nicht dem in **Anl XXVIII** wiedergegebenen Piktogramm entsprechen. Um Missverständnisse auszuschließen, empfiehlt die Begr (s. Rn. 1) für den auch bei geschlossener Tür sichtbaren Warnhinweis jedenfalls die Verwendung des Wortes „Airbag"; trotz der Formulierung in der Begr *(„muss")* ist jedoch ein Abweichen hiervon nicht ow (s. Rn. 9). Zum Ausbau oder Abschalten (Deaktivierung) von Airbags, s. BMV VkBl. **99** 98, **00** 124.

Kinderrückhalteeinrichtungen nach der am 9.7.13 in Kraft getretenen ECE-Regelung **8a** Nr. 129 **für Kinder bis zu einem Alter von 15 Monaten** dürfen nur nach hinten oder seitlich gerichtet angebracht werden (XIII, Begr Rn. 2b); Verstoß ist ow (§ 69a III Nr. 7). Diese Betriebsvorschrift richtet sich an den FzFührer. Die Einsatzmöglichkeit der jeweiligen Kinderrückhalteeinrichtung muss der Herstelleranleitung entnommen werden (Begr BR-Drs. 336/14 S. 9 = VkBl. **14** 936). XIII gilt nicht für Kinderrückhaltesysteme nach der älteren ECE-Regelung Nr. 44, die ebenfalls verwendet werden dürfen.

6. Ordnungswidrigkeit. §§ 69a III Nr. 7 StVZO, 24 StVG, zB auch bei Inbetriebnahme **9** des Fzs trotz Funktionsuntüchtigkeit des Gurtes, Bay NZV **90** 360. Zuwiderhandlungen gegen Abs. VIII S. 1, 2, 4 sind ow, nicht auch Abweichungen von den Empfehlungen des Abs. VIII S 5, 6.

7. Ausnahmen. § 70. Für **Kraftfahrzeuge nach Art 1 der EG-Richtlinie 2002/24/EG** **10** (s. § 30a Rn. 2) gilt gem. Abs. XI (mit § 30a III und Anh zu § 35a) die Richtlinie 97/24/EG Kap. 11 Anh I bis IV und VI, nach der Übergangsbestimmung des § 72 II aF spätestens seit 17.6.03.

Einrichtungen zum sicheren Führen der Fahrzeuge

35b (1) **Die Einrichtungen zum Führen der Fahrzeuge müssen leicht und sicher zu bedienen sein.**

(2) **Für den Fahrzeugführer muss ein ausreichendes Sichtfeld unter allen Betriebs- und Witterungsverhältnissen gewährleistet sein.**

1 **Begr** zur ÄndVO v. 22.10.03 (VkBl. **03** 746): **Zu Abs. 2:** *Die Streichung der Sätze 2 und 3 geht zurück auf Nr. 7.2.24 des Anhangs I der Richtlinie 2001/85/EG.*

2 **1.** Richtlinien für die Sicht aus Kfzen, VkBl. **62** 669, **75** 443, **87** 723 = StVRL Nr. 2. Führerhausrichtlinien, VkBl. **86** 303 = StVRL Nr. 1. Empfehlungen für die Erteilung von Ausnahmegenehmigungen nach § 70 für bestimmte FzArten und FzKombinationen, VkBl. **14** 503 = StVRL § 70 StVZO Nr. 1. Richtlinie zur Beurteilung des Sichtfeldes selbstfahrender Arbeitsmaschinen v. 25.4.95, VkBl. **95** 274. Bei der Anbringung von **Anbaugeräten** ist § 35b II nicht einschlägig, denn diese Vorschrift bezieht sich nur auf das Betriebsverhältnis des Fz selbst unabhängig von eventuellen Anbaugeräten; Nr. 4.10 des Merkblatts für Anbaugeräte (VkBl. **09** 804 = StVRL § 30 Nr. 6) nimmt insoweit missverständlich auf § 35b II StVZO Bezug (*Rebler* VD **17** 159 = SVR **17** 382). Der fahrzeugbezogene § 35b enthält − anders als etwa § 32 I S. 1 Nr. 2 − keine auf Anbaugeräte bezogene Regelung. Bei Sichtfeldeinschränkung durch Anbaugeräte ist vielmehr § 23 I S. 1 StVO zu beachten (*Rebler* VD **17** 159 = SVR **17** 382). Empfehlungen für Kamera-Monitor-Systeme für Fz mit einer Sichtfeldeinschränkung insbes auch durch Vorbaumaßüberschreitung von mehr als 3,5 m v. 15.12.16 (VkBl. **16** 719).

3 **2. Ordnungswidrigkeit.** §§ 69a III Nr. 7a StVZO, 24 StVG. Fensterplaketten stören den Umblick und können dann ow sein (BMV 20.12.65, StV 2–2133 By/65). Gleiches kann für portable Geräte gelten, die mittels Saugnapf an der Windschutzscheibe befestigt werden (*Gasser* SVR **08** 201, 203).

Heizung und Lüftung

35c (1) **Geschlossene Führerräume in Kraftfahrzeugen mit einer durch die Bauart bestimmten Höchstgeschwindigkeit von mehr als 25 km/h müssen ausreichend beheizt und belüftet werden können.**

(2) **Für Heizanlagen in Fahrzeugen der Klassen M, N und O und ihren Einbau gelten die im Anhang zu dieser Vorschrift genannten Bestimmungen.**

(3) **Während der Fahrt dürfen mit Flüssiggas (LPG) betriebene Heizanlagen in Kraftfahrzeugen und Anhängern, deren Verbrennungsheizgeräte und Gasversorgungssysteme ausschließlich für den Betrieb bei stillstehendem Fahrzeug bestimmt sind, nicht in Betrieb sein und die Ventile der Flüssiggasflaschen müssen geschlossen sein.**

1 **Anm:** § 35c (heute Abs. I) wurde durch VO v. 7.7.60 eingefügt. Begründung (VkBl. **60** 465): *… Ausreichende Heizung und Lüftung wirken vorzeitiger Ermüdung des Fahrzeugführers entgegen, sind für seine Funktions- und Reaktionsfähigkeit von Bedeutung und müssen deshalb aus Sicherheitsgründen gefordert werden. „Geschlossener Führerraum" ist z. B. auch der Führerplatz in einem Kraftomnibus.*

2 Sachgemäße Belüftung setzt ausreichende Entlüftung voraus, damit im Kfz kein Überdruck entsteht, BMV 6.5.65, StV 7–8048 B/65. Technische Anforderungen bei der Bauartprüfung von Heizungen, VkBl. **73** 558, zuletzt geändert: VkBl. **03** 752 = StVRL § 22a Nr. 1 (Nr. 27). Zu Abs. II und III s. Begr Rn. 1. Übergangsbestimmung zu II: § 72 II Nr. 1c.

3 **Ordnungswidrigkeit:** §§ 69a III Nr. 7b StVZO, 24 StVG.

Einrichtungen zum Auf- und Absteigen an Fahrzeugen

35d **Die Beschaffenheit der Fahrzeuge muss sicheres Auf- und Absteigen ermöglichen.**

Begr zur ÄndVO v. 22.10.03 (VkBl. **03** 746): *§ 35d entspricht den schon bisher geltenden Vorschriften des § 35d Abs. 1 (alt). Die Vorschriften des § 35d Abs. 2 bis Abs. 5 (alt) sind entbehrlich; entsprechende Anforderungen enthält die Richtlinie 2001/85/EG.*

Soweit Schulkinder (Kinder) befördert werden, ist der Vorschrift nur genügt, wenn sie im Be- 1 reich der Ein- und Ausstiege Haltegriffe oder -stangen benutzen können, s. BMV VkBl. **80** 537.

Ordnungswidrigkeit: §§ 69a III Nr. 7b StVZO, 24 StVG. 2

Türen

35e (1) Türen und Türverschlüsse müssen so beschaffen sein, dass beim Schließen störende Geräusche vermeidbar sind.

(2) Türverschlüsse müssen so beschaffen sein, dass ein unbeabsichtigtes Öffnen der Türen nicht zu erwarten ist.

(3) [1] Die Türbänder (Scharniere) von Drehtüren – ausgenommen Falttüren – an den Längsseiten von Kraftfahrzeugen mit einer durch die Bauart bestimmten Höchstgeschwindigkeit von mehr als 25 km/h müssen auf der in der Fahrtrichtung vorn liegenden Seite der Türen angebracht sein. [2] Dies gilt bei Doppeltüren für den Türflügel, der zuerst geöffnet wird; der andere Türflügel muss für sich verriegelt werden können. [3] Türen müssen bei Gefahr von jedem erwachsenen Fahrgast geöffnet werden können.

(4) Türen müssen während der Fahrt geschlossen sein.

Begr zur ÄndVO v. 22.10.03 (VkBl. **03** 746): *Die Vorschriften der bisherigen Absätze 4 bis 6 sind entbehrlich; entsprechende Anforderungen enthält die Richtlinie 2001/85/EG.*

1. I soll die Geräuschbelästigung durch Zuschlagen von Türen vermindern (s. § 30 StVO). II 1 soll Unfälle durch unbeabsichtigtes Öffnen von Türen während der Fahrt und bei Zusammenstößen vermeiden helfen. III soll unbeabsichtigtes Aufsperren während der Fahrt, vor allem bei hohen Geschwindigkeiten, verhindern. Der Einsatz automatischer Türen, die die Anforderungen von Abs. V erfüllen, begründet als solcher keinen Anspruch aus Verletzung der VSicherungspflicht, KG MDR **04** 937. Akustische Warnung vor dem automatischen Schließen der Türen von Kom, die den Bestimmungen der Richtlinie 2001/85/EG entsprechen, ist nicht erforderlich; Fehlen eines Signaltons verletzt nicht die VSicherungspflicht und begründet keinen Anspruch aus § 7 StVG, Mü VersR **02** 332. EWG-Richtlinie 70/387/EWG für Türen (StVRL Nr. 2), s. BMV VkBl. **72** 323. Die ältere Rspr. über die Sicherung der Fahrgäste bei während der Fahrt offener Bustür (zB Dü DAR **59** 76) ist durch das Gebot des Abs. IV überholt. Automatische Türöffner an Taxis zulässig, BMV 11.11.66, StV – 8069 M/66. Türen in Taxen und Mietwagen: § 25 I BOKraft. Empfehlungen für die Erteilung von Ausnahmegenehmigungen nach § 70 für bestimmte FzArten und FzKombinationen, VkBl. **14** 503 = StVRL § 70 StVZO Nr. 1. **Übergangsvorschrift:** § 72 II aF: Für vor dem 13.2.05 erstmals in den V gekommene Fze blieb § 35e einschließlich der Anl X Nr. 4 in der vor dem 1.11.03 geltenden Fassung anwendbar.

2. Ordnungswidrigkeit. §§ 69a III Nr. 7b StVZO, 24 StVG. 2

Notausstiege in Kraftomnibussen

35f [1] Notausstiege in Kraftomnibussen sind innen und außen am Fahrzeug zu kennzeichnen. [2] Notausstiege und hand- oder fremdkraftbetätigte Betriebstüren müssen sich in Notfällen bei stillstehendem oder mit einer Geschwindigkeit von maximal 5 km/h fahrendem Kraftomnibus jederzeit öffnen lassen; ihre Zugänglichkeit ist beim Betrieb der Fahrzeuge sicherzustellen. [3] Besondere Einrichtungen zum Öffnen der Notausstiege und der Betriebstüren in Notfällen (Notbetätigungseinrichtungen) müssen als solche gekennzeichnet und ständig betriebsbereit sein; an diesen Einrichtungen oder in ihrer Nähe sind eindeutige Bedienungsanweisungen anzubringen.

Begr zur Neufassung durch die 36. ÄndVStVR v. 22.10.03 (VkBl. **03** 746): *Die bisherigen Bau-/Wirkvorschriften des § 35f sind entbehrlich; entsprechende Anforderungen enthält die Richtlinie 2001/85/EG.*
§ 35f – neu – enthält die für den Betrieb der Kraftomnibusse wichtigen Vorschriften, um sicherzustellen, dass in Notfällen den Insassen ein schnelles Verlassen der Fahrzeuge ermöglicht wird. In Ausfüllung dieser Vorschrift dürfen Notausstiege und in Notfällen zu öffnende Betriebstüren während des Betriebs der Fahrzeuge nicht zugebaut oder mit Gepäck zugestellt, oder die Zugänglichkeit eingeschränkt werden.

Die geforderten Kennzeichnungen entsprechen den Vorschriften der Richtlinie 2001/85/EG (Anhang I, Nr. 7.6.11); die Wiederholung einer einzuhaltenden Bau-/Wirkvorschrift als zusätzliche Betriebsvorschrift ist unüblich, aber auf Grund des hohen Schutzzieles für die Insassen in Notfällen erforderlich.

1   **1.** Die Vorschrift soll gewährleisten, dass die Fahrgäste auch Omnibusse mit großer Fahrgastzahl bei Gefahr schnell verlassen können.

2   **2. Ordnungswidrigkeiten.** §§ 69a III Nr. 7b StVZO, 24 StVG.

Feuerlöscher in Kraftomnibussen

35g (1) ¹In Kraftomnibussen muss mindestens ein Feuerlöscher, in Doppeldeckfahrzeugen müssen mindestens zwei Feuerlöscher mit einer Füllmasse von jeweils 6 kg in betriebsfertigem Zustand mitgeführt werden. ²Zulässig sind nur Feuerlöscher, die mindestens für die Brandklassen

A: Brennbare feste Stoffe (flammen- und glutbildend),
B: Brennbare flüssige Stoffe (flammenbildend) und
C: Brennbare gasförmige Stoffe (flammenbildend)

amtlich zugelassen sind.

(2) Ein Feuerlöscher ist in unmittelbarer Nähe des Fahrersitzes und in Doppeldeckfahrzeugen der zweite Feuerlöscher auf der oberen Fahrgastebene unterzubringen.

(3) Das Fahrpersonal muss mit der Handhabung der Löscher vertraut sein; hierfür ist neben dem Fahrpersonal auch der Halter des Fahrzeugs verantwortlich.

(4) ¹Die Fahrzeughalter müssen die Feuerlöscher durch fachkundige Prüfer mindestens einmal innerhalb von zwölf Monaten auf Gebrauchsfähigkeit prüfen lassen. ²Beim Prüfen, Nachfüllen und bei Instandsetzung der Feuerlöscher müssen die Leistungswerte und technischen Merkmale, die dem jeweiligen Typ zugrunde liegen, gewährleistet bleiben. ³Auf einem am Feuerlöscher befestigten Schild müssen der Name des Prüfers und der Tag der Prüfung angegeben sein.

1   **Begr** zur Neufassung durch ÄndVO v. 22.10.03 (VkBl. **03** 746): **Zu Abs. 1:** *Die Vorschrift über das Mitführen eines zweiten Feuerlöschers in Doppeldeck-Kraftomnibussen stützt sich auf die Nummern 7.5.4.1 des Anhangs I und 7.5.5.1 des Anhangs VIII der Richtlinie 2001/85/EG.*

Zu Abs. 2: *Die Vorschrift, nach der ein Feuerlöscher in unmittelbarer Nähe des Fahrersitzes und in Doppeldeck-Kraftomnibussen der zweite Feuerlöscher auf der oberen Fahrgastebene unterzubringen/mitzuführen ist, geht zurück auf die Nummern 7.5.4.1 des Anhangs I und 7.5.5.1 des Anhangs VIII der Richtlinie 2001/85/EG.*

2   **1.** Für Pkw sind keine Feuerlöscher vorgeschrieben, s. BMV StV 7–8035 BW/65. Feuerlöscher bei Beförderung gefährlicher Güter, s. GefahrgutVO Straße, Eisenbahn und Binnenschifffahrt (GGVSEB).

3   **2. Ordnungswidrigkeit.** §§ 31b, 69a III Nr. 7c, V Nr. 4b, 4d StVZO, 24 StVG.

Erste-Hilfe-Material in Kraftfahrzeugen

35h (1) In Kraftomnibussen sind Verbandkästen, die selbst und deren Inhalt an Erste-Hilfe-Material dem Normblatt DIN 13164, Ausgabe Januar 1998 oder Ausgabe Januar 2014 entsprechen, mitzuführen, und zwar mindestens

1. ein Verbandkasten in Kraftomnibussen mit nicht mehr als 22 Fahrgastplätzen,
2. zwei Verbandkästen in anderen Kraftomnibussen.

(2) Verbandkästen in Kraftomnibussen müssen an den dafür vorgesehenen Stellen untergebracht sein; die Unterbringungsstellen sind deutlich zu kennzeichnen.

(3) ¹In anderen als den in Absatz 1 genannten Kraftfahrzeugen mit einer durch die Bauart bestimmten Höchstgeschwindigkeit von mehr als 6 km/h mit Ausnahme von Krankenfahrstühlen, Krafträdern, Zug- oder Arbeitsmaschinen in land- oder forstwirtschaftlichen Betrieben sowie anderen Zug- oder Arbeitsmaschinen, wenn sie einachsig sind, ist Erste-Hilfe-Material mitzuführen, das nach Art, Menge und Beschaffenheit mindestens dem Normblatt DIN 13164, Ausgabe Januar 1998 oder Ausgabe Januar 2014 entspricht. ²Das Erste-Hilfe-Material ist in einem Behältnis verpackt zu halten, das so beschaffen sein

muss, dass es den Inhalt vor Staub und Feuchtigkeit sowie vor Kraft- und Schmierstoffen ausreichend schützt.

(4) Abweichend von den Absätzen 1 und 3 darf auch anderes Erste-Hilfe-Material mitgeführt werden, das bei gleicher Art, Menge und Beschaffenheit mindestens denselben Zweck zur Erste-Hilfe-Leistung erfüllt.

Begr zur ÄndVO v. 21.7.69 (VkBl. **69** 399): **Zu Abs. 3:** *Der bisherige § 35h beschränkte sich auf* **1** *die Pflicht zum Mitführen von Verbandkästen in Kraftomnibussen. … Künftig sollen außer den Kraftomnibussen auch die anderen Kraftfahrzeuge mit Erste Hilfe-Material ausgerüstet werden müssen. Hiervon sind diejenigen Fahrzeugarten auszunehmen, bei denen die Unterbringung schwierig wäre oder die nur mit einem geringen Anteil am Unfallgeschehen beteiligt sind. Auszunehmen sind deshalb alle Zweiradfahrzeuge, die Krankenfahrstühle, alle Kraftfahrzeuge mit einer bauartbedingten Höchstgeschwindigkeit von nicht mehr als 6 km/h, alle Anhänger, alle Zug- oder Arbeitsmaschinen in der Land- oder Forstwirtschaft sowie alle anderen Zug- oder Arbeitsmaschinen, die nur eine Achse haben. … Hinsichtlich des Behältnisses soll nicht ausschließlich nur der Verband**kasten** (wie bei Omnibussen) zugelassen sein … Schon heute sind außer dem Kasten auch andere Behältnisarten, wie Taschen, Kissen usw., bekannt. Es besteht kein zwingender Grund, solche Behältnisse von vornherein auszuschließen. … Von Vorschriften darüber, wie und wo das Erste Hilfe-Material im Kraftfahrzeug unterzubringen ist, wird abgesehen. …*

Begr zur ÄndVO v. 16.11.84 (VkBl. **85** 77): *Technische Regeln nichtstaatlicher Verbände, auf die in* **2** *einer Rechtsvorschrift verwiesen wird, werden durch die Verweisung zum Bestandteil der verweisenden Norm. … wurde es bisher allgemein für zulässig gehalten, in Rechtsverordnungen auch ohne eine entsprechende gesetzliche Ermächtigung auf technische Regeln nichtstaatlicher Verbände zu verweisen, sofern bestimmte Voraussetzungen – Angabe des Datums der Bekanntgabe und der Bezugsquelle, Zugänglichkeit usw. – erfüllt wurden. …*

Begr zur ÄndVO v. 14.6.88 (VkBl. **88** 470): **Zu Abs. 4:** *Auf Verlangen der EU-Kommission muß* **3** *in § 35h eine Regelung aufgenommen werden, die das Mitführen von Erste-Hilfe-Material gestattet, das in anderen EG-Mitgliedstaaten zugelassen ist und denselben Zweck zur Erste-Hilfe-Leistung und zum Infektionsschutz (Einmalhandschuhe) gewährleistet. …*

Begr zur ÄndVO v. 23.3.00: VkBl. **00** 363. **4**

Begr zur ÄndVO v. 22.10.03: VkBl. **03** 747. **5–10**

1. In welchen Fz muss Erste-Hilfe-Material mitgeführt werden? Für KOM sind in **11** Abs. 1 und 2 besondere Anforderungen festgelegt. Die Mitführpflicht betrifft im Übrigen **alle anderen Kfz** mit einer bbH von mehr als 6 km/h, **ausgenommen** Krankenfahrstühle, Krafträder, Zug- oder Arbeitsmaschinen in land- oder forstwirtschaftlichen Betrieben und andere einachsige Zug- oder Arbeitsmaschinen (Abs. 3). Bei den ausgenommenen Fz wäre die Unterbringung des Erste-Hilfe-Materials schwierig oder sie sind nur mit einem geringen Anteil am Unfallgeschehen beteiligt (Begr Rn. 1). Die Pflicht zum Mitführen von Erste-Hilfe-Material gilt auch für **Quads,** sofern sie nicht als Zugmaschinen in land- oder forstwirtschaftlichen Betrieben eingesetzt werden. Ausnahmegenehmigung sollte für Quads nicht erteilt werden, da Ausrüstung technisch möglich und zumutbar ist (Merkblatt für die Begutachtung von Quads VkBl. **04** 26, 27, 29 = StVRL § 21 StVZO Nr. 3).

Im Ausland zugelassene Kfz müssen bei der vorübergehenden Teilnahme am StrV im In- **12** land kein Erste-Hilfe-Material mitführen; § 35h gilt für sie nicht (§ 20 FZV Rn. 14). Nichtmitführen von Erste-Hilfe-Material durch im Ausland zugelassene Fz ist auch kein Verstoß gegen § 23 I S. 2 StVO oder § 20 III FZV, denn es berührt weder die Betriebs- noch die Verkehrssicherheit des Fz (KöVRS **57** 381 zum früheren Recht).

2. Beschaffenheit des mitzuführenden Erste-Hilfe-Materials. Das mitzuführende Erste- **13** Hilfe-Material, bei KOM auch der Verbandkasten selbst, muss dem Normblatt DIN 13164 entsprechen. Dieses legt wiederum fest zu Erste-Hilfe-Material gehörigen Gegenstände fest, welcher jeweiligen DIN sie entsprechen müssen. Um zu ermitteln, welches Material mindestens mitzuführen ist, muss der Normadressat insgesamt 12 DIN-Normblätter konsultieren, die er zunächst bei dem in § 73 genannten Verlag kostenpflichtig anfordern muss. Zum Problem der Verweisung auf DIN-Normen, die nicht amtlich mitverkündet sind Begr Rn. 2, **E** 5, *Staats* ZRP **78** 59, *Rebler* VD **16** 160. Seit Januar 15 gilt nur noch die Normfassung Ausgabe Januar 14, nicht mehr die frühere Ausgabe Januar 98. In Kfz können aber auch weiterhin Verbandkästen bzw. Erste-Hilfe-Material nach der früheren Normfassung mitgeführt werden (Begr zur ÄndVO v. 16.4.14 BGBl. I S. 348, BR-Drs. 78/14 S. 76 = VkBl. **14** 442). Nach Abs. 4, der auf Verlangen der EG-Kommission aufgenommen wurde (Begr VkBl. **88** 470, Rn. 3), darf auch Erste-Hilfe-Material mitgeführt werden, das nicht diesen Normen entspricht, aber mindestens denselben Zweck zur Erste-Hilfe-Leistung erfüllt. – Ob damit für den Normadressaten hinreichend klar geregelt ist, wie das mitzuführende Erste-Hilfe-Material beschaffen sein muss, erscheint zweifelhaft.

14 Wenn bei einzelnen oder allen Materialien des Erste-Hilfe-Materials das **Mindesthaltbarkeitsdatum überschritten** ist, liegt ein Verstoß gegen § 35h vor. Die Norm fordert zwar nicht ausdrücklich, dass Erste-Hilfe-Material nur dann mitgeführt werden darf, wenn das Mindesthaltbarkeitsdatum nicht überschritten ist. Auch das Normblatt DIN 13164 besagt nichts über das Verfallsdatum. Aus der StVZO ergibt sich auch keine ausdrückliche Verpflichtung zur Überprüfung des Erste-Hilfe-Materials auf Verfallsdaten. Aber § 4 Medizinproduktegesetz legt fest, dass Medizinprodukte nicht mehr anzuwenden sind, wenn das Datum abgelaufen ist, bis zu dem eine gefahrlose Anwendung nachweislich möglich ist; Verstoß ist ow. Da das Mitführen von Erste-Hilfe-Material, das im Ernstfall nicht ohne Verstoß gegen § 4 Medizinproduktegesetz eingesetzt werden könnte, sinnlos wäre, ist aus Sinn und Zweck von § 35h abzuleiten, dass die Verpflichtung zum Mitführen von Erste-Hilfe-Material nur erfüllt wird, wenn die Verfallsdaten der einzelnen Materialien noch nicht abgelaufen sind (aA *Rebler* VD **16** 160, dem zuzugeben ist, dass § 35h nicht ausdrücklich vorschreibt, dass das mitzuführende Erste-Hilfe-Material noch verwendbar ist).

15 **3. Beschaffenheit des Behältnisses für das Erste-Hilfe-Material.** Das mitzuführende Erste-Hilfe-Material ist in einem Behältnis verpackt mitzuführen, das den Inhalt ausreichend schützt (Abs. 3 S. 2). Dies können außer bei KOM auch andere Behältnisse als Verbandkästen sein, zB Taschen, Kissen (Begr Rn. 1). Bei KOM muss das Behältnis für das Erste-Hilfe-Material (der Verbandkasten) dem Normblatt DIN 13164 entsprechen (Abs. 1).

16 **4. Überprüfung.** FzFührer sind verpflichtet, das mitzuführende Erste-Hilfe-Material zuständigen Personen auf Verlangen vorzuzeigen und zur Prüfung des vorschriftsmäßigen Zustands auszuhändigen (§ 31b Nr. 2). Verstoß ist ow (§ 69a V Nr. 4b).

17 **5. Übergangsbestimmung.** Die in Abs. 1, 3 definierten Anforderungen an Erste-Hilfe-Material gelten nur für Verbandkästen, die ab dem 1.7.00 erstmals in Fz mitgeführt wurden (§ 72 II aF). Vor dem 1.7.2000 in Gebrauch genommene Verbandkästen, die den im Dezember 1987 ausgegebenen DIN-Normen entsprechen, dürfen gem. § 72 II aF weiter benutzt werden. Zu KOM § 72 II aF.

18 **6. Ordnungswidrigkeit.** §§ 69a III Nr. 7c, V Nr. 4b StVZO, 24 StVG.

Gänge, Anordnung von Fahrgastsitzen und Beförderung von Fahrgästen in Kraftomnibussen

35i (1) ¹In Kraftomnibussen müssen die Fahrgastsitze so angeordnet sein, dass der Gang in Längsrichtung frei bleibt. ²Im Übrigen müssen die Anordnung der Fahrgastsitze und ihre Mindestabmessungen sowie die Mindestabmessungen der für Fahrgäste zugänglichen Bereiche der Anlage X entsprechen.

(2) ¹In Kraftomnibussen dürfen Fahrgäste nicht liegend befördert werden. ²Dies gilt nicht für Kinder in Kinderwagen.

1 **Begr:** s. VkBl. **88** 470, **90** 495 (zu Abs. 2 alt).

Begr zur ÄndVO v. 3.3.06 (VkBl. **06** 285): **Zu Abs. 2:** *Die Änderung des § 35i Abs. 2 ist die notwendige Konsequenz aus der Übernahme der Richtlinien 74/408/EWG, 76/115/EWG und 77/541/EWG in die national geltende Vorschrift des § 35a, durch die für so genannte „Reisebusse" und „Mischbusse" (einsatzfähig auch als Reisebusse) eine Ausrüstung auf allen Sitzen mit Sicherheitsgurten vorgeschrieben wurde. Da nach § 21a Abs. 1 Satz 1 StVO vorgeschriebene Sicherheitsgurte während der Fahrt angelegt sein müssen, dient die Änderung des § 35i Abs. 2 lediglich der Rechtsklarheit, da liegend beförderte Fahrgäste die nach § 35a (bzw. Richtlinie 77/541/EWG) vorgeschriebenen Sicherheitsgurte nicht anlegen können. Sicherheitsgurte müssen ordnungsgemäß angelegt sein, damit sie ihre Schutzfunktion bei Unfällen erfüllen können. Deshalb ist es rechtswidrig, wenn ein Sicherheitsgurt deutlich zu locker ange-*

legt ist oder die Rücklehne des Sitzes so weit zurückgestellt ist, dass der Gurt nicht mehr ordnungsgemäß anliegt. Liegesitze dürfen während der Fahrt nicht in „Schlafstellung" gebracht werden. Verstöße gegen die Vorschrift des § 21a Abs. 1 Satz 1 StVO sind nach § 49 Abs. 1 Nr. 20a StVO bußgeldbewehrt. Rückhalteeinrichtungen nach § 35i Abs. 2 in Verbindung mit den dazu erlassenen Richtlinien vom 3.9.1991 (VkBl. S. 668) können den Fahrgästen nicht das gleiche Sicherheitsniveau bei bestimmten Unfällen bieten, wie ordnungsgemäß angelegte Sicherheitsgurte. Dies betrifft insbesondere Unfälle, bei denen diese Busse umkippen oder sich überschlagen und nicht angegurtete Insassen unkontrolliert in den Bussen umher- oder herausgeschleudert werden. …

Die Bestimmung des **Abs. 1** ist an die Stelle des bis zum 30.6.88 geltenden § 35a V getreten. **2** Im Gegensatz zur früheren Regelung gilt S. 1 für *alle* Omnibusse. Für vor dem 1.1.89 erstmals in den V gekommene Fz bleibt es dagegen bei der Beschränkung auf Kom mit mehr als 14 Fahrgastplätzen; auf sie findet gem. § 72 II aF weiterhin § 35a V und Anl X in der vor dem 1.7.88 geltenden Fassung Anwendung.

Abs. 2 will Zweifel über die Zulässigkeit des Transportes liegender Fahrgäste beseitigen, in- **3** dem er dies ausdrücklich verbietet. Die Regelung verstößt nicht gegen Gemeinschaftsrecht (OVG Münster VRS **119** 246). Da damit lediglich die auch schon vor Inkrafttreten des jetzigen Abs. 2 am 1.4.06 bestehende Rechtslage klargestellt wurde, bedurfte es keiner Übergangsfrist (OVG Münster VRS **112** 235, VRS **119** 246). Das Verbot gilt nur während der Fahrt („beför- dert"), weil bei stehendem Fz keine Beeinträchtigung der Sicherheit besteht; insoweit gilt das Gleiche wie für die Pflicht zur Anlegung des Sicherheitsgurtes (s. Begr VkBl. **90** 495). Rückhalteeinrichtungen nach § 35i II in der vor dem 1.4.06 geltenden Fassung dürfen in älteren Kom, die nicht von den Ausrüstungsvorschriften des § 35a mit Sicherheitsgurten in Verbindung mit den Übergangsfristen des § 72 II aF erfasst wurden, weiter genutzt werden, s. § 72 II aF zu § 35i II. Dazu Richtlinien für Fahrgastliegeplätze und Rückhalteeinrichtungen in Kom, VkBl. **91** 668.

Ordnungswidrigkeit: § 69a III Nr. 7d. **4**

Brennverhalten der Innenausstattung bestimmter Kraftomnibusse

35j Die Innenausstattung von Kraftomnibussen, die weder für Stehplätze ausgelegt noch für die Benutzung im städtischen Verkehr bestimmt und mit mehr als 22 Sitzplätzen ausgestattet sind, muss den im Anhang zu dieser Vorschrift genannten Bestimmungen über das Brennverhalten entsprechen.

Begr: VkBl. **00** 363: *Mit dieser Vorschrift wird die „Richtlinie des Europäischen Parlaments und des* **1** *Rates vom 24. Oktober 1995 über das Brennverhalten von Werkstoffen der Innenausstattung bestimmter Kraftfahrzeugklassen (95/28/EG)" auch für Fahrzeuge mit Einzelbetriebserlaubnis in nationales Recht umgesetzt. In den Erwägungsgründen dieser Richtlinie wird ausgeführt: „Im Hinblick auf die Sicherheit der Fahrzeuginsassen und die Verkehrssicherheit ist es wichtig, dass die zur Innenausstattung von Kraftomnibussen verwendeten Werkstoffe Mindestanforderungen entsprechen, um das Entstehen von Flammen zu vermeiden oder zumindest zu verzögern, damit im Fall eines Brandes die Fahrzeuginsassen das Fahrzeug verlassen können."*

Für die in der Vorschrift genannten Kom gelten die Bestimmungen der Anhänge IV bis VI der **2** EG-Richtlinie 95/28. Nach der Übergangsbestimmung des § 72 II aF ist die Vorschrift ab 1.10.2000 auf die von diesem Tage an erstmals in den V kommenden Kom anzuwenden.

Bereifung und Laufflächen

36 (1) [1]Maße und Bauart der Reifen von Fahrzeugen müssen den Betriebsbedingungen, besonders der Belastung und der durch die Bauart bestimmten Höchstgeschwindigkeit des Fahrzeugs, entsprechen. [2]Sind land- oder forstwirtschaftliche Kraftfahrzeuge und Kraftfahrzeuge des Straßenunterhaltungsdienstes mit Reifen ausgerüstet, die nur eine niedrigere Höchstgeschwindigkeit zulassen, müssen diese Fahrzeuge entsprechend § 58 für diese Geschwindigkeit gekennzeichnet sein. [3]Reifen und andere Laufflächen dürfen keine Unebenheiten haben, die eine feste Fahrbahn beschädigen können. [4]Eiserne Reifen müssen abgerundete Kanten haben und daran verwendete Nägel müssen eingelassen sein.

(2) Luftreifen, auf die sich die im Anhang zu dieser Vorschrift genannten Bestimmungen beziehen, müssen diesen Bestimmungen entsprechen.

(3) [1] Die Räder der Kraftfahrzeuge und Anhänger müssen mit Luftreifen versehen sein, soweit nicht nachstehend andere Bereifungen zugelassen sind. [2] Als Luftreifen gelten Reifen, deren Arbeitsvermögen überwiegend durch den Überdruck des eingeschlossenen Luftinhalts bestimmt wird. [3] Luftreifen an Kraftfahrzeugen und Anhängern müssen am ganzen Umfang und auf der ganzen Breite der Lauffläche mit Profilrillen oder Einschnitten versehen sein. [4] Das Hauptprofil muss am ganzen Umfang eine Profiltiefe von mindestens 1,6 mm aufweisen; als Hauptprofil gelten dabei die breiten Profilrillen im mittleren Bereich der Lauffläche, der etwa $^3/_4$ der LauffLächenbreite einnimmt. [5] Jedoch genügt bei Fahrrädern mit Hilfsmotor, Kleinkrafträdern und Leichtkrafträdern eine Profiltiefe von mindestens 1 mm.

(4) Reifen für winterliche Wetterverhältnisse sind Luftreifen im Sinne des Absatzes 2,

1. durch deren Laufflächenprofil, Laufflächenmischung oder Bauart vor allem die Fahreigenschaften bei Schnee gegenüber normalen Reifen hinsichtlich ihrer Eigenschaft beim Anfahren, bei der Stabilisierung der Fahrzeugbewegung und beim Abbremsen des Fahrzeugs verbessert werden, und

2. die mit dem Alpine-Symbol ⛰ (Bergpiktogramm mit Schneeflocke) nach der Regelung Nr. 117 der Wirtschaftskommission der Vereinten Nationen für Europa (UNECE) – Einheitliche Bedingungen für die Genehmigung der Reifen hinsichtlich der Rollgeräuschemissionen und der Haftung auf nassen Oberflächen und/oder des Rollwiderstandes (ABl. L 218 vom 12.8.2016, S. 1) gekennzeichnet sind.

(4a) [1] Abweichend von § 36 Absatz 4 gelten bis zum Ablauf des 30. September 2024 als Reifen für winterliche Wetterverhältnisse auch Luftreifen im Sinne des Absatzes 2, die

1. die in Anhang II Nummer 2.2 der Richtlinie 92/23/EWG des Rates vom 31. März 1992 über Reifen von Kraftfahrzeugen und Kraftfahrzeuganhängern und über ihre Montage (ABl. L 129 vom 14.5.1992, S. 95), die zuletzt durch die Richtlinie 2005/11/EG (ABl. L 46 vom 17.2.2005, S. 42) geändert worden ist, beschriebenen Eigenschaften erfüllen (M+S Reifen) und

2. nicht nach dem 31. Dezember 2017 hergestellt worden sind.

[2] Im Falle des Satzes 1 Nummer 2 maßgeblich ist das am Reifen angegebene Herstellungsdatum.

(5) Bei Verwendung von Reifen im Sinne des Absatzes 4 oder Geländereifen für den gewerblichen Einsatz mit der Kennzeichnung „POR", deren zulässige Höchstgeschwindigkeit unter der durch die Bauart bestimmten Höchstgeschwindigkeit des Fahrzeugs liegt, ist die Anforderung des Absatzes 1 Satz 1 hinsichtlich der Höchstgeschwindigkeit erfüllt, wenn

1. die für die Reifen zulässige Höchstgeschwindigkeit
   a) für die Dauer der Verwendung der Reifen an dem Fahrzeug durch ein Schild oder einen Aufkleber oder
   b) durch eine Anzeige im Fahrzeug, zumindest rechtzeitig vor Erreichen der für die verwendeten Reifen zulässigen Höchstgeschwindigkeit,
   im Blickfeld des Fahrzeugführers angegeben oder angezeigt wird und

2. diese Geschwindigkeit im Betrieb nicht überschritten wird.

(6) [1] An Kraftfahrzeugen – ausgenommen Personenkraftwagen – mit einem zulässigen Gesamtgewicht von mehr als 3,5 t und einer durch die Bauart bestimmten Höchstgeschwindigkeit von mehr als 40 km/h und an ihren Anhängern dürfen die Räder einer Achse entweder nur mit Diagonal- oder nur mit Radialreifen ausgerüstet sein. [2] Personenkraftwagen sowie andere Kraftfahrzeuge mit einem zulässigen Gesamtgewicht von nicht mehr als 3,5 t und einer durch die Bauart bestimmten Höchstgeschwindigkeit von nicht mehr als 40 km/h und ihre Anhänger dürfen entweder nur mit Diagonal- oder nur mit Radialreifen ausgerüstet sein; im Zug gilt dies nur für das jeweilige Einzelfahrzeug. [3] Die Sätze 1 und 2 gelten nicht für die nach § 58 für eine Höchstgeschwindigkeit von nicht mehr als 25 km/h gekennzeichneten Anhänger hinter Kraftfahrzeugen, die mit einer Geschwindigkeit von nicht mehr als 25 km/h gefahren werden (Betriebsvorschrift). [4] Satz 2 gilt nicht für Krafträder – ausgenommen Leichtkrafträder, Kleinkrafträder und Fahrräder mit Hilfsmotor.

(7) [1] Reifenhersteller und Reifenerneuerer müssen Luftreifen für Fahrzeuge mit einer durch die Bauart bestimmten Höchstgeschwindigkeit von mehr als 40 km/h mit ihrer Fabrik- oder Handelsmarke sowie mit Angaben kennzeichnen, aus denen Reifengröße, Reifenbauart, Tragfähigkeit, Geschwindigkeitskategorie, Herstellungs- bzw. Reifenerneuerungsdatum hervorgehen. [2] Die Art und Weise der Angaben werden im Verkehrsblatt bekannt gegeben.

(8) [1] Statt Luftreifen sind für Fahrzeuge mit Geschwindigkeiten von nicht mehr als 25 km/h (für Kraftfahrzeuge ohne gefederte Triebachse jedoch nur bei Höchstgeschwin-

digkeiten von nicht mehr als 16 km/h) Gummireifen zulässig, die folgenden Anforderungen genügen: Auf beiden Seiten des Reifens muss eine 10 mm breite, hervorstehende und deutlich erkennbare Rippe die Grenze angeben, bis zu welcher der Reifen abgefahren werden darf; die Rippe darf nur durch Angaben über den Hersteller, die Größe und dergleichen sowie durch Aussparungen des Reifens unterbrochen sein. [2]Der Reifen muss an der Abfahrgrenze noch ein Arbeitsvermögen von mindestens 60 J haben. [3]Die Flächenpressung des Reifens darf unter der höchstzulässigen statischen Belastung 0,8 N/qmm nicht übersteigen. [4]Der Reifen muss zwischen Rippe und Stahlband beiderseits die Aufschrift tragen: „60 J". [5]Das Arbeitsvermögen von 60 J ist noch vorhanden, wenn die Eindrückung der Gummibereifung eines Rades mit Einzel- oder Doppelreifen beim Aufbringen einer Mehrlast von 1 000 kg auf die bereits mit der höchstzulässigen statischen Belastung beschwerte Bereifung um einen Mindestbetrag zunimmt, der sich nach folgender Formel errechnet:

$$f = \frac{6\,000}{P + 500};$$

dabei bedeutet f den Mindestbetrag der Zunahme des Eindrucks in Millimetern und P die höchstzulässige statische Belastung in Kilogramm. [6]Die höchstzulässige statische Belastung darf 100 N/mm der Grundflächenbreite des Reifens nicht übersteigen; sie darf jedoch 125 N/mm betragen, wenn die Fahrzeuge eine Höchstgeschwindigkeit von 8 km/h nicht überschreiten und entsprechende Geschwindigkeitsschilder (§ 58) angebracht sind. [7]Die Flächenpressung ist unter der höchstzulässigen statischen Belastung ohne Berücksichtigung der Aussparung auf der Lauffläche zu ermitteln. [8]Die Vorschriften über das Arbeitsvermögen gelten nicht für Gummireifen an Elektrokarren mit gefederter Triebachse und einer durch die Bauart bestimmten Höchstgeschwindigkeit von nicht mehr als 20 km/h sowie deren Anhänger.

(9) Eiserne Reifen mit einem Auflagedruck von nicht mehr als 125 N/mm Reifenbreite sind zulässig

1. für Zugmaschinen in land- oder forstwirtschaftlichen Betrieben, deren zulässiges Gesamtgewicht 4 t und deren durch die Bauart bestimmte Höchstgeschwindigkeit 8 km/h nicht übersteigt,

2. für Arbeitsmaschinen und Stapler (§ 3 Absatz 2 Satz 1 Nummer 1 Buchstabe a der Fahrzeug-Zulassungsverordnung), deren durch die Bauart bestimmte Höchstgeschwindigkeit 8 km/h nicht übersteigt, und für Fahrzeuge, die von ihnen mitgeführt werden,

3. hinter Zugmaschinen mit einer Geschwindigkeit von nicht mehr als 8 km/h (Betriebsvorschrift)

a) für Möbelwagen,

b) für Wohn- und Schaustellerwagen, wenn sie nur zwischen dem Festplatz oder Abstellplatz und dem nächstgelegenen Bahnhof oder zwischen dem Festplatz und einem in der Nähe gelegenen Abstellplatz befördert werden,

c) für Unterkunftswagen der Bauarbeiter, wenn sie von oder nach einer Baustelle befördert werden und nicht gleichzeitig zu einem erheblichen Teil der Beförderung von Gütern dienen,

d) für die beim Wegebau und bei der Wegeunterhaltung verwendeten fahrbaren Geräte und Maschinen bei der Beförderung von oder nach einer Baustelle,

e) für land- oder forstwirtschaftliche Arbeitsgeräte und für Fahrzeuge zur Beförderung von land- oder forstwirtschaftlichen Bedarfsgütern, Arbeitsgeräten oder Erzeugnissen.

(10) [1]Bei Gleiskettenfahrzeugen (§ 34b Absatz 1 Satz 1) darf die Kette oder das Band (Gleiskette) keine schädlichen Kratzbewegungen gegen die Fahrbahn ausführen. [2]Die Kanten der Bodenplatten und ihrer Rippen müssen rund sein. [3]Die Rundungen metallischer Bodenplatten und Rippen müssen an den Längsseiten der Gleisketten einen Halbmesser von mindestens 60 mm haben. [4]Der Druck der durch gefederte Laufrollen belasteten Auflagefläche von Gleisketten auf die ebene Fahrbahn darf 1,5 N/qmm, bei Fahrzeugen mit ungefederten Laufrollen und Gleisketten, die außen vollständig aus Gummiband bestehen, 0,8 N/qmm nicht übersteigen. [5]Als Auflagefläche gilt nur derjenige Teil einer Gleiskette, der tatsächlich auf einer ebenen Fahrbahn aufliegt. [6]Im Hinblick auf die Beschaffenheit der Laufflächen und der Federung wird für Gleiskettenfahrzeuge und Züge, in denen Gleiskettenfahrzeuge mitgeführt werden,

1. allgemein die Geschwindigkeit auf 8 km/h,

2. wenn die Laufrollen der Gleisketten mit 40 mm hohen Gummireifen versehen sind oder die Auflageflächen der Gleisketten ein Gummipolster haben, die Geschwindigkeit auf 16 km/h,

3. wenn die Laufrollen ungefedert sind und die Gleisketten außen vollständig aus Gummiband bestehen, die Geschwindigkeit auf 30 km/h

beschränkt; sind die Laufflächen von Gleisketten gummigepolstert oder bestehen die Gleisketten außen vollständig aus Gummiband und sind die Laufrollen mit 40 mm hohen Gummireifen versehen oder besonders abgefedert, so ist die Geschwindigkeit nicht beschränkt.

1   **Begr** zu I (VkBl. **73** 406): 34. Aufl. **Begr** zur ÄndVO v. 15.1.80: VkBl. **80** 145.

1a   **Begr** zur ÄndVO v. 14.6.88 (VkBl. **88** 471): **Zu Abs. 1:** … *Die Bereifung von Anhängern wird unter Berücksichtigung der nach der StVO zulässigen Höchstgeschwindigkeiten festgelegt. Da auf Grund der in Kraftfahrzeugen installierten Motorleistungen höhere Geschwindigkeiten möglich sein können, ist die Klarstellung aus sicherheitstechnischen Gründen notwendig. Der zweite Satz wurde eingefügt, um eine Auflastungsmöglichkeit für die angeführten Kraftfahrzeuge zu ermöglichen.*

Begr zur ÄndVO v. 23.7.90: VkBl. **90** 495; zur ÄndVO v. 24.4.92: VkBl. **92** 343; zur ÄndVO v. 25.10.94: BR-Drs. 782/94.

2   **Begr** zur ÄndVO v. 12.8.97 (VkBl. **97** 658): S. § 22a Rn. 1b.

Zu Abs. 2a (jetzt Abs. 6): *Anpassung an die bei der EU für die Klasse N₁ geltende Gewichtsgrenze von 3,5 t.*

Zu Abs. 2a (jetzt Abs. 6) Satz 4: *Diese Bestimmung wurde aus § 2 der 45. Ausnahmeverordnung vom 21. Dezember 1993 (BGBl. I S. 2445) übernommen.*

Begr zur ÄndVO v. 23.3.00: BR-Drs. 720/99 S. 57.

2a   **Begr** zur ÄndVO v. 18.5.17 **zu Abs. 4** (BR-Drs. 771/16 S. 20): *§ 36 Absatz 4 enthält die technischen Anforderungen zu der Bereifung, die zum Fahren mit Kraftfahrzeugen bei den in § 2 Absatz 3a Satz 1 der Straßenverkehrs-Ordnung beschriebenen Wetterbedingungen erforderlich ist. … Im Fahrzeug mitgeführte Ersatzräder sollen von dieser Regelung nicht erfasst werden. Im Ergebnis wird damit die bislang geltende situative Winterreifenpflicht grundsätzlich weitergeführt. Zugleich werden die Anforderungen an Winterreifen präzisiert und in der StVZO verortet. Die Reifen für winterliche Wetterverhältnisse werden über die Kennzeichnung mit entsprechenden Symbolen definiert. …*

Zu Abs. 4a (BR-Drs. 771/16 (Beschluss) S. 7): *… wird die in der Straßenverkehrs-Ordnung (StVO) durch die Neueinfügung der Übergangsvorschriften in § 52 Absatz 2 StVO geschaffene gestaffelte Inkraftsetzung der verhaltensrechtlichen Neuregelung der Winterreifenanforderungen auch in der Straßenverkehrs-Zulassungs-Ordnung (StVZO) nachvollzogen. …*

Übersicht

3   **1. Maße und Bauart der Reifen.** § 36 enthält die Vorschriften für Reifen und Laufflächen der Kfze und Anhänger. Für die andersartigen Laufflächen von StrWalzen, Schneepflügen und Schlitten gilt § 36 nicht, doch müssen auch ihre Laufflächen feste Fahrbahnen möglichst schonen (§ 30). Schneeketten und Verbot von Bodengreifern auf festen Fahrbahnen: § 37. Vollgummireifen: Rn. 15, Eisenreifen: Rn. 16 ff., Gleisketten: Rn. 21. Reifen müssen nach Maßen und Bauart den möglichen Betriebsbedingungen, vor allem der Belastung und der bauartbestimmten Höchstgeschwindigkeit entsprechen (Abs. 1). Für vor dem 1.1.1990 erstmals in den V gekommene Fz gilt gem. § 72 II aF der § 36 I S. 1 in der vor dem 1.7.88 gültigen Fassung („Geschwindigkeit" statt bauartbedingte „Höchstgeschwindigkeit"). Alle Reifen und Laufflächen müssen so gebaut sein, dass sie feste Fahrbahnen nicht beschädigen (Abs. 1 S. 3).

Mit der seit 1.11.11 geltenden **VO (EG) Nr. 661/2009** des Europäischen Parlaments und **3a** des Rates v. 13.7.09 (ABlEU Nr. L 200 v. 31.7.09 S. 1 = StVRL § 3 EG-FGV Nr. 3) wurden **Mindestanforderungen** an den **Rollwiderstand** von Reifen, an das externe **Rollgeräusch** und an die **Nasshaftungseigenschaften** von Reifen festgelegt. Die **VO (EG) Nr. 1222/2009 v. 25.11.09** (ABlEU Nr. L 342 v. 22.12.09 S. 46) verpflichtet Reifenlieferanten und -händler, seit 1.11.12 Reifen nach bestimmten Vorgaben zu **kennzeichnen,** um so die Endverbraucher zum Kauf von Reifen mit höherer Kraftstoffeffizienz, geringerem Rollgeräusch und höherer Nasshaftung zu bewegen (dazu *Scheidler* GewArch **10** 288, PVT **11** 59); runderneuerte Reifen sind davon ausgenommen (Art 2 II der VO). Die Regelungen gelten in Deutschland unmittelbar. Das EnergieverbrauchskennzeichnungsG v. 10.5.12 (BGBl. I S. 1070) gewährleistet die Vollziehbarkeit dieser Pflichten. Auf dieser Grundlage wurde die ReifenkennzeichnungsVO v. 4.4.17 (BGBl. I S. 791, Begr BR-Drs. 53/17) erlassen, die die Tatbestände gem. VO (EG) Nr. 1222/2009 bezeichnet und konkretisiert, bei deren Zuwiderhandlung Bußgelder verhängt werden können.

Verkehrssicher müssen sämtliche benutzten Reifen während der Fahrt sein, auch auf **3b** Übungsfahrt, Bay VRS **15** 72, auch die Reifen einer hochgezogenen Liftachse bei Lkw, Ha DAR **96** 67. Daran sind hohe Anforderungen zu stellen, BGH VersR **65** 430, Nü VersR **64** 864. Schon *ein* abgefahrener (Rn. 6) benutzter Reifen beeinträchtigt die VSicherheit, BGH VersR **65** 430. Für außerdeutsche Kfze mit vorschriftswidrigen Reifen gilt § 23 StVO, weil die deutschen Zulassungsvorschriften für im Ausland zugelassene Kfze nicht gelten, s. Bay VRS **53** 469; s. aber § 31d IV. Der Felgenhersteller haftet nicht für Unfälle mit unrichtigen Reifen, Ba VersR **77** 771. Die Verkehrssicherheit von Reifen bemisst sich nach den vom BMV erlassenen Richtlinien für die Beurteilung von Reifenschäden an Luftreifen und die Instandsetzung von Luftreifen v. 8.2.01, VkBl. **01** 91 (AG Lüdinghausen NZV **16** 587).

2. Winterreifen. Der durch ÄndVO v. 18.5.17 (BGBl. I S. 1282) eingefügte **Abs. IV** defi- **4** niert die technischen Anforderungen an Reifen, die gem. § 2 IIIa StVO zum Fahren von Kfz bei Glatteis, Schneeglätte, Schneematsch, Eisglätte oder Reifglätte erforderlich sind. Die Reifen müssen Luftreifen (II) sein, über bestimmte Eigenschaften verfügen (IV Nr. 1) und außerdem mit dem Alpine-Symbol (Bergpiktogramm mit Schneeflocke) gekennzeichnet sein (IV Nr. 2). Reifen mit Alpine-Symbol müssen die in der ECE-Regelung Nr. 117 (StVRL § 36 StVZO Nr. 26) festgelegten Anforderungen auf Schnee erfüllen. IV begründet keine Ausrüstungspflicht mit Winterreifen. Die Norm hat nur die Funktion, die technischen Anforderungen an diejenigen Reifen festzulegen, mit denen Kfz bei Fahrten im öff StrV bei den in § 2 IIIa StVO beschriebenen Bedingungen ausgerüstet sein müssen (näher dazu § 2 StVO Rn. 72a f.).

Durch **Abs. IVa** wird die zeitlich gestaffelte Inkraftsetzung der verhaltensrechtlichen Rege- **4a** lung zu den Winterreifenanforderungen (§ 52 II StVO) in der StVZO nachvollzogen (Begr Rn. 2a). Bis zum 30.9.24 gelten danach statt der Reifen gem. IV **auch noch M+S-Reifen** als Winterreifen, wenn sie bis zum 31.12.17 hergestellt worden sind und sich dies aus dem auf der Reifenseitenwand aufgebrachten Herstellungsdatum ergibt (sog DOT-Nummer, vierstellige Zahl: die ersten beiden Ziffern stehen für die Kalenderwoche, die letzten beiden Ziffern für das Herstellungsjahr). Mit Ende der Übergangsfrist für M+S-Reifen tritt IVa am 1.10.24 außer Kraft (§ 72 II Nr. 1d).

Um die Notwendigkeit zahlreicher Einzelausnahmegenehmigungen zu vermeiden (Begr zu **4b** der Vorgängerregelung von V (zuletzt I S. 3 aF), VkBl. **73** 406 f.), dürfen **Winterreifen bestimmter zulässiger Höchstgeschwindigkeit** auch an Kfz mit bauartbedingt höherer Höchstgeschwindigkeit geführt werden, sofern die für die Reifen erlaubte Höchstgeschwindigkeit während der Verwendung der Reifen im Fahrerblickfeld angegeben oder angezeigt (V Nr. 1) und im Betrieb nicht überschritten wird (V Nr. 2). Fahren mit höherer Geschwindigkeit als gem. V Nr. 2 ist nach § 69a III Nr. 8 ow. „Im Blickfeld angegeben oder angezeigt" setzt ständige Lesbarkeit vom Führersitz aus voraus, nicht unbedingt auch ständiges direktes Im-Auge-Haben (Verdeckung durch das Lenkrad). Die für die Reifen zulässige Höchstgeschwindigkeit kann außer durch ein **Schild** oder einen **Aufkleber** auch durch eine **Anzeige** (zB eine digitale Anzeige) visualisiert werden (V Nr. 1 Buchst. b). Dabei muss sichergestellt sein, dass der Fahrer in jedem Fall rechtzeitig vor Erreichen der durch die verwendeten Reifen vorgegebenen zulässigen Höchstgeschwindigkeit gewarnt wird (Begr BR-Drs. 771/16 S. 21). Eine Anzeige kann auch eine permanente Anzeige sein, gleichbedeutend mit einem Aufkleber oder Schild. Es reicht nicht, dem Fahrer das Symbol nur einmalig bei Fahrtantritt anzuzeigen. – Die Regelung wurde durch ÄndVO v. 18.5.17 (BGBl. I S. 1282) auf Geländereifen für den gewerblichen Einsatz mit der Kennzeichnung POR ausgeweitet.

4c   Das Fahren mit **Spikesreifen,** auch mit bloßen Randspikes (Ha VRS **46** 318), ist unzulässig (I S. 3), weil die AusnVO v. 8.11.72 für Spikesreifen nicht mehr gilt. Das Spikes-Verbot gilt auch für im Ausland zugelassene Kfz (s. BMV VkBl. **75** 709, s. dazu *Bouska* VD **77** 327).

5   **3. Luftreifen (II, III, VI, VII)** (Begriff: III S. 2) sind vorgeschrieben für Kfz und Anhänger, soweit VIII, IX nicht Ausnahmen zulassen (Vollgummireifen, eiserne Reifen). Sie müssen, soweit ab 1.10.98 hergestellt (§ 72 II aF zu § 22a I Nr. 1a), in amtlich genehmigter Bauart ausgeführt sein (§ 22a I Nr. 1a). Im Übrigen müssen sie den im Anhang zur StVZO genannten Bestimmungen entsprechen (Abs. II). Bei Pkw und allen anderen Kfz mit bis zu 3,5 t (zulässiges Gesamtgewicht) und bauartbedingter Höchstgeschwindigkeit von mehr als „40" und ihren Anhängern müssen sämtliche Achsen grundsätzlich entweder mit **Radial- oder mit Diagonalreifen** ausgerüstet sein (VI S. 2), weil das Fahrverhalten durch Mischbereifung ungünstig beeinflusst und die Verkehrssicherheit uU erheblich beeinträchtigt werden kann (s. Begr VkBl. **80** 143). Die Mischung von Sommer- und M+S-Reifen auf verschiedenen Achsen ist zwar unratsam, rechtlich jedoch nicht ausgeschlossen (*Bouska* VD **80** 104). Bei allen Kfz (Pkw ausgenommen) mit mehr als 3,5 t (zulässiges Gesamtgewicht) und zugleich bauartbedingter Höchstgeschwindigkeit über „40" müssen alle Einzelachsen im Rechtssinn (§ 34 I) einheitlich mit Radial- oder Diagonalreifen bereift sein (VI S. 1). Bei Zügen gelten diese Vorschriften für jedes Fz selbstständig. Abw von VI S. 2 dürfen Kräder Mischbereifung (zB Diagonal- und Radialreifen) haben (VI S. 4); das gilt nicht für Leicht- und Kleinkrafträder sowie FmH. Bei nachträglicher Umrüstung von Krädern auf Mischbereifung kommt jedoch Erlöschen der BE gem. § 19 II Nr. 2 in Betracht (s. BMV VkBl. **94** 92 f.). Die Art und Weise der Angaben im Rahmen der Pflicht zur **Kennzeichnung** der Reifen gem. Abs. VII ist in VkBl. **89** 112, **90** 8, **92** 672, bekanntgegeben. Nachdem die ECE-Regelungen 109 und 108 über **runderneuerte Reifen** durch Beschluss des EU-Rates v. 13.3.06 in das EU-Recht übernommen wurden und damit in Deutschland unmittelbar wirken (VkBl. **06** 686), dürfen die in den Anwendungsbereich dieser Regelungen fallenden runderneuerten Reifen seit 18.9.06 nur noch in den Verkehr gebracht werden, wenn sie die vorgeschriebenen Typgenehmigungszeichen tragen. Verwendung von Reifen für Kräder mit anderen als in den FzPapieren angegebenen Bezeichnungen bei gleicher Größenbezeichnung, s. BMV v. 4.9.98, VkBl. **98** 904. Im Ausland hergestellte Reifen, s. Empfehlung des BMV, VkBl. **91** 828. *Wiederhold,* Alte und neue Betriebskennungen für Reifen, VD **89** 103. Silikon-Wassergemisch als Form-Trennmittel (**„Gusshaut"**) macht neue Reifen zunächst glatt und erfordert vorsichtiges Einfahren ohne scharfes Bremsen oder abruptes Lenken über einige km hin. BMV-Richtlinien für die Beurteilung von Luftreifen v. 8.2.01 (VkBl. **01** 91).

6   **Reifenprofile.** Die **Profiltiefe** muss im mittleren Bereich (Hauptprofil) der Lauffläche jedes laufenden Reifens rundum mindestens 1,6 mm betragen, auch bei Winterreifen, obwohl diese bei weniger als 4 mm Tiefe auf Schneematsch nur noch schlecht greifen. Dies entspricht der Richtlinie 89/459/EWG v. 18.7.89 über die Profiltiefe der Reifen, die eine Mindestprofiltiefe der Reifen von 1,6 mm vorsieht (s. Begr VkBl. **90** 495). Da sich diese Mindestprofiltiefe bei einigen **geschwindigkeitsbegrenzten Krafträdern** als zu streng erwiesen hat, reicht bei den in Abs. III S. 5 genannten Fzen abw von III S. 4 eine Profiltiefe von 1 mm (s. Begr VkBl. **92** 343). Zusätzliche Feinprofilierungen bleiben außer Betracht, was sich nunmehr ausdrücklich aus der Formulierung („die breiten Profilrillen") von Abs. III S. 4 ergibt. „Durchschnittstiefen" sind ohne Bedeutung; außer Betracht bleiben auch solche Rillen, die ausschließlich anderen Zwecken als der Rutschfestigkeit und Wasseraufnahme dienen, Stu VRS **70** 61, *Thumm* NZV **01** 58. Die **Profilgestaltung,** sofern sie VSicherheit gewährleistet, ist Sache des Herstellers und darf deshalb außerhalb der nach III S. 3 vorgeschriebenen Profilsystems auch geringere Vertiefungen als 1,6 mm aufweisen, Bay DAR **78** 332, Stu VM **81** 95, VRS **70** 61, Dü VRS **77** 371. Auf die Beschaffenheit von „Stegen" kommt es bei ausreichender Rillentiefe nicht an, Bay VM **69** 59, Fra VM **76** 94, denn „Stege" sind nur eingebaute Abnutzungsanzeiger (Tread-Wear-Indicator – TWI, s. *Thumm* NZV **01** 58) und können das Profilmuster, auf das es nicht ankommt, Ha VRS **54** 314, und das deshalb an gleichzeitig verwendeten Reifen verschieden sein kann, BMV

StV 7–8030 K/69, stellenweise unterbrechen. Geländereifen für Lkw mit querstehenden Profilstollen brauchen keine Längs-Feinprofile aufzuweisen, dennoch vorhandene müssen dann nicht mindestens 1,6 mm haben, Bay VM **71** 12. Sind jedoch ganze Profilblöcke als Teile der Lauffläche herausgebrochen, auch seitlich, so ist III verletzt, Ha VRS **51** 460. Querrillen, die konstruktionsgemäß nur der Kühlung beim neuen Reifen dienen, sind nicht Profilrillen iS von III, Ha VRS **54** 314, Dü VRS **77** 371, sie dürfen deshalb abgefahren sein. Die Profiltiefe muss nicht bei allen laufenden Reifen gleich sein, solange sie 1,6 mm nirgends unterschreitet, Ha VRS **38** 342, DAR **61** 150, auch nicht an Zwillingsreifen. **Zu messen** ist die Profiltiefe am tiefsten Punkt in den Rillen (Einschnitten) außerhalb etwaiger Feinprofile. Im 1,6 mm-Grenzbereich ist die Rillentiefe mit einer Lehre festzustellen, Ha VRS **56** 209, falls nicht offensichtlich abgefahrene Stellen vorhanden sind. Im Grenzbereich bis 3 mm lässt sich die Frage überall ausreichender Profiltiefe idR nur durch sorgfältige Untersuchung, nicht allein durch Augenschein klären, s. Ha VRS **59** 296. Zu den Anforderungen an die tatrichterlichen Feststellungen bei Messung mit einem nicht geeichten Reifenprofilmessgerät und „Anschleifung" des TWI s. Jn DAR **08** 157. Profiltiefe von Reifen an **ausländischen Kfz und Kfz-Anhängern** beim vorübergehenden Verkehr in Deutschland: § 31d IV. **Beschädigungen** der Lauffläche oder der Seitenwände, welche die Betriebssicherheit beeinträchtigen können, schließen weitere Verwendung aus, ebenso Gewebebrüche oder gerissene Drahteinlagen.

Nachgeschnittene Reifen sind an Pkw und Krafträdern aller Art (auch mit Beiwagen) aus- **7** nahmslos unzulässig, s. Richtlinie VkBl. **96** 400. Soweit es sich um andere FzArten handelt, dürfen in aller Regel nur Spezialwerkstätten nachschneiden, andernfalls haften Halter/Fahrer für Betriebssicherheit, BGH VM **62** 45, Ce MDR **62** 650. Richtlinie für das Nachschneiden von Reifen an NutzFzen, VkBl. **96** 400.

Wasserglätte. Die Profile müssen je nach Fahrgeschwindigkeit seitlich genügend Wasser ab- **8** führen können, denn ein aufschwimmendes Fz wird unlenkbar und schleudert in der zuletzt gefahrenen Richtung, Ha VRS **46** 110. Fahrgeschwindigkeit: § 3 StVO. Auf wasserbeschichteter Fahrbahn bei Fahren über „50" wächst die Sicherheit mit der Profiltiefe, mit zunehmender Dicke der Wasserschicht nimmt die Sicherheit auch tieferer Profile ab, *Kuhlig* DAR **69** 293. Aufschwimmen wird deshalb nur durch angepasstes Verlangsamen vermieden. Auf nasser Fahrbahn, verglichen mit trockener, verlängert sich der Bremsweg bei nur 1 mm Profil etwa ums Dreifache.

Ersatzreifen müssen nicht mitgeführt werden, Dü VM **97** 21, VRS **50** 238, sollten im allge- **9** meinen Sicherheitsinteresse jedoch mitgeführt werden müssen, und zwar in vorschriftsmäßigem Zustand. Wer ohne Ersatzreifen (Ersatzrad) fährt, riskiert uU unzulässig langes Liegenbleiben an verbotener Stelle, zB auf der AB, s. Ha VM **73** 30. Mitgeführte Ersatzreifen müssen keine ausreichenden Profile haben, Bay NJW **71** 1759, Ha VRS **49** 151, Hb NJW **66** 1277, Fra VRS **51** 386, dazu *Koch* DAR **65** 325; sie dürfen dann jedoch ausschließlich dazu benutzt werden, das Kfz bei einer Unterwegspanne auf kürzestem Weg aus dem rollenden Verkehr zu bringen, BGH NJW **77** 114, Bay VM **88** 67, zB zur Werkstatt oder zu einem Parkplatz, jedoch nicht auf Umwegen, BGH VRS **52** 151, und auch nicht zum entfernteren gewöhnlichen Standort, dazu Bay NJW **71** 1759, Dü NJW **75** 2355, Fra VRS **51** 385, Ha VRS **49** 151, VersR **64** 1142, Hb NJW **68** 1277, und nur zwecks Reparatur oder Abstellens ohne spätere Fahrt mit dem vorschriftswidrigen Reifen, BGH NJW **68** 2142. Entsprechendes gilt für Reservereifen unzulässiger Größe, Bay VRS **69** 465. Wer ein Kfz mit vorschriftswidrigen Reifen übernimmt, hat kein Notfahrrecht (§ 23 II StVO) zur Werkstatt, Hb VRS **50** 145.

Gefahrerhöhung (§ 23 VVG, s. auch § 23 StVO Rn. 40, § 31 StVZO Rn. 16) ist der fortge- **10** setzte Gebrauch eines wesentlich verkehrsunsicheren Kfz (näher: § 23 StVO Rn. 40), nicht die nur ganz kurzfristige Verwendung, Nü VersR **69** 272, und auch nicht nur unerhebliche Erhöhung (§ 29 VVG alt = § 27 VVG 08). Beispiele: Fahren mit nach der BE auch nur teilweise nicht zugelassenen Reifen, Ko VRS **55** 231, mit auch nur einem vorschriftswidrigen Reifen, BGH VersR **75** 1017, Ce ZfS **90** 423, zB mit zu geringer Profiltiefe, BGH VersR **67** 1169, Sa ZfS **03** 127, Ce ZfS **90** 423, überhaupt wenn das Kfz die StVZO-Mindestanforderungen unterschreitet, BGH NJW **69** 1763, auch wenn die Profile schon bei Vertragsabschluss fehlten, Nü VersR **76** 991, aber zB nicht beim Fahren auf trockener Straße, Kö VersR **73** 91, Kar VersR **86** 882 (Rn. 13), es sei denn, ein Reifen war wegen Durchscheurens leicht verletzlich. Entgegenwirkende günstige Unfallumstände können kompensieren, BGH VersR **69** 983.

Keine Gefahrerhöhung bei bloßer Notfahrt zur nächsten Werkstatt oder zum nahen Stand- **11** ort, BGH VersR **68** 1081, Ha NZV **88** 226, oder wegen MS-Reifen im Sommer, BGH VersR **69** 365, oder bei Verwendung unterschiedlicher, aber zugelassener, verkehrssicherer Reifen am selben Kfz, BGH VersR **69** 919, zB Mischung von Sommer- und Winterreifen, Nü

ZfS **87** 180 (anders bei unzulässiger Mischverwendung von Radial- und Gürtelreifen, s. Rn. 5), oder eines runderneuerten Gürtelreifens, Sa VM **78** 45. Keine Gefahrerhöhung, wenn erst eine Gewaltbremsung während derselben Fahrt die Profilabnutzung bewirkt hat, Mü VersR **68** 1082, oder wenn der Vorgang bei ausreichendem Profil in gleicher Weise verlaufen wäre, BGH VersR **69** 365, wenn zB ein 1,6 mm-Profil bei derselben, angepassten Fahrgeschwindigkeit das Oberflächenwasser auch nicht hätte abführen können, BGH VersR **69** 987 (anders wohl bei zu schnellem Fahren). Ob die Gefahrerhöhung ursächlich war, ergibt der Vergleich der tatsächlichen, unstatthaft gesteigerten Gefahr mit der entsprechenden StVZO-Mindestanforderung, BGH NJW **69** 1763. S. auch Rn. 14.

12　　**Zurechenbar** ist nur Kenntnis der gefahrerhöhenden Umstände, nicht bloßes Kennenmüssen, außer der Versicherte entzieht sich der Kenntnis arglistig, s. § 23 StVO Rn. 40. Arglistig verhält sich zB, wer sich um glattgefahrene Reifen, überhaupt um den Reifenzustand seines Kfz nicht kümmert, Kö VersR **73** 518, Ce VersR **74** 737, um sich Rechtsvorteile zu sichern, obwohl er mit Mängeln rechnet, BGH VRS **63** 188, Fra ZfS **05** 246, Hb VersR **96** 1095, s. Dü VersR **04** 1408. Diese Voraussetzungen sind nicht ohne weiteres feststellbar, wenn von der Karosserie weitgehend verdeckte Reifen schon nach 7000 km abgefahren sind, Hb VersR **96** 1095. Auch auf längere Zeit unterbliebene Kontrolle rechtfertigt nicht den Schluss, das Unterlassen sei mit dem Ziel erfolgt, etwaige Mängel nicht zur Kenntnis zu nehmen, und begründet allein nicht den Vorwurf der Arglist, Fra ZfS **05** 246. Selbst stellenweise völlig blanke Reifen beweisen allein nicht Kenntnis oder arglistige Nichtkenntnis, wenn die Stellen weitgehend verdeckt sind, Dü DAR **04** 391. Zur Beweislast nach § 25 III VVG alt = § 26 III VVG 08 bei abgefahrenen Reifen, BGH VersR **67** 572.

13　　**Ursächlichkeit.** Auf trockener Fahrbahn sind profillose Reifen nicht minderwertig wegen höherer Seitenführungskraft, BGH VersR **68** 785, Kö VersR **73** 91, Dü VRS **35** 251; Profile fördern dort die Rutschfestigkeit nicht, BGH VersR **69** 748, Kö VersR **73** 91, Mü NJW **66** 1869, Bra VRS **30** 300, Zw VRS **33** 183, von Berstgefahr abgesehen sind sie auf trockener und nasser Fahrbahn ohne Wasserschicht griffiger und verzögern besser, Kar ZfS **93** 308, *Kuhlig* DAR **69** 292, auf Glatteis sind sie M+S-Reifen insoweit gleichwertig, *Kuhlig* DAR **69** 292 (trotzdem OW!). Schnellfahren mit profillosen Reifen ist für einen Unfall nur dann nicht ursächlich, wenn eine dem Reifenzustand angepasste geringere Geschwindigkeit zu dem gleichen Unfall geführt hätte, BGH VRS **32** 37, **37** 276, Kö VRS **64** 257. Profillose Reifen sind nicht unfallursächlich, wenn der Unfall allein auf unrichtigem Lenken beruht, dieses also auch bei vorschriftsmäßigen Reifen zum Unfall geführt hätte, Ha VersR **67** 673. Bleibt ein Lastzug auf der AB mit geplatztem Reifen liegen und entsteht ein Auffahrunfall, so besteht Ursächlichkeit, wenn der Reifen schon bei Fahrtbeginn schadhaft war, BGH VersR **61** 150. Nichtursächlichkeit ungleichmäßiger, teilweise profilloser Reifen für Schleudern auf Eis, BGH VersR **68** 834, oder auf trockener Straße, Kö VersR **73** 91. Bei schadhaftem Reifenzustand spricht der Anschein für Ursächlichkeit, Ol MDR **59** 124. Die Möglichkeit der Beschädigung durch eine Bordsteinkante erbringt nicht vollen Beweis, BGH VRS **29** 435.

14　　**4. Verantwortlichkeit.** Bei gutem Profil der Reifen eines fremden Fzs braucht trotz verschlüsselter Angabe des Herstellungsdatums auf dem Reifen (DOT-Nr, s. Rn. 4a) nicht mit zu hohem Reifenalter gerechnet zu werden, Kö VRS **100** 87, VM **01** 44, Stu NZV **91** 68; das wird auch trotz Kennzeichnung (Abs. VII) zu gelten haben. Zur Haftung des Gebrauchtwagenhändlers bei unterlassener Prüfung insoweit, s. aber BGH NJW **04** 1032. Der **Halter** muss den Reifenzustand regelmäßig und **sorgfältig prüfen,** ohne besonderen Anlass aber nicht vor jeder Fahrt, Zw VRS **41** 138, aM Bra VRS **30** 300. Dies kann idR auch ein Laie, Kö VersR **66** 77, wenn nicht, muss er für sachkundige Prüfung sorgen, BGH VersR **66** 1069, **67** 1169. Mietwagenreifen hat der Vermieter mit besonderer Sorgfalt zu prüfen, BGH VersR **64** 374. Der Halter haftet auch, wenn er das Fz einem andern zur ständigen Benutzung und Werkstattwartung überlässt, KG VRS **36** 226 (wohl nicht bei einer Fachwerkstatt). Der neue **Fahrer** muss die Profile vor jeder Fahrt prüfen, auch wenn er mit anderweiter Prüfung rechnet, Bra VRS **30** 300, Nü VersR **67** 991, besonders im Schwerverkehr, Ko VRS **47** 446; sachverständige Kontrolle muss aber entlasten. Diese Pflicht besteht auch, wenn jemand das Fz nur vorübergehend fährt, BGH NJW **59** 2062, Bra VRS **30** 300, doch darf er sich an den äußeren Zustand halten, BGH DAR **61** 341, Ce MDR **62** 650, VersR **63** 148. Auch von einem LkwF ist jedoch ohne besonderen Anlass nicht zu verlangen, dass er das Fz bei der Profilkontrolle ein Stück versetzt, um auch die Stelle zu sehen, auf der der Reifen aufliegt, Ha VRS **74** 218. Kurz nach einer Hauptuntersuchung muss der Fahrer nicht alle Profile prüfen, Ha VM **68** 64. Ist der Veräußerer nicht als zuverlässig bekannt oder nicht Händler, so wird sich der **FzErwerber** vergewissern müssen, dass zulässige Reifen aufgezogen sind, s. Bay VRS **59** 60. Bei Erwerb eines sehr alten Fzs kann Überprüfung der Reifen durch eine Werkstatt geboten sein, Ce VersR **97** 202 (Materialversprödung 19 Jahre alter Reifen), Mü MDR **98** 772 (14 Jahre altes Fz mit Hinweis des privaten Verkäufers auf „ziemlich alte" Reifen), Fra NZV **99** 420 (12 Jahre altes Fz mit runderneuerten Reifen für 400 DM). FzÜbergabe mit unzulässigen Hinterreifen durch den Verkäufer kann bei späterem Unfall einen Ersatzanspruch wegen Eigentumsverletzung begründen, BGH NJW **78** 2241. Auf **Montierung zugelassener Reifen** durch eine Fachwerkstatt darf im Allgemeinen vertraut werden, anders bei Augenscheinlichkeit oder Beeinträchtigung des Fahrverhaltens, Kar VM **93** 46, Zw ZfS **81** 355, Fra VRS **78** 174. Zur Haftung des Reifenhändlers, uU auch des Halters, beim Aufziehen nicht zugelassener Reifen, Hb DAR **72** 16, Ha VRS **46** 469, Ko VRS **46** 468. Zur Verantwortlichkeit für **richtigen Luftdruck**, s. § 23 StVO Rn. 25, 26, 29. Bei erkennbar schadhaftem Zustand ist ein AB-Liegenbleiben und Auffahrunfall **voraussehbar,** Ha DAR **57** 159. Bei einem erkennbar schadhaften alten Reifen ist auch mit Platzen unterwegs zu rechnen, BGH VersR **60** 421. Bei häufigem Fahrerwechsel kann nach Reifenwechsel der Anscheinsbeweis gegen andere Fahrer ausgeschlossen sein, Nü VersR **71** 853.

Literatur: *Gaisbauer,* Rechtsfragen um das Mitführen eines schadhaften Reservereifens, VP **67** 181. *Jagow,* **14a** Geldbuße bei abgefahrenen Reifen, VD **91** 78. *Thumm,* Die Bedeutung der Kfz-Bereifung für die VSicherheit, NZV **01** 57. *H.-W. Schmidt,* Die Folgen des Fahrens mit verkehrsunsicheren Reifen, DAR **66** 146.

5. Vollgummireifen. VIII gestattet unter besonderen Voraussetzungen, für Kfz mit Höchstge- **15** schwindigkeit bis zu 25 km/h mit gefederter Triebachse, bis 16 km/h ohne gefederte Triebachse, Vollgummireifen. Diese Regelung soll die Straßen schonen. Abgefahrene Luftreifen sind keine Gummireifen iS von VIII, Ol VM **69** 40.

6. Eiserne Reifen müssen abgerundete Kanten haben und daran verwendete Nägel müssen **16** eingelassen sein (I S. 4). IX enthält Ausnahmen von III und VIII, nämlich vom Gummibereifungszwang für besonders langsame Kfz und ihre Anhänger.

6a. Zugmaschinen in land- oder forstwirtschaftlichen Betrieben. Zugelassen sind **17** eiserne Reifen für gewisse Zugmaschinen. Begriffsbestimmung: § 2 Nr. 16 FZV. Zugmaschinen mit Hilfsladefläche sind Zugmaschinen iS der StVZO, wenn sie auch gleichzeitig als Lkw gelten mögen (s. dazu § 30 StVO Rn. 10). Befreit vom Gummibereifungszwang sind nur Zugmaschinen in land- oder forstwirtschaftlichen Betrieben. Sie dürfen für alle Verrichtungen verwendet werden, die mit diesen Betrieben zusammenhängen. Das Gesamtgewicht des Fz (§ 34) darf 4 t nicht übersteigen, die bauartbestimmte Höchstgeschwindigkeit nicht mehr als 8 km/h betragen.

6b. Eiserne Reifen sind ferner zulässig bei **Arbeitsmaschinen** und Staplern. Als Arbeitsma- **18** schinen gelten Kfze, deren Antriebsmaschine überwiegend zur Verrichtung von Arbeiten mit Hilfe einer mit dem Kfz dauernd verbundenen Vorrichtung dient (Motortragpflüge, Motorsägen, Straßenbaumaschinen), bei denen also die Haupttätigkeit nicht im Transport besteht, so dass Beschädigung der festen Fahrbahn weniger naheliegt. S. § 2 Nr. 17 FZV. Stapler: § 2 Nr. 18 FZV.

6c. Fahrzeuge, die von diesen Arbeitsmaschinen mitgeführt werden. Zugelassen ist **19** ferner eiserne Bereifung an Fz, die von den in Abs. IX Nr. 2 genannten Motorfzen mitgeführt werden. Es handelt sich dabei nicht um Anhänger iS von III, die nach ihrer Bauart dazu bestimmt sind, hinter Kfzen mitgeführt zu werden. Vielmehr kommen hier Fz jeder Art in Betracht, die von langsam fahrenden Zug- und Arbeitsmaschinen mitgeführt werden, gleichgültig ob ständig oder vorübergehend und zu welchem Zweck.

6d. Fahrzeuge hinter Zugmaschinen. IX Nr. 3 lässt an gewissen Fz eiserne Reifen zu, **20** wenn sie von Zgm (Rn. 17) mit höchstens 8 km/h Geschwindigkeit in forst- oder landwirtschaftlichen Betrieben und der gewerblichen Wirtschaft gezogen werden, auch wenn die Zgm bauartbedingt schneller fahren könnte. Die Zgm muss, soweit nicht die Voraussetzungen der Rn. 17 vorliegen, gummibereift sein. Die Beschränkung auf Beförderung hinter Zgm mit Höchstgeschwindigkeit von 8 km/h verhindert Missbrauch. Zu den Reifen und Laufflächen land- und forstwirtschaftlicher Arbeitsgeräte, s. Merkblatt VkBl. **09** 808 = StVRL § 2 FZV Nr. 4.

7. X enthält Bestimmungen über die Einrichtung der **Gleisketten-(Raupen-)fahrzeuge** **21** (§ 34b), welche die Beschädigung der Straße verhüten sollen.

22   8. Ausnahmen. § 70 I. Das Verbot der Benutzung von Spikesreifen ist so wichtig, dass Ausnahmen allenfalls unter ganz besonderen, vom Normalfall abweichenden Umständen erlaubt werden dürfen, OVG Lüneburg VM **79** 40.

23   9. Zuwiderhandlungen. §§ 69a III Nr. 8, V Nr. 5 StVZO, 24 StVG. Mitführen eines dem § 36 widersprechenden Ersatzreifens: Rn. 9. Nur das *Fahren* mit vorschriftswidrigen Reifen ist ow, nicht auch das Parken, Bay VRS **61** 447, Schl VM **77** 8, Ce VRS **47** 476, Stu VM **68** 48, aM *Booß* VM **77** 8, maßgebend ist die der Feststellung vorausgegangene Fahrt, auch wenn sie mehrere Wochen zurückliegt (sofern nicht verjährt), Bay VRS **62** 131, aM (bei länger zurückliegender Fahrt keine genügende Konkretisierung) Bay VRS **47** 297. Für deren Ahndung ist ein lediglich Ort und Zeit der polizeilichen Feststellung des Mangels angebender Bußgeldbescheid eine ausreichende Verfahrensgrundlage, Bay VRS **61** 447, **62** 131. Ein vorschriftswidrig bereiftes Kfz darf nicht allein deshalb öffentlich in Betrieb genommen werden, um es in einer Werkstatt zu überprüfen, Bay VM **73** 53. Die Fahrt mit normal abgenutzten Reifen mit weniger Profil als 1,6 mm (bzw. 1 mm, s. Abs. III S. 5) zur Werkstatt zwecks Reifenwechsels ist ow, denn es handelt sich nicht um einen unvorhersehbaren Notfall, Hb VRS **50** 145, Ha VM **69** 40, Kö Betr **72** 528. Abs. III **Satz 3, 4 geht § 23 I S. 2 StVO vor** (keine TE), BGHSt **25** 338 = NJW **74** 1663, Jn VRS **109** 134, Ha VRS **47** 467, Dü VRS **77** 371, aM *Bouska* VD **74** 230. Dasselbe gilt im Verhältnis zu § 30 StVZO, Bay NJW **81** 2135. II S. 4 (Fahren mit abgefahrenen Reifen) steht in **TM** zu § 29, s. § 29 Rn. 35. Im Übrigen steht die DauerOW des Fahrens mit Reifen ohne ausreichendes Profil mit allen auf der Fahrt begangenen VVerstößen, auch bei Nichtursächlichkeit, in **TE**, Bay VM **70** 53 (55), Kar VRS **95** 419, ebenso mit anderen zugleich festgestellten Beschaffenheitsverstößen, Dü VRS **50** 238. Schematische Multiplikation einer **Buße** mit der Anzahl der vorschriftswidrigen Reifen verstößt gegen § 17 III OWiG, Bay NJW **81** 2135, Kö VRS **74** 139, Ce NZV **89** 483; jedoch kann eine gegenüber dem Regelfall der BKatV erhöhte Buße gerechtfertigt sein, *Jagow* VD **91** 78. Reifenkontrolle durch Streifenbeamte ist **keine Vollstreckungshandlung** iS von § 113 StGB, wer den kontrollierenden Beamten aber durch gezieltes Anfahren zum Beiseitespringen zwingt, nötigt ihn, Fra NJW **73** 1806. **Beschädigte Reifen,** s. § 30 Rn. 14.

Radabdeckungen, Ersatzräder

36a (1) Die Räder von Kraftfahrzeugen und ihren Anhängern müssen mit hinreichend wirkenden Abdeckungen (Kotflügel, Schmutzfänger oder Radeinbauten) versehen sein.

(2) Absatz 1 gilt nicht für

1. Kraftfahrzeuge mit einer durch die Bauart bestimmten Höchstgeschwindigkeit von nicht mehr als 25 km/h,
2. die Hinterräder von Sattelzugmaschinen, wenn ein Sattelanhänger mitgeführt wird, dessen Aufbau die Räder überdeckt und die Anbringung einer vollen Radabdeckung nicht zulässt; in diesem Falle genügen Abdeckungen vor und hinter dem Rad, die bis zur Höhe der Radoberkante reichen,
3. eisenbereifte Fahrzeuge,
4. Anhänger zur Beförderung von Eisenbahnwagen auf der Straße (Straßenroller),
5. Anhänger, die in der durch § 58 vorgeschriebenen Weise für eine Höchstgeschwindigkeit von nicht mehr als 25 km/h gekennzeichnet sind,
6. land- oder forstwirtschaftliche Arbeitsgeräte,
7. die hinter land- oder forstwirtschaftlichen einachsigen Zug- oder Arbeitsmaschinen mitgeführten Sitzkarren (§ 3 Absatz 2 Satz 1 Nummer 2 Buchstabe i der Fahrzeug-Zulassungsverordnung),
8. die Vorderräder von mehrachsigen Anhängern für die Beförderung von Langholz.

(3) ¹Für außen an Fahrzeugen mitgeführte Ersatzräder müssen Halterungen vorhanden sein, die die Ersatzräder sicher aufnehmen und allen betriebsüblichen Beanspruchungen standhalten können. ²Die Ersatzräder müssen gegen Verlieren durch zwei voneinander unabhängige Einrichtungen gesichert sein. ³Die Einrichtungen müssen so beschaffen sein, dass eine von ihnen wirksam bleibt, wenn die andere – insbesondere durch Bruch, Versagen oder Bedienungsfehler – ausfällt.

1   Begr zur ÄndVO v. 15.1.80 (VkBl. **80** 145): **Zu Abs. 3:** *Der Begriff „Sicherungen" wurde schon bei Einführung des Absatzes 3 im Sinne von „Einrichtungen" verstanden. Da unter „Sicherungen" auch*

Schraubensicherungen wie Splinte usw. verstanden werden könnten, sind mögliche Zweifel durch die Einfügung des Wortes „Einrichtungen" beseitigt worden.

1. Zweck der Vorschrift ist es in erster Linie, das Beschmutzen Nachfolgender weitgehend zu **2** verhindern, Stu VRS **69** 74. Richtlinien über Radabdeckungen, VkBl. **62** 66 = StVRL Nr. 1. Empfehlungen für die Erteilung von Ausnahmegenehmigungen nach § 70 für bestimmte FzArten und FzKombinationen, VkBl. **14** 503 = StVRL § 70 StVZO Nr. 1. *Hinreichende* Wirksamkeit der Radabdeckung setzt voraus, dass jedenfalls die gesamte Breite der Lauffläche überdeckt wird, Stu VRS **69** 74. Nach § 1 IV der 35. StVZAusnV (s. § 32 Rn. 1a) brauchen auf Grund von Breitreifen überbreite land- oder forstwirtschaftliche Zgm und ihre Anhänger dann keine zusätzlichen Radabdeckungen zu haben, wenn sie nicht schneller als 25 km/h gefahren werden.

2. Ordnungswidrigkeit. §§ 69a III Nr. 8 StVZO, 24 StVG. **3**

Gleitschutzeinrichtungen und Schneeketten

37 (1) ¹Einrichtungen, die die Greifwirkung der Räder bei Fahrten außerhalb befestigter Straßen erhöhen sollen (so genannte Bodengreifer und ähnliche Einrichtungen), müssen beim Befahren befestigter Straßen abgenommen werden, sofern nicht durch Auflegen von Schutzreifen oder durch Umklappen der Greifer oder durch Anwendung anderer Mittel nachteilige Wirkungen auf die Fahrbahn vermieden werden. ²Satz 1 gilt nicht, wenn zum Befahren befestigter Straßen Gleitschutzeinrichtungen verwendet werden, die so beschaffen und angebracht sind, dass sie die Fahrbahn nicht beschädigen können; die Verwendung kann durch die Bauartgenehmigung (§ 22a) auf Straßen mit bestimmten Decken und auf bestimmte Zeiten beschränkt werden.

(2) ¹Einrichtungen, die das sichere Fahren auf schneebedeckter oder vereister Fahrbahn ermöglichen sollen (Schneeketten), müssen so beschaffen und angebracht sein, dass sie die Fahrbahn nicht beschädigen können. ²Schneeketten aus Metall dürfen nur bei elastischer Bereifung (§ 36 Absatz 3 und 8) verwendet werden. ³Schneeketten müssen die Lauffläche des Reifens so umspannen, dass bei jeder Stellung des Rades ein Teil der Kette die ebene Fahrbahn berührt. ⁴Die die Fahrbahn berührenden Teile der Ketten müssen kurze Glieder haben, deren Teilung etwa das Drei- bis Vierfache der Drahtstärke betragen muss. ⁵Schneeketten müssen sich leicht auflegen und abnehmen lassen und leicht nachgespannt werden können.

Begr zur ÄndVO v. 20.6.73: VkBl. **73** 407. **1**

1. Gleitschutzeinrichtungen müssen nach § 22a I Nr. 2 zur StrSchonung in amtlich ge- **2** nehmigter Bauart ausgeführt sein. Technische Anforderungen bei der Bauartprüfung, VkBl. **73** 558, zuletzt geändert: VkBl. **03** 752 = StVRL § 22a Nr. 1 (Nr. 28).

2. Schneeketten sind Gliederketten, die bei Schnee auf der Lauffläche der Reifen befestigt **3** werden, um das Greifen im Schnee zu erleichtern. Bei Glatteis sind sie nicht angezeigt. Verboten bleiben gemäß § 36 I Greifketten und ähnliche Vorrichtungen, soweit sie die Fahrbahn beschädigen können. Greiferketten mit seitlichen Spannfedern brauchen beim Befahren öffentlicher Straßen durch Zgm in land- oder forstwirtschaftlichen Betrieben nicht abgenommen zu werden; doch darf mit ihnen auf Straßen nicht schneller als 8 km/h gefahren werden, s. VkBl. **49** 92 (95). Es besteht keine Pflicht, Schneeketten im Winter mitzuführen oder zu verwenden; doch kann es sich streckenweise aus der allgemeinen Sorgfaltpflicht (§ 1 StVO, § 30 StVZO) ergeben, da das Unterlassen nach Wetterlage gebotener Vorsichtsmaßnahmen dazu führen kann, andere zu behindern, BMV VkBl. **55** 63. Schneeketten sind oft entbehrlich, wenn Winterreifen verwendet werden, s. BMV VkBl. **55** 375. S. auch § 2 IIIa StVO.

3. Ausnahmen. § 70. **4**

4. Ordnungswidrigkeit. §§ 69a III Nr. 8 StVZO, 24 StVG. **5**

Lenkeinrichtung

38 (1) ¹Die Lenkeinrichtung muss leichtes und sicheres Lenken des Fahrzeugs gewährleisten; sie ist, wenn nötig, mit einer Lenkhilfe zu versehen. ²Bei Versagen der Lenkhilfe muss die Lenkbarkeit des Fahrzeugs erhalten bleiben.

Dauer 1857

(2) Personenkraftwagen, Kraftomnibusse, Lastkraftwagen und Sattelzugmaschinen, mit mindestens vier Rädern und einer durch die Bauart bestimmten Höchstgeschwindigkeit von mehr als 25 km/h, sowie ihre Anhänger müssen den im Anhang zu dieser Vorschrift genannten Bestimmungen entsprechen.

(3) ¹ Land- oder forstwirtschaftliche Zugmaschinen auf Rädern mit einer durch die Bauart bestimmten Höchstgeschwindigkeit von nicht mehr als 40 km/h dürfen abweichend von Absatz 1 den im Anhang zu dieser Vorschrift genannten Bestimmungen entsprechen. ²Land- oder forstwirtschaftliche Zugmaschinen mit einer durch die Bauart bestimmten Höchstgeschwindigkeit von mehr als 40 km/h dürfen abweichend von Absatz 1 den Vorschriften über Lenkanlagen entsprechen, die nach Absatz 2 für Lastkraftwagen anzuwenden sind.

(4) ¹Selbstfahrende Arbeitsmaschinen und Stapler mit einer durch die Bauart bestimmten Höchstgeschwindigkeit von nicht mehr als 40 km/h dürfen abweichend von Absatz 1 entsprechend den Baumerkmalen ihres Fahrgestells entweder den Vorschriften, die nach Absatz 2 für Lastkraftwagen oder nach Absatz 3 Satz 1 für land- oder forstwirtschaftliche Zugmaschinen angewendet werden dürfen, entsprechen. ²Selbstfahrende Arbeitsmaschinen und Stapler mit einer durch die Bauart bestimmten Höchstgeschwindigkeit von mehr als 40 km/h dürfen abweichend von Absatz 1 den Vorschriften, die nach Absatz 2 für Lastkraftwagen anzuwenden sind, entsprechen.

1   **1. Lenkeinrichtung der Kraftfahrzeuge.** Sicheres und leichtes Lenken muss gewährleistet sein, nötigenfalls mit Lenkhilfe (Servolenkung). Durch die durch ÄndVO v. 23.3.00 eingefügten Abs. II bis IV wurde die Bestimmung an EU-Recht angepasst. Rechtslenkung ist zulässig, BMV 27.1.67, StV 7–8001 F/67. Richtlinien für Sonderlenker für Kräder, Kleinkräder und FmH, VkBl. **78** 366 = StVRL Nr. 3. Richtlinien für die Prüfung von Sonderlenkrädern für Kfze, VkBl. **75** 521 = StVRL Nr. 2. Anhänger bedürfen keiner Lenkeinrichtung. Andere Fze: § 64.

2   **2. Leichtes und sicheres Lenken** muss die Lenkeinrichtung gewährleisten. Sie darf nicht zu viel „toten Gang" haben; idR darf das Lenkrad nicht um mehr als 30 Grad gedreht werden müssen, damit sich die Vorderräder bewegen. Die Übersetzung muss der möglichen Fahrgeschwindigkeit ausreichend angepasst sein und wirksames Rangieren erleichtern. Einzelheiten: Richtlinien für die Prüfung der Lenkanlagen von Kfzen und ihren Anhängern, VkBl. **03** 824 = StVRL Nr. 1. Änderungen der Lenkanlage, s. § 19. Anbaugeräte dürfen leichtes und sicheres Lenken nicht beeinträchtigen. Der Fahrer hat auf Belastung der gelenkten Achse zu achten, besonders bei einer Behelfsladefläche, s. Nr. 4.11 Merkblatt für Anbaugeräte VkBl. **09** 804 = StVRL § 30 Nr. 6. Fährt auf verkehrsfreier Straße ein Kfz auf ein vorschriftsmäßig parkendes Fz auf, so kann der Fahrer, der sich auf Lenkungsversagen beruft, den **Anscheinsbeweis** nur dadurch ausräumen, dass er Tatsachen beweist, die auf die ernsthafte Möglichkeit atypischen Ursachenverlaufs hinweisen, BGH DAR **54** 256.

3   **3. Ausnahmen.** § 70.

4   **4. Ordnungswidrigkeit.** §§ 69a III Nr. 9 StVZO, 24 StVG. Bei Bestellung eines NeuFz mit Lenkrad-Sonderanfertigung durch den Händler muss der Erwerber mit fehlender BE nicht rechnen, Sa VRS **48** 236.

Sicherungseinrichtungen gegen unbefugte Benutzung von Kraftfahrzeugen

38a (1) ¹Personenkraftwagen sowie Lastkraftwagen, Zugmaschinen und Sattelzugmaschinen mit einem zulässigen Gesamtgewicht von nicht mehr als 3,5 t – ausgenommen land- oder forstwirtschaftliche Zugmaschinen und Dreirad-Kraftfahrzeuge – müssen mit einer Sicherungseinrichtung gegen unbefugte Benutzung, Personenkraftwagen zusätzlich mit einer Wegfahrsperre ausgerüstet sein. ²Die Sicherungseinrichtung gegen unbefugte Benutzung und die Wegfahrsperre müssen den im Anhang zu dieser Vorschrift genannten Bestimmungen entsprechen.

(2) Krafträder und Dreirad-Kraftfahrzeuge mit einem Hubraum von mehr als 50 ccm oder einer durch die Bauart bestimmten Höchstgeschwindigkeit von mehr als 45 km/h, ausgenommen Kleinkrafträder und Fahrräder mit Hilfsmotor (§ 3 Absatz 2 Satz 1 Nummer 1 Buchstabe d der Fahrzeug-Zulassungsverordnung), müssen mit einer Sicherungseinrichtung gegen unbefugte Benutzung ausgerüstet sein, die den im Anhang zu dieser Vorschrift genannten Bestimmungen entspricht.

(3) **Sicherungseinrichtungen gegen unbefugte Benutzung und Wegfahrsperren an Kraft-fahrzeugen, für die sie nicht vorgeschrieben sind, müssen den vorstehenden Vorschriften entsprechen.**

Begr: VkBl. **97** 658.

1. Bei der Entwendung unbewachter Kfze, insbesondere durch Personen ohne FE oder aus- **1**
reichende Fahrpraxis, treten oft grobe VVerstöße mit zum Teil schweren Unfällen auf. Von der
Pflicht, eine **Sicherungseinrichtung** gegen unbefugte Benutzung zu führen, sind ausgenom-
men: Lkw, Zgm und SattelZgm über 3,5 t, land- und forstwirtschaftliche Zgm, Dreirad-Kfze bis
50 cm³ Hubraum oder bis 45 km/h bauartbedingter Höchstgeschwindigkeit, Kleinkrafträder
und FmH. Geeignet sind Einrichtungen, die es unmöglich machen, sie schnell und unauffällig zu
öffnen, betriebsunfähig zu machen oder zu zerstören (ECE-Regelung Nr. 18, 5.4.): Lenk-, Ge-
triebe-, Schalthebel- und Speichenschlösser sowie Einrichtungen, die das Ingangsetzen des Mo-
tors verhindern. Zusätzlich müssen Pkw mit einer **Wegfahrsperre** ausgerüstet sein (zB Zahlen-
code). Abs. I gilt gem. Übergangsvorschrift (§ 72 II aF) spätestens für ab 1.10.98 erstmals in den
V gekommene Fz, im Übrigen ist § 38a in der bis 1.9.97 geltenden Fassung anzuwenden. Ent-
sprechendes gilt für die Sicherung von Krädern gem. Abs. II.
Werden Kfze mit Sicherungseinrichtungen oder Wegfahrsperren ausgerüstet, für die solche **2**
Einrichtungen nicht vorgeschrieben sind, so müssen sie den Bestimmungen der Absätze I und II
entsprechen (Abs. III).
Wer das Lenkradschloss beim Verlassen des Kfz nicht einrasten lässt, handelt **grob fahrlässig 3**
(§ 61 VVG alt = § 81 II VVG 08), s. § 14 StVO Rn. 20. Gefahrerhöhung, wenn der VN pflicht-
widrig kein Lenkradschloss einbaut, BGH VersR **69** 177. S. § 14 StVO.

2. Ordnungswidrigkeit. §§ 69a III Nr. 10 StVZO, 24 StVG. **4**

Fahrzeug-Alarmsysteme

38b ¹In Personenkraftwagen sowie in Lastkraftwagen, Zugmaschinen und Sattelzug-
maschinen mit einem zulässigen Gesamtgewicht von nicht mehr als 2,00 t einge-
baute Fahrzeug-Alarmsysteme müssen den im Anhang zu dieser Vorschrift genannten
Bestimmungen entsprechen. ²Fahrzeug-Alarmsysteme in anderen Kraftfahrzeugen müssen
sinngemäß den vorstehenden Vorschriften entsprechen.

Begr: VkBl. **97** 659. **1**

Die StVZO schreibt Alarmeinrichtungen nicht vor. Freiwillige Alarmeinrichtungen können das **2**
gesamte Fz oder Teile (zB Radio) schützen. Soweit die in Satz 1 bezeichneten Fze durch Alarman-
lagen gesichert sind, müssen sie den Vorschriften der im Anhang zur StVZO genannten Richt-
linien entsprechen. Alarmanlagen in anderen Kfzen müssen jenen Vorschriften jedenfalls sinngemäß
entsprechen. Die Neufassung ist gem. § 72 II aF spätestens ab 1.10.98 auf erstmals in den V ge-
kommene Fz-Alarmanlagen anzuwenden; für ältere Systeme bleibt § 38b alt anwendbar. Anlagen,
die über Funk den Alarm beim Halter, also nicht unmittelbar im oder am Fz, auslösen, sind von
§ 38b nicht betroffen. Taxi-Alarmanlagen (§ 25 BOKraft), s. BMVVkBl. **66** 99.
Ordnungswidrigkeit: § 69a III Nr. 10a. **3**

Rückwärtsgang

39 Kraftfahrzeuge – ausgenommen einachsige Zug- oder Arbeitsmaschinen mit einem
zulässigen Gesamtgewicht von nicht mehr als 400 kg sowie Krafträder mit oder
ohne Beiwagen – müssen vom Führersitz aus zum Rückwärtsfahren gebracht werden
können.

1. Kfz mit einem **Leergewicht von mehr als 400 kg** (§ 72 II aF) müssen einen Rück- **1**
wärtsgang haben, da sie sonst schwer wenden und umkehren können. § 39 will verhindern, dass
Kfze mit der Hand rückwärts bewegt werden und hierdurch den Verkehr stören. Ausgenommen
sind nur einachsige Zug- und Arbeitsmaschinen mit zulässigem Gesamtgewicht von nicht mehr
als 400 kg und Krafträder. Übergangsbestimmung für vor dem 1.7.61 in den V gekommene Fz:
§ 72 aF.

2. Ausnahmen. § 70. **Ordnungswidrigkeit:** §§ 69a III Nr. 11 StVZO, 24 StVG. **2**

Betätigungseinrichtungen, Kontrollleuchten und Anzeiger

39a (1) Die in Personenkraftwagen und Kraftomnibussen sowie Lastkraftwagen, Zugmaschinen und Sattelzugmaschinen – ausgenommen land- oder forstwirtschaftliche Zugmaschinen – eingebauten Betätigungseinrichtungen, Kontrollleuchten und Anzeiger müssen eine Kennzeichnung haben, die den im Anhang zu dieser Vorschrift genannten Bestimmungen entspricht.

(2) Die in Kraftfahrzeuge nach § 30a Absatz 3 eingebauten Betätigungseinrichtungen, Kontrollleuchten und Anzeiger müssen eine Kennzeichnung haben, die den im Anhang zu dieser Vorschrift genannten Bestimmungen entspricht.

(3) Land- oder forstwirtschaftliche Zugmaschinen müssen Betätigungseinrichtungen haben, deren Einbau, Position, Funktionsweise und Kennzeichnung den im Anhang zu dieser Vorschrift genannten Bestimmungen entspricht.

Begr (VkBl. **00** 364): *Mit dieser Vorschrift werden die im Anhang genannten EG-Richtlinien für die in den Absätzen 1, 2 und 3 aufgeführten Fahrzeugklassen in nationales Recht umgesetzt …*

1   1. Die Abs. I und III der durch die 31. ÄndVStVR (BGBl. I S. 310) eingefügten Bestimmung sind gem. der Übergangsbestimmung des § 72 II aF spätestens auf die ab 1.10.01 auf die von diesem Tage an erstmals in den V kommenden Kfz anzuwenden, Abs. II spätestens ab 17.6.03 auf die von diesem Tage an erstmals in den V kommenden Kfz.

2   **2. Ordnungswidrigkeit.** § 69a III Nr. 11a.

Scheiben, Scheibenwischer, Scheibenwascher, Entfrostungs- und Trocknungsanlagen für Scheiben

40 (1) ¹Sämtliche Scheiben – ausgenommen Spiegel sowie Abdeckscheiben von lichttechnischen Einrichtungen und Instrumenten – müssen aus Sicherheitsglas bestehen. ²Als Sicherheitsglas gilt Glas oder ein glasähnlicher Stoff, deren Bruchstücke keine ernstlichen Verletzungen verursachen können. ³Scheiben aus Sicherheitsglas, die für die Sicht des Fahrzeugführers von Bedeutung sind, müssen klar, lichtdurchlässig und verzerrungsfrei sein.

(2) ¹Windschutzscheiben müssen mit selbsttätig wirkenden Scheibenwischern versehen sein. ²Der Wirkungsbereich der Scheibenwischer ist so zu bemessen, dass ein ausreichendes Blickfeld für den Führer des Fahrzeugs geschaffen wird.

(3) Dreirädrige Kleinkrafträder und dreirädrige oder vierrädrige Kraftfahrzeuge mit Führerhaus nach § 30a Absatz 3 müssen mit Scheiben, Scheibenwischer, Scheibenwascher, Entfrostungs- und Trocknungsanlagen ausgerüstet sein, die den im Anhang zu dieser Vorschrift genannten Bestimmungen entsprechen.

1   **Begr** zur ÄndVO v. 23.3.00: BR-Drs. 720/99 S. 57.

2   **1. Sicherheitsglas** ist entweder Einscheiben (ESG)- oder Verbund-Sicherheitsglas (VSG). Auch für Glasausstelldächer ist Sicherheitsglas vorgeschrieben („sämtliche Scheiben"), Bay VRS **67** 469. Abs. I S. 1 gilt auch für Anhänger (zB Wohnanhänger, s. *Berr* 224, 714). Scheiben aus Sicherheitsglas und auf diesen angebrachte Folien müssen nach § 22a I Ziff 3 in amtlich genehmigter Bauart ausgeführt und mit den inländischen Herstellern zugeteilten Kennzeichen gekennzeichnet sein, s.VkBl. **49** 129, **50** 5 = StVRL Nr. 1. Technische Anforderungen an Sicherheitsglas, VkBl. **73** 558, zuletzt geändert: VkBl. **03** 752 = StVRL § 22a Nr. 1 (Nr. 29). VO über die Inkraftsetzung der Regelung Nr. 43 über Sicherheitsglas, BGBl 1981 II 66). Farbveränderung der Front- oder Rückscheibe (Farbanstrich, Folie), auch teilweise, ist wegen der Bauartgenehmigungspflicht unzulässig. Klar ist eine im gesamten Fahrerblickfeld in sich ungetrübte Scheibe, Ha VRS **52** 502. Glasscheiben in VerkaufsFzen, s. BMV VkBl. **74** 436. Änderungen an den **Scheiben, die für die Sicht des Fahrzeugführers von Bedeutung** sind, führen nicht immer zum Erlöschen der Betriebserlaubnis gem. § 19 II Nr. 2. Dass auf solchen Scheiben angebrachte Folien in einer amtlich genehmigten Bauart ausgeführt sein müssen, führt nicht zwangsläufig dazu, dass, wenn das nicht der Fall ist, auf die Feststellung einer (etwas konkreter) zu erwartenden Gefährdung von Verkehrsteilnehmern verzichtet werden dürfte (Ko 10.10.19 – 3 OWi 6 SsRs 299/19 NStZ **20** 430).

3   **2. Windschutzscheiben** sind die vor dem Führersitz angebrachten Glasscheiben, die den Fahrwind abhalten. Bei Vereisung oder Beschlagen muss der Fahrer den Belag vollständig entfer-

nen; Sichtlöcher genügen nicht. Silikone, Öle, Fette und Wachse die zu Sichtbehinderung führen, sollten durch Reinigungsmittel behoben werden, s. BMV VkBl. **58** 262. Sichtbehinderung durch Streulicht nach Oberflächenstrukturveränderung von Windschutzscheiben, *Pfeiffer* ZVS **70** 132, *Timmermann/Gehring* ZVS **86** 31, *Schmidt-Clausen* VGT **90** 153. Sichtbehinderung durch wärmedämmende Verbundscheiben, *Gramberg-Danielsen* ZVS **72** 175. Bedingungen für die Reparatur von Verbundglasscheiben, s. BMV VkBl. **86** 130. Die Vorschrift sollte übereinstimmend mit den gegenwärtigen wissenschaftlichen Erkenntnissen getönte Scheiben nur mit solcher Durchlässigkeit und Einbauneigung zulassen, dass auch ältere Kf im Dunklen noch ausreichende Sichtweite haben.

Literatur: *Glaeser/Huß,* Der Kopfaufprall von außen auf Windschutzscheiben beim Fußgängerunfall, Ver- **3a** kehrsunfall **85** 11. *Jagow,* Folien, Sonnenschutzblenden und Jalousien an Scheiben von Kfzen, VD **83** 254. *Timmermann/Gehring,* Oberflächenschäden an Windschutzscheiben, ZVS **86** 31. *Weigt,* Sicht bei Nacht durch Windschutzscheiben mit Streulicht und Einfärbung, ZVS **89** 48. Pkw-Windschutzscheiben, ZVS **76** 141.

3. Die Windschutzscheiben müssen mit selbsttätigen **Scheibenwischern** versehen sein. Nur **4** an Kfz mit Geschwindigkeit bis zu 20 km/h waren übergangsweise noch handbediente Scheibenwischer zulässig (§ 72 II aF). Bei schwacher Scheibenwischerleistung ist angepasst langsamer zu fahren, Sa VM **71** 92.

4. Trennwände. Taxen und Mietwagen dürfen mit einer ausreichend kugelsicheren Trenn- **5** wand ausgerüstet sein, die entweder zwischen den Vorder- und Rücksitzen angebracht ist, oder den Fahrersitz von den Fahrgastplätzen trennt. Sie darf versenkbar oder so beschaffen sein, dass ein Teil seitlich verschoben werden kann (§ 25 BOKraft). Trennscheiben sind bauartgenehmigungspflichtig, BMV 25.4.66, StV 7–8013 R/66; 29.7.65, StV 7–8074 T/65, auch gläserne Zwischenwände in Wohnmobilen, *Berr* 225.

5. Für die in Abs. III genannten **Kraftfahrzeuge nach Art 1 der EG-Richtlinie 2002/24/ 6 EG** (s. § 30a Rn. 2) gelten die Bestimmungen von Kap. 12 der EG-Richtlinie 97/24, die durch Abs. III auch für Fze mit EinzelBE in nationales Recht umgesetzt ist.

6. Ausnahmen. § 70. **7**

7. Ordnungswidrigkeit. §§ 69a III Nr. 12 StVZO, 24 StVG. **8**

Bremsen und Unterlegkeile

41 (1) ¹**Kraftfahrzeuge müssen zwei voneinander unabhängige Bremsanlagen haben oder eine Bremsanlage mit zwei voneinander unabhängigen Bedienungseinrichtungen, von denen jede auch dann wirken kann, wenn die andere versagt.** ²**Die voneinander unabhängigen Bedienungseinrichtungen müssen durch getrennte Übertragungsmittel auf verschiedene Bremsflächen wirken, die jedoch in oder auf derselben Bremstrommel liegen können.** ³**Können mehr als zwei Räder gebremst werden, so dürfen gemeinsame Bremsflächen und (ganz oder teilweise) gemeinsame mechanische Übertragungseinrichtungen benutzt werden; diese müssen jedoch so gebaut sein, dass beim Bruch eines Teils noch mindestens zwei Räder, die nicht auf derselben Seite liegen, gebremst werden können.** ⁴**Alle Bremsflächen müssen auf zwangsläufig mit den Rädern verbundene, nicht auskuppelbare Teile wirken.** ⁵**Ein Teil der Bremsflächen muss unmittelbar auf die Räder wirken oder auf Bestandteile, die mit den Rädern ohne Zwischenschaltung von Ketten oder Getriebeteilen verbunden sind.** ⁶**Dies gilt nicht, wenn die Getriebeteile (nicht Ketten) so beschaffen sind, dass ihr Versagen nicht anzunehmen und für jedes in Frage kommende Rad eine besondere Bremsfläche vorhanden ist.** ⁷**Die Bremsen müssen leicht nachstellbar sein oder eine selbsttätige Nachstelleinrichtung haben.**

(1a) **Absatz 1 Satz 2 bis 6 gilt nicht für Bremsanlagen von Kraftfahrzeugen, bei denen die Bremswirkung ganz oder teilweise durch die Druckdifferenz im hydrostatischen Kreislauf (hydrostatische Bremswirkung) erzeugt wird.**

(2) ¹**Bei einachsigen Zug- oder Arbeitsmaschinen genügt eine Bremse (Betriebsbremse), die so beschaffen sein muss, dass beim Bruch eines Teils der Bremsanlage noch mindestens ein Rad gebremst werden kann.** ²**Beträgt das zulässige Gesamtgewicht nicht mehr als 250 kg und wird das Fahrzeug von Fußgängern an Holmen geführt, so ist keine Bremsanlage erforderlich; werden solche Fahrzeuge mit einer weiteren Achse verbunden und vom Sitz aus gefahren, so genügt eine an der Zug- oder Arbeitsmaschine oder an dem einachsigen Anhänger befindliche Bremse nach § 65, sofern die durch die Bauart bestimmte Höchstgeschwindigkeit 20 km/h nicht übersteigt.**

(3) ¹Bei Gleiskettenfahrzeugen, bei denen nur die beiden Antriebsräder der Laufketten gebremst werden, dürfen gemeinsame Bremsflächen für die Betriebsbremse und für die Feststellbremse benutzt werden, wenn mindestens 70 Prozent des Gesamtgewichts des Fahrzeugs auf dem Kettenlaufwerk ruht und die Bremsen so beschaffen sind, dass der Zustand der Bremsbeläge von außen leicht überprüft werden kann. ²Hierbei dürfen auch die Bremsnocken, die Nockenwellen mit Hebel oder ähnliche Übertragungsteile für beide Bremsen gemeinsam benutzt werden.

(4) Bei Kraftfahrzeugen – ausgenommen Krafträder – muss mit der einen Bremse (Betriebsbremse) eine mittlere Vollverzögerung von mindestens 5,0 m/s² erreicht werden; bei Kraftfahrzeugen mit einer durch die Bauart bestimmten Höchstgeschwindigkeit von nicht mehr als 25 km/h genügt jedoch eine mittlere Vollverzögerung von 3,5 m/s².

(4a) Bei Kraftfahrzeugen – ausgenommen Kraftfahrzeuge nach § 30a Absatz 3 – muss es bei Ausfall eines Teils der Bremsanlage möglich sein, mit dem verbleibenden funktionsfähigen Teil der Bremsanlage oder mit der anderen Bremsanlage des Kraftfahrzeugs nach Absatz 1 Satz 1 mindestens 44 Prozent der in Absatz 4 vorgeschriebenen Bremswirkung zu erreichen, ohne dass das Kraftfahrzeug seine Spur verlässt.

(5) ¹Bei Kraftfahrzeugen – ausgenommen Krafträder – muss die Bedienungseinrichtung einer der beiden Bremsanlagen feststellbar sein; bei Krankenfahrstühlen und bei Fahrzeugen, die die Baumerkmale von Krankenfahrstühlen aufweisen, deren Geschwindigkeit aber 30 km/h übersteigt, darf jedoch die Betriebsbremse anstatt der anderen Bremse feststellbar sein. ²Die festgestellte Bremse muss ausschließlich durch mechanische Mittel und ohne Zuhilfenahme der Bremswirkung des Motors das Fahrzeug auf der größten von ihm befahrbaren Steigung am Abrollen verhindern können. ³Mit der Feststellbremse muss eine mittlere Verzögerung von mindestens 1,5 m/s² erreicht werden.

(6) (weggefallen)

(7) Bei Kraftfahrzeugen, die mit gespeicherter elektrischer Energie angetrieben werden, kann eine der beiden Bremsanlagen eine elektrische Widerstands- oder Kurzschlussbremse sein; in diesem Fall findet Absatz 1 Satz 5 keine Anwendung.

(8) ¹Betriebsfußbremsen an Zugmaschinen – ausgenommen an Gleiskettenfahrzeugen –, die zur Unterstützung des Lenkens als Einzelradbremsen ausgebildet sind, müssen auf öffentlichen Straßen so gekoppelt sein, dass eine gleichmäßige Bremswirkung gewährleistet ist, sofern sie nicht mit einem besonderen Bremshebel gemeinsam betätigt werden können. ²Eine unterschiedliche Abnutzung der Bremsen muss durch eine leicht bedienbare Nachstelleinrichtung ausgleichbar sein oder sich selbsttätig ausgleichen.

(9) ¹Zwei- oder mehrachsige Anhänger – ausgenommen zweiachsige Anhänger mit einem Achsabstand von weniger als 1,0 m – müssen eine ausreichende, leicht nachstellbare oder sich selbsttätig nachstellende Bremsanlage haben; mit ihr muss eine mittlere Vollverzögerung von mindestens 5,0 m/s² – bei Sattelanhängern von mindestens 4,5 m/s² – erreicht werden. ²Bei Anhängern hinter Kraftfahrzeugen mit einer Geschwindigkeit von nicht mehr als 25 km/h (Betriebsvorschrift) genügt eine eigene mittlere Vollverzögerung von 3,5 m/s², wenn die Anhänger für eine Höchstgeschwindigkeit von nicht mehr als 25 km/h gekennzeichnet sind (§ 58). ³Die Bremse muss feststellbar sein. ⁴Die festgestellte Bremse muss ausschließlich durch mechanische Mittel den vollbelasteten Anhänger auch bei einer Steigung von 18 Prozent und in einem Gefälle von 18 Prozent auf trockener Straße am Abrollen verhindern können. ⁵Die Betriebsbremsanlagen von Kraftfahrzeug und Anhänger müssen vom Führersitz aus mit einer einzigen Betätigungseinrichtung abstufbar bedient werden können oder die Betriebsbremsanlage des Anhängers muss selbsttätig wirken; die Bremsanlage des Anhängers muss diesen, wenn dieser sich vom ziehenden Fahrzeug trennt, auch bei einer Steigung von 18 Prozent und in einem Gefälle von 18 Prozent selbsttätig zum Stehen bringen. ⁶Anhänger hinter Kraftfahrzeugen mit einer durch die Bauart bestimmten Höchstgeschwindigkeit von mehr als 25 km/h müssen eine auf alle Räder wirkende Bremsanlage haben; dies gilt nicht für die nach § 58 für eine Höchstgeschwindigkeit von nicht mehr als 25 km/h gekennzeichneten Anhänger hinter Fahrzeugen, die mit einer Geschwindigkeit von nicht mehr als 25 km/h gefahren werden.

(10) ¹Auflaufbremsen sind nur bei Anhängern zulässig mit einem zulässigen Gesamtgewicht von nicht mehr als

1. 8,00 t und einer durch die Bauart bestimmten Höchstgeschwindigkeit von nicht mehr als 25 km/h,

2. 8,00 t und einer durch die Bauart bestimmten Höchstgeschwindigkeit von nicht mehr als 40 km/h, wenn die Bremse auf alle Räder wirkt,

3. 3,50 t, wenn die Bremse auf alle Räder wirkt.

²Bei Sattelanhängern sind Auflaufbremsen nicht zulässig. ³In einem Zug darf nur ein Anhänger mit Auflaufbremse mitgeführt werden; jedoch sind hinter Zugmaschinen zwei Anhänger mit Auflaufbremse zulässig, wenn

1. beide Anhänger mit Geschwindigkeitsschildern nach § 58 für eine Höchstgeschwindigkeit von nicht mehr als 25 km/h gekennzeichnet sind,

2. der Zug mit einer Geschwindigkeit von nicht mehr als 25 km/h gefahren wird,

3. nicht das Mitführen von mehr als einem Anhänger durch andere Vorschriften untersagt ist.

(11) [1]An einachsigen Anhängern und zweiachsigen Anhängern mit einem Achsabstand von weniger als 1,0 m ist eine eigene Bremse nicht erforderlich, wenn der Zug die für das ziehende Fahrzeug vorgeschriebene Bremsverzögerung erreicht und die Achslast des Anhängers die Hälfte des Leergewichts des ziehenden Fahrzeugs, jedoch 0,75 t nicht übersteigt. [2]Beträgt jedoch bei diesen Anhängern die durch die Bauart bestimmte Höchstgeschwindigkeit nicht mehr als 30 km/h, so darf unter den in Satz 1 festgelegten Bedingungen die Achslast mehr als 0,75 t, aber nicht mehr als 3,0 t betragen. [3]Soweit Anhänger nach Satz 1 mit einer eigenen Bremse ausgerüstet sein müssen, gelten die Vorschriften des Absatzes 9 entsprechend; bei Sattelanhängern muss die Wirkung der Betriebsbremse dem von der Achse oder der Achsgruppe (§ 34 Absatz 1) getragenen Anteil des zulässigen Gesamtgewichts des Sattelanhängers entsprechen.

(12) [1]Die vorgeschriebenen Bremsverzögerungen müssen auf ebener, trockener Straße mit gewöhnlichem Kraftaufwand bei voll belastetem Fahrzeug, erwärmten Bremstrommeln und, außer bei der im Absatz 5 vorgeschriebenen Bremse, auch bei Höchstgeschwindigkeit erreicht werden, ohne dass das Fahrzeug seine Spur verlässt. [2]Die in den Absätzen 4, 6 und 7 vorgeschriebenen Verzögerungen müssen auch beim Mitführen von Anhängern erreicht werden. [3]Die mittlere Vollverzögerung wird entweder

1. nach Abschnitt 1.1.2 des Anhangs II der Richtlinie 71/320/EWG des Rates vom 26. Juli 1971 zur Angleichung der Rechtsvorschriften der Mitgliedstaaten über die Bremsanlagen bestimmter Klassen von Kraftfahrzeugen und deren Anhängern (ABl. L 202 vom 6.9.1971, S. 37), die zuletzt durch die Richtlinie 2006/96/EG (ABl. L 363 vom 20.12.2006, S. 81) geändert worden ist, oder

2. aus der Geschwindigkeit v_1 und dem Bremsweg s_1 ermittelt, wobei v_1 die Geschwindigkeit ist, die das Fahrzeug bei der Abbremsung nach einer Ansprech- und Schwellzeit von höchstens 0,6 s. hat, und s_1 der Weg ist, den das Fahrzeug ab der Geschwindigkeit v_1 bis zum Stillstand des Fahrzeugs zurücklegt.

[4]Von dem in den Sätzen 1 bis 3 vorgeschriebenen Verfahren kann, insbesondere bei Nachprüfungen nach § 29, abgewichen werden, wenn Zustand und Wirkung der Bremsanlage auf andere Weise feststellbar sind. [5]Bei der Prüfung neu zuzulassender Fahrzeuge muss eine dem betriebsüblichen Nachlassen der Bremswirkung entsprechend höhere Verzögerung erreicht werden; außerdem muss eine ausreichende, dem jeweiligen Stand der Technik entsprechende Dauerleistung der Bremsen für längere Talfahrten gewährleistet sein.

(13) [1]Von den vorstehenden Vorschriften über Bremsen sind befreit

1. Zugmaschinen in land- oder forstwirtschaftlichen Betrieben, wenn ihr zulässiges Gesamtgewicht nicht mehr als 4 t und ihre durch die Bauart bestimmte Höchstgeschwindigkeit nicht mehr als 8 km/h beträgt,

2. selbstfahrende Arbeitsmaschinen und Stapler mit einer durch die Bauart bestimmten Höchstgeschwindigkeit von nicht mehr als 8 km/h und von ihnen mitgeführte Fahrzeuge,

3. hinter Zugmaschinen, die mit einer Geschwindigkeit von nicht mehr als 8 km/h gefahren werden, mitgeführte

   a) Möbelwagen,

   b) Wohn- und Schaustellerwagen, wenn sie nur zwischen dem Festplatz oder Abstellplatz und dem nächstgelegenen Bahnhof oder zwischen dem Festplatz und einem in der Nähe gelegenen Abstellplatz befördert werden,

   c) Unterkunftswagen der Bauarbeiter, wenn sie von oder nach einer Baustelle befördert werden und nicht gleichzeitig zu einem erheblichen Teil der Beförderung von Gütern dienen,

   d) beim Wegebau und bei der Wegeunterhaltung verwendete fahrbare Geräte und Maschinen bei der Beförderung von oder nach einer Baustelle,

   e) land- oder forstwirtschaftliche Arbeitsgeräte,

   f) Fahrzeuge zur Beförderung von land- oder forstwirtschaftlichen Bedarfsgütern, Geräten oder Erzeugnissen, wenn die Fahrzeuge eisenbereift oder in der durch § 58 vorgeschriebenen Weise für eine Geschwindigkeit von nicht mehr als 8 km/h gekennzeichnet sind,

4. motorisierte Krankenfahrstühle.

[2]Die Fahrzeuge müssen jedoch eine ausreichende Bremse haben, die während der Fahrt leicht bedient werden kann und feststellbar ist. [3]Ungefederte land- oder forstwirtschaftli-

che Arbeitsmaschinen, deren Leergewicht das Leergewicht des ziehenden Fahrzeugs nicht übersteigt, jedoch höchstens 3 t erreicht, brauchen keine eigene Bremse zu haben.

(14) ¹Die nachstehend genannten Kraftfahrzeuge und Anhänger müssen mit Unterlegkeilen ausgerüstet sein. ²Erforderlich sind mindestens

1. ein Unterlegkeil bei

   a) Kraftfahrzeugen – ausgenommen Gleiskettenfahrzeuge – mit einem zulässigen Gesamtgewicht von mehr als 4 t,
   b) zweiachsigen Anhängern – ausgenommen Sattel- und Starrdeichselanhänger (einschließlich Zentralachsanhänger) – mit einem zulässigen Gesamtgewicht von mehr als 750 kg,

2. zwei Unterlegkeile bei

   a) drei- und mehrachsigen Fahrzeugen,
   b) Sattelanhängern,
   c) Starrdeichselanhängern (einschließlich Zentralachsanhängern) mit einem zulässigen Gesamtgewicht von mehr als 750 kg.

³Unterlegkeile müssen sicher zu handhaben und ausreichend wirksam sein. ⁴Sie müssen im oder am Fahrzeug leicht zugänglich mit Halterungen angebracht sein, die ein Verlieren und Klappern ausschließen. ⁵Haken oder Ketten dürfen als Halterungen nicht verwendet werden.

(15) ¹Kraftomnibusse mit einem zulässigen Gesamtgewicht von mehr als 5,5 t sowie andere Kraftfahrzeuge mit einem zulässigen Gesamtgewicht von mehr als 9 t müssen außer mit den Bremsen nach den vorstehenden Vorschriften mit einer Dauerbremse ausgerüstet sein. ²Als Dauerbremsen gelten Motorbremsen oder in der Bremswirkung gleichartige Einrichtungen. ³Die Dauerbremse muss mindestens eine Leistung aufweisen, die der Bremsbeanspruchung beim Befahren eines Gefälles von 7 Prozent und 6 km Länge durch das voll beladene Fahrzeug mit einer Geschwindigkeit von 30 km/h entspricht. ⁴Bei Anhängern mit einem zulässigen Gesamtgewicht von mehr als 9 t muss die Betriebsbremse den Anforderungen des Satzes 3 entsprechen, bei Sattelanhängern nur dann, wenn das um die zulässige Aufliegelast verringerte zulässige Gesamtgewicht mehr als 9 t beträgt. ⁵Die Sätze 1 bis 4 gelten nicht für

1. Fahrzeuge mit einer durch die Bauart bestimmten Höchstgeschwindigkeit von nicht mehr als 25 km/h und

2. Fahrzeuge, die nach § 58 für eine Höchstgeschwindigkeit von nicht mehr als 25 km/h gekennzeichnet sind und die mit einer Geschwindigkeit von nicht mehr als 25 km/h betrieben werden.

(16) ¹Druckluftbremsen und hydraulische Bremsen von Kraftomnibussen müssen auch bei Undichtigkeit an einer Stelle mindestens zwei Räder bremsen können, die nicht auf derselben Seite liegen. ²Bei Druckluftbremsen von Kraftomnibussen muss das unzulässige Absinken des Drucks im Druckluftbehälter dem Führer durch eine optisch oder akustisch wirkende Warneinrichtung deutlich angezeigt werden.

(17) Beim Mitführen von Anhängern mit Druckluftbremsanlage müssen die Vorratsbehälter des Anhängers auch während der Betätigung der Betriebsbremsanlage nachgefüllt werden können (Zweileitungsbremsanlage mit Steuerung durch Druckanstieg), wenn die durch die Bauart bestimmte Höchstgeschwindigkeit mehr als 25 km/h beträgt.

(18) ¹Abweichend von den Absätzen 1 bis 11, 12 Satz 1, 2, 3 und 5, den Absätzen 13 und 15 bis 17 müssen Personenkraftwagen, Kraftomnibusse, Lastkraftwagen, Zugmaschinen – ausgenommen land- oder forstwirtschaftliche Zugmaschinen – und Sattelzugmaschinen mit mindestens vier Rädern und einer durch die Bauart bestimmten Höchstgeschwindigkeit von mehr als 25 km/h sowie ihre Anhänger – ausgenommen Anhänger nach Absatz 10 Satz 1 Nummer 1 und 2 oder Absatz 11 Satz 2, Muldenkipper, Stapler, Elektrokarren, Autoschütter – den im Anhang zu dieser Vorschrift genannten Bestimmungen über Bremsanlagen entsprechen. ²Andere Fahrzeuge, die hinsichtlich ihrer Baumerkmale des Fahrgestells den vorgenannten Fahrzeugen gleichzusetzen sind, müssen den im Anhang zu dieser Vorschrift genannten Bestimmungen über Bremsanlagen entsprechen. ³Austauschbremsbeläge für die in den Sätzen 1 und 2 genannten Fahrzeuge mit einem zulässigen Gesamtgewicht von nicht mehr als 3,5 t müssen den im Anhang zu dieser Vorschrift genannten Bestimmungen entsprechen.

(19) Abweichend von den Absätzen 1 bis 11, 12 Satz 1, 2, 3 und 5, den Absätzen 13, 17 und 18 müssen Kraftfahrzeuge nach § 30a Absatz 3 den im Anhang zu dieser Vorschrift genannten Bestimmungen über Bremsanlagen entsprechen.

(20) ¹Abweichend von den Absätzen 1 bis 11, 12 Satz 1, 2, 3 und 5, den Absätzen 13, 17 bis 19 müssen land- oder forstwirtschaftliche Zugmaschinen mit einer durch die Bauart bestimmten Höchstgeschwindigkeit von nicht mehr als 40 km/h den im Anhang zu dieser

Vorschrift genannten Bestimmungen über Bremsanlagen entsprechen. [2] **Selbstfahrende Arbeitsmaschinen und Stapler mit einer durch die Bauart bestimmten Höchstgeschwindigkeit von nicht mehr als 40 km/h dürfen den Vorschriften über Bremsanlagen nach Satz 1 entsprechen.**

Begr zur ÄndVO v. 12.8.97:VkBl. **97** 659.   1

Begr zur ÄndVO v. 23.3.00 (VkBl. **00** 364): **Zu Abs. 4a:** *In den internationalen Bremsenvorschriften (s. oben) besteht das Grundprinzip, dass bei Ausfall eines Teiles der Bremsanlage noch 44% der Betriebsbremswirkung zur Verfügung stehen muss. Dieses Prinzip wird durch die Einfügung des neuen Absatzes 4a auf alle Kraftfahrzeuge, und nicht nur auf solche mit hydrostatischen Bremsanlagen ausgedehnt.*

Zu Abs. 7: *Da es aus verkehrssicherheitstechnischen Überlegungen keinen Sinn macht, die vorgeschriebene Mindestbremswirkung für Fahrzeuge mit gleicher Masse und gleicher bauartbedingter Höchstgeschwindigkeit unterschiedlich vorzuschreiben, wird es nicht für gerechtfertigt gehalten, für schnelllaufende Elektrofahrzeuge geringere Bremsleistungen zu verlangen als für andere vergleichbare Fahrzeuge.*

Zu Abs. 9: *Unabhängig von der Fahrzeugart wird in diesem Absatz nun allgemein für alle schnelllaufenden Anhängefahrzeuge das gefordert, was für die Anhängefahrzeuge, die unter die Bestimmungen des Absatzes 18 fallen, ohnehin vorgeschrieben ist. Auch hier wird es als nicht gerechtfertigt angesehen, wenn nur auf Grund einer formalen Einstufung der Fahrzeugart eine physikalisch unterschiedliche sicherheitstechnische Bewertung vorgenommen wird.*

Für langsam laufende Anhängefahrzeuge wird eine Mindestbremswirkung vorgeschrieben, wie sie bei Kraftfahrzeugen mit einer bauartbedingten Höchstgeschwindigkeit von weniger als 25 km/h für vertretbar gehalten wird.

Zu Abs. 10: *Nach bisher geltendem Recht durften hinter allen Kraftfahrzeugen, die eine durch die Bauart bestimmte Höchstgeschwindigkeit von nicht mehr als 32 km/h hatten, zwei Anhänger mit Auflaufbremse mitgeführt werden, wenn die in Absatz 10 Satz 3 genannten drei Bedingungen eingehalten wurden. Es hat sich herausgestellt, dass sich diese Vorschriften zwar bewährt haben, aber dennoch für die land- oder forstwirtschaftlichen Betriebe nicht flexibel genug gestaltet waren. Daher wird es nunmehr für vertretbar gehalten, dass hinter land- oder forstwirtschaftlichen Zugmaschinen generell zwei Anhänger mit Auflaufbremsen mitgeführt werden dürfen, wenn die zuvor genannten drei Bedingungen eingehalten werden. Die Eingrenzung auf land- oder forstwirtschaftliche Zugmaschinen wird für erforderlich gehalten, da einerseits ohnehin kaum andere Zugfahrzeuge als land- oder forstwirtschaftliche Zugmaschinen für derartige Züge infrage kommen und andererseits hinter Lastkraftwagen oder Straßenzugmaschinen schon aus Gründen der Längenabmessungen sich das Mitführen von zwei Anhängern verbietet.*

Zu Abs. 12 Satz 3: *Mit der vorliegenden Änderung des Absatzes 12 sind zwei Alternativen aufgezeigt, die die mittlere Vollverzögerung bestimmen. Die in Absatz 12, Satz 3, Nr. 1 genannte Alternative stimmt mit den internationalen Bremsenvorschriften überein. Die in Absatz 12, Satz 3, Nr. 2 erwähnte Alternative soll für die unter die genannten Bestimmungen fallenden Fahrzeuge eine praxisgerechtere Messung der mittleren Vollverzögerung ermöglichen; sie erfordert zudem eine nicht so aufwändige Messtechnik ...*

Zu Abs. 18: *Bisher galt, dass Fahrzeuge, die hinsichtlich der Baumerkmale ihres Fahrgestells den Fahrzeugen gleichzustellen waren, die unter die Vorschriften des § 41, Abs. 18, Satz 1 fielen, den Vorschriften der Richtlinie 71/320/EWG über Bremsanlagen entsprechen* **durften.**
Nunmehr wird gefordert, dass diese Fahrzeuge die Vorschriften der EG-Richtlinie 71/320/EWG über Bremsanlagen erfüllen **müssen.** *Dies ist im Sinne einer gewünschten Anwendung der harmonisierten Vorschriften geboten. Es ist auch nicht einzusehen, warum z. B. Feuerwehrfahrzeuge, Müllsammelfahrzeuge anders behandelt werden sollen, als „normale Lastkraftwagen". Nach EG-Recht würden diese Fahrzeuge ohnehin grundsätzlich unter die internationale Klassifizierung, also hier Fahrzeugklasse N, fallen.*

Zu Abs. 20: *Nunmehr wird gefordert, dass land- oder forstwirtschaftliche Zugmaschinen mit einer durch die Bauart bestimmten Höchstgeschwindigkeit von nicht mehr als 40 km/h die harmonisierten Vorschriften der Richtlinie 76/432/EWG über die Bremsanlagen von land- oder forstwirtschaftlichen Zugmaschinen auf Rädern erfüllen müssen. Diese Richtlinie ist durch die Richtlinie 96/63/EG hinsichtlich der Wirksamkeit der Bremsanlagen an den technischen Stand angepasst worden ...*

Begr zur ÄndVO v. 26.7.13 **zu Abs. 13 S. 1 Nr. 4** (BR-Drs. 445/13 S. 26 = VkBl. **13** 866): *Mit der einunddreißigsten Verordnung zur Änderung straßenverkehrsrechtlicher Vorschriften vom 23. März 2000 wurden die Bremswerte für die mittlere Vollverzögerung von Kraftfahrzeugen an den technischen Fort-*

schritt angepasst. Diese verschärften Bremsanforderungen können von Krankenfahrstühlen wegen des kurzen Radstandes nicht gefahrlos erfüllt werden. Der Krankenfahrstuhl kann bei solcher Verzögerung nach vorne kippen und der Benutzer herausfallen. Krankenfahrstühle werden deshalb den in Absatz 13 aufgeführten Fahrzeugen, die von den Vorschriften über Bremsen befreit sind, gleichgestellt. Konkrete Anforderungen an eine ausreichende Bremse sind im „Merkblatt für die Begutachtung motorisierter Krankenfahrstühle" definiert.

1a   **1. Anwendungsbereich des § 41.** Die Vorschriften des § 41 Abs. I bis XI, XII S. 1–3, 5, XIII und XV bis XVII haben gem. Abs. XVIII in Verbindung mit der Übergangsbestimmung des § 72 II aF – soweit es sich um Kfze der in Abs. XVIII genannten Arten handelt – nur noch praktische Bedeutung für Fze, deren Bremsanlagen nicht den im Anhang zur StVZO (zu § 41 XVIII und § 41b) genannten Bestimmungen entsprechen (Abs. XVIII S. 2) und **vor dem 1.1.1991** erstmals in den V gekommen sind sowie für die in Abs. XVIII S. 1 von dessen Geltung ausdrücklich ausgenommenen Fze wie etwa Arbeitsmaschinen und Anhänger hinter land- oder forstwirtschaftlichen Zgm. Im Übrigen gilt gem. Abs. XVIII in Verbindung mit dem Anhang die **Richtlinie 71/320/EWG** (EG-Bremsanlage). S. Rn. 24. Entsprechendes gilt gem. Abs. XIX für zwei- und dreirädrige Kfze nach § 30a III (s. dazu § 30a Rn. 2) in Verbindung mit Art 1 der **Richtlinie 2002/24/EG;** soweit sie nach dem **1.10.98** (§ 72 II aF) erstmals in den V gekommen sind, ist die **Richtlinie 93/14/EWG** anzuwenden (EG-Bremsanlage). § 41 ist ein **SchutzG** (§ 823 II BGB), RG JW **34** 2460. Zum Beweis eines Fehlers der Bremsen als ursächlich, s. BGH JZ **71** 29.

2   **2. Grundsatz für die Bauart der Bremsen an Kraftfahrzeugen.** Gem Abs. I S. 1 muss jedes Kfz **zwei Bremsen,** die voneinander unabhängig sind, oder eine Bremse mit zwei voneinander unabhängigen Bedienungseinrichtungen haben. II normiert von diesem Grunderfordernis eine Ausnahme für leichte und langsam fahrende Zugmaschinen. III gibt Sondervorschriften für VII **GleiskettenFze,** für gewisse **elektrisch betriebene Fze.** XV verlangt zusätzliche Einrichtungen bei **schweren Kfzen,** XVI für **Omnibusse,** die mit Druckluft- oder hydraulischen Bremsen ausgerüstet sind. In IV bis V, IX und XII sind die Vorschriften über vorgeschriebene **Bremsverzögerungen** zusammengefasst. V bestimmt, dass eine der beiden Bremsen **feststellbar** sein muss. VIII gibt Sondervorschriften für **Zugmaschinen,** deren Betriebsbremse zur Unterstützung des Lenkens als Einzelradbremse ausgebildet ist.

3   **2a. Zwei voneinander unabhängige Bremsanlagen** müssen Kfze gem. I S. 1 grundsätzlich haben. Gewöhnlich sind die Kfze mit einer Fuß-(Vierrad-)Betriebsbremse und mit einer Handbremse zum Feststellen des stehenden Kfz ausgestattet. Eine schadhafte Handbremse macht das Kfz auch bei funktionierender Fußbremse verkehrsunsicher, BGH VersR **72** 872.

4   **2b. Eine Bremsanlage, aber zwei voneinander unabhängige Bedienungsvorrichtungen.** Statt zweier Bremsanlagen genügt nach I S. 1 eine mit zwei voneinander unabhängigen Bedienungsvorrichtungen, die jede unbeschränkt wirkt, auch wenn die andere versagt. Das Kfz muss also auch bei derartiger Einrichtung der Bremsanlage stets gebremst werden können.

5   **2c. Beschaffenheit der Bremsen.** Das Erfordernis des Abs. I S. 5, wonach ein Teil der Bremsflächen unmittelbar auf die Räder oder auf mit ihnen verbundene Bestandteile wirken müsse, ist durch I Satz 6 gemildert; dies entspricht dem Genfer Abkommen über internationalen StrV v. 16.9.49. Die Bestimmungen der Sätze 2–6 (Abs. I) über die Einwirkung auf die *Bremsflächen* gelten nicht für Fze mit **hydrostatischer Bremsanlage** (Abs. Ia), weil bei ihnen keine Bremsflächen vorhanden sind (s. Begr VkBl. **97** 659). Richtlinie für Bremsanlagen von Fzen mit hydrostatischem Antrieb, VkBl. **98** 1226, **03** 823 (StVRL Nr. 11). Alle Bremsen müssen leicht nachstellbar sein oder eine selbsttätige Nachstelleinrichtung haben (I S. 7), weil die Bremswirkung sonst allmählich nachließe.

6   **3. Sondervorschrift für leichte, langsame Zugmaschinen.** Durch die in Abs. II enthaltene Beschränkung der Höchstgeschwindigkeit auf 20 km/h bleibt die beim Bremsen zu vernichtende kinetische Energie auch beim Mitführen von Anhängern so gering, dass beim Bruch eines Teils der Bremsanlage auch mit einem Rad für den Notfall ausreichende Bremswirkung erreicht werden kann.

7   **4. Sondervorschrift für Gleiskettenfahrzeuge.** Mit Abs. III wurde eine schon früher zugelassene Ausnahme übernommen, s. VkBl. **49** 92 (96). Für Halbkettenfahrzeuge gelten dieselben Bestimmungen wie für andere GleiskettenFze (s. ÄndVO v. 24.8.53).

5. Bestimmungen über das Maß der Bremswirkung (IV). Die Betriebsbremse muss für 8
sich allein ausreichende Bremsung bewirken. Hier gilt dasselbe wie bei andern Fzen, deren
Bremsen nach § 65 ausreichend sein müssen. Um Auffahrunfällen entgegenzuwirken, wäre
während der langen Übergangszeit des Mischverkehrs mit bisher üblichen und ABV-Systemen
(**automatischer Blockierverhinderer,** ABS, s. § 41b) eine sinnfällige Kennzeichnung der
ABV-Kfze angebracht, s. *Heinze* VGT **90** 58. Mit **Anbaugeräten** ist auf genügende Belastung
der gebremsten Achse zu achten, s. Nr. 4.12 Merkblatt für Anbaugeräte VkBl. **09** 804 = StVRL
§ 30 Nr. 6. Die Bremseinrichtungen sind **vor jeder Fahrt zu prüfen,** BGH VRS **22** 211. Nach
Anhänger-Abkupplung ist die Bremswirkung des Motorwagens zu prüfen, denn deren Fehler
können vorher durch bessere Bremswirkung des Anhängers ausgeglichen worden sein, Dü
VM **74** 86. Nach jedem Eingriff in die Bremsanlage eines Kfzs ist stets eine Bremsprobe erfor-
derlich, BGH VRS **65** 140. S. § 23 StVO (Fahrerpflichten). Auch bei ausreichender Mindestver-
zögerung verstößt ein zu weiter Pedalweg gegen § 30, Bay VRS **46** 313, Dü VRS **56** 68, s. Hb
VM **66** 72. Wer unterwegs ungleichmäßiges Bremsen bemerkt, muss mit einem Bremsmangel
und Ausbrechen des Fz bei Vollbremsung rechnen und entsprechend vorsichtig fahren, Dü
VM **70** 78. Fahren mit unzureichenden Bremsen oder ohne sie ist **grobfahrlässig.** Leistungs-
freiheit des Versicherers bei einer Fahrt trotz bekannten Versagens (Verölung) der Betriebsbremse,
Nü VersR **67** 595. Der Lastzughalter, der den Zug 2 Jahre nicht zur Inspektion bringen und die
Bremsanlage nicht prüfen lässt, handelt grobfahrlässig, BGH VersR **62** 79. Auch allmählich abge-
nutzte Bremsbeläge, die erst bei einer Gewaltbremsung versagen, bewirken eine versicherungs-
rechtliche **Gefahrerhöhung,** BGH VersR **69** 1011, ebenso mangelhafter Frostschutz bei einer
Luftdruckbremsanlage, doch muss der Versicherte den gefahrerhöhenden Umstand kennen, Kennen-
nenmüssen genügt auch bei grober Fahrlässigkeit nicht, BGH VersR **70** 563. Zur Gefahrerhö-
hung gehört Kenntnis der sie begründenden Umstände oder arglistige Nichtkenntnisnahme von
diesen Umständen, Schl VersR **78** 1011 (s. dazu § 23 StVO Rn. 40). Gefahrerhöhung bei Weiter-
benutzung eines Fzs, dessen Bremsen erst nach mehrmaligem Treten des Pedals („Pumpen")
ansprechen, Ko VersR **83** 870, Ha VersR **78** 284. Führt eine Abnutzung der Bremsbeläge dazu,
dass sich das Pedal bis auf die Bodenplatte durchtreten lässt, so kann die darauf beruhende Ge-
fahrerhöhung dem FzF idR nicht verborgen geblieben sein, KG VM **84** 54, s. aber BGH
VersR **86** 255 (FzBesitz erst seit wenigen Tagen), KG VM **87** 27. Eine mangelhafte Fußbremse
erhöht die versicherungsrechtliche Gefahr nicht, wenn der Unfall ebenso auch bei intakter
Bremse geschehen wäre, Kö VersR **70** 998. Gefahrerhöhung bei mangelhafter Feststellbremse,
s. Rn. 10. Auch der **Halter** ist verantwortlich für einen durch mangelhafte Bremsanlagen verur-
sachten Unfall, wenn ihm der Fahrer den Mangel mitgeteilt hatte. S. § 31.

5a. Die **mittlere Vollverzögerung,** die eine Bremse gewährleisten muss, beträgt 5,0 m/s². 9
Der durch ÄndVO v. 23.3.00 eingeführte Begriff der Vollverzögerung entspricht den internatio-
nalen Bremsenvorschriften (ECE-Regelung Nr. 13, Richtlinie 71/320/EWG). Mittlere Vollver-
zögerung von 3,5 m/s² reicht aus, wenn die bauartbestimmte Höchstgeschwindigkeit nicht über
25 km/h hinausgeht (IV). Die gegenüber der bis zum 31.3.00 geltenden Fassung erhöhten Werte
sind gem. § 72 II aF spätestens ab 1.1.01 auf die von diesem Tage an erstmals in den V kommen-
den Kfze anzuwenden; für ältere gilt Abs. IV bzw. IX in der vor dem 1.4.00 geltenden Fassung.
Bei gleicher mittlerer Vollverzögerung benötigen Fze und Züge bei 20 km/h nur ein Viertel des
Bremswegs, den sie bei 40 km/h haben würden. Die Herabsetzung der Bremsverzögerung auf
3,5 m/s² ist daher gerechtfertigt, wenn mit höherer Geschwindigkeit als 25 km/h nicht zu rech-
nen ist. Eine mittlere Bremsverzögerung von 7,5 m/s² bei Vollbremsung mag bei manchen Kfzen
erreichbar sein, jedoch besteht hierüber kein allgemeiner Erfahrungssatz, Hb DAR **80** 184. XII
ergänzt die Bestimmung über die mittlere Verzögerung durch technische Erläuterungen beson-
ders für die Bremsprüfung (s. dazu Rn. 19).

5b. Eine **Hilfsbremswirkung** bei Ausfall eines Teils der Bremsanlage muss durch die verblei- 9a
benden funktionstüchtigen Bremseinrichtungen nach Maßgabe von IVa gewährleistet sein
(s. Begr, vor Rn. 1); diese muss nicht notwendig von der Feststellbremse erbracht werden (s.
Begr, VkBl. **97** 659).

6. Feststellbremse. Verhinderung des Abrollens. Gem V S. 1 muss die Bedienungseinrich- 10
tung einer der beiden Bremsanlagen feststellbar sein. Auch eine den technischen Anforderungen
von V entsprechende Handbremse kann betriebsunsicher sein (s. § 30), zB wenn sie erst an der
obersten Betätigungsgrenze wirkt und/oder nicht feststellbar ist, s. Dü VRS **56** 68, Ha VRS **56**
135. Sie muss auch ohne Motorbremswirkung oder Einlegen des Ganges auf der größten noch

befahrbaren Steigung das Abrollen verhindern. Mit festgestellter Handbremse muss die in V S. 3 angegebene mittlere Verzögerung erreicht werden können, und zwar ausschließlich durch mechanische Mittel. Mangelhafte Handbremse als erhebliche Gefahrerhöhung, Ce VersR **69** 118, s. BGH VersR **72** 872. Unterlegkeile: Rn. 21.

11   **7. Mittlere Verzögerung bei Krafträdern.** Abs. VI (alt) bestimmte für Krafträder, Mopeds und Mofas (Zw VRS **71** 229) die mittlere Verzögerung (mindestens 2,5 m/s²). Die Bestimmung wurde durch ÄndVO v. 23.3.00 unter Hinweis auf Abs. XIX gestrichen. Auf Kräder, die vom 1.10.98 erstmals in den V gekommen sind, ist gem. Abs. XIX (mit § 72 II aF) der Anhang der Richtlinie 93/14/EWG anzuwenden, für ältere bleibt Abs. VI in der vor dem 1.9.97 geltenden Fassung anwendbar (§ 72 II aF). Beiwagen an Krafträdern brauchen keine Bremse mehr, s. Begr zur ÄndVO v. 20.6.73 (VkBl. **73** 407). Es gibt keinen Erfahrungssatz, dass die Handbremse die geforderte Wirkung nicht habe, wenn man das Motorrad bei angezogener Handbremse mit Körperkraft wegschieben könne, Schl VM **56** 72. Das schließt aber abw Beweiswürdigung im Einzelfall nicht aus, Dü VM **97** 30 (*müheloses* Verschieben des Krades).

12   **8. Sondervorschrift für die Bremsen der Akkumulatorfahrzeuge.** Bei elektrisch betriebenen Fzen darf gem. VII eine der beiden Bremsen eine Widerstands- oder Kurzschlussbremse sein, auf die I Satz 5 (unmittelbare Wirkung auf Räder oder Getriebe) unanwendbar ist. Im Übrigen wird für diese Fze die gleiche Bremsleistung (Abs. IV) verlangt wie für andere Fze.

13   **9. Betriebsfußbremsen an Zugmaschinen.** Die Bestimmung des Abs. VIII soll bei Fzen mit Lenkbremsen Bedienungsfehler ausschließen, wenn sie im Verkehr verwendet werden.

14   **10. Bremsen von Anhängern.** Bei Anhängern (§ 2 Nr. 2 FZV) gelten Sondervorschriften, für zwei- und mehrachsige Anhänger in IX, X, für einachsige in XI. In X sind die Vorschriften über **Auflaufbremsen** zusammengefasst (s. Rn. 17).

15   **Zwei- und mehrachsige Anhänger** unterliegen den verschärften Bremseinrichtungsbestimmungen in IX. Die Verschärfung hat sich durch die Entwicklung des Verkehrs mit Anhängern als notwendig erwiesen. Mittlere Vollverzögerung: Rn. 9. Die Bremse an einem zwei- oder mehrachsigen Anhänger muss feststellbar sein, IX S. 3 (s. dazu Rn. 10). Für Anhänger von Kfzen mit Geschwindigkeiten von nicht mehr als 25 km/h (Betriebsvorschrift) genügt eine mittlere Vollverzögerung von 3,5 m/s², wenn die Anhänger für Höchstgeschwindigkeiten von nicht mehr als 25 km/h nach § 58 gekennzeichnet sind. Die Vorschrift entspricht Interessen der Landwirtschaft. Für die Ausstattung der Auflieger von SattelKfzen mit eigenen Bremsen gilt Abs. XI, Ha VRS **36** 375.

16   **10a. Bedienung der Anhängerbremsen.** In der Regel werden die Bremsen der hinter Kfzen mitgeführten Anhänger vom ziehenden Fz aus bedient. Vielfach haben solche Anhänger auch eine selbsttätige Bremsanlage, die automatisch ausgelöst wird, wenn das ziehende Fz bremst. Sog „Steckhebelbremsen" sind nach Abs. IX S. 5 ab 1.1.95 bei von diesem Tage an erstmals in den V gekommenen Anhängern (§ 72 II aF) nicht mehr zulässig (s. Begr VkBl. **93** 613).

17   **10b. Auflaufbremsen an Anhängern.** X vereinigt die Bestimmungen über Auflaufbremsen. Hinsichtlich der Gewichtsbegrenzung ist das zulässige Gesamtgewicht (§ 34 V) entscheidend, nicht das vielleicht niedrigere tatsächliche Gesamtgewicht. Das zulässige Gesamtgewicht eines Anhängers mit Auflaufbremsen beträgt auch dann nur 8 t, wenn er außerdem noch eine Druckluftbremse hat, BGH DAR **58** 132. Auflaufbremsen müssen nach § 22a I Ziff 5 in amtlich genehmigter Bauart ausgeführt sein. Technische Anforderungen bei der Bauartprüfung, VkBl. **73** 558, zuletzt geändert: VkBl. **03** 752 = StVRL § 22a Nr. 1 (Nr. 30). Bei Sattelanhängern sind Auflaufbremsen nicht mehr zulässig (Abs. X S. 2); Übergangsvorschrift: § 72 II aF.

18   **10c. Ausnahmevorschrift für einachsige Anhänger und zweiachsige mit weniger als 1 m Achsabstand.** Einachsige Anhänger sind meist mit dem ziehenden Kfz so fest verbunden, dass sich dessen Bremswirkung unmittelbar auf sie überträgt. Dann bedürfen sie keiner eigenen Bremsanlage. XI umschreibt die Voraussetzungen, von deren Vorhandensein das Eingreifen der Befreiungsvorschrift abhängt. Soweit einachsige Anhänger eine eigene Bremse haben müssen, gelten alle Vorschriften in IX. Die mittlere Verzögerung der Bremsanlage einachsiger Anhänger, soweit erforderlich, bemisst sich somit nach IX. Bei ungebremsten einachsigen Anhängern darf im Interesse der VSicherheit des Zuges die tatsächlich vorhandene Anhängelast (Achslast) die Hälfte des Leergewichts des ziehenden Fz nicht übersteigen (§ 42 II S. 2). Dem entspricht § 41 XI. Entscheidend ist daher nicht die zulässige, sondern die tatsächliche Achslast, Kö VRS **95** 301.

Wer gemäß XI einen nicht bremsbaren Anhänger führt, braucht nicht deshalb langsamer zu fahren, Dü VM **67** Nr. 89.

11. Feststellung der Bremsverzögerung. Bremsprüfungen. XII regelt die Ermittlung 19
der Bremsverzögerung, s. Ha VkBl. **69** 143. Er enthält weitere Vorschriften über die nach IV–VII,
IX und XI notwendige Verzögerung. Für die Bestimmung der mittleren Vollverzögerung bestehen gem. XII S. 3 zwei Alternativen. Berechnungsformel für die Ermittlung nach III Nr. 2:
VkBl. **00** 365. Die mittleren Verzögerungen gemäß IV, VII müssen auch erreicht werden, wenn
das Kfz Anhänger mitführt. Satz 4 regelt das Verfahren bei Prüfung des Fz nach § 29. Satz 5 (erhöhte Bremsanforderungen bei Neuzulassung) soll einen Ausgleich dafür schaffen, dass die
Bremswirkung im Betrieb erfahrungsgemäß nachlässt. Richtlinien über die Anwendung, Beschaffenheit und Prüfung von Zeitmesseinrichtungen bestimmter Betriebsbremsen, VkBl. **76** 284
= StVRL Nr. 3. Richtlinie für die Prüfung der Bremsanlagen von Fz bei Hauptuntersuchungen
nach § 29 (HU-Bremsenrichtlinie, VkBl. **12** 432, **14** 655 = StVRL § 29 StVZO Nr. 8). Richtlinie für die Anwendung, Beschaffenheit und Prüfung von Bremsprüfständen (Bremsprüfstands-
richtlinie, VkBl. **11** 354 = StVRL § 41 Nr. 4). Merkblatt für Bremsendienstprüflehrgänge,
VkBl. **78** 203.

12. Befreiung von den Vorschriften über Bremsen. XIII nimmt näher bezeichnete lang- 20
sam fahrende Fz von § 41 aus und enthält Sondervorschriften für die Bremsen dieser Fz sowie
der land- oder forstwirtschaftlichen Arbeitsmaschinen. § 36 IV bestimmt, welche Fz mit eisernen
Reifen (XIII S. 1 Nr. 3 f.) versehen sein dürfen. Motorisierte Krankenfahrstühle (XIII S. 1 Nr. 4)
wurden durch ÄndVO v. 26.7.13 in den Katalog der von den Vorschriften über Bremsen befreiten Fz aufgenommen (Begr vor Rn. 1).

13. XIV, der für schwere Fze das **Mitführen von Unterlegkeilen** vorsieht, soll zur Sicherung 21
abgestellter Fze dienen. Unterbringungsrichtlinien für Unterlegkeile an Kfzen und deren Anhängern, außer an Pkw und Krädern, VkBl. **80** 775 = StVRL Nr. 7. Größe und Gewicht von Unterlegkeilen, DIN 76051. Zur Ausrüstung land- und forstwirtschaftlicher Arbeitsgeräte mit Bremsen
und Unterlegkeilen, Nr. 14 Merkblatt VkBl. **09** 808 = StVRL § 2 FZV Nr. 4. Durch die Neufassung von Abs. XIV S. 2 Nr. 1 und 2 (ÄndVO v. 12.8.97) ist klar gestellt, dass Starrdeichselanhänger
einschließlich Zentralachsanhänger mit 2 Unterlegkeilen ausgerüstet sein müssen.

14. Sondervorschrift für schwerere Fahrzeuge. Nach XV müssen Omnibusse mit zuläs- 22
sigem Gesamtgewicht von mehr als 5,5 t sowie Kfze mit zulässigem Gesamtgewicht von mehr
als 9 t außer den beiden Bremsen (Rn. 3) eine **Dauerbremse** (Motorbremse oder in der
Bremswirkung gleichartige Vorrichtung) haben. Nur bei den langsamen Fzen gemäß Satz 5 wird
auf diese dritte Bremseinrichtung verzichtet. Ausbau von Einrichtungen an Anhängern zur Betätigung der Betriebsbremse als Dauerbremse, s. § 72 II aF (zu § 41 XV). Die Betriebsbremse an
Anhängern mit einem zulässigen Gesamtgewicht von mehr als 9 t muss die in S. 3 bestimmte
Leistung erreichen (XV S. 4). Für Fze zu besonderen Einsatzzwecken mit hydrostatischen Getrieben, die auch der Verzögerung dienen, kann nach Maßgabe der Richtlinie für Bremsanlagen
für Fze mit hydrostatischem Antrieb (VkBl. **98** 1226, **03** 823 = StVRL Nr. 11) eine Ausnahmegenehmigung von den Vorschriften des Abs. XV erteilt werden.

15. Druckluftbremsen und hydraulische Bremsen. XVI schreibt wegen des höheren Si- 23
cherheitsbedürfnisses für Omnibusse die Zweikreisbremse vor. Der Erhöhung der Sicherheit
dient auch das Erfordernis eines Warndruckanzeigers bei Omnibussen mit Luftdruckbremse
(XVI S. 2). Druckbehälter sind prüfpflichtig, s. § 41a.

15a. XVII. Zweileitungsbremsanlagen zum Mitführen von Anhängern, s. BMV VkBl. **75** 23a
687.

16. EG-Bremsanlage. Für **ab 1.1.1991** erstmals in den V gekommene Pkw, Kom, Lkw und 24
SattelZgm mit mindestens 4 Rädern mit bauartbestimmter Höchstgeschwindigkeit von mehr als
25 km/h gilt gem. Abs. XVIII und Anhang zur StVZO in Verbindung mit § 72 II aF im Verfahren zur Erteilung einer BE nicht mehr § 41 I–XIII und XV–XVII, sondern die **Richtlinie
71/320/EWG** (StVRL § 41 Nr. 12). Eine entsprechende Bestimmung enthält Abs. XIX in Verbindung mit § 72 II aF für ab 1.10.98 erstmals in den V gekommene zwei- und dreirädrige Kfze
(§ 30a III); für sie gilt die **Richtlinie 93/14/EWG**.

17. Land- oder forstwirtschaftliche Zugmaschinen mit bauartbestimmter Höchstge- 25
schwindigkeit bis 40 km/h müssen den in den Anhängen I bis IV der Richtlinie 76/432/EWG

genannten Bestimmungen über Bremsanlagen entsprechen (Abs. XX). Abs. XX ist spätestens ab 1.1.02 auf die von diesem Tage an erstmals in den V kommenden land- oder forstwirtschaftlichen Zgm anzuwenden (§ 72 II aF).

26   **18. Ausnahmen.** § 70. Empfehlungen für die Erteilung von Ausnahmegenehmigungen nach § 70 für bestimmte FzArten und FzKombinationen, VkBl. **14** 503 = StVRL § 70 StVZO Nr. 1.

27   **19. Zuwiderhandlungen.** §§ 69a III Nr. 13, 31b (41 XIV), 69a V Nr. 4b StVZO, 24 StVG. Fahren mit vorschriftswidrigen Bremsen steht mit allen auf der Fahrt begangenen Verstößen in TE, s. Kar VRS **51** 76, auch bei Unfall (fahrlässige Körperverletzung, fahrlässige Tötung) ohne mitwirkende Ursächlichkeit der unzureichenden Bremsen, aM RG HRR **37** Nr. 1613. Zur Vermeidbarkeit eines Verbotsirrtums bei häufiger Änderung der Vorschriften über Bremsen, BGH VRS **6** 444. Über die Wirkung und Bedienung einer Zweikreisbremsanlage muss sich der Kf unterrichten, Dü VM **75** 79. Zuwiderhandlung gegen § 41 liegt nur vor, wenn die Bremsleistung tatsächlich beeinträchtigt ist (Ce NZV **09** 617). Soweit Mängel der Bremsanlage nicht unmittelbar gegen die Vorschriften des § 41 verstoßen, kommt **OW gem. § 30** in Betracht. Kein Verstoß gegen § 41, aber OW gem. § 30 zB, wenn die Bremse zwar die vorgeschriebene Mindestverzögerung erreicht, jedoch wegen zu langen Pedalweges nicht verkehrssicher ist, Bay VM **74** 28, s. Bay DAR **80** 262, oder wenn die Handbremse erst bei vollständigem Anziehen die erforderliche Wirkung zeigt, Dü VRS **56** 68, ebenso bei Wärmerissen an den Bremstrommeln oder zu großem Lüftspiel zwischen Bremsbacken und Trommeln ohne Beeinträchtigung der Bremsleistung, KG VRS **82** 149, oder bei die Bremsleistung nicht unmittelbar beeinträchtigenden Rostschäden an Teilen der Bremsanlage, KG VRS **100** 143. Bei **überraschendem Bremsausfall** muss der Kf die eingeschliffene automatische Reaktion durch eine überlegte ersetzen; außer der Reaktions- und Bremsansprechzeit beim mißlungenen Bremsversuch steht ihm deshalb eine Schreckzeit von 1 s und eine weitere Reaktions- und Bremsansprechzeit für die Handbremse bzw. für eine andere Rettungsmaßnahme zu, Dü VM **77** 45, Ha NZV **90** 36. Plötzliches, unvorhergesehenes Bremsversagen kann auch einen erfahrenen Kf in größere Bestürzung versetzen als eine fremde VWidrigkeit, mit der er rechnen muss, Fra VRS **41** 37. Jedoch entlastet Bremsversagen nicht, wenn es auf **ungenügender Wartung** beruht; Durchführung der vorgeschriebenen Pflicht- und Sonderuntersuchungen durch den TÜV genügt nicht, vielmehr sind die vom Hersteller empfohlenen Inspektionstermine einzuhalten, Ha NZV **90** 36. Der Fahrer eines Lkw braucht vor Fahrtantritt die **Bremsscheiben** nicht einer **Sichtkontrolle** zu unterziehen, sofern nicht ausnahmsweise ein besonderer Anlass dafür besteht (Dü NZV **14** 425). **Risse in der Bremsscheibe** eines Lkw rechtfertigen sofortige Stilllegung nur, wenn das Fz nach der HU-Richtlinie (§ 29 Rn. 23a) als verkehrsunsicher einzustufen ist (AG Landstuhl NZV **17** 394).

Druckgasanlagen und Druckbehälter

41a (1) Kraftfahrzeugtypen, die mit speziellen Ausrüstungen oder Bauteilen für die Verwendung von

1. verflüssigtem Gas (LPG) oder
2. komprimiertem Erdgas (CNG)

in ihrem Antriebssystem ausgestattet sind, müssen hinsichtlich des Einbaus dieser Ausrüstungen oder Bauteile nach den im Anhang zu dieser Vorschrift genannten Bestimmungen genehmigt sein.

(2) Spezielle Nachrüstsysteme für die Verwendung von

1. verflüssigtem Gas (LPG) oder
2. komprimiertem Erdgas (CNG)

im Antriebssystem eines Kraftfahrzeugs müssen hinsichtlich ihrer Ausführung nach der im Anhang zu dieser Vorschrift genannten Bestimmung genehmigt sein.

(3) [1] Spezielle Bauteile für die Verwendung von

1. verflüssigtem Gas (LPG) oder
2. komprimiertem Erdgas (CNG)

im Antriebssystem eines Kraftfahrzeugs müssen hinsichtlich ihrer Ausführung nach der im Anhang zu dieser Vorschrift genannten Bestimmung genehmigt sein. [2] Ferner müssen für den Einbau die Bedingungen der im Anhang zu dieser Vorschrift genannten Bestimmung erfüllt werden.

(4) [1]Hersteller von Bauteilen für Ausrüstungen nach Absatz 1 oder Nachrüstsysteme nach Absatz 2 oder von speziellen Bauteilen nach Absatz 3 müssen diesen die notwendigen Informationsunterlagen, entsprechend den im Anhang zu dieser Vorschrift genannten Bestimmungen, für den Einbau, die sichere Verwendung während der vorgesehenen Betriebsdauer und die empfohlenen Wartungen beifügen. [2]Den für den Einbau, den Betrieb und die Prüfungen verantwortlichen Personen sind diese Unterlagen bei Bedarf zur Verfügung zu stellen.

(5) [1]Halter, deren Kraftfahrzeuge mit Ausrüstungen nach Absatz 2 oder Absatz 3 ausgestattet worden sind, haben nach dem Einbau eine Gasanlagenprüfung (Gassystemeinbauprüfung) nach Anlage XVII durchführen zu lassen. [2]Gassystemeinbauprüfungen dürfen nur durchgeführt werden von

1. verantwortlichen Personen in hierfür anerkannten Kraftfahrzeugwerkstätten, sofern das Gassystem in der jeweiligen Kraftfahrzeugwerkstatt eingebaut wurde,
2. amtlich anerkannten Sachverständigen oder Prüfern für den Kraftfahrzeugverkehr,
3. Prüfingenieuren im Sinne der Anlage VIIIb Nummer 3.9.

[3]Nach der Gassystemeinbauprüfung haben Halter von Kraftfahrzeugen mit Ausrüstungen nach Absatz 3 eine Begutachtung nach § 21 zur Erlangung einer neuen Betriebserlaubnis durchführen zu lassen.

(6) [1]Halter, deren Kraftfahrzeuge mit Ausrüstungen nach den Absätzen 1 bis 3 ausgestattet sind, haben bei jeder Reparatur der Gasanlage im Niederdruckbereich eine Dichtigkeits- und Funktionsprüfung durchzuführen. [2]Bei umfangreicheren Reparaturen an der Gasanlage sowie bei deren Beeinträchtigung durch einen Brand oder einen Unfall ist eine Gasanlagenprüfung nach Anlage XVII durchzuführen. [3]Die Gasanlagenprüfungen sowie Dichtigkeits- und Funktionsprüfungen dürfen nur durchgeführt werden von

1. verantwortlichen Personen in hierfür anerkannten Kraftfahrzeugwerkstätten oder Fachkräften unter deren Aufsicht,
2. amtlich anerkannten Sachverständigen oder Prüfern für den Kraftfahrzeugverkehr,
3. Prüfingenieuren im Sinne der Anlage VIIIb Nummer 3.9.

(7) [1]Die Anerkennung der Kraftfahrzeugwerkstätten für die Durchführung der Gassystemeinbauprüfungen nach Absatz 5, der Gasanlagenprüfungen nach Absatz 6 und der Untersuchungen nach Anlage VIII Nummer 3.1.1.2 hat nach Anlage XVIIa zu erfolgen. [2]Die Schulung der in Absatz 5 Satz 2 Nummer 2 und 3 sowie Absatz 6 Satz 3 Nummer 2 und 3 genannten Personen hat in entsprechender Anwendung der Nummern 2.5, 7.3 und 7.4 der Anlage XVIIa zu erfolgen, wobei der Umfang der erstmaligen Schulung dem einer Wiederholungsschulung entsprechen kann.

(8) [1]Druckbehälter für Druckluftbremsanlagen und Nebenaggregate müssen die im Anhang zu dieser Vorschrift genannten Bestimmungen erfüllen. [2]Sie dürfen auch aus anderen Werkstoffen als Stahl und Aluminium hergestellt werden, wenn sie den im Anhang zu dieser Vorschrift genannten Bestimmungen entsprechen und für sie die gleiche Sicherheit und Gebrauchstüchtigkeit nachgewiesen ist. [3]Druckbehälter sind entsprechend des Anhangs zu kennzeichnen.

Begr zur ÄndVO v. 22.10.03 (VkBl. **03** 747): **Zu Abs. 3 alt (jetzt Abs. 8):** *Auf Druckbehälter* **1** *für Druckluftbremsanlagen und Nebenaggregate sind die Vorschriften der Richtlinie 87/404/EWG zur Angleichung der Rechtsvorschriften der Mitgliedstaaten für einfache Druckbehälter, die zuletzt durch die Richtlinie 93/68/EWG geändert wurde, anzuwenden, wobei aber auch andere Werkstoffe, als in der Richtlinie genannt, verwendet werden dürfen.*

Begr zur ÄndVO v. 16.3.06 (VkBl. **06** 426): **2**
Durch die Neufassung des § 41a werden die Vorschriften zur Zulassung und für den Betrieb von Druckgeräten, die zum Betrieb von Fahrzeugen vorgesehen sind in die StVZO (§ 41a, Anlagen XVII und XVIIa) übernommen. ...

Zu Abs. 1: *... In Kraftfahrzeugtypen dürfen hierdurch nur Anlagen mit ECE-Genehmigungen eingebaut werden.*

Zu Abs. 2: *... In bereits zugelassene Kraftfahrzeuge dürfen hiernach nur nach ECE genehmigte Nachrüstsysteme eingebaut werden.*

Zu Abs. 5: *Diese Vorschrift bestimmt, dass nachträglich mit Ausrüstungen nach Absatz 2 oder Absatz 3 ausgestattete Kraftfahrzeuge einer Gassystemeinbauprüfung durch hierfür ausgebildete Personen zugeführt werden müssen. Bei Nachrüstungen nach Absatz 3 muss zusätzlich eine Begutachtung nach § 21* *durchgeführt werden. Damit wird sichergestellt, dass ein einwandfreier Einbau der Gasanlage erfolgte und ein sicherer Betrieb gewährleistet ist.*

    Zu Anl VIII: *... Durch Ergänzung der Anlage VIII und der Ergänzung der Anlage VIIIa um die neue Nr. 4.8.5 ... wird sichergestellt, dass diese Kraftfahrzeuge hinsichtlich ihrer „Gasanlage" nunmehr bei der HU wiederkehrend auf Einhaltung der vorgeschriebenen Sicherheitsstandards untersucht werden. Diese Untersuchungen können auch als eigenständige Teile der HU von dafür anerkannten Kraftfahrzeugwerkstätten durchgeführt und bescheinigt werden. ...*

    Zu Anl XVII und XVIIa: *Mit den Anlagen XVII und XVIIa werden detaillierte Vorschriften wie Mindestanforderungen an Untersuchungsstellen, Untersuchungsanweisungen, Nachweisführung, Anerkennungsverfahren für Werkstätten sowie Schulung der für die Prüfungen verantwortlicher Personen aufgenommen. ...*

2a   **Begr** zur ÄndVO v. 26.7.13 **zu Abs. 6** (BR-Drs. 445/13 S. 26 = VkBl. **13** 866): *In der Praxis hat sich gezeigt, dass die Forderung einer Gasanlagenprüfung nach jeder Reparatur der Gasanlage eine unnötige Anforderung und überzogen ist, wenn z. B. beim Wechseln eines Einzelteils im Niederdruckbereich offensichtlich andere Bereiche des Gasanlagensystems überhaupt nicht berührt werden. Hier reicht eine Dichtigkeits- und Funktionsprüfung des ausgewechselten Einzelteils aus.*

3   **1. Anwendungsbereich.** Die Vorschrift betrifft Zulassung und Betrieb von Druckgeräten, die zum Betrieb folgender Fz vorgesehen sind: Kfz und Anhänger iSd Richtlinie 70/156/EWG (StVRL § 20 StVZO Nr. 3), land- oder forstwirtschaftliche Zgm iSd Richtlinie 74/150/EWG und zwei- oder dreirädrige Kfz iSd Richtlinie 92/61/EWG. Alle Druckgeräte von sonstigen Fz (zB Stapler) fallen unter die DruckgeräteVO (14. GSVG, BGBl. I S. **02** 3777). Für Kfz, die mit Brennstoffzelle oder mit speziellen Bauteilen für die Verwendung von komprimiertem Wasserstoff (CGH$_2$) oder verflüssigtem Wasserstoff (LH$_2$) in ihrem Antriebssystem ausgestattet sind, bestehen zurzeit keine speziellen Regelungen für die Genehmigung in der StVZO, da für diese Fz noch keine einheitlichen Bedingungen für die Genehmigung (EG-Richtlinien) in Kraft sind (s. Begr VkBl. **06** 427). Die VO EG Nr. 79/2009 v. 14.1.09 über die Typgenehmigung von wasserstoffbetriebene Kfz (ABlEU Nr. L 35 v. 4.2.09, S. 32 = StVRL § 20 StVZO Nr. 53) gilt ab 24.2.2011 unmittelbar in Deutschland.
    Auf Fz, die vor dem 1.4.06 mit Gasanlagen in den Verkehr gekommen sind, die nicht nach ECE genehmigt sind, ist § 41a in der vor dem 1.4.06 geltenden Fassung anzuwenden (§ 72 II aF zu § 41a II, III). § 41a VIII (Druckbehälter) ist auf Fz anzuwenden, die ab 1.11.03 erstmals in den Verkehr gekommen sind; für die anderen Fz gilt § 41a III in der vor dem 1.11.03 geltenden Fassung (§ 72 II aF zu § 41a VIII).

4   **2. Einbau und Betrieb.** In KfzTypen dürfen nur Anlagen für die Verwendung von verflüssigtem Gas (LPG, Liquefied Petroleum Gas, Autogas) oder komprimiertem Erdgas (CNG, Compressed Natural Gas) im Antriebssystem eingebaut werden, die nach ECE genehmigt sind (Abs. 1). In bereits zugelassene Fz dürfen nur nach ECE genehmigte Nachrüstsysteme dafür eingebaut werden (Abs. 2). Bei Umrüstung eines Fz auf Gasbetrieb ist diese Änderung der Kraftstoffart unverzüglich der Zulassungsbehörde zu melden und die Eintragung in die Zulassungsbescheinigung Teile I und II zu veranlassen (§ 13 I Nr. 3 FZV). Dies gilt auch bei Umrüstung auf bivalenten Betrieb (ein Motor kann mit zwei verschiedenen Kraftstoffen betrieben werden, zB Benzin/Flüssiggas, Benzin/komp. Erdgas), da dann im Feld 10 der Zulassungsbescheinigung Teile I und II andere Codes einzutragen sind (s. Verzeichnis zur Systematisierung von Kfz und ihren Anhängern, Teil A 3 (StVRL § 11 FZV Nr. 9, www.kba.de). Bei Nachrüstungen muss eine Gassystemeinbauprüfung nach Anl XVII durchgeführt werden, bei Nachrüstungen gem. Abs. 3 zusätzlich eine Begutachtung nach § 21 (Abs. 5). Bis 31.7.13 war nach jeder Reparatur der Gasanlage eine Gasanlagenprüfung nach Anl XVII durchführen zu lassen (VI aF). Seit Änderung von VI durch ÄndVO v. 26.7.13 reicht eine Dichtigkeits- und Funktionsprüfung nach einer Reparatur der Gasanlage im Niederdruckbereich aus (VI S. 1, Begr Rn. 2a). Lediglich bei umfangreicheren Reparaturen an der Gasanlage und bei deren Beeinträchtigung durch Brand oder Unfall ist noch eine Gasanlagenprüfung nach Anl XVII durchzuführen (VI S. 2). Erläuterung der Anwendung der Abgasvorschriften im Zusammenhang mit § 41a durch das BMV VkBl. **07** 206 = StVRL § 41a StVZO Nr. 5. Beschilderung von Autogas-/Erdgastankstellen: Verkehrszeichen 365-53 und 365-54, VkBl. **06** 633 = StVRL § 42 StVO Nr. 33.

5   **3. Regelmäßige Überprüfung.** Kfz, für deren Antrieb verflüssigtes Gas (LPG) oder komprimiertes Erdgas (CNG) verwendet wird, sind hinsichtlich ihrer Gasanlage **bei der Hauptun-**

tersuchung (HU) wiederkehrend auf Einhaltung der vorgeschriebenen Sicherheitsstandards zu untersuchen (Anl VIII Nr. 1.2.1 mit Anl VIIIa Nr. 6.8.5). Diese Untersuchungen können auch als eigenständiger Teil der HU von dafür anerkannten Kfz-Werkstätten durchgeführt und bescheinigt werden (Anl VIII Nr. 3.1.1.2). Diese müssen dann einen Nachweis nach Anl XVII Nr. 2.4, Muster VkBl. **06** 430, ausstellen, der dem Prüfer bei der HU auszuhändigen ist. Dieser Nachweis muss fälschungserschwerend ausgeführt sein oder mit fälschungserschwerenden Merkmalen (Nachweis-Siegel mit Prägenummer, s. VkBl. **06** 436) versehen werden (Anl XVII Nr. 2.4). Nach der Begr (VkBl. **06** 428) wird der Nachweis dadurch fälschungserschwerend, dass Nachweissiegel mit Prägenummer auf ihm angebracht werden. Warum in Anl XVII Nr. 2.4 formuliert wurde, der Nachweis müsse fälschungserschwerend ausgeführt sein *oder* mit fälschungserschwerenden Merkmalen versehen werden, ist unklar. Richtlinie für die Durchführung der Gassystemeinbauprüfungen oder der wiederkehrenden oder sonstigen Gasanlagenprüfungen („GSP/GAP-Durchführungs-Richtlinie"): VkBl. **06** 429, **19** 870 = StVRL § 41a StVZO Nr. 2.

Fristen: Da es sich bei der wiederkehrenden Gasanlagenprüfung (GWP) um einen Teil der **6** HU handelt, gelten die HU-Fristen nach Anl VIII Nr. 2 (s. § 29 Rn. 17). Wenn die GWP als eigenständiger Teil der HU von dafür anerkannten Kfz-Werkstätten durchgeführt wird, darf sie höchstens 12 Monate vor dem durch die Prüfplakette angegebenen Monat für die nächste vorgeschriebene HU erfolgen (Anl VIII Nr. 3.1.1.2 S. 3). Wurde innerhalb dieses Zeitraums eine Gassystemeinbauprüfung (Abs. 5) oder eine Gasanlagenprüfung (Abs. 6) durchgeführt, tritt diese an die Stelle der Untersuchung der Gasanlage im Rahmen der HU (Anl VIII Nr. 3.1.1.2 S. 4). Das mögliche Vorziehen der Gasanlagen-Untersuchung um 12 Monate (zB Erfordernis gegeben nach einem Unfall eines mit Gasanlage ausgerüsteten Fz) geht zurück auf die Vorschriften von Nr. 4.1.4 des Anhangs 3 der ECE-Regelung Nr. 110, nach denen eine wiederkehrende Untersuchung mindestens alle 36 Monate stattzufinden hat (Begr VkBl. **06** 428).

4. Verfahren bei Gassystemeinbauprüfungen (Abs. 5) und Gasanlagenprüfungen 7 (Abs. 6). s. Anl XVII, Richtlinie für die Durchführung der Gassystemeinbauprüfungen oder der wiederkehrenden oder sonstigen Gasanlagenprüfungen („GSP/GAP-Durchführungs-Richtlinie"): VkBl. **06** 429, **19** 870 = StVRL § 41a StVZO Nr. 2. Werden keine Mängel festgestellt, Bescheinigung in einem Nachweis. Werden Mängel festgestellt, Eintragung im Nachweis; der Halter hat die Mängel unverzüglich beheben zu lassen und das Fz spätestens nach einem Monat zu einer erneuten Prüfung unter Vorlage des Nachweises vorzuführen (Anl XVII Nr. 2.3.2). Der Nachweis mit Nachweis-Siegel und Prägenummer (fälschungserschwerende Merkmale) nach Anl XVII Nr. 2.4, Muster VkBl. **06** 430, ist dem Halter auszuhändigen (Anl XVII Nr. 2.5).

5. Prüfer. Gassystemeinbauprüfungen (Abs. 5), Dichtigkeits- und Funktionsprüfungen sowie **8** Gasanlagenprüfungen (Abs. 6) und wiederkehrende Gasanlagenprüfungen im Rahmen von HU (Anl VIII Nr. 1.2.1 mit Anl VIIIa Nr. 4.8.5) können von aaSoP, PI oder verantwortlichen Personen in hierfür nach Anl XVIIa anerkannten Kfz-Werkstätten durchgeführt werden. Bei Gassystemeinbauprüfungen durch verantwortliche Personen in Kfz-Werkstätten aber nur in der jeweiligen Kfz-Werkstatt, in der das Gassystem eingebaut wurde (Abs. 5 S. 2 Nr. 1), bei Dichtigkeits- und Funktionsprüfungen sowie bei Gasanlagenprüfungen nach Reparatur oder Beeinträchtigung der Gasanlage durch Brand oder Unfall in Kfz-Werkstätten auch durch Fachkräfte unter Aufsicht der verantwortlichen Personen (Abs. 6 S. 3 Nr. 1). Zu Untersuchungsstellen Anl VIII Nr. 4, Anl VIIId. Anerkennung von Kfz-Werkstätten für Gassystemeinbauprüfungen (Abs. 5), für Gasanlagenprüfungen (Abs. 6) und die regelmäßigen Untersuchungen im Rahmen der HU: Abs. 7 Anl XVIIa, Richtlinie für die Anerkennung von Kfz-Werkstätten zur Durchführung von Gassystemeinbauprüfungen und von wiederkehrenden und von sonstigen Gasanlagenprüfungen („Gas-Werkstatt-Anerkennungsrichtlinie"), VkBl. **06** 430 = StVRL § 41a StVZO Nr. 3. Es verstößt nicht gegen Art 12 GG, dass gem. Abs. 7 S. 1 iVm Nr. 2.4.2 Anl XVIIa verantwortliche Personen in Kfz-Werkstätten eine Meisterprüfung in einem Handwerk aus dem Kfz-Bereich bestanden haben müssen (VGH Ka GewArch **10** 366). Schulungen der zur Prüfung berechtigten Personen: Abs. 7, Anl XVIIa, Richtlinie für die Durchführung von Schulungen der verantwortlichen Personen, die die Gassystemeinbauprüfungen oder die wiederkehrenden oder sonstigen Gasanlagenprüfungen durchführen und der anderen Fachkräfte („GSP/GAP-Schulungsrichtlinie"), VkBl. **06** 437 = StVRL § 41a StVZO Nr. 4.

6. Ordnungswidrig ist das Nichtdurchführenlassen einer Gassystemeinbauprüfung nach **9** Abs. 5 S. 1, das Nichtdurchführenlassen einer Begutachtung nach § 21 nach Einbau von Bauteilen gem. Abs. 3 (Abs. 5 S. 3), das Nichtdurchführenlassen einer Gasanlagenprüfung gem. Abs. 6

S. 2 nach umfangreicheren Reparaturen an der Gasanlage oder bei deren Beeinträchtigung durch Brand oder Unfall (§ 69a V Nr. 5a) und das Inbetriebnehmen eines Kfz unter Verstoß gegen § 41a VIII über die Sicherheit und Kennzeichnung von Druckbehältern (§ 69a III Nr. 13a). Das Nichtdurchführenlassen einer Dichtigkeits- und Funktionsprüfung gem. Abs. 6 S. 1 nach Reparatur der Gasanlage im Niederdruckbereich ist nicht ow.

Automatischer Blockierverhinderer

41b (1) **Ein automatischer Blockierverhinderer ist der Teil einer Betriebsbremsanlage, der selbsttätig den Schlupf in der Drehrichtung des Rads an einem oder mehreren Rädern des Fahrzeugs während der Bremsung regelt.**

(2) [1]**Folgende Fahrzeuge mit einer durch die Bauart bestimmten Höchstgeschwindigkeit von mehr als 60 km/h müssen mit einem automatischen Blockierverhinderer ausgerüstet sein:**

1. **Lastkraftwagen und Sattelzugmaschinen mit einem zulässigen Gesamtgewicht von mehr als 3,5 t,**
2. **Anhänger mit einem zulässigen Gesamtgewicht von mehr als 3,5 t; dies gilt für Sattelanhänger nur dann, wenn das um die Aufliegelast verringerte zulässige Gesamtgewicht 3,5 t übersteigt,**
3. **Kraftomnibusse,**
4. **Zugmaschinen mit einem zulässigen Gesamtgewicht von mehr als 3,5 t.**

[2]**Andere Fahrzeuge, die hinsichtlich ihrer Baumerkmale des Fahrgestells den in den Nummern 1 bis 4 genannten Fahrzeugen gleichzusetzen sind, müssen ebenfalls mit einem automatischen Blockierverhinderer ausgerüstet sein.**

(3) **Fahrzeuge mit einem automatischen Blockierverhinderer müssen den im Anhang zu dieser Vorschrift genannten Bestimmungen entsprechen.**

(4) **Anhänger mit einem automatischen Blockierverhinderer, aber ohne automatisch-lastabhängige Bremskraftregeleinrichtung dürfen nur mit Kraftfahrzeugen verbunden werden, die die Funktion des automatischen Blockierverhinderers im Anhänger sicherstellen.**

(5) **Absatz 2 gilt nicht für Anhänger mit Auflaufbremse sowie für Kraftfahrzeuge mit mehr als vier Achsen.**

1   **Begr:** VkBl. **88** 471. **Begr** zur ÄndVO v. 23.3.00: BR-Drs. 720/99 S. 62.

2   **1. Automatische Blockierverhinderer** (ABV, Antiblockiersysteme, ABS-Systeme) verhindern das Blockieren der Räder beim Bremsen. Dadurch wird eine optimale Ausnutzung der Bremskraft erreicht; darüber hinaus bleibt das Fz auch bei Vollbremsungen lenkbar (blockierende Räder lassen sich nicht lenken). Mehrgliedrige FzKombinationen bleiben auch bei scharfem Bremsen gestreckt. Die in § 41b genannten NutzFze mit bauartbestimmter Höchstgeschwindigkeit von mehr als 60 km/h und über 3,5 t zulässigem Gesamtgewicht müssen mit einem ABV ausgerüstet sein, sofern sie nach dem 1.1.1991 erstmals in den V gekommen sind (§ 72 II aF).

3   **2.** ABV müssen gem. Abs. III in Verbindung mit dem Anhang zur StVZO (zu §§ 41 Abs. XVIII und 41b) in *allen* Fzen der Richtlinie 71/320/EWG (StVRL § 41 Nr. 12) entsprechen, also auch in den in Abs. II nicht genannten Fzen, die freiwillig mit ABV ausgestattet wurden, s. *Berr* NZV **88** 49. *Vogt,* Rechtliche Folgerungen aus der Verbreitung der ABV-Systeme, NZV **89** 333. *Heinze,* Rechtliche Konsequenzen der ABV-Systeme, VGT **90** 56.

4   **3. Anhänger.** s. Abs. IV (V).

5   **4. Ausnahmen.** Abs. V, § 70.

6   **5. Ordnungswidrigkeit.** § 69a III Nr. 13b.

Anhängelast hinter Kraftfahrzeugen und Leergewicht

42 (1) [1]**Die gezogene Anhängelast darf bei**

1. **Personenkraftwagen, ausgenommen solcher nach Nummer 2, und Lastkraftwagen, ausgenommen solcher nach Nummer 3, weder das zulässige Gesamtgewicht,**
2. **Personenkraftwagen, die gemäß der Definition in Anhang II der Richtlinie 70/156/ EWG Geländefahrzeuge sind, weder das 1,5fache des zulässigen Gesamtgewichts,**

3. Lastkraftwagen in Zügen mit durchgehender Bremsanlage weder das 1,5fache des zulässigen Gesamtgewichts

des ziehenden Fahrzeugs noch den etwa vom Hersteller des ziehenden Fahrzeugs angegebenen oder amtlich als zulässig erklärten Wert übersteigen. [2]Bei Personenkraftwagen nach Nummer 1 oder 2 darf das tatsächliche Gesamtgewicht des Anhängers (Achslast zuzüglich Stützlast) jedoch in keinem Fall mehr als 3 500 kg betragen. [3]Die Anhängelast bei Kraftfahrzeugen nach § 30a Absatz 3 und bei motorisierten Krankenfahrstühlen darf höchstens 50 Prozent der Leermasse des Fahrzeugs betragen.

(2) [1]Hinter Krafträdern und Personenkraftwagen dürfen Anhänger ohne ausreichende eigene Bremse nur mitgeführt werden, wenn das ziehende Fahrzeug Allradbremse und der Anhänger nur eine Achse hat; Krafträder gelten trotz getrennter Bedienungseinrichtungen für die Vorderrad- und Hinterradbremse als Fahrzeuge mit Allradbremse, Krafträder mit Beiwagen jedoch nur dann, wenn auch das Beiwagenrad eine Bremse hat. [2]Werden einachsige Anhänger ohne bauartbedingt ausreichende eigene Bremse mitgeführt, so darf die Anhängelast höchstens die Hälfte des um 75 kg erhöhten Leergewichts des ziehenden Fahrzeugs, aber nicht mehr als 750 kg betragen.

(2a) Die Absätze 1 und 2 gelten nicht für das Abschleppen von betriebsunfähigen Fahrzeugen.

(3) [1]Das Leergewicht ist das Gewicht des betriebsfertigen Fahrzeugs ohne austauschbare Ladungsträger (Behälter, die dazu bestimmt und geeignet sind, Ladungen aufzunehmen und auf oder an verschiedenen Trägerfahrzeugen verwendet zu werden, wie Container, Wechselbehälter), aber mit zu 90 Prozent gefüllten eingebauten Kraftstoffbehältern und zu 100 Prozent gefüllten Systemen für andere Flüssigkeiten (ausgenommen Systeme für gebrauchtes Wasser) einschließlich des Gewichts aller im Betrieb mitgeführten Ausrüstungsteile (zum Beispiel Ersatzräder und -bereifung, Ersatzteile, Werkzeug, Wagenheber, Feuerlöscher, Aufsteckwände, Planengestell mit Planenbügeln und Planenlatten oder Planenstangen, Plane, Gleitschutzeinrichtungen, Belastungsgewichte), bei anderen Kraftfahrzeugen als Kraftfahrzeugen nach § 30a Absatz 3 zuzüglich 75 kg als Fahrergewicht. [2]Austauschbare Ladungsträger, die Fahrzeuge miteinander verbinden oder Zugkräfte übertragen, sind Fahrzeugteile.

Begr zur ÄndVO v. 22.10.03:VkBl. **03** 747.   **1**

Begr zur ÄndVO v. 26.7.13 (BR-Drs. 445/13 S. 26 = VkBl. **13** 866): *Zu Abs. 1 S. 3: Kraftfahrzeuge nach § 30a Abs. 3 sind 2- oder 3-rädrige Kraftfahrzeuge und leichte vierrädrige Kraftfahrzeuge. Die Fahrstabilität dieser Fahrzeuge unterscheidet sich bei Anhängerbetrieb wesentlich von normalen Pkw oder Lkw. Krankenfahrstühle sind wegen des kurzen Radstandes und der daraus resultierenden abweichenden Manövrierfähigkeit den Fahrzeugen nach § 30a Absatz 3 gleichzustellen.*

Zu Abs. 2 S. 2: *Die neue Formulierung soll die Ahndung defekter Anhängerbremsen in der Verkehrsüberwachung erleichtern.*

1. Der **Begriff der Anhängelast** ist im Straßenverkehrsrecht nicht definiert. Zu verstehen ist **1a** darunter grundsätzlich die Gesamtlast der mitgeführten Anhänger. Jedoch ist Anhängelast jede hinter einem Kfz mitgeführte Last, unabhängig von ihrer Beschaffenheit (nicht nur Anhänger im Rechtssinn), BGHSt **32** 335 = NJW **84** 2479, s. *Huppertz* VD **93** 111, zB auch gelegentlich, nicht bestimmungsgemäß, mitgeführte Fuhrwerke, Arbeitsmaschinen. Abs. I meint die tatsächlich gezogene Anhängelast, nicht das zulässige Gesamtgewicht des Anhängers, Kö VRS **59** 471. **Abgeschleppte,** betriebsunfähige **Fze** fallen nach der ausdrücklichen Regelung des Abs. IIa nicht darunter; für sie gelten die Absätze I und II nicht, insoweit ist BGHSt **32** 335 überholt. Die Einfügung von Abs. IIa trägt der Empfehlung von Sachverständigen Rechnung, weiterhin das Abschleppen von Fahrzeugen, ggf. unter Zuhilfenahme von ungebremsten Abschleppachsen, ohne Beschränkung der Anhängelast zuzulassen (s. Begr VkBl. **88** 473). Betriebsunfähigkeit, s. § 33 Rn. 21. Abschleppen, § 33 Rn. 19 ff. Nach Bay NZV **94** 163, Ko NZV **98** 257, Jn NStZ-RR **07** 248 soll Abs. IIa auch gelten, wenn das betriebsunfähige Fz (im Umfang erlaubten Abschleppens) auf einem Anhänger transportiert wird. Diese Auffassung kann heute nicht mehr aufrechterhalten werden, da das Transportieren eines betriebsunfähigen Fz auf einem Anhänger nicht mehr als erlaubtes Abschleppen angesehen werden kann (§ 33 Rn. 23 f.). Bei neu eingebauter Anhängerkupplung ist bei der Zulassung die Anhängelast im FzSchein einzutragen, um die Kontrolle zu ermöglichen, s. Ha VRS **48** 470.

2. Anhängelast hinter Kraftfahrzeugen. Die Anhängelast hinter Lkw, Pkw und Krädern ist **2** durch das zulässige Gesamtgewicht des ziehenden Fzs bzw. durch den vom Hersteller des ziehenden Fzs oder amtlich als zulässig erklärten Wert begrenzt. Erst die Eintragung einer vom Hersteller des gezogenen Fzs oder der Anhängerkupplung angegebenen abw Anhängelast im FzSchein bewirkt die Erlaubnis, das Kfz mit solcher Anhängelast im öffentlichen Verkehr zu benutzen, Zw VRS **81** 60, Ha VRS **48** 470. Bei Geländewagen iS von Abs. I Nr. 2 darf die Anhängelast das 1,5 fache des zulässigen Gesamtgewichts erreichen, niemals aber mehr als 3500 kg (Abs. I S. 2); die Bestimmung übernimmt die entsprechende Regelung der **Richtlinie 70/156/ EWG** (StVRL § 20 Nr. 3). Auch bei Zügen mit durchgehender Bremsanlage darf die Anhängelast bis zum 1,5 fachen des zulässigen Gesamtgewichts betragen. Die Heraufsetzung auf das 1,5 fache durch ÄndVO v. 16.7.86 ermöglicht die volle Auslastung des Anhängers im Hinblick auf die gleichzeitig erfolgte Anhebung der zulässigen Gesamtgewichte (s. Begr VkBl. **86** 445). Durchgehende Bremsanlage (Begriff): BMV VkBl. **66** 123. § 42 gilt nicht für die Anhängelast hinter Zgm, Ha VRS **53** 390. Auf Wohnmobile als „sonstige" Kfze findet Abs. I keine Anwendung, s. *Berr* 244. Für Kraftfahrzeuge nach § 30a III und für motorisierte Krankenfahrstühle (s. Begr vor Rn. 1) gilt Abs. I S. 3. Das VU muss beweisen, dass der VN die **gefahrändernden Umstände** und die Änderung der Gefahrlage durch einen zu schweren Anhänger gekannt hat, s. Dü VersR **79** 662.

3   **3. Krafträder und Personenkraftwagen** dürfen Anhänger ohne ausreichende eigene Bremse nur mitführen, wenn sie a) eine Allradbremse, bei Kraftwagen also eine Vierradbremse haben, b) der Anhänger nicht mehr als eine Achse hat, und bei einachsigen Anhängern ohne bauartbedingt ausreichende eigene Bremse c) die Anhängelast nicht mehr als 50 Prozent des Leergewichts des ziehenden Fz (bei Krad und Pkw zuzüglich 75 kg), jedoch nicht mehr als 750 kg beträgt (Abs. II). Tandemachsen, auch mit weniger als 1 m Abstand, gelten nicht als *eine* Achse, Bay DAR **94** 382. Die Anhängelast ist ungebremst, auch wenn sie aus einem mit Führer besetztes bremsbares geschlepptes Fz gebildet wird, weil es auf die unmittelbar vom ziehenden Fz aus bestehende Bremsbarkeit ankommt, Ko VRS **61** 475, *Kullik* PVT **84** 441.

4   **4. Der Begriff des Leergewichts** ist in Abs. III definiert. Aus S. 1 folgt, dass lose mitgeführte Kraftstoffbehälter nicht zum Leergewicht gehören. **Austauschbare Ladungsträger** (Container, Wechselbehälter) sind bei Bestimmung des Leergewichts als Ladung zu behandeln, nicht als Bestandteil des Fahrzeugs, das sie transportiert. Abs. III S. 1 idF der ÄndVO v. 15.1.80 stellt dies klar. Anders gem. Abs. III S. 2 solche austauschbaren Ladungsträger, die Fz miteinander verbinden. Übergangsbestimmung zu Abs. III S. 1: § 72 II aF. Bei allen Fzen außer Pkw und Krad ist im Leergewicht ein pauschal bemessenes Fahrergewicht von 75 kg enthalten, s. *Kullik* PVT **01** 74.

5   Ausrüstungsteile werden, anders als Ladung (s. § 22 StVO), bei der Feststellung des Leergewichts mitgewogen. Dazu gehören Ausrüstungsteile im engeren Sinne, die dem Betrieb des Fzs als VMittel dienen, und sog Ausstattungsteile, die in Verbindung mit dem Fz anderen Zwecken dienen, s. Richtlinien für die Bestimmung des Leergewichts und der Nutzlast, VkBl. **83** 464. Gelegentlich zu Ladezwecken mitgeführte Gabelstapler sind keine Ausrüstungs- oder Ausstattungsteile, BaySt **99** 89 = NZV **99** 479. Container: Rn. 4. Bei Wohnwagenanhängern und fahrbaren Baubuden braucht das Leergewicht im FzSchein und -brief nicht mehr angegeben zu werden, BMV VkBl. **64** 320 (Wohnanhänger) bzw. **66** 48 (Baubuden).

6   **5. Ausnahmen.** § 70. Empfehlungen für die Erteilung von Ausnahmegenehmigungen nach § 70 für bestimmte FzArten und FzKombinationen, VkBl. **14** 503 = StVRL § 70 StVZO Nr. 1.

7   **6. Zuwiderhandlungen.** §§ 69a III Nr. 3, 4 StVZO, 24 StVG. An die Sorgfaltspflicht des Kf sind insoweit strenge Anforderungen zu stellen; darüber, dass die zulässige Anhängelast nicht überschritten ist, hat er sich zuverlässig zu vergewissern, Dü VRS **65** 397 (Fahrlässigkeit bei Überschreiten um mehr als 60%), Zw VRS **81** 60.

Einrichtungen zur Verbindung von Fahrzeugen

43 (1) ¹Einrichtungen zur Verbindung von Fahrzeugen müssen so ausgebildet und befestigt sein, dass die nach dem Stand der Technik erreichbare Sicherheit – auch bei der Bedienung der Kupplung – gewährleistet ist. ²Die Zuggabel von Mehrachsanhängern muss bodenfrei sein. ³Die Zugöse dieser Anhänger muss jeweils in Höhe des Kupplungsmauls einstellbar sein; dies gilt bei anderen Kupplungsarten sinngemäß. ⁴Die Sätze 2 und 3 gelten nicht für Anhänger hinter Elektrokarren mit einer durch die Bauart bestimmten Höchstgeschwindigkeit von nicht mehr als 25 km/h, wenn das zulässige Gesamtgewicht des Anhängers nicht mehr als 2 t beträgt.

(2) [1]Mehrspurige Kraftfahrzeuge mit mehr als einer Achse müssen vorn, Personenkraftwagen – ausgenommen solche, für die nach der Betriebserlaubnis eine Anhängelast nicht zulässig ist – auch hinten, eine ausreichend bemessene und leicht zugängliche Einrichtung zum Befestigen einer Abschleppstange oder eines Abschleppseils haben. [2]An selbstfahrenden Arbeitsmaschinen und Staplern darf diese Einrichtung hinten angeordnet sein.

(3) [1]Bei Verwendung von Abschleppstangen oder Abschleppseilen darf der lichte Abstand vom ziehenden zum gezogenen Fahrzeug nicht mehr als 5 m betragen. [2]Abschleppstangen und Abschleppseile sind ausreichend erkennbar zu machen, zum Beispiel durch einen roten Lappen.

(4) [1]Anhängekupplungen müssen selbsttätig wirken. [2]Nicht selbsttätige Anhängekupplungen sind jedoch zulässig,

1. an Zugmaschinen und an selbstfahrenden Arbeitsmaschinen und Staplern, wenn der Führer den Kupplungsvorgang von seinem Sitz aus beobachten kann,

2. an Krafträdern und Personenkraftwagen,

3. an Anhängern hinter Zugmaschinen in land- oder forstwirtschaftlichen Betrieben,

4. zur Verbindung von anderen Kraftfahrzeugen mit einachsigen Anhängern oder zweiachsigen Anhängern mit einem Achsabstand von weniger als 1,0 m mit einem zulässigen Gesamtgewicht von nicht mehr als 3,5 t.

[3]In jedem Fall muss die Herstellung einer betriebssicheren Verbindung leicht und gefahrlos möglich sein.

(5) Einrichtungen zur Verbindung von Fahrzeugen an zweirädrigen oder dreirädrigen Kraftfahrzeugen nach § 30a Absatz 3 und ihre Anbringung an diesen Kraftfahrzeugen müssen den im Anhang zu dieser Vorschrift genannten Bestimmungen entsprechen.

Begr zur ÄndVO v. 25.10.94: BR–Drs. 782/94; zur ÄndVO v. 23.3.00: BR–Drs. 720/99 S. 62. **1**

1. Einrichtungen zur Verbindung von Fahrzeugen. Einrichtungen zur Verbindung von **2** Fzen müssen nach § 22a I Ziff 6 (mit dort geregelten Ausnahmen) in amtlich genehmigter Bauart ausgeführt sein. Technische Anforderungen bei der Bauartprüfung, VkBl. **03** 558, zuletzt geändert: VkBl. **03** 752 = StVRL § 22a Nr. 1 (Nr. 33). Übergangsvorschrift: § 72. Anhänger-Zuggabeln sind Einrichtungen iS von Abs. I S. 1; verbogene Zuggabeln, die die Fahreigenschaft des Anhängers beeinträchtigen, entsprechen nicht den Anforderungen von Abs. I S. 1, Dü VM **93** 23. Nach Abs. I Satz 4 sind bestimmte leichte Anhänger von der Vorschrift über die Bodenfreiheit der Zuggabel und die Einstellbarkeit der Zugöse befreit. Dem Stand der Technik entspricht eine technische Einrichtung (Öse der Anhänger-Zugdeichsel) nur bei Beachtung der DIN-Norm, auch bei Überführung mit Kurzzeitkennzeichen oder rotem Kennzeichen, Bay VM **70** 6. Für Einachsanhänger braucht die Zugöse nicht einstellbar zu sein (Abs. I S. 2). Anhängekupplungen an Heckanbaugeräten, s. Nr. 4.14.1 Merkblatt für Anbaugeräte VkBl. **09** 804 = StVRL § 30 Nr. 6. Ist der Vorsteckbolzen der Kupplung um 20 % verschlissen, so ist die VSicherheit nicht gewährleistet, Ha VRS **17** 398. Damit, dass infolge äußerlich nicht bemerkbarer Ausweitung des Gewindes die Zugstange der Kupplung ausreißt, brauchen ohne besondere Anhaltspunkte weder der Führer noch der für die technische Wartung Verantwortliche zu rechnen, Ha VRS **21** 352. Über Einrichtungen zur Verbindung mit land- und forstwirtschaftlichen Arbeitsgeräten, Markblatt VkBl. **09** 808 = StVRL § 2 FZV Nr. 4. Starrdeichsel-/Zentralachsanhänger, s. Merkblatt VkBl. **96** 525. Merkblatt für land- oder forstwirtschaftliche Zgm mit Starrdeichselanhänger, VkBl. **02** 581.

2. Einrichtungen zur Befestigung von Abschleppeinrichtungen. Nach Maßgabe von **3** Abs. II müssen Kfze Einrichtungen führen, an denen Abschleppseile oder Abschleppstangen angebracht werden können. Die Einrichtung soll Verzögerungen beim Abschleppen liegengebliebener Fze vermeiden (Begr, VkBl. **73** 408). Die Einrichtungen dürfen zum Abschleppen betriebsunfähiger Fze (§ 33 Rn. 19 ff.) und zum Schleppen (§ 33) benutzt werden, Ha VRS **30** 137. Wegen der häufig erforderlich gewordenen Ausnahmegenehmigungen für selbstfahrende Arbeitsmaschinen aus technischen Gründen wurde zur Verminderung des Verwaltungsaufwands Abs. II S. 2 durch ÄndVO v. 16.11.84 eingefügt.

3. Sicherungsmaßnahmen beim Abschleppen. Abschleppstangen und Abschleppseile **4** dürfen nur so lang sein, dass der lichte **Abstand** zum gezogenen Fahrzeug höchstens 5 m beträgt (Abs. III). Bei zu kurzem Abstand besteht Kollisionsgefahr. Die benutzte Abschleppeinrichtung muss den Umständen entsprechen (Stange statt Seil bei großem Abschleppgewicht), Ha VRS **30** 137. Hat das abgeschleppte Kfz schadhafte Bremsen, so ist mit einer Stange abzuschleppen. **Haftung** aus unerlaubter Handlung, wenn bei Glatteis mit einem Seil abgeschleppt wird, das vorn links am geschleppten Kfz befestigt ist, so dass es bei Glätte leicht aus der Spur gerät, Ce k + v. **72** 17. Da auch kürzere Abschleppstangen und Seile für Fußgänger gefährlich werden können (Begr, VkBl. **73** 408), ist die Zugeinrichtung ohne Rücksicht auf die Größe des Abstandes erkennbar zu machen, zB durch einen **roten Lappen** (Abs. III S. 2); das Standlicht des geschleppten Fz genügt nicht, Hb VM **68** 16. Könnten Personen über das Abschleppseil stolpern (Warten an Tankstelle), so müssen die Abschleppteilnehmer hiergegen ausreichend sichern, KG VM **79** 86. Bei **zwei- und dreirädrigen Kfzen** nach Art 1 der EG-Richtlinie 2002/24 (s. § 30a Rn. 2) gilt gem. Abs. V – spätestens ab 17.6.03 (§ 72 II aF) für von diesem Tage an erstmals in den V kommende Fze – Kap. 10 Anh I Anl 1 bis 3 der Richtlinie 97/24/EG, die damit in nationales Recht umgesetzt ist.

5   **4. Automatische Kupplungen.** Abs. IV schreibt für alle Fze vor, dass sich die Verbindung zwischen ziehendem und gezogenem Fz leicht und gefahrlos bewerkstelligen lässt (Abs. IV S. 3), schreibt selbsttätige Anhängekupplungen vor (Abs. IV S. 2) und lässt solche, die nicht selbsttätig wirken, nur noch an den im Satz 2 aufgeführten Fzen zu. Durch ÄndVO v. 25.10.94 ist klargestellt, dass S. 2 Nr. 4 nicht auch für die in Nrn 1–3 genannten FzArten gilt (s. Begr BR-Drs. 782/94 S. 28). Auswechseln von Verbindungseinrichtungen: § 19.

6   **5. Ausnahmen.** § 70 I. Empfehlungen für die Erteilung von Ausnahmegenehmigungen nach § 70 für bestimmte FzArten und FzKombinationen, VkBl. **14** 503 = StVRL § 70 StVZO Nr. 1.

7   **6. Zuwiderhandlungen.** §§ 69a III Nr. 3 StVZO, 24 StVG. Inbetriebnahme eines Anhängers mit deformierter Zuggabel kann als Verstoß gegen Abs. I S. 1 ow sein, Dü VM **93** 23.

Stützeinrichtung und Stützlast

44 (1) ¹An Sattelanhängern muss eine Stützeinrichtung vorhanden sein oder angebracht werden können. ²Wenn Sattelanhänger so ausgerüstet sind, dass die Verbindung der Kupplungsteile sowie der elektrischen Anschlüsse und der Bremsanschlüsse selbsttätig erfolgen kann, müssen die Anhänger eine Stützeinrichtung haben, die sich nach dem Ankuppeln des Anhängers selbsttätig vom Boden abhebt.

(2) ¹Starrdeichselanhänger (einschließlich Zentralachsanhänger) müssen eine der Höhe nach einstellbare Stützeinrichtung haben, wenn die Stützlast bei gleichmäßiger Lastverteilung mehr als 50 kg beträgt. ²Dies gilt jedoch nicht für Starrdeichselanhänger hinter Kraftfahrzeugen mit einem zum Anheben der Deichsel geeigneten Kraftheber. ³Stützeinrichtungen müssen unverlierbar untergebracht sein.

(3) ¹Bei Starrdeichselanhängern (einschließlich Zentralachsanhängern) mit einem zulässigen Gesamtgewicht von nicht mehr als 3,5 t darf die vom ziehenden Fahrzeug aufzunehmende Mindeststützlast nicht weniger als 4 Prozent des tatsächlichen Gesamtgewichts des Anhängers betragen; sie braucht jedoch nicht mehr als 25 kg zu betragen. ²Die technisch zulässige Stützlast ist vom Hersteller festzulegen; sie darf – ausgenommen bei Krafträdern – nicht geringer als 25 kg sein. ³Bei Starrdeichselanhängern (einschließlich Zentralachsanhängern) mit einem zulässigen Gesamtgewicht von mehr als 3,5 t darf die vom ziehenden Fahrzeug aufzunehmende Mindeststützlast nicht weniger als 4 Prozent des tatsächlichen Gesamtgewichts des Anhängers betragen, sie braucht jedoch nicht mehr als 500 kg zu betragen. ⁴Die maximal zulässige Stützlast darf bei diesen Anhängern – ausgenommen bei Starrdeichselanhängern (einschließlich Zentralachsanhängern), die für eine Höchstgeschwindigkeit von nicht mehr als 40 km/h gekennzeichnet sind (§ 58) und land- oder forstwirtschaftlichen Arbeitsgeräten – höchstens 15 Prozent des tatsächlichen Gesamtgewichts des Starrdeichselanhängers (einschließlich Zentralachsanhängers), aber nicht mehr als 2,00 t betragen. ⁵Bei allen Starrdeichselanhängern (einschließlich Zentralachsanhängern) darf weder die für die Anhängekupplung oder die Zugeinrichtung noch die vom Hersteller des ziehenden Fahrzeugs angegebene Stützlast überschritten werden.

1   **Begr** zur ÄndVO v. 12.8.97 (VkBl. **97** 659): *Die Vorschriften des § 44 wurden so geändert, dass auch Festlegungen für die Mindeststützlast beim Mitführen bestimmter Anhänger hinter anderen Kraftfahrzeugen als Pkw sowie Festlegungen für die maximal zulässige Stützlast eingeführt werden.*

...

Nach Richtlinie 70/156/EWG wird die Angabe der Stützlast im COC-Papier verlangt; nach Richtlinie 92/21/EWG über Massen und Abmessungen von Kraftfahrzeugen der Klasse M₁ wird die Angabe der

Stützlast in der Betriebsanleitung gefordert. Obwohl es nach EG-Recht nicht gefordert werden kann, wird den Fahrzeugherstellern aber empfohlen, auch weiterhin (§ 44 Abs. 3 alt) an den Fahrzeugen an gut sichtbarer Stelle auf die zu beachtenden Stützlasten hinzuweisen, um dem Fahrzeugbenutzer diese wichtige Information auf möglichst einsichtige Weise zur Verfügung zu stellen.

Für **Starrdeichselanhänger** mit einer zulässigen Gesamtmasse von mehr als 3,5 t beträgt **2** die Obergrenze der maximal zulässigen Stützlast 2000 kg; ausgenommen sind jedoch Starrdeichselanhänger, die für eine Höchstgeschwindigkeit von nicht mehr als 40 km/h gekennzeichnet sind (§ 58) und land- und forstwirtschaftliche Arbeitsgeräte (III S. 3). Begriff des Zentralachsanhängers, s. § 34 Rn. 6. Die Neufassung des Abs. III durch VO v. 12.8.97 schreibt (abw von III S. 3 alt) einen **Hinweis auf die Stützlast** am ziehenden Fz und am Anhänger nicht mehr vor; sie wird den FzHerstellern empfohlen (s. Begr, Rn. 1). Im Übrigen bleibt für vor dem 1.10.98 erstmals in den V gekommene Fz nach der Übergangsbestimmung des § 72 II aF die Vorschrift des § 44 III (alt) anwendbar. Zur Stützlastangabe auf dem Anhängerschild, BMV VkBl. **76** 310. Empfehlungen für die Erteilung von Ausnahmegenehmigungen nach § 70 für bestimmte FzArten und FzKombinationen, VkBl. **14** 503= StVRL § 70 StVZO Nr. 1. Über Stützeinrichtungen und Stützlast bei land- und forstwirtschaftlichen Arbeitsgeräten, Nr. 16 Merkblatt VkBl. **09** 808 = StVRL § 2 FZV Nr. 4. Ordnungswidrigkeit: §§ 69a III Nr. 3 StVZO, 24 StVG.

Kraftstoffbehälter

45 (1) [1]Kraftstoffbehälter müssen korrosionsfest sein. [2]Sie müssen bei doppeltem Betriebsüberdruck, mindestens aber bei einem Überdruck von 0,3 bar, dicht sein. [3]Weichgelötete Behälter müssen auch nach dem Ausschmelzen des Lotes zusammenhalten. [4]Auftretender Überdruck oder den Betriebsdruck übersteigender Druck muss sich durch geeignete Einrichtungen (Öffnungen, Sicherheitsventile und dergleichen) selbsttätig ausgleichen. [5]Entlüftungsöffnungen sind gegen Hindurchschlagen von Flammen zu sichern. [6]Am Behälter weich angelötete Teile müssen zugleich vernietet, angeschraubt oder in anderer Weise sicher befestigt sein. [7]Kraftstoff darf aus dem Füllverschluss oder den zum Ausgleich von Überdruck bestimmten Einrichtungen auch bei Schräglage, Kurvenfahrt oder Stößen nicht ausfließen.

(1a) Für den Einbau von Kraftstoffbehältern in Kraftfahrzeugen, ausgenommen solche nach § 30a Absatz 3, sind die im Anhang zu dieser Vorschrift genannten Bestimmungen anzuwenden.

(2) [1]Kraftstoffbehälter für Vergaserkraftstoff dürfen nicht unmittelbar hinter der Frontverkleidung des Fahrzeugs liegen; sie müssen so vom Motor getrennt sein, dass auch bei Unfällen eine Entzündung des Kraftstoffs nicht zu erwarten ist. [2]Dies gilt nicht für Krafträder und für Zugmaschinen mit offenem Führersitz.

(3) [1]Bei Kraftomnibussen dürfen Kraftstoffbehälter nicht im Fahrgast- oder Führerraum liegen. [2]Sie müssen so angebracht sein, dass bei einem Brand die Ausstiege nicht unmittelbar gefährdet sind. [3]Bei Kraftomnibussen müssen Behälter für Vergaserkraftstoff hinten oder seitlich unter dem Fußboden in einem Abstand von mindestens 500 mm von den Türöffnungen untergebracht sein. [4]Kann dieses Maß nicht eingehalten werden, so ist ein entsprechender Teil des Behälters mit Ausnahme der Unterseite durch eine Blechwand abzuschirmen.

(4) Für Kraftstoffbehälter in Kraftfahrzeugen nach § 30a Absatz 3 und deren Einbau sowie für den Einbau der Kraftstoffzufuhrleitungen in diesen Kraftfahrzeugen gelten die im Anhang zu dieser Vorschrift genannten Bestimmungen.

Begr zur ÄndVO v. 15.1.80:VkBl. **80** 145; zur ÄndVO v. 23.3.00: BR–Drs. 720/99 S. 62.

Begr zur ÄndVO v. 26.7.13 **zu Abs. 1a und 4:** BR–Drs. 445/13 S. 27 = VkBl. **13** 867.

1. Kraftstoffbehälter. Korrosionsfest muss der Behälter sein (I S. 1): Kraftstoffe üblicher Zu- **1** sammensetzung greifen Kraftstoffbehälter aus Metall bzw. Metalllegierung idR nicht an, anders jedoch uU Methanolzusätze und auch Kondenswasser im Kraftstoffbehälter. Dagegen sind deshalb Schutzmaßnahmen zu treffen, s. BMV VkBl. **80** 777. Die Behälter müssen auf Dichtheit geprüft sein, bei doppeltem Betriebsdruck, mindestens bei 0,3 bar (I S. 1). Sie müssen versehen sein mit Öffnungen (Sicherheitsventilen) gegen Überdruck, Sicherungen der Entlüftungsöffnungen gegen das Hindurchschlagen von Flammen, Vernietungen oder Anschraubungen weich angelöteter Teile, Vorrichtungen, die das Ausfließen von Kraftstoff auch bei Schräglage, Kurvenfahrt oder Fahrstößen verhindern (I S. 4–7). Durch Ia (Begr vor Rn. 1) wird Anordnung eines Kraftstoffbehälters oder Einfüllstutzens für Kraftstoff im FzInnenraum verhindert. Ia gilt nicht für den serienmäßigen Einbau in reihenweise gefertigte Fz, für die eine ABE erteilt worden ist und die vor dem 1.1.90 erstmals in den V gekommen sind (§ 72 II Nr. 1d). Abs. II (Einbauort des Tanks) soll Unfallbränden entgegenwirken. Druckgasanlagen und Druckbehälter, s. § 41a. Richtlinien für den Motorbetrieb mit Flüssiggasen, VkBl. **69** 634. Das Mitführen von Kraftstoff in **Reservekanistern** in Pkw ist zulässig und unterliegt keiner besonderen Regelung, jedoch muss die VSicherheit gewährleistet sein. Ermächtigung des KBA zur Anwendung der EWG-Richtlinien für Kraftstoffbehälter,VkBl. **81** 360.

2   **2. Kraftstoffbehälter in Kraftomnibussen** dürfen nicht in der Nähe des Motors angeordnet sein (II), nicht im Fahrgast- oder Führerraum (III S. 1) und dürfen bei Brand die Ausstiege nicht unmittelbar gefährden (III S. 2). III gilt für Omnibusse, die der gewerbsmäßigen Personenbeförderung dienen. Übergangsvorschrift: § 72 II aF: Abs. III gilt nur für Kom, die bis zum 13.2.05 in den V gekommen sind. Für Taxen und Personenwagen als Mietwagen gelten nur I und II.

3   **3.** Bei Kfz **nach Art 1 der EG-Richtlinie 2002/24** (s. § 30a Rn. 2) galt gem. Abs. IV − für neu in den V kommende Fze spätestens ab 17.6.03 (§ 72 II aF) − Kap. 6 Anh I Anl 1 und Anh II der Richtlinie 97/24/EG, die damit in nationales Recht umgesetzt ist.

4   **4. Ausnahmen.** §§ 70, 72.

5   **5. Zuwiderhandlungen.** §§ 69a III Nr. 14 StVZO, 24 StVG.

Kraftstoffleitungen

46   (1) **Kraftstoffleitungen sind so auszuführen, dass Verwindungen des Fahrzeugs, Bewegungen des Motors und dergleichen keinen nachteiligen Einfluss auf die Haltbarkeit ausüben.**

(2) **¹Rohrverbindungen sind durch Verschraubung ohne Lötung oder mit hart aufgelötetem Nippel herzustellen. ²In die Kraftstoffleitung muss eine vom Führersitz aus während der Fahrt leicht zu bedienende Absperreinrichtung eingebaut sein; sie kann fehlen, wenn die Fördereinrichtung für den Kraftstoff den Zufluss zu dem Vergaser oder zur Einspritzpumpe bei stehendem Motor unterbricht oder wenn das Fahrzeug ausschließlich mit Dieselkraftstoff betrieben wird. ³Als Kraftstoffleitungen können fugenlose, elastische Metallschläuche oder kraftstofffeste andere Schläuche aus schwer brennbaren Stoffen eingebaut werden; sie müssen gegen mechanische Beschädigungen geschützt sein.**

(3) **Kraftstoffleitungen, Vergaser und alle anderen kraftstoffführenden Teile sind gegen betriebstörende Wärme zu schützen und so anzuordnen, dass abtropfender oder verdunstender Kraftstoff sich weder ansammeln noch an heißen Teilen oder an elektrischen Geräten entzünden kann.**

(4) **¹Bei Kraftomnibussen dürfen Kraftstoffleitungen nicht im Fahrgast- oder Führerraum liegen. ²Bei diesen Fahrzeugen darf der Kraftstoff nicht durch Schwerkraft gefördert werden.**

1   **1.** § 46 enthält die Bauvorschriften für die **Kraftstoffleitungen.** Rohre der Kraftstoffleitungen dürfen nur durch Verschraubung ohne Lötung (Verbindung durch metallisches Bindemittel) oder mit hart aufgelötetem Nippel (Lötung bei Temperatur über 500 °C) mit anderen Teilen verbunden werden. Die Absperrvorrichtung (Benzinhahn) muss vom Führersitz aus während der Fahrt leicht bedient werden können, wenn nicht bei stehendem Motor die Benzinzufuhr zum Vergaser von selbst unterbrochen wird. Die Ausnahmevorschrift für DieselFze beruht darauf, dass die Brandgefahr bei solchen Kfzen gegenüber denen mit Vergaserkraftstoffbetrieb geringer ist; bei ihnen ist bei den üblichen Betriebstemperaturen die Bildung entzündbarer Gase und Dämpfe nicht zu befürchten. Die Vorschrift, dass Kraftstoffleitungen (Schläuche) aus schwer brennbaren Stoffen bestehen müssen, soll der Brandgefahr besonders bei Unfällen entgegenwirken. Gemäß III sind Kraftstoffleitungen, Vergaser und alle anderen kraftstoffführenden Teile gegen Wärme zu schützen und so anzuordnen, dass sich abtropfender oder verdunstender Kraftstoff weder ansammeln noch an heißen Teilen oder elektrischen Geräten entzünden kann. Auch diese Vorschriften sollen Brände verhüten.

2   **2. Sondervorschriften für Kraftomnibusse. Kraftomnibusse** (Kom) = Kraftfahrzeuge zur Personenbeförderung mit mehr als 8 Sitzplätzen außer dem Fahrersitz, § 30d I. Flüssiggas-

behälter in Kom sind nach dem auf Grund ÄndVO v. 16.11.84 (BGBl. I S. 1371) geltenden Wortlaut des Abs. IV nunmehr zulässig. Abs. IV gilt gem. § 72 II aF nur für Kraftomnibusse, die vor dem 13. Februar 2005 erstmals in den Verkehr gekommen sind.

3. Zuwiderhandlungen. §§ 69 III Nr. 14 StVZO, 24 StVG.   3

Abgase

47 (1) **Kraftfahrzeuge mit Fremdzündungsmotor oder Selbstzündungsmotor mit mindestens vier Rädern, einer zulässigen Gesamtmasse von mindestens 400 kg und einer bauartbedingten Höchstgeschwindigkeit von mindestens 50 km/h – mit Ausnahme von land- oder forstwirtschaftlichen Zug- und Arbeitsmaschinen sowie anderen Arbeitsmaschinen und Staplern –, soweit sie in den Anwendungsbereich der Richtlinie 70/220/ EWG des Rates vom 20. März 1970 zur Angleichung der Rechtsvorschriften der Mitgliedstaaten über Maßnahmen gegen die Verunreinigung der Luft durch Emissionen von Kraftfahrzeugmotoren (ABl. L 76 vom 6.4.1970, S. 1), die zuletzt durch die Richtlinie 2006/ 96/EG (ABl. L 363 vom 20.12.2006, S. 81) geändert worden ist, fallen, müssen hinsichtlich ihres Abgasverhaltens und der Anforderungen in Bezug auf die Kraftstoffe den Vorschriften dieser Richtlinie entsprechen.**

(1a) **Kraftfahrzeuge, im Sinne des Artikels 2 Absatz 1 der Verordnung (EG) Nr. 715/2007 des Europäischen Parlaments und des Rates vom 20. Juni 2007 über die Typgenehmigung von Kraftfahrzeugen hinsichtlich der Emissionen von leichten Personenkraftwagen und Nutzfahrzeugen (Euro 5 und Euro 6) und über den Zugang zu Reparatur- und Wartungsinformationen für Fahrzeuge (ABl. L 171 vom 29.6.2007, S. 1), müssen hinsichtlich ihres Abgasverhaltens in den Fällen des § 13 der EG-Fahrzeuggenehmigungsverordnung oder des § 21 den Vorschriften dieser Verordnung und der Verordnung (EG) Nr. 692/2008 der Kommission vom 18. Juli 2008 zur Durchführung und Änderung der Verordnung (EG) Nr. 715/2007 des Europäischen Parlaments und des Rates vom 20. Juni 2007 über die Typgenehmigung von Kraftfahrzeugen hinsichtlich der Emissionen von leichten Personenkraftwagen und Nutzfahrzeugen (Euro 5 und Euro 6) und über den Zugang zu Reparatur- und Wartungsinformationen für Fahrzeuge (ABl. L 199 vom 28.7.2008, S. 1), geändert durch die im Anhang zu dieser Vorschrift genannten Bestimmungen, entsprechen.**

(2) [1]**Kraftfahrzeuge mit Selbstzündungsmotor mit oder ohne Aufbau, mit mindestens vier Rädern und einer bauartbedingten Höchstgeschwindigkeit von mehr als 25 km/h – mit Ausnahme von landwirtschaftlichen Zug- und Arbeitsmaschinen sowie anderen Arbeitsmaschinen und Staplern – soweit sie in den Anwendungsbereich der Richtlinie 72/306/EWG des Rates vom 2. August 1972 zur Angleichung der Rechtsvorschriften der Mitgliedstaaten über Maßnahmen gegen die Emission verunreinigender Stoffe aus Dieselmotoren zum Antrieb von Fahrzeugen (ABl. L 190 vom 20.8.1972, S. 1), die zuletzt durch die Richtlinie 2005/21/EG (ABl. L 61 vom 8.3.2005, S. 25) geändert worden ist, fallen, müssen hinsichtlich der Emission verunreinigender Stoffe dieser Richtlinie entsprechen.** [2]**Kraftfahrzeuge mit Selbstzündungsmotor, auf die sich die Anlage XVI bezieht, müssen hinsichtlich der Emission verunreinigender Stoffe (feste Bestandteile – Dieselrauch) im Abgas der Anlage XVI oder der Richtlinie 72/306/EWG entsprechen.**

(3) **Personenkraftwagen sowie Wohnmobile mit Fremd- oder Selbstzündungsmotoren, die den Vorschriften**

1. **der Anlage XXIII oder**

2. **des Anhangs III A der Richtlinie 70/220/EWG in der Fassung der Richtlinie 88/76/ EWG (ABl. L 36 vom 9.2.1988, S. 1) oder späteren Änderungen dieses Anhangs in der Richtlinie 88/436/EWG (ABl. L 214 vom 6.8.1988, S. 1), berichtigt durch die Berichtigung der Richtlinie 88/436/EWG (ABl. L 303 vom 8.11.1988, S. 36), oder der Richtlinie 89/491/EWG (ABl. L 238 vom 15.8.1989, S. 43) oder**

3. **der Richtlinie 70/220/EWG in der Fassung der Richtlinie 91/441/EWG (ABl. L 242 vom 30.8.1991, S. 1) – ausgenommen die Fahrzeuge, die die Übergangsbestimmungen des Anhangs I Nummer 8.1 oder 8.3 in Anspruch nehmen – oder**

4. **der Richtlinie 70/220/EWG in der Fassung der Richtlinie 93/59/EWG (ABl. L 186 vom 28.7.1993, S. 21) – ausgenommen die Fahrzeuge, die die weniger strengen Grenzwertanforderungen der Klasse II oder III des Anhangs I in den Nummern 5.3.1.4 und 7.1.1.1 oder die Übergangsbestimmungen des Anhangs I Nummer 8.3 in Anspruch nehmen – oder**

5. **der Richtlinie 70/220/EWG in der Fassung der Richtlinie 94/12/EG (ABl. L 100 vom 19.4.1994, S. 42) – und die Grenzwerte der Fahrzeugklasse M in Anhang I Nummer 5.3.1.4 einhalten – oder**

6. der Richtlinie 96/69/EG des Europäischen Parlaments und des Rates vom 8. Oktober 1996 zur Änderung der Richtlinie 70/220/EWG zur Angleichung der Rechtsvorschriften der Mitgliedstaaten über Maßnahmen gegen die Verunreinigung der Luft durch Emissionen von Kraftfahrzeugen (ABl. L 282 vom 1.11.1996, S. 64) oder

7. der Richtlinie 98/77/EG der Kommission vom 2. Oktober 1998 zur Anpassung der Richtlinie 70/220/EWG des Rates zur Angleichung der Rechtsvorschriften der Mitgliedstaaten über Maßnahmen gegen die Verunreinigung der Luft durch Emissionen von Kraftfahrzeugen an den technischen Fortschritt (ABl. L 286 vom 23.10.1998, S. 34) oder

8. der Richtlinie 98/69/EG des Europäischen Parlaments und des Rates vom 13. Oktober 1998 über Maßnahmen gegen die Verunreinigung der Luft durch Emissionen von Kraftfahrzeugen und zur Änderung der Richtlinie 70/220/EWG des Rates (ABl. L 350 vom 28.12.1998, S. 1) oder

9. der Richtlinie 1999/102/EG der Kommission vom 15. Dezember 1999 zur Anpassung der Richtlinie 70/220/EWG des Rates über Maßnahmen gegen die Verunreinigung der Luft durch Emissionen von Kraftfahrzeugen an den technischen Fortschritt (ABl. L 334 vom 28.12.1999, S. 43) oder

10. der Richtlinie 2001/1/EG des Europäischen Parlaments und des Rates vom 22. Januar 2001 zur Änderung der Richtlinie 70/220/EWG des Rates über Maßnahmen gegen die Verunreinigung der Luft durch Emissionen von Kraftfahrzeugen (ABl. L 35 vom 6.2.2001, S. 34) oder

11. der Richtlinie 2001/100/EG des Europäischen Parlaments und des Rates vom 7. Dezember 2001 zur Änderung der Richtlinie 70/220/EWG des Rates zur Angleichung der Rechtsvorschriften der Mitgliedstaaten gegen die Verunreinigung der Luft durch Emissionen von Kraftfahrzeugen (ABl. L 16 vom 18.1.2002, S. 32) oder

12. der Richtlinie 2002/80/EG der Kommission vom 3. Oktober 2002 zur Anpassung der Richtlinie 70/220/EWG des Rates über Maßnahmen gegen die Verunreinigung der Luft durch Emissionen von Kraftfahrzeugen an den technischen Fortschritt (ABl. L 291 vom 28.10.2002, S. 20) oder

13. der Richtlinie 2003/76/EG der Kommission vom 11. August 2003 zur Änderung der Richtlinie 70/220/EWG des Rates über Maßnahmen gegen die Verunreinigung der Luft durch Emissionen von Kraftfahrzeugen (ABl. L 206 vom 15.8.2003, S. 29) oder

14. der Verordnung (EG) Nr. 715/2007 und der Verordnung (EG) Nr. 692/2008

entsprechen, gelten als schadstoffarm.

(3a) Personenkraftwagen und Wohnmobile mit Selbstzündungsmotor gelten als besonders partikelreduziert, wenn sie den Anforderungen einer der in Anlage XXVI Nummer 2 festgelegten Minderungsstufen oder den Anforderungen der Verordnung (EG) Nr. 715/2007 und der Verordnung (EG) Nr. 692/2008 der Kommission vom 18. Juli 2008 entsprechen.

(3b) Kraftfahrzeuge mit Selbstzündungsmotor mit einer technisch zulässigen Gesamtmasse bis 2 800 Kilogramm der Klasse N1 sowie Kraftfahrzeuge mit Selbstzündungsmotor ohne Begrenzung der zulässigen Gesamtmasse der Klassen M1 und M2 der Emissionsklasse „Euro 4", die jeweils genehmigt sind entsprechend Zeile B der Grenzwerttabelle in Anhang I Abschnitt 5.3.1.4 der Richtlinie 98/69/EG des Europäischen Parlaments und des Rates vom 13. Oktober 1998 über Maßnahmen gegen die Verunreinigung der Luft durch Emissionen von Kraftfahrzeugen und zur Änderung der Richtlinie 70/220/EWG des Rates (ABl. L 350 vom 28.12.1998, S. 1), die zuletzt durch die Richtlinie 2006/96/EG des Rates vom 20. November 2006 zur Anpassung bestimmter Richtlinien im Bereich freier Warenverkehr anlässlich des Beitritts Bulgariens und Rumäniens (ABl. L 363 vom 20.12.2006, S. 81) geändert worden ist und durch die Verordnung (EG) Nr. 715/2007 des Europäischen Parlaments und des Rates vom 20. Juni 2007 über die Typgenehmigung von Kraftfahrzeugen hinsichtlich der Emissionen von leichten Personenkraftwagen und Nutzfahrzeugen (Euro 5 und Euro 6) und über den Zugang zu Reparatur- und Wartungsinformationen für Fahrzeuge (ABl. L 171 vom 29.6.2007, S. 1) aufgehoben worden ist, stoßen im praktischen Fahrbetrieb weniger als 270 Milligramm Stickoxid pro Kilometer aus, wenn sie über ein Stickoxid-Minderungssystem mit hoher Minderungsleistung verfügen, das die in der Anlage XXII festgelegten Anforderungen erfüllt.

(3c) Kraftfahrzeuge mit Selbstzündungsmotor mit einer technisch zulässigen Gesamtmasse bis 2 800 Kilogramm der Klasse N1 sowie Kraftfahrzeuge mit Selbstzündungsmotor ohne Begrenzung der zulässigen Gesamtmasse der Klassen M1 und M2 der Emissionsklasse „Euro 5", die genehmigt sind entsprechend

1. der Verordnung (EG) Nr. 715/2007 des Europäischen Parlaments und des Rates vom 20. Juni 2007 über die Typgenehmigung von Kraftfahrzeugen hinsichtlich der Emissio-

nen von leichten Personenkraftwagen und Nutzfahrzeugen (Euro 5 und Euro 6) und über den Zugang zu Reparatur- und Wartungsinformationen für Fahrzeuge (ABl. L 171 vom 29.6.2007, S. 1), die zuletzt durch die Verordnung (EU) Nr. 459/2012 der Kommission vom 29. Mai 2012 zur Änderung der Verordnung (EG) Nr. 715/2007 des Europäischen Parlaments und des Rates und der Verordnung (EG) Nr. 692/2008 der Kommission hinsichtlich der Emissionen von leichten Personenkraftwagen und Nutzfahrzeugen (Euro 6) (ABl. L 142 vom 1.6.2012, S. 16) geändert worden ist, und

2. der Verordnung (EG) Nr. 692/2008 der Kommission vom 18. Juli 2008 zur Durchführung und Änderung der Verordnung (EG) Nr. 715/2007 des Europäischen Parlaments und des Rates über die Typgenehmigung von Kraftfahrzeugen hinsichtlich der Emissionen von leichten Personenkraftwagen und Nutzfahrzeugen (Euro 5 und Euro 6) und über den Zugang zu Reparatur- und Wartungsinformationen für Fahrzeuge (ABl. L 199 vom 28.7.2008, S. 1), die zuletzt durch die Verordnung (EU) 2018/1832 der Kommission vom 5. November 2018 zur Änderung der Richtlinie 2007/46/EG des Europäischen Parlaments und des Rates, der Verordnung (EG) Nr. 692/2008 der Kommission und der Verordnung (EU) 2017/1151 der Kommission im Hinblick auf die Verbesserung der emissionsbezogenen Typgenehmigungsprüfungen und -verfahren für leichte Personenkraftwagen und Nutzfahrzeuge, unter anderem in Bezug auf die Übereinstimmung in Betrieb befindlicher Fahrzeuge und auf Emissionen im praktischen Fahrbetrieb und zur Einführung von Einrichtungen zur Überwachung des Kraftstoff- und des Stromverbrauchs (ABl. L 301 vom 27.11.2018, S. 1) geändert worden ist,

stoßen im praktischen Fahrbetrieb weniger als 270 Milligramm Stickoxid pro Kilometer aus, wenn sie über ein Stickoxid-Minderungssystem mit hoher Minderungsleistung verfügen, das die in der Anlage XXII festgelegten Anforderungen erfüllt.

(4) ¹Personenkraftwagen sowie Wohnmobile mit einer zulässigen Gesamtmasse von nicht mehr als 2 800 kg mit Fremd- oder Selbstzündungsmotoren, die den Vorschriften der Anlage XXIV entsprechen, gelten als bedingt schadstoffarm. ²Eine erstmalige Anerkennung als bedingt schadstoffarm ist ab 1. November 1993 nicht mehr zulässig.

(5) Personenkraftwagen und Wohnmobile mit Fremd- oder Selbstzündungsmotoren,

1. die den Vorschriften der Anlage XXV oder

2. mit einem Hubraum von weniger als 1 400 Kubikzentimetern, die der Richtlinie 70/220/EWG in der Fassung der Richtlinie 89/458/EWG des Rates vom 18. Juli 1989 (ABl. L 226 vom 3.8.1989, S. 1)

entsprechen, gelten als schadstoffarm.

(6) Fahrzeuge oder Motoren für Fahrzeuge, die in den Anwendungsbereich der Richtlinie 88/77/EWG des Rates vom 3. Dezember 1987 zur Angleichung der Rechtsvorschriften der Mitgliedstaaten über Maßnahmen gegen die Emission gasförmiger Schadstoffe und luftverunreinigender Partikel aus Selbstzündungsmotoren zum Antrieb von Fahrzeugen und die Emission gasförmiger Schadstoffe aus mit Erdgas oder Flüssiggas betriebenen Fremdzündungsmotoren zum Antrieb von Fahrzeugen (ABl. L 36 vom 9.2.1988, S. 33), die zuletzt durch die Richtlinie 2001/27/EG (ABl. L 107 vom 18.4.2001, S. 10) geändert worden ist, fallen, müssen hinsichtlich ihres Abgasverhaltens den Vorschriften dieser Richtlinie entsprechen.

(6a) Fahrzeuge oder Motoren für Fahrzeuge, die in den Anwendungsbereich der Richtlinie 2005/55/EG des Europäischen Parlaments und des Rates vom 28. September 2005 zur Angleichung der Rechtsvorschriften der Mitgliedstaaten über Maßnahmen gegen die Emission gasförmiger Schadstoffe und luftverunreinigender Partikel aus Selbstzündungsmotoren zum Antrieb von Fahrzeugen und die Emission gasförmiger Schadstoffe aus mit Flüssiggas oder Erdgas betriebenen Fremdzündungsmotoren zum Antrieb von Fahrzeugen (ABl. L 275 vom 20.10.2005, S. 1) fallen, müssen hinsichtlich ihres Abgasverhaltens den Vorschriften dieser Richtlinie und der Richtlinie 2005/78/EG der Kommission vom 14. November 2005 zur Durchführung der Richtlinie 2005/55/EG des Europäischen Parlaments und des Rates zur Angleichung der Rechtsvorschriften der Mitgliedstaaten über Maßnahmen gegen die Emission gasförmiger Schadstoffe und luftverunreinigender Partikel aus Selbstzündungsmotoren zum Antrieb von Fahrzeugen und die Emission gasförmiger Schadstoffe aus mit Flüssiggas oder Erdgas betriebenen Fremdzündungsmotoren zum Antrieb von Fahrzeugen und zur Änderung ihrer Anhänge I, II, III, IV und VI (ABl. L 313 vom 29.11.2005, S. 1), geändert durch die im Anhang zu dieser Vorschrift genannten Bestimmungen, entsprechen.

(6b) Fahrzeuge oder Motoren für Fahrzeuge, die in den Anwendungsbereich der Verordnung (EG) Nr. 595/2009 des Europäischen Parlaments und des Rates vom 18. Juni 2009 über die Typgenehmigung von Kraftfahrzeugen und Motoren hinsichtlich der Emissionen von schweren Nutzfahrzeugen (Euro VI) und über den Zugang zu Fahrzeugreparatur- und -wartungsinformationen, zur Änderung der Verordnung (EG) Nr. 715/2007 und der

Richtlinie 2007/46/EG sowie zur Aufhebung der Richtlinien 80/1269/EWG, 2005/55/EG und 2005/78/EG (ABl. L 188 vom 18.7.2009, S. 1) fallen und Kraftfahrzeuge, die hinsichtlich der Baumerkmale ihres Fahrgestells diesen Fahrzeugen gleichzusetzen sind, müssen hinsichtlich ihres Abgasverhaltens den Vorschriften dieser Verordnung und der Verordnung (EU) Nr. 582/2011 der Kommission vom 25. Mai 2011 zur Durchführung und Änderung der Verordnung (EG) Nr. 595/2009 des Europäischen Parlaments und des Rates hinsichtlich der Emissionen von schweren Nutzfahrzeugen (Euro VI) und zur Änderung der Anhänge I und III der Richtlinie 2007/46/EG des Europäischen Parlaments und des Rates (ABl. L 167 vom 25.6.2011, S. 1), jeweils geändert durch die im Anhang zu dieser Vorschrift genannten Bestimmungen, entsprechen.

(7) Krafträder, auf die sich die Regelung Nummer 40 – Einheitliche Vorschriften für die Genehmigung der Krafträder hinsichtlich der Emission luftverunreinigender Gase aus Motoren mit Fremdzündung – des Übereinkommens über die Annahme einheitlicher Bedingungen für die Genehmigung der Ausrüstungsgegenstände und Teile von Kraftfahrzeugen und über die gegenseitige Anerkennung der Genehmigung, in Kraft gesetzt durch die Verordnung vom 14. September 1983 (BGBl. 1983 II S. 584), bezieht, müssen hinsichtlich ihres Abgasverhaltens den Vorschriften der Regelung Nr. 40, zuletzt geändert durch Verordnung zur Änderung 1 und zum Korrigendum 3 der ECE-Regelung Nr. 40 über einheitliche Vorschriften für die Genehmigung der Krafträder hinsichtlich der Emission luftverunreinigender Gase aus Motoren mit Fremdzündung vom 29. Dezember 1992 (BGBl. 1993 II S. 110), entsprechen; dies gilt auch für Krafträder mit einer Leermasse von mehr als 400 kg.

(8) Andere Krafträder als die in Absatz 7 genannten müssen hinsichtlich ihres Abgasverhaltens von Vorschriften der Regelung Nummer 47 – Einheitliche Vorschriften für die Genehmigung der Fahrräder mit Hilfsmotor hinsichtlich der Emission luftverunreinigender Gase aus Motoren mit Fremdzündung – des Übereinkommens über die Annahme einheitlicher Bedingungen für die Genehmigung der Ausrüstungsgegenstände und Teile von Kraftfahrzeugen und über die gegenseitige Anerkennung der Genehmigung, in Kraft gesetzt durch die Verordnung vom 26. Oktober 1981 (BGBl. 1981 II S. 930), entsprechen.

(8a) Kraftfahrzeuge, die in den Anwendungsbereich der Richtlinie 97/24/EG fallen, müssen hinsichtlich ihres Abgasverhaltens den Vorschriften dieser Richtlinie entsprechen.

(8b) Kraftfahrzeuge, die in den Anwendungsbereich der Achtundzwanzigsten Verordnung zur Durchführung des Bundes-Immissionsschutzgesetzes vom 11. November 1998 (BGBl. I S. 3411) fallen, müssen mit Motoren ausgerüstet sein, die hinsichtlich ihres Abgasverhaltens den Vorschriften der Achtundzwanzigsten Verordnung zur Durchführung des Bundes-Immissionsschutzgesetzes vom 11. November 1998 entsprechen.

(8c) Zugmaschinen oder Motoren für Zugmaschinen, die in den Anwendungsbereich der Richtlinie 2000/25/EG des Europäischen Parlaments und des Rates vom 22. Mai 2000 über Maßnahmen zur Bekämpfung der Emission gasförmiger Schadstoffe und luftverunreinigender Partikel aus Motoren, die für den Antrieb von land- und forstwirtschaftlichen Zugmaschinen bestimmt sind, und zur Änderung der Richtlinie 74/150/EWG des Rates (ABl. L 173 vom 12.7.2000, S. 1) fallen, müssen hinsichtlich ihres Abgasverhaltens den Vorschriften dieser Richtlinie entsprechen.

(9) [1] Technischer Dienst und Prüfstelle im Sinne der genannten Regelwerke ist die Abgasprüfstelle der TÜV-Nord Mobilität GmbH & Co. KG, Adlerstraße 7, 45307 Essen. [2] Es können auch andere Technische Prüfstellen für den Kraftfahrzeugverkehr oder von der obersten Landesbehörde anerkannte Stellen prüfen, sofern diese über die erforderlichen eigenen Mess- und Prüfeinrichtungen verfügen. [3] Der Technische Dienst ist über alle Prüfungen zu unterrichten. [4] In Zweifelsfällen ist er zu beteiligen; bei allen Fragen der Anwendung ist er federführend. [5] Die Prüfstellen haben die verwendeten Mess- und Prüfeinrichtungen hinsichtlich der Messergebnisse und der Messgenauigkeit mit dem Technischen Dienst regelmäßig abzugleichen.

1 Begr zur ÄndVO v. 14.6.88:VkBl. 88 482; zur ÄndVO v. 16.12.88:VkBl. 89 112.

1a Begr zur ÄndVO v. 21.12.92 (BR-Drs. 782/92):

Zu Abs. 3: *Nach der bisherigen Praxis konnten auch Wohnmobile mit einer zulässigen Gesamtmasse von nicht mehr als 2800 kg als schadstoffarm anerkannt werden. Mit der Neufassung wird diese Möglichkeit nun ausdrücklich zugelassen.*

Darüber hinaus gelten mit der Neufassung nun auch Personenkraftwagen sowie Wohnmobile mit einer zulässigen Gesamtmasse von nicht mehr als 2800 kg als schadstoffarm, die den Vorschriften des Anhangs IIIA der Richtlinie 70/220/EWG in der Fassung der Richtlinie 88/76/EWG oder späteren Änderungen dieses Anhangs entsprechen oder, die den Vorschriften der Richtlinie 70/220/EWG in der Fassung der Richt-

linie 91/441/EWG entsprechen – ausgenommen sind jedoch die Fahrzeuge, die die Übergangsbestimmungen des Anhangs I Nr. 8.1 oder 8.3 in Anspruch nehmen –.

Zu Abs. 4: *Nach der bisherigen Praxis konnten auch Wohnmobile mit einer zulässigen Gesamtmasse von nicht mehr als 2800 kg als bedingt schadstoffarm anerkannt werden. Mit der Neufassung wird diese Möglichkeit ausdrücklich zugelassen.*

Zu Abs. 5: *Nach der bisherigen Praxis konnten auch Wohnmobile als schadstoffarm nach Anlage XXV (bis maximal 2500 kg zulässiger Gesamtmasse) anerkannt werden. Mit der Neufassung wird diese Möglichkeit ausdrücklich zugelassen.*

Darüber hinaus gelten mit der Neufassung nun auch Personenkraftwagen und Wohnmobile mit einem Hubraum von weniger als 1400 cm³ als schadstoffarm, die den Vorschriften der Richtlinie 70/220/EWG in der Fassung der Richtlinie 89/458/EWG entsprechen.

Begr zur ÄndVO v. 21.10.93 **(zu Abs. 4 S. 2):** VkBl. **93** 739. **1b**

Begr zur ÄndVO v. 23.3.94 (VkBl. **94** 351): **Zu Abs. 3:** *Die Anforderungen der neuen EG-Richtlinie mit dem neuen europäischen Fahrzyklus an das Abgasverhalten von Pkw sind strenger als die der bisher geltenden EG-Richtlinien bzw. die der Anlage XXIII zur StVZO. Eine Anerkennung von Pkw sowie Wohnmobilen bis 2800 kg als schadstoffarm, die lediglich die bisher geltenden Abgasanforderungen erfüllen, ist zukünftig nicht mehr gerechtfertigt.*
…
Mit Einfügung der Nr. 4 können Personenkraftwagen sowie Wohnmobile mit einer zulässigen Gesamtmasse von nicht mehr als 2800 kg, die der Richtlinie 70/220/EWG in der Fassung der Richtlinie 93/59/EWG entsprechen, die Vorteile für schadstoffarm anerkannte Fahrzeuge in Anspruch nehmen.
Ausgenommen hievon sind Fahrzeuge, die lediglich die nicht so strengen Grenzwertanforderungen der Richtlinie 93/59/EWG der Klassen II und III des Anhangs I in 5.3.1.4 und 7.1.1.1 sowie des Anhangs I Nr. 8.3 erfüllen.

Begr zur ÄndVO v. 3.8.00: VkBl. **00** 495. **1c**

Begr zur ÄndVO v. 5.12.02 (VkBl. **03** 12): **Zu Abs. 8c:** *Mit der Richtlinie 2000/25/EG werden auch für Motoren, die für den Antrieb von land- und forstwirtschaftlichen Zugmaschinen bestimmt sind, verbindliche Anforderungen zur Bekämpfung der Emission gasförmiger Schadstoffe und luftverunreinigender Partikel festgeschrieben. Mit dem neuen Absatz 8c sollen diese Vorschriften auch für Fahrzeuge mit Einzelbetriebserlaubnis vorgeschrieben werden.*

Begr zur ÄndVO v. 2.11.04: BR–Drs. 600/04 S. 10.

Begr zur ÄndVO v. 27.1.06 (VkBl. **06** 129): **Zu Abs. 3a:** *… geboten, die Grenzwertanforderungen für die Partikelmasse von neuen Personenkraftwagen mit Dieselmotor in Abstimmung mit der EG erneut deutlich abzusenken und zudem für die Nachrüstung von im Verkehr befindlichen Kraftfahrzeugen eine an die europäischen Abgasstufen angelehnte Lösung anzubieten. Damit soll auch ein Beitrag zur Senkung der Feinstaubbelastung in Ballungsgebieten geleistet werden können. Aus EG-rechtlichen Gründen lassen sich derartige Maßnahmen zur weiteren Absenkung der Partikelemissionen nur auf freiwilliger Basis verwirklichen. Dazu werden … Kriterien für die Einstufung von „besonders partikelreduzierten Personenkraftwagen", unterteilt in fünf Partikelminderungsstufen … festgeschrieben. Für die Festlegung der dazugehörigen technischen Anforderungen im Einzelnen, die die entsprechenden Diesel-Neufahrzeuge und die für eine Nachrüstung entwickelten Partikelminderungssysteme (z. B. Partikelfilter) einhalten müssen, wird die neue Anlage XXVI eingefügt. … Mit der Verordnung werden somit die verkehrsrechtlichen Voraussetzungen geschaffen, auf die in anderen Gesetzen oder Verordnungen bei der Gewährung von Benutzervorteilen wie beispielsweise kraftfahrzeugsteuerliche Ermäßigungen oder Ausnahmen von Fahrverboten in bestimmten Zonen Bezug genommen werden kann.*

Begr zur ÄndVO v. 24.5.07 (VkBl. **07** 459): *… Um die Belange der so genannten „Euro-1-Pkw" – einschließlich der schweren Pkw der Gruppen II und III – angemessen bedienen zu können, mussten zwei neue Minderungsstufen (Stufe PM 01 und Stufe PM 0) definiert und vor die bereits seit Februar 2006 geltende Stufe PM 1 in der Anlage XXVI eingestellt werden. …*

Begr zur ÄndVO v. 10.5.12 (BR–Drs. 843/11 S. 62 = VkBl. **12** 407): **Zu Abs. 1a:** *Durch die Änderung wird die verbindliche Anwendung der Verordnung (EG) Nr. 715/2007 und ihrer Durchführungsmaßnahmen auch für Fahrzeuge mit einer Einzelgenehmigung vorgeschrieben. Mit dieser Verordnung werden insbesondere die Grenzwertstufen €5 und 6 für leichte Personenkraftwagen und Nutzfahrzeuge eingeführt.*

Zu Abs. 6a: *Die verbindliche Anwendung der Richtlinie 2005/55/EG und ihrer Durchführungsmaßnahmen wird auch für Fahrzeuge mit einer Einzelgenehmigung vorgeschrieben. Die Richtlinie konsolidiert die Richtlinie 88/77/EWG (Grenzwertstufen Euro IV und V sowie EEV). In den Durchführungsmaßnahmen werden insbesondere die Anforderungen an die On-Board-Diagnose und an die Gewährleistung der vollen Wirkung der Vorkehrungen für die Minderung der NOx-Emissionen weiterentwickelt.*

Begr zur ÄndVO v. 20.10.17 (BR-Drs. 569/17 S. 12) **zu Abs. 6b:** *Die verbindliche Anwendung der Verordnung (EG) Nr. 595/2009 (Euro VI) und ihrer Durchführungsmaßnahmen wird auch für Fahrzeuge mit einer Einzelgenehmigung nach § 21 StVZO vorgeschrieben. Da in der Vergangenheit des Öfteren Unklarheit bestand, welche Vorschriften national z. B. für bestimmte Sonderfahrzeuge, die sich von schweren Nutzfahrzeugen ableiten, gelten, wird die Anwendung der genannten Vorschriften auf Kraftfahrzeuge erweitert, die hinsichtlich der Baumerkmale ihres Fahrgestells den Fahrzeugen im Anwendungsbereich der Verordnung (EG) Nr. 595/2009 gleichzusetzen sind.*

1d   **52. StVZAusnV** v. 13.8.1996 idF der VO v. 18.2.98 (BGBl. I S. 390)

§ 1

[1] Abweichend von § 47 Abs. 3 Nr. 4 der Straßenverkehrs-Zulassungs-Ordnung gelten Kraftfahrzeuge auch dann als schadstoffarm im Sinne der Richtlinie 70/220/EWG in der Fassung der Richtlinie 93/59/EWG des Rates vom 28. Juni 1993 (ABl. EG Nr. L 186 S. 21), wenn sie

a) vor dem 1. Oktober 1995 oder
b) bei mehr als sechs Sitzplätzen einschließlich des Fahrersitzes oder einer Gesamtmasse von mehr als 2 500 kg und einer Bezugsmasse von mehr als 1 250 kg vor dem 1. Oktober 1998

erstmals in den Verkehr gekommen sind und nach dem 1. Januar 1996 nachträglich mit einem Abgasreinigungssystem versehen worden sind. [2] Dies gilt nur, wenn

1. das Abgasreinigungssystem
    a) mit einer Betriebserlaubnis für Fahrzeugteile nach § 22 der Straßenverkehrs-Zulassungs-Ordnung genehmigt ist oder
    b) im Rahmen einer Betriebserlaubnis für das Fahrzeug nach § 21 der Straßenverkehrs-Zulassungs-Ordnung genehmigt ist oder
    c) durch ein Teilegutachten nach § 19 Abs. 3 Nr. 4 der Straßenverkehrs-Zulassungs-Ordnung für unbedenklich erklärt und die Abnahme nach dieser Vorschrift unverzüglich durchgeführt und bestätigt worden ist,
2. im Rahmen einer Abgasprüfung nach Anhang I Nr. 5.3.1 in Verbindung mit Anhang II der Richtlinie 70/220/EWG in der Fassung der Richtlinie 93/59/EWG des Rates vom 28. Juni 1993 (ABl. EG Nr. L 186) nachgewiesen worden ist, daß die mit dem eingebauten Abgasreinigungssystem ermittelten Abgaswerte, multipliziert mit dem entsprechenden Verschlechterungsfaktor nach Nummer 5.3.5.2 des Anhangs I, die in Nummer 7.1.1 genannten Grenzwerte für die Fahrzeugklasse M nicht übersteigen,
3. die Dauerhaltbarkeit des Abgasreinigungssystems für mindestens 2 Jahre oder 80 000 km gewährleistet ist,
4. die Nachrüstung keine nachteiligen Auswirkungen, insbesondere auf das Betriebsverhalten, die Betriebssicherheit, den Kraftstoffverbrauch und das Geräuschverhalten des Kraftfahrzeugs, hat und
5. alle für die Nachrüstung mit dem Abgasreinigungssystem erforderlichen Teile ordnungsgemäß eingebaut sind und die einwandfreie Funktion des Abgasreinigungssystems von einer für die Durchführung der Abgasuntersuchung nach § 47a der Straßenverkehrs-Zulassungs-Ordnung in Verbindung mit Anlage VIIIa Nr. 3.1.2 oder 3.2 anerkannten Kraftfahrzeugwerkstatt, sofern diese die Nachrüstung selbst durchgeführt hat oder durch einen amtlich anerkannten Sachverständigen oder Prüfer für den Kraftfahrzeugverkehr oder durch einen Kraftfahrzeugsachverständigen oder Angestellten nach Abschnitt 7.4a der Anlage VIII bestätigt worden ist.

§ 2

Diese Verordnung tritt am Tage nach der Verkündung in Kraft.

Begr: VkBl. **96** 464, **98** 216.

2   **1. Pkw** und **leichte NutzFze.** Abs. I bezweckt die Reduzierung der Abgasemissionen von Pkw und leichten Lkw. Die Bestimmung gilt für **Kfze mit Fremdzündungsmotor oder Selbstzündungsmotor** mit mindestens vier Rädern, mindestens 400 kg zulässiger Gesamtmasse und bauartbedingter Höchstgeschwindigkeit von mindestens 50 km/h, soweit sie in den Anwendungsbereich der Richtlinie 70/220/EWG (ABl. EG Nr. L 76 S. 1) fallen. Das sind gem. Art 1 der Richtlinie die in Anhang II Abschnitt A der Richtlinie 70/156/EWG (ABl. EG Nr. L 42 S. 1) = StVRL zu § 20 StVZO Nr. 3 genannten Fze. Ausgenommen sind land- oder forstwirtschaftliche Zug- und Arbeitsmaschinen sowie andere Arbeitsmaschinen. Durch den

mit ÄndVO v. 10.5.12 eingefügten Abs. Ia wird die verbindliche Anwendung der VO (EG) Nr. 715/2007 (Einführung der Grenzwertstufen Euro 5 und 6 für leichte Pkw und NutzFz, StVRL § 47 Nr. 33) und ihrer Durchführungsmaßnahmen auch für Fz mit Einzelgenehmigung vorgeschrieben; Übergangsvorschrift § 72 II Nr. 2.

2. Dieselfahrzeuge. Abs. II betrifft Maßnahmen gegen die Emission verunreinigender Stoffe **3** aus Dieselmotoren zum Antrieb von Fahrzeugen, gilt also für **Kfz mit Selbstzündungsmotor,** und zwar für solche mit mindestens vier Rädern, mindestens 400 kg zulässiger Gesamtmasse und bauartbedingter Höchstgeschwindigkeit von mehr als 25 km/h, soweit sie in den Anwendungsbereich der Richtlinie 72/306/EWG (ABl. EG Nr. L 190 S. 1) = StVRL Nr. 7 fallen. Ausgenommen sind land- oder forstwirtschaftliche Zug- und Arbeitsmaschinen sowie andere Arbeitsmaschinen.

3. Mobile Maschinen und Geräte iS von Abs. VIIIb sind in Art 2 der Richtlinie 97/68/ **4** EG, auf die die 28. VO zur Durchführung des BImSchG Bezug nimmt, wie folgt definiert: mobile Maschinen, mobile industrielle Ausrüstungen oder Fze mit oder ohne Aufbau, die nicht zur Beförderung von Personen oder Gütern auf der Str bestimmt sind und in die ein Verbrennungsmotor gem. der Definition in Anh I Nr. 1 der Richtlinie eingebaut ist. Durch Abs. VIIIb wird die Anwendung der Vorschriften der Richtlinie 97/68/EG für ihre Motoren verbindlich vorgeschrieben.

4. Schwere Lastkraftwagen, land- und forstwirtschaftliche Zugmaschinen, Krafträ- 5 der. Zur Begrenzung gasförmiger Schadstoffe aus Dieselmotoren schwerer Lkw erklärt Abs. VI die **Richtlinie 88/77/EWG** (StVRL § 47 StVZO Nr. 9) hinsichtlich der dort genannten Kfze für verbindlich. Durch die frühere Übergangsbestimmung (§ 72 II) wurde die Anwendung der Richtlinien 1999/96/EG und 2001/27/EG auch für erstmals in den V kommende Fze mit Einzel-BE verbindlich vorgeschrieben. Auf vor dem 18.12.02 erstmals in den V gekommene Fze und -motoren bleibt Abs. VI in der vor dem 18.12.02 geltenden Fassung mit den bis dahin geltenden Übergangsbestimmungen anwendbar. Abs. VIII c schreibt die Vorschriften der Richtlinie 2000/25/EG auch für **land- und forstwirtschaftliche Zugmaschinen** mit Einzel-BE vor, s. Begr (Rn. 1c). Übergangsvorschrift: § 72 II Nr. 4. Für **Krafträder** gelten bezüglich ihres Abgasverhaltens nach Abs. VII und VIII die ECE-Regelungen Nr. 40 bzw. Nr. 47, nach Maßgabe von Abs. VIIIa die Vorschriften der Richtlinie 97/24/EG. Nach Aufhebung der 48. AusnahmeVO zur StVZO am 1.10.06 (BGBl. I S. 06 2148) war in der früheren Übergangsbestimmung des § 72 II zu § 47 VII geregelt, dass Krafträder, auf die die Regelung Nr. 40 anwendbar ist und die laut Eintragung in ihren Papieren als vor dem 1.7.94 erstmals in den Verkehr gekommen gelten, hinsichtlich ihres Abgasverhaltens lediglich der Regelung Nr. 40 ohne Änderung 1 entsprechen müssen. Gem der früheren Übergangsvorschrift des § 72 II war Abs. VII für die Erteilung einer ABE am 17.6.99, für die Erteilung einer EinzelBE am 1.10.2000 außer Kraft getreten. Durch VIII a wird die Anwendung der in Kap. 5 der Richtlinie 97/24/EG enthaltenen Abgasvorschriften für die Erteilung einer EinzelBE für in den Anwendungsbereich dieser Richtlinie fallende Fze vorgeschrieben. Dies galt nach Maßgabe der früheren Übergangsbestimmung des § 72 II ab 1.7.04 auch für erstmals in den V kommende Kleinkräder. Für Krafträder, bei denen nachträglich ein Beiwagen angebaut wurde, gelten die Abgasgrenzwerte der Richtlinie 97/24/EG nicht. Insoweit gelten die Abgasgrenzwerte für das Solokraftrad ohne Berücksichtigung des Beiwagens (§ 72 II aF zu § 47 VIIIa S. 4 u 5, Begr VkBl. 08 594). – Für **schwere NutzFz** und Fz, die hinsichtlich der Baumerkmale ihres Fahrgestells diesen Fz gleichzusetzen sind (zB SonderFz, die sich von schweren NutzFz ableiten), schreibt der mit ÄndVO v. 20.10.17 (BGBl. I S. 3723) eingefügte **Abs. 6b** die Anwendung der **VO (EG) Nr. 595/2009 (EuroVI)** (StVRL § 47 StVZO Nr. 18) auch für Fz mit Einzelgenehmigung nach § 21 verbindlich vor (Begr Rn. 1c). Dies gilt für erstmals in den Verkehr kommende Fz mit Einzelgenehmigung seit 1.12.17 (§ 72 II Nr. 3a).

Literatur: *Breier,* Die EG-Abgasrichtlinien für Kfze, NZV **93** 294. **5a**

5. Schadstoffarme Fze. Pkw und Wohnmobile mit nicht mehr als 2,8 t zulässiger Gesamt- **6** masse, die den Vorschriften der **Anlage XXIII** oder der in Abs. III Nr. 2–13 genannten EG-Richtlinien entsprechen, gelten als schadstoffarm, Abs. III, ebenso solche, die den Vorschriften der **Anl XXV** entsprechen oder – bei einem Hubraum von weniger als 1400 cm^3 – der **Richtlinie 70/220/EWG,** Abs. V. Dies gilt sowohl für Fze mit Fremdzündungsmotor als auch für Diesel-Fze. Erstmalige Anerkennung als schadstoffarm gem. III Nr. 1 ist für ab 1.1.95 erstmals in den V kommende Fze nach der Übergangsvorschrift des § 72 II nicht mehr zulässig; keine erstmalige Anerkennung als schadstoffarm ferner nach § 72 II auch für Fze nach Maßgabe von Abs. V. Mit Steuerbefreiungen und ermäßigten Steuersätzen nach Maßgabe von §§ 3b, 9 KraftStG für Halter schadstoffarmer und bedingt schadstoffarmer Pkw sollte eine Verringerung der Emissionen von umweltschädlichen Stickoxiden, Kohlenmonoxiden und Kohlenwasserstoffen erreicht und zu diesem Zweck die Katalysator-Technologie gefördert werden. Dazu bedurfte es der Definition solcher Fze durch die StVZO. **Steuerbefreiung für schadstoffreduzierte Pkw:** § 3b KraftStG, Übergangsregelung § 18 XI KraftStG. Schadstoffarme und bedingt schadstoffarme Fze sind in Absätzen III bis V in Verbindung mit Anlagen XXIII bis XXV und den genannten EG-Richtlinien definiert. Nach Maßgabe des § 1 der 52. StVZAusnV führte auch **Nachrüstung** älterer Fze mit Abgasreinigungssystemen, durch die das sog „Euro-1-Abgasniveau" der Richtlinie 93/95/EWG erreicht wird, zur Anerkennung als schadstoffarm (s. Rn. 1d). Näher: *Jagow* VD **96** 193. Nachrüstungsrichtlinie, VkBl. **96** 465, **98** 216. Die bis zum 31.12.05 angewendete steuerrechtlich unterschiedliche Behandlung schadstoffarmer und nicht schadstoffarmer Fz war nicht willkürlich und ist verfassungskonform, BFH DAR **99** 472, FinanzG Münster VRS **72** 474, ebenso andererseits die einheitliche Besteuerung von Krädern ohne Rücksicht auf Schadstoffarmut, BFH DAR **96** 70. Soweit § 3b KraftStG die befristete Steuerbefreiung für schadstoffarme Fze vom Zulassungsdatum abhängig machte, verstieß dies nicht gegen den Gleichheitsgrundsatz, BFH DAR **02** 374. Über die administrative Behandlung schadstoffarmer und bedingt schadstoffarmer Kfze, s. BMV 12.9.85 VkBl. **85** 586 (geändert VkBl. **87** 358), 22.10.85 VkBl. **85** 649, 24.7.86 VkBl. **86** 447 (Alt-Diesel) und 8.1.90 VkBl. **90** 2.

6a **6. Besonders partikelreduzierte Fze.** Pkw und Wohnmobile mit Dieselmotor gelten nach Abs. 3a als besonders partikelreduziert, wenn sie den Anforderungen einer der in **Anlage XXVI** Nr. 2 festgelegten Minderungsstufen (Stufen PM 01 bis PM 5) oder den Anforderungen der VO (EG) Nr. 715/2007 und ihrer Durchführungsmaßnahmen entsprechen. Erweiterung um die Stufen PM 01 und PM 0 durch ÄndVO v. 24.5.07 (BGBl. I S. 893, Begr VkBl. **07** 459), um die Pkw, die die Anforderungen der Abgasstufe Euro 1 einhalten, angemessen zu berücksichtigen. Regelungen für Nutzfahrzeuge und mobile Maschinen und Geräte s. § 48 Rn. 4. Aus- oder Nachrüstung mit einem Partikelminderungssystem führt nicht dazu, dass sich die für die Abgasprüfung maßgebliche Schadstoffstufe (zB Euro 2) verändert, denn die limitierten gasförmigen Schadstoffe werden durch das Partikelminderungssystem im Allgemeinen nicht verringert (s. VkBl. **06** 131). Es werden lediglich die verkehrsrechtlichen Voraussetzungen geschaffen, auf die in anderen Normen bei der Gewährung von Benutzervorteilen oder Ausnahmen von Fahrverboten in bestimmten Zonen (Senkung der Feinstaubbelastung in Ballungsgebieten) Bezug genommen werden kann. Dadurch sollen FzHalter veranlasst werden, auf freiwilliger Basis Maßnahmen gegen die Verunreinigung der Luft durch Partikelemissionen von Diesel-Kfz zu ergreifen. Nachrüstung (Anl XXVI Nr. 10): Einbau und Abnahme eines genehmigten Partikelminderungssystems können von einer anerkannten AU-Werkstatt vorgenommen und bescheinigt werden, sofern sie den Einbau selbst durchgeführt hat. Nach Einbau durch eine andere Stelle muss die Abnahme von einem aaSoP oder PI durchgeführt und bescheinigt werden. Steuerbefreiung bis 330 € gab es bei Nachrüstung bis 31.12.09 für Pkw, die bis 31.12.06 erstmals zugelassen wurden (§ 3c aF KraftStG). Keine Steuerbefreiung, wenn der Rußpartikelfilter vor der erstmaligen Zulassung des Fz eingebaut wurde, da dies keine nachträgliche technische Verbesserung iSd § 3c I S. 1 aF KraftStG war (BFH DAR **08** 722). Zur Löschung der ABE für unwirksame Partikelminderungssysteme durch das KBA *Rebler/Mágori* SVR **08** 171.

6b **7. Fahrzeuge mit Stickoxid-Minderungssystem.** Diesel-Kfz der Schadstoffklassen Euro 4 und Euro 5 sind von Verkehrsverboten ausgenommen, die wegen Überschreitung des Immissionsgrenzwertes für Stickstoffdioxid angeordnet worden sind, wenn sie im praktischen Fahrbetrieb weniger als 270 Milligramm Stickstoffoxide pro Kilometer ausstoßen (§ 47 IVa S. 2 Nr. 2 BImSchG). Diese Vorschrift ist die Grundlage für die Anforderungen an den Einsatz eines Stickoxid-Minderungssystems mit hoher Minderungsleistung, die in den durch ÄndVO v. 26.11.2019 (BGBl. I S. 2015) eingefügten **Absätzen 3b, 3c** und **Anlage XXII** geregelt werden. Die erforderlichen Prüf- und Nachweisverfahren für den einzuhaltenden Emissionswert von weniger als 270 Milligramm Stickoxid pro Kilometer sind in Anlage XXII festgelegt. Die Anlage soll sowohl im Falle von Umrüstungen (Hardware-Nachrüstung oder Software-Update) als Grundlage für die Erteilung einer ABE durch das KBA dienen als auch für den Nachweis der Einhaltung der Anforderungen bei Fahrzeugen ohne technische Änderung (Begr BR-Drs. 491/19 S. 2, 46). Anlage XXII findet nur Anwendung auf Diesel-Kfz der Klasse N1 (Fz zur Güterbeförderung) mit einer technisch zulässigen Gesamtmasse bis 2800 kg sowie der Klassen M1 und M2 (Fz zur Personenbeförderung) jeweils ohne Begrenzung der zulässigen Gesamtmasse.

8. Bedingt schadstoffarme Fze, die den Vorschriften der **Anlage XXIV** entsprechen: **7** Abs. 4. Neben Pkw fallen auch Wohnmobile unter die Regelung. Aufgrund der durch ÄndVO v. 21.10.93 erfolgten Einfügung von Abs. 4 S. 2 ist die Anerkennung als bedingt schadstoffarm durch nachträgliche technische Verbesserung mit dem 1.11.93 ausgelaufen (s. Begr VkBl. **93** 739. *Jagow,* Schadstoffarme und bedingt schadstoffarme Fze, VD **85** 169, 193. *Derselbe,* Schadstoffarme Kfze (Behandlung der sog Alt-Diesel), VD **86** 6. *Derselbe,* Schadstoffarme und bedingt schadstoffarme Alt-Diesel-Pkw, VD **86** 149.

9. Kennzeichnung schadstoffarmer Kfz. Sehen Luftreinhaltepläne oder Pläne für kurz- **7a** fristig zu ergreifende Maßnahmen nach § 47 I bzw. II BImSchG (s. Buchteil **12**) verkehrsbeschränkende Maßnahmen vor (Umweltzone), sind Kfz der Klassen M (Pkw und Busse) und N (Lkw) mit geringem Beitrag zur Schadstoffbelastung von Verkehrsbeschränkungen und -verboten nach § 40 I BImSchG nach Maßgabe der am 1.3.07 in Kraft getretenen 35. VO zur Durchführung des BImSchG (VO zur Kennzeichnung der Kfz mit geringem Beitrag zur Schadstoffbelastung – 35. BImSchV) v. 10.10.06 (BGBl. I S. 2218), geändert durch ÄndVO v. 5.12.07 (BGBl. I S. 2793) – **KennzVO** – (s. Buchteil **13**) ausgenommen. Darin liegt keine Verletzung von Art 3 GG (Ha NStZ-RR **13** 356). Die KennzVO klassifiziert alle Fz nach ihrem Abgasverhalten und regelt die dementsprechende äußerliche Kennzeichnung. Kfz der „schlechtesten" Schadstoffgruppe 1 erhalten keine Plakette. Die übrigen Fz können entsprechend der Schadstoffgruppe, der sie angehören, mit einer (lichtechten, nicht wieder verwendbaren und fälschungserschwerenden) **Plakette** nach Muster in Anhang 1 der KennzVO gekennzeichnet werden (§ 3 KennzVO, Maßgaben des BMV VkBl. **07** 3 = StVRL § 41 StVO Nr. 6) und sind dann **von Verkehrsverboten ausgenommen,** soweit das entsprechende Verkehrszeichen 270.1 dies vorsieht (§ 2 I KennzVO). Eine allgemeine Verpflichtung zur Kennzeichnung von Kfz mit den Plaketten besteht nicht (*Scheidler* NJW **07** 408). Die FzHalter müssen sich aber Plaketten beschaffen, wenn sie in verkehrsbeschränkte Gebiete einfahren wollen, und deutlich sichtbar an der Innenseite der Windschutzscheibe anbringen (§ 3 II S. 2 KennzVO). Die **Ausgabe der Plaketten** erfolgt durch Zulassungsbehörden, durch die nach Landesrecht sonst zuständigen Stellen und durch die für die Durchführung der AU anerkannten Stellen (§ 4 S. 1 KennzVO). Dass in § 4 S. 1 KennzVO noch auf den inzwischen außer Kraft getretenen § 47a StVZO verwiesen wird, kann vernachlässigt werden, denn es besteht kein Zweifel, dass der VOGeber die für die Durchführung von Abgasuntersuchungen anerkannten Stelle meinte, also heute auch die nach Nr. 1 Anlage VIIIc StVZO anerkannten Kfz-Werkstätten. Autoglasreperaturbetriebe können nicht als ausgabeberechtigte Stellen für die Plaketten anerkannt werden (OVG Berlin 21.2.19 – 11 N 59.16 BeckRS 2019, 2490). Die Plaketten werden auch für im Ausland zugelassene Kfz, die gem. § 20 FZV vorübergehend am Verkehr in Deutschland teilnehmen, ausgegeben (§ 4 S. 2 KennzVO, BT-Drs. 16/8166). Die **Zuordnung der Kfz zu den Schadstoffgruppen** erfolgt nach den in den FzPapieren eingetragenen emissionsbezogenen Schlüsselnummern (vgl. Bekanntgabe des BMV v. 5.12.07 (VkBl. **07** 771 = StVRL § 11 FZV Nr. 1). Die (stillschweigende) Ablehnung der Zuteilung einer grünen Plakette ist kein konkludenter (Teil-)Widerruf der Fahrzeugzulassung oder der Betriebserlaubnis eines Kfz (VGH Ma DAR **12** 224). Offen ist, ob bei Wechsel des Kennzeichens eine neue Plakette mit Eintragung des neuen Kennzeichens erforderlich ist (*Huppertz* PVT **12** 62).

Kfz gem. Anhang 3 der KennzVO (BGBl. I S. **06** 2225, **07** 2796), zB Krafträder, EinsatzFz von **7b** Polizei und Feuerwehr, Krankenwagen, Kfz außergewöhnlich gehbehinderter Personen, sind von Verkehrsverboten (Umweltzone) **ausgenommen,** auch wenn sie nicht mit Plakette gekennzeichnet sind (§ 2 III KennzVO). Krafträder sind ausgenommen worden, da sie auf Grund ihres geringen Anteils an der Jahresfahrleistung am StrV nur einen vergleichsweise geringen Beitrag zu den Partikelemissionen leisten (Begr BR-Drs. 162/06, S. 23, s. auch BT-Drs. 19/7313 v. 24.1.19). Die ausdrückliche Ausnahme für Krafträder wäre indessen nicht erforderlich gewesen, da die KennzVO ohnehin nur für Kfz der Klassen M und N gilt (§ 1 I S. 2 KennzVO), die nach Anhang II A Nr. 1 und 2 der Richtlinie 70/156/EWG (StVRL § 20 StVZO Nr. 3) mindestens vier Räder haben. Durch ÄndVO v. 5.12.07 (BGBl. I S. 2793) wurden auch **Oldtimer** gem. § 2 Nr. 22 FZV, die ein H-Kennzeichen (§ 9 I FZV) oder ein rotes Oldtimer-Kennzeichen (§ 17 FZV) führen, und vergleichbare Oldtimer aus anderen EU- und EWR-Staaten sowie der Türkei von den Verkehrsverboten ausgenommen. Fraglich ist, ob die Ausnahme für Oldtimer von der Ermächtigung des § 40 III BImSchG gedeckt ist (*Klinger* NVwZ **07** 785, 787f.), da diese nicht als „Kfz mit geringem Beitrag zur Schadstoffbelastung" angesehen werden können (BT-Drs. 16/3858, S. 3, Antwort zu 10), und ob diese Ausnahme auf einem sachlichen Differenzierungsgrund beruht (Ha NStZ-RR **13** 356). Fraglich ist weiter, wie in der Praxis für Oldtimer aus anderen EU- und EWR-Staaten und der Türkei festgestellt werden soll, ob sie „gleichwertige Anforderungen" erfüllen, da für diese Fz nicht das Gutachten gem. § 23 StVZO zur Einstufung als Oldtimer gefordert werden kann, das in Deutschland benötigt wird, damit ein Fz als Oldtimer iSv § 2 Nr. 22 FZV anzusehen ist (s. § 2 FZV Rn. 25). Die BReg hielt diese „Gleichwertigkeitsklausel" jedoch für notwendig (BR-Drs. 819/07, S. 1, 16), ohne allerdings die Gründe näher zu erläutern. **Ausnahmen von Verkehrsverboten** für von Verkehrsverboten iSv § 40 BImSchG betroffene Kfz kommen nach § 1 II KennzVO in Betracht, soweit ein im öffentlichen Interesse (zB Versorgung mit lebensnotwendigen Gütern) oder im überwiegenden und unaufschiebbaren Interesse eines Einzelnen (zB Aufrechterhaltung von Produktionsprozessen) gebotener Ausnahmefall vorliegt. Die Ausnahmevorschrift § 1 II KennzVO ist eng auszulegen (OVG Münster NVwZ **09** 1317, VGH Mü NZV **10** 327, VG Freiburg NVwZ-RR **13** 307, *Scheidler* NVwZ **07** 144 (147)), da die Erreichung der Ziele der Verkehrsbeschränkungen sonst gefährdet wäre. Die regelmäßige Anerkennung überwiegender Interessen Einzelner kommt bei älteren Fz, die noch nicht unter den Oldtimerbegriff des § 2 Nr. 22 FZV fallen, nicht in Betracht (VGH Mü GewArch **12** 503). Zuständig für die Zulassung derartiger Ausnahmen nach § 1 II KennzVO ist die Straßenverkehrsbehörde (§ 40 I S. 2 BImSchG), in Eilfällen auch die Polizei (§ 1 II KennzVO). § 1 II KennzVO ist gegenüber § 46 I S. 1 Nr. 11 StVO lex specialis (*Rebler/Scheidler* NVwZ **10** 98 (100)).

8   **10.** Die Beschaffenheit der **Auspuffrohre** – früher § 47 III (alt) – ist jetzt in § 47c geregelt.

9   **11. Ordnungswidrigkeit.** Ordnungswidrig gem. § 48 Nr. 12 FZV ist das Unterlassen der Meldung gegenüber der ZulB, wenn die Voraussetzungen für die in FzSchein und -Brief vermerkte Anerkennung des Fzs als schadstoffarm entfallen sind (§ 13 I S. 1 Nr. 9 FZV). Da die Vorschriften über das Abgasverhalten in erster Linie das Verfahren zur Erteilung einer BE betreffen, sind Verstöße nicht bußgeldbewehrt (s. Begr VkBl. **88** 483).

47a (aufgehoben)

47b (weggefallen)

Ableitung von Abgasen

47c   ¹**Die Mündungen von Auspuffrohren dürfen nur nach oben, nach hinten, nach hinten unten oder nach hinten links bis zu einem Winkel von 45 Grad zur Fahrzeuglängsachse gerichtet sein; sie müssen so angebracht sein, dass das Eindringen von Abgasen in das Fahrzeuginnere nicht zu erwarten ist.** ²**Auspuffrohre dürfen weder über die seitliche noch über die hintere Begrenzung der Fahrzeuge hinausragen.**

1   **Begr** (VkBl. **88** 482): *Die Vorschriften über die Mündung der Auspuffrohre werden aus § 47 herausgenommen und als neuer § 47c aufgeführt. Die Überschrift des § 47 wird entsprechend angepasst. Diese Änderungen erscheinen sachlich geboten und sind auch erforderlich, um eventuellen Missverständnissen vorzubeugen, der Technische Dienst habe auch die Anordnung der Auspuffrohre zu prüfen, was durch den neuen Absatz 9 in § 47 in Verbindung mit den Vorschriften über die Mündung der Auspuffrohre im gleichen Paragraphen geschlossen werden könnte.*

2   Empfehlungen für die Erteilung von Ausnahmegenehmigungen nach § 70 für bestimmte FzArten und FzKombinationen, VkBl. **14** 503 = StVRL § 70 StVZO Nr. 1. *Hoffmann ua,* Über den schädigenden Einfluss von KfzAbgasen im Wageninnern, ZBIVM **71** 1.

Kohlendioxidemissionen, Kraftstoffverbrauch, Reichweite, Stromverbrauch

47d (1) Für Kraftfahrzeuge, die in den Anwendungsbereich der Richtlinie 80/1268/ EWG des Rates vom 16. Dezember 1980 zur Angleichung der Rechtsvorschriften der Mitgliedstaaten über den Kraftstoffverbrauch von Kraftfahrzeugen (ABl. L 375 vom 31.12.1980, S. 36), geändert durch die im Anhang zu dieser Vorschrift genannten Bestimmungen sowie in den Anwendungsbereich der Verordnung (EG) Nr. 715/2007, die durch die Verordnung (EG) Nr. 692/2008 geändert worden ist, fallen, sind die Werte für die Kohlendioxidemissionen, den Kraftstoffverbrauch, die Reichweite und den Stromverbrauch gemäß den Anforderungen dieser Vorschriften zu ermitteln.

(2) Bei Nichtvorliegen einer EG-Übereinstimmungsbescheinigung nach Anhang IX der Richtlinie 70/156/EWG sowie Anhang IX der Richtlinie 2007/46/EG sind die gemäß den Anforderungen dieser Vorschriften ermittelten Werte in einer dem Fahrzeughalter beim Kauf des Fahrzeugs zu übergebenden Bescheinigung anzugeben.

Begr (VkBl. **94** 352): *Mit Einfügung des § 47d werden die Vorschriften der Richtlinie 80/1268/* **1** *EWG des Rates, zuletzt geändert durch die Richtlinie 93/116/EG der Kommission vom 17. Dezember 1993, in die StVZO übernommen. Die Anwendung wird verbindlich vorgeschrieben.*

Begr zur ÄndVO v. 5.12.02:VkBl. **03** 13. **2**

Begr zur ÄndVO v. 10.5.12 (BR-Drs. 843/11 S. 62 = VkBl. **12** 407): *Aufgrund der ergänz-* **3** *ten Vorschriften für Fahrzeuge mit alternativen Antrieben, hier mit Elektromotoren, wird die Überschrift ergänzt, um deutlich zu machen, dass auch bei diesen Fahrzeugen äquivalente Anforderungen existieren. Außerdem werden mit den Verordnungen (EG) Nr. 715/2007 und (EG) Nr. 692/2008 auch Anforderungen für neue Fahrzeuge hinsichtlich Kohlendioxidemissionen, Kraftstoffverbrauch, Reichweite und Stromverbrauch festgelegt. Die verbindliche Anwendung der o. g. Vorschriften wird auch für Fahrzeuge mit einer Einzelgenehmigung vorgeschrieben.*

Die Angabe der nach den Vorschriften gemessenen Werte (auch Mehrfach-Angabe bei Fahrzeugen mit alternativen Antrieben) ist für Fahrzeuge, für die keine Übereinstimmungsbescheinigung existiert, immer in einer Bescheinigung anzugeben. Die Angaben zu den Kohlendioxidemissionen sind unter anderem für die Kraftfahrzeugsteuer nach Maßgabe des KraftStG und der KraftStDV erforderlich.

Übergangsbestimmung: § 72 II Nr. 5. **4**

Genehmigung, Nachrüstung und Nachfüllen von Klimaanlagen

47e Kraftfahrzeuge mit Klimaanlage, die in den Anwendungsbereich der Richtlinie 2006/40/EG des Europäischen Parlaments und des Rates vom 17. Mai 2006 über Emissionen aus Klimaanlagen in Kraftfahrzeugen und zur Änderung der Richtlinie 70/156/EWG (ABl. L 161 vom 14.6.2006, S. 12) und der Verordnung (EG) Nr. 706/2007 der Kommission vom 21. Juni 2007 zur Festlegung von Verwaltungsvorschriften für die EG-Typgenehmigung von Kraftfahrzeugen und eines harmonisierten Verfahrens für die Messung von Leckagen aus bestimmten Klimaanlagen nach der Richtlinie 2006/40/EG des Europäischen Parlaments und des Rates (ABl. L 161 vom 22.6.2007, S. 33) fallen, haben mit Wirkung vom 1. Juni 2012 den Vorschriften dieser Verordnung zu entsprechen.

Begr zur ÄndVO v. 10.5.12 (BR-Drs. 843/11 S. 63 = VkBl. **12** 408): *Fahrzeuge mit Klima-* **1** *anlage, die mit einer Einzelgenehmigung erstmals in den Verkehr kommen bzw. mit Klimaanlagen nachge-rüstet werden, sollen ebenfalls den genannten EG-Vorschriften entsprechen. Auf die Messung der Leckagerate der Klimaanlage wird jedoch bei Fahrzeugen, welche über keine Typgenehmigung verfügen, gemäß der Übergangsvorschrift zu § 47e verzichtet. Ab dem 1.1.2017 ist der Einbau einer Klimaanlage, die mit einem fluorierten Treibhausgas mit einem GWP-Wert (global warming potential-Wert)* über 150 gefüllt ist, in ein neues Fahrzeug nicht mehr möglich. Bei Nachrüstungen und Befüllungen von Klimaanlagen in Fahrzeuge mit Einzelgenehmigung, die vor dem 1. Januar 2011 erstmals zum Verkehr zugelassen wurden, ist die Verwendung von fluorierten Treibhausgasen mit einem GWP über 150 bis 1. Januar 2017 rechtlich noch möglich.*

Übergangsvorschrift: § 72 II Nr. 6 (Begr BR-Drs. 843/11 S. 65 = VkBl. **12** 408). **2**

---

* Treibhauspotenzial-Wert

Kraftstoffe, emissionsbedeutsame Betriebsstoffe und Systeme zur Verringerung der Stickoxid-Emissionen

47f (1) [1]Ein Kraftfahrzeug darf nur mit den vom Hersteller in der Betriebsanleitung oder in anderen für den Fahrzeughalter bestimmten Unterlagen angegebenen Qualitäten von flüssigen, gasförmigen oder festen Kraftstoffen betrieben werden. [2]Abweichend von Satz 1 darf ein Kraftfahrzeug mit anderen Qualitäten von flüssigen, gasförmigen oder festen Kraftstoffen nur betrieben werden, sofern die Einhaltung der Anforderungen des § 38 Absatz 1 des Bundes-Immissionsschutzgesetzes an das Fahrzeug sichergestellt ist.

(2) [1]Absatz 1 gilt auch für ergänzende Betriebsstoffe, die zur Einhaltung von Emissionsvorschriften erforderlich sind. [2]Die Manipulation eines Systems zur Verringerung der Stickoxid-Emissionen und der Betrieb eines Kraftfahrzeugs und seiner Komponenten ohne ein sich verbrauchendes Reagens oder mit einem ungeeigneten sich verbrauchenden Reagens ist verboten, sofern das Fahrzeug über ein Emissionsminderungssystem verfügt, das die Nutzung eines sich verbrauchenden Reagens erfordert.

1   **Begr** zur ÄndVO v. 20.10.17 (BR-Drs. 569/17 S. 13): *Die Kraftstoffqualität und der Einsatz geeigneter Kraftstoffe sind von Bedeutung für Umwelt und Gesundheit (Auswirkungen der fahrzeugseitigen Emissionen und die Funktionalität der Motoren und der Abgasnachbehandlung) sowie für die Wirtschaft (Aufwand und Kosten zur Einhaltung der Umwelt- und Emissionsanforderungen). § 15 der Zehnten Verordnung zur Durchführung des Bundes-Immissionsschutzgesetzes (Verordnung über die Beschaffenheit und die Auszeichnung der Qualitäten von Kraft- und Brennstoffen – 10. BImSchV) führt aus, dass der Hersteller oder Importeur von Kraftfahrzeugen für den Betrieb der Kraftfahrzeuge, die er in den Verkehr bringt, die empfohlenen und verwendbaren Kraftstoffqualitäten anzugeben hat. Durch die klarstellende Regelung wird erreicht, dass auch nur die Kraftstoffe, auf die die Motor- und Abgasnachbehandlungssysteme des Kraftfahrzeugs sowie nachgerüstete Systeme zur Nutzung anderer Kraftstoffe (wie z. B. LPG, CNG oder LNG) durch den jeweiligen Hersteller dauerhaft ausgelegt sind, zur Anwendung kommen. Der Einsatz ungeeigneter Kraftstoffe, wie bspw. von Salatöl oder auch der Einsatz von reinem Fettsäure-Methylestern (FAME) in nicht hierfür entsprechend ausgelegten Kraftfahrzeugen, kann negative Auswirkungen auf fahrzeugseitige Komponenten und damit auch auf das Umwelt- und Emissionsverhalten des Kraftfahrzeug haben. Sie sind deshalb zu vermeiden. Die Nutzung von Kraftstoffadditiven, deren Einsatz zum ordnungsgemäßen Betrieb des Kraftfahrzeugs notwendig ist, bleibt von dieser Regelung unbenommen.*

2   **Zu Abs. 1** (BR-Drs. 569/17 (Beschluss) S. 1): *... soll klargestellt werden, dass nicht die kontrollierende Behörde, sondern der Betreiber des Fahrzeugs den Nachweis zu erbringen hat, dass die Anforderungen nach § 38 Absatz 1 BImSchG erfüllt sind, wenn das Fahrzeug mit anderen Qualitäten von flüssigen, gasförmigen oder festen Kraftstoffen betrieben wird.*

3   **Ordnungswidrigkeit:** § 69a I.

Emissionsklassen für Kraftfahrzeuge

48 (1) Kraftfahrzeuge, für die nachgewiesen wird, dass die Emissionen gasförmiger Schadstoffe und luftverunreinigender Partikel oder die Geräuschemissionen den Anforderungen der in der Anlage XIV genannten Emissionsklassen entsprechen, werden nach Maßgabe der Anlage XIV in Emissionsklassen eingestuft.

(2) Partikelminderungssysteme, die für eine Nachrüstung von mit Selbstzündungsmotor angetriebenen Nutzfahrzeugen oder mobilen Maschinen und Geräten vorgesehen sind, müssen den Anforderungen der Anlage XXVI oder XXVII entsprechen und nach Maßgabe der jeweiligen Anlage geprüft, genehmigt und eingebaut werden.

1   **Begr** (VkBl. 93 139): *Das Kraftfahrzeugsteuergesetz sieht neue Tarife für die Besteuerung von Kraftfahrzeugen mit einer zulässigen Gesamtmasse von mehr als 3500 kg vor. Die Besteuerung richtet sich zukünftig nach dem Emissionsverhalten der Kraftfahrzeuge bezüglich der Schadstoff- und Geräuschemissionen. Ab 1. Januar 1994 werden neu in den Verkehr kommende Kraftfahrzeuge mit einer zulässigen Gesamtmasse von mehr als 3500 kg hinsichtlich der Schadstoffemissionen in Schadstoffklassen und hinsichtlich der Geräuschemissionen in Geräuschklassen eingestuft. In der Anlage XIV werden die Anforderungen an die Emissionsklassen im Einzelnen festgelegt. In*

– die Schadstoffklasse S. 1 werden Kraftfahrzeuge eingestuft, die die für 1993 vorgeschriebenen Abgasanforderungen der EG-Richtlinie 91/542/EWG (EURO I) erfüllen,

– *die Schadstoffklasse S. 2 werden Kraftfahrzeuge eingestuft, die die für 1996 vorgeschriebenen Abgasanforderungen der EG-Richtlinie 91/542/EWG (EURO II) erfüllen,*
– *die Geräuschklasse G 1 werden Kraftfahrzeuge eingestuft, die die für 1996 vorgeschriebenen Geräuschanforderungen der EG-Richtlinie 92/97/EWG erfüllen.*
Auf diese Einstufung kann das Kraftfahrzeugsteuergesetz zurückgreifen. ...
Mit der Neufassung des § 48 StVZO wird vorgeschrieben, dass Kraftfahrzeuge nach Maßgabe der Anlage XIV in Emissionsklassen eingestuft werden.

Begr zur ÄndVO v. 24.5.07, BGBl. I S. 893 (VkBl. **07** 459): *Der mit der Inkraftsetzung der 29.* **2** *StVZOÄndVO v. 27.1.06 (BGBl. I S. 287) eingeschlagene Weg zur Verminderung der Partikelemissionen von Pkw mit Dieselmotor wird mit dieser VO weiter ausgebaut. Diesmal steht die Verminderung der Partikelemissionen von Nutzfahrzeugen sowie von mobilen Maschinen und Geräten, die mit Dieselmotor angetrieben werden, im Vordergrund. ...*
Aus EG-rechtlichen Gründen sind auch diese Maßnahmen zur weiteren Absenkung der Partikelemissionen nur auf freiwilliger Basis zu verwirklichen. Mit der VO werden dazu in Anlage XIV „Emissionsklassen für Kfz" zu § 48 StVZO „Partikelminderungsklassen" eingefügt und insgesamt 6 Partikelminderungsklassen (PMK 01 – PMK 4) definiert. Diese sind erforderlich, um eine sachgerechte Zuordnung der Nutzfahrzeuge sowie die der mobilen Maschinen und Geräte in Analogie zu den Schadstoffklassen sicherzustellen.
Um die Belange der so genannten „Euro-1-Pkw" – einschließlich der schweren Pkw der Gruppen II und III – angemessen bedienen zu können, mussten zwei neue Minderungsstufen (Stufe PM 01 und Stufe PM 0) definiert und vor die bereits seit Februar 2006 geltende Stufe PM 1 in der Anlage XXVI eingestellt werden. Die vergleichbare Lösung für die entsprechenden, leichten Nutzfahrzeuge, bilden die Partikelminderungsklassen PMK 01 und PMK 0.
Für die Festlegung der technischen Anforderungen im Einzelnen, die die schweren Nutzfahrzeuge sowie die mobilen Maschinen und Geräte und die für eine Nachrüstung entwickelten Partikelminderungssysteme (z. B. Partikelfilter) einhalten müssen, wird die neue Anlage XXVII eingefügt. In ihr sind auch Anforderungen an Dauerhaltbarkeit und Reinigungswirkung der zum Einsatz vorgesehenen Partikelminderungssysteme festgelegt.
Die Anforderungen der Anlage XXVI können nunmehr sinngemäß auch für leichte Nutzfahrzeuge der Klasse N_1, die unter den Anwendungsbereich des § 47 Abs. 1 fallen, angewendet werden. Zudem ist erlaubt worden, den Verwendungsbereich genehmigter Partikelminderungssysteme für Pkw oder Wohnmobile auf die entsprechenden Nutzfahrzeuge zu erweitern. ...
Mit der VO werden somit weitere verkehrsrechtliche Voraussetzungen und Möglichkeiten geschaffen, auf die in anderen Gesetzen oder Verordnungen bei der Gewährung von Benutzervorteilen wie beispielsweise kraftfahrzeugsteuerliche Ermäßigungen, Bestimmungen zur Festlegung der Maut oder Ausnahmen von Fahrverboten in bestimmten Zonen Bezug genommen werden kann. Die VO leistet einen Beitrag zur raschen Marktdurchdringung mit entsprechenden Kfz. ...

Begr *zur ÄndVO v. 10.5.12* **zu Anl XIV:** *BR-Drs. 843/11 S. 81 = VkBl.* **12** *417*

1. Die **Einstufung in Emissionsklassen** betrifft nach **Anl XIV** alle zur Teilnahme am StrV **3** bestimmten Kfz außer Pkw (Fz der Klasse M1). Gem der früheren Übergangsvorschrift des § 72 II aF war § 48 auf die ab 1.1.94 erstmals in den V gekommenen Fz anzuwenden; für ältere Fz konnte ein Antrag auf entsprechende Einstufung gestellt werden. S. dazu BMV VkBl. **94** 291. Die Einstufung hat steuerliche Bedeutung (s. Rn. 1).

2. Durch den mit ÄndVO v. 24.5.07 (BGBl. I S. 893) eingefügten Abs. 2, die Änderung der **4** Anl XIV und die neue Anl XXVII wird die Zuordnung von Nutzfahrzeugen, von mobilen Maschinen und Geräten zu insgesamt 6 **Partikelminderungsklassen** (PMK 01 bis PMK 4) ermöglicht. Damit ist die Voraussetzung geschaffen, um in anderen Normen zur Gewährung von Benutzervorteilen, Mautfestlegung oder Ausnahmen von Fahrverboten bei Feinstaubbelastung darauf Bezug nehmen zu können. Dadurch soll die freiwillige Nachrüstung mit Partikelminderungssystemen gefördert werden. Die entsprechenden Regelungen für Pkw und Wohnmobile finden sich in § 47 IIIa und Anl XXVI (s. § 47 Rn. 6a).

Geräuschentwicklung und Schalldämpferanlage

49 (1) **Kraftfahrzeuge und ihre Anhänger müssen so beschaffen sein, dass die Geräuschentwicklung das nach dem jeweiligen Stand der Technik unvermeidbare Maß nicht übersteigt.**

(2) [1]Kraftfahrzeuge, für die Vorschriften über den zulässigen Geräuschpegel und die Schalldämpferanlage in den nachfolgend genannten Richtlinien der Europäischen Gemeinschaften festgelegt sind, müssen diesen Vorschriften entsprechen:

1. Richtlinie 70/157/EWG des Rates vom 6. Februar 1970 zur Angleichung der Rechtsvorschriften der Mitgliedstaaten über den zulässigen Geräuschpegel und die Auspuffvorrichtung von Kraftfahrzeugen (ABl. L 42 vom 23.2.1970, S. 16), geändert durch die im Anhang zu dieser Vorschrift genannten Bestimmungen,

2. Richtlinie 74/151/EWG des Rates vom 4. März 1974 zur Angleichung der Rechtsvorschriften der Mitgliedstaaten über bestimmte Bestandteile und Merkmale von land- oder forstwirtschaftlichen Zugmaschinen auf Rädern (ABl. L 84 vom 28.3.1974, S. 25), geändert durch die im Anhang zu dieser Vorschrift genannten Bestimmungen,

3. (weggefallen)

4. Richtlinie 97/24/EG, jeweils in der aus dem Anhang zu dieser Vorschrift ersichtlichen Fassung.

[2]Land- oder forstwirtschaftliche Zugmaschinen mit einer durch die Bauart bestimmten Höchstgeschwindigkeit von mehr als 30 km/h und selbstfahrende Arbeitsmaschinen und Stapler entsprechen der Vorschrift nach Absatz 1 auch, wenn sie den Vorschriften der Richtlinie nach Nummer 2 genügen. [3]Fahrzeuge entsprechen den Vorschriften der Richtlinie nach Nummer 2 auch, wenn sie den Vorschriften der Richtlinie nach Nummer 1 genügen.

(2a) [1]Auspuffanlagen für Krafträder sowie Austauschauspuffanlagen und Einzelteile dieser Anlagen als unabhängige technische Einheit für Krafträder dürfen im Geltungsbereich dieser Verordnung nur verwendet werden oder zur Verwendung feilgeboten oder veräußert werden, wenn sie

1. mit dem EWG-Betriebserlaubniszeichen gemäß Anhang II Nummer 3.1.3 der Richtlinie 78/1015/EWG des Rates vom 23. November 1978 zur Angleichung der Rechtsvorschriften der Mitgliedstaaten über den zulässigen Geräuschpegel und die Auspuffanlage von Krafträdern (ABl. L 349 vom 13.12.1978, S. 21), die zuletzt durch die Richtlinie 89/235/EWG (ABl. L 98 vom 11.4.1989, S. 1) geändert worden ist, oder

2. mit dem Genehmigungszeichen gemäß Kapitel 9 Anhang VI Nummer 1.3 der Richtlinie 97/24/EG

oder

3. mit dem Markenzeichen „e" und dem Kennzeichen des Landes, das die Bauartgenehmigung erteilt hat gemäß Kapitel 9 Anhang III Nummer 2.3.2.2 der Richtlinie 97/24/EG

gekennzeichnet sind. [2]Satz 1 gilt nicht für

1. Auspuffanlagen und Austauschauspuffanlagen, die ausschließlich im Rennsport verwendet werden,

2. Auspuffanlagen und Austauschauspuffanlagen für Krafträder mit einer durch die Bauart bestimmten Höchstgeschwindigkeit von nicht mehr als 50 km/h.

(3) [1]Kraftfahrzeuge, die gemäß Anlage XIV zur Geräuschklasse G 1 gehören, gelten als geräuscharm; sie dürfen mit dem Zeichen „Geräuscharmes Kraftfahrzeug" gemäß Anlage XV gekennzeichnet werden. [2]Andere Fahrzeuge dürfen mit diesem Zeichen nicht gekennzeichnet werden. [3]An Fahrzeugen dürfen keine Zeichen angebracht werden, die mit dem Zeichen nach Satz 1 verwechselt werden können.

(4) [1]Besteht Anlass zu der Annahme, dass ein Fahrzeug den Anforderungen der Absätze 1 bis 2 nicht entspricht, so ist der Führer des Fahrzeugs auf Weisung einer zuständigen Person verpflichtet, den Schallpegel im Nahfeld feststellen zu lassen. [2]Liegt die Messstelle nicht in der Fahrtrichtung des Fahrzeugs, so besteht die Verpflichtung nur, wenn der zurückzulegende Umweg nicht mehr als 6 km beträgt. [3]Nach der Messung ist dem Führer eine Bescheinigung über das Ergebnis der Messung zu erteilen. [4]Die Kosten der Messung fallen dem Halter des Fahrzeugs zur Last, wenn eine zu beanstandende Überschreitung des für das Fahrzeug zulässigen Geräuschpegels festgestellt wird.

(5) [1]Technischer Dienst und Prüfstelle im Sinne der in den Absätzen 2 und 3 genannten Regelwerke ist das Institut für Fahrzeugtechnik beim Technischen Überwachungs-Verein Bayern Sachsen e. V., Westendstr. 199, 80686 München. [2]Es können auch andere Technische Prüfstellen für den Kraftfahrzeugverkehr oder von der obersten Landesbehörde anerkannte Stellen prüfen. [3]Der Technische Dienst ist über alle Prüfungen zu unterrichten. [4]In Zweifelsfällen ist er zu beteiligen; bei allen Fragen der Anwendung ist er federführend.

---

1   **Begr** zur ÄndVO v. 21.12.92 (BR-Drs. 782/92):

Zu Abs. 2 Nr. 1: *Mit der Neufassung wird die Anwendung der Richtlinie 89/491/EWG als Änderung der Richtlinie 70/157/EWG verbindlich vorgeschrieben.*

Zu Abs. 2a: *Das in der Richtlinie 89/235/EWG vorgesehene Verkaufsverbot für nicht EG-richtlinienkonforme Auspuffanlagen und Austauschauspuffanlagen wird national in Kraft gesetzt. Damit dürfen nur noch Auspuffanlagen und Austauschauspuffanlagen verkauft werden, die EG-richtlinienkonform gekennzeichnet sind, insbesondere mit der EWG-Betriebserlaubnisnummer.*

Begr zur ÄndVO v. 20.6.94 (VkBl. **94** 447):

Zu Abs. 3: *... Am 10. November 1992 hat der Rat der Europäischen Gemeinschaften die Geräuschrichtlinie 92/97/EWG erlassen. Die Grenzwerte für die Geräuschpegel von Fahrzeugen wurden unter Berücksichtigung der neuesten technischen Entwicklung an den neuen (zukünftigen) Stand der Technik angepasst. Die Richtlinie sieht Fristen zwischen dem Erlass und ihrer obligatorischen Anwendung in der EG vor, damit die bei Prototypen erzielten Fortschritte auf die Serienfahrzeuge ausgedehnt werden können.*
...

Begr zur ÄndVO v. 25.10.94 (BR-Drs. 782/94):

Zu Abs. 2 Satz 4: *... Mit der Änderung wird klargestellt, dass alle Krafträder mit und ohne Beiwagen und einer bauartbedingten Höchstgeschwindigkeit von mehr als 50 km/h gemäß § 49 Abs. 2 Nr. 3 der StVZO den Vorschriften der Richtlinie 78/1015/EWG entsprechen müssen.*

Begr zur ÄndVO v. 3.8.00:VkBl. **00** 495.

47. StVZAusnV v. 20.5.94 idF der VO v. 19.12.96 (BGBl. I S. 2158) 1a

§ 1

(aufgehoben, BGBl. I S. **94** 3127)

§ 2

Abweichend von § 49 Abs. 2a Satz 1 der Straßenverkehrs-Zulassungs-Ordnung dürfen Auspuffanlagen, die mit der Betriebserlaubnis des Kraftrades (§§ 20, 21 der Straßenverkehrs-Zulassungs-Ordnung) genehmigt wurden, auch ohne EWG-Betriebserlaubniszeichen verwendet oder zur Verwendung feilgeboten und veräußert werden.

Begr: VkBl. **94** 438; **Begr** zur ÄndVO v. 19.12.96:VkBl. **97** 30.

1. Fahrzeuggeräusch. Seit 1.7.16 legt die in Deutschland unmittelbar geltende VO (EU) 1b
Nr. 540/2014 v. 16.4.14 (ABlEU Nr. L 158/14 v. 27.5.14 S. 131) die technischen Anforderungen für die EU-Typgenehmigung aller neuen Fz der Klassen M1, M2, M3, N1, N2 und N3 hinsichtlich ihres Geräuschpegels sowie von Austauschschalldämpferanlagen und deren Bauteilen, die als selbständige technische Einheiten typgenehmigt werden und für Fz der Klassen M1 und N1 konstruiert und gebaut sind, fest. **Geräuscharme Kfze** sind gem. Anl XXI (Kriterien für lärmarme Fze), Fze, bei denen alle geräuschrelevanten Einzelquellen dem Stand moderner Geräuschminderungstechnik entsprechen. Gem III S. 1 gelten als geräuscharm alle Fze, die gem. **Anl XIV** zur Geräuschklasse G 1 gehören; nur sie dürfen gem. Abs. III mit dem entsprechenden Zeichen **(Anl XV)** gekennzeichnet sein. Ausländische Fze: § 31e. Lärmschutz: § 30 StVO. *Schulz*, Zur Lärmbekämpfung, MDR **65** 538.

2. Abs. II in der ab 1.1.93 geltenden Fassung fand hinsichtlich der dort genannten EWG- 2
Richtlinien gem. der Übergangsbestimmung des § 72 II aF Anwendung. Für Fz, die nicht unter diese Richtlinien fallen, blieb § 49 II in der vor dem 1.11.93 geltenden Fassung mit den bis dahin geltenden Übergangsbestimmungen anwendbar. Übergangsregelung für vor dem 1.11.94 erstmals in den V gekommene Leichtkrafträder: § 72 II aF.

3. Gem Abs. IIa besteht seit 1.4.94 (s. § 72 II aF) ein Verkaufsverbot für **Krad-Auspuff-** 3
anlagen und deren Einzelteile, die nicht EG-Richtlinien-konform und entsprechend gekennzeichnet sind. Die Kennzeichnungspflicht der Originalauspuffanlagen von Krädern ist jedoch gem. § 2 der 47. StVZAusnV – nach der Neufassung v. 19.12.96 nunmehr unbefristet – ausgesetzt (s. Rn. 1a), weil die der Regelung zugrunde liegende EG-Richtlinie nicht von allen Mitgliedstaaten in nationales Recht umgesetzt wurde. Im Übrigen bestand nach Maßgabe der Übergangsbestimmung des § 72 II aF (zu § 49 IIa) eine Ausnahme für Anlagen, die für vor dem 1.4.94 erstmals in den V gekommene Kräder bestimmt sind, sowie gem. Abs. IIa S. 2 bei ausschließlicher Verwendung im Rennsport und bei Krädern mit bauartbestimmter Höchstgeschwindigkeit von nicht mehr als 50 km/h. Ausnahme für Kräder mit Auspuffanlagen ohne EG-

Betriebserlaubnis abw von IIa: § 72 II aF zu § 49 IIa (letzter Abs). Beim **Austausch von Schalldämpfern** ist § 19 II zu beachten.

4   **4. Schallpegelmessung.** I und IV enthalten je selbstständige Tatbestände, BGH VRS **53** 224. Das nach dem Stand der Technik unvermeidbare Auspuffgeräusch wird bei der Drehzahl ermittelt, die der Motor bei Höchstgeschwindigkeit des Fz hat (sie ist höher als die Höchstdrehzahl im Leerlauf), AG Siegburg NJW **54** 405. Ob das Fz lauter ist als technisch unvermeidbar, muss nicht, auch nicht idR durch ein Messgerät (IV) festgestellt werden, BGH NJW **77** 2221, Dü VM **93** 45, Zw VRS **55** 298. Kfzen mit zu starkem Auspuff- und Fahrgeräusch ist notfalls die Zulassung zu entziehen, s. BMV VkBl. **54** 334. Nichtbeanstandung eines geänderten Auspuffs bei der TÜV-Untersuchung entlastet vom Vorwurf der FzBenutzung ohne BE, Bay VRS **43** 460, s. dazu auch § 19 Rn. 16.

5   **5. Ausnahmen.** s. Rn. 3 und § 70.

6   **6. Zuwiderhandlungen.** §§ 69a III Nr. 17, V Nr. 5c und 5d StVZO, 24 StVG. § 117 OWiG tritt als bloßer Auffangtatbestand trotz seiner höheren Bußgeldandrohung zurück (Göhler/*Gürtler* § 117 Rn. 17).

7   **Literatur:** *Huppertz,* Polizeiliche Maßnahmen gegen Motorradlärm, DAR **17** 110.

Lichttechnische Einrichtungen, allgemeine Grundsätze

49a (1) [1]**An Kraftfahrzeugen und ihren Anhängern dürfen nur die vorgeschriebenen und die für zulässig erklärten lichttechnischen Einrichtungen angebracht sein.** [2]**Als lichttechnische Einrichtungen gelten auch Leuchtstoffe und rückstrahlende Mittel.** [3]**Die lichttechnischen Einrichtungen müssen vorschriftsmäßig und fest angebracht sowie ständig betriebsfertig sein.** [4]**Lichttechnische Einrichtungen an Kraftfahrzeugen und Anhängern, auf die sich die Richtlinie 76/756/EWG des Rates vom 27. Juli 1976 zur Angleichung der Rechtsvorschriften der Mitgliedstaaten über den Anbau der Beleuchtungs- und Lichtsignaleinrichtungen für Kraftfahrzeuge und Kraftfahrzeuganhänger (ABl. L 262 vom 27.9.1976, S. 1), die zuletzt durch die Richtlinie 2008/89/EG (ABl. L 257 vom 24.9.2008, S. 14) geändert worden ist, bezieht, müssen den technischen Vorschriften der Absätze 2, 5 und 6 und der Anhänge 3 bis 11 der ECE-Regelung Nr. 48 der Wirtschaftskommission der Vereinten Nationen für Europa (UN/ECE) – Einheitliche Bedingungen für die Genehmigung der Fahrzeuge hinsichtlich des Anbaus der Beleuchtungs- und Lichtsignaleinrichtungen (ABl. L 323 vom 6.12.2011, S. 46) entsprechen.**

(2) **Scheinwerfer dürfen abdeckbar oder versenkbar sein, wenn ihre ständige Betriebsfertigkeit dadurch nicht beeinträchtigt wird.**

(3) **Lichttechnische Einrichtungen müssen so beschaffen und angebracht sein, dass sie sich gegenseitig in ihrer Wirkung nicht mehr als unvermeidbar beeinträchtigen, auch wenn sie in einem Gerät vereinigt sind.**

(4) [1]**Sind lichttechnische Einrichtungen gleicher Art paarweise angebracht, so müssen sie in gleicher Höhe über der Fahrbahn und symmetrisch zur Längsmittelebene des Fahrzeugs angebracht sein (bestimmt durch die äußere geometrische Form und nicht durch den Rand ihrer leuchtenden Fläche), ausgenommen bei Fahrzeugen mit unsymmetrischer äußerer Form und bei Krafträdern mit Beiwagen.** [2]**Sie müssen gleichfarbig sein, gleich stark und – mit Ausnahme der Parkleuchten und der Fahrtrichtungsanzeiger – gleichzeitig leuchten.** [3]**Die Vorschriften über die Anbringungshöhe der lichttechnischen Einrichtungen über der Fahrbahn gelten für das unbeladene Fahrzeug.**

(5) [1]**Alle nach vorn wirkenden lichttechnischen Einrichtungen dürfen nur zusammen mit den Schlussleuchten und der Beleuchtungseinrichtung für amtliche Kennzeichen oder transparente amtliche Kennzeichen einschaltbar sein.** [2]**Dies gilt nicht für**

1. **Parkleuchten,**

2. **Fahrtrichtungsanzeiger,**

3. **die Abgabe von Leuchtzeichen (§ 16 Absatz 1 der Straßenverkehrs-Ordnung),**

4. **Arbeitsscheinwerfer an**

    a) **land- oder forstwirtschaftlichen Zugmaschinen,**

    b) **land- oder forstwirtschaftlichen Arbeitsmaschinen sowie**

    c) **Kraftfahrzeugen der Militärpolizei, der Polizei des Bundes und der Länder, des Bundeskriminalamtes und des Zollfahndungsdienstes,**

5. **Tagfahrleuchten, die den im Anhang zu dieser Vorschrift genannten Bestimmungen entsprechen.**

(6) In den Scheinwerfern und Leuchten dürfen nur die nach ihrer Bauart dafür bestimmten Lichtquellen verwendet werden.

(7) Für vorgeschriebene oder für zulässig erklärte Warnanstriche, Warnschilder und dergleichen an Kraftfahrzeugen und Anhängern dürfen Leuchtstoffe und rückstrahlende Mittel verwendet werden.

(8) Für alle am Kraftfahrzeug oder Zug angebrachten Scheinwerfer und Signalleuchten muss eine ausreichende elektrische Energieversorgung unter allen üblichen Betriebsbedingungen ständig sichergestellt sein.

(9) ¹Schlussleuchten, Nebelschlussleuchten, Spurhalteleuchten, Umrissleuchten, Bremsleuchten, hintere Fahrtrichtungsanzeiger, hintere nach der Seite wirkende gelbe nicht dreieckige Rückstrahler und reflektierende Mittel, hintere Seitenmarkierungsleuchten, Rückfahrscheinwerfer und Kennzeichen mit Beleuchtungseinrichtungen sowie zwei zusätzliche dreieckige Rückstrahler – für Anhänger nach § 53 Absatz 7 zwei zusätzliche Rückstrahler, wie sie für Kraftfahrzeuge vorgeschrieben sind – dürfen auf einem abnehmbaren Schild oder Gestell (Leuchtenträger) angebracht sein bei

1. Anhängern in land- oder forstwirtschaftlichen Betrieben,
2. Anhängern zur Beförderung von Eisenbahnwagen auf der Straße (Straßenroller),
3. Anhängern zur Beförderung von Booten,
4. Turmdrehkränen,
5. Förderbändern und Lastenaufzügen,
6. Abschleppachsen,
7. abgeschleppten Fahrzeugen,
8. Fahrgestellen, die zur Anbringung des Aufbaus überführt werden,
9. fahrbaren Baubuden,
10. Wohnwagen und Packwagen im Schaustellergewerbe nach § 3 Absatz 2 Satz 1 Nummer 2 Buchstabe b der Fahrzeug-Zulassungsverordnung,
11. angehängten Arbeitsgeräten für die Straßenunterhaltung,
12. Nachläufern zum Transport von Langmaterial.

²Der Leuchtenträger muss rechtwinklig zur Fahrbahn und zur Längsmittelebene des Fahrzeugs angebracht sein; er darf nicht pendeln können.

(9a) ¹Zusätzliche Rückfahrscheinwerfer (§ 52a Absatz 2), Schlussleuchten (§ 53 Absatz 1), Bremsleuchten (§ 53 Absatz 2), Rückstrahler (§ 53 Absatz 4), Nebelschlussleuchten (§ 53d Absatz 2) und Fahrtrichtungsanzeiger (§ 54 Absatz 1) sind an Fahrzeugen oder Ladungsträgern nach Anzahl und Art wie die entsprechenden vorgeschriebenen lichttechnischen Einrichtungen fest anzubringen, wenn Ladungsträger oder mitgeführte Ladung auch nur teilweise in die in Absatz 1 Satz 4 geforderten Winkel der vorhandenen vorgeschriebenen Leuchten am Kraftfahrzeug oder Anhänger hineinragen. ²Die elektrische Schaltung der Nebelschlussleuchten ist so auszuführen, dass am Fahrzeug vorhandene Nebelschlussleuchten abgeschaltet werden. ³Die jeweilige Ab- und Wiedereinschaltung der Nebelschlussleuchten muss selbsttätig durch Aufstecken oder Abziehen des Steckers für die zusätzlichen Nebelschlussleuchten erfolgen.

(10) ¹Bei den in Absatz 9 Nummer 1 und § 53 Absatz 7 genannten Anhängern sowie den in § 53b Absatz 4 genannten Anbaugeräten darf der Leuchtenträger aus zwei oder – in den Fällen des § 53 Absatz 5 – aus drei Einheiten bestehen, wenn diese Einheiten und die Halterungen an den Fahrzeugen so beschaffen sind, dass eine unsachgemäße Anbringung nicht möglich ist. ²An diesen Einheiten dürfen auch nach vorn wirkende Begrenzungsleuchten angebracht sein.

(11) Für die Bestimmung der „leuchtenden Fläche", der „Lichtaustrittsfläche" und der „Winkel der geometrischen Sichtbarkeit" gelten die Begriffsbestimmungen in Anhang I der Richtlinie 76/756/EWG.

Begr zur ÄndVO v. 23.6.93 (VkBl. **93** 614): **Zu Abs. 9a:** *An Personenkraftwagen werden insbe-* **1** *sondere zur Ferienzeit Hecktragesysteme zur Aufnahme von Fahrrädern angebracht, die dann die vorschriftsmäßigen Leuchten ganz oder teilweise verdecken. Dies kann nicht hingenommen werden. Eine Wiederholung der Leuchten wäre nur über eine Ausnahme nach § 70 möglich. Um den Fahrzeughaltern hier einen Verwaltungsaufwand zu ersparen, werden die zusätzlichen Leuchten in § 53 Abs. 10 unter den obengenannten Bedingungen gefordert.*

...

Begr zur ÄndVO v. 25.10.94: BR-Drs. 782/94; zur ÄndVO v. 12.8.97:VkBl. **97** 660.

Begr zur ÄndVO v. 22.10.03 (VkBl. **03** 747): **Zu Abs. 5 Satz 2:** *Mit der Änderungsrichtlinie 97/28/EG zur Richtlinie 76/56/EWG wurden die technischen Vorschriften der ECE-Regelung Nr. 48 in das EG-Recht übernommen. Gleichzeitig wurden mit der Änderungsrichtlinie 97/30/EG zur Richtlinie 76/758/EWG Leuchten für Tagfahrlicht in die EG-Vorschriften aufgenommen.*

In Anhang III dieser Vorschrift wird eindeutig darauf hingewiesen, dass für diese Leuchten die Prüfvorschriften der ECE-Regelung Nr. 87 anzuwenden sind und die Anbaubedingungen entsprechend der ECE-Regelung Nr. 48 gelten.

Nach der ECE-Regelung Nr. 48 ist für den Betrieb des Kraftfahrzeuges mit Tagfahrleuchten keine Einschaltung weiterer lichttechnischer Einrichtungen, wie z. B. Schlussleuchten oder Kennzeichenbeleuchtung erforderlich.

1a **Begr** zur ÄndVO v. 26.7.13 (BR–Drs. 445/13 S. 27 = VkBl. **13** 867): **Zu Abs. 5 S. 1:** *Die Umbenennung von Kennzeichenbeleuchtung in Beleuchtungseinrichtung für amtliche Kennzeichen ist notwendig, damit neben der konventionellen Beleuchtungseinrichtung auch selbstleuchtende bzw. andere innovative Kennzeichentechnologien künftig zugelassen werden können.*

Zu Abs. 5 S. 2 Nr. 4 Buchst. c: *Die Erweiterung um Kraftfahrzeuge des Vollzugsdienstes der Polizeien des Bundes und der Länder ist notwendig, damit diese Kraftfahrzeuge mit dem „neuen Anhaltesignal" ausgestattet werden dürfen. Hat die Polizei ein vorher fahrendes Kraftfahrzeug angehalten, um aus gegebenem Anlass eine Überprüfung des Fahrzeuges bzw. der Person durchzuführen, so ist zum Schutz der Polizeibeamten die Ausleuchtung der Arbeitsstelle vor dem eigenen Kraftfahrzeug notwendig. In diesen Fällen sollen die speziell für diesen Einsatzzweck zu verwendenden Arbeitsscheinwerfer unabhängig von der rückwärtigen Beleuchtungseinrichtung des Fahrzeuges wirken. Auch am Tage können an Orten solche Kontrollen erforderlich werden, die zwar keine Fahrzeugbeleuchtung erfordern, die allerdings den Einsatz des Arbeitsscheinwerfers rechtfertigen.*

2 **§ 4 der 6. StVZAusnV 1962** idF der ÄndVO-StVZO 1973 (BGBl. I S. 638, 662)

§ 4

Abweichend von § 49a Abs. 1 Satz 1 und § 50 Abs. 4 StVZO dürfen bei Fernlichtschaltung auch die besonderen Abblendscheinwerfer Fernlicht ausstrahlen.

3 Kennzeichen mit retroreflektierendem weißem Grund s. § 10 FZV. Selbstleuchtende Kennzeichen s. § 10 FZV Rn. 2a, 18.

4 **1. Nur vorgeschriebene und für zulässig erklärte lichttechnische Einrichtungen** dürfen gemäß § 49a an Kfz und ihren Anhängern angebracht sein, damit die Fz bei Dunkelheit ein eindeutiges Signalbild geben. Die Vorschrift ist eine Bauvorschrift. Eine Ausnahme gilt für Zgm und deren Anhänger auf Brauchtumsveranstaltungen nach Maßgabe von § 1 I a der 2.VO über Ausnahmen von straßenverkehrsrechtlichen Vorschriften (§ 3 FZV Rn. 3). **Unzulässig** ist jede Art von Reklamebeleuchtung an Kfz, s. BMV VkBl. **53** 64, ausgenommen Beleuchtung der Taxischilder (§ 26 I Nr. 2 BOKraft). Ablehnung einer Ausnahme für beleuchtete Dachwerbeträger auf Taxen ist rechtmäßig, denn diese beeinträchtigen den Schutzzweck von § 49a I, aus Gründen der Verkehrssicherheit bei Dunkelheit ein einheitliches Signalbild zu schaffen und Blend- und Ablenkungswirkungen zu vermeiden (OVG Hb VRS **115** 213) und die Wahrnehmbarkeit der lichttechnischen Signalanlagen von Polizei-, Rettungs- und sonstigen Einsatzfahrzeugen nicht zu beeinträchtigen (OVG Berlin Beschl. v. 19.8.08 1 N 17.07). Keine beleuchteten Miniaturweihnachtsbäumchen an Kfzen, BMV VkBl. **64** 410, oder verzierende Leuchten hinter der Windschutzscheibe, Bra VRS **84** 237, ebenso keine Stirnleuchten, da diese das Charakteristikum des Signalbildes von SchienenFz darstellen, BMV VkBl. **57** 298, auch keine Verzierung des Führerhausdaches eines Lkw durch eine Reihe kleiner gelber Glühlampen, Stu VRS **67** 379, oder gar durch rote Leuchtkörper, die zudem das Signalbild (Farbsymbolik) der FzFront verändern, Stu VRS **75** 470. Verstoß gegen Abs. I S. 1 bei Anbringung eines „Lauflichts" (Reihe nacheinander aufleuchtender Glühlampen) am Kühlergrill, Zw DAR **91** 228. „Tageslichtleuchtfarben", auch als Folien, sind an Fzen nicht zulässig, s. BMV VkBl. **74** 198 = StVRL Nr. 6. Werden für zulässig erklärte lichttechnische Einrichtungen verwendet, so müssen auch sie **ständig betriebsbereit** sein (I S. 3), Ce VRS **56** 137. Fehlende Beleuchtungseinrichtungen können nicht durch BegleitFze ausgeglichen werden, Ko VRS **58** 460. Anbaulage zusätzlicher Bremsleuchten, BMV VkBl. **80** 789. Merkblatt über die Beleuchtung von land- oder forstwirtschaftlichen Arbeitsgeräten, Anbaugeräten und Transportanhängern, VkBl. **90** 554, **91** 616, **00** 674 (677). Merkblatt für angehängte land- oder forstwirtschaftliche Arbeitsgeräte VkBl. **09** 808 = StVRL § 2 FZV Nr. 4. Merkblatt über den Anbau von Scheinwerfern und Leuchten an beweglichen Fz-Teilen, VkBl. **75** 7, **77** 90, **82** 504 = StVRL Nr. 1. *Huppertz* VD **92** 4.

§ 49a fasst die Vorschriften zusammen, die **für alle lichttechnischen Einrichtungen ge-** 5
meinsam gelten. Solche Einrichtungen verlieren ihre Eigenschaft nicht durch Abtrennung vom
Stromkreis, Br VRS **15** 477. **Nebelscheinwerfer**, s. § 52. Werden nachträglich Halogen-Nebel-
scheinwerfer eingebaut, so sind vorhandene Nebelscheinwerfer alter Art unbenutzbar zu machen,
s. BMV VkBl. **66** 291. Nebelschlussleuchten für rotes Licht: § 53d. Türsicherungsleuchten: § 52.
Beleuchtungseinrichtungen bei Verwendung von Anbaugeräten, s. Nr. 4.15 Merkblatt für Anbau-
geräte VkBl. **09** 804 = StVRL § 30 Nr. 6. Beeinträchtigung lichttechnischer Einrichtungen
durch Anbaugeräte: § 53b IV. Empfehlungen für die Erteilung von Ausnahmegenehmigungen
nach § 70 für bestimmte FzArten und FzKombinationen, VkBl. **14** 503 = StVRL § 70 StVZO
Nr. 1. Zu abgedeckten lichttechnischen Einrichtungen nach § 52 an Oldtimerfahrzeugen (recht-
lich unverbindliche) Erläuterungen des BMV v. 19.12.2019 (VkBl. **20** 9).

Glühlampen, soweit in § 22a I Nr. 18 genannt, müssen in amtlich genehmigter Bauart aus- 5a
geführt sein. Technische Anforderungen bei der Bauartprüfung, VkBl. **73** 558, zuletzt geändert:
VkBl. **03** 752 = StVRL § 22a Nr. 1 (Nr. 6). Zur Regelung Nr. 37 über Glühlampen, s. BMV
VkBl. **78** 308. Richtlinien für die Prüfung von Kontrollgeräten zur Überwachung von Glüh-
lampen in Fzen mit Gleichstromlichtanlagen, VkBl. **79** 324 = StVRL Nr. 3.

2. Weder verdeckt noch verschmutzt dürfen Beleuchtungseinrichtungen gem. § 17 I S. 2 6
StVO sein. Unvermeidbare Verdeckung durch Anbaugeräte: § 53b IV. Die Wirkung lichttechni-
scher Einrichtungen in bestimmten Raumwinkeln muss auch nach dem Anbau erhalten bleiben,
soweit es sich um Fz handelt, auf die sich die Richtlinie 76/756 v. 27.7.76 bezieht, Abs. I S. 4;
diese Vorschrift galt für die am 1.1.94 erstmals in den V gekommenen Fz, § 72 II aF. Werden
durch **Hecktragesysteme** an Pkw (etwa für Fahrräder) die hinteren lichttechnischen Ein-
richtungen verdeckt, so muss das Hecktragesystem mit zusätzlichen, bauartgenehmigten Leuch-
ten ausgestattet werden (Abs. IXa). Abs. IXa S. 2 soll Blendung Nachfolgender vermeiden (Begr
BR-Drs. 782/94 S. 30). Übergangsvorschrift: § 72 II aF (zu § 49 IXa S. 2).

3. Die Vorschrift in IV über die paarweise Anbringung lichttechnischer Einrichtungen soll 7
für entgegenkommende VT das Signalbild des Fz sichern.

4. Die nach vorn wirkenden lichttechnischen Einrichtungen dürfen nach Maßgabe von 8
Abs. V nur zusammen mit den Schlussleuchten und der Beleuchtungseinrichtung für amtliche
Kennzeichen oder transparente amtliche Kennzeichen einschaltbar sein. Das gilt auch für zu-
sätzliche Scheinwerfer (§ 52), s. BMV VkBl. **50** 214. Es soll der Fahrerflucht entgegenwirken,
BGHSt **32** 16 = NJW **83** 2951; wer sich der Feststellung durch Ausschalten der Schlussleuchten
entziehen will, schaltet zugleich die Fahrbahnbeleuchtung und alle übrigen zur Beleuchtung der
Fahrbahn geeigneten Leuchten aus. **Ausnahmen:** Für Fahrtrichtungsanzeiger und Parkleuchten
gilt Abs. V S. 1 nicht, auch nicht für Leuchtzeichen (§ 16 StVO), Arbeitsscheinwerfer an land-
oder forstwirtschaftlichen Zug- und Arbeitsmaschinen und Polizei- und ZollFz (Begr Rn. 1a)
sowie Tagfahrleuchten, Abs. V S. 2. Zu Tagfahrleuchten und **Fahren mit Licht am Tag** s. *Dauer*
VD **06** 255. Krafträder genügen der Lichtpflicht am Tag (§ 17 IIa StVO) nur mit Abblendlicht,
s. § 17 StVO Rn. 18a.

5. Vor der Fahrt hat der Kf die Beleuchtungseinrichtungen zu prüfen, Ce VRS **56** 137, 9
Dü NZV **89** 244. S. § 23 StVO. Zur **Haftung** bei einem Kfz der Streitkräfte, das von den Be-
leuchtungsvorschriften befreit ist, Ce NJW **66** 2409. Der Fahrer eines Kfz der Streitkräfte,
das den deutschen Beleuchtungsvorschriften nicht genügt, hat es mit besonderer Sorgfalt ohne
VGefährdung abzustellen, BGH VersR **66** 493. S. § 16 StVG.

6. Ordnungswidrigkeit. §§ 69a III Nr. 18 StVZO, 24 StVG. 10

Scheinwerfer für Fern- und Abblendlicht

50 (1) **Für die Beleuchtung der Fahrbahn darf nur weißes Licht verwendet werden.**

(2) [1]**Kraftfahrzeuge müssen mit zwei nach vorn wirkenden Scheinwerfern ausgerüstet
sein, Krafträder – auch mit Beiwagen – mit einem Scheinwerfer.** [2]**An mehrspurigen Kraft-
fahrzeugen, deren Breite 1 000 mm nicht übersteigt, sowie an Krankenfahrstühlen und an
Fahrzeugen, die die Baumerkmale von Krankenfahrstühlen haben, deren Geschwindig-
keit aber 30 km/h übersteigt, genügt ein Scheinwerfer.** [3]**Bei Kraftfahrzeugen mit einer
durch die Bauart bestimmten Höchstgeschwindigkeit von nicht mehr als 8 km/h genügen
Leuchten ohne Scheinwerferwirkung.** [4]**Für einachsige Zug- oder Arbeitsmaschinen, die**

von Fußgängern an Holmen geführt werden, gilt § 17 Absatz 5 der Straßenverkehrs-Ordnung. [5]Bei einachsigen Zugmaschinen, hinter denen ein einachsiger Anhänger mitgeführt wird, dürfen die Scheinwerfer statt an der Zugmaschine am Anhänger angebracht sein. [6]Kraftfahrzeuge des Straßendienstes, die von den öffentlichen Verwaltungen oder in deren Auftrag verwendet werden und deren zeitweise vorgebaute Arbeitsgeräte die vorschriftsmäßig angebrachten Scheinwerfer verdecken, dürfen mit zwei zusätzlichen Scheinwerfern für Fern- und Abblendlicht oder zusätzlich mit Scheinwerfern nach Absatz 4 ausgerüstet sein, die höher als 1 000 mm (Absatz 3) über der Fahrbahn angebracht sein dürfen; es darf jeweils nur ein Scheinwerferpaar einschaltbar sein. [7]Die höher angebrachten Scheinwerfer dürfen nur dann eingeschaltet werden, wenn die unteren Scheinwerfer verdeckt sind.

(3) [1]Scheinwerfer müssen einstellbar und so befestigt sein, dass sie sich nicht unbeabsichtigt verstellen können. [2]Bei Scheinwerfern für Abblendlicht darf der niedrigste Punkt der Spiegelkante nicht unter 500 mm und der höchste Punkt der leuchtenden Fläche nicht höher als 1 200 mm über der Fahrbahn liegen. [3]Satz 2 gilt nicht für

1. Fahrzeuge des Straßendienstes, die von den öffentlichen Verwaltungen oder in deren Auftrag verwendet werden,

2. selbstfahrende Arbeitsmaschinen, Stapler und land- oder forstwirtschaftliche Zugmaschinen, deren Bauart eine vorschriftsmäßige Anbringung der Scheinwerfer nicht zulässt. Ist der höchste Punkt der leuchtenden Fläche jedoch höher als 1 500 mm über der Fahrbahn, dann dürfen sie bei eingeschalteten Scheinwerfern nur mit einer Geschwindigkeit von nicht mehr als 30 km/h gefahren werden.

(4) Für das Fernlicht und für das Abblendlicht dürfen besondere Scheinwerfer vorhanden sein; sie dürfen so geschaltet sein, dass bei Fernlicht die Abblendscheinwerfer mitbrennen.

(5) [1]Die Scheinwerfer müssen bei Dunkelheit die Fahrbahn so beleuchten (Fernlicht), dass die Beleuchtungsstärke in einer Entfernung von 100 m in der Längsachse des Fahrzeugs in Höhe der Scheinwerfermitten mindestens beträgt

1. 0,25 lx bei Krafträdern mit einem Hubraum von nicht mehr als 100 cm³,

2. 0,50 lx bei Krafträdern mit einem Hubraum über 100 cm³,

3. 1,00 lx bei anderen Kraftfahrzeugen.

[2]Die Einschaltung des Fernlichts muss durch eine blau leuchtende Lampe im Blickfeld des Fahrzeugführers angezeigt werden; bei Krafträdern und Zugmaschinen mit offenem Führersitz kann die Einschaltung des Fernlichts durch die Stellung des Schalthebels angezeigt werden. [3]Kraftfahrzeuge mit einer durch die Bauart bestimmten Höchstgeschwindigkeit von nicht mehr als 30 km/h brauchen mit Scheinwerfern ausgerüstet zu sein, die den Vorschriften des Absatzes 6 Satz 2 und 3 entsprechen.

(6) [1]Paarweise verwendete Scheinwerfer für Fern- und Abblendlicht müssen so eingerichtet sein, dass sie nur gleichzeitig und gleichmäßig abgeblendet werden können. [2]Die Blendung gilt als behoben (Abblendlicht), wenn die Beleuchtungsstärke in einer Entfernung von 25 m vor jedem einzelnen Scheinwerfer auf einer Ebene senkrecht zur Fahrbahn in Höhe der Scheinwerfermitte und darüber nicht mehr als 1 lx beträgt. [3]Liegt der höchste Punkt der leuchtenden Fläche der Scheinwerfer (Absatz 3 Satz 2) mehr als 1 200 mm über der Fahrbahn, so darf die Beleuchtungsstärke unter den gleichen Bedingungen oberhalb einer Höhe von 1 000 mm 1 lx nicht übersteigen. [4]Bei Scheinwerfern, deren Anbringungshöhe 1 400 mm übersteigt, darf die Hell-Dunkel-Grenze 15 m vor dem Scheinwerfer nur halb so hoch liegen wie die Scheinwerfermitte. [5]Bei Scheinwerfern für asymmetrisches Abblendlicht darf die 1-Lux-Grenze von dem der Scheinwerfermitte entsprechenden Punkt unter einem Winkel von 15 Grad nach rechts ansteigen, sofern nicht in internationalen Vereinbarungen oder Rechtsakten nach § 21a etwas anderes bestimmt ist. [6]Die Scheinwerfer müssen die Fahrbahn so beleuchten, dass die Beleuchtungsstärke in einer Entfernung von 25 m vor den Scheinwerfern senkrecht zum auffallenden Licht in 150 mm Höhe über der Fahrbahn mindestens die in Absatz 5 angegebenen Werte erreicht.

(6a) [1]Die Absätze 2 bis 6 gelten nicht für Mofas. [2]Diese Fahrzeuge müssen mit einem Scheinwerfer für Dauerabblendlicht ausgerüstet sein, dessen Beleuchtungsstärke in einer Entfernung von 25 m vor dem Scheinwerfer auf einer Ebene senkrecht zur Fahrbahn in Höhe der Scheinwerfermitte und darüber nicht mehr als 1 lx beträgt. [3]Der Scheinwerfer muss am Fahrzeug einstellbar und so befestigt sein, dass er sich nicht unbeabsichtigt verstellen kann. [4]Die Nennleistung der Glühlampe im Scheinwerfer muss 15 W betragen. [5]Die Sätze 1 bis 3 gelten auch für Kleinkrafträder und andere Fahrräder mit Hilfsmotor, wenn eine ausreichende elektrische Energieversorgung der Beleuchtungs- und Lichtsignaleinrichtungen nur bei Verwendung von Scheinwerfern für Dauerabblendlicht nach den Sätzen 2 und 4 sichergestellt ist.

(7) **Die Beleuchtungsstärke ist bei stehendem Motor, vollgeladener Batterie und bei richtig eingestellten Scheinwerfern zu messen.**

(8) **Mehrspurige Kraftfahrzeuge, ausgenommen land- oder forstwirtschaftliche Zugmaschinen, Arbeitsmaschinen und Stapler, müssen so beschaffen sein, dass die Ausrichtung des Abblendlichtbündels von Scheinwerfern, die nicht höher als 1200 mm über der Fahrbahn (Absatz 3) angebracht sind, den im Anhang zu dieser Vorschrift genannten Bestimmungen entspricht.**

(9) **Scheinwerfer für Fernlicht dürfen nur gleichzeitig oder paarweise einschaltbar sein; beim Abblenden müssen alle gleichzeitig erlöschen.**

(10) **Kraftfahrzeuge mit Scheinwerfern für Fern- und Abblendlicht, die mit Gasentladungslampen ausgestattet sind, müssen mit**

1. **einer automatischen Leuchtweiteregelung im Sinne des Absatzes 8,**
2. **einer Scheinwerferreinigungsanlage und**
3. **einem System, das das ständige Eingeschaltetsein des Abblendlichtes auch bei Fernlicht sicherstellt,**

ausgerüstet sein.

Begr zur ÄndVO v. 14.6.88 (VkBl. **88** 473): 1

Zu Abs. 9: ... *Die Vorschriften der EWG und ECE lassen eine getrennte Schaltung der beiden Scheinwerferpaare für Fernlicht zu. Diese Zwei-Stufen-Schaltung, bei der die erste Schaltstufe von dem vorgeschriebenen Scheinwerferpaar und die zweite Schaltstufe von den zusätzlichen (besonderen) Scheinwerfern für Fernlicht belegt sein muss, soll nun allgemein für alle Fahrzeuge mit vierfachem Fernlicht gelten.*

Begr zur ÄndVO v. 23.7.90 (VkBl. **90** 496): 1a

Zu Abs. 3 Nr. 2: *Anpassung der Ausnahmeregelung für selbstfahrende Arbeitsmaschinen und lof Zugmaschinen an die Bestimmungen von 4.2.4.2.1 des Anhangs I der Richtlinie 78/933/EWG. Nach dieser Richtlinie ist es zulässig, die Scheinwerfer für Abblendlicht bis zu einer Höhe von maximal 1500 mm (höchster Punkt der leuchtenden Fläche) über der Fahrbahn anzubringen, wenn die Bauweise der Zugmaschine die Einhaltung der Höhe von 1200 mm nicht zulässt.*

Begr zur ÄndVO v. 23.3.00 (BR–Drs. 720/99 S. 63): **Zu Abs. 10:** *Gemäß Artikel 8 Absatz 2* 1b *Buchstabe c der Richtlinie 70/156/EWG hat die Europäische Kommission Entscheidungen hinsichtlich der Zulässigkeit zur Anbringung von Scheinwerfern für Abblendlicht mit Gasentladungslampe an Fahrzeugen getroffen. Die Anbringung wurde unter den drei in Absatz 10 aufgeführten Bedingungen zugelassen. Diese Bedingungen sind auch in der ECE-Regelung 48 enthalten und wurden auch in die Richtlinie 97/28/EG übernommen.*

Um die Gleichbehandlung in den Fällen der Erteilung von Typgenehmigungen/Betriebserlaubnissen und der Nachrüstung zu gewährleisten, werden in § 50 analoge Forderungen für den Fall aufgenommen, dass das herkömmliche Scheinwerfersystem durch ein System mit Gasentladungslampe für Abblendlicht ersetzt wird.

1. § 50 regelt die **Beleuchtung der Kraftfahrzeuge nach vorn** und die Beleuchtung der 2 Fahrbahn durch FzScheinwerfer. Die Beleuchtung nach vorn dient neben der Fahrbahnerhellung der Kenntlichmachung des Fzs und seiner seitlichen Begrenzung für Entgegenkommende, BGH NZV **90** 112 (Anm *Booß* VM **90** 26). Beleuchtungsvorschriften: § 17 StVO. Scheinwerfer für Fern- und Abblendlicht müssen nach § 22a I Ziff 7 in amtlich genehmigter Bauart ausgeführt sein. Technische Anforderungen bei der Bauartprüfung, VkBl. **73** 558, zuletzt geändert: VkBl. **03** 752 = StVRL § 22a Nr. 1 (Nr. 7). Halogen-Scheinwerfer sind zulässig. Änderung der Scheinwerfer: § 19. Schutzgitter vor Scheinwerfern an Arbeitsmaschinen sind zulässig, sofern sie keinen wesentlichen Lichtverlust bewirken und das Reinigen erlauben, s. aber § 19 Rn. 12. Nach Fahren auf feuchter Straße sind die Scheinwerfergläser zu reinigen, § 17 I S. 2 StVO; Verschmutzung verringert den Lichtausfall erheblich. Richtlinien für die Prüfung von Scheinwerferreinigungsanlagen, VkBl. **76** 310 = StVRL § 22 Nr. 1.

2. Nur **weißes Licht** darf zur Fahrbahnbeleuchtung verwendet werden, Abs. I. Schwachgelb 3 gehört zum Weißbereich, s. Begr zu Abs. I, VkBl. **73** 409 sowie Technische Anforderungen an FzTeile (Nr. 3), VkBl. **73** 558, zuletzt geändert: VkBl. **03** 752 = StVRL § 22a Nr. 1.

3. **Grundsatz. Zwei Scheinwerfer für Kraftfahrzeuge.** Für Kfze (§ 1 II StVG) schreibt II 4 zur Fahrbahnbeleuchtung zwei Scheinwerfer vor, die gleichfarbig sein und gleichstark nach vorn leuchten müssen, § 49a IV S. 2. Zusätzliche Scheinwerfer (IV und § 52) müssen dem § 52

entsprechen. Zur Anzahl zulässiger Scheinwerfer für Fern- und Abblendlicht an Kfzen, *Kullik* VD **70** 299. Nebelschlussleuchten: § 53d.

4. Ausnahme. Nur **einen Scheinwerfer** brauchen zu führen:

5   **Krafträder,** auch wenn ein Beiwagen mitgeführt wird (II S. 1), an dem dann eine Begrenzungsleuchte zu führen ist (§ 51),

6   **Kraftfahrzeuge, deren Breite 1 m nicht übersteigt** (II S. 2), weil bei einem derartigen Fz, da der Scheinwerfer in der Mitte anzubringen ist, der Abstand zwischen dem Rand des Scheinwerfers und den äußeren Kanten des Fz nicht mehr als 40 cm beträgt.

7   **Krankenfahrstühle** brauchen nur einen Scheinwerfer zu führen, auch wenn ihre Breite 1 m übersteigt (II S. 2). Hier ist die Benutzungsart der Grund für die Ausnahme.

8   **5. Weitere Ausnahmen. Statt der Scheinwerfer Leuchten ohne gerichtetes Licht.**
     Langsam fahrende Kraftfahrzeuge, die bauartbedingt nicht schneller als 8 km/h fahren können, brauchen keine Scheinwerfer zu führen, sondern nur zwei Leuchten ohne Scheinwerferwirkung (II S. 3).

9   **Einachsige Zug- oder Arbeitsmaschinen,** von Fußgängern **an Holmen geführt,** brauchen nur eine Leuchte zu führen, ggf. von Hand, und zwar an der linken Seite, für entgegenkommende und überholende VT gut sichtbar (II S. 4, s. § 17 V StVO, Betriebsvorschrift).

10   **6. Anbringung und Einstellung der Scheinwerfer.** Abs. III wurde durch ÄndVO v. 16.11.84 neu gefasst. Satz 2 der Neufassung (Mindestanbauhöhe der Scheinwerfer) galt gem. § 72 II aF seit 1.1.88. Für vor diesem Tage erstmals in den V gekommen Fz galt die frühere Fassung des Abs. III. Die Fze im StrDienst sind von III S. 2 befreit, um sie besser kenntlich zu machen, ohne Rücksicht auf Eigentum oder Zulassung. Unbeabsichtigte Verstellung der Scheinwerfer muss ausgeschlossen sein. Merkblatt über den Anbau von Scheinwerfern und Leuchten an beweglichen FzTeilen: s. § 49a Rn. 4. Regelmäßige Einstellungskontrolle durch eine zuverlässige Werkstatt genügt, Dü VM **59** 12. Richtlinien für Scheinwerfereinstell-Prüfgeräte, VkBl. **81** 392. Handverstellbarkeit von Scheinwerfern im Rahmen von III ist zulässig, s. BMV VkBl. **66** 17.

11   **7.** Für **Fern- und Abblendlicht** dürfen **getrennte Scheinwerfer** geführt werden und so geschaltet sein, dass bei Fernlicht die Abblendscheinwerfer mitbrennen (Abs. IV). Dies berücksichtigt die technische Entwicklung auf dem Gebiet der Fahrbahnbeleuchtung, für die zunehmend Doppelscheinwerfer verwendet werden. § 4 der 6. StVZAusnV (bei § 49a) lässt es abweichend von § 49a I (§ 50 IV) zu, dass bei Fernlichtschaltung auch die besonderen Abblendscheinwerfer Fernlicht ausstrahlen. Sie dürfen dann jedoch nur entweder alle gleichzeitig oder jedenfalls paarweise einschaltbar sein; bei Abblenden müssen alle Scheinwerfer für Fernlicht gleichzeitig erlöschen, Abs. IX. Überblick über zulässige Scheinwerfer BMV 2.5.66, StV 2–2022 M/66. Halogen-Scheinwerfer als Lichthupe sind zulässig, BMV 15.12.66, StV 7– 8068 W/66. Wird das herkömmliche Scheinwerfersystem durch ein System mit **Gasentladungslampen** ersetzt, gilt Abs. X (s. Begr, Rn. 1b). Übergangsbestimmung: § 72 II aF.

12   **8.** Die **Stärke des Fernlichts** muss ausreichen, um Fahren bei Dunkelheit unter verkehrsüblichen Bedingungen zu sichern. Sie muss, je nach Art des Kfz, den Anforderungen des Abs. V genügen (zwischen 0,25 und 1 lx). Langsamfahrende Kfz: Rn. 8, 9. Über Dimmschaltungen beim Übergang vom Fern- zum Abblendlicht, BMV VkBl. **80** 82.

13   **9. Kontrolleinrichtungen für Einhaltung des Fernlichtes.** Da der Kf im Fahren oft nicht erkennen kann, ob er Fernlicht oder Abblendlicht eingeschaltet hat, muss ihm das Fernlicht erkennbar gemacht werden, bei Kfzen durch die blaue Kontrollampe, bei Krafträdern und Zgm mit offenem Führersitz durch die Schalthebelstellung (Abs. V).

14   **10. Fahrbahnbeleuchtung bei langsam fahrenden Kraftfahrzeugen.** Bei Fz, die bauartbedingt nicht schneller als 30 km/h fahren können, genügen Scheinwerfer, die den Vorschriften über das Abblendlicht (VI) entsprechen (V S. 3). Mofas: VIa S. 1–4, Leichtmofas dürfen davon abweichend lichttechnische Einrichtungen wie Fahrräder nach § 67 haben, wenn bestimmte Bedingungen erfüllt sind (§ 1 LeichtmofaAusnVO, Buchteil **10**). Kleinkrafträder und andere FmH: VIa S. 5.

15   **11. Abblendlicht.** Abblenden: § 17 StVO. Für Abblendlicht dürfen besondere Scheinwerfer geführt werden, so geschaltet, dass sie gleichzeitig mit dem Fernlicht brennen (Abs. IV). Asymmetrisches Abblendlicht kann rechts bis zu 115 m, links bis zu 70 m reichen, es ist jeweils indivi-

duell zu ermitteln, Ha VRS **39** 261, s. BGH VRS **19** 282. Die Mindestreichweite nimmt mit dem senkrechten und waagerechten Abstand eines Gegenstandes von der Fahrbahnoberfläche ab, BGH VRS **15** 276. Ein Hindernis über der Fahrbahn ist erst auf kürzere Entfernung sichtbar. Es besteht kein Erfahrungssatz, dass asymmetrisches Abblendlicht immer Sicht von 70–80 m auf den ganzen vorausliegenden StrRaum gewähre, Bay DAR **62** 184. Zur Belastungsabhängigkeit der Sichtweite des Abblendlichts (§ 50 VIII), *Linde* ZVS **69** 182, s. Rn. 18. Ob die Beleuchtungseinrichtungen dem VI über Abblenden entsprechen, kann nicht lediglich auf Grund von Zeugenbeobachtungen festgestellt werden, auch nicht durch die VPol, Ol DAR **56** 134, Kar DAR **65** 108, ebenso wenig durch den Kf selber.

Abblendlicht bei Nebel und Schneefall: § 17 StVO. Scheinwerfer dürfen das Auge nicht mit **16** zu hoher Leuchtdichte überstrahlen (dann Blendung). Verhalten geblendeter Fahrzeugführer: § 3 StVO. VI regelt auch die Stärke des Abblendlichts.

12. Die Vorschrift über die **Messung der Beleuchtungsstärke** (Abs. VII) hat für V und VI **17** Bedeutung.

13. Leuchtweiteregler gegen Verschiebung des Abblendbündels. Durch Belastung des **18** Fzs kann die Hell-Dunkel-Grenze des Lichtbündels so weit nach oben gerichtet werden, dass andere VT auch bei Abblendlicht geblendet werden. Dem wirken Leuchtweiteregler entgegen. Leuchtweiteregler sind geeignet, unabhängig vom jeweiligen Beladungszustand des Fahrzeugs, die Blendung anderer Verkehrsteilnehmer zu verhindern und dem Fahrer eine optimale Sichtweite zu garantieren (s. Begr VkBl. **88** 473). Sie müssen daher in allen ab 1.1.1990 erstmals in den V gekommenen mehrspurigen Kfzen (s. Übergangsvorschrift des § 72 II aF) – ausgenommen land- oder forstwirtschaftliche Zgm – vorhanden sein, Abs. VIII in Verbindung mit dem Anhang zur StVZO (zu § 50 VIII), der auf die anzuwendende **Richtlinie 76/756/EWG** Bezug nimmt.

14. Ausnahmen. Empfehlungen für die Erteilung von Ausnahmegenehmigungen nach § 70 **19** für bestimmte FzArten und FzKombinationen, VkBl. **14** 503 = StVRL § 70 StVZO Nr. 1.

15. Ordnungswidrigkeit. §§ 69a III Nr. 18a StVZO, 24 StVG. S. Ha VkBl. **67** 344. **20**

Begrenzungsleuchten, vordere Rückstrahler, Spurhalteleuchten

51 (1) ¹ **Kraftfahrzeuge – ausgenommen Krafträder ohne Beiwagen und Kraftfahrzeuge mit einer Breite von weniger als 1 000 mm – müssen zur Kenntlichmachung ihrer seitlichen Begrenzung nach vorn mit zwei Begrenzungsleuchten ausgerüstet sein, die denen der äußerste Punkt der leuchtenden Fläche nicht mehr als 400 mm von der breitesten Stelle des Fahrzeugumrisses entfernt sein darf.** ² **Zulässig sind zwei zusätzliche Begrenzungsleuchten, die Bestandteil der Scheinwerfer sein müssen.** ³ **Beträgt der Abstand des äußersten Punktes der leuchtenden Fläche der Scheinwerfer von den breitesten Stellen des Fahrzeugumrisses nicht mehr als 400 mm, so genügen in die Scheinwerfer eingebaute Begrenzungsleuchten.** ⁴ **Das Licht der Begrenzungsleuchten muss weiß sein; es darf nicht blenden.** ⁵ **Die Begrenzungsleuchten müssen auch bei Fernlicht und Abblendlicht ständig leuchten.** ⁶ **Bei Krafträdern mit Beiwagen muss eine Begrenzungsleuchte auf der äußeren Seite des Beiwagens angebracht sein.** ⁷ **Krafträder ohne Beiwagen dürfen im Scheinwerfer eine Leuchte nach Art der Begrenzungsleuchten führen; Satz 5 ist nicht anzuwenden.** ⁸ **Begrenzungsleuchten an einachsigen Zug- oder Arbeitsmaschinen sind nicht erforderlich, wenn sie von Fußgängern an Holmen geführt werden oder ihre durch die Bauart bestimmte Höchstgeschwindigkeit 30 km/h nicht übersteigt und der Abstand des äußersten Punktes der leuchtenden Fläche der Scheinwerfer von der breitesten Stelle des Fahrzeugumrisses nicht mehr als 400 mm beträgt.**

(2) ¹ **Anhänger, deren äußerster Punkt des Fahrzeugumrisses mehr als 400 mm über den äußersten Punkt der leuchtenden Fläche der Begrenzungsleuchten des Zugfahrzeugs hinausragt, müssen an der Vorderseite durch zwei Begrenzungsleuchten kenntlich gemacht werden.** ² **Andere Anhänger dürfen an der Vorderseite mit zwei Begrenzungsleuchten ausgerüstet sein.** ³ **An allen Anhängern dürfen an der Vorderseite zwei nicht dreieckige weiße Rückstrahler angebracht sein.** ⁴ **Der äußerste Punkt der leuchtenden Fläche der Begrenzungsleuchten und der äußerste Punkt der leuchtenden Fläche der Rückstrahler dürfen nicht mehr als 150 mm, bei land- oder forstwirtschaftlichen Anhängern nicht mehr als 400 mm, vom äußersten Punkt des Fahrzeugumrisses des Anhängers entfernt sein.**

(3) ¹ **Der niedrigste Punkt der leuchtenden Fläche der Begrenzungsleuchten darf nicht weniger als 350 mm und ihr höchster Punkt der leuchtenden Fläche nicht mehr als**

1500 mm über der Fahrbahn liegen. ²Lässt die Bauart des Fahrzeugs eine solche Anbringung nicht zu, so dürfen die Begrenzungsleuchten höher angebracht sein, jedoch nicht höher als 2100 mm. ³Bei den vorderen Rückstrahlern darf der niedrigste Punkt der leuchtenden Fläche nicht weniger als 350 mm und ihr höchster Punkt der leuchtenden Fläche nicht mehr als 900 mm über der Fahrbahn liegen. ⁴Lässt die Bauart des Fahrzeugs eine solche Anbringung nicht zu, so dürfen die Rückstrahler höher angebracht sein, jedoch nicht höher als 1500 mm.

(4) An Anhängern darf am hinteren Ende der beiden Längsseiten je eine nach vorn wirkende Leuchte für weißes Licht (Spurhalteleuchte) angebracht sein.

1   **Begr** zur ÄndVO v. 16.11.84 (VkBl. **85** 79):

Zu den Absätzen 2 und 3: *Die Vorschriften über die Kenntlichmachung des Fahrzeugumrisses von Anhängern durch Begrenzungsleuchten und weiße Rückstrahler sind an die Richtlinie 76/756/EWG angeglichen worden. In dem neuen Absatz 3 wurden die Vorschriften über die zulässigen Anbringungshöhen von Begrenzungsleuchten und weißen Rückstrahlern für Kraftfahrzeuge und Anhänger zusammengefasst, wobei die Vorschriften über die Anbringungshöhen der Begrenzungsleuchten aus der Richtlinie 76/756/EWG neu aufgenommen wurden.*

2   **1. Begrenzungs- und Spurhalteleuchten.** Neben der Kenntlichmachung ihrer seitlichen Begrenzung dienen sie als **Standlicht.** Grundsätzlich sind an zweispurigen Kfzen nur zwei Begrenzungsleuchten zulässig. Gleichzeitige Verwendung von zwei Begrenzungsleuchten in den Scheinwerfern und zweien außerhalb ist zulässig. Beim Vorhandensein besonderer Begrenzungsleuchten brauchen die in die Scheinwerfer eingebauten nicht mitzubrennen; das gilt auch bei stehendem Fz und ausgeschaltetem Fahr- und Abblendlicht. Die Vorschrift, dass die Begrenzungsleuchten ständig mitbrennen müssen (I Satz 5), berücksichtigt, dass einer der Scheinwerfer ausfallen kann. Umrissleuchten: § 51b.

3   **2. Ausnahmen von den Vorschriften über Begrenzungsleuchten.** Alle Kfze (§ 1 II StVG) müssen ihre seitliche Begrenzung grundsätzlich nach vorn kenntlich machen. Indes lässt I drei Ausnahmen zu. Weitere sind gemäß § 70 zugelassen worden. **Krafträder,** die nach vorn nur einen Scheinwerfer führen, brauchen ohne Beiwagen keine Begrenzungsleuchten (I S. 1) und, da der Scheinwerfer gleichzeitig Standlicht ist, kein Standlicht zu führen. Im Fahren wie im Stehen genügt zur Kennzeichnung des Signalbilds der Scheinwerfer. Nach I Satz 7 darf aber im Scheinwerfer eine als Standlicht verwendbare Leuchte nach Art der Begrenzungsleuchten geführt werden. Begrenzungsleuchte des Beiwagens: Rn. 6.

4   **Kraftfahrzeuge, die weniger als 1 m breit sind,** brauchen nicht neben dem einen Scheinwerfer (§ 50) noch Begrenzungsleuchten zu führen (I S. 1), weil hier der Abstand zwischen dem Rand des Scheinwerfers und der äußeren FzKante nicht mehr als 400 mm beträgt (§ 50).

5   **Einachsige Zug- und Arbeitsmaschinen** brauchen keine Begrenzungsleuchten zu führen, wenn sie von Fußgängern an Holmen geführt werden oder so gebaut sind, dass sie nicht schneller als 30 km/h fahren können, sofern ihre Scheinwerfer nicht mehr als 40 cm vom FzRand entfernt sind (I S. 8). **Elektrokarren** brauchen, sofern sie vor dem 1.1.88 erstmals in den V gekommen sind, keine seitlichen Begrenzungsleuchten zu führen, wenn der Abstand des Randes der Lichtaustrittsöffnungen der hier vorgeschriebenen beiden Scheinwerfer von den breitesten Stellen des FzUmrisses nicht mehr als 40 cm beträgt. Dies folgt aus Abs. I S. 8 idF vor der durch ÄndVO v. 16.11.84 erfolgten Neufassung in Verbindung mit der Übergangsvorschrift des § 72 II aF. Für später in den V gekommene Fze wurde diese Regelung aufgegeben, weil uU auch Lkw und Zgm mit Elektro-Antrieb dieser FzArt zugerechnet werden könnten.

6   **3. Bauart und Anbringung der Begrenzungsleuchten.** Anbringung der Begrenzungsleuchten: Abs. III, der zulässigen Umrissleuchten: § 51b. Merkblatt über den Anbau von Scheinwerfern und Leuchten an beweglichen FzTeilen, s. § 49a Rn. 4. Begrenzungsleuchten dürfen nicht blenden (Abs. I S. 4). Sie müssen in amtlich genehmigter Bauart ausgeführt sein (§ 22a I Nr. 8). Technische Anforderungen bei der Bauartprüfung, VkBl. **73** 558, zuletzt geändert: VkBl. **03** 752 = StVRL § 22a Nr. 1 (Nr. 9). Scheinwerfer können als Begrenzungsleuchten dienen, wenn ihre leuchtenden Flächen nicht mehr als 40 cm vom äußeren FzRand entfernt sind (I S. 3). Sie enthalten dann das besonders schwache Begrenzungs- oder Standlicht, das zur Beleuchtung des stillstehenden Kfz ausreicht. S. § 17 StVO. Bei Krafträdern ist eine Begrenzungsleuchte auf der äußeren Seite des Beiwagens erforderlich (I S. 6). Abs. III über die Anbringungs-

höhen ist am 1.1.88 für die von diesem Tage an erstmals in den V kommenden Fz in Kraft getreten (§ 72 II aF).

3a. Leuchten zur Sicherung herausragender Ladung (§ 22 StVO) müssen in amtlich 6a vorgeschriebener Bauart ausgeführt sein (§ 22a I Nr. 26). Technische Anforderungen bei der Bauartprüfung, VkBl. **73** 558, zuletzt geändert: VkBl. **03** 752 = StVRL § 22a Nr. 1 (Nr. 16).

4. Sonderbestimmung für Anhänger von Kraftfahrzeugen (II). Rückstrahler an der 7 Vorderseite sind nach Maßgabe von II zulässig. Die seitliche Begrenzung von Anhängern ist zu kennzeichnen, wenn sie mehr als 40 cm über die Scheinwerfer oder **Begrenzungsleuchten** des vorderen Fz hinausragen. Maßgebend ist der tatsächliche Unterschied in der Breite, nicht der vorübergehende Stand zurzeit des Unfalls, Bra DAR **57** 136. Die Vorschrift gilt auch für Anhänger hinter nicht zulassungspflichtigen Kfzen, Schl VM **61** 70. **Spurhalteleuchten:** Abs. IV. Technische Anforderungen bei der Bauartgenehmigung, VkBl. **73** 558, zuletzt geändert: VkBl. **03** 752 = StVRL § 22a Nr. 1 (Nr. 10). Seitliche Kenntlichmachung: § 51a.

5. Parkleuchten. § 51c.   8

6. Seitliche Kenntlichmachung. § 51a. Umrissleuchten: § 51b.   9

7. Ausnahmen. § 70 I. S. Rn. 3–5.   10

8. Ordnungswidrigkeit. §§ 69a III Nr. 18b StVZO, 24 StVG.   11

Seitliche Kenntlichmachung

51a (1) [1]Kraftfahrzeuge – ausgenommen Personenkraftwagen – mit einer Länge von mehr als 6 m sowie Anhänger müssen an den Längsseiten mit nach der Seite wirkenden gelben, nicht dreieckigen Rückstrahlern ausgerüstet sein. [2]Mindestens je einer dieser Rückstrahler muss im mittleren Drittel des Fahrzeugs angeordnet sein; der am weitesten vorn angebrachte Rückstrahler darf nicht mehr als 3 m vom vordersten Punkt des Fahrzeugs, bei Anhängern vom vordersten Punkt der Zugeinrichtung entfernt sein. [3]Zwischen zwei aufeinanderfolgenden Rückstrahlern darf der Abstand nicht mehr als 3 m betragen. [4]Der am weitesten hinten angebrachte Rückstrahler darf nicht mehr als 1 m vom hintersten Punkt des Fahrzeugs entfernt sein. [5]Die Höhe über der Fahrbahn (höchster Punkt der leuchtenden Fläche) darf nicht mehr als 900 mm betragen. [6]Lässt die Bauart des Fahrzeugs das nicht zu, so dürfen die Rückstrahler höher angebracht sein, jedoch nicht höher als 1 500 mm. [7]Krankenfahrstühle müssen an den Längsseiten mit mindestens je einem gelben Rückstrahler ausgerüstet sein, der nicht höher als 600 mm, jedoch so tief wie möglich angebracht sein muss. [8]Diese Rückstrahler dürfen auch an den Speichen der Räder angebracht sein.

(2) Die nach Absatz 1 anzubringenden Rückstrahler dürfen abnehmbar sein
1. an Fahrzeugen, deren Bauart eine dauernde feste Anbringung nicht zulässt,
2. an land- oder forstwirtschaftlichen Bodenbearbeitungsgeräten, die hinter Kraftfahrzeugen mitgeführt werden und
3. an Fahrgestellen, die zur Vervollständigung überführt werden.

(3) [1]Die seitliche Kenntlichmachung von Fahrzeugen, für die sie nicht vorgeschrieben ist, muss Absatz 1 entsprechen. [2]Jedoch genügt je ein Rückstrahler im vorderen und im hinteren Drittel.

(4) [1]Retroreflektierende gelbe waagerechte Streifen, die unterbrochen sein können, an den Längsseiten von Fahrzeugen sind zulässig. [2]Sie dürfen nicht die Form von Schriftzügen oder Emblemen haben. [3]§ 53 Absatz 10 Nummer 3 ist anzuwenden.

(5) Ringförmig zusammenhängende retroreflektierende weiße Streifen an den Reifen von Krafträdern und Krankenfahrstühlen sind zulässig.

(6) [1]Fahrzeuge mit einer Länge von mehr als 6,0 m – ausgenommen Fahrgestelle mit Führerhaus, land- oder forstwirtschaftliche Zug- und Arbeitsmaschinen und deren Anhänger sowie Arbeitsmaschinen und Stapler, die hinsichtlich der Baumerkmale ihres Fahrgestells nicht den Lastkraftwagen und Zugmaschinen gleichzusetzen sind, – müssen an den Längsseiten mit nach der Seite wirkenden gelben Seitenmarkierungsleuchten nach der Richtlinie 76/756/EWG ausgerüstet sein. [2]Für andere mehrspurige Fahrzeuge ist die entsprechende Anbringung von Seitenmarkierungsleuchten zulässig. [3]Ist die Seitenmarkierungsleuchte mit der Schlussleuchte, Umrissleuchte, Nebelschlussleuchte oder Bremsleuchte zusammengebaut, kombiniert oder ineinandergebaut oder bildet sie den Teil einer gemeinsam leuchtenden Fläche mit dem Rückstrahler, so darf sie auch rot sein.

(7) ¹Zusätzlich zu den nach Absatz 1 vorgeschriebenen Einrichtungen sind Fahrzeugkombinationen mit Nachläufern zum Transport von Langmaterial über ihre gesamte Länge (einschließlich Ladung) durch gelbes retroreflektierendes Material, das mindestens dem Typ 2 des Normblattes DIN 67 520 Teil 2, Ausgabe Juni 1994, entsprechen muss, seitlich kenntlich zu machen in Form von Streifen, Bändern, Schlauch- oder Kabelumhüllungen oder in ähnlicher Ausführung. ²Kurze Unterbrechungen, die durch die Art der Ladung oder die Konstruktion der Fahrzeuge bedingt sind, sind zulässig. ³Die Einrichtungen sind so tief anzubringen, wie es die konstruktive Beschaffenheit der Fahrzeuge und der Ladung zulässt. ⁴Abweichend von Absatz 6 sind an Nachläufern von Fahrzeugkombinationen zum Transport von Langmaterial an den Längsseiten soweit wie möglich vorne und hinten jeweils eine Seitenmarkierungsleuchte anzubringen.

1   **Begr** zur ÄndVO v. 12.8.97 (VkBl. **97** 660): **Zu Abs. 7:** *Die bisherige seitliche Kennzeichnung von langen Fahrzeugen mit Rückstrahlern hat sich für Langmaterial-Transportfahrzeuge als unzureichend erwiesen. Es wird daher die zusätzliche Kennzeichnung durch retroreflektierende Materialien vorgeschrieben.*

2   **1. Gelbe Rückstrahler.** I ist Mußvorschrift und erfasst alle Kfze über 6 m Länge, ausgenommen Pkw und alle KfzAnhänger ohne Rücksicht auf ihre Länge. Alle übrigen Kfze bis zu 6 m Länge, vor allem auch Pkw, dürfen nach Maßgabe der Mußvorschrift in derselben Weise seitlich kenntlich gemacht sein (III). Neben vorgeschriebenen gelben, nicht dreieckigen Rückstrahlern an den Seiten dürfen alle Fz-Längsseiten außerdem durch reflektierende gelbe waagerechte Streifen in nicht vorgeschriebener Größe gekennzeichnet sein, wobei die Form von Schriftzeichen (zB Werbung) oder Emblemen untersagt ist (IV). Durch ÄndVO v. 16.11.84 wurde die vorgeschriebene seitliche Kenntlichmachung auf fremdkraftgetriebene Krankenfahrstühle ausgedehnt (I S. 7). Abs.VI über **Seitenmarkierungsleuchten** an mehr als 6 m langen Fzen, eingefügt durch ÄndVO v. 23.6.93, setzt die Richtlinie 76/756/EWG in nationales Recht um. Übergangsvorschrift: § 72 II aF.

3   **2. Ordnungswidrigkeiten.** §§ 69a III Nr. 18c StVZO, 24 StVG.

Umrissleuchten

51b (1) ¹Umrissleuchten sind Leuchten, die die Breite über alles eines Fahrzeugs deutlich anzeigen. ²Sie sollen bei bestimmten Fahrzeugen die Begrenzungs- und Schlussleuchten ergänzen und die Aufmerksamkeit auf besondere Fahrzeugumrisse lenken.

(2) ¹Fahrzeuge mit einer Breite von mehr als 2,10 m müssen und Fahrzeuge mit einer Breite von mehr als 1,80 m aber nicht mehr als 2,10 m dürfen auf jeder Seite mit einer nach vorn wirkenden weißen und einer nach hinten wirkenden roten Umrissleuchte ausgerüstet sein. ²Die Leuchten einer Fahrzeugseite dürfen zu einer Leuchte zusammengefasst sein. ³In allen Fällen muss der Abstand zwischen den leuchtenden Flächen dieser Leuchten und der Begrenzungsleuchte oder Schlussleuchte auf der gleichen Fahrzeugseite mehr als 200 mm betragen.

(3) ¹Umrissleuchten müssen entsprechend den im Anhang zu dieser Vorschrift genannten Bestimmungen an den Fahrzeugen angebracht sein. ²Für Arbeitsmaschinen und Stapler gelten die Anbauvorschriften für Anhänger und Sattelanhänger.

(4) Umrissleuchten sind nicht erforderlich an

1. land- oder forstwirtschaftlichen Zug- und Arbeitsmaschinen und ihren Anhängern und

2. allen Anbaugeräten und Anhängegeräten hinter land- oder forstwirtschaftlichen Zugmaschinen.

(5) Werden Umrissleuchten an Fahrzeugen angebracht, für die sie nicht vorgeschrieben sind, müssen sie den Vorschriften der Absätze 1 bis 3 entsprechen.

(6) Umrissleuchten dürfen nicht an Fahrzeugen und Anbaugeräten angebracht werden, deren Breite über alles nicht mehr als 1,80 m beträgt.

1   **1. Begr** zur ÄndVO v. 16.11.84 (VkBl. **85** 79): *Die fakultative Ausrüstung bestimmter Lastkraftwagen und Anhänger mit Umrissleuchten ist in Anlehnung an die Richtlinie 76/756/EWG in eine obligatorische umgewandelt worden, damit diese Fahrzeuge für andere Verkehrsteilnehmer besser als große und langsam fahrende Fahrzeuge im fließenden Verkehr erkennbar sind.*
     Bei land- oder forstwirtschaftlichen Zug- und Arbeitsmaschinen, ihren Anhängern und allen Anbaugeräten und Anhängegeräten hinter land- oder forstwirtschaftlichen Zugmaschinen bleibt es dagegen weiterhin bei

der fakultativen Ausrüstung, weil die Anbringung der Umrissleuchten wegen des auf den Arbeitseinsatz abgestellten Aufbaus in vielen Fällen kaum oder nur unter großem Aufwand möglich ist.
...

2. Inkrafttreten. 1.1.87 für die von diesem Tage an erstmals in den V kommenden Fze. **2**
Übergangsvorschrift: § 72 II aF.

3. Ordnungswidrigkeiten. §§ 69a III Nr. 18c StVZO, 24 StVG.   **3**

Parkleuchten, Park-Warntafeln

51c (1) Parkleuchten und Park-Warntafeln zeigen die seitliche Begrenzung eines geparkten Fahrzeugs an.

(2) ¹An Kraftfahrzeugen, Anhängern und Zügen dürfen angebracht sein:

1. eine nach vorn wirkende Parkleuchte für weißes Licht und eine nach hinten wirkende Parkleuchte für rotes Licht für jede Fahrzeugseite oder

2. eine Begrenzungsleuchte und eine Schlussleuchte oder

3. eine abnehmbare Parkleuchte für weißes Licht für die Vorderseite und eine abnehmbare Parkleuchte für rotes Licht für die Rückseite oder

4. je eine Park-Warntafel für die Vorderseite und die Rückseite des Fahrzeugs oder Zuges mit je 100 mm breiten unter 45 Grad nach außen und unten verlaufenden roten und weißen Streifen.

²An Fahrzeugen, die nicht breiter als 2 000 mm und nicht länger als 6 000 mm sind, dürfen sowohl die Parkleuchten nach Nummer 1 einer jeden Fahrzeugseite als auch die nach Nummer 3 zu einem Gerät vereinigt sein.

(3) ¹Die Leuchten nach Absatz 2 Satz 1 Nummer 1 und 3 und Satz 2 müssen so am Fahrzeug angebracht sein, dass der unterste Punkt der leuchtenden Fläche mehr als 350 mm und der höchste Punkt der leuchtenden Fläche nicht mehr als 1 500 mm von der Fahrbahn entfernt sind. ²Der äußerste Punkt der leuchtenden Fläche der Leuchten darf vom äußersten Punkt des Fahrzeugumrisses nicht mehr als 400 mm entfernt sein.

(4) Die Leuchten nach Absatz 2 Satz 1 Nummer 3 müssen während des Betriebs am Bordnetz anschließbar oder mit aufladbaren Stromquellen ausgerüstet sein, die im Fahrbetrieb ständig am Bordnetz angeschlossen sein müssen.

(5) ¹Park-Warntafeln, deren wirksame Teile nur bei parkenden Fahrzeugen sichtbar sein dürfen, müssen auf der dem Verkehr zugewandten Seite des Fahrzeugs oder Zuges möglichst niedrig und nicht höher als 1 000 mm (höchster Punkt der leuchtenden Fläche) so angebracht sein, dass sie mit dem Umriss des Fahrzeugs, Zuges oder der Ladung abschließen. ²Abweichungen von nicht mehr als 100 mm nach innen sind zulässig. ³Rückstrahler und amtliche Kennzeichen dürfen durch Park-Warntafeln nicht verdeckt werden.

Begr: VkBl. **85** 79.   **1**

Parkleuchten genügen der Vorschrift des § 17 IV S. 3 StVO, wonach auf der Fahrbahn haltende **2** Fze, ausgenommen Pkw, mit einem zulässigen Gesamtgewicht von mehr als 3,5 t und Anhänger stets mit eigener Lichtquelle zu beleuchten sind. Die Regelung trägt dem Umstand Rechnung, dass die Kapazität der eingebauten FzBatterie vielfach nicht ausreichen würde, um die Versorgung von 2 bzw. 4 Begrenzungsleuchten mit je 4 W Leistung sowie 4 bzw. 8 Schlussleuchten mit je 10 W Leistung und Beleuchtung von zwei amtlichen Kennzeichen bei längerem Abstellen des Fzs zu gewährleisten (s. Begr VkBl. **85** 79). Alle zusätzlichen Schluss- und Begrenzungsleuchten auf der gleichen FzSeite dürfen dabei nicht zu brennen. Von der Bestimmung des § 49a V (Schaltung) sind Parkleuchten ausgenommen.

Statt der Beleuchtung mit fahrzeugeigenen Lichtquellen reichen, vor allem bei allein abge- **3** stellte Anhängern, zwei bauartgenehmigte **unabhängige Leuchten** aus (Abs. I Nr. 3). Zulässig sind außerdem zwei **Park-Warntafeln** nach Maßgabe von II S. 1 Nr. 4. Parkleuchten und Park-Warntafeln müssen nach § 22a I Nr. 9 in amtlich genehmigter Bauart ausgeführt sein. Technische Anforderungen bei der Bauartprüfung, VkBl. **73** 558, zuletzt geändert: VkBl. **03** 752 = StVRL § 22a Nr. 1 (Nr. 11).

Ordnungswidrigkeiten. § 69a III Nr. 18d. Parkleuchten während der Fahrt eingeschaltet zu **4** lassen, kann uU gegen § 1 StVO verstoßen, Hb VM **58** 53.

Zusätzliche Scheinwerfer und Leuchten

52 (1) [1] Außer mit den in § 50 vorgeschriebenen Scheinwerfern zur Beleuchtung der Fahrbahn dürfen mehrspurige Kraftfahrzeuge mit zwei Nebelscheinwerfern für weißes oder hellgelbes Licht ausgerüstet sein, Krafträder, auch mit Beiwagen, mit nur einem Nebelscheinwerfer. [2] Sie dürfen nicht höher als die am Fahrzeug befindlichen Scheinwerfer für Abblendlicht angebracht sein. [3] Sind mehrspurige Kraftfahrzeuge mit Nebelscheinwerfern ausgerüstet, bei denen der äußere Rand der Lichtaustrittsfläche mehr als 400 mm von der breitesten Stelle des Fahrzeugumrisses entfernt ist, so müssen die Nebelscheinwerfer so geschaltet sein, dass sie nur zusammen mit dem Abblendlicht brennen können. [4] Nebelscheinwerfer müssen einstellbar und an dafür geeigneten Teilen der Fahrzeuge so befestigt sein, dass sie sich nicht unbeabsichtigt verstellen können. [5] Sie müssen so eingestellt sein, dass eine Blendung anderer Verkehrsteilnehmer nicht zu erwarten ist. [6] Die Blendung gilt als behoben, wenn die Beleuchtungsstärke in einer Entfernung von 25 m vor jedem einzelnen Nebelscheinwerfer auf einer Ebene senkrecht zur Fahrbahn in Höhe der Scheinwerfermitte und darüber bei Nennspannung an den Klemmen der Scheinwerferlampe nicht mehr als 1 lx beträgt.

(2) [1] Ein Suchscheinwerfer für weißes Licht ist zulässig. [2] Die Leistungsaufnahme darf nicht mehr als 35 W betragen. [3] Er darf nur zugleich mit den Schlussleuchten und der Kennzeichenbeleuchtung einschaltbar sein.

(3) [1] Mit einer oder mehreren Kennleuchten für blaues Blinklicht – Rundumlicht – dürfen ausgerüstet sein:

1. Kraftfahrzeuge, die dem Vollzugsdienst der Polizei, der Militärpolizei, der Bundespolizei, des Zolldienstes, des Bundesamtes für Güterverkehr oder der Bundesstelle für Flugunfalluntersuchung dienen, insbesondere Kommando-, Streifen-, Mannschaftstransport-, Verkehrsunfall-, Mordkommissionsfahrzeuge,

2. Einsatz- und Kommando-Kraftfahrzeuge der Feuerwehren und der anderen Einheiten und Einrichtungen des Katastrophenschutzes und des Rettungsdienstes,

3. Kraftfahrzeuge, die nach dem Fahrzeugschein als Unfallhilfswagen öffentlicher Verkehrsbetriebe mit spurgeführten Fahrzeugen, einschließlich Oberleitungsomnibussen, anerkannt sind,

4. Kraftfahrzeuge des Rettungsdienstes, die für Krankentransport oder Notfallrettung besonders eingerichtet und nach dem Fahrzeugschein als Krankenkraftwagen anerkannt sind.

[2] Kennleuchten für blaues Blinklicht mit einer Hauptabstrahlrichtung nach vorne oder nach hinten sind an Kraftfahrzeugen nach Satz 1 zulässig, jedoch bei mehrspurigen Fahrzeugen nur in Verbindung mit Kennleuchten für blaues Blinklicht – Rundumlicht –.

(3a) [1] Kraftfahrzeuge des Vollzugsdienstes der Militärpolizei, der Polizeien des Bundes und der Länder sowie des Zollfahndungsdienstes dürfen folgende Kennleuchten und Signalgeber haben:

1. Anhaltesignal,

2. nach vorn wirkende Signalgeber für rote Lichtschrift sowie

3. nach hinten wirkende Signalgeber für rote oder gelbe Lichtschrift.

[2] Kraftfahrzeuge des Vollzugsdienstes des Bundesamtes für Güterverkehr dürfen mit einem nach hinten wirkenden Signalgeber für rote Lichtschrift ausgerüstet sein. [3] Die Kennleuchten für rotes Blinklicht und blaues Blinklicht dürfen nicht gemeinsam betrieben werden können. [4] Ergänzend zu den Signalgebern dürfen fluoreszierende oder retroreflektierende Folien verwendet werden.

(4) Mit einer oder, wenn die horizontale und vertikale Sichtbarkeit (geometrische Sichtbarkeit) es erfordert, mehreren Kennleuchten für gelbes Blinklicht – Rundumlicht – dürfen ausgerüstet sein:

1. Fahrzeuge, die dem Bau, der Unterhaltung oder Reinigung von Straßen oder von Anlagen im Straßenraum oder die der Müllabfuhr dienen und durch rot-weiße Warnmarkierungen (Sicherheitskennzeichnung), die dem Normblatt DIN 30710, Ausgabe März 1990, entsprechen müssen, gekennzeichnet sind,

2. Kraftfahrzeuge, die nach ihrer Bauart oder Einrichtung zur Pannenhilfe geeignet und nach dem Fahrzeugschein als Pannenhilfsfahrzeug anerkannt sind. Die Zulassungsbehörde kann zur Vorbereitung ihrer Entscheidung die Beibringung des Gutachtens eines amtlich anerkannten Sachverständigen oder Prüfers für den Kraftfahrzeugverkehr darüber anordnen, ob das Kraftfahrzeug nach seiner Bauart oder Einrichtung zur Pannenhilfe geeignet ist. Die Anerkennung ist nur zulässig für Fahrzeuge von Betrieben, die gewerblich oder innerbetrieblich Pannenhilfe leisten, von Automobilclubs und von Verbänden des Verkehrsgewerbes und der Autoversicherer,

3. Fahrzeuge mit ungewöhnlicher Breite oder Länge oder mit ungewöhnlich breiter oder langer Ladung, sofern die genehmigende Behörde die Führung der Kennleuchten vorgeschrieben hat,

4. Fahrzeuge, die aufgrund ihrer Ausrüstung als Schwer- oder Großraumtransport-Begleitfahrzeuge ausgerüstet und nach dem Fahrzeugschein anerkannt sind. Andere Begleitfahrzeuge dürfen mit abnehmbaren Kennleuchten ausgerüstet sein, sofern die genehmigende Behörde die Führung der Kennleuchten vorgeschrieben hat.

(5) [1] Krankenkraftwagen (Absatz 3 Nummer 4) dürfen mit einer nur nach vorn wirkenden besonderen Beleuchtungseinrichtung (zum Beispiel Rot-Kreuz-Leuchte) ausgerüstet sein, um den Verwendungszweck des Fahrzeugs kenntlich zu machen. [2] Die Beleuchtungseinrichtung darf keine Scheinwerferwirkung haben.

(6) [1] An Kraftfahrzeugen, in denen ein Arzt zur Hilfeleistung in Notfällen unterwegs ist, darf während des Einsatzes ein nach vorn und nach hinten wirkendes Schild mit der in schwarzer Farbe auf gelbem Grund versehenen Aufschrift „Arzt Notfalleinsatz" auf dem Dach angebracht sein, das gelbes Blinklicht ausstrahlt; dies gilt nur, wenn der Arzt zum Führen des Schildes berechtigt ist. [2] Die Berechtigung zum Führen des Schildes erteilt auf Antrag die Zulassungsbehörde; sie entscheidet nach Anhörung der zuständigen Ärztekammer. [3] Der Berechtigte erhält hierüber eine Bescheinigung, die während der Einsatzfahrt mitzuführen und zuständigen Personen auf Verlangen zur Prüfung auszuhändigen ist.

(7) [1] Mehrspurige Fahrzeuge dürfen mit einer oder mehreren Leuchten zur Beleuchtung von Arbeitsgeräten und Arbeitsstellen (Arbeitsscheinwerfer) ausgerüstet sein. [2] Arbeitsscheinwerfer dürfen nicht während der Fahrt benutzt werden. [3] An Fahrzeugen, die dem Bau, der Unterhaltung oder der Reinigung von Straßen oder Anlagen im Straßenraum oder der Müllabfuhr dienen, dürfen Arbeitsscheinwerfer abweichend von Satz 2 auch während der Fahrt eingeschaltet sein, wenn die Fahrt zum Arbeitsvorgang gehört. [4] Arbeitsscheinwerfer dürfen nur dann eingeschaltet werden, wenn sie andere Verkehrsteilnehmer nicht blenden.

(8) Türsicherungsleuchten für rotes Licht, die beim Öffnen der Fahrzeugtüren nach rückwärts leuchten, sind zulässig; für den gleichen Zweck dürfen auch rote rückstrahlende Mittel verwendet werden.

(9) [1] Vorzeltleuchten an Wohnwagen und Wohnmobilen sind zulässig. [2] Sie dürfen nicht während der Fahrt benutzt und nur dann eingeschaltet werden, wenn nicht zu erwarten ist, dass sie Verkehrsteilnehmer auf öffentlichen Straßen blenden.

(10) Kraftfahrzeuge nach Absatz 3 Nummer 4 dürfen mit horizontal umlaufenden Streifen in leuchtrot nach DIN 6164, Teil 1, Ausgabe Februar 1980, ausgerüstet sein.

(11) [1] Kraftfahrzeuge nach Absatz 3 Satz 1 Nummer 1, 2 und 4 dürfen zusätzlich zu Kennleuchten für blaues Blinklicht – Rundumlicht – und Kennleuchten für blaues Blinklicht mit einer Hauptabstrahlrichtung nach vorne mit einem Heckwarnsystem bestehend aus höchstens drei Paar horizontal nach hinten wirkenden Leuchten für gelbes Blinklicht ausgerüstet sein. [2] Die Kennleuchten für gelbes Blinklicht mit einer Hauptabstrahlrichtung müssen

1. nach der Kategorie X der Nummer 1.1.2 der ECE-Regelung Nr. 65 über einheitliche Bedingungen für die Genehmigung von Kennleuchten für Blinklicht für Kraftfahrzeuge und ihre Anhänger (BGBl. 1994 II S. 108) bauartgenehmigt sein,

2. synchron blinken und

3. im oberen Bereich des Fahrzeughecks symmetrisch zur Fahrzeuglängsachse angebracht werden. Die Bezugsachse der Leuchten muss parallel zur Standfläche des Fahrzeugs auf der Fahrbahn verlaufen.

[3] Das Heckwarnsystem muss unabhängig von der übrigen Fahrzeugbeleuchtung eingeschaltet werden können und darf nur im Stand oder bei Schrittgeschwindigkeit betrieben werden. [4] Der Betrieb des Heckwarnsystems ist durch eine Kontrollleuchte im Fahrerhaus anzuzeigen. [5] Es ist ein deutlich sichtbarer Hinweis anzubringen, dass das Heckwarnsystem nur zur Absicherung der Einsatzstelle verwendet werden und das Einschalten nur im Stand oder bei Schrittgeschwindigkeit erfolgen darf.

Begr zur ÄndVO v. 12.8.97 (VkBl. **97** 660): **Zu Abs. 3:** *Zur Verbesserung der Erkennbarkeit* **1** *von Einsatzfahrzeugen hinsichtlich ihrer Fernwirkung wurden Kennleuchten für blaues Blinklicht mit nur einer Hauptausstrahlrichtung (Blitzlicht-Scheinwerfer) geschaffen, die der Nummer 13a der „Technischen Anforderungen an Fahrzeugteile bei der Bauartprüfung nach § 22a StVZO" (TA) entsprechen müssen.*
...

1a   **Begr** zur ÄndVO v. 23.3.00 (VkBl. **00** 366): **Zu Abs. 3:** *Auf mehrheitlichen Beschluss der zuständigen obersten Landesbehörden sollen Unfallhilfswagen nur noch von öffentlichen Verkehrsbetrieben betrieben werden, nicht aber von Verkehrsbetrieben, die öffentlichen Personenverkehr betreiben. Unter dem Begriff „Unfallhilfswagen" sind keine Unfall-„Managementwagen" einzustufen. „Unfallhilfswagen" müssen spezifische und zusätzliche Ausrüstungen aufweisen, die bei gängigen Rettungsfahrzeugen z. B. der Feuerwehren nicht vorhanden sind.*

1b   **Begr** zur ÄndVO v. 26.7.13 **zu Abs. 3 S. 1 Nr. 1** (BR–Drs. 445/13 S. 28 = VkBl. **13** 867): *Das Bundesamt für Güterverkehr führt zur Wahrnehmung seines gesetzlichen Überwachungsauftrages Straßenkontrollen durch, § 11 Abs. 2 iVm § 12 GüKG. Dies geschieht in Form von Standkontrollen, in erheblichem Umfang aber auch in Form von mobilen Kontrollen …. Das Anhalten von Fahrzeugen aus dem fließenden Verkehr heraus ist gerade für die Überwachung verkehrssicherheitsrelevanter Vorschriften von grundlegender Bedeutung. Angesichts des hohen Verkehrsaufkommens ist dabei aber eine schnelle Wahrnehmung seitens der Verkehrsteilnehmer aufgrund eines entsprechenden Erkennungsmerkmals für Kontrollfahrzeuge im Einsatz notwendig …. Gemäß § 12 Abs. 1 Flugunfalluntersuchungsgesetz ist die Unfallstelle frühstmöglich von den Mitarbeitern der Bundesstelle für Flugunfalluntersuchungen wirksam gegen den Zutritt Dritter abzusperren. Um diesem gesetzlichen Auftrag in angemessener Weise nachkommen zu können, ist es unbedingt notwendig, dass die zuständigen Mitarbeiter mit den Einsatzfahrzeugen möglichst schnell am Unfallort eintreffen ….*

     Zu Abs. 3 S. 2: BR–Drs. 445/13 (Beschluss) S. 6 = VkBl. **13** 868.

     Zu Abs. 3a (BR–Drs. 445/13 S. 29 = VkBl. **13** 868): *… wird das rote Blinklicht als optisches Anhaltesignal eingeführt. Das rote Blinklicht ist dabei auf nur noch vorne wirkende (gerichtete) Blinkleuchten beschränkt, die nicht mit blauem Blinklicht oder blauen Kennleuchten zusammen betrieben werden dürfen. Der Mischbetrieb von blauen und roten Blinkleuchten würde bei den Verkehrsteilnehmern zur Verwirrung führen und wäre kontraproduktiv im Hinblick auf die mit dem Anhaltesignal verfolgte Zielsetzung ….*

     Zu Abs. 11 (BR–Drs. 445/13 S. 30 = VkBl. **13** 868): *Zur Absicherung von Einsatzorten und Einsatzfahrzeugen werden bereits in mehreren Bundesländern Heckwarnsysteme per Ausnahmegenehmigung zugelassen. Damit soll eine schnellere Absicherung von Unfall- oder Notfall-Einsatzstellen im Verkehr ermöglicht werden. Existiert bereits blaues Blinklicht mit Hauptabstrahlrichtung nach hinten, ist darüber hinaus kein Heckwarnsystem erforderlich, da dieses eine größere Warnwirkung hat …. Die Anbringung am oberen Fahrzeugheck bewirkt eine frühere Aufmerksamkeit auf das Einsatzfahrzeug und die Einsatzstelle. Die Forderung des synchronen Blinkens verhindert eine verkehrslenkende Wirkung ….*

1c   **Begr** zur ÄndVO v. 16.4.14 **zu Abs. 3a S. 2** (BR–Drs. 78/14 S. 76 = VkBl. **14** 442): *Der Vollzugsdienst des Bundesamtes für Güterverkehr verfügt derzeit über 439 relevante Dienstfahrzeuge, die sämtlich mit einem nach hinten wirkenden Signalgeber für rote Lichtschrift ausgerüstet sind. Die derzeitige Farbgebung beruht auf einer Ausnahmegenehmigung. Bei BAG-Kontrollen des Güter- und Personenverkehrs auf der Straße werden für den Anhaltevorgang Anhaltesignalgeber in roter Lichtschrift verwendet. Um Missverständnisse bei den Verkehrsteilnehmern zu vermeiden, ist es sinnvoll an dieser Farbgebung festzuhalten. Die Fahrzeuge der Kontrolldienste benachbarter EU-Länder verfügen ebenfalls über Signalgeber mit roter Lichtschrift. Ein einheitliches Erscheinungsbild im internationalen Kontext dient der schnelleren Wiedererkennbarkeit und erhöht die Verkehrssicherheit.*

2   **1. Verbotene, unvorschriftsmäßig angebrachte oder unrichtig geschaltete Scheinwerfer** sind zu entfernen, s. BMV VkBl. **49** 153, **50** 214. Nicht bauartgenehmigte **Punkt-** und **Breitstrahler** sind unzulässig, BMV 25.8.65, StV 7–8118 K/65. Merkblatt über den Anbau von Scheinwerfern und Leuchten an beweglichen FzTeilen, s. § 49a Rn. 4.

3   **2. Nebelscheinwerfer** müssen in amtlich genehmigter Bauart ausgeführt sein (§ 22a I Nr. 10). Technische Anforderungen bei der Bauartprüfung, VkBl. **73** 558, zuletzt geändert: VkBl. **03** 752 = StVRL § 22a Nr. 1 (Nr. 12). Nur zwei Nebelscheinwerfer dürfen neben den im § 50 vorgeschriebenen Scheinwerfern geführt werden (I S. 1). Wegen der Blendgefahr dürfen sie nur benutzt werden, wenn dies unbedingt erforderlich ist. Verwendung nur gemäß § 17 StVO. Für die Beleuchtungsstärke enthält Satz 6 eine Beschränkung (s. § 50). Schaltung: § 49a IV, V. Messung der Beleuchtungsstärke der Zusatzscheinwerfer: § 50 VII. Auch Nebelscheinwerfer, als lichttechnische Einrichtungen, müssen vorschriftsmäßig angebracht und ständig betriebsbereit sein, § 49a I S. 3. Nebelscheinwerfer dürfen auch während der Zeit der Nichtbenutzung nicht

abgedeckt sein. Darf nämlich gem. § 17 Abs. 3 Satz 3 StVO allein mit den Nebelscheinwerfern (zusammen mit den Begrenzungsleuten) gefahren werden, so ist nicht auszuschließen, dass die mit einem Überzug oder einer Kappe abgedeckten Nebelscheinwerfer eingeschaltet und gleichzeitig die Scheinwerfer für Abblendlicht ausgeschaltet werden; dies kann der Fahrzeugführer am Tage bei Nebel nicht bemerken (s. Begr VkBl. **88** 474). Zur Farbe der Nebelscheinwerfer, s. BMV VkBl. **79** 774.

3. Suchscheinwerfer (II) sind bewegliche Scheinwerfer, mit denen Straßen- und Gelände- **4** teile, auch Wegweiser, die nicht vom Licht der festen Scheinwerfer getroffen werden, beleuchtet werden können. Für sie gilt nicht das in I über Zusatzscheinwerfer Gesagte; doch darf der Suchscheinwerfer zur Verhütung von Fahrerflucht nur mit den Schlussleuchten und der Beleuchtung des hinteren Kennzeichens (§ 10 VI S. 2 FZV) zugleich ein- und ausschaltbar sein (II S. 3). Die Leistungsaufnahme solcher Geräte ist auf 35 Watt begrenzt (II S. 2). Suchscheinwerfer müssen beweglich eingebaut sein, Ha VM **68** 23.

4. Arbeitsscheinwerfer dürfen nach Abs. VII in der Fassung der ÄndVO v. 23.3.00, abw von **5** der früheren Regelung, an mehrspurigen Fzen, unabhängig von deren zulässigem Gesamtgewicht, angebracht werden. Die früher in Abs. II enthaltenen Vorschriften über **Rückfahrscheinwerfer** sind durch ÄndVO v. 16.11.84 als § 52a neu gefasst.

5. Kennleuchten für blaues Blinklicht. Der Zweck des Blaulichts erfordert eine Begren- **6** zung der Zulassung auf eine möglichst geringe FzZahl (BVerwG DAR **02** 281, NJW **12** 2214, NJW **15** 3674, VGH Ma VRS **96** 153, NJW **14** 3674, OVG Hb VRS **108** 458, VRS **120** 226 (235 f.), OVG Münster NZV **00** 514, VRS **110** 461, VRS **114** 389, OVG Saarlouis SVR **07** 34, VGH Mü 19.2.15 11 ZB 14.1007, OVG Bautzen 31.1.17 LKV **17** 188, VG Hannover 15.2.17 5 A 3723/16). Abs. 3 S. 1 ist über seine Funktion als Befugnisnorm hinaus als Verbot zu verstehen, andere als die dort aufgeführten Fz mit einer Blaulichteinrichtung zu versehen (OVG Münster NWVBl **10** 195). **Ausnahmegenehmigung** nach § 70 ist nur zu erteilen, wenn dies geboten ist, um ansonsten nicht beherrschbaren Gefahren begegnen zu können (OVG Bautzen 31.1.17 LKV **17** 188) oder bei atypischem Sonderfall. Beides kann der Fall sein, wenn der Bedarf an Blaulichtfahrzeugen im relevanten örtlichen Bereich nicht bereits anderweitig gedeckt ist (OVG Münster NWVBl **10** 195). Erteilung einer Ausnahmegenehmigung von III S. 1 Nr. 4 (Blaulicht für RettungsFz) ist nur geboten, wenn andernfalls Menschenleben nicht gerettet oder schwere gesundheitliche Schäden nicht abgewendet werden können (OVG Bautzen 31.1.17 LKV **17** 188, VG Hannover 15.2.17 5 A 3723/16). Keine Ausnahmegenehmigung für Fz der Unfallforschung (VG Hannover 15.2.17 5 A 3723/16). Kfz, die nach III S. 1 mit blauem Blinklicht in Form eines Rundumlichts ausgerüstet sind, dürfen mit bestimmten retroreflektierenden Materialien gekennzeichnet sein (§ 53 X S. 1 Nr. 4). **Polizei** iSv Abs. 3 S. 1 Nr. 1 sind nicht alle Stellen, die zur Gefahrenabwehr tätig werden, sondern nur Polizeibehörden im institutionellen Sinn (OVG Münster NWVBl **10** 195, VG Dü NWVBl **09** 402). Fz der kommunalen Ordnungsämter fallen nicht unter Abs. 3 S. 1 Nr. 1 (OVG Münster NWVBl **10** 195, VG Dü NWVBl **09** 402); zu der Frage von Ausnahmen für Fz des kommunalen Vollzugsdienstes *Müller* SVR **20** 204. Kfz des **Bundesamtes für Güterverkehr** und der **Bundesstelle für Flugunfalluntersuchung** wurden mit ÄndVO v. 26.7.13 zusätzlich in III S. 1 Nr. 1 aufgenommen (Begr Rn. 1b). Nur **Feuerwehren** in öffentlich-rechtlicher Trägerschaft und anerkannte Werkfeuerwehren fallen unter Abs. 3 S. 1 Nr. 2 (OVG Münster VRS **118** 379). Ob ein Fz zu Einheiten und Einrichtungen des **Katastrophenschutzes** gehört richtet sich nach den landesrechtlichen Bestimmungen zum Katastrophenschutz. Dabei ist ein konkret-institutioneller (organisatorischer) und kein lediglich funktionaler Begriff des Katastrophenschutzes maßgeblich, so dass es darauf ankommt, ob das Kfz in die Erfüllung hoheitlicher Gefahrenabwehraufgaben als Einsatz- und Kommando-Kfz einbezogen ist (OVG Saarlouis SVR **07** 34, VGH Mü 19.2.15 11 ZB 14.1007). Neben den Fz der Feuerwehr und Einrichtungen des Katastrophenschutzes gestattet Abs. 3 S. 1 Nr. 2 auch die Ausrüstung von Fz der **Rettungsorganisationen** mit Blaulicht (s. Begr zur ÄndVO v. 14.6.88, VkBl. **88** 474). Abs. 3 S. 1 Nr. 2 erlaubt die Ausstattung mit Blaulicht nach der Rspr. des BVerwG nicht nur, wenn ein Rettungsdienst Halter des EinsatzFz ist, sondern auch, wenn **Halter ein Autovermieter** ist, der es an einen Rettungsdienst vermietet, da die vom VOGeber gewollte enge Auslegung der Norm zu einer nicht gerechtfertigten Beschränkung der Berufsausübungsfreiheit von Autovermietern führen würde (BVerwG NJW **12** 2214 (Aufhebung von OVG Hb VRS **120** 226)). Dieser Gedanke ist auf alle Fälle des Abs. 3 S. 1 übertragbar, so dass eine Ausstattung mit Blaulicht auch in den anderen Fällen des Abs. 3 S. 1 Nr. 1–4 möglich ist, wenn Halter ein Autovermieter ist, der an die in Abs. 3 S. 1 Nr. 1–4 genannten Institutionen vermietet, ohne dass es einer Ausnahmegenehmigung nach § 70 bedarf. **KrankenFz** dürfen nach der Neufassung von Abs. 3 S. 1 Nr. 4 durch ÄndVO v. 23.6.93 nur noch mit blauem Rundumlicht ausgerüstet sein, wenn es sich um solche des Rettungsdienstes handelt. Damit soll erreicht werden, dass einen Krankenwagen nur mit Blaulicht ausrüstet, wer diesen auch benutzen darf (Begr VkBl. **93** 614). **Kfz des Rettungsdienstes** iSv III S. 1 Nr. 4 sind Kfz, die von den nach dem jeweiligen Landesrecht zuständigen Trägern des öff Rettungsdienstes oder den von den Aufgabenträgern konzessionierten privaten Leistungserbringern im Rahmen des öff Rettungsdienstes zur Notfallrettung oder zum Krankentransport eingesetzt werden (institutioneller Begriff des Rettungsdienstes, BVerwG NJW **15** 3674, OVG Bautzen 31.1.17 LKV **17** 188, VG Hannover 15.2.17 5 A 3723/16). Es genügt somit nicht, dass das Fz außerhalb des öff Rettungsdienstes zum Zwecke der Notfallrettung oder des qualifizierten Krankentransports eingesetzt wird (BVerwG NJW **15** 3674, OVG Bautzen LKV **17** 188). Zur Definition des Begriffs **Rettungsdienst** im Rahmen des § 52 sind die Rettungsdienstgesetze der Länder heranzuziehen (BVerwG NJW **15** 3674, OVG Münster NZV **00** 514, OVG Hb VD **06** 274). **Fz der Unfallforschung** werden nicht dadurch zu Fz des Rettungsdienstes iSv III S. 1 Nr. 4, dass sie dafür eingerichtet sind, an Unfallstellen auch Hilfe zu leisten (VG Hannover 15.2.17 5 A 3723/16). Fz zum Transport von Ärzten und Organen im Zusammenhang mit Organtransplantation fallen nicht unter Abs. 3 S. 1 Nr. 2 oder 4 (OVG Münster NZV **00** 514), auch nicht Fz von **Hausrufnotdiensten** (VGH Ma NJW **14** 3674). Das Fz muss ganz überwiegend dem Zweck dienen, in Fällen, in denen höchste Eile geboten ist, Menschenleben zu retten oder schwere gesundheitliche Schäden abzuwenden (OVG Hb VRS **108** 458). Kfz des **Blutspendedienstes** dürfen nach Streichung von Nr. 5 in Abs. 3 S. 1 (durch ÄndVO v. 23.3.00) nicht mehr mit Rundumlicht ausgerüstet sein; in Notfällen können andere in Abs. 3 genannte Fze verwendet werden (s. Begr, VkBl. **00** 366). Ausnahmegenehmigung darf aber nicht mit dieser Begründung abgelehnt werden, wenn tatsächlich am Standort einer Blutbank kein mit Blaulicht ausgestattetes Fz rund um die Uhr einsatzbereit ist, das den Qualitätsanforderungen entspricht (OVG Münster VRS **110** 455, VRS **110** 459, VRS **114** 389). Ermessensfehlerfreie Ablehnung (§ 70) von Blaulicht und Einsatzhorn (§ 55 III) für **Notfallarzt,** VG Stade DAR **82** 238. Näher: *Petersen* NZV **97** 249. Zu Ausnahmegenehmigungen für PrivatFz berechtigter Personen bei Feuerwehren, Katastrophenschutz und Rettungsdiensten *Lippert* VD **17** 87.

7   Zusätzliche blaue **Frontblinkleuchten,** bei mehrspurigen Fz jedoch nur in Verbindung mit Kennleuchten für blaues Blinklicht als Rundumlicht (III S. 2). Durch ÄndVO v. 26.7.13 wurde eingefügt, dass auch Kennleuchten für blaues Blinklicht mit **Hauptabstrahlrichtung nach hinten** zulässig sind (Begr Rn. 1b). Einspurige Fz nach III S. 1 Nr. 1–4 dürfen mit Kennleuchten für blaues Blinklicht mit einer Hauptabstrahlrichtung nach vorn oder nach hinten ausgerüstet sein, auch wenn sie nicht über blaues Blinklicht als Rundumlicht verfügen (III S. 2). Zur geometrischen Sichtbarkeit blauen und gelben Blinklichts, BMV VkBl. **70** 336. Kennleuchten für blaues und gelbes Blinklicht müssen in amtlich genehmigter Bauart ausgeführt sein (§ 22a I Nr. 11, 12). Technische Anforderungen bei der Bauartprüfung, VkBl. **73** 558, zuletzt geändert: VkBl. **06** 645 = StVRL § 22a Nr. 1 (Nr. 13). VO zur Revision 1 der ECE-Regelung Nr. 65 über einheitliche Bedingungen für die Genehmigung von Kennleuchten für Blinklicht für Kfz BGBl II **06** 542.

7a   **6. Rotes Blinklicht als Anhaltesignal (IIIa).** Mit Änderung von IIIa durch ÄndVO v. 26.7.13 (BGBl. I S. 2803) wurde die Ausrüstung der Kfz des Vollzugsdienstes der Militärpolizei, der Polizeien des Bundes und der Länder sowie des Zollfahndungsdienstes mit nur nach vorn wirkenden **Kennleuchten für rotes Blinklicht** (IIIa S. 1 Nr. 1, § 22a I Nr. 11a, Technische Anforderungen an FzTeile Nr. 13b) und **nach vorn wirkenden Signalgebern für rote Lichtschrift** (IIIa S. 1 Nr. 2) als optisches Anhaltesignal zugelassen, das durch ein Anhaltehorn als akustisches Anhaltesignal ergänzt werden darf (sog Yelp-Signal, § 55 IIIa, § 55 Rn. 4). Damit wird der Polizei ermöglicht, im fließenden Verkehr Fahrzeuge „von hinten" anzuhalten, ohne sie zuvor überholen zu müssen. Kennleuchten für rotes und blaues Blinklicht dürfen nicht gemeinsam betrieben werden (IIIa S. 3), damit das rote Blinklicht eindeutig als Anhaltesignal wahrgenommen wird (Begr Rn. 1b). Kfz des Vollzugsdienstes der Militärpolizei, der Polizeien des Bundes und der Länder sowie des Zollfahndungsdienstes dürfen außerdem mit **nach hinten wirkenden Signalgebern für rote oder gelbe Lichtschrift** ausgerüstet sein (IIIa S. 1 Nr. 3), um hinter dem PolizeiFz fahrenden Fz signalisieren zu können, dass sie anhalten sollen. Kfz des Vollzugsdienstes des BAG dürfen nur mit einem nach hinten wirkenden Signalgeber für rote Lichtschrift ausgerüstet sein (IIIa S. 2, Begr Rn. 1c). Verhaltensregeln: § 36 V StVO.

7. Die Fz, die mit **Kennleuchten für gelbes Blinklicht** ausgerüstet sein dürfen, sind in **8**
IV Nr. 1–4 abschließend aufgezählt. Eine Ausstattung mit Frontblitzleuchten (Blinkleuchten mit einer Hauptabstrahlrichtung nach vorn oder hinten) ist bei diesen Fz im Unterschied zu Fz nach III S. 1 (vgl. III S. 2) unzulässig, was verfassungsrechtlich nicht zu beanstanden ist (OVG Bautzen 11.10.17 3 A 562/16). Die Zahl der zur Führung von gelbem Blinklicht berechtigten Fz ist **möglichst gering** zu halten, um die Wirkung solcher Warnsignale nicht dadurch zu beeinträchtigen, dass durch eine zu hohe Verbreitung ein Gewöhnungseffekt der Verkehrsteilnehmer eintritt, die Akzeptanz in der Bevölkerung schwindet und deswegen – insbes bei der Inanspruchnahme von Sonderrechten – die Gefahr von Unfällen zunimmt (BVerwG NJW **14** 328, OVG Lüneburg NordÖR **12** 366, 9.4.14 12 LC 189/13 = VM **14** 47). Der **Müllabfuhr** dienende Fz (IV Nr. 1) sind nur die zur Abfallentsorgung eingesetzten Fz der öffentlich-rechtlichen Entsorgungsträger oder Dritter, denen die Abfallentsorgungsverpflichtung des öffentlich-rechtlichen Entsorgungsträgers übertragen worden ist (BVerwG NJW **14** 328, OVG Lüneburg NordÖR **12** 366). Für zu gewerblichen Sammlungen verwertbarer Abfälle eingesetzte Fz kann Ausrüstung mit gelbem Blinklicht im Wege einer Ausnahmegenehmigung gem. § 70 zugelassen werden, wenn eine entsprechende Gefährdungslage gegeben ist (BVerwG NJW **14** 328). Eine allgemein bestehende Gefahrenlage bei der Durchführung von Sammlungen reicht dafür jedoch nicht aus (OVG Lüneburg 9.4.14 12 LC 189/13 = VM **14** 47). Richtlinien über Bauart oder Einrichtung von **PannenhilfsFzen,** BMV VkBl. **97** 472; ihre Nichtbeachtung ist nicht ow, Dü DAR **83** 91. Über Kennleuchten für gelbes Blinklicht (Rundumlicht), BMV VkBl. **63** 163. Merkblatt für WinterdienstFze, VkBl. **96** 528 = StVRL § 52 Nr. 1. **Arzt-Notfalleinsatz:** Nach Abs. 6 ist die Berechtigung zum Führen des Dachaufsatzes nicht an ein bestimmtes Fz gebunden, sondern auf die Person des Arztes bezogen.

8. Heckwarnsystem mit gelbem Blinklicht (XI). Der durch ÄndVO v. 26.7.13 einge- **8a**
führte XI erlaubt die Ausrüstung von Kfz gem. III S. 1 Nr. 1, 2 und 4 mit einem Heckwarnsystem aus höchstens drei Paar horizontal nach hinten wirkenden Leuchten für gelbes Blinklicht zur Absicherung von Unfall- und Notfall-Einsatzstellen (Begr Rn. 1b, s. auch BR-Drs. 265/11 (Beschluss) S. 9). Derartige Heckwarnsysteme sind nicht zulässig bei Fz, die über blaues Blinklicht mit Hauptabstrahlrichtung nach hinten verfügen, da dieses zur Absicherung verwendet werden kann. Die Kennleuchten müssen synchron blinken (XI S. 2 Nr. 2), damit der Eindruck eines verkehrslenkenden Signals vermieden wird (Begr Rn. 1b). Das Heckwarnsystem darf nur im Stand und bei Schrittgeschwindigkeit, also beim Rangieren, nicht bei der Fahrt zum Einsatzort oder bei anderen Fahrten betrieben werden (XI S. 3).

9. Ausnahmen. § 70 I. PrivatFze von Feuerwehrangehörigen dürfen keine gesonderten Be- **9**
leuchtungseinrichtungen haben, BMV 3.7.67, StV 7–8041 M/67. Krankenwagen: Abs. 5.

10. Ordnungswidrigkeit. §§ 69a III Nr. 18e, V Nr. 5e StVZO, 24 StVG. Nicht bußgeld- **10**
bewehrt sind danach Verstöße gegen Abs. IV, Dü DAR **83** 91, VRS **67** 289; jedoch kann Verstoß gegen § 49a I (§ 69a Nr. 18) gegeben sein, *Huppertz* VD **92** 9, PVT **93** 205; zur Frage einer Ahndung nach §§ 23, 49 I Nr. 22 StVO, s. § 23 StVO Rn. 38.

Rückfahrscheinwerfer

52a (1) **Der Rückfahrscheinwerfer ist eine Leuchte, die die Fahrbahn hinter und gegebenenfalls neben dem Fahrzeug ausleuchtet und anderen Verkehrsteilnehmern anzeigt, dass das Fahrzeug rückwärts fährt oder zu fahren beginnt.**

(2) **¹Kraftfahrzeuge müssen hinten mit einem oder zwei Rückfahrscheinwerfern für weißes Licht ausgerüstet sein. ²An Anhängern sind hinten ein oder zwei Rückfahrscheinwerfer zulässig. ³Der niedrigste Punkt der leuchtenden Fläche darf nicht weniger als 250 mm und der höchste Punkt der leuchtenden Fläche nicht mehr als 1 200 mm über der Fahrbahn liegen.**

(3) **¹An mehrspurigen Kraftfahrzeugen mit einem zulässigen Gesamtgewicht von mehr als 3,5 t darf auf jeder Längsseite ein Rückfahrscheinwerfer angebaut sein. ²Der höchste Punkt der leuchtenden Fläche darf nicht mehr als 1 200 mm über der Fahrbahn liegen. ³Diese Rückfahrscheinwerfer dürfen seitlich nicht mehr als 50 mm über den Fahrzeugumriss hinausragen.**

(4) **¹Rückfahrscheinwerfer dürfen nur bei eingelegtem Rückwärtsgang leuchten können, wenn die Einrichtung zum Anlassen oder Stillsetzen des Motors sich in der Stel-**

lung befindet, in der der Motor arbeiten kann. [2]Ist eine der beiden Voraussetzungen nicht gegeben, so dürfen sie nicht eingeschaltet werden können oder eingeschaltet bleiben.

(5) Rückfahrscheinwerfer müssen, soweit nicht über eine Bauartgenehmigung eine andere Ausrichtung vorgeschrieben ist, so geneigt sein, dass sie die Fahrbahn auf nicht mehr als 10 m hinter der Leuchte beleuchten.

(6) Rückfahrscheinwerfer sind nicht erforderlich an

1. Krafträdern,

2. land- oder forstwirtschaftlichen Zug- oder Arbeitsmaschinen,

3. einachsigen Zugmaschinen,

4. Arbeitsmaschinen und Staplern,

5. Krankenfahrstühlen.

(7) Werden Rückfahrscheinwerfer an Fahrzeugen angebracht, für die sie nicht vorgeschrieben sind, müssen sie den Vorschriften der Absätze 2, 4 und 5 entsprechen.

1   **1. Begr** (VkBl. **85** 80): ... *Ausgenommen von der Ausrüstungspflicht wurden solche Fahrzeugkategorien, die nach § 39 keinen Rückwärtsgang zu haben brauchen, oder bei denen die Anbringung von Rückfahrscheinwerfern wegen des auf den Arbeitseinsatz abgestellten Aufbaus in vielen Fällen kaum oder nur unter großem Aufwand möglich ist.*
...

Begr zur ÄndVO v. 23.7.90:VkBl. **90** 497.

2   **2. Rückfahrscheinwerfer** dürfen die Fahrbahn nur auf höchstens 10 m nach hinten beleuchten (Abs.V). Gem Abs. IV müssen sie so geschaltet sein, dass sie nur bei eingelegtem Rückwärtsgang brennen können und solange die Zündung eingeschaltet ist. Übergangsvorschrift: § 72 II aF. Rückfahrscheinwerfer müssen nach § 22a I Nr. 12a in amtlich genehmigter Bauart ausgeführt sein.

3   **3.** Die Ausrüstung des Fzs mit Rückfahrscheinwerfern hat keinerlei Auswirkungen auf die sich aus § 9 V StVO ergebende Pflicht des rückwärts Fahrenden zu äußerster Sorgfalt. Er darf sich also nicht ohne weiteres darauf verlassen, dass andere VT dem Aufleuchten der Rückfahrscheinwerfer seine Absicht entnehmen und sich darauf einstellen.

4   **4. Ordnungswidrigkeiten.** § 69a III Nr. 18 f.

Schlussleuchten, Bremsleuchten, Rückstrahler

53 (1) [1]Kraftfahrzeuge und ihre Anhänger müssen hinten mit zwei ausreichend wirkenden Schlussleuchten für rotes Licht ausgerüstet sein. [2]Krafträder ohne Beiwagen brauchen nur eine Schlussleuchte zu haben. [3]Der niedrigste Punkt der leuchtenden Fläche der Schlussleuchten darf nicht tiefer als 350 mm, bei Krafträdern nicht tiefer als 250 mm, und der höchste Punkt der leuchtenden Fläche nicht höher als 1500 mm, bei Arbeitsmaschinen, Staplern und land- oder forstwirtschaftlichen Zugmaschinen nicht höher als 1900 mm über der Fahrbahn liegen. [4]Wenn die Form des Aufbaus die Einhaltung dieser Maße nicht zulässt, darf der höchste Punkt der leuchtenden Fläche nicht höher als 2100 mm über der Fahrbahn liegen. [5]Die Schlussleuchten müssen möglichst weit voneinander angebracht, der äußerste Punkt der leuchtenden Fläche darf nicht mehr als 400 mm von der breitesten Stelle des Fahrzeugumrisses entfernt sein. [6]Mehrspurige Kraftfahrzeuge und ihre Anhänger dürfen mit zwei zusätzlichen Schlussleuchten ausgerüstet sein. [7]Vorgeschriebene Schlussleuchten dürfen an einer gemeinsamen Sicherung nicht angeschlossen sein.

(2) [1]Kraftfahrzeuge und ihre Anhänger müssen hinten mit zwei ausreichend wirkenden Bremsleuchten für rotes Licht ausgerüstet sein, die nach rückwärts die Betätigung der Betriebsbremse, bei Fahrzeugen nach § 41 Absatz 7 der mechanischen Bremse, anzeigen. [2]Die Bremsleuchten dürfen auch bei Betätigen eines Retarders oder einer ähnlichen Einrichtung aufleuchten. [3]Bremsleuchten, die in der Nähe der Schlussleuchten angebracht oder damit zusammengebaut sind, müssen stärker als diese leuchten. [4]Bremsleuchten sind nicht erforderlich an:

1. Krafträdern mit oder ohne Beiwagen mit einer durch die Bauart bestimmten Höchstgeschwindigkeit von nicht mehr als 50 km/h,

2. Krankenfahrstühlen,

3. Anhängern hinter Fahrzeugen nach den Nummern 1 und 2 und

4. Fahrzeugen mit hydrostatischem Fahrantrieb, der als Betriebsbremse anerkannt ist.

[5] Bremsleuchten an Fahrzeugen, für die sie nicht vorgeschrieben sind, müssen den Vorschriften dieses Absatzes entsprechen. [6] An Krafträdern ohne Beiwagen ist nur eine Bremsleuchte zulässig. [7] Der niedrigste Punkt der leuchtenden Fläche der Bremsleuchten darf nicht tiefer als 350 mm und der höchste Punkt der leuchtenden Fläche nicht höher als 1500 mm über der Fahrbahn liegen. [8] An Fahrzeugen des Straßendienstes, die von öffentlichen Verwaltungen oder in deren Auftrag verwendet werden, darf der höchste Punkt der leuchtenden Fläche der Bremsleuchten höher als 1500 mm über der Fahrbahn liegen. [9] An Arbeitsmaschinen, Staplern und land- oder forstwirtschaftlichen Zugmaschinen darf der höchste Punkt der leuchtenden Fläche nicht höher als 1900 mm und, wenn die Form des Aufbaus die Einhaltung dieses Maßes nicht zulässt, nicht höher als 2100 mm über der Fahrbahn liegen. [10] Mehrspurige Kraftfahrzeuge und ihre Anhänger dürfen mit zwei zusätzlichen, höher als 1000 mm über der Fahrbahn liegenden, innen oder außen am Fahrzeug fest angebrachten Bremsleuchten ausgerüstet sein, die abweichend von Satz 6 auch höher als 1500 mm über der Fahrbahn angebracht sein dürfen. [11] Sie müssen so weit wie möglich voneinander entfernt angebracht sein.

(3) (weggefallen)

(4) [1] Kraftfahrzeuge müssen an der Rückseite mit zwei roten Rückstrahlern ausgerüstet sein. [2] Anhänger müssen mit zwei dreieckigen roten Rückstrahlern ausgerüstet sein; die Seitenlänge solcher Rückstrahler muss mindestens 150 mm betragen, die Spitze des Dreiecks muss nach oben zeigen. [3] Der äußerste Punkt der leuchtenden Fläche der Rückstrahler darf nicht mehr als 400 mm vom äußersten Punkt des Fahrzeugumrisses und ihr höchster Punkt der leuchtenden Fläche nicht mehr als 900 mm von der Fahrbahn entfernt sein. [4] Ist wegen der Bauart des Fahrzeugs eine solche Anbringung der Rückstrahler nicht möglich, so sind zwei zusätzliche Rückstrahler erforderlich, wobei ein Paar Rückstrahler so niedrig wie möglich und nicht mehr als 400 mm von der breitesten Stelle des Fahrzeugumrisses entfernt und das andere Paar möglichst weit auseinander und höchstens 900 mm über der Fahrbahn angebracht sein muss. [5] Krafträder ohne Beiwagen brauchen nur mit einem Rückstrahler ausgerüstet zu sein. [6] An den hinter Kraftfahrzeugen mitgeführten Schneeräumgeräten mit einer Breite von mehr als 3 m muss in der Mitte zwischen den beiden anderen Rückstrahlern ein zusätzlicher dreieckiger Rückstrahler angebracht sein. [7] Fahrräder mit Hilfsmotor dürfen mit Pedalrückstrahlern (§ 67 Absatz 6) ausgerüstet sein. [8] Dreieckige Rückstrahler sind an Kraftfahrzeugen unzulässig.

(5) [1] Vorgeschriebene Schlussleuchten, Bremsleuchten und Rückstrahler müssen am äußersten Ende des Fahrzeugs angebracht sein. [2] Ist dies wegen der Bauart des Fahrzeugs nicht möglich, und beträgt der Abstand des äußersten Endes des Fahrzeugs von den zur Längsachse des Fahrzeugs senkrecht liegenden Ebenen, an denen sich die Schlussleuchten, die Bremsleuchten oder die Rückstrahler befinden, mehr als 1000 mm, so muss je eine der genannten Einrichtungen zusätzlich möglichst weit hinten und möglichst in der nach den Absätzen 1, 2 und 4 vorgeschriebenen Höhe etwa in der Mittellinie der Fahrzeugspur angebracht sein. [3] Nach hinten hinausragende fahrbare Anhängeleitern, Förderbänder und Kräne sind außerdem am Tage wie eine Ladung nach § 22 Absatz 4 der Straßenverkehrs-Ordnung kenntlich zu machen.

(6) [1] Die Absätze 1 und 2 gelten nicht für einachsige Zug- oder Arbeitsmaschinen. [2] Sind einachsige Zug- oder Arbeitsmaschinen mit einem Anhänger verbunden, so müssen an der Rückseite des Anhängers die für Kraftfahrzeuge vorgeschriebenen Schlussleuchten angebracht sein. [3] An einspurigen Anhängern hinter einachsigen Zug- oder Arbeitsmaschinen und hinter Krafträdern – auch mit Beiwagen – genügen für die rückwärtige Sicherung eine Schlussleuchte und ein dreieckiger Rückstrahler.

(7) Abweichend von Absatz 4 Satz 2 dürfen

1. land- oder forstwirtschaftliche Arbeitsgeräte, die hinter Kraftfahrzeugen mitgeführt werden und nur im Fahren eine ihrem Zweck entsprechende Arbeit leisten können,

2. eisenbereifte Anhänger, die nur für land- oder forstwirtschaftliche Zwecke verwendet werden,

mit Rückstrahlern ausgerüstet sein, wie sie nach Absatz 4 Satz 1 und 8 für Kraftfahrzeuge vorgeschrieben sind.

(7a) Anhänger, die nur für land- oder forstwirtschaftliche Zwecke eingesetzt werden, können neben den Rückstrahlern nach Absatz 4 Satz 2 auch Rückstrahler führen, wie sie für Kraftfahrzeuge vorgeschrieben sind.

(7b) Rückstrahler an hinter Kraftfahrzeugen mitgeführten land- oder forstwirtschaftlichen Bodenbearbeitungsgeräten dürfen abnehmbar sein.

(8) ¹Mit Abschleppwagen oder Abschleppachsen abgeschleppte Fahrzeuge müssen Schlussleuchten, Bremsleuchten, Rückstrahler und Fahrtrichtungsanzeiger haben. ²Diese Beleuchtungseinrichtungen dürfen auf einem Leuchtenträger (§ 49a Absatz 9) angebracht sein; sie müssen vom abschleppenden Fahrzeug aus betätigt werden können.

(9) ¹Schlussleuchten, Bremsleuchten und rote Rückstrahler – ausgenommen zusätzliche Bremsleuchten und zusätzliche Schlussleuchten – dürfen nicht an beweglichen Fahrzeugteilen angebracht werden. ²Das gilt nicht für lichttechnische Einrichtungen, die nach § 49a Absatz 9 und 10 abnehmbar sein dürfen.

(10) ¹Die Kennzeichnung von

1. Kraftfahrzeugen, deren durch die Bauart bestimmte Höchstgeschwindigkeit nicht mehr als 30 km/h beträgt, und ihren Anhängern mit einer dreieckigen Tafel mit abgeflachten Ecken, die der im Anhang zu dieser Vorschrift genannten Bestimmung entspricht,

2. schweren und langen Kraftfahrzeugen und Anhängern mit rechteckigen Tafeln, die der im Anhang zu dieser Vorschrift genannten Bestimmung entsprechen,

3. Fahrzeugen der Klassen M₂, M₃, O₂ und Fahrgestellen mit Fahrerhaus, unvollständigen Fahrzeugen, Sattelzugmaschinen und Fahrzeuge der Klasse N₂ mit einer Höchstmasse von nicht mehr als 7,5 t sowie Fahrzeuge der Klassen N, O₃ und O₄ mit einer Breite von nicht mehr als 2 100 mm oder mit einer Länge von nicht mehr als 6 000 mm mit weißen oder gelben auffälligen Markierungen an der Seite, mit roten oder gelben auffälligen Markierungen hinten, die den im Anhang zu dieser Vorschrift genannten Bestimmungen entsprechen, und

4. Kraftfahrzeugen, die nach § 52 Absatz 3 mit Kennleuchten für blaues Blinklicht in Form eines Rundumlichts ausgerüstet sind, mit retroreflektierenden Materialien, die den im Anhang zu dieser Vorschrift genannten Bestimmungen entsprechen,

ist zulässig. ²An Fahrzeugen der Klassen N₂, N₃, O₃ und O₄, die in Satz 1 Nummer 3 nicht genannt sind, müssen seitlich weiße oder gelbe, hinten rote oder gelbe auffällige Markierungen, die den im Anhang zu dieser Vorschrift genannten Bestimmungen entsprechen, angebracht werden. ³Bei den in Satz 1 Nummer 3 und Satz 2 genannten Fahrzeugen ist in Verbindung mit der Konturmarkierung Werbung auch aus andersfarbigen retroreflektierenden Materialien auf den Seitenflächen der Fahrzeuge zulässig, die den im Anhang zu dieser Vorschrift genannten Bestimmungen entspricht.

1   **Begr** zur ÄndVO v. 23.7.90:VkBl. **90** 497.

Begr zur ÄndVO v. 23.6.93 (VkBl. **93** 615):

Zu Abs. 10: ... Zur Verbesserung der rückwärtigen Erkennbarkeit von Lastkraftwagen und Fahrzeugkombinationen bieten sich rechteckige Tafeln nach der ECE-Regelung Nr. 70 an. Da bereits mehrere EC-Mitgliedstaaten Tafeln nach der ECE-Regelung zugelassen oder gar vorgeschrieben haben, sollen auch die deutschen Fahrzeughalter durch Einfügung des Absatzes 10 die Möglichkeit zur Verbesserung der Erkennbarkeit ihrer Fahrzeuge nutzen können. Dies gilt sinngemäß auch für bauartbedingt langsam fahrende Fahrzeuge. In zunehmendem Maße fordern benachbarte EG-Mitgliedstaaten die Ausrüstung dieser Fahrzeuge mit dreieckigen Tafeln nach der ECE-Regelung Nr. 69.

Begr zur ÄndVO v. 12.8.97:VkBl. **97** 660.

2   **Begr** zur ÄndVO v. 23.3.00 (VkBl. **00** 367): **Zu Abs. 10:** *Neben der Kennzeichnung bestimmter Fahrzeuge gemäß den ECE-Regelungen Nr. 69 und Nr. 70 soll nun auch die Kennzeichnung mit Konturmarkierungen gemäß ECE-Regelung 104 zugelassen werden, um die Sichtbarkeit dieser Fahrzeuge weiter zu verbessern.*

Der Aufmerksamkeitsgrad der nach der ECE-Regelung Nr. 104 mit retroreflektierenden Materialien gekennzeichneten Fahrzeuge, ist für den sich neben der beleuchtenden Lichtquelle befindlichen Betrachter deutlich erhöht.

Um diesen Aufmerksamkeitsgrad durchgehend zu erhalten, wird ausdrücklich darauf hingewiesen, dass eine Kombination von markierten und nicht markierten Fahrzeugen nicht im Verkehr betrieben werden sollte. Dies geht eindeutig aus der ECE-Regelung Nr. 104, Anhang 9, Nr. 1.1 hervor ...

Begr zur ÄndVO v. 26.7.13 **zu Abs. 10 S. 1 Nr. 3 und 4, S. 2 und 3:** BR-Drs. 445/13 S. 30 = VkBl. **13** 868.

23. Ausnahmeverordnung zur StVZO v. 13.3.74 (BGBl. I S. 744)

2a   **§ 3**

Abweichend von § 53 Abs. 4 Satz 4 StVZO sind an Fahrzeugen, die vor dem 1. April 1974 erstmals in den Verkehr gekommen sind, zwei zusätzliche Rückstrahler nicht erforderlich, wenn eine höhere Anbringung der vorgeschriebenen Rückstrahler bei der Erteilung der Betriebserlaubnis genehmigt und eine Auflage über die Anbringung eines zweiten Paares Rückstrahler nicht gemacht worden ist.

40. Ausnahmeverordnung zur StVZO v. 20.12.91 (BGBl. I S. 2392)

§ 1 2b

[1]Abweichend von § 53 Abs. 2 Satz 1 der Straßenverkehrs-Zulassungs-Ordnung sind Einrichtungen und Schaltungen zulässig, die das Aufleuchten der Bremsleuchten bewirken, wenn eine Betriebsbremsung zu erwarten ist. [2]Dies gilt nur, wenn

1. diese Einrichtungen und Schaltungen die in der Anlage aufgeführten Anforderungen erfüllen und

2. für diese Einrichtungen und Schaltungen eine Betriebserlaubnis für Fahrzeugteile nach § 22 der Straßenverkehrs-Zulassungs-Ordnung erteilt worden ist.

§ 2
(aufgehoben)

§ 3
[1]Diese Verordnung tritt am Tage nach der Verkündung in Kraft. [2]§ 1 tritt am 1. Januar 2006 für neu in den Verkehr kommende Fahrzeuge außer Kraft.

Anlage zu § 1 S. 2, s. BGBl. I S. 1991 S. 2393.

Begr: VkBl. **92** 26, **96** 51, **00** 360.

43. Ausnahmeverordnung zur StVZO v. 18.3.93 (BGBl. I S. 361)

§ 1 2c
Abweichend von § 53 Abs. 2 der Straßenverkehrs-Zulassungs-Ordnung darf an Kraftfahrzeugen – ausgenommen Krafträder – und ihren Anhängern eine zusätzliche zentrale Bremsleuchte angebaut sein, wenn

1. ihre Lichtstärke mindestens 25 Candela, aber nicht mehr als 80 Candela beträgt,

2. sie in einer amtlich genehmigten Bauart (§ 22a Abs. 1 Nr. 14 der Straßenverkehrs-Zulassungs-Ordnung) ausgeführt ist oder auf Grund vergleichbarer Anforderungen eines anderen Mitgliedstaates der Europäischen Gemeinschaften an Bauart und Beschaffenheit genehmigt wurde und mindestens die gleiche Schutzwirkung aufweist,

3. sie symmetrisch zur Fahrzeuglängsmittelebene innen oder außen am Fahrzeug fest angebracht ist und ihre untere Begrenzung der leuchtenden Fläche über den oberen Begrenzungen der leuchtenden Flächen der vorgeschriebenen Bremsleuchten liegt und

4. nicht bereits zusätzliche paarweise Bremsleuchten nach § 53 Abs. 2 Satz 10 der Straßenverkehrs-Zulassungs-Ordnung angebracht sind.

§ 2
Diese Verordnung tritt am Tage der Verkündung in Kraft.

Begr: VkBl. **93** 320.

1. § 53 enthält die Bauvorschriften für die **Kenntlichmachung von Kraftfahrzeugen und** 3 **Anhängern nach hinten,** um Mängeln der **Schlussbeleuchtung** vorzubeugen. Es soll ein Signalbild erreicht werden, das in einem nach Höhe und seitlicher Abgrenzung bestimmten Rahmen an der Rückseite des Fz entsteht, und zwar durch die Schlussleuchten und die beleuchtete Fläche des Kennzeichens. Für den Fall des Versagens beider Schlussleuchten sind **Rückstrahler** vorgeschrieben. Merkblatt über den Anbau von Scheinwerfern und Leuchten an beweglichen FzTeilen, s. § 49a Rn. 4. Zur Verbesserung der Sichtbarkeit lässt Abs. X S. 1 Nr. 1 bis 4 für die dort genannten langsamen, schweren und langen Fz sowie für mit blauem Blinklicht in Form eines Rundumlichts ausgerüstete Fz auch die Kennzeichnung durch dreieckige und rechteckige **Tafeln** bzw. **Konturmarkierungen** aus retroreflektierenden Materialien zu (s. Begr, Rn. 1, 2); Übergangsbestimmung zu X S. 1 Nr. 3: § 72 II Nr. 6b (durch offenkundiges redaktionelles Versehen ist dort von § 53 S. 1 Nr. 3 die Rede). Für bestimmte Fz sind Markierungen vorgeschrieben (X S. 2); Übergangsbestimmung: § 72 II Nr. 6c. Werbung in Verbindung mit der Konturmarkierung ist nach Maßgabe von Abs. X S. 3 auf den Seitenflächen der Fz zulässig; jedoch ist das Verbot verkehrsgefährdender oder -erschwerender Werbung (§ 33 I S. 1 Nr. 3 StVO) zu beachten.

2. Zwei **Schlussleuchten** sind für Kfze außer Krädern (ohne Beiwagen) vorgeschrieben 4 (Abs. I S. 1). Fahrräder: § 67, Fahrradanhänger: § 67a. Für mehrspurige Kfze und ihre Anhänger sind zwei weitere Schlussleuchten zugelassen (Abs. I S. 6), weil die üblichen Schlussleuchten durch Personen verdeckt werden können. Nur *vorgeschriebene* Schlussleuchten sind gem. Abs. V S. 1 am äußersten Ende des Fzs anzubringen. Sie sind dort in gleichem Abstand zwischen Fahrzeugmitte und Außenkanten zu führen. Schlussleuchten müssen nach § 22a I Ziff 13 in amtlich genehmigter Bauart ausgeführt sein. Technische Anforderungen bei der Bauartprüfung, VkBl. 73 558, zuletzt geändert: VkBl. 03 752 = StVRL § 22a Nr. 1 (Nr. 14). Vorgeschriebene Schlussleuchten dürfen nach Abs. I S. 7 auch dann nicht mehr an eine gemeinsame Sicherung angeschlossen werden, wenn ihre Wirksamkeit vom Führersitz aus durch ein Kontrolllicht überwacht werden kann. Übergangsvorschrift: § 72 II aF. Auch Krankenfahrstühle müssen zwei Schlussleuchten haben.

5   **3.** Mit zwei **Bremsleuchten** müssen mehrspurige Fz ausgerüstet sein (Abs. II S. 1, 6). Übergangsvorschrift: § 72 II aF. Sie dienen bei Kfzen zur Anzeige des Bremsens gegenüber dem nachfolgenden V. Sie müssen nach § 22a I Ziff 14 in amtlich genehmigter Bauart ausgeführt sein. Die Farbe der Bremsleuchten ist rot (Abs. II S. 1). Blinkende Bremsleuchten sind unzulässig, BMV VkBl. 72 35. Technische Anforderungen bei der Bauartprüfung, VkBl. 73 558, zuletzt geändert: VkBl. 03 752 = StVRL § 22a Nr. 1 (Nr. 17). **Zusätzliche Bremsleuchten:** Abs. II S. 10, s. BMV VkBl. 80 788, 81 4. Zusätzliche hochgesetzte Bremsleuchten, für mehrere Kfze zugleich sichtbar, sollen optisch-psychologisch ausreichendes Abstandhalten bewirken. Zum Einfluss hochgesetzter Bremsleuchten auf die Häufigkeit von Auffahrunfällen, s. *Kümmel* PTV 80 230, *Marburger* ZVS 84 135. Sie müssen fest angebracht, dh mit dem FzKörper dauerhaft haltbar verbunden sein, Abs. II S. 9, s. VkBl. 81 4. An Kfzen (ausgenommen Kräder), die nicht bereits gem. Abs. II S. 10 zwei zusätzliche hochgesetzte Bremsleuchten führen, darf unter den Voraussetzungen der 43. StVZAusnV (Rn. 2c) eine zusätzliche zentral hochgesetzte 3. Bremsleuchte angebaut sein. **Anbringung:** Abs. II S. 7–9. Eine Koppelung von Gaspedal und Bremslicht widerspricht zwar Abs. II S. 1, wonach Bremsleuchten Bremsbetätigung anzeigen; jedoch sind abw von dieser Bestimmung **Bremsvorwarnsysteme** unter den Voraussetzungen von § 1 der 40. StVZAusnV (s. Rn. 2b) zulässig, soweit es sich um Fze handelt, die vor dem 1.1.2006 in den V gekommen sind (§ 3 der AusnVO). Im Übrigen erlaubt Abs. II S. 2 auch das Aufleuchten der Bremsleuchten bei Benutzung von **Retardern** oder ähnlichen Einrichtungen. Zur Einschaltung des Bremslichts bei Benutzung der Dauerbremse, BMV VkBl. 70 654.

6   **Keine Bremsleuchten** brauchen zu führen (Abs. II S. 4): alle Krafträder mit oder ohne Beiwagen mit bauartbestimmter Höchstgeschwindigkeit von nicht mehr als 50 km/h; Krankenfahrstühle; Anhänger hinter solchen Fzen; Fze mit hydrostatischem Fahrantrieb (s. Begr VkBl. 90 497). Soweit Fze, die keine Bremsleuchten zu führen brauchen, solche doch führen, müssen sie Abs. II entsprechen (Abs. II S. 5). Doch ist bei Krafträdern ohne Beiwagen nur eine Bremsleuchte zulässig (Abs. II S. 6).

7   **4. Schluss- und Bremsleuchten für Anhänger** (§ 2 Nr. 2 FZV) von Kfzen sind in Abs. I, II vorgeschrieben, so dass Abs. III (alt) entfallen konnte. An Anhängern sind dieselben Leuchten zu führen, die für das ziehende Kfz vorgeschrieben sind. Mehrspurige Anhänger hinter einspurigen Kfzen müssen mit Schlussleuchten ausgerüstet sein, wie sie für mehrspurige Kfze vorgeschrieben sind. Die Schlussleuchten des Anhängers müssen auch bei Tage durch Anschluss zwischen ziehendem Fz und Anhänger betriebsfertig sein, § 49a I S. 3. Land- und forstwirtschaftliche Arbeitsgeräte und eisenbereifte Anhänger hinter Kfzen genießen hinsichtlich der rückwärtigen Sicherung keine Sonderstellung mehr.

7a   **4a. Nebelschlussleuchten:** § 53d.

8   **5.** Kraftfahrzeuge haben zwei **Rückstrahler** zu führen (Abs. IV S. 1), auch Kräder mit Beiwagen, s. Abs. IV S. 5 (s. BMV VkBl. 52 266). Rückstrahler sind nur in amtlich genehmigter Bauart zugelassen (§ 22a I S. 15). Technische Anforderungen bei der Bauartprüfung, VkBl. 73 558, zuletzt geändert: VkBl. 03 752 = StVRL § 22a Nr. 1 (Nr. 18). Die Begrenzung der Anbringungshöhe auf 900 mm entspricht praktischen Erfordernissen. Alle FmH, also auch diejenigen mit bauartbedingter Höchstgeschwindigkeit zwischen 26 und 40 km/h, dürfen Pedalrückstrahler (§ 67 VI, heute V) führen. Mit den für Anhänger eingeführten dreieckigen Rückstrahlern (Abs. IV S. 2) sind auch Pkw- und Kradanhänger auszustatten, BMV VkBl. 52 266. An anderen Fzen sind sie verboten, § 49a I S. 1 (s. VkBl. 52 315). Rückstrahler an land- oder forstwirtschaftlichen Arbeitsgeräten: Abs. VII, VIIa. Rückstrahler sind lichttechnische Einrichtungen (§ 49a I S. 2). Reinigt der Fahrer verschmutzte Rückstrahler pflichtwidrig nicht, so kann das für Auffahrfolgen ursächlich sein, BGH DAR 58 218. Wird ein LkwAnhänger mit verschmutzten Rückstrahlern am StrRand abgestellt, so spricht bei Kollision der Anscheinsbeweis dafür, dass ordnungswidriger

Zustand der Rückstrahler ursächlich gewesen ist, BGH VersR **61** 860. Entfärbte Rückstrahler oder Gläser sind zu ersetzen, s. BMV VkBl. **61** 24.

6. Zusätzliche Bestimmungen über die rückwärtige Sicherung der Fahrzeuge. In **9** Abs.V sind Bestimmungen über die Anbringung der Schlussleuchten, Bremsleuchten oder Rückstrahler an Fzen aufgenommen, an denen sie sich wegen der Besonderheit ihrer Bauart nicht am äußersten Ende anbringen lassen, außerdem Vorschriften über die rückwärtige Sicherung von fahrbaren Anhängeleitern, Förderbändern und Kränen, die nach hinten hinausragen. Mit der durch ÄndVO v. 20.6.73 erfolgten Einfügung der Wörter „die Bremsleuchten" in Abs.V S.2 ist klargestellt, dass außer Schlussleuchten und Rückstrahlern in den Fällen des Abs.V auch die Bremsleuchten zusätzlich anzubringen sind (s. Begr VkBl. **73** 410).

7. Für **einachsige Zug- und Arbeitsmaschinen** gelten die Absätze I und II über vor- **10** geschriebene Schluss- und Bremsleuchten nicht (Abs.VI S.1). Sind solche Maschinen mit Anhängern verbunden, so sind diese Sicherungen jedoch nicht entbehrlich. Da sie nicht am ziehenden Fz angebracht werden können, sollen sie sich am Anhänger befinden (Abs.VI S.2); für einspurige Anhänger hinter einachsigen Zug- und Arbeitsmaschinen sowie Krädern gilt die Erleichterung des Abs.VI S.3: es genügen eine Schlussleuchte und ein dreieckiger Rückstrahler.

8. Ausnahmen für Anhänger in der Land- oder Forstwirtschaft. Abs. VII a, VII b **11** (abnehmbare Leuchtenträger).

9. Sonstige Ausnahmen. § 70 I. Empfehlungen für die Erteilung von Ausnahmegenehmi- **12** gungen nach § 70 für bestimmte FzArten und FzKombinationen, VkBl. **14** 503 = StVRL § 70 StVZO Nr. 1. **Leichtmofas** dürfen unter den Voraussetzungen des § 1 Leichtmofa-AusnVO (Buchteil **10**) mit den für Fahrräder vorgeschriebenen lichttechnischen Einrichtungen ausgerüstet sein. **Übergangsvorschriften:** § 72 II aF.

10. Ordnungswidrigkeit. §§ 69a III Nr. 18g StVZO, 24 StVG. Gegen die Bestimmun- **13** gen über Schlussleuchten verstößt auch, wer sie so verdeckt, dass sie ihren Zweck nicht erfüllen können.

Warndreieck, Warnleuchte, Warnblinkanlage, Warnweste

53a (1) ¹Warndreiecke und Warnleuchten müssen tragbar, standsicher und so beschaffen sein, dass sie bei Gebrauch auf ausreichende Entfernung erkennbar sind. ²Warndreiecke müssen rückstrahlend sein; Warnleuchten müssen gelbes Blinklicht abstrahlen, von der Lichtanlage des Fahrzeugs unabhängig sein und eine ausreichende Brenndauer haben. ³Warnwesten müssen der Norm DIN EN 471:2003+A1:2007, Ausgabe März 2008 oder der Norm EN ISO 20471:2013 entsprechen. ⁴Die Warneinrichtungen müssen in betriebsfertigem Zustand sein.

(2) **In Kraftfahrzeugen mit Ausnahme von Krankenfahrstühlen, Krafträdern und einachsigen Zug- oder Arbeitsmaschinen müssen mindestens folgende Warneinrichtungen mitgeführt werden:**
1. **in Personenkraftwagen, land- oder forstwirtschaftlichen Zug- oder Arbeitsmaschinen sowie in anderen Kraftfahrzeugen mit einem zulässigen Gesamtgewicht von nicht mehr als 3,5 t:**
   ein Warndreieck;
2. **in Kraftfahrzeugen mit einem zulässigen Gesamtgewicht von mehr als 3,5 t:**
   ein Warndreieck und getrennt davon eine Warnleuchte. Als Warnleuchte darf auch eine tragbare Blinkleuchte nach § 53b Absatz 5 Satz 7 mitgeführt werden;
3. **in Personenkraftwagen, Lastkraftwagen, Zug- und Sattelzugmaschinen sowie Kraftomnibussen:**
   eine Warnweste.

(3) ¹Warnleuchten, die mitgeführt werden, ohne dass sie nach Absatz 2 vorgeschrieben sind, dürfen abweichend von Absatz 1 von der Lichtanlage des Fahrzeugs abhängig, im Fahrzeug fest angebracht oder so beschaffen sein, dass sie bei Bedarf innen oder außen am Fahrzeug angebracht werden können. ²Sie müssen der Nummer 20 der Technischen Anforderungen an Fahrzeugteile bei der Bauartprüfung nach § 22a der Straßenverkehrs-Zulassungs-Ordnung (Verkehrsblatt 1973 S. 558) entsprechen.

(4) [1]**Fahrzeuge (ausgenommen Kraftfahrzeuge nach § 30a Absatz 3 mit Ausnahme von dreirädrigen Kraftfahrzeugen), die mit Fahrtrichtungsanzeigern ausgerüstet sein müssen, müssen zusätzlich eine Warnblinkanlage haben.** [2]**Sie muss wie folgt beschaffen sein:**

1. **Für die Schaltung muss im Kraftfahrzeug ein besonderer Schalter vorhanden sein.**
2. **Nach dem Einschalten müssen alle am Fahrzeug oder Zug vorhandenen Blinkleuchten gleichzeitig mit einer Frequenz von 1,5 Hz ± 0,5 Hz (90 Impulse ± 30 Impulse in der Minute) gelbes Blinklicht abstrahlen.**
3. **Dem Fahrzeugführer muss durch eine auffällige Kontrolleuchte nach § 39a angezeigt werden, dass das Warnblinklicht eingeschaltet ist.**

(5) **Warnblinkanlagen an Fahrzeugen, für die sie nicht vorgeschrieben sind, müssen den Vorschriften des Absatzes 4 entsprechen.**

23. Ausnahmeverordnung zur StVZO v. 13.3.74 (BGBl. I S. 744)

1 § 4

(1) Abweichend von § 53a Abs. 4 StVZO in Verbindung mit § 54 Abs. 3 StVZO darf bei Fahrzeugen, die vor dem 1. Januar 1970 erstmals in den Verkehr gekommen sind, das Warnblinklicht auch durch die vorhandenen Blinkleuchten für rotes Licht abgestrahlt werden.

(2) An solchen Fahrzeugen darf das Warnblinklicht an der Rückseite anstatt durch die Blinkleuchten für rotes Licht durch zwei zusätzlich angebrachte Leuchten für gelbes Licht abgestrahlt werden.

2   **Begr** zur ÄndVO v. 22.10.03 (VkBl. **03** 747): **Zu Abs. 4:** *Nach der Richtlinie 93/92/EWG über den Anbau der Beleuchtungs- und Lichtsignalanlagen an zweirädrigen oder dreirädrigen Kraftfahrzeugen ist die Ausrüstung von Krafträdern mit Warnblinklicht erlaubt, aber nicht vorgeschrieben. Durch die Änderung wird die Anpassung an die Vorschriften dieser Richtlinie vorgenommen.*

2a   **Begr** zur ÄndVO v. 26.7.13 **zu Abs. 1 S. 3 und Abs. 2 Nr. 3** (BR-Drs. 445/13 (Beschluss) S. 3 = VkBl. **13** 868): *Das Tragen einer Warnweste kann die Verkehrssicherheit bei Pannen oder Unfällen deutlich erhöhen. Eine Person mit einer Warnweste wird wesentlich früher und besser von anderen Verkehrsteilnehmern erkannt. Das Mitführen einer Warnweste soll deshalb zwingend vorgeschrieben werden. Durch die Vorgabe der Berufsgenossenschaften in der Unfallverhütungsvorschrift „Fahrzeuge" (BGV D 29. August 2007) muss in jedem gewerblich genutzten Fahrzeug bereits heute eine Warnweste mitgeführt werden. Besteht die Besetzung dieser Fahrzeuge regelmäßig aus Fahrer und Beifahrer, sind zwei Warnwesten mitzuführen.... Darüber hinaus haben viele Fahrzeughalter bereits auf freiwilliger Basis eine Warnweste im Fahrzeug, da sie in den Nachbarstaaten schon seit Langem vorgeschrieben sind ....*

2b   **Begr** zur ÄndVO v. 16.4.14 **zu Abs. 1 S. 3** (BR-Drs. 78/14 S. 76 = VkBl. **14** 442): *Auch Warnwesten, die dieser neuen Norm entsprechen, erfüllen die Vorschriften des Absatzes 2 Nummer 3. Zur Angleichung der Rechtsvorschriften der EU-Mitgliedstaaten für persönliche Schutzausrüstung wurde die EN 471:2003+A1:2007 durch die EN ISO 20471:2013 ersetzt. Damit erhalten Hersteller nur noch eine CE-Kennzeichnung, wenn sie die Warnwesten konform zur EN ISO 20471:2013 produzieren.*

3   **1. Warneinrichtungen.** § 53a soll Unfälle durch Auffahren auf haltende oder wegen Betriebsstörung liegengebliebene Kfze verhindern, s. Dü VRS **74** 302, **75** 378, **79** 70. Die Mitführungspflicht gilt auch für Quads (s. § 3 FZV Rn. 16), BMV VkBl. **04** 28. Warndreiecke und Warnleuchten müssen nach § 22a I Ziff 16 in amtlich genehmigter Bauart ausgeführt sein. Technische Anforderungen bei der Bauartprüfung, insbesondere zusätzlicher Warnleuchten nach § 53a III, VkBl. **73** 558, zuletzt geändert: VkBl. **03** 752 = StVRL § 22a Nr. 1 (Nr. 19). Die ECE-Regelung über Warndreiecke (VkBl. **88** 286) ist durch VO v. 4.2.88 (BGBl II S. 158) für die BRep in Kraft gesetzt worden. Abs. III S. 2 stellt klar, dass die Technischen Anforderungen an FzTeile auch auf nicht vorgeschriebene, zusätzliche Warnleuchten Anwendung finden (s. Begr VkBl. **85** 80). Übergangsvorschrift: § 72 II aF. Vorgeschriebene Warnleuchten sind vom Halter so unterzubringen, dass der Fahrer sie bei Bedarf sofort finden und benutzen kann, Dü NZV **93** 41, VRS **74** 302, Zw VRS **56** 70. Für ständige Betriebsbereitschaft hat er zu sorgen, Dü VRS **74** 302, **75** 378, **79** 70 (Prüfung vor jedem FzEinsatz). Unterlässt es der Kf pflichtwidrig, betriebsbereite Sicherungsmittel mitzunehmen, so kann das auffahrursächlich sein, BGH DAR **58** 218, Ha VRS **16** 35. Aufstellen der vorgeschriebenen Sicherungsmittel: § 15 StVO. Beschaffenheit der Warneinrichtungen: Abs. I.

4   **2. Warnweste.** Durch ÄndVO v. 26.7.13 (BGBl. I S. 2803) wurde die **Pflicht zum Mitführen** einer Warnweste in Pkw, Lkw, Zgm und Kom (II Nr. 3) eingeführt, um die Verkehrssicherheit bei Pannen und Unfällen zu erhöhen (Begr Rn. 2a). Die Regelung betrifft nicht Wohnmobile und Motorräder. Die Vorschrift ist seit 1.7.14 anzuwenden (§ 72 II Nr. 6d). Die Beschaffenheit der Warnweste wird in I S. 3 geregelt, dazu Begr Rn. 2b. Es muss nur eine Warnweste im Fz mitgeführt werden, auch wenn mehrere Personen im Fz mitfahren. Das Inbetriebnehmen eines Kfz ohne Warnweste ist ow (§ 69a III Nr. 19). Eine mit der Mitführpflicht korrespondierende Verhaltenspflicht zur **Benutzung der Warnweste** in bestimmten Situationen wurde **nicht normiert.** Die Warnweste muss also nur mitgeführt, aber nicht genutzt werden. Der Auffassung, aus § 15 S. 2 Hs. 2 StVO („vorgeschriebene Sicherungsmittel, wie Warndreiecke, sind zu verwenden") ergebe sich eine Pflicht zum Tragen der Warnweste (*Rebler* VD **14** 143), kann nicht gefolgt werden, denn die Verhaltenspflichten aus § 15 StVO dienen offenkundig nur der Sicherung von liegengebliebenen Fz, nicht der Sicherung von Verkehrsteilnehmern. Im Hinblick auf die Bußgeldbewehrung von Verstößen gegen § 15 StVO (§ 49 I Nr. 15 StVO) wäre auch eine genaue Regelung erforderlich, wann und wie die Warnweste getragen werden muss. Zur Warnwestenpflicht *Dauer* VD **05** 283.

3. Warnblinkanlage. Alle Fze, die mit Fahrtrichtungsanzeigern ausgerüstet sein müssen **5** (§ 54), mit Ausnahme von zweirädrigen Krafträdern (Abs. IV S. 1), müssen zusätzlich eine Warnblinkanlage haben (IV), bei der das Warnblinklicht rechts und links gleichzeitig aufleuchtet. Das Warnblinklicht soll die Zeit bis zum Aufstellen der Sicherungsmittel überbrücken. Verzögerungsabhängig geschaltete Warnblinkanlagen, s. BMV VkBl. **70** 834, **71** 58.

4. Ordnungswidrigkeit. §§ 31b, 69a III Nr. 19, V Nr. 4b StVZO, 24 StVG. Ungenügendes **6** Kenntlichmachen bei Halten oder Liegenbleiben: §§ 15, 23 StVO. Fehlen die vorgeschriebenen Ausrüstungsgegenstände, so ist das Fz nicht vorschriftsmäßig, s. § 31 Rn. 11, Anordnen oder Zulassen der Inbetriebnahme durch den Halter ist dann ow (§ 31 II). Der Halter muss dem Fahrer die mitzuführenden Gegenstände entweder aushändigen oder ihm den Aufbewahrungsort im Fz angeben oder sie dort unterbringen, wo dieser sie sofort findet, Dü VRS **74** 302, s. auch Rn. 3.

Ausrüstung und Kenntlichmachung von Anbaugeräten und Hubladebühnen

53b (1) ¹**Anbaugeräte, die seitlich mehr als 400 mm über den äußersten Punkt der leuchtenden Flächen der Begrenzungs- oder der Schlussleuchten des Fahrzeugs hinausragen, müssen mit Begrenzungsleuchten (§ 51 Absatz 1), Schlussleuchten (§ 53 Absatz 1) und Rückstrahlern (§ 53 Absatz 4) ausgerüstet sein. ²Die Leuchten müssen so angebracht sein, dass der äußerste Punkt ihrer leuchtenden Fläche nicht mehr als 400 mm von der äußersten Begrenzung des Anbaugeräts und der höchste Punkt der leuchtenden Fläche nicht mehr als 1 500 mm von der Fahrbahn entfernt sind. ³Der äußerste Punkt der leuchtenden Fläche der Rückstrahler darf nicht mehr als 400 mm von der äußersten Begrenzung des Anbaugeräts, der höchste Punkt der leuchtenden Fläche nicht mehr als 900 mm von der Fahrbahn entfernt sein. ⁴Die Leuchten und die Rückstrahler dürfen außerhalb der Zeit, in der Beleuchtung nötig ist (§ 17 Absatz 1 der Straßenverkehrs-Ordnung), abgenommen sein; sie müssen im oder am Fahrzeug mitgeführt werden.**

(2) ¹**Anbaugeräte, deren äußerstes Ende mehr als 1 000 mm über die Schlussleuchten des Fahrzeugs nach hinten hinausragt, müssen mit einer Schlussleuchte (§ 53 Absatz 1) und einem Rückstrahler (§ 53 Absatz 4) ausgerüstet sein. ²Schlussleuchte und Rückstrahler müssen möglichst am äußersten Ende des Anbaugeräts und möglichst in der Fahrzeuglängsmittelebene angebracht sein. ³Der höchste Punkt der leuchtenden Fläche der Schlussleuchte darf nicht mehr als 1 500 mm und der des Rückstrahlers nicht mehr als 900 mm von der Fahrbahn entfernt sein. ⁴Schlussleuchte und Rückstrahler dürfen außerhalb der Zeit, in der Beleuchtung nötig ist (§ 17 Absatz 1 der Straßenverkehrs-Ordnung), abgenommen sein; sie müssen im oder am Fahrzeug mitgeführt werden.**

(3) ¹**Anbaugeräte nach Absatz 1 müssen ständig nach vorn und hinten, Anbaugeräte nach Absatz 2 müssen ständig nach hinten durch Park-Warntafeln nach § 51c oder durch Folien oder Tafeln nach DIN 11 030, Ausgabe September 1994, kenntlich gemacht werden. ²Diese Tafeln, deren Streifen nach außen und nach unten verlaufen müssen, brauchen nicht fest am Anbaugerät angebracht zu sein.**

(4) **Ist beim Mitführen von Anbaugeräten eine Beeinträchtigung der Wirkung lichttechnischer Einrichtungen nicht vermeidbar, so müssen während der Dauer der Beeinträchtigung zusätzlich angebrachte lichttechnische Einrichtungen (zum Beispiel auf einem Leuchtenträger nach § 49a Absatz 9 oder 10) gleicher Art ihre Funktion übernehmen.**

(5) ¹**Hubladebühnen und ähnliche Einrichtungen, außer solchen an Kraftomnibussen, müssen während ihres Betriebs durch zwei Blinkleuchten für gelbes Licht mit einer Licht-**

stärke von nicht weniger als 50 cd und nicht mehr als 200 cd und mit gut sichtbaren rot-weißen Warnmarkierungen kenntlich gemacht werden. [2]Die Blinkleuchten und die Warnmarkierungen müssen – bezogen auf die Arbeitsstellung der Einrichtung – möglichst am hinteren Ende und soweit außen wie möglich angebracht sein. [3]Die Blinkleuchten müssen in Arbeitsstellung der Einrichtung mindestens in den Winkelbereichen sichtbar sein, die für hinten an Fahrzeugen angeordnete Fahrtrichtungsanzeiger in § 49a Absatz 1 Satz 4 gefordert werden. [4]Die Blinkleuchten müssen eine flache Abböschung haben. [5]Die Blinkleuchten müssen während des Betriebs der Einrichtung selbsttätig und unabhängig von der übrigen Fahrzeugbeleuchtung Warnblinklicht abstrahlen. [6]Die rot-weißen Warnmarkierungen müssen retroreflektierend sein und brauchen nur nach hinten zu wirken. [7]Bei Fahrzeugen, bei denen fest angebaute Blinkleuchten mit dem Verwendungszweck oder der Bauweise der Hubladebühne unvereinbar sind und bei Fahrzeugen, bei denen eine Nachrüstung mit zumutbarem Aufwand nicht möglich ist, muss mindestens eine tragbare Blinkleuchte als Sicherungseinrichtung von Hubladebühnen oder ähnlichen Einrichtungen mitgeführt, aufgestellt und zweckentsprechend betrieben werden.

1 **Begr** zur ÄndVO v. 23.6.93 (VkBl. **93** 615):

Zu Abs. 5: *Es hat sich gezeigt, dass nicht bei allen Hubeinrichtungen z. B. ausfahrbare Plattformen an der Rückseite von Kraftfahrzeugen für Behinderte, Faltladebordwände, Blinkleuchten fest angebracht werden können. In diesen Fällen und, wenn eine Nachrüstung nicht mit vertretbarem Aufwand möglich ist, soll als Ersatzlösung eine tragbare Blinkleuchte mitgeführt, aufgestellt und zweckentsprechend betrieben werden. Anforderungen an die tragbaren Blinkleuchten sowie an die rot-weißen Warnmarkierungen sind in den Technischen Anforderungen Nr. 16a enthalten. Wegen der höheren technischen Anforderungen können diese tragbaren Blinkleuchten auch als Warnleuchten nach § 53a Abs. 2 Nr. 2 verwendet werden.*

Begr zur ÄndVO v. 25.10.94: BR-Drs. 782/94.

2 **1.** Die Vorschrift ist vor allem auch bedeutsam bei Anbaugeräten an Fz des Straßendienstes. Sie ist auch zu beachten bei landwirtschaftlichen Anbaugeräten, Bay VRS **70** 381. Durch I S. 4 und II S. 4 wird klargestellt, dass die Leuchten und Rückstrahler im oder am Fz mitgeführt werden müssen, damit diese Teile, wenn die Sichtverhältnisse es erfordern, vor allem in der Dämmerung oder bei Dunkelheit zur Verfügung stehen (s. Begr VkBl. **92** 344). Merkblatt für Anbaugeräte: VkBl. **09** 804 = StVRL § 30 Nr. 6. **Übergangsvorschrift:** § 72 II aF: Für vor dem 1.1.1990 erstmals in den V gekommene Anbaugeräte galt Abs. I in der bis 1.7.88 gültigen Fassung fort (§ 72 II aF). Abs. III über die Kenntlichmachung der Anbaugeräte durch Park-Warntafeln war spätestens ab 1.1.1992 anzuwenden (§ 72 II aF), Abs. V über die Kenntlichmachung von Hubladebühnen erst spätestens ab 1.1.1993 (krit zu den langen Übergangsfristen *Berr* NZV **88** 47, 49). Für Hebeplattformen oder ähnliche technische Einrichtungen als Einstieghilfen an Kom gilt Abs. V nicht; vielmehr gelten die Bestimmungen der Richtlinie 2001/85/EG (StVRL Nr. 4 zu § 34a). Übergangsvorschrift: § 72 II aF.

3 **2. Ordnungswidrigkeiten** (§ 24 StVG): § 69a III Nr. 19a, §§ 31b, 69a V S. 4b.

Tarnleuchten

53c (1) Fahrzeuge der Bundeswehr, der Bundespolizei, der Polizei und des Katastrophenschutzes dürfen zusätzlich mit den zum Tarnlichtkreis gehörenden Leuchten – Tarnscheinwerfer, Tarnschlussleuchten, Abstandsleuchten und Tarnbremsleuchten – versehen sein.

(2) Die Tarnleuchten dürfen nur einschaltbar sein, wenn die übrige Fahrzeugbeleuchtung abgeschaltet ist.

1 **Begr** (VkBl. **73** 410): *Durch die Ausrüstung der Fahrzeuge mit den zum Tarnlichtkreis gehörenden Leuchten soll erreicht werden, dass auch im Falle der Verdunkelung ein Verkehr mit ausreichender Sicherheit möglich bleibt.*

Nebelschlussleuchten

53d (1) Die Nebelschlussleuchte ist eine Leuchte, die rotes Licht abstrahlt und das Fahrzeug bei dichtem Nebel von hinten besser erkennbar macht.

(2) Mehrspurige Kraftfahrzeuge, deren durch die Bauart bestimmte Höchstgeschwindigkeit mehr als 60 km/h beträgt, und ihre Anhänger müssen hinten mit einer oder zwei,

andere Kraftfahrzeuge und Anhänger dürfen hinten mit einer Nebelschlussleuchte, ausgerüstet sein.

(3) ¹Der niedrigste Punkt der leuchtenden Fläche darf nicht weniger als 250 mm und der höchste Punkt nicht mehr als 1 000 mm über der Fahrbahn liegen. ²In allen Fällen muss der Abstand zwischen den leuchtenden Flächen der Nebelschlussleuchte und der Bremsleuchte mehr als 100 mm betragen. ³Ist nur eine Nebelschlussleuchte angebracht, so muss sie in der Mitte oder links davon angeordnet sein.

(4) ¹Nebelschlussleuchten müssen so geschaltet sein, dass sie nur dann leuchten können, wenn die Scheinwerfer für Fernlicht, für Abblendlicht oder die Nebelscheinwerfer oder eine Kombination dieser Scheinwerfer eingeschaltet sind. ²Sind Nebelscheinwerfer vorhanden, so müssen die Nebelschlussleuchten unabhängig von diesen ausgeschaltet werden können. ³Sind die Nebelschlussleuchten eingeschaltet, darf die Betätigung des Schalters für Fernlicht oder Abblendlicht die Nebelschlussleuchten nicht ausschalten.

(5) Eingeschaltete Nebelschlussleuchten müssen dem Fahrzeugführer durch eine Kontrollleuchte für gelbes Licht, die in seinem Blickfeld gut sichtbar angeordnet sein muss, angezeigt werden.

(6) ¹In einem Zug brauchen nur die Nebelschlussleuchten am letzten Anhänger zu leuchten. ²Die Abschaltung der Nebelschlussleuchten am Zugfahrzeug oder am ersten Anhänger ist aber nur dann zulässig, wenn die jeweilige Ab- bzw. Wiedereinschaltung selbsttätig durch Aufstecken bzw. Abziehen des Steckers für die Anhängerbeleuchtung erfolgt.

Begr zur ÄndVO v. 23.7.90 (VkBl. **90** 497):   **1**

Zu Abs. 4 Satz 3: *... Nebelschlussleuchten sind verschiedentlich so geschaltet worden, dass sie beim Einschalten des Fernlichts ausgeschaltet wurden. Bei mehrmaligem nur kurzfristigem Einschalten des Fernlichts bei leuchtender Nebelschlussleuchte wird diese bei einer solchen Schaltung immer wieder aus- und eingeschaltet. Für nachfolgende Verkehrsteilnehmer entsteht dadurch der Eindruck, als ob die Nebelschlussleuchte(n) blinkten. Dies kann zu Irritationen führen und damit der Verkehrssicherheit abträglich sein ...*
Die zugehörigen Übergangsvorschriften sehen eine Änderung der Schaltung bei bereits im Verkehr befindlichen Fahrzeugen nicht vor. Es wird jedoch angeregt, auch diese Fahrzeuge hinsichtlich der Schaltung der Nebelschlussleuchte(n) entsprechend umzurüsten.

1. Nebelschlussleuchten sind für ab 1.1.1991 erstmals in den V gekommene mehrspurige   **2**
Kfze mit bauartbestimmter Höchstgeschwindigkeit von mehr als 60 km/h und deren Anhänger mit mindestens einer Nebelschlussleuchte (höchstens zwei) obligatorisch. Übergangsvorschrift: § 72 II aF. Die früher in der 13. AusnVO geregelte Materie ist nun, mit einigen sicherheitsbedingten Änderungen, hier zusammengefasst. Nebelschlussleuchten dürfen nur gemäß § 17 StVO (dort Rn. 29) im Verkehr benutzt werden. Die Benutzung ist auf Nebel bis zu 50 m Sichtweite beschränkt (§ 17 StVO) und bei dichtem Schneetreiben und starkem Regen leider nicht zulässig. Sie sind in amtlich genehmigter Bauart zu verwenden (§ 22a I S. 16a). Technische Anforderungen bei der Bauartprüfung, VkBl. **73** 558, zuletzt geändert: VkBl. **03** 752 = StVRL § 22a Nr. 1 (Nr. 15). Schaltung: IV,V.

2. Ordnungswidrigkeiten. §§ 69a III S. 19c StVZO, 24 StVG.   **3**

Fahrtrichtungsanzeiger

54 (1) ¹Kraftfahrzeuge und ihre Anhänger müssen mit Fahrtrichtungsanzeigern ausgerüstet sein. ²Die Fahrtrichtungsanzeiger müssen nach dem Einschalten mit einer Frequenz von 1,5 Hz ± 0,5 Hz (90 Impulse ± 30 Impulse in der Minute) zwischen hell und dunkel sowie auf derselben Fahrzeugseite – ausgenommen an Krafträdern mit Wechselstromlichtanlage – in gleicher Phase blinken. ³Sie müssen so angebracht und beschaffen sein, dass die Anzeige der beabsichtigten Richtungsänderung unter allen Beleuchtungs- und Betriebsverhältnissen von anderen Verkehrsteilnehmern, für die ihre Erkennbarkeit von Bedeutung ist, deutlich wahrgenommen werden kann. ⁴Fahrtrichtungsanzeiger brauchen ihre Funktion nicht zu erfüllen, solange sie Warnblinklicht abstrahlen.

(1a) ¹Die nach hinten wirkenden Fahrtrichtungsanzeiger dürfen nicht an beweglichen Fahrzeugteilen angebracht werden. ²Die nach vorn wirkenden Fahrtrichtungsanzeiger und die zusätzlichen seitlichen Fahrtrichtungsanzeiger dürfen an beweglichen Fahrzeugteilen angebaut sein, wenn diese Teile nur eine Normallage (Betriebsstellung) haben. ³Die Sätze 1 und 2 gelten nicht für Fahrtrichtungsanzeiger, die nach § 49a Absatz 9 und 10 abnehmbar sein dürfen.

(2) ¹Sind Fahrtrichtungsanzeiger nicht im Blickfeld des Führers angebracht, so muss ihre Wirksamkeit dem Führer sinnfällig angezeigt werden; dies gilt nicht für Fahrtrichtungsanzeiger an Krafträdern und für seitliche Zusatzblinkleuchten. ²Fahrtrichtungsanzeiger dürfen die Sicht des Fahrzeugführers nicht behindern.

(3) Als Fahrtrichtungsanzeiger sind nur Blinkleuchten für gelbes Licht zulässig.

(4) Erforderlich als Fahrtrichtungsanzeiger sind

1. an mehrspurigen Kraftfahrzeugen
paarweise angebrachte Blinkleuchten an der Vorderseite und an der Rückseite. Statt der Blinkleuchten an der Vorderseite dürfen Fahrtrichtungsanzeiger am vorderen Teil der beiden Längsseiten angebracht sein. An Fahrzeugen mit einer Länge von nicht mehr als 4 m und einer Breite von nicht mehr als 1,60 m genügen Fahrtrichtungsanzeiger an den beiden Längsseiten. An Fahrzeugen, bei denen der Abstand zwischen den einander zugekehrten äußeren Rändern der Lichtaustrittsflächen der Blinkleuchten an der Vorderseite und an der Rückseite mehr als 6 m beträgt, müssen zusätzliche Fahrtrichtungsanzeiger an den beiden Längsseiten angebracht sein,

2. an Krafträdern
paarweise angebrachte Blinkleuchten an der Vorderseite und an der Rückseite. Der Abstand des inneren Randes der Lichtaustrittsfläche der Blinkleuchten muss vor der durch die Längsachse des Kraftrades verlaufenden senkrechten Ebene bei den an der Rückseite angebrachten Blinkleuchten mindestens 120 mm, bei den an der Vorderseite angebrachten Blinkleuchten mindestens 170 mm und vom Rand der Lichtaustrittsfläche des Scheinwerfers mindestens 100 mm betragen. Der untere Rand der Lichtaustrittsfläche von Blinkleuchten an Krafträdern muss mindestens 350 mm über der Fahrbahn liegen. Wird ein Beiwagen mitgeführt, so müssen die für die betreffende Seite vorgesehenen Blinkleuchten an der Außenseite des Beiwagens angebracht sein,

3. an Anhängern
paarweise angebrachte Blinkleuchten an der Rückseite. Beim Mitführen von zwei Anhängern genügen Blinkleuchten am letzten Anhänger, wenn die Anhänger hinter einer Zugmaschine mit einer durch die Bauart bestimmten Höchstgeschwindigkeit von nicht mehr als 25 km/h mitgeführt werden oder wenn sie für eine Höchstgeschwindigkeit von nicht mehr als 25 km/h in der durch § 58 vorgeschriebenen Weise gekennzeichnet sind,

4. an Kraftomnibussen, die für die Schülerbeförderung besonders eingesetzt sind,
an der Rückseite zwei zusätzliche Blinkleuchten, die so hoch und so weit außen wie möglich angeordnet sein müssen,

5. an mehrspurigen Kraftfahrzeugen und Sattelanhängern – ausgenommen Arbeitsmaschinen, Stapler und land- oder forstwirtschaftliche Zugmaschinen und deren Anhänger – mit einem zulässigen Gesamtgewicht von mehr als 3,5 t an den Längsseiten im vorderen Drittel zusätzliche Blinkleuchten, deren Lichtstärke nach hinten mindestens 50 cd und höchstens 200 cd beträgt. Für diese Fahrzeuge ist die Anbringung zusätzlicher Fahrtrichtungsanzeiger nach Nummer 1 nicht erforderlich.

(5) Fahrtrichtungsanzeiger sind nicht erforderlich an

1. einachsigen Zugmaschinen,

2. einachsigen Arbeitsmaschinen,

3. offenen Krankenfahrstühlen,

4. Leichtkrafträdern, Kleinkrafträdern und Fahrrädern mit Hilfsmotor,

5. folgenden Arten von Anhängern:

   a) eisenbereiften Anhängern, die nur für land- oder forstwirtschaftliche Zwecke verwendet werden;

   b) angehängten land- oder forstwirtschaftlichen Arbeitsgeräten, soweit sie die Blinkleuchten des ziehenden Fahrzeugs nicht verdecken;

   c) einachsigen Anhängern hinter Krafträdern;

   d) Sitzkarren (§ 3 Absatz 2 Satz 1 Nummer 2 Buchstabe i der Fahrzeug-Zulassungsverordnung).

(6) Fahrtrichtungsanzeiger an Fahrzeugen, für die sie nicht vorgeschrieben sind, müssen den vorstehenden Vorschriften entsprechen.

1/2   Begr zur ÄndVO v. 24.4.92 (VkBl. **92** 344):

Zu Abs. 4 Nr. 5: *Aus der Bundesrats-Drucksache 78/92 (Beschluss): Arbeitsmaschinen und land- oder forstwirtschaftliche Zugmaschinen mit einer durch die Bauart bestimmten Höchstgeschwindigkeit von mehr als 32 km/h und mit einem zulässigen Gesamtgewicht von mehr als 3,5 t waren schon bisher von der*

Anbringung zusätzlicher seitlicher Blinkleuchten befreit. Diese Befreiung ist nun auf alle Arbeitsmaschinen und land- oder forstwirtschaftliche Zugmaschinen ausgedehnt worden. Im Übrigen wird klargestellt, dass bei Vorhandensein der zusätzlichen Blinkleuchten nach § 54 Abs. 4 Nr. 5 keine weiteren zusätzlichen Blinkleuchten nach § 54 Abs. 4 Nr. 1 angebracht zu sein brauchen.

Begr zur ÄndVO v. 23.6.93: VkBl. **93** 615; zur ÄndVO v. 23.3.00: BR-Drs. 720/99 S. 65. **3**

1. § 54 regelt die technischen Einrichtungen zur **Anzeige von Fahrtrichtungsänderun-** **4**
gen. Fahrtrichtungsanzeiger müssen nach § 22a I Ziff 17 in amtlich genehmigter Bauart ausge-
führt sein. Technische Anforderungen, VkBl. **73** 558, zuletzt geändert: VkBl. **03** 752 = StVRL
§ 22a Nr. 1 (Nr. 21). Bei Kfzen außer den oben bezeichneten müssen die Richtungszeichen
durch Fahrtrichtungsanzeiger gegeben werden (§§ 5, 6, 7, 9, 10 StVO). Auch SchienenFze haben
Fahrtrichtungsanzeiger zu führen und zu verwenden (§ 40 III, 51 VIII BOStrab).
Abs. II will verhindern, dass ein KfzF, der versehentlich unrichtig anzeigt oder das Zurück- **5**
stellen vergisst, dies nicht wahrnimmt. Er muss vom Führersitz aus sehen oder hören können, ob
ein Fahrtrichtungsanzeiger in Betrieb ist.

2. Licht der Fahrtrichtungsanzeiger. Gelbes Blinklicht ist vorgeschrieben (Abs. III). Oran- **6**
gefarbenes Licht liegt im international vereinbarten Gelbbereich. Rotes Blinklicht an der Rück-
seite ist unzulässig. Rot blinkende Fahrtrichtungsanzeiger an vor dem 1.1.70 in den V gekom-
menen Fzen: § 72 II aF. Pendelwinker: § 72 II aF.

3. Die vorgeschriebenen Richtungsanzeiger. Abs. IV bestimmt, welche Fahrtrichtungs- **7**
anzeiger geführt werden müssen. Blinkleuchten an den Längsseiten genügen nur noch, wenn
das Fz nicht länger als 4 m und nicht breiter als 1,60 m ist; sonst müssen Blinkleuchten an
der Rückseite geführt werden (IV Nr. 1). An gewissen längeren Fzen sind zusätzlich Blink-
leuchten an beiden Längsseiten vorgeschrieben. Nach Maßgabe von Abs. IV Nr. 5 sind an
den dort genannten schweren Fzen im vorderen Drittel zusätzliche Blinkleuchten anzubrin-
gen; denn bei FzLängen von 12 m und mehr (zB Sattelanhängern) besteht die Gefahr, dass
Rad- und Mofa-Fahrer beim gem. § 5 VIII StVO zulässigen Überholen den Abbiegevor-
gang zu spät erkennen (s. Begr VkBl. **88** 475). Übergangsvorschrift für zusätzliche Blinkleuch-
ten an den Längsseiten dieser Fz: § 72 II aF. IV Nr. 2 bezweckt, dass der Kradf bei der An-
zeige einer Richtungsänderung beide Hände an der Lenkstange lassen kann und dass die
Anzeige auch bei Dunkelheit rechtzeitig wahrnehmbar ist. Fahrtrichtungsanzeiger an Anhängern
hinter Kfzen: IV Nr. 3. Über Blinkleuchten an land- und forstwirtschaftlichen Zgm, BMV
VkBl. **61** 133, 364.

4. Keine Fahrtrichtungsanzeiger. s. die Aufzählung in V. Alle Leichtkräder, Kleinkräder und **8**
FmH brauchen keine Fahrtrichtungsanzeiger zu führen, also auch nicht bei bauartbedingter
Höchstgeschwindigkeit über 40 km/h (V Nr. 4).

5. Bauvorschriften für freiwillig angebrachte Fahrtrichtungsanzeiger. VI. Zur An- **9**
bringung nicht vorgeschriebener Fahrtrichtungsanzeiger, *Wiederhold* VD **82** 299, *Kreutel* VD **83**
52.

6. Weitere Ausnahmen. § 70 I. **10**

7. Ordnungswidrigkeit. §§ 69a III Nr. 20 StVZO, 24 StVG. **11**

Innenbeleuchtung in Kraftomnibussen

54a (1) **Kraftomnibusse müssen eine Innenbeleuchtung haben; diese darf die Sicht des Fahrzeugführers nicht beeinträchtigen.**
(2) **Die für Fahrgäste bestimmten Ein- und Ausstiege müssen ausreichend ausgeleuchtet sein, solange die jeweilige Fahrgasttür nicht geschlossen ist.**

§ 54a gilt für alle Omnibusse einschließlich derjenigen zur gewerbsmäßigen Personenbeför- **1**
derung, gem. der Übergangsbestimmung des § 72 II aF jedoch nur für solche, die vor dem
13. Februar 2005 erstmals in den Verkehr gekommen sind. Ordnungswidrigkeit: §§ 69a III Nr. 21
StVZO, 24 StVG.

Windsichere Handlampe

54b In Kraftomnibussen muss außer den nach § 53a Absatz 1 erforderlichen Warneinrichtungen eine von der Lichtanlage des Fahrzeugs unabhängige windsichere Handlampe mitgeführt werden.

1   Die Bestimmung wurde durch VO vom 7.7.60 aus § 39 BOKraft (alt) in die StVZO übernommen. Ordnungswidrigkeit: §§ 31b, 69a III Nr. 19, V Nr. 4b StVZO, 24 StVG.

Einrichtungen für Schallzeichen

55 (1) [1]Kraftfahrzeuge müssen mindestens eine Einrichtung für Schallzeichen haben, deren Klang gefährdete Verkehrsteilnehmer auf das Herannahen eines Kraftfahrzeugs aufmerksam macht, ohne sie zu erschrecken und andere mehr als unvermeidbar zu belästigen. [2]Ist mehr als eine Einrichtung für Schallzeichen angebracht, so muss sichergestellt sein, dass jeweils nur eine Einrichtung betätigt werden kann. [3]Die Umschaltung auf die eine oder andere Einrichtung darf die Abgabe einer Folge von Klängen verschiedener Grundfrequenzen nicht ermöglichen.

(2) [1]Als Einrichtungen für Schallzeichen dürfen Hupen und Hörner angebracht sein, die einen Klang mit gleichbleibenden Grundfrequenzen (auch harmonischen Akkord) erzeugen, der frei von Nebengeräuschen ist. [2]Die Lautstärke darf in 7 m Entfernung von dem Anbringungsort der Schallquelle am Fahrzeug und in einem Höhenbereich von 500 mm bis 1 500 mm über der Fahrbahn an keiner Stelle 105 dB(A) übersteigen. [3]Die Messungen sind auf einem freien Platz mit möglichst glatter Oberfläche bei Windstille durchzuführen; Hindernisse (Bäume, Sträucher u. a.), die durch Widerhall oder Dämpfung stören können, müssen von der Schallquelle mindestens doppelt so weit entfernt sein wie der Schallempfänger.

(2a) Abweichend von den Absätzen 1 und 2 müssen Kraftfahrzeuge nach § 30a Absatz 3 Einrichtungen für Schallzeichen haben, die den im Anhang zu dieser Vorschrift genannten Bestimmungen entsprechen.

(3) [1]Kraftfahrzeuge, die auf Grund des § 52 Absatz 3 Kennleuchten für blaues Blinklicht führen, müssen mit mindestens einer Warneinrichtung mit einer Folge von Klängen verschiedener Grundfrequenz (Einsatzhorn) ausgerüstet sein. [2]Ist mehr als ein Einsatzhorn angebracht, so muss sichergestellt sein, dass jeweils nur eines betätigt werden kann.

(3a) [1]Kraftfahrzeuge, die auf Grund des § 52 Absatz 3a mit Anhaltesignal und mit Signalgebern für rote Lichtschrift ausgerüstet sind, dürfen neben der in Absatz 3 vorgeschriebenen Warneinrichtung, dem Einsatzhorn, mit einer zusätzlichen Warneinrichtung, dem Anhaltehorn, ausgerüstet sein. [2]Es muss sichergestellt sein, dass das Anhaltehorn nur in Verbindung mit dem Anhaltesignal und dem Signalgeber für rote Lichtschrift aktiviert werden kann. [3]Es darf nicht möglich sein, die Warneinrichtungen gemeinsam zu betreiben.

(4) [1]Ausschließlich die in den Absätzen 1 bis 3a beschriebenen Einrichtungen für Schallzeichen sowie Sirenen dürfen an Kraftfahrzeugen, mit Ausnahme von Kraftfahrzeugen nach Absatz 3a Satz 1, angebracht sein. [2]Nur die in Satz 1 der Absätze 3 und 3a genannten Kraftfahrzeuge dürfen mit dem Einsatzhorn oder zusätzlich mit dem Anhaltehorn ausgerüstet sein.

(5) Absatz 1 gilt nicht für eisenbereifte Kraftfahrzeuge mit einer durch die Bauart bestimmten Höchstgeschwindigkeit von mehr als 8 km/h und für einachsige Zug- oder Arbeitsmaschinen, die von Fußgängern an Holmen geführt werden.

(6) [1]Mofas müssen mit mindestens einer helltönenden Glocke ausgerüstet sein. [2]Radlaufglocken und andere Einrichtungen für Schallzeichen sind nicht zulässig.

1   **Begr** zur ÄndVO v. 16.11.84 (VkBl. **85** 81): **Zu Abs. 6:** *Fahrräder mit Hilfsmotor und Kleinkrafträder mit einer durch die Bauart bestimmten Höchstgeschwindigkeit von mehr als 25 km/h sollen einen von Fahrrädern und Mofas 25 abweichenden Signalgeber haben, da Unterschiede in der benutzten „Verkehrsebene" (Straße statt Radweg) aber auch die höhere Endgeschwindigkeit dies notwendig machen …*

   Begr zur ÄndVO v. 23.3.00: BR–Drs. 720/99 S. 65.

   Begr zur ÄndVO v. 26.7.13 (BR–Drs. 445/13 S. 31 = VkBl. **13** 869): **Zu Abs. 3a:** *Die Ergänzung des § 55 durch den neuen Absatz 3a wird durch die Einführung des Anhaltesignals notwendig. Das Anhaltehorn wird als akustisches Anhaltesignal eingeführt und ist nur zusätzlich zum Einsatzhorn, zu nach vorn wirkenden Kennleuchten für rotes Blinklicht und zum Signalgeber für rote Lichtschrift zulässig. Weiterhin darf das Anhaltehorn, um Unklarheiten bei den Verkehrsteilnehmern soweit wie möglich aus-*

zuschließen, nur zusammen mit den Kennleuchten für rotes Blinklicht betrieben werden und keinesfalls zusammen mit dem Einsatzhorn und/oder mit Kennleuchten für blaues Rundumlicht. Der Anbau des Anhaltehorns ist nur an Kraftfahrzeugen, die auch Kennleuchten für rotes Blinklicht führen dürfen, zulässig.

Zu Abs. 4: *Der Absatz 4 wurde neu formuliert um explizit die Ausrüstung der Kraftfahrzeuge mit Sirenen zu regeln.*

1. Alle Kfz müssen **Einrichtungen für Schallzeichen** (Hupen) haben. Der Begriff „Ein- 1a richtung für Schallzeichen" erfasst die Gesamtheit aller am Fz angebrachten Hupen und Hörner, die bei Betätigung einen gemeinsamen Klang erzeugen, also keine Tonfolge abgeben (s. Begr zur ÄndVO v. 15.1.80, VkBl. **80** 146). Die Schallzeichen dürfen VT weder erschrecken noch mehr als unvermeidbar belästigen, müssen aber gefährdete VT auf das Kfz aufmerksam machen (I S. 1). S. § 16 StVO. Nur Hupen und Hörner sind zulässig (II S. 1). Die Anbringung einer vom Fahrersitz aus zu bedienenden Klingel am Kfz ist unzulässig, auch wenn sie nur zum Ausrufen benutzt werden soll (Schrotthändler), OVG Lüneburg VRS **56** 399. Mit der Einfügung von Abs. IIa ist die Richtlinie 93/30/EWG auch für Fz mit Einzelbetriebserlaubnis in nationales Recht umgesetzt. S. dazu § 30a Rn. 2. Die Vorschrift war gem. der Übergangsbestimmung des § 72 II aF spätestens anzuwenden ab 17.6.03 für von diesem Tage an erstmals in den V kommende Fz.

2. **Klang und Lautstärke der Schallzeichen.** II regelt den Klang der Schallzeichen (Hu- 2 pen, Hörner), die Lautstärke und deren Messung nach der Einheit „dB(A)". Mit der Ersetzung der früheren Einheit „Phon" durch „dB(A)" durch ÄndVO v. 23.7.90 war keine Änderung der Lautstärke verbunden (s. Begr VkBl. **90** 498). Die zulässige Lautstärke ist in Abs. II S. 2 wegen des Lautstärkeverlusts bei Einbau in die Karosserie auf den Anbringungsort der Schallquelle am Fahrzeug bezogen; außerdem ist ein Höhenbereich für die Lautstärkemessung festgelegt. Anforderungen an Schallpegelmesser, s. Nr. 32 der Technischen Anforderungen bei der Bauartprüfung, VkBl. **73** 558, zuletzt geändert: VkBl. **98** 144 = StVRL § 22a Nr. 1. Ein Frequenzbereich für Schallzeichen ist nicht vorgeschrieben, BMV 15.6.67, StV 7–8059 B/67). Mehrklanghupen mit einer Folge verschieden hoher Töne an anderen als WegerechtsFzen sind verboten (IV S. 2), ebenso andere Einrichtungen für Schallzeichen, besonders Glocken (IV S. 1). Die „Postquinte" als Warnzeichen ist nicht mehr zulässig, § 16 III StVO, s. Begr zur ÄndVO v. 16.11.70 (VkBl. **70** 832).

3. **Besondere Warneinrichtungen der Wegerechtsfahrzeuge (III).** Das Einsatzhorn 3 („Martinshorn") ist eine Warneinrichtung mit einer Folge von Klängen verschiedener Grundfrequenz (III S. 1). Es darf nur an Fz vorhanden sein, die nach § 52 blaues Blinklicht führen. An Fz, die nach § 52 III Kennleuchten führen, wird in § 55 III mind. eine Warneinrichtung mit einer Folge verschieden hoher Töne zwingend vorgeschrieben. Dies stellt die Wirksamkeit der Ankündigung in den Fällen des § 35 StVO sicher. Diese Warneinrichtungen müssen in amtl. vorgeschriebener Bauart ausgeführt sein (§ 22a I Nr. 19). Genaue Beschreibung: Technische Anforderungen bei der Bauartprüfung, Nr. 32 (VkBl. **73** 558, zuletzt geändert: VkBl. **06** 645 = StVRL § 22a Nr. 1).

4. **Anhaltehorn (IIIa).** Kfz, die gem. § 52 IIIa mit Anhaltesignal (nach vorn wirkende Kenn- 4 leuchten für rotes Blinklicht) und mit Signalgebern für rote Lichtschrift ausgerüstet sind, dürfen neben dem Einsatzhorn (III) mit dem Anhaltehorn als akustisches Anhaltesignal ausgerüstet sein (sog Yelp-Signal, IIIa S. 1). Das Anhaltehorn ist eine Warneinrichtung mit einer Folge von Klängen verschiedener Grundfrequenz (§ 22a I Nr. 19a). Der genaue Ablauf des Sirenensignals wird in den Technische Anforderungen bei der Bauartprüfung, Nr. 32a (VkBl. **73** 558, zuletzt geändert: VkBl. **06** 645 = StVRL § 22a Nr. 1) beschrieben. Die Ausrüstung von Kfz mit dem Anhaltehorn ist nur zusätzlich zur Ausrüstung mit dem Einsatzhorn, zu nach vorn wirkenden Kennleuchten für rotes Blinklicht und zum Signalgeber für rote Lichtschrift zulässig. Um Unklarheiten bei Verkehrsteilnehmern zu vermeiden (Begr vor Rn. 1), darf das Anhaltehorn nur zusammen mit den Kennleuchten für rotes Blinklicht und keinesfalls zusammen mit dem Einsatzhorn oder mit Kennleuchten für blaues Rundumlicht betrieben werden (IIIa S. 2, 3).

5. **Befreiung für langsame Fahrzeuge.** Für Kleinkräder und FmH mit bauartbedingter 5 Höchstgeschwindigkeit von mehr als 25 km/h gelten nach der Neufassung des Abs. VI durch die ÄndVO v. 16.11.84 die Absätze I und II. Gem. § 72 II aF gilt die Neuregelung für die v. 1.1.89 erstmals in den V kommenden Fz; für ältere Fz dieser Art genügt nach der Übergangsvorschrift wie bisher eine helltönende Glocke oder aber – bei ausreichender Stromversorgung – statt dessen Hupe oder Horn. Für Mofas gilt dagegen auch nach der Neufassung eine dem § 64a (Fahr-

räder) entsprechende Regelung (VI S. 1). Keine Einrichtungen für Schallzeichen brauchen die Kfze mit Eisenreifen (§ 36 IV) zu führen, soweit ihre bauartbedingte Höchstgeschwindigkeit nicht mehr als 8 km/h beträgt, ebenso nicht einachsige Zug- und Arbeitsmaschinen, von Fußgängern an Holmen geführt (V).

6   **6. Ausnahmen.** § 70. Keine Ausnahmegenehmigung zur Ausrüstung eines privaten Kfzs mit Einsatzhorn zum Einsatz bei Drogennotfällen und Selbstmordgefahr, VGH Mü BayVBl **87** 214.

7   **7. Ordnungswidrigkeit.** §§ 69a III Nr. 22 StVZO, 24 StVG.

Elektromagnetische Verträglichkeit

55a (1) [1]**Personenkraftwagen, Kraftomnibusse, Lastkraftwagen, Zugmaschinen und Sattelzugmaschinen mit mindestens vier Rädern und einer durch die Bauart bestimmten Höchstgeschwindigkeit von mehr als 25 km/h – ausgenommen land- oder forstwirtschaftliche Zugmaschinen, Muldenkipper, Flurförderzeuge, Elektrokarren und Autoschütter – sowie ihre Anhänger müssen den im Anhang zu dieser Vorschrift genannten Bestimmungen über die elektromagnetische Verträglichkeit entsprechen. [2]Satz 1 gilt entsprechend für andere Fahrzeuge, die hinsichtlich ihrer Baumerkmale des Fahrgestells und ihrer elektrischen Ausrüstung den genannten Fahrzeugen gleichzusetzen sind, sowie für Bauteile und selbstständige technische Einheiten, die zum Einbau in den genannten Fahrzeugen bestimmt sind.**

(2) **Kraftfahrzeuge nach § 30a Absatz 3 sowie zum Einbau in diese Fahrzeuge bestimmte selbstständige technische Einheiten müssen den im Anhang zu dieser Vorschrift genannten Bestimmungen über die elektromagnetische Verträglichkeit entsprechen.**

1   **1. Begr** zur Neufassung durch ÄndVO v. 12.8.97 (VkBl. **97** 661): *Die bisherige Fassung des § 55a ist durch die Neufassung des Gesetzes über die elektromagnetische Verträglichkeit von Geräten (EMVG) vom 30. August 1995 (BGBl. I S. 1118), mit dem die Richtlinie 89/336/EWG des Rates vom 3. Mai 1989 sowie die Anpassungsrichtlinie 93/68/EWG vom 22. Juli 1993 zur Angleichung der Rechtsvorschriften der Mitgliedstaaten über die elektromagnetische Verträglichkeit umgesetzt wurde, überholt. Die Neufassung berücksichtigt dieses und übernimmt gleichzeitig in den Anhang die Richtlinie 95/54/EG der Kommission vom 31. Oktober 1995 zur Anpassung der Richtlinie 72/245/EWG des Rates zur Angleichung der Rechtsvorschriften der Mitgliedstaaten über die Funkentstörung von Kraftfahrzeugmotoren mit Fremdzündung an den technischen Fortschritt und zur Änderung der Richtlinie 70/156/EWG des Rats zur Angleichung der Rechtsvorschriften der Mitgliedstaaten über die Betriebserlaubnis von Kraftfahrzeugen und Kraftfahrzeuganhängern (ABl. EG L 266 vom 8. November 1995). Der neue § 55a deckt nur diejenigen Fahrzeuge ab, die von der geänderten Richtlinie 72/245/EWG in der Fassung der Richtlinie 95/54/EG erfasst werden. Für andere Fahrzeuge gilt grundsätzlich derzeit das EMVG. Auch wird bei Fahrzeugen mit Aufbauten nicht das Gesamtfahrzeug einschließlich der Aufbauten den Anforderungen der Richtlinie 95/54/EG unterworfen, sondern lediglich das Basisfahrzeug bzw. das Fahrgestell, während der Aufbau bzw. die aufgebaute Maschine (z. B. Kranaufbau, Betonmischer, Hubarbeitsbühne, Aufbauten auf Feuerwehrfahrzeugen) weiterhin unter die horizontale EMV-Richtlinie (89/336/EWG), die in Deutschland durch das EMVG in nationales Recht umgesetzt wurde, fällt.*

2   **2.** Die Bestimmung wurde durch ÄndVO v. 12.8.97 neu gefasst (s. Begr VkBl. **97** 661, Rn. 1). Rundfunkempfang auf Ultrakurzwellen und Fernsehen werden durch nicht entstörte Zündanlagen von Ottomotoren beeinträchtigt. Neu in den Verkehr kommende Fze haben serienmäßig Störschutz. Führung des Nachweises über die Einhaltung der Vorschriften über die Funkentstörung, BMV VkBl. **87** 172. Unter § 55a können auch Telefonanlagen (zB Freisprechanlage) fallen. Jedoch ist die Übergangsvorschrift des § 72 II aF zu beachten (Anwendung der Neufassung ab 1.10.02 für die von diesem Tage an erstmals in den V kommenden Fze). Wird eine der Bestimmung des § 55a unterliegende Anlage aus einem älteren Fz in ein ab dem 1.10.02 erstmals in den V gekommenes Fz eingebaut, so muss sie gem. I S. 1 der Richtlinie 72/245/EWG entsprechen, s. BMV VkBl. **02** 554. Dem Abs. I S. 1 unterliegen auch verbotene Radarwarngeräte (s. § 23 I b StVO); OW daher bei mangelnder elektromagnetischer Verträglichkeit iS von S. 1, s. *Albrecht* DAR **99** 147. Für die durch § 55a nicht erfassten Fze gilt das G über die elektromagnetische Verträglichkeit von Geräten (BGBl. I **95** S. 1118), s. Rn. 1. Entsprechendes gilt bei Fzen mit Aufbauten wie zB Kran oder Arbeitsbühne, bei denen § 55a nur für das eigentliche Fz Anwendung findet. Mit der Anfügung von Abs. II ist Kap. 8 der EG-Richtlinie 97/24 auch für Fze

mit Einzelbetriebserlaubnis in nationales Recht umgesetzt. S. dazu § 30a Rn. 2. Übergangsbestimmung: § 72 II aF.

3. Ordnungswidrigkeit. § 69a III Nr. 23 StVZO, § 24 StVG. 3

Spiegel und andere Einrichtungen für indirekte Sicht

56 (1) Kraftfahrzeuge müssen nach Maßgabe der Absätze 2 bis 3 Spiegel oder andere Einrichtungen für indirekte Sicht haben, die so beschaffen und angebracht sind, dass der Fahrzeugführer nach rückwärts, zur Seite und unmittelbar vor dem Fahrzeug – auch beim Mitführen von Anhängern – alle für ihn wesentlichen Verkehrsvorgänge beobachten kann.

(2) Es sind erforderlich

1. bei Personenkraftwagen sowie Lastkraftwagen, Zugmaschinen und Sattelzugmaschinen mit einer zulässigen Gesamtmasse von nicht mehr als 3,5 t Spiegel oder andere Einrichtungen für indirekte Sicht, die in den im Anhang zu dieser Vorschrift genannten Bestimmungen für diese Fahrzeuge als vorgeschrieben bezeichnet sind; die vorgeschriebenen sowie vorhandene gemäß Anhang III Nummer 2.1.1 der im Anhang zu dieser Vorschrift genannten Richtlinie zulässige Spiegel oder andere Einrichtungen für indirekte Sicht müssen den im Anhang zu dieser Vorschrift genannten Bestimmungen entsprechen;

2. bei Lastkraftwagen, Zugmaschinen, Sattelzugmaschinen und Fahrzeugen mit besonderer Zweckbestimmung nach Anhang II Buchstabe A Nummer 5.6 und 5.7 der Richtlinie 70/156/EWG mit einer zulässigen Gesamtmasse von mehr als 3,5 t sowie bei Kraftomnibussen Spiegel oder andere Einrichtungen für indirekte Sicht, die in den im Anhang zu dieser Vorschrift genannten Bestimmungen für diese Fahrzeuge als vorgeschrieben bezeichnet sind;

die vorgeschriebenen sowie vorhandenen gemäß Anhang III Nummer 2.1.1 der im Anhang zu dieser Vorschrift genannten Richtlinie zulässigen Spiegel oder andere Einrichtungen für indirekte Sicht müssen den im Anhang zu dieser Vorschrift genannten Bestimmungen entsprechen;

3. bei Lastkraftwagen, Zugmaschinen, Sattelzugmaschinen, selbstfahrenden Arbeitsmaschinen, die den Baumerkmalen von Lastkraftwagen hinsichtlich des Fahrgestells entsprechen, und Fahrzeugen mit besonderer Zweckbestimmung nach Anhang II Buchstabe A Nummer 5.7 und 5.8 der Richtlinie 2007/46/EG mit einer zulässigen Gesamtmasse von mehr als 3,5 t, die ab dem 1. Januar 2000 bis zum 25. Januar 2007 erstmals in den Verkehr gekommen sind, Spiegel oder andere Einrichtungen für indirekte Sicht, die in den im Anhang zu dieser Vorschrift genannten Bestimmungen für diese Fahrzeuge als vorgeschrieben bezeichnet sind; diese Spiegel oder andere Einrichtungen für indirekte Sicht müssen den im Anhang zu dieser Vorschrift oder im Anhang zu den Nummern 1 und 2 genannten Bestimmungen entsprechen;

4. bei land- oder forstwirtschaftlichen Zugmaschinen mit einer durch die Bauart bestimmten Höchstgeschwindigkeit von nicht mehr als 40 km/h Spiegel, die den im Anhang zu dieser Vorschrift genannten Bestimmungen entsprechen müssen,

5. bei Kraftfahrzeugen nach Artikel 1 der Richtlinie 2002/24/EG Spiegel, die den im Anhang zu dieser Vorschrift genannten Bestimmungen entsprechen müssen.

(2a) Bei land- oder forstwirtschaftlichen Zugmaschinen mit einer durch die Bauart bestimmten Höchstgeschwindigkeit von mehr als 40 km/h sowie bei Arbeitsmaschinen und Staplern ist § 56 Absatz 2 in der am 29. März 2005 geltenden Fassung anzuwenden.

(3) Nicht erforderlich sind Spiegel bei einachsigen Zugmaschinen, einachsigen Arbeitsmaschinen, offenen Elektrokarren mit einer durch die Bauart bestimmten Höchstgeschwindigkeit von nicht mehr als 25 km/h sowie mehrspurigen Kraftfahrzeugen mit einer durch die Bauart bestimmten Höchstgeschwindigkeit von nicht mehr als 25 km/h und mit offenem Führerplatz, der auch beim Mitführen von unbeladenen oder beladenen Anhängern nach rückwärts Sicht bietet.

Begr zur ÄndVO v. 14.3.05:VkBl. 05 366. 1

Begr zur ÄndVO v. 26.5.08, BGBl. I S. 916 (VkBl. 08 441) **zu Abs. 2 Nr. 1 und 2:** *Hierdurch wird klargestellt, dass Spiegel oder andere Einrichtungen für indirekte Sicht, die freiwillig zum Zweck der Verringerung des „toten Winkels" nachgerüstet werden, den Anforderungen der neuen Richtlinie 2003/97/EG entsprechen müssen.*

Zu Abs. 2 Nr. 3: *Hierdurch werden die Vorschriften der Richtlinie 2007/38/EG in nationales Recht übernommen.*

1a 1. **Rückspiegel** oder andere Einrichtungen für indirekte Sicht gehören zur notwendigen Ausrüstung aller Kfz nach Maßgabe von Abs. 2. **Die Neufassung** von 2005 hat die Vorschriften der Richtlinie 2003/97/EG für nationale BEe in die StVZO übernommen. Pkw, Lkw, Zgm und SattelZgm, Fz mit besonderer Zweckbestimmung, Kom müssen nach Maßgabe von Abs. 2 mit Spiegeln oder anderen Einrichtungen für indirekte Sicht ausgestattet sein. Einrichtungen für indirekte Sicht iS von Abs. 1 können außer Spiegeln auch **Kamera-Monitor-Systeme** oder Einrichtungen anderer Art sein, die dem Fahrer Informationen über das indirekte Sichtfeld vermitteln (Anh. I Nr. 1.1 der Richtlinie 2003/97/EG). Welche Spiegel im Einzelnen für die unterschiedlichen FzKlassen vorgeschrieben oder zulässig sind, bestimmt Anh III der Richtlinie 2003/97/EG. Zu den danach zulässigen Spiegeln gehören insbesondere auch **Weitwinkelspiegel** und **Nahbereichsspiegel** auf der Beifahrerseite, die den toten Winkel nach rechts beim Abbiegen von Lkw verringern und damit zur Verbesserung der Sicherheit von Fußgängern und Radf neben diesen Fz beitragen. Die Neufassung von 2005 ermöglicht die freiwillige Ausrüstung von Lkw, Zgm, SattelZgm, Fze mit besonderer Zweckbestimmung und Kom ab 3,5 t mit solchen zusätzlichen Spiegeln, (s. § 72 II aF zu § 56 II Nr. 2 sowie Begr VkBl. **05** 367). **Abs. 2 Nr. 1** ist nach der **Übergangsvorschrift** des § 72 II aF spätestens seit dem 26.1.2010 auf die von diesem Tage an erstmals in den V kommenden Fz anzuwenden; **Abs. 2 Nr. 2** ist seit 26.1.2007 auf die von diesem Tage an erstmals in den V kommenden Fz anzuwenden; für ältere Fze gilt jeweils § 56 in der Fassung bis 29.3.05. **Neue Lkw** und andere Fz iSv Abs. 1 Nr. 2 ab 3,5 t müssen also seit 26.1.2007 mit Weitwinkelspiegeln oder anderen Einrichtungen für indirekte Sicht ausgerüstet sein. Für derartige Fz, die ab 1.1.00 bis 25.1.07 erstmals in den V gekommen sind, schreibt Abs. 2 Nr. 3 die **Nachrüstung** mit Spiegeln gem. Richtlinie 2003/97/EG vor, womit die Richtlinie 2007/38/EG über die Nachrüstung von in der EG zugelassenen schweren Lkw mit Spiegeln (StVRL § 56 StVZO Nr. 8) in deutsches Recht umgesetzt wurde. Dies gilt ab dem jeweiligen Tag der nach dem 1.10.08 vorgeschriebenen Hauptuntersuchung, spätestens jedoch seit 1.4.09 (§ 72 II aF). Erläuterungen des BMV dazu VkBl. **08** 442. Mit Abs. 2 Nr. 5 ist die EG-Richtlinie 97/24 auch für Fz mit Einzelbetriebserlaubnis in nationales Recht umgesetzt. S. dazu § 30a Rn. 2. Abs. 2 Nr. 5 war spätestens ab dem 17.6.03 auf die von diesem Tage an in den V kommenden Fze anzuwenden (§ 72 II aF); auf ältere **Krafträder** finden die Nrn 5 und 6 in der vor dem 1.4.2000 geltenden Fassung Anwendung: Sie müssen mindestens einen (Abs. 2 Nr. 5 alt), solche mit bauartbestimmter Höchstgeschwindigkeit von mehr als 100 km/h zwei (Abs. 2 Nr. 6 alt) Rückspiegel haben. Gegenüber § 66 ist § 56 Sondervorschrift; für Kfz gilt nur § 56. Die **im FS eingetragene Anordnung,** am Kfz rechts einen zweiten Rückspiegel anzubringen, ist eine Auflage iS von § 23 II FeV (s. dort).

2 **2. Die technischen Anforderungen an die Ausführung und Anbringung von Rückspiegeln.** Die Spiegel müssen so beschaffen und angebracht sein, dass der Fahrer in normaler Fahrhaltung nach rückwärts und zur Seite alle für ihn wesentlichen Vorgänge beobachten kann, Abs. 1 (s. Anh III Nr. 3.1 der Richtlinie 2003/97/EG). Innenspiegel müssen einstellbar sein (s. Anh II Nr. 1.1, III Nr. 4.1 der Richtlinie 2003/97/EG Nr. 4.1). **Benutzung des Rückspiegels:** §§ 5–7, 9, 10, 14, 18 StVO. Reicht der Rückspiegel nicht aus, so muss sich der Fahrer unmittelbar orientieren. Er muss den toten Winkel kennen und entsprechend länger beobachten (Kö VRS **93** 277, HaVM **66** 85).

3 **3. Ausnahmen vom Rückspiegelzwang.** Abs. 3. In diesen Fällen hat der Fahrer unmittelbar nach rückwärts zu beobachten. Ein Rückspiegel an Zgm mit Wetterschutz ist erforderlich, falls Rückwärtsbeobachtung sonst nicht möglich ist (BMV 12.12.66, StV 7–8080 M/66). Empfehlungen für die Erteilung von Ausnahmegenehmigungen nach § 70 für bestimmte FzArten und FzKombinationen, VkBl. **14** 503 = StVRL § 70 StVZO Nr. 1.

4 **4. Für land- oder forstwirtschaftliche Zgm** mit einer durch die Bauart bestimmten Höchstgeschwindigkeit von nicht mehr als 40 km/h gilt Abs. 2 Nr. 4. Bai land- oder forstwirtschaftliche Zgm mit einer durch die Bauart bestimmten Höchstgeschwindigkeit von mehr als 40 km/h sowie bei **Arbeitsmaschinen** und **Staplern** ist gem. Abs. 2a § 56 II in der am 29.3.2005 geltenden Fassung anzuwenden: mindestens ein Außenspiegel an der linken Seite.

4a **5.** Empfehlung für Rückspiegel an der rechten Seite bei **Kom zur Schülerbeförderung** s. Nr. 2.4.2 des Anforderungskatalogs für Kom und Kleinbusse, die zur Beförderung von Schülern und Kindergartenkindern besonders eingesetzt werden (VkBl. **05** 604 = StVRL § 34a StVZO Nr. 5).

6. Ordnungswidrigkeit, §§ 69a III Nr. 24 StVZO, 24 StVG. Sind die vorschriftsmäßigen 5
Rückspiegel vorhanden, werden sie aber durch Gepäckstücke, Planen oder Ladung unbenutzbar,
so verstößt der Fahrer auch gegen § 23 StVO, Ha VM **58** 53 (s. § 23 StVO Rn. 12).

Geschwindigkeitsmessgerät und Wegstreckenzähler

57 (1) [1]Kraftfahrzeuge müssen mit einem im unmittelbaren Sichtfeld des Fahrzeugfüh-
rers liegenden Geschwindigkeitsmessgerät ausgerüstet sein. [2]Dies gilt nicht für

1. mehrspurige Kraftfahrzeuge mit einer durch die Bauart bestimmten Höchstgeschwin-
digkeit von nicht mehr als 30 km/h sowie

2. mit Fahrtschreiber oder Kontrollgerät (§ 57a) ausgerüstete Kraftfahrzeuge, wenn die
Geschwindigkeitsanzeige im unmittelbaren Sichtfeld des Fahrzeugführers liegt.

(2) [1]Bei Geschwindigkeitsmessgeräten muss die Geschwindigkeit in Kilometer je Stunde
angezeigt werden. [2]Das Geschwindigkeitsmessgerät muss den im Anhang zu dieser Vor-
schrift genannten Bestimmungen entsprechen.

(3) [1]Das Geschwindigkeitsmessgerät darf mit einem Wegstreckenzähler verbunden sein,
der die zurückgelegte Strecke in Kilometern anzeigt. [2]Die vom Wegstreckenzähler ange-
zeigte Wegstrecke darf von der tatsächlich zurückgelegten Wegstrecke ± 4 Prozent abwei-
chen.

1. Geschwindigkeitsmesser (Tachometer) müssen an allen Kfzen angebracht sein, soweit 1
nicht I Ausnahmen zulässt. Die Vorschrift wurde durch ÄndVO v. 23.7.90 neu gefasst (Begr,
s. VkBl. **90** 498). Das Geschwindigkeitsmessgerät ist meist mit der Antriebswelle des Kfz gekop-
pelt. Die Neufassung hat die frühere Regelung, wonach in den letzten beiden Dritteln des An-
zeigebereichs ein Vorlauf bis zu 7% des Skalenendwertes als Abweichung vom Sollwert erlaubt
war, nicht übernommen. Da die Skalenendwerte häufig weit über der erreichbaren Geschwin-
digkeit liegen, wäre diese Toleranz nämlich im Anzeigebereich über 50 km/h unvertretbar hoch.
Gerade in den Geschwindigkeitsbereichen, in denen verkehrsrechtliche Geschwindigkeits-
begrenzungen liegen, ist aber eine möglichst geringe Abweichung der Anzeige von der tatsächli-
chen Geschwindigkeit notwendig. Abs. II S. 2 verweist daher auf die Berechnungsformel der
Richtlinie 75/443/EWG (s. Anhang zur StVZO zu § 57 II). Da II S. 1 Anzeige in km/h vor-
schreibt, ist für Tachometer mit Meilenskala bei Fz, die ab 1.1.91 erstmals in den V gekommen
sind (s. § 72 II aF) eine Ausnahmegenehmigung erforderlich. Der Fahrer muss in solchen Fällen
die Meilenangabe sofort in km umrechnen können, KG VM **86** 67.

Gem der **Übergangsbestimmung** des § 72 II aF war § 57 II S. 2 über die technischen An- 1a
forderungen an das Geschwindigkeitsmessgerät nach der **Richtlinie 75/443/EWG** spätestens
ab 1.1.91 auf die von diesem Tage an erstmals in den V kommenden Fze anzuwenden. Für ältere
Fze gilt dagegen weiterhin § 57 alt.

Von dem Zwang zur Ausrüstung mit Geschwindigkeitsmessern macht I nur zwei **Ausnah-** 2
men: 1. mehrspurige Kfze mit bauartbestimmter Höchstgeschwindigkeit von nicht mehr als
30 km/h; 2. Kfze mit Fahrtschreibern, sofern die Geschwindigkeitsskala im Blickfeld des Führers
liegt. Vor dem 1.1.89 erstmals in den V gekommene Mofas sind gem. § 72 II aF (entsprechend
der vor dem 1.7.88 geltenden Fassung von I S. 1) ebenfalls ausgenommen.

2. Wegstreckenzähler (Kilometerzähler) sind Instrumente zum selbsttätigen Zählen der zu- 3
rückgelegten Entfernungen durch Zählung der Umdrehungen der Räder. Da diese Zählung je
nach dem Umfang der Radoberflächen, der von dem Luftdruck der Reifen abhängt, verschieden
ist, kann keine unbedingte Genauigkeit verlangt werden. Jedoch darf ein ordnungsmäßiger Weg-
streckenzähler Abweichungen von mehr als 4% der zurückgelegten Strecke nicht aufweisen.
Wegstreckenzähler bieten Beweiszeichen für den Umfang der Fahrleistung. Gibt der Wegstre-
ckenzähler nicht die tatsächliche Fahrstrecke wieder, so kann darin ein Sachmangel (§§ 433 I
S. 2, 434 BGB) liegen, Ce DAR **59** 209. Ändert der VN willkürlich die Anzeige des Kilometer-
standes, so kann darin eine Verletzung der Aufklärungspflicht liegen, die den **Versicherer** von
der Leistungspflicht befreit, Mü VersR **61** 1034. Das **Verfälschen der Messung des Wegstre-**
ckenzählers durch Einwirkung auf das Gerät ist gem. § 22b StVG strafbar. Im Falle des Verkaufs
eines von manipulierten Fzs liegt bei Verschweigen der Verfälschung Betrug vor, Bay JR **72** 65. III
schreibt die Ausrüstung mit Wegstreckenzählern außer bei Mietwagen (§ 30 BOKraft),
BMV 9.11.66, StV 2–2102 H/66, nicht zwingend vor.

3. Ausnahmen. s. Rn. 2 sowie § 70 I. 4

5   **4. Zuwiderhandlungen.** §§ 69a III Nr. 25 StVZO, 24 StVG. § 268 StGB schützt nur vom Messgerät abtrennbare Daueraufzeichnungen, nicht auch eine bloße Geräteanzeige, wie beim Wegstreckenzähler, BGHSt **29** 204 = NJW **80** 1638, Dü VM **75** 54 (BGHSt 4 StR 566/72 ist aufgegeben, VM **79** 42 gegenstandslos).

Fahrtschreiber und Kontrollgerät

57a (1) ^{1}Mit einem nach dem Mess- und Eichgesetz in Verkehr gebrachten Fahrtschreiber sind auszurüsten

1. Kraftfahrzeuge mit einem zulässigen Gesamtgewicht von 7,5 t und darüber,
2. Zugmaschinen mit einer Motorleistung von 40 kW und darüber, die nicht ausschließlich für land- oder forstwirtschaftliche Zwecke eingesetzt werden,
3. zur Beförderung von Personen bestimmte Kraftfahrzeuge mit mehr als acht Fahrgastplätzen.

^{2}Dies gilt nicht für

1. Kraftfahrzeuge mit einer durch die Bauart bestimmten Höchstgeschwindigkeit von nicht mehr als 40 km/h,
2. Kraftfahrzeuge der Bundeswehr, es sei denn, dass es sich um Kraftfahrzeuge der Bundeswehrverwaltung oder um Kraftomnibusse handelt,
3. Kraftfahrzeuge der Feuerwehren und der anderen Einheiten und Einrichtungen des Katastrophenschutzes,
4. Fahrzeuge, die in § 18 Absatz 1 der Fahrpersonalverordnung vom 27. Juni 2005 (BGBl. I S. 1882), die zuletzt durch die Artikel 1, 4 und 5 der Verordnung vom 22. Januar 2008 (BGBl. I S. 54) geändert worden ist, genannt sind,
5. Fahrzeuge, die in Artikel 3 Buchstabe d bis g und i der Verordnung (EG) Nr. 561/2006 des Europäischen Parlaments und des Rates vom 15. März 2006 (ABl. L 102 vom 11.4.2006, S. 1), die durch die Verordnung (EG) Nr. 1073/2009 (ABl. L 300 vom 14.11.2009, S. 88) geändert worden ist, genannt sind.

(1a) Der Fahrtschreiber sowie alle lösbaren Verbindungen der Übertragungseinrichtungen müssen plombiert sein.

(2) ^{1}Der Fahrtschreiber muss vom Beginn bis zum Ende jeder Fahrt ununterbrochen in Betrieb sein und auch die Haltezeiten aufzeichnen. ^{2}Die Schaublätter – bei mehreren miteinander verbundenen Schaublättern (Schaublattbündel) das erste Blatt – sind vor Antritt der Fahrt mit dem Namen der Führer sowie dem Ausgangspunkt und Datum der ersten Fahrt zu bezeichnen; ferner ist der Stand des Wegstreckenzählers am Beginn und am Ende der Fahrt oder beim Einlegen und bei der Entnahme des Schaublatts vom Kraftfahrzeughalter oder dessen Beauftragten einzutragen; andere, durch Rechtsvorschriften weder geforderte noch erlaubte Vermerke auf der Vorderseite des Schaublatts sind unzulässig. ^{3}Es dürfen nur Schaublätter mit Prüfzeichen verwendet werden, die für den verwendeten Fahrtschreibertyp zugeteilt sind. ^{4}Die Schaublätter sind zuständigen Personen auf Verlangen jederzeit vorzulegen; der Kraftfahrzeughalter hat sie ein Jahr lang aufzubewahren. ^{5}Auf jeder Fahrt muss mindestens ein Ersatzschaublatt mitgeführt werden.

(3) ^{1}Die Absätze 1 bis 2 gelten nicht, wenn das Fahrzeug an Stelle eines vorgeschriebenen Fahrtschreibers mit einem Kontrollgerät im Sinne des Anhangs I oder des Anhangs I B der Verordnung (EWG) Nr. 3821/85 ausgerüstet ist. ^{2}In diesem Fall ist das Kontrollgerät nach Maßgabe des Absatzes 2 zu betreiben; bei Verwendung eines Kontrollgerätes nach Anhang I B der Verordnung (EWG) Nr. 3821/85 muss die Fahrerkarte nicht gesteckt werden. ^{3}Im Falle des Einsatzes von Kraftomnibussen im Linienverkehr bis 50 Kilometer kann anstelle des Namens der Führer das amtliche Kennzeichen oder die Betriebsnummer des jeweiligen Fahrzeugs auf den Ausdrucken und Schaublättern eingetragen werden. ^{4}Die Daten des Massespeichers sind vom Kraftfahrzeughalter alle drei Monate herunterzuladen; § 2 Absatz 5 der Fahrpersonalverordnung gilt entsprechend. ^{5}Wird bei Fahrzeugen zur Güterbeförderung mit einer zulässigen Gesamtmasse von mindestens 12 t oder bei Fahrzeugen zur Personenbeförderung mit mehr als acht Sitzplätzen außer dem Fahrersitz und einer zulässigen Gesamtmasse von mehr als 10 t, die ab dem 1. Januar 1996 erstmals zum Verkehr zugelassen wurden und bei denen die Übermittlung der Signale an das Kontrollgerät ausschließlich elektrisch erfolgt, das Kontrollgerät ausgetauscht, so muss dieses durch ein Gerät nach Anhang I B der Verordnung (EWG) Nr. 3821/85 ersetzt werden. ^{6}Ein Austausch des Kontrollgerätes im Sinne des Satzes 5 liegt nur dann vor, wenn das gesamte System bestehend aus Registriereinheit und Geschwindigkeitsgeber getauscht wird.

(4) Weitergehende Anforderungen in Sondervorschriften bleiben unberührt.

Begr zur ÄndVO v. 14.6.88:VkBl. **88** 475 f. 1

Begr zur ÄndVO v. 23.7.90 (VkBl. **90** 521): **Zu Abs. 1:** *Nr. 2* stellt sicher, dass für bestimmte* 2 *Fahrzeugkategorien, für die ein EG-Kontrollgerät nicht bzw. nicht mehr erforderlich ist, auch kein „nationaler" Fahrtschreiber nach § 57a StVZO erforderlich ist. Insoweit werden die in § 57a StVZO enthaltenen Ausnahmetatbestände ergänzt.*
Hierbei handelt es sich um zwei Fallgruppen:
1. Fahrzeugkategorien, für die nach der vorliegenden Verordnung (Vgl. Artikel 2 Nr. 4) ein EG-Kontrollgerät nicht mehr erforderlich sein soll.
2. Bestimmte Fahrzeugkategorien, für die gemäß Artikel 4 der Verordnung (EWG) Nr. 3820/85 ein EG-Kontrollgerät nicht erforderlich ist.

Begr zur ÄndVO v. 27.6.05 (VkBl. **05** 593): **Zu Abs. 3:** *Mit Einführung des digitalen Kontrollge-* 3 *rätes werden die herkömmlichen Schaublätter zur Aufzeichnung der Lenk- und Ruhezeiten sowie der gefahrenen Wegstrecke und Geschwindigkeit für neu in den Verkehr kommende ausrüstungspflichtige Kraftfahrzeuge elektronisch aufgezeichnet und durch die so genannte Fahrerkarte ersetzt. Die regelmäßige Prüfung und Kalibrierung des digitalen Kontrollgerätes soll wie bisher schon bei EGKontrollgerät und Fahrtschreiber durch beauftragte Kraftfahrzeugwerkstätten, die die personellen und werkstattmäßigen Voraussetzungen erfüllen, durchgeführt werden. ...*
Die Neufassung des Abs. 3 enthält in Satz 1 die Ergänzung um die Ausrüstung mit dem digitalen Kontrollgerät gemäß der Verordnung (EWG) Nr. 3821/85 Anhang IB. ...

Begr zur ÄndVO v. 22.1.08 (BGBl. I S. 54, 83): **Zu Abs. 1 S. 2 Nr. 5:** (BR–Drs. 604/07 4 (Beschluss) S. 10): *Es sollen auch die von der Verordnung (EG) Nr. 561/2006 durch Artikel 3 unmittelbar ausgenommenen Fahrzeuge, soweit sie nicht schon durch den Satz 2 Nr. 1 bis 3 von der Pflicht zur Ausrüstung mit einem eichfähigen Fahrtschreiber ausgenommen sind, wegen der Gleichbehandlung mit den nach Nummer 4 ausgenommenen Fahrzeugen von der Ausrüstungspflicht mit einem nationalen Fahrtschreiber ausgenommen werden.*

Zu Abs. 3 S. 3 (BR–Drs. 604/07 S. 70): *Mit dem neuen Satz 3 soll den Unternehmen des Liniennahverkehrs (bis 50 km) wieder ermöglicht werden, statt des Fahrernamens das amtliche Kennzeichen oder die Betriebsnummer des jeweiligen Busses auf den Ausdrucken aus dem digitalen Kontrollgerät bzw. auf den Tachographenscheiben einzutragen. Die Besatzungen der Busse wechseln bis zu drei- oder viermal täglich. Tachographenscheiben müssen mithin bei jedem Wechsel ausgetauscht werden. Dies ist umständlich und macht letztendlich eine Kontrolle durch die Gewerbeaufsicht in den Betrieben nicht einfacher. Auf Grund der Einsatzpläne der Unternehmen in Verbindung mit den auf den Ausdrucken und Scheiben eingetragenen Fahrzeugnummern bzw. Kennzeichen kann anlässlich einer Betriebsprüfung zweifelsfrei festgestellt werden, welcher Fahrer das Fahrzeug gelenkt hat.*

Begr zur ÄndVO v. 10.5.12 **zu § 72 II Nr. 6a (jetzt 6e)** (BR–Drs. 843/11 (Beschluss) S. 10 5, 6 = VkBl. **12** 409): *Fahrtschreiber sind bereits langjährig nicht mehr am Markt erhältlich, sondern wurden durch EG-Kontrollgeräte nach Verordnung (EWG) 3821/85 ersetzt. Daher erscheint es auch im Hinblick auf den gemeinsamen EG-Binnenmarkt erforderlich, eine weitere Ausrüstpflicht von Neufahrzeugen mit nationalen Fahrtschreibern nach § 57a Absatz 1 StVZO ab 1.1.2013 entfallen zu lassen. Die Bestimmungen in § 57a Absatz 1 StVZO wurden weitgehend durch die Vorgaben der Verordnung (EG) Nr. 561/2006 (Sozialvorschriften) in Verbindung mit Verordnung (EWG) Nr. 3821/85 über das EG-Kontrollgerät im Straßenverkehr ersetzt. Die in § 57a Absatz 1 StVZO genannten Fahrtschreiber waren nach § 22a StVZO bauartgenehmigungspflichtig. Diese Geräte sind bereits langjährig nicht mehr am Markt erhältlich, sondern wurden durch o. g. EG-Kontrollgeräte ersetzt. Daher erscheint es auch im Hinblick auf die EG-Harmonisierung und den Binnenmarkt notwendig und vertretbar, eine weitergehende Ausrüstungspflicht von Neufahrzeugen mit Fahrtschreibern nach § 57a Absatz 1 StVZO ab 1.1.2013 entfallen zu lassen, ...*

Ergänzende Rechtsquellen: 7
Fahrpersonalverordnung (FPersV) = Beck-Texte Nr. 575
EU-Recht: VO (EWG) Nr. 3821/85 wurde mWv 2.3.16 ersetzt durch VO (EU) Nr. 165/2014, ABlEU Nr. L 60 v. 28.2.14 S. 1 = Beck-Texte Nr. 580 = StVRL § 57a Nr. 20
VO (EG) 561/2006 = Beck-Texte Nr. 565 = StVRL § 57a Nr. 19
VO (EU) 799/2016 = ABlEU Nr. L 139 v. 26.5.16 S. 1

---

* Nr. 2 der ÄndVO.

8   **1. Anwendungsbereich.** Lkw- und Busfahrer haben aus Gründen der Verkehrssicherheit und zum Arbeitsschutz Lenk- und Ruhezeiten einzuhalten. Zur Ermöglichung der Kontrolle der Einhaltung dieser Zeiten müssen die meisten Fz zur Güterbeförderung und Busse mit durch EU-Recht vorgeschriebenen Fahrtenschreibern (früher Kontrollgeräte genannt) ausgerüstet sein. Die Begriffe Fahrtenschreiber und Kontrollgerät werden nach dem Unionsrecht synonym verwendet (Art 2 II Buchst. a VO (EU) 165/2014). Die Regelungen über Fahrtschreiber nach Abs. 1 und 2 finden nur auf die Fz Anwendung, die von der vorrangigen Pflicht zur Ausrüstung mit EG-Kontrollgeräten ausgenommen sind. Die Ausrüstpflicht von Neufahrzeugen mit Fahrtschreibern nach Abs. 1 ist seit 1.1.13 entfallen (§ 72 II Nr. 6e, Begr Rn. 5–6). Für Fz, die mit einem EG-Kontrollgerät ausgerüstet sein müssen, gilt nur Abs. 3 S. 5 und 6. Für Fz, die von der Pflicht zur Ausrüstung mit EG-Kontrollgeräten ausgenommen sind, die aber auf freiwilliger Basis mit EG-Kontrollgeräten ausgerüstet wurden, gilt Abs. 3 S. 1–4. Die Ausrüstung mit Fahrtschreibern oder Kontrollgeräten hat mit der Führung eines Fahrtenbuches (§ 31a) nichts zu tun. Zum Unfalldatenschreiber s. Rn. 21.

9   **2. EG-Kontrollgeräte.** Die Regelungen zur Ausrüstung von Fz mit EG-Kontrollgeräten/Fahrtenschreibern sind nicht in der StVZO enthalten, da es sich um unmittelbar geltendes EU-Recht handelt, das nicht in deutsches Recht umgesetzt werden muss. EG-Kontrollgeräte (digitale Fahrtenschreiber) müssen bei Fz zur Güterbeförderung über 3,5 t zGM einschließlich Anhänger oder Sattelanhänger und Fz zur Personenbeförderung, die für die Beförderung von mehr als 8 Fahrgästen konstruiert oder dauerhaft angepasst und zu diesem Zweck bestimmt sind, eingebaut sein und benutzt werden, soweit sie nicht ausdrücklich davon ausgenommen sind (Art 3 I VO (EU) Nr. 165/2014 (ABlEU Nr. L 60 v. 28.2.14 S. 1) iVm Art 2 I, Art 3 VO (EG) 561/2006). Dies gilt auch für Pkw mit Anhänger zur gewerbl. Güterbeförderung, wenn die zGM des Gespanns über 3,5 t liegt.

10   Nach Art 3 I VO (EU) Nr. 165/2014 iVm Art 3 VO (EG) 561/2006 sind von der Ausrüstungspflicht mit EG-Kontrollgeräten/Fahrtenschreibern **ausgenommen,** ohne dass dies einer Umsetzung in deutsches Recht bedarf:

a) Fz oder FzKombinationen bis 7,5 t, die zur Beförderung von Material, Ausrüstungen oder Maschinen benutzt werden, die der Fahrer zur Ausübung seines Berufes benötigt, und die nur in einem Umkreis von 100 km vom Standort des Unternehmens benutzt werden, wenn das Lenken des Fz für den Fahrer nicht die Haupttätigkeit darstellt,

b) Fz mit einer zulässigen Höchstgeschwindigkeit von nicht mehr als 40 km/h,

c) Fz, die Eigentum der Streitkräfte, des Katastrophenschutzes, der Feuerwehr oder der für die Aufrechterhaltung der öffentlichen Ordnung zuständigen Kräfte sind oder von ihnen ohne Fahrer angemietet werden, sofern die Beförderung aufgrund der diesen Diensten zugewiesenen Aufgaben stattfindet und ihrer Aufsicht unterliegt,

d) Fz – einschließlich Fz, die für nichtgewerbliche Transporte für humanitäre Hilfe verwendet werden –, die in Notfällen oder bei Rettungsmaßnahmen verwendet werden,

e) SpezialFz für medizinische Zwecke (gilt auch für tierärztliche Zwecke),

f) spezielle PannenhilfeFz, die innerhalb eines Umkreises von 100 km um ihren Standort eingesetzt werden,

g) Fz, mit denen zum Zweck der technischen Entwicklung oder im Rahmen von Reparatur- oder Wartungsarbeiten Probefahrten auf der Straße durchgeführt werden, sowie neue oder umgebaute Fz, die noch nicht in Betrieb genommen worden sind,

h) Fz oder FzKombinationen mit einer zulässigen Höchstmasse von nicht mehr als 7,5 t, die zur nichtgewerblichen Güterbeförderung verwendet werden,

i) NutzFz, die nach den Rechtsvorschriften des Mitgliedstaats, in dem sie verwendet werden, als historisch eingestuft werden und die zur nichtgewerblichen Güter- oder Personenbeförderung verwendet werden (Oldtimer).

11   Die EU-Mitgliedstaaten können **weitere Ausnahmen** von der Ausrüstungspflicht mit EG-Kontrollgeräten zulassen (Art 3 II VO (EU) Nr. 165/2014 iVm Art 13 I, III VO (EG) 561/2006), wovon Deutschland mit **§ 18 I FPersV** Gebrauch gemacht hat. Danach sind **zusätzlich u. a.** die folgenden Fz von der Ausrüstungspflicht mit EG-Kontrollgeräten/Fahrtenschreibern **ausgenommen:**

a) Fz, die von Landwirtschafts-, Gartenbau-, Forstwirtschaft- oder Fischereiunternehmen zur Güterbeförderung, insbesondere auch zur Beförderung lebender Tiere, iRd eigenen unternehmerischen Tätigkeit in einem Umkreis von bis zu 100 km vom Standort des Unternehmens verwendet oder von diesen ohne Fahrer angemietet werden (§ 18 I Nr. 2 FPersV),

b) land- und forstwirtschaftliche Zugmaschinen, die für land- oder forstwirtschaftliche Tätigkeiten in einem Umkreis von bis zu 100 km vom Standort des Unternehmens verwendet werden, das das Fz besitzt, anmietet oder least (§ 18 I Nr. 3 FPersV),

c) Fz, die zum Fahrschulunterricht und zur Fahrprüfung zwecks Erlangung der FE oder eines beruflichen Befähigungsnachweises dienen, sofern diese Fz nicht für die gewerbliche Personen- oder Güterbeförderung verwendet werden (§ 18 I Nr. 7 FPersV, s. aber § 5 III FahrlGDV: AusbildungsFz der Klassen C1, C, D1 und D müssen mit einem Fahrtenschreiber/Kontrollgerät ausgerüstet sein, *Dauer* FahrlR § 5 FahrlGDV Anm 13),

d) Fz mit 10 bis 17 Sitzen, die ausschließlich zur nicht gewerblichen Personenbeförderung verwendet werden (§ 18 I Nr. 9 FPersV),

e) SpezialFz, die zum Transport von Ausrüstungen des Zirkus- oder Schaustellergewerbes verwendet werden (§ 18 I Nr. 10 FPersV).

EG-Kontrollgeräte/Fahrtenschreiber gibt es in **mechanischer** Form mit Schaublatt und **12** in **digitaler** Form mit elektronischer Speicherung der Informationen. Sie müssen hinsichtlich Bauart, Einbau, Benutzung und Prüfung der VO (EU) Nr. 165/2014 entsprechen. Die Prüfung der Kontrollgeräte erfolgt gem. § 57b nur durch amtlich anerkannte Hersteller oder Werkstätten. Das **digitale Kontrollgerät** speichert die Fahreraktivitäten in einem Massenspeicher und auf Kontrollgerätkarten/Fahrtenschreiberkarten. Statt der früheren Schaublätter gibt es Streifenausdrucke aus einem im Gerät integrierten Drucker. Es gibt 4 verschiedene **Kontrollgerät-/Fahrtenschreiberkarten:** Fahrerkarte, Werkstattkarte, Unternehmenskarte und Kontrollkarte; Regelungen dazu s. §§ 4–10 FPersV, *Glembotzki/Kaps* VD **08** 265. Zur Beantragung einer Fahrerkarte benötigt der Fahrer, der Inhaber einer deutschen FE ist, einen KartenFS (§ 4 I S. 3 Nr. 1a FPersV iVm Muster 1 Anl 8 FeV). Eine FE der Kl B genügt, da auch Fz auf freiwilliger Basis mit digitalen Kontrollgeräten ausgerüstet werden können, die von der Pflicht zur Ausrüstung mit einem EG-Kontrollgerät/Fahrtenschreiber ausgenommen sind und für die eine FE der Kl B genügt. Die Fahrerkarte ist von angestellten Fahrern auf eigene Kosten zu beschaffen (BAG NJW **08** 1612). Das KBA personalisiert und liefert die Fahrtenschschreiberkarten (§ 2 I Nr. 10 KBAGesetz) und führt das Zentrale Fahrtenschreiberkartenregister (§ 2 I Nr. 2 Buchst. d KBAGesetz, § 2 Nr. 4 FPersG, §§ 11–17 FPersV) zum Nachweis der ausgegebenen Fahrtenschreiberkarten.

Seit dem 1.5.06 erstmals zum Verkehr zugelassene neue Fz zur Güterbeförderung über 3,5 t **13** zGM einschl Anhänger oder Sattelanhänger und Fz zur Personenbeförderung mit mehr als 8 Fahrgastplätzen **müssen** mit einem **digitalen Kontrollgerät** gem. Anhang I B der VO (EWG) 3821/85 idF der VO (EG) Nr. 1360/2002 **ausgerüstet** sein (Art 27 I iVm Art. 29 VO (EG) Nr. 561/2006), soweit sie nicht durch EU- oder deutsches Recht von der Ausrüstungspflicht mit EG-Kontrollgeräten ausgenommen sind. Das digitale Kontrollgerät/der digitale Fahrtenschreiber soll das früher verwendete mechanische EG-Kontrollgerät mit Schaublatt gem. Anhang I der VO (EWG) 3821/85 ablösen. Eine allgemeine Nachrüstpflicht besteht jedoch nicht. Allerdings müssen Fz zur Güterbeförderung mit einer zGM von mehr als 12 t und Fz zur Personenbeförderung mit mehr als 8 Fahrgastplätzen und einer zGM von mehr als 10 t, die ab dem 1.1.96 erstmals zugelassen wurden, auf das digitale Kontrollgerät umgerüstet werden, wenn das bisherige mechanische Kontrollgerät nach Anhang I ersetzt werden muss und die technischen Voraussetzungen gegeben sind (Abs. 3 S. 4; Art 2 Abs. 1b VO (EG) 2135/98). Ein Austausch des Kontrollgerätes in diesem Sinne liegt nur vor, wenn das gesamte System bestehend aus Registriereinheit und Geschwindigkeitsgeber ausgetauscht wird (Abs. 3 S. 6). Die seit 2006 verwendeten digitalen Fahrtenschreiber der ersten Generation wurden seit 2019 durch **intelligente Fahrtenschreiber der zweiten Generation** abgelöst, die an ein globales Satellitennavigationssystem angebunden sind. Sie wurden durch die DurchführungsVO (EU) 2016/799 (ABlEU Nr. L 139 v. 26.5.16 S. 1, ABlEU Nr. L 146 v. 3.6.16 S. 31) eingeführt. Seit Juni 2019 dürfen nur noch diese digitalen Fahrtenschreiber der zweiten Generation, sogenannte „intelligente Fahrtenschreiber", in erstmals zugelassene Fz eingebaut werden. Sie umfassen eine Anbindung an das globale Satellitennavigationssystem („GNSS"), eine Ausrüstung zur Früherkennung per Fernkommunikation und eine Schnittstelle zu intelligenten Verkehrssystemen. Andere als intelligente Fahrtenschreiber müssen auch weiterhin den Anforderungen des Anhangs I bzw. des Anhangs I B der VO (EWG) 3821/85 genügen (Art. 1 III der DurchführungsVO (EU) 2016/799).

Soweit Fz zwar mit einem EG-Kontrollgerät, nicht aber mit einem digitalen Kontrollgerät **14** ausgerüstet sein müssen, ist **freiwillige Ausrüstung** mit einem digitalen Kontrollgerät möglich; § 57a gilt dann nicht. Soweit Fz gänzlich von der Pflicht zur Ausrüstung mit einem EG-Kontrollgerät ausgenommen sind, ist freiwillige Ausrüstung sowohl mit einem mechanischen als auch mit einem digitalen EG-Kontrollgerät möglich (Art 3 IV VO (EWG) Nr. 3821/85). Dann gelten Abs. 1 und 2 nicht (Abs. 3 S. 1), aber das EG-Kontrollgerät ist dann nach Maßgabe des Abs. 2 zu betreiben (Abs. 3 S. 2 Hs. 1); bei freiwilliger Ausrüstung mit einem digitalen Kontrollgerät muss die Fahrerkarte nicht gesteckt werden (Abs. 3 S. 2 Hs. 2), die Daten des Massespeichers sind aber vom Halter alle 3 Monate herunterzuladen (Abs. 3 S. 4).

14a   **Literatur:** *Krumm,* Geschwindigkeitsfeststellung in Bußgeldverfahren mit dem digitalen EG-Kontrollgerät, SVR **07** 198. *Langer,* Novellierung der Lenk- und Ruhezeiten im StrV und das neue digitale Kontrollgerät, DAR **07** 415. *Derselbe,* Anpassung der nationalen Vorschriften über die Lenk- und Ruhezeiten an das geltende EU-Recht, DAR **08** 421. *Rang,* Das digitale Kontrollgerät, 4. Aufl., München 2007.

15   **3. Nationale Fahrtschreiber (Abs. 1, 2).** Mit Fahrtschreibern nach Abs. 1 (Fahrtschreibern nach deutschem Recht, „nationalen Fahrtschreibern") müssen die in Abs. 1 S. 1 genannten Fz ausgerüstet sein, soweit sie nicht der vorrangigen Pflicht zur Ausrüstung mit EG-Kontrollgeräten unterliegen und soweit nicht eine Ausnahme gem. Abs. 1 S. 2 gilt. Abs. 1 S. 2 Nr. 4 und 5 bedeutet, dass Fz, die nach EU- und deutschem Recht von der Ausrüstungspflicht mit EG-Kontrollgeräten ausgenommen sind (s. Rn. 10, 11), auch von der Ausrüstungspflicht mit nationalen Fahrtschreibern ausgenommen sind. Soweit Fz mit Fahrtschreiber auszurüsten sind, können sie auf freiwilliger Basis mit EG-Kontrollgeräten ausgerüstet werden; dann gelten Abs. 1 und 2 nicht (Abs. 3 S. 1). In diesem Fall ist das Kontrollgerät nach Maßgabe von Abs. 3 S. 2–4 zu betreiben. Fahrtschreiber müssen nach § 22a I Ziff 20 in amtlich genehmigter Bauart ausgeführt sein. Technische Anforderungen bei der Bauartprüfung, VkBl. **73** 558, zuletzt geändert: VkBl. **06** 645 = StVRL § 22a Nr. 1 (Nr. 33). Die **Ausrüstpflicht von Neufahrzeugen** mit Fahrtschreibern nach Abs. 1 ist seit 1.1.13 **entfallen** (§ 72 II Nr. 6a, Begr Rn. 5–6). Diese Geräte sind nicht mehr am Markt erhältlich, sondern wurden durch EG-Kontrollgeräte ersetzt.

15a   **Mit Fahrtschreibern müssen ausgerüstet sein:** Kfz mit zulässigem Gesamtgewicht (§ 34) von 7,5 t und mehr; Zugmaschinen mit Motorleistung von 40 kW und mehr; Omnibusse (Fz mit mehr als 8 Fahrgastplätzen, § 30d I). **Wohnmobile** ab 7,5 t zulässigem Gesamtgewicht müssen mit einem nationalen Fahrtschreiber nach Abs. 1 ausgerüstet sein, der fahrzeugbezogen zu betreiben ist. Ist statt des vorgeschriebenen Fahrtschreibers ein EG-Kontrollgerät in ein Wohnmobil eingebaut, ist dieses (anders als nach der bis zum 1.7.05 geltenden Fassung des Abs. 3 S. 2) nicht mehr fahrerbezogen, sondern fahrzeugbezogen zu betreiben mit der Folge, dass die Lenk- und Ruhezeiten der VO EWG 3820/85, jetzt der VO (EG) 561/2006, nicht gelten (s. Begr zur ÄndVO v. 27.6.05, VkBl. **05** 593). Kfz iSd Abs. 1 S. 1 Nr. 1 ist nur der Triebwagen ohne Anhänger (Kar VRS **13** 366, Kö VRS **68** 393). Ein Omnibus muss auch bei einer Versuchsfahrt ohne Fahrgäste mit einem betriebsfähigen Fahrtschreiber ausgerüstet sein; der Führer handelt möglicherweise in unverschuldetem Verbotsirrtum, wenn der Betriebsleiter ihm erklärt hatte, bei Versuchswagen brauche kein Schaublatt eingelegt zu werden (Bay NJW **61** 421). Die Befreiung der Kfze der BW (Abs. 1 S. 2 Nr. 2) von der Fahrtschreibervorschrift ist nicht verfassungswidrig (Fra VRS **31** 139). Pkw-Kombi mit Anhänger müssen, wenn das zulässige Gesamtgewicht beider Fze zusammen 3,5 t übersteigt und wenn beide Fze (überwiegend) der Güterbeförderung dienen, gem. Art 3 VO (EWG) 3821/85 mit einem Kontrollgerät ausgerüstet sein (Kö VRS **68** 393, Ha VkBl. **85** 290, Dü DAR **86** 233).

16   **Betrieb des Fahrtschreibers.** Vorgeschriebene Fahrtschreiber müssen während der ganzen Fahrt **ununterbrochen in Betrieb** sein und auch die Haltezeiten aufzeichnen (Abs. 2 S. 1, Ha VRS **31** 392, Schl VM **67** 13). Dafür ist der Fahrer verantwortlich. Dieser muss beim Halter auf richtige Fahrtschreiberanzeige dringen, sonst kann er bei unrichtiger Anzeige uU als Garant verantwortl. sein, soweit § 268 StGB reicht, s. dazu Rn. 9 sowie LG Stade NJW **74** 2017 (im Ergebnis verneint). Tägl. vor der ersten Fahrt muss der Fahrer feststellen, ob der Fahrtschreiber aufzeichnet (Ha VRS **31** 392), auch nach Übernahme von einem anderen Fahrer im Laufe des Tages (Zw VM **81** 90), aber nicht ohne Anlass auch während der Fahrt (Kar NZV **97** 51). Dafür, dass der Fahrtschreiber betriebsfähig ist, dass stets Schaublätter vorhanden sind und dass § 57a befolgt wird, ist auch der Halter verantwortl. (Bay VRS **26** 147, Dü VM **66** 8. S. § 31). Für nicht vorgeschriebene Fahrtschreiber gilt die Betriebspflicht des Abs. 2 S. 1 nicht (Bay VRS **80** 230, BMV 1.12.66, StV 2–2184 K/66). **Im Ausland zugelassene Kfze** der in Abs. 1 bezeichneten Art, welche Fahrtschreiber führen, ohne im Heimatland dazu verpflichtet zu sein, müssen diese jedenfalls dann nicht gem. Abs. 2 betreiben, wenn sie in einem der Unterzeichnerstaaten des ÜbStrV zugelassen sind (Bay VRS **83** 65, abw noch Bay VRS **57** 222). Kurzes **Öffnen des Fahrtschreibers** zur Anbringung erlaubter oder notwendiger Vermerke (Arbeitsbeginn und -ende, Pausen) ist keine Betriebsunterbrechung (*Kullik* VD **73** 231). Das Schaublatt muss nicht täglich, sondern **beim Antritt der Fahrt ausgewechselt** werden; Doppelbeschriftung durch

Benutzung über den Zeitraum von 24 Stunden hinaus ist jedoch unzulässig (Bay VRS **10** 64, Schl VM **67** 13, **92** 2). Vor der Fahrt ist auf dem Schaublatt **zu vermerken** (Abs. 2 S. 2): Name des Führers (Namen mehrerer Führer, die sich abwechseln) – Ausnahme Abs. 3 S. 3 –, Datum und Ausgangspunkt der Fahrt; Schaublattbündel sind zulässig; solche Blätter werden für einen längeren Zeitraum, meist eine Woche, verwendet. Dann genügt die Eintragung des Führers, des Ausgangspunkts und des Datums der ersten Fahrt. Stets ist außer den genannten Angaben der Stand des Kilometerzählers bei Beginn und Ende der Fahrt, bei Verwendung eines Siebentageschreibers bei Beginn und am Ende des Zeitraums auf dem Schaublatt zu vermerken. Alle Eintragungen auf Schaublättern hat der Halter oder dessen Beauftragter vorzunehmen (Abs. 2 S. 2), dieser ist Urkundenaussteller, s. Rn. 9. Nur **Schaublätter mit Prüfzeichen** dürfen verwendet werden, die für den verwendeten Fahrtschreibertyp zugeteilt sind. Die Aufzeichnungen auf den eingelegten Schaublättern sind **technische Aufzeichnungen** (§ 268 II StGB, BGH VRS **58** 415, Dü NZV **94** 199, KG VRS **57** 121, s. dazu Rn. 9). Gestattet es der Fahrtschreiber eines Lkw infolge mehrfachen Überschreibens nicht, die Geschwindigkeit zur Unfallzeit abzulesen, so ist das zum Nachteil dessen zu berücksichtigen, der ihn nicht ordnungsmäßig bedient hat (zw, Tatfrage, Kö VersR **64** 543). Fahrtschreiberausfall unterwegs macht den Lkw nicht verkehrsunsicher; die Fahrt darf zu Ende geführt werden (Bay DAR **78** 204).

Die **Auswertung des Fahrtschreiber- oder EG-Kontrollgerät-Schaublattes** ist ein ge- **17** eignetes Beweismittel zur Feststellung von Überschreitung der zulässigen **Höchstgeschwindigkeit** (Kö NZV **94** 292, VRS **93** 206, Jn DAR **05** 44, Dü VRS **90** 296, NZV **96** 503, Ba ZfS **08** 295), auch wenn der genaue Tatort nicht mehr feststellbar ist (Bay NZV **96** 160, BaySt **97** 40, Ha NZV **92** 159 (abl *Suhren* NZV **92** 271), VRS **92** 36, ZfS **94** 187, Dü VM **94** 43, AG Marl ZfS **94** 30 (abl *Röttgering*), *Zeising* NZV **94** 384, aM LG Münster DAR **95** 303 (Anm *Berr*), s. dazu *Hentschel* NJW **95** 630). Die Verwertung der Schaublätter in der Hauptverhandlung zu Beweiszwecken geschieht durch Augenscheineinnahme (Bay ZfS **97** 315, Jn DAR **05** 44, Kö DAR **90** 109, Dü VRS **90** 296, Ba ZfS **08** 295). Beruht die Überführung auf Auswertung eines Fahrtschreiberblattes, so ist die Inaugenscheinnahme auch zu protokollieren, wenn der Angeklagte das Auswertungsergebnis nicht bestreitet; durch Vorhalt kann das Blatt nicht in die Hauptverhandlung eingeführt werden, auch nicht durch Verlesung (Kö VRS **24** 62). Zur Auswertung bedarf der Richter bei längerer Fahrtstrecke nicht der Hinzuziehung eines Sachverständigen (Jn DAR **05** 44, Ha DAR **04** 42, NZV **92** 159, Kö NZV **94** 292, VRS **65** 159 (3 km), Dü NZV **96** 503, VRS **90** 296), anders aber bei Geschwindigkeitsänderungen binnen kurzer Zeit und Strecke (Bay ZfS **97** 315, Jn DAR **05** 44, Kö NZV **94** 292, DAR **90** 109, Dü VRS **90** 296, NZV **96** 503). Die Annahme, die Aufzeichnungen seien unrichtig und abweichende Zeugenaussagen träfen zu, lässt sich nicht allein mit der allgemeinen Erwägung begründen, jedes Messinstrument könne versagen (BGH NJW **63** 586). Toleranzwert zum Ausgleich von Fehlerquellen: 6 km/h (Bay VRS **101** 457, Ha DAR **04** 42, Kö VRS **93** 206, Ba ZfS **08** 295, *Beck/Löhle* 2.15). Zur Auswertung des **digitalen EG-Kontrollgeräts** zur Geschwindigkeitsfeststellung in Bußgeldverfahren s. *Krumm* SVR **07** 198.

4. Kontrolle der Schaublätter. Diese sind zuständigen Personen auf Verlangen vorzuzeigen **18** (Abs. 2 S. 4), im Verkehr und unabhängig davon auch ohne Beziehung auf eine bestimmte Fahrt, denn der Halter hat die Schaublätter ein Jahr aufzubewahren (Abs. 2 S. 4, Ha VRS **12** 302). Abs. 2 S. 4 Hs. 2 richtet sich nur an den Halter, Hs. 1 dagegen an den jeweiligen Inhaber der tatsächlichen Gewalt über das Schaublatt, unterwegs also an den Fahrer (Bay VM **78** 50). Wer sich als Fahrer während und im Zusammenhang mit dem Betrieb weigert, zuständigen Kontrollpersonen das Schaublatt zur Prüfung auszuhändigen, verletzt Abs. 2 4 Hs. 1 mit § 69a V Nr. 6c (Bay VM **78** 50). Entnimmt der PolB das Schaublatt, so hat der Fahrer ein Ersatzschaublatt einzulegen (Abs. 2).

5. Weitergeltung weitergehender Vorschriften. Der Vorbehalt weitergehender Anforde- **19** rungen (Abs. 4) betrifft vor allem die VO (EWG) Nr. 3821/85, aber auch zB § 31a (Fahrtenbuch). Die Regelung bedeutet, dass bei mit Fahrtschreiber ausgerüsteten Kfz die Anordnung zur Führung eines Fahrtenbuchs gem. § 31a nicht ausgeschlossen ist (OVG Bautzen NJW **11** 471 (473)).

6. Verstöße. OWen: §§ 69a III Nr. 25, 25a, V Nr. 6, 6a, 6c StVZO, 24 StVG. Ist ein nur nach **20** nationalem Recht fahrtschreiberpflichtiges Fz mit EG-Kontrollgerät ausgerüstet, so ist ein Verstoß gegen die dann geltende Bestimmung des Abs. 2 (Abs. 3 S. 2) nach § 69a III Nr. 25a ow; anders, wenn das Fz durch VO (EWG) 3821/85 erfasst ist, dann OW nach FPersG (Bay VRS **60**

397). Wer es pflichtwidrig unterlässt, vorgeschriebene Eintragungen vorzunehmen oder wer Un-
richtiges auf den Schaublättern einträgt, verletzt Abs. 2 Satz 2 (KG VRS **57** 121). Für Befolgung
des § 57a hat auch der Halter zu sorgen, ferner der, dem der Halter die Verantwortung für das Fz,
besonders für dessen verkehrssicheren Zustand, übertragen hat (Ce DAR **55** 198). Weigerung
des Fahrers, das Schaublatt zur Prüfung auszuhändigen, s. Rn. 7. § 57a I S. 1, II (Fahren mit de-
fektem Fahrtschreiber) geht § 23 I StVO vor (Kar VRS **47** 294). Bei Fahren mit einem ow
Fahrtschreiber **TE** mit währenddessen begangenen VOWen (§ 37 StVO, Ha VRS **48** 299). Un-
terlassen der Beschriftung des Schaublatts steht zu OWen während der Fahrt in TM (s. Ha
VRS **29** 62, **60** 50), es bildet mit diesen auch nicht eine Tat iS von § 264 StPO (Ha VRS **60** 50,
Kö NZV **90** 201). Zur **Bußgeldbemessung** bei fahrlässiger Schaublattverwechslung vor Fahrt-
beginn, Kö VRS **59** 393. **Straftaten:** Der bloße Diagrammteil des Schaublatts ist ein Augen-
scheinsobjekt ohne Urkundencharakter (Bay NJW **81** 774). Durch Fahrer- und Fahrtdatu-
meintragung auf dem Schaublatt wird das Schaublatt als Ganzes ab Fahrtbeginn zur **Urkunde**
(Bay NJW **81** 774, VRS **82** 347, Stu VRS **74** 437, Kar VRS **97** 166, **103** 118, Dü NZV **94** 199).
Aussteller der Schaublatturkunde gem. Abs. 2 ist (anders als im Rahmen der VO EWG 3821/85
und des AETR, s. Bay VRS **73** 377, **82** 347, NZV **94** 36, Kar VRS **97** 166) der Halter, auch
wenn er nicht zugleich der Fahrer ist (Bay NJW **81** 774, Kar DAR **87** 24, KG VRS **57** 121, Stu
VRS **74** 437, Dü NZV **94** 199). Inhaltlich unzutreffende Eintragungen auf dem Schaublatt
durch den Halter oder dessen Beauftragten sind keine Urkundenfälschung (Dü NZV **94** 199,
km-Stand). Lässt der allein fahrende Fahrer im Beifahrerfach des Kontrollgerätes Schaublatt auf-
zeichnen und legt das Schaublatt später nach Eintragung seines Namens in das Fahrerfach, so
handelt es sich um bloße schriftliche Lüge (Kar VRS **103** 118). Auch durch Eintragung eines
falschen Fahrernamens durch den Halter stellt dieser daher keine unechte Urkunde her (Kar
DAR **87** 24 schriftliche Lüge), aM bei entsprechendem Verhalten des Fahrers *als Aussteller* eines
Schaublattes gem. VO EWG 3821/85, Bay VRS **82** 347, NZV **94** 36. Trägt dagegen der Fahrer
eigenmächtig ohne Einwilligung des Halters einen falschen Fahrernahmen auf dem Schaublatt
(gem. Abs. 2, dessen Aussteller er nicht ist) ein, so stellt er eine unechte Urkunde her (Bay
NJW **81** 774). Die Hinzufügung eines weiteren Namens auf dem Fahrtschreiberblatt nach Auf-
zeichnung ist Urkundenverfälschung (Stu NJW **78** 715). Zur nachträglichen Eintragung eines
falschen Datums auf dem Schaublatt, s. AG Langen MDR **86** 603. Abänderung der Schaublattbe-
schriftung durch den Aussteller nach Fahrtantritt als Urkundenfälschung (Stu VRS **74** 437,
s. dazu *Puppe* NZV **89** 479). Verwischt oder verändert der Kf die Schaublattaufzeichnungen,
handschriftlich wie technisch bewirkte, so verletzt er **§ 268 StGB;** die OW nach § 57a tritt
demgegenüber zurück, ebenso bei störender Einwirkung auf den Aufzeichnungsvorgang unter-
wegs, aber auch schon bei vorsätzlich falschem Einlegen des Schaublatts. Wer eine manipulatori-
sche Beeinflussung der Aufzeichnungen kennt oder (bedingt) vorsätzlich ausnutzt, verletzt § 268
I Nr. 1 StGB (Herstellen), nicht jedoch derjenige, der die Aufzeichnungsstörung zwar kennt und
durch Unterlassen der Fehlerbeseitigung ausnutzt, aber nicht mit ihrer Verursachung durch
voraufgegangene Manipulation rechnet, der Unrechtsgehalt solchen Unterlassens kommt dem-
jenigen des Herstellens einer unechten technischen Aufzeichnung nicht gleich (BGHSt **28** 300
= NJW **79** 1466, Bay VRS **55** 425, aM Ha VRS **52** 278). Bewusstes Verstellen der zum EG-
Kontrollgerät gehörenden Zeituhr zum Zwecke falscher Zeitangaben auf dem Schaublatt ist
gem. § 268 III StGB strafbar (Ha NJW **84** 2173, Bay VM **86** 60), ebenso Verbiegen der Nadel
mit der Folge der Aufzeichnung zu niedriger Geschwindigkeit (Bay DAR **88** 366, NZV **95** 287).
Nach überwiegender Ansicht erfüllt auch die Verwendung eines zu einem anderen Fahrtschrei-
bertyp gehörigen Schaublatts, soweit sie zu unrichtigen Aufzeichnungen führt, den Tatbestand
des § 268 III StGB (BGHSt **40** 26 = VRS **86** 345, Stu NZV **93** 237 (zust *Puppe* JR **93** 330),
Fischer § 268 Rn. 22, aM Bay VM **74** 2, *Rüth/Berr/Berz* Rn. 22). Zeitweiliges Abschalten beim
Fahren verletzt § 268 nur, wenn es eine zumindest teilweise unrichtige Aufzeichnung bewirkt,
nicht eine nur lückenhafte (Bay NJW **74** 325). Wer im Ausland die Geschwindigkeitsschreiber-
nadel verbiegt, so dass eine geringere Geschwindigkeit aufgezeichnet wird, verwirklicht nach
Überschreiten der Grenze nach Deutschland auch auf der Strecke zwischen Grenze und Kon-
trollstelle § 268 I S. 1 StGB (Bay DAR **82** 247). Öffnung des Gerätedeckels, um unrichtige Auf-
zeichnung zu bewirken, erfüllt § 268 III StGB, wenn dieses Ziel tatsächlich erreicht wird, nicht
dagegen, soweit dadurch lediglich Aufzeichnungen verhindert werden (Bay NJW **74** 325). Wird
ein „Zwei-Fahrergerät" durch Einlegen mehrerer Schaublätter zwar in der vorgesehenen Weise,
jedoch entgegen seinem Zweck nur durch *einen* Fahrer bedient, um die Ablösung durch einen
zweiten Fahrer vorzutäuschen, ist § 268 III StGB nicht erfüllt (BaySt **01** 57 = VRS **100** 444, Kar
VRS **103** 118). *Salentyn,* Manipulationen am EG-Kontrollgerät, DNP **90** 560. Die Eintragung

eines Fahrernamens als Bezugsvermerk zur Aufzeichnung ist nicht durch § 268 StGB geschützt (KG VRS **57** 121). Vernichtung des Schaublattes ist keine Urkundenunterdrückung iS von § **274** **StGB,** wenn sie nur das Ziel verfolgt, einen staatlichen Straf- oder Bußgeldanspruch zu vereiteln (Bay NZV **89** 81, Dü NZV **89** 477 (im Ergebnis zust *Puppe,* abl *Bottke* JR **91** 252), aM *Schneider* NStZ **93** 16, nach Dü NJW **85** 1231 jedenfalls dann nicht, wenn dadurch der Nachweis eines Parkverstoßes verhindert werden soll. Wer der polizeilichen Wegnahme des Fahrtschreiberblattes zwecks Kontrolle oder Beschlagnahme Widerstand leistet, verletzt § 113 StGB (Ko VRS **41** 106).

7. Zum **Unfalldatenschreiber** als Beweismittel zur Aufklärung des Unfallhergangs („Kurz- 21 wegschreiber") s.VGT **80** 7, **90** 8 (Empfehlungen), **80** 40 *(Danner),* **80** 58 *(Nickel* = DAR **80** 39), **80** 73 *(Engels),* **80** 87 *(Schmidt), Bottke* JR **83** 309, *Engels* VGT **88** 123, *Vogt* NZV **91** 260, VGT **03** 11 (Empfehlungen), **03** 209 *(Brenner),* **03** 225 *(Graeger), Münchhausen/Vieweg/Weber/ Zeidler* Die Auswertung von FzDaten bei der Unfallanalyse 45. VGT **07** 275 ff., *Brenner/Schmidt-Cotta* SVR **08** 41.

Literatur: *Brenner/Schmidt-Cotta,* Der Einsatz von Unfalldatenspeichern unter dem Brennglas des Euro- 22 parechts, SVR **08** 41. *Fuchs-Wissemann,* Unfallschreiber und Gerechtigkeit, DAR **87** 259. *Kraft,* Fahrtschreiber als Beweismittel, DAR **71** 124. *Graeger,* Unfalldatenspeicher, NZV **04** 16. *Löhle/Meininger,* Technische und rechtliche Aspekte der Auswertung des Unfalldatenspeichers, Verkehrsunfall **93** 11. *Streck,* Fahrtschreiber und Beweisführung, VGT **76** 183. *Puppe,* Vom Wesen der technischen Aufzeichnung, MDR **73** 460. *Waszkewitz,* Der Fahrtschreiber als Hilfsmittel der Fahrerkontrolle, ZVS **71** 120.

Prüfung der Fahrtschreiber und Kontrollgeräte

57b (1) [1]**Halter, deren Kraftfahrzeuge mit einem Fahrtschreiber nach § 57a Absatz 1 oder mit einem Kontrollgerät nach der Verordnung (EWG) Nr. 3821/85 ausgerüstet sein müssen, haben auf ihre Kosten über die Kontrollgeräte nach Maßgabe des Absatzes 2 und der Anlagen XVIII und XVIIIa darauf prüfen zu lassen, dass Einbau, Zustand, Messgenauigkeit und Arbeitsweise vorschriftsmäßig sind.** [2]**Bestehen keine Bedenken gegen die Vorschriftsmäßigkeit, so hat der Hersteller oder die Werkstatt auf oder neben dem Fahrtschreiber oder dem Kontrollgerät gut sichtbar und dauerhaft ein Einbauschild anzubringen.** [3]**Das Einbauschild muss plombiert sein, es sei denn, dass es sich nicht ohne Vernichtung der Angaben entfernen lässt.** [4]**Der Halter hat dafür zu sorgen, dass das Einbauschild die vorgeschriebenen Angaben enthält, plombiert sowie vorschriftsmäßig angebracht und weder verdeckt noch verschmutzt ist.**

(2) [1]**Die Prüfungen sind mindestens einmal innerhalb von zwei Jahren seit der letzten Prüfung durchzuführen.** [2]**Dabei endet die Frist für die Überprüfung erst mit Ablauf des Monats, in dem vor zwei Jahren die letzte Überprüfung erfolgte.** [3]**Außerdem müssen die Prüfungen nach jedem Einbau, jeder Reparatur der Fahrtschreiber- oder Kontrollgeräteanlage, jeder Änderung der Wegdrehzahl oder Wegimpulszahl und nach jeder Änderung des wirksamen Reifenumfanges des Kraftfahrzeugs sowie bei Kontrollgeräten nach Anhang I B der Verordnung (EWG) Nr. 3821/85 auch dann, wenn die UTC-Zeit von der korrekten Zeit um mehr als 20 Minuten abweicht oder wenn sich das amtliche Kennzeichen des Kraftfahrzeuges geändert hat, durchgeführt werden.**

(3) [1]**Die Prüfungen dürfen nur durch einen nach Maßgabe der Anlage XVIIIc hierfür amtlich anerkannten Fahrtschreiber- oder Kontrollgerätehersteller durch von diesen beauftragte Kraftfahrzeugwerkstätten und durch nach Maßgabe der Anlage XVIIId anerkannte Kraftfahrzeugwerkstätten durchgeführt werden.** [2]**Die Prüfungen dürfen nur an Prüfstellen vorgenommen werden, die den in Anlage XVIIIb festgelegten Anforderungen entsprechen.**

(4) [1]**Wird der Fahrtschreiber oder das Kontrollgerät vom Fahrzeughersteller eingebaut, so hat dieser, sofern er hierfür nach Anlage XVIIIc amtlich anerkannt ist, die Einbauprüfung nach Maßgabe der Anlage XVIIIa durchzuführen und das Gerät zu kalibrieren.** [2]**Die Einbauprüfung und Kalibrierung kann abweichend von Satz 1 auch durch einen hierfür anerkannten Fahrzeugimporteur durchgeführt werden.** [3]**Die Einbauprüfung darf nur an einer Prüfstelle durchgeführt werden, die den in Anlage XVIIIb festgelegten Anforderungen entspricht.**

Begr: VkBl **72** 460 f.). S. 36. Aufl. 1

Begr zur ÄndVO v. 27.6.05: VkBl. **05** 593.

Begr zur ÄndVO v. 26.7.13 **zu Abs. 2 S. 2** (BR-Drs. 445/13 S. 32 = VkBl. **13** 869): *Die bishe-* 1a *rige Fassung des § 57b Abs. 2 führte zu Belastungen für das Transportgewerbe, weil eine exakte Zweijahres-*

frist vorgegeben war, die letztlich eine taggenaue Durchführung erforderte. Da Nachprüfungen für das Kontrollgerät „unter anderem im Rahmen der technischen Überwachung der Kraftfahrzeuge durchgeführt werden können" (Anh. I Nr. VI Nr. 3a der EU-Verordnung 3821/85), dürfte eine taggenaue Umsetzung auch nicht in der Intention der EU-Verordnung sein. Negative Auswirkungen auf die Verkehrssicherheit sind nicht zu erwarten, wenn Kontrollgeräte an frei wählbaren Tagen des Fälligkeitsmonats überprüft werden dürfen.

2   **1. Prüfungspflicht** besteht gem. Abs S. 1 für die Halter, deren Fz mit einem nationalen Fahrtschreiber nach § 57a Abs. 1 oder mit einem EG-Kontrollgerät nach der VO (EWG) Nr. 3821/85 ausgerüstet sein müssen. Die Rahmenbedingungen zu den Prüfungen der Fahrtschreiber und Kontrollgeräte enthält Anl XVIII, die Durchführungsbestimmungen dazu Anl XVIIIa, ergänzt durch die Richtlinie für die Durchführung von Prüfungen an Fahrtschreibern und Kontrollgeräten (VkBl. **73** 139, **82** 239 = StVRL § 57b StVZO Nr. 1). Die Prüfungen sind mindestens einmal innerhalb von 2 Jahren seit der letzten Prüfung durchzuführen (Abs. 2 S. 1). Die Zweijahresfrist endet nicht taggenau zwei Jahre nach der letzten Prüfung, sondern erst am Ende des Fälligkeitsmonats (Abs. 2 S. 2, Begr Rn. 1a).

3   **2. Durchführung der Prüfung.** Die Prüfung der Fahrtschreiber und EG-Kontrollgeräte darf nur von amtlich anerkannten Fahrtschreiber- oder Kontrollgeräteherstellern, durch von diesen beauftragte und zu überwachende (Anl XVIIIc, Nr. 1.2b) Kfz-Werkstätten, oder durch amtlich anerkannte Kfz-Werkstätten durchgeführt werden (Abs. 3 S. 1). Wird Fahrtschreiber oder Kontrollgerät vom FzHersteller mit eingebaut, hat dieser, sofern er dazu amtlich anerkannt ist, auch die vorgeschriebene Einbauprüfung vorzunehmen und das Gerät zu kalibrieren (Abs. 4 S. 1). Einbauprüfung und Kalibrierung können auch durch hierfür anerkannte Importeure durchgeführt werden (Abs. 4 S. 2). Die Prüfungen dürfen nur an Prüfstellen vorgenommen werden, die den in Anl XVIIIb festgelegten Anforderungen entsprechen (Abs. 3 S. 2, Abs. 4 S. 3). Die Anerkennung von Fahrtschreiber- oder Kontrollgeräteherstellern, FzHerstellern und Importeuren für die Durchführung von Prüfungen ist in Anl XVIII c (ergänzt durch die Fahrtschreiber-Anerkennungsrichtlinie, VkBl. **72** 863, **73** 244, **74** 683 = StVRL § 57b StVZO Nr. 3), die Anerkennung von Kraftfahrzeugwerkstätten zur Durchführung von Prüfungen sowie die Schulung der mit der Prüfung beauftragten Fachkräfte sind in Anl XVIIId (ergänzt durch die Fahrtschreiber- und Kontrollgeräte-Anerkennungsrichtlinie, VkBl. **05** 595, und die Fahrtenschreiber-Schulungsrichtlinie, VkBl. **19** 354) geregelt. **Werkstattkarten** für digitale EG-Kontrollgeräte dürfen nur an nach § 57b anerkannte oder beauftragte Werkstätten, Hersteller von Kontrollgeräten und FzHersteller ausgegeben werden (§ 4 I S. 3 Nr. 2 FPersV). Sie dienen der Prüfung, Kalibrierung und dem Herunterladen von Daten durch diese Unternehmen. Erteilungsvoraussetzungen: § 7 FPersV, Wegfall von Erteilungsvoraussetzungen: § 8 FPersV. Handhabung der Werkstattkarten: Anl XVIIId Nr. 3).

4   **3. Einbauschild.** Für den ordnungsgemäßen Zustand des Einbauschildes, das den positiven Abschluss der Prüfung dokumentiert (Abs. 1 S. 2, Nr. 4.2 Anl XVIII), muss der Halter gem. Abs. 1 S. 4 wegen der Bedeutung des Schildes für die Überwachung sorgen.

5   **4. Ordnungswidrigkeiten.** § 69a V Nr. 6b StVZO, § 24 StVG. Die Unterlassung pflichtgemäßer Überprüfung durch den Halter ist an dem (jedem) Ort begangen, an welchem er sie hätte veranlassen müssen; dies ist grundsätzlich der Wohn- oder Firmensitz, nicht aber jeder andere Ort, an dem das Fz angetroffen und die Tat entdeckt wird (Bay DAR **79** 343).

Ausrüstung von Kraftfahrzeugen mit Geschwindigkeitsbegrenzern und ihre Benutzung

57c (1) **Geschwindigkeitsbegrenzer sind Einrichtungen, die im Kraftfahrzeug in erster Linie durch die Steuerung der Kraftstoffzufuhr zum Motor die Fahrzeughöchstgeschwindigkeit auf den eingestellten Wert beschränken.**

(2) [1]**Alle Kraftomnibusse sowie Lastkraftwagen, Zugmaschinen und Sattelzugmaschinen mit einer zulässigen Gesamtmasse von jeweils mehr als 3,5 t müssen mit einem Geschwindigkeitsbegrenzer ausgerüstet sein.** [2]**Der Geschwindigkeitsbegrenzer ist bei**

1. **Kraftomnibussen auf eine Höchstgeschwindigkeit einschließlich aller Toleranzen von 100 km/h (v_{set} + Toleranzen ≤ 100 km/h),**

2. **Lastkraftwagen, Zugmaschinen und Sattelzugmaschinen auf eine Höchstgeschwindigkeit – einschließlich aller Toleranzen – von 90 km/h (v_{set} + Toleranzen ≤ 90 km/h) einzustellen.**

(3) **Mit einem Geschwindigkeitsbegrenzer brauchen nicht ausgerüstet zu sein:**

1. **Kraftfahrzeuge, deren durch die Bauart bestimmte tatsächliche Höchstgeschwindigkeit nicht höher als die jeweils in Absatz 2 Satz 2 in Verbindung mit Absatz 4 genannte Geschwindigkeit ist,**

2. **Kraftfahrzeuge der Bundeswehr, der Bundespolizei, der Einheiten und Einrichtungen des Katastrophenschutzes, der Feuerwehren, der Rettungsdienste und der Polizei,**

3. **Kraftfahrzeuge, die für wissenschaftliche Versuchszwecke auf der Straße oder zur Erprobung im Sinne des § 19 Absatz 6 eingesetzt werden, und**

4. **Kraftfahrzeuge, die ausschließlich für öffentliche Dienstleistungen innerhalb geschlossener Ortschaften eingesetzt werden oder die überführt werden (zum Beispiel vom Aufbauhersteller zum Betrieb oder für Wartungs- und Reparaturarbeiten).**

(4) **Die Geschwindigkeitsbegrenzer müssen den im Anhang zu dieser Vorschrift genannten Bestimmungen über Geschwindigkeitsbegrenzer entsprechen.**

(5) **Der Geschwindigkeitsbegrenzer muss so beschaffen sein, dass er nicht ausgeschaltet werden kann.**

Begr (VkBl. *93* 616): *Bei der EG ist die Richtlinie 92/6/EWG des Rates vom 10. Februar 1992* **1** *über den Einbau und die Benutzung von Geschwindigkeitsbegrenzern für bestimmte Kraftfahrzeugklassen verkündet worden, die durch § 57c Abs. 1 bis 3 in nationales Recht umgesetzt worden sind. In den Erwägungsgründen zu dieser Richtlinie ist unter anderem ausgeführt:*

„… Aufgrund ihrer starken Motorleistung, die sie zur Überwindung von Steigungen benötigen, können schwere Lastfahrzeuge und Kraftomnibusse auf ebener Strecke mit weit überhöhten Geschwindigkeiten fahren, für die andere Bauteile dieser Fahrzeuge, wie Bremsen und Reifen, nicht ausgelegt sind. Deshalb haben eine Reihe von Mitgliedstaaten für bestimmte Kraftfahrzeugklassen Geschwindigkeitsbegrenzer vorgeschrieben …“

Begr zur ÄndVO v. 25.10.94: BR-Drs. 782/94.

Begr zur ÄndVO v. 12.8.97: **Zu Abs. 2 Satz 2 Nr. 2:** *Die Europäische Kommission legt in einer „offiziellen Interpretation“ die Richtlinie 92/6/EWG so aus, „dass Geschwindigkeitsregler auf einen höheren Wert als 85 km/h eingestellt werden können, soweit sichergestellt ist, dass die Einstellung einschließlich der Toleranz 90 km/h nicht überschreitet. So kann beispielsweise die Einstellung des Geschwindigkeitsreglers auf 88 km/h bei einer geprüften Toleranz von 2 km/h hingenommen werden“.*

Die Ergänzung dient der Anpassung an die Interpretation der Europäischen Kommission.

Begr zur ÄndVO v. 2.11.04: BR-Drs. 600/04 S. 10.

Begr zur ÄndVO v. 26.7.13 **zu Abs. 2 S. 2 Nr. 1:** BR-Drs. 445/13 S. 32 = VkBl. **13** 869

1. Zweck der Bestimmung, s. Begr (Rn. 1). Sie setzt die **Richtlinie 92/6/EWG** in nationa- **2** les Recht um. Definition des Geschwindigkeitsbegrenzers: Abs. I. Durch ÄndVO v. 2.11.04 (Inkrafttreten: 1.5.05) wurde die Ausrüstungspflicht in Übereinstimmung mit der Richtlinie 2002/85/EG auf alle Kom und NutzFze mit zulässiger Gesamtmasse von mehr als 3,5 t ausgedehnt. Übergangsvorschrift: § 72 II aF. **Ausländische Kfz:** § 31d III.

2. Die **technischen Anforderungen** an Geschwindigkeitsbegrenzer sind in der **Richtlinie** **3** **92/24/EWG** = StVRL § 19 Nr. 10 enthalten; ihnen müssen die Einrichtungen entsprechen (Abs. IV). Jedoch dürfen Fz mit Geschwindigkeitsbegrenzer, die im Rahmen der BE für das Fz genehmigt wurden, weiterverwendet werden, desgleichen Geschwindigkeitsbegrenzer mit BE nach § 22 (§ 72 II aF).

3. Ununterbrochen betriebsbereit muss der Geschwindigkeitsbegrenzer sein. Deshalb darf **4** er nicht abschaltbar sein (Abs.V). Zwar enthält die Richtlinie 92/6/EWG eine solche Vorschrift nicht; sie ist aber als Betriebsvorschrift zur Klarstellung für den FzHalter und Betreiber erforderlich (s. Begr VkBl. **93** 616). **Vorsätzliche Funktionsbeeinträchtigung** ist gem. § 22b StVG strafbar.

4. Ordnungswidrigkeiten. § 69a III Nr. 25b StVZO, § 24 StVG. Ow ist das Unterlassen der **5** vorgeschriebenen Ausrüstung des Fzs mit dem Geschwindigkeitsbegrenzer sowie der Betrieb des Fzs ohne betriebsbereiten Geschwindigkeitsbegrenzer (Abs.V). Mit Geschwindigkeitsverstößen besteht TE, Zw NZV **02** 97.

Einbau und Prüfung von Geschwindigkeitsbegrenzern

57d (1) [1]Geschwindigkeitsbegrenzer dürfen in Kraftfahrzeuge nur eingebaut und geprüft werden von hierfür amtlich anerkannten

1. Fahrzeugherstellern,
2. Herstellern von Geschwindigkeitsbegrenzern oder
3. Beauftragten der Hersteller

sowie durch von diesen ermächtigten Werkstätten. [2]Darüber hinaus dürfen die in § 57b Absatz 3 genannten Stellen diese Prüfungen durchführen.

(2) [1]Halter, deren Kraftfahrzeuge mit einem Geschwindigkeitsbegrenzer nach § 57c Absatz 2 ausgerüstet sind, haben auf ihre Kosten die Geschwindigkeitsbegrenzer nach jedem Einbau, jeder Reparatur, jeder Änderung der Wegdrehzahl oder des wirksamen Reifenumfanges des Kraftfahrzeugs oder der Kraftstoff-Zuführungseinrichtung durch einen Berechtigten nach Absatz 1 prüfen und bescheinigen zu lassen, dass Einbau, Zustand und Arbeitsweise vorschriftsmäßig sind. [2]Die Bescheinigung über die Prüfung muss mindestens folgende Angaben enthalten:

1. Name, Anschrift oder Firmenzeichen der Berechtigten nach Absatz 1,
2. die eingestellte Geschwindigkeit v_{set},
3. Wegdrehzahl des Kraftfahrzeugs,
4. wirksamer Reifenumfang des Kraftfahrzeugs,
5. Datum der Prüfung und
6. die letzten acht Zeichen der Fahrzeug-Identifizierungsnummer des Kraftfahrzeugs.

[3]Der Fahrzeugführer hat die Bescheinigung über die Prüfung des Geschwindigkeitsbegrenzers mitzuführen und auf Verlangen zuständigen Personen zur Prüfung auszuhändigen. [4]Die Sätze 1 und 3 gelten nicht für Fahrzeuge mit roten Kennzeichen oder mit Kurzzeitkennzeichen.

(3) Wird der Geschwindigkeitsbegrenzer von einem Fahrzeughersteller eingebaut, der Inhaber einer Allgemeinen Betriebserlaubnis nach § 20 ist, kann dieser die nach Absatz 2 erforderliche Bescheinigung ausstellen.

(4) Für die Anerkennung der Fahrzeughersteller, der Hersteller von Geschwindigkeitsbegrenzern oder von Beauftragten der Hersteller sind die oberste Landesbehörde, die von ihr bestimmten oder die nach Landesrecht zuständigen Stellen zuständig.

(5) Die Anerkennung kann Fahrzeugherstellern, Herstellern von Geschwindigkeitsbegrenzern oder Beauftragten der Hersteller erteilt werden:

1. zur Vornahme des Einbaus und der Prüfung nach Absatz 2,
2. zur Ermächtigung von Werkstätten, die den Einbau und die Prüfungen vornehmen.

(6) Die Anerkennung wird erteilt, wenn

1. der Antragsteller, bei juristischen Personen die nach Gesetz oder Satzung zur Vertretung berufenen Personen, die Gewähr für zuverlässige Ausübung der dadurch verliehenen Befugnisse bietet,
2. der Antragsteller, falls er die Prüfungen selbst vornimmt, nachweist, dass er über die erforderlichen Fachkräfte sowie über die notwendigen, dem Stand der Technik entsprechenden Prüfgeräte und sonstigen Einrichtungen und Ausstattungen verfügt,
3. der Antragsteller, falls er die Prüfungen und den Einbau durch ihm ermächtigte Werkstätten vornehmen lässt, nachweist, dass er durch entsprechende Überwachungs- und Weisungsbefugnisse sichergestellt hat, dass bei den Werkstätten die Voraussetzungen nach Nummer 2 vorliegen und die Durchführung des Einbaus und der Prüfungen ordnungsgemäß erfolgt.

(7) Wird die Anerkennung nach Absatz 5 Nummer 2 ausgesprochen, so haben der Fahrzeughersteller, der Hersteller von Geschwindigkeitsbegrenzern oder die Beauftragten der Hersteller der Anerkennungsbehörde und den zuständigen obersten Landesbehörden die ermächtigten Werkstätten mitzuteilen.

(8) Die Anerkennung ist nicht übertragbar; sie kann mit Nebenbestimmungen verbunden werden, die sicherstellen, dass der Einbau und die Prüfungen ordnungsgemäß durchgeführt werden.

(9) [1]Die oberste Landesbehörde, die von ihr bestimmten oder die nach Landesrecht zuständigen Stellen üben die Aufsicht über die Inhaber der Anerkennung aus. [2]Die Aufsichtsbehörde kann selbst prüfen oder durch von ihr bestimmte Sachverständige prüfen lassen, ob insbesondere die Voraussetzungen für die Anerkennung gegeben sind, ob der Einbau und die Prüfungen ordnungsgemäß durchgeführt und ob die sich sonst aus der Anerkennung oder den Nebenbestimmungen ergebenden Pflichten erfüllt werden.

Begr (VkBl. **93** 616 f.): … *Die Formulierung wurde in Anlehnung an die Bestimmungen in § 57b* **1** *Abs. 1 gewählt. Jedoch gestattet § 57d Abs. 1, dass sowohl die Fahrzeughersteller als auch von Herstellern der Geschwindigkeits-Begrenzer von sich aus Werkstätten zum Einbau von Geschwindigkeitsbegrenzern ermächtigen können …*
Beim Betrieb der Fahrzeuge können durch bestimmte Änderungen am Fahrzeug auch Einflüsse auf die Wirksamkeit der Geschwindigkeits-Begrenzer auftreten. Daher wird – analog zu § 57b Abs. 1 – gefordert, dass dann entsprechende Prüfungen und Bescheinigungen für die Geschwindigkeits-Begrenzungseinrichtungen nötig sind.
…

Begr zur ÄndVO v. 26.7.13 **zu Abs. 1 und 3** (BR-Drs. 445/13 S. 32 = VkBl. **13** 869): *Der* **1a** *Einbau und die Prüfung von Geschwindigkeitsbegrenzern darf aufgrund des § 57d StVZO iVm Nummer 3.3.1 der Geschwindigkeitsbegrenzer-Anerkennungsrichtlinie in ermächtigten Kfz-Werkstätten bisher nur von solchen Personen vorgenommen werden, die erfolgreich eine fahrzeug- bzw. gerätespezifische Schulung absolviert haben. Der Umfang der Prüfung der Geschwindigkeitsbegrenzer nach § 57d StVZO ist im Wesentlichen auch Bestandteil der Prüfung der Fahrtschreiber und Kontrollgeräte nach § 57b StVZO. Das Gleiche gilt auch für die Schulungen und die sonstigen Voraussetzungen zur Ermächtigung der Werkstätten nach § 57d StVZO und zur Anerkennung/Beauftragung von Werkstätten nach § 57b StVZO. Aufgrund der 27. Verordnung zur Änderung der Straßenverkehrs-Zulassungs-Ordnung vom 2.11.2004 müssen zunehmend auch Werkstätten, die keine gültige Ermächtigung nach § 57d StVZO haben, in die Lage versetzt werden, die von ihnen durchgeführte Prüfung der Abregelgeschwindigkeit formal nachzuweisen. Obwohl diese Werkstätten – sofern sie eine Anerkennung/Beauftragung nach § 57b StVZO haben – technisch in der Lage sind, auch die Prüfung nach § 57d StVZO durchzuführen, dürfen sie die in § 57d Absatz 2 StVZO geforderte Bescheinigung über die Prüfung nicht ausstellen. Die Ergänzung des § 57d StVZO ermöglicht es Werkstätten, die nach § 57b StVZO anerkannt oder beauftragt sind, auch formal die Prüfung nach § 57d StVZO durchzuführen und zu bescheinigen, ohne dass sie hierfür eine besondere Schulung und Beauftragung erhalten müssen.*

1. Prüfungspflicht besteht gem. II S. 1 für die Halter, deren Fze nach § 57c I mit einem **2** Geschwindigkeitsbegrenzer ausgerüstet sind. Geschwindigkeitsbegrenzer-Durchführungsrichtlinie, VkBl. **93** 623.

2. Amtlich anerkannt sein müssen die zum Einbau und zur Prüfung von Geschwindigkeits- **3** begrenzern Berechtigten. Prüfungen dürfen auch von Werkstätten durchgeführt und bescheinigt werden, die nach § 57b anerkannt oder beauftragt sind, auch wenn sie keine gültige Ermächtigung nach § 57d haben (I S. 2, Begr Rn. 1a). Abs. IV–IX regeln das Verfahren der Anerkennung der Hersteller von Fz und Geschwindigkeits-Begrenzern zur Vornahme des Einbaus sowie die Aufsicht über die Inhaber der Anerkennung. Die Regelung wurde entsprechend derjenigen in § 57b IV–VIII (in der bis 1.6.05 geltenden Fassung) getroffen. Geschwindigkeitsbegrenzer-Anerkennungsrichtlinie, VkBl. **93** 619. Richtlinie für die Durchführung von Schulungen der verantwortlichen Fachkräfte, die Prüfungen der Fahrtenschreiber und Geschwindigkeitsbegrenzer durchführen, vom 14.5.2019, VkBl. **19** 354.

3. Ordnungswidrigkeiten. § 69a Nr. 6d, 6e, § 24 StVG. Ow ist der Verstoß gegen die Prü- **4** fungspflicht des Halters (Abs. II S. 1) sowie das Nichtmitführen oder Nichtaushändigen der Bescheinigung über die Prüfung des Geschwindigkeitsbegrenzers (Abs. II S. 3) durch den FzF.

Geschwindigkeitsschilder

58 (1) **Ein Geschwindigkeitsschild gibt die zulässige Höchstgeschwindigkeit des betreffenden Fahrzeugs in Kilometer je Stunde an.**

(2) ¹**Das Schild muss kreisrund mit einem Durchmesser von 200 mm sein und einen schwarzen Rand haben.** ²**Die Ziffern sind auf weißem Grund in schwarzer fetter Engschrift entsprechend Anlage V Seite 4 in einer Schriftgröße von 120 mm auszuführen.**

(2a) ¹**Geschwindigkeitsschilder dürfen retroreflektierend sein.** ²**Retroreflektierende Geschwindigkeitsschilder müssen dem Normblatt DIN 74069, Ausgabe Mai 1989, entsprechen, sowie auf der Vorderseite das DIN-Prüf- und Überwachungszeichen mit der zugehörigen Registernummer tragen.**

(3) **Mit Geschwindigkeitsschildern müssen gekennzeichnet sein**
1. **mehrspurige Kraftfahrzeuge mit einer durch die Bauart bestimmten Höchstgeschwindigkeit von nicht mehr als 60 km/h,**

2. Anhänger mit einer durch die Bauart bestimmten Höchstgeschwindigkeit von weniger als 100 km/h,

3. Anhänger mit einer eigenen mittleren Bremsverzögerung von weniger als 2,5 m/s².

(4) [1] Absatz 3 gilt nicht für

1. die in § 36 Absatz 10 Satz 6 zweiter Halbsatz bezeichneten Gleiskettenfahrzeuge,

2. land- oder forstwirtschaftliche Zugmaschinen mit einer durch die Bauart bestimmten Höchstgeschwindigkeit von nicht mehr als 32 km/h,

3. land- oder forstwirtschaftliche Arbeitsgeräte, die hinter Kraftfahrzeugen mitgeführt werden. [2] Die Vorschrift des § 36 Absatz 1 Satz 2 bleibt unberührt.

(5) [1] Die Geschwindigkeitsschilder müssen an beiden Längsseiten und an der Rückseite des Fahrzeugs angebracht werden. [2] An land- oder forstwirtschaftlichen Zugmaschinen und ihren Anhängern genügt ein Geschwindigkeitsschild an der Fahrzeugrückseite; wird es wegen der Art des Fahrzeugs oder seiner Verwendung zeitweise verdeckt oder abgenommen, so muss ein Geschwindigkeitsschild an der rechten Längsseite vorhanden sein.

1   **Begr** (VkBl. **88** 476): … *erhält die Unterrichtung des Fahrzeugführers einen gewichtigen Stellenwert. Unabhängig hiervon sollte jeder Verkehrsteilnehmer durch ein Geschwindigkeitsschild Kenntnis darüber erhalten, dass vor ihm ein relativ langsamer Zug fährt; eine solche Kenntnis wird insbesondere zur Einschätzung der Lage bei Überholvorgängen für erforderlich gehalten.*
    …

    Begr zur ÄndVO v. 23.7.90: VkBl. **90** 499; zur ÄndVO v. 25.10.94: BR–Drs. 782/94.

2   **1.** Die Vorschrift über **Geschwindigkeitsschilder** für langsam fahrende Kfz soll nicht nur die Kontrolle erleichtern und nachfolgende VT warnen (Ko VRS **65** 70, Sa VM **78** 23), sondern dient auch der Unterrichtung des FzF (etwa bei überbetrieblichem Einsatz von Anhängern), s. Begr (Rn. 1). Das Schild hat der Halter anzubringen, verantwortlich ist jedoch auch, wer das Fz in Betrieb nimmt (Sa VM **78** 23).

3   **2. Geschwindigkeitsschilder haben zu führen:**

a) die in Abs. 3 genannten Fz (Ausnahmen, s. Abs. 4, Übergangsvorschrift: § 72 II aF);

b) Anhänger der in § 3 II Nr. 2 Buchstabe a bis c FZV bezeichneten Arten;

c) ab 1.1.1990 erstmals in den V gekommene land- oder forstwirtschaftliche Kfze und Kfze des StrnUnterhaltungsdienstes, die mit Reifen ausgerüstet sind, welche nur eine niedrigere als die bauartbestimmte Höchstgeschwindigkeit zulassen (§§ 36 I S. 2, 72 II);

d) Anhänger, bei Zügen mit zwei Anhängern unter den Voraussetzungen des § 41 X S. 3 Hs. 2 Nr. 1. Ein einachsiger Anhänger mit eigener mittlerer Bremsverzögerung von weniger als 2,5 m/s² fällt dann nicht unter Abs. 3 Nr. 3, wenn er gem. § 41 XI S. 1 keine eigene Bremse benötigt (Bay VM **69** 2),

e) vor dem 8.12.07 erstmals in den V gekommene Kom ohne Anhänger, die nach § 18 V Nr. 3 StVO auf AB und KraftfahrStrn 100 km/h fahren dürfen. Für sie gilt § 18 V Nr. 3 StVO in der vor dem 8.12.07 geltenden Fassung fort (§ 53 II Nr. 2 StVO). Vor dem 8.12.07 erstmals in den V gekommene Kom müssen somit nach wie vor die 100-Plakette führen, unabhängig davon, ob sie die 100-km/h-Zulassung vor dem 8.12.07 erhalten haben oder ob sie erst danach beantragt wurde oder wird (*Schubert* DAR **08** 130 (132)). Ab dem 8.12.07 erstmals in den V gekommene Kom müssen seit der Änderung von § 18 V Nr. 3 StVO durch ÄndVO v. 28.11.07 (BGBl. I S. 2774, Begr VkBl. **08** 5) dagegen keine Geschwindigkeitsschilder mehr führen.

f) Zugfahrzeug-Anhänger-Kombinationen, die nach Maßgabe der 9. StVO-AusnahmeVO (s. § 18 StVO Rn. 13a) auf AB und KraftfahrStrn 100 km/h fahren dürfen: an der Rückseite des Anhängers müssen gem. § 1 S. 1 Nr. 4 der AusnVO Tempo-100-Plaketten angebracht sein.

4   **3. Ausnahmen. S.** Abs. 4. Die ursprünglich bestehende Absicht, Arbeitsmaschinen und land- oder forstwirtschaftliche Zgm allgemein von der Kenzeichnungspflicht auszunehmen, wurde im Hinblick auf deren häufig hohe Laufleistung nicht verwirklicht (s. Begr VkBl. **88** 476). Ausnahmen von der Anbringungsvorschrift des Abs. 5 S. 1: Abs. 5 S. 2.

5   **4. Ordnungswidrigkeit.** §§ 69a III Nr. 26 StVZO, 24 StVG. Zur Bemessung der Geldbuße Ko VRS **65** 70.

Fabrikschilder, sonstige Schilder, Fahrzeug-Identifizierungsnummer

59 (1) ¹An allen Kraftfahrzeugen und Anhängern muss an zugänglicher Stelle am vorderen Teil der rechten Seite gut lesbar und dauerhaft ein Fabrikschild mit folgenden Angaben angebracht sein:

1. Hersteller des Fahrzeugs;
2. Fahrzeugtyp;
3. Baujahr (nicht bei zulassungspflichtigen Fahrzeugen);
4. Fahrzeug-Identifizierungsnummer;
5. zulässiges Gesamtgewicht;
6. zulässige Achslasten (nicht bei Krafträdern).

²Dies gilt nicht für die in § 53 Absatz 7 bezeichneten Anhänger.

(1a) Abweichend von Absatz 1 ist an Personenkraftwagen, Kraftomnibussen, Lastkraftwagen und Sattelzugmaschinen mit mindestens vier Rädern und einer durch die Bauart bestimmten Höchstgeschwindigkeit von mehr als 25 km/h sowie ihren Anhängern zur Güterbeförderung ein Schild gemäß den im Anhang zu dieser Vorschrift genannten Bestimmungen anzubringen; an anderen Fahrzeugen – ausgenommen Kraftfahrzeuge nach § 30a Absatz 3 – darf das Schild angebracht sein.

(1b) Abweichend von Absatz 1 ist an zweirädrigen oder dreirädrigen Kraftfahrzeugen nach § 30a Absatz 3 ein Schild entsprechend den im Anhang zu dieser Vorschrift genannten Bestimmungen anzubringen.

(2) ¹Die Fahrzeug-Identifizierungsnummer nach der Norm DIN ISO 3779, Ausgabe Februar 1977, oder nach der Richtlinie 76/114/EWG des Rates vom 18. Dezember 1975 zur Angleichung der Rechtsvorschriften der Mitgliedstaaten über Schilder, vorgeschriebene Angaben, deren Lage und Anbringungsart an Kraftfahrzeugen und Kraftfahrzeuganhängern (ABl. L 24 vom 30.1.1976, S. 1), die zuletzt durch die Richtlinie 2006/96/EG (ABl. L 363 vom 20.12.2006, S. 81) geändert worden ist, muss 17 Stellen haben; andere Fahrzeug-Identifizierungsnummern dürfen nicht mehr als 14 Stellen haben. ²Sie muss unbeschadet des Absatzes 1 an zugänglicher Stelle am vorderen Teil der rechten Seite des Fahrzeugs gut lesbar am Rahmen oder an einem ihn ersetzenden Teil eingeschlagen oder eingeprägt sein. ³Wird nach dem Austausch des Rahmens oder des ihn ersetzenden Teils der ausgebaute Rahmen oder Teil wieder verwendet, so ist

1. die eingeschlagene oder eingeprägte Fahrzeug-Identifizierungsnummer dauerhaft so zu durchkreuzen, dass sie lesbar bleibt,
2. die Fahrzeug-Identifizierungsnummer des Fahrzeugs, an dem der Rahmen oder Teil wieder verwendet wird, neben der durchkreuzten Nummer einzuschlagen oder einzuprägen und
3. die durchkreuzte Nummer der Zulassungsbehörde zum Vermerk auf dem Brief und der Karteikarte des Fahrzeugs zu melden, an dem der Rahmen oder Teil wieder verwendet wird.

⁴Satz 3 Nummer 3 ist entsprechend anzuwenden, wenn nach dem Austausch die Fahrzeug-Identifizierungsnummer in einen Rahmen oder einen ihn ersetzenden Teil eingeschlagen oder eingeprägt wird, der noch keine Fahrzeug-Identifizierungsnummer trägt.

(3) ¹Ist eine Fahrzeug-Identifizierungsnummer nicht vorhanden oder lässt sie sich nicht mit Sicherheit feststellen, so kann die Zulassungsbehörde eine Nummer zuteilen. ²Absatz 2 gilt für diese Nummer entsprechend.

Begr zur ÄndVO v. 16.11.84 (VkBl. **85** 75): *Die Einführung der Fahrzeug-Identifizierungsnummer* **1** *erfolgt in Anpassung an internationales Vorgehen, insbesondere aber an die Richtlinie 76/114/EWG. Entsprechend § 59 Abs. 2 Satz 1 letzter Hs. ist die frühere Fahrgestellnummer, jetzt Fahrzeug-Identifizierungsnummer, mit nicht mehr als 14 Stellen weiterhin zulässig.*

Begr zur ÄndVO v. 25.10.94: BR-Drs. 782/94; zur ÄndVO v. 23.3.00: BR-Drs. 720/99 S. 66.

1. Fabrikschilder. Fahrzeug-Identifizierungsnummern. § 59 beschränkt die Angaben **2** auf dem Fabrikschild auf das Notwendigste. Auf Angabe der Motornummer ist verzichtet worden (sie wird auch international nicht mehr gefordert), ebenso auf Angaben über Eigengewicht und bei Lkw und Omnibussen auf Angabe der Nutzlast. Übergangsvorschrift: § 72.

Alle Kfze (§ 1 II StVG) und Anhänger (§ 2 Nr. 2 FZV) müssen ein **Fabrikschild** führen. **3** Über den Anbringungsort am Fz (Fahrgestell, Karosserie) enthält § 59 keine nähere Bestimmung; dieser muss sich jedoch im vorderen Teil der rechten Seite befinden (Abs. I S. 1). Das Fabrikschild muss gut sichtbar sein und folgende Angaben enthalten:

a) den Hersteller des Fz; das ist derjenige, der ohne Rücksicht auf die Fertigung der Einzelteile das Fz so weit zusammenfügt, dass es in einen zur Teilnahme am StrV betriebsfertigen Zustand versetzt wird;

b) den Fahrzeugtyp,

c) das Baujahr des Fahrgestells bei nichtzulassungspflichtigen Fzen (§ 3 II FZV) (soweit nicht nach dem letzten Satz des I die Pflicht, ein Fabrikschild zu führen, für sie entfällt). Das Baujahr entspricht nicht einem Kalenderjahr, sondern ist der Zeitraum vom 1.10. eines Jahres bis zum 30.9. des folgenden Jahres, s. BMV VkBl. **58** 618. Die Regelung trägt dem Umstand Rechnung, dass sich die Hersteller schon jeweils im Herbst auf die zu erwartende Absatzsteigerung des kommenden Jahres einstellen müssen. Bei zulassungspflichtigen Fzen wird auf Angabe des Baujahrs verzichtet. Im FzSchein muss der Tag der ersten Zulassung angegeben werden,

d) die Fahrzeug-Identifizierungsnummer,

e) das zulässige Gesamtgewicht (§ 34) des Fz. Die Angabe auf dem Fabrikschild ist bei zulassungsfreien Anhängern für die Höhe des zulässigen Gesamtgewichts maßgebend, Ce VM **60** 10;

f) bei allen Kfzen außer Krädern die zulässigen Achslasten (§ 34). Für Krankenfahrstühle und zweisitzige Dreiräder, die ihrer Bauart nach zum Führen durch Körperbehinderte bestimmt sind, sind dieselben Fabrikschilder zugelassen wie für Krafträder, s. VkBl. **49** 92 (99).

3a Für **Pkw, Kom, Lkw und SattelZgm** mit mindestens 4 Rädern und mehr als 25 km/h bauartbestimmter Höchstgeschwindigkeit und ihre Anhänger zur Güterbeförderung gilt Abs. Ia, und zwar gem. § 72 II aF spätestens seit 1.1.96 für von diesem Tage an erstmals in den V kommende Fz. Bei diesen Fz muss das Schild der **Richtlinie 76/114/EWG** entsprechen. An Kfz **nach Art 1 der EG-Richtlinie 2002/24** (s. § 30a Rn. 2) ist gem. Abs. Ib – spätestens seit 17.6.03, soweit sie von diesem Tage an erstmals in den V kommen (§ 72 II aF) – ein Schild entsprechend dem Anhang der Richtlinie 93/34/EWG anzubringen, die durch Abs. I b auch für Fze mit Einzelbetriebserlaubnis in nationales Recht umgesetzt ist.

4 Über Fabrikschilder und Fahrzeug-Identifizierungsnummern an land- und forstwirtschaftlichen Arbeitsgeräten, Nr. 19 Merkblatt VkBl. **09** 808 = StVRL § 2 FZV Nr. 4. An zulassungsfreien Anhängern in land- oder forstwirtschaftlichen Betrieben, die vor dem 1.7.61 in den Verkehr gelangt sind, sind Angaben über das zulässige Gesamtgewicht und die zulässigen Achslasten nicht erforderlich (§ 72 II aF). Zum Verfahren, wenn an einem Kfz oder Anhänger das Fabrikschild fehlt, s. VkBl. **57** 413. Saarland: § 72 II aF.

5 **2.** Zur **Fahrzeug-Identifizierungsnummer** rechnen alle Ziffern und Buchstaben (einschließlich eventuell zusätzlicher Ziffern und Buchstaben zur Bestimmung des Herstellers und Typs), die nach § 59 II am Rahmen oder einem ihn ersetzenden Teil eingeschlagen oder eingeprägt sind. Sie sind sämtlich auf das Fabrikschild und in die FzPapiere zu übernehmen. Umlaute (Ä, Ö, Ü) sind als A, O oder U zu übertragen. Begrenzungszeichen, Satzzeichen und Zeichen ähnlicher Art sind in den FzPapieren und auf dem Fabrikschild unberücksichtigt zu lassen, BMV VkBl. **71** 459. Außer auf dem Fabrikschild muss die Fahrzeug-Identifizierungsnummer auch am Rahmen oder einem ihn ersetzenden Teil gut sichtbar eingeschlagen oder eingeprägt angegeben sein (II S. 2). Anbringung der Fahrzeug-Identifizierungsnummern an **Ersatzrahmen:** II Satz 3. Durchkreuzung der Fahrzeug-Identifizierungsnummer auf dem ausgetauschten oder dem entsprechenden Teil ist nur für den Fall der Wiederverwendung vorgeschrieben. Der Vermerk der durchkreuzten Nummer im Brief und in der Kartei soll es erleichtern, Unregelmäßigkeiten zu verfolgen. Die auf dem Fahrgestell angebrachte Fahrzeug-Identifizierungsnummer muss mit der auf dem Fabrikschild angegebenen übereinstimmen. Die ZulB und technischen Prüfstellen haben bei Abweichungen oder sonstigen Wahrnehmungen, die auf eigenmächtige Änderung schließen lassen, das KBA zu benachrichtigen, s. VkBl. **48** 88. Die gem. II angebrachte Fahrzeug-Identifizierungsnummer ist eine beweiserhebliche **Privaturkunde**, BGH DAR **55** 284, KG VRS **105** 215. Die Nummer ist nicht einem bestimmten FzTeil, sondern dem Fz zugeordnet, KG VRS **105** 215. Wer den Rahmen eines Kfz, der die Fahrzeug-Identifizierungsnummer trägt, vorschriftswidrig gegen einen Rahmen mit anderer Nummer auswechselt oder das Fabrikschild gegen ein anderes eintauscht, verfälscht eine Urkunde, BGH VRS **21** 125. Bloße Urkundenvernichtung durch Beseitigung der Fahrzeug-Identifizierungsnummer des gestohlenen Fz ist durch Bestrafung wegen Diebstahls abgegolten, BGH NJW **55** 876. Ist die Fahrzeug-Identifizierungsnummer verfälscht (nachgeschlagen), so kann darin ein **Sachmangel** liegen, Göttingen DAR **54** 134.

3. Zuteilung einer Fahrzeug-Identifizierungsnummer. Ist keine Fahrzeug-Identifizie- 6
rungsnummer vorhanden (zB bei bestimmten Fzen ausländischer Herkunft) oder lässt sie sich
nicht sicher feststellen, so ist behördlich eine Nummer zuzuteilen (Abs. III).

4. Zuwiderhandlungen gegen § 59 sind ow (§§ 69a III Nr. 26 StVZO, 24 StVG). Zur Ur- 7
kundenfälschung s. Rn. 5.

Nachweis der Übereinstimmung mit der Richtlinie 96/53/EG

59a (1) ¹Fahrzeuge, die in Artikel 1 der Richtlinie 96/53/EG des Rates vom 25. Juli
1996 zur Festlegung der höchstzulässigen Abmessungen für bestimmte Straßen-
fahrzeuge im innerstaatlichen und grenzüberschreitenden Verkehr in der Gemeinschaft
sowie zur Festlegung der höchstzulässigen Gewichte im grenzüberschreitenden Verkehr
(ABl. L 235 vom 17.9.1996, S. 59), die durch die Richtlinie 2002/7/EG (ABl. L 67 vom
9.3.2002, S. 47) geändert worden ist, genannt sind und mit dieser Richtlinie übereinstim-
men, müssen mit einem Nachweis dieser Übereinstimmung versehen sein. ²Der Nachweis
muss den im Anhang zu dieser Vorschrift genannten Bestimmungen entsprechen.

(2) Die auf dem Nachweis der Übereinstimmung angeführten Werte müssen mit den am
einzelnen Fahrzeug tatsächlich gemessenen übereinstimmen.

Begr zur ÄndVO v. 23.3.00 (VkBl. **00** 368): *Mit der bisher gültigen Fassung des § 59a war die* 1
„Richtlinie 86/364/EWG des Rates vom 24. Juli 1986 über den Nachweis der Übereinstimmung von
Fahrzeugen mit der Richtlinie 85/3/EWG über die Gewichte, Abmessungen und bestimmte andere tech-
nische Merkmale bestimmter Fahrzeuge des Güterkraftverkehrs" in nationales Recht umgesetzt worden. Die
Richtlinie 86/364/EWG wurde nun aufgehoben und als Artikel 6 und Anhang III in die „Richtlinie
96/53/EG des Rates vom 25. Juli 1996 zur Festlegung der höchstzulässigen Abmessungen für bestimmte
Straßenfahrzeuge im innerstaatlichen und grenzüberschreitenden Verkehr in der Gemeinschaft sowie zur
Festlegung der höchstzulässigen Gewichte im grenzüberschreitenden Verkehr" übernommen. In den Er-
wägungsgründen der Richtlinie heißt es dazu: „Zur leichteren Überwachung der Übereinstimmung der
Fahrzeuge mit den Vorschriften dieser Richtlinie muss sichergestellt werden, dass den Fahrzeugen ein Nach-
weis dieser Übereinstimmung beigegeben wird". Abweichend von der bisherigen Auffassung wird Artikel 6
der Richtlinie 96/53/EG u. a. auf Grund des zitierten Erwägungsgrundes dahingehend ausgelegt, dass das
Mitführen des Nachweises vorgeschrieben ist. § 59a wurde daher jetzt entsprechend gefasst.

1. Inhalt und Gestaltung des Nachweises richten sich nach der Richtlinie 96/53/EG. Es 2
genügt ein Dokument, ausgestellt von der zuständigen Behörde des Mitgliedstaates, in dem das
Fz zugelassen oder in Betrieb genommen wurde, etwa der FzSchein (s. Begr, VkBl. **00** 368) oder
ein am Fz angebrachtes Schild. S. BMV VkBl. **00** 523 (mit Hinweis zum Inhalt des Dokuments
oder Schildes): *Die Richtlinie 96/53/EG gilt für die höchstzulässigen Abmessungen im innerstaatlichen*
und grenzüberschreitenden Verkehr in der Gemeinschaft sowie die höchstzulässigen Gewichte im grenzüber-
schreitenden Verkehr für Kraftfahrzeuge der Klasse M 2, M 3 (Kraftfahrzeuge zur Personenbeförderung mit
mindestens vier Rädern und mit mehr als acht Sitzplätzen außer dem Fahrersitz) sowie N2 und N3
(Kraftfahrzeuge zur Güterbeförderung mit mindestens vier Rädern und einem zulässigen Gesamtgewicht
von mehr als 3,5 t) und die Kraftfahrzeuganhänger der Klassen 03 und 04 (Anhänger (einschließlich
Sattelanhänger) mit einem zulässigen Gesamtgewicht von mehr als 3,5 t). Die durch die 31. ÄndV-
StVR neu gefasste Vorschrift ist gem. § 72 II aF spätestens anzuwenden ab dem Zeitpunkt der
nächsten Hauptuntersuchung des Fz, die nach dem 1.10.00 durchzuführen ist.

2. Ordnungswidrigkeit. § 69a III Nr. 26a. 3

60, 60a (weggefallen)

Halteeinrichtungen für Beifahrer sowie Fußstützen und Ständer von zweirädrigen Kraftfahrzeugen

61 (1) Zweirädrige Kraftfahrzeuge, auf denen ein Beifahrer befördert werden darf, müs-
sen mit einem Haltesystem für den Beifahrer ausgerüstet sein, das den im Anhang
zu dieser Vorschrift genannten Bestimmungen entspricht.

(2) **Zweirädrige Kraftfahrzeuge müssen für den Fahrer und den Beifahrer beiderseits mit Fußstützen ausgerüstet sein.**

(3) **Jedes zweirädrige Kraftfahrzeug muss mindestens mit einem Ständer ausgerüstet sein, der den im Anhang zu dieser Vorschrift genannten Bestimmungen entspricht.**

1   **Begr** (VkBl. 00 368): *Mit dieser Vorschrift werden die „Richtlinie 93/31/EWG des Rates vom 14. Juni 1993 über den Ständer von zweirädrigen Kraftfahrzeugen" und die „Richtlinie 93/32/EWG des Rates von 14. Juni 1993 über die Halteeinrichtung für Beifahrer von zweirädrigen Kraftfahrzeugen" auch für Fahrzeuge mit Einzelbetriebserlaubnis in nationales Recht umgesetzt.*

2   **1. Haltesystem.** Die Bestimmung des § 61 wurde durch die 31. ÄndVStVR v. 23.3.00 (BGBl. I S. 310) eingefügt. Gleichzeitig wurde die früher in § 35a IX enthaltene Vorschrift über Handgriff und Fußstützen für Beifahrer gestrichen. Das Haltesystem muss dem Anh der Richtlinie 93/82/EWG entsprechen.

3   **2.** Für die Beschaffenheit des gem. III erforderlichen **Ständers** gilt der Anh der Richtlinie 93/31/EWG.

4   **3. Übergangsbestimmung.** § 61 findet gem. § 72 II aF spätestens ab 17.6.03 auf von diesem Tage an erstmals in den V kommende Fz Anwendung. Andere zweirädrige Kfz müssen mit einem Handgriff für Beifahrer ausgerüstet sein. § 35a IX bleibt anwendbar für Fz, die vor dem 17.6.03 erstmals in den V gekommen sind.

5   **4. Ordnungswidrigkeit.** § 69a III Nr. 27.

Besondere Vorschriften für Anhänger hinter Fahrrädern mit Hilfsmotor

61a [1] **Anhänger hinter Fahrrädern mit Hilfsmotor werden bei Anwendung der Bau- und Betriebsvorschriften wie Anhänger hinter Fahrrädern behandelt, wenn**

1. die durch die Bauart bestimmte Höchstgeschwindigkeit des ziehenden Fahrzeugs 25 km/h nicht überschreitet oder

2. die Anhänger vor dem 1. April 1961 erstmals in den Verkehr gekommen sind. [2] **Auf andere Anhänger hinter Fahrrädern mit Hilfsmotor sind die Vorschriften über Anhänger hinter Kleinkrafträdern anzuwenden.**

Elektrische Einrichtungen von elektrisch angetriebenen Kraftfahrzeugen

62 **Elektrische Einrichtungen von elektrisch angetriebenen Kraftfahrzeugen müssen so beschaffen sein, dass bei verkehrsüblichem Betrieb der Fahrzeuge durch elektrische Einwirkung weder Personen verletzt noch Sachen beschädigt werden können.**

1   Wegen der besonderen Gefahren, die bei elektrisch angetriebenen Kfzen durch Strom entstehen können, enthält § 62 neben § 30 eine Bestimmung, die Sicherungsmaßnahmen bezüglich dieser Einrichtungen vorschreibt.

2   **Ordnungswidrigkeit:** §§ 69a III Nr. 28 StVZO, 24 StVG.

3. Andere Straßenfahrzeuge

Anwendung der für Kraftfahrzeuge geltenden Vorschriften

63 [1] **Die Vorschriften über Abmessungen, Achslast, Gesamtgewicht und Bereifung von Kraftfahrzeugen und ihren Anhängern (§§ 32, 34, 36 Absatz 1) gelten für andere Straßenfahrzeuge entsprechend.** [2] **Für die Nachprüfung der Achslasten gilt § 31c mit der Abweichung, dass der Umweg zur Waage nicht mehr als 2 km betragen darf.**

1   **1.** Mit § 63 beginnen die **allgemeinen Bau- und Betriebsvorschriften für Nichtkraftfahrzeuge.** Die Bestimmung erspart Wiederholung von Bestimmungen für Kfze, die auch für andere Fze gelten, indem sie auf die entsprechenden anderen Vorschriften verweist.

2   **2. Entsprechende Geltung von Bau- und Betriebsvorschriften des Abschnitts B III S. 2 für Nichtkraftfahrzeuge.** Von den Vorschriften für Kfze gelten für NichtKfze entsprechend:

a) § 32 über Abmessungen, also über Breite, Länge von Fzen und Zügen sowie Höhe der Fze. § 30c, nach dem am Umriss der Fze keine Teile so hervorragen dürfen, dass sie den Verkehr mehr als unvermeidbar gefährden, gilt unmittelbar für alle Fze.

b) § 34 über Achslast und Gesamtgewicht. Wegen der Nachprüfung der Achslasten gilt für NichtKfze die Sondervorschrift in S. 2.

c) § 36 I über Bereifung. Luftbereifung ist für NichtKfze nicht vorgeschrieben (§ 36 II ist in S. 1 nicht genannt), ist aber bei Lastfuhrwerken üblich.

Zu Fahrradanhängern *Huppertz* DAR **16** 112.

3. Zuwiderhandlungen. §§ 69a IV Nr. 2 StVZO, 24 StVG. Unstarre Zugverbindung zwi- **3** schen Fahrrad und Anhänger ist gefährdend (§§ 1, 23 StVO).

Beschreibung von Fahrrädern

63a (1) **Ein Fahrrad ist ein Fahrzeug mit mindestens zwei Rädern, das ausschließlich durch die Muskelkraft auf ihm befindlicher Personen mit Hilfe von Pedalen oder Handkurbeln angetrieben wird.**

(2) [1]**Als Fahrrad gilt auch ein Fahrzeug im Sinne des Absatzes 1, das mit einer elektrischen Trethilfe ausgerüstet ist, die mit einem elektromotorischen Hilfsantrieb mit einer größten Nenndauerleistung von 0,25 kW ausgestattet ist, dessen Unterstützung sich mit zunehmender Fahrzeuggeschwindigkeit progressiv verringert und beim Erreichen einer Geschwindigkeit von 25 km/h oder wenn der Fahrer mit dem Treten oder Kurbeln einhält, unterbrochen wird.** [2]**Die Anforderungen des Satzes 1 sind auch dann erfüllt, wenn das Fahrrad über einen Hilfsantrieb im Sinne des Satzes 1 verfügt, der eine Beschleunigung des Fahrzeugs auf eine Geschwindigkeit von bis zu 6 km/h, auch ohne gleichzeitiges Treten oder Kurbeln des Fahrers, ermöglicht (Anfahr- oder Schiebehilfe).**

Begr zur ÄndVO v. 18.5.17 (BR-Drs. 771/16 S. 22): *Eine Bescheibung des Fahrrads fehlte bisher* **1–7** *in der StVZO. Zur Klarstellung wird an dieser Stelle auch eine Beschreibung sogenannter Pedelecs in die StVZO aufgenommen, die verkehrsrechtlich als Fahrräder gelten.*

1. Der durch ÄndVO v. 18.5.17 (BGBl. I S. 1282) neu eingefügte § 63a definiert in seinem **8** Abs. I erstmals im deutschen Straßenverkehrsrecht, was unter dem **Begriff Fahrrad** zu verstehen ist. Die Begriffsbestimmung ist in sprachlich abgewandelter Form aus Art 1 Buchst. l ÜbStrV 1968 (Wiener Übereinkommen) übernommen worden, wonach Fahrrad jedes Fz mit wenigstens zwei Rädern ist, das, ausschließlich durch die Muskelkraft auf ihm befindlicher Personen, insbesondere mit Hilfe von Pedalen oder Handkurbeln, angetrieben wird. Das Wort „insbesondere" wurde in § 63a I weggelassen, ohne dass der VOGeber diese Abweichung von Art 1 Buchst. l ÜbStrV 1968 erläutert hat.

Damit gibt es zwei **unterschiedliche Definitionen** des Fahrrads: Art 1 Buchst. l ÜbStrV **9** 1968 stellt tragend darauf ab, dass das Fz ausschließlich durch die Muskelkraft auf ihm befindlicher Personen angetrieben wird. Der Zusatz „insbesondere mit Hilfe von Pedalen oder Handkurbeln" ist – wie das Wort „insbesondere" deutlich macht – nur eine beispielhafte Erläuterung und lässt damit auch andere Antriebsformen wie etwa das Abstoßen vom Boden zu (*Huppertz* VD **18** 189). § 63a I erlaubt dagegen nur den Antrieb mit Hilfe von Pedalen oder Handkurbeln. Das ÜbStrV 1968 ist ein völkerrechtlicher Vertrag, der im Verhältnis zwischen Deutschland und den anderen Vertragsstaaten gilt. Nach Art 1 II des Zustimmungsgesetzes v. 21.9.77 (BGBl II S. 809) gelten nur Art 3 III, V und VI des Abkommens als unmittelbares innerstaatliches Recht. Alle anderen Bestimmungen sind durch das Zustimmungsgesetz nicht in deutsches Recht transformiert worden. Die Definition des Fahrrads in Art 1 Buchst. l ÜbStrV 1968 findet innerstaatlich keine unmittelbare Anwendung (Art 1 II G v. 21.9.77). Der VOGeber konnte deswegen in § 63a I für den innerstaatlichen Bereich eine inhaltlich von Art 1 Buchst. l ÜbStrV 1968 abweichende Definition des Fahrrads festlegen. Maßgeblich für die Rechtsanwendung in Deutschland ist die Definition in § 63a I.

Auch **Liegefahrräder** sind Fahrräder iSv § 63a I (vgl. BVerwG NZV **01** 493, VGH Ma **10** 17.7.00 VM **01** 13), ebenso **Fahrradrikschas** (vgl. *Müller* VD **05** 143).

2. In Abs. II wurde eine Beschreibung von **Fahrrädern mit elektromotorischer Tretun-** **11** **terstützung** iSv § 1 III StVG aufgenommen. Diese Fz sind weder Fahrräder noch Kfz, sondern motorgetriebene Fz eigener Art (§ 1 StVG Rn. 24). Für sie gelten die Vorschriften über Fahrräder (§ 1 III S. 3 StVG), obwohl sie keine Fahrräder iSv Abs. I sind. Aus diesem Grund wurde es wohl für erforderlich gehalten, in Abs. II diese „Klarstellung" (Begr Rn. 1–7) aufzunehmen.

12   Eine Rechtsänderung ist damit nicht verbunden, denn entscheidend für die verkehrsrechtliche Einordnung ist die gesetzliche Regelung im StVG. Der VOGeber hat sich die Freiheit genommen, bei Schaffung von § 63a II die Formulierung von § 1 III S. 1 und 2 StVG etwas abzuwandeln, ohne dass die Begr (Rn. 1–7) dazu eine Erläuterung enthält. Die Ergänzung des Tretens durch das Kurbeln erscheint dabei unproblematisch. Die Formulierung weicht aber von der gesetzlichen Regelung ab, indem sie in II S. 2 von einem „Hilfsantrieb im Sinne des Satzes 1" spricht. Die zusätzliche elektromotorische Anfahr- oder Schiebehilfe iSv § 1 III S. 2 StVG ist jedoch gerade keine Trethilfe, also kein „Hilfsantrieb im Sinne des Satzes 1", sondern eine Unterstützung durch einen Motor, die ohne Treten wirkt, wie dann auch in II S. 2 ausgeführt wird.

Lenkeinrichtung, sonstige Ausrüstung und Bespannung

64 (1) ¹**Fahrzeuge müssen leicht lenkbar sein.** ²**§ 35a Absatz 1, Absatz 10 Satz 1 und 4 und § 35d Absatz 1 sind entsprechend anzuwenden, soweit nicht die Beschaffenheit der zu befördernden Güter eine derartige Ausrüstung der Fahrzeuge ausschließt.**

(2) ¹**Die Bespannung zweispänniger Fuhrwerke, die (nur) eine Deichsel (in der Mitte) haben, mit nur einem Zugtier ist unzulässig, wenn die sichere und schnelle Einwirkung des Gespannführers auf die Lenkung des Fuhrwerks nicht gewährleistet ist; dies kann durch Anspannung mit Kumtgeschirr oder mit Sielen mit Schwanzriemen oder Hinterzeug, durch Straffung der Steuerkette und ähnliche Mittel erreicht werden.** ²**Unzulässig ist die Anspannung an den Enden der beiden Ortscheite (Schwengel) der Bracke (Waage) oder nur an einem Ortscheit der Bracke, wenn diese nicht mit einer Kette oder dergleichen festgelegt ist.** ³**Bei Pferden ist die Verwendung sogenannter Zupfleinen (Stoßzügel) unzulässig.**

1   **1.** § 64 fasst die Bestimmungen über **Lenkung und Bespannung** von Fzen zusammen. Mängel dieser beiden Einrichtungen führen zu Gefährdung und Behinderung anderer (s. auch § 38).

2   **2. Bespannung zweispänniger Fuhrwerke mit nur einem Zugtier** ist unzulässig, wenn keine sichere und schnelle Lenkung gewährleistet ist. Wie diese erreicht werden kann, gibt II an. Kummetgeschirr ist Geschirr mit um den Hals des Zugtiers gelegtem, innen gepolstertem Kranz, an dem die Zugstränge befestigt sind. Sielen sind die um die Brust des Zugtiers herumgeführten Verlängerungen der Zugstränge an Stelle eines Kummets. Unzulässig ist Anspannung an beiden Ortscheiten einer Bracke oder nur an einem Ortscheit, wenn die Bracke nicht festgelegt ist. Ortscheit ist der kurze, bewegliche Schwengel, an dem die Zugstränge befestigt werden. Bracke ist das Querholz zum Einhängen der Ortscheite, das entweder (Hinterbracke) fest am Wagen, oder (Vorderbracke) an der Deichselspitze befestigt ist (nur bei Vier- und Mehrspännern). Pferde dürfen erst angestrengt werden, nachdem die Leine angelegt ist; ein zweiter Mann, der vor ihnen steht, muss sie halten, bis der Gespannführer die Leine ergriffen hat und fahrbereit auf dem Bock sitzt, Ha VRS **19** 346. *Graf*, Pferdegespanne im öffentlichen StrV, PVT **92** 232.

3   **3. Ordnungswidrigkeit.** §§ 69a IV Nr. 3 StVZO, 24 StVG.

Einrichtungen für Schallzeichen

64a ¹**Fahrräder und Schlitten müssen mit mindestens einer helltönenden Glocke ausgerüstet sein; ausgenommen sind Handschlitten.** ²**Andere Einrichtungen für Schallzeichen dürfen an diesen Fahrzeugen nicht angebracht sein.** ³**An Fahrrädern sind auch Radlaufglocken nicht zulässig.**

1   **1. Glocken.** § 64a ist eine Ausrüstungsvorschrift. Auch Rennräder müssen mit einer Glocke ausgerüstet sein, da § 64a insoweit keine Ausnahme vorsieht (*Scheidler* SVR **10** 368 (372)). Schallzeichen (§ 16 StVO) sind außer an Kfzen nur für Fze vorgeschrieben, deren Annäherung nicht an ihrem Fahr- oder Betriebsgeräusch erkannt werden kann (Fahrräder, Schlitten). Mofas: § 55 VI. Ausrüstung von Fahrrädern außerdeutscher Radf im Inland, s. DA zum § 65 (§ 65 Rn. 1) und Art 44 ÜbStrV. Motorschlitten sind Kfze. PferdeFze mit Gummibereifung, obwohl sie auf weichen Wegen fast geräuschlos fahren können, fallen nicht unter § 64a. Die Glocke, bei Schlitten das Schellengeläut, muss hell tönen, um auch bei starkem Verkehr oder Lärm wahrgenommen werden zu können.

2. Verbot anderer Schallzeichen an Fahrrädern und Schlitten als der im § 64a genannten. 2
Das charakteristische Schallzeichen für Fahrräder wird durch die Glocke und für Kfze durch die
Hupe erzeugt. Andere Schallzeichen führen zu Mißdeutungen und bewirken Unfallgefahr. Das
Verbot der Radlaufglocken soll den Lärm verringern.

3. Ausnahme. Handschlitten brauchen nicht mit einer Vorrichtung für Schallzeichen ausge- 3
rüstet zu sein (S. 1 Hs. 2). Im Übrigen können Ausnahmen nach § 70 bewilligt werden.

4. Zuwiderhandlungen. §§ 69a IV Nr. 4 StVZO, 24 StVG. 4

Kennzeichnung

64b An jedem Gespannfahrzeug – ausgenommen Kutschwagen, Personenschlitten und
fahrbare land- oder forstwirtschaftliche Arbeitsgeräte – müssen auf der linken
Seite Vorname, Zuname und Wohnort (Firma und Sitz) des Besitzers in unverwischbarer
Schrift deutlich angegeben sein.

1. Kennzeichnung. § 64b enthält eine Ausrüstungsvorschrift. Die vorgeschriebenen Kenn- 1
zeichnungen sind an jedem Gespannfahrzeug zu führen, also an jedem Fz, das seiner Einrichtung
nach von Zugtieren gezogen wird. Ausgenommen sind nur die einzeln genannten Fze. Damit ist
die Vorschrift im Wesentlichen auf Fuhrwerke beschränkt. Namens- und Firmenschilder dürfen
nicht am Geschirr des Zugtiers befestigt sein. Es ist zulässig, die Angaben auf die FzWand aufzu-
malen. Eine entsprechende Kennzeichnungspflicht ist in § 4 IV S. 1 FZV für zulassungsfreie
selbstfahrende Arbeitsmaschinen und Stapler sowie für einachsige Zugmaschinen, die nur für
land- oder forstwirtschaftliche Zwecke verwendet werden, geregelt.

2. Die Aufschrift muss angeben: bei Einzelpersonen Vor- und Zunamen (Ruf- und Famili- 2
ennamen) des Besitzers. Damit ist nicht der Besitzer iS des BGB, sondern der Halter gemeint,
der nicht der Eigentümer zu sein braucht. Halter: § 7 StVG. Bei Firmen ist der Name der Firma
anzugeben, auch wenn eine Gesellschaft Inhaber ist. Bei Einzelpersonen ist der Wohnort anzu-
geben, bei Firmen der Sitz der Firma, das heißt der Ort, an dem sich die Hauptniederlassung
befindet. Namen und Wohnort (Firma und Sitz) müssen so angegeben sein, dass die Bezeich-
nung ohne besondere Mühe lesbar ist und bleibt. Unverwischbare Schrift ist vorgeschrieben. Die
Namens- und Firmenbezeichnung ist keine beweiserhebliche Privaturkunde (§ 267 StGB). Sie
ist ohne Beweiserheblichkeit für Eigentum oder Besitz am Fz, da sie nur die einseitige Behaup-
tung enthält, dass die angegebene Person oder Firma Besitzer sei, RGSt **68** 94.

3. Keine Namens- oder Firmenschilder brauchen zu führen Kutschwagen, Personen- 3
schlitten, fahrbare land- oder forstwirtschaftliche Arbeitsgeräte (Pflüge, Eggen, Ackerwalzen,
Dreschmaschinen, Mähmaschinen). Fahrbare Arbeitsgeräte sind zu unterscheiden von Arbeitsma-
schinen. S. § 3 II S. 1 Nr. 1a FZV und § 65.

4. Zuwiderhandlungen. §§ 69a IV Nr. 5 StVZO, 24 StVG. 4

Bremsen

65 (1) ¹Alle Fahrzeuge müssen eine ausreichende Bremse haben, die während der Fahrt
leicht bedient werden kann und ihre Wirkung erreicht, ohne die Fahrbahn zu be-
schädigen. ²Fahrräder müssen zwei voneinander unabhängige Bremsen haben. ³Bei
Handwagen und Schlitten sowie bei land- oder forstwirtschaftlichen Arbeitsmaschinen,
die nur im Fahren Arbeit leisten können (zum Beispiel Pflüge, Drillmaschinen, Mähma-
schinen), ist eine Bremse nicht erforderlich.

(2) Als ausreichende Bremse gilt jede am Fahrzeug fest angebrachte Einrichtung, welche
die Geschwindigkeit des Fahrzeugs zu vermindern und das Fahrzeug festzustellen ver-
mag.

(3) Sperrhölzer, Hemmschuhe und Ketten dürfen nur als zusätzliche Hilfsmittel und nur
dann verwendet werden, wenn das Fahrzeug mit einer gewöhnlichen Bremse nicht ausrei-
chend gebremst werden kann.

DA zum § 65. *Außerdeutsche Radfahrer brauchen an ihren Fahrrädern nur eine Bremse zu haben. Au-* 1
ßerdeutscher Radfahrer ist ohne Rücksicht auf Staatsangehörigkeit, wer im Ausland wohnt und im Inland
vorübergehend (d. i. nicht länger als ein Jahr) radfährt.

2   **1. Bremseinrichtungen der Nichtkraftfahrzeuge.** Abs. 1 gilt für alle Fz außer Kfz oder Anhänger von Kfz (für diese gilt § 41). Straba: § 36 BOStrab. Bremse iSv § 65 ist nur eine technische Einrichtung, nicht der Antriebsmechanismus als solcher, nicht also die starre Nabe eines sog Fixie-Fahrrades (VG Berlin VD **10** 201). Ausrüstung der Fahrräder außerdeutscher Radfahrer: Rn. 1. Kann ein Unfall beim Fahren mit schadhafter Fahrradbremse auch auf Unachtsamkeit des Radfahrers zurückzuführen sein, so steht der Bremsschaden nicht als ursächlich fest (BGH VersR **68** 1144).

3   **2. Ausnahmen von der Pflicht, Bremsen zu führen,** gelten für:
a) Handwagen, die nur von Menschen bewegt und ohne Bremse angehalten werden können. Handwagen sind nur solche, die bestimmungsgemäß nicht von Tieren oder mechanisch gezogen oder getrieben werden, nicht PferdeFze, die vorübergehend von Menschen bewegt werden. Hundefuhrwerke sind keine Handwagen.

4   b) Schlitten, dh Fze, die mit Kufen oder ihrer unteren Lauffläche auf dem Erdboden gleiten. Bei ihnen ist wegen der größeren Reibung der Kufen oder Laufflächen die Haltemöglichkeit auch ohne Bremse größer als bei RäderFzen.

5   c) Land- oder forstwirtschaftliche Arbeitsmaschinen sind von der Pflicht, eine Bremse zu führen, befreit, wenn sie nur im Fahren Arbeit leisten können (wie bei Pflügen, Drill- und Mähmaschinen).

6   **3. Anforderungen an die Bremseinrichtung.** Die Bremse muss auch bei schneller Fahrt Verlangsamung bis zum alsbaldigen Anhalten bewirken können (Abs. 2), auch bei Abschüssigkeit, und sie muss während der Fahrt leicht bedient werden können (Abs. 1 S. 1). Spindelbremsen (von hinten zu bedienende Hinterradbremse) genügen nicht, weil sie im Einmannbetrieb keine zuverlässige Führung gewährleisten (BGH VM **58** 8). Eine von der Wagenseite aus zu bedienende Bremse ist leicht bedienbar (BGH VM **58** 8).

7   **4. Sperrhölzer, Hemmschuhe und Ketten** sind für sich allein keine ausreichende Bremse iS von II, sondern nur zusätzlich zu benutzen, wenn die Bremse nicht ausreicht.

8   **5. Ausnahmen.** § 70 I. Auch bei allgemeiner Befreiung von den Anforderungen des § 65 muss der Fahrer die gesetzlichen Anforderungen erfüllen, wenn besondere Verhältnisse (Benutzung des Fz auf abschüssiger Straße) das nötig machen (RG VAE **40** 96). Über Ausnahmen für nichtmotorisierte Fze in land- und forstwirtschaftlichen Betrieben bei Verwendung im Flachland, s. VkBl. **49** 61 = StVRL Nr. 1. Bei gummibereiften Ackerwagen, die leichter als eisenbereifte sind und daher auch bei geringem Gefälle rollen und nicht durch Heranfahren an die Bordschwelle gebremst werden können, kann auf eine Bremse nicht verzichtet werden, s. BMV VkBl. **49** 92 (100).

9   **6. Zuwiderhandlungen.** §§ 69a IV Nr. 6 StVZO, 24 StVG.

Rückspiegel

66 ¹Lastfahrzeuge müssen einen Spiegel für die Beobachtung der Fahrbahn nach rückwärts haben. ²Dies gilt nicht, wenn eine zweckentsprechende Anbringung des Rückspiegels an einem Fahrzeug technisch nicht möglich ist, ferner nicht für land- oder forstwirtschaftliche Maschinen.

1   **1. § 66 regelt die Anbringung von Rückspiegeln** an LastFzen, die nicht Kfze oder Anhänger sind. Rückspiegel an Kfzen: § 56. Keine Rückspiegel brauchen zu führen LastFze, an denen technisch keine zweckentsprechende Anbringung möglich ist und land- oder forstwirtschaftliche Maschinen.

2   **2. Ausnahmen.** § 70. **Ordnungswidrigkeit:** §§ 69a IV Nr. 7 StVZO, 24 StVG.

Lichttechnische Einrichtungen

66a (1) ¹Während der Dämmerung, der Dunkelheit oder wenn die Sichtverhältnisse es sonst erfordern, müssen die Fahrzeuge
1. nach vorn mindestens eine Leuchte mit weißem Licht,
2. nach hinten mindestens eine Leuchte mit rotem Licht in nicht mehr als 1 500 mm Höhe über der Fahrbahn

führen; an Krankenfahrstühlen müssen diese Leuchten zu jeder Zeit fest angebracht sein. [2] Beim Mitführen von Anhängern genügt es, wenn der Zug wie ein Fahrzeug beleuchtet wird; jedoch muss die seitliche Begrenzung von Anhängern, die mehr als 400 mm über die Leuchten des vorderen Fahrzeugs hinausragen, durch mindestens eine Leuchte mit weißem Licht kenntlich gemacht werden. [3] Für Handfahrzeuge gilt § 17 Absatz 5 der Straßenverkehrs-Ordnung.

(2) [1] Die Leuchten müssen möglichst weit links und dürfen nicht mehr als 400 mm von der breitesten Stelle des Fahrzeugumrisses entfernt angebracht sein. [2] Paarweise verwendete Leuchten müssen gleich stark leuchten, nicht mehr als 400 mm von der breitesten Stelle des Fahrzeugumrisses entfernt und in gleicher Höhe angebracht sein.

(3) Bei bespannten land- oder forstwirtschaftlichen Fahrzeugen, die mit Heu, Stroh oder anderen leicht brennbaren Gütern beladen sind, genügt eine nach vorn und hinten gut sichtbare Leuchte mit weißem Licht, die auf der linken Seite anzubringen oder von Hand mitzuführen ist.

(4) [1] Alle Fahrzeuge müssen an der Rückseite mit zwei roten Rückstrahlern ausgerüstet sein. [2] Diese dürfen nicht mehr als 400 mm (äußerster Punkt der leuchtenden Fläche) von der breitesten Stelle des Fahrzeugumrisses entfernt sowie höchstens 900 mm (höchster Punkt der leuchtenden Fläche) über der Fahrbahn in gleicher Höhe angebracht sein. [3] Die Längsseiten der Fahrzeuge müssen mit mindestens je einem gelben Rückstrahler ausgerüstet sein, die nicht höher als 600 mm, jedoch so tief wie möglich angebracht sein müssen.

(5) Zusätzliche nach der Seite wirkende gelbe rückstrahlende Mittel sind zulässig.

(6) Leuchten und Rückstrahler dürfen nicht verdeckt oder verschmutzt sein; die Leuchten dürfen nicht blenden.

Begr zur ÄndVO v. 15.1.80 (VkBl. **80** 147): **Zu Abs. 1 Satz 1:** *Die Anbringung der erforderli-* **1** *chen Leuchten ist an den üblichen Krankenfahrstühlen für den Behinderten oder seine Begleitung nicht immer einfach. Nur der Hersteller ist in der Lage, die Beleuchtungseinrichtungen auch bei faltbaren Krankenfahrstühlen ordnungsgemäß anzubringen und sie gleichzeitig gegen Zerstörung zu schützen.*

Zu Abs. 4: *Die nichtmotorisierten Fahrzeuge haben keine fahrzeugeigene Beleuchtungsanlage; sie sind damit auf unabhängige Leuchten angewiesen. Durch die Forderung nach einem 2. Rückstrahler hinten und mindestens einem Rückstrahler an jeder Fahrzeugseite sollen diese sich sehr langsam im Verkehr bewegenden Fahrzeuge für andere Verkehrsteilnehmer besser erkennbar werden.*

Zu Abs. 5: *Die Anbringung zusätzlicher lichttechnischer Einrichtungen ist bei „Anderen Straßenfahrzeugen" zulässig. Durch die Einfügung des neuen Absatzes soll jedoch zum Ausdruck gebracht werden, dass eine zusätzliche seitliche Kenntlichmachung für empfehlenswert gehalten wird.*

1. § 66a fasst die Vorschriften über die **lichttechnischen Einrichtungen der nicht ma-** **2** **schinell angetriebenen Fahrzeuge** zusammen. Gerade langsame Fze brauchen ausreichende Schlussbeleuchtung, weil zB Fuhrwerke bei Dunkelheit, Nebel oder Schneefall VHindernisse darstellen. Da die nicht maschinell angetriebenen Fze auf AB und KraftfahrStr nicht zugelassen sind und ihre Verwendung überhaupt zurückgeht, erscheint die Vereinfachung der Beleuchtung vertretbar, s. Ol NZV **98** 410 (Pferdekutsche). Beleuchtungsausrüstung der maschinell bewegten Fze: §§ 49a bis 53, für Fahrräder: § 67 (Bauvorschrift), für Fahrradanhänger: § 67a (Bauvorschrift). § 66a (überwiegend Betriebsvorschrift) schreibt vor, welche Beleuchtungseinrichtungen bei **Dämmerung, Dunkelheit** oder sonst **schlechten Sichtverhältnissen** zu führen sind, ohne dass die Fze ständig damit ausgerüstet sein müssten (I S. 1); Ausnahme: Krankenfahrstühle (I S. 1 Hs. 2). Nur Rückstrahler müssen ständig und fest angebracht sein (IV). Wird ein **Anhänger** mitgeführt, so ist der Zug wie ein Fahrzeug zu beleuchten (I S. 2). Die Rückseite des Anhängers muss daher mit Schlussleuchte und Rückstrahlern (IV) versehen sein. Das Signalbild nach hinten muss dann der Anhänger geben. Wird ein Fz durch ein anderes geschleppt, so bilden die beiden iS des § 66a einen Zug. Dann sind die Beleuchtungsbestimmungen für Züge anzuwenden (I), s. Bay VRS **5** 555. Beleuchtungsvorschriften für **Verbände, Reiter und Tiere:** §§ 27, 28 StVO. **HandFze:** Rn. 6.

2. Beleuchtung nach vorn. Die vorn zu führenden weißen Leuchten (Laternen) sollen bei **3** Fzen und Zügen die Fahrbahn beleuchten und Entgegenkommenden die seitliche Begrenzung des Fz oder Zuges anzeigen, BGH NZV **90** 112. Wird ein Anhänger mitgeführt, der mehr als 40 cm über die äußere Begrenzung der Lichtaustrittsfläche der Leuchten des ziehenden Fz hinausreicht, muss die Stirnseite des Anhängers durch mindestens eine, links anzubringende weiße Leuchte besonders kenntlich gemacht werden. Die Begrenzung der Fze erkennbar zu machen, bezwecken auch die übrigen Vorschriften in I. Wichtig wegen des Grundsatzes des Rechtsfahrens und Rechtsausweichens (§ 2 StVO) ist die Anbringung der linken Begrenzungsleuchten. Die Vorschrift, sie möglichst weit links und keinesfalls weiter als 40 cm von der breitesten Stelle des Fahrzeugumrisses anzubringen (Abs. II), soll dem Entgegenkommenden Gewissheit geben, dass das Fz die Leuchte um höchstens 40 cm seitlich überragt. Wer vorschriftswidrig nur die rechte Leuchte brennen hat, ist verantwortlich, wenn ein Entgegenkommender getäuscht wird. Fehlen der Vorderbeleuchtung eines Fuhrwerks kann ursächlich dafür sein, dass ein Nachfolger das Hindernis zu spät sieht und auffährt oder durch plötzliches Ausweichen den Verkehr gefährdet, BGH VRS **16** 96.

4   **3. Beleuchtung nach hinten und seitlich.** Kennzeichnung nach hinten durch zwei rote Rückstrahler ist vorgeschrieben (IV). Bei Dämmerung, Dunkelheit und sonstigen schlechten Sichtverhältnissen darüber hinaus gem. I S. 1 Nr. 2: rot strahlende Leuchte. Anbringung der Rückstrahler: IV S. 2, 3. Weil idR links zu überholen ist, kommt es auf die Kenntlichmachung der linken Seite des Fz besonders an. Höhe der Schlussleuchten über der Fahrbahn: I, II, der Rückstrahler: IV. Bei höherer Anbringung ist Sichtbarkeit nicht gewährleistet. Die rückwärtige Beleuchtung soll dem Nachfolger ein Signalbild vom Fz vermitteln, Ce NJW **56** 195. Wegen der besonderen Wichtigkeit der Schlussleuchte muss sich der Fahrer vor der Fahrt überzeugen, ob sie brennt (§ 23 StVO). Sie darf nicht verdeckt oder verschmutzt sein (VI). Unvorschriftsmäßige Schlussbeleuchtung (weißes Licht) kann Nachfolger täuschen und Auffahrunfälle herbeiführen, Neust VM **57** 6. **Seitlich** ist je mindestens ein gelber Rückstrahler nach Maßgabe von IV S. 3 vorgeschrieben, zusätzliche gelbe rückstrahlende Mittel mit seitlicher Wirkung sind zugelassen (V).

5   **4. Beleuchtungsmittel, Beleuchtungsstärke, Beleuchtung durch paarige Anbringung der Leuchten.** Welche Art von Licht verwendet wird, ist hier nicht vorgeschrieben. Doch muss unkontrolliertes Verlöschen ausgeschlossen sein. Die Leuchtstärke ist nicht vorgeschrieben. Werden Leuchten paarig verwendet, so müssen sie gleichfarbiges und gleich starkes Licht zeigen (II S. 2). Leuchten dürfen nicht blenden (VI).

6   **5. Erleichterungen für einzelne Arten von Fahrzeugen.** III gewährt beim Führen von Leuchten Erleichterung für landwirtschaftliche Fze, die mit **leicht brennbaren Gütern** beladen sind. An derartig beladenen Fzen braucht wegen der Brandgefahr beim Führen von Laternen am Fz nur eine Leuchte mit weißem (oder schwachgelbem, s. § 51 Rn. 3) Licht geführt zu werden, die auf der linken Seite so anzubringen oder zu tragen ist, dass Entgegenkommende wie Überholende sie gut sehen können. Dass neben dem beladenen Erntewagen ein vorschriftsmäßig beleuchtetes Fahrrad geführt wird, genügt nicht; doch kann Fahrlässigkeit entfallen, wenn diese Lichtquelle einer vorschriftsmäßig getragenen Laterne in der Wirkung gleichkommt, Ce NJW **56** 195. Dieselbe Erleichterung haben **von Fußgängern mitgeführte Fze** (Handwagen, Handschlitten, Schiebkarren), Abs. I S. 3 mit § 17 V StVO. Wer im Dunkeln auf der rechten Fahrbahnseite eine Schubkarre schiebt, genügt seiner Beleuchtungspflicht nicht, wenn er hinter sich her einen Radfahrer mit (bei Schrittgeschwindigkeit zu schwacher) Fahrradbeleuchtung, aber ohne Rück- und Tretstrahler fahren lässt, Ol DAR **58** 218.

7   **6. Pflicht zum Führen von Rückstrahlern** besteht für alle Fze (§ 24 StVO), auch wenn sie von Fußgängern mitgeführt werden. Auch Fze, für die III hinsichtlich der Beleuchtung Erleichterungen gewährt, müssen mit Rückstrahlern ausgerüstet sein. IV ist Bauvorschrift. Rückstrahler wirken durch eine nachfolgende Lichtquelle. Sie sollen dem Hintermann die Beobachtung des Voranfahrenden erleichtern. Sie müssen in amtlich genehmigter Bauart ausgeführt sein (§ 22a I Nr. 15). Die Rückstrahler müssen am Fz fest angebracht sein. Die FzFührer sind für genügende Befestigung verantwortlich, daneben die Halter. Fährt ein Fz in der Dunkelheit auf ein Fz auf, dessen Rückseite keine vorschriftsmäßigen Rückstrahler hat oder das nicht vorschriftsmäßig beleuchtet ist, so spricht der Anschein dafür, dass der Verstoß ursächlich ist, BGH VRS **13** 409, anders dann, wenn das Fz durch fremde Lichtquelle hell beleuchtet und gut sichtbar gewesen ist, BGH VRS **21** 328. Der Anschein der Unfallursächlichkeit fehlender Rückstrahler kommt nur ab Beginn der Dunkelheit (§ 17 StVO) in Betracht, BGH VersR **67** 178.

8   **7. Ordnungswidrigkeit** (§ 24 StVG): § 69a IV Nr. 7a StVZO.

Lichttechnische Einrichtungen an Fahrrädern

67 (1) [1]Fahrräder dürfen nur dann im öffentlichen Straßenverkehr in Betrieb genommen werden, wenn sie mit den vorgeschriebenen und bauartgenehmigten lichttechnischen Einrichtungen ausgerüstet sind. [2]Für abnehmbare Scheinwerfer und Leuchten gilt Absatz 2 Satz 4. [3]Fahrräder müssen für den Betrieb des Scheinwerfers und der Schlussleuchte mit einer Lichtmaschine, einer Batterie oder einem wieder aufladbaren Energiespeicher oder einer Kombination daraus als Energiequelle ausgerüstet sein. [4]Alle lichttechnischen Einrichtungen, mit Ausnahme von Batterien und wieder aufladbaren Energiespeichern, müssen den Anforderungen des § 22a genügen. [5]Die Nennspannung der Energiequelle muss verträglich mit der Spannung der verwendeten aktiven lichttechnischen Einrichtungen sein.

(2) [1]Als lichttechnische Einrichtungen gelten auch Leuchtstoffe und rückstrahlende Mittel. [2]Die lichttechnischen Einrichtungen müssen vorschriftsmäßig im Sinne dieser Verordnung und während ihres Betriebs fest angebracht, gegen unabsichtliches Verstellen unter normalen Betriebsbedingungen gesichert sowie ständig einsatzbereit sein. [3]Lichttechnische Einrichtungen dürfen nicht verdeckt sein. [4]Scheinwerfer, Leuchten und deren Energiequelle dürfen abnehmbar sein, müssen jedoch während der Dämmerung, bei Dunkelheit oder wenn die Sichtverhältnisse es sonst erfordern, angebracht werden. [5]Lichttechnische Einrichtungen dürfen zusammengebaut, ineinander gebaut oder kombiniert sein, mit Ausnahme von Fahrtrichtungsanzeigern. [6]Lichttechnische Einrichtungen dürfen sich in ihrer Wirkung gegenseitig nicht beeinflussen. [7]Fahrräder mit einer Breite über 1 000 mm müssen nach vorne und hinten gerichtete, paarweise horizontal angebrachte Rückstrahler sowie mindestens zwei weiße Scheinwerfer und zwei rote Schlussleuchten aufweisen, die mit einem seitlichen Abstand von maximal 200 mm paarweise zur Außenkante angebracht sein müssen. [8]Abweichend davon müssen Fahrräder, die breiter als 1 800 mm sind, den Anbauvorschriften der Regelung Nr. 48 der Wirtschaftskommission der Vereinten Nationen für Europa über einheitliche Bedingungen für die Genehmigung von Fahrzeugen hinsichtlich des Anbaus der Beleuchtungs- und Lichtsignaleinrichtungen (ABl. L 265 vom 30.9.2016, S. 125) für Personenkraftwagen entsprechen.

(3) [1]Fahrräder müssen mit einem oder zwei nach vorn wirkenden Scheinwerfern für weißes Abblendlicht ausgerüstet sein. [2]Der Scheinwerfer muss so eingestellt sein, dass er andere Verkehrsteilnehmer nicht blendet. [3]Blinkende Scheinwerfer sind unzulässig. [4]Fahrräder müssen mit mindestens einem nach vorn wirkenden weißen Rückstrahler ausgerüstet sein. [5]Scheinwerfer dürfen zusätzlich mit Tagfahrlicht- und Fernlichtfunktion für weißes Licht mit einer maximalen Lichtstärke und Lichtverteilung der Tagfahrlichtfunktion nach der Regelung Nr. 87 der Wirtschaftskommission der Vereinten Nationen für Europa (UN/ECE) – Einheitliche Bedingungen für die Genehmigung von Leuchten für Tagfahrlicht für Kraftfahrzeuge (ABl. L 164 vom 30.6.2010, S. 46) ausgerüstet sein. [6]Die Umschaltung zwischen den Lichtfunktionen muss automatisch erfolgen oder von Hand mit Bedienteilen entsprechend der Lageanordnung nach der Regelung Nr. 60 der Wirtschaftskommission der Vereinten Nationen für Europa (UNECE) – Einheitliche Vorschriften für die Genehmigung zweirädriger Krafträder und Fahrräder mit Hilfsmotor hinsichtlich der vom Fahrzeugführer betätigten Bedienteile und der Kennzeichnung von Bedienteilen, Kontrollleuchten und Anzeigevorrichtungen (ABl. L 297 vom 15.10.2014, S. 23).

(4) [1]Fahrräder müssen an der Rückseite mit mindestens

1. einer Schlussleuchte für rotes Licht,
2. einem roten nicht dreieckigen Rückstrahler der Kategorie „Z" ausgerüstet sein. [2]Schlussleuchte und Rückstrahler dürfen in einem Gerät verbaut sein. [3]Schlussleuchten dürfen zusätzlich mit Bremslichtfunktion für rotes Licht mit einer Lichtstärke und Lichtverteilung der Bremslichtfunktion entsprechend der Regelung Nr. 50 der Wirtschaftskommission der Vereinten Nationen für Europa (UNECE) – Einheitliche Bedingungen für die Genehmigung von Begrenzungsleuchten, Schlussleuchten, Bremsleuchten, Fahrtrichtungsanzeigern und Beleuchtungseinrichtungen für das hintere Kennzeichenschild für Fahrzeuge der Klasse L (ABl. L 97 vom 29.3.2014, S. 1) ausgerüstet sein. [4]Blinkende Schlussleuchten sind unzulässig.

(5) [1]Fahrradpedale müssen mit nach vorn und nach hinten wirkenden gelben Rückstrahlern ausgerüstet sein. [2]Die Längsseiten eines Fahrrades müssen nach jeder Seite mit

1. ringförmig zusammenhängenden retroreflektierenden weißen Streifen an den Reifen oder Felgen oder in den Speichen des Vorderrades und des Hinterrades oder
2. Speichen an jedem Rad, alle Speichen entweder vollständig weiß retroreflektierend oder mit Speichenhülsen an jeder Speiche, oder

3. mindestens zwei um 180 Grad versetzt angebrachten, nach der Seite wirkenden gelben Speichenrückstrahlern an den Speichen des Vorderrades und des Hinterrades kenntlich gemacht sein.

³ Zusätzlich zu der Mindestausrüstung mit einer der Absicherungsarten dürfen Sicherungsmittel aus den anderen Absicherungsarten angebracht sein. ⁴ Werden mehr als zwei Speichenrückstrahler an einem Rad angebracht, so sind sie am Radumfang gleichmäßig zu verteilen. ⁵ Zusätzliche nach der Seite wirkende bauartgenehmigte gelbe rückstrahlende Mittel sind zulässig. ⁶ Nach vorne und nach hinten wirkende Fahrtrichtungsanzeiger, genehmigt nach der Regelung Nr. 50 der Wirtschaftskommission der Vereinten Nationen für Europa (UNECE) – Einheitliche Bedingungen für die Genehmigung von Begrenzungsleuchten, Schlussleuchten, Bremsleuchten, Fahrtrichtungsanzeigern und Beleuchtungseinrichtungen für das hintere Kennzeichenschild für Fahrzeuge der Klasse L (ABl. L 97 vom 29.3.2014, S. 1) und angebaut nach der Regelung Nr. 74 der Wirtschaftskommission der Vereinten Nationen für Europa (UN/ECE) – Einheitliche Bedingungen für die Genehmigung von Fahrzeugen der Klasse L 1 hinsichtlich des Anbaus der Beleuchtungs- und Lichtsignaleinrichtungen (ABl. L 166 vom 18.6.2013, S. 88) sowie Anordnung der Bedienteile nach der Regelung Nr. 60 der Wirtschaftskommission der Vereinten Nationen für Europa (UNECE) – Einheitliche Vorschriften für die Genehmigung zweirädriger Krafträder und Fahrräder mit Hilfsmotor hinsichtlich der vom Fahrzeugführer betätigten Bedienteile und der Kennzeichnung von Bedienteilen, Kontrollleuchten und Anzeigevorrichtungen (ABl. L 297 vom 15.10.2014, S. 23), sind nur bei mehrspurigen Fahrrädern oder solchen mit einem Aufbau, der Handzeichen des Fahrers ganz oder teilweise verdeckt, zulässig.

(6) ¹ Schlussleuchte und Scheinwerfer dürfen nur gemeinsam einzuschalten sein, wenn sie mit Hilfe einer Lichtmaschine betrieben werden. ² Bei eingeschalteter Standlichtfunktion darf auch die Schlussleuchte allein leuchten. ³ In den Scheinwerfern und Leuchten dürfen nur die nach ihrer Bauart dafür bestimmten Leuchtmittel verwendet werden.

(7) ¹ Bei Fahrrädern mit elektrischer Tretunterstützung kann die Versorgung der Beleuchtungsanlage über eine Kopplung an den Energiespeicher für den Antrieb erfolgen, wenn

1. nach entladungsbedingter Abschaltung des Unterstützungsantriebs noch eine ununterbrochene Stromversorgung der Beleuchtungsanlage über mindestens zwei Stunden gewährleistet ist oder

2. der Antriebsmotor als Lichtmaschine übergangsweise benutzt werden kann, um auch weiterhin die Lichtanlage mit Strom zu versorgen.

² Satz 1 gilt nicht für Fahrräder mit elektrischer Tretunterstützung, die vor dem 1. Januar 2019 in Verkehr gebracht werden.

(8) Für lichttechnische Einrichtungen am Fahrrad gelten folgende Anbauhöhen

Lichttechnische Einrichtung	Minimale Höhe [mm]	Maximale Höhe [mm]
Scheinwerfer für Abblendlicht	400	1 200
Rückstrahler vorne	400	1 200
Hinten: Schlussleuchte, Rückstrahler	250	1 200

1　　**Begr** zur ÄndVO v. 26.7.13 **zu Abs. 1 aF** (BR-Drs. 445/13 (Beschluss) S. 6 = VkBl. **13** 869): *Die Verwendung von Batterien oder eines wiederaufladbaren Energiespeichers (Akkus etc.) für den Betrieb von Scheinwerfer und Schlussleuchte an Fahrrädern gewährleistet grundsätzlich das gleiche Sicherheitsniveau wie die Verwendung einer Lichtmaschine (Dynamo) als Energieversorger. Zudem gewährleisten sowohl batterie- als auch akkubetriebene Scheinwerfer und Schlussleuchten eine gute Erkennbarkeit der Fahrradfahrer, da die Intensität der Lichtabstrahlung unabhängig von der Fahrgeschwindigkeit gleichmäßig hoch ist und auch im Stand erfolgen kann. Daneben wird ihnen eine höhere Akzeptanz entgegengebracht, die offenbar unter anderem daraus resultiert, dass der Betrieb der Beleuchtung mit Batterien und Akkus – im Gegensatz insbesondere zu älteren Dynamos – keine fahrdynamisch wirksamen Leistungsverluste oder eine Einschränkung der Beleuchtung bei schlechten Witterungsverhältnissen mit sich bringt.*

2–8　　**Begr** zur ÄndVO v. 18.5.17 (BR-Drs. 771/16 S. 23): **Zu Abs. 1:** *Händler verkaufen fast jedes dritte Fahrrad ohne StVZO-konforme Ausrüstung. Zur besseren Erkennbarkeit von Fahrrädern und damit zur Erhöhung der Verkehrssicherheit wird eine Vorschrift aufgenommen. Demnach dürfen künftig neue Fahrräder nur dann im öffentlichen Straßenverkehr in Betrieb genommen werden, wenn sie mit den vorgeschriebenen lichttechnischen Einrichtungen ausgerüstet sind.*

1. Anwendungsbereich. § 67 regelt, mit welchen **lichttechnischen Einrichtungen Fahr-** 9
räder ausgerüstet sein müssen oder können und wie diese zu betreiben sind. Lichttechnische
Einrichtungen an Fahrradanhängern: § 67a. Benutzungspflicht: § 17 I S. 1 StVO. Der **Begriff**
des Fahrrades wird in § 63a I definiert. § 67 ist auch auf Fahrräder mit elektromotorischer
Tretunterstützung iSv § 1 III StVG anzuwenden (§ 1 III S. 3 StVG, § 63a II StVZO). § 67 wurde
durch ÄndVO v. 18.5.17 (BGBl. I S. 1282) grundlegend überarbeitet. Die früheren Sonder-
vorschriften für Rennräder (XI und XII aF) sind dabei entfallen.

2. Eine allgemeine **Ausrüstungspflicht** mit lichttechnischen Einrichtungen besteht heute 10
nicht mehr. Mit der Neufassung durch ÄndVO v. 18.5.17 (BGBl. I S. 1282) wurde die Ausrüstungs-
pflicht an die Inbetriebnahme des Fahrrads geknüpft. Fahrräder dürfen nur dann im öff StrV **in**
Betrieb genommen werden, wenn sie mit den vorgeschriebenen und bauartgenehmigten licht-
technischen Einrichtungen **ausgerüstet sind** (I S. 1); Verstoß ist ow (§ 69a IV Nr. 8). Fahrräder
werden in Betrieb genommen, wenn sie im öff StrV bestimmungsgemäß verwendet, also gefahren
werden. Werden Fahrräder nicht in Betrieb genommen, müssen sie nicht mit den vorgeschriebenen
Beleuchtungseinrichtungen ausgerüstet sein. Hintergrund dieser Regelung war der Umstand, dass
nach Erkenntnissen des VOGebers fast jedes dritte Fahrrad ohne StVZO-konforme Ausrüstung
verkauft wird (Begr Rn. 2–8). Um zu verhindern, dass so verkaufte Fahrräder vom Käufer ohne die
vorgeschriebene lichttechnische Ausrüstung in Betrieb genommen werden, wurde die Vorschrift
aufgenommen. Ausnahme für abnehmbare Scheinwerfer und Leuchten: I S. 2 iVm II S. 4.

Die vorgeschriebenen Beleuchtungseinrichtungen müssen an Fahrrädern **nicht mehr immer** 11
auch am Tag vorhanden und betriebsbereit sein, nachdem diese Anforderung durch ÄndVO v.
18.5.17 (BGBl. I S. 1282) aus § 23 I S. 4 StVO gestrichen worden ist. Fahrräder müssen nur dann
damit ausgerüstet sein, wenn sie im öff StrV **in Betrieb genommen** werden (I S. 1), dies aller-
dings **auch am Tag** und bei guten Sichtverhältnissen. Als Ausnahme davon müssen abnehmbare
Scheinwerfer und Leuchten bei Inbetriebnahme des Fahrrads nur während der Dämmerung, bei
Dunkelheit oder wenn die Sichtverhältnisse es sonst erfordern, angebracht sein (I S. 2 iVm II S. 4),
also dann, wenn sie gem. § 17 I S. 1 StVO zu benutzen sind. Ist das Fahrrad abgestellt oder wird es
geschoben, muss es nicht mit den vorgeschriebenen lichttechnischen Einrichtungen ausgerüstet
sein, denn dies kann nicht als „Betrieb" des Fahrrads angesehen werden.

§ 67 bezieht sich nicht auf lichttechnische Einrichtungen, die **am Körper des Fahrrad-** 12
rers angebracht sind. Die Grenzen des Zulässigen ergeben sich insoweit nur aus § 1 StVO. Zu
Haftungsfragen s. Fra NZV **06** 36. Am Körper des Fahrradfahrers befestigte lichttechnische Ein-
richtungen können die für die Ausrüstung des Fahrrads vorgeschriebenen Beleuchtungseinrich-
tungen nicht ersetzen, denn diese müssen während ihres Betriebs am Fahrrad fest angebracht
sein (II S. 2, Rn. 16).

3. Als **Energiequellen** für den Betrieb des Scheinwerfers und der Schlussleuchte sind alter- 13
nativ entweder **Lichtmaschine** (Dynamo) oder **Batterie** oder **wieder aufladbarer Energie-**
speicher (Akku) oder eine **Kombination** aus diesen Speicherarten zulässig (I S. 3, vgl. Begr zu
Abs. I aF Rn. 1). Nennspannung und Nennleistung von Lichtmaschine und Batterie sind anders
als früher nicht mehr vorgegeben. Die Nennspannung der Energiequelle muss lediglich verträg-
lich mit der Spannung der verwendeten aktiven lichttechnischen Einrichtungen sein (I S. 5). Die
Spannung, mit der Leuchten und Scheinwerfer betrieben werden, muss also kompatibel zur
Energiequelle sein. Diese durch ÄndVO v. 18.5.17 (BGBl. I S. 1282) eingeführte Regelung soll
Innovationen wie zB das Laden von Smartphones über den Nabendynamo erleichtern (Begr
BR-Drs. 771/16 S. 23).

4. Bis 31.5.17 war wie für Kfz (§ 49a I S. 1) ausdrücklich geregelt, dass **nur** die **vorgeschrie-** 14
benen und die für **zulässig** erklärten **lichttechnischen Einrichtungen** an Fahrrädern ange-
bracht sein durften (II S. 1 aF). Daraus ergab sich, dass andere nicht angebracht sein durften, auch
nicht vorübergehend und lose. Diese Regelung wurde bei der Neufassung des § 67 durch Änd-
VO v. 18.5.17 (BGBl. I S. 1282) ersatzlos gestrichen. Die Begr (BR-Drs. 771/16 S. 23) enthält
keine Erläuterung dazu. Somit ist offen, ob der VOGeber damit bewusst auch die Anbringung
anderer Beleuchtungseinrichtungen ermöglichen wollte. Lichttechnische Einrichtungen müssen
nach heutiger Rechtslage bauartgenehmigt sein (I S. 1), mit Ausnahme von Batterien und Akkus
§ 22a genügen (I S. 4) und vorschriftsmäßig iSd StVZO sein (II S. 2). Die Ausrüstung von Fahr-
rädern ist damit aber nicht auf die vorgeschriebenen und die für zulässig erklärten lichttechni-
schen Einrichtungen beschränkt. Eine Begrenzung greift nur, wenn dies aus dem Wortlaut aus-
drücklich ersichtlich ist (zB V S. 6 „nur bei").

15   **5. Lichttechnische Einrichtungen** an Fahrrädern sind: Lichtmaschine, Batterie, wieder aufladbarer Energiespeicher, eine Kombination aus diesen Elementen, Scheinwerfer für Abblendlicht, auch mit Fernlichtfunktion oder auch mit Tagfahrlichtfunktion, Schlussleuchten, auch mit Bremslichtfunktion, Fahrtrichtungsanzeiger, rote, weiße und gelbe Rückstrahler, Pedalrückstrahler und retroreflektierende Streifen an Reifen, Felgen oder in den Speichen, weiß retroreflektierende Speichen oder Speichenhülsen, und die in den Scheinwerfern und Leuchten zu verwendenden bauartbestimmten Glühlampen und anderen Leuchtmittel. Alle lichttechnischen Einrichtungen mit Ausnahme von Batterien und wieder aufladbaren Energiespeichern müssen in einer **amtlich genehmigten Bauart** ausgeführt sein (I S. 4, § 22a I Nr. 18 und 22). Sie dürfen nur verwendet werden, wenn sie mit einem amtlich vorgeschriebenen und zugeteilten Prüfzeichen gekennzeichnet sind (§ 22a II). Scheinwerfer und Leuchten müssen nach den Technischen Anforderungen an Fahrzeugteile bei der Bauartprüfung Nr. 4 Abs. 8 Nr. 5 (VkBl. **73** 558, zuletzt geändert: VkBl. **03** 752, **06** 645 = StVRL § 22a Nr. 1), sofern sie eine Batterie- oder Akkuversorgung haben, über eine Kontrolleinrichtung verfügen, die den Benutzer informiert, dass ein Batteriewechsel bzw. das Nachladen vorgenommen werden muss. In den Scheinwerfern und Leuchten von Fahrrädern dürfen nur die nach ihrer Bauart dafür bestimmten Glühlampen und anderen Leuchtmittel verwendet werden (VI S. 3). Alle lichttechnischen Einrichtungen müssen **vorschriftsmäßig iSd StVZO** sein (II S. 2). Dies bedeutet, dass sie den Vorgaben von § 67 entsprechen und mit Ausnahme von Batterien und Akkus in einer amtlich genehmigten Bauart ausgeführt und mit einem amtlich vorgeschriebenen und zugeteilten Prüfzeichen gekennzeichnet sein müssen.

16   **6. Anbringung.** Durch ÄndVO v. 18.5.17 (BGBl. I S. 1282) wurde eingeführt, dass die lichttechnischen Einrichtungen nicht mehr wie früher ständig (II S. 3 aF), sondern nur **während ihres Betriebs fest angebracht** sein müssen (II S. 2). Weiter müssen sie unter sie normalen Betriebsbedingungen gegen unabsichtliches Verstellen gesichert sein (II S. 2). Sie müssen so befestigt sein, dass sich ihre Lage zum Fahrrad im Betrieb weder von selbst verstellt noch leicht verstellbar ist (s. Technische Anforderungen bei der Bauartprüfung, Nr. 4 Abs. 8 Nr. 1, VkBl. **73** 558, zuletzt geändert: VkBl. **03** 752, **06** 645 = StVRL § 22a Nr. 1). Scheinwerfer, Leuchten und deren Energiequelle dürfen **abnehmbar** sein (II S. 4), sie müssen aber (bei Inbetriebnahme des Fahrrads, I S. 1 und 2) während der Dämmerung, bei Dunkelheit oder wenn die Sichtverhältnisse es sonst erfordern, angebracht sein (II S. 4). Sie müssen dann nicht nur angebracht (II S. 4), sondern auch fest angebracht und gegen unabsichtliches Verstellen gesichert sein (II S. 2). Die lichttechnischen Einrichtungen müssen **ständig einsatzbereit** sein (II S. 2). Einsatzbereit bedeutet, dass sie funktionsfähig sei müssen. Es ist sprachlich nicht ganz klar, ob sich der Zusatz „während ihres Betriebs" auch auf das Erfordernis der ständigen Einsatzbereitschaft bezieht oder nicht. Aus Sinn und Zweck der Vorschrift ergibt sich, dass die lichttechnischen Einrichtungen nicht ständig im Wortsinne, sondern nur dann einsatzbereit sein müssen, wenn ein Fahrrad mit ihnen ausgerüstet sein muss, also beim Betrieb des Fahrrads bzw. im Falle von abnehmbaren Scheinwerfern und Leuchten beim Betrieb des Fahrrads und gleichzeitiger Benutzungspflicht nach § 17 I S. 1 StVO.

17   Lichttechnische Einrichtungen dürfen im Verkehr **nicht verdeckt** sein (II S. 3, § 17 I S. 2 StVO). Daraus folgt, dass **verdeckende Anhänger** von Fahrrädern Schlussleuchten und roten Rückstrahler führen müssen wie das Fahrrad, soweit nicht durch § 67a II die Ausrüstung mit lichttechnischen Einrichtungen ohnehin vorgeschrieben ist. Verdeckendes Gepäck ist unzulässig. Verdeckt ist die lichttechnische Einrichtung bereits, wenn sie wegen des Anhängers nur zeitweise oder zu spät erkennbar ist (BGH VRS **23** 18). Die Beleuchtungseinrichtungen dürfen **nicht verschmutzt** sein (§ 17 I S. 2 StVO).

18   **7.** Durch ÄndVO v. 18.5.17 (BGBl. I S. 1282) wurden Vorschriften über die lichttechnische Ausrüstung **überbreiter** und **Pkw-ähnlicher Fahrräder**, zB sog Bierbikes oder Pkw-Karossen mit Pedalantrieb, eingeführt (II S. 7 und 8).

19   **8. Zusammenfassung Ausrüstung, Anbringung und Einsatzbereitschaft.** Aus der Zusammenschau der Bestimmungen über die Ausrüstungspflicht (I S. 1 und 2 iVm II S. 4), die Pflicht zur festen Anbringung (II S. 2) und die Vorgabe der ständigen Einsatzbereitschaft (II S. 2) ergibt sich folgende **Rechtslage:** Fahrräder müssen mit den vorgeschriebenen und einsatzbereiten lichttechnischen Einrichtungen immer dann ausgerüstet sein, wenn sie in Betrieb sind, also gefahren werden. Dies gilt unabhängig von der Tageszeit und den Lichtverhältnissen. Ausnahmsweise müssen abnehmbare Scheinwerfer und Leuchten bei Betrieb des Fahrrads nicht an diesem angebracht sein, wenn keine Benutzungspflicht besteht. Wird das Fahrrad nicht gefahren, muss es unter keinen Umständen mit den vorgeschriebenen lichttechnischen Einrichtungen ausgerüstet sein. Bei Benutzung der lichttechnischen Einrichtungen („während ihres Betriebs") müssen sie an dem Fahrrad fest angebracht und unter normalen Betriebsbedingungen gegen unabsichtliches Verstellen gesichert sein, egal ob das Fahrrad gefahren wird oder nicht. Muss das Fahrrad mit lichttechnischen Einrichtungen ausgerüstet sein, werden diese aber nicht benutzt, reicht schlichte (nicht feste) Anbringung und Einsatzbereitschaft.

9. Wirkung nach vorn. Fahrräder müssen mit mindestens einem nach vorn wirkenden **20** **Scheinwerfer** für weißes Abblendlicht ausgerüstet sein (III S. 1). Es können auch zwei (III S. 1) oder mehr (Rn. 14) derartige Scheinwerfer sein. Der oder die Scheinwerfer dürfen zusätzlich auch mit Tagfahrlicht- und Fernlichtfunktion ausgestattet sein (III S. 5, 6). Diese zusätzlichen Lichtfunktionen sollen der besseren Erkennbarkeit bzw. Ausleuchtung dienen (Begr BR-Drs. 771/16 S. 23). Blinkende Scheinwerfer sind unzulässig (III S. 3). Hinsichtlich der Aus-rüstungs- und Anbringungspflicht gelten die allgemeinen Regeln, wobei durch die Einstellung des Scheinwerfers bzw. der Scheinwerfer sichergestellt werden muss, dass andere Verkehrsteil-nehmer nicht geblendet werden (III S. 2). Ferner ist Ausrüstung mit mindestens einem nach vorn wirkenden **weißen Rückstrahler** (Reflektor) vorgeschrieben (III S. 4). Dies gilt für alle Formen von Fahrrädern, auch für Rennräder. Anbauhöhe: VIII.

10. Wirkung nach hinten. Fahrräder müssen an der Rückseite mit mindestens einer **21** **Schlussleuchte** für rotes Licht und mit mindestens einem roten nicht dreieckigen **Rückstrah-** **ler** der Kategorie „Z" ausgerüstet sein (IV S. 1). Die Schlussleuchte und der Rückstrahler dürfen in einem Gerät vereinigt sein (IV S. 2). Seit der Neufassung der Vorschrift durch ÄndVO v. 18.5.17 (BGBl. I S. 1282) werden an der Rückseite nicht mehr zwei, sondern nur noch ein Rückstrahler gefordert, der in die Schlussleuchte integriert sein kann. Damit wird bezweckt, dass die Vorschriften auch von in erster Linie sportlich genutzten Fahrrädern wie Montainbikes oder Rennrädern leicht erfüllt werden können (Begr BR-Drs. 771/16 S. 24). Eine zusätzliche Brems-lichtfunktion ist erlaubt (IV S. 3). Blinkende Schlussleuchten sind unzulässig (IV S. 4). Hinsicht-lich der Ausrüstungs- und Anbringungspflicht gelten die allgemeinen Regeln. Anbauhöhe: VIII.

11. Pedale von Fahrrädern müssen mit nach vorn und nach hinten wirkenden gelben Rück- **22** strahlern ausgerüstet sein (V S. 1). Zusätzliche nach der Seite hin wirkende gelbe Rückstrahler an den Pedalen sind erlaubt (V S. 5).

12. Seitliche Kennzeichnung. Die Längsseiten des Fahrrades müssen nach jeder Seite mit **23** den folgenden lichttechnischen Einrichtungen kenntlich gemacht werden: entweder a) an bei-den Seiten des Vorder- und Hinterrades je ein ringförmiger, durchgehender, retroreflektierender weißer Streifen an den Reifen oder Felgen oder in den Speichen (V S. 2 Nr. 1), oder b) alle Speichen entweder vollständig weiß retroreflektierend oder mit Speichenhülsen an jeder Speiche (V S. 2 Nr. 2), oder c) an den Speichen von Vorder- und Hinterrad je mindestens zwei um 180 Grad versetzt angebrachte nach der Seite wirkende gelbe Speichenrückstrahler (V S. 2 Nr. 3). Ist eines dieser Sicherungsmittel vollständig vorhanden, wie zwingend vorgeschrieben, so darf es durch die anderen, Teile der anderen (V S. 3), aber auch durch weitere, seitlich wirkende gelbe rückstrahlende Mittel ergänzt werden (V S. 5), also zB durch gelbe Rückstrahler.

13. Nach vorne und nach hinten wirkende **Fahrtrichtungsanzeiger** sind durch ÄndVO v. **24** 18.5.17 (BGBl. I S. 1282) zur Erhöhung der Verkehrssicherheit (Begr BR-Drs. 771/16 S. 24) zugelassen worden, allerdings nur bei mehrspurigen Fahrrädern oder solchen mit einem Aufbau, der Handzeichen des Fahrers ganz oder teilweise verdeckt (V S. 6). An anderen Fahrrädern sind Fahrtrichtungsanzeiger nicht erlaubt.

14. Schaltung von Scheinwerfer und Schlussleuchte. Wenn Scheinwerfer und Schluss- **25** leuchte mit Hilfe einer Lichtmaschine betrieben werden, dürfen sie nur gemeinsam einzuschal-ten sein (VI S. 1). VI S. 2 ermöglicht die Umsetzung einer Standlichtfunktion für die Schluss-leuchte, um auch im Stand die Erkennbarkeit für andere Verkehrsteilnehmer zu gewährleisten (Begr BR-Drs. 771/16 S. 24). Die Vorgabe zur gleichzeitigen Schaltung gilt nicht bei Verwen-dung einer anderen Energiequelle, unabhängig davon, ob Scheinwerfer und Schlussleuchte ab-nehmbar sind oder nicht.

15. Für **Fahrräder mit elektrischer Tretunterstützung**, die seit dem 1.1.2019 in den Ver- **26** kehr gebracht worden sind, wurde durch ÄndVO v. 18.5.17 (BGBl. I S. 1282) eine **Sonderrege-** **lung** eingeführt (VII). Für diese Fz wird ein zusätzlicher Energielieferant für die Lampen für entbehrlich gehalten, da der Akku, auch wenn er nicht mehr der Tretunterstützung dienen kann, in der Lage ist, ausreichend Energie für die Leuchten zur Verfügung zu stellen (Begr BR-Drs. 771/16 S. 24). Diese Regelung gilt nach dem uneingeschränkten Wortlaut für alle Fahrräder mit elektrischer Tretunterstützung, nicht nur für solche bis 25 km/h nach § 1 III StVG, § 63a II StVZO. Die Herausnahme der vor dem 1.1.19 in den Verkehr gebrachten Fahrräder mit elektrischer Tretunterstützung aus der Regelung sollte den Herstellern die Gelegenheit geben, solche Beleuchtungskonzepte zu entwickeln (Begr BR-Drs. 771/16 S. 24).

27   **16.** Die vorgeschriebenen **Anbauhöhen** für bestimmte lichttechnische Einrichtungen an Fahrrädern sind seit 1.6.17 in Abs. VIII zusammengefasst. Die darin vorgeschriebenen minimalen und maximalen Anbauhöhen sollen ein gutes Ausleuchten der Fahrbahn und die Sichtbarkeit des Fahrrads für andere Verkehrsteilnehmer sicherstellen (Begr BR-Drs. 771/16 S. 24).

28   **17. Ausnahmen** von allen Regelungen des § 67 sind nach § 70 möglich, angesichts der Bedeutung der Sichtbarkeit des Fahrrades für die Verkehrssicherheit aber nur sehr eingeschränkt vertretbar. Fahrräder aus anderen Vertragsstaaten des ÜbStrV (1968) sind im internationalen Verkehr in Deutschland zugelassen, wenn sie Art 3 V iVm Art 44 I ÜbStrV 1968 entsprechen; dafür müssen sie mit einer roten Rückstrahlvorrichtung nach hinten und mit Vorrichtungen versehen sein, die es ermöglichen, ein weißes oder hellgelbes Licht nach vorn und ein rotes Licht nach hinten zu zeigen.

29   **18. Zuwiderhandlungen.** §§ 69a IV Nr. 8 StVZO; 24 StVG.

Lichttechnische Einrichtungen an Fahrradanhängern

67a (1) ¹An Fahrradanhängern dürfen nur die vorgeschriebenen und bauartgenehmigten lichttechnischen Einrichtungen angebracht sein. ²Lichttechnische Einrichtungen dürfen nicht verdeckt sein.

(2) Fahrradanhänger müssen mindestens mit folgenden lichttechnischen Einrichtungen ausgerüstet sein:

1. nach vorn wirkend:
   a) bei einer Breite des Anhängers von mehr als 600 mm mit zwei paarweise angebauten weißen Rückstrahlern mit einem maximalen Abstand von 200 mm zur Außenkante,
   b) bei einer Breite des Anhängers von mehr als 1 000 mm zusätzlich mit einer Leuchte für weißes Licht auf der linken Seite,
2. nach hinten wirkend:
   a) mit einer Schlussleuchte für rotes Licht auf der linken Seite, falls mehr als 50 Prozent der sichtbaren leuchtenden Fläche der Schlussleuchte des Fahrrads durch den Anhänger verdeckt wird oder falls der Anhänger mehr als 600 mm breit ist und
   b) mit zwei roten Rückstrahlern der Kategorie „Z" mit einem maximalen Abstand von 200 mm zur Außenkante,
3. nach beiden Seiten wirkend:
   a) mit ringförmig zusammenhängenden retroreflektierenden weißen Streifen an Reifen oder Felgen oder Rädern oder
   b) mit weiß retroreflektierenden Speichen (jede Speiche) oder Speichenhülsen (an jeder Speiche) an jedem Rad oder
   c) mit mindestens zwei um 180 Grad versetzt angebrachten, nach der Seite wirkenden gelben Speichenrückstrahlern an den Speichen jedes Rades.

(3) Anhänger, die nicht breiter als 1 000 mm sind, dürfen mit einer Leuchte für weißes Licht nach vorne ausgerüstet werden.

(4) Unabhängig von der Breite dürfen Anhänger mit

1. einer weiteren Leuchte für rotes Licht nach hinten auf der rechten Seite oder
2. Fahrtrichtungsanzeigern, genehmigt nach der Regelung Nr. 50 der Wirtschaftskommission der Vereinten Nationen für Europa (UNECE) – Einheitliche Bedingungen für die Genehmigung von Begrenzungsleuchten, Schlussleuchten, Bremsleuchten, Fahrtrichtungsanzeigern und Beleuchtungseinrichtungen für das hintere Kennzeichenschild für Fahrzeuge der Klasse L (ABl. L 97 vom 29.3.2014, S. 1) und angebaut nach der Regelung Nr. 74 der Wirtschaftskommission der Vereinten Nationen für Europa (UN/ECE) – Einheitliche Bedingungen für die Genehmigung von Fahrzeugen der Klasse L 1 hinsichtlich des Anbaus der Beleuchtungs- und Lichtsignaleinrichtungen (ABl. L 166 vom 18.6.2013, S. 88), oder

3. zwei weiteren zusätzlichen roten nicht dreieckigen Rückstrahlern nach hinten wirkend mit einem maximalen Abstand von 200 mm zur Außenkante ausgerüstet werden.

(5) **Lichttechnische Einrichtungen dürfen zusammengebaut, ineinander gebaut oder kombiniert sein, mit Ausnahme von Fahrtrichtungsanzeigern.**

(6) **Absatz 2 gilt nicht für Fahrradanhänger, die vor dem 1. Januar 2018 in Verkehr gebracht werden.**

Begr zur ÄndVO v. 18.5.17 (BR-Drs. 771/16 S. 25): *Ein Mindestmaß an lichttechnischer Ausrüstung für Fahrradanhänger wird gefordert. Optional ist nun auch eine Ausrüstung mit Fahrtrichtungsanzeigern möglich.* **1–7**

1. Allgemeines. Mit dem durch ÄndVO v. 18.5.17 (BGBl. I S. 1282) eingefügten § 67a sind **8** erstmals Vorschriften für die Ausrüstung von Fahrradanhängern mit lichttechnischen Einrichtungen eingeführt worden. Die Mindestanforderungen nach Abs. II gelten nur für Fahrradanhänger, die seit dem 1.1.2018 in den Verkehr gebracht worden sind (VI). Nr. 3 des – allerdings ohnehin rechtlich unverbindlichen – Merkblattes für das Mitführen von Anhängern hinter Fahrrädern v. 6.11.99 (VkBl. **99** 703 = StVRL § 67 Nr. 5) entspricht nicht durchgehend der heutigen Rechtslage und ist insoweit unbeachtlich.

2. An Fahrradanhängern dürfen **nur die vorgeschriebenen** lichttechnischen Einrichtungen **9** angebracht sein (I S. 1). Bei wörtlichem Verständnis dieser Norm dürften andere nicht angebracht sein, auch nicht vorübergehend. Die Regelung muss jedoch nach Sinn und Zweck erweiternd so verstanden werden, dass auch die durch § 67a zusätzlich optional erlaubten lichttechnischen Einrichtungen (Rn. 13) und die ggf. wegen Verdeckung der lichttechnischen Einrichtungen des ziehenden Fahrrads erforderlichen lichttechnischen Einrichtungen an älteren Fahrradanhängern (Rn. 12) angebracht sein dürfen. Sie müssen außerdem **bauartgenehmigt**, also in einer amtlich genehmigten Bauart ausgeführt sein (I S. 1, § 22 I Nr. 22). Sie dürfen nur verwendet werden, wenn sie mit einem amtlich vorgeschriebenen und zugeteilten Prüfzeichen gekennzeichnet sind (§ 22 II).

Lichttechnische Einrichtungen dürfen im Verkehr **nicht verdeckt** sein (I S. 2, § 17 I S. 2 **10** StVO). Die Beleuchtungseinrichtungen dürfen nicht verschmutzt sein (§ 17 I S. 2 StVO).

3. Abs. II iVm Abs. VI schreibt vor, mit welchen lichttechnischen Einrichtungen **seit dem** **11** **1.1.18 in den Verkehr gebrachte** Fahrradanhänger **mindestens ausgerüstet sein müssen.** Diese Ausrüstung muss immer vorhanden sein, nicht nur wenn solche Fahrradanhänger im öff StrV in Betrieb genommen werden. Fahrradanhänger, die vor dem 1.1.18 in den Verkehr gebracht worden sind, wurden aus Gründen des Bestandsschutzes von der Ausrüstungpflicht nach II ausgenommen (Begr BR-Drs. 771/16 S. 25). Die vorgeschriebene Absicherung nach vorn und nach hinten ist abhängig von der Breite des Fahrradanhängers.

Spezielle Vorschriften für die **Mindestausrüstung** von **vor dem 1.1.18 in den Verkehr** **12** **gebrachten** Fahrradanhängern mit lichttechnischen Einrichtungen gibt es nicht. Aus der Regelung, wonach lichttechnische Einrichtungen von Fahrrädern im Verkehr nicht verdeckt sein dürfen (§ 67 II S. 3), folgt lediglich indirekt, dass verdeckende Anhänger Schlussleuchten und roten Rückstrahler führen müssen wie das Fahrrad. Verdeckt ist die lichttechnische Einrichtung bereits, wenn sie wegen des Anhängers nur zeitweise oder zu spät erkennbar ist (BGH 20.3.62 VRS **23** 18). Im Übrigen gilt § 66a.

4. Abs. III und IV erlauben die Ausrüstung mit **weiteren** als den mindestens erforderlichen **13** **lichttechnischen Einrichtungen.** Die in IV Nr. 1 bis 3 genannten Elemente dürfen unabhängig von der Breite des Fahrradanhängers angebracht werden. Nach IV Nr. 1 ist eine „weitere" Leuchte für rotes Licht nach hinten auf der rechten Seite zulässig, dh nur in Ergänzung einer nach I Nr. 2 Buchst. a vorhandenen Schlussleuchte für rotes Licht auf der linken Seite. **Fahrtrichtungsanzeiger** sind für alle Fahrradanhänger erlaubt (IV Nr. 2), aber nicht vorgeschrieben (Begr Rn. 1–7).

5. Ausnahmen von allen Regelungen des § 67a sind nach § 70 möglich, angesichts der Be- **14** deutung der Sichtbarkeit des Fahrradanhängers für die Verkehrssicherheit aber nur sehr eingeschränkt vertretbar.

6. Zuwiderhandlungen. §§ 69a IV Nr. 9 StVZO; 24 StVG. **15**

C. Durchführungs-, Bußgeld- und Schlussvorschriften

Zuständigkeiten

68 (1) Diese Verordnung wird von den nach Landesrecht zuständigen Behörden ausge-
führt.

(2) ¹Örtlich zuständig ist, soweit nichts anderes vorgeschrieben ist, die Behörde des
Wohnorts, mangels eines solchen des Aufenthaltsorts des Antragstellers oder Betroffenen,
bei juristischen Personen, Handelsunternehmen oder Behörden die Behörde des Sitzes
oder des Orts der beteiligten Niederlassung oder Dienststelle. ²Anträge können mit Zu-
stimmung der örtlich zuständigen Behörde von einer gleichgeordneten auswärtigen Be-
hörde behandelt und erledigt werden. ³Die Verfügungen der Behörde (Sätze 1 und 2) sind
im Inland wirksam. ⁴Verlangt die Verkehrssicherheit ein sofortiges Eingreifen, so kann
anstelle der örtlich zuständigen Behörde jede ihr gleichgeordnete Behörde mit derselben
Wirkung Maßnahmen auf Grund dieser Verordnung vorläufig treffen.

(3) ¹Die Zuständigkeiten der Verwaltungsbehörden und höheren Verwaltungsbehörden
auf Grund dieser Verordnung, werden für die Dienstbereiche der Bundeswehr, der Bun-
despolizei, der Bundesanstalt Technisches Hilfswerk und der Polizei durch deren Dienst-
stellen nach Bestimmung der Fachminister wahrgenommen. ²Für den Dienstbereich
der Polizei kann die Zulassung von Kraftfahrzeugen und ihrer Anhänger nach Bestim-
mung der Fachminister durch die nach Absatz 1 zuständigen Behörden vorgenommen
werden.

1   **Begr** zur ÄndVO v. 12.11.96 (VkBl. **96** 623): **Zu Abs. 3:** *Die vorgesehene Änderung bezweckt,
dass die Fahrzeuge der Bundesanstalt Technisches Hilfswerk zukünftig durch eine Zentrale Zulassungsstelle
im Geschäftsbereich des Bundesministeriums des Innern verwaltet werden.*

     Begr zur ÄndVO v. 20.7.00: BR–Drs. 184/00 S. 100.

     Begr zur VO zum Neuerlass der StVZO v. 26.4.12 **zu Abs. 1** (BR–Drs. 861/11 S. 449): *Wo
bisher im Text auf untere Landesbehörden (z. B. Zulassungsbehörden) verwiesen wurde, wurde in dieser
Verordnung die Bezeichnung „nach Landesrecht zuständige Behörde" verwendet. Die unteren Verwaltungs-
behörden sind üblicherweise Kommunalbehörden, denen nach Artikel 84 Absatz 1 Satz 7 Grundgesetz
keine Aufgaben durch Bundesgesetz übertragen werden dürfen.*

1a   **1. § 68** enthält **Zuständigkeitsbestimmungen.** Zuständig sind die nach Landesrecht zu-
ständigen Behörden (Abs. I). Die bis 4.5.12 in Abs. I festgelegte grundsätzliche Zuständigkeit der
unteren VB wurde bei Neuerlass der StVZO durch VO v. 26.4.12 (BGBl. I S. 679) aufgehoben,
weil untere VB üblicherweise Kommunalbehören sind, denen nach Art 84 I S. 7 GG keine Auf-
gaben durch BundesG übertragen werden dürfen (Begr vor Rn. 1). Die Länder müssen seitdem
regeln, welche Behörden im jeweiligen Landesbereich für die Ausführung der StVZO zuständig
sein sollen.

2   **2. Sachlich zuständig sind:** die **Verwaltungsbehörden** für: die Untersagung oder Be-
schränkung des Betriebes von Fahrzeugen im Verkehr (§ 17); Erteilung der BE für Kfz und An-
hänger (§§ 19 I, 21, 22); technische Überwachung der Kfz und Anhänger (§ 29).

3   Zuständigkeit der Ortsbehörden für Anträge auf Erteilung der FE: s. § 73 FeV.
     Zuständigkeit für die Zulassung von Fahrzeugen: s. § 46 FZV.

4   Verwaltungsbehörden sind nach Abs. I die Behörden, denen durch Landesrecht die hier fragli-
chen Aufgaben zugewiesen sind.

5   Die **höheren Verwaltungsbehörden** sind zuständig für die Genehmigung von Ausnahmen
gemäß § 70 I Ziff 1.

6   **Höhere Verwaltungsbehörden** als zuständige Behörden für Ausnahmen (§ 70) für die un-
terschiedlichen Dienstbereiche und Länder: s. Übersicht VkBl. **63** 187, 456, **88** 297 = StVRL 1.

7   Die **obersten Landesverkehrsbehörden** oder die von ihnen bestimmten Stellen sind zu-
ständig für die Genehmigung von Ausnahmen gemäß § 70 I Ziff 2 StVZO.

8   Das **BMV** oder die von ihm bestimmten Stellen sind zuständig für den Erlass von Ausfüh-
rungsanweisungen zur StVZO gemäß den §§ 6, 6a und 26a StVG und die Genehmigung von
Ausnahmen gemäß § 70 I Ziff 3 StVZO.

9   Das **Kraftfahrt-Bundesamt** ist zuständig für Erteilung der ABE für Typen nach den §§ 20,
22 und für die Genehmigung von Ausnahmen mit Ermächtigung des BMV bei Erteilung oder
in Ergänzung einer ABE oder Bauartgenehmigung gemäß den §§ 22a, 70 I.

Dienststellen der Bundeswehr nach Bestimmung des Bundesministers für Verteidigung **10** sind zuständig für die technische Überwachung der Kfz und Anhänger der Nato-Hauptquartiere gemäß der 15. StVZAusnV (bei § 29 Rn. 19).

3. Örtlich zuständig ist die VB des Wohnorts, wo ein solcher fehlt, des Aufenthaltsortes des **11** Antragstellers oder Betroffenen, ohne Rücksicht auf eine uU überholte Eintragung im Melderegister, BVerwG VM **81** 50, VG Dü DAR **77** 279. Für die Bestimmung des Wohnorts kommt es auf die tatsächlichen Verhältnisse an, nicht auf die Eintragung im Melderegister (BVerwG 16.5.79 Buchholz 442.16 § 68 StVZO Nr. 2). Aufenthaltsort (mangels inländischen Wohnsitzes) ist der Ort der körperlichen Anwesenheit in einem bestimmten Amtsbereich, s. *Bouska* VD **78** 175. Wer sich vorübergehend außerhalb seines Wohnsitzes aufhält, um die örtliche Zuständigkeit der StrVB zu umgehen, behält seinen Wohnort iS des § 68 II. Der Begriff des **Handelsunternehmens** ist nicht näher definiert. Er sollte weit ausgelegt werden, weil nicht ersichtlich ist, warum Gewerbetreibende, die Handel treiben, anders zu behandeln sind als andere Gewerbetreibende. In § 46 II S. 1 FZV ist demgemäß der Begriff des Handelsunternehmens mit ÄndVO v. 4.4.11 (BGBl. I S. 549) durch die Formulierung „Gewerbetreibende und Selbständige mit festem Betriebssitz" ersetzt worden (s. § 46 FZV Rn. 1a, 3). Besteht im Inland weder Wohn- oder Aufenthaltsort noch Sitz oder Niederlassung, so ist die örtliche Zuständigkeit dem VwVfG des betreffenden Landes zu entnehmen, OVG Münster VRS **106** 230.

Örtlich unzuständige Behörden können: a) mit Zustimmung der gleichgeordneten örtlich **12** lich zuständigen Behörde über Anträge entscheiden (Abs. II S. 2), b) vorläufige Maßnahmen anstelle einer gleichgeordneten örtlich zuständigen Behörde treffen, wenn die Verkehrssicherheit sofortiges Eingreifen verlangt (Abs. II S. 4). Die Zustimmung gem. Abs. II S. 2 kann bis zur Unanfechtbarkeit der Entscheidung, also auch noch im Widerspruchs- und gerichtlichen Verfahren erteilt werden, VG Kö DAR **90** 310 (Anm *Siegmund*). Kein Anspruch auf Aufhebung eines Verwaltungsaktes allein wegen örtlicher Unzuständigkeit, § 46 VwVfG, s. BVerwG VM **81** 50.

4. Abs. III betrifft **Sonderzuständigkeiten** derjenigen obersten Bundes- und LandesB, die **13** am meisten am Verkehr beteiligt sind. Sie haben die erforderlichen Verwaltungsmaßnahmen für ihren Dienstbereich durch eigene Dienststellen zu treffen. Der Dienstbereich umfasst alle dienstlichen Angelegenheiten. Soweit es sich um den Verkehr auf öffentlichen Straßen handelt, müssen die Maßnahmen mit der StVZO im Einklang stehen.

Die Fachminister, die nach Abs. III über die hier fraglichen Zuständigkeiten zu bestimmen **14** haben, sind für die Bundeswehr der Bundesminister der Verteidigung, für die Polizei die Innenminister der Länder bzw. die Senatoren des Innern in Berlin, Bremen und Hamburg, für die BundesPol und die Bundesanstalt Technisches Hilfswerk der Bundesminister des Innern, s. Übersicht des BMV, VkBl. **63** 187, 456, **88** 297 = StVRL 1, sowie Begr VkBl. **96** 623. Abs. III S. 2 stellt klar, dass die Fahrzeuge der Polizei auch bei den örtlich zuständigen Zulassungsbehörden zugelassen werden können; jetzt geregelt in § 46 III S. 3 FZV.

69 (weggefallen)

Ordnungswidrigkeiten

69a (1) **Ordnungswidrig im Sinne des § 62 Absatz 1 Nummer 7 des Bundes-Immissionsschutzgesetzes handelt, wer vorsätzlich oder fahrlässig entgegen § 47f Absatz 1, auch in Verbindung mit Absatz 2 Satz 1, oder entgegen § 47f Absatz 2 Satz 2 ein Kraftfahrzeug betreibt.**

(2) **Ordnungswidrig im Sinne des § 24 des Straßenverkehrsgesetzes handelt, wer vorsätzlich oder fahrlässig**

1. **entgegen § 17 Absatz 1 einem Verbot, ein Fahrzeug in Betrieb zu setzen, zuwiderhandelt oder Beschränkungen nicht beachtet,**

1a. **entgegen § 19 Absatz 5 Satz 1 ein Fahrzeug in Betrieb nimmt oder als Halter dessen Inbetriebnahme anordnet oder zulässt,**

2. **einer vollziehbaren Anordnung oder Auflage nach § 29 Absatz 7 Satz 5 in Verbindung mit Satz 4 zuwiderhandelt,**

3. bis 6. **(weggefallen)**

7. **entgegen § 22a Absatz 2 Satz 1 oder Absatz 6 ein Fahrzeugteil ohne amtlich vorgeschriebenes und zugeteiltes Prüfzeichen zur Verwendung feilbietet, veräußert, erwirbt**

oder verwendet, sofern nicht schon eine Ordnungswidrigkeit nach § 23 des Straßenverkehrsgesetzes vorliegt,

8. gegen eine Vorschrift des § 21a Absatz 3 Satz 1 oder § 22a Absatz 5 Satz 1 oder Absatz 6 über die Kennzeichnung von Ausrüstungsgegenständen oder Fahrzeugteilen mit Prüfzeichen oder gegen ein Verbot nach § 21a Absatz 3 Satz 2 oder § 22a Absatz 5 Satz 2 oder Absatz 6 über die Anbringung von verwechslungsfähigen Zeichen verstößt,

9. gegen eine Vorschrift über Mitführung und Aushändigung

   a) bis f) (weggefallen)

   g) eines Abdrucks oder einer Ablichtung einer Erlaubnis, Genehmigung, eines Auszugs einer Erlaubnis oder Genehmigung, eines Teilegutachtens oder eines Nachweises nach § 19 Absatz 4 Satz 1,

   h) (weggefallen)

   i) der Urkunde über die Einzelgenehmigung nach § 22a Absatz 4 Satz 2

   verstößt,

10. bis 13b. (weggefallen)

14. einer Vorschrift des § 29 Absatz 1 Satz 1 in Verbindung mit den Nummern 2.1, 2.2, 2.6, 2.7 Satz 2 oder 3, den Nummern 3.1.1, 3.1.2 oder 3.2.2 der Anlage VIII über Hauptuntersuchungen oder Sicherheitsprüfungen zuwiderhandelt,

15. einer Vorschrift des § 29 Absatz 2 Satz 1 über Prüfplaketten oder Prüfmarken in Verbindung mit einem SP-Schild, des § 29 Absatz 5 über den ordnungsgemäßen Zustand der Prüfplaketten oder der Prüfmarken in Verbindung mit einem SP-Schild, des § 29 Absatz 7 Satz 5 über das Betriebsverbot oder die Betriebsbeschränkung oder des § 29 Absatz 8 über das Verbot des Anbringens verwechslungsfähiger Zeichen zuwiderhandelt,

16. einer Vorschrift des § 29 Absatz 10 Satz 1 oder 2 über die Aufbewahrungs- und Aushändigungspflicht für Untersuchungsberichte oder Prüfprotokolle zuwiderhandelt,

17. einer Vorschrift des § 29 Absatz 11 oder 13 über das Führen oder Aufbewahren von Prüfbüchern zuwiderhandelt,

18. einer Vorschrift des § 29 Absatz 1 Satz 1 in Verbindung mit Nummer 3.1.4.2 Satz 2 Halbsatz 2 der Anlage VIII über die Behebung der geringen Mängel oder Nummer 3.1.4.3 Satz 2 Halbsatz 2 über die Behebung der erheblichen Mängel oder die Wiedervorführung zur Nachprüfung der Mängelbeseitigung zuwiderhandelt,

19. entgegen § 29 Absatz 1 Satz 1 in Verbindung mit Nummer 4.3 Satz 5 der Anlage VIII, Nummer 8.1.1 Satz 2 oder Nummer 8.2.1 Satz 2 der Anlage VIIIc die Maßnahmen nicht duldet oder die vorgeschriebenen Aufzeichnungen nicht vorlegt.

(3) Ordnungswidrig im Sinne des § 24 des Straßenverkehrsgesetzes handelt ferner, wer vorsätzlich oder fahrlässig ein Kraftfahrzeug oder ein Kraftfahrzeug mit Anhänger (Fahrzeugkombination) unter Verstoß gegen eine der folgenden Vorschriften in Betrieb nimmt:

1. des § 30 über allgemeine Beschaffenheit von Fahrzeugen;

1a. des § 30c Absatz 1 und 4 über vorstehende Außenkanten, Frontschutzsysteme;

1b. des § 30d Absatz 3 über die Bestimmungen für Kraftomnibusse oder des § 30d Absatz 4 über die technischen Einrichtungen für die Beförderung von Personen mit eingeschränkter Mobilität in Kraftomnibussen;

1c. des § 31d Absatz 2 über die Ausrüstung ausländischer Kraftfahrzeuge mit Sicherheitsgurten, des § 31d Absatz 3 über die Ausrüstung ausländischer Kraftfahrzeuge mit Geschwindigkeitsbegrenzern oder deren Benutzung oder des § 31d Absatz 4 Satz 1 über die Profiltiefe der Reifen ausländischer Kraftfahrzeuge;

2. des § 32 Absatz 1 bis 4 oder 9, auch in Verbindung mit § 31d Absatz 1, über Abmessungen von Fahrzeugen und Fahrzeugkombinationen;

3. der §§ 32a, 42 Absatz 2 Satz 1 über das Mitführen von Anhängern, des § 33 über das Schleppen von Fahrzeugen, des § 43 Absatz 1 Satz 1 bis 3, Absatz 2 Satz 1, Absatz 3, 4 Satz 1 oder 3 über Einrichtungen zur Verbindung von Fahrzeugen oder des § 44 Absatz 1, 2 Satz 1 oder Absatz 3 über Stützeinrichtungen und Stützlast von Fahrzeugen;

3a. des § 32b Absatz 1, 2 oder 4 über Unterfahrschutz;

3b. des § 32c Absatz 2 über seitliche Schutzvorrichtungen;

3c. des § 32d Absatz 1 oder 2 Satz 1 über Kurvenlaufeigenschaften;

4. des § 34 Absatz 3 Satz 3 über die zulässige Achslast oder das zulässige Gesamtgewicht bei Fahrzeugen oder Fahrzeugkombinationen, des § 34 Absatz 8 über das Gewicht auf einer oder mehreren Antriebsachsen, des § 34 Absatz 9 Satz 1 über den Achsabstand, des § 34 Absatz 11 über Hubachsen oder Lastverlagerungsachsen, jeweils auch in Ver-

bindung mit § 31d Absatz 1, des § 34b über die Laufrollenlast oder das Gesamtgewicht von Gleiskettenfahrzeugen oder des § 42 Absatz 1 oder Absatz 2 Satz 2 über die zulässige Anhängelast;

5. des § 34a Absatz 1 über die Besetzung, Beladung und Kennzeichnung von Kraftomnibussen;

6. des § 35 über die Motorleistung;

7. des § 35a Absatz 1 über Anordnung oder Beschaffenheit des Sitzes des Fahrzeugführers, des Betätigungsraums oder der Einrichtungen zum Führen des Fahrzeugs für den Fahrer, der Absätze 2, 3, 4, 5 Satz 1 oder Absatz 7 über Sitze und deren Verankerungen, Kopfstützen, Sicherheitsgurte und deren Verankerungen oder über Rückhaltesysteme, des Absatzes 4a über Rollstuhlstellplätze, Rollstuhl-Rückhaltesysteme, Rollstuhlnutzer-Rückhaltesysteme, Verankerungen und Sicherheitsgurte, des Absatzes 8 Satz 1 über die Anbringung von nach hinten gerichteten Rückhalteeinrichtungen für Kinder auf Beifahrersitzen, vor denen ein betriebsbereiter Airbag eingebaut ist, oder Satz 2 oder 4 über die Warnung vor der Verwendung von nach hinten gerichteten Rückhalteeinrichtungen für Kinder auf Beifahrersitzen mit Airbag, des Absatzes 9 Satz 1 über einen Sitz für den Beifahrer auf Krafträdern oder des Absatzes 10 über die Beschaffenheit von Sitzen, ihrer Lehnen und ihrer Befestigungen sowie der selbsttätigen Verriegelung von klappbaren Sitzen und Rückenlehnen und der Zugänglichkeit der Entriegelungseinrichtung oder des Absatzes 11 über Verankerungen der Sicherheitsgurte und Sicherheitsgurte von dreirädrigen oder vierrädrigen Kraftfahrzeugen oder des Absatzes 13 über die Pflicht zur nach hinten oder seitlich gerichteten Anbringung von Rückhalteeinrichtungen für Kinder bis zu einem Alter von 15 Monaten;

7a. des § 35b Absatz 1 über die Beschaffenheit der Einrichtungen zum Führen von Fahrzeugen oder des § 35b Absatz 2 über das Sichtfeld des Fahrzeugführers;

7b. des § 35c über Heizung und Belüftung, des § 35d über Einrichtungen zum Auf- und Absteigen an Fahrzeugen, des § 35e Absatz 1 bis 3 über Türen oder des § 35f über Notausstiege in Kraftomnibussen;

7c. des § 35g Absatz 1 oder 2 über Feuerlöscher in Kraftomnibussen oder des § 35h Absatz 1 bis 3 über Erste-Hilfe-Material in Kraftfahrzeugen;

7d. des § 35i Absatz 1 Satz 1 oder 2, dieser in Verbindung mit Nummer 2 Satz 2, 4, 8 oder 9, Nummer 3.1 Satz 1 oder 2, Nummer 3.2 Satz 1 oder 2, Nummer 3.3, 3.4 Satz 1 oder 2 oder Nummer 3.5 Satz 2, 3 oder 4 der Anlage X, über Gänge oder die Anordnung von Fahrgastsitzen in Kraftomnibussen oder des § 35i Absatz 2 Satz 1 über die Beförderung liegender Fahrgäste ohne geeignete Rückhalteeinrichtungen;

8. des § 36 Absatz 1 Satz 1 oder 3 bis 4, Absatz 3 Satz 1 oder 3 bis 5, Absatz 5 Satz 1 oder Absatz 6 oder 2 über Bereifung, des § 36 Absatz 10 Satz 1 bis 4 über Gleisketten von Gleiskettenfahrzeugen oder Satz 6 über deren zulässige Höchstgeschwindigkeit, des § 36a Absatz 1 über Radabdeckungen oder Absatz 3 über die Sicherung von außen am Fahrzeug mitgeführten Ersatzrädern oder des § 37 Absatz 1 Satz 1 über Gleitschutzeinrichtungen oder Absatz 2 über Schneeketten;

9. des § 38 über Lenkeinrichtungen;

10. des § 38a über die Sicherung von Kraftfahrzeugen gegen unbefugte Benutzung;

10a. des § 38b über Fahrzeug-Alarmsysteme;

11. des § 39 über Einrichtungen zum Rückwärtsfahren;

11a. des § 39a über Betätigungseinrichtungen, Kontrollleuchten und Anzeiger;

12. des § 40 Absatz 1 über die Beschaffenheit von Scheiben, des § 40 Absatz 2 über Anordnung und Beschaffenheit von Scheibenwischern oder des § 40 Absatz 3 über Scheiben, Scheibenwischer, Scheibenwascher, Entfrostungs- und Trocknungsanlagen von dreirädrigen Kleinkrafträdern und dreirädrigen und vierrädrigen Kraftfahrzeugen mit Führerhaus;

13. des § 41 Absatz 1 bis 13, 15 Satz 1, 3 oder 4, Absatz 16 oder 17 über Bremsen oder des § 41 Absatz 14 über Ausrüstung mit Unterlegkeilen, ihre Beschaffenheit und Anbringung;

13a. des § 41a Absatz 8 über die Sicherheit und Kennzeichnung von Druckbehältern;

13b. des § 41b Absatz 2 über die Ausrüstung mit automatischen Blockierverhinderern oder des § 41b Absatz 4 über die Verbindung von Anhängern mit einem automatischen Blockierverhinderer mit Kraftfahrzeugen;

14. des § 45 Absatz 1 oder 2 Satz 1 über Kraftstoffbehälter oder des § 46 über Kraftstoffleitungen;

15. des § 47c über die Ableitung von Abgasen;

16. (weggefallen)

17. des § 49 Absatz 1 über die Geräuschentwicklung;

18. des § 49a Absatz 1 bis 4, 5 Satz 1, Absatz 6, 8, 9 Satz 2, Absatz 9a oder 10 Satz 1 über die allgemeinen Bestimmungen für lichttechnische Einrichtungen;

18a. des § 50 Absatz 1, 2 Satz 1, 6 Halbsatz 2 oder Satz 7, Absatz 3 Satz 1 oder 2, Absatz 5, 6 Satz 1, 3, 4 oder 6, Absatz 6a Satz 2 bis 5 oder Absatz 9 über Scheinwerfer für Fern- oder Abblendlicht oder Absatz 10 über Schweinwerfer mit Gasentladungslampen;

18b. des § 51 Absatz 1 Satz 1, 4 bis 6, Absatz 2 Satz 1, 4 oder Absatz 3 über Begrenzungsleuchten oder vordere Rückstrahler;

18c. des § 51a Absatz 1 Satz 1 bis 7, Absatz 3 Satz 1, Absatz 4 Satz 2, Absatz 6 Satz 1 oder Absatz 7 Satz 1 oder 3 über die seitliche Kenntlichmachung von Fahrzeugen oder des § 51b Absatz 2 Satz 1 oder 3, Absatz 5 oder 6 über Umrissleuchten;

18d. des § 51c Absatz 3 bis 5 Satz 1 oder 3 über Parkleuchten oder Park-Warntafeln;

18e. des § 52 Absatz 1 Satz 2 bis 5 über Nebelscheinwerfer, des § 52 Absatz 2 Satz 2 oder 3 über Suchscheinwerfer, des § 52 Absatz 5 Satz 2 über besondere Beleuchtungseinrichtungen an Krankenkraftwagen, des § 52 Absatz 7 Satz 2 oder 4 über Arbeitsscheinwerfer oder des § 52 Absatz 9 Satz 2 über Vorzeltleuchten an Wohnwagen oder Wohnmobilen;

18f. des § 52a Absatz 2 Satz 1 oder 3, Absatz 4, 5 oder 7 über Rückfahrscheinwerfer;

18g. des § 53 Absatz 1 Satz 1, 3 bis 5 oder 7 über Schlussleuchten, des § 53 Absatz 2 Satz 1, 5 oder 6 über Bremsleuchten, des § 53 Absatz 4 Satz 1 bis 4 oder 6 über Rückstrahler, des § 53 Absatz 5 Satz 1 oder 2 über die Anbringung von Schlussleuchten, Bremsleuchten und Rückstrahlern, des § 53 Absatz 5 Satz 3 über die Kenntlichmachung von nach hinten hinausragenden Geräten, des § 53 Absatz 6 Satz 2 über Schlussleuchten an Anhängern hinter einachsigen Zug- oder Arbeitsmaschinen, des § 53 Absatz 8 über Schlussleuchten, Bremsleuchten, Rückstrahler und Fahrtrichtungsanzeiger an abgeschleppten betriebsunfähigen Fahrzeugen oder des § 53 Absatz 9 Satz 1 über das Verbot der Anbringung von Schlussleuchten, Bremsleuchten oder Rückstrahlern an beweglichen Fahrzeugteilen;

19. des § 53a Absatz 1, 2 Satz 1, Absatz 3 Satz 2, Absatz 4 oder 5 über Warndreiecke, Warnleuchten, Warnblinkanlagen und Warnwesten oder des § 54b über die zusätzliche Mitführung einer Handlampe in Kraftomnibussen;

19a. des § 53b Absatz 1 Satz 1 bis 3, 4 Halbsatz 2, Absatz 2 Satz 1 bis 3, 4 Halbsatz 2, Absatz 3 Satz 1, Absatz 4 oder 5 über die Ausrüstung oder Kenntlichmachung von Anbaugeräten oder Hubladebühnen;

19b. des § 53c Absatz 2 über Tarnleuchten;

19c. des § 53d Absatz 2 bis 5 über Nebelschlussleuchten;

20. des § 54 Absatz 1 Satz 1 bis 3, Absatz 1a Satz 1, Absatz 2, 3, 4 Nummer 1 Satz 1, 4, Nummer 2, 3 Satz 1, Nummer 4 oder Absatz 6 über Fahrtrichtungsanzeiger;

21. des § 54a über die Innenbeleuchtung in Kraftomnibussen;

22. des § 55 Absatz 1 bis 4 über Einrichtungen für Schallzeichen;

23. des § 55a über die Elektromagnetische Verträglichkeit;

24. des § 56 Absatz 1 in Verbindung mit Absatz 2 über Spiegel oder andere Einrichtungen für indirekte Sicht;

25. des § 57 Absatz 1 Satz 1 oder Absatz 2 Satz 1 über das Geschwindigkeitsmessgerät, des § 57a Absatz 1 Satz 1, Absatz 1a oder 2 Satz 1 über Fahrtschreiber;

25a. des § 57a Absatz 3 Satz 2 über das Betreiben des Kontrollgeräts;

25b. des § 57c Absatz 2 oder 5 über die Ausrüstung oder Benutzung der Geschwindigkeitsbegrenzer;

26. des § 58 Absatz 2 oder 5 Satz 1, jeweils auch in Verbindung mit § 36 Absatz 1 Satz 2, oder Absatz 3 oder 5 Satz 2 Halbsatz 2 über Geschwindigkeitsschilder an Kraftfahrzeugen oder Anhängern oder des § 59 Absatz 1 Satz 1, Absatz 1a, 1b, 2 oder 3 Satz 2 über Fabrikschilder oder Fahrzeug-Identifizierungsnummern;

26a. des § 59a über den Nachweis der Übereinstimmung mit der Richtlinie 96/53/EG;

27. des § 61 Absatz 1 über Halteeinrichtungen für Beifahrer oder Absatz 3 über Ständer von zweirädrigen Kraftfahrzeugen;

27a. des § 61a über Anhänger hinter Fahrrädern mit Hilfsmotor oder

28. des § 62 über die Beschaffenheit von elektrischen Einrichtungen der elektrisch angetriebenen Kraftfahrzeuge.

(4) Ordnungswidrig im Sinne des § 24 des Straßenverkehrsgesetzes handelt ferner, wer vorsätzlich oder fahrlässig ein anderes Straßenfahrzeug als ein Kraftfahrzeug oder einen Kraftfahrzeuganhänger oder wer vorsätzlich oder fahrlässig eine Kombination solcher Fahrzeuge unter Verstoß gegen eine der folgenden Vorschriften in Betrieb nimmt:

1. des § 30 über allgemeine Beschaffenheit von Fahrzeugen;

2. des § 63 über Abmessungen, Achslast, Gesamtgewicht und Bereifung sowie die Wiegepflicht;

3. des § 64 Absatz 1 über Lenkeinrichtungen, Anordnung und Beschaffenheit der Sitze, Einrichtungen zum Auf- und Absteigen oder des § 64 Absatz 2 über die Bespannung von Fuhrwerken;

4. des § 64a über Schallzeichen an Fahrrädern oder Schlitten;

5. des § 64b über die Kennzeichnung von Gespannfahrzeugen;

6. des § 65 Absatz 1 über Bremsen oder des § 65 Absatz 3 über Bremshilfsmittel;

7. des § 66 über Rückspiegel;

7a. des § 66a über lichttechnische Einrichtungen;

8. des § 67 über lichttechnische Einrichtungen an Fahrrädern oder

9. des § 67a über lichttechnische Einrichtungen an Fahrradanhängern.

(5) Ordnungswidrig im Sinne des § 24 des Straßenverkehrsgesetzes handelt schließlich, wer vorsätzlich oder fahrlässig

1. als Inhaber einer Allgemeinen Betriebserlaubnis für Fahrzeuge gegen eine Vorschrift des § 20 Absatz 3 Satz 3 über die Ausfüllung von Fahrzeugbriefen verstößt,

2. entgegen § 31 Absatz 1 ein Fahrzeug oder einen Zug miteinander verbundener Fahrzeuge führt, ohne zur selbstständigen Leitung geeignet zu sein,

3. entgegen § 31 Absatz 2 als Halter eines Fahrzeugs die Inbetriebnahme anordnet oder zulässt, obwohl ihm bekannt ist oder bekannt sein muss, dass der Führer nicht zur selbstständigen Leitung geeignet oder das Fahrzeug, der Zug, das Gespann, die Ladung oder die Besetzung nicht vorschriftsmäßig ist oder dass die Verkehrssicherheit des Fahrzeugs durch die Ladung oder die Besetzung leidet,

4. entgegen § 31a Absatz 2 als Halter oder dessen Beauftragter im Fahrtenbuch nicht vor Beginn der betreffenden Fahrt die erforderlichen Angaben einträgt oder nicht unverzüglich nach Beendigung der betreffenden Fahrt Datum und Uhrzeit der Beendigung mit seiner Unterschrift einträgt,

4a. entgegen § 31a Absatz 3 ein Fahrtenbuch nicht aushändigt oder nicht aufbewahrt,

4b. entgegen § 31b mitzuführende Gegenstände nicht vorzeigt oder zur Prüfung nicht aushändigt,

4c. gegen eine Vorschrift des § 31c Satz 1 oder 4 Halbsatz 2 über Pflichten zur Feststellung der zugelassenen Achslasten oder über das Um- oder Entladen bei Überlastung verstößt,

4d. als Fahrpersonal oder Halter gegen eine Vorschrift des § 35g Absatz 3 über das Vertrautsein mit der Handhabung von Feuerlöschern oder als Halter gegen eine Vorschrift des § 35g Absatz 4 über die Prüfung von Feuerlöschern verstößt,

5. entgegen § 36 Absatz 7 Satz 1 einen Luftreifen nicht, nicht vollständig oder nicht in der vorgeschriebenen Weise kennzeichnet,

5a. entgegen § 41a Absatz 5 Satz 1 eine Gassystemeinbauprüfung, entgegen Absatz 5 Satz 3 eine Begutachtung oder entgegen Absatz 6 Satz 2 eine Gasanlagenprüfung nicht durchführen lässt,

5b. *(aufgehoben)*

5c. (weggefallen)

5d. entgegen § 49 Absatz 2a Satz 1 Auspuffanlagen, Austauschauspuffanlagen oder Einzelteile dieser Austauschauspuffanlagen als unabhängige technische Einheiten für Krafträder verwendet oder zur Verwendung feilbietet oder veräußert oder entgegen § 49 Absatz 4 Satz 1 den Schallpegel im Nahfeld nicht feststellen lässt,

5e. entgegen § 49 Absatz 3 Satz 2, auch in Verbindung mit § 31e Satz 2, ein Fahrzeug kennzeichnet oder entgegen § 49 Absatz 3 Satz 3, auch in Verbindung mit § 31e Satz 2, ein Zeichen anbringt,

5f. entgegen § 52 Absatz 6 Satz 3 die Bescheinigung nicht mitführt oder zur Prüfung nicht aushändigt,

6. als Halter oder dessen Beauftragter gegen eine Vorschrift des § 57a Absatz 2 Satz 2 Halbsatz 2 oder 3 oder Satz 3 über die Ausfüllung und Verwendung von Schaublättern

oder als Halter gegen eine Vorschrift des § 57a Absatz 2 Satz 4 über die Vorlage und Aufbewahrung von Schaublättern verstößt,

6a. als Halter gegen eine Vorschrift des § 57a Absatz 3 Satz 2 in Verbindung mit Artikel 14 der Verordnung (EWG) Nr. 3821/85 über die Aushändigung, Aufbewahrung oder Vorlage von Schaublättern verstößt,

6b. als Halter gegen eine Vorschrift des § 57b Absatz 1 Satz 1 über die Pflicht, Fahrtschreiber oder Kontrollgeräte prüfen zu lassen, oder des § 57b Absatz 1 Satz 4 über die Pflichten bezüglich des Einbauschildes verstößt,

6c. als Kraftfahrzeugführer entgegen § 57a Absatz 2 Satz 2 Halbsatz 1 Schaublätter vor Antritt der Fahrt nicht bezeichnet oder entgegen Halbsatz 3 mit Vermerken versieht, entgegen Satz 3 andere Schaublätter verwendet, entgegen Satz 4 Halbsatz 1 Schaublätter nicht vorlegt oder entgegen Satz 5 ein Ersatzschaublatt nicht mitführt,

6d. als Halter entgegen § 57d Absatz 2 Satz 1 den Geschwindigkeitsbegrenzer nicht prüfen lässt,

6e. als Fahrzeugführer entgegen § 57d Absatz 2 Satz 3 eine Bescheinigung über die Prüfung des Geschwindigkeitsbegrenzers nicht mitführt oder nicht aushändigt,

7. gegen die Vorschrift des § 70 Absatz 3a über die Mitführung oder Aufbewahrung sowie die Aushändigung von Urkunden über Ausnahmegenehmigungen verstößt oder

8. entgegen § 71 vollziehbaren Auflagen nicht nachkommt, unter denen eine Ausnahmegenehmigung erteilt worden ist.

1   **Begr** zur ÄndVO v. 21.7.69 (VkBl. **69** 394):

2   **Zu §§ 30, 32 bis 67a:*** *Die in diesen Vorschriften enthaltenen Anforderungen an Bau und Betrieb eines Fahrzeugs stellen gegenüber § 31 selbstständige Gebote und Verbote dar. Zwar wird bei Verletzung dieser Bau- und Betriebsvorschriften zugleich auch ein Verstoß gegen § 31 Abs. 1 Satz 2 Hs. 1 vorliegen. Der Anwendungsbereich des § 31 Abs. 1 Satz 2 Hs. 1 geht aber über die Verletzung der Bau- und Betriebsvorschriften der §§ 30, 32 bis 67a hinaus.*

3   **Zu § 69a Abs. 2 Nr. 9 und 10:** *Die Bußgeldbewehrung erstreckt sich auch darauf, dass die Papiere, die mitgeführt oder aufbewahrt sowie ausgehändigt werden müssen, ordnungsgemäß ausgefüllt sind, soweit der Verantwortliche für die ordnungsgemäße Ausfüllung Sorge zu tragen hat.*

4   **Zu § 69a Abs. 5 Nr. 10:** *Die Übergangsvorschriften des § 72 Abs. 2, die eine volle oder teilweise Befreiung von den Geboten und Verboten der Straßenverkehrs-Zulassungs-Ordnung enthalten, sind nicht mit Bußgeld zu bewehren. Eine Bußgeldbewehrung kommt nur für die Übergangsvorschriften in Betracht, die neue Gebote und Verbote aufstellen. Sie ist insoweit erfolgt, als diese Gebote und Verbote noch von praktischer Bedeutung sind.*

5–8   **Begr** zur ÄndVO v. 15.1.80 (VkBl. **80** 147): *Mit der Herausnahme der Vorschriften über die Schaublätter von Fahrtschreibern (§ 57a Abs. 2), die Wiegepflicht (§ 34 Abs. 5) und die Pflicht zur Geräuschmessung aus § 69a Abs. 3 und ihre Einstellung in § 69a Abs. 5 wird zum Ausdruck gebracht, dass diese Pflichten unabhängig von der „Inbetriebnahme" des Fahrzeugs bußgeldbewehrt werden sollen. Im Übrigen werden einige weitere Pflichten bußgeldbewehrt.*

9   1. § 69a bezweckt die möglichst weitgehende Konkretisierung der in dieser Bestimmung erfassten OW-Tatbestände, BGHSt 25 338 (343) = NJW 74 1663 (1665), VRS 56 133. Die bußgeldbewehrten StVZO-Vorschriften sind selbstständige Verhaltensvorschriften, deren Verletzung durch § 24 StVG unmittelbar bußgeldbewehrt ist, BGHSt 25 338 = NJW 74 2663, Ce VM 76 40. Die verletzten Vorschriften (§§ 49 StVO, 69a StVZO) gehören in den entscheidenden Teil des Urteils, Ha VRS 48 38. § 69a in Verbindung mit der verletzten Vorschrift geht als Sondervorschrift den §§ 23, 49 StVO vor, Ce VM 76 40, Ha VRS 74 218. Fahren mit einem nach den §§ 31 ff. mangelhaften Kfz steht in TE mit den VOWen während dieser Fahrt, s. § 49 StVO Rn. 3. S. auch § 24 StVG Rn. 58. Wer als Fahrer ein Kfz in Betrieb nimmt, das einer Beschaffenheits- oder Ausrüstungsvorschrift der §§ 30, 32 ff. nicht entspricht, verstößt unmittelbar gegen die verletzte Vorschrift in Verbindung mit § 69a III, BGHSt 25 338 = NJW 74 1663, Bay VRS 57 380, *Lippert* VD 17 204. Wer ein Kfz entgegen mehreren Betriebsvorschriften der StVZO (hier §§ 34, 41 XV) in Betrieb nimmt, begeht nur eine OW, Kar VRS 46 194. Was **Inbetriebnahme** bedeutet, ist jeweils derjenigen Vorschrift zu entnehmen, welche diesen Begriff verwendet, sie beschränkt sich nicht auf Fahren und VTeilnahme. Soweit das Fz

---

* Aufgehoben durch ÄndVO v. 30.6.73 (BGBl. I S. 638).

durch Inbewegungsetzen in Betrieb genommen wurde, umfasst die Inbetriebnahme auch die anschließende Fahrt, s. § 31 Rn. 11. III legt nur den Zeitpunkt des frühesten Beginns des ow Verhaltens fest, Kar VRS **46** 194. Ein der Bestimmung des § 30c nicht entsprechendes im öffentlichen VRaum nur abgestelltes Fz ist noch nicht „in Betrieb genommen", Bay VRS **61** 472, **62** 131, VGH Ka NJW **99** 3650. Ein Inbetriebsetzen nach II Nr. 3 kann auch durch vorsätzliches oder fahrlässiges Dulden der Inbetriebnahme des Kfz durch den Halter geschehen, Bay VM **90** 35, Dü NZV **91** 39, **95** 329, VRS **85** 223, Ha VRS **59** 468; s. aber § 31 Rn. 18. Nur in seltenen Fällen bei geringfügigen Mängeln wird pol Aufforderung zur **Mängelbeseitigung** uU einen als Verfahrenshindernis wirkenden Vertrauenstatbestand schaffen können, der einer Ahndung als OW entgegensteht, soweit diese in die Frist fällt, s. Stu NZV **94** 123 (abl *Dorner* DAR **94** 206), anders jedenfalls bei Teilnahme mit nicht verkehrssicherem Fz am StrV, Stu NZV **94** 243.

69b (weggefallen)

Ausnahmen

70 (1) Ausnahmen können genehmigen

1. die höheren Verwaltungsbehörden in bestimmten Einzelfällen oder allgemein für bestimmte einzelne Antragsteller von den Vorschriften der §§ 32, 32d, 33, 34 und 36, auch in Verbindung mit § 63, ferner der §§ 52 und 65, bei Elektrokarren und ihren Anhängern auch von den Vorschriften des § 41 Absatz 9 und der §§ 53, 58 und 59,

2. die zuständigen obersten Landesbehörden oder die von ihnen bestimmten oder nach Landesrecht zuständigen Stellen von allen Vorschriften dieser Verordnung in bestimmten Einzelfällen oder allgemein für bestimmte einzelne Antragsteller; sofern die Ausnahmen erhebliche Auswirkungen auf das Gebiet anderer Länder haben, ergeht die Entscheidung im Einvernehmen mit den zuständigen Behörden dieser Länder,

3. das Bundesministerium für Verkehr und digitale Infrastruktur von allen Vorschriften dieser Verordnung, sofern nicht die Landesbehörden nach den Nummern 1 und 2 zuständig sind – allgemeine Ausnahmen ordnet es durch Rechtsverordnung ohne Zustimmung des Bundesrates nach Anhören der zuständigen obersten Landesbehörden an –,

4. das Kraftfahrt-Bundesamt mit Ermächtigung des Bundesministeriums für Verkehr und digitale Infrastruktur bei Erteilung oder in Ergänzung einer Allgemeinen Betriebserlaubnis oder Bauartgenehmigung,

5. das Kraftfahrt-Bundesamt für solche Lagerfahrzeuge, für die durch Inkrafttreten neuer oder geänderter Vorschriften die Allgemeine Betriebserlaubnis nicht mehr gilt. In diesem Fall hat der Inhaber der Allgemeinen Betriebserlaubnis beim Kraftfahrt-Bundesamt einen Antrag unter Beifügung folgender Angaben zu stellen:

   a) Nummer der Allgemeinen Betriebserlaubnis mit Angabe des Typs und der betroffenen Ausführung(en),

   b) genaue Beschreibung der Abweichungen von den neuen oder geänderten Vorschriften,

   c) Gründe, aus denen ersichtlich ist, warum die Lagerfahrzeuge die neuen oder geänderten Vorschriften nicht erfüllen können,

   d) Anzahl der betroffenen Fahrzeuge mit Angabe der Fahrzeugidentifizierungs-Nummern oder -Bereiche, gegebenenfalls mit Nennung der Typ- und/oder Ausführungs-Schlüsselnummern,

   e) Bestätigung, dass die Lagerfahrzeuge die bis zum Inkrafttreten der neuen oder geänderten Vorschriften geltenden Vorschriften vollständig erfüllen,

   f) Bestätigung, dass die unter Buchstabe d aufgeführten Fahrzeuge sich in Deutschland oder in einem dem Kraftfahrt-Bundesamt im Rahmen des Typgenehmigungsverfahrens benannten Lager befinden.

(1a) Genehmigen die zuständigen obersten Landesbehörden oder die von ihnen bestimmten Stellen Ausnahmen von den Vorschriften der §§ 32, 32d Absatz 1 oder § 34 für Fahrzeuge oder Fahrzeugkombinationen, die auf neuen Technologien oder Konzepten beruhen und während eines Versuchszeitraums in bestimmten örtlichen Bereichen eingesetzt werden, so unterrichten diese Stellen das Bundesministerium für Verkehr und digitale Infrastruktur im Hinblick auf Artikel 4 Absatz 5 Satz 2 der Richtlinie 96/53/EG mit einer Abschrift der Ausnahmegenehmigung.

(2) **Vor der Genehmigung einer Ausnahme von den §§ 32, 32d, 33, 34 und 36 und einer allgemeinen Ausnahme von § 65 sind die obersten Straßenbaubehörden der Länder und, wo noch nötig, die Träger der Straßenbaulast zu hören.**

(3) **Der örtliche Geltungsbereich jeder Ausnahme ist festzulegen.**

(3a) [1]**Durch Verwaltungsakt für ein Fahrzeug genehmigte Ausnahmen von den Bau- oder Betriebsvorschriften sind vom Fahrzeugführer durch eine Urkunde nachzuweisen, die bei Fahrten mitzuführen und zuständigen Personen auf Verlangen zur Prüfung auszuhändigen ist.** [2]**Bei einachsigen Zugmaschinen und Anhängern in land- oder forstwirtschaftlichen Betrieben sowie land- oder forstwirtschaftlichen Arbeitsgeräten und hinter land- oder forstwirtschaftlichen einachsigen Zug- oder Arbeitsmaschinen mitgeführten Sitzkarren, wenn sie nur für land- oder forstwirtschaftliche Zwecke verwendet werden, und von der Zulassungspflicht befreiten Elektrokarren genügt es, dass der Halter eine solche Urkunde aufbewahrt; er hat sie zuständigen Personen auf Verlangen zur Prüfung auszuhändigen.**

(4) [1]**Die Bundeswehr, die Polizei, die Bundespolizei, die Feuerwehr und die anderen Einheiten und Einrichtungen des Katastrophenschutzes sowie der Zolldienst sind von den Vorschriften dieser Verordnung befreit, soweit dies zur Erfüllung hoheitlicher Aufgaben unter gebührender Berücksichtigung der öffentlichen Sicherheit und Ordnung dringend geboten ist.** [2]**Abweichungen von den Vorschriften über die Ausrüstung mit Kennleuchten, über Warneinrichtungen mit einer Folge von Klängen verschiedener Grundfrequenz (Einsatzhorn) und über Sirenen sind nicht zulässig.**

(5) [1]**Die Landesregierungen werden ermächtigt, durch Rechtsverordnung zu bestimmen, dass abweichend von Absatz 1 Nummer 1 anstelle der höheren Verwaltungsbehörden und abweichend von Absatz 2 anstelle der obersten Straßenbaubehörden andere Behörden zuständig sind.** [2]**Sie können diese Ermächtigung auf oberste Landesbehörden übertragen.**

1   **Begr** zur ÄndVO v. 1.4.93 (VkBl. **93** 401): **Zu Abs. 1 Nr. 2:** *Die Änderung soll es den Bundesländern ermöglichen, Zuständigkeiten auch im Wege von Rechtsverordnungen auf untere Behörden zu übertragen.*

Begr zur ÄndVO v. 23.3.00 (VkBl. **00** 368): **Zu Abs. 1 Nr. 5:** *Die Genehmigung von Ausnahmen für sogenannte Lagerfahrzeuge mit Allgemeiner Betriebserlaubnis wird dem Kraftfahrt-Bundesamt übertragen. Dieses dient der Verfahrensvereinfachung für die Verwaltung und auch für die Fahrzeughersteller, da die notwendigen Informationen ohnehin beim Kraftfahrt-Bundesamt vorgehalten bzw. erfasst werden. Schon bisher nimmt das Kraftfahrt-Bundesamt diese Aufgabe für Fahrzeuge aus auslaufenden Serien im Sinne des Artikels 8 Abs. 2 Buchstabe b der Betriebserlaubnisrichtlinie 70/156/EWG wahr.*

Zu Abs. 1a: *Mit dieser Vorschrift wird die Regelung der Richtlinie 96/53/EG, Artikel 4 Absatz 5 in nationales Recht umgesetzt.*

Begr zur VO v. 25.4.06 (VkBl. **06** 615): Begr des Bundesrates **zu Abs. 1 Nr. 2:** *Das Urteil des Bundesverwaltungsgerichts vom 14. April 2005 (3 C 3/04) zur Zuständigkeit für bundesweite Ausnahmegenehmigungen zum Schleppen defekter Kraftfahrzeuge führt im Vergleich zur bisherigen Praxis zu einer beträchtlichen Ausweitung der Zuständigkeit des Bundesministeriums für Verkehr, Bau und Stadtentwicklung. Diese weit reichende Zuständigkeit eines Bundesministeriums für reine Vollzugsaufgaben erscheint unter den Gesichtspunkten des Föderalismus und der Verwaltungsreform bedenklich. Unter diesen Gesichtspunkten erscheint aber auch die in § 47 Abs. 1 der Verordnung (FZV) vorgeschlagene Regelung bedenklich. Es erscheint nicht vertretbar, dass sich zwar ein zuständiges Land nicht über des fehlende Einvernehmen eines anderen Landes hinwegsetzen kann, während sich das Bundesministerium für Verkehr, Bau und Stadtentwicklung über das fehlende Einvernehmen fast aller Länder hinwegsetzen könnte. Da fahrzeugzulassungsrechtliche Entscheidungen in der Regel bundes- und europaweit gültig sind, sind das Erfordernis der Einheitlichkeit der Entscheidung und die Auswirkungen auf das Gebiet anderer Länder für sich allein keine ausreichende Begründung, um eine Bundeszuständigkeit zu bejahen oder ein uneingeschränktes Einvernehmenserfordernis festzulegen. Nur bei erheblichen gebietsbezogenen Auswirkungen erscheint das Einvernehmenserfordernis sachgerecht. Sofern das Einvernehmen nicht erteilt wird, ist dem durch Beschränkung des örtlichen Geltungsbereichs der Ausnahme Rechnung zu tragen. Im Übrigen ist die Einheitlichkeit insbesondere durch entsprechende Bund-Länder-Abstimmung, Vereinbarungen und Richtlinien sicherzustellen. Die Regelungen des § 47 FZV und des § 70 StVZO sind anzugleichen.*

2   1. Die Bestimmung fasst die Vorschriften über die **Zuständigkeit zu Ausnahmen** in einer speziellen Regelung zusammen, BVerwG DAR **05** 582. Die Sonderbefugnisse der in IV aufgezählten Behörden und Organisationen sind durch den Zusatz „unter gebührender Berück-

sichtigung der öffentlichen Sicherheit und Ordnung dringend geboten" in S. 1 wesentlich eingeschränkt. Durch Abs. IV S. 2 soll sichergestellt werden, dass Kennleuchten und Warnvorrichtungen mit einer Folge verschiedener Töne nur in den Fällen des § 55 III (52 III) verwendet werden.

§ 70 ermöglicht es, besonderen **Ausnahmesituationen Rechnung zu tragen,** die bei strik- 2a ter Anwendung der Vorschrift, von deren Regelung eine Ausnahme begehrt wird, nicht hinreichend berücksichtigt werden könnten und eine unbillige Härt für den Betroffenen zur Folge hätten (BVerwG DAR **02** 281, NJW **14** 328 Rn. 29, NJW **15** 3674, OVG Ko DAR **01** 329, OVG Münster DAR **06** 579, VRS **114** 389, VGH Ma 20.12.13 VRS **125** 245, 14.6.16 VRS **130** 148, VGH Mü 19.2.15 11 ZB 14.1007, OVG Bautzen 31.1.17 LKV **17** 188, VG Hannover 15.2.17 5 A 3723/16). Ob eine beantragte Ausnahmegenehmigung erteilt wird, ist eine **Ermessensentscheidung,** BVerwG NJW **15** 3674, OVG Ko DAR **01** 329, VGH Mü 19.2.15 11 ZB 14.1007, VGH Ma VRS **130** 148, VG Stade DAR **82** 238 (jeweils zu § 52 III), VGH Mü VRS **74** 234 (zu § 34), Ce NZV **13** 610. S. auch Rn. 6. Die Feststellung einer Ausnahmesituation ist Bestandteil der Ermessensentscheidung, BVerwG DAR **02** 281, NJW **14** 328 Rn. 29, NJW **15** 3674, OVG Münster NZV **00** 514, VRS **106** 236 (zu § 33 I S. 2 aF), DAR **06** 579, VRS **114** 389, VGH Ma VRS **125** 245, NJW **14** 3674, VRS **130** 148, OVG Lüneburg 9.4.14 VM **14** 47, VGH Mü 19.2.15 11 ZB 14.1007, OVG Bautzen 31.1.17 LKV **17** 188 (str, s. auch § 46 StVO Rn. 23). Die Entscheidung hat sich an den Zwecken der Ermächtigungsgrundlage in § 6 StVG zu orientieren; Wettbewerbsaspekte rechtfertigen keine Ausnahmegenehmigung (VGH Mü VM **92** 93, VGH Ma VRS **125** 245). Die Behörde muss unter Beachtung des Grundsatzes der Verhältnismäßigkeit eine Abwägung zwischen dem mit der betroffenen Bestimmung der StVZO verfolgten öffentlichen Interesse einerseits und den Interessen des Antragstellers sowie den für eine Ausnahme sprechenden Umständen andererseits vornehmen (OVG Ko DAR **01** 329, OVG Münster NZV **00** 514, VG Hannover 15.2.17 5 A 3723/16). Es gelten die gleichen Grundsätze wie bei § 46 StVO (s. dort Rn. 23). Erteilung einer Ausnahmegenehmigung für Kfz, die Bau- und Betriebsvorschriften nicht erfüllen, kommt nur an den Hersteller, FzHalter, Eigentümer oder in sonstiger Weise Verfügungsberechtigten des Fz in Betracht (OVG Lüneburg VM **10** 21). Ein feststellender VA, der den Inhalt einer erteilten Ausnahmegenehmigung klarstellt, wie über deren Inhalt unterschiedliche Auffassungen bestehen, kann auf die Rechtsgrundlage für die Erteilung der Ausnahmegenehmigung gestützt werden (VGH Ma 16.2.17 VRS **131** 212). Wird eine Ausnahmegenehmigung gem. § 70 mit der Nebenbestimmung verbunden, dass sie nur in Verbindung mit einer gültigen **Erlaubnis nach § 29 StVO** gelten soll, handelt es sich dabei um eine Bedingung, nicht lediglich um eine Auflage (Ce NZV **11** 311, Schl DAR **16** 93, *Rebler/Borzym* SVR **08** 133, aA Ba NZV **07** 638 (krit Anm *Rebler* SVR **08** 148)).

Einen **OW-Tatbestand** der FzBenutzung mangels Genehmigung sieht § 70 nicht vor, Dü 3 NZV **90** 321, VRS **79** 131, Ko VRS **58** 460.

2. Zuständigkeit für Ausnahmegenehmigungen. I ermächtigt, Ausnahmen von der 4 StVZO zu genehmigen, die höheren VB (Rn. 5), die obersten Landesverkehrsbehörden und die von ihnen bestimmten oder nach Landesrecht zuständigen Stellen, das BMV (Rn. 7) sowie das Kraftfahrt-Bundesamt (Rn. 8). Ausnahmegenehmigungen für Fze sind vor Baubeginn einzuholen, nachträgliche Genehmigungen werden im Allgemeinen nicht erteilt, RdK **41** 51.

3. I Ziff 1 ermächtigt die **höheren Verwaltungsbehörden** (§ 68), Ausnahmen von den Be- 5 stimmungen der StVZO zu genehmigen, die dort einzeln angeführt sind. Den höheren VB stehen die Dienststellen der Bundeswehr, der Bundespolizei und der Polizei gleich (§ 68). Die Ausnahmen können allgemein für bestimmte einzelne Antragsteller oder für bestimmte Einzelfälle, aber nur für die unten angeführten Maßnahmen bewilligt werden. Der örtliche Geltungsbereich jeder Ausnahme ist festzulegen (III).

Die Befugnis beschränkt sich auf folgende Bestimmungen:

a) § 32 über Fahrzeugbreite, -Höhe und -Länge der Fze;
b) § 32d über Kurvenlaufeigenschaft;
c) § 33 über das Schleppen von Kfz;
d) § 34 betreffend das Höchstgewicht der Fze;
e) § 36 betreffend die Bereifung und Laufflächen der Fze;
f) § 52 betreffend zusätzliche Scheinwerfer und Leuchten der Kfze;
g) § 65 betreffend die Bremsvorrichtung der Fze;
h) bei Elektrokarren und ihren Anhängern kann die höhere VB auch Ausnahmen bewilligen von den Vorschriften über Anhängerbremsen (§ 41), Schlussleuchten, Bremsleuchten und Rück-

strahler (§ 53), Geschwindigkeitsschilder (§ 58) und Fabrikschilder und Fahrzeug-Identifizierungsnummer (§ 59).

6   Vor Bewilligung der Ausnahmen zu a, b, c, d, e und einer allgemeinen Ausnahme zu g sind die obersten StrBauB der Länder, nötigenfalls auch die StrBaulastträger zu hören (Abs. II). Kritisch zum Anhörverfahren bei Ausnahmegenehmigungen für SchwerFze, *Büff* VD **79** 51, *Klewe* VD **79** 104. Eine Ausnahme von § 52 III (Blaulicht) für BluttransportFze darf mit der Erwägung versagt werden, dass in Notfällen zum Bluttransport auch ein nach § 52 III rechtmäßig mit Blaulicht ausgestattetes Fz eingesetzt werden kann, BVerwG DAR **02** 281 (unter Aufhebung von OVG Ko DAR **01** 329), Begr zur Änderung des § 52, VkBl. **00** 366, s. § 52 Rn. 6. Ausnahmegenehmigung für Ausstattung mit Blaulicht nur, wenn das Fz wie RettungsdienstFze in Fällen gebotener höchster Eile zur Abwehr von Gefahren für Leben oder Gesundheit eingesetzt wird, OVG Hb VRS **108** 458. Keine Ausnahmegenehmigung zur Ausrüstung eines privaten Kfzs mit Blaulicht zum Einsatz bei Drogennotfällen und Selbstmordgefahr, VGH Mü BayVBl **87** 214. Die vom BMV bekanntgemachten **Empfehlungen für die Erteilung von Ausnahmegenehmigungen nach § 70** für bestimmte FzArten und FzKombinationen (VkBl. **14** 503 = StVRL § 70 StVZO Nr. 1), die die früheren Richtlinien zu § 70 (VkBl. **80** 433, **86** 13) ersetzt haben, gelten für die einzelnen Bundesländer nur, wenn und soweit sie von der jeweiligen obersten Landesbehörde verbindlich eingeführt worden sind. Sie begründen keinen Anspruch auf Ausnahmegenehmigung, sondern beinhalten lediglich, dass für die darin beschriebenen Ausnahmen das Anhörverfahren nach I Nr. 2 und II allgemein durchgeführt worden ist, wodurch ein Anhörverfahren für jeden Einzelfall entbehrlich wird. Auch die Empfehlung für die Erteilung von Ausnahmen nach § 70 für **Kfz, die an genehmigten Motorsportveranstaltungen teilnehmen** (VkBl. **14** 843) gilt nur, wenn und soweit sie von der jeweiligen obersten Landesbehörde verbindlich eingeführt worden ist. Ausnahmegenehmigungen für Gabelstapler, *Borchers* VD **75** 81.

7   **4. Befugnis der Obersten Landesbehörden und des Bundesverkehrsministeriums.** Von allen Bestimmungen der StVZO können die zuständigen **obersten Landesbehörden** sowie die von ihnen bestimmten oder nach Landesrecht zuständigen Stellen für bestimmte Einzelfälle wie allgemein für bestimmte Antragsteller Ausnahmen zulassen (I Nr. 2), und zwar grundsätzlich auch von solchen Vorschriften, die schon einen speziellen Ausnahmekatalog enthalten, BVerwG NZV **94** 246. Ihre Befugnis beschränkt sich auf das eigene Land. Sofern die Ausnahmen erhebliche Auswirkungen auf das Gebiet anderer Länder haben, ergeht die Entscheidung im Einvernehmen mit den zuständigen Behörden dieser Länder (Abs. I Nr. 2 Hs. 2). Wenn Einvernehmen nicht erzielt werden kann, ist dem durch Beschränkung des örtlichen Geltungsbereichs der Ausnahme Rechnung zu tragen (Begr VkBl. **06** 615, OVG Münster VRS **114** 389, 397). Das **BMV** kann allgemeine Ausnahmen von der StVZO genehmigen, die für alle in Betracht kommenden Einzelfälle wirken (I Nr. 3). Diese Befugnis ermöglicht es, der technischen Entwicklung zu folgen, ohne jedes Mal die StVZO ändern zu müssen. Anordnungen solcher Art erlässt das BMV durch RechtsVO; vorher hat es die zuständigen obersten LandesB zu hören.

8   **5. Befugnis des Kraftfahrt-Bundesamtes.** Bei Erteilung einer ABE kann das Kraftfahrt-Bundesamt mit Ermächtigung des BMV Ausnahmen von der StVZO genehmigen (I Nr. 4). Die Bestimmung soll nach dem Ausschussbericht dazu dienen, das BMV von Verwaltungstätigkeit zu entlasten, die besser auf das hierfür technisch und personell geeignete KBA zu übertragen sei. Im Interesse der Verfahrensvereinfachung für Verwaltung und FzHersteller überträgt I Nr. 5 auch die Genehmigung von Ausnahmen für sog LagerFze mit ABE dem KBA (s. Begr, Rn. 1).

9   **6. Urkunden über Ausnahmegenehmigungen.** Das Bestehen von Ausnahmegenehmigungen muss, auch bei zulassungsfreien Fzen, leicht nachgeprüft werden können (III a). Fraglich ist, ob das Mitführen eines Telefax ausreicht (dafür *Rebler* VD **12** 175). Für land- oder forstwirtschaftliche Fze bestehen Erleichterungen, weil diese Fze im Allgemeinen in eng begrenztem Gebiet verkehren und die Halter der Polizei idR bekannt sind. Das Nichtmitführen der Ausnahmegenehmigung (überlanger Zug) beseitigt die Genehmigung nicht, ist aber ow, Bay DAR **79** 235. Eintragung von Ausnahmegenehmigung in die FzPapiere, s. BMV VkBl. **66** 570. **Ordnungswidrigkeit:** §§ 69a V Nr. 7 StVZO, 24 StVG.

10   **7. Befreiungen für staatliche Behörden und Organisationen.** IV gewährt bestimmten VT Befreiung von der StVZO mit Rücksicht auf ihre der Allgemeinheit dienenden Aufgaben, jedoch nur unter den bezeichneten Voraussetzungen.

Auflagen bei Ausnahmegenehmigungen

71 Die Genehmigung von Ausnahmen von den Vorschriften dieser Verordnung kann mit Auflagen verbunden werden; der Betroffene hat den Auflagen nachzukommen.

§ 71 soll sicherstellen, dass die Nichtbefolgung von Auflagen, die bei der Genehmigung von **1** Ausnahmen gemacht werden, ow ist (§§ 69a V Nr. 8 StVZO, 24 StVG). Als Täter einer OW durch Nichtbefolgen einer Auflage kommen auch der Halter und die ihm gem. § 9 OWiG gleichgestellten Personen in Betracht (Bay VRS **65** 398). § 71 gilt nicht nur für Ausnahmen nach § 70, sondern auch für alle anderen nach der StVZO möglichen Ausnahmen.

Ausnahmegenehmigungen können nicht nur mit Auflagen, sondern auch – gestützt auf § 36 **2** VwVfG – mit anderen Nebenbestimmungen verbunden werden (BVerfG 1.4.14 NVwZ **14** 1219 Rn. 84). Der Auffassung, § 71 erlaube der Behörde lediglich, Ausnahmegenehmigungen mit Auflagen, nicht aber mit Bedingungen zu verbinden (Ba NZV **07** 638, krit Anm *Rebler* SVR **08** 148), kann nicht gefolgt werden (Ce NZV **11** 311, *Rebler/Borzym* SVR **08** 133, *Rebler* SVR **14** 121). Schon der Wortlaut schließt Bedingungen nicht aus. Zudem ist auch im Hinblick auf den Zweck der Norm (Rn. 1) nicht ersichtlich, dass durch § 71 andere Nebenbestimmungen ausgeschlossen werden sollen.

Die Auflage, bei Führung einer Arbeitsmaschine im öffentlichen StrV müsse eine Begleitper- **3** son dem Führer besonders an Kreuzungen und Einmündungen die erforderlichen Hinweise geben, ist nicht erfüllt, wenn diese Person lediglich in einem Pkw ohne ständige Sicht- und Funkverbindung hinterherfährt (KG VRS **62** 468).

Übergangsbestimmungen

72 (1) Für Fahrzeuge sowie für Systeme, Bauteile und selbstständige technische Einheiten für diese Fahrzeuge, die vor dem 5. Mai 2012 erstmals in den Verkehr gekommen sind, gelten die zum Zeitpunkt ihrer Zulassung geltenden Vorschriften einschließlich der für diese Fahrzeuge erlassenen Nachrüstvorschriften fort.

(2) Zu den nachstehend bezeichneten Vorschriften gelten folgende Bestimmungen:

1. § 29 (Untersuchung der Kraftfahrzeuge und Anhänger)
ist anzuwenden ab dem 1. Juli 2012. Bis zu diesem Datum gilt § 29 in der vor dem 1. Juli 2012 geltenden Fassung. Anlässlich von Hauptuntersuchungen sind die auf den vorderen Kennzeichen nach den bis einschließlich 31. Dezember 2009 geltenden Vorschriften des § 47a Absatz 3 und 5 angebrachten Plaketten von den die Hauptuntersuchung durchführenden Personen zu entfernen.

1a. § 33 (Schleppen von Fahrzeugen)
Vor dem 1. August 2013 erteilte Ausnahmegenehmigungen gelten bis zu ihrer Befristung weiter.

1b. § 35a Absatz 2, 3, 4 und 5a (Sitzverankerungen, Sitze, Kopfstützen, Verankerungen für Sicherheitsgurte sowie Sicherheitsgurte oder Rückhaltesysteme)
Für Kraftfahrzeuge, die vor dem 1. November 2013 eine nationale Typgenehmigung oder Einzelgenehmigung erhalten haben und vor dem 1. Januar 2014 erstmals in den Verkehr kommen, bleibt § 35a Absatz 2, 3 und 4 in der bisher geltenden Fassung anwendbar. § 35a Absatz 4a in Verbindung mit Absatz 4b ist ab dem 1. September 2016 für alle Personenkraftwagen anzuwenden, bei denen ein Einbau, Umbau oder eine Nachrüstung mit Rollstuhlstellplätzen, Rollstuhl-Rückhaltesystemen oder Rollstuhlnutzer-Rückhaltesystemen erfolgt. § 35a Absatz 4a Satz 7 in Verbindung mit Absatz 4b ist bis einschließlich 31. August 2017 abweichend erfüllt, wenn ersatzweise zur DIN-Norm 75078-2:2015-04 die DIN-Norm 75078-2:1999 angewendet wird.

1c. § 35c Absatz 2 (Heizanlagen in Fahrzeugen der Klassen M, N und O)
gilt spätestens für Fahrzeuge und ihre Heizanlagen, die ab dem 1. August 2013 genehmigt werden. Für Fahrzeuge und ihre Heizanlagen, die vor dem 1. August 2013 genehmigt wurden, bleibt § 35c in der bisher geltenden Fassung anwendbar.

1d. § 36 Absatz 4a tritt am 1. Oktober 2024 außer Kraft.

1e. § 45 Absatz 1a (Einbau des Kraftstoffbehälters)
gilt nicht für den serienmäßigen Einbau in reihenweise gefertigte Fahrzeuge, für die eine Allgemeine Betriebserlaubnis erteilt worden ist und die vor dem 1. Januar 1990 erstmals in den Verkehr gekommen sind.

2. § 47 Absatz 1a (Abgasemissionen von leichten Personenkraftwagen und Nutzfahrzeugen (Euro 5 und Euro 6))

ist hinsichtlich der Vorschriften der Verordnungen (EG) Nr. 715/2007 und der Verordnung (EG) Nr. 692/2008 für erstmals in den Verkehr kommende Fahrzeuge mit einer Einzelgenehmigung ab dem 1. Juni 2012 entsprechend der in der Verordnung (EG) Nr. 692/2008 in Anhang I, Anlage 6, Tabelle 1, Spalte 7 („Einführungszeitpunkt Neufahrzeuge") genannten Termine anzuwenden.

3. § 47 Absatz 6a (Abgasemissionen schwerer Nutzfahrzeuge nach Richtlinie 2005/55/ EG)
ist hinsichtlich der Vorschriften der Richtlinien 2005/55/EG und 2005/78/EG für erstmals in den Verkehr kommende Fahrzeuge mit einer Einzelgenehmigung ab dem 1. Juni 2012 entsprechend den in Artikel 2 Absatz 6 und 8 genannten Terminen anzuwenden. Des Weiteren gelten für diese Fahrzeuge:

a) Die Anforderungen zur Gewährleistung der vollen Wirkung der Vorkehrungen für die Minderung der NO_x-Emissionen, gemäß der Nummern 6.5.3, 6.5.4 und 6.5.5 der Richtlinie 2006/51/EG, sind ab dem 1. Juni 2012 für von diesem Tage an erstmals in den Verkehr kommende Fahrzeuge anzuwenden.

b) Die Änderungen der Richtlinie 2008/74/EG sind ab dem 1. Juni 2012 für von diesem Tage an erstmals in den Verkehr kommende Fahrzeuge anzuwenden.

3a. § 47 Absatz 6b (Abgasemissionen schwerer Nutzfahrzeuge, Euro VI) ist hinsichtlich der Vorschriften der Verordnung (EG) Nr. 595/2009 und der Verordnung (EU) Nr. 582/ 2011 für erstmals in den Verkehr kommende Fahrzeuge mit einer Einzelgenehmigung ab dem 1. Dezember 2017 anzuwenden. Des Weiteren gelten für diese Fahrzeuge hinsichtlich der Überwachungsanforderungen für Reagensqualität und -verbrauch sowie der OBD-Schwellenwerte für NO_x und Partikel die in der Verordnung (EU) Nr. 582/2011, Anhang I, Anlage 9, Tabelle 1, unter „Letztes Zulassungsdatum" genannten Termine.

4. § 47 Absatz 8c (Abgasemissionen von land- oder forstwirtschaftlichen Zugmaschinen)
ist für Fahrzeuge, die mit einer Einzelgenehmigung erstmals in den Verkehr kommen, wie folgt anzuwenden:

a) Spätestens ab den in Artikel 4 Absatz 3 der Richtlinie 2000/25/EG genannten Terminen. Bei Fahrzeugen, die mit Motoren ausgerüstet sind, deren Herstellungsdatum vor den in Artikel 4 Absatz 3 der Richtlinie 2000/25/EG genannten Terminen liegt, wird für jede Kategorie der Zeitpunkt für erstmals in den Verkehr kommende Fahrzeuge um zwei Jahre verlängert. Diese Verlängerung der Termine gilt für Fahrzeuge mit einer Einzelgenehmigung, Allgemeinen Betriebserlaubnis oder EG-Typgenehmigung.

b) Spätestens ab dem 1. Juni 2012 entsprechend der in Artikel 4 Absatz 2 und 3 der Richtlinie 2000/25/EG in der Fassung der Richtlinie 2005/13/EG genannten Termine. Die in Artikel 4 Absatz 5 und 6 der Richtlinie 2000/25/EG in der Fassung der Richtlinie 2005/13/EG genannten Verlängerungen der Termine um zwei Jahre gelten für Fahrzeuge mit einer Einzelgenehmigung, Allgemeinen Betriebserlaubnis oder EG-Typgenehmigung.

Für land- und forstwirtschaftliche Zugmaschinen, die vor den genannten Terminen erstmals in den Verkehr kamen, bleibt § 47 Absatz 8c in der vor dem 1. Juni 2012 geltenden Fassung anwendbar.

5. § 47d (Kohlendioxidemissionen, Kraftstoffverbrauch, Reichweite, Stromverbrauch)
ist für Fahrzeuge, die mit einer Einzelgenehmigung erstmals in den Verkehr kommen, anzuwenden. Für Fahrzeuge, die vor dem 1. Juni 2012 erstmals in den Verkehr gekommen sind, ist § 47d einschließlich der Übergangsbestimmungen in § 72 Absatz 2 in der vor dem 1. Juni 2012 geltenden Fassung anzuwenden. Die Vorschriften der Richtlinie 2004/3/EG treten am 17. Mai 2012 in Kraft. Die Vorschriften der Richtlinie 80/1268/EWG, geändert durch die im Anhang zu dieser Vorschrift genannten Bestimmungen der Buchstaben a bis e, treten mit Wirkung vom 2. Januar 2013 außer Kraft.

6. § 47e (Genehmigung, Nachrüstung und Nachfüllen von Klimaanlagen)
ist wie folgt anzuwenden:

a) In Fahrzeuge, für die eine Typgenehmigung ab dem 1. Januar 2011 erteilt wurde, darf ab dem 1. Juni 2012 eine Klimaanlage, die darauf ausgelegt ist, fluorierte Treibhausgase mit einem global warming potential-Wert (GWP-Wert) über 150 zu enthalten, nicht mehr nachträglich eingebaut werden.

b) Klimaanlagen, die in Fahrzeuge eingebaut sind, für die ab dem 1. Januar 2011 eine Typgenehmigung erteilt wurde, dürfen nicht mit fluorierten Treibhausgasen mit einem GWP-Wert von über 150 befüllt werden. Mit Wirkung vom 1. Januar 2017 dürfen Klimaanlagen in sämtlichen Fahrzeugen nicht mehr mit fluorierten Treibhausgasen mit einem GWP-Wert über 150 befüllt werden; hiervon ausgenommen ist das Nachfüllen von diese Gase enthaltenden Klimaanlagen, die vor diesem Zeitpunkt in Fahrzeuge eingebaut worden sind.

c) Fahrzeuge mit einer Einzelgenehmigung, die ab dem 1. Januar 2017 erstmals in den Verkehr gebracht werden sollen, ist die Zulassung zu verweigern, wenn deren Klimaanlagen mit einem fluorierten Treibhausgas mit einem GWP-Wert über 150 befüllt sind. Bei Fahrzeugen mit einer Einzelgenehmigung, die vor dem 1. Januar 2017 erstmals in den Verkehr kommen sollen und deren Klimaanlagen mit einem fluorierten Treibhausgas mit einem GWP-Wert über 150 befüllt sind, findet der Nachweis der Leckagerate gemäß Artikel 7 der Verordnung (EG) Nr. 706/2007 keine Anwendung.

6a. § 49a Absatz 1 Satz 4 (geometrische Sichtbarkeit)
tritt in Kraft am 1. November 2013 für die von diesem Tage an erstmals in den Verkehr kommenden Fahrzeuge. Fahrzeuge, die vor diesem Termin erstmals in den Verkehr gekommen sind, dürfen § 49a Absatz 1 Satz 4 in der vor dem 1. August 2013 geltenden Fassung entsprechen.

6b. § 53 Absatz 10 Satz 1 Nummer 3 (Kennzeichnung von Fahrzeugen mit Konturmarkierungen)
Auf Fahrzeuge, die bis zum 1. November 2013 gekennzeichnet werden, bleibt § 53 Absatz 10 Satz 1 Nummer 3 in der bisher geltenden Fassung anwendbar.

6c. § 53 Absatz 10 Satz 2 (auffällige Markierungen)
Für Fahrzeuge, die vor dem 10. Juli 2011 erstmals in den Verkehr gekommen sind, kann § 53 Absatz 10 Satz 1 Nummer 3 mit der zugehörigen Übergangsvorschrift angewendet werden.

6d. § 53a Absatz 2 Nummer 3 (Warnwesten)
ist spätestens ab dem 1. Juli 2014 anzuwenden.

6e. § 57a Absatz 1 (Fahrtschreiber)
tritt außer Kraft am 1. Januar 2013 für erstmals in den Verkehr kommende Kraftfahrzeuge.

7. Anlage VIII (Untersuchung der Fahrzeuge) ist ab dem 1. Juli 2012 anzuwenden. Abweichend von Satz 1

a) können Fahrzeughalter, die bis zum 1. Juni 1998 nach Nummer 4.1 in Verbindung mit Nummer 6 der Anlage VIII in der vor diesem Zeitpunkt geltenden Fassung

aa) von der Pflicht zur Vorführung ihrer Fahrzeuge zu Hauptuntersuchungen bei einem Sachverständigen oder Prüfer befreit waren und diese selbst durchführten, auch weiterhin entsprechend diesen Vorschriften Hauptuntersuchungen an ihren Fahrzeugen im eigenen Betrieb durchführen. Für das Anerkennungsverfahren und die Aufsicht gilt Nummer 6 der Anlage VIII in der vor dem 1. Juni 1998 geltenden Fassung, oder

bb) Zwischenuntersuchungen und Bremsensonderuntersuchungen bis zum 1. Dezember 1999 und ab diesem Datum Sicherheitsprüfungen an ihren Fahrzeugen im eigenen Betrieb durchführen, wenn sie hierfür nach Anlage VIIIc anerkannt sind,

b) können Untersuchungen durch Kraftfahrzeugwerkstätten, die bis zum 1. Juni 1998 nach den Vorschriften von Nummer 4.3 in Verbindung mit Nummer 6 der Anlage VIII in der vor diesem Zeitpunkt geltenden Fassung anerkannt waren, auch weiterhin entsprechend diesen Vorschriften durchgeführt werden. Für das Anerkennungsverfahren und die Aufsicht gilt Nummer 6 der Anlage VIII in der vor dem 1. Juni 1998 geltenden Fassung,

c) ist bei der Durchführung der Sicherheitsprüfungen an Fahrzeugen, die ab dem 1. April 2006 erstmals in den Verkehr kamen, ab dem 1. Juli 2012 die Einhaltung der Vorgaben in der Form von Systemdaten und

aa) für Fahrzeuge der Klasse M2, M3, N2 und N3 entsprechend Anlage XXIX, die ab dem 1. Januar 2014 erstmals in den Verkehr kommen und

bb) für Fahrzeuge der Klasse O4 entsprechend Anlage XXIX, die ab dem 1. Januar 2015 erstmals in den Verkehr kommen,

die Einhaltung der Vorgaben nach Nummer 2 Anlage VIIIe zu prüfen.

8. Anlage VIIIa (Durchführung der Hauptuntersuchung)
ist ab dem 1. Juli 2012 anzuwenden. Ausgenommen von den Vorschriften der Nummer 1 Satz 4 und der Nummer 2 und 3 gilt für Fahrzeuge, die

a) vor dem 1. April 2006 erstmals in den Verkehr kamen, Anlage VIIIa in der bis zu diesem Datum geltenden Fassung,

b) vom 1. April 2006 bis zum 30. Juni 2012 erstmals in den Verkehr kommen, Anlage VIIIa in der vor dem 1. Juli 2012 geltenden Fassung.

Abweichend von Satz 1 sind die Vorschriften
a) **von Nummer 4.3 und 4.4 für Fahrzeuge der Klasse M1 und N1 sowie von Nummer 4.1 für Fahrzeuge der Klasse M2, M3, N2 und N3 entsprechend Anlage XXIX, die ab dem 1. Januar 2013 erstmals in den Verkehr kommen, ab diesem Datum,**
b) **von Nummer 4.2 für Fahrzeuge der Klasse M1 und N1 sowie von Nummer 4.3 und 4.4 für Fahrzeuge der Klasse M2, M3, N2 und N3 entsprechend Anlage XXIX, die ab dem 1. Januar 2014 erstmals in den Verkehr kommen, ab diesem Datum und**
c) **von Nummer 4.2 für Fahrzeuge der Klasse M2, M3, N2 und N3 sowie von den Nummern 4.1 bis 4.4 für Fahrzeuge der Klasse O entsprechend Anlage XXIX, die ab dem 1. Januar 2015 erstmals in den Verkehr kommen, ab diesem Datum**
jeweils spätestens anzuwenden.

9. **Anlage VIIId (Untersuchungsstellen zur Durchführung von Hauptuntersuchungen, Sicherheitsprüfungen, Untersuchungen der Abgase und wiederkehrenden Gasanlagenprüfungen)**
ist ab dem 1. Juli 2012 anzuwenden. Bis zu diesem Datum gilt Anlage VIIId in der vor dem 1. Juli 2012 geltenden Fassung. Abweichend von Satz 1 ist eine Ausstattung mit Einrichtung zur Prüfung über die elektronische Fahrzeugschnittstelle nach Nummer 25 der Tabelle zu Nummer 3 der Anlage VIIId ab dem 1. Januar 2013 vorzunehmen.

10. **Anlage VIIIe (Bereitstellung von Vorgaben für die Durchführung von Hauptuntersuchungen und Sicherheitsprüfungen; Auswertung von Erkenntnissen)**
ist ab dem 1. Juli 2012 anzuwenden.

1 **Begr** zur VO zum Neuerlass der StVZO v. 26.4.12 (BR-Drs. 861/11 S. 449): *Die Übergangsvorschriften (§ 72) der bisher gültigen StVZO konnten nicht in der bestehenden Form übernommen werden und wurden als Zusammenfassung in diese Verordnung aufgenommen. Damit gelten die beim erstmaligen in den Verkehr kommen der Fahrzeuge geltenden Bau- und Ausrüstungsvorschriften fort.*

2 **Begr** zur ÄndVO v. 10.5.12 (BR-Drs. 843/11 S. 63 = VkBl. **12** 408): *Infolge der Notwendigkeit, für die durch die Verordnung neu aufgenommenen oder geänderten Vorschriften Inkrafttretungstermine vorgeben zu müssen, wurde der bisherige Wortlaut des § 72 in Absatz 1 aufgenommen. Absatz 2 enthält die neu aufgenommenen Übergangsbestimmungen. ...*

3–8 **Begr** zur ÄndVO v. 16.4.14 **zu Abs. 1** (BR-Drs. 78/14 S. 76 = VkBl. **14** 442): *Durch diese Einfügung soll klargestellt werden, dass diese Regelung auch die ggf. für diese Fahrzeuge erlassenen Nachrüstvorschriften umfasst.*

9 **1.** Mit Neuerlass der StVZO v. 26.4.12 (BGBl. I S. 679) wurden die bis dahin gültigen umfangreichen Übergangsvorschriften des § 72 II aF mit Wirkung vom 5.5.12 aufgehoben und durch die Aussage ersetzt, dass für Fz sowie für Systeme, Bauteile und selbständige technische Einheiten für diese Fz, die vor dem 5.5.12 erstmals in den V gekommen sind, die zum Zeitpunkt ihrer (gemeint wohl: Erst-)Zulassung geltenden Vorschriften fort gelten. Diese Regelung wurde durch ÄndVO v. 10.5.12 (BGBl. I S. 1086) zu Abs. I gemacht und in dem neuen Abs. II durch verschiedene neue Übergangsvorschriften ergänzt. Vorbehaltlich II gelten damit die Regelungen der StVZO in der Fassung, wie sie zum Zeitpunkt der erstmaligen Zulassung eines Fz in Kraft war, einschließlich der zu diesem Zeitpunkt gültigen Übergangsvorschriften (OVG Münster 28.5.19 – 8 B 622/18 NZV **20** 110 = VRS **136** 154). Durch ÄndVO v. 16.4.14 (BGBl. I S. 348) wurde eingefügt, dass auch die für diese Fz erlassenen Nachrüstvorschriften fortgelten (Begr Rn. 3–8). Offen ist, welche dies jeweils sind und wo sie ggf. zu finden sind. Da für den Normadressaten damit völlig unklar ist, welche Vorschriften gem. Abs. I für ein konkretes Kfz im Einzelfall gelten, dürfte die Norm wegen Unvereinbarkeit mit den aus dem Rechtsstaatsprinzip folgenden Geboten der ausreichenden Bestimmtheit von Rechtsvorschriften und der Normenklarheit unwirksam sein.

10 **2.** „Erstmals in den Verkehr gekommen": Maßgebend ist, wann das Fz erstmals im öffentlichen Verkehr als Verbrauchsgut mit der dafür erforderlichen Zulassung verwendet worden ist, also mit schwarzem, grünem oder Sonderkennzeichen, im Inland oder Ausland (*Jagow* VD **89** 50). Hierunter fallen also auch zB VorführFz des Handels und ausgesonderte DienstFz (BMV VkBl. **62** 66 = StVRL § 72 Nr. 1). Unberücksichtigt bleiben Benutzung in nichtöffentlichem VRaum (zB Werksgelände) sowie Probe-, Prüfungs- und Überführungsfahrten (BMV VkBl. **90** 115 = StVRL § 72 Nr. 2), weil sie die spätere Benutzung als Verbrauchsgut erst vorbereiten (*Jagow* VD **89** 51). Entscheidet bei zulassungspflichtigen Fz der Tag der Zulassung, so tritt bei zulas-

sungsfreien Fz an dessen Stelle der Tag der Inbetriebnahme des Fz im öffentlichen Verkehr (*Jagow* VD **89** 50). Zur Gültigkeit der früheren Fassung des § 72, BVerwG VRS **28** 399. Zu dem Begriff Erstzulassung s. auch § 3 FZV Rn. 29.

Anlagen und Muster zur StVZO: Beck'scher Textausgabe „Straßenverkehrsrecht" (Loseblatt).

Technische Festlegungen

73 ¹**Soweit in dieser Verordnung auf DIN- oder ISO-Normen Bezug genommen wird, sind diese im Beuth Verlag GmbH, Burggrafenstraße 6, 10787 Berlin, VDE-Bestimmungen auch im VDE-Verlag, Bismarckstr. 33, 10625 Berlin, erschienen. ²Sie sind beim Deutschen Patent- und Markenamt in München archivmäßig gesichert niedergelegt.**

Begr (VkBl. **88** 478): *Sofern in dieser Verordnung auf Normen hingewiesen wurde, ist in den einzelnen Paragraphen in einem gesonderten Absatz darauf hingewiesen worden, wo diese Normen zu beziehen sind und wo sie archivmäßig gesichert niedergelegt werden. Nunmehr soll dies gesondert in § 73 geregelt werden. Aus diesen Gründen können die entsprechenden Hinweise in § 35h Abs. 4 (alt) in § 55a Abs. 3 und in § 59 Abs. 4 gestrichen werden.* **1**

Zur Gültigkeit von Verweisungen auf DIN-Normen: s. **E** 5, § 35h Rn. 13, vgl. BVerfGE **143** **2** 38 Rn. 42, BayVerfGH 5.2.18 −Vf 16-VII-16 BayVBl **19** 13.

Anhang

Zur Vorschrift des/der	sind folgende Bestimmungen anzuwenden:	
§ 30a Absatz 1a	Kapitel 7	der Richtlinie 97/24/EG des Europäischen Parlaments und des Rates vom 17. Juni 1997 über bestimmte Bauteile und Merkmale von zweirädrigen oder dreirädrigen Kraftfahrzeugen (ABl. L 226 vom 18.8.1997, S. 1), geändert durch die a) Berichtigung vom 17. Juni 1997 (ABl. L 65 vom 5.3.1998, S. 35).
§ 30a Absatz 3	Anhang I, Anlage 1, Anhang II, Anlage 1, Anlage 2 mit Unteranlage 1, Anlage 3	der Richtlinie 95/1/EG des Europäischen Parlaments und des Rates vom 2. Februar 1995 über die bauartbedingte Höchstgeschwindigkeit sowie das maximale Drehmoment und die maximale Nutzleistung des Motors von zweirädrigen oder dreirädrigen Kraftfahrzeugen (ABl. L 52 vom 8.3.1995, S. 1).
§ 30c Absatz 2	Anhang I, Nr. 1, 2, 5 und 6, Anhang II	der Richtlinie 74/483/EWG des Rates vom 17. September 1974 zur Angleichung der Rechtsvorschriften der Mitgliedstaaten über die vorstehenden Außenkanten bei Kraftfahrzeugen (ABl. L 266 vom 2.10.1974, S. 4), geändert durch a) Richtlinie 79/488/EWG der Kommission vom 18. April 1979 (ABl. L 128 vom 26.5.1979, S. 1), b) Richtlinie 87/354/EWG des Rates vom 25. Juni 1987 (ABl. L 192 vom 11.7.1987, S. 43).
§ 30c Absatz 3	Kapitel 3 Anhänge I und II	der Richtlinie 97/24/EG des Europäischen Parlaments und des Rates vom 17. Juni 1997 über bestimmte Bauteile und Merkmale von zweirädrigen oder dreirädrigen Kraftfahrzeugen (ABl. L 226 vom 18.8.1997, S. 1).
§ 30c Absatz 4	Anhang I	der Richtlinie 2005/66/EG des Europäischen Parlaments und des Rates vom 26. Oktober 2005 über die Verwendung von Frontschutzsystemen an Fahrzeugen und zur Änderung der Richtlinie 70/156/EWG des Rates (ABl. L 309 vom 25.11.2005, S. 37), Entscheidung der Kommission vom 20. März 2006 über die ausführlichen technischen Vorschriften für die Durchführung der in der Richtlinie 2005/66/EG des Europäischen Parlaments und des Rates über die Verwendung von Frontschutzsystemen an Kraftfahrzeugen genannten Prüfungen (ABl. L 140 vom 29.5.2006, S. 33).

Zur Vorschrift des/der	sind folgende Bestimmungen anzuwenden:	
§ 30d Absatz 1, 2, 3	Anhänge I bis VI, VIII, IX	der Richtlinie 2001/85/EG des Europäischen Parlaments und des Rates vom 20. November 2001 über besondere Vorschriften für Fahrzeuge der Personenbeförderung mit mehr als acht Sitzplätzen außer dem Fahrersitz und zur Änderung der Richtlinien 70/156/EWG und 97/27/EG (ABl. L 42 vom 13.2.2002, S. 1).
§ 30d Absatz 4	Anhang VII	der Richtlinie 2001/85/EG des Europäischen Parlaments und des Rates vom 20. November 2001 über besondere Vorschriften für Fahrzeuge zur Personenbeförderung mit mehr als acht Sitzplätzen außer dem Fahrersitz und zur Änderung der Richtlinien 70/156/EWG und 97/27/EG (ABl. L 42 vom 13.2.2002, S. 1).
§ 32b Absatz 4	Anhang II	der Richtlinie 2000/40/EG des Europäischen Parlaments und des Rates vom 26. Juni 2000 zur Angleichung der Rechtsvorschriften der Mitgliedstaaten über den vorderen Unterfahrschutz von Kraftfahrzeugen und zur Änderung der Richtlinie 70/156/EWG des Rates (ABl. L 203 vom 10.8.2000, S. 9).
§ 32c Absatz 4	Anhang	der Richtlinie 89/297/EWG des Rates vom 13. April 1989 zur Angleichung der Rechtsvorschriften der Mitgliedstaaten über seitliche Schutzvorrichtungen (Seitenschutz) bestimmter Kraftfahrzeuge und Kraftfahrzeuganhänger (ABl. L 124 vom 5.5.1989, S. 1).
§ 34 Absatz 5a	Anhang Nummer 3.2 bis 3.2.3.4.2	der Richtlinie 93/93/EWG des Rates vom 29. Oktober 1993 über Massen und Abmessungen von zweirädrigen und dreirädrigen Kraftfahrzeugen (ABl. L 311 vom 14.12.1993, S. 76).
§ 34 Absatz 11	Anhang IV	der Richtlinie 97/27/EG des Europäischen Parlaments und des Rates vom 22. Juli 1997 über die Massen und Abmessungen bestimmter Klassen von Kraftfahrzeugen und Kraftfahrzeuganhängern und zur Änderung der Richtlinie 70/156/EWG (ABl. L 233 vom 25.8.1997, S. 1), geändert durch die a) Richtlinie 2003/19/EG der Kommission vom 21. März 2003 (ABl. L 79 vom 26.3.2003, S. 6).
§ 35a Absatz 2	Anhang I, Abschnitt 6, Anhang II, III und IV	der Richtlinie 74/408/EWG des Rates vom 22. Juli 1974 zur Angleichung der Rechtsvorschriften der Mitgliedstaaten über die Innenausstattung der Kraftfahrzeuge (Widerstandsfähigkeit der Sitze und ihrer Verankerung) (ABl. L 221 vom 12.8.1974, S. 1), geändert durch die a) Richtlinie 81/577/EWG des Rates vom 20. Juli 1981 (ABl. L 209 vom 29.7.1981, S. 34), b) Richtlinie 96/37/EG der Kommission vom 17. Juni 1996 (ABl. L 186 vom 25.7.1996, S. 28, ABl. L 214 vom 23.8.1996, S. 27, ABl. L 221 vom 31.8.1996, S. 71), c) Richtlinie 2005/39/EG (ABl. L 255 vom 30.9.2005, S. 143).
§ 35a Absatz 3, 6 und 7	Anhang I, Abschnitt 1, 4 und 5 Anhang II und III	der Richtlinie 76/115/EWG des Rates vom 18. Dezember 1975 zur Angleichung der Rechtsvorschriften der Mitgliedstaaten über die Verankerungen der Sicherheitsgurte in Kraftfahrzeugen (ABl. L 24 vom 30.1.1976, S. 6), geändert durch die a) (ABl. L 24 vom 30.1.1976, S. 6), (ABl. L 209 vom 29.7.1981, S. 30), b) Richtlinie 82/318/EWG der Kommission vom 2. April 1982 (ABl. L 139 vom 19.5.1982, S. 9), c) Richtlinie 90/629/EWG der Kommission vom 30. Oktober 1990 (ABl. L 341 vom 6.12.1990, S. 14), d) Richtlinie 96/38/EG der Kommission vom 17. Juni 1996 (ABl. L 187 vom 26.7.1996, S. 95, ABl. L 76 vom 18.3.1997, S. 35), e) Richtlinie 2005/41/EG (ABl. L 255 vom 30.9.2005, S. 149).

Zur Vorschrift des/der	sind folgende Bestimmungen anzuwenden:	
§ 35a Absatz 4, 6, 7 und 12	Anhang I, Abschnitt 1 und 3, Anhänge XV und XVII	der Richtlinie 77/541/EWG des Rates vom 28. Juni 1977 zur Angleichung der Rechtsvorschriften der Mitgliedstaaten über Sicherheitsgurte und Haltesysteme für Kraftfahrzeuge (ABl. L 220 vom 29.8.1977, S. 95), geändert durch die a) Beitrittsakte vom 24. Mai 1979 (ABl. L 291 vom 19.11.1979, S. 110), b) Richtlinie 81/576/EWG des Rates vom 20. Juli 1981 (ABl. L 209 vom 29.7.1981, S. 32), c) Richtlinie 82/319/EWG der Kommission vom 2. April 1982 (ABl. L 139 vom 19.5.1982, S. 17, ABl. L 209 vom 17.7.1982, S. 48), d) Beitrittsakte vom 11. Juni 1985 (ABl. L 302 vom 15.11.1985, S. 211), e) Richtlinie 87/354/EWG des Rates vom 25. Juni 1987 (ABl. L 192 vom 11.7.1987, S. 43), f) Richtlinie 90/628/EWG der Kommission vom 30. Oktober 1990 (ABl. L 341 vom 6.12.1990, S. 1), g) EWR-Abkommen vom 2. Mai 1992 (ABl. L 1 vom 3.1.1994, S. 1), h) Richtlinie 96/36/EG der Kommission vom 17. Juni 1996 (ABl. L 178 vom 17.7.1996, S. 15), i) Richtlinie 2000/3/EG der Kommission vom 22. Februar 2000 (ABl. L 53 vom 25.2.2000, S. 1). j) Richtlinie 2005/40/EG (ABl. L 255 vom 30.9.2005, S. 146).
§ 35a Absatz 4a	Anhang XI Anlage 3	der Verordnung (EU) Nr. 214/2014 der Kommission vom 25. Februar 2014 zur Änderung der Anhänge II, IV, XI, XII und XVIII der Richtlinie 2007/46/EG des Europäischen Parlaments und des Rates zur Schaffung eines Rahmens für die Genehmigung von Kraftfahrzeugen und Kraftfahrzeuganhängern sowie von Systemen, Bauteilen und selbstständigen technischen Einheiten für diese Fahrzeuge (ABl. L 69 vom 8.3.2014, S. 3).
§ 35a Absatz 11	Kapitel 11 Anhang I bis IV und VI	der Richtlinie 97/24/EG des Europäischen Parlaments und des Rates vom 17. Juni 1997 über bestimmte Bauteile und Merkmale von zweirädrigen oder dreirädrigen Kraftfahrzeugen (ABl. L 226 vom 18.8.1997, S. 1).
§ 35a Absatz 13	Artikel 2 Absatz 1 Buchstabe c Doppelbuchstabe ii	Richtlinie 91/671/EWG des Rates vom 16. Dezember 1991 über die Gurtanlegepflicht und die Pflicht zur Benutzung von Kinderrückhalteeinrichtungen in Kraftfahrzeugen (ABl. L 373 vom 31.12.1991, S. 26), der zuletzt durch Artikel 1 Absatz 2 der Durchführungsrichtlinie 2014/37/EU vom 27. Februar 2014 (ABl. L 59 vom 28.2.2014, S. 32) geändert worden ist, hinsichtlich der ECE-Regelung Nr. 129 über einheitliche Bedingungen für die Genehmigung von verbesserten Kinderrückhalteeinrichtungen zur Nutzung in Kraftfahrzeugen (ABl. L 97 vom 29.3.2014, S. 21).
§ 35c Absatz 2	Anhänge II bis IX	der Richtlinie 2001/56/EG des Europäischen Parlaments und des Rates vom 27. September 2001 über Heizanlagen für Kraftfahrzeuge und Kraftfahrzeuganhänger und zur Änderung der Richtlinie 70/156/EWG des Rates sowie zur Aufhebung der Richtlinie 78/548/EWG des Rates (ABl. L 292 vom 9.11.2001, S. 21), geändert durch die a) Richtlinie 2004/78/EG (ABl. L 153 vom 30.4.2004, S. 104), b) Berichtigung der Richtlinie 2004/78/EG (ABl. L 231 vom 30.6.2004, S. 69), c) Richtlinie 2006/119/EG (ABl. L 330 vom 28.11.2006, S. 12).
§ 35j	Anhänge IV bis VI	der Richtlinie 95/28/EG des Europäischen Parlaments und des Rates vom 24. Oktober 1995 über das Brennverhalten von Werkstoffen der Innenausstattung bestimmter Kraftfahrzeugklassen (ABl. L 281 vom 23.11.1995, S. 1).

Zur Vorschrift des/der	sind folgende Bestimmungen anzuwenden:	
§ 36 Absatz 2	Anhänge II und IV	der Richtlinie 92/23 EWG des Rates vom 31. März 1992 über Reifen von Kraftfahrzeugen und Kraftfahrzeuganhängern und über ihre Montage (ABl. L 129 vom 14.5.1992, S. 95),
	Abschnitte 1, 2, 3 und 6, Anhänge 3 bis 7	der Revision 1 der ECE-Regelung Nr. 30 über einheitliche Bedingungen für die Genehmigung der Luftreifen für Kraftfahrzeuge und Anhänger vom 9. März 1995 (BGBl. 1995 II S. 228),
	Abschnitte 1, 2, 3 und 6, Anhänge 3 bis 8	der ECE-Regelung Nr. 54 über einheitliche Bedingungen für die Genehmigung von Luftreifen für Nutzfahrzeuge und ihre Anhänger vom 20. Juni 1986 (BGBl. 1986 II S. 718),
	Abschnitte 1, 2, 3 und 6, Anhänge 3 bis 9	der ECE-Regelung Nr. 75 über einheitliche Bedingungen für die Genehmigung der Luftreifen für Krafträder vom 25. Februar 1992 (BGBl. 1992 II S. 184),
	Kapitel 1 Anhang II Anhang III (ohne Anlagen)	der Richtlinie 97/24/EG des Europäischen Parlaments und des Rates vom 17. Juni 1997 über bestimmte Bauteile und Merkmale von zweirädrigen oder dreirädrigen Kraftfahrzeugen (ABl. L 226 vom 18.8.1997, S. 1),
	Abschnitte 1, 2, 4 und 6, Anhänge 3 bis 7	der Ergänzung 8 zur Änderungsserie 02 der Regelung Nr. 117 der Wirtschaftskommission der Vereinten Nationen für Europa (UNECE) – Einheitliche Bedingungen für die Genehmigung der Reifen hinsichtlich der Rollgeräuschemissionen und der Haftung auf nassen Oberflächen und/oder des Rollwiderstandes (ABl. L 218 vom 12.8.2016, S. 1),
	Abschnitte 1, 2, 3 und 7, Anhänge 3, 4, 5, 6, 7 und 8	der Regelung Nr. 109 der Wirtschaftskommission der Vereinten Nationen für Europa (UNECE) – Einheitliche Bedingungen für die Genehmigung der Herstellung runderneuerten Luftreifen für Nutzfahrzeuge und ihre Anhänger (ABl. L 181 vom 4.7.2006, S. 3).
§ 38 Absatz 2	Anhänge I, III, IV, V	der Richtlinie 70/311/EWG des Rates vom 8. Juni 1970 zur Angleichung der Rechtsvorschriften der Mitgliedstaaten über die Lenkanlagen von Kraftfahrzeugen und Kraftfahrzeuganhängern (ABl. L 133 vom 18.6.1970, S. 10), geändert durch die a) Berichtigung der Richtlinie 70/311/EWG (ABl. L 196 vom 3.9.1970, S. 14), b) Beitrittsakte vom 22. Januar 1972 (ABl. L 73 vom 27.3.1972, S. 116), c) Richtlinie 92/62/EWG vom 2. Juli 1992 (ABl. L 199 vom 18.7.1992, S. 33).
§ 38 Absatz 3	Anhang	der Richtlinie 75/321/EWG des Rates vom 20. Mai 1975 zur Angleichung der Rechtsvorschriften der Mitgliedstaaten über die Lenkanlage von land- oder forstwirtschaftlichen Zugmaschinen auf Rädern (ABl. L 147 vom 9.6.1975, S. 24), geändert durch die a) Richtlinie 82/890/EWG vom 17. Dezember 1982 (ABl. L 378 vom 31.12.1982, S. 45), b) Berichtigung der Richtlinie 82/890/EWG (ABl. L 118 vom 6.5.1988, S. 42), c) Richtlinie 88/411/EWG vom 21. Juni 1988 (ABl. L 200 vom 26.7.1988, S. 30), d) Richtlinie 97/54/EG vom 23. September 1997 (ABl. L 277 vom 10.10.1997, S. 24), e) Richtlinie 98/39/EG vom 5. Juni 1998 (ABl. L 170 vom 16.6.1998, S. 15).
§ 38a Absatz 1	Anhänge IV und V	der Richtlinie 74/61/EWG des Rates vom 17. Dezember 1973 zur Angleichung der Rechtsvorschriften der Mitgliedstaaten über die Sicherungseinrichtung gegen unbefugte Benutzung von Kraftfahrzeugen (ABl. L 38 vom 11.2.1974, S. 22), geändert durch die Richtlinie 95/56/EG der Kommission vom 8. November 1995 (ABl. L 286 vom 29.11.1995, S. 1).
§ 38a Absatz 2	Anhänge I und II	der Richtlinie 93/33/EWG des Rates vom 14. Juni 1993 über die Sicherungseinrichtung gegen unbefugte Benutzung von zweiräd-

Zur Vorschrift des/der	sind folgende Bestimmungen anzuwenden:	
		rigen oder dreirädrigen Kraftfahrzeugen (ABl. L 188 vom 29.7.1993, S. 32), geändert durch die a) Richtlinie 1999/23/EG der Kommission vom 9. April 1999 (ABl. L 104 vom 21.4.1999, S. 13).
§ 38b	Anhang VI	der Richtlinie 74/61/EWG des Rates vom 17. Dezember 1973 zur Angleichung der Rechtsvorschriften der Mitgliedstaaten über die Sicherungseinrichtung gegen unbefugte Benutzung von Kraftfahrzeugen (ABl. L 38 vom 11.2.1974, S. 22), geändert durch die a) Richtlinie 95/56/EG der Kommission vom 8. November 1995 (ABl. L 286 vom 29.11.1995, S. 1), b) Berichtigung der Richtlinie 95/56/EG (ABl. L 103 vom 3.4.1998, S. 38).
§ 39a Absatz 1	Anhänge I bis IV	der Richtlinie 78/316/EWG des Rates vom 21. Dezember 1977 zur Angleichung der Rechtsvorschriften der Mitgliedstaaten über die Innenausstattung der Kraftfahrzeuge (Kennzeichnung der Betätigungseinrichtungen, Kontrollleuchten und Anzeiger) (ABl. L 81 vom 28.3.1978, S. 3), geändert durch die a) Richtlinie 93/91/EWG der Kommission vom 29. Oktober 1993 (ABl. L 284 vom 19.11.1993, S. 25), b) Richtlinie 94/53/EG der Kommission vom 15. November 1994 (ABl. L 299 vom 22.11.1994, S. 26).
§ 39a Absatz 2	Anhang I	der Richtlinie 93/29/EWG des Rates vom 14. Juni 1993 über die Kennzeichnung der Betätigungseinrichtungen, Kontrollleuchten und Anzeiger von zweirädrigen oder dreirädrigen Kraftfahrzeugen (ABl. L 188 vom 29.7.1993, S. 1).
§ 39a Absatz 3	Anhänge II bis IV	der Richtlinie 86/415/EWG des Rates vom 24. Juli 1986 über Einbau, Position, Funktionsweise und Kennzeichnung der Betätigungseinrichtungen von land- oder forstwirtschaftlichen Zugmaschinen auf Rädern (ABl. L 240 vom 26.8.1986, S. 1), geändert durch die Richtlinie 97/54/EG des Europäischen Parlaments und des Rates vom 23. September 1997 (ABl. L 277 vom 10.10.1997, S. 24).
§ 40 Absatz 3	Kapitel 12 Anhang I (ohne Anlagen) Anhang II, Anlage 1 und 2	der Richtlinie 97/24/EG des Europäischen Parlaments und des Rates vom 17. Juni 1997 über bestimmte Bauteile und Merkmale von zweirädrigen oder dreirädrigen Kraftfahrzeugen (ABl. L 226 vom 18.8.1997, S. 1).
§ 41 Absatz 18 § 41b	Anhänge I bis VIII, X bis XII und XV	der Richtlinie 71/320/EWG des Rates vom 26. Juli 1971 zur Angleichung der Rechtsvorschriften der Mitgliedstaaten über die Bremsanlagen bestimmter Klassen von Kraftfahrzeugen und deren Anhängern (ABl. L 202 vom 6.9.1971, S. 37), geändert durch die a) Richtlinie 74/132/EWG der Kommission vom 11. Februar 1974 (ABl. L 74 vom 19.3.1974, S. 7), b) Richtlinie 75/524/EWG der Kommission vom 25. Juli 1975 (ABl. L 236 vom 8.9.1975, S. 3), c) Richtlinie 79/489/EWG der Kommission vom 18. April 1979 (ABl. L 128 vom 26.5.1979, S. 12), d) Richtlinie 85/647/EWG der Kommission vom 23. Dezember 1985 (ABl. L 380 vom 31.12.1985, S. 1), e) Richtlinie 88/194/EWG der Kommission vom 24. März 1988 (ABl. L 92 vom 9.4.1988, S. 47), f) Richtlinie 91/422/EWG der Kommission vom 15. Juli 1991 (ABl. L 233 vom 22.8.1991, S. 21), g) Richtlinie 98/12/EG der Kommission vom 27. Januar 1998 (ABl. L 81 vom 18.3.1998, S. 1).
§ 41 Absatz 19	Anhang	der Richtlinie 93/14/EWG des Rates vom 5. April 1993 über Bremsanlagen für zweirädrige oder dreirädrige Kraftfahrzeuge (ABl. L 121 vom 15.5.1993, S. 1).

Zur Vorschrift des/der	sind folgende Bestimmungen anzuwenden:	
§ 41 Absatz 20	Anhänge I bis IV	der Richtlinie 76/432/EWG des Rates vom 6. April 1976 zur Angleichung der Rechtsvorschriften der Mitgliedstaaten über die Bremsanlagen von land- und forstwirtschaftlichen Zugmaschinen auf Rädern (ABl. L 122 vom 8.5.1976, S. 1), geändert durch die a) Richtlinie 82/890/EWG des Rates vom 17. Dezember 1982 (ABl. L 378 vom 31.12.1982, S. 45), b) Berichtigung der Richtlinie 82/890/EWG (ABl. L 118 vom 6.5.1988, S. 42), c) Richtlinie 96/63/EG der Kommission vom 30. September 1996 (ABl. L 253 vom 5.10.1996, S. 13), d) Richtlinie 97/54/EG des Europäischen Parlaments und des Rates vom 23. September 1997 (ABl. L 277 vom 10.10.1997, S. 24).
§ 41a Absatz 1 Nummer 1 und Absatz 4 Satz 1	Teil II	der ECE-Regelung Nr. 67 über einheitliche Bedingungen für die I. Genehmigung der speziellen Ausrüstung von Kraftfahrzeugen, in deren Antriebssystem verflüssigte Gase verwendet werden; II. Genehmigung eines Fahrzeugs, das mit der speziellen Ausrüstung für die Verwendung von verflüssigten Gasen in seinem Antriebssystem ausgestattet ist, in Bezug auf den Einbau dieser Ausrüstung vom 1. Juni 1987 in der Fassung der Änderungsserie 01 (Verkehrsblatt 2002 S. 339).
§ 41a Absatz 1 Nummer 2 und Absatz 4 Satz 1	Teil II	der ECE-Regelung Nr. 110 über einheitliche Bedingungen für die Genehmigung der I. speziellen Bauteile von Kraftfahrzeugen, in deren Antriebssystem komprimiertes Erdgas (CNG) verwendet wird; II. Fahrzeuge hinsichtlich des Einbaus spezieller Bauteile eines genehmigten Typs für die Verwendung von komprimiertem Erdgas (CNG) in ihrem Antriebssystem vom 18. Dezember 2000 (Verkehrsblatt 2002 S. 339).
§ 41a Absatz 2 und Absatz 4 Satz 1		ECE-Regelung Nr. 115 über einheitliche Bedingungen für die Genehmigung der I. speziellen Nachrüstsysteme für Flüssiggas (LPG) zum Einbau in Kraftfahrzeuge zur Verwendung von Flüssiggas in ihrem Antriebssystem; II. speziellen Nachrüstsysteme für komprimiertes Erdgas (CNG) zum Einbau in Kraftfahrzeuge zur Verwendung von komprimiertem Erdgas in ihrem Antriebssystem vom 30. Oktober 2003 (Verkehrsblatt 2004 S. 5).
§ 41a Absatz 3 Nummer 1 und Absatz 4 Satz 1	Teil I	der ECE-Regelung Nr. 67 über einheitliche Bedingungen für die I. Genehmigung der speziellen Ausrüstung von Kraftfahrzeugen, in deren Antriebssystem verflüssigte Gase verwendet werden; II. Genehmigung eines Fahrzeugs, das mit der speziellen Ausrüstung für die Verwendung von verflüssigten Gasen in seinem Antriebssystem ausgestattet ist, in Bezug auf den Einbau dieser Ausrüstung vom 1. Juni 1987 in der Fassung der Änderungsserie 01 (Verkehrsblatt 2002 S. 339).
§ 41a Absatz 3 Satz 1 Nummer 2 und Absatz 4 Satz 1	Teil I	der ECE-Regelung Nr. 110 über einheitliche Bedingungen für die Genehmigung der I. speziellen Bauteile von Kraftfahrzeugen, in deren Antriebssystem komprimiertes Erdgas (CNG) verwendet wird; II. Fahrzeuge hinsichtlich des Einbaus spezieller Bauteile eines genehmigten Typs für die Verwendung von komprimiertem Erdgas (CNG) in ihrem Antriebssystem vom 18. Dezember 2000 (Verkehrsblatt 2002 S. 339).

Zur Vorschrift des/der	sind folgende Bestimmungen anzuwenden:	
§ 41a Absatz 3 Satz 2 und Absatz 4 Satz 1		ECE-Regelung Nr. 115 über einheitliche Bedingungen für die Genehmigung der I. speziellen Nachrüstsysteme für Flüssiggas (LPG) zum Einbau in Kraftfahrzeuge zur Verwendung von Flüssiggas in ihrem Antriebssystem; II. speziellen Nachrüstsysteme für komprimiertes Erdgas (CNG) zum Einbau in Kraftfahrzeuge zur Verwendung von komprimiertem Erdgas in ihrem Antriebssystem vom 30. Oktober 2003 (Verkehrsblatt 2004 S. 5).
§ 41a Absatz 8		Richtlinie 87/404/EWG des Rates vom 25. Juni 1987 zur Angleichung der Rechtsvorschriften der Mitgliedstaaten für einfache Druckbehälter (ABl. L 220 vom 8.8.1987, S. 48, ABl. L 31 vom 2.2.1990, S. 46), geändert durch die a) Richtlinie 90/488/EWG des Rates vom 17. September 1990 (ABl. L 270 vom 2.10.1990, S. 25), b) Richtlinie 93/68/EWG des Rates vom 22. Juli 1993 (ABl. L 220 vom 30.8.1993, S. 1).
§ 43 Absatz 5	Kapitel 10 Anhang I, Anlage 1 bis 3	der Richtlinie 97/24/EG des Europäischen Parlaments und des Rates vom 17. Juni 1997 über bestimmte Bauteile und Merkmale von zweirädrigen oder dreirädrigen Kraftfahrzeugen (ABl. L 226 vom 18.8.1997, S. 1).
§ 45 Absatz 1a	Anhang I Nummer 5.4 bis 5.8 sowie die Anlagen 1 und 2	der Richtlinie 70/221/EWG des Rates vom 20. März 1970 über die Behälter für flüssigen Kraftstoff und den Unterfahrschutz von Kraftfahrzeugen und Kraftfahrzeuganhängern (ABl. L 76 vom 6.4.1970, S. 23), geändert durch die a) Richtlinie 79/490/EWG (ABl. L 128 vom 26.5.1979, S. 22), b) Richtlinie 81/333/EWG (ABl. L 131 vom 18.5.1981, S. 4), c) Richtlinie 97/19/EWG (ABl. L 125 vom 16.5.1997, S. 1), d) Richtlinie 2000/8/EG (ABl. L 106 vom 3.5.2000, S. 7).
§ 45 Absatz 4	Kapitel 6 Anhang I, Anlage 1, Anhang II (ohne Anlagen)	der Richtlinie 97/24/EG des Europäischen Parlaments und des Rates vom 17. Juni 1997 über bestimmte Bauteile und Merkmale von zweirädrigen oder dreirädrigen Kraftfahrzeugen (ABl. L 226 vom 18.8.1997, S. 1).
§ 47 Absatz 1	Artikel 1 bis 7 Anhänge	der Richtlinie 70/220/EWG des Rates vom 20. März 1970 zur Angleichung der Rechtsvorschriften der Mitgliedstaaten über Maßnahmen gegen die Verunreinigung der Luft durch Emissionen von Kraftfahrzeugmotoren (ABl. L 76 vom 6.4.1970, S. 1), geändert durch die a) Beitrittsakte vom 22. Januar 1972 (ABl. L 73 vom 27.3.1972, S. 115), b) Richtlinie 74/290/EWG des Rates vom 28. Mai 1974 (ABl. L 159 vom 15.6.1974, S. 61), c) Richtlinie 77/102/EWG der Kommission vom 30. November 1976 (ABl. L 32 vom 3.2.1977, S. 32), d) Richtlinie 78/665/EWG der Kommission vom 14. Juli 1978 (ABl. L 223 vom 14.8.1978, S. 48), e) Richtlinie 83/351/EWG des Rates vom 16. Juni 1983 (ABl. L 197 vom 20.7.1983, S. 1), f) Richtlinie 88/76/EWG des Rates vom 3. Dezember 1987 (ABl. L 36 vom 9.2.1988, S. 1), g) Richtlinie 88/436/EWG des Rates vom 16. Juni 1988 (ABl. L 214 vom 6.8.1988, S. 1), h) Berichtigung der Richtlinie 88/436/EWG (ABl. L 303 vom 8.11.1988, S. 36), i) Richtlinie 89/491/EWG der Kommission vom 17. Juli 1989 (ABl. L 238 vom 15.8.1989, S. 43), j) Richtlinie 89/458/EWG des Rates vom 18. Juli 1989 (ABl. L 226 vom 3.8.1989, S. 1),

Zur Vorschrift des/der	sind folgende Bestimmungen anzuwenden:
	k) Berichtigung der Richtlinie 89/458/EWG (ABl. L 270 vom 19.9.1989, S. 16),
	l) Richtlinie 91/441/EWG des Rates vom 26. Juni 1991 (ABl. L 242 vom 30.8.1991, S. 1),
	m) Richtlinie 93/59/EWG des Rates vom 28. Juni 1993 (ABl. L 186 vom 28.7.1993, S. 21),
	n) Richtlinie 94/12/EG des Europäischen Parlaments und des Rates vom 23. März 1994 (ABl. L 100 vom 19.4.1994, S. 42),
	o) Richtlinie 96/44/EG der Kommission vom 1. Juli 1996 (ABl. L 210 vom 20.8.1996, S. 25),
	p) Richtlinie 96/69/EG des Europäischen Parlaments und des Rates vom 8. Oktober 1996 (ABl. L 282 vom 1.11.1996, S. 64),
	q) Berichtigung vom 8. Oktober 1996 (ABl. L 83 vom 25.3.1997, S. 23),
	r) Richtlinie 98/77/EG der Kommission vom 2. Oktober 1998 (ABl. L 286 vom 23.10.1998, S. 34),
	s) Richtlinie 98/69/EG des Europäischen Parlaments und des Rates vom 13. Oktober 1998 (ABl. L 350 vom 28.12.1998, S. 1),
	t) Berichtigung vom 21. April 1999 (ABl. L 104 vom 21.4.1999, S. 31),
	u) Richtlinie 1999/102/EG der Kommission vom 15. Dezember 1999 (ABl. L 334 vom 28.12.1999, S. 43),
	v) Richtlinie 2001/1/EG des Europäischen Parlaments und des Rates vom 22. Januar 2001 (ABl. L 35 vom 6.2.2001, S. 34),
	w) Richtlinie 2001/100/EG des Europäischen Parlaments und des Rates vom 7. Dezember 2001 (ABl. L 16 vom 18.1.2002, S. 32),
	x) Richtlinie 2002/80/EG der Kommission vom 3. Oktober 2002 (ABl. L 291 vom 28.10.2002, S. 20),
	y) Richtlinie 2003/76/EG der Kommission vom 11. August 2003 (ABl. L 206 vom 15.8.2003, S. 29).
§ 47 Absatz 1a	Die Verordnung (EG) Nr. 715/2007 des Europäischen Parlaments und des Rates vom 20. Juni 2007 über die Typgenehmigung von Kraftfahrzeugen hinsichtlich der Emissionen von leichten Personenkraftwagen und Nutzfahrzeugen (Euro 5 und Euro 6) und über den Zugang zu Reparatur- und Wartungsinformationen für Fahrzeuge (ABl. L 171 vom 29.6.2007, S. 1), geändert durch
	a) die Verordnung (EG) Nr. 692/2008 der Kommission vom 18. Juli 2008 zur Durchführung und Änderung der Verordnung (EG) Nr. 715/2007 (ABl. L 199 vom 28.7.2008, S. 1)
	b) die Verordnung (EG) Nr. 566/2011 der Kommission vom 8. Juni 2011 zur Änderung der Verordnung (EG) Nr. 715/2007 des Europäischen Parlaments und des Rates und der Verordnung (EG) Nr. 692/2008 der Kommission über Zugang zu Reparatur- und Wartungsinformationen für Fahrzeuge (ABl. L 158 vom 16.6.2011, S. 1)
	c) die Verordnung (EG) Nr. 595/2009 des Europäischen Parlaments und des Rates vom 18. Juni 2009 (ABl. L 188 vom 18.7.2009, S. 1),
	d) die Verordnung (EU) Nr. 459/2012 der Kommission vom 29. Mai 2012 ABl. L 142 vom 1.6.2012, S. 16),
und	die Verordnung (EG) Nr. 692/2008 der Kommission vom 18. Juli 2008 zur Durchführung und Änderung der Verordnung (EG) Nr. 715/2007 (ABl. L 199 vom 28.7.2008, S. 1), geändert durch
	a) die Verordnung (EG) Nr. 566/2011 der Kommission vom 8. Juni 2011 zur Änderung der Verordnung (EG) Nr. 715/2007 des Europäischen Parlaments und des Rates und der Verordnung (EG) Nr. 692/2008 der Kommission über Zugang zu Reparatur- und Wartungsinformationen für Fahrzeuge (ABl. L 158 vom 16.6.2011, S. 1).
	b) die Berichtigung der Verordnung (EG) Nr. 692/2008 (ABl. L 336 vom 21.12.2010, S. 68),

Zur Vorschrift des/der	sind folgende Bestimmungen anzuwenden:	
		c) die Verordnung (EU) Nr. 459/2012 der Kommission vom 29. Mai 2012 (ABl. L 142 vom 1.6.2012, S. 16), d) die Verordnung (EU) Nr. 630/2012 der Kommission vom 12. Juli 2012 (ABl. L 182 vom 13.7.2012, S. 14), e) die Verordnung (EU) Nr. 143/2013 der Kommission vom 19. Februar 2013 (ABl. L 47 vom 20.2.2013, S. 51), f) die Verordnung (EU) Nr. 171/2013 der Kommission vom 26. Februar 2013 (ABl. L 55 vom 27.2.2013, S. 9), g) die Verordnung (EU) Nr. 195/2013 der Kommission vom 7. März 2013 (ABl. L 65 vom 8.3.2013, S. 1), h) die Verordnung (EU) Nr. 519/2013 der Kommission vom 21. Februar 2013 (ABl. L 158 vom 10.6.2013, S. 74), i) die Verordnung (EU) Nr. 136/2014 der Kommission vom 11. Februar 2014 (ABl. L 43 vom 13.2.2014, S. 12), j) die Verordnung (EU) 2015/45 der Kommission vom 14. Januar 2015 (ABl. L 9 vom 15.1.2015, S. 1).
§ 47 Absatz 2	a) Artikel 1 bis 6 Anhänge I bis X	der Richtlinie 72/306/EWG des Rates vom 2. August 1972 zur Angleichung der Rechtsvorschriften der Mitgliedstaaten über Maßnahmen gegen die Emission verunreinigender Stoffe aus Dieselmotoren zum Antrieb von Fahrzeugen (ABl. L 190 vom 20.8.1972, S. 1), geändert durch die Richtlinie 89/491/EWG der Kommission vom 17. Juli 1989 (ABl. L 238 vom 15.8.1989, S. 43),
	b) Artikel 1 bis 6 Anhänge I bis VIII	der Richtlinie 72/306/EWG des Rates vom 2. August 1972 zur Angleichung der Rechtsvorschriften der Mitgliedstaaten über Maßnahmen gegen die Emission verunreinigender Stoffe aus Dieselmotoren zum Antrieb von Fahrzeugen (ABl. L 190 vom 20.8.1972, S. 1), geändert durch die Richtlinie 97/20/EG der Kommission vom 18. April 1997 (ABl. L 125 vom 16.5.1997, S. 21),
	c) Artikel 1 bis 5 Anhang	der Richtlinie 2005/21/EG der Kommission vom 7. März 2005 zur Anpassung der Richtlinie 72/306/EWG des Rates zur Angleichung der Rechtsvorschriften der Mitgliedstaaten über Maßnahmen gegen die Emission verunreinigender Stoffe aus Dieselmotoren zum Antrieb von Fahrzeugen (ABl. L 61 vom 8.3.2005, S. 25).
§ 47 Absatz 6	Artikel 1 bis 7 Anhänge	der Richtlinie 88/77/EWG des Rates vom 3. Dezember 1987 zur Angleichung der Rechtsvorschriften der Mitgliedstaaten über Maßnahmen gegen die Emission gasförmiger Schadstoffe und luftverunreinigender Partikel aus Selbstzündungsmotoren zum Antrieb von Fahrzeugen und die Emission gasförmiger Schadstoffe aus mit Erdgas oder Flüssiggas betriebenen Selbstzündungsmotoren zum Antrieb von Fahrzeugen (ABl. L 36 vom 9.2.1988, S. 33), geändert durch die a) Richtlinie 91/542/EWG des Rates vom 1. Oktober 1991 (ABl. L 295 vom 25.10.1991, S. 1), b) Beschluss 94/1/EGKS, EG des Rates und der Kommission vom 13. Dezember 1993 (ABl. L 1 vom 3.1.1994, S. 1, 274), c) Beschluss 94/2/EGKS, EG des Rates und der Kommission vom 13. Dezember 1993 (ABl. L 1 vom 3.1.1994, S. 571, 583), d) Richtlinie 96/1/EG des Europäischen Parlaments und des Rates vom 22. Januar 1996 (ABl. L 40 vom 12.2.1996, S. 1), e) Richtlinie 1999/96/EG des Europäischen Parlaments und des Rates vom 13. Dezember 1999 (ABl. L 44 vom 16.2.2000, S. 1), f) Richtlinie 2001/27/EG der Kommission vom 10. April 2001 (ABl. L 107 vom 18.4.2001, S. 10), g) Berichtigung vom 6. Oktober 2001 (ABl. L 266 vom 6.10.2001, S. 15).
§ 47 Absatz 6a		Die Richtlinie 2005/55/EG des Europäischen Parlaments und des Rates vom 28. September 2005 zur Angleichung der Rechtsvorschriften der Mitgliedstaaten über Maßnahmen gegen die Emission gasförmiger Schadstoffe und luftverunreinigender Partikel aus Selbstzündungsmotoren zum Antrieb von Fahrzeugen und die Emission gasförmiger Schadstoffe aus mit Flüssiggas oder

Zur Vorschrift des/der	sind folgende Bestimmungen anzuwenden:
	Erdgas betriebenen Fremdzündungsmotoren zum Antrieb von Fahrzeugen (ABl. L 275 vom 20.10.2005, S. 1), geändert durch a) die Richtlinie 2006/51/EG der Kommission vom 6. Juni 2006 zur Änderung, zwecks Anpassung an den technischen Fortschritt, von Anhang I der Richtlinie 2005/55/EG des Europäischen Parlaments und des Rates sowie der Anhänge IV und V der Richtlinie 2005/78/EG hinsichtlich der Anforderungen an Überwachungssysteme emissionsmindernder Einrichtungen zum Einbau in Fahrzeuge und hinsichtlich der Ausnahmen für Gasmotoren (ABl. L 152 vom 7.6.2006, S. 11), b) die Richtlinie 2008/74/EG der Kommission vom 18. Juli 2008 zur Änderung der Richtlinie 2005/55/EG des Europäischen Parlaments und des Rates und der Richtlinie 2005/78/EG in Bezug auf die Typgenehmigung von Kraftfahrzeugen hinsichtlich der Emissionen von leichten Personenkraftwagen und Nutzfahrzeugen (Euro 5 und Euro 6) und des Zugangs zu Reparatur- und Wartungsinformationen für Fahrzeuge (ABl. L 192 vom 19.7.2008, S. 51)
und	die Richtlinie 2005/78/EG der Kommission vom 14. November 2005 zur Durchführung der Richtlinie 2005/55/EG des Europäischen Parlaments und des Rates zur Angleichung der Rechtsvorschriften der Mitgliedstaaten über Maßnahmen gegen die Emission gasförmiger Schadstoffe und luftverunreinigender Partikel aus Selbstzündungsmotoren zum Antrieb von Fahrzeugen und die Emission gasförmiger Schadstoffe aus mit Flüssiggas oder Erdgas betriebenen Fremdzündungsmotoren zum Antrieb von Fahrzeugen und zur Änderung ihrer Anhänge I, II, III, IV und VI (ABl. L 313 vom 29.11.2005, S. 1), geändert durch a) die Richtlinie 2006/51/EG der Kommission vom 6. Juni 2006 zur Änderung, zwecks Anpassung an den technischen Fortschritt, von Anhang I der Richtlinie 2005/55/EG des Europäischen Parlaments und des Rates sowie der Anhänge IV und V der Richtlinie 2005/78/EG hinsichtlich der Anforderungen an Überwachungssysteme emissionsmindernder Einrichtungen zum Einbau in Fahrzeuge und hinsichtlich der Ausnahmen für Gasmotoren (ABl. L 152 vom 7.6.2006, S. 11), b) die Richtlinie 2008/74/EG der Kommission vom 18. Juli 2008 zur Änderung der Richtlinie 2005/55/EG des Europäischen Parlaments und des Rates und der Richtlinie 2005/78/EG in Bezug auf die Typgenehmigung von Kraftfahrzeugen hinsichtlich der Emissionen von leichten Personenkraftwagen und Nutzfahrzeugen (Euro 5 und Euro 6) und des Zugangs zu Reparatur- und Wartungsinformationen für Fahrzeuge (ABl. L 192 vom 19.7.2008, S. 51).
§ 47 Absatz 6b	Die Verordnung (EG) Nr. 595/2009 des Europäischen Parlaments und des Rates vom 18. Juni 2009 über die Typgenehmigung von Kraftfahrzeugen und Motoren hinsichtlich der Emissionen von schweren Nutzfahrzeugen (Euro VI) und über den Zugang zu Fahrzeugreparatur- und -wartungsinformationen, zur Änderung der Verordnung (EG) Nr. 715/2007 und der Richtlinie 2007/46/EG sowie zur Aufhebung der Richtlinien 80/1269/EWG, 2005/55/EG und 2005/78/EG (ABl. L 188 vom 18.7.2009, S.1), geändert durch a) die Berichtigung der Verordnung (EG) 595/2009 (ABl. L 200 vom 31.7.2009, S. 52), b) die Verordnung (EU) Nr. 582/2011 der Kommission vom 25. Mai 2011 (ABl. L 167 vom 25.6.2011, S. 1), c) die Verordnung (EU) Nr. 133/2014 der Kommission vom 31. Januar 2014 (ABl. L 47 vom 18.2.2014, S. 1)

Zur Vorschrift des/der	sind folgende Bestimmungen anzuwenden:	
	und	die Verordnung (EU) Nr. 582/2011 der Kommission vom 25. Mai 2011 zur Durchführung und Änderung der Verordnung (EG) Nr. 595/2009 des Europäischen Parlaments und des Rates hinsichtlich der Emissionen von schweren Nutzfahrzeugen (Euro VI) und zur Änderung der Anhänge I und III der Richtlinie 2007/46/EG des Europäischen Parlaments und des Rates (ABl. L 167 vom 25.6.2011, S. 1), geändert durch: a) die Verordnung (EU) Nr. 64/2012 der Kommission vom 23. Januar 2012 (ABl. L 28 vom 31.1.2012, S. 1), b) die Verordnung (EU) Nr. 519/2013 der Kommission vom 21. Februar 2013 (ABl. L 158 vom 10.6.2013, S. 74), c) die Verordnung (EU) Nr. 133/2014 der Kommission vom 31. Januar 2014 (ABl. L 47 vom 18.2.2014, S. 1), d) die Verordnung (EU) Nr. 136/2014 der Kommission vom 11. Februar 2014 (ABl. L 43 vom 13.2.2014, S. 12), e) die Verordnung (EU) Nr. 627/2014 der Kommission vom 12. Juni 2014 (ABl. L 174 vom 13.6.2014, S. 28), f) die Berichtigung der Verordnung (EU) Nr. 627/2014 (ABl. L 239 vom 15.9.2015, S. 190).
§ 47 Absatz 8a	Kapitel 5	der Richtlinie 97/24/EG des Europäischen Parlaments und des Rates vom 17. Juni 1997 über bestimmte Bauteile und Merkmale von zweirädrigen oder dreirädrigen Kraftfahrzeugen (ABl. L 226 vom 18.8.1997, S. 1), geändert durch die a) Berichtigung vom 17. Juni 1997 (ABl. L 65 vom 5.3.1998, S. 35), b) Richtlinie 2002/51/EG des Europäischen Parlaments und des Rates vom 19. Juli 2002 (ABl. L 252 vom 20.9.2002, S. 20), c) Richtlinie 2003/77/EG der Kommission vom 11. August 2003 (ABl. L 211 vom 21.8.2003, S. 24), d) Richtlinie 2005/30/EG der Kommission vom 22. April 2005 zur Änderung der Richtlinien 97/24/EG und 2002/24/EG des Europäischen Parlaments und des Rates über die Typgenehmigung für zweirädrige oder dreirädrige Kraftfahrzeuge im Hinblick auf die Anpassung an den technischen Fortschritt (ABl. L 106 vom 27.4.2005, S. 17), e) Richtlinie 2006/72/EG der Kommission vom 18. August 2006 zur Änderung der Richtlinie 97/24/EG des Europäischen Parlaments und des Rates über bestimmte Bauteile und Merkmale von zweirädrigen oder dreirädrigen Kraftfahrzeugen zwecks Anpassung an den technischen Fortschritt (ABl. L 227 vom 19.8.2006, S. 43), f) Richtlinie 2006/120/EG der Kommission vom 27. November 2006 zur Berichtigung und Änderung der Richtlinie 2005/30/EG zur Änderung der Richtlinien 97/24/EG und 2002/24/EG des Europäischen Parlaments und des Rates über die Typgenehmigung für zweirädrige oder dreirädrige Kraftfahrzeuge zwecks Anpassung an den technischen Fortschritt (ABl. L 330 vom 28.11.2006, S. 16). g) Richtlinie 2009/108/EG der Kommission vom 17. August 2009 (ABl. L 213 vom 18.8.2009, S. 10), h) Richtlinie 2013/60/EU der Kommission vom 27. November 2013 (ABl. L 329 vom 10.12.2013, S. 15), i) Berichtigung der Richtlinie 2013/60/EU (ABl. L 305 vom 21.11.2015, S. 51).
§ 47 Absatz 8c		Richtlinie 2000/25/EG des Europäischen Parlaments und des Rates vom 22. Mai 2000 über Maßnahmen zur Bekämpfung der Emissionen gasförmiger Schadstoffe und luftverunreinigender Partikel aus Motoren, die für den Antrieb von land- und forstwirtschaftlichen Zugmaschinen bestimmt sind, und zur Änderung der Richtlinie 74/150/EWG des Rates (ABl. L 173 vom 12.7.2000, S. 1), geändert durch die

Zur Vorschrift des/der		sind folgende Bestimmungen anzuwenden:
		a) Richtlinie 2005/13/EG der Kommission vom 21. Februar 2005 zur Änderung der Richtlinie 2000/25/EG des Europäischen Parlaments und des Rates über Maßnahmen zur Bekämpfung der Emission gasförmiger Schadstoffe und luftverunreinigender Partikel aus Motoren, die für den Antrieb von land- oder forstwirtschaftlichen Zugmaschinen bestimmt sind, und zur Änderung von Anhang I der Richtlinie 2003/37/EG des Europäischen Parlaments und des Rates betreffend die Typengenehmigung für land- oder forstwirtschaftliche Zugmaschinen (ABl. L 55 vom 1.3.2005, S. 35),
		b) Richtlinie 2010/22/EU der Kommission vom 15. März 2010 zur Anpassung der Richtlinien 80/720/EWG, 86/298/EWG, 86/415/EWG und 87/402/EWG des Rates sowie der Richtlinien 2000/25/EG und 2003/37/EG des Europäischen Parlaments und des Rates über die Typengenehmigung für land- oder forstwirtschaftliche Zugmaschinen an den technischen Fortschritt (ABl. L 91 vom 10.4.2010, S. 1).
		c) Richtlinie 2011/72/EU des Europäischen Parlaments und des Rates vom 14. September 2011 (ABl. L 246 vom 23.9.2011, S. 1),
		d) Berichtigung der Richtlinie 2011/72/EU (ABl. L 254 vom 30.9.2011, S. 22),
		e) Richtlinie 2011/87/EU des Europäischen Parlaments und des Rates vom 16. November 2011 (ABl. L 301 vom 18.11.2011, S. 1),
		f) Richtlinie 2013/15/EU des Rates vom 13. Mai 2013 (ABl. L 158 vom 10.6.2013, S. 172),
		g) Richtlinie 2014/43/EU der Kommission vom 18. März 2014 (ABl. L 82 vom 20.3.2014, S. 12).
§ 47d	Artikel 1 bis 5 Anhänge I und II	der Richtlinie 80/1268/EWG des Rates vom 16. Dezember 1980 über die Kohlendioxidemissionen und über den Kraftstoffverbrauch von Kraftfahrzeugen (ABl. L 375 vom 31.12.1980, S. 36), geändert durch die
		a) Richtlinie 89/491/EWG der Kommission vom 17. Juli 1989 (ABl. L 238 vom 15.8.1989, S. 43),
		b) Richtlinie 93/116/EG der Kommission vom 17. Dezember 1993 (ABl. L 329 vom 30.12.1993, S. 39),
		c) Berichtigung vom 15. Februar 1994 (ABl. L 42 vom 15.2.1994, S. 27),
		d) Richtlinie 1999/100/EG der Kommission vom 15. Dezember 1999 zur Anpassung der Richtlinie 80/1268/EWG über die Kohlendioxidemissionen und den Kraftstoffverbrauch von Kraftfahrzeugen an den technischen Fortschritt (ABl. L 334 vom 28.12.1999, S. 36),
		e) Berichtigung vom 15.12.1999 (ABl. L 163 vom 4.7.2000, S. 38),
		f) Richtlinie 2004/3/EG des Europäischen Parlaments und des Rates vom 11. Februar 2004 zur Änderung der Richtlinien 70/156/EWG und 80/1268/EWG des Rates im Hinblick auf die Messung der Kohlendioxidemissionen und des Kraftstoffverbrauchs von Fahrzeugen der Klasse N_1 (ABl. L 49 vom 19.2.2004, S. 36).
	Artikel 5 Absatz 3e	der Verordnung (EG) Nr. 715/2007 des Europäischen Parlaments und des Rates vom 20. Juni 2007 über die Typengenehmigung von Kraftfahrzeugen hinsichtlich der Emissionen von leichten Personenkraftwagen und Nutzfahrzeugen (Euro 5 und Euro 6) und über den Zugang zu Reparatur- und Wartungsinformationen für Fahrzeuge (ABl. L 171 vom 29.6.2007, S. 1) und
	Artikel 3 Absatz 3 Anhang XII	der Verordnung (EG) Nr. 692/2008 der Kommission vom 18. Juli 2008 zur Durchführung und Änderung der Verordnung (EG) Nr. 715/2007 (ABl. L 199 vom 28.7.2008, S. 1).
§ 47e		Richtlinie 2006/40/EG des Europäischen Parlaments und des Rates vom 17. Mai 2006 über Emissionen aus Klimaanlagen in Kraft-

Zur Vorschrift des/der	sind folgende Bestimmungen anzuwenden:	
	und	fahrzeugen und zur Änderung der Richtlinie 70/156/EWG (ABl. L 161 vom 14.6.2006, S. 12) Verordnung (EG) Nr. 706/2007 der Kommission vom 21. Juni 2007 zur Festlegung von Verwaltungsvorschriften für die EG-Typgenehmigung von Kraftfahrzeugen und eines harmonisierten Verfahrens für die Messung von Leckagen aus bestimmten Klimaanlagen nach der Richtlinie 2006/40/EG des Europäischen Parlaments und des Rates (ABl. L 161 vom 22.6.2007, S. 33).
§ 49 Absatz 2 Nummer 1	Artikel 1 bis 5 Anhänge I bis IV	der Richtlinie 70/157/EWG des Rates vom 6. Februar 1970 zur Angleichung der Rechtsvorschriften der Mitgliedstaaten über den zulässigen Geräuschpegel und die Auspuffvorrichtung von Kraftfahrzeugen (ABl. L 42 vom 23.2.1970, S. 16), geändert durch die a) Beitrittsakte vom 22. Januar 1972 (ABl. L Nr. 73 vom 27.3.1972, S. 115), b) Richtlinie 73/350/EWG der Kommission vom 7. November 1973 (ABl. L 321 vom 22.11.1973, S. 33), c) Richtlinie 77/212/EWG des Rates vom 8. März 1977 (ABl. L 66 vom 12.3.1977, S. 33), d) Richtlinie 81/334/EWG der Kommission vom 13. April 1981 (ABl. L 131 vom 18.5.1981, S. 6), e) Richtlinie 84/372/EWG der Kommission vom 3. Juli 1984 (ABl. L 196 vom 26.7.1984, S. 47), f) Richtlinie 84/424/EWG des Rates vom 3. September 1984 (ABl. L 238 vom 6.9.1984, S. 31), g) Beitrittsakte vom 11. Juni 1985 (ABl. L 302 vom 15.11.1985, S. 211), h) Richtlinie 87/354/EWG des Rates vom 25. Juni 1985 (ABl. L 192 vom 11.7.1987, S. 43), i) Richtlinie 89/491/EWG der Kommission vom 17. Juli 1989 (ABl. L 238 vom 15.8.1989, S. 43), j) Richtlinie 92/97/EWG des Rates vom 10. November 1992 (ABl. L 371 vom 19.12.1992, S. 1), k) Beschluss 94/1/EGKS, EG des Rates und der Kommission vom 13. Dezember 1993 (ABl. L 1 vom 3.1.1994, S. 1, 264), l) Beschluss 94/2/EGKS, EG des Rates und der Kommission vom 13. Dezember 1993 (ABl. L 1 vom 3.1.1994, S. 571, 583), m) Richtlinie 96/20/EG der Kommission vom 27. März 1996 (ABl. L 92 vom 13.4.1996, S. 23), n) Richtlinie 1999/101/EG der Kommission vom 15. Dezember 1999 (ABl. L 334 vom 28.12.1999, S. 41), o) Richtlinie 2007/34/EG der Kommission vom 14. Juni 2007 (ABl. L 155 vom 15.6.2007, S. 49), p) Richtlinie 2013/15/EU des Rates vom 13. Mai 2013 (ABl. L 158 vom 10.6.2013, S. 172).
§ 49 Absatz 2 Nummer 2	Artikel 1 bis 6 Anhang I bis VI	der Richtlinie 74/151/EWG des Rates vom 4. März 1974 zur Angleichung der Rechtsvorschriften über bestimmte Bestandteile und Merkmale von land- oder forstwirtschaftlichen Zugmaschinen auf Rädern (ABl. L 84 vom 28.3.1974, S. 25), geändert durch die a) Richtlinie 82/890/EWG des Rates vom 17. Dezember 1982 (ABl. L 378 vom 31.12.1982, S. 45), b) Berichtigung der Richtlinie 82/890/EWG (ABl. L 118 vom 6.5.1988, S. 42), c) Richtlinie 88/410/EWG der Kommission vom 21. Juni 1988 (ABl. L 200 vom 26.7.1988, S. 27).
§ 49 Absatz 2 Nummer 4	Kapitel 9	der Richtlinie 97/24/EG des Europäischen Parlaments und des Rates vom 17. Juni 1997 über bestimmte Bauteile und Merkmale

Zur Vorschrift des/der	sind folgende Bestimmungen anzuwenden:	
		von zweirädrigen oder dreirädrigen Kraftfahrzeugen (ABl. L 226 vom 18.8.1997, S. 1), geändert durch die a) Berichtigung vom 17. Juni 1997 (ABl. L 65 vom 5. März 1998, S. 35), b) Berichtigung vom 17. Juni 1997 (ABl. L 244 vom 3. September 1998, S. 20).
§ 49a Absatz 5 Satz 2 Nummer 5		ECE-Regelung Nr. 87 über einheitliche Bedingungen für die Genehmigung von Tagfahrleuchten für Kraftfahrzeuge (BGBl. 1995 II S. 36).
§ 50 Absatz 8 § 51b	Anhang II	der Richtlinie 76/756/EWG des Rates vom 27. Juli 1976 zur Angleichung der Rechtsvorschriften der Mitgliedstaaten über den Anbau der Beleuchtungs- und Lichtsignaleinrichtungen für Kraftfahrzeuge und Kraftfahrzeuganhänger (ABl. L 262 vom 27.9.1976, S. 1), geändert durch die a) Richtlinie 80/233/EWG der Kommission vom 21. November 1979 (ABl. L 51 vom 25.2.1980, S. 8), b) Richtlinie 82/244/EWG der Kommission vom 17. März 1982 (ABl. L 109 vom 22.4.1982, S. 31), c) Richtlinie 83/276/EWG des Rates vom 26. Mai 1983 (ABl. L 151 vom 9.6.1983, S. 47), d) Richtlinie 84/8/EWG der Kommission vom 14. Dezember 1983 (ABl. L 9 vom 12.1.1984, S. 24), e) Richtlinie 91/663/EWG der Kommission vom 10. Dezember 1991 (ABl. L 366 vom 31.12.1991, S. 17), f) Berichtigung der Richtlinie 91/663/EWG (ABl. L 172 vom 27.6.1992, S. 87), g) Richtlinie 97/28/EG der Kommission vom 11. Juni 1997 (ABl. L 171 vom 30.6.1997, S. 1).
§ 53 Absatz 10 Nummer 1		ECE-Regelung Nr. 69 über einheitliche Bedingungen für die Genehmigung von Tafeln zur hinteren Kennzeichnung von bauartbedingt langsamfahrenden Kraftfahrzeugen und ihrer Anhänger vom 6. Juli 1994 (BGBl. 1994 II S. 1023).
§ 53 Absatz 10 Nummer 2		ECE-Regelung Nr. 70 über einheitliche Bedingungen für die Genehmigung von Tafeln zur hinteren Kennzeichnung schwerer und langer Fahrzeuge vom 27. Juni 1994 (BGBl. 1994 II S. 970).
§ 53 Absatz 10 Satz 1 Nummer 3 und Satz 2		ECE-Regelung Nr. 48 der Wirtschaftskommission der Vereinten Nationen für Europa (UN/ECE) – Einheitliche Bedingungen für die Genehmigung der Fahrzeuge hinsichtlich des Anbaus der Beleuchtungs- und Lichtsignaleinrichtungen (ABl. L 323 vom 6.12.2011, S. 46).
§ 53 Absatz 10 Satz 1 Nummer 4 und Satz 3		ECE-Regelung Nr. 104 über einheitliche Bedingungen für die Genehmigung retroreflektierender Markierungen für Fahrzeuge der Klassen M, N und O (BGBl. 1998 II S. 1134).
§ 55 Absatz 2a	Anhänge I und II (jeweils ohne Anlagen)	der Richtlinie 93/30/EWG des Rates vom 14. Juni 1993 über die Einrichtungen für Schallzeichen von zweirädrigen oder dreirädrigen Kraftfahrzeugen (ABl. L 188 vom 29.7.1993, S. 11).
§ 55a Absatz 1	Anhänge I, IV bis IX	der Richtlinie 72/245/EWG des Rates vom 20. Juni 1972 zur Angleichung der Rechtsvorschriften der Mitgliedstaaten über die Funkentstörung von Kraftfahrzeugmotoren mit Fremdzündung (ABl. L 152 vom 6.7.1972, S. 15), geändert durch die Richtlinie 95/54/EG der Kommission vom 31. Oktober 1995 (ABl. L 266 vom 8.11.1995, S. 1).
§ 55a Absatz 2	Kapitel 8 Anhänge I bis VII	der Richtlinie 97/24/EG des Europäischen Parlaments und des Rates vom 17. Juni 1997 über bestimmte Bauteile und Merkmale

Zur Vorschrift des/der	sind folgende Bestimmungen anzuwenden:	
		von zweirädrigen oder dreirädrigen Kraftfahrzeugen (ABl. L 226 vom 18.8.1997, S. 1).
§ 56 Absatz 2 Nummer 1 und 2	Anhang I Nr. 1 Anhang II, Anhang III	der Richtlinie 2003/97/EG des Europäischen Parlaments und des Rates vom 10. November 2003 zur Angleichung der Rechtsvorschriften der Mitgliedstaaten für die Typgenehmigung von Einrichtungen für indirekte Sicht und von mit solchen Einrichtungen ausgestatteten Fahrzeugen sowie zur Änderung der Richtlinie 70/156/EWG und zur Aufhebung der Richtlinie 71/127/EWG (ABl. L 25 vom 29.1.2004, S. 1), geändert durch die a) Richtlinie 2005/27/EG der Kommission vom 29. März 2005 zur Änderung der Richtlinie 2003/97/EG des Europäischen Parlaments und des Rates über die Angleichung der Rechtsvorschriften der Mitgliedstaaten für die Typgenehmigung für Einrichtungen für indirekte Sicht und von mit solchen Einrichtungen ausgestatteten Fahrzeugen im Hinblick auf die Anpassung an den technischen Fortschritt (ABl. L 81 vom 30.3.2005, S. 44).
§ 56 Absatz 2 Nummer 3		Richtlinie 2007/38/EG des Europäischen Parlaments und des Rates vom 11. Juli 2007 über die Nachrüstung von in der Gemeinschaft zugelassenen schweren Lastkraftwagen mit Spiegeln (ABl. L 184 vom 14.7.2007, S. 25).
§ 56 Absatz 2 Nummer 4	Anhang	der Richtlinie 74/346/EWG des Rates vom 25. Juni 1974 zur Angleichung der Rechtsvorschriften der Mitgliedstaaten über die Rückspiegel von land- oder forstwirtschaftlichen Zugmaschinen auf Rädern (ABl. L 191 vom 15.7.1974, S. 1), geändert durch die a) Richtlinie 82/890/EWG des Rates vom 17. Dezember 1982 (ABl. L 378 vom 31.12.1982, S. 45, ABl. L 118 vom 6.5.1988, S. 42), b) Richtlinie 97/54/EG des Europäischen Parlaments und des Rates vom 23. September 1997 (ABl. L 277 vom 10.10.1997, S. 24), c) Richtlinie 98/40/EG der Kommission vom 8. Juni 1998 (ABl. L 171 vom 17.6.1998, S. 28, L 351 vom 29.12.1998, S. 42).
§ 56 Absatz 2 Nummer 5	Kapitel 4, Anhang I, Anhang II, Anlage 1 und 2 und Anhang III (ohne Anlagen)	der Richtlinie 97/24/EG des Europäischen Parlaments und des Rates vom 17. Juni 1997 über bestimmte Bauteile und Merkmale von zweirädrigen oder dreirädrigen Kraftfahrzeugen (ABl. L 226 vom 18.8.1997, S. 1).
§ 57 Absatz 2	a) Anhang II (ohne Anlagen)	der Richtlinie 75/443/EWG des Rates vom 26. Juni 1975 zur Angleichung der Rechtsvorschriften der Mitgliedstaaten über den Rückwärtsgang und das Geschwindigkeitsmessgerät in Kraftfahrzeugen (ABl. L 196 vom 26.7.1975, S. 1), geändert durch die a) Richtlinie 97/39/EG der Kommission vom 24. Juni 1997 (ABl. L 177 vom 5.7.1997, S. 15),
	b) Anhang (ohne Anlagen)	der Richtlinie 2000/7/EG des Europäischen Parlaments und des Rates vom 20. März 2000 über den Geschwindigkeitsmesser von zweirädrigen oder dreirädrigen Kraftfahrzeugen (ABl. L 106 vom 3.5.2000, S. 1).
§ 57c Absatz 4	Anhang I und III	der Richtlinie 92/24/EWG des Rates vom 31. März 1992 zur Angleichung der Rechtsvorschriften der Mitgliedstaaten über Geschwindigkeitsbegrenzungseinrichtungen und vergleichbare Geschwindigkeitsbegrenzungssysteme (ABl. L 129 vom 14.5.1992, S. 154).
§ 59 Absatz 1a	Anhang	der Richtlinie 76/114/EWG des Rates vom 18. Dezember 1975 zur Angleichung der Rechtsvorschriften der Mitgliedstaaten über Schilder, vorgeschriebene Angaben, deren Lage und Anbringungs-

Zur Vorschrift des/der	sind folgende Bestimmungen anzuwenden:	
		art an Kraftfahrzeugen und Kraftfahrzeuganhängern (ABl. L 24 vom 30.1.1976, S. 1), geändert durch die a) Richtlinie 78/507/EWG der Kommission vom 19. Mai 1978 (ABl. L 155 vom 13.6.1978, S. 31), b) Beitrittsakte vom 24. Mai 1979 (ABl. L 291 vom 19.11.1979, S. 110), c) Berichtigung der Richtlinie 76/114/EWG (ABl. L 329 vom 25.11.1982, S. 31), d) Beitrittsakte vom 11. Juni 1985 (ABl. L 302 vom 15.11.1985, S. 211), e) Richtlinie 87/354/EWG des Rates vom 25. Juni 1987 (ABl. L 192 vom 11.7.1987, S. 43).
§ 59 Absatz 1b	Anhang	der Richtlinie 93/34/EWG des Rates vom 14. Juni 1993 über vorgeschriebene Angaben an zweirädrigen oder dreirädrigen Kraftfahrzeugen (ABl. L 188 vom 29.7.1993, S. 38), geändert durch die Richtlinie 1999/25/EG der Kommission vom 9. April 1999 (ABl. L 104 vom 21.4.1999, S. 19).
§ 59a	Artikel 6	der Richtlinie 96/53/EG des Rates vom 25. Juli 1996 zur Festlegung der höchstzulässigen Abmessungen für bestimmte Straßenfahrzeuge im innerstaatlichen und grenzüberschreitenden Verkehr in der Gemeinschaft sowie zur Festlegung der höchstzulässigen Gewichte im grenzüberschreitenden Verkehr (ABl. L 235 vom 17.9.1996, S. 59), geändert durch die Richtlinie 2002/7/EG (ABl. L 67 vom 9.3.2002, S. 47).
§ 61 Absatz 1	Anhang (ohne Anlagen)	der Richtlinie 93/32/EWG des Rates vom 14. Juni 1993 über die Halteeinrichtung für Beifahrer von zweirädrigen Kraftfahrzeugen (ABl. L 188 vom 29.7.1993, S. 28), geändert durch die Richtlinie 1999/24/EG der Kommission vom 9. April 1999 (ABl. L 104 vom 21.4.1999, S. 16).
§ 61 Absatz 3	Anhang (ohne Anlagen)	der Richtlinie 93/31/EWG des Rates vom 14. Juni 1993 über den Ständer von zweirädrigen Kraftfahrzeugen (ABl. L 188 vom 29.7.1993, S. 19), geändert durch die a) Richtlinie 2000/72/EG der Kommission vom 22. November 2000 (ABl. L 300 vom 29.11.2000, S. 18).

6. Verordnung über die EG-Genehmigung für Kraftfahrzeuge und ihre Anhänger sowie für Systeme, Bauteile und selbstständige technische Einheiten für diese Fahrzeuge (EG-Fahrzeuggenehmigungsverordnung – EG-FGV)

Vom 3.2.2011 (BGBl. I S. 126)

FNA 9231-1-20

zuletzt geändert durch Dritte VO zur Änd. der Fahrzeug-ZulassungsVO und anderer straßenverkehrsrechtlicher Vorschriften vom 23.3.2017 (BGBl. I S. 522)

(Auszug)

Inhaltsübersicht

§ 38 Harmonisierte Normen – *nicht abgedruckt*   § 40 Inkrafttreten, Außerkrafttreten – *nicht abge-*
§ 39 Übergangsvorschriften – *nicht abgedruckt*   *druckt*

Vorbemerkung

1   Mit der am 29.4.09 in Kraft getretenen EG-Fahrzeuggenehmigungsverordnung (EG-FGV)
wurde die **Richtlinie 2007/46/EG** des Europäischen Parlaments und des Rates v. 5.9.07 zur
Schaffung eines Rahmens für die Genehmigung von Kraftfahrzeugen und Kraftfahrzeuganhän-
gern sowie von Systemen, Bauteilen und selbständigen technischen Einheiten für diese Fahrzeu-
ge („Rahmenrichtlinie", ABlEU Nr. L 263 v. 9.10.07 S. 1 = StVRL § 3 EG-FGV Nr. 1) in
deutsches Recht umgesetzt. Die EG-FGV hat die VO über die EG-Typgenehmigung für Fahr-
zeuge und Fahrzeugteile v. 9.12.94 (BGBl. I S. 3755) ersetzt. Die Inhalte der VO über die EG-
Typgenehmigung für zweirädrige oder dreirädrige Kfz v. 7.2.04 (BGBl. I S. 248) und der VO
über die EG-Typgenehmigung für land- oder forstwirtschaftliche Zugmaschinen, ihre Anhänger
und die von ihnen gezogenen auswechselbaren Maschinen sowie für Systeme, Bauteile und selb-
ständige technische Einheiten dieser Fahrzeuge v. 12.12.04 (BGBl. I S. 3363) wurden in die EG-
FGV aufgenommen. Die EG-FGV wurde ohne inhaltliche Änderungen als EG-FGV v. 3.2.11
(BGBl. I S. 126) **neu erlassen,** um mögliche Verstöße gegen das Zitiergebot des Art 80 I S. 3
GG zu heilen und eine rechtssichere Textfassung zu schaffen (Begr BR-Drs. 725/10 S. 34 =
VkBl. **11** 213).

2   Soweit auf **Anhänge** der Richtlinie 2007/46/EG verwiesen wird ist zu beachten, dass durch
VO (EG) Nr. 1060/2008 der Kommission v. 7.10.08 (ABlEU Nr. L 292 v. 31.10.08 S. 1) die
Anhänge I, III, IV, VI, VII, XI und XV, der Richtlinie 2007/46/EG durch Neufassungen ersetzt
wurden, durch VO (EG) Nr. 661/2009 des Europäischen Parlaments und des Rates v. 13.7.09
(ABlEU Nr. L 200 v. 31.7.09 S. 1 = StVRL § 3 EG-FGV Nr. 3) die Anhänge IV, VI, XI und XV
geändert wurden, durch VO (EU) Nr. 183/2011 der Kommission v. 22.2.11 (ABlEU Nr. L 53 v.
26.2.11 S. 4) Anhang IV ergänzt und Anhang VI geändert wurde, durch VO (EU) Nr. 214/2014
der Kommission v. 25.2.14 (ABlEU Nr. L 69 v. 8.3.14 S. 3) Anhänge II, IV, XI, XII und XVIII
geändert wurden, durch Art 12 der VO (EU) Nr. 540/2014 v. 16.4.14 (ABlEU Nr. L 158 v.
27.5.14 S. 131) Anhänge IV, VI und XI geändert wurden, und durch VO (EU) Nr. 1171/2014
der Kommission v. 31.10.14 (ABlEU Nr. L 315 v. 1.11.14 S. 3) Anhänge I, III, VI, IX, XI und
XVII geändert und berichtigt wurden.

3   Die **Richtlinie 2007/46/EG** wurde mit Wirkung vom 1.9.2020 **aufgehoben** und **durch**
die **VO (EU) 2018/858** v. 30.5.18 über die Genehmigung und die Marktüberwachung von
Kraftfahrzeugen und Kraftfahrzeuganhängern sowie von Systemen, Bauteilen und selbstständi-
gen technischen Einheiten für diese Fahrzeuge, zur Änderung der Verordnungen (EG)
Nr. 715/2007 und (EG) Nr. 595/2009 und zur Aufhebung der Richtlinie 2007/46/EG (ABlEU
Nr. L 151 v. 14.6.18 S. 1) **ersetzt.** Bezugnahmen auf die Richtlinie 2007/46/EG gelten jetzt als
Bezugnahmen auf diese VO und sind nach Maßgabe der Entsprechungstabelle in Anhang XI
Nr. 3 der VO zu lesen. Mit der **VO (EU) 2018/858** werden die Verwaltungsvorschriften und
technischen Anforderungen für die Typgenehmigung und das Inverkehrbringen aller neuen
Fahrzeuge, Systeme, Bauteile und selbständigen technischen Einheiten, die in Art 2 I der VO
genannt sind, sowie für Fahrzeug-Einzelgenehmigungen festgelegt. Die VO gilt nach ihrem Art 2
I für Kfz der Klassen M und N sowie deren Anhänger der Klasse O, die dazu bestimmt sind, auf
öffentlichen Straßen gefahren zu werden, einschl solcher, die in einer oder mehreren Stufen
konstruiert und gebaut werden, und für Systeme, Bauteile und selbständige technische Einheiten
sowie für Teile und Ausrüstungen, die für solche Fz und deren Anhänger konstruiert und gebaut
werden. Näher dazu *Schmidt-Kötters/Geber* NVwZ **19** 1809. Die VO (EU) 2018/858 **gilt un-
mittelbar** in den Mitgliedstaaten, ohne zuvor in nationales Recht umgesetzt werden zu müssen.
Sie ist somit seit 1.9.2020 geltendes Recht in Deutschland. Bei Abschluss dieser Auflage war
noch nicht erkennbar, ob der VOGeber beabsichtigt, die EG-FGV anzupassen.

Kapitel 1. Allgemeines

Anwendungsbereich

1 Diese Verordnung gilt für die Genehmigung von

1. **Kraftfahrzeugen und Kraftfahrzeuganhängern sowie von Systemen, Bauteilen und
   selbstständigen technischen Einheiten für diese Fahrzeuge nach der Richtlinie 2007/46/**

EG des Europäischen Parlaments und des Rates vom 5. September 2007 zur Schaffung eines Rahmens für die Genehmigung von Kraftfahrzeugen und Kraftfahrzeuganhängern sowie von Systemen, Bauteilen und selbständigen technischen Einheiten für diese Fahrzeuge (ABl. L 263 vom 9.10.2007, S. 1) in ihrer jeweils geltenden Fassung,

2. zwei-, drei- und vierrädrigen Kraftfahrzeugen sowie Systemen, selbstständigen technischen Einheiten und Bauteilen nach der Richtlinie 2002/24/EG des Europäischen Parlaments und des Rates vom 18. März 2002 über die Typgenehmigung für zweirädrige oder dreirädrige Kraftfahrzeuge und zur Aufhebung der Richtlinie 92/61/EWG des Rates (ABl. L 124 vom 9.5.2002, S. 1) in ihrer jeweils geltenden Fassung,

3. land- oder forstwirtschaftliche Zugmaschinen, ihre Anhänger und die von ihnen gezogenen auswechselbaren Maschinen sowie für Systeme, Bauteile und selbstständige technische Einheiten nach der Richtlinie 2003/37/EG des Europäischen Parlaments und des Rates vom 26. Mai 2003 über land- oder forstwirtschaftliche Zugmaschinen, ihre Anhänger und die von ihnen gezogenen auswechselbaren Maschinen sowie für Systeme, Bauteile und selbstständige technische Einheiten (ABl. L 171 vom 9.7.2003, S. 1) in ihrer jeweils geltenden Fassung.

Die EG-FGV gilt für **Genehmigungen** (Betriebserlaubnisse) nach den in Nr. 1 bis 3 ge- **1** nannten EG-Richtlinien. Statt des traditionellen Begriffs Betriebserlaubnis wird, wie auch schon in der FZV, nur noch der Begriff Genehmigung verwendet. Nach der EG-FGV gibt es die folgenden **Arten von Genehmigungen:** EG-Typgenehmigung, EG-Kleinserien-Typgenehmigung, nationale Kleinserien-Typgenehmigung und Einzelgenehmigung. Die Genehmigung wird unabhängig von der Zulassung eines Fz durch einen eigenen VA erteilt. Das Vorliegen einer Genehmigung/Betriebserlaubnis ist Voraussetzung für die Zulassung eines zulassungspflichtigen Fz (§ 1 I S. 2 StVG, § 3 I S. 2 FZV) und für die Inbetriebnahme eines zulassungsfreien Fz im öffentlichen StrV (§ 4 I FZV).

Genehmigungsbehörde

2 (1) **Genehmigungsbehörde** für Typgenehmigungen und Genehmigungen für den Verkauf, das Anbieten zum Verkauf oder die Inbetriebnahme von Teilen oder Ausrüstungen, von denen ein erhebliches Risiko für das einwandfreie Funktionieren von Systemen ausgehen kann, die für die Sicherheit des Fahrzeugs oder für seine Umweltwerte von wesentlicher Bedeutung sind (Autorisierung von Teilen oder Ausrüstungen), ist das Kraftfahrt-Bundesamt.

(2) **Genehmigungsbehörde** für Einzelgenehmigungen sind die nach Landesrecht zuständigen Stellen.

Genehmigungsbehörde für Typgenehmigungen (EG-Typgenehmigungen, nationale **1** Typgenehmigungen) und für Autorisierungen (§ 14) ist das KBA (Abs. 1). Das KBA ist auch Anerkennungsstelle für die Anerkennung von Technischen Diensten (§§ 30 ff.). Grundlage ist § 2 Nr. 1 KBA-Gesetz.

Genehmigungsbehörden für Einzelgenehmigungen nach der EG-FGV sind die nach **2** Landesrecht zuständigen Stellen (Abs. 2). Meist sind die Zulassungsbehörden gleichzeitig auch Genehmigungsbehörden für Einzelgenehmigungen nach der EG-FGV.

Kapitel 2. Genehmigung für Kraftfahrzeuge mit mindestens vier Rädern und ihre Anhänger sowie deren Systeme, Bauteile und selbstständige technische Einheiten

Abschnitt 1. Anwendungsbereich und EG-Typgenehmigung

Anwendungsbereich und Voraussetzungen

3 (1) Für die Genehmigung von

1. Kraftfahrzeugen mit mindestens vier Rädern und mit einer bauartbedingten Höchstgeschwindigkeit von mehr als 25 km/h und ihren Anhängern (Fahrzeuge), die in einer oder in mehreren Stufen zur Teilnahme am Straßenverkehr konstruiert und gebaut werden, sowie

2. Systemen, Bauteilen und selbstständigen technischen Einheiten

nach der Richtlinie 2007/46/EG sind die Bestimmungen dieser Richtlinie anzuwenden.

(2) Die Bestimmungen der Richtlinie 2007/46/EG gelten nicht für die Typgenehmigung oder die Einzelgenehmigung folgender Fahrzeuge:

1. land- oder forstwirtschaftliche Zugmaschinen im Sinne des Kapitels 4 und Anhänger, die speziell dafür konstruiert und gebaut sind, von einer solchen Zugmaschine gezogen zu werden;

2. vierrädrige Kraftfahrzeuge im Sinne des Kapitels 3;

3. Gleiskettenfahrzeuge;

4. Prototypen von Fahrzeugen, die unter der Verantwortung eines Herstellers zur Durchführung eines speziellen Testprogramms auf der Straße betrieben werden, sofern sie speziell für diesen Zweck konstruiert und gebaut wurden.

(3) [1] Die Typgenehmigung oder Einzelgenehmigung nach der Richtlinie 2007/46/EG kann für folgende Fahrzeuge erteilt werden:

1. Fahrzeuge, die hauptsächlich für den Einsatz auf Baustellen, in Steinbrüchen, in Häfen oder auf Flughäfen konstruiert und gebaut sind;

2. Fahrzeuge, die für den Einsatz durch die Streitkräfte, den Katastrophenschutz, die Feuerwehr und die Ordnungskräfte konstruiert und gebaut sind, und

3. selbstfahrende Arbeitsmaschinen, sofern diese Fahrzeuge in der Lage sind, die Anforderungen dieser Richtlinie zu erfüllen.

[2] Die Anwendung der Richtlinie 2006/42/EG des Europäischen Parlaments und des Rates vom 17. Mai 2006 über Maschinen und zur Änderung der Richtlinie 95/16/EG (ABl. L 157 vom 9.6.2006, S. 24) bleibt unberührt.

(4) Die Einzelgenehmigung nach der Richtlinie 2007/46/EG kann für Fahrzeuge, die ausschließlich für Straßenrennen bestimmt sind, erteilt werden.

(5) [1] Die Genehmigung wird dem Hersteller oder einem anderen Verfügungsberechtigten auf Antrag erteilt. [2] Ein außerhalb des Gebietes, in dem der Vertrag zur Gründung der Europäischen Wirtschaftsgemeinschaft oder das Abkommen über den Europäischen Wirtschaftsraum gilt, ansässiger Hersteller hat für die Zwecke dieser Verordnung einen in diesem Gebiet ansässigen Bevollmächtigten zu benennen, der ihn bei der Genehmigungsbehörde vertritt.

(6) Für die Begriffsbestimmungen gilt Artikel 3 der Richtlinie 2007/46/EG.

1   1. Der **Anwendungsbereich des Kapitels 2** (§§ 3–14) der EG-FGV umfasst Kfz mit mindestens 4 Rädern und einer bbH von mehr als 25 km/h und ihre Anhänger sowie Systeme, Bauteile und selbständige technische Einheiten für diese Fz (Abs. 1). Vom Geltungsbereich umfasst sind **nur Neufahrzeuge** (Abs. 1 iVm Art 1 I der Richtlinie 2007/46/EG = StVRL § 3 EG-FGV Nr. 1). Neufahrzeuge sind Fz, die noch nicht erstmals zugelassen oder erstmals in Betrieb genommen worden sind (arg Art 24 VIII der Richtlinie 2007/46/EG).

2   Vom Anwendungsbereich des Kapitels 2 **ausgenommen** sind nach Abs. 2 Nr. 1–3 die folgenden Fz, da für sie die EG-Richtlinie 2007/46/EG nicht gilt: land- oder forstwirtschaftliche Zugmaschinen iSd EG-Richtlinie 2003/37/EG (inzwischen durch die seit 1.1.16 geltende Verordnung (EU) Nr. 167/2013 über die Genehmigung und Marktüberwachung von land- und forstwirtschaftlichen Fz v. 5.2.13 (ABlEU L 60 v. 2.3.13 S. 1, StVRL § 20 EG-FGV Nr. 3) ersetzt) und ihre Anhänger (geregelt in Kapitel 4 der EG-FGV), vierrädrige Kfz iSd EG-Richtlinie 2002/24/EG (geregelt in Kapitel 3 der EG-FGV) und GleiskettenFz. Da Art 2 IV Buchst. b der Richtlinie 2007/46/EG es den Mitgliedstaaten freistellt, nationale Einzelgenehmigungen für Prototypen von Fz zu erteilen, die unter der Verantwortung eines Herstellers zur Durchführung eines speziellen Testprogramms auf der Straße betrieben werden, sofern sie speziell für diesen Zweck konstruiert und gebaut werden (ErprobungsFz), sind auch diese ausgenommen (Abs 2 Nr. 4); sie werden nach den Bestimmungen der StVZO genehmigt.

3   Entsprechend der durch Art 2 III der Richtlinie 2007/46/EG eingeräumten Möglichkeit ist **fakultativ** eine EG-Typ- oder Einzelgenehmigung für die in Abs. 3 S. 1 genannten Fz möglich. Nach Art 2 III der Richtlinie besteht diese Möglichkeit aber nur, sofern die Fz die Anforderungen der Richtlinie 2007/46/EG erfüllen, was in Abs. 3 S. 1 lediglich für Nr. 3 berücksichtigt worden ist. Abs. 3 S. 1 Nr. 1 und 2 sind gemeinschaftsrechtskonform so auszulegen, dass die Wahlmöglichkeit ebenfalls nur dann besteht, wenn die Fz die Anforderungen der Richtlinie 2007/46/EG erfüllen. Entsprechend der durch Art 2 IV Buchst. a der Richtlinie 2007/46/EG eingeräumten Möglichkeit ist fakultativ eine Einzelgenehmigung für die in Abs. 4 genannten Fz möglich. Die Genehmigungsbehörde hat kein Auswahlermessen, ob sie für Fz iSv Abs. 3 und 4 eine EG-Typ- oder Einzelgenehmigung oder eine nationale Betriebserlaubnis nach der StVZO

erteilt. Der Antragsteller hat vielmehr die Auswahlmöglichkeit, welche Art von Genehmigung er beantragen will. Die Genehmigungsbehörde ist dann an den Antrag gebunden.

2. Berechtigt zur Stellung eines **Antrags** auf Erteilung einer Genehmigung nach der EG- 4 FGV ist der Hersteller des Fz und ein anderer Verfügungsberechtigter (Abs. 5 S. 1).

3. Abs. 6 übernimmt die **Begriffsbestimmungen** gem. Art 3 der Richtlinie 2007/46/EG in 5 die Regelungen des Kapitels 2 der EG-FGV. Da die Richtlinien 2007/46/EG, 2002/24/EG und 2003/37/EG zT stark voneinander abweichende Begriffsbestimmungen enthalten, sind die Begriffsbestimmungen der einzelnen Richtlinien im jeweiligen Kapitel der EG-FGV, das die entsprechende Richtlinie umsetzt, getrennt aufgenommen worden (Begr VkBl. 09 334). Die Begriffsbestimmungen für EG-Fahrzeugklassen ergeben sich aus Anl XXIX zur StVZO, mit der diese Klasseneinteilung bereits in deutsches Recht umgesetzt worden ist.

Erteilung der EG-Typgenehmigung

4 (1) [1]**Für das Antragsverfahren gelten die Artikel 6 und 7 der Richtlinie 2007/46/EG.** [2]**Der Antragsteller hat der Genehmigungsbehörde zu erklären, dass für denselben Typ in einem anderen Mitgliedstaat eine EG-Typgenehmigung nicht beantragt worden ist.**

(2) **Die Vorlage der EG-Typgenehmigungsbögen für Systeme, selbstständige technische Einheiten und Bauteile entfällt, soweit die betreffenden EG-Typgenehmigungen bereits vom Kraftfahrt-Bundesamt erteilt wurden.**

(3) [1]**Mit dem Antrag kann ein Prüfbericht eines benannten Technischen Dienstes vorgelegt werden, der Angaben über die Erfüllung der Bedingungen zur Erteilung der Typgenehmigung enthält.** [2]**Das Kraftfahrt-Bundesamt kann anordnen, dass für den Fahrzeugtyp, für den eine EG-Typgenehmigung beantragt wird, ein entsprechendes Fahrzeug bei ihm oder beim Hersteller vorzuführen ist.**

(4) **Die EG-Typgenehmigung darf nur erteilt werden, wenn die Voraussetzungen für den zu genehmigenden Fahrzeugtyp oder die zu genehmigenden Systeme, Bauteile oder selbstständigen technischen Einheiten nach Artikel 8 Absatz 1 der Richtlinie 2007/46/EG vorliegen und nach Artikel 8 Absatz 2 der Richtlinie 2007/46/EG die Erfüllung der spezifischen Bestimmungen der Artikel 9 und 10 sichergestellt ist und die erforderlichen Prüfverfahren ordnungsgemäß und mit zufriedenstellendem Ergebnis durchgeführt wurden und der Antragsteller nachweist, dass er nach Anhang X der Richtlinie 2007/46/EG über ein wirksames System zur Überwachung der Übereinstimmung der Produktion verfügt, um zu gewährleisten, dass die herzustellenden Fahrzeuge, Systeme, Bauteile und selbstständigen technischen Einheiten jeweils mit dem genehmigten Typ übereinstimmen.**

(5) **Die EG-Typgenehmigung kann mit Nebenbestimmungen versehen werden.**

1. Zum **Anwendungsbereich** s. § 3 Rn. 1–3. Begriffsbestimmung **EG-Typgenehmigung** 1 iSv Kapitel 2 der EG-FGV: § 3 VI iVm Art 3 Nr. 5 der Richtlinie 2007/46/EG, § 2 Nr. 4 Buchst. a FZV. Das **Antragsverfahren** für die Erteilung der **EG-Typgenehmigung für Fz** bestimmt sich nach Art 6 der Richtlinie 2007/46/EG (Abs. 1 S. 1). Der Hersteller kann dabei wählen zwischen der Mehrphasen-Typgenehmigung, der Einphasen-Typgenehmigung und der gemischten Typgenehmigung. Das Antragsverfahren für die Erteilung der **EG-Typgenehmigung für Systeme, Bauteile und selbständige technische Einheiten** bestimmt sich nach Art 7 der Richtlinie 2007/46/EG (Abs. 1 S. 1). Da für ein und denselben Fahrzeugtyp und für ein und denselben Typ eines Systems, eines Bauteils oder einer selbständigen technischen Einheit nur ein einziger Antrag in nur einem einzigen EU-Mitgliedstaat eingereicht werden kann (Art 6 VI UAbs. 1 S. 2, Art 7 I S. 2 der Richtlinie 2007/46/EG), muss der Antragsteller gegenüber der Genehmigungsbehörde (KBA) eine **Erklärung** abgeben, dass für denselben Typ keine EG-Typgenehmigung in einem anderen Mitgliedstaat beantragt worden ist (Abs. 1 S. 2).

2. Der Antragsteller kann sich der Unterstützung eines **benannten Technischen Dienstes** 2 bedienen (Abs. 3 S. 1). Das Gutachten einer Technischen Prüfstelle (§ 10 KfSachvG) fällt nicht unter Abs. 3 S. 1, wenn sie nicht als Technischer Dienst benannt ist. Ein Technischer Dienst gilt als benannt, wenn er die Anforderungen der Richtlinie 2007/46/EG an einen Technischen Dienst erfüllt und gegenüber der Europäischen Kommission und den Mitgliedstaaten als solcher für die jeweilige Tätigkeit mitgeteilt wurde. Technische Dienste in Deutschland gelten als benannt, wenn sie vom KBA gem. §§ 30 ff. anerkannt und gegenüber der Europäischen Kommission und den Mitgliedstaaten als solche für die jeweilige Tätigkeit mitgeteilt wurden.

3   **3. Übergangsvorschriften.** Die Erteilung der EG-Typgenehmigungen erfolgt ab den für die einzelnen FzKlassen unterschiedlichen Terminen gem. Anh XIX der Richtlinie 2007/46/EG (§ 39 I Nr. 1 S. 1). EG-Typgenehmigungen, die vor dem 29.4.09 für einen Fahrzeugtyp der Klasse M1 nach der früheren Richtlinie 70/156/EWG erteilt wurden, bleiben gültig, soweit sie nicht aus anderen Gründen erloschen sind (§ 39 I Nr. 3). EG-Typgenehmigungen, die vor dem 29.4.09 für ein System, ein Bauteil oder eine selbständige technische Einheit erteilt wurden, bleiben, einschließlich vorgenommener Erweiterungen, weiterhin gültig, soweit sie nicht aus anderen Gründen erloschen sind; ihre Erweiterung ist zulässig (§ 39 I Nr. 4).

Änderung der EG-Typgenehmigung

5 [1]Der Inhaber der EG-Typgenehmigung hat das Kraftfahrt-Bundesamt unverzüglich über jede Änderung zu den Angaben, die in den Beschreibungsunterlagen enthalten sind, zu unterrichten. [2]Hat der Inhaber der Genehmigung einen benannten Technischen Dienst beauftragt, kann das Kraftfahrt-Bundesamt im Benehmen mit dem Technischen Dienst darüber entscheiden, ob die Änderung Auswirkungen auf die Beschreibungsunterlagen hat. [3]Hat die Änderung Auswirkungen auf die Beschreibungsunterlagen, so erfolgt die notwendige Revision oder Erweiterung der EG-Typgenehmigung nur auf Antrag. [4]Das Kraftfahrt-Bundesamt nimmt die Änderungen der Beschreibungsunterlagen und des Genehmigungsbogens nach den Artikeln 14 bis 16 der Richtlinie 2007/46/EG vor.

Übereinstimmungsbescheinigung und Kennzeichnung

6 (1) [1]Für jedes dem genehmigten Typ entsprechende Fahrzeug hat der Inhaber der EG-Typgenehmigung eine Übereinstimmungsbescheinigung nach Artikel 18 in Verbindung mit Anhang IX der Richtlinie 2007/46/EG auszustellen und dem Fahrzeug beizufügen. [2]Die Übereinstimmungsbescheinigung muss nach Artikel 18 Absatz 3 der Richtlinie 2007/46/EG fälschungssicher sein.

(2) Der Inhaber einer EG-Typgenehmigung für ein Bauteil oder eine selbstständige technische Einheit hat alle in Übereinstimmung mit dem genehmigten Typ hergestellten Bauteile oder selbstständigen technischen Einheiten nach Artikel 19 der Richtlinie 2007/46/EG zu kennzeichnen und, soweit die EG-Typgenehmigung Verwendungsbeschränkungen oder besondere Einbauvorschriften nach Artikel 10 Absatz 4 der Richtlinie 2007/46/EG enthält, jedem Bauteil oder jeder selbstständigen technischen Einheit ausführliche Angaben über die Beschränkungen mitzuliefern und etwa erforderliche Vorschriften über den Einbau beizufügen.

1   **1.** Der Inhaber der EG-Typgenehmigung ist verpflichtet, für jedes dem genehmigten Typ entsprechende Fz eine dem Anh IX der Richtlinie 2007/46/EG entsprechende **Übereinstimmungsbescheinigung** (§ 2 Nr. 7 FZV, CoC-Papier) auszustellen und dem Fz beizufügen (Abs. 1 S. 1). Diese dient dem Erwerber des Fz zum Nachweis darüber, dass das konkrete Fz entsprechend dem genehmigten Typ hergestellt worden ist. Die Übereinstimmungsbescheinigung enthält außerdem alle für die Zulassung des Fz erforderlichen Daten. Zum Zweck der Fälschungssicherheit muss das verwendete Papier entweder durch farbige grafische Darstellungen oder das Herstellerzeichen als Wasserzeichen geschützt sein (Abs. 1 S. 2 iVm Art 18 III S. 2 der Richtlinie 2007/46/EG). Nur der Hersteller ist berechtigt, ein Duplikat der Übereinstimmungsbescheinigung auszustellen; sie ist auf der Vorderseite deutlich sichtbar mit dem Vermerk „Duplikat" zu kennzeichnen (Art 18 VIII der Richtlinie 2007/46/EG). – § 6 I ist kein Schutzgesetz iSv § 823 II BGB (Bra 19.2.19 – 7 U 134/17 DAR **19** 261).

2   **2.** Der Hersteller kann die Angaben über die Beschaffenheit des Fz und über dessen Übereinstimmung mit dem genehmigten Typ in die **ZB II** eintragen (§ 12 II S. 3 FZV). Die erstmalige Ausfertigung der ZB II durch die Zulassungsbehörde ist jedoch nur bei Vorlage der Übereinstimmungsbescheinigung zulässig (§ 12 II S. 2 FZV); eine Ausnahme davon ist nicht möglich (§ 47 I S. 1 Nr. 1 FZV). Die Zulassungsbehörde vermerkt die Ausfertigung der ZB II unter Angabe der betreffenden Nummer auf der Übereinstimmungsbescheinigung (§ 12 II S. 5 FZV).

3   **3.** Der Inhaber der EG-Typgenehmigung ist verpflichtet, alle in Übereinstimmung mit dem genehmigten Typ hergestellten **Bauteile** oder **selbständigen technischen Einheiten,** auch wenn sie Bestandteil von Systemen sind, mit dem vorgeschriebenen **EG-Typgenehmigungszeichen** zu versehen (Abs. 2). Das EG-Typgenehmigungszeichen muss dem Muster gem. Anl

des AnhVII der Richtlinie 2007/46/EG entsprechen (Abs. 2 iVm Art 19 III der Richtlinie 2007/46/EG). Wenn die EG-Typgenehmigung Verwendungsbeschränkungen oder besondere Einbauvorschriften enthält, muss der Inhaber der EG-Typgenehmigung entsprechende Beschreibungen beifügen (Abs. 2).

Erlöschen der EG-Typgenehmigung, Folgemaßnahmen

7 (1) [1] **Die EG-Typgenehmigung für Fahrzeuge erlischt, wenn neue Anforderungen eines für das genehmigte Fahrzeug geltenden Rechtsakts im Sinne des Artikels 3 Nummer 1 der Richtlinie 2007/46/EG für die Zulassung, den Verkauf oder die Inbetriebnahme neuer Fahrzeuge verbindlich werden und eine Änderung der Genehmigung nicht möglich ist.** [2] **Sie erlischt auch bei endgültiger Einstellung der Produktion des genehmigten Typs eines Fahrzeugs.** [3] **Der Hersteller hat die Einstellung der Produktion dem Kraftfahrt-Bundesamt mitzuteilen.**

(2) [1] **Muss der Genehmigungsinhaber bereits verkaufte, zugelassene oder in Betrieb genommene Fahrzeuge nach Artikel 32 der Richtlinie 2007/46/EG zurückrufen, weil von einem oder mehreren Systemen oder Bauteilen oder von einer oder mehreren selbstständigen technischen Einheiten, mit denen diese Fahrzeuge ausgerüstet sind, unabhängig davon, ob sie nach dieser Verordnung ordnungsgemäß genehmigt sind, ein erhebliches Risiko für die Verkehrssicherheit, die Gesundheit oder die Umwelt ausgeht, hat er dies unverzüglich dem Kraftfahrt-Bundesamt zu melden.** [2] **Die Meldung ist entbehrlich, wenn er bereits eine Meldung nach § 6 Absatz 4 des Produktsicherheitsgesetzes vom 8. November 2011 (BGBl. I S. 2178, 2179), an das Kraftfahrt-Bundesamt abgegeben hat.** [3] **Führt der Hersteller keine wirksamen Abhilfemaßnahmen im Sinne des Artikels 32 Absatz 2 und 3 der Richtlinie 2007/46/EG durch, kann das Kraftfahrt-Bundesamt Abhilfemaßnahmen anordnen oder die EG-Typgenehmigung ganz oder teilweise widerrufen oder zurücknehmen.** [4] **Maßnahmen nach dem Geräte- und Produktsicherheitsgesetz bleiben unberührt.**

Abs. 1 regelt in Umsetzung von Art 17 der Richtlinie 2007/46/EG die Fälle, in denen **1** die **Gültigkeit der EG-Typgenehmigung erlischt.** Eine erloschene EG-Typgenehmigung hat keine Auswirkung auf die Zulassung, den Verkauf oder die Inbetriebnahme der während ihrer Gültigkeit entsprechend hergestellten Fz, sofern nicht gesonderte Regelungen getroffen werden, wie zB die Festlegung einer Frist zum Inverkehrbringen derartiger Fz (Begr VkBl. 09 334).

Können von Fz, für die eine EG-Typgenehmigung erteilt wurde, **ernsthafte Gefahren** aus- **2** gehen, ist der Hersteller zunächst selbst zu Abhilfemaßnahmen einschließlich des **Rückrufs** bereits verkaufter, zugelassener oder in Betrieb genommener Fz verpflichtet. Nur wenn der Hersteller keine Abhilfemaßnahmen ergreift, kann das KBA solche anordnen oder die EG-Typgenehmigung ganz oder teilweise widerrufen oder zurücknehmen (Abs. 2 S. 3).

Besondere Verfahren

8 (1) **Die den Mitgliedstaaten nach Artikel 20 Absatz 1, 2 und 4 der Richtlinie 2007/46/ EG obliegenden Aufgaben werden für die Bundesrepublik Deutschland vom Kraftfahrt-Bundesamt wahrgenommen.**

(2) **Das Kraftfahrt-Bundesamt kann für Fahrzeuge aus auslaufenden Serien im Sinne des Artikels 27 der Richtlinie 2007/46/EG Ausnahmen erteilen, die die Zulassung, den Verkauf und die Inbetriebnahme in einer begrenzten Stückzahl weiterhin erlauben, obwohl die Fahrzeuge einem Fahrzeugtyp entsprechen, dessen EG-Typgenehmigung nicht mehr wirksam ist.**

Abschnitt 2. Kleinserien-Typgenehmigung

Erteilung der EG-Kleinserien-Typgenehmigung

9 (1) **Für Fahrzeuge wird eine EG-Kleinserien-Typgenehmigung nach Artikel 22 der Richtlinie 2007/46/EG erteilt, wenn die in der Anlage zum Anhang IV Teil I der Richtlinie 2007/46/EG genannten Anforderungen erfüllt und die in Anhang XII Teil A Abschnitt 1 genannten höchstzulässigen Stückzahlen nicht überschritten werden.**

(2) **Für das Genehmigungsverfahren gelten die §§ 4, 5, 7 und 8 entsprechend.**

1 Damit auch Hersteller von **Kleinserienfahrzeugen** die Vorteile des Binnenmarktes nutzen können, sollen auch diese Fz in das gemeinschaftliche **Typgenehmigungsverfahren** einbezogen werden (Erwägungsgrund Nr. 6 der Richtlinie 2007/46/EG). Dies wird zunächst mit Fz der Klasse M₁ (für die Personenbeförderung ausgelegte und gebaute Kfz mit höchstens 8 Sitzplätzen außer dem Fahrersitz) begonnen. Für „Fz mitbesonderer Zweckbestimmung" (Abschn 1 Nr. 5 Anl XXIX zur StVZO) kann keine EG-Kleinserien-Typgenehmigung erteilt werden (Abs. 1 iVm Art 22 II der Richtlinie 2007/46/EG).

2 Die Richtlinie sieht ein **vereinfachtes Verfahren** vor, wobei die Anforderungen für die Genehmigungserteilung im Anh IV Teil I der Richtlinie 2007/46/EG abschließend geregelt sind (Begr VkBl. 09 335). Die **höchstzulässige Stückzahl** von Fz, die mit einer EG-Kleinserien-Typgenehmigung *in der Gemeinschaft* jährlich zugelassen, verkauft oder in Betrieb genommen werden dürfen, ist auf 1000 Fz der Klasse M₁ begrenzt (Abs. 1 iVm Anh XII Teil A Abschn 1 der Richtlinie 2007/46/EG). Für andere FzKlassen als M₁ kann keine EG-Kleinserien-Typgenehmigung erteilt werden.

Übereinstimmungsbescheinigung

10 Für die Ausstellung der Übereinstimmungsbescheinigung ist § 6 Absatz 1 und 2 mit der Maßgabe anzuwenden, dass die nach Artikel 18 Absatz 6 der Richtlinie 2007/46/EG geforderten Zusätze einzutragen sind.

1 Die **Übereinstimmungsbescheinigung** (§ 2 Nr. 7 FZV) für EG-Kleinserienfahrzeuge muss Anh IX Teil I der Richtlinie 2007/46/EG entsprechen und in ihrem Titel folgenden **Zusatz** tragen: „Für vollständige/vervollständigte Fahrzeuge, die als Kleinserienfahrzeuge typgenehmigt wurden". In der Nähe dieses Zusatzes ist das Herstellungsjahr gefolgt von einer fortlaufenden Nummer anzubringen, die zwischen 1 und der höchstzulässigen Stückzahl 1000 liegt und angibt, um das wievielte zulässige Fz der im betreffenden Jahr gefertigten Serie es sich handelt (§ 10 iVm Art 18 VI der Richtlinie 2007/46/EG).

Erteilung der nationalen Kleinserien-Typgenehmigung

11 (1) ¹Für Fahrzeuge wird eine nationale Kleinserien-Typgenehmigung nach Artikel 23 der Richtlinie 2007/46/EG erteilt, wenn die in Anhang IV oder Anhang XI der Richtlinie 2007/46/EG genannten Anforderungen erfüllt und die in Anlage XII Teil A Abschnitt 2 der Richtlinie 2007/46/EG genannten höchstzulässigen Stückzahlen nicht überschritten werden. ²Der Einhaltung einzelner in Anhang IV oder Anhang XI der Richtlinie 2007/46/EG genannter Vorschriften bedarf es nicht, wenn das Fahrzeug die entsprechenden Bestimmungen der Straßenverkehrs-Zulassungs-Ordnung erfüllt.

(2) ¹Für das Genehmigungsverfahren finden die §§ 4, 5, 7 und 8 Absatz 2 entsprechend Anwendung. ²Beim Antrag ist die Notwendigkeit der Anwendung entsprechender Anforderungen der Straßenverkehrs-Zulassungs-Ordnung nach Absatz 1 Satz 2 an Stelle der in Anhang IV oder Anhang XI der Richtlinie 2007/46/EG genannten Vorschriften darzulegen.

(3) Abweichungen von den technischen Angaben, die das Kraftfahrt-Bundesamt bei Erteilung der nationalen Kleinserien-Typgenehmigung durch Bescheid in Schriftform oder elektronischer Form für den genehmigten Typ festgelegt hat, sind dem Inhaber der Typgenehmigung nur gestattet, wenn diese durch einen entsprechenden Nachtrag ergänzt worden ist oder wenn das Kraftfahrt-Bundesamt auf Antrag festgestellt hat, dass für die vorgesehene Änderung eine Nachtragserlaubnis nicht erforderlich ist.

(4) ¹Auf Antrag desjenigen, der ein Fahrzeug in einem anderen Mitgliedstaat verkaufen, zulassen oder in Betrieb nehmen will, fertigt das Kraftfahrt-Bundesamt eine Kopie des Typgenehmigungsbogens einschließlich der Beschreibungsunterlagen aus. ²Auf Antrag des Herstellers übermittelt es den Genehmigungsbehörden der vom Hersteller angegebenen Mitgliedstaaten eine Kopie des Typgenehmigungsbogens und der zugehörigen Anlagen.

1 1. Für eine begrenzte Zahl von Fz der Klassen M, N und O dürfen **nationale Kleinserien-Typgennehmigungen** erteilt werden, wenn die Serienfahrzeuge nicht alle Rechtsakte, die für Kleinserien vorgeschrieben sind, erfüllen. Voraussetzung ist, dass die **Zahl der Einheiten** eines Fahrzeugtyps, die jährlich in Deutschland zugelassen, verkauft oder in Betrieb genommen werden, wie folgt **begrenzt** sind (Abs. 1 S. 1 iVm Anh XII Teil A Abschn 2 der Richtlinie 2007/46/EG):

Klasse	Einheiten
M_1	75
M_2, M_3	250
N_1	500
N_2, N_3	250
O_1, O_2	500
O_3, O_4	250

2. Art 23 I der Richtlinie 2007/46/EG lässt zu, dass für derartige Fz **alternative Anforde-**   **2**
rungen, die das gleiche Maß an Verkehrssicherheit und Umweltschutz gewährleisten, anstelle
der in Anh IV oder Anh XI der Richtlinie aufgeführten Rechtsakte gestellt werden können.
Diese alternativen Anforderungen sind die Bestimmungen der **StVZO** (Abs. 1 S. 2, Abs. 2 S. 2).
Mit dem Antrag ist vom Hersteller die Notwendigkeit der Anwendung der StVZO statt der in
Anh IV oder Anh XI der Richtlinie 2007/46/EG genannten Vorschriften stichhaltig zu begrün-
den (Abs. 2 S. 2). Das **Genehmigungsverfahren** folgt dem allgemeinen Verfahren zur Erteilung
einer EG-Typgenehmigung (Abs. 2 S. 1). Genehmigungsbehörde ist das KBA (§ 2 I).

3. Die nationale Kleinserien-Typgenehmigung **gilt nur im Inland** (Art 23 VI UAbs. 1 S. 1   **3**
der Richtlinie 2007/46/EG, Begr VkBl. **09** 335). Entsprechend Art 23 VII UAbs. 1 der Richt-
linie 2007/46/EG sieht Abs. 4 S. 1 vor, dass für denjenigen, der ein Fz in einem anderen Mit-
gliedstaat verkaufen, zulassen oder in Betrieb nehmen will, vom KBA eine Kopie des Typge-
nehmigungsbogens einschl der Beschreibungsunterlagen angefertigt werden muss. Entsprechend
Art 23 VI UAbs. 1 S. 2 der Richtlinie 2007/46/EG sieht Abs. 4 S. 2 vor, dass das KBA auf Antrag
des Herstellers den Genehmigungsbehörden der vom Hersteller angegebenen Mitgliedstaaten
eine Kopie des Typgenehmigungsbogens und der zugehörigen Anlagen übermittelt, damit die Fz
auch in diesen Mitgliedstaaten vertrieben werden können. Diese Mitgliedstaaten können die
Anerkennung der Typgenehmigung nur ablehnen, wenn sie begründeten Anlass zu der Annahme
haben, dass die technischen Vorschriften, nach denen das Fz genehmigt wurde, ihren eigenen
Vorschriften nicht gleichwertig sind (Art 23 VI UAbs. 3, VII UAbs. 2 der Richtlinie 2007/46/EG).

Datenbestätigung

12 (1) [1] Der Inhaber einer nationalen Kleinserien-Typgenehmigung für Fahrzeuge ist
verpflichtet, für jedes dem Typ entsprechende Fahrzeug eine Datenbestätigung nach
Muster 2d der Straßenverkehrs-Zulassungs-Ordnung auszufüllen und dem Fahrzeug bei-
zufügen. [2] Die Datenbestätigung nach Satz 1 ist entbehrlich, wenn

1. das Kraftfahrt-Bundesamt für den Fahrzeugtyp Typdaten zur Verfügung gestellt hat
und

2. der Inhaber der Typgenehmigung durch Eintragung der vom Kraftfahrt-Bundesamt für
den Abruf der Typdaten zugeteilten Typ- sowie Varianten-/Versionsschlüsselnummer in
der Zulassungsbescheinigung Teil II bestätigt hat, dass das genannte Fahrzeug mit den
Typdaten, die dieser Schlüsselnummer entsprechen, übereinstimmt.

(2) Für Fahrzeuge, die für die Bundeswehr zugelassen werden sollen, braucht die Daten-
bestätigung abweichend von Absatz 1 Satz 1 nur für eine Fahrzeugserie ausgestellt zu
werden, wenn der Inhaber der nationalen Typgenehmigung die Fahrzeug-Identifizierungs-
nummer jedes einzelnen Fahrzeugs der Fahrzeugserie der Zentralen Militärkraftfahrtstelle
mitteilt.

Die Vorschrift regelt die Ausstellung einer Datenbestätigung (§ 2 Nr. 8 FZV), wie sie auch für   **1**
die Erteilung einer allgemeinen Betriebserlaubnis nach § 20 StVZO gefordert wird.

Abschnitt 3. Einzelgenehmigung

Einzelgenehmigung für Fahrzeuge

13 (1) ¹Für ein Fahrzeug wird eine Einzelgenehmigung nach Artikel 24 der Richtlinie 2007/46/EG erteilt, wenn die in Anhang IV oder Anhang XI der Richtlinie 2007/46/EG genannten Vorschriften erfüllt werden. ²Der Einhaltung einzelner der in Anhang IV oder Anhang XI der Richtlinie 2007/46/EG genannten Vorschriften bedarf es nicht, wenn das Fahrzeug die entsprechenden Bestimmungen der Straßenverkehrs-Zulassungs-Ordnung erfüllt.

(2) ¹Sollen für ein Kraftfahrzeug der Klasse M₁ jährlich mehr als 20 vom Hundert der in Anhang XII Teil A Nummer 2 der Richtlinie 2007/46/EG genannten höchstzulässigen Stückzahlen von neuen Kraftfahrzeugen eines gleichen Typs zugelassen oder in Betrieb genommen werden, muss eine EG-Kleinserien-Typgenehmigung nach § 9, eine nationale Kleinserien-Typgenehmigung nach § 11 oder eine EG-Typgenehmigung nach § 4 beantragt werden. ²Im Antrag hat der Antragsteller zu erklären, welche Anzahl gleichartiger Fahrzeuge genehmigt werden soll und dass die maximal mögliche Stückzahl nach Satz 1 nicht überschritten wird. ³Die Sätze 1 und 2 finden keine Anwendung für die Einzelgenehmigung von Kraftfahrzeugen eines Herstellers, der bereits Inhaber einer Typgenehmigung ist, wenn

a) diese Fahrzeuge die Anforderungen der Anhänge IV oder XI der Richtlinie 2007/46/EG erfüllen und für sie bereits eine Typgenehmigung beantragt worden ist und die zuständige Genehmigungsbehörde die Beantragung bestätigt, oder

b) es sich um Fahrzeuge nach Artikel 24 Absatz 8 der Richtlinie 2007/46/EG handelt.

(3) ¹Mit dem Antrag auf Erteilung der Einzelgenehmigung nach Artikel 24 der Richtlinie 2007/46/EG ist der Genehmigungsbehörde das auf Kosten des Antragstellers erstellte Gutachten einer amtlich anerkannten Sachverständigen oder eines amtlich anerkannten Sachverständigen, die oder der einer Technischen Prüfstelle für den Kraftfahrzeugverkehr angehört, oder eines Technischen Dienstes, der für die Begutachtung von Gesamtfahrzeugen benannt ist, vorzulegen. ²Das Gutachten muss einen Genehmigungsbogen nach Anhang VI der Richtlinie 2007/46/EG enthalten. ³Der Genehmigungsbogen muss mindestens die Angaben enthalten, die notwendig sind, um die Zulassungsbescheinigung Teil I und Teil II vollständig auszufüllen. ⁴Dem Genehmigungsbogen ist eine Anlage beizufügen, aus der die technischen Vorschriften hervorgehen, nach denen das Fahrzeug gebaut werden soll. ⁵In dem Antrag ist die Notwendigkeit der Anwendung entsprechender Anforderungen der Straßenverkehrs-Zulassungs-Ordnung nach Absatz 1 Satz 2 an Stelle der in Anhang IV oder Anhang XI der Richtlinie 2007/46/EG genannten Vorschriften stichhaltig darzulegen. ⁶Die Genehmigungsbehörde kann eine Nachprüfung des Gutachtens veranlassen.

(4) ¹Im Gutachten für die Einzelgenehmigung hat die oder der amtlich anerkannte Sachverständige oder der Technische Dienst zu bescheinigen, dass das Fahrzeug richtig beschrieben und vorschriftsmäßig ist. ²Für die im Gutachten zusammengefassten Ergebnisse müssen Prüfprotokolle vorliegen, aus denen hervorgeht, dass die notwendigen Prüfungen durchgeführt und die geforderten Ergebnisse erreicht wurden. ³Auf Anforderung sind die Prüfprotokolle der Genehmigungs- oder der zuständigen Aufsichtsbehörde vorzulegen. ⁴Die Aufbewahrungsfrist für die Gutachten und Prüfprotokolle beträgt zehn Jahre.

(5) ¹Der Leiter der Technischen Prüfstelle und der Leiter des benannten Technischen Dienstes sind für die Sicherstellung der gleichmäßigen Qualität aller Tätigkeiten des befugten Personenkreises verantwortlich. ²Sie haben der zuständigen Aufsichtsbehörde jährlich sowie zusätzlich auf konkrete Anforderung hin einen Qualitätssicherungsbericht vorzulegen. ³Der Bericht muss in transparenter Form Aufschluss über die durchgeführten Qualitätskontrollen und die eingeleiteten Qualitätsmaßnahmen geben, sofern diese auf Grund eines Verstoßes erforderlich waren. ⁴Der Leiter der Technischen Prüfstelle und der Leiter des benannten Technischen Dienstes haben sicherzustellen, dass fehlerhafte Begutachtungen, auf Grund derer ein Fahrzeug in Verkehr gebracht wurde oder werden soll, von denen ein erhebliches Risiko für die Verkehrssicherheit, die öffentliche Gesundheit oder die Umwelt ausgeht, nach Feststellung unverzüglich der zuständigen Genehmigungsbehörde und der zuständigen Aufsichtsbehörde gemeldet werden.

(6) Die Genehmigungsbehörde kann die Genehmigung ganz oder teilweise widerrufen oder zurücknehmen, insbesondere wenn festgestellt wird, dass

1. das im Gutachten beschriebene Fahrzeug mit dem genehmigten Sachverhalt nicht übereinstimmt oder

2. trotz der Genehmigung vom Fahrzeug ein erhebliches Risiko für die Verkehrssicherheit, die öffentliche Gesundheit oder die Umwelt ausgeht.

Begr: VkBl. 09 336. 1–7

1. Einzelgenehmigungen (Betriebserlaubnisse für Einzelfahrzeuge) nach § 13 sind **natio-** 8
nale Genehmigungen, die auf der Grundlage EG-rechtlicher Vorgaben erteilt und grundsätzlich (s. Rn. 21) in den anderen Mitgliedstaaten anerkannt werden. In § 13 ist nicht festgelegt worden, dass eine Einzelgenehmigung nur erteilt werden kann, wenn das Fz nicht typgenehmigt ist. Das **Bestehen einer Typgenehmigung** für ein Fz schließt also nicht aus, dass für das Fz auch eine Einzelgenehmigung nach § 13 erteilt wird (was dann die Zulassung ohne CoC-Papier ermöglicht). Der Auffassung, für Serienfahrzeuge gebe es einen Vorrang der Typgenehmigung vor der Einzelgenehmigung (*Zunner* SVR **09** 447, *Rebler* VD **10** 112 jedenfalls für Hersteller), kann nicht gefolgt werden. Die Stückzahlbegrenzung nach Abs. 2, die sich auch nur auf Fz der Klasse M₁ bezieht, soll lediglich verhindern, dass die Einzelgenehmigung zur Umgehung des Instruments der Typgenehmigung missbraucht wird (Rn. 14). Aus Abs. 2 kann aber nicht gefolgert werden, dass Einzelgenehmigungen für typgenehmigte Fz von vornherein ausgeschlossen sind. Einzelgenehmigungen nach § 13 können **nur für Neufahrzeuge** erteilt werden (Abs. 1 iVm Art 1 I der Richtlinie 2007/46/EG). Neufahrzeuge sind Fz, die noch nicht erstmals zugelassen oder erstmals in Betrieb genommen worden sind (arg Art 24 VIII der Richtlinie 2007/46/EG). Sobald ein Neufahrzeug erstmals zugelassen worden ist, wird es zum „Gebrauchtfahrzeug" und dann ggf. erforderlich werdende Einzelgenehmigungen sind nach § 21 StVZO zu erteilen.

Bei Vorliegen der Voraussetzungen besteht ein **Rechtsanspruch** auf Erteilung der Einzelge- 9
nehmigung (Abs. 1 S. 1: „wird erteilt"). Die **Erteilung** der Einzelgenehmigung ist ein **VA,** für den in § 13 keine besondere Form vorgeschrieben ist. Eine Erteilung der Einzelgenehmigung durch Ausfüllung der entsprechenden Rubrik des Einzelgenehmigungsbogens (s. Art 24 V mit Anh VI und Art 3 Nr. 35 der Richtlinie 2007/46/EG) ist in § 13 nicht vorgeschrieben (s. dazu auch Rn. 17). Mangels spezieller Vorschriften über die Erteilung gilt insoweit allgemeines Verwaltungsrecht. Für Widerruf und Rücknahme ergänzt („insbesondere") Abs. 6 die Vorschriften des allgemeinen Verwaltungsrechts. Die Erteilung der Einzelgenehmigung ist ein von der Zulassung des Fz getrennter eigenständiger VA. Zuständige **Genehmigungsbehörde** ist die nach Landesrecht zuständige Stelle (§ 2 II), meist die ZulB. Eine örtliche Zuständigkeit ist in der EG-FGV nicht festgelegt. Die Einzelgenehmigung kann also auch von einer Genehmigungsbehörde außerhalb des örtlichen Zuständigkeitsbereichs der für die Zulassung des Fz zuständigen ZulB erteilt werden.

2. Anwendungsbereich. § 13 ist lex specialis gegenüber § 21 StVZO. Dies ist zwar weder in 10
der EG-FGV noch in der StVZO ausdrücklich geregelt. Aus der EG-FGV ergibt sich jedoch, dass Genehmigungen (Betriebserlaubnisse) grundsätzlich nach der EG-FGV zu erteilen sind, wenn Fz in den Geltungsbereich der EG-FGV fallen (s. auch Begr des BR zur Neufassung von § 21 StVZO VkBl. **09** 341). Für eine Anwendung von § 21 StVZO ist somit nur Raum, soweit Einzelgenehmigungen nicht nach § 13 zu erteilen sind oder soweit die EG-FGV es dem Antragsteller freistellt, ob er eine Einzelgenehmigung nach § 13 oder nach § 21 StVZO beantragt.

Einzelgenehmigungen für Kfz mit 4 Rädern und **Kfz-Anhänger** (FzKlassen M, N und 11
O) sind **grundsätzlich nach § 13** zu erteilen (Abs. 1 iVm § 3). Dazu zählen auch „Fz mit besonderer Zweckbestimmung" (ua Wohnmobile, beschussgeschützte Fz, Krankenwagen, Leichenwagen, rollstuhlgerechte Fz, Wohnanhänger, Mobilkrane). **Ausgenommen** davon sind die folgenden Fz, für die Einzelgenehmigungen nach § 21 StVZO zu erteilen sind:
– Kfz der Klassen M, N und O mit einer bbH bis zu 25 km/h (§ 3 I Nr. 1),
– land- oder forstwirtschaftliche Zugmaschinen iSd Richtlinie 2003/37/EG (§ 3 II Nr. 1), die Richtlinie 2003/37/EG wurde inzwischen durch die seit 1.1.16 geltende Verordnung (EU) Nr. 167/2013 über die Genehmigung und Marktüberwachung von land- und forstwirtschaftlichen Fz v. 5.2.13 (ABlEU L 60 v. 2.3.13 S. 1, StVRL § 20 EG-FGV Nr. 3) ersetzt,
– leichte vierrädrige Kfz iSd Richtlinie 2002/24/EG (§ 3 II Nr. 2),
– Gleiskettenfahrzeuge (§ 3 II Nr. 3),
– Erprobungsfahrzeuge (Prototypen, § 3 II Nr. 4),
– Fz, die keine Neufahrzeuge sind.
Einzelgenehmigungen können gem. § 3 III, IV **wahlweise** entweder nach § 13 oder nach § 21 StVZO erteilt werden für:

– Fz, die hauptsächlich für den Einsatz auf Baustellen, in Steinbrüchen, in Häfen oder auf Flug-
häfen konstruiert und gebaut sind,
– Fz, die für den Einsatz durch die Streitkräfte, den Katastrophenschutz, die Feuerwehr und die
Ordnungskräfte konstruiert und gebaut sind,
– selbstfahrende Arbeitsmaschinen iSd Begriffsbestimmung in Art 3 Nr. 16 der Richtlinie
2007/46/EG (§ 3 VI, gilt also nicht für auf einem Kraftfahrzeuggestell montierte Maschinen),
– Fz, die ausschließlich für Straßenrennen bestimmt sind.
     Die Wahlmöglichkeit besteht in den ersten drei Fällen nur dann, wenn die Fz die Anforderun-
gen der Richtlinie 2007/46/EG erfüllen (§ 3 EG-FGV Rn. 3).

12   **3. Voraussetzungen für die Erteilung.** Einzelgenehmigungen werden nach § 13 erteilt,
wenn ein Fz den Bestimmungen des Anh IV (FzKlassen M, N, O) bzw. des Anh XI (Fz mit be-
sonderer Zweckbestimmung) der Richtlinie 2007/46/EG entspricht (Abs. 1 S. 1) oder wenn es
entsprechende alternative Anforderungen der StVZO erfüllt, die das gleiche Maß an Verkehrssi-
cherheit und Umweltschutz gewährleisten (Abs. 1 S. 2). Primäre Genehmigungsbasis sind die
EG-Rechtsakte; erst nachgeordnet können alternativ Vorschriften der StVZO zur Anwendung
kommen, sofern diese das gleiche Maß an Verkehrssicherheit und Umweltschutz gewährleisten.
In allen Fällen der Einzelgenehmigung, in denen im Einzelfall von der Einhaltung der in Anh IV
oder XI der Richtlinie 2007/46/EG aufgeführten Rechtsakte abgewichen werden muss, müssen
die Bestimmungen der StVZO erfüllt sein. Damit besteht auch die Möglichkeit der Erteilung
von Ausnahmen nach § 70 StVZO für bestimmte Anforderungen (Begr VkBl. 09 336). Sind
Ausnahmen nach § 70 StVZO erforderlich, kann die Einzelgenehmigung nur erteilt werden,
wenn die Ausnahmegenehmigungen erteilt wurden oder gleichzeitig erteilt werden.

13   **4. Stückzahlbegrenzung für Fz der Klasse M₁.** Nach § 3 VI iVm Art 3 Nr. 6 der Richtli-
nie 2007/46/EG ist unter Einzelgenehmigung das Verfahren zu verstehen, nach dem ein Mit-
gliedstaat bescheinigt, dass *ein bestimmtes Fz* oder ein Fz, das eine *Einzelausführung* darstellt, den
einschlägigen Verwaltungsvorschriften und technischen Anforderungen entspricht. Einzelgeneh-
migungen sind somit **nur für Einzelfahrzeuge** vorgesehen. Um möglichen Missbrauch der
Einzelgenehmigung entgegenzuwirken (Begr VkBl. 09 336), **begrenzt** Abs. 2 S. 1 die Nutzung
von Einzelgenehmigungen für Fz der Klasse M₁ auf 20% der höchstzulässigen **Stückzahl** der Fz
gleichen Typs, die jährlich mittels nationaler Kleinserien-Typgenehmigung genehmigt werden
können (s. § 11 Rn. 1), also **auf 15** jährlich im gesamten Bundesgebiet. Für größere Zahlen von
gleichartigen Fz sind die Kleinserien-Typgenehmigungen oder EG-Typgenehmigungen vorge-
sehen. Die Stückzahlbegrenzung ist nur für Fz der Klasse M₁ normiert worden, weil bei den
anderen Klassen kein Missbrauch befürchtet wurde. Da eine solche zahlenmäßige Begrenzung
für Einzelgenehmigungen in der Richtlinie 2007/46/EG nicht vorgesehen ist, hat der VOGeber
die Einführung mit der EU-Kommission abgestimmt (Begr VkBl. 09 336).

14   Mit dem Antrag auf Erteilung einer Einzelgenehmigung muss der Antragsteller **mitteilen,**
welche **Anzahl** gleichartiger Fz mit Einzelgenehmigung im gesamten Bundesgebiet genehmigt
werden soll und er muss **versichern,** dass die maximal mögliche Stückzahl nach Abs. 2 S. 1 auch
dann nicht überschritten wird, wenn zu anderen Zeitpunkten bei anderen Genehmigungsbehör-
den ebenfalls Anträge auf Einzelgenehmigungen für diese Fz gestellt werden (Abs. 2 S. 2). Diese
Regelung soll **verhindern,** dass der Gebrauch der Einzelgenehmigung zur **Umgehung** der
anderen zur Verfügung stehenden Genehmigungsarten führt (Begr VkBl. 09 336). Es ist fraglich,
wie diese Verpflichtung eingehalten werden soll, wenn der Antragsteller keine Kenntnis darüber
hat, welche anderen Antragsteller ebenfalls Einzelgenehmigungen für gleichartige Fz stellen wol-
len oder gestellt haben. Die Genehmigungsbehörden haben auch keine Möglichkeit, nachzuprü-
fen, ob die Obergrenze bundesweit eingehalten wird, da es kein zentrales Register der beantrag-
ten oder erteilten Einzelgenehmigungen gibt. Bei Schaffung der EG-FGV wurde davon
abgesehen, ein solches Register und damit eine Kontrollmöglichkeit zu schaffen, um weiterer
Bürokratie-Aufbau zu vermeiden. Ob die Regelung in Abs. 2 S. 2 ausreicht, um dem möglichen
Missbrauch der Einzelgenehmigung wirksam entgegenzuwirken, bleibt abzuwarten.

15   **Abweichungen von der Stückzahlbegrenzung** sind möglich für die Einzelgenehmigung
von Kfz eines Herstellers, der bereits Inhaber einer Typgenehmigung ist, für sog Vorserienfahr-
zeuge, für die bereits eine Typgenehmigung beantragt ist (Abs. 2 S. 3 Buchst. a), und für Fz, die
bereits nach der Richtlinie 2007/46/EG oder ihrer Vorgängerrichtlinie 70/156/EWG typge-
nehmigt worden sind, aber vor ihrer Erstzulassung vom Hersteller verändert wurden (Abs. 2 S. 3
Buchst. b).

5. Das im Einzelgenehmigungsverfahren vorzulegende **Gutachten** ist entweder von einem 16 amtlich anerkannten Sachverständigen (aaS, § 1 I KfSachvG), der einer **Technischen Prüfstelle** nach § 10 KfSachvG angehört, oder von einem **Technischen Dienst,** der für die Begutachtung von Gesamtfahrzeugen benannt ist (§ 30), zu erstellen (Abs. 3 S. 1). Nach Art. 41 II der Richtlinie 2007/46/EG sind allerdings nur Technische Dienste, die gem. Art. 41 ff. der Richtlinie „benannt" sind, dazu befugt, Gutachten für Genehmigungen nach dieser Richtlinie zu erstatten. Es erscheint deswegen zweifelhaft, ob mit der EG-FGV auch die Sachverständigen der Technischen Prüfstellen dazu ermächtigt werden durften, ohne dass die Technischen Prüfstellen nach §§ 30 ff. als Technische Dienste benannt sein müssen. Zur Sicherstellung eines einheitlichen Verfahrens hinsichtlich der Prüfanforderungen für Einzelgenehmigungen nach § 13 EG-FGV und Einzelbetriebserlaubnisse nach § 21 StVZO hat das BMV eine Ausarbeitung v. 4.12.2019 bekanntgemacht (VkBl. **19** 916), die vom KBA und den Bundesländern verbindlich eingeführt worden ist.

Im **Gutachten** hat der aaS oder der Technische Dienst das Fz zu beschreiben und zu beschei- 17 nigen, dass das Fz richtig beschrieben und vorschriftsmäßig iSd EG-FGV ist (Abs. 4 S. 1). Das Gutachten muss einen **Einzelgenehmigungsbogen** nach Anh VI der Richtlinie 2007/46/EG enthalten (Abs. 3 S. 2), der mindestens die Angaben enthalten muss, die notwendig sind, um die ZB I und II vollständig auszufüllen (Abs. 3 S. 3). Einzelgenehmigungsbögen dürfen in ihrem Kopf nicht die Bezeichnung „EG-Fahrzeug-Genehmigung" tragen (Art. 24 V UAbs. 2 S. 2 der Richtlinie 2007/46/EG), da die Gültigkeit einer Einzelgenehmigung im Prinzip auf das Hoheitsgebiet des Mitgliedstaats beschränkt ist, der die Genehmigung erteilt hat (Rn. 21). Der Einzelgenehmigungsbogen muss die Identifizierungsnummer des betreffenden Fz tragen (Art. 24 V UAbs. 3 der Richtlinie 2007/46/EG). Der Einzelgenehmigungsbogen wird der Genehmigungsbehörde mit dem Gutachten zur Verfügung gestellt, da sie mit der Erteilung der Einzelgenehmigung einen **Einzelgenehmigungsbogen ausstellen** muss (Art. 24 V UAbs. 1 der Richtlinie 2007/46/EG, s. auch Art 3 Nr. 35 der Richtlinie). Es ist allerdings fraglich, ob die Genehmigungsbehörde verpflichtet ist, bei Erteilung einer Einzelgenehmigung nach § 13 einen Einzelgenehmigungsbogen auszustellen, denn diese Anforderung ist nicht in deutsches Recht umgesetzt worden. Für neue Fz, für die eine Einzelgenehmigung erteilt wurde, gilt jedoch ein Verkaufs- und Zulassungsverbot, wenn sie nicht mit einem „gültigen Einzelgenehmigungsbogen" versehen sind (§ 27 IV). Darunter kann nur ein Einzelgenehmigungsbogen verstanden werden, auf dem die Genehmigungsbehörde die Erteilung der Einzelgenehmigung dokumentiert hat. Aus § 27 IV muss deswegen indirekt geschlossen werden, dass die Genehmigungsbehörde entweder die Erteilung der Einzelgenehmigung durch Ausfüllung der entsprechenden Rubrik des Einzelgenehmigungsbogens vornehmen muss oder, wenn sie eine andere Form der Erteilung wählt, zusätzlich diese Rubrik des Einzelgenehmigungsbogens ausfüllen muss.

Zusätzlich zu dem ausgefüllten Einzelgenehmigungsbogen muss dem Gutachten als Anlage 18 eine **Aufstellung** beigefügt werden, aus der die **technischen Vorschriften** hervorgehen, nach denen das Fz genehmigt werden soll (Abs. 3 S. 4). Diese Aufstellung ist nach Art. 24 VI UAbs. 2 der Richtlinie 2007/46/EG eigentlich nur erforderlich, wenn das Fz in einem anderen Mitgliedstaat verkauft, zugelassen oder in Betrieb genommen werden soll. Der VOGeber hat sie jedoch verbindlich für alle Gutachten eingeführt, da nicht in jedem Fall bei der Antragstellung bereits eine Aussage darüber getroffen werden könne, ob das Fz im Inland verbleibt (Begr VkBl. **09** 336). In der Anlage nach Abs. 3 S. 4 sind auch die vorgenommenen Abweichungen von den Bestimmungen der Anhänge IV oder XI der Richtlinie 2007/46/EG aufzunehmen und zu erläutern, welche alternativen Anforderungen der StVZO angewandt wurden (Abs. 3 S. 5, Begr VkBl. **09** 336). Die zwingende Notwendigkeit ggf. notwendiger **Ausnahmen nach § 70 StVZO** für bestimmte Anforderungen der StVZO muss eingehend begründet werden (Begr VkBl. **09** 336). Wird das Gutachten nach Abs. 3 S. 1 von einem TD erstellt, hat dieser die Ausnahmen nach § 70 StVZO zu begründen. Für die zT vertretene Auffassung, dazu sei nur ein aaS befugt, der dann vom TD insoweit hinzugezogen werden müsse, gibt es keine Rechtsgrundlage.

Die Ergebnisse des Gutachtens müssen sich durch **Prüfprotokolle** belegen lassen, die 19 10 Jahre lang beim Gutachter aufbewahrt werden müssen und der Genehmigungs- und der Aufsichtsbehörde auf Anforderung vorzulegen sind (Abs. 4). Die Regelung, wonach die Genehmigungsbehörde eine **Nachprüfung des Gutachtens** veranlassen kann (Abs. 3 S. 6), ist zur Klarstellung aufgenommen; die Nachprüfung ist bereits nach allgemeinem Verwaltungsrecht zulässig (Begr VkBl. **09** 336).

AaS und TD handeln bei Erstellung eines Gutachtens nach § 13 **hoheitlich**, denn diese Tä- 20 tigkeit ist eng in die staatliche Aufgabe der Genehmigungserteilung eingebunden (vgl. BGH NJW **68** 443). Für **Amtspflichtverletzung** eines aaS haftet das Land, das dem Sachverständigen die amtliche Anerkennung erteilt hat (BGH NJW **68** 443, NZV **01** 76, DAR **03** 314). Für Amtspflichtverletzung eines TD haftet der Bund, da das KBA die Anerkennung erteilt (§§ 30 ff.). AaS oder TD verletzen jedoch keine ihnen einem späteren Erwerber gegenüber obliegende Amtspflicht, wenn sie fahrlässig in dem Gutachten unrichtige technische Angaben über das Fz als richtig bescheinigen und das Fz in seiner tatsächlichen Beschaffenheit für den Erwerber wertlos ist. Denn die Amtspflicht des Sachverständigen dient nicht dem Schutz des Käufers vor Vermögensschaden (vgl. BGH NJW **73** 458, NJW **04** 3484).

21   **6.** Die Einzelgenehmigung nach § 13 **gilt nur im Inland** (Art 24 VI UAbs. 1 der Richtlinie 2007/46/EG, Begr VkBl. **09** 336). Auch wenn es in § 13 keine § 11 IV entsprechende Vorschrift gibt, gilt nach Art 24 VI der Richtlinie 2007/46/EG für die **Anerkennung in anderen Mitgliedstaaten:** Möchte ein Antragsteller ein Fz, für das eine Einzelgenehmigung nach § 13 erteilt worden ist, in einem anderen Mitgliedstaat verkaufen, zulassen oder in Betrieb nehmen, so muss ihm die Genehmigungsbehörde, die die Einzelgenehmigung erteilt hat, auf Antrag eine **Erklärung über die technischen Vorschriften** ausfertigen, nach denen das Fz genehmigt wurde. Für ein Fz, das den Bestimmungen der Richtlinie 2007/46/EG und den jeweiligen in Anh IV oder XI aufgeführten Rechtsakten entspricht (also nicht bei alternativer Anwendung von Bestimmungen der StVZO), erteilen die anderen Mitgliedstaaten auf Antrag des Herstellers oder Besitzers eine Einzelgenehmigung und **erkennen** in diesem Fall die in Deutschland nach § 13 erteilte **Einzelgenehmigung an** (Art. 24 VII der Richtlinie 2007/46/EG). Wurde eine Einzelgenehmigung nach § 13 unter alternativer Anwendung von Bestimmungen der StVZO erteilt, **kann** ein anderer Mitgliedstaat die Anerkennung der Einzelgenehmigung nur **ablehnen,** wenn er begründeten Anlass zu der Annahme hat, dass die technischen Vorschriften, nach denen das Fz genehmigt wurde, seinen eigenen Vorschriften nicht gleichwertig sind (Art. 24 VI UAbs. 3 der Richtlinie 2007/46/EG).

22   **7.** Neue Fz, für die eine Einzelgenehmigung nach Art 24 der Richtlinie 2007/46/EG erteilt wurde, dürfen im Inland zur Verwendung im StrV nur feilgeboten, veräußert oder in den Verkehr gebracht werden, wenn sie mit einem **gültigen Einzelgenehmigungsbogen** nach Art. 24 V der Richtlinie 2007/46/EG versehen sind (§ 27 IV), weil sonst der erforderliche Genehmigungsnachweis nicht erbracht ist (Begr VkBl. **09** 338). Verstoß ist ow (§ 37). Dies betrifft sowohl Fz, die im Ausland eine Einzelgenehmigung nach Art 24 der Richtlinie 2007/46/EG erhalten haben als auch Fz, für die in Deutschland eine Einzelgenehmigung nach § 13 erteilt worden ist.

Kapitel 5. Gemeinsame Vorschriften

EG-Typgenehmigungen aus anderen Mitgliedstaaten

26 (1) ¹ In den anderen Mitgliedstaaten nach
1. der Richtlinie 2007/46/EG,
2. der Richtlinie 2002/24/EG oder
3. der Richtlinie 2003/37/EG
erteilte EG-Typgenehmigungen und Autorisierungen gelten auch im Inland. ²**Die nach Artikel 23 der Richtlinie 2007/46/EG erteilten nationalen Kleinserien-Typgenehmigungen anderer Mitgliedstaaten gelten im Inland, wenn sie nach Maßgabe des Artikels 23 Absatz 6 der Richtlinie 2007/46/EG vom Kraftfahrt-Bundesamt anerkannt sind.** ³**Die nach Artikel 24 der Richtlinie 2007/46/EG erteilten Einzelgenehmigungen anderer Mitgliedstaaten gelten im Inland nach Maßgabe des Artikels 24 Absatz 6 oder 7 der Richtlinie 2007/46/EG.**

(2) ¹ **Stellt das Kraftfahrt-Bundesamt fest, dass Fahrzeuge, Systeme, selbstständige technische Einheiten oder Bauteile nicht mit dem genehmigten Typ übereinstimmen, kann es die zuständigen Stellen des Mitgliedstaates, in dem die EG-Typgenehmigung erteilt wurde, um eine Prüfung nach einer der in Absatz 1 Satz 1 genannten Richtlinie ersuchen.** ²**Dies gilt auch für Teile und Ausrüstungen, die nicht mit der nach Artikel 31 der Richtlinie 2007/46/EG bescheinigten Autorisierung übereinstimmen.**

(3) ¹ **Stellt das Kraftfahrt-Bundesamt fest, dass Fahrzeuge, Systeme, selbstständige technische Einheiten oder Bauteile des genehmigten Typs die Sicherheit des Straßenverkehrs gefährden, kann es deren Veräußerung zur Verwendung im Straßenverkehr im Inland für die Dauer von höchstens sechs Monaten untersagen und teilt dies den übrigen Mitglied-**

staaten und der Kommission der Europäischen Gemeinschaften unter Angabe der Gründe für seine Entscheidung umgehend mit. [2] Absatz 2 Satz 2 gilt entsprechend.

(4) [1] Die Zulassungsbehörde kann die Zulassung von Fahrzeugen, die unter Absatz 3 fallen, versagen. [2] Sind die betreffenden Fahrzeuge zugelassen oder in den Verkehr gekommen, kann die Zulassungsbehörde nach § 5 der Fahrzeug-Zulassungsverordnung verfahren. [3] Verbote oder Beschränkungen für neue Fahrzeuge dürfen die Dauer von sechs Monaten nicht überschreiten.

In anderen Mitgliedstaaten nach den Richtlinien 2007/46/EG, 2002/24/EG und 2003/37/ **1** EG erteilte **EG-Typgenehmigungen** gelten auch im Inland (Abs. 1 S. 1). Diese EG-Typgenehmigungen müssen somit in Deutschland „ohne Wenn und Aber" anerkannt werden. Wird festgestellt, dass typgenehmigte Fz, Systeme, technische Einheiten oder Bauteile trotz gültiger EG-Typgenehmigung und trotz Übereinstimmungsbescheinigung bzw. vorgeschriebener Kennzeichnung **nicht dem genehmigten Typ entsprechen,** kann ihre Zulassung und ihr in Verkehr bringen nicht einfach verweigert werden (Begr VkBl. **09** 338). Vielmehr müssen sich die Maßnahmen auf die Unterrichtung der verantwortlichen Genehmigungsbehörden in dem betreffenden Mitgliedstaat beschränken (Abs. 2). Lediglich in den Fällen, in denen trotz gültiger EG-Typgenehmigung die Sicherheit des Straßenverkehrs gefährdet wird, kann das KBA für die Dauer von höchstens 6 Monaten Veräußerungen zur Verwendung im Straßenverkehr in Deutschland untersagen (Abs. 3). In diesen Fällen kann die Zulassung von Fz von deutschen Zulassungsbehörden abgelehnt werden (Abs. 4 S. 1).

In anderen Mitgliedstaaten nach Art. 23 der Richtlinie 2007/46/EG erteilte **nationale 2 Kleinserien-Typgenehmigungen** gelten im Inland nur, wenn sie vom KBA anerkannt sind (Abs. 1 S. 2).

In anderen Mitgliedstaaten nach Art. 24 der Richtlinie 2007/46/EG erteilte **Einzelgeneh- 3 migungen** gelten im Inland nach Maßgabe des Art 24 VI oder VII der Richtlinie 2007/46/EG (Abs. 1 S. 3). Dies bedeutet: Wenn eine Einzelgenehmigung für ein Fz erteilt worden ist, das den Bestimmungen der Richtlinie 2007/46/EG und den jeweiligen in Anhang IV oder XI der Richtlinie aufgeführten Rechtsakten entspricht, ist die Einzelgenehmigung „ohne Wenn und Aber" anzuerkennen (Abs. 1 S. 3 iVm Art. 24 VII der Richtlinie 2007/46/EG). Ist die Einzelgenehmigung auch nach anderen Vorschriften erteilt worden, kann die Anerkennung nur verweigert werden, wenn die deutsche Genehmigungsbehörde begründeten Anlass zu der Annahme hat, dass die technischen Vorschriften, nach denen das Fz genehmigt wurde, den deutschen Vorschriften der StVZO nicht gleichwertig sind (Abs. 1 S. 3 iVm Art. 24 VI der Richtlinie 2007/ 46/EG).

7. Verordnung über die
Teilnahme von Elektrokleinstfahrzeugen am Straßenverkehr
(Elektrokleinstfahrzeuge-Verordnung – eKFV)

Vom 6. Juni 2019
(BGBl. I S. 756)
FNA 9232-17

Vorbemerkung

Die Elektrokleinstfahrzeuge-Verordnung (eKFV) hat mWv 15.6.2019 die frühere Mobilitäts- **1**
hilfenverordnung (MobHV) v. 16.7.2009 (BGBl. I S. 2097) abgelöst. Während die MobHV nur
auf elektrisch angetriebene selbstbalancierende Stehroller der Marke Segway anwendbar war, gilt
die eKFV typunabhängig für elektrisch angetriebene nicht selbstbalancierende Stehroller und für
elektrisch angetriebene selbstbalancierende Roller mit und ohne Sitz, jeweils mit Lenk- oder
Haltestange. Vom Anwendungsbereich der VO (EU) 168/2013 v. 15.1.2013 über die Genehmi-
gung und Marktüberwachung von 2- oder 3-rädrigen und 4-rädrigen Fz (ABlEU Nr. L 60 v.
2.3.2013 S. 52) sind nach ihrem Artikel 2 II Buchst. i und j selbstbalancierende Fz und Fz ohne
Sitz ausgeschlossen. Diese Fz können demnach national geregelt werden. Zur Entstehungsge-
schichte der eKFV *Huppertz* NZV **19** 387. Anders als die frühere MobHV gilt die eKFV nur für
Fz mit einer bauartbedingten Höchstgeschwindigkeit von mindestens 6 km/h.

Die der eKFV unterfallenden Fahrzeuge können wegen ihrer meist kleinen Ausmaße und ge- **2**
ringem Gewicht falt- und tragbar ausgestaltet werden. Diese Eigenschaften ermöglichen den
Nutzern die Mitnahme der Fahrzeuge, weshalb diese nach Auffassung des VOGebers einen be-
sonderen Mehrwert zur Verknüpfung unterschiedlicher Transportmittel und zur Überbrückung
insbesondere kurzer Distanzen darstellen (Begr BR-Drs. 158/19 S. 23).

Anwendungsbereich

1 (1) **Elektrokleinstfahrzeuge im Sinne dieser Verordnung sind Kraftfahrzeuge mit elekt-
rischem Antrieb und einer bauartbedingten Höchstgeschwindigkeit von nicht weniger
als 6 km/h und nicht mehr als 20 km/h, die folgende Merkmale aufweisen:**

1. **Fahrzeug ohne Sitz oder selbstbalancierendes Fahrzeug mit oder ohne Sitz,**
2. **eine Lenk- oder Haltestange von mindestens 500 mm für Kraftfahrzeuge mit Sitz und
   von mindestens 700 mm für Kraftfahrzeuge ohne Sitz,**
3. **eine Nenndauerleistung von nicht mehr als 500 Watt, oder von nicht mehr als 1 400
   Watt, wenn mindestens 60 Prozent der Leistung zur Selbstbalancierung verwendet wer-
   den. Die Nenndauerleistung ist nach dem Verfahren gemäß DIN EN 15194:2018-11[1]
   oder den Anforderungen der Regelung Nr. 85 der Wirtschaftskommission der Vereinten
   Nationen für Europa (UNECE) – Einheitliche Bedingungen für die Genehmigung von
   Verbrennungsmotoren oder elektrischen Antriebssystemen für den Antrieb von Kraft-
   fahrzeugen der Klassen M und N hinsichtlich der Messung der Nutzleistung und der
   höchsten 30-Minuten-Leistung elektrischer Antriebssysteme (ABl. L 323 vom 7.11.2014,
   S. 52) zu bestimmen,**
4. **eine Gesamtbreite von nicht mehr als 700 mm, eine Gesamthöhe von nicht mehr als
   1400 mm und eine Gesamtlänge von nicht mehr als 2 000 mm und**
5. **eine maximale Fahrzeugmasse ohne Fahrer von nicht mehr als 55 kg.**

(2) **Ein Elektrokleinstfahrzeug ist selbstbalancierend, wenn es mit einer integrierten
elektronischen Balance-, Antriebs-, Lenk- und Verzögerungstechnik ausgestattet ist, durch
die es eigenständig in Balance gehalten wird.**

(3) **Elektrokleinstfahrzeuge im Sinne der Absätze 1 und 2 dürfen nur nach Maßgabe der
folgenden Vorschriften auf öffentlichen Straßen verwendet werden.**

1. Allgemeines. § 1 I und II bestimmen, für welche Fahrzeuge die eKFV gilt. Eine ABE und **1**
eine Einzelbetriebserlaubnis darf nur erteilt werden, wenn das Fz die Anforderungen des § 1 I
eKFV erfüllt (§ 2 II S. 2 eKFV). Elektrokleinstfahrzeuge iSd § 1 I eKFV sind von der Zulas-

sungspflicht und von der Fahrerlaubnispflicht ausgenommen (§ 3 II S. 1 Nr. 1 Buchst. g FZV, § 4 I S. 2 Nr. 1a FeV). Nach Abs. III dürfen sie aber nur nach Maßgabe der §§ 2 ff. eKFV im öffentlichen Straßenverkehr verwendet werden. Elektrokleinstfahrzeuge sind als Kfz versicherungspflichtig (§ 1 PflVG). Das Bestehen einer Haftpflichtversicherung wird durch eine Versicherungsplakette nach § 29a FZV nachgewiesen (§ 2 I S. 1 Nr. 2 eKFV). Elektrokleinstfahrzeuge unterliegen als Fahrzeuge mit Versicherungsplakette nicht der HU-Pflicht (§ 29 I S. 1 StVZO).

2 **2.** Fahrzeuge sind **Elektrokleinstfahrzeuge** iSd **eKFV,** wenn sie die Merkmale der Absätze I und II erfüllen. Es handelt sich um **Kraftfahrzeuge** iSv § 1 II StVG, denn sie werden durch Maschinenkraft bewegt. Elektrokleinstfahrzeuge müssen einen **elektrischen Antrieb** haben.

3 Ihre **bauartbedingte Höchstgeschwindigkeit** muss mindestens 6 km/h und darf höchstens 20 km/h betragen. Der VOGeber hat nicht begründet, warum er hier anders als bei der früheren MobHV eine bbH von nicht weniger als 6 km/h fordert (dazu *Schäler* SVR **19** 292). Die Folge davon ist, dass die FZV auf diese Fz anzuwenden ist, wenn sie eine bbH von mehr als 6 km/h haben (§ 1 FZV), soweit die eKFV keine speziellen Regelungen enthält. Elektrokleinstfahrzeuge mit einer bbH von genau 6 km/h unterfallen der eKFV, aber nicht der FZV (*Huppertz* NZV **19** 388). Die Begrenzung der bbH auf 20 km/h wurde festgelegt, damit die Fz nicht in den Anwendungsbereich der Helmpflicht nach § 21a II StVO fallen (Begr BR-Drs. 158/19 S. 31).

4 Elektrokleinstfahrzeuge dürfen **keinen Sitz** haben **oder** sie müssen **selbstbalancierend** ausgeführt sein (I Nr. 1). Die Definition des selbstbalancierenden Fz findet sich in Abs. II (Rn. 9). Handelt es sich um ein **selbstbalancierendes** Fz, kann es **mit oder ohne Sitz** ausgestaltet sein (I Nr. 1). Hintergrund dieser Bestimmung ist, dass selbstbalancierende Fz und Fz ohne Sitz vom Anwendungsbereich der VO (EU) 168/2013 ausgenommen sind und somit national geregelt werden können (Begr BR-Drs. 158/19 S. 31).

5 Dass Elektrokleinstfahrzeuge mit einer **Lenk- oder Haltestange** ausgerüstet sein müssen (I Nr. 2), geht darauf zurück, dass die BASt dies „zur allgemeinen Verkehrssicherheit" empfohlen habe (Begr BR-Drs. 158/19 S. 31). Als Lenk- oder Haltestange gelten auch Bauteile, die den Zweck erfüllen, der Verkehrssicherheit zu dienen, wie zB Lenkhorn, Lenkrad u. ä. (Begr BR-Drs. 158/19 S. 31). E-Fahrzeuge ohne Lenk- oder Haltestange wie E-Skateboards, Hoverboards und sog One-Wheeler sind danach keine Elektrokleinstfahrzeuge iSd eKFV.

6 Die Obergrenze für die **Nenndauerleistung** nicht selbstbalancierender Elektrokleinstfahrzeuge von 500 Watt (I Nr. 3) wurde gewählt, um auch in bergigen Gebieten die Nutzung dieser Fz zu ermöglichen (Begr BR-Drs. 158/19 S. 31). Für selbstbalancierende Fz wurde eine Obergrenze von 1400 Watt festgelegt (I Nr. 3), da hier ein Großteil der Leistung für die integrierte elektronische Balance-, Antriebs-, Lenk- und Verzögerungstechnik benötigt wird (Begr BR-Drs. 158/19 S. 31).

7 Bei der Festlegung der **maximalen Abmaße** von Elektrokleinstfahrzeugen (I Nr. 4) ist der VOGeber der Empfehlung der BASt in Anlehnung an die Abmessungen von Fahrrädern und Segway gefolgt (Begr BR-Drs. 158/19 S. 31). Wie auch schon unter Geltung der früheren MobHV fallen nur Segways mit einer Gesamtbreite von nicht mehr als 0,7 m unter die eKFV. Für breitere Modelle gelten nicht die Bestimmungen der eKFV, sondern die allgemeinen Regeln für Kfz, wie zB die Fahrerlaubnispflicht.

8 Die Beschränkung der **Fahrzeugmasse** (I Nr. 5) wurde festgelegt, da bei zu hoher Masse die Sicherheit Dritter stark gefährdet würde (Begr BR-Drs. 158/19 S. 31). Die Obergrenze von 55 kg ohne Fahrer wurde gewählt, da nach Auffassung des VOGebers mit dieser Masse zumindest ein defektes Fz mit blockierten Rädern noch mit der Hand aus einer Gefahrenzone gezogen oder geschoben werden könnte (Begr BR-Drs. 158/19 S. 31).

9 **3.** Abs. II definiert, wann ein Elektrokleinstfahrzeug als **selbstbalancierend** anzusehen ist. Die Formulierung ist zT aus § 1 Nr. 1 MobHV aF übernommen worden. Nach Artikel 3 Nr. 71 der VO (EU) 168/2013 ist ein selbstbalancierendes Fz ein Fahrzeugkonzept auf der Grundlage eines labilen Gleichgewichtspunkts, das eine Zusatzsteuereinrichtung zur Beibehaltung des Gleichgewichts benötigt und das einrädrige Kfz oder Kfz mit zwei Rädern/zwei Spuren umfasst.

10 **4.** Abs. III bestimmt, dass Elektrokleinstfahrzeuge iSv Abs. I und II im öffentlichen Straßenverkehr nur dann **verwendet werden dürfen,** wenn sie den §§ 2 ff. eKFV entsprechen. Unabhängig davon kann die ZulB bei Unvorschriftsmäßigkeit eines Elektrokleinstfahrzeugs nach § 5 FZV vorgehen.

Anforderungen an das Inbetriebsetzen

2 (1) ¹Ein Elektrokleinstfahrzeug darf auf öffentlichen Straßen nur in Betrieb gesetzt werden, wenn

1. es einem Typ entspricht, für den eine Allgemeine Betriebserlaubnis erteilt worden ist, oder für das Fahrzeug eine Einzelbetriebserlaubnis erteilt worden ist,
2. es eine gültige Versicherungsplakette für Elektrokleinstfahrzeuge nach § 29a der Fahrzeug-Zulassungsverordnung führt,
3. es entsprechend § 59 Absatz 1 Satz 1, Absatz 1a erster Halbsatz, Absatz 1b oder 2 der Straßenverkehrs-Zulassungs-Ordnung mit einer Fahrzeug-Identifizierungsnummer sowie einem Fabrikschild mit folgenden Maßgaben gekennzeichnet ist:
   a) als Fahrzeugtyp muss auf dem Fabrikschild „Elektrokleinstfahrzeug" angegeben sein,
   b) anstelle der in § 59 Absatz 1 Satz 1 Nummer 5 und 6 der Straßenverkehrs-Zulassungs-Ordnung genannten Angaben muss auf dem Fabrikschild die bauartbedingte Höchstgeschwindigkeit und die Genehmigungsnummer der Allgemeinen Betriebserlaubnis oder der Einzelbetriebserlaubnis für das Fahrzeug angegeben sein, und
4. es
   a) den Anforderungen an die Verzögerungseinrichtung nach § 4,
   b) den Anforderungen an die lichttechnischen Einrichtungen nach § 5 Absatz 1 Satz 1 und Absatz 3,
   c) den Anforderungen an die Einrichtung für Schallzeichen nach § 6 Satz 1 sowie
   d) den sonstigen Sicherheitsanforderungen nach § 7 entspricht.

²Die Datenbestätigung nach § 20 Absatz 3a Satz 1 bis 3 der Straßenverkehrs-Zulassungs-Ordnung oder die Bescheinigung über die Einzelbetriebserlaubnis muss für eine Inbetriebnahme aufbewahrt und zuständigen Personen auf Verlangen zur Prüfung ausgehändigt werden.

(2) ¹Für Elektrokleinstfahrzeuge richtet sich die Erteilung

1. einer Allgemeinen Betriebserlaubnis nach den Anforderungen des § 20 der Straßenverkehrs-Zulassungs-Ordnung,
2. einer Einzelbetriebserlaubnis nach den Anforderungen des § 21 der Straßenverkehrs-Zulassungs-Ordnung.

²Die in Satz 1 bezeichneten Erlaubnisse werden erteilt, wenn das Fahrzeug die Anforderungen des § 1 Absatz 1 und der §§ 4 bis 7 erfüllt.

(3) ¹Für die Wirksamkeit der Allgemeinen Betriebserlaubnis oder der Einzelbetriebserlaubnis gilt § 19 Absatz 2 und 3 der Straßenverkehrs-Zulassungs-Ordnung. ²Ist die Betriebserlaubnis nach § 19 Absatz 2 Satz 2 der Straßenverkehrs-Zulassungs-Ordnung erloschen, so darf das Elektrokleinstfahrzeug nicht auf öffentlichen Straßen in Betrieb gesetzt werden.

(4) Der Halter darf die Inbetriebnahme eines Elektrokleinstfahrzeugs auf öffentlichen Straßen nicht anordnen oder zulassen, wenn das Elektrokleinstfahrzeug die Voraussetzungen nach Absatz 1 nicht erfüllt oder die Betriebserlaubnis nach Absatz 3 Satz 2 in Verbindung mit § 19 Absatz 2 Satz 2 der Straßenverkehrs-Zulassungs-Ordnung erloschen ist.

1. Regelungsgegenstand. Elektrokleinstfahrzeuge iSv § 1 I eKFV sind nicht zulassungs- **1** pflichtig (§ 3 II S. 1 Nr. 1 Buchst. g FZV). Sie dürfen aber nur dann im öffentlichen Straßenverkehr in Betrieb gesetzt werden, wenn die in § 2 festgelegten Voraussetzungen erfüllt sind.

2. Abs. 1 S. 1 nennt die **Voraussetzungen**, unter denen ein Elektrokleinstfahrzeug auf öf- **2** fentlichen Straßen **in Betrieb gesetzt** werden darf. Zum Begriff *öffentliche Straßen* § 1 StVG Rn. 30, § 1 StVO Rn. 13 ff. Elektrokleinstfahrzeuge werden *in Betrieb gesetzt*, wenn sie bestimmungsgemäß verwendet werden. Nach der verkehrstechnischen Auffassung (§ 7 StVG Rn. 5) sind Kfz in Betrieb, wenn sie sich im öffentlichen Straßenverkehr bewegen oder in verkehrsbeeinflussender Weise ruhen. Es ist ordnungswidrig, ein Elektrokleinstfahrzeug entgegen I S. 1 in Betrieb zu nehmen (§ 14 Nr. 1 eKFV).

Elektrokleinstfahrzeuge müssen entweder einem Typ entsprechen, für den eine **nationale** **3** **Typgenehmigung** (ABE) erteilt worden ist, oder eine **Einzelgenehmigung** (Betriebserlaubnis für ein Einzelfahrzeug) haben (I S. 1 Nr. 1). Die Erteilung dieser Genehmigungen richtet sich nach Abs. II.

Elektrokleinstfahrzeuge müssen als Kfz eine Haftpflichtversicherung haben (§ 1 PflVG). Zum **4** Nachweis des Bestehens einer solchen Versicherung muss jedes Elektrokleinstfahrzeug eine gültige **Versicherungsplakette** nach § 29a iVm Anlage 13 FZV führen (I S. 1 Nr. 2). Die Ausgestaltung der Plakette für Elektrokleinstfahrzeuge orientiert sich im Erscheinungsbild an dem Versicherungskennzeichen nach § 26 FZV, wurde aber für die vielfältigen Ausführungen von Elektrokleinstfahrzeugen und insbesondere im Hinblick auf Bauraumbeschränkungen in der Größe deutlich verkleinert (krit zu der dadurch erheblich erschwerten Lesbarkeit *Schäler* SVR **19** 294). Sie wurde außerdem als Aufkleber konzipiert, um sie sicher anbringen zu können und um einer Verletzungsgefahr sowohl durch Größe als auch durch hervorstehende Kanten des Kennzeichens vorzubeugen (Begr BR-Drs. 158/19 S. 32). Näher § 29a FZV.

5   Elektrokleinstfahrzeuge müssen „entsprechend § 59 I S. 1, Ia Hs. 1, Ib oder II StVZO" mit einer **Fahrzeug-Identifizierungsnummer** und einem **Fabrikschild** gekennzeichnet sein (I S. 1 Nr. 3). Die Vorgaben von § 59 StVZO wurden für Elektrokleinstfahrzeuge angepasst. Hersteller des Fz (§ 59 I S. 1 Nr. 1 StVZO) ist derjenige, der ohne Rücksicht auf die Fertigung der Einzelteile das Fz so weit zusammenfügt, dass es in einen zur Teilnahme am Straßenverkehr betriebsfertigen Zustand versetzt wird. Als Fahrzeugtyp (§ 59 I S. 1 Nr. 2 StVZO) ist auf dem Fabrikschild „Elektrokleinstfahrzeug" anzugeben (I S. 1 Nr. 3 Buchst. a). Die Formulierung „entsprechend § 59 I S. 1, Ia Hs. 1, Ib oder II StVZO" ist wohl so zu verstehen, dass die Fahrzeugidentifizierungsnummer (§ 59 I S. 1 Nr. 4 StVZO) entweder entsprechend § 59 Ia Hs. 1 oder Ib oder II StVZO zu gestalten ist. Statt des zulässigen Gesamtgewichts (§ 59 I S. 1 Nr. 5 StVZO) und der zulässigen Achslasten (§ 59 I S. 1 Nr. 6 StVZO) ist bei Elektrokleinstfahrzeugen auf dem Fabrikschild die bbH oder die Genehmigungsnummer der ABE oder der Einzelgenehmigung für das Fz anzugeben (I S. 1 Nr. 3 Buchst. b). Diese Angaben dienen einer „erweiterten Kontrollmöglichkeit" des Fz (Begr BR-Drs. 158/19 S. 32), dh das Fz ist im öffentlichen Straßenverkehr kontrollierbar, ohne dass die Datenbestätigung oder die Bescheinigung über die Einzelbetriebserlaubnis mitgeführt werden müssen.

6   Weiter darf die Inbetriebnahme von Elektrokleinstfahrzeugen im öffentlichen Straßenverkehr nur erfolgen, wenn die **Anforderungen nach § 4, § 5 I S. 1 und III, § 6 Satz 1 und § 7 eKFV** erfüllt werden (I S. 1 Nr. 4). Diese Regelung ist für erforderlich gehalten worden, um hohe Sicherheitsstandards der im Betrieb befindlichen Elektrokleinstfahrzeuge sicherzustellen; außerdem sollte damit eine bußgeldauslösende Norm geschaffen werden (Begr BR-Drs. 158/19 S. 32).

7   **3. Keine Mitführpflicht (Abs. 1 S. 2).** Anders als bei anderen zulassungsfreien Kfz (§ 4 V S. 1 FZV) muss im Falle einer ABE die Datenbestätigung und im Falle einer Einzelgenehmigung die Bescheinigung darüber im öffentlichen Straßenverkehr **nicht mitgeführt** werden (I S. 2). Die Angaben auf dem Fabrikschild nach I S. 1 Nr. 3 reichen nach Auffassung des VOGebers aus, um das Fz kontrollieren zu können (Begr BR-Drs. 158/19 S. 32, krit dazu *Schäler* SVR **19** 292). Die Datenbestätigung oder die Bescheinigung über die Einzelgenehmigung sind aber für eine Inbetriebnahme **aufzubewahren** und zuständigen Personen auf Verlangen zur Prüfung **auszuhändigen** (I S. 2). Diese Pflichten treffen den Halter des Elektrokleinstfahrzeugs, denn er ist Inhaber dieser Unterlagen. Es ist nicht festgelegt, wo die Unterlagen aufzubewahren sind. Sie müssen aber so verwahrt werden, dass sie jederzeit ohne Aufwand und ohne Zeitverzug zur Prüfung ausgehändigt werden können, wenn eine dafür zuständige Person dies verlangt. Aushändigen bedeutet „in die Hand geben"; Vorzeigen reicht nicht aus. Wird die Datenbestätigung oder Bescheinigung über die Einzelgenehmigung nicht oder nicht rechtzeitig ausgehändigt, ist dies ordnungswidrig (§ 14 Nr. 2 eKFV).

8   **4. Abs. 2** legt fest, dass die **ABE** für Elektrokleinstfahrzeuge nach den Anforderungen des § 20 StVZO und die **Einzelgenehmigung** für Elektrokleinstfahrzeuge nach den Anforderungen des § 21 StVZO zu erteilen sind, und dass sie nur erteilt werden dürfen, wenn außerdem in beiden Fällen die in § 1 I und in §§ 4–7 eKFV genannten technischen Voraussetzungen und Anforderungen erfüllt sind.

9   **5. Abs. 3** trifft Spezialregelungen zur **Wirksamkeit der Betriebserlaubnis** von Elektrokleinstfahrzeugen. Dies muss so verstanden werden, dass § 19 StVZO für diese Fahrzeuge nur insoweit gelten soll, wie III darauf verweist, im Übrigen also nicht. Diese Einschränkung der Anwendbarkeit von § 19 StVZO wird in der Begr (BR-Drs. 158/19 S. 33) nicht näher erläutert. Für die Wirksamkeit von ABE und Einzelbetriebserlaubnis soll § 19 II und III StVZO gelten (III S. 1). Dies bedeutet inhaltlich, dass die Betriebserlaubnis unbefristet gilt, solange das Fahrzeug existiert und die Betriebserlaubnis nicht nach § 19 II oder III StVZO erlischt. Die Auffassung des VOGebers, die Regelung bedeute, dass die Betriebserlaubnis grds. bis zur Außerbetriebsetzung gültig bleibe, wenn sie nicht ausdrückliche entzogen wird oder erlischt (Begr BR-

Drs. 158/19 S. 33), ist so nicht richtig. Eine Betriebserlaubnis/Genehmigung verliert nicht durch Außerbetriebsetzung eines Fz seine Gültigkeit, sondern sie bleibt grds. bestehen, solange das Fz existiert, auch wenn es außer Betrieb gesetzt sein sollte. Wenn sie nicht auf andere Weise, zB durch Entziehung durch VA oder durch Erlöschen kraft Gesetzes erlischt, geht die Betriebserlaubnis/Genehmigung erst unter, wenn das Fz verschrottet wird, also seine Existenz beendet.

Ist die Betriebserlaubnis nach § 19 II S. 2 StVZO erloschen, darf das Elektrokleinstfahrzeug **10** nicht mehr im öffentlichen Straßenverkehr in Betrieb gesetzt werden (III S. 2); Verstoß ist ordnungswidrig (§ 14 Nr. 1 eKFV). Dies ist eine Spezialregelung zu § 19 V StVZO. Sie bedeutet inhaltlich, dass ein Elektrokleinstfahrzeug nur im Falle des Erlöschens der Betriebserlaubnis nach § 19 II S. 2 StVZO nicht mehr im öffentlichen Straßenverkehr gefahren werden darf, wohl aber im Falle des Erlöschens der Betriebserlaubnis nach § 19 III S. 2 StVZO. Der VOGeber begründet diese in der Sache nicht nachvollziehbare Einschränkung nicht, sondern führt lediglich aus, dass eine bewehrungsfähige Formulierung aufgenommen worden sei, die die Inbetriebnahme bei erloschener Betriebserlaubnis untersage (Begr BR-Drs. 158/19 S. 33).

6. Abs. 4 begründet die **Halterpflicht**, die Inbetriebnahme eines Elektrokleinstfahrzeugs im **11** öffentlichen Straßenverkehr nicht anzuordnen oder zuzulassen, wenn das Fz die Voraussetzungen nach Abs. I nicht erfüllt, also zB keinem genehmigten Typ entspricht oder keine Einzelbetriebserlaubnis hat oder keine gültige Versicherungsplakette führt, oder wenn die Betriebserlaubnis nach III iVm § 19 II S. 2 StVZO erloschen ist. Die Regelung ist im ersten Teil § 4 VI FZV nachgebildet, im zweiten Teil § 19 V S. 1 StVZO. Verstoß ist ordnungswidrig (§ 14 Nr. 3 eKFV). Diese Halterpflicht nach IV besteht nicht, wenn die Betriebserlaubnis nach III S. 1 iVm § 19 III S. 2 StVZO erloschen ist.

Berechtigung zum Führen

3 Zum Führen eines Elektrokleinstfahrzeugs sind Personen berechtigt, die das 14. Lebensjahr vollendet haben.

1. Regelungsgegenstand. § 3 bestimmt – lediglich – das Mindestalter für das Führen von **1** Elektrokleinstfahrzeugen iSd eKFV im öffentlichen Straßenverkehr. Die fahrerlaubnisrechtlich maßgebliche Regelung findet sich in § 4 I S. 2 Nr. 1a FeV.

2. Elektrokleinstfahrzeuge iSd § 1 I eKFV sind **von der Fahrerlaubnispflicht ausgenom-** **2** **men** (§ 4 I S. 2 Nr. 1a FeV). Zum Führen dieser Fz im öffentlichen Straßenverkehr wird also keine Fahrerlaubnis iSd § 2 I S. 1 StVG, § 4 I S. 1 FeV benötigt. Anders als nach der früheren Regelung für Segways (§ 3 MobHV aF) muss auch nicht die Berechtigung zum Führen eines Mofas nachgewiesen werden. Segways, die unter die eKFV fallen, können seit 15.6.2019 (Inkrafttreten der eKFV und Außerkrafttreten der früheren MobHV) geführt werden, ohne dass der Fahrzeugführer die Berechtigung zum Führen eines Mofas hat.

Für Elektrokleinstfahrzeuge, die nicht unter § 1 I eKFV fallen, gelten die allgemeinen fahrer- **3** laubnisrechtlichen Regelungen einschließlich der Regelungen zum Mindestalter. Dazu *Huppertz* VD **20** 3, SVR **20** 81 (84 ff.).

3. Mindestalter. Um ein Elektrokleinstfahrzeug im öffentlichen Straßenverkehr führen zu **4** dürfen, muss der Fahrzeugführer das **14. Lebensjahr vollendet** haben (§ 3 eKFV). Das ansonsten für das Führen fahrerlaubnisfreier Kfz geltende Mindestalter von 15 Jahren (§ 10 III S. 1 FeV) gilt hier nicht (§ 10 III S. 2 Buchst. a FeV). Die Untergrenze von 14 Jahren orientiert sich an der Empfehlung des 50. VGT 2012, dass Pedelecs (Fahrräder mit elektromotorischer Trethilfe) für die Benutzung durch Kinder unter 14 Jahren nicht geeignet seien. Nach Auffassung des VO-Gebers ähneln die Fahreigenschaften und die Verkehrswahrnehmung von Elektrokleinstfahrzeugen mit einer bbH von nicht mehr als 20 km/h am stärksten denen des Pedelec. Damit werde Selbstgefährdungen und Gefährdungen Dritter durch zu junge und im Straßenverkehr unerfahrene Nutzer entgegengewirkt (Begr BR-Drs. 158/19 (Beschluss) S. 1 f.).

4. Erweist sich jemand als ungeeignet oder nur noch bedingt geeignet zum Führen von **5** Elektrokleinstfahrzeugen, muss die Fahrerlaubnisbehörde ihm das Führen **untersagen**, es **beschränken** oder die erforderlichen **Auflagen** anordnen (§ 3 I S. 1 FeV). Aufklärungsmaßnahmen sind in entsprechender Anwendung von §§ 11–14 FeV möglich (§ 3 II FeV).

Anforderungen an die Verzögerungseinrichtung

4 (1) **Ein Elektrokleinstfahrzeug muss mit zwei voneinander unabhängigen Bremsen im Sinne des § 65 Absatz 1 Satz 1 der Straßenverkehrs-Zulassungs-Ordnung ausgerüstet sein, die**

1. **das Fahrzeug bis zum Stillstand abbremsen können,**

2. **bis zur Maximalgeschwindigkeit wirken,**

3. **mindestens einen Verzögerungswert von 3,5 m/s^2 erreichen und**

4. **jeweils einzeln bei Ausfall der jeweils anderen Bremse eine Mindestverzögerung von 44 Prozent der Bremswirkung nach Nummer 3 erreichen, ohne dass das Kraftfahrzeug seine Spur verlässt.**

(2) **Ein drei- oder vierrädriges Elektrokleinstfahrzeug muss mit einer fest angebrachten Einrichtung ausgerüstet sein, die das Elektrokleinstfahrzeug festzustellen vermag.**

1   **1. Regelungsgegenstand.** § 4 bestimmt, dass Elektrokleinstfahrzeuge mit Bremsen ausgerüstet sein müssen und wie diese beschaffen zu sein haben. Eine ABE und eine Einzelbetriebserlaubnis darf nur erteilt werden, wenn das Fz die Anforderungen des § 4 erfüllt (§ 2 II S. 2 eKFV). Die Ausrüstung mit der in § 4 beschriebenen Verzögerungseinrichtung ist notwendige Voraussetzung für die Inbetriebsetzung eines Elektrokleinstfahrzeugs im öffentlichen Straßenverkehr (§ 2 I S. 1 Nr. 4 Buchst. a eKFV).

2   **2.** Ein Elektrokleinstfahrzeug muss mit **zwei voneinander unabhängigen Bremsen** ausgerüstet sein (Abs. I), damit bei Ausfall einer Bremse die andere Bremse das Fz noch bis zum Stillstand abbremsen kann (Begr BR-Drs. 158/19 S. 34). Es muss sich um Bremsen iSv § 65 I S. 1 StVZO handeln (Abs. I), also um Bremsen, die während der Fahrt bleicht bedient werden können und ihre Wirkung erreichen, ohne die Fahrbahn zu beschädigen. Bei **selbstbalancierenden Fahrzeugen** (§ 1 II eKFV) mit integrierter elektronischer Balance-, Antriebs-, Lenk- und Verzögerungstechnik können die voneinander unabhängigen Bremsen durch zwei voneinander unabhängige Motorwicklungen realisiert werden (Begr BR-Drs. 158/19 S. 34). Beide Bremsen müssen bis zur maximalen Geschwindigkeit mit einer Mindestverzögerung von 3,5 m/s wirksam sein (I Nr. 3). Die Angabe, dass bei Ausfall einer der beiden Bremsen die jeweils andere Bremse mindestens 44% der Mindestverzögerung nach I Nr. 3 erreichen muss, ohne dass dabei das Fz die Spur verlässt (I Nr. 4), wird in der – hier nicht mit abgedruckten – Anlage zu § 7 I eKFV „Prüfungsanforderungen und Anforderungen an die Fahrdynamik" spezifiziert (Begr BR-Drs. 158/19 S. 34).

3   **3.** Drei- und vierrädrige Elektrokleinstfahrzeuge müssen außerdem mit einer fest angebrachten **Feststellbremse** ausgerüstet sein (Abs. II), damit ein unbeabsichtigtes Wegrollen des Fz verhindert wird (Begr BR-Drs. 158/19 S. 34). Ein- und zweirädrige Elektrokleinstfahrzeuge benötigen eine solche Feststelleinrichtung nicht.

Anforderungen an die lichttechnischen Einrichtungen

5 (1) [1]**Ein Elektrokleinstfahrzeug muss mit lichttechnischen Einrichtungen ausgerüstet sein, die den Anforderungen des § 67 Absatz 1 Satz 3 und 5, Absatz 2 Satz 2 bis 7, Absatz 3, Absatz 4 Satz 1 und 4, Absatz 6 Satz 3 der Straßenverkehrs-Zulassungs-Ordnung entsprechen und in einer amtlich genehmigten Bauart gemäß § 22a Absatz 1 Nummer 22 der Straßenverkehrs-Zulassungs-Ordnung ausgeführt sind, soweit in den nachfolgenden Bestimmungen nichts Abweichendes geregelt ist.** [2]**Die lichttechnischen Einrichtungen dürfen abnehmbar sein.** [3]**Als lichttechnische Einrichtungen gelten auch Leuchtstoffe und rückstrahlende Mittel.** [4]**Schlussleuchte und Rückstrahler dürfen in einem Gerät verbaut sein.** [5]**Schlussleuchten dürfen zusätzlich mit einer Bremslichtfunktion für rotes Licht mit einer Lichtstärke und Lichtverteilung der Bremslichtfunktion entsprechend der Regelung Nr. 50 der Wirtschaftskommission der Vereinten Nationen für Europa (UNECE) – Einheitliche Bedingungen für die Genehmigung von Begrenzungsleuchten, Schlussleuchten, Bremsleuchten, Fahrtrichtungsanzeigern und Beleuchtungseinrichtungen für das hintere Kennzeichenschild für Fahrzeuge der Klasse L (ABl. L 97 vom 29.3.2014, S. 1) ausgerüstet sein.**

(2) **Die Versorgung der Beleuchtungsanlage kann über eine Kopplung an den Energiespeicher für den Antrieb erfolgen.**

(3) [1]**Die seitliche Kennzeichnung hat mit gelben Rückstrahlern nach beiden Seiten wirkend gemäß Nummer 18 der Technischen Anforderungen an Fahrzeugteile bei der Bauartprüfung nach § 22a StVZO vom 5. Juli 1973 (VkBl. S. 558), die zuletzt durch die Be-**

kanntmachung vom 23. Februar 1994 (VkBl. S. 233) geändert worden ist, oder mit ringförmig zusammenhängenden retroreflektierenden weißen Streifen an den Reifen oder Felgen des Vorderrades und des Hinterrades zu erfolgen. [2] Bei einachsigen Elektrokleinstfahrzeugen reicht die Kennzeichnung der außenliegenden Räder.

(4) [1] Bei Elektrokleinstfahrzeugen ist die Ausrüstung mit nach vorne und nach hinten wirkenden Fahrtrichtungsanzeigern entsprechend § 67 Absatz 5 Satz 6 der Straßenverkehrs-Zulassungs-Ordnung zulässig. [2] Zusätzlich

1. dürfen auch die hinteren Fahrtrichtungsanzeiger mit der Lenkung mitschwenken,

2. darf der Abstand vom hintersten Punkt des Fahrzeugs zu den Fahrtrichtungsanzeigern mehr als 300 mm betragen,

3. darf die maximale Anbauhöhe der vorderen und hinteren Fahrtrichtungsanzeiger 1 400 mm betragen,

4. darf bei den hinteren Fahrtrichtungsanzeigern die minimale Anbauhöhe 150 mm betragen, wenn der Vertikalwinkel der geometrischen Sichtbarkeit mindestens 25 Grad über der Horizontalen beträgt.

1. Regelungsgegenstand. § 5 bestimmt, mit welchen lichttechnischen Einrichtungen Elekt- **1** rokleinstfahrzeuge ausgerüstet sein müssen und können. Der VOGeber hielt es für geboten, die Bestimmungen über lichttechnische Einrichtungen von Elektrokleinstfahrzeugen entsprechend den Regelungen zur Ausrüstung von Fahrrädern mit lichttechnischen Einrichtungen (§ 67 StVZO) zu fassen, weil Elektrokleinstfahrzeugen die Benutzung innerörtlicher Fahrbahnen erlaubt werden sollte (Begr BR-Drs. 158/19 S. 34). Eine ABE und eine Einzelbetriebserlaubnis darf nur erteilt werden, wenn das Fz die Anforderungen des § 5 erfüllt (§ 2 II S. 2 eKFV). Notwendige Voraussetzung für die Inbetriebnahme eines Elektrokleinstfahrzeugs im öffentlichen Straßenverkehr ist, dass es den Anforderungen an die lichttechnischen Einrichtungen nach Abs. I S. 1 und Abs. III entspricht (§ 2 I S. 1 Nr. 4 Buchst. b eKFV).

2. Die **Anforderungen** an **lichttechnischen Einrichtungen**, mit denen Elektrokleinstfahr- **2** zeuge ausgerüstet sein müssen, ergeben sich aus den Verweisungen in I S. 1 und aus den nachfolgenden Bestimmungen des § 5. Die mögliche Variation des Ausleuchtbereichs des Scheinwerfers bei selbstbalancierenden Fz durch deren Nickbewegungen beim Beschleunigen und Abbremsen erscheint dem VOGeber vertretbar, da vor allem das „Gesehenwerden" des Fz durch andere Verkehrsteilnehmer entscheidend sei (Begr BR-Drs. 158/19 S. 34). Die **Stromversorgung** der Beleuchtungsanlage über den Energiespeicher für den Antrieb (II) oder eine Lichtmaschine ist aus der Sicht des VOGebers ausreichend; bei leerem Akku sei der Fahrbetrieb nicht mehr möglich und das Fz könne dann nur geschoben oder gezogen werden (Begr BR-Drs. 158/19 S. 34). Die **seitliche Kennzeichnung** von Elektrokleinstfahrzeugen muss Abs. III entsprechen.

3. Fahrtrichtungsanzeiger (Blinker) sind für Elektrokleinstfahrzeuge **nicht verpflichtend** **3** vorgeschrieben. Der VOGeber hatte ursprünglich entsprechend einer Empfehlung der BASt Fahrtrichtungsanzeiger für einspurige Fz verpflichtend und für mehrspurige Fz optional vorgesehen, hat aber letztlich entschieden, dass sie für ein- und mehrspurige Fz nur optional sein sollen, nachdem sich im Rahmen der Länder- und Verbändeanhörung zu dem Entwurf der VO die Mehrheit der Beteiligten gegen eine verpflichtende Verwendung von Fahrtrichtungsanzeigern ausgesprochen habe (Begr BR-Drs. 158/19 S. 34 f.).

Die Ausrüstung mit nach vorne und nach hinten wirkenden Fahrtrichtungsanzeigern ist **zu- 4 lässig** (IV S. 1). Sie müssen dann § 67 V S. 6 StVZO entsprechen (IV S. 1) und dürfen außerdem die Merkmale des IV S. 2 Nr. 1–4 erfüllen.

Anforderungen an die Einrichtung für Schallzeichen

6 [1] Elektrokleinstfahrzeuge müssen mit mindestens einer helltönenden Glocke, die den Anforderungen des § 64a der Straßenverkehrs-Zulassungs-Ordnung entspricht, ausgerüstet sein. [2] Es dürfen auch andere Einrichtungen für Schallzeichen angebracht sein, die der Regelung Nr. 28 der Wirtschaftskommission der Vereinten Nationen für Europa (UN/ECE) – Einheitliche Vorschriften für die Genehmigung der Vorrichtungen für Schallzeichen und der Kraftfahrzeuge hinsichtlich ihrer Schallzeichen (ABl. L 323 vom 6.12.2011, S. 33) – Teil II, für Fahrzeugklasse L3 mit einer Leistung von nicht mehr als 7 kW, sowie dem Anhang II der delegierten Verordnung (EU) Nr. 3/2014 der Kommission vom 24. Oktober 2013 zur Ergänzung der Verordnung (EU) Nr. 168/2013 des Europäischen Parlaments und des Rates hinsichtlich der Anforderungen an die funktionale Sicherheit von Fahrzeugen für die Genehmigung von zwei- oder dreirädrigen und vierrädrigen Fahrzeugen entsprechen.

1   **1. Regelungsgegenstand.** § 6 bestimmt die Mindestausstattung von Elektrokleinstfahrzeugen mit Einrichtungen für Schallzeichen (S. 1) und die darüber hinaus zulässigen derartigen Einrichtungen (S. 2). Eine ABE und eine Einzelbetriebserlaubnis darf nur erteilt werden, wenn das Fz die Anforderungen des § 6 erfüllt (§ 2 II S. 2 eKFV). Die Ausrüstung mit Einrichtungen für Schallzeichen nach S. 1 ist notwendige Voraussetzung für das Inbetriebsetzen von Elektrokleinstfahrzeugen im öffentlichen Straßenverkehr (§ 2 I S. 1 Nr. 4 Buchst. c eKFV).

2   **2.** Wegen des nahezu geräuschlosen Fahrverhaltens von Elektrokleinstfahrzeugen sind diese wie Mofas (§ 55 VI S. 1 StVZO) und Fahrräder (§ 64a S. 1 StVZO) mit **mindestens** einer **helltönenden Glocke** für notwendige Gefahrensignale auszurüsten (S. 1, Begr BR-Drs. 158/19 S. 35). Die helltönende Glocke muss den Anforderungen des § 64a StVZO entsprechen (S. 1), der allerdings keine darüberhinausgehenden Anforderungen statuiert.

3   **Zusätzlich** sind aufgrund der umfänglich elektrischen Funktionsweise von Elektrokleinstfahrzeugen **auch andere Einrichtungen für Schallzeichen** ausdrücklich **erlaubt** (S. 2), jedoch nur sofern die Schallzeichen eindeutig als Warnsignal im Verkehr erkennbar sind (Begr BR-Drs. 158/19 S. 35). Zu den Anforderungen an diese Schalleinrichtungen wird durch S. 2 auf die Regelung Nr. 28 der UN/ECE (StVRL § 55 StVZO Nr. 3) sowie auf die delegierte Verordnung (EU) Nr. 3/2014 vom 24.10.2013 (ABlEU Nr. L 7 v. 10.1.2014 S. 1) verwiesen, da diese bereits Anwendung für Fahrzeuge entsprechender Leistung im Straßenverkehr finde (Begr BR-Drs. 158/19 S. 35).

Sonstige Sicherheitsanforderungen

7 Elektrokleinstfahrzeuge müssen

1. **die Tests entsprechend den Prüfanforderungen und Anforderungen an die Fahrdynamik nach der Anlage zu dieser Verordnung erfüllen,**

2. **den Anforderungen der Regelung Nr. 10 der Wirtschaftskommission der Vereinten Nationen für Europa (UN/ECE) – Einheitliche Bedingungen für die Genehmigung der Fahrzeuge hinsichtlich der elektromagnetischen Verträglichkeit (ABl. L 254 vom 20.9.2012, S. 1) entsprechen,**

3. **den Maßnahmen zum Schutz vor Manipulation gemäß DIN EN 15194:2018-11 entsprechen,**

4. **einen wirksamen Schutz gegen das direkte Berühren aller spannungsführenden Bauteile aufweisen,**

5. **gegen unbeabsichtigtes Verstellen aller Bedien- und Bauteile gesichert sein,**

6. **sowohl im Betriebszustand als auch im gegebenenfalls abweichenden Transportzustand so beschaffen und ausgerüstet sein, dass sie sicher sind, ihr verkehrsüblicher Betrieb niemanden schädigt oder mehr als unvermeidbar gefährdet, behindert oder belästigt und der Fahrer insbesondere bei Unfällen vor Verletzungen möglichst geschützt ist sowie das Ausmaß und die Folgen von Verletzungen möglichst gering bleiben,**

7. **so beschaffen sein, dass sich das Bedienelement zur Steuerung der Motorleistung (zum Beispiel ein Drehgriff oder Knopf) innerhalb einer Sekunde selbständig in Nullstellung zurückstellt, wenn der Fahrer es loslässt. Abweichend davon muss sich der Fahrzeugantrieb bei selbstbalancierenden Fahrzeugen innerhalb einer Sekunde automatisch deaktivieren, wenn sich der Fahrer nicht auf dem Fahrzeug befindet. Dazu müssen selbstbalancierende Fahrzeuge mit einem System zur Zustandserkennung ausgerüstet sein, das erkennt, ob sich der Fahrer auf dem Fahrzeug befindet,**

8. **so beschaffen sein, dass ihre Batterien den Sicherheitsanforderungen des Kapitels 4.2.3 der DIN EN 15194:2018-11 entsprechen,**

9. **so beschaffen sein, dass vorhandene Standflächen aufgrund ihrer rutschhemmenden Oberfläche ausreichend Halt bieten.**

1   **1. Regelungsgegenstand.** § 7 legt zusammen mit der Anlage zu § 7 Nr. 1 weitere Sicherheitsanforderungen für Elektrokleinstfahrzeuge fest. Eine ABE und eine Einzelbetriebserlaubnis darf nur erteilt werden, wenn das Fz die Anforderungen des § 7 erfüllt (§ 2 II S. 2 eKFV). Notwendige Voraussetzung für die Inbetriebnahme eines Elektrokleinstfahrzeugs im öffentlichen

Straßenverkehr ist, dass es den Sicherheitsanforderungen nach § 7 entspricht (§ 2 I S. 1 Nr. 4 Buchst. d eKFV).

2. Elektrokleinstfahrzeuge müssen schon für die Erteilung einer ABE oder einer Einzelbe- **2** triebserlaubnis die **Tests** nach der **Anlage** zu § 7 Nr. 1 „Prüfungsanforderungen und Anforderungen an die Fahrdynamik" (BGBl. I 2019 S. 761, hier nicht abgedruckt) bestehen (Nr. 1). Damit werden insbesondere die Mindestanforderungen an die Fahrdynamik von Elektrokleinstfahrzeugen getestet, um die sichere Teilnahme am Straßenverkehr auf den dafür vorgesehenen Verkehrsflächen zu gewährleisten (Begr BR-Drs. 158/19 S. 35, 41). Der VOGeber hielt die Vorschriften für notwendig, da verschiedenste Fahrzeuge mit unterschiedlicher Geeignetheit auf dem Markt verfügbar seien, deren sichere Teilnahme am Straßenverkehr durch die Prüfungen festgestellt werden soll. Durch die Vorschriften in der Anlage zu Nr. 1 soll gewährleistet werden, dass die Prüfungen der Fahrzeuge bei unterschiedlichen technischen Diensten einheitlich durchgeführt werden (Begr BR-Drs. 158/19 S. 35). In Nr. 1 der Anlage werden die Allgemeinen Prüfbedingungen für die Durchführung der in der Anlage dargestellten Tests festgelegt. In Nr. 2 der Anlage werden Vorgaben zur Durchführung von verschiedenen Testsektionen und den entsprechenden Anforderungen zum erfolgreichen Bestehen der Tests gemacht. Die in der Anlage formulierten Prüfverfahren umfassen die Feststellung der bbH, die Prüfung der Verzögerungseinrichtungen, verschiedene Fahrdynamikprüfungen (Vertiefung, Ab- und Auffahrstufe, einseitige Absenkung, Bordsteinprofil) sowie die Antriebsdeaktivierung (Begr BR-Drs. 158/19 S. 41).

3. Die Anforderungen an die **elektromagnetische Verträglichkeit** von Elektrokleinstfahr- **3** zeugen (Nr. 2) wurden festgelegt, weil die gegenseitige Beeinflussung elektrischer Geräte ausgeschlossen sein muss (Begr BR-Drs. 158/19 S. 36). Die Mindestanforderungen ergeben sich aus der Regelung Nr. 10 der UN/ECE (StVRL § 55a StVZO Nr. 6). Maßnahmen zum **Schutz vor Manipulation** (Nr. 3) sollen unbefugten Zugriff oder Änderungen am Fahrzeug verhindern, da eine sichere Teilnahme am Straßenverkehr nur dann möglich ist, wenn die Fahrzeuge unverändert dem genehmigten Zustand (ABE oder Einzelbetriebserlaubnis) entsprechen (Begr BR-Drs. 158/19 S. 36). Alle am Fahrzeug befindlichen **spannungsführenden Bauteile** müssen mit einem wirksamen **Schutz** gegen das **direkte Berühren** ausgeführt sein (Nr. 4), damit der Fahrzeugführer unter allen Witterungsbedingungen ausreichend geschützt ist (Begr BR-Drs. 158/19 S. 36). Alle Bedien- und Bauteile müssen **gegen unbeabsichtigtes Verstellen abgesichert** sein (Nr. 5), damit der Fahrer keine unbeabsichtigten Betätigungen ausführen kann, die zu einem unsicheren Fahrzustand führen können (Begr BR-Drs. 158/19 S. 36).

Elektrokleinstfahrzeuge müssen so gebaut sein, dass eine **Gefährdung** durch scharfe Kanten **4** oder mögliches Hängenbleiben an einer vorstehenden Fläche möglichst **vermieden** wird (Nr. 6). Auch von zusammengeklappten Elektrokleinstfahrzeugen soll kein Gefährdungspotential für Passanten oder andere Nutzer öffentlicher Verkehrsmittel ausgehen (Begr BR-Drs. 158/19 S. 36). Durch die Anforderung, dass das **Bedienelement** zur **Steuerung der Motorleistung** bei Elektrokleinstfahrzeugen so beschaffen sein muss, dass es sich innerhalb einer Sekunde selbständig **in Nullstellung zurückversetzt,** wenn der Fahrer es loslässt (Nr. 7), soll einer unbeabsichtigten Antriebsaktivierung ohne Krafteinwirkung des Fahrers vorgebeugt werden (Begr BR-Drs. 158/19 S. 36). Selbstbalancierende Elektrokleinstfahrzeuge (§ 1 II eKFV) müssen neben der durch § 4 eKFV vorgeschriebenen Verzögerungseinrichtung zusätzlich mit einem System zur Zustandserkennung ausgerüstet sein, das erkennt, ob sich der Fahrer auf dem Fahrzeug befindet (Nr. 7). Befindet er sich nicht mehr auf dem Fahrzeug, muss sich der Fahrzeugantrieb sofort deaktivieren (Nr. 7), da das Fahrzeug sonst möglicherweise ohne Fahrer weiterfahren könnte (Begr BR-Drs. 158/19 S. 36). **Standflächen** auf Elektrokleinstfahrzeugen müssen eine **rutschhemmende Oberfläche** haben (Nr. 9), damit ein sicherer Stand auf den Fahrzeugen möglich ist (Begr BR-Drs. 158/19 S. 37).

Personenbeförderung und Anhängerbetrieb

8 Die Personenbeförderung sowie der Anhängerbetrieb sind für Elektrokleinstfahrzeuge nicht gestattet.

Anm. § 8 verbietet die Mitnahme weiterer Personen auf Elektrokleinstfahrzeugen außer dem **1** Fahrer und den Betrieb von Elektrokleinstfahrzeugen mit einem oder mehreren Anhängern; Verstoß ist ordnungswidrig (§ 14 Nr. 4 eKFV). Aufgrund der Beschaffenheit der zum Zeitpunkt des Erlasses der eKFV im Jahr 2019 bekannten Elektrokleinstfahrzeuge hielt der VOGeber es nicht für vertretbar, Personenbeförderung oder Anhängerbetrieb zuzulassen. Dafür müssten die Fahrzeuge entsprechend weitere Sicherheitsanforderungen erfüllen und darauf getestet werden (Begr BR-Drs. 158/19 S. 37).

Anwendung der Straßenverkehrs-Ordnung

9 Wer ein Elektrokleinstfahrzeug im Straßenverkehr führt, unterliegt den Vorschriften der Straßenverkehrs-Ordnung nach Maßgabe der nachfolgenden §§ 10 bis 13.

1   Die Vorschrift regelt zunächst die Selbstverständlichkeit, dass Führer von Elektrokleinstfahrzeugen den Verhaltensregeln der StVO unterliegen. Weil Elektrokleinstfahrzeuge Kfz sind (§ 1 I), gelten dabei für sie, soweit vorhanden, die für Kfz geltenden Regeln. Spezifisch für Elektrokleinstfahrzeuge geltende Maßgaben sind abschließend in den §§ 10 bis 13 geregelt (s. dort).

Zulässige Verkehrsflächen

10 (1) ¹Innerhalb geschlossener Ortschaften dürfen Elektrokleinstfahrzeuge nur baulich angelegte Radwege, darunter auch gemeinsame Geh- und Radwege (Zeichen 240 der Anlage 2 zur Straßenverkehrs-Ordnung) und die dem Radverkehr zugeteilte Verkehrsfläche getrennter Rad- und Gehwege (Zeichen 241 der Anlage 2 zur Straßenverkehrs-Ordnung), sowie Radfahrstreifen (Zeichen 237 in Verbindung mit Zeichen 295 der Anlage 2 zur Straßenverkehrs-Ordnung) und Fahrradstraßen (Zeichen 244.1 der Anlage 2 zur Straßenverkehrs-Ordnung) befahren. ²Wenn solche nicht vorhanden sind, darf auf Fahrbahnen oder in verkehrsberuhigten Bereichen (Zeichen 325.1 der Anlage 3 zur Straßenverkehrs-Ordnung) gefahren werden. ³Anlage 3 laufende Nummer 22 Nummer 2 der Straßenverkehrs-Ordnung findet keine Anwendung.

(2) ¹Außerhalb geschlossener Ortschaften dürfen Elektrokleinstfahrzeuge nur baulich angelegte Radwege, darunter auch gemeinsame Geh- und Radwege (Zeichen 240 der Anlage 2 zur Straßenverkehrs-Ordnung) und die dem Radverkehr zugeteilte Verkehrsfläche getrennter Rad- und Gehwege (Zeichen 241 der Anlage 2 zur Straßenverkehrs-Ordnung), sowie Radfahrstreifen (Zeichen 237 in Verbindung mit Zeichen 295 der Anlage 2 zur Straßenverkehrs-Ordnung), Fahrradstraßen (Zeichen 244.1 der Anlage 2 zur Straßenverkehrs-Ordnung) und Seitenstreifen befahren. ²Wenn solche nicht vorhanden sind, darf auf Fahrbahnen gefahren werden.

(3) ¹Für das Befahren von anderen Verkehrsflächen können die Straßenverkehrsbehörden abweichend von Absatz 1 und 2 Ausnahmen für bestimmte Einzelfälle oder allgemein für bestimmte Antragsteller zulassen. ²Eine allgemeine Zulassung von Elektrokleinstfahrzeugen auf solchen Verkehrsflächen kann durch Anordnung des Zusatzzeichens

„Elektrokleinstfahrzeuge frei"

bekannt gegeben werden.

1   **Begr** BR-Drs. 158/19 S. 37 f.; Maßgaben des BRats BR-Drs. 158/19 (Beschluss).

2   **1. Allgemeines.** Die Vorschrift bestimmt, auf welchen Verkehrsflächen und bei Anordnung welcher VZ mit Elektrokleinstfahrzeugen gefahren werden darf. § 12 enthält insoweit weitere Regelungen. Die ursprünglich von der BReg vorgesehene Zulassung einer zweiten Kategorie von Elektrokleinstfahrzeugen mit einer bauartbedingten Höchstgeschwindigkeit von weniger als 12 km/h für Verkehrsflächen, die von Fußgängern genutzt werden (vgl. § 10 III, IV des RegE), ist im BRat gescheitert (vgl. BR-Drs. 158/19 (Beschluss) S. 2 ff.). Trotz ihres Charakters als Kfz (§ 1 I) ist die Rechtsstellung von Elektrokleinstfahrzeugen der einzig verbliebenen Kategorie (s. die Erläuterungen zu § 1) in Bezug auf die Nutzung zugelassener Verkehrsflächen dem Fahrrad angenähert.

2. Innerorts (I). I S. 1 bestimmt die innerhalb geschlossener Ortschaften zugelassenen Ver- **3** kehrsflächen. In grds. (s. aber I S. 2 und III) abschließender Aufzählung werden in I S. 1 genannt baulich angelegte Radwege, gemeinsame Geh- und Radwege und getrennte Rad- und Gehwege. Es kommt dabei *nicht* darauf an, ob für Radfahrer Benutzungspflicht bestünde (Z 237, 240 und 241). Nach dem eindeutigen Gesetzeswortlaut müssen die dem Radverkehr zugeteilten Verkehrsflächen durch Führer von Elektrokleinstfahrzeugen *auch dann benützt werden*, wenn für den Radverkehr *keine* Benutzungspflicht angeordnet ist (*Huppertz* NZV **19** 387, 391). Nur wenn Radwege usw. nicht vorhanden sind, darf auf Fahrbahnen und in verkehrsberuhigten Bereichen gefahren werden (**I S. 2**). Fahrbahnbenutzung ist wie bei Fahrrädern aus den unter § 2 StVO Rn. 67 genannten Gründen auch erlaubt, wenn der Radweg unbenutzbar ist (*Huppertz* NZV **19** 391). Beim Befahren von verkehrsberuhigten Bereichen gilt Schrittgeschwindigkeit (dazu § 42 StVO Rn. 181 zu Z 325.1/325.2). I S. 3 bewirkt, dass Elektrokleinstfahrzeuge nach Maßgabe des Rechtsfahrgebots wie Fahrräder auf Schutzstreifen für den Radverkehr gefahren werden dürfen.

Das **Befahren von Gehwegen** ist verboten. Das gilt unabhängig davon, ob die Motorkraft **4** wirkt; denn die Vorschrift knüpft nur an die Eigenschaft als Elektrokleinstfahrzeug an (vgl. *Schäler* SVR **19** 295). Wie Fahrräder dürfen Elektrokleinstfahrzeuge hingegen auf Fußgängern vorbehaltenen Verkehrsflächen geschoben (mitgeführt) werden.

3. Außerorts (II). Die zugelassenen Verkehrsflächen entsprechen denen des I; darüber hinaus **5** sind Seitenstreifen (dazu § 2 Rn. 25, 28) einbezogen (II S. 1). Entsprechend I ist die Fahrbahnbenutzung: nach II S. 2 nur dann erlaubt, wenn dem Radverkehr zugeteilte Verkehrsflächen nicht vorhanden oder nicht benutzbar (dazu Rn. 3) sind.

4. Ausnahmen (III). III S. 1 regelt konkrete und allgemeine Ausnahmebewilligungen durch **6** die StrVB, III S. 2 solche durch das dort bezeichnete ZusatzZ.

5. OW. Das Befahren anderer als der in I S. 1 bzw. II S. 1 zugelassenen Verkehrsflächen stellt **7** eine OW dar (§ 14 Nr. 5).

Allgemeine Verhaltensregeln

11 (1) **Wer ein Elektrokleinstfahrzeug führt, muss einzeln hintereinander fahren, darf sich nicht an fahrende Fahrzeuge anhängen und nicht freihändig fahren.**

(2) **Mit Elektrokleinstfahrzeugen darf von dem Gebot, auf Fahrbahnen mit mehreren Fahrstreifen möglichst weit rechts zu fahren, nicht abgewichen werden.**

(3) **Sind an einem Elektrokleinstfahrzeug keine Fahrtrichtungsanzeiger vorhanden, so muss wer ein Elektrokleinstfahrzeug führt, die Richtungsänderung so rechtzeitig und deutlich durch Handzeichen ankündigen, dass andere Verkehrsteilnehmer ihr Verhalten daran ausrichten können.**

(4) [1]**Wer ein Elektrokleinstfahrzeug auf Radverkehrsflächen führt, muss auf den Radverkehr Rücksicht nehmen und erforderlichenfalls die Geschwindigkeit an den Radverkehr anpassen.** [2]**Wer ein Elektrokleinstfahrzeug führt, muss schnellerem Radverkehr das Überholen ohne Behinderung ermöglichen.** [3]**Auf gemeinsamen Geh- und Radwegen (Zeichen 240 der Anlage 2 zur Straßenverkehrs-Ordnung) haben Fußgänger Vorrang und dürfen weder behindert noch gefährdet werden.** [4]**Erforderlichenfalls muss die Geschwindigkeit an den Fußgängerverkehr angepasst werden.**

(5) **Für das Abstellen von Elektrokleinstfahrzeugen gelten die für Fahrräder geltenden Parkvorschriften entsprechend.**

Begr BR-Drs. 158/19 S. 38 f., Maßgaben des BRates BR-Drs. 158/19 (B) S. 4 f. **1**

Zu Abs. 1: *Für das Befahren von Verkehrsflächen sind besondere Verhaltensanforderungen zur Gewähr-* **2** *leistung einer sicheren Verkehrsteilnahme erforderlich: es gelten für Fahrer von Elektrokleinstfahrzeugen ebenfalls die für Radf geltenden Verbote des Anhängens an Fz und des Freihändigfahrens. Insoweit sind die Gefahrenpotentiale dieser Fahrzeugkategorien vergleichbar .... Das freihändige Fahren würde insbesondere bei Nutzung der auch für Fußgänger bestimmten Verkehrsflächen ein zusätzliches Gefahrenpotential darstellen. Das Nebeneinanderfahren ist verboten, da aufgrund der unterschiedlichen Fahrzeugausprägungen (mit/ohne Sitz, mit/ohne Selbstbalancierung) noch keine abschließende Aussage zur Fahrdynamik gemacht werden kann. Dies wird im Rahmen der vorgesehenen Evaluierung der BASt ... näher beleuchtet werden.*

Zu Abs. 2: *Auch ein Abweichen vom Rechtsfahrgebot ist für diese Kfz nicht geboten (§ 2 Abs. 2 bzw.* **3** *§ 7 Abs. 1 S. 1 StVO). Infolge der vorhanden erheblichen Differenzgeschwindigkeiten zu anderen Kfz,* *sind sie an den rechten Fahrbahnrand zu verweisen, um anderen Kfz das gefahrlose Überholen zu ermöglichen.*

4   **Zu Abs. 3:** *Obwohl der Fahrtrichtungsanzeiger für Elektrokleinstfahrzeuge optional ist, die Elektrokleinstfahrzeuge unter bestimmten Voraussetzungen aber auch Fahrbahnen und unmittelbar an Fahrbahnen angrenzende Verkehrsflächen nutzen dürfen, müssen andere VT von einem Abbiegevorgang wie beim Radfahren durch ein rechtzeitiges und deutliches Handzeichen des Fahrenden in Kenntnis gesetzt werden, so dass sie genügend Zeit haben ihr Verhalten daran auszurichten.*

5   **Zu Abs. 4;** *Fahrer von Elektrokleinstfahrzeugen müssen auf den für den Radverkehr vorgehaltenen Verkehrsflächen Rücksicht auf den Radverkehr nehmen und erforderlichenfalls ihre Geschwindigkeit dort entsprechend an den Radverkehr anpassen. Wer ein Elektrokleinstfahrzeug führt, muss dem schnelleren Radverkehr das Überholen ohne Behinderung ermöglichen. Wenn … gemeinsame Geh- und Radwege (Z 240 der Anl 2 zur StVO) durch Elektrokleinstfahrzeuge genutzt werden, müssen die allgemeinen Regelungen der StVO für den Fahrverkehr zu Anwendung kommen. Eine gleichzeitige Rücksichtnahme auf Fußgänger ist bei der Nutzung dieser Verkehrsflächen zwingend erforderlich. Fußgänger dürfen daher weder behindert noch gefährdet werden, auf gemeinsamen Geh- und Radwegen ist erforderlichenfalls die Geschwindigkeit der Fz auf die Geschwindigkeit des Fußgängers (Schrittgeschwindigkeit) abzusenken.*

6   **Begr des BRats zu Abs. 5:** *Anders als andere Kfz sollen Elektrokleinstfahrzeuge ebenso wie Fahrräder vorbehaltlich der Beachtung von § 1 StVO grundsätzlich auch auf Gehwegen geparkt werden dürfen, wenn keine gesonderten Parkflächen für diese Fahrzeugart vorhanden sind.*

7   **1. Allgemeines.** Die Vorschrift regelt besondere (vgl. § 9) Verhaltensmaßgaben für die Führer von Elektrokleinstfahrzeugen. Der VOGeber orientiert sich dabei an bestehenden Verhaltenspflichten von Rad- und auch von KRadfahrern.

8   **2. Die Gebote des I** (s. auch Begr Rn. 2) sind im Wesentlichen § 2 III S. 1 sowie § 23 III S. 1 und 2 StVO entnommen. Auf die Erläuterungen hierzu (§ 2 StVO Rn. 70; § 23 StVO Rn. 37) kann daher Bezug genommen werden. Durch die 54. ÄndVStVR ist das Nebeneinanderfahren von Elektrokleinstfahrzeugen (vgl. Anl. 2 zu § 41 I StVO lfd. Nr. 23 Spalte 3 Nr. 3) in Fahrradstraßen (Z 244.1) zugelassen worden (vgl. auch BR-Drs. 158/19 S. 38). Demgegenüber sind Elektrokleinstfahrzeuge in die Regelung zum Nebeneinanderfahren von Radfahrern (vgl. § 2 IV S. 1 Hs. 2 StVO, s. dort Rn. 70) nicht einbezogen worden. Das Nebeneinanderfahren von Elektrokleinstfahrzeugen auf Fahrbahnen ist mithin nicht erlaubt (Verstoß gegen das Rechtsfahrgebot nach § 2 I StVO).

9   **3. Rechtsfahrgebot (II).** Der VOGeber ordnet für die Führer von Elektrokleinstfahrzeugen auch bei mehrstreifigen Fahrbahnen ein striktes Rechtsfahrgebot an. Begründet wird dies mit den aus den erheblichen Differenzgeschwindigkeiten zu anderen Kfz resultierenden Gefahren (Begr, Rn. 3).

10   **4. Fahrtrichtungsanzeige (III).** Die Ausrüstung mit Fahrtrichtungsanzeigern ist für Elektrokleinstfahrzeuge nicht zwingend vorgeschrieben (vgl. § 5 IV). Für den Fall deren Fehlens bestimmt III, dass der FzF die Richtungsänderung so rechtzeitig und deutlich durch Handzeichen ankündigen muss, dass andere VT ihr Verhalten daran ausrichten können (s. auch Begr Rn. 4). Insoweit gelten die durch die Rspr. für die Ankündigung von Richtungsänderungen durch Radf und Kradf entsprechend (hierzu § 9 Rn. 19). Allerdings bleibt offen, wie der FzF diese akrobatische Fähigkeiten erfordernde Aufgabe (BHHJ/*Jahnke* Rn. 14) soll bewältigen können (optimistischer *Brockmann* NZV **20** 18, 21). Der 58. VGT fordert vor diesem Hintergrund eine verbindliche Ausrüstung mit Fahrtrichtungsanzeigern (AKV Empfehlung Nr. 3). Ankündigung durch Fußzeichen genügt nach dem eindeutigen Gesetzeswortlaut jedenfalls nicht (BHHJ/*Jahnke* Rn. 14). Zur Frage, ob die „nicht richtige" bzw. „nicht rechtzeitige" Ankündigung einer Fahrtrichtungsänderung bußgeldbewehrt ist, s. Rn. 13 und § 14 Rn. 2.

11   **5. Rücksichtnahmegebot (IV).** IV enthält Verhaltensregeln für die Führer von Elektrokleinstfahrzeugen im Verhältnis zum Radverkehr und zu Fußgängern. IV S. 1 und 2 bestimmt die Pflichten auf den dem Radverkehr zur Verfügung gestellten Verkehrsflächen. Danach müssen die Führer von Elektrokleinstfahrzeugen Rücksicht auf den Radverkehr nehmen und, wenn nötig, ihre Geschwindigkeit an diesen anpassen (IV S. 1). Ferner müssen sie schnelleren Radfahrern das Überholen ermöglichen (IV S. 2). Auf **gemeinsamen Geh- und Radwegen** (Z 240) gelten die Regeln für den Fahrverkehr (Begr Rn. 5). Den Führern von Elektrokleinstfahrzeugen

obliegt wie auch Radfahrern (im Einzelnen § 41 StVO Rn. 248c zum Z 240) gegenüber Fußgängern Rücksichtnahme; diese haben absoluten Vorrang und dürfen weder behindert noch gefährdet werden (IV S. 3). Ggf. muss Schrittgeschwindigkeit (dazu § 42 Rn. 181 zu Z 325.1/325.2) gefahren werden (IV S. 4). Die Führer von Elektrokleinstfahrzeugen müssen dabei durch Warnsignale rechtzeitig auf sich aufmerksam machen und sicherstellen, dass die Warnsignale vom Fußgänger auch wahrgenommen und verstanden werden (zB Blickkontakt); reagiert ein Fußgänger nicht, muss angehalten werden (Ko SVR **19** 454 bei *Balke* (zu § 7 V MobHV aF)).

6. Abstellen (V). Es gelten nicht die Vorschriften über das Halten und Parken von Kfz (§ 12 **12** StVO). Vielmehr sollen nach V „die für Fahrräder geltenden Parkvorschriften entsprechend" anzuwenden sein. Spezifische Vorschriften für das Abstellen von Fahrrädern sind jedoch nicht vorhanden (vgl. auch § 12 Rn. 55; § 41 Rn. 248c zu Z 239). Letztlich bedeutet die Regelung, dass Elektrokleinstfahrzeuge auf Gehwegen abgestellt werden dürfen (Begr des BRats, Rn. 6), was zu dem namentlich in vielen Großstädten zu beobachtenden „Wildwuchs" beiträgt (hierzu auch die Entschließung des BRats in BR-Drs. 158/19 (B) S. 11 (Nr. 2)).

7. Ordnungswidrigkeiten. Verstöße gegen I S. 1 (§ 14 Nr. 6), III (§ 14 Nr. 7), IV S. 2 (§ 14 **13** Nr. 8) und IV S. 2 (§ 14 Nr. 9) sind bußgeldbewehrt. § 14 Nr. 7 bewehrt die in III enthaltenen Gebote insgesamt mit Geldbuße (näher § 14 Rn. 2).

8. Zivilrecht. Alleinschuld eines Segway-Fahrers, der auf einem kombinierten Fuß- und **14** Radweg gegenüber dort befindlichen Fußgängern die ihn treffenden Sorgfaltspflichten verletzt (Ko SVR **19** 454 bei *Balke* (zu § 7 V MobHV aF)).

Besonderheiten bei angeordneten Verkehrsverboten nach der Straßenverkehrs-Ordnung

12 (1) **Ist ein Verbot für Fahrzeuge aller Art (Zeichen 250 der Anlage 2 zur Straßenver-kehrs-Ordnung) angeordnet, so dürfen Elektrokleinstfahrzeuge dort geschoben werden.**

(2) **Ist ein Verbot für Kraftwagen (Zeichen 251 der Anlage 2 zur Straßenver-kehrs-Ordnung), ein Verbot für Krafträder (Zeichen 255 der Anlage 2 zur Straßenver-kehrs-Ordnung), ein Verbot für Kraftfahrzeuge (Zeichen 260 der Anlage 2 zur Straßenver-kehrs-Ordnung) oder ein Verbot der Einfahrt (Zeichen 267 der Anlage 2 zur Straßenver-kehrs-Ordnung) angeordnet, so dürfen Elektrokleinstfahrzeuge dort nur fahren oder einfahren, wenn dies durch das Zusatzzeichen „Elektrokleinstfahrzeuge frei" erlaubt ist.**

(3) **Ist ein Verbot für den Radverkehr (Zeichen 254 der Anlage 2 zur Straßenver-kehrs-Ordnung) angeordnet, so gilt dies auch für Elektrokleinstfahrzeuge.**

1. Allgemeines. Die Vorschrift trifft Spezialregelungen für bestimmte StVO-Verkehrsverbote. **1** Die für Elektrokleinstfahrzeuge zugelassenen Verkehrsflächen ergeben sich aus § 10 (s. dort). Durch ZusatzZ „Elektrokleinstfahrzeuge frei" kann das Befahren für Elektrokleinstfahrzeuge sonst versperrter Verkehrsflächen allgemein erlaubt werden (§ 10 III S. 2; s. dort Rn. 6).

2. Z 250 (I). I erlaubt (nur) das Schieben von Elektrokleinstfahrzeugen beim Verkehrsverbot **2** durch Z 250 (zu Z 250 s. im Einzelnen § 41 Rn. 248e).

3. Befreiung durch ZusatzZ (II). Nach II dürfen die Führer von Elektrokleinstfahrzeugen **3** bei einem Verbot für Kraftwagen (Z 251; dazu § 41 Rn. 248f.), einem Verbot für Krafträder (Z 255; dazu § 41 Rn. 248f.), einem Verbot für Kfz (Z 260; dazu § 41 Rn. 248f.) oder einem Verbot der Einfahrt (Z 267; dazu § 41 Rn. 248g) nur fahren oder einfahren, wenn dies durch das ZusatzZ „Elektrokleinstfahrzeuge frei" (§ 10 III S. 2) erlaubt ist. Hinsichtlich der Einfahrt in Einbahnstr (Z 267) steht das ZusatzZ „Radfahrer frei" (Anl 2 zu § 41 I StVO lfd. Nr. 41.1) an sich nicht gleich. Entsprechendes gälte für das ZusatzZ zu Z 220 gemäß Anl 2 zu § 41 I StVO lfd. Nr. 9.1. Jedoch ist die Problematik durch die 54. ÄndVStVR v. 20.4.2020 (BGBl. I S. 814, 817f.) in der Weise gelöst worden, dass Elektrokleinstfahrzeuge iS der eKFV durchgehend in die entsprechenden ZusatzZ einbezogen worden sind (dazu BR-Drs. 591/19 S. 90; 591/19 (B) S. 14ff.).

Die Wirkungen des II können **nur** durch das ZusatzZ „Elektrokleinstfahrzeuge frei" bzw. **4** durch Erstreckung des ZusatzZ mit „Radverkehr frei" auf Elektrokleinstfahrzeuge herbeigeführt werden (dazu Rn. 3), Hingegen gilt das ZusatzZ „Elektrisch betriebene Fahrzeuge frei" (§ 39 X StVO; Anl 2 zu § 41 I StVO lfd. Nr. 25.1, 27.1) mangels Vorliegens der in § 39 X S. 2 StVO bezeichneten Voraussetzungen nicht auch für Elektrokleinstfahrzeuge (aM BHHJ/*Jahnke* Rn. 5,

22). Die Führer von Elektrokleinstfahrzeugen dürfen deshalb bei Anbringung des genannten ZusatzZ nicht etwa Bussonderfahrstreifen (Z 245) befahren (aM BHHJ/*Jahnke* Rn. 5).

5   **4. Ist Radverkehr untersagt (Z 254)**, gilt dies gemäß III wegen der Vergleichbarkeit mit einem Fahrrad auch für Elektrokleinstfahrzeuge (Begr, BR-Drs. 158/19 S. 40).

6   **5. Ordnungswidrigkeit.** Die Vorschrift ist in § 14 nicht gesondert bußgeldbewehrt. Es gelten die für die Verletzung der jeweiligen Verkehrsverbote normierten Bußgeldtatbestände.

Lichtzeichen

13 [1]Elektrokleinstfahrzeuge unterfallen der Lichtzeichenregelung des § 37 Absatz 2 Nummer 5 und 6 der Straßenverkehrs-Ordnung. [2]Dabei kommt das Sinnbild „Radverkehr" zur Anwendung.

1   **Begr** (BR-Drs. 158/19 S. 40): *Aufgrund der Vergleichbarkeit mit dem Radverkehr und der entsprechend zugewiesenen Verkehrsflächen sollen Elektrokleinstfahrzeuge mit einer bauartbedingten Höchstgeschwindigkeit von nicht weniger als 12 km/h auch der Lichtzeichenregelung für Radfahrer unterfallen. Das Sinnbild „Radverkehr" kommt folgerichtig auch für diese Elektrokleinstfahrzeuge zur Anwendung. ...*

2   **1.** S. 1 unterwirft die Führer von Elektrokleinstfahrzeugen den für den Radverkehr geltenden Lichtzeichenregelungen nach § 37 II Nr. 5 und 6 StVO. Wegen der Einzelheiten kann auf das in § 37 StVO Rn. 36 Gesagte Bezug genommen werden. S. 2 ordnet die Geltung des für den Radverkehr geltenden Sinnbilds an.

3   **2.** Die Vorschrift ist in § 14 nicht gesondert bußgeldbewehrt. Es gelten die für Rotlichtverstöße normierten Bußgeldtatbestände (s. im Einzelnen dort).

Ordnungswidrigkeiten

14 Ordnungswidrig im Sinne des § 24 Absatz 1 Satz 1 des Straßenverkehrsgesetzes handelt, wer vorsätzlich oder fahrlässig

1. entgegen § 2 Absatz 1 Satz 1 oder Absatz 3 Satz 2 ein Elektrokleinstfahrzeug in Betrieb setzt,
2. entgegen § 2 Absatz 1 Satz 2 eine dort genannte Bestätigung oder Bescheinigung nicht oder nicht rechtzeitig aushändigt,
3. entgegen § 2 Absatz 4 die Inbetriebnahme anordnet oder zulässt,
4. entgegen § 8 eine Person befördert oder einen Anhänger betreibt,
5. entgegen § 10 Absatz 1 Satz 1 oder Absatz 2 Satz 1 eine andere Verkehrsfläche befährt,
6. entgegen § 11 Absatz 1 nicht richtig fährt, sich an ein fahrendes Fahrzeug anhängt oder freihändig fährt,
7. entgegen § 11 Absatz 3 eine Richtungsänderung nicht ankündigt,
8. entgegen § 11 Absatz 4 Satz 2 schnellerem Radverkehr das Überholen nicht ermöglicht oder
9. entgegen § 11 Absatz 4 Satz 3 einen Fußgänger behindert oder gefährdet.

1   **Begr** (BR-Drs. 195/19 S. 40): *Es handelt sich um die Festlegung von Verstößen gegen die für Elektrokleinstfahrzeuge vorgegebenen Voraussetzungen bzw. Verhaltensanforderungen für die bzw. bei Teilnahme im StrV und damit um die Normierung von Ordnungswidrigkeittatbeständen, soweit sie nicht bereits Gegenstand anderer Vorschriften (zB § 49 StVO) sind. Insbesondere soll das Nebeneinanderfahren sowie die Nichtankündigung einer Richtungsänderung bußgeldbewehrt werden. Eine Nichtankündigung der Richtungsänderung wird dabei gemäß § 11 III in ihrer Rechtsfolge einer nicht deutlichen oder einer nicht rechtzeitigen Ankündigung der Richtungsänderung gleichgestellt, da alle drei vorgenannten Verhaltensweisen zur Folge haben, dass es den anderen Verkehrsteilnehmern nicht möglich ist, ihr Verhalten daran auszurichten. Von der Festlegung neuer Bußgeldregelsätzen in der Anlage zur Bußgeldkatalog-Verordnung (BKatV) wird, vor dem Hintergrund des erwarteten Verbreitungsgrades dieser Kfz, Gebrauch gemacht. Jedoch nur für solche Ordnungswidrigkeiten, wo ein regelmäßiger Verstoß erwartet wird. Die für den Verwaltungsvollzug zuständigen Länder können entsprechende Regelungen zur Gewährleistung einer einheitlichen Ahndung der nicht explizit in die BKatV aufgenommener Tatbestände in eigener Zuständigkeit treffen.*

1. Allgemeines. Die Vorschrift normiert Bußgeldtatbestände für spezifische Ge- und Verbote 2 der eKFV. Daneben tritt die Vielzahl von Bußgeldtatbeständen des StVRechts, namentlich die in § 49 StVO enthaltenen (Begr).

2. An § 14 Nr. 7 fällt auf, dass die in Bußgeldnormen sonst übliche Wendung „nicht richtig, 3 nicht in der vorgeschriebenen Weise oder nicht rechtzeitig" fehlt. Das könnte so interpretiert werden, dass nur die Nichtankündigung der Fahrtrichtungsänderung, nicht aber die nicht rechtzeitige und auch nicht die nicht ordnungsgemäße (nämlich per Handzeichen) Anzeige ordnungswidrig sind. Jedoch dürfte § 11 III zu den Gebotsvorschriften gehören, bei denen dieser Wendung nur deklaratorische Bedeutung zukommen würde (Handbuch des Nebenstrafrechts (Hrsg. BMJV), 3. Aufl. 2018, Rn. 152 ff.). Dies zugrunde gelegt ist mit der Angabe „entgegen § 11 Absatz 3" – wie vom VOGeber gewollt (Begr) – der Gebotsgehalt des § 11 III im Ganzen bußgeldbewehrt.

Übergangsbestimmungen

15 (1) ¹Genehmigungen, die bis zum Außerkrafttreten der Mobilitätshilfenverordnung vom 16. Juli 2009 (BGBl. I S. 2097) erteilt wurden, bleiben gültig. ²Genehmigungen auf Basis der außer Kraft gesetzten Mobilitätshilfenverordnung dürfen nicht geändert werden.

(2) Für Elektrokleinstfahrzeuge, für die eine gültige Genehmigung durch eine Straßenverkehrsbehörde auf Grundlage anderer Vorschriften erteilt wurde und die den Anforderungen dieser Verordnung entsprechen, sind die Vorschriften dieser Verordnung nach ihrem Inkrafttreten maßgeblich.

(3) Versicherungskennzeichen, die auf Grundlage der Mobilitätshilfenverordnung vom 16. Juli 2009 (BGBl. I S. 2097) erteilt wurden, bleiben für das jeweilige Verkehrsjahr gültig.

(4) ¹Das Bundesministerium für Verkehr und digitale Infrastruktur überprüft die vorliegende Verordnung hinsichtlich ihrer Wirksamkeit, Zielsetzung und Auswirkungen auf die Verkehrssicherheit, basierend insbesondere auf den Ergebnissen einer wissenschaftlichen Begleitung. ²Auf der Grundlage dieser Evaluierung wird das Bundesministerium für Verkehr und digitale Infrastruktur gegebenenfalls bis zum 1. September 2023 einen Vorschlag für die Änderung dieser Verordnung vorlegen.

1. Regelungsgegenstand. § 15 trifft Übergangsbestimmungen im Hinblick auf das Außer- 1 krafttreten der früheren MobHV am 15.6.2019 und verpflichtet das BMV zur Evaluation der eKFV.

2. Abs. I S. 1 stellt klar, dass Genehmigungen (Allgemeine Betriebserlaubnisse für Typen und 2 Einzelbetriebserlaubnisse), die nach der früheren MobHV **für Segways** erteilt worden sind, gültig bleiben. Als unbefristet erteilter VA entfalten sie so lange Rechtswirkung, wie das jeweilige Fahrzeug existiert, sofern sie nicht ausdrücklich entzogen werden oder kraft Gesetzes erlöschen. Auf der Grundlage der früheren MobHV erteilte Genehmigungen dürfen seit dem 15.6.2019 nicht mehr geändert werden (I S. 2). Sofern Änderungsbedarf besteht, muss eine neue Genehmigung beantragt werden, die dann nach den Vorgaben der eKFV zu erteilen ist.

3. Soweit vor Inkrafttreten der eKFV am 15.6.2019 für Elektrokleinstfahrzeuge, die jetzt den 3 Anforderungen der eKFV entsprechen, entweder nach der früheren MobHV, nach anderen Vorschriften oder im Ausnahmewege Genehmigungen (Betriebserlaubnisse) erteilt worden sind, gelten für diese Fahrzeuge seit 15.6.2019 nur noch die Vorschriften der eKFV und nicht länger die Bestimmungen der erteilten Genehmigung (II, Begr BR-Drs. 158/19 S. 40).

4. Segways durften nach § 2 I S. 1 Nr. 2 der früheren MobHV im öffentlichen Straßenverkehr 4 nur in Betrieb gesetzt werden, wenn sie ein gültiges **Versicherungskennzeichen** nach §§ 26, 27 FZV führten. Versicherungskennzeichen, die vor Inkrafttreten der eKFV auf der Grundlage der früheren MobHV erteilt worden sind, sind für das jeweilige Verkehrsjahr gültig geblieben (III). Verkehrsjahr von Versicherungskennzeichen ist jeweils der Zeitraum vom 1. März eines Jahres bis zum Ablauf des Monats Februar des nächsten Jahres (§ 26 I S. 3 FZV). Das bei Inkrafttreten der eKFV und Außerkrafttreten der MobHV am 15.6.2019 laufende Verkehrsjahr endete somit am 29.2.2020. Bis zu diesem Zeitpunkt konnten Segways also noch mit dem vor dem 15.6.2019 erhaltenen Versicherungskennzeichen betrieben werden. Seit dem 1.3.2020 dürfen sie im öffentlichen Straßenverkehr nur noch in Betrieb gesetzt werden, wenn sie eine gültige Versicherungsplakette nach § 29a FZV führen (§ 2 I S. 1 Nr. 2 eKFV).

5   5. Abs. IV verpflichtet das BMV, die eKFV hinsichtlich ihrer Wirksamkeit, Zielsetzung und Auswirkungen auf die Verkehrssicherheit zu **evaluieren**. Durch die Einfügung der Wörter *und Auswirkungen auf die Verkehrssicherheit* auf Wunsch des Bundesrates sollte erreicht werden, dass dabei die Auswirkungen auf die Entwicklung der Unfallzahlen ausdrücklich und im angemessenen Umfang berücksichtigt werden (Begr BR-Drs. 158/19 (Beschluss) S. 7). Die vorgesehene wissenschaftliche Begleitung soll die sich aus der Teilnahme am Straßenverkehr ergebenden Unwägbarkeiten und ggf. bestehenden Anpassungsbedarf ermitteln (Begr BR-Drs. 158/19 S. 41).

8. Strafgesetzbuch (StGB)

In der Fassung der Bekanntmachung vom 13. November 1998
(BGBl. I S. 3322)

FNA 450-2

zuletzt geändert durch G zur Änd. des Strafgesetzbuches – Verbesserung des
Persönlichkeitsschutzes bei Bildaufnahmen vom 9.10.2020 (BGBl. I S. 2075)

(Auszug)

Fahrverbot

44 (1) [1]Wird jemand wegen einer Straftat zu einer Freiheitsstrafe oder einer Geldstrafe verurteilt, so kann ihm das Gericht für die Dauer von einem Monat bis zu sechs Monaten verbieten, im Straßenverkehr Kraftfahrzeuge jeder oder einer bestimmten Art zu führen. [2]Auch wenn die Straftat nicht bei oder im Zusammenhang mit dem Führen eines Kraftfahrzeugs oder unter Verletzung der Pflichten eines Kraftfahrzeugführers begangen wurde, kommt die Anordnung eines Fahrverbots namentlich in Betracht, wenn sie zur Einwirkung auf den Täter oder zur Verteidigung der Rechtsordnung erforderlich erscheint oder hierdurch die Verhängung einer Freiheitsstrafe oder deren Vollstreckung vermieden werden kann. [3]Ein Fahrverbot ist in der Regel anzuordnen, wenn in den Fällen einer Verurteilung nach § 315c Abs. 1 Nr. 1 Buchstabe a, Abs. 3 oder § 316 die Entziehung der Fahrerlaubnis nach § 69 unterbleibt.

(2) [1]Das Fahrverbot wird wirksam, wenn der Führerschein nach Rechtskraft des Urteils in amtliche Verwahrung gelangt, spätestens jedoch mit Ablauf von einem Monat seit Eintritt der Rechtskraft. [2]Für seine Dauer werden von einer deutschen Behörde ausgestellte nationale und internationale Führerscheine amtlich verwahrt. [3]Dies gilt auch, wenn der Führerschein von einer Behörde eines Mitgliedstaates der Europäischen Union oder eines anderen Vertragsstaates des Abkommens über den Europäischen Wirtschaftsraum ausgestellt worden ist, sofern der Inhaber seinen ordentlichen Wohnsitz im Inland hat. [4]In anderen ausländischen Führerscheinen wird das Fahrverbot vermerkt.

(3) [1]Ist ein Führerschein amtlich zu verwahren oder das Fahrverbot in einem ausländischen Führerschein zu vermerken, so wird die Verbotsfrist erst von dem Tage an gerechnet, an dem dies geschieht. [2]In die Verbotsfrist wird die Zeit nicht eingerechnet, in welcher der Täter auf behördliche Anordnung in einer Anstalt verwahrt worden ist.

(4) [1]Werden gegen den Täter mehrere Fahrverbote rechtskräftig verhängt, so sind die Verbotsfristen nacheinander zu berechnen. [2]Die Verbotsfrist auf Grund des früher wirksam gewordenen Fahrverbots läuft zuerst. [3]Werden Fahrverbote gleichzeitig wirksam, so läuft die Verbotsfrist auf Grund des früher angeordneten Fahrverbots zuerst, bei gleichzeitiger Anordnung ist die frühere Tat maßgebend.

1. Die Vorschrift entstammt dem 2. VerkSichG 1964 (§ 37 aF) und wurde durch das 2. StrRG **1** idF des G vom 20.7.73 und das EGStGB 1974 in den AT des StGB übernommen. Durch G v. 17.8.2017 (BGBl. I S. 3202) erfolgte unter Beibehaltung des Charakters als Nebenstrafe bei Erhöhung des Höchstmaßes von drei auf sechs Monate die Öffnung für Straftaten der allgemeinen Kriminalität. **Begr** des 2. VerkSichG (BT-Drs. IV/651 S. 12): 32. Aufl. **Begr** zum 32. StRÄndG v. 1.6.1995 (BGBl. I S. 747): BR-Drs. 68/93 (Beschluss). **Begr** zur Neufassung durch ÄndG v. 24.4.1998: BR-Drs. 821/96 S. 96; die Begr zu II S. 3 entspricht derjenigen zu § 25 II S. 3 StVG (s. dort Rn. 5). **Begr** zum G v. 17.8.2017: BT-Drs. 18/11272 (RegEntw) S. 14ff., 18/12785 (Beschlussempfehlung und Bericht): S. 43ff. Das strafrechtliche FV wurde im vormaligen Zuschnitt (Beschränkung auf Verkehrsstraftaten) relativ häufig verhängt (2016 ca. 26 000 rechtskräftige VU). Die Anordnungshäufigkeit liegt quantitativ jedoch weit hinter der des FV nach § 25 StVG zurück, die 2016 bei über 400 000 lag (2016: 446.813 FV incl. der nach Strafrecht angeordneten, davon rund 406 000 durch die Bußgeldbehörden; Quelle KBA). Ob die Erweiterung auf Straftaten der allgemeinen Kriminalität zu einem spürbaren Anstieg der Anordnungen führen wird, bleibt abzuwarten. Reformdiskussion: Für FV als *Hauptstrafe* mit 6 Monaten Höchstmaß RegEntw BT-Drs. 15/2725 (dort Art 1 Nr. 5, 6), als Hauptstrafe auch für die allgemeine Kriminalität

BR in BT-Drs. 15/2725 S. 39 (zusf *König* NZV **01** 6) und BT-Drs. 16/8695; zu den jüngsten, nunmehr vom GGeber umgesetzten Initiativen *Janker* DAR **17** 8; *Bode* NZV **17** 1 sowie die Empfehlungen des AK I des 55. VGT 2017, NZV **17** 76). Die nachfolgende Kommentierung konzentriert sich auf die für Verkehrsstraftaten zentralen Aspekte.

2   Das Fahrverbot (FV) als Nebenstrafe (Rn. 3) **lässt die FE unberührt** und hindert nur deren Ausnutzung. Es ist (weiterhin) vorrangig Warnungs- und Besinnungsstrafe („**verschärfte Denkzettelstrafe**", BT-Drs. 18/11272 S. 17) für nachlässige und leichtfertige Kf (vgl. BVerfG NJW **69** 1623; BGHSt **24** 351, BGH NStZ **04** 145, NJW **16** 1188 (zu § 25 StVG); Ha DAR **04** 535, Dü NZV **93** 76, Stu DAR **98** 153), die einer Pflichtenmahnung bedürfen, bei denen aber die vorab zu prüfende und bei Vorliegen der Voraussetzungen auch anzuordnende (Kar VRS **34** 192, Ce NJW **68** 1102, Stu DAR **98** 153) EdF nach § 69 (noch) nicht eingreift, die aber bei weiteren Verstößen in die Gefahr des Eignungsverlusts geraten. Diese fortbestehende Bedeutung für Verkehrs- und Zusammenhangstaten will der Gesetzgeber durch den hierauf bezogenen (im Grunde überflüssigen, Rn. 5) Hinweis in I S. 2 Hs. 1 verdeutlichen (BT-Drs. 18/12785 S. 44). Es bleibt nach neuer Rechtslage dabei, dass das FV spezialpräventiv geprägt ist (vgl. BGHSt **24** 348, Kar NZV **05** 594, Ha VRS **109** 122, Dü NZV **93** 76, Kö NZV **92** 159, Stu DAR **98** 153). Das kommt auch in dem gesetzgeberischen Ziel zum Ausdruck, sehr vermögende Täter nachhaltiger zu beeindrucken als durch eine bloße Geldstrafe. Jedoch wird schon wegen des mit dem erweiterten FV und der Verlängerung der FVDauer auf 6 Monate (Rn. 12a) verfolgten Zwecks, (vollstreckte) Freiheitsstrafen zurückzudrängen, der „vergeltende" Strafcharakter des FV (Schuldausgleich) mehr betont (was die Materialien mit der Wendung „Stärkung des Strafgedankens" wohl meinen; vgl. BT-Drs. 18/12785 S. 44; 18/11272 S. 17, 19); das FV nimmt demnach Funktionen der partiell verdrängten Hauptstrafe verstärkt in sich auf. Dem „Strafgedanken" trägt auch die Regelung zur „Nacheinander-Vollstreckung" mehrerer FV Rechnung (IV; dazu Rn. 13). Zudem hat das Gesetz durch Aufnahme der Wendung „Verteidigung der Rechtsordnung" verdeutlicht, dass mit dem FV auch generalpräventive Zwecke verfolgt werden können (BT-Drs. 18/12785 S. 44). Der zum alten Recht bestehende Meinungsstreit (bejahend Bay GA **67** 316; Ha DAR **88** 280; 44. Aufl.; aM Kö NZV **96** 286 mAnm *Hentschel;* LK-StGB¹²/*Geppert* Rn. 30) ist damit vom GGeber in diesem Sinn entschieden. Angesichts der Zurückhaltung der Rspr. gegenüber generalpräventiven Zwecken im Rahmen der Strafzumessung dürfte der Gesichtspunkt jedoch in der Praxis weiterhin keine große Rolle spielen (s. auch § 25 StVG Rn. 11). Das FV soll nach dem in die Neuregelung übernommenen Willen des historischen GGebers des § 44 im Verkehrsbereich mit Nachdruck angewendet werden, um das Verantwortungsbewusstsein der Kf zu stärken (Ha DAR **05** 406). Es kann auch für das Führen von fahrerlaubnisfreien Kfz (§ 5 FeV, Ol VM **69** 5, Ha VRS **34** 367; s. auch Ha DAR **17** 390 m Bspr *König* DAR **18** 361) und neben isolierter Sperrfrist (§ 69a) zB für Mofas (Dü VM **70** 68) angeordnet werden, desgleichen, mag dies auch keine allzu große praktische Bedeutung haben, hinsichtlich solcher FzArten, die bei EdF von der Sperre ausgenommen worden sind (§ 69a; Dü VM **72** 23, **70** 68). Im Hinblick darauf kann man schwerlich von einem (rechtlichen) Ausschließlichkeitsverhältnis zwischen FV und EdF sprechen (in diese Richtung aber BGH BA **18** 437; s. auch *Rinio* NZV **19** 153).

3   **2.** Entsprechend seiner durch die Novellierung bewusst beibehaltenen **Rechtsnatur als Nebenstrafe** (eingehend BT-Drs. 18/111272 S. 27; zu Forderungen nach Aufstufung zur Hauptstrafe Rn. 1; unzutr. *Zopfs* DAR **17** 737, wonach es sich um eine „verdeckte" Hauptstrafe handeln soll; hierzu *König* DAR **18** 604) setzt das FV die Verhängung einer Hauptstrafe (Geld- oder Freiheitsstrafe) zwingend voraus. Neben einer Verwarnung mit Strafvorbehalt (§ 59 (hierzu § 315c Rn. 66); Bay NStZ **82** 258 mkritAnm *Meyer-Goßner,* Stu NZV **94** 405, Fra NZV **14** 136 mBspr *König* DAR **14** 363 und *Timm* NZV **14** 112) oder dem Absehen von Strafe (zB §§ 60, 142 IV, § 320) kommt es deshalb weiterhin nicht in Betracht, nach hM auch nicht neben dem Schuldspruch nach § 27 JGG, wohl aber neben Erziehungsmaßregeln und Zuchtmitteln des Jugendstrafrechts, wobei aber das Höchstmaß dort (weiterhin) 3 Monate beträgt (§ 8 III S. 2 JGG; hierzu BT-Drs. 18/11272 S. 17, 33).

4   **3. Anlasstat muss eine Straftat sein,** also eine rechtswidrig und schuldhaft begangene Tat (dem Strafcharakter entsprechend kein FV bei Schuldunfähigkeit, anders die Maßregel des § 69). Einen besonderen Schweregrad verlangt das Gesetz nicht ausdrücklich. Jedoch ist das Gewicht der Tat bei der Ausfüllung des richterlichen Ermessens zu berücksichtigen (Rn. 6 ff.). Für OW gilt § 25 StVG (s. dort).

4. Im richterlichen Ermessen steht die Anordnung des FV. Gesetzlich eingeschränkt ist die- **5** ses Ermessen (nur) in den Fällen des I S. 3 (Rn. 8). Der in II S. 2 Hs. 1 enthaltene Hinweis auf Straftaten beim oder im Zusammenhang mit dem Führen eines Kfz (dazu § 69 StGB Rn. 3–7) hat keine eigenständige Bedeutung. Denn nach der Formulierung („*Auch* wenn die Straftat nicht …“, nicht also „*Wenn* die Straftat …“) gilt für Verkehrsstraftaten und Zusammenhangstaten nichts anderes als für Straftaten der allgemeinen Kriminalität (*König* DAR **18** 604). Der GGeber (anders noch der RegEntw in BT-Drs. 18/11272) will durch die Wendung zum Ausdruck bringen, dass der Hauptanwendungsbereich des FV auch in Zukunft im Verkehrsstrafrecht liegen wird (Rn. 2). Angesichts der Gesetzesfassung stellt sie jedoch nicht viel mehr als eine rechtlich unverbindliche Prognose dar (LK-StGB/*König* Rn. 5). Denn die in I S. 2 aufgenommenen, nicht abschließend gemeinten („namentlich“) **Leitlinien** gelten einschränkungslos für alle Straftaten (was in den Materialien auch durch die mehrfache Verwendung der Worte „insbesondere“ bzw. „vornehmlich“ (für Straftaten der allgemeinen Kriminalität) zum Ausdruck kommt (BT-Drs. 18/ 12785 S. 44 f.; LK-StGB/*König* Rn. 5; *König* DAR **18** 604; aM aber wohl BeckOK StGB/ *v Heintschel-Heinegg* Rn. 5; *Fischer* Rn. 13, 17). **Danach kommt das FV namentlich in Betracht,** wenn es spezial- oder generalpräventiv erforderlich ist *oder* hierdurch die Verhängung oder Vollstreckung einer Freiheitsstrafe vermieden werden kann. In der Variante „zur Einwirkung auf den Täter“ beanspruchen die zur vormaligen, auf Verkehrs- und Zusammenhangstaten beschränkten Gesetzesfassung entwickelten Maßstäbe weiterhin Gültigkeit, wobei immer die Konkurrenz zur EdF zu beachten ist (s. auch die Beispiele Rn. 7 ff.). Ein weiterer Anwendungsfall sind (sehr vermögende) Täter, die mit einer Geldstrafe allein nicht zu treffen sind (BT-Drs. 18/12785 S. 44; dazu *König* NZV **01** 6; DAR **18** 604). Endgültig ist mit der Neufassung der zum alten Recht von Teilen des Schrifttums eingenommenen Position der Boden entzogen, wonach unter Übertragung der durch BGH (GrS) NJW **05** 1957 zur EdF entwickelten Grundsätze (hierzu § 69 Rn. 1, 11 ff.) auch für § 44 erforderlich sein sollte, dass die Anlasstat tragfähige Rückschlüsse darauf zulassen müsse, der Täter werde bereit sein, die Sicherheit des StrV seinen eigenen kriminellen Interessen unterzuordnen (so LK-StGB¹²/*Geppert* Rn. 5; abl 44. Aufl. mwN).

Für die Entscheidung **gelten die allgemeinen Regeln der Strafzumessung,** wobei die **6** spezialpräventive Einwirkung auf den Täter (Warn- bzw. Denkzettelwirkung) weiterhin im Vordergrund steht (Rn. 2), jedoch der mit dem FV verbundene generalpräventive Effekt, der Gedanke des Schuldausgleichs sowie die weiteren Zwecke der Zurückdrängung von (vollstreckten) Freiheitsstrafen eine Rolle spielen können (Rn. 2, 5). In diesem Rahmen kann es gewichtet werden, wenn der Täter weitere Unrechtstatbestände verwirklicht (*König* DAR **19** 362; **aM** Ko DAR **18** 452). Auch das Nachtatverhalten ist (wie stets im Rahmen der Strafzumessung) zu würdigen (Dü VRS **84** 334), etwa tätige Reue nach § 142 IV (Rn. 7a). Zur Bedeutung nachträglicher Teilnahme an **verkehrspsychologischen Einzelschulungen** § 25 StVG Rn. 25. Bestreiten der Tat und prozessual zulässige Versuche, eine Ahndung abzuwenden, dürfen jedoch nicht (als „Uneinsichtigkeit“) zu Lasten des Angeklagten zur Begründung einer FVAnordnung herangezogen werden (Kö DAR **99** 87). Verhängung anstelle von Nichtentziehung der FE ist nicht zwingend, sondern unterliegt pflichtgemäßem Ermessen, sie setzt voraus, dass der Täter zwar noch nicht ungeeignet ist, aber erheblich versagt hat (Rn. 8a). Der Tatrichter muss sich dessen bewusst sein, dass **Haupt- und Nebenstrafe in einer Wechselbeziehung** zueinander stehen, wobei das gesamte Strafübel das Maß der Tatschuld nicht überschreiten darf (BGHSt **29** 58; Ko NZV **12** 405). Er muss auch prüfen (und im Urteil darlegen), ob die Strafzwecke bereits allein mit der (ggf. strengeren, aber noch innerhalb der Tatschuld liegenden) Hauptstrafe oder besser durch deren Verbindung mit dem FV erreichbar sind (BGHSt **24** 348 = NJW **72** 1332; LK-StGB¹²/*Geppert* Rn. 22), wobei die in I S. 2 bezeichneten „Leitlinien“ (Rn. 5) mit zu bedenken sind. Dabei dürfen die Anforderungen nicht überspannt werden (*Schäfer/Sander/v Gemmeren* Strafzumessung Rn. 383). Ein strenger Subsidiaritätsgrundsatz des Inhalts, es müsse *feststehen,* dass der mit der Hauptstrafe verfolgte Zweck ohne die Nebenstrafe nicht erreicht werden könne (so LK-StGB¹²/*Geppert* Rn. 31; MüKoStGB/*Athing/v Heintschel-Heinegg* Rn. 11; *Zopfs* DAR **17** 738), ist schon mit dem Umstand nicht vereinbar, dass sich der Tatrichter im Bereich der *Prognose* bewegt (*König* DAR **18** 604). Weder beim FV noch bei den Hauptstrafen ist es ihm möglich, die (künftige) Erfüllung eines Strafzwecks *festzustellen* (LK-StGB/*König* Rn. 31).

Hinreichend trennscharfe **Kriterien für die Ermessensausübung** im Rahmen des § 44 **7** (umfänglich LK-StGB/*König* Rn. 24 ff.) lassen sich der bisherigen, vergleichsweise spärlichen veröffentlichten Judikatur gerade zum strafrechtlichen FV nicht entnehmen, was auch damit zu tun hat, dass jeweils auf den Einzelfall bezogene Entscheidungen notwendig werden. Ausgangspunkt ist, dass der Gesetzgeber auch nach Normierung der „Leitlinien“ (Rn. 5) bewusst keine

Restriktionen für das richterliche Ermessen in § 44 aufgenommen hat, um das FV nicht zu einer stumpfen Waffe gegen Unfälle im StrV verkommen zu lassen (BGHSt **24** 348, 351). Damit war es schon bislang nicht vereinbar, die Sanktion unter Übertragung der in § 25 I S. 1 StVG enthaltenen Voraussetzungen nur gegen Personen zu verhängen, die besonders verantwortungslos gehandelt haben oder wiederholt wegen VStraftaten aufgefallen sind; bei diesem Personenkreis wird meist die EdF angezeigt sein, weswegen § 44 bei einer einengenden Interpretation in diesem Sinn weitgehend leerliefe (BGH aaO). Es kommt hinzu, dass der Neufassung der gesetzgeberische Wille zu einer breiteren Anwendung des FV innewohnt. Gelangt das Gericht zu der Wertung, dass bei Anordnung des FV eine (zu vollstreckende) Freiheitsstrafe entbehrlich ist (§§ 47, 56), wird es das FV anordnen müssen. Das ist keine Neuerung. Schon bisher konnte es bei zusätzlichem FV etwa an der Unerlässlichkeit iSv § 47 I fehlen (Ko NZV **12** 404). Stu NZV **19** 632 (Anm *Bollacher*) hält (zu Straftaten der allgemeinen Kriminalität) namentlich bei Vorhandensein einer FE die ausdrückliche Prüfung für erforderlich, ob die Freiheitsstrafe duch Geldstrafe und FV ersetzt werden kann. Ferner war (und ist) das FV geeignet, die Gefahr erneuter Straffälligkeit so weit zu reduzieren, dass eine andernfalls nicht mehr zu rechtfertigende Strafaussetzung doch noch gewährt werden kann (vgl. etwa BGHSt **29** 58, 61). Darüber hinaus kann es sein, dass wegen der zusätzlichen Anordnung des FV (von immerhin bis zu 6 Monaten) die (schuldangemessene) Freiheitsstrafe nunmehr im aussetzungsfähigen Bereich von höchstens als 2 Jahren Freiheitsstrafe (§ 56 II S. 1) liegt (zum Ganzen *König* DAR **18** 604 sowie eingehend LK-StGB/*König* Rn. 22 ff.). Aus dem Umstand, dass eine Regelwirkung für die Anordnung des FV in dem unverändert beibehaltenen I S. 3 nur für Trunkenheitsfahrten begründet wurde (Rn. 8), kann man andererseits schließen, dass nicht jede oder fast jede VStraftat automatisch auch ein FV nach sich ziehen soll. Zwischen diesen beiden Polen ist die Lage wenig geklärt.

7a   **Ua folgende Kriterien** werden im Verkehrsstrafrecht (weiterhin) heranzuziehen sein, wobei die Härtefallfrage (Rn. 7c) zusätzlich zu würdigen ist: **Nicht in Betracht kommen** wird das FV bei einem einmaligen leichteren Versagen, zB bei einmaliger bloßer Unaufmerksamkeit. Bei bloßen Ordnungsverstößen ohne erschwerende Umstände wird eher nur Geldstrafe angezeigt sein (Sa VRS **37** 310, Ha VRS **36** 177). Nicht ausreichend ist es ohne Hinzutreten weiterer Umstände etwa, wenn bei einer Straftat nach § 142 die Schwelle des bedeutenden Schadens iS von § 69 II Nr. 3 verfehlt ist (Bay VRS **58** 362; st. Rspr, s. auch Rn. 8a). In Fällen Tätiger Reue, die die enge Regelung des § 142 IV (knapp) verfehlen, kann ein Absehen vom FV gerechtfertigt sein (s. auch § 69 Rn. 17, LK-StGB[12]/*Geppert* Rn. 211, 240). **Für die Verhängung** des FV wird es sprechen, wenn der Täter (auch bei leichteren Verfehlungen) zuvor wegen gewichtigerer VerkehrsOW (massive Geschwindigkeitsüberschreitungen, s. Ha DAR **69** 187, VRS **36** 177, Vorfahrtverstöße, Rotlichtverstöße usw.) aufgefallen ist (BGHSt **24** 348, Ha NJW **71** 1190, LK-StGB/*König* Rn. 27). Auf derart leichtsinnige, besonders pflichtvergessene Kraftfahrer ist das FV zugeschnitten. Bei VStraftaten „im Rückfall" gilt dies erst recht, sofern nicht schon EdF angezeigt ist. Auch einmaliges grobes Fehlverhalten kann genügen. Hierher werden namentlich die in § 315c I Nr. 2 normierten „Todsünden" zu rechnen sein, auch wenn der Täter „nur" grob verkehrswidrig *oder* rücksichtslos handelt und ein Gefahrerfolg nicht eintritt, aber auch etwa nötigendes Verhalten im StrV (Dü VM **71** 76 (EdF lag hier aber näher)), bei Tätlichkeiten gegenüber anderen VT (Kar DAR **05** 645), § 21 StVG, usw. (jeweils, sofern nicht schon EdF angezeigt ist). Kurierfahrten mit BtM oder Steuerstraftaten etwa im Zusammenhang mit Zigarettenschmuggel (hierzu *Ebner* NZV **14** 391) können ein FV rechtfertigen. Berücksichtigung früherer Bußgeld- und Strafverfahren: § 29 StVG (Verwertungsverbote). Auch für Trunkenheitsfahrten bzw. -flüge im Bahn-, Schiffs- und Flugverkehr, auf die § 69 nicht anwendbar ist (§ 69 Rn. 3), steht nunmehr ein FV bis zu 6 Monaten zur Verfügung.

7b   Konstellationen, in denen die **(Straf-)Tat zugleich einen Bußgeldtatbestand** erfüllt, für den § 25 I S. 2 StVG ein RegelFV anordnet oder bei dem nach § 25 I S. 1 StVG iVm BKatV ein FV indiziert ist, die OW aber nach § 21 I S. 1 OWiG hinter die Straftat iS des § 44 I zurücktritt, werden unterschiedlich beurteilt. Klar ist, dass § 25 I S. 2 StVG und § 4 I S. 1, II S. 2 BKatV für das FV nach § 44 StGB nicht unmittelbar gelten; sie beziehen sich eindeutig auf das FV des OWRechts (Kö NZV **96** 286 mAnm *Hentschel*). Andererseits darf der Strafrichter die Regelverstöße im Rahmen der Strafzumessung nicht einfach ausblenden (uU aM Kö aaO). Er wird in diesem Rahmen auch kaum an der Wertung des Gesetz- bzw. VOGebers vorbeigehen können, dass das jeweilige Fehlverhalten zumeist einen Eingriff in die „Fahrfreiheit" gebietet oder zumindest rechtfertigt. Dass der Täter wegen einer Straftat bestraft und nicht „nur" wegen einer OW belangt wird, kann ihn in Bezug auf die das Fahren betreffende Sanktion schwerlich besserstellen (wohl aM Kö aaO). Die Regelverstöße sind mithin gewichtige Indizien für die Anordnung des FV nach § 44. Wo hingegen auch in Anbetracht dieser Umstände neben der Strafe kein (strafrechtliches) FV zu verhängen ist, wird nach den hierfür geltenden Maßstäben neben der Strafe ein FV nach § 25 StVG zuzumessen sein (§ 21 I S. 2 OWiG; s. § 25 StVG Rn. 13, für § 25 I S. 2 StVG ebenso *Hentschel* aaO; s. auch *Krumm* NZV **12** 210).

Berufliche oder wirtschaftliche Nachteile, die mit dem FV üblicherweise verbunden **7c** sind, rechtfertigen die Nichtanordnung eines nach Sachlage gebotenen FV nicht (LK-StGB/ *König* Rn. 28). Anders liegt es bei gewichtigen, nicht durch zumutbare Vorkehrungen vermeidbaren schweren Nachteilen, namentlich dann, wenn der Verlust des Arbeitsplatzes oder gar der Existenz droht (zB LG Amberg ZfS **06** 289). Die Grundsätze unter § 25 StVG Rn. 25a ff. können mit aller Vorsicht herangezogen werden (wohl auch LK-StGB/*König* Rn. 28). Nicht zulässig ist es, eine die wirtschaftlichen Verhältnisse des Angekl. (§ 40 II) übersteigende Tagessatzhöhe festzusetzen, um auf diese Weise die Verhängung eines sonst in Betracht kommenden FV zu kompensieren (Kar NZV **05** 594). Die Judikatur zu § 25 StVG ist auch für die Frage übertragbar, ob ein auf bestimmte FzArten beschränktes FV genügt (§ 25 StVG Rn. 11, sowie unten Rn. 10). Eine dem § 25 IIa StVG entsprechende Möglichkeit besteht im Rahmen des § 44 nicht. Jedoch verschafft die Neuregelung in II S. 1 dem Verurteilten die Möglichkeit, den Beginn des FV innerhalb eines Monats durch (Nicht-)Abgabe des FS selbst zu bestimmen (Rn. 10).

Eingeschränkt ist das Ermessen durch I S. 3 dann, wenn die FE in den Fällen des **8** FzFührens in rauschmittelbedingter Fahrunsicherheit (§§ 316, 315c I Nr. 1a, III), die I S. 3 allein meint (LK-StGB/*König* Rn. 34), ausnahmsweise nicht entzogen wird (dazu Rn. 8a). Darauf bezogene Taten des Vollrauschs (§ 323a) sind merkwürdigerweise nicht inbegriffen; jedoch wird eine Entkräftung der Regelvermutung des § 69 II Nr. 4 kaum je vorkommen. Falls doch, wird das Ermessen nach I S. 1 iS der Anordnung zu gebrauchen sein (LK-StGB/*König* Rn. 34). Bei Erfüllung des I S. 3 ist die Erforderlichkeit eines FV indiziert, was bedeutet, dass seine Anordnung nur bei **ganz besonderen Ausnahmeumständen äußerer oder innerer Art** unterbleiben darf, die im Urteil besonders darzulegen sind (Fra VM **77** 31; Sa r+s **81** 43). Im Hinblick darauf, dass es hier um strafrechtlich relevante Trunkenheitsfahrten geht, werden eher noch strengere Maßstäbe anzulegen sein als für die Regelanordnung nach § 25 I S. 2 StVG (dort Rn. 18). Veröffentlichte Judikatur speziell zu § 44 I S. 3 ist kaum vorhanden. Das wird dadurch bedingt sein, dass bei einer Trunkenheitsfahrt trotz § 69 II Nr. 1, 2 ein Absehen von der EdF bereits sehr selten vorkommt. Nach (nur ausnahmsweise möglicher) Nichtanordnung der EdF nunmehr in einem weiteren Schritt die auf das Fahren bezogene Sanktion quasi „auf Null herabzufahren", würde der höheren abstrakten Gefahr und dem höheren Unrechtsgehalt einer strafrechtlich relevanten Trunkenheitsfahrt kaum entsprechen. In extremen Ausnahmekonstellationen wird ein Absehen vom FV jedoch auch im Strafrecht diskutabel sein, so etwa, wenn der Kf das Kfz nur wenige Meter bewegt. Kö VRS **81** 21 erörtert trotzdem (im konkreten Fall wohl mit Recht) nur ein eingeschränktes FV. Ein weiterer Anwendungsfall können notstandsähnliche Situationen sein (§ 25 StVG Rn. 24). Viel zu großzügig aber LG Mü I NZV **05** 56, das fehlende Voreintragungen und 1 Jahr unbeanstandetes Fahren eines BerufsKf für ein Absehen vom indizierten FV ausreichen lässt.

Es besteht keine allgemeine Regel, wonach in allen (anderen, s. Rn. 8) Fällen des § 69 II **8a** bei Absehen von EdF stets ein FV zu verhängen wäre (Bay VRS **58** 362, Ko VRS **71** 278, Kö DAR **92** 152). Unterbleibt EdF nur deswegen, weil der Zweck der Maßregel durch lange vorläufige EdF erreicht ist, gilt I S. 3 trotz fehlender Vollstreckbarkeit (§ 51 I, V) gleichwohl; wie bei der Parallelproblematik einer nach Anrechnung von U-Haft erledigten Freiheitsstrafe (§ 51 I StGB) verliert das (erledigte) FV nämlich durch Zeitablauf nicht die Kennzeichnungsfunktion der Strafe, die auch im BZR und FaER zum Ausdruck kommt und kommen muss (BGH NJW **80** 130, Fra VM **76** 27, **77** 31, Bay NStZ **89** 257, LK-StGB/*König* Rn. 38; *Geppert* ZRP **81** 88; aM Bay NJW **77** 445, LG Fra StV **81** 628, hier bis 38. Aufl, *Hentschel* DAR **78** 102). Es ist deswegen unrichtig, von „symbolischer" (Bay NJW **77** 445 (aufgegeben durch Bay NStZ **89** 257)) oder „deklaratorischer" (AG Lüdinghausen NZV **08** 419 (zu § 25 StVG); **10** 272) Anordnung zu sprechen (LK-StGB/*König* Rn. 38).

Nach langem Zeitablauf seit der Tat soll das FV *nach bisher hM* seine spezialpräventive **9** Funktion oft nicht mehr erfüllen können und daher uU nicht mehr geboten sein. Die Grundsätze unter § 25 StVG Rn. 24 gelten auch hier. Richtwert sind nach überkommener Rspr. **2 Jahre** beanstandungsfreien Fahrens (Kö VRS **109** 338, Ha BA **12** 314, Dü NZV **93** 76, Stu DAR **99** 180, Jn NZV **08** 366 (2¹/₂ Jahre); s. aber LG Ko NStZ-RR **96** 117). Der Zeitraum zwischen tatrichterlichem Urteil und der Entscheidung des Revisionsgerichts ist dabei nicht einzurechnen (Stu NZV **16** 292; näher § 25 StVG Rn. 24). Unterhalb der Grenze wird ein Absehen idR nicht in Betracht kommen (Ha NZV **06** 167, abw *Schulz* ZfS **98** 363). Von BGH ZfS **04** 133 (zust *Bode*) wurde (mit apodiktischer Begründung) allerdings ein FV 1 Jahr 9 Monaten nach der Tat als zur Warnung nicht mehr geeignet erachtet (ebenso zu § 142 Ko DAR **18** 452 mablBspr *König* DAR **19** 362), von Ha DAR **04** 535 (krit *Krumm*, Anm *Bode* ZfS **04** 429) jedenfalls nach 22 Monaten. Eine Verfahrensdauer von über 2 Jahren soll dann nicht schaden, wenn der Zeitablauf maßgebend auf durch den Angekl. bewirkte Verzögerungen zurückzuführen ist (Ha DAR **05** 406). Zur Frage, ob dem Angekl. insoweit die Einlegung von Rechtsmitteln schadet: § 25 StVG Rn. 24. Ist der Angekl. in der Zwischenzeit erneut (wegen Straftaten oder VerkehrsOW) auffällig geworden, so wird trotz des Zeitablaufs ein FV anzuordnen sein (Kar NZV **04** 316; Ba DAR **08** 651 (je zu § 25 StVG)).

9a   Gegen die in der vorstehenden Rn. referierte Rspr. bestanden schon nach alter Rechtslage sowohl hinsichtlich der Herleitung als auch der Ausformung **erhebliche Bedenken** (im Einzelnen § 25 StVG Rn. 23a) Es ist sehr zw, ob diese Rspr. nach neuem Recht für § 44 beibehalten werden kann (eingehend LK-StGB/*König* Rn. 30a). Denn der GGeber hat mit der Novellierung den (vergeltenden) Strafgedanken stärken wollen (Rn. 2). Es erscheint aber nicht plausibel, Schuldausgleich (wie bei Geld- und Freiheitsstrafe auch) bei einem erwachsenen Angeklagten nach 2 Jahren oder gar weniger nicht mehr soll stattfinden können; Gleiches gilt für die Spezialprävention, deren Sinnhaftigkeit unter Berücksichtigung der Persönlichkeit in der Hauptverhandlung zu prüfen ist (eingehend *König* DAR **18** 604). Längere Zeit zwischen Tat und Ahndung, ggf. auch eine der Justiz anzulastende Verfahrensverzögerung kann (und muss) wie auch sonst durch mildere Strafbemessung und evt. zusätzlich über die Kompensation wegen rechtsstaatswidriger Verfahrensverzögerung im Vollstreckungsmodell (§ 24 StVG Rn. 57a) berücksichtigt werden. In diesem Rahmen und damit systemgerecht ist auch das Prozessverhalten des Angekl. zu würdigen. Nach der Erhöhung der FVDauer auf 6 Monate besteht insoweit auch (noch) mehr Spielraum. Wo schließlich bei Anordnung des FV eine (vollstreckte) Freiheitsstrafe vermieden werden kann (Rn. 2, 5), ist für einen Wegfall des FV aufgrund bloßen Zeitablaufs (bei Verhängung der dann fälligen (vollstreckten) Freiheitsstrafe) besondere Zurückhaltung geboten.

10   **5. Kraftfahrzeuge jeder oder einer bestimmten Art** erfasst das FV. Kfz: § 69 StGB Rn. 3 und § 1 StVG, § 4 FeV. KfzArten: § 69a StVG Rn. 5–7. Wie bei § 25 StVG (dort Rn. 11) muss die Beschränkung wegen des Übermaßverbots ausgesprochen werden, wenn ein beschränktes FV den Strafzwecken genügt (Kö DAR **91** 112). Unter Zugrundelegung von Strafzumessungsregeln und Beachtung des Übermaßverbots kann hier uU auch dem Gesichtspunkt drohenden Arbeitsplatzverlusts entscheidendes Gewicht zukommen (Rn. 7c, Kö DAR **91** 112; LG Cottbus DAR **07** 716). Entgegen LG Göttingen NJW **67** 2320 kann ein bestimmtes Fz zu bestimmten Zwecken in einem räumlich begrenzten Bezirk nicht vom FV ausgenommen werden (§ 25 StVG Rn. 11). Nach Rechtskraft ist die Beschränkung auf bestimmte Kfz-Arten nicht mehr möglich (LG Aschaffenburg DAR **78** 277).

11   Bei artbeschränktem FV stellt die VB auf Antrag für die Dauer der amtlichen FS-Verwahrung einen befristeten FS für die ausgenommene KfzArt aus, der später gegen den FS wieder ausgetauscht wird (VkBl. **66** 48, Brn VRS **96** 233).

12   **6. Das FV wird wirksam,** wenn der FS nach Rechtskraft des Urteils in amtliche Verwahrung gelangt, spätestens jedoch mit Ablauf von 1 Monat seit Eintritt der Rechtskraft (II S. 1). Nach dieser (Neu-)Regelung hat es der Verurteilte in der Hand, den Beginn des FV innerhalb eines Monats durch (Nicht-)Abgabe des FS selbst zu bestimmen. Damit soll aus taktischen Gründen eingelegten Rechtsmitteln und einer Privilegierung von Mehrfachtätern entgegengewirkt werden (BT-Drs. 18/12785 S. 45). Die Regelung des § 25 IIa StVG (dort Rn. 30) hat der Gesetzgeber wegen der unterschiedlichen Ausgangslage im Strafverfahren bewusst nicht in § 44 übernommen (BT-Drs. 18/12785 S. 45; *König* DAR **18** 604). Da die Neuregelung für den Angekl. günstiger ist als das alte Recht, gilt sie nach § 2 Abs. 3 (Meistbegünstigungsgebot) auch für Alttaten (iErg auch AG Dortmund bei *Deutscher* NZV **18** 588). Zum **Führen von Kfz im Ausland** während eines im Inland verhängten FV s. § 25 StVG Rn. 11a.

12a   **7. Einen Monat bis zu sechs Monaten** dauert das FV, innerhalb dieses Rahmens bemessen nach Wochen oder Tagen. Die Neufassung hat insoweit die – vom historischen Gesetzgeber freilich bewusst gesetzte – „Lücke" zur Mindestfrist von 6 Monaten bei der EdF beseitigt (dazu BT-Drs. 18/11272 S. 16 f.; *Bellardita* DAR **17** 739). Unter Umständen kann man sich von der erhöhten FVDauer eine Entlastung der EdF in Grenzfällen etwa der „Unfallflucht" oder minder gewichtiger Trunkenheitsfahrten versprechen (*König* DAR **18** 604). Auf Alttaten findet die verschärfte Höchstdauer keine Anwendung (vgl. BGH BA **18** 437). **Die Frist beginnt** nur dann mit der Rechtskraft der Verurteilung, wenn kein FS zu verwahren ist, sonst am ersten Verwahrungstag (III), damit der Verurteilte die Herausgabe nicht verzögert, die durch Beschlagnahme erzwungen werden kann (§ 463b I StPO). Dadurch verlängert sich das FV um die Frist bis zur amtlichen Verwahrung. Das verpflichtet das Gericht zur Belehrung bei Verkündung oder Zustellung der Entscheidung, damit sich die Verbotsfrist nicht unnötig verlängert (§ 268c StPO, Ce VRS **54** 128), auch beim Strafbefehl. Nach § 59a I StVollStrO wird der FS für die Dauer des Fahrverbots durch die Staatsanwaltschaft oder den Jugendrichter als Vollstreckungsbehörde verwahrt; mit dessen Eingang dort beginnt die Frist zu laufen (§ 59a V S. 2 StVollStrO). Jedoch wird die Verwahrung etwa bei einer Polizeidienststelle oder der FEB, bei Bundeswehr-FS auch beim Dienstvorgesetzten in die Verbotsfrist eingerechnet (§ 59a V S. 2, 3 StVollStrO; dazu BeckOK StVollStrO/*Zeitler* § 59a Rn. 22). Auch bei Beschränkung auf bestimmte FzArten (Rn. 10, 11) ist der FS amtlich zu verwahren. Wird der FS bei FVVerhängung bereits amtlich verwahrt (§§ 94, 111a StPO) und die Verwahrung trotz Aufhebung der vorläufigen Entziehung im Einverständnis mit dem Verurteilten aufrecht erhalten, so ändert sich lediglich der Rechtsgrund der Verwahrung: Anrechnung der Zeit zwischen der Entscheidung und dem Eintritt der Rechtskraft auf die Verbotsfrist zwingend nach § 450 II StPO. Zur Frage der **Wohnungsdurchsuchung** zwecks Auffindung des FS § 25 StVG Rn. 32. Zum Fristbeginn bei gleichzeitiger oder nachträglicher EdF oder bei FSVerlust sowie zum Fortbestehen des FV nach langer Dauer der Nichtabgabe § 25 StVG Rn. 31. Für die Berechnung des **Endes der Verbotsfrist** gilt § 59a V StVollStrO, für die Monatsfrist also § 37 IV S. 2 StVollStrO, wonach bis zu dem Tag zu rechnen ist, der durch seine Zahl dem Anfangstag entspricht.

8. Bei mehreren FV aus unterschiedlichen Verfahren laufen die Verbotsfristen nach der **13** Neuregelung in IV S. 1 *nacheinander*, die des früher wirksamen FV zuerst, bei gleichzeitiger Wirksamkeit zählt die des früher angeordneten, bei gleichzeitiger Anordnung ist die frühere Tat maßgebend (IV S. 2, 3). Mit den in IV enthaltenen Bestimmungen ist der vormals hM der Boden entzogen, wonach mehrere FV nebeneinander zu vollstrecken sind (dazu 44. Aufl). Der Gesetzgeber hat mit der Novellierung den auch hier (44. Aufl. § 25 StVG Rn. 28, 30) geäußerten Bedenken Rechnung getragen und die Maßnahme vorrangig mit dem durch die Neuregelung verstärkten Strafcharakter des FV (Rn. 2) sowie der Vermeidung einer Privilegierung von Mehrfachtätern begründet (BT-Drs. 18/11272 S. 18 f.). Der Grundsatz der Nacheinandervollstreckung gilt auch beim Zusammentreffen von FV nach § 44 StGB mit solchen nach § 25 StVG (vgl. § 25 IIb StVG). Unverändert von dieser Vollstreckungsregelung ist jedoch **bei Tatmehrheit auf ein einheitliches FV** mit höchstens 6 Monaten im Höchstmaß zu erkennen, auch wenn jede der abgeurteilten Taten ein FV rechtfertigt (BGH NZV **16** 342; Bay VM **76** 57, Brn VRS **106** 212, Ce NZV **93** 157). Dies folgt (weiterhin) aus den Grundsätzen der Gesamtstrafenbildung (§ 53 III iVm § 52 IV), wonach die Nebenstrafe neben der Gesamtstrafe auch dann nur einmal zu verhängen ist, wenn diese für mehrere Einzeltaten in Betracht gekommen ist (LK-StGB/*König* Rn. 77; zum Grundsatz auch BGHSt **61** 100). An diesen Grundsätzen hat der GGeber nichts geändert.

Ist nachträglich **Gesamtstrafe** zu bilden, so ist entweder das schon verhängte FV, soweit es **14** nicht gegenstandslos geworden ist (§ 55 II StGB), aufrechtzuerhalten, oder es ist ein neues FV bis zu sechs Monaten Höchstdauer auszusprechen (LG Stu NZV **96** 466), dies nach § 55 auch beim Zusammentreffen von Freiheitsstrafe(n) mit Geldstrafe(n).

9. Amtliche Verwahrung des FS. In Verwahrung zu nehmen sind nach Abs. 2 S. 2 sämtliche **15** von einer deutschen Behörde ausgestellten nationalen und internationalen FS. Im Hinblick darauf, dass das FV keiner Vollstreckung im echten Sinn zugänglich ist, ist ein Vollstreckungsaufschub (§ 47 II, § 456 StPO) nicht möglich (Kö NJW **87** 80, LG Mainz MDR **67** 683, *Mürbe* DAR **83** 45); Entsprechendes gilt im Fall eines Wiedereinsetzungsantrags für § 456c StPO (LK-StGB/*König* Rn. 57; *Meyer-Goßner/Schmitt* § 456c StPO Rn. 1; **aM** Kö NJW **87** 80). Anders als gem. § 25 IIa StVG (dort Rn. 30) kann das Wirksamwerden des FV nicht bis zu 4 Monaten hinausgeschoben werden; jedoch bestehen die Möglichkeiten nach II S. 1 (Rn. 12). Von der Verwahrung ist die StrVB zu benachrichtigen, damit sie keine Zweitschrift des FS erteilt. Verlust des FS: § 25 StVG Rn. 31. Die **Prüfbescheinigung gem. § 5 FeV** ist kein FS iS des Abs. 2 S. 2, also nicht in Verwahrung zu nehmen (§ 25 StVG Rn. 32). Fristbeginn, wenn der amtlichen Verwahrung rechtliche oder tatsächliche Hindernisse entgegenstehen: § 25 StVG Rn. 31. Mit Verbotsablauf muss der FS wieder ausgehändigt sein (LG Flensburg DAR **67** 299).

Vorläufige EdF (§ 111a StPO), – nach hM ab Bekanntgabe des Beschlusses ohne Rücksicht auf **16** Verwahrung des FS (LG Frankenthal DAR **79** 341; Schönke/Schröder/*Stree/Kinzig* § 51 Rn. 36; hiergegen eingehend LK-StGB/*König* § 44 Rn. 70) – *Verwahrung, Sicherstellung oder Beschlagnahme* *des FS* (§ 94 StPO), soweit wegen einer den Gegenstand des Verfahrens bildenden Tat vor dem Urteil verstrichen, **sind auf das FV idR anzurechnen,** es sei denn, das Gericht erkennt, dies sei wegen des Verhaltens des Täters nach der Tat (insbes. Kfz-Führen trotz vorläufiger EdF) ganz oder teilweise ungerechtfertigt (§ 51 V StGB), weil die vorläufige Maßnahme keine Denkzettelwirkung (Rn. 1, 2) auf den Täter gehabt habe. Die letztgenannte Anordnung muss mit dem Urteil ergehen; fehlt sie, so ist nach § 51 I, V StGB Vollanrechnung anzunehmen. Im Anwendungsbereich des § 450 II StPO scheidet I S. 2 aus (LK-StGB/*König* Rn. 74). Soweit zur Vermeidung von Zweifeln notwendig, ist auch die Anrechnung ausdrücklich anzusprechen (Bay VRS **72** 278). Keine Anrechnung, wenn EdF *und* FV (s. Rn. 2) angeordnet werden (LK-StGB/*König* Rn. 69). Anrechnung *rechtskräftiger* EdF wegen derselben Tat: Bay VRS **72** 278 (zust *Berz* JR **87** 513). Vollstreckte ausländische Strafe (auch Verwaltungsstrafe) wegen derselben Tat ist nach § 51 III S. 1 anzurechnen (BVerfG DAR **08** 586, Bay NJW **72** 1631); vorrangig ist allerdings Strafklageverbrauch nach Art 54 SDÜ zu prüfen (vgl. BVerfG DAR **08** 586). Kein Anrechnung der Zeit der Verwahrung nach freiwilliger Abgabe des FS vor Eintritt der Rechtskraft (§ 25 Rn. 31).

17   Nicht einzurechnen ist die Dauer behördlicher **Anstaltsverwahrung** (III). Denn das an sich kurzfristige Verbot würde sonst seine Warnwirkung einbüßen, zB durch Verbüßung der in derselben Sache verhängten Freiheitsstrafe. Verwahrung: Freiheitsstrafe, Untersuchungshaft, Unterbringung, Jugendarrest, auch ausländische (BGH NJW **71** 473, Ko NStZ **07** 720). Gelockerter Vollzug, Urlaubs- und Ausgangstage unterbrechen die Anstaltsverwahrung iS von III S. 2 nicht (Stu NStZ **83** 429, Fra NJW **84** 812, aM *Kulemeier* S. 87). Das gilt auch für einen Freigänger, dem die JVA den Gebrauch des eigenen Pkw für Fahrten zur Arbeitsstelle und während des Urlaubs ohne weitere Auflagen gewährt (Kö StraFo **07** 345; eingehend Schl SchlHA **08** 223 (D/D)).

18   **10. Inhaber ausländischer FE.** Begriff: § 69b Rn. 2 StGB, § 29 FeV. Ein FV gegen Inhaber ausländischer FE hängt nach Aufhebung des früheren Abs. 2 durch das 32. StrÄndG v. 1.6.95 nicht mehr davon ab, dass die zugrunde liegende Tat gegen VVorschriften verstößt; die Voraussetzungen für die Nebenstrafe sind damit jetzt dieselben wie bei Inhabern deutscher FE. Damit soll der zunehmend länderübergreifenden Kriminalität Rechnung getragen werden (BR-Drs. 68/93 (Beschluss)). Wurde der ausländische FS von einem EU-Mitgliedstaat oder von einem EWR-Staat ausgestellt, so wird er für die Dauer des FV ebenso wie ein deutscher FS amtlich verwahrt, wenn der Inhaber seinen ordentlichen Wohnsitz (§ 2 StVG Rn. 31) im Inland hat (II S. 3). In allen anderen Fällen ist das FV auf dem ausländischen FS zu vermerken. Die Verbotsfrist beginnt mit Eintragung des Vermerks bzw. mit Einziehung, jedoch nicht vor Wirksamwerden des FV, den die Eintragung des Sperrvermerks im Blick auf den eindeutigen Wortlaut des II S. 1 aber nicht zu bewirken vermag; deswegen beginnen Wirksamkeit des FV und Verbotsfrist erst mit Ablauf der Monatsfrist, wobei die Dauer einer dem Betroffenen fälschlich mitgeteilten und zuvor abgelaufenen Sperrfrist in Gnadenwege anzurechnen ist (*König* DAR **19** 362; s. auch Mü DAR **19** 161). Zur rechtzeitigen Eintragung des Vermerks BeckOK StVollstrO/*Zeitler* StVollstrO § 59a Rn. 55 ff.; *Cremer* NStZ **93** 126. Hat der Verurteilte keinen FS, so läuft sie von der Rechtskraft der Verurteilung an. Sachlicher Geltungsbereich: Rn. 2. Anrechnung: Rn. 16, 17. Zur Möglichkeit der Vollstreckung des FV gegen Verurteilte mit ausländischer FE in deren ausländischem Wohnsitzstaat § 25 StVG Rn. 32.

19   **11. Verfahren.** Enthalten Anklage und Eröffnungsbeschluss keinen Hinweis auf die Möglichkeit eines FV, so lässt sich entgegen der zum vormaligen Recht wohl überwiegenden Meinung (Ha VRS **41** 100, Dü VM **73** 14, Ce VRS **54** 270, Bay DAR **79** 51, LK-StGB¹²/*Geppert* § 44 Rn. 92 ff.; hier 44. Aufl.; aM aber zB KG VRS **53** 42, *Meyer-Goßner/Schmitt* § 265 Rn. 24; s. auch § 25 StVG Rn. 29) nach der Neuregelung in § 265 II Nr. 1 StPO eine gerichtliche Hinweispflicht nur noch für die Fälle nach I S. 3 rechtfertigen. Denn die Verhängung des FV nach I S. 1 erfordert anders als jene keine gesetzlich *besonders vorgesehenen Umstände* iSv § 265 II Nr. 1 StPO nF, sie ist vielmehr ohne weitere Voraussetzungen neben jeder Hauptstrafe möglich (ausdrücklich BT-Drs. 18/11277 S. 37; zum Ganzen LK-StGB/*König* Rn. 92/94).

20   **Rechtsmittelbeschränkung** auf das FV ist wegen des sachlichen Zusammenhangs mit der Hauptstrafe idR unzulässig (Jn NZV **06** 167, Ce VRS **62** 38, Schl VRS **65** 386, Ko VRS **66** 40, Kö VRS **109** 338, DAR **92** 152, Dü NZV **93** 76). Entsprechendes gilt für die Beschränkung des Einspruchs gegen einen Strafbefehl (Bay NZV **00** 50). Anders, wenn bei Wegfall des FV eine Kompensation durch Erhöhung der Hauptstrafe rechtlich ausscheidet und auch eine niedrigere Strafe nach Zurückverweisung auszuschließen ist (Kö VRS **109** 338, s. auch Ha VRS **41** 183, **49** 275). Zulässig ist die Beschränkung auf den Ausspruch des FV und die Gesamtstrafe; ein Abhängigkeitsverhältnis zwischen FV und Einzelstrafen besteht nicht (Jn NZV **06** 167). Der unwirk-

sam auf das FV beschränkte Rechtsmittelangriff erfasst den Strafausspruch insgesamt (Dü VRS **63** 463, Kö NZV **96** 286), ebenso bei Anfechtung einer Verurteilung überhaupt oder bei TM, wenn ein einheitliches FV verhängt ist (Bay DAR **66** 270, KG VRS **32** 115, s. aber Bay DAR **67** 138 (Beschränkung auf die Nichtanordnung eines FV)). Durfte der Verurteilte anhand der Urteilsverkündung mit Wegfall des FV rechnen, ist das schriftliche Urteil jedoch anders auszulegen, so bindet ein Rechtsmittelverzicht in der Hauptverhandlung nicht (Kö JR **69** 392).

Verschlechterungsverbot (§§ 331, 358 II StPO; s. § 69 StGB Rn. 28, § 69a StGB Rn. 18). **21** Ist nur der Verurteilte Beschwerdeführer, so kann grundsätzlich weder neu auf FV (Kar NJW **72** 1633) noch anstatt des FV auf EdF erkannt werden (*Cramer* NJW **68** 1764). Jedoch darf ein milderes Ahndungsmittel ein strengeres ersetzen nach Maßgabe der gesetzlichen Bewertung, wobei die Gesamtschau aller Sanktionen keine Benachteiligung des Beschwerdeführers ergeben darf (BGHSt **24** 11 = NJW **71** 105). Freiheitsstrafe (auch zur Bewährung ausgesetzte) ist gegenüber dem FV die strengere Strafart (Bay VRS **54** 45, Kar NZV **05** 594), nicht aber Geldbuße (BGHSt **24** 13) und Geldstrafe (Kö DAR **05** 697, Ha NJW **71** 1190). Wird Freiheitsstrafe durch Geldstrafe ersetzt, so darf stattdessen ein FV in der Weise verhängt werden, dass Geldstrafe und FV in der Gesamtschau („ganzheitliche Betrachtungsweise") gegenüber der zunächst verhängten Freiheitsstrafe als die mildere Sanktion erscheinen (Bay VRS **54** 45). Unterschiedlich wird beurteilt, ob unter Herabsetzung der Tagessatzzahl einer Geldstrafe im Berufungsurteil erstmals ein FV angeordnet bzw. die Fahrverbotsdauer gegenüber dem Ersturteil verlängert werden darf. Stuft man das FV im Vergleich zur Geldstrafe als die strengere Strafart ein (so LK-StGB[12]/ *Geppert* Rn. 101), so wäre beides unzulässig. Eindeutig ist die Prämisse jedoch nicht. Vor allem kann sich an die Geldstrafe eine Ersatzfreiheitsstrafe anschließen (§ 43 S. 2 StGB) und die Freiheitsstrafe steht in ihrer Schwere unzweifelhaft über dem FV. Zutreffend dürfte es sein, auf die Umstände des Einzelfalls abzustellen (so Schl NStZ **84** 90, Dü ZfS **06** 587). Entfällt ein FV auf das alleinige Rechtsmittel des Angekl., so darf die Tagessatz**zahl** der Geldstrafe nicht erhöht werden, weil sie zugleich die Höhe der Ersatzfreiheitsstrafe bestimmt (Kar NZV **05** 594, VM **05** 69, Kö DAR **05** 697, VRS **109** 338, KG VRS **52** 113, Dü ZfS **06** 587; aM LG Kö NStZ-RR **97** 370, *Grebing* JR **81** 1, *Kulemeier* S. 90), die Tagessatz**höhe** nur nach dem Maßstab der persönlichen und wirtschaftlichen Verhältnisse des Angekl. (Bay MDR **76** 601, VRS **58** 38, NZV **05** 594, Kar NZV **05** 594, VM **05** 69, KG VRS **52** 113, *D. Meyer* DAR **81** 33). Wegfall der EdF darf durch FV ersetzt werden (BGHSt **5** 168, Fra NJW **68** 1793, Kar VRS **34** 192, Stu NJW **68** 1792, Ce VM **69** 18, Bay NJW **70** 2259, Schl SchlHA **71** 57, Dü NZV **91** 237; Ha SVR **17** 439 m. w. Bewertung *Krumm*, hierzu *König* DAR **18** 361), auch bei erhöter Geldstrafe (Ko VRS **47** 416). Verstoß gegen das Verschlechterungsverbot aber, wenn gegen einen im Besitz einer FE befindlichen Angekl. statt EdF nur die Sperre ausgesprochen wurde und diese durch ein FV ersetzt wird (Fra VRS **64** 12). War bei TM ein einheitliches FV verhängt, das schon durch eine der Taten gerechtfertigt ist, so darf es bei Wegfall der anderen Tat bestehen bleiben (Bay DAR **66** 270).

12. Strafvorschrift gegen Fahren trotz des FV: § 21 StVG (dort Rn. 9). Dann kann EdF ge- **22** rechtfertigt sein (Schl DAR **67** 21, Ha VRS **63** 346, s. § 69 Rn. 13a).

Entziehung der Fahrerlaubnis

69 (1) [1]**Wird jemand wegen einer rechtswidrigen Tat, die er bei oder im Zusammenhang mit dem Führen eines Kraftfahrzeuges oder unter Verletzung der Pflichten eines Kraftfahrzeugführers begangen hat, verurteilt oder nur deshalb nicht verurteilt, weil seine Schuldunfähigkeit erwiesen oder nicht auszuschließen ist, so entzieht ihm das Gericht die Fahrerlaubnis, wenn sich aus der Tat ergibt, daß er zum Führen von Kraftfahrzeugen ungeeignet ist.** [2]**Einer weiteren Prüfung nach § 62 bedarf es nicht.**

(2) **Ist die rechtswidrige Tat in den Fällen des Absatzes 1 ein Vergehen**

1. der Gefährdung des Straßenverkehrs (§ 315c),

1a. des verbotenen Kraftfahrzeugrennens (§ 315d),

2. der Trunkenheit im Verkehr (§ 316),

3. des unerlaubten Entfernens vom Unfallort (§ 142), obwohl der Täter weiß oder wissen kann, daß bei dem Unfall ein Mensch getötet oder nicht unerheblich verletzt worden oder an fremden Sachen bedeutender Schaden entstanden ist, oder

4. des Vollrausches (§ 323a), der sich auf eine der Taten nach den Nummern 1 bis 3 bezieht,

so ist der Täter in der Regel als ungeeignet zum Führen von Kraftfahrzeugen anzusehen.

(3) ¹Die Fahrerlaubnis erlischt mit der Rechtskraft des Urteils. ²Ein von einer deutschen Behörde ausgestellter Führerschein wird im Urteil eingezogen.

1   **1. Die gerichtliche Entziehung der Fahrerlaubnis** (Rechtsquellen: VerkSichG 1952, 2.VerkSichG 1964, jetzige Fassung: 2. StRG), nicht des „Führerscheins" (vgl. BGH v. 17.2.2016, 4 StR 584/15), ist (die bei weitem am häufigsten angeordnete) Maßregel (§ 61 Nr. 5). Die dem Strafrichter übertragene Befugnis zur EdF unter Berücksichtigung der im Strafverfahren gewonnenen Erkenntnisse über Tatumstände und Persönlichkeit macht verwaltungsbehördliche Maßnahmen entbehrlich und dient damit der Verfahrensvereinfachung (BGH (GrS) BGHSt **50** 93 = NJW **05** 1957). Obwohl die EdF den Verurteilten oft härter trifft als eine (ggf. daneben angeordnete) Strafe und von ihm häufig auch als Strafe empfunden wird (vgl. BGHSt **7** 168, NJW **05** 1957, VRS **107** 354, NZV **03** 46, 199, s. auch *Kulemeier* S. 275 ff.), wohnt ihr weder straf- noch strafähnlicher Charakter inne. Die spezialpräventiven Wirkungen der Maßregel vermögen die Strafe allerdings von ihrer sichernden und bessernden Funktion in gewissem Umfang zu entlasten (BT-Drs. IV/651 S. 16). Das Gericht darf die von der EdF auf den Täter ausgehenden Wirkungen deshalb bei der Strafzumessung berücksichtigen (Ha DAR **55** 222, Fra NJW **71** 669, LK-StGB/*Valerius* Rn. 4). Von der Nebenstrafe des FV unterscheidet sich die EdF auch in ihrer Wirkung. Anders als beim FV (dort Rn. 2) erlischt die FE mit der Rechtskraft der Entziehungsanordnung (Rn. 25). Die EdF verfolgt allein den Zweck, ungeeignete (gefährliche) Kf vom V auszuschließen (BGH NJW **05** 1957, **62** 1211). Anordnung und Dauer (Sperrfrist) hängen deshalb ausschließlich von der Ungeeignetheitsprognose ab, nicht (zumindest nicht unmittelbar) von Tatschwere oder Schuldgrad (BGHSt **15** 397, NZV **03** 46, DAR **03** 563), nicht vom Sühnebedürfnis (BGH VRS **11** 425), nicht von wirtschaftlichen Interessen (BGH VM **54** 5, s. Rn. 22, § 69a Rn. 2) und auch nicht von generalpräventiven Zielsetzungen (BGH NJW **05** 1957, NStZ **04** 146, s. auch § 69a Rn. 2). Die EdF dient **ausschließlich der Sicherung des StrV** (BGH (GrS) NJW **05** 1957 mAnm *Hentschel* DAR **05** 455, *Lampe* BA **05** 315, *Duttge* JZ **06** 102, Bspr *Pießkalla/Leitgeb* NZV **06** 185; BGH VRS **107** 354, NZV **03** 199, zust *Geppert* NStZ **03** 288, DAR **03** 563, NStZ **04** 145, Bay NZV **04** 425, *Sowada* NStZ **04** 171, *Herzog* StV **04** 151). Die früher zT abw Rspr. des BGH, die Aspekte der allgemeinen Kriminalitätsverhinderung einbezog (vgl, sorgfältig begründet, insbesondere BGH (1. StrafS) NStZ **03** 658) ist durch die Entscheidung des GrS (NJW **05** 1957) überholt (im Einzelnen Rn. 11 ff.).

2   **2.** An eine Aburteilung (Rn. 9 f.) **wegen einer rechtswidrigen (Anlass-) Tat** (§ 11 I Nr. 5 StGB; E 77 ff., 112 ff.) knüpft die gerichtliche EdF an (BGHSt **14** 68), die zudem verfolgbar (insbesondere unverjährt) sein muss, weil § 69 Verurteilung wegen dieser Tat (Rn. 9) oder Nichtverurteilung gerade wegen Schuldunfähigkeit oder nicht auszuschließender Schuldunfähigkeit bzw. Verhandlungsunfähigkeit (§ 71 StGB), voraussetzt (Rn. 10). OW scheiden aus.

3   **Anlasstaten.** Bei oder im Zusammenhang mit dem Führen eines Kfz oder unter Verletzung der dem Führer eines Kfz obliegenden Pflichten muss diese Anlasstat begangen worden sein. Die Eingangsmerkmale entsprechen den (weiterhin) in § 44 verwendeten, haben jedoch dort keine rechtliche Bedeutung mehr (§ 44 Rn. 5; *König* DAR **18** 604). Bei § 69 muss der „Oberbau" hingegen durchlaufen werden, um zur Rechtsfolge (EdF) zu gelangen (zweistufige Prüfung). Eine genaue Zuordnung zu den sich überschneidenden Varianten im „Oberbau" ist dabei nicht notwendig, sofern das Ergebnis die Entscheidung trägt. An der bisherigen Rspr. zu den Eingangsmerkmalen hat BGH (GrS) NJW **05** 1957 nicht gerührt (Rn. 5). Namentlich bei sog. Zusammenhangstaten ruht der Schwerpunkt (und die Schwierigkeit) der gerichtlichen Prüfung daher faktisch auf dem Eignungsurteil (Rn. 11 ff.), ohne dass damit gesagt werden soll, dass den Eingangsmerkmalen des § 69 keine echte Bedeutung zukommt.

3a   **Führen:** § 316 Rn. 3 ff. Lenken eines abgeschleppten Kfz (§ 316 Rn. 4, § 33 StVZO Rn. 27) ist nicht Führen eines Kfz iS von § 69 (Ha DAR **99** 178), gleichfalls nicht Führen „durch Worte" durch einen Fahrlehrer (§ 316 Rn. 5; aM MüKoStVR/*Kretschmer* Rn. 27). **Kraftfahrzeug:** Die in § 1 II StVG enthaltene Definition (dort Rn. 14 ff.) kann grundsätzlich herangezogen werden. Fahrerlaubnisfreie Kfz sind nach hM umfasst (BGH VM **72** 25, LK-StGB/*Valerius* Rn. 47; aM – mit durchaus bedenkenswerten Gründen, jedoch entgegen dem eindeutigen Gesetzeswortlaut – MüKoStVR/*Kretschmer* Rn. 17 f. mwN; gegen ihn *König* DAR **20** 362 f.). Danach sind etwa FmH und führerscheinfreie Mofas (BGH VM **72** 25, Dü VM **70** 68, Ol NJW **69** 199, VM **69** 5), sowie auch ausweislich § 1 I eKFV **Segways und E-Scooter** (Bay DAR **20** 576; LG Mü I BA **20** 116; DAR **20** 111 mBspr *König* DAR **20** 362 f.; LG Dortmund BA **20** 114; 115; 118) erfasst, aber (natürlich) nicht Fahrräder (Brn BA **08** 314). **Elektromotorunterstützte**

Fahrräder (Pedelecs) sind jedoch auch dann einbezogen, wenn sie unter § 1 III S. 1, 2 StVG fallen (§ 1 StVG Rn. 23–25). Sie erfüllen alle Merkmale des „Kfz" (§ 1 StVG Rn. 22 f.). Die auf das StVG und darauf beruhende RVO beschränkte Bestimmung des § 1 III S. 1, 2 StVG – im Grunde handelt es sich um eine Fiktion – kann auch wegen ihres auf ganz andere Aspekte zielenden Normzwecks (vorrangig FE-Pflicht und Zulassungsrecht; näher § 1 StVG Rn. 24) für § 69 keine Gültigkeit beanspruchen (**aM** Kar DAR **20** 579 mablAnm *König*; aM auch – nicht tragend – Bay DAR **20** 576). Die Ungleichbehandlung gegenüber dem Mofaf und gegenüber Elektrofahrrädern, die die Voraussetzungen des § 1 III S. 1, 2 StVG (uU knapp) verfehlen (s. etwa § 1 StVG Rn. 26 f.), wäre auch ganz unverständlich (erg. *König* DAR **20** 581 sowie § 316 Rn. 17). Straftaten im Zusammenhang mit dem SchienenV oder der Luft- und Schifffahrt scheiden hingegen aus, obgleich die Legaldefinition des Kfz in § 1 II StVG unmittelbar nur für das StVG gilt; eine an Sinn und Zweck sowie der Entstehungsgeschichte des § 69 orientierte Auslegung ergibt nämlich für § 69 eine auf den StrV beschränkte Begriffsbestimmung, weil die Anlasstat jedenfalls einen Bezug zum StrV haben muss (Bay NZV **93** 239, LG Ol NZV **08** 50 (Motorboot) mAnm *Laschewski,* Brn DAR **08** 393, Ro NZV **08** 472, LK-StGB/*Valerius* Rn. 45 f., MüKoStGB/*Athing/v. Heintschel-Heinegg* Rn. 30). Die Gegenansicht (LG Mü II NZV **93** 83 (Lokomotive als Kfz; abl *Hentschel* sowie *Janiszewski* NStZ **93** 274), LG Kiel DAR **06** 699 mAnm *Schäpe* (Motorboot als Kfz), *Fischer* Rn. 4) vermag kriminalpolitische Gründe für sich anzuführen (hierzu BR in BT-Drs. 15/2725 S. 40) und darauf zu verweisen, dass die hM nach dem Gesetzeswortlaut nicht *ganz zwingend* ist; jedoch streitet dagegen die Entstehungsgeschichte des § 69 und müsste der Standpunkt konsequent zu Ende gedacht dazu führen, dass etwa dem betrunkenen Schiffsführer nicht nur die FE für Kfz im StrV zu entziehen wäre, sondern auch das Schiffspatent bzw. der Befähigungsnachweis (s. auch BReg in BR-Drs. 724/05 zu BR-Drs. 940/04). Dafür ist § 69 *eindeutig* nicht gedacht (Brn DAR **08** 393). Dementsprechend stellt auch BGH NJW **05** 1957 ganz selbstverständlich den Bezug zu § 2 IV S. 1, § 3 I S. 1 StVG, § 11 I S. 3, § 46 I S. 2 FeV her. Ferner ist § 315a anders als § 315c im Katalog des § 69 II nicht genannt (Ro NZV **08** 472, LG Ol NZV **08** 50). Jedoch steht für solche Fälle **nunmehr das für alle Straftaten geltende FV** zur Verfügung (§ 44 Rn. 7a).

Dass das Kfz zu **öffentlichem VGrund** (§ 1 StVO Rn. 13 ff.) geführt werden muss, setzt **3b** § 69 I nicht voraus und würde dem Normzweck widerstreiten; zudem würden bei gegenteiliger Interpretation Zufallsergebnisse produziert (BGH NStZ **20** 214; Ol VRS **55** 120, LG Stu NZV **96** 213, LK-StGB/*Valerius* Rn. 51; aM Schönke/Schröder/*Stree/Kinzig* Rn. 14). Unerheblich ist, ob die Motorkraft im Einzelfall auch in Betrieb gesetzt war (BGH NJW **60** 1211, Bay NJW **59** 111, Dü VM **74** 13, str).

a) Zusammenhang mit dem Führen eines Kfz: Der Begriff wird in der Rspr. weit interpre- **4** tiert (zur Kritik Rn. 5). Das KfzFühren muss der Tat dienlich gewesen sein; ein nur äußerer Zusammenhang, etwa Tatbegehung *bei Gelegenheit* der Fahrt (BGH NJW **04** 3497), reicht hingegen nicht aus (BGHSt **22** 329, BGH NStZ **01** 477, BA **05** 58), auch nicht bloßer Besitz. Zusammenhangstat kann vorliegen bei KfzBenutzung zur Tatvorbereitung, Tatbegehung, Flucht oder Tatverdeckung (BGH NJW **05** 1957, Bay VRS **69** 281, krit *Kulemeier* NZV **93** 212), so bei *Verkauf von Rauschgift* in oder aus einem Taxi durch den TaxiF (BGH NZV **02** 574), beim *Transport von Rauschgift* zwecks illegalen Verkaufs (BGH NJW **05** 1957, VRS **81** 369, NZV **93** 35, NStZ-RR **98** 43, Dü DAR **92** 187), bei KfzBenutzung, um *zum Tatort zu gelangen* (BGH NJW **05** 1957, DAR **67** 96, **77** 151, Ha StV **03** 624, Dü VRS **98** 190, Kar NZV **05** 690 (Reifenstecher, näher Rn. 6a), einschr. BGH NZV **02** 378 (Zusammenhangstat nur, wenn dadurch die tatbestandliche Handlung selbst gefördert wird), s. auch BGH NJW **02** 628), bei KfzBenutzung *zum Beutetransport* (BGH NStZ **04** 145, VM **67** 1, Kö VM **71** 76, Dü VRS **96** 268, **98** 190, Stu NJW **73** 2213 (aber kein Zusammenhang, wenn Stehlgut später nochmals transportiert wird)), zur Deckung langfristigen Eigenbedarfs (Dü NZV **97** 364) oder zum Zigarettenschmuggel (Ha VRS **102** 56), bei FzVerwendung zur Erleichterung einer Vergewaltigung, zB, um an einen geeigneten Ort zu gelangen (BGH JZ **54** 541, VRS **6** 424, s. auch BGH NJW **53** 75), aber nicht bei erst nach der Fahrt gefasstem Entschluss und ohne Benutzung zur Flucht (Rn. 7). Eine Zusammenhangstat iS von I S. 1 kann auch vorliegen bei Urkundenfälschung durch Vorzeigen eines *gefälschten FS* bei PolKontrolle (Ha VRS **63** 346), nicht aber zB schon bei FSFälschung zwecks KfzMiete (aA Kö MDR **72** 621, näher Rn. 5). Zusammenhang besteht *bei Tätlichkeit* wegen des Verhaltens im StrV (Kö NJW **63** 2379, Kar DAR **05** 645 (zu § 44), LG Zw DAR **95** 502, LG Ko NStZ-RR **96** 117, aM *Halecker* BA **05** 100), zB, wenn ein LkwFahrer einen anderen zum Halten nötigt, um diesen zu verprügeln (Ha VRS **25** 186, s. auch Bay JR **59** 470, NJW **59** 2127,

Ha VRS **28** 260), nach KG NJW **08** 2132 aber nicht, wenn ein Busfahrer einen Fahrgast tätlich angreift, nachdem dieser ihn aus Verärgerung, weil er nicht mitgenommen worden war, beleidigt hatte (Grenzfall). Nach Kö v. 16.5.2008, 81 Ss 17/08 (juris) erfüllt eine falsche Versicherung an Eides Statt (§ 156 StGB) im Zusammenhang mit der Umschreibung eines FS zur Umgehung der MPU den Zusammenhangsbegriff (erg. Rn. 14a). Der Zusammenhang ist auch bei vorsätzlich herbeigeführtem Unfall zu Betrugszwecken gegeben (BGH VRS **82** 19, Mü NJW **92** 2776). Denkbar ist er auch bei bestimmten Steuerstraftaten wie Zigarettenschmuggel (*Ebner* NZV **14** 391); jedoch müssen hier wie generell die unter Rn. 14 ff. genannten Voraussetzungen erfüllt sein, woran es meist fehlen wird. Eher vorstellbar ist die Verhängung eines FV nach § 44 (dort Rn. 5).

5 **Die Rspr. zum Zusammenhangsbegriff** wird durch große Teile des Schrifttums als zu weit kritisiert (LK-StGB[12]/*Geppert* Rn. 34, *Halecker* BA **05** 98, s. auch BGH NJW **05** 1957); zT lässt sie einen Zusammenhang mit bloßem KfzBesitz anstatt mit der Führung genügen (zB BGHSt **17** 218 = NJW **62** 1211), so bei Vorfahren an Tankstelle, um Leistungen oder Treibstoff zu ertrügen (BGH VRS **30** 275, BGH BA **05** 58), um Kreditwürdigkeit vorzutäuschen (BGH NJW **54** 163, abl. *Sowada* NStZ **04** 173, *Kulemeier* NZV **93** 212, *Hartung* JZ **54** 137, *Schmidt-Leichner* NJW **54** 163: Hier werde nur durch Besitzvorzeigen getäuscht, wie oft auch sonst beim Betrug, ohne dass gegenüber anderen Betrügern EdF oder isolierte Sperrfristen rechtspolitisch erwogen würde). BGH NJW **05** 1957 betont entgegen der Kritik, dass ein **Anlass zur Einengung des Begriffs nicht bestehe;** vielmehr bedürften „Zusammenhangstaten" besonders eingehender Prüfung im Rahmen des Eignungsurteils (im Einzelnen Rn. 11 ff., 14 f.). Nach der Novellierung des § 44 ist nicht mehr zweifelhaft, dass die Anordnung des FV ohne Einschränkungen möglich ist (§ 44 Rn. 5).

6 **Dass bei der Tat ein anderer geführt hat,** schließt nach herrschender Rspr. den Zusammenhang mit dem Führen nicht aus. Zusammenhang wurde angenommen (wobei nicht immer klar zwischen den einzelnen Varianten unterschieden wird, s. Rn. 3, 8) bei Einwirken des Beifahrers auf die Fahrweise des FzF (BGH VRS **107** 29), bei Entführung oder Vergewaltigung durch mitfahrenden Teilnehmer (BGHSt **10** 333, VRS **37** 350, NJW **57** 1287, JZ **58** 130, VM **79** 4); bei Überwachung der ohne FE fahrenden Ehefrau durch den mitfahrenden FEInhaber (Ce VM **56** 72); bei Mitfahrt als Beifahrer zur Ausübung von Brandstiftungen (Dü NStZ-RR **02** 314) oder von Rauschgifthandel (LG Memmingen NZV **89** 82, offengelassen von BGH BA **04** 169), bei Unfallverursachung durch Beifahrer (LG Ravensburg NZV **93** 325, abl *Körfer,* LG Zw VRS **88** 436), bei Gutachtenerstattung durch einen Sachverständigen zu Betrugszwecken in Kenntnis eines vorausgegangenen gestellten oder provozierten „Unfalls" (Mü NJW **92** 2777); im Fall der Beihilfe zur Trunkenheitsfahrt durch Überlassen eines Fz (Ko NJW **88** 152, *Janker* DAR **03** 493); beim nicht mitfahrenden Halter, der vorschriftswidriges Kfz einsetzt (Schl VM **66** 42, *Dreher/Fad* NZV **04** 233). Dem halten einzelne Judikate (KG VRS **11** 357, 367, LG Köln NZV **90** 445, zw BGH NZV **03** 46) und ein großer Teil des Schrifttums (LK-StGB[12]/*Geppert* Rn. 45, *Janiszewski* Rn. 655a, *Kulemeier* S. 70, 285, *Zopfs* NZV **10** 179) entgegen, dass nicht Zusammenhang mit der *Benutzung* des Kfz (so aber zB Dü NStZ-RR **02** 314), sondern mit dem *Führen* bestehen müsse. Es spricht de lege ferenda viel dafür, eine etwaige EdF der Verwaltungsbehörde zu überantworten (vgl. *Zopfs* NZV **10** 179). Folgt man dem Vorstehenden nicht, so müssen in solchen Fällen jedenfalls besonders gewichtige Hinweise auf die Ungeeignetheit gegeben sein (BGH NStZ **04** 617, BA **41** 169, s. auch unten Rn. 8). Hat der Beifahrer auf die FzFührung keinerlei Einfluss genommen, scheidet EdF aus (BGH NStZ **04** 617). Wer selbst verursachten eigenen Unfallschaden wider besseres Wissen durch Diebstahlsanzeige verdecken will, verletzt weder seine KfPflichten, noch handelt er im Zusammenhang mit dem Führen (Br VRS **49** 102).

6a Gefährdung eines fremden Fz **durch Eingriff von außen** ist keine im Zusammenhang mit dem KfzFühren begangene Tat (BGH DAR **01** 81 (Steinwurf), Ce NZV **98** 170 (Manipulation an fremdem Fz in Gefährdungs-, Verletzungs- oder Tötungsabsicht)). Anders liegt es nach Kar NZV **05** 690, wenn sich der Täter mit dem Kfz zum Tatort begeben hat (Fall eines Reifenstechers, dessen Tat zu schwersten Unfällen führen kann). Geht man mit Kar aaO davon aus, dass der Zusammenhangsbegriff erfüllt ist (s. Rn. 4, abl *Halecker* BA **06** 485), so erscheint nicht zw, dass der Täter fahrungeeignet ist. Denn er hat nachdrücklich unter Beweis gestellt, dass er bereit ist, die Sicherheit des StrV seinen kriminellen Zwecken unterzuordnen; dass er dies, weil „nur" ein Außeneingriff gegeben ist, nicht auch gerade als Kf tun würde (s. Rn. 11 f.), liegt nicht nahe (*König/Seitz* DAR **06** 121; **07** 361; aM *Hentschel* NJW **06** 482). Die Differenzierung auf der Linie von Kar NZV **05** 690 (EdF nur bei Kfz-Fahrt zum Tatort) ist unbefriedigend, das Dilemma wäre aber nur durch Gesetzesänderung zu lösen (EdF zumindest bei Außeneingriffen nach § 315b).

Kein Tatzusammenhang besteht bei bloßer Ausnutzung der durch die Fahrt geschaffenen, **7** aber nicht geplanten Lage (BGHSt **22** 329), zB, wenn der Vergewaltigungsentschluss erst nach der Fahrt entsteht und das Kfz auch nicht zur Flucht benutzt werden soll (BGHSt **22** 328, NJW **69** 1126), ebenso bei gleicher Sachlage und Fluchtentschluss nach der Tat (BGH NZV **95** 156), bei Alkoholgenuss ohne Tatauswirkung (Ha VRS **48** 339, Dü DAR **69** 24) oder bei Vortäuschung, das Kfz gefahren zu haben, um den angetrunkenen Fahrer nach Unfall zu decken (§ 145d; Ha DAR **58** 16). Transport von Hehlergut nach *beendeter* Hehlerei begründet keinen Zusammenhang zwischen der Hehlerei und dem Führen (BGH DAR **04** 36).

b) Unter Verletzung der Kraftfahrerpflichten überschneidet sich mit den anderen Tatva-**8** rianten; zT werden hier besprochene Fälle auch als Zusammenhangstat eingestuft bzw. es wird nicht klar unterschieden (Rn. 3, 6). Das Merkmal setzt nach wohl hM nicht voraus, dass der Täter das Fz geführt hat (LK-StGB/*Valerius* Rn. 76 iVm Rn. 71 f.). Es ist zB gegeben bei Fehlverhalten vor oder nach der Fahrt wie zB bei unzureichender Sicherung gegen Abrollen oder unzureichender Kenntlichmachung (LK-StGB/*Valerius* Rn. 74). Einschlägig ist es auch beim Überlassen des Kfz an einen erkanntermaßen Fahrunsicheren oder jemanden ohne FE sowie wenn das Kfz in verkehrsunsicherem Zustand zur Verfügung gestellt wird (BGHSt **15** 316, Stu NJW **61** 690, *Fad* NZV **04** 233; aM, weil die Vorschrift nicht auf die Pflichten des Kfz-Halters, sondern auf die des Kfz-Führers abstelle, LG Kö NZV **90** 445 (Gestatten des Fahrens ohne FE), MüKoStGB-*Athing* Rn. 48). Der wohl hM ist zuzustimmen. Der Begriff des Kfz*führers* ist hier vom Gesetz ersichtlich in einem weiteren Sinne gemeint, bliebe der Vorschrift doch sonst neben der Zusammenhangstat (Rn. 6 ff.) überhaupt kein Anwendungsbereich (LK-StGB/*Valerius* Rn. 71, wspr MüKoStGB/*Athing* Rn. 48). Das Analogieverbot steht dieser Interpretation dabei schon deswegen nicht entgegen (abw LG Kö NZV **90** 445), weil es sich bei der EdF um eine Maßregel handelt, für die das Analogieverbot nicht gilt. Schieben eines Kfz durch Fahrunsicheren erfüllt allein nicht das Merkmal der Verletzung von KfPflichten (Kar DAR **83** 365). Eingriffe von außen (Rn. 6a) stellen auch keine Verletzung der Kfpflichten dar.

3. Nur bei Verurteilung oder bei Freispruch wegen erwiesener oder nicht ausschließbarer **9** Schuldunfähigkeit (I) kommt gerichtliche EdF in Betracht. EdF gem. I S. 1 ist auch möglich bei Strafaussetzung (BGHSt **15** 316), beim Absehen von Strafe (§§ 60, 142 IV, § 320; Bay VRS **43** 91, Ha DAR **72** 131) oder bei bloßem Zurücktreten im Schuldspruch wegen Gesetzeseinheit (BGHSt **7** 307, 312), ferner im auf Unterbringung gerichteten selbstständigen Sicherungsverfahren (§ 71), nach den §§ 7, 105 JGG bei Aussetzung der Strafverhängung oder bei Beschränkung auf Zuchtmittel oder Erziehungsmaßregel (BGHSt **6** 394, NJW **55** 72), nach § 39 JGG auch durch den Jugendrichter. Neben Verwarnung mit Strafvorbehalt ist EdF nicht zulässig (§ 59 III S. 2, s. § 315c Rn. 66). **Durch Strafbefehl** ist EdF nur mit Sperre bis zu 2 Jahren zulässig (§ 407 II StPO).

EdF ist auch bei **Freispruch** wegen (nicht ausschließbarer) Schuldunfähigkeit (**E** 151a) ohne **10** Rücksicht auf den Grund der Schuldunfähigkeit zulässig (BGH NJW **60** 540, Ha VRS **18** 42, **26** 279, Bra DAR **64** 349), ebenso im Sicherungsverfahren (§ 413 StPO; BGHSt **13** 91, NJW **59** 1185), auch wenn Unterbringung abgelehnt, Schuldunfähigkeit aber festgestellt wird (*Hartung* JZ **59** 607). Zu EdF neben Unterbringung nach § 63: LG Meiningen NZV **07** 97. Andere Schuldausschließungsgründe (**E** 129 ff.) können nicht herangezogen werden. Nicht genügt Freispruch bei Schuldfähigkeit.

4. Ungeeignet zum Führen von Kfz muss der Täter sein. Der Begriff der Ungeeignetheit **11** in § 69 ist mit demjenigen in §§ 2, 3 StVG identisch (BGH (GrS) NJW **05** 1957). Ungeeignet ist der Täter dann, „wenn eine Würdigung seiner körperlichen, geistigen und charakterlichen Voraussetzungen und der sie wesentlich bestimmenden objektiven und subjektiven Umstände ergibt, dass (seine) Teilnahme am KfzVerkehr zu einer nicht hinnehmbaren Gefährdung der Verkehrssicherheit führen würde" (BGH NStZ **04** 144). Entscheidend ist nicht Tatschwere oder - schuld und schon gar nicht der Aspekt der Generalprävention (Rn. 1), sondern ausschließlich (Maßregel!) die **künftige Gefährlichkeit des Täters gerade in Bezug auf die Verkehrssicherheit;** verkehrsunspezifische Gefährlichkeit genügt nicht (BGH (GrS) NJW **05** 1957, BGH NZV **03** 46, DAR **95** 185). Die Beurteilung der Eignungsfrage setzt außer in den Fällen der Regelvermutung nach II (Rn. 15 ff.) eine **umfassende Gesamtwürdigung** voraus (BGH (GrS) NJW **05** 1957, NStZ **04** 147, NZV **03** 199, DAR **04** 355, **03** 128, 180, 181, 230, 231,

VRS **107** 172, 427, Beschluss v. 21.6.2016, 4 StR 1/16 Rn. 11; *Geppert* NStZ **03** 290). Wie bei allen Maßregeln gilt dabei hinsichtlich der Prognose*tatsachen* der Zweifelsatz, während der Tatrichter *im Eignungsurteil,* das auch die Gefahrenprognose enthält (*Fischer* Rn. 48), an den Zweifelssatz *nicht* gebunden ist. Davon bleibt unberührt, dass der Richter von der Ungeeignetheit (Rückfall wahrscheinlicher als Bewährung) überzeugt sein muss (LK-StGB/*Valerius* Rn. 116). Das Eignungsurteil ist wie jede Gefahrenprognose mit Unsicherheitsfaktoren behaftet. Die Prognose ist **Sache des Tatrichters.** Weil ihm das Gesetz in § 69 die für die Eignungsbeurteilung erforderliche Sachkunde zuweist, können Beweisanträge auf sachverständige Beurteilung idR wegen richterlicher Sachkunde zurückgewiesen werden (§ 244 IV S. 1 StPO; BGH (GrS) NJW **05** 1957, 1960, st. Rspr.). Eine Rechtsgrundlage für die **Erholung einer MPU** (dazu § 2 StVG Rn. 75 mwN) ist im Strafverfahren nicht vorhanden (*Geiger* DAR **13** 231; Mü-KoStVR/*Kretschmer*, § 69 Rn. 19, 39; abw. wohl Kö DAR **13** 393; Ha BA **16** 189, hierzu unten Rn. 19b). Strafaussetzung zur Bewährung steht nicht in Widerspruch zur Feststellung der Nichteignung (BGH NJW **01** 3134; **61** 683, VRS **29** 14, Dü NZV **97** 364, *Geppert* JR **02** 114, *Hentschel* NJW **01** 720; aM Dü NZV **00** 51). Der Einbau von Alkohol-Interlocks im Fz ist als auf das Fz bezogene Maßnahme für die Eignungsfrage jedenfalls weitgehend irrelevant (vgl. *Schöch* BA **10** 340; *Zopfs* BA **19** 120; s. auch § 69a Rn. 6a).

11a **a)** Zu den relevanten **körperlichen und geistigen Mängeln** wird auf § 2 StVG Rn. 42, 66 verwiesen. Allerdings ist zu beachten, dass nicht jeder der dort genannten Defizite stets zur strafgerichtlichen EdF führt. Oftmals wird sich die fehlende Eignung des Täters aufgrund solcher Mängel nicht hinreichend in der Tat abbilden bzw. aus ihr ableiten lassen (Rn. 13), sondern umfassender verwaltungsbehördlicher Nachprüfung bedürfen (s. auch § 315c Rn. 5). Zu Fällen nicht ausgleichbaren Körpermangels BGHSt **7** 175, Dü VM **66** 60.

12 **b) Charakterliche Mängel** rechtfertigen die Feststellung von Ungeeignetheit zum Führen von Kfz, wenn sie sich aus der Tat (Rn. 13) ergeben (BGH (GrS) NJW **05** 1957, Dü VRS **96** 268, *Sowada* BA **04** 152) und sich bei der Teilnahme am Kraftverkehr verhängnisvoll auswirken können (BGH (GrS) NJW **05** 1957, NZV **03** 199, DAR **03** 128, 563, **94** 179, Ha StV **03** 624, *Geppert* NStZ **03** 289, *Cramer* MDR **72** 558). Der Mangel muss von gewisser Dauer sein (Zw VRS **38** 263) und die Unzuverlässigkeit des Täters gerade als Kraftfahrer erweisen (BGH DAR **03** 563). Das ist nach der Grundsatzentscheidung in BGH (GrS) NJW **05** 1957 (Rn. 1) *nur dann* der Fall, wenn die Tat hinreichende Anhaltspunkte für die Bereitschaft des Täters ergibt, als Kf die **Sicherheit des StrV seinen kriminellen Zielen unterzuordnen** (s. auch BGH NJW **04** 3497, DAR **04** 530, NStZ **04** 147, NZV **05** 589, **03** 199, Ha StV **03** 624, *Sowada* NStZ **04** 171). Mängel im verantwortungsbewussten Verhalten, die keinerlei Verkehrssicherheitsinteressen (aber womöglich andere Rechtsgüter) berühren, führen nicht zur EdF (BGH NJW **05** 1957, NZV **03** 199, DAR **03** 128, 563, *Geppert* NStZ **03** 288, *Sowada* NStZ **04** 171, zw *Kühl* JR **04** 125). Rspr. vor der Entscheidung des GrS (Rn. 1) kann nur noch mit Vorsicht herangezogen werden (Rn. 14).

13 **5. Aus der Tat** muss sich die Ungeeignetheit zum Führen von Kfz ergeben (BGH (GrS) NJW **05** 1957, NStZ **04** 147, BA **12** 264, BGHSt **15** 395), nicht nur aus Anlass der Tat (BGHSt **7** 165, **15** 393), ferner unterstützend daraus, wie sich die Täterpersönlichkeit, was künftige Ungeeignetheit angeht, im abgeurteilten Tatkomplex spiegelt, weil viele Taten ohne Beachtung der Persönlichkeitsstruktur nicht richtig verstanden werden können (BGH NStZ **04** 147, BA **01** 123, DAR **95** 185, NStZ-RR **98** 43, BGHSt **5** 168, Bay DAR **90** 365). In Betracht kommen nur Mängel und Gesichtspunkte aus der Täterpersönlichkeit, die die Tat nachgewiesenermaßen beeinflusst haben (BGHSt **15** 393, Fra NStZ-RR **96** 235, Ce MDR **66** 431, Dü DAR **69** 24), nicht erst nach der tatrichterlichen Aburteilung liegen (Rn. 23), abgesehen von Umständen, die zum Rückschluss auf die Täterpersönlichkeit zwingen (BGHSt **15** 397). Verwertbarkeit getilgter Taten im Rahmen der EdF (§ 52 II BZRG): Rn. 27. Hierbei kommen außer verkehrsrechtlichen Vorstrafen auch andere mit Prognosewert in Betracht (Bay VkBl. **58** 35). Weist die Tat nicht auf Eignungsmängel hin, so dürfen nicht „Charakterfehler" herangezogen werden, die sich erst bei der Ermittlung gezeigt haben, jedoch keinen Einfluss auf die Tat hatten (dann evt § 3 StVG; Ha VRS **48** 339, Ce VRS **30** 178). Leistungsbetrug: Rn. 5. Ebenfalls keine EdF wegen undurchsichtigen oder täuschenden Prozessverhaltens, zB bei Leugnen aus Furcht vor Strafe (Ha DAR **61** 169, VM **68** 27) oder weil der Täter bei Ermittlungen in der Wohnung einen gefälschten FS vorweist (Ce MDR **67** 1026). Uneinsichtigkeit trotz erwiesenen oder nicht bestrittenen Fehlverhaltens als Kf kann dagegen Eignungsmangel offenbaren (Ha VM **68** 27, *Janiszewski* 710, aA *Görres* NJW **57** 1428). Das Hinausziehen des Strafverfahrens nach vorläufiger EdF, um in der späteren Hauptver-

handlung nicht mehr als ungeeignet zu erscheinen, spricht für sich allein nicht gegen die Eignung (Kö VRS **90** 123, *Janiszewski* DAR **89** 137, aM *D. Meyer* MDR **76** 629). Bei sämtlichen Nicht-Katalogtaten, auch bei den in Rn. 13 genannten, **ist eine einzelfallbezogene Begründung erforderlich** (BGH NZV **15** 252; NStZ-RR **00** 297; **07** 40).

a) Bei spezifischen „Verkehrsstraftaten" wird sich fehlende Eignung in dem unter **13a** Rn. 12 genannten Sinn nicht selten aufdrängen, wobei aber eine auf den Einzelfall bezogene Begründung auch in diesen Fällen nicht völlig entbehrlich (BGH NZV **15** 252; BA **18** 251 (fahrlässige Tötung); Ko BA **17** 40 mBspr *König* DAR **17** 362) und v.a. die Dauer der Sperrfrist zu begründen ist (BGH, Urt. v. 12.3.2020, 4 StR 544/19 Rn. 18 f.). Hierzu zählen zB unter Benutzung des Kfz begangene Nötigungen sowie gefährliche Eingriffe in den StrV (§§ 240, 315b; s. aber Rn. 6a, 8), etwa bei Polizeiflucht (BGH DAR **06** 30), uU aber auch Fälle des räuberischen Angriffs auf Kf (§ 316a; BGHSt **49** 8 = NJW **04** 501), wenn der Angriff vom Kf während der Fahrt gegen das mitfahrende Opfer verübt wird (alle Beispiele BGH (GrS) NJW **05** 1957). Dazu rechnen auch Fahren ohne FE (BGH NStZ-RR **07** 89: „idR, jedenfalls aber im Wiederholungsfall", NZV **15** 252; s. aber BGH NStZ-RR **19** 209; Urt. v. 12.3.2020, 4 StR 544/19 Rn. 18 f.; abw LG Mühlhausen NZV **03** 206) oder trotz FV (§ 44 Rn. 22), nach Hb BA **12** 39 aber nicht bei fahrlässiger Begehung im Rahmen des „FS-Tourismus" (wohl eingehende Gesamtwürdigung entsprechend Rn. 14 erforderlich), und auch tätlicher Angriff auf einen anderen VT im Zusammenhang mit einem VVorgang (Kar MDR **80** 246, KG NZV **97** 126, LG Hannover VM **91** 48, LG Zw DAR **95** 502, LG Berlin NZV **03** 151 (anders bei einmaligem, situationsbedingtem Fehlverhalten)). Auch wer als Kf zu betrügerischen Zwecken „Unfälle" herbeiführt, ist charakterlich ungeeignet zum Führen von Kfz (BGH VRS **82** 19, Kö NZV **91** 243). EdF uU aber bei fahrlässiger Tötung im StrV, jedoch nicht stets (BGH NJW **54** 159, LG Dü DAR **05** 230, LG Kaiserslautern ZfS **04** 39). Nach AG Lüdinghausen NZV **11** 103 soll der Erwerb neuer FE nach der Tat und „beanstandungsfreie" Verkehrsteilnahme von 3¹/₂ Monaten eine zunächst wegen Fahrens ohne FE unmittelbar nach Rechtskraft der Entziehungsentscheidung angenommene Nichteignung beseitigen (zw).

b) Zusammenhangstaten der allgemeinen Kriminalität bedürfen besonders sorgfältiger **14** Prüfung unter Beachtung des Rsprwandels seit BGH (GrS) NJW **05** 1957 (Rn. 1, 12). Frühere Rspr. (Nw 38. Aufl) kann daher nur noch mit Vorsicht herangezogen werden. Das Verhalten des Täters, namentlich die Art des KfzEinsatzes bei der konkreten Tat muss die Befürchtung rechtfertigen, der Täter werde zur Förderung seiner kriminellen Ziele VSicherheitsinteressen hintanstellen, wohingegen es nicht genügt, wenn zu besorgen ist, dass der Täter sein Kfz für Zwecke allgemeiner Kriminalität missbrauchen werde (BGH (GrS) NJW **05** 1957). Es kann genügen, dass der Täter im Zusammenhang mit der Tat mit einer Situation gerechnet hat oder rechnen musste, in der es zu einer Gefährdung oder Beeinträchtigung des Verkehrs kommen konnte; eine Prognose, dass der Täter mit Wahrscheinlichkeit auch künftig Zusammenhangstaten begehen und dabei tatsächlich die Sicherheit des StrV beeinträchtigen werde, ist hingegen nicht zu verlangen (BGH aaO S. 1959).

Für fehlende Fahreignung wird nach den unter Rn. 12, 14 aufgeführten Maßstäben spre-**14a** chen, wenn sich der Täter bei einer vergleichbaren früheren Straftat, etwa auf der Flucht, verkehrsgefährdend verhalten hat (s. auch BGH wistra **05** 337), wenn bei schweren Straftaten (zB Banküberfällen) aufgrund objektiver Umstände mit alsbaldiger Verfolgung und Flucht zu rechnen war und der Täter daher eine verkehrsgefährdende Verwendung des fluchtbereit tatortnah abgestellten Kfz ersichtlich geplant hat oder mit einer solchen rechnen musste, in Fällen *gewaltsamer* (s. aber Rn. 14b) Entführung des Opfers im Kfz (alle Beispiele BGH (GrS) NJW **05** 1957, 1959, s. auch *Sowada* NStZ **04** 169), noch mehr, wenn der Täter nicht nur ein 12 Jahre altes Mädchen gegen dessen Willen in seinen Pkw zieht, um während der Fahrt sexuelle Handlungen an ihm vorzunehmen, sondern zugleich den Hund des Kindes; Gefahrerhöhung wegen unkalkulierbaren Verhaltens des Hundes (BGH NStZ **06** 334). Desgleichen fehlende Fahreignung beim Hinterherschleifen eines gestohlenen Zigarettenautomaten hinter dem Kfz über eine längere Strecke hin (AG Lüdinghausen NZV **08** 636 (dort: „spezifische Verkehrsstraftat")). Nach Kö v. 16.5.2008, 81 Ss 17/08 (juris) erweist eine falsche Versicherung an Eides Statt (§ 156 StGB) im Zusammenhang mit der Umschreibung eines deutschen in einen irischen FS zur Umgehung der MPU (nur) dann Nichteignung, wenn der Täter mit dem umgeschriebenen FS im Inland fahren will. Zum Fall eines Reifenstechers („Außeneingriff"): Rn. 6a.

Fehlende Fahreignung liegt hingegen nicht nahe bei bloßer Nutzung eines Kfz zur **14b** Suche nach Tatobjekten oder Tatopfern, in Kurierfällen, in denen der Täter im Fz Rauschgift transportiert (BGH NStZ **15** 580), bei Mitnahme von Betäubungsmitteln zum Eigenkonsum (LG Gießen BA **13** 308) oder beim Transport von Diebes- oder Schmuggelgut, namentlich dann, wenn Vorkehrungen gegen eine Entdeckung der transportierten Ware (zB Benutzung besonders präparierter Verstecke) getroffen worden sind, wobei nach BGH BA **06** 403, StV **06** 186 kein allgemeiner Erfahrungssatz besteht, dass die Täter in solchen Fällen stets zu besonders riskanter Fahrweise entschlossen sind (alle Beispiele BGH (GrS) NJW **05** 1957, 1959; s. auch BGH NStZ **03** 311; BGHR StGB § 69 Abs. 1 Entziehung 14, BGH BA **12** 264). Gleiches gilt bei nicht selbst fahrenden Mittätern einer Geiselnahme, BGH v. 9.12.05, 2 StR 435/05, bei Verbringen eines Tatopfers unter Anwendung *von List* (zu Gewalt Rn. 14a) in seinem Fz zu einem abgelegenen Ort, um dort eine Sexualstraftat zu begehen (BGH NJW **05** 2933), bei Benutzung eines Kfz zur Fahrt zum Tatort bzw. für den Abtransport der Beute bei einer Tat der allgemeinen Kriminalität (BGH Verkehrsrecht aktuell **05** 181).

15 **6. Bei den Regelbeispielen** der Ungeeignetheit (II) unterstellt das G so hochgradiges Versagen, dass Ungeeignetheit ohne weitere Gesamtprüfung indiziert ist (Gesetzeskritik bei *Kulemeier S.* 298 und *Schünemann* DAR **98** 430). Sie bieten einen allgemeinen Maßstab, sind aber weder bindend noch abschließend, so dass EdF weder stets noch nur unter den Voraussetzungen von II geboten ist. Eine **Ausnahme von der Regel** setzt jedoch abw von der durch II indizierten fehlenden Eignung eine günstige Prognose und daraus resultierende Eignung voraus (Dü DAR **96** 413, *Bode* DAR **89** 452). Im Hinblick auf den gebotenen Schutz anderer vor ungeeigneten Kf gilt II ohne Einschränkung auch bei Anwendung von **Jugendstrafrecht** (Nü NZV **12** 48; AG Br StV **02** 372, LK-StGB¹²/*Geppert* Rn. 93, *Janiszewski* NStZ **85** 112, **88** 543, *Wölfl* NZV **99** 69; aM LG Ol BA **85** 186, **88** 199, AG Saalfeld DAR **94** 77, VRS **101** 194, BA **06** 242 mAnm *Mitsch,* AG Ol SVR **08** 230). Auch ist der Spielraum für eine Ausnahme von der Regel bei Jugendlichen nicht größer als bei Erwachsenen (*Tolksdorf* Nehm-F S. 437, aM *Wölfl* NZV **99** 69). Zur Bemessung der Sperrfrist bei Jugendlichen § 69a Rn. 2.

16 Begeht ein Kf eine Tat nach II ohne wesentliche Besonderheit, folgt daraus regelmäßig **ohne Weiteres seine Ungeeignetheit**, ohne dass es noch auf Gesamtwürdigung ankäme (BGH VRS **92** 204, Ko VRS **64** 125, **71** 278, Bay DAR **92** 364, Dü NZV **88** 29; DAR **96** 413; KG ZfS **20** 346; einschr *Piesker* NZV **02** 297, aM *Krehl* DAR **86** 36 (entgegen Begr, BT-Drs. IV/651 S. 17)). Zu prüfen sind jedoch etwaige Tatbesonderheiten im weitesten Sinn, die eine Ausnahme nahe legen können Liegen hingegen Besonderheiten in der Person des Täters, in der Tat oder sonst in der Nachtatsituation vor, die einen so wesentlichen Unterschied vom Durchschnittsfall kennzeichnen, dass sie eine Ausnahme rechtfertigen können, muss erkennbar sein, dass die Möglichkeit der Ausnahme geprüft worden ist (vgl. BGH VRS **92** 204, Schl SchlHA **68** 226, Bay VRS **30** 276, Dü VRS **70** 137; NZV **88** 29; *Lackner* JZ **65** 120, enger Fra VRS **55** 181), zB notstandsähnliche Lage, die das Verhalten immerhin begreiflich erscheinen lässt (Begr) uU der Einfluss einer Ehekrise (Fra VM **77** 30), der Fall amtlicher FS-Verwahrung und langer Verfahrensdauer, wenn die vorläufige Maßnahmen zur Beseitigung des Eignungsmangels ausgereicht haben (Kö DAR **71** 190, VRS **61** 118, **90** 123, Br VRS **31** 454, Dü VRS **70** 137, Bay DAR **92** 364, AG Dü DAR **12** 40 (iVm Verkehrsseminar); *Mögele* ZRP **82** 101), jedoch uU auch ohne vorläufige EdF bei längerer Verfahrensdauer und unbeanstandeter Verkehrsteilnahme (BGHR StGB § 69 Abs. 1 Entziehung 4 (4 Jahre); Fra NZV **96** 265, Ha DAR **15** 399, je über 1 Jahr). Zu Ausnahmen Rn. 19 f., zur Bedeutung therapeutischer Maßnahmen Rn. 19b.

17 **Sichentfernen vom Unfallort** (§ 142 StGB) ist ein Regelfall, falls der Täter zumindest wissen kann (also insoweit wenigstens Fahrlässigkeit erforderlich), dass bei dem Unfall ein Mensch getötet oder nicht unerheblich verletzt worden oder an fremden Sachen, einschließlich des vom Täter *unbefugt* geführten, diesem aber nicht gehörenden Fz (Hb NStZ **87** 228, aM LG Kö ZfS **90** 104) bedeutender Schaden entstanden ist. Die Höhe des Sachschadens muss der Täter dabei zwar nicht richtig schätzen; er muss aber in der Lage sein, die objektiven Umstände zu erfassen, die zum jeweiligen Schaden führen. Liegen Schätzungen von Zeugen (PolB) unter oder nahe beim maßgebenden Schwellenwert (s. u), so kann dies dafür sprechen, dass auch der Täter die Umstände nicht richtig hat einschätzen können (LG Köln ZfS **90** 68; AG Saalfeld VRS **106** 280; s. auch LG Wuppertal DAR **15** 412; sehr streng LG Heilbronn DAR **17** 648 mAnm *Rücker*), was allerdings voraussetzt, dass der Täter überhaupt Anstrengungen unternommen hat, um sich ein Bild vom Schaden zu machen. Sind die Erfordernisse objektiv und subjektiv gegeben, so reicht ein Einzelfall aus (BGH VRS **22** 35), anders jedoch bei Sichentfernen aus achtenswerten oder doch begreiflichen Motiven (Bay VRS **15** 41). Bei Schaden am vom Täter berechtigt geführten fremden Fz kommt es auf die Gestaltung der Rechtsbeziehungen an (Ha NZV **90** 197

(LeasingFz), *Hembach* ZfS **05** 165). Ob **bedeutender Schaden** vorliegt, richtet sich nach objektiven wirtschaftlichen Gesichtspunkten (Reparatur, Bergung, MWSt, Minderwert; Schl VRS **54** 33, DAR **84** 122, Stu VRS **62** 123, Nau NZV **96** 204, Ha NZV **11** 356, aM (nur Reparaturkosten) *Mollenkott* DAR **80** 328, *Bär* DAR **91** 272, LG Hb DAR **05** 168 (nicht „Verbringungskosten"); aM auch *Trück* NZV **13** 361, s. dazu § 315c Rn. 37), MWSt jedoch nur, falls die Reparatur tatsächlich durchgeführt wird (LG Gera NZV **06** 105). Bei wirtschaftlichem Totalschaden kann auch die Rspr. zur 130%-Grenze (näher § 12 StVG Rn. 19 f.) zu berücksichtigen sein (AG Linz a. R. DAR **18** 41). Gutachter- und Anwaltskosten gehören nicht zum *Sachschaden* iS von II (LG Hb DAR **91** 472, **94** 127), sondern entstehen bei dessen Ermittlung und Regulierung (aM LG Bln NZV **07** 537, *Notthoff* NStZ **95** 92, *Lenhart* NJW **04** 192). „Bedeutender Schaden" deckt sich nicht mit „bedeutendem Wert" iS § 315c; da im Rahmen des § 69 mehr Schadensposten zu berücksichtigen sind als im Rahmen des § 315c (s. dort Rn. 6), muss der Schwellenwert hier höher liegen als dort (Schl DAR **84** 122, LK-StGB/*König* § 315 Rn. 90, 95, abw Kar DAR **78** 50, Ha DAR **74** 21,). Ein bedeutender Fremdschaden wird in der obergerichtlichen Rspr. derzeit frühestens **ab 1300 € angenommen** (Dr DAR **05** 459, Jn DAR **05** 289, Hb ZfS **07** 440, Ha NZV **11** 356; StRR **15** 112; offengelassen von Stu v. 27.4.2018, 2 Rv 33 Ss 959/17, juris, und von Bay DAR **20** 268 (jedenfalls bei Reparaturkosten von rd. 1900 € ohne USt); s. auch LG Berlin DAR **05** 467, 701; LG Bra ZfS **05** 100). Ein Teil der Instanzgerichte zieht die Grenze im Blick auf die Entwicklung der Preise und der Reparaturkosten erst bei *1500 €* (zB AG Saalfeld DAR **05** 52; LG Bra DAR **16** 596 mAnm *Ernst;* LG Dr DAR **19** 52; **20** 344 (USt nur, wenn sie anfällt, also insbes. nicht bei fiktiver Schadensberechnung, dazu § 12 StVG Rn. 48 f. mAnm *Tücks;* zust LK-StGB/*Valerius* Rn. 131; s. auch *Bach* DAR **07** 667: mehr als 1500 € und Überschreiten von 20% des Zeitwerts), vereinzelt sogar erst *bei 2500 €* (so LG Landshut DAR **13** 588 mAnm *Ernst;* LG Nü-Fürth NZV **20** 55; MüKoStVR/*Kretschmer* Rn. 49; **abl** Bay DAR **20** 268; s. aber auch AK III des VGT **2018:** 10 000 €). Akzeptiert der Geschädigte zum Schadensausgleich vom Schädiger einen unter 1300 € liegenden Betrag, so ist davon auszugehen, dass die Grenze nicht erreicht ist, auch wenn sich aus einem Sachverständigengutachten ein höherer Betrag ergibt (LG Paderborn VRS **109** 344). Mehrere Fremdschäden sind zusammenzuzählen. Den Betroffenen besonders belastende Umstände können (natürlich) die EdF rechtfertigen, sofern der (ohnehin nicht gesetzlich festgelegte und von Zufälligkeiten abhängige) Schwellenwert nicht erreicht wird (LG Berlin NZV **10** 476). Eine Ausnahme von der Regel des II Nr. 3 wird uU in Fällen **freiwilliger nachträglicher Ermöglichung** der Feststellungen durch den Täter am gleichen oder folgenden Tag in Betracht kommen (LG Zw DAR **03** 236, LG Gera MDR **97** 381, LG Aurich NZV **13** 53), insbes. wenn § 142 IV (tätige Reue) ausschließlich an der Schadenshöhe scheitert (LG Gera VRS **99** 256, AG Bielefeld NZV **14** 378; *Schäfer* NZV **99** 190, *Lenhart* NJW **04** 193), desgleichen bei Begehung im fließenden V in den Fällen des Vorbeifahrens (§ 142 Rn. 69) oder bei leichtem Personenschaden (LG Gera VRS **99** 256, NZV **06** 105). Mit „analoger" Anwendung hat dies freilich entgegen LG Gera NZV **06** 105 nichts zu tun. Ersttäterschaft und unbeanstandetes Fahrens nach dem Unfall führen allein nicht zum Ausnahmefall (Rn. 19a), anders uU iVm lang zurückliegender Tat in seelischer Ausnahmeverfassung (Hb NZV **19** 428 *(Rinio)*).

Gefährdung des Straßenverkehrs (II Nr. 1 iVm § 315c). Bei Tatbegehung durch grob **18** verkehrswidriges, rücksichtsloses Verhalten (§ 315c I Nr. 2) werden bei nur *fahrlässig* rücksichtsloser Fahrweise eher Umstände für eine Ausnahme von der Regel des II in Betracht kommen als bei Vorsatz (*Mollenkott* BA **85** 298).

Illegale Kfz-Rennen (II Nr. 1a iVm § 315d). Die 2017 eingeführte Strafvorschrift des **18a** § 315d ist insgesamt einbezogen. Der GGeber will damit die Handhabe schaffen, „Betroffene nachhaltig zu beeindrucken" (BT-Drs. 18/12964 S. 4). Mit der Natur der EdF als Maßregel (Rn. 1) ist diese Überlegung schwerlich vereinbar. Es unterliegt auch beträchtlichen Zweifeln, ob der Indizcharakter für eine fehlende Fahreignung für das gesamte Spektrum der vormals als bloße OW eingestuften Tathandlungen der Veranstaltung von Kfz-Rennen (die Kfz-Führen nicht voraussetzt) und der Teilnahme daran gerechtfertigt ist. So hatte der BKat vormals für die Rennteilnahme lediglich ein FV von 1 Monat und für die Veranstaltung gar kein Regel-FV angeordnet (Nr. 248, 249 BKat aF). Es wird Aufgabe der Praxis sein, die EdF in den einschlägigen Fällen auf die für die Sicherheit des StrV hochgefährlichen und damit auch die Nichteignung des KF anzeigenden Taten zu begrenzen.

Trunkenheit im Verkehr (II Nr. 2 iVm § 315c I Nr. 1a, § 316) indiziert Ungeeignetheit **19** und führt regelmäßig zur EdF, jedoch nur bei Tatbegehung *mittels Kfz* (LG Mainz DAR **85** 390), was auch bei motorgetriebenem Leichtmofa (**aM** LG Ol DAR **90** 72, abl *Janiszewski* NStZ **90**

272) und E-Scootern (Bay DAR **20** 576; LG Mü I DAR **20** 111 m abl Anm *Timm* und zust Bspr *König* DAR **20** 362 f.; LG Mü I BA **20** 116; LG Dortmund BA **20** 114; 115; 118; LG Dr BA **20** 185; AG Dr BA **20** 188) sowie Segways (Hb DAR **17** 157) zutrifft (s. erg Rn. 19a). Kein Regelfall (aber EdF nach Gesamtwürdigung möglich) ist die strafbare Teilnahme (Ko DAR **87** 297, LG KoVRS **100** 36, *Dreher/Fad* NZV **04** 235).

19a   **Bei untypischer Begehungsweise** muss den Urteilsgründen zu entnehmen sein, dass sich das Gericht der Ausnahmemöglichkeit bewusst gewesen ist und eine Gesamtabwägung zur Eignungsfrage vorgenommen hat (Ha VRS **52** 24, Dü VRS **74** 259, Nü NZV **07** 642). Hauptfall ist das *Versetzen eines Kfz um nur wenige Meter* zum Zweck nicht störenden Parkens; im Allgemeinen wird hier abweichend von II Nichteignung zu verneinen sein (Bay DAR **69** 177, Dü VRS **74** 259, **79** 103, Ha VRS **52** 24, Dü VRS **74** 259, Stu NJW **87** 142 (20 m auf öffentlichem Parkplatz, krit *Middendorff* BA **87** 432), AG Saalfeld BA **06** 242 (kurzes Stück auf Parkplatz zu „nachtschlafender Zeit", zustAnm *Mitsch*), AG Bonn DAR **80** 52, AG Fürstenfeldbruck ZfS **03** 470, AG Regensburg ZfS **85** 123, LG Aachen NStZ **86** 404, LG Kö ZfS **88** 331, AG Westerstede NZV **12** 304; einschr LG Dessau ZfS **95** 73, s. auch AG Ol SVR **08** 230 (Herausfahren eines Pkw aus Tiefgarage, um ihn wenige Meter weiter zu parken), AG Verden NZV **14** 378 (kurzes Versetzen des Fz auf Parkplatz einer Diskothek, um darin zu übernachten)). Spontaner Entschluss, auf die Nachricht vom schweren Unfall des Sohns mit dem Pkw zur Unfallstelle zu eilen, kann Ausnahme rechtfertigen (LG Heilbronn DAR **87** 29, ähnl. LG Potsdam NZV **01** 360), ebenso nächtliche Fahrt eines Mitglieds der Freiwilligen Feuerwehr ins Krankenhaus, um der Feuerwehr zu helfen (AG Hameln ZfS **08** 353 (außerdem TÜV-Nachschulungskurs)). Nach Kö DAR **12** 649 soll, schwerlich vertretbar, Ausnahme selbst bei AB-Fahrt eines PolB in sehr hoher BAK nach gescheitertem Übernachtungsversuch im Hotel zu prüfen sein (abl Bspr *König* DAR **13** 363). Prüfung der Eignungsfrage geboten bei kurzer Fahrt mit Leichtmofa nach Hilferuf aus altruistischer Motivation (Nü NZV **07** 642) sowie allgemein bei notstandsähnlicher Situation oder wenn der Maßregelzweck durch vorläufige EdF bereits erreicht ist (Kar NZV **04** 537, Kö VRS **41** 101, **90** 123, Dü VM **71** 59, VRS **70** 137, KG VRS **60** 109). Letzteres wird bei sehr langer Verfahrensdauer und bei Hinzutreten weiterer Umstände in Betracht kommen. **Trunkenheitsfahrten mit E-Scootern** rechtfertigen für sich genommen keine Ausnahme von der Regelwirkung (Bay DAR **20** 576; LG Mü I BA **20** 116; DAR **20** 111 m Bspr *König* DAR **20** 362 f.; LG Dortmund BA **20** 114; 115; 118; LG Dr BA **20** 185; AG Dr BA **20** 188). Ausnahmeumstände können jedoch bei einer sehr kurzen Fahrt (2,5 Meter) mit Abstandnahme von weiterer Fahrt nach Sturz angenommen werden (LG Dortmund BA **20** 115), kaum jedoch beim Befahren einer Fußgängerzone in verkehrsarmer Zeit, fehlenden Vorbelastungen und Geständnis (aM AG Dortmund BA **20** 118). Gleiches gilt für das Führen von Segways (vgl. Hb DAR **17** 157). **Keine Ausnahme** aufgrund der Tatsache allein, dass es sich um einen langjährig unbeanstandet fahrenden *Ersttäter* handelt (Dü VM **71** 59, KG VRS **60** 109, LG Sa BA **99** 310 m Anm *Zabel, Kunkel* DAR **87** 42, aM teilweise die tatrichterliche (vor allem saarländische, Nw bei *Zabel/Noss* BA **89** 258) Rspr, zB LG Sa BA **92** 398, AG Homburg ZfS **96** 354, AG Esslingen BA **82** 382, AG St Ingbert ZfS **98** 153, einschr LG Sa ZfS **98** 152), auch nicht der Umstand, dass der Täter bei BAK von 0,63‰ iVm ärztlich verordnetem Medikament (nur?) in „relativer Fahrunsicherheit" gefahren ist und nach vorläufiger EdF 4 Monate unbeanstandet gefahren ist (aM AG Bernkastel-Kues BA **06** 158). Dass der Täter nur auf Grund rückwirkender Anwendung der geänderten Rspr. zum Beweisgrenzwert für absolute Fahrunsicherheit bestraft werden konnte, rechtfertigt keine Ausnahme von der Regel (LK-StGB[12]/*Geppert* Rn. 91). Denn schon das Herantrinken an den früheren Beweisgrenzwert und das anschließende Fahren trotz der erheblichen dazu erforderlichen Trinkmengen offenbart ein hohes Maß an Verantwortungslosigkeit als Kf, wobei eine „Dosierung" der Alkoholmenge auf eine bestimmte BAK gar nicht möglich ist (*Heifer* BA **72** 72, abw LG DüVM **90** 56).

19b   Auch die erfolgreiche Teilnahme an einem **Kurs für alkoholauffällige Kf** (zB „Mainz 77"), einem **Fahreignungsseminar** nach § 4 VII, § 4a StVG, § 42 FeV (vormals Aufbauseminar), einem **Kurs zur Wiederherstellung der Kraftfahreignung** (§ 11 X, § 70 FeV), einem für auffällige Kf während der Probezeit vorgesehenen besonderen **Aufbauseminar** (§ 2a II S. 1, 2b II S. 2 StVG, § 36 FeV) oder einer sonstigen Verkehrstherapie kann, insbesondere wenn weitere Umstände (zB längere vorläufige EdF) hinzutreten (Kar NZV **04** 537, Kö VRS **59** 25, Ko VRS **66** 40), uU eine Ausnahme rechtfertigen (Kar NZV **04** 537, Kö VRS **59** 25, **60** 375, **61** 118, Hb VRS **60** 192, Dü VRS **66** 347, LG Dü DAR **08** 597 mAnm *Himmelreich;* LG Potsdam BA **04** 450, LG Krefeld VRS **56** 283, LG Hanau DAR **80** 25, LG Kö DAR **89** 109, AG Bad Hersfeld BA **05** 501, AG Lüdinghausen NZV **10** 272; weit ausholend LG Dortmund BA **13** 305;

AG Königs Wusterhausen BA **16** 198; *Himmelreich/Halm* NStZ **13** 454). Untersuchungen (zB *Birnbaum/Biehl* NZV **02** 164, *Stephan* ZVS **86** 2, *Utzelmann* BA **84** 396, *Winkler ua* BASt **88** H 64, S. 30 ff., 63) sprechen für eine signifikant geringere Rückfallhäufigkeit von Kursteilnehmern nach Modell „Mainz 77" oder „Hamburg 79", aber auch von Teilnehmern an Kursmodellen für Wiederholungstäter, gegenüber nicht „nachgeschulten" Verurteilten (krit *Ostermann* BA **87** 11). Allerdings wird es idR bereits im Hinblick auf die kurze Dauer einschlägiger Verfahren kaum möglich sein, einen Erfolg der Maßnahme iS hergestellter Eignung festzustellen (LG Krefeld DAR **80** 63, LG Köln ZfS **80** 124, AG Hanau VRS **58** 137, *Seib* DRiZ **81** 165, s. auch, ganz abl., LG Kassel DAR **81** 28, AG Freising DAR **80** 252). Die zu § 69a VII ergangene Erwägung in BVerfG DAR **07** 80 (mAnm *Himmelreich),* wonach es keine Willkür darstellt, wenn vom Gericht der Nachweis tatsächlicher und nachhaltiger Bewältigung des Alkoholproblems über einen längeren Zeitraum hin gefordert wird, gilt hier ebenso. Der richtige Ort ist daher das Nachverfahren nach § 69a VII (dort Rn. 14) bzw. das Verwaltungsverfahren (aM *Himmelreich* DAR **08** 69). Nach Ha BA **16** 189 (Bspr *König* DAR **17** 362) soll hingegen die Teilnahme an einer verkehrstherapeutischen Maßnahme (Therapie durch eine Heilpraktikerin) bei beabsichtigter Abweichung von § 69 II nach den Wertungen der FeV generell Anlass zu weiterer Sachaufklärung in Form der Beibringung einer „MPU" geben (s. auch Kö DAR **13** 393; LG Ol DAR **02** 327; AG Mü DAR **12** 96 zu einer „privat eingeholten MPU"); dem steht entgegen, dass im Strafverfahren keine Rechtsgrundlage für die Erholung einer „MPU" vorhanden ist (*Geiger* DAR **13** 231), § 69 dem Tatrichter die erforderliche Sachkunde zuweist (Rn. 11), die Regelvermutung eine langwierige Gesamtwürdigung gerade ersparen will und nur ganz ausnahmsweise widerlegt werden kann (Rn. 15 f.), wobei noch hinzukommt, dass die Mitwirkung des Angekl. nicht erzwungen werden kann (MüKoStVR/*Kretschmer* § 69 Rn. 19, 39; *König* DAR **17** 362). „Private MPU" ist nach Ol DAR **19** 216 jedenfalls dann irrelevant, wenn sie vor Ablauf der in den Begutachtungsleitlinien zur Kraftfahreignung vorgesehenen Mindestfrist von 6 Monaten erstellt worden ist (zust Bspr *König* DAR **19** 362; hingegen harsche Kritik bei *Hillmann/Schubert* DAR **19** 229, s. aber zur Mindestfrist *Hillmann* DAR **12** 231, 232). Bei vorsätzlicher Trunkenheitsfahrt und Tätlichkeit gegen PolB (Ko ZfS **82** 347) sowie bei einem Trunkenheitsfahrer, der kurz nach Ablauf einer FE-Sperre abermals mit hoher BAK gefahren ist (abw Ha BA **16** 189 m Bspr *König* DAR **17** 362) gilt dies erst recht. Allerdings kann *unter besonderen Umständen* (180 Therapiestunden bei einer anerkannten Einrichtung, keine einschlägige Vorahndung, beanstandungsfreie VTeilnahme in der Zwischenzeit, Fahrtantritt in einer Ausnahmesituation) eine (sonstige) Begutachtung angezeigt sein (Kar BA **16** 476 m Bspr *König* DAR **17** 362; krit *Krenberger* NZV **17** 239). Bei Wiederholungstätern, für die im Fall der EdF das erhöhte Mindestmaß des § 69a II für die Sperre gilt, wird Teilnahme am Nachschulungskurs kaum je die Feststellung wieder bestehender Eignung entgegen II rechtfertigen (LG Köln ZfS **81** 30; s. auch Ha BA **16** 189). Bei gewerbsmäßig betriebenen Kursen nicht gem. § 36 VI, § 70 FeV anerkannter Veranstalter ist besonders sorgfältige Prüfung der Kursqualität durch das Gericht erforderlich (Hb VRS **60** 192, LG Münster ZfS **05** 623, LG Ol DAR **96** 470, *Winkler* BA-Festschrift S. 246 f.). Das Zeugnis einer den Angekl betreuenden Heilpraktikerin für Psychotherapie wird per se nicht genügen (vgl. Ha BA **16** 189 m Bspr *König* DAR **17** 362; s. auch LG Hildesheim DAR **03** 88).

Ältere Literatur zum Thema Nachschulungsmaßnahmen: 43. Aufl. **Übersicht über Kursmodelle und** **19c** **Veranstalter:** *Himmelreich/Janker/Karbach* Rn. 199 ff.

Die Ungeeignetheit kann sich auch aus einem **Verhalten außerhalb des öffentlichen StrV** **20** ergeben (Rn. 3a aE; Trunkenheitsfahrt im Kasernenbereich mit fahrlässiger Körperverletzung; Ol VRS **55** 120).

Den **Vollrausch** (§ 323a StGB), sofern er zur Gefährdung des StrV, zur Trunkenheit im V **21** oder zum Sichentfernen (II Nr. 1–3) führt, will der GGeber ausweislich der Begr aus logischen Gründen in II aufgenommen haben. Zur Frage eines Absehens von der Maßregel in Fällen nur geringen Verschuldens LK-StGB[12]/*Geppert* Rn. 90.

7. Verhältnismäßigkeit, Übermaßverbot. Das Recht zum Führen von Kfz ist Bestandteil **22** der Handlungsfreiheit (Art 2 I GG; BVerfG NJW **02** 2378, **02** 2381 mAnm *Bode* NJW **05** 349). Daher kommt dem Verhältnismäßigkeitsgrundsatz besondere Bedeutung zu (BGH NZV **03** 199). I S. 2 steht dazu nicht in Widerspruch. EdF wegen Nichteignung *zwingend* gebotener EdF (Rn. 24) ohne *weitere* Prüfung der Verhältnismäßigkeit anzuordnen, bedeutet keine Außerkraftsetzung des Verhältnismäßigkeitsprinzips (§ 62 StGB, E 2), sondern nur, dass dieses Prinzip bei der Feststellung von I S. 1 bereits berücksichtigt ist (BGH NJW **04** 3497). Kein Verstoß gegen das Übermaßverbot, wenn die Prüfung des sich aus der Tat ergebenden Gesamtbilds zwingend totale Ungeeignetheit zumindest auf Zeit ergeben hat, so dass mildere Maßnahmen (beschränkte FE, Aufl, FV) dem Sicherungsbedürfnis nicht genügen könnten (zust *Bode* DAR **89** 446). Prüfung von I S. 1 deshalb stets unter Beachtung des Grundsatzes der Verhältnismäßigkeit (BGH (4. StrSen) NZV **03** 199 (unter Bezugnahme auf BVerfG NJW **02** 2378, abw insoweit BGH, 1. StrSen, NStZ **03** 660 f.), LG Mannheim ZfS **03** 208, abw *Kühl* JR **04** 127). Nur wenn die Eignungsprüfung das Übermaßverbot bereits berücksichtigt, ist dem Verhältnismäßigkeitsgrundsatz genügt (AG Br StV **02** 372). Ist jedoch in der Hauptverhandlung fortbestehende Ungeeignetheit und damit Gefährlichkeit des Kf festgestellt, so ist EdF auch bei drohendem Arbeitsplatzverlust niemals unverhältnismäßig, sondern zwingend geboten; das Verhältnismäßigkeitsprinzip kann naturgemäß nicht dazu zwingen, einen ungeeigneten und damit gefährlichen Kf wegen der diesen treffenden wirtschaftlichen Folgen im StrV fahren zu lassen (BGH NJW **04** 3497, LK-StGB^{12}/*Geppert* Rn. 67, aM AG Bad Homburg VRS **67** 22; AG Gemünden BA **12** 50, womöglich auch LG Dortmund BA **13** 308 mBspr *König* DAR **14** 363), (natürlich) ebenso, wenn die FE zum Transport von Kindern zur Schule und anderen Freizeitaktivitäten benötigt wird (Hb ZfS **07** 409).

23   **8. Bei der letzten tatrichterlichen Aburteilung** muss Ungeeignetheit bestehen (BGH NStZ **04** 147, NZV **03** 199, **01** 434, VRS **95** 410, DAR **95** 185, StV **99** 18, BGHSt 7 165, Bay NJW **77** 445, Ol ZfS **05** 260, Kar NZV **04** 537, Dr NZV **01** 439, Fra VM **77** 31, NStZ-RR **96** 235, Dü NZV **93** 117), so dass bis zu diesem Zeitpunkt eingetretene Umstände zu berücksichtigen sind (LG Mühlhausen NZV **03** 206), zB die Wirkung polizeilicher FSBeschlagnahme oder vorläufige EdF (§§ 94, 111a StPO; Bay NJW **71** 206, Fra VM **77** 31, NStZ-RR **96** 235, Sa MDR **72** 533, Dü VRS **70** 137, Kö VRS **70** 123) oder das Verhalten des Angekl. nach der Tat (Ol ZfS **05** 260 (Teilnahme an verkehrspsychologischer Beratung nach Straftat iS § 21 StVG), LG Wuppertal DAR **14** 400 mBspr *Staub* DAR **14** 421). Das kann dazu führen, dass zum Urteilszeitpunkt keine Ungeeignetheit mehr besteht, zB nach lang dauernder vorläufiger EdF, insbesondere im Zusammenwirken mit einem Kursus zur Behandlung alkoholauffälliger Kf (Rn. 19). Die in einer Straftat offenbar gewordene Ungeeignetheit darf nicht zur EdF führen, wenn die Erwartung einer künftigen Gefährdung anderer nicht mehr begründet ist (BGH NZV **01** 434, Dr NZV **01** 439, Kö StV **00** 261). Ist die Ungeeignetheit im Zeitpunkt des Berufungsurteils entfallen, so scheidet EdF aus (Bay NJW **77** 445, Kar DAR **01** 469, LG Münster DAR **05** 702, LG Zw VRS **99** 443, *Janiszewski* DAR **89** 137 f., *Suhren* VGT **89** 141 ff.). Andererseits rechtfertigt mehrmonatige unbeanstandete Teilnahme am motorisierten StrV bis zur Hauptverhandlung allein idR nicht die Feststellung, der in der Tat offenbar gewordene oder durch sie indizierte (II) Eignungsmangel habe gar nicht vorgelegen oder eine durch die Tat offenbar gewordene Ungeeignetheit zum Führen von Kfz sei inzwischen wieder weggefallen (Kö DAR **66** 271, Dü VM **71** 59, DAR **96** 413 mablAnm *Schulz* NZV **97** 63, Ko VRS **65** 448, **66** 40, **68** 118, Kar VRS **68** 360, Mü NJW **92** 2776, Stu NZV **97** 316, Brn BA **10** 299; aM LG Wuppertal NJW **86** 1769 (jedoch i Erg evt richtig mangels ("relativer") Fahrunsicherheit), LG Dü ZfS **80** 187 mAnm *Hentschel*, AG Bernsheim NZV **06** 442). Die Beurteilung ist Sache des Tatrichters; Beweisanträge in Richtung auf gutachterliche Feststellung wiederhergestellter Eignung werden in aller Regel abzulehnen sein (Rn. 11; Maßprinzip: Rn. 22). Die Tatzeit entscheidet nie (Maßregel, Begr), aber auch nicht der Zeitpunkt voraussichtlicher Entlassung nach zugleich angeordnetem Freiheitsentzug (Rn. 24). War vorläufige EdF so lange wirksam, dass Eignungsmangel als beseitigt anzusehen ist, so unterbleibt EdF, auch wenn die vorläufige Maßnahme kürzer war als die Mindestsperre (Bay NJW **71** 206, *Suhren* VGT **89** 139); der Grund der Nichtentziehung gehört dann zwecks Bindungswirkung ins Urteil (Rn. 27). Will das Berufungsgericht die Zeit vorläufiger EdF oder einer FS-Verwahrung bei der Sperre berücksichtigen, so muss es dies im Tenor aussprechen (Kö NJW **67** 361, BayVM **66** 65).

24   **9. Die richterliche Entscheidung.** Sofern die Voraussetzungen vorliegen, **muss** die FE entzogen werden; ein Ermessensspielraum besteht nicht (BGHSt **6** 185, **5** 176, **7** 165, einschr AG Br StV **02** 372). Sie ist auch neben Freiheitsstrafe oder Sicherungsverwahrung (BGH VM **66** 34, LK-StGB^{12}/*Geppert* Rn. 62) oder der Strafaussetzung zur Bewährung (BGH VRS **28** 420, **29** 14, Schl SchlHA **60** 60) anzuordnen. Dass der Angekl. nach Freiheitsentzug uU wieder geeignet sein wird, bleibt wegen des maßgebenden Zeitpunkts (Rn. 23) außer Betracht (zur Frage der Sperrfristverlängerung in diesem Fall § 69a Rn. 10). Wirtschaftliche Gesichtspunkte haben unberücksichtigt zu bleiben (Rn. 22; Dü DAR **92** 187, LG Marburg ZfS **05** 621). Ohne Bedeutung ist, ob die im Zeitpunkt der Entscheidung bestehende FE schon bei Tatbegehung erteilt war

oder womöglich erst danach erworben wurde (BGH NStZ **87** 546). Allerdings muss durch den Tatrichter festgestellt werden, dass der Angekl. überhaupt eine FE hat (BGH Urt. v. 21.5.1996, 1 StR 231/96, BeckRS **96** 4143; Kar VRS **59** 111; Stu NJW **10** 3591; zu ausländischen FE § 69b Rn. 2). Fehlen diesbezügliche Feststellungen, so muss das Urteil im Revisionsverfahren aber nicht aufgehoben werden; die Anordnung ginge ggf. nur ins Leere, wodurch der Angekl. nicht beschwert wäre (BGH NStZ-RR **20** 155). Frühere EdF hindert, solange nicht Wiedererteilung erfolgt ist, erneute EdF; in solchen Fällen wird die sog „isolierte" Sperre (§ 69a Rn. 1) festgesetzt (BGH DAR **78** 152, *Hentschel* DAR **77** 212, aA Br VRS **51** 278). **Die FE kann nur insgesamt entzogen werden**, eine auf bestimmte FzArten beschränkte Entziehung ist also nicht möglich (BGH NJW **83** 1744, NStZ **83** 168, VG Berlin NZV **01** 139, VG Mü NZV **00** 271). Es können nach dem Gesetz lediglich Ausnahmen von der Sperre zugelassen werden (näher § 69a Rn. 5 ff.). Ob die in § 69 I vorgesehene vollständige EdF, lediglich mit der Möglichkeit, bestimmte Kfz-Arten von der Sperre auszunehmen, rechtspolitisch notwendig und gerechtfertigt ist, wird unterschiedlich beurteilt (*Bode* DAR **89** 447). ZT wird vorgeschlagen, von vornherein die Möglichkeit vorzusehen, in geeigneten Fällen die FE nur insoweit zu entziehen (einzuschränken), wie der Kf versagt hat (*Berz/Brockelt/Mollenkott* VGT **80** 285 ff.). Gegen eine Verwischung der Grenze zwischen „bedingter" Kraftfahreignung und Ungeeignetheit aber mit Recht *Weigelt ua* NZV **91** 58. S. auch die Empfehlungen des AKV des VGT 2010 DAR **10** 173, wonach durch eine Änderung des § 69 durch § 9 FeV versagte Ausnahmemöglichkeiten im Strafrecht gewährt werden sollen, sowie die Beiträge von *Backmann* BA **10** 189, *Schäpe* BA **10** 194; *Uhle* BA **10** 198, *Buschbell* SVR **10** 3.

10. Die Fahrerlaubnis erlischt mit Rechtskraft des Urteils (III; Kar VRS **53** 461), zugleich **25** auch eine SonderFE nach § 26 FeV (Bay NZV **90** 364, *Ebert* VD **85** 84, 107). Fahren nach diesem Zeitpunkt verletzt § 21 StVG. Irrtum hierüber, auch bei versehentlich belassenem FS, ist vermeidbarer Verbotsirrtum. Vorläufige EdF: § 111a StPO. Zw, ob bei Wiederaufnahme des Verfahrens eine Maßnahme nach §§ 69, 69a vorläufig ausgesetzt werden kann (Ha VRS **38** 39, *Hentschel* Trunkenheit, Rn. 678). Kein Wiederaufleben der entzogenen FE nach Ablauf der Sperre; sie muss neu beantragt und formell neu erteilt werden (§ 20 FeV; VGH Ma NZV **92** 87), auch nach Gnadenerweis, der nur die Sperre beseitigen kann (§ 69a Rn. 19). In Unkenntnis der Sperre erteilte FE ist gültig, aber wieder entziehbar (Ha VRS **26** 345, Ko VRS **51** 96).

11. Einziehung des Führerscheins durch Urteil ist geboten (III). Der FS verkörpert die FE **26** nicht, er beweist sie (§ 5 FeV). Einziehbar ist nur ein von einer deutschen Behörde ausgestellter FS und internationaler FS. Die lediglich vergessene Einziehungsanordnung kann trotz des Verschlechterungsverbots nachgeholt werden, denn sie ist keine selbstständige Maßregel (BGHSt **5** 168, NZV **98** 211, Beschluss v. 9.8.2011, 4 StR 367/11, Kar NJW **72** 1633). Hatte der Täter auch einen MilitärFS, ergreift die Einziehung auch ohne besondere Erwähnung im Urteil beide (AG Wuppertal DAR **61** 340). Inhaber ausländischer FS: § 69b StGB. Für FE, die von einer Behörde der ehemaligen DDR ausgestellt worden sind, gilt § 69 StGB, soweit diese gem. § 6 VI S. 1 FeV weiterhin gültig bleiben.

12. Verfahren. Auf mögliche EdF ist in der Anklageschrift, Eröffnungsbeschluss oder in der **27** Hauptverhandlung nach § 265 II Nr. 1 StPO hinzuweisen, andernfalls die Maßregelanordnung der Aufhebung verfällt (BGHSt **18** 288 = NJW **63** 1115, ZfS **92** 102, **93** 355, Bay NZV **04** 425, VRS **62** 129, Ko VRS **50** 30; KG BA **15** 422). Hinweis auch erforderlich, wenn Anklage und Eröffnungsbeschluss oder Strafbefehl ein FV nennen (Bay NZV **04** 425, **05** 492). Die Urteilsformel ist dahin zu fassen, die FE werde entzogen, vor Ablauf von (Zeiteinheit) dürfe dem Verurteilten keine FE erteilt werden (BGH NJW **61** 1269, VRS **22** 144). Wegen der Bindungswirkung für die VB muss sich das Urteil (ebenso der Strafbefehl, § 409 III StPO) über EdF oder Nichtentziehung auch ohne Antrag aussprechen (§ 267 VI StPO), sonst keine Bindung (näher § 3 StVG; *Himmelreich* NZV **05** 340). Die **Begr der EdF** muss substantiell sein, nicht nur formelhaft, Besonderheiten müssen berücksichtigt sein (BGH VRS **45** 177), ohne Widerspruch zur Strafzumessung (BGH DAR **60** 70), aber ohne Zwang zu bloßen Wiederholungen (Kö DAR **66** 271). In den Fällen von II genügt zur Begr die Feststellung, dass eine dort genannte Taten begangen ist (Ko VRS **55** 355, Dü VRS **74** 259). Drängt sich die Möglichkeit einer Ausnahme von der Regel des II (hierzu Rn. 19a, 19b) nicht auf, so genügen i Ü summarische Ausführungen darüber, dass der Regelfall gegeben ist (BGH DAR **95** 185, Kö DAR **66** 271, Zw VRS **54** 115). Die Annahme eines Ausnahmefalls ist im Einzelnen zu begründen (§ 267 VI S. 2 StPO; KG VRS **60** 109). Ist EdF unzulässig, so darf das Revisionsgericht die Maßnahme entsprechend

§ 354 I StPO selbst aufheben (Hb NJW **55** 1080). Bei Teilfreispruch im Wiederaufnahmeverfahren ist über EdF auf Grund der neuen Hauptverhandlung zu entscheiden und die seit Rechtskraft verflossene Sperrzeit zu berücksichtigen (Ha VRS **21** 43). Nach beendigter Urteilsverkündung, zu der der Beschluss nach § 268a I StPO nicht gehört, kann vergessene EdF nicht mehr nachgeholt werden (BGH VRS **47** 283). In der rechtskräftigen Entscheidung (Urteil, Strafbefehl) vergessene EdF bei Sperrfristfestsetzung kann grundsätzlich nicht nachgeholt werden (Ha VersR **78** 812, Kö VM **81** 46, LG Freiburg ZfS **01** 332), Berichtigung des Tenors ist jedoch dann möglich, wenn die Gründe ergeben, dass nicht isolierte Sperre, sondern EdF gewollt ist (BGH VRS **16** 370, Ko VRS **50** 34). Erweist sich eine isolierten Sperrfrist auf alleiniges Rechtsmittel des Verurteilten hin als gerechtfertigt, so bleibt sie bestehen, eine nach dem Ersturteil versehentlich erteilte FE kann jedoch nur nach § 3 StVG entzogen werden (Ko VRS **51** 96). Anfechtbarkeit und Sperrfristfragen: § 69a Rn. 10–13, 16. Mitteilung an BZR: § 9 BZRG. Tilgung: §§ 45 ff. BZRG. Die Ausnahme vom Verwertungsverbot gem. § 52 II BZRG gilt auch im Strafverfahren nur für die Prüfung der EdF (Dü VRS **54** 50). Mitteilung an das FAER: § 28 StVG, § 59 FeV. EdF durch VB und Verhältnis zur gerichtlichen EdF: § 3 StVG, Lit.: *Schendel,* Doppelkompetenz von Strafgericht und VB zur EdF, 1974.

28   **Das Verschlechterungsverbot** (§§ 331, 358 StPO) hindert das Berufungsgericht lediglich, bei alleiniger Berufung des Verurteilten auf EdF zu erkennen, wenn der Erstrichter die FE nicht entzogen hatte, oder die Sperrfrist zu erhöhen (§ 69a Rn. 18). Fällt bei Tatmehrheit und einheitlicher EdF eine Tat weg und ist die EdF schon wegen der verbleibenden Tat(en) zulässig, so darf sie bestehen bleiben (Bay DAR **66** 270), ebenso, wenn zwar das angewandte Strafgesetz die Maßregel nicht trägt, jedoch ein anderes auf den Sachverhalt anzuwendendes (Bay VRS **8** 197). Wäre die vom Erstrichter verhängte Sperrfrist abgelaufen, hält das Berufungsgericht den Angeklagten aber weiterhin für ungeeignet, so darf es die EdF mit gleicher Sperrfrist bestehen lassen (§ 69a Rn. 18). Hat das Gericht nur Sperre verhängt in der Annahme, die FE sei bereits entzogen, so darf EdF auf ein zugunsten des Angeklagten eingelegtes Rechtsmittel nicht nachgeholt werden (§§ 331, 358 II StPO), so dass der Verurteilte im Besitz der FE bleibt (Kar VRS **59** 111, Ko VRS **50** 34, Kö NJW **10** 2817), desgleichen, wenn die VB nach Verkündung des erstinstanzlichen Urteils FE erteilt hat (Ko VRS **60** 431). Ist EdF sachlich geboten, durch § 331 StPO aber ausgeschlossen, und ist dem Täter zwischen erster und zweiter Tatsachenverhandlung eine neue FE erteilt worden, so darf das Berufungsgericht die im angefochtenen Urteil ausgesprochene isolierte Sperre erneut anordnen (Br NJW **77** 399). Der FS darf auch nachträglich noch eingezogen werden, weil er der FE folgt (Rn. 26). **Rechtsmittelbeschränkung:** § 69a Rn. 16.

29   **13. Strafbar** sind Zuwiderhandlungen nach EdF nach § 21 StVG (Fahren ohne FE). Nichtablieferung des FS nach EdF ist nicht strafbar.

30   **Literatur:** *Cramer,* Voraussetzung für eine gerichtliche EdF nach § 42m StGB, MDR **72** 558. *Dreher/Fad,* EdF und Verhängung eines FV bei Teilnehmern, NZV **04** 231. *Geppert,* Neuere Rspr. des BGH zur EdF bei Nicht-Katalogtaten, NStZ **03** 288. *Hembach,* EdF nach unerlaubtem Entfernen vom Unfallort mit LeasingFz?, ZfS **05** 165. *Hentschel* Die Voraussetzungen für die strafgerichtliche EdF unter Berücksichtigung der jüngsten Rspr. des BGH, NZV **04** 57. *Himmelreich,* „Bedeutender Sachschaden i. S. d. §§ 69 Abs. 2 Nr. 3, 142 StGB, DAR **97** 82. *Krehl,* Regel und Ausnahme bei der EdF (§ 69 II StGB), DAR **86** 33. *Kulemeier,* FV (§ 44 StGB) und EdF (§§ 69 ff. StGB), Lübeck 1991. *Derselbe,* FV und FEEntzug – Sanktionen zur Bekämpfung allgemeiner Kriminalität?, NZV **93** 212. *Lenhart,* Der „bedeutende Schaden" als Regelbeispielsvoraussetzung einer EdF, NJW **04** 191. *Müller-Metz,* Zur Reform von Vergehenstatbeständen und Rechtsfolgen im Bereich der VDelikte, NZV **94** 89 (93). *Pießkalla, Leitgeb,* EdF nach § 69 I S. 1, 2. Alt bei „nicht verkehrsspezifischen" Straftaten?, NZV **06** 185. *Sowada,* Die EdF (§ 69 StGB) bei Taten der allgemeinen Kriminalität, NStZ **04** 169. *Wölfl,* Die Geltung der Regelvermutung des § 69 II StGB im Jugendstrafrecht, NZV **99** 69. *Zabel/Noss,* Langjährige unbeanstandete Fahrpraxis …, BA **89** 258. – **Zu Reformfragen:** *Beine* ZRP **77** 295; *Berz* VGT **80** 305; *Gontard, Rebmann-F* S. 211; *Himmelreich* DAR **77** 85; *Janiszewski* GA **81** 385; *Koch* DAR **77** 85; **77** 316; *Preisendanz* DAR **81** 307; *Schultz* BA **82** 315. **Zur Nachschulung:** Rn. 19.

Sperre für die Erteilung einer Fahrerlaubnis

69a (1) ¹**Entzieht das Gericht die Fahrerlaubnis, so bestimmt es zugleich, daß für die Dauer von sechs Monaten bis zu fünf Jahren keine neue Fahrerlaubnis erteilt werden darf (Sperre).** ²**Die Sperre kann für immer angeordnet werden, wenn zu erwarten ist, daß die gesetzliche Höchstfrist zur Abwehr der von dem Täter drohenden Gefahr nicht ausreicht.** ³**Hat der Täter keine Fahrerlaubnis, so wird nur die Sperre angeordnet.**

(2) **Das Gericht kann von der Sperre bestimmte Arten von Kraftfahrzeugen ausnehmen, wenn besondere Umstände die Annahme rechtfertigen, daß der Zweck der Maßregel dadurch nicht gefährdet wird.**

(3) **Das Mindestmaß der Sperre beträgt ein Jahr, wenn gegen den Täter in den letzten drei Jahren vor der Tat bereits einmal eine Sperre angeordnet worden ist.**

(4) [1] **War dem Täter die Fahrerlaubnis wegen der Tat vorläufig entzogen (§ 111a der Strafprozeßordnung), so verkürzt sich das Mindestmaß der Sperre um die Zeit, in der die vorläufige Entziehung wirksam war.** [2] **Es darf jedoch drei Monate nicht unterschreiten.**

(5) [1] **Die Sperre beginnt mit der Rechtskraft des Urteils.** [2] **In die Frist wird die Zeit einer wegen der Tat angeordneten vorläufigen Entziehung eingerechnet, soweit sie nach Verkündung des Urteils verstrichen ist, in dem die der Maßregel zugrunde liegenden tatsächlichen Feststellungen letztmals geprüft werden konnten.**

(6) **Im Sinne der Absätze 4 und 5 steht der vorläufigen Entziehung der Fahrerlaubnis die Verwahrung, Sicherstellung oder Beschlagnahme des Führerscheins (§ 94 der Strafprozeßordnung) gleich.**

(7) [1] **Ergibt sich Grund zu der Annahme, daß der Täter zum Führen von Kraftfahrzeugen nicht mehr ungeeignet ist, so kann das Gericht die Sperre vorzeitig aufheben.** [2] **Die Aufhebung ist frühestens zulässig, wenn die Sperre drei Monate, in den Fällen des Absatzes 3 ein Jahr gedauert hat; Absatz 5 Satz 2 und Absatz 6 gelten entsprechend.**

1. Sperre sieht § 69a zwingend als Folge der EdF (§ 69) vor, und zwar entweder für **1** 6 Monate bis zu 5 Jahren oder, wenn die gesetzliche Höchstfrist zur Gefahrenabwehr nicht ausreicht, auf Lebenszeit. Ist die FE schon rechtskräftig gerichtlich oder durch die VB entzogen, so wird nur Sperre angeordnet (§ 69 Rn. 24). Während der Sperre darf die VB keine (neue) FE erteilen (§ 3 StVG), eine rechtswidrig erteilte muss sie ohne Fahrtauglichkeitsprüfung wieder entziehen (OVG Br DAR **75** 307). Im Fall des I S. 3 bildet die sog **„isolierte Sperre"** die eigentliche Maßregel (Zw VRS **64** 444); sie darf (generell) nur angeordnet werden, wenn die Voraussetzungen des § 69 I vorliegen (BGH NStZ **04** 617) und unterliegt bei nicht im Katalog des § 69 II aufgeführten Straftaten denselben Begründungserfordernissen (dazu § 69 Rn. 13a ff.). § 69a I S. 3 gilt auch für Inhaber ausländischer FE nach Ablauf der Frist des § 29 FeV, weil sie dann nicht mehr unter § 69b fallen (§ 69b Rn. 2). Zur (entbehrlichen) Tenorierung hinsichtlich der Tatsache, dass der Verurteilte im Inland kein Fz führen darf § 69b Rn. 4.

2. Die Sperrdauer (I) richtet sich allein nach dem bei der tatrichterlichen Entscheidung **2** vorhandenen Grad und der voraussichtlichen Dauer des Eignungsmangels, wobei die Prognoseentscheidung darzulegen ist (BGH NZV **03** 46, DAR **92** 244, NStZ **91** 183, NStZ-RR **97** 331, NZV **98** 418, NStZ-RR **19** 29; Bay DAR **92** 364 (auch im Sicherungsverfahren), **99** 560, BA **02** 392, Ko VRS **71** 431, Dü NZV **93** 117, StV **02** 261, s. auch § 69 Rn. 1), ohne Rücksicht auf die vermutliche Dauer eines anschließenden Neuerteilungsverfahrens (Ol VRS **51** 281), nicht auch Schuld oder Tatfolgen (BGH NZV **98** 418, Dü StV **02** 261, *Geppert* NJW **71** 2154, *Dencker* StV **88** 454), ausgenommen deren Indizwirkung für die Prognose (BGH VRS **21** 262, DAR **87** 201, **88** 227, **92** 244, NStZ **91** 183, NZV **98** 418, *Mollenkott* DAR **92** 316), nicht fehlendes Bedauern oder Mitgefühl, sofern im Rahmen zulässigen Verteidigungsverhaltens, also nicht aufgrund besonderer Umstände der Schluss auf besondere Rücksichtslosigkeit und damit Gefährlichkeit gerechtfertigt ist (BGH ZfS **17** 49). Generalpräventive Erwägungen, allgemeine Überlegungen oder Durchschnittstaxen (abw vielfach die Praxis) scheiden wegen des Maßregelcharakters aus (BGH NStZ **90** 225, Dü NZV **93** 117, *Geppert* NJW **71** 2156, *Michel* DAR **99** 540, *Plate/Hillmann* III DAR **14** 7, die im Hinblick auf die anderweitige Praxis vorschlagen, dem Strafrichter nur die Festsetzung einer Mindestsperrfrist zu überantworten und das Weitere der FEBehörde zu überlassen; unzutr LG Hb BA **85** 334, abw auch Dü VRS **91** 179 (im Regelfall alkoholbedingter absoluter Fahrunsicherheit stets Mindestsperre)). Fehlende Ausfallserscheinungen trotz hoher BAK können auf Alkoholproblematik hindeuten und längere Sperrfrist rechtfertigen (Kar DAR **19** 579). Teilnahme an sog Nachschulung (§ 69 Rn. 19) kann für Sperrfristbemessung eine Rolle spielen (Kö VRS **60** 375, LG Krefeld DAR **80** 63, LG Köln ZfS **81** 30, AG Marl ZfS **90** 213, AG Aachen DAR **92** 193), auch eine vergleichbare österreichische (AG Eggenfelden DAR **07** 408), gleichfalls therapeutische Behandlung (LG Dr ZfS **07** 53). Zu berücksichtigen sind nur Umstände mit Tatauswirkung (BGH NJW **61** 1269). Das gilt auch bei körperlichen Eignungsmängeln. Unterschiedliche Sperrfristbemessung für einzelne Kfz-Arten (Rn. 5–7), sofern man Ausnahmen nicht überhaupt für unzulässig hält (Rn. 5, 6a), nicht möglich (*Krumm* DAR **04** 58; **16** 609; aM LG Verden VRS **48** 265; AG Hannover ZfS **92** 283; hier bis 43. Aufl.).

Längere Verfahrensdauer ohne FS kann verkürzen (Bay BA **02** 392, Dü VM **69** 36, dazu Rn. 9), gleichfalls mehrmonatiges Nichtfahren nach „Beschlagnahme" des FS bei Fahrt im Ausland (AG Lüdinghausen NZV **07** 251 m zw Anm *Ebner* SVR **07** 310, der trotz Weiterfahrens nach „Beschlagnahme" im Ausland im Zustand der Fahrunsicherheit eine Widerlegung der Regelvermutung nach § 69 II für denkbar hält). Nicht tilgungsreife Vorstrafen (§ 29 StVG) sind heranzuziehen (Ha DAR **61** 230). Wirtschaftliche Gesichtspunkte können nur *mittelbar* berücksichtigt werden, wenn sie geeignet sind, eine raschere Beseitigung des Eignungsmangels zu begründen (Bay DAR **99** 560, **02** 392, Ko VRS **71** 431, LG Krefeld VRS **56** 283, *Geppert,* NJW **71** 2154). Längere erstmalige Sperre, besonders bei beruflicher Wirkung, ist sorgfältig zu begründen (BGHSt **5** 177, VRS **36** 16, DAR **69** 49, Kö VRS **76** 352), besonders bei jüngeren, noch entwicklungsfähigen Tätern (BGH VRS **21** 263); ausführliche Begr auch bei zeitlicher Höchstdauer (BGH VRS **31** 106, **34** 272, DAR **68** 23, Ha VRS **50** 274, Ko VRS **71** 431), es sei denn bei offensichtlich besonders belastenden Umständen (BGH VRS **34** 272, DAR **68** 131). Dauer und Wirkungen des Strafvollzugs infolge einer Freiheitsstrafe sind zu berücksichtigen (BGH NStZ-RR **97** 331; NJW **18** 1621). Für die Bemessung der Sperrfrist bei Anwendung des Jugendstrafrechts ist wie im allgemeinen Strafrecht die Ungeeignetheit des Angeklagten maßgebend (Nü NZV **12** 48; aM AG Rudolstadt VRS **112** 35: generell kürzer; zur Frage des Regelfalls bei Jugendlichen s. § 69 Rn. 15). Die Sperrfristbemessung ist (wie auch die EdF) gem. § 257c III S. 2 StPO kein zulässiger Gegenstand einer **Verständigung iS von § 257c StPO** (*Meyer-Goßner/ Schmitt* § 257c Rn. 9; **aM** Nü BA **16** 484 mablBspr *König* DAR **17** 373 f.). Zur faktischen Verlängerung der Sperrfrist durch die Führungsaufsichtsweisung, keine Fz zu halten und zu führen, Fra DAR **11** 472. Zu etwaiger Verkürzung der Sperrfrist unter Beibringung „privater MPU" *Hillmann III* DAR **12** 231, **13** 119 und hiergegen zutr *Geiger* DAR **13** 231; näher § 69 Rn. 19b.

3   Die Sperre darf nicht so bemessen werden, dass sie an einem bestimmten Kalendertag endet, sondern **nur nach Zeiteinheiten,** zweckmäßig nach Monaten, andernfalls muss das Berufungsgericht sie ohne Verlängerung (§ 331 StPO) durch eine so bemessene Frist ersetzen (Bay NJW **66** 2371, Sa NJW **68** 460).

4   Auch bei **Sperre „für immer"** (I) entscheidet nur die Eignungsprognose (BGH VRS **35** 416), nicht zB das Alter, zumal manche Altersgebrechen willentlich bis zu einem gewissen Grad ausgleichbar sind (BGH VRS **35** 416, Fra DAR **69** 161). Nach hM kann eine lebenslange Sperre auch dann festgesetzt werden, wenn der Täter jedenfalls mehr als 5 Jahre ungeeignet ist (BGH VRS **35** 416, NStZ-RR **97** 331, Kö NJW **01** 3491, Ha VRS **50** 274, Ko BA **75** 273, LK-StGB/*Valerius* Rn. 39; aM (Unbehebbarkeitsprognose erforderlich) hier bis 38. Aufl.; *Cramer* 20, *Hentschel* DAR **76** 289). „Schwerste VKriminalität" ist nicht unbedingt erforderlich (Ha VRS **50** 274). Jedoch wird der Tatrichter gerade bei Unsicherheiten der Prognose zu berücksichtigen haben, dass „hoffnungslose Fälle" wie die hier in Frage stehenden, auch bei bestimmter Sperrfrist idR (ausgenommen freilich nunmehr die Fälle des „FS-Tourismus", § 21 Rn. 2a) keine reale Möglichkeit mehr haben, eine FE zu erlangen (vgl. auch Kö NJW **01** 3491). Lebenslange Sperre scheidet aus, wenn man das Gericht eine längere Freiheitsstrafe für „heilsam" hält (BGH VRS **37** 423, NStZ-RR **97** 331, Kö VRS **41** 354, Ko VRS **40** 96). Gänzlich, nicht zu behebende fahrtechnische Unfähigkeit rechtfertigt Dauersperre (Dü VM **76** 52). Die bloße Hoffnung des Tatrichters, dass die Forschung Heilungsmöglichkeiten einer nach derzeitigem Stand unheilbaren vaskulären Demenz erbringt, darf, zumal im Blick auf VII, nicht zum Absehen von der an sich gebotenen lebenslangen Sperre führen (aM AG Hb-Barmbek mablAnm *Focken*; s. auch AG Pinneberg BA **15** 51). Chronische Trunkenheitsdelinquenz im V mit mehreren Vorstrafen und dreimaliger EdF in größeren Abständen kann ausreichen (Ko BA **75** 273, Ha DAR **71** 20), hingegen (natürlich) nicht die Feststellung, dass es dem Angekl. „offensichtlich völlig egal ist, ob er einen Führerschein hat oder nicht. Er fährt trotzdem" (Ha SVR **19** 270). Die Maßregel ist wegen ihrer Schwere **stets eingehend zu begründen** (Persönlichkeit, Vorstrafen, VVerhalten; BGH VRS **34** 194, NStZ **91** 183, Bay DAR **89** 365, Kö NJW **01** 3491, Ko VRS **40** 97, Hb VM **62** 27, Ha SVR **19** 270, Dü VM **76** 52; idR nicht durch bloßes Aufzählen der Vorstrafen (Kö DAR **57** 23, Kar VRS **17** 117, Ko VRS **47** 99). Auf Dauersperre darf das Revisionsgericht analog § 354 I StPO selbst erkennen (Stu NJW **56** 1081), doch sollte es sich in aller Regel nicht zum Tatrichter aufwerfen. Gegen die Ausführungen von *Arbab-Zadeh* (Deutsches Ärzteblatt **75** 1892) zu evtl. durch FS-Sperre auf Lebenszeit hervorgerufenen psychischen Zwangsphänomenen zB *Rahe, Süllwold, Lewrenz,* Deutsches Ärzteblatt **76** 443, 899 ff., *Himmelreich* DAR **77** 89.

5   **3. Ausnahmen von der Sperre** (nicht von der EdF, die FE erlischt im Ganzen, § 69 Rn. 24) sind zulässig für „bestimmte Arten von Kfz" (II), wenn bestimmte Umstände die Annahme rechtfertigen, dass der Zweck der Maßregel (VSicherung) dadurch nicht gefährdet wird. Geht man davon aus, dass die FEB nach § 2 IV S. 2 StVG bei *charakterlichen* Mängeln keine FE unter Beschränkungen oder Auflagen erteilen darf (§ 2 StVG Rn. 71, § 23 FeV Rn. 12), so würde II aus den unter Rn. 6a genannten Gründen, die hier entsprechend gälten, **insgesamt leerlaufen.** Der Gesetzgeber ist dringend dazu aufgerufen, die einschlägigen Regelungen zu harmonisieren.

Bisherige Rspr. (s. Rn. 5): **Kfz-Art** ist nicht identisch mit FS-Klasse. Darunter fallen zunächst 6 die Arten, auf die die FE gem. § 6 I S. 3 FeV beschränkt werden kann (Bay NZV 05 592, Ce DAR 96 64, Sa VRS 43 22, Fra NJW 73 815, *Geppert* NJW 71 2154). Eine FS-Klasse kann also mehrere Kfz-Arten iS von § 69a II umfassen. Unterschieden werden kann grundsätzlich zwischen Lkw und Pkw, zB auch innerhalb der FEKl C1 (Kar VRS 63 200, Sa VRS 43 22, Bay VRS 66 445 (zur früheren Kl 3)); insoweit sollte aber § 9 FeV beachtet werden (Rn. 6a). Von der Sperre ausgenommen werden können aber auch alle Fz einer FS-Klasse (Bay NZV 05 592, Ha BA 02 498, Schl VM 74 14, Kö VRS 68 278, AG Auerbach NZV 03 207 (Kl T)). Entscheidend für die Frage, was Kfz-Art iS von II sein kann, ist der **Verwendungszweck** (Bay NZV 05 592, Nau DAR 03 573, Ce DAR 96 64, Brn VRS 96 233, Fra NJW 73 815, Stu DAR 75 305, Ha VRS 62 124, Ol BA 81 373, LG Frankenthal DAR 99 374, AG Lüdinghausen NZV 05 953; ebenso wohl Bay VRS 66 445, das aber uU von einer anderen Bestimmung des Begriffs „Verwendungszweck" ausgeht). **Nicht von der Sperre ausgenommen werden** können Kfz eines bestimmten Fabrikats (Ha NJW 71 1193), Kfz mit bestimmten Konstruktionsmerkmalen (automatisches Getriebe usw) oder einer bestimmten Antriebsart (Sa NJW 70 1052, VRS 43 22, Stu DAR 75 305), auch nicht solche mit einem bestimmten Fahrzweck (Feuerwehr-, Sanitätsfz, Bundeswehrfz usw; Nau DAR 03 573, Ha NJW 71 1193, Fra NJW 73 815, Ol BA 81 373, Bay VRS 66 445, aM AG Lüdinghausen DAR 03 328 (BWFz), AG Coesfeld BA 81 181 (DienstFz des Blutspendedienstes) mablAnm *Zabel*)). **Anders jedoch** (Ausnahme möglich), wenn die besondere Ausrüstung einen bestimmten Verwendungszweck bedingt (Bay NJW 89 2959, Nau DAR 03 573, LG Hb DAR 92 191, AG Itzehoe DAR 93 108 (je Krankenwagen), Bay NZV 91 397, Dü NZV 08 104 (EinsatzFz der Feuerwehr, Krankenkraftwagen), LG Hb NJW 87 3211 (Behinderten-TransportFz), AG Lüdinghausen NZV 05 593 (GeldtransportFz), AG Fra NStZ-RR 07 25 (MüllFz)). LG Hb NZV 92 422 hält Ausnahme auch für StrwachtFz für möglich (zw). Keine Ausnahme für Taxis (Stu DAR 75 305, Ha VRS 62 124) und bestimmte Arten von Transporten (Ce DAR 96 64) oder Fz eines bestimmten **Halters oder Eigentümers** (Ha NJW 71 1193, Sa NJW 70 1052, Fra NJW 73 815, Bay VRS 66 445, Ce DAR 96 64, abw AG Lüdinghausen DAR 03 328). Von der Sperre ausgenommen werden können Traktoren (LG Frankenthal DAR 99 374), nicht aber Fz eines bestimmten landwirtschaftlichen Betriebs (Fra VM 77 30). Nach geltendem Recht sind auch **Benutzungsort und -zeit** keine geeigneten Unterscheidungsmerkmale für Ausnahmen nach II (Bay NZV 05 592, Ha NJW 71 1193, Ce DAR 96 64, Sa VRS 43 22, Dü VRS 66 42), ebenso wenig nach dem Inhalt von II **Berufs- oder Privatsphäre** (Ha NJW 71 1618, VRS 62 124). Keine Ausnahme daher für das Führen bestimmter DienstFz „im Einsatz" (Ol BA 81 373, abw AG Lüdinghausen DAR 03 328) oder gar bestimmte Arten beruflicher Fahrten (Mü NJW 92 2777). Ein **bestimmtes Fz** oder mehrere bestimmte, besonders gekennzeichnete Fz bilden keine Kfz-Art (Bay NZV 05 592, Nau DAR 03 573, Ha NJW 75 1983, Fra VM 77 30, *Orlich* NJW 77 1180, *Zabel* BA 83 481, aA *Krumm* DAR 04 57, *Weihrauch* NJW 71 829). Ausgenommen werden kann die Kfz-Art, für die allein der Angekl. eine FE hat (zB Fz der FS-Klasse M; Schl VM 74 14). **Art und Umstände, die die Ausnahme rechtfertigen,** lassen sich nicht generell festlegen (Ha NJW 71 1618). Der Maßregelzweck ist nur dann nicht gefährdet (II), wenn die besonderen Umstände den Angekl. beim Führen der von der Sperre auszunehmenden KfzArt *trotz des bei ihm festgestellten Fehlens der Kraftfahreignung(!)* ungefährlich erscheinen lassen (Bay NZV 05 592, 91 397, VRS 63 271, Ha BA 02 498, Kar VRS 63 200, AG Lüdinghausen DAR 03 328). Es handelt sich *um eine Prognose,* für die als solche (anders für die Anknüpfungstatsachen) der Zweifelssatz nicht gilt (s. auch § 69 Rn. 11, verkannt von *Krumm* NZV 06 234, hierzu auch § 111a StPO Rn. 8). Die Annahme solcher Umstände erfordert bei charakterlichen Eignungsmängeln besonders vorsichtige Prüfung (Stu VRS 45 273, Ce NJW 54 1170). Nach AG Lüdinghausen NJW 10 310 ist maßgebend, ob im Einzelfall eine hinreichende „Gefahrenabschirmung" gegeben ist, an der es fehlt, wenn der Berufs-Kf ohne Kontrolle des Arbeitgebers an die Schlüssel des Fz kommt oder er im konkreten Fall bei Arbeitsantritt noch Restalkohol in relevanter Höhe aufgewiesen hatte. Die Höhe der BAK des Täters kann bedeutsam sein (Alkoholgewöhnung, -abhängigkeit; AG Fra NStZ-RR 07 25, *Brockmeier* NVwZ 82 540); jedoch keine schematische Ablehnung jeglicher Ausnahme ab bestimmter BAK-Höhe ohne individuelle Prüfung (Übermaßverbot; aM *Zabel* BA 83 483 (ab

2‰), einschr auch LG Sa ZfS **02** 307 (idR ab 1,6‰)). IÜ sind bei EdF wegen Trunkenheit an die Ausnahmebewilligung **strenge Anforderungen zu stellen** (Ce BA **88** 196, LG Osnabrück ZfS **98** 273, aM wohl *Krumm* NZV **06** 234). Ausnahme von Rallye-Fz: AG Alzenau DAR **81** 232. Wirtschaftliche Härten rechtfertigen keine Ausnahme (Stu VRS **45** 273, Ha NJW **71** 1618, Dü VRS **66** 42, Ce DAR **85** 90, Bay DAR **88** 364, aM AG Brühl DAR **81** 233). Ausnahme wird vor allem für solche Fz-Arten in Frage kommen, von denen für die VSicherheit eine *geringere* Gefahr ausgeht (Ha VRS **62** 124, Stu VRS **45** 273, Kar DAR **78** 139, Ol BA **81** 373, Bay VRS **63** 271, Kö VRS **68** 278, LG Kö DAR **90** 112, LG Osnabrück ZfS **98** 27, aM AG Aschaffenburg DAR **79** 26, AG Monschau ZfS **82** 62). Zur im Rahmen des II und VII nur sehr eingeschränkten Relevanz des Einbaus von Alkohol-Interlocks im Fz *Eisenmenger* VGT **07** 212; *Schöch* BA **10** 340, *Krismann* NZV **11** 417. Zu neuen Bestrebungen *Graw* NZV **19** 15; *Patermann/Reimann/Schubert* DAR **19** 11; *Seidl/Feustel-Seidl* BA **19** 1; *Zopfs* BA **19** 120; AK V des 57. VGT NZV **19** 88.

6a   **Ausnahmen für Lkw und Busse** spielen in der bisherigen Praxis eine nicht geringe Rolle. Jedoch wird die Frage ihrer Gewährung überlagert durch die Problematik, ob die FEB eine auf sie beschränkte FE überhaupt erteilen darf (dazu schon Rn. 5). Das ist nach § 9 FeV *nicht der Fall;* denn der Angekl. verfügt nach der strafgerichtlichen EdF nicht mehr über die FE der Klasse B (§ 9 FeV Rn. 2, 11 mwN; aM hier bis 39. Aufl.). Ob der Strafrichter durch diese in der FeV getroffene Regelung *rechtlich* gehindert ist, die Ausnahme zu gewähren (verneinend hier bis 39. Aufl.), ist von nachrangiger Bedeutung. Denn eine solche Ausnahmeentscheidung läuft leer und ist daher unsinnig. Zu einer unsinnigen Ausnahmebewilligung zwingt auch das Übermaßverbot nicht. Beim Betroffenen werden hierdurch überdies unerfüllbare Hoffnungen geweckt, was dem Vertrauen in die Rechtsordnung nicht zuträglich ist. Die strafrechtliche Praxis sollte deshalb von derartigen Ausnahmebewilligungen absehen. *Bisherige Rspr. zur Ausnahme für Lkw und Busse:* Nach strengen Maßstäben wird sie zT gewährt, vor allem bei BerufsKf, die mit privatem Pkw eine Trunkenheitsfahrt unternommen haben (zB Bay VRS **63** 271, Kar VRS **63** 200, Ko BA **80** 293, Ce DAR **85** 90, AG Fra NStZ-RR **07** 25; wN 39. Aufl.), wobei nicht als ausreichend erachtet wird, wenn ein solcher Kf in der Berufssphäre unbeanstandet Lkw (Busse) geführt hat (Kar VRS **63** 200, Bay NStZ **86** 401 (J), Dü VRS **66** 42, Kö VRS **68** 278; weitergehend vielfach die Tatgerichte; s. hierzu mwN 39. Aufl.). Zu Reformvorschlägen § 69 Rn. 24.

6b   **Nach Rechtskraft** kann Ausnahme von der Sperre nur nach Ablauf der Fristen des § 69a VII bewilligt werden (LG Koblenz DAR **77** 193, AG Alsfeld BA **80** 470, *Kulemeier* S. 116, *Hentschel* DAR **75** 296, aA AG Hagen DAR **75** 246, AG Pirmasens DAR **76** 193, AG Westerburg DAR **76** 274, AG Alzenau DAR **81** 232, AG Wismar DAR **98** 32 sowie (in Fällen der Verurteilung durch Strafbefehl) AG Kempten DAR **81** 234, *Wölfl* NZV **01** 371). Wird von II Gebrauch gemacht, erlischt die FE im Ganzen. Der Verurteilte darf erst dann Fz der von der Sperre ausgenommenen Art führen, wenn ihm die VB eine entsprechend beschränkte FE erteilt hat (Ol NJW **65** 1287, Ha NJW **71** 1193, VG Berlin NZV **01** 139).

7   Das geltende Recht kann zu besonderer Härte führen, soweit, trotz der hier geäußerten Bedenken (Rn. 5, 6a) nur Kfz-Arten in dem oben (Rn. 6) erörterten Sinn von der FESperre ausgenommen werden können, nicht auch Fz, die sich anders als durch den Artbegriff von anderen unterscheiden, und auch nicht individuelle Benutzungsweisen. Denn zur maßgerechten Gefahrabwehr reicht der Artbegriff uU nicht aus. Auch im Rahmen der Diskussion um die Frage einer Reformbedürftigkeit der §§ 69, 69a wird die Regelung des § 69a II daher zT als zu eng empfunden und eine Erweiterung der Möglichkeiten des II vorgeschlagen (*Brockelt* VGT **80** 285, *Berz* VGT **80** 305, *Janiszewski* DAR **89** 140, *Schultz* BA **82** 325). Vorgeschlagen wurde auch, die Mindestfrist von 3 Monaten in IV und VI, hinsichtlich derer ein „Maßregelübermaß" insbesondere im Berufungs- und Einspruchsverfahren kritisiert wird (*Mollenkott* VGT **80** 296, krit *Janiszewski* GA **81** 399), zugunsten einer flexibleren Lösung zu ändern (18. VGT **80** 15, *Janiszewski* DAR **89** 139). Der Gesetzgeber hat die Forderungen bislang nicht aufgegriffen; Reformbestrebungen der BReg sind nicht in Sicht.

8   **4. Erhöhte Mindestsperre** auf ein Jahr schreibt III für den Fall vor, dass gegen den Täter in den letzten drei Jahren vor der Tat, zurückgerechnet vom Tattag ab, bereits eine Sperre angeordnet worden war, selbstständig oder zusammen mit EdF. III bezweckt eine tiefergreifende Beschränkung bei Tätern, die sich wiederholt als ungeeignet erwiesen haben (Kar VRS **57** 108; Jn VRS **118** 279). Die Vorschrift ist bindendes Indiz für erhöhte Gefährlichkeit. Soweit die frühere Maßregel wegen körperlicher oder geistiger Mängel angeordnet worden war, gilt III nicht, weil solche Mängel idR nicht vorwerfbar sind; allein charakterliche Mängel aber können erhöhte

Mindestsperre rechtfertigen (Ha DAR **78** 23, *Hentschel,* Trunkenheit, Rn. 691, *Kulemeier S.* 111). Sonderlich überzeugend ist dies im Hinblick auf die Schuldunabhängigkeit der Maßregel nicht (*Fischer* Rn. 11). Die 3-Jahresfrist beginnt mit Rechtskraft der die frühere Sperre anordnenden Entscheidung (Jn VRS **118** 279).

5. Ermäßigte Mindestsperre bis auf drei Monate herunter erlauben IV, VI. IV enthält eine **9** abschließende, nicht lückenhafte Regelung (Kar VRS **57** 108, Ko VRS **70** 284). IV, VI ermäßigen nur die Mindestsperre und sind deshalb *keine Anrechnungsvorschriften* (Ko VRS **50** 361, **70** 284, Bay NZV **91** 358). Vielmehr wollen sie die Berücksichtigung vorausgegangener, vollzogener sichernder Maßnahmen (vorläufige EdF, amtliche Sicherstellung, Verwahrung oder Beschlagnahme des FS, §§ 94, 111a StPO) durch den letzten Tatrichter ermöglichen, weil nach deren Wirkung eine Sperre von noch mindestens 6 Monaten als zu hoch erscheinen kann (Bay NJW **66** 2371, **71** 206, Kö NJW **67** 361, Br DAR **65** 216, Stu NJW **67** 2071, Kar VRS **51** 88). Die Worte „wegen der Tat" in IV zeigen, dass die Mindestsperre nicht verkürzt werden darf, wenn dem Täter die FE bereits aus anderem Anlass entzogen war (Kar VRS **57** 108). Die Zeit vorläufiger EdF darf bei Bemessung der Sperre auch berücksichtigt werden, wenn der FS nicht sichergestellt worden war (Kö VRS **52** 271). Die dann nach IV ermäßigte Sperre muss im Urteil angegeben werden (Br DAR **65** 216, Schl VM **65** 69). Die Sperrdauer richtet sich nach der Prognose zurzeit des letzten tatrichterlichen Urteils (§ 69 Rn. 23), auch im Berufungsverfahren (Kö MDR **67** 142). Es kann damit dazu kommen, dass der Angekl. zu EdF mit Sperrfrist von mindestens drei Monaten verurteilt wird, obwohl die vom AG festgesetzte Sperrfrist bereits abgelaufen wäre. Solche Fälle faktischer Sperrfristverlängerung durch Zeitablauf im Berufungsverfahren richten sich, womit der Angekl. zu rechnen hat, ausschließlich nach der dem § 331 StPO (s. au Rn. 18) vorgehenden Regelung in IV, VI und müssen von ihm hingenommen werden (Dü NZV **99** 389, Kar DAR **03** 235, Ha VM **78** 21). Verfassungsrechtlich ist dies nicht zu beanstanden (BVerfG v. 11.9.89, 2 BvR 1209/88 (mitgeteilt in Dü NZV **99** 389)). Besteht das Sicherungsbedürfnis ungeschmälert fort, so scheidet Ermäßigung aus (Ha VRS **45** 270, JZ **78** 656, *Ganslmayer* JZ **78** 794, aM *Gollner* JZ **78** 637). Das Berufungsgericht ist also nicht gehindert, es bei der Dauer der erstinstanziell ausgesprochenen Sperrfrist (durch Verwerfung der Berufung) zu belassen (Bay BA **02** 392); das gilt auch nach Zurückverweisung durch das Revisionsgericht zu neuer tatrichterlicher Beurteilung. Will das Gericht allerdings eine durch die Dauer des Berufungsverfahrens bedingte längere vorläufige EdF bei der Bemessung der Sperre **nicht berücksichtigen,** dann muss es dies eingehend begründen (Bay BA **02** 392). Bestand keine FE, so dass nur isolierte Sperre in Betracht kommt, so können sich vorläufige Maßnahmen nicht ausgewirkt haben; IV ist dann unanwendbar (Hb VM **78** 71, Kar VRS **57** 108, Dü VRS **39** 259, Bay NZV **91** 358, DAR **93** 371, Zw NZV **97** 279, *Meyer* DAR **79** 157, *Hentschel* DAR **84** 250, aM Sa NJW **74** 1391, *Saal* NZV **97** 279, *Kulemeier S.* 112).

6. Die Sperre beginnt (V) mit der Rechtskraft (Ko VRS **53** 339), auch wenn ein Rechts- **10** mittel eingelegt worden war (KG VRS **53** 278), und läuft auch während Strafverbüßung oder behördlicher Verwahrung (Stu NJW **67** 2071). Einzurechnen als verstrichen ist gem. V S. 2 (VI) zwingend die Zeit vorläufiger Maßnahmen nach den §§ 94, 111a StPO, soweit diese seit der letzten tatrichterlichen Entscheidung gewirkt haben, weil die sachlichen Voraussetzungen solcher Maßnahmen danach nicht mehr geprüft werden konnten. Bei Zurückverweisung durch das Revisionsgericht gelten dagegen im Rahmen von § 331 StPO die Absätze I–IV, nicht V (Dü JMBlNRW **67** 91). Dieser richtet sich an die Vollstreckungsbehörde (Br VRS **29** 17, Ce DAR **65** 101), die im Zweifel gerichtliche Entscheidung herbeiführt (§ 458 StPO). Keine analoge Anwendung von V S. 2 auf Fälle isolierter Sperre, weil sonst entgegen dem Grundsatz des V S. 1 und dem klaren Wortlaut von S. 2 zwingend Einrechnung selbst dann erfolgen müsste, wenn keinerlei den in Satz 2 genannten Maßnahmen vergleichbare Umstände auf den Verurteilten eingewirkt haben (Nü DAR **87** 28; Sa BA **09** 432). Aus V S. 1 und 2 ergibt sich aber unmissverständlich, dass bloßer Zeitablauf an sich nicht zu einem Beginn der Sperre vor Rechtskraft führen soll (Dü VRS **39** 259, Nü DAR **87** 28, OVG Saarlouis DAR **09** 718; LG Gießen NStZ **85** 112, AG Idstein NStZ-RR **05** 89, *D. Meyer* DAR **79** 157, *Hentschel* DAR **84** 250 f., aM LG Nürnberg-Fürth NJW **77** 446, LG Heilbronn NStZ **84** 263 (zust *Geppert*), LG Stu VM **01** 48, AG Iburg NRpfl **86** 21, *Saal* NZV **97** 281). Beim Strafbefehl beginnt die nach V einzurechnende Frist mit dem Tag der Unterzeichnung, also der Entscheidung (LG Freiburg NJW **68** 1791, LG Kö DAR **78** 322, AG Düsseldorf NJW **67** 586, aM LG Coburg DAR **65** 245, LG Dü NJW **66** 897), auch bei späterer Zurücknahme des Einspruchs. Anders als § 44 (III S. 2) enthält § 69a keine Regelung, wonach Zeiten der Anstaltsverwahrung nicht in die Sperrfrist einzurechnen sind (s. auch § 69 Rn. 24). Dies dürfte vor allem dadurch bedingt sein, dass die Neuerteilung in jedem Fall eine Entscheidung der FEB voraussetzt (hierzu auch Schl SchlHA **08** 223 (D/D)). UU kann der Umstand, dass der Angekl. Freiheitsentzug erleiden wird, bei der Sperrfristbemessung berücksichtigt werden (§ 69 Rn. 62), was freilich bei längerem Freiheitsentzug keine rechte Lösung bietet.

11   Da die Sperre auch bei Rechtsmitteleinlegung erst ab Rechtskraft zu laufen beginnt, ist es zwar zutreffend, dass sie vor Revisionsentscheidung nicht abgelaufen sein kann (KG VRS **53** 278). Tritt aber vor Entscheidung über eine zugunsten des Verurteilten eingelegte Revision der Zeitpunkt ein, in dem nach Auffassung des Tatrichters der Eignungsmangel beseitigt ist, so ist selbst bei Zurückverweisung nicht mit weiterer Sperre zu rechnen. Nach im Schrifttum überwiegend vertretener Ansicht ist daher in derartigen Fällen die vorläufige EdF aufzuheben (§ 111a StPO Rn. 9).

12   **7. Zusätzliche Sperren** sind wie folgt zu verhängen:

Bei späterer **Gesamtstrafenbildung** durch Urteil ist der prognosegebundene Charakter der Maßregel auf der Grundlage der letzten tatrichterlichen Beurteilung maßgebend, die alle einschlägigen Vorverurteilungen und die Wirkung schon verstrichener Sperre(n) berücksichtigt (BGH StV **18** 415; *Hentschel* Rpfleger **77** 279). Das bedeutet: Hat eines der einzubeziehenden Urteile auf EdF und Sperre erkannt, während die neu abzuurteilende Tat dazu keinen Anlass bietet, so ist die noch laufende Maßregel *lediglich aufrechtzuerhalten* (§ 55 II) mit Sperre ab Rechtskraft des Urteils, das sie verhängt hat (BGH NJW **00** 3654, NStZ **92** 231, **96** 433, **01** 245). Ist die Sperre aus dem einbezogenen Urteil abgelaufen, so wäre nach § 55 I S. 1 StGB nur die EdF (nicht auch die Sperre) aufrechtzuerhalten (BGH NStZ **96** 433), was sich aber ebenfalls erübrigt, weil deren Wirkung gem. § 69 III bereits eingetreten ist (BGH DAR **04** 229; NZV **10** 211; Beschl. v. 20.11.14, 1 StR 471/14; v. 18.7.2019, 5 StR 151/19). Führt auch die neu abzuurteilende Tat zu Sperre, so entscheidet eine **neue Gesamtprognose** (s. oben). Gemäß der Prognose ist eine neue einheitliche Sperre festzusetzen (BGH NJW **00** 3654, Stu NJW **67** 2071, VRS **71** 275, Zw NJW **68** 310, Kö VRS **41** 354, Kar VRS **57** 111, Dü VM **91** 31, Bay DAR **92** 365 Nr. 7c), die mit der Rechtskraft der früheren Entscheidung zu laufen beginnt (BGH NStZ **01** 245; StV **18** 415; Beschlüsse v. 27.2.2020, 4 StR 1/20 und v. 8.7.2020, 4 StR 72/20; Bay DAR **92** 365, s. auch BGH NJW **71** 2180; aM (Beginn ab Rechtskraft der neuen Entscheidung) Stu NJW **67** 2071; hier bis 44. Aufl.). Es ist deshalb rechtsfehlerhaft, wenn im Gesamtstrafenurteil entsprechend der prognostizierten Dauer der Ungeeignetheit die gesetzliche Höchstfrist von 5 Jahren ausgeschöpft wird, obwohl nach Rechtskraft des einbezogenen Urteils schon eine Sperrzeit verstrichen ist (BGH NJW **71** 2180, Dü VM **92** 31, Stu VRS **72** 275, Fra VRS **55** 199, *Bringewat* Rn. 318; aM *Seiler,* Fahren ohne FE (1982), S. 78; hier bis 44. Aufl.). Bei Zurückverweisung durch das Revisionsgericht ist die Sachlage zum Zeitpunkt des ersten tatrichterlichen Urteils maßgebend; eine einheitliche Sperrfrist nach § 55 II ist deshalb auch dann festzusetzen, wenn die Sperre aus dem einzubeziehenden Urteil *nach* dem ersten tatrichterlichen Urteil abgelaufen ist (BGH StV **18** 415). Bei nachträglicher Gesamtstrafenbildung durch Beschluss (§ 460 StPO) liegt es im Grundsatz ebenso (LK-StGB/*Valerius* Rn. 86 ff., *Hentschel* Rpfleger **77** 279). Bei Einbeziehung mehrerer zeitlicher Sperrfristen darf die neue einheitliche – mit Rechtskraft des Beschlusses beginnende – Sperrfrist 5 Jahre nicht überschreiten (BGH NJW **71** 2180, LG Zw VRS **112** 271), es sei denn, die letzte Prognose erfordere EdF für immer (I). Bei Einbeziehung **nach dem JGG** darf die Sperrfrist aus dem Ersturteil nicht einfach aufrechterhalten werden; vielmehr ist eine neue Entscheidung zu treffen, wobei einer bereits verstrichenen Sperrfrist zu berücksichtigen ist (BGH StV **19** 469).

13   Besteht noch eine frühere Sperre und liegen die Voraussetzungen für eine Gesamtstrafenbildung nicht vor, so ist eine neue, ab Rechtskraft des neuen Urteils laufende Sperre zu bestimmen. Nicht zulässig ist eine sog Anschlusssperre, die mit dem Ablauf der früheren Sperre zu laufen beginnen soll, wie V S. 1 zwingend ergibt (Ko DAR **73** 137, Zw NJW **83** 1007, *Geppert* MDR **72** 280, *Oske* MDR **67** 449, aM Hb VRS **10** 355, KG VRS **18** 273).

14   **8. Eine vorzeitige Aufhebung der Sperre (VII)** setzt voraus, dass *neue Tatsachen* einschließlich neuer Ermittlungen (Gutachten) im Zeitpunkt der neuen Entscheidung wieder gewonnene Eignung annehmen lassen (Jn VRS **108** 360, KG VM **04** 67, Hb VRS **107** 30, Dü NZV **91** 477, Ko VRS **71** 26, Mü NJW **81** 2424, LG Hof NZV **01** 92, LG Ka DAR **92** 32, *Bandemer* NZV **91** 301). VII S. 1 ermöglicht nur die Aufhebung, nicht die Verkürzung der Sperrfrist (LG Fulda SVR **18** 115). Bloße nochmalige Gesamtwürdigung ohne neue Tatsachen genügt nicht (ganz hM, Hb VRS **107** 30, Dü NZV **91** 474, Ko VRS **68** 353; aM Kö NJW **60** 2255, Dü

VRS **63** 273, **66** 347). Denn dies liefe auf unzulässige Korrektur einer rechtskräftigen Entscheidung durch das erkennende Gericht hinaus (Hb VRS **107** 30). Änderung der Rspr. zu den Voraussetzungen des § 69 für die EdF iS einer abw rechtlichen Bewertung der unveränderten Tatsachen ist keine neue Tatsache iS von VII (Hb VRS **107** 30, AG Ro DAR **05** 169). Keine neue Tatsache ist für sich allein auch jahrzehntelange straffreie Führung bei lebenslanger Sperre (Mü NJW **81** 2424), bei einem Trunkenheitstäter aber uU mehrjährige Abstinenz (Ha BA **01** 381), nicht private oder berufliche Belange, die bereits bei Entscheidung vorhersehbar waren (LG Ko NZV **08** 103). Ergänzendes Gutachten: VGH Ka VM **68** 25, *Händel* NJW **59** 1212. Bei der neuen Entscheidung können zwar uU wirtschaftliche Nachteile der Sperre ins Gewicht fallen (Kö VRS **21** 111, Ko VRS **68** 353), wenn sie bessernde Wirkung hatten (Ko VRS **71** 26), aber nur, soweit sie unvorhersehbar schwer waren (LG Kar DAR **58** 137). Andernfalls sind sie keine neue Tatsache und daher unbeachtlich (Hb VRS **107** 30, Jn VRS **108** 360, LG Ka DAR **92** 32). In Betracht kommt ferner das Verhalten des Verurteilten in der Zwischenzeit (Schl VM **57** 91), aber nicht abgeschlossene Therapie, sofern sie schon beim Urteil bekannt war (KG NZV **05** 162, BA **05** 494), erfolgreiche Teilnahme an einem Nachschulungskurs oder Aufbauseminar für alkoholauffällige Kf (Dü VRS **66** 347, LG Aachen SVR **06** 193 *(Himmelreich),* LG Kleve DAR **04** 470, LG Dr DAR **02** 280, LG Hof NZV **01** 92, LG Hildesheim DAR **03** 88, LG Leipzig NZV **10** 105; LG Erfurt BA **11** 292, AG Hof NZV **04** 101, AG Lüdinghausen DAR **04** 470, *Piesker* BA **02** 203, *Zabel/Zabel* BA **91** 345, aM AG Freising DAR **80** 252, LG Kassel DAR **81** 28, einschr LG Dortmund DAR **81** 28, LG Ellwangen BA **02** 223, AG Würzburg VM **95** 32, LG Berlin BA **11** 248 sowie bei BAK über 1,6‰ LG Flensburg DAR **05** 409; zur „Nachschulung" § 69 Rn. 19) oder andere Nachschulungsmaßnahmen (Ko VRS **69** 28) sowie eine auf wissenschaftlich anerkannter Grundlage beruhende VTherapie (LG Potsdam ZfS **05** 100, LG Köln DAR **05** 702, LG Münster ZfS **05** 623, LG Dr DAR **02** 280, LG Berlin DAR **10** 712 mAnm *Mahlberg* (Verkehrstherapie IVT-Hö nach Trunkenheitsfahrt mit 2,82‰), LG Görlitz NZV **19** 268; *Himmelreich/Halm* NStZ **12** 486 mwN). Keine Willkür, wenn vom Gericht der Nachweis tatsächlicher und nachhaltiger Bewältigung des Alkoholproblems über längeren Zeitraum hin gefordert wird (BVerfG DAR **07** 80 mAnm *Himmelreich).* Ein lediglich pauschal gehaltenes Teilnahmezertifikat reicht nach LG Fulda SVR **18** 115 nicht hin. Bei bereits sechsmal wegen trunkenheitsbedingter Verkehrsvergehen Verurteiltem mit langjährigem Alkoholproblem reicht Teilnahme an Selbsthilfegruppe für ehemals Suchtabhängige und an sonstigen Gruppengesprächen nicht zur Abkürzung der Sperrfrist (KG NZV **05** 162, BA **05** 494, krit *Himmelreich/Halm* NStZ **06** 382). Anerkennung des Kursleiters nach § 36 VI FeV ist nicht zu verlangen (*Bode* ZfS **03** 372, aM LG Hildesheim DAR **04** 110; abl *Himmelreich* DAR **04** 12; s. aber § 69 Rn. 19). Nach Untersuchungen von *Birnbaum/Biehl* NZV **02** 164 lag die Rückfallquote von Teilnehmern am Nachschulungskurs Modell „Mainz 77" trotz Sperrfristabkürzung deutlich unter derjenigen Nicht-Nachgeschulter (s. auch § 69 Rn. 19). Um die Bereitschaft zur Teilnahme an Aufbauseminaren zu fördern, hat der GGeber die Mindestfrist des VII S. 2 (Rn. 15) von 6 auf 3 Monate gesenkt (Begr zum ÄndG v. 24.4.1998, BT-Drs. 13/6914 S. 93). Bedingte Entlassung dagegen rechtfertigt allein nicht vorzeitige Aufhebung der Sperre (Hb VRS **107** 30, Dü NZV **90** 237, **91** 477, Ha NZV **07** 250, Ko VRS **68** 353, s. aber Kar VRS **101** 430). Generalpräventive Gesichtspunkte dürfen keine Rolle spielen (Rn. 2; *Bode* ZfS **02** 595, aM LG Hildesheim ZfS **02** 594). Eine „Unbedenklichkeitsbescheinigung" der Fahrerlaubnisbehörde darf auch bei bisheriger dahingehender „unbestrittener Übung" im Gerichtsbezirk nicht verlangt werden (LG Offenburg BA **16** 55; s. auch AG Kehl NZV **16** 245). Auch eine **Sperre auf Lebenszeit** kann aufgehoben werden (Kar VRS **101** 430, Ha VRS **50** 274, Dü NZV **91** 477, Ko VRS **66** 446, Ce BA **09** 101; kritisch *Himmelreich* SVR **10** 1). Bloßer Zeitablauf reicht dazu aber auch in diesen Fällen nicht aus, weil sonst die lebenslange Sperre im Ergebnis eine zeitige wäre (Mü NJW **81** 2424, Dü NZV **91** 477, AG Bochum DAR **11** 97 (Antrag 45 Jahre nach EdF, 2 weitere Eintragungen in überschaubarer Zeit) mAnm *Mahlberg;* aM Dü VRS **63** 273), genauso wenig die in einer Entscheidung zur Aussetzung einer Restfreiheitsstrafe und einer Unterbringung liegende positive Sozialprognose (Ce BA **09** 101). Zur Anwendung von VII im Jugendstrafrecht *Bandemer* NZV **91** 300.

Die vorzeitige Aufhebung betrifft nur die Sperre, nicht die EdF (§ 69 Rn. 25). Sie ist erst zulässig nach **Ablauf der Mindestfristen in VII,** um verfrühte Aufhebung auszuschließen, und darf für einzelne Kfz-Arten (Rn. 5–7) verschieden sein (*Rieger* DAR **67** 45). Rechnerische Herabsetzung der Mindestfristen (Rn. 9) ist auch hier vorgesehen (VII S. 2), keine Einrechnung vorläufiger Maßnahmen jedoch, soweit sie *vor* dem Urteil liegen (Ko BA **86** 154, *Seib* DAR **65** 209, *Bieler* BA **70** 112). Die Entscheidung über eine vorzeitige Aufhebung kann *nicht im Voraus* 15 für einen erst Monate später eintretenden Zeitpunkt getroffen werden, weil Eignungsbeurteilung nur für den aktuellen Zeitpunkt möglich ist (LG Ellwangen BA **02** 223). **Zuständig** für die durch Beschluss ergehende Entscheidung ist grundsätzlich das Gericht des ersten Rechtszugs, während der Vollstreckung einer Freiheitsstrafe die Strafvollstreckungskammer (§ 462a I S. 1 StPO; Kar VRS **100** 118) bzw. der Jugendrichter als Vollstreckungsleiter (§ 82 I JGG). Ist Freiheitsstrafe voll verbüßt, entscheidet über Sperrabkürzung das Gericht 1. Instanz (Stu VRS **57** 113, Ce VRS **71** 432, Ha JMBlNRW **89** 33, Dü NZV **90** 237, abw Dü VRS **64** 432 (Strafvollstreckungskammer, falls sie schon während des Vollzugs mit der Frage befasst war)).

16   **9. Verfahren.** Die **Anfechtung des Schuldspruchs** ergreift das gesamte Urteil (BGHSt **10** 379, Bay NJW **68** 31, Sa ZfS **01** 518, Hb VM **73** 12, KG MDR **66** 345, Zw MDR **65** 506), weil sie für Sanktionen vorerst keinen Raum lässt, abgesehen von Maßregeln bei Schuldunfähigkeit. Umgekehrt ergreift ein auf Strafe oder eine Maßregel beschränktes Rechtsmittel idR den Schuldspruch nicht. Ist bei TM einheitlich auf EdF mit Sperre erkannt, so ergreift ein Rechtsmittel wegen einer der Verurteilungen auch die Maßregel (Bay DAR **90** 369, JR **67** 67, Sa ZfS **01** 518, Ko VRS **53** 339). Wird auf EdF neben Freispruch erkannt, so ist die Maßregel gesondert anfechtbar. Teilanfechtung ist nur zulässig, soweit der angefochtene Teil selbstständig nachgeprüft werden kann und mit keinem anderen Entscheidungsteil untrennbar verknüpft ist (BGHSt **19** 48, BGH NZV **01** 434, VRS **92** 204, Kar VRS **48** 425, Schl VRS **54** 33, Ce VRS **54** 366, Bay NZV **91** 397). **Untrennbarkeit** von Strafe und Maßregel, wenn, wie idR, auf das Rechtsmittel hin die Strafzumessungstatsachen geprüft werden müssen (BGH NJW **57** 1726, Bay NZV **91** 397, VRS **60** 103, KG VRS **109** 278, Fra NZV **96** 414, Kö VRS **68** 278, Schl VRS **54** 33, Sa NJW **68** 460, Dü VRS **63** 463), namentlich bei EdF wegen Charaktermangels (zB Trunkenheit im V; BGH BA **01** 453, Bay DAR **90** 369, NStZ **88** 267, KG VRS **109** 278, Fra NZV **96** 414, Kö VRS **90** 123, Ko NZV **08** 367, Hb MDR **73** 602). Deshalb ist Strafausspruchsanfechtung unter Ausklammerung der Entscheidung über EdF idR unzulässig. Strafaufhebung erfasst idR auch EdF, auch bei wegfallender Gesamtstrafe (BGH VRS **36** 265). Die Erwägungen zur EdF und zur Strafaussetzung sind nach hM idR nicht so eng miteinander verknüpft, dass die **Rechtsmittelbeschränkung auf die Frage der Strafaussetzung** unwirksam wäre (BGH NJW **01** 3134, Dü VRS **96** 443, Ko VRS **51** 24, *Geppert* JR **02** 114, aM Dü VRS **98** 36, **63** 463, Bra NJW **58** 679, Kö NJW **59** 1237). Anders, wenn zwischen beiden Entscheidungen eine so enge Wechselwirkung besteht, dass bei Rechtskraft der Maßregelentscheidung und Teilanfechtung der Entscheidung zur Bewährungsfrage die Gefahr von Widersprüchen bestünde, sowie in den Fällen, in denen bestimmte Feststellungen für beide Entscheidungen relevant sind (BGH NJW **01** 3134, KG VRS **101** 438), zB, wenn trotz Katalogtat nach § 69 II Anlass besteht, Frage der Eignung im Einzelnen zu prüfen (Nü NZV **07** 642; im konkreten Fall zw.). Die Aufhebung lediglich der Tagessatz**höhe** nötigt nicht zur Aufhebung der EdF, weil jene unabhängig von Schuld, Unrechtsgehalt und Fahreignung festgestellt wird (Bay VRS **60** 103). Regelmäßig **keine Beschränkung des Rechtsmittels auf die Sperre,** insbesondere auf die Entscheidung über eine Ausnahme von der Sperre (Rn. 5 ff.; Bay NZV **91** 397, **05** 592, Dü VRS **66** 42, Kö VRS **68** 278, Fra NZV **96** 414, s. aber Ce BA **88** 196), auf die Nichtanordnung einer isolierten Sperre (Bay DAR **90** 365) oder auf die Länge einer isolierten Sperre (Jn VRS **118** 279). Keine Beschränkung auf die Nichtanordnung der Sperre bei untrennbarem Zusammenhang mit der Entscheidung über die Strafaussetzung (KG BA **18** 442). Keine Rechtsmittelbeschränkung auf die **Nichtanordnung der Maßregel** (Bay NZV **05** 592); anders nach teilweise vertretener Auffassung trotz der Wechselwirkung zwischen Strafe und Maßregel (§ 316 Rn. 101), wenn die der Entscheidung zugrunde liegenden *Feststellungen* nicht in Frage gestellt werden, sondern nur die auf diesen Feststellungen beruhende Ablehnung der Maßregel, selbst wenn diese nur auf charakterliche Ungeeignetheit gestützt werden könnte (Stu NZV **97** 316, Dr VRS **109** 172, Fra NZV **02** 382). Gesonderte Anfechtung der Sperrfrist nur bei Trennbarkeit (BGH VRS **21** 262, Kar VRS **48** 425), zB bei nur formelhaft begründeter Dauer oder bei gesetzwidriger Länge neben unzweifelhaft zulässiger EdF (Schl DAR **67** 21). **Beschränkung des Rechtsmittels auf EdF** ausnahmsweise dann, wenn zwar der Strafausspruch auf den gleichen Feststellungen beruht, diese aber auch die Grundlage für den Schuldspruch bilden (insoweit Bindung des Rechtsmittelgerichts; BGH NJW **81** 591). Beschränkbarkeit auf EdF, wenn sie nur mit fahrtechnischer Ungeeignetheit begründet ist (KG MDR **66** 345). Zur Zulässigkeit der Berufung, die nur Rückgabe des FS bezweckt, LG Berlin VRS **49** 276, *Geppert* ZRP **81** 89.

17   Die Sperrfristbemessung kann nur auf Ermessensfehler hin nachgeprüft werden (Ha VRS **50** 274). Neben isolierter Sperre ist FSEinziehung nicht vorgesehen (Bay VM **76** 68). EdF ohne

Sperre, weil inzwischen wieder Geeignetheit bestehe, ist widersprüchlich und unzulässig (Bay 1 St 74/72), ebenso widersprüchliche Erwägungen über die Sperrdauer (BGH VRS **21** 35). Hat die inzwischen rechtskräftige Entscheidung **versehentlich nur Sperre verhängt,** so bleibt diese zwar bestehen, jedoch besteht auch die FE fort (Kö NJW **10** 2817; zur Berichtigung der Urteilsformel in solchen Fällen § 69 Rn. 27). Mitteilung an das FAER: § 28 StVG, § 59 FeV. Das Ende der Sperre ist im BZR einzutragen: § 8 BZRG; gerichtliche Abkürzung der Sperre: § 12 Nr. 8 BZRG, Gnadenerweis (dazu *Fromm* NZV **11** 329): § 14 BZRG.

Das Verschlechterungsverbot (§ 331 StPO) hindert Verlängerung der Sperre (BGHSt 5 **18** 178, Kar VRS **48** 425, Stu NJW **67** 2071, Ha VM **78** 21), auch einer isolierten (Ha VM **78** 21, Kö NJW **65** 2309), nicht aber geänderte Begr bei unveränderter Sperre (Bay BA **02** 392, Kar VRS **51** 88, Neust NJW **60** 1483, Ha VRS **69** 221, Fra DAR **92** 187, Ko VRS **65** 371; str, s. *Hentschel* Trunkenheit 803 f., *Geppert* ZRP **81** 89, *Gontard,* Rebmann-F S. 220). Es steht bei fortbestehender Ungeeignetheit auch einer erneuten Anordnung der EdF (bzw. einer Verwerfung der Berufung) nach Zurückverweisung durch das Revisionsgericht nicht entgegen, obwohl die Sperre ohne das Rechtsmittel abgelaufen wäre (im Einzelnen Rn. 9). Hatte der Verurteilte nach rechtskräftigem Verlust der FE aus behördlichem Irrtum eine neue FE erlangt, ist danach eine isolierte Sperrfrist verhängt worden und hat nur der Verurteilte Berufung eingelegt, so hindert das Verschlechterungsverbot den Fortbestand der isolierten Sperrfrist nicht (Br VRS **51** 278), jedoch keine Nachholung der EdF (§ 69 Rn. 28). Festsetzung einer neuen, längeren Sperre im Rahmen einer Gesamtstrafenbildung (Rn. 12) verstößt auch dann nicht gegen das Verschlechterungsverbot, wenn diese Gesamtstrafenbildung auf ein Rechtsmittel des Angeklagten erfolgt, denn diese Neufestsetzung könnte ja auch im Wege des § 460 StPO erfolgen (Dü VRS **36** 178, s. aber *Maiwald* JR **80** 353). War unzulässigerweise auf Anschlusssperre erkannt (Rn. 13), ist beim Erlass des Berufungsurteils die frühere Sperre jedoch bereits abgelaufen, so darf das Berufungsgericht die neue Sperre ungekürzt ab Rechtskraft seiner Entscheidung datieren (Bay NJW **66** 896). Verstoß gegen Verschlechterungsverbot, wenn Freiheitsstrafe ausgesetzt, dafür aber die Sperre um 18 Monate erhöht wird (Ol MDR **76** 162).

10. Nach Ablauf der Sperre entscheidet allein die VB auf Antrag über Erteilung einer neu- **19** en FE, im Prinzip frei, weil ihre Prüfung meist umfassender ist als die vorherige gerichtliche nach § 69 (BVerwGE **17** 347, BVerwG NJW **67** 29, **68** 147, **87** 2246, Bay DAR **60** 120, VGH Ka VM **63** 17 mAnm *Booß,* VRS **76** 45, OVG Br VM **63** 28, VRS **70** 307, OVG Münster NJW **56** 966, KG VM **57** 41, *Bonk* BA **94** 248, *Kulemeier* S. 144). Nach geltendem Recht dürfte die VB nicht verpflichtet sein, **nach vorzeitiger Aufhebung der Sperre** gem. VII die FE wiederzuerteilen (VGH Ka NJW **65** 125, *Himmelreich* DAR **03** 111; dafür de lege ferenda *Hentschel* DAR **79** 317), etwa für den Fall positiver Eignungsfeststellung durch den Strafrichter auf Grund Eignungsgutachtens. Wo sie jedoch ausschließlich dieselben Tatsachen wie vorher bei EdF und/oder Sperre das Gericht zu beurteilen hat, wird sie die Erteilung nicht im Gegensatz zum Gericht ablehnen dürfen (OVG Berlin VM **63** 18, LK-StGB/*Valerius* Rn. 114, *Martens* NJW **63** 139), soweit nicht die FeV eine Wiedererteilung von zusätzlichen Voraussetzungen (zB Eignungsgutachten) abhängig macht (s. auch § 20 FeV Rn. 1). An eine falsche Tenorierung hinsichtlich des Beginns der Sperre („ab Rechtskraft" ohne Berücksichtigung der Einrechnung nach V S. 2) ist die VB nicht gebunden (VG Kö ZfS **84** 382).

Literatur: *Bandemer,* Die Voraussetzungen einer nachträglichen Sperrzeitverkürzung im Rahmen des **20** § 69a VII StGB, insbesondere bei Anwendung im Jugendstrafrecht, NZV **91** 300. *Beine,* Rechtsfragen bei Ablauf der Sperrfrist für die Erteilung einer Fahrerlaubnis vor Abschluß eines Rechtsmittelverfahrens, BA **81** 427. *Dencker,* Strafzumessung bei der Sperrfristbemessung?, StV **88** 454. *Derselbe,* Die Auswirkungen von § 9 FeV auf § 69a II StGB und § 111a I S. 2 StPO, DAR **04** 54. *Geppert,* Die Bemessung der Sperrfrist …, Strafrechtliche Abhandlungen, Neue Folge, Band 3. *Derselbe,* Auswirkungen einer früheren strafgerichtlichen EdF und der dort festgesetzten Sperrfrist auf die Bemessung einer neuen Sperrfrist, MDR **72** 280. *Derselbe,* Totale und teilweise EdF, NJW **71** 2154. *Derselbe,* Schwierigkeiten der Sperrfristbemessung bei vorläufiger EdF, ZRP **81** 85. *Hentschel,* Nachträgliche Ausnahme für bestimmte Arten von Kfz von der FSSperre, DAR **75** 296. *Derselbe,* Die Abkürzung der Sperrfrist beim Entzug der FE, DAR **79** 317. *Derselbe,* Die FSSperre bei nachträglicher Gesamtstrafenbildung, Rpfleger **77** 279. *Derselbe,* Reform der strafgerichtlichen Fahrerlaubnisentziehung durch Auslegung und Analogie?, DAR **84** 248. *Derselbe,* Fahrerlaubnisentziehung und Sperrfrist in der Rechtsmittelinstanz, DAR **88** 330. *Derselbe,* Ausnahme von der FESperre für Lkw und Busse?, NZV **04** 285. *Himmelreich,* Sperrfristabkürzung für die Wiedererteilung der FE … durch eine Verkehrstherapie, DAR **03** 110. *Derselbe,* Nachschulung, Aufbauseminar, Wieder-Eignungskurs und Verkehrstherapie zur Abkürzung der strafgerichtlichen FE-Sperre bei einem Trunkenheitsdelikt, DAR **04** 8. *Derselbe,* Psychologische oder therapeutische Schulungs-Maßnahmen zwecks Reduzierung oder Aufhebung der FE-Sperre …, DAR **05** 130. *Krumm,* Das Ausnehmen bestimmter Arten von Kfzen von der Sperre …, DAR **04** 56.

D. Meyer, Verkürzung des Mindestmaßes der Sperre auch bei isolierter Anordnung einer Sperrfrist?, DAR **79** 175. *Michel,* Probleme mit der Dauer der Sperre, DAR **99** 539. *Mollenkott,* Ausnahmen vom Entzug der FE und beim FV, DAR **82** 217. *Zabel,* Ausnahmegenehmigungen für „Trunkenheitstäter", BA **83** 477. *Wölfl,* Nachträgliche Ausnahmen von der FESperre nach § 69a II StGB?, NZV **01** 369. *Zabel/Zabel,* Abkürzung der FESperre bei Alkoholtätern nach verkehrspsychologischer Nachschulung, BA **91** 345.

Wirkung der Entziehung bei einer ausländischen Fahrerlaubnis

69b (1) ¹Darf der Täter auf Grund einer im Ausland erteilten Fahrerlaubnis im Inland Kraftfahrzeuge führen, ohne daß ihm von einer deutschen Behörde eine Fahrerlaubnis erteilt worden ist, so hat die Entziehung der Fahrerlaubnis die Wirkung einer Aberkennung des Rechts, von der Fahrerlaubnis im Inland Gebrauch zu machen. ²Mit der Rechtskraft der Entscheidung erlischt das Recht zum Führen von Kraftfahrzeugen im Inland. ³Während der Sperre darf weder das Recht, von der ausländischen Fahrerlaubnis wieder Gebrauch zu machen, noch eine inländische Fahrerlaubnis erteilt werden.

(2) ¹Ist der ausländische Führerschein von einer Behörde eines Mitgliedstaates der Europäischen Union oder eines anderen Vertragsstaates des Abkommens über den Europäischen Wirtschaftsraum ausgestellt worden und hat der Inhaber seinen ordentlichen Wohnsitz im Inland, so wird der Führerschein im Urteil eingezogen und an die ausstellende Behörde zurückgesandt. ²In anderen Fällen werden die Entziehung der Fahrerlaubnis und die Sperre in den ausländischen Führerscheinen vermerkt.

1   **1. Ursprung.** 2.VerkSichG (§ 42o StGB), jetzige Fassung: G zur Änderung des StVG und anderer Gesetze v. 24.4.1998 (BGBl. I S. 747), in Kraft getreten am 1.1.99; Begr: BT-Drs. 13/6914 S. 93 f. Begr zum 32. StRÄndG v. 1.6.95 (BR-Drs. 68/93). Die Vorschrift regelt die Rechtsfolgen bei EdF gegenüber Inhabern ausländischer FE vor Ablauf der Fristen gem. § 29 FeV (Rn. 2) und gegenüber Inhabern einer EU/EWR-FE, die nach Maßgabe von § 28 FeV im Inland Kfz führen dürfen. Sie war notwendig, weil eine Entziehung mit der Wirkung eines Verlusts der durch eine ausländische Behörde erteilten Erlaubnis ein rechtlich unzulässiger Eingriff in fremde Hoheitsrechte wäre (Sa BA **03** 153). In Betracht kommt daher nur die Wirkung eines Erlöschens des Rechts, während der Sperre im Inland fahrerlaubnispflichtige Kfz zu führen (I S. 1).

2   **Inhaber einer ausländischen Fahrerlaubnis** iS der Vorschrift sind Personen beliebiger Staatsangehörigkeit, die entweder ihren ständigen Aufenthalt im Inland haben und nach Maßgabe der § 28 FeV im Inland ein Kfz führen dürfen oder die ihren ständigen Aufenthalt im Ausland haben oder bis vor längstens 1 Jahr (§ 29 I S. 4, 5 FeV) hatten und gem. § 29 FeV im Inland ein Kfz ohne deutsche FE führen dürfen. Die EdF setzt entgegen dem etwas missverständlichen Wortlaut nicht voraus, dass der Täter berechtigterweise im Inland von der ausländischen FE Gebrauch macht; Beendigung der Berechtigung, etwa wegen Ablaufs der Fristen des § 29 I S. 3 oder § 4 FeV, hindert die Entziehung demnach nicht (überzeugend BGHSt **44** 194 = NZV **99** 47 mAnm *Hentschel* NZV **99** 134; AG Böblingen BA **19** 399; LK-StGB/*Valerius* Rn. 30 f.; aM BGHSt **42** 235 = NZV **96** 500, 502, hier bis 39. Aufl.; *Hentschel* Meyer-GS S. 810; *Spendel* JR **97** 137), genauso wenig, wenn die im Rahmen des „FS-Tourismus" erworbene FE nach den Grundsätzen unter § 21 StVG Rn. 2a nicht anerkennungsfähig ist (vgl. Stu DAR **12** 221). Demgegenüber reicht ein aus kriminalistischen Erfahrungen gewonnener vager Verdacht noch hin, der Angekl. habe sich uU im Wege des „FS-Tourismus" (§ 21 StVG Rn. 2a) eine FE verschafft (Stu NJW **10** 3591; aM AG Lahr NJW **08** 2277). § 69b ist auch auf die Inhaber von FS anzuwenden, die gem. Art 9 Zusatzabkommen zum NATO-Truppenstatut zum Führen von Kfz im Inland berechtigen (BGH NStZ **93** 340).

3   **2. Voraussetzungen für die EdF.** Nach Änderung des I durch das 32. StRÄndG v. 1.6.95 und dem Inhalt der Neufassung durch ÄndG v. 24.4.1998 hängt die EdF bei außerdeutschen FzF jetzt nicht mehr davon ab, dass die Tat gegen VVorschriften verstößt. Die Entziehung einer ausländischen FE ist daher (mit der einschränkenden Wirkung des I) unter den gleichen Voraussetzungen zulässig wie die einer deutschen FE (BGH MDR **97** 80 (unerlaubte Schusswaffeneinfuhr)). Dadurch soll eine wirksame Bekämpfung der zunehmend länderübergreifenden Kriminalität gefördert werden (BR-Drs. 68/93 (Beschluss)). Das am 8.11.68 in Wien unterzeichnete Übereinkommen über den StrV (ÜbStrV, BGBl. I 1977 S. 811), durch G vom 21.9.77 (BGBl. II S. 809) ratifiziert, widerspricht den Regelungen in § 29 FeV und § 69b StGB nicht (*Bouska* VD **79** 228, *Hentschel,* Meyer-GS S. 791 f.). Die Vertragsparteien sind nämlich insbesondere nicht

gehindert, die Bestimmung des Art 41 ÜbStrV über die Anerkennung nationaler FS durch nähere Regelungen auszufüllen (*Bouska/Laeverenz* Art 43 ÜbStrV Anm 2). Die Frage einer Anerkennung von FE solcher Staaten, die dem Abkommen nicht beigetreten sind, ist durch Art 41 ÜbStrV ohnehin nicht betroffen. Auch mit der 2. und 3. EU-FS-RL steht die Regelung des § 69b im Einklang. Insbesondere erlaubt Art 8 der Richtlinie ausdrücklich die Anwendung innerstaatlicher Vorschriften über die EdF bei Inhabern ausländischer FE, die in einem Mitgliedstaat ausgestellt wurden, nach Begründung eines „ordentlichen Wohnsitzes" (§ 2 StVG Rn. 31) im Inland (II).

3. Wirkung der Maßregel: Mit der Rechtskraft der Entscheidung erlischt das Recht zum **4** Führen von Kfz im Inland (I S. 2; s. § 28 FeV Rn. 44, § 29 FeV Rn. 14). Ein Hinweis im Tenor auf diese sich aus dem Gesetz ergebende Fahrverbotswirkung der EdF wäre unrichtig (BGHSt **42** 235 = NZV **96** 500, 502; DAR **20** 41 (L)). Für die Dauer der Sperre darf weder dieses Recht wiedererteilt, noch darf eine deutsche FE erteilt werden, und zwar weder durch Umschreibung (§§ 30, 31 FeV) noch im allgemeinen Prüfungsverfahren. Zu unterbleiben hat aber der Ausspruch über die Einziehung des FS, wenn nicht die Voraussetzungen des I S. 1 vorliegen. Nur bei Inhabern eines EU- oder EWR-FS, die ihren ordentlichen Wohnsitz im Inland haben, erfolgt im Urteil auch Einziehung des FS (Rn. 5). Sonst werden Entziehung und Sperre im ausländischen FS vermerkt; das Urteil beschränkt sich dann auf den Ausspruch: „Dem Angeklagten wird die Erlaubnis zum Führen von Kfz entzogen. Vor Ablauf von … darf keine FE erteilt werden." Das Anrechnungsgebot des § 51 V StGB auf das FV des § 44 findet keine entsprechende Anwendung; die Wirkung des I S. 1 ist insoweit nicht dem FV nach § 44 gleichzusetzen (so schon zu § 69b aF LG Köln MDR **81** 954), weil die EdF trotz der Wirkung nach I S. 1 Maßregel bleibt (*Hentschel* MDR **82** 107). **Nach Ablauf der Sperre** lebt das Recht, auf Grund der (fortbestehenden) ausländischen FE im Inland Kfz zu führen, nicht ohne Weiteres wieder auf. Da es nach I S. 2 mit der Rechtskraft erloschen ist, bedarf erneutes Führen fahrerlaubnispflichtiger Kfz vielmehr der Erteilung der Erlaubnis, von der ausländischen FE wieder Gebrauch zu machen (I S. 3, § 29 IV, § 28 V FeV), oder – bei Inhabern einer EU- oder EWR-FE mit ordentlichem Wohnsitz im Inland – der Erteilung einer deutschen FE (§ 2 II Nr. 1 StVG). In beiden Fällen bedarf es der Antragstellung bei der FEB, die nach deutschem Rechtsmaßstab prüft, ob Neuzulassung zum KfzV im Inland verantwortet werden kann (Begr zum ÄndG v. 24.4.1998, BT-Drs. 13/6914 S. 93; OVG Saarlouis ZfS **01** 142). Das gilt nicht für die Fälle, in denen die EdF noch **gem. § 69b in der vor dem 1.1.99 geltenden Fassung** erfolgte, weil nach jener Regelung nicht, wie gem. § 69b I S. 2 nF, das Recht zum Führen von Kfz im Inland *erlosch,* sondern nur zu einem Verbot führte, während der Sperre im Inland Kfz zu führen, wobei das Recht nach Ablauf der Sperre ohne Weiteres wieder auflebte. In diesen Fällen bleibt es (mangels entgegenstehender Übergangsregelung), wenn die übrigen Voraussetzungen (§ 29 I, § 28 I FeV) vorliegen, bei dem wieder aufgelebten Recht (Kö NZV **01** 225, LG Aachen NZV **00** 511 mAnm *Bouska,* s. auch BGHSt **47** 336 = NJW **02** 2330, aM *Bouska* NZV **00** 512). Entziehung iS von § 29 III Nr. 3, § 28 IV Nr. 3 FeV ist also in Fällen des § 69b nur eine nach dem 1.1.99 gem. § 69b nF angeordnete Maßnahme (Kö NZV **01** 225, *Hentschel* NZV **01** 193).

4. Vollstreckt wird die Maßregel bei Inhabern einer EU/EWR-FE mit ordentlichem Wohn- **5** sitz im Inland durch Einziehung des FS und dessen Rücksendung an die ausstellende ausländische Behörde. Der GGeber knüpft an diese Regelung die Erwartung, dass die ausstellende Behörde die FE wegen der Tat, die der Maßregelanordnung zugrunde liegt, ihrerseits entzieht (Begr, BT-Drs. 13/6914). In allen anderen Fällen erfolgt die Vollstreckung durch Eintragung der „EdF" nebst Sperre im ausländischen FS, und zwar zur Verhinderung von Missbrauch entsprechend § 69b auch in einem durch Täuschung erlangten FS, wenn in Wahrheit keine FE besteht (Kar NJW **72** 1633). II S. 2 ist eine der Vollstreckungsbehörde obliegende Vollzugsmaßnahme und bedarf keiner Anordnung im Urteil (Bay NJW **79** 1788). Rechtsändernde Bedeutung hat die Eintragung wegen § 69 III nicht, denn der Rechtsverlust tritt schon mit Urteilsrechtskraft ein. Sie will Vortäuschung weiterer Fahrbefugnis verhindern (Bay NJW **63** 359). Vorübergehende sofortige Beschlagnahme des ausländischen FS zwecks Eintragung ist zulässig (§ 463b StPO). Nach der Eintragung ist der FS unverzüglich wieder auszuhändigen (*Meyer-Goßner/Schmitt* § 111a StPO Rn. 18). Stellt sich Besitz weiterer ausländischer FS heraus, ist die Sperre auch dort einzutragen (*Eckhardt* DAR **74** 286). Innerhalb der **EU-Mitgliedstaaten** ist für die Zukunft die gegenseitige Vollstreckung der EdF im jeweiligen ausländischen Wohnsitzstaat nach Maßgabe des Übereinkommens v. 17.6.98 (ABl EG C 216/1) vorgesehen, das noch der Ratifizierung bedarf (§ 25 StVG Rn. 32; krit *Zelenka* DAR **01** 148).

6   **5. Zu den Fällen des „Führerscheintourismus"** im Hinblick auf die neuere Rspr. des EuGH s. im Einzelnen § 21 StVG Rn. 2a.

Unerlaubtes Entfernen vom Unfallort

142 (1) **Ein Unfallbeteiligter, der sich nach einem Unfall im Straßenverkehr vom Unfallort entfernt, bevor er**

1. **zugunsten der anderen Unfallbeteiligten und der Geschädigten die Feststellung seiner Person, seines Fahrzeugs und der Art seiner Beteiligung durch seine Anwesenheit und durch die Angabe, daß er an dem Unfall beteiligt ist, ermöglicht hat oder**

2. **eine nach den Umständen angemessene Zeit gewartet hat, ohne daß jemand bereit war, die Feststellungen zu treffen,**

wird mit Freiheitsstrafe bis zu drei Jahren oder mit Geldstrafe bestraft.

(2) **Nach Absatz 1 wird auch ein Unfallbeteiligter bestraft, der sich**

1. **nach Ablauf der Wartefrist (Absatz 1 Nr. 2) oder**

2. **berechtigt oder entschuldigt**

vom Unfallort entfernt hat und die Feststellungen nicht unverzüglich nachträglich ermöglicht.

(3) [1] Der Verpflichtung, die Feststellungen nachträglich zu ermöglichen, genügt der Unfallbeteiligte, wenn er den Berechtigten (Absatz 1 Nr. 1) oder einer nahe gelegenen Polizeidienststelle mitteilt, daß er an dem Unfall beteiligt gewesen ist, und wenn er seine Anschrift, seinen Aufenthalt sowie das Kennzeichen und den Standort seines Fahrzeugs angibt und dieses zu unverzüglichen Feststellungen für eine ihm zumutbare Zeit zur Verfügung hält. [2] Dies gilt nicht, wenn er durch sein Verhalten die Feststellungen absichtlich vereitelt.

(4) **Das Gericht mildert in den Fällen der Absätze 1 und 2 die Strafe (§ 49 Abs. 1) oder kann von Strafe nach diesen Vorschriften absehen, wenn der Unfallbeteiligte innerhalb von vierundzwanzig Stunden nach einem Unfall außerhalb des fließenden Verkehrs, der ausschließlich nicht bedeutenden Sachschaden zur Folge hat, freiwillig die Feststellungen nachträglich ermöglicht (Absatz 3).**

(5) **Unfallbeteiligter ist jeder, dessen Verhalten nach den Umständen zur Verursachung des Unfalls beigetragen haben kann.**

1–19   **Begr** zur Neufassung 1975 (BT-Drs. 7/2434): 31. Aufl.

19a   **Begr** zum 6. StrRG v. 26.1.1998 (BT-Drs. 13/9064): **Zu Abs. 4:** … *Dem Anwendungsbereich nach werden – wie beim Vorschlag des Bundesrates – nur Unfälle mit Sachschäden im ruhenden Verkehr und damit im Wesentlichen die zahlreichen Parkunfälle erfasst. Um einen Gleichklang mit § 69 Abs. 2 Nr. 3 zu erzielen, der in der Regel den Fahrerlaubnisentzug vorsieht, wenn bei dem Unfall bedeutender Sachschaden entstanden ist, soll die vorgeschlagene Regelung aber nur bei nicht bedeutenden Sachschäden zur Anwendung gelangen können. Die damit angesprochene Wertgrenze, die ursprünglich von der Rechtsprechung bei 1200 DM gezogen wurde, wird heute nicht mehr als ausreichend angesehen und von der Praxis inzwischen deutlich höher angesetzt, so dass im Ergebnis ein erheblicher Anwendungsbereich der Vorschrift verbleibt.*

Hinsichtlich der Frage, auf welche Weise der Unfallbeteiligte die Feststellungen nachträglich zu ermöglichen hat, verweist der neue Absatz 4 auf § 142 Abs. 3, der beispielhaft zwei Möglichkeiten aufführt, wie der Unfallbeteiligte seiner Handlungspflicht genügen kann. Er kann den Berechtigten oder einer nahegelegenen Polizeidienststelle die erforderlichen, in Absatz 3 genannten Einzelheiten mitteilen. Er kann aber auch andere Wege beschreiten (z. B. durch freiwillige Rückkehr an den Unfallort), soweit er damit seinen Mitteilungspflichten nachkommt …

Übersicht

1. Geschütztes Rechtsgut (Begr; BVerfGE **16** 191) ist *ausschließlich* die Beweissicherung **20** hinsichtlich aller aus dem Unfall erwachsener zivilrechtlicher Ansprüche Geschädigter gegeneinander (Gefährdungshaftung, unerlaubte Handlung) und der Abwehr unberechtigter Ansprüche (BGHSt **28** 129, Bay NZV **90** 397, Zw DAR **91** 431, Ha VRS **68** 111, Kar NJW **73** 379, Ol NRpfl **84** 264, Stu VRS **73** 191, *Schnabl* NZV **05** 284, *Dünnebier* GA **57** 33, *Geppert* BA **91** 33, zT aM *Engelstädter* S. 277). Die Vorschrift dient demgemäß nicht einer besseren Strafverfolgung (Bay DAR **71** 246, Zw DAR **91** 431, NZV **91** 479, Br VRS **52** 422, Nü VersR **77** 659, 246, Ha NJW **71** 1470, Kar NJW **73** 379), auch nicht der Ausschaltung untüchtiger Kf aus dem StrV (BGHSt **12** 254, BGH NJW **59** 394, VersR **65** 128, *Geppert* BA **91** 32) oder der Erhöhung der Verkehrssicherheit durch Verhinderung von Trunkenheitsfahrten. § 142 ist grundgesetzkonform (BVerfGE **16** 191 = NJW **63** 1195 (zur aF)). Alle nach verständiger Beurteilung möglicherweise Beteiligten (Rn. 29–31) müssen die erforderlichen Feststellungen ermöglichen, weil etwaige Anspruchsberechtigte aus dem Unfall sonst in Beweisnot geraten können (Bay DAR **71** 246, VRS **21** 205). Demgegenüber muss das etwaige Selbstbegünstigungsinteresse zurücktreten, auch wenn es nur auf die Vermeidung der Strafverfolgung abzielt und nur zugleich zivilrechtliche Beweisinteressen beeinträchtigt (Begr). Soweit I über ein bloßes Fluchtverbot hinaus eine (aktive) Handlungspflicht (Vorstellung als Unfallbeteiligter) begründet, steht dies im Hinblick auf den ausschließlichen Zweck der Sicherung bzw. Abwehr *zivilrechtlicher* Ansprüche auch mit dem Grundsatz in Einklang, sich nicht selbst belasten zu müssen *(nemo-tenetur; Geppert* BA **91** 36, *Weigend* Tröndle-F S. 768, abl *Schünemann* DAR **98** 428). Ein Teil der Lit (Rn. 80) will die geltende Fassung überwiegend unter Hinweis auf die Materialien so restriktiv auslegen, dass sie kaum etwas erbringt, jedoch rechtfertigen die Materialien dies nicht (*Jagusch* NJW **76** 504). Gesetzeskritik auch bei *Heublein* DAR **85** 15, *Engelstädter* S. 165. Zum Geringfügigkeitsprinzip im Rahmen des § 142 *Geppert* DAR **14** 737. Reformforderungen des AK III des VhT **2018** (VGT XII).

Im StrV (im Einzelnen: § 1 StVO Rn. 13–16) oder im Zusammenhang damit muss sich der **21** Unfall ereignet haben (BGHSt **14** 116, NJW **60** 829, Hb VRS **46** 340, Dü VRS **74** 181). **Bahn-, Schiffs- und Luftverkehr** sind nicht einbezogen. Fährschiffe rechnen demgemäß jedenfalls während des Übersetzens nicht zum StrV (Kar NZV **93** 77; krit *Janiszewski* NStZ **93** 275). Skipisten gehören nicht zum StrRaum; anders jedoch dort, wo sie öffentliche Str kreuzen (LK-StGB¹² / *Geppert* Rn. 18).

Fremdes Feststellungsinteresse muss bestehen. Keine Tatbestandsmäßigkeit daher bei blo- **22** ßer Selbstschädigung (BGH VRS **24** 118, Bay VRS **4** 209, KG VRS **15** 343), auch nicht bei Kaskoversicherung des eigenen beschädigten Kfz (BGHSt **8** 266, Nü VersR **77** 659) oder bei vollständiger einvernehmlicher Regelung (Rn. 45), zB schriftlichem Anerkenntnis (Ha VRS **40** 19, **41** 108, Ko VRS **43** 423), wenn weiteres Warten nur noch der Strafverfolgung dienen würde (Ol NJW **68** 2019), nicht nach Überfahren herrenlosen Wildes (*Himmelreich/Bücken/Krumm* Rn. 168a, *Jagusch* NJW **76** 583, aM AG Öhringen NJW **76** 580), nicht bei allseitigem Verzicht auf Feststellungen (Rn. 45), bei verständigerweise zu vermutender Einwilligung aller anderen Beteiligten in spätere Feststellungen (nächtliche Parkbeule unter Wohnnachbarn; Hb NJW **60** 1482, Dü NZV **91** 77), anders aber, wenn sich ein nicht geschädigter Beteiligter, im Unterschied zum Geschädigten (Ha DAR **58** 331) noch vor Ersatzansprüchen schützen will (BGH VRS **8** 272). Zur Rechtfertigung durch mutmaßliche Einwilligung Rn. 51. Können sämtliche den Ersatzanspruch sichernden Feststellungen alsbald vollständig getroffen werden, fehlt es bereits am äußeren Tatbestand (Pol kennt Unfallverursacher und ist beim Schadensvorgang zugegen; Ce NRpfl **78** 286). Zum Entfallen der Wartepflicht, wenn offensichtlich kein Feststellungsinteresse geltend gemacht wird, s. auch Rn. 45.

23   **Gehört das beschädigte Fz nicht dem Fahrer,** so besteht idR fremdes Feststellungsinteresse, zB des FzVermieters (Ce VRS **54** 36, Ha VersR **88** 509, LG Darmstadt MDR **88** 1072), wenn auch vielleicht nicht stets am Unfallort (BGHSt **9** 267, NJW **56** 1325, Ha VRS **15** 340, Bay NZV **92** 413 (je angestellter Fahrer), Kö NZV **02** 278, VRS **37** 35). Fremdes Feststellungsinteresse zB grundsätzlich bei Arbeitgeber- oder DienstFz (Ce NJW **59** 831, KG JR **60** 191, Ha VRS **17** 415), bei im Carsharing überlassenem Fz (AG Tiergarten NStZ-RR **18** 224 m Bspr *König* DAR **19** 363) oder bei gestohlenen oder unbefugt benutzten Fz (BGH VRS **42** 97, NJW **56** 1325, Bay DAR **85** 240, Hb NStZ **87** 228). Bei berechtigter Benutzung eines fremden Fz muss bei dessen Schädigung mutmaßliche Einwilligung (Rn. 51) und, falls zu verneinen, Irrtum des Unfallbeteiligten darüber geprüft werden (Bay NZV **92** 413). Bei LeasingFz kommt es auf die Gestaltung des Leasingvertrages an (Ha NZV **90** 197, *Hällmayer* NZV **99** 197). IdR (bei Abwälzung der Gefahr von Untergang, Verlust, Beschädigung auf den Leasingnehmer) ist ein Feststellungsinteresse des Leasinggebers nicht gegeben (Fra VersR **90** 1005, Ha NZV **92** 240, NJW-RR **98** 29, Hb NZV **91** 33, *Hällmayer* NZV **99** 197, *Hembach* ZfS **05** 166, abw Ol VersR **90** 1006, Kar VersR **92** 961). Bei Sicherungseigentum ist der Sicherungsgeber Alleingeschädigter (Nü NJW **77** 1543), weil es auf wirtschaftliche Wertung ankommt. Minimalschäden: Rn. 28.

24   **2. Verkehrsunfall** ist ein plötzliches, zumindest von einem Beteiligten ungewolltes (Rn. 26) Ereignis (BGHSt **24** 382, Bay DAR **85** 326, VRS **71** 277), das in ursächlichem *Zusammenhang mit dem öffentlichen StrV* (Rn. 21, 25) *und seinen typischen Gefahren* steht (Rn. 25, 26; BGHSt **47** 158 = NJW **02** 626 mAnm *Sternberg-Lieben* JR **02** 386, Ha NJW **82** 2456, Kö VRS **65** 431, Bay NZV **92** 326, Ko MDR **93** 366) und als unmittelbare Folge eines VVorgangs (Bay NZV **92** 326 mAnm *Weigend* JR **93** 117) zu nicht gänzlich belanglosem (Rn. 28) fremdem Sach- oder Körperschaden führt (BGHSt **12** 253, VRS **21** 113, NJW **56** 1806, Ha VM **72** 360, Ce VRS **69** 394, Dü VRS **70** 349, DAR **97** 117, Bay DAR **85** 326, VRS **71** 277). Ein VUnfall mit Personen- oder Sachschaden **muss vorliegen,** der Verdacht eines solchen genügt nicht (Bay DAR **79** 237, NJW **90** 335, *Engelstädter* S. 27, 232, aM uU *Kretschmer* NZV **04** 499 f.), gleichfalls nicht bloße Gefährdung. Dass das Schadensereignis im öffentlichen VRaum stattfindet, genügt allein nicht; vielmehr ist ein *verkehrsspezifischer Zusammenhang* erforderlich (Rn. 25, 26). Er wird zu bejahen sein, wenn der Unfall *aus einer Fortbewegung herrührt* (MüKoStGB/*Zopfs* Rn. 34 mwN). Beteiligung eines Kfz ist nach allg. M nicht nötig, so hM (Lackner/Kühl/ *Heger* Rn. 6, MK-*Zopfs* Rn. 33; aM LK-StGB[12]/*Geppert* Rn. 25; Schönke/Schröder/*Sternberg-Lieben* Rn. 17; Judikatur Rn. 25) auch nicht Beteiligung eines Fz. Einbezogen sind demnach grds. Unfälle unter Fußgängern (Stu VRS **18** 117), zwischen Fußgängern und Reitern (Ce VRS **92** 109) und von Fußgängern mit sowie unter Benutzern von Inline-Skates oder Skateboards (aM – jedoch wegen der mit ihnen erreichbaren Geschwindigkeiten und der von ihnen ausgehenden Gefahren von deren eigenen Standpunkt aus wspr. – LK-StGB[12]/*Geppert* Rn. 25; Schönke/Schröder/*Sternberg-Lieben* Rn. 17; auf die Einstufung nach der StVO (§ 24 StVO Rn. 8, 10) kann es nicht ankommen).

25   Vollzieht sich der für den (im StrV erfolgte) Unfall (mit) ursächliche Vorgang **außerhalb öffentlichen StrRaums,** so kommt es darauf an, ob er in diesen schädigend hineinwirkt, wie es etwa der Fall ist, wenn ein Kf durch Spiegelung geblendet wird oder wenn Gegenstände auf ein fahrendes Fz geworfen werden. VUnfall auch, falls in den VRaum hineinhängender Draht unfallursächlich ist oder ein Ast auf die Fahrbahn fällt und ein ausweichendes Kfz gegen ein anderes schleudert. Der Unfall muss sich nicht zwingend im StrV realisiert haben. (Unmittelbarer) **Zusammenhang** genügt. Er besteht zB, wenn ein Kfz von der Fahrbahn abkommt und in ein Tor schleudert (BGH VM **66** 89), einen nahe der Str befindlichen Zaun beschädigt (Kö NZV **01** 312), eine Treppe beschädigt (BGH VM **57** 13), gegen einen Baum, eine Laterne oder einen Grenzstein fährt (BGHSt **8** 263, Dü VM **66** 42) oder bei einem Fahrmanöver, das,

auch ohne Zusammenstoßen von VT (BGHSt **8** 265), fremde Unfallreaktion auslöst. Der Verletzte muss nicht selbst VT sein (BGHSt **9** 268). Vorgänge **außerhalb des fließenden Verkehrs** (Rn. 69) sind umfasst (vgl. IV sowie Kö VRS **65** 431). VUnfall wird zB bejaht, wenn ein Markt-Einkaufswagen so abgestellt wird, dass er abrollt und öffentlich geparkte Fz beschädigt (Stu VRS **47** 15, Ko MDR **93** 366; Dü NZV **12** 350, LG Bonn NJW **75** 178; aM LG Dü NZV **12** 194) oder parkende Fz von auf Rollen vorbeigeschobenen Mülltonnen beschädigt werden (LG Berlin NStZ **07** 100). Hingegen dürften Fälle, in denen ein Fz beim Radwechsel vom Wagenheber rutscht und Schaden verursacht (Kö VRS **65** 431), beim Entladen eines Lkw die Klappe herabfällt und ein KfzDach eindrückt (Stu NJW **69** 1726; aM AG Tiergarten NJW **08** 3728) oder ein Schrotthändler bei einem Beladungsvorgang ein Metallteil versehentlich gegen die Seitenwand seines parkenden Lkw wirft, woraufhin das abprallende Metallteil ein anderes Fz beschädigt (**aM** Kö DAR **11** 541; s. auch Rn. 63) mangels Fortbewegung aus dem Anwendungsbereich herausfallen (Rn. 24; MüKoStGB/*Zopfs* Rn. 34). Entsprechendes gilt, wenn ein Hund einen anderen Hund anfällt und dieser daraufhin seinen Führer verletzt (Bay VRS **57** 407). Entsteht der Schaden nicht durch den VVorgang (Umkippen), sondern erst beim späteren Wiederaufrichten des Fz, so beruht er nicht unmittelbar (Rn. 24) auf dem VUnfall, sondern auf neuer Ursache (aM Ha VRS **18** 113).

Gewollte Unfälle fallen aus dem Tatbestand *nur* gänzlich heraus, wenn *alle* Beteiligten sie **26** gewollt haben, weil dann der Unfall nur vorgetäuscht ist und kein schutzwürdiges privates Aufklärungsinteresse besteht (st. Rspr.; vgl. BGHSt **24** 382). Ist das Ereignis hingegen von einem Beteiligten ungewollt, so bleibt dessen Beweisinteresse grds. schutzbedürftig, so dass der Normzweck zutrifft; der Terminus „Unfall" steht dem nicht entgegen (BGHSt **24** 382; BGH NJW **03** 1613; VRS **108** 427, **63** 39, Ko VRS **56** 342, Kö VRS **44** 20, Ha NJW **82** 2456, Bay DAR **85** 326, VRS **71** 277, NZV **92** 326, *Geppert* GA **70** 1, *Schnabl* NZV **05** 284, *Berz* JuS **73**, 558, aM *Roxin* NJW **69** 2038, *Dünnebier* GA **57** 42, *Hartmann-Hilter* NZV **95** 340, *Sternberg-Lieben* JR **02** 388). *Weitere Voraussetzung ist nach der Rspr. allerdings,* dass ein **verkehrsspezifischer Zusammenhang** besteht, sich also in dem „Unfall" die typischen Gefahren des StrV verwirklicht haben, woran es fehlt, wenn der Täter nicht auch einen Fortbewegungszweck verfolgt (BGHSt **24** 382, 384) bzw. das Verhalten „nach seinem äußeren Erscheinungsbild keine Auswirkung des allgemeinen Verkehrsrisikos, sondern einer deliktischen Planung ist" (BGH NJW **02** 626; Ha NJW **82** 2456). Die Differenzierungen werfen ähnliche Schwierigkeiten auf wie die Formeln zur „verkehrsspezifischen Gefahr" (§ 315b Rn. 26) und zur Abgrenzung des verkehrsfeindlichen Inneneingriffs im Rahmen des § 315b (dort Rn. 10) und werden in der Praxis unterschiedlich gehandhabt. *Verkehrstypisches* Verhalten wurde durch den BGH (wegen bestehenden Fortbewegungszwecks) angenommen beim Rammen eines (Pol-)Fz auf der Flucht (BGHSt **24** 382), durch BGH NJW **03** 1613 jedoch auch bei Rammen eines Kfz (durch ein PolFz mit dem Ziel der Festnahme) ohne Fortbewegungszweck (krit LK-StGB¹²/*Geppert* Rn. 26a mwN; *E. Müller/Kraus* NZV **03** 560) sowie beim Abschütteln einer sich am Fz festhaltenden Person durch ruckartiges Beschleunigen (BGH VRS **56** 144; 189; aM, ohne zureichende Begründung, Jn NZV **08** 366). Desgleichen wurde es bejaht bei bewusstem Anfahren von Straßenbegrenzungspfosten aus verkehrsfremden Zwecken (Frustration) während einer unterbrochenen Fahrt (Bay DAR **85** 326; aM LK-StGB¹²/*Geppert* Rn. 26a) oder mutwilliger Beschädigung eines Fz durch Fußgänger nach gegenseitiger Behinderung infolge gleichzeitiger Fahrbahnbenutzung (Bay VRS **71** 277; aM *Janiszewski* NStZ **86** 540, *Hentschel* JR **87** 247). **Kein Verkehrsunfall** wegen *verkehrsatypischem Verhaltens* wurde angenommen bei Beschädigung parkender Kfz durch mitgeschleifte Mülltonnen (BGH NJW **02** 626; *Sternberg-Lieben* JR **02** 386), beim Werfen von Flaschen aus fahrendem Fz (Ha NJW **82** 2456) und beim Einsatz des Kfz zur Sachbeschädigung nach unterbrochener Fahrt (LG Fra NStZ **81** 303; offengelassen von Ko VRS **56** 342; dazu *Hentschel* JR **87** 247). Auch im Hinblick auf die Rspr. zum verkehrsfeindlichen Inneneingriff (§ 315b Rn. 10) erscheint nicht ausgeschlossen, dass diese künftig auf eine im Schrifttum vertretene Auffassung (zB Schönke/Schröder/*Sternberg-Lieben* Rn. 18/19, *Roxin* NJW **69** 2038, i. Erg. auch *E. Müller/Kraus* NZV **03** 560) übergeht, wonach es am erforderlichen Zusammenhang fehlt, sofern der Unfall von einem der Beteiligten *absichtlich oder mit direktem Vorsatz* verursacht wird, weil sich in solchen Fällen das allgemeine Lebensrisiko und nicht eine Verkehrsgefahr verwirkliche (Bedenken gegen einen solchen Ansatz ua bei Bay VRS **71** 277).

Fremder Körper- oder Sachschaden nicht nur ganz belangloser (Rn. 28) Art muss ent- **27** standen sein. Verhältnismäßig geringfügiger Schaden genügt; denn die Neufassung will den Zwang zur Rücksicht nicht aufweichen und nicht zu Ausreden mit der Folge von Tatbestandsirrtümern ermutigen. Abzustellen ist auf eine im Zeitpunkt des Unfalls unter Berücksichtigung gewöhnlicher Umstände sich ergebende objektive Beurteilung (KG VRS **63** 349), auch wenn der Täter oder der Geschädigte den Schaden später aus persönlichen Gründen mit geringerem Aufwand beseitigen könnte (Dü VM **66** 21, VRS **70** 349, Ha VRS **61** 430, krit *Freund* GA **87** 542, im Einzelnen Rn. 28). Dass der für die Bejahung des Merkmals „Unfall" im Zeitpunkt dieses Ereignisses notwendige Schaden (andernfalls von vornherein keine Wartepflicht) nicht etwa entfallen sein darf, wenn der Unfallbeteiligte sich entfernt (*Freund* GA **87** 539), folgt ohne Weiteres daraus, dass ohne *fortbestehenden* Schaden das Feststellungsinteresse wegfällt (*Hentschel* NJW **87** 999, s. auch Rn. 62). (Auch) Das Überfahren eines Leichnams ist VUnfall nur, wenn ein *Schaden* bejaht werden kann, woran es meist fehlen wird (abw AG Rosenheim NStZ **03** 318 und *Kretschmer* NZV **04** 499).

28   **Gänzlich belanglos** ist der Schaden, wenn üblicherweise nicht mit Schadensersatzansprüchen gerechnet werden muss (Kar VM **78** 20, Ha VRS **59** 258, KG VRS **61** 206, **63** 349, krit *Loos* DAR **83** 210), nach gegenwärtigem objektiven Eindruck (Ko VRS **48** 337, Dü VRS **30** 446) etwa, wenn der Geschädigte den Schaden vernünftigerweise nicht beseitigen wird, eine nennenswerte Wertminderung nicht eingetreten ist und auch die Verkehrstüchtigkeit des Fz nicht beeinträchtigt wird. Beispiele sind Kratzspuren, die entweder ganz leicht sind und nicht ins Auge fallen oder die zwar stärker, jedoch wegen des schlechten Erhaltungszustands des Fz (zB Vorbeschädigungen sowie mögliche weitere Beule an äußerlich stark abgenutztem BauFz, Stu NJW **58** 1647) bedeutungslos sind (Nü DAR **07** 530, Bay NJW **60** 832). Die Vermögenslage des Geschädigten ist irrelevant (Kar NJW **60** 688, 1263). Belanglos ist auch abgeschliffene Rinde an Straßenbaum (LG Magdeburg ZfS **20** 389) sowie uU für Leitplankenschäden (Ce ZfS **19** 393 (je zu E 1.3. AKB)). Der Begriff ist eng zu verstehen. Schaden durch Zeitverlust im Zusammenhang mit dem Unfall bleibt außer Betracht (KG VRS **63** 349). **Der Schwellenwert** dürfte derzeit **bei 50 €** anzusetzen sein (Nü DAR **07** 530; s. aber Bay DAR **79** 237 (50 DM), OVG Münster DAR **05** 708, abw Schönke/Schröder/*Sternberg-Lieben* Rn. 9, *Himmelreich* DAR **07** 669 (150 €); ältere Rspr: 39. Aufl.). Bei **Verletzungen** können geringe Hautabschürfungen (Ha DAR **58** 308), blaue Flecken (Kö VRS **44** 97 (nicht, falls ärztliche Untersuchung notwendig)), Hautrötung aufgrund Einwirkung des Sicherheitsgurts (Kar VRS **108** 427 (zu § 229), Stu VRS **18** 117) belanglos sein. Bei anscheinender Bedeutungslosigkeit ist Tatbestandsirrtum möglich (Rn. 62).

29   **3. Der Unfallbeteiligte** (V). Den Begriff hat die heutige Fassung nur sprachlich vereinfacht (Begr), nicht geändert (KG VRS **50** 39; krit *Engelstädter,* Der Begriff des Unfallbeteiligten … (1997), wonach V verfassungswidrig sein soll). Unfallbeteiligter ist, wer beim Unfall als VT oder sonst auf den V Einwirkender (auch ohne tatsächlichen Kausalbeitrag; Stu VRS **105** 294) anwesend ist, sofern wenigstens der Verdacht einer Mitursächlichkeit für den Unfall in Frage kommt, grundsätzlich ohne Rücksicht auf Verkehrswidrigkeit seines Verhaltens (Stu VRS **105** 294, Kar VRS **74** 432; insoweit abw *Arloth* GA **85** 503) oder Verschulden (s. unten), bei räumlicher Unfallbeziehung, also jeder Fußgänger (Stu VRS **18** 117, Ko MDR **93** 366 (Unfall mit Einkaufswagen auf öffentlich zugänglichem Parkplatz)), Radfahrer (BGH VRS **24** 34, Bay VRS **21** 266), Kf, Fuhrwerkslenker, beteiligte Bei- oder Mitfahrer, Reiter, StraBaFahrer, beteiligte Fahrgäste (BGH VRS **6** 33), der Fahrlehrer oder Fahrlehreranwärter auf Übungsfahrt (vgl. Dr StraFo **08** 218), der Halter, Vorgesetzte des Kf oder Beifahrer (Kö NZV **92** 80), der dessen Fahrweise unmittelbar beeinflusst oder rechtlich gebotenes Eingreifen unterlässt (E 87 ff.; BGH VRS **24** 34, Bay VRS **12** 115), zB bei einem schwierigen, gefahrträchtigen Manöver (Kar VRS **53** 426), derjenige, der zu der den Unfall herbeiführenden Tat nach § 315b Beihilfe geleistet hat (BGH VRS **59** 185). Der Beteiligte muss verständigerweise in dem nicht offensichtlich abwegigen **Verdacht der Unfallmitverursachung** stehen (BGH NJW **60** 2060, Bay DAR **00** 79, Stu VRS **105** 294, Kö NZV **99** 173, Kar VRS **53** 426), sonst ist er auch als Anwesender nicht beteiligt, auch nicht, wenn er das Fz kurz zuvor dem Unfallverursacher überlassen hat (Fra NJW **83** 2038). Da es auf den Verdacht ex ante ankommt, schließt die spätere Entkräftung dieses Verdachts eine Bestrafung nach § 142 nicht aus (Bay DAR **00** 79, **88** 364; aM hier bis 41. Aufl.). Offensichtlich falsche Vermutungen oder Beschuldigungen durch Hinzukommende begründen keine Beteiligungsmöglichkeit (Kö VRS **45** 352). Dass die Ursachensetzung unbeeinflussbar war (zB technisches Versagen), ist unerheblich (Kar VRS **74** 432). Die **Haltereigenschaft** als solche macht den Beifahrer nicht zum Unfallbeteiligten (Bay DAR **73** 204, **75** 204, **76** 174, **82** 249, **88** 364, Kö NZV **92** 80, VRS **86** 279, Zw VRS **82** 114, Fra NZV **97** 125, aM uU Bay DAR **00** 79, Hb VM **78** 68). Anders, wenn er mit einigem Grund verdächtig ist, als Fahrer oder sonstwie auf den V eingewirkt zu haben. Nach der Rspr. reicht hierzu schon eine bloß mittelbare Verursachung

aus, etwa Überlassen des Fz an eine nicht geeignete Person (Bay VRS **12** 115, DAR **76** 174, **82** 249, **88** 364, **91** 365, Stu VRS **72** 186, Kö VRS **86** 279, Fra NZV **97** 125). Das ist zw, weil die Wartepflicht solcher Personen, deren Verursachungsbeitrag vor der den eigentlichen Unfall unmittelbar auslösenden Ursache liegt, dann allein auf ihrer zufälligen Anwesenheit beruhen würde und weil nach Sinn und Zweck des § 142 die Anwesenheit der Aufklärung des eigentlichen Unfallgeschehens dient (Schönke/Schröder/*Sternberg-Lieben* Rn. 21, *Magdowski S.* 99, *Arloth* GA **85** 500, *Geppert* BA **91** 34). Nach einem Teil der Rspr. begründet allein die abstrakte Möglichkeit, dass der **als Beifahrer mitfahrende Ehegatte und Halter** die Fahrweise beeinflusst *haben kann*, die Eigenschaft als Unfallbeteiligter (BGHSt **15** 1 = NJW **60** 2060, Ce VRS **30** 189). Freilich wäre dann jeder FzInsasse Unfallbeteiligter (Schönke/Schröder/*Sternberg-Lieben* 21, *Magdowski S.* 102, *Loos* DAR **83** 210, *Arloth* GA **85** 498, s. auch Zw VRS **75** 292, **82** 114, Kö VRS **86** 279). Ähnliche Bedenken gelten für die Überlegung, allein der Umstand, dass der Beifahrer der Halter und Ehegatte des FzF sei, könne ihn dem Verdacht aussetzen, das Fz selbst geführt zu haben (BGHSt **15** 1 = NJW **60** 2060, Ce VRS **30** 189, s. auch *Tepperwien* Nehm-F S. 427, 432). Dieselben Maßstäbe werden an die Begleitperson beim begleiteten Fahren ab 17 anzulegen sein (s. aber *Tölksdorf* Nehm-F S. 437, 442, der die Begleitperson in Übereinstimmung mit der sehr weiten Rspr. idR als Unfallbeteiligte ansieht; hiergegen LK-StGB[12]/*Geppert* Rn. 42). Entgegen der Rspr. werden nach V *konkrete* Anhaltspunkte zu fordern sein, die die Möglichkeit eines *unmittelbar* den Unfall beeinflussenden Verhaltens nahe legen (Zw VRS **75** 292, **82** 114, *Arloth* GA **85** 498). Wer als angetrunkener Ehemann im Kfz der Ehefrau mitfährt, ist nur dann in diesem Sinne konkret verdächtig, zum Unfall beigetragen zu haben, wenn der von dieser verursachte Unfall Merkmale alkoholbedingter Beeinflussung aufweist (Dü VM **76** 23, Kö NZV **89** 78 mAnm *Schild; Arloth* GA **85** 499). Der bloße Umstand, dass von **zwei FzInsassen** jeder in gleicher Weise als FzF in Frage kommt, genügt nicht, um beide als Unfallbeteiligte anzusehen (Zw VRS **75** 292, Kö VRS **86** 279, Fra NZV **97** 125, *Janiszewski* 492a, aM Bay NZV **93** 35). Überlassen des Fz an eine Person ohne FE reicht allein nicht (Stu VRS **72** 186). Stets setzt i Ü die Bestrafung des Beifahrers die Feststellung im Urteil voraus, dass er die Möglichkeit hatte, den Fahrer zum Anhalten zu bewegen (Dü VRS **65** 364, *Mikla* S. 63, 75). Wer im Unfallzeitpunkt nicht **am Unfallort anwesend** ist, kann weder Täter nach I noch nach II sein (Bay VRS **72** 72, NJW **90** 335, Jn DAR **04** 599, Stu NZV **92** 327 (krit *Berz* NStZ **92** 591), Kö VRS **76** 354, LG Ma ZfS **98** 352, *Geppert* BA **91** 35, *Engelstädter S.* 121, abw *Kreissl* NJW **90** 3134, dessen Auffassung jedoch zu dem Ergebnis führen müsste, dass nahezu jeder FzF, der sich in unmittelbare Nähe eines Fz mit (älterem) Unfallschaden begibt, wartepflichtig wäre). Auf **Schuld** des Beteiligten kommt es nicht an (BGH VRS **16** 118, Kö NZV **92** 80, Dü NZV **93** 157, *Arloth* GA **85** 500), nur darauf, ob ein Verhalten nach allen Umständen unmittelbar zur Unfallverursachung beigetragen haben kann (V; KG VRS **50** 39, Dü VM **76** 23, NZV **93** 157). **Verursachung** hier nicht iS der Bedingungstheorie, weil Ortsanwesenheit nötig ist. Beteiligt ist nicht in jedem Fall schon jeder nur entfernt mittelbare Mitverursacher, denn das würde die Strafbarkeit uferlos ausdehnen. Bei nur **mittelbarer Mitverursachung** muss (anders als bei direkter Beteiligung) verkehrswidriges Verhalten oder eine über die normale VTeilnahme hinausgehende Einwirkung hinzukommen (Stu VRS **105** 294, Kar VRS **74** 432 (Verlieren von FzTeilen), Ko VRS **74** 435, Hb NZV **18** 33 mAnm *Preuß* (nicht den fließenden V beeinträchtigender Parkverstoß); *Himmelreich/Brücken/Krumm* Rn. 160, *Arloth* GA **85** 502, *Geppert* BA **91** 34 f.; aM SSW/*Ernemann* Rn. 16).

Nicht Unfallbeteiligter ist hiernach der verkehrsrichtig wartende Linksabbieger an der späteren Kollision unachtsamer Hintermänner (Bay VM **72** 2, Stu VRS **105** 294, *Arloth* GA **85** 502 f.), der VT, dessen Anwesenheit beim Unfall allenfalls eine nur unerhebliche mittelbare, keinerlei zivilrechtliche Haftung begründende Mitursächlichkeit darstellt (Unfallzeuge; Ko VRS **74** 435), der beim Unfall abwesende Halter, der den fahrunsicheren Fahrer eingesetzt hat und erst nach dem Unfall hinzukommt, der Mechaniker nach unsachgemäßer Reparatur, auch nicht der in einer Parklücke bereits (wenngleich verbotswidrig auf dem Gehweg) stehende FzF, auf dessen Kfz der Geschädigte beim Rückwärtsparken auffährt (Hb NZV **18** 33 mAnm *Preuß*). **30**

Geschädigt muss der andere Beteiligte nicht notwendig sein (etwa bei Abwehrinteresse, Rn. 46). Kein Unfall bei bloßer Behinderung oder Belästigung. **31**

4. Die Beweissicherung ermöglichen (= möglich machen, Stu VRS **52** 181) muss jeder Beteiligte dadurch, dass er, außer in den Fällen von II, **am Unfallort bleibt** und seine (mögliche) Beteiligung den feststellungsbefugten Personen, vor allem den anderen Beteiligten (Kö VM **70** 96), offenbart (I). Unfallort: Rn. 55. I verlangt nur Dulden der Unfallaufklärung, kein **32**

eigenes aufklärendes Handeln (Rn. 33). Verboten ist vorzeitiges räumliches Sichentfernen ohne Rücksicht auf jederzeitige Erreichbarkeit vor Erfüllung der Pflichten nach I Nr. 1, 2 (Kö VRS **48** 89, Ko VRS **49** 259) gegen den Willen anderer Beteiligter (Ha VRS **44** 272), so dass die erforderlichen Feststellungen erschwert oder vereitelt werden können (Hb VM **73** 68, Kar NJW **60** 195), auch wenn der Täter erst verfolgt und zurückgeholt werden muss (BGH NJW **63** 307, KG VRS **43** 176, Bay VRS **21** 266), also nicht beim bloßen Weiterfahren um 100 m, um nur gefahrlos zu wenden und sofort zurückzukehren (Bay NJW **73** 1657). Wer nach geringfügigem Schaden und VBehinderung nur beiseite fährt (§ 34 StVO), begeht kein unerlaubtes Entfernen vom Unfallort (Ha DAR **78** 140). Festnahme und Verbringen zur Wache sind kein willentliches Sichentfernen (Ha VRS **56** 340; zur Anwendung von II in solchen Fällen Rn. 50).

33   **Ermöglichen (Vorstellungspflicht)** bedeutet nach I Anwesendbleiben und die Angabe, auch ohne Befragtwerden, uU also als erster Unfallhinweis, unfallbeteiligt zu sein, dh möglicherweise beteiligt zu sein, weil Einzelheiten erst zu ermitteln sind, und wohl auch, **in welcher Rolle** (zw, Rn. 35), ohne Ausnutzung fremden Irrtums, soweit die Vorstellungspflicht reicht. I Ü genügt die Angabe, am Unfall beteiligt gewesen zu sein; Angaben zur Art der Beteiligung sind nach I Nr. 1 nicht erforderlich (Kar MDR **80** 160). Die Vorstellungspflicht wirkt den Fällen bloßen unentdeckten Wartens entgegen. Ihr ist unverzüglich nach Eintreffen Berechtigter oder Geschädigter bzw. sofort nach Unfall zu genügen. Der Beteiligte darf auf Befragen sein Beteiligtsein nicht leugnen (passive Feststellungspflicht; Fra VRS **49** 260, KG VRS **67** 263). Wer als Beteiligter an der Unfallstelle Angaben macht, die gegen seine Beteiligung sprechen (angeblicher Beifahrer), stellt sich nicht als beteiligt vor (Rn. 35). Bloßes unbeteiligt wirkendes Herumstehen erfüllt den Tatbestand, andererseits ist **aktive Mitwirkung** bei den Feststellungen oder Selbstbezichtigung nicht geboten (Stu VRS **73** 191, Bay NZV **93** 35, Sa ZfS **01** 518). Zum Sichentfernen **als Letzter** ohne Erfüllung der Vorstellungspflicht Rn. 55, zu Täuschungshandlungen Rn. 37.

34   **Seine Person** festzustellen muss jeder Beteiligte ermöglichen, bevor er sich entfernt. Er muss Namen und Anschrift nennen und sich auf Verlangen ausweisen (Ha NStZ **85** 257, Stu NJW **81** 878 (879), Kö NZV **89** 197, *Jagusch* NJW **76** 504, aM Bay NJW **84** 1365, Nü DAR **07** 530, *Küper* JZ **88** 473, GA **94** 60). Der Formulierung in I Nr. 1 „durch seine Anwesenheit und durch die Angabe, dass er an dem Unfall beteiligt ist" kann nicht entnommen werden, dass der Unfallbeteiligte sich ohne Angaben zur Person entfernen dürfte. Sie macht lediglich deutlich, dass zB das Hinterlassen eines Zettels ebenso wenig genügt wie Anwesenheit ohne Vorstellung; denn ohne Mitteilung der Personalien ist die in I Nr. 1 verlangte Feststellung der Person gerade nicht *ermöglicht*. Übergabe einer Geschäftskarte kann genügen (Dr StraFo **08** 218 (Visitenkarte, Vormerkzettel einer Fahrschule)), Hinweis auf das FzKennzeichen allein nicht (Schl VM **55** 26), auch nicht nach Angabe des Familiennamens (Dü VRS **68** 449) oder Angabe der Taxinummer verbunden mit der Aufforderung, sich mit dem Taxiunternehmer wegen der Schadensregulierung in Verbindung zu setzen (Nü DAR **07** 530). *Weigert sich der Unfallbeteiligte,* seinen Namen zu nennen und sich auszuweisen, so muss er die Feststellung seiner Person jedenfalls auf andere Weise – etwa durch die Pol – ermöglichen, bevor er sich entfernt (Stu NJW **82** 2266, abw LG Leipzig VRS **86** 341 (Verweigerung der Personalien durch Strabaf unter Aushändigung eines „Merkblatts")). Denn jedenfalls muss er nach 1 Nr. 1 die *Feststellung seiner Person ermöglichen* (jedenfalls i Erg. auch *Küper* JZ **88** 478). Unrichtige Angaben führen nicht zu einer Beendigung der Anwesenheitspflicht, sind also tatbestandsmäßig (KG VRS **10** 453, Stu NJW **82** 2266), weil sich der Unfallbeteiligte entfernt, bevor er die Feststellungen gem. 1 Nr. 1 ermöglicht hat (aM *Küper* JZ **90** 510, 518f., diff Bay NJW **84** 1365). Die Kenntnis der Person des Beteiligten genügt nicht, es kommt auch auf seinen körperlichen Zustand, das Zustandekommen des Unfalls und uU auf den Besitz der FE an (Ko DAR **77** 76, VRS **71** 187).

35   **Das unfallbeteiligte Fahrzeug** muss festgestellt werden können. Dazu gehört, dass sich ein Kf als solcher vorstellt, bei mehreren Insassen als Fahrer (zw, *Berz* DAR **75** 311, *Janiszewski* DAR **75** 173, **aM** Bay NZV **93** 35), nicht zB als vermeintlicher Fußgänger oder Beifahrer (Kar MDR **80** 160, Fra NJW **77** 1833), dass er die FzPapiere vorzeigt, das benutzte Fz in Unfallstellung belässt und sichert, bei unbedeutenden Unfallfolgen beiseite stellt (Ha DAR **78** 140), es nicht auszuwechseln versucht (Rn. 37; BGH VRS **5** 200), die Feststellung des Kennzeichens, des Betriebszustands des Fz und etwaiger Unfallspuren an diesem ermöglicht, auch wenn die Art der Unfallbeteiligung sonst klar ist (BGHSt **16** 139). Unter Fz sind ausschließlich Fz iS der StVO zu verstehen, also nicht auch andere Transportmittel (Einkaufswagen) oder Fortbewegungsmittel nach § 24 StVO (zB Stu VRS **47** 15, aM *Berz* DAR **75** 315).

36   **Die Art der Unfallbeteiligung,** den Unfallhergang festzustellen, muss der Beteiligte ermöglichen, ohne daran mitwirken (Rn. 33) oder über den Umfang der Vorstellungspflicht hinaus

(Rn. 33, 35) Hinweise geben zu müssen (*Jagusch* NJW **76** 504). Die Art der Unfallbeteiligung ist festgestellt, wenn die rechtserheblichen *Tatsachen* des Verursachungsbeitrags geklärt sind; dazu gehören nicht die sich daraus ergebenden rechtlichen Folgen (Schuld, Ersatzpflicht; Fra VRS **64** 19). Zur Art der Unfallbeteiligung gehört, soweit haftungsrelevant, auch etwaiger Alkoholeinfluss; in derartigen Fällen darf sich der Unfallbeteiligte nicht entfernen, um einer **Blutprobe** zu entgehen (BGH VRS **4** 48, Bay DAR **88** 365, Sa ZfS **01** 518, Kö NZV **99** 173, Ha VRS **68** 111; aM Zw NJW **89** 2765 (weil diese nicht Anwesenheit *am Unfallort* voraussetze; wenig plausibel, weil auch die übrigen Feststellungen, wie II zeigt, überwiegend unbeschadet der Wartepflicht außerhalb des Unfallorts getroffen werden können); *Weigend* NZV **90** 79 (weil zivilprozessual nicht durchsetzbar)). Ist eventuelle alkoholische Beeinträchtigung allerdings für die zivilrechtliche Haftung ohne jede Bedeutung, etwa bei Haftung nach StVG, ohne dass Mithaftung des Geschädigten in Betracht kommen könnte (Mitverschulden, BG des beschädigten Kfz, § 254 I BGB, § 17 StVG), so trifft den Unfallbeteiligten insoweit keine Feststellungspflicht nach § 142 (Bay VRS **65** 136 (Beschädigung eines ordnungsgemäß parkenden Fz und eines Gartenzauns), zust *Janiszewski* NStZ **83** 546; Zw DAR **91** 431 (Beschädigung des StrKörpers durch Umstürzen), Ko NZV **96** 324, Kö NZV **99** 173, dazu *Hauser* BA **89** 241, *Zopfs* DRiZ **94** 90). Wird dem Unfallbeteiligten nach Erfüllung der Pflichten aus I vom Feststellungsberechtigten und von der Pol Entfernung gestattet, so kann er nicht deswegen bestraft werden, weil die Pol die Klärung etwaigen Alkoholeinflusses versäumt hat (Sa ZfS **01** 518).

Kein Ermöglichen ausreichender Feststellungen liegt hiernach vor, wenn ein Beteiligter den 37 Hergang, soweit Feststellungen nach I in Betracht kommen können, **verwischt, verdunkelt oder darüber täuscht** (*Jagusch* NJW **76** 504, aM *Berz* DAR **75** 310, *Küper* GA **94** 59). § 142 erlaubt ihm, abgesehen von der Vorstellungspflicht, ein Passivbleiben, keine aktive Verdunkelung, weil die notwendigen Feststellungen dadurch vereitelt anstatt ermöglicht werden (*Volk* DAR **82** 83). Verstoß gegen I daher, wenn der Täter andere Beteiligte über seine Person täuscht und sich danach vom Unfallort entfernt (Kö VRS **48** 89, Fra VRS **49** 260, Stu NJW **82** 2266 (dazu Rn. 34, 39)), über seine Eigenschaft als beteiligter Fahrer (Fra NJW **77** 1833, Ha VRS **68** 111 (anders bei erfolglosem Täuschungsversuch)), wer zwar die Pol herbeiruft, sie aber über sein Beteiligtsein täuscht (Ha VRS **38** 269, **18** 198, Fra NJW **77** 1833), wer falsche Angaben über Personalien (aM Bay NJW **84** 1365), Kennzeichen oder Beobachtungen macht, gefundene oder gestohlene Papiere benutzt, Ausweispapiere verheimlicht oder vernichtet, Spuren verwischt. Für den Fall der Pflicht, die erforderlichen Feststellungen nachträglich zu ermöglichen, untersagt III S. 2 absichtliches Vereiteln ausdrücklich (Stu VM **76** 84). Daraus dürfte nicht zu schließen sein, dass im Rahmen von I vorsätzliches aktives Verdunkeln erlaubt sein könnte.

4a. Am Unfallort warten muss jeder Beteiligte, wenn nicht sofort ausreichende Feststellun- 38 gen getroffen werden können, entweder, weil kein Feststellungsberechtigter da ist oder weil erst andere Personen oder die Pol (Rn. 47) sachkundige Feststellungen treffen können (Kö NZV **02** 278, VM **64** 14). **Sichentfernen** bereits, wenn ein Beteiligter ohne zwingenden Grund den Unfallbereich verlässt, in dem feststellungsbereite Personen ihn vermuten und befragen würden (Weiterfahren zum gegenüberliegenden Privatparkplatz, Rn. 55). Zu Fällen späterer Kenntniserlangung vom Unfall Rn. 50, 55. Unter den Voraussetzungen des § 34 I S. 2 StVO (geringfügiger Schaden) kann allerdings selbst ein Weiterfahren bis zu einer vom eigentlichen Unfallort 100 m entfernten, von diesem aus nicht einsehbaren Stelle gerechtfertigt und nach § 34 StVO geboten sein (Kö VRS **60** 434). Wer als Beteiligter nach dem Unfall ein nahegelegenes Lokal aufsucht, wo niemand ihn vermutet, ist nicht mehr ohne Weiteres erreichbar und als Beteiligter feststellbar (Ko VRS **49** 259). IdR wird die Wartepflicht durch Ortsveränderung verletzt, jedoch genügt auch Sichverbergen. Die Pflichten nach II verkürzen die Wartepflicht nicht, denn sie treten nur bei berechtigtem Sichentfernen oder ausreichendem Warten ein (aM *Berz* DAR **75** 312, *Dornseifer* JZ **80** 299). Ist mit dem Eintreffen der Pol nach allen Umständen bald zu rechnen, so besteht so lange Wartepflicht (Kö NZV **02** 278, Schl DAR **78** 50, Ko VRS **71** 187; LG Sa NZV **18** 436). Bereits die Möglichkeit nicht gänzlich belanglosen Schadens (Rn. 27, 28) macht wartepflichtig (Dü VM **74** 46). Ob der Wartepflichtige annehmen darf, es werde „alsbald" zu Feststellungen kommen, ist nach I Nr. 2 unerheblich. Angemessene Zeit muss er stets warten, es sei denn, die Nutzlosigkeit stünde aus tatsächlichen Gründen von vornherein fest (Ha VRS **54** 117) oder zeigte sich alsbald, was idR nicht zutreffen wird, oder der Beteiligte dürfte mit Grund annehmen, der Feststellungsberechtigte lege auf sofortige Feststellungen keinen Wert (Rn. 45). **Feststellungsbereitschaft Dritter** (Rn. 46) mag idR nur bei augenfälligen Unfällen anzunehmen sein, bei Blechschäden nur bei leichter Erkennbarkeit oder Tatzeugen (Rn. 46; Hb VRS **32** 359).

Ein Feststellungsinteresse unbeteiligter Dritter besteht iÜ bei geringen Schäden regelmäßig nicht (Stu NJW **81** 1107, VRS **73** 191). Wer alle fremden Schäden bei unzweifelhaftem Personalnachweis **schriftlich anerkennt,** also ausreichenden Beweis liefert, hat auch auf Verlangen keine Wartepflicht, weil kein Beweisinteresse mehr zu schützen ist (Rn. 20, s. aber Rn. 47). Hat ein Beteiligter seinen **Feststellungspflichten** nach I S. 1 **vollständig genügt,** so braucht er nunmehr verlangte polizeiliche Feststellungen nicht mehr abzuwarten und hat auch keine Pflichten gem. II (Hb VRS **56** 344, Bay DAR **79** 237, Kö VRS **64** 193, Fra VRS **64** 19, Zw NJW **89** 2765 (zust *Geppert* BA **91** 39), NZV **92** 371, LG Wuppertal DAR **80** 155). Es besteht dann keine weitere Wartepflicht, selbst nach erfolglosem Täuschungsversuch über die Unfallbeteiligung (Ha VRS **68** 111). Dies gilt auch, wenn zwar Alkoholeinfluss in Betracht kommt, dieser jedoch die zivilrechtliche Haftung in keiner Weise berührt (Rn. 36; Bay VRS **65** 136). Anders jedoch, wenn ein VT, der einen Unfall verschuldet hat, nur mündlich sein Verschulden am Unfall erklärt hat und daher die **Art seiner Beteiligung** am Unfall durch die bereits verständigte Pol geklärt werden soll (Bay VRS **60** 111). Wartepflicht auch, wenn Geschädigter verlangt, Pol abzuwarten, selber aber weggehen muss (zB bei Verletzung).

39   **Die Wartedauer** richtet sich nach allen Umständen (Bay NJW **87** 1712, Kö VRS **100** 302, Dü VM **94** 30, Zw NZV **91** 479, Stu NJW **81** 1107), nach Art und Schwere des Schadens, der VDichte, Tageszeit, Witterung (Kö VRS **100** 302, DAR **94** 204, *Geppert* BA **91** 37), danach, ob und voraussichtlich wann mit dem Erscheinen feststellungsbereiter Personen zu rechnen ist (Kö VRS **100** 302, Zw NZV **91** 479, Stu VRS **73** 191), sowie nach der Möglichkeit, den Geschädigten aufzufinden, uU auch nach dem Verhalten des Unfallbeteiligten (Rn. 40). Es kommt auf Interessenabwägung zwischen den Beteiligten an (Bay NJW **60** 832, Stu VRS **73** 191, Dü VM **72** 59, Ha DAR **73** 104, KG VRS **33** 275, Sa VRS **46** 187). **Eindeutige Haftung gem.** § 7 StVG rechtfertigt bei Zurücklassen des Fz kürzere Wartezeit (Stu VRS **73** 191, Zw NZV **91** 479). Die bloße Möglichkeit nach vergeblichem Warten, es könne noch eine PolStreife oder sonst jemand vorbeikommen, verlängert die Wartepflicht nicht (Ha NJW **77** 207). Bei ausreichendem Warten ist der Grund hierfür ohne rechtliche Bedeutung (Bay NJW **87** 1712, Kö VRS **100** 302, KG VRS **37** 192, *Hentschel* JR **88** 297). Die Wartepflicht endet mit dem einverständlichen Sichentfernen der Beteiligten zwecks gütlicher Einigung, auch wenn diese später scheitert (Hb NJW **79** 439). **Erschlichener Verzicht** auf weitere Feststellungen beendet die Wartepflicht nicht (Kö VRS **50** 345, Bay NJW **84** 1365, aM *Maier* JZ **75** 721, *Küper* JZ **90** 518 f.); die Erlaubnis des getäuschten Geschädigten, sich zu entfernen, entlastet nicht (Kö VRS **48** 89, Bay VRS **61** 120, Stu NJW **82** 2266, zw *Geppert* BA **91** 38, s. auch Rn. 34). Erscheinen feststellungsbereite Personen erst nach Ablauf der Wartepflicht, so bleibt der noch anwesende Unfallbeteiligte verpflichtet und verstößt gegen I Nr. 1, wenn er sich nunmehr entfernt; die Frage der Angemessenheit der Wartepflicht spielt nach I Nr. 2 nur eine Rolle, wenn niemand bereit ist, Feststellungen zu treffen (Stu NJW **82** 1769, *Hentschel* NJW **83** 1648, aM *Küper* NJW **81** 854, *Loos* DAR **83** 215: nur Pflichten nach II).

40   Auch das eigene **Verhalten des Unfallbeteiligten** kann Einfluss auf die Dauer der Wartepflicht haben; Handlungen, die den Zweck des Wartens fördern, können verkürzen (Kö VRS **100** 302, Lackner/Kühl/*Heger* Rn. 19, *Magdowski* S. 135), Verschleierungs- und Täuschungshandlungen uU verlängern (Bay NJW **87** 1712, Lackner/Kühl/*Heger* Rn. 19). So kann der Wartepflichtige zB die Wartezeit dadurch abkürzen, dass er den (die) Geschädigten sucht und seine Beteiligung offenbart (Rn. 32) oder die Pol verständigt (Nü VersR **66** 945, Fra NJW **67** 2073, Ha VRS **13** 137, Br VRS **43** 29), ohne diese zu täuschen (Rn. 37), bei eindeutiger Haftungslage uU auch telegrafisch (Zw NZV **91** 479). Arbeitet der Wartepflichtige dem Ziel des Wartens, später eintreffenden Personen Feststellungen zu ermöglichen, durch Täuschungs- und Verschleierungshandlungen aktiv entgegen, so kommt ihm die dabei verstrichene Zeit nicht zugute (BGH JR **58** 26 mAnm *Hartung,* Bay NJW **87** 1712 mAnm *Hentschel* JR **88** 297, Kö VRS **100** 302); bloßes Nichtfördern des Wartezwecks, zB Nichtinanspruchnahme angebotener Hilfe bei der Benachrichtigung feststellungsbereiter Personen, verlängert jedoch die Wartezeit nicht (*Hentschel* JR **88** 297, aM Bay NJW **87** 1712, *Himmelreich/Bücken/Krumm* Rn. 192 f., offengelassen von Kö VRS **100** 302, 306).

41   **Einzelheiten zur Wartedauer:** Die Anforderungen sind gegenüber § 142 aF im Hinblick auf die in II begründete Pflicht zur Ermöglichung nachträglicher Feststellungen milder geworden (Kö VRS **100** 305, Zw NZV **91** 479, Ha VRS **54** 117, **59** 258). **Rspr.** (überwiegend noch zur DM): In Stadtmitte reichen uU nachts gegen 3 Uhr bei deutlichem Unfall 45 Min nicht aus (Ha VRS **41** 28), erst recht sind nur 5 Min abends innerorts bei mäßigem Blechschaden zu kurz (Dü VM **66** 60), auch nicht 20 Min bei 500 DM Laternenschaden (Ko VRS **43** 423) oder

700 DM FzSchaden (Bay VRS **64** 119), desgleichen nicht 10 Min bei mäßigem Schaden auf dem Ruhrschnellweg (Ha VRS **54** 117). Andererseits erachtet Kö VRS **100** 302 bei innerörtlichem Unfall gegen Mittag mit 400 DM Fremdschaden uU 15 Min als ausreichend und können trotz ca 1000 DM Sachschaden nachts innerorts 20 Min ausreichen, wenn die Haftunglage eindeutig ist und das Fz zurückgelassen wird (Stu VRS **73** 191), ebenso bei mehr als 2000 DM Schaden auf nächtlicher BundesStr bei eindeutiger Haftungslage, Zurücklassen des Fz und telegrafischer Meldung bei der Pol eine knappe Stunde später (Zw NZV **91** 479). Bei vergleichsweise geringem Schaden (100 DM) reichen 30 Min Warten idR aus (Bay JZ **77** 191), ebenso 20 Min bei Zertrümmerung einer Schlussleuchte (Bay VRS **64** 119). Nur in Ausnahmefällen können nach Beschädigung eines parkenden Fz bei einem vom Wartepflichtigen auf 400 DM geschätzten Schaden 10 Min Wartezeit ausreichen, wenn danach keine konkreten Anhaltspunkte für das Eintreffen feststellungsbereiter Personen bestehen (unzureichende Kleidung bei – 5 C; Stu NJW **81** 1107). Bei verhältnismäßig geringfügiger Beschädigung (bis 600 DM) einer Autobahnbrücke innerorts, mittags können 30 Min ausreichen (Ha VRS **59** 258). Dü VM **94** 30 erachtet knapp 5 Min Wartezeit bei 312 DM Schaden an privatem Begrenzungspfosten tagsüber innerorts als ausreichend. Halbstündiges Warten bei nächtlicher Beschädigung einer Blinkanlage auf einer BundesStr (Schaden 1600 DM) genügt (Ol NRPfl **84** 264). Auch in später Nacht reichen bei 1500 DM Schaden 15 Warteminuten nicht aus (Ha VRS **49** 180). Bei 600 DM Schaden an belebter und bebauter Stelle sind 20 Min Warten zu kurz (Stu VRS **51** 431).

Rückkehrpflicht besteht nicht mehr (Stu NJW **77** 2275, NZV **92** 327, Bay NStZ **88** 119, **42** *Küper* GA **94** 61, einschr *Mikla* S. 218 ff.). Sie ist in den Fällen abgelaufener ausreichender Wartezeit und berechtigten oder entschuldigten Sichentfernens vom Unfallort durch die Pflicht ersetzt, die nötigen Feststellungen unverzüglich nachträglich zu ermöglichen (II, III). Hatte sich der Wartepflichtige unberechtigt entfernt, so dürfte er die Wartepflicht, soweit der Unfall noch nicht entdeckt worden ist oder ausreichende Feststellungen am Unfallort noch in Betracht kommen, durch Rückkehr und Verhalten gemäß I noch erfüllen können (*Cramer* 94, aM wohl Ce NRpfl **77** 169). Andernfalls ist die Tat vollendet und strafbefreiende tätige Reue (soweit nicht IV zutrifft) ausgeschlossen (BGH VRS **25** 115). Wer sich unentschuldigt verfrüht entfernt, außer zwecks sofortiger Suche nach dem Geschädigten, ist daher grundsätzlich nach I strafbar, auch wenn er die nötigen Feststellungen später unverzüglich ermöglicht (aber Milderungsgrund; Hb VM **78** 68).

Alle notwendigen und möglichen Feststellungen sind zu ermöglichen, nicht bloße Teil- **43** feststellungen, solange die Anwesenheit des Wartepflichtigen noch erforderlich ist; jedoch muss dieser nicht von sich aus auf Vervollständigung hinwirken, zB, wenn anderer Beteiligter oder Pol den Unfallort verlassen haben (Sa ZfS **01** 518, Kö VRS **6** 361). Ob dem Feststellungsinteresse aller Beteiligten (I S. 1) genügt ist (Ko VRS **71** 187), richtet sich nach objektiver Beurteilung (Stu NJW **78** 900). Einigung über die Schadenshöhe gehört nicht zur Feststellung der Art der Beteiligung (Hb VRS **56** 344). Erschlichener Verzicht auf weitere Feststellung: Rn. 39. Verlangt ein Beteiligter polizeiliche Feststellungen, so muss der Wartepflichtige diese eine angemessene Zeit abwarten (Rn. 41, 47). Wartepflicht auch, wenn zwar der Fahrer bekannt ist, nicht aber sein körperlicher Zustand und das Zustandekommen des Unfalls (Ko VRS **52** 273).

Im Hinblick auf II und die in I ausdrücklich statuierte Pflicht der Ermöglichung der Feststel- **44** lung durch *Anwesenheit* wird die Wartepflicht unter dem Aspekt der mutmaßlichen Einwilligung (Rn. 51) auch bei einfacher Sachlage und geringem Schaden durch **Hinterlassen der Anschrift** am Unfallort (dazu auch *Küper* JZ **81** 209) nicht völlig entfallen können (*Fischer* Rn. 37), sondern allenfalls verkürzt werden (Kö VM **83** 10, LG Zw VRS **93** 333, Lackner/Kühl/*Heger* Rn. 17, *Küper* JZ **81** 209, einschr Bay DAR **91** 366, *Hartmann-Hilter* NZV **92** 429). Die Pflicht zu unverzüglicher nachträglicher Ermöglichung der Feststellungen nach II (dazu Rn. 48) wird dadurch aber nicht berührt (Kö NZV **89** 357, aM Zw VRS **79** 299).

Vorstellungs- und Wartepflicht entfallen, wo offensichtlich kein Feststellungsinteresse **45** geltend gemacht wird (Dü NZV **92** 246; s. auch Rn. 51), zB, wenn sich **der einzige andere mögliche Beteiligte endgültig entfernt,** indem er trotz Kenntnis vom eigenen Schaden ohne anzuhalten wegfährt (Bay NJW **58** 511, VRS **71** 189, NZV **90** 397, Kö VRS **63** 349, einschr *Bernsmann* NZV **89** 51), uU auch, wenn er nach Aufnahme des FzKennzeichens des Unfallbeteiligten durch Verlassen der Unfallstelle schlüssig zu erkennen gibt, dass er auf sofortige weitere Feststellungen verzichtet (Ol NZV **95** 159), anders, wenn der Geschädigte zwar wegfährt, der Wartepflichtige sich jedoch nicht um dessen Reaktion gekümmert hat (Kö VM **63** 52), oder wenn sich der Geschädigte in Unkenntnis des Unfalls entfernt (Bay VRS **61** 31, **71** 189). Kein Verzicht des Geschädigten auf Feststellungen ist anzunehmen, wenn er sich zwar vor Eintreffen der Pol, aber nach dem anderen Unfallbeteiligten entfernt (Hb VM **62** 11). Keine Wartepflicht, wenn fremdem Feststellungsinteresse restlos genügt ist (Rn. 38). **Einigung der Beteiligten** macht Warten überflüssig (Kö VersR **72** 752, Bay NJW **58** 269), auch unbezweifelbares Schuldanerkenntnis (Rn. 38). Berechtigtes Sichentfernen nur bei Einverständnis aller Beteiligten, die Feststellungen anderswo oder gar nicht zu treffen (Br VRS **52** 423). Keine Wartepflicht, wenn alle **Beteiligten einander kennen** und der eine nur seine nahe Wohnung aufsucht (Kar GA **70** 311, s. auch Rn. 22, 51). Nur ausnahmsweise wird ein Beteiligter annehmen dürfen, der andere wünsche keine sofortigen Feststellungen, es sei denn, spätere Benachrichtigung genüge seinem Beweisinteresse (Ha VRS **37** 433), dies auch bei nahen verwandtschaftlichen, freundschaftlichen oder geschäftlichen Beziehungen (KG VRS **15** 343, Ha VRS **23** 105, Dü NZV **91** 77). Durch Täuschung erlangte Erlaubnis, sich zu entfernen: Rn. 39. Wirksam **verzichten** auf weitere Feststellungen kann nur, wer die Tragweite seines Verzichts überblicken kann (Bay NZV **92** 245). Das kann uU auch ein Minderjähriger sein (Bay ZfS **91** 320 (15-Jähriger), *Bernsmann* NZV **89** 53). IdR wird jedoch einem konkludenten Verzicht eines Minderjährigen keine Bedeutung zukommen (Dü NZV **91** 77). Ein 8-jähriges Kind kann nicht wirksam auf Feststellungen verzichten (Dü VM **77** 16, s. auch Ha VRS **23** 102). Begibt sich der Verletzte zu Fuß zum Krankenhaus, um einen Armbruch versorgen zu lassen, ohne jegliche Mitteilung an den Unfallbeteiligten, ob und auf welche Weise er Feststellungen am Unfallort wünscht, so kann Verzicht naheliegen (Kö VRS **63** 349).

46 **Feststellungsberechtigt** ist jeder Beteiligte, nicht nur der Geschädigte (Anspruchsabwehr), auch mit Hilfe sachkundiger, unbeteiligter Helfer. „Zugunsten der anderen Unfallbeteiligten und der Geschädigten" (I Nr. 1) kann auch jede **beliebige dritte Person** Feststellungen treffen (Zw DAR **82** 332 (krit *Bär* DAR **83** 215), DAR **91** 431, Kö VRS **64** 193, Ko NZV **96** 324, *Himmelreich/Bücken/Krumm* Rn. 181; s. aber Rn. 38), es sei denn, von ihnen wäre eine Information des Geschädigten nicht zu erwarten (Kö VRS **63** 352). Voraussetzung ist, dass der Dritte erkennbar den Willen hat, den Geschädigten in einer zur Durchsetzung etwaiger zivilrechtlicher Ansprüche ausreichenden Weise zu informieren (Bay VRS **64** 119, DAR **91** 366, Kö VRS **100** 302). Eingriffe Unerfahrener oder Übereifriger ohne Sachkunde braucht jedoch kein Beteiligter zu dulden, weil sie die Beweissicherung eher erschweren können (Ha VRS **14** 34 (Suche nach Diagrammscheibe)). Unbeteiligte können sich nicht auf § 127 StPO berufen, denn das viel engere Festnahmerecht gilt nur für das Betreffen auf frischer Tat (aM Kar VRS **22** 440).

47 Von **polizeilicher Feststellungsbefugnis** neben dem oder anstelle des Beteiligten im Interesse des Geschädigten geht III aus, obwohl diese, wo nur zivilrechtliche Beweissicherung in Frage steht, bestritten ist (*Rupp* JuS **67** 163, *Dvorak* JZ **81** 16, *Bernsmann* NZV **89** 198). Auch die Rspr. meint, dass jedenfalls bei erheblicheren Schäden nur die Pol sachkundige Feststellungen treffen könne (BGH Betr **70** 728, Kar NJW **73** 379, Dü VM **71** 12, Bay NZV **92** 245), wenn der Beteiligte oder Geschädigte es fordert (Kar NJW **73** 379, Ko VRS **71** 187, Zw NZV **92** 371). Dies gilt vor allem auch, wenn Feststellungen erforderlich sind, die ohne Pol nicht getroffen werden können wie etwa der Einfluss etwaigen Alkoholgenusses auf das Unfallgeschehen (*Geppert* BA **91** 39, aM Kö NJW **81** 2367, KG VRS **67** 258, *Dvorak* MDR **82** 804 (mangels zivilrechtlichen Anspruchs), *Schwab* MDR **84** 541 (mangels polizeilicher Eingriffsbefugnis; s. aber Rn. 36). Auf Verlangen des Geschädigten ist grundsätzlich auf den verständigte Pol zu warten (Kö NZV **89** 197, *Küper* NJW **81** 854, *Schwab* MDR **84** 540 f., *Janiszewski* NStZ **82** 239, *Küper* JZ **88** 476 Fn 18, *Weigend* NZV **90** 79; s. aber Rn. 38), nicht aber mehr dann, wenn der Feststellungsberechtigte entgegen seiner Ankündigung nicht die Pol ruft, sondern über geraume Zeit Fotos macht (Hb NZV **18** 33). Dies gilt nach hM auch bei Sachschäden unter 500 € (Kleinunfall), weil diese auch dann Feststellungen nicht ablehnen dürfe (Bay NJW **66** 558, Dü VM **71** 12, KG VRS **63** 46, aM *Rupp* JuS **67** 163). Drängt sich nach den Umständen das Interesse des Geschädigten an polizeilicher Unfallaufnahme auf, so ist die Pol uU auch ohne ausdrückliche Aufforderung abzuwarten (Ko VRS **71** 187, Bay NZV **92** 245). Verzögern sich polizeiliche Feststellungen nur, so ist dies angemessen lange abzuwarten (BGH Betr **70** 728, Schl DAR **78** 50). Ein **pauschales Schuldanerkenntnis** ersetzt polizeiliche Unfallfeststellungen idR nicht (Stu NJW **78** 900, Bay VRS **60** 111), zumal der Geschädigte zumeist nicht in der Lage sein wird zu beurteilen, ob und inwieweit derartige Erklärungen zur Durchsetzung seiner Ansprüche und zur Abwehr von Einwendungen (Mitschuld, Anrechnung der BG) geeignet sind (*Schwab* MDR **84** 540). Eine Verpflichtung, auf Verlangen des Geschädigten, diesen zur Pol zu begleiten, besteht nicht (Kö NZV **89** 197). Zum Ganzen *Ulsenheimer* JuS **72** 24. *Dvorak* MDR **82** 804.

48 **5. Unverzügliche Ermöglichung nachträglicher Feststellungen** ist nach II, III Rechtspflicht, wenn sich ein Beteiligter nach Ablauf der gebotenen Wartefrist (Rn. 39) oder berechtigt

oder entschuldigt (Rn. 50–52) vom Unfallort entfernt hat, bevor Feststellungen getroffen werden konnten, oder weil andere Beteiligte diese Möglichkeit nicht genutzt haben. Das Vergehen nach II ist echtes Unterlassungsdelikt (Bay DAR **90** 230). I und II schließen einander rechtlich aus (Ce MDR **78** 246). II betrifft nur die in Nr. 1, 2 geregelten Fälle, in denen der Tatbestand von I *nicht* erfüllt ist (Kö DAR **94** 204). Er greift bei vorzeitigem Verlassen des Unfallortes nicht ein, weil dann schon I Nr. 2 vollendet ist (Kö VRS **63** 352, s. aber Rn. 42). Nach II genügt jedes Verhalten, das den Berechtigten unverzüglich nachträgliche Feststellungen ermöglicht (Stu VM **76** 85). III enthält Mindestanforderungen (Begr) für den Fall, dass sich der Beteiligte wie dort vorgeschrieben verhält (Stu VM **76** 85), nur Beispielsfälle der Ermöglichung nachträglicher Feststellungen (BGHSt **29** 138, Stu VM **76** 85, Dü DAR **80** 124). Geboten ist nicht Selbstbezichtigung, sondern auch hier nur die Vorstellungspflicht (Rn. 33, 35), die Angabe von Anschrift und Aufenthalt, des FzKennzeichens, des gegenwärtigen FzStandorts (uU der Werkstatt) und das Bereithalten des Fz für zumutbare Zeit zwecks notwendiger Feststellungen, so dass auch der zuletzt benachrichtigte Berechtigte noch ausreichend Zeit für unverzügliche Feststellungen hat. Das Hinterlassen eines Zettels kann hierzu selbst dann nicht ausreichen, wenn dieser alle in III verlangten Angaben enthält (Kö NZV **89** 357; abw Zw VRS **79** 299, zust *Hartmann-Hilter* NZV **92** 429), weil es oft von Zufälligkeiten abhängt, ob solche Mitteilungen den Berechtigten überhaupt erreichen, wie der von Zw VRS **79** 299 entschiedene Fall zeigt, in dem die Angaben überdies unvollständig waren (*Hentschel* NJW **91** 1273). Zum Hinterlassen einer aufklebbaren Schadensmeldung *Zopfs* DRiZ **94** 93. Wer die geschilderten Anforderungen von III erfüllt, ohne durch sein Verhalten die notwendigen Feststellungen absichtlich zu vereiteln (Rn. 37), schließt Tatbestandserfüllung aus. Dabei wird in Kauf genommen, dass körperliche Feststellungen, zB solche zur BAK und Fahrsicherheit zur Unfallzeit, aus natürlichen Gründen ausfallen können. Zur Erfüllung der Pflichten aus II durch Dritte Rn. 53.

Ausreichendes Warten (I S. 2), ausgenommen bei berechtigtem oder entschuldigtem Si- **49** chentfernen, muss vorausgegangen sein, denn bei vorzeitigem Verlassen des Unfallorts greift I Nr. 2 ein. Um dem zivilrechtlichen Beweissicherungsbedürfnis zu genügen, müssen hier unverzüglich alle noch möglichen nachträglichen Feststellungen ermöglicht werden, ohne absichtliches Vereiteln (III). Wer dem nicht nachkommt, ist auch nach abgelaufener Wartezeit und vergeblicher Suche nach dem Geschädigten noch strafbar (II). Irrtum hierüber wäre Verbotsirrtum (Rn. 63; Stu VRS **52** 181).

Wer sich **berechtigt oder entschuldigt** vom Unfallort entfernt hat (II S. 2), war nicht warte- **50** pflichtig. Auch er muss mit dem Aufhören des berechtigenden oder entschuldigenden Sachverhalts (KG VRS **67** 263) unverzüglich und ohne Vereitelungshandlungen (III) die erforderlichen nachträglichen Feststellungen ermöglichen. Wer sich **nicht willentlich entfernt** oder unfreiwillig entfernt wird, kann weder nach I noch nach II bestraft werden (Ha VRS **56** 340, *Beulke* NJW **79** 404, *Klinkenberg ua* NJW **82** 2359, *Schwab* MDR **83** 454, *Geppert* BA **91** 40, *Mikla* S. 83 ff., 96, 108 f., **aM** Bay VRS **59** 27, NJW **82** 1059, zust *Janiszewski* NStZ **82** 108, Bay NZV **93** 35, *Volk* DAR **82** 83, *Jacob* MDR **83** 456, gegen ihn *Klinkenberg* MDR **83** 808, einschr auch AG Homburg ZfS **88** 92). IS von II entfernt sich daher nicht, wer bewusstlos in ein Krankenhaus gebracht wird (Kö VRS **57** 406), wer als unfallbeteiligter Beifahrer gegen seinen Willen vom FzF weggefahren wird (**aM** Bay NJW **82** 1059, *Joerden* JR **84** 51), wer im Rahmen der polizeilichen Ermittlungen an der Unfallstelle festgenommen wird (BGH NJW **81** 2366 mAnm *Bär* JR **82** 379). Obwohl nach Sinn und Zweck der Vorschrift ein Bedürfnis anzuerkennen ist, diese Fälle dem Sichentfernen gleichzustellen, dürfte dies dem Analogieverbot widersprechen (*Klinkenberg ua* NJW **82** 2359). Unter II fällt dagegen, wer sich von der Unfallstelle fortbringen lässt (Kö VRS **57** 406, KG VRS **67** 258). **Das unvorsätzliche Sichentfernen** darf dem berechtigten oder entschuldigten nach Auffassung des BVerfG wegen des Analogieverbots (Art 103 II GG) nicht gleichgestellt werden (BVerfG NJW **07** 1666 mAnm *Simon* und zust. Bspr *Geppert* DAR **07** 380; teils krit *Laschewski* NZV **07** 444; s. auch *Mitsch* NZV **08** 217). Der früher gegenteiligen st. Rspr, wonach II Nr. 2 auch die Konstellationen erfasst, in denen der Betroffene erst nach Weiterfahrt Unfallkenntnis erhält, etwa ihn zunächst gar nicht bemerkt (insbesondere BGHSt **28** 129 = NJW **79** 434, Bay DAR **89** 366, wN zu Rspr. und Schrifttum: 39. Aufl. Rn. 52), ist damit faktisch die Grundlage entzogen. Dass der Gesetzgeber die Ahndungslücke etwa für Fälle schließt, in denen der Betroffene einem Tatbestandsirrtum unterliegt (hierzu *Geppert* DAR **07** 380), erscheint wenig wahrscheinlich (abl. *Mitsch* NZV **08** 217). Zu der vom BVerfG für möglich gehaltenen verfassungskonformen Auslegung des Sichentfernens bzw. des Unfallorts Rn. 55.

Berechtigt entfernt sich, wem ein Rechtfertigungsgrund (E 112 ff.) zur Seite steht, wie zB **51** bei rechtfertigender Pflichtenkollision (E 117, 119), etwa wenn aufgrund der mit dem Halten auf AB oder KraftfahrStr das Haltverbot des § 18 VIII StVO vorgeht (*Mitsch* NZV **10** 225), oder im Einverständnis oder mutmaßlichen Einverständnis (Kö NZV **89** 197: Weiterfahrt auf AB bis zum nächsten Parkplatz; krit *Bernsmann*), mit dem Geschädigten, um die Regulierung **vereinbarungsgemäß an einem anderen Ort** (Gaststätte, Wohnung, Parkplatz) zu erörtern; bei Nichteinhaltung der Vereinbarung oder Sichentfernen von dort vor vollständiger Ermöglichung der Feststellungen Bestrafung nach II (Rn. 53; aM *Beulke* JuS **82** 815, *Bernsmann* NZV **89** 56, Bay VRS **60** 114, Kö NJW **81** 2367, Dü VRS **68** 449). Nach anderer Ansicht ist Entfernen im Einverständnis des Geschädigten schon nicht tatbestandsmäßig (*Beulke* JuS **82** 816). Tatbestandausschließende Wirkung hat die Einwilligung jedenfalls bei **Verzicht** auf jegliche Feststellungen (*Bernsmann* NZV **89** 52, 58; ebenso Bay ZfS **90** 321 hinsichtlich des Abs. 2; s. aber Bay VRS **71** 189, NZV **90** 397, **92** 245, das Rechtfertigung annimmt (Rn. 22, 45), näher *Bernsmann* NZV **89** 49). UU kann Verzicht auch in schlüssigem Verhalten zum Ausdruck kommen (Bay NZV **92** 245). Berechtigtes Entfernen auch bei Verlassen der Unfallstelle **zum Zweck der ärztlichen Versorgung** erheblicher Verletzungen (BGH NZV **14** 534 (stark blutende Fingerwunde)), Kö VRS **63** 349 (Armbruch), Fra VRS **65** 30 (Schnittverletzungen)). Erfüllung der Hilfspflicht (§ 323c StGB) gegenüber ernsthaft Verletzten geht der Wartepflicht vor, zB der an sich Wartepflichtige bringt den Verletzten zum Arzt oder ins Krankenhaus, er holt in einsamer Gegend Hilfe oder schafft einen Verletzten heim. Ebenso, wenn der Arzt den **Besuch beim Patienten** nach pflichtgemäßer Abwägung der Wartepflicht vorziehen darf (**E** 117) oder wenn der transportierte Verletzte unterwegs stirbt, wenn der an sich wartepflichtige Lotse den Dienst versäumen würde und dadurch ernstliche Gefahr für die Schifffahrt entstehen könnte (**E** 119; Br VRS **43** 29), wenn **Fahrplaninteressen** des öffentlichen VMittels der Wartepflicht vorgehen (Fra NJW **60** 2066, Neust NJW **60** 698; **E** 119), wenn der Wartepflichtige nur durch Wegfahren **Tätlichkeiten** entgehen kann (**E** 113; BGH VRS **30** 281, **36** 23), selbst wenn er diese durch verkehrswidriges Verhalten vor dem Unfall provoziert hat (Dü NJW **89** 2763 mAnm *Werny* NZV **89** 440), endlich (in äußerst seltenen Fällen) zur Erfüllung dringender **vorrangiger geschäftlicher Interessen** (Ko VRS **45** 33, KG VRS **40** 109, Stu MDR **56** 245). Berechtigtes Entfernen uU auch zum Zweck der Beauftragung eines Abschleppunternehmers, wenn das liegengebliebene Fz eine Gefahrenquelle darstellt (Bay DAR **82** 249). Bei näheren persönlichen Beziehungen zum Geschädigten kann Sichentfernen unter dem Aspekt der **mutmaßlichen Einwilligung** gerechtfertigt sein, wenn die Abwägung der Interessen des Geschädigten ergibt, dass diesem eine spätere Unterrichtung genügt. Das kommt vor allem in Betracht, wenn der Geschädigte ein naher Angehöriger, enger Freund oder der Arbeitgeber des Täters ist; relevant wird es vor allem beim Verleihen bzw. bei der sonstigen Überlassung eines Fz an den Täter (Bay DAR **83** 25, VRS **68** 114, **71** 34 (Entfernen, um den geschädigten ehemaligen Arbeitskollegen nach nächtlichem Unfall telefonisch zu benachrichtigen), NZV **92** 413 (Arbeitgeber als Geschädigter), Kö NZV **02** 278, *Bernsmann* NZV **89** 55) wohl aber nicht beim Dienstherrn hinsichtlich eines Dienstwagens der Pol (vgl. BGH NJW **03** 1613). In anderen Fällen ist mutmaßliche Einwilligung bei Hinterlassen eines Benachrichtigungszettels allenfalls bei Bagatellschäden und klarer Haftungslage denkbar (Bay DAR **70** 163; Kö VM **83** 10 (bei 400 DM verneint)). Von einem vollständigen Verzicht ist aber auch dann idR nicht auszugehen; vielmehr bestehen die subsidiären Pflichten nach II und III fort und wird lediglich eine Verkürzung der Wartezeit anzunehmen sein (Rn. 44). Zu den Fällen, in denen sich der Unfallbeteiligte **ohne Unfallkenntnis,** also nicht vorsätzlich entfernt (und innerhalb zeitlichen und räumlichen Zusammenhangs Kenntnis erlangt), Rn. 50, 55.

52   Der Begriff des **„entschuldigten"** Sichentfernens in II Nr. 2 ist nach ständiger, überkommener Rspr. (s. aber Rn. 50 aE) ebenso wenig wie der des berechtigten Verlassens der Unfallstelle (Rn. 51) formaldogmatisch zu verstehen, beschränkt sich also nicht auf die eigentlichen Entschuldigungsgründe (BGHSt **28** 129 = NJW **79** 434, Kö NJW **77** 2275, Ko VRS **53** 340, aM *Werner* NZV **88** 88, *Mikla* S. 138 ff., 157 ff.). Bei einer (nicht ausschließbaren) **drogenbedingten Schuldunfähigkeit** im Zeitpunkt des Sichentfernens kommt nicht II Nr. 2 zur Anwendung; vielmehr wird der Täter wegen Vollrausches bestraft (§ 323a), wobei Rauschtat § 142 I ist (Bay NJW **89** 1685, zust *Paeffgen* NStZ **90** 365, *Beulke* NJW **79** 404, *Mikla* S. 129, 142, sowie mit eingehender Begr *Küper* NJW **90** 209, aM, II nach Wiedererlangung der Schuldfähigkeit: Kö NJW **77** 2275, Ko VRS **53** 340, *Dornseifer* JZ **80** 303, *Magdowski* S. 158, *Himmelreich/Bücken/Krumm* Rn. 212, hier bis zur 38. Aufl). **Entschuldigt entfernt sich** ferner zB, wer erst eigene Verletzungen versorgen lassen musste, wer, weil in Winternacht völlig durchnässt, bei Warten mit schweren gesundheitlichen Schäden rechnen müsste (soweit nicht sogar „berechtigt" (§ 34 StGB; Rn. 51; Bay VRS **60** 112), wer wegen infolge einer Operation eingetretener Inkontinenz drin-

gend eine Toilette aufsuchen muss (LG Zw VRS **96** 270), wer sich auf die Suche nach Abschleppwagen oder anderer Hilfe macht, überhaupt, wer sich in gleichrangiger Pflichtenkollision befindet (E 153), nicht aber, wer lediglich unangenehme Auseinandersetzungen ohne Bedrohung befürchtet. Entschuldigt kann das Sichentfernen sein, wenn der Unfallbeteiligte seine schwerverletzte Ehefrau im Fz des Rettungsdienstes zum Krankenhaus begleitet (Kö VRS **66** 128). Zum unvorsätzlichen Sichentfernen Rn. 50, 55.

Nachträgliche wahlweise Mitteilung ist unter den Voraussetzungen von II, III zulässig, so- **53** fern sie unverzüglich (Rn. 53a) geschieht, und zwar beispielsweise (Stu VRS **51** 431) an alle erreichbaren Berechtigten oder an die **nahe gelegene PolDienststelle,** die nicht unbedingt die *nächst*gelegene sein muss, wohl aber die, bei der die Feststellungen am ehesten unverzüglich ermöglicht werden können, (Ha NJW **77** 207, s. aber Rn. 53a), was idR eine dem Unfallort nahe gelegene sein wird (Ha VRS **64** 16), aber auch die dem Standort des Fz nahe gelegene sein kann, wenn es auf dessen Zustand ankommt, oder auch durch rechtzeitige Rückkehr zur Unfallstelle (Stu VRS **51** 431). Können nicht alle Beteiligten (Geschädigten) gleichzeitig ausfindig gemacht werden, so wird Benachrichtigung der erreichbaren genügen. Vom benachrichtigten Berechtigten muss sich der Beteiligte nicht noch an die Pol verweisen lassen (Fra VRS **51** 283). Ob die Benachrichtigung freiwillig geschieht, ist unerheblich (Ha NJW **77** 203). Sie wird auch, anders als bei der Wartepflicht, durch einen beauftragten kompetenten, **zuverlässigen Dritten** geschehen dürfen (Bay JZ **80** 579, Ha VRS **59** 258, Stu VRS **51** 431, DAR **77** 22), sofern III dadurch genügt ist. Wer sich als Beteiligter entschuldigt entfernt, ermöglicht nachträgliche Feststellungen ausreichend, wenn er einen anderen veranlasst, am Unfallort zu bleiben und alle nötigen Angaben zu machen, sofern dies dann auch geschieht (Bay DAR **79** 238). Wegen des Wahlrechts sind Verständigung des Geschädigten oder PolMeldung gleichwertig, dies jedoch nur unter der Voraussetzung, dass die Unverzüglichkeit (Rn. 53a) gewahrt ist (BGHSt **29** 138). Ein **Wahlrecht** zwischen mehreren Wegen nachträglicher Feststellungsermöglichung besteht also nur, soweit *jeder* Weg zu einer unverzüglichen Ermöglichung nachträglicher Feststellungen führt (BGHSt **29** 138 (krit *Geppert* BA **91** 41), Dü DAR **80** 124, Ha VRS **61** 263, Kö NZV **89** 357, aA *Dornseifer* JZ **80** 299). Beispiele nachträglicher Mitteilung sind in III genannt (Rn. 48); sie statuieren letztlich Mindestvoraussetzungen. Über die **Angaben gem. III** hinaus besteht keine Mitwirkungspflicht bei den Feststellungen; doch macht Vereiteln strafbar (Rn. 37), zB unrichtige Angaben, unrichtige Fahrerbenennung, falsche Hergangsdarstellung, Spurenbeseitigung (Stu VM **76** 84), etwa durch nachträgliche Veränderungen am Kfz. III S. 2 verhindert, dass zwar buchstabengemäßes, aber vereitelndes Verhalten exkulpiert. Grundsätzlich besteht **keine Wartepflicht** (etwa auf das Eintreffen der Pol) nach II; Kar VRS **59** 420), ebenso wenig eine Pflicht, zur Unfallstelle zurückzukehren (Bay VRS **67** 221). Begeben sich die Beteiligten einverständlich an einen anderen Ort zwecks Erörterung (Rn. 51), so entfällt allerdings die Pflicht, auf Verlangen die Pol abzuwarten (Rn. 47), hierdurch nicht (Kö NJW **81** 2367, *Hauser* BA **89** 243, aM *Beulke* JuS **82** 817). Auch sind Fälle denkbar, in denen dem Gebot der Unverzüglichkeit praktisch nur durch Warten genügt werden kann (Rn. 53a).

Unverzüglich hat die nachträgliche Mitteilung zu geschehen (II), dh, ohne schuldhaftes Zö- **53a** gern (Zw VM **78** 79, Ha VRS **52** 416, Fra VRS **51** 283, Stu VM **76** 84, *Hauser* BA **89** 239), also nach Erfüllung etwaiger Hilfspflichten (LG Zw VRS **94** 447), Abklingen des Schocks, eigener ärztlicher Versorgung, soweit körperlich zumutbar, oder nach den nötigen Nachforschungen. Die Anforderungen an das Merkmal „unverzüglich" können nicht allgemein festgelegt werden, sondern sind unter Berücksichtigung von Sinn und Zweck des § 142 nach den Umständen des jeweiligen Falls zu beurteilen (BGH VRS **58** 200, VM **79** 33, Bay VRS **58** 406, Dü DAR **80** 124, Ha VRS **61** 263, Stu VRS **73** 191). Hierbei können insbesondere Art und Zeit des Unfalls sowie die Höhe des verursachten Fremdschadens eine Rolle spielen (BGH VM **79** 33, Fra VRS **65** 30, Dü DAR **80** 124, Bay VRS **58** 406, **60** 112, **67** 221, Kö VM **83** 10, Ha VRS **61** 263, LG Zw VRS **94** 447 (schwerer Personenschaden)). „Unverzüglich" ist der Oberbegriff zu III und schränkt das **Wahlrecht** deshalb auf diejenigen Fälle ein, in denen *beide* Wege unverzügliche Nachholung der nötigen Feststellungen ermöglichen (Rn. 53), wobei aber nicht zwingend stets nur der schnellere Weg „unverzüglich" ist (Fra VRS **65** 30). Wer nach Unfallverursachung auf der AB zunächst nicht halten kann, dem muss bei Sachschaden mittleren Ausmaßes und klarer Haftungsfrage eine ausreichende Zeit für die Entscheidung zugebilligt werden, ob er den Geschädigten oder die Polizei verständigen solle (Bay DAR **79** 237). Können sich Straßen- und/oder körperliche Verhältnisse des Beteiligten (zB BAK, soweit bedeutsam, Rn. 36) bis zur möglichen Benachrichtigung des Geschädigten (Montag) wesentlich ändern, so ist die Pol zu benachrichtigen (Schl DAR **78** 50). Unverzüglich handelt deshalb in zahlreichen Fällen nicht, wer anstatt der sogleich möglichen Verständigung der Pol erst später oder nur auf wesentlich zeitraubendere Art den Geschädigten benachrichtigen könnte (BGH VRS **58** 200, Ha NJW **77** 207, Bay VRS **52** 348, Stu VM **76** 84, aM Dü VM **78** 5), womöglich erst Tage später (aM Fra VRS **51** 283), es sei denn, der Schaden ist unbedeutend, die Ersatzpflicht eindeutig und die Verzögerung gering (Bay VRS **52** 348, NJW **77** 2274, ähnl. Dü DAR **77** 245) oder der Beteiligte konnte den Zeitunterschied erst später erkennen. Bei **nächtlicher Unfallverursachung** mit *Sachschaden* ist idR die Meldung beim Geschädigten oder der Pol in den Morgenstunden des nächsten Tages noch als unverzüglich anzuerkennen, wenn die Haftungslage eindeutig, dh eine Haftung des Unfallbeteiligten zweifelsfrei ist (Bay VRS **71** 34, NStZ **88** 264, Stu VRS **73** 191, NJW **81** 1107, Kar VersR **84** 837, MDR **82** 164, Ha ZfS **03** 503 (ZS), Fra VRS **65** 30, Kö NZV **89** 357). Hierbei ist vor allem von Bedeutung, ob das Fz des Unfallbeteiligten am Unfallort zurückblieb und damit eindeutige Hinweise für die Haftung nach StVG ermöglicht (Kar MDR **82** 164, Ha VRS **61** 263, Stu VRS **65** 202, Kö NZV **89** 357, *Haubrich* DAR **81** 211, *Hauser* BA **89** 240). Benachrichtigung am Montagabend nach Unfall in der Nacht zum Sonntag ist idR nicht mehr unverzüglich (Ol NRPfl **84** 264). Im Allgemeinen wird auch Meldung in den späten Vormittagsstunden zu spät sein (Kö NZV **89** 357 (11.15 Uhr)). Ein Unfall in den frühen Abendstunden ist kein „nächtlicher" iS der genannten Rspr. (Kö NZV **92** 152 (18.45 Uhr)). Wer seine Beteiligung der nachfragenden Pol gegenüber zunächst abstreitet und erst später zugibt, ermöglicht die Feststellungen nicht unverzüglich (Rn. 55). Trägt der Beteiligte zur rechtzeitigen Beweissicherung nach Kräften bei, so wird das Merkmal „unverzüglich" idR erfüllt sein (Ha NJW **77** 207, Bay JZ **77** 191). Bedenklich aber, jede nachträgliche Mitteilung als unverzüglich anzusehen, die eine vollständige Klärung ohne zusätzlichen Ermittlungsaufwand ermöglicht (so zB Ha NJW **77** 207, VRS **61** 265, Ko DAR **81** 330, Kar MDR **82** 164, VersR **84** 837); denn dies wird nicht selten auch bei erheblichem Schadensumfang noch nach vielen Stunden oder gar Tagen der Fall sein und oft von Zufälligkeiten abhängen, insbesondere davon, wann der Geschädigte den Schaden bemerkt (s. auch Ol NRPfl **84** 264, *Küper* GA **94** 53 (Fn 13)). Zum nachträglichen Ermöglichen der Feststellungen innerhalb 24 Stunden bei nicht bedeutendem Sachschaden **im ruhenden Verkehr** Rn. 69.

54 **6. Teilnahme.** Anstiftung, Beihilfe und Mittäterschaft sind nach allgemeinen Grundsätzen möglich (Bay VRS **45** 278). **Mittäter** kann aber nur sein, wer selbst Unfallbeteiligter nach V ist; § 142 StGB ist Sonderdelikt (BGHSt **15** 1 = NJW **60** 2060, **61** 325, VRS **24** 34, Kö NZV **92** 80), zB, wer Beihilfe zu einem gefährlichen Eingriff in den StrV mit Unfallfolge geleistet hat (BGH VRS **59** 185), nicht der Halter, der erst nachträglich zur Unfallstelle kommt (KG VRS **46** 434, *Arloth* GA **85** 499). Beihilfe zu II setzt Förderung des Entschlusses zum Unterlassen der gebotenen Ermöglichung nachträglicher Feststellungen voraus; nicht jedes dem Schutzzweck des § 142 zuwiderlaufende Handeln reicht dazu aus (Bay DAR **90** 230 mAnm *Herzberg* NZV **90** 375, *Seelmann* JuS **91** 290 (Entfernen des TatFz)). Der Mitfahrer kann Beihilfe, auch durch Unterlassen, begehen, wenn er die Rechtspflicht (**E** 87 f.) hat, die Flucht zu verhindern. Die Rspr. nimmt eine solche Rechtspflicht zB an beim weisungsberechtigten Halter (Pflicht zur Verhinderung der Flucht mit dem Fz) oder beim Vorgesetzten des Fahrers (BGH VRS **24** 34, Dü VM **66** 42, Stu VM **81** 85, Bay DAR **88** 364, Kö NZV **92** 80; aM zB *Arloth* GA **85** 505, *Engelstädter* S. 132 f.). Zur Wartepflicht des Halters Rn. 29. Wer als mitfahrender oder jedenfalls anwesender Verfügungsberechtigter trotz entsprechender Möglichkeit nicht verhindert, dass der Unfallbeteiligte mit dem Fz die Unfallstelle verlässt, begeht Beihilfe (Ha BA **74** 279, Stu NJW **81** 2369, Bay DAR **88** 364, Kö NZV **92** 80), ebenso, wer nach dem VUnfall in Kenntnis der Tatumstände das Steuer übernimmt und mit dem Unfallbeteiligten wegfährt (KG VRS **6** 291, Kö VRS **86** 282). Hingegen keine Beihilfe des Geschäftsführers der Halterin, wenn er die *zu Fuß* flüchtende FzF nicht am Weggehen hindert (Br DAR **08** 87). Beihilfe kann auch dann noch geleistet werden, wenn der Täter sich bereits iS des § 142 entfernt hat, die Tat jedoch noch nicht beendet hat (BGH VRS **16** 267, Bay NJW **80** 412, Zw VRS **71** 434 (zw *Horn/Hoyer* JZ **87** 974), eingehend *Küper* JZ **81** 253). Steht nicht fest, ob Täterschaft oder Beihilfe, muss wegen Beihilfe verurteilt werden (BGH, Beschl. v. 10.8.2011, 4 StR 369/11, s. auch Rn. 74). **Beendigung ist anzunehmen,** sobald der Täter sein Fahrtziel erreicht oder sich sonst in Sicherheit gebracht hat (BGH VRS **25** 37, Bay NJW **80** 412; Kar DAR **18** 157). Nach Bay aaO kann sich danach etwa derjenige wegen Beihilfe strafbar machen, der vor der Beendigung der Tat eine vom Täter an der Windschutzscheibe angebrachte Visitenkarte wegnimmt (krit LK-*Geppert* Rn. 191; abl *Mitsch* NZV **09** 105). Nach Kar DAR **18** 157 soll das Sichentfernen noch nicht beendet sein, wenn der Täter nach nächtlichem Unfall auf AB über ein Wald- und Wiesengelände in ein Gewerbegebiet geflüchtet ist und sich dort einige Zeit nach dem Unfall in einem Gebüsch verbirgt (zutr. kritisch *Hecker* JuS **17** 1125). Ob der Fahrer im Zeitpunkt der Hilfeleistung bereits entschlossen gewesen ist, sich den Feststellungen zu entziehen, ist unerheblich, wenn ihn das Zureden bestärkt hat (BGH VRS **23** 207).

7. Vollendung der Tat und Beendigung (Rn. 54) fallen auch nach der Neufassung (1975) **55** nicht notwendigerweise zusammen (Bay NJW **80** 412). Bis zur Beendigung soll nach BVerfG NJW **07** 1666 (ebenso Dü NZV **08** 101) in den Fällen des I Strafbarkeit dessen eintreten können, der sich zunächst unvorsätzlich von der Unfallstelle entfernt, auf ihn aber dann hingewiesen wird oder ihn sonstwie bemerkt, wobei eine erweiternde Auslegung des Begriffs des Unfallorts in Betracht zu ziehen sei. Die Strafgerichte sind dem überwiegend nicht gefolgt. Nach ihrer Auffassung bleibt es bei der Definition des Unfallorts und auch dabei, dass keine Unfallflucht begeht, wer sich von einem anderen Ort als vom Unfallort entfernt (BGHSt **28** 129). Wer den Unfall oder einen etwaigen Irrtum über einen Feststellungsverzicht erst nach Entfernen vom Unfallort bemerkt, macht sich auch nicht nach § 142 II Nr. 2 strafbar – „dolus subsequens non nocet" (vgl. BGH NStZ **11** 209; Hb NZV **09** 301; SSW/*Ernemann* Rn. 43; *Ernemann* DAR **11** 617; *Kraatz* NZV **11** 321; s. auch *Küper* NStZ **08** 597, *Mitsch* NZV **09** 105). Bei unvorsätzlichem Sichentfernen ist die Lage auch dann nicht anders, wenn dem Betroffenen zusätzlich ein Rechtfertigungsgrund zur Seite steht (*Mitsch* NZV **10** 225) **Vollendung des I** durch Nichtermöglichen der Feststellungen (Rn. 32 ff.) erst durch Sichentfernen (Ha VRS **56** 340, Stu VM **77** 57, Bay VRS **60** 105, Ol NZV **95** 159, *Janiszewski* Rn. 502, *Küper* GA **94** 65). Für vollendetes Entfernen genügt es, dass durch die räumliche Entfernung von der Unfallstelle ein räumlicher und zeitlicher Zusammenhang mit dem Unfallgeschehen nicht mehr ohne Weiteres erkennbar ist (Stu DAR **80** 248), der Täter also den Bereich verlassen hat, in dem eine feststellungsbereite Person unter den gegebenen Umständen den Wartepflichtigen vermuten und ggf. durch Befragen ermitteln würde (BGHSt **14** 89, Dü NZV **08** 107, Bay VRS **56** 437, Jn DAR **04** 599, KG DAR **79** 22, Ha DAR **78** 139, Kö **76** 354 (Wohnung in unmittelbarer Nähe), NZV **89** 197, Stu NZV **92** 327, *Berz* NStZ **92** 591, s. auch *Rittig* NZV **12** 561), und zwar ohne Rücksicht darauf, ob dies in Kenntnis solcher Personen geschieht (*Hentschel* JR **81** 211, abw *Berz* NStZ **92** 591). Zu berücksichtigen ist, dass § 34 I S. 2 StVO bei geringfügigen Schäden das Beiseitefahren gebietet (Rn. 38, eingehend *Küper* JZ **81** 213 ff.). Vollendung, wenn der Beteiligte nur noch durch Verfolgung gestellt werden kann (Ce NRpfl **77** 169, Ha DAR **78** 139, Kö NZV **89** 197) oder sich nahe dem Unfallort in einem Bereich aufhält, in dem er als Wartepflichtiger nicht vermutet wird (Ha DAR **78** 139, *Küper* JZ **81** 215). Nicht mehr zum Unfallort rechnet die räumliche Entfernung von 1 km (Bay NJW **78** 282) oder 1,5 km (Hb NZV **09** 301), ebenso nicht ein Abstand von 3 km und zeitlich 5–10 Min (Dü NZV **08** 107; aM *Laschewski* NZV **07** 444: „über einige Kilometer"). Schon eine geringere Absetzbewegung reicht zur Vollendung aus (früher zT nur Versuch; Bay VM **76** 22, Dü VM **76** 28, aM *Mohrbutter* JZ **77** 53), nicht aber bei fortbestehendem Sicht- und Rufkontakt (Ha VRS **68** 111 (250 m)). Nach Kar VRS **74** 432 soll selbst auf AB eine Entfernung von mehr als 250 m jedenfalls außerhalb des „Unfallorts" liegen (krit *Janiszewski* NStZ **88** 410; zu einem etwaigen Vorgehen des Haltverbots des § 18 VIII StVO s. aber Rn. 51). Sichentfernen auch dann, wenn der Täter durch sein Verhalten (zB mangelnde Vorstellung, Angabe falscher Personalien) erreicht, dass *die Feststellungsberechtigten die Unfallstelle vor ihm verlassen* (BGH NJW **18** 2341; Ha NJW **79** 438; *Arloth* GA **85** 495; *Küper* GA **94** 68; *Hentschel* NJW **86** 1313; aM Bay NJW **83** 2039 m abl Bspr *Janiszewski* NStZ **83** 403, BayObLG NJW **84** 66; 1365; ebenso Fra VRS **77** 436, abl *Janiszewski* NStZ **90** 272). Nach Bay und Fra aaO soll I in derartigen Fällen zu verneinen sein, jedoch Pflicht nach II bestehen. Dies ist abzulehnen, weil I *Vorstellung* verlangt, die aber gerade unterblieben ist, wobei nach I irrelevant ist, ob beim Sichentfernen noch ein Feststellungsbereiter am Unfallort ist (BGH NJW **18** 2341). II kommt nicht in Frage, weil das Entfernen in Fällen der geschilderten Art weder „berechtigt" noch „entschuldigt" ist, weswegen der Täter bei Nichtanwendung von I straflos bliebe (BGH NJW **18** 2341; *Küper* JZ **90** 518 Fn 60). **Vollendung des II Nr. 2** jedenfalls, wenn der Täter gegenüber der Pol seine Beteiligung leugnet (Bay VRS **60** 112, KG VRS **67** 264). Strafbefreiende tätige Reue nach Vollendung ist, abgesehen von den Fällen des IV, nicht möglich (BGH VRS **25** 115, s. aber Rn. 42 (Rückkehr vor Tatentdeckung)).

Der Versuch ist nicht (mehr) unter Strafe gestellt (Bay VRS **50** 186; *Müller-Emmert* DRiZ **75** **56** 179; abw. die Regierungsvorlage). Auch wer nicht die Absicht hat, seiner Pflicht gem. II nachzukommen, kann, solange die Frist zu „unverzüglicher" Meldung nicht abgelaufen ist, nicht nach II bestraft werden (Bay VRS **67** 221).

57   **8. Der Vorsatz** muss alle Merkmale des äußeren Tatbestands umfassen. Der Täter muss sich entfernen in dem Bewusstsein, dass auf ihm ein nicht unberechtigter Beteiligungsverdacht ruhen kann (Stu VRS **105** 294, Kar VRS **53** 426). Er muss wissen oder damit rechnen, dass sich ein VUnfall ereignet hat (Bay ZfS **90** 141, Dü NZV **98** 383, Zw VRS **45** 427, Kö VRS **62** 286), „etwas passiert" ist, dass er einen Gegenstand angefahren, überfahren, jemanden verletzt oder getötet oder nicht völlig bedeutungslosen fremden Sachschaden verursacht haben kann (BGH VRS **30** 45, **37** 263, Bay ZfS **90** 141, Nü DAR **07** 530, Ha NZV **03** 590, Kö NZV **01** 526, Dü ZfS **98** 312, Kar VRS **62** 186). Es genügt, dass die ihm bekannten äußeren Umstände ihm diese Möglichkeit aufdrängen, etwa eine Erschütterung des Fz (BGH VM **68** 25, VRS **37** 263, Kö NZV **01** 526) oder die Aufforderung anzuhalten (BGH VRS **15** 338), ein besonders auffälliges Geräusch (Ko VRS **58** 402), ohne Rücksicht auf ein Gefühl der Schuldlosigkeit, weil es auf diese hier nicht ankommt, und auf die Annahme, sich später mit etwaigen Geschädigten einigen zu können (Sa VRS **21** 48). Vorsatz bei Unfall durch scharfes Fahren und Abschütteln einer Person, die sich am Kfz festklammert, um es anzuhalten (BGH VRS **56** 189). Selbst kleinere Kollisionen sind häufig durch Geräusche, vor allem aber durch Erschütterungen (taktil) wahrnehmbar. Jedoch besteht kein Erfahrungssatz des Inhalts, dass die Berührung zweier Fz *stets* vom FzF bemerkt wird (Kö NZV **92** 37). Je geringer der Schaden ist, desto höher sind die Anforderungen an den Vorsatznachweis (Ha VRS **42** 360; KG NZV **16** 392), weswegen Kö NZV **11** 510 (mit übertrieben krit Anm *Krumm* DAR **11** 479) die Mitteilung von Art und Höhe Schadens verlangt, wenn er „kleiner" ist. Zum Vorsatznachweis durch optisch/akustische Wahrnehmung *Kuckuk/Reuter* DAR **78** 57, zu biomechanischen Gutachten *Buck/Abresch/Hupfauer/Heisig* DAR **09** 373, zur Begutachtung *Schmedding* DAR **12** 728, *Buck* DAR **14** 766, zur Nichtbemerkbarkeit durch Ablenkung *Himmelreich* DAR **10** 45. Zum Einfluss des Alters auf die Wahrnehmbarkeit von Kollisionen *Himmelreich* NZV **92** 169. Zusammenfassung der wichtigsten Aspekte bei *Himmelreich/Bücken/Krumm* Rn. 95 ff.; *Himmelreich/Krumm/Staub* DAR **12** 49, **14** 744. **Beim bedingten Vorsatz** muss sich der Täter nicht ganz belanglosen Fremdschaden als möglich vorgestellt haben (BGH VRS **37** 263, Bay VM **63** 12, Ha VRS **105** 432, NZV **97** 125, Kar VM **78** 20, Ko VRS **48** 337), zB nach Weiterfahren trotz Auffahrens auf unbekannten Gegenstand im Dunkeln (BGH VM **68** 25). Nach KG DAR **12** 393 soll bedingter Vorsatz bei einem (wohl) lauten und wuchtigen Aufprall mit erheblichem Schaden bei einem Einparkmanöver und anschließender Aufgabe des ursprünglich verfolgten Zwecks (Aufsuchen der Post) weiterer Feststellungen bedürfen (zw.). Der Handlungswille muss auch beim bedingten Vorsatz unbedingt sein (Ko DAR **63** 244). Bedingter Vorsatz schon bei Zweifel am ausschließlich eigenen Schaden (*Dallinger* MDR **57** 266) oder wenn der Täter es für möglich hält und billigt, dass durch sein Entfernen nach I Nr. 1 gebotene Feststellungen verhindert oder erschwert werden könnten (Ko VRS **71** 187). Rechnet er auf Grund der Umstände (etwa Heftigkeit des Anstoßes) mit nicht unerheblichem Schaden, so entfällt der bedingte Vorsatz nicht ohne Weiteres wegen Nichterkennens dieses Schadens infolge unsorgfältiger Nachschau (Kö NZV **01** 526). Das Urteil muss **ausreichende Feststellungen zum Vorsatz treffen;** es genügt nicht, dass festgestellt wird, der Täter müsse den Unfall bemerkt haben (BGH VRS **4** 46, Kö VRS **62** 286, Bay ZfS **90** 141, Jn VRS **110** 15; KG NZV **16** 392 m Bspr *Krumm/Staub* NZV **16** 362). Auch II kann nur vorsätzlich begangen werden (Dü VM **78** 80 (zum Vorsatz, wenn sich ein Beteiligter mit Zustimmung des anderen zwecks Wundversorgung entfernt hat)).

58   Kein Vorsatz, wenn der Beteiligte den Unfall nicht bemerkt hat (Bay VRS **53** 428) oder bei sachlich begründeter Überzeugung nach allen Umständen, es sei nur eigener Schaden entstanden oder nur völlig belangloser, dessen Ersatz niemand zu fordern pflegt (Rn. 28), s. dazu Rn. 62, was beim geringsten Zweifel auszuschließen sein wird. Zu Irrtumsfragen s. im Übrigen Rn. 62 f.

59   **Zumindest eigene Mitverursachung** muss der Täter nach den Umständen für möglich halten, es sei denn, dies erscheint bei verständiger Beurteilung als offensichtlich abwegig (Rn. 29, 30; Bra VRS **17** 417), zB bei dem verständigerweise beachtlichen Bewusstsein, niemand, auch kein PolB, könne ihn bei sachlicher Beurteilung als Mitverursacher ernstlich in Erwägung ziehen.

60   **Fremdes privates Beweissicherungsinteresse** muss nach der Vorstellung des Täters in Betracht kommen; der Vorsatz muss sich darauf erstrecken, dass die Verfolgung dieses Interesses durch Sich-Entfernen oder durch Nichterfüllung der Vorstellungspflicht zumindest erschwert würde (Hb VM **67** 33, Zw DAR **82** 332, Ko NZV **96** 324), wie stets bei Unfallfolgen von einigem Gewicht (Ce NJW **56** 1330, Sa VRS **21** 48), ohne dass es insoweit auf Vereitelungsabsicht ankäme (BGH VRS **4** 57, Bay DAR **56** 15, Dü VM **60** 74). Nur wenn den fremden Feststel-

lungsinteressen genügt ist, fehlt der Vorsatz (Ko VRS **48** 112, **43** 423, Kar NJW **73** 379, VRS **44** 426). Aus dem Verhalten des Wartepflichtigen nach dem Unfall lassen sich uU Schlüsse auf den Vorsatz ziehen (BGH VRS **30** 283).

Vorverlegte Verantwortlichkeit (E 151b) schließt Vorsatz nicht aus (Kö VRS **33** 427, *Brettel* **61** BA **73** 137), aber Nichtwahrnehmung des Unfalls in Volltrunkenheit (Ha NJW **67** 1523), dann auch nicht Sichentfernen als Rauschtat (Ha VRS **33** 348 (dazu Rn. 52)). **Kopflosigkeit** schließt Vorsatz nur bei Beeinträchtigung der Denk- und Handlungsfähigkeit aus (BGH VRS **16** 186, **8** 207, DAR **61** 75, Fra VRS **28** 262). Zwar kommt Sichentfernen häufig mehr aus Schwäche und psychischem Trauma über den Vorfall als aus Egoismus und Rücksichtslosigkeit zustande (*Krumme* DAR **68** 234, *Laubichler* BA **77** 247) und mag dann mildernd wirken, doch ist ein exkulpierender **Unfallschock** selten so mächtig, dass er zu elementarem, unbewusstem, unvorsätzlichem Verhalten führt (BGH VersR **66** 579, 915). Ein schuldausschließender Unfallschock setzt außergewöhnliche äußere und innere Bedingungen voraus (Fra VersR **01** 1374, Ha NJW-RR **98** 1183, KG VRS **67** 258). Er ist nur bei entsprechenden klinischen Anzeichen anzuerkennen (BGH VersR **67** 1087, Ha VRS **42** 24, KG VRS **67** 258) und kann bei Hirnverletzung oder -erschütterung länger andauern (BGH VRS **32** 434). Unfallschock kann als Schutzvorbringen nicht durch den Vorwurf widerlegt werden, der Kf habe sofort anhalten müssen (Ha VRS **37** 431). Mangels ausreichender Anhaltspunkte kann das Gericht auch auf Grund eigener Sachkunde das Vorliegen eines schuldausschließenden Unfallschocks verneinen (KG VRS **67** 258), sonst nur durch sachverständige Begutachtung und ggf. richterliche nachprüfbare Auseinandersetzung mit dieser (Kö NJW **67** 1521).

Tatbestandsirrtum (§ 16) schließt Vorsatz aus und führt zur Straflosigkeit. Fälle: irrige An- **62** nahme, der andere Beteiligte sei unter Verzicht auf Feststellungen weggefahren (Kö VRS **33** 347, Kar VRS **36** 350, Bay VRS **71** 189, NZV **90** 397, ZfS **90** 321); nur völlig belangloser Fremdschaden (Rn. 28) sei entstanden (Bay VRS **14** 190, Zw VRS **31** 267, Ko VRS **48** 337, Dü VM **76** 52, VRS **70** 349, *Kuhlen* StV **87** 439) oder überhaupt keiner (Ha VRS **7** 366, Dü VRS **70** 349). Irrtum nach § 16 I S. 1 StGB bei mangelnder Kenntnis vom Schaden trotz Wahrnehmens eines Anstoßgeräusches idR nur, wenn der Täter zwecks Besehens der Anstoßstelle aus seinem Fz ausgestiegen ist (Ko VRS **63** 37). Weitere Beispiele für Tatbestandsirrtum: Irrige Meinung, die Umstände begründeten keinen Beteiligtenverdacht (BGH NJW **60** 2060, **61** 325, Stu VRS **72** 186); sofortige Feststellungen würden nicht gewünscht oder alles in tatsächlicher Beziehung zur Beweissicherung Erforderliche sei festgestellt (Stu NJW **78** 900, Ko VRS **71** 187, Dü NZV **92** 246), überhaupt die irrige Annahme von Umständen tatsächlicher Art, die die Wartepflicht ausschließen und auch keine Vorstellungspflicht begründen (Kö VRS **27** 344, **63** 352), zB die irrige Annahme, er habe den Schaden vollständig beseitigt (*Hentschel* NJW **87** 999, aM, Verbotsirrtum, Dü VRS **70** 349 (abl *Horn/Hoyer* JZ **87** 973, *Freund* GA **87** 536, *Kuhlen* StV **87** 437), die Vorstellung, nach allen bekannten Anzeichen habe sich gar kein Unfall ereignet (Bay ZfS **90** 321), schließlich der Irrtum über die tatsächlich verstrichene Wartezeit (*Mitsch* NZV **05** 348; s. aber Rn. 68). Übersicht über in Betracht kommende Irrtümer und deren Würdigung bei *Himmelreich* DAR **07** 44.

Verbotsirrtum (§ 17) entschuldigt bei Unvermeidbarkeit und führt andernfalls zu gemilder- **63** ter Vorsatzstrafe, beides nach nachprüfbarer Urteilsdarlegung der etwaigen Vermeidbarkeit (Stu VRS **17** 272, Ha VRS **10** 358). Etwaiger Verbotsirrtum ist nach strenger Regel zu prüfen (Hb VRS **55** 347). Fälle: Der Täter glaubt, bei einem Unfall im ruhenden Verkehr liege rechtlich kein solcher im StrV vor (aM LG Aachen NZV **13** 305; abl Bspr *König* DAR **14** 363, *Hecker* JuS **13** 851) oder die Wartepflicht entfalle, weil ihn trotz Mitursächlichkeit kein Verschulden trifft (Dü NZV **93** 157), er irrt über die notwendige Dauer der Wartezeit (Stu VM **76** 85, *Mitsch* NZV **05** 348), er beurteilt die Erforderlichkeit weiterer Feststellungen unrichtig und entfernt sich ohne Erkundigung (Bay DAR **56** 15, Ha VRS **5** 602); er entfernt sich und beauftragt den Beifahrer mit Auskunft (Stu VRS **17** 272, KG VRS **40** 109); er glaubt, seine Wartepflicht entfalle nach Feststellungen durch dritte, aber hierzu ungeeignete (Rn. 46) Personen (Kö VRS **63** 352); er meint, unangenehme Auseinandersetzungen dürfe er sich entziehen (anders bei Bedrohung (Rn. 51; Bay DAR **56** 15); er hält seine eigenen Geschäfte für so dringlich, dass Hinterlassen der Anschrift ausreiche (je nach Abwägung, Rn. 51; Ha VRS **8** 53). Hat der Erstrichter das Warten für ausreichend gehalten, so spricht dies für Unvermeidbarkeit des Verbotsirrtums (Stu VM **76** 85). Verbotsirrtum, wenn Schädiger mit Abgabe eines pauschalen Schuldanerkenntnisses seine Pflichten für erfüllt hält (Stu NJW **78** 900). Ein Irrtum über den Pflichtenumfang nach II ist Verbotsirrtum (Stu VM **76** 84, VRS **52** 181). Soweit die Rspr. den Unfallbeteiligten-Begriff sehr weit auf Beifahrer ausdehnt (Rn. 29), ist besonders sorgfältig die Frage unvermeidbaren Verbotsirrtums zu prüfen (Zw VRS **75** 292). Irrtum über den Inhalt von IV: Rn. 69. Zum Ganzen auch *Himmelreich* DAR **07** 44, s. Rn. 62 aE.

64   **9. Strafzumessung.** § 142 schützt lediglich **das zivilrechtliche Fremdinteresse** (Rn. 20) an alsbaldiger Beweissicherung, auch bei schwerem Fremdschaden und bei Körperverletzung oder Tötung sowie bei unterlassener Hilfeleistung. Soweit auch diese Tatbestände erfüllt sind, erweitern sie den Kreis der möglichen Strafzumessungstatsachen. Das gilt auch für bei Unfallverursachung (gleichgültig und rücksichtslos) verwirklichte OW etwa nach § 1 II StVO (aM wohl Ko DAR **18** 452). § 142 für sich allein umschreibt Handlungen äußerst unterschiedlichen Unrechtsgehalts, von durch sozialethisch verwerfliche Haltung, Rücksichtslosigkeit und Selbstsucht bestimmtem Tun bis hin zur Einstellungsfähigkeit (Begr). Dem entspricht der weite Rahmen, der auch besonders verwerfliches Verhalten mit einschließt.

65   **Erschwerend** kommen gewichtige Unfallfolgen insofern in Betracht, als sie mit größerem Schaden auch höheres Beweissicherungsinteresse anzeigen (BGHSt **12** 254, BGH NJW **59** 394, VRS **28** 359, **37** 263, Kö VkBl. **52** 288, Fra NStZ-RR **12** 283 mAnm *Zopfs* NZV **12** 349; Ha DAR **67** 303). Überlässt der Täter ein schwerstverletztes Opfer seinem Schicksal, so kann ihm dies als besonders verwerfliche Gesinnung (§ 46 II StGB) angelastet werden (i. Erg. ebenso Fra aaO; aM *Zopfs* NZV **12** 349), ferner zielstrebige Verschleierung (BGH VM **63** 57), soweit sie nicht lediglich Tatbestandsmerkmal ist; eine ungewöhnlich hartnäckig, rücksichtslos und gefährlich durchgeführte Flucht (BGH NJW **62** 2068, VRS **28** 366), nochmaliges Überfahren des Verletzten zwecks Flucht (BGH VM **67** 57); Davonfahren ohne Licht, um unerkannt zu entkommen (BGH VRS **4** 52; Fra NStZ-RR **12** 283); Erschwerung der Rückrechnung durch weiteres Trinken (BGH NJW **62** 1829), soweit BAK haftungsrechtlich bedeutsam (Rn. 36); Nachtrunk, wenn er die Geltendmachung von Ersatzansprüchen in tatsächlicher Beziehung erschweren kann (Br VRS **52** 422 (Beteiligung mehrerer)).

66   **Nicht erschwerend** darf verwertet werden: dass der Angeklagte die BAK-Feststellung verhindern wollte (Dü VRS **69** 282; s. aber Rn. 65); die Erwägung, Sichentfernen stehe moralisch unter dem Diebstahl (BGH VRS **24** 118); es zeige gemeine Gesinnung (Verstoß gegen § 46 III; BGH VRS **24** 118); Nichtmitwirken bei der Aufklärung (BGH VRS **21** 268); Bestreiten und Ausflüchte (BGH VRS **24** 34, Zw VRS **38** 42); mangelndes Bemühen um Schadensregulierung bei einem leugnenden Angeklagten (Ko DAR **83** 64); gehobene soziale Stellung, Tätigkeit im KfzGewerbe oder als Kf (Kö DAR **62** 19, Hb VM **61** 78, Ha DAR **59** 48).

67   **Mildernd** kann (abgesehen von Abs. 4) wirken: freiwillige Rückkehr (BGHSt **25** 115), überhaupt alles, was dem Beweissicherungszweck nachträglich genügt; geringfügiger Schaden; Kopflosigkeit als Fluchtanlass (BGH VRS **18** 201); Meldung bei der Pol nach Vollendung von I (BGH VRS **25** 115, AG Saalfeld ZfS **04** 232), besonders, wenn sie zur vollständigen Beweissicherung führt; mögliche erheblichere Mitschuld anderer Beteiligter (BGH VRS **25** 113); Schwangerschaft (Bay VRS **15** 41); „Unfallschock" (Rn. 61; BGH VRS **19** 120, **24** 189), auch ohne verminderte Schuldfähigkeit (BGH VM **61** 31, VersR **66** 579, 915). Angetrunkenheit mildert nicht, obwohl sie den Fluchtentschluss begünstigen mag, ebenso wenig die Absicht, sich anderweitiger Strafverfolgung zu entziehen (KG VRS **8** 266). Verzicht eines alten FzF auf die FE kann Einstellung nach § 153 StPO rechtfertigen (AG Lüdinghausen NZV **09** 305).

68   Bloßer Alkoholverdacht rechtfertigt Versagung der **Strafaussetzung zur Bewährung** allein nicht (Ha DAR **67** 303). Mitarbeit bei Verkehrswacht oder im Krankenhaus als Bewährungsauflage (DAR **59** 264, NJW **65** 1068, 2001). Unter den engeren Voraussetzungen von § 69 II Nr. 3 StGB ist idR die **FE zu entziehen.**

69   **„Tätige Reue"** nach IV führt in Fällen nicht bedeutenden Sachschadens außerhalb des fließenden Verkehrs bei freiwilligem nachträglichem Ermöglichen der Feststellungen durch den Unfallbeteiligten innerhalb von 24 Stunden zwingend zur Strafmilderung, *kann* aber auch ein Absehen von Strafe rechtfertigen. Die Vorschrift greift eine Regelung auf, die bereits in § 22 I S. 2 des G über den V mit Kfz (RGBl 1909, 437) in ähnlicher Form enthalten war (Gesetzeskritik bei *Schulz* NJW **98** 1442). Der Unfall muss sich **außerhalb des fließenden Verkehrs** ereignet haben. Fließender Verkehr ist der Verkehr auf den Fahrbahnen, soweit es sich nicht um ruhenden V (zB Parken am Fahrbahnrand) handelt, im Gegensatz zum Verkehr auf allen anderen Verkehrsflächen, denen gegenüber der fließende Fahrbahn V Vorrang hat (§§ 2, 10 StVO). Dementsprechend sind Aus-, Einpark- Rangiervorgänge von IV erfasst. Hingegen ist die Vorschrift nach hM nicht einschlägig, wenn sich (nur) der Täter mit seinem Fz im fließenden V befindet, also namentlich im Vorbeifahren durch Streifen bzw. Rammen geparkter oder abgestellter Fz bzw. von Verkehrseinrichtungen Schäden verursacht (Kö VRS **98** 122, *Himmelreich/*

Bücken/Krumm Rn. 227c; aM – jedoch wider den Willen des GGebers und entgegen üblichem Sprachgebrauch – LK-StGB[12]/*Geppert* Rn. 201; SK/*Rudolphi* Rn. 56, SSW/*Ernemann* Rn. 59: *Böse* StV **98** 512). Folge darf **ausschließlich nicht bedeutender Sachschaden** sein. Unfälle mit Personenschaden und/oder bedeutendem Sachschaden sind demnach strikt ausgeschlossen. Der Gesetzgeber wollte Kollisionen mit § 69 II Nr. 3 vermeiden (Begr, Rn. 1–19, *Bönke* NZV **98** 130). Der Begriff des nicht bedeutenden Sachschadens korrespondiert mit dem des „bedeutenden Schadens" in § 69 II Nr. 3. Der Schwellenwert liegt derzeit wie dort (§ 69 Rn. 17) bei etwa 1300 €. Auf die Vorstellung des Täters kommt es dabei nicht an (*Bönke* NZV **98** 130). **Nachträgliches Ermöglichen** der Feststellungen: III. Neben den dort genannten Alternativen der Benachrichtigung des Berechtigten oder der Pol kommen im Einzelfall auch andere Möglichkeiten in Betracht, etwa die Rückkehr an den Unfallort, soweit dadurch die Feststellungen ermöglicht werden (Begr, Rn. 1–19, *Schulz* NJW **98** 1441). Freiwilliges Ermöglichen setzt Tätigwerden aufgrund eigenen Entschlusses voraus; räumt der Täter seine Unfallbeteiligung erst auf ausdrückliches Befragen ein, so fehlt es daran (*Himmelreich/Bücken/Krumm* Rn. 227d, aM *Schulz* NJW **98** 1441, *Janker* JbVerkR **99** 217). Freiwillig ist das nachträgliche Ermöglichen von Feststellungen nicht mehr, wenn der Täter annimmt oder weiß, dass seine Unfallbeteiligung dem Geschädigten oder der Pol bekannt geworden ist (*Bönke* NZV **98** 130, *Janiszewski* Rn. 551). Ist er vor Ablauf von 24 Stunden nach dem Unfall als Unfallbeteiligter ermittelt worden, so kann er nicht Strafmilderung oder Straffreiheit nach IV mit der Behauptung erreichen, er habe sich noch vor Ablauf der 24 Stunden-Frist melden wollen; denn die Voraussetzung des freiwilligen Ermöglichens kann dann nicht mehr erfüllt werden. **Sieht das Gericht von Strafe ab**, so ist der Täter im Urteil wegen des Vergehens nach § 142 unter Auferlegung der Verfahrenskosten schuldig zu sprechen. **Irrige Annahme** des Unfallbeteiligten, IV berechtige ihn zum Verlassen der Unfallstelle mit nachträglicher Meldepflicht ist vermeidbarer Verbotsirrtum (Ol ZfS **03** 409). Zur Berücksichtigung tätiger Reue **bei EdF** § 69 Rn. 17, und **beim FV** § 44 Rn. 7a. Zwischenbilanz bei *Janker* DAR **14** 750. Zusammenfassung typischer Milderungsgründe bei *Himmelreich* DAR **09** 55.

10. Einziehung. § 74 StGB, hierzu BGHSt **10** 337, NJW **57** 1446 (FluchtFz), *Geppert* **70** DAR **88** 14.

11. Konkurrenzen. Tateinheit: mit Nötigung bei Flucht mit Hilfe von Drohung oder Ge- **71** walt (BGH DAR **52** 93, VRS **8** 272); mit Widerstand zwecks Entfliehens und gefährlicher Körperverletzung (BGH VRS **13** 135); mit räuberischem Diebstahl, sofern das Wegfahren zugleich gewalttätige Sicherung der Wegnahme ist (BGH VRS **21** 113); mit unterlassener Hilfeleistung (§ 323c; BGH VRS **32** 437, DAR **63** 275); mit Vortäuschen einer Straftat (BGH VRS **16** 277, Bay VRS **60** 112); mit versuchtem Mord (BGH VRS **17** 187); mit § 315c (Ha VRS **25** 193); mit § 316 (Ha VRS **50** 125), Fahren ohne FE, das seinerseits TE zu §§ 222, 229 herstellen kann (Bay NJW **63** 168, KG DAR **61** 145, Fra NJW **62** 456, Kö MDR **64** 525, Ol NJW **65** 117). TE auch zwischen § 142 II und § 316 bei Weiterfahrt trotz Kenntniserlangung von zunächst nicht bemerktem Unfall (BayVRS **61** 351, *Hentschel* JR **82** 250).

Tatmehrheit: Zwischen Trunkenheitsfahrt nach §§ 316, 315c I Nr. 1a (III) und nachfolgen- **72** dem unerlaubten Entfernen gem. § 142 I besteht nach hM TM, weil es nach dem Unfall zum **70** unerlaubten Entfernen eines völlig neuen Willensentschlusses bedarf (BGH NJW **67** 942, **70** 255, **73** 335, VRS **48** 354, Bay VRS **61** 351, Sa NStZ **05** 117, Ka NJW **71** 157, Stu VRS **67** 356, Ce VRS **61** 345, krit *Seier* NZV **90** 133, aM BGH VRS **9** 350, Bay NJW **63** 168, KG DAR **61** 145, Kö MDR **64** 525, DAR **67** 139, Ol NJW **65** 117). TM zu bei dem Unfall begangener fahrlässiger Tötung oder Körperverletzung (BGH VRS **31** 109, Kö VRS **44** 20); bei Verlassen des Unfallorts zu Fuß nach Fahren ohne FE (BGH NZV **17** 278; Ha VRS **18** 113); bei weiterer Flucht (in Trunkenheit) nach erneutem Unfall (BGH VRS **25** 36, **29** 185, Ce VRS **33** 113). Ausnahmsweise TE bei sog **„Polizeiflucht":** Kf versucht, der Pol zu entkommen und begeht mehrere Straftatbestände, die normalerweise im Verhältnis der TM stehen würden (§ 24 StVG Rn. 58). Auch mehrfaches unerlaubtes Entfernen während der Flucht trifft dann tateinheitlich zusammen (BGH DAR **94** 180; NStZ-RR **97** 302; NZV **01** 265). Anders kann es liegen, wenn sich der Täter nach Beendigung der Fluchtfahrt zu Fuß vom Unfallort entfernt (BGH DAR **18** 90; s. auch § 21 StVG Rn. 25). Wissentlich falsches Beschuldigen eines anderen mit einer OW nach Unfall kann falsche Verdächtigung (§ 164 II StGB) sein (BGH VM **78** 65).

§ 34 StVO tritt bei Subsidiarität zurück (§ 21 OWiG), soweit diese reicht. Die Vorschrift will **73** die VSicherheit dadurch fördern, dass sie, synchron zu § 142, die bei VUnfällen zu beachtenden Pflichten im öffentlichen Interesse einzeln aufzählt.

74   **12. Verfahren.** Schweigt der Angekl. zum Tatvorwurf, so besteht *kein* Beweisverwertungsverbot *in Bezug auf seine Angaben gegenüber der Versicherung* (BVerfG NZV **96** 203). **Tatidentität (§ 264 StPO)** zwischen schuldhafter Unfallverursachung und unerlaubtem Entfernen (BGH NJW **70** 255 (abl *Grünwald* JZ **70** 330), **73** 335, VRS **63** 42, Sa VRS **106** 194, KG BA **17** 44 m Bspr *König* DAR **17** 362; Ce VRS **54** 38, Stu VRS **67** 356), auch wenn die Hauptverhandlung statt dieses Vorwurfs ein Gestatten des Fahrens ohne FE und Beihilfe zu § 142 I ergibt (Zw VRS **63** 53), zwischen schädigendem Ausparken und Flucht (BGH NJW **70** 1427), hinsichtlich aller während der Flucht mit dem Kfz verübten strafbaren Handlungen, ausgenommen besonders schwerwiegende (BGH VRS **48** 191). War dem Angekl. ein Vergehen nach § 142 vorgeworfen worden, so beruht der spätere Vorwurf der Strafvereitelung durch Selbstbezichtigung anstelle des wirklichen FzF nicht auf derselben Tat iS von § 264 StPO, wenn dieser die Tat des § 142 im Zeitpunkt der wahrheitswidrigen Angabe durch den Angekl. bereits beendet hatte (Bay VRS **67** 440). Bei Anklage wegen Trunkenheitsfahrt (§§ 316, 315c I Nr. 1a) und anschließenden Vergehens nach § 142 I in TE mit § 316 führt Nichterweislichkeit des § 142 I wegen der dann vom 1. Tatkomplex mit umfassten weiteren Trunkenheitsfahrt nicht zum Freispruch (KG VRS **60** 107, Stu VRS **67** 356, Zw VRS **85** 206), anders, wenn die Anklage den zweiten Tatkomplex nur als Vergehen nach § 142 StGB würdigt (Sa VRS **106** 194). Erweist sich § 142 nicht, liegt aber (wegen des Unfallgeschehens) ein Verstoß gegen § 1 II StVO vor, so muss aufgrund TM zwischen beiden Handlungen (Rn. 72) in Bezug auf § 142 ein Freispruch erfolgen (Ko SVR **16** 395). Bei Anklage nach I, aber Verurteilung nach II ist **Hinweis nach § 265 StPO** nötig (Ce VRS **54** 38, Bay VRS **61** 31, Fra NZV **89** 40). Wegen des Unfallbegriffs muss wenigstens der Mindestschaden **im Urteil** festgestellt werden, nicht nur Schätzung (Zw VRS **31** 267). Die Urteilsgründe müssen angeben, ob I Nr. 1 oder Nr. 2 angewandt wurde (§ 267 III S. 1 StPO, Stu DAR **80** 248). Je weniger sinnfällig der Schaden, umso sorgfältiger ist der innere Tatbestand zu begründen (Ha VRS **42** 360), ebenso bei fast erschöpfter Wartezeit nach I. **Wahlweise Feststellung** zwischen Abs. 1 und 2 ist möglich (Bay DAR **80** 265 (R)). Keine Wahlfeststellung zwischen Täterschaft und Beihilfe; dann muss wegen Beihilfe verurteilt werden (BGH, Beschl. v. 10.8.2011, 4 StR 369/11), gleichfalls nicht zwischen Flucht und Vollrausch (Dü GA **62** 379). Einheitlichkeit des Unfall- und Fluchthergangs (§ 264 StPO) hindert idR **Rechtsmittelbeschränkung** auf Flucht nicht (BGH NJW **71** 1948, **73** 335, Kö VRS **62** 283, Stu VRS **72** 186). Jedoch ist bei Verurteilung nach §§ 316, 315c I Nr. 1a tatmehrheitlich mit § 142 I *in TE mit § 316* Rechtsmittelbeschränkung auf den 2. Tatkomplex wegen der einheitlich zu beurteilenden Frage der Fahrunsicherheit (BGH NJW **73** 335, Bay VRS **59** 336, NStZ **88** 267, Kar NJW **71** 157, Ha NJW **70** 1244, Dü VRS **63** 462, Stu VRS **67** 356, **72** 186, aM Stu NJW **71** 2248). Auch bei TE zwischen Trunkenheitsfahrt und Flucht keine Rechtsmittelbeschränkung auf einen der beiden Tatbestände (Kö DAR **64** 112, Dü VRS **63** 462). Nach Verurteilung gem. § 229 und Freispruch wegen Vortäuschens einer Straftat durch falsche Angaben an der Unfallstelle darf auf Berufung des Angekl. keine Verurteilung nach § 142 I erfolgen, sofern diese falschen Angaben zur Tatbestandsverwirklichung des § 142 I gehören (Bay NJW **81** 834). Endgültige Einstellung hinsichtlich des 1. Handlungskomplexes nach § 153a StPO kann **Strafklageverbrauch** hinsichtlich des 2. Komplexes nach sich ziehen (KG BA **17** 44 m Bspr *König* DAR **17** 362). Zum **Festnahmerecht** (§ 127 StPO) durch Augenzeugen BGH DAR **79** 182 (s. Rn. 46).

75   **Verjährung:** 5 Jahre (§ 78 III Nr. 5).

76   **13. Zivilrecht.** Zum Anwendungsbereich des VVG 08 bzw. VVG alt § 316 Rn. 118. Verlassen der Unfallstelle ist nur dann Verletzung der Aufklärungsobliegenheit, wenn § 142 I objektiv und subjektiv erfüllt ist (BGH NZV **00** 204; Kar NZV **09** 43; RsprÜbersicht *Staub* DAR **18** 5; *Link* SVR **18** 8; *Schulz-Merkel* NZV **18** 302). Dies ist durch E.1.1.3 AKB 15 ausdrücklich klargestellt (*Maier* r+s **16** 64); abw jedoch zw für die AKB 08 etwa Stu r+s **15** 14 mAnm *Rixecker;* Fra r+s **16** 70; KG r+s **16** 73). Die Vorschrift enthält dabei keine Obliegenheit, iSv § 142 II nachträgliche Feststellungen zu ermöglichen, wobei das Haltverbot nach § 18 VIII StVO bei einem Schutzplankenschaden der Annahme einer Verletzung der Aufklärungsobliegenheit aus E.1.1.3 AKB 2015 entgegenstehen kann (Ce NJW-RR **19** 857). Kein Verstoß, wenn der VN „unverzüglich" iS des § 142 II zwar nicht den Geschädigten, aber das VU oder dessen Agenten unterrichtet (BGH NJW **13** 936 mAnm *Omlor/Spies* sowie *Schneider* DAR **13** 326; zum Ganzen *Staudinger/Friesen* DAR **14** 757; Mü NZV **14** 525). Bei Beeinträchtigung der Feststellungsmöglichkeiten des VU bewirkt es dessen **Leistungsfreiheit** (in der Haftpflichtversicherung in den Grenzen des § 6 I, III KfzPflVV, s. u), falls Vorsatz gegeben ist (§ 28 II S. 1 VVG 08, E.1.3, E.6.4 AKB 08;

s. aber *Fitz* DAR **08** 668). Allerdings wird E 1.3 AKB 08 trotz weiten Wortlauts nicht über die in § 142 I normierten Pflichten hinausgehen (Sa NJW-RR **16** 922, Ha NZV **16** 582; aM Stu NJW-RR **15** 286, Fra NZV **16** 477). Die Beweislast für Sichentfernen und Vorsatz liegt beim VU (§ 28 II S. 1 VVG 08; BGH NJW **69** 1384, VersR **70** 732, NZV **00** 204; NJW **07** 1126), wobei die bloße Möglichkeit nicht genügt, der VN könne den Unfall bemerkt haben (BGH VersR **72** 339; s. auch Ha NZV **16** 582). Steht Sichentfernen fest, muss der VN versicherungsrechtlich fehlenden Vorsatz beweisen (Nü VersR **68** 339), Irrtümer können ihn insoweit entlasten (Sa ZfS **16** 211). Bei Misslingen des Entlastungsbeweises (teilweise) Leistungsfreiheit (Hb VersR **69** 822). Liegt Unfallflucht indiziell nahe, so kann sich der VN nur durch substantiierte Beweisdarlegung entlasten (Dü VersR **77** 1147) *Unfallschock* (Rn. 61) dürfte allerdings weiterhin der VN beweisen müssen (vgl. BGH VersR **72** 339, 342, Ha NJW-RR **98** 1183, Brn DAR **07** 643), ggf. keine vorsätzliche Obliegenheitsverletzung (Dü VersR **68** 934, BGH VersR **70** 801), jedoch Pflicht, nach Abklingen alle noch mögliche Aufklärung nachzuholen (KG VersR **74** 74). Mangels Vorsatznachweises Vermutung grober Fahrlässigkeit, die nach § 28 II S. 2 VVG 08 zu Quotierung führt (dazu § 316 Rn. 118).

Grundsätzlich möglich ist der **Kausalitätsgegenbeweis** (§ 28 III S. 1 VVG 08), dh, der VN 77 muss beweisen, dass das Sichentfernen weder für die Feststellung des Versicherungsfalls noch für die Feststellung oder den Umfang der Ersatzpflicht des VU ursächlich ist (vgl. BT-Drs. 16/3945 S. 69). Das wird ihm kaum je gelingen (vgl. Nau NZV **13** 137; Mü DAR **14** 469 s. aber Ha ZfS **18** 451; Stu ZfS **20** 214; AG Bln-Mitte NZV **14** 313). Überdies ist der Gegenbeweis bei Arglist ausgeschlossen (§ 28 III S. 2 VVG 08). Das ist der Fall, wenn sich der VN bewusst war, durch das Sichentfernen die Feststellungen des VU zu Schadenshergang bzw. -höhe beeinflussen zu können (BGH NJW **13** 936, Sa SVR **17** 471 *(Lempp)*); LG Sa NZV **11** 255; *Nugel* NZV **08** 11), was eine einzelfallbezogene Prüfung voraussetzt, also nicht ohne Weiteres angenommen werden darf (BGH NJW **13** 936; Sa ZfS **16** 211; AG Bln-Mitte NZV **14** 313; *Maier* r+s **16** 64; abw Fra r+s **16** 70; KG r+s **16** 73; LG Dü NJW-Spezial **10** 555, LG Sa NZV **11** 255, LG Kar DAR **17** 468; LG Detmold NZV **14** 312). Eine Bereicherungsabsicht ist nicht erforderlich (Mü NZV **14** 525). Zur alten Rechtslage hat die Rspr. einen strengen Maßstabe angelegt und Leistungsfreiheit namentlich auch angenommen in den Fällen *eindeutiger Haftungslage* (BGH VersR **00** 222, Dü VersR **04** 1407, Brn DAR **07** 643, Kö ZfS **03** 23, Fra NJW-RR **02** 901, Nü MDR **01** 91, Ha NZV **00** 125) und in Fällen I auch *bei anschließender telefonischer Unterrichtung* des VU (Ha NZV **03** 291; s. aber Sa ZfS **99** 291 (nicht bei eindeutiger Haftungslage, Rn. 53a), Fra ZfS **06** 577 (Aufklärungsinteresse nicht tangiert, Meldung am nächsten Tag, unerhebliches Verschulden) mablAnm *Bihler* ZfS **08** 94; für die Kaskoversicherung Sa NZV **99** 131, ZfS **99** 291 (nur, wenn Mitverursachung eines Dritten in Betracht kommt); wN 39. Aufl). In solchen Fällen wird der VN künftig wohl eher die Leistungsfreiheit des VU verhindern können (*Schirmer* DAR **08** 319; s. aber zur Arglist oben). Dass die Voraussetzungen von IV (Rn. 69) vorliegen, ist ohne Bedeutung (Nü MDR **01** 91, Ol ZfS **03** 409). Nach Ablauf der Wartefrist oder nach berechtigtem oder entschuldigtem Entfernen (II) genügt unverzügliche Benachrichtigung *des VU* (Kar VersR **02** 1021. zust *Rixecker* ZfS **02** 584).

Mehrfache Obliegenheitsverletzung durch mehrfaches unerlaubtes Entfernen vom Un- 78 fallort führt zu mehrfacher versicherungsrechtlicher Sanktion (Brn ZfS **04** 518). Leistungsfreiheit in der **Kfz-Haftpflichtversicherung** jedoch nur in den Grenzen des E.6.3, E.6.4 AKB 08, § 6 I, III KfzPflVV. Für den Regelfall ist die Leistungsfreiheit des VU auf 2500 € begrenzt (§ 6 I KfzPflVV), bei vorsätzlicher, besonders schwerwiegender Obliegenheitsverletzung auf 5000 € (§ 6 III KfzPflVV). Zu diesen Fragen dürfte die zur alten Rechtslage ergangene Rspr. noch herangezogen werden können. Nicht jedes unerlaubte Entfernen vom Unfallort stellt danach schon eine besonders schwerwiegende Verletzung iS von E.1.3, E.6.4 AKB 08, 6 III KfzPflVV dar (Brn ZfS **04** 518 mAnm *Rixecker,* Dü ZfS **04** 364, Fra ZfS **03** 10, Nü DAR **80** 371, Ba VersR **83** 1021). „Besonders schwerwiegende" Verletzung der Aufklärungspflicht iS dieser Bestimmungen ist nur anzunehmen in Fällen, die als besonders krass zu beurteilen sind (Ha VersR **79** 75, Schl VersR **80** 667, **81** 922, Ba VersR **83** 1021, Kö ZfS **86** 213). Leistungsfreiheit über 2500 bis 5000 € tritt danach nur ein, wenn die Unfallflucht *generell* zur Interessengefährdung des VU geeignet war (ein konkreter Nachteil braucht nicht verursacht zu sein) und den VN ein besonders schwerwiegendes Verschulden trifft (BGH NJW **82** 2323, VersR **83** 333, Brn ZfS **04** 518, krit *Rixecker,* Kö ZfS **86** 213, Kar VersR **00** 1408, ZfS **98** 57, *Zopfs* VersR **94** 267, *Maier* NVersZ **98** 61). Ein solches liegt nur vor, wenn zum Verlassen der Unfallstelle weitere schwerwiegende Umstände hinzutreten (Brn ZfS **04** 518 mAnm *Rixecker, Weber* DAR **83** 186, *Maier* NVersZ **98** 61), zB bewusste Verschleierung des Unfallhergangs, etwa durch wahrheitswidrige Angaben (Brn ZfS **04** 518, krit *Rixecker*), Verstecken des Fz und Diebstahlsanzeige bei der Pol (BGH VersR **83** 333), Flucht trotz Kenntnis, einen Menschen erheblich verletzt zu haben (Brn ZfS **04** 518, Kar VersR **83** 429). Nachtrunk nach Unfallflucht rechtfertigt nicht in jedem Fall den Vorwurf besonders schwerwiegenden Verschuldens iS von E.6.4 AKB (vgl. Ba VersR **83** 1021, Kö ZfS **86** 213). Im Rahmen des § 6 I KfzPflVV (Leistungsfreiheit bis 2500 €) hat die frühere RelevanzRspr. keine Geltung mehr, dh die Leistungsfreiheit des VU hängt nicht davon ab, dass die Obliegenheitsverletzung geeignet ist, die Interessen des VU erheblich zu beeinträchtigen (Hb VersR **81** 823, Schl VersR **81** 922, Ba ZfS **82** 276, LG Aachen ZfS **84** 373, LG Freiburg VersR **87** 399, wohl auch BGHZ **84** 84 = NJW **82** 2323, aM *Bauer* VersR **76** 805, *Maier* NVersZ **98** 62, sowie Ol NJW **85** 637, Ha ZfS **94** 450 m abl Anm *Hofmann*). **Vereitelung der Blutprobe** ist Obliegenheitsverletzung in der *Haftpflichtversicherung* (BGH VersR **68** 385, Nü VersR **70** 562, Ba VersR **76** 358 (Nachtrunk), Ha VersR **63** 425, Kar VersR **00** 1408), in der *FzVersicherung* nur bei Beteiligung eines Dritten als Mitverursacher oder Geschädigter (BGH NJW **76** 371, **87** 2374, Ha ZfS **92** 344, Nü VersR **01** 711, NJW-RR **93** 738, Kö VersR **93** 45, Mü NZV **95** 490, Sa VersR **98** 885) oder – auch ohne Drittbeteiligung – dann, wenn der Nachtrunk in Erwartung polizeilicher Ermittlungen zur Sachverhaltsverschleierung erfolgt oder dazu ausgenutzt wird (BGH NJW **76** 371, Nü VersR **01** 711, Sa ZfS **01** 69, Kö VersR **97** 1222, Ha NJW-RR **92** 165, Fra VersR **95** 164, *Lang* NZV **90** 174, *Hällmayer* NZV **99** 197), was das VU zu beweisen hat (Kar DAR **08** 527; LG Kassel ZfS **07** 517 mAnm *Rixecker*).

78a   **§ 142 ist SchutzG** iS von § 823 II BGB, soweit er die Beweismöglichkeiten des Geschädigten schützt (BGH VersR **81** 161), zw, ob auch zugunsten eines Unfallbeteiligten, der bei der Verfolgung zu Schaden kommt (BGH VersR **81** 161 und dazu **E** 109, § 16 StVG Rn. 5).

79   **Literatur:** *Arloth,* Verfassungsrecht und § 142 StGB, … GA **85** 492. *Bär,* Gesetzliche Regelung der Unfallflucht, VGT **82** 113. *Ders.,* Wer ist Feststellungsberechtigter iS von § 142 Abs. 1 StGB?, DAR **83** 215. *Bernsmann,* Der Verzicht auf Feststellungen bei § 142 StGB, NZV **89** 49. *Berz,* Zur Auslegung des § 142 StGB, DAR **75** 309. *Beulke,* Strafbarkeit gem. § 142 StGB nach einverständlichem Verlassen der Unfallstelle …, JuS **82** 815. *Bönke,* Die neue Regelung über „tätige Reue" in § 142 StGB, NZV **98** 129. *Böse,* Die Einführung der tätigen Reue nach der Unfallflucht, StV **98** 509. *Dornseifer,* Struktur und Anwendungsbereich des § 142 StGB, JZ **80** 299. *Engelstädter,* Der Begriff des Unfallbeteiligten in § 142 Abs. 4 StGB, Diss., Frankfurt/M., 1997. *Geppert,* Zur Frage der VUnfallflucht bei vorsätzlich herbeigeführtem VUnfall, GA **70** 1. *Ders.,* Unfallflucht in strafrechtlicher Sicht vor dem Hintergrund des „nemo-se-tenetur-Satzes", BA **91** 31. *Hällmayer,* Aufklärungsobliegenheit bei Alleinunfall mit LeasingFz, NZV **99** 105. *Halm,* Versicherungsrechtliche Konsequenzen der Unfallflucht, DAR **07** 617. *Hartmann-Hilter,* Zur „Unfall"-Flucht des Vorsatztäters, NZV **95** 340. *Herzberg,* Zur Teilnahme des FzHalters am Unterlassungsdelikt nach § 142 II StGB, NZV **90** 375. *Jagusch,* Zum Umfang der Vorstellungspflicht gem. § 142 StGB, NJW **76** 504. *Janiszewski,* Zur Neuregelung des § 142 StGB, DAR **75** 169. *Kretschmer,* Unfallflucht nach Anfahren eines Toten?, NZV **04** 496. *Küper,* Grenzfragen der Unfallflucht, JZ **81** 209, 251. *Ders.,* Zur Tatbestandsstruktur der Unfallflucht, NJW **81** 853. *Ders.,* Vorstellungspflicht und „Feststellung der Person" bei § 142 I Nr. 1 StGB, JZ **88** 473. *Ders.,* Unfallflucht und Rauschtat, NJW **90** 209. *Ders.,* Täuschung über Personalien und erschlichener Verzicht auf Anwesenheit bei der Unfallflucht, JZ **90** 510. *Ders.,* „Pflichtverletzung" und „Tathandlung" bei der Unfallflucht, GA **94** 49. *Laschewski,* Vorsatzloses Entfernen vom Unfallort – weiterhin strafbar? …, NZV **07** 444. *Loos,* Grenzen der Strafbarkeit wegen „Unerlaubten Entfernens vom Unfallort" …, DAR **83** 209. *Mikla,* Probleme der nachträglichen Feststellungspflicht, § 142 II StGB, Diss., Passau 1990. *Mitsch,* § 142 StGB und Wartezeit-Irrtum …, NZV **05** 347. *E. Müller/Kraus,* Unfallflucht nach vorsätzlichem Rammen durch ein PolFz, NZV **03** 559. *Römer,* Der räumliche und zeitliche Zusammenhang mit dem Unfallgeschehen, MDR **80** 89. *Schmedding,* Unfallflucht aus der Sicht des technischen Sachverständigen, NZV **03** 24. *Schnabl,* Der Unfallbegriff des § 142 I StGB und die „deliktische Planung", NZV **05** 281. *Schwab,* … Sich entfernen = entfernt werden?, MDR **83** 454. *Ders.,* VUnfallflucht trotz „Schuldanerkenntnis" …?, MDR **84** 538. *Volk,* Die Pflichten des Unfallbeteiligten, DAR **82** 81.

Fahrlässige Tötung

222 Wer durch Fahrlässigkeit den Tod eines Menschen verursacht, wird mit Freiheitsstrafe bis zu fünf Jahren oder mit Geldstrafe bestraft.

Fahrlässige Körperverletzung

229 Wer durch Fahrlässigkeit die Körperverletzung einer anderen Person verursacht, wird mit Freiheitsstrafe bis zu drei Jahren oder mit Geldstrafe bestraft.

Übersicht

1. Allgemeines. §§ 222 und 229 haben gemein, dass der iÜ rechtstreue jedermann bei uU **1** leichtestem Verschulden und (§ 229) geringfügigen Folgen zum Straftäter werden kann, wobei das Zufallselement den Ausschlag gibt (krit. *Cierniak* SVR **12** 127) und das Strafrecht nicht selten als Büttel zur Durchsetzung zivilrechtlicher Forderungen eingesetzt wird. Vor diesem Hintergrund stehen Forderungen nach Restriktionen, bei freilich facettenreichem Meinungsbild (zB Wegfall der fahrlässigen Erfolgshaftung im Strafrecht, Strafbarkeit nur bei Leichtfertigkeit, gesetzliche Beschränkungen des Verfolgungsverhaltens der StA, s. auch *Janiszewski/ Backmann* NZV **13** 465 sowie mit Hinweisen auf die Lage im Ausland *Bönke* NZV **12** 1). Der Gesetzgeber hat die Forderungen nicht aufgegriffen. Es macht eben auch im Bewusstsein der Rechtsgemeinschaft einen Unterschied, ob sich der Verkehrsverstoß ohne weitere Konsequenzen „verflüchtigt" oder ob er die körperliche Unversehrtheit eines anderen nicht nur unerheblich verletzt bzw. gar den Höchstwert Leben vernichtet. Dies gilt umso mehr, wenn erschwerende Umstände hinzukommen (Rauschmittel, Übermüdung, rowdyhaftes Verhalten). Der Gesetzgeber hat sich vor diesem Hintergrund (wie in anderen Bereichen der Kriminalität auch) für den prozessualen Weg entschieden. Das Verfahrensrecht hält ein umfangreiches Instrumentarium bereit, um geringer wiegende Taten von Strafe verschonen zu können, namentlich das Diversionsverfahren nach den §§ 153, 153a StPO (§§ 45, 47 JGG) und für die fahrlässige Körperverletzung die Privatklageverweisung (Rn. 32); zum besonderen öffentlichen Interesse an der Strafverfolgung (§ 230) s. Rn. 31. Wo (wie idR bei § 222) die Verhängung einer Strafe unabdingbar ist, müssen die Umstände des Einzelfalls bei der Strafzumessung berücksichtigt werden. Bei einem Täterverschulden im unteren Bereich der Schwereskala werden wegen fahrlässiger Tötung Geldstrafen verhängt. Dies kann in Anbetracht des Versterbens eines Menschen Unbehagen bereiten (zB *Fischer* § 222 Rn. 1), muss aber unter der Geltung des Schuldprinzips mangels überlegener Alternativen wohl hingenommen werden. In besonderen Fällen kann eine Verwarnung mit Strafvorbehalt (§ 59) oder ein Absehen von Strafe nach § 60 angezeigt sein (Rn. 29). Zur Erfolgshaftung bei der Nutzung **hoch- oder vollautomatisierter Fahrfunktionen** s. § 1b StVG Rn. 13 ff.

2. Eintritt des Taterfolgs. Der Eintritt des Todes setzt den Gesamthirntod, also den irre- **2** versiblen und totalen Funktionsausfall des Gesamthirns voraus (hM, s. etwa Schönke/Schröder/ *Eser/Sternberg-Lieben* vor § 211 ff. Rn. 19). Zur Frage des Versterbens des Opfers nach Abschluss des Strafverfahrens und einem damit verbundenen Strafklageverbrauch Rn. 33. Der **Körperverletzungserfolg** ist gegeben, wenn das körperliche Wohlbefinden oder die körperliche Unversehrtheit nicht nur unerheblich beeinträchtigt worden ist. Eine Gesundheitsbeschädigung, also das Hervorrufen oder Steigern eines krankhaften Zustands, steht gleich (*Fischer* § 223 Rn. 3a ff.). Es entscheidet nicht die persönliche Befindlichkeit des Opfers, sondern die Sicht des objektiven Beobachters (Kö NJW **97** 2191). Die Zufügung oder das Empfinden von Schmerz ist nicht zwingend erforderlich. Andererseits wird die Erheblichkeitsgrenze bei nicht nur kurzfristiger Schmerzempfindung idR überschritten sein. Prellungen, Blutergüsse, Schnitte, Hautabschürfungen oder -risse können genügen (MüKoStGB/*Joecks/Hardtung* § 223 Rn. 11), gleichfalls ein Schleudertrauma (BGH StV **18** 408 Rn. 8), sofern die Beeinträchtigungen einen gewissen Erheblichkeitsgrad erreichen. Bei leichten Prellungen (Bay DAR **02** 38) oder einer Hautrötung aufgrund der Einwirkung des Sicherheitsgurts (Kar VRS **108** 427) ist dies nicht der Fall. Ein schwerer Unfallschock, der sich zB in psycho-vegetativen Störungen wie Heulkrämpfen, extremen Angstzuständen oder Schlafstörungen auswirkt (vgl. BGH NJW **96** 1068; s. auch BGH StV **18** 408 Rn. 8), ist tatbestandsrelevant, desgleichen ein außergewöhnlicher Erregungszustand aufgrund gefährlichen Drängelns im StrV (Fra VRS **38** 49 (Gliederzittern und Kreislaufschwäche)). Hingegen reicht ein „kleiner Schock" (Kö StV **85** 17) genauso wenig hin wie ein Schweißausbruch, Herzklopfen oder ein durch das Ereignis bedingter Durchfall, sofern diese Zustände vorübergehender Art sind (Kö NJW **97** 2191; eingehend zu den Voraussetzungen der Erheblichkeit bei psychischen Störungen BGH NJW **13** 3383). Durch Benzinspritzer verursachte Beeinträchtigungen des körperlichen Wohlbefindens genügen nicht (BGH NJW **95** 2643).

3   **3.** Der Taterfolg muss **durch die Handlung** verursacht sein. Nach einhelliger Rspr. ist dies (zunächst) nach der Äquivalenztheorie zu beurteilen: Kausalität ist gegeben, wenn das aktive Tun nicht hinweggedacht werden kann, ohne dass der konkrete Erfolg entfiele, bzw. beim Unterlassen (Garantenstellung vorausgesetzt), wenn es keine Handlung gibt, die hinzugedacht werden kann, ohne dass mit an Sicherheit grenzender Wahrscheinlichkeit der Erfolg ausgeblieben wäre (im Einzelnen E 98, 99). Bei einem Nichtbemerken eines Bremsdefekts durch Mitarbeiter einer Kfz-Werkstatt muss festgestellt sein, dass das Fz bei erstatteter Meldung durch den Verantwortlichen nicht in den Verkehr entlassen worden wäre (BGH NJW **08** 1897 mAnm *Kühl*). Dass der eingetretene Erfolg auch durch ein zeitlich nachfolgendes pflichtwidriges Verhalten eines Dritten herbeigeführt worden wäre, beseitigt nicht die Ursächlichkeit des Verhaltens, das den Erfolg tatsächlich bewirkt hat (BGHSt **30** 228 = NJW **82** 292 mAnm *Kühl* JR **83** 32, *Puppe* JuS **82** 660, *Ranft* NJW **84** 1425; zum rechtmäßigen Alternativverhalten Rn. 15). Kausalität im Sinn der Äquivalenztheorie wird kaum je problematisch werden. Der Schwerpunkt der Prüfung liegt bei der objektiven Zurechnung. Die st. Rspr. behandelt die Zurechnungsfragen im Rahmen der Kausalität (s. etwa BGH NJW **85** 1350). Im Ergebnis macht dies keinen Unterschied. Zu den Einzelheiten Rn. 14 ff. Zu Fällen von Suiziden im Zusammenhang mit dem Verdacht der fahrlässigen Tötung *Ebner* SVR **10** 250.

3a   **Strafbarkeit wegen Unterlassens** setzt Garantenstellung voraus (hierzu allg E 87 ff.). **Wer als Gastwirt** einem Kf Alkohol ausschenkt, muss das Weiterfahren nur dann mit angemessenen, ihm möglichen Mitteln verhindern, wenn sich der Gast nach verständiger Beurteilung nicht mehr eigenverantwortlich verhalten kann (BGHSt **19** 152 = NJW **64** 412, BGHSt **26** 35, BGH VRS **48** 348, Sa NJW-RR **95** 986, s. auch Dü NJW **66** 1877 mAnm *Gaisbauer*). Desgleichen trifft den privaten Gastgeber eine Garantenpflicht erst bei erkennbarer Hilflosigkeit des Gastes (BGHZ **26** 35). Bloße Zechgemeinschaft oder die soziale Gastwirtsrolle führt allein noch nicht zur Garantenstellung (BGHSt **25** 218, VRS **13** 470, Dü NJW **66** 1175). Die arbeitsvertragliche Übernahme der Wartungspflicht durch den Mitarbeiter einer **Kfz-Werkstatt** begründet auch eine Schutzfunktion gegenüber allen VT, die in den durch unzureichende Wartung begründeten Gefahrenbereich der seiner Aufsicht unterliegenden FirmenFz geraten (BGH NJW **08** 1897 mAnm. *Kühl, s. auch* BGH NJW **02** 1887; zur Kausalität Rn. 3). **Der Begleitperson beim begleiteten Fahren ab 17** (§ 6e StVG, § 48a FeV, im Einzelnen dort) dürfte nicht als solcher eine Garantenstellung zukommen, sondern nur dann, wenn es sich um ohnehin garantenpflichtige Personen (Eltern) handelt; in diesem Fall können sie für eine Körperverletzung oder Tötung der Obhutsperson einzustehen haben; gegenüber evtl. geschädigten *anderen* VT haftet die Begleitperson mangels Garantenstellung auch ihnen gegenüber jedoch nicht (*Tolksdorf* Nehm-F S. 440 f.).

3b   **Literatur:** *Bödecker,* Strafrechtliche Verantwortlichkeit Dritter bei VDelikten betrunkener Kf, DAR **69** 281, **70** 309. *Geilen,* Zur Mitverantwortung des Gastwirts bei Trunkenheit am Steuer, JZ **65** 469. *Rudolphi,* Strafbarkeit der Beteiligung an den Trunkenheitsdelikten im StrV, GA **70** 353.

4   **4. Eine objektive Sorgfaltspflichtverletzung** muss dem Täter zur Last fallen (zur Fahrlässigkeit allgemein E 135). Sorgfaltspflichten des Kf ergeben sich namentlich aus der StVO. Deren Missachtung führt in aller Regel zur tatbestandsrelevanten Sorgfaltspflichtverletzung. Denn bei den StVO-Regeln handelt es sich um „das Ergebnis einer auf langer Erfahrung und auf Überlegung beruhenden umfassenden Voraussicht möglicher Gefahren" (BGHSt **12** 75; Kar NZV **90** 199). Sonderrechte nach §§ 35, 38 StVO können von der Einhaltung der StVO-Regeln befreien (näher dort, *Pießkalla* NZV **07** 438). Gleichfalls einschlägig sein können StVG, StVZO, FZV, FPersG oder die FeV. Dass auch die strafrechtlichen Verbote einzuhalten sind (zB § 316), versteht

sich von selbst. Hält sich der VT an die Ge- und Verbote (aber nur dann; s. etwa Bay VRS **58** 221; Ha VRS **59** 114), so darf er im Grundsatz darauf vertrauen, dass andere VT sich gleichfalls verkehrsgerecht verhalten (Vertrauensgrundsatz, **E** 136; § 1 StVO Rn. 20 ff.). Ein Sorgfaltsverstoß liegt dann nicht vor. Das gilt allerdings nicht uneingeschränkt. Auf den Vertrauensgrundsatz kann sich nicht mit Erfolg berufen, wer nach den Umständen mit einem Fehlverhalten anderer rechnen musste. Generell eingeschränkt ist der Vertrauensgrundsatz gegenüber Kindern, Hilfsbedürftigen und älteren Menschen, wenn sie nach ihrer äußeren Erscheinung und ihrem Auftreten als solche erkennbar sind (Rn. 9). Zu Sorgfaltspflichtverletzungen im Rahmen der Nutzung **hoch- oder vollautomatisierter Fahrfunktionen** s. § 1b StVG Rn. 13 ff.

a) Sorgfaltspflichten vor Antritt der Fahrt. Strafrechtlich relevante Sorgfaltspflichten vor 5 Antritt der Fahrt treffen **in erster Linie den FzF** (Rn. 6 ff.). Das folgt schon aus dem allgemeinen Grundsatz, dass eine gefährliche Tätigkeit nur übernehmen darf, wer sie nach seinen Fähigkeiten und seiner Ausrüstung auch zu meistern vermag. Verstößt er dagegen, so liegt ein sog. *Übernahmeverschulden* vor. Für den FzF sind die entsprechenden Pflichten in Bezug auf seine Person namentlich in § 31 I StVZO, § 2 FeV, §§ 315c I Nr. 1, 316 StGB, § 24a StVG (hierzu Rn. 6) und in Bezug auf Fz und Ladung namentlich in §§ 22, 23 StVO konkretisiert (hierzu Rn. 7). Jedoch können **auch Dritte,** vorrangig der (vom FzF verschiedene) Halter, strafrechtlich verantwortlich sein (hierzu Rn. 8 f.).

aa) (Gesteigerte) Sorgfaltspflichten können sich zunächst **aus der Person und der aktuellen** 6 **Befindlichkeit des FzF** selbst ergeben. Weist er fahrsicherheitsrelevante geistige oder körperliche Mängel auf (§ 31 I StVZO, § 2 FeV, § 315c I Nr. 1, § 316 StGB), so kann es die Sorgfaltspflicht gebieten, das FzFühren ganz zu unterlassen. ZB handelt fahrlässig, wer trotz der jederzeitigen Gefahr eines epileptischen Anfalls eine Fahrt antritt (BGH NJW **95** 795; zu einem Fall, in dem man nahezu von bedingtem Vorsatz ausgehen könnte, AG Delmenhorst BA **15** 46). Das Gleiche gilt für den Fahrtantritt trotz Übermüdung, erheblicher Einschränkung des Sehvermögens (zB Fahren zur Nachtzeit bei Nachtblindheit), einer fiebrigen Erkrankung und sogar bei Heuschnupfen (vgl. AG Gießen NJW **54** 612), kurz nach einem Herzinfarkt, sofern die Gefahr eines Rückfalls besteht (LG Heilbronn VRS **52** 188) usw. (§ 2 FeV Rn. 2 ff.; § 315c Rn. 5 f.; s. auch LK-StGB/*König* § 315c Rn. 48 ff.), oder trotz altersbedingter Gebrechen und Schwindelsymptomatik (AG Pinneberg BA **15** 51) oder Demenz (AG Hb-Barmbek DAR **14** 403). Entsprechend liegt es beim Fahren unter dem Einfluss von Rauschmitteln (Alkohol, illegale Drogen, rauschmittelhaltige Medikamente) oder anderen die Fahrunsicherheit beeinträchtigenden Arzneimitteln (Bsp. bei LK-StGB/*König* § 315c Rn. 59). Der Heranziehung des Rechtsinstituts der actio libera in causa (dazu § 316 Rn. 92) bedarf es nach der Rspr. im Hinblick auf den vorverlagerten Anknüpfungspunkt des Schuldvorwurfs in der Regel nicht (BGH NJW **97** 138, Nü NZV **06** 486). Zum Pflichtwidrigkeitszusammenhang Rn. 15, zur gebotenen Selbstprüfung Rn. 28.

Kein Schuldvorwurf ist in Fällen späterer Schuldunfähigkeit zu machen, wenn für den zu 6a Hause Trinkenden nicht besondere Umstände die Möglichkeit der nicht beabsichtigten späteren FzBenutzung nahe legten (Bay VRS **60** 369), ebenso bei Trinken in nahegelegener, zu Fuß aufgesuchter Gaststätte (Bay NStZ **88** 264). Wer sich mit dem Kfz zum Ort des Trinkens begeben hat, muss hingegen mit der Möglichkeit rechnen, das Fz später zu führen (Ol DAR **63** 304, Ha BA **78** 454, Bay NStZ **87** 456, NZV **89** 318, Ko VRS **75** 34). Er muss dann geeignete Vorsorgemaßnahmen gegen die Benutzung des Kfz im Zustand der Schuldunfähigkeit treffen (Bay NJW **69** 1583, DAR **67** 278, NZV **89** 318, Ol DAR **63** 304, Ha NJW **83** 2456, Zw VRS **81** 282). **Als ausreichende Vorsorgemaßnahmen wurden anerkannt:** Aushändigen sämtlicher FzSchlüssel an zuverlässige Person (Bay NJW **69** 1583, Ce NJW **68** 1938, Ha VRS **15** 362, **42** 197, 281), Beschaffung einer Übernachtungsmöglichkeit in einer Weise, die es ausgeschlossen erscheinen lässt, dass später hiervon kein Gebrauch gemacht wird (Bay NJW **69** 1583, Ko VRS **74** 29), uU sogar schon feste Zusage eines nahen Angehörigen, den Betroffenen abzuholen (Kö VRS **34** 127). *Nicht ausreichend* ist die bloße telefonische entsprechende Bitte an einen Kollegen (Ha VRS **32** 17), auch nicht der vor Trinkbeginn gefasste Entschluss, später ein Taxi oder öffentliches VMittel zu nehmen (Bay NJW **68** 2299), zu Fuß nach Hause zu gehen (Bay NStZ **87** 456), oder die Absicht, im Gasthof zu übernachten ohne vorherige Gewissheit einer Übernachtungsmöglichkeit (Bay MDR **67** 943). Zur Vorhersehbarkeit eines späteren Unfalls Rn. 12. Zur Beweiswürdigung bei einer vom Sachverständigen nicht gänzlich ausgeschlossenen Synkope (plötzlicher Ohnmachtsanfall) Ba DAR **11** 147.

Bei geringeren Defiziten kann es die Sorgfaltspflicht gebieten, jedenfalls in einer dem Zu- 6b stand angepassten Art zu fahren. Das gilt zB für das Fahren trotz eingeschränkten Sehvermögens

(BGH VRS **69** 439) oder das Fahren trotz einer die Reaktionsfähigkeit einschränkenden Müdigkeit (zur Übermüdung Rn. 6). Das allgemeine Risiko des plötzlichen Eintritts einer bei Fahrtbeginn noch nicht vorhandenen und auch noch nicht vorhersehbaren Beeinträchtigung der Fahrtauglichkeit und die nicht wägbare Steigerung dieses Risikos aufgrund einer allgemeinen Schwächung des Gesundheitszustands, auch etwa aufgrund hohen Lebensalters, sind hingegen grundsätzlich als sozialadäquat hinzunehmen und begründen den Fahrlässigkeitsvorwurf allein nicht (BGH NJW **95** 795). Ein ungeübter und/oder mit dem Fz nicht vertrauter Fahrer muss eine größere Sorgfalt aufwenden als ein geübter bzw. mit dem Fz vertrauter (BGH DAR **68** 131).

7   Der FzF ist ferner für die **Betriebssicherheit des Fz** nebst Ladung verantwortlich (zB §§ 22, 23 StVO; s. im Einzelnen dort). Der FzF muss das Fz aus dem Verkehr ziehen, wenn sich wesentliche verkehrssicherheitsrelevante Mängel zeigen (§ 23 II StVO). Nach Eingriffen in die Bremsanlage ist eine Bremsprobe erforderlich (BGH VRS **65** 140). Im Abschleppen eines Sattelzugs mit defekter Bremsanlage kann ein Sorgfaltspflichtverstoß liegen (BGH VRS **65** 140). An die Sorgfaltspflichten gerade in Bezug auf die essenziellen Einrichtungen sind strenge Anforderungen zu stellen (Bay DAR **78** 199). Die Durchführung der vorgeschriebenen Pflicht- und Sonderuntersuchungen genügt gerade bei intensiv eingesetzten Fz nicht; vielmehr muss das Fz regelmäßig den systematischen und vorbeugenden Inspektionen der Betriebssicherheit unterzogen werden (BGH VM **60** 1; **65** 20; **66** 33). Besonderer Anlass hierzu besteht, wenn es sich um ein älteres Fz mit sichtbaren Korrosionen handelt (Ha NZV **90** 36). Bei einem geliehenen Fz kann sogar eine Erkundigungspflicht in Bezug auf vorhandene Mängel anzunehmen sein (sehr weit BGH NJW **67** 211). Mangelnde Sicherung der hinteren Bordwand eines Lkw kann zur Strafbarkeit wegen fahrlässiger Tötung führen, wenn die Bordwand beim Fahren herunterklappt und die Heckleuchten verdeckt, woraufhin ein Kf auffährt und tödlich verunglückt (BGHSt **15** 386). Vor Nutzung **hoch- oder vollautomatisierter Fahrfunktionen** muss sich der FzF mit der Systembeschreibung vertraut machen (§ 1a StVG Rn. 8).

8   **bb) Sorgfaltspflichten Dritter. Auch die Verletzung von Sorgfaltspflichten beim Überlassen des Fz** an einen anderen kann zu den §§ 222, 229 führen. Dies gilt zunächst für das Überlassen *an einen ungeeigneten FzF* und dadurch verursachter Verletzung oder Tötung Dritter (falls nur der sich selbst Gefährdende verletzt wird, evt eigenverantwortliche Selbstgefährdung, Rn. 22). Die Verantwortlichkeit trifft *vor allem den Halter* (vgl. § 31 II StVZO; hierzu eingehend *König* SVR **08** 121). Er darf das Fz nur einer Person überlassen, die über die erforderliche Fahrfähigkeit (auch in Bezug auf das konkrete Fz; zB Lkw, Bus usw. und die konkrete Fahrt, zB Wetter, schwierige StrVerhältnisse) verfügt und muss sich hierfür die FE vorlegen lassen; allerdings muss sich die mangelnde Fahrfähigkeit wegen des erforderlichen Pflichtwidrigkeitszusammenhangs (Rn. 15) beim Unfall ausgewirkt haben (BGH VM **57** 13 Nr. 18; Kö DAR **55** 198; Bay VRS **9** 208; Ol VRS **26** 354; Kar NJW **65** 1773). Zu den Sorgfaltspflichten eines Vaters in Bezug auf den in seinem Haushalt lebenden volljährigen Sohn BGH VRS **17** 346. Zum Überlassen des Fz an FzF, der die Fahrprüfung trotz mehrerer Versuche nicht bestanden hat und dann einen Unfall mit Körperverletzungs- oder Todesfolge verursacht, Stu VRS **67** 429 (im konkreten Fall Strafbarkeit wegen eigenverantwortlicher Selbstgefährdung verneint, hierzu Rn. 23). Strafbarkeit, wenn der für das Fz Verantwortliche seinem wegen hochgradiger Trunkenheit erkennbar fahrunsicheren Zechkumpan sein Fz überlässt (BGHSt **3** 175, Kar NJW **80** 1859) oder wenn er gestattet, dass der Fahrer während der Fahrt Alkohol trinkt (Ha VRS **23** 107). Wer aus Gefälligkeit die FzFührung übernommen hatte, muss den Fahrer hingegen nicht an der Weiterfahrt hindern, wenn dieser den Wagen später wieder übernehmen will (Kar JZ **60** 17 mAnm *Welzel*). Wer den Fahrer berauscht macht, kann für einen Unfall während der Fahrt strafrechtlich verantwortlich sein (KG VRS **11** 357), ebenfalls, wer einen angetrunkenen Kf zur Fahrt überredet (BGH VRS **5** 42).

8a   **Der Verantwortliche hat Vorsorge zu treffen,** dass sein Fz nicht ohne sein Wissen durch Ungeeignete benützt wird (s. § 14 StVO Rn. 20 f.); trifft er diese Vorsorge gegen eine missbräuchliche Benutzung seines Kfz durch seinen Zechkumpan nicht, so ist er strafrechtlich auch für einen tödlichen Unfall verantwortlich, der durch die Trunkenheitsfahrt verursacht worden ist (Ha NJW **83** 2456). Entsprechendes gilt bei sonstigen Defiziten der Befindlichkeit des FzF (Rn. 6 ff.). Erst recht strafrechtliche Verantwortlichkeit für Unfallfolgen, falls der Halter (Arbeitgeber) einen übermüdeten FzF zum Fahren anhält oder auch „nur" den Dienstplan so gestaltet, dass Ruhepausen nicht eingehalten werden können (*König* SVR **08** 121). Sorgfaltspflichtverletzung *in Bezug auf das Fz* kann gleichfalls §§ 222, 229 begründen, so etwa, wenn der Verantwortliche seine Fahrer mit verkehrsunsicheren, überladenen, falsch besetzten usw. Fz in den V entlässt und die Mängel unfallursächlich werden (*König* SVR **08** 121). Gleichfalls unter dem Aspekt der §§ 222, 229 relevante Sorgfaltspflichten können die Mitarbeiter einer Kfz-Werkstatt (zu deren Garantenstellung Rn. 3a) treffen (BGH NJW **08** 1897). Zu den Sorgfaltspflichten des Betriebsleiters eines Nahverkehrsunternehmens bei der Instruktion von Straba-Führern an besonders gefährlichen Haltestellen Kar VRS **113** 46.

b) Sorgfaltspflichten während der Fahrt ergeben sich vorrangig aus der StVO (s. auch 9
E 140); jedoch ist die Verzahnung mit dem Vertrauensgrundsatz zu beachten (Rn. 4). Es existiert reichhaltige Kasuistik, die bei den einzelnen Vorschriften zitiert ist. Beispiele gerade aus dem Strafrecht: Der Kf **darf grundsätzlich darauf vertrauen,** dass Passanten nicht unvermittelt die Fahrbahn betreten, sofern es sich nicht um erkennbar ältere Menschen in einer Verkehrssituation handelt, in der nach der Lebenserfahrung damit gerechnet werden muss, dass sie auf Grund ihres Alters das Geschehen nicht mehr voll werden meistern können (KG VRS **70** 463, s. auch BGH NJW **94** 941, Stu DAR **14** 536 (Fußgängerüberweg) sowie § 3 StVO Rn. 29a). Schon gar nicht muss er damit rechnen, dass ein am linken Fahrbahnrand gehender Fußgänger ohne jeglichen erkennbaren Anlass schnell auf sein Fz zuläuft (Jn VRS **123** 217). Vertrauen ist auch dann gerechtfertigt, wenn es sich um einen in der Nähe einer beleuchteten Gaststätte gehenden Fußgänger handelt (Kö VRS **67** 140). Gleiches gilt im Normalfall (s. aber Rn. 16) für ältere Kinder (BGH VRS **24** 200; **46** 114; Stu NZV **92** 196; § 1 StVO Rn. 24, § 25 StVO Rn. 26 ff.). Vertraut werden darf ferner darauf, dass die an einer Verkehrsinsel ein- und aussteigenden Fahrgäste einer Straba das Vorrecht des fließenden V nicht missachten (BGH VRS **15** 445) oder dass Fußgänger hinter einem in Gegenrichtung haltenden Bus nicht mehr als nur einen Schritt auf die Fahrbahn treten, um dieselbe zu überqueren; im letzteren Fall genügt deswegen ein Seitenabstand von zwei Metern (BGHSt **13** 169; Kö VRS **64** 434; s. insbes. zu §§ 25, 26 StVO). Bei Unterschreiten dieses Sicherheitsabstands bestehen gesteigerte Sorgfaltspflichten (Fra JR **94** 77). Kf muss nicht damit rechnen, dass älteres Rad fahrendes Kind beim Überholen unversehens nach links ausschert (Bay NJW **82** 346), dass der Vorfahrtberechtigte die angezeigte Fahrtrichtungsänderung nicht auch tatsächlich vornimmt (Dü NStZ **82** 117), dass ein entgegenkommendes Fz plötzlich die Scheinwerfer aufblendet (BGHSt **12** 81). Hingegen muss der Kf **damit rechnen,** dass für ihn erkennbare kleinere Kinder (uU sogar bis zum Alter von 10 Jahren, falls ohne Aufsicht Erwachsener) plötzlich in die Fahrbahn laufen oder sich sonst unvernünftig verhalten (§ 3 IIa StVO, dort Rn. 29a; zB Ha VRS **59** 260, Kö VRS **70** 373). Jedoch dürfen die Anforderungen nicht überspannt werden (LG Kar VRS **71** 62); es entscheiden die Schwierigkeit des Verkehrsvorgangs und die jeweiligen Örtlichkeiten, wie zB nahe der Str gelegener Spielplatz oder Kindergarten (KG VRS **58** 348). Beim VZ 136 („Kinder") ist unabhängig von der Tageszeit jederzeit mit dem Betreten der Fahrbahn durch Kinder zu rechnen (BGH NJW **94** 941). Gerechnet werden muss damit, dass erkennbar Hilfsbedürftige, wie etwa eine Person, die schwankend und winkend auf die Fahrbahn läuft und erkennbar alkoholisiert ist, sich unvernünftig verhält (§ 3 IIa StVO; zB BGH NJW **00** 1040), dass (bekanntlich) häufige Verkehrsverstöße in bestimmten Situationen auch aktuell auftreten, wie etwa das Rechtsüberholen durch Zweiradfahrer (Bay VRS **80** 340; Ce NZV **90** 481), das plötzliche Betreten des Zebrastreifens durch unvorsichtige Fußgänger (BGHSt **20** 215), das unvorsichtige Einfahren in die AB (*Janiszewski* Rn. 101) oder das nicht verkehrsgerechte Verhalten eines VT, der sich zuvor schon verkehrswidrig verhalten hat (Ko VRS **58** 27). Zu rechnen ist ferner damit, dass sich VT in unklaren Verkehrslagen (zB Unfall, Stau, schlechte Sichtverhältnisse) nicht verkehrsgerecht verhalten (*Janiszewski* Rn. 102), dass angesichts einer eingeschalteten Warnblinkanlage Gefahren auftreten können, die nicht gerade vom blinkenden Fz ausgehen (Kö VRS **68** 354). Sorgfaltspflichtverletzung, wenn ein Kf den angefahrenen Fußgänger bei Dunkelheit wegen der im Hinblick auf seine Geschwindigkeit zu geringen Reichweite des Scheinwerferlichts erst aus einer Entfernung wahrnehmen konnte, die kürzer ist als sein Anhalteweg (Ha VRS **61** 266). Zu erhöhten Sorgfaltspflichten **wegen Defiziten (Krankheiten etc.) in der Befindlichkeit des FzF** Rn. 6b.

c) Von zentraler Bedeutung in Bezug auf die Sorgfaltspflichten **nach Abschluss der Fahrt** 10
sind die in § 14 StVO niedergelegten Ge- und Verbote (Ein- und Aussteigen, Sicherung gegen Unfälle und Verkehrsstörungen sowie vor unbefugter Benutzung; s. auch Rn. 8). Bei Abstellen eines schweren Anhängers auf abschüssiger Strecke ist uU eine mehrfache Absicherung (Holzklötze, Unterlegteile usw.) erforderlich (BGHSt **17** 181). S. im Einzelnen bei § 14 StVO.

5. Objektive Voraussehbarkeit des tatbestandlichen Erfolgs. Der Erfolg muss objektiv 11
vorhersehbar sein. Bei Anwendung der erforderlichen Sorgfalt (Rn. 4) muss der Eintritt des Er-

folgs (Körperverletzung oder Tötung) nach allgemeiner Lebenserfahrung als zu erwarten gewesen sein (**E** 138). Voraussehbar sind dabei nicht nur die Umstände, die die Regel bilden bzw. häufig eintreten, sondern auch Ereignisse, die nach der Lebenserfahrung als Folge des pflichtwidrigen Verhaltens bloß möglich sind; hingegen scheiden Ereignisse aus, die so sehr außerhalb des Bereichs jeglicher Wahrscheinlichkeit und des nach der Lebenserfahrung Möglichen liegen, dass vernünftiger- und billigerweise niemand mit deren Eintritt zu rechnen braucht (BGH NJW **12** 2453, Kar NZV **90** 199). Es genügt Voraussehbarkeit im Allgemeinen; die konkreten Einzelheiten müssen nicht vorhergesehen werden können (st. Rspr.; zB BGHSt **12** 77; **39** 322, BGH NStZ **09** 148). Aufgrund der Vielzahl der im Verkehrsrecht normierten Verhaltenspflichten kommt dabei dem Grundsatz, dass Sicherheitsvorschriften eine indizielle Bedeutung für die Voraussehbarkeit innewohnt (Rn. 4), zentrale Relevanz zu. Denn diese Ge- und Verbote besagen schon durch ihr Dasein, dass bei ihrer Übertretung die Gefahr eines Unfalls (und damit Körperverletzungs- und Todesfolgen) im Bereich der Möglichkeit liegt; ihre Verletzung gestattet somit häufig den Schluss auf die Voraussehbarkeit des Erfolgs, selbst wenn die VLage einen konkreten Anhalt für die Gefahr eines Unfalls nicht enthielt (st. Rspr., zB BGHSt **4** 182; BGH VRS **15** 424; **19** 348; Kar NZV **90** 199). Es darf jedoch auch nicht schematisch vom Regelverstoß auf die Voraussehbarkeit geschlossen werden; vielmehr entscheiden die Umstände des Einzelfalls (Bay NZV **89** 201). Zu den Sorgfaltspflichten vor Antritt der Fahrt in Bezug auf den Eintritt später eintretender Schuldunfähigkeit Rn. 6a, 12.

12   Aus den Grundsätzen unter Rn. 11 ergibt sich, dass etwa der FzF, der die höchstzulässige Geschwindigkeit überschreitet, nicht den konkreten Verhältnissen (Dunkelheit, Nässe, Glatteis, Nebel usw.) angepasst fährt, mit zu geringem Seitenabstand überholt, den Sicherheitsabstand nicht einhält (BGHSt **17** 223, Stu VRS **42** 112), mit abgefahrenen Reifen oder im Zustand der (durch Alkohol oder sonstige Rauschmittel oder sonstige körperliche oder geistige Mängel bedingten) Fahrunsicherheit fährt usw. (s. auch Rn. 5 ff.), in aller Regel voraussehen kann, dass sein Verhalten zu Körperverletzungen oder gar Tötungen (auch mehrerer Personen, BGH VRS **14** 282) führen kann. Nicht völlig außerhalb der Wahrscheinlichkeit liegt es, dass der (alkoholabhängige) Täter während der Fahrt ein Alkoholentzugsdelir erleidet und in diesem Zustand einen (tödlichen) Verkehrsunfall verursacht (Nü NZV **06** 486; s. auch Rn. 6a). Hingegen wird in solchen Fällen idR nicht auch anschließendes unerlaubtes Entfernen vom Unfallort von der Vorstellung umfasst sein (BGH VRS **69** 118, DAR **85** 387). Auch wer ein Fz ungesichert auf der Straße stehen lässt, muss damit rechnen, dass ein Unbefugter damit fährt und einen tödlichen Unfall verursacht (BGH VRS **20** 282). Wer einen Betrunkenen mitnimmt, muss die Möglichkeit einbeziehen, dass dieser ihn beim Fahren so behindert, dass er die Herrschaft über das Fz verliert (BGHSt **9** 335; Ha VRS **48** 200). Nicht vorhersehbar ist hingegen ohne besondere Umstände der „halluzinatorische" Eingriff des Beifahrers ins Steuer (Kar VRS **50** 280).

13   Ein **Mitverschulden des Verletzten**, das in einem gänzlich vernunftwidrigen Verhalten besteht, kann die Voraussehbarkeit eines Unfalls für den Täter ausschließen (BGH NJW **58** 1980; VRS **54** 436). Nach Ha NStZ-RR **16** 27 soll qualifizierter Rotlichtverstoß des Opfers generell als gänzlich vernunftwidrig anzusehen sein, mit der Folge, dass es an der Vorhersehbarkeit fehlt (sehr zw). Der ungewollte Sturz und das Liegenbleiben eines stark alkoholisierten Geschädigten, der für den Täter bei Eintritt der kritischen Verkehrslage erkennbar war, hindert die Annahme der Vorhersehbarkeit (natürlich) nicht (Ha NJW **19** 2868). Voraussehbar sind auch ungewöhnliche, jedoch **nicht völlig atypische Krankheitsverläufe**, so der Tod des Unfallopfers nach einem nicht schweren ärztlichen Kunstfehler (Ce MDR **57** 627) oder nach einer im Krankenhaus erlittenen Lungenembolie (*Fischer* § 222 Rn. 27). Allerdings genügt für die Vorhersehbarkeit eines tödlichen Erfolgs nicht schon dessen theoretische Denkbarkeit; an der Vorhersehbarkeit kann es deshalb fehlen, wenn es nach Abklingen der ersten Unfallbeeinträchtigungen infolge medizinisch nicht zu erwartender bzw. nicht beherrschbarer Komplikationen doch zum Tode kommt (Stu NJW **82** 295). Entsprechendes gilt, wenn das Unfallopfer nach einer harmlosen Wunde deshalb verstirbt, weil es eine Spritze gegen eine Tetanusinfektion (Ce MDR **68** 341) oder eine Bluttransfusion aus Glaubensgründen abgelehnt hat. Immer zu beachten ist, dass in Fällen, in denen die Vorhersehbarkeit *des Todes* nicht gegeben ist, die Vorhersehbarkeit in Bezug auf den *Körperverletzungserfolg* gegeben sein kann und idR auch gegeben sein wird. **Nicht voraussehbar** sein können ferner schwere Folgen, die erst aufgrund einer persönlichen Disposition des Unfallopfers eintreten, so das Versterben einer schwer herzkranken Person wegen der Schockwirkung eines leichten Auffahrunfalls (Kar NJW **76** 1853), ein infolge falschen Überholens des Täters erlittener Herzinfarkt des Opfers (Stu VRS **18** 365) oder die tödliche Hirnblutung eines arteriosklerotischen Mitfahrers aufgrund von Aufregung (vgl. *Fischer* § 222 Rn. 27;

aM Ha VRS **21** 426). Die Rspr. geht hier mitunter sehr weit. So ist nach Ko NJW **04** 3567 (Z) selbst eine durch die Unfallfolgen ausgelöste Drogenabhängigkeit des auch schon vor dem Vorfall labilen Unfallopfers (bei erheblichem Mitverschulden) grundsätzlich vorhersehbar. Vorhersehbarkeit kann schließlich ausscheiden, wenn für das Schadensereignis ein völlig aus dem Rahmen fallendes Verhalten anderer verantwortlich ist. So liegt es zB, wenn ein wegen Übermüdung fahrunsicherer KF aufgrund seiner Übermüdung ein verbotswidrig im Halteverbot, aber gut sichtbar abgestelltes Fz übersieht und darauf auffährt (Bay NZV **89** 201). Desgleichen ist es dem (fahrlässigen) Verursacher eines ersten, mit Ausnahme von Sachschäden folgenlosen Unfalls nicht vorhersehbar, dass ein anderer Kraftfahrer trotz auffälliger Warnzeichen grob verkehrswidrig an eine Unfallstelle heranfährt und so den Tod mehrerer Personen verursacht (Bay VRS **62** 368). Der Ausschluss der Vorhersehbarkeit setzt jedoch *außergewöhnliches* Fehlverhalten dritter Personen voraus; mit „gewöhnlichem" Fehlverhalten Dritter muss stets gerechnet werden (Bay NZV **89** 201; DAR **78** 190, KG DAR **14** 395). Zum „halluzinatorischen" Eingriff des Beifahrers ins Steuer Rn. 12.

6. Zurechnung des tatbestandlichen Erfolgs. Das (fahrlässige) Erfolgsdelikt ist nur erfüllt, **14** wenn der Erfolg dem Täter zugerechnet werden kann. Unter dem Topos der objektiven Zurechnung werden dabei unterschiedliche Probleme diskutiert, wobei nahezu alles umstritten ist (s. etwa Lackner/Kühl/*Heger* § 15 Rn. 41 ff.). Die umfassende Erörterung der vielfältigen Streitfragen wäre im Rahmen dieses Kommentars fehl am Platze. Die nachfolgenden Ausführungen folgen in der Sache der Rspr.

a) Pflichtwidrigkeitszusammenhang. Der Tatererfolg muss durch Fahrlässigkeit verursacht **15** sein. Daraus ergibt sich der sog. Pflichtwidrigkeitszusammenhang. Der eingetretene Erfolg muss seinen Grund gerade in der Sorgfaltsverletzung haben, sich mithin als Realisierung der aus ihr resultierenden Gefahr darstellen; daran fehlt es, wenn er auch bei Beachtung der gebotenen Sorgfalt eingetreten wäre (Lackner/Kühl/*Heger* § 15 Rn. 41) oder wenn dies nicht auszuschließen ist (BGH NJW **85** 1350), also im Fall des so genannten **rechtmäßigen Alternativverhaltens.** Die Rspr. behandelt den Pflichtwidrigkeitszusammenhang als Kausalitätsproblem, hält die Handlung bei rechtmäßigem Alternativverhalten demnach nicht für kausal (Rn. 3, zB BGHSt **11** 1; **21** 59; **24** 31; BGH NJW **85** 1350). Bei der Prüfung der Zurechenbarkeit ist vom wirklichen Hergang auszugehen, nicht von einem nur gedachten (**E** 102). Nicht zurechenbar ist hiernach zB Fahren trotz Fahrunsicherheit bzw. ohne (hinreichende) FE oder mit verkehrsunsicherem Kfz, wenn sich nichts hiervon beim Unfall ausgewirkt hat. Die Problematik wird vor allem bei Fahrten im Zustand der Fahrunsicherheit (Rn. 16) und bei Geschwindigkeitsüberschreitungen (Rn. 17 f.) relevant, aber auch in anderen Konstellationen (Rn. 19). Zum Pflichtwidrigkeitszusammenhang beim Überlassen des Fz an eine ungeeignete Person Rn. 8.

Wird **bei einer Trunkenheitsfahrt** (bzw. bei einer Fahrt im Zustand der Fahrunsicherheit) **16** ein Mensch verletzt oder getötet, so wäre das rechtmäßige Alternativverhalten an sich das Unterlassen der Fahrt. Bei diesem Ansatz käme man zwanglos zur Annahme der objektiven Zurechnung. Denn bei Unterlassen der Fahrt wäre der Unfall nicht geschehen. Die Rspr. geht jedoch nicht so vor. Unter Vorantritt des BGH (Grundsatzentscheidung in BGHSt **24** 31 = NJW **71** 388) fragt sie vielmehr danach, ob der Beschuldigte im Zeitpunkt des Eintritts der kritischen VLage (im Einzelnen **E** 101) den Unfall auch dann verursacht hätte, wenn er in einer seinem Zustand angepassten Weise gefahren wäre, also so langsam, dass er die rauschmittelbedingten Beeinträchtigungen seiner psycho-physischen Leistungsfähigkeit (Wahrnehmungs-, Reaktionsvermögen usw.) ausgeglichen hätte (sehr str.; zust MüKoStGB/*Hardtung* § 222 Rn. 51; krit etwa *Fischer* vor § 13 Rn. 34). Der alkoholisierte Fahrer muss also so langsam fahren, dass er keinen längeren Anhalteweg benötigt als ein nüchterner Fahrer (BGH NStZ **13** 231 m abl. Anm *Foth* DAR **13** 276: Bay NZV **94** 283). Hingegen ist nicht entscheidend, ob ein nüchterner Fahrer den Unfall bei einer für ihn nicht zu beanstandenden Geschwindigkeit hätte vermeiden können (Bay NZV **94** 283: Hätte der betrunkene Beschuldigte aufgrund seines Zustands höchstens 130 km/h statt 160 km/h fahren dürfen, um den gleichen Bremsweg zu haben wie ein Nüchterner, und wäre der Unfall bei 130 km/h vermieden worden, so ist der Erfolg zurechenbar; dass ein (gedachter) Nüchterner 160 km/h hätte fahren dürfen und den Unfall bei dieser Geschwindigkeit auch nicht hätte vermeiden können, ist irrelevant). Der Grund für diesen auf den ersten Blick schwer verständlichen Lösungsweg liegt darin, dass sich gerade die durch die Alkoholfahrt begründete potenzielle Gefahr verwirklicht haben muss (MüKoStGB/*Hardtung* § 222 Rn. 51). Keine Ursächlichkeit von **Übermüdung,** wenn auch ein wacher Fahrer nicht anders reagiert hätte (Kar VRS **50** 280).

17　Ähnliche Zurechnungsprobleme stellen sich **bei Geschwindigkeitsüberschreitungen.** Nimmt man etwa den Fall, dass der Beschuldigte auf einer längeren Fahrt irgendwann einmal die höchstzulässige Geschwindigkeit überschritten hat und kommt es dann zu einem tödlichen Unfall, so wären bei unbefangener Heranziehung des Gedankens des rechtmäßigen Alternativverhaltens die Würfel schnell in Richtung Strafbarkeit gefallen. Wäre der Beschuldigte nämlich nicht zuvor einmal zu schnell gefahren, wäre er nicht zu dieser Zeit am Unfallort gewesen, weswegen sich der Unfall auch nicht ereignet hätte. Dass dies nicht richtig sein kann, liegt auf der Hand (BGH VRS **18** 180; **23** 369; VersR **63** 165; **77** 524; Ha VRS **10** 459). Denn die Geschwindigkeitsregeln bezwecken nicht, dass das Fz später an einer bestimmten StrStelle eintrifft, sondern deren Einhaltung soll es dem Fahrer ermöglichen, sein Fz in kritischen Situationen rasch zum Stillstand zu bringen. Maßgebend ist demnach auch hier die Verkehrswidrigkeit, die als (unmittelbare) Unfallursache in Betracht kommt. Der Zurechnungszusammenhang ist zu bejahen, wenn sich der Unfall nicht ereignet hätte, wäre der FzF **bei Eintritt der kritischen VSituation** nicht mit einer höheren als der zugelassenen Geschwindigkeit gefahren (im Einzelnen **E** 101). Das ist einmal (klar!) dann der Fall, wenn das Fz bei Einhaltung der zulässigen Geschwindigkeit noch rechtzeitig hätte abgebremst werden können (Kö VRS **58** 24). Jedoch ist der Erfolg auch dann zurechenbar, wenn der schließlich Geschädigte zB die Straße zu dem Zeitpunkt bereits überquert gehabt hätte, zu dem der Beschuldigte bei Einhaltung der zulässigen Geschwindigkeit am Unfallort eingetroffen wäre; denn auch in einem solchen Fall verwirklichen sich die Gefahren des Fahrens mit überhöhter Geschwindigkeit, vor denen der VOGeber die VT schützen will (BGH NJW **85** 1350; Fra JR **94** 77; s. ergänzend **E** 101).

18　**Kasuistik (Geschwindigkeit):** Auch wenn der Kf eine zu geringe Geschwindigkeitsanzeige des Tachos nicht erkennen konnte und der Unfall bei der angezeigten Geschwindigkeit nicht eingetreten wäre, entfällt der Vorwurf der Fahrlässigkeit nicht, sofern auch diese Geschwindigkeit pflichtwidrig war (Stu VRS **69** 441, **E** 135). Bleibt beim Vorwurf der fahrlässigen Tötung wegen zu schnellen Fahrens die Möglichkeit eines Bremsversagens offen, so ist zu prüfen, ob die Tötung trotz des Bremsversagens bei zulässiger Geschwindigkeit vermeidbar gewesen wäre (Kö VRS **29** 118, Stu VRS **27** 441). Zur Zurechnung zu hoher Geschwindigkeit für eine Körperverletzung, wenn der Erfolg auch durch zu hohe Geschwindigkeit eines nachfolgenden Dritten herbeigeführt worden wäre, **E** 100. War der Zusammenstoß auch bei Fahren auf Sicht unvermeidbar, so begründet überhöhte Geschwindigkeit allein nicht den Vorwurf schuldhafter Unfallverursachung (BGH VRS **26** 203), desgleichen nicht ein Verstoß gegen § 3 IIa StVO (Jn VRS **111** 180) oder verbotswidriges Einfahren in eine gesperrte Str mit überhöhter Geschwindigkeit vor Eintritt der kritischen VLage (Bay VRS **69** 392 (zu § 1 II StVO), s. auch Rn. 20). Zu den Erfordernissen bei etwaiger Geschwindigkeitsüberschreitung (Fahren auf Sicht) nach Abblenden Kö DAR **10** 337. Sichablösen eines Anhängerrads bei überhöhter Geschwindigkeit ist nicht zurechenbar, wenn ein ähnlich schwerer Schaden auch bei korrekter Geschwindigkeit hätte eintreten können (Bay VRS **58** 412). S. auch Rn. 20 a. E.

19　Die Zurechnung kann zB **ferner entfallen,** wenn bei einem **Überschreiten der Mittellinie** durch den FzF nicht ausgeschlossen werden kann, dass auch der Geschädigte die Mittellinie überschritten hat, weswegen der Unfall auch bei verkehrsgerechtem Verhalten des FzF eingetreten wäre (Bay NZV **92** 452). Auf derselben Linie liegt der vieldiskutierte *„Radfahrerfall" des BGH* (BGHSt **11** 1): Hält der einen betrunkenen Radf überholende LkwF den vorgeschriebenen Seitenabstand nicht ein, so macht er sich nicht nach § 222 strafbar, wenn der Radf wegen seines Zustands auch bei Einhaltung des Sicherheitsabstands unter die Räder des Lkw und hierdurch zu Tode gekommen wäre (MüKoStGB/*Hardtung* § 222 Rn. 45). Steht nicht fest, ob beim *Fahren mit schadhaften Reifen* und überhöhter Geschwindigkeit das für den Unfall ursächliche Platzen des Reifens auch bei ordnungsgemäßem Zustand der Reifen (nämlich durch einen auf der Straße liegenden Nagel) verursacht worden ist, so kann es am Pflichtwidrigkeitszusammenhang fehlen (Kö VRS **64** 257). Keine Zurechnung bei Unfall mit *profillosen Reifen,* wenn der Unfall allein auf unrichtiges Fahren zurückgeht, wenn das Geschehen also bei verkehrsrichtigem Fahren ebenso abgelaufen wäre (BGH VRS **37** 276) oder wenn das vorhandene Restprofil noch zur Wasserabführung ausgereicht hat. Wird dem Betriebsinhaber angelastet, die *Wartung von Reifen* nicht ordnungsgemäß organisiert zu haben, so fehlt es am Pflichtwidrigkeitszusammenhang, wenn der schadhafte Reifen durch einen Mitarbeiter tatsächlich bemerkt, aber unzureichend repariert worden ist (Dü VRS **66** 27, 30; s. auch Rn. 3).

20　**b) Schutzzweck der Norm.** Der eingetretene Erfolg muss im Schutzzweck der verletzten Norm liegen. Die Problematik ist eng mit der des Pflichtwidrigkeitszusammenhangs bzw. des rechtmäßigen Alternativverhaltens (hierzu Rn. 15 ff.) verknüpft und wird oftmals auch in diesem Rahmen erörtert. ZB soll die **Sperrung eines Flurbereinigungswegs** durch VZ 250 nicht vor der Gefahr der Körperverletzung oder Tötung schützen; allein der im verbotswidrigen Befahren eines solchen Wegs liegende Sorgfaltsverstoß ist deshalb im Rahmen der §§ 222, 229 nicht zurechenbar (vgl. Bay VRS **69** 392; s. auch Stu NJW **59** 1550). Desgleichen begründet ein **Verstoß gegen das Rechtsfahrgebot** keinen Zurechnungszusammenhang mit der Gefährdung eines im Seitenverkehr nahenden VT; dies gilt auch, wenn der Verstoß auf Fahrunsicherheit beruht (Bay NZV **89** 359). Nach neuerer Rspr. des BGH (NJW **06** 2110 (Z), s. auch § 20 StVO Rn. 4, 19) dienen die **Verhaltensvorschriften des § 20 I–IV StVO** allen Fußgängern, die im räumlichen Bereich von Schulbushaltestellen unachtsam die Fahrbahn überqueren; demnach liegt die Gesundheit eines erwachsenen Fußgängers, der trotz eines mit überhöhter Geschwindigkeit nahenden Kfz in Höhe des Schulbusses noch die Fahrbahn zu überqueren versucht, im Schutzbereich der Norm (anders noch Ha VRS **60** 38). **Eine Lichtzeichenanlage** (§ 37 I StVO) bezweckt grds. nicht den Schutz des aus angrenzenden Grundstücken auf die Str einfahrenden FzVerkehrs, der seinerseits nach § 10 I StVO äußerste Sorgfalt zu beachten hat (Ko NZV **07** 589 (zu § 1 II StVO)). Das **Verbot des Überholens** an unübersichtlicher Stelle dient nicht dem Zweck, dem zu Überholenden ein Abbiegen nach links zu ermöglichen, sondern ihm ein gefahrloses Weiterfahren zu sichern (Bay VRS **71** 68 (zu § 1 II StVO)). **Ein Haltverbot** kann die Verhütung von Schäden des fließenden V namentlich dann bezwecken, wenn ein dort abgestelltes Fz ein schlecht erkennbares Verkehrshindernis darstellt, nicht aber, falls es zu dem Zweck angeordnet ist, eine flüssigere Zufahrt zu einem Firmengelände zu ermöglichen (Bay NZV **89** 201). Keine Zurechenbarkeit bei Fahrgastbeförderung ohne die notwendige besondere FE, wenn der Unfall nicht auf dem Fehlen der persönlichen Zuverlässigkeit beruht (Rn. 15; BGH VRS **56** 103). Wer an unbeschilderter Kreuzung („**halbe Vorfahrt**"; § 8 StVO Rn. 38) so schnell fährt, dass er seiner Wartepflicht gegenüber von rechts nahenden bevorrechtigten VT nicht nachkommen könnte, ist auch für eine durch Kollision mit einem von links kommenden Wartepflichtigen verursachte Körperverletzung verantwortlich, wenn diese bei angemessener Geschwindigkeit vermieden worden wäre (Ha VRS **61** 283).

Wird infolge **Überschreitung der durch VZ begrenzten Höchstgeschwindigkeit** ein 21 Unfall herbeigeführt, dient aber die Geschwindigkeitsbegrenzung nicht der Vermeidung von Unfällen gerade dieser Art, so liegt der Erfolg außerhalb des Schutzzwecks der Norm, mit der Folge, dass auf die Missachtung des VZ ein Schuldvorwurf nicht gestützt werden kann (BGH NJW **85** 1950, Ha VRS **61** 353). Ursächlichkeit einer Geschwindigkeitsüberschreitung innerorts oder innerhalb einer durch VZ gekennzeichneten Verbotsstrecke für einen sich *außerhalb* dieser Bereiche ereignenden Unfall begründet keinen Zurechnungszusammenhang, weil der Schutzbereich der Geschwindigkeitsbegrenzung auf die Verbotszone beschränkt ist (Ha VRS **61** 353). Dies gilt auch, wenn der Kf die Gefahr schon innerhalb der Verbotszone erkannt hat (Ha VRS **61** 353, aM Bay VRS **57** 360). Der Schutzzweck des § 3 III StVO umfasst jedoch auch den Fall, dass eine Kollision im Kreuzungsbereich unterblieben wäre, wenn der FzF bei Einhaltung der zulässigen Höchstgeschwindigkeit *nach Eintritt der konkreten kritischen VLage* den Kollisionsort erst zu einem Zeitpunkt erreicht hätte, in dem der andere Beteiligte diesen bereits verlassen haben würde (Rn. 17). Eine vorübergehend wegen einer kurz zuvor erfolgten Fahrbahnerneuerung angebrachte Geschwindigkeitsbeschränkung durch Z 274 dient dazu, einer durch den neuen Fahrbahnbelag bedingten erhöhten Rutschgefahr entgegen zu wirken, womit sich ihr Schutzzweck darauf beschränkt, Gefahren abzuwenden, die gerade auf die Beschaffenheit des neu aufgebrachten Straßenbelags zurückzuführen sind; haben sich gerade diese Gefahren beim Unfall nicht ausgewirkt (hätte sich der Unfall also auf einem nicht mehr neuen, normalen Fahrbahnbelag bei ansonsten unveränderten Umständen in gleicher Weise ereignet), so ist der Verletzungserfolg dem Täter nicht zurechenbar (Kar DAR **06** 340). Kann der Kf infolge zu hoher Geschwindigkeit seiner Haltepflicht nach Z 206 nicht nachkommen, liegt auch ein Verstoß gegen § 3 I S. 2 StVO vor, mit der Folge strafrechtlicher Verantwortlichkeit auch für Zusammenstoß mit dem *wartepflichtigen* links abbiegenden GegenV (Zw VRS **60** 197). Entsprechendes gilt bei Kollision mit einem im Einmündungs- bzw. Kreuzungsbereich die Fahrbahn überquerenden Fußgänger infolge einer Geschwindigkeit, die auch seine Vorfahrtbeachtung unmöglich gemacht hätte (Bay VRS **65** 154). Der FzF eines Pkw, der über längere Zeit mit überhöhter Geschwindigkeit fährt und erkennt, dass ihm ein Pkw mit ebenfalls überhöhter Geschwindigkeit in zu geringem Sicherheitsabstand folgt, ist nicht für die Tötung von Fußgängern verantwortlich, die der nachfolgende FzF durch dessen (in doppelter Hinsicht) verkehrswidriges Verhalten verursacht; denn die Geschwindigkeitsbegrenzung hat nicht den Zweck, andere vom zu schnellen Fahren abzuhalten (Stu VRS **87** 336).

22   **c) Eigenverantwortliche Selbstgefährdung.** Im Anschluss an BGH NJW **84** 1469 (gemeinsamer Heroinkonsum) ist die Zurechnung (also nicht erst die Rechtswidrigkeit) auch in den Fällen der Beteiligung an einer eigenverantwortlichen Selbstgefährdung bzw. Selbstverletzung ausgeschlossen (dazu allg. *Fischer* vor § 13 Rn. 36 f.). Danach unterfällt die eigenverantwortlich gewollte, erstrebte, als sicher vorausgesehene oder in Kauf genommene und vollzogene Selbstgefährdung nicht dem Tatbestand eines Körperverletzungs- oder Tötungsdelikts, gleichgültig, ob das mit der Gefährdung bewusst eingegangene Risiko sich realisiert (der Handelnde sich also verletzt oder getötet wird) oder der Erfolg ausbleibt; wer lediglich (vorsätzlich oder fahrlässig) den Akt der eigenverantwortlich gewollten und bewirkten Selbstgefährdung veranlasst, ermöglicht oder fördert, nimmt an einem Geschehen teil, das – soweit es um die Strafbarkeit wegen §§ 222, 229 geht – nicht tatbestandsmäßig ist (BGH NJW **84** 1469). Die Strafbarkeit kann erst dort beginnen, wo der sich Beteiligende kraft überlegenen Sachwissens das Risiko besser erfasst als der sich selbst Gefährdende. Ohne rechtliche Bedeutung ist es, wenn der sich bewusst und eigenverantwortlich selbst Gefährdende darauf hofft oder gar darauf vertraut, dass es nicht zum Eintritt des Erfolgs kommen werde. Mit dem gefährlichen, in seiner möglichen Tragweite überblickten Verhalten übernimmt er das Risiko der Realisierung der Gefahr (BGH aaO). Von der eigenverantwortlichen Selbstgefährdung ist die **einverständliche Fremdgefährdung** zu unterscheiden, bei der sich das Opfer nur den Wirkungen des gefährlichen Handelns eines anderen aussetzt und dieser eine der Tatherrschaft entsprechende *„Gefährdungsherrschaft"* innehat (BGH NJW **03** 2326, NStZ **09** 148 („wildes Autorennen")). Solche Konstellationen sind nach wohl hM unter dem Aspekt der rechtfertigenden Einwilligung zu beurteilen (Rn. 24 ff.). Immer zu beachten ist auch, dass die Grundsätze zur eigenverantwortlichen Selbstgefährdung nur eingreifen, wenn außer der sich selbst gefährdenden Person **keine Dritten verletzt oder gefährdet werden** (BGH NStZ **09** 148; Ce NZV **12** 345; zu solchen Fällen Rn. 8), andernfalls ggf. die Grundsätze der einverständlichen Fremdgefährdung (Rn. 24 ff.) zu prüfen sind. Ein **(Selbst-)Verantwortungsprinzip,** im Rahmen dessen quasi jeder nur innerhalb seiner „Zuständigkeit" haftet, also eine Strafbarkeit des pflichtwidrig handelnden und den Erfolg (mit-)verursachenden Erstverursachers ausgeschlossen sein soll, kann freilich aus keinem dieser Gedanken und auch nicht aus allgemeinen Regeln abgeleitet werden. Wenn bei einem (verbotenen) „Rennen" auf öffentlichen Str der Vorausfahrende den Nachfolgenden durch provokante Fahrmanöver herausfordert, mit überhöhter Geschwindigkeit in eine Kurve zu fahren, der „Herausgeforderte" aus der Kurve getragen wird und einen Wanderer tötet, ist der Provokant deshalb auch dann nach § 222 verantwortlich, wenn er zu diesem Zeitpunkt keinen Verkehrsverstoß mehr begeht (*Puppe* JR **12** 164; **aM** Stu DAR **11** 415; hierzu auch Ce NZV **12** 345).

23   **Kasuistik:** Auf der Linie der neueren Rspr. (Rn. 22) ist der Halter eines Fz, der einen ihm bekannten, nach Besuch der Fahrschule wegen Nichtbestehens der Fahrprüfung nicht im Besitz einer FE befindlichen Dritten auf dessen Drängen zum Führen seines Kfz ermächtigt, jedenfalls dann nicht für den infolge eines Fahrfehlers eingetretenen Tod des FzLenkers verantwortlich, wenn er nicht über das bloße Ermöglichen der eigenverantwortlich gewollten und verwirklichten Selbstgefährdung hinaus Anhaltspunkte für besonders leichtfertiges oder vertrauensunwürdiges Verkehrsverhalten des Ermächtigten hat (Stu VRS **67** 429, s. auch Rn. 8). Gleiches gilt (sofern der Täter nicht überlegenes Wissen etwa in Bezug auf vorhandene Mängel hat) für das Überlassen eines Mopeds an eine führerscheinlose, im Fahren von Motorrädern ungeübte Person (Bay VRS **92** 247), anders aber bei Mitfahrt des Halters mit einem erkennbar noch nicht fahrsicheren, führerscheinlosen Jugendlichen, der wegen Missachtung der Fahrhinweise des Halters verunglückt (Kö VRS **29** 30). Nach Bay NZV **89** 80 ist für eine Körperverletzung oder Tötung des anderen grundsätzlich nicht strafrechtlich verantwortlich der Kradf, der einem Skateboardfahrer auf dessen Wunsch ermöglicht, sich an das Krad anzuhängen (sehr zw.; näher liegt einverständliche Fremdgefährdung, die unter dem Aspekt des „unverantwortlichen Spiels mit dem Leben" als strafbar anzusehen ist; Rn. 25).

24   **7. Rechtswidrigkeit.** Die Rechtswidrigkeit ist (auch) im Rahmen der §§ 222, 229 allgemeines Verbrechensmerkmal. Sie wird (wie sonst auch) bei Erfüllung des Tatbestands indiziert, kann aber durch Rechtfertigungsgründe ausgeschlossen werden. Zu nennen sind etwa die §§ 32, 34. Das Schwergewicht bei §§ 222, 229 im StrVRecht liegt jedoch bei der rechtfertigenden Einwilligung. Dabei dürfte der Fall kaum je vorkommen, dass der Verletzte in den Körperverletzungs- oder (insofern ohnehin unwirksam, Rn. 25) gar Tötungserfolg einwilligt. Vielmehr geht es in aller Regel darum, dass er sich bewusst in eine Gefahrenlage begibt, die Körperverletzungs- oder Todesfolgen nach sich ziehen kann, dass er jedoch auf das Ausbleiben des Erfolgs vertraut. Bei

einer solchen Sachlage ist zunächst zu prüfen, ob nicht eine Konstellation der eigenverantwortlichen Selbstgefährdung gegeben ist, die schon den Tatbestand ausschließt und (anders als die rechtfertigende Einwilligung: Rn. 25) auch einen Strafbarkeitsausschluss in Bezug auf die fahrlässige Tötung und schwere Gesundheitsschädigungen zur Folge haben kann (Rn. 22 f.). Im Unterschied zur eigenverantwortlichen Selbstgefährdung hat das Opfer in den hier relevanten Fällen **der einverständlichen Fremdgefährdung** sein Schicksal in die Hand des Täters gegeben (*Gefährdungsherrschaft;* Rn. 22), wobei dem unmittelbar zum Erfolgseintritt führenden Geschehen besondere Bedeutung zukommt (BGH NStZ **09** 148). Die wohl hM behandelt diese Fälle unter dem Aspekt der rechtfertigenden Einwilligung (zB BGH NJW **95** 795; NStZ **09** 148, Bay JR **78** 296), wobei die Fälle der eigenverantwortlichen Selbstgefährdung von denen der einverständlichen Fremdgefährdung mitunter sehr schwer abzugrenzen sind. Ein Teil der Lit. verortet demgegenüber auch die Fälle der einverständlichen Fremdgefährdung im Rahmen der objektiven Zurechnung und fragt danach, ob der Gefährdete das Risiko im selben Maße übersehen hat wie der Gefährdende, der Schaden die Folge des eingegangenen Risikos und nicht hinzukommender anderer Fehler ist und der Gefährdete für das gemeinsame Tun dieselbe Verantwortung trägt wie der Gefährdende (dann Strafbarkeitsausschluss, s. *Roxin* Strafrecht AT I § 11 Rn. 100). Ebenso ist – freilich im Rahmen der Rechtfertigung – Zw in der unter Rn. 26 referierten Entscheidung vorgegangen.

Für die Wirksamkeit der Einwilligung gelten die allgemeinen Grundsätze. Erforderlich ist, 25 dass der Verletzte über das Rechtsgut disponieren kann, die Einwilligung zumindest konkludent vor der Tat erklärt wurde und zur Tatzeit noch besteht, der Erklärende über die erforderliche Einsichts- und Urteilsfähigkeit verfügt, die Erklärung nicht unter Willensmängeln (zB Täuschung, Drohung) leidet und der Täter auf Grund (BGHSt **4** 199, 200) oder jedenfalls in Kenntnis der Einwilligung handelt (*Fischer* vor § 32 Rn. 3c). Eine konkludente Einwilligung in eine Körperverletzung liegt nach der Rspr. noch nicht im bloßen Mitfahren (BGHZ **34** 355; Celle MDR **69** 69). Anders liegt es jedoch, wenn sich der Mitfahrer aufgrund der konkreten Umstände der besonderen Risiken der Fahrt bewusst war (Beispielsfälle Rn. 26). Die Rspr. wendet § 228 auch insoweit auf die fahrlässige Körperverletzung an, als die Tat trotz der Einwilligung nicht gegen die guten Sitten verstoßen darf (zB BGH NStZ **09** 148; Bay JR **78** 296; Dü NZV **98** 76). Ein Sittenverstoß ist dabei auch unter Berücksichtigung der durch den Gesetzgeber in § 216 StGB getroffenen Wertentscheidung bei konkreter Todesgefahr anzunehmen (BGH NStZ **09** 148 mwN), also dann, wenn sich der gesamte Vorgang als „unverantwortliches Spiel mit dem Leben" darstellt (Zw NZV **94** 35), wobei der Tatzweck zu berücksichtigen ist. Dass die Tat oder die Einwilligung gegen Regelungen der StVO verstoßen kann, macht die Einwilligung unter dem Blickwinkel des Sittenverstoßes noch nicht unwirksam (BGH NStZ **09** 148; Bay JR **78** 296).

Einzelfälle: Zw NZV **94** 35 hält Strafbarkeit wegen fahrlässiger Tötung in Bezug auf einen 26 FzF für ausgeschlossen, der einem anderen die Mitfahrt im ungesicherten Laderaum eines Kfz gestattet hat, sofern der Verunglückte (wie dort) dieselbe Kenntnis von der Gefährlichkeit der Fahrt hat wie der FzF, der FzF über das einvernehmliche Risiko hinaus sorgfältig gefahren ist sowie keinen Fehler gemacht hat und iÜ der Gefährdete derjenige war, der den FzF zu der gefährdenden Handlung erst überreden musste (s. auch Rn. 24). In der Sache ebenso beurteilt Ko NZV **93** 193 den Fall eines FzF, der einem anderen das Mitfahren auf dem Dach eines Pkw ermöglicht hat. Bay JR **78** 296 hält eine Rechtfertigung des Mitziehens eines Radf durch einen Autofahrer jedenfalls dann für möglich, wenn nicht die Gefahr von schweren Gesundheitsschäden bestand. Desgleichen sieht BGH VRS **17** 277 keinen Sittenverstoß bei einer Fahrt mit einem mit vier Personen besetzten Motorroller. Hingegen steht das beträchtliche Risiko beim verharmlosend so genannten „Autosurfen" außerhalb jeglichen Verhältnisses zum verfolgten Zweck der Unterhaltung um des Nervenkitzels willen; die Körperverletzung ist deshalb trotz Einwilligung wegen Sittenwidrigkeit strafbar (Dü NZV **98** 76). Das Gleiche gilt bei Durchführung hochriskanter **illegaler „Autorennen"** auf öffentlichen Str in Bezug auf die Beifahrer (BGH NStZ **09** 148; Ce NZV **12** 345 („Kraftprobe")). Körperverletzung bei Mitfahrt mit einem FzF, bei dem jederzeit die Gefahr eines epileptischen Anfalls besteht, kann durch Einwilligung gerechtfertigt sein (BGH NJW **95** 795). Nach Ha DAR **72** 77 und Ko BA **02** 484 ist die in der Mitfahrt mit einem alkoholbedingt fahruntüchtigen FzF liegende (konkludente) Einwilligung wegen Sittenverstoßes unbeachtlich, wenn sie schwere Gesundheitsschädigungen oder gar den Tod zur Folge hat; das Einverständnis (Mitverschulden) des Verletzten bzw. Getöteten ist lediglich im Rahmen der Strafzumessung zu berücksichtigen (Ko BA **02** 484). Hingegen kommt bei erkannter Angetrunkenheit des Fahrers Einwilligung des Mitfahrenden jedenfalls in geringfügige Verletzungen in Betracht (Fra DAR **65** 217, Zw VRS **30** 284, AG Saalfeld BA **07** 44).

27   **8. Schuld.** Die Strafbarkeit wegen eines fahrlässigen Erfolgsdelikts setzt schließlich eine **subjektive Sorgfaltspflichtverletzung** voraus (hM). Dem Täter ist die Tat nur dann vorwerfbar, wenn er nach seinen persönlichen Kenntnissen und Fähigkeiten in der Lage war, die objektiven Sorgfaltspflichten (Rn. 4 ff.) zu erkennen und zu erfüllen sowie den Erfolg vorauszusehen und zu vermeiden (st. Rspr., zB BGHSt **12** 78, **40** 341, BGH NJW **95** 795, Bay DAR **96** 152, Kö VRS **103** 116). Erfolg und Kausalverlauf müssen dabei freilich nur in den wesentlichen Grundzügen, nicht also in den Einzelheiten voraussehbar gewesen sein (BGHSt **12** 75; Ha VRS **61** 353). Die subjektive Voraussehbarkeit scheidet bei atypischen Kausalverläufen aus; in der Regel wird es hier jedoch schon an der objektiven Voraussehbarkeit fehlen (Rn. 11, 13). Liegen hingegen die sonstigen Voraussetzungen vor, so wird auch die subjektive Vorwerfbarkeit zu bejahen sein. Im Grundsatz ist nämlich davon auszugehen, dass das, was im Rahmen der allgemeinen Lebenserfahrung voraussehbar ist, auch vom konkreten Beschuldigten hätte vorausgesehen werden können, sofern sich aus den Umständen oder der Person des Beschuldigten keine gegenteiligen Besonderheiten ergeben (RGSt **56** 343; BGHSt **4** 360; **12** 75; Stu NJW **82** 295).

28   Die Schuld kann **im Einzelfall zu verneinen sein,** wenn der KF in einer plötzlich und ohne sein Verschulden auftretenden Gefahrenlage, die sofortiges Handeln erfordert, infolge Schrecks, Verwirrung oder Überraschung außerstande ist, das richtige Mittel zur Abwendung der Gefahr zu ergreifen (BGH VRS **10** 213; NJW **76** 1504; s. auch § 1 StVO Rn. 29). So kann es zB nach einem ohne Anzeige erfolgten Ausscheren eines Lkw liegen (BGH VRS **10** 213), desgleichen, wenn ein Reifen platzt; denn in der Bewältigung einer solchen Krisensituation hat der Durchschnittsfahrer keine Übung (BGH NJW **76** 1504). Einem Fahrschüler, der sich an die Anweisungen seines Fahrlehrers hält, fällt Fahrlässigkeit nur dann zur Last, wenn er einen Fahrfehler begeht, den er nach Maßgabe seines subjektiven Wissens und Könnens unschwer hätte vermeiden können (Ha NJW **79** 993). Z 138 iVm einem Hinweisschild „WRadwanderweg" ist irreführend und kann den Schuldvorwurf hinsichtlich verbotenen Fahrens auf dem Gehweg entfallen lassen (Jn DAR **11** 37). Die subjektive Sorgfaltspflichtverletzung kann namentlich auch in den Fällen des Antritts oder der Fortführung der Fahrt trotz geistiger oder körperlicher Mängel zu verneinen sein (Rn. 6). Hinsichtlich der subjektiven Sorgfaltspflichten stellt die Rspr. wegen der im StrV erwachsenden hohen Gefahren dabei zwar generell strenge Anforderungen. Der FzF, insbesondere der Kf, muss sich vor Antritt der Fahrt stets vergewissern, dass er den Anforderungen des StrV (noch) gewachsen ist. Allerdings ist stets weiter zu prüfen, ob der betreffende Mangel, ggf. iVm weiteren Umständen, den Täter außerstande gesetzt hat, seinen Sorgfaltspflichten nachzukommen. Es existiert dabei kein Erfahrungssatz des Inhalts, dass der Betroffenen stets zu gehöriger Selbstprüfung in der Lage ist, also unterlaufene Fehler und die Fahrsicherheit insgesamt subjektiv richtig einzuschätzen vermag. Ob der Täter die objektive Sorgfaltspflichtverletzung voraussehen und vermeiden konnte, muss nach seinen persönlichen Kenntnissen und Fähigkeiten, nach seiner Intelligenz und seiner Selbstkritik beurteilt werden (Bay NJW **96** 2045, Ol VRS **102** 276). Die Anforderungen an die zumutbare verkehrsmäßige Sorgfalt bezüglich der persönlichen Vorsichts- und Motivationspflicht können dabei durch Angstgefühle, Aufregung und Bestürzung über eine plötzlich eintretende Verschlechterung und auch durch das Bewusstsein vermindert sein, mit anderen Mitteln als mit dem Fz nicht mehr rechtzeitig zum Arzt zu kommen (Bay VRS **79** 364; zum Ganzen LK-StGB/*König* § 315c Rn. 66 f.). Die subjektive Sorgfaltspflichtverletzung ist in Fällen fehlender Krankheitseinsicht besonders zu prüfen (BGH NJW **95** 795). Zur actio libera in causa Rn. 5.

29   **9. Konkurrenzen.** Mit den §§ 315b bis 316 sowie mit § 240 kann Tateinheit bestehen (s. jeweils dort).

30   **10. Sanktionen.** Zur Strafzumessung gelten die Erläuterungen unter § 315c Rn. 55 ff., § 316 Rn. 101 ff. sinngemäß. Zu den Feststellungslasten bei strafschärfender Gewichtung zu hoher Geschwindigkeit BGH NStZ-RR **20** 90. Bei fahrlässiger Tötung durch Fahren im Zustand der Fahrunsicherheit wird oftmals die Frage der Verhängung von Vollzugsstrafen bei Ersttätern wegen Verteidigung der Rechtsordnung relevant (§ 315c Rn. 53, 55 ff.). Zur erweiterten Verwarnung mit Strafvorbehalt § 315c Rn. 57. § 59 StGB wird freilich in Fällen, in denen nur § 229 erfüllt ist, und in besonders gelagerten Fällen des § 222 eher in Betracht kommen als bei Taten, die (auch) § 315c StGB erfüllen. Zum Absehen von Strafe § 315c Rn. 58. FV wird nicht selten angezeigt sein; zur Konkurrenz mit OW, für die eine Regelanordnung der BKatV besteht, § 44 Rn. 7b. Zur EdF § 69.

31   **11. Verfahren.** Fahrlässige Körperverletzung ist **ein Antragsdelikt.** Liegt kein wirksamer Strafantrag vor, kann sie nur verfolgt werden, wenn die StA das besondere öffentliche Interesse

an der Strafverfolgung bejaht (§ 230). Dies kann noch in der Revisionsinstanz, ggf. auch nach Rücknahme eines Strafantrags, ausdrücklich oder durch schlüssiges Verhalten geschehen, wobei in der Anklageerhebung wegen § 229 die Bejahung des öffentlichen Interesses zu sehen ist (*Fischer* § 230 Rn. 4). Das besondere öffentliche Interesse kann auch noch nach Einspruch gegen einen Bußgeldbescheid wegen einer VerkehrsOW bejaht werden, auch wenn die StA ein solches zunächst verneint und das Verfahren insoweit eingestellt hatte (Ha NStZ **86** 81; *Göhler/Seitz/Bauer* § 81 Rn. 9), nicht aber mit einem Antrag auf Zulassung der Rechtsbeschwerde gegen ein Amtsgerichtsurteil wegen einer VerkehrsOW verbunden werden (KG VRS **70** 8). In einer Berufung der StA gegen eine Verurteilung wegen fahrlässiger (oder einfacher vorsätzlicher) Körperverletzung, mit der eine höhere Strafe erstrebt wird, liegt auch die Bejahung des öffentlichen Interesses (vgl. Ol StraFo **08** 510). Die Entscheidung der StA kann nicht durch das Gericht überprüft werden (Bay NJW **91** 1765). Sie ist auch nicht im Verwaltungsrechtsweg anfechtbar (*Fischer* § 230 Rn. 3), sondern kann allenfalls mit der Dienstaufsichtsbeschwerde angegriffen werden. Nr. 243 III RiStBV und – diese Regelung ergänzend – die unveröffentlichten VwV der Justizressorts enthalten Hinweise für die StA. Sie heben jeweils hervor, dass kein Grundsatz anzuerkennen ist, wonach bei fahrlässiger Körperverletzung im StrV das besondere öffentliche Interesse stets oder auch nur in der Regel zu bejahen ist. Verneint die StA das besondere öffentliche Interesse, so stellt sie das Verfahren nach § 170 II StPO ein und gibt die Sache ggf. an die Verwaltungsbehörde ab (§ 43 OWiG). Bejaht sie es, so ist gleichwohl ein Absehen von weiterer Verfolgung nach § 153a StPO möglich.

Eine beachtliche Rolle bei der Verfolgung der fahrlässigen Körperverletzung im StrV spielt **32** die **Verweisung auf den Privatklageweg.** § 229 ist Privatklagedelikt (§ 374 I Nr. 4 StPO). In solchen Fällen erhebt die StA auch bei vorliegendem wirksamem Strafantrag des Verletzten nur dann Anklage, wenn dies im öffentlichen Interesse liegt (§ 376 StPO). Der Entscheidung der StA kommt dabei oftmals die entscheidende Bedeutung für den Fortgang des Verfahrens zu. Denn gerade bei Strafanzeigen, die in erster Linie zur Durchsetzung von Schadensersatzansprüchen gestellt werden, wird die Angelegenheit vom Verletzten nach einer Privatklageverweisung meist nicht mehr weiterverfolgt. Der Begriff des öffentlichen Interesses iS des § 376 StPO ist mit dem des besonderen öffentlichen Interesses an der Strafverfolgung (Rn. 25) nicht identisch, vielmehr weiter als jener (*Meyer-Goßner/Schmitt* § 376 StPO Rn. 3). In der Annahme des besonderen öffentlichen Interesses nach § 230 liegt demnach die Bejahung auch des Interesses nach § 376 StPO. Zugleich liegt auf der Hand, dass wie dort kein Prinzip anzuerkennen ist, wonach § 229 in der Regel durch Erhebung der öffentlichen Klage zu verfolgen ist; die ministerialen Richtlinien (Rn. 31) enthalten Hinweise auch zur Handhabung der Privatklageverweisung. Bei einer Privatklageverweisung wird das Verfahren nach § 43 OWiG an die Verwaltungsbehörde abgegeben. Ein etwaiger Bußgeldbescheid bildet dabei nicht etwa ein Verfahrenshindernis für die Verfolgung der Straftat im Privatklageverfahren; vielmehr ist der Bußgeldbescheid dann aufzuheben, wenn im Privatklageverfahren eine Verurteilung wegen der Straftat ergeht (§§ 86, 21 OWiG). Nach Einspruch des Betroffenen gegen einen Bußgeldbescheid muss (nach gerichtlichem Hinweis) ins Strafverfahren übergegangen werden, sofern Anhaltspunkte für § 229 bestehen und ein wirksamer Strafantrag vorliegt (§ 81 OWiG). Fehlt es am Strafantrag, so kann die StA das besondere öffentliche Interesse an der Strafverfolgung auch dann bejahen, wenn sie es zuvor verneint hat (Rn. 31). Zu Einzelheiten *Göhler/Gürtler* § 43 Rn. 10 ff., – *Göhler/Seitz/Bauer* zu § 81.

In Fällen, in denen das Opfer nach Beendigung des Strafverfahrens verstirbt, kann sich die **33** **Frage des Strafklageverbrauchs** stellen. Dabei schließt ein wegen § 229 ergangenes Urteil eine erneute Strafverfolgung wegen fahrlässiger Tötung aus. Das Gleiche gilt für den Strafbefehl (BVerfG NJW **84** 604). Einen beschränkten Strafklageverbrauch haben auch (staatsanwaltschaftliche) Einstellungsverfügungen sowie (gerichtliche) Einstellungsbeschlüsse gemäß § 153a StPO zur Folge. Hat der Beschuldigte die Auflagen vollständig erfüllt, so ist eine erneute Strafverfolgung nur möglich, wenn sich nachträglich Tatsachen ergeben, bei deren Vorliegen ein Verbrechen vorläge (§ 153a I S. 5, II S. 2 StPO und hierzu *Meyer-Goßner/Schmitt* § 153a StPO Rn. 52), was beim Vorwurf der fahrlässigen Tötung statt der fahrlässigen Körperverletzung nicht der Fall ist. Eine erneute Strafverfolgung unter dem Aspekt des schwereren Vorwurfs ist deshalb unzulässig. Auf der Grundlage von BGH NJW **04** 604 sind die für § 153a StPO entwickelten Grundsätze für (gerichtliche) Einstellungsbeschlüsse nach § 153 II StPO entsprechend anzuwenden (krit. *Meyer-Goßner/Schmitt* § 153 StPO Rn. 38), womit auch nach ihrem Zustandekommen ein beschränkter Strafklageverbrauch eintritt.

Nötigung

240 (1) **Wer einen Menschen rechtswidrig mit Gewalt oder durch Drohung mit einem empfindlichen Übel zu einer Handlung, Duldung oder Unterlassung nötigt, wird mit Freiheitsstrafe bis zu drei Jahren oder mit Geldstrafe bestraft.**

(2) **Rechtswidrig ist die Tat, wenn die Anwendung der Gewalt oder die Androhung des Übels zu dem angestrebten Zweck als verwerflich anzusehen ist.**

(3) **Der Versuch ist strafbar.**

(4) ¹**In besonders schweren Fällen ist die Strafe Freiheitsstrafe von sechs Monaten bis zu fünf Jahren.** ²**Ein besonders schwerer Fall liegt in der Regel vor, wenn der Täter**

1. **eine Schwangere zum Schwangerschaftsabbruch nötigt oder**

2. **seine Befugnisse oder seine Stellung als Amtsträger mißbraucht.**

Übersicht

1   **Literatur:** *Berz*, Zur Nötigung im StrV nach der „Sitzdemonstration"-Entscheidung des BVerfG, NZV **95** 297. *Busse*, Nötigung im StrV, 1968. *Helmken*, Wider Schulmeisterei und Faustrecht auf deutschen Strn, NZV **91** 372. *König*, Zum Einsatz des Strafrechts gegen Verkehrsrowdys, NZV **05** 27. *Maatz*, Nötigung im StrV, NZV **06** 337. *Schmidt*, Fragen des Fahrens auf der AB, DAR **65** 145.

1a   **1. Allgemeines.** § 240 rechnet zu den am meisten umstrittenen Vorschriften des StGB und ist im Zusammenhang mit demonstrativen Sitzblockaden Gegenstand mehrerer verfassungsrechtlicher Entscheidungen gewesen (insbesondere BVerfGE **73** 206 (237) = NJW **87** 43; BVerfGE **76** 211; **92** 1 = NJW **95** 1141 („Sitzblockadenbeschluss")). Im Rahmen dieses Kommentars muss der Nötigungstatbestand jedoch nicht in allen Facetten ausgeleuchtet werden. Die nachfolgenden Ausführungen beschränken sich auf die spezifisch verkehrsstrafrechtlichen Aspekte.

2   In Übereinstimmung mit der hM ist davon auszugehen, dass das Strafrecht unentbehrlich ist, um nötigender Gewalt im StrV entgegenzuwirken (VGT **96** S. 8). Klar ist dabei einerseits, dass nicht jedes (ubiquitäre) Verhalten eine strafbare Nötigung darstellt, mit dem das Opfer „mit der Gewalt eines Fz mittels verkehrswidriger Fahrweise mutwillig gezwungen wird, nicht so zu fahren, wie es will und wie es die Verkehrslage zulässt" (vgl. KG DAR **69** 81; Kö VRS **57**, 196). Vom Strafrecht erfasst wird vielmehr **nur Verhalten von Gewicht.** Kein gangbarer Weg ist es dabei, § 240 immer dann auszuschließen, wenn der Täter andere mit dem Ziel schnelleren Vorankommens „bloß rücksichtslos" nötigt (aM Dü NJW **07** 3219 m abl Anm *König* NZV **08** 46). Filter zur Ausgrenzung geringer wiegenden Fehlverhaltens bilden vielmehr vorrangig der Gewaltbegriff (Rn. 4) und die Verwerflichkeitsklausel nach II (Rn. 6), wobei in den einschlägigen Entscheidungen nicht immer präzis gesagt wird, welcher der beiden „Filter" gerade zum Einsatz kommt (*König* NZV **05** 27; krit. *Lohmann* VGT **88** 165, 168, *Maatz* NZV **06** 337). In der Sache verfährt die Rspr. trotz des hohen Gefährdungspotentials mancher „Verkehrsnötigung" teils sehr restriktiv (zB Rn. 13). Ggf. droht eine Schieflage zum Geschehen außerhalb des StrV zu entstehen. Dort werden vielfach weitaus ungefährlichere und weniger bedrohliche Verhaltensweisen ohne Weiteres unter § 240 subsumiert, und zwar ohne das Postulat, dass das Nötigungsopfer durch die Tat „in Angst und Schrecken" versetzt werden müsse (Rn. 11 ff.). Die Verfügungen bestehen umso mehr, als § 240 im Verkehrsstrafrecht wegen der Einengung des Begriffs der konkreten Gefahr auf Fälle des „Beinaheunfalls" im Rahmen der §§ 315b, 315c (§ 315c Rn. 30) noch an Bedeutung gewonnen hat. Danach genügt eine hohe abstrakte Gefahr nicht mehr, weswegen entgegen früherer Rspr. gewichtige Konstellationen vor allem des „Drängelns" sowie gefährliche Bremsmanöver aus dem Anwendungsbereich des § 315c I Nr. 2a, b herausfallen

(§ 315c Rn. 32; s. auch unten Rn. 11 ff.). Ferner hat der BGH den verkehrsfeindlichen Innen-eingriff nach § 315b erheblich zurückgeschnitten, indem er (oft nicht nachweisbaren) Schädi-gungsvorsatz verlangt (§ 315b Rn. 1, 10, 18). Aggressives Verhalten, das vormals (auch) § 315b zugeordnet wurde, kann deshalb zumeist nur noch als Nötigung (bzw. – diesem vorgehend – ggf. als Straftat nach § 113) geahndet werden. § 240 erhält demnach in diesem besonders gravieren-den Bereich eine Art Auffangfunktion (Beispielsfälle: BGH DAR **04** 230 (Rn. 27), Kö DAR **04** 469 (Rn. 28); in die umgekehrte Richtung aber Dü NJW **07** 3219 m abl Anm *König* NZV **08** 46).

2. Struktur und Schwerpunkte. § 240 schützt nach ganz hM die Freiheit der Willens- **3** entschließung und Willensbetätigung. Der objektive Tatbestand setzt voraus, dass einem oder mehreren Menschen durch den *Einsatz eines Nötigungsmittels* (Gewalt oder Drohung mit einem empfindlichen Übel) *ein bestimmtes Verhalten* (Handlung, Duldung oder Unterlassung) in zure-chenbarer Weise *abgezwungen wird* (*Rengier* BT II § 23 Rn. 1). Beugt sich das Opfer dem Zwang (zB lässt es den „Drängler" überholen), so ist der Tatbestand vollendet. Widersteht es ihm (zB bleibt es auf der Überholspur), so kann strafbarer Versuch vorliegen (III). Eine Strafbarkeit ist (wie stets) trotz Erfüllung des Tatbestands (einschließlich Versuch) nicht gegeben, wenn dem Tä-ter allgemeine Rechtfertigungsgründe (zB Notwehr, Notstand) zur Seite stehen (E 112 ff. (114)), was jedoch selten zutrifft (hierzu *Maatz* NZV **06** 337, 344 f.; s. auch Rn. 27). Andernfalls muss in einem weiteren Schritt *positiv festgestellt* werden (auch bei Gewalt, Rn. 6), dass die Tat nach II verwerflich ist. Die Schwerpunkte der gerichtlichen Feststellungs- und Begründungslast liegen beim Merkmal der Gewalt sowie bei der Verwerflichkeitsklausel nach II (zur teilweise unpräzisen Rspr. Rn. 2), wobei die OLG (teils zu) strenge Anforderungen an die Aufklärung der objektiven und subjektiven Umstände des Geschehens stellen und eine eingehende Gesamtwürdigung for-dern (Rn. 11 ff., 16, 19 f., 22 f.; zB Dü NZV **00** 301; Kö NZV **00** 99).

a) Gewalt kann auf der Grundlage der Rspr. des BGH und der OLG kurz definiert werden **4** *als durch eine körperliche Tätigkeit ausgelöster, beim Opfer körperlich wirkender Zwang zur Überwindung eines geleisteten oder erwarteten Widerstands* (vgl. *Fischer* Rn. 8, 27). Konnte man BVerfGE **92** 1, 17 („Sitzblockadenbeschluss"; zur Entwicklung des Gewaltbegriffs zB *Fischer* Rn. 9 ff.) noch so ver-stehen, dass Gewalt essentiell die Entfaltung nicht unerheblicher Kraft vonseiten des Täters vor-aussetzt (hierzu zB *Berz* NZV **95** 297, *König* NZV **05** 27, *Maatz* NZV **06** 337), ist nunmehr durch das BVerfG anerkannt, dass das Maß der Kraftentfaltung durch den Täter keine entschei-dende Rolle spielt (BVerfGE **104** 92 = NJW **02** 1031 (Ankettungsaktion im Rahmen einer demonstrativen Blockade); BVerfG NJW **07** 1669 (speziell zum Drängeln im StrV) m krit. Anm. *Huhn* DAR **07** 387; s. Rn. 10 ff.). In Übereinstimmung mit der schon zuvor gefundenen Rspr. der Strafgerichte (insbesondere BGHSt **41** 182 = NJW **95** 2643; Stu NZV **95** 285) kann deshalb weiterhin die bloße Betätigung des Gaspedals genügen (diff. *Maatz* NZV **06** 337; näher Rn. 10 ff.). Von maßgebender Bedeutung ist die körperliche Zwangswirkung beim Opfer. Rich-tet das Täterverhalten für jenes beispielsweise eine unüberwindliche (physische) Barriere auf, so ist der Gewaltbegriff erfüllt (BGH NJW **95** 2643). Das Gleiche gilt, falls das Täterverhalten beim Opfer Zwang auslöst, der der körperlichen Einwirkung gleichsteht (zum Versetzen in „Sorge und Furcht" Rn. 11). Ist die Zwangswirkung auf den Betroffenen hingegen *nur psychischer Natur,* so ist die Gewaltalternative nicht gegeben. Demgemäß begeht keine Nötigung, wer die Fahr-bahn für ein Kfz allein mit seinem Körper (ausgebreiteten Armen) versperrt (Rn. 30). Nach st. Rspr. bildet der Gewaltbegriff den ersten Filter (zu II Rn. 6), um geringer wiegendes Fehlver-halten aus dem Strafrecht auszugliedern und dem OWRecht zu überantworten (Rn. 2). Gewalt ist nur dann gegeben, wenn **Behinderungen oder Gefährdungen von einigem Gewicht** inmitten stehen. Kurzzeitige Behinderungen und unerhebliches Fehlverhalten scheiden aus (zB BGHSt **19** 263; Ha NZV **91** 480; Dü NJW **96** 2245, sowie unten zu den einzelnen Fallgrup-pen). Gewalt kann auch *durch Unterlassen* begangen werden, was zB beim Zuparken eines Park-platzes relevant werden kann (Rn. 32). Fehlt es am Merkmal der Gewalt, so kann die Drohungs-alternative einschlägig sein (Rn. 5).

b) Während Gewalt die gegenwärtige Übelszufügung bedeutet, betrifft **die Drohung** ein **5** künftiges Übel. Dieses Übel muss den Gewaltbegriff nach hM nicht erfüllen, jedoch „empfind-lich" in der Weise sein, dass der in Aussicht gestellte Nachteil geeignet erscheint, einen besonne-nen Menschen in der Lage des Bedrohten im Sinne des Täterverlangens zu motivieren (*Fischer* Rn. 32a). Die Drohung kann ausdrücklich oder konkludent erfolgen; der Täter muss auf den Eintritt des Nachteils Einfluss haben oder dies zumindest vorgeben (*Fischer* Rn. 31). Folgt man dem unter Rn. 4 skizzierten Gewaltbegriff der Rspr, so hat die Drohungsalternative im Verkehrsstrafrecht im Vergleich zur Gewaltalternative geringe Bedeutung (*Janiszewski* Rn. 562b; s. aber Rn. 27, 29).

6   **c) Verwerflich i. S. von II** und damit rechtswidrig ist eine Verhaltensweise, wenn Gewaltanwendung oder Drohung zu dem beabsichtigten Zweck in einem auffallenden Missverhältnis stehen. Dabei muss das Missverhältnis derart auffällig sein, dass die Verhaltensweise als sozialethisch missbilligenswert anzusehen ist, dh von jedem verständigen Dritten als sozial unerträglich, als strafwürdiges Unrecht empfunden wird (BGHSt **18** 389, 393; **19** 263, Bay NJW **93** 212; *Janiszewski* Rn. 563a). Die Erfüllung des Gewaltmerkmals ist dabei für das Gegebensein der Verwerflichkeit zumindest idR *nicht* (mehr) indiziell (BGHSt **34** 71, 77). Für das Verwerflichkeitsurteil ist demnach auch insoweit eine umfassende Gesamtwürdigung der objektiven und subjektiven Umstände des Falls erforderlich. Deswegen macht es in der Sache letztlich keinen Unterschied mehr, ob man namentlich in den Fällen des „Drängelns" auf der Basis der Rspr. von Gewalt oder mit einem Teil des Schrifttums (Rn. 10) von der Drohungsalternative ausgeht. Zur Abwägung bei demonstrativen Sitzblockaden s. zuletzt BVerfG NJW **11** 3020.

7   **Die Grenze zur Verwerflichkeit** ist *jedenfalls* dann überschritten, wenn es zu Körperverletzungen gekommen oder die tatbestandlichen Voraussetzungen der §§ 315 ff. gegeben sind (Schönke/Schröder/*Eisele* § 240 Rn. 24; abw zu Letzterem wohl Dü NJW **07** 3219 mablAnm *König* NZV **08** 46). Anwendungsfälle für § 315c I Nr. 2a, b lägen bei nötigendem Verhalten im Zuge von Überholvorgängen („Drängeln" (Rn. 10 ff.), „Blockieren" (Rn. 16 ff.), „Ausbremsen" (Rn. 21 f.)), „Kolonnenspringen" (Rn. 24 f.)) und bei Vorfahrtsverletzungen, die freilich idR als Nötigung ausscheiden (Dü NZV **88** 187). Betroffen ist aber auch der verkehrsfeindliche Inneneingriff nach § 315b, wobei dessen Anwendungsbereich nach der Beschränkung auf Fälle mit Schädigungsvorsatz schmaler geworden ist (Rn. 2). §§ 315b, 315c müssen jedoch naturgemäß nicht vollständig erfüllt sein. Namentlich ist ein konkreter Gefahrerfolg in Form des Beinaheunfalls *nicht* erforderlich, sondern genügt eine *sehr nahe liegende hohe (abstrakte) Gefahr* (BGHSt **19** 263, 268 f., *Maatz* NZV **06** 337, 344). Gleichfalls genügt es, wenn der Täter beim verkehrsfeindlichen Inneneingriff nach § 315b „nur" mit Gefährdungsvorsatz gehandelt hat (zB BGH DAR **04** 230, Kö DAR **04** 469, Rn. 27, 28). Generell handelt in hohem Maße rücksichtslos und verdient deswegen den Vorwurf der Verwerflichkeit, wer „um eines nichtigen Zeitgewinns wegen in gefährlicher Weise mit Leben und Gesundheit seiner Mitmenschen" spielt (BGHSt **19** 263). Zwingend vorausgesetzt sind Gefährdungen oder Verletzungen jedoch nicht. Schikanöses Verhalten ohne vernünftigen Grund kann ausreichen (Rn. 17, 20). Schulmeisterei kommt dem Täter im Rahmen des II generell nicht zugute (BGHSt **18** 389, 393, *Maatz* NZV **06** 337, 344; s. aber Rn. 20). Jedoch kann Handeln in „verständlicher Unmutsaufwallung" das Tun in einem die Verwerflichkeit ausschließenden milderen Licht erscheinen lassen (Rn. 16). Zur Frage der *Absicht* der Willensbeugung Rn. 8.

8   **d) Subjektiver Tatbestand.** Nötigung kann nur vorsätzlich begangen werden. Bedingter Vorsatz genügt grundsätzlich (BGHSt **5** 245). Allerdings beinhaltet das Gewaltmerkmal nach einem Teil der Lehre in subjektiver Hinsicht, dass der Täter die Absicht der Willensbeugung verfolgt, weswegen insoweit bedingter Vorsatz nicht ausreiche (Schönke/Schröder/*Eisele* Rn. 34, *Rengier* BT II § 23 Rn. 70; in diese Richtung Bay NJW **63** 1261, wohl auch Dü NJW **07** 3219; hierzu Rn. 23, 24 sowie Brn NZV **14** 102, dazu Rn. 32). Teils wird Absicht nur für Gewalt gegen Sachen verlangt (LK-StGB/*Träger/Altvater* Rn. 115, *W/Hettinger* BT/1 Rn. 419; s. Rn. 32). Folgt man dem nicht, so sind die Absichten des Täters jedenfalls im Rahmen des II zu würdigen (Bay NJW **89** 1621; s. Rn. 23), weswegen der Streitfrage keine zentrale Bedeutung zukommen dürfte (iErg auch *Fischer* Rn. 53). Irrt der Täter über die tatsächlichen Voraussetzungen, die sein Handeln als verwerflich kennzeichnen, so liegt ein den Vorsatz (und die Strafbarkeit) ausschließender Tatbestandsirrtum vor (§ 16). Bewertet er hingegen die Verwerflichkeit falsch, so bleibt der Vorsatz unberührt und es ist § 17 (Verbotsirrtum) zu prüfen.

9   **3. Straßenverkehrsnötigung in Fallgruppen.** In der Rspr. haben sich typische Fallgruppen der Nötigung im StrV herausgebildet. Anhand dieser Fallgruppen kristallisiert sich die Maßstäbe heraus, die die OLG und der BGH an einschlägige Verhalten anlegen. Davon bleibt unberührt, dass den Umständen des Einzelfalls herausragende Bedeutung zukommt, weswegen sich bei der Veränderung von Nuancen auch das Ergebnis verändern kann. Dies muss berücksichtigt werden, wenn man die im Schrifttum teilweise geäußerte Kritik (etwa *Fischer* Rn. 29) würdigt, die Rspr. sei unübersichtlich und uneinheitlich. Wie ausgeführt hat der Sitzblockadenbeschluss des BVerfG (Rn. 1) keine grundlegende Änderung bewirkt (Rn. 4, 10), sodass mit der gebotenen Vorsicht auch ältere Rspr. herangezogen werden kann. Genötigt wird ggf. nur der FzF, nicht weitere FzInsassen (*Stangl* DAR **19** 233).

a) „Drängeln". Bedrängendes Fahren gegenüber dem vorausfahrenden Fz unter wesentli- **10** cher Verkürzung des Sicherheitsabstands, namentlich um den anderen zur Freigabe der Fahrspur (Überholspur) zu bringen, kann Nötigung sein (grundlegend BGHSt **19** 263). Dass die Kraftentfaltung beim Täter (Drücken des Gaspedals) nur gering ist, spielt keine ausschlaggebende Rolle (Rn. 4). Einschlägiges Verhalten wird von den OLG dem Gewaltbegriff zugeordnet, falls hierdurch unwiderstehlicher Zwang ausgelöst wird, der der körperlichen Einwirkung gleichsteht (zB Kar VRS **94** 262; Kö NZV **00** 99, **06** 386 (nicht beanstandet von BVerfG NJW **07** 1669)). Nach aM werden Fälle mit „psychosomatischer" Wirkung (Angst, Zittern, Schweißausbruch, Rn. 11) der Drohungsalternative zugeschlagen (LG Münster ZfS **03** 152, *Huhn* DAR **07** 387; wohl auch *Maatz* NZV **06** 337). Soweit hierfür der Bestimmtheitsgrundsatz in Ansatz gebracht wird (*Huhn* DAR **07** 387), ist freilich entgegenzuhalten, dass in der Drohungsalternative mit dem Begriff des „empfindlichen Übels" kein Gradmesser von höherer Trennschärfe zur Verfügung steht. Im Ergebnis wirkt sich der Meinungsstreit wohl nicht aus (Rn. 6).

Erfasst werden nur **Eingriffe von Gewicht.** Geringere Eingriffe werden nach OWRecht **11** geahndet (Rn. 2). Für die Abgrenzung muss eine Gesamtschau aller Umstände vorgenommen werden, wobei die OLG nicht immer präzis unterscheiden, ob die Abwägung beim Gewaltmerkmal (Rn. 4) oder – näher liegend – bei II (Rn. 6, 7) stattfindet (Rn. 2). Letztlich muss dies nicht schaden. In die Beurteilung eingestellt werden die Dauer und Intensität der Zwangseinwirkung und das Maß einer etwa hierdurch bewirkten Gefährdung (Rn. 7; BGHSt **19** 263, Kö NZV **92** 371), wobei der Gedanke des rücksichtslosen, Leib und Leben gefährdenden Handelns um eines nichtigen Zeitgewinns wegen (Rn. 7; BGHSt **19** 263) in besonderem Maße relevant wird. Die Rspr. fordert möglichst detaillierte Feststellungen namentlich zu den gefahrenen Geschwindigkeiten, den Abständen der Fz zueinander, zur Dauer bzw. zur Streckenlänge des bedrängenden Auffahrens (Kar VRS **94** 262, Fra NZV **04** 158, Dü VRS **66** 355) sowie zur Frage, ob dem Handeln zB durch Licht- oder Schallsignale besonderer Nachdruck verliehen (Bay NZV **93** 357, Kar VRS **57** 21, Stu DAR **98** 153) und dadurch auch zum Ausdruck gebracht wurde, dass der Vorausfahrende von der von ihm befahrenen Spur verdrängt werden solle (Stu DAR **98** 153). Oftmals wird in Anlehnung an BGHSt **19** 263, 266 („Sorge und Furcht") formuliert, das Handeln müsse geeignet sein, einen durchschnittlichen Kf in Furcht und Schrecken zu versetzen, mit der etwaigen Folge von unfallträchtigen (Schreck-)Reaktionen (mit Modifikationen in der Formulierung zB Bay NZV **90** 238; Kar DAR **79** 308; Kö NZV **61**, 425; Ha VRS **82** 26, NZV **06** 388; wohl auch Ce ZfS **09** 173; dazu auch oben Rn. 4 sowie BVerfG NJW **07** 1669), wobei die Sicht eines objektiven Beobachters den Ausschlag gibt (Bay NZV **90** 238). Dass schreckhaftere Personen oder etwa ausländische Kraftfahrer, die mit den Usancen auf deutschen Autobahnen nicht so vertraut sind, damit von vornherein durch den Raster fallen, muss wohl in Kauf genommen werden. Die Grundsätze gelten auch dann, **wenn sich der Vorgang innerorts abspielt** (Rn. 15). Fehlt es an der erforderlichen Zwangswirkung, so kommt die Drohungsalternative zwar grundsätzlich in Betracht, wird aber in aller Regel nicht erfüllt sein, weil das (schlüssig in Aussicht gestellte) Übel dann nicht das erforderliche Gewicht aufweist (zB Kar VRS **94** 262; Dü NJW **96** 2245), womit nicht gesagt sein soll, dass das angedrohte Übel den Gewaltbegriff erfüllen muss (Rn. 5).

Nötigung ist zB gegeben, wenn der Täter bei hoher Geschwindigkeit (105 km/h) mehrere **12** km auf der Überholspur dicht (2 m) auf das vorausfahrende Fz auffährt und dessen Fahrer durch Hupen und Aufblinken so verunsichert, dass er die Überholspur verlässt (BGHSt **19** 263), wenn er über 2 oder 3 km unter ständiger Betätigung der Ton- und Lichthupe mehrfach bis auf 2 m (Ce VRS **38** 431), bei 130 km/h unter Betätigung der Lichthupe bis auf 1 m Abstand auffährt (Kar Die Justiz **64** 124), wenn er bei einer Geschwindigkeit von 100 km/h so dicht auffährt, dass der Abstand weniger als 5 m beträgt und der Vordermann angesichts des extrem kurzen Abstands die durch VZ gebotene Herabsetzung der Geschwindigkeit auf 80 km/h nicht wagen kann (Kö NZV **92** 371), wenn er bei einer Geschwindigkeit von 120 km/h über eine Strecke von etwa 500 m und einem Abstand von zunächst (kurz) nur 1 m und dann von 5 m unter wiederholter Betätigung der Licht- und Tonhupe auf den Vordermann auffährt (Kö VRS **61** 425) oder wenn er bei einer Geschwindigkeit von 100 bis 120 km/h mit nicht verkehrsbedingt eingeschalteten Nebelscheinwerfern mehrfach bis auf 4 m auffährt und dabei ständig von links nach rechts pendelt (Ha v. 19.3.07 2 Ss 50/07, juris). Dichtes Hinterherfahren über eine längere Strecke bei erheblicher Geschwindigkeit auf der AB-Überholspur mit Ansetzen zum Linksvorbeidrängen am Vorausfahrenden genügt (Kö VRS **44** 16, s. auch Bay NJW **88** 273, Zw VRS **85** 212), gleichfalls dichtes Aufrücken über mehrere 100 m hin unter ständigem Hupen und Blinken auf BundesStr (Ha DAR **74** 76, Kar VRS **57** 21). Auch wenn ein Bedrängen auf einer Strecke von 100 m, für die Annahme einer Nötigung idR nicht ausreicht (Rn. 13), kann bei hoher Annäherungsgeschwindigkeit (weit über 100 km/h), Gebrauch der Lichthupe und/oder des Signalhorns und einem kurzen Abstand (unter 1 m) schon eine kurze Strecke dichten Auffahrens (50 bis 100 m) die beabsichtigte körperliche Zwangswirkung auslösen; dass bereits das Gewaltmerkmal einen Eingriff von Gewicht erfordert, steht dem nicht entgegen (so mit Recht Kö VRS **67** 224). Gleichfalls kann kurzfristiges dichtes Auffahren ausreichen, wenn es wiederholt geschieht (Kar VM **72** 34).

13   **Gegen die Annahme von Nötigung** kann generell sprechen, dass dem Bedrängen nicht zusätzlich durch Ansetzen zum Linksvorbeifahren oder durch Hup- oder Lichtsignale Nachdruck verliehen wird (Bay NZV **93** 357; s. auch Rn. 12). Andererseits stellt es noch keine Nötigung dar, wenn dem unter Verstoß gegen das Rechtsfahrgebot die linke Fahrspur haltenden Vordermann durch „maßvolle" Betätigung der Lichthupe die Überholabsicht angezeigt wird (Bay VRS **62** 218). Das Bedrängen auf **Strecken unter 100 Metern genügt idR nicht** (Bay VRS **95** 334; s. aber Rn. 12 aE), gleichfalls nicht, wenn sich der Vordermann nur sehr kurzfristig (wenige Sekunden) unter Zwangseinwirkung gefühlt hat (KG VRS **63** 120). Das Auffahren bis auf 2 m über eine Entfernung von knapp 50 m unter Betätigung der Lichthupe bei 110 km/h soll keine Gewalt darstellen (Bay DAR **91** 376). Weitergehend fordert zB Bay NZV **90** 238 jedenfalls bei einer Annäherung bis auf (nur?) 5 m auch bei einer sehr hohen Annäherungsgeschwindigkeit (die „Opferfahrzeuge" führen 120 km/h bis 130 km/h) eine Bedrängung „von mehreren 100 m", weswegen eine Strecke von 170 m auch bei mehrfacher Betätigung der Lichthupe nicht ausreiche, um den Vorausfahrenden in „Furcht und Schrecken" zu versetzen (dazu Rn. 11). Nach Fra VRS **56** 286 soll wohl sogar bei Strecken von „einigen 100 m" in der Annahme von Nötigung Zurückhaltung zu üben sein; deshalb liege bei Geschwindigkeiten der „Opferfahrzeuge" von 130 km/h bis 140 km/h und sehr hoher Annäherungsgeschwindigkeit des Täters sowie Betätigung der Lichthupe in einer Abstandsunterschreitung zum Vordermann (kurz) bis auf 3 m bei einer Fahrstrecke von 200 m keine Nötigung vor, und dies, obwohl das Gericht eine *konkrete* Gefährdung wegen dichten Auffahrens für nahe liegend hält. Damit dürfte die Bedrohlichkeit gerade des aggressiven Heranrasens vernachlässigt sein (*König* NZV **05** 27; hierzu auch *Maatz* NZV **06** 337; zu Kö VRS **67** 224 s. Rn. 12 aE). Nach Ha VD **05** 133 keine Nötigung, wenn aus der Sicht des dicht Auffahrenden ein Nötigungserfolg (zB Geschwindigkeitserhöhung, Platzmachen) nicht möglich ist.

14   **Bei geringeren Geschwindigkeiten** (80 km/h und weniger) reicht ein einmaliges, nur wenige Sekunden dauerndes Heranfahren bis auf 2 m nicht aus (KG VRS **63** 120), genauso wenig ein Hinterherfahren im Abstand von 15 m (Dü VRS **52** 192). Wer auf einer Strecke von ca 150 m bei einer Geschwindigkeit von 80 km/h auf einer dicht befahrenen AB bis auf einen halben Meter auffährt und dabei die Lichthupe betätigt, soll nach Ha DAR **90** 392 noch keine Nötigung begehen. Nicht hinreichend konkret ist die Feststellung, der Angekl. sei „bei Geschwindigkeiten zwischen 60 und 80 km/h mehrfach bis auf mindestens 10 bis 15 m auf das andere Fz aufgefahren und habe wiederholt die Lichthupe betätigt" (Kar VRS **94** 262).

15   Die Grundsätze unter Rn. 11 ff. gelten **auch im innerstädtischen Verkehr. Deswegen macht sich wegen (versuchter) Gewaltnötigung strafbar, wer** über eine Strecke von knapp 300 m so dicht auf ein vor ihm fahrendes Fz auffährt, dass dessen Fahrer das Nummernschild sowie den Kühlergrill des Verfolgerfahrzeugs im Rückspiegel nicht mehr sieht und der Täter dabei permanent die Lichthupe betätigt sowie ein- bis zweimal auch das Signalhorn, um sein Opfer zur Freigabe der Fahrbahn zu veranlassen (Kö NZV **06** 386; von BVerfG NJW **07** 1669 nicht beanstandet; s. Rn. 5, 10).

16   **b) Verhindern des Überholens** durch verkehrswidrige Fahrweise kann strafbare Nötigung sein, *dies allerdings nur unter besonderen Umständen* (Bay NStZ **86** 541, DAR **90** 187, Stu NZV **91** 119, Kö NZV **93** 36, Dü NZV **00** 301; s. auch *Berz* NZV **95** 299, *Maatz* NZV **06** 337). Namentlich reichen in Abgrenzung zur OW kurzzeitige Behinderungen nicht aus (Stu NZV **91** 119). Oftmals stehen Disziplinierungsversuche in Rede. Sofern diese durch verkehrswidriges Verhalten des „Kontrahenten" (namentlich „Drängeln", Rn. 11 ff.) **provoziert sind,** soll Verwerflichkeit nach dem Rechtsgedanken des § 199 StGB ausscheiden können (Dü NZV **00** 301, Stu NZV **91** 119). Die Überlegung tritt allerdings in Spannung zu dem Grundsatz, dass der Selbstjustiz (im StrV) entgegenzuwirken ist (s. auch Rn. 7). Sie sollte deshalb möglichst auf (geringer wiegende) Konstellationen beschränkt werden, in denen das Verhalten des Beschuldigten von verständlicher, „vorübergehender Unmutsaufwallung" (hierzu BGHSt **18** 389, 392) geprägt gewesen ist (ähnlich wohl Kö NZV **93** 36).

Den Hauptfall bildet es, dass der Täter auf der AB, ggf. sogar unter Fahren von Schlangenli- **17** nien, **die Überholspur durch ständiges Linksfahren blockiert.** Nötigung ist dabei gegeben, wenn es zu einer Gefährdung anderer VT kommt (Rn. 6, 11, BGHSt **18** 389, 392, **19** 263, 269; Bay VRS **70** 441). Eine Gefährdung ist aber nicht unbedingt erforderlich. Besonders hartnäckiges, schikanöses Handeln („ohne vernünftigen Grund") über eine längere Strecke hin genügt (BGHSt **18** 389; Bay VRS **70** 441; Ha VRS **57** 347). Nach Dü NZV **00** 301 ist der Gewaltbegriff dabei auch dann erfüllt, wenn die rechte Fahrbahn frei ist, der „Schnellfahrer" also an sich überholen könnte, dies allerdings nur unter Verstoß gegen das Verbot des Rechtsüberholens. Dem entspricht Bay NJW **02** 628 (ebenso schon Bay NStZ **86** 541 (J), dazu Rn. 20), wonach Gewalt gegeben ist, wenn es dem Opfer (auch) aus rechtlichen Gründen nicht möglich ist, dem ihm aufgezwungenen Fahrverhalten durch ein Ausweichen zu entgehen (hierzu auch unten Rn. 21). Ob in solchen Konstellationen wirklich ein Fall des „Nicht-Könnens" und nicht lediglich ein Fall des (für den Gewaltbegriff im Grundsatz nicht mehr ausreichenden) „Nicht-Dürfens" gegeben ist, erscheint jedoch zw. Verneinendenfalls kann je nach Lage des Falls jedoch die Drohungsalternative (schlüssige Drohung des Fortfahrens mit diesem Verhalten) eingreifen.

Strafbare Nötigung kann auch begehen, wer ein (zulässiges; s. Rn. 20) Überholen bewusst da- **18** durch verhindert, dass er während des Überholversuchs **mehrfach seine Geschwindigkeit erhöht und sie wieder auf das vorige Maß herabsetzt,** nachdem der Überholende den Überholversuch wegen GegenV hatte abbrechen müssen (Bay VRS **70** 441). Entsprechendes gilt, wenn der Täter bewusst den **Abstand zum Vordermann verkürzt,** um für den Überholer keine Lücke zu lassen und ihm auf diese Weise das Einscheren unmöglich zu machen, sofern hierdurch die Gefahr eines Unfalls entsteht (Ce NZV **90** 239; s. aber Rn. 20). Wer auf breiter Str ohne Geschwindigkeitsbegrenzung das Überholen eines Nachfolgenden mehrfach dadurch verhindert, dass er ohne jeden Anlass bei jedem Überholversuch **nach links ausschert,** kann wegen Nötigung bestraft werden, und zwar auch dann, wenn er mit diesem verwerflichen Verhalten keinen weitergehenden (verwerflichen) Zweck verfolgt (BGHSt **15** 390, **18** 389, VM **63** 57, Ko VRS **55** 355, Fra VRS **51** 435). Hingegen erfüllt das nur gewichtiges Fehlverhalten umfassende (Rn. 11) Gewaltmerkmal nicht, wer bei einer Geschwindigkeit von 120 km/h auf der Überholspur fährt und über eine Strecke von 400 m ein rechts neben sich fahrendes Fz durch „Mitziehen" am Überholen eines vor ihnen fahrenden Lkw hindert (Ha NZV **91** 480).

Die OLG verlangen **möglichst detaillierte tatsächliche Feststellungen** zur Verkehrslage, **19** insbesondere zur Anzahl der auf der rechten Spur fahrenden Fz, zu den zwischen ihnen bestehenden Zwischenräumen, ihrer Fahrgeschwindigkeit und der Dichte des Verkehrs (Stu NZV **91** 119). Zu ungenau ist beispielsweise die Feststellung, der Täter habe über eine Strecke von 40 km hin „mehrfach" nicht überholen können (Stu NZV **91** 119).

Zur Verwerflichkeit Rn. 6, 7. *Keine* Verwerflichkeit, wenn das Überholen nur unter Über- **20** schreitung der zulässigen Höchstgeschwindigkeit möglich wäre (vgl. BGH NJW **87** 913 (zu § 1 StVO); BaySt **66** 118, VRS **71** 299; s. aber Bay NStZ **86** 541 (J): Nötigung bei Blockade der Überholspur, um zu erreichen, dass andere nicht überholen und die zulässige Höchstgeschwindigkeit nicht überschreiten können, krit *Janiszewski* ebd.; s. auch § 1 StVO Rn. 40). Eine „Blockade" über eine Fahrstrecke von etwa 4 km, die etwa 2,5 Minuten andauert, reicht idR nicht (Dü NZV **00** 301). Von wesentlicher Bedeutung sind **die Beweggründe des Beschuldigten.** Befürchtet dieser zB, wegen dichten Verkehrs nach dem Einscheren nicht mehr auf die Überholspur zurückkehren zu können, so handelt er nicht „ohne vernünftigen Grund" (s. Rn. 7, 17; Bay DAR **90** 187) und nicht verwerflich. Nicht verwerflich ist auch das vorübergehende Verhindern eines Überholvorgangs aus Angst vor dem Fahren am rechten Fahrbahnrand bei enger Str (Kar VRS **55** 352) oder **aus einer vorübergehenden Unmutsaufwallung** (BGHSt **18** 389, 392; s. auch Rn. 16, 17). Würde der ohnehin schon zu geringe Abstand zum Vordermann bei einem Zulassen des Wiedereinscherens des Überholers noch mehr und in gefährlicher Weise verkürzt, so handelt nicht verwerflich, wer **auf den Vordermann aufschließt,** um für den Überholer keine Lücke zu lassen; der potenziell Überholte ist grundsätzlich (s. aber Rn. 18) nicht verpflichtet, zum Gelingen des Überholversuchs beizutragen (Ce NZV **90** 239).

c) Ab-, Ausbremsen, Fahrbahnblockade durch Stehenbleiben. Idealtypischer Fall der **21** Gewaltnötigung im StrV ist der des „Ausbremsens": Der Täter **bremst sein Fz willkürlich herunter,** bringt es ggf. zum Stillstand, mit der Folge, dass der Nachfolgende aufgrund des so errichteten physischen Hindernisses zum Anhalten gezwungen wird (BGH NJW **95** 3131, 3133; Bay NJW **02** 628; Dü VRS 68 449; Kö NZV **00** 99, AG Rudolstadt VRS **112** 35). Anders liegt es nach Ce NZV **09** 199, wenn dem Nachfolgenden eine von ihm wahrnehmbare Möglichkeit des

Überholens bzw. Vorbeifahrens verbleibt. Dem steht es gleich, wenn der Täter seine Geschwindigkeit ohne verkehrsbedingten Grund **massiv reduziert,** um den Fahrer des nachfolgenden Fz zu einer unangemessen niedrigen Geschwindigkeit zu zwingen, und der Nachfolgende das ihm vom Täter aufgezwungene Verhalten nicht durch Ausweichen oder Überholen vermeiden kann; dass dem Opfer eine Ausweichmöglichkeit nur aus *rechtlichen* Gründen (Bestehen eines Überholverbots) verstellt ist, schadet dabei nach Bay NJW **02** 628 nicht (zw., s. auch Rn. 17). Selbstredend erfüllt auch die Totalblockade der Fahrbahn durch Querstellen des Fz den Gewaltbegriff (vgl. BGH NJW **95** 2643; Bay NZV **94** 116; BVerfG NJW **11** 3020; s. aber Rn. 22).

22   Wiederum (s. auch Rn. 2, 4, 11) ist zu beachten, dass nur **Verhaltensweisen von Gewicht** vom Strafrecht erfasst werden. Kurzzeitige, geringer gewichtige Behinderungen fallen schon aus dem Gewaltbegriff heraus (Kö NZV **00** 99), was nach LG Dr NZV **98** 83 bei einem 6 Minuten dauernden Anhalten eines Lkw auf der Überholspur einer AB bei der Annäherung an eine Engstelle gegeben ist (krit. *Maatz* NZV **06** 337, 343; s. auch Rn. 23, 32). Nach Kö NJW **68** 1892 ist nicht jedes kurzes Blockieren eines Fz zum Zwecke der Belehrung oder Beschimpfung verwerflich (anders bei Gefahr der Körperverletzung des Anhaltenden oder der Beschädigung seines Fz oder bei Nichtfreigabe des Fahrwegs trotz Verlangens). Das kurze Aufleuchtenlassen des Bremslichts nach Antippen des Bremspedals steht trotz der auch daraus resultierenden Gefahren dem vollführten Bremsen nicht gleich (nach Kö VRS **93** 338 nur seelisch empfundener Zwang und keine Drohung).

23   **Verwerflichkeit ist jedenfalls dann gegeben,** wenn das Opfer oder Dritte gefährdet werden; dabei ist unerheblich, ob der Täter die Voraussetzungen des § 315b im Lichte der jüngeren Rspr. des BGH erfüllt, also mit Schädigungsvorsatz gehandelt hat (näher Rn. 6). Eine Gefährdung ist aber nicht zwingende Voraussetzung (BGHSt **18** 389; Rn. 6). Verwerflichkeit ist vielmehr idR schon dann zu bejahen, wenn der Täter *verkehrsfremde Zwecke verfolgt,* insbesondere das Opfer aus Verärgerung oder Rache disziplinieren will (Bay NJW **02** 628, AG Rudolstadt VRS **112** 35; probl. Fra DAR **67** 222, wonach Verwerflichkeit ausscheiden soll, wenn der Täter einen „Drängler" zum Anhalten zwingt, um ihn zur Rede stellen zu können; s. auch schon Rn. 16). Nach Bay NJW **89** 1621 bedarf es bei verkehrswidrigem Anhalten (und hierdurch verursachter Blockade des nachfolgenden V) stets einer eingehenden Würdigung der Beweggründe; zB ein Anhalten zum Zweck des Telefonierens unter gleichgültiger Inkaufnahme der Behinderung anderer genügt II jedenfalls dann nicht, wenn die nur eine von mehreren Fahrbahnen blockiert wird (s. zum Vorsatz Rn. 8; zu einem Fall des Schneidens Rn. 24). Nach Ha NStZ **09** 213 keine Nötigung bei einer 30 Minuten andauernden vollständigen Fahrbahnblockade, wenn der Täter nicht unmittelbar die Behinderung anderer bezweckt, sondern „nur" einen Ladevorgang abschließen will (zw, s. *König/Seitz* DAR **09** 361).

24   **d) „Schneiden", „Kolonnenspringen".** Die Grundsätze unter Rn. 21 ff. sind auf die (den „Bremsfällen" ähnlichen und mit diesen nicht selten zusammenfallenden) Konstellationen des „Schneidens" eines Fz entsprechend anzuwenden. Zieht der Täter (aus Verärgerung, sonst verkehrsfremden Gründen oder mit der Folge der Gefährdung anderer) sein Fz unmittelbar vor ein anderes herüber, mit der Konsequenz, dass der andere FzF stark abbremsen oder seinerseits das Fz nach rechts oder links herüberziehen muss, so begeht er grundsätzlich eine Nötigung in der Form der Gewaltausübung (Stu NZV **95** 285). Wer auf der AB zweimal hintereinander rechts überholt, dann in geringe Lücken auf der Überholbahn einschert, dabei den Überholten schneidet und zu starkem Bremsen zwingt, nötigt ihn (Dü VM **70** 76). Den Vorausfahrenden nötigt, wer ihn, auch ohne Gefährdung, mehrfach überholt, knapp schneidet und zum Notbremsen zwingt, weil er vermeintlich zu langsam fahre (Ko VRS **55** 278, KG DAR **69** 81, s. auch Mü VersR **66** 1015: BG des Überholten tritt dann zurück). Nötigung auch beim „bloß" rücksichtslosen Überholer, der in dem Bestreben schnelleren Vorankommens als notwendiges Zwischenziel und damit absichtlich (Rn. 8) eine Gefahrenlage herbeiführt, in der der „geschnittene" Kf zur Vermeidung eines Unfalls scharf abbremsen muss (**aM** Dü NJW **07** 3219 mablAnm *König* NZV **08** 46, Ko v. 28.10.09, 2 Ss 128/09, juris).

25   **Nötigung kann zu verneinen sein,** wenn sich der Täter bei geringer Geschwindigkeit vor ein anderes Fz „einzwängt" und dadurch verhindert, dass der andere mit seinem Fz um eine Fahrzeuglänge auf den stockenden V aufschließt; dies gilt auch dann, wenn sich der andere aufgrund des Täterverhaltens zu einer Vollbremsung „genötigt" sieht (Kö NZV **00** 99). Unmittelbares Rechtsabbiegen vor einem gerade zuvor überholten Radfahrer kann zwar Gewalt sein; jedoch fehlt es an der Verwerflichkeit, sofern eine kurzfristige einmalige Behinderung gegeben ist (Dü NZV **89** 317). Kurzes Bedrängen des Überholten wegen nahenden GegenV ist nicht ohne

Weiteres Nötigung, auch wenn der Überholte dadurch veranlasst wird, sein Fz nach rechts zu lenken (Kar VM **99** 31).

Unter der Voraussetzung, dass entgegenkommende und/oder überholte Fz zum Bremsen **26** gezwungen werden, kann das sog. „**Kolonnenspringen**" strafbare Nötigung darstellen (LK-StGB/*Träger/Altvater* Rn. 99). Die Grundsätze unter Rn. 24 f. gelten auch hier. So nötigt, wer Entgegenkommende und Überholte durch ständiges verkehrswidriges Überholen und Sicheindrängen in Lücken über 2 km hin mutwillig zum Bremsen und Ausweichen zwingt (Kö VRS **57** 196).

e) Zufahren auf eine Person (auch Parklückenfälle). Das Zufahren auf eine Person, um **27** sie zur Freigabe des Wegs zu zwingen, ist idR verwerfliche Nötigung (BGH VRS **30** 281; VM **72** 25, DAR **04** 230, NStZ **10** 391, Ha NJW **73** 1240; Ko VRS **46** 31, Kö VRS **95** 375; AG Villingen-Schwenningen DAR **18** 701; LK-StGB/*Träger/Altvater* Rn. 101, 103 mwN). § 315b ist daneben erfüllt, wenn die Tat einen verkehrsfeindlichen Inneneingriff darstellt, einen Gefahrerfolg verursacht (eingehend LK-StGB/*König* § 315b Rn. 42 ff.) sowie (nach neuerer Rspr) *Schädigungs*vorsatz gegeben ist (§ 315b Rn. 1, 10, 18). (Versuchte) Nötigung, wenn der Täter auf einen **den Parkplatz versperrenden Fußgänger zufährt** (Ha NJW **70** 2074; Dü VM **78** Nr. 68; *Kaiser Salger*-F S. 59, *Berz* VGT **96** 72). Zwar handelt jener rechtswidrig (§ 1 II StVO), womit dem Kf an sich ein Notwehrrecht zustünde; das Gebrauchmachen von diesem Notwehrrecht ist jedoch jedenfalls dann rechtsmissbräuchlich, wenn der Täter das Opfer gefährdet oder gar verletzt (Bay NJW **95** 2646, **68** 824, VRS **24** 425, Dü VM **78** 59; abw. Schl NJW **84** 1470; s. auch E 114). Verwerfliche Nötigung auch dann, wenn der Täter das Parken auf einem privaten Parkplatz dadurch zu erzwingen versucht, dass er auf den die Zufahrt versperrenden Parkwächter zufährt (Schl SchlHA **68** 265), wenn er sich durch Zufahren unter Aufheulenlassen des Motors freie Fahrt in einer Fußgängerzone verschafft (Kö VRS **95** 375), wenn er sein Fz mit erheblicher Beschleunigung zurücksetzt, um sich den Fluchtweg frei zu machen (BGH DAR **04** 230) oder wenn er mit dazu erhöhter Geschwindigkeit auf einen anderen zufährt, um ihn zur Rede zu stellen (BGH NStZ **10** 391). Zu § 7 StVG, wenn sich der Fußgänger durch einen Faustschlag auf die Motorhaube „wehrt" und dabei das Kfz beschädigt, AG Ludwigshafen NJW **18** 411 (§ 7 StVG Rn. 11). Die Drohungsalternative ist gegeben bei einer (dem o. g. Verhalten etwa vorausgehenden) **Drohung, den Fußgänger zu überfahren** (Bay NJW **95** 2646). Entsprechendes gilt, wenn der Kf Passanten, die ihn wegen einer zuvor begangenen OW (zu Unrecht) festhalten wollen, damit droht, sie „kaputt zu fahren" (Ha NJW **73** 1826; s. auch Dü NZV **92** 199 sowie Rn. 29). **Keine Verwerflichkeit,** wenn der Kf langsam auf den Fußgänger zufährt und dabei mehrfach anhält, um die Möglichkeit zum Beiseitegehen zu lassen, sofern der Fußgänger *weder gefährdet noch verletzt wird;* auch ein vorausgehendes provokantes und rechtswidriges Verhalten des Fußgängers ist in die Würdigung einzubeziehen (Nau NZV **98** 163; Stu NJW **66** 745 mablAnm *Bockelmann, Rasehorn* NJW **68** 1246; s. auch Hb NJW **68** 662, Ha DAR **69** 274, Bay DAR **91** 367; aM Ha NJW **70** 2074).

f) Zufahren auf ein anderes Fz (auch Parklückenfälle). Das gezielte Zufahren auf ein **28** Fz, um dessen FzF zur Freigabe des Wegs (auch zur Freigabe einer Parklücke) zu veranlassen, ist (wie das Zufahren auf einen Fußgänger, Rn. 27) idR verwerfliche Nötigung (Bay NJW **63** 824; s. aber Rn. 29). Auch hier stellt sich die Konkurrenzfrage zu § 315b (Rn. 27; § 315b Rn. 18). Klar ist, dass neben einem nach § 315b III qualifizierten verkehrsfeindlichen Inneneingriff auch eine Straftat nach § 240 begeht, wer ein anderes Fz rammt, um es zum Anhalten zu zwingen (BGH NStZ-RR **01** 298; eingehend LK-StGB/*König* § 315b Rn. 45). Nur noch § 240 ist hingegen nach Kö DAR **04** 469 erfüllt, wenn der Täter auf ein Fz zufährt (und einen Unfall verursacht), um den FzF zur Rede zu stellen, sofern ihm nicht widerlegt werden kann, dass er einen Unfall hatte vermeiden wollen. Gleichfalls Nötigung kann es darstellen, wenn der Täter geradewegs auf das andere Fz zufährt, um die Vorfahrt zu erzwingen (s. aber Dü NZV **88** 187) oder auf der Gegenfahrbahn auf das Opfer zufährt und es so zum Ausweichen zwingt (Kö NZV **13** 456 vermisst allerdings zu Unrecht Feststellungen zu einer uU kurzzeitigen Dauer der bedrängenden Fahrweise; abl *König* DAR **14** 363).

Nicht jede Behinderung beim „Kampf um die Parklücke" ist strafbare Nötigung. Wer **29** die Parklücke zuerst erreicht, ist gegenüber dem bevorrechtigt, der sie zuerst entdeckt hat (§ 12 V StVO; s. dort Rn. 59). Er darf deshalb zB auch dann zurücksetzen, wenn er den anderen dadurch zum Zurücksetzen zwingt und zugleich am Einfahren in die Parklücke hindert (Kö NZV **89** 157). Auch bei bestehendem Vorrecht darf der Täter aber nicht damit drohen, das Fz des anderen „kaputt zu fahren", wenn jener nicht verschwinde; andernfalls macht er sich wegen (versuchter) Nötigung durch Drohung strafbar (Dü NZV **92** 199; dazu *Janiszewski* NStZ **92** 274; s. auch Rn. 27).

30   **g) Nötigung durch Fußgänger (auch Parklückenfälle).** Seit dem Sitzblockadenbeschluss des BVerfG (Rn. 1) steht fest, dass der Fußgänger, der einen FzF *durch seine bloße körperliche Anwesenheit* daran hindern will, in eine bestimmte Richtung (weiter-) zu fahren, keine Gewalt übt. Demgemäß begeht der Täter *allein* durch das Versperren der Fahrbahn mit ausgebreiteten Armen und durch den auf den herannahenden Autofahrer ausgeübten (nach BVerfG ausschließlich psychisch vermittelten) Zwang zum Anhalten keine Nötigung (BGH NStZ-RR **02** 236; anders noch zB Bay NJW **70** 1803), ebenso nicht der Grundstückseigentümer, der sich einem Motorradfahrer in den Weg stellt, um diesen daran zu hindern, sein Grundstück zu durchfahren (Fra NStZ-RR **11** 110 (auch keine Verwerflichkeit)). Nötigung **ist jedoch gegeben,** wenn der Täter, nachdem das Opfer wieder anfahren will, sich mit seinem Körper auf die Motorhaube des Pkw legt, weil er damit unter Einsatz seines Körpers und unter Entfaltung gewisser Körperkraft auch ein physisches Hindernis geschaffen hat, von dem auf das Opfer nicht nur psychische Zwangswirkung durch bloße Anwesenheit ausgeht (BGH NStZ-RR **02** 236; in Fortführung von BGHSt **41** 182). Keine Gewaltausübung (mehr) ist aus den genannten Gründen das Begehen der Fahrbahn etwa zu demonstrativen Zwecken (zum Fall des „Münchner Fahrbahngehers", BGHSt **41** 231, eingehend *LK-König* § 315b Rn. 35; s. auch *Maatz* NZV **06** 337, 338 f.). Bildet sich hinter dem „Geher" freilich ein Stau (unüberwindliches Hindernis), so kann Nötigung gegeben sein (vgl. BGHSt **41** 231, 241).

31   Wer als Fußgänger eine **entdeckte Parklücke** gegenüber einem einfahrwilligen FzF durch seine körperliche Anwesenheit „verteidigt", handelt zwar rechtswidrig (das Vorrecht des § 12 V StVO gebührt nur dem FzF), strafbare Nötigung begeht er jedoch nicht. Der vormalige Meinungsstreit, ob in solchen Fällen Verwerflichkeit nach II vorliegt (hierzu *Fischer* Rn. 49), ist im Wesentlichen überholt (Rn. 30). Freilich kann die Frage erneut relevant werden, wenn **sich der Fußgänger nicht auf das passive Stehenbleiben beschränkt,** sondern sich etwa auf die Motorhaube legt (Rn. 30). Nach Nau NStZ **98** 623 (nicht zu einem „Parklückenfall") genügt es für Gewalt, wenn sich der Fußgänger dem Fz „entgegenstemmt" (zu BGH NStZ-RR **02** 236: Rn. 30). Für II wird es darauf ankommen, welches Gewicht dem Verhalten des „Blockierers" zukommt. Handelt er aggressiv oder schikanös bzw. gefährdet er das Fz, so wird Verwerflichkeit zu bejahen sein (Ha VRS **59** 426; Kö NJW **79** 2056).

32   **h) Versperren von Einfahrten etc. (auch Gewalt durch Unterlassen).** Nötigung kann auch begehen, wer Ein-, Aus- oder Durchfahrten mit seinem Fz versperrt oder einen Parkplatz „zuparkt" (LK-StGB/*Träger/Altvater* Rn. 102; zum fortdauernden Blockieren einer Ausfahrt durch ein geparktes Fz zB Ko VRS **20** 436; **49** 32). Hat der Täter einen solchen Zustand ohne Nötigungsvorsatz herbeigeführt, so ist er, sobald er diesen bemerkt, zur unverzüglichen Beseitigung verpflichtet. Andernfalls kann Gewalt durch Unterlassen zu bejahen sein. Dementsprechend kann zB durch das Stehenlassen eines versehentlich auf die Gegenfahrbahn geratenen, die Fahrbahn versperrenden Fz Gewalt geübt werden (Dü VRS **73** 283). Keine Nötigung liegt zB vor bei einer nur kurzfristiger Verhinderung der Weiterfahrt (vgl. *Fischer* Rn. 27; zum Anhalten eines Lkw auf der Überholspur einer AB Rn. 22). Freilich bleibt auch bei einer restriktiven Auslegung das Problem, dass eine nicht geringe Zahl (länger währender) Parkverstöße (insbes. Parken vor Grundstückseinfahrten; Zuparken privater Parkplätze) grundsätzlich versuchte oder vollendete Nötigung darstellen kann. Aus diesem Grund wird strafbare Nötigung zT nur dann angenommen, wenn es dem Täter (über den bloßen Sachentzug hinaus) gerade auf die Beschneidung der Handlungsmöglichkeiten des Geschädigten ankommt (so LK-StGB/*Träger/Altvater* § 240 Rn. 102; hierzu Rn. 8; iErg auch Brn NZV **14** 102 mBspr *König* DAR **14** 363 zu einem Fall des zu dichten Auffahrens in einer Parklücke).

33   **i) Betätigung der (Licht-)Hupe.** Selbst länger andauerndes bzw. mehrfaches Hupen, um den anderen zu einem bestimmten Verhalten (Weiterfahrt, zügigeres Fahren, Freigabe der Fahrbahn etc.) zu veranlassen, kann ohne Hinzutreten erschwerender Umstände idR nicht als Nötigung bewertet werden. Für die Annahme von Gewalt hat die Einwirkung nicht die notwendige Intensität. Aus demselben Grund wird keine Drohung mit einem *empfindlichen* Übel vorliegen; denn der besonnene VT wird dem (schlüssig) in Aussicht gestellten Nachteil weiteren Hupens standzuhalten in der Lage sein (vgl. Dü NJW **96** 2245, Schl VM **74** 14). Das Gleiche gilt für die Betätigung der Lichthupe. Zum Einsatz von Signalhorn und Lichthupe, um dem „Drängeln" größeren Nachdruck zu verleihen, Rn. 11 ff.

34   **4. Konkurrenzen.** Hinter § 113 tritt § 240 zurück (st. Rspr., zB BGHSt **48** 233 (Polizeiflucht!)). Mit § 315b (s. dort Rn. 32; LK-StGB/*König,* § 315b Rn. 93) und § 315c I Nr. 2

(§ 315c Rn. 70; Kö VRS **44** 16, AG Rudolstadt VRS **112** 35, LK-StGB/*König* § 315c Rn. 211) kann Tateinheit bestehen. Zur Konkurrenz mit Fahren ohne FE § 21 StVG Rn. 25.

5. Sanktionen. Zur Strafzumessung gelten die Erläuterungen unter § 315c Rn. 55 ff., § 316 **35** Rn. 101 ff. sinngemäß. Die Regel in Fällen der „Verkehrsnötigung" sind Geldstrafen von 20 bis 50 Tagessätzen. Zur erweiterten Verwarnung mit Strafvorbehalt § 315c Rn. 66. § 59 wird freilich in Fällen, in denen *nur* § 240 erfüllt ist, eher in Betracht kommen als bei Taten, die (auch) § 315c erfüllen. Zum Absehen von Strafe § 315c Rn. 67. FV wird nicht selten angezeigt sein. Zur Konkurrenz mit OW, für die eine Regelanordnung der BKatV besteht, § 44 Rn. 7b. Zur EdF § 69.

Unbefugter Gebrauch eines Fahrzeugs

248b (1) **Wer ein Kraftfahrzeug oder ein Fahrrad gegen den Willen des Berechtigten in Gebrauch nimmt, wird mit Freiheitsstrafe bis zu drei Jahren oder mit Geldstrafe bestraft, wenn die Tat nicht in anderen Vorschriften mit schwererer Strafe bedroht ist.**

(2) **Der Versuch ist strafbar.**

(3) **Die Tat wird nur auf Antrag verfolgt.**

(4) **Kraftfahrzeuge im Sinne dieser Vorschrift sind die Fahrzeuge, die durch Maschinenkraft bewegt werden, Landkraftfahrzeuge nur insoweit, als sie nicht an Bahngleise gebunden sind.**

1. Allgemeines. Die Vorschrift entstammt der VO gegen unbefugten Gebrauch von Kfz und **1** Fahrrädern vom 20.10.32. Die heutige Fassung beruht auf dem EGStGB (BGBl. **74** I 490, 648). Sie bezweckt den Schutz des über das Fz Verfügungsberechtigten gegen unbefugte Benutzung (BGHSt **11** 48), besonders gegen dadurch bedingte Wertminderung des Fz (BGH GA **63** 344), soweit die §§ 242, 246 StGB mangels nachweisbarer Zueignungsabsicht unanwendbar sind. Gegen *Franke* NJW **74** 1803 wird man auch den Schutz der übrigen VT insoweit annehmen müssen, als der Täter, wie bei Gebrauchsanmaßung häufig, die Schwarzfahrt ohne oder nach entzogener FE unternimmt (BGHSt **11** 49), wogegen allerdings die Erstreckung auf Fahrräder spricht. Es handelt sich um ein Dauerdelikt (zuletzt BGH NJW **14** 2887). SchutzG nach § 823 II BGB zugunsten der VT ist § 248b nicht (Rn. 17).

2. Kraftfahrzeuge sind nach der in IV enthaltenen, über § 1 II StVG (dort Rn. 14 ff.) hin- **2** ausgehenden Begriffsbestimmung alle maschinell bewegten oder bewegbaren, nicht schienengebundenen (BahnV einschließlich Straba scheidet aus) Fz: Autos, Kräder, ElektroFz, Wasser- und LuftFz mit Motor oder Hilfsmotor, Mopeds und Mofas, nicht also bloße Anhänger, Fuhrwerke oder Seilbahnen, aber doch wohl zB motorbewegte Seilfähren. Elektromotorunterstützte Fahrräder (Pedelecs) sind als Kfz umfasst, dessen Begriffsbestimmung sie unzweifelhaft erfüllen; die auf das StVG und die darauf beruhenden RVO beschränkte Ausnahmevorschrift des § 1 III S. 1, 2 StVG (hierzu § 1 StVG Rn. 23–25) hat für die in IV enthaltene Bestimmung keine Relevanz (s. auch § 316 Rn. 17). Folgt man dem nicht, so könnte man im Hinblick auf das Analogieverbot sogar anzweifeln, ob für Pedelecs iSv § 1 III S. 1, 2 StVG, die keine Fahrräder im Rechtssinn sind (§ 1 StVG Rn. 22), trotz der (auf das StVR beschränkten) Reichweite des § 1 III S. 3 StVG die Vorschriften über Fahrräder entsprechend gelten könnten.

Fahrräder sind nach der neu in § 63a I StVZO (im Einzelnen s. dort) aufgenommenen Be- **3** griffsbestimmungen Fz, die ausschließlich durch die Muskelkraft auf ihm befindlicher Personen mit Hilfe von Pedalen oder Handkurbeln angetrieben werden (s. auch § 2 StVO Rn. 66; falls mit Benzin- oder Elektromotor: Kfz, s. Rn. 2). Nach dem Schutzzweck der Bestimmung werden handbewegte Krankenfahrstühle und Kinderfahrräder hierher zu rechnen sein, nicht aber Gymnastikfahrräder, Ein- und Rhönräder, Draisinen, Kinderroller, weil der Zweck der Fortbewegung nicht im Vordergrund steht, auch nicht tretbare Wassermobile.

3. Ingebrauchnahme ist die vorübergehende (andernfalls Diebstahl oder Unterschlagung, **4** Rn. 9) Benutzung des Fz zur Fortbewegung (BGHSt **11** 44, 47), beim Kfz nicht notwendig durch Inbetriebsetzen des Motors, so dass auch Schieben oder Ausnutzung eines Gefälles (Abrollenlassen) zur Ingebrauchnahme ausreicht, sofern eine nennenswerte Fortbewegung stattfindet (BGHSt **11** 44, VRS **14** 116, Ha DAR **61** 92, aM *Wagner* JR **32** 253). Der Begriff der Ingebrauchnahme gilt für Kfz und Fahrräder einheitlich (BGHSt **11** 46), wobei die Möglichkeit der Interessenverletzung des Berechtigten durch Schädigung des Fz beim Fahrrad geringer als bei Autos sein wird.

5   **Keine Ingebrauchnahme** sind: FzBenutzung als Diebesversteck oder Schlafstätte (BGHSt **11** 45, 49, BGH NJW **14** 2887), unbefugtes Sich-Anhängen sowie Mitfahren ohne Erlaubnis oder Fahrschein (BGHSt **11** 49), bloßes Mitfahren bei der unbefugten Fahrt (BGH VRS **19** 288; jedoch Teilnahme möglich), unbefugtes Rangieren des Fz an Ort und Stelle oder Kreisfahren mit dem Fahrrad, weil beides nicht der Fortbewegung dient.

6   **4. Widerrechtlicher Weitergebrauch** nach ursprünglich berechtigter FzBenutzung (Ingebrauchhalten) steht der Ingebrauchnahme nach hM gleich, weil vom Normzweck (Rn. 1) umfasst (BGHSt **11** 47, 50; BGH NJW **14** 2887, Schönke/Schröder/*Bosch* Rn. 4a; *Janiszewski* Rn. 578). So liegt es, wenn der Fahrer unterwegs erkennt, dass er das Fz vom Dieb erhalten hat, die Fahrt aber fortsetzt (BGHSt **11** 47, 50); Weiterfahren des berechtigt gewesenen Fahrers als nunmehr beabsichtigte Schwarzfahrt unterfällt dem Tatbestand (BGHSt **11** 50, GA **63** 344, Zw VRS **34**, 444, KG GA **72** 277, Schl DAR **89** 350; aM *Schmidhäuser* NStZ **90** 341), etwa wenn der Monteur eine Probefahrt für eine Schwarzfahrt missbraucht. Gegen die hM werden freilich Bedenken geltend gemacht, weil die ausdehnende Auslegung weder grammatisch („Ingebrauchnahme" setze nach dem Wortsinn vorherigen Nichtgebrauch voraus) zutreffe, noch in den erwähnten Fällen durch den Normzweck (Rn. 1) gedeckt werde, auch nicht unter dem Aspekt allgemeinen VSchutzes. Ingebrauchnehmen deute vielmehr darauf hin, dass das Gesetz auf die Rechtslage bei Gebrauchsbeginn abstelle, unbefugte Gebrauchsfortsetzung also nicht einbeziehe (BAG NJW **61** 1422, AG Mü NStZ **86** 458, *Schmidhäuser* NStZ **90** 341). In der Sache lägen lediglich Vertragsverletzungen mit der Folge zivilrechtlicher Ansprüche vor, die anders zu beurteilen seien als Gebrauchsanmaßungen durch von vornherein Unbefugte (s. auch Rn. 8). Weitgehende Einigkeit besteht hingegen, dass das Kfz nicht in Gebrauch nimmt, wer als befugter Fahrer mit dem ArbeitgeberKfz kraft späteren Entschlusses eigenmächtig einen beträchtlichen Umweg fährt (Bay NJW **53** 193, Ha NJW **66** 2360, LG Mannheim NJW **65** 1929, *Franke* NJW **74** 1803).

7   **5. Gegen den Willen des Berechtigten** (Tatbestandsmerkmal) muss die Ingebrauchnahme geschehen. **Berechtigter** ist jeder, der das Fz aus irgendeinem Rechtsgrund benutzen darf, auch kraft mündlicher Abrede oder schlüssigen Verhaltens (BGHSt **11** 51, VRS **39** 199), also je nach Sachlage der Eigentümer, Halter, der bestellte Fahrer im Rahmen seiner Dienstpflichten, der Mieter oder Nießbraucher als Allein- oder Mitberechtigter, der Entleiher, auch jeder entsprechend Beauftragte. Auch juristische Personen können Berechtigte sein, nicht jedoch bloße Besitzdiener (§ 855 BGB). Sind mehrere nebeneinander berechtigt, so müssen sie alle die Ingebrauchnahme ablehnen. Dass das Fz dem Berechtigten durch **Gewahrsamsbruch** entzogen wird (so *Schmidhäuser* NStZ **86** 461) setzt § 248b hingegen nicht voraus; andernfalls würde unbefugte Ingebrauchnahme durch den Gewahrsamsinhaber (Verwahrung, Werkstatt, Garage usw, soweit Alleingewahrsam) oder nach Unterschlagung durch Dritte nicht erfasst.

8   **Der entgegenstehende Wille** des (der) Berechtigten muss gegeben sein oder mit Kenntnis der Ingebrauchnahme entstehen, braucht aber nicht ausdrücklich erklärt zu werden. Billigung oder Nichtbilligung können aus den Umständen oder der Lebensanschauung hervorgehen. ZB wird der angestellte Fahrer das Fz idR niemand anderem anvertrauen dürfen. Die Rückführung des Fz zum Berechtigten liegt in dessen Interesse, weswegen es (auch nach dem Vorstellungsbild des Täters) an dessen der Weiterbenutzung entgegenstehenden Willen fehlen kann (vgl. BGH NJW **14** 2887 mAnm *Floeth* NZV **15** 95; Dü DAR **85** 295; aM *Fischer* Rn. 6), aber nicht denknotwendig muss (*Mitsch* NZV **15** 423 dort auch zu Rechtfertigung wegen mutmaßlicher Einwilligung und nachträglicher Genehmigung). Gegenüber nur vereinbarungswidriger Benutzung durch einen an sich Mitberechtigten (Miteigentümer, Mithalter) kommt Nichtbilligung nicht in Betracht (BGH VRS **39** 199), auch nicht gegenüber rechtmäßiger Ingebrauchnahme kraft Vertrags, öffentlichen Rechts (Beschlagnahme, Pfändung), Notwehr oder rechtfertigenden Notstandes. Wer das Fz vom Mieter in dem Wissen in Benutzung nimmt, dass dieser es nicht weitergeben darf, verletzt den Willen des Berechtigten (Dü VM **72** 62, Neust MDR **61** 708).

9   **6. Zueignungsabsicht** beim Ansichbringen des Fz (Diebstahl) oder hinsichtlich des anvertrauten Fz (Unterschlagung) schließt § 248b aus. Sie will den Eigentümer (Berechtigten) von der Sachherrschaft endgültig ausschließen (BGHSt **22** 45, VRS **65** 128, NJW **87** 266), entweder durch Sich-Zueignen zwecks Behaltens oder durch selbstherrliche Verfügung über das Fz wie ein Eigentümer unter dauerndem Ausschluss des Berechtigten. Hierfür kann neben anderen Umständen sprechen, dass der Täter das Fz nach Ausnutzung seines wirtschaftlichen Werts beliebigem fremden Zugriff preisgibt, was aber nicht schon immer bei Abstellen in der Nähe des

Entwendungsorts der Fall ist (BGH NJW **87** 266). Diebstahl jedoch, wenn der Berechtigte das Kfz nur mit ungewöhnlichem Aufwand oder zufällig wieder auffinden kann, wie idR beim Stehenlassen unauffälliger SerienFz an beliebigem fremdem Ort, auch innerhalb der gleichen Gemeinde, wobei die Größe der Ortschaft nicht allein entscheidend ist, sondern das erforderliche Ausmaß des Aufwands zur Wiedererlangung (BGHSt **22** 45, Ha VRS **59** 39), anders aber bei auffälligem seltenem oder bei SonderFz. Beispiele: Erschleichung des FzSchlüssels in der Absicht, das Kfz zu behalten (Stu Justiz **73** 396); langer und intensiver FzGebrauch mit Wertminderung (Ha VRS **23** 125, JMBlNRW **60** 230); beliebiges Stehenlassen eines unauffälligen SerienFz (BGH VRS **51** 210, **65** 128, *Schwab* DAR **83** 388), womöglich offen und ungesichert, an entferntem oder unübersichtlichem Ort, wo es fremdem Zugriff offensteht (BGHSt **22** 46, NZV **99** 213, Bay NJW **61** 281), aber auch auf besetztem, bewachtem Parkplatz (BGHSt **22** 47, Ce VRS **7** 306) oder in einer anderen städtischen Straße (BGH VRS **19** 441), bei der heutigen VFülle auch in recht kleinem Ort (BGHSt **22** 45 Ce VRS **41** 271, Ko VRS **46** 33 (FeuerwehrFz)); Benutzung über mehrere 1000 km mit Wertminderung oder wenn der Berechtigte später nicht mehr dieselbe wirtschaftliche Verwertungsmöglichkeit wie vorher hat (*Schröder* JR **67** 390).

Unterschlagung (§ 246) begeht, wer ein nur auf wenige Tage gemietetes Kfz fernab auf **10** unbestimmte Zeit beliebig benutzt (KG VRS **37** 438), wer das MietFz abredewidrig solange benutzen will, bis er entdeckt wird (Kö VRS **23** 284), wer wissentlich ein gestohlenes, vom Dieb aufgegebenes Fz zur Benutzung und späteren Preisgabe an sich bringt (BGHSt **13** 43, NJW **59** 948).

Keine Zueignungsabsicht, sondern § 248b bei von Beginn an bestehender Absicht nur **11** zeitweiliger Brechung fremden Gewahrsams und beabsichtigter späterer Rückführung des Fz in den Herrschaftsbereich des bisherigen Gewahrsamsinhabers (BGHSt **22** 45, NStZ **82** 420, NJW **87** 266, NZV **95** 196, Ha VRS **59** 39). Das setzt die Möglichkeit der mühelosen Wiedererlangung der Verfügungsgewalt durch diesen voraus (BGHSt **22** 45, NJW **87** 266, Ha VRS **59** 39), etwa bei nur kurzer Benutzung und Abstellung am früheren Standort oder in dessen Nähe (Stu Justiz **73** 396), so dass das Fz dem Berechtigten wieder zugänglich gemacht wird (BGH NJW **61** 2122, Bay NJW **61** 280, Ha VRS **23** 125), wenn die Gebrauchsanmaßung die wirtschaftliche Position des Berechtigten nicht nennenswert beeinträchtigt hat. Maßgebend ist eine Gesamtwürdigung (Rn. 9). Dem Täter kommt nicht zugute, dass die Pol viele Fz wieder auffindet. Entscheidend für den Gesichtspunkt der Preisgabe können nicht polizeiliche Anstrengungen bei der Verbrechensbekämpfung sein, sondern nur die private Möglichkeiten des Geschädigten.

7. Innerer Tatbestand. Bedingter Vorsatz genügt. Der Vorsatz muss das Merkmal „gegen den **12** Willen des Berechtigten" einschließen. Irrige Annahme der Billigung ist Tatbestandsirrtum und beseitigt den Vorsatz (BGHSt **11** 52), zB (sofern Weitergebrauch für tatbestandsmäßig erachtet wird) die Annahme, der Vermieter billige eine Vertragsverletzung hinsichtlich des MietFz, zumal ihm daraus Ersatzansprüche erwachsen. Der Finder, der das von ihm als Fund bereits gemeldete Fahrrad vor Rückgabe benutzt, wird uU mit Billigung rechnen dürfen (Kö JMBlNRW **64** 91).

8. Der Versuch (II) beginnt mit den Handlungen, die im weiteren unmittelbaren Verlauf der **13** Ingebrauchnahme dienen, mit dem Entstehen der unmittelbar das Verfügungsrecht gefährdenden Beziehung zum Fz (BGHSt **22** 81), zB mit dessen Anfassen zwecks Erkundung der Wegfahrmöglichkeit (BGHSt **22** 80 = NJW **68** 1100), mit dem Einsteigen zwecks Einführens des Zündschlüssels oder zwecks Kurzschließens oder mit vorherigem Blinken zwecks Anfahrens. Benutzung in der irrigen Meinung, es fehle am Einverständnis, ist Versuch am untauglichen Objekt (BGHSt **4** 200). Vollendet ist die Tat mit Fahrtbeginn (BGHSt **11** 52, **11** 44, NJW **58** 152), beendet mit Fahrtbeendigung (BGHSt **7** 316).

9. Täter kann jedermann außer dem Berechtigten sein, nach dem Sinn der Vorschrift je- **14** doch nicht der Vermieter bei widerrechtlicher Benutzung seines Fz gegen den Willen des Mieters. Für die Teilnahme gelten die allgemeinen Grundsätze. Auch der Mitfahrer kann Täter, Anstifter oder Gehilfe sein, wird hierzu jedoch nicht durch bloßes Mitfahren (BGH VRS **19** 288, Ha DAR **61** 92, *Hartung* zu Bay JR **63** 428). Wer bei der Rückführung des Fz zum Berechtigten hilft (dazu Rn. 8) , leistet keine Beihilfe (Dü DAR **85** 295).

10. Strafantrag (III). Nach allgemeinen Regeln reicht bloße Strafanzeige nicht aus (BGH v. **15** 17.2.2011, 3 StR 477/10), jedoch genügt Strafantrag wegen Sachbeschädigung (BGH VRS **34** 423). Diebstahlsanzeige darf mit vorsorglichem Strafantrag wegen § 248b verbunden werden (Ha DAR **60** 50). Antragsberechtigt ist der Verletzte (§ 77 StGB), jedoch nur der originär Verletzte

(Eigentümer, Halter), nicht auch der nur kraft abgeleiteten Rechts Berechtigte wie Mieter, Fahrer, Beauftragte (aM AG Nienburg NRpfl **65** 21). Ein Strafantrag gegen Unbekannt wirkt auch gegen den, der das Fz erst kurz danach benutzt (Bay NJW **66** 942). Die Frist beginnt mit der Wiedererlangung des Fz (Dauerdelikt, Rn. 1).

16   **11. Konkurrenzen.** § 248b tritt zurück, soweit die Tat in anderen Vorschriften ähnlichen Schutzzwecks mit schwererer Strafe bedroht ist (I). Das trifft zB zu bei Diebstahl, Raub, Unterschlagung (Ce VRS **41** 271), Betrug, Erpressung und Hehlerei (Gesetzeskonkurrenz), nicht aber zB bei § 315c. Das Gesetzlichkeitsprinzip (Art. 103 II GG) steht dieser Auslegung nicht entgegen (vgl. LK-StGB/*Rissing-van Saan* vor § 52 Rn. 127 mwN; s. aber für § 125 BGH NJW **98** 465 und für § 246 BGH NJW **02** 2188; sehr str). TE mit Fahren ohne FE, fahrlässiger Tötung oder Körperverletzung und mit Sachbeschädigung ist möglich (BGH VRS **18** 191). Die unbefugte Benutzung führt zwar nicht notwendigerweise stets auch zu Benzin- und Ölverbrauch (FzGebrauch durch Wegschieben oder Abrollen), jedoch ist nicht TE mit Diebstahl oder Unterschlagung wegen dieser Stoffe anzunehmen (BGHSt **14** 389, GA **60** 182, Kö VRS **7** 116, JR **70** 107 mAnm *Schröder);* vielmehr sind nach dem Zweck des § 248b insoweit die §§ 242, 246 subsidiär.

17   **12. Kein Schutzgesetz** (§ 823 II BGB) zugunsten der VT ist § 248b (BGH VRS **12** 89, NJW **57** 500), aber zugunsten des Werkunternehmers, aus dessen Werkstatt das Fz abhandenkommt (Ce NRPfl **62** 108). Dem widerrechtlichen Benutzer haftet der Halter auch nicht bei Fahrlässigkeit für verkehrssicheren FzZustand (Ce VersR **72** 52). Hinsichtlich des Nachweises der Entwendung des Kfz bei der **Fz- und Einbruchdiebstahlversicherung** kommt dem VN eine Beweiserleichterung zugute: Der Nachweis der Entwendung ist bereits bei hinreichender Wahrscheinlichkeit geführt (BGH DAR **85** 56, VersR **97** 102, **99** 181, 1535, BGH NZV **95** 394, **96** 109, 275). „Schwarzfahrt" iS des § 248b führt zur Leistungsfreiheit des Halters und der Haftpflichtversicherung (Ko OLGR **06** 429).

18   Literatur: *Boller.* Der unbefugte Gebrauch von Kfz ... 2013 (Diss Heidelberg 2012). *Ebert,* Zur Strafbarkeit ungetreuer Kfz-Mieter, DAR **54** 291. *Franke,* Zur unberechtigten Ingebrauchnahme eines Fz, NJW **74** 1803. *Lienen,* Mißbräuchliche Benutzung von Kfz und Strafrechtsreform, NJW **60** 1438. *Römer,* Schwierigkeiten beim Kfz-Entwendungsbeweis, NVersZ **98** 63. *Schaffstein,* Zur Abgrenzung von Diebstahl und Gebrauchsanmaßung, insbesondere beim KfzDiebstahl, GA **64** 97. *Schwab,* Abgrenzung zwischen Diebstahl und unbefugte Ingebrauchnahme eines Kfz ..., DAR **83** 388. *Seibert,* Unbefugter FzGebrauch, NJW **58** 1222. *Wagner,* Die VO des Reichspräsidenten gegen unbefugten Gebrauch von Kfz und Fahrrädern, JW **32** 3679. *Wersdörfer,* Unbefugter FzGebrauch und Strafantrag, NJW **58** 1031.

Gefährliche Eingriffe in den Straßenverkehr

315b
(1) Wer die Sicherheit des Straßenverkehrs dadurch beeinträchtigt, daß er

1. Anlagen oder Fahrzeuge zerstört, beschädigt oder beseitigt,

2. Hindernisse bereitet oder

3. einen ähnlichen, ebenso gefährlichen Eingriff vornimmt,

und dadurch Leib oder Leben eines anderen Menschen oder fremde Sachen von bedeutendem Wert gefährdet, wird mit Freiheitsstrafe bis zu fünf Jahren oder mit Geldstrafe bestraft.

(2) **Der Versuch ist strafbar.**

(3) Handelt der Täter unter den Voraussetzungen des § 315 Abs. 3, so ist die Strafe Freiheitsstrafe von einem Jahr bis zu zehn Jahren, in minder schweren Fällen Freiheitsstrafe von sechs Monaten bis zu fünf Jahren.

(4) Wer in den Fällen des Absatzes 1 die Gefahr fahrlässig verursacht, wird mit Freiheitsstrafe bis zu drei Jahren oder mit Geldstrafe bestraft.

(5) Wer in den Fällen des Absatzes 1 fahrlässig handelt und die Gefahr fahrlässig verursacht, wird mit Freiheitsstrafe bis zu zwei Jahren oder mit Geldstrafe bestraft.

Übersicht

1. § 315b erfasst nur verkehrsfremde Eingriffe. Leitbild des Gesetzgebers ist der Eingriff **1**
in die VSicherheit von außen her *(„Außeneingriff"); er ist per se verkehrsfremd.* Nach ganz hM ist
aber auch verkehrsinternes Fehlverhalten relevant, sofern der Täter ein Beförderungsmittel (meist
sein Fz) oder einen Verkehrsvorgang bewusst zweckentfremdet bzw. „pervertiert" (BGHSt **22** 6,
48 233, NZV **99** 430, VRS **46** 106, Bay VRS **46** 287, **47** 27, NZV **89** 443, Ce NJW **69** 1184,
Cramer JZ **83** 812, aM *Obermann* Gefährliche Eingriffe in den StrV, 2005, *Solbach/Kugler* JR **70**
121). Voraussetzung dieses sog. *„verkehrsfeindlichen" bzw. „verkehrsfremden" „Inneneingriffs"* ist, dass
der Täter in verkehrsfeindlicher Absicht handelt und eine „grobe Einwirkung von einigem Ge-
wicht" vorliegt (BGHSt **22** 365, **28** 87, **48** 233, NJW **75** 1934, VM **81** 41). Alle anderen Fehl-
leistungen im StrV sind an § 315c zu messen; § 315c sperrt den Rückgriff auf § 315b dabei auch
dann, wenn die nicht als verkehrsfremder Eingriff in obigem Sinn qualifizierte Fehlleistung nicht
im Katalog des § 315c I Nr. 2 aufgeführt ist. In diesem Fall können nur allgemeine Tatbestände
des Strafrechts oder des OWRechts eingreifen. Hauptfall des Inneneingriffs ist es, dass das Fz
bewusst verkehrsfeindlich (gewissermaßen als Waffe oder Schadenswerkzeug) eingesetzt wird
(BGH NJW **03** 1613 = BGHSt **48** 233; zum Fz als „Waffe" iS von § 113 II S. 2 Nr. 1 StGB
abl BVerfG NJW **08** 3627). In Abkehr von seiner vormaligen Rspr. verlangt der BGH seit
BGH NJW **03** 1613 beim verkehrsfeindlichen Innengriff zusätzlich **zumindest bedingten**
Schädigungsvorsatz, was mit dem Charakter des § 315b als konkretes Gefährdungsdelikt in
Spannungslage tritt (*Seier/Hillebrand* NZV **03** 490) und weder in der Begründung noch den
Ergebnissen zu überzeugen vermag (*König* NStZ **04** 175; im Einzelnen Rn. 10, 11, 18). § 315b
ist keine Dauerstraftat (BGH NZV **95** 196). § 315b normiert auch im Bereich des ver-
kehrsfeindlichen Inneneingriffs Allgemeindelikte (LK-StGB/*König* Rn. 92; s. auch Ha DAR **17**
391). **Schutzgut** ist nach der Rspr. und einem Teil der Lehre **das Universalinteresse an der**
Sicherheit des StrV (sehr str, s. § 315c Rn. 1).

2. Dreistufiger Deliktsaufbau. Gemeinsam ist den Tatbeständen des I, dass der Eingriff in **2**
einer durchlaufenden Kausalbeziehung („… dadurch beeinträchtigt … und dadurch …") eine
Beeinträchtigung der VSicherheit (abstrakte Verkehrsgefahr; Rn. 22) und in der Folge eine kon-
krete Gefahr für bedeutende fremde Sachwerte bzw. Leib oder Leben anderer Menschen bewir-
ken muss (hM, s. LK-StGB/*König* Rn. 2 mwN), wobei str ist, ob die abstrakte Verkehrsgefahr iS

eines selbstständigen Gefahrerfolgs zu verstehen ist (so die wohl hM, zB BGH NJW **03** 1613) oder ob sie integraler Bestandteil des gefährlichen Eingriffs ist, womit der Deliktsaufbau zweistufig wäre (*Dencker* Nehm-F S. 373; s. auch *Cramer* JZ **83** 812, 814: „Eignungsurteil"). Im Ergebnis dürfte sich dies nicht auswirken (LK-StGB/*König* § 315 Rn. 47, aM *Dencker* Nehm-F S. 373). Der Eintritt des konkreten Gefahrerfolgs ist Indiz für die vorhergehende abstrakte Gefahr (die Eignung) und liegt in den einschlägigen Fällen zumeist unproblematisch vor. Allerdings fehlt es hieran zB, wenn in den Fällen des I Nr. 1 der Beschädigung eines Fz usw. (zB Rammen eines Fz ohne weitere Folgen) keine Verkehrsgefahren *nachfolgen* (näher Rn. 4, 6, 22). Für I Nr. 2, 3 steht seit BGH NJW **03** 836 = BGHSt **48** 119 wieder fest, dass auch rasch ablaufende Eingriffe (zB Schuss, Steinwurf) tatbestandsrelevant sind, falls sich der konkrete Gefahrerfolg als Steigerung der von dem Eingriff ausgehenden abstrakten Gefahr darstellt (insoweit zust *König* JR **03** 255, JA **03** 818, *Berz/Saal* NZV **03** 198). Soweit sich aus einzelnen Judikaten (insbes. BGH NZV **98** 36, BGHSt **47** 158 = NJW **02** 626) Gegenteiliges entnehmen ließ, hat BGH NJW **03** 836 diese Rspr. mit Recht aufgegeben. Zugleich hat der BGH jedoch den in der Rechtsanwendung schwer fassbaren Topos der **„verkehrsspezifischen Gefahr"** entwickelt, der in der Herleitung und den Auswirkungen ungeklärt ist, jedenfalls aber Zufallsentscheidungen provoziert (im Einzelnen Rn. 26).

3   **3. Öffentlicher StrV:** § 1 StVO Rn. 13 ff. (aM, auch nichtöffentlicher V einbezogen, MüKo-StGB-*Pegel* Rn. 11, der freilich übersieht, dass „StrV" *stets* nur den *öffentlichen* V meint (namentlich auch § 1 StVO), wohingegen § 7 StVG den nichtöffentlichen V umfassen will und den Begriff „StrV" deshalb bewusst nicht verwendet, § 7 StVG Rn. 1). Bei Eingriffen, *die vollständig außerhalb des öffentlichen StrV ablaufen,* ist § 315b mangels Beeinträchtigung der Sicherheit des öffentlichen StrV (Rn. 22) nicht anwendbar. So liegt es, wenn der Täter sein Opfer vom öffentlichen VGrund aus nur „anvisiert" und abstrakte wie konkrete Gefahr auf nichtöffentlichem Gelände (zB Straßengraben, neben der Straße liegendes Feld) eintreten (BGH NJW **04** 1965, NStZ **04** 625, NZV **98** 418, NZV **12** 394 mBspr *Geppert* DAR **12** 372 (Eingang zu einem Bürogebäude); Dü NJW **82** 2391, Kö VM **00** 86, aM LG Bonn bei *Landsberg* NStZ **83** 223, uU auch BGH VRS **59** 185). Hingegen ist § 315b einschlägig, wenn die abstrakte Gefahr im öffentlichen VRaum eintritt, sich aber erst außerhalb des öffentlichen VRaums in einem Gefahrerfolg konkretisiert, etwa dann, wenn der Täter sein Opfer im öffentlichen VRaum verfolgt, es aber erst außerhalb konkret gefährdet bzw. verletzt (klargestellt in BGH NStZ **04** 625, zust *König* DAR **04** 656, s. auch BGH NStZ **06** 167, BGH NStZ-RR **12** 185 m Bspr *Geppert* DAR **12** 372; BGH VRS **61** 122). Jedoch liegt den genannten Entscheidungen wohl die Auffassung zugrunde, dass sich das Opfer bei Beginn der Tat im öffentlichen VRaum befinden muss, was nicht überzeugt (LK-StGB/*König* Rn. 61). Eine ähnliche Problematik stellt sich im Rahmen des § 1 StVO bzw. der Anwendbarkeit der StVO auf solche „Mischfälle" (§ 1 StVO Rn. 18a).

3a   **4. Tathandlungen.** Oberbegriff der in I aufgeführten Tathandlungen ist der „gefährliche Eingriff". Die Tatbestandsvarianten nach Nr. 1 und 2 beschreiben als „Leitbeispiele" (*Fischer* § 315 Rn. 8) nur typische Angriffsformen (näher LK-StGB/*König* § 315 Rn. 18). Das *Geben falscher Zeichen und Signale* ist in I (anders: § 315) nicht angeführt, um unangemessene Ergebnisse zu vermeiden (BT-Drs. IV/651 S. 28), kann aber ggf. I Nr. 3 erfüllen.

4   **a) Anlagen oder Fahrzeuge zerstört, beschädigt oder beseitigt (Nr. 1).** *Beschädigen:* Veränderung der Zusammensetzung oder Aufhebung der Unversehrtheit der Sache, so dass die Brauchbarkeit für ihre Zwecke beeinträchtigt ist. *Zerstören:* für die bestimmungsgemäße Funktion unbrauchbar machen. *Beseitigen:* vom bestimmungsgemäßen Ort entfernen (BGH NZV **02** 517 (Gullydeckel)). *Fahrzeuge:* alle Beförderungsmittel ohne Rücksicht auf die Antriebsart (Bus, Straba, Kfz, Fuhrwerk; s. erg. § 316 Rn. 6; § 23 StVO Rn. 11, LK-StGB/*König* Rn. 22). *Anlagen:* dem V dienende Einrichtungen (§ 43 StVO) wie VZ, Schilder, Ampeln, Sperrvorrichtungen, Leitzeichen, Leitplanken, Straßen und Brücken mit ihrem dem V dienenden Zubehör *Immer zu beachten ist,* dass der Beschädigung etc. eine abstrakte Gefahr und ein konkreter Gefahrerfolg *nachfolgen* muss (Rn. 6).

5   **Beispiele für Außeneingriffe** (*verkehrsfeindliche Absicht und Schädigungsvorsatz also nicht erforderlich,* Rn. 1): Entfernung eines Gullydeckels (BGH NZV **02** 517) oder von Leitpfosten (vgl. LG Marburg NStZ-RR **08** 258 (aus dem dort abgedruckten LS wird nicht deutlich, ob, zu Unrecht, I Nr. 1 oder „nur" der Gefährdungsvorsatz verneint wurde)). Abreißen der Bremsleitung, sonstige Manipulationen an der Bremsanlage (BGH NJW **85** 1036, NZV **89** 119; NJW **96** 329, Mü NJW **06** 3364), Durchstechen von Reifen mit der Folge langsamen Entweichens der Luft (vgl. Kar NZV **05** 690 (dort nur § 303 erwähnt), s. auch § 69 Rn. 6a), Blockieren der Lenkung,

Arretierung des Gaspedals oder Lockern von Radschrauben (BGH v. 3.4.2007, 4 StR 108/07, juris). Sabotageabsicht ist *nicht* erforderlich, weswegen fehlerhafte Reparatur zu (fahrlässig begangenem) § 315b führen kann (LK-StGB/*König* Rn. 19, zust. Schönke/Schröder/*Hecker* Rn. 5, **aM** Bay JR **75** 28). Gleiches gilt für Programmierfehler beim automatisierten Fahren (§ 1b StVG Rn. 15). Weitere Bsp.: Steinwurf in Rückscheibe eines Kfz (Schl VM **67** 21), geworfener Steckschlüssel zertrümmert Windschutzscheibe (Bra VRS **32** 371). Zur **verkehrsspezifischen Gefahr** Rn. 26.

Beispiel für Inneneingriff (*verkehrsfeindliche Absicht und Schädigungsvorsatz also erforderlich,* **6** Rn. 1, 10 f., 18): absichtliches Rammen eines Fz, jedoch nur dann, wenn die Beschädigung usw. eine abstrakte und eine konkrete Gefahr nach sich zieht. Ist sie insoweit folgenlos, so ist I Nr. 1 nicht vollendet (aber womöglich Versuch). Für diese Fallgruppe behält die in der Rspr. des BGH seit langer Zeit gebräuchliche Formel trotz BGH NJW **03** 836 (Rn. 1) weiterhin Gültigkeit, die Beschädigung dürfe nicht bereits die Realisierung der von dem Eingriff ausgehenden Gefahr darstellen (zB BGH NZV **90** 77; NStZ **95** 31; wN bei LK-StGB/*König* Rn. 25 f., *König* JA **03** 818). Jedoch ist dann *stets* I Nr. 2, 3 zu prüfen (BGH NZV **90** 77; NStZ **95** 31).

b) Bereiten von Hindernissen (Nr. 2). Hindernisse sind Einwirkungen auf den VRaum, **7** die geeignet sind, den reibungslosen VAblauf zu hemmen oder zu verzögern (BGHSt **41** 231, Zw NZV **97** 239; str.). Zur näheren Ausfüllung des Hindernisbegriffs empfiehlt sich eine Orientierung am Wortlaut des § 32 StVO; Hindernisse wären danach auf die Str (auch im Luftraum oberhalb der Fahrbahnoberfläche) gebrachte, bewegte oder statische Gegenstände (auch lebende Körper) sowie Verschmutzungen und Benetzungen der Fahrbahn (§ 32 StVO Rn. 9 ff.; eingehend *Obermann* S. 118 ff.).

Beispiele für Außeneingriffe (*verkehrsfeindliche Absicht und Schädigungsvorsatz also nicht erfor-* **8** *derlich,* Rn. 1, 10, 18): Gefährdendes Senken der Schranken (BGH NJW **60** 2013, Ha VkBl. **66** 68), Spannen einer „Slackline" (Gurtband für Balanceübungen) quer zum Verlauf eines für Radf zugelassenen Wegs (Kar MDR **19** 987 (Z)), Springen auf die Motorhaube eines fahrenden Fz (Zw NZV **97** 239), Herabwerfen dicker Holzscheite unmittelbar vor auf der AB herannahende Kfz (BGH VRS **45** 38), Verschmieren einer Kurve mit Öl (BGH DRiZ **77** 308), Errichten einer Sperre auf öffentlichem Feldweg (Fra VRS **28** 423); Legen eines Fahrrads auf unbeleuchtete Str in der Nacht (BGH NJW **19** 615). Außeneingriff begeht auch, wer ein anderen auf die Fahrbahn stößt (BGH NZV **06** 483; abw. noch Kö VRS **69** 30) oder dort so zu Fall bringt, dass ein Kf notbremsen muss (Ha VRS **25** 186). *Entgegen* BGH StV **02** 361 verwirklicht auch der Fußgänger einen Außeneingriff, der Autofahrer zum Anhalten zwingen will, indem er sich mit einer Schreckschusspistole in die Mitte der Fahrbahn stellt; ein solches, nicht im Rahmen eines Verkehrsvorgangs erfolgendes Verhalten ist nicht anders zu beurteilen, als wenn Gegenstände in den Verkehrsraum eingebracht werden. Außeneingriff möglich bei Beschmutzen der Fahrbahn bei der Rübenernte oder beim Mistfahren (Ha NJW **55** 193). Maßnahmen zur Verkehrsberuhigung können § 315b erfüllen. Dies gilt auch für unsachgemäß errichtete Fahrbahnhindernisse zum Zweck der „Verkehrsberuhigung" namentlich außerhalb der durch Z 325, 326 gekennzeichneten Bereiche (LK-StGB/*König* Rn. 29, *Berr* DAR **91** 281, *Hentschel* NJW **92** 1080, *Franzheim* NJW **93** 1837; von Fra NZV **92** 38 abgelehnt bei Aufbringen von gefährlichen Metallhöckern auf die Fahrbahn; s. auch § 32 StVO Rn. 8, § 45 StVO Rn. 53). Weitere Bsp: zu § 32 StVO.

Außeneingriff (eingehend Bay NJW **69** 2026, LK-StGB/*König* Rn. 38) ist idR auch das **Un-** **9** **terlassen pflichtgemäßer Hindernisbeseitigung.** Bsp: Fahrer lässt herabgefallene Ladung oder verlorenes Rad liegen (Ce NRpfl **70** 46), pflichtwidriges Nichtentfernen herabgefallener FzTeile von der Fahrbahn (Ha VRS **51** 103), Liegenlassen umgefahrener Leuchtbaken auf der Fahrbahn (Bay NJW **69** 2026), Nichtbeseitigen einer Ölspur auf der Str (Ha DAR **60** 76), FzF kümmert sich nicht um verursachte Benzinspur (Bay NZV **89** 443). Nichtkenntlichmachen haltender bzw. liegen gebliebener Fz fällt unter § 315c I Nr. 2g.

Hindernisbereiten als Inneneingriff nur bei grober Einwirkung von einigem Gewicht **10** (wofür ein Ausbremsen aus 40 km/h entgegen Ha SVR **16** 181 genügt) in verkehrsfeindlicher Absicht (Rn. 1), im VT sowohl als Fußgänger (BGHSt **41** 231 = NZV **95** 493; hierzu LK-StGB/*König* Rn. 35, *Meurer* BA **96** 161, *Ranft* JR **97** 210) als auch im Rahmen des fließenden V mit Hilfe seines Fz (BGHSt **21** 301, VRS **64** 267, NZV **92** 157, Dü NZV **94** 37), dann jedoch nur bei Einsatz des Fz als „Waffe" oder Schadenswerkzeug (Rn. 1, BGH NJW **03** 1613, NZV **92** 157, 325, **99** 430, VM **76** 49, Dü VRS **73** 41, Kö NZV **92** 80, **94** 365, Kar VRS **93** 102; zum Fz als „Waffe" s. allerdings (zw) BVerfG NJW **08** 3627). Seit BGH NJW **03** 1613 ist zusätzlich erforderlich, dass der Täter **mit (zumindest bedingtem) Schädigungsvorsatz gehandelt hat**

(Rn. 1). Der BGH begründet seine Auffassung maßgebend damit, dass das in der gewollten Behinderung eines anderen Fz liegende Nötigungselement ein VVerhalten allein noch nicht zu einem verkehrsfeindlichen Inneneingriff mache, sofern das eigene Fortkommen primäres Ziel des Täters sei (BGH NJW 03 1614; s. aber unten). Obgleich danach zumindest offen blieb, ob Handlungen, deren Beweggrund *nicht* das Fortkommen (mit dem Kfz im StrV) ist, auch bei Gefährdungsvorsatz noch tatbestandsrelevant sind (näher *König* NStZ 04 177, 178), verstand die obergerichtliche und sonstige Rspr. die Restriktion umfassend. So verlangte Kö DAR 04 469 Schädigungsvorsatz für das frontale Zufahren auf eine andere Person, um diese zum Anhalten zu zwingen und zur Rede zu stellen, desgl. Mü NJW 05 3794 und Ha VD 05 192, AG Rudolstadt VRS **112** 35 für „Gewaltbremsen" zur Disziplinierung oder aus Rache. In diesem Sinne hat sich der BGH nunmehr festgelegt (NStZ **10** 391; *Ernemann* DAR **11** 617), damit aber zugleich dem von ihm in NJW **03** 1613 als maßgebend herausgestellten Differenzierungsgrund des Fortbewegungszwecks endgültig den Boden entzogen (näher *König* Geppert-F (2011) S. 259). Aber auch für Hindernisbereiten (und die Fälle nach I Nr. 3, Rn. 18) bei Fluchtfällen jeglicher Art (zB Ausbremsen, Schneiden) erscheint die neue Rspr. (fortgeführt in BGH DAR **06** 30, VRS **106** 198, ebenso Jn VRS **111** 187) wenig überzeugend und hat im Schrifttum überwiegend Kritik erfahren (zB *Schönke/Schröder/Hecker* Rn. 10, *MüKoStGB/Pegel* Rn. 19, *König* NStZ 04 177, *Seier/Hillebrand* NZV **03** 486, *Dreher* JuS **03** 1159, *Hentschel* NJW **04** 659). Soweit *Dencker* (Nehm-F S. 383 f.) dem BGH im Ergebnis mit der Erwägung zustimmt, die abstrakte Verkehrsgefahr (Rn. 22) bzw. die Tathandlungen des I Nr. 1, 2 würden durch die Arglosigkeit des gefährdeten/geschädigten VT konstituiert, lässt sich dies aus dem Gesetz nicht ableiten und erscheint wenig plausibel (eingehend LK-StGB/*König* Rn. 57c). So leuchtet nicht ein, den Einsatz des Verkehrsstrafrechts bei auf der Täterseite objektiv und subjektiv identischer sowie für die VSicherheit gleich gefährlicher Tat davon abhängig zu machen, ob und inwieweit sich das „Gefährdungsobjekt" arglos in den V begibt, und Strafrechtsschutz unter dem Aspekt des § 315b etwa dann zu versagen, wenn sich der Verfolgte (zB in Fällen des „Stalking", § 238) mehr oder minder immer und überall Angriffen seines Verfolgers versehen muss (Anwendungsfall in BGH NZV **06** 270, s. Rn. 26); Entsprechendes gilt für Polizeibeamte, die überdies keineswegs stets mit gegen sie gerichteten FzEinsätzen „als Waffe" rechnen müssen.

11   **Derzeit ist zu konstatieren, dass** verkehrsfremdes Hindernisbereiten im V in Fällen „bloßer" Nötigungsabsicht (also keines nachweisbaren Schädigungsvorsatzes) nach der Rspr. nicht mehr tatbestandsrelevant ist, so bei „Ausbremsen" des Nachfahrenden, um ihn zum Anhalten zu zwingen (Ko VRS **50** 203, Kar VRS **93** 102, s. auch Ha DAR **00** 368, Kö NZV **97** 318, Dü NZV **94** 37, VRS **73** 41, Ce VRS **68** 43), ferner bei absichtlichem Linksausscheren, um Streifenwagen zum plötzlichen Bremsen zu zwingen (Kö VRS **35** 344), „Schneiden" nach dem Überholen (Bay VRS **17** 351, Ol VRS **15** 336, Sa VRS **17** 25, Ha VRS **21** 50, Kar NJW **59** 2321, Ce VRS **25** 440) oder absichtlichem Verbleiben auf linkem Fahrstreifen, obwohl dies einen Streifenwagen beim Überholversuch gefährdet (BGHSt **21** 301, Ha NJW **73** 2073; weitere Rspr. bei LK-StGB/*König* Rn. 32 ff.). Zur Verursachung künstlicher Staus aus Gründen der Verfolgung flüchtiger Straftäter durch die Pol (vgl. LG Bückeberg NJW **05** 3014) als Eingriff iS von § 315b *Melkos/Clauß* DAR **06** 73; in solchen Fällen wird es, sofern erforderlich (Rn. 10), zumindest am Schädigungsvorsatz fehlen.

12   Weiterhin erfüllt ist die Vorschrift bei **Handeln in Verletzungsabsicht,** etwa bei Öffnen der Beifahrertür, um Radf auffahren zu lassen (Ha DAR **17** 391) oder bei Gewaltbremsen, um den Nachfahrenden auffahren zu lassen (BGH NZV **92** 325, NJW **99** 3132). Das gilt auch dann, wenn das zur Erreichung des verkehrsfeindlichen Ziels durchgeführte Verhalten *nach außen hin* verkehrsgerecht erscheint; denn in Wahrheit stellt sich der Täter hierdurch wegen eines Verstoßes gegen § 1 II StVO außerhalb des Rechts (vgl. BGH NZV **92** 157 mAnm *Seier,* NJW **99** 3132; zust LK-StGB/*König* Rn. 33, BGH NStZ-RR **12** 185; NZV **15** 308, *Schönke/Schröder/Hecker* Rn. 8, *König* JA **00** 777, überzeugend *Hecker* DAR **11** 186; abl *Scheffler* NZV **93** 463, NZV **99** 430, *Kudlich* StV **00** 23). Anders liegt es, sofern der Täter auf das Auffahren *nur hofft* (BGH NJW **99** 3132), weil es dann an der für den Inneneingriff erforderlichen Pervertierungsabsicht (Rn. 1, 10) fehlt (*Hecker* DAR **11** 186). Zur ABFalschfahrt und zum Wenden auf der AB Rn. 21, § 18 StVO Rn. 22a.

13   **Kein Hindernisbereiten** bei unzulänglichem Sichern gegen Abrollen (Bay VM **75** 17), gefährdendem Radabspringen bei verkehrsunsicherem Lkw (Stu DAR **65** 276). Denkbar ist aber ein Eingriff durch Unterlassen (Rn. 9), es sei denn, der Verpflichtete konnte das Hindernis noch nicht entfernen (Ha VRS **51** 103). Kein Hindernisbereiten ist das bloße Fahren auf den Gehweg vor einen dort gehenden Fußgänger, wenn dieser das Fz umgehen kann (BGH VRS **64** 267). Da Hindernisbereiten durch einen FzF im fließenden V bewusste Zweckentfremdung des

Fz (und Verletzungsvorsatz) voraussetzt, kommt **fahrlässige Tatbegehung** insoweit kaum in Frage (Rn. 28).

c) Ähnlicher, ebenso gefährlicher Eingriff. I Nr. 3 ist Auffangtatbestand (BGH NZV 02 **14** 517, NStZ 03 206). Wie bei den anderen Tatvarianten ist zwischen Außen- und Inneneingriff zu unterscheiden, wobei nur für den Letzteren verkehrsfeindliche Absicht und nach aktueller Rspr. Schädigungsvorsatz erforderlich ist (Rn. 1, 10 ff.). Der Eingriff setzt grobe Einwirkung von einigem Gewicht voraus (BGHSt **26** 176, BGHSt **28** 87 = NJW **78** 2607, NJW **02** 626, NStZ **87** 225; zum Ganzen LK-StGB/*König* Rn. 39 ff.).

aa) Als Eingriff von außen kommt zB in Betracht die Schaltung einer Ampel allseits auf **15** Grün (*Cramer* JZ **83** 812), das Herabwerfen von Gegenständen von einigem Gewicht auf fahrende Fz (BGH NStZ **03** 206, BGHSt **48** 233 (soweit nicht I Nr. 1, s. Rn. 5)), das Herabschütten von Lackfarbe auf durchfahrende Kraftwagen (BGHSt **48** 119 (aber „verkehrsspezifische Gefahr" verneint, s. Rn. 26)), das Abwerfen von Mülltonnen aus einem fahrenden Pkw (BGHSt **47** 158) oder das Werfen eines Steckschlüssels (Bra VRS **32** 371) bzw. einer gefüllten Getränkedose (Ha VRS **95** 28) auf ein fahrendes Fz, Bedrohung mit Schusswaffe beim Fahren und erst recht abgegebener Schuss (BGH NJW **74** 1340, NZV **91** 118, NZV **06** 270 mAnm *König* NZV **06** 432), zB Schießen mit einer Schrotflinte auf das mit hoher Geschwindigkeit folgende PolFz, um die PolB zur Aufgabe der Verfolgung zu zwingen (BGH DAR **82** 199), die Blendung von FzF mit Laserpointern (*Ellbogen/Schneider* NZV **11** 63) oder auch einer Taschenlampe o. Ä. (BGH bei *Ernemann* DAR **11** 620; aM NK-StGB/*Zieschang* Rn. 19: Hindernisbereiten). Außeneingriff auch, wenn ein Fußgänger einem Radfahrer ein Tuch über den Kopf wirft und ihn umreißt (BGH NJW **87** 2027).

Ein Außeneingriff (*also qualifizierende Merkmale des Inneneingriffs nicht erforderlich,* Rn. 1, 10, 18) **16** liegt *entgegen der bislang hM* (zweifelnd nunmehr BGH NZV **06** 483) auch vor bei **Eingriffen des Beifahrers in die FzFührung** (LK-StGB/*König* Rn. 18, 54, Schönke/Schröder/*Hecker* Rn. 11, Kar NJW **78** 1391. Die Rspr., wonach § 315b nicht erfüllt sein soll, wenn der Beifahrer ohne verkehrsfeindliche Absicht zB durch Eingreifen in die Lenkung verhindern will, dass in bestimmter Richtung gefahren wird (BGH DAR **89** 426, Ha NJW **69** 1976, Bay DAR **91** 367), wenn er „nur" aussteigen will (Ha Verkehrsrecht aktuell **06** 17), wenn er tätig wird, um vermeintliche Gefahr abzuwenden (Kö VM **71** 15, NJW **71** 670), oder wenn er zu solchen Zwecken die Handbremse betätigt (Ha NJW **00** 2686), ist nicht überzeugend. Es ist nicht nachvollziehbar, warum der solchermaßen höchst gefährlich handelnde (Eingriff von Gewicht erforderlich) Beifahrer, der bis zur Vornahme des Eingriffs kein VT ist (§ 1 StVO Rn. 17), privilegiert werden sollte. Mit Recht anders für das Auslösen der Lenkradsperre durch den Beifahrer während der Fahrt deshalb Kar NJW **78** 1391. Plötzliches Eingreifen des Sistierten in die Lenkung des schnell fahrenden PolFz, *um es verunglücken zu lassen,* erfüllt nach allen Ansichten § 315b (BGH VRS **36** 267).

bb) Der verkehrsfeindliche Inneneingriff im Rahmen des I Nr. 3 ist unter den in Rn. 10 **17** genannten Voraussetzungen tatbestandsrelevant. Die Masse der von der Rspr. bislang entschiedenen Fälle betrifft Konstellationen des Zufahrens auf eine Person oder ein Fz, um diese(s) zur Freigabe des Wegs zu zwingen, vor allem, aber nicht nur (zB BGH DAR **04** 230, NStZ-RR **12** 185) im Rahmen der sog. Polizeiflucht. Der BGH hatte § 315b vormals im Wesentlichen in zwei Fallgruppen als erfüllt angesehen, nämlich bei Nötigungsabsicht (und zumindest bedingtem Gefährdungsvorsatz) sowie bei Verletzungsabsicht (LK-StGB/*König* Rn. 44 ff., *König* NStZ **04** 177, zur Rspr. zB BGH VRS **51** 209, BGHSt **22** 6, **22** 67, NJW **75** 1934, **78** 2607, VRS **71** 193, Ko DAR **74** 164). Hingegen wurde Inneneingriff verneint, wenn (ohne Nötigungsabsicht) die Flucht das alleinige Ziel des Täters war (BGH NStZ **85** 267, Ha VRS **100** 22, Dü NJW **82** 1111, VRS **65** 428), insbes., wenn der Täter von vornherein an dem PolB vorbeifahren wollte und konnte (BGHSt **28** 87; 234, VRS **55** 185, NStZ **85** 267).

Seit dem Wandel der Rspr. (Rn. 1, 10) verengt sich der Anwendungsbereich des verkehrs- **18** feindlichen Inneneingriffs auf Konstellationen *der Nötigungsabsicht mit zumindest bedingtem Schädigungsvorsatz* und *mit Verletzungsabsicht.* Nach Auffassung des BGH wird das vom Täter verwendete Fz dann nicht als Verkehrsmittel (Fluchtmittel), sondern als Waffe bzw. Schadenswerkzeug eingesetzt (BGH NJW **03** 1613). Jedoch ist nicht plausibel, warum ein mit hoher Geschwindigkeit auf eine Person zufahrendes Kfz nicht auch dann als „Waffe" zu bezeichnen sein soll, wenn der Täter sein Opfer „nur" in höchste Gefahr bringen will; ferner ist die Flucht auch in Fällen eines (bedingten) Schädigungsvorsatzes das Hauptziel des Täters, weswegen die Konstruktion des BGH nicht trägt (*König* NStZ **04** 177, 178; s. erg. Rn. 1). Auf der Basis der Rspr. fällt auch im Hinblick auf die Schwierigkeit des Nachweises eines Schädigungsvorsatzes ein Spektrum der

Fälle der Polizeiflucht und vergleichbarer Konstellationen aus dem Anwendungsbereich des § 315b heraus. Der lediglich mit Gefährdungsvorsatz handelnde Täter kann demnach allenfalls nach § 113 (Polizeibeamter) oder nach § 240 (oft je im besonders schweren Fall; s. aber jetzt BVerfG NJW **08** 3627) sowie ggf. wegen Verletzungsdelikten belangt werden. Zugleich ist der Zugang zur Qualifikation der § 315b III, § 315 III Nr. 1b verstellt. § 315c I Nr. 2 wird nur selten erfüllt sein. Inneneingriff kann nach diesen Grundsätzen *nicht fahrlässig erfüllt werden* (Rn. 28, s. auch Kö NZV **91** 319).

19 BGH DAR **04** 230 verneint auf dieser Basis § 315b für einen Angekl., der sein Fz „mit erheblicher Beschleunigung" auf eine 2–3 m hinter seinem Fz stehende Person hin zurücksetzt, weswegen diese beiseite springen muss und sich dabei verletzt, weil der Täter darauf vertraut habe, dass die Person „den Weg freigeben und nicht verletzt werden würde" (s. auch BGH NZV **12** 249). Kö DAR **04** 469 verlangt Schädigungsvorsatz für das frontale Zufahren auf ein anderes Fz, um dessen FzF zum Anhalten zu zwingen und zur Rede zu stellen. Ebenso entscheidet BGH NStZ **10** 391 in einem ähnlichen Fall; dazu schon Rn. 10. Ha NStZ-RR **14** 141 beanstandet mangelnde Feststellung des Schädigungsvorsatzes beim Zufahren auf einen anderen durch einen anlasslosen „Rechtsschlenker", wobei sich der Geschädigte beim dadurch erforderlichen Sprung auf den Gehweg verletzt. Zu Fällen der Polizeiflucht ferner BGH DAR **06** 30, NZV **16** 345 mAnm *Sandherr* (Zurasen auf Polizeisperre); BGH v. 24.10.17, 4 StR 334/17; BGH v. 19.7.2018, 4 StR 121/18; KG VRS **111** 184, Jn VRS **111** 187, Ha NZV **08** 261; zu einem Fall des Abdrängens BGH StraFo **06** 122.

20 Das gezielte Losfahren auf eine Person **in Verletzungsabsicht** erfüllt nach der Rspr. seit jeher (und weiterhin) § 315b (BGH VRS **43** 34, Ko VRS **74** 196), auch bei geringerer Geschwindigkeit (20 km/h), selbst wenn diese noch hätte beiseite treten können (BGH NJW **83** 1624, VRS **65** 359, VM **88** 33, zw *Cramer* JZ **83** 814, aM, weil Eigendynamik des TäterFz nicht tatbestandsrelevant sei, *Dencker* Nehm-F S. 385, hiergegen LK-StGB/*König* Rn. 57c), anders bei Zufahren mit nur geringer Geschwindigkeit auf Fußgänger, wenn eine Verletzungsabsicht nicht festgestellt wird (BGH NStZ **87** 225, NZV **12** 249, **14** 184, DAR **87** 195, VRS **40** 104). I Nr. 3 ist auch gegeben bei absichtlichem Rammen eines anderen Fz (BGH NZV **90** 77, **01** 265, Kö NZV **91** 319), auch wenn einer von mehreren Geschädigten Tatbeteiligter ist (BGH NZV **95** 115). Inneneingriff kann (bei bedingtem Schädigungsvorsatz) ferner gegeben sein, wenn der Täter durch seine Fahrweise eine auf das Fz geratene (zB Kühlerhaube) oder sich am Fz festhaltende Person abzuschütteln sucht (BGHSt **26** 51, BGH NStZ **16** 724; DAR **95** 334, NJW **75** 656, VRS **56** 189, VM **79** 2, Dü VM **79** 63, Kö VRS **53** 184). Selbst wenn die sich am Fz festhaltende Person einige Meter mitgezogen wird; gefährlicher Eingriff aber stets nur bei Verfolgen zumindest *auch* verkehrsfeindlicher Zwecke (BGH NJW **78** 2607, NStZ **85** 267, VM **89** 66). Fortsetzung der Fahrt während eines vom FzF gewaltsam verhinderten Ausstiegsversuchs eines Mitfahrenden erfüllt nach BGH NZV **01** 352 den Tatbestand nicht, auch nicht langsames, ruckweises Hin- und Herfahren, um Taxifahrgast abzuschütteln (BGH VRS **45** 185).

21 Fahren auf AB und Kraftfahrstraßen **in falscher Fahrtrichtung** unterfällt idR § 315c I Nr. 2 f. und ist Inneneingriff meist schon deswegen nicht, weil keine verkehrsfremden Zwecke verfolgt werden (BGH NJW **03** 1613, Stu VRS **58** 203, Ce VM **83** 87, zw Stu NJW **76** 2223). Handelt der Täter *aber in Verletzungsabsicht*, so ist § 315b erfüllt (vgl. BGH NStZ **04** 175, 178) hinreichend sein. Kein Einsatz des Fz in verkehrsfeindlicher Absicht bei „AutoSurfen" (Dü NZV **98** 76; iErg zust LK-StGB/*König* Rn. 55, abl *Saal* NZV **98** 51 f.).

22 **5.** Folge der in I Nr. 1 bis 3 beschriebenen Handlungen muss eine **Beeinträchtigung der Verkehrssicherheit** sein (zum Charakters als Tatbestandsmerkmal Rn. 2). Sie ist gegeben, wenn die mit dem StrV ohnehin verbundene abstrakte Gefahr („Betriebsgefahr") so erhöht ist, dass eine konkrete Gefahr deutlich wahrscheinlicher geworden ist (BGH VRS **8** 272; BGHSt **13** 66), der Verkehr also in seinem ungestörten Ablauf tangiert wird (Lackner/Kühl/*Heger* Rn. 3; s. auch BGHSt **22** 6). Daran fehlt es in den Fällen des I Nr. 1, falls sich der Eingriff in der Beschädigung, Verletzung erschöpft; jedoch ist dann I Nr. 2, 3 zu prüfen (Rn. 4, 6). Ausdrücklich aufgegeben hat der BGH seinen in einzelnen Entscheidungen vertretenen Standpunkt, dass in den Fällen des I Nr. 2, 3 einem Verletzungserfolg ein weiterer (abstrakter) Gefahrerfolg nachfolgen müsse (Rn. 2; s. aber Rn. 26). Beeinträchtigt werden muss der *öffentliche* StrV. Ein bloßer Zusammenhang mit dem StrV genügt nicht. § 315b ist deshalb nicht erfüllt, wenn die Tat *vollständig* außerhalb des StrV abläuft; hingegen schadet es nicht, wenn lediglich der Gefahrerfolg außerhalb eintritt (Rn. 3). Keine Beeinträchtigung von Verkehrsvorgängen, wenn der Täter im Fz

Benzin verspritzt und es dadurch zu einer Brand- oder Explosionsgefahr kommt (BGH VRS **93** 306).

6. Eine konkrete Gefahr für fremde Individualrechtsgüter (keine Gemeingefahr) muss der **23** Eingriff bewirken. Sie muss nicht notwendig im öffentlichen VRaum eintreten (Rn. 3). Erforderlich **ist stets ein „Beinahe-Unfall"**, also ein Geschehen, bei dem ein unbeteiligter Beobachter zu der Einschätzung gelangt, dass „das noch einmal gut gegangen sei" (im Einzelnen § 315c Rn. 30). Die erhöhten Anforderungen der neueren Rspr. an deren Feststellung gelten auch für § 315b (im Einzelnen § 315c Rn. 31). *Auch eine hochgradige abstrakte Gefahrenlage genügt* nicht mehr (§ 315c Rn. 32). So ist konkrete Gefahr nicht bereits dann eingetreten, wenn das durch Sabotage (Abreißen des Bremsschlauchs, Lockern der Radmuttern etc.) verkehrsunsicher gemachte Fz durch eine andere Person gestartet wird (BGH NJW **96** 329, StV **12** 217; aM noch BGH NJW **85** 1036, abl *Horn/Hoyer* JZ **87** 966, *Berz* NZV **89** 413); dann aber Versuch (BGH NJW **96** 329, StV **12** 217; Anwendungsfall: Mü NJW **06** 3364). Ebenso, falls auf die AB geworfener Stein auf der Fahrbahn zersplittert und ohne Schaden an den Unterboden eines Kfz prallt (BGH NStZ **10** 572). Keine konkrete Gefahr bei „ruckelndem" Zufahren auf eine Person (BGH NZV **12** 249). Zur konkreten Gefahr bei Stoßen einer Person auf die Fahrbahn einer AB BGH NZV **06** 483. Dass die Fahrgäste der notbremsenden Straba heftig durcheinandergeschüttelt worden sind, genügt zur Gefährdung allerdings nicht (Zw VRS **32** 376, s. aber Ol NStZ **05** 387 (zu § 315); Schnellbremsung eines Zugs von 80 km/h auf „0" genügt).

Gefahr für **Leib oder Leben:** § 315c Rn. 33, **für fremde Sachwerte:** § 315c Rn. 34 ff. **Eine 24 Gefährdung von Tatbeteiligten,** etwa bei „gestellten" Unfällen zu Betrugszwecken, (BGH NJW **91** 1120, NStZ **92** 233; DAR **08** 487; NZV **12** 4489) oder in den (seltenen) Fällen einer Teilnahme an der Trunkenheitsfahrt des „Haupttäters" (BGH NStZ **13** 167), genügt nach ganz hM nicht (zu den sehr unterschiedlichen Lösungsansätzen LK-StGB/*König* Rn. 71 ff.). Die Restriktion vermag zwar in keiner Weise zu überzeugen, scheint aber unumstößlich zu sein (zu den Einzelheiten LK-StGB/*König* Rn. 74). Tatbestandsrelevant ist hingegen die Gefährdung des PolB, der auf der Fahrbahn ein Kfz anhalten will (BGHSt **26** 176, NJW **68** 456, VRS **46** 106, **53** 31, aM *Ranft* Jura **87** 608, 611, ähnlich *Dencker* Nehm-F S. 385 f.). Zum sog. „Autosurfen" Rn. 21.

7. Ursache der Gefahr muss eine in I Nr. 1 bis 3 beschriebene, generell gefährliche Tat- **25** handlung sein („dadurch"), wobei Mitverursachung genügt. Sie muss dem Eingriff nachfolgen (Rn. 4, 6, 22).

Eine verkehrsspezifische konkrete Gefahr verlangt BGHSt **48** 119 = NJW **03** 836 zu- **26** sätzlich, und zwar explizit nur für *Außen*eingriffe der unter Rn. 5, 8, 15 genannten Art. Sie zeichnet sich darin aus, dass sie (mit) „auf die Wirkungsweise der für Verkehrsvorgänge typischen Fortbewegungskräfte" zurückzuführen sein bzw. „in innerer Verbindung mit der Dynamik des StrV" stehen muss (BGH NJW **03** 838; zust i Erg zB *Dencker* Nehm-F 373; *Brand/Albrecht* ZStW **14** 669). Die Voraussetzungen sollen zB gegeben sein, wenn der Täter von einer Brücke aus Steine auf die Frontscheibe durchfahrender Fz wirft, hingegen fehlen (nur Versuch), wenn er von derselben Stelle aus Lack auf die Frontscheibe schüttet (bedeutender Sachschaden jeweils entstanden). In der weiteren Ausformung durch den BGH läuft der gewählte Ansatz auf eine Restriktion der konkreten Gefahr hinaus. Diese muss jedenfalls auch auf die Wirkungsweise der für Verkehrsvorgänge typischen Fortbewegungskräfte (Dynamik des StrV) zurückzuführen sein, was zu verneinen ist, wenn ausschließlich die vom Eingriff verursachte Bewegungsenergie (Wurf, Schuss) gewirkt hat. Konsequenz ist, dass ggf. mittels physikalischer Messungen ermittelt werden muss, ob je nach Auftreffen des Gegenstands die Geschwindigkeit (Dynamik) des geschädigten Fahrzeugs (erheblich?) schadenserhöhend gewirkt hat; auf dieser Basis muss die verkehrsspezifische Gefahr zB bei einem seitlichen Auftreffen verneint werden, weil hier ausschließlich die vom Eingriff verursachte Bewegungsenergie (Wurf, Schuss) gewirkt habe (vgl. MüKo-StGB/*Barnickel,* 1. Aufl. 2016, Rn. 49, 50; *Brand/Albrecht* ZStW **14** 669), was in keiner Weise einleuchtet und auch Konsequenzen für den subjektiven Tatbestand nach sich zieht (Rn. 27). Ferner werden nicht erklärbare Zufallsergebnisse produziert (zum Ganzen eingehend LK-StGB/*König* § 315 Rn. 976 ff., § 315b Rn. 63a). Von den Grundsätzen ber. BGH NJW **03** 836 ist der BGH in einem Fall von Schüssen auf ein fahrendes Fz, nach denen der FzF gefahrlos weiterfahren konnte, wohl wieder abgewichen (Verurteilung wegen vollendeten § 315b nicht beanstandet; BGH NZV **06** 270 mAnm *König* NZV **06** 432), wohingegen BGH NStZ **09** 100 (mBspr *Obermann* NStZ **09** 539) die Rspr. gem. BGHSt **48** 119 fortführt (ebenso BGH NStZ-RR **15** 352; **17** 356). Auf dieser Linie hat der BGH im Fall des „Würzburger Autobahnschützen" in 108 Fällen, in denen der Täter mit einer scharfen Waffe auf die Ladung von Autotransportern, auf Lkw oder auf Wohnanhänger geschossen und auch getroffen hatte, schwerlich überzeugend selbst den Versuch des § 315b nach § 154a StPO aus der Verfolgung ausgeschlossen, weil keine Feststellungen getroffen worden seien, dass der Schütze einen „Beinaheunfall" *nach* dem Auftreffen der Schüsse in sein Vorstellungsbild aufgenommen hatte (BGH NStZ-RR **15** 352). Verkehrsspezifische Gefahr nicht erörtert in einem Fall, in dem der Täter seine radfahrende Ehefrau mit einem Baseballschläger „vom Rad geschlagen hatte", obwohl nicht ersichtlich ist, dass die Gefahr/Verletzung auf die „Dynamik des StrV" zurückzuführen war (BGH StraFo **18** 31).

27   **8. Subjektiver Tatbestand.** Der (zumindest bedingte) Vorsatz muss sich in den Fällen des I auf alle Tatumstände einschließlich der konkreten Gefahr beziehen, wobei insoweit Gefährdungsvorsatz grundsätzlich genügt (BGH NJW **68** 1244: **19** 615). Jedoch verlangt der BGH neuerdings für **alle Fälle des Inneneingriffs** zumindest bedingten Verletzungsvorsatz (Rn. 1, 10, 18). Der Nachweis des voluntativen Vorsatzelements wird dabei in der tatrichterlichen Praxis vielfach schwer fallen, weil es Behauptungen des Täters auszuräumen gilt, man habe den Unfall in jedem Fall vermeiden wollen (*König* NStZ **04** 178). In Fällen der Verletzungsabsicht (Rn. 20) ist immer auch § 315 III Nr. 1a erfüllt (Rn. 30). Bei **Außeneingriffen** muss der Täter die verkehrsspezifische Gefahr, also in sein Vorstellungsbild aufnehmen und billigen, dass die konkrete Gefahr jedenfalls auch auf die Wirkungsweise der für VVorgänge typischen Fortbewegungskräfte (Dynamik des StrV) zurückzuführen ist, was sich bei Schüssen aus fahrenden Kfz auf fahrende Kfz offenbar nicht von selbst versteht (BGH NStZ **09** 100; **16** 407 bei *Kulhanek*; NStZ-RR **17** 356; näher LK-StGB/*König* Rn. 84). Inneneingriff unter Einsatz des eigenen Fz schließt häufig Selbstgefährdung ein. Vorsatz kann gleichwohl gegeben sein, weil der Täter durchaus einen ihm an sich unerwünschten Erfolg billigen kann (BGH NJW **55** 1688, NZV **96** 458, **06** 483, Mü NJW **05** 3794, LK-StGB/*König* Rn. 84), ist aber dann auch im Blick auf BGHSt **63** 88 („Berliner Raserfall"; dazu LK-StGB/*König* § 315c Rn. 193) näher zu begründen (Kö NZV **92** 80, VRS **82** 39, Mü NJW **06** 3364). Entsprechendes gilt beim Inneneingriff durch Fußgänger (BGH NJW **96** 203 („Münchner Fahrbahngeher"), krit LK-StGB/*König* Rn. 35, *Ranft* JR **97** 210). Gefährdungsbzw. Verletzungsvorsatz ergibt noch nicht Tötungsvorsatz (BGH NZV **92** 370, VRS **46** 106).

28   **IV enthält** eine Vorsatz-Fahrlässigkeitskombination. Es handelt sich um eine Vorsatztat (§ 11 II), weswegen Teilnahme möglich ist. Versuch ist nicht strafbar (Rn. 29). Verkehrsfeindlicher Inneneingriff ist als Tat nach IV, zumal nach der einen bedingten Schädigungsvorsatz verlangenden Rspr. des BGH (Rn. 1), kaum denkbar. Durchgehend fahrlässige Tat ist in Abs. 5 mit milderer Strafe bedroht.

29   **9. Vollendung** mit Verwirklichung der konkreten Gefahr, ohne dass ein Schaden eingetreten sein müsste (Ce VRS **40** 28 (zu § 315)). Beendigung mit Beseitigung der Gefahr oder mit deren Realisierung in einem Verletzungserfolg (§ 315c Rn. 51). **Versuch** der Tat nach I ist strafbar (II). Untauglicher Versuch liegt zB vor, wenn dem Täter der Eingriff gemäß I Nr. 1–3 oder die Sicherungsbeeinträchtigung misslingt (BGH NZV **96** 37) oder wenn der Gefahrerfolg nicht eintritt (BGH NStZ **97** 262, NZV **02** 517 (Entfernen eines Gullydeckels)). Zum Versuch bei Nichtrealisierung einer „verkehrsspezifischen Gefahr" Rn. 26. Versuch einer Tat nach IV ist nicht strafbar; IV bezieht sich nur auf I und folgt II nach (Dü NZV **94** 486).

29a   **9a. Rechtswidrigkeit.** Trotz des Charakters des § 315b als Universalschutznorm (Rn. 1) kann die Tat uU durch Notwehr gerechtfertigt sein, wenn die Beeinträchtigung des Universalrechtsguts untrennbar mit der Verteidigung verbunden ist (BGH NJW **13** 2133).

30   **10. Qualifikationen (III).** Verbrechenscharakter erhält die Tat unter den Voraussetzungen des § 315 III, wobei § 315b III einen *eigenen,* gegenüber § 315 III milderen (BGH NZV **07** 481) Strafrahmen enthält. **Absicht** iS von III Nr. 1 bedeutet, dass es dem Täter auf die qualifizierende Folge ankommen muss, nach Mü NJW **05** 3794 in Form „zielorientierten, direkten Vorsatzes". **Unglücksfall** ist ein plötzliches Ereignis mit *Schadensfolge* (Gefährdungsabsicht genügt anders als bei § 323c nicht) für Menschen oder Sachen; eingetreten sein muss der Schaden nicht (BGH NZV **96** 37, Mü NJW **05** 3794, Br VRS **62** 266, LK-StGB/*König* § 315 Rn. 113). Wer den Verletzten nach einem Unfall vorsätzlich überfährt, handelt in der Absicht, einen Unglücksfall herbeizuführen (BGH VM **88** 33), ebenso, wer vorsätzlich ein anderes Fz rammt (BGH NZV **01** 265), wer mit seinem Fz Unfälle mit Fremdsachschaden bewusst herbeiführt (BGH NZV **92** 325, **99** 430). Hingegen soll es nach BGH NJW **91** 1120 bei einverständlich herbeigeführtem Zusammenstoß am Unglücksfall fehlen, sofern nur *tätereigene* Rechtsgüter verletzt werden sollen (krit LK-StGB/*König* § 315 Rn. 89). Soweit provozierte Unfälle der Vorbereitung eines Betrugs gegenüber der Versicherung dienen, liegt (zugleich) **Ermöglichungsabsicht** nach III iVm

§ 315 III Nr. 1b vor (LK-StGB/*König* § 315 Rn. 90), ebenso, wenn die Tat Mittel zur Begehung eines Prozessbetrugs ist; dass § 315b und § 263 in Tateinheit stehen, ändert daran nichts (Mü NJW **06** 3364, LK-StGB/*König* § 315 Rn. 116). Verwirklicht der Eingriff hingegen zugleich den Tatbestand einer anderen Straftat (zB §§ 113, 240), so dient er nicht iSv III deren *Ermöglichung* (BGH NZV **95** 285, NJW **07** 2130, LK-StGB/*König* Rn. 90). **Verdeckungsabsicht** kommt in Fällen der Polizeiflucht (soweit noch tatbestandsmäßig, Rn. 18) häufig vor (zu einer Flucht nach Diebstahlstaten BGH NZV **19** 47 (*Preuß*)). Jedoch keine Verdeckungsabsicht, wenn der Täter davon ausgehen muss, dass seine Täterschaft schon festgestellt ist, er also nur einen zeitlichen Vorsprung erhalten will, um fliehen zu können (BGH NStZ-RR **18** 88; s. auch Ha NZV **08** 261). Handelt er zur Verdeckung einer (vermeintlichen) OW, so ist dies nicht tatbestandsrelevant, wohl aber, wenn er *meint,* eine Straftat begangen zu haben (BGH NJW **78** 2518).

11. Tätige Reue. § 320 schafft eine Möglichkeit der tätigen Reue für das vollendete Delikt, **31** wobei aber nur § 315b nicht etwaige weitere Straftaten umfasst sind. Für die Fälle des Versuchs (II) bleibt es bei § 24. § 320 II Nr. 2, III Nr. 1b wird angesichts der Tatbestandsstruktur des § 315b kaum je relevant (LK-StGB/*König* Rn. 126). Bei Taten nach I, III und IV steht die Honorierung im Ermessen (§ 320 II Nr. 2), bei Fahrlässigkeitstaten nach Abs. 5 ist sie zwingend. Erforderlich ist die Abwendung der Gefahr, bevor ein erheblicher Schaden entsteht. Abwenden der Gefahr ist sowohl Verhindern des Gefahrerfolgs durch den Täter als auch die Beseitigung bereits eingetretener Gefahr. Dass schon ein gewisser Schaden eingetreten ist, schließt tätige Reue nicht aus, sofern der Schaden noch nicht erheblich ist; „erheblich" dürfte mit „bedeutend" (§ 315c Rn. 38) gleichzusetzen sein (LK-StGB/*König* Rn. 128).

12. Konkurrenzen (eingehend LK-StGB/*König* Rn. 93 ff.). Gefährdung mehrerer Personen **32** durch dasselbe Verhalten verwirklicht die Tat nur einmal (keine gleichartige TE, BGH NJW **89** 2550 (unter Aufgabe von BGH VRS **55** 185), Bay VRS **63** 275). Keine natürliche Handlungseinheit bei Herbeiführung mehrerer Gefährdungen oder Schädigungen allein wegen zuvor gefassten einheitlichen Tatentschlusses (BGH NZV **95** 196, krit *Sowada* NZV **95** 465). Hingegen natürliche Handlungseinheit nach st. Rspr. in Fällen der **Polizeiflucht** (zB BGH NStZ-RR **97** 331; VRS **92** 205; BGHSt **48** 233; BGH NZV **01** 265, abw BGH VRS **50** 94; sehr str., s. LK-StGB/*König* Rn. 98). Soweit der Täter durch verkehrswidriges Fahren andere absichtlich hindert, tritt § 315c Nr. 2 zurück (BGH NStZ-RR **07** 59, LK-StGB/*König* Rn. 95), nicht aber, wenn das Tatgeschehen als natürliche Handlungseinheit anzusehen ist und einzelne Teilakte nur den § 315c I Nr. 2 erfüllen (BGH NStZ-RR **07** 59). Wird die durch verkehrsfeindlichen Einsatz herbeigeführte Gefährdung durch rauschmittelbedingte Fahrunsicherheit *erhöht,* kommt TE mit § 315c I Nr. 1a (III) in Betracht (BGH NJW **68** 1244, VRS **65** 359, Bay VRS **64** 368), andernfalls nur mit § 316 (BGH NZV **05** 650, VRS **106** 49, NZV **95** 196, Ko VRS **73** 57). TE ist möglich mit vorsätzlicher (BGH VRS **61** 262) oder fahrlässiger Tötung oder Körperverletzung (§§ 211 ff., 223 ff.), ebenso mit Sachbeschädigung (§§ 303, 304, 305), mit §§ 316b, 318, mit § 113 (BGH VRS **38** 104), und zwar bei verkehrsfeindlichem Einsatz eines Kfz gegen PolB regelmäßig in der erschwerten Form des § 113 II Nr. 1 (Dü VRS **62** 273), wobei allerdings Fälle der Polizeiflucht häufig nicht mehr durch § 315b erfasst werden können (Rn. 18). TE mit Nötigung bei Hindernisbereiten, das zu scharfem Abbremsen zwingt (Ha DAR **00** 368, Ce VRS **68** 43). TE ist auch möglich mit § 316a (dort Rn. 11). TM mit § 142, wenn der Täter, wie geplant, erst Fußgänger überfährt und dann davonfährt (BGH VRS **36** 354). Hinter § 315b I Nr. 1 tritt § 303 zurück (Bra VRS **32** 371). Hindernisbereiten durch vorsätzliches Liegenlassen des vom Täter Überfahrenen auf der Fahrbahn und § 323c stehen in TE (Ol VRS **11** 53). I Nr. 2 (Hindernisbereiten) geht §§ 1, 32 StVO vor (§ 21 OWiG, BGH DRiZ **77** 308).

13. Strafzumessung; S. § 315c Rn. 55 ff. **Einziehung** des Kfz nach § 74 II Nr. 2 nur bei **33** Feststellung besonderer Umstände, die die nahe Wahrscheinlichkeit für zukünftige Benutzung des Fz zur Begehung rechtswidriger Taten begründen (BGH VM **76** 9, StV **91** 262, näher LK-StGB/*König* Rn. 101). Bei *Außen*eingriffen kommt EdF idR nicht in Betracht; s. aber § 69 Rn. 6a. Anders liegt es (naturgemäß) bei *Innen*eingriffen (zB BGH NStZ-RR **97** 331, NZV **01** 265). Zu (Fahrlässigkeits-) Taten als (nicht hinreichende) Anlasstaten für eine Unterbringung nach § 63: BGH NStZ-RR **13** 42.

14. Zivilrecht. Wer durch abruptes Abbremsen nach Überholen eines Fz dessen Fahrer zu **34** einer Notbremsung veranlasst, weil er ihn zum Anhalten zwingen will, hat den dadurch eintretenden Schaden an dem anderen Fz vorsätzlich herbeigeführt mit der Folge der Leistungsfreiheit des HaftpflichtVU (§ 152 VVG; Nü VersR **81** 1123).

Gefährdung des Straßenverkehrs

315c (1) Wer im Straßenverkehr

1. ein Fahrzeug führt, obwohl er
   a) infolge des Genusses alkoholischer Getränke oder anderer berauschender Mittel oder
   b) infolge geistiger oder körperlicher Mängel
   nicht in der Lage ist, das Fahrzeug sicher zu führen, oder

2. grob verkehrswidrig und rücksichtslos
   a) die Vorfahrt nicht beachtet,
   b) falsch überholt oder sonst bei Überholvorgängen falsch fährt,
   c) an Fußgängerüberwegen falsch fährt,
   d) an unübersichtlichen Stellen, an Straßenkreuzungen, Straßeneinmündungen oder Bahnübergängen zu schnell fährt,
   e) an unübersichtlichen Stellen nicht die rechte Seite der Fahrbahn einhält,
   f) auf Autobahnen oder Kraftfahrstraßen wendet, rückwärts oder entgegen der Fahrtrichtung fährt oder dies versucht oder
   g) haltende oder liegengebliebene Fahrzeuge nicht auf ausreichende Entfernung kenntlich macht, obwohl das zur Sicherung des Verkehrs erforderlich ist,

und dadurch Leib oder Leben eines anderen Menschen oder fremde Sachen von bedeutendem Wert gefährdet, wird mit Freiheitsstrafe bis zu fünf Jahren oder mit Geldstrafe bestraft.

(2) In den Fällen des Absatzes 1 Nr. 1 ist der Versuch strafbar.

(3) Wer in den Fällen des Absatzes 1

1. die Gefahr fahrlässig verursacht oder
2. fahrlässig handelt und die Gefahr fahrlässig verursacht,

wird mit Freiheitsstrafe bis zu zwei Jahren oder mit Geldstrafe bestraft.

Übersicht

1. Allgemeines. § 315c regelt verkehrsinterne Fehlleistungen vorrangig des FzF (Ausnahme I **1** Nr. 2g) grundsätzlich abschließend (BGHSt **23** 4, **28** 87, VRS **55** 185). Sind die Voraussetzungen nicht erfüllt, können Regelverstöße allenfalls nach allgemeinen Straftatbeständen (insbes. §§ 222, 229, 240) sowie als OW geahndet werden. Eine Ausnahme bildet der verkehrsfeindliche Inneneingriff nach § 315b (im Einzelnen § 315b Rn. 1). *Schutzgut ist* nach der Rspr. und einem Teil der Lehre *das Universalinteresse an der Sicherheit des StrV* (zB BGHSt **23** 261; **27** 40; BGH NStZ **04** 625 (zu § 315b)), wohingegen Individualinteressen nur faktisch mitgeschützt sind (erfreulich klar BGH NJW **15** 500 mwN (zu § 315b); *Lackner*, Das konkrete Gefährdungsdelikt …, 1967, LK-StGB/*König* § 315 Rn. 3 ff. mwN; womöglich ebenso BGH NJW **13** 2133; SSW StGB/*Ernemann* Rn. 1). Nach aM sind Schutzgüter zugleich (wohl hM im Schrifttum, zB Lackner/Kühl/*Heger* Rn. 1; Schönke/Schröder/*Hecker* Rn. 2) oder gar ausschließlich (zB SK-StGB/*Wolters* Rn. 2) Individualrechtsgüter (körperliche Unversehrtheit, Eigentum).

2. Im Straßenverkehr. Die Vorschrift verlangt (abw. § 315b, dort Rn. 2) nicht ausdrück- **2** lich, dass der Täter die Sicherheit des StrV beeinträchtigt. Es genügt, dass er *im öffentlichen StrV* (Rn. 4) handelt bzw. gebotenes Handeln unterlässt. Der Gesetzgeber geht ersichtlich davon aus, dass die in I beschriebenen Handlungen per se geeignet sind, abstrakte Verkehrsgefahren zu verursachen. Geeignete Gefährdungs*objekte* sind aber auch solche, die sich *außerhalb* des StrV befinden (Rn. 29).

3. Fahrzeugführen in Fahrunsicherheit (I Nr. 1). Über die rauschmittelbedingte Fahr- **3** unsicherheit hinaus (vgl. § 316) erfasst § 315c auch Taten in Fahrunsicherheit infolge sonstiger geistiger oder körperlicher Mängel. Ihnen hat der Gesetzgeber generalisierend betrachtet mindere Vorwerfbarkeit beigemessen, weswegen sie nur bei Gefahrerfolg strafbar sind. Systematisch stellt die rauschmittelbedingte Fahrunsicherheit einen Unterfall der in I Nr. 1b bezeichneten dar und ist gegenüber jener speziell.

a) Fahren unter Alkohol oder sonstigen Rauschmitteln (I Nr. 1a). *FzF im V:* § 316 **4** Rn. 3–6. *StrV:* § 1 StVO Rn. 13 ff.; § 315b Rn. 3. *Begriff der Fahrunsicherheit:* § 316 Rn. 7. *Alkoholbedingte* Fahrunsicherheit: § 316 Rn. 9 ff. Fahrunsicherheit aufgrund *anderer berauschender Mittel:* § 316 Rn. 58 ff. Nicht zum Tatbestand gehört (anders als bei I Nr. 2) grob verkehrswidriges und rücksichtsloses Handeln (BGH VRS **16** 132).

b) Fahrunsicherheit wegen (anderer) geistiger oder körperlicher Mängel. I Nr. 1b **5** (dazu schon Rn. 3) ergreift jeden Mangel körperlicher oder geistiger Art, der die Fahrsicherheit aufzuheben vermag (§ 2 StVG Rn. 42, 66, § 3 StVG Rn. 15, § 2 FeV Rn. 2 ff.; BGH NStZ **20** 297 Rn. 23; umfänglich LK-StGB/*König* Rn. 48 ff.). Damit werden auch seelische Anomalien wie Psychosen, Persönlichkeitsstörungen und abnorme Erlebnisreaktionen (Neurosen) erfasst (BGH NStZ **20** 297 Rn. 23; LK-StGB/*König* Rn. 55, 61a). Bei schweren Mängeln tritt generelle Fahrunsicherheit ein. Beispiele bilden die Erblindung (BGH NZV **08** 528 mBspr. *König* NZV **08** 492) oder auch Demenz (vgl. den Fall von AG Hb-Barmbek DAR **14** 403 mablAnm *Focken* und hierzu § 69a Rn. 4; Fallbesprechung bei *Püschel/Focken* BA **15** 10). Für (generelle) Fahrunsicherheit genügt es, dass eine Erkrankung mit der Gefahr plötzlich eintretender Fahrunsicherheit verbunden ist (BGHSt **40** 341 = NZV **95** 157 (epileptisches Anfallsleiden); zust. *Foerster/Winckler* NStZ **95** 345; BGH NStZ **20** 297 Rn. 23 ff. (Panikstörung)), weswegen auch schwere Diabetes mellitus hierher zu rechnen ist (vgl. VG Mainz NZV **10** 218). Ansonsten muss nach den Grundsätzen der „relativen" Fahrunsicherheit (§ 316 Rn. 22 ff., 64 ff.) jeweils geprüft werden, ob sich der Mangel iS der Fahrunsicherheit ausgewirkt hat. *Beispiele:* Fahren trotz fehlender Brille, trotz hohen Fiebers, starker Schmerzen, bei starkem Heuschnupfen (AG Gießen

NJW **54** 612 mAnm *Booß), unter Einwirkung fahrleistungsbeeinträchtigender (aber *nicht* berauschender, sonst Vorrang von Nr. 1a) Medikamente (LK-StGB/*König* Rn. 56 ff.) oder trotz *Drogenabhängigkeit* (BGH NZV **08** 528 mBspr. *König* NZV **08** 492). *Entzugserscheinungen* nach aktuellem Konsum sind hingegen der rauschmittelbedingten Fahrunsicherheit zuzuordnen (§ 316 Rn. 66). Unter Nr. 1b dürften auch Leistungsbeeinträchtigungen bei „Hangover" („Kater") nach massivem Alkoholkonsum fallen (zum Phänomen *Minge ua* BA **18** 1). Medikamente als Rauschmittel: § 316 Rn. 60 ff. Hohes Alter ist für sich genommen kein körperlicher Mangel (Ce SVR **08** 226), wohl aber altersbedingte Gebrechen (LK-StGB/*König* Rn. 53). Zu „rätselhaften" Verkehrsunfällen *Focken/Püschel* BA **14** 148 und Empfehlungen des AK IV des 52. VGT **14.** Zur Rolle des Arztes *De Vries* SVR **12** 332.

6   Nr. 1b erfasst auch das Fahren **trotz Übermüdung** (Bay NJW **03** 3499, Kö NZV **89** 357). Übermüdung gehört zu den stärksten Gefahrquellen des StrV (§ 2 FeV Rn. 5 ff.). Sie beeinträchtigt vor allem die Wahrnehmungs- und Reaktionsfähigkeit (Bay NJW **03** 349) und dürfte im Verkehrsalltag häufiger vorkommen als in der forensischen Praxis, was vor allem auf Nachweisprobleme zurückzuführen ist (*König* SVR **08** 121; *Eisenmenger* NZV **14** 15). Aus geröteten Augen nach langem Arbeitstag kann nicht auf übermüdungsbedingte Fahrunsicherheit geschlossen werden (LG Bra NZV **10** 419). Es sollte ein Sachverständiger hinzugezogen werden (vgl. AG Aachen SVR **08** 145 (*Krumm*)). Übermüdung kann bei mangelnder Sorgfalt Fahrlässigkeit begründen (BGH DAR **54** 208, VRS **7** 181, Schl VM **55** 13, BGH DAR **55** 160, s. auch BGH VRS **17** 21). In BGHSt **23** 156 ist der Erfahrungssatz anerkannt, dass ein Kf, bevor er am Steuer einschläft, stets deutliche Zeichen der Ermüdung (Übermüdung) an sich wahrnimmt oder zumindest wahrnehmen *kann* (also regelmäßig Fahrlässigkeit, s. Bay NJW **03** 3499, LK-StGB/*König* Rn. 62 sowie § 2 FeV Rn. 6). Ein Erfahrungssatz des Inhalts, dass ein übermüdeter Fahrer darauf beruhende Fahrunsicherheit bewusst in Kauf nimmt (Vorsatz), besteht hingegen nicht (Bay DAR **91** 367 (*Bär*)).

7   **4. Die Verkehrsverstöße.** I Nr. 2 stellt unter der Voraussetzung, dass der Fahrer grob verkehrswidrig und rücksichtslos (Rn. 23, 24 ff.) einen konkreten Gefahrerfolg herbeiführt (Rn. 29 ff.), nach der Unfallursachenforschung besonders gefahrträchtige Verstöße (sog. „Todsünden") unter Strafe. Der Katalog ist abschließend (Ha NJW **68** 1976).

8   **a) Nichtbeachtung der Vorfahrt** (Nr. 2a). Die hM versteht unter Vorfahrt außer derjenigen nach den § 8 („an Kreuzungen und Einmündungen") und § 18 III StVO auch „vorfahrtähnliche VLagen"; dazu gehören alle Fälle, in denen eine straßenverkehrsrechtliche Vorschrift einem VT den Fahrtvorrang einräumt (sog. *erweiterter Vorfahrtbegriff;* BGHSt **11** 213, **13** 129; BGH VM **70** 9, BGHR StGB § 315c I Nr. 2a Vorfahrt 1; DAR **20** 342; KG DAR **04** 459, LK-StGB/*König* Rn. 71). Entgegen einer Mindermeinung (hier bis 38. Aufl., *Demuth* JurA **71** 386) betreibt sie hierdurch keine verbotene Analogie (LK-StGB/*König* Rn. 71; zum strafrechtlichen Überholbegriff BVerfG NJW **95** 315 und unten Rn. 11). Fahrverstöße gegen § 9 III S. 1 (Vorrang des Entgegenkommenden gegenüber dem Abbiegenden; KG DAR **04** 459), § 10 S. 1 (Vorrang des fließenden V beim An- und Einfahren; BGHR StGB § 315c I Nr. 2a Vorfahrt 1, KG DAR **04** 459), § 6 S. 1 (Verletzung des Vortritts des GegenV an Engstelle; BGH DAR **20** 342 mAnm *Staub*; KG VRS **46** 192) und das Z 208 (Ol VRS **42** 34) unterfallen deshalb dem Vorfahrtbegriff des § 315c; zu weiteren Beispielen Rn. 10. Ebenfalls unter Nr. 2a würde an sich der Bahnvorrang nach § 19 StVO fallen (KG DAR **04** 459; BHHJ/*Burmann* Rn. 24); jedoch nimmt die Bahn, soweit ihr der Vorrang zusteht, idR nicht am StrV teil (§ 315e Rn. 4), weswegen die §§ 315, 315a gelten. In Betracht kommen jedoch die sonstigen Bahnvorränge (§ 19 StVO Rn. 6). § 11 StVO regelt auch in strafrechtlicher Hinsicht keinen Fall der Vorfahrt (Ha VRS **28** 127). Das Gleiche gilt für den Vorrang des Fußgängers („*Vorfahrt*") nach § 9 III S. 3, § 26 StVO (Ha VRS **91** 117, Dü VRS **66** 354, KG VRS **84** 444). Desgleichen fällt das verbotene Befahren einer EinbahnStr gegenüber dem Entgegenkommenden nicht unter Nr. 2a (KG DAR **04** 459).

9   **aa) Nr. 2a betrifft nur den Wartepflichtigen,** nicht den Vorfahrtberechtigten. Bei der engen Verzahnung der Pflichten der Vorfahrtbeteiligten (§§ 8, 18 III StVO) darf aber das Verhalten des Wartepflichtigen niemals isoliert betrachtet werden. Die Feststellung, er habe rücksichtslos und grob verkehrswidrig (Rn. 22 ff.) die Vorfahrt verletzt, lässt sich idR nicht ohne Prüfung der Fahrweise des Berechtigten treffen (LK-StGB/*König* Rn. 75). Hierzu nötigt auch Nr. 2d, der sich besonders an den Vorfahrtberechtigten wendet.

10   **bb) Die Vorfahrt verletzt** (über die Fälle in Rn. 8 hinaus), wer bei Rotlicht in die Kreuzung einfährt und dadurch den Vorrang des QuerV beeinträchtigt (BGH StV **18** 431; Bay

VRS **16** 44, Kar VRS **107** 292, Fra NZV **94** 365, Dü NZV **96** 245, Jn NZV **95** 237 (Vorsatz nur bei Kenntnis oder Inkaufnahme konkreter Beeinträchtigung)), die Z 205 oder 206 nicht beachtet, auch wenn sie alleine stehen, oder wer von der Standspur der AB trotz nahe aufgerückten Nachfolgers auf den Überholstreifen fährt (§ 18 III StVO; BGHSt **13** 129, NJW **59** 1447, Ha VRS **28** 127, *Demuth* JurA **71** 386). Fahren auf der linken Fahrbahn und Nichtausweichen nach rechts ist keine vorfahrtähnliche VLage (BGH VM **70** 9). Wer vom mittleren Fahrstreifen ohne Anzeige auf den rechten wechselt, um von dort aus in eine Parkbucht einzufahren und dabei vom überraschten Hintermann auf dem rechten Fahrstreifen angefahren wird, hat dessen Vorfahrt nicht verletzt (Stu VM **72** 36).

b) Falsch überholt oder sonst bei Überholvorgängen falsch fährt (Nr. 2b). Falsch **11** Überholen ist jedes regelwidrige Überholen, sofern der Regelverstoß den Vorgang gefährlicher macht (BGH NZV **17** 135 (Geschwindigkeitsüberschreitung); NStZ **19** 215; Dü VM **77** 88 (Überfahren von Fahrstreifenbegrenzungen und von Sperrflächen), LG Bonn VRS **79** 17). Erfasst werden vor allem Verstöße gegen § 5 bei allen Beteiligten (Dü VM **75** 3, Kar NJW **72** 962), zB Rechtsüberholen entgegen § 5 I, Überholen entgegen Überholverbot, falsches Aus- oder Einscheren (Rn. 12), unerlaubtes Beschleunigen, Ausscheren unter Nichtbeachtung des rückwärtigen V, Hineinzwängen in zu enge Lücke, Beschleunigen und Verringern des Abstands, um Überholen zu verhindern oder zu erzwingen, zu geringer seitlicher Abstand, zu weites Linksfahren des zu Überholenden. Umfasst werden Verstöße *beim Überholen,* dh solche, die mit dem Überholen in innerem Zusammenhang stehen (BGH v. 28.9.2011, 4 StR 420/11; NZV **17** 135; NStZ **19** 215; Ha DAR **63** 277, Dü VRS **62** 44, VM **77** 88, Lackner/Kühl/ *Heger* Rn. 14, BHHJ/*Burmann* Rn. 22a), wobei der Begriff des Überholens weiter ist als in § 5 StVO und auch durch ein Vorbeifahren von hinten an sich in derselben Richtung bewegenden oder verkehrsbedingt haltenden Fz erfüllt wird, das unter Benutzung von Flächen erfolgt, die mit der Fahrbahn einen einheitlichen StrRaum bilden (BGH NJW **16** 3462 mAnm *Sandherr* NZV **16** 586; LK-StGB/*König* Rn. 78 ff.). Beispiele sind der Seiten- oder Grünstreifen, nur durch Bordsteine oder einen befahrbaren Grünstreifen von der Fahrbahn abgesetzte Rad- oder Gehwege (BVerfG NJW **95** 315, 316; BGH NJW **16** 3462; zum Letzteren auch OLG Hamm VRS **32** 449, 450). Auch Ein- und Ausfädelungsstreifen sind umfasst (BGH NJW **16** 3462), dies erst recht, wenn man sie, wofür viel spricht, schon der (wenngleich nicht durchgehenden) Fahrbahn zuordnet (dazu § 5 StVO Rn. 25a). Verfassungsrechtlich ist der „erweiterte" Überholbegriff des § 315c nicht zu beanstanden (BVerfG NJW **95** 315 („Überholen" auf dem Seitenstreifen), Dü VRS **107** 109, eingehend LK-StGB/*König* Rn. 78 ff.). Jedoch wird ein Überholen nur dann angenommen werden können, wenn das Vorbeifahren auf der von dem anderen Fz benutzten Fahrbahn seinen Ausgang nimmt, weswegen I Nr. 2b nicht erfüllt ist, wenn das Fahrmanöver auf dem Gehweg begonnen hat (Ol ZfS **19** 113 m Bspr *König* DAR **20** 364 f.; LK-StGB/*König* Rn. 78b, 80; offengelassen von BGH NJW **16** 3462). Nach KG VRS **130** 21 soll ein Überholen in Schrittgeschwindigkeit per se nicht tatbestandsgemäß sein, weil es an einem abstrakt besonders gefährlichen Vorgang fehle; jedoch setzt § 315c eine bestimmte Mindestgeschwindigkeit nicht voraus (Bspr *König* DAR **17** 364). Umfänglich zu den verschiedenen Varianten und zur Kasuistik LK-StGB/*König* Rn. 78 ff.

aa) Falsches Überholen ist jeder verkehrswidrige Überholvorgang, auch gefährdendes **12** Rechtsüberholen und zu knappes oder Linksvorsetzen (Schneiden; BGH VRS **18** 36, Bay NJW **88** 273, Ha ZfS **06** 110, Dü NZV **88** 149). Falsch überholt, wer sich als Linksabbieger nach Rechtsüberholen eines anderen Linksabbiegers so kurz vor diesem einordnet, dass er notbremsen muss (Dü VM **78** 61), wer unter Missachtung der auf einer Abbiegespur durch Z 297 getroffenen Anordnung über die einzuhaltende Fahrtrichtung überholt (BGH StV **18** 431; wer sich so vor den Überholten setzt oder seinen Weg kreuzt, dass er ihn gefährdet (BGH VRS **18** 36, 40, Kö DAR **58** 21 (Schneiden eines Radf beim Rechtsabbiegen), aM Dü NZV **89** 317, Hb VM **61** 35, Ha DAR **63** 277), wer besonders auf der AB die Sorgfalt gegenüber dem nachfolgenden schnelleren V verletzt (Ha VRS **21** 280, Dü VM **62** 57, Ko NZV **89** 241), nach ganz hM auch, wer auf der AB bei hoher Geschwindigkeit den Vorausfahrenden durch dichtes Aufschließen unter gleichzeitigem Betätigen des linken Fahrtrichtungsanzeigers oder der Lichthupe oder Blenden von hinten bewusst verunsichert, um ihn beiseite zu drängen (Kar NJW **72** 962, Kö VRS **44** 16, Fra VM **79** 28, Dü VRS **66** 355, Bay NJW **88** 273, *Haubrich* NJW **89** 1198) etwa um ihn zu „disziplinieren" (Dü NZV **89** 441). Jedoch ist zw, ob diese Interpretation mit dem Gesetz in Einklang steht. Denn der Überholvorgang ist noch nicht eingeleitet; Falschfahren bei Überholvorgängen dürfte hier näher liegen (Dü VRS **62**

44, LK-StGB/*König* Rn. 92, 93). Rechtsüberholen auf der AB ist regelmäßig falsches Überholen (Dü VM **57** 72, NZV **88** 149), ausgenommen in erlaubter Form bei KolonnenV (§ 5 StVO Rn. 64). Falsch überholt, wer vor einer sichtbehindernden Kuppe oder an sonst unübersichtlichen Stellen unter Mitbenutzung der linken Fahrbahnseite überholt (Ol DAR **58** 222), wer sich links oder rechts neben eine vor einem Hindernis vorübergehend haltende oder zum Überholen ansetzende Kolonne setzt, um sich in eine Lücke einzuschieben (Ha DAR **56** 108, KöVRS **9** 362).

13   **Falschfahren bei Überholvorgängen** ist jede Regelwidrigkeit eines FzF, die in einem inneren Zusammenhang zu einem Überholen steht und das Überholen *als solches gefährlicher macht* (BGH NZV **17** 135; NStZ **19** 215; Dü VRS **62** 44, LG Bonn VRS **79** 17; LK-StGB/*König* Rn. 96, 99 f.). Innerer Zusammenhang ist also nicht stets allein schon dadurch gegeben ist, dass die Regelwidrigkeit während eines Überholvorgangs geschieht (Dü NZV **89** 441, Bay DAR **93** 269). Nach Kar NJW **72** 964, Dü VRS **62** 44, NZV **89** 441 setzt ein solcher innerer Zusammenhang nicht voraus, dass die Regelwidrigkeit vom Überholenden oder Überholten ausgeht (dichtes Auffahren auf Überholenden; insoweit einschr Bay DAR **93** 269). Beim Überholtwerden fährt falsch, wer, anstatt in dem kanalisierten Fahrstreifen zu bleiben, kurz vor einem Hintermann über eine geschlossene Nagelreihe hinweg nach rechts in dessen Fahrstreifen überwechselt und ihn zum Notbremsen zwingt (Stu VRS **41** 427), wer durch jeweiliges Beschleunigen oder Herabsetzen seiner Geschwindigkeit den nach gleichzeitigem Anfahren an einer LichtZ-Anlage links neben ihm Fahrenden hindert, sich rechts einzuordnen (Dü VRS **58** 28). Mangels inneren Zusammenhangs mit dem Überholvorgang kein I Nr. 2b, falls der Überholer nach Einscheren vor dem Überholten diesen aus Schikane oder zur Disziplinierung „ausbremst"; in diesen Fällen aber uU verkehrsfeindlicher Inneingriff durch Hindernisbereiten (§ 315b I Nr. 2) und Nötigung (LK-StGB/*König*, § 315c Rn. 95 mwN; s. auch den Fall in Ha DAR **15** 399 mBspr *König* DAR **16** 363).

14   **bb)** Bei **Geschwindigkeitsüberschreitungen oder Abstandsverkürzungen** kommt es darauf an, ob hierdurch gerade die mit dem Überholvorgang verbundene abstrakte Gefahr erhöht wird (BGH NZV **17** 135; NStZ **19** 215; LK-*König* Rn. 100). Bei innerörtlichem Zufahren auf eine Kreuzung mit über 100 km/h ist dies nicht zw (BGH NZV **17** 135 mAnm *Preuß*). Bloßes Hinterherfahren mit zu geringem Abstand, der Überholen durch andere erschwert, auch bei Lkw (§ 4 II StVO), wird hingegen nicht genügen; anders aber bei zu dichtem Auffahren auf Überholenden (Rn. 12). Weicht ein ABBenutzer einem rechts stehenden Fz in einer Weise aus, die den Nachfolgenden gefährdet, so liegt darin kein falsches Überholen (Ha VRS **28** 127). Zu Fehlleistungen nach beendetem Überholen Rn. 44.

15   **c) Falschfahren an Fußgängerüberwegen.** Nr. 2c betrifft nur Verstöße gegen § 26 StVO (durch Z 293 gekennzeichneten Zebrastreifen; BGH DAR **15** 702; Ha VRS **91** 117), dies jedoch nicht, wenn sie durch eine in Betrieb befindliche LZA gesichert sind; denn die Geltung des Zebrastreifens wird durch § 37 I, II Nr. 2 StVO suspendiert (§ 26 StVO Rn. 11 mwN, wohl auch BGH DAR **15** 702; Dü VRS **66** 135, Stu NJW **69** 889, Ha VkBl. **69** 179, *Mächtel* NJW **66** 641, **aM** Ko VM **76** 12; zw. BGH NZV **08** 528 mBspr. *König* NZV **08** 492). Fußgängerfurten genügen dementsprechend nicht (Ce NZV **13** 252). Nr. 2c gilt auch nicht bei Verstößen gegen § 9 III S. 3 (Fußgängervorrang). Halten auf oder 5 m vor Fußgängerüberwegen ist nicht tatbestandsmäßig, weil kein falsches Fahren (*Demuth* JurA **71** 392). Gefährdung eines ein Fahrrad mitführenden Fußgängers fällt nach Stu DAR **88** 101 VRS **74** 186 auch dann unter Nr. 2c, wenn dieser *nach* Erreichen des Fußgängerüberwegs mit dem Rad über die Fahrbahn rollt (zw), anders bei Annäherung an den Zebrastreifen und Überqueren desselben *als Radf* (§ 26 StVO Rn. 14). Mitschuld des Fußgängers ist strafmildernd zu berücksichtigen (KG VRS **36** 202).

16   **d) Zuschnellfahren an unübersichtlichen Stellen usw. (Nr. 2d).** Der Begriff der **unübersichtlichen Stelle** steht in der StVO nicht mehr und muss daher aus sich heraus verstanden werden. In erster Linie weist er auf örtliche Umstände hin („Stelle"), jedoch können auch Beleuchtungs- und Witterungsverhältnisse örtlich aus an sich übersichtlichen Stellen vorübergehend unübersichtliche machen, sodass auch sie zu berücksichtigen sind (Bay NZV **88** 110 (Nebel), ähnlich *Demuth* JurA **71** 393). Hingegen würde es zu weit gehen, auch Sichtbehinderungen aufgrund der Vereisung (Verschmutzung) der Scheibe des TäterFz heranzuziehen (LK-StGB/*König* Rn. 109). Das Urteil muss die Merkmale, aus denen sich die Unübersichtlichkeit ergibt, im Einzelnen schildern (Dü VRS **79** 370, Ha DAR **69** 275). Augenblickliche Erschwerung des Überblicks durch andere Fz macht die Fahrbahn unübersichtlich. Vorbeifahren an

haltender Straba ist kein Überholen, aber uU zu schnelles Fahren an unübersichtlicher Stelle (BGH VRS **17** 43). **Kreuzungen bzw. Einmündungen:** § 8 StVO. Erfasst werden der Wartepflichtige sowie der Vorfahrtsberechtigte, der an Kreuzungen und Einmündungen zu schnell fährt und deshalb seinen straßenverkehrsrechtlichen Pflichten nicht mehr genügen, zB nicht rechtzeitig anhalten kann (BGH v. 3.10.1974, 4 StR 427/74, NStZ **19** 215; BayObLG VRS **61** 212). Zum Einmündungsbereich gehören auch kurz vor der eigentlichen Einmündung befindliche Fußgängerfurten, selbst wenn sie vom eigentlichen Kreuzungsbereich um einige Meter abgesetzt sind (BGH NStZ-RR **18** 154). Nr. 2d tritt hinter Nr. 2a zurück, wenn der Vorfahrtverstoß das Entscheidende ist (BGH NStZ **19** 215). Auf gekennzeichneten Vorfahrtsstraßen darf idR auch an Kreuzungen bzw. Einmündungen angemessen schnell gefahren werden (§ 8 StVO), jedoch nicht auf Fahrspuren entgegen der Fahrtrichtung (Ce NZV **13** 252). Geschützt sind auch Fußgänger auf Überwegen an Kreuzungen (KG VRS **37** 445). **Bahnübergang:** § 19 StVO **„Zu schnell" fährt,** wer infolge seiner Fahrgeschwindigkeit nicht verkehrsgerecht reagieren kann (§ 3 I StVO; BGH VRS **48** 28, Bay VRS **61** 212, BVerfG DAR **99** 309). Entgegen Ce NZV **13** 252 (zust. zB SK-StGB/*Wolters* Rn. 14; Schönke/Schröder/*Hecker* Rn. 20) fährt dabei **stets zu schnell,** wer die zulässige Geschwindigkeit überschreitet (LK-StGB/*König* Rn. 112; SSW StGB/*Ernemann* Rn. 18).

Erforderlich ist **ein Gefahrenzusammenhang.** Es müssen sich die gerade aus der unüber **17** sichtlichen Stelle, Einmündung usw. herrührenden (abstrakten Gefahren) im Gefahrerfolg realisieren. Daran fehlt es, wenn die Unübersichtlichkeit usw. hinweggedacht werden kann, ohne dass die Gefährdung entfiele; dass der Gefahrerfolg nur *gelegentlich* des zu schnellen Fahrens eintrat, genügt nicht (BGH NStZ **07** 222, Ha DAR **57** 215, Bay VRS **64** 371, AG Rudolstadt VRS **111** 49, LK-StGB/*König* Rn. 113). Zu schnelles Fahren mit Gefährdung *vor* der Kreuzung erfüllt den Tatbestand nicht (Bay DAR **56** 19). Anders, wenn die bei Annäherung zu hohe Geschwindigkeit dazu führt, dass den Pflichten *in* der Kreuzung oder Einmündung selbst nicht genügt werden kann (Bay VRS **61** 212). Der Risikozusammenhang entfällt nicht dadurch, dass der Fußgänger die Str bei Rot überquert (BGH NStZ-RR **18** 154).

e) An unübersichtlichen Stellen nicht die rechte Seite der Fahrbahn einhält (Nr. 2e). **18** *Unübersichtliche Stelle:* Rn. 16. Nr. 2e will vor allem den GegenV gegen das Schneiden unübersichtlicher Kurven schützen (Kö VRS **48** 205, Bay VRS **64** 123). Nichteinhaltung des Rechtsfahrgebots (§ 2 II StVO) genügt nicht; wegen der von der Vorschrift ins Auge gefassten Beeinträchtigung des GegenV muss die rechte Fahrbahn zumindest teilweise verlassen werden (BGH VRS **44** 422, *Demuth* JurA **71** 395). Fahren entgegen der Fahrtrichtung verletzt Nr. 2d nicht (*Demuth* JurA **71** 395), wohl aber Nr. 2f. Nicht erfasst ist ferner das ständige Linksfahren auf AB oder anderen Str mit gleichgerichteten Fahrbahnen (*Demuth* JurA **71** 395).

f) Wenden, Rückwärts- oder entgegen der Fahrtrichtung Fahren (Nr. 2f.). *AB, Kraft-* **19** *fahrstr:* § 18 StVO Rn. 14 ff., § 42 V StVO, VZ 331. *Wenden:* § 9 StVO Rn. 50, § 18 StVO Rn. 21. Es genügt Ansetzen zum Querstellen oder Schrägstellen auf der Überholspur, Queren des Grünstreifens oder eines Überwegs über diesen bis zum Einordnen auf der Gegenfahrbahn. Gegenläufiges Befahren einer AB oder Kraftfahrstraße nach Benutzen einer Ausfahrt statt einer Einfahrt oder nach Erreichen der Gegenfahrbahn über eine ununterbrochene weiße Linie ist weder Wenden noch Rückwärtsfahren (Stu VRS **58** 203, Kö VRS **60** 211, Ce VM **83** 87, zust *Janiszewski* NStZ **83** 547). Wer mit seinem Fz in eine Position entgegen der Fahrtrichtung gelangt ist und dies durch Wenden korrigiert, muss nicht rücksichtslos handeln (Ol DAR **02** 89, Dü NZV **95** 115; LG Kiel NZV **18** 482). *Rückwärtsfahren:* § 9 StVO Rn. 51, § 18 StVO Rn. 21, 22. Gangeinlegung ist nicht erforderlich; es genügt Abrollenlassen nach hinten (LK-StGB/*König* Rn. 119, str.). Hingegen ist *ungewolltes* Rückwärtsrollen nicht tatbestandsrelevant (§ 9 StVO Rn. 51). Versuchsbeginn mit Gangeinlegung oder Lösen der Handbremse (LK-StGB/*König* Rn. 119).

Fahren entgegen der Fahrtrichtung wurde durch G v. 7.7.86 (BGBl. I S. 977) eingefügt. **20**

Begr (BT-Drs. 10/2652 S. 35): *Da das Fahren entgegen der Fahrtrichtung nicht als „Rückwärtsfah-* **20a** *ren" anzusehen ist und auch nicht stets ein „Wenden" voraussetzt (zB bei falschem Einfahren), ist eine strafrechtliche Verfolgung derartiger Kraftfahrer, die diese gefährliche Fahrweise – wie oben erwähnt – mitunter kilometerlang beibehalten und dadurch andere in hohem Maße gefährden, nach § 315c Abs. 1 Nr. 2 Buchstabe f nicht möglich (vgl. OLG Stuttgart VRS 52, 33; 58, 203). Das gilt selbst dann, wenn der Falschfahrt ein Wenden vorausgegangen, der Wendevorgang selbst aber längst abgeschlossen ist, wenn es später zur Gefährdung anderer kommt (OLG Celle, VM 1983 Nr. 105). Ob eine strafrechtliche Verfolgung* *dieses Verhaltens als ein gefährlicher Eingriff in den StrV nach § 315b I Nr. 2 oder 3 möglich ist, hängt von der jeweiligen Fallgestaltung ab und wird unterschiedlich beurteilt (vgl. OLG Stuttgart aaO).*

20b   Zur AB-Falschfahrt s. auch § 18 StVO Rn. 22a. Fahren auf dem Seitenstreifen erfüllt Nr. 2 f. („Standspur"; BGH NJW 03 1613). Versuchsbeginn wie Rn. 19. Bei irrtümlicher Benutzung der falschen Fahrbahn infolge augenblicklicher Unaufmerksamkeit oder Fehlbeurteilung der Verkehrsführung (Witterung, Baustelle usw) wird Bestrafung nach § 315c allerdings zumeist mangels *rücksichtslosen* Handelns ausscheiden (Ol DAR 02 89), ebenso, wenn ein in falsche Fahrtrichtung geratenes Fz auf diese Weise schnellstmöglich entfernt werden kann (Kö NZV 95 159). Zur Anwendbarkeit des § 315b dort Rn. 21.

21   **g) Nichtkenntlichmachung haltender, liegengebliebener Fz** (Nr. 2g). *Halten:* § 12 StVO. *Liegenbleiben:* § 15 StVO Rn. 2. *Beleuchten:* § 17 StVO. Zur Auslegung im Strafrecht im Einzelnen LK-StGB/*König* Rn. 124 f. Deliktsnatur: unechtes Unterlassungsdelikt. Handlungspflichtig ist vorrangig der FzF, aber auch der im Wagen mitfahrende Halter (§ 15 StVO Rn. 10). Unterlassen der Kenntlichmachung eines haltenden oder liegengebliebenen Fz ist nicht tatbestandsmäßig, wenn es längere Zeit in Anspruch nimmt als das Entfernen des Fz (Kö NZV 95 159). Wird in den Fällen Nr. 2g das Fz in verkehrsfeindlicher Absicht ungesichert aufgestellt oder stehengelassen, so liegt darin Hindernisbereiten (§ 315b); dem dürfte nur theoretische Bedeutung zukommen (LK-StGB/*König* Rn. 121).

22   **5. Grob verkehrswidrig und rücksichtslos** muss der Täter in den Fällen von I Nr. 2 handeln. Die Stellung der Merkmale im Deliktsaufbau ist str. Richtig dürfte es sein, die grobe Verkehrswidrigkeit als sog. „gesamttatbewertendes Merkmal" zum Unrechtstatbestand zu rechnen (Lackner/Kühl/*Heger* § 15 Rn. 16). Rücksichtslosigkeit gehört nach der (freilich uneinheitlichen) Rspr. hingegen zur Schuldfrage (BGH VRS **23** 289, Kö VRS **88** 433). Vorzugswürdig ist demgegenüber auch hier die Einstufung als Tatbestandsmerkmal (LK-StGB/*König* Rn. 138). Im Ergebnis wirkt sich der Meinungsstreit kaum aus. Beide Merkmale *müssen nebeneinander vorliegen* (BGH VRS **16** 132, Ha NZV **06** 388, LK-StGB/*König* Rn. 132). Das Merkmal rücksichtslos betont dabei mehr die subjektive, das Merkmal grob verkehrswidrig mehr die objektive Seite (Dü DAR **57** 189, Kö DAR **92** 469). Der Tatrichter hat die Umstände, aus denen sich grobe Verkehrswidrigkeit und Rücksichtslosigkeit ergeben, in den Urteilsgründen nachvollziehbar darzulegen (zB Kö VRS **84** 293, 294; Ol DAR **02** 89; Ko SVR **09** 426), wobei formelhafte Ausführungen nicht genügen (Ko NStZ **03** 617). Zur Bestandskritik LK-StGB/*König* Rn. 139. Zum Vorsatzbezug Rn. 47.

23   **a) Grob verkehrswidrig** ist ein nach Sachlage („objektiv", Rn. 22) besonders gefährliches Abweichen vom pflichtgemäßen Verhalten (Kar VRS **107** 292, **45** 40 (Einbiegen auf Fußgängerüberweg mit quietschenden Reifen), BGH NStZ **19** 215; Dü NZV **88** 149, **96** 245 (jeweils Rotlichtverstoß), Kö DAR **92** 469). Grob verkehrswidrig (und rücksichtslos) *überholt*, wer auf der AB zwischen dem berechtigt links überholenden Vordermann und einer rechts fahrenden Kolonne mit knappem Zwischenraum (1,5 m) hindurchfährt (Bra VRS **32** 372), wer einen Linksabbieger überholt, der seine Absicht rechtzeitig angezeigt, sich zur Mitte eingeordnet und mit dem Abbiegen begonnen hat (BGH DAR **89** 247), wer trotz GegenV Teile einer Kolonne überholt und sich dann in eine zu geringe Lücke rettet (Stu VRS **46** 36, Ko VRS **46** 37), wer in Rechtskurve ohne Sicht auf den GegenV gleichsam „blind" unter Benutzung der Gegenfahrbahn überholt (Ko NZV **93** 318), wer bei äußerst schlechter Sicht (dunkel, vereiste Scheiben, Fußgängergefährdung) ohne ausreichenden Überblick überholt (Bay VRS **35** 280), wer mit hoher Geschwindigkeit kurz hinter einem Langsamfahrenden in die AB einbiegt und dort kurz vor einem Schnellfahrenden alsbald auf die Überholspur hinüberwechselt (Kö VRS **25** 201), wer gleich zweimal trotz dicht aufgerückten Verkehrs auf dem AB-Überholfahrstreifen auf diesen mit geringer Geschwindigkeit ausschert (Ko NZV **89** 241), wer ohne Rücksicht auf den GegenV so schnell in eine scharfe, unübersichtliche Rechtskurve einfährt, dass er schleudert (BGH VersR **64** 1105), wer ohne ausreichende Sicht überholt und schneidet (Ko VRS **47** 31), wer unübersichtliche Linkskurve schneidet (Ko VRS **46** 344, Bay VRS **64** 123), wer Überholen kurz vor unübersichtlicher Kurve fortsetzt (Ko VRS **49** 40), wer als Lkw-Fahrer in unüberblickbarer Kurve unter Mitbenutzung der Gegenfahrbahn überholt (Ko VRS **52** 39). Auch Überschreiten zulässiger Höchstgeschwindigkeit von 70 km/h um (nur) 25 km/h kann bei I Nr. 2d grob verkehrswidrig sein (BVerfG DAR **99** 309). Umfängliche Nw aus der Rspr. unter Zuordnung zu den verschiedenen Tatvarianten bei LK-StGB/*König* Rn. 135 ff.

24   **b) Rücksichtslos handelt,** wer sich entweder eigensüchtig über bekannte Pflichten hinwegsetzt oder sich aus Gleichgültigkeit auf seine Fahrerpflichten nicht besinnt und unbekümmert um mögliche Folgen darauf losfährt (BGH VRS **50** 342, NZV **95** 80, Bay VRS **64** 123, Ha NZV **06** 388, Ol DAR **02** 89, Ko NZV **93** 318, Dü NZV **96** 245, Kö DAR **92** 469). Das Merkmal will nur „extrem verwerfliche Verfehlungen", „besonders schwere Verstöße gegen die VGesinnung", geradezu „unverständliche Nachlässigkeit" treffen (Dü VM **77** 88, VRS **79** 370), nicht nur durchschnittliches Fehlverhalten. Es ist daher ein strenger Maßstab anzulegen (Dü VRS **98** 350, Kö VRS **38** 288). Rücksichtslosigkeit ist mehr als grobe Nachlässigkeit, nämlich idR Leichtsinn und (oder) Gleichgültigkeit (gesteigerte Nichtrücksichtnahme, Rechtsblindheit; Stu VRS **41** 274, Kar VRS **107** 292). Erforderlich ist ein Verhalten, das über den in jedem Verstoß liegenden Mangel an Rücksicht weit hinausgeht (Stu VRS **41** 274). **Auch fahrlässige Tat kann rücksichtslos sein** (BGHSt **5** 392, Stu MDR **67** 852, Kö VRS **33** 283, VM **72** 35, Ko VRS **71** 278, LG Kar NJW **05** 915, *Mollenkott* BA **85** 298), namentlich in Form von Bedenkenlosigkeit gegen die eigene Fahrweise (Rn. 25; Bay VRS **64** 123, DAR **93** 269, Ko VRS **71** 278). Der Tatrichter muss feststellen, ob der Täter bewusst oder unbewusst fahrlässig gehandelt hat (Ol VRS **18** 444). Liegt hinsichtlich eines Tatbestandsmerkmals Fahrlässigkeit vor, kommt nur Bestrafung nach III in Betracht (BGH VRS **30** 340).

Einer RsprFormel entspricht es, dass Rücksichtslosigkeit als subjektives Merkmal schlechthin **25** **nicht aus dem äußeren Hergang allein** gefolgert werden könne (BGH VRS **50** 342; Kar VRS **45** 40; KG NStZ-RR **08** 257; Stu DAR **71** 248; Ko SVR **16** 353). Jedoch ist das äußere Tatgeschehen erster und (namentlich bei einem schweigenden oder lügenden) Angekl. oftmals einziger Anknüpfungspunkt; es ist kein überzeugender Grund ersichtlich, warum man es nicht maßgebend sollte heranziehen können (LK-StGB/*König* Rn. 141; zust. Stu NZV **17** 494 mBspr *König* DAR **18** 362; Ce NZV **13** 252; i. Erg. auch *Spöhr/Karst* NZV **93** 257, NJW **93** 3308).

Die Beweggründe (Motive) für das Verhalten sind nur bezogen *auf die konkrete VSituation* **26** beachtlich, die unmittelbar zu dem Verhalten geführt hat (Dü NJW **89** 2763), nicht auch in Bezug auf das mit dem Verhalten verfolgte Fernziel (Bay VRS **18** 293, Stu VM **80** 18, LK-StGB/ *König* Rn. 147, insoweit abw Kö VM **72** 35). Die Annahme rücksichtslosen Handelns scheitert daher nicht allein daran, dass ein Arzt den Verstoß begeht, um rasch Hilfe bringen zu können (Stu Justiz **63** 37).

Beispiele: S. auch Rn. 23. Rücksichtslos ist gefährdendes Überholen, nur um schneller zum **27** Essen zu kommen (Bay VM **68** 33), Überholen eines Lkw vor einer nur 70 m einsehbaren Rechtskurve, um nicht länger hinter dem langsamen Fz herfahren zu müssen (Ko VRS **64** 125), Schneiden unübersichtlicher Linkskurve (Ko VRS **46** 344, Bay VRS **64** 123), Heranfahren mit „40" an benutzten Überweg (Dü VM **74** 37), Überholen auf der AB unter Missbrauch von Raststättengelände (Fra VRS **46** 191), verbotswidriges Rechtsüberholen bei Fahrt ins nahe Krankenhaus mit Ehefrau, deren Wehen eingesetzt haben (KG VRS **40** 268), „Ausbremsen" aus Verärgerung oder zur Disziplinierung (AG Rudolstadt VRS **112** 35). Krad, die auf belebter, unübersichtlicher BundesStr um die Wette fahren (BGH DAR **60** 68), Rechtsüberholen und Schneiden aus Ärger (Kö VRS **35** 436), bedrängende Fahrweise (Aufschließen auf weniger als 1 m auf 100 m bei 70 km/h; Dü VM **70** 36), Wegdrängen des auf der AB-Überholspur Vorausfahrenden durch erhebliche Unterschreitung des erforderlichen Abstands bei über 180 km/h (LG Kar NJW **05** 915), gefährdendes Überholen einer Kolonne trotz Gegenverkehrs, um hinter einem ortskundigen Lotsen zu bleiben (Kö VM **72** 35), gefährdendes Schnellfahren im Kreuzungsbereich, um sich einer PolKontrolle zu entziehen (BGH NZV **95** 80), Benutzung der Gegenfahrbahn an Einmündung, um Beifahrerinnen zu imponieren oder Fahrt möglichst schnell beenden zu können, wobei die genannten Motive für die Beurteilung an sich keine Rolle spielen dürfen (Rn. 26; insoweit wohl abw Ce NZV **13** 252 (Taxif)). Das Fahren entgegen der Fahrtrichtung trägt die Rücksichtslosigkeit idR „auf der Stirn" (s. aber Kö NZV **95** 159; Ol DAR **02** 89 sowie (zw) Dü NZV **95** 115). Dementsprechend ist das bewusste Befahren der Überholspur einer BundesStr in entgegengesetzter Richtung zur Abkürzung der Fahrzeit rücksichtslos; fehlende Ortskenntnisse sowie etwaige Kopfschmerzen und Fieber entlasten nicht (*König/Seitz* DAR **08** 361, 362f.; abw. Ko v. 25.6.07, 1 Ss 107/07, juris). Zum rücksichtslosen Befahren eines betretenen Fußgängerüberwegs Kö VRS **59** 123. Zu den notwendigen Feststellungen (s. Rn. 22) beim Vorfahrtverstoß Ko SVR **09** 426.

Bloß vorübergehende Gedankenlosigkeit reicht nicht aus (Dü VRS **98** 350, Stu DAR **76** **28** 23). Denn gelegentliche Gedankenlosigkeit kommt im V aus vielfältigen Gründen ohne gesteigerten Vorwurf vor (abw Stu GA **68** 346, Zw VRS **33** 201). Gleichfalls keine Rücksichtslosigkeit bei bloß schuldhaftem Versagen (Bra VRS **30** 286, Dü NZV **96** 245 (Übersehen des Rotlichts), bloßem Verkennen der VLage (BGH VRS **13** 28, Stu DAR **76** 23, NZV **17** 494 (*Preuß*) m Bspr *König* DAR **18** 361; Bra VRS **30** 286, Dü NZV **95** 115), bloßer Unaufmerksamkeit (Stu

DAR **76** 23, Kö DAR **92** 469), bei lediglich unzulänglicher Sorgfalt des Wartepflichtigen (Bay DAR **55** 44), bei Übersehen eines VZ in Angetrunkenheit (BGH VRS **16** 132), Schleudern wegen unrichtiger Beurteilung der Straßenverhältnisse (Ha DAR **69** 275, VRS **38** 50). Rücksichtnahme auf einen anderen VT kann der Annahme von Rücksichtslosigkeit gegenüber einem Dritten entgegenstehen (Stu VRS **45** 437). Rücksichtslos handelt nicht, wer aus Unaufmerksamkeit handelt oder in falscher Einschätzung der Situation (Ha NZV **06** 388). Keine Rücksichtslosigkeit auch bei hochgradiger Erregung (BGH NJW **62** 2165, Zw VRS **61** 434, Kö NZV **95** 160), bei grobfahrlässiger falscher Reaktion auf überraschende technische Mängel am Kfz (Überholen anstatt Auskuppeln und Bremsen; Dü VM **72** 29) oder bei Fehlverhalten in Bestürzung oder Schreck (Bra VRS **30** 286).

29   **6. Gefahr für Menschen oder fremde Sachwerte.** Die Fehlleistungen nach I werden dadurch zur Straftat, dass sich aus ihnen eine konkrete Gefahr (Rn. 30 ff.) für Leib oder Leben eines anderen (Rn. 33) oder für fremde Sachen von bedeutendem Wert ergibt (Rn. 34 ff.). Eine Gemeingefahr wie nach dem altem Recht ist nicht erforderlich (zB BGH NJW **89** 1227). Demgemäß müssen die beeinträchtigten Belange des Gefährdeten nicht die Allgemeinheit repräsentieren. Die „Gefährdungsobjekte" müssen sich auch nicht im Verkehrsraum befinden; erforderlich ist jedoch, dass sich *das Fehlverhalten* im öffentlichen Verkehrsraum abspielt; unter dieser Voraussetzung ist zB die Gefährdung des im Straßengraben befindlichen Arbeiters oder des auf dem Feld pflügenden Bauers tatbestandsrelevant (BGH VRS **11** 61, Dü VM **58** 80, Kar NJW **60** 546, Ha VM **66** 21; LK-StGB/*König* Rn. 3 f.).

30   **a) Eine konkrete Gefahr** besteht, wenn nicht mehr beeinflussbare Kräfte so unmittelbar einzuwirken drohen, dass der Schadenseintritt wahrscheinlicher ist als dessen Ausbleiben (BGHSt **18** 271, Bay NZV **88** 70, Dü NJW **89** 2763) und mehr oder weniger nur noch vom Zufall abhängt (BGH NZV **96** 37, **97** 276, NJW **85** 1036, Bay DAR **96** 152, Ha ZfS **06** 49, Dü NZV **94** 37, Kö NZV **02** 278). Seit BGH NJW **95** 3131 **ist stets ein „Beinahe-Unfall" erforderlich,** also ein Geschehen, bei dem ein unbeteiligter Beobachter zu der Einschätzung gelangt, dass „das noch einmal gut gegangen sei" (st. Rspr. seit BGH NJW **95** 3131; s. etwa NStZ **13** 167; ausführlich LK-StGB/*König* § 315 Rn. 53 ff.). Bei Schadenseintritt muss denknotwendig eine konkrete Gefahr vorausgegangen sein. Auch ohne Schadenseintritt kann aber Gefahr gedroht haben (BGH VRS **45** 38, DAR **85** 63, Fra NJW **75** 840).

31   **aa) Die Anforderungen an die Feststellung** der konkreten Gefahr dürfen nach überkommener Rspr. nicht überspannt werden (BGH NJW **95** 3131, JuS **10** 364; *Tepperwien* Nehm-F S. 427, 436). Allerdings verlangt der BGH in stillschweigender Abkehr von dieser Rspr. vermehrt (oftmals nicht zu treffende) genaue Feststellungen zu den Geschwindigkeiten der Pkw im Zeitpunkt der Kollision und der Intensität des Aufpralls zwischen den beteiligten Fz (BGH NStZ **10** 216, NStZ-RR **12** 185, NStZ **12** 700, **13** 167, v. 18.6.13, 4 StR 145/13, NStZ-RR **13** 320; BGH NZV **16** 345 mAnm *Sandherr* (Fall eines Zufahrens auf eine Polizeisperre), NJW **16** 1109; **19** 615; berechtigt jedoch etwa in DAR **15** 702 sowie in den Beschlüssen v. 21.6.2016, 4 StR 1/16 Rn. 6; v. 24.10.17, 4 StR 334/17 Rn. 6; wohl auch NStZ-RR **19** 343). Er nähert sich damit einer obergerichtlichen Rspr. an, die eine „hochgradige Existenzkrise" mit nahezu mathematischen Feststellungen zu Geschwindigkeiten und Entfernungen verlangt (Fra NZV **94** 365, abw. aber Dü NJW **93** 3212, Ha ZfS **06** 49, NZV **91** 158, Ko DAR **00** 371). Es dürfte deshalb nicht mehr zutreffen, dass die Verwendung wertender Begriffe (zB Erforderlichkeit einer „Vollbremsung") ohne exakte Geschwindigkeits- und Entfernungsangaben genügen kann (so die frühere Rspr., vgl. etwa BGH NJW **95** 3131, LK-StGB/*König* Rn. 66 mwN). Dafür spricht etwa BGH NStZ-RR **13** 320, wonach es nicht hinreichen soll, dass die Kollision nur noch durch eine „Gefahrenbremsung" abgewendet werden konnte (ebenso BGH v. 27.4.2017, 4 StR 61/17; sehr zw.). Ferner ist der Beschluss vom 18.6.13 (4 StR 145/13) zu nennen, wonach es für konkrete Leibesgefahr nicht genügen soll, wenn sich der Beifahrer am Armaturenbrett abstützen muss, um einen Aufprall zu verhindern; dass lediglich „leichtes Rammen" von hinten vorlag, steht im Hinblick auf die selbst bei „leichtem Rammen" entstehenden Kräfte entgegen BGH nicht in „unauflöslichem Widerspruch" zur Annahme einer konkreter Gefahr (s. auch BGH BA **14** 113, wonach es nicht ausreichen soll, wenn ein Ausweichen zur Vermeidung eines „folgenschweren Unfalls" geboten war, und BGH NJW **16** 1109, wonach es wohl nicht genügen soll, wenn der Angekl. knapp („haarscharf") an drei Fußgängern vorbeifährt, die gerade bei Grünlicht die Str überqueren, wobei die Tochter das heranrasende Fz im letzten Moment bemerkt und Mutter sowie Bruder in Richtung der Verkehrsinsel in der Fahrbahnmitte zieht; s. aber auch BGH v. 7.9.2016, 4 StR 221/16). BGH v. 19.7.2018, 4 StR 121/18 (zu § 315b) hat zutreffend

die Feststellung genügen lassen, dass das Opfer einem mit 50 km/h direkt auf ihn zufahrenden Kfz „im letzten Moment" durch Beiseitespringen noch entgehen konnte; jedoch werden dem neuen Tatrichter zugleich präzisere Feststellungen zur Geschwindigkeit angeraten (dort Rn. 13). Jedenfalls bei relativ niedriger Geschwindigkeit und einer „vergleichsweise komplexen Abwehrreaktion" (schützendes Werfen einer Mülltonne) soll der Umstand nicht genügen, dass das Opfer die Kollision durch Wegspringen (gerade) noch verhindern konnte (BGH NStZ **20** 225). Nicht kann es (weiterhin) darauf ankommen, ob der Schadenseintritt durch „im Bereich einer verkehrsüblichen Reaktion" liegendes Verhalten abgewendet werden konnte (so aber zB Dü NJW **93** 3212, Ha ZfS **06** 49, DAR **15** 399 (unter überholter Auseinandersetzung mit der früheren Rspr. des BGH; dazu *König* DAR **16** 362); in diese Richtung aber womöglich BGH NStZ **13** 167). Dass die Reaktion „verkehrsüblich" ist (zB Bremsen), lässt den Gefahreintritt (Beinaheunfall) nicht entfallen (LK-StGB/*König* Rn. 66). Gleichfalls ist Unerklärbarkeit der Ursache für das Ausbleiben eines Schadens nicht Voraussetzung; eine nach allgemeiner Erfahrung ungewöhnlich günstige Entwicklung des Geschehens schließt die Annahme der Gefahr also nicht aus (*Berz* NZV **89** 411, **aM** Schl JZ **89** 1019). Andererseits genügen lapidare Ausführungen („hierdurch hat er den X gefährdet") gewiss nicht (BGH NZV **12** 448), ebenso nicht die in Form eines (nicht bestehenden) Erfahrungssatzes gefasste Wendung, bei provozierten Unfällen bestehe regelmäßig die Gefahr nicht unerheblicher Verletzungen v. a. im Kopf- und Halswirbelbereich (BGH NStZ-RR **12** 185). Umfangreiche Kasuistik zur konkreten Gefahr bei LK-StGB/*König* § 315b Rn. 64 ff., § 315c Rn. 154 ff. Zur Beweisführung: *Heinrich* SVR **08** 165, 169 f.

bb) Eine abstrakte Gefahrenlage genügt seit Abstellen auf den „Beinaheunfall" nicht **32** mehr. Rspr. vor der Grundsatzentscheidung des BGH (Rn. 30), die für §§ 315b, 315c oftmals (hohe) abstrakte Gefahren genügen ließ, ist überholt. Das gilt vor allem für die mit einer Trunkenheitsfahrt verbundene *Gefährdung des Mitfahrers* (s. auch Rn. 33), dies auch dann, wenn sich die Trunkenheit des FzF zB durch *folgenloses* Abkommen von der Fahrbahn oder durch *folgenloses* Schlangenlinienfahren indiziell nach außen hin gezeigt hat, und auch bei hoher BAK. Seine frühere gegenteilige Rspr. (BGH NJW **85** 1036 (abl *Janiszewski* NStZ **85** 257, *Geppert* NStZ **85** 264, *Hentschel* JR **85** 434), BGH NZV **89** 31 (abl *Janiszewski* NStZ **89** 258, *Werle* JR **90** 74, *Becker* NStZ **90** 125)) hat der BGH aufgegeben (BGH NJW **95** 3131; ebenso schon Bay NZV **88** 70 (zust *Janiszewski* NStZ **88** 544), NZV **89** 479 (zust *Berz* NStZ **90** 237), NZV **94** 283 mAnm *Schmid* BA **94** 332, NZV **91** 358; zum Ganzen LK-StGB/*König* Rn. 152, 153, *Jähnke* DRiZ **91** 425). Eine Ausnahme hat BGH NJW **95** 3131 für den (wohl eher theoretischen, LK-StGB/*König* Rn. 152, ebenso *Tepperwien* Nehm-F S. 427, 436) Fall so hochgradiger Alkoholisierung gemacht, dass der FzF zu kontrollierten Fahrmanövern überhaupt nicht mehr imstande ist; der BGH hat dabei den Vergleich zum Fahren ohne intakte Bremsen gezogen. Im Hinblick darauf, dass er in der Folgeentscheidung NJW **96** 329 (330) aber gerade die hohe abstrakte Gefahr eines Fahrens ohne intakte Bremsen nicht mehr ausreichen ließ (§ 315b Rn. 23) und nicht ersichtlich ist, warum eine trotz ihrer hohen abstrakten Gefahr *folgenlose* Trunkenheitsfahrt anders behandelt werden sollte, dürfte auch der genannte Ausnahmefall nicht mehr tatbestandsrelevant sein (LK-StGB/*König* Rn. 152, aM etwa *Fischer* Rn. 15b). Entsprechendes gilt für höchstgefährliches Verhalten iS des I Nr. 2, etwa die nicht nur ganz vorübergehende Unterschreitung eines Abstands, der der in 0,8 s durchfahrenen Strecke entspricht (*Jähnke* DRiZ **91** 425, *Löhle* NZV **94** 305). Die naheliegende Befürchtung, dass der Vorausfahrende verunsichert werden und sich in diesem Zustand zu kopflosen und unfallträchtigen Reaktionen veranlasst sehen könnte, vermag daran nichts zu ändern (Beispielsfall LG Kar NJW **05** 915). Hier wie auch in den höchstgefährlichen Fällen der „Geisterfahrt" (Beispielsfall in BGH NZV **10** 261) läuft das Abstellen auf den Beinahe-Unfall – wenig zufriedenstellend – faktisch darauf hinaus, dass der Gefahrerfolg mit dem Unglücksfall zusammenfällt (LK-StGB/*König* Rn. 157).

b) Leib oder Leben eines anderen Menschen. Erforderlich ist eine erhebliche Leibesgefahr; **33** die Gefahr bagatellarischer Beeinträchtigungen der körperlichen Unversehrtheit genügt nicht (LK-StGB/*König* § 315 Rn. 70). Sie kann sich gegen beliebige (auch bestimmt ausgewählte) Personen richten, die sich nicht im öffentlichen VRaum befinden müssen (Rn. 29). In den Schutzbereich einbezogen ist grundsätzlich auch der Mitfahrer (BGHSt **6** 232, **13** 474, BGH NJW **95** 3131, NZV **95** 80; zur Frage der Rechtfertigung Rn. 52, zur Gefährdung des Mitfahrers bei Trunkenheitsfahrt Rn. 32). Jedoch macht die ganz hM eine **Ausnahme für tatbeteiligte Personen** (Anstifter und Gehilfen). Die Frage wirkt sich vor allem bei § 315b aus und ist deshalb dort (Rn. 24) erörtert. Der nasciturus ist kein Mensch iS der Vorschrift, weswegen die pränatale Schädigung der Leibesfrucht § 315c nicht erfüllt (LK-StGB/*König* § 315 Rn. 71). Zum Leichnam Rn. 34.

34   **c) Bedeutende fremde Sachwerte.** *Fremd* ist nach Zivilrecht zu beurteilen und bedeutet, dass die Sache nicht Alleineigentum des Täters und nicht herrenlos sein darf. Wegen Herrenlosigkeit ist die Gefährdung des Leichnams nicht tatbestandsrelevant (Ce NJW **60** 2017; LK-StGB/*König* § 315 Rn. 81), ebenso etwa des Grundwassers (AG Schwäbisch-Hall NStZ **02** 152). In Betracht kommen im Prinzip alle fremden Sachgüter einschließlich der vom Täter beförderten Ladung (KG VRS **12** 356, Ce VRS **13** 139, Ha NJW **57** 968). Die ganz hM macht jedoch **eine Ausnahme für das vom Täter geführte Fz,** ua deswegen, weil es als notwendiges Tatmittel nicht zugleich Gefährdungsobjekt sein könne (BGHSt **11** 148, **27** 40 = NJW **77** 1109, NZV **98** 211, NStZ **92** 233, **99** 350, DAR **95** 190, **00** 222, NStZ **13** 167). Das soll selbst dann gelten, wenn der Täter das Fz gestohlen (BGHSt **11** 148) oder geraubt hat (BGH NStZ **99** 350). Das Ergebnis mag praxisgerecht sein, ist aber nicht überzeugend begründbar (LK-StGB/*König* Rn. 163 ff., *Hartung* NJW **66** 15, **67** 909). Der Grundsatz dürfte jedoch mittlerweile fast schon zum Gewohnheitsrecht erstarkt sein (LK-StGB/*König* Rn. 168). Trotz dieser Rspr. soll sich der Eigentümer als Adhäsionskläger anschließen können (Rn. 72).

35   Der Sachwert **muss bedeutend sein.** Zu bemessen ist er nach ganz hM *nach rein wirtschaftlichen Maßstäben* (Bay NJW **98** 1966; s. erg. unten Rn. 37), wobei es (natürlich) auf die Wertberechnung zurzeit des Eintritts des Gefahrerfolgs ankommt (vgl. BGH DAR **08** 274, NStZ-RR **08** 289). Auf das Affektionsinteresse des Eigentümers oder den funktionalen Wert der Sache kommt es nicht an (LK-StGB/*König* § 315 Rn. 83). Nicht jedes Kfz, das nicht nahezu schrottreif ist, verkörpert also schon einen bedeutenden Wert (Stu NJW **76** 1904, KG DAR **59** 269, VRS **12** 356, Ce VRS **6** 381, aM Kar NJW **61** 133, DAR **62** 302). Mehrere Sachwerte (Schäden) sind zu addieren (Kar NJW **61** 133).

36   Über den Gesetzeswortlaut hinaus muss dem bedeutenden Sachwert **auch bedeutender Schaden gedroht haben** (BGH DAR **08** 272, NStZ-RR **08** 289, NZV **10** 261; StraFo **10** 259; LK-StGB/*König* § 315 Rn. 82), wobei die Wertverhältnisse zurzeit des Eintritts des Gefahrerfolgs den Ausschlag geben (Rn. 35). Unbedeutende Gefährdung eines bedeutenden Sachwerts genügt also nicht (BGH DAR **08** 272, NStZ-RR **08** 289, StraFo **10** 259; Bay NJW **98** 1966, Br VRS **62** 275, Ko VRS **52** 350, DAR **73** 48, *Rengier* Spendel-F S. 562). Ist bedeutender Sachschaden eingetreten, so ist aber auch bedeutende Gefahr vorausgegangen. Ein Schaden braucht nicht entstanden zu sein (BGH NJW **85** 1036, NZV **95** 325). Es kommt auf den Schaden an, der nach den Umständen *gedroht hat,* nicht also auf den eingetretenen Schaden (Ha VRS **40** 191). Stets bedarf es hinreichender Feststellungen (BGH DAR **11** 398). Der Schaden kann geringer sein als die Gefahr (Ha VRS **39** 201, Sa DAR **60** 53). Die relevante Gefahr ist aber dann besonders zu begründen (Fahrweise, andere Umstände; Ko VRS **51** 284, Ha VRS **34** 445; LK-StGB/*König* § 315 Rn. 88). Bei räumlich umfangreichen Sachen (längerer Zaun) ist zu prüfen, ob sie insgesamt oder nur teilweise gefährdet waren, danach richtet sich der gefährdete Wert (Ha DAR **73** 104, VRS **63** 51 (Leitplanke)). Ein Haus ist nicht áls solches durch bloßen Putzschaden gefährdet (Zw VRS **32** 277).

37   Der Umfang des drohenden Schadens ist anhand der (drohenden) **Minderung des Verkehrswerts** zu bemessen (BGH DAR **08** 274, NStZ-RR **08** 289, NStZ-RR **12** 185, **13** 320). In neueren Entscheidungen verlangt der BGH selbst bei ersichtlich zumindest „normalwertigen" Fz bestimmte Angaben zu deren Wert und zur Höhe des drohenden Schadens (BGH NZV **12** 393, NStZ-RR **13** 320; NZV **15** 308 (zu § 315b; Belege über ausgezahlte Versicherungsleistungen sollen nicht genügen); angesichts des niedrigen Schwellenwerts, Rn. 38, sehr zw). *Entgegen* BGH NStZ **99** 350 dürfte der Wiederherstellungsaufwand dabei nicht gänzlich irrelevant sein (LK-StGB/*König* § 315 Rn. 91). Jedoch ist für die Bemessung des drohenden Schadens ausschlaggebend (und strikte Obergrenze) die Minderung des wirtschaftlichen Werts der Sache (Bay NJW **98** 1966). Würde etwa die Behebung eines Lackkratzers unterhalb der Stoßstange eines Lkw oder auch ein Lackschaden an einer Leitplanke eine aufwendige Teillackierung erforderlich machen, ist der objektive Wert aber nur unerheblich gemindert, so scheidet § 315c aus (LK-StGB/*König* § 315 Rn. 91). Demgegenüber dürfte eine funktionale (bzw. normative) Interpretation nicht durchführbar sein, die auf die Beeinträchtigung des Kfz als Fortbewegungsmittel versus von Teilen, die es lediglich als Statussymbol oder Luxusgut kennzeichnen, abstellt (so aber *Trück* NZV **13** 361; die von ihm gesehene Gefahr der Überkriminalisierung ist im Bereich der §§ 315b, 315c im Hinblick auf eine zunehmend engere, teils gar unverständlich enge Rspr. des BGH, s. vorstehend sowie zB Rn. 31, nicht real).

38   **Für den Schwellenwert** (des drohenden Schadens und des Sachwerts, Rn. 35, 36) sind anders als bei § 69 II Nr. 4 (dort Rn. 17) Posten wie Bergungs- und Abschleppgebühren irrelevant (LK-StGB/*König* Rn. 90). Es erscheint daher schlüssig, dass der Wert im Rahmen des § 315c

(und des § 315b) niedriger liegen muss (eingehend BGH NStZ **11** 215). In Übereinstimmung mit der Rspr. vor Einführung des Euro (Bay NJW **98** 1966 (bei 1400 DM verneint), Ko DAR **00** 371, Ha VRS **100** 26, Kö VRS **97** 349 (1900 DM genügen), anders noch (nicht unter 1200 DM), Dü NZV **94** 324, Bay DAR **91** 367 (jedenfalls bei 1200 DM)) sieht BGH NJW **03** 836 den Schwellenwert **bei 750 € als erreicht an** (ebenso BGH DAR **08** 274; NStZ-RR **08** 289; Stra-Fo **10** 259; NStZ **11** 215; NStZ-RR **12** 185; aM (1300 €) ohne zureichende Begr Jn v. 17.9.2008 1 Ss 167/08 und Ha NStZ-RR **09** 185 (explizit hiergegen BGH NStZ **11** 215); weitergehend auch vielfach die Lit; zB BHHJ/*Burmann* Rn. 7: 1200 €). Die staatsanwaltschaftliche Praxis sollte, was sie vielfach auch tut, im Anklageverhalten großzügig verfahren, auch um aufwendige Sachverständigengutachten sowie Schwierigkeiten in subjektiver Hinsicht zu vermeiden.

7. Kausalität, Zurechnung. Die Gefahr (Rn. 29 ff.) muss durch das Fehlverhalten verursacht **39** sein („dadurch"). Darüber hinaus muss der Gefahrerfolg seinen Grund gerade in der Pflichtwidrigkeit haben, sich also als Realisierung der vom Fehlverhalten ausgelösten abstrakten Gefahr darstellen; ferner muss es der Zweck des Ge- oder Verbots sein, Erfolge der eingetretenen Art zu verhindern (hM, zB Bay NJW **69** 2026, Ha VRS **41** 40; LK-StGB/*König* Rn. 171).

a) In den Fällen des I Nr. 1 muss sich gerade die Fahrunsicherheit auf den konkreten **40** VVorgang ausgewirkt haben (BGH NJW **55** 1329, VRS **65** 359, DAR **86** 194, NStZ-RR **20** 121; Bay NZV **94** 283, Ha NZV **02** 279). Die Frage, ob die konkrete Gefahr auch von *einem* nüchternen Fahrer gedroht hätte, ist nicht entscheidend (zumindest missverständlich BGH VRS **13** 204, Bay NZV **94** 289). Vielmehr kommt es darauf an, ob die Gefahr von *diesem Angekl.* ausgegangen wäre, auch wenn dessen Fahrsicherheit nicht beeinträchtigt gewesen wäre (Bay NJW **54** 730, Neust NJW **61** 2223, LK-StGB/*König* Rn. 175 ff.). Am Zusammenhang fehlt es, wenn der FzF sein Fz unbeeinflusst von seiner Fahrunsicherheit *gezielt als Schadenswerkzeug einsetzt* (BGH VRS **65** 359, NStZ-RR **04** 108, NZV **07** 371 (dann §§ 316 und 315b)), wie es auch beim Fahren auf die Gegenfahrbahn in Suizidabsicht der Fall ist (BGH NZV **14** 185 (2,27‰)).

Bei der Prüfung sind letztlich dieselben Maßstäbe anzulegen wie bei der Prüfung relativer **41** Fahrunsicherheit (§ 316 Rn. 22 ff., 64 ff.). Das bedeutet zugleich, dass der Ursachenzusammenhang feststeht (und nicht nochmals geprüft werden muss), falls (relative) Fahrunsicherheit aufgrund von drogenbedingten Fahrfehlern bejaht wird. Die Problematik wird idR *nur in den Konstellationen absoluter Fahrunsicherheit relevant* (LK-StGB/*König* Rn. 176; s. aber BGH BA **14** 113 zu einem Fall, in dem der drogenintoxikierte Angekl. ua wegen „provokanten Verhaltens während der Fluchtfahrt" als („relativ") fahrunsicher angesehen (Durchentscheidung auf vorsätzliche Trunkenheitsfahrt), gleichwohl aber − kaum überzeugend − der Zurechnungszusammenhang wegen denkbaren Überwiegens des „Fluchtmotivs" (dazu § 316 Rn. 27) verneint wurde; s. auch BGH v. 17.9.2016, 4 StR 317/16 Rn. 2). Bei *grobem Fahrversagen* wird sich Kausalität in aller Regel aufdrängen (BGH VRS **49** 429). Sie entfällt dabei nicht schon deswegen, weil derselbe Fahrer auch nüchtern riskant oder leichtsinnig zu fahren pflegt (Ha JMBlNRW **66** 259, LK-StGB/*König* Rn. 181). Hingegen kann der Zusammenhang zu verneinen sein, wenn der FzF trotz seiner Alkoholisierung *richtig und zielgerecht reagiert hat* (LK-StGB/*König* Rn. 177). Das kann selbst bei einer BAK von 1,7‰ der Fall sein (KG VersR **72** 104 (dann § 316)). Bei einem Allerweltsversagen („Parkrempler") sind ausdrückliche Feststellung erforderlich (BGH NStZ-RR **20** 121). Umfängliches Material aus der Rspr. bei LK-StGB/*König* Rn. 177 ff.

Wird der Eintritt des Gefahrerfolgs vom Schutzzweck des § 315c erfasst, so kommt es *entgegen* **42** Bay NZV **89** 359 (zust *Janiszewski* NStZ **89** 566, *Peters* NZV **90** 260) bei alkoholbedingt verkehrswidrigem Verhalten nicht darüber hinaus noch darauf an, ob er auch im Schutzbereich der verletzten Verkehrsregel liegt (LK-StGB/*König* Rn. 182, *Deutscher* NZV **89** 360, *Hentschel* NJW **90** 1461). Anders als nach der hM im Rahmen der §§ 229, 222 StGB (dort 16) kommt es im Rahmen des § 315c *nicht* darauf an, ob es auch bei einer der Trunkenheit des FzF entsprechend angepassten Geschwindigkeit zu dem Unfall (Gefahr) gekommen wäre; denn hier muss die Gefahr gerade aus der rauschmittelbedingten Fahrunsicherheit herrühren, während dort jedes verkehrswidrige Handeln ausreicht (Bay NZV **94** 283, s. auch Stu DAR **74** 106, Ce NJW **69** 1184 (übermüdeter Fahrer fährt Baum um, der auf die Fahrbahn stürzt), Ha DAR **73** 247, Ce NJW **70** 1091 (gefährdendes Liegenbleiben nach alkoholbedingtem Unfall), LK-StGB/*König* Rn. 174).

b) Auch in den Fällen des I Nr. 2 muss ein spezifischer Zusammenhang in der Weise gegeben **43** sein, dass sich in der eingetretenen Gefahrenlage gerade das spezifische Risiko der jeweiligen Tathandlung verwirklicht hat gegeben sein; der Gefahreintritt lediglich bei Gelegenheit des Fehlverhaltens genügt nicht (BGH StV **18** 431), so etwa beim zu schnellen Fahren an Straßenkreuzungen, -einmündungen und Bahnübergängen (BGH NStZ **07** 222, s. Rn. 17) oder bei Überfahren des Rotlichts unter Verletzung des Z 297 (BGH StV **18** 431). Auch bei Geschwindigkeitsüberschreitungen und der Verkürzung des vorgeschriebenen Sicherheitsabstands kommt es darauf an, ob hierdurch gerade die mit dem Überholvorgang verbundene abstrakte Gefahr erhöht wird (Rn. 13).

44 **c)** Nach st. Rspr. konkretisiert sich die typische (abstrakte) Gefahr des in I pönalisierten Verhaltens nur dann, wenn die Gefahr noch während oder **jedenfalls in unmittelbarem zeitlichem und räumlichem Zusammenhang** mit dem Fahrvorgang eintritt; demgegenüber scheidet § 315c aus, wenn sich die Gefahr realisiert, *nachdem* der Fahrvorgang endgültig zum Stillstand gekommen ist (Ce NJW **69** 1184; NJW **70** 1091, LK-StGB/*König* Rn. 184). Daran fehlt es zB beim Liegenbleiben eines Fz nach einem Schleudervorgang auf der AB und nachfolgendem Unfall (Ha DAR **73** 247). Hingegen ist der Zusammenhang gegeben, wenn sich der auffahrende Kf beim Schleudervorgang bereits in der Gefahrenzone befunden hat (Ce NJW **70** 1091).

45 **8. Subjektiver Tatbestand.** § 315c verlangt in I hinsichtlich aller Tatumstände zumindest bedingten (BGH VRS **50** 342, Ko VRS **71** 278) Vorsatz. III enthält bei niedrigerer Strafdrohung eine Vorsatz-Fahrlässigkeits- (III Nr. 1) sowie eine Fahrlässigkeits-Fahrlässigkeitskombination (III Nr. 2). Die Schuldform ist im Tenor zum Ausdruck zu bringen (vgl. BGH, Beschl. v. 24.3.15, 4 StR 74/15) und hinsichtlich der abgeurteilten Varianten in den Urteilsgründen zweifelsfrei festzustellen (BGH NZV **17** 278 mAnm *Sandherr*).

46 **a) In den Fällen des I Nr. 1** ist Vorsatz hinsichtlich FzFührens im V und der Fahrunsicherheit erforderlich. Zum Vorsatz bei rauschmittelbedingter Fahrunsicherheit (I Nr. 1a): § 316 Rn. 74 ff. Wie dort wird Vorsatz auch beim (sonstigen) geistigen oder körperlichen Mangel nur selten gegeben bzw. nachweisbar sein. Kein Anlass für durchgreifende Bedenken des FzF gegen seine Fahreignung ist zB allein hohes Alter (Bay DAR **96** 152). Bei medikamentenbedingten Defekten kann allein aus der Existenz von Warnhinweisen des Beipackzettels nicht auf Vorsatz geschlossen werden. Das gilt schon deshalb, weil dort oftmals nur auf die Möglichkeit von Beeinträchtigungen hingewiesen wird (§ 316 Rn. 80). Zu Vorsatz und Fahrlässigkeit bei Übermüdung Rn. 6.

47 **b) In den Fällen des I Nr. 2** muss sich der Vorsatz zunächst auf die in den jeweiligen Tatbeständen enthaltenen Merkmale regelwidrigen Verhaltens beziehen. Für Vorsatz hinsichtlich der wertenden Merkmale *„grob verkehrswidrig und rücksichtslos"* (Rn. 22 ff.) genügt idR Tatsachenkenntnis, die solche Wertung rechtfertigt (Bay DAR **69** 51, VRS **64** 123, LK-StGB/*König* Rn. 149). Werden Verkehrswidrigkeit und Rücksichtslosigkeit aus der Gefährlichkeit der Tat abgeleitet, so muss der Täter die Gefährlichkeit in seinen Vorsatz aufgenommen haben (Dü VRS **98** 350, Kö .DAR **92** 469). Die Wertung als grob verkehrswidrig und rücksichtslos muss der Täter hingegen nicht für sich nachvollziehen; tut er es nicht, so allenfalls § 17 StGB (Bay VRS **64** 123, LK-StGB/*König* Rn. 149). Die Absicht der „VErziehung" schließt Vorsatz nicht aus (Kö VRS **45** 436).

48 **c)** Bei Taten nach I ist außerdem **Vorsatz in Bezug auf die konkrete Gefahr** erforderlich (BGH NZV **95** 495, **98** 211; NJW **16** 1109). Der Täter muss die Umstände kennen, die den Gefahrerfolg (Beinaheunfall, Rn. 30 f.) als naheliegende Möglichkeit erscheinen lassen und diese Gefahrenlage zumindest billigend in Kauf nehmen (BGH DAR **86** 194, NZV **96** 458, NJW **16** 1109; Ha DAR **72** 334, Schl BA **92** 78, KG VRS **80** 448). Gefährdungsvorsatz ist dabei nicht mit Verletzungsvorsatz gleichzusetzen (KG VM **56** 28, Kö NJW **60** 1213). Billigen kann der Täter auch etwas ihm an sich Unerwünschtes (§ 315b Rn. 27). Der Umstand, dass er sich zugleich selbst gefährdet, schließt vorsätzliche Gefährdung anderer demnach nicht aus (BGH DAR **55** 282). Der Tatrichter sollte Fremdgefährdungsvorsatz dann aber näher begründen (§ 315b Rn. 27; Bay NJW **55** 1448, Kö NZV **92** 80, LK-StGB/*König* Rn. 193). Bei Sachgefährdung muss der Täter auch die Umstände in seinen Vorsatz aufgenommen haben, die die bedeutende Gefahr für einen bedeutenden fremden Sachwert (Rn. 34 ff.) ergeben (vgl. Ha VRS **44** 100). Umfasst sein muss auch die Ursächlichkeit des Fehlverhaltens für die Gefahr (Bay VRS **64** 368, KG VRS **80** 448).

49 **d) III Nr. 1** lässt hinsichtlich des Gefahrerfolgs Fahrlässigkeit ausreichen. Es handelt sich um eine Vorsatztat (§ 11 II; BGH VRS **57** 271, NZV **89** 31, **91** 117, DAR **97** 177). Damit ist (theoretisch) Teilnahme möglich (Rn. 54). Zum Versuch Rn. 51.

50 **e) III Nr. 2** betrifft durchgehend fahrlässiges Handeln. Zur Fahrlässigkeit bei rauschmittelbedingter Fahrunsicherheit § 316 Rn. 81 ff. Zur Frage des Fahrlässigkeitsvorwurfs bei plötzlicher als lebensbedrohlich empfundener Verschlechterung des körperlichen Befindens während der Fahrt Bay NZV **90** 399 (iErg verneint). Zu den Erfordernissen der Feststellung subjektiver Sorg-

faltswidrigkeit §§ 222, 229 Rn. 28. (Bewusst) fahrlässiges Verhalten und Rücksichtslosigkeit schließen sich nicht aus (Rn. 24).

9. Vollendung tritt ein mit dem Gefahrerfolg, **Beendigung** mit der Beseitigung der Gefahr; **51** demgemäß ist § 315c kein Dauerdelikt (LK-StGB/*König* Rn. 196; s. auch BGH NStZ-RR **18** 108 und unten Rn. 69). **Versuch** ist nur bei I Nr. 1 strafbar. Ein Versuch der Gefährdung durch Fahren in alkoholbedingter Fahrunsicherheit ist dabei schwer vorstellbar (LK-StGB/*König* Rn. 197). Denn dazu gehört die Vorstellung konkreter Gefährdung durch einen bestimmten VVorgang, außerdem Vorsatz hinsichtlich der konkreten Gefahr, der bei einer allgemeinen Vorstellung, es könne bei der Fahrt etwas passieren, nicht gegeben ist (Dü VRS **35** 29). In den Fällen des III Nr. 1 (Rn. 49) ist Versuch ausgeschlossen (BGH NZV **10** 261; Dü VRS **35** 29).

10. Rechtswidrigkeit. Nach hM rechtfertigt **Einwilligung des Mitfahrers** nicht, weil **52** § 315c I (vor allem) das Universalinteresse an der Sicherheit des StrV schützt, hinsichtlich dessen der Mitfahrer nicht dispositionsbefugt ist (Rn. 1; BGHSt **6** 232, **23** 261, NZV **92** 370, **95** 80, NStZ **09** 148, Ko BA **02** 483, Kar NJW **67** 2321, Lackner/Kühl/*Heger* Rn. 32, umfänglich LK-StGB/*König* Rn. 161, § 315b Rn. 73, 74, aM Hb NJW **69** 336; Schönke/Schröder/*Hecker* Rn. 40). Auch Rechtfertigung bzw. Tatbestandsausschluss unter dem Aspekt der eigenverantwortlichen Selbstgefährdung bzw. der einverständlichen Fremdgefährdung ist abzulehnen (LK-StGB/*König* § 315b Rn. 73). Einwilligung bzw. bewusste Inkaufnahme von Eigengefährdung wird aber regelmäßig strafmildernd wirken. Stu Justiz **63** 37 verneint **Notstand** für einen Arzt auf der Fahrt zum schwerkranken Patienten (s. aber erg. § 316 Rn. 87). Als **weitere Rechtfertigungsgründe** können amtliche Befugnisse (VRegelung, VKontrolle) und Festnahmerechte in Betracht kommen. Auch Inanspruchnahme von Sonderrechten (§ 35 StVO) kann Verhaltensweisen rechtfertigen, die äußerlich VVerstößen entsprechen, berechtigt aber nicht zu Rücksichtslosigkeit (LK-StGB/*König* Rn. 200, 148).

11. Zu Fragen der **Schuldfähigkeit** § 316 Rn. 88 ff.　　　　　　　　　　　　　**53**

12. Täterschaft, Teilnahme. Täter kann nur sein, wer als FzF (Ausnahme I Nr. 2g) am V **54** teilnimmt (BGH NZV **95** 364). Insofern ist § 315c *eigenhändiges* Delikt, weswegen mittelbare Täterschaft und uneigenhändige Mittäterschaft sowie uneigenhändige Nebentäterschaft nicht in Betracht kommen (näher § 316 Rn. 2, 96). Arbeitsteiliges FzFühren ist aber möglich (im Einzelnen § 316 Rn. 5). Teilnahme, auch an Taten nach III Nr. 1 (Rn. 49) ist nach allgemeinen Regeln möglich (BGHSt **18** 6, BGH NZV **12** 448, NStZ **13** 167; Ce DAR **57** 297, LK-StGB/*König* Rn. 206). Strafbare Beihilfe begeht zB, wer ein illegales Autorennen mit vorbereitet und aus einem hinterherfahrenden Fz filmt; der im konkreten Fall eingetretene Todeserfolg muss ihm nicht erwünscht sein (BGH NStZ **09** 148). Ob die FzF-Eigenschaft besonderes persönliches Merkmal iSv § 28 I ist (mit der Folge möglicher zweimaliger Strafrahmenverschiebung, nämlich nach § 27 II S. 2 und § 28 I, je iVm § 49 I, für den Gehilfen und einmaliger für den Anstifter) ist str, aber kaum praxisrelevant (verneinend LK-StGB/*König* § 315c Rn. 206 mwN).

13. Strafzumessung (s. auch § 316 Rn. 101 ff.). Kurze Freiheitsstrafe unter 6 Monaten ist die **55** Ausnahme. Sie darf (innerhalb und außerhalb des Verkehrsstrafrechts) nur bei *Unerlässlichkeit* verhängt werden (§ 47 StGB; BGHSt **24** 40 = NJW **71** 439, KG StV **04** 383, Kö NJW **01** 3491, Dü NZV **97** 46). Reicht (evtl. hohe) Geldstrafe zur Einwirkung auf den Täter aus, uU mit EdF, und trifft der Gesichtspunkt der Verteidigung der Rechtsordnung (wie meist) nicht zu (Rn. 60, 63), so muss auf Geldstrafe erkannt werden (Ce NJW **70** 872, Bay DAR **92** 363), uU auch noch bei erheblicher Tatschwere (1,2 ‰ BAK, lebhafter Verkehr, 3 beschädigte Pkw; Kö VRS **38** 108) oder bei einschlägiger Vorstrafe (Rn. 56). Auch bei Alkoholdelikten im StrV ist Geldstrafe die Regel (Bay DAR **92** 184, Dü NZV **97** 46, Ko VRS **40** 97). Es ist im Einzelnen zu begründen, warum kurze Freiheitsstrafe trotz des Vorrangs der Geldstrafe angezeigt ist (Kö NJW **01** 3491, Bra VRS **38** 37). Allein der Sühnegesichtspunkt rechtfertigt kurze Freiheitsstrafe nicht (BGH VRS **38** 334), auch nicht durch den allgemeinen Hinweis auf Zunahme der VTrunkenheit (Ha DAR **70** 328, näher Rn. 60). Zur Zulässigkeit und Bedeutung von *Strafzumessungsempfehlungen* bei Trunkenheitsdelikten im V § 316 Rn. 101. Zur *verminderten Schuldfähigkeit* § 316 Rn. 88 ff. Der vertypte Strafmilderungsgrund nach § 46a Nr. 1 (Täter-Opfer-Ausgleich) findet im Hinblick auf das Schutzgut des öffentlichen StrV (Rn. 1) auf die §§ 315b, 315c keine Anwendung; hingegen kann § 46a Nr. 2 (Schadenswiedergutmachung) einschlägig sein (BGH NJW **15** 500 = BGHSt **60** 84). Ansonsten können (und müssen) Wiedergutmachungsbemühungen nach allgemeinen Regeln im Rahmen der Strafzumessung gewichtet werden.

56   **Nur bei besonderen Umständen** (§ 47 I) ist Freiheitsstrafe unter 6 Monaten zulässig. Sie können entweder liegen a) im Tatgesamtbild (Art und Gewicht der Rechtsgutverletzung, Tatausführung, verschuldete Tatfolgen, Grad der Pflichtwidrigkeit, Tatintensität, Motive) oder b) in Merkmalen der Täterpersönlichkeit, die das Einwirken mit Strafverhängung unabweisbar machen (Bay VRS **76** 130, Kö NJW **01** 3491). Formelhafte Begründungen genügen nicht (Ha BA **07** 41). In der Praxis kommt die Vorschrift nahezu ausschließlich bei Wiederholungstätern zur Anwendung. Auch wiederholte Trunkenheitsfahrt ist zwar nicht stets ein besonderer Umstand, wird aber häufig Freiheitsstrafe unerlässlich machen (Bay DAR **77** 202, Kar DAR **70** 132, Fra NJW **70** 956, Dü NZV **97** 46, Ko VRS **40** 9, **51** 428). Bei einem Täter, der binnen drei Jahren dreimal wegen Fahrens mit hoher BAK bestraft worden ist, zuletzt mit Freiheitsstrafe, und wieder, mit 2,25‰ BAK fahrend, Unfälle verursacht, ist Freiheitsstrafe unerlässlich (Ko VRS **40** 96). Schwerwiegende Schuld oder besondere Gefährlichkeit des Tatverhaltens (Kö DAR **71** 300), Trinken in Fahrbereitschaft, 1,65‰ BAK beim Fahren und späteres Fahren ohne FE können kurze Freiheitsstrafe rechtfertigen (Ko VRS **51** 429), ebenso Fahren im Vollrausch und fahrlässige Tötung eines Fußgängers, den nur geringe Mitschuld trifft (Ko VRS **52** 179). IdR werden hier aber Freiheitsstrafe von über 6 Monaten zu verhängen sein. Fehlende Reuezeichen und Nichterscheinen bei Hinterbliebenen sind keine Straferhöhungsgründe (BGH VRS **40** 418).

57   Das Maß der **herbeigeführten Gefahr** kann strafschärfend wirken (Ko VRS **55** 278). Desgleichen darf erschwerend berücksichtigt werden, dass die Tat zur **Schädigung anderer** geführt hat (BGH VRS **21** 45, v. 28.3. **13**, 4 StR 467/12). Je schwerer die Unfallfolgen und je größer der Alkoholmissbrauch des Täters war, umso genauer ist bei Geldstrafe darzulegen, warum härtere Strafe unnötig ist (Stu VRS **41** 413). Strafschärfend wirken auch *darüber hinaus* verwirklichte StVO-Regelverstöße (zu einem Zirkelschluss bei deren Feststellung BGH NStZ-RR **20** 90). Demgegenüber kann die strafschärfende Berücksichtigung des bewussten Hinwegsetzens über elementare Verkehrsregeln das Doppelverwertungsverbot (§46 III) verletzten (BGH NStZ-RR **20** 125). Nicht gerechtfertigt ist es, Fahrten im **Zustand der Übermüdung** generell in einem milderen Licht zu sehen als Trunkenheitsfahrten (Bay NJW **03** 3499). Die Behauptung des Angekl., er sei anders gefahren, als ihm vorgeworfen werde, darf nicht als **Uneinsichtigkeit** strafschärfend berücksichtigt werden (Ha VRS **8** 137, Kö GA **58** 291). Bei fahrlässigen VDelikten kommt der Vorwurf der Uneinsichtigkeit nur nach strengem Maßstab in Betracht (Ko VRS **37** 205). Berücksichtigung des Sachverhalts früheren Bußgeld- oder Strafverfahrens (Tilgung): § 29 StVG.

58   Etwaige **fremde Mitschuld** ist zu erörtern (BGH VRS **18** 206, NZV **89** 400, Dr DAR **99** 36, Schl DAR **62** 157, Stu DAR **14** 536). Lässt sich erhebliche Mitschuld nicht ausschließen, so ist das zugunsten zu berücksichtigen (BGH VRS **25** 113, Kar NJW **65** 361), ebenso ein mit verursachter, nicht schuldhaft gesetzter Umstand (Ce DAR **58** 273). Mitschuld des Verletzten ist auch bei Trunkenheitsfahrt strafmildernd (BGH DAR **56** 78, Ko BA **02** 483), zB, dass das von hinten angefahrene Moped rückwärtig nicht beleuchtet war (BGH VRS **17** 196), ebenso, dass sich der getötete Beifahrer nach gemeinsamer Zeche in Kenntnis des Risikos zur Mitfahrt entschlossen hat (BGH NZV **89** 400, Ko BA **02** 483). Rspr, wonach die **soziale Stellung des Angeklagten,** zB der Beruf Kriminalkommissar, auch dann strafschärwerend soll berücksichtigt werden dürfen, wenn sie in keinem inneren Zusammenhang mit der Straftat steht, ist überholt (LK-StGB/*König* § 316 Rn. 241, anders noch zB Bra NJW **60** 1073, VRS **19** 299, s. auch § 316 Rn. 43). Auch dass der Täter erfahrener Kf, BerufsKf, KfzMeister, Inhaber einer Reparaturwerkstätte, KfzSchlosser usw. ist, darf ihn nicht benachteiligen (KG DAR **55** 19, Stu DAR **56** 227, Hb VM **61** 78). Verkehrssonderpflichten dieser Personen bestehen, anders als bei Straba-, Omnibus- und Taxifahrern im Rahmen ihrer Berufsausübung, nicht. Dass sich der Täter bei der Trunkenheitsfahrt auf dem Weg zu seiner Arbeitsstelle befand, begründet alleine keinen inneren, das Maß der Pflichtwidrigkeit erhöhenden Umstand (Ha BA **07** 38). Unerheblich ist bei Trunkenheitsfahrt das Geschlecht des Fahrers (BGH NJW **62** 1828).

59   Bewusst fahrlässig herbeigeführte Gefahr wirkt erschwerend (BGH VRS **22** 273). Nach Ol NJW **68** 1293 soll **Nachtrunk** hinsichtlich der VStraftat (§§ 222, 315c) schärfend berücksichtigt werden dürfen, wenn er in Kenntnis einer dadurch bewirkten Erschwerung der Unfallfeststellungen erfolgte (**aM** mit Recht Bay DAR **74** 176 (keine Prozessförderungspflicht des Angekl.)). Weitere Rspr. zur Strafzumessung bei § 316 StGB. **Spurenbeseitigung** wirkt nur dann strafschärfend, wenn der Täter neues Unrecht schafft oder mit seinem Verhalten weitergehende Ziele verfolgt, die ein ungünstiges Licht auf ihn werfen (BGH StV **18** 431).

60   **Die Verteidigung der Rechtsordnung** wird die Verhängung einer kurzen Freiheitsstrafe nur selten gebieten. Ist der Gedanke einschlägig, so werden in aller Regel Freiheitsstrafen von über sechs Monaten zu verhängen sein. Das Merkmal wird in der Praxis vor allem bei der Strafaussetzung zur Bewährung von Freiheitsstrafe zwischen 6 Monaten und 2 Jahren relevant, und ist deswegen dort erörtert (Rn. 63). Eine außergewöhnliche, den Bundesdurchschnitt erheblich übersteigende Zunahme von Trunkenheitsdelikten in einem bestimmten Gerichtsbezirk kann uU eine kurze Freiheitsstrafe rechtfertigen (Bay DAR **74** 176 *(Rüth)*, Fra NJW **71** 666, Ha DAR **70** 328, KG VRS **44** 94, *Martin* BA **70** 13), muss aber durch den Tatrichter festgestellt werden (vgl. BGH StV **05** 387; s. auch § 316 Rn. 101a, 103).

Strafaussetzung zur Bewährung (§ 56). Die §§ 47, 56 drängen die kurze, zu vollstreckende **61** Freiheitsstrafe zurück. **Grundsätze: a) Freiheitsstrafe unter 6 Monaten,** nach § 47 ohnehin nur in den dort genannten Ausnahmefällen zulässig, ist bei günstiger Prognose zwingend zur Bewährung auszusetzen (§ 56 I, III), also auch, wo ihre Verhängung zur Einwirkung auf den Täter oder zur Verteidigung der Rechtsordnung (Rn. 55, 56, 63) geboten ist. Nichtaussetzung ist auch unter diesen Gesichtspunkten bei günstiger Prognose nicht zulässig (§ 56 I, Gegenschluss aus § 56 III). **b) Freiheitsstrafe von 6 Monaten bis zu 1 Jahr** ist bei günstiger Prognose auszusetzen (§ 56 I), es sei denn, die Verteidigung der Rechtsordnung (Rn. 63 ff.) gebiete Vollstreckung, dann ist Aussetzung unzulässig (§ 56 III). Keine Deliktsgruppe ist von der Aussetzung grundsätzlich ausgeschlossen (BGHSt **22** 196, NZV **89** 400, Ro BA **05** 253, Stu NZV **91** 80, Kar DAR **93** 397). **c)** Bei **Freiheitsstrafe von mehr als 1 Jahr bis zu 2 Jahren** ist Aussetzung erlaubt bei günstiger Prognose, wenn außerdem nach der Gesamtwürdigung von Tat und Persönlichkeit des Verurteilten (s. oben) besondere Umstände vorliegen (§ 56 II). Hierzu reichen schon Milderungsgründe aus, die in ihrer Zusammenschau im Vergleich zu durchschnittlichen Milderungsgründen von besonderem Gewicht sind (BGH NZV **89** 400, NStZ **87** 21, DAR **87** 199, **88** 226, 227 (zu § 21 II aF JGG), Bay DAR **90** 364, Ha NZV **93** 317, zusammenfassend Ba DAR **13** 89 und hierzu *König* DAR **13** 361; s. auch Rn. 63). Die besonderen Umstände müssen allerdings umso gewichtiger sein, je näher die Freiheitsstrafe an der 2-Jahres-Grenze liegt BGH NJW **16** 2349; **17** 3011). Verletzungen des Täters mit schweren Dauerschäden sind dabei zu gewichten (Bay VRS **65** 279). Bei schwersten Folgen für einen unbeteiligten VT werden besondere Umstände iS von § 56 II häufig zu verneinen sein (BGH NStZ **91** 331, **94** 336 mAnm *Horn* BA **95** 62 (i. Erg. Strafaussetzung nicht beanstandet); NJW **17** 3011 (illegales Kfz-Rennen)).

Jeder Fall ist **individuell zu prüfen** (Ro BA **05** 253, Stu NZV **91** 80, Kö VRS **30** 337), auch **62** hinsichtlich der Prognose, ohne Vergleich mit gedachten Tätertypen (Br DAR **60** 49). Die Prognose darf (im Strafenbereich von mehr als 1 bis zu 2 Jahren) nicht mit der Erwägung übergangen werden, es lägen ohnehin keine besonderen Umstände vor (BGH NStZ **09** 441; Ha BA **07** 41). Für die Annahme günstiger Prognose reicht es aus, dass die Wahrscheinlichkeit künftigen straffreien Verhaltens diejenige erneuten Straffälligwerdens übersteigt (BGH NStZ **97** 594). Ernstliche Bemühung unter vorteilhaft geänderten Lebensumständen kann günstige Prognose trotz erheblicher Vorstrafe rechtfertigen (Fra NJW **77** 2175). Schwere Folgen für den Täter und dessen Angehörige können, auch wenn sie kein Absehen von Strafe zulassen (Rn. 67), für Strafaussetzung sprechen (Kö VRS **44** 264). **Zur Berücksichtigung von Vorstrafen:** § 316 Rn. 108, 110.

Die Versagung der Strafaussetzung kann trotz günstiger Prognose und besonderer Umstände **63** iSv § 56 II (dazu BGH NJW **17** 3011) **wegen Verteidigung der Rechtsordnung** angezeigt sein. Sie kommt in Betracht, wenn die Strafaussetzung im Hinblick auf schwerwiegende Besonderheiten des Einzelfalls für das allgemeine Rechtsempfinden unverständlich erscheinen müsste und dadurch das Vertrauen der Bevölkerung in die Unverbrüchlichkeit der Rechtsordnung erschüttert werden könnte (zB BGH StV **98** 260, NStZ **01** 319, StV **99** 645, NJW **12** 1458; **17** 3011). Bei Trunkenheitsdelikten im StrV namentlich mit tödlichem Ausgang, aber auch bei in Übermüdung begangenen Taten (Rn. 65), liegt die Vollstreckung der Strafe unter diesem Aspekt vielfach näher als deren Aussetzung (Grundsatzentscheidung in BGHSt **24** 65; s. auch BGH NJW **90** 193, Ha NZV **93** 317, Ko VRS **75** 37). Entsprechendes gilt für die Teilnahme an *illegalen Autorennen* (BGH NJW **17** 3011 mAnm *Esposito*). Jedoch verbietet sich nach stRspr. eine schematische Beurteilung dahingehend, dass in einschlägigen Fällen die Strafaussetzung *schlechthin* zu versagen sei; von ausschlaggebender Bedeutung ist eine sorgfältige Gewichtung der Umstände des Einzelfalls (BGHSt **24** 64; BGH NStZ **94** 336, Bay VRS **69** 283, NJW **03** 3498; Kar NZV **04** 156). Dies erschließt sich aus dem Umstand, dass auch das Merkmal der Verteidigung der Rechtsordnung nicht abgehoben vom Fall angegangen werden darf. Maßgebend ist nämlich, dass *eine mit den Einzelheiten des Falls vertraute* Rechtsgemeinschaft die Strafaussetzung als unverständliches Zurückweichen des Rechts gegenüber dem Unrecht aufnehmen müsste (Bay NJW **03** 3498). Ist Freiheitsstrafe von über 1 Jahr zu verhängen, so darf die Vollstreckung der

Freiheitsstrafe nach § 56 II S. 1 nur ausgesetzt werden, wenn besondere Umstände vorliegen. Ist der Fall so geartet, dass trotz den Angeklagten beträchtlich belastender Umstände (zB Trunkenheitsfahrt mit tödlichen Folgen) die Verteidigung der Rechtsordnung die Vollstreckung der Strafe nicht gebietet, so werden auch besondere Umstände vorliegen (s. auch Rn. 61). Das „Ausweichen" des Gerichts auf ein Strafmaß von genau 1 Jahr Freiheitsstrafe, um sich die Begründung der „besonderen Umstände" iS von § 56 II S. 1 zu sparen (so womöglich LG Kar NJW **05** 915), ist auch deswegen nicht verständlich und schon im Grundsatz verfehlt (hierzu auch Bay NJW **03** 3499).

64   **Einzelfälle: Bei einer Trunkenheitsfahrt** mit tödlichen Folgen wird die Vollstreckung der Strafe vielfach näher liegen als deren Aussetzung (Rn. 63). Jedoch ist es zu berücksichtigen, wenn der Täter lediglich eine vergleichsweise geringe BAK aufgewiesen hat (konkret: 0,59‰), nicht in Fahrbereitschaft getrunken hat, wegen seines Alters besonders strafempfindlich ist und sich wegen der Tat in psychotherapeutische Behandlung begeben musste (Bay NJW **03** 3498), wenn seit der Tat ein langer Zeitraum vergangen ist (im konkreten Fall $4^1/_2$ Jahre), in dem sich der Täter straffrei geführt hat (Bay VRS **69** 283; s. auch Kar NZV **04** 156: $3^1/_2$ Jahre), wenn der getötete Beifahrer in Kenntnis der Alkoholisierung des Täters mitgefahren ist, der Täter selbst unter den Folgen der Tat erheblich leidet und der Unfall auch auf das alleinige Verschulden des FzF zurückzuführen ist (BGH NJW **90** 193), wenn wegen Nichtanlegens des Sicherheitsgurts durch den getöteten Beifahrer ein beträchtliches Mitverschulden des Opfers anzunehmen ist (Dr DAR **99** 36), wenn der FzF nicht in Fahrbereitschaft getrunken hat, unter den Folgen seiner Tat stark leidet, wegen Verlusts der FE auch die Arbeitsstelle verloren und sich (wenngleich vergeblich) um Kontakt mit überlebenden Opfern bemüht hat (Kar NStZ-RR **96** 198) oder wenn die FzF ihren ehemaligen Lebensgefährten getötet hat (Rechtsgedanke des § 60, Rn. 67), weswegen sie sich mehrfach in psychiatrische Behandlung begeben musste und auch einen Selbstmordversuch unternommen hat (LG Verden NZV **98** 219). Demgegenüber bejaht Ha NZV **15** 44 trotz ähnlicher mildernder Umstände (§ 21, weder straf- noch verkehrsrechtlich vorbelastet, Reue, Eigenverletzungen, psychische Beeinträchtigungen aufgrund der Tat) § 56 III (und verneint „besondere Umstände" iSv § 56 II) bei hochgradiger Alkoholisierung, aggressiver Fahrweise und schweren Folgen (Getöteter hinterlässt Ehefrau und 3 Kinder).

65   Die vorstehenden Grundsätze gelten bei **Fahrten trotz Übermüdung** entsprechend; es existiert kein Grundsatz, dass solche Taten in einem milderen Licht zu beurteilen sind als Trunkenheitsfahrten (Bay NJW **03** 3499). **Auch den Fällen des I Nr. 2** kann die Verteidigung der Rechtsordnung die Vollstreckung der Strafe gebieten (Kar NZV **04** 156, NZV **08** 567). Jedoch müssen Besonderheiten auch hier berücksichtigt werden und können zur Strafaussetzung führen. Die falsche Einschätzung einer Verkehrssituation oder eine bloße Überschätzung der eigenen Fähigkeiten im Umgang mit dem Kfz ist noch nicht als rowdyhaftes, aggressives Verhalten zu werten, das nach Vollstreckung der Strafe drängt; auch ist es zu würdigen, wenn der Täter nach Kreditaufnahme einen hohen Geldbetrag an die Hinterbliebenen bezahlt und wenn das Verfahren bereits $3^1/_2$ Jahre gedauert hat (Kar NZV **04** 156). Anders jedoch bei einer verkehrsfeindlichen und aus eigennützigen Beweggründen geprägten Motivation (Kar NZV **08** 467). Zu berücksichtigen sein kann, wenn der Täter unter den Folgen seiner Tat stark leidet und aufgrund der Tat und der Berichterstattung darüber schwer wiegende berufliche und persönliche Nachteile erlitten hat (LG Kar NJW **05** 915).

66   **14. Verwarnung mit Strafvorbehalt (§ 59 ff.).** Die Verwarnung, bei der es sich um keine Strafe, sondern um eine Sanktion eigener Art handelt, kommt auch nach der Neufassung der sog. „Würdigkeitsklausel" (§ 59 I S. 1 Nr. 2) im Jahre 2006 nur ausnahmsweise zur Anwendung (vgl. Dü wistra **07** 235, Ha NStZ-RR **07** 170, je zu § 266a StGB; nach der Rspr. zu § 59 aF war für sie idR kein Raum bei durchschnittlichen Verkehrsverstößen, derentwegen ein zu Strafe Verurteilter keine unverhältnismäßig großen sozialen Nachteile zu befürchten hat, Bay MDR **76** 333, NJW **76** 301, Stu NZV **94** 205). Zwar lässt sich den Gesetzesmaterialien nicht entnehmen, für welche Fälle die erweiterte Verwarnung eigentlich gedacht ist (mit Recht krit BR in BT-Drs. 16/3038 S. 72 ff.). Beabsichtigt war jedoch ein nur „moderater Ausbau" (BT-Drs. 16/3038 S. 59). Mit dieser Intention wäre es nicht vereinbar, wenn die Verwarnung bei Trunkenheitsdelikten oder gefährlichen Fahrten nach I Nr. 2 in breitem Umfang an die Stelle der Geldstrafe treten würde, zumal neben der Verwarnung weder EdF (§ 59 III S. 2) noch FV möglich ist (§ 44 Rn. 3), weswegen bei einer anderen Interpretation das strafrechtliche Instrumentarium gegen gefährliche VStraftaten empfindlich geschwächt würde. Das kann nicht gewollt sein. In besonderem Maße gilt dies, wenn man berücksichtigt, dass die Sanktionsvorschriften im VerkehrsOW-

Recht seit 1.1.09 verschärft sind (§ 24 StVG Rn. 43), um die Abschreckungswirkung gegen gefährliche OW zu verstärken. Eine Schwächung des strafrechtlichen Schutzes träte damit in diametralen Gegensatz. Bei **Trunkenheitsfahrten** werden „besondere Umstände" allenfalls in den extremen Ausnahmekonstellationen in Betracht kommen, in denen trotz § 69 II von EdF (hierzu § 69 Rn. 16, 19f.) *und* trotz § 44 I S. 2 von FV (hierzu § 44 Rn. 8) abgesehen werden kann. In Fällen, in denen der Tatrichter EdF für gerechtfertigt hält, wird es zugleich an der nach § 59 I S. 1 Nr. 1 erforderlichen günstigen Sozialprognose fehlen. Denn anders als in den Fällen einer EdF neben zur Bewährung ausgesetzter Freiheitsstrafe (hierzu § 69 Rn. 11, eingehend BGH NJW **61** 683) kann die EdF ihre heilsame Wirkung mangels Anordnung neben einer Verschonung vor Strafe nicht entfalten. Das Vorstehende gilt im Grundsatz entsprechend für **gefährliche Fahrten nach I Nr. 2,** mit Ausnahme vielleicht der Fälle unbewusster Fahrlässigkeit (hierzu § 69 Rn. 18) und Hinzutreten weiterer mildernder Umstände von Gewicht. Einfache Strafmilderungsgründe und das bloße Fehlen von Strafschärfungsgründen werden hingegen auch nach neuer Rechtslage keine „besonderen Umstände" iS von § 59 I Nr. 2 darstellen, vgl. (zu § 59 alt) Nü NJW **07** 526.

15. Absehen von Strafe (§ 60 StGB) kann bei Trunkenheit nur nach strengen Gesichts- **67** punkten in Betracht kommen, ausgeschlossen ist es jedoch nicht schon dadurch, dass auch Dritte verletzt oder getötet worden sind (Kar NJW **74** 1006, Ce NJW **71** 575, Fra NJW **71** 767, VRS **40** 257, Dü VRS **42** 273). Offensichtlich verfehlt muss Strafe nicht sein, wenn außer dem schwer verletzten Täter auch ihm nicht nahe stehende Personen erheblich verletzt worden sind (Ha VRS **41** 350). Kein Absehen von Strafe schon deshalb, weil der Täter über den Unfall heftig erschrocken und sein Kfz beschädigt worden ist (Bay NJW **71** 766), oder nur wegen eigener Gehirnerschütterung und eigenen Totalschadens (Ko VRS **44** 415). Der Tod eines nahen Angehörigen kann bei besonders unvernünftigem, gefährlichem Täterverhalten gegen Absehen sprechen (Kö NJW **71** 2036, VRS **41** 415). Durchschnittlicher eigener gesundheitlicher und wirtschaftlicher Schaden bei erheblichem Fremdschaden rechtfertigen Absehen nicht (Fra NJW **72** 456). Wird bei einem vom Täter verschuldeten Unfall auf einer Trunkenheitsfahrt dessen Ehefrau getötet und ein Mitfahrer verletzt und muss der Täter nunmehr vier Kinder groß ziehen, so ist eine Anwendung des § 60 StGB denkbar (Kar NJW **74** 1006). Bei ausreichenden Feststellungen kann auch das Revisionsgericht von Strafe absehen (Bay NJW **72** 696).

16. Entziehung der Fahrerlaubnis: § 69. **Fahrverbot** hilfsweise: § 44. IdR keine **Ein-** **68** **ziehung des Fz:** § 316 Rn. 114. Ausnahmsweise kommt sie in Betracht, wenn der Täter auch hinsichtlich der Gefahr vorsätzlich gehandelt hat (Ha BA **74** 282).

17. Konkurrenzen. Innertatbestandliche Konkurrenzfragen Nr. 1a ist gegenüber Nr. 1b **69** lex specialis (BGH VM **71** 81). *Einheitliche Tat* des § 315c (nicht TE) beim Zusammentreffen mehrerer Begehungsformen des I, die dieselbe Gefahr begründen (Ha VRS **41** 40, Bay VRS **59** 336, **73** 379, s. auch BGH NZV **08** 528). Ist dabei I Nr. 1a fahrlässig, I Nr. 2 aber vorsätzlich begangen, so ist wegen vorsätzlicher Tat zu verurteilen (Bay VRS **73** 379). *Gefährdung mehrerer Personen gleichzeitig* durch dasselbe Verhalten verwirklicht den Tatbestand gleichfalls nur einmal (BGH NZV **89** 31 mzustAnm *Werle* JR **90** 76, Bay NJW **84** 68, VRS **59** 336; VRS **73** 379; LK-StGB/*König* Rn. 208). Werden auf einer Trunkenheitsfahrt *mehrere Gefahrfälle* herbeigeführt, so soll der Tatbestand des I Nr. 1a nach BGH NZV **89** 31 ebenfalls nur einmal verwirklicht sein (zust Schönke/Schröder/*Hecker* Rn. 51; *Geppert* NStZ **89** 320: „dauerdeliktsähnlich"). Diese Rspr. ist durchgreifenden Bedenken ausgesetzt; § 315c ist Erfolgs-, nicht Dauerdelikt (Rn. 51), weswegen TM gegeben ist (LK-StGB/*König* Rn. 209, Lackner/Kühl/*Heger* Rn. 35, *Werle* JR **90** 77, *Seier* NZV **90** 130). Nur *eine* Tat bei mehreren Gefährdungen auf einer Fluchtfahrt (BGH NZV **01** 265; Beschluss v. 7.9.2016, 4 StR 221/16; str.; zur PolFlucht § 24 StVG Rn. 58).

Verhältnis zu anderen Delikten. § 316 ist gegenüber 315c I Nr. 1a subsidiär (§ 316 I letz- **70** ter Hs.; BGH NJW **83** 1744, Dü VRS **94** 265). Das gilt auch, wenn der Täter nach dem Unfall, *ohne § 142 zu erfüllen,* weiterfährt; dann geht die weitere Trunkenheitsfahrt mangels neuen Tatentschlusses in § 315c auf (BGH NJW **73** 355, Bay NJW **73** 1657, VRS **41** 26, Ha VRS **48** 266, aM Ha VRS **42** 21). Weiterfahrt nach Trunkenheitsunfall, um nach einigen 100 m besser wenden zu können, und Rückkehr bildet keine selbstständige Trunkenheitsfahrt (Bay VRS **45** 275). Jedoch Zäsur, wenn das Sichentfernen auf einem neu und anders motivierten Entschluss beruht; dann § 315c in TM mit neuer Trunkenheitsfahrt nach § 316 (BGH VRS **48** 191, **44** 269; LK-StGB/*König* Rn. 211). Sichentfernen nach Gefahreintritt (§ 315c I Nr. 1a, III) steht zu dieser in TM (§ 142 Rn. 72); verfahrensrechtlich bilden beide jedoch dieselbe Tat (§ 142 Rn. 74). TM zwischen falschem Überholen (I Nr. 2b) und nachfolgender Unfallflucht (Sa NJW **74** 375). TE *mit § 315b* ist nur ausnahmsweise möglich (§ 315b Rn. 32). *Nötigung* in TE mit gefährdendem Überholen durch „Drängeln" auf der AB-Überholspur bei hoher Fahrgeschwindigkeit mit Versuch des Sich-links-Vorbeidrängens am Vorausfahrenden (Kö VRS **44** 16; s. auch § 240 Rn. 34). TE mit § 240 auch bei „Ausbremsen" nach Überholvorgang (AG Rudolstadt VRS **112** 35). Verklammerung zweier Fahrten durch eine Tat der Urkundenfälschung (falsche Kennzeichen) ist möglich (BGH NJW **14** 871; NZV **19** 37 mAnm *Sandherr*). TE möglich mit (bewaffnetem) Handeltreiben mit Betäubungsmitteln (BGH NZV **17** 278). Soweit in § 315c Verstöße gegen die StVO mit Strafe bedroht werden, geht § 315c vor (§ 21 OWiG), wenn Strafe verhängt wird. Kommt nur entweder Gefährdung des StrV oder Gestatten des Fahrens ohne FE in Betracht, so ist im Wege der Wahlfeststellung wg. Trunkenheit im V (§ 316 StGB) oder § 21 I Nr. 2 StVG zu verurteilen (Ha NJW **82** 192 mAnm *Schulz* NJW **83** 265).

71   **18. Verfahren.** Zu den Feststellungen betreffend die Umstände der Fahrt: § 316 Rn. 101 (Kö StV **10** 527 ist durch BGH NJW **17** 2482 überholt). Wird bei naheliegender Gefährdung nur nach § 316 verurteilt, so ist im Urteil darzulegen, warum keine Gefährdung vorgelegen hat (Ko VRS **51** 105). Bei Übergang von Fahrlässigkeit zum Vorsatz gegenüber Anklage und Eröffnungsbeschluss ist nach § 265 I StPO zu belehren (BGH VRS **49** 184, Ko VRS **63** 50; Ce DAR **18** 384 (zu § 316)). Anklage wegen fahrlässigem § 315c durch Fahren unter Alkoholeinfluss betrifft außer dem gefährdenden Vorgang auch alle anderen mit der Gefährdung zusammenhängenden VWidrigkeiten; werden sie im Urteil nicht behandelt, ist der Eröffnungsbeschluss nicht erschöpft (Bay VRS **29** 110). Ist bei Anklage aus § 315c nur *verjährte OW* nachweisbar, so ist freizusprechen (Ha DAR **55** 307, Bra DAR **57** 158, aM Bay DAR **57** 297, Kö VRS **15** 366). *Verletzter* (§ 61 Nr. 2 StPO) ist bei Gefährdungsstraftaten der, den der Täter gefährdet hat (BGHSt **10** 372). Teilanfechtung: § 69a. Bei Verurteilung nach § 315c I Nr. 1a und tatmehrheitlich dazu §§ 316, 142 StGB ist *Rechtsmittelbeschränkung* auf Verurteilung wegen der Unfallflucht in TM mit Trunkenheit im V unzulässig (§ 142 Rn. 74). Leugnet der Verurteilte nur schuldhaft herbeigeführten Unfall, so kann er die Berufung auf die Verurteilung nach § 315c I Nr. 1a beschränken und diejenige nach § 142 ausnehmen (Ha VRS **43** 17).

72   **19. Adhäsion, Zivilrecht.** Obwohl das vom Täter gefahrene Fz nach der Rspr. auch dann nicht geeignetes Gefährdungsobjekt ist, wenn es diesem nicht gehört (Rn. 34), kann dessen Eigentümer im Wege der **Adhäsion** Schadensersatz verlangen (BGH NStZ-RR **18** 24). Bei Vorliegen der Vorsatz-Fahrlässigkeitskombination (Rn. 49) sind die Schadensersatzverbindlichkeiten des Täters von der Restschuldbefreiung nach §§ 287 ff. InsO nicht ausgenommen (BGH NJW **07** 2854).

73   **20. Sozialrecht.** Der Unfallversicherungsschutz auf dem Weg zur Arbeitsstätte wird nicht dadurch ausgeschlossen, dass der Versicherte aufgrund seiner Fahrweise wegen vorsätzlicher Straßenverkehrsgefährdung bestraft wird, auch wenn der Unfall auf dieser Verhaltensweise beruht (BSG NJW **02** 3275 mBspr *Dahm* NZV **14** 114).

Verbotene Kraftfahrzeugrennen

315d (1) Wer im Straßenverkehr

1. ein nicht erlaubtes Kraftfahrzeugrennen ausrichtet oder durchführt,

2. als Kraftfahrzeugführer an einem nicht erlaubten Kraftfahrzeugrennen teilnimmt oder

3. sich als Kraftfahrzeugführer mit nicht angepasster Geschwindigkeit und grob verkehrswidrig und rücksichtslos fortbewegt, um eine höchstmögliche Geschwindigkeit zu erreichen,

wird mit Freiheitsstrafe bis zu zwei Jahren oder mit Geldstrafe bestraft.

(2) Wer in den Fällen des Absatzes 1 Nummer 2 oder 3 Leib oder Leben eines anderen Menschen oder fremde Sachen von bedeutendem Wert gefährdet, wird mit Freiheitsstrafe bis zu fünf Jahren oder mit Geldstrafe bestraft.

(3) Der Versuch ist in den Fällen des Absatzes 1 Nummer 1 strafbar.

(4) Wer in den Fällen des Absatzes 2 die Gefahr fahrlässig verursacht, wird mit Freiheitsstrafe bis zu drei Jahren oder mit Geldstrafe bestraft.

(5) Verursacht der Täter in den Fällen des Absatzes 2 durch die Tat den Tod oder eine schwere Gesundheitsschädigung eines anderen Menschen oder eine Gesundheitsschädi-

gung einer großen Zahl von Menschen, so ist die Strafe Freiheitsstrafe von einem Jahr bis zu zehn Jahren, in minder schweren Fällen Freiheitsstrafe von sechs Monaten bis zu fünf Jahren.

1. Allgemeines. Die mit dem 56. StrÄndG v. 30.9.2017 (BGBl. I S. 3532) auf Initiative des **1** BRates (BT-Drs. 18/10145) geschaffene und am 13.10.2017 in Kraft getretene Strafvorschrift steht vor dem Hintergrund einer „Raserszene" (krasse Beispiele in BGH NJW **18** 1621; NJW **20** 2900 („Berliner Raserfall"); NStZ-RR **18** 154 (Bremer Raserfall"); StV **18** 423 („Frankfurter Raserfall")), die als Freizeitbeschäftigung in überörtlichen oder lokalen Veranstaltungen teils spontane Beschleunigungsrennen durchführt und bei denen es zu Todesfällen und schweren Verletzungen Unbeteiligter gekommen ist (BT-Drs. 18/10145 S. 7; zum Entwurf *Zieschang* JA **16** 721; *Mitsch* DAR **17** 70; *Piper* NZV **17** 70; *Preuß* NZV **17** 105). Die Ahndung als OW nach § 49 II Nr. 5 iVm § 29 I StVO aF (s. auch dort) und (bei Unfällen) nach §§ 222, 229 erschien dem BRat und ihm folgend dem GGeber angesichts dessen nicht mehr ausreichend. I Nr. 1 und 2 stufen deshalb § 49 II Nr. 5, aber wohl auch Ausschnitte aus § 49 II Nr. 6 StVO (s. § 29 StVO Rn. 11) zur Straftat herauf (Rn. 6ff.). Hingegen hat der im späten GGebungsverfahren eingefügte „Einzelraser-Tatbestand" nach I Nr. 3 mit „Kfz-Rennen" im eigentlichen Sinn wenig zu tun (dazu Rn. 11). Schutzgut der neuen Strafvorschrift ist wie bei dem ähnlich konstruierten § 315c durchgehend das *Universalinteresse an der Sicherheit des StrV*, wobei Individualinteressen (s. auch II, IV, V) nur faktisch mitgeschützt sind (§ 315c Rn. 1 mwN auch zu den Gegenansichten). I normiert dabei abstrakte Gefährdungsdelikte, II und IV enthalten konkrete Gefährdungsdelikte und V erfolgsqualifizierte Delikte. Eine Versuchsstrafbarkeit ist nur in den Fällen des I Nr. 1 angeordnet (III; hierzu Rn. 7f.). Der Versuch ist in eingeschränktem Umfang außerdem beim Verbrechenstatbestand nach V strafbar (Rn. 14).

2. Im Straßenverkehr. Die Tathandlungen nach I Nr. 1–3 müssen grds. *im StrV* (dazu § 1 **2** StVO Rn. 13ff.) begangen werden. Rennen auf nichtöffentlichen Str (Rennbahnen) sind daher nicht erfasst, wohl aber öffentliche Str, die zugleich als Rennstrecken dienen (§ 29 StVO Rn. 2 mwN). Es genügt, wenn das Rennen teils im StrV, teils im nichtöffentlichen Bereich durchgeführt wird. Handlungen im Sinne des Ausrichtens (Rn. 7) und Durchführens (Rn. 8) müssen hingegen nicht im StrV stattfinden (LK-StGB/*König* Rn. 4, 16).

3. Illegale Kfz-Rennen (I Nr. 1, 2). I Nr. 1 pönalisiert die „Veranstaltung" von nicht er- **3** laubten Kfz-Rennen, die der GGeber aufgrund der zweifelhaften Entscheidung von Kar DAR **11** 273 in die Merkmale „Ausrichten" und „Durchführen" aufgespalten hat (Rn. 8), I Nr. 2 den daran teilnehmenden KF. Kfz: § 1 II StVG (dort Rn. 14ff. sowie § 316a Rn. 4). Luft- und Schiffsverkehr sind abweichend von § 248b IV nicht umfasst. Andererseits sind Rennen mit Mofas, elektromotorunterstützten Fahrrädern (dazu § 316a Rn. 4; i. Erg. ebenso *Zieschang* JA **16** 721, 724; aM BeckOK StGB/*Kulhanek* Rn. 15), Segways oder E-Scootern (vgl. § 1 I eKFV) einbezogen (näher LK-StGB/*König* Rn. 6).

a) Kfz-Rennen sind nach der durch den GGeber – ohne sie freilich zu zitieren – im Wesent- **4** lichen aus Rn. 1 der VwV zu § 29 StVO (§ 29 StVO Rn. 1a) übernommenen Definition „*Wettbewerbe oder Teile eines Wettbewerbs (zB Sonderprüfung mit Renncharakter) sowie Veranstaltungen zur Erzielung von Höchstgeschwindigkeiten oder höchsten Durchschnittsgeschwindigkeiten mit mindestens 2 teilnehmenden Kfz*" (BT-Drs. 18/12964 S. 5). Diese gibt nach der zu § 29 I StVO aF ergangenen Rspr. den Begriff des „Rennens" zutreffend wieder (BGHZ **154** 316; BVerwGE **104** 154). Demgemäß kann wegen der Details und der denkbaren Indizien für das Vorliegen eines Rennens im Wesentlichen auf die VwV zu § 29 StVO (dort Rn. 1aff.) und die in § 29 StVO Rn. 2 aufgeführte Kasuistik verwiesen werden. Der Rennbegriff ist hinreichend bestimmt (*Blanke-Roeser* JuS **18** 18; aM *Dahlke/Hoffmann-Holland* KriPoZ **17** 35). Uneinheitlich wird bzw. wurde beurteilt, ob der Terminus des Rennens zwingend den Zweck der *Ermittlung eines Siegers* voraussetzt. Anders als noch der BRatsEntw (s. BT-Drs. 18/12936 S. 9; zust *Preuß* NZV **17** 105) und in Einklang mit höchstrichterlicher Rspr. (BVerwGE **104** 154; BGHZ **154** 316) führt der Bericht des Rechtsausschusses des BTages dieses Element nicht auf (BT-Drs. 18/12964 S. 5), und dies mit Recht. Denn nach dem Wortsinn des Rennens als Wettbewerb ist nicht erforderlich, dass am Ende einer der Teilnehmer eine (gedachte) Ziellinie als Erster überfährt. Vielmehr sind Konstellationen einbezogen, in denen die Teilnehmer ihre Kräfte (bzw. die Kräfte der von ihnen gefahrenen Boliden) durch „Hochjagen" der Motoren miteinander messen (iErg zutr. Ol DAR **17** 93 mBspr *König* DAR **17** 368; KG SVR **17** 396 (*Krumm*); zust. Schönke/Schröder/*Hecker* Rn. 3; BeckOK StGB/*Kulhanek* Rn. 13.6; aM wohl *Blanke-Roeser* JuS **18** 18). Auch die Erzielung von

„absoluten" Höchstgeschwindigkeiten ist kein Merkmal des Rennens (KG SVR **17** 396 *(Krumm)*). Gleichfalls in Einklang mit der Rechtslage zu § 29 I StVO aF sind sog. **„wilde" (nicht organisierte) Rennen** einbezogen. Sie sind sogar eigentlicher Gegenstand des gesetzgeberischen Zugriffs (Rn. 1). Ein Rennen liegt demgemäß auch vor, wenn die Verabredung des Kräftemessens (konkludent) spontan an einer Ampel erfolgt (dazu mit Nw aus der Rspr. § 29 StVO Rn. 2; *Kusche* NZV **17** 415). Dazu müssen aber Feststellungen getroffen werden, wenn in Betracht kommt, dass es den Beteiligten nicht um Kräftemessung gegangen ist, sie vielmehr durch ihre Fahrweise Aufmerksamkeit erheischen wollten, um ihre Kfz optisch und akustisch voreinander oder anderen VT in Szene zu setzen (sog. „Posing", Hb BeckRS **19** 24188 (zu § 29 StVO aF)). Die Abrede bzw. Absicht, **Verkehrsregeln zu verletzen,** ist *nicht* Voraussetzung für die Annahme eines (illegalen) Rennens (§ 29 StVO Rn. 2 mwN; Schönke/Schröder/*Hecker* Rn. 3; aM BeckOK StGB/*Kulhanek* Rn. 14 mwN; *Kusche* NZV **17** 415). Dass dies dem gesetzgeberischen Willen entspricht, ergibt sich eindeutig aus den Materialien (BT-Drs. 18/12964 S. 5) und folgt auch aus der Heraufstufung der Rennteilnahme zur Straftat unter ersatzloser Streichung der diesbezüglichen OW (Rn. 1). Abgesehen davon, dass schon das illegale Rennen als solches StVO-Regelbruch ist und „Rennen", bei denen alle (weiteren) StVO-Regeln eingehalten werden, „reine" Theorie sind, birgt schon das wechselseitige Streben nach rasanter Fahrweise für sich genommen erhebliche Risiken in sich (BGHZ **154** 316, 321 f.), weswegen kein Anlass für teleologische Reduktionen gegeben ist (LK-StGB/*König* Rn. 12). Gering wiegenden Taten kann dabei im Rahmen der Strafzumessung oder über die Opportunitätsvorschriften der StPO bzw. des JGG Rechnung getragen werden. Gleiches gilt für theoretisch denkbare „absolut ungefährliche" Rennen (LK-StGB/*König* Rn. 2, 12; für tatbestandliche Reduktion aber *Blanke-Roeser* JuS **18** 21 f.; *Weigend* FS Fischer, 2018, S. 569, 573 f., je mwN).

5   **b) Erlaubnismangel.** Gemeinsame Voraussetzung von I Nr. 1 und 2 ist es, dass das Rennen nicht erlaubt ist. Mit der Schaffung der Strafvorschrift ist das in § 29 I StVO aF enthaltene Verbot mit Befreiungsvorbehalt in § 315d übernommen worden. Das spricht dafür, die Erlaubnis nicht als Tatbestandsmerkmal, sondern als **Rechtfertigungsgrund** zu begreifen (BeckOK StGB/*Kulhanek* Rn. 21; LK-StGB/*König* Rn. 13; aM insbes. Schönke/Schröder/*Hecker* Rn. 4; MüKoStGB/Pegel Rn. 13; *Zieschang* JA **16** 724), mit der weiteren Folge, dass Fehlvorstellungen über deren Bestand als Erlaubnistatbestandsirrtum einzuordnen sind, solche über die Reichweite hingegen als Verbotsirrtum (BGH NStZ **07** 644; s. auch BeckOK StGB/*Kulhanek* Rn. 21). Die Erlaubnis für Rennveranstaltungen richtet sich nach § 29 II StVO iVm den VwV zu § 29 StVO Rn. 4 ff.; 13 ff., 35 ff. (§ 29 StVO Rn. 1b, 3). Ohne Erlaubnis handelt grds. auch, wer von der Erlaubnis abweicht (Schönke/Schröder/*Hecker* Rn. 4). Wird gegen Auflagen verstoßen, muss freilich geprüft werden, ob es sich um selbständige, den Bestand der Genehmigung unberührt lassende Nebenbestimmungen handelt (vgl. § 29 StVO Rn. 8). Ob der in § 330d Nr. 5 verankerte Gedanke des Rechtsmissbrauchs, etwa bei Kollusion oder arglistiger Täuschung, eine verwaltungsrechtlich bestandskräftige Genehmigung strafrechtlich unbeachtlich macht, ist str. (bejahend *Zieschang* JA **16** 724; verneinend Schönke/Schröder/*Hecker* Rn. 4, je mwN; s. auch allgemein BGHSt **57** 239), jedoch wie bei § 21 StVG (dort Rn. 2; BGHSt **37** 207) im Ergebnis zu verneinen. Im hiesigen Zusammenhang wird die Streitfrage von eher akademischer Bedeutung sein.

6   **c) I Nr. 1** verbietet das Ausrichten und Durchführen von unerlaubten Kfz-Rennen. Die Tathandlungen können arbeitsteilig, also in Mittäterschaft verwirklicht werden (Schönke/Schröder/*Hecker* Rn. 5). Es handelt sich anders als bei den I Nr. 2 und 3 (Rn. 8, 10) nicht um eigenhändige Delikte. Diese Handlungen müssen nicht „im StrV" stattfinden (Rn. 2).

7   **aa) Ausrichten** stellt einen bislang im StGB nicht verwendeten Begriff dar. Erfasst werden sollen nach den Materialien (BT-Drs. 18/12964 S. 5) die typischen Tätigkeiten, die der Veranstalter, also der geistige und praktische Urheber, der Planer oder Veranlasser verrichtet, indem er die Veranstaltung vorbereitet, organisiert oder eigenverantwortlich ins Werk setzt (§ 29 StVO Rn. 7). Die Wortwahl (Ausrichten statt „Veranstalten" wie noch im BRatsEntw in BT-Drs. 18/10145 (dazu schon Rn. 3 und unten Rn. 8) will sicherstellen, dass der im Hintergrund tätige Organisator sicher erfasst wird (BT-Drs. 18/12964 S. 5; *Kusche* NZV **17** 415). Es gelten die allgemeinen Regeln zur Abgrenzung von Täterschaft und Teilnahme. Hilfstätigkeiten von weisungsgebundenen Personen sind der Beihilfe zuzuordnen (Schönke/Schröder/*Hecker* Rn. 5). Str. ist, ob der objektive Tatbestand voraussetzt, dass das **Rennen tatsächlich stattfindet** (so die wohl schon hM, s. zB Schönke/Schröder/*Hecker* Rn. 5; SSW StGB/*Ernemann* Rn. 6; *Kusche* NZV **17** 416; *Eisele* KriPoZ **18** 32; aM *Zieschang* JA **17** 72; *Piper* NZV **17** 74; *Jansen* NZV **17** 217, diese jedoch zum BR-Entwurf). Die Materialien enthalten dazu keine Äußerung. Ausgehend von Wortlaut und Wort-

sinn ist indessen kein überzeugender Grund ersichtlich, die Strafbarkeit wegen vollendeter Tat von einem tatsächlichen Rennbeginn abhängig zu machen (ebenso die Interpretation des Veranstaltens iSv § 284 I; s. RGSt **61** 12, 15; BayObLG NStZ **93** 491, 492; SSW StGB/*Rosenau* § 284 Rn. 26). Auch die Systematik spricht dagegen. Der Gesetzgeber unterscheidet in den beiden Tatvarianten des I Nr. 1 zwischen einer Organisationsphase im Vorfeld des Rennens und der Durchführungsphase. Hat der Veranstalter die organisatorischen Rahmenbedingungen für das Rennen geschaffen, so ist der Tatbestand erfüllt. Seine Strafbarkeit wegen vollendeter Tat kann dann schwerlich davon abhängig gemacht werden, ob der Rennbeginn von der Polizei gerade noch verhindert wird oder nicht. Die abstrakte Gefahr für den StrV in den beiden Konstellationen unterscheidet sich nur geringfügig. Bei einer gegenteiligen Betrachtungsweise würde der Rennbeginn per Auslegung gewissermaßen als objektive Bedingung der Strafbarkeit ausgestaltet, wofür das Gesetz keinen Anhalt bietet (eingehend LK-StGB/*König* Rn. 17). **Vollendet** ist die Tat demnach, wenn die Möglichkeit zur Durchführung des Rennens geschaffen ist. Der **Versuch** ist strafbar (III). Versuchshandlung ist zB das Anwerben von Teilnehmern; rein interne Maßnahmen des Veranstalters sind hingegen dem Vorbereitungsstadium zuzurechnen (*Jansen* NZV **17** 217).

bb) Durchführen. Unter Übernahme einer von Kar DAR **11** 273 zu § 29 StVO getroffe- **8** nen, jedoch nicht unzweifelhaften Unterscheidung sollen nach dem gesetzgeberischen Willen (BT-Drs. 18/10145 S. 9; 18/12964 S. 5) für das Merkmal des „Ausrichtens" (bzw. der Veranstaltung) leitende Tätigkeiten in der Durchführungsphase des Rennens nicht genügen. Um solche Handlungen zu pönalisieren, ist das Merkmal des „Durchführens" gesondert aufgenommen worden. Gemeint sein dürften Handlungen nicht nur untergeordneter Bedeutung, die darauf abzielen, den vom Ausrichter oder von den Teilnehmern festgelegten Ablauf des Rennens zu ermöglichen oder wesentlich zu fördern (BT-Drs. 18/12964 S. 5; Schönke/Schröder/*Hecker* Rn. 6), also typische Rennleitertätigkeiten (dazu auch § 29 StVO Rn. 7). Ist der „Ausrichter" zugleich „Durchführer", so liegt eine Tat nach I Nr. 1 vor. „Durchführen" ist vom Beginn bis zum Ende des Rennens möglich. Der Rennbeginn ist schon beim Warten der Teilnehmer oder des Teilnehmers (Einzelstart) auf das Startzeichen anzusetzen, weil zu diesem Zeitpunkt die Organisationsphase (Rn. 7) abgeschlossen ist (aM Schönke/Schröder/*Hecker* Rn. 6). Auch insoweit sind täterschaftliche von Gehilfentätigkeiten zu unterscheiden. Als Beispiele bloßer Unterstützungshandlungen werden genannt das Einweisen von Rennteilnehmern in ihre Startposition, die Mitwirkung als Startzeichengeber, Streckenposten oder Zeitnehmer (Schönke/Schröder/*Hecker* Rn. 6; aM *Kusche* NZV **17** 416). Allerdings werden gerade „wilde" Rennen idR keinen „Rennleiter" haben, womit es für solche Unterstützungshandlungen an einer beihilfefähigen Haupttat fehlen würde. Die bloß unterstützend tätigen Betroffenen erfüllen aber (uU zugleich) die Voraussetzungen einer Beihilfe zu Taten nach I Nr. 2. Nach Wortlaut und Wortsinn unterfallen auch die Rennteilnehmer selbst dem Merkmal des „Durchführens", was aber wohl nicht der gesetzgeberischen Zielsetzung entspricht. Ggf. würde I Nr. 1 hinter I Nr. 2 zurücktreten. Der Versuch des Durchführens ist strafbar (III).

d) Rennteilnehmer (I Nr. 2). Der Täter muss **als KfzFührer** teilnehmen (womöglich **9** übersehen von *Fischer* Rn. 10, 20). Insoweit kann auf das in § 316 Rn. 3 und § 316a Rn. 4 ff. Gesagte Bezug genommen werden. Die Tat ist wie § 315c I Nr. 1, a–f, § 316 eigenhändiges Delikt (aM *Mitsch* DAR **17** 71; *Gerhold/Meglalu* ZJS **18** 321), was aber arbeitsteiliges Führen nicht ausschließt (im Einzelnen § 316 Rn. 3). Hingegen ist der nicht „händisch" in die Fz-Führung eingreifende Beifahrer allenfalls Gehilfe. Wie bei § 316a (dort Rn. 5) ist der Begriff des FzF im Hinblick auf den Schutzzweck des § 315d weiter auszulegen als im Rahmen der §§ 315c, 316 (§ 316 Rn. 3), wo erforderlich ist, dass „die Räder rollen". Deswegen genügt das Einnehmen der Startposition, das erwartungsvolle Stehen an der (ggf. gedachten) Startlinie unter Verursachen heftiger Motorgeräusche, das bereits dem Rennbeginn zuzuordnen ist (Rn. 8), auch für I Nr. 2 (LK-StGB/*König* Rn. 20; BeckOK StGB/*Kulhanek* Rn. 26; *Zieschang* JA **16** 725; aM Schönke/Schröder/*Hecker* Rn. 7; MüKoStGB/*Pegel* Rn. 19; *Weigend* FS Fischer, 2018, S. 569, 574). Besonders deutlich wird dies bei zeitversetztem Start, wo der noch Wartende an dem bereits begonnenen Rennen gewiss im Wortsinn „teilnimmt". **Teilnahme** meint dabei nicht diejenige iS der §§ 26, 27, sondern die Tätigkeit der KF, die untereinander das Rennen austragen (BT-Drs. 18/12964 S. 5). Darunter fällt auch der KF, der sich ohne vorherige Absprache aus eigenem Entschluss einem von anderen durchgeführten Rennen anschließt (Ha NZV **97** 367, Schönke/Schröder/*Hecker* Rn. 7; *Zieschang* JA **16** 725). **Der Versuch** ist nicht strafbar (vgl. III).

e) Subjektiver Tatbestand. Die Strafbarkeit setzt in allen Fällen des I Nr. 1 und 2 zumindest **10** bedingten Vorsatz hinsichtlich sämtlicher Merkmale des objektiven Tatbestands voraus. Eine

Fahrlässigkeitsstrafbarkeit anstelle der vormals auch fahrlässig begehbaren OW nach § 49 II Nr. 5 StVO ist nicht vorgesehen. Zwar wird die Teilnahme in aller Regel vorsätzlich begangen werden. Jedoch kann bei Verkennen der Nichtexistenz oder der Reichweite einer Erlaubnis ein Erlaubnistatbestandsirrtum (Rn. 5) gegeben sein (s. zu § 21 StVG dort Rn. 15), womit fahrlässiges Verhalten entgegen der Auffassung des GGebers (BT-Drs. 18/12964 S. 8 zu Nr. 3) durchaus denkbar ist. In derartigen Fällen fehlt es an der Ahndbarkeit. Hingegen steht für das fahrlässige Durchführen und wohl auch für das fahrlässige Ausrichten iSv I Nr. 1 weiterhin die unberührt gebliebene OW nach § 49 II Nr. 6, § 29 II S. 1 StVO zur Verfügung.

11   **4. „Einzelraser" (I Nr. 3).** Bei I Nr. 3, der im RegEntw nicht enthalten war (Rn. 1), handelt es sich um ein seltsames Konstrukt (krit nahezu das gesamte Schrifttum, zB *Eisele* KriPoZ **18** 32, *Zopfs* DAR **20** 9; wN bei LK-StGB/*König* Rn. 23). Die Norm qualifiziert das (womöglich geringfügige) Zu-Schnell-Fahren unter der Voraussetzung der groben Verkehrswidrigkeit und Rücksichtslosigkeit zur Straftat, eingegrenzt nur durch ein diffuses Absichtserfordernis in Bezug auf eine Erzielung „höchstmöglicher Geschwindigkeit". Gesetzgeberisches Leitbild werden Zeitgenossen sein, die ihre waghalsige Fahrt filmen und dann etwa in YouTube ins Internet stellen (Beispielsfall in BGH NStZ-RR **18** 154 (zur alten Rechtslage); s. auch *Preuß* NZV **18** 345) oder die gegenüber an der „Rennstrecke" stehenden oder mit im Auto sitzenden Bewunderern mit ihren Rennfahrerfähigkeiten promenieren wollen (so der Fall in KG StraFo **19** 342). Demgemäß sprechen die Materialien vom „Nachstellen" eines Kfz-Rennens (BT-Drs. 18/12964 S. 5). Bloße, auch erhebliche Geschwindigkeitsüberschreitungen sollen hingegen nicht genügen (BT-Drs. 18/12964 S. 6). In der Sache hat der GGeber mit anderer Zielrichtung, jedoch in noch problematischerer Form vormals aus guten Gründen stets abgelehnte Initiativen teilweise aufgenommen, die das (grob verkehrswidrige und rücksichtslose) Überschreiten der zulässigen Geschwindigkeit in § 315c pönalisieren wollten (LK-StGB/*König* Rn. 23). Die (überflüssige) Verwendung der Konjunktion „und" nach dem Wort „Geschwindigkeit" ändert an der vom Gesetzgeber intendierten (BT-Drs. 18/12964 S. 5) Strukturgleichheit mit § 315c I Nr. 2 dabei nichts (LK-StGB/*König* Rn. 25; s. auch *Kusche* NZV **17** 417). Die Norm ist nach KG DAR **20** 149 verfassungskonform (ebenso Kö NStZ-RR **20** 224; aM AG Villingen-Schwenningen DAR **20** 218 (Vorlage zum BVerfG nach Art. 100 I GG)).

12   **a) Objektiver Tatbestand.** Der Täter muss sich **„als Kf"** fortbewegen (dazu Rn. 9). I Nr. 3 ist deshalb wie I Nr. 2 eigenhändiges Delikt. Mit dem Erfordernis der nicht angepassten Geschwindigkeit knüpft das Gesetz unmittelbar an die Gebote des § 3 StVO an (s. auch BT-Drs. 18/12964 S. 5), weswegen auf die dortigen Erläuterungen verwiesen werden kann. Aufgrund der Anknüpfung an § 3 StVO wird in großen Teilen des Schrifttums, aber auch durch einen Teil der Rspr. (KG DAR **20** 146) die Auffassung vertreten, dass eine Überschreitung der höchstzulässigen Geschwindigkeit nicht genüge, diese vielmehr nur ein Indiz im Rahmen einer konkreten Einzelfallprüfung sei (im Anschluss an *Kusche* NZV **17** 416f. zB MüKoStGB/*Pegel* Rn. 24; BeckOK StGB/*Kulhanek* Rn. 35; SSW StGB/*Ernemann* Rn. 13, *Zopfs* DAR **20** 9; je mwN). Diese Interpretation widerspricht jedoch nicht nur dem eindeutigen Willen des Gesetzgebers (BT-Drs. 18/12964 S. 5), sondern auch der Bedeutung der in § 3 I StVO normierten Grundregel; danach fährt ein KF, der die höchstzulässige Geschwindigkeit überschreitet, **stets** auch mit nicht angepasster Geschwindigkeit; § 3 I StVO kann ihm *geringere* als die zulässigen Geschwindigkeiten gebieten (LK-StGB/*König* Rn. 24; zust. *Zieschang* NZV **20** 490). Ein bestimmtes Maß des Zu-Schnell-Fahrens fordert das Gesetz ebenso wenig wie die Missachtung des VZ 274. Soweit zur Eingrenzung des Tatbestands ein länger andauerndes Verhalten gefordert wird (so *Zopfs* DAR **20** 11), lässt sich dies aus dem Wortsinn „fortbewegen" (statt „FzFühren") kaum herleiten; zudem bleibt offen, wie lange das Verhalten andauern soll, um den Tatbestand zu erfüllen. Es ist nicht ersichtlich, warum etwa das kurzzeitige „Hochjagen" eines 600 PS starken Pkw auf Geschwindigkeiten von 100 km/h und mehr in einer Innenstadtstraße nicht hinreichen sollte. Die Tat muss **grob verkehrswidrig (§ 315c Rn. 23) und rücksichtslos (§ 315c Rn. 24 ff.)** begangen werden.

12a   **b) Vorsatz.** Hinsichtlich der groben Verkehrswidrigkeit und Rücksichtslosigkeit genügt Tatsachenkenntnis, ohne dass der Täter die jeweilige Wertung für sich nachvollziehen muss (näher § 315c Rn. 47). IÜ („als KF", nicht angepasste Geschwindigkeit) ist wenigstens bedingter **Vorsatz** notwendig. Es handelt sich um ein Delikt mit überschießender Innentendenz.

12b   **c)** Mit der **Absicht der Erreichung einer höchstmöglichen Geschwindigkeit** (überschießende Innentendenz) sieht der GGeber ein „Nachstellen" eines Rennens (BT-Drs. 18/12964 S. 5) bzw. den Renncharakter der Einzelfahrt (aaO S. 6) als gegeben an. Ob dies zutrifft, unterliegt beträchtlichen Zweifeln. Die Formulierung bringt nach sibyllinisch zu nennenden Ausführungen in den Materialien „möglichst viele relevante Komponenten auf einen Nenner, wie die fahrzeugspezifische Höchstgeschwindigkeit und Beschleunigung – wobei diese im Einzelfall nicht immer erreicht sein muss –, subjektives Geschwindigkeitsempfinden, Verkehrslage, Witterungsbedingungen und anderes" (BT-Drs. 18/12964 S. 5 f.). Andererseits soll bloßes „Zu-Schnell-Fahren-Wollen" nicht genügen (Rn. 11). Der Rechtsanwendung sind damit weite und sachlich schwer einzugrenzende Spielräume eröffnet (LK-StGB/*König* Rn. 28). KG StraFo **19** 342 empfiehlt vor diesem Hintergrund eine „zurückhaltende" Auslegung (ebenso KG DAR **20** 149; Kö NStZ-RR **20** 224; zur Frage der Verfassungsgemäßheit Rn. 11).

aa) Das „Rasen" muss nach allgemeinen Regeln und mangels gegenteiligen Gesetzeswortlauts **12c** nicht Endziel bzw. Hauptbewegungsgrund des Täters sein; es genügt, **wenn es Zwischenziel ist**, der Täter also weiterreichende Zwecke verfolgt (Stu NJW **19** 2787 mzustAnm *Zopfs*; Kö NStZ-RR **20** 224; implizit auch KG StraFo **19** 342; LK-StGB/*König* Rn. 29; wohl auch SSW StGB/*Ernemann* Rn. 15 und im Ergebnis *Dahlke/Hoffmann-Holland* KriPoZ **17** 309; aM Schönke/Schröder/*Hecker* Rn. 9; *Weigend* FS Fischer, 2018, S. 577; *Jansen* NZV **19** 287 f.). Damit können auch **Fälle der Polizeiflucht** tatbestandlich erfasst sein (eingehend Stu NJW **19** 2787; AG Waldbröl NZV **19** 317 *(Krenberger)* m. abl Bspr. *Hecker* JuS **19** 596; Kö NStZ-RR **20** 224; LG Berlin NZV **19** 315 *(Winkelmann)*), die außer der Rennabrede alle Elemente eines („wilden") Kfz-Rennens erfüllen (LK-StGB/*König* Rn. 29). Genauso wenig schadet es, wenn der Täter mit seinen Rennfahrerfähigkeiten auf Bewunderung durch Bekannte (KG StraFo **19** 342) oder im Internet abzielt (LK-StGB/*König* Rn. 29).

bb) „**Höchstmögliche Geschwindigkeit**" meint nicht die technisch mögliche Höchstge- **12d** schwindigkeit des Kfz (ganz hM, s. LK-StGB/*König* Rn. 31). Derartiges wird auch für den Rennbegriff nicht verlangt, für den die Maximalgeschwindigkeit ebenfalls eine Rolle spielt (Rn. 4). Wie aus dem Attribut „höchstmöglich" und dem nach der systematischen Stellung des „Einzelrasers" in § 315d, der amtlichen Überschrift und dem Willen des GGebers (Rn. 11) als Auslegungsparameter heranzuziehenden Topos des „Renncharakters" hervorgeht, muss es dem Täter (wie bei einem „echten" Rennen) darauf ankommen, die Fähigkeiten seines Kraftwagens „auszureizen" (vgl. LG Stade DAR **18** 577; abw LG Berlin NZV **18** 481 *(Rinio)*; beide mit Bspr *König* DAR **19** 364). Dafür muss er nicht in allerhöchstens Drehzahlbereiche vorstoßen wollen, vielmehr genügen die nach den konkreten Gegebenheiten erreichbaren. Mangels eines Geständnisses ist anhand der äußeren Gegebenheiten ein Indizienbeweis zu führen (LK-StGB/*König* Rn. 32). Als Beweisanzeichen herangezogen werden können dabei etwa kraftvolles Beschleunigen unter „Aufheulen" des Motors, womöglich gepaart mit abruptem Abbremsen und erneutem „Voranschießen" des Kraftwagens sowie „wildem" Wechsel der Fahrspuren und der Nutzung „verbotener" Verkehrsflächen, wo immer Derartiges möglich ist (vgl. KG StraFo **19** 342; LG Berlin VRS **133** 159; s. auch BayVGH ZfS **18** 475 zu Motorradfahrern, die ihre Fähigkeiten und die Reserven ihrer KRäder auf kurvigen und bergigen Strecken austesten). Bei filmisch dokumentierten, uU im Internet verbreiteten Hochgeschwindigkeitsfahrten wird die „Raserabsicht" oftmals nicht zweifelhaft sein. Sachverständigengutachten zum „Geschwindigkeitsgrenzbereich" (dazu BeckOK StGB/*Kulhanek* Rn. 42) werden eher selten weiterhelfen (LK-StGB/*König* Rn. 32). Der Tatbestand kann (wohl jenseits der gesetzgeberischen Zielvorstellungen) zB auch eingreifen bei Pedelec- oder E-Scooterfahrern, die mit ihren Gefährten in Spielstraßen oder auf Gehwegen ohne Rücksicht auf alte und/oder gebrechliche Fußgänger „Höchstgeschwindigkeit" fahren (LK-StGB/*König* Rn. 26, 32). Die Abgrenzung zum nach dem Willen des GGebers nicht zu erfassenden Zu-Schnell-Fahren im bloßen Bestreben rascheren Vorankommens (Rn. 11) ist außerordentlich schwierig. Ein Beispiel wäre das einmalige Vollgas-Geben bei einem Überholvorgang unter Verletzung der Höchstgeschwindigkeit. Demgegenüber kann das notorische Kolonnenspringen durchaus tatbestandsrelevant sein (zum Ganzen LK-StGB/*König* Rn. 31 f.). Stu NZV **18** 320 sieht I Nr. 3 beim „Tunnelrasen" durch die Schweiz als erfüllt an (krit *Lenk* NZV **18** 326). Es bleibt abzuwarten, ob der Norm durch die Rspr. hinreichende Konturen verliehen werden können.

5. Gefährdung von Menschen oder bedeutenden Sachwerten (II, IV). II enthält für die **13** Fälle von I Nr. 2 und 3 ein konkretes Gefährdungsdelikt. Zur Interpretation kann auf § 315c Rn. 29 ff. verwiesen werden. Wie dort genügt die Gefährdung von anderen Rennteilnehmern und von Beifahrern, auch wenn sie als Anstifter oder Gehilfen beteiligt sind, ebenso wie die des vom Täter geführten Fz (hierzu und zur zT anderweitigen hM § 315c Rn. 33, 34, § 315b Rn. 24). Die gefährdeten Menschen oder bedeutenden Sachwerte müssen sich nicht selbst im öffentlichen VRaum befinden (§ 315c Rn. 33). Erforderlich sind wie bei § 315c ein spezifischer Zurechnungszusammenhang (§ 315c Rn. 43) und ein unmittelbarer zeitlicher Zusammenhang (§ 315c Rn. 44) mit dem Rennen. Dass anders als bei § 315c und im Gesetzentwurf (dort jeweils *„und dadurch")* in II kein Kausalitätserfordernis normiert ist, dürfte angesichts der anderweitigen Ausführungen im Bericht des Rechtsausschusses (BT-Drs. 18/12964 S. 8) eher auf ein gesetzgeberisches Versehen hindeuten (teils abw BeckOK StGB/*Kulhanek* Rn. 46, 46.1). In Bezug auf den Gefahrerfolg muss der Täter mit (zumindest bedingtem) **Vorsatz** handeln, wobei das Bewusstsein der Selbstgefährdung Fremdgefährdungsvorsatz nicht ausschließt (§ 315c Rn. 48), weil insoweit geringere Anforderungen gelten als für das vollendete Verletzungsdelikt (BGH NStZ-RR **18** 154 („Bremer Raserfall"); s. auch BGH NJW **18** 1621 („Berliner Raserfall") m zum Tötungsvorsatz weiterführender Anm *Schneider* NStZ **18** 528). Liegt insofern nur **Fahrlässigkeit** vor, so beträgt das Höchstmaß statt 5 Jahren 3 Jahre Freiheitsstrafe (**IV**). Eine Beteiligung bleibt gleichwohl möglich (§ 11 II). Eine Versuchsstrafbarkeit ist wohl in Anlehnung an § 315c II nicht angeordnet (vgl. III).

14   **6. Erfolgsqualifikation (V).** Den Verbrechenstatbestand des V verwirklicht, wer bei Gefährdungsvorsatz (*„in den Fällen des Absatzes 2 "*) mindestens fahrlässig (§ 18) den Tod oder eine schwere Gesundheitsschädigung eines anderen Menschen oder eine Gesundheitsschädigung einer großen Zahl von Menschen verursacht. Eine Strafbarkeit nur wegen §§ 222, 230 erschien dem GGeber in diesen Fällen nicht ausreichend (BT-Drs. 18/12964 S. 7). Schwere Gesundheitsschädigung umfasst neben der schweren Körperverletzung (§ 226 I) auch langwierige ernsthafte Erkrankungen sowie den Verlust oder eine erhebliche Einschränkung im Gebrauch der Sinne, des Körpers und der Arbeitsfähigkeit (BT-Drs. 18/12964 S. 7; näher LK-StGB/*König*, § 315 Rn. 120). Eine große Anzahl von Menschen wird man ab 10 Personen annehmen können (LK-StGB/*König*, § 315 Rn. 121; str). Der Versuch des erfolgsqualifizierten Delikts ist möglich, setzt aber voraus dass der Täter die Tat nach II vollendet und die schwere Folge wenigstens fahrlässig verursacht hat; bleibt die Tat nach II hingegen im Versuchsstadium stecken, so ist mangels insoweit bestehender Versuchsstrafbarkeit (Rn. 13) für den Versuch des V kein Raum (Schönke/Schröder/*Hecker* Rn. 14).

15   **7. Rechtswidrigkeit.** Eine Erlaubnis für das Rennen führt zur Rechtfertigung (Rn. 5). Wegen des Schutzguts des Allgemeininteresses der Sicherheit des StrV (Rn. 1) scheidet eine Rechtfertigung durch Einwilligung wie bei § 315c insgesamt aus; Entsprechendes gilt für einen Tatbestandsausschluss wegen eigenverantwortlicher Selbstgefährdung oder einer Rechtfertigung wegen einverständlicher Fremdgefährdung (§ 315c Rn. 52 m Nw auch zu den Gegenansichten; differenzierend BeckOK StGB/*Kulhanek* Rn. 47 ff.). Kö NStZ-RR **20** 224 sieht Putativnotstand bei einer Flucht vor einer uU vom Angekl. nicht als solcher erkannten Zivilstreife als möglich an.

16   **8. Täterschaft und Teilnahme.** Zu dieser Frage für I Nr. 1 s. bereits Rn. 7, 8. I Nr. 2 und 3 (auch iVm II, IV und V) sind eigenhändige Delikte, weswegen mittelbare Täterschaft, uneigenhändige Mittäterschaft und uneigenhändige Nebentäterschaft ausscheiden (§ 315c Rn. 54). Die Möglichkeit der Teilnahme bleibt insoweit (zur Teilnahme an einem dem § 315c unterfallenden Kfz-Rennen BGH NStZ **09** 148) und insgesamt möglich. Bei I Nr. 2, womöglich auch Nr. 3, wird insbes. an den psychisch (Anfeuerung) oder tätig (Anleitung) unterstützenden Beifahrer zu denken sein. Zur Beihilfe zu Straftaten nach § 315c I Nr. 2 wegen Vorbereitung und Filmens eines illegalen Autorennens aus einem hinter-herfahrenden Fz BGH NStZ **09** 148 sowie § 315c Rn. 54. Einen zumindest konkludent gefassten gemeinsamen, vor Beendigung der Tat auch sukzessiv möglichen Tatentschluss vorausgesetzt sind alle als KF an einem illegalen Kfz-Rennen Teilnehmende als Mittäter anzusehen (s. auch BGH NJW **18** 1621). Der Charakter der Vorschrift als eigenhändiges Delikt steht dem nicht entgegen (LK-StGB/*König* Rn. 44; s. auch BGH StraFo **07** 475; aM zB BeckOK StGB/*Kulhanek* Rn. 61). Konsequenz ist, dass unter der weiteren Prämisse der Erfüllung der jeweils geforderten subjektiven Erfordernisse sowohl der Gefahrerfolg (II, IV) als auch etwaige schwere Folgen (V) nach § 25 II dem (den) jeweils anderen zugerechnet werden können (vgl. BGH NStZ **09** 148; Schönke/Schröder/*Hecker* Rn. 16). Im Wesentlichen dasselbe hat für den Gehilfen zu gelten (Schönke/Schröder/*Hecker* Rn. 16). Die FzF-Eigenschaft in den Fällen von I Nr. 2 und 3 ist kein besonderes persönliches Merkmal iSv § 28 I (LK-StGB/*König* § 315c Rn. 206; § 315d Rn. 46 mwN; *Gerhold/Meglalu* ZJS **18** 325; aM *Zieschang* JA **16** 721, 725).

17   **9. Konkurrenzen.** Der Veranstalter und „Durchführer" (zB Rennleiter) iSv I Nr. 1 ist stets zugleich Gehilfe einer dann vollführten Tat nach I Nr. 2. Insoweit wird schon wegen der II, IV und V (dazu Rn. 15) Tateinheit anzunehmen sein. Gleiches gilt, wenn der Veranstalter selbst am Rennen teilnimmt (Schönke/Schröder/*Hecker* Rn. 17). Eine vorsätzliche OW nach § 49 II Nr. 6 (dazu Rn. 1) tritt zurück (§ 21 OWiG). Die fahrlässige kann demgegenüber durchaus bedeutsam werden (Rn. 10). Hinter I Nr. 2 tritt eine Beteiligung bzw. Täterschaft hinsichtlich des mit der

Teilnahme am Rennen zugleich erfüllten Durchführens zurück (Rn. 8). II kann etwa mit §§ 315, 315b, 315c sowie mit Verletzungsdelikten bis hin zu Mord und Totschlag (§ 211, 212) idealiter konkurrieren. Werden bei einem Rennen mehrere Personen oder Sachen gefährdet, liegt nur eine Tat vor (§ 315c Rn. 69). I Nr. 3 kann in Tateinheit mit § 316 sowie Vergehen nach dem WaffG stehen (Kö NStZ-RR **20** 224). Weiterfahren nach Unfall kann Zäsur bewirken (§ 315c Rn. 70).V verdrängt die §§ 222, 230, nicht aber §§ 211, 212. Auch II tritt zurück.

10. Rechtsfolgen. I, II, IV und V enthalten abgestuften Strafdrohungen. I reicht bis zu einer **18** Freiheitsstrafe von 2 Jahren und droht damit höhere Strafe an als § 316. Ob die in den Materialien aufgestellte These zum gegenüber der „Trunkenheitsfahrt" generell höheren Gefährdungspotential illegaler Kfz-Rennen (BT-Drs. 18/12964 S. 4) durchgehend trägt, ist angesichts der Bandbreite der von der OW zur Straftat heraufgestuften Handlungen (s. auch Rn. 1) durchaus zweifelhaft. II entspricht im Strafrahmen dem § 315c I, IV liegt wohl in Fortführung des zuvor genannten Gedankens um 1 Jahr höher als § 315c III. V normiert einen Verbrechenstatbestand (1–10 Jahre) und sieht einen minder schweren Fall vor (6 Monate bis zu 5 Jahren). Für die Wahl der Sanktion kann ansonsten auf § 315c Rn. 55 ff., § 316 Rn. 101 ff. verwiesen werden. **EdF:** § 69 II Nr. 1a (s. dort Rn. 18a). Zur Frage der Strafaussetzung zur Bewährung (in Fällen des § 222) unter dem Aspekt des § 56 II und III s. BGH NJW **17** 3011. **Einziehung des Kfz:** § 315f. Sie ist Nebenstrafe. weswegen sie im Rahmen der Strafzumessung zwingend erörtert werden muss (§ 315f. Rn. 4).

Schienenbahnen im Straßenverkehr

315e Soweit Schienenbahnen am Straßenverkehr teilnehmen, sind nur die Vorschriften zum Schutz des Straßenverkehrs (§§ 315b und 315c) anzuwenden.

1. Schienenbahnen im Straßenverkehr. § 315d nimmt die Schienenbahnen, soweit sie am **1** StrV teilnehmen, aus dem Anwendungsbereich der §§ 315, 315a heraus und weist sie den §§ 315b und c zu. Die Zuweisung hängt nicht „formell" davon ab, ob die Bahn auf besonderem Bahnkörper fährt, sondern „materiell" davon, ob und inwieweit sie „am Straßenverkehr teilnimmt". Begründung des Zweiten VerkSichG:

„Die Neuregelung beruht auf dem Gedanken, dass für alle Teilnehmer am Straßenverkehr einheitlich die- **2** *selbe Rechtsordnung gelten muss ... Für die Zuordnung einer Schienenbahn zu den Vorschriften über den Schutz des Straßenverkehrs kommt es deshalb ausschließlich darauf an, ob sie am Straßenverkehr teilnimmt. Das mag im Allgemeinen nicht zutreffen, wenn sie auf besonderem Bahnkörper verkehrt. Immer ist das jedoch nicht der Fall ...*
In Grenzfällen wird es nicht immer leicht sein, zu klären, ob eine bestimmte, gegen die Bahn gerichtete **3** *Handlung den Straßenverkehr oder eine andere Verkehrsart gefährdet hat. Diese Schwierigkeit ergibt sich daraus, dass ebenso wie im geltenden Recht eine und dieselbe Bahn teils nach §§ 315, 315a und teils nach den §§ 315b, 315c Strafschutz genießen kann, weil sie nur auf Teilstrecken am Straßenverkehr teilnimmt. Dieses Ergebnis, das mancherlei Rechtsfragen, namentlich im Hinblick auf Taten mit sich bringt, die außerhalb des Streckenkörpers, etwa im Depot der Bahn, begangen werden, muss hingenommen werden; denn es ist bei den gegebenen Verhältnissen ausgeschlossen, den Charakter sämtlicher Eisen- und Straßenbahnen für die von ihnen befahrenen Strecken einheitlich zu bestimmen ...*

Soweit die Bahn (Eisenbahn, Straba) ausschließlich auf unabhängigem Bahnkörper (vgl. § 16 **4** IV S. 6 BOStrab) mit durch Andreaskreuz (Z 201) oder Schranken gesicherten Übergängen über Straßen des allgemeinen V verläuft (§ 19 StVO Rn. 6 ff.), ist sie durch die §§ 315, 315a geschützt. Das gilt auch für die Straba, die auf besonderem Bahnkörper verkehrt (§ 16 IV S. 3, 4 BOStrab). Die §§ 315, 315a gelten darüber hinaus auch in allen anderen Fällen, in denen der Bahn rechtlich strikter Vorrang eingeräumt ist (§ 19 I S. 2 Nr. 2 StVO). Am StrV nimmt die Bahn teil, wo die Schienen baulich unabgegrenzt in der Fahrbahn liegen und an nicht bevorrechtigten Kreuzungen (§ 19 StVO Rn. 7). Für die Straba, die auf straßenbündigen (mit Gleisen in Straßenfahrbahnen oder Gehwegflächen eingebetteten) Bahnkörper verkehrt, ist dies in § 55 I, § 16 IV S. 2 BOStrab ausdrücklich geregelt. Bei der Teilnahme am StrV hat die Schienenbahn die allgemeinen VRegeln zu beachten und ihr Fahrverhalten dem allgemeinen StrV anzupassen (§ 19 StVO Rn. 6, 30; Stu VM **72** 93). Insoweit gelten die §§ 315b, 315c. Es kommt dann weder auf die gewerberechtliche Einordnung als Eisen- oder Straßenbahn an, noch auf den überwiegenden Streckenverlauf. Vielmehr ist bei gemischtem Streckenverlauf maßgebend, wo die Tat begangen worden ist, beim Auseinanderfallen von Tat, Gefährdung und Schadenseintritt der Ort der Handlung (BGHSt **15** 15, LK-StGB/*König* Rn. 8, aM BGHSt **11** 162, **13** 68, Kö VRS **15** 53 (Ort des Gefahreintritts)). Bewirkt ein gefährdender Eingriff im Bahndepot Gefahr während der gesamten Fahrt auf gemischter Strecke, so wird in aller Regel nur § 315 anwendbar sein, TE den §§ 315b, 315c nur in Ausnahmefällen (LK-StGB/*König* Rn. 16, aM *Cramer* JZ **69** 412 (maßgebend sei, ob die Gefährdung ihren Grund in einer typischen Gefahr des Bahnbetriebs oder des StrV habe; jedoch widerspricht das dem G, das auf allgemeine VTeilnahme abstellt, LK-StGB/*König* Rn. 15).

Einziehung

315f ¹Kraftfahrzeuge, auf die sich eine Tat nach § 315d Absatz 1 Nummer 2 oder Nummer 3, Absatz 2, 4 oder 5 bezieht, können eingezogen werden. ²§ 74a ist anzuwenden.

1   Das benützte Kfz ist bei Straftaten der Teilnahme an illegalen Kfz-Rennen und beim „Einzelraser" (§ 315d I Nr. 2 und 3) wie bei den §§ 315c, 316 nicht Tatmittel (vormals Tatwerkzeug), sondern **Tatobjekt** (vormals Beziehungsgegenstand). Die Einziehung des Kfz (als Nebenstrafe) bedarf deshalb gesonderter Zulassung (vgl. § 74 II). Mit § 315f. S. 1 hat der GGeber – anders als bei §§ 315c, 316 – die notwendige Rechtsgrundlage für Straftaten nach § 315d I Nr. 2, 3, auch iVm II, IV und V geschaffen, um Mitglieder der „Raser-Szene" empfindlich „beeindrucken" zu können (BT-Drs. 18/12964 S. 7). Der Versuch (§ 315d III) ist nicht einbezogen, weil die Versuchsstrafbarkeit dort nur für § 315d I Nr. 1 (Ausrichten und Durchführen des Rennens) angeordnet ist. Inhaltliche Differenzierungen wie bei § 21 III StVG (dort Rn. 24) nimmt § 315 f. nicht vor.

2   S 1 iVm § 74 III S. 1, 2 setzt allerdings voraus, dass das Kfz dem Täter oder Teilnehmer gehört oder zusteht. Der Verweis (auch) auf § 74a in S. 2 stellt deshalb sicher, dass auch dem **Täter oder Teilnehmer nicht gehörende oder zustehende Kfz** eingezogen werden können. Gedacht ist an Mitglieder der „Szene", die sich Kfz wechselseitig für Rennfahrten überlassen oder sie voneinander erwerben, um die Einziehung unmöglich zu machen (BT-Drs. 18/12964 S. 8). Insoweit gilt § 74a Nr. 1 und 2. Danach können auch einem Dritten gehörende oder zustehende Kfz eingezogen werden, wenn der Dritte wenigstens leichtfertig dazu beigetragen hat, dass sein Kfz Objekt der Tat gewesen ist (§ 74a Nr. 1), oder er das Kfz in Kenntnis der Umstände, die die Einziehung zugelassen hätten, in verwerflicher Weise erworben hat (§ 74a Nr. 2). Überlassen Vermietungs- oder Carsharingunternehmen ihre hochmotorisierten Kfz zB jungen Männern oder Auslandstouristen, die die in Deutschland mögliche „freie Fahrt" auf AB auskosten wollen, so kann die erste Variante (leichtfertiger Beitrag) durchaus eingreifen (vgl. *Niehaus* DAR **18** 247; hierzu auch LK-StGB/*König* Rn. 3).

3   In den Fällen des § 315f steht die Einziehung **im Ermessen** des Tatrichters, das ausgeübt werden muss (hierzu auch § 21 StVG Rn. 24). Zudem ist der Grundsatz der **Verhältnismäßigkeit (74f)** zu beachten. wobei angesichts des oftmals hohen Werts des Kfz idR der Vorbehalt der Einziehung nach § 74d I S. 2, 3 Nr. 2 und 3 zu erwägen sein wird (vgl. Nü NJW **06** 3448). LG Berlin NZV **19** 541 hält die Einziehung eines Porsches im Wert von 40 000 € bei einem nicht vorgeahndeten Beschuldigten für jedenfalls nicht von vornherein unverhältnismäßig und bestätigt dessen Beschlagnahme als Einziehungsgegenstand.

4   Weil die Einziehung nach § 315f S. 1 Nebenstrafe ist und damit in Wechselbeziehung zur Hauptstrafe steht, muss sie als **bestimmender Strafzumessungsfaktor** in den Urteilsgründen erörtert werden. Dabei sind der Wert des Kfz anzugeben und die mögliche strafmildernde Wirkung unter Berücksichtigung der wirtschaftlichen Verhältnisse des Angeklagten bei der Strafzumessung zu würdigen (*Schäfer/Sander/van Gemmeren* Strafzumessung Rn. 1497 mwN; hierzu auch § 21 StVG Rn. 24). Andernfalls (geradezu „klassischer" Fehler in tatrichterlichen Strafurteilen) unterliegt der Strafausspruch der Aufhebung.

Trunkenheit im Verkehr

316 (1) **Wer im Verkehr (§§ 315 bis 315e) ein Fahrzeug führt, obwohl er infolge des Genusses alkoholischer Getränke oder anderer berauschender Mittel nicht in der Lage ist, das Fahrzeug sicher zu führen, wird mit Freiheitsstrafe bis zu einem Jahr oder mit Geldstrafe bestraft, wenn die Tat nicht in § 315a oder § 315c mit Strafe bedroht ist.**

(2) **Nach Absatz 1 wird auch bestraft, wer die Tat fahrlässig begeht.**

Übersicht

1 **1. Allgemeines.** § 316 normiert ein abstraktes Gefährdungsdelikt, entfaltet jedoch über den so vermittelten Schutz anderer VT vor ungeeigneten Kraftfahrern auch individualschützende Wirkung (BVerfG DAR **08** 586). Wegen seiner allgemeinen Gefährlichkeit wird das Führen von Fz unter Rauschmitteleinwirkung ohne Rücksicht darauf mit Strafe bedroht, ob sich die Gefahr in einem bestimmten VVorgang konkretisiert (Bay NZV **92** 453). Bei Eintritt konkreter Gefahr gilt § 315c I Nr. 1a (vgl. § 316 I letzter Hs.). Schutzgut ist nach ganz hM das Universalinteresse an der Sicherheit des öffentlichen StrV sowie des Bahn-, Schiffs- und LuftV (LK-StGB/*König* Rn. 3). § 316 hat in der Praxis trotz abnehmender Verurteiltenzahlen nach wie vor große Bedeutung (2018: 51 506 Verurteilungen). Zu Reformfragen LK-StGB/*König* Rn. 15 ff., *König* Schöch-F S. 587; *Riemenschneider*, Fahrunsicherheit … mBspr *König* NZV **01** 69, *Schneble* BA **83** 177, *Strate* BA **83** 188, *Janiszewski* DAR **88** 253.

2 **2. FzFühren im Verkehr.** Zum *Fz*: § 23 StVO Rn. 11 (besondere Fortbewegungsmittel unten Rn. 6), § 1 StVG Rn. 16. § 316 erfasst *alle* VArten einschließlich Eisenbahn-, Schiffs- und LuftV. Wie aus dem Klammerzusatz („§§ 315 bis 315e") hervorgeht, ist der Begriff des Verkehrs so einbezogen wie er in den genannten Vorschriften gebraucht wird. Soweit der *StrV* betroffen ist, ist daher nur der *öffentliche* Verkehr (§ 1 StVO Rn. 13 ff.) gemeint. Bei den *anderen VArten* (vor allem Bahn-, SchiffsV) sind hingegen wie in den §§ 315, 315a auch nichtöffentliche Verkehrsräume einbezogen (LK-StGB/*König* Rn. 4).

3 **Ein Fz führt,** wer es selbst *(eigenhändig)* unter eigener Allein- oder Mitverantwortung in Bewegung setzt, um es unter Handhabung essentieller technischer Vorrichtungen während der Fahrbewegung ganz oder wenigstens zT durch den Verkehrsraum zu leiten (BGH NJW **62** 2069, **90** 1245, NZV **89** 32, **95** 364, StraFo **07** 475; BGHSt **59** 311 = NJW **15** 1124). Zum FzF bei Verwendung **hoch- oder vollautomatisierter Fahrfunktionen** s. § 1a IV StVG (dort Rn. 14 f. sowie § 1b Rn. 14). Dass der Täter selbst im Fz sitzt, erfordert der Tatbestand nicht, weswegen FzF der Hacker wäre, der sich über die Kommunikationstechnologie die „Herrschaft" über das Fz verschafft und dieses damit „von außen" steuert (*Sander/Hollering* NStZ **17** 193, 205). Die früher hM hatte den Begriff des „Führens" auf vorbereitende und dem Bewegungs- vorgang nachfolgende Handlungen erstreckt. Danach genügte zB das Einführen des Zündschlüs- sels, das Lösen der Handbremse oder die Betätigung der Gangschaltung (BGH NJW **55** 1040, **64** 1911). In BGHSt **35** 390 = NJW **89** 723 hat der BGH diesen Standpunkt mit Recht aufgege- ben (krit *Hentschel* JR **90** 32). Nach nunmehr ganz hM setzt FzFühren stets voraus, **dass das Fz in Bewegung gesetzt ist,** dass also „die Räder rollen" (vgl. BGH NJW **89** 723, Dü NZV **92** 197, Bay NZV **89** 242, Kar NZV **92** 493). Wer den Motor anlässt, um alsbald wegzufahren (vgl. BGH NStZ-RR **19** 60 (bei angelassenem Motor schlafend auf dem Fahrersitz des stehenden Kfz angetroffener Angekl.), oder wer vergeblich versucht, das steckengebliebene Fz frei zu be- kommen, führt danach kein Fz (Kar NZV **92** 493, Brn DAR **06** 219). Entsprechendes gilt für Vorgänge nach Abschluss der Bewegung, insbes. die mangelnde Sicherung nach Abstellen des Fz (Kar NStZ-RR **06** 281, LK-StGB/*König* § 315c Rn. 13; abw. noch BGHSt **19** 371). Führen setzt stets **willentliches Handeln** voraus; kein Führen daher, wenn das Fz ungewollt ins Rollen gerät (Bay DAR **70** 331, **80** 266, Fra NZV **90** 277, Dü NZV **92** 197). Beschränkt sich der FzF anschließend aber nicht darauf, das Fz sofort zum Halten zu bringen, so führt er es (LK-StGB/ *König* § 315c Rn. 34). Zum Führen *eines Pferdefuhrwerks* gehören Führung der Zügel und Peit- sche, Betätigung der Bremse und die typischen Lenkzurufe; teils sich zwei Personen in die Ver- richtungen, so können beide Führer sein (Ha VRS **19** 367; s. Rn. 5). FzFühren *durch Unterlassen* kommt wegen des Charakters des § 316 als eigenhändiges Delikt nur in extremen Ausnahme- konstellationen in Betracht (Rn. 95).

Für die Anwendbarkeit der §§ 315c, 316 muss kein *Kfz* (Begriff: § 1 StVG Rn. 14 ff., § 69 **4** StGB Rn. 3a) geführt werden; Führen eines *Fz* genügt. Allerdings gilt der „Kf-Grenzwert" von 1,1‰ (Rn. 12) grds. nur für das Kfz-Führen *unter Motorkraft.* Anerkannt ist jedoch, dass dieser Grenzwert auch ohne aktuell wirkende Motorkraft anzuwenden sein kann, wenn der FzF den- selben psychophysischen Anforderungen ausgesetzt ist wie beim Fahren unter Motorkraft (grundlegend BGHSt **36** 341). Die Einzelheiten sind nicht abschließend geklärt (umfänglich LK-StGB/*König* § 315c Rn. 10 ff.; § 316 Rn. 69, 70, *König* JA **03** 131). Nach hM gilt der „Kf- Grenzwert" jedenfalls für den Lenker eines geschleppten Kraftwagens; dass dabei *rechtlich* kein Kfz geführt wird, ist ebenso irrelevant wie die gefahrenen Geschwindigkeiten und die Länge der bewältigten Strecke (BGHSt **36** 341 mAnm *Hentschel* JR **91** 113, Ce NZV **89** 317, Fra NJW **85** 2961, Bay NJW **84** 878 mzustAnm *Janiszewski* NStZ **84** 113, s. auch § 21 StVG Rn. 11; aM noch KG VRS **67** 154). Ebenso liegt es beim Lenken eines angeschleppten Kraftwagens, nach hM deswegen, weil hierdurch der Motor in Gang gesetzt werden soll (s. u.). Kf-Grenzwert auch für den Lenker eines Kraftwagens, der über eine Gefällstrecke abrollt oder unter der Einwirkung vormaliger Motorkraft ausrollt (BGH NJW **60** 1211, Ce DAR **77** 219, Bay NJW **59** 111, VRS **67** 373, Kar DAR **83** 365). Jedenfalls Führen eines *Fz* beim Lenken eines angeschobenen Kraftwagens, der durch den erhaltenen Schwung einige Meter selbstständig weiterrollt (Ko VRS **49** 366; Ce DAR **77** 219). **Die wohl hM** macht die Anwendung des *„Kf-Grenzwert"* in solchen Fällen aber davon abhängig, ob durch den Vorgang *der Motor in Kraft gesetzt werden soll;* andernfalls soll nur Führen eines *Fz* vorliegen (Kf-Grenzwert gilt also nicht; Bay VRS **75** 127, Ol MDR **75** 421, Kar DAR **83** 365, Ha DAR **57** 367, **60** 55, 150, LK-StGB/*König* § 315c Rn. 17). Das ist wenig überzeugend. Maßgebend muss sein, ob der Vorgang ebenso gefährlich ist wie das KfzF unter Motorkraft (vgl. BGHSt **36** 341). Das ist *generell* anzunehmen namentlich bei angeschlepptem oder angeschobenem Kraftwagen, der anschließend selbstständig weiterrollt (LK-StGB/*König* § 315c Rn. 18, 19a, 26). Im Fall des Lenkens eines angeschobenen Kraftwagens gilt der „Kf-Grenzwert" aber solange nicht, wie das Fz nicht *selbstständig* rollt, und zwar *entgegen hM* auch dann nicht, wenn das Anschieben der Ingangsetzung der Motorkraft dient (AG Win- sen/Luhe NJW **85** 692; LK-StGB/*König* § 315c Rn. 17, 25). Schieben eines Mofas unter Einsatz des laufenden Motors ist Führen (Bay VRS **66** 202; Dü VRS **50** 426), aber nicht iS eines Be- weisgrenzwerts (nur Nachweisbereich relativer Fahrunsicherheit; Bay VRS **66** 202, aM wohl Dü VRS **50** 426). Wer den Motor anlässt, ohne fahren zu wollen, führt *kein Kfz,* wenn er nach An- lassen des Motors das Krad mit den Füßen aus einer Parklücke bewegt, um es dann einer ande- ren Person zu überlassen (Bay DAR **88** 244); jedoch dürfte (wohl entgegen Bay aaO) Führen eines *Fz* gegeben sein (LK-StGB/*König* § 315c Rn. 29). Wer auf dem Sattel sitzend ohne Einsatz der Motorkraft ein Mofa durch Abstoßen mit den Füßen fortbewegt, führt es *nicht als Kfz;* es gilt der Radfahrer-Grenzwert (Dü VRS **62** 193). Zu Elektrofahrrädern Rn. 17 f. Einen Bewe- gungsvorgang vorausgesetzt (Rn. 2) führt ein Fz, wer beim Besteigen eines Fahrrads mit beiden Füßen den Bodenkontakt gelöst hat (vgl. LG Fra VM **86** 7). Wer auf einem rollenden Rad sitzt, führt es idR, weil es des Lenkens bedarf (BayVGH NJW **15** 1626 mAnm *Scheidler* DAR **15** 107). Schieben ausschließlich mit eigener Körperkraft, ohne dass das Fz in Eigenbewegung gesetzt wird, ist kein Führen (Ol MDR **75** 421, Dü VRS **50** 426; LK-StGB/*König* § 315c Rn. 27).

5 **Arbeitsteiliges Führen** ist möglich, wenn sich mehrere Personen essentielle Funktionen zum Steuern des Fz teilen. Arbeitsteiliges Führen, wenn jemand vorübergehend das Lenkrad, ein anderer Kupplungs-, Brems- und Gashebel sowie die Schaltung bedient (BGHSt **13** 226 = NJW **59** 1883). Kurzes Eingreifen in die Lenkung, um gegen den Fahrerwillen eine bestimmte Fahrtrichtung zu verhindern, oder zum Zweck einer vermeintlich notwendigen Korrektur, ist kein Führen (Ha NJW **69** 1976, Kö NJW **71** 670), anders bei nicht nur ganz kurzer Übernahme der Lenkung, um das Fz zu einem anderen als vom Fahrer gewünschten Ort zu lenken (Kö DAR **82** 30). Teilen sich zwei Personen in die FzBedienung, so sind beide Führer (Ha VM **69** 20, VRS **37** 281, BGHSt **36** 341). Nicht unter eigener Verantwortung lenkt ein Kfz, wer ohne die Kupplung zu bedienen lediglich die Gangschaltung betätigt (KG VM **57** 26). Ein **Führen allein durch Worte** (Anleitung) genügt wegen des *eigenhändigen* Charakters des FzF (Rn. 3) nicht. In solchen Fällen wird allenfalls der *Fahrzeuglenker,* nicht aber, wie es das Gesetz verlangt, *das Fz* durch den „Hintermann" „geführt". Das liegt auf der Hand bei der Motorradausbildung, bei der der Fahrlehrer/Fahrlehreranwärter den Fahrschüler ohne jegliche Möglichkeit „tätlichen" Eingreifens über Funk dirigiert. FzF ist aber auch der die Fahrt vom Beifahrersitz aus anleitende **Fahrlehrer**/Fahrlehreranwärter nur, wenn er „händisch" in die Steuerung des Fz eingreift (Bsp. in LG Heilbronn NZV **18** 243); allein die Möglichkeit jederzeitigen Eingriffs macht ihn noch nicht zum FzF, denn das Merkmal ist nur eigenhändig zu erfüllen (LK-StGB/*König* § 315c Rn. 42, 201 ff., *König* DAR **03** 448, jedenfalls für weit fortgeschrittenen Fahrschüler zust BGHSt **59** 311 = NJW **15** 1124 (zu § 23 StVO, s. dort Rn. 30a); Dr NJW **06** 1013 mAnm *König* DAR **06** 161, Schönke/Schröder/*Hecker* Rn. 20, *Joerden* BA **06** 316, **03** 104, **16** Sup 30; **aM** BGH (Z) VRS **52** 408, AG Cottbus DAR **03** 476, LK-StGB[12]/*Geppert* § 69 Rn. 29, *Janiszewski* Rn. 329, *Blum*/*Weber* NZV **07** 228, *Ternig* VD **07** 14 (je wenig präzis), uU auch Kar VRS **64** 153, 157). Zudem können für den nicht steuernden (betrunkenen) Beifahrer (Fahrlehrer/Fahrlehreranwärter) nicht die Beweisgrenzwerte der „absoluten" Fahrunsicherheit gelten; medizinisch-naturwissenschaftliche Erkenntnisse zur Beurteilung der Fahrsicherheit eines durch ein nüchternes „Medium" „steuernden" „FzF" existieren nicht (*König* DAR **03** 448, hierzu auch BGH NJW **60** 924, aM AG Cottbus DAR **03** 476). Trotz § 2 XV S. 2 StVG ist der das Fz allein steuernde Fahrschüler FzF; greift der Fahrlehrer/Fahrlehreranwärter nicht nur kurzfristig in die FzFührung ein, sind beide FzF (LK-StGB/*König* § 315c Rn. 42). Angetrunkener Fahrschüler in Kfz mit doppelten Bedienungsvorrichtungen: Ha VRS **23** 153. Ebenfalls nicht FzF ist der Beifahrer **beim begleiteten Fahren ab 17** (*Tolksdorf* Nehm-F S. 437). Bei **Fahrradtandems** sind beide FzF (LK-StGB/*König* § 315c Rn. 38; aM *Huppertz* NZV **12** 23 unter Verweis auf den BLFA-FE), bei „Party- bzw. Bierbikes", dh pedalbetriebenen Partytheken, idR alle Fahrgäste (*Klenner* NZV **11** 234; wohl auch *Huppertz* NZV **12** 164; abw *Huppertz* NZV **12** 23). Hingegen ist mangels Betätigung essentieller FzEinrichtungen weder der **Soziusfahrer** auf einem Krad noch der **Beiwagenfahrer** FzF iS der Vorschrift (LK-StGB/*König* § 315c Rn. 40); zur VUnfähigkeit Rn. 116.

6 **Besondere Fortbewegungsmittel (§ 24 I StVO)** erfüllen zwar idR alle Begriffsmerkmale des Fz, werden aber hauptsächlich wegen ihrer meist geringeren Gefährlichkeit aus dem FzBegriff der StVO ausgenommen (§ 23 StVO Rn. 11, s. auch § 1 StVG Rn. 16). Zwar misst sich § 24 StVO naturgemäß keine Geltungskraft für das Strafrecht bei. Jedoch ist § 316 teleologisch zu reduzieren, soweit die zugrunde liegenden Wertungen übereinstimmen (LK-StGB/*König* § 315c Rn. 8). Danach unterfallen die in § 24 StVO aufgeführten Fortbewegungsmittel dem Anwendungsbereich des § 316 idR nicht. Anders liegt es für Krankenfahrstühle (§ 24 II StVO); sie sind Fz und, soweit motorisiert, Kfz (Bay NZV **00** 509; AG Löbau NJW **08** 530; zum Grenzwert Rn. 17). Auch *Inline-Skates* sind trotz der anderweitigen, jedoch vorwiegend auf deren Zuordnung zum FußgängerV zielenden und damit für § 316 irrelevanten Einstufung in der StVO (§ 24 StVO Rn. 8, 10) wegen der mit ihnen erreichbaren, Fahrrädern gleichstehenden Spitzengeschwindigkeiten (*Vieweg* NZV **98** 3) als Fz iSv § 316 zu qualifizieren (str., LK-StGB/*König* § 315c Rn. 8a; aM LG Landshut DAR **16** 473 mablAnm *König* DAR **16** 537). Täter nach § 316 kann nur der Führer eines Fz (Rn. 2; § 23 StVO Rn. 11 f.) sein, nicht also, wer nur einen Bagger-Schwenkarm dreht (Bay DAR **67** 142). Fußgänger (Rn. 115), Reiter, Viehtreiber, Skiläufer, Führer von Handwagen, Kinderwagen, Schiebkarren oder Handschlitten (auch wenn darauf gefahren wird) sind durch § 316 nicht betroffen. Sie fallen unter die §§ 2 FeV, 24 StVG, ggf. auch § 1 StVO, § 24 StVG.

3. Im Zustand der Fahrunsicherheit

a) Begriff der Fahrunsicherheit. *Fahrunsicherheit ist gegeben,* wenn der FzF in seiner Ge- 7
samtleistungsfähigkeit, besonders infolge Enthemmung sowie geistig-seelischer und körper-
licher Leistungsausfälle so weit beeinträchtigt ist, dass er nicht mehr fähig ist, sein Fz eine län-
gere Strecke, und zwar auch bei plötzlichem Auftreten schwieriger Verkehrslagen, *sicher* zu
steuern (st. Rspr. BGHSt **44** 219 = NZV **99** 48, BGHSt **21** 157, **13** 83, Bay DAR **89** 427).
Eingeschränkte Fahrsicherheit genügt zur Strafbarkeit („sicher zu führen"). Deswegen ist der
nach wie vor vielfach verwendete Begriff „Fahruntüchtigkeit" irreführend; richtig ist, wie BGH
NZV **08** 528 (mBspr *König* NZV **08** 492) nunmehr ausdrücklich anerkennt, *„Fahrunsicherheit"*
(LK-StGB/*König* § 315c Rn. 44 mwN).

b) Gerade durch „Genuss" berauschender Mittel muss die Fahrunsicherheit bewirkt 8
sein. Mitursächlichkeit genügt (LK-StGB/*König* Rn. 12, 179). „Genuss" hat nach ganz hM *nur
die Bedeutung körperlicher Aufnahme;* dass der Täter einen Rausch oder andere euphorische, lust-
tonte Empfindungen hervorrufen will, ist nicht erforderlich (Bay NZV **90** 317, LK-StGB/*König*
Rn. 13, *Burmann* DAR **87** 137, *Janiszewski* BA **87** 246f., aM noch *Kar* NJW **79** 611). Andere
berauschende Mittel als Alkohol sind solche, deren Wirkungen denen des Alkohols vergleichbar
sind und die die intellektuellen und motorischen Fähigkeiten und das Hemmungsvermögen
beeinträchtigen (BGH VRS **53** 356, Bay NZV **90** 317, Dü DAR **99** 81, *Salger* DRiZ **93** 314,
Maatz/Mille DRiZ **93** 16), also solche, *die zentralwirksame Wirkstoffe enthalten und eine dem Alkohol
vergleichbare Wirkung (Psychose) auszulösen vermögen* (LK-StGB/*König* Rn. 140f.). Dazu gehören
grds. alle Stoffe und Zubereitungen gem. § 1 BtMG nebst Anlagen zum BtMG (BGH VRS **53**
356; Rn. 58f.), aber auch (sonstige) rauschmittelhaltige Medikamente (Rn. 60ff.) sowie „Legal
Highs (Rn. 62a). Auf die Form der Einnahme kommt es nicht an, weswegen etwa die Aufnahme
von Kokain mittels eines kokainhaltigen Teegetränks tatbestandsrelevant ist (vgl. Zw BA **09** 335
(zu § 24a StVG; s. dort Rn. 21a). Zum Passivrauchen von Cannabis § 24a Rn. 25b. Zur (nicht
stattfindenden) Alkoholaufnahme im „Champagnerbad" *Schrot ua* BA **10** 275.

4. Die alkoholbedingte Fahrunsicherheit war Leitbild des historischen Gesetzgebers und 9
hat nach wie vor die bei weitem größte forensische Relevanz (LK-StGB/*König* Rn. 14). Auf-
grund der Erkenntnisse der Alkoholforschung (Rn. 10f.) unterscheidet die Rspr. zwischen den
Nachweisbereichen der „absoluten" und „relativen" Fahrunsicherheit. Bei Erreichen des rele-
vanten Grenzwerts, also bei „absoluter" Fahrunsicherheit steht unwiderleglich fest, dass der FzF
nicht mehr in der Lage ist, sein Fz mit der notwendigen Sicherheit im Verkehr zu führen
(Rn. 12ff.). Wird der Grenzwert hingegen nicht erreicht, kann er nicht oder nicht in ordnungs-
gemäßer Weise nachgewiesen werden oder existiert mangels hinreichender verkehrsmedizini-
scher Erkenntnisse für die konkrete Art des FzFührens in der jeweiligen Verkehrsart kein absolu-
ter Grenzwert, so bedarf die Feststellung der Fahrunsicherheit stets zusätzlicher Beweisanzeichen
(„relative" Fahrunsicherheit; hierzu Rn. 22ff.).

a) Wirkungen des Alkohols. Ob Fahrunsicherheit iS von § 316 gegeben ist, hängt sowohl 10
vom Ausmaß der alkoholbedingten Leistungsminderung des FzF und der Beeinträchtigung sei-
ner Gesamtpersönlichkeit ab als auch von der Steigerung der von ihm dadurch für andere aus-
gehenden Gefahren (BGHSt **36** 341 = NJW **90** 1245, BGAG S. 49, 2. BGAG S. 63 (*Heifer*)).
Alkohol, grobe Vergiftung ausgenommen, steigert zunächst die motorischen Antriebe, das
Leistungs- und Selbstgefühl (Selbstüberschätzung), mindert aber die Selbstkritik und schwächt
das Verantwortungsgefühl für VVorgänge. Er macht gleichgültig, unbekümmert, hastig und un-
ruhig, verführt zum Wagnis. Sinnesphysiologisch bewirkt er Ausfälle und Täuschungen bei Auf-
merksamkeit und Auffassung, der Anpassung, Koordination und Geschicklichkeit, beim Seh-
vermögen und dem Gleichgewichtssinn, der zugleich zentrale Funktionsstörungen anzeigt. Er
verhindert eine „präzise, situationsgerechte Raum-Zeit-Lageorientierung" (*Heifer* BA **91** 128),
verkürzt die Reaktionszeit bei ganz geringer Menge und verlängert sie iU, verzögert die
Reaktion also und macht sie abrupt und ungenau. In Überraschungssituationen führt er zu
verwirrtem Versagen, er stört die für den Kf unentbehrlichen, durch Erfahrung eingeübten Auto-
matismen (**E** 84, 85) und täuscht über die Fahrgeschwindigkeit. Alkoholeinfluss stört das Flieh-
kraftempfinden (Kurvenfahren!, *Lockemann/Püschel* BA **97** 254). Je nach Persönlichkeitsstruktur
potenzieren sich diese Ausfälle mehr oder weniger zur Störung der gesamten psychischen
Führungsfunktion, bezogen auf die jeweilige VLage (BGA-G, *Elbel* und *Gerchow* S. 166, 174).
Alkohol führt zur Verringerung der Dämmerungssehschärfe, erhöhter Blendempfindlichkeit, Ver-
zögerung der Helladaptation, Störung des räumlichen Sehens, Gesichtsfeldeinengung („Tunnel-

blick"), Kontrastverwischung, Farbsinnschädigung und bewirkt zahlreiche weitere Beeinträchtigungen (*Gerchow* k + v **69** 56, *Gilg ua* BA **84** 235, *Heifer* BA **91** 125 ff., *Strohbeck-Kühner/Thieme* BA **98** 183). Die Gefahrschwelle liegt spätestens bei 0,3–0,4‰ BAK (*Heifer* BA **76** 66, BA **86** 364, *Krüger* ZVS **92** 10; zu amerikanischen Studien, nach denen bereits eine BAK von 0,1‰ riskant ist, § 24c StVG Rn. 1). Schon bei geringer BAK können Störungen der Aufmerksamkeit, des Raumsehens und Reaktionsverzögerung beginnen (KG VRS **48** 204, *Heifer* BA **91** 138), bei 0,5‰ BAK auch verschwommenes Sehen (statistische Werte, BGH VRS **34** 356; *Gerchow* BA **76** 341. *Heifer* 2. BGA-G, Anl. 1). Die klinisch messbare Rauschwirkung nimmt individuell im Durchschnitt rascher zu und ab als die BAK. Zwischen beiden besteht keine gleichmäßige Entsprechung, weil die Alkoholanflutung (Resorption) auf das unangepasste Gehirn trifft und die Ausfallwirkung nach Anpassung etwas zurückgeht. Zu den unterschiedlichen Bedingungen bei Trinkversuchen siehe die Studie von *Kollra ua* BA **16** 205:

11   In der Aufnahmephase können die Ausfälle bei 0,4‰ BAK denen bei 0,8‰ im Abbau entsprechen (KG VRS **34** 284). Nach bisheriger Erkenntnis liegt die Höchstbeeinträchtigung früher als der Gipfel der BAK (Rn. 13; *Heifer* k + v **72** 70). Der Beurteilungsmaßstab muss daher in der Anflutungsphase strenger sein als nach vollzogener Anpassung (BGA-G 182 f.). Gleiche Alkoholmengen pflegen nachts größere Leistungsminderungen als tagsüber auszulösen (*Grüner* BA **70** 337). Bei leerem Magen erreicht der Alkohol binnen weniger Minuten das Gehirn (BGH VM **60** 50). Die **Anflutungs- bzw. Resorptionszeit** ist bei geselligem Trinken idR auch nach Genuss großer Alkoholmengen mit dem Trinkende erreicht (*Zink/Reinhardt* BA **81** 383, NJW **82** 2108) und beträgt sonst bis zu 90 Min (Hb VRS **45** 43, *Heifer* BA **76** 305), in seltenen Extremfällen bis 120 Min oder mehr (BGH NJW **74** 246, BGA-G S. 60, *Elbel* BA **74** 139). Bei **abklingender Alkoholwirkung** besteht toxisch bedingte Ermüdbarkeit, die die Reaktionsfähigkeit beeinträchtigt („Kater", KG VM **55** 47, Stu VM **56** 39, Ce VRS **7** 463, *Bonte/Vlock* BA **78** 35, *Törnos/Laurell* BA **91** 24; eingehend zu den fahrsicherheitsrelevanten Auswirkungen des „Hangover" bzw. Katers *Minge ua* BA **18** 1). Im Fahrversuch wurden in den ersten 3 Stunden nach vollständiger Alkoholelimination deutliche Beeinträchtigungen der Leistungsfähigkeit gegenüber normalen körperlichen Bedingungen beobachtet (*Laurell/Törnos* BA **83** 489). Zum **Restalkohol** Rn. 81. **Ernüchterungsmittel**, die den Abbau beschleunigen und die Giftwirkung beseitigen oder abschwächen, sind bisher nicht bekannt (*Joó* arzt + autom **81** H 8 S. 2, *Kleiber ua* BA **85** 432 („Neukamm"), *Gerling/Pribilla* BA **86** 400 (Eleutherokokkus, „Gallexier"), *Schmidt ua*, BA **95** 241 („Party Plus"), *Tatschner ua* BA **98** 19 (Fructosegetränk „ProFit"), *Schmidt ua* BA **99** 73 („Stopal"), *Mußhoff ua* BA **07** 78 („Break Down")). Kaffee entgiftet nicht. Vielmehr führt zusätzlicher Konsum von koffeinhaltigen „Energy-Drinks" wohl zu höheren Atemwerten und bewirkt Selbstüberschätzung des Konsumenten hinsichtlich seiner Leistungsfähigkeit (vgl. BA **10** 132 mwN). Betarezeptorenblocker beschleunigen die Alkoholelimination nicht (*Dittmann ua* BA **85** 364, *Grüner ua* BA **86** 28. *Schneble* BA **88** 18). Bei der Berechnung der Tatzeit-BAK gelten deshalb keine Besonderheiten (Rn. 42).

12   **b) „Absolute" Fahrunsicherheit.** Einem zentralen Ergebnis der psychologischen, statistischen und experimentellen Alkoholforschung (grundlegend 1. u. 2. BGA-G) entspricht es, dass jeder Mensch ab einer bestimmten Alkoholmenge im Körper derart starke Leistungsminderungen und Persönlichkeitsveränderungen aufweist, dass er den Anforderungen des Verkehrs nicht mehr gewachsen ist. Der Begriff der „absoluten" Fahrunsicherheit knüpft an diesen Erkenntnisstand an (BGHSt **21** 157, 160). Die Ergebnisse der BGA-G beruhen dabei auf Kollektivbeobachtungen und hohen statistischen Annäherungswerten, jedoch auch auf experimenteller Forschung. Sie sind durch eine Vielzahl von Studien im In- und Ausland bestätigt worden (LK-StGB/*König* Rn. 16c) und münden in den allgemeinen, den Tatrichter bindenden Erfahrungssatz ein, wonach (was für die richterliche Überzeugungsbildung ausreicht) mit an Sicherheit grenzender Wahrscheinlichkeit feststeht, dass der Betreffende fahrunsicher ist, sofern der jeweilige Alkoholisierungsgrad erreicht wird (LK-StGB/*König* Rn. 59). Es handelt sich dabei nicht um eine medizinisch-naturwissenschaftliche Aussage, sondern um eine Beweisregel als Ergebnis einer juristischen Bewertung der medizinisch-naturwissenschaftlichen Erkenntnisse (vgl. *Maatz* BA **02** 21, 25).

13   **aa) Absolute Fahrunsicherheit von Kf** besteht bei so viel Alkohol im Blut oder Körper, dass die ordnungsgemäße (Rn. 32 ff.) BAK-Untersuchung den Beweisgrenzwert (Mittelwert) von **mindestens 1,1‰ ergibt** (BGHSt **37** 89 = NJW **90** 2393, BGHSt **44** 219 = NZV **99** 48, Bay NZV **96** 75). Der Beweisgrenzwert (Rn. 9, 12) von 1,1‰ setzt sich zusammen aus einem **Grundwert von 1,0‰** und einem **Sicherheitszuschlag von 0,1‰** zum Ausgleich möglicher Messfehler (Streuung, Standardabweichung, s. Rn. 35 sowie LK-StGB/*König* Rn. 60). Absolut fahrunsicher ist *jeder* Kf (krit *Haffke* JuS **72** 448, *Scheffler/Halecker* BA **04** 425, *Scheffler* BA **16** Sup II S. 18; *Naucke* Bockelmann-F S. 707), der aufgrund des vor der Fahrt genossenen Alkohols **zur Tatzeit oder später** nach Abschluss der Resorption 1,1‰ erreicht (BVerfG NJW **95** 125, BGH NJW **76** 1802, Kö VRS **49** 422, Ha NJW **74** 1433). Die Rspr. berücksichtigt beim Abstellen auf die Alkoholmenge im Körper die wissenschaftlich gesicherte Erkenntnis über erhöhte Anflutungswirkung (Rn. 11) und würdigt § 24a I StVG, wo ebenfalls die in den Magen-Darmkanal und das Blut aufgenommene Alkoholmenge genügt (BGHSt **25** 246). Irrelevant ist deshalb, ob der Grenzwert nach gleichmäßigem Trinken oder nach „Sturztrunk" schon zur Tatzeit erreicht wird (BGH NJW **74** 246 mAnm *Händel,* VRS **46** 131). Zur Grenzwertproblematik bei anderen Fz und in den anderen Verkehrsarten Rn. 18 ff.

bb) Der Grenzwert von 1,1‰ gilt seit 1990 (BGHSt **37** 89 = NJW **90** 2393 mAnm *Berz* **14** NZV **90** 359, *Janiszewski* NStZ **90** 493, *Heifer* NZV **90** 374, *Mutius* BA **90** 375). Gegenüber dem früheren Grenzwert von 1,3‰ hat BGHSt **37** 89 den Grundwert (von 1,1‰ auf 1,0‰) und den Sicherheitszuschlag (von 0,2‰ auf 0,1‰) abgesenkt. Hinsichtlich *des Grundwerts* fühlt sich der BGH nicht an die auf einer Bewertung statistischer Daten beruhende Aussage des 1. BGA-G 1966 (S. 50) gebunden, wonach absolute Fahrsicherheit bei BAK *zwischen* 1,0‰ und 1,1‰ eintrete. Im praktischen Versuch (Kfz, Fahrsimulator) gewonnene Erkenntnisse (*Strasser* BA **72** 112, *Gerlach* BA **72** 239, *Heppner* BA **73** 166, *Lewrenz ua* BA **74** 104) hätten den Grundwert von 1,0‰ erhärtet; die seit 1966 erhöhten Anforderungen an den Kf (Verkehrsdichte, höhere Geschwindigkeit) kämen hinzu (BGHSt **37** 89, *Salger* NZV **90** 1, krit *Janiszewski* NStZ **90** 494). Der abgesenkte Grundwert wird durch neuere Untersuchungen bestätigt. So stellen *Schuster ua* (BA **91** 287, 298) eine durchschnittliche Leistungsminderung im 1,1‰-Fahrversuch bei Tageslicht um 55% gegenüber der Nüchternleistung fest, bei Dunkelheit sogar eine Einbuße von 70% gegenüber der Tagesnüchternleistung. *Den früheren Sicherheitszuschlag* von 0,2‰ (dreifacher Wert des mittleren Messfehlers von 0,05‰ gem. BGA-G S. 49, aufgerundet) hält der BGH im Anschluss an Ergebnisse eines Ringversuchs für zu hoch und setzt ihn im Anschluss an das BGA-G 1989 (NZV **90** 104) auf 0,1‰ fest (krit *Heifer/Brzezinka* NJW **90** 134, *Heifer* BA **91** 121, *Grüner/Bilzer* BA **90** 181, 222), sofern sich das Institut erfolgreich an Ringversuchen beteiligt, was Voraussetzung für die Verwertbarkeit der Analyse ist (BGHSt **37** 89; **45** 140, Nr. 3.6 VwV Feststellung). Entwicklung der Rspr: LK-StGB/*König* Rn. 59 ff.

Anpassungen an neue wissenschaftliche Erkenntnisse und verbesserte Methoden sind **15** auch für die Zukunft nicht völlig auszuschließen. Durch § 24a StVG ist die Rspr. im Grundsatz nicht gehindert, absolute Fahrunsicherheit bei einer BAK festzustellen, die näher beim Gefahrengrenzwert nach § 24a I StVG liegt (s. aber *Maatz* BA **01** 45, *Mutius* BA **90** 375, *Hüting/ Konzak* NZV **92** 136). Denn der Gesetzgeber ging bei der Schaffung des § 24a StVG nicht davon aus, dass im Bereich zwischen (damals) 0,8 und 1,3‰ nur ow Verhalten in Betracht kommen sollte. Ihm war bekannt, dass Fahrunsicherheit schon bei geringen BAK vorliegen kann (Rn. 23). Sehr viel Spielraum, namentlich auch beim Sicherheitszuschlag, dürfte jedoch kaum mehr bestehen.

cc) Nach hM liegt in der Anwendung eines herabgesetzten Grenzwerts auf **vor der Änderung** **16** **begangene Taten („Alttaten")** kein Verstoß gegen das Rückwirkungsverbot (§§ 1, 2 I StGB, Art 103 II GG; s. BVerfG NZV **90** 481, BGH VRS **32** 229, **34** 212, Bay NZV **90** 400 (abl *Ranft* JuS **92** 468), DAR **92** 366, Dü VRS **79** 423, Br VRS **63** 124, Kö VRS **49** 422, LK-StGB/*König* Rn. 64, *Tröndle,* Dreher-F 117 ff.; *Maatz* BA **01** 46, *Salger* NZV **90** 4, *Weidemann* DAR **84** 310; aM Dü NJW **73** 1054, *Naucke* NJW **68** 2321, *Hüting/Konzak* NZV **91** 255). Die Promillegrenze für Fahrunsicherheit ist kein Tatbestandsmerkmal, auch keine „Quasi-Norm" (BVerfG NJW **95** 125), sondern eine Beweisregel (Rn. 9, 12). Auch wer vor der Änderung fahrunsicher gefahren ist, hat sich strafbar gemacht; nur war der Nachweis nicht möglich (*Haffke* BA **72** 35 f.). Zu Irrtumsfragen Fra NJW **69** 1634, Kar NJW **67** 2167, LK-StGB/*König* Rn. 65, *Tröndle,* Dreher-F 122, *Eckert* NJW **68** 1390, *Haffke* BA **72** 32. Zur Fahrlässigkeit Br VRS **63** 124 (zw, *Hentschel* NJW **83** 1649), LG Krefeld NJW **83** 2099 (abl *Hentschel* NJW **84** 350, *Weidemann* DAR **84** 310).

dd) Geltung für alle Kfz. Der Beweisgrenzwert von 1,1‰ für absolute Fahrunsicherheit **17** gilt grds. für alle Kfz (BGHSt **37** 89 = NJW **90** 2393; § 1 StVG Rn. 14 ff.), also auch für Kradfahrer (BGH NJW **69** 1578). Auch Mofafahrer (FmH mit bauartbedingter Geschwindigkeit bis 25 km/h) sind ab 1,1‰ absolut fahrunsicher (BGHSt **30** 251 = NJW **82** 588, Kö VRS **60** 373 (zum früheren Grenzwert von 1,3‰), s. auch *Schewe ua* BA **80** 298). Leichtmofas sind Kfz; demgemäß gilt der Beweisgrenzwert von 1,1‰, sofern sie auch *als Kfz* geführt werden (Rn. 4, LK-StGB/*König* Rn. 67, *Janiszewski* NStZ **90** 273, aM LG Ol DAR **90** 72 (1,7‰)). Ebenso liegt es für Mopedf (Bay NJW **73** 566, Ha NJW **76** 1161, Ko DAR **72** 50). Zur Geltung des Grenzwerts bei Bewegungsvorgängen *ohne Einsatz der Motorkraft* Rn. 4. Unzulässig als Kfz betriebene Fortbewegungsmittel wie zB motorisierte Rollbretter oder „Tretroller" unterliegen gleichfalls dem Grenzwert von 1,1‰. Das gilt nach problematischer Auffassung von Ol NZV **99** 390 auch für ein Fahrrad, das durch einen auf den Rücken des Fahrers geschnallten Gleitschirmpropellermotor fortbewegt wird, obgleich das Fz (Fahrrad) nicht durch *eigene* Maschinenkraft bewegt wird und damit nicht als Kfz iSv § 1 II StVG gelten könnte (hierzu § 1 StVG Rn. 19). Schwierigkeiten bereitet die Einordnung von **elektromotorunterstützten Fahrrädern** (Pedelecs, E-Bikes). Folgt man der Wertung des StVG, so wären Elektrofahrräder iSv § 1 III S. 1, 2 StVG (dort Rn. 23–25) nicht als Kfz anzusehen, vielmehr auch dann (Rn. 4) als Fahrräder (obwohl sie gar keine Fahrräder im Rechtssinn sind, s. § 1 StVG Rn. 23) zu behandeln (unten Rn. 18), wenn die Antriebskraft des Elektromotors wirkt, wohingegen solche, die die Ausnahmebestimmung nicht erfüllen (§ 1 StVG Rn. 26 f.; zu den schillernden Erscheinungsformen von Elektrofahrrädern *Huppertz/Kern* ZVS **14** 44), trotz zT eher geringer Unterschiede in Bezug auf die Gefährlichkeit des FzFührens (weiterhin) Kfz wären, mit der Folge der Geltung des strengeren Grenzwerts (bei Wirken der Motorkraft). Das wäre nicht verständlich. Auch die in § 1 III StVG aufgeführten Pedelecs erfüllen alle Erfordernisse des Kfz (§ 1 StVG Rn. 22 f.). Die auf das StVG und darauf beruhenden RVO beschränkte und in Bezug auf das Strafrecht ersichtlich nicht abgestimmte Ausnahmevorschrift des § 1 III S. 1, 2 StVG – im Grunde handelt es sich um eine Fiktion – kann auch wegen ihres auf ganz andere Aspekte zielenden Normzwecks (vorrangig FE- und Zulassungsrecht; näher § 1 StVG Rn. 24) für § 316 keine Gültigkeit beanspruchen (**aM** in einem „Hinweisbeschluss" nunmehr Kar DAR **20** 579 mablAnm *König*; aM auch – nicht tragend – Bay DAR **20** 576). Allerdings kann der strengere Grenzwert für Elektrofahrräder *generell* dann nicht gelten, wenn sich der Motor abgeschaltet hat und das Elektrofahrrad wie ein Fahrrad durch Treten der Pedale fortbewegt wird (zum selben Ergebnis bei Leichtmofas s. Rn. 4, 17), was Beweisprobleme zu produzieren geeignet, aber letztlich (auch wenn man die gegenteilige Meinung vertritt) unvermeidbar ist. **Motorisierte Krankenfahrstühle** sind Kfz (Rn. 6). Trotz einiger Besonderheiten (geringe Geschwindigkeit, abruptes Anhalten möglich) gilt auch für sie der „Kraftfahrer-Grenzwert" von 1,1‰ (eingehend, ua unter Hinweis auf das Gefährdungspotential für alte und sehr junge Fußgänger, Nü DAR **11** 152; *König/Seitz* DAR **11** 361 f.; aM AG Löbau NJW **08** 530, das den Radfahrer-Grenzwert (Rn. 18) gelten lassen will; als vertretbar erachtet hier bis 41. Aufl.; weit ausholend wie AG Löbau *Wegerich/Scheibenpflug* NZV **12** 414). Auch für den Führer eines **Segway** (dazu § 1 I eKFV) gilt der strengere Beweisgrenzwert von 1,1‰ (Hb BA **17** 34 mBspr *König* DAR **17** 365). Entsprechendes gilt für das Führen von **E-Scootern** (BayObLG DAR **20** 576; LG Mü I DAR **20** 111 mBspr *König* DAR **20** 362 f., 364; s. auch *Engel* DAR **20** 16; zu einer durch den BADS in Auftrag gegebenen Untersuchung, ob der Grenzwert angesichts der auf der Hand liegenden besonderen Gefahren hier niedriger anzusetzen ist als beim „normalen" Kraftfahrer, BA **19** 386; aM wenig überzeugend *Schefer* NZV **20** 239). Zur EdF in solchen Fällen *König* aaO sowie § 69 Rn. 3a, 19.

18   **ee) Radfahrer** waren nach früherer Rspr. bei 1,7‰ absolut fahrunsicher (BGH NJW **86** 2650, **87** 1826, Dü NZV **91** 477). Experimentelle Untersuchungen von *Schewe ua* BA **80** 298, **84** 97, auf denen diese Rspr. beruht, hatten ergeben, dass die durchschnittliche Leistungseinbuße bei Radf mit 1,3‰ BAK 81,8% und bei 1,5‰ BAK 96,5% gegenüber der Nüchternleistung beträgt. Der Beweisgrenzwert für absolute Fahrunsicherheit von Radf setzte sich aus einem Grundwert von 1,5‰ und einem Sicherheitszuschlag von 0,2‰ zusammen. Im Hinblick auf die Herabsetzung des Sicherheitszuschlags auf 0,1‰ (Rn. 14), geht die ganz hM von einem **Beweisgrenzwert von 1,6‰** aus (Bay BA **93** 254, Ha NZV **92** 198, Ce NJW **92** 2169, Zw NZV **92** 372, Kar NZV **97** 486, LK-StGB/*König* Rn. 71). Für die Herabsetzung des Grundwerts fehlen demgegenüber, wie auch neuere Untersuchungen erweisen (*Daldrup/Hartung/ Maatz ua* Grenzwerte für absolute Fahrunsicherheit bei Radfahrern, 2014, sowie *Ezlan/Luchmann/Hatz/Urban*, BA **15** 363; zu den Ergebnissen *Brockmann* BA **14** Sup I S. 20, *Urban ua* BA **14** Sup I S. 22; s. auch *Maatz* BA **14** Sup I S. 3, *Maatz/Daldrup* ua DAR **15** 3, und *Evers/Albrecht* NZV **15** 20), gesicherte wissenschaftliche Erkenntnisse (Bay NZV **92** 290, Ce NJW **92** 2169, Kar NZV **97** 486, aM LG Verden NZV **92** 292; s. auch den Beschluss der JuMiKo BA **15** 22). Im Gegenteil haben im Rahmen der genannten Studien besonders alkoholgewohnte Probanden in geringer, aber nicht zu vernachlässigender Zahl im Bereich zwischen 1,4 und 1,6‰ auch bei komplexen Aufgaben (*Ezlan/Luchmann/Hatz/Urban,* BA **15** 363, 371 f.) bzw. gar bei Werten jenseits von 1,6‰ (*Daldrup/Hartung/Maatz ua* Grenzwerte für absolute Fahrunsicherheit bei Radfahrern S. 31, 38, 49) „Nüchternwerte" erreicht, was zumindest einen höheren als den durch den BGH bestimmten Grenzwert nahelegen würde (dazu auch *Bönke* BA **15** 380, 383; *Maatz/*

Daldrup ua DAR **15** 3, 5). S. in diesem Zusammenhang KG BA **17** 261 (mBspr *König* DAR **18** 363), freilich zu einem insgesamt notleidenden Amtsgerichtsurteil. Bei Fahrradtandems sind beide FzF (Rn. 5). Demgemäß gilt der Grenzwert für beide. Entsprechendes gilt für Party- bzw. Bierbikes (Rn. 5). Elektrofahrräder sind keine Fahrräder im Rechtssinn (Rn. 18). Sie unterfallen als Kfz dem strengeren Beweisgrenzwert; der „Radfahrergrenzwert" gilt (wie auch bei Leichtmofas, Rn. 4) für sie nur, wenn das Elektrorad ohne die Unterstützung des Elektroantriebs durch Treten der Pedale fortbewegt wird (näher Rn. 18). Für eine Herabsetzung des Beweisgrenzwerts für Radf, freilich mit insoweit schwerlich tragfähiger Begründung, *Roeßink* VD **12** 303. Die Forderung entspricht einer solchen der Innen- und Verkehrsministerkonferenz aus dem Jahre 2013 (vgl. BA **14** 23), die für den Gesetzgeber darüber hinaus unerfüllbar ist, solange er keine gesetzlichen „Promillegrenzen" im Strafrecht normiert (vgl. *Maatz* BA **14** Sup I S. 3), sowie des ADFC (*Huhn* BA **14** Sup I S. 14; s. auch § 24a StVG Rn. 7).

ff) Für Fahrer anderer nicht motorisierter Fz gibt es keine ausreichenden wissen- **19** schaftlichen Grundlagen für einen „absoluten" Beweisgrenzwert (BGA-G S. 51, 52). Es gelten die Grundsätze der „relativen Fahrunsicherheit" (Rn. 22 ff.). Das ist etwa beim Führen von Pferdefuhrwerken der Fall (AG Kö NJW **89** 921; **aM** Ol DAR **14** 397 mablAnm *König*; hierzu auch – freilich ganz neben der Sache – *Ternig* SVR **14** 310). Soweit man Inline-Skates als Fz einstuft (Rn. 6), ist es allerdings nicht undenkbar, den „Radfahrer-Grenzwert" von 1,6‰ anzuwenden (LK-StGB/*König* Rn. 72). **Beifahrer** auf Krad, Moped (Mofa) oder Roller sind keine FzF (Rn. 5). Lenker eines abgeschleppten Kfz usw.: Rn. 4.

gg) Ein absoluter Grenzwert **für den Bahnverkehr** ist bislang höchstrichterlich nicht aner- **20** kannt (s. auch Bay NZV **93** 239). Bei einem Vergleich mit dem StrV sprechen jedoch durchgreifende Gründe für die Anwendung des Kf-Grenzwerts (LK-StGB/*König* § 315a Rn. 15, aM AG Regensburg NStZ-RR **05** 266; *Meyer* NZV **11** 374 (wegen angeblich minderer Anforderungen des BahnV)). Das Gleiche gilt, wie auch neuere Untersuchungen bestätigen (*Kaatsch* u. a. BA **06** 192, s. auch BT-Drs. 15/5514, BR-Drs. 724/05), für die **Führer „gewichtiger" Schiffe** (LK-StGB/*König* § 315a Rn. 16 ff., Brn NStZ-RR **02** 222, LG Hb VRS **110** 415, AG Rostock NZV **96** 124 mAnm *Reichart,* s. auch Schifffahrtsobergericht Berlin VRS **72** 111: bei Sportmotorboot jedenfalls bei 2,5‰, Kar VRS **100** 348: bei Sportmotorboot jedenfalls bei 1,3‰, Kö BA **90** 380: bei Binnenschiff jedenfalls bei 1,7‰, *Geppert* BA **87** 262, *Seifert* NZV **97** 147). Jedenfalls kein geringerer als der Kf-Grenzwert darf im Luftverkehr gelten (LK-StGB/*König* § 315a Rn. 19; für ein völliges Alkoholverbot Schönke/Schröder/*Hecker* § 315a Rn. 3).

hh) Die Grenzwerte absoluter Fahrunsicherheit **gelten „absolut", sind also strikt zu be- 21 achten.** Liegt die BAK *über* dem jeweiligen Grenzwert, so ist der FzF, was keinen verfassungsrechtlichen Bedenken begegnet (BVerfG NJW **95** 125), unwiderleglich („absolut") fahrunsicher (BGHSt **31** 42, 44). Für den Gegenbeweis der Fahrsicherheit, etwa durch nachträgliche Fahrproben oder sonstige Alkoholbelastungsversuche, ist daher kein Raum (st. Rspr., zB BGHSt **10** 265, LK-StGB/*König* Rn. 77 mwN, dort auch zu theoretisch denkbaren, extremen Ausnahmen). Der Grenzwert gilt dementsprechend auch „beim Vorhandensein günstigster äußerer und innerer Bedingungen, also bei bester Alkoholverträglichkeit, bei besten psychischen und psychosensorischen Voraussetzungen, bei bester Fahrpraxis, bei besten Straßenverhältnissen und bei günstigster Koordination von Straße und Fahrzeug" (BGHSt **31** 42, 43). Ist der maßgebende Grenzwert andererseits *nicht* erreicht, so darf nicht wegen besonders schwieriger Verkehrsverhältnisse (zB Nacht, Nebel, Glatteis oder Großstadtverkehr) und/oder erschwerender Umstände in der Konstitution oder Disposition des Täters (ua Ermüdung, besondere Erregungszustände, psychische sowie physische Erkrankungen) gleichwohl von absoluter Fahrunsicherheit ausgegangen werden (BGHSt **31** 42, 43 f.; BGH VRS **33** 119, NJW **90** 2393, Bay NJW **68** 1200). In BGHSt **44** 219 wird einer Einzelfallkorrektur bei Vorhandensein solcher Erschwernisse („sozusagen absolute Fahrunsicherheit") nochmals eine ausdrückliche Absage erteilt. Zur Geltung des „Kf-Grenzwerts" in Konstellationen, in denen **aktuell die Motorkraft nicht wirkt** Rn. 4.

c) „Relative" Fahrunsicherheit ist kein Zustand minderer Leistungsbeeinträchtigung, als er **22** bei „absoluter" (Rn. 9, 12) gegeben wäre, sondern beschreibt *eine Beweislage* (BGHSt **31** 42 = NJW **82** 2612, Bay NZV **93** 239, **97** 127, *Maatz* BA **01** 43). Während im Bereich „absoluter" Fahrunsicherheit, also bei Erreichen des Grenzwerts, die Fahrunsicherheit *ausschließlich* aufgrund der BAK festgestellt wird, kann im Bereich „relativer" Fahrunsicherheit erst *die Gesamtheit der nach Lage des Falles vorhandenen Indizien* die Annahme der Fahrunsicherheit begründen (LK-StGB/*König* Rn. 90). Wichtigster Gradmesser ist der Alkoholisierungsgrad des FzF. Sein Ausmaß bestimmt zugleich die Anforderungen an die Signifikanz der zusätzlichen Indizien: Je höher der

Alkoholspiegel ist, desto weniger ausgeprägt müssen diese sein, wie auch umgekehrt die zusätzlichen Indizien um so aussagekräftiger sein müssen, je niedriger der Alkoholspiegel ist (Rn. 24). Unter den *zusätzlichen* Beweisanzeichen unterscheidet BGHSt **31** 42 (44 f.) zwischen **(a)** dem (nicht notwendig gerade die Fahrweise betreffenden) Leistungsverhalten des FzF (*Ausfallerscheinungen,* Rn. 26 ff.), **(b)** *inneren Umständen* des FzF (zB Krankheit, Ermüdung; Rn. 29) und **(c)** *äußeren Umständen* der Fahrt (zB Straßen-, Witterungsverhältnisse; Rn. 30), wobei die Indizien zu (b) und (c) „ausfallen" können, wohingegen die Feststellung von *Ausfallerscheinungen (a) grundsätzlich* (BGH aaO S. 45) bzw. *stets* (BGHSt **44** 219) *unverzichtbar ist* (LK-StGB/*König* Rn. 97). Die Beurteilung relativer Fahrunsicherheit *ist Tatfrage* und nur auf Rechtsfehler kontrollierbar (Dü VM **77** 28, 29, Kö NZV **95** 454, VRS **100** 123). Die Obergerichte und auch der BGH halten sich nicht immer daran. Zur ordnungsgemäßen Feststellung aufgrund von Zeugenaussagen sowie der Einlassung des Beschuldigten Rn. 31.

23   **aa)** Nach überwiegender Meinung **keine relative Fahrunsicherheit unter 0,3‰ BAK** (Sa ZfS **99** 356, Schl VM **70** 23, Kö NZV **89** 357, LG Hb DAR **03** 575, *Maatz* BA **02** 28, offen gelassen v. Ko DAR **00** 371, s. auch Bay NStZ **91** 269, Ha BA **04** 357, Sa NStZ-RR **00** 12). Indessen kann die BAK von 0,3‰ schon deswegen nicht als „absoluter" Grenzwert angesehen werden, weil keine verkehrsmedizinischen Erkenntnisse vorhanden sind, wonach Fahrunsicherheit zB bei einer BAK von 0,29‰ nicht eintreten *kann.* Die Befunde zur schädlichen Wirkung niedriger BAK (Rn. 10) sprechen vielmehr eindeutig gegen eine solche Annahme; die Problematik etwaiger Sicherheitszuschläge kommt hinzu (zum Ganzen LK-StGB/*König* Rn. 93, iErg auch *Dencker* AG-VerkRecht-F S. 376, sowie, freilich unter Anführung größtenteils nicht einschlägiger Judikate, *Janker* NZV **01** 197; s. auch *Janker* FS Himmelreich S. 53). Die Streitfrage dürfte mehr theoretischer Natur sein, weil alkoholbedingte Fahrunsicherheit bei derart geringer BAK zumeist nicht wird *bewiesen* werden können. Zur Frage der **Untergrenze bei illegalen Drogen:** Rn. 66.

24   **bb) Wichtigstes Indiz** im Rahmen des zu führenden Beweises ist der Alkoholisierungsgrad (Rn. 22). *Je niedriger die BAK* zur Tatzeit, umso gewichtigere Beweisanzeichen sind erforderlich, *je höher die BAK,* desto weniger zusätzliche Indizien (BGHSt **31** 42; **44** 219; Bay DAR **93** 372; st. Rspr). Bei schweren und groben Fahrfehlern kann es unerheblich sein, ob 1,1 oder 0,9‰ BAK messbar waren (Ko VRS **50** 355). Auch bei *Wirkungsverstärkungen* im Fall der Mischintoxikation von Alkohol und illegalen Drogen bzw. rauschmittelhaltigen Medikamenten reichen für sich genommen nicht „schlagkräftige" zusätzliche Indizien (Ausfallerscheinungen) aus (Dü BA **99** 140, Nau NZV **06** 98 (Z), LK-StGB/*König* Rn. 132). Nach Jn BA **07** 182 sollen aber selbst eine BAK im Grenzbereich (dort 1,05‰) und ein positiver THC-Wirkstoffbefund (Wert nicht mitgeteilt) nicht für die Annahme von Fahrunsicherheit hinreichen, was zw ist (LK-StGB/*König* Rn. 137). Ähnlich KG BA **12** 46 für einen FzF mit 0,95‰, zusätzlich Kokain und Ausfallerscheinungen.

25   Für die Annahme alkoholbedingter Fahrunsicherheit muss zunächst feststehen, dass der FzF **überhaupt alkoholisiert ist.** Insoweit herangezogen werden können außer dem Ergebnis einer Blutprobe namentlich die Ergebnisse eines Atemtests oder auch die HAK (zu beidem Rn. 52 ff., 56). Nach st. Rspr. ist die Annahme von Fahrunsicherheit aber auch ohne zuverlässig festgestellte Alkoholkonzentration möglich, sofern hinreichend schlagkräftige Indizien (zB Lallen, Torkeln, wirres Reden) vorhanden sind (Ko VRS **54** 282, **67** 256, Ha NZV **05** 654, VRS **59** 40, Dü BA **80** 231, ZfS **82** 188, NZV **90** 198, **92** 81, Kö VRS **61** 365, NZV **89** 357, Stu DAR **04** 409; LG Bln BA **08** 266, BA **14** 230 mAnm *Mrosk,* LK-StGB/*König* Rn. 96 f.). Soweit in der Rspr. formuliert wird, den Indizien müsse dann eine *außergewöhnliche, überdurchschnittliche Überzeugungskraft* innewohnen (zB Ko VRS **54** 282, Dü NZV **90** 198), dürfte damit nicht gemeint sein, dass die allgemeinen Grundsätze der richterlichen Beweiswürdigung außer Kraft gesetzt sind (aM Zw DAR **99** 278, LG Bln BA **08** 266). Vielmehr ist die Aussage dem Umstand geschuldet, dass mit der Alkoholkonzentration das wichtigste Indiz für die Annahme („relativer") Fahrunsicherheit ausfällt und dass dieses Defizit durch besonders aussagekräftige Indizien ausgeglichen werden muss. Dies dürfte nicht bestreitbar sein (abw aber wohl LG Bln BA **08** 266).

26   **cc) Ausfallerscheinungen.** Nach st. Rspr. muss zur Feststellung relativer Fahrunsicherheit **stets** eine alkoholbedingte Ausfallerscheinung (vor, während oder nach der Fahrt) festgestellt sein (Rn. 22; s. auch Bay DAR **93** 372, Sa VRS **102** 120, Kö NZV **90** 439, Dü DAR **99** 81). Ausfallerscheinungen im Fahrverhalten stehen im Vordergrund. Zum Nachweis („relativer") Fahrunsicherheit genügt dabei nicht jedes verkehrswidrige Verhalten; es muss nach der Rspr. vielmehr feststehen, dass dem Angekl., *wäre er nüchtern gewesen, dieser Fehler nicht unterlaufen wäre* (BVerfG VM **95** 73, BGH DAR **68** 123 (bei *Martin*), Bay DAR **90** 186, **91** 368, **93** 372, NZV **88** 110, Ha BA **04** 357, Kö NZV **95** 454, VRS **100** 123, BA **10** 429; Dü DAR **80** 190). So formuliert kann der Tatrichter die Aufgabe freilich schon deswegen nicht bewältigen, weil die Situation zur Tatzeit nicht wieder-

holbar ist. Richtig dürfte es sein, dass zunächst geprüft wird, ob sich die konkrete(n) Fehlleistung(en) nach den Ergebnissen der Alkoholforschung (Rn. 10 f.) „zwanglos" durch die Alkoholwirkung erklären lässt (lassen), um sodann zu fragen, ob konkrete Anhaltspunkte eine andere Erklärung nahe legen; fehlen nach Lage des Falls Ansätze für eine andere Erklärung, so sind die verbleibenden Zweifel bloß theoretischer Natur und stehen als solche der Verurteilung nicht entgegen (LK-StGB/*König* Rn. 100 im Anschluss an *Forster/Joachim* Blutalkohol und Straftat S. 169). Mathematische, jede Möglichkeit des Gegenteils ausschließende Gewissheit verlangt der Indizienbeweis nicht (st. Rspr., ua BGH VRS **24** 207, 210; **49** 429; s. auch *Mayer* BA **65/66** 280, *Peters* MDR **91** 488 f.; zum Ganzen LK-StGB/*König* Rn. 99 ff.). Zur Klärung der Frage kann das Gericht einen medizinischen Sachverständigen heranziehen (Ko VRS **71** 195; s. auch *Schmidt* ua BA **04** 1).

Nicht jeder Fahrfehler rechtfertigt die Annahme relativer Fahrunsicherheit (Ko VRS **52** 350, **27** Dü DAR **80** 190, Kö VRS **89** 446). Als *nachzuweisende* Anzeichen kommen nach der Rspr. (umfängliche Nw: LK-StGB/*König* Rn. 90 ff.) in Betracht: Sorglose, offenbar leichtsinnige Fahrweise (BGH VRS **33** 119, BGHSt **31** 42, Kö NZV **95** 454, VRS **100** 123, Dü DAR **99** 81), verbotswidriges Überqueren der durchgezogenen Linie (Dü VM **77** 28), schnelles Fahren mit gesenktem Kopf (BGH VRS **27** 192), gehäufte Fahrfehler, selbst wenn jeder Fehler für sich allein keine ausreichende Indizbedeutung hätte (Dü VM **77** 29, *Schmidt* ua BA **04** 8). Auch bewusste Verstöße können Indizbedeutung haben (Dü VM **77** 28, NZV **97** 184, Ce DAR **84** 121 (aggressives, nötigendes Fahrverhalten), Kö NZV **95** 454). Geordnet erscheinendes Fahrverhalten schließt auf Fahrunsicherheit hinweisendes Verhalten in späterer konkreter Lage nicht aus (BGHSt **13** 90, VRS **55** 186, Dü VM **77** 28). **Flucht vor der Pol** (zB nach positivem Alcotest) kann auch andere Ursachen haben als die Kenntnis der eigenen Fahrunsicherheit (Angst vor Überführung nach § 24a StVG, Ha BA **78** 376) und wird ohne weitere Anhaltspunkte die Annahme relativer Fahrunsicherheit idR nicht rechtfertigen (*Hentschel* Trunkenheit 202, *Peters* MDR **91** 491, s. aber Ko VRS **45** 118, Ha BA **80** 225, Dü BA **80** 231). Anders aber bei Hinzukommen deutlich unsicherer, waghalsiger und fehlerhafter Fahrweise (BGH NZV **17** 278 (zu illegalen Drogen); Ko VRS **45** 118). Durch der Rspr. des BGH (NStZ **95** 88, NZV **95** 80, DAR **95** 166, NZV **00** 419, **08** 528, NStZ **09** 280; BA **14** 113; Beschluss v. 17.9.2016, 4 StR 317/16 Rn. 2; s. aber nun BGH NZV **17** 278) werden tendenziell sämtliche Fehlleistungen während einer Fluchtfahrt auf das Fluchtmotiv zurückgeführt, was nach BGH BA **14** 113 auch dann gelten soll, wenn der FzF ua wegen auffälligen Verhaltens während der Fahrt als („relativ") fahrunsicher angesehen wird (s. dazu aber § 315c Rn. 41). Diese Rspr., die den Alkoholisierungsgrad (die Intoxikation) des FzF solchermaßen quasi ausblendet, erscheint jedoch wenig überzeugend (im Einzelnen LK-StGB/*König* Rn. 112). Dass bewusste Geschwindigkeitsüberschreitung aus Furcht vor PolKontrolle nicht alkoholbedingt *sein muss* (BGH NStZ **95** 88, NZV **95** 80, DAR **95** 166, Sa VRS **72** 377, Kö NZV **95** 454, Jn VRS **111** 187, s. aber Dü NZV **97** 184, LG Gießen NZV **00** 385), bleibt davon unberührt. **Überschreiten der zulässigen Höchstgeschwindigkeit** allein muss nicht auf alkoholbedingter Beeinträchtigung beruhen (BGH NZV **02** 559, **95** 80, KG VRS **113** 52 (auch nicht iVm Imponiergehabe und Nichtsetzen des Blinkers), LG Br BA **05** 258), kann aber, wenn es auf alkoholbedingter Unbekümmertheit beruht, die Annahme von Fahrunsicherheit rechtfertigen (Kö VRS **100** 123). **Rotlichtverstoß** bei 0,7‰ rechtfertigt für sich allein nicht die Annahme relativer Fahrunsicherheit (LG Berlin ZfS **05** 621, LG Bonn DAR **13** 38 (0,6‰)), ebenso nicht Missachtung der Weisung der Pol zum Einfahren in eine Verkehrskontrollstelle (Kö BA **10** 429 (0,67‰)). Unspezifisch ist auch das versehentliche Einlegen des Rückwärtsgangs mit anschließendem Unfall (Ha BA **10** 433). Kein Eingreifen des Revisionsgerichts, wenn das LG bei 0,7‰ BAK Durchfahren bei Gelb, überhöhte Geschwindigkeit, Nichtbeachtung von Rot und eines Haltegebots für nicht alkoholindiziell erklärt (Bay DAR **71** 161). Fahren mit Standlicht statt mit gebotenem Abblendlicht muss nicht alkoholbedingt sein (LG Potsdam NZV **05** 597). Langsames Fahren (35–40 km/h) kann anstatt auf Fahrunsicherheit auch auf besondere Vorsicht schließen lassen (Ha VRS **49** 364).

Körperliche Ausfallerscheinungen **vor, während oder nach der Fahrt** können herangezo- **28** gen werden (Bay BA **02** 392, Fra NStZ-RR **02** 17, Dü DAR **99** 81, LG Sa BA **04** 472), etwa rauschbedingt unbesonnenes, unbeherrschtes, kritikloses Verhalten gegenüber der Pol (Dü DAR **99** 81, Kö VRS **100** 123), die glaubhafte Einlassung, als Angetrunkener einen Schlusssturztrunk genommen zu haben, obwohl dessen gesteigerte Wirkung auch Laien geläufig ist (BGH NJW **71** 302, 1997, Kö VRS **38** 439). Auch bei BAK unter 0,8‰ kann ein Sturztrunk ein ausreichendes Anzeichen sein (Ha NJW **73** 1423). Zur **Verhaltensbeurteilung und zum klinischen Befund** Rn. 69 ff.

dd) Innere Umstände. *Allein* mit erschwerenden Umständen in der Person oder Disposi- **29** tion des FzF in Verbindung mit dem Alkoholisierungsgrad kann die Annahme der Fahrunsicherheit nach der Rspr. nicht begründet werden (Rn. 22, 26). Jedoch kann namentlich eine *festgestellte* (Bay DAR **03** 428) **Übermüdung** neben anderen Indizien herangezogen werden; denn unumstritten werden die nachteiligen Wirkungen des Alkohols durch Hinzutreten starker Müdigkeit verstärkt bzw. potenziert (vgl. BGH VRS **14** 282; BGHSt **13** 83, 90; LK-StGB/*König* Rn. 129). Bloßer Urteilshinweis auf Ermüdung nach langem Tagewerk reicht aber nicht (Hb DAR **68** 344, Kö NZV **89** 357, s. aber Dü VM **77** 26). Auch **Erkrankung** kann ein zusätzliches Indiz ausmachen (zB Bay NJW **68** 1200; LK-StGB/*König* Rn. 128), allerdings nicht allein (Zw VRS **105** 125, Dü DAR **99** 81). Zusammentreffen der Wirkung von Alkohol und Medikamenten: Rn. 24, 60 ff,. *Metter* BA **76** 241. Zum Ganzen sowie zum inneren Umstand der Drogen- bzw. Medikamentenintoxikation LK-StGB/*König* Rn. 128 ff.

30   **ee)** Mit ungünstigen **äußeren Bedingungen** sind namentlich schlechte Witterungsbedingungen (Nebel, Regen, Schneefall, Sturm usw), Straßenverhältnisse (Regen-, Schnee-, Eisglätte; kurvenreiche Straße usw), hohe Verkehrsdichte sowie das Fahren bei Dunkelheit gemeint (BGH VRS **6** 203, 206; BGHSt **31** 42). Ferner sind erschwerende Umstände zu nennen, die mit dem Fz zusammenhängen, wie etwa das Fahren mit einem überladenen (BGH VRS **21** 54) oder technisch mangelhaften Fz (OLG Köln BA **73** 135, 136). All dies kann stützend herangezogen werden (LK-StGB/*König* Rn. 138). Dass der alkoholisierte Kf trotz ungünstigster Witterungsverhältnisse überhaupt gefahren ist, reicht *für sich allein* zur Feststellung relativer Fahrunsicherheit aber idR nicht (Bay DAR **89** 427 mzustAnm. *Loos* JR **90** 438).

31   **ff)** Ausfallerscheinungen werden idR durch **Zeugenaussagen** festzustellen sein. Hinreichende Aussagekraft kommt den Bekundungen von Zeugen dabei nur zu, wenn *diese objektivierbare Belegtatsachen* vermitteln. Demgegenüber gibt allein die nicht näher substantiierte Einschätzung eines Zeugen (auch eines PolB), der FzF sei (stark) betrunken gewesen, für die richterliche Überzeugungsbildung wenig her (Dü BA **82** 378), wie auch umgekehrt die Bekundung der Auskunftsperson ohne wesentlichen Belang ist, der Fahrer habe einen nüchternen Eindruck gemacht (BGH VRS **4** 549; **8** 199; zum Ganzen LK-StGB/*König* Rn. 119). Die **Einlassung des Angekl.** kann zur richterlichen Überzeugungsbildung jedenfalls unter der Prämisse der Vermittlung objektiver Belegtatsachen herangezogen werden (LK-StGB/*König* Rn. 120). Nicht zur richterlichen Überzeugung festgestellte, sondern nur nicht widerlegte Einlassungen dürfen dabei nicht zugrunde gelegt werden (Ha VRS **40** 362). Mit der *Selbsteinschätzung des Angekl.* zu seinem Zustand verfährt die Rspr. sehr restriktiv. Nach Kö DAR **89** 352 ersetzt die Angabe des FzF, es habe sich um einen „betrunkenen Auffahrunfall" gehandelt, die Feststellung der Fahrunsicherheit nicht, ebenso nicht das pauschale Einräumen alkoholbedingter Fahrunsicherheit (Zw BA **90** 70) oder „der Feststellungen" (Hb BA **18** 251, 254). Nach BGH NZV **95** 80 vermag die (konkretere) Bekundung des Beschuldigten, eine Geschwindigkeitsüberschreitung sei „ausschließlich auf seine Alkoholisierung" zurückzuführen, andere Beweisanzeichen nicht einmal zu ergänzen (krit LK-StGB/*König* Rn. 120).

31a   **Literatur:** *Biechteler/Enhuber/Meidl,* Vergleichende Betrachtungen der Fahrfehler nüchterner und alkoholisierter PKW-Fahrer, DAR **66** 203. *Boetzinger,* Fahrfehler als Indiz für Fahrunsicherheit?, MDR **89** 511. *Dencker,* Die „0,3-Promille-Grenze", AG-VerkRecht-F S. 371. *Groth,* Vorsätzliche Ordnungswidrigkeiten als Indizien für die alkoholbedingte Fahruntüchtigkeit?, NJW **86** 759. *Haffner ua,* Alkoholtypische VUnfälle als zusätzliche Beweisanzeichen für relative Fahruntüchtigkeit, NZV **95** 301. *Heifer,* BAK und -wirkung: verkehrsmedizinische Charakterisierung und verkehrsrechtliche Relevanz von Alkoholgrenzwerten im StrV, BA **91** 121. *Janker,* Relative Fahrunsicherheit bei einer BAK von weniger als 0,3‰?, NZV **01** 197. *Mayer,* Zum Beweis der Fahruntüchtigkeit bei Blutalkoholgehalten unter dem Grenzwert, BA **65/66** 277. *Möhl,* Beweis der „relativen" Fahruntüchtigkeit, DAR **71** 4. *Peters,* Der Nachweis der „relativen" Fahruntüchtigkeit durch regelwidriges Fahrverhalten, MDR **91** 487.

32   **5. Verfahren der Blutalkoholanalyse.** Wichtigstes Beweisanzeichen für das Vorliegen alkoholbedingter Fahrunsicherheit ist die BAK (Rn. 9, 12; zur AAK Rn. 52 ff.; zur HAK Rn. 56). Sie wird in aller Regel über eine Blutprobenanalyse ermittelt. Die gesetzliche Grundlage der Untersuchung bietet § 81a StPO (s. dort). Im sozialversicherungsrechtlichen Entschädigungsverfahren lässt § 63 III SGB VII ausdrücklich die Entnahme von Leichenblut zu. Soll die BAK im Nachweisbereich der „absoluten" Fahrunsicherheit unmittelbar zur Verurteilung herangezogen werden (Rn. 12), so muss das Verfahren den durch das BGA-G 1966 entwickelten und später fortentwickelten (s. auch BAK-Richtlinien-Kommission BA **11** 137) Richtlinien genügen, die in die im Wesentlichen bundesweit geltenden VwV zur Feststellung von Alkohol-, Medikamenten- und Drogeneinfluss bei Straftaten und OW (abgedruckt bei LK-StGB/*König* Rn. 255) Eingang gefunden haben. Demgegenüber kann ein bei der BAK-Untersuchung unterlaufenes Verfahrensdefizit im Nachweisbereich „relativer" Fahrunsicherheit (Rn. 20 ff.) durch andere Indizien ausgeglichen werden (Rn. 25, 36). Zur BAK-Bestimmung nach der NMR-Methode (nach Blutentnahme

am Ohr oder Finger): *De Vries* SVR **14** 330; hierzu auch *Sandherr* NZV **16** 6 und Empfehlung Nr. 3 des 54.VGT 2016 bei *Wehrl* DAR **16** 126. Zur Kostentragung *de Vries* NZV **13** 272.

a) Die Blutuntersuchung muss nach **zwei unterschiedlichen Untersuchungsmethoden** **33** erfolgen (Bay NZV **96** 75, Dü VRS **94** 352 mAnm *Heifer* BA **98** 159). Erforderlich sind entweder drei Untersuchungen nach Widmark und zwei nach ADH (BGH NZV **02** 559, NJW **67** 116, Bay VRS **62** 461) oder vier Analysen bei Mitverwendung eines Gaschromatographen (GC) mit automatischer Probeneingabe (BGH VRS **54** 452, NZV **02** 559 (ZS), Bay VRS **62** 461, Dü NZV **97** 445, Kar NJW **77** 1111, Stu NJW **81** 2525). In der Praxis hat die Alkoholbestimmung unter Anwendung des überlegenen GC-Verfahrens iVm der ADH-Methode das Verfahren unter Erhebung von fünf Einzelanalysen nach den beiden anderen Methoden in den Hintergrund gedrängt (*Krauland/Schmidt* BA-Festschrift S. 93). Die Methoden der BAK-Ermittlung (GC, ADH, Widmark) entsprechen anerkannten wissenschaftlichen Erkenntnissen und sind durch bloße Laienbeobachtungen nicht widerlegbar (BGH VRS **8** 199; zur Widerlegbarkeit des Gutachtens durch andere Beweismittel: Rn. 46). Es handelt sich um sog „standardisierte" Untersuchungsmethoden iS der Rspr. des BGH (§ 3 StVO Rn. 56b; BGHSt **39** 291). Der Gaschromatograph unterliegt nicht der Eichpflicht (Dü NZV **95** 365, Schl BA **96** 54, LG Gießen DAR **95** 209).

b) Maßgebend ist nicht etwa („in dubio pro reo") der niedrigste der gemessenen Einzelwerte, **34** sondern das **arithmetische Mittel** (Bay NJW **76** 1802, Dü NZV **97** 445, Stu NJW **81** 2525, LK-StGB/*König* Rn. 23, Schönke/Schröder/*Hecker* Rn. 16, aM Neust DAR **59** 137). In die Berechnung des Mittelwertes dürfen *nur die ersten beiden Stellen hinter dem Komma* der Analyseneinzelwerte einbezogen werden; die 3. Dezimale bleibt unberücksichtigt (Bay DAR **01** 370; 465, Kö NZV **01** 137, Ha NZV **00** 340). **Aufrundung** des Analysenmittelwerts auf 1,1‰ ist unzulässig (BGHSt **28** 1, Ha VRS **56** 147, Bay VRS **53** 53 (zum Aussagewert der 3. Dezimale iÜ aber *Sachs/Zink* BA **91** 321)). Auch dürfen einzelne Analysenwerte nicht aufgerundet werden, wenn erst ihre Addition 1,1‰ ergeben würde (Ha VRS **52** 138, NJW **75** 2251, **76** 2309, *Lundt* BA **76** 158, *Krauland/Schmidt* BA-Festschrift S. 96, aM wohl *Staak/Berghaus* NJW **81** 2502). Ermittlung der BAK aus mehr als 5 Einzelanalysen ist unschädlich (Ha VM **76** 8, Dü BA **80** 174, VRS **67** 35). Maßgebend ist auch in solchen Fällen der Mittelwert (Dü VRS **57** 445).

c) Die Differenz zwischen dem höchsten und dem niedrigsten Analysenwert (*Variations-* **35** *breite*, Streubreite, s. *Grüner* BA **91** 362f.) darf nicht mehr als 10% des Probenmittelwertes, bei Mittelwerten unter 1,0‰ nicht mehr als 0,1‰ betragen (BGHSt **45** 140, Bay NZV **96** 464, Ha BA **85** 484, Dü NZV **97** 445, BGA-G S. 25, LK-StGB/*König* Rn. 24). Auf die *Standardabweichung*, bezogen auf die vier oder fünf Analysen-Einzelwerte kommt es dagegen idR nicht an (BGHSt **45** 140, Bay NZV **96** 75, *Beier* NZV **96** 373). Denn diese statistische Größe beschreibt die Präzision einer größeren Messreihe, während die Messpräzision eines Labors aus einer Stichprobe von nur vier bis fünf Einzelwerten nicht ermittelt werden kann (BGHSt **45** 140, Bay NZV **96** 75 mAnm *Heifer/Brzezinka* BA **96** 106, LG Göttingen NRpfl **91** 276, *Sammler ua* BA **92** 205, einschr. *Schoknecht* NZV **96** 218, aM LG Hb NZV **94** 45, LG Mü I NZV **96** 378). Liegen nur drei von vier Ergebnissen innerhalb der zulässigen Variationsbreite, darf ohne Sachverständigen nicht der aus den übrigen drei Werten errechnete Mittelwert zugrunde gelegt werden (Bay DAR **80** 266). Die Untersuchung ist unverwertbar, wenn der höchste Analysenwert vom niedrigsten erheblich abweicht (Bay VRS **50** 351, Br VRS **49** 105, Hb VRS **49** 137). Die gaschromatographische BAK-Bestimmung ersetzt nicht die Notwendigkeit der Errechnung des arithmetischen Mittelwerts (Hb NJW **76** 1161, Dü NZV **97** 445).

d) Erfüllt die Blutuntersuchung **die erforderlichen Anforderungen nicht** (zu wenige Ein- **36** zelanalysen, nur eine Untersuchungsmethode), so darf sie *nach allgemeiner Ansicht* jedenfalls nicht uneingeschränkt (genau mit dem berechneten Wert) zur Feststellung „absoluter" Fahrunsicherheit herangezogen werden; gleichfalls Einigkeit besteht andererseits, dass sie nicht schlechthin unverwertbar ist, also als Indiz für die Annahme von („relativer") Fahrunsicherheit herangezogen werden darf (LK-StGB/*König* Rn. 89 mwN). Darüber hinausgehend können die Einzelanalyse(n) und ein uU daraus gebildeter Mittelwert nach einem Teil der Rspr. und des Schrifttums in freier Beweiswürdigung der alleinige Grundlage für die Annahme („absoluter") Fahrunsicherheit bilden; der höheren Fehlerbreite könne durch einen großzügigen Sicherheitszuschlag Rechnung getragen werden (Ha BA **81** 261, VRS **41** 41, ZfS **95** 308 (zu § 2 AUB), Hb DAR **68** 334; LG Mönchengladbach MDR **85** 428, AG Langen NZV **88** 233, hier bis 39.Aufl.; zur Berechnung des Zuschlags *Zink* BA **86** 145, *Grüner/Ludwig* BA **90** 316). Jedoch sollten die aus guten Gründen geschaffenen Richtlinien nicht durch eine Vielzahl von Einzelausnahmen aufgeweicht werden, die die Gefahr einer Benachteiligung des Beschuldigten in sich bergen (LK-StGB/*König* Rn. 89e).

Mit der Gegenansicht (BGH NZV **02** 559 (zu § 61 VVG alt); eine nach ADH, mAnm *Heine-mann* BA **03** 373 und *Halm* SVR **04** 113; Bay VRS **62** 461 (zwei nach ADH) mzustAnm *Krauland* BA **83** 76; Stu VRS **66** 450 (zwei im GC-Verfahren)) ist anzunehmen, dass die fehlerhaft ermittelten Werte *nicht* zur Feststellung einer *bestimmten* BAK und damit jedenfalls grundsätzlich auch *nicht* zur Feststellung absoluter Fahrunsicherheit herangezogen werden dürfen. („Absolute") Fahrunsicherheit kann in solchen Fällen allenfalls bei für sich genommen nicht streuenden Einzelwerten angenommen werden, die weit über dem Grenzwert liegen (LK-StGB/*König* Rn. 89e).

37   **e) Mitteilung der Analysen-Einzelwerte** im Urteil ist idR *nicht* erforderlich (BGH NJW **79** 609, **93** 486, Schl NJW **68** 1209, Dü NJW **78** 1207, aM *Strate* BA **78** 405). Gegenteilige ältere Rspr. (für BAK in Grenzwertnähe Kö VRS **57** 23, BA **76** 238, Kar NJW **77** 1111, Dü VRS **56** 292) ist überholt. Auch die regelmäßige Mitteilung der Einzelwerte *durch die Untersuchungsstelle* an das Gericht ist, obwohl sie sich empfiehlt (BGH NJW **79** 609), nicht notwendig. Vielmehr genügt idR die Angabe des Mittelwerts (BGH NJW **67** 119, **79** 609, Schl NJW **78** 1209, Dü NJW **78** 1207, LK-StGB/*König* Rn. 27, aM noch Br BA **75** 329 abl *Gerchow, Strate* BA **78** 405). Bei Ablehnung eines Beweisantrags auf Feststellung der Einzelwerte kann jedoch ein Verfahrensfehler vorliegen (Kar NJW **77** 1111, Br VRS **49** 105, Dü NJW **78** 1207, Schl NJW **78** 1209). Soweit *das Untersuchungsinstitut* nach BGHSt **37** 89 die Einzelwerte angeben sollte, ist dies spätestens durch BGHSt **45** 140 überholt (LK-StGB/*König* Rn. 26).

38   **6. Ermittlung des Tatzeitwerts nach Blutalkoholanalyse.** Maßgebend für die strafrechtliche Beurteilung ist idR der Tatzeitwert. Dieser muss aus der BAK einer später entnommenen Blutprobe ermittelt werden, wobei der Entnahmewert wegen eines mittlerweile erfolgten Alkoholabbaus uU niedriger liegt als der (maßgebende) Tatzeitwert. Ggf. muss der Tatzeitwert *durch Rückrechnung* ermittelt werden. Rückrechnung ist idR Hochrechnung (Addition des Abbauwerts auf den Entnahmewert). Nur bei während ansteigender BAK entnommener Blutprobe ist sie „Hinunterrechnung". Im strengen Sinn setzt sie abgeschlossene Alkoholaufnahme im Tatzeitpunkt voraus (2. BGA-G 17, *Grüner* JR **92** 118.) Hochrechnung vom Blutentnahmewert auf den Tatzeitwert erfordert daher *Kenntnis des Anflutungsendes* (Rn. 11; BGH NJW **74** 246, DAR **07** 272, Bay NZV **95** 117, DAR **01** 80, Dü VRS **73** 470, *Salger* DRiZ **89** 174). Bestimmung des Invasionsendes setzt idR folgende Angaben voraus: Trinkzeit und -ende, Trinkmenge, Getränkeart, etwaige Nahrungsaufnahme vor, während und nach dem Trinken, Tatzeit (Unfallzeit), Zeitpunkt der Blutentnahme, Körpergewicht, Konstitutionstyp (2. BGA-G 23; Kö VRS **65** 426). Die Resorptionsphase ist 2 Std nach Trinkende mit hohem Sicherheitsgrad abgeschlossen (*Zink* ua BA **75** 100). Bei geselligem Trinken wird der Gipfel der Alkoholkurve idR auch nach Genuss großer Alkoholmengen jedoch schon mit Trinkende erreicht sein (Rn. 11).

39   **a) IdR Zweistündige Karenzzeit.** Gleichwohl darf bei normalem Trinkverlauf (0,5–0,8 g Alkohol je kg Körpergewicht stündlich) für die **ersten beiden Stunden nach Trinkende** grundsätzlich nicht hochgerechnet (= „addiert") werden (BGH NJW **74** 246, DAR **07** 272, Bay DAR **01** 80, Kö VRS **66** 352, Ha NZV **02** 279, Zw VRS **87** 435, LK-StGB/*König* Rn. 30 f.), und zwar unabhängig von der Menge des genossenen Alkohols (Bay NZV **95** 117), es sei denn, aus einem Sachverständigengutachten ergebe sich ein früheres Resorptionsende. Andererseits dürfte es nicht zu beanstanden sein, bei feststehendem Trinkende ca. 3 Stunden vor Fahrtantritt kein (weiteres) rückrechnungsfreies Intervall anzusetzen (AG Aachen BA **08** 203). Die Rückrechnung setzt keine Beendigung der Anflutung im Fahrzeitpunkt voraus (aM Hb VRS **41** 191).

40   **b) Zurückzurechnen ist mit dem für den Angekl. jeweils günstigsten Abbauwert.** Das ist bei Prüfung *alkoholbedingter Fahrunsicherheit nach Blutprobenanalyse* (zur Widmark-Formel Rn. 49) der *niedrigste* Wert (BGH NJW **74** 246, Bay NJW **74** 1432, Kö VRS **71** 140). Der Abbauwert beträgt stündlich einheitlich 0,1‰ (zu einer „minutengenauen" Rückrechnung AG Aachen BA **08** 203). Ein *individueller Abbauwert*, bezogen auf die Person des Täters und den konkreten Fall, ist nach derzeitigem medizinischen Erkenntnisstand nicht nachweisbar (BGH NJW **91** 2356 mAnm *Grüner* JR **92** 117, DAR **86** 297, VRS **72** 359, Jn DAR **97** 324; *Gerchow* BA **83** 541, **85** 78, 155). Obwohl eine gestaffelte Rückrechnung naturwissenschaftlich richtiger wäre (BGA-G 54, *Elbel* BA **74** 139, *Köhler/Schleyer* BA **75** 52, *Schwerd* BA **74** 140), legt die Rspr. einen gleichbleibenden Abbauwert von 0,1‰/h zugrunde (*statistisch gesicherter Mindestwert*, zB BGH NJW **74** 246, NStZ **85** 452, **92** 32, BGHSt **37** 231, BGH DAR **07** 272, LK-StGB/*König* Rn. 32). Diese Abbausätze beschweren nicht, weil der tatsächliche Abbauwert von 0,1‰ über mehrere Stunden gerechnet höher ist (BGA-G S. 54, *Elbel* BA **74** 140, BGH VRS **34** 212, Br VRS **48** 372). Wenn die Fahrt *nach der Blutentnahme* stattfand, ist hingegen zugunsten des Angekl.

in Bezug auf Fahrunsicherheit mit dem *höchstmöglichen* stündlichen Abbauwert zu rechnen (Ko DAR **00** 371).

Bei Rückrechnung **zwecks Prüfung der Schuldfähigkeit** nach Blutprobenanalyse (zur **41** Widmark-Formel Rn. 49) ist der *höchstmögliche* Abbauwert einzusetzen (BGHSt **37** 231 = NJW **91** 852, 2356 mAnm *Grüner* JR **92** 117, Kar NJW **04** 3356, Zw DAR **99** 132, Ce NZV **92** 247). Es ist mit 0,2‰ zurückzurechnen zuzüglich eines einmaligen Korrekturzuschlags von 0,2‰ (BGHSt **37** 231, NStZ **95** 539, **00** 214, Bay NZV **05** 494, Ko DAR **00** 371, Kö DAR **97** 499, *Zink/Reinhardt* BA **76** 327, **84** 438), und zwar nicht nur bei Rückrechnung über mehr als zwei Stunden (insoweit noch einschr BGH VRS **71** 363, DAR **86** 191, Dü BA **88** 343), sondern von der ersten Stunde an; die Karenzzeit von zwei Stunden (Rn. 39) gilt hier also nicht (BGHSt **37** 231, NZV **91** 117, Bay DAR **89** 231, Ko DAR **00** 371, krit *Gerchow ua* BA **85** 96 im Hinblick auf den während der Resorptionsphase stärkeren Grad der Ausfallerscheinungen). Der sich daraus ergebende Wert darf nicht allein im Hinblick auf den deutlich niedrigeren Wert eines Atemalkohol-Tests in Frage gestellt werden (BGH NStZ **95** 539). Die Rückrechnung mit dem Abbauwert von 0,2‰ über mehrere Stunden hinweg führt zu unrealistischen, weit vom wahrscheinlichen Tatzeitwert entfernt liegenden Werten (BGHSt **35** 308, **36** 286). Sie führt außerdem zu einem krassen Auseinanderklaffen von Maximal- und Minimalwert (BGHSt **36** 286). Nach BGHSt **35** 308 und BGHSt **36** 286 (je 1. StrSen) verliert die errechnete BAK in solchen Fällen an indizieller Bedeutung. Nach BGHSt **37** 231 (4. StrSen)) ist hingegen zumindest bei Rückrechnungszeiten unter zehn Stunden eine Relativierung der Indizwirkung im Hinblick auf den Zweifelssatz nicht zulässig.

c) Höhere Abbauwerte als die in Rn. 41 genannten (praktisch relevant, weil den Angekl. **42** dort begünstigend) für die Beurteilung der Schuldfähigkeit und hinsichtlich des Beweises der Fahrunsicherheit bei Berechnung aus der Trinkmenge, sowie für die Nachtrunk-BAK (Rn. 41, 43 ff., 51) werden für Alkoholiker bzw. besonders Alkoholgewöhnte diskutiert (vgl. *Haffner ua* BA **92** 53; *Schröter ua* BA **95** 344). In der Rspr. sind sie jedoch bislang nicht anerkannt (s. allerdings BGH NStZ **97** 591, 592 (zu §§ 20, 21; obiter dictum), LK-StGB/*König* Rn. 41). Auch ansonsten werden Abweichungen nicht vorgenommen, so nicht für Leberfunktionsstörungen, weil sie den Alkoholstoffwechsel kaum beeinflussen (BGH DAR **85** 197; Dü DAR **81** 29). Das Gleiche gilt für Diabetes (vgl. Ha VRS **58** 443), den Eintritt von Blutverlust oder bei schweren Hirnschäden (LK-StGB/*König* Rn. 42 mwN). Gegengifte oder sog. „Promille-Killer“ und Kaffee bleiben ebenfalls ohne relevanten Einfluss (Rn. 11).

d) Nachtrunk führt zu Abzug vom ermittelten BAK-Wert (Kö NZV **04** 537, VRS **66** 352, **43** **67** 459; Ha vom 17.3.09, 5 Ss 71/09, juris), weil nach der Tat aufgenommener Alkohol zur Tatzeit nicht gewirkt haben kann. Berechnet wird die durch Nachtrunk aufgebaute BAK nach der Widmark-Formel (Rn. 48 ff.). Dabei sind jeweils die dem Angekl. günstigsten Werte einzusetzen (bei der Ermittlung der *Fahrunsicherheit:* niedrigstmöglicher Reduktionsfaktor, niedrigstmögliches Körpergewicht zur Tatzeit, Resorptionsdefizit 10%; umgekehrt bei der *Ermittlung der Schuldfähigkeit:* höchstmöglicher Reduktionsfaktor, höchstmögliches Körpergewicht, Resorptionsdefizit 30%; hierzu BGH StV **94** 406; NStZ-RR **97** 35, 36). Zu einem sehr komplizierten Fall der Beweiswürdigung Ko DAR **15** 402 (zw.). Zur rechnerischen Methode beim Abzug der durch den Nachtrunk erreichten BAK *Verhoff ua* BA **05** 85. Vorschläge zu einer sachverständigerseits einheitlichen Nachtrunkberechnung (ua Bestimmung eines individuellen Resorptionsfaktors) bei *Haffner/Dettling* BA **15** 301.

Nachtrunkbehauptungen erweisen sich nicht selten als Schutzeinwände, die sich durch sachge- **44** rechte polizeiliche Ermittlungen widerlegen lassen (LK-StGB/*König* Rn. 84). Angaben über Art und Menge nach der Tat genossener alkoholischer Getränke lassen sich oft durch Untersuchung der Blutprobe auf **Begleitalkohole,** die in den verschiedenen Getränken unterschiedlich enthalten sind, als möglich bestätigen oder als unmöglich widerlegen *(Aderjan ua* NZV **07** 167, *Iffland ua* BA **82** 246, *Bonte ua* NJW **82** 2109, *Bonte ua* BA **83** 313, *Musshoff* ua BA **08** 345; zu den Begleitstoffen von 286 Whiskysorten *Zinka* ua BA **11** 197). Die gaschromatographische Begleitstoffanalyse ist wissenschaftlich genügend gesichert und zuverlässig (Ce DAR **84** 121, Kar NZV **97** 128). Gleiches gilt für die Untersuchung auf getränkecharakteristische Aromastoffe in Blut-/Serumproben *(Schulz* BA **17** 231). Die **2. Blutprobe,** die nach den im Wesentlichen bundesweit geltenden VwV im Abstand von ca 30 Min entnommen werden soll, wenn mit Nachtrunkbehauptungen zu rechnen ist, wird in der Rechtsmedizin überwiegend kritisch beurteilt *(Iffland* BA **03** 403, *Jachau ua* BA **03** 411, zusf. LK-StGB/*König* Rn. 85; zur Doppelblutentnahme auch BGH v. 24.1.2019, 5 StR 480/18 Rn. 10). Sie könne nur in seltenen Fällen hilfreich sein *(Grüner* *ua* BA **80** 26, *Zink/Reinhardt* BA **81** 377, *Iffland ua* BA **82** 245, *Reinhardt/Zink* NJW **82** 2108, *Bär* BA **86** 304 (20–30 Min)), nur, wenn sie in die Hauptresorptionsphase falle (*Iffland* NZV **96** 129) und nur bei großen Nachtrunkmengen in kurzer Trinkzeit bei nicht wesentlich über 1,5‰ liegenden BAK-Werten (*Hoppe/Haffner* NZV **98** 267). Nach *Aderjan ua* NZV **07** 167 kann sie für die Begleitstoffanalyse wertvoll sein, wobei eine Wartezeit von 60 Minuten empfohlen wird. Ein höherer Beweiswert als der Doppelblutentnahme wird einer (freiwillig abgegebenen) **Harnprobe** beigemessen: Liegen die durch den angeblichen Nachtrunk erreichten Alkoholkonzentrationen der von der Niere an die Blase abgegebenen Primärharne stets unter der HAK der asservierten Harnprobe, so erweist sich die Nachtrunkbehauptung als falsch (*Iffland* BA **99** 99).

45   **e) Verfahrensrecht.** Die Feststellung einer bestimmten BAK nach Blutalkoholanalyse darf nur auf das *ordnungsgemäß* in die Hauptverhandlung eingeführte BAK-Gutachten gestützt werden (Bay NZV **02** 578, Ko VRS **45** 292). Gutachten über die BAK-Bestimmung einschließlich Rückrechnung und ärztliche Blutprobenentnahme-Berichte können durch die Vernehmung des Sachverständigen oder durch Verlesung (§ 256 I Nr. 3, 4 StPO) eingeführt werden (Bay NZV **02** 578, Ce NStZ **87** 271, Dü NZV **90** 42). Bei Zweifeln im Hinblick auf mögliche Blutprobenvertauschung reicht Verlesung nicht aus, sondern ist Vernehmung des Gutachters erforderlich (Ha VRS **37** 290, s. auch Rn. 46; zu einer Untersuchung im Düsseldorfer Institut für Rechtsmedizin, nach der in 26 von 54 untersuchten Fällen keine Übereinstimmung zwischen Probengebern und Beschuldigten bestand, *Hartung ua* BA **16** 1). Erstattung des BAK-Gutachtens durch Sachverständigen, der nicht selbst die Blutuntersuchung durchgeführt hat (zB anderen Mitarbeiter des Untersuchungsinstituts), ist zulässig (BGH NJW **67** 299, Kö NJW **64** 2218, KG VRS **29** 124, Ko VRS **39** 202, aM Ce NJW **64** 462). Lässt das verlesbare Gutachten Zweifel, so muss der Gutachter vernommen werden. Auch wenn er die Blutprobe im behördlichen Auftrag als privater Arzt entnommen hat, steht dem Blutentnahme-Arzt **kein Zeugnisverweigerungsrecht** (§ 53 I Nr. 3 StPO) zu, weil es an dem das Zeugnisverweigerungsrecht begründenden besonderen Vertrauensverhältnis zwischen Arzt und Patient fehlt (*Kohlhaas* DAR **68** 74, einschr *Hiendl* NJW **58** 2100).

46   **Widerlegbar** ist das BAK-Gutachten uU durch andere Beweismittel. Zur nötigen Begutachtung bei angeblich unbemerkt beigebrachtem Alkohol beim Zechen Hb VM **78** 63. Gutachten sind uU widerlegbar auch durch Zeugenaussagen; es kommt darauf an, welchem Beweismittel größeres Gewicht zukommt (Bay NJW **67** 312, BSG NZV **90** 45, hierzu krit *Schneble* BA **89** 359, *Hentschel*, Trunkenheit, Rn. 134). Bei unvereinbarem Widerspruch zwischen BAK und verlässlichen Zeugenaussagen muss möglichen Verwechslungen oder Analysefehlern nachgegangen werden (Ha VRS **25** 348), die Untersuchungspersonen müssen dann uU vernommen werden (BGH VRS **25** 426, DAR **64** 22). Jedoch dürfen Fehler auch nicht zugunsten des Angekl. ohne Zeugenvernehmung unterstellt werden (Ha VRS **11** 306, Bra VRS **11** 222, Br DAR **56** 253 (angebliche Verwechslung der Blutprobe)). Beantragt der Angekl., *Zeugen für nur geringen Alkoholgenuss* zu hören, so darf dies nicht deshalb abgelehnt werden, weil das Gutachten höheren Alkoholgenuss nachweise (Ha VRS **7** 373, s. auch Bay NJW **67** 312). Wegen der Fehlerbreite von 0,05‰ BAK der einzelnen Analysen (Rn. 14) muss der Unterschied der BAK zweier **nacheinander entnommener Blutproben** der Veränderung des Blutalkoholspiegels während dieser Zeit nicht entsprechen (Bay NJW **76** 382, Kar NZV **97** 128). Hat eine in geringem zeitlichen Abstand durchgeführte **Atemalkoholmessung** eine erheblich geringere alkoholische Beeinflussung ergeben, so kann Klärung durch Sachverständigengutachten geboten sein (Kar DAR **03** 235, s. auch § 24a StVG Rn. 18). Der Hilfsantrag, ein **Identitätsgutachten** zum Beweis einzuholen, der Angekl. könne zur fraglichen Zeit keinesfalls mehr als 0,6‰ BAK gehabt haben (also Verwechslung), darf nicht mit der Begründung zurückgewiesen werden, dass diese Behauptung durch eine neue Blutprobe nicht bewiesen werden könne (BGH VRS **27** 452). Auch ohne Anhaltspunkte für Verwechslung darf der Antrag auf Einholung eines Identitätsgutachtens nicht als Beweisermittlungsantrag oder unter Hinweis auf das Gutachten zur Höhe der BAK nach § 244 IV S. 2 StPO abgelehnt werden (Kö NZV **91** 397, Bay VRS **61** 40; s. aber unten). Zur Ablehnung wegen Verschleppungsabsicht *Haubrich* NJW **81** 2507. Im Hinblick auf die Sicherheitsvorkehrungen der Untersuchungsinstitute gegen Verwechslung wird Nichtübereinstimmung des untersuchten Bluts jedoch nur äußerst selten in Frage kommen (*Püschel ua* BA **94** 315; s. aber zur Untersuchung von *Hartung ua* Rn. 45). Der Beweisantrag auf Zeugenvernehmung zur behaupteten Blutprobenverwechslung kann bei völlig aus der Luft gegriffenen Behauptungen als Beweisermittlungsantrag anzusehen sein (Kö VRS **73** 203, **93** 440 (je vorhandenes Identitätsgutachten)). Zu theoretisch denkbaren Verfälschungen bei einer Abnahme von Urin mittels eines

Katheters Ko NZV **08** 367. Nachträgliche Alkoholbelastungsprobe widerlegt die Blutprobe nicht (Ol VRS **46** 198). **Trinkversuche** sind wegen Nichtwiederholbarkeit zumindest eines Teils der Umstände zur Tatzeit nutzlos (Rn. 21; BGHSt **10** 265). Der Angekl. darf sie ohne Nachteile ablehnen (BGH VRS **29** 203).

f) Das Urteil muss die *wesentlichen Anknüpfungstatsachen des Gutachtens* enthalten (Zeit der 47 Blutentnahme, BAK zu dieser Zeit, Trinkende, Anflutungsende, Anflutung vor dem Unfall, Art und Weise der Rückrechnung (BGH VRS **31** 107, NStZ **86** 114, Ko DAR **74** 134, Zw NZV **97** 239, Fra VRS **51** 120, Dü VRS **64** 208, Kö VRS **66** 352). Angaben zu Trinkende, Resorptionsabschluss und Abbauwert sind aber entbehrlich, soweit unter Ausklammerung der ersten zwei Stunden mit 0,1‰ zurückgerechnet wurde (Kö VRS **65** 367, 440). Geringere Anforderungen auch bei einfach gelagertem Fall, bei dem die BAK-Bestimmung keine besonderen Probleme aufwirft (Ha NJW **72** 1526, Hb VRS **28** 196, Ba **75** 275, Kö NJW **82** 2613). Abweichung von den BGH-Rückrechnungsrichtwerten (Rn. 40 ff.) ist nachprüfbar zu begründen (Bay DAR **01** 80, Kö VRS **65** 217, Dü VRS **73** 470). In schwierigen Fällen (zB Nach- oder Sturztrunk, nicht abgeschlossene Resorption) ist zur Rückrechnung **Hinzuziehung eines Sachverständigen** erforderlich (Ko VRS **49** 374, **55** 130, Hb VRS **45** 43, Stu NJW **81** 2525, LK-StGB/*König* Rn. 35). Mit Rückrechnungsgutachten muss sich das Urteil nachprüfbar auseinandersetzen (Ha DAR **71** 274); mangels eigener Kenntnisse des Tatrichters muss es die Anknüpfungstatsachen des Gutachtens mitteilen (BGHSt **34** 29, Ko DAR **00** 371, Zw VRS **87** 435; Fra BA **16** 53). In *einfach gelagerten Fällen* kann das Gericht die Rückrechnung jedoch auch selbst vornehmen (BGH VRS **21** 54, **65** 128, Ko VRS **55** 131, BA **73** 279, *Jessnitzer* BA **78** 315).

Literatur: *Aderjan/Schmitt/Schulz* Überprüfung von Trinkangaben und Nachtrunkbehauptungen durch 47a Analyse von Begleitstoffen alkoholischer Getränke in Blutproben, NZV **07** 167. *Bär*, Zur Auswertung von Doppelblutentnahmen mit kurzen Entnahmeintervallen, BA **86** 304. *Beier*, Über die „Standardabweichung" im Gutachten 1989 … zur Blutalkoholbestimmung, NZV **96** 343. *Bonte ua*, Begleitstoffspiegel im Blut …, BA **83** 313. *Englert*, Totale, prolongierte Situationsernüchterung bei sehr hoher BAK, BAStl **16** S. 373. *Grüner*, Zur Qualitätssicherung der Blutalkoholbestimmung, BA **91** 360. *Grüner/Ludwig*, Zur forensischen Verwertbarkeit der Analysenergebnisse von weniger als fünf (vier) Blutalkoholbestimmungen aus einer Blutprobe, BA **90** 316. *Grüner ua*, Die Bedeutung der Doppelblutentnahmen …, BA **80** 26. *Haffke*, Mittelwert der BAK und Grundsatz „in dubio pro reo", NJW **71** 1874. *Heifer/Wehner*, Zur Frage des Ethanol-„Resorptionsdefizits", BA **88** 299. *Hoppe/Haffner*, Doppelblutentnahme und Alkoholanflutungsgeschwindigkeit in der Bewertung von Nachtrunkbehauptungen, NZV **98** 265. *Iffland*, Zweite Blutentnahme bei behauptetem oder möglichem Nachtrunk nicht erforderlich, BA **03** 403. *Jachau ua*, Beweiswert der zweiten Blutalkoholprobe …, BA **03** 411. *Klug/Hopfenmüller*, Zur Berechnung der BAK aus dem Harnalkoholgehalt …, Schmidt-F 1983, S. 229. *Klug ua*, Über den Beweiswert einer zweiten Blutalkoholbestimmung in länger gelagerten Blutproben, BA **70** 119, **73** 24. *Krauland/Schmidt*, Zum Beweiswert der Blutalkoholbestimmung, BA-Festschrift 1982, S. 91. *Lundt/Jahn*, Alkohol bei VStraftaten (1. BGA-G). *Lundt ua*, Alkohol und StrV (2. BGA-G). *Sammler ua*, Zur Präzisionkontrolle der Blutalkoholbestimmung, BA **92** 205. *Schoknecht*, Gutachten des BGA zum Sicherheitszuschlag auf die Blutalkoholbestimmung, NZV **90** 104. *Ders*, Beurteilungen von Blutalkoholbestimmungen nach dem ADH- und GC-Verfahren, NZV **96** 217. *Schwerd/Hillermeier*, Veränderungen des Alkoholgehalts in Blutproben zwischen Entnahme und Untersuchung, BA **79** 453. *Verhoff ua*, … Berechnung der Mindest-BAK beim Nachtrunk, BA **05** 85. *Zink*, Zur Blutalkoholbestimmung mit weniger als fünf Einzelanalysen, BA **86** 144. *Zink/Blauth*, Zur Frage der Beeinflussung der Alkoholkonzentration im Cubitalvenenblut durch die Blutentnahmetechnik, BA **82** 75. *Zink/Reinhardt*, Der Beweiswert von Doppelblutentnahmen, BA **81** 377. *Dieselben*, Die forensische Beurteilung von Nachtrunkbehauptungen, NJW **82** 2108.

7. Ermittlung des Tatzeitwerts anhand der Trinkmenge. Die BAK zur Tatzeit kann (an- 48 nähernd) auch dann berechnet werden, wenn eine Blutprobe nicht vorliegt. Es handelt sich dabei nicht um eine Rückrechnung (vom Zeitpunkt der Blutentnahme zurück zur Tatzeit; Rn. 38), sondern um eine Hinrechnung (vom Trinkbeginn hin zur Tatzeit; zum Ganzen LK-StGB/*König* Rn. 37 ff.). Die Methode ist schon ihrer Art nach bei weitem unsicherer als die Blutprobenanalyse. Darüber hinaus wird sie maßgebend von den Angaben des Angekl. zu Art und Menge des aufgenommenen Alkohols bestimmt. Letztlich handelt es sich um Schätzungen auf zumeist höchst ungesicherter Tatsachengrundlage. Im Vergleich mit der etwa bei der Schulung alkoholauffälliger Kf verwendeten Schätzformel ist sie jedoch zuverlässiger (*Kollra ua* BA **11** 324).

a) Zunächst muss die (theoretische) BAK errechnet werden, die aufgebaut würde, wenn 49 sich der aufgenommene Alkohol sogleich bei Trinkbeginn vollständig im gesamten Körper verteilt hätte (*Salger* DRiZ **89** 174). Hierzu wird die „Widmark-Formel" herangezogen. Danach ist die konsumierte Menge Alkohol (in g; Trinktabellen etwa bei BHHJ/*Burmann* Rn. 39) durch das mit dem Reduktionsfaktor multiplizierte Körpergewicht (in kg) zu dividieren. Mit dem Reduktionsfaktor wird dem Umstand Rechnung getragen, dass der Alkohol nicht gleichmäßig vom Körper aufgenommen wird (zB nehmen Knochen und Fett weniger Alkohol auf). Der Reduktionsfaktor beträgt bei Männern durchschnittlich 0,7, bei Frauen 0,6. Der individuelle Reduktionsfaktor kann aber höher oder niedriger liegen. Je höher er liegt, desto niedriger ist die aufgebaute BAK. Bei der Feststellung der BAK *für die Frage der Fahrunsicherheit* ist demnach der höchstmögliche Faktor zugleich der für den Beschuldigten günstigste, bei der *Beurteilung der Schuldfähigkeit* liegt es umgekehrt. Der jeweils günstigste Wert ist nach dem Zweifelssatz zugrunde zu legen, sofern der Sachverständige den „wirklichen" (individuellen) Faktor nicht ermitteln kann. Das Urteil muss erkennen lassen, dass nicht mit Durchschnittswerten, sondern mit den denkbar günstigsten Werten gerechnet worden ist (Bay VRS **58** 391 (Nachtrunk); Kö DAR **89** 352).

50 **b)** Nach st. Rspr. ist von der „theoretischen" BAK (Rn. 49) das **Resorptionsdefizit zu subtrahieren.** Damit wird berücksichtigt, dass bei Vergleichen der durch Blutprobenanalyse ermittelten Alkoholbelastung mit der aufgenommenen Alkoholmenge eine Fehlbilanz in dem Sinn beobachtet worden ist, dass die Trinkmenge aus nicht exakt geklärten Gründen zu einer niedrigeren BAK führte als sie eigentlich hätte sein müssen (weiterführend *Kollra ua* BA **14** 133). Diese Fehlbilanz ist bei forcierter Nahrungsaufnahme und verzögerter Resorption besonders stark (*Heifer/Wehner* BA **88** 299, 308) und zB beim Trinken von Bier größer als beim Trinken von Schnaps (*Forster/Joachim* Blutalkohol und Straftat S. 64). Die Fehlbilanz beträgt nach derzeitigem Erkenntnisstand zwischen 10% und 30% des konsumierten Alkohols (*Salger* DRiZ **89** 177). Bei der Ermittlung *der Fahrunsicherheit* ist der höchste Wert (30%) abzuziehen, bei der *der Schuldfähigkeit* sowie bei der Berechnung *der Nachtrunk-BAK* mit 10% der niedrigste (BGH DAR **88** 221, **99** 194 Nr. 5, NJW **89** 1043, NStZ **91** 126, **92** 32, BGHSt **36** 286, **37** 231, Kö NZV **89** 357).

51 **c)** Schließlich ist **der Abbauwert in Abzug zu bringen.** Zugunsten des Beschuldigten wird bei der *Ermittlung der Fahrunsicherheit* angenommen, dass dieser den Alkohol mit Trinkbeginn auch sofort wieder abbaut (eliminiert). Eine „berechnungsfreie Karenzzeit" für die Dauer der Resorption des Alkohols gibt es hier – anders als bei der BAK-Berechnung anhand einer Blutprobe (Rn. 39) – also nicht (vgl. Kö VRS **77** 215). Ein individueller Abbauwert kann nach derzeitigem Stand nachträglich nicht festgestellt werden (Rn. 40). Es ist deshalb unter erneuter Anwendung des Zweifelssatzes zugunsten des Beschuldigten der höchstmögliche Abbauwert zugrunde zu legen. Er beträgt nach der neueren Rspr. des BGH je Stunde 0,2‰; hinzugerechnet wird ein einmaliger Sicherheitszuschlag von 0,2‰ (zum Ganzen LK-StGB/*Schöch* § 20 Rn. 109; zur uneinheitlichen Verwendung dieses Sicherheitszuschlags durch Sachverständige *Manhart ua* BA **16** 427). Hingegen ist zur *Beurteilung der Schuldfähigkeit* ein Abbauwert von 0,1‰ zugrunde zu legen (BGH NStZ **91** 126, DAR **99** 194 Nr. 5 *Salger* DRiZ **89** 175 f.). Zum Einfluss von **Alkoholismus,** sonstigen **Krankheiten** oder **Gegengiften** auf den Alkoholabbau s. Rn. 11, 42.

51a **Literatur:** *Gerchow ua,* Die Berechnung der maximalen BAK und ihr Beweiswert für die Beurteilung der Schuldfähigkeit, BA **85** 77. *Heifer,* Untersuchungen zur Rückrechnung der BAK nach „normalem Trinkverlauf", BA **76** 305. *Jessnitzer,* Eigene Sachkunde des Richters bei der Rückrechnung, BA **78** 315. *Köhler/Schleyer,* Über die Treffsicherheit von Rückrechnungen auf Blutalkohol-Tatzeitwerte, BA **75** 52. *Martin,* „Richter und Rückrechnung?", BA **70** 89. *Mayr,* Die „Rückrechnung" in der Rspr. des BGH, DAR **74** 64. *Naeve,* Untersuchungen unter lebensnahen Bedingungen über den Verlauf der Blutalkoholkurve …, BA **73** 366. *Salger,* Zur korrekten Berechnung der Tatzeit-BAK, DRiZ **89** 174. *Schewe,* Zur beweisrechtlichen Relevanz berechneter maximaler Blutalkoholwerte für die Beurteilung der Schuldfähigkeit, BA-Festschrift 1982, S. 171. *Zink/Reinhardt,* Über die Ermittlung der Tatzeit-BAK bei noch nicht abgeschlossener Resorption, BA **72** 353. *Dieselben,* Zur Dauer der Resorptionsphase, BA **75** 100. *Dieselben,* Die Berechnung der Tatzeit-BAK zur Beurteilung der Schuldfähigkeit, BA **76** 327.

52 **8. Atemalkoholanalyse.** Allgemeines und Schrifttum zur AAK und deren Feststellung § 24a StVG Rn. 16 ff. Für das Strafverfahren entspricht es soweit ersichtlich allg. M., dass mit Alcotest-Röhrchen (BGA-G 1955 S. 33; BGH bei *Martin* DAR **72** 120; Kö VRS **52** 367, Zw NJW **89** 2765), mit Atemvortestgeräten (Alcotest 7410; AlcoQuant; Kö VRS **67** 246; Stu DAR **04** 409, OVG Mgd BA **03** 390; zu einer „fundamentalen" Fehlmessung mit Alcotest 6510 (0,07 mg/l statt 1,77‰) *Lehmann ua* BA **17** 346) und mit ungeeichten, auf nur einem Messverfahren basierenden Atemtestgeräten (zB Alcomat, Alcotest 7110; vgl. BGH NStZ **95** 539; Kar NStZ **93** 554 (je zur Schuldfähigkeit); LG Freiburg NZV **09** 614) nicht der Nachweis „absoluter" Fahrunsicherheit geführt werden kann (zum Ganzen LK-StGB/*König* Rn. 46–49). Allerdings können die mit den genannten Geräten gewonnenen Befunde neben anderen Beweisanzeichen als Indizien im Nachweisbereich *relativer Fahrunsicherheit* herangezogen werden (Rn. 25, Stu DAR **04**

409; BA **10** 139; LK-StGB/*König* aaO), wobei den digitalen Atemtestgeräten naturgemäß höherer Beweiswert zukommt als dem Alcoteströhrchen. Erst recht gilt das für die Ergebnisse einer „beweissicheren" Atemalkoholanalyse (insoweit wohl auch Nau ZfS **01** 135; NStZ-RR **01** 105). Für die **„beweissichere" Atemalkoholanalyse** besteht ferner Einigkeit, dass „absolute Fahrunsicherheit" derzeit *nicht* aus dem Erreichen des nach BGA-G „Atemalkohol" einer BAK von 1,1‰ entsprechenden AAK-Werts von 0,55 mg/l hergeleitet werden kann (s. aber *Birngruber ua* BA **12** 1 und *Haffner/Dettling* BA **15** 233 (0,59 mg/l)). Denn AAK-Werte sind *nicht in BAK-Werte konvertierbar* (§ 24a Rn. 16; BGH NJW **01** 1952, Nau ZfS **01** 135 BGA-G „Atemalkohol" S. 32f., 1; LK-StGB/*König* § 316 Rn. 50, 56a), auf die die Beweisregel der absoluten Fahrunsicherheit bezogen ist. Andererseits erscheint nicht zweifelhaft, dass sich der Tatrichter grds. auch anhand einer Atemprobe vom Vorliegen einer dem Grenzwert von 1,1‰ entsprechenden Alkoholisierung die erforderliche richterlichen Überzeugung verschaffen kann (*Maatz* BA **02** 28). Dafür muss der (ordnungsgemäß gemessene) AAK-Wert dem relevanten BAK-Grenzwert mit *an Sicherheit grenzender Wahrscheinlichkeit* zumindest entsprechen. Das wurde von der obergerichtlichen Rspr. trotz regelmäßiger Besserstellung des Betroffenen durch die Atemalkoholanalyse (s. etwa *Birngruber ua* BA **12** 1) **noch nicht angenommen** (Nau ZfS **01** 135 (0,82 mg/l), NStZ-RR **01** 105 (0,94 mg/l) mzustAnm. *Scheffler* BA **01** 192, LG Dessau DAR **00** 538 (0,94 mg/l), AG Magdeburg ZfS **00** 361, AG Klötze DAR **00** 178; aM *Schoknecht* BA **00** 165). Ein Beweisverwertungsverbot bejaht wenig überzeugend LG Freiburg NZV **09** 614 für den Fall fehlender Belehrung über die Freiwilligkeit des Atemtests (hierzu mwN § 24a StVG Rn. 16). Zu Atemtest und Schuldfähigkeit Rn. 88.

Zumindest die durch die Rspr. an den Tag gelegte Rigorosität vermag freilich nicht zu über- **53** zeugen. Nach den Ergebnissen zweier groß angelegter Feldstudien sind die Entsprechungen gem. BAG-G „Atemalkohol" auch im „strafrechtlichen" Konzentrationsbereich ebenso bestätigt worden wie die regelmäßige Bevorzugung des eine Atemprobe abgebenden Probanden (*Slemeyer ua* NZV **01** 281; *Schoknecht* BA **02** 308 (je 1.166 Messwertpaare AAK/BAK); *Slemeyer/Schoknecht* Länderstudie 2006 BA **08** 49 (2.636 Datensätze); s. auch *Haffner/Graw* NZV **09** 209 sowie Rn. 52). Unverständlich erscheint ungeachtet dessen, wenn Nau NStZ-RR **01** 105 sogar eine AAK von 0,94 mg/l (was einer BAK von 1,9‰ nahe kommt) nicht ausreichen lässt, wobei der rechtsmedizinische Sachverständige – angesichts des Vorstehenden überraschend – mit einer Wahrscheinlichkeit von (nur) 99,63% festzustellen vermochte, dass der Wert mindestens einer BAK von 1,1‰ entspricht (krit. auch *Maatz* BA **02** 21, Fn. 42; hingegen *Janker* DAR **09** 1: mindestens 99,9%). Zur Zeitersparnis beim Atemtest versus Blutentnahme *Roju ua* BA **14** 1.

Teils sehr strikt gegen die Heranziehung von AAK-Werten zur Feststellung absoluter Fahrsi- **54** cherheit sind ein Teil des juristischen (*Hentschel* BA **02** Sup 2, S. 18, *Scheffler* ebd. S. 37, *Hillmann* ebd. S. 32; *Sandherr* NZV **16** 6; *Franke* BA **16** Sup 3) sowie nahezu das gesamte rechtsmedizinische Schrifttum (vgl. Gemeinsame Stellungnahme in BA **08** 249; *Eisenmenger* BA **02** Sup 2, S. 29; *Krause ua* BA **02** 5, gegen sie *Schoknecht ua* BA **02** 252 mit wenig überzeugender Erwiderung *Krause ua* BA **02** 257; *Urban* BA **16** Sup 10; zur rechtsmedizinischen Kritik erg. § 24a Rn. 17). Geltend gemacht wird ua, dass anerkannte Erfahrungswerte sowohl über die stochastische Abhängigkeit des Gefährlichkeitsgrads alkoholbeeinflusster FzF von der Höhe der *AAK* als auch auf Grund experimenteller Untersuchungen im Fahrversuch fehlen (*Wilske* DAR **00** 19, s. auch *Maatz* BA **01** 47, **02** 24). Freilich beruht das BAG-G 1966 wesentlich auf der Grand Rapids Study, die auf einer Umrechnung von AAK-Werten in BAK-Werte basiert und im BGA-G „zur Begründung der Grenze der sog. absoluten Fahruntüchtigkeit berücksichtigt" worden ist (vgl. BA **74**, Suppl 1, S. 3). Die Innenministerkonferenz hat sich erneut für die Verankerung der Atemalkoholanalyse im Strafverfahren ausgesprochen (BA **08** 47), was entgegen dortigen Ausführungen aber nicht über eine Änderung der einschlägigen VwV möglich wäre, sondern nur durch Normierung von „strafrechtlichen" AAK- und BAK-Werten, die beträchtliche gesetzgeberische Probleme aufwerfen würde (LK-StGB/*König* Rn. 15b, 15c; *König* Schöch-F S. 587; s. auch *Laschewski* NZV **09** 1). Die Justizministerkonferenz hat widersprochen (BA **08** 251). Der 47. VGT hat sie abgelehnt (NZV **09** 126). Der IMK-Beschluss vom 27./28.5.10 (BA **10** 345) unternahm einen neuen Vorstoß, der jedoch zu nichts geführt hat (s. auch *Mußhoff* BA **14** 305, *Krüger* BA **14** 321, *Wendt* BA **15** 18). Der 54. VGT 2016 (bei *Wehrl* DAR **16** 126) hat sie (abermals) abgelehnt (s. einerseits ablehnend *Focken* BA **16** 20; *Franke* BA **16** Sup 3; *Urban* BA **16** Sup 10; andererseits befürwortend *Lühmann* BA **16** Sup 8; *Hans* BA **16** Sup 14; weiterführend *Slemeyer* BA **16** 239).

Hinsichtlich der Frage einer **Rückrechnung der AAK** ist der von der BAK-Kurve abwei- **55** chende Verlauf der AAK-Kurve (exponentieller Verlauf) zu berücksichtigen (*Bilzer/Hatz* BA **98**

322). Sie ist nach derzeitigem Stand wohl nicht zuverlässig möglich, weil die Erfahrungen anhand des Blutalkohols gewonnen wurden (Gesellschaft für Rechtsmedizin ua BA **08** 249).

55a   **Literatur:** *Bönke, Heifer, Maatz, Hentschel, Slemeyer, Hillmann, Scheffler,* Atemalkoholanalyse bei Verkehrsstraftaten?, BA **02** Supplement 2, S. 7–37 (Symposium 2002). *Krause u a,* Thesen zu den naturwissenschaftlichen Grundlagen eines strafrechtsrelevanten Atemalkoholgrenzwertes, BA **02** 2 (Entgegnung *Schoknecht ua* BA **02** 252 und Erwiderung *Krause ua* BA **02** 257). *Maatz,* Atemalkoholmessung – Forensische Verwertbarkeit und Konsequenzen aus der AAK-Entscheidung des BGH, BA **02** 21. *Schoknecht,* Qualitätsvergleich von Atem- und Blutalkoholbestimmungen im Ordnungswidrigkeiten- und Strafrechtsbereich, BA **02** 8. *Slemeyer/ Arnold/Klutzny/Brackemeyer* Blut- und Atemalkohol-Konzentration im Vergleich …, NZV **01** 281, *Slemeyer/ Schoknecht* Beweiswert der Atemalkohol-Analyse im strafrechtlich relevanten Konzentrationsbereich – Länderstudie 2006 –, BA **08** 49.

56   **9. Die Harnalkoholkonzentration** lässt einen hinreichend sicheren Rückschluss auf eine bestimmte BAK wohl nicht zu (BGA-G 1955 S. 30 f.; LK-StGB/*König* Rn. 58 mwN, abw., „unter günstigen Umständen“, *Klug/Hopfenmüller, Schmidt-F* 1983, S. 229). In der Praxis spielt die HAK als alleiniges Beweismittel für den Nachweis „absoluter“ Fahrunsicherheit keine Rolle. Als Beweisanzeichen im Nachweisbereich „relativer“ Fahrunsicherheit darf sie jedoch herangezogen werden. Letzteres gilt auch für einen etwaigen **Alkoholgehalt im Speichel** (hierzu LK-StGB/ *König* Rn. 59 mwN; zu guten Ergebnissen *Neumann ua* BA **20** Sup I S. 7). Zur HAK bei der Überprüfung von Nachtrunkbehauptungen Rn. 44. Zum Potential einer transdermalen (per „Fingerabdruck“) Bestimmung der Alkoholkonzentration *Hengfoss ua* BA **12** 233.

57   **10. Andere berauschende Mittel** sind solche, *die zentralwirksame Wirkstoffe enthalten und eine dem Alkohol vergleichbare Wirkung (Psychose) auszulösen vermögen* (näher Rn. 8). Umfasst sind namentlich illegale Drogen (Rn. 58 ff.) und rauschmittelhaltige Medikamente (Rn. 60 ff.). Als relativ neues Phänomen treten „Legal Highs“ hinzu (Rn. 62a).

58   **a)** Übersicht über die wichtigsten **illegalen Drogen** und deren Wirkung: LK-StGB/*König* Rn. 144 ff., *Berr/Krause/Sachs* Rn. 22 ff. Unter den illegalen Drogen steht **Cannabis** epidemiologisch im Vordergrund. Es ist berauschendes Mittel (Kö NZV **90** 439, Bay NZV **94** 285, Dü NZV **94** 326), verschlechtert das Fahrverhalten erheblich (Bay DAR **90** 366, *Berr/Krause/Sachs* Rn. 26 ff., *Drasch ua* BA **06** 441) und kann zur Fahrunsicherheit führen (BVerfG NJW **02** 2379, **02** 2381). Cannabis verlängert und stört die Reaktionen, die Lenkautomatismen und verändert die Umweltwahrnehmungen ungünstig (vgl. RegE zu § 24a StVG; abgedruckt dort Rn. 4; *Daldrup ua* BA **87** 144, *Wirth/Swoboda* ZfS **04** 57), kann zur Beeinträchtigung der intellektuellen und motorischen Fähigkeiten (*Kannheiser* NZV **00** 62) sowie der Aufnahmefähigkeit der Sinnesorgane führen, etwa mit der Folge von Fehleinschätzung von Geschwindigkeiten und Entfernungen, zur Verschlechterung der Hell-Dunkel-Anpassung der Augen, aber auch zu Sorglosigkeit, Übersteigerung des Leistungsgefühls und Verkennung von Gefahrsituationen (vgl. § 24a StVG Rn. 4). Der Forschungsstand namentlich über die Dosis-Wirkungsbeziehungen ist nicht konsolidiert, was vor allem darauf zurückzuführen ist, dass experimentellen Studien Grenzen gesetzt und die Auswirkungen von einer Vielzahl von Faktoren abhängig sind. Teils wird angenommen, dass sich die Leistungsminderung mit steigender Dosis verstärkt (*Berghaus* BA **02** 325; *Möller ua* BA **06** 361) und sich die deutlichste Leistungsminderung bei Inhalation in der ersten Stunde nach Rauchbeginn zeige (*Berghaus* BA **02** 326). Andere Studien sprechen dafür, dass leistungsrelevante Ausfälle vor allem in der Spätphase bei bereits niedrigen THC-Konzentrationen eintreten (*Drasch* ua BA **06** 441; *Eisenmenger* NZV **06** 24; *Berr/Krause/Sachs* Rn. 517). Eine wesentliche Rolle spielt dabei der Umstand, ob es sich bei dem Betreffenden um einen Gelegenheits- oder Dauerkonsumenten handelt (*Daldrup* BA **08** Heft Nr. 4 Supplement S. 2, BA **11** 72, *Kauert* BA **08** Heft Nr. 4 Supplement S. 16). Zu aggressivem Verhalten nach Cannabisaufnahme *Toennes ua* BA **13** 213. Aus der Vielzahl der Studien wird man aber jedenfalls das Fazit ziehen können, dass die von manchen propagierte Behauptung von der Ungefährlichkeit von Cannabis für die Verkehrssicherheit unrichtig ist (*Berr/Krause/Sachs* Rn. 35) und dass die Wirkungen einschließlich der Wirkungsdauer für den FzF nicht absehbar sind, was dieser in Rechnung zu stellen hat (s. auch § 24a StVG Rn. 25b). Hingegen haben Fahrversuche bei Radfahrern keine signifikanten Ergebnisse erbracht (*Maatz ua* BA **16** 232; NZV **16** 460). Zur Aufnahme von THC durch legal erhältliche Hanfprodukte *Below ua* BA **05** 442 und durch Passivrauchen § 24a StVG Rn. 25b.

59   **Opiate** (namentlich Heroin) erzeugen einen Rauschzustand höchster Euphorie mit Gleichgültigkeit gegenüber Außenreizen, Verblassen der Sinneswahrnehmungen, Konzentrationsschwäche, Verlängerung der Reaktionszeit, Benommenheit, Pupillenverengung, die auch in der Dunkelheit bestehen bleibt (§ 24a StVG Rn. 4). Nach ca. 10 Stunden tritt ferner das Entzugssyndrom auf (näher Rn. 66; LK-StGB/*König* Rn. 158, 165). Auch Codein ist *unzweifelhaft* berauschendes Mittel (LK-StGB/*König* § 316 Rn. 142, 146, 176; *Weber* BtMG vor § 29 Rn. 1402; aM ohne Begr Kö NZV **91** 158; *Hentschel/Krumm* Rn. 132). Der **Kokainrausch** ist gekennzeichnet durch Euphorie, eingeschränkte Kritikfähigkeit, erhöhte Risikobereitschaft, Enthemmung, Halluzinationen und Wahnvorstellungen (§ 24a StVG Rn. 4). Zu den Auswirkungen von „**Ecstasy**" BGHSt **42** 255, 263 ff., *Berr/Krause/Sachs* Rn. 38 ff., 47 ff., 54. Verbreitet anzutreffen und jedenfalls in Überdosierung und mit Beigebrauch konsumiert die Fahrsicherheit aufhebend ist das Substitutionsmittel **Methadon** (LK-StGB/*König* Rn. 145a mwN). Zur Entwicklung der Unfallzahlen nach Fahrten unter dem Einfluss illegaler Drogen Bundesregierung in BT-Drs. 16/2264 S. 2 f.

b) Tatbestandsrelevant sind im Zusammenwirken mit Alkohol und illegalen Drogen oder für **60** sich allein auch **Rauschmittel enthaltende Medikamente.** Trotz Bedenken der medizinischen Wissenschaft, inwieweit fahrsicherheitsrelevante Medikamente in „berauschende" und „nicht berauschende" unterschieden werden können (*Schewe* BA **81** 265), gilt die Begriffsdefinition des berauschenden Mittels (Rn. 8, 57) auch für sie (*Janiszewski* NStZ **81** 471).

aa) In flüssiger Form aufgenommene **alkoholhaltige Medikamente** dürften nach dem **61** Wortsinn des „Getränks" als „trinkbare Flüssigkeit" dem Merkmal des „alkoholischen Getränks" und damit der *alkoholbedingten Fahrunsicherheit* zuzuordnen sein (LK-StGB/*König* Rn. 167 mwN, aM aber BReg in BT-Drs. 16/5047 S. 9, hierzu § 24c StVG Rn. 8). Jedenfalls (auch bei Darreichung in sonstiger Form) liegt unzweifelhaft ein berauschendes Mittel vor. Relevante BAK-Werte werden durch Aufnahme solcher Medikamente (zum Alkoholgehalt von Hustenmitteln BA **74** 54) idR aber nicht aufgebaut (LK-StGB/*König* Rn. 219), weswegen es zumeist um Mischintoxikationen gehen wird. Mitwirkung von Medikamenten beseitigt dabei ursächlichen Zusammenhang zwischen Alkoholgenuss und Rausch nicht, weswegen alkoholbedingte Fahrunsicherheit gegeben ist (Ha BA **78** 454). Bei nur 0,16‰ BAK ist die Annahme eines Alkohol- bzw. Medikamentenrausches aber besonders zu begründen (Kö BA **77** 124). Das Zusammenwirken von Alkohol und Medikamenten kann durch Verstärkung der Alkoholwirkung, durch Bewirken von Alkoholunverträglichkeit oder durch Verzögerung des Alkoholabbaus gekennzeichnet sein und kann auch dann eine wesentliche Rolle spielen, wenn der Alkoholgenuss viele Stunden nach Medikamenteneinnahme erfolgt (LK-StGB/*König* Rn. 134).

bb) Beispiele für Medikamente mit (anderen) Rauschmittelwirkstoffen (umfänglich **62** LK-StGB/*König* Rn. 167 ff., *Berr/Krause/Sachs* Rn. 102 ff., s. auch *Focken/Püschel/Iwersen-Bergmann* SVR **15** 201) sind vor allem Hypnotika/Sedativa aus der Wirkstoffgruppe der *Benzodiazepine* bzw. (heute weniger relevant) der *Barbiturate,* jedoch auch opioidhaltige starke Analgetika (zB Dolantin, Fortral, Tilidin, Tramal, Valoron, hierzu *Berr/Krause/Sachs* Rn. 133). Nach einer Vielzahl epidemiologischer Studien ist vor allem der Konsum von Benzodiazepinen durch FzF von einer erheblichen, an die Verbreitung von Cannabis heranreichenden Relevanz, wobei verbreitet Mischkonsum mit anderen Rauschmitteln (v. a. Opiaten) gegeben ist; auch das Substitutionsmittel *Methadon* wird häufig missbraucht (s. die Nw bei LK-StGB/*König* Rn. 145a, 170). Aus der Rspr: das Schlafmittel Mandrax (Dü VM **78** 84), Dolviran (Ko VRS **59** 199), Valium (und Alkohol, Ha BA **70** 82, VRS **42** 281), Phanodorm (KG VRS **19** 111), Captagon (LG Kö BA **81** 472), Bromazepamhaltige Mittel (zB Normoc, Lexotanil, Ce VM **86** 29, Bay NZV **90** 317, LG Kö BA **85** 473), Appetitzügler „Antiadipositum X 112 T" (Wirkstoff Norpseudoephedrin; LG Freiburg BA **07** 183). Zu Clotiazepam *Bartel* ua BA **18** 273. Zum Zusammenwirken mit Alkohol und illegalen Drogen: LK-StGB/*König* Rn. 134, 147. Zu nennen sind ferner die cannabishaltigen Medikamente Sativex, Canemes, MarinolTM, CesametTM (dazu BA **17** 246). Eine Medikamentenklausel entspräche § 24a II StVG (dort Rn. 22) existiert im Rahmen des § 316 nicht; demgemäß schließt ärztliche Verordnung etwa auch von „Medizinalhanf" eine Strafbarkeit nach § 316 nicht aus (§ 24a StVG Rn. 22; LK-StGB/*König* Rn. 166).

c) Legal Highs (neue psychoaktive Stoffe – NpS). Unter diesen Begriff fallen zentral- **62a** wirksame Zubereitungen, die als Kräutermischungen, Lufterfrischer, Aquarienreiniger, Dünger oder Badesalze bzw. als „Research Chemicals" namentlich im Internethandel, auch in Internetforen vertrieben und zwecks eigener Berauschung eingenommen werden (*Mußhoff* BA **14** Sup II S. 17) und ua synthetische Cannabinoide oder Cathinonderivate enthalten. Derartige Rauschmittel sind zT in die Anl zum BtMG aufgenommen und dann BtM, zT sind sie vom NpSG erfasst. Nach verbindlicher Auslegung des EuGH sind sie keine Funktionsarzneimittel iSv § 2 I Nr. 2 AMG und unterfallen dem AMG deshalb nicht (EuGH NStZ **14** 461 (mablAnm *Patzak/Volkmer/Ewald*) auf Vorlage von BGH NStZ-RR **14** 180 und BGH, NStZ-RR **14** 182; StV **17** 325; s. auch BGH StV **15** 177). All dies lässt unberührt, dass sie, sofern sie zentral wirksam sind, berauschende Mittel iS des § 316 darstellen (Rn. 8; *Pfister* BA **14** Sup II S. 18; *Daldrup* BA **17** Sup II S. 3; *Laub* BA **17** Sup II S. 10). Rspr. im Verkehrsstrafrecht existiert bislang soweit ersichtlich nicht.

63   **d) Keine „absolute" Fahrunsicherheit.** Nach derzeitigem Wissensstand lassen sich für illegale Drogen und Medikamente sowie für NpS keine Beweisgrenzwerte für absolute Fahrunsicherheit begründen (BGHSt **44** 219 = NJW **99** 226 (Heroin, Kokain), zust *Berz* NStZ **99** 407, abl *Schreiber* NJW **99** 1770; BGH NZV **00** 419, NStZ **01** 245 (Benzodiazepine), NStZ **12** 324 (Kokain); NZV **15** 562; Bay NZV **97** 127, Dü DAR **99** 81 (Amphetamin) mAnm *Hentschel* JR **99** 476, Fra NZV **92** 289 (Heroin), NStZ-RR **02** 17, Ha BA **04** 264, Kö NZV **90** 439, zust *Trunk* NZV **91** 258, Mü NZV **06** 275, Zw VRS **106** 288, LK-StGB/*König* Rn. 148, 175, *Pluisch* NZV **99** 5, *Friedel/Becker* VGT **99** 97, *Maatz* BA **04** H 2, Supplement 1 S. 9, **aM** AG Moers BA **04** 276 (über 30 ng/ml THC und „CIF-Wert" (= Cannabis Influence Factor) von über 10, konkret: 30); AG Greifswald BA **07** 43 (CIF von 10 entspreche 1,1‰), AG Mü BA **93** 251 (abl *Maatz* BA **95** 103); uU LG Freiburg BA **07** 183, 186 (Zusammenwirken aufputschenden Appetitzüglers mit Kaffee, Cola, s. Rn. 67); aM auch *Salger* DAR **94** 437 f. (bei sog „harten" Drogen Nullwert sowie bei Haschisch mit mindestens 0,3‰ BAK), *Nehm* DAR **93** 378, *Daldrup* BA **94** 394). Die im Rahmen des § 24a II StVG von der Grenzwertkommission entwickelten analytischen Grenzwerte (s. dort Rn. 21a, 21b) enthalten keine Aussage über die Dosis-Blutkonzentrations-Wirkungs-Beziehung, weswegen ihre Überschreitung keinen zuverlässigen Rückschluss auf Fahrunsicherheit zulässt (BGH NStZ **11** 324, LG Berlin NZV **12** 397; aM AG Tiergarten in Berlin BA **10** 248 (beim 4,6-Fachen des analytischen Grenzwerts für Kokain); abl. *König/Seitz* DAR **10** 361, AG Tiergarten BA **12** 48, abl. *König/Seitz* DAR **12** 361). Entsprechendes gilt für Entzugserscheinungen (Rn. 66; BGH NZV **08** 528, *König* NZV **08** 492). Zum CIF-Wert *Berr/Krause/Sachs* Rn. 193 ff. Zu Drogengrenzwerten, teils auch de lege ferenda, *Daldrup, Eisenmenger, Kauert, Mattern, Bönke, Maatz,* jeweils BA **08** Nr. 4 Supplement sowie – auch zur damit verbundenen Besserbehandlung der Konsumenten illegaler Drogen *König* Schöch-F S. 587.

64   **e)** Bei illegalen Drogen, rauschmittelhaltigen Medikamenten und Legal Highs sind die Grundsätze zur **(relativen) Fahrunsicherheit** (Rn. 22 ff.) heranzuziehen. Voraussetzung für die Annahme der Fahrunsicherheit sind deshalb weitere Beweisanzeichen, wobei wie dort Fahrfehlern die größte Bedeutung zukommt. Jedoch können auch sonstige Ausfallerscheinungen im Leistungsverhalten des FzF für die Annahme von Fahrunsicherheit ausreichen (Bay NZV **97** 127, Zw VRS **106** 288, *Haase/Sachs* DAR **06** 61). Die Rspr. erscheint weiterhin nicht konsolidiert. Namentlich ist es zumindest missverständlich, wenn gelegentlich formuliert wird, bei der Pupillenweitstellung und weiteren Ausfällen handele „es sich lediglich um Beeinträchtigungen, die auf die Wirkung des Haschisch auf das zentrale Nervensystem zurückzuführen ... und als typische Anzeichen für Haschischgenuss anzusehen" seien, weswegen sich aus ihnen nichts für die Beurteilung der Fahrsicherheit ableiten lasse (zB Dü NJW **94** 2428, 2429; Sa DAR **11** 95 mAnm *König*). Denn selbstverständlich sind es gerade die drogentypischen Störungen, die im Rahmen des Indizienbeweises heranzuziehen sind; jedoch muss Fahrunsicherheit konkret festgestellt sein (LK-StGB/*König* Rn. 162, zust *Maatz* BA **06** 451, 458; s. auch BGH NZV **15** 562). Zu den relevanten Kriterien s. auch *Haase/Sachs* DAR **06** 61; NZV **08** 221.

65   **aa)** Wie bei der BAK (Rn. 22, 24) sind nach der Rspr. an das Ausmaß der erforderlichen zusätzlichen Beweisanzeichen umso geringere Anforderungen zu stellen, je höher die im Urteil festzustellende Wirkstoffkonzentration ist (BGH NJW **99** 226). Jedoch ist im Hinblick auf Befunde, wonach bei Cannabiskonsum besonders die Spätphase mit niedrigen THC-Konzentrationen zu gravierenden Leistungsausfällen führt (Rn. 58), Vorsicht geboten. Der CIF-Wert (dazu Rn. 63) kann nach *Jn* StraFo **07** 300 indizielle Bedeutung im Rahmen der Beurteilung „relativer" Fahrunsicherheit entfalten. Pupillenerweiterung oder -verengung können *für sich allein* neben der festgestellten drogenbedingten Wirkstoffkonzentration die Annahme von Fahrunsicherheit nicht rechtfertigen, sondern nur konkrete darauf beruhende **Sehbeeinträchtigungen** (BGHSt **44** 219 = NZV **99** 48 m Bspr *Schreiber* NJW **99** 1770, s. auch Rn. 67 f., *Maatz* BA **04** H 2, Supplement 1 S. 10, *Athing* BA **02** 99). Zw NZV **05** 164 lässt verzögerte Pupillenreaktion wegen daraus resultierender, konkret festgestellter Blendempfindlichkeit bei hoher Wirkstoffkonzentration als zusätzliches Beweisanzeichen für Fahrunsicherheit ausreichen (zust *König/Seitz* DAR **06** 121, s. auch *Scheffler/Halecker* BA **04** 429 f.), gleichfalls Sa BA **15** 219 m Bspr. *König* DAR **16** 363 f. bei verzögerter Pupillenreaktion iVm deutlichem Schwanken nach dem Aussteigen, unsicherem, staksigen und wackligem Gang, verzögertem Antwortverhalten; weiterer Feststellungen zu konkreten Sehbeeinträchtigungen bedürfe es nicht (24 ng/ml!)).

bb) Es existiert **keine wissenschaftlich abgesicherte Untergrenze,** unterhalb derer relati- **66** ve Fahrunsicherheit nicht in Betracht käme. Dies gilt schon deswegen, weil die Dosis-Wirkungsbeziehungen weitgehend unerforscht sind und für die Vielzahl der existenten Drogen wohl auch unerforschbar bleiben wird (Rn. 63). Demgemäß ist die Annahme von Fahrunsicherheit nicht ausgeschlossen, wenn der Wirkstoffbefund bei den von § 24a II StVG betroffenen Drogen unterhalb der analytischen Grenzwerte (dazu § 24a StVG Rn. 21, 21a) liegt (vgl. LG Mü I BA **06** 43) oder kein Wirkstoffbefund mehr nachweisbar ist (LK-StGB/*König* Rn. 156 ff.). ZB bei Cannabis werden gerade für die Spätphase gravierende Leistungsausfälle festgestellt (Rn. 58). Mangels eines Erfahrungssatzes, dass (relative) Fahrunsicherheit bei einer THC-Konzentration von 2 ng/ml nicht eintreten könne, muss der sachverständig beratene Tatrichter einem diesbezüglichen Beweisantrag zu einer vereinzelten Lehrmeinung nicht nachgehen (Mü NZV **06** 275). **Entzugserscheinungen** sind jedenfalls dann der *rauschmittelbedingten* Fahrunsicherheit zuzurechnen, wenn die durch den aktuellen Drogenkonsum ausgelöste Rauschwirkung und das Entzugssyndrom, wie namentlich nach Heroinkonsum, untrennbar ineinander übergehen (LK-StGB/*König* § 316 Rn. 158, *König* NZV **08** 492; zust Schönke/Schröder/*Hecker* Rn. 5; **aM** (nur nach § 315c I Nr. 2b strafbar; Problem aber nicht erörtert) BGH NZV **08** 528 m Bspr *König* NZV **08** 492). Hingegen sind die körperlichen und geistigen Verfallserscheinungen der **Drogen-abhängigkeit** nur § 315c I Nr. 2b zuzurechnen (§ 315c Rn. 5; LK-StGB/*König* Rn. 165; insoweit auch BGH NZV **08** 528). Gleiches dürfte für den „Hangover" („Kater") nach massivem Alkoholkonsum bei schon vollständigem Alkoholabbau zu gelten haben (§ 315c Rn. 5).

cc) Fahrunsicherheit wurde bislang angenommen (s. schon Rn. 65 zu Sehbeeinträchti- **67** gungen) bei verbotswidrigem Wenden iVm nach der Tat festgestellten Auffälligkeiten (Bay NJW **97** 1381 (Haschisch)) sowie bei nicht anders als durch Drogeneinfluss erklärbaren abrupten Lenkbewegungen (AG Mü BA **93** 251 (Haschisch)). *Ohne Auffälligkeiten im Fahrverhalten:* bei erheblichen Ausfallserscheinungen im Nachtatverhalten (BGH v. 18.1.94, 4 StR 650/93 (wohl Haschisch, Heroin und Codein), BGH NZV **15** 562 (Konzentrationsstörungen, verlangsamte Koordination, verwaschene Sprache und schläfriger Zustand bei der polizeilichen Kontrolle sowie gestörtes Zeitempfinden beim klinischen Befund); Mü NZV **06** 275, Bay BA **02** 392 (Ecstasy, hoher Wirkstoffgehalt); Bay BA **02** 394, LG Mü I BA **06** 43, LG Sa BA **04** 472 (Konsum von 3 bis 4 Joints Haschisch, 2 Tabletten Ecstasy, BAK 0,05‰)). Fahrunsicherheit ist ferner angenommen worden nach überdosierter Einnahme eines Appetitzüglers (Antiadipositum X 112 T) iVm Koffein sowie deutlichen Ausfallserscheinungen beim Fahren (Schlangenlinien, unmotiviertes Abbremsen) und Auffälligkeiten im Nachtatverhalten (LG Freiburg BA **07** 183; das allerdings fälschlich von „absoluter" Fahrunsicherheit spricht, Rn. 63). Weitere Nw LK-StGB/*König* Rn. 164.

Fahrunsicherheit wurde bislang abgelehnt bei Apathie, Müdigkeit, Schläfrigkeit und ver- **68** waschener Aussprache, weil im konkreten Fall nicht typische Auswirkung der aufgenommenen Substanzen (LG Stu NZV **96** 379, 380), Pupillenweitstellung (Mydriasis; Dü NJW **93** 2390; Fra NStZ-RR **02** 17), auch iVm schnellem Start, Geschwindigkeitsverstoß, schweißnasser Haut und nicht spezifizierten Stimmungsschwankungen (KG v. 20.2.02, (3) 1 Ss 32/02, juris (THC 1,8 ng/ml)), mit „verzögertem Aufnahmevermögen", „schleppender" Sprache (Dü NJW **94** 2428), Unruhe (Ha BA **04** 264 (BAK 0,25‰, Amphetamin 114 ng/g)), Unsicherheiten bei Finger-Finger-Probe (LG Krefeld NZV **93** 166), Pupillenengstellung allein (Miosis; BGHSt **44** 219, dazu Rn. 65), Sehstörungen auch nicht iVm Lidflattern, verlangsamtem Denkablauf, stumpfer Stimmung, verwaschener Sprache beim klinischen Befund (Sa BA **04** 72 (0,087 mg/l Morphin, 0,024 mg/l Benzoylecgonin, Codein, Methylecgonin); abl *Heinke* BA **04** 241), „Pupillenveränderung", auch nicht iVm Unkonzentriertheit, Gleichgewichtsstörungen (Ko BA **06** 231), Sprunghaftigkeit im Denkablauf, übersteigertem Bewegungsdrang und Umtriebigkeit bei niedrigem THC-Wirkstoffnachweis (0,95 ng/ml) und unauffälligem klinischen Befund (Zw NStZ-RR **04** 149), mit „sehr schläfrigem" Verhalten, zögerlichen Reaktionen und Äußerung von Selbstmordabsichten, Stimmungsschwankungen „von Minute zu Minute zwischen aggressiv, aufgedreht lustig und weinerlich depressiv" (Zw DAR **03** 431; hiergegen zutr. Anm *Rittner* BA **03** 323), einer „auf Schätzungen beruhende Pupillenstarre" bei „sehr niedrigem" THC-Befund (17,3 ng/ml!) iVm Geschwindigkeitsverstoß (LG Br BA **05** 258), Wirkstoffbefund iVm Nichteinschalten des Lichts bei Dunkelheit (Hb BA **18** 251). Weitere Nw LK-StGB/*König* Rn. 164a; krit zur Rspr. *König* Schöch-FS 587.

Literatur: Berr/Krause/Sachs, Drogen im StrVRecht, (2007). *Drasch ua,* Absolute Fahruntüchtigkeit unter **68a** der Wirkung von Cannabis ..., BA **03** 269. *Gerchow,* „Andere berauschende Mittel" im Verkehrsstrafrecht, BA **87** 233. *Janiszewski,* Andere berauschende Mittel, BA **87** 243. *Joó,* Einfluß von Alkohol und Medikamenten auf die VSicherheit, arzt + auto **81** H 8 S. 2. *Kemper,* Psychopharmaka im StrV, DAR **86** 391. *König* Sind die „Trunkenheitsdelikte" reformbedürftig, Schöch-F S. 587; *Krüger,* Alkohol: Konsum, Wirkungen, Gefahren für die VSicherheit, ZVS **92** 10. *Lockemann/Püschel,* Veränderungen straßenverkehrsrelevanter vestibulärer Reaktionen bei 0,4 Promille, BA **97** 241. *Maatz,* Arzneimittel und VSicherheit, BA **99** 145. *Ders,* Grenzwerte bei Drogen oder Alternativen, BA **04** H 2, Supplement 1 S. 9. *Ders,* Fahruntüchtigkeit nach Drogenkonsum, BA **06** 451. *Maatz/Mille,* Drogen und Sicherheit des StrV, DRiZ **93** 15. *Mettke,* Drogen im Straßenverkehr (2000). *Dies,* Die strafrechtliche Ahndung von Drogenfahrten ..., NZV **00** 199. *Möller,* Drogenerkennung im Straßenverkehr, BASt-Bericht M 96 (1998); *Müller ua* Cannabis im Straßenverkehr, BASt-Bericht M 182 (2006). *Nehm,* Abkehr von der Suche nach Drogengrenzwerten, DAR **93** 375. *Salger,* ... Einnahme von Psychopharmaka – ihr Einfluß auf die Fahrtüchtigkeit und Schuldfähigkeit DAR **86** 383. *Ders,* Drogeneinnahme und Fahrtüchtigkeit, DAR **94** 433. *Salger/Maatz,* Zur Fahruntüchtigkeit infolge der Einnahme von Rauschdrogen, NZV **93** 329. *Scheffler/Halecker,* Die Problematik der Beweiswürdigung bei drogenbedingter Fahrunsicherheit i. S. d. § 316 StGB, BA **04** 422. S. auch die NW in Rn. 63 aE. Älteres Schrifttum s. 39. Aufl.

69   **11. Verhaltensbeurteilung.** Neben dem ermittelten Maß der Intoxikation mit Rauschmitteln gibt es medizinisch nur schwer erfassbare weitere Beurteilungsfaktoren. Zu den relevanten Beweisanzeichen im Nachweisbereich „relativer" Fahrunsicherheit s. zunächst Rn. 22 ff. Zu etwaigen Täuschungen vor Absolvierung einschlägiger Tests Ce DAR **18** 384 m Bspr *König* DAR **18** 371.

70   **a) Der sog klinische Befund** des die Blutprobe entnehmenden Arztes ist nach der Rspr. von eher geringem Wert (Sa VRS **102** 120). Er hängt weitgehend von der Übung des Arztes ab (*Heifer* BA **63/64** 256). Nach *Rasch* BA **69** 129 wird die Befunderhebung überwiegend durch die persönlichen Maßstäbe des Untersuchers bestimmt. *Penttilä ua* BA **71** 99 stellten fest, dass ein Arzt 80% der von ihm untersuchten Personen als zum Teil sogar stark unter Alkoholeinfluss stehend beurteilt hat, bei denen die Blutuntersuchung nur 0,00 bis 0,15‰ ergab (hierzu LK-StGB/*König* Rn. 121). Nach Hb MDR **74** 772 ist die klinische Trunkenheitsbeurteilung wegen „absoluter Subjektivität" unbrauchbar. Man wird indessen den klinischen Befund mit der gebotenen Vorsicht und Zurückhaltung mitberücksichtigen dürfen (Sa VRS **102** 120, Ha BA **80** 171, 172, VRS **37** 35), wenn sorgfältig geprüft wurde, ob die Tests von einem geübten Arzt durchgeführt wurden, um welche Art von Tests es sich handelte und wie sie vorgenommen wurden. Bei möglicher Fahrunsicherheit nach Drogenkonsum kommt dem klinischen Befund derzeit eine nicht geringe Relevanz zu (Rn. 65, 67 f.). Der Arzt ist ggf. als Zeuge zu vernehmen (Ha BA **80** 171, 172). Negativer klinischer Befund ist kein Argument für Fehlen alkoholischer Beeinflussung (Ha NJW **69** 570, BA **63/64** 236, *Schmidt ua* BA **04** 7 (Scheinernüchterung)). Selbst erhebliche Unterschiede zwischen dem Ergebnis der Blutuntersuchung und klinischem Befund führen nicht zum Erfordernis besonderer Überprüfung des ermittelten BAK-Werts (Ha NJW **69** 570). Bei **extremen** Diskrepanzen muss allerdings der Möglichkeit eines Fehlers nachgegangen werden (Ha NJW **69** 570).

71   **b)** Verlängerter **Drehnachnystagmus** rechtfertigt allein nicht die Feststellung von Fahrunsicherheit (Kö NJW **67** 310, VRS **65** 440, Zw VRS **66** 204 mAnm *Heifer* BA **84** 535). Soweit ein sog „grobschlägiger" Drehnachnystagmus als zusätzliches Indiz in Frage kommt, ist Vergleich mit dem Nüchternbefund erforderlich (Ha VRS **33** 442, BA **80** 172, Kö VRS **65** 440, Zw VRS **66** 204, ZfS **90** 33, Ko NZV **93** 444). Aber auch wenn unter Verwendung eines Elektronystagmographen ein über dem individuellen Nüchternwert liegender grobschlägiger, regelmäßiger und frequenter Nystagmus ermittelt wurde (*Heifer* BA **91** 124), folgt daraus allein nicht Fahrunsicherheit, weil insoweit wissenschaftlich abgesicherte Erfahrungssätze fehlen (Kö NJW **67** 310, aM LG Bonn NJW **68** 208). Zu berücksichtigen ist vor allem, dass ein auffällig verlängerter Drehnachnystagmus auch andere Ursachen als alkoholbedingte Schädigung haben kann (*Heifer* BA **84** 535, s. auch BGA-G S. 167). In der Rspr. ist ein solcher Befund deswegen soweit ersichtlich auch nicht als aussagekräftiges Indiz für die Annahme von Fahrunsicherheit anerkannt worden (LK-StGB/*König* Rn. 125, 126).

72   **c) Ausfallerscheinungen bei der Pupillenreaktion** allgemein (Drehnachnystagmus Rn. 71) können im Einzelfall als ein Indiz für die richterliche Überzeugungsbildung verwertet werden (Ha VRS **53** 117, 118, LK-StGB/*König* Rn. 127), dies allerdings unter der Prämisse, dass die Befunde ordnungsgemäß erhoben sind (LK-StGB/*König* Rn. 127). Zur Bedeutung der Pupillenreaktion bei drogenbedingter Fahrunsicherheit Rn. 65, 67 f.

73   **d) Der sog Romberg-Test** (Stehen mit geschlossenen Augen und parallel gestellten Füßen) wird weithin nicht als geeignetes Beweisanzeichen für (relative) Fahrunsicherheit angesehen (Sa VRS **102** 120, Kö DAR **67** 27, Ha VRS **33** 440). Allerdings können grobe Ausfallerscheinungen Indizwert entfalten (vgl. Ha VRS **53** 117 und hierzu LK-StGB/*König* Rn. 122, 123). Zu weiteren Bewegungs- und Konzentrationstests (Finger-Finger-, Finger-Nasentest usw.) LK-StGB/

König Rn. 123. Zu deren Bedeutung im Rahmen drogenbedingter Fahrunsicherheit *Haase/Sachs* DAR **06** 61. Technische Untersuchungen des Gangbildes erbringen offenbar keine spürbaren Verbesserungen (*Anders ua* BA **12** 65).

Literatur: *Gilg ua,* Alkoholbedingte Wahrnehmungsstörungen im peripheren Gesichtsfeld, BA **84** 235. **73a** *Heifer ua,* Experimentelle und statistische Untersuchungen über den alkoholbedingten postrotatorischen Fixationsnystagmus, BA **65/66** 537. *Heifer,* Untersuchungen über den Alkoholeinfluß auf die optokinetische Erregbarkeit im Fahrversuch, BA **71** 385. *Ders,* Alkoholbedingte akute Störungen der psychophysischen Leistungsverfügbarkeit und ihre verkehrsmedizinische Relevanz, BA **86** 364. *Ders,* Blutalkoholkonzentration und -wirkung, verkehrsmedizinische Charakterisierung und verkehrsrechtliche Relevanz von Alkoholgrenzwerten im StrV, BA **91** 121. *Klinkhammer/Stürmann,* Die Verwertbarkeit des Drehnachnystagmus zum Nachweis der Fahruntüchtigkeit, DAR **68** 43. *Koch,* Der klinische Befund des Blutprobeartzes in der Hauptverhandlung, NJW **66** 1154. *Penttilä ua,* Die klinischen Befunde der Trunkenheitsuntersuchung ..., BA **71** 99. *Rasch,* Wert und Verwertbarkeit der sog klinischen Trunkenheitsuntersuchung, BA **69** 129. *Richter/Hobi,* Der Einfluß niedriger Alkoholmengen auf Psychomotorik und Aufmerksamkeit, BA **79** 384. *Strohbeck-Kühner,* Alkoholinduzierte Aufmerksamkeitsstörungen ..., BA **98** 434.

12. Subjektiver Tatbestand. § 316 bedroht bei einheitlichem Strafrahmen vorsätzliches und **74** fahrlässiges Handeln mit Strafe (vgl. I, II). Es handelt sich um eine bewusste gesetzgeberische Entscheidung, die auf der Erkenntnis beruht, dass bei der Tat häufig Vorsatz und Fahrlässigkeit kaum unterscheidbar ineinander übergehen (vgl. LK-StGB/*König* Rn. 181). Vorsatz und Fahrlässigkeit müssen sich nach allg. Regeln auf sämtliche Tatumstände beziehen. Jedoch setzt der Begriff *des FzFührens* willentliches Handeln voraus, weswegen fahrlässiges Führen (zB versehentliches Inbewegungsetzen des Fz) bereits begrifflich ausgeschlossen ist (Rn. 3; zu Irrtumsfragen LK-StGB/*König* Rn. 183). Neben dem Merkmal „im Verkehr" muss namentlich der **normative Begriff der Fahrunsicherheit** vom Vorstellungsbild des Täters umfasst sein. Die Praxis verfährt in der Annahme des Vorsatzes – jedenfalls bislang – weitgehend *sehr restriktiv* (Rn. 23 ff.), was nicht selten Gegenstand von Kritik ist (*Salger* DRiZ **93** 313, *Nehm, Salger*-F S. 126, *Tolksdorf* VGT **95** 79). Jedoch liegt die spezifische Problematik darin, dass gerade die Wirkungen der Drogenintoxikation, die die Fahrsicherheit aufheben (Enthemmung, Selbstübersschätzung, Wagnisbereitschaft etc.) auch den Vorsatz in Frage zu stellen vermögen (**aM** nunmehr BGH NJW **15** 1834 m Bspr *König* DAR **15** 737 und Anm *Sandherr* NZV **15** 402). Niemand kann den Grad seiner Trunkenheit exakt beurteilen (*Heifer* k + v **72** 73). Denn Auswahl, Beachtung und Verarbeitung der Informationsdaten funktionieren nicht mehr (*Gerchow* BA **69** 405: ab 0,8‰ BAK). Nicht nur in Anbetracht der diesen Befund herausstellenden und stützenden rechtsmedizinischen Erkenntnisse (instruktiv *Eisenmenger, Salger*-F S. 623; BA **10** Supplement 3) erscheint der teils erhobene Vorwurf, die amtsgerichtliche Praxis weiche in stiller Übereinkunft mit dem Angekl. (und seinem Verteidiger) im Bestreben nach sachfremder Verfahrensbeschleunigung auf Kosten der Rechtsschutzversicherungen (die bei Verurteilung wegen Vorsatzes nach Nr. 229 ARB 2012, uU allerdings nicht vollständig, *Schneider* ZfS **08** 249, leistungsfrei werden) auf Fahrlässigkeit aus (so *Fischer* Rn. 43), nicht nachvollziehbar (näher LK-StGB/*König* Rn. 181). Trotz des einheitlichen Strafrahmens **muss die Schuldform im Tenor angegeben werden** (BGH VRS **65** 359, Sa NJW **74** 1391).

a) Vorsatz in Bezug auf Fahrunsicherheit, falls der Täter eine so gravierende Beeinträch- **75** tigung seiner Gesamtleistungsfähigkeit zumindest für möglich hält und sich bei der Fahrt damit abfindet oder billigend in Kauf nimmt, dass er den im Verkehr zu stellenden Anforderungen nicht mehr genügt (BGH NJW **15** 1834 m Bspr *König* DAR **15** 737; LK-StGB/*König* Rn. 186; s. auch Ko NZV **01** 357, Kö DAR **97** 499, Fra NJW **96** 1358). Er muss bei Fahrtantritt oder während der Fahrt gefasst sein (Bay DAR **91** 368, Ko NZV **01** 357, Dr NZV **95** 236). *Das Bewusstsein, nicht mehr fahren zu dürfen,* begründet noch nicht Vorsatz bezüglich Fahrunsicherheit (Bay DAR **84** 242, LK-StGB/*König* Rn. 187, abw *Ranft* Forensia **86** 66, *Nehm, Salger*-F S. 123; uU auch BGH NJW **15** 1834 m Bspr *König* DAR **15** 737). Denn verboten ist nach § 24a I, II StVG bereits KfzFühren ab 0,5‰ bzw. unter der Wirkung von Drogen, ohne dass damit auch im Bewusstsein des Täters bereits Fahrunsicherheit verbunden sein müsste. Soweit nicht ein Geständnis vorliegt (zB Dü VM **74** 60), muss anhand des äußeren Geschehens *(Indizienbeweis)* geprüft werden, ob Vorsatz gegeben ist (LK-StGB/*König* Rn. 190 ff.). Rechtfertigen konkrete Tatsachen die Annahme von Vorsatz, so besteht für den Tatrichter ohne konkreten Anlass keine Notwendigkeit für nachprüfbare Ausführungen zur geistigen Beschaffenheit (Intelligenz, Kritikfähigkeit) des Täters (Ce VM **81** 53, Kö DAR **87** 126, Fra NJW **96** 1358, LK-StGB/*König* Rn. 201, *Salger* DRiZ **93** 312, abw. Ha NZV **98** 334).

aa) Höhe der BAK/Trinkmenge. Es existiert kein *zwingender* Erfahrungssatz, dass ein **76** FzF ab einer bestimmten BAK mit Fahrunsicherheit zumindest rechnet (BGH NJW **15** 1834;

VRS **65** 359, Bay ZfS **93** 174, Sa BA **01** 458, Ce NZV **98** 123, Kar NZV **99** 301, Dü NZV **94** 324, **aM** Ce BA **14** 24 für Berufskraftfahrer; AG Rheine NStZ-RR **97** 87, AG Coesfeld BA **98** 319 (aufgehoben durch Ha NZV **98** 471), kritAnm *Schmid* BA **99** 262). Jedoch soll nach BGH NJW **15** 1834 ein **Erfahrungssatz mit im Einzelfall widerleglicher Aussage** existieren, wonach schon bei einer BAK knapp über dem Grenzwert und noch strikter bei höherer BAK (bedingter) Vorsatz gegeben ist, und mangels Besonderheiten *allein* eine Vorsatzverurteilung ermöglichen, was ua in Spannung zu dem Grundsatz tritt, dass ein Erfahrungssatz mit bloßer Wahrscheinlichkeitsaussage für sich allein (ohne Hinzutreten weiterer Tatsachen) eine Verurteilung nicht trägt (zu Letzterem LR-*Sander* § 261 StPO Rn. 48; zum Ganzen *König* DAR **15** 737). Auf rechtsmedizinische Erkenntnisse (*Zink ua* BA **83** 503, *Teyssen* BA **84** 175, 628, *Seidl ua* BA **96** 23, *Stephan* JbVerkR **98** 133), nach denen graduell das kritische Bewusstsein und damit das wesentliche Kriterium der Vorwerfbarkeit verliert, wer mehr als nur geringste Mengen Alkohol in sich hat (Bay ZfS **93** 174, Sa BA **01** 458, Ha BA **05** 384, Kö DAR **97** 499, Ce NZV **98** 123, Zw ZfS **01** 334, Jn DAR **97** 324, LK-StGB/*König* Rn. 184 ff., aM Dü NZV **94** 367, *Salger* DRiZ **93** 312, *Nehm, Salger*-F S. 118), geht der BGH genauso wenig ein wie auf ua bei Trinkversuchen gesammelte Befunden der Rechtsmedizin, wonach die genossene Alkoholmenge und die eigene Fahrsicherheit häufig falsch eingeschätzt werden (*Zink ua* BA **83** 505, *Eisenmenger, Salger*-F S. 627, BA **10** Supplement 3; s. aber auch *Püschel ua* BA **15** 388 zu einem Trinktest in der Richterakademie Wustrau; abw *Salger* DRiZ **93** 313, *Nehm, Salger*-F S. 126, *Tölksdorf* VGT **95** 79, *Maatz* BA **10** Supplement 8; krit auch *Schneble* BA **84** 281); vielmehr erteilt er der Annahme vorsatzkritischer Selbstkritikminderung mangels eines in diese Richtung zielenden Erfahrungssatzes eine apodiktische Absage und verweist den Glauben an die eigene Leistungsfähigkeit nach Aufnahme erheblicher Mengen Alkohol ins Reich der vagen Hoffnung (abl. *König* DAR **15** 737). Dü zfs **17** 590 (mablBspr *König* DAR **18** 362) folgt dem BGH unter evidentem Verstoß gegen die Vorlegungspflicht nach § 121 II GVG nicht und verfährt weiterhin nach überkommener, „nahezu einhelliger" Rspr, wonach Vorsatzannahme allein aufgrund (hoher) BAK ausscheidet (s. auch Dr BA **19** 141 sowie Kar DAR **19** 579 m abl Bspr *König* DAR **20** 366 f.). Offen bleibt, ob der vom BGH statuierte Erfahrungssatz bei unkontrolliertem Trinkgeschehen (dazu BGH NZV **91** 117, Kö DAR **97** 499, Ce NZV **92** 247, Kar NZV **91** 239, KG VRS **80** 448; zu einem Fall mit festgestellter Trinkmenge AG Königs Wusterhausen BA **16** 198) gelten soll. Auch nach BGH mangels diesbezüglichen Erfahrungssatzes weder regelmäßiges Vorliegen von Vorsatz bei BAK zwischen 1,4 und 1,9 ‰ in der Anflutungsphase (so *Schneble* BA **84** 291, 293) noch „Faustregel" für Vorsatz ab 2 ‰ (so *Haubrich* DAR **82** 285, ähnlich *Krüger* DAR **84** 52 sowie Dü NZV **94** 367 (reziproke Abnahme der Notwendigkeit ergänzender Feststellungen mit der Höhe der BAK; bei 2,32 ‰ *idR* Vorsatz)). Demgegenüber ist Vorsatzannahme nach allgemeinen Regeln der Beweiswürdigung möglich bei einem sich nicht auf den Glauben an die eigene Fahrsicherheit berufenden Angekl., soweit keine den indiziellen Beweiswert der BAK mindernden Umstände ersichtlich sind (vgl. (jedoch weitergehend) Ko VRS **104** 300, NZV **08** 304). In Fällen von **Restalkohol** (Fahrtantritt mehrere Stunden nach Trinkende) ist zu berücksichtigen, dass der Täter oft trotz noch immer hoher BAK sich subjektiv bereits erholt fühlen kann (Ko NZV **08** 304, *Reinhardt/Zink* BA **72** 129). Im Blick darauf verlangt BGH NJW **15** 1834 bei einer Tatzeit am Vormittag Feststellungen zu Trinkverlauf und Trinkende. Scheidet Vorsatz aus, liegt regelmäßig Fahrlässigkeit vor (Rn. 81 ff.).

77   **bb) Geschehen vor der Fahrt.** Fahrtantritt in der Anflutungsphase, in der die Alkoholwirkung deutlich spürbar ist, genügt ohne Feststellung von Ausfallerscheinungen nicht (LK-StGB/*König* Rn. 198). Gewichtige, vom FzF wahrgenommene Ausfallerscheinungen vor Fahrtantritt können auf Vorsatz schließen lassen (vgl. Kar VRS **81** 24), nicht aber längerer „Ausnüchterungsspaziergang" (BGH NZV **91** 117; aM *Nehm Salger*-FS 115) oder die Äußerung von später zerstreuten Bedenken über die Fahrfähigkeit (Ha BA **00** 117). Hat sich der Täter über ausdrückliche Warnhinweise hinweggesetzt, so kann dies Vorsatz begründen (Zw ZfS **01** 334, *Salger* DRiZ **93** 313), ebenso das Weiterfahren nach Anhaltung durch die Pol und Sicherstellung des FS (*Hentschel* DAR **93** 449). Vorsatz wird bei nicht lange zurückliegender, in etwa vergleichbarer einschlägiger Vorstrafe leichter nachweisbar sein als beim Ersttäter (Bay DAR **82** 251, Ha VRS **107** 431, BA **05** 384, Sa BA **01** 458, Dür BA **08** 402, Kar NZV **91** 239, Ce NZV **98** 123, KG NStZ-RR **15** 91 m Bspr *König* DAR **15** 363; *Krüger* DAR **84** 52, *Salger* DRiZ **93** 313), wobei völlige Identität nicht notwendig ist (wenig überzeugend deshalb Ha BA **04** 538 und Ko NZV **08** 304), erst recht bei dreifach einschlägig vorbelasteter Trunkenheitsfahrerin (aM Ha BA **12** 164 unter Hinweis auf deutlich niedrigere BAK in den vorherigen Fällen!). Nach Kö DAR **12** 649 sollen, schwerlich vertretbar, bei sehr hoher BAK (maximal 2,77 ‰, minimal über

2‰, wobei Kö die maximale BAK im Rahmen des Indizienbeweises offenbar zugunsten werten will) ua Äußerung des Angekl, sehr betrunken zu sein, und gescheiterter Übernachtungsversuch in einem Hotel nach kurzem Schlaf im Fz bei zweistelligen Minustemperaturen nicht für Annahme von Vorsatz hinreichen, weil dieser sich, worauf er sich wohl gar nicht berufen hat, nach Erwachen wieder fahrfähig gefühlt haben kann (eingehend *König* DAR **13** 363).

cc) Geschehen während der Fahrt. Ausfallerscheinungen während der Fahrt können Vor- **78** satzannahme begründen (LK-StGB/*König* Rn. 203). Sie müssen dem FzF jedoch wahrnehmbar sein, wofür kein Erfahrungssatz existiert (Kar VRS **81** 24, Stu BA **10** 139), zB nicht für Schlangenlinienfahren (Kar aaO, Ha NZV **98** 291). Wer nach Unfall infolge hoher BAK weiterfährt, wird aber vorsätzlich handeln (Bay NJW **84** 878, Ko VRS **71** 195, Zw ZfS **90** 33), desgleichen bei Geradeausfahren in einer Kurve (abw. Ha NZV **99** 92) oder unerklärlichem Abkommen von der Fahrbahn (abw Ha BA **01** 461). Allein aus dem Versuch, die polizeilichen Feststellungen der BAK zu verhindern, folgt noch kein Tatvorsatz; denn der FzF kann auch befürchtet haben, den Grenzwert nach § 24a StVG überschritten zu haben (Rn. 75; Bay DAR **85** 242, Sa BA **01** 458, Ha ZfS **00** 363, LK-StGB/*König* Rn. 204, *Teyssen* BA **84** 181, einschr Zw ZfS **94** 465, aM LG Potsdam BA **04** 540 mAnm *Scheffler, Krüger* DAR **84** 52, *Salger* DRiZ **93** 313, *Nehm, Salger*-F S. 123, 126), auch nicht aus besonders vorsichtiger Fahrweise (Kö DAR **87** 157, *Hentschel* DAR **93** 452, aM *Salger* DRiZ **93** 313). Anders aber, falls sich FzF während „wilder“ Fluchtfahrt Anhalteaufforderungen seiner Mitfahrer mit dem Hinweis widersetzt, dass andernfalls „sein FS weg“ sei (Ha VersR **08** 65, 66 (zu § 2 AUB)). Bei Anhalteversuchen Dritter verlangt BGH NJW **15** 1834 die Feststellung, dass der Täter diese auch wahrgenommen hat.

dd) Wenig aussagekräftig ist **das Nachtatverhalten.** Denn dem FzF muss jeweils nachge- **79** wiesen werden, dass für ihn wahrnehmbar (Rn. 78) Ausfallerscheinungen schon während der Fahrt vorhanden waren (Brn BA **10** 426, LK-StGB/*König* Rn. 205). Bewusstseinsklarheit nach der Tat kann auf „Nüchternschock“ zurückzuführen sein (Stu BA **10** 139). Nach Stu NStZ-RR **11** 187 soll das Fehlen von Ausfallerscheinungen trotz hoher BAK bei der klinischen Untersuchung gar darauf hinweisen, dass sich der (alkoholgewöhnte) FzF für fahrsicher gehalten hat (zw). Andererseits rechtfertigt hohe BAK (2,31‰) nach Ko NZV **01** 357 die Annahme bedingten Vorsatzes, wenn sich der Angekl. unter gleichzeitigem Hinweis auf die Folgenlosigkeit der Alkoholfahrt nicht ausdrücklich darauf beruft, sich noch fahrsicher gefühlt zu haben.

ee) Illegale Drogen, Medikamente. Wie bei der alkoholbedingten Fahrunsicherheit wird **80** es auch bei der Fahrunsicherheit wegen **illegaler Drogen** vor allem darauf ankommen, dem Täter wahrnehmbare Ausfallerscheinungen vor und während der Tat möglichst genau festzustellen; auch aus einer einschlägigen Vorverurteilung können ggf. Schlüsse abgeleitet werden (Rn. 77). Eine „Regel-Annahme“ zumindest bedingten Vorsatzes ist nicht gerechtfertigt, da die Erkenntnis- und Kritikfähigkeit in gleicher Weise geschwächt sein wird wie bei Alkohol (LK-StGB/*König* Rn. 207 f.; aM *Harbort* NZV **96** 432). Entsprechendes gilt für **rauschmittelhaltige Medikamente.** Aus dem Beipackzettel ergibt sich nichts anderes, weil hier idR nur auf *die Möglichkeit* der Fahrunsicherheit hingewiesen wird, sofern überhaupt nachweisbar ist, dass der Täter den Warnhinweis gelesen hat (LK-StGB/*König* Rn. 208). Jedoch ist von Vorsatz auszugehen, wenn der Täter in Kenntnis des Beipackzettels die vielfache Dosis eines Appetitzüglers aufnimmt, um die ihm bekannte aufputschende Wirkung Mittels zu erreichen, und zusätzlich große Mengen Kaffee oder Liter Cola konsumiert (LG Freiburg BA **07** 183). Anders kann es auch zu beurteilen sein, wenn strikt formulierte Warnungen des behandelnden Arztes festgestellt sind.

b) Fahrlässigkeit. Nach st. Rspr. und ganz hM ist Fahrlässigkeit *regelmäßig gegeben,* sofern der **81** Täter infolge *bewusster* (zur unbewussten Rn. 83) Aufnahme von Alkohol in relevanter Menge objektiv fahrunsicher geworden ist (BGH DAR **52** 43, Ha NJW **74** 2058, VRS **69** 221, Ko DAR **73** 106, Kö BA **78** 302, Hb VM **66** 61, LK-StGB/*König* Rn. 210 mwN, krit *Riemenschneider* S. 187 ff., *Zink ua* BA **83** 503, 510 f.). Jeder FzF muss nämlich vor und während der Fahrt sorgfältig und gewissenhaft unter Berücksichtigung aller ihm bekannten Umstände seine Fahrsicherheit prüfen und die Fahrt beim geringsten Zweifel unterlassen; erst recht, wenn ihm die genaue Trinkmenge unbekannt ist (Bay VRS **66** 280, *Salger* DRiZ **93** 312). Jeder weiß, dass bereits relativ niedrige Alkoholmengen die allgemeine Leistungsfähigkeit erheblich beeinträchtigen oder beseitigen können. Tritt er die Fahrt trotz objektiv gegebener Fahrunsicherheit an, so liegt ein sog. Übernahmeverschulden vor, das Fahrlässigkeit begründet (LK-StGB/*König* Rn. 210). Das gilt auch bei BAK unter 0,5‰ (Bay VRS **66** 280 (noch zum Gefahrengrenzwert von 0,8‰)) und erst recht nach Sturztrunk kurz vor Fahrtantritt, auch wenn dessen Auswirkungen noch nicht spürbar waren (*Hentschel* DAR **83** 261, s. aber Dü VRS **64** 436 (Schlusstrunk mit heimlich hinzu geschüttetem Schnaps) mablAnm *Grüner* BA **84** 279). Wer erst am Vortag erheblich gezecht hat, hat auch die Gefahr des **Restalkohols** zu bedenken: Er ist allgemeine Trinkerfahrung, seine Berücksichtigung also keine Überforderung. Restalkohol entlastet den FzF demgemäß idR nicht (Hb VRS **54** 438, Ha DAR **70** 192; KG VRS **33** 265; Ko VRS **45** 450, 452; Zw VRS **66** 136, LK-StGB/*König* Rn. 221). Zu den fahrsicherheitsrelevanten Auswirkungen des „Katers" bzw. „Hangover" bei schon vollständigem Alkoholabbau *Minge ua* BA **18** 1. Strafrechtlich lässt sich dieses Phänomen wohl allenfalls über § 315c I Nr. 1b erfassen (dort Rn. 5).

82   Die Einnahme nennenswerter Mengen **alkoholhaltiger Hausmittel** wie Melissengeist oder Baldrian-Tinktur wird idR nicht vom Vorwurf fahrlässigen Handelns entlasten, weil der Alkoholgehalt spürbar ist (Ha BA **70** 153, **79** 501) und vernunftwidriger Genuss erheblicher Mengen einer tropfenweise einzunehmenden Baldrian-Tinktur ohne vorherige Unterrichtung über die Zusammensetzung idR vorwerfbar ist (aM Ce BA **81** 176 mablAnm *Recktenwald*). Etwaige Alkoholabbauverzögerungen infolge dem Täter bekannter **Krankheit** sind von diesem zu berücksichtigen und entlasten daher nicht (Dü DAR **81** 29, *Rettenmaier* DMW **68** 2090). Ist die Fahrunsicherheit auf das Zusammenwirken von Alkohol und Krankheit zurückzuführen, so kann den Kf insoweit eine erhöhte Sorgfaltspflicht treffen, so zB einen Diabetiker (Kö BA **72** 139, Dü DAR **81** 29). Auch etwaige Verstärkung der Alkoholwirkung durch ungünstige körperliche Disposition muss der FzF bedenken (Bay NJW **69** 1583 (niedriger Blutdruck); s. auch § 24a StVG Rn. 25, 26).

83   Erklärt der Angeklagte, man habe ihm **heimlich Alkohol zugeführt,** so ist sorgfältig zu prüfen, ob es sich (wie häufig) um Schutzbehauptungen handelt (Ha VRS **52** 446, **56** 112, Ol DAR **83** 90, *Schneble* BA **78** 460, LK-StGB/*König* Rn. 214, s. auch BGH NJW **86** 2384) und ob er nicht im Hinblick auf die Umstände und seine Gesellschaft womöglich mit der Beimischung von Spirituosen rechnen musste (Ol DAR **83** 90, Dü VRS **66** 148). Einflößen von Melissengeist während einer Ohnmacht ist kaum möglich (Ha BA **70** 153). Der konzentrierte Alkoholgeschmack von Melissengeist wird regelmäßig vernehmbar sein (Ha BA **79** 501, **70** 153. Zur geschmacklichen Wahrnehmbarkeit von Spirituosen in anderen Getränken *Kernbichler/Röpke* BA **79** 399. IÜ entspricht es der Lebenserfahrung, dass die Alkoholwirkung spürbar ist (Bay DAR **77** 204, Ha VRS **52** 446, Hb VM **66** 61, Kö BA **78** 302, *Reinhardt/Zink* BA **72** 129, *Naeve* ua BA **74** 145). Bei höherer BAK kann ein Kf die Alkoholwirkung daher auch erkennen, wenn ihm unbemerkt Alkohol zugeführt worden ist (Bay DAR **77** 204, Kö BA **78** 302, **79** 229, Ha NJW **74** 2058, **75** 660, VRS **52** 446, DAR **73** 23, aM Sa NJW **63** 1685, krit *Teige/Niermeyer* BA **76** 415). Der Fahrlässigkeitsvorwurf wird durch die Einlassung der *BAK-Beeinflussung durch Einatmen* von gasförmigen Stoffen idR nicht ausgeschlossen. Durch die Atemluft kann Alkohol freilich allenfalls bis zu 0,1‰, höchstens 0,2‰ BAK (unter nahezu unerträglichen Bedingungen) aufgenommen werden (Ha NJW **78** 1210, *Pohl/Schmidle* BA **73** 100 (höchstens 0,055‰ bei um das 20- bis 50-fache erhöhter maximaler Arbeitsplatzkonzentration)). Auch Inhalation von Dämpfen anderer Lösungsmittel führt nicht zu forensisch relevanter BAK-Beeinflussung (*Pohl/Schmidle* BA **73** 100, *Groth/Freund* BA **91** 16). Desgleichen beeinflusst das Einatmen von Benzindampf oder Auspuffgasen die BAK nicht (Tierversuch, *Gaisbauer* NJW **68** 1850 (Lit)), auch nicht Jodlösung und Cardiazolinjektion (LSG Essen NJW **58** 766).

84   Auch wer **unter dem Einfluss von illegalen Drogen** im Zustand objektiv gegebener Fahrunsicherheit ein Fahrzeug führt, handelt grundsätzlich fahrlässig (LK-StGB/*König* Rn. 225). Der FzF muss ergänzend die Unberechenbarkeit von Rauschdrogen sowie die teils lange Wirkungsdauer in Rechnung stellen (zur Erkennbarkeit bei länger zurückliegendem Konsum § 24a StVG Rn. 25b). Der Fahrlässigkeitsvorwurf ist dabei auch dann nicht ausgeschlossen, wenn sich der Täter darauf beruft, namentlich den Wirkstoff von Cannabis *durch Passivrauchen* aufgenommen zu haben (näher § 24a Rn. 25b). Fahrlässigkeit auch bei Konsum eines kokainhaltigen Teegetränks namens „Mate de Coca" (vgl. Zw BA **09** 335 (zu § 24a StVG Rn. 25b).

85   Jeder Kf, erst recht ein Arzt, Ol DAR **63** 304, muss bei **Pharmaka die Gebrauchsanweisung beachten** (Bra DAR **64** 170, Kö VRS **32** 349, Ha VM **69** 18, LG Freiburg BA **07** 183, *Schöch* DAR **96** 455), auch bei Einnahme nur *einer* Beruhigungstablette (LG Kö BA **85** 473, LK-StGB/*König* Rn. 208 mwN). Hat er keine, muss er sich erkundigen (Fra VM **76** 14, Kö DAR **67** 195, Ha VRS **42** 281), erst recht über Alkoholverträglichkeit (Fra DAR **70** 162 (Valium)). Wer **unbekannte Tabletten** blindlings einnimmt und danach noch Alkohol trinkt, muss mit Rauschwirkung rechnen (Hb BA **75** 211). Verstößt der FzF gegen seine Sorgfaltspflichten, wird idR Fahrlässigkeit gegeben sein (LK-StGB/*König* Rn. 225b). Bei für Laien unspezifischen Behandlungen (Injektionen) wird der Arzt hierüber belehren müssen (LG Konstanz NJW **72** 2223).

Literatur: *Artkämper,* Das Phänomen vorsätzlicher Trunkenheitsfahrten, BA **00** 308. *Blank,* Vorsatz oder **85a**
Fahrlässigkeit bei Trunkenheitsfahrten, BA **97** 116. *Haubrich,* Zum Nachweis der vorsätzlichen Trunkenheits-
fahrt, DAR **82** 285. *Hentschel,* Die Feststellung von Vorsatz in bezug auf Fahrunsicherheit ..., DAR **93** 449.
Koch, Nachweis der subjektiven Tatseite bei relativer Fahruntüchtigkeit, DAR **74** 37. *Krüger,* Zur Frage des
Vorsatzes bei Trunkenheitsdelikten, DAR **84** 47. *Lackner,* Alkoholdelikt und Vorsatz, k + v **69** 397. *Reinhardt/*
Zink, Veränderungen des subjektiven Empfindens durch Alkohol, BA **72** 129. *Salger,* Zum Vorsatz der Trun-
kenheitsfahrt, DRiZ **93** 311. *Schmid,* Zum Vorsatz bei der Trunkenheitsfahrt, BA **99** 262. *Schneble,* Verschul-
den bei Trunkenheitsdelikten ..., BA **84** 281. *Seidl ua,* Die Selbsteinschätzung der Höhe der BAK bei aku-
ter Alkoholisierung, BA **96** 23. *Stephan,* Kriterien von Vorsatz und Schuldfähigkeit, JbVerkR **98** 121. *Teige/*
Niermeyer, Zur Frage der „kritischen Selbstüberprüfung" alkoholisierter VT, BA **76** 415. *Teyssen,* Vorsatz oder
Fahrlässigkeit bei Trunkenheitsfahrten mit höheren Promillewerten ..., BA **84** 175. *Tolksdorf,* Vorsatz und
Fahrlässigkeit bei Trunkenheits- und Drogenfahrt, VGT **95** 79. *Zink ua,* Vorsatz oder Fahrlässigkeit bei Trun-
kenheit im Verkehr ..., BA **83** 503.

13. Vollendung, Versuch. Die Tat ist mit dem Anfang der Ausführungshandlung (Beginn **86**
der Fortbewegung, Rn. 3) zugleich auch vollendet. Es handelt sich um eine Dauerstraftat, die
erst beendet ist, wenn der Täter mit dem Weiterfahren endgültig aufhört oder wenn die leis-
tungsbeeinträchtigenden Wirkungen des Rauschmittels so weit abgeklungen sind, dass keine
Fahrunsicherheit mehr besteht (Bay DAR **80** 279); relevant wird die Frage im Rahmen der
Konkurrenzen (Rn. 98 ff.). Der Versuch der „Trunkenheitsfahrt" ist nicht pönalisiert (näher LK-
StGB/*König* Rn. 228).

14. Rechtfertigungs- und Entschuldigungsgründe: E 112 ff., 151 ff. Vermeintliche ärztli- **87**
che Nothilfe als Rechtfertigungsgrund: Dü VM **67** 38. Bei erheblicher BAK des Arztes rechtfer-
tigt Beistandsabsicht keine Trunkenheitsfahrt (Ko MDR **72** 885). Nimmt ein fahrunfähiger Arzt
irrig Notfall an, so kann ihm nicht angelastet werden, dass er seine Fähigkeit zu sachlichen Er-
wägungen selber herabgesetzt habe (Ha VRS **20** 232, Ol VRS **29** 265). Versuch des Angetrunke-
nen, eine Entführung oder vermeintliche Entführung zu verhindern (Ce NJW **69** 1775, 2156
mAnm *Horn*). Kein Rechtfertigungsgrund, wenn die Gefahr auf andere Weise (Anruf bei Pol)
hätte beseitigt werden können (Ha VRS **36** 27). Deswegen kein Rechtfertigungs- oder Ent-
schuldigungsgrund bei Fahrt ins Krankenhaus wegen Harnverhalts (Ko NZV **08** 367). Unfallver-
letzung des Freundes rechtfertigt nicht Trunkenheitsfahrt, wenn Anforderung eines Krankenwa-
gens möglich ist (Ko VRS **73** 287). Rechtfertigender Notstand uU bei Fahrt eines Angehörigen
der freiwilligen Feuerwehr (Ce VRS **63** 449).

15. Die Frage der Schuldfähigkeit (§§ 20, 21 StGB, E 151a) hängt außer von der BAK **88**
von einem Bündel objektiver und subjektiver Umstände ab. Ein medizinisch-statistischer Erfah-
rungssatz des Inhalts, dass ab einer bestimmten BAK stets bzw. regelmäßig von Schuldunfähig-
keit oder verminderter Schuldfähigkeit auszugehen ist, existiert nicht (grundlegend BGHSt **43** 66 =
NJW **97** 2460 mAnm *Loos* JR **97** 514, BGH NStZ **05** 329, NJW **12** 2672 einerseits, NStZ **12**
560 andererseits, Bay NZV **99** 482), wie auch umgekehrt kein Erfahrungssatz existiert, wonach
aufgehobene oder verminderte Schuldfähigkeit bei BAK-Werten unterhalb bestimmter Grenzen
regelmäßig nicht in Betracht kommt (BGH NStZ-RR **97** 36). Denn die Wirkung des Alkohols
ist individuell sehr unterschiedlich (BGH NStZ **02** 532). Im Anschluss an die hiergegen gerich-
tete Kritik (zB *Gerchow* BA **85** 156, *Rengier/Forster* BA **87** 161, *Schewe* BA-Festschrift S. 171,
JR **87** 179, BA **91** 264, *Pluisch* NZV **96** 98, *Kröber* NStZ **96** 569) hat der BGH in BGHSt **43** 66
die seit BGHSt **37** 231 = NJW **91** 852 früher von ihm vertretene „Promille-Rspr" (verminder-
te Schuldfähigkeit idR ab 2,0‰, Schuldunfähigkeit idR ab 3,0‰, bei Kapitaldelikten 2,2‰
bzw. 3,3‰) aufgegeben (zur Entwicklung *Schöch* GA **06** 371). Seither **entscheidet eine Ge-**
samtwürdigung, innerhalb derer neben der BAK als grds. weiterhin wichtigstem (abw. wo-
möglich BGH NJW **12** 2672) Indiz psychodiagnostische Kriterien (vor allem Leistungsverhalten
vor, während und nach der Tat, Rn. 91) umfassend heranzuziehen sind (BGHSt **43** 66, BGH
NStZ **02** 532, **05** 90; 329, *Maatz/Wahl* BGH-F S. 533 ff.). Maßgebende Bedeutung kommt auch
der Alkoholgewöhnung des Täters zu (BGH NStZ **05** 339; s. aber Rn. 91). Das Indiz der BAK
verliert insbes. an Bedeutung bei Rückrechnung über viele Stunden mit dem höchstmöglichen
Abbauwert zugunsten des Angekl. und bei Errechnung der *höchstmöglichen* BAK unter Zugrun-
delegung aller jeweils günstigsten Faktoren (Rn. 41; BGHSt **35** 308 = NJW **89** 779, DAR **89**
246, BGHSt **36** 286 = NJW **90** 778, *Schewe* JR **87** 179, *Kröber* NStZ **96** 569, *Maatz/Wahl*
BGH-F S. 549). Noch mehr gilt dies bei BAK-Berechnung aus der Trinkmenge bei langer
Trinkzeit (Rn. 48). In solchen Fällen kommt der BAK gegenüber aussagekräftigen psycho-
diagnostischen Kriterien (s. o) geringeres Gewicht zu (BGH NJW **12** 2672, NStZ **02** 532,
BGHSt **35** 308, BGH NJW **90** 778 mzustAnm *Heifer/Pluisch* BA **90** 436, NJW **98** 3427,

NStZ **00** 136, NZV **00** 46, *Grüner* JR **92** 118, *Foth, Salger*-F S. 31, *Maatz* NStZ **01** 5, *Heifer* BA **99** 139, abw noch zB BGH NJW **89** 1043, NStZ **91** 126, s. auch *Salger* DRiZ **89** 176, *Detter* BA **99** 12, dazu *v Gerlach* BA **90** 311 ff.). Andererseits sollte die gemessene BAK vor allem in den Fällen weiterhin entscheidend ins Gewicht fallen, in denen die Blutentnahme zeitnah erfolgt bzw. der Täter nicht alkoholgewöhnt ist; die neuere Rspr. scheint dem nicht immer zu entsprechen (krit *Schöch* GA **06** 371 mwN). Auch nach Aufgabe der „Promille-Rspr" bleibt es dabei, dass **verminderte Schuldfähigkeit ab etwa 2,0‰ BAK, Schuldunfähigkeit ab ca. 3,0‰ zu erörtern ist** (BGH NStZ **12** 560, StraFo **13** 476, NJW **97** 2460, NStZ-RR **97** 162, Bay NZV **05** 494, Sa BA **01** 458, Dü DAR **00** 281, Zw ZfS **00** 511, Mü NZV **08** 529, Nau BA **10** 433; Ha DAR **99** 466, Kar NZV **99** 301). Kö DAR **13** 35 steht dem nur scheinbar entgegen (dazu *König* DAR **13** 361). Das ist auch dann nicht anders, wenn das Gericht wegen selbstverschuldeter Trunkenheit eine Strafrahmenverschiebung versagen will (Rn. 105). Zur **Rückrechnung** im Rahmen der Beurteilung der Schuldfähigkeit: Rn. 41, 49 ff. Das Ergebnis eines **Atemtests** ist bei der Prüfung der Schuldfähigkeit in die Würdigung einzubeziehen (BGH NStZ-RR **10** 275).

89　　a) **Verminderte Schuldfähigkeit** ist jedenfalls bei Werten ab 2,0‰ zu erörtern, kann aber auch bei geringeren Werten gegeben sein (Rn. 88), bei nur 1,2‰ BAK jedoch kaum (BGH VRS **50** 358), bei Werten ab 1,5‰ und gravierenden Ausfallerscheinungen ist sie denkbar (Ha BA **07** 40 (1,7‰)), ebenso bei sonstigen besonderen Umständen wie fehlender Trinkgewöhnung, Krankheit, Mischintoxikation mit illegalen Drogen oder mit Medikamenten (BGH NStZ **90** 384, KG BA **69** 80) sowie bei Jugendlichen und Heranwachsenden (BGH DAR **84** 193 Nr. 5, NStZ **97** 384, NStZ-RR **97** 162). Maßgebend ist die Gesamtwürdigung (Rn. 88, s. auch BGH NStZ **05** 329 (2,92‰), **00** 193 (2,0‰), NJW **98** 3427). Fehlende Erörterung im Urteil ist kein sachlich-rechtlicher Mangel, wenn besondere Umstände der Annahme verminderter Schuldfähigkeit entgegenstehen (Trinkgewöhnung, unauffälliges Verhalten; Hb VRS **61** 341).

90　　b) **Ausschluss der Schuldfähigkeit** kann im Ausnahmefall (Rn. 88) schon bei Überschreiten von 2,5‰ *zu prüfen* sein (Bay NJW **03** 2397 (2,64‰), NZV **05** 494, Kö VRS **98** 140, Ko VRS **75** 40, s. auch BGH DAR **71** 116, Dü VRS **63** 345, BA **88** 343, Ko VRS **66** 133, **74** 273, Jn DAR **97** 324; weitergehend wohl Kö VRS **98** 140: ab 2,5‰ in jedem Fall zu erörtern), so beim Einschlafen an der Unfallstelle mit 2,87‰ (Ko DAR **73** 137) oder bei knapp 2,5‰ und erheblichen Ausfallerscheinungen (Ko VRS **74** 29 (AB-Falschfahrer), Kar VRS **80** 440). Unter besonderen Umständen (Besinnungslosigkeit, Vergiftungsanzeichen, Zusammenwirken von Alkohol und Medikamenten) kann Schuldunfähigkeit schon bei BAK deutlich unter 3,0‰ vorkommen (BGH VRS **30** 277, NJW **69** 1581, Dü NJW **66** 1877, Ce NJW **68** 1938 Kö BA **75** 278, VRS **65** 21, VRS **98** 140, Ko VRS **75** 40, Dü NZV **94** 324), ist dann aber zu begründen (BGH DAR **60** 66, Ha VRS **39** 345, 414), und zwar nicht durch Übernahme eines Gutachtens (Ol VRS **23** 47, Ha NJW **67** 690, Kö NJW **67** 691). Auseinandersetzung mit § 20 *jedenfalls bei 3‰* (Rn. 88; BGH DAR **88** 219, Bay NZV **99** 482, Nau ZfS **00** 124, Dü ZfS **98** 33, Ko VRS **79** 13, Ha BA **08** 262). Jedoch keine allgemeine Erfahrung, bei über 3‰ BAK sei jeder schuldunfähig (Rn. 88; BGH BA **03** 236, **97** 450, NStZ **91** 126, NStZ-RR **13** 272). Will der Tatrichter bei BAK von 3‰ oder darüber Schuldunfähigkeit aber verneinen, so ist Hinzuziehung eines medizinischen Sachverständigen angezeigt (BGH DAR **84** 188 Nr. 5, NStZ **89** 119, Ko VRS **70** 14, **79** 13, Ce BA **13** 301 m Bspr *König* DAR **14** 363), noch mehr dann, wenn weitere Umstände wie Lebervorschädigung, längere Alkoholabstinenz und Mischintoxikation mit Cannabis gegeben war (Ol BA **10** 28).

91　　c) **Psychodiagnostische Kriterien.** Dem Leistungsverhalten vor, während und nach der Tat kommt bei der Beurteilung hohe Bedeutung zu (Rn. 88). Planvolles und situationsgerechtes Verhalten über eine längere Zeit hinweg und aufrecht erhaltene Feinmotorik bei schwierig zu bewältigenden Aufgaben werden für aufrecht erhaltene Steuerungsfähigkeit sprechen (*Fischer* § 20 Rn. 24 mwN). Gleiches gilt für präzise Erinnerung an das Tatgeschehen, wohingegen Erinnerungslücken nach der Rspr. des BGH wenig Aussagekraft zukommt (BGHSt **43** 66; *Maatz* NStZ **01** 7, krit. *Fischer* § 20 Rn. 24a). Zielstrebigkeit vor allem bei einfachen Tätigkeiten und „eingeschliffenen" Verhaltensmustern (Autofahren!) sind von geringerem Indizwert (BGHSt **43** 66; NStZ **97** 592, Kö VRS **65** 21, Ko VRS **79** 13, Schl BA **92** 78). Gerade bei Alkoholikern zeigt sich oft eine durch Übung erworbene Kompensationsfähigkeit im Bereich grobmotorischer Auffälligkeiten (BGH NStZ **07** 696 (Autofahrt nach Polen; zw)). Dem Verhalten nach der Tat kommt geringere Aussagekraft zu, weil durch den Unfall eine Ernüchterung eingetreten sein kann (BGH v. 28.2.2018, 4 StR 530/17).

d) Nach Auffassung des 4. StrSen des BGH ist das Rechtsinstitut der **vorverlegten Verant- 92 wortlichkeit (alic)** jedenfalls auf die Verkehrsstraftaten nicht anwendbar, die das *Führen* eines Fz voraussetzen, also auch für §§ 315c, 316 (BGHSt **42** 235 = NZV **96** 500 (unter Aufgabe der früheren Rspr, zB BGH NJW **62** 1830, NStZ **95** 282, Bay NZV **93** 239); s. auch Jn DAR **97** 324, Ce NZV **98** 123, Ha NZV **98** 334). Weder die sog „Tatbestandslösung" (bereits das Sichbetrinken gehört zur Tatbestandshandlung) noch die Annahme eines Sonderfalls der mittelbaren Täterschaft rechtfertigten die alic; denn Fz-Führen setze einen Bewegungsvorgang voraus (hierzu Rn. 3), der beim Sichbetrinken noch nicht begonnen habe. Das „Ausnahmemodell" (Vorverlagerung des Schuldvorwurfs abw von § 20 auf das Sichberauschen) lehnt der 4. StrSen wegen Unvereinbarkeit mit Art 103 II GG grundsätzlich ab (dagegen *Streng* JZ **00** 23 f.). Krit. zur neuen Rspr. des 4. StrSen ua *Hirsch* NStZ **97** 230, *Spendel* JR **97** 133. In der Praxis bereitet sie im Hinblick auf § 323a (Rn. 93) jedoch keine unüberwindlichen Probleme. Die alic wird auch im Rahmen der **Erfolgsdelikte nach §§ 222, 229** kaum mehr benötigt. Denn der Fahrlässigkeitsvorwurf wird durch die Rspr. an Handlungen im Vorfeld angeknüpft (§§ 222, 229 Rn. 6, 6a, 12).

e) Der Tatbestand des Vollrausches (§ 323a StGB) ist hier nicht im Detail zu kommentie- 93 ren. Alkoholische Getränke Rn. 9, 61; andere berauschende Mittel Rn. 57 ff. Sichversetzen in den Rausch erfordert keine lustbetonten Empfindungen (zum „Genuss" im Rahmen des § 316 Rn. 8). Der Begriff des Rausches ist sehr umstritten (s. etwa Schönke/Schröder/*Hecker* § 323a Rn. 5 ff.). Zutreffend dürfte es sein, den Rausch als eine durch zentral wirksame Mittel zumindest mitverursachte (vgl. BGHSt **22** 8, **26** 363, VRS **53** 356, Zw VRS **54** 113) Intoxikationspsychose zu beschreiben (ähnl. *Forster/Rengier* NJW **86** 2869). Er muss zumindest fahrlässig herbeigeführt werden. Kein § 323a daher, wenn alkoholbedingte verminderte Schuldfähigkeit erst durch ein *nicht zu vertretendes* äußeres Ereignis zur Schuldunfähigkeit führt (BGH MDR **76** 58, VRS **50** 45, DAR **81** 187). Wer Alkohol- und Medikamenteneinnahme kombiniert, muss jedoch mit einer zur Schuldunfähigkeit führenden Steigerung der Alkoholwirkung rechnen (Hb JZ **82** 160).

Hinsichtlich des Schweregrads des Rauschzustands ist weithin anerkannt, dass jedenfalls 94 das sichere Erreichen des Zustands verminderter Schuldfähigkeit genügt (BGH VRS **56** 447, Bay NJW **78** 957, Kar NJW **04** 3356, Kö DAR **01** 229, Zw NZV **93** 488, *Forster/Rengier* NJW **86** 2869, *Dencker* NJW **80** 2159). Ob ein Rausch auch bei nicht ausschließbarer voller Schuldfähigkeit vorliegen kann, hat der BGH (NJW **83** 2889 mAnm *Schewe* BA **83** 526) offen gelassen. Die Frage dürfte zu bejahen sein (*Fischer* § 323a Rn. 11 mwN). Die Rauschtat muss mit natürlichem Vorsatz begangen werden. Sie ist nach hM objektive Bedingung der Strafbarkeit und muss daher nicht vorhersehbar sein (BGHSt NZV **96** 500, NJW **03** 2395, *Fischer* § 323a Rn. 18, str). Im Hinblick darauf können Vorkehrungen („Zurüstungen"), die der Täter in nüchternem Zustand gegen eine spätere FzBenutzung getroffen hat, die sich aber als unzureichend erwiesen haben, nur im Strafmaß berücksichtigt werden (Bra NJW **66** 679, Hb JZ **82** 160, *Horn* JR **82** 347).

Zwischen einer in alic begangenen Tat und einer anschließenden Tat nach § 323a besteht TE 95 (BGHSt **17** 333 = NJW **62** 1830). Zwischen der als alic verwirklichten Tat und § 323a, bezogen auf dieselbe Tat als Rauschtat, ist nur ausnahmsweise TE möglich, wenn der Täter *fahrlässig* nicht bedacht hat, dass er nach Verlust der Schuldfähigkeit mit natürlichem *Vorsatz* eine schwerwiegende Straftat begehen würde (BGH NJW **52** 354, Zw VRS **81** 282). Bei erwiesener vorverlegter Verantwortlichkeit (soweit bei VStraftaten noch anwendbar, Rn. 92) tritt § 323a zurück (Hb VRS **12** 40). Scheiden sowohl Vollrausch als auch actio libera in causa aus (extremer Ausnahmefall), weil der Täter infolge völliger Alkoholabhängigkeit nicht verantwortlich ist, so kommt Tatbegehung *durch Unterlassen* in Betracht, wenn ihm vorzuwerfen ist, dass er in Phasen der Nüchternheit keine Vorkehrungen gegen die FzBenutzung getroffen hat (Bay VRS **56** 185, str, s. LK-StGB/*König* Rn. 9).

16. Täterschaft, Teilnahme. Täter kann nur der Führer eines Fz (Rn. 2) sein. Demgemäß 96 sind mittelbare Täterschaft, uneigenhändige Mittäterschaft und uneigenhändige Nebentäterschaft ausgeschlossen (ausführlich LK-StGB/*König* § 315c Rn. 201 ff.). Andere, auch der Halter, können nur Anstifter oder Gehilfen sein. Für eine Teilnahme (Anstiftung, Beihilfe) Dritter an einer Tat nach § 316 müssen der Teilnehmer und der FzF in Bezug auf die Fahrunsicherheit zumindest bedingten Vorsatz aufweisen; fahrlässige Teilnahme am vorsätzlichen Delikt oder (vorsätzliche) Teilnahme am fahrlässigen Delikt ist nicht strafbar (§§ 26, 27 StGB). Jedenfalls der Nachweis wird kaum je geführt werden können (s. aber Ko NJW **88** 152), auch nicht beim begleiteten Fahren ab 17 (*Tolksdorf* Nehm-F S. 441 f.). Zur Frage des § 28 I s. § 315c Rn. 54. Denkbar ist noch Beteiligung iS v § 14 OWiG zumindest an einer Tat nach § 24a StVG, sofern beim Täter und Teilnehmer Vorsatz in Richtung auf eine „Drogenfahrt" id Sinne gegeben (und nachweisbar) ist (LK-StGB/*König* Rn. 232).

97   Möglich ist aber eine **strafbare Beteiligung an den Erfolgsdelikten nach §§ 222, 229,** namentlich durch Überlassung des Fz an einen Betrunkenen (s. dort Rn. 8, 8a); zur Haftung des Gastwirts, Gastgebers, Zechkumpans bei Nichthinderung einer Trunkenheitsfahrt §§ 222, 229 Rn. 3a. Kommt es nicht zu Verletzungen, so kann eine **bußgeldrechtliche Verantwortlichkeit** bestehen, so für den Halter, der sein Fz fahrlässig einem verkehrsunsicheren Fahrer überlässt (§ 31 II StVZO, s. dort). Bei durch den Fahrunsicheren ausgelösten Gefährdungen Haftung des Nicht-Halters, der Verfügungsmacht über ein Fz hat und einem erkennbar Fahrunsicheren die Führung überlässt (§ 1 StVO, Hb NJW **64** 2027). Verletzung des § 2 FeV, wenn er infolge Alkoholbeeinflussung (2,1‰) die Fahrunsicherheit des Fahrers nicht erkennt und ihm die Führung nicht untersagen kann (Hb VRS **27** 156, Ol VRS **26** 354). Gleichfalls kann eine Haftung für OW des trunkenen Fahrers auf der Fahrt eintreten (BGHSt **14** 24, NJW **60** 924, Bra VRS **17** 227, Hb VM **61** 38).

98   **17. Konkurrenzen. Wahlfeststellung.** Fahrlässige Trunkenheitsfahrt (§ 316 II) tritt gegenüber § 315c I Nr. 1a, III StGB zurück (§ 315c Rn. 70) und ist gegenüber dieser Vorschrift wie auch gegenüber § 142 minderschwer, so dass sie mehrere Akte gegen § 315c I Nr. 1a, III nicht zur Handlungseinheit zusammenfasst (BGH NJW **70** 257). Die **Dauerstraftat** der Trunkenheit im V beginnt mit dem Antritt der Fahrt im Zustand der Fahrunsicherheit und endet regelmäßig erst nach deren endgültiger Beendigung oder nach Wiedererlangen der Fahrsicherheit während der Fahrt (BGH NJW **67** 942, **73** 335, **83** 1744, VRS **48** 354, **49** 185, Bay VRS **56** 195). Sie endet idR auch mit dem neuen und anders motivierten Beginn einer Unfallflucht (BGH VRS **44** 269, *Seier* NZV **90** 129). Änderung der Fahrtrichtung, um PolKontrolle zu entgehen, lässt keine neue Trunkenheitsfahrt beginnen (BGH VRS **48** 354, **49** 185, BGH NJW **83** 1744, abw Ko VRS **47** 340 (aufgegebener Parkentschluss)). Sachlich-rechtlich *eine* Dauerstraftat nach § 316, sofern die Fahrt bei aufrecht erhaltener Fahrabsicht verkehrsbedingt oder aus anderen Gründen (auch unter Verlassen des Fz, zB Tanken, Gaststättenbesuch) nicht ganz langfristig unterbrochen wird (BGH BA **20** 181 Rn. 22; Bay NStZ **87** 114; AG Lüdinghausen NZV **07** 485, *Seier* NZV **90** 131), nicht aber bei neuem Entschluss nach Blutentnahme (Ha NZV **08** 532 (zu § 24a StVG)). Eine Trunkenheitsfahrt, die sich nach 1 ½ Stunden Unterbrechung fortsetzt, kann dieselbe Tat iS des § 264 StPO sein (Ce DAR **66** 137, abw Kö VRS **75** 336 (zu § 24a StVG)). *Eine* Tat, falls der Angekl. nach fahrlässiger Tatbegehung die Fahrt fortsetzt, nachdem er Kenntnis von seiner Fahrunsicherheit erlangt hat (Bay VRS **59** 195). Bei Wiedererlangung der Schuldfähigkeit während einer im Zustand der Schuldunfähigkeit angetretenen mehrstündigen Trunkenheitsfahrt kommt TE zwischen § 323a und § 316 in Frage (BGH VRS **62** 192). Gegenüber zugleich begangenen OW geht § 316 vor (§ 21 OWiG).

99   Zwischen Trunkenheitsfahrt nach § 316 oder 315c I Nr. 1a und nachfolgendem **unerlaubten Entfernen vom Unfallort** (§ 142 I) besteht TM (§ 142 Rn. 72), ebenso bei Weiterfahrt trotz Kenntniserlangung von zunächst nicht bemerktem Unfall: weiteres tatmehrheitlich zur vorausgegangenen Trunkenheitsfahrt begangenes Vergehen nach § 316 in TE mit § 142 II (Bay VRS **61** 351), und zwar auch dann, wenn § 142, etwa wegen Feststellungsverzichts des Geschädigten nicht erfüllt ist (Bay aaO, Kar NStZ-RR **06** 281). Zu einem Fall des Strafklageverbrauchs KG DAR **17** 154 m Bspr *König* DAR **17** 362. Zwischen § 142 I und dem dadurch gleichzeitig verwirklichten Vergehen nach § 316 oder § 315c besteht TE (Ha VRS **53** 125). TE mit § 177 *und* § 237 *StGB* ist möglich (Klammerwirkung des § 237 StGB, BGH VRS **60** 292, **66** 443). Wer, nach Unfall fahrunsicher, noch einige 100 m weiterfährt, um gefahrlos wenden zu können und dann zurückfährt, begeht keine weitere selbstständige Trunkenheitsfahrt (Bay NJW **73** 1657). Trunkenheitsfahrt nach Vollendung, aber vor Beendigung *eines Diebstahls* steht zu diesem in TE (Bay NJW **83** 406). TE mit Diebstahl oder Raub des Kfz, wenn die Wegnahme durch das Wegfahren erfolgt (BGH DAR **07** 37 sowie Beschluss v. 17.8.2016, 4 StR 317/16). Wer fahrunsicher ein Kfz geführt hat, aber behauptet, ein anderer habe es geführt, ist *nicht wegen Vortäuschens einer Straftat* (§ 145d) strafbar (BGHSt **19** 305, VRS **27** 194, Fra NJW **75** 1895, Ha NJW **64** 734, Ce NJW **64** 733), ebenso wenig eine nüchtern gebliebene Person, die wahrheitswidrig behauptet, das Fz statt des alkoholbedingt fahrunsicheren Täters geführt zu haben (Zw NZV **91** 238). Wer *bewusst in Schlangenlinien* fährt, um Trunkenheitsfahrt vorzutäuschen, verletzt nach Kö VRS **54** 196 § 145d StGB, obgleich solches Verhalten auch anders deutbar ist. Wollen Streifenbeamte bei Trunkenheitsverdacht eine Blutprobe veranlassen, so ist Widerstand Verstoß *gegen* § 113 StGB (Fra NJW **74** 572). TE mit §§ 315b, 113: BGH VRS **49** 177. Wer den verfolgenden PolWagen

anzufahren droht, so dass dieser ausweichen muss, leistet gewaltsamen Widerstand (Fra VRS **42** 270). Gezieltes Zufahren auf kontrollierenden Beamten nach Alcotest, um Weiterfahrt zu erzwingen, ist schwerer Fall des Widerstands (§ 113 II, Ko DAR **73** 219), uU Nötigung (KG VRS **45** 35); zu § 315b dort Rn. 10. Die durch einen alkoholbedingt fahrunsicheren Kf auf der Flucht vor der Pol verwirklichten Straftatbestände (zB §§ 315b, 315c, 142 StGB) bilden idR mit § 316 StGB eine Handlungseinheit **(Polizeiflucht)**, § 24 StVG Rn. 58. Fahrten zur Einfuhr und zum Transport von BtM (auch zum Abnehmer) stehen in TE zur Trunkenheitsfahrt (BGH NStZ-RR **18** 24; **17** 123; **13** 320; StV **10** 119). Zu **BtM–Besitz** und VTeilnahme unter Drogeneinfluss s. ferner § 24a StVG Rn. 29.

Wahlfeststellung zwischen vorsätzlichem § 316 und Anstiftung dazu ist möglich (Dü **100** NJW **76** 579). Wahlweise Verurteilung nach § 316 und einer OW ist ausgeschlossen (§ 21 OWiG). Nach Anklage wegen § 316 ist das in der Hauptverhandlung stattdessen festgestellte Gestatten des Fahrens ohne FE verfahrensrechtlich dieselbe Tat iS von § 264 StPO (Bay VRS **65** 208). Zwischen § 316 und Gestatten des Fahrens ohne FE (§ 21 I Nr. 2 StVG) ist Wahlfeststellung möglich; kommt bei einem dieser Delikte Vorsatz, bei dem anderen nur Fahrlässigkeit in Betracht, ist wegen § 316 II StGB oder nach § 21 I Nr. 2, II Nr. 1 StVG zu verurteilen (Ha NJW **82** 192 mAnm *Schulz* NJW **83** 265, aM AG St Wendel DAR **80** 58 (Wahlfeststellung zwischen fahrlässigem § 316 und vorsätzlichem Gestatten des Fahrens ohne FE zulässig)). Lässt sich bei fahrlässiger Körperverletzung oder Tötung durch Alkoholeinfluss nicht feststellen, ob der Angekl. entweder selbst das Fz fahrunsicher geführt oder aber dieses als Halter einer erkennbar fahrunsicheren anderen Person überlassen hat, ist Verurteilung nach §§ 229 bzw. 222 auf Grund alternativer Sachverhaltsfeststellung zulässig (Kar NJW **80** 1859, aM Ko NJW **65** 1926 mit abl Anm. *Möhl*).

18. Urteilsfeststellungen, Verfahren. Es ist nicht notwendig, die Gesamtumstände der Fahrt **101** (privater oder beruflicher Anlass, Länge, Ort der Fahrt usw) **im Urteil festzustellen,** andernfalls eine Beschränkung der Berufung auf den Rechtsfolgenausspruch unzulässig (so aber, jedoch nunmehr durch BGH NJW **17** 2482 überholt, zB Bay NZV **97** 244, **99** 482; Ba DAR **13** 585, **15** 273; Brn BA **08** 314; Ko NZV **09** 157; Nü ZfS **06** 288) oder gar der Schuldspruch gefährdet wäre (so aber Kö StV **01** 355); vielmehr genügt es, wenn der Tatrichter die Tat nach Tatzeit und Tatort, Fz und den die Fahrunsicherheit ergebenden Umständen in den Feststellungen eingrenzt (vgl. zu § 21 StVG BGH NJW **17** 2482; Ko NZV **13** 411 mAnm *Sandherr* und eingehender Bspr *König* DAR **14** 371 f.; Nü VRS **129** 147; zum Ganzen *König* Heintschel-Heinegg-F (2015) S. 257; s. auch § 21 StVG Rn. 23). Mü NZV **10** 212 verlangt die Mitteilung des Zeitpunkts der Blutentnahme, um dem Revisionsgericht eine Überprüfung der BAK zur Tatzeit zu ermöglichen. Der **Schuldspruch** muss ausweisen, ob wegen vorsätzlicher oder fahrlässiger Tat verurteilt wurde (Rn. 74). Bei Übergang von Fahrlässigkeit auf Vorsatz gegenüber Anklage und Eröffnungsbeschluss ist nach § 265 I StPO zu belehren (Ce DAR **18** 384; § 315c Rn. 71). Nach wenig überzeugender Auffassung von Ha BA **11** 178 muss das Urteil auch bei einer BAK von über 2‰ (knappe) Ausführungen zur Fahrlässigkeit enthalten). Dü DAR **19** 578 fordert ohne nähere Begründung „feststellende" Ausführungen zur „Vorhersehbarkeit und Vermeidbarkeit" einer Fahrt unter der Einwirkung von illegalen Drogen (abl Bspr *König* DAR **20** 366).

19. Sanktionen. Für die **Strafzumessung** gelten die allgemeinen Regeln (s. auch § 315c **101a** Rn. 55 ff.). Die Wirkungen einer *gleichzeitig angeordneten EdF* sind (eingeschränkt) zu berücksichtigen; zwar folgt die Maßregel eigenen Regeln; soweit aber spezialpräventive Wirkungen, die von der Strafe ausgehen sollen, durch EdF erreicht werden, ist dem bei der Strafzumessung Rechnung zu tragen (Dr NZV **01** 439, Zw MDR **70** 434, Fra NJW **71** 669, *Koch* DAR **73** 14). Generalprävention ist als Strafzumessungsgesichtspunkt in der Rspr. grundsätzlich anerkannt (zB BGH StV **05** 387, NStZ **92** 275), jedoch stets nur im Rahmen des Schuldangemessenen (Dü JMBlNRW **01** 241). Erhöhung der Strafe zur Abschreckung anderer jedoch nur, wenn gemeinschaftsgefährliche Zunahme der betreffenden Deliktsart *festgestellt ist* (BGH StV **05** 387; Dr BA **20** 230; s. auch Rn. 103 sowie § 315c Rn. 60). Schematische Strafzumessung ist auch bei Trunkenheitsfahrten mit § 46 StGB unvereinbar (Hb NJW **63** 2387, Ha VRS **38** 178). Dies gilt auch für die *ohne* Berücksichtigung des jeweiligen Falls erfolgende schematische Anwendung von *Strafzumessungsempfehlungen* und richterlichen Absprachen. Erfahrungsaustausch zwischen Richtern und Versuche, bei einem Massendelikt wie § 316 in Regelfällen nach Möglichkeit zu Gleichbehandlung im Strafen zu gelangen, sind indessen hilfreich und nützlich (*Janiszewski* Rn. 397, *Tröndle* BA **71** 73, *Middendorff* BA **71** 26, *Kulemeier* S. 245; abl *Jagusch* NJW **70** 401, 1865, *Leonhard* DAR **79** 89).

102   **a) Kurze Freiheitsstrafe** ist nur ausnahmsweise zulässig; wird auf Freiheitsstrafe erkannt, muss nach § 47 StGB begründet werden, warum Geldstrafe nicht ausreicht (§ 315c Rn. 55 ff.). Die Masse der kurzen Freiheitsstrafen betrifft Wiederholungstäter. Wer als mehrfacher Wiederholungstäter in Fahrbereitschaft trinkt und dann abermals fährt, verwirkt idR Vollstreckungsstrafe (Ko VRS **54** 31). Nicht angängig ist es, die Voraussetzungen des § 47 (insbes. „unerlässlich") zu bejahen, dann aber wegen Unverhältnismäßigkeit des Freiheitsentzugs auf eine Geldstrafe zu erkennen (Ba DAR **15** 395). Nicht jeder Rückfall macht aber Freiheitsstrafe nötig (Dü VM **71** 58, NZV **97** 46, Fra DAR **72** 49, Kö VRS **39** 418, Ha JMBlNRW **70** 265), auch nicht nach mehreren einschlägigen Vorstrafen (Bay DAR **92** 184 (Tat mit Ausnahmecharakter, letzte einschlägige Verurteilung vor mehr als 7 Jahren)).

103   **Zur Verteidigung der Rechtsordnung** sind kurze Freiheitsstrafen zulässig (§ 315c Rn. 60, Stu VRS **39** 417, Ha VRS **39** 479). Die Notwendigkeit der Verteidigung der Rechtsordnung muss nachprüfbar begründet werden (Ha VRS **39** 480, Ko VRS **40** 9). Bewiesener Anstieg der Trunkenheitsfahrten im Gerichtsbezirk nötigt nicht zu dem Schluss, nur kurze, unausgesetzte Freiheitsstrafe könne die Rechtsordnung ausreichend verteidigen (Fra NJW **71** 666), kann sie aber uU rechtfertigen (Fra VRS **42** 182, s. auch § 315c Rn. 60).

104   **b) Strafmildernd** kann langsames Trinken mit entsprechend niedriger BAK wirken (Hb VM **69** 29) oder Mitschuld dessen, der erkennbar angetrunkenen, übermüdeten Fahrer um Mitnahme gebeten hat (BGH VRS **21** 54) oder der als Mitfahrer vorher zum Trinken ermuntert hatte (BGH DAR **64** 22), uU unbewusst fahrlässige Trunkenheitsfahrt (Kar DAR **68** 220), die Tatsache, dass die gefahrene Strecke nur wenige Meter betrug (Kö VRS **100** 68, Kar VRS **81** 19, *Artkämper* BA **00** 317), aber nicht Folgenlosigkeit schlechthin (Neust DAR **57** 236, Ha VRS **15** 45), nicht **verminderte Schuldfähigkeit** wegen Trinkens trotz Schädelverletzung, wenn der Fahrer seine Alkoholintoleranz hätte kennen müssen (BGH VRS **16** 186, s. auch BGH VRS **30** 277 (Magenkranker)).

105   **c) Strafrahmenverschiebung; Selbstverschuldete Trunkenheit.** Nach vormals überwiegender Ansicht existiert keine allg. Regel, dass eine Strafrahmenverschiebung nach §§ 21, 49 StGB bei selbstverschuldeter Trunkenheit nur in Ausnahmefällen in Frage käme (LK-StGB/*König* Rn. 243 mwN). Später hat der BGH im Wesentlichen nach BGHSt **49** 239 verfahren, wonach sie bei vorhersehbarer signifikanter Erhöhung des Risikos der Begehung von Straftaten abgelehnt werden könne. Nunmehr hat der GrS auf Vorlegungsbeschluss des 3. StS (BGH NZV **17** 380) bindend entschieden, dass selbstverschuldete Trunkenheit die Versagung der Strafrahmenmilderung trägt, auch wenn eine vorhersehbare signifikante Erhöhung des Risikos der Begehung von Straftaten aufgrund der persönlichen oder situativen Verhältnisse des Einzelfalls nicht festgestellt ist; das bedeutet, dass der Verweis auf das verantwortete Sichbetrinken im Rahmen der Ermessensausübung für die Versagung hinreichen kann (BGH (GrS), BGHSt **62** 249 = NJW **18** 1180 mkritAnm *Jahn*). Für § 316 StGB ist die Frage *praktisch* (nicht aber rechtlich, s. Ha BA **06** 487) von eher untergeordneter Bedeutung, weil es keinen großen Unterschied macht, ob man die verminderte Schuldfähigkeit innerhalb des nicht verschobenen Strafrahmens von 1 Jahr Freiheitsstrafe würdigt oder ob man von 9 Monaten Höchstmaß ausgeht, wobei der Schuldminderung im bereits gemilderten Strafrahmen dann ein geringeres Gewicht zukommt. Eine Auseinandersetzung mit der Frage muss der Tatrichter freilich vornehmen (Ha BA **06** 487; Mü NZV **08** 529; s. auch Ce NZV **20** 379 (zu § 222 StGB)). **Keine Ablehnung der Strafrahmenverschiebung** aber weiterhin bei einem Alkoholkranken, weil ihm die Alkoholaufnahme oftmals nicht vorgeworfen werden (BGH BA **06** 482; Beschl. v 6.5.2020, 4 StR 53/20 Rn. 8 mwN; wohl verkannt von Mü NZV **13** 94 mAnm *König* DAR **13** 361). Kommt ein Umstand erschwerend und zugleich mildernd in Betracht, so darf er nicht nur einseitig verwertet werden (BGH VRS **56** 189). Wer sich über eine Warnung vor gleichzeitigem Alkoholgenuss im Beipackzettel eines Medikaments hinweggesetzt, kann beschränkte Schuldfähigkeit zu vertreten haben (Ha VRS **47** 257). Für Fahrunsicherheit aufgrund illegaler Aufnahme **illegaler Drogen** oder von Medikamenten gelten diese Grundsätze nicht; Insoweit entscheidet die Gesamtschau aller Umstände des Einzelfalls (BGHSt **62** 249, 271; BGH StV **05** 19).

106   **d) Straferhöhend** kann vorsätzliche Tatbegehung ins Gewicht fallen (Sa NJW **74** 1391, Schl BA **81** 370). Das Ausmaß der von der Fahrt ausgehenden abstrakten Gefahr im Hinblick auf die konkreten Gegebenheiten der Fahrt und den Grad der Fahrunsicherheit kann erschwerend berücksichtigt werden, soweit diese Umstände über die Merkmale des Tatbestands hinausgehen (Bay NZV **92** 453); andernfalls Verstoß gegen § 46 III. Erschwerend wirkt eine hohe BAK, weil entscheidend für den Grad der Gefahr und das Ausmaß der Schuld (Ha NJW **67** 1332, VM **66**

83, Zw DAR **70** 106, aM *Middendorff* BA **78** 107), uU auch Trinken in Fahrbereitschaft, etwa bei „Zechtour" (Ko VRS **51** 428, BA **78** 62, *Koch* NJW **70** 842), Taxifahren in Angetrunkenheit (Ol NJW **64** 1333, VRS **27** 204). Die durch einen Straftatbestand wie zB § 229 StGB gem. § 21 I OWiG verdrängte OW des § 24a StVG kann strafschärfend berücksichtigt werden (*Janiszewski* 427, s. auch BGH NJW **54** 810, Ha NJW **73** 1891, Br NJW **54** 1213). Nach Stu DAR **57** 243 Tatzunahme im Gerichtsbezirk, die nachprüfbar darzulegen ist (Rn. 101). Zur straferhöhenden Verwertung eines Nachtrunks § 315c Rn. 59. Auch die Warnwirkung eines früheren Verfahrens wegen § 316, das mit Freispruch geendet hat, darf strafschärfend berücksichtigt werden (Ha DAR **60** 145; *Schäfer/Sander/van Gemmeren* Strafzumessung Rn. 657 mNw aus der Rspr. des BGH).

Nicht straferhöhend darf berücksichtigt werden das auch in Durchschnittsfällen regelmäßig **107** vorhandene Bewusstsein, noch fahren zu müssen (BGH NJW **68** 1787; s. aber Rn. 42), nicht Fahren in der Anflutungsphase für sich allein (Bay DAR **65** 53), nicht Umstände, die die Fahrt lediglich als Durchschnittsfall kennzeichnen (Hb k + v **69** 245), nicht „fehlende Mitschuld" des Verletzten (BGH VRS **23** 438), nicht der Beruf als Rechtsanwalt oder Notar (Ha DAR **59** 324, Bay DAR **81** 243), nicht Arzteigenschaft ganz allgemein, auch nicht die daraus resultierende bessere Kenntnis der Alkoholwirkungen (*Hanack* NJW **72** 2228, **aM** Fra NJW **72** 1524), auch keine Strafverschärfung für Trunkenheitsfahrt eines Arztes auf dem Weg zur Praxis (Ha BA **07** 38). Spurenbeseitigung wirkt nur dann strafschärfend, wenn der Täter neues Unrecht schafft oder mit seinem Verhalten weitergehende Ziele verfolgt, die ein ungünstiges Licht auf ihn werfen (BGH StV **18** 431). Zur Bedeutung der beruflichen Stellung näher § 315c Rn. 58.

e) Vorstrafen, auch auf anderen Gebieten, können herangezogen werden, soweit sie den Tä- **108** ter als VT beleuchten (KG VRS **30** 200). Die Verwertbarkeit muss ggf. begründet werden (Ko VRS **54** 192, Zw VRS **38** 40). Eintragungen im FAER müssen ordnungsgemäß festgestellt sein (vgl. Nü NZV **07** 640). Tilgungsreife oder getilgte Verurteilungen und der ihnen zugrunde liegende Sachverhalt dürfen, ausgenommen bei Prüfung einer EdF unter den Voraussetzungen des § 52 II BZRG, weder vorgehalten noch nachteilig verwertet werden, ebenso wenig andere Behörden- oder PolAkten (§ 29 StVG).

Literatur: *Dünnebier,* Die Strafzumessung bei Trunkenheitsdelikten im StrV …, JR **70** 241. *von Gerkan,* **108a** Prominentenstrafrecht bei VDelikten?, MDR **63** 269. *Granicky,* Die Strafzumessung bei alkoholbedingten VStraftaten …, BA **69** 449. *Jagusch,* Strafzumessungsempfehlungen von Richtern im Bereich der StRVgefährdung?, NJW **70** 401. *Derselbe,* Gegen Strafzumessungskartelle im StRVrecht, NJW **70** 1865. *Janiszewski,* Strafzumessungspraxis der Gerichte bei Alkoholdelikten im StrV, BA **68** 27, **69** 177. *Krüger,* Die Ahndung der Alkoholdelinquenz im StrV …, BA **69** 352. *Kruse,* Sind Strafzumessungsempfehlungen zulässig?, BA **71** 15. *Martin,* Geldstrafe oder Freiheitsstrafe bei Trunkenheit am Steuer?, BA **70** 13. *Middendorff,* Die Diskussion über die Strafzumessung, BA **65/66** 75. *Ders.,* Strafzumessung in Vergangenheit und Zukunft, BA **71** 26. *Neumann,* Erfolgshaftung bei „selbstverschuldeter" Trunkenheit?, StV **03** 527. *Schröder,* Zur Verteidigung der Rechtsordnung, JZ **71** 241. *Schultz,* Zum Strafmaß bei Trunkenheitsdelikten im StrV, BA **77** 307. *Seib,* Gleichmäßigkeit des Strafens …, BA **71** 18. *Tröndle,* Die Strafzumessung bei Trunkenheit im StrV, BA **65/66** 457. *Derselbe,* Das Problem der Strafzumessungsempfehlungen, BA **71** 73.

19. Strafaussetzung zur Bewährung. Grundsätzlich hierzu: § 315c Rn. 61 ff. Freiheitsstra- **109** fen unter 6 Monaten (bei § 316 die Regel) sind bei günstiger Prognose *zwingend* auszusetzen. Freiheitsstrafe von 6 Monaten bis zu 1 Jahr ist bei günstiger Prognose auszusetzen, es sei denn, die Verteidigung der Rechtsordnung gebiete Vollstreckung (§ 56 III). Zum Begriff der Verteidigung der Rechtsordnung § 315c Rn. 63. Vollstreckung einer Freiheitsstrafe von 6 Monaten bis zu 1 Jahr ist zur Verteidigung der Rechtsordnung nur geboten, wenn Aussetzung wegen der Besonderheit des Falls einer *mit den Umständen des konkreten Falls vertrauten* Rechtsgemeinschaft schlechthin unverständlich erscheinen müsste und das Vertrauen in die Rechtsordnung dadurch erschüttert werden könnte (hierzu § 315c Rn. 63 f.).

a) Einschlägige Vorstrafen sind für die Prognose von wesentlicher Bedeutung, schließen **110** die Aussetzung aber nicht schlechthin aus (Bay DAR **70** 263, **73** 207, Ko VRS **70** 145, Kar VRS **38** 331, Fra NJW **77** 2175). Je nach Anzahl, Abstand der Vorstrafen sowie den Umständen der früheren und der abzuurteilenden Tat kann aber zur Begründung einer positiven Prognose eine eingehende Begr geboten sein (Ko VRS **70** 145, BA **77** 60, Stu VRS **39** 420, Bay DAR **71** 205). Günstige Prognose allein für die Dauer der Bewährungsfrist genügt nicht (Bay VRS **62** 37). In besonderen Fällen kann sogar bei einer einzigen Vorstrafe zur Begr von Aussetzung eingehende Darlegung der Erwägungen erforderlich sein, die eine günstige Prognose stützen (Ko VRS **56** 145). Hat der Täter *schon eine Freiheitsstrafe wegen Trunkenheit im V verbüßt,* so werden nur ganz besondere Gründe eine günstige Prognose rechtfertigen können (Stu DAR **71** 270, aM Fra

NJW **70** 956: weil der spezialpräventive Erfolg nicht erzielt worden sei, bedürfe dann Nichtaussetzung einer besonders sorgfältigen Begr!). Einschlägige Straftat *innerhalb einschlägiger Bewährungszeit* deutet auf schlechte Prognose hin und wird nur unter besonderen Umständen nochmalige Aussetzung erlauben (Bay DAR **70** 263, **71** 205, Ko VRS **104** 300, Ha DAR **72** 245, Sa VRS **49** 351). Jedoch schließt Tatbegehung innerhalb der Bewährungszeit erneute Aussetzung nicht *strikt* aus (BGH NStZ-RR **97** 68, Kö MDR **70** 1026). Denkbar ist sie bei nun gewonnener Krankheitseinsicht und Absolvierung einer Therapie mit Abstinenz. Dies gilt jedoch dann nicht, wenn der Angekl. schon bei der früheren Verurteilung einsichtig und abstinent gewesen war, aber dann gleichwohl rückfällig geworden ist (Mü DAR **08** 533). Die Möglichkeit erschwerter Bewährungsauflagen ist in Betracht zu ziehen (*Horstkotte* JZ **70** 127). Schließlich ist bei der Prognose die Wirkung der *gleichzeitig verhängten EdF* zu berücksichtigen, die die Freiheitsstrafe von ihrer sichernden Funktion in gewissem Umfang zu entlasten vermag (Rn. 101). Zur Aussetzung bei schweren Unfallfolgen § 315c Rn. 63 f.

111   **b)** Bewusst fahrlässige Trunkenheitsfahrten innerhalb der Bewährungszeit rechtfertigen **Bewährungswiderruf** (Ko VRS **54** 192, **52** 24, BA **81** 111, Ko VRS **71** 180), auch als Rauschtat (§ 323a) begangene Trunkenheitsfahrt (Ko BA **81** 111). Wurde wegen der innerhalb der Bewährungszeit begangenen Tat erneut Aussetzung bewilligt, so kann die frühere Strafaussetzung widerrufen werden, wenn die günstige Prognose des späteren Urteils nicht nachvollziehbar ist (Dü NZV **98** 163).

112   **20. Entziehung der Fahrerlaubnis.** Nach § 69 II StGB ist bei Vergehen nach § 316 idR auf EdF zu erkennen. Vorläufige EdF: § 111a StPO. Bei Nichtentziehung der FE idR FV (§ 44 I S. 3 StGB). Versagung oder EdF durch die VB bei festgestellter Trunkenheit im Verkehr: §§ 2, 3 StVG.

113   **21.** Bei Vorliegen der Voraussetzungen, die bei den sog. „fahrenden Trinkern" sowie bei gewohnheitsmäßigen Betäubungsmittelkonsumenten nicht selten gegeben sind, kann die **Unterbringung in einer Entziehungsanstalt** (§ 64 StGB) in Betracht kommen (s. etwa BGH NJW **16** 1109 (zu § 315c); Ce BA **15** 31 (Mofafahrer) m Bspr *König* DAR **15** 363; Ha BA **17** 40 m Bspr *König* DAR **17** 362; Zw BA **18** 307). Zur **Unterbringung im psychiatrischen Krankenhaus** (§ 63 StGB) BGH NStZ-RR **17** 308. Zur **Verwarnung mit Strafvorbehalt** und zum **Absehen von Strafe** § 315c Rn. 66, 67.

114   **22. IdR keine Einziehung des Fz** (§ 74), weil das Fz nicht Tatmittel, sondern Tatobjekt ist und eine spezielle Vorschrift wie § 21 III StVG oder § 315f fehlt (Ha BA **74** 282, LG Gera VRS **99** 365, *Geppert* DAR **88** 14).

115   **23. Sonstiges.** Der Laie wird auf Grund äußerer Anzeichen nur in seltenen Ausnahmefällen beurteilen können, ob alkoholbedingte Fahrunsicherheit vorliegt. Ein **Festnahmerecht** gem. § 127 I StPO wird daher nur bei offenkundigen, schweren alkoholtypischen Ausfallerscheinungen gegeben sein (BGH GA **74** 177, Zw NJW **81** 2016 mablAnm *Händel* BA **81** 369). Einem fahrunsicheren Kf den **Zündschlüssel abzunehmen,** ist durch Notstand gerechtfertigt; hiergegen ist Notwehr nicht zulässig (Ko NJW **63** 1991). Vorsätzliches Vertauschen der Blutprobe im Untersuchungsverfahren ist **Strafvereitelung** und uU Ausstellen eines unrichtigen ärztlichen Zeugnisses, möglicherweise auch nach § 133 I StGB strafbar (Ol VRS **8** 204). Strafvereitelung, wenn der Verteidiger der Pol den Zugriff auf einen alkoholbeeinflussten Kf und die Blutprobe erschwert (Ha DAR **60** 19). Zum **Strafklageverbrauch** § 24a StVG Rn. 29.

116   **Fußgänger** können allenfalls nach den §§ 2 FeV, 24 StVG belangt werden. Grenzwerte existieren nicht (KG VRS **20** 44, Ha VkBl. **62** 684, Kö JMBlNRW **64** 202, Sa VRS **21** 69, Dü VM **62** 60, Ol VRS **106** 438; s. aber Stu VRS **25** 462: bei Tag zwischen 2 und 2,5‰, bei Nacht zwischen 1,7 und 2‰ BAK, Kö NZV **13** 601: 2‰ (zum Versicherungsrecht)); ebenso Jn NJW **18** 77 (zum Haftungsrecht; zw; s. auch § 9 StVG Rn. 15). Keine VUntüchtigkeit jedenfalls bei 1,84‰ BAK (Dü VersR **72** 793), auch nicht ohne Weiteres bei 3,28‰ (Bay DAR **82** 246 (*Rüth*)). Allgemeines Müdigkeits- und Schweregefühl ist kein ausreichender Beweis für VUnfähigkeit; auch verkehrswidriges Verhalten lässt Schluss auf VUnfähigkeit nur zu, wenn es sich als Folge des Alkoholgenusses ausweist (Sa VRS **21** 69). Kein Beweisanzeichen alkoholbedingter VUnsicherheit, wenn ein Fußgänger, der mit 2,25‰ BAK bei Dunkelheit, Regen und GegenV innerorts 70 bis 80 cm vom Straßenrand auf einer bürgersteiglosen 5,85 m breiten Bundesstraße geht, vor einem von hinten kommenden Pkw nicht an den äußeren Straßenrand ausweicht (Bay VRS **28** 65). Verkehrsuntüchtigkeit angenommen von Ha NZV **15** 537 bei 2,49‰ und gravierenden Ausfallerscheinungen. Es ist rechtsfehlerhaft, den Trunkenheitszustand eines Fußgängers anhand eines beweisunsicheren Atemtests (dazu Rn. 52) zu bestimmen (Mü BA **15** 231). Zum Nachweis des inneren Tatbestands bei verkehrsuntüchtigem Fußgänger Ha JMBlNRW **64** 189. Für den **Beifahrer** auf Krad, Moped (Mofa) oder Roller (s. auch Rn. 5) gelten die Grenzen für alkoholbedingte Fahrunsicherheit weder unmittelbar noch sinngemäß (Ha VRS **22** 479). Dennoch wurde vereinzelt absolute VUnsicherheit bei Soziusfahrern mit hoher BAK bejaht (Ha DAR **63** 218 (2,0‰)).

24. Zivilrecht. Wegen der zivilrechtlichen Folgen von Trunkenheit s. die §§ 7 ff. StVG. IdR **117** wird ein solcher Fahrer nach den §§ 823 ff. BGB haften. Bei absoluter Fahrunsicherheit, für die auch im Haftungs- und Versicherungsrecht der Grenzwert von 1,1‰ gilt (BGH NZV **02** 559, **92** 27, Dü VersR **04** 1406, Ko VRS **103** 174, Kar NZV **02** 227, BSG NZV **93** 267), spricht der **Anschein** für die Ursächlichkeit der Fahrunsicherheit für den Unfall (BGH VersR **86** 141, NZV **92** 27, Nau VersR **05** 1233, Sa ZfS **04** 323, Brn ZfS **04** 518, Dü VersR **04** 1406, Kö ZfS **00** 111, Ha DAR **00** 568, NZV **92** 318 (Radf), Kar NZV **92** 322), vorausgesetzt, dieser hat sich unter Umständen zugetragen, die einem nüchternen FzF keine Schwierigkeiten bereitet hätten (BGH NZV **95** 145, Dü NJW-RR **01** 101, Kö ZfS **00** 111, Ha VersR **87** 788, Ba VersR **87** 909, Zw VRS **88** 109). Kein Anschein gegen einen von zwei unter Alkoholeinfluss stehenden Unfallbeteiligten bei ungeklärtem Unfallhergang (Schl NZV **91** 233). Der Anschein ist widerlegt, wenn der Unfall durch andere Ursachen verursacht wird (zB Glatteis, Fra NJW-RR **97** 91) oder wenn auch ein Idealfahrer den Unfall nicht hätte verhindern können (AG Landstuhl ZfS **07** 681 mAnm *Diehl*). Bei BAK unterhalb des Beweisgrenzwerts darf ohne alkoholbedingte Ausfallerscheinungen nicht mittels Anscheinsbeweises auf Fahrunsicherheit geschlossen werden (BGH NZV **88** 17, Sa ZfS **04** 323, KG NZV **96** 200, Kö VersR **89** 139, Kar VersR **91** 181, Ha NZV **94** 112). Jedoch eignet sich der Anscheinsbeweis dann zum Nachweis der (relativen) Fahrunsicherheit, wenn sich der Unfall unter Umständen ereignet hat, die ein nüchterner Fahrer hätte meistern können (Dü VersR **04** 1406, Kö VRS **102** 424, Sa VRS **106** 170, BA **04** 533, Kar ZfS **93** 160, Ha VersR **82** 385, Ce NRpfl **90** 228, aM Mü NJW-RR **87** 476, wonach nur grobes Versagen den Schluss auf Fahrunsicherheit rechtfertige). Ist „relative" Fahrunsicherheit festgestellt, so kann der Anscheinsbeweis auch zum Nachweis ihrer Ursächlichkeit für den Unfall herangezogen werden (Dü VersR **04** 1406, Kar ZfS **93** 160, Kö VersR **83** 50, Ha NZV **03** 92, Fra NVersZ **02** 129). Der vom Fahrer verschiedene Halter haftet für Schäden, die der trunkene Fahrer verursacht, mindestens nach § 7 StVG. Wer als Geschäftsführer ohne Auftrag den betrunkenen Halter in dessen Kfz heimfährt, obwohl er 1,5‰ BAK hat, handelt nicht unbedingt grob fahrlässig (§ 680 BGB; BGH NJW **72** 475). **Haftung gegenüber Insassen** des vom trunkenen Fahrer gelenkten Fz, Gefälligkeitsfahrt, Haftungsverzicht, Handeln auf eigene Gefahr: §§ 8a, 16 StVG. Mitschuld des Verletzten: §§ 9, 16 StVG Rn. 11. Die Schuld des Fahrunfähigen (1,43‰ BAK) wird idR erheblich größer sein als diejenige des Mitfahrers, der die Alkoholisierung kennt (KG VM **79** 24). Zur Ersatzpflicht der Mitfahrer, die angetrunkenem Fahrer zu einem Kfz verhelfen, Ol VRS **34** 241. Haftung des fahrunsicheren Arbeitnehmers für Verlust von Prämienvorteilen des Arbeitgebers: BAG NJW **82** 846. EdF wegen einer Trunkenheitsfahrt als Kündigungsgrund bei Berufsfahrern: LAG Ha Betr **78** 750, *Zepf* VD **82** 183.

Versicherungsrecht. S. hierzu auch die Übersichtsaufsätze von *Halm/Hauser* DAR **15** 761 **118** und *Scheidler* DAR **16** 66. Hinsichtlich der Anwendbarkeit des VVG 08 müssen die Übergangsfristen nach Art 1 EGVVG beachtet werden: Das VVG 08 gilt nach Art 1 EGVVG ab 1.1.08 uneingeschränkt für ab dem 1.1.08 geschlossene Verträge *(Neuverträge)*. Bei *Altverträgen* gilt das bisherige Recht nach Art 1 II EGVVG noch bis 31.12.08 uneingeschränkt; es gilt über den 1.1.09 hinaus für alle Versicherungsfälle, die bis einschließlich 31.12.08 eingetreten sind (*Höra* VGT **08** 154; Synopse der relevanten Auswirkungen bei *Braun* Zfs **09** 187). **Gefahrerhöhung** führt zu Kündigungsrecht des VU (§ 24 VVG alt, § 24 VVG 08), nach § 25 I VVG alt bei verschuldeter Gefahrerhöhung grundsätzlich zur Leistungsfreiheit, nach § 26 I S. 1 VVG 08 bei vorsätzlicher Gefahrerhöhung zu Leistungsfreiheit, bei grob fahrlässiger zu Quotierung (§ 26 I S. 2 VVG 08). Neigung zu Trunkenheitsfahrten oder anderen ungewöhnlich leichtfertigen Verhaltensweisen bewirkt Gefahrerhöhung (Dü DAR **63** 383, VersR **64** 179, Nü VersR **65** 175). Hingegen genügt einmalige oder gelegentliche Trunkenheitsfahrt ohne besondere Neigung in der Haftpflichtversicherung nicht (BGH NJW **52** 1291, VersR **71** 808, DAR **72** 105, Dü NZV **04** 594, Ha VersR **67** 748, Nü VersR **65** 175, Schl VersR **60** 593, Fra NJW **70** 2096, KG NJW **64** 1328, alle zu §§ 23 ff. VVG aF), gleichfalls nicht in der Kaskoversicherung (Dü VersR **05** 348). Bei Vereinbarung im Versicherungsvertrag (vgl. D.2.1 AKB 08) kann FzFühren in rauschmittelbedingter Fahrunsicherheit in den Grenzen des § 5 III KfzPflVV (dazu Sa NZV **13** 598) in der **Haftpflichtversicherung** zur Leistungsfreiheit des VU **wegen Obliegenheitsverletzung** führen (Sa NVersZ **02** 124, NZV **13** 598, Ha ZfS **03** 408, Nü NJW-RR **01** 97, Mü BA **08** 403; Sa NZV **09** 340). Nach § 6 I S. 3 VVG alt bestand Kündigungspflicht des VU (Kö VersR **04** 1596). Die Kündigungspflicht wurde nicht in § 28 VVG 08 übernommen. Überträgt man die im Rahmen des Strafrechts entwickelten Grundsätze (Rn. 74 ff., 80) auf das Versicherungsrecht, wird der nach § 28 II S. 1 VVG 08 für Leistungsfreiheit erforderliche Vorsatz (s. o.), kaum je nachgewiesen werden können (*Schirmer* DAR **08** 319, *Tischler* BA **10** Supplement 25; weitergehend wohl *Nugel* NZV **08** 11). Grobe Fahrlässigkeit, die idR vorliegen wird, führt nach § 28 II S. 2 VVG 08 zur Quotierung. Jedoch ist der VN in der Haftpflichtversicherung durch § 5 III KfzPflVV ausreichend geschützt, was gegen die Anwendbarkeit des § 28 II S. 2 VVG 08 spricht; folgt man dem, so kann das VU innerhalb der dortigen Grenzen in vollem Umfang Regress nehmen (*Nugel* NZV **08** 11; *Mergen* NZV **07** 385; *Tischler* BA **10** Supplement 25; aM AK IV 46.VGT VGT **08** 10; *Schirmer* DAR **08** 319, *Heß/Burmann* NZV **09** 7). Zur andernfalls vorzunehmenden Quotierung fehlen wie im Rahmen des § 81 II VVG 08 noch anerkannte Maßstäbe. Auf das in Rn. 119 Gesagte wird verwiesen. Grds. möglich ist der Kausalitätsgegenbeweis (§ 28 III S. 1 VVG 08). Er wird jedoch meist nicht geführt werden können. Kausalitätsprobleme, wie sie im Rahmen des § 315c auftreten (dort Rn. 39 ff.), werden wohl wegen der den VN treffenden Beweislast meist nicht praktisch werden. Die Voraussetzungen des § 2b Nr. 1e AKB (D.2.1 AKB 08) sind bei absoluter Fahrunsicherheit stets erfüllt (Sa NZV **13** 598, Kö NVersZ **00** 534), ebenso bei relativer (Ha ZfS **03** 408; abw. AG Siegen NZV **13** 604 (0,7‰)), nicht dagegen bei BAK unter 1,1‰ ohne Hinzutreten weiterer Beweisanzeichen für Fahrunsicherheit (Jn NJW-RR **03** 320). Obliegenheitsverletzung sowohl durch Trunkenheit als auch Unfallflucht führt zur Verdoppelung der versicherungsrechtlichen Sanktion (BGH NJW **06** 147, Brn ZfS **04** 518 mAnm *Rixecker,* Dü VersR **04** 1406, Schl NZV **03** 184, Kö ZfS **03** 23 mAnm *Rixecker,* Sa VersR **04** 1131, Ha NJW-RR **00** 172, krit *Wessels* NVersZ **00** 262; LG Gießen VersR **01** 1273, zust *Littbarski* BA **01** 473, *Knappmann* NVersZ **00** 558, abw Nü NJW-RR **01** 97). Obliegenheitsverletzung durch Verschleierung der BAK in der Haftpflicht- und FzVersicherung: § 142 Rn. 76. Verletzt der **angestellte Fahrer** das Verbot, unter Alkoholeinwirkung zu fahren, handelt er grobfahrlässig und setzt sich dem Rückgriff des Versicherers aus (§ 110 SGB VII, § 640 RVO aF; BAG VRS **21** 395). Grobe Fahrlässigkeit iS von § 640 RVO aF bei FzFühren im Zustand absoluter Fahrunsicherheit unter wesentlichem Überschreiten der zulässigen Geschwindigkeit (Nü VM **93** 14 (1,3‰)). Voraussehbare wachsende Trinkenthemmung schützt nicht vor dem Vorwurf grober Fahrlässigkeit (§ 640 RVO aF; BGH NJW **74** 1377). Zu den Voraussetzungen grober Fahrlässigkeit (§ 640 RVO aF) bei VUnfall im Ausland (subjektives Element; BGH VersR **78** 541). Zur Leichenblutentnahme im Sozialversicherungsrecht Rn. 32.

119   In der **Kaskoversicherung** entfällt nach § 61 VVG alt die Haftung des VU, wenn der Unfall durch die Fahrunsicherheit *grobfahrlässig* herbeigeführt wurde („Alles-oder-nichts-Prinzip"; Ko VRS **103** 174, dazu *Lang* NZV **90** 172). Das VVG 08 hat das „Alles-oder-nichts-Prinzip" aufgegeben. Nach § 81 I VVG 08 entfällt die Haftung des VU nur noch dann, wenn der Unfall *vorsätzlich* herbeigeführt wurde. Diesen Nachweis wird das VU nicht erbringen können. Der Schwerpunkt wird daher weiterhin bei der vom VU zu beweisenden *groben Fahrlässigkeit* liegen. Sie führt nach § 81 II VVG 08 **zur Quotierung,** deren Einzelheiten durch die Rspr. derzeit geklärt werden. Naheliegend ist ein Anknüpfen an den Grad der Fahrunsicherheit (eingehend *Felsch* r+s **07** 485, für Leistungsfreiheit ab 1,1‰ *Rixecker* ZfS **07** 15, s. auch *Rixecker* ZfS **09** 5; *Schirmer* DAR **08** 319, *Lang* VGT **08** 167 bzw. ab Fahrunsicherheit AK IV 46.VGT VGT **08** 9 unter Nr. 5). Denkbar ist, ohne Hinzukommen von Besonderheiten (zu bedeutsamen Umständen *Nugel* DAR **10** 722) bei **„relativer" Fahrunsicherheit** von „mittlerer" grober Fahrlässigkeit auszugehen und eine Quote von 50% anzunehmen und ansonsten an den Grad der BAK anzuknüpfen (so AG Hb-St. Georg DAR **10** 34; *Felsch* r+s **07** 485; krit *Heß/Burmann* NZV **09** 7; zu den Modellen *Stahl* NZV **09** 265; *Nugel* NJW-Spezial **10** 265; *ders.* DAR **10** 722; s. auch *Kuhn* DAR **10** 111). Dem folgt Ha NJW **11** 85 mit der Maßgabe, dass dann in 10%-Schritten zu erhöhen ist (bei 0,59‰ und Abkommen von der Fahrbahn: 60%). Kar DAR **14** 461 (mit krit Anm *Nugel*) beziffert die Kürzung in einem Fall im Grenzbereich zur absoluten Fahrunsicherheit (1,09‰) mit Geradeausfahren in einer in einer Baustelle befindlichen Kurve auf lediglich 25%, weil zwar grobe Fahrlässigkeit, die jedoch mangels Ausfallerscheinungen vor der Fahrt noch nicht an der Grenze zum Eventualvorsatz liege (zw). Demgegenüber nimmt Sa NZV **15** 539 eine Leistungskürzung um 75% an. Kommt ein FzF bei einer BAK von 0,49 ‰ von der Fahrbahn ab und erklärt das (bei Fehlen von Ausfallerscheinungen) plausibel mit einer plötzlich die Straße überquerenden Wildschweinrotte, so scheidet eine Kürzung aus (Brn ZfS **20** 152).

Absolute Fahrunsicherheit führt idR zur Leistungsfreiheit, wobei aber im Fall mildernder Umstände eine Quotierung nicht gänzlich ausgeschlossen ist (BGH NJW **11** 3299 mAnm *Schimikowski* DAR **11** 703; NZV **12** 225, Ha NJW **11** 85 (zust *Tischler* BA **10** Supplement 25); Stu NZV **11** 296, Dr ZfS **18** 276; LG Münster NJW **10** 240 mAnm *Nugel* DAR **10** 474; aM KG DAR **11** 23). Handelt der Täter im Zustand aufgehobener Schuldfähigkeit, so kann an das Verschulden bei Trinkbeginn angeknüpft werden (BGH aaO). LG Bonn DAR **10** 24 hält bei grob fahrlässigem Überlassen der Schlüssel an einen Alkoholisierten eine Leistungskürzung von 75% für angemessen. Für den **Nachweis** der Fahrunsicherheit gilt auch im Versicherungsrecht der Beweisgrenzwert von 1,1‰ (Rn. 117). Absolute Fahrunsicherheit ist vom VU zu beweisen, Nachtrunkbehauptung von ihm ggf. zu widerlegen (Ha VersR **81** 924; Kar NZV **09** 43). Zum Nachweis der Fahrunsicherheit und deren Ursächlichkeit für den zum Unfall führenden Fahrfehler können die *Grundsätze des Anscheinsbeweises* herangezogen werden (Rn. 117). Hingegen ist nach hM der *Nachweis grober Fahrlässigkeit* auch in Fällen „absoluter" Fahrunsicherheit mittels Anscheinsbeweises unzulässig (**E** 157a). Grundsätzlich wird indessen die Würdigung aller Umstände ergeben, dass einen Kf, der infolge Fahrunsicherheit einen Unfall verursacht hat, insoweit der Vorwurf grober Fahrlässigkeit trifft (BGH NZV **89** 228, Ha NZV **01** 172, Dü NJW-RR **01** 101 (Restalkohol), Kö ZfS **00** 111, Ko DAR **02** 217, Kar NZV **92** 321), idR selbst dann, wenn er den Fahrtentschluss im Zustand alkoholbedingten erheblich eingeschränkten Einsichts- und Hemmungsvermögens (BGH NZV **89** 228) oder der Schuldunfähigkeit (Ha NZV **01** 172, Nü VersR **82** 460) gefasst hat. Kommt im Hinblick auf die unter 1,1‰ liegende BAK „nur" relative Fahrunsicherheit in Betracht, so ist der Vorwurf grober Fahrlässigkeit gerechtfertigt, wenn der Kf erkennbare Anzeichen für seine Fahrunsicherheit bewusst missachtet (Kö VersR **83** 294, ZfS **99** 199, KG NZV **96** 200, Mü VersR **84** 270, Ha NZV **94** 112, ZfS **94** 132) oder wenn sich ihm im Hinblick auf die genossene Alkoholmenge nach den gegebenen Umständen die Erkenntnis der Fahrunsicherheit aufdrängen musste (Stu VersR **83** 743; Mü BA **08** 403; aM Ko DAR **02** 217, Brn BA **03** 374: schon dann, wenn ein alkoholtypischer Fahrfehler festgestellt ist; ebenso Sa NZV **10** 405; noch weitergehend Sa ZfS **04** 323: schon bei BAK in Höhe des Gefahrengrenzwerts nach §24a StVG). Grob fahrlässiges Verhalten des Kaskoversicherten, wenn er sich fahrunfähig macht, obwohl er weiß, noch fahren zu müssen (Zw VersR **77** 246, Stu VersR **82** 743), wenn er nach erheblichem Alkoholgenuss (1,0–1,1‰) und Einnahme einer Schlaftablette infolge Fehleinschätzung der vertretbaren Geschwindigkeit oder Verwechslung von Gas- und Bremspedal aus der Kurve getragen wird (Kö VersR **83** 50) oder mit 1,03‰ BAK auf ein vor ihm anhaltendes Fz auffährt (Kar ZfS **93** 127), wenn er mit 0,98‰ bei oder nach Durchfahren einer Kurve von der Fahrbahn abkommt (Brn BA **01** 194 mAnm *Littbarski*), mit 0,65‰ in Linkskurve aus der Fahrbahn gerät (Kar NZV **02** 227), ebenso bei Schleudern auf Glatteis in zu schnell durchfahrener Kurve und BAK knapp unterhalb des Beweisgrenzwerts (Stu ZfS **90** 61). *Keine grobe Fahrlässigkeit,* wenn der VN Vorkehrungen getroffen hatte, die seine Erwartung rechtfertigen durften, er werde nicht fahren (Ha NZV **92** 153). **Nachtrunk** ist grds. Obliegenheitsverletzung (Fra NZV **15** 342); allerdings muss sich VN ohne besondere Vereinbarung nicht stets für eine polizeilich angeordnete, nicht durch Nachtrunk verfälschte Blutentnahme bereithalten, es sei denn, er will den Sachverhalt in Erwartung eines polizeilichen Einsatzes bewusst verschleiern (BGH VersR **76** 84, Kar NZV **09** 43). Zur Verpflichtung zur Blutprobe in der FzVers ohne Schädigung Dritter: §142 Rn. 76.

Bei absoluter Fahrunsicherheit liegt im Rahmen der **Unfallversicherung** immer wesentliche **120** Beeinträchtigung der Aufnahme- und Reaktionsfähigkeit vor (Bewusstseinsstörung iS des §2 I Nr. 1 AUB 1994 bzw. Ziff. 5.1.1 AUB 1999 oder ähnlich lautender Bestimmungen; zum Begriff: BGH EBE **00** 263, Ha NZV **03** 92), die bei Unfallursächlichkeit die Haftung des VU ausschließt (BGH BA **72** 348, NJW **76** 801, NZV **88** 17, Jn BA **06** 70, Nau NJW **05** 3505, Sa ZfS **02** 32, Fra ZfS **99** 529, Schl DAR **94** 30, Zw ZfS **94** 218, Kö VersR **96** 178, KG ZfS **98** 343, Ha NZV **03** 92, **98** 161 (Radf); zur „erweiterten Alkoholklausel" (Ausschluss ab 1,3‰) Sa NJW-RR **09** 903). Für behaupteten Nachtrunk ist der VN beweispflichtig (KG ZfS **98** 343, Nü VersR **84** 436, Ol VersR **84** 482), gleichfalls für Sturztrunk (Kö NZV **13** 601), soweit überhaupt relevant (s. Rn. 13). Kö NZV **13** 601 nimmt „absolute Verkehrsuntüchtigkeit" eines Fußgängers bei 2‰ an. BAK unterhalb des Beweisgrenzwerts führt zu Bewusstseinsstörung iS der AUB, wenn zur festgestellten BAK weitere Umstände (zB erhebliche Ausfallerscheinungen) hinzutreten, die die Annahme von Fahrunsicherheit rechtfertigen (BGH VersR **86** 141, **87** 1826 (Radf), NZV **88** 17, NJW-RR **88** 1376, Nau NJW **05** 3505, Ko ZfS **02** 31, Fra ZfS **99** 529, Zw ZfS **94** 218, Nü ZfS **96** 463, Hb NJW-RR **98** 1108, Ha ZfS **93** 313 (Einschlafen am Steuer als Alkoholfolge), Kö VersR **96** 178; verneint von Dü ZfS **03** 561 bei 0,84‰ und *nicht* alkoholbedingtem

Einschlafen; „natürliche" Müdigkeit). **Bei Drogenkonsum** ist mangels Beweisgrenzwerts für absolute Fahrunsicherheit (Rn. 63) stets das Hinzutreten derartiger Umstände erforderlich (Nau NJW **05** 3505). Ohne solche Umstände reicht auch eine nur knapp unter dem Beweisgrenzwert liegende BAK allein nicht zur Feststellung von Bewusstseinsstörung aus (Fra VersR **85** 941). Eine BAK unter 0,8‰ reicht trotz Fahrfehlers zur Annahme einer Bewusstseinsstörung nicht aus (BGH NJW-RR **88** 1376). Keine Verwertung einer (statt aus der Oberschenkelvene, s. *Hentschel, Trunkenheit* Rn. 55) aus dem Herzen entnommenen Blutprobe ohne Heranziehung eines Sachverständigen (BGH NJW **02** 3112). Der **Anschein** spricht für die Ursächlichkeit der alkoholbedingten Bewusstseinsstörung für den Unfall in Fällen absoluter Fahrunsicherheit (BGH VersR **85** 779, **86** 141, **87** 1826 (Radf), NZV **88** 17, Jn BA **06** 70, Sa ZfS **02** 32, Ha ZfS **97** 264, Stu VersR **89** 1037), ebenso bei („relativer") Fahrunsicherheit und Hinzutreten alkoholbedingter Ausfallerscheinungen (BGH NZV **88** 17, Fra VersR **85** 759, Mü BA **88** 407, Zw ZfS **94** 218) und nach Kö NZV **13** 601 bei verkehrsunsicherem Fußgänger. Ein versicherter Arbeitsunfall iS der **gesetzlichen Unfallversicherung** (§ 550 RVO aF, § 8 SGB VII) scheidet aus, wenn *erwiesene* alkoholbedingte Fahrunsicherheit gegenüber den unternehmensbedingten Umständen als allein wesentliche Unfallursache anzusehen ist (BSG VersR **79** 179).

Räuberischer Angriff auf Kraftfahrer

316a (1) **Wer zur Begehung eines Raubes (§§ 249 oder 250), eines räuberischen Diebstahls (§ 252) oder einer räuberischen Erpressung (§ 255) einen Angriff auf Leib oder Leben oder die Entschlußfreiheit des Führers eines Kraftfahrzeugs oder eines Mitfahrers verübt und dabei die besonderen Verhältnisse des Straßenverkehrs ausnutzt, wird mit Freiheitsstrafe nicht unter fünf Jahren bestraft.**

(2) **In minder schweren Fällen ist die Strafe Freiheitsstrafe von einem Jahr bis zu zehn Jahren.**

(3) **Verursacht der Täter durch die Tat wenigstens leichtfertig den Tod eines anderen Menschen, so ist die Strafe lebenslange Freiheitsstrafe oder Freiheitsstrafe nicht unter zehn Jahren.**

1   **Begr** zur Neufassung durch das 6. StrRG v. 26.1.98 (BT-Drs. 13/8587 S. 51): *Während der Tatbestand des § 316c Abs. 1 und 3 unverändert übernommen werden soll, strebt der Entwurf für § 316a Abs. 1 nach dem Vorbild des § 348 E 1962 an, nicht schon das Unternehmen des Angriffs, sondern erst dessen Verübung unter Strafe zu stellen. Dadurch wird die im geltenden Recht vorgesehene Gleichstellung von Versuch und Vollendung (§ 11 Abs. 1 Nr. 6) aufgegeben. Sie ist im Bereich des vorliegenden Tatbestandes kriminalpolitisch wenig sinnvoll. Einerseits bleibt der Versuch hier im Allgemeinen ebenso wie bei der überwiegenden Mehrzahl aller Delikte nach Unrechts- und Schuldgehalt hinter der vollendeten Tat zurück; andererseits wird durch das Merkmal des „Angriffs" die Strafbarkeit schon weit in den Bereich der Vorbereitungshandlungen des Raubes, des Diebstahls und der Erpressung vorverlegt, so dass die volle Strafe für den Versuch unter Umständen auch Taten trifft, bei denen die Mindestfreiheitsstrafe von fünf Jahren unangemessen ist. Die Abstufung der Strafdrohungen nach Versuch und Vollendung des Angriffs entspricht deshalb einem sachlichen Bedürfnis. Die Einschränkung hat außerdem den Vorteil, dass sie die Rücktrittsvorschrift des § 316a Abs. 2 überflüssig macht. Da der Versuch nach der allgemeinen Regelung des § 23 strafbar sein soll, gelten auch die Vorschriften des § 24 über den Rücktritt unmittelbar.*

Der Strafrahmen für minder schwere Fälle wird in § 316a wie auch in § 316c auf Freiheitsstrafe von einem Jahr bis zu zehn Jahren festgelegt (§ 316a Abs. 2, § 316c Abs. 2 E). Der Strafrahmen für besonders schwere Fälle mit absoluter Androhung der lebenslangen Freiheitsstrafe in § 316a Abs. 1 Satz 2 wird durch einen Qualifikationstatbestand ersetzt, der für die leichtfertige Verursachung des Todes lebenslange Freiheitsstrafe oder Freiheitsstrafe nicht unter zehn Jahren vorsieht. Die Vorschriften über Tätige Reue in § 316c Abs. 4 werden in § 320 E eingestellt.

2   **1. Die Vorschrift schützt** neben den in I aufgeführten Indivualrechtsgütern zumindest gleichrangig *die Sicherheit des StrV* (vgl. BGHSt **49** 8 = NJW **04** 786, **08** 451; str, s. etwa *Geppert* DAR **14** 128). Einen **Angriff verübt,** wer zur Begehung einer der in I genannten räuberischen Taten in feindseliger Absicht auf die Schutzgüter Leib, Leben oder Entschlussfreiheit des Kf oder eines Mitfahrers einwirkt (erg Rn. 3). Der Angriff kann im Fz oder von außen begangen werden (MüKo-StGB/*Sander* Rn. 8). Täuschung und List allein reichen seit dem Rspr.-Wandel durch BGH NJW **04** 786 (Rn. 5a; zust *Krüger* NZV **04** 166, *Herzog* JR **04** 258, *Sander* NStZ-RR **04** 171) nicht (mehr) aus, womit namentlich Fälle nicht mehr erfasst sind, in denen der Täter das

Anhalten oder die Mitnahme als vorgeblicher Anhalter oder Taxikunde (dies trotz der Beförderungspflicht nach § 22 PBefG, s. *Sowada* StV **16** 292) erschleicht (erg. Rn. 3b). Desgleichen dürfte das Vortäuschen einer bloßen Reifenpanne nicht (mehr) genügen (*Sowada* StV **16** 292). Vielmehr ist wenigstens eine gegen die Entschlussfreiheit des Opfers gerichtete **nötigende bzw. nötigungsgleiche Handlung** erforderlich (BGH NJW **04** 786, NStZ-RR **04** 171; NStZ-RR **14** 342; *Schönke/Schröder/Hecker* Rn. 5, LK-StGB/*Sowada* Rn. 39, MüKoStGB/*Sander* Rn. 11). Wer einen Taxifahrer *gegen dessen Willen unter Hinweis auf dessen Beförderungspflicht* zu einer bestimmten Fahrt veranlasst, übt allerdings psychischen Zwang aus, der bereits als Angriff auf die Entschlussfreiheit zu werten sein kann (BGH NJW **04** 786; str.). Beispiele für (andere) *nötigende bzw. nötigungsgleiche Handlungen:* Bereiten von Hindernissen auf der Fahrbahn (BGHSt **39** 249 = NJW **93** 2629), Aufreißen eines Grabens, Aufstellen von schweren Hindernissen, Spannen von Drahtseilen über die Fahrbahn, Verschmieren der Fahrbahn mit Öl, Streuen von Nägeln oder Glasscherben, Schießen in die Reifen, Blenden des Kf (zu denkbaren weiteren Handlungen § 315b Rn. 5, 8, 10, 15), ferner sog. „psychische Autofallen" wie Vortäuschen von Baustellen, von Umleitungen, eines Unfalls (Hilfspflicht nach § 323c; MüKoStGB/*Sander* Rn. 11; Schönke/Schröder/*Hecker* Rn. 5; *Sowada* StV **16** 292; krit. zB *Baur* NZV **18** 103) und im Blick auf § 36 StVO vorgetäuschte PolKontrollen (BGH NJW **15** 2132 mAnm *Zopfs*, *Krüger* NZV **15** 453 und *Sowada* StV **16** 292; MüKoStGB/*Sander* Rn. 11, Schönke/Schröder/*Hecker* Rn. 5; *Geppert* DAR **14** 128).

„Verübt" ist der Angriff auf die Entschlussfreiheit nach BGH NStZ **04** 501 (unbemerkte Verriegelung der FzTüren), wenn der Fahrer oder Mitfahrer (Rn. 4 ff.) den objektiven Nötigungscharakter der Handlung erkennt, ohne dass ihm auch die feindliche Absicht bewusst geworden sein muss. Danach wird auch iÜ zu fordern sein, dass das Täterverhalten die Opfersphäre erreicht (Schönke/Schröder/*Hecker* Rn. 3 mit zahlreichen Bsp.; LK-StGB/*Sowada* Rn. 14, *Ingelfinger* JR **00** 227; abw MüKoStGB/*Sander* Rn. 25 ff.: grds. mit Ausführung, jedoch Ausscheidung untauglicher „Angriffe"). Verüben ist etwa gegeben, wenn der Täter den FzF zur Weiterfahrt zwingt (BGH NJW **04** 786), zB durch Ziehen einer Waffe (BGH NStZ **03** 35, s. auch *Wolters* JR **02** 166). Ist im Zeitpunkt des Angriffs die räuberische Tat mit zeitlicher und örtlicher Beziehung zum StrV geplant (Rn. 6, 11), so ist die Tat vollendet (BGH DAR **04** 354, NStZ **89** 119), auch wenn das (zu diesem Zeitpunkt jedenfalls geplante) Raubdelikt erst später, evtl. auch *außerhalb des Fz* vollendet werden soll. Zur Ausführung der räuberischen Tat muss es generell nicht kommen. **3**

2. Die Tat muss sich gegen **KfzFührer oder Mitfahrer** (Beifahrer, Fahrgast, zum Mitfahren Genötigter; eingehend zum Mitfahrer MüKoStGB/*Sander* Rn. 24) richten. Für die Interpretation des **„Kfz"** können die § 1 II StVG (dort Rn. 14 ff., BGH NJW **93** 2629) und, soweit LandkraftFz betroffen sind, § 248b (dort Rn. 2) grundsätzlich herangezogen werden. Kfz sind danach nicht schienengebundene (deshalb auch nicht die Straba) motorbetriebene Fz. KfzF iS von I S. 1 kann damit ein Mofaf sein (BGH NJW **93** 2629 [zust *Geppert* Jura **95** 312, krit *Große* NStZ **93** 525], LK-StGB/*Sowada* Rn. 17). Auch die in § 1 III StVG aufgeführten Pedelecs erfüllen alle Erfordernisse des Kfz (§ 1 StVG Rn. 22 f.). Die auf das StVG und darauf beruhenden RVO beschränkte Bestimmung des § 1 III S. 1, 2 StVG – im Grunde handelt es sich um eine Fiktion – kann auch wegen ihres auf ganz andere Aspekte zielenden Normzwecks (vorrangig FE- und Zulassungsrecht, näher § 1 StVG Rn. 24) für § 316a keine Gültigkeit beanspruchen (MüKoStGB/*Sander* Rn. 16). Die Ungleichbehandlung gegenüber dem Mofad und gegenüber Elektrofahrrädern, die die Voraussetzungen des § 1 III S. 1, 2 StVG (uU knapp; s. § 1 StVG Rn. 26 f.) verfehlen, wäre auch ganz unverständlich. Andererseits umfasst § 316a wie § 1 II StVG, aber enger als § 248b IV (dort Rn. 2), nicht Wasser- oder LuftFz, auch soweit sich Letztere auf dem Boden bewegen, mithin nur LandFz; denn die Vorschrift hat (nur) den StrV im Blick (Rn. 2, 6 ff.). Der Fahrer kann Täter sein (BGH VRS **55** 262), etwa indem er einen Mitfahrer verschleppt und beraubt (BGH VRS **55** 262) oder wenn er mit Hilfe eines zunächst verborgenen Komplizen Fahrgäste ausraubt (BGH NJW **63** 452; s. aber zu den notwendigen Feststellungen BGH NStZ **13** 43 m Bspr *Geppert* DAR **14** 128). § 316a schützt KfzF und Mitfahrer gegen die besonderen vom Dritten ausgehenden Gefahren bei der Benutzung eines Kfz (*Spiegel* DAR **77** 141, *Hentschel* JR **86** 428). Nicht unter den Tatbestand fallen also solche Konstellationen des Raubs, bei denen sich die Täter eines Kfz nur bedienen, etwa bei Kassenraub, bei Geschäftsberaubungen und bei Menschenraub, oder wenn das Opfer von der geöffneten Tür des TäterFz neben seinem eigenen Fz vorsätzlich niedergeworfen wird (BGH MDR **76** 988). **4**

Das Opfer muss **bei Verübung des Angriffs** (Rn. 3) Führer oder Mitfahrer eines Kfz sein. Dass diese Eigenschaft im Zeitpunkt des Tatentschlusses vorliegt, reicht nicht (*Roßmüller/Rohrer* **5**

NZV **95** 254). Jedoch ist *nicht* erforderlich, dass das Tatopfer bereits *bei Beginn* des Angriffs KfzF ist; es genügt wenn er bis zur Beendigung des Angriffs als FzF zum Opfer wird (BGH NJW **08** 451; Bspr *Sowada* HRRS **08** 136, *Krüger* NZV **08** 234, *Dehne-Niemann* NStZ **08** 319). Zu dieser Konstellation s. erg. Rn. 8. Der Begriff des FzF ist im Hinblick auf den Schutzzweck des § 316a weiter auszulegen als im Rahmen der §§ 315c, 316 (dort Rn. 3; überzogene Kritik bei *Steinberg* NZV **07** 545). FzF bei Nutzung **hoch- oder vollautomatisierter Fahrfunktionen:** § 1a IV StVG, dort Rn. 14f.). **FzF iS von I ist** zunächst, wer das in Bewegung befindliche Fz lenkt, wer beginnt, es in Bewegung zu setzen, aber auch, wer als FzLenker zwar anhält, jedoch noch mit Betriebs- und Verkehrsvorgängen befasst ist (BGH NJW **04** 786, **05** 2564). Bei einem *verkehrsbedingten* Halt ist Letzteres in aller Regel zu bejahen, weil der Lenker eines Kfz in solcher Situation seine Aufmerksamkeit weiter auch auf das Verkehrsgeschehen richten muss, und zwar *unabhängig davon,* ob er den Motor weiterlaufen lässt oder kurzfristig ausstellt (BGH NJW **04** 786 (zust *Krüger* NZV **04** 166, *Herzog* JR **04** 258, *Sander* NStZ-RR **04** 171, krit *Sternberg-Lieben/ Sternberg-Lieben* JZ **04** 636, *Duttge/Nolden* JuS **05** 193); BGH NStZ-RR **04** 171, NJW **04** 1965, **05** 2564, NStZ-RR **04** 171, DAR **04** 354) oder sich der Motor durch Start-Stopp-Automatik selbst ausstellt (Rn. 7). Umfasst ist zB das Anhalten bei laufendem Motor eines Fz mit Automatikgetriebe, dessen Weiterrollen durch Betätigen der Fußbremse verhindert wird (BGH DAR **04** 246; s. auch BGH v. 27.4.2016, 4 StR 592/16, JuS **17** 793 (*Eisele*), das Warten bei Rot, an Warnlichtanlage oder geschlossener Schranke (§ 12 StVO Rn. 19; BGH NJW **04** 786, **05** 2564, DAR **04** 247), Abwarten des GegenV beim Abbiegen oder im FzStau (BGH NJW **04** 786), auch vor Zufahrten zu Parkhäusern, Tankstellen uÄ, vor geschlossener Grenzabfertigungsanlage oder am Ende einer dort wartenden FzSchlange (§ 12 StVO Rn. 19). Bei vorübergehendem Halt aus *nicht verkehrsbedingten* Gründen kann die Führereigenschaft nur fortbestehen, solange der Fahrer noch **durch Betriebs- und Verkehrsvorgänge in Anspruch genommen** ist (BGH NJW **05** 2564). So bleibt zB zunächst Führer, wer wegen wirklicher oder vermeintlicher Betriebsstörung anhalten muss (BGH NStZ **04** 269) oder liegenbleibt, desgleichen der schon auf das Kassieren konzentrierte TaxiF, *sofern der Motor noch läuft* (BGH NJW **05** 2564, NStZ **03** 35). **Mitfahrer** iS von I ist ein FzInsasse immer nur, solange das Fz im oben genannten Sinn *geführt* wird und solange er sich im Fz befindet (BGH NStZ-RR **04** 171). Wird die Führereigenschaft (Mitfahrereigenschaft) bejaht, so ist **stets in einem zweiten Schritt zu prüfen,** ob der Täter die besonderen Verhältnisse des StV ausgenutzt hat (hierzu Rn. 6).

5a   Die vorstehenden Grundsätze liegen der Rspr. des BGH seit BGHSt **49** 8 = NJW **04** 786 zugrunde. Frühere Rspr. kann daher nur noch mit Vorsicht herangezogen werden. **Nicht (mehr) Gegenstand eines Angriffs** nach § 316a kann sein, wer sich in einem Fz befindet, das anders als unter den o. g. Umständen (insbes. Anhalten aus nicht verkehrsbedingten Gründen und unter Abstellen des Motors) zur Ruhe gekommen ist (BGH NJW **04** 786, **05** 2564, NStZ-RR **04** 171), erst recht nicht, wer das Fz verlassen hat (BGH NJW **04** 786; zust *Sternberg-Lieben/Sternberg-Lieben* JZ **04** 633; NStZ-RR **04** 171, anders zB noch BGH NJW NZV **97** 236, BGHSt **5** 280 = NJW **54** 521). Wer den FzF, zB Taxifahrer, (anders als durch einen Angriff iS des unter Rn. 2 Gesagten) veranlasst, an einen abgelegenen Ort zu fahren und ihn dort nach dem Anhalten überfällt, erfüllt seit BGH NJW **04** 786 (fortgeführt in NStZ-RR **04** 171, NJW **04** 1965, **05** 2564, NZV **06** 431) § 316a nicht (abw noch BGH VRS **7** 125, NJW **54** 1169, **01** 764), ebenso wenig, wer sich als Anhalter mitnehmen lässt und vorübergehendes Halten ausnutzt, um sich durch Waffendrohung in den Besitz des Kfz zu setzen (abw noch BGH DAR **76** 86) oder wer das Opfer an einen verkehrsarmen Ort lockt, es dort erwartet und im Fz angreift (*Roßmüller/Rohrer* NZV **95** 254; abw noch BGH NStZ **94** 340). Die „Vereinzelungs-Rspr" ist aufgegeben (BGH NJW **04** 786).

6   **3. Die besonderen Verhältnisse des Straßenverkehrs** muss der Täter ausnutzen. Der Prüfung des Merkmals vorgelagert ist die Frage, ob das Opfer im Zeitpunkt des Angriffs FzF oder Mitfahrer war (Rn. 4ff.). Fehlt es daran, so scheidet § 316a bereits deshalb aus. Auch zum Merkmal der Ausnutzung der Verhältnisse des StrV liegt der Rspr. des BGH seit der Grundsatzentscheidung in BGHSt **49** 8 = NJW **04** 786 *ein engerer Maßstab* zugrunde als vormals. Der Täter muss die *spezifischen* Bedingungen des StrV ausgenützt haben. Das ist der Fall wenn der FzF im Zeitpunkt des Angriffs noch in einer Weise mit der Beherrschung seines Kfz und/oder mit der Bewältigung von Verkehrsvorgängen beschäftigt ist, dass er gerade deshalb leichter zum Angriffsobjekt eines Überfalls werden kann (BGH NJW **04** 786, **05** 2264, **08** 451; NStZ **16** 607). *In subjektiver Hinsicht* ist dabei nicht zu verlangen, dass der Täter eine solche Erleichterung seines Angriffs zur Bedingung seines Handelns macht; vielmehr genügt es, dass er sich – entsprechend dem Ausnutzungsbewusstsein bei der Heimtücke nach § 211 II StGB – in tatsächlicher Hinsicht der die Abwehrmöglichkeiten des Tatopfers einschränkenden besonderen Verhältnisse des StrV bewusst ist (BGH NJW 05 2264, 08 451; NStZ 16 607; Schönke/Schröder/*Hecker* Rn. 12; LK-StGB/*Sowada* Rn. 44).

Im fließenden V ist spezifische Ausnutzung in aller Regel gegeben; denn die typische Ge- 7 fahrenlage besteht vor allem während des Fahrens (BGH StV 02 362, NStZ 03 35, DAR 04 354, NStZ-RR 02 108; NJW 15 2132 mkritAnm *Sowada* StV 16 292 (zu dieser Entscheidung oben Rn. 2); NStZ 16 607). Die Gefahr begründenden Umstände liegen namentlich darin, dass der Fahrer, durch den V in Anspruch genommen, an Gegenwehr und Flucht gehindert ist (BGH NJW 05 2564, 92 989, VRS 77 224, NStZ 94 340 mAnm *Hauf* NStZ 96 40; NStZ 16 607), oder der angegriffene Mitfahrer keine Möglichkeit hat, sich dem Angriff zu entziehen (BGH DAR 04 354). In solchen Fällen bedarf das Merkmal auch keiner eingehenden Begründung durch den Tatrichter (BGH NJW 05 2564). Entsprechendes gilt, wenn das Kfz während der Fahrt *verkehrsbedingt* und mit laufendem Motor, jedoch auch bei durch Start-Stopp-Automatik abgeschaltetem Motor hält, der Fahrer darauf wartet, seine Fahrt sogleich nach Veränderung der Verkehrssituation fortsetzen zu können, und sich das Fz mithin trotz des vorübergehenden Halts weiterhin im fließenden V befindet, zB bei einem Halt an einer Rotlicht zeigenden Ampel (BGH NJW 04 786, 05 2264; weitere Bsp. unter Rn. 5).

Hingegen müssen bei einem vorübergehendem **Halt aus nicht verkehrsbedingten Grün-** 8 **den** weitere verkehrsspezifische Umstände vorliegen (und vom Tatrichter im Einzelnen festgestellt werden), aus denen sich ergibt, dass das Opfer zum Zeitpunkt des Angriffs als KfzF noch in einer Weise mit der Beherrschung des Fz und/oder mit der Bewältigung von Verkehrsvorgängen beschäftigt war, dass es gerade deshalb leichter Opfer des räuberischen Angriffs wurde, und der Täter dies für seine Tat ausnutzte; dass der Motor noch läuft (dazu Rn. 5), genügt dafür allei-ne *nicht* (BGH NJW 04 786, s. auch BGH NStZ 13 43 mBspr *Geppert* DAR 14 128). Auch in Fällen, in denen ein vollendeter (aber noch nicht beendeter, Rn. 4) Angriff auf das Tatopfer **be-reits außerhalb des Fz oder jedenfalls vor Fahrtantritt** stattgefunden hat, bedarf das Merkmal nach BGH NJW 08 451 sorgfältiger Prüfung ist nur ausnahmsweise zu bejahen; erforderlich sei, dass sich die eingeschränkten Abwehrmöglichkeiten noch tatfördernd ausgewirkt hätten (Opfer wird als „Noch-Nicht-Kf" angegriffen und unmittelbar zum Fahren gezwungen); hingegen fehle es daran bei bloßer Aufrechterhaltung einer schon zuvor geschaffenen Nötigungslage, weil das Fz im letzteren Fall nur noch Beförderungszwecken diene (Opfer wird noch in seiner Wohnung überfallen und unter Vorhalt einer Waffe zur Fahrt zum Geldautomaten gezwungen (Bsp. nach BGH NJW 08 451)). Freilich wird bei einer solchen Anschauung die zumindest gleichgewichtige Gefährdung der VSicherheit in den Hintergrund gedrängt (*Sowada* HRRS 08 136).

Gegeben sein kann das Merkmal, wenn der Angriff in unmittelbarem Zusammenhang 9 mit dem Anhaltevorgang verübt wird (BGH v. 2.12.2003, 4 StR 471/03), wenn sich das Fz nach dem Anhalten mit laufendem Motor während der heftigen Gegenwehr des FzF plötzlich in Bewegung setzt (BGH v. 4.12.2003, 4 StR 498/03; BGH NZV 18 336 (*Rinio*); krit *Berghäuser* NStZ 18 471), wenn der FzF bei Automatikgetriebe auf Dauerbetrieb belässt und mit dem Fuß auf der Bremse bleibt, um das Weiterrollen des Fz zu verhindern (BGHR StGB § 316a I StrV 17; BGH NZV 18 336 (*Rinio*)) oder wenn der FzF nach einem Blick in den Rückspiegel, um zu prüfen, ob an dieser Stelle ein Anhalten gefahrlos möglich ist, sein Fz mit laufendem Motor auf einer schmalen Kreisstraße ohne Randstreifen anhält, um einen Anhalter aussteigen zu lassen (BGH v. 17.2.2005, 4 StR 537/04), wenn der Täter das Opfer unter Drohungen zwingt, das Fz zu starten und durch den V zu lenken (BGH NJW 08 451).

Nicht gegeben ist das Merkmal bei einem *nicht* verkehrsbedingten Halt mit laufendem 10 Motor außerhalb der allgemeinen Fahrbahn (zB Parkbucht, Einfahrt) ohne eingelegten Gang bei angezogener Handbremse, wenn der KfzF, wie der Taxifahrer beim Kassieren des Fahrpreises seine Aufmerksamkeit nicht in erster Linie auf das Führen des Fz, sondern auf andere Tätigkeiten richtet (BGH NJW 05 2564) oder wenn der Täter sein Opfer bereits in dessen Wohnung überfallen hat und es später unter Vorhalt einer Waffe zur Fahrt zu einem Geldautomaten zwingt, um dort vom Konto des Opfers Geld abzuheben (BGH NJW 08 451). Frühere Rspr, wonach es nicht entscheidend war, ob das Fz zZ der Tat noch als „in Betrieb" iS des § 7 StVG anzusehen ist (BGHSt 5 280 = NJW 54 521, BGHSt 33 378 mAnm *Hentschel* JR 86 428), ist überholt. Desgleichen kommt es nicht mehr auf den früher (zB BGHSt 33 378, BGH NZV 97 236) verlangten engen räumlichen und zeitlichen Zusammenhang zwischen Überfall und vorausgegangener Benutzung des Kfz im StrV an (wNw 38. Aufl).

11   **4. Innerer Tatbestand.** (Bedingter) Vorsatz ist erforderlich hinsichtlich der objektiven Tatbestandsmerkmale. Hinzukommen muss das Bewusstsein der Ausnutzung der besonderen Verhältnisse des StrV (Rn. 6 aE; näher MüKoStGB/*Sander* Rn. 40). Zum inneren Tatbestand gehört ferner die Absicht, eine räuberische Tat nach §§ 249, 252, 255, auch iVm § 250, zu verüben (mithin überschießende Innentendenz; BGH NStZ **97** 236, NJW **70** 1381; näher MüKoStGB/ *Sander* Rn. 41 ff.). Die Absicht, unterwegs andere Straftaten zu begehen, genügt nicht. Die Absicht kann dahin gehen, sich in den Besitz des Kfz zu setzen. Die dem zur Fahrt genötigten FzHalter entstehenden Vermögensnachteile infolge Treibstoffkosten uä rechtfertigen regelmäßig nicht die Annahme einer darauf gerichteten Bereicherungsabsicht (BGH DAR **81** 186, LK-StGB/*Sowada* Rn. 46). Entscheidend ist der Plan des Täters *im Zeitpunkt des Angriffs,* wobei aber konkrete Vorstellungen über die näheren Umstände der beabsichtigten Raubtat nicht erforderlich sind, vielmehr die Vorstellung der Tat in ihren wesentlichen Grundzügen genügt (BGH NStZ **97** 236; **16** 607). Zum Verbotsirrtum BGH VRS **65** 127.

12   **5. Versuch.** Durch das 6. StrRG wurde die Ausgestaltung der Vorschrift als Unternehmenstatbestand (§ 11 I Nr. 6 StGB) aufgegeben. Vollendung bereits, wenn der Angriff „verübt" ist (Rn. 3). Im Hinblick darauf ist der Bereich der Versuchsstrafbarkeit eher schmal. Wer mit Angriffsvorsatz und der für § 316a erforderlichen räuberischen Absicht im Kfz Platz nimmt, setzt entgegen der zu § 316a aF ergangenen Rspr. (zB BGH NJW **71** 765, **86** 1623) noch nicht unmittelbar zur Verwirklichung des Angriffs an (Schönke/Schröder/*Hecker* Rn. 17). Versuch ist denkbar, solange das Opfer den nötigenden Charakter der Angriffshandlung noch nicht wahrnimmt (Rn. 3). Kein Versuch mangels konkreter Gefährdung des Rechtsguts, wenn der Täter Hindernisse bereitet, etwa das Drahtseil in Erwartung des bald nahenden Fz zu spannen beginnt, auch wenn dann kein Kfz kommt (MüKoStGB/*Sander* Rn. 52, Schönke/Schröder/ *Hecker* Rn. 17; *Roßmüller/Rohrer* NZV **95** 259; anders noch BGH GA **65** 150, hier bis 42. Aufl). Untauglicher Versuch ist möglich (MüKoStGB/*Sander* Rn. 51: Täter greift untaugliches Opfer an; Schönke/Schröder/*Hecker* Rn. 17). Das Heranschaffen des Materials zum Tatort ist gewiss Vorbereitungshandlung. Zum Versuch des erfolgsqualifizierten Delikts (Rn. 15): MüKoStGB/ *Sander* Rn. 53.

13   **6. Rücktritt.** Die frühere Rücktrittsvorschrift (Abs. 2 alt) erübrigt sich nach der Neufassung durch das 6. StrRG. Es gilt § 24. Vollendung tritt mit Verübung des Angriffs (Rn. 3) ein, nicht erst mit Begehung der beabsichtigten räuberischen Tat. Rücktritt von § 316a ist nach diesem Zeitpunkt nicht mehr möglich. Eine Analogie zu Regelungen über tätige Reue ist mangels planwidriger Regelungslücke nicht möglich (Schönke/Schröder/*Hecker* Rn. 18). Gibt der Täter nach Verübung des Angriffs die Tat auf oder tritt er vom Versuch der räuberischen Tat zurück, so kommt minder schwerer Fall (Abs. 2) in Betracht (MüKoStGB/*Sander* Rn. 58).

14   **7 Täterschaft, Teilnahme. Täter** nach § 316a kann nur sein, wer eine der in I genannten Delikte *als Täter,* nicht als Gehilfe begehen will (BGH NJW **72** 694), so der FzF, der Raub an einem Mitfahrer begeht (BGH VRS **55** 262, NJW **71** 765) oder sich am Angriff eines Mitfahrers auf Leib, Leben oder Entschlussfreiheit eines anderen Mitfahrers beteiligt (BGHSt **13** 27, NJW **59** 1140), auch wenn er den Raubentschluss erst während der Fahrt fasst (BGHSt **15** 322, MDR **74** 679, VRS **20** 289, NJW **71** 765), und der Mitfahrer (Fahrgast; BGH DAR **04** 354, NJW **57** 431). Wer die Tat dadurch fördert, dass er die Fahrt fortsetzt, obwohl er den in seinem Fz stattfindenden Angriff eines Mitfahrers auf einen anderen Mitfahrer bemerkt, macht sich der **Beihilfe** schuldig (BGH DAR **81** 226). Sukzessive Mittäterschaft (hierzu BGH NStZ **16** 607 mAnm *Kulhanek*) und Teilnahme (hierzu BGH NStZ **07** 35) sind nach allgemeinen Regeln bis zur Beendigung der Tat möglich. **Beendigung** dürfte grds. erst dann eintreten, wenn die ins Auge gefassten Delikte (§§ 249, 250, 252, 255) vollendet sind (vgl. *Kulhanek* NStZ **16** 609; abw. MüKoStGB/*Sander* Rn. 48). Bei längerem zeitlichem und räumlichem Abstand zum abgeschlossenen Angriff ist die Tat jedoch auch dann beendet, falls der Täter noch mit der Beutesicherung befasst ist (BGH NStZ **07** 35).

15   **8. Die Strafdrohung** kennzeichnet die Schwere des Verbrechens. Die hohe Mindeststrafe ist mit GG und MRK vereinbar (BGH NJW **71** 2034). Ein **minder schwerer Fall** (II) liegt nicht schon darin, dass einzelne Umstände für den Täter sprechen, oder darin, dass sich der räuberische Angriff „nur" gegen die Entschlussfreiheit des Opfers richtet (LK-StGB/*Sowada* Rn. 55); er setzt nach allgemeinen Regeln voraus, dass alle äußeren und inneren Tatumstände das Tatgewicht so vermindern, dass der regelmäßige Strafrahmen zu hart erschiene (BGH VRS **45** 363, s. auch Rn. 9). Wenigstens **leichtfertig verursachter Tod** eines Menschen, auch eines Mittäters (LK-

StGB/*Sowada* Rn. 56; aM Schönke/Schröder/*Hecker* Rn. 20, je mwN), führt zu erhöhter Strafe (III). Leichtfertigkeit kennzeichnet einen besonders hohen Grad von Fahrlässigkeit. **Einziehung des Fz** gem. § 74 ist möglich, wenn der Täter sein eigenes Fz zur Begehung verwendet (BGH NJW **55** 1327).

9. Konkurrenzen. TE mit vollendetem Raub oder vollendeter räuberischer Erpressung **16** (BGH NJW **74** 2098, NStZ **99** 350). Versuchter Raub und versuchte räuberische Erpressung sollen zurücktreten (BGH NJW **74** 2098, Schönke/Schröder/*Hecker* Rn. 21); anders soll es liegen, wenn § 250 erfüllt ist (BGH MDR/H **77** 808; aM aber Schönke/Schröder/*Hecker* Rn. 21). Überzeugend ist das nicht; denn es erscheint sachgerecht, das mit der Vollendung der Tat nach § 316a nicht notwendig verbundene Erreichen des Versuchsstadiums hinsichtlich der räuberischen Tat und das damit erhöhte Unrecht im Tenor klarzustellen (MüKo-StGB/*Sander* Rn. 55; NK-StGB/*Zieschang* Rn. 57). Bei erfolgsqualifizierter Tat nach III kann allerdings § 251 zurücktreten (MüKoStGB/*Sander* Rn. 55; Schönke/Schröder/*Hecker* Rn. 21). Tateinheitliches Zusammentreffen mit Tötungsdelikt oder gefährlicher Körperverletzung wird häufig sein. TE mit § 239 ist möglich (BGH NJW **15** 2132). TE mit (versuchter) Vergewaltigung (§ 177) liegt vor, wenn nach der Vorstellung des Täters dieselbe Nötigungshandlung sowohl der Beischlaferzwingung als auch den räuberischen Zielen dienen soll (BGH VRS **60** 102). Auch TE mit § 315b kommt in Betracht (BGHSt **39** 249 = NJW **93** 2629).

9. Strafprozeßordnung (StPO)

In der Fassung der Bekanntmachung vom 7.4.1987
(BGBl. I S. 1074, ber. S. 1319)

FNA 312-2

zuletzt geändert durch G zur Änd. des Strafgesetzbuches – Verbesserung
des Persönlichkeitsschutzes bei Bildaufnahmen vom 9.10.2020
(BGBl. I S. 2075)

(Auszug)

Vorbemerkung

Eine vollständige Kommentierung aller das Straßenverkehrsrecht berührenden Vorschriften **1**
der StPO überschritte den Arbeitsbereich des Werks. Insoweit wird auf die Spezialliteratur verwiesen.

Körperliche Untersuchung des Beschuldigten; Zulässigkeit körperlicher Eingriffe

81a (1) ¹Eine körperliche Untersuchung des Beschuldigten darf zur Feststellung von
Tatsachen angeordnet werden, die für das Verfahren von Bedeutung sind. ²Zu
diesem Zweck sind Entnahmen von Blutproben und andere körperliche Eingriffe, die von
einem Arzt nach den Regeln der ärztlichen Kunst zu Untersuchungszwecken vorgenommen werden, ohne Einwilligung des Beschuldigten zulässig, wenn kein Nachteil für seine
Gesundheit zu befürchten ist.

(2) ¹Die Anordnung steht dem Richter, bei Gefährdung des Untersuchungserfolges
durch Verzögerung auch der Staatsanwaltschaft und ihren Ermittlungspersonen (§ 152 des
Gerichtsverfassungsgesetzes) zu. ²Die Entnahme einer Blutprobe bedarf abweichend von
Satz 1 keiner richterlichen Anordnung, wenn bestimmte Tatsachen den Verdacht begründen, dass eine Straftat nach § 315a Absatz 1 Nummer 1, Absatz 2 und 3, § 315c Absatz 1
Nummer 1 Buchstabe a, Absatz 2 und 3 oder § 316 des Strafgesetzbuchs begangen worden ist.

(3) Dem Beschuldigten entnommene Blutproben oder sonstige Körperzellen dürfen nur
für Zwecke des der Entnahme zugrundeliegenden oder eines anderen anhängigen Strafverfahrens verwendet werden; sie sind unverzüglich zu vernichten, sobald sie hierfür nicht
mehr erforderlich sind.

1. Körperliche Untersuchung des Beschuldigten. Die Vorschrift dient der Untersuchung **1**
und späteren Begutachtung der körperlichen Beschaffenheit und des Verhaltens des Beschuldigten in seelisch-körperlicher Beziehung, also etwaigen Blutalkoholgehalts, seines Verhaltens nach
Verdacht auf Alkoholisierung, nach einem funktionsbeeinträchtigenden Anfall, nach Einnahme
von Drogen oder Medikamenten, stets bezogen auf einen bestimmten Schuldvorwurf. Voraussetzung sind Unerlässlichkeit, Verhältnismäßigkeit (**E** 2) in Bezug auf Schwere und Bedeutung des
Tatvorwurfs sowie hinreichender Verdacht (BVerfGE **17** 117), dessen Stärke der Schwere der
Maßnahme entsprechen muss (*Meyer-Goßner/Schmitt* Rn. 18). Unter diesen Voraussetzungen
steht Art 2 II GG nicht entgegen, zB nicht bei Entnahme einer Blutprobe durch den Arzt
(BVerfGE **16** 200, Schl VRS **30** 344, Br NJW **66** 743, Ol VRS **31** 179), auch nicht bei einem
Bundestagsabgeordneten (Br NJW **66** 743). Blutentnahmen sind auch bei alkoholisierten Fußgängern möglich. Stehen sie in Verdacht einer Straftat, versteht sich dies von selbst; jedoch kann
die Maßnahme auch bei gewichtigen OW erfolgen, was etwa dann zutreffen kann, wenn das
Verhalten des Fußgängers zu erheblicher Gefährdung oder Verletzung von Sachgütern geführt
hat (abw. *Nimitz* DAR **08** 429). Verfassungsrechtliche Bedenken wegen der Möglichkeit der
Atemalkoholanalyse (*Arbab-Zadeh* NJW **84** 2615) sind wegen der nicht gegebenen Konvertierbarkeit von AAK-Werten in BAK-Werte (§ 316 StGB Rn. 52) und der Notwendigkeit eines
Mitwirkens des Betroffenen beim Atemtest nicht gerechtfertigt. Bei OW ist Blutprobe zulässig
(§ 46 IV OWiG). Neuere Rspr. zur Blutentnahme bei *Metz* NStZ-RR **10** 232; 271; **14** 329.

1a   **Literatur:** *Blank,* Verpflichtung des Arztes zur Blutentnahme nach § 81a StPO?, BA **92** 81. *Dahs/Wimmer,* Unzulässige Untersuchungsmethoden bei Alkoholverdacht, NJW **60** 2217. *Geerds,* Über …Entnahme von Blutproben bei Verdacht der Trunkenheit am Steuer, GA **65** 321. *Geppert,* Die Stellung des medizinischen Sachverständigen im VStrafprozeß, DAR **80** 315. *Gerchow,* Unzumutbarkeit der Blutentnahme, BA **76** 392. *Händel,* Unzumutbarkeit der Blutprobenentnahme, BA **76** 389. *Derselbe,* Verweigerung von Blutentnahmen durch Ärzte, BA **77** 193. *Jessnitzer,* Zur zivilrechtlichen Haftung bei fehlerhaften Maßnahmen nach §§ 81a, 81c StPO …, BA **83** 301. *Kaiser,* Zwangsmaßnahmen der Pol gem. § 81a StPO, NJW **64** 580. *Kleinknecht,* Die Anwendung unmittelbaren Zwangs bei der Blutentnahme …, NJW **64** 2181. *Kohlhaas,* Zur zwangsweisen Blutentnahme durch Ärzte und Nichtärzte …, DAR **73** 10. *Maase,* Die Verletzung der Belehrungspflicht nach §§ 163a Abs. 4, 136 Abs. 1 StPO gelegentlich der Blutentnahme …, DAR **66** 44. *Messmer,* Besteht eine Belehrungspflicht des Arztes bei Befragungen und Testungen gelegentlich der Blutentnahme?, DAR **66** 153. *Nau,* Beschlagnahme des FS und Blutentnahme bei Abgeordneten, NJW **58** 1668. *Naucke,* Festnahmerecht aus § 81a StPO?, SchlHA **63** 183. *Eb. Schmidt,* Ärztliche Mitwirkung bei Untersuchungen und Eingriffen nach StPO §§ 81a und 81c, MDR **70** 461. *Schöneborn,* Verwertungsverbot bei nichtärztlicher Blutentnahme?, MDR **71** 713. *Waldschmidt,* Zwangsweise Verbringung … NJW **79** 1920.

2   **2. Beschuldigter** ist der, gegen den hinreichender Tatverdacht (§ 152 II StPO) besteht. Ein Ermittlungsverfahren muss noch nicht eingeleitet sein; es kann mit der Anordnung nach § 81a eingeleitet werden (*Meyer-Goßner/Schmitt* Rn. 2). Beschuldigter ist auch der Angeschuldigte bzw. Angeklagte. Beim begleiteten Fahren mit einer alkoholisierten Begleitperson ist nicht die Begleitperson Adressat der Bußgeldvorschrift, sondern der jugendliche FzF; Blutentnahmen bei der Begleitperson sind daher allenfalls über § 81c StPO möglich und wegen der geringfügigen Einstufung durch den VOGeber wohl idR unzulässig (*Tolksdorf* Nehm-F S. 444, s. § 48a FeV Rn. 14).

3   **3. Die Einwilligung** des Beschuldigten macht die Anordnung entbehrlich; sie muss ausdrücklich und eindeutig sowie in Kenntnis der Sachlage und des Weigerungsrechts erteilt worden sein (BGH NJW **64** 1177; Ba NJW **09** 2146), wobei nicht maßgeblich ist, ob der Beschuldigte die strafrechtlichen Folgen der Blutentnahme überblickt, sondern ob er den mit der Blutentnahme verbundenen körperlichen Eingriff und dessen Risiken erfasst (Jn BA **12** 44 (Atemwert entsprechend etwa 4,06‰); KG NZV **15** 97). Die dafür erforderliche Verstandesreife wird in aller Regel auch bei höherer BAK gegeben sein (offengelassen von Schl BA **14** 115 bei etwas über 3‰). Der Betroffene muss dafür weder geschäftsfähig noch gar voll schuldfähig sein. Sofern Ha BA **11** 40 dahin zu verstehen sein sollte, dass ab einer BAK von 2‰ Zweifel an der Wirksamkeit der Einwilligung begründet sind (in diesem Sinne auch *Priemer/Gutt/Krumm* DAR **16** 169, hiergegen *König* DAR **16** 374), wäre dem nachhaltig zu widersprechen (*König/Seitz* DAR **12** 365, *König* DAR **16** 374; ähnlich aber Ha BA **11** 178 für eine höhere BAK). Die bloße Hinnahme des Eingriffs bzw. „kooperatives Verhalten" genügt nicht (Ba NJW **09** 2146). Ein Schriftformerfordernis für die Einwilligung besteht andererseits nicht; die Frage unterliegt vielmehr freier richterlicher Beweiswürdigung (KG NZV **15** 97).

4   **4. Körperliche Untersuchung. Eingriff.** Gemeint ist Körperbeobachtung hinsichtlich bestimmter, in der Anordnung (Rn. 5) zu bezeichnender Tatsachen, Prüfung seiner Funktion und seines Zustands. Körperliche Eingriffe sind grundsätzlich Sache des Arztes und auch durch diesen nur zulässig, wenn sie individuell, nicht nur allgemein, keinen gesundheitlichen Nachteil befürchten lassen (BGH NJW **12** 2453 mwN). Das Maßgebot (Rn. 1) ist zu beachten (Kö NStZ **86** 234), auch schon bei Auswahl des Arztes (Bay NJW **64** 459). Gegen Ärzte, die die Blutentnahme im Einzelfall verweigern, gibt es keinen polizeilichen Zwang (*Händel* BA **77** 193). **Blutproben** dürfen ohne Einwilligung des Beschuldigten (Rn. 3) nur unter unmittelbarer ärztlicher Aufsicht und Verantwortung entnommen werden (Rn. 6; Kö VRS **30** 62, Bay NJW **65** 1088, MDR **65** 315). Erforderlich ist entweder die Approbation oder die Erlaubnis zur vorübergehenden Ausübung des ärztlichen Berufs (§ 2 II–IV BÄO). Nichtärzte dürfen ohne Einwilligung des Beschuldigten körperliche Eingriffe nicht vornehmen; jedoch dürfen ausgebildete Mediziner ohne Approbation und ohne Erlaubnis iS von § 2 BÄO eine Blutprobe ohne Einwilligung des Beschuldigten unter Aufsicht eines hauptamtlich tätigen Arztes entnehmen (BGH NJW **71** 1097, Bay NJW **65** 1088, **66** 415, Ha NJW **70** 1986, Kö NJW **66** 416). Zur Spritzenphobie bei Blutentnahme Ko NJW **76** 379, *Händel* BA **76** 389, *Gerchow* BA **76** 392. Mitwirkung an Befragungen, Trinkversuchen und Tests im Rahmen des klinischen Befunds (§ 316 Rn. 70 ff.) einschließlich Untersuchung des Drehnachnystagmus (*Klinkhammer/Stürmann* DAR **68** 43) sind nur auf freiwilliger Basis durchführbar; denn der Beschuldigte hat nur eine Duldungspflicht. Über die Freiwilligkeit muss nicht belehrt werden (Ha NJW **68** 1202, *Meyer-Goßner/Schmitt* Rn. 12). Atemtest darf nicht erzwungen werden (BGH VRS **39** 184, Schl VRS **30** 344, Bay

NJW **63** 772, *Geppert, Spendel*-F 659). Seine vorherige Durchführung im Einverständnis oder auch auf Verlangen des Beschuldigten ist für die Rechtmäßigkeit der Blutentnahme nicht erforderlich (Kö NStZ **86** 234). Zur Unzulässigkeit eines molekulargenetischen Tests im Bußgeldverfahren zwecks Ermittlung, ob eine nicht vorschriftsgemäß beschriftete Blutprobe vom Betroffenen stammt, LG Osnabrück NZV **07** 536.

5. Anordnung ist (nur) bei fehlender Einwilligung (Rn. 3) erforderlich (Ba NJW **09** 2146; **5** Ha NJW **11** 85). Bezweckt sie einen Eingriff, hat sie sich an einen approbierten Arzt zu richten (Rn. 4). Die angeordnete Maßnahme ist genau zu bezeichnen (Bay NJW **64** 459). Zuständig sind seit der am 24.8.2017 in Kraft getretenen Gesetzesänderung beim Verdacht von „Trunkenheitsdelikten" (einschließlich illegale Drogen) im Verkehrsstraf- und -ordnungswidrigkeitenrecht (§ 315a I Nr. 1, II, III, 315c I Nr. 1a, II III, § 316 StGB, § 24a StVG) nunmehr **die StA und ihre Ermittlungspersonen** (die Pol); der in II S. 1 vorgesehenen richterlichen Anordnung bedarf es insoweit seither nicht mehr (II S. 2). Es besteht nach dem Gesetzeswortlaut und dem dahinterstehenden ausdrücklichen Willen des Gesetzgebers (vorbehaltlich generalisierender Vorgaben aufgrund der Sachleitungsbefugnis der StA) eine **gleichrangige Anordnungskompetenz von StA und Polizei** (BT-Drs. 18/2785 S. 47; Ro BA **18** 75). Mit der partiellen Streichung des Richtervorbehalts hat der Gesetzgeber dem Umstand Rechnung getragen, dass der einfachrechtliche Richtervorbehalt in diesem Bereich nicht zum rechtsstaatlichen Mindeststandard gehört (BT-Drs. 18/1272 S. 22 unter Verweis ua auf BVerfG NJW **15** 1005). Die Streitfragen, die sich im Anschluss an BVerfGE **103** 142 (2007) gestellt und die zu einer außerordentlich uneinheitlichen Rspr. der OLG zur Anordnungskompetenz wegen Gefahr im Verzug und zu Fragen von Beweisverwertungsverboten geführt haben (dazu 44. Aufl Rn. 5, 6, 6a sowie BT-Drs. 18/2785 S. 22), sind damit für das Verkehrsrecht erfreulicherweise obsolet. Die Neuregelung gilt als Verfahrensrecht und mangels schutzwürdigen Vertrauens auf den Fortbestand des alten Rechts auch für „Altfälle" (Ro BA **18** 75 m zust Bspr *König* DAR **18** 370f. und zust Anm *Ernst* DAR **18** 391; Ba DAR **19** 388 mAnm *Ernst*; aM *Stam* NZV **18** 155; 196).

Der Beschuldigte muss die mit der zwangsweisen Durchführung notwendig verbundene **Frei-** **5a** **heitsbeschränkung** in der Form einer Festnahme dulden (Ko VRS **54** 357, Fra MDR **79** 694,), gleichfalls sein Verbringen zur PolWache oder zum Entnahmearzt (ganz hM; zB Ba DAR **11** 268, Bay DAR **84** 155; Kö NJW **66** 419, Br NJW **66** 743, *Meyer-Goßner/Schmitt* Rn. 29; aM zB *Naucke* SchlHA **63** 183, *Geerds* SchlHA **64** 57, s. auch *Peters* BA **63/64** 241). Bei Verdacht nach § 316 StGB und Gefahr im Verzug (§ 105 StPO) dürfen Ermittlungspersonen der StA die Wohnung des Verdächtigen betreten, um ihn ggf. zwangsweise zur Blutprobe mitzunehmen, was allerdings besonderer Anordnung bedarf (Kö VRS **48** 24, Stu Justiz **71** 29, Dü VRS **41** 429).

6. Gesetzwidrige Blutentnahme macht den Untersuchungsbefund *grundsätzlich nicht un-* **6** *verwertbar* (BGH NJW **71** 1097, Bay NJW **66** 415, Ha DAR **69** 276, Ce NJW **69** 567, Stu NJW **60** 2257, Kö NJW **66** 416, Ol NJW **55** 683, Dü VRS **39** 211, Zw VRS **86** 64, *Meyer-Goßner/Schmitt* Rn. 32, *Rogall* NStZ **88** 392).

Hinsichtlich der Revisibilität gilt die sog. **„Widerspruchslösung"** (*Meyer-Goßner/Schmitt* **6a** § 136 Rn. 20, 25), wonach der (verteidigte) Angekl. der Verwertung rechtzeitig (in 1. Instanz) widersprechen muss (Hb StraFo **08** 158; Ce BA **09** 342; Ce NZV **11** 48; Ha; NZV **10** 30, NZV **11** 210, 212; Ko NZV **11** 513 (L)). Br DAR **09** 710, Brn NZV **10** 310). Blutentnahme durch Nichtärzte (Rn. 4) führt nicht zur Unverwertbarkeit (BGH NJW **71** 1097, Bay NJW **66** 415, *Meyer-Goßner/Schmitt* Rn. 32, hM), auch nicht Verstoß gegen Verhältnismäßigkeit (*Meyer-Goßner/Schmitt* Rn. 32). Die unter Anwendung von Gewalt durch einen Nichtarzt entnommene Blutprobe ist verwertbar, wenn die Zwang ausübenden PolB diesen für einen Arzt hielten (BGH NJW **71** 1097, Dü VersR **39** 211, Ha NJW **65** 1089, s. auch *Meyer-Goßner/Schmitt* Rn. 32f., *Jessnitzer* MDR **70** 797, *Händel* BA **72** 237, aM Ha NJW **65** 2019, DAR **64** 221, *Kohlhaas* DAR **56** 204 (stets unverwertbar)).

Verwertungsverbot, falls das staatliche Interesse an der Strafverfolgung gegenüber schutz- **7** würdigen Interessen des Beschuldigten zurücktreten muss. Dies ist in Fällen besonders krasser Verletzung der Rechte des Beschuldigten der Fall (Dü VRS **39** 211, Ha NJW **70** 528, 1986, *Rogall* NStZ **88** 392), zB bei Durchführung ohne Einwilligung und ohne Anordnung (*Meyer-Goßner/Schmitt* Rn. 32), bei Täuschung des Beschuldigten über die Arzteigenschaft des Blut-Entnehmenden (Ha NJW **65** 1089, *Händel* BA **72** 237, *Jessnitzer* MDR **70** 798) oder wenn der PolB unerlaubten Zwang angewendet hat (Bay BA **71** 67). Kenntnis der fehlenden Arzteigenschaft durch den Gewalt androhenden PolB führt schon bei *Androhung von Gewalt* zur Unverwertbarkeit (Bay BA **71** 67). Zur Frage der Verwertbarkeit des ohne Belehrung gewonnenen ärztlichen Befunds *Geppert* DAR **80** 319. Zur Verwertbarkeit einer nach irrtümlicher rechtswidriger Festnahme im Ausland erfolgten Blutprobe Kö VRS **60** 201.

8   Die wegen des Verdachts einer OWi nach § 24a StVG entnommene Blutprobe darf nicht nur auf den jeweiligen Wirkstoff (zB THC), sondern auch **auf dessen Abbauprodukte** (ua THC-Carbonsäure) untersucht werden (Kar DAR **15** 401). Die aus einer **zu Behandlungszwecken** erfolgten Blutentnahme ermittelte BAK unterliegt keinem Beweisverwertungsverbot (Fra NStZ-RR **99** 246, Zw VRS **86** 64, Ce NZV **89** 485; abl *Mayer* JZ **89** 908). Zur zivilrechtlichen Haftung bei Schäden infolge fehlerhafter Zwangs-Blutentnahme *Jessnitzer* BA **83** 301.

Vorläufige Entziehung der Fahrerlaubnis

111a (1) ¹Sind dringende Gründe für die Annahme vorhanden, daß die Fahrerlaubnis entzogen werden wird (§ 69 des Strafgesetzbuches), so kann der Richter dem Beschuldigten durch Beschluß die Fahrerlaubnis vorläufig entziehen. ²Von der vorläufigen Entziehung können bestimmte Arten von Kraftfahrzeugen ausgenommen werden, wenn besondere Umstände die Annahme rechtfertigen, daß der Zweck der Maßnahme dadurch nicht gefährdet wird.

(2) Die vorläufige Entziehung der Fahrerlaubnis ist aufzuheben, wenn ihr Grund weggefallen ist oder wenn das Gericht im Urteil die Fahrerlaubnis nicht entzieht.

(3) ¹Die vorläufige Entziehung der Fahrerlaubnis wirkt zugleich als Anordnung oder Bestätigung der Beschlagnahme des von einer deutschen Behörde ausgestellten Führerscheins. ²Dies gilt auch, wenn der Führerschein von einer Behörde eines Mitgliedstaates der Europäischen Union oder eines anderen Vertragsstaates des Abkommens über den Europäischen Wirtschaftsraum ausgestellt worden ist, sofern der Inhaber seinen ordentlichen Wohnsitz im Inland hat.

(4) Ist ein Führerschein beschlagnahmt, weil er nach § 69 Abs. 3 Satz 2 des Strafgesetzbuches eingezogen werden kann, und bedarf es einer richterlichen Entscheidung über die Beschlagnahme, so tritt an deren Stelle die Entscheidung über die vorläufige Entziehung der Fahrerlaubnis.

(5) ¹Ein Führerschein, der in Verwahrung genommen, sichergestellt oder beschlagnahmt ist, weil er nach § 69 Abs. 3 Satz 2 des Strafgesetzbuches eingezogen werden kann, ist dem Beschuldigten zurückzugeben, wenn der Richter die vorläufige Entziehung der Fahrerlaubnis wegen Fehlens der in Absatz 1 bezeichneten Voraussetzungen ablehnt, wenn er sie aufhebt oder wenn das Gericht im Urteil die Fahrerlaubnis nicht entzieht. ²Wird jedoch im Urteil ein Fahrverbot nach § 44 des Strafgesetzbuches verhängt, so kann die Rückgabe des Führerscheins aufgeschoben werden, wenn der Beschuldigte nicht widerspricht.

(6) ¹In anderen als in Absatz 3 Satz 2 genannten ausländischen Führerscheinen ist die vorläufige Entziehung der Fahrerlaubnis zu vermerken. ²Bis zur Eintragung dieses Vermerkes kann der Führerschein beschlagnahmt werden (§ 94 Abs. 3, § 98).

Übersicht

1   **1. Vorläufige Entziehung der Fahrerlaubnis.** Begr: 21. Aufl. Begr zur Änderung durch G v. 24.4.98: BR-Drs. 821/96 S. 97. Die vorläufige EdF schützt als Präventivmaßnahme die Allge-

meinheit vor weiteren VStraftaten (BVerfG NZV **05** 379, 537). Verfassungsrechtliche Bedenken sind unbegründet (BVerfG NStZ **82** 78, DAR **98** 466, **00** 565, Löwe/Rosenberg/*Hauck* Rn. 3, aM *Seebode* ZRP **69** 25, s. auch *Loos* JR **90** 438). Der Grundsatz der Verhältnismäßigkeit **zwingt zu besonderer Verfahrensbeschleunigung** nach vorläufiger EdF (BVerfG NZV **05** 379, 537, DAR **00** 565; im Einzelnen Rn. 9).

2. Verhältnis zwischen vorläufiger EdF und Maßnahmen nach § 94 StPO. § 111a **2** stellt vorläufige EdF und amtliche Verwahrung des FS in der Wirkung gleich. Die Möglichkeit der Sicherstellung des FS oder der vorläufigen EdF durch richterlichen Beschluss stehen nebeneinander (BT-Drs. IV/651 S. 30). Wird gegen die Sicherstellung kein Widerspruch erhoben, so bedarf es nicht der richterlichen Bestätigung durch Beschluss nach § 111a (Rn. 5). Durch das 2. VerkSichG wurde eine einheitliche Beurteilung der Anordnung der vorläufigen EdF und der Anordnung oder Aufrechterhaltung der FSBeschlagnahme erreicht, indem § 111a III bestimmt, dass die vorläufige EdF zugleich als Anordnung oder Bestätigung der Beschlagnahme wirkt. Eines ausdrücklichen Ausspruchs über die Beschlagnahme bedarf es daher bei EdF nicht (LG Gera NStZ-RR **96** 235). Umgekehrt entfällt durch die Ablehnung einer EdF oder deren Aufhebung die rechtliche Grundlage für die Beschlagnahme (BT-Drs. IV/651 S. 30). Zur FSBeschlagnahme Rn. 13 f. Ausländische FS dürfen unter den gleichen Voraussetzungen beschlagnahmt werden wie deutsche. III S. 2 stellt insoweit EU/EWR-FS von Inhabern mit „ordentlichem Wohnsitz" (§ 2 StVG Rn. 31) im Inland deutschen FS gleich; VI S. 2 gestattet ausdrücklich die Beschlagnahme bis zur Eintragung eines Vermerks (Rn. 15).

3. Dringende Gründe. Die vorläufige EdF setzt nach § 111a I dringende Gründe dafür vor- **3** aus, dass die FE endgültig entzogen werden wird (Mü DAR **77** 49). Die sachlich-rechtlichen Voraussetzungen des § 69 StGB müssen auch bei der vorläufigen EdF erfüllt sein. Gegen den Inhaber der FE muss außerdem in tatsächlicher Hinsicht dringender Verdacht einer Straftat der in § 69 StGB beschriebenen Art bestehen (im Einzelnen dort).

Dringend müssen die Gründe sein. Es genügt nicht hinreichender Verdacht; erforderlich ist **4** wie bei § 112 StPO ein hoher Grad von Wahrscheinlichkeit (BVerfG VM **95** 73, BA **18** 73; LG Zw BA **02** 287). Das wird besonders in den Regelfällen des § 69 II StGB keiner besonderen Begründung bedürfen. In solchen Fällen ist das richterliche Ermessen sogar auf „Null" reduziert (BVerfG BA **18** 73; Ko NZV **97** 369). Eine Entscheidung über vorläufige Entziehung wird i Ü idR erst möglich sein, wenn der Sachverhalt genügend aufgeklärt ist. Für eine Verurteilung hinreichender Überzeugung bedarf es andererseits nicht (zw. deshalb LG Traunstein NZV **11** 514 in einem Fall der Übermüdung).

Einzelheiten. Ob es einer Anordnung nach § 111a bedarf, ist wie bei § 69 StGB anhand des **5** Tatverdachts und der Persönlichkeit des Beschuldigten zu beurteilen. In den Regelfällen des § 69 II StGB (vor allem Trunkenheitsfahrten) setzt Absehen von der Maßnahme die Darlegung voraus, warum die Regel nicht zutrifft. Vorläufige EdF ist entbehrlich, wenn die Sicherung gegen weitere VGefährdung anderweit gewährleistet ist, zB solange der Beschuldigte in Untersuchungshaft genommen ist oder seinen FS freiwillig abgibt (Rn. 2; AG Saalfeld VRS **107** 189, LK-StGB¹²/*Geppert* § 69 Rn. 130, *Michel* DAR **97** 393). Ist der Beschuldigte nach der vorgeworfenen Tat schon viele km unfallfrei gefahren, so könnte das zwar gegen Gefährdung sprechen. Zu berücksichtigen ist aber auch die bei Unauffälligkeit von ungeeigneten Kf ausgehende latente Gefahr, ferner die hohe Dunkelziffer bei VStraftaten (*Kunkel,* Biographische Daten und Rückfallprognose bei Trunkenheitstätern im StrV, 1977, S. 122, 152, *Hilse* VGT **92** 310 f., *Iffland* DAR **96** 301). Daher steht **längere unbeanstandete VTeilnahme** mit Kfz in den Regelfällen des § 69 II StGB der vorläufigen EdF nicht entgegen (BVerfG NZV **05** 379, DAR **00** 565, Ko VRS **68** 118, Kar VRS **68** 360, Dü DAR **96** 413, LG Erfurt BA **15** 42; Löwe/Rosenberg/*Hauck* 23), zumal tatsächliches Wohlverhalten durch den Druck des Strafverfahrens beeinflusst sein wird (Dü DAR **96** 413, Löwe/Rosenberg/*Hauck* Rn. 14), erst recht bei einem Täter, dem die FE schon einmal entzogen worden ist und der auch sonst straffällig war (LG Kleve BA **11** 249). Dies verkennt die zT abw tatrichterl Rspr. (zB LG Bonn NZV **10** 214; LG Lüneburg ZfS **04** 38, LG Kiel StV **03** 325, LG Tübingen ZfS **98** 484, LG Hagen NZV **94** 334, LG Ravensburg ZfS **95** 314, AG Homburg ZfS **91** 214 (zust *Janiszewski* 752d), AG Bernkastel-Kues BA **06** 158, das entgegen der Sicherungsfunktion des § 111a darauf abstellt, ob das vorhergehende Unterbleiben der Anordnung auf ein Verschulden des Betroffenen oder der StA zurückzuführen ist; ebenso LG Sa ZfS **07** 470). Entsprechendes hat grds. auch in anderen Fällen charakterlicher Ungeeignetheit zu gelten (Mü NJW **92** 2776 (mehrere Jahre zurückliegender Versicherungsbetrug nach manipuliertem Unfall), Ha VRS **102** 56). Der gebotene Schutz der Allgemeinheit vor ungeeigneten Kf kann nicht deswegen ganz unterbleiben, weil ein möglichst früher Zeitpunkt für die EdF versäumt wurde (Dü VD **02** 267, BVerfG NZV **05** 379, *Meyer-Goßner/Schmitt* Rn. 3, *Janiszewski* NStZ **91** 578, *Hentschel* NJW **90** 1463). Wspr. daher LG Hagen NZV **94** 334, das EdF trotz ausdrücklicher Annahme der Ungeeignetheit ablehnt (s. auch VGH Mü BA **04** 561, 563 zur vergleichbaren Frage der Anordnung sofortiger Vollziehbarkeit verzögerter verwaltungsbehördlicher EdF) und unvertretbar LG Fra, das in ständiger Rspr. Unverhältnismäßigkeit bejaht, wenn zwischen Tattag und Beschluss mehr als 6 Monate vergangen sind (DAR **12** 275). Immer ist zu berücksichtigen, dass vorläufige wie endgültige EdF keinen Straf-, sondern Sicherungscharakter haben. Hat der Beschuldigte keine FE, so hat das Gericht mangels gesetzlicher Grundlage nicht darüber zu entscheiden, ob es bis zum Abschluss des Strafverfahrens Bedenken gegen die Erteilung einer FE durch die VB hat (Ha VRS **51** 43). Der die vorläufige EdF anordnende Beschluss unterbricht die **Verfolgungsverjährung** (§ 78c I Nr. 4 StGB), nicht aber der ablehnende (Ha DAR **55** 222).

5a   **Teilentziehung** ist aus Gründen der Verhältnismäßigkeit (**E** 2) in I S. 2 vorgesehen. Einziger Maßstab ist der Zweck der VSicherung. Nur soweit Teilentziehung ihm genügt, darf sie angeordnet werden. Nach der Rspr. gelten strenge Voraussetzungen (LK-StGB¹²/*Geppert* § 69 Rn. 131). Damit nicht vereinbar ist es, I S. 2 unter Anwendung des Zweifelssatzes „großzügig" zu handhaben (so *Krumm* NZV **06** 234). Denn bei der Beschränkung handelt es sich um eine Prognoseentscheidung, für die der Zweifelssatz uneingeschränkt nur hinsichtlich der Anknüpfungstatsachen, grundsätzlich aber nicht für die Prognose selbst gilt (§ 69 Rn. 11); ferner ergibt sich vor allem in den Fällen nach § 69 II StGB zumindest mittelbar sehr wohl ein Regel-Ausnahme-Verhältnis in Richtung auf uneingeschränkte Anordnung. Von der vorläufigen Maßnahme ausgenommen werden können nach geltendem Recht nur bestimmte Kfz-Arten, örtliche und zeitliche Beschränkungen sind nicht möglich (§ 69a StGB Rn. 6). Bei Teilentziehung ist dem Betroffenen von der StrVB ein entsprechend beschränkter FS auszustellen (BMV VkBl. **66** 48), der nach Wegfall der vorläufigen EdF wieder einzuziehen ist (Löwe/Rosenberg/*Hauck* Rn. 32). Bis zur Rechtskraft des die FE entziehenden Urteils hat er darauf einen Anspruch (VG Mainz NJW **86** 3158). Rechtsgrundlage wäre heute § 23 II S. 2 FeV. Jedoch gelten auch hier die Einwände unter dem Aspekt des § 2 IV S. 2 StVG allgemein (§ 69a Rn. 5) sowie des § 9 FeV speziell für Lkw oder Busse (§ 9 FeV Rn. 2, 4; § 69a Rn. 6a; aM hier bis 39. Aufl.).

6   **4. Zuständig** ist der Richter des jeweiligen Verfahrensabschnitts. Im vorbereitenden Verfahren ist, auf Antrag der StA (LG Gera NStZ-RR **96** 235), das AG zuständig (AG Siegen NJW **55** 274), und zwar, wenn der FS sichergestellt ist, das Gericht, in dessen Bezirk die Sicherstellung erfolgt ist (§ 98 II S. 3 StPO; LG Bra DAR **75** 132, LG Zw NZV **94** 293), andernfalls das Gericht des Orts, wo sich der FS befindet (§ 162 StPO; LG Zw NZV **94** 293, AG Gemünden DAR **78** 25, Löwe/Rosenberg/*Hauck* Rn. 45, aM LG Mü II NJW **63** 1216 (Gericht des Tatorts und des Wohnorts), LG Bochum VRS **78** 355 (auch Gericht des Tatorts)). Nach Ablehnung der vorläufigen EdF ist erneute Antragstellung bei anderem AG nur bei Sachstandsänderung zulässig (LG Mosbach VRS **92** 249, LG Cottbus BA **08** 202). Zwar dürfte ein unter der Bedingung gestellter Antrag der StA, dass der Beschuldigte keinen Einspruch gegen einen zu erlassenden Strafbefehl einlegt, nicht prozessual unwirksam sein (LG Stu DAR **11** 419; aM AG Montabaur BA **11** 44); jedoch wird es aus Gründen des fairen Verfahrens ausscheiden, im Fall der Einspruchseinlegung eine vorläufige Entziehung der FE anzuordnen, wenn die Maßregel im Strafbefehl nicht vorgesehen war und neue Tatsachen nicht eingetreten sind (LG Bra DAR **11** 417; *Bergmann* DAR **11** 420; aM uU LG Stu DAR **11** 419). *Nach Anklageerhebung* ist das Gericht zuständig, bei dem die Sache anhängig ist (KG BA **09** 341), *in der Berufungsinstanz* das Berufungsgericht (Dü NZV **92** 202), *in der Revisionsinstanz* idR auch für die Aufhebung der letzte Tatrichter (Ce NJW **77** 160, Stu Justiz **69** 256, Nau BA **00** 378, Zw VRS **69** 293, Ko NZV **08** 367), es sei denn, das Revisionsgericht beseitigt die im Urteil angeordnete Entziehung endgültig (Bay NZV **93** 239, Nau DAR **99** 420) oder verfährt analog § 126 III StPO (*Meyer-Goßner/Schmitt* Rn. 14; aM (im Wesentlichen uneingeschränkte Zuständigkeit des Revisionsgerichts) Ko MDR **86** 871, Zw NZV **89** 442, *Hentschel* Trunkenheit Rn. 842, LK-StGB¹²/*Geppert* § 69 Rn. 157, *Janiszewski* DAR **89** 139).

6a   **Bindungswirkung.** Hat das AG im Urteil **keine** Maßregel angeordnet, so darf das Berufungsgericht vor Abschluss des Berufungsverfahrens bei unverändertem Sachstand wegen § 111a II Alt. 2 keine (erneute) vorläufige EdF anordnen (BVerfG NJW **95** 124, Stu VRS **101** 40, Ha BA **01** 124, Kar NJW **60** 2113, Kö NJW **64** 1287, Ko VRS **55** 45, *Schmid* BA **96** 360, *Kulemeier* S. 128). Entsprechendes gilt für das AG bei Einspruch gegen einen Strafbefehl, in dem die Maßregel nicht angeordnet ist (LG Stu StV **86** 427, KK-StPO/*Bruns* Rn. 9). Wurde im angefochtenen Urteil die Maßregel des § 69 StGB **hingegen verhängt,** ein Beschluss nach § 111a aber *nicht* erlassen, kann dieser durch das Berufungsgericht ergehen; denn dann sind dringende Gründe vorhanden, ohne dass § 111a II Alt. 2 entgegensteht (Fra NJW **81** 1680, Ko VRS **65** 448, **71** 39, Kar VRS **68** 361, Hb ZfS **07** 409, Ol NdsRpfl **10** 36 (unter Aufgabe früherer Rspr); aM Kar VRS **59** 432). Das Berufungsgericht trifft die Entscheidung nach § 111a in eigener Verantwortung. Es ist *insoweit* nicht an die Beurteilung des AG (Absehen von § 111a) gebunden, sodass es die FE auch ohne Sachstandsänderung vorläufig entziehen kann (Fra NJW **81** 1680, Ko VRS **65** 448, **71** 39, Kar VRS **68** 361). Jedoch legt es wegen der im Erkenntnisverfahren bestehenden überlegenen Möglichkeiten das Urteil erster Instanz in Bezug auf die dringenden Gründe (die Eignungsfrage) zugrunde, es sei denn, jenes ist offensichtlich fehlerhaft oder es liegen neue Tatsachen vor (Hb ZfS **07** 409). Ebenso liegt es, wenn das Berufungsgericht nach Vorlage der Akten einen Antrag auf Aufhebung einer vorläufigen EdF ablehnt (hierzu Rn. 8). Wenn das Berufungsgericht unter Aufhebung des angefochtenen Urteils **im Berufungsurteil** EdF anordnet, ist nach ganz hM die vorläufige EdF zulässig (Hb MDR **73** 602, Zw NJW **81** 775, Ko VRS **67** 254, Kar VRS **68** 360). Da die vorläufige EdF bis zur Rechtskraft des Urteils möglich ist, darf das Berufungsgericht, *wenn es die FE entzogen hat,* den in der Hauptverhandlung unterbliebenen Beschluss nach § 111a auch bei unverändertem Sachstand nachholen (LK-StGB¹²/*Geppert* § 69 Rn. 153, KK-StPO/*Bruns* Rn. 9; **aM** Ol NZV **92** 124).

5. Entscheidung. Die Entscheidung ergeht durch Beschluss. Nach § 33 III StPO ist dem Beschuldigten zuvor **rechtliches Gehör** zu gewähren (LG Mainz NJW **68** 414, *Meyer-Goßner/Schmitt* Rn. 6, *Kulemeier* S. 129). Der Zweck der Anordnung wird dadurch nicht gefährdet (§ 33 IV StPO), weil eine Überraschung des Beschuldigten nicht erforderlich ist (*Meyer-Goßner/Schmitt* Rn. 6; *H.-J. Koch* DAR **68** 178, aM *Löwe/Rosenberg/Hauck* Rn. 54). Die Anhörung muss aber nicht durch das *Gericht* erfolgen (*H.-J. Koch* DAR **68** 178 (Pol), einschr insoweit *Löwe/Rosenberg/Hauck* Rn. 58). Anhörungsfehler können im Beschwerdeverfahren geheilt werden (Hb ZfS **07** 409). Der Beschuldigte verliert die FE mit der Zustellung oder Bekanntgabe (BGH NJW **62** 2104, DAR **63** 20, VersR **62** 1053, KG VRS **42** 210, Stu VRS **79** 303, Kö NZV **91** 360). Bloße Information durch Dritte genügt nicht (Ha VRS **57** 125, Stu VRS **79** 303). Wird der Beschluss nicht in der Hauptverhandlung verkündet, so empfiehlt sich Zustellung; jedoch genügt auch formlose Mitteilung, diese bedarf aber stets der Schriftform (Ha VRS **57** 125, LG Hildesheim NRpfl **88** 251). Der Beschluss ist, weil mit der Beschwerde anfechtbar, **zu begründen** (§ 34 StPO); die dringenden Verdachtsgründe (Rn. 4) für die strafbare Handlung und die Annahme, dass es endgültig zur EdF kommen werde, sind anzugeben (LG Zw BA **11** 182).

6. Anfechtbarkeit. Gegen den Beschluss (auch des erkennenden Richters, § 305 S. 2) ist die Beschwerde (§ 304) zulässig. Weitere Beschwerde findet nicht statt (§ 310 II). Daran ändert auch nichts, wenn das Beschwerdegericht den Sachverhalt weiter aufklärt und das Ergebnis der Sachaufklärung in der Beschwerdeentscheidung berücksichtigt (Neust MDR **60** 604, LR-*Hauck* Rn. 88). Hat das Berufungsgericht auf Beschwerde der StA dem Angekl., ohne ihn und den Verteidiger zu hören, die FE vorläufig entzogen, so ist trotz des Verstoßes gegen den Grundsatz des rechtlichen Gehörs keine weitere Beschwerde zulässig; das Beschwerdegericht hat aber von Amts wegen oder auf Antrag gemäß § 311a StPO zu verfahren. Hatte das LG den angefochtenen Beschluss des AG bestätigt, weil es irrig angenommen hatte, der Beschuldigte habe Beschwerde eingelegt, so ist gegen diesen Beschluss Beschwerde allerdings zulässig (Sa VRS **27** 453). Das Beschwerdegericht entscheidet über die Notwendigkeit vorläufiger EdF auf Grund Freibeweises und eigener Prognose ohne Bindung an erstrichterliche Sperrfrist (Mü DAR **77** 49). Verweist es *nach* Prüfung des § 111a auf die überlegenen Erkenntnismöglichkeiten der Hauptverhandlung, so liegt darin kein Verfassungsverstoß (BVerfG BA **18** 73). Ist sowohl Berufung gegen das Urteil als auch Beschwerde gegen die vorläufige EdF eingelegt, so entscheidet das LG nur solange als Beschwerdegericht, als ihm die Akte noch nicht gem. § 321 S. 2 StPO vorgelegt war, andernfalls als das mit der Hauptsache befasste Gericht; dann Umdeutung der Beschwerde in Antrag auf Aufhebung der Maßnahme und Anfechtbarkeit des LG-Beschlusses, hinsichtlich dessen irrelevant ist, wie das LG selbst seine Entscheidung verfahrensmäßig einordnet (Stu DAR **02** 279, VRS **101** 40, Dü NZV **92** 202, VRS **99** 203, Ha VRS **49** 111, KG DAR **17** 591, *Meyer-Goßner/Schmitt* Rn. 19, aM Stu NZV **90** 122). Entsprechendes gilt im amtsgerichtlichen Verfahren, wenn zwar gegen den Beschluss des Ermittlungsrichters Beschwerde eingelegt, inzwischen jedoch Anklage erhoben ist (Dü VRS **72** 370; KG BA **09** 341), was auch bei Personenidentität des Richters nicht anders ist (LG Darmstadt NZV **11** 411). Lehnt das Berufungsgericht den (ggf. umgedeuteten, s. o.) Antrag auf Aufhebung der vorläufigen EdF ab, so besteht (wie in den Fällen einer *erstmaligen* vorläufigen EdF nach erstinstanzlicher EdF (Rn. 6a) *vor Erlass des Berufungsurteils* ein eingeschränkter Prüfungsmaßstab: Wegen der überlegenen Mittel der Aufklärung in der Hauptverhandlung, darf die Eignung des Angekl. nur bei neuen Tatsachen (Stu VRS **101** 41, Schl SchlHA **08** 231 (D/D), LG Berlin NZV **12** 450 (L), *Meyer-Goßner/Schmitt* Rn. 19) und auch bei offensichtlichen Rechtsfehlern (Rn. 6a) anders gewürdigt werden als im erstinstanzlichen Urteil. Dieser Maßstab gilt dann auch im Beschwerdeverfahren (Schl SchlHA **08** 231 (D/D); KG DAR **17** 591; zw. Jn BA **07** 182, das nach Aktenlage eine eigene Beweiswürdigung vornimmt).

8a   **Während des Revisionsverfahrens** ist die Beschwerde gegen eine durch das Tatgericht angeordnete vorläufige EdF nach einem (starken) Teil der obergerichtlichen Rspr. *unzulässig;* der Fortbestand der vorläufigen Maßnahme hänge dann ausschließlich von revisionsrechtlichen Gesichtspunkten ab und müsse, auch zur Vermeidung widersprüchlicher Entscheidungen, im Rahmen der Revision beurteilt werden (Dü NZV **91** 165, **95** 459, Ha MDR **96** 954, DAR **13** 160 (nunmehr aufgegeben durch Ha BA **15** 40), Brn VRS **91** 181, Kö VRS **105** 343, **93** 348, NZV **08** 367, Kar DAR **99** 86, *Cierniak* NZV **99** 324). Im Hinblick darauf, dass § 304 StPO keine Einschränkung enthält und die vorläufige EdF andernfalls nicht einmal auf Ermessensfehler überprüfbar wäre (s. insbesondere auch BVerfG NStZ-RR **02** 377), dürfte *mit der Gegenansicht* von der Zulässigkeit der Beschwerde (eingehend *Habetha* NZV **08** 605), aber namentlich zur Vermeidung widersprüchlicher Sachentscheidungen von einem eingeschränkten Prüfungsmaßstab des Beschwerdegerichts auszugehen sein (KG VRS **100** 443, ZfS **06** 528, Kar DAR **04** 408; NZV **17** 231; Schl NZV **95** 238 (abl *Schwarzer*), Fra NStZ-RR **96** 205, Ko NZV **97** 369, **08** 47, *Schmid* BA **96** 357; weitergehend *Habetha* NZV **08** 605). Prüfungsgegenstand ist zunächst der durch das Tatgericht gepflogene Ermessensgebrauch (Kar DAR **04** 408). Zu verwerfen ist die Beschwerde, wenn die Revision mit hoher Wahrscheinlichkeit erfolglos bleiben wird, wobei eine abweichende Würdigung der tatrichterlichen Feststellungen ausgeschlossen ist (KG ZfS **06** 528; aM Ha BA **15** 40 mkritBespr *König* DAR **15** 363, 376: allerdings mindestens indizielle Wirkung). Aufzuheben ist die Maßnahme, wenn die im Urteil getroffene EdF an offensichtlichen, nicht behebbaren Rechtsfehlern leidet (vgl. Ko NZV **08** 47; Brn BA **10** 299) bzw. die Urteilsgründe einen sachlich-rechtlichen Fehler aufweisen, der einen Erfolg der Revision wahrscheinlich macht; Gleiches gilt, falls die Revisionsbegründung bereits vorliegt und eine erfolgversprechende Verfahrensrüge erhoben ist, für das formelle Recht (Kar NZV **17** 231 m Bspr *König* DAR **17** 373). Kommt hingegen in Betracht, dass nach etwaiger Aufhebung und Zurückverweisung durch das Revisionsgericht erneut EdF angeordnet wird, so kann die Beschwerde zu verwerfen sein.

9   **7. Aufhebung der Maßnahme** (II). Da die EdF Sicherungsmaßnahme ist, darf sie nur aufrechterhalten werden, solange die dringenden Gründe fortbestehen (Mü DAR **77** 49, Br VRS **31** 454). Bestimmte Prüfungsfristen sieht § 111a anders als § 121 (dazu Ha NStZ-RR **07** 351) und § 126 II S. 2 nicht vor. Das Gericht hat die Frage aber in jedem Verfahrensstadium im Auge zu behalten (Kar VM **75** 68), wobei zunehmende Verfahrenslänge verstärkt zur Prüfung möglichen Wegfalls des Eignungsmangels zwingt (BVerfG NZV **05** 537). Dauert das (Berufungs-)Verfahren so lange, dass der Maßregelzweck bereits durch die vorläufige Entziehung erreicht und daher ein Fortbestehen des Eignungsmangels nicht anzunehmen ist, muss diese aufgehoben werden (Dü NZV **01** 354, VRS **98** 190, Mü DAR **75** 132, **77** 49, Löwe/Rosenberg/*Hauck* Rn. 37, *Janiszewski* DAR **89** 137). Problematisch sind deshalb Erwägungen, wonach der „bloße Zeitablauf" unberücksichtigt zu bleiben habe und bei Berufungseinlegung stets mit längerer Dauer zu rechnen sei (zB Dü VRS **79** 23, NZV **99** 389, ähnl. Fra DAR **92** 187, krit *Janiszewski* NStZ **92** 584). Bestehen andererseits die dringenden Gründe für EdF fort, so erfordert der Schutz der Allgemeinheit die Aufrechterhaltung der vorläufigen Maßnahme auch bei längerer Verfahrensdauer (Rn. 1; Ha NStZ-RR **07** 351, Ko NZV **08** 47 (1 Jahr), KG DAR **17** 591, abw. LG Zw NZV **00** 54, VRS **99** 266, LG Fra StV **03** 69; abw LG Leipzig DAR **18** 698 mkritAnm *Deutscher*). Bei einer zugunsten des Angekl. eingelegten **Berufung** ist dabei der durch das Erstgericht festgestellte Eignungsmangel nicht stets in dem Zeitpunkt als beseitigt anzusehen, in dem im Fall der Rechtskraft des Urteils die Sperre abgelaufen wäre (Mü DAR **75** 132, **77** 49, Ko VRS **67** 256, Dü NZV **88** 194). Auch bei einer zugunsten des Angekl. eingelegten **Revision** ist die vorläufige EdF nach hM nicht allein deswegen aufzuheben, weil die im angefochtenen Urteil festgesetzte Sperrfrist verstrichen ist; denn der Ablauf der Sperrfrist verleiht dem Angekl. keinen Rechtsanspruch auf Neuerteilung (zB Nau BA **00** 378, Kar MDR **77** 948, Schl DAR **77** 193, Mü MDR **79** 1042, KG VRS **53** 278, Hb DAR **81** 27, Stu VRS **63** 363, Dü DAR **83** 62,

VRS **98** 190, Ko VRS **71** 40, *Meyer-Goßner/Schmitt* Rn. 12, aM zB Fra DAR **89** 311, Br DAR **73** 332, ZfS **81** 188, LK-StGB¹²/*Geppert* § 69 Rn. 145, hier bis 38. Aufl. mwN, *Janiszewski* 757). Nach Kar DAR **03** 235 ergibt sich bei BAK ab 1,6‰ aus § 69 II Nr. 2 StGB iVm § 13 Nr. 2c FeV (Gutachtenbeibringung vor Neuerteilung) fortdauernde Indizwirkung; allerdings rechtfertigen im Verwaltungsrecht bereits Bedenken gegen die Eignung die Anordnung der Gutachtenbeibringung, während § 111a dringende Gründe für Ungeeignetheit voraussetzt. Bei **rechtsstaatswidriger Verfahrensverzögerung** ist die Anordnung nach einem Teil der Rspr. aufzuheben (Kö NZV **91** 243, Kar NZV **05** 212, Nü StV **06** 685, Ha NStZ-RR **07** 351), wobei nach AG Montabaur NZV **12** 304 die Verzögerung nicht ausschließlich „justizverschuldet" sein muss. Neben dem verstrichenen Zeitraum sind ua die Ursache der Verzögerung, die vom Täter ausgehende Gefahr und das Maß seiner individuellen Belastung abzuwägen; allgemein verbindliche Grenzen lassen sich nicht statuieren (*Tepperwien* NStZ **09** 1, 4). Nach Hb ZfS **07** 409 Aufhebung der Maßnahme auch dann, wenn das Verfahren wegen der Abwesenheit eines Zeugen auf unbestimmte Zeit nicht durchgeführt werden kann. An einen **Aufhebungsantrag der StA** ist das Gericht auch vor Anklageerhebung nicht gebunden (AG Münster MDR **72** 166, LK-StGB¹²/*Geppert* § 69 Rn. 140, D. *Meyer* DAR **86** 47, aM Löwe/Rosenberg/*Hauk* Rn. 49, *Wittschier* NJW **85** 1324).

Dass die vorläufige Maßregel aufzuheben ist, **wenn das Gericht im Urteil von Entzie-** 10 **hung absieht** (BVerfG NJW **95** 124, Stu DAR **11** 415), entspricht § 123 StPO. Die Wirkung tritt also in diesem Fall nicht erst mit Rechtskraft des Urteils ein. Die Aufhebung hat die Wirkung, dass die FE anders als bei endgültiger Entziehung wiederauflebt; es bedarf keiner Neuerteilung. Keiner Aufhebung der vorläufigen Anordnung bedarf es, wenn das Gericht nach § 69 StGB die FE entzieht; dann geht mit der Rechtskraft des die Entziehung aussprechenden Urteils die vorläufige Maßnahme in die endgültige über.

8. Entschädigung für vorläufige EdF kommt nach Maßgabe des StrEG in Betracht. Zu er- 11 setzen sind nur *konkrete, adäquate Vermögensnachteile* infolge der vorläufigen EdF (BGH VersR **75** 763), nachgewiesene Mehraufwendungen oder sonstige wirtschaftliche Nachteile (BGH NJW **75** 347, 2341, VersR **75** 257, Schl VersR **99** 200), also zB nicht bloße Beeinträchtigung der KfzNutzungsmöglichkeit (Dü VersR **73** 1148). Auch das Unvermögen, wegen FS-Beschlagnahme kein Kfz führen zu dürfen, bewirkt als solches keinen Vermögensschaden (BGHZ **65** 170). Entschädigungspflicht besteht auch bei freiwilliger FS-Herausgabe, um zwangsweise Sicherstellung zu vermeiden (Ha NJW **72** 1477). Die Sicherstellung eines von mehreren im Besitz des Beschuldigten befindlichen FS löst grundsätzlich die Entschädigungspflicht aus, weil die ihm verbliebenen nicht zur Teilnahme am KfzV berechtigten (§ 21 StVG Rn. 22). Hierzu zählt auch ein noch gültiger internationaler FS (LK-StGB¹²/*Geppert* § 69 Rn. 187, *Hentschel* NZV **92** 500, aM AG Ka NZV **92** 499). Der geschäftsführende Alleingesellschafter einer GmbH kann den der GmbH durch die vorläufige EdF entstandenen Schaden geltend machen (BGH VersR **91** 678, Fra NStZ-RR **02** 230, Nü NStZ-RR **03** 62). Keine Entschädigung steht nach rechtsirriger vorläufiger EdF zu, wenn der Betroffene gar keine FE besessen hat (Zw VRS **54** 203). Der Entschädigungsanspruch umfasst den Ersatz gesetzlicher *Anwaltsgebühren und -auslagen* zwecks Beseitigung entschädigungspflichtiger Maßnahmen, soweit keine Erstattung nach StPO vorgesehen (BGHZ **65**, 170, NJW **75** 2341, **77** 957).

Grob fahrlässig iS des § 5 II StrEG (Entschädigungsausschluss) verhält sich, wer in unge- 12 wöhnlichem Maß die Sorgfalt außer Acht lässt, mit der ein Verständiger in gleicher Lage Strafverfolgungsmaßnahmen vermeiden würde (Bay NZV **94** 285, Sa VRS **102** 124, Dü NZV **94** 490, VRS **81** 399, Stu VM **76** 36, Zw VRS **69** 287). Dies ist (ex ante) danach zu beurteilen, wie sich der Sachverhalt bei Verhängung bzw. Aufrechterhaltung der Maßnahme darstellte (Fra BA **02** 388, Bra VRS **42** 50, Dü NZV **89** 204, VRS **81** 399), weswegen Entschädigungsausschluss auch anzunehmen sein kann, wenn die FSMaßnahme auf einem nach inzwischen geänderter Rspr. nicht mehr als strafbar erachteten Verhalten beruht (Fra NZV **90** 277 (Motor-Anlassen durch alkoholbedingt Fahrunsicheren), *Meyer-Goßner/Schmitt* § 5 StrEG Rn. 10, aM Dü NZV **89** 204, *Hentschel* JR **90** 33). Allgemein wird zu gelten haben, dass das Verschulden umso höher zu veranschlagen ist, je höher der Grad der Intoxikation aufgrund der aufgenommenen Rauschmittelmenge ist. Bei der Würdigung kann nicht unberücksichtigt bleiben, dass der Kf ab einer BAK von 0,5‰ bzw. bei einem positiven Wirkstoffnachweis relevanter illegaler Drogen so (potentiell) gefährlich handelt, dass § 24a StVG das Führen von Kfz im StrV bei Sanktionsdrohung strikt untersagt. In **Alkoholfällen** wird man deshalb in grundsätzlicher Übereinstimmung mit der überwiegenden Rspr. und Lit. zur früheren Promillegrenze von 0,8‰ (Bay NZV **90** 37,

LG Krefeld DAR **75** 25, **79** 337, LG Göttingen DAR **76** 166, LG Dü DAR **91** 272, *D. Meyer* DAR **92** 235, BA **80** 276, *Schneble* BA **77** 267, *Legat* VGT **86** 308) jedenfalls bei Erreichen einer BAK von 0,5‰ (§ 24a I StVG) per se einen groben Pflichtverstoß anzunehmen haben (*Meyer-Goßner/Schmitt* § 5 StrEG Rn. 10). Jedoch muss die FSMaßnahme dem objektiven Verhalten der Beschuldigten entsprechen (Bay NZV **90** 37), was nicht der Fall ist, wenn diese zB bei einer gemessenen AAK (zumal einer beweissicheren, s. § 24a StVG Rn. 16, 17) im Bereich von 0,6‰ BAK ohne sonstige Auffälligkeiten angeordnet wird (*Sandherr* DAR **07** 420, 424, s. auch AG Cottbus DAR **00** 88 mAnm *Scheffler* BA **00** 384). Es müssen deshalb aus der Sicht der Strafjustiz (ex ante, s. o.) zu der positiven AAK äußere Umstände hinzukommen, die den Verdacht einer Straftat ergeben, wobei diese Umstände in Übereinstimmung mit den Grundsätzen zur „relativen" Fahrunsicherheit (§ 316 StGB Rn. 22, 24) umso schwächer sein können, je höher die AAK ausfällt; bei Werten knapp unter der Grenze absoluter Fahrunsicherheit (BAK 1,1‰) ist die FSBeschlagnahme ohne Weiteres gerechtfertigt, weil deren Verfehlen reiner Zufall ist (*Sandherr* DAR **07** 420; s. auch LG Aachen SVR **12** 272 *(Sandherr)*). Entschädigungsausschluss ist bei hinreichend schlagkräftigen Indizien entgegen einigen verfehlten Judikaten (Ha NJW **75** 790, Zw VRS **53** 284, Kö DAR **76** 81, nach LG Fra DAR **75** 306, LG Dü DAR **78** 166 sogar bei auf Fahrunsicherheit hindeutender Fahrweise (alle zum früheren Wert von 0,8‰)) auch bei BAK-Werten unter dem Gefahrengrenzwert des § 24a I StVG möglich (*Hentschel* JR **99** 479, *Sandherr* DAR **07** 420). Grobe Fahrlässigkeit bei erheblichem Trinken gleich nach dem Unfall und verweigerten Angaben (Stu DAR **72** 166), bei Alkoholaufnahme nach der Fahrt, obwohl noch mit polizeilichen Ermittlungen zu rechnen ist (Ha VRS **58** 69), bei ursprünglicher Selbstbelastung in wesentlichen Punkten, für die Zeit überwiegender Selbstverursachung (KG VRS **44** 122, Kar MDR **77** 1041, Zw VRS **69** 376), bei Verschweigen wesentlicher entlastender Umstände trotz Einlassung (Kar VRS **94** 268). Verschweigen eines Nachtrunks als grobe Nachlässigkeit (Fra NJW **78** 1017; LG Sa NZV **19** 105 *(Rinio)*; s. auch *Sandherr* DAR **07** 424). Wer vor Fahrtantritt illegale Drogen konsumiert, sodass in der Blutprobe ein positiver Wirkstoffbefund festgestellt wird, verursacht die vorläufige FSMaßnahme nach der Rspr. grob fahrlässig (BGHR StrEG § 5 II S. 1 Fahrlässigkeit, grobe 7, Bay NZV **94** 285 mAnm *Daldrup* BA **94** 494, Dü NZV **94** 490, Zw BA **03** 321, Sa VRS **102** 124). In Übereinstimmung mit den Grundsätzen zum Alkohol (s. o.) müssen jedoch zumindest schwache auf Fahrunsicherheit hindeutende äußere Umstände hinzukommen. Muss trotz FzFührens im öffentlichen StrV in fahrunsicherem Zustand **aus Rechtsgründen Freispruch** erfolgen, weil weder § 316 noch § 323a festgestellt werden kann, so scheidet dennoch Entschädigung wegen grob fahrlässiger Verursachung der vorläufigen FS-Maßnahme aus (Kar NJW **04** 3356). Nach überwiegender Ansicht bei grobfahrlässiger Verursachung der FSMaßnahme auch keine Entschädigung, wenn das Rechtsmittelgericht entgegen dem Erstrichter EdF unter Freisprechung oder Verurteilung nur wegen OW schon für den Zeitpunkt der ersten Hauptverhandlung verneint, ohne dass sich der Erstrichter grob geirrt hätte (Bay NZV **90** 37, krit *Loos* JR **90** 438, Ha VRS **52** 435, NJW **72** 1477, Ko VRS **50** 303, Stu VRS **50** 376, LK-*Geppert* § 69 Rn. 197, aM Ce VRS **45** 375, *Sieg* MDR **75** 515). Zum Ganzen *Sandherr* DAR **07** 420. Zur Billigkeitsentscheidung nach § 3 StrEG nach **Verfahrenseinstellung gem. § 153 II** Bra NZV **14** 137.

13   **9. Sicherstellung oder Beschlagnahme des Führerscheins** (III bis VI). Die Beschlagnahme von FS ist seit dem 2.VerkSichG 1963 (BT-Drs. IV/651 S. 30) unter denselben Voraussetzungen wie die vorläufige EdF zulässig. Nach III wirkt vorläufige Entziehung zugleich als Anordnung oder Bestätigung der Beschlagnahme aller von einer deutschen Behörde erteilten FS, auch eines Internationalen FS (*Hentschel* NZV **92** 500) sowie eines von einem EU- oder EWR-Staat ausgestellten FS, wenn der Inhaber seinen ordentlichen Wohnsitz im Inland hat. Die StA und ihre Ermittlungspersonen dürfen den FS außer in den Fällen des § 94 StPO auch bei **Gefahr weiterer Trunkenheitsfahrt** oder schwerwiegender VVerstöße beschlagnahmen (BGH NJW **69** 1308, Kar Justiz **69** 255, Ha VRS **36** 66, LG Münster NJW **74** 1008, *Trupp* NZV **04** 391, aM *Hruschka* NJW **69** 1310, *Ehlers* MDR **69** 1023), und zwar, wenn der Beschuldigte ihn nicht mitführt, auch in dessen Wohnung (*Meyer-Goßner/Schmitt* Rn. 15, *Gramse* NZV **02** 346). Zur FSBeschlagnahme auf der Grundlage polizeilicher Gefahrenabwehr LR-*Hauck* Rn. 72, *Trupp* NZV **04** 139 m. Erwiderung *Meyer-Goßner* NZV **04** 565).

14   Der auf Grund einer nach § 94 StPO getroffenen Maßnahme in amtlicher Verwahrung befindliche FS ist unter denselben Voraussetzungen zurückzugeben, unter denen die vorläufige EdF aufzuheben ist (V; Rn. 9). War der FS (ohne Beschluss nach § 111a) nur beschlagnahmt, so kann das Revisionsgericht bei zugunsten des Angeklagten eingelegter Revision die Beschlagnahme aufheben, wenn bei Rechtskraft die Sperre inzwischen abgelaufen wäre (Kö VM **80** 29). Mit der **Rückgabe des FS** lebt auch in diesem Fall die Befugnis zum Führen von Kfz wieder auf. Eine Sondervorschrift enthält V S. 2 für den Fall, dass im Urteil nach § 44 StGB **auf ein Fahrverbot erkannt** wird. Widerspricht der Beschuldigte nicht, so kann die FSRückgabe aufgeschoben werden. Andernfalls müsste er sogleich nach Eintritt der Rechtskraft erneut in Verwahrung genommen werden (*Warda* MDR **65** 1). Bei Aufschub der Rückgabe entsteht dem Beschuldigten kein Nachteil, weil die Zeit der weiteren FSEinbehaltung bis zur Rechtskraft des das FV aussprechenden Urteils gem. § 450 II StPO voll auf die FVFrist anzurechnen ist. Eines Einverständnisses des Verurteilten bedarf es dagegen nicht, wenn das Urteil sofort rechtskräftig wird; dann gilt nicht V S. 2, sondern § 44 II S. 2 StGB, wonach bei rechtskräftigem FV der FS amtlich zu verwahren ist.

10. Bei ausländischen Führerscheinen ist zu unterscheiden: **a)** *FS aus EU- oder EWR-* 15 *Staaten* unterliegen (wie deutsche FS nach § 69 III S. 2) der Einziehung gem. § 69b II S. 1, wenn der Inhaber seinen ordentlichen Wohnsitz im Inland hat. Deshalb wirkt bei ihnen die vorläufige EdF zugleich als Anordnung oder Bestätigung der Beschlagnahme (III S. 2). **b)** *In allen anderen Fällen* hat die Beschlagnahme nur die in VI mit § 69b I S. 2 StGB geregelte beschränkte Wirkung, weil ausländische FS nicht der Einziehung gem. § 69 III StGB unterliegen. Die vorläufige EdF ist im ausländischen FS einzutragen und ggf. wieder zu löschen. Der FS darf sofort bis zur Eintragung der vorläufigen EdF beschlagnahmt werden. Er ist alsdann zurückzugeben (§ 69b StGB). Wer nur einen ausländischen FS hat, der nicht (mehr) zum Kfz-Führen im Inland berechtigt, zB, weil er die Voraussetzungen des § 29 FeV nicht (mehr) erfüllt, besitzt keine im Inland gültige FE, so dass vorläufige (wie „endgültige") EdF ausscheiden (nur isolierte Sperre nach § 69a I S. 3 StGB: § 69b StGB Rn. 2; abw. LG Aachen NZV **02** 332). Str., ob gleichwohl Eintragung eines Vermerks (§ 69b II StGB) möglich ist (§ 69b StGB Rn. 5).

11. Mitteilung zum Fahreignungsregister. § 28 III Nr. 2 StVG. 16

10. Verordnung über die Erteilung einer Verwarnung, Regelsätze für Geldbußen und die Anordnung eines Fahrverbotes wegen Ordnungswidrigkeiten im Straßenverkehr (Bußgeldkatalog-Verordnung – BKatV)

Vom 14.3.2013
(BGBl. I S. 498)
FNA 9231-1-21
zuletzt geändert durch Art. 3 54. VO zur Änd. straßenverkehrsrechtlicher Vorschriften
vom 20.4.2020 (BGBl. I S. 814)

Die BReg betrachtet die Änderung der BKatV durch Art. 3 der 54. ÄndVStVR wegen eines Formfehlers als nichtig (vgl. BT-Drs. 19/21265 S. 4). Bei Abschluss der Drucklegung waren Zeitpunkt und Inhalt einer „Reparaturnovelle" nicht abzusehen. Von einem Abdruck der BKatV wird daher in dieser Auflage abgesehen.

10. Verordnung über die Erteilung einer Verwarnung, Regelsätze für Geldbußen und die Anordnung eines Fahrverbots wegen Ordnungswidrigkeiten im Straßenverkehr (Bußgeldkatalog-Verordnung – BKatV)

Vom 14.3.2013
(BGBl. I S. 498)
FNA 9231-1-21

zuletzt geändert durch Art. 3 § 4 VO zur ... AO ... Gebührenverzeichnis-Verordnung
vom 20.1.2020 (BGBl. I S. 81 f.)

Die BKatV bezweckt die Änderung im Detail nach § 26a StVG durch Verordnung der Bundes... Inhalts ob allerige vgl. BT-Drs. 17/12295 S. ... In Stralllosigkeit Ordnungswidrigkeiten kann gem. ... Inhaltlich eine „Verwarnung" nicht abgeändert ... zu einen Mähn... den BKatV und daraufhin sogar ... Folge abgelehnt.

11. Verordnung über Ausnahmen von straßenverkehrsrechtlichen Vorschriften (Leichtmofa-Ausnahmeverordnung)

Vom 26.3.1993

(BGBl. I S. 394),

FNA 9231-1-1-8

geändert durch VO über die Zulassung von Personen zum Straßenverkehr und zur Änderung straßenverkehrsrechtlicher Vorschriften vom 18.8.1998 (BGBl. I S. 2214)

(Auszug)

1 [1] **Mofas, die den in der Anlage aufgeführten Merkmalen entsprechen (Leichtmofas), dürfen abweichend von § 50 Abs. 6a und § 53 der Straßenverkehrs-Zulassungs-Ordnung lichttechnische Einrichtungen haben, wie sie für Fahrräder nach § 67 der Straßenverkehrs-Zulassungs-Ordnung vorgeschrieben sind.** [2] **Dies gilt nur, wenn die in der Anlage Nummer 1.7 genannten Auflagen erfüllt sind.**

2 **Abweichend von § 21a Abs. 2 der Straßenverkehrs-Ordnung brauchen die Führer der Leichtmofas während der Fahrt keinen Schutzhelm zu tragen.**

3 **Diese Verordnung tritt mit Wirkung vom 28. Februar 1993 in Kraft.**

Anlage

Merkmale der Leichtmofas

1 Fahrrad-Merkmale

1.1 Leergewicht:	nicht mehr als 30 kg
1.2 Felgendurchmesser für Vorder- und Hinterrad:	mindestens 559 mm (entspricht 26 Zoll), aber nicht mehr als 640 mm (entspricht 28 Zoll)
1.3 Reifenbreite:	nicht mehr als 47 mm (entspricht 1,75 Zoll)
1.4 Länge der Tretkurbel:	mehr als 169 mm
1.5 Fahrweg im größten Gang je Kurbelumdrehung:	mehr als 4,4 m
1.6 Abstand Oberkante Sitzrohrmuffe bis Mitte Tretlagerachse:	mehr als 530 mm
1.7 Lichttechnische Einrichtungen:	müssen in amtlich genehmigter Bauart ausgeführt sein; folgende Auflagen müssen erfüllt sein:

    a) Ein Antrieb der Lichtmaschine, der auch nur eine kurzzeitige Unterbrechung der Stromerzeugung nicht erwarten läßt.

    b) Eine Schaltung, die selbsttätig bei geringer Geschwindigkeit von Lichtmaschinen- auf Batteriebetrieb umschaltet (Standbeleuchtung).

    c) Ein Großflächen-Rückstrahler, der mit dem Buchstaben „Z" gekennzeichnet ist.

    d) Ein Scheinwerfer, der der Nummer 23 Abs. 5 Ziffer 2 der Technischen Anforderungen an Fahrzeugteile bei der Bauartprüfung nach § 22a StVZO (VkBl. 1983 S. 617) entspricht.

1.8 Abweichungen von den Merkmalen
1.2 bis 1.6:

andere Werte sind zugelassen, wenn diese die Benutzung des Leichtmofas als Fahrrad (Pedalantrieb) auf ebener Strecke von mindestens 10 km Länge in einer Zeit von höchstens 30 Minuten bei einer höchsten Leistungsabgabe zwischen 80 und 100 Watt sicherstellen.

2 Mofa-Merkmale

2.1 Hubraum: nicht mehr als 30 cm³

2.2 Leistung: nicht mehr als 0,5 kW

2.3 Durch die Bauart bestimmte Höchstgeschwindigkeit: nicht mehr als 20 km/h

2.4 Bremsen: es gilt § 41 StVZO

2.5 Übersetzung zwischen Kurbelwelle und Antriebsrad: keine Änderungsmöglichkeit

2.6 Leistungscharakteristik: derart ausgelegt, daß oberhalb einer Geschwindigkeit, die nicht mehr als 24 km/h betragen darf, keine Überschußleistung zum Antrieb des Fahrzeugs abgegeben werden kann.

2.7 maximaler Geräuschpegel bei Vorbeifahrt in 7,5 m Entfernung mit Höchstgeschwindigkeit: 65 dB (A)

1   **Begr** zur inhaltlich identischen VO v. 26.2.87 (VkBl. **87** 231): *Die Industrie hat in jüngster Zeit Fahrzeuge entwickelt, die einerseits die Merkmale eines Mofas, andererseits diejenigen eines Fahrrades tragen. Bei abgeschaltetem Antrieb ist es möglich, die Fahrzeuge wie Fahrräder zu benutzen. Ihre technische Konzeption lässt es zu, sie trotz des zusätzlichen Motoren- und Tankgewichtes ohne merklich höheren Kraftaufwand mit Muskelkraft zu bewegen. Gleichwohl handelt es sich um motorisierte Zweiräder, deren bestimmungsgemäße Verwendung darin bestehen kann, dass sie durch ihren Motor fortbewegt werden. Deshalb sind – auch wenn die Fahrzeuge durch Muskelkraft gefahren werden – stets die für Mofas geltenden Vorschriften einzuhalten. Der Bundesminister für Verkehr hält es aber für vertretbar, für diese Fahrzeuge, die nach den Vorschriften der Straßenverkehrs-Zulassungs-Ordnung als Mofa einzustufen sind, Abweichungen von bestimmten straßenverkehrsrechtlichen Vorschriften zuzulassen ...*

...

Zur Klarstellung wird bemerkt, dass das Leichtmofa und sein Führer nur von den ausdrücklich in dieser Ausnahmeverordnung aufgeführten straßenverkehrsrechtlichen Vorschriften abweichen dürfen. Alle übrigen Vorschriften der Straßenverkehrs-Zulassungs-Ordnung und der Straßenverkehrs-Ordnung gelten uneingeschränkt; insbesondere gilt dies für

– das Erfordernis einer Mofa-Prüfbescheinigung nach § 4a Abs. 1 StVZO für alle Personen, die ab dem 1. April 1965 geboren sind

– das Mindestalter des Fahrzeugführers (Vollendung des 15. Lebensjahres, § 7 Abs. 1 Nr. 5 StVZO)

– die Erteilung der Betriebserlaubnis nach § 18 Abs. 3 StVZO

– das Versicherungskennzeichen nach § 29e Abs. 1 Nr. 2 StVZO

– die Radwegbenutzungspflicht nach § 2 Abs. 4 Satz 4 und Zeichen 237 StVO

– das Verbot, Radwege zu benutzen, die durch das Zusatzschild „keine Mofas" zum Zeichen 237 gekennzeichnet sind.

...

2   **Begr** zur Neufassung v. 26.3.93 (VkBl. **93** 319): *Die Verordnung über Ausnahmen von straßenverkehrsrechtlichen Vorschriften (Leichtmofa-Ausnahmeverordnung) vom 26. März 1993 (BGBl. I S. 394) ist neu verkündet worden. Diese Verordnung berücksichtigt die Vorschriften der Leichtmofa-Ausnahmeverordnung vom 26. Februar 1987 (BGBl. I S. 755, 1069) und die Erste Verordnung zur Änderung der Leichtmofa-Ausnahmeverordnung vom 16. Juni 1989 (BGBl. I S. 1112). Es gelten daher grundsätzlich die Begründungen zu den genannten Verordnungen, die im Verkehrsblatt 1987 S. 232 und 1989 S. 434 bekannt gemacht worden sind.*

In der Neufassung ist die Berlin-Klausel entfallen und das Datum für das Außerkrafttreten der Verordnung (28. Februar 1993) gestrichen worden.

3   **Literatur:** *Jagow*, Das Leichtmofa, VD **87** 49.

12. Gesetz zum Schutz vor schädlichen Umwelteinwirkungen durch Luftverunreinigungen, Geräusche, Erschütterungen und ähnliche Vorgänge (Bundes-Immissionsschutzgesetz – BImSchG)

In der Fassung der Bekanntmachung vom 17.5.2013
(BGBl. I S. 1274)

FNA 2129-8

zuletzt geändert durch Art. 103 Elfte ZuständigkeitsanpassungsVO vom 19.6.2020
(BGBl. I S. 1328)

(Auszug)

Verkehrsbeschränkungen

40 (1) ¹Die zuständige Straßenverkehrsbehörde beschränkt oder verbietet den Kraftfahrzeugverkehr nach Maßgabe der straßenverkehrsrechtlichen Vorschriften, soweit ein Luftreinhalteplan oder ein Plan für kurzfristig zu ergreifende Maßnahmen nach § 47 Absatz 1 oder 2 dies vorsehen. ²Die Straßenverkehrsbehörde kann im Einvernehmen mit der für den Immissionsschutz zuständigen Behörde Ausnahmen von Verboten oder Beschränkungen des Kraftfahrzeugverkehrs zulassen, wenn unaufschiebbare und überwiegende Gründe des Wohls der Allgemeinheit dies erfordern.

(2) ¹Die zuständige Straßenverkehrsbehörde kann den Kraftfahrzeugverkehr nach Maßgabe der straßenverkehrsrechtlichen Vorschriften auf bestimmten Straßen oder in bestimmten Gebieten verbieten oder beschränken, wenn der Kraftfahrzeugverkehr zur Überschreitung von in Rechtsverordnungen nach § 48a Absatz 1a festgelegten Immissionswerten beiträgt und soweit die für den Immissionsschutz zuständige Behörde dies im Hinblick auf die örtlichen Verhältnisse für geboten hält, um schädliche Umwelteinwirkungen durch Luftverunreinigungen zu vermindern oder deren Entstehen zu vermeiden. ²Hierbei sind die Verkehrsbedürfnisse und die städtebaulichen Belange zu berücksichtigen. ³§ 47 Absatz 6 Satz 1 bleibt unberührt.

(3) ¹Die Bundesregierung wird ermächtigt, nach Anhörung der beteiligten Kreise (§ 51) durch Rechtsverordnung mit Zustimmung des Bundesrates zu regeln, dass Kraftfahrzeuge mit geringem Beitrag zur Schadstoffbelastung von Verkehrsverboten ganz oder teilweise ausgenommen sind oder ausgenommen werden können, sowie die hierfür maßgebenden Kriterien und die amtliche Kennzeichnung der Kraftfahrzeuge festzulegen. ²Die Verordnung kann auch regeln, dass bestimmte Fahrten oder Personen ausgenommen sind oder ausgenommen werden können, wenn das Wohl der Allgemeinheit oder unaufschiebbare und überwiegende Interessen des Einzelnen dies erfordern.

Verbesserung der Luftqualität

45 (1) ¹Die zuständigen Behörden ergreifen die erforderlichen Maßnahmen, um die Einhaltung der durch eine Rechtsverordnung nach § 48a festgelegten Immissionswerte sicherzustellen. ²Hierzu gehören insbesondere Pläne nach § 47.

(2) Die Maßnahmen nach Absatz 1

a) müssen einem integrierten Ansatz zum Schutz von Luft, Wasser und Boden Rechnung tragen;

b) dürfen nicht gegen die Vorschriften zum Schutz von Gesundheit und Sicherheit der Arbeitnehmer am Arbeitsplatz verstoßen;

c) dürfen keine erheblichen Beeinträchtigungen der Umwelt in anderen Mitgliedstaaten verursachen.

Unterrichtung der Öffentlichkeit

46a ¹Die Öffentlichkeit ist nach Maßgabe der Rechtsverordnungen nach § 48a Absatz 1 über die Luftqualität zu informieren. ²Überschreitungen von in Rechtsverordnungen nach § 48a Absatz 1 festgelegten Informations- oder Alarmschwellen sind der

Öffentlichkeit von der zuständigen Behörde unverzüglich durch Rundfunk, Fernsehen, Presse oder auf andere Weise bekannt zu geben.

Luftreinhaltepläne, Pläne für kurzfristig zu ergreifende Maßnahmen, Landesverordnungen

47 (1) [1]Werden die durch eine Rechtsverordnung nach § 48a Absatz 1 festgelegten Immissionsgrenzwerte einschließlich festgelegter Toleranzmargen überschritten, hat die zuständige Behörde einen Luftreinhalteplan aufzustellen, welcher die erforderlichen Maßnahmen zur dauerhaften Verminderung von Luftverunreinigungen festlegt und den Anforderungen der Rechtsverordnung entspricht. [2]Satz 1 gilt entsprechend, soweit eine Rechtsverordnung nach § 48a Absatz 1 zur Einhaltung von Zielwerten die Aufstellung eines Luftreinhalteplans regelt. [3]Die Maßnahmen eines Luftreinhalteplans müssen geeignet sein, den Zeitraum einer Überschreitung von bereits einzuhaltenden Immissionsgrenzwerten so kurz wie möglich zu halten.

(2) [1]Besteht die Gefahr, dass die durch eine Rechtsverordnung nach § 48a Absatz 1 festgelegten Alarmschwellen überschritten werden, hat die zuständige Behörde einen Plan für kurzfristig zu ergreifende Maßnahmen aufzustellen, soweit die Rechtsverordnung dies vorsieht. [2]Besteht die Gefahr, dass durch eine Rechtsverordnung nach § 48a Absatz 1 festgelegte Immissionsgrenzwerte oder Zielwerte überschritten werden, kann die zuständige Behörde einen Plan für kurzfristig zu ergreifende Maßnahmen aufstellen, soweit die Rechtsverordnung dies vorsieht. [3]Die im Plan festgelegten Maßnahmen müssen geeignet sein, die Gefahr der Überschreitung der Werte zu verringern oder den Zeitraum, während dessen die Werte überschritten werden, zu verkürzen. [4]Ein Plan für kurzfristig zu ergreifende Maßnahmen kann Teil eines Luftreinhalteplans nach Absatz 1 sein.

(3) [1]Liegen Anhaltspunkte dafür vor, dass die durch eine Rechtsverordnung nach § 48a Absatz 1a festgelegten Immissionswerte nicht eingehalten werden, oder sind in einem Untersuchungsgebiet im Sinne des § 44 Absatz 2 sonstige schädliche Umwelteinwirkungen zu erwarten, kann die zuständige Behörde einen Luftreinhalteplan aufstellen. [2]Bei der Aufstellung dieser Pläne sind die Ziele der Raumordnung zu beachten; die Grundsätze und sonstigen Erfordernisse der Raumordnung sind zu berücksichtigen.

(4) [1]Die Maßnahmen sind entsprechend des Verursacheranteils unter Beachtung des Grundsatzes der Verhältnismäßigkeit gegen alle Emittenten zu richten, die zum Überschreiten der Immissionswerte oder in einem Untersuchungsgebiet im Sinne des § 44 Absatz 2 zu sonstigen schädlichen Umwelteinwirkungen beitragen. [2]Werden in Plänen nach Absatz 1 oder 2 Maßnahmen im Straßenverkehr erforderlich, sind diese im Einvernehmen mit den zuständigen Straßenbau- und Straßenverkehrsbehörden festzulegen. [3]Werden Immissionswerte hinsichtlich mehrerer Schadstoffe überschritten, ist ein alle Schadstoffe erfassender Plan aufzustellen. [4]Werden Immissionswerte durch Emissionen überschritten, die außerhalb des Plangebiets verursacht werden, hat in den Fällen der Absätze 1 und 2 auch die dort zuständige Behörde einen Plan aufzustellen.

(4a) [1]Verbote des Kraftfahrzeugverkehrs für Kraftfahrzeuge mit Selbstzündungsmotor kommen wegen der Überschreitung des Immissionsgrenzwertes für Stickstoffdioxid in der Regel nur in Gebieten in Betracht, in denen der Wert von 50 Mikrogramm Stickstoffdioxid pro Kubikmeter Luft im Jahresmittel überschritten worden ist. [2]Folgende Kraftfahrzeuge sind von Verkehrsverboten ausgenommen:

1. Kraftfahrzeuge der Schadstoffklasse Euro 6,

2. Kraftfahrzeuge der Schadstoffklassen Euro 4 und Euro 5, sofern diese im praktischen Fahrbetrieb in entsprechender Anwendung des Artikels 2 Nummer 41 in Verbindung mit Anhang IIIa der Verordnung (EG) Nr. 692/2008 der Kommission vom 18. Juli 2008 zur Durchführung und Änderung der Verordnung (EG) Nr. 715/2007 des Europäischen Parlaments und des Rates über die Typgenehmigung von Kraftfahrzeugen hinsichtlich der Emissionen von leichten Personenkraftwagen und Nutzfahrzeugen (Euro 5 und Euro 6) und über den Zugang zu Reparatur- und Wartungsinformationen für Fahrzeuge (ABl. L 199 vom 28.7.2008, S. 1), die zuletzt durch die Verordnung (EU) 2017/1221 (ABl. L 174 vom 7.7.2017, S. 3) geändert worden ist, weniger als 270 Milligramm Stickstoffoxide pro Kilometer ausstoßen,

3. Kraftomnibusse mit einer Allgemeinen Betriebserlaubnis für ein Stickstoffoxid-Minderungssystem mit erhöhter Minderungsleistung, sofern die Nachrüstung finanziell aus einem öffentlichen Titel des Bundes gefördert worden ist, oder die die technischen Anforderungen erfüllen, die für diese Förderung erforderlich gewesen wären,

4. schwere Kommunalfahrzeuge mit einer Allgemeinen Betriebserlaubnis für ein Stickstoffoxid-Minderungssystem mit erhöhter Minderungsleistung, sofern die Nachrüstung

finanziell aus einem öffentlichen Titel des Bundes gefördert worden ist, oder die die technischen Anforderungen erfüllen, die für diese Förderung erforderlich gewesen wären, sowie Fahrzeuge der privaten Entsorgungswirtschaft von mehr als 3,5 Tonnen mit einer Allgemeinen Betriebserlaubnis für ein Stickstoffoxid-Minderungssystem mit erhöhter Minderungsleistung, die die technischen Anforderungen erfüllen, die für diese Förderung erforderlich gewesen wären,

5. Handwerker- und Lieferfahrzeuge zwischen 2,8 und 7,5 Tonnen mit einer Allgemeinen Betriebserlaubnis für ein Stickstoffoxid-Minderungssystem mit erhöhter Minderungsleistung, sofern die Nachrüstung finanziell aus einem öffentlichen Titel des Bundes gefördert worden ist, oder die die technischen Anforderungen erfüllen, die für diese Förderung erforderlich gewesen wären,

6. Kraftfahrzeuge der Schadstoffklasse Euro VI und

7. Kraftfahrzeuge im Sinne von Anhang 3 Nummer 5, 6 und 7 der Verordnung zur Kennzeichnung der Kraftfahrzeuge mit geringem Beitrag zur Schadstoffbelastung vom 10. Oktober 2006 (BGBl. I S. 2218), die zuletzt durch Artikel 85 der Verordnung vom 31. August 2015 (BGBl. I S. 1474) geändert worden ist.

[3] Im Einzelfall kann der Luftreinhalteplan im Fall des Satzes 2 Nummer 6 auch für diese Kraftfahrzeuge ein Verbot des Kraftfahrzeugverkehrs vorsehen, wenn die schnellstmögliche Einhaltung des Immissionsgrenzwertes für Stickstoffdioxid anderenfalls nicht sichergestellt werden kann. [4] Weitere Ausnahmen von Verboten des Kraftfahrzeugverkehrs, insbesondere nach § 40 Absatz 1 Satz 2, können durch die zuständigen Behörden zugelassen werden. [5] Die Vorschriften zu ergänzenden technischen Regelungen, insbesondere zu Nachrüstmaßnahmen bei Kraftfahrzeugen, im Straßenverkehrsgesetz und in der Straßenverkehrs-Zulassungs-Ordnung bleiben unberührt.

(5) [1] Die nach den Absätzen 1 bis 4 aufzustellenden Pläne müssen den Anforderungen des § 45 Absatz 2 entsprechen. [2] Die Öffentlichkeit ist bei der Aufstellung von Plänen nach den Absätzen 1 und 3 zu beteiligen. [3] Die Pläne müssen für die Öffentlichkeit zugänglich sein.

(5a) [1] Bei der Aufstellung oder Änderung von Luftreinhalteplänen nach Absatz 1 ist die Öffentlichkeit durch die zuständige Behörde zu beteiligen. [2] Die Aufstellung oder Änderung eines Luftreinhalteplanes sowie Informationen über das Beteiligungsverfahren sind in einem amtlichen Veröffentlichungsblatt und auf andere geeignete Weise öffentlich bekannt zu machen. [3] Der Entwurf des neuen oder geänderten Luftreinhalteplanes ist einen Monat zur Einsicht auszulegen; bis zwei Wochen nach Ablauf der Auslegungsfrist kann gegenüber der zuständigen Behörde schriftlich oder elektronisch Stellung genommen werden; der Zeitpunkt des Fristablaufs ist bei der Bekanntmachung nach Satz 2 mitzuteilen. [4] Fristgemäß eingegangene Stellungnahmen werden von der zuständigen Behörde bei der Entscheidung über die Annahme des Plans angemessen berücksichtigt. [5] Der aufgestellte Plan ist von der zuständigen Behörde in einem amtlichen Veröffentlichungsblatt und auf andere geeignete Weise öffentlich bekannt zu machen. [6] In der öffentlichen Bekanntmachung sind das überplante Gebiet und eine Übersicht über die wesentlichen Maßnahmen darzustellen. [7] Eine Ausfertigung des Plans, einschließlich einer Darstellung des Ablaufs des Beteiligungsverfahrens und der Gründe und Erwägungen, auf denen die getroffene Entscheidung beruht, wird zwei Wochen zur Einsicht ausgelegt. [8] Dieser Absatz findet keine Anwendung, wenn es sich bei dem Luftreinhalteplan nach Absatz 1 um einen Plan handelt, für den nach dem Gesetz über die Umweltverträglichkeitsprüfung eine Strategische Umweltprüfung durchzuführen ist.

(5b) Werden nach Absatz 2 Pläne für kurzfristig zu ergreifende Maßnahmen aufgestellt, macht die zuständige Behörde der Öffentlichkeit sowohl die Ergebnisse ihrer Untersuchungen zur Durchführbarkeit und zum Inhalt solcher Pläne als auch Informationen über die Durchführung dieser Pläne zugänglich.

(6) [1] Die Maßnahmen, die Pläne nach den Absätzen 1 bis 4 festlegen, sind durch Anordnungen oder sonstige Entscheidungen der zuständigen Träger öffentlicher Verwaltung nach diesem Gesetz oder nach anderen Rechtsvorschriften durchzusetzen. [2] Sind in den Plänen planungsrechtliche Festlegungen vorgesehen, haben die zuständigen Planungsträger dies bei ihren Planungen zu berücksichtigen.

(7) [1] Die Landesregierungen oder die von ihnen bestimmten Stellen werden ermächtigt, bei der Gefahr, dass Immissionsgrenzwerte überschritten werden, die eine Rechtsverordnung nach § 48a Absatz 1 festlegt, durch Rechtsverordnung vorzuschreiben, dass in näher zu bestimmenden Gebieten bestimmte

1. ortsveränderliche Anlagen nicht betrieben werden dürfen,

2. ortsfeste Anlagen nicht errichtet werden dürfen,

3. ortsveränderliche oder ortsfeste Anlagen nur zu bestimmten Zeiten betrieben werden dürfen oder erhöhten betriebstechnischen Anforderungen genügen müssen,

4. Brennstoffe in Anlagen nicht oder nur beschränkt verwendet werden dürfen,

soweit die Anlagen oder Brennstoffe geeignet sind, zur Überschreitung der Immissionswerte beizutragen. [2]Absatz 4 Satz 1 und § 49 Absatz 3 gelten entsprechend.

1   **Anm:** Die frühere „Ozonregelung" in §§ 40a bis 40e und § 62a BImSchG ist am 31.12.1999 außer Kraft getreten. Zur Frage eines Anspruchs auf Erstellung eines Luftreinhalteplans oder eines Plans für kurzfristig zu ergreifende Maßnahmen (§§ 40 I S. 1, 47) und auf Verkehrsbeschränkungen zur Verminderung der Feinstaubbelastung s. § 45 StVO Rn. 29. Sehen Luftreinhaltepläne oder Pläne für kurzfristig zu ergreifende Maßnahmen nach § 47 I bzw. II BImSchG verkehrsbeschränkende Maßnahmen vor, sind Kfz der Klassen M (Pkw und Busse) und N (Lkw) mit geringem Beitrag zur Schadstoffbelastung von Verkehrsbeschränkungen und -verboten nach § 40 I BImSchG nach Maßgabe der 35. BImSchV (KennzVO, s. Buchteil 12) ausgenommen, s. dazu § 47 StVZO Rn. 7a, 7b.

13. Fünfunddreißigste Verordnung zur Durchführung des Bundes-Immissionsschutzgesetzes (Verordnung zur Kennzeichnung der Kraftfahrzeuge mit geringem Beitrag zur Schadstoffbelastung – 35. BImSchV)

Vom 10.10.2006 (BGBl. I S. 2218)

FNA 2129-8-35

zuletzt geändert durch Zehnte ZuständigkeitsanpassungsVO vom 31.8.2015
(BGBl. I S. 1474)

Anwendungsbereich

1 (1) ¹Diese Verordnung regelt Ausnahmen von Verkehrsverboten nach § 40 Abs. 1 des Bundes-Immissionsschutzgesetzes und die Zuordnung von Kraftfahrzeugen zu Schadstoffgruppen und bestimmt Anforderungen, welche bei einer Kennzeichnung von Fahrzeugen zu erfüllen sind. ²Die Verordnung gilt für Kraftfahrzeuge der Klassen M und N gemäß Anhang II A Nr. 1 und Nr. 2 der Richtlinie 70/156/EWG des Rates vom 6. Februar 1970 zur Angleichung der Rechtsvorschriften der Mitgliedstaaten über die Betriebserlaubnis für Kraftfahrzeuge und Kraftfahrzeuganhänger (ABl. EG Nr. L 42 S. 1), die zuletzt durch die Richtlinie 2005/64/EG des Europäischen Parlaments und des Rates vom 26. Oktober 2005 (ABl. EU Nr. L 310 S. 10) geändert worden ist.

(2) Die zuständige Behörde, in unaufschiebbaren Fällen auch die Polizei, kann den Verkehr mit von Verkehrsverboten im Sinne des § 40 Abs. 1 des Bundes-Immissionsschutzgesetzes betroffenen Fahrzeugen von und zu bestimmten Einrichtungen zulassen, soweit dies im öffentlichen Interesse liegt, insbesondere wenn dies zur Versorgung der Bevölkerung mit lebensnotwendigen Gütern und Dienstleistungen notwendig ist, oder überwiegende und unaufschiebbare Interessen Einzelner dies erfordern, insbesondere wenn Fertigungs- und Produktionsprozesse auf andere Weise nicht aufrechterhalten werden können.

Zuordnung von Kraftfahrzeugen zu Schadstoffgruppen

2 (1) Kraftfahrzeuge, die mit einer Plakette nach Anhang 1 gekennzeichnet sind, sind von einem Verkehrsverbot im Sinne des § 40 Abs. 1 des Bundes-Immissionsschutzgesetzes befreit, soweit ein darauf bezogenes Verkehrszeichen dies vorsieht.

(2) ¹Kraftfahrzeuge werden unter Berücksichtigung ihrer Schadstoffemissionen den Schadstoffgruppen 1 bis 4 zugeordnet. ²Die Zuordnung der Kraftfahrzeuge zu den Schadstoffgruppen im Einzelnen ergibt sich aus Anhang 2.

(3) Kraftfahrzeuge, die in Anhang 3 aufgeführt sind, sind von Verkehrsverboten nach § 40 Abs. 1 des Bundes-Immissionsschutzgesetzes auch dann ausgenommen, wenn sie nicht gemäß Absatz 1 mit einer Plakette gekennzeichnet sind.

Kennzeichnung

3 (1) ¹Zur Kennzeichnung der Kraftfahrzeuge nach den Schadstoffgruppen 2 bis 4 sind nicht wiederverwendbare lichtechte und fälschungserschwerende Plaketten nach dem Muster des Anhangs 1 zu verwenden. ²Die Kennzeichnung der Schadstoffgruppe erfolgt durch die auf der Plakette angegebene Nummer der Schadstoffgruppe und entsprechende Farbgestaltung. ³Die Farbe der Plakette ist für Kraftfahrzeuge der Schadstoffgruppe 2 rot, für Fahrzeuge der Schadstoffgruppe 3 gelb und für Kraftfahrzeuge der Schadstoffgruppe 4 grün.

(2) ¹In die Plakette ist von der zuständigen Ausgabestelle im dafür vorgesehenen Schriftfeld mit lichtechtem Stift das Kennzeichen des jeweiligen Fahrzeuges einzutragen. ²Zur Kennzeichnung eines Kraftfahrzeuges ist die Plakette deutlich sichtbar auf der Innenseite der Windschutzscheibe anzubringen. ³Die Plakette muss so beschaffen und angebracht sein, dass sie sich beim Ablösen von der Windschutzscheibe selbst zerstört.

Ausgabe der Plaketten

4 [1] Ausgabestellen für die Plaketten sind die Zulassungsbehörden oder die nach Landesrecht sonst zuständigen Stellen sowie die nach § 47a Abs. 2 der Straßenverkehrs-Zulassungs-Ordnung für die Durchführung von Abgasuntersuchungen anerkannten Stellen. [2] Dies gilt auch für Kraftfahrzeuge im Sinne des § 1 der Verordnung über internationalen Kraftfahrzeugverkehr in der im Bundesgesetzblatt Teil III, Gliederungsnummer 9232-4, veröffentlichten bereinigten Fassung, die zuletzt durch Artikel 10 der Verordnung vom 25. April 2006 (BGBl. I S. 988) geändert worden ist.

Nachweis der Schadstoffgruppe für im Inland zugelassene Fahrzeuge

5 (1) Die Zuordnung eines Kraftfahrzeuges zu einer Schadstoffgruppe wird nachgewiesen

1. durch die in der Zulassungsbescheinigung Teil I, im Kraftfahrzeugschein und im Kraftfahrzeugbrief eingetragene emissionsbezogene Schlüsselnummer,

2. für Kraftfahrzeuge, die unter die Regelungen des Autobahnmautgesetzes für schwere Nutzfahrzeuge in der Fassung der Bekanntmachung vom 2. Dezember 2004 (BGBl. I S. 3122) fallen, durch Nachweise nach den §§ 8 und 9 der LKW-Maut-Verordnung vom 24. Juni 2003 (BGBl. I S. 1003).

(2) Das Bundesministerium für Verkehr und digitale Infrastruktur gibt die Zuordnung der in den Fahrzeugpapieren eingetragenen Emissionsschlüsselnummern zu den einzelnen Schadstoffgruppen im Verkehrsblatt bekannt.

Nachweis der Schadstoffgruppe für im Ausland zugelassene Fahrzeuge

6 (1) Bei Fahrzeugen, die im Ausland zugelassen sind und die unter die Regelungen des Autobahnmautgesetzes für schwere Nutzfahrzeuge in der Fassung der Bekanntmachung vom 2. Dezember 2004 (BGBl. I S. 3122) fallen, kann die Zuordnung zu einer Schadstoffgruppe durch Nachweise nach den §§ 8 und 9 der LKW-Maut-Verordnung vom 24. Juni 2003 (BGBl. I S. 1003) nachgewiesen werden.

(2) Bei Fahrzeugen, die im Ausland zugelassen sind, wird vermutet, dass sie nach Maßgabe der Absätze 3 und 4 zu den dort aufgeführten Schadstoffgruppen gehören, wenn für diese Fahrzeuge kein Nachweis über die Einhaltung der Anforderungen nach

1. der Richtlinie 70/220/EWG des Rates vom 20. März 1970 über die Angleichung der Rechtsvorschriften der Mitgliedstaaten über Maßnahmen gegen die Verunreinigung der Luft durch Emissionen von Kraftfahrzeugen (ABl. EG Nr. L 76 S. 1) in ihrer jeweils geltenden Fassung oder

2. der Richtlinie 88/77/EWG des Rates zur Angleichung der Rechtsvorschriften der Mitgliedstaaten über Maßnahmen gegen die Emission gasförmiger Schadstoffe und luftverunreinigender Partikel aus Selbstzündungsmotoren zum Antrieb von Fahrzeugen und die Emission gasförmiger Schadstoffe aus mit Erdgas oder Flüssiggas betriebenen Fremdzündungsmotoren zum Antrieb von Fahrzeugen (ABl. EG Nr. L 36 S. 33) in der jeweils geltenden Fassung vorgelegt werden kann.

(3) Kraftfahrzeuge mit Selbstzündungsmotor der Klassen M und N gehören:

1. zur Schadstoffgruppe 1,
wenn sie nicht unter die Schadstoffgruppen 2 bis 4 fallen,

2. zur Schadstoffgruppe 2,
   a) wenn sie in den Anwendungsbereich der Richtlinie 70/220/EWG fallen, bei erstmaliger Zulassung nach dem 31. Dezember 1996 und vor dem 1. Januar 2001,
   b) wenn sie in den Anwendungsbereich der Richtlinie 88/77/EWG fallen, bei erstmaliger Zulassung nach dem 30. September 1996 und vor dem 1. Oktober 2001,
   c) wenn sie nach dem 1. Januar 1993 erstmalig zugelassen worden sind und die im Anhang 2 Abs. 1 Nr. 2 Buchstabe g und h genannten Anforderungen erfüllen oder ihnen gleichwertig sind und dies durch einen Beleg nachgewiesen wird,

3. zur Schadstoffgruppe 3,
   a) wenn sie in den Anwendungsbereich der Richtlinie 70/220/EWG fallen, bei erstmaliger Zulassung nach dem 31. Dezember 2000 und vor dem 1. Januar 2006,
   b) wenn sie in den Anwendungsbereich der Richtlinie 88/77/EWG fallen, bei erstmaliger Zulassung nach dem 30. September 2001 und vor dem 1. Oktober 2006,
   c) wenn sie nach dem 1. Oktober 1996 erstmalig zugelassen worden sind und die im Anhang 2 Abs. 1 Nr. 3 Buchstabe j bis l genannten Anforderungen erfüllen oder ihnen gleichwertig sind und dies durch einen Beleg nachgewiesen wird,

4. zur Schadstoffgruppe 4,

a) wenn sie in den Anwendungsbereich der Richtlinie 70/220/EWG fallen, bei erstmaliger Zulassung nach dem 31. Dezember 2005,

b) wenn sie in den Anwendungsbereich der Richtlinie 88/77/EWG fallen, bei erstmaliger Zulassung nach dem 30. September 2006,

c) wenn sie in den Anwendungsbereich der Richtlinie 70/220/EWG fallen, die Anforderungen der Richtlinie 98/69/EG oder der Richtlinie 1999/102/EG oder der Richtlinie 2001/1/EG oder der Richtlinie 2001/100/EG oder der Richtlinie 2002/80/EG oder
der Richtlinie 2003/76/EG erfüllen und nachweisen können (z. B. durch Herstellerbescheinigung), dass sie über den unter B (2005) der Tabelle im Abschnitt 5.3.1.4 des Anhangs I der Richtlinie vorgeschriebenen Partikelgrenzwert hinaus den Partikelgrenzwert von 5,0 mg/km nicht überschreiten,

d) wenn sie nach dem 1. Oktober 2000 erstmalig zugelassen worden sind und die im Anhang 2 Abs. 1 Nr. 4 Buchstabe q und r genannten Anforderungen erfüllen oder ihnen gleichwertig sind und dies durch einen Beleg nachgewiesen wird,

e) wenn sie in den Anwendungsbereich der Richtlinie 70/220/EWG oder der Richtlinie 2005/55/EG des Europäischen Parlaments und des Rates vom 28. September 2005 zur Angleichung der Rechtsvorschriften der Mitgliedstaaten über Maßnahmen gegen die Emission gasförmiger Schadstoffe und luftverunreinigender Partikel aus Selbstzündungsmotoren zum Antrieb von Fahrzeugen und die Emission gasförmiger Schadstoffe aus mit Flüssiggas oder Erdgas betriebenen Fremdzündungsmotoren zum Antrieb von Fahrzeugen (ABl. EU Nr. L 275 S. 1) in der jeweils zuletzt geänderten, im Amtsblatt der Europäischen Union veröffentlichten Fassung fallen.

(4) Kraftfahrzeuge mit Fremdzündungsmotor der Klassen M und N gehören der Schadstoffgruppe 4 an, wenn sie

1. in den Anwendungsbereich der Richtlinie 70/220/EWG fallen, bei erstmaliger Zulassung nach dem 31. Dezember 1992,

2. in den Anwendungsbereich der Richtlinie 88/77/EWG in der Fassung der Richtlinie 1999/96/EG des Europäischen Parlaments und des Rates vom 13. Dezember 1999 zur Angleichung der Rechtsvorschriften der Mitgliedstaaten über Maßnahmen gegen die Emission gasförmiger Schadstoffe und luftverunreinigender Partikel aus Selbstzündungsmotoren zum Antrieb von Fahrzeugen und die Emission gasförmiger Schadstoffe aus mit Erdgas oder Flüssiggas betriebenen Fremdzündungsmotoren zum Antrieb von Fahrzeugen und zur Änderung der Richtlinie 88/77/EWG des Rates (ABl. EG 2000 Nr. L 44 S. 1) fallen, den Vorschriften der Richtlinie entsprechen und bei den Emissionen der gasförmigen Schadstoffe und luftverunreinigenden Partikel die unter A (2000) oder B 1 (2005) oder B 2 (2008) oder unter C (EEV) der Tabellen 1 und 2 im Abschnitt 6.2.1 des Anhangs I der Richtlinie vorgeschriebenen Grenzwerte nicht überschreiten und die Einhaltung der Grenzwerte durch einen Beleg nachweisen oder

3. in den Anwendungsbereich der Richtlinie 88/77/EWG in der Fassung der Richtlinie 2001/27/EG des Europäischen Parlaments und des Rates vom 10. April 2001 zur Anpassung der Richtlinie 88/77/EWG des Rates zur Angleichung der Rechtsvorschriften der Mitgliedstaaten über Maßnahmen gegen die Emission gasförmiger Schadstoffe und luftverunreinigender Partikel aus Selbstzündungsmotoren zum Antrieb von Fahrzeugen und die Emission gasförmiger Schadstoffe aus mit Erdgas oder Flüssiggas betriebenen Fremdzündungsmotoren zum Antrieb von Fahrzeugen an den technischen Fortschritt (ABl. EG Nr. L 107 S. 10) fallen, den Vorschriften der Richtlinie entsprechen und bei den Emissionen der gasförmigen Schadstoffe und luftverunreinigenden Partikel die unter A (2000) oder B 1 (2005) oder B 2 (2008) oder unter C (EEV) der Tabellen 1 und 2 im Abschnitt 6.2.1 des Anhangs I der Richtlinie 1999/96/EG des Europäischen Parlaments und des Rates vom 13. Dezember 1999 (ABl. EG 2000 Nr. L 44 S. 1) vorgeschriebenen Grenzwerte nicht überschreiten und die Einhaltung der Grenzwerte durch einen Beleg nachgewiesen wird.

(5) Kraftfahrzeuge mit Fremdzündungsmotor der Klassen M und N gehören der Schadstoffgruppe 4 an, wenn

1. durch einen Beleg nachgewiesen wird, dass das Fahrzeug über eine Emissionsminderung verfügt, die den Anforderungen der Anlage XXIII der Straßenverkehrs-Zulassungs-Ordnung in der Fassung der Bekanntmachung vom 28. September 1988 (BGBl. I S. 1793), zuletzt geändert durch die Verordnung vom 24. Mai 2007 (BGBl. I S. 893), entspricht oder ihr gleichwertig ist oder

2. durch einen Beleg nachgewiesen wird, dass das Fahrzeug durch Nachrüstung mit einem Abgasreinigungssystem über eine Emissionsminderung verfügt, die den Bestimmungen der 52. Ausnahmeverordnung zur StVZO vom 13. August 1996 (BGBl. I

S. 1319), geändert durch Artikel 1 der Verordnung vom 18. Februar 1998 (BGBl. I S. 390), entspricht oder ihr gleichwertig ist oder

3. sie in den Anwendungsbereich der Richtlinie 70/220/EWG oder der Richtlinie 2005/55/EG in der jeweils zuletzt geänderten, im Amtsblatt der Europäischen Union veröffentlichten Fassung fallen.

Anhang 1
(zu § 2 Abs. 1 und § 3 Abs. 1)

Plakettenmuster

	Schadstoff-gruppe 2	Schadstoff-gruppe 3	Schadstoff-gruppe 4
Plaketten-Durchmesser: 80 mm, schwarz umrandet, Strichdicke der Umrandung 1,5 mm Ziffer der Schadstoff-gruppe: Höhe 35 mm Schriftfeld: 60 × 20 mm Schrift: schwarz RAL 9005, mit lichtechtem Stift	**2** S - UM 43	**3** S - UM 43	**4** S - UM 43
Plakettenfarbe:	verkehrsrot RAL 3020, lichtecht	verkehrsgelb RAL 1023, lichtecht	verkehrsgrün RAL 6024, lichtecht
Schriftfeld:	reinweiß RAL 9010, schwarz umrandet	reinweiß RAL 9010, schwarz umrandet	reinweiß RAL 9010, schwarz umrandet

Die Ziffer der Schadstoffgruppe ist nach dem Schriftmuster der Anlage V Seite 3 der Straßenverkehrs-Zulassungs-Ordnung darzustellen.

Die Farbtöne des Untergrundes, des Randes und der Beschriftung sind dem Farbregister RAL 840-HR, herausgegeben vom RAL Deutsches Institut für Gütesicherung und Kennzeichnung e. V., Siegburger Str. 39, 53757 St. Augustin, zu entnehmen.

Anhang 2
(zu § 2 Abs. 2)

Zuordnung der Kraftfahrzeuge zu den Schadstoffgruppen

(1) Kraftfahrzeuge mit Selbstzündungsmotor der Klassen M und N werden unter Berücksichtigung ihrer Schadstoffemissionen den Schadstoffgruppen 1 bis 4 wie folgt zugeordnet:

Schadstoffgruppe 1

Kraftfahrzeuge, die

1. nicht unter die Schadstoffgruppen 2 bis 4 fallen.

2. **Schadstoffgruppe 2**

Kraftfahrzeuge, die

a) in den Anwendungsbereich der Richtlinie 70/220/EWG in der Fassung der Richtlinie 94/12/EG des Europäischen Parlaments und des Rates vom 23. März 1994 (ABl. EG Nr. L 100 S. 42) fallen und den Vorschriften der Richtlinie entsprechen und bei den Emissionen der gasförmigen Schadstoffe und luftverunreinigenden Partikel die für die Klasse M mit einer zulässigen Gesamtmasse von nicht mehr als 2500 kg vorgeschriebenen Grenzwerte der Tabelle im Abschnitt 5.3.1.4 des Anhangs I der Richtlinie nicht überschreiten oder

b) in den Anwendungsbereich der Richtlinie 70/220/EWG in der Fassung der Richtlinie 96/44/EG des Europäischen Parlaments und des Rates vom 1. Juli 1996 (ABl. EG Nr. L 210 S. 25) fallen und den Vorschriften der Richtlinie entsprechen und bei den Emissionen der gasförmigen Schadstoffe und luftverunreinigenden Partikel die für die Klasse M mit einer zulässigen Gesamtmasse von nicht mehr als 2500 kg vorgeschriebenen Grenzwerte der Tabelle im Abschnitt 5.3.1.4 des Anhangs I der Richtlinie nicht überschreiten oder

c) die in den Anwendungsbereich der Richtlinie 70/220/EWG in der Fassung der Richtlinie 96/69/EG des Europäischen Parlaments und des Rates vom 8. Oktober 1996 (ABl. EG Nr. L 282 S. 64) fallen, den Vorschriften der Richtlinie entsprechen und bei den Emissionen der gasförmigen Schadstoffe und luftverunreinigenden Partikel die vorgeschriebenen Grenzwerte der Tabelle im Abschnitt 5.3.1.4 des Anhangs I der Richtlinie nicht überschreiten oder

d) in den Anwendungsbereich der Richtlinie 70/220/EWG in der Fassung der Richtlinie 98/77/EG der Kommission vom 2. Oktober 1998 (ABl. EG Nr. L 286 S. 34) fallen, den Vorschriften der Richtlinie entsprechen und bei den Emissionen der gasförmigen Schadstoffe und luftverunreinigenden Partikel die vorgeschriebenen Grenzwerte der Tabelle im Abschnitt 5.3.1.4 des Anhangs I der Richtlinie nicht überschreiten oder

e) in den Anwendungsbereich der Richtlinie 88/77/EWG des Rates zur Angleichung der Rechtsvorschriften der Mitgliedstaaten über Maßnahmen gegen die Emission gasförmiger Schadstoffe und luftverunreinigender Partikel aus Selbstzündungsmotoren zum Antrieb von Fahrzeugen und die Emission gasförmiger Schadstoffe aus mit Erdgas oder Flüssiggas betriebenen Fremdzündungsmotoren zum Antrieb von Fahrzeugen (ABl. EG Nr. L 36 S. 33) in der Fassung der Richtlinie 91/542/EWG des Rates vom 1. Oktober 1991 (ABl. EG Nr. L 295 S. 1) fallen, den Vorschriften der Richtlinie entsprechen und bei den Emissionen der gasförmigen Schadstoffe und luftverunreinigenden Partikel die in Zeile B der Tabelle im Abschnitt 8.3.1.1 des Anhangs I der Richtlinie genannten Grenzwerte nicht überschreiten oder

f) in den Anwendungsbereich der Richtlinie 96/1/EG des Europäischen Parlaments und des Rates vom 22. Januar 1996 zur Änderung der Richtlinie 88/77/EWG zur Angleichung der Rechtsvorschriften der Mitgliedstaaten über Maßnahmen gegen die Emission gasförmiger Schadstoffe und luftverunreinigender Partikel aus Dieselmotoren zum Antrieb von Fahrzeugen (ABl. EG Nr. L 40 S. 1) fallen, den Vorschriften der Richtlinie entsprechen und bei den Emissionen der gasförmigen Schadstoffe und luftverunreinigenden Partikel die in Zeile B der Tabelle im Abschnitt 6.2.1 des Anhangs I der Richtlinie genannten Grenzwerte nicht überschreiten oder

g) die durch die Ausrüstung mit einem Partikelminderungssystem die Anforderungen der Nummern 2.1.1 und 2.1.2 der Anlage XXVI der Straßenverkehrs-Zulassungs-Ordnung in der Fassung der Bekanntmachung vom 28. September 1988 (BGBl. I S. 1793), zuletzt geändert durch die Verordnung vom 24. Mai 2007 (BGBl. I S. 893), einhalten oder

h) die durch Ausrüstung mit einem Partikelminderungssystem die Anforderungen der Nummern 3.4.1 und 3.4.2 der Anlage XIV der Straßenverkehrs-Zulassungs-Ordnung in der Fassung der Bekanntmachung vom 28. September 1988 (BGBl. I S. 1793), zuletzt geändert durch die Verordnung vom 24. Mai 2007 (BGBl. I S. 893), einhalten.

3. **Schadstoffgruppe 3**
Kraftfahrzeuge, die

a) in den Anwendungsbereich der Richtlinie 70/220/EWG in der Fassung der Richtlinie 98/69/EG des Europäischen Parlaments und des Rates vom 13. Oktober 1998 (ABl. EG Nr. L 350 S. 1) fallen, den Vorschriften der Richtlinie entsprechen und die vorgeschriebenen Grenzwerte unter A (2000) der Tabelle im Abschnitt 5.3.1.4 des Anhangs I der Richtlinie nicht überschreiten oder

b) in den Anwendungsbereich der Richtlinie 70/220/EWG in der Fassung der Richtlinie 1999/102/EG der Kommission vom 15. Dezember 1999 (ABl. EG Nr. L 334 S. 43) fallen, den Vorschriften der Richtlinie entsprechen und bei den Emissionen der gasförmigen Schadstoffe und luftverunreinigenden Partikel die unter A (2000) der Tabelle im Abschnitt 5.3.1.4 des Anhangs I der Richtlinie vorgeschriebenen Grenzwerte nicht überschreiten oder

c) in den Anwendungsbereich der Richtlinie 70/220/EWG in der Fassung der Richtlinie 2001/1/EG des Europäischen Parlaments und des Rates vom 22. Januar 2001 (ABl. EG Nr. L 35 S. 34) fallen, den Vorschriften der Richtlinie entsprechen und bei den Emissionen der gasförmigen Schadstoffe und luftverunreinigenden Partikel die unter A (2000) der Tabelle im Abschnitt 5.3.1.4 des Anhangs I der Richtlinie vorgeschriebenen Grenzwerte nicht überschreiten oder

d) in den Anwendungsbereich der Richtlinie 70/220/EWG in der Fassung der Richtlinie 2001/100/EG des Europäischen Parlaments und des Rates vom 7. Dezember 2001 (ABl. EG Nr. L 16 S. 32) fallen, den Vorschriften der Richtlinie entsprechen und bei den Emissionen der gasförmigen Schadstoffe und luftverunreinigenden Partikel die unter A (2000) der Tabelle im Abschnitt 5.3.1.4 des Anhangs I der Richtlinie vorgeschriebenen Grenzwerte nicht überschreiten oder

e) in den Anwendungsbereich der Richtlinie 70/220/EWG in der Fassung der Richtlinie 2002/80/EG der Kommission vom 3. Oktober 2002 (ABl. EG Nr. L 291 S. 20) fallen, den Vorschriften der Richtlinie entsprechen und bei den Emissionen der gasförmigen Schadstoffe und luftverunreinigenden Partikel die unter A (2000) der Tabelle im Abschnitt 5.3.1.4 des Anhangs I der Richtlinie vorgeschriebenen Grenzwerte nicht überschreiten oder

f) in den Anwendungsbereich der Richtlinie 70/220/EWG in der Fassung der Richtlinie 2003/76/EG der Kommission vom 11. August 2003 (ABl. EU Nr. L 206 S. 29) fallen, den Vorschriften der Richtlinie entsprechen und bei den Emissionen der gasförmigen Schadstoffe und luftverunreinigenden Partikel die unter A (2000) der Tabelle im Abschnitt 5.3.1.4 des Anhangs I der Richtlinie vorgeschriebenen Grenzwerte nicht überschreiten oder

g) in den Anwendungsbereich der Richtlinie 88/77/EWG in der Fassung der Richtlinie 1999/96/EG des Europäischen Parlaments und des Rates vom 13. Dezember 1999 (ABl. EG Nr. L 44 S. 1) fallen, den Vorschriften der Richtlinie entsprechen und bei den Emissionen der gasförmigen Schadstoffe und luftverunreinigenden Partikel die unter A (2000) der Tabellen 1 und 2 im Abschnitt 6.2.1 des Anhangs I der Richtlinie vorgeschriebenen Grenzwerte nicht überschreiten oder

h) in den Anwendungsbereich der Richtlinie 88/77/EWG in der Fassung der Richtlinie 2001/27/EG des Europäischen Parlaments und des Rates vom 10. April 2001 (ABl. EG Nr. L 107 S. 10) fallen, den Vorschriften der Richtlinie entsprechen und bei den Emissionen der gasförmigen Schadstoffe und luftverunreinigenden Partikel die unter A (2000) der Tabellen 1 und 2 im Abschnitt 6.2.1 des Anhangs I der Richtlinie vorgeschriebenen Grenzwerte nicht überschreiten oder

i) die durch die Ausrüstung mit einem Partikelminderungssystem die Anforderungen der Stufe PM 1 der Anlage XXVI der Straßenverkehrs-Zulassungs-Ordnung in der Fassung der Bekanntmachung vom 28. September 1998 (BGBl. I S. 1793), die zuletzt durch Artikel 2 der Verordnung vom 25. April 2006 (BGBl. I S. 988) geändert worden ist, einhalten, ausgenommen Fahrzeuge der Klasse M mit einer zulässigen Gesamtmasse von mehr als 2 500 kg oder

j) die durch Ausrüstung mit einem Partikelminderungssystem die Anforderungen der Nummer 2.1.2 der Anlage XXVI der Straßenverkehrs-Zulassungs-Ordnung in der Fassung der Bekanntmachung vom 28. September 1988 (BGBl. I S. 1793), zuletzt geändert durch die Verordnung vom 24. Mai 2007 (BGBl. I S. 893), einhalten, ausgenommen Fahrzeuge der Klasse M mit nicht mehr als sechs Sitzplätzen einschließlich des Fahrersitzes oder mit einer Höchstmasse von nicht mehr als 2 500 Kilogramm oder

k) die durch Ausrüstung mit einem Partikelminderungssystem die Anforderungen der Nummer 2 der Nummer 3.4.2 der Anlage XIV der Straßenverkehrs-Zulassungs-Ordnung in der Fassung der Bekanntmachung vom 28. September 1988 (BGBl. I S. 1793), zuletzt geändert durch die Verordnung vom 24. Mai 2007 (BGBl. I S. 893), einhalten, ausgenommen Fahrzeuge der Klasse N1, mit einer Bezugsmasse von nicht mehr als 1 250 Kilogramm (Gruppe I) oder

l) die durch Ausrüstung mit einem Partikelminderungssystem die Anforderungen der Nummer 3.4.3 der Anlage XIV der Straßenverkehrs-Zulassungs-Ordnung in der Fassung der Bekanntmachung vom 28. September 1988 (BGBl. I S. 1793), zuletzt geändert durch die Verordnung vom 24. Mai 2007 (BGBl. I S. 893), einhalten.

4. Schadstoffgruppe 4

Kraftfahrzeuge, die

a) in den Anwendungsbereich der Richtlinie 70/220/EWG in der Fassung der Richtlinie 98/69/EG des Europäischen Parlaments und des Rates vom 13. Oktober 1998 (ABl. EG Nr. L 350 S. 1) fallen, den Vorschriften der Richtlinie entsprechen und bei den Emissionen der gasförmigen Schadstoffe und luftverunreinigenden Partikel die unter B (2005) der Tabelle im Abschnitt 5.3.1.4 des Anhangs I der Richtlinie vorgeschriebenen Grenzwerte nicht überschreiten oder

b) in den Anwendungsbereich der Richtlinie 70/220/EWG in der Fassung der Richtlinie 1999/102/EG der Kommission vom 15. Dezember 1999 (ABl. EG Nr. L 334 S. 43) fallen, den Vorschriften der Richtlinie entsprechen und bei den Emissionen der gasförmigen Schadstoffe und luftverunreinigenden Partikel die unter B (2005) der Tabelle im Abschnitt 5.3.1.4 des Anhangs I der Richtlinie vorgeschriebenen Grenzwerte nicht überschreiten oder

c) in den Anwendungsbereich der Richtlinie 70/220/EWG in der Fassung der Richtlinie 2001/1/EG des Europäischen Parlaments und des Rates vom 22. Januar 2001 (ABl. EG Nr. L 35 S. 34) fallen, den Vorschriften der Richtlinie entsprechen und bei den Emissionen der gasförmigen Schadstoffe und luftverunreinigenden Partikel die unter B (2005) der Tabelle im Abschnitt 5.3.1.4 des Anhangs I der Richtlinie vorgeschriebenen Grenzwerte nicht überschreiten oder

d) in den Anwendungsbereich der Richtlinie 70/220/EWG in der Fassung der Richtlinie 2001/100/EG des Europäischen Parlaments und des Rates vom 7. Dezember 2001 (ABl. EG Nr. L 16 S. 32) fallen, den Vorschriften der Richtlinie entsprechen und bei den Emissionen der gasförmigen Schadstoffe und luftverunreinigenden Partikel die unter B (2005) der Tabelle im Abschnitt 5.3.1.4 des Anhangs I der Richtlinie vorgeschriebenen Grenzwerte nicht überschreiten oder

e) in den Anwendungsbereich der Richtlinie 70/220/EWG in der Fassung der Richtlinie 2002/80/EG der Kommission vom 3. Oktober 2002 (ABl. EG Nr. L 291 S. 20) fallen, den Vorschriften der Richtlinie entsprechen und bei den Emissionen der gasförmigen Schadstoffe und luftverunreinigenden Partikel die unter B (2005) der Tabelle im Abschnitt 5.3.1.4 des Anhangs I der Richtlinie vorgeschriebenen Grenzwerte nicht überschreiten oder

f) in den Anwendungsbereich der Richtlinie 70/220/EWG in der Fassung der Richtlinie 2003/76/EG der Kommission vom 11. August 2003 (ABl. EU Nr. L 206 S. 29) fallen, den Vorschriften der Richtlinie entsprechen und bei den Emissionen der gasförmigen Schadstoffe und luftverunreinigenden Partikel die unter B (2005) der Tabelle im Abschnitt 5.3.1.4 des Anhangs I der Richtlinie vorgeschriebenen Grenzwerte nicht überschreiten oder

g) in den Anwendungsbereich der Richtlinie 88/77/EWG in der Fassung der Richtlinie 1999/96/EG des Europäischen Parlaments und des Rates vom 13. Dezember 1999 (ABl. EG Nr. L 44 S. 1) fallen, den Vorschriften der Richtlinie entsprechen und bei den Emissionen der gasförmigen Schadstoffe und luftverunreinigenden Partikel die unter B 1 (2005) der Tabellen 1 und 2 im Abschnitt 6.2.1 des Anhangs I der Richtlinie vorgeschriebenen Grenzwerte nicht überschreiten oder

h) in den Anwendungsbereich der Richtlinie 88/77/EWG in der Fassung der Richtlinie 1999/96/EG des Europäischen Parlaments und des Rates vom 13. Dezember 1999 (ABl. EG Nr. L 44 S. 1) fallen, den Vorschriften der Richtlinie entsprechen und bei den Emissionen der gasförmigen Schadstoffe und luftverunreinigenden Partikel die unter B 2 (2008) der Tabellen 1 und 2 im Abschnitt 6.2.1 des Anhangs I der Richtlinie vorgeschriebenen Grenzwerte nicht überschreiten oder

i) in den Anwendungsbereich der Richtlinie 88/77/EWG in der Fassung der Richtlinie 1999/96/EG des Europäischen Parlaments und des Rates vom 13. Dezember 1999 (ABl. EG Nr. L 44 S. 1) fallen, den Vorschriften der Richtlinie entsprechen und bei den Emissionen der gasförmigen Schadstoffe und luftverunreinigenden Partikel die unter C (EEV) der Tabellen 1 und 2 im Abschnitt 6.2.1 des Anhangs I der Richtlinie vorgeschriebenen Grenzwerte nicht überschreiten oder

j) in den Anwendungsbereich der Richtlinie 88/77/EWG in der Fassung der Richtlinie 2001/27/EG des Europäischen Parlaments und des Rates vom 10. April 2001 (ABl. EG Nr. L 107 S. 10) fallen, den Vorschriften der Richtlinie entsprechen und bei den Emissionen der gasförmigen Schadstoffe und luftverunreinigenden Partikel die unter B 1 (2005) der Tabellen 1 und 2 im Abschnitt 6.2.1 des Anhangs I der Richtlinie vorgeschriebenen Grenzwerte nicht überschreiten oder

k) in den Anwendungsbereich der Richtlinie 88/77/EWG in der Fassung der Richtlinie 2001/27/EG der Kommission vom 10. April 2001 (ABl. EG Nr. L 107 S. 10) fallen, den Vorschriften der Richtlinie entsprechen und bei den Emissionen der gasförmigen Schadstoffe und luftverunreinigenden Partikel die unter B 2 (2008) der Tabellen 1 und 2 im Abschnitt 6.2.1 des Anhangs I der Richtlinie vorgeschriebenen Grenzwerte nicht überschreiten oder

l) in den Anwendungsbereich der Richtlinie 88/77/EWG in der Fassung der Richtlinie 2001/27/EG der Kommission vom 10. April 2001 (ABl. EG Nr. L 107 S. 10) fallen, den Vorschriften der Richtlinie entsprechen und bei den Emissionen der gasförmigen Schadstoffe und luftverunreinigenden Partikel die unter C (EEV) der Tabellen 1 und 2 im Abschnitt 6.2.1 des Anhangs I der Richtlinie vorgeschriebenen Grenzwerte nicht überschreiten oder

m) die durch die Ausrüstung mit einem Partikelminderungssystem die Anforderungen der Stufe PM 2 oder PM 3 der Anlage XXVI der Straßenverkehrs-Zulassungs-Ordnung in der Fassung der Bekanntmachung vom 28. September 1998 (BGBl. I S. 1793), die zuletzt durch Artikel 2 der Verordnung vom 25. April 2006 (BGBl. I S. 988) geändert worden ist, einhalten oder

n) Fahrzeuge der Klasse M mit einer zulässigen Gesamtmasse von mehr als 2500 kg, die durch Ausrüstung mit einem Partikelminderungssystem die Anforderungen der Stufe PM 1 der Anlage XXVI der Straßenverkehrs-Zulassungs-Ordnung in der Fassung der Bekanntmachung vom 28. September 1998 (BGBl. I S. 1793), die zuletzt durch Artikel 2 der Verordnung vom 25. April 2006 (BGBl. I S. 988) geändert worden ist, einhalten oder

o) die die Anforderungen der Stufe PM 5 der Anlage XXVI der Straßenverkehrs-Zulassungs-Ordnung in der Fassung der Bekanntmachung vom 28. September 1998 (BGBl. I S. 1793), die zuletzt durch Artikel 2 der Verordnung vom 25. April 2006 (BGBl. I S. 988) geändert worden ist, einhalten oder

p) die durch die Ausrüstung mit einem Partikelminderungssystem die Anforderungen der Stufe PM 4 der Anlage XXVI der Straßenverkehrs-Zulassungs-Ordnung in der Fassung der Bekanntmachung vom 28. September 1998 (BGBl. I S. 1793), die zuletzt durch Artikel 2 der Verordnung vom 25. April 2006 (BGBl. I S. 988) geändert worden ist, einhalten oder

q) die durch Ausrüstung mit einem Partikelminderungssystem die Anforderungen der Nummer 2 der Nummer 3.4.3 der Anlage XIV der Straßenverkehrs-Zulassungs-Ordnung in der Fassung der Bekanntmachung vom 28. September 1998 (BGBl. I S. 1793), zuletzt geändert durch die Verordnung vom 24. Mai 2007 (BGBl. I S. 893), einhalten, ausgenommen Fahrzeuge der Klasse N1, mit einer Bezugsmasse von nicht mehr als 1250 Kilogramm (Gruppe I) oder

r) die durch Ausrüstung mit einem Partikelminderungssystem die Anforderungen der Nummer 3.4.4, Nummer 3.4.5 oder Nummer 3.4.6 der Anlage XIV der Straßenverkehrs-Zulassungs-Ordnung in der Fassung der Bekanntmachung vom 28. September 1998 (BGBl. I S. 1793), zuletzt geändert durch die Verordnung vom 24. Mai 2007 (BGBl. I S. 893), einhalten oder

s) in den Anwendungsbereich der Richtlinie 70/220/EWG oder der Richtlinie 2005/55/EG in der jeweils zuletzt geänderten, im Amtsblatt der Europäischen Union veröffentlichten Fassung fallen.

(2) Kraftfahrzeuge mit Fremdzündungsmotor der Klassen M und N nach Anhang II A Nr. 1 und Nr. 2 der Richtlinie 70/156/EWG des Rates werden den Schadstoffgruppen 1 und 4 wie folgt zugeordnet:

1. Schadstoffgruppe 1
Kraftfahrzeuge, die nicht unter die Schadstoffgruppe 4 fallen,

2. Schadstoffgruppe 4
Kraftfahrzeuge, die

a) in den Anwendungsbereich der Richtlinie 70/220/EWG in der Fassung der Richtlinie 91/441/EWG des Rates vom 26. Juni 1991 (ABl. EG Nr. L 242 S. 1) fallen – ausgenommen die Fahrzeuge, die die Übergangsbestimmungen des Anhangs I Nr. 8.1 oder 8.3 in Anspruch nehmen –, den Vorschriften der Richtlinie entsprechen oder

b) in den Anwendungsbereich der Richtlinie 70/220/EWG in der Fassung der Richtlinie 93/59/EWG des Rates vom 28. Juni 1993 (ABl. EG Nr. L 186 S. 21) fallen, den Vorschriften der Richtlinie entsprechen und die im Anhang I im Abschnitt 5.3.1 der Richtlinie genannte Prüfung Typ I (Prüfung der durchschnittlichen Auspuffemissionen nach einem Kaltstart) nachweisen oder

c) in den Anwendungsbereich der Richtlinie 70/220/EWG in der Fassung der Richtlinie 94/12/EG des Europäischen Parlaments und des Rates vom 23. März 1994 (ABl. EG Nr. L 100 S. 42) fallen, den Vorschriften der Richtlinie entsprechen und die vorgeschriebenen Grenzwerte der Tabelle im Abschnitt 5.3.1.4 des Anhangs I der Richtlinie nicht überschreiten oder

d) in den Anwendungsbereich der Richtlinie 70/220/EWG in der Fassung der Richtlinie 96/69/EG des Europäischen Parlaments und des Rates vom 8. Oktober 1996 (ABl. EG Nr. L 282 S. 64) fallen, den Vorschriften der Richtlinie entsprechen und die vorgeschriebenen Grenzwerte der Tabelle im Abschnitt 5.3.1.4 des Anhangs I der Richtlinie nicht überschreiten oder

e) in den Anwendungsbereich der Richtlinie 70/220/EWG in der Fassung der Richtlinie 98/77/EG der Kommission vom 2. Oktober 1998 (ABl. EG Nr. L 286 S. 34) fallen, den Vorschriften der Richtlinie entsprechen und die vorgeschriebenen Grenzwerte der Tabelle im Abschnitt 5.3.1.4 des Anhangs I der Richtlinie nicht überschreiten oder

f) in den Anwendungsbereich der Richtlinie 70/220/EWG in der Fassung der Richtlinie 98/69/EG des Europäischen Parlaments und des Rates vom 13. Oktober 1998 (ABl. EG Nr. L 350 S. 1) fallen, den Vorschriften der Richtlinie entsprechen und die vorgeschriebenen Grenzwerte der Tabelle im Abschnitt 5.3.1.4 des Anhangs I der Richtlinie nicht überschreiten oder

g) in den Anwendungsbereich der Richtlinie 70/220/EWG in der Fassung der Richtlinie 1999/102/EG der Kommission vom 15. Dezember 1999 (ABl. EG Nr. L 334 S. 43) fallen, den Vorschriften der Richtlinie entsprechen und die vorgeschriebenen Grenzwerte der Tabelle im Abschnitt 5.3.1.4 des Anhangs I der Richtlinie nicht überschreiten oder

h) in den Anwendungsbereich der Richtlinie 70/220/EWG in der Fassung der Richtlinie 2001/1/EG des Europäischen Parlaments und des Rates vom 22. Januar 2001 (ABl. EG Nr. L 35 S. 34) fallen, den Vorschriften der Richtlinie entsprechen und die vorgeschriebenen Grenzwerte der Tabelle im Abschnitt 5.3.1.4 des Anhangs I der Richtlinie nicht überschreiten oder

i) in den Anwendungsbereich der Richtlinie 70/220/EWG in der Fassung der Richtlinie 2001/100/EG des Europäischen Parlaments und des Rates vom 7. Dezember 2001 (ABl. EG Nr. L 16 S. 32) fallen, den Vorschriften der Richtlinie entsprechen und die vorgeschriebenen Grenzwerte der Tabelle im Abschnitt 5.3.1.4 des Anhangs I der Richtlinie nicht überschreiten oder

j) in den Anwendungsbereich der Richtlinie 70/220/EWG in der Fassung der Richtlinie 2002/80/EG der Kommission vom 3. Oktober 2002 (ABl. EG Nr. L 291 S. 20) fallen, den Vorschriften der Richtlinie entsprechen und die vorgeschriebenen Grenzwerte der Tabelle im Abschnitt 5.3.1.4 des Anhangs I der Richtlinie nicht überschreiten oder

k) in den Anwendungsbereich der Richtlinie 70/220/EWG in der Fassung der Richtlinie 2003/76/EG der Kommission vom 11. August 2003 (ABl. EU Nr. L 206 S. 29) fallen, den Vorschriften der Richtlinie entsprechen und die vorgeschriebenen Grenzwerte der Tabelle im Abschnitt 5.3.1.4 des Anhangs I der Richtlinie nicht überschreiten oder

l) in den Anwendungsbereich der Richtlinie 88/77/EWG in der Fassung der Richtlinie 1999/96/EG des Europäischen Parlaments und des Rates vom 13. Dezember 1999 (ABl. EG 2000 Nr. L 44 S. 1) fallen, den Vorschriften der Richtlinie entsprechen und bei den Emissionen der gasförmigen Schadstoffe und luftverunreinigenden Partikel die unter A (2000) oder B 1 (2005) oder B 2 (2008) oder unter C (EEV) der Tabellen 1 und 2 im Abschnitt 6.2.1 des Anhangs I der Richtlinie vorgeschriebenen Grenzwerte nicht überschreiten oder

m) in den Anwendungsbereich der Richtlinie 88/77/EWG in der Fassung der Richtlinie 2001/27/EG des Europäischen Parlaments und des Rates vom 10. April 2001 (ABl. EG Nr. L 107 S. 10) fallen, den Vorschriften der Richtlinie entsprechen und bei den Emissionen der gasförmigen Schadstoffe und luftverunreinigenden Partikel die unter A (2000) oder B 1 (2005) oder B 2 (2008) oder unter C (EEV) der Tabellen 1 und 2 im Abschnitt 6.2.1 des Anhangs I der Richtlinie 1999/96/EG des Europäischen Parlaments und des Rates vom 13. Dezember 1999 (ABl. EG 2000 Nr. L 44 S. 1) vorgeschriebenen Grenzwerte nicht überschreiten oder

n) die Anforderungen der Anlage XXIII der Straßenverkehrs-Zulassungs-Ordnung in der Fassung der Bekanntmachung vom 28. September 1988 (BGBl. I S. 1793), zuletzt geändert durch die Verordnung vom 24. Mai 2007 (BGBl. I S. 893), einhalten oder

o) nach den Bestimmungen der 52. Ausnahmeverordnung zur StVZO vom 13. August 1996 (BGBl. I S. 1319), zuletzt geändert durch Artikel 1 der Verordnung vom 18. Februar 1998 (BGBl. I S. 390), nachgerüstet wurden oder

p) in den Anwendungsbereich der Richtlinie 70/220/EWG oder der Richtlinie 2005/55/ EG in der jeweils zuletzt geänderten, im Amtsblatt der Europäischen Union veröffentlichten Fassung fallen.

(3) Kraftfahrzeuge mit Antrieb ohne Verbrennungsmotor (z. B. Elektromotor, Brennstoffzellenfahrzeuge) werden der Schadstoffgruppe 4 zugeordnet.

Anhang 3
(zu § 2 Abs. 3)

Ausnahmen von der Kennzeichnungspflicht nach § 2 Abs. 1

Folgende Kraftfahrzeuge sind von Verkehrsverboten nach § 40 Abs. 1 des Bundes-Immissionsschutzgesetzes auch dann ausgenommen, wenn sie nicht gemäß § 2 Abs. 1 mit einer Plakette gekennzeichnet sind:

1. mobile Maschinen und Geräte,

2. Arbeitsmaschinen,

3. land- und forstwirtschaftliche Zugmaschinen,

4. zwei- und dreirädrige Kraftfahrzeuge,

5. Krankenwagen, Arztwagen mit entsprechender Kennzeichnung „Arzt Notfalleinsatz" (gemäß § 52 Abs. 6 der Straßenverkehrs-Zulassungs-Ordnung),

6. Kraftfahrzeuge, mit denen Personen fahren oder gefahren werden, die außergewöhnlich gehbehindert, hilflos oder blind sind und dies durch die nach § 3 Abs. 1 Nr. 1 bis 3 der Schwerbehindertenausweisverordnung im Schwerbehindertenausweis eingetragenen Merkzeichen „aG", „H" oder „Bl" nachweisen,

7. Fahrzeuge, für die Sonderrechte nach § 35 der Straßenverkehrs-Ordnung in Anspruch genommen werden können,

8. Fahrzeuge nichtdeutscher Truppen von Nichtvertragsstaaten des Nordatlantikpaktes, die sich im Rahmen der militärischen Zusammenarbeit in Deutschland aufhalten, soweit sie für Fahrten aus dringenden militärischen Gründen genutzt werden,

9. zivile Kraftfahrzeuge, die im Auftrag der Bundeswehr genutzt werden, soweit es sich um unaufschiebbare Fahrten zur Erfüllung hoheitlicher Aufgaben der Bundeswehr handelt,

10. Oldtimer (gemäß § 2 Nr. 22 der Fahrzeug-Zulassungsverordnung), die ein Kennzeichen nach § 9 Abs. 1 oder § 17 der Fahrzeug-Zulassungsverordnung führen, sowie Fahrzeuge, die in einem anderen Mitgliedstaat der Europäischen Union, einer anderen Vertragspartei des Abkommens über den Europäischen Wirtschaftsraum oder der Türkei zugelassen sind, wenn sie gleichwertige Anforderungen erfüllen.

1 **Anm:** Zur 35. BImSchV (KennzVO) s. § 41 StVO Rn. 248g, § 45 StVO Rn. 29, § 47 StVZO Rn. 1c, 6a, 7a, 7b und § 48 StVZO Rn. 4.

Sachverzeichnis

E = Einleitung, im Übrigen sind die Buchteile nach den ihnen behandelten Gesetzen benannt;
fette Zahlen stehen für Paragrafen, magere Zahlen für Randnummern;
römische Zahlen stehen für Absätze; Z bedeutet Verkehrszeichen

Sachverzeichnis

Sachverzeichnis

Sachverzeichnis

Sachverzeichnis

Sachverzeichnis

fette Zahlen = §§, magere Zahlen = Randnummern

Sachverzeichnis

fette Zahlen = §§, magere Zahlen = Randnummern

Sachverzeichnis

Sachverzeichnis

fette Zahlen = §§, magere Zahlen = Randnummern

Sachverzeichnis

fette Zahlen = §§, magere Zahlen = Randnummern

2264

Sachverzeichnis

fette Zahlen = §§, magere Zahlen = Randnummern

Sachverzeichnis

fette Zahlen = §§, magere Zahlen = Randnummern